PRINCIPAIS ATUALIZAÇÕES DESTA EDIÇÃO

▶ LEGISLAÇÃO COMPLEMENTAR

DIPLOMA LEGAL	ATUALIZAÇÃO	PÁGINAS
Lei dos Registros Públicos	Lei nº 15.139/2025	919
Lei Orgânica da Saúde	MP nº 1.301/2025	1113 e 1118
Lei que Coíbe a Violência Doméstica e Familiar Contra a Mulher	Lei nº 15.125/2025	1488
Código de Ética e Disciplina da OAB	Res. do CFOAB nº 1/2025	1641
Regulamento Geral do Estatuto da Advocacia e da OAB	Res. do CFOAB nº 2/2025	1206
LC nº 214/2025 (regulamenta a Reforma Tributária)	NOVA	1755 a 1859

▶ LEGISLAÇÃO PREVIDENCIÁRIA

DIPLOMA LEGAL	ATUALIZAÇÃO	PÁGINAS
Lei dos Planos de Benefícios da Previdência Social	Lei nº 15.157/2025	1887, 1890 e 1894
Lei Orgânica da Assistência Social	Lei nº 15.157/2025	1905

▶ LEGISLAÇÃO AMBIENTAL

DIPLOMA LEGAL	ATUALIZAÇÃO	PÁGINAS
Lei do Fundo Nacional de Meio Ambiente	Lei nº 15.143/2025	2236 e 2237
Lei dos Crimes Ambientais	Lei nº 15.150/2025	2249

Olá! Você fez uma ótima escolha.

O **Vade Mecum Rideel** será o seu melhor companheiro nos estudos.

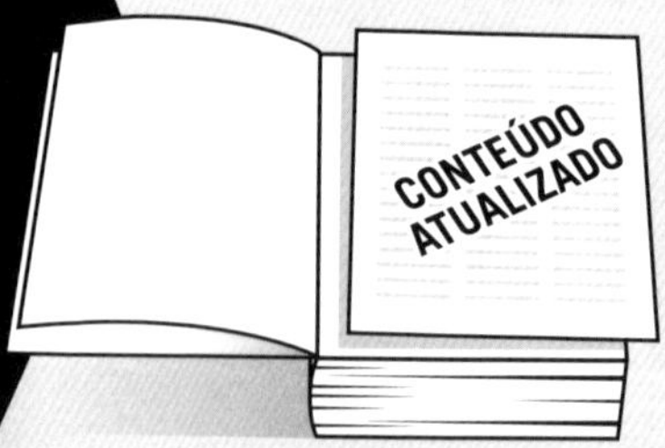

Para mantê-lo perfeito, disponibilizaremos **gratuitamente** as atualizações que ocorrerão até **31 de dezembro de 2025**, no formato da página do seu livro.

Acesse o *site* **www.apprideel.com.br**.

Caso você tenha dúvida ou precise de mais informações, envie-nos um *e-mail* para **sac@rideel.com.br**. Será um prazer atendê-lo.

Determinação! O sucesso será a consequência.

Vade Mecum
Acadêmico de Direito
Rideel

2025
2º SEMESTRE

ESTE LIVRO
PERTENCE A

....

Vade Mecum Acadêmico de Direito Rideel

2025
2º SEMESTRE

41ª EDIÇÃO

ORGANIZAÇÃO:
ANNE JOYCE ANGHER

ATUALIZAÇÃO On-line

EDITORA RIDEEL
Quem tem Rideel tem mais.

CONSTITUIÇÃO FEDERAL
LEG. FINANCEIRAA
CÓDIGOS E CLT
LEG. AMBIENTAL
LEG. COMPLEMENTAR
LEG. INTERNACIONAL
LEG. PREVIDENCIÁRIA
SÚMULAS
LEG. ADMINISTRATIVA
ÍNDICE POR ASSUNTOS

EXPEDIENTE

Fundador	Italo Amadio (*in memoriam*)
Diretora editorial	Katia F. Amadio
Equipe Técnica	Giovanna Homma Mayara Sobrane
Editora	Mônica Ibiapino
Projeto gráfico	Sergio A. Pereira
Revisão	Equipe Rideel
Diagramação	Sheila Fahl/Projeto e Imagem

ORGANIZAÇÃO

Anne Joyce Angher

ELABORAÇÃO DAS NOTAS REMISSIVAS:

Constituição Federal	Marcos Antônio Oliveira Fernandes
Código Civil, Código de Processo Civil	Anne Joyce Angher
Código Penal, Código de Processo Penal	Ricardo Vergueiro Figueiredo
Código Comercial	Aclibes Burgarelli
Código de Defesa do Consumidor	Anne Joyce Angher
Código Tributário Nacional	Kiyoshi Harada
Código Eleitoral	Luciana Nepomuceno Raphael Perissé Rodrigues Barbosa (19ª ed.) José Nepomuceno Silva (*in memoriam*)
Consolidação das Leis do Trabalho	Fabiano Coelho de Souza e Platon Teixeira de Azevedo Neto Estêvão Mallet e Marcos Neves Fava (da 14ª a 18ª ed.)
Legislação de Direito Previdenciário	Nilson Martins Lopes Júnior
Legislação de Direito Administrativo	Anderson Jamil Abrahão
Legislação de Direito Ambiental	Luis Paulo Sirvinskas
Legislação de Direito Internacional	Aziz Tuffi Saliba

Dados Internacionais de Catalogação na Publicação (CIP)
(BENITEZ Catalogação Ass. Editorial, MS, Brasil)

Vade mécum acadêmico de direito Rideel / organização Anne Joyce Angher. – 41.ed. – São Paulo : Rideel, 2025. – (Série Vade Mecum)

ISBN 978-85-339-6672-7

1. Concurso público. 2. Direito – Leis e legislação – Brasil. 3. Manuais, vade-mécum etc.

06-2025/149 CDD 348.8102
CDU 34(81)(02)

Índice para catálogo sistemático:
1. Brasil : Vade-mécuns : Legislação : Direito
Aline Graziele Benitez – Bibliotecária – CRB-1/3129

Edição atualizada até 18-7-2025

EDITORA RIDEEL

e-mail: sac@rideel.com.br
www.editorarideel.com.br

ABDR EDITORA AFILIADA

1 3 5 7 9 8 6 4 2
0 7 2 5

APRESENTAÇÃO

A Editora Rideel, reconhecida no mercado editorial pela excelência de seus Vade Mecuns, apresenta a 41ª edição do *VADE MECUM ACADÊMICO DE DIREITO*.

Sempre pensando em como facilitar ainda mais a pesquisa do leitor a capa traz um *guia referencial de pesquisa* sobre a obra. Assim, basta verificar na capa a norma que deseja consultar e localizá-la nas tarjas laterais.

Seu formato e projeto gráfico abrangem praticidade e modernidade, facilitando o manuseio e a consulta aos temas.

A noção e a importância do Vade Mecum podem ser expressas da seguinte forma:

"*Vademecum*, *vade mecum* ou *vade-mécum* são variantes unidas pela etimologia latina *vade* (imperativo de *vadere*, ir), *cum*, com, *me*, comigo, ou seja, aquele que vai comigo, está sempre comigo. Por volta de 1690, a expressão denominava o livro inseparável de uma pessoa; mais tarde, o livro que resumia as noções básicas de uma ciência, ou de uma arte, por isso companhia indispensável para seu proprietário (ALAIN, Rey (Org.). *Dictionnaire Historique de la Langue Française*. Paris: Dictionnaires Le Robert, 1992. v. 2, p. 2.207)." (Marcus Cláudio Acquaviva)

Ainda, a obra mantém os diversos facilitadores:

- Índice Cronológico Geral
- Índices Sistemático e Alfabético-Remissivo para cada Código
- Índices por Assuntos da Legislação Complementar
- Notas remissivas objetivas e diretas a outros artigos, diplomas legais e súmulas
- Atualizações recentes em destaque
- Indicação para todas as novas normas inseridas no livro
- Indicação do número dos artigos no cabeçalho dos Códigos
- Legislação organizada por matéria (Geral, Previdenciária, Administrativa, Financeira, Ambiental e Internacional)
- Indicação das leis no cabeçalho da Legislação Complementar
- Tarjas laterais coloridas acompanhando a indicação da capa
- Fitas coloridas marcadoras de páginas

Com o avanço das atualizações e novidades legislativas publicamos um material à parte, para abranger todo o conteúdo e oferecer sempre o *Vade Mecum* mais completo do mercado.

Neste material você contará com Regimentos Internos (STF e STJ), Exposições de Motivos e Enunciados (SRT e Jornadas), que são os conteúdos restritos na maioria dos exames, de forma isolada, facilitando ainda mais sua consulta na hora da prova.

Visando garantir a melhor experiência possível para o leitor, a Editora Rideel disponibiliza, gratuitamente, as atualizações publicadas no *DOU* e *DJe*, até 31-12-2025, que afetem o conteúdo veiculado nesta edição, com a mesma diagramação da página do livro, no *site* **www.apprideel.com.br**. Para ter acesso basta se cadastrar.

Esta Editora, sempre empenhada em aprimorar seus livros, permanece receptiva às críticas e sugestões pelo *e-mail*: sac@rideel.com.br.

O Editor

LISTA DE ABREVIATURAS

ABNT Associação Brasileira de Normas Técnicas
Ac. Acórdão
ACC Autorização para Conduzir Ciclomotor
ADCT Ato das Disposições Constitucionais Transitórias
ADPF Arguição de Descumprimento de Preceito Fundamental
ADC Ação Declaratória de Constitucionalidade
ADI Ação Direta de Inconstitucionalidade
AGNU Assembleia-Geral das Nações Unidas
AgReg Agravo Regimental
ANEEL Agência Nacional de Energia Elétrica
ANTP Associação Nacional de Transportes Públicos
ANTT Agência Nacional de Transportes Terrestres
APEX Autorização Provisória Experimental
Art. Artigo
Arts. Artigos
CADE Conselho Administrativo de Defesa Econômica
CAT Certificado de Adequação à Legislação de Trânsito
c/c combinado com
CC/1916 Código Civil de 1916
CC Código Civil (Lei nº 10.406/2002)
CCom. Código Comercial (Lei nº 556/1850)
CDC Código de Defesa do Consumidor (Lei nº 8.078/1990)
CE Código Eleitoral (Lei nº 4.737/1965)
CEF Caixa Econômica Federal
CETRAN Conselho Estadual de Trânsito
CF Constituição Federal
CFC Centro de Formação de Condutores
CFOAB Conselho Federal da Ordem dos Advogados do Brasil
CGJT Corregedoria-Geral da Justiça do Trabalho
Civ. Civil
CLT Consolidação das Leis do Trabalho (Dec.-lei nº 5.452/1943)
CNH Carteira Nacional de Habilitação
CNJ Conselho Nacional de Justiça
CNSP Conselho Nacional de Seguros Privados
CONAMA Conselho Nacional do Meio Ambiente
CONMETRO Conselho Nacional de Metrologia, Normatização e Qualidade Industrial
CONTRAN Conselho Nacional de Trânsito
CONTRANDIFE Conselho de Trânsito do Distrito Federal
CP Código Penal (Dec.-lei nº 2.848/1940)
CPC/2015 Código de Processo Civil de 2015 (Lei nº 13.105/2015)
CPM Código Penal Militar (Dec.-lei nº 1.001/1969)
CPP Código de Processo Penal (Dec.-lei nº 3.689/1941)
CPPM Código de Processo Penal Militar (Dec.-lei nº 1.002/1969)
Crim. Criminal
CRLV Certificado de Registro e Licenciamento de Veículo
CRV Certificado de Registro de Veículo
CSV Certificado de Segurança Veicular
CTB Código de Trânsito Brasileiro
CTN Código Tributário Nacional (Lei nº 5.172/1963)
CTVV Convenção sobre Trânsito Viário de Viena
CVM Comissão de valores Mobiliários
Dec. Decreto
Dec.-lei Decreto-lei
Del. Deliberação
DENATRAN Departamento Nacional de Trânsito
DETRAN Departamento Estadual de Trânsito
DJ *Diário da Justiça*
DJe *Diário da Justiça eletrônico*
DNIT Departamento Nacional de Infraestrutura de Transportes
DOU *Diário Oficial da União*
DPVAT Seguro Obrigatório de Danos Pessoais Causados por Veículos Automotores de Via Terrestre, ou por sua Carga, a Pessoas Transportadas ou não
DSST Departamento de Segurança e Saúde no Trabalho
EC Emenda Constitucional
ECA Estatuto da Criança e do Adolescente (Lei nº 8.069/1990)
ECR Emenda Constitucional de Revisão
En. Enunciado
EOAB Estatuto da Ordem dos Advogados do Brasil (Lei nº 8.906/1994)
ER Emenda Regimental
ERE Embargos em Recurso Extraordinário
FAT Fundo de Amparo ao Trabalhador
FGTS Fundo de Garantia do Tempo de Serviço
FONAJE Fórum Nacional dos Juizados Especiais
FONAJEF Fórum Nacional dos Juizados Especiais Federais
FNMC Fundo Nacional sobre Mudança do Clima
FUNSET Fundo Nacional de Segurança e Educação de Trânsito
HC *Habeas Corpus*
IN Instrução Normativa
INMETRO Instituto Nacional de Metrologia, Qualidade e Tecnologia (denominação alterada pela Lei nº 12.545, de 14-12-2011)
Inq. Inquérito
IPVA Imposto sobre a Propriedade de Veículo Automotor
ITL Instituição Técnica Licenciada
j. Julgamento

JARI Junta Administrativa de Recurso de Infrações
JEC Juizado Especial Civil
JECrim Juizado Especial Criminal
JEF Juizado Especial Federal
LADV Licença para Aprendizagem de Direção Veicular
LC Lei Complementar
LCP Lei das Contravenções Penais (Dec.-lei nº 3.688/1941)
LEP Lei de Execução Penal (Lei nº 7.210/1984)
LINDB Lei de Introdução às normas do Direito Brasileiro (Dec.-Lei nº 4.657, de 4-9-1942)
MJ Ministério da Justiça
MP Medida Provisória
MPAS Ministério da Previdência e Assistência Social
MTb Ministério do Trabalho, atual Ministério do Trabalho e Emprego – MTE
MTE Ministério do Trabalho e Emprego
OAB Ordem dos Advogados do Brasil
OIT Organização Internacional do Trabalho
OJ Orientação Jurisprudencial
PN Precedente Normativo
Port. Portaria
RAC Regulamento de Avaliação de Conformidade
RE Recurso Extraordinário
REFIS Programa de Recuperação Fiscal
RENACH Registro Nacional de Condutores Habilitados
RENACOM Registro Nacional de Cobrança de Multas
RENAINF Registro Nacional de Infrações de Trânsito
RENAVAN Registro Nacional de Veículos Automotores
RENFOR Rede Nacional de Formação e Habilitação de Condutores
REPORTO Regime Tributário para Incentivo à Modernização e à Modernização e à Ampliação da Estrutura Portuária
Repre. Representação
Res. Resolução
Res. Adm. Resolução Administrativa
Res. Norm. Resolução Normativa
REsp. Recurso Especial
RFB Receita Federal do Brasil
RHC Recurso de *Habeas Corpus*
RISTF Regimento Interno do Supremo Tribunal Federal
RISTJ Regimento Interno do Superior Tribunal de Justiça
RITST Regimento Interno do Tribunal Superior do Trabalho
SDC Seção de Dissídios Coletivos
SDE Secretaria de Direito Econômico
SDI Seção de Dissídios Individuais
SEAE Secretaria de Acompanhamento Econômico
SECEX Secretaria de Comércio Exterior
SEFIT Secretaria de Fiscalização do Trabalho
Segs. Seguintes
SERPT Secretaria Especial de Previdência e Trabalho do Ministério da Economia
SF Senado Federal
SINET Sistema Nacional de Estatísticas de Trânsito
SIT Secretaria de Inspeção do Trabalho
SNT Sistema Nacional de Trânsito
SRT Secretaria de Relações do Trabalho
SS Suspensão de Segurança
STF Supremo Tribunal Federal
STJ Superior Tribunal de Justiça
STM Superior Tribunal Militar
Súm. Súmula
Súm. Vinc. Súmula Vinculante
SUSEP Superintendência de Seguros Privados
TDA Títulos da Dívida Agrária
TFR Tribunal Federal de Recursos
TJ Tribunal de Justiça
TNU-JEF Turma Nacional de Uniformização de Jurisprudência dos Juizados Especiais Federais
TRF Tribunal Regional Federal
TRT Tribunal Regional do Trabalho
TSE Tribunal Superior Eleitoral
TST Tribunal Superior do Trabalho

ÍNDICE GERAL

Consolidação das Leis do Trabalho

Legislação Complementar

Legislação de Direito Previdenciário

Legislação de Direito Administrativo

Legislação de Direito Financeiro

Legislação de Direito Ambiental

Legislação de Direito Internacional

Súmulas, Orientações Jurisprudenciais e Precedentes Normativos

ÍNDICE CRONOLÓGICO GERAL

Leis Complementares

Decretos-Leis

Leis

Medidas Provisórias

Decretos

* Ementa Rideel – texto não oficial.

CONSTITUIÇÃO FEDERAL

ÍNDICE SISTEMÁTICO DA CONSTITUIÇÃO DA REPÚBLICA FEDERATIVA DO BRASIL

ÍNDICE ALFABÉTICO-REMISSIVO DA CONSTITUIÇÃO FEDERAL, DE SUAS DISPOSIÇÕES TRANSITÓRIAS E EMENDAS CONSTITUCIONAIS

A

B

U

V

Z

CONSTITUIÇÃO DA REPÚBLICA FEDERATIVA DO BRASIL

PREÂMBULO

Nós, representantes do povo brasileiro, reunidos em Assembleia Nacional Constituinte para instituir um Estado Democrático, destinado a assegurar o exercício dos direitos sociais e individuais, a liberdade, a segurança, o bem-estar, o desenvolvimento, a igualdade e a justiça como valores supremos de uma sociedade fraterna, pluralista e sem preconceitos, fundada na harmonia social e comprometida, na ordem interna e internacional, com a solução pacífica das controvérsias, promulgamos, sob a proteção de Deus, a seguinte CONSTITUIÇÃO DA REPÚBLICA FEDERATIVA DO BRASIL.

- Publicada no *DOU* nº 191-A, de 5-10-1988.

TÍTULO I – DOS PRINCÍPIOS FUNDAMENTAIS

Art. 1º A República Federativa do Brasil, formada pela união indissolúvel dos Estados e Municípios e do Distrito Federal, constitui-se em Estado Democrático de Direito e tem como fundamentos:

- No plebiscito realizado em 21-4-1993, disciplinado na EC nº 2, de 25-8-1992, foram mantidos a república e o presidencialismo, como forma e sistema de governo, respectivamente.
- Arts.18, *caput*, e 60, § 4º, I e II, desta Constituição.

I – a soberania;

- Arts. 20, VI, 21, I e III, 84, VII, VIII, XIX e XX, desta Constituição.
- Arts. 36, *caput*, 237, I a III, 260 e 263 do CPC/2015.
- Arts. 780 a 790 do CPP.
- Arts. 215 a 229 do RISTF.

II – a cidadania;

- Arts. 5º, XXXIV, LIV, LXXI, LXXIII e LXXVII, e 60, § 4º, desta Constituição.
- Lei nº 9.265, de 12-2-1996, estabelece a gratuidade dos atos necessários ao exercício da cidadania.
- Lei nº 10.835, de 8-1-2004, institui a renda básica da cidadania.

III – a dignidade da pessoa humana;

- Arts. 5º, XLII, XLIII, XLVIII, XLIX, L, 34, VII, *b*, 226, § 7º, 227 e 230 desta Constituição.
- Art. 8º, III, da Lei nº 11.340, de 7-8-2006 (Lei que Coíbe a Violência Doméstica e Familiar Contra a Mulher).
- Dec. nº 10.088, de 5-11-2019, consolida atos normativos editados pelo Poder Executivo Federal que dispõem sobre a promulgação de convenções e recomendações da Organização Internacional do Trabalho – OIT ratificadas pela República Federativa do Brasil.
- Súmulas Vinculantes nºs 6, 11 e 14 do STF.

IV – os valores sociais do trabalho e da livre iniciativa;

- Arts. 6º a 11 e 170 desta Constituição.

V – o pluralismo político.

- Art. 17 desta Constituição.
- Lei nº 9.096, de 19-9-1995 (Lei dos Partidos Políticos).

Parágrafo único. Todo o poder emana do povo, que o exerce por meio de representantes eleitos ou diretamente, nos termos desta Constituição.

- Arts. 14, 27, § 4º, 29, XIII, 60, § 4º, II, e 61, § 2º, desta Constituição.
- Art. 1º da Lei nº 9.709, de 19-11-1998, que regulamenta a execução do disposto nos incisos I, II e III do art. 14 desta Constituição.

Art. 2º São Poderes da União, independentes e harmônicos entre si, o Legislativo, o Executivo e o Judiciário.

- Art. 60, § 4º, III, desta Constituição.
- Súm. Vinc. nº 37 do STF.
- Súm. nº 649 do STF.

Art. 3º Constituem objetivos fundamentais da República Federativa do Brasil:

I – construir uma sociedade livre, justa e solidária;

- Art. 29, 1, *d*, do Dec. nº 99.710, de 21-11-1990, que promulga a convenção sobre os direitos das crianças.
- Art. 10, 1, do Dec. nº 591, de 6-7-1992, que promulga o Pacto Internacional Sobre Direitos Econômicos, Sociais e Culturais.

II – garantir o desenvolvimento nacional;

- Arts. 23, parágrafo único, e 174, § 1º, desta Constituição.

III – erradicar a pobreza e a marginalização e reduzir as desigualdades sociais e regionais;

- Arts. 23, X, e 214 desta Constituição.
- Arts. 79 a 81 do ADCT.
- LC nº 111, de 6-7-2001, dispõe sobre o Fundo de Combate e Erradicação da Pobreza.

IV – promover o bem de todos, sem preconceitos de origem, raça, sexo, cor, idade e quaisquer outras formas de discriminação.

- Art. 4º, VIII, desta Constituição.
- Lei nº 7.716, de 5-1-1989 (Lei do Racismo).
- Lei nº 8.081, de 21-9-1990, dispõe sobre os crimes e penas aplicáveis aos atos discriminatórios ou de preconceito de raça, cor, religião, etnia ou procedência nacional, praticados pelos meios de comunicação ou por publicação de qualquer natureza.
- Lei nº 11.340, de 7-8-2006 (Lei que Coíbe a Violência Doméstica e Familiar Contra a Mulher).
- Lei nº 12.288, de 20-7-2010 (Estatuto da Igualdade Racial).
- Dec. nº 3.956, de 8-10-2001, promulga a Convenção Interamericana para Eliminação de Todas as Formas de Discriminação contra as Pessoas Portadoras de Deficiência.
- Dec. nº 4.377, de 13-9-2002, promulga a Convenção sobre a Eliminação de Todas as Formas de Discriminação contra a Mulher, de 1979.
- Dec. nº 4.886, de 20-11-2003, dispõe sobre a Política Nacional de Promoção de Igualdade Racial – PNPIR.
- Dec. nº 7.388, de 9-12-2010, dispõe sobre a composição, estruturação, competências e funcionamento do Conselho Nacional de Combate à Discriminação – CNCD.
- Dec. nº 10.088, de 5-11-2019, consolida atos normativos editados pelo Poder Executivo Federal que dispõem sobre a promulgação de convenções e recomendações da Organização Internacional do Trabalho – OIT ratificadas pela República Federativa do Brasil.
- O STF, por unanimidade de votos, julgou procedentes a ADPF nº 132 (como ação direta de inconstitucionalidade) e a ADI nº 4.277, com eficácia *erga omnes* e efeito vinculante, para dar ao art. 1.723 do CC interpretação conforme à CF para dele excluir qualquer significado que impeça o reconhecimento da união contínua, pública e duradoura entre pessoas do mesmo sexo como entidade familiar (*DOU* de 13-5-2011).

Art. 4º A República Federativa do Brasil rege-se nas suas relações internacionais pelos seguintes princípios:

- Arts. 21, I, e 84, VII e VIII, desta Constituição.
- Art. 39, V, da Lei nº 9.082 de 25-7-1995, que dispõe sobre a intensificação das relações internacionais do Brasil com os seus parceiros comerciais, em função de um maior apoio do Banco do Brasil S.A. ao financiamento dos setores exportador e importador.

I – independência nacional;

- Arts. 78, *caput*, e 91, § 1º, III e IV, desta Constituição.
- Lei nº 8.183, de 11-4-1991, dispõe sobre a organização e o funcionamento do Conselho de Defesa Nacional, regulamentada pelo Dec. nº 893, de 12-8-1993.

II – prevalência dos direitos humanos;

- Dec. nº 678, de 6-11-1992, promulga a Convenção Americana sobre Direitos Humanos – Pacto de São José da Costa Rica.
- Dec. nº 4.463, de 8-11-2002, dispõe sobre a declaração de reconhecimento da competência obrigatória da Corte Interamericana em todos os casos relativos à interpretação ou aplicação da Convenção Americana sobre Diretos Humanos.

III – autodeterminação dos povos;

IV – não intervenção;

V – igualdade entre os Estados;

VI – defesa da paz;

VII – solução pacífica dos conflitos;

VIII – repúdio ao terrorismo e ao racismo;

- Art. 5º, XLII e XLIII, desta Constituição.
- Lei nº 7.716, de 5-1-1989 (Lei do Racismo).
- Lei nº 8.072, de 25-7-1990 (Lei dos Crimes Hediondos).
- Dec. nº 5.639, de 26-12-2005, promulga a Convenção Interamericana contra o Terrorismo.

IX – cooperação entre os povos para o progresso da humanidade;

X – concessão de asilo político.

- Lei nº 9.474, de 22-7-1997, define mecanismos para a implementação do Estatuto dos Refugiados de 1951.
- Dec. nº 55.929, de 14-4-1965, promulgou a Convenção sobre Asilo Territorial.

Parágrafo único. A República Federativa do Brasil buscará a integração econômica, política, social e cultural dos povos da América Latina, visando à formação de uma comunidade latino-americana de nações.

- Dec. nº 350, de 21-11-1991, promulgou o Tratado de Assunção que estabeleceu o Mercado Comum entre o Brasil, Paraguai, Argentina e Uruguai – MERCOSUL.
- Dec. nº 922, de 10-9-1993, promulga o Protocolo para Solução de Controvérsias no âmbito do Mercado Comum do Sul – MERCOSUL.

TÍTULO II – DOS DIREITOS E GARANTIAS FUNDAMENTAIS

CAPÍTULO I

DOS DIREITOS E DEVERES INDIVIDUAIS E COLETIVOS

Art. 5º Todos são iguais perante a lei, sem distinção de qualquer natureza, garantindo-se aos brasileiros e aos estrangeiros residentes no País a inviolabilidade do direito à vida, à liberdade, à igualdade, à segurança e à propriedade, nos termos seguintes:

- Arts. 5º, §§ 1º e 2º, 14, *caput*, e 60, § 4º, IV, desta Constituição.
- Art. 7º do CPC/2015.

- Lei nº 1.542, de 5-1-1952, dispõe sobre o casamento dos funcionários da carreira de diplomata com pessoa de nacionalidade estrangeira.
- Lei nº 5.709, de 7-10-1971, regula a aquisição de imóvel rural por estrangeiro residente no país ou pessoa jurídica estrangeira autorizada a funcionar no Brasil.
- Lei nº 13.445, de 24-5-2017 (Lei de Migração).
- Arts. 4º e 24 do Pacto de São José da Costa Rica.
- Dec. nº 10.088, de 5-11-2019, consolida atos normativos editados pelo Poder Executivo Federal que dispõem sobre a promulgação de convenções e recomendações da Organização Internacional do Trabalho – OIT ratificadas pela República Federativa do Brasil.
- Súmulas Vinculantes nºs 6, 11, 34 e 37 do STF.
- Súm. nº 683 do STF.

I – homens e mulheres são iguais em direitos e obrigações, nos termos desta Constituição;

- Arts. 143, § 2º, e 226, § 5º, desta Constituição.
- Art. 372 da CLT.
- Art. 4º da Lei nº 8.159, de 8-1-1991, que dispõe sobre a política nacional de arquivos públicos e privados.
- Lei nº 9.029, de 13-4-1995, proíbe a exigência de atestado de gravidez e esterilização e outras práticas discriminatórias, para efeitos admissionais ou de permanência da relação jurídica de trabalho.
- Lei nº 12.318, de 26-8-2010 (Lei da Alienação Parental).
- Dec. nº 678, de 6-11-1992, promulga a Convenção Americana sobre Direitos Humanos – Pacto de São José da Costa Rica.
- Dec. nº 4.377, de 13-9-2002, promulga a Convenção sobre a Eliminação de todas as Formas de Discriminação contra a Mulher, de 1979.
- Dec. nº 10.088, de 5-11-2019, consolida atos normativos editados pelo Poder Executivo Federal que dispõem sobre a promulgação de convenções e recomendações da Organização Internacional do Trabalho – OIT ratificadas pela República Federativa do Brasil.
- Port. do MTE nº 1.246, de 28-5-2010, orienta as empresas e os trabalhadores em relação à testagem relacionada ao vírus da imunodeficiência adquirida – HIV.

II – ninguém será obrigado a fazer ou deixar de fazer alguma coisa senão em virtude de lei;

- Arts. 14, § 1º, I, e 143 desta Constituição.
- Súm. Vinc. nº 37 do STF.
- Súmulas nºs 636 e 686 do STF.

III – ninguém será submetido a tortura nem a tratamento desumano ou degradante;

- Incisos XLIII, XLVII, *e*, XLIX, LXII, LXIII, LXV e LXVI deste artigo.
- Arts. 2º e 8º da Lei nº 8.072, de 25-7-1990 (Lei dos Crimes Hediondos).
- Lei nº 9.455, de 7-4-1997 (Lei dos Crimes de Tortura).
- Lei nº 12.847, de 2-8-2013, institui o Sistema Nacional de Prevenção e Combate à Tortura; cria o Comitê Nacional de Prevenção e Combate à Tortura e o Mecanismo Nacional de Prevenção e Combate à Tortura.
- Art. 13 da Lei nº 13.869, de 5-9-2019 (Lei do Abuso de Autoridade).
- Dec. nº 40, de 15-2-1991, promulga a Convenção contra a Tortura e Outros Tratamentos ou Penas Cruéis, Desumanos ou Degradantes.
- Art. 5º, nº 2, do Pacto de São José da Costa Rica.
- Súm. Vinc. nº 11 do STF.

IV – é livre a manifestação do pensamento, sendo vedado o anonimato;

- Art. 220, § 1º, desta Constituição.
- Art. 6º, XIV, *e*, da LC nº 75, de 20-5-1993 (Lei Orgânica do Ministério Público da União).
- Art. 1º da Lei nº 7.524 de 17-7-1986, que dispõe sobre a manifestação, por militar inativo, de pensamento e opinião políticos e filosóficos.
- Art. 2º, *a*, da Lei nº 8.389, de 30-12-1991, que institui o Conselho Nacional de Comunicação Social.
- Art. 13 do Pacto de São José da Costa Rica.

V – é assegurado o direito de resposta, proporcional ao agravo, além da indenização por dano material, moral ou à imagem;

- Art. 220, § 1º, desta Constituição.
- Lei nº 7.524, de 17-7-1986, dispõe sobre a manifestação, por militar inativo, de pensamento e opinião políticos ou filosóficos.
- Art. 6º da Lei nº 8.159, de 8-1-1991, que dispõe sobre a Política Nacional de arquivos públicos e privados.
- Dec. nº 1.171, de 22-6-1994, aprova o código de ética profissional do servidor público civil do Poder Executivo Federal.
- Art. 14 do Pacto de São José da Costa Rica.
- Súmulas nºs 37, 227, 362, 387, 388 e 403 do STJ.

VI – é inviolável a liberdade de consciência e de crença, sendo assegurado o livre exercício dos cultos religiosos e garantida, na forma da lei, a proteção aos locais de culto e a suas liturgias;

- Arts. 208 a 212 do CP.
- Art. 24 da LEP.
- Arts. 16, II, e 124, XIV, do ECA.
- Art. 39 da Lei nº 8.313, de 23-12-1991, que restabelece princípios da Lei nº 7.505, de 2-7-1986, institui o Programa Nacional de Apoio a Cultura – PRONAC.
- Arts. 23 a 26 da Lei nº 12.288, de 20-7-2010 (Estatuto da Igualdade Racial).
- Lei nº 13.869, de 5-9-2019 (Lei do Abuso de Autoridade).
- Art. 12, 1, do Pacto de São José da Costa Rica.

VII – é assegurada, nos termos da lei, a prestação de assistência religiosa nas entidades civis e militares de internação coletiva;

- Art. 24 da LEP.
- Art. 124, XIV, do ECA.
- Lei nº 6.923, de 29-6-1981, dispõe sobre o serviço de assistência religiosa nas Forças Armadas.
- Lei nº 9.982, de 14-7-2000, dispõe sobre prestação de assistência religiosa nas entidades hospitalares públicas e privadas, bem como nos estabelecimentos prisionais civis e militares.

VIII – ninguém será privado de direitos por motivo de crença religiosa ou de convicção filosófica ou política, salvo se as invocar para eximir-se de obrigação legal a todos imposta e recusar-se a cumprir prestação alternativa, fixada em lei;

- Arts. 15, IV, e 143, §§ 1º e 2º, desta Constituição.
- Lei nº 7.210 de 11-7-1984 (Lei de Execução Penal).
- Lei nº 8.239, de 4-10-1991, dispõe sobre a prestação de serviço alternativo ao serviço militar obrigatório.
- Dec.-lei nº 1.002, de 21-10-1969 (Código de Processo Penal Militar).
- Art. 12 do Pacto de São José da Costa Rica.

IX – é livre a expressão da atividade intelectual, artística, científica e de comunicação, independentemente de censura ou licença;

- Art. 220, § 2º, desta Constituição.
- Art. 5º, *d*, da LC nº 75, de 20-5-1993 (Lei Orgânica do Ministério Público da União).
- Art. 39 da Lei nº 8.313, de 23-12-1991, que restabelece princípios da Lei nº 7.505, de 2-7-1986, institui o Programa Nacional de Apoio a Cultura – PRONAC.
- Lei nº 9.456, de 25-4-1997, institui a Lei de Proteção de Cultivares.
- Lei nº 9.609, de 19-2-1998, dispõe sobre a proteção da propriedade intelectual de programa de computador e sua comercialização no país.
- Lei nº 9.610, de 19-2-1998 (Lei de Direitos Autorais).

X – são invioláveis a intimidade, a vida privada, a honra e a imagem das pessoas, assegurado o direito à indenização pelo dano material ou moral decorrente de sua violação;

- Art. 37, § 3º, II, desta Constituição.
- Arts. 4º e 6º da Lei nº 8.159, de 8-1-1981, que dispõe sobre a Política Nacional de Arquivos Públicos e Privados.
- Art. 30, V, da Lei nº 8.935, de 18-11-1994 (Lei dos Serviços Notariais e de Registro).
- Art. 101, § 1º, da Lei nº 11.101, de 9-2-2005 (Lei de Recuperação de Empresas e Falências).
- Art. 11, 2, do Pacto de São José da Costa Rica.
- Súm. Vinc. nº 11 do STF.
- Súm. nº 714 do STF.
- Súmulas nºs 227, 387, 388, 403 e 420 do STJ.

XI – a casa é asilo inviolável do indivíduo, ninguém nela podendo penetrar sem consentimento do morador, salvo em caso de flagrante delito ou desastre, ou para prestar socorro, ou, durante o dia, por determinação judicial;

- Art. 212, § 2º, do CPC/2015.
- Art. 150, §§ 1º a 5º, do CP.
- Art. 283 do CPP.
- Art. 226, §§ 1º a 5º, do CPM.
- Art. 11 do Pacto de São José da Costa Rica.

XII – é inviolável o sigilo da correspondência e das comunicações telegráficas, de dados e das comunicações telefônicas, salvo, no último caso, por ordem judicial, nas hipóteses e na forma que a lei estabelecer para fins de investigação criminal ou instrução processual penal;

- Arts.136, § 1º, I, *b* e *c*, e 139, III, desta Constituição.
- Arts. 151 a 152 do CP.
- Art. 233 do CPP.
- Art. 227 do CPM.
- Art. 6º, XVIII, *a*, da LC nº 75, de 20-5-1993 (Lei Orgânica do Ministério Público da União).
- Arts. 55 a 57 da Lei nº 4.117, de 24-8-1962 (Código Brasileiro de Telecomunicações).
- Lei nº 6.538, de 22-6-1978, dispõe sobre os serviços postais.
- Art. 7º, II, da Lei nº 8.906, de 4-7-1994 (Estatuto da Advocacia e da OAB).
- Lei nº 9.296, de 24-7-1996 (Lei das Interceptações Telefônicas).
- Lei nº 13.869, de 5-9-2019 (Lei do Abuso de Autoridade).
- Art. 11 do Pacto de São José da Costa Rica.
- Dec. nº 3.505, de 13-6-2000, institui a Política de Segurança da Informação nos órgãos e entidades da Administração Pública Federal.
- Res. do CNJ nº 59, de 9-9-2008, disciplina e uniformiza as rotinas visando ao aperfeiçoamento do procedimento de interceptação de comunicações telefônicas e de sistemas de informática e telemática nos órgãos jurisdicionais do Poder Judiciário.

XIII – é livre o exercício de qualquer trabalho, ofício ou profissão, atendidas as qualificações profissionais que a lei estabelecer;

- Arts. 170 e 220, § 1º, desta Constituição.
- Art. 6º do Pacto de São José da Costa Rica.

XIV – é assegurado a todos o acesso à informação e resguardado o sigilo da fonte, quando necessário ao exercício profissional;

- Art. 220, § 1º, desta Constituição.
- Art. 154 do CP.
- Art. 8º, § 2º, da LC nº 75, de 20-5-1993 (Lei Orgânica do Ministério Público da União).
- Art. 6º da Lei nº 8.394, de 30-12-1991, que dispõe sobre a preservação, organização e proteção dos acervos documentais privados dos Presidentes da República.
- O STF, ao julgar a ADPF nº 130, declarou como não recepcionada pela Constituição de 1988 a Lei de Imprensa (Lei nº 5.250/1967).

XV – é livre a locomoção no território nacional em tempo de paz, podendo qualquer pessoa, nos termos da lei, nele entrar, permanecer ou dele sair com seus bens;

- Arts. 109, X, e 139 desta Constituição.
- Art. 2º, III, da Lei nº 7.685, de 2-12-1988, que dispõe sobre o registro provisório para o estrangeiro em situação ilegal em território nacional.
- Lei nº 13.869, de 5-9-2019 (Lei do Abuso de Autoridade).
- Art. 22 do Pacto de São José da Costa Rica.

XVI – todos podem reunir-se pacificamente, sem armas, em locais abertos ao público, independentemente de autorização, desde que não frustrem outra reunião anteriormente convocada para o mesmo local, sendo apenas exigido prévio aviso à autoridade competente;

- Arts. 109, X, 136, § 1º, I, *a*, e 139, IV, desta Constituição.
- Art. 2º, III, da Lei nº 7.685, de 2-12-1988, que dispõe sobre o registro provisório para o estrangeiro em situação ilegal em território nacional.
- Lei nº 13.869, de 5-9-2019 (Lei do Abuso de Autoridade).
- Art. 21 do Dec. nº 592, de 6-7-1992, que promulga o Pacto Internacional sobre Direitos Civis e Políticos.
- Art. 15 do Pacto de São José da Costa Rica.

XVII – é plena a liberdade de associação para fins lícitos, vedada a de caráter paramilitar;

- Arts. 8º, 17, § 4º, e 37, VI, desta Constituição.
- Art. 199 do CP.
- Art. 117, VII, da Lei nº 8.112, de 11-12-1990 (Estatuto dos Servidores Públicos Civis da União, Autarquias e Fundações Públicas Federais).
- Lei nº 13.869, de 5-9-2019 (Lei do Abuso de Autoridade).
- Art. 16 do Pacto de São José da Costa Rica.

XVIII – a criação de associações e, na forma da lei, a de cooperativas independem de autorização, sendo vedada a interferência estatal em seu funcionamento;

- Arts. 8º, I, e 37, VI, desta Constituição.
- Lei nº 5.764, de 16-12-1971 (Lei das Cooperativas).
- Lei nº 9.867, de 10-11-1999, dispõe sobre a criação e o funcionamento de Cooperativas Sociais, visando à integração social dos cidadãos.

XIX – as associações só poderão ser compulsoriamente dissolvidas ou ter suas atividades suspensas por decisão judicial, exigindo-se, no primeiro caso, o trânsito em julgado;

XX – ninguém poderá ser compelido a associar-se ou a permanecer associado;

- Arts. 4º, II, *a*, e 5º, V, do CDC.
- Art. 117, VII, da Lei nº 8.112, de 11-12-1990 (Estatuto dos Servidores Públicos Civis da União, Autarquias e Fundações Públicas Federais).
- Art. 16 do Pacto de São José da Costa Rica.
- O STF, ao julgar a ADI nº 3.464, declarou a inconstitucionalidade do art. 2º, IV, *a*, *b*, e *c*, da Lei nº 10.779/2003, por condicionar a habilitação ao seguro-desemprego na hipótese descrita na lei à filiação à colônia de pescadores.

XXI – as entidades associativas, quando expressamente autorizadas, têm legitimidade para representar seus filiados judicial ou extrajudicialmente;

- Art. 18, parágrafo único, do CPC/2015.
- Art. 82, IV, do CDC.
- Art. 210, III, do ECA.
- Art. 5º da Lei nº 7.347, de 24-7-1985 (Lei da Ação Civil Pública).
- Arts. 3º e 5º, I e III, da Lei nº 7.853, de 24-10-1989 (Lei de Apoio às Pessoas Portadoras de Deficiência), regulamentada pelo Dec. nº 3.298, de 20-12-1999.
- Súm. nº 629 do STF.

XXII – é garantido o direito de propriedade;

- Art. 243 desta Constituição.
- Arts. 1.228 a 1.368 do CC.
- Lei nº 4.504, de 30-11-1964 (Estatuto da Terra).
- Arts. 1º, 4º e 15 da Lei nº 8.257, de 26-10-1991, que dispõe sobre a expropriação das glebas nas quais se localizem culturas ilegais de plantas psicotrópicas.

XXIII – a propriedade atenderá a sua função social;

- Arts.156, § 1º, 170, III, 182, § 2º, e 186 desta Constituição.
- Art. 5º do Dec.-lei nº 4.657, de 4-9-1942 (Lei de Introdução às normas do Direito Brasileiro).
- Arts. 2º, 12, 18, *a*, e 47, I, da Lei nº 4.504, de 30-11-1964 (Estatuto da Terra).
- Art. 2º, I, da Lei nº 8.171, de 17-1-1991 (Lei da Política Agrícola).
- Arts. 2º, § 1º, 5º, § 2º, e 9º, da Lei nº 8.629, de 25-2-1993, que regula os dispositivos constitucionais relativos à reforma agrária.
- Arts. 27 a 37 da Lei nº 12.288, de 20-7-2010 (Estatuto da Igualdade Racial).
- Art. 1º da Lei nº 12.529, de 30-11-2011 (Lei do Sistema Brasileiro de Defesa da Concorrência).

XXIV – a lei estabelecerá o procedimento para desapropriação por necessidade ou utilidade pública, ou por interesse social, mediante justa e prévia indenização em dinheiro, ressalvados os casos previstos nesta Constituição;

- Arts. 22, II, 182, § 4º, 184, *caput*, e 185, I e II,desta Constituição.
- Art. 1.275, V, do CC.
- LC nº 76, de 6-7-1993 (Lei de Desapropriação de Imóvel Rural para fins de Reforma Agrária).
- Lei nº 4.132, de 10-9-1962 (Lei da Desapropriação por Interesse Social).
- Arts. 17, *a*, 18, 19, §§ 1º a 4º, 31, IV, e 35, *caput*, da Lei nº 4.504, de 30-11-1964 (Estatuto da Terra).
- Lei nº 6.602, de 7-12-1978, altera a redação do art. 5º do Dec.-lei nº 3.365, de 21-6-1941 (Lei das Desapropriações).
- Arts. 2º, § 1º, 5º, § 2º, e 7º, IV, da Lei nº 8.629, de 25-2-1993, que regula os dispositivos constitucionais relativos à reforma agrária.
- Art. 10 da Lei nº 9.074, de 7-7-1995, que estabelece normas para outorga e prorrogações das concessões e permissões de serviços públicos.
- Art. 34, IV, da Lei nº 9.082, de 25-7-1995, que dispõe sobre as diretrizes para a elaboração da lei orçamentária de 1996.
- Dec.-lei nº 1.075, de 22-1-1970 (Lei da Imissão de Posse).
- Dec.-lei nº 3.365, de 21-6-1941 (Lei das Desapropriações).
- Súmulas nºs 23, 111, 157, 164, 218, 345, 378, 416, 561, 618 e 652 do STF.
- Súmulas nºs 56, 69, 70, 113, 114 e 119 do STJ.

XXV – no caso de iminente perigo público, a autoridade competente poderá usar de propriedade particular, assegurada ao proprietário indenização ulterior, se houver dano;

XXVI – a pequena propriedade rural, assim definida em lei, desde que trabalhada pela família, não será objeto de penhora para pagamento de débitos decorrentes de sua atividade produtiva, dispondo a lei sobre os meios de financiar o seu desenvolvimento;

- Art. 185 desta Constituição.
- Art. 4º, I, da LC nº 76, de 6-7-1993 (Lei de Desapropriação de Imóvel Rural para fins de Reforma Agrária).
- Lei nº 4.504, de 30-11-1964 (Estatuto da Terra).
- Art. 19, IX, da Lei nº 4.595, de 31-12-1964 (Lei do Sistema Financeiro Nacional).
- Art. 4º, § 2º, da Lei nº 8.009, de 29-3-1990 (Lei da Impenhorabilidade do Bem de Família).
- Art. 4º, II, e parágrafo único, da Lei nº 8.629, de 25-2-1993, que regula os dispositivos constitucionais relativos à reforma agrária.
- Súm. nº 364 do STJ.

XXVII – aos autores pertence o direito exclusivo de utilização, publicação ou reprodução de suas obras, transmissível aos herdeiros pelo tempo que a lei fixar;

- Art. 184 do CP.
- Art. 30 da Lei nº 8.977, de 6-1-1995, que dispõe sobre o serviço de TV a cabo, regulamentado pelo Dec. nº 2.206, de 8-4-1997.
- Lei nº 9.456, de 25-4-1997, institui a Lei de Proteção de Cultivares.
- Lei nº 9.609, de 19-2-1998, dispõe sobre a proteção da propriedade intelectual de programa de computador e sua comercialização no país.
- Lei nº 9.610, de 19-2-1998 (Lei de Direitos Autorais).
- Súm. nº 386 do STF.

XXVIII – são assegurados, nos termos da lei:

a) a proteção às participações individuais em obras coletivas e à reprodução da imagem e voz humanas, inclusive nas atividades desportivas;

- Lei nº 6.533 de 24-5-1978, dispõe sobre a regulamentação das profissões de Artista e de Técnico em Espetáculos de Diversões.
- Lei nº 9.610, de 19-2-1998 (Lei de Direitos Autorais).
- Art. 42 da Lei nº 9.615, de 24-3-1998, que institui normas gerais sobre desporto, regulamentada pelo Dec. nº 7.984, de 8-4-2013.

b) o direito de fiscalização do aproveitamento econômico das obras que criarem ou de que participarem aos criadores, aos intérpretes e às respectivas representações sindicais e associativas;

XXIX – a lei assegurará aos autores de inventos industriais privilégio temporário para sua utilização, bem como proteção às criações industriais, à propriedade das marcas, aos nomes de empresas e a outros signos distintivos, tendo em vista o interesse social e o desenvolvimento tecnológico e econômico do País;

- Art. 4º, VI, do CDC.
- Lei nº 9.279, de 14-5-1996 (Lei da Propriedade Industrial).
- Lei nº 9.456, de 25-4-1997, institui a Lei de Proteção de Cultivares.
- Art. 48, IV, da Lei nº 11.101, de 9-2-2005 (Lei de Recuperação de Empresas e Falências).

XXX – é garantido o direito de herança;

- Arts. 1.784 a 2.027 do CC.
- Art. 743, § 2º, do CPC/2015.
- Lei nº 6.858, de 24-11-1980, dispõe sobre o pagamento aos dependentes ou sucessores, de valores não recebidos em vida pelos respectivos titulares.
- Lei nº 8.971, de 29-12-1994, regula o direito dos companheiros a alimentos e sucessão.
- Lei nº 9.278, de 10-5-1996 (Lei da União Estável).

XXXI – a sucessão de bens de estrangeiros situados no País será regulada pela lei brasileira em benefício do cônjuge ou dos filhos brasileiros, sempre que não lhes seja mais favorável a lei pessoal do *de cujus*;

- Art. 10, §§ 1º e 2º, do Dec.-lei nº 4.657, de 4-9-1942 (Lei de Introdução às normas do Direito Brasileiro).

XXXII – o Estado promoverá, na forma da lei, a defesa do consumidor;

- Art. 48 do ADCT.
- Lei nº 8.078, de 11-9-1990 (Código de Defesa do Consumidor).
- Art. 4º da Lei nº 8.137, de 27-12-1990 (Lei dos Crimes contra a Ordem Tributária, Econômica e contra as Relações de Consumo).

▶ Lei nº 8.178, de 1º-3-1991, estabelece regras sobre preços e salários.
▶ Lei nº 12.529, de 30-11-2011 (Lei do Sistema Brasileiro de Defesa da Concorrência).

XXXIII – todos têm direito a receber dos órgãos públicos informações de seu interesse particular, ou de interesse coletivo ou geral, que serão prestadas no prazo da lei, sob pena de responsabilidade, ressalvadas aquelas cujo sigilo seja imprescindível à segurança da sociedade e do Estado;

▶ Arts. 5º, LXXII, e 37, § 3º, II, desta Constituição.
▶ Lei nº 12.527, de 18-11-2011, regula o acesso a informações previsto neste inciso.
▶ Súm. Vinc. nº 14 do STF.
▶ Súm. nº 202 do STJ.

XXXIV – são a todos assegurados, independentemente do pagamento de taxas:

a) o direito de petição aos Poderes Públicos em defesa de direitos ou contra ilegalidade ou abuso de poder;

▶ Súm. Vinc. nº 21 do STF.
▶ Súm. nº 373 do STJ.
▶ Súm. nº 424 do TST.
▶ Ao julgar a ADPF nº 156, o Plenário do STF declarou não recepcionada pela Constituição de 1988 a exigência de depósito prévio do valor correspondente à multa por infração trabalhista como condição de admissibilidade de recurso administrativo interposto junto à autoridade trabalhista, constante do § 1º do art. 636 da CLT. No mesmo sentido, o Plenário do STF, ao julgar a ADI nº 1.976, concluiu pela inconstitucionalidade da regra constante do art. 32 da MP nº 1.699-41, convertida na Lei nº 10.522, de 19-7-2002, que exigia depósito ou arrolamento prévio de bens e direitos como condição de admissibilidade de recurso administrativo.

b) a obtenção de certidões em repartições públicas, para defesa de direitos e esclarecimento de situações de interesse pessoal;

▶ Art. 6º do Dec.-lei nº 4.657, de 4-9-1942 (Lei de Introdução às normas do Direito Brasileiro).
▶ Lei nº 9.051, de 18-5-1995, dispõe sobre a expedição de certidões para defesa de direitos e esclarecimentos de situações.
▶ Lei nº 9.307, de 23-9-1996 (Lei da Arbitragem).
▶ Art. 40 da Lei nº 11.101, de 9-2-2005 (Lei de Recuperação de Empresas e Falências).

XXXV – a lei não excluirá da apreciação do Poder Judiciário lesão ou ameaça a direito;

▶ Arts. 3º e 42 do CPC/2015.
▶ Lei nº 9.307, de 23-9-1996 (Lei da Arbitragem).
▶ Súm. Vinc. nº 28 do STF.
▶ Súm. nº 667 do STF.
▶ OJ da SBDI-I nº 391 do TST.
▶ O Plenário do STF, ao julgar as cautelares das Ações Diretas de Inconstitucionalidade nºs 2.139 e 2.160 deram interpretação conforme à Constituição ao art. 625-D da CLT, para declararem que a submissão do litígio à Comissão de Conciliação Prévia não constitui fase administrativa obrigatória e antecedente ao exercício do direito de ação.
▶ Ao julgar a ADC nº 4, o Plenário do STF declarou a constitucionalidade do art. 1º da Lei nº 9.494, de 10-9-1997, a restringir o poder geral de cautela do juiz nas ações contra a Fazenda Pública.

XXXVI – a lei não prejudicará o direito adquirido, o ato jurídico perfeito e a coisa julgada;

▶ Art. 502 do CPC/2015.
▶ Art. 6º, *caput*, do Dec.-lei nº 4.657, de 4-9-1942 (LINDB).
▶ Súmulas Vinculantes nºs 1, 9 e 35 do STF.
▶ Súmulas nºs 654, 667, 678 e 684 do STF.
▶ Súm. nº 315 do TST.

XXXVII – não haverá juízo ou tribunal de exceção;

XXXVIII – é reconhecida a instituição do júri, com a organização que lhe der a lei, assegurados:

▶ Arts. 406 a 432 do CPP.
▶ Arts. 18 e 19 da Lei nº 11.697, de 13-6-2008 (Lei da Organização Judiciária do Distrito Federal e dos Territórios).

a) a plenitude de defesa;

▶ Súmulas nºs 156 e 162 do STF.

b) o sigilo das votações;

c) a soberania dos veredictos;

d) a competência para o julgamento dos crimes dolosos contra a vida;

▶ Arts. 74, § 1º, e 406 a 502 do CPP.
▶ Súm. Vinc. nº 45 do STF.
▶ Súmulas nºs 603, 713 e 721 do STF.

XXXIX – não há crime sem lei anterior que o defina, nem pena sem prévia cominação legal;

▶ Art. 1º do CP.
▶ Art. 1º do CPM.
▶ Art. 9º do Pacto de São José da Costa Rica.

XL – a lei penal não retroagirá, salvo para beneficiar o réu;

▶ Art. 2º, parágrafo único, do CP.
▶ Art. 2º, § 1º, do CPM.
▶ Art. 66, I, da LEP.
▶ Art. 9º do Pacto de São José da Costa Rica.
▶ Súmulas Vinculantes nºs 3, 5, 14, 21, 24 e 28 do STF.
▶ Súmulas nºs 611 e 711 do STF.

XLI – a lei punirá qualquer discriminação atentatória dos direitos e liberdades fundamentais;

▶ Lei nº 7.716, de 5-1-1989 (Lei do Racismo).
▶ Lei nº 8.081, de 21-9-1990, estabelece os crimes e as penas aplicáveis aos atos discriminatórios ou de preconceito de raça, cor, religião, etnia ou procedência de qualquer natureza.
▶ Lei nº 9.029, de 13-4-95, proíbe a exigência de atestados de gravidez e esterilização e outras práticas discriminatórias, para efeitos admissionais ou de permanência da relação jurídica de trabalho.
▶ Dec. nº 3.956, de 8-10-2001, promulga a Convenção Interamericana para eliminação de todas as Formas de Discriminação contra as Pessoas Portadoras de Deficiência.
▶ Dec. nº 4.377, de 13-9-2002, promulga a Convenção Sobre a Eliminação de Todas as Formas de Discriminação Contra a Mulher, de 1979.
▶ Dec. nº 4.886, de 20-11-2003, institui a Política Nacional de Promoção da Igualdade Racial – PNPIR.
▶ Dec. nº 7.388, de 9-12-2010, dispõe sobre a composição, estruturação, competências e funcionamento do Conselho Nacional de Combate à Discriminação – CNCD.

XLII – a prática do racismo constitui crime inafiançável e imprescritível, sujeito à pena de reclusão, nos termos da lei;

▶ Art. 323, I, do CPP.
▶ Lei nº 7.716, de 5-1-1989 (Lei do Racismo).
▶ Lei nº 10.678, de 23-5-2003, cria a Secretaria Especial de Políticas de Promoção da Igualdade Racial, da Presidência da República.
▶ Lei nº 12.288, de 20-7-2010 (Estatuto da Igualdade Racial).

XLIII – a lei considerará crimes inafiançáveis e insuscetíveis de graça ou anistia a prática da tortura, o tráfico ilícito de entorpecentes e drogas afins, o terrorismo e os definidos como crimes hediondos, por eles respondendo os mandantes, os executores e os que, podendo evitá-los, se omitirem;

▶ Lei nº 8.072, de 25-7-1990 (Lei dos Crimes Hediondos).
▶ Lei nº 9.455, de 7-4-1997 (Lei dos Crimes de Tortura).
▶ Lei nº 11.343, de 23-8-2006 (Lei Antidrogas).
▶ Lei nº 12.847, de 2-8-2013, institui o Sistema Nacional de Prevenção e Combate à Tortura; cria o Comitê Nacional de Prevenção e Combate à Tortura e o Mecanismo Nacional de Prevenção e Combate à Tortura.
▶ Lei nº 13.260, de 16-3-2016 (Lei Antiterrorismo).
▶ Dec. nº 5.639, de 29-12-2005, promulga a Convenção Interamericana contra o Terrorismo.
▶ Súm. Vinc. nº 26 do STF.

XLIV – constitui crime inafiançável e imprescritível a ação de grupos armados, civis ou militares, contra a ordem constitucional e o Estado Democrático;

▶ Lei nº 12.850, de 2-8-2013 (Nova Lei do Crime Organizado).

XLV – nenhuma pena passará da pessoa do condenado, podendo a obrigação de reparar o dano e a decretação do perdimento de bens ser, nos termos da lei, estendidas aos sucessores e contra eles executadas, até o limite do valor do patrimônio transferido;

▶ Arts. 932 e 935 do CC.
▶ Arts. 32 a 52 do CP.
▶ Art. 5º, nº 3, do Pacto de São José da Costa Rica.

XLVI – a lei regulará a individualização da pena e adotará, entre outras, as seguintes:

▶ Arts. 32 a 52 do CP.
▶ Súm. Vinc. nº 26 do STF.

a) privação ou restrição da liberdade;

▶ Arts. 33 a 42 do CP.

b) perda de bens;

▶ Art. 43, II, do CP.

c) multa;

▶ Art. 49 do CP.

d) prestação social alternativa;

▶ Arts. 44 e 46 do CP.

e) suspensão ou interdição de direitos;

▶ Art. 47 do CP.

XLVII – não haverá penas:

▶ Art. 60, § 4º, IV, desta Constituição.
▶ Arts. 32 a 52 do CP.
▶ Súm. Vinc. nº 26 do STF.

a) de morte, salvo em caso de guerra declarada, nos termos do artigo 84, XIX;

▶ Arts. 55 a 57 do CPM.
▶ Arts. 707 e 708 do CPPM.
▶ Art. 4º, nºs 2 a 6, do Pacto de São José da Costa Rica.

b) de caráter perpétuo;

▶ Súm. nº 527 do STJ.

c) de trabalhos forçados;

▶ Art. 6º, nº 2, do Pacto de São José da Costa Rica.
▶ Dec. nº 10.088, de 5-11-2019, consolida atos normativos editados pelo Poder Executivo Federal que dispõem sobre a promulgação de convenções e recomendações da Organização Internacional do Trabalho – OIT ratificadas pela República Federativa do Brasil.

d) de banimento;

e) cruéis;

▶ Art. 7º, 7, do Pacto de São José da Costa Rica.
▶ Súmulas nºs 280, 309 e 419 do STJ.

XLVIII – a pena será cumprida em estabelecimentos distintos, de acordo com a natureza do delito, a idade e o sexo do apenado;

▶ Arts. 32 a 52 do CP.
▶ Arts. 82 a 104 da LEP.

XLIX – é assegurado aos presos o respeito à integridade física e moral;

▶ Art. 5º, III, desta Constituição.
▶ Art. 38 do CP.

- Art. 40 da LEP.
- Lei nº 8.653, de 10-5-1993, dispõe sobre o transporte de presos.
- Art. 5º, nº 1, do Pacto de São José da Costa Rica.
- Súm. Vinc. nº 11 do STF.

L – às presidiárias serão asseguradas condições para que possam permanecer com seus filhos durante o período de amamentação;

- Art. 89 da LEP.

LI – nenhum brasileiro será extraditado, salvo o naturalizado, em caso de crime comum, praticado antes da naturalização, ou de comprovado envolvimento em tráfico ilícito de entorpecentes e drogas afins, na forma da lei;

- Art. 12, II, desta Constituição.
- Arts. 81 a 99 da Lei nº 13.445, de 24-5-2017 (Lei de Migração).
- Lei nº 11.343, de 23-8-2006 (Lei Antidrogas).
- Súm. nº 421 do STF.

LII – não será concedida extradição de estrangeiro por crime político ou de opinião;

- Art. 82, VII da Lei nº 13.445, de 24-5-2017 (Lei de Migração).

LIII – ninguém será processado nem sentenciado senão pela autoridade competente;

- Art. 8º, nº 1, do Pacto de São José da Costa Rica.
- Súm. nº 704 do STF.

LIV – ninguém será privado da liberdade ou de seus bens sem o devido processo legal;

- Súmulas Vinculantes nºs 3, 14 e 35 do STF.
- Súm. nº 704 do STF.
- Súmulas nºs 255 e 347 do STJ.

LV – aos litigantes, em processo judicial ou administrativo, e aos acusados em geral são assegurados o contraditório e ampla defesa, com os meios e recursos a ela inerentes;

- Arts. 9º, 10 e 317 do CPC/2015.
- Lei nº 8.112, de 11-12-1990 (Estatuto dos Servidores Públicos Civis da União, Autarquias e Fundações Públicas Federais).
- Lei nº 9.784, de 29-1-1999 (Lei do Processo Administrativo Federal).
- Súmulas Vinculantes nºs 3, 5, 14, 21, 24 e 28 do STF.
- Súmulas nºs 523, 701, 704, 705, 707, 708 e 712 do STF.
- Súmulas nºs 196, 255, 312, 347 e 373 do STJ.

LVI – são inadmissíveis, no processo, as provas obtidas por meios ilícitos;

- Arts. 369 a 484 do CPC/2015.
- Art. 157 do CPP.
- Lei nº 9.296, de 24-7-1996 (Lei das Interceptações Telefônicas).

LVII – ninguém será considerado culpado até o trânsito em julgado de sentença penal condenatória;

- Art. 8º, nº 2, do Pacto de São José da Costa Rica.
- Súm. nº 9 do STJ.

LVIII – o civilmente identificado não será submetido à identificação criminal, salvo nas hipóteses previstas em lei;

- Lei nº 12.037, de 1º-10-2009, regulamenta este inciso.
- Art. 6º, VIII, do CPP.
- Súm. nº 568 do STF.

LIX – será admitida ação privada nos crimes de ação pública, se esta não for intentada no prazo legal;

- Art. 100, § 3º, do CP.
- Art. 29 do CPP.

LX – a lei só poderá restringir a publicidade dos atos processuais quando a defesa da intimidade ou o interesse social o exigirem;

- Art. 93, IX, desta Constituição.
- Arts. 11, 189, *caput*, I e II, e 368 do CPC/2015.
- Art. 20 do CPP.
- Art. 770 da CLT.
- Lei nº 9.800, de 26-5-1999, dispõe sobre sistemas de transmissão de dados para a prática de atos processuais.
- Art. 8º, nº 5, do Pacto de São José da Costa Rica.
- Súm. nº 708 do STF.
- Súm. nº 427 do TST.

LXI – ninguém será preso senão em flagrante delito ou por ordem escrita e fundamentada de autoridade judiciária competente, salvo nos casos de transgressão militar ou crime propriamente militar, definidos em lei;

- Art. 93, IX, desta Constituição.
- Art. 302 do CPP.
- Dec.-lei nº 1.001, de 21-10-1969 (Código Penal Militar).
- Art. 244 do CPPM.
- Lei nº 6.880, de 9-12-1980 (Estatuto dos Militares).
- Art. 7º, nº 2, do Pacto de São José da Costa Rica.
- Súmulas nºs 9 e 280 do STJ.

LXII – a prisão de qualquer pessoa e o local onde se encontre serão comunicados imediatamente ao juiz competente e à família do preso ou à pessoa por ele indicada;

- Art. 136, § 3º, IV, desta Constituição.

LXIII – o preso será informado de seus direitos, entre os quais o de permanecer calado, sendo-lhe assegurada a assistência da família e de advogado;

- Art. 289-A, § 4º, do CPP.
- Art. 8º, nº 2, *g*, do Pacto de São José da Costa Rica.

LXIV – o preso tem direito à identificação dos responsáveis por sua prisão ou por seu interrogatório policial;

- Art. 306, § 2º, do CPP.

LXV – a prisão ilegal será imediatamente relaxada pela autoridade judiciária;

- Art. 310, I, do CPP.
- Art. 224 do CPPM.
- Art. 7º, nº 6, do Pacto de São José da Costa Rica.
- Súm. nº 697 do STF.

LXVI – ninguém será levado à prisão ou nela mantido, quando a lei admitir a liberdade provisória, com ou sem fiança;

- Art. 310, III, do CPP.
- Arts. 270 e 271 do CPPM.

LXVII – não haverá prisão civil por dívida, salvo a do responsável pelo inadimplemento voluntário e inescusável de obrigação alimentícia e a do depositário infiel;

- Art. 652 do CC.
- Arts. 161 e 528, § 3º, do CPC/2015.
- Arts. 466 a 480 do CPPM.
- Arts. 19 e 22 da Lei nº 5.478, de 25-7-1968 (Lei da Ação de Alimentos).
- Dec.-lei nº 911, de 1-10-1969 (Lei das Alienações Fiduciárias).
- Art. 7º, 7, do Pacto de São José da Costa Rica.
- Súm. Vinc. nº 25 do STF.
- Súmulas nºs 280, 309 e 419 do STJ.
- Orientações Jurisprudenciais da SBDI-II nºs 89 e 143 do TST.

LXVIII – conceder-se-á *habeas corpus* sempre que alguém sofrer ou se achar ameaçado de sofrer violência ou coação em sua liberdade de locomoção, por ilegalidade ou abuso de poder;

- Art. 142, § 2º, desta Constituição.
- Arts. 647 a 667 do CPP.
- Arts. 466 a 480 do CPPM.
- Art. 5º da Lei nº 9.289, de 4-7-1996 (Regimento de Custas da Justiça Federal).
- Súmulas nºs 693 a 695 do STF.
- OJ da SBDI-II nº 156 do TST.

LXIX – conceder-se-á mandado de segurança para proteger direito líquido e certo, não amparado por *habeas corpus* ou *habeas data*, quando o responsável pela ilegalidade ou abuso de poder for autoridade pública ou agente de pessoa jurídica no exercício de atribuições do Poder Público;

- Lei nº 9.507, de 12-11-1997 (Lei do *Habeas Data*).
- Lei nº 12.016, de 7-8-2009 (Lei do Mandado de Segurança Individual e Coletivo).
- Súmulas nºs 266, 268, 271, 510, 512, 625 e 632 do STF.
- Súmulas nºs 33, 414, 415, 416, 417 e 418 do TST.

LXX – o mandado de segurança coletivo pode ser impetrado por:

- Súm. nº 630 do STF.

a) partido político com representação no Congresso Nacional;

b) organização sindical, entidade de classe ou associação legalmente constituída e em funcionamento há pelo menos um ano, em defesa dos interesses de seus membros ou associados;

- Art. 5º da Lei nº 7.347, de 24-7-1985 (Lei da Ação Civil Pública).
- Súmulas nºs 629 e 630 do STF.

LXXI – conceder-se-á mandado de injunção sempre que a falta de norma regulamentadora torne inviável o exercício dos direitos e liberdades constitucionais e das prerrogativas inerentes à nacionalidade, à soberania e à cidadania;

- Lei nº 9.265, de 12-2-1996, estabelece a gratuidade dos atos necessários ao exercício da cidadania.
- Lei nº 13.300, de 23-6-2016 (Lei do Mandado de Injunção).

LXXII – conceder-se-á *habeas data*:

- Art. 5º da Lei nº 9.289, de 4-7-1996 (Regimento de Custas da Justiça Federal).
- Lei nº 9.507, de 12-11-1997 (Lei do *Habeas Data*).
- Súm. nº 368 do STJ.

a) para assegurar o conhecimento de informações relativas à pessoa do impetrante, constantes de registros ou bancos de dados de entidades governamentais ou de caráter público;

- Súm. nº 2 do STJ.

b) para a retificação de dados, quando não se prefira fazê-lo por processo sigiloso, judicial ou administrativo;

- Súm. nº 368 do STJ.

LXXIII – qualquer cidadão é parte legítima para propor ação popular que vise a anular ato lesivo ao patrimônio público ou de entidade de que o Estado participe, à moralidade administrativa, ao meio ambiente e ao patrimônio histórico e cultural, ficando o autor, salvo comprovada má-fé, isento de custas judiciais e do ônus da sucumbência;

- Lei nº 4.717, de 29-6-1965 (Lei da Ação Popular).
- Lei nº 6.938, de 31-8-1981 (Lei da Política Nacional do Meio Ambiente).
- Súm. nº 365 do STF.

LXXIV – o Estado prestará assistência jurídica integral e gratuita aos que comprovarem insuficiência de recursos;

- Art. 134 desta Constituição.
- Arts. 98 a 102 do CPC/2015.

- LC nº 80, de 12-1-1994 (Lei da Defensoria Pública).
- Lei nº 1.060, de 5-2-1950 (Lei de Assistência Judiciária).
- Art. 8º, nº 2, *e*, do Pacto de São José da Costa Rica.
- Súm. nº 102 do STJ.

LXXV – o Estado indenizará o condenado por erro judiciário, assim como o que ficar preso além do tempo fixado na sentença;

- Art. 10 do Pacto de São José da Costa Rica.

LXXVI – são gratuitos para os reconhecidamente pobres, na forma da lei:

- Art. 30 da Lei nº 6.015, de 31-12-1973 (Lei dos Registros Públicos).
- Art. 45 da Lei nº 8.935, de 18-11-1994 (Lei dos Serviços Notariais e de Registro).
- Lei nº 9.265, de 12-2-1996, estabelece a gratuidade dos atos necessários ao exercício da cidadania.
- Dec. nº 6.190, de 20-8-2007, regulamenta o disposto no art. 1º do Decreto-Lei nº 1.876, de 15-7-1981, para dispor sobre a isenção do pagamento de foros, taxas de ocupação e laudêmios, referentes a imóveis de propriedade da União, para as pessoas consideradas carentes ou de baixa renda.

a) o registro civil de nascimento;

- Art. 46 da Lei nº 6.015, de 31-12-1973 (Lei dos Registros Públicos).

b) a certidão de óbito;

- Arts. 77 a 88 da Lei nº 6.015, de 31-12-1973 (Lei dos Registros Públicos).

LXXVII – são gratuitas as ações de *habeas corpus* e *habeas data* e, na forma da lei, os atos necessários ao exercício da cidadania;

- Lei nº 9.265, de 12-2-1996, estabelece a gratuidade dos atos necessários ao exercício da cidadania.
- Lei nº 9.507, de 12-11-1997 (Lei do *Habeas Data*).

LXXVIII – a todos, no âmbito judicial e administrativo, são assegurados a razoável duração do processo e os meios que garantam a celeridade de sua tramitação;

- Inciso LXXVIII acrescido pela EC nº 45, de 8-12-2004.
- Art. 4º do CPC/2015.
- Art. 75, parágrafo único, da Lei nº 11.101, de 9-2-2005 (Lei de Recuperação de Empresas e Falências).
- Art. 7º, nº 5º, do Pacto de São José da Costa Rica.

LXXIX – é assegurado, nos termos da lei, o direito à proteção dos dados pessoais, inclusive nos meios digitais.

- Inciso LXXIX acrescido pela EC nº 115, de 10-2-2022.

§ 1º As normas definidoras dos direitos e garantias fundamentais têm aplicação imediata.

§ 2º Os direitos e garantias expressos nesta Constituição não excluem outros decorrentes do regime e dos princípios por ela adotados, ou dos tratados internacionais em que a República Federativa do Brasil seja parte.

- Súm. Vinc. nº 25 do STF.

§ 3º Os tratados e convenções internacionais sobre direitos humanos que forem aprovados, em cada Casa do Congresso Nacional, em dois turnos, por três quintos dos votos dos respectivos membros, serão equivalentes às emendas constitucionais.

- Dec. nº 6.949, de 25-8-2009, promulga a Convenção Internacional sobre os Direitos das Pessoas com Deficiência.

§ 4º O Brasil se submete à jurisdição de Tribunal Penal Internacional a cuja criação tenha manifestado adesão.

- §§ 3º e 4º acrescidos pela EC nº 45, de 8-12-2004.
- Dec. nº 4.388, de 25-9-2002, promulga o Estatuto de Roma do Tribunal Penal Internacional.

CAPÍTULO II
DOS DIREITOS SOCIAIS

Art. 6º São direitos sociais a educação, a saúde, a alimentação, o trabalho, a moradia, o transporte, o lazer, a segurança, a previdência social, a proteção à maternidade e à infância, a assistência aos desamparados, na forma desta Constituição.

- *Caput* com a redação dada pela EC nº 90, de 15-9-2015.
- Arts. 208, 212, § 4º, e 227 desta Constituição.
- Lei nº 10.689, de 13-6-2003, cria o Programa Nacional de Acesso à Alimentação – PNAA.
- Lei nº 10.836, de 9-1-2004, cria o programa "Bolsa-Família", que tem por finalidade a unificação dos procedimentos da gestão e execução das ações de transferência de renda do Governo Federal, incluindo o "Bolsa-Alimentação".
- Art. 6º da Lei nº 12.288, de 20-7-2010 (Estatuto da Igualdade Racial).
- MP nº 2.206-1, de 6-9-2001, que até o encerramento desta edição não havia sido convertida em Lei, cria o Programa Nacional de Renda Mínima vinculado à saúde: "Bolsa-Alimentação", regulamentada pelo Dec. nº 3.934, de 30-9-2001.
- Dec. nº 3.964, de 10-10-2001, dispõe sobre o Fundo Nacional de Saúde.
- Dec. nº 10.088, de 5-11-2019, consolida atos normativos editados pelo Poder Executivo Federal que dispõem sobre a promulgação de convenções e recomendações da Organização Internacional do Trabalho – OIT ratificadas pela República Federativa do Brasil.
- Dec. Legislativo nº 269, de 18-9-2008, aprova a Convenção nº 102 da OIT sobre normas mínimas da seguridade social.

Parágrafo único. Todo brasileiro em situação de vulnerabilidade social terá direito a uma renda básica familiar, garantida pelo poder público em programa permanente de transferência de renda, cujas normas e requisitos de acesso serão determinados em lei, observada a legislação fiscal e orçamentária.

- Parágrafo único acrescido pela EC nº 114, de 16-12-2021.

Art. 7º São direitos dos trabalhadores urbanos e rurais, além de outros que visem à melhoria de sua condição social:

- Lei nº 9.799, de 26-5-1999, insere na CLT regras de acesso da mulher ao mercado de trabalho.
- Arts. 38 e 39 da Lei nº 12.288, de 20-7-2010 (Estatuto da Igualdade Racial).
- Declaração sobre Princípios e Direitos Fundamentais no Trabalho e seu seguimento, aprovada pela Conferência Internacional do Trabalho da OIT, em 1998.

I – relação de emprego protegida contra despedida arbitrária ou sem justa causa, nos termos de lei complementar, que preverá indenização compensatória, dentre outros direitos;

- Art. 10 do ADCT.

II – seguro-desemprego, em caso de desemprego involuntário;

- Art. 201, IV, desta Constituição.
- Art. 12 da CLT.
- Lei nº 10.779, de 25-11-2003, dispõe sobre a concessão do benefício de seguro-desemprego, durante o período de defeso, ao pescador profissional que exerce a atividade pesqueira de forma artesanal.
- Dec. nº 10.088, de 5-11-2019, consolida atos normativos editados pelo Poder Executivo Federal que dispõem sobre a promulgação de convenções e recomendações da Organização Internacional do Trabalho – OIT ratificadas pela República Federativa do Brasil.
- Súm. nº 389 do TST.

III – Fundo de Garantia do Tempo de Serviço;

- Arts. 7º, 477, 478 e 492 da CLT.
- LC nº 110, de 29-6-2001, institui contribuições sociais, autoriza créditos de complementos de atualização monetária em contas vinculadas do FGTS, regulamentada pelos Decretos nº 3.913, de 11-9-2001, e 3.914, de 11-9-2001.
- Lei nº 8.036, de 11-5-1990, Dec. nº 99.684, de 8-11-1990 (Regulamento), e Lei nº 8.844, de 20-1-1994, dispõem sobre o FGTS.
- Súm. nº 353 do STJ.
- Súmulas nºs 63, 98, 206, 305, 362, 363 e 426 do TST.
- Orientações Jurisprudenciais da SBDI-I nºs 42, 125, 195, 232, 302, 341, 344, 362, 370 e 394 do TST.

IV – salário mínimo, fixado em lei, nacionalmente unificado, capaz de atender a suas necessidades vitais básicas e às de sua família com moradia, alimentação, educação, saúde, lazer, vestuário, higiene, transporte e previdência social, com reajustes periódicos que lhe preservem o poder aquisitivo, sendo vedada sua vinculação para qualquer fim;

- Art. 39, § 3º, desta Constituição.
- Art. 109, VII, do ADCT.
- Lei nº 6.205, de 29-4-1975, estabelece a descaracterização do salário mínimo como fator de correção monetária.
- Dec. nº 10.088, de 5-11-2019, consolida atos normativos editados pelo Poder Executivo Federal que dispõem sobre a promulgação de convenções e recomendações da Organização Internacional do Trabalho – OIT ratificadas pela República Federativa do Brasil.
- Súmulas Vinculantes nºs 4, 6, 15 e 16 do STF.
- Súm. nº 201 do STJ.
- Súm. nº 356 do TST.
- Orientações Jurisprudenciais da SBDI-I nºs 272, 358 e 393 do TST.
- Orientações Jurisprudenciais da SBDI-II nºs 2 e 71 do TST.
- Ao julgar a ADI nº 4.568, o Plenário do STF declarou a constitucionalidade da Lei nº 12.382, de 25-2-2011, que estipula os parâmetros para fixação do salário mínimo, cabendo ao Presidente da República aplicar os índices definidos para reajuste e aumento e divulgá-los por meio de decreto.

V – piso salarial proporcional à extensão e à complexidade do trabalho;

- LC nº 103, de 14-7-2000, autoriza os Estados e o Distrito Federal a instituir o piso salarial a que se refere este inciso.
- OJ da SBDI-I nº 358 do TST.

VI – irredutibilidade do salário, salvo o disposto em convenção ou acordo coletivo;

- Súm. nº 391 do TST.
- Orientações Jurisprudenciais da SBDI-I nºs 358 e 396 do TST.

VII – garantia de salário, nunca inferior ao mínimo, para os que percebem remuneração variável;

- Art. 39, § 3º, desta Constituição.
- Lei nº 8.716, de 11-10-1993, dispõe sobre a garantia do salário mínimo.
- Lei nº 9.032, de 28-4-1995, dispõe sobre o valor do salário mínimo.

VIII – décimo terceiro salário com base na remuneração integral ou no valor da aposentadoria;

- Arts. 39, § 3º, e 142, § 3º, VIII, desta Constituição.
- Leis nºs 4.090, de 13-7-1962, e 4.749, de 12-8-1965, dispõem sobre o 13º salário.
- Arts. 76 a 82 do Dec. nº 10.854, de 10-11-2021, que regulamenta disposições relativas à legislação trabalhista.
- OJ da SBDI-I nº 358 do TST.
- Súm. nº 349 do STJ.

IX – remuneração do trabalho noturno superior à do diurno;

- Art. 39, § 3º, desta Constituição.
- Art. 73, §§ 1º a 5º, da CLT.
- Dec. nº 10.088, de 5-11-2019, consolida atos normativos editados pelo Poder Executivo Federal que dispõem sobre a promulgação de convenções e recomendações da Organização Internacional do Trabalho – OIT ratificadas pela República Federativa do Brasil.
- Súmulas nºs 60, 140, 265 e 354 do TST.
- Orientações Jurisprudenciais da SBDI-I nºs 97, 265 e 388 do TST.

X – proteção do salário na forma da lei, constituindo crime sua retenção dolosa;

- Dec. nº 10.088, de 5-11-2019, consolida atos normativos editados pelo Poder Executivo Federal que dispõem sobre a promulgação de convenções e recomendações da Organização Internacional do Trabalho – OIT ratificadas pela República Federativa do Brasil.

XI – participação nos lucros, ou resultados, desvinculada da remuneração, e, excepcionalmente, participação na gestão da empresa, conforme definido em lei;

- Arts. 543 e 621 da CLT.
- Lei nº 10.101, de 19-12-2000 (Lei da Participação nos Lucros e Resultados).
- Súm. nº 451 do TST.
- OJ da SBDI-I Transitória nº 73 do TST.

XII – salário-família pago em razão do dependente do trabalhador de baixa renda nos termos da lei;

- Inciso XII com a redação dada pela EC nº 20, de 15-12-1998.
- Arts. 39, § 3º, e 142, § 3º, VIII, desta Constituição.
- Art. 12 da CLT.
- Leis nºs 4.266, de 3-10-1963, e 5.559, de 11-12-1968, dispõem sobre salário-família.
- Arts. 18, 26, 28, 65 a 70 da Lei nº 8.213, de 24-7-1991 (Lei dos Planos de Benefícios da Previdência Social).
- Arts. 5º, 25, 30 a 32, 42, 81 a 92, 173, 217, § 6º, 218, 225 e 255 do Dec. nº 3.048, de 6-5-1999 (Regulamento da Previdência Social).
- OJ da SBDI-I nº 358 do TST.

XIII – duração do trabalho normal não superior a oito horas diárias e quarenta e quatro semanais, facultada a compensação de horários e a redução da jornada, mediante acordo ou convenção coletiva de trabalho;

- Art. 39, § 3º, desta Constituição.
- Arts. 57 a 75 e 224 a 350 da CLT.
- Súmulas nºs 85 e 445 do TST.
- OJ da SBDI-I nº 323 do TST.

XIV – jornada de seis horas para o trabalho realizado em turnos ininterruptos de revezamento, salvo negociação coletiva;

- Art. 58 da CLT.
- Súm. nº 675 do STF.
- Súmulas nºs 360 e 423 do TST.
- Orientações Jurisprudenciais da SBDI-I nºs 360 e 395 do TST.

XV – repouso semanal remunerado, preferencialmente aos domingos;

- Art. 39, §§ 2º e 3º, desta Constituição.
- Art. 67 da CLT.
- Lei nº 605, de 5-1-1949 (Lei do Repouso Semanal Remunerado).
- Dec. nº 10.088, de 5-11-2019, consolida atos normativos editados pelo Poder Executivo Federal que dispõem sobre a promulgação de convenções e recomendações da Organização Internacional do Trabalho – OIT ratificadas pela República Federativa do Brasil.
- Arts. 151 a 162 do Dec. nº 10.854, de 10-11-2021, que regulamenta disposições relativas à legislação trabalhista.
- Súm. nº 27 do TST.
- Orientações Jurisprudenciais da SBDI-I nºs 394 e 410 do TST.

XVI – remuneração do serviço extraordinário superior, no mínimo, em cinquenta por cento à do normal;

- Art. 39, §§ 2º e 3º, desta Constituição.
- Art. 59 da CLT.

XVII – gozo de férias anuais remuneradas com, pelo menos, um terço a mais do que o salário normal;

- Art. 39, §§ 2º e 3º, desta Constituição.
- Arts. 7º e 129 a 153 da CLT.
- Dec. nº 10.088, de 5-11-2019, consolida atos normativos editados pelo Poder Executivo Federal que dispõem sobre a promulgação de convenções e recomendações da Organização Internacional do Trabalho – OIT ratificadas pela República Federativa do Brasil.
- Súm. nº 386 do STJ.
- Súmulas nºs 171 e 328 do TST.

XVIII – licença à gestante, sem prejuízo do emprego e do salário, com a duração de cento e vinte dias;

- O STF, por unanimidade de votos, julgou parcialmente procedente a ADI nº 1.946-5, para dar, ao art. 14 da EC nº 20, de 15-12-1998, interpretação conforme a CF, excluindo-se sua aplicação ao salário da licença gestante, a que se refere este inciso (*DJU* de 16-5-2003 e *DOU* de 3-6-2003).
- Art. 39, §§ 2º e 3º, desta Constituição.
- Art. 10, II, *b*, do ADCT.
- Arts. 391 e 392 da CLT.
- Arts. 71 a 73 da Lei nº 8.213, de 24-7-1991 (Lei dos Planos de Benefícios da Previdência Social).
- Lei nº 10.421, de 15-4-2002, estende à mãe adotiva o direito à licença-maternidade e ao salário-maternidade.
- Lei nº 11.770, de 9-9-2008 (Lei do Programa Empresa Cidadã).
- Dec. nº 4.377, de 13-9-2002, promulga a Convenção Sobre a Eliminação de Todas as Formas de Discriminação Contra a Mulher, de 1979.
- Dec. nº 10.088, de 5-11-2019, consolida atos normativos editados pelo Poder Executivo Federal que dispõem sobre a promulgação de convenções e recomendações da Organização Internacional do Trabalho – OIT ratificadas pela República Federativa do Brasil.
- Arts. 137 a 142 do Dec. nº 10.854, de 10-11-2021, que regulamenta disposições relativas à legislação trabalhista.
- Súm. nº 244 do TST.
- OJ da SBDI-I nº 44 do TST.

XIX – licença-paternidade, nos termos fixados em lei;

- Art. 39, §§ 2º e 3º, desta Constituição.
- Art. 10, § 1º, do ADCT.

XX – proteção do mercado de trabalho da mulher, mediante incentivos específicos, nos termos da lei;

- Art. 39, §§ 2º e 3º, desta Constituição.
- Arts. 372 a 401 da CLT.
- Dec. nº 4.377, de 13-9-2002, promulga a Convenção sobre a Eliminação de Todas as Formas de Discriminação contra a Mulher, de 1979.
- Dec. nº 10.088, de 5-11-2019, consolida atos normativos editados pelo Poder Executivo Federal que dispõem sobre a promulgação de convenções e recomendações da Organização Internacional do Trabalho – OIT ratificadas pela República Federativa do Brasil.

XXI – aviso prévio proporcional ao tempo de serviço, sendo no mínimo de trinta dias, nos termos da lei;

- Arts. 7º e 487 a 491 da CLT.
- Lei nº 12.506, de 11-10-2011 (Lei do Aviso Prévio).
- Súm. nº 441 do TST.

XXII – redução dos riscos inerentes ao trabalho, por meio de normas de saúde, higiene e segurança;

- Art. 39, §§ 2º e 3º, desta Constituição.
- Arts. 154 a 159 e 192 da CLT.
- Dec. nº 10.088, de 5-11-2019, consolida atos normativos editados pelo Poder Executivo Federal que dispõem sobre a promulgação de convenções e recomendações da Organização Internacional do Trabalho – OIT ratificadas pela República Federativa do Brasil.
- Súm. nº 736 do STF.

XXIII – adicional de remuneração para as atividades penosas, insalubres ou perigosas, na forma da lei;

- Art. 39, § 2º, desta Constituição.
- Arts. 189 a 197 da CLT.
- Súm. Vinc. nº 4 do STF.
- Súm. nº 453 do TST.
- OJ da SBDI-I nº 385 do TST.

XXIV – aposentadoria;

- Art. 154 da CLT.
- Arts. 42 a 58 da Lei nº 8.213, de 24-7-1991 (Lei dos Planos de Benefícios da Previdência Social).
- Lei nº 9.477, de 24-7-1997, institui o Fundo de Aposentadoria Programa Individual – FAPI e o Plano de Incentivo à Aposentadoria Programa Individual.
- Arts. 25, 29, 30, 43 a 70-J, 120, 135, 167, 168, 173, 180, 181-B, 181-D, 183, 184, 187, 188, 188-A, 188-H a 188-Q, 190, parágrafo único, e 202 do Dec. nº 3.048, de 6-5-1999 (Regulamento da Previdência Social).

XXV – assistência gratuita aos filhos e dependentes desde o nascimento até 5 (cinco) anos de idade em creches e pré-escolas;

- Inciso XXV com a redação dada pela EC nº 53, de 19-12-2006.
- Art. 208, IV, desta Constituição.

XXVI – reconhecimento das convenções e acordos coletivos de trabalho;

- Arts. 611 a 625 da CLT.
- Dec. nº 10.088, de 5-11-2019, consolida atos normativos editados pelo Poder Executivo Federal que dispõem sobre a promulgação de convenções e recomendações da Organização Internacional do Trabalho – OIT ratificadas pela República Federativa do Brasil.
- Súmulas nºs 277 e 374 do TST.
- Orientações Jurisprudenciais da SBDI-I Transitória nºs 61 e 73 do TST.

XXVII – proteção em face da automação, na forma da lei;

- Dec. nº 10.088, de 5-11-2019, consolida atos normativos editados pelo Poder Executivo Federal que dispõem sobre a promulgação de convenções e recomendações da Organização Internacional do Trabalho – OIT ratificadas pela República Federativa do Brasil.

XXVIII – seguro contra acidentes de trabalho, a cargo do empregador, sem excluir a indenização a que este está obrigado, quando incorrer em dolo ou culpa;

- Art. 114, VI, desta Constituição.
- Art. 154 da CLT.
- Lei nº 6.338, de 7-6-1976, inclui as ações de indenização por acidentes do trabalho entre as que têm curso nas férias forenses.
- Lei nº 8.212, de 24-7-1991 (Lei Orgânica da Seguridade Social).

- Lei nº 8.213, de 24-7-1991 (Lei dos Planos de Benefícios da Previdência Social).
- Lei nº 9.307, de 23-9-1996 (Lei da Arbitragem).
- Art. 40 da Lei nº 11.101, de 9-2-2005 (Lei de Recuperação de Empresas e Falências).
- Dec. nº 3.048, de 6-5-1999 (Regulamento da Previdência Social).
- Dec. nº 10.088, de 5-11-2019, consolida atos normativos editados pelo Poder Executivo Federal que dispõem sobre a promulgação de convenções e recomendações da Organização Internacional do Trabalho – OIT ratificadas pela República Federativa do Brasil.
- Súm. Vinc. nº 22 do STF.
- Súm. nº 378 do TST.

XXIX – ação, quanto aos créditos resultantes das relações de trabalho, com prazo prescricional de cinco anos para os trabalhadores urbanos e rurais, até o limite de dois anos após a extinção do contrato de trabalho;

- Inciso XXIX com a redação dada pela EC nº 28, de 25-5-2000.
- Art. 11, I e II, da CLT.
- Art. 10 da Lei nº 5.889, de 8-6-1973 (Lei do Trabalho Rural).
- Súmulas nºs 206, 294, 308, 362 e 409 do TST.
- Orientações Jurisprudenciais da SBDI-I nºs 271, 359, 399 e 417 do TST.

a) e b) *Revogadas.* EC nº 28, de 25-5-2000.

XXX – proibição de diferença de salários, de exercício de funções e de critério de admissão por motivo de sexo, idade, cor ou estado civil;

- Art. 39, § 3º, desta Constituição.
- Lei nº 9.029, de 13-4-1995, proíbe a exigência de atestados de gravidez e esterilização, e outras práticas discriminatórias, para efeitos admissionais ou de permanência da relação jurídica de trabalho.
- Dec. nº 4.377, de 13-9-2002, promulga a Convenção sobre a Eliminação de Todas as Formas de Discriminação contra a Mulher, de 1979.
- Dec. nº 10.088, de 5-11-2019, consolida atos normativos editados pelo Poder Executivo Federal que dispõem sobre a promulgação de convenções e recomendações da Organização Internacional do Trabalho – OIT ratificadas pela República Federativa do Brasil.
- Port. do MTE nº 1.246, de 28-5-2010, orienta as empresas e os trabalhadores em relação à testagem relacionada ao vírus da imunodeficiência adquirida – HIV.
- Súm. nº 683 do STF.
- Súmulas nºs 6 e 443 do TST.
- OJ da SBDI-I nº 383 do TST.
- Orientações Jurisprudenciais da SDC nºs 25 e 26 do TST.

XXXI – proibição de qualquer discriminação no tocante a salário e critérios de admissão do trabalhador portador de deficiência;

- Dec. nº 3.298, de 20-12-1999, dispõe sobre a Política Nacional para Integração da Pessoa Portadora de Deficiência e consolida as normas de proteção.
- Dec. nº 10.088, de 5-11-2019, consolida atos normativos editados pelo Poder Executivo Federal que dispõem sobre a promulgação de convenções e recomendações da Organização Internacional do Trabalho – OIT ratificadas pela República Federativa do Brasil.

XXXII – proibição de distinção entre trabalho manual, técnico e intelectual ou entre os profissionais respectivos;

- Súm. nº 84 do TST.

XXXIII – proibição de trabalho noturno, perigoso ou insalubre a menores de dezoito e de qualquer trabalho a menores de dezesseis anos, salvo na condição de aprendiz, a partir de quatorze anos;

- Inciso XXXIII com a redação dada pela EC nº 20, de 15-12-1998.
- Art. 227 desta Constituição.
- Arts. 192, 402 a 410 e 792 da CLT.
- Arts. 60 a 69 do ECA.
- Art. 13 da Lei nº 11.685, de 2-6-2008 (Estatuto do Garimpeiro).
- Art. 68, VI, da Lei nº 14.133, de 1º-4-2021 (Nova Lei de Licitações e Contratos Administrativos).
- Dec. nº 10.088, de 5-11-2019, consolida atos normativos editados pelo Poder Executivo Federal que dispõem sobre a promulgação de convenções e recomendações da Organização Internacional do Trabalho – OIT ratificadas pela República Federativa do Brasil.

XXXIV – igualdade de direitos entre o trabalhador com vínculo empregatício permanente e o trabalhador avulso.

Parágrafo único. São assegurados à categoria dos trabalhadores domésticos os direitos previstos nos incisos IV, VI, VII, VIII, X, XIII, XV, XVI, XVII, XVIII, XIX, XXI, XXII, XXIV, XXVI, XXX, XXXI e XXXIII e, atendidas as condições estabelecidas em lei e observada a simplificação do cumprimento das obrigações tributárias, principais e acessórias, decorrentes da relação de trabalho e suas peculiaridades, os previstos nos incisos I, II, III, IX, XII, XXV e XXVIII, bem como a sua integração à previdência social.

- Parágrafo único com a redação dada pela EC nº 72, de 3-4-2013.
- Art. 7º da CLT.
- LC nº 150, de 1-6-2015 (Lei do Empregado Doméstico).

Art. 8º É livre a associação profissional ou sindical, observado o seguinte:

- Arts. 511 a 515, 524, 537, 543, 553, 558 e 570 da CLT.

I – a lei não poderá exigir autorização do Estado para a fundação de sindicato, ressalvado o registro no órgão competente, vedadas ao Poder Público a interferência e a intervenção na organização sindical;

- Dec. nº 10.088, de 5-11-2019, consolida atos normativos editados pelo Poder Executivo Federal que dispõem sobre a promulgação de convenções e recomendações da Organização Internacional do Trabalho – OIT ratificadas pela República Federativa do Brasil.
- Port. do MTE nº 186, de 10-4-2008, trata de procedimentos administrativos de registro sindical.
- Súm. nº 677 do STF.
- OJ da SDC nº 15 do TST.

II – é vedada a criação de mais de uma organização sindical, em qualquer grau, representativa de categoria profissional ou econômica, na mesma base territorial, que será definida pelos trabalhadores ou empregadores interessados, não podendo ser inferior à área de um município;

- Súm. nº 677 do STF.

III – ao sindicato cabe a defesa dos direitos e interesses coletivos ou individuais da categoria, inclusive em questões judiciais ou administrativas;

- Orientações Jurisprudenciais da SBDI-I nºs 359 e 365 do TST.
- OJ da SDC nº 22 do TST.

IV – a assembleia geral fixará a contribuição que, em se tratando de categoria profissional, será descontada em folha, para custeio do sistema confederativo da representação sindical respectiva, independentemente da contribuição prevista em lei;

- Súm. Vinc. nº 40 do STF.
- Súm. nº 666 do STF.
- Súm. nº 396 do STJ.
- OJ da SDC nº 17 do TST.
- Precedente Normativo da SDC nº 119 do TST.
- Ao julgar a ADI nº 4.033, o Plenário do STF julgou constitucional a isenção de contribuição sindical patronal das microempresas e empresas de pequeno porte, optantes do regime SIMPLES NACIONAL, constante do art. 13, § 3º, da LC nº 123, de 14-12-2006.
- No julgamento da ADI nº 2.522, o Plenário do STF julgou constitucional o art. 47 da Lei nº 8.906, de 4-7-1994 (Estatuto da OAB) a isentar o recolhimento da contribuição sindical obrigatória aos advogados inscritos na Ordem dos Advogados do Brasil.

V – ninguém será obrigado a filiar-se ou manter-se filiado a sindicato;

- Art. 199 do CP.
- Dec. nº 10.088, de 5-11-2019, consolida atos normativos editados pelo Poder Executivo Federal que dispõem sobre a promulgação de convenções e recomendações da Organização Internacional do Trabalho – OIT ratificadas pela República Federativa do Brasil.
- OJ da SDC nº 20 do TST.

VI – é obrigatória a participação dos sindicatos nas negociações coletivas de trabalho;

- O STF, ao julgar as Ações Diretas de Inconstitucionalidade nºs 1.861 e 1.361, declararam a inconstitucionalidade de regra constante da MP nº 1.698-46, de 30-6-1998, e art. 2º da MP nº 1.136, de 26-9-1995, que previam a possibilidade de negociação coletiva para instituição de participação nos lucros, por meio de comissão de trabalhadores integrada por um representante indicado pelo sindicato, em alternativa ao acordo coletivo ou convenção coletiva de trabalho.

VII – o aposentado filiado tem direito a votar e ser votado nas organizações sindicais;

VIII – é vedada a dispensa do empregado sindicalizado, a partir do registro da candidatura a cargo de direção ou representação sindical e, se eleito, ainda que suplente, até um ano após o final do mandato, salvo se cometer falta grave nos termos da lei.

- Art. 543 da CLT.
- Dec. nº 10.088, de 5-11-2019, consolida atos normativos editados pelo Poder Executivo Federal que dispõem sobre a promulgação de convenções e recomendações da Organização Internacional do Trabalho – OIT ratificadas pela República Federativa do Brasil.
- Súm. nº 197 do STF.
- Súmulas nºs 369 e 379 do TST.
- Orientações Jurisprudenciais da SBDI-I nºs 365 e 369 do TST.

Parágrafo único. As disposições deste artigo aplicam-se à organização de sindicatos rurais e de colônias de pescadores, atendidas as condições que a lei estabelecer.

- Lei nº 11.699, de 13-6-2008, dispõe sobre as Colônias, Federações e Confederação Nacional dos Pescadores, regulamentando este parágrafo.

Art. 9º É assegurado o direito de greve, competindo aos trabalhadores decidir sobre a oportunidade de exercê-lo e sobre os interesses que devam por meio dele defender.

- Arts. 37, VII, 114, II, e 142, § 3º, IV, desta Constituição.
- Lei nº 7.783, de 28-6-1989 (Lei de Greve).

§ 1º A lei definirá os serviços ou atividades essenciais e disporá sobre o atendimento das necessidades inadiáveis da comunidade.

§ 2º Os abusos cometidos sujeitam os responsáveis às penas da lei.

- Súm. nº 316 do STF.
- OJ da SDC nº 10 do TST.

Art. 10. É assegurada a participação dos trabalhadores e empregadores nos colegiados

dos órgãos públicos em que seus interesses profissionais ou previdenciários sejam objeto de discussão e deliberação.

Art. 11. Nas empresas de mais de duzentos empregados, é assegurada a eleição de um representante destes com a finalidade exclusiva de promover-lhes o entendimento direto com os empregadores.

- Art. 543 da CLT.
- Precedente Normativo da SDC nº 86 do TST.

CAPÍTULO III
DA NACIONALIDADE

- Art. 5º, LXXI, desta Constituição.
- Dec. nº 4.246, de 22-5-2002, promulga a Convenção sobre o Estatuto dos Apátridas.

Art. 12. São brasileiros:

I – natos:

a) os nascidos na República Federativa do Brasil, ainda que de pais estrangeiros, desde que estes não estejam a serviço de seu país;

b) os nascidos no estrangeiro, de pai brasileiro ou mãe brasileira, desde que qualquer deles esteja a serviço da República Federativa do Brasil;

c) os nascidos no estrangeiro de pai brasileiro ou de mãe brasileira, desde que sejam registrados em repartição brasileira competente ou venham a residir na República Federativa do Brasil e optem, em qualquer tempo, depois de atingida a maioridade, pela nacionalidade brasileira;

- Alínea *c* com a redação dada pela EC nº 54, de 20-9-2007.
- Art. 95 do ADCT.

II – naturalizados:

- Lei nº 818, de 18-9-1949 (Lei da Nacionalidade Brasileira).
- Arts. 64 a 73 da Lei nº 13.445, de 24-5-2017 (Lei de Migração).

a) os que, na forma da lei, adquiram a nacionalidade brasileira, exigidas aos originários de países de língua portuguesa apenas residência por um ano ininterrupto e idoneidade moral;

b) os estrangeiros de qualquer nacionalidade, residentes na República Federativa do Brasil há mais de quinze anos ininterruptos e sem condenação penal, desde que requeiram a nacionalidade brasileira.

- Alínea *b* com a redação dada pela ECR nº 3, de 7-6-1994.

§ 1º Aos portugueses com residência permanente no País, se houver reciprocidade em favor de brasileiros, serão atribuídos os direitos inerentes ao brasileiro, salvo os casos previstos nesta Constituição.

- § 1º com a redação dada pela ECR nº 3, de 7-6-1994.

§ 2º A lei não poderá estabelecer distinção entre brasileiros natos e naturalizados, salvo nos casos previstos nesta Constituição.

§ 3º São privativos de brasileiro nato os cargos:

I – de Presidente e Vice-Presidente da República;

II – de Presidente da Câmara dos Deputados;

III – de Presidente do Senado Federal;

IV – de Ministro do Supremo Tribunal Federal;

V – da carreira diplomática;

VI – de oficial das Forças Armadas;

- LC nº 97, de 9-6-1999, dispõe sobre as normas gerais para organização, o preparo e o emprego das Forças Armadas.

VII – de Ministro de Estado da Defesa.

- Inciso VII acrescido pela EC nº 23, de 2-9-1999.
- LC nº 97, de 9-6-1999, dispõe sobre a criação do Ministério de Defesa.

§ 4º Será declarada a perda da nacionalidade do brasileiro que:

I – tiver cancelada sua naturalização, por sentença judicial, em virtude de fraude relacionada ao processo de naturalização ou de atentado contra a ordem constitucional e o Estado Democrático;

- Inciso I com a redação dada pela EC nº 131, de 3-10-2023.
- Art. 75 da Lei nº 13.445, de 24-5-2017 (Lei de Migração).

II – fizer pedido expresso de perda da nacionalidade brasileira perante autoridade brasileira competente, ressalvadas situações que acarretem apatridia.

- *Caput* do inciso II com a redação dada pela EC nº 131, de 3-10-2023.
- Art. 76 da Lei nº 13.445, de 24-5-2017 (Lei de Migração).

a e b) Revogadas. EC nº 131, de 3-10-2023.

§ 5º A renúncia da nacionalidade, nos termos do inciso II do § 4º deste artigo, não impede o interessado de readquirir sua nacionalidade brasileira originária, nos termos da lei.

- § 5º acrescido pela EC nº 131, de 3-10-2023.

Art. 13. A língua portuguesa é o idioma oficial da República Federativa do Brasil.

- Dec. nº 5.002, de 3-3-2004, promulga a Declaração Constitutiva e os Estatutos da Comunidade dos Países de Língua Portuguesa.

§ 1º São símbolos da República Federativa do Brasil a bandeira, o hino, as armas e o selo nacionais.

- Lei nº 5.700, de 1º-9-1971, dispõe sobre a forma e a apresentação dos Símbolos Nacionais.
- Dec. nº 98.068, de 18-8-1989, dispõe sobre o hasteamento da bandeira nacional nas repartições públicas federais e nos estabelecimentos de ensino.

§ 2º Os Estados, o Distrito Federal e os Municípios poderão ter símbolos próprios.

CAPÍTULO IV
DOS DIREITOS POLÍTICOS

- Art. 5º, LXXI, desta Constituição.

Art. 14. A soberania popular será exercida pelo sufrágio universal e pelo voto direto e secreto, com valor igual para todos, e, nos termos da lei, mediante:

- Lei nº 4.737, de 15-7-1965 (Código Eleitoral).
- Lei nº 9.709, de 18-11-1998, regulamenta a execução do disposto nos incisos I, II e III do artigo supratranscrito.

I – plebiscito;

- Arts. 18, §§ 3º e 4º, e 49, XV, desta Constituição.
- Art. 2º do ADCT.

II – referendo;

- Arts. 1º, II, 2º, § 2º, 3º, 6º, 8º e 10 a 12 da Lei nº 9.709, de 18-11-1998, que regulamenta a execução do disposto nos incisos I, II e III deste artigo.

III – iniciativa popular.

- Art. 61, § 2º, desta Constituição.
- Arts. 1º, III, 13 e 14 da Lei nº 9.709, de 18-11-1998, que regulamenta a execução do disposto nos incisos I, II e III deste artigo.

§ 1º O alistamento eleitoral e o voto são:

- Arts. 42 a 81 e 133 a 157 do CE.

I – obrigatórios para os maiores de dezoito anos;

- Lei nº 9.274, de 7-5-1996, dispõe sobre anistia relativamente às eleições de 3 de outubro e de 15 de novembro dos anos de 1992 e 1994.

II – facultativos para:

a) os analfabetos;

b) os maiores de setenta anos;

c) os maiores de dezesseis e menores de dezoito anos.

§ 2º Não podem alistar-se como eleitores os estrangeiros e, durante o período do serviço militar obrigatório, os conscritos.

§ 3º São condições de elegibilidade, na forma da lei:

I – a nacionalidade brasileira;

II – o pleno exercício dos direitos políticos;

- Art. 47, I, do CP.

III – o alistamento eleitoral;

IV – o domicílio eleitoral na circunscrição;

V – a filiação partidária;

- Lei nº 9.096, de 19-9-1995 (Lei dos Partidos Políticos).
- Res. do TSE nº 23.282, de 22-6-2010, disciplina a criação, organização, fusão, incorporação e extinção de partidos políticos.

VI – a idade mínima de:

a) trinta e cinco anos para Presidente e Vice-Presidente da República e Senador;

b) trinta anos para Governador e Vice-Governador de Estado e do Distrito Federal;

c) vinte e um anos para Deputado Federal, Deputado Estadual ou Distrital, Prefeito, Vice-Prefeito e juiz de paz;

- Dec.-lei nº 201, de 27-2-1967 (Lei de Responsabilidade dos Prefeitos e Vereadores).

d) dezoito anos para Vereador.

- Dec.-lei nº 201, de 27-2-1967 (Lei de Responsabilidade dos Prefeitos e Vereadores).

§ 4º São inelegíveis os inalistáveis e os analfabetos.

§ 5º O Presidente da República, os Governadores de Estado e do Distrito Federal, os Prefeitos e quem os houver sucedido ou substituído no curso dos mandatos poderão ser reeleitos para um único período subsequente.

- § 5º com a redação dada pela EC nº 16, de 4-6-1997.
- Súm. nº 8 do TSE.

§ 6º Para concorrerem a outros cargos, o Presidente da República, os Governadores de Estado e do Distrito Federal e os Prefeitos devem renunciar aos respectivos mandatos até seis meses antes do pleito.

§ 7º São inelegíveis, no território de jurisdição do titular, o cônjuge e os parentes consanguíneos ou afins, até o segundo grau ou por adoção, do Presidente da República, de Governador de Estado ou Território, do Distrito Federal, de Prefeito ou de quem os haja substituído dentro dos seis meses anteriores ao pleito, salvo se já titular de mandato eletivo e candidato à reeleição.

- Súm. Vinc. nº 18 do STF.
- Súmulas nºs 6 e 12 do TSE.

§ 8º O militar alistável é elegível, atendidas as seguintes condições:

I – se contar menos de dez anos de serviço, deverá afastar-se da atividade;

II – se contar mais de dez anos de serviço, será agregado pela autoridade superior e, se eleito, passará automaticamente, no ato da diplomação, para a inatividade.

▶ Art. 42, § 1º, desta Constituição.

§ 9º Lei complementar estabelecerá outros casos de inelegibilidade e os prazos de sua cessação, a fim de proteger a probidade administrativa, a moralidade para o exercício do mandato, considerada a vida pregressa do candidato, e a normalidade e legitimidade das eleições contra a influência do poder econômico ou o abuso do exercício de função, cargo ou emprego na administração direta ou indireta.

▶ § 9º com a redação dada pela ECR nº 4, de 7-6-1994.
▶ Art. 37, § 4º, desta Constituição.
▶ LC nº 64, de 18-5-1990 (Lei dos Casos de Inelegibilidade).
▶ Súm. nº 13 do TSE.

§ 10. O mandato eletivo poderá ser impugnado ante a Justiça Eleitoral no prazo de quinze dias contados da diplomação, instruída a ação com provas de abuso do poder econômico, corrupção ou fraude.

▶ O STF, ao julgar as Ações Diretas de Inconstitucionalidade nºs 3.999 e 4.086, confirmou a constitucionalidade da Res. do TSE nº 22.610, de 25-10-2007, que disciplina o processo de perda do mandato eletivo por infidelidade partidária.

§ 11. A ação de impugnação de mandato tramitará em segredo de justiça, respondendo o autor, na forma da lei, se temerária ou de manifesta má-fé.

§ 12. Serão realizadas concomitantemente às eleições municipais as consultas populares sobre questões locais aprovadas pelas Câmaras Municipais e encaminhadas à Justiça Eleitoral até 90 (noventa) dias antes da data das eleições, observados os limites operacionais relativos ao número de quesitos.

§ 13. As manifestações favoráveis e contrárias às questões submetidas às consultas populares nos termos do § 12 ocorrerão durante as campanhas eleitorais, sem a utilização de propaganda gratuita no rádio e na televisão.

▶ §§ 12 e 13 acrescidos pela EC nº 111, de 28-9-2021.

Art. 15. É vedada a cassação de direitos políticos, cuja perda ou suspensão só se dará nos casos de:

▶ Lei nº 9.096, de 19-9-1995 (Lei dos Partidos Políticos).

I – cancelamento da naturalização por sentença transitada em julgado;

II – incapacidade civil absoluta;

III – condenação criminal transitada em julgado, enquanto durarem seus efeitos;

▶ Art. 92, I e parágrafo único, do CP.
▶ Súm. nº 9 do TSE.

IV – recusa de cumprir obrigação a todos imposta ou prestação alternativa, nos termos do artigo 5º, VIII;

▶ Art. 143 desta Constituição.
▶ Lei nº 8.239, de 4-10-1991, dispõe sobre a prestação de serviço alternativo ao Serviço Militar Obrigatório.

V – improbidade administrativa, nos termos do artigo 37, § 4º.

Art. 16. A lei que alterar o processo eleitoral entrará em vigor na data de sua publicação, não se aplicando à eleição que ocorra até um ano da data de sua vigência.

▶ Artigo com a redação dada pela EC nº 4, de 14-9-1993.
▶ Lei nº 9.504, de 30-9-1997 (Lei das Eleições).

CAPÍTULO V
DOS PARTIDOS POLÍTICOS

Art. 17. É livre a criação, fusão, incorporação e extinção de partidos políticos, resguardados a soberania nacional, o regime democrático, o pluripartidarismo, os direitos fundamentais da pessoa humana e observados os seguintes preceitos:

▶ Lei nº 9.096, de 19-9-1995 (Lei dos Partidos Políticos).
▶ Lei nº 9.504, de 30-9-1997 (Lei das Eleições).
▶ Res. do TSE nº 23.282, de 22-6-2010, disciplina a criação, organização, fusão, incorporação e extinção de partidos políticos.

I – caráter nacional;

II – proibição de recebimento de recursos financeiros de entidade ou governo estrangeiros ou de subordinação a estes;

III – prestação de contas à Justiça Eleitoral;

▶ Lei nº 9.096, de 19-9-1995 (Lei dos Partidos Políticos).

IV – funcionamento parlamentar de acordo com a lei.

§ 1º É assegurada aos partidos políticos autonomia para definir sua estrutura interna e estabelecer regras sobre escolha, formação e duração de seus órgãos permanentes e provisórios e sobre sua organização e funcionamento e para adotar os critérios de escolha e o regime de suas coligações nas eleições majoritárias, vedada a sua celebração nas eleições proporcionais, sem obrigatoriedade de vinculação entre as candidaturas em âmbito nacional, estadual, distrital ou municipal, devendo seus estatutos estabelecer normas de disciplina e fidelidade partidária.

▶ § 1º com a redação dada pela EC nº 97, de 4-10-2017.

§ 2º Os partidos políticos, após adquirirem personalidade jurídica, na forma da lei civil, registrarão seus estatutos no Tribunal Superior Eleitoral.

§ 3º Somente terão direito a recursos do fundo partidário e acesso gratuito ao rádio e à televisão, na forma da lei, os partidos políticos que alternativamente:

I – obtiverem, nas eleições para a Câmara dos Deputados, no mínimo, 3% (três por cento) dos votos válidos, distribuídos em pelo menos um terço das unidades da Federação, com um mínimo de 2% (dois por cento) dos votos válidos em cada uma delas; ou

II – tiverem elegido pelo menos quinze Deputados Federais distribuídos em pelo menos um terço das unidades da Federação.

▶ § 3º com a redação dada pela EC nº 97, de 4-10-2017.
▶ Art. 241 do CE.

§ 4º É vedada a utilização pelos partidos políticos de organização paramilitar.

§ 5º Ao eleito por partido que não preencher os requisitos previstos no § 3º deste artigo é assegurado o mandato e facultada a filiação, sem perda do mandato, a outro partido que os tenha atingido, não sendo essa filiação considerada para fins de distribuição dos recursos do fundo partidário e de acesso gratuito ao tempo de rádio e de televisão.

▶ § 5º acrescido pela EC nº 97, de 4-10-2017.

§ 6º Os Deputados Federais, os Deputados Estaduais, os Deputados Distritais e os Vereadores que se desligarem do partido pelo qual tenham sido eleitos perderão o mandato, salvo nos casos de anuência do partido ou de outras hipóteses de justa causa estabelecidas em lei, não computada, em qualquer caso, a migração de partido para fins de distribuição de recursos do fundo partidário ou de outros fundos públicos e de acesso gratuito ao rádio e à televisão.

▶ § 6º acrescido pela EC nº 111, de 28-9-2021.

§ 7º Os partidos políticos devem aplicar no mínimo 5% (cinco por cento) dos recursos do fundo partidário na criação e na manutenção de programas de promoção e difusão da participação política das mulheres, de acordo com os interesses intrapartidários.

§ 8º O montante do Fundo Especial de Financiamento de Campanha e da parcela do fundo partidário destinada a campanhas eleitorais, bem como o tempo de propaganda gratuita no rádio e na televisão a ser distribuído pelos partidos às respectivas candidatas, deverão ser de no mínimo 30% (trinta por cento), proporcional ao número de candidatas, e a distribuição deverá ser realizada conforme critérios definidos pelos respectivos órgãos de direção e pelas normas estatutárias, considerados a autonomia e o interesse partidário.

▶ §§ 7º e 8º acrescidos pela EC nº 117, de 5-4-2022.

§ 9º *Dos recursos oriundos do Fundo Especial de Financiamento de Campanha e do fundo partidário destinados às campanhas eleitorais, os partidos políticos devem, obrigatoriamente, aplicar 30% (trinta por cento) em candidaturas de pessoas pretas e pardas, nas circunscrições que melhor atendam aos interesses e às estratégias partidárias.*

▶ § 9º acrescido pela EC nº 133, de 22-8-2024.
▶ Art. 9º, I, da EC nº 133, de 22-8-2024.

TÍTULO III – DA ORGANIZAÇÃO DO ESTADO

CAPÍTULO I
DA ORGANIZAÇÃO POLÍTICO-ADMINISTRATIVA

Art. 18. A organização político-administrativa da República Federativa do Brasil compreende a União, os Estados, o Distrito Federal e os Municípios, todos autônomos, nos termos desta Constituição.

§ 1º Brasília é a Capital Federal.

§ 2º Os Territórios Federais integram a União, e sua criação, transformação em Estado ou reintegração ao Estado de origem serão reguladas em lei complementar.

§ 3º Os Estados podem incorporar-se entre si, subdividir-se ou desmembrar-se para se anexarem a outros, ou formarem novos Estados ou Territórios Federais, mediante aprovação da população diretamente interessada, através de plebiscito, e do Congresso Nacional, por lei complementar.

▶ Arts. 3º e 4º da Lei nº 9.709, de 18-11-1998, que dispõe sobre a convocação do plebiscito e o referendo nas questões de relevância nacional, de competência do Poder Legislativo ou do Poder Executivo.

§ 4º A criação, a incorporação, a fusão e o desmembramento de Municípios, far-se-ão por lei estadual, dentro do período determinado por lei complementar federal, e dependerão de consulta prévia, mediante plebiscito, às populações dos Municípios envolvidos, após divulgação dos Estudos de Viabilidade Municipal, apresentados e publicados na forma da lei.

▶ § 4º com a redação dada pela EC nº 15, de 12-9-1996.

- Art. 5º da Lei nº 9.709, de 18-11-1998, que dispõe sobre o plebiscito destinado à criação, à incorporação, à fusão e ao desmembramento de Municípios.
- Lei nº 10.521, de 18-7-2002, assegura a instalação de Municípios criados por lei estadual.

Art. 19. É vedado à União, aos Estados, ao Distrito Federal e aos Municípios:

I – estabelecer cultos religiosos ou igrejas, subvencioná-los, embaraçar-lhes o funcionamento ou manter com eles ou seus representantes relações de dependência ou aliança, ressalvada, na forma da lei, a colaboração de interesse público;

II – recusar fé aos documentos públicos;

III – criar distinções entre brasileiros ou preferências entre si.

- Art. 325 da CLT.

CAPÍTULO II
DA UNIÃO

Art. 20. São bens da União:

- Art. 176, §§ 1º a 4º, desta Constituição.
- Art. 99 do CC.
- Dec.-lei nº 9.760, de 5-9-1946 (Lei dos Bens Imóveis da União).

I – os que atualmente lhe pertencem e os que lhe vierem a ser atribuídos;

- Súm. nº 650 do STF.

II – as terras devolutas indispensáveis à defesa das fronteiras, das fortificações e construções militares, das vias federais de comunicação e à preservação ambiental, definidas em lei;

- Lei nº 4.504, de 30-11-1964 (Estatuto da Terra).
- Lei nº 6.383, de 7-12-1976 (Lei das Ações Discriminatórias).
- Lei nº 6.431, de 11-7-1977, autoriza a doação de porções de terras devolutas a Municípios incluídos na região da Amazônia Legal, para os fins que especifica.
- Lei nº 6.634, de 2-5-1979, dispõe sobre a faixa de fronteira.
- Lei nº 6.938, de 31-8-1981 (Lei da Política Nacional do Meio Ambiente).
- Dec.-lei nº 227, de 28-2-1967 (Código de Mineração).
- Dec.-lei nº 1.135, de 3-12-1970, dispõe sobre a organização, a competência e o funcionamento do Conselho de Segurança Nacional.
- Súm. nº 477 do STF.

III – os lagos, rios e quaisquer correntes de água em terrenos de seu domínio, ou que banhem mais de um Estado, sirvam de limites com outros países, ou se estendam a território estrangeiro ou dele provenham, bem como os terrenos marginais e as praias fluviais;

- Dec. nº 1.265, de 11-10-1994, aprova a Política Marítima Nacional – PMN.

IV – as ilhas fluviais e lacustres nas zonas limítrofes com outros países; as praias marítimas; as ilhas oceânicas e as costeiras, excluídas, destas, as que contenham a sede de Municípios, exceto aquelas áreas afetadas ao serviço público e a unidade ambiental federal, e as referidas no art. 26, II;

- Inciso IV com a redação dada pela EC nº 46, de 5-5-2005.
- Dec. nº 1.265, de 11-10-1994, aprova a Política Marítima Nacional – PMN.

V – os recursos naturais da plataforma continental e da zona econômica exclusiva;

- Lei nº 8.617, de 4-1-1993, dispõe sobre o mar territorial, a zona contígua, a zona econômica exclusiva e a plataforma continental brasileiros.
- Dec. nº 1.265, de 11-10-1994, aprova a Política Marítima Nacional – PMN.

VI – o mar territorial;

- Lei nº 8.617, de 4-1-1993, dispõe sobre o mar territorial, a zona contígua, a zona econômica exclusiva e a plataforma continental brasileira.
- Dec. nº 1.265, de 11-10-1994, aprova a Política Marítima Nacional – PMN.

VII – os terrenos de marinha e seus acrescidos;

- Súm nº 496 do STJ.

VIII – os potenciais de energia hidráulica;

IX – os recursos minerais, inclusive os do subsolo;

X – as cavidades naturais subterrâneas e os sítios arqueológicos e pré-históricos;

XI – as terras tradicionalmente ocupadas pelos índios.

- Súm. nº 650 do STF.

§ 1º É assegurada, nos termos da lei, à União, aos Estados, ao Distrito Federal e aos Municípios a participação no resultado da exploração de petróleo ou gás natural, de recursos hídricos para fins de geração de energia elétrica e de outros recursos minerais no respectivo território, plataforma continental, mar territorial ou zona econômica exclusiva, ou compensação financeira por essa exploração.

- § 1º com a redação dada pela EC nº 102, de 26-9-2019, para vigorar na data de sua publicação (*DOU* de 27-9-2019), produzindo efeitos a partir da execução orçamentária do exercício financeiro subsequente.
- Arts. 100, § 18, e 177 desta Constituição.
- Arts. 101, § 1º, e 107, § 6º, I, do ADCT.
- Art. 3º da EC nº 86, de 17-3-2015, que torna obrigatória a execução orçamentária que especifica.
- Lei nº 7.990, de 28-12-1989, institui, para os Estados, Distrito Federal e Municípios, compensação financeira pelo resultado da exploração de petróleo ou gás natural, de recursos hídricos para fins de geração de energia elétrica, de recursos minerais em seus respectivos territórios, plataforma continental, mar territorial ou zona econômica exclusiva.
- Lei nº 8.001, de 13-3-1990, define os percentuais da distribuição da compensação financeira instituída pela Lei nº 7.990, de 28-12-1989.
- Lei nº 9.427, de 26-12-1996, institui a Agência Nacional de Energia Elétrica (ANEEL), e disciplina o regime de concessões de serviços públicos de energia elétrica.
- Lei nº 9.478, de 6-8-1997, dispõe sobre a Política Energética Nacional, as atividades relativas a o monopólio do petróleo, institui o Conselho Nacional de Política Energética e a Agência Nacional de Petróleo – ANP.
- Lei nº 9.984, de 17-7-2000, dispõe sobre a Agência Nacional de Águas e Saneamento Básico – ANA.
- Lei nº 12.858, de 9-9-2013, dispõe sobre a destinação para as áreas de educação e saúde de parcela da participação no resultado ou da compensação financeira pela exploração de petróleo e gás natural, com a finalidade de cumprimento da meta prevista no inciso VI do *caput* do art. 214 e no art. 196 desta Constituição.
- Dec. nº 1, de 11-1-1991, regulamenta o pagamento da compensação financeira instituída pela Lei nº 7.990, de 28-12-1989.

§ 2º A faixa de até cento e cinquenta quilômetros de largura, ao longo das fronteiras terrestres, designada como faixa de fronteira, é considerada fundamental para defesa do território nacional, e sua ocupação e utilização serão reguladas em lei.

- Lei nº 6.634, de 2-5-1979, dispõe sobre a faixa de fronteira.
- Art. 10, § 3º, da Lei nº 11.284, de 2-3-2006 (Lei de Gestão de Florestas Públicas).
- Dec.-lei nº 1.135, de 3-12-1970, dispõe sobre a organização, a competência e o funcionamento do Conselho de Segurança Nacional.

Art. 21. Compete à União:

I – manter relações com Estados estrangeiros e participar de organizações internacionais;

II – declarar a guerra e celebrar a paz;

III – assegurar a defesa nacional;

IV – permitir, nos casos previstos em lei complementar, que forças estrangeiras transitem pelo território nacional ou nele permaneçam temporariamente;

- LC nº 90, de 1º-10-1997, regulamenta este inciso e determina os casos em que forças estrangeiras possam transitar pelo território nacional ou nele permanecer temporariamente.
- Dec. nº 97.464, de 20-1-1989, estabelece procedimentos para a entrada no Brasil e o sobrevoo de seu território por aeronaves civis estrangeiras, que não estejam em serviço aéreo internacional regular.

V – decretar o estado de sítio, o estado de defesa e a intervenção federal;

VI – autorizar e fiscalizar a produção e o comércio de material bélico;

VII – emitir moeda;

VIII – administrar as reservas cambiais do País e fiscalizar as operações de natureza financeira, especialmente as de crédito, câmbio e capitalização, bem como as de seguros e de previdência privada;

- LC nº 108, de 29-5-2001, dispõe sobre a relação entre União, os Estados o Distrito Federal e os Municípios, suas autarquias, fundações, sociedades de economia mista e outras entidades públicas e suas respectivas entidades fechadas de previdência complementar.
- LC nº 109, de 29-5-2001 (Lei do Regime de Previdência Complementar).
- Lei nº 4.595, de 31-12-1964 (Lei do Sistema Financeiro Nacional).
- Lei nº 4.728, de 14-7-1965 (Lei do Mercado de Capitais).
- Dec.-lei nº 73, de 21-11-1966, regulamentado pelo Dec. nº 60.459, de 13-3-1967, dispõe sobre o sistema nacional de seguros privados e regula as operações de seguros e resseguros.

IX – elaborar e executar planos nacionais e regionais de ordenação do território e de desenvolvimento econômico e social;

- Lei nº 9.491, de 9-9-1997, altera procedimentos relativos ao programa nacional de desestatização.

X – manter o serviço postal e o correio aéreo nacional;

- Lei nº 6.538, de 22-6-1978, dispõe sobre os serviços postais.

XI – explorar, diretamente ou mediante autorização, concessão ou permissão, os serviços de telecomunicações, nos termos da lei, que disporá sobre a organização dos serviços, a criação de um órgão regulador e outros aspectos institucionais;

- Inciso XI com a redação dada pela EC nº 8, de 15-8-1995.
- Art. 246 desta Constituição.
- Lei nº 8.987, de 13-2-1995 (Lei da Concessão e Permissão da Prestação de Serviços Públicos).
- Lei nº 9.295, de 19-7-1996, dispõe sobre serviços de telecomunicações, organizações e órgão regulador.
- Lei nº 9.472, de 16-7-1997, dispõe sobre a organização dos serviços de telecomunicações, a criação e funcionamento de um Órgão Regulador e outros aspectos institucionais.
- Lei nº 10.052, de 28-11-2000, institui o Fundo para o Desenvolvimento Tecnológico das Telecomunicações – FUNTTEL.
- Dec. nº 3.896, de 23-8-2001, dispõe sobre a regência dos serviços de telecomunicações.

XII – explorar, diretamente ou mediante autorização, concessão ou permissão:

- Lei nº 4.117, de 24-8-1962 (Código Brasileiro de Telecomunicações).
- Dec. nº 2.196, de 8-4-1997, aprova o Regulamento de Serviços Especiais.
- Dec. nº 2.197, de 8-4-1997, aprova o Regulamento de Serviços Limitados.
- Dec. nº 2.198, de 8-4-1997, aprova o Regulamento de Serviços Público-Restritos.

a) os serviços de radiodifusão sonora e de sons e imagens;

- Alínea *a* com a redação dada pela EC nº 8, de 15-8-1995.
- Art. 246 desta Constituição.
- Lei nº 9.472, de 16-7-1997, dispõe sobre a organização dos serviços de telecomunicações, a criação e funcionamento de um Órgão Regulador e outros aspectos institucionais.
- Lei nº 10.052, de 28-11-2000, institui o Fundo para o Desenvolvimento Tecnológico das Telecomunicações – FUNTTEL.

b) os serviços e instalações de energia elétrica e o aproveitamento energético dos cursos de água, em articulação com os Estados onde se situam os potenciais hidroenergéticos;

- Lei nº 9.427, de 26-12-1996, institui a Agência Nacional de Energia Elétrica – ANEEL e disciplina o regime de concessão de serviços públicos de energia elétrica.
- Lei nº 9.648, de 27-5-1998, regulamentada pelo Dec. nº 2.655, de 2-7-1998, autoriza o Poder Executivo a promover a reestruturação da Centrais Elétricas Brasileiras – ELETROBRÁS e de suas subsidiárias.
- Lei nº 12.111, de 9-12-2009, dispõe sobre os serviços de energia elétrica nos Sistemas Isolados.

c) a navegação aérea, aeroespacial e a infraestrutura aeroportuária;

- Lei nº 7.565, de 19-12-1986 (Código Brasileiro de Aeronáutica).
- Lei nº 9.994, de 24-7-2000, institui o Programa de Desenvolvimento Científico e Tecnológico do Setor Espacial.

d) os serviços de transporte ferroviário e aquaviário entre portos brasileiros e fronteiras nacionais, ou que transponham os limites de Estado ou Território;

- Lei nº 9.277, de 10-5-1996, autoriza a União a delegar aos Municípios, Estados da Federação e ao Distrito Federal a Administração e Exploração de Rodovias e Portos Federais.

e) os serviços de transporte rodoviário interestadual e internacional de passageiros;

f) os portos marítimos, fluviais e lacustres;

- Lei nº 10.233, de 5-6-2001, dispõe sobre a reestruturação dos transportes aquaviário e terrestre, cria o Conselho Nacional de Integração de Políticas de Transporte, a Agência Nacional de Transportes Terrestres, a Agência Nacional de Transportes Aquaviários e o Departamento Nacional de Infraestrutura de Transportes.
- Dec. nº 1.265, de 11-10-1994, aprova a Política Marítima Nacional – PMN.
- Dec. nº 10.088, de 5-11-2019, consolida atos normativos editados pelo Poder Executivo Federal que dispõem sobre a promulgação de convenções e recomendações da Organização Internacional do Trabalho – OIT ratificadas pela República Federativa do Brasil.

XIII – organizar e manter o Poder Judiciário, o Ministério Público do Distrito Federal e dos Territórios e a Defensoria Pública dos Territórios;

- Inciso XIII com a redação dada pela EC nº 69, de 29-3-2012, em vigor na data de sua publicação, produzindo efeitos após 120 dias de sua publicação oficial (*DOU* de 30-3-2012).

XIV – organizar e manter a polícia civil, a polícia penal, a polícia militar e o corpo de bombeiros militar do Distrito Federal, bem como prestar assistência financeira ao Distrito Federal para a execução de serviços públicos, por meio de fundo próprio;

- Inciso XIV com a redação dada pela EC nº 104, de 4-12-2019.
- Art. 107, § 6º, I, do ADCT.
- Art. 25 da EC nº 19, de 4-6-1998 (Reforma Administrativa).
- Lei nº 10.633, de 27-12-2002, institui o Fundo Constitucional do Distrito Federal – FCDF, para atender o disposto neste inciso.
- Súm. Vinc. nº 39 do STF.
- Súm. nº 647 do STF.

XV – organizar e manter os serviços oficiais de estatística, geografia, geologia e cartografia de âmbito nacional;

- Art. 71, § 3º, da Lei nº 11.355, de 19-10-2006, que dispõe sobre plano de carreiras e cargos do Instituto Brasileiro de Geografia e Estatística – IBGE.
- Dec. nº 243, de 28-2-1967, fixa as diretrizes e bases da Cartografia Brasileira.

XVI – exercer a classificação, para efeito indicativo, de diversões públicas e de programas de rádio e televisão;

- Art. 23 do ADCT.

XVII – conceder anistia;

XVIII – planejar e promover a defesa permanente contra as calamidades públicas, especialmente as secas e as inundações;

XIX – instituir sistema nacional de gerenciamento de recursos hídricos e definir critérios de outorga de direitos de seu uso;

- Lei nº 9.433, de 8-1-1997, institui a Política Nacional de Recursos Hídricos, cria o Sistema Nacional de Gerenciamento de Recursos Hídricos e regulamenta o inciso acima transcrito.

XX – instituir diretrizes para o desenvolvimento urbano, inclusive habitação, saneamento básico e transportes urbanos;

- Lei nº 5.318, de 26-9-1967, institui a Política Nacional de Saneamento e cria o Conselho Nacional de Saneamento.
- Lei nº 7.196, de 13-6-1984, institui o Plano Nacional de Moradia – PLAMO.
- Lei nº 10.188, de 12-2-2001, cria o Programa de Arrendamento Residencial e institui o arrendamento residencial com opção de compra.
- Lei nº 10.233, de 5-6-2001, dispõe sobre a reestruturação dos transportes aquaviário e terrestre, cria o Conselho Nacional de Integração de Políticas de Transporte, a Agência Nacional de Transportes Terrestres, a Agência Nacional de Transportes Aquaviários e o Departamento Nacional de Infraestrutura de Transportes.
- Lei nº 11.445, de 5-1-2007, estabelece diretrizes nacionais para o saneamento básico, regulamentada pelo Dec. nº 7.217, de 21-6-2010.
- Lei nº 12.587, de 3-1-2012 (Lei da Política Nacional de Mobilidade Urbana).

XXI – estabelecer princípios e diretrizes para o sistema nacional de viação;

- Lei nº 10.233, de 5-6-2001, dispõe sobre a reestruturação dos transportes aquaviário e terrestre, cria o Conselho Nacional de Integração de Políticas de Transporte, a Agência Nacional de Transportes Terrestres, a Agência Nacional de Transportes Aquaviários e o Departamento Nacional de Infraestrutura de Transportes.

XXII – executar os serviços de polícia marítima, aeroportuária e de fronteiras;

- Inciso XXII com a redação dada pela EC nº 19, de 4-6-1998.
- Súm. Vinc. nº 36 do STF.

XXIII – explorar os serviços e instalações nucleares de qualquer natureza e exercer monopólio estatal sobre a pesquisa, a lavra, o enriquecimento e reprocessamento, a industrialização e o comércio de minérios nucleares e seus derivados, atendidos os seguintes princípios e condições:

- Lei nº 10.308, de 20-11-2001, estabelece normas para o destino final dos rejeitos radioativos produzidos em território nacional, incluídos a seleção de locais, a construção, o licenciamento, a operação, a fiscalização, os custos, a indenização e a responsabilidade civil.
- Dec.-lei nº 1.982, de 28-12-1982, dispõe sobre o exercício das atividades nucleares incluídas no monopólio da União e o controle do desenvolvimento de pesquisas no campo da energia nuclear.

a) toda atividade nuclear em Território Nacional somente será admitida para fins pacíficos e mediante aprovação do Congresso Nacional;

- Dec.-lei nº 1.809, de 7-10-1980, regulamentado pelo Dec. nº 2.210, de 22-4-1997, instituiu o Sistema de Proteção ao Programa Nuclear Brasileiro – SIPRON.

b) sob regime de permissão, são autorizadas a comercialização e a utilização de radioisótopos para pesquisa e uso agrícolas e industriais;

c) sob regime de permissão, são autorizadas a produção, a comercialização e a utilização de radioisótopos para pesquisa e uso médicos;

- Alíneas *b* e *c* com a redação dada pela EC nº 118, de 28-4-2022.
- Lei nº 10.308, de 20-11-2001, dispõe sobre a seleção de locais, a construção, o licenciamento, a operação, a fiscalização, os custos, a indenização, a responsabilidade civil e as garantias referentes aos depósitos de rejeitos radioativos.

d) a responsabilidade civil por danos nucleares independe da existência de culpa;

- Alínea *d* acrescida pela EC nº 49, de 8-2-2006.
- Lei nº 6.453, de 17-10-1977, dispõe sobre a responsabilidade civil por danos nucleares e responsabilidade criminal por atos relacionados a atividades nucleares.
- Lei nº 9.425, de 24-12-1996, dispõe sobre a concessão de pensão especial às vítimas do acidente nuclear ocorrido em Goiânia, Goiás.
- Lei nº 10.308, de 20-11-2001, estabelece normas para o destino final dos rejeitos radioativos produzidos e território nacional, incluídos a seleção de locais, a construção, o licenciamento, a operação, a fiscalização, os custos, a indenização, a responsabilidade civil.

XXIV – organizar, manter e executar a inspeção do trabalho;

- Art. 174 desta Constituição.
- Dec. nº 10.088, de 5-11-2019, consolida atos normativos editados pelo Poder Executivo Federal que dispõem sobre a promulgação de convenções e recomendações da Organização Internacional do Trabalho – OIT ratificadas pela República Federativa do Brasil.

XXV – estabelecer as áreas e as condições para o exercício da atividade de garimpagem, em forma associativa;

- Lei nº 7.805, de 18-7-1989, regulamentada pelo Dec. nº 98.812, de 9-1-1990, disciplina o regime de permissão de lavra garimpeira.

XXVI – organizar e fiscalizar a proteção e o tratamento de dados pessoais, nos termos da lei.

- Inciso XXVI acrescido pela EC nº 115, de 10-2-2022.

Art. 22. Compete privativamente à União legislar sobre:

I – direito civil, comercial, penal, processual, eleitoral, agrário, marítimo, aeronáutico, espacial e do trabalho;

- Lei nº 556, de 25-6-1850 (Código Comercial).
- Lei nº 4.504, de 30-11-1964 (Estatuto da Terra).
- Lei nº 4.737, de 15-7-1965 (Código Eleitoral).
- Lei nº 4.947, de 6-4-1966, fixa normas de direito agrário, dispõe sobre o sistema de organização e funcionamento do Instituto Brasileiro de Reforma Agrária – IBRA.
- Lei nº 7.565, de 19-12-1986 (Código Brasileiro de Aeronáutica).
- Lei nº 10.406, de 10-1-2002 (Código Civil).
- Lei nº 13.105, de 16-3-2015 (Código de Processo Civil).
- Dec.-lei nº 2.848, de 7-12-1940 (Código Penal).
- Dec.-lei nº 3.689, de 3-10-1941 (Código de Processo Penal).
- Dec.-lei nº 5.452, de 1-5-1943 (Consolidação das Leis do Trabalho).
- Dec.-lei nº 1.001, de 21-10-1969 (Código Penal Militar).
- Dec.-lei nº 1.002, de 21-10-1969 (Código de Processo Penal Militar).
- Dec. nº 1.265, de 11-10-1994, aprova a Política Marítima Nacional – PMN.
- Súm. Vinc. nº 46 do STF.
- Súm. nº 722 do STF.

II – desapropriação;

- Arts. 184 e 185, I e II, desta Constituição.
- Arts. 1.228, § 3º, e 1.275, V, do CC.
- LC nº 76, de 6-7-1993 (Lei de Desapropriação de Imóvel Rural para fins de Reforma Agrária).
- Leis nºs 4.132, de 10-9-1962, 8.257, de 26-11-1991, e 8.629, de 25-2-1993, dispõem sobre desapropriação por interesse social.
- Dec.-lei nº 3.365, de 21-6-1941 (Lei das Desapropriações).
- Dec.-lei nº 1.075, de 22-1-1970 (Lei da Imissão de Posse).

III – requisições civis e militares, em caso de iminente perigo e em tempo de guerra;

IV – águas, energia, informática, telecomunicações e radiodifusão;

- Lei nº 4.117, de 24-8-1962 (Código Brasileiro de Telecomunicações).
- Lei nº 9.295, de 19-7-1996, dispõe sobre os serviços de telecomunicações e sua organização e sobre o órgão regulador.
- Lei nº 9.472, de 16-7-1997, dispõe sobre a organização dos serviços de telecomunicações, a criação e funcionamento de um Órgão Regulador e outros aspectos institucionais.
- Lei nº 9.984, de 17-7-2000, dispõe sobre a Agência Nacional de Águas e Saneamento Básico – ANA.
- Dec. nº 2.196, de 8-4-1997, aprova o Regulamento de Serviços Especiais.
- Dec. nº 2.197, de 8-4-1997, aprova o Regulamento de Serviços Limitados.
- Dec. nº 2.198, de 8-4-1997, aprova o regulamento de Serviços Público-Restritos.

V – serviço postal;

- Lei nº 6.538, de 22-6-1978, dispõe sobre serviços postais.

VI – sistema monetário e de medidas, títulos e garantias dos metais;

- Leis nºs 9.069, de 26-9-1995, e 10.192, de 14-2-2001, dispõem sobre o Plano Real.

VII – política de crédito, câmbio, seguros e transferência de valores;

VIII – comércio exterior e interestadual;

IX – diretrizes da política nacional de transportes;

- Decretos nºs 4.122, de 13-2-2002, e 4.130, de 13-2-2002, dispõem sobre o Conselho Nacional de Integração de Políticas de Transportes.

X – regime dos portos, navegação lacustre, fluvial, marítima, aérea e aeroespacial;

- Lei nº 9.277, de 10-5-1996, autoriza a União a delegar aos Municípios, Estados da Federação e ao Distrito Federal a Administração e Exploração de Rodovias e Portos Federais.
- Lei nº 9.994, de 24-7-2000, institui o Programa de Desenvolvimento Científico e Tecnológico do Setor Espacial.

XI – trânsito e transporte;

- Lei nº 9.503, de 23-9-1997 (Código de Trânsito Brasileiro).

XII – jazidas, minas, outros recursos minerais e metalurgia;

- Dec.-lei nº 227, de 28-2-1967 (Código de Mineração).

XIII – nacionalidade, cidadania e naturalização;

- Lei nº 13.445, de 24-5-2017 (Lei de Migração).

XIV – populações indígenas;

- Art. 231 desta Constituição.
- Lei nº 6.001, de 19-12-1973 (Estatuto do Índio).

XV – emigração e imigração, entrada, extradição e expulsão de estrangeiros;

- Lei nº 13.445, de 24-5-2017 (Lei de Migração).
- Dec. nº 840, de 22-6-1993, dispõe sobre a organização e o funcionamento do Conselho Nacional de Imigração.

XVI – organização do sistema nacional de emprego e condições para o exercício de profissões;

XVII – organização judiciária, do Ministério Público do Distrito Federal e dos Territórios e da Defensoria Pública dos Territórios, bem como organização administrativa destes;

- Inciso XVII com a redação dada pela EC nº 69, de 29-3-2012, em vigor na data de sua publicação, produzindo efeitos após 120 dias de sua publicação oficial (*DOU* de 30-3-2012).
- LC nº 75, de 20-5-1993 (Lei Orgânica do Ministério Público da União).
- LC nº 80, de 12-1-1994 (Lei da Defensoria Pública).

XVIII – sistema estatístico, sistema cartográfico e de geologia nacionais;

- Art. 71, § 3º, da Lei nº 11.355, de 19-10-2006, que dispõe sobre plano de carreiras e cargos do Instituto Brasileiro de Geografia e Estatística – IBGE.

XIX – sistemas de poupança, captação e garantia da poupança popular;

- Leis nºs 8.177, de 1º-3-1991, 9.069, de 29-6-1995, e 10.192, de 14-2-2001, dispõem sobre regras para a remuneração das cadernetas de poupança.
- Dec.-lei nº 70, de 21-11-1966 (Lei de Execução de Cédula Hipotecária).

XX – sistemas de consórcios e sorteios;

- Lei nº 5.768, de 20-12-1971, regulamentada pelo Dec. nº 70.951, de 9-8-1972, dispõe sobre a distribuição gratuita de prêmios, mediante sorteio, vale-brinde ou concurso, a título de propaganda, e estabelece normas de proteção à poupança popular.
- Súm. Vinc. nº 2 do STF.

XXI – normas gerais de organização, efetivos, material bélico, garantias, convocação, mobilização, inatividades e pensões das polícias militares e dos corpos de bombeiros militares;

- Inciso XXI com a redação dada pela EC nº 103, de 12-11-2019.

XXII – competência da Polícia Federal e das Polícias Rodoviária e Ferroviária Federais;

- Lei nº 9.654, de 2-6-1998, cria a carreira de Policial Rodoviário Federal.

XXIII – seguridade social;

- Lei nº 8.212, de 24-7-1991 (Lei Orgânica da Seguridade Social).

XXIV – diretrizes e bases da educação nacional;

- Lei nº 9.394, de 20-12-1996 (Lei das Diretrizes e Bases da Educação Nacional).

XXV – registros públicos;

- Lei nº 6.015, de 31-12-1973 (Lei dos Registros Públicos).

XXVI – atividades nucleares de qualquer natureza;

- Lei nº 10.308, de 20-11-2001, dispõe sobre a seleção de locais, a construção, o licenciamento, a operação, a fiscalização, os custos, a indenização, a responsabilidade civil e as garantias referentes aos depósitos de rejeitos radioativos.

XXVII – normas gerais de licitação e contratação, em todas as modalidades, para as administrações públicas diretas, autárquicas e fundacionais da União, Estados, Distrito Federal e Municípios, obedecido o disposto no artigo 37, XXI, e para as empresas públicas e sociedades de economia mista, nos termos do artigo 173, § 1º, III;

- Inciso XXVII com a redação dada pela EC nº 19, de 4-6-1998.
- Art. 37, XXI, desta Constituição.
- Lei nº 14.133, de 1º-4-2021 (Nova Lei de Licitações e Contratos Administrativos).

XXVIII – defesa territorial, defesa aeroespacial, defesa marítima, defesa civil e mobilização nacional;

- Lei nº 12.340, de 1º-12-2010, dispõe sobre o Sistema Nacional de Defesa Civil – SINDEC, sobre as transferências de recursos para ações de socorro, assistência às vítimas, restabelecimento de serviços essenciais e reconstrução nas áreas atingidas por desastre, e sobre o Fundo Especial para Calamidades Públicas.
- Dec. nº 5.376, de 17-2-2005, dispõe sobre o Sistema Nacional de Defesa Civil – SINDEC e o Conselho Nacional de Defesa Civil.
- Dec. nº 7.294, de 6-9-2010, dispõe sobre a Política de Mobilização Nacional.

XXIX – propaganda comercial;

- Lei nº 8.078, de 11-9-1990 (Código de Defesa do Consumidor).

XXX – proteção e tratamento de dados pessoais.

- Inciso XXX acrescido pela EC nº 115, de 10-2-2022.

Parágrafo único. Lei complementar poderá autorizar os Estados a legislar sobre questões específicas das matérias relacionadas neste artigo.

- LC nº 103, de 14-7-2000, autoriza os Estados e o Distrito Federal a instituir o piso salarial a que se refere o inciso V do art. 7º desta Constituição.

Art. 23. É competência comum da União, dos Estados, do Distrito Federal e dos Municípios:

I – zelar pela guarda da Constituição, das leis e das instituições democráticas e conservar o patrimônio público;

II – cuidar da saúde e assistência pública, da proteção e garantia das pessoas portadoras de deficiência;

- Art. 203, V, desta Constituição.
- Lei nº 10.436, de 24-4-2002, dispõe sobre a Língua Brasileira de Sinais – LIBRAS.
- Lei nº 12.319, de 1º-9-2010, regulamenta a profissão de Tradutor e Intérprete da Língua Brasileira de Sinais – LIBRAS.
- Arts.18 a 26 da Lei nº 13.146, de 6-7-2015 (Estatuto da Pessoa com Deficiência).
- Dec. nº 3.956, de 8-10-2001, promulga a Convenção Interamericana para eliminação de todas as Formas de Discriminação contra as Pessoas Portadoras de Deficiência.

- Dec. nº 3.964, de 10-10-2001, dispõe sobre o Fundo Nacional de Saúde.

III – proteger os documentos, as obras e outros bens de valor histórico, artístico e cultural, os monumentos, as paisagens naturais notáveis e os sítios arqueológicos;

- LC nº 140, de 8-12-2011, fixa normas, nos termos deste inciso, para a cooperação entre a União, os Estados, o Distrito Federal e os Municípios nas ações administrativas decorrentes do exercício da competência comum relativas à proteção das paisagens naturais notáveis, à proteção do meio ambiente, ao combate à poluição em qualquer de suas formas e à preservação das florestas, da fauna e da flora.
- Dec.-lei nº 25, de 30-11-1937, organiza a Proteção do Patrimônio Histórico e Artístico Nacional.

IV – impedir a evasão, a destruição e a descaracterização de obras de arte e de outros bens de valor histórico, artístico ou cultural;

V – proporcionar os meios de acesso à cultura, à educação, à ciência, à tecnologia, à pesquisa e à inovação;

- Inciso V com a redação dada pela EC nº 85, de 26-2-2015.

VI – proteger o meio ambiente e combater a poluição em qualquer de suas formas;

- LC nº 140, de 8-12-2011, fixa normas, nos termos deste inciso, para a cooperação entre a União, os Estados, o Distrito Federal e os Municípios nas ações administrativas decorrentes do exercício da competência comum relativas à proteção das paisagens naturais notáveis, à proteção do meio ambiente, ao combate à poluição em qualquer de suas formas e à preservação das florestas, da fauna e da flora.
- Lei nº 6.938, de 31-8-1981 (Lei da Política Nacional do Meio Ambiente).
- Lei nº 9.605, de 12-2-1998 (Lei dos Crimes Ambientais).
- Lei nº 9.966, de 28-4-2000, dispõe sobre a prevenção, o controle e a fiscalização da poluição causada por lançamento de óleo e outras substâncias nocivas ou perigosas em águas sob jurisdição nacional.
- Lei nº 11.284, de 2-3-2006 (Lei de Gestão de Florestas Públicas).
- Lei nº 12.305, de 2-8-2010 (Lei da Política Nacional de Resíduos Sólidos).
- Dec. nº 4.297, de 10-7-2002, regulamenta o inciso II do art. 9º da Lei nº 6.938, de 31-8-1981 (Lei da Política Nacional do Meio Ambiente), estabelecendo critério para o Zoneamento Ecológico-Econômico do Brasil – ZEE.
- Dec. nº 6.514, de 22-7-2008, dispõe sobre as infrações e sanções administrativas ao meio ambiente e estabelece o processo administrativo federal para apuração destas infrações.

VII – preservar as florestas, a fauna e a flora;

- LC nº 140, de 8-12-2011, fixa normas, nos termos deste inciso, para a cooperação entre a União, os Estados, o Distrito Federal e os Municípios nas ações administrativas decorrentes do exercício da competência comum relativas à proteção das paisagens naturais notáveis, à proteção do meio ambiente, ao combate à poluição em qualquer de suas formas e à preservação das florestas, da fauna e da flora.
- Lei nº 5.197, de 3-1-1967 (Lei de Proteção à Fauna).
- Lei nº 11.284, de 2-3-2006 (Lei de Gestão de Florestas Públicas).
- Lei nº 12.651, de 25-5-2012 (Novo Código Florestal).
- Dec.-lei nº 221, de 28-2-1967 (Lei de Proteção e Estímulos à Pesca).
- Dec. nº 3.420, de 20-4-2000, cria o Programa Nacional de Florestas.

VIII – fomentar a produção agropecuária e organizar o abastecimento alimentar;

- Lei nº 10.836, de 9-1-2004, cria o programa "Bolsa-Família", que tem por finalidade a unificação do procedimentos de gestão e execução das ações de transferência de renda do Governo Federal, incluindo o "Bolsa-Alimentação".
- MP nº 2.206-1, de 6-9-2001, que até o encerramento desta edição não havia sido convertida em Lei, cria o programa Nacional de Renda Mínima vinculado a saúde: "bolsa-alimentação", regulamentada pelo Dec. nº 3.934, de 30-9-2001.

IX – promover programas de construção de moradias e a melhoria das condições habitacionais e de saneamento básico;

- Lei nº 10.188, de 12-2-2001, cria o Programa de Arrendamento Residencial e institui o arrendamento residencial com opção de compra.
- Lei nº 11.445, de 5-1-2007, estabelece diretrizes nacionais para o saneamento básico, regulamentada pelo Dec. nº 7.217, de 21-6-2010.

X – combater as causas da pobreza e os fatores de marginalização, promovendo a integração social dos setores desfavorecidos;

- EC nº 31, de 14-12-2000, altera o ADCT, introduzindo artigos que criam o Fundo de Combate e Erradicação da Pobreza.
- LC nº 111, de 6-7-2001, dispõe sobre o Fundo de Combate e Erradicação da Pobreza, na forma prevista nos arts. 19, 80 e 81 do ADCT.

XI – registrar, acompanhar e fiscalizar as concessões de direitos de pesquisa e exploração de recursos hídricos e minerais em seus territórios;

- Lei nº 9.433, de 8-1-1997, institui a Política Nacional de Recursos Hídricos, e cria o Sistema Nacional de Gerenciamento de Recursos Hídricos.

XII – estabelecer e implantar política de educação para a segurança do trânsito.

Parágrafo único. Leis complementares fixarão normas para a cooperação entre a União e os Estados, o Distrito Federal e os Municípios, tendo em vista o equilíbrio do desenvolvimento e do bem-estar em âmbito nacional.

- Parágrafo único com a redação dada pela EC nº 53, de 19-12-2006.
- LC nº 140, de 8-12-2011, fixa normas, nos termos deste parágrafo único, para a cooperação entre a União, os Estados, o Distrito Federal e os Municípios nas ações administrativas decorrentes do exercício da competência comum relativas à proteção das paisagens naturais notáveis, à proteção do meio ambiente, ao combate à poluição em qualquer de suas formas e à preservação das florestas, da fauna e da flora.

Art. 24. Compete à União, aos Estados e ao Distrito Federal legislar concorrentemente sobre:

I – direito tributário, financeiro, penitenciário, econômico e urbanístico;

- Lei nº 4.320, de 17-3-1964, estatui normas gerais de direito financeiro para elaboração e controle dos orçamentos e balanços da União, dos Estados, dos Municípios e do Distrito Federal.
- Lei nº 5.172, de 25-10-1966 (Código Tributário Nacional).
- Lei nº 7.210, de11-7-1984 (Lei de Execução Penal).

II – orçamento;

III – juntas comerciais;

- Lei nº 8.934, de 18-11-1994 (Lei do Registro Público de Empresas Mercantis), regulamentada pelo Dec. nº 1.800, de 30-1-1996.

IV – custas dos serviços forenses;

- Lei nº 9.289, de 4-7-1996 (Regimento de Custas da Justiça Federal).
- Súm. nº 178 do STJ.

V – produção e consumo;

VI – florestas, caça, pesca, fauna, conservação da natureza, defesa do solo e dos recursos naturais, proteção do meio ambiente e controle da poluição;

- Lei nº 5.197, de 3-1-1967 (Lei de Proteção à Fauna).
- Lei nº 9.605, de 12-2-1998 (Lei dos Crimes Ambientais).
- Lei nº 9.795, de 27-4-1999, dispõe sobre a educação ambiental e institui a Política Nacional de Educação Ambiental.
- Lei nº 9.966, de 24-4-2000, dispõe sobre a prevenção, o controle e a fiscalização da poluição causada por lançamentos de óleo e outras substâncias nocivas ou perigosas em águas sob jurisdição nacional.
- Lei nº 12.651, de 25-5-2012 (Novo Código Florestal).
- Dec.-lei nº 221, de 28-2-1967 (Lei de Proteção e Estímulos à Pesca).
- Dec. nº 3.420, de 20-4-2000, cria o Programa Nacional de Florestas.
- Dec. nº 6.514, de 22-7-2008, dispõe sobre as infrações e sanções administrativas ao meio ambiente e estabelece o processo administrativo federal para apuração destas infrações.

VII – proteção ao patrimônio histórico, cultural, artístico, turístico e paisagístico;

- Lei nº 5.197, de 3-1-1967 (Lei de Proteção à Fauna).
- Dec.-lei nº 221, de 28-2-1967 (Lei de Proteção e Estímulos à Pesca).

VIII – responsabilidade por dano ao meio ambiente, ao consumidor, a bens e direitos de valor artístico, estético, histórico, turístico e paisagístico;

- Arts. 6º, VII, *b*, e 37, II, da LC nº 75, de 20-5-1993 (Lei Orgânica do Ministério Público da União).
- Lei nº 7.347, de 24-7-1985 (Lei da Ação Civil Pública).
- Art. 25, VI, *a*, da Lei nº 8.625, de 12-2-1993 (Lei Orgânica Nacional do Ministério Público).
- Lei nº 9.605, de 12-2-1998 (Lei de Crimes Ambientais).
- Dec. nº 1.306, de 9-11-1994, regulamenta o Fundo de Defesa de Direitos Difusos, e seu conselho gestor.
- Dec nº 2.181, de 20-3-1997, dispõe sobre a organização do Sistema Nacional de Defesa do Consumidor – SNDC, e estabelece as normas gerais de aplicação das sanções administrativas previstas no CDC.
- Dec. nº 6.514, de 22-7-2008, dispõe sobre as infrações e sanções administrativas ao meio ambiente, estabelece o processo administrativo federal para apuração destas infrações.

IX – educação, cultura, ensino, desporto, ciência, tecnologia, pesquisa, desenvolvimento e inovação;

- Inciso IX com a redação dada pela EC nº 85, de 26-2-2015.
- Lei nº 9.394, de 20-12-1996 (Lei das Diretrizes e Bases da Educação Nacional).
- Lei nº 9.615, de 24-3-1998, institui normas gerais sobre desporto, regulamentada pelo Dec. nº 7.984, de 8-4-2013.

X – criação, funcionamento e processo do juizado de pequenas causas;

- Art. 98, I, desta Constituição.
- Lei nº 9.099, de 26-9-1995 (Lei dos Juizados Especiais).
- Lei nº 10.259, de 12-7-2001 (Lei dos Juizados Especiais Federais).

XI – procedimentos em matéria processual;

- Art. 98, I, desta Constituição.
- Lei nº 9.099, de 26-9-1995 (Lei dos Juizados Especiais).
- Lei nº 10.259, de 12-7-2001 (Lei dos Juizados Especiais Federais).

XII – previdência social, proteção e defesa da saúde;

- Lei nº 8.080, de 19-9-1990, dispõe sobre as condições para a promoção, proteção e recuperação da saúde e a organização e o funcionamento dos serviços correspondentes.
- Lei nº 8.213, de 24-7-1991 (Lei dos Planos de Benefícios da Previdência Social).
- Lei nº 9.273, de 3-5-1996, torna obrigatória a inclusão de dispositivo de segurança que impeça a reutilização das seringas descartáveis.
- Dec. nº 3.048, de 6-5-1999 (Regulamento da Previdência Social).

XIII – assistência jurídica e defensoria pública;

- LC nº 80, de 12-1-1994 (Lei da Defensoria Pública).
- Lei nº 1.060, de 5-2-1950 (Lei de Assistência Judiciária).

XIV – proteção e integração social das pessoas portadoras de deficiência;

- Art. 203, V, desta Constituição.
- Lei nº 7.853, de 24-10-1989 (Lei de Apoio às Pessoas Portadoras de Deficiência), regulamentada pelo Dec. nº 3.298, de 20-12-1999.
- Lei nº 13.146, de 6-7-2015 (Estatuto da Pessoa com Deficiência).
- Dec. nº 6.949, de 25-8-2009, promulga a Convenção Internacional sobre os Direitos das Pessoas com Deficiência.

XV – proteção à infância e à juventude;

- Lei nº 8.069, de 13-7-1990 (Estatuto da Criança e do Adolescente).
- Lei nº 10.515, de 11-7-2002, institui o 12 de agosto como Dia Nacional da Juventude.

XVI – organização, garantias, direitos e deveres das polícias civis.

§ 1º No âmbito da legislação concorrente, a competência da União limitar-se-á a estabelecer normas gerais.

§ 2º A competência da União para legislar sobre normas gerais não exclui a competência suplementar dos Estados.

§ 3º Inexistindo lei federal sobre normas gerais, os Estados exercerão a competência legislativa plena, para atender a suas peculiaridades.

§ 4º A superveniência de lei federal sobre normas gerais suspende a eficácia da lei estadual, no que lhe for contrário.

CAPÍTULO III
DOS ESTADOS FEDERADOS

Art. 25. Os Estados organizam-se e regem-se pelas Constituições e leis que adotarem, observados os princípios desta Constituição.

- Súm. nº 681 do STF.

§ 1º São reservadas aos Estados as competências que não lhes sejam vedadas por esta Constituição.

- Art. 19 desta Constituição.

§ 2º Cabe aos Estados explorar diretamente, ou mediante concessão, os serviços locais de gás canalizado, na forma da lei, vedada a edição de medida provisória para a sua regulamentação.

- § 2º com a redação dada pela EC nº 5, de 15-8-1995.
- Art. 246 desta Constituição.
- Lei nº 9.478, de 6-8-1997, dispõe sobre a Política Nacional, as atividades relativas ao monopólio do petróleo, institui o Conselho Nacional de Política Energética e a Agência Nacional do Petróleo – ANP.

§ 3º Os Estados poderão, mediante lei complementar, instituir regiões metropolitanas, aglomerações urbanas e microrregiões, constituídas por agrupamentos de municípios limítrofes, para integrar a organização, o planejamento e a execução de funções públicas de interesse comum.

Art. 26. Incluem-se entre os bens dos Estados:

I – as águas superficiais ou subterrâneas, fluentes, emergentes e em depósito, ressalvadas, neste caso, na forma da lei, as decorrentes de obras da União;

- Lei nº 9.984, de 17-7-2000, dispõe sobre a Agência Nacional de Águas e Saneamento Básico – ANA.
- Art. 29 do Dec. nº 24.643, de 10-7-1934 (Código de Águas).

II – as áreas, nas ilhas oceânicas e costeiras, que estiverem no seu domínio, excluídas aquelas sob domínio da União, Municípios ou terceiros;

- Art. 20, IV, desta Constituição.

III – as ilhas fluviais e lacustres não pertencentes à União;

IV – as terras devolutas não compreendidas entre as da União.

Art. 27. O número de Deputados à Assembleia Legislativa corresponderá ao triplo da representação do Estado na Câmara dos Deputados e, atingido o número de trinta e seis, será acrescido de tantos quantos forem os Deputados Federais acima de doze.

- Art. 32 desta Constituição.

§ 1º Será de quatro anos o mandato dos Deputados Estaduais, aplicando-se-lhes as regras desta Constituição sobre sistema eleitoral, inviolabilidade, imunidades, remuneração, perda de mandato, licença, impedimentos e incorporação às Forças Armadas.

§ 2º O subsídio dos Deputados Estaduais será fixado por lei de iniciativa da Assembleia Legislativa, na razão de, no máximo, setenta e cinco por cento daquele estabelecido, em espécie, para os Deputados Federais, observado o que dispõem os artigos 39, § 4º, 57, § 7º, 150, II, 153, III, e 153, § 2º, I.

- § 2º com a redação dada pela EC nº 19, de 4-6-1998.

§ 3º Compete às Assembleias Legislativas dispor sobre seu regimento interno, polícia e serviços administrativos de sua Secretaria, e prover os respectivos cargos.

- Art. 6º da Lei nº 9.709, de 18-11-1998, que dispõe sobre a convocação de plebiscitos e referendos pelos Estados, Distrito Federal e Municípios.

§ 4º A lei disporá sobre a iniciativa popular no processo legislativo estadual.

- Art. 6º da Lei nº 9.709, de 18-11-1998, que regulamenta a execução do disposto nos incisos I, II e III do art. 14 desta Constituição.

Art. 28. A eleição do Governador e do Vice-Governador de Estado, para mandato de 4 (quatro) anos, realizar-se-á no primeiro domingo de outubro, em primeiro turno, e no último domingo de outubro, em segundo turno, se houver, do ano anterior ao do término do mandato de seus antecessores, e a posse ocorrerá em 6 de janeiro do ano subsequente, observado, quanto ao mais, o disposto no art. 77 desta Constituição.

- *Caput* com a redação dada pela EC nº 111, de 28-9-2021.
- Art. 5º da EC nº 111, de 28-9-2021, que estabelece que a alteração efetuada neste *caput* será aplicada a partir das eleições de 2026.
- Lei nº 9.504, de 30-9-1997 (Lei das Eleições).

§ 1º Perderá o mandato o Governador que assumir outro cargo ou função na administração pública direta ou indireta, ressalvada a posse em virtude de concurso público e observado o disposto no artigo 38, I, IV e V.

- Parágrafo único transformado em § 1º pela EC nº 19, de 4-6-1998.
- Art. 29, XIV, desta Constituição.

§ 2º Os subsídios do Governador, do Vice-Governador e dos Secretários de Estado serão fixados por lei de iniciativa da Assembleia Legislativa, observado o que dispõem os artigos 37, XI, 39, § 4º, 150, II, 153, III, e 153, § 2º, I.

- § 2º acrescido pela EC nº 19, de 4-6-1998.

CAPÍTULO IV
DOS MUNICÍPIOS

Art. 29. O Município reger-se-á por lei orgânica, votada em dois turnos, com o interstício mínimo de dez dias, e aprovada por dois terços dos membros da Câmara Municipal, que a promulgará, atendidos os princípios estabelecidos nesta Constituição, na Constituição do respectivo Estado e os seguintes preceitos:

I – eleição do Prefeito, do Vice-Prefeito e dos Vereadores, para mandato de quatro anos, mediante pleito direto e simultâneo realizado em todo o País;

- Lei nº 9.504, de 30-9-1997 (Lei das Eleições).

II – eleição do Prefeito e do Vice-Prefeito realizada no primeiro domingo de outubro do ano anterior ao término do mandato dos que devam suceder, aplicadas as regras do artigo 77 no caso de Municípios com mais de duzentos mil eleitores;

- Inciso II com a redação dada pela EC nº 16, de 4-6-1997.

III – posse do Prefeito e do Vice-Prefeito no dia 1º de janeiro do ano subsequente ao da eleição;

IV – para a composição das Câmaras Municipais, será observado o limite máximo de:

- *Caput* do inciso IV com a redação dada pela EC nº 58, de 23-9-2009 (*DOU* de 24-9-2009), produzindo efeitos a partir do processo eleitoral de 2008.
- O STF, por maioria de votos, referendou as medidas cautelares concedidas nas Ações Diretas de Inconstitucionalidade nºs 4.307 e 4.310, com eficácia *ex tunc*, para sustar os efeitos do art. 3º, I, da EC nº 58, de 23-9-2009, que altera este inciso IV (*DJE* de 8-10-2009).

a) 9 (nove) Vereadores, nos Municípios de até 15.000 (quinze mil) habitantes;

b) 11 (onze) Vereadores, nos Municípios de mais de 15.000 (quinze mil) habitantes e de até 30.000 (trinta mil) habitantes;

c) 13 (treze) Vereadores, nos Municípios com mais de 30.000 (trinta mil) habitantes e de até 50.000 (cinquenta mil) habitantes;

- Alíneas *a* a *c* com a redação dada pela EC nº 58, de 23-9-2009 (*DOU* de 24-9-2009), produzindo efeitos a partir do processo eleitoral de 2008.

d) 15 (quinze) Vereadores, nos Municípios de mais de 50.000 (cinquenta mil) habitantes e de até 80.000 (oitenta mil) habitantes;

e) 17 (dezessete) Vereadores, nos Municípios de mais de 80.000 (oitenta mil) habitantes e de até 120.000 (cento e vinte mil) habitantes;

f) 19 (dezenove) Vereadores, nos Municípios de mais de 120.000 (cento e vinte mil) habitantes e de até 160.000 (cento e sessenta mil) habitantes;

g) 21 (vinte e um) Vereadores, nos Municípios de mais de 160.000 (cento e sessenta mil) habitantes e de até 300.000 (trezentos mil) habitantes;

h) 23 (vinte e três) Vereadores, nos Municípios de mais de 300.000 (trezentos mil) habitantes e de até 450.000 (quatrocentos e cinquenta mil) habitantes;

i) 25 (vinte e cinco) Vereadores, nos Municípios de mais de 450.000 (quatrocentos e cinquenta mil) habitantes e de até 600.000 (seiscentos mil) habitantes;

j) 27 (vinte e sete) Vereadores, nos Municípios de mais de 600.000 (seiscentos mil) habitantes e de até 750.000 (setecentos e cinquenta mil) habitantes;

k) 29 (vinte e nove) Vereadores, nos Municípios de mais de 750.000 (setecentos e cinquenta mil) habitantes e de até 900.000 (novecentos mil) habitantes;

l) 31 (trinta e um) Vereadores, nos Municípios de mais de 900.000 (novecentos mil) habitantes e de até 1.050.000 (um milhão e cinquenta mil) habitantes;

m) 33 (trinta e três) Vereadores, nos Municípios de mais de 1.050.000 (um milhão e cinquenta mil) habitantes e de até 1.200.000 (um milhão e duzentos mil) habitantes;

n) 35 (trinta e cinco) Vereadores, nos Municípios de mais de 1.200.000 (um milhão e duzentos mil) habitantes e de até 1.350.000 (um milhão e trezentos e cinquenta mil) habitantes;

o) 37 (trinta e sete) Vereadores, nos Municípios de 1.350.000 (um milhão e trezentos e cinquenta mil) habitantes e de até 1.500.000 (um milhão e quinhentos mil) habitantes;

p) 39 (trinta e nove) Vereadores, nos Municípios de mais de 1.500.000 (um milhão e quinhentos mil) habitantes e de até 1.800.000 (um milhão e oitocentos mil) habitantes;

q) 41 (quarenta e um) Vereadores, nos Municípios de mais de 1.800.000 (um milhão e oitocentos mil) habitantes e de até 2.400.000 (dois milhões e quatrocentos mil) habitantes;

r) 43 (quarenta e três) Vereadores, nos Municípios de mais de 2.400.000 (dois milhões e quatrocentos mil) habitantes e de até 3.000.000 (três milhões) de habitantes;

s) 45 (quarenta e cinco) Vereadores, nos Municípios de mais de 3.000.000 (três milhões) de habitantes e de até 4.000.000 (quatro milhões) de habitantes;

t) 47 (quarenta e sete) Vereadores, nos Municípios de mais de 4.000.000 (quatro milhões) de habitantes e de até 5.000.000 (cinco milhões) de habitantes;

u) 49 (quarenta e nove) Vereadores, nos Municípios de mais de 5.000.000 (cinco milhões) de habitantes e de até 6.000.000 (seis milhões) de habitantes;

v) 51 (cinquenta e um) Vereadores, nos Municípios de mais de 6.000.000 (seis milhões) de habitantes e de até 7.000.000 (sete milhões) de habitantes;

w) 53 (cinquenta e três) Vereadores, nos Municípios de mais de 7.000.000 (sete milhões) de habitantes e de até 8.000.000 (oito milhões) de habitantes; e

x) 55 (cinquenta e cinco) Vereadores, nos Municípios de mais de 8.000.000 (oito milhões) de habitantes;

- Alíneas *d* a *x* acrescidas pela EC nº 58, de 23-9-2009 (*DOU* de 24-9-2009), produzindo efeitos a partir do processo eleitoral de 2000.

V – subsídios do Prefeito, do Vice-Prefeito e dos Secretários municipais fixados por lei de iniciativa da Câmara Municipal, observado o que dispõem os artigos 37, XI, 39, § 4º, 150, II, 153, III, e 153, § 2º, I;

- Inciso V com a redação dada pela EC nº 19, de 4-6-1998.

VI – o subsídio dos Vereadores será fixado pelas respectivas Câmaras Municipais em cada legislatura para a subsequente, observado o que dispõe esta Constituição, observados os critérios estabelecidos na respectiva Lei Orgânica e os seguintes limites máximos:

a) em Municípios de até dez mil habitantes, o subsídio máximo dos Vereadores corresponderá a vinte por cento do subsídio dos Deputados Estaduais;

b) em Municípios de dez mil e um a cinquenta mil habitantes, o subsídio máximo dos Vereadores corresponderá a trinta por cento do subsídio dos Deputados Estaduais;

c) em Municípios de cinquenta mil e um a cem mil habitantes, o subsídio máximo dos Vereadores corresponderá a quarenta por cento do subsídio dos Deputados Estaduais;

d) em Municípios de cem mil e um a trezentos mil habitantes, o subsídio máximo dos Vereadores corresponderá a cinquenta por cento do subsídio dos Deputados Estaduais;

e) em Municípios de trezentos mil e um a quinhentos mil habitantes, o subsídio máximo dos Vereadores corresponderá a sessenta por cento do subsídio dos Deputados Estaduais;

f) em Municípios de mais de quinhentos mil habitantes, o subsídio máximo dos Vereadores corresponderá a setenta e cinco por cento do subsídio dos Deputados Estaduais;

- Inciso VI com a redação dada pela EC nº 25, de 14-2-2000.

VII – o total da despesa com a remuneração dos Vereadores não poderá ultrapassar o montante de cinco por cento da receita do Município;

- Inciso VII acrescido pela EC nº 1, de 31-3-1992, renumerando os demais.

VIII – inviolabilidade dos Vereadores por suas opiniões, palavras e votos no exercício do mandato e na circunscrição do Município;

- Inciso VIII renumerado pela EC nº 1, de 31-3-1992.

IX – proibições e incompatibilidades, no exercício da vereança, similares, no que couber, ao disposto nesta Constituição para os membros do Congresso Nacional e, na Constituição do respectivo Estado, para os membros da Assembleia Legislativa;

- Inciso IX renumerado pela EC nº 1, de 31-3-1992.

X – julgamento do Prefeito perante o Tribunal de Justiça;

- Inciso X renumerado pela EC nº 1, de 31-3-1992.
- Dec.-lei nº 201, de 27-2-1967 (Lei de Responsabilidade dos Prefeitos e Vereadores).
- Súmulas nºs 702 e 703 do STF.
- Súm. nº 209 do STJ.

XI – organização das funções legislativas e fiscalizadoras da Câmara Municipal;

- Inciso XI renumerado pela EC nº 1, de 31-3-1992.
- Lei nº 9.452, de 20-3-1997, determina que as Câmaras Municipais sejam obrigatoriamente notificadas da liberação de recursos federais para os respectivos Municípios.

XII – cooperação das associações representativas no planejamento municipal;

- Inciso XII renumerado pela EC nº 1, de 31-3-1992.

XIII – iniciativa popular de projetos de lei de interesse específico do Município, da cidade ou de bairros, através de manifestação de, pelo menos, cinco por cento do eleitorado;

- Inciso XIII renumerado pela EC nº 1, de 31-3-1992.

XIV – perda do mandato do Prefeito, nos termos do artigo 28, parágrafo único.

- Inciso XIV renumerado pela EC nº 1, de 31-3-1992.

Art. 29-A. O total da despesa do Poder Legislativo Municipal, incluídos os subsídios dos Vereadores e os demais gastos com pessoal inativo e pensionistas, não poderá ultrapassar os seguintes percentuais, relativos ao somatório da receita tributária e das transferências previstas no § 5º do art. 153 e nos arts. 158 e 159 desta Constituição, efetivamente realizado no exercício anterior:

- *Caput* com a redação dada pela EC nº 109, de 15-3-2021.

I – 7% (sete por cento) para Municípios com população de até 100.000 (cem mil) habitantes;

II – 6% (seis por cento) para Municípios com população entre 100.000 (cem mil) e 300.000 (trezentos mil) habitantes;

III – 5% (cinco por cento) para Municípios com população entre 300.001 (trezentos mil e um) e 500.000 (quinhentos mil) habitantes;

IV – 4,5% (quatro inteiros e cinco décimos por cento) para Municípios com população entre 500.001 (quinhentos mil e um) e 3.000.000 (três milhões) de habitantes;

- Incisos I a IV com a redação dada pela EC nº 58, de 23-9-2009 (*DOU* de 24-9-2009), para vigorar na data de sua promulgação, produzindo efeitos a partir de 1º de janeiro do ano subsequente ao da promulgação desta Emenda.

V – 4% (quatro por cento) para Municípios com população entre 3.000.001 (três milhões e um) e 8.000.000 (oito milhões) de habitantes;

VI – 3,5% (três inteiros e cinco décimos por cento) para Municípios com população acima de 8.000.001 (oito milhões e um) habitantes.

- Incisos V e VI acrescidos pela EC nº 58, de 23-9-2009 (*DOU* de 24-9-2009), para vigorar na data de sua promulgação, produzindo efeitos a partir de 1º de janeiro do ano subsequente ao da promulgação desta Emenda.

§ 1º A Câmara Municipal não gastará mais de setenta por cento de sua receita com folha de pagamento, incluído o gasto com o subsídio de seus Vereadores.

§ 2º Constitui crime de responsabilidade do Prefeito Municipal:

I – efetuar repasse que supere os limites definidos neste artigo;

II – não enviar o repasse até o dia vinte de cada mês; ou

III – enviá-lo a menor em relação à proporção fixada na Lei Orçamentária.

§ 3º Constitui crime de responsabilidade do Presidente da Câmara Municipal o desrespeito ao § 1º deste artigo.

▶ §§ 1º a 3º acrescidos pela EC nº 25, de 14-2-2000.

Art. 30. Compete aos Municípios:

I – legislar sobre assuntos de interesse local;

▶ Súm. Vinc. nº 38 do STF.

▶ Súm. nº 645 do STF.

II – suplementar a legislação federal e a estadual no que couber;

III – instituir e arrecadar os tributos de sua competência, bem como aplicar suas rendas, sem prejuízo da obrigatoriedade de prestar contas e publicar balancetes nos prazos fixados em lei;

▶ Art. 156 desta Constituição.

IV – criar, organizar e suprimir distritos, observada a legislação estadual;

V – organizar e prestar, diretamente ou sob regime de concessão ou permissão, os serviços públicos de interesse local, incluído o de transporte coletivo, que tem caráter essencial;

VI – manter, com a cooperação técnica e financeira da União e do Estado, programas de educação infantil e de ensino fundamental;

▶ Inciso VI com a redação dada pela EC nº 53, de 19-12-2006.

VII – prestar, com a cooperação técnica e financeira da União e do Estado, serviços de atendimento à saúde da população;

▶ Dec. nº 3.964, de 10-10-2001, dispõe sobre o Fundo Nacional de Saúde.

VIII – promover, no que couber, adequado ordenamento territorial, mediante planejamento e controle do uso, do parcelamento e da ocupação do solo urbano;

▶ Art. 182 desta Constituição.

IX – promover a proteção do patrimônio histórico-cultural local, observada a legislação e a ação fiscalizadora federal e estadual.

Art. 31. A fiscalização do Município será exercida pelo Poder Legislativo Municipal, mediante controle externo, e pelos sistemas de controle interno do Poder Executivo Municipal, na forma da lei.

§ 1º O controle externo da Câmara Municipal será exercido com o auxílio dos Tribunais de Contas dos Estados ou do Município ou dos Conselhos ou Tribunais de Contas dos Municípios, onde houver.

§ 2º O parecer prévio, emitido pelo órgão competente sobre as contas que o Prefeito deve anualmente prestar, só deixará de prevalecer por decisão de dois terços dos membros da Câmara Municipal.

§ 3º As contas dos Municípios ficarão, durante sessenta dias, anualmente, à disposição de qualquer contribuinte, para exame e apreciação, o qual poderá questionar-lhes a legitimidade, nos termos da lei.

§ 4º É vedada a criação de Tribunais, Conselhos ou órgãos de Contas Municipais.

CAPÍTULO V
DO DISTRITO FEDERAL E DOS TERRITÓRIOS

Seção I
DO DISTRITO FEDERAL

Art. 32. O Distrito Federal, vedada sua divisão em Municípios, reger-se-á por lei orgânica, votada em dois turnos com interstício mínimo de dez dias, e aprovada por dois terços da Câmara Legislativa, que a promulgará, atendidos os princípios estabelecidos nesta Constituição.

§ 1º Ao Distrito Federal são atribuídas as competências legislativas reservadas aos Estados e Municípios.

▶ Súm. nº 642 do STF.

§ 2º A eleição do Governador e do Vice-Governador, observadas as regras do artigo 77, e dos Deputados Distritais coincidirá com a dos Governadores e Deputados Estaduais, para mandato de igual duração.

§ 3º Aos Deputados Distritais e à Câmara Legislativa aplica-se o disposto no artigo 27.

§ 4º Lei federal disporá sobre a utilização, pelo Governo do Distrito Federal, da polícia civil, da polícia penal, da polícia militar e do corpo de bombeiros militar.

▶ § 4º com a redação dada pela EC nº 104, de 4-12-2019.

▶ Lei nº 6.450, de 14-10-1977, dispõe sobre a organização básica da Polícia Militar do Distrito Federal.

▶ Lei nº 7.289, de 18-12-1984, dispõe sobre o Estatuto dos Policiais Militares da Polícia Militar do Distrito Federal.

▶ Lei nº 7.479, de 2-6-1986, aprova o Estatuto dos Bombeiros Militares do Corpo de Bombeiros do Distrito Federal.

▶ Lei nº 12.086, de 6-11-2009, dispõe sobre os militares da Polícia Militar do Distrito Federal e do Corpo de Bombeiros Militar do Distrito Federal.

▶ Dec.-lei nº 667, de 2-7-1969, reorganiza as Polícias Militares e os Corpos de Bombeiros Militares dos Estados, dos Territórios e do Distrito Federal.

Seção II
DOS TERRITÓRIOS

Art. 33. A lei disporá sobre a organização administrativa e judiciária dos Territórios.

▶ Lei nº 8.185, de 14-5-1991 (Lei de Organização Judiciária do Distrito Federal).

§ 1º Os Territórios poderão ser divididos em Municípios, aos quais se aplicará, no que couber, o disposto no Capítulo IV deste Título.

§ 2º As contas do Governo do Território serão submetidas ao Congresso Nacional, com parecer prévio do Tribunal de Contas da União.

§ 3º Nos Territórios Federais com mais de cem mil habitantes, além do Governador nomeado na forma desta Constituição, haverá órgãos judiciários de primeira e segunda instância, membros do Ministério Público e defensores públicos federais; a lei disporá sobre as eleições para a Câmara Territorial e sua competência deliberativa.

CAPÍTULO VI
DA INTERVENÇÃO

Art. 34. A União não intervirá nos Estados nem no Distrito Federal, exceto para:

I – manter a integridade nacional;

▶ Art. 1º desta Constituição.

II – repelir invasão estrangeira ou de uma Unidade da Federação em outra;

III – pôr termo a grave comprometimento da ordem pública;

IV – garantir o livre exercício de qualquer dos Poderes nas Unidades da Federação;

▶ Art. 36, I, desta Constituição.

V – reorganizar as finanças da Unidade da Federação que:

a) suspender o pagamento da dívida fundada por mais de dois anos consecutivos, salvo motivo de força maior;

b) deixar de entregar aos Municípios receitas tributárias fixadas nesta Constituição, dentro dos prazos estabelecidos em lei;

▶ Art. 10 da LC nº 63, de 11-1-1990, que dispõe sobre critérios e prazos de crédito das parcelas do produto da arrecadação de impostos de competência dos Estados e de transferências por estes recebidas, pertencentes aos Municípios.

VI – prover a execução de lei federal, ordem ou decisão judicial;

▶ Art. 36, § 3º, desta Constituição.

▶ Súm. nº 637 do STF.

VII – assegurar a observância dos seguintes princípios constitucionais:

▶ Art. 36, III e § 3º, desta Constituição.

a) forma republicana, sistema representativo e regime democrático;

b) direitos da pessoa humana;

c) autonomia municipal;

d) prestação de contas da administração pública, direta e indireta;

e) aplicação do mínimo exigido da receita resultante de impostos estaduais, compreendida a proveniente de transferências, na manutenção e desenvolvimento do ensino e nas ações e serviços públicos de saúde.

▶ Alínea *e* com a redação dada pela EC nº 29, de 13-9-2000.

▶ Art. 212 desta Constituição.

Art. 35. O Estado não intervirá em seus Municípios, nem a União nos Municípios localizados em Território Federal, exceto quando:

▶ Súm. nº 637 do STF.

I – deixar de ser paga, sem motivo de força maior, por dois anos consecutivos, a dívida fundada;

II – não forem prestadas contas devidas, na forma da lei;

III – não tiver sido aplicado o mínimo exigido da receita municipal na manutenção e desenvolvimento do ensino e nas ações e serviços públicos de saúde;

▶ Inciso III com a redação dada pela EC nº 29, de 13-9-2000.

▶ Art. 212 desta Constituição.

▶ Art. 119 do ADCT.

▶ Art. 2º da EC nº 119, de 27-4-2022, que altera o ADCT para determinar a impossibilidade de responsabilização dos Estados, do Distrito Federal, dos Municípios e dos agentes públicos desses entes federados pelo descumprimento, nos exercícios financeiros de 2020 e 2021, do disposto no *caput* do art. 212 da CF.

IV – o Tribunal de Justiça der provimento a representação para assegurar a observância de princípios indicados na Constituição Estadual, ou para prover a execução de lei, de ordem ou de decisão judicial.

Art. 36. A decretação da intervenção dependerá:

I – no caso do artigo 34, IV, de solicitação do Poder Legislativo ou do Poder Executivo coacto ou impedido, ou de requisição do Supremo Tribunal Federal, se a coação for exercida contra o Poder Judiciário;

II – no caso de desobediência a ordem ou decisão judiciária, de requisição do Supremo Tribunal Federal, do Superior Tribunal de Justiça ou do Tribunal Superior Eleitoral;

- Arts. 19 a 22 da Lei nº 8.038, de 28-5-1990, que institui normas procedimentais para os processos que especifica, perante o STJ e o STF.

III – de provimento, pelo Supremo Tribunal Federal, de representação do Procurador-Geral da República, na hipótese do art. 34, VII, e no caso de recusa à execução de lei federal.

- Inciso III com a redação dada pela EC nº 45, de 8-12-2004.
- Lei nº 12.562, de 23-12-2011, regulamenta este inciso para dispor sobre o processo e julgamento da representação interventiva perante o STF.

IV – *Revogado*. EC nº 45, de 8-12-2004.

§ 1º O decreto de intervenção, que especificará a amplitude, o prazo e as condições de execução e que, se couber, nomeará o interventor, será submetido à apreciação do Congresso Nacional ou da Assembleia Legislativa do Estado, no prazo de vinte e quatro horas.

§ 2º Se não estiver funcionando o Congresso Nacional ou a Assembleia Legislativa, far-se-á convocação extraordinária, no mesmo prazo de vinte e quatro horas.

§ 3º Nos casos do artigo 34, VI e VII, ou do artigo 35, IV, dispensada a apreciação pelo Congresso Nacional ou pela Assembleia Legislativa, o decreto limitar-se-á a suspender a execução do ato impugnado, se essa medida bastar ao restabelecimento da normalidade.

§ 4º Cessados os motivos da intervenção, as autoridades afastadas de seus cargos a estes voltarão, salvo impedimento legal.

CAPÍTULO VII
DA ADMINISTRAÇÃO PÚBLICA

- Lei nº 8.112, de 11-12-1990 (Estatuto dos Servidores Públicos Civis da União, Autarquias e Fundações Públicas Federais).
- Lei nº 8.727, de 5-11-1993, estabelece diretrizes para consolidação e o reescalonamento pela União, de dívidas internas da administração direta e indireta dos Estados, do Distrito Federal e dos Municípios.
- Lei nº 9.784, de 29-1-1999 (Lei do Processo Administrativo Federal).

Seção I
DISPOSIÇÕES GERAIS

Art. 37. A administração pública direta e indireta de qualquer dos Poderes da União, dos Estados, do Distrito Federal e dos Municípios obedecerá aos princípios de legalidade, impessoalidade, moralidade, publicidade e eficiência e, também, ao seguinte:

- *Caput* com a redação dada pela EC nº 19, de 4-6-1998.
- Art. 19 do ADCT.
- Arts. 3º e 5º, I a VI, §§ 1º e 2º, da Lei nº 8.112, de 11-12-1990 (Estatuto dos Servidores Públicos Civis da União, Autarquias e Fundações Públicas Federais).
- Lei nº 8.727, de 5-11-1993, estabelece diretrizes para a consolidação e o reescalonamento, pela União, de dívidas internas das administrações direta e indireta dos Estados, do Distrito Federal e dos Municípios.
- Lei nº 8.730, de 10-11-1993, estabelece a obrigatoriedade da declaração de bens e rendas para o exercício de cargos, empregos, e funções nos Poderes Executivo, Legislativo e Judiciário.
- Súm. Vinc. nº 13 do STF.
- Súmulas nºs 346 e 473 do STF.

I – os cargos, empregos e funções públicas são acessíveis aos brasileiros que preencham os requisitos estabelecidos em lei, assim como aos estrangeiros, na forma da lei;

- Inciso I com a redação dada pela EC nº 19, de 4-6-1998.
- Art. 7º da CLT.
- Arts. 3º a 5º, I a VI, §§ 1º e 2º, da Lei nº 8.112, de 11-12-1990 (Estatuto dos Servidores Públicos Civis da União, Autarquias e Fundações Públicas Federais).
- Lei nº 8.730, de 10-11-1993, estabelece a obrigatoriedade da declaração de bens e rendas para o exercício de cargos, empregos e funções nos Poderes Executivo, Legislativo e Judiciário.
- Súm. Vinc. nº 44 do STF.
- Súmulas nºs 683, 684 e 686 do STF.
- Súm. nº 266 do STJ.

II – a investidura em cargo ou emprego público depende de aprovação prévia em concurso público de provas ou de provas e títulos, de acordo com a natureza e a complexidade do cargo ou emprego, na forma prevista em lei, ressalvadas as nomeações para cargo em comissão declarado em lei de livre nomeação e exoneração;

- Inciso II com a redação dada pela EC nº 19, de 4-6-1998.
- Art. 7º da CLT.
- Arts. 11 e 12 da Lei nº 8.112, de 11-12-1990 (Estatuto dos Servidores Públicos Civis da União, Autarquias e Fundações Públicas Federais).
- Lei nº 9.962, de 22-2-2000, disciplina o regime de emprego público do pessoal da administração federal direta, autárquica e fundacional.
- Dec. nº 7.203, de 4-6-2010, dispõe sobre a vedação do nepotismo no âmbito da administração pública federal.
- Súm. Vinc. nº 43 do STF.
- Súm. nº 685 do STF.
- Súmulas nºs 331 e 363 do TST.
- Orientações Jurisprudenciais da SBDI-I nºs 321, 338 e 366 do TST.

III – o prazo de validade do concurso público será de até dois anos, prorrogável uma vez, por igual período;

- Art. 12 da Lei nº 8.112, de 11-12-1990 (Estatuto dos Servidores Públicos Civis da União, Autarquias e Fundações Públicas Federais).
- Lei nº 12.562, de 23-12-2011, regulamenta este inciso para dispor sobre o processo e julgamento da representação interventiva perante o STF.

IV – durante o prazo improrrogável previsto no edital de convocação, aquele aprovado em concurso público de provas ou de provas e títulos será convocado com prioridade sobre novos concursados para assumir cargo ou emprego, na carreira;

- Art. 7º da CLT.

V – as funções de confiança, exercidas exclusivamente por servidores ocupantes de cargo efetivo, e os cargos em comissão, a serem preenchidos por servidores de carreira nos casos, condições e percentuais mínimos previstos em lei, destinam-se apenas às atribuições de direção, chefia e assessoramento;

- Inciso V com a redação dada pela EC nº 19, de 4-6-1998.

VI – é garantido ao servidor público civil o direito à livre associação sindical;

VII – o direito de greve será exercido nos termos e nos limites definidos em lei específica;

- Inciso VII com a redação dada pela EC nº 19, de 4-6-1998.
- Dec. nº 1.480, de 3-5-1995, dispõe sobre os procedimentos a serem adotados em casos de paralisações dos serviços públicos federais.
- Ao julgar os MIs nºs 708 e 712, o Plenário do Supremo Tribunal deferiu injunção e regulamentou provisoriamente o exercício do direito de greve pelos servidores públicos, com base nas Leis nºs 7.701, de 21-12-1988, e 7.783, 28-6-1989, no que for compatível.

VIII – a lei reservará percentual dos cargos e empregos públicos para as pessoas portadoras de deficiência e definirá os critérios de sua admissão;

- Lei nº 7.853, de 24-10-1989 (Lei de Apoio às Pessoas Portadoras de Deficiência), regulamentada pelo Dec. nº 3.298, de 20-12-1999.
- Art. 5º, § 2º, da Lei nº 8.112, de 11-12-1990 (Estatuto dos Servidores Públicos Civis da União, Autarquias e Fundações Públicas Federais).
- Lei nº 13.146, de 6-7-2015 (Estatuto da Pessoa com Deficiência).
- Dec. nº 6.949, de 25-8-2009, promulga a Convenção Internacional sobre os Direitos das Pessoas com Deficiência.
- Súmulas nºs 377 e 552 do STJ.

IX – a lei estabelecerá os casos de contratação por tempo determinado para atender a necessidade temporária de excepcional interesse público;

- Art. 2º da EC nº 106, de 7-5-2020.
- Lei nº 8.745, de 9-12-1993, dispõe sobre a contratação de servidor público por tempo determinado, para atender a necessidade temporária de excepcional interesse público.
- Art. 30 da Lei nº 10.871, de 20-5-2004, que dispõe sobre a criação de carreiras e organização de cargos efetivos das autarquias especiais denominadas Agências Reguladoras.
- MP nº 2.165-36, de 23-8-2001, que até o encerramento desta edição não havia sido convertida em Lei, institui o auxílio-transporte.

X – a remuneração dos servidores públicos e o subsídio de que trata o § 4º do artigo 39 somente poderão ser fixados ou alterados por lei específica, observada a iniciativa privativa em cada caso, assegurada revisão geral anual, sempre na mesma data e sem distinção de índices;

- Inciso X com a redação dada pela EC nº 19, de 4-6-1998.
- Arts. 39, § 4º, 95, III, e 128, § 5º, I, *c*, desta Constituição.
- Art. 109, § 3º, do ADCT.
- Lei nº 7.706, de 21-12-1988, dispõe sobre a revisão dos vencimentos, salários, soldos e proventos dos servidores, civis e militares, da Administração Federal Direta, das Autarquias, dos extintos Territórios Federais e das Fundações Públicas.
- Lei nº 10.331, de 18-12-2001, regulamenta este inciso.
- Súm. Vinc. nº 37 do STF.
- Súmulas nºs 672 e 679 do STF.

XI – a remuneração e o subsídio dos ocupantes de cargos, funções e empregos públicos da administração direta, autárquica e fundacional, dos membros de qualquer dos Poderes da União, dos Estados, do Distrito Federal e dos Municípios, dos detentores de mandato eletivo e dos demais agentes políticos e os proventos, pensões ou outra espécie remuneratória, percebidos cumulativamente ou não, incluídas as vantagens pessoais ou de qualquer outra natureza, não poderão exceder o subsídio mensal, em espécie, dos Ministros do Supremo Tribunal Federal, aplicando-se como limite, nos Municípios, o subsídio do Prefeito, e nos Estados e no Distrito Federal, o subsídio mensal do Governador no âmbito do Poder Executivo, o subsídio dos Deputados Estaduais e Distritais no âmbito do Poder Legislativo e o subsídio dos Desembargadores do Tribunal de Justiça, limitado a noventa inteiros e vinte e cinco centésimos por cento do subsídio mensal, em espécie, dos Ministros do Supremo Tribunal Federal, no âmbito do Poder Judiciário, aplicável este limite aos membros do Ministério Público, aos Procuradores e aos Defensores Públicos;

- ▶ Inciso XI com a redação dada pela EC nº 41, de 19-12-2003.
- ▶ O STF, *ad referendum* do Plenário, deferiu o pedido de medida cautelar na ADI nº 6.257 para: "dar interpretação a este inciso no tópico em que a norma estabelece subteto, para suspender qualquer interpretação e aplicação do subteto aos professores e pesquisadores das universidades estaduais, prevalecendo, assim, como teto único das universidades no país, os subsídios dos Ministros do STF" (*DJe* de 3-2-2020).
- ▶ O STF, por maioria dos votos, julgou procedente os pedidos formulados nas Ações Diretas de Inconstitucionalidade nºs 3.854 e 4.014, dando interpretação conforme à Constituição ao art. 37, XI e § 12, para afastar a submissão dos membros da magistratura estadual da regra do subteto remuneratório (*DOU* de 8-1-2021).
- ▶ Arts. 27, § 2º, 28, § 2º, 29, V e VI, 39, §§ 4º e 5º, 49, VII, e VIII, 93, V, 95, III, 128, § 5º, I, *c*, e 142, § 3º, VIII, desta Constituição.
- ▶ Art. 3º, § 3º, da EC nº 20, de 15-12-1998 (Reforma Previdenciária).
- ▶ Arts. 7º e 8º da EC nº 41, de 19-12-2003.
- ▶ Art. 4º da EC nº 47, de 5-7-2005.
- ▶ Lei nº 8.112, de 11-12-1990 (Estatuto dos Servidores Públicos Civis da União, Autarquias e Fundações Públicas Federais).
- ▶ Leis nºs 8.448, de 21-7-1992, e 8.852, de 4-2-1994, dispõem sobre este inciso.
- ▶ Art. 3º da Lei nº 10.887, de 18-6-2004, que dispõe sobre a aplicação de disposições da EC nº 41, de 19-12-2003.
- ▶ Lei nº 12.770, de 28-12-2012, dispõe sobre o subsídio do Procurador-Geral da República.
- ▶ Lei Delegada nº 13, de 27-8-1982, institui Gratificações de Atividade para os servidores civis do Poder Executivo, revê vantagens.
- ▶ OJ da SBDI-I nº 339 do TST.

XII – os vencimentos dos cargos do Poder Legislativo e do Poder Judiciário não poderão ser superiores aos pagos pelo Poder Executivo;

- ▶ Art. 135 desta Constituição.
- ▶ Art. 42 da Lei nº 8.112, de 11-12-1990 (Estatuto dos Servidores Públicos Civis da União, Autarquias e Fundações Públicas Federais).
- ▶ Lei nº 8.852, de 4-2-1994, dispõe sobre a aplicação deste inciso.

XIII – é vedada a vinculação ou equiparação de quaisquer espécies remuneratórias para o efeito de remuneração de pessoal do serviço público;

- ▶ Inciso XIII com a redação dada pela EC nº 19, de 4-6-1998.
- ▶ Art. 142, § 3º, VIII, desta Constituição.
- ▶ Súm. Vinc. nº 42 do STF.
- ▶ Súm. nº 455 do TST.
- ▶ OJ da SBDI-I nº 297 do TST.

XIV – os acréscimos pecuniários percebidos por servidor público não serão computados nem acumulados para fins de concessão de acréscimos ulteriores;

- ▶ Inciso XIV com a redação dada pela EC nº 19, de 4-6-1998.
- ▶ Art. 142, § 3º, VIII, desta Constituição.

XV – o subsídio e os vencimentos dos ocupantes de cargos e empregos públicos são irredutíveis, ressalvado o disposto nos incisos XI e XIV deste artigo e nos artigos 39, § 4º, 150, II, 153, III, e 153, § 2º, I;

- ▶ Inciso XV com a redação dada pela EC nº 19, de 4-6-1998.
- ▶ Art. 142, § 3º, VIII, desta Constituição.

XVI – é vedada a acumulação remunerada de cargos públicos, exceto, quando houver compatibilidade de horários, observado em qualquer caso o disposto no inciso XI:

- ▶ Inciso XVI com a redação dada pela EC nº 19, de 4-6-1998.

a) a de dois cargos de professor;

b) a de um cargo de professor com outro, técnico ou científico;

- ▶ Alíneas *a* e *b* com a redação dada pela EC nº 19, de 4-6-1998.

c) a de dois cargos ou empregos privativos de profissionais de saúde, com profissões regulamentadas;

- ▶ Alínea *c* com a redação dada pela EC nº 34, de 13-12-2001.
- ▶ Arts. 118 a 120 da Lei nº 8.112, de 11-12-1990 (Estatuto dos Servidores Públicos Civis da União, Autarquias e Fundações Públicas Federais).

XVII – a proibição de acumular estende-se a empregos e funções e abrange autarquias, fundações, empresas públicas, sociedades de economia mista, suas subsidiárias, e sociedades controladas, direta ou indiretamente, pelo Poder Público;

- ▶ Inciso XVII com a redação dada pela EC nº 19, de 4-6-1998.
- ▶ Art. 118, § 1º, da Lei nº 8.112, de 11-12-1990 (Estatuto dos Servidores Públicos Civis da União, Autarquias e Fundações Públicas Federais).

XVIII – a administração fazendária e seus servidores fiscais terão, dentro de suas áreas de competência e jurisdição, precedência sobre os demais setores administrativos, na forma da lei;

XIX – somente por lei específica poderá ser criada autarquia e autorizada a instituição de empresa pública, de sociedade de economia mista e de fundação, cabendo à lei complementar, neste último caso, definir as áreas de sua atuação;

- ▶ Inciso XIX com a redação dada pela EC nº 19, de 4-6-1998.

XX – depende de autorização legislativa, em cada caso, a criação de subsidiárias das entidades mencionadas no inciso anterior, assim como a participação de qualquer delas em empresa privada;

XXI – ressalvados os casos especificados na legislação, as obras, serviços, compras e alienações serão contratados mediante processo de licitação pública que assegure igualdade de condições a todos os concorrentes, com cláusulas que estabeleçam obrigações de pagamento, mantidas as condições efetivas da proposta, nos termos da lei, o qual somente permitirá as exigências de qualificação técnica e econômica indispensáveis à garantia do cumprimento das obrigações;

- ▶ Art. 22, XXVII, desta Constituição.
- ▶ Lei nº 14.133, de 1º-4-2021 (Nova Lei de Licitações e Contratos Administrativos).
- ▶ Dec. nº 3.555, de 8-8-2000, regulamenta a modalidade de licitação denominada pregão.
- ▶ Dec. nº 9.450, de 25-7-2018, institui a Política Nacional de Trabalho no âmbito do Sistema Prisional e regulamenta o disposto neste inciso.
- ▶ Súm. nº 333 do STJ.
- ▶ Súm. nº 331 do TST.

XXII – as administrações tributárias da União, dos Estados, do Distrito Federal e dos Municípios, atividades essenciais ao funcionamento do Estado, exercidas por servidores de carreiras específicas, terão recursos prioritários para a realização de suas atividades e atuarão de forma integrada, inclusive com o compartilhamento de cadastros e de informações fiscais, na forma da lei ou convênio.

- ▶ Inciso XXII acrescido pela EC nº 42, de 19-12-2003.
- ▶ Art. 137, IV, desta Constituição.

§ 1º A publicidade dos atos, programas, obras, serviços e campanhas dos órgãos públicos deverá ter caráter educativo, informativo ou de orientação social, dela não podendo constar nomes, símbolos ou imagens que caracterizem promoção pessoal de autoridades ou servidores públicos.

- ▶ Lei nº 8.389, de 30-12-1991, institui o Conselho de Comunicação Social.
- ▶ Dec. nº 4.799, de 4-8-2003, dispõe sobre a comunicação de Governo do Poder Executivo Federal.
- ▶ Dec. nº 6.555, de 8-9-2008, dispõe sobre as ações de comunicação do Poder Executivo Federal.

§ 2º A não observância do disposto nos incisos II e III implicará a nulidade do ato e a punição da autoridade responsável, nos termos da lei.

- ▶ Arts. 116 a 142 da Lei nº 8.112, de 11-12-1990 (Estatuto dos Servidores Públicos Civis da União, Autarquias e Fundações Públicas Federais).
- ▶ Lei nº 8.429, de 2-6-1992 (Lei da Improbidade Administrativa).
- ▶ Súm. nº 466 do STJ.
- ▶ Súm. nº 363 do TST.

§ 3º A lei disciplinará as formas de participação do usuário na administração pública direta e indireta, regulando especialmente:

I – as reclamações relativas à prestação dos serviços públicos em geral, asseguradas a manutenção de serviços de atendimento ao usuário e a avaliação periódica, externa e interna, da qualidade dos serviços;

II – o acesso dos usuários a registros administrativos e a informações sobre atos de governo, observado o disposto no artigo 5º, X e XXXIII;

- ▶ Lei nº 12.527, de 18-11-2011 (Lei do Acesso à Informação).

III – a disciplina da representação contra o exercício negligente ou abusivo de cargo, emprego ou função na administração pública.

- ▶ § 3º com a redação dada pela EC nº 19, de 4-6-1998.

§ 4º Os atos de improbidade administrativa importarão a suspensão dos direitos políticos, a perda da função pública, a indisponibilidade dos bens e o ressarcimento ao erário, na forma e gradação previstas em lei, sem prejuízo da ação penal cabível.

- ▶ Art. 15, V, desta Constituição.
- ▶ Arts. 312 a 327 do CP.
- ▶ Lei nº 8.026, de 12-4-1990, dispõe sobre a aplicação de pena de demissão a funcionário publico.
- ▶ Lei nº 8.027, de 12-4-1990, dispõe sobre normas de conduta dos servidores públicos civis da União, das Autarquias e das Fundações Públicas.
- ▶ Lei nº 8.112, de 11-12-1990 (Estatuto dos Servidores Públicos Civis da União, Autarquias e Fundações Públicas Federais).
- ▶ Art. 3º da Lei nº 8.137, de 27-12-1990 (Lei dos Crimes Contra a Ordem Tributária, Econômica e Contra as Relações de Consumo).
- ▶ Lei nº 8.429, de 2-6-1992 (Lei da Improbidade Administrativa).
- ▶ Dec.-lei nº 3.240, de 8-5-1941, sujeita a sequestro os bens de pessoas indiciadas por crimes de que resulta prejuízo para a Fazenda Pública.
- ▶ Dec. nº 4.410, de 7-10-2002, promulga a Convenção Interamericana contra a Corrupção.

§ 5º A lei estabelecerá os prazos de prescrição para ilícitos praticados por qualquer agente, servidor ou não, que causem prejuízos ao erário, ressalvadas as respectivas ações de ressarcimento.

- Lei nº 8.112, de 11-12-1990 (Estatuto dos Servidores Públicos Civis da União, Autarquias e Fundações Públicas Federais).
- Lei nº 8.429, de 2-6-1992 (Lei da Improbidade Administrativa).

§ 6º As pessoas jurídicas de direito público e as de direito privado prestadoras de serviços públicos responderão pelos danos que seus agentes, nessa qualidade, causarem a terceiros, assegurado o direito de regresso contra o responsável nos casos de dolo ou culpa.

- Art. 43 do CC.
- Arts. 143, 155, 181 e 182 do CPC/2015.
- Lei nº 6.453, de 17-10-1977, dispõe sobre a responsabilidade civil por danos nucleares e a responsabilidade criminal por atos relacionados com atividades nucleares.
- Dec. nº 10.088, de 5-11-2019, consolida atos normativos editados pelo Poder Executivo Federal que dispõem sobre a promulgação de convenções e recomendações da Organização Internacional do Trabalho – OIT ratificadas pela República Federativa do Brasil.

§ 7º A lei disporá sobre os requisitos e as restrições ao ocupante de cargo ou emprego da administração direta e indireta que possibilite o acesso a informações privilegiadas.

§ 8º A autonomia gerencial, orçamentária e financeira dos órgãos e entidades da administração direta e indireta poderá ser ampliada mediante contrato, a ser firmado entre seus administradores e o poder público, que tenha por objeto a fixação de metas de desempenho para o órgão ou entidade, cabendo à lei dispor sobre:

- Lei nº 13.934, de 11-12-2019, regulamenta este parágrafo.

I – o prazo de duração do contrato;

II – os controles e critérios de avaliação de desempenho, direitos, obrigações e responsabilidade dos dirigentes;

III – a remuneração do pessoal.

§ 9º O disposto no inciso XI aplica-se às empresas públicas e às sociedades de economia mista, e suas subsidiárias, que receberem recursos da União, dos Estados, do Distrito Federal ou dos Municípios para pagamento de despesas de pessoal ou de custeio em geral.

- §§ 7º a 9º acrescidos pela EC nº 19, de 4-6-1998.

§ 10. É vedada a percepção simultânea de proventos de aposentadoria decorrentes do artigo 40 ou dos artigos 42 e 142 com a remuneração de cargo, emprego ou função pública, ressalvados os cargos acumuláveis na forma desta Constituição, os cargos eletivos e os cargos em comissão declarados em lei de livre nomeação e exoneração.

- § 10 acrescido pela EC nº 20, de 15-12-1998.

§ 11. *Não serão computadas, para efeito dos limites remuneratórios de que trata o inciso XI do caput deste artigo, as parcelas de caráter indenizatório expressamente previstas em lei ordinária, aprovada pelo Congresso Nacional, de caráter nacional, aplicada a todos os Poderes e órgãos constitucionalmente autônomos.*

- § 11 com a redação dada pela EC nº 135, de 20-12-2024.
- Art. 3º da EC nº 135, de 20-12-2024.

§ 12. Para os fins do disposto no inciso XI do *caput* deste artigo, fica facultado aos Estados e ao Distrito Federal fixar, em seu âmbito, mediante emenda às respectivas Constituições e Lei Orgânica, como limite único, o subsídio mensal dos Desembargadores do respectivo Tribunal de Justiça, limitado a noventa inteiros e vinte e cinco centésimos por cento do subsídio mensal dos Ministros do Supremo Tribunal Federal, não se aplicando o disposto neste parágrafo aos subsídios dos Deputados Estaduais e Distritais e dos Vereadores.

- § 12 acrescido pela EC nº 47, de 5-7-2005.
- O STF, por maioria dos votos, julgou procedente os pedidos formulados nas Ações Diretas de Inconstitucionalidade nºs 3.854 e 4.014, dando interpretação conforme à Constituição ao art. 37, XI e § 12, para afastar a submissão dos membros da magistratura estadual da regra do subteto remuneratório (*DOU* de 8-1-2021).

§ 13. O servidor público titular de cargo efetivo poderá ser readaptado para exercício de cargo cujas atribuições e responsabilidades sejam compatíveis com a limitação que tenha sofrido em sua capacidade física ou mental, enquanto permanecer nesta condição, desde que possua a habilitação e o nível de escolaridade exigidos para o cargo de destino, mantida a remuneração do cargo de origem.

§ 14. A aposentadoria concedida com a utilização de tempo de contribuição decorrente de cargo, emprego ou função pública, inclusive do Regime Geral de Previdência Social, acarretará o rompimento do vínculo que gerou o referido tempo de contribuição.

§ 15. É vedada a complementação de aposentadorias de servidores públicos e de pensões por morte a seus dependentes que não seja decorrente do disposto nos §§ 14 a 16 do art. 40 ou que não seja prevista em lei que extinga regime próprio de previdência social.

- §§ 13 a 15 acrescidos pela EC nº 103, de 12-11-2019.

§ 16. Os órgãos e entidades da administração pública, individual ou conjuntamente, devem realizar avaliação das políticas públicas, inclusive com divulgação do objeto a ser avaliado e dos resultados alcançados, na forma da lei.

- § 16 acrescido pela EC nº 109, de 15-3-2021.

§ 17. Lei complementar estabelecerá normas gerais aplicáveis às administrações tributárias da União, dos Estados, do Distrito Federal e dos Municípios, dispondo sobre deveres, direitos e garantias dos servidores das carreiras de que trata o inciso XXII do *caput*.

§ 18. Para os fins do disposto no inciso XI do *caput* deste artigo, os servidores de carreira das administrações tributárias dos Estados, do Distrito Federal e dos Municípios sujeitam-se ao limite aplicável aos servidores da União.

- §§ 17 e 18 acrescidos pela EC nº 132, de 20-12-2023, para vigorar a partir de 2027.

Art. 38. Ao servidor público da administração direta, autárquica e fundacional, no exercício de mandato eletivo, aplicam-se as seguintes disposições:

- *Caput* com a redação dada pela EC nº 19, de 4-6-1998.
- Art. 28 desta Constituição.
- Lei nº 8.112, de 11-12-1990 (Estatuto dos Servidores Públicos Civis da União, Autarquias e Fundações Públicas Federais).

I – tratando-se de mandato eletivo federal, estadual ou distrital, ficará afastado de seu cargo, emprego ou função;

- Art. 28, § 1º, desta Constituição.

II – investido no mandato de Prefeito será afastado do cargo, emprego ou função, sendo-lhe facultado optar pela sua remuneração;

III – investido no mandato de Vereador, havendo compatibilidade de horários, perceberá as vantagens de seu cargo, emprego ou função, sem prejuízo da remuneração do cargo eletivo, e, não havendo compatibilidade, será aplicada a norma do inciso anterior;

IV – em qualquer caso que exija o afastamento para o exercício de mandato eletivo, seu tempo de serviço será contado para todos os efeitos legais, exceto para promoção por merecimento;

- Art. 28, § 1º, desta Constituição.

V – na hipótese de ser segurado de regime próprio de previdência social, permanecerá filiado a esse regime, no ente federativo de origem.

- Inciso V com a redação dada pela EC nº 103, de 12-11-2019.

Seção II

DOS SERVIDORES PÚBLICOS

- Denominação desta Seção dada pela EC nº 18, de 5-2-1998.
- Lei nº 8.026, de 12-4-1990, dispõe sobre a aplicação de pena de demissão a funcionário público.
- Lei nº 8.027, de 12-4-1990, dispõe sobre normas de conduta dos servidores públicos civis da União, das autarquias e das fundações públicas.
- Lei nº 8.112, de 11-12-1990 (Estatuto dos Servidores Públicos Civis da União, Autarquias e Fundações Públicas Federais).
- Súm. nº 378 do STJ.

Art. 39. A União, os Estados, o Distrito Federal e os Municípios instituirão conselho de política de administração e remuneração de pessoal, integrado por servidores designados pelos respectivos Poderes.

- *Caput* com a redação dada pela EC nº 19, de 4-6-1998.
- O STF, por maioria de votos, no julgamento da ADI nº 2.135-4, declarou a constitucionalidade deste artigo, e, tendo em vista o largo lapso temporal desde o deferimento da medida cautelar nestes autos, atribuiu eficácia *ex nunc* à presente decisão, esclarecendo, ainda, ser vedada a transmudação de regime dos atuais servidores como medida de evitar tumultos administrativos e previdenciários (*DJe* de 11-11-2024).
- Art. 24 do ADCT.
- Lei nº 8.026, de 12-4-1990, dispõe sobre a aplicação de pena de demissão a funcionário público.
- Lei nº 8.027, de 12-4-1990, dispõe sobre normas de conduta dos servidores públicos civis da União, das Autarquias e das Fundações Públicas.
- Lei nº 8.112, de 11-12-1990 (Estatuto dos Servidores Públicos Civis da União, Autarquias e Fundações Públicas Federais).
- Súm. Vinc. nº 4 do STF.
- Súm. nº 97 do STJ.

§ 1º A fixação dos padrões de vencimento e dos demais componentes do sistema remuneratório observará:

I – a natureza, o grau de responsabilidade e a complexidade dos cargos componentes de cada carreira;

II – os requisitos para a investidura;

III – as peculiaridades dos cargos.

- Art. 41, § 4º, da Lei nº 8.112, de 11-12-1990 (Estatuto dos Servidores Públicos Civis da União, Autarquias e Fundações Públicas Federais).
- Lei nº 8.448, de 21-7-1992, regulamenta este parágrafo.
- Lei nº 8.852, de 4-2-1994, dispõe sobre a aplicação deste parágrafo.

▸ Lei nº 9.367, de 16-12-1996, fixa critérios para a progressiva unificação das tabelas de vencimentos dos servidores.
▸ Súm. Vinc. nº 4 do STF.
▸ Súm. nº 339 do STF.

§ 2º A União, os Estados e o Distrito Federal manterão escolas de governo para a formação e o aperfeiçoamento dos servidores públicos, constituindo-se a participação nos cursos um dos requisitos para a promoção na carreira, facultada, para isso, a celebração de convênios ou contratos entre os entes federados.

▸ §§ 1º e 2º com a redação dada pela EC nº 19, de 4-6-1998.

§ 3º Aplica-se aos servidores ocupantes de cargo público o disposto no artigo 7º, IV, VII, VIII, IX, XII, XIII, XV, XVI, XVII, XVIII, XIX, XX, XXII e XXX, podendo a lei estabelecer requisitos diferenciados de admissão quando a natureza do cargo o exigir.

▸ Dec.-lei nº 5.452, de 1-5-1943 (Consolidação das Leis do Trabalho).
▸ Dec. Legislativo nº 206, de 7-4-2010, aprova a ratificação da Convenção nº 151 da OIT sobre direito de sindicalização e relações de trabalho na administração pública.
▸ Súmulas Vinculantes nºs 4, 15 e 16 do STF.
▸ Súmulas nºs 683 e 684 do STF.
▸ Súm. nº 243 do TST.

§ 4º O membro de Poder, o detentor de mandato eletivo, os Ministros de Estado e os Secretários Estaduais e Municipais serão remunerados exclusivamente por subsídio fixado em parcela única, vedado o acréscimo de qualquer gratificação, adicional, abono, prêmio, verba de representação ou outra espécie remuneratória, obedecido, em qualquer caso, o disposto no artigo 37, X e XI.

▸ Arts. 27, § 2º, 28, § 2º, 29, V, e VI, 37, XV, 48, XV, 49, VII e VIII, 93, V, 95, III, 128, § 5º, I, *c*, e 135 desta Constituição.
▸ Lei nº 11.144, de 26-7-2005, dispõe sobre o subsídio do Procurador-Geral da República.
▸ Lei nº 12.770, de 28-12-2012, dispõe sobre o subsídio do Procurador-Geral da República.

§ 5º Lei da União, dos Estados, do Distrito Federal e dos Municípios poderá estabelecer a relação entre a maior e a menor remuneração dos servidores públicos, obedecido, em qualquer caso, o disposto no artigo 37, XI.

§ 6º Os Poderes Executivo, Legislativo e Judiciário publicarão anualmente os valores do subsídio e da remuneração dos cargos e empregos públicos.

§ 7º Lei da União, dos Estados, do Distrito Federal e dos Municípios disciplinará a aplicação de recursos orçamentários provenientes da economia com despesas correntes em cada órgão, autarquia e fundação, para aplicação no desenvolvimento de programas de qualidade e produtividade, treinamento e desenvolvimento, modernização, reaparelhamento e racionalização do serviço público, inclusive sob a forma de adicional ou prêmio de produtividade.

§ 8º A remuneração dos servidores públicos organizados em carreira poderá ser fixada nos termos do § 4º.

▸ §§ 3º a 8º acrescidos pela EC nº 19, de 4-6-1998.

§ 9º É vedada a incorporação de vantagens de caráter temporário ou vinculadas ao exercício de função de confiança ou de cargo em comissão à remuneração do cargo efetivo.

▸ § 9º acrescido pela EC nº 103, de 12-11-2019.

Art. 40. O regime próprio de previdência social dos servidores titulares de cargos efetivos terá caráter contributivo e solidário, mediante contribuição do respectivo ente federativo, de servidores ativos, de aposentados e de pensionistas, observados critérios que preservem o equilíbrio financeiro e atuarial.

▸ *Caput* com a redação dada pela EC nº 103, de 12-11-2019.
▸ Arts. 37, § 10, 73, § 3º, e 93, VI, desta Constituição.
▸ Arts. 4º e 6º da EC nº 41, de 19-12-2003.
▸ Art. 3º da EC nº 47, de 5-7-2005.

§ 1º O servidor abrangido por regime próprio de previdência social será aposentado:

▸ *Caput* do § 1º com a redação dada pela EC nº 103, de 12-11-2019.
▸ Art. 2º, § 5º, da EC nº 41, de 19-12-2003.
▸ Súm. nº 726 do STF.

I – por incapacidade permanente para o trabalho, no cargo em que estiver investido, quando insuscetível de readaptação, hipótese em que será obrigatória a realização de avaliações periódicas para verificação da continuidade das condições que ensejaram a concessão da aposentadoria, na forma de lei do respectivo ente federativo;

▸ Inciso I com a redação dada pela EC nº 103, de 12-11-2019.

II – compulsoriamente, com proventos proporcionais ao tempo de contribuição, aos 70 (setenta) anos de idade, ou aos 75 (setenta e cinco) anos de idade, na forma de lei complementar;

▸ Inciso II com a redação dada pela EC nº 88, de 7-5-2015.
▸ Art. 100 do ADCT.
▸ Arts. 2º, § 5º, e 3º, § 1º, da EC nº 41, de 19-12-2003.
▸ LC nº 152, de 3-12-2015, dispõe sobre aposentadoria por idade, com proventos proporcionais, nos termos deste inciso.

III – no âmbito da União, aos 62 (sessenta e dois) anos de idade, se mulher, e aos 65 (sessenta e cinco) anos de idade, se homem, e, no âmbito dos Estados, do Distrito Federal e dos Municípios, na idade mínima estabelecida mediante emenda às respectivas Constituições e Leis Orgânicas, observados o tempo de contribuição e os demais requisitos estabelecidos em lei complementar do respectivo ente federativo.

▸ Inciso III com a redação dada pela EC nº 103, de 12-11-2019.

§ 2º Os proventos de aposentadoria não poderão ser inferiores ao valor mínimo a que se refere o § 2º do art. 201 ou superiores ao limite máximo estabelecido para o Regime Geral de Previdência Social, observado o disposto nos §§ 14 a 16.

§ 3º As regras para cálculo de proventos de aposentadoria serão disciplinadas em lei do respectivo ente federativo.

▸ Art. 2º da EC nº 41, de 19-12-2003.
▸ Art. 1º da Lei nº 10.887, de 18-6-2004, que dispõe sobre a aplicação de disposições da EC nº 41, de 19-12-2003.

§ 4º É vedada a adoção de requisitos ou critérios diferenciados para concessão de benefícios em regime próprio de previdência social, ressalvado o disposto nos §§ 4º-A, 4º-B, 4º-C e 5º.

▸ §§ 2º a 4º com a redação dada pela EC nº 103, de 12-11-2019.

§ 4º-A. Poderão ser estabelecidos por lei complementar do respectivo ente federativo idade e tempo de contribuição diferenciados para aposentadoria de servidores com deficiência, previamente submetidos a avaliação biopsicossocial realizada por equipe multiprofissional e interdisciplinar.

▸ Lei nº 13.146, de 6-7-2015 (Estatuto da Pessoa com Deficiência).

§ 4º-B. Poderão ser estabelecidos por lei complementar do respectivo ente federativo idade e tempo de contribuição diferenciados para aposentadoria de ocupantes do cargo de agente penitenciário, de agente socioeducativo ou de policial dos órgãos de que tratam o inciso IV do *caput* do art. 51, o inciso XIII do *caput* do art. 52 e os incisos I a IV do *caput* do art. 144.

§ 4º-C. Poderão ser estabelecidos por lei complementar do respectivo ente federativo idade e tempo de contribuição diferenciados para aposentadoria de servidores cujas atividades sejam exercidas com efetiva exposição a agentes químicos, físicos e biológicos prejudiciais à saúde, ou associação desses agentes, vedada a caracterização por categoria profissional ou ocupação.

▸ §§ 4º-A a 4º-C acrescidos pela EC nº 103, de 12-11-2019.
▸ Súm. Vinc. nº 33 do STF.

§ 5º Os ocupantes do cargo de professor terão idade mínima reduzida em 5 (cinco) anos em relação às idades decorrentes da aplicação do disposto no inciso III do § 1º, desde que comprovem tempo de efetivo exercício das funções de magistério na educação infantil e no ensino fundamental e médio fixado em lei complementar do respectivo ente federativo.

▸ § 5º com a redação dada pela EC nº 103, de 12-11-2019.
▸ Arts. 2º, § 1º, e 6º, *caput*, da EC nº 41, de 19-12-2003.
▸ Art. 67, § 2º, da Lei nº 9.394, de 20-12-1996 (Lei das Diretrizes e Bases da Educação Nacional).
▸ Súm. nº 726 do STF.

§ 6º Ressalvadas as aposentadorias decorrentes dos cargos acumuláveis na forma desta Constituição, é vedada a percepção de mais de uma aposentadoria à conta de regime próprio de previdência social, aplicando-se outras vedações, regras e condições para a acumulação de benefícios previdenciários estabelecidas no Regime Geral de Previdência Social.

§ 7º Observado o disposto no § 2º do art. 201, quando se tratar da única fonte de renda formal auferida pelo dependente, o benefício de pensão por morte será concedido nos termos de lei do respectivo ente federativo, a qual tratará de forma diferenciada a hipótese de morte dos servidores de que trata o § 4º-B decorrente de agressão sofrida no exercício ou em razão da função.

▸ §§ 6º e 7º com a redação dada pela EC nº 103, de 12-11-2019.
▸ Art. 42, § 2º, desta Constituição.

§ 8º É assegurado o reajustamento dos benefícios para preservar-lhes, em caráter permanente, o valor real, conforme critérios estabelecidos em lei.

▸ § 8º com a redação dada pela EC nº 41, de 19-12-2003.
▸ Arts. 2º, § 6º, e 6º-A da EC nº 41, de 19-12-2003.
▸ Súmulas Vinculantes nºs 20 e 34 do STF.

§ 9º O tempo de contribuição federal, estadual, distrital ou municipal será contado para fins de aposentadoria, observado o disposto nos §§ 9º e 9º-A do art. 201, e o tempo de serviço correspondente será contado para fins de disponibilidade.

- § 9º com a redação dada pela EC nº 103, de 12-11-2019.
- Art. 42, § 1º, desta Constituição.

§ 10. A lei não poderá estabelecer qualquer forma de contagem de tempo de contribuição fictício.

- Art. 4º da EC nº 20, de 15-12-1998 (Reforma Previdenciária).

§ 11. Aplica-se o limite fixado no artigo 37, XI, à soma total dos proventos de inatividade, inclusive quando decorrentes da acumulação de cargos ou empregos públicos, bem como de outras atividades sujeitas a contribuição para o regime geral de previdência social, e ao montante resultante da adição de proventos de inatividade com remuneração de cargo acumulável na forma desta Constituição, cargo em comissão declarado em lei de livre nomeação e exoneração, e de cargo eletivo.

§ 12. Além do disposto neste artigo, serão observados, em regime próprio de previdência social, no que couber, os requisitos e critérios fixados para o Regime Geral de Previdência Social.

§ 13. Aplica-se ao agente público ocupante, exclusivamente, de cargo em comissão declarado em lei de livre nomeação e exoneração, de outro cargo temporário, inclusive mandato eletivo, ou de emprego público, o Regime Geral de Previdência Social.

- Lei nº 9.962, de 22-2-2000, disciplina o regime de emprego público do pessoal da administração federal direta, autárquica e fundacional.

§ 14. A União, os Estados, o Distrito Federal e os Municípios instituirão, por lei de iniciativa do respectivo Poder Executivo, regime de previdência complementar para servidores públicos ocupantes de cargo efetivo, observado o limite máximo dos benefícios do Regime Geral de Previdência Social para o valor das aposentadorias e das pensões em regime próprio de previdência social, ressalvado o disposto no § 16.

- LC nº 108, de 29-5-2001, dispõe sobre a relação entre a União, e os Estados, o Distrito Federal e os Municípios, suas autarquias, fundações, sociedades de economia mista e outras entidades públicas e suas respectivas entidades fechadas de previdência complementar.
- Lei nº 12.618, de 30-4-2012, institui o regime de previdência complementar para os servidores públicos federais titulares de cargo efetivo.

§ 15. O regime de previdência complementar de que trata o § 14 oferecerá plano de benefícios somente na modalidade contribuição definida, observará o disposto no art. 202 e será efetivado por intermédio de entidade fechada de previdência complementar ou de entidade aberta de previdência complementar.

- §§ 12 a 15 com a redação dada pela EC nº 103, de 12-11-2019.
- Lei nº 12.618, de 30-4-2012, institui o regime de previdência complementar para os servidores públicos federais titulares de cargo efetivo.

§ 16. Somente mediante sua prévia e expressa opção, o disposto nos §§ 14 e 15 poderá ser aplicado ao servidor que tiver ingressado no serviço público até a data da publicação do ato de instituição do correspondente regime de previdência complementar.

- § 16 acrescido pela EC nº 20, de 15-12-1998.
- Lei nº 9.717, de 27-11-1998, dispõe sobre regras gerais para a organização e o funcionamento dos regimes próprios de previdência social dos servidores públicos da União, dos Estados, do Distrito Federal e dos Municípios, bem como dos militares dos Estados e do Distrito Federal.
- Lei nº 10.887, de 18-6-2004, dispõe sobre a aplicação de disposições da EC nº 41, de 19-12-2003.
- Lei nº 12.618, de 30-4-2012, institui o regime de previdência complementar para os servidores públicos federais titulares de cargo efetivo.

§ 17. Todos os valores de remuneração considerados para o cálculo do benefício previsto no § 3º serão devidamente atualizados, na forma da lei.

- Arts. 2º e 6º-A da EC nº 41, de 19-12-2003.

§ 18. Incidirá contribuição sobre os proventos de aposentadorias e pensões concedidas pelo regime de que trata este artigo que superem o limite máximo estabelecido para os benefícios do regime geral de previdência social de que trata o art. 201, com percentual igual ao estabelecido para os servidores titulares de cargos efetivos.

- §§ 17 e 18 acrescidos pela EC nº 41, de 19-12-2003.
- Art. 4º, I e II, da EC nº 41, de 19-12-2003.

§ 19. Observados critérios a serem estabelecidos em lei do respectivo ente federativo, o servidor titular de cargo efetivo que tenha completado as exigências para a aposentadoria voluntária e que opte por permanecer em atividade poderá fazer jus a um abono de permanência equivalente, no máximo, ao valor da sua contribuição previdenciária, até completar a idade para aposentadoria compulsória.

§ 20. É vedada a existência de mais de um regime próprio de previdência social e de mais de um órgão ou entidade gestora desse regime em cada ente federativo, abrangidos todos os poderes, órgãos e entidades autárquicas e fundacionais, que serão responsáveis pelo seu financiamento, observados os critérios, os parâmetros e a natureza jurídica definidos na lei complementar de que trata o § 22.

- §§ 19 e 20 com a redação dada pela EC nº 103, de 12-11-2019.
- Art. 28 da EC nº 19, de 4-6-1998 (Reforma Administrativa).

§ 21. A contribuição prevista no § 18 deste artigo incidirá apenas sobre as parcelas de proventos de aposentadoria e de pensão que superem o dobro do limite máximo estabelecido para os benefícios do regime geral de previdência social de que trata o artigo 201 desta Constituição, quando o beneficiário, na forma da lei, for portador de doença incapacitante.

- § 21 acrescido pela EC nº 47, de 5-7-2005, em vigor na data de sua publicação, com efeitos retroativos à data de vigência da EC nº 41, de 19-12-2003 (*DOU* de 6-7-2005).
- Este parágrafo estará revogado pela EC nº 103, de 12-11-2019, em vigor na data de publicação de lei de iniciativa privativa do respectivo Poder Executivo que o referende integralmente.

§ 22. Vedada a instituição de novos regimes próprios de previdência social, lei complementar federal estabelecerá, para os que já existam, normas gerais de organização, de funcionamento e de responsabilidade em sua gestão, dispondo, entre outros aspectos, sobre:

I – requisitos para sua extinção e consequente migração para o Regime Geral de Previdência Social;

II – modelo de arrecadação, de aplicação e de utilização dos recursos;

III – fiscalização pela União e controle externo e social;

IV – definição de equilíbrio financeiro e atuarial;

V – condições para instituição do fundo com finalidade previdenciária de que trata o art. 249 e para vinculação a ele dos recursos provenientes de contribuições e dos bens, direitos e ativos de qualquer natureza;

VI – mecanismos de equacionamento do *deficit* atuarial;

VII – estruturação do órgão ou entidade gestora do regime, observados os princípios relacionados com governança, controle interno e transparência;

VIII – condições e hipóteses para responsabilização daqueles que desempenhem atribuições relacionadas, direta ou indiretamente, com a gestão do regime;

IX – condições para adesão a consórcio público;

X – parâmetros para apuração da base de cálculo e definição de alíquota de contribuições ordinárias e extraordinárias.

- § 22 acrescido pela EC nº 103, de 12-11-2019.

Art. 41. São estáveis após três anos de efetivo exercício os servidores nomeados para cargo de provimento efetivo em virtude de concurso público.

- Súm. nº 390 do TST.

§ 1º O servidor público estável só perderá o cargo:

I – em virtude de sentença judicial transitada em julgado;

II – mediante processo administrativo em que lhe seja assegurada ampla defesa;

- Súmulas nºs 18, 19, 20 e 21 do STF.
- OJ da SBDI-I nº 247 do TST.

III – mediante procedimento de avaliação periódica de desempenho, na forma de lei complementar, assegurada ampla defesa.

- Art. 247 desta Constituição.

§ 2º Invalidada por sentença judicial a demissão do servidor estável, será ele reintegrado, e o eventual ocupante da vaga, se estável, reconduzido ao cargo de origem, sem direito a indenização, aproveitado em outro cargo ou posto em disponibilidade com remuneração proporcional ao tempo de serviço.

§ 3º Extinto o cargo ou declarada a sua desnecessidade, o servidor estável ficará em disponibilidade, com remuneração proporcional ao tempo de serviço, até seu adequado aproveitamento em outro cargo.

- Súmulas nºs 11 e 39 do STF.

§ 4º Como condição para a aquisição da estabilidade, é obrigatória a avaliação especial de desempenho por comissão instituída para essa finalidade.

- Art. 41 com a redação dada pela EC nº 19, de 4-6-1998.
- Art. 28 da EC nº 19, de 4-6-1998 (Reforma Administrativa).

Seção III

DOS MILITARES DOS ESTADOS, DO DISTRITO FEDERAL E DOS TERRITÓRIOS

- Denominação desta Seção dada pela EC nº 18, de 5-2-1998.

Art. 42. Os membros das Polícias Militares e Corpos de Bombeiros Militares, instituições organizadas com base na hierarquia e disciplina, são militares dos Estados, do Distrito Federal e dos Territórios.

▸ *Caput* com a redação dada pela EC nº 18, de 5-2-1998.
▸ Art. 37, § 10, desta Constituição.
▸ Art. 89 do ADCT.

§ 1º Aplicam-se aos militares dos Estados, do Distrito Federal e dos Territórios, além do que vier a ser fixado em lei, as disposições do artigo 14, § 8º; do artigo 40, § 9º; e do artigo 142, §§ 2º e 3º, cabendo a lei estadual específica dispor sobre as matérias do artigo 142, § 3º, X, sendo as patentes dos oficiais conferidas pelos respectivos governadores.

▸ § 1º com a redação dada pela EC nº 20, de 15-12-1998.
▸ Súm. Vinc. nº 4 do STF.

§ 2º Aos pensionistas dos militares dos Estados, do Distrito Federal e dos Territórios aplica-se o que for fixado em lei específica do respectivo ente estatal.

▸ § 2º com a redação dada pela EC nº 41, de 19-12-2003.

§ 3º Aplica-se aos militares dos Estados, do Distrito Federal e dos Territórios o disposto no art. 37, inciso XVI, com prevalência da atividade militar.

▸ § 3º acrescido pela EC nº 101, de 3-7-2019.

Seção IV
DAS REGIÕES

Art. 43. Para efeitos administrativos, a União poderá articular sua ação em um mesmo complexo geoeconômico e social, visando a seu desenvolvimento e à redução das desigualdades regionais.

§ 1º Lei complementar disporá sobre:

I – as condições para integração de regiões em desenvolvimento;

II – a composição dos organismos regionais que executarão, na forma da lei, os planos regionais, integrantes dos planos nacionais de desenvolvimento econômico e social, aprovados juntamente com estes.

▸ LC nº 124, de 3-1-2007, institui a Superintendência do Desenvolvimento da Amazônia – SUDAM.
▸ LC nº 125, de 3-1-2007, institui a Superintendência do Desenvolvimento do Nordeste – SUDENE.
▸ LC nº 134, de 14-1-2010, dispõe sobre a composição do Conselho de Administração da Superintendência da Zona Franca de Manaus – SUFRAMA.

§ 2º Os incentivos regionais compreenderão, além de outros, na forma da lei:

I – igualdade de tarifas, fretes, seguros e outros itens de custos e preços de responsabilidade do Poder Público;

II – juros favorecidos para financiamento de atividades prioritárias;

III – isenções, reduções ou diferimento temporário de tributos federais devidos por pessoas físicas ou jurídicas;

IV – prioridade para o aproveitamento econômico e social dos rios e das massas de água represadas ou represáveis nas regiões de baixa renda, sujeitas a secas periódicas.

§ 3º Nas áreas a que se refere o § 2º, IV, a União incentivará a recuperação de terras áridas e cooperará com os pequenos e médios proprietários rurais para o estabelecimento, em suas glebas, de fontes de água e de pequena irrigação.

§ 4º Sempre que possível, a concessão dos incentivos regionais a que se refere o § 2º, III, considerará critérios de sustentabilidade ambiental e redução das emissões de carbono.

▸ § 4º acrescido pela EC nº 132, de 20-12-2023.

TÍTULO IV – DA ORGANIZAÇÃO DOS PODERES

CAPÍTULO I
DO PODER LEGISLATIVO

Seção I
DO CONGRESSO NACIONAL

Art. 44. O Poder Legislativo é exercido pelo Congresso Nacional, que se compõe da Câmara dos Deputados e do Senado Federal.

Parágrafo único. Cada legislatura terá a duração de quatro anos.

Art. 45. A Câmara dos Deputados compõe-se de representantes do povo, eleitos, pelo sistema proporcional, em cada Estado, em cada Território e no Distrito Federal.

§ 1º O número total de Deputados, bem como a representação por Estado e pelo Distrito Federal, será estabelecido por lei complementar, proporcionalmente à população, procedendo-se aos ajustes necessários, no ano anterior às eleições, para que nenhuma daquelas Unidades da Federação tenha menos de oito ou mais de setenta Deputados.

▸ Arts. 1º a 3º da LC nº 78, de 30-12-1993, que disciplina a fixação do número de Deputados, nos termos deste parágrafo.

§ 2º Cada Território elegerá quatro Deputados.

Art. 46. O Senado Federal compõe-se de representantes dos Estados e do Distrito Federal, eleitos segundo o princípio majoritário.

§ 1º Cada Estado e o Distrito Federal elegerão três Senadores, com mandato de oito anos.

§ 2º A representação de cada Estado e do Distrito Federal será renovada de quatro em quatro anos, alternadamente, por um e dois terços.

§ 3º Cada Senador será eleito com dois suplentes.

Art. 47. Salvo disposição constitucional em contrário, as deliberações de cada Casa e de suas Comissões serão tomadas por maioria dos votos, presente a maioria absoluta de seus membros.

Seção II
DAS ATRIBUIÇÕES DO CONGRESSO NACIONAL

Art. 48. Cabe ao Congresso Nacional, com a sanção do Presidente da República, não exigida esta para o especificado nos artigos 49, 51 e 52, dispor sobre todas as matérias de competência da União, especialmente sobre:

I – sistema tributário, arrecadação e distribuição de rendas;

II – plano plurianual, diretrizes orçamentárias, orçamento anual, operações de crédito, dívida pública e emissões de curso forçado;

III – fixação e modificação do efetivo das Forças Armadas;

IV – planos e programas nacionais, regionais e setoriais de desenvolvimento;

V – limites do território nacional, espaço aéreo e marítimo e bens do domínio da União;

VI – incorporação, subdivisão ou desmembramento de áreas de Territórios ou Estados, ouvidas as respectivas Assembleias Legislativas;

▸ Art. 4º da Lei nº 9.709, de 18-11-1998, que regulamenta o art. 14 desta Constituição.

VII – transferência temporária da sede do Governo Federal;

VIII – concessão de anistia;

▸ Art. 187 da LEP.

IX – organização administrativa, judiciária, do Ministério Público e da Defensoria Pública da União e dos Territórios e organização judiciária e do Ministério Público do Distrito Federal;

▸ Inciso IX com a redação dada pela EC nº 69, de 29-3-2012, em vigor na data de sua publicação, produzindo efeitos após 120 dias de sua publicação oficial (*DOU* de 30-3-2012).

X – criação, transformação e extinção de cargos, empregos e funções públicas, observado o que estabelece o art. 84, VI, *b*;

XI – criação e extinção de Ministérios e órgãos da administração pública;

▸ Incisos X e XI com a redação dada pela EC nº 32, de 11-9-2001.

XII – telecomunicações e radiodifusão;

▸ Lei nº 9.295, de 19-7-1996, dispõe sobre serviços de telecomunicações, organizações e órgão regulador.
▸ Lei nº 9.472, de 16-7-1997, dispõe sobre a organização dos serviços de telecomunicações, a criação e funcionamento de um órgão regulador e outros aspectos institucionais.
▸ Lei nº 9.612, de 19-2-1998, institui o serviço de radiodifusão comunitária.

XIII – matéria financeira, cambial e monetária, instituições financeiras e suas operações;

XIV – moeda, seus limites de emissão, e montante da dívida mobiliária federal;

XV – fixação do subsídio dos Ministros do Supremo Tribunal Federal, observado o que dispõem os arts. 39, § 4º; 150, II; 153, III; e 153, § 2º, I.

▸ Inciso XV com a redação dada pela EC nº 41, de 19-12-2003.
▸ Lei nº 14.520, de 9-1-2023, fixa o subsídio de Ministro do Supremo Tribunal Federal.

Art. 49. É da competência exclusiva do Congresso Nacional:

▸ Art. 48 desta Constituição.

I – resolver definitivamente sobre tratados, acordos ou atos internacionais que acarretem encargos ou compromissos gravosos ao patrimônio nacional;

II – autorizar o Presidente da República a declarar guerra, a celebrar a paz, a permitir que forças estrangeiras transitem pelo território nacional ou nele permaneçam temporariamente, ressalvados os casos previstos em lei complementar;

III – autorizar o Presidente e o Vice-Presidente da República a se ausentarem do País, quando a ausência exceder a quinze dias;

IV – aprovar o estado de defesa e a intervenção federal, autorizar o estado de sítio, ou suspender qualquer uma dessas medidas;

V – sustar os atos normativos do Poder Executivo que exorbitem do poder regulamentar ou dos limites de delegação legislativa;

VI – mudar temporariamente sua sede;

VII – fixar idêntico subsídio para os Deputados Federais e os Senadores, observado o que dispõem os artigos 37, XI, 39, § 4º, 150, II, 153, III, e 153, § 2º, I;

VIII – fixar os subsídios do Presidente e do Vice-Presidente da República e dos Ministros de Estado, observado o que dispõem os artigos 37, XI, 39, § 4º, 150, II, 153, III, e 153, § 2º, I;

▶ Incisos VII e VIII com a redação dada pela EC nº 19, de 4-6-1998.

IX – julgar anualmente as contas prestadas pelo Presidente da República e apreciar os relatórios sobre a execução dos planos de governo;

X – fiscalizar e controlar, diretamente, ou por qualquer de suas Casas, os atos do Poder Executivo, incluídos os da administração indireta;

XI – zelar pela preservação de sua competência legislativa em face da atribuição normativa dos outros Poderes;

XII – apreciar os atos de concessão e renovação de concessão de emissoras de rádio e televisão;

XIII – escolher dois terços dos membros do Tribunal de Contas da União;

▶ Dec. Legislativo nº 6, de 22-4-1993, regulamenta a escolha de Ministro do Tribunal de Contas da União pelo Congresso Nacional.

XIV – aprovar iniciativas do Poder Executivo referentes a atividades nucleares;

XV – autorizar referendo e convocar plebiscito;

▶ Arts. 1º a 12 da Lei nº 9.709, de 18-11-1998, que regulamenta o art. 14 desta Constituição.

XVI – autorizar, em terras indígenas, a exploração e o aproveitamento de recursos hídricos e a pesquisa e lavra de riquezas minerais;

XVII – aprovar, previamente, a alienação ou concessão de terras públicas com área superior a dois mil e quinhentos hectares;

XVIII – decretar o estado de calamidade pública de âmbito nacional previsto nos arts. 167-B, 167-C, 167-D, 167-E, 167-F e 167-G desta Constituição.

▶ Inciso XVIII acrescido pela EC nº 109, de 15-3-2021.

Art. 50. A Câmara dos Deputados e o Senado Federal, ou qualquer de suas Comissões, poderão convocar Ministro de Estado, quaisquer titulares de órgãos diretamente subordinados à Presidência da República ou o Presidente do Comitê Gestor do Imposto sobre Bens e Serviços para prestarem, pessoalmente, informações sobre assunto previamente determinado, importando crime de responsabilidade a ausência sem justificação adequada.

▶ *Caput* com a redação dada pela EC nº 132, de 20-12-2023.

§ 1º Os Ministros de Estado poderão comparecer ao Senado Federal, à Câmara dos Deputados, ou a qualquer de suas Comissões, por sua iniciativa e mediante entendimentos com a Mesa respectiva, para expor assunto de relevância de seu Ministério.

§ 2º As Mesas da Câmara dos Deputados e do Senado Federal poderão encaminhar pedidos escritos de informação a Ministros de Estado ou a qualquer das pessoas referidas no *caput* deste artigo, importando em crime de responsabilidade a recusa, ou o não atendimento, no prazo de trinta dias, bem como a prestação de informações falsas.

▶ § 2º com a redação dada pela ECR nº 2, de 7-6-1994.

Seção III
DA CÂMARA DOS DEPUTADOS

Art. 51. Compete privativamente à Câmara dos Deputados:

▶ Art. 48 desta Constituição.

I – autorizar, por dois terços de seus membros, a instauração de processo contra o Presidente e o Vice-Presidente da República e os Ministros de Estado;

II – proceder à tomada de contas do Presidente da República, quando não apresentadas ao Congresso Nacional dentro de sessenta dias após a abertura da sessão legislativa;

III – elaborar seu regimento interno;

IV – dispor sobre sua organização, funcionamento, polícia, criação, transformação ou extinção dos cargos, empregos e funções de seus serviços, e a iniciativa de lei para fixação da respectiva remuneração, observados os parâmetros estabelecidos na lei de diretrizes orçamentárias;

▶ Inciso IV com a redação dada pela EC nº 19, de 4-6-1998.

▶ Art. 107, § 2º, do ADCT.

V – eleger membros do Conselho da República, nos termos do artigo 89, VII.

Seção IV
DO SENADO FEDERAL

Art. 52. Compete privativamente ao Senado Federal:

▶ Art. 48 desta Constituição.

I – processar e julgar o Presidente e o Vice-Presidente da República nos crimes de responsabilidade, bem como os Ministros de Estado e os Comandantes da Marinha, do Exército e da Aeronáutica nos crimes da mesma natureza conexos com aqueles;

▶ Inciso I com a redação dada pela EC nº 23, de 2-9-1999.

▶ Art. 102, I, *c*, desta Constituição.

▶ Lei nº 1.079, de 10-4-1950 (Lei dos Crimes de Responsabilidade).

II – processar e julgar os Ministros do Supremo Tribunal Federal, os membros do Conselho Nacional de Justiça e do Conselho Nacional do Ministério Público, o Procurador-Geral da República e o Advogado-Geral da União nos crimes de responsabilidade;

▶ Inciso II com a redação dada pela EC nº 45, de 8-12-2004.

▶ Arts. 103-B, 130-A, 131 e 132 desta Constituição.

▶ Art. 5º da EC nº 45, de 8-12-2004 (Reforma do Judiciário).

III – aprovar previamente, por voto secreto, após arguição pública, a escolha de:

a) magistrados, nos casos estabelecidos nesta Constituição;

b) Ministros do Tribunal de Contas da União indicados pelo Presidente da República;

c) Governador de Território;

d) presidente e diretores do Banco Central;

e) Procurador-Geral da República;

f) titulares de outros cargos que a lei determinar;

IV – aprovar previamente, por voto secreto, após arguição em sessão secreta, a escolha dos chefes de missão diplomática de caráter permanente;

V – autorizar operações externas de natureza financeira, de interesse da União, dos Estados, do Distrito Federal, dos Territórios e dos Municípios;

VI – fixar, por proposta do Presidente da República, limites globais para o montante da dívida consolidada da União, dos Estados, do Distrito Federal e dos Municípios;

▶ Art. 100, § 19, desta Constituição.

▶ Art. 101, § 2º, III, do ADCT.

VII – dispor sobre limites globais e condições para as operações de crédito externo e interno da União, dos Estados, do Distrito Federal e dos Municípios, de suas autarquias e demais entidades controladas pelo Poder Público Federal;

▶ Art. 100, § 19, desta Constituição.

▶ Art. 101, § 2º, III, do ADCT.

VIII – dispor sobre limites e condições para a concessão de garantia da União em operações de crédito externo e interno;

IX – estabelecer limites globais e condições para o montante da dívida mobiliária dos Estados, do Distrito Federal e dos Municípios;

X – suspender a execução, no todo ou em parte, de lei declarada inconstitucional por decisão definitiva do Supremo Tribunal Federal;

XI – aprovar, por maioria absoluta e por voto secreto, a exoneração, de ofício, do Procurador-Geral da República antes do término de seu mandato;

XII – elaborar seu regimento interno;

XIII – dispor sobre sua organização, funcionamento, polícia, criação, transformação ou extinção dos cargos, empregos e funções de seus serviços, e a iniciativa de lei para fixação da respectiva remuneração, observados os parâmetros estabelecidos na lei de diretrizes orçamentárias;

▶ Inciso XIII com a redação dada pela EC nº 19, de 4-6-1998.

▶ Art. 107, § 2º, do ADCT.

XIV – eleger membros do Conselho da República, nos termos do artigo 89, VII;

XV – avaliar periodicamente a funcionalidade do Sistema Tributário Nacional, em sua estrutura e seus componentes, e o desempenho das administrações tributárias da União, dos Estados e do Distrito Federal e dos Municípios.

▶ Inciso XV acrescido pela EC nº 42, de 19-12-2003.

Parágrafo único. Nos casos previstos nos incisos I e II, funcionará como Presidente o do Supremo Tribunal Federal, limitando-se a condenação, que somente será proferida por dois terços dos votos do Senado Federal, à perda do cargo, com inabilitação, por oito anos, para o exercício de função pública, sem prejuízo das demais sanções judiciais cabíveis.

Seção V
DOS DEPUTADOS E DOS SENADORES

▶ Lei nº 9.504, de 30-9-1997 (Lei das Eleições).

Art. 53. Os Deputados e Senadores são invioláveis, civil e penalmente, por quaisquer de suas opiniões, palavras e votos.

▶ *Caput* com a redação dada pela EC nº 35, de 20-12-2001.

▶ Súm. nº 245 do STF.

§ 1º Os Deputados e Senadores, desde a expedição do diploma, serão submetidos a julgamento perante o Supremo Tribunal Federal.

▶ Art. 102, I, *b*, desta Constituição.

§ 2º Desde a expedição do diploma, os membros do Congresso Nacional não poderão ser presos, salvo em flagrante de crime inafiançável. Nesse caso, os autos serão remetidos dentro de vinte e quatro horas à Casa respectiva, para que, pelo voto da maioria de seus membros, resolva sobre a prisão.

▶ Art. 301 do CPP.

§ 3º Recebida a denúncia contra o Senador ou Deputado, por crime ocorrido após a diplomação, o Supremo Tribunal Federal dará ciência à

Casa respectiva, que, por iniciativa de partido político nela representado e pelo voto da maioria de seus membros, poderá, até a decisão final, sustar o andamento da ação.

§ 4º O pedido de sustação será apreciado pela Casa respectiva no prazo improrrogável de quarenta e cinco dias do seu recebimento pela Mesa Diretora.

§ 5º A sustação do processo suspende a prescrição, enquanto durar o mandato.

§ 6º Os Deputados e Senadores não serão obrigados a testemunhar sobre informações recebidas ou prestadas em razão do exercício do mandato, nem sobre as pessoas que lhes confiaram ou deles receberam informações.

§ 7º A incorporação às Forças Armadas de Deputados e Senadores, embora militares e ainda que em tempo de guerra, dependerá de prévia licença da Casa respectiva.

- §§ 1º a 7º com a redação dada pela EC nº 35, de 20-12-2001.

§ 8º As imunidades de Deputados ou Senadores subsistirão durante o estado de sítio, só podendo ser suspensas mediante o voto de dois terços dos membros da Casa respectiva, nos casos de atos praticados fora do recinto do Congresso Nacional, que sejam incompatíveis com a execução da medida.

- § 8º acrescido pela EC nº 35, de 20-12-2001.
- Arts. 137 a 141 desta Constituição.
- Arts. 138 a 145 do CP.

Art. 54. Os Deputados e Senadores não poderão:

I – desde a expedição do diploma:

a) firmar ou manter contrato com pessoa jurídica de direito público, autarquia, empresa pública, sociedade de economia mista ou empresa concessionária de serviço público, salvo quando o contrato obedecer a cláusulas uniformes;

b) aceitar ou exercer cargo, função ou emprego remunerado, inclusive os de que sejam demissíveis *ad nutum*, nas entidades constantes da alínea anterior;

II – desde a posse:

a) ser proprietários, controladores ou diretores de empresa que goze de favor decorrente de contrato com pessoa jurídica de direito público, ou nela exercer função remunerada;

b) ocupar cargo ou função de que sejam demissíveis *ad nutum*, nas entidades referidas no inciso I, *a*;

c) patrocinar causa em que seja interessada qualquer das entidades a que se refere o inciso I, *a*;

d) ser titulares de mais de um cargo ou mandato público eletivo.

Art. 55. Perderá o mandato o Deputado ou Senador:

I – que infringir qualquer das proibições estabelecidas no artigo anterior;

- Art. 1º do Dec. Legislativo nº 16, de 24-3-1994, que submete à condição suspensiva a renúncia de parlamentar contra o qual pende procedimento fundado nos termos deste inciso.

II – cujo procedimento for declarado incompatível com o decoro parlamentar;

- Art. 1º do Dec. Legislativo nº 16, de 24-3-1994, que submete à condição suspensiva a renúncia de parlamentar contra o qual pende procedimento fundado nos termos deste inciso.

III – que deixar de comparecer, em cada sessão legislativa, à terça parte das sessões ordinárias da Casa a que pertencer, salvo licença ou missão por esta autorizada;

IV – que perder ou tiver suspensos os direitos políticos;

V – quando o decretar a Justiça Eleitoral, nos casos previstos nesta Constituição;

VI – que sofrer condenação criminal em sentença transitada em julgado.

- Art. 92, I, do CP.

§ 1º É incompatível com o decoro parlamentar, além dos casos definidos no regimento interno, o abuso das prerrogativas asseguradas a membro do Congresso Nacional ou a percepção de vantagens indevidas.

§ 2º Nos casos dos incisos I, II e VI, a perda do mandato será decidida pela Câmara dos Deputados ou pelo Senado Federal, por maioria absoluta, mediante provocação da respectiva Mesa ou de partido político representado no Congresso Nacional, assegurada ampla defesa.

- § 2º com a redação dada pela EC nº 76, de 28-11-2013.

§ 3º Nos casos previstos nos incisos III a V, a perda será declarada pela Mesa da Casa respectiva, de ofício ou mediante provocação de qualquer de seus membros, ou de partido político representado no Congresso Nacional, assegurada ampla defesa.

§ 4º A renúncia de parlamentar submetido a processo que vise ou possa levar à perda do mandato, nos termos deste artigo, terá seus efeitos suspensos até as deliberações finais de que tratam os §§ 2º e 3º.

- § 4º acrescido pela ECR nº 6, de 7-6-1994.

Art. 56. Não perderá o mandato o Deputado ou Senador:

I – investido no cargo de Ministro de Estado, Governador de Território, Secretário de Estado, do Distrito Federal, de Território, de Prefeitura de Capital ou chefe de missão diplomática temporária;

II – licenciado pela respectiva Casa por motivo de doença, ou para tratar, sem remuneração, de interesse particular, desde que, neste caso, o afastamento não ultrapasse cento e vinte dias por sessão legislativa.

§ 1º O suplente será convocado nos casos de vaga, de investidura em funções previstas neste artigo ou de licença superior a cento e vinte dias.

§ 2º Ocorrendo vaga e não havendo suplente, far-se-á eleição para preenchê-la se faltarem mais de quinze meses para o término do mandato.

§ 3º Na hipótese do inciso I, o Deputado ou Senador poderá optar pela remuneração do mandato.

Seção VI
Das Reuniões

Art. 57. O Congresso Nacional reunir-se-á, anualmente, na Capital Federal, de 2 de fevereiro a 17 de julho e de 1º de agosto a 22 de dezembro.

- *Caput* com a redação dada pela EC nº 50, de 14-2-2006.

§ 1º As reuniões marcadas para essas datas serão transferidas para o primeiro dia útil subsequente, quando recaírem em sábados, domingos ou feriados.

§ 2º A sessão legislativa não será interrompida sem a aprovação do projeto de lei de diretrizes orçamentárias.

§ 3º Além de outros casos previstos nesta Constituição, a Câmara dos Deputados e o Senado Federal reunir-se-ão em sessão conjunta para:

I – inaugurar a sessão legislativa;

II – elaborar o regimento comum e regular a criação de serviços comuns às duas Casas;

III – receber o compromisso do Presidente e do Vice-Presidente da República;

IV – conhecer do veto e sobre ele deliberar.

§ 4º Cada uma das Casas reunir-se-á em sessões preparatórias, a partir de 1º de fevereiro, no primeiro ano da legislatura, para a posse de seus membros e eleição das respectivas Mesas, para mandato de 2 (dois) anos, vedada a recondução para o mesmo cargo na eleição imediatamente subsequente.

- § 4º com a redação dada pela EC nº 50, de 14-2-2006.

§ 5º A Mesa do Congresso Nacional será presidida pelo Presidente do Senado Federal, e os demais cargos serão exercidos, alternadamente, pelos ocupantes de cargos equivalentes na Câmara dos Deputados e no Senado Federal.

§ 6º A convocação extraordinária do Congresso Nacional far-se-á:

- § 6º com a redação dada pela EC nº 50, de 14-2-2006.

I – pelo Presidente do Senado Federal, em caso de decretação de estado de defesa ou de intervenção federal, de pedido de autorização para a decretação de estado de sítio e para o compromisso e a posse do Presidente e do Vice-Presidente da República;

II – pelo Presidente da República, pelos Presidentes da Câmara dos Deputados e do Senado Federal ou a requerimento da maioria dos membros de ambas as Casas, em caso de urgência ou interesse público relevante, em todas as hipóteses deste inciso com a aprovação da maioria absoluta de cada uma das Casas do Congresso Nacional.

- Inciso II com a redação dada pela EC nº 50, de 14-2-2006.

§ 7º Na sessão legislativa extraordinária, o Congresso Nacional somente deliberará sobre a matéria para a qual foi convocado, ressalvada a hipótese do § 8º deste artigo, vedado o pagamento de parcela indenizatória, em razão da convocação.

- § 7º com a redação dada pela EC nº 50, de 14-2-2006.

§ 8º Havendo medidas provisórias em vigor na data de convocação extraordinária do Congresso Nacional, serão elas automaticamente incluídas na pauta da convocação.

- § 8º acrescido pela EC nº 32, de 11-9-2001.

Seção VII
Das Comissões

Art. 58. O Congresso Nacional e suas Casas terão comissões permanentes e temporárias, constituídas na forma e com as atribuições previstas no respectivo regimento ou no ato de que resultar sua criação.

§ 1º Na constituição das Mesas e de cada Comissão, é assegurada, tanto quanto possível, a representação proporcional dos partidos ou dos blocos parlamentares que participam da respectiva Casa.

§ 2º Às comissões, em razão da matéria de sua competência, cabe:

I – discutir e votar projeto de lei que dispensar, na forma do regimento, a competência do Plenário, salvo se houver recurso de um décimo dos membros da Casa;

II – realizar audiências públicas com entidades da sociedade civil;

III – convocar Ministros de Estado para prestar informações sobre assuntos inerentes a suas atribuições;

IV – receber petições, reclamações, representações ou queixas de qualquer pessoa contra atos ou omissões das autoridades ou entidades públicas;

V – solicitar depoimento de qualquer autoridade ou cidadão;

VI – apreciar programas de obras, planos nacionais, regionais e setoriais de desenvolvimento e sobre eles emitir parecer.

§ 3º As comissões parlamentares de inquérito, que terão poderes de investigação próprios das autoridades judiciais, além de outros previstos nos regimentos das respectivas Casas, serão criadas pela Câmara dos Deputados e pelo Senado Federal, em conjunto ou separadamente, mediante requerimento de um terço de seus membros, para a apuração de fato determinado e por prazo certo, sendo suas conclusões, se for o caso, encaminhadas ao Ministério Público, para que promova a responsabilidade civil ou criminal dos infratores.

- ▶ Lei nº 1.579, de 18-3-1952 (Lei das Comissões Parlamentares de Inquérito).
- ▶ Lei nº 10.001, de 4-9-2000, dispõe sobre a prioridade nos procedimentos a serem adotados pelo Ministério Publico e por outros órgãos a respeito das conclusões das Comissões Parlamentares de Inquérito.

§ 4º Durante o recesso, haverá uma Comissão Representativa do Congresso Nacional, eleita por suas Casas na última sessão ordinária do período legislativo, com atribuições definidas no regimento comum, cuja composição reproduzirá, quanto possível, a proporcionalidade da representação partidária.

Seção VIII
DO PROCESSO LEGISLATIVO

Subseção I
DISPOSIÇÃO GERAL

Art. 59. O processo legislativo compreende a elaboração de:

I – emendas à Constituição;

II – leis complementares;

III – leis ordinárias;

IV – leis delegadas;

V – medidas provisórias;

- ▶ Arts. 70, 73 e 114 do ADCT.

VI – decretos legislativos;

- ▶ Art. 3º da Lei nº 9.709, de 18-11-1998, que dispõe sobre a convocação do plebiscito e o referendo nas questões de relevância nacional, de competência do Poder Legislativo ou do Poder Executivo.

VII – resoluções.

Parágrafo único. Lei complementar disporá sobre a elaboração, redação, alteração e consolidação das leis.

- ▶ LC nº 95, de 26-2-1998, trata do disposto neste parágrafo único.
- ▶ Dec. nº 9.191, de 1º-11-2017, estabelece as normas e as diretrizes para elaboração, redação, alteração, consolidação e encaminhamento de propostas de atos normativos ao Presidente da República pelos Ministros de Estado.

Subseção II
DA EMENDA À CONSTITUIÇÃO

Art. 60. A Constituição poderá ser emendada mediante proposta:

I – de um terço, no mínimo, dos membros da Câmara dos Deputados ou do Senado Federal;

II – do Presidente da República;

III – de mais da metade das Assembleias Legislativas das Unidades da Federação, manifestando-se, cada uma delas, pela maioria relativa de seus membros.

§ 1º A Constituição não poderá ser emendada na vigência de intervenção federal, de estado de defesa ou de estado de sítio.

- ▶ Arts. 34 a 36, e 136 a 141 desta Constituição.

§ 2º A proposta será discutida e votada em cada Casa do Congresso Nacional, em dois turnos, considerando-se aprovada se obtiver, em ambos, três quintos dos votos dos respectivos membros.

§ 3º A emenda à Constituição será promulgada pelas Mesas da Câmara dos Deputados e do Senado Federal, com o respectivo número de ordem.

§ 4º Não será objeto de deliberação a proposta de emenda tendente a abolir:

I – a forma federativa de Estado;

- ▶ Arts. 1º e 18 desta Constituição.

II – o voto direto, secreto, universal e periódico;

- ▶ Arts. 1º, 14 e 81, § 1º, desta Constituição.
- ▶ Lei nº 9.709, de 18-11-1998, regulamenta o art. 14 desta Constituição.

III – a separação dos Poderes;

- ▶ Art. 2º desta Constituição.

IV – os direitos e garantias individuais.

- ▶ Art. 5º desta Constituição.

§ 5º A matéria constante de proposta de emenda rejeitada ou havida por prejudicada não pode ser objeto de nova proposta na mesma sessão legislativa.

Subseção III
DAS LEIS

Art. 61. A iniciativa das leis complementares e ordinárias cabe a qualquer membro ou Comissão da Câmara dos Deputados, do Senado Federal ou do Congresso Nacional, ao Presidente da República, ao Supremo Tribunal Federal, aos Tribunais Superiores, ao Procurador-Geral da República e aos cidadãos, na forma e nos casos previstos nesta Constituição.

§ 1º São de iniciativa privativa do Presidente da República as leis que:

I – fixem ou modifiquem os efetivos das Forças Armadas;

II – disponham sobre:

- ▶ Súmulas nºs 679 e 681 do STF.

a) criação de cargos, funções ou empregos públicos na administração direta e autárquica ou aumento de sua remuneração;

- ▶ Súm. nº 679 do STF.

b) organização administrativa e judiciária, matéria tributária e orçamentária, serviços públicos e pessoal da administração dos Territórios;

c) servidores públicos da União e Territórios, seu regime jurídico, provimento de cargos, estabilidade e aposentadoria;

- ▶ Alínea *c* com a redação dada pela EC nº 18, de 5-2-1998.

d) organização do Ministério Público e da Defensoria Pública da União, bem como normas gerais para a organização do Ministério Público e da Defensoria Pública dos Estados, do Distrito Federal e dos Territórios;

e) criação e extinção de Ministérios e órgãos da administração pública, observado o disposto no artigo 84, VI;

- ▶ Alínea *e* com a redação dada pela EC nº 32, de 11-9-2001.

f) militares das Forças Armadas, seu regime jurídico, provimento de cargos, promoções, estabilidade, remuneração, reforma e transferência para a reserva.

- ▶ Alínea *f* acrescida pela EC nº 18, de 5-2-1998.

§ 2º A iniciativa popular pode ser exercida pela apresentação à Câmara dos Deputados de projeto de lei subscrito por, no mínimo, um por cento do eleitorado nacional, distribuído pelo menos por cinco Estados, com não menos de três décimos por cento dos eleitores de cada um deles.

- ▶ Arts. 1º, III, 13 e 14 da Lei nº 9.709, de 18-11-1998, que regulamenta o art. 14 desta Constituição.

Art. 62. Em caso de relevância e urgência, o Presidente da República poderá adotar medidas provisórias, com força de lei, devendo submetê-las de imediato ao Congresso Nacional.

- ▶ *Caput* com a redação dada pela EC nº 32, de 11-9-2001.
- ▶ Arts. 167, § 3º, e 246 desta Constituição.
- ▶ Art. 2º da EC nº 32, de 11-9-2001.
- ▶ Súm. nº 651 do STF.

§ 1º É vedada a edição de medidas provisórias sobre matéria:

I – relativa a:

a) nacionalidade, cidadania, direitos políticos, partidos políticos e direito eleitoral;

b) direito penal, processual penal e processual civil;

c) organização do Poder Judiciário e do Ministério Público, a carreira e a garantia de seus membros;

d) planos plurianuais, diretrizes orçamentárias, orçamento e créditos adicionais e suplementares, ressalvado o previsto no artigo 167, § 3º;

II – que vise a detenção ou sequestro de bens, de poupança popular ou qualquer outro ativo financeiro;

III – reservada a lei complementar;

IV – já disciplinada em projeto de lei aprovado pelo Congresso Nacional e pendente de sanção ou veto do Presidente da República.

§ 2º Medida provisória que implique instituição ou majoração de impostos, exceto os previstos nos artigos 153, I, II, IV, V, e 154, II, só produzirá efeitos no exercício financeiro seguinte se houver sido convertida em lei até o último dia daquele em que foi editada.

§ 3º As medidas provisórias, ressalvado o disposto nos §§ 11 e 12 perderão eficácia, desde a edição, se não forem convertidas em lei no prazo de sessenta dias, prorrogável, nos termos do § 7º, uma vez por igual período, devendo o Congresso Nacional disciplinar, por decreto legislativo, as relações jurídicas delas decorrentes.

§ 4º O prazo a que se refere o § 3º contar-se-á da publicação da medida provisória, suspendendo-se durante os períodos de recesso do Congresso Nacional.

§ 5º A deliberação de cada uma das Casas do Congresso Nacional sobre o mérito das medidas provisórias dependerá de juízo prévio sobre o atendimento de seus pressupostos constitucionais.

§ 6º Se a medida provisória não for apreciada em até quarenta e cinco dias contados de sua publicação, entrará em regime de urgência, subsequentemente, em cada uma das Casas do Congresso Nacional, ficando sobrestadas, até que se ultime a votação, todas as demais deliberações legislativas da Casa em que estiver tramitando.

§ 7º Prorrogar-se-á uma única vez por igual período a vigência de medida provisória que, no prazo de sessenta dias, contado de sua publicação, não tiver a sua votação encerrada nas duas Casas do Congresso Nacional.

§ 8º As medidas provisórias terão sua votação iniciada na Câmara dos Deputados.

§ 9º Caberá à comissão mista de Deputados e Senadores examinar as medidas provisórias e sobre elas emitir parecer, antes de serem apreciadas, em sessão separada, pelo plenário de cada uma das Casas do Congresso Nacional.

§ 10. É vedada a reedição, na mesma sessão legislativa, de medida provisória que tenha sido rejeitada ou que tenha perdido sua eficácia por decurso de prazo.

§ 11. Não editado o decreto legislativo a que se refere o § 3º até sessenta dias após a rejeição ou perda de eficácia de medida provisória, as relações jurídicas constituídas e decorrentes de atos praticados durante sua vigência conservar-se-ão por ela regidas.

§ 12. Aprovado projeto de lei de conversão alterando o texto original da medida provisória, esta manter-se-á integralmente em vigor até que seja sancionado ou vetado o projeto.

▸ §§ 1º a 12 acrescidos pela EC nº 32, de 11-9-2001.

Art. 63. Não será admitido aumento da despesa prevista:

I – nos projetos de iniciativa exclusiva do Presidente da República, ressalvado o disposto no artigo 166, §§ 3º e 4º;

II – nos projetos sobre organização dos serviços administrativos da Câmara dos Deputados, do Senado Federal, dos Tribunais Federais e do Ministério Público.

Art. 64. A discussão e votação dos projetos de lei de iniciativa do Presidente da República, do Supremo Tribunal Federal e dos Tribunais Superiores terão início na Câmara dos Deputados.

§ 1º O Presidente da República poderá solicitar urgência para apreciação de projetos de sua iniciativa.

§ 2º Se, no caso do § 1º, a Câmara dos Deputados e o Senado Federal não se manifestarem sobre a proposição, cada qual sucessivamente, em até quarenta e cinco dias, sobrestar-se-ão todas as demais deliberações legislativas da respectiva Casa, com exceção das que tenham prazo constitucional determinado, até que se ultime a votação.

▸ § 2º com a redação dada pela EC nº 32, de 11-9-2001.

§ 3º A apreciação das emendas do Senado Federal pela Câmara dos Deputados far-se-á no prazo de dez dias, observado quanto ao mais o disposto no parágrafo anterior.

§ 4º Os prazos do § 2º não correm nos períodos de recesso do Congresso Nacional, nem se aplicam aos projetos de código.

Art. 65. O projeto de lei aprovado por uma Casa será revisto pela outra, em um só turno de discussão e votação, e enviado à sanção ou promulgação, se a Casa revisora o aprovar, ou arquivado, se o rejeitar.

Parágrafo único. Sendo o projeto emendado, voltará à Casa iniciadora.

Art. 66. A Casa na qual tenha sido concluída a votação enviará o projeto de lei ao Presidente da República, que, aquiescendo, o sancionará.

§ 1º Se o Presidente da República considerar o projeto, no todo ou em parte, inconstitucional ou contrário ao interesse público, vetá-lo-á total ou parcialmente, no prazo de quinze dias úteis, contados da data do recebimento, e comunicará, dentro de quarenta e oito horas, ao Presidente do Senado Federal os motivos do veto.

§ 2º O veto parcial somente abrangerá texto integral de artigo, de parágrafo, de inciso ou de alínea.

§ 3º Decorrido o prazo de quinze dias, o silêncio do Presidente da República importará sanção.

§ 4º O veto será apreciado em sessão conjunta, dentro de trinta dias a contar de seu recebimento, só podendo ser rejeitado pelo voto da maioria absoluta dos Deputados e Senadores.

▸ § 4º com a redação dada pela EC nº 76, de 28-11-2013.

§ 5º Se o veto não for mantido, será o projeto enviado, para promulgação, ao Presidente da República.

§ 6º Esgotado sem deliberação o prazo estabelecido no § 4º, o veto será colocado na ordem do dia da sessão imediata, sobrestadas as demais proposições, até sua votação final.

▸ § 6º com a redação dada pela EC nº 32, de 11-9-2001.

§ 7º Se a lei não for promulgada dentro de quarenta e oito horas pelo Presidente da República, nos casos dos §§ 3º e 5º, o Presidente do Senado a promulgará, e, se este não o fizer em igual prazo, caberá ao Vice-Presidente do Senado fazê-lo.

Art. 67. A matéria constante de projeto de lei rejeitado somente poderá constituir objeto de novo projeto, na mesma sessão legislativa, mediante proposta da maioria absoluta dos membros de qualquer das Casas do Congresso Nacional.

Art. 68. As leis delegadas serão elaboradas pelo Presidente da República, que deverá solicitar a delegação ao Congresso Nacional.

§ 1º Não serão objeto de delegação os atos de competência exclusiva do Congresso Nacional, os de competência privativa da Câmara dos Deputados ou do Senado Federal, a matéria reservada à lei complementar, nem a legislação sobre:

I – organização do Poder Judiciário e do Ministério Público, a carreira e a garantia de seus membros;

II – nacionalidade, cidadania, direitos individuais, políticos e eleitorais;

III – planos plurianuais, diretrizes orçamentárias e orçamentos.

§ 2º A delegação ao Presidente da República terá a forma de resolução do Congresso Nacional, que especificará seu conteúdo e os termos de seu exercício.

§ 3º Se a resolução determinar a apreciação do projeto pelo Congresso Nacional, este a fará em votação única, vedada qualquer emenda.

Art. 69. As leis complementares serão aprovadas por maioria absoluta.

Seção IX

DA FISCALIZAÇÃO CONTÁBIL, FINANCEIRA E ORÇAMENTÁRIA

▸ Dec. nº 3.590, de 6-9-2000, dispõe sobre o Sistema de Administração Financeira Federal.

▸ Dec. nº 3.591, de 6-9-2000, dispõe sobre o Sistema de Controle Interno do Poder Executivo Federal.

▸ Dec. nº 6.976, de 7-10-2009, dispõe sobre o Sistema de Contabilidade Federal.

Art. 70. A fiscalização contábil, financeira, orçamentária, operacional e patrimonial da União e das entidades da administração direta e indireta, quanto à legalidade, legitimidade, economicidade, aplicação das subvenções e renúncia de receitas, será exercida pelo Congresso Nacional, mediante controle externo, e pelo sistema de controle interno de cada Poder.

Parágrafo único. Prestará contas qualquer pessoa física ou jurídica, pública ou privada, que utilize, arrecade, guarde, gerencie ou administre dinheiros, bens e valores públicos ou pelos quais a União responda, ou que, em nome desta, assuma obrigações de natureza pecuniária.

▸ Parágrafo único com a redação dada pela EC nº 19, de 4-6-1998.

Art. 71. O controle externo, a cargo do Congresso Nacional, será exercido com o auxílio do Tribunal de Contas da União, ao qual compete:

▸ Lei nº 8.443, de 16-7-1992, dispõe sobre a Lei Orgânica do Tribunal de Contas da União – TCU.

I – apreciar as contas prestadas anualmente pelo Presidente da República, mediante parecer prévio que deverá ser elaborado em sessenta dias a contar de seu recebimento;

II – julgar as contas dos administradores e demais responsáveis por dinheiros, bens e valores públicos da administração direta e indireta, incluídas as fundações e sociedades instituídas e mantidas pelo Poder Público federal, e as contas daqueles que derem causa a perda, extravio ou outra irregularidade de que resulte prejuízo ao erário público;

III – apreciar, para fins de registro, a legalidade dos atos de admissão de pessoal, a qualquer título, na administração direta e indireta, incluídas as fundações instituídas e mantidas pelo Poder Público, excetuadas as nomeações para cargo de provimento em comissão, bem como a das concessões de aposentadorias, reformas e pensões, ressalvadas as melhorias posteriores que não alterem o fundamento legal do ato concessório;

▸ Súm. Vinc. nº 3 do STF.

IV – realizar, por iniciativa própria, da Câmara dos Deputados, do Senado Federal, de Comissão técnica ou de inquérito, inspeções e auditorias de natureza contábil, financeira, orçamentária, operacional e patrimonial, nas unidades administrativas dos Poderes Legislativo, Executivo e Judiciário, e demais entidades referidas no inciso II;

V – fiscalizar as contas nacionais das empresas supranacionais de cujo capital social a União participe, de forma direta ou indireta, nos termos do tratado constitutivo;

VI – fiscalizar a aplicação de quaisquer recursos repassados pela União mediante convênio, acordo, ajuste ou outros instrumentos congêneres, a Estado, ao Distrito Federal ou a Município;

VII – prestar as informações solicitadas pelo Congresso Nacional, por qualquer de suas Casas, ou por qualquer das respectivas Comissões, sobre a fiscalização contábil, financeira, orçamentária, operacional e patrimonial e sobre resultados de auditorias e inspeções realizadas;

VIII – aplicar aos responsáveis, em caso de ilegalidade de despesa ou irregularidade de contas, as sanções previstas em lei, que estabelecerá, entre outras cominações, multa proporcional ao dano causado ao erário;

IX – assinar prazo para que o órgão ou entidade adote as providências necessárias ao exato cumprimento da lei, se verificada ilegalidade;

X – sustar, se não atendido, a execução do ato impugnado, comunicando a decisão à Câmara dos Deputados e ao Senado Federal;

XI – representar ao Poder competente sobre irregularidades ou abusos apurados.

§ 1º No caso de contrato, o ato de sustação será adotado diretamente pelo Congresso Nacional, que solicitará, de imediato, ao Poder Executivo as medidas cabíveis.

§ 2º Se o Congresso Nacional ou o Poder Executivo, no prazo de noventa dias, não efetivar as medidas previstas no parágrafo anterior, o Tribunal decidirá a respeito.

§ 3º As decisões do Tribunal de que resulte imputação de débito ou multa terão eficácia de título executivo.

§ 4º O Tribunal encaminhará ao Congresso Nacional, trimestral e anualmente, relatório de suas atividades.

Art. 72. A Comissão mista permanente a que se refere o artigo 166, § 1º, diante de indícios de despesas não autorizadas, ainda que sob a forma de investimentos não programados ou de subsídios não aprovados, poderá solicitar à autoridade governamental responsável que, no prazo de cinco dias, preste os esclarecimentos necessários.

▸ Art. 16, § 2º, do ADCT.

§ 1º Não prestados os esclarecimentos, ou considerados estes insuficientes, a Comissão solicitará ao Tribunal pronunciamento conclusivo sobre a matéria, no prazo de trinta dias.

§ 2º Entendendo o Tribunal irregular a despesa, a Comissão, se julgar que o gasto possa causar dano irreparável ou grave lesão à economia pública, proporá ao Congresso Nacional sua sustação.

Art. 73. O Tribunal de Contas da União, integrado por nove Ministros, tem sede no Distrito Federal, quadro próprio de pessoal e jurisdição em todo o Território Nacional, exercendo, no que couber, as atribuições previstas no artigo 96.

▸ Art. 84, XV, desta Constituição.

▸ Lei nº 8.443, de 16-7-1992, dispõe sobre a Lei Orgânica do Tribunal de Contas da União – TCU.

§ 1º Os Ministros do Tribunal de Contas da União serão nomeados dentre brasileiros que satisfaçam os seguintes requisitos:

I – mais de trinta e cinco e menos de setenta anos de idade;

▸ Inciso I com a redação dada pela EC nº 122, de 17-5-2022.

II – idoneidade moral e reputação ilibada;

III – notórios conhecimentos jurídicos, contábeis, econômicos e financeiros ou de administração pública;

IV – mais de dez anos de exercício de função ou de efetiva atividade profissional que exija os conhecimentos mencionados no inciso anterior.

▸ Dec. Legislativo nº 6, de 22-4-1993, dispõe sobre a escolha de Ministro do Tribunal de Contas da União.

§ 2º Os Ministros do Tribunal de Contas da União serão escolhidos:

▸ Súm. nº 653 do STF.

I – um terço pelo Presidente da República, com aprovação do Senado Federal, sendo dois alternadamente dentre auditores e membros do Ministério Público junto ao Tribunal, indicados em lista tríplice pelo Tribunal, segundo os critérios de antiguidade e merecimento;

II – dois terços pelo Congresso Nacional.

▸ Dec. Legislativo nº 6, de 22-4-1993, dispõe sobre a escolha de Ministro do Tribunal de Contas da União.

§ 3º Os Ministros do Tribunal de Contas da União terão as mesmas garantias, prerrogativas, impedimentos, vencimentos e vantagens dos Ministros do Superior Tribunal de Justiça, aplicando-se-lhes, quanto à aposentadoria e pensão, as normas constantes do art. 40.

▸ § 3º com a redação dada pela EC nº 20, de 15-12-1998.

§ 4º O auditor, quando em substituição a Ministro, terá as mesmas garantias e impedimentos do titular e, quando no exercício das demais atribuições da judicatura, as de juiz de Tribunal Regional Federal.

Art. 74. Os Poderes Legislativo, Executivo e Judiciário manterão, de forma integrada, sistema de controle interno com a finalidade de:

I – avaliar o cumprimento das metas previstas no plano plurianual, a execução dos programas de governo e dos orçamentos da União;

II – comprovar a legalidade e avaliar os resultados, quanto à eficácia e eficiência, da gestão orçamentária, financeira e patrimonial nos órgãos e entidades da administração federal, bem como da aplicação de recursos públicos por entidades de direito privado;

III – exercer o controle das operações de crédito, avais e garantias, bem como dos direitos e haveres da União;

IV – apoiar o controle externo no exercício de sua missão institucional.

§ 1º Os responsáveis pelo controle interno, ao tomarem conhecimento de qualquer irregularidade ou ilegalidade, dela darão ciência ao Tribunal de Contas da União, sob pena de responsabilidade solidária.

§ 2º Qualquer cidadão, partido político, associação ou sindicato é parte legítima para, na forma da lei, denunciar irregularidades ou ilegalidades perante o Tribunal de Contas da União.

▸ Arts. 1º, XVI, e 53, da Lei nº 8.443, de 16-7-1992, que dispõe sobre a Lei Orgânica do Tribunal de Contas da União – TCU.

Art. 75. As normas estabelecidas nesta seção aplicam-se, no que couber, à organização, composição e fiscalização dos Tribunais de Contas dos Estados e do Distrito Federal, bem como dos Tribunais e Conselhos de Contas dos Municípios.

▸ Súm. nº 653 do STF.

Parágrafo único. As Constituições estaduais disporão sobre os Tribunais de Contas respectivos, que serão integrados por sete Conselheiros.

CAPÍTULO II
DO PODER EXECUTIVO

Seção I
DO PRESIDENTE E DO VICE-PRESIDENTE DA REPÚBLICA

▸ Lei nº 13.844, de 18-6-2019, estabelece a organização básica dos órgãos da Presidência da República e dos Ministérios.

Art. 76. O Poder Executivo é exercido pelo Presidente da República, auxiliado pelos Ministros de Estado.

Art. 77. A eleição do Presidente e do Vice-Presidente da República realizar-se-á, simultaneamente, no primeiro domingo de outubro, em primeiro turno, e no último domingo de outubro, em segundo turno, se houver, do ano anterior ao do término do mandato presidencial vigente.

▸ *Caput* com a redação dada pela EC nº 16, de 4-6-1997.

▸ Arts. 28, 29, II, 32, § 2º, desta Constituição.

▸ Lei nº 9.504, de 30-9-1997 (Lei das Eleições).

§ 1º A eleição do Presidente da República importará a do Vice-Presidente com ele registrado.

§ 2º Será considerado eleito Presidente o candidato que, registrado por partido político, obtiver a maioria absoluta de votos, não computados os em branco e os nulos.

§ 3º Se nenhum candidato alcançar maioria absoluta na primeira votação, far-se-á nova eleição em até vinte dias após a proclamação do resultado, concorrendo os dois candidatos mais votados e considerando-se eleito aquele que obtiver a maioria dos votos válidos.

§ 4º Se, antes de realizado o segundo turno, ocorrer morte, desistência ou impedimento legal de candidato, convocar-se-á, dentre os remanescentes, o de maior votação.

§ 5º Se, na hipótese dos parágrafos anteriores, remanescer, em segundo lugar, mais de um candidato com a mesma votação, qualificar-se-á o mais idoso.

Art. 78. O Presidente e o Vice-Presidente da República tomarão posse em sessão do Congresso Nacional, prestando o compromisso de manter, defender e cumprir a Constituição, observar as leis, promover o bem geral do povo brasileiro, sustentar a união, a integridade e a independência do Brasil.

Parágrafo único. Se, decorridos dez dias da data fixada para a posse, o Presidente ou o Vice-Presidente, salvo motivo de força maior, não tiver assumido o cargo, este será declarado vago.

Art. 79. Substituirá o Presidente, no caso de impedimento, e suceder-lhe-á, no de vaga, o Vice-Presidente.

Parágrafo único. O Vice-Presidente da República, além de outras atribuições que lhe forem conferidas por lei complementar, auxiliará o Presidente, sempre que por ele convocado para missões especiais.

Art. 80. Em caso de impedimento do Presidente e do Vice-Presidente, ou vacância dos respectivos cargos, serão sucessivamente chamados ao exercício da Presidência o Presidente da Câmara dos Deputados, o do Senado Federal e o do Supremo Tribunal Federal.

Art. 81. Vagando os cargos de Presidente e Vice-Presidente da República, far-se-á eleição noventa dias depois de aberta a última vaga.

§ 1º Ocorrendo a vacância nos últimos dois anos do período presidencial, a eleição para ambos os cargos será feita trinta dias depois da última vaga, pelo Congresso Nacional, na forma da lei.

§ 2º Em qualquer dos casos, os eleitos deverão completar o período de seus antecessores.

Art. 82. O mandato do Presidente da República é de 4 (quatro) anos e terá início em 5 de janeiro do ano seguinte ao de sua eleição.

- Artigo com a redação dada pela EC nº 111, de 28-9-2021.
- Art. 5º da EC nº 111, de 28-9-2021, que estabelece que a alteração efetuada neste artigo será aplicada a partir das eleições de 2026.

Art. 83. O Presidente e o Vice-Presidente da República não poderão, sem licença do Congresso Nacional, ausentar-se do País por período superior a quinze dias, sob pena de perda do cargo.

Seção II

DAS ATRIBUIÇÕES DO PRESIDENTE DA REPÚBLICA

Art. 84. Compete privativamente ao Presidente da República:

- Arts. 55 a 57 do CPM.
- Arts. 466 a 480 do CPPM.

I – nomear e exonerar os Ministros de Estado;

II – exercer, com o auxílio dos Ministros de Estado, a direção superior da administração federal;

III – iniciar o processo legislativo, na forma e nos casos previstos nesta Constituição;

IV – sancionar, promulgar e fazer publicar as leis, bem como expedir decretos e regulamentos para sua fiel execução;

V – vetar projetos de lei, total ou parcialmente;

- Art. 66, §§ 1º a 7º, desta Constituição.

VI – dispor, mediante decreto, sobre:

- Art. 61, § 1º, II, *e*, desta Constituição.

a) organização e funcionamento da administração federal, quando não implicar aumento de despesa nem criação ou extinção de órgãos públicos;

b) extinção de funções ou cargos públicos, quando vagos;

- Inciso VI com a redação dada pela EC nº 32, de 11-9-2001.
- Art. 48, X, desta Constituição.

VII – manter relações com Estados estrangeiros e acreditar seus representantes diplomáticos;

VIII – celebrar tratados, convenções e atos internacionais, sujeitos a referendo do Congresso Nacional;

IX – decretar o estado de defesa e o estado de sítio;

X – decretar e executar a intervenção federal;

XI – remeter mensagem e plano de governo ao Congresso Nacional por ocasião da abertura da sessão legislativa, expondo a situação do País e solicitando as providências que julgar necessárias;

XII – conceder indulto e comutar penas, com audiência, se necessário, dos órgãos instituídos em lei;

- Dec. nº 1.860, de 11-4-1996, concede indulto especial e condicional.
- Dec. nº 2.002, de 9-9-1996, concede indulto e comuta penas.

XIII – exercer o comando supremo das Forças Armadas, nomear os Comandantes da Marinha, do Exército e da Aeronáutica, promover seus oficiais-generais e nomeá-los para os cargos que lhes são privativos;

- Inciso XIII com a redação dada pela EC nº 23, de 2-9-1999.
- Art. 49, I, desta Constituição.
- LC nº 97, de 9-6-1999, dispõe sobre as normas gerais para a organização, o preparo e o emprego das Forças Armadas.

XIV – nomear, após aprovação pelo Senado Federal, os Ministros do Supremo Tribunal Federal e dos Tribunais Superiores, os Governadores de Territórios, o Procurador-Geral da República, o presidente e os diretores do Banco Central e outros servidores, quando determinado em lei;

XV – nomear, observado o disposto no artigo 73, os Ministros do Tribunal de Contas da União;

XVI – nomear os magistrados, nos casos previstos nesta Constituição, e o Advogado-Geral da União;

- Arts. 131 e 132 desta Constituição.
- Súm. nº 627 do STF.

XVII – nomear membros do Conselho da República, nos termos do artigo 89, VII;

XVIII – convocar e presidir o Conselho da República e o Conselho de Defesa Nacional;

XIX – declarar guerra, no caso de agressão estrangeira, autorizado pelo Congresso Nacional ou referendado por ele, quando ocorrida no intervalo das sessões legislativas, e, nas mesmas condições, decretar, total ou parcialmente, a mobilização nacional;

- Art. 5º, XLVII, *a*, desta Constituição.
- Dec. nº 7.294, de 6-9-2010, dispõe sobre a Política de Mobilização Nacional.

XX – celebrar a paz, autorizado ou com o referendo do Congresso Nacional;

XXI – conferir condecorações e distinções honoríficas;

XXII – permitir, nos casos previstos em lei complementar, que forças estrangeiras transitem pelo Território Nacional ou nele permaneçam temporariamente;

- LC nº 90, de 1º-10-1997, regulamenta este inciso e determina os casos em que forças estrangeiras possam transitar pelo território nacional ou nele permanecer temporariamente.

XXIII – enviar ao Congresso Nacional o plano plurianual, o projeto de lei de diretrizes orçamentárias e as propostas de orçamento previstos nesta Constituição;

XXIV – prestar anualmente, ao Congresso Nacional, dentro de sessenta dias após a abertura da sessão legislativa, as contas referentes ao exercício anterior;

XXV – prover e extinguir os cargos públicos federais, na forma da lei;

XXVI – editar medidas provisórias com força de lei, nos termos do artigo 62;

XXVII – exercer outras atribuições previstas nesta Constituição;

XXVIII – propor ao Congresso Nacional a decretação do estado de calamidade pública de âmbito nacional previsto nos arts. 167-B, 167-C, 167-D, 167-E, 167-F e 167-G desta Constituição.

- Inciso XXVIII acrescido pela EC nº 109, de 15-3-2021.

Parágrafo único. O Presidente da República poderá delegar as atribuições mencionadas nos incisos VI, XII e XXV, primeira parte, aos Ministros de Estado, ao Procurador-Geral da República ou ao Advogado-Geral da União, que observarão os limites traçados nas respectivas delegações.

Seção III

DA RESPONSABILIDADE DO PRESIDENTE DA REPÚBLICA

Art. 85. São crimes de responsabilidade os atos do Presidente da República que atentem contra a Constituição Federal e, especialmente, contra:

- Lei nº 1.079, de 10-4-1950 (Lei dos Crimes de Responsabilidade).
- Lei nº 8.429, de 2-6-1992 (Lei da Improbidade Administrativa).

I – a existência da União;

II – o livre exercício do Poder Legislativo, do Poder Judiciário, do Ministério Público e dos Poderes Constitucionais das Unidades da Federação;

III – o exercício dos direitos políticos, individuais e sociais;

IV – a segurança interna do País;

- LC nº 90, de 1º-10-1997, determina os casos em que forças estrangeiras possam transitar pelo território nacional ou nele permanecer temporariamente.

V – a probidade na administração;

- Art. 37, § 4º, desta Constituição.

VI – a lei orçamentária;

VII – o cumprimento das leis e das decisões judiciais.

Parágrafo único. Estes crimes serão definidos em lei especial, que estabelecerá as normas de processo e julgamento.

- Lei nº 1.079, de 10-4-1950 (Lei dos Crimes de Responsabilidade).
- Súm. nº 722 do STF.

Art. 86. Admitida a acusação contra o Presidente da República, por dois terços da Câmara dos Deputados, será ele submetido a julgamento perante o Supremo Tribunal Federal, nas infrações penais comuns, ou perante o Senado Federal, nos crimes de responsabilidade.

§ 1º O Presidente ficará suspenso de suas funções:

I – nas infrações penais comuns, se recebida a denúncia ou queixa-crime pelo Supremo Tribunal Federal;

II – nos crimes de responsabilidade, após a instauração do processo pelo Senado Federal.

§ 2º Se, decorrido o prazo de cento e oitenta dias, o julgamento não estiver concluído, cessará o afastamento do Presidente, sem prejuízo do regular prosseguimento do processo.

§ 3º Enquanto não sobrevier sentença condenatória, nas infrações comuns, o Presidente da República não estará sujeito à prisão.

§ 4º O Presidente da República, na vigência de seu mandato, não pode ser responsabilizado por atos estranhos ao exercício de suas funções.

Seção IV
DOS MINISTROS DE ESTADO

▶ Lei nº 13.844, de 18-6-2019, estabelece a organização básica dos órgãos da Presidência da República e dos Ministérios.

Art. 87. Os Ministros de Estado serão escolhidos dentre brasileiros maiores de vinte e um anos e no exercício dos direitos políticos.

Parágrafo único. Compete ao Ministro de Estado, além de outras atribuições estabelecidas nesta Constituição e na lei:

I – exercer a orientação, coordenação e supervisão dos órgãos e entidades da administração federal na área de sua competência e referendar os atos e decretos assinados pelo Presidente da República;

II – expedir instruções para a execução das leis, decretos e regulamentos;

III – apresentar ao Presidente da República relatório anual de sua gestão no Ministério;

IV – praticar os atos pertinentes às atribuições que lhe forem outorgadas ou delegadas pelo Presidente da República.

Art. 88. A lei disporá sobre a criação e extinção de Ministérios e órgãos da administração pública.

▶ Artigo com a redação dada pela EC nº 32, de 11-9-2001.

Seção V
DO CONSELHO DA REPÚBLICA E DO CONSELHO DE DEFESA NACIONAL

Subseção I
DO CONSELHO DA REPÚBLICA

▶ Lei nº 8.041, de 5-6-1990, dispõe sobre a organização e o funcionamento do Conselho da República.

▶ Lei nº 13.844, de 18-6-2019, estabelece a organização básica dos órgãos da Presidência da República e dos Ministérios.

Art. 89. O Conselho da República é órgão superior de consulta do Presidente da República, e dele participam:

▶ Lei nº 8.041, de 5-6-1990, dispõe sobre a organização e o funcionamento do Conselho da República.

I – o Vice-Presidente da República;

II – o Presidente da Câmara dos Deputados;

III – o Presidente do Senado Federal;

IV – os líderes da maioria e da minoria na Câmara dos Deputados;

V – os líderes da maioria e da minoria no Senado Federal;

VI – o Ministro da Justiça;

VII – seis cidadãos brasileiros natos, com mais de trinta e cinco anos de idade, sendo dois nomeados pelo Presidente da República, dois eleitos pelo Senado Federal e dois eleitos pela Câmara dos Deputados, todos com mandato de três anos, vedada a recondução.

▶ Arts. 51, V, 52, XIV, e 84, XVII, desta Constituição.

Art. 90. Compete ao Conselho da República pronunciar-se sobre:

I – intervenção federal, estado de defesa e estado de sítio;

II – as questões relevantes para a estabilidade das instituições democráticas.

§ 1º O Presidente da República poderá convocar Ministro de Estado para participar da reunião do Conselho, quando constar da pauta questão relacionada com o respectivo Ministério.

§ 2º A lei regulará a organização e o funcionamento do Conselho da República.

▶ Lei nº 8.041, de 5-6-1990, dispõe sobre a organização e o funcionamento do Conselho da República.

Subseção II
DO CONSELHO DE DEFESA NACIONAL

▶ Lei nº 8.183, de 11-4-1991, dispõe sobre a organização e o funcionamento do Conselho de Defesa Nacional.

▶ Lei nº 13.844, de 18-6-2019, estabelece a organização básica dos órgãos da Presidência da República e dos Ministérios.

▶ Dec. nº 893, de 12-8-1993, aprova o regulamento do Conselho de Defesa Nacional.

Art. 91. O Conselho de Defesa Nacional é órgão de consulta do Presidente da República nos assuntos relacionados com a soberania nacional e a defesa do Estado democrático, e dele participam como membros natos:

▶ Lei nº 8.183, de 11-4-1991, dispõe sobre a organização e funcionamento do Conselho de Defesa Nacional.

▶ Dec. nº 893, de 12-8-1993, aprova o regulamento do Conselho de Defesa Nacional.

I – o Vice-Presidente da República;

II – o Presidente da Câmara dos Deputados;

III – o Presidente do Senado Federal;

IV – o Ministro da Justiça;

V – o Ministro de Estado da Defesa;

▶ Inciso V com a redação dada pela EC nº 23, de 2-9-1999.

VI – o Ministro das Relações Exteriores;

VII – o Ministro do Planejamento;

VIII – os Comandantes da Marinha, do Exército e da Aeronáutica.

▶ Inciso VIII acrescido pela EC nº 23, de 2-9-1999.

§ 1º Compete ao Conselho de Defesa Nacional:

I – opinar nas hipóteses de declaração de guerra e de celebração da paz, nos termos desta Constituição;

II – opinar sobre a decretação do estado de defesa, do estado de sítio e da intervenção federal;

III – propor os critérios e condições de utilização de áreas indispensáveis à segurança do território nacional e opinar sobre seu efetivo uso, especialmente na faixa de fronteira e nas relacionadas com a preservação e a exploração dos recursos naturais de qualquer tipo;

IV – estudar, propor e acompanhar o desenvolvimento de iniciativas necessárias a garantir a independência nacional e a defesa do Estado democrático.

§ 2º A lei regulará a organização e o funcionamento do Conselho de Defesa Nacional.

▶ Lei nº 8.183, de 11-4-1991, dispõe sobre a organização e o funcionamento do Conselho de Defesa Nacional.

▶ Dec. nº 893, de 12-8-1993, aprova o Regulamento do Conselho de Defesa Nacional.

CAPÍTULO III
DO PODER JUDICIÁRIO

Seção I
DISPOSIÇÕES GERAIS

Art. 92. São órgãos do Poder Judiciário:

I – o Supremo Tribunal Federal;

I-A – O Conselho Nacional de Justiça;

▶ Inciso I-A acrescido pela EC nº 45, de 8-12-2004.

▶ Art. 103-B desta Constituição.

▶ Art. 5º da EC nº 45, de 8-12-2004 (Reforma do Judiciário).

▶ O STF, ao julgar a ADI nº 3.367, considerou constitucional a criação do CNJ, como órgão interno de controle administrativo, financeiro e disciplinar da magistratura, inovação trazida com a EC nº 45, de 8-12-2004.

II – o Superior Tribunal de Justiça;

II-A – o Tribunal Superior do Trabalho;

▶ Inciso II-A acrescido pela EC nº 92, de 12-7-2016.

III – os Tribunais Regionais Federais e Juízes Federais;

IV – os Tribunais e Juízes do Trabalho;

V – os Tribunais e Juízes Eleitorais;

VI – os Tribunais e Juízes Militares;

VII – os Tribunais e Juízes dos Estados e do Distrito Federal e Territórios.

§ 1º O Supremo Tribunal Federal, o Conselho Nacional de Justiça e os Tribunais Superiores têm sede na Capital Federal.

▶ Art. 103-B desta Constituição.

§ 2º O Supremo Tribunal Federal e os Tribunais Superiores têm jurisdição em todo o território nacional.

▶ §§ 1º e 2º acrescidos pela EC nº 45, de 8-12-2004.

Art. 93. Lei complementar, de iniciativa do Supremo Tribunal Federal, disporá sobre o Estatuto da Magistratura, observados os seguintes princípios:

▶ LC nº 35, de 14-3-1979 (Lei Orgânica da Magistratura Nacional).

▶ Lei nº 5.621, de 4-11-1970, dispõe sobre organização e divisão judiciária.

I – ingresso na carreira, cujo cargo inicial será o de juiz substituto, mediante concurso público de provas e títulos, com a participação da Ordem dos Advogados do Brasil em todas as fases, exigindo-se do bacharel em direito, no mínimo, três anos de atividade jurídica e obedecendo-se, nas nomeações, à ordem de classificação;

▶ Inciso I com a redação dada pela EC nº 45, de 8-12-2004.

II – promoção de entrância para entrância, alternadamente, por antiguidade e merecimento, atendidas as seguintes normas:

a) é obrigatória a promoção do juiz que figure por três vezes consecutivas ou cinco alternadas em lista de merecimento;

b) a promoção por merecimento pressupõe dois anos de exercício na respectiva entrância e integrar o juiz a primeira quinta parte da lista de antiguidade desta, salvo se não houver com tais requisitos quem aceite o lugar vago;

c) aferição do merecimento conforme o desempenho e pelos critérios objetivos de produtividade e presteza no exercício da jurisdição e pela frequência e aproveitamento em cursos oficiais ou reconhecidos de aperfeiçoamento;

d) na apuração de antiguidade, o tribunal somente poderá recusar o juiz mais antigo pelo voto fundamentado de dois terços de seus membros, conforme procedimento próprio, e assegurada ampla defesa, repetindo-se a votação até fixar-se a indicação;

▶ Alíneas *c* e *d* com a redação dada pela EC nº 45, de 8-12-2004.

e) não será promovido o juiz que, injustificadamente, retiver autos em seu poder além do prazo legal, não podendo devolvê-los ao cartório sem o devido despacho ou decisão;

▸ Alínea *e* acrescida pela EC nº 45, de 8-12-2004.

III – o acesso aos tribunais de segundo grau far-se-á por antiguidade e merecimento, alternadamente, apurados na última ou única entrância;

IV – previsão de cursos oficiais de preparação, aperfeiçoamento e promoção de magistrados, constituindo etapa obrigatória do processo de vitaliciamento a participação em curso oficial ou reconhecido por escola nacional de formação e aperfeiçoamento de magistrados;

▸ Incisos III e IV com a redação dada pela EC nº 45, de 8-12-2004.

V – o subsídio dos Ministros dos Tribunais Superiores corresponderá a noventa e cinco por cento do subsídio mensal fixado para os Ministros do Supremo Tribunal Federal e os subsídios dos demais magistrados serão fixados em lei e escalonados, em nível federal e estadual, conforme as respectivas categorias da estrutura judiciária nacional, não podendo a diferença entre uma e outra ser superior a dez por cento ou inferior a cinco por cento, nem exceder a noventa e cinco por cento do subsídio mensal dos Ministros dos Tribunais Superiores, obedecido, em qualquer caso, o disposto nos artigos 37, XI, e 39, § 4º;

▸ Inciso V com a redação dada pela EC nº 19, de 4-6-1998.

▸ Lei nº 9.655, de 2-6-1998, altera o percentual de diferença entre a remuneração dos cargos de Ministros do Superior Tribunal de Justiça e dos Juízes da Justiça Federal de Primeiro e Segundo Graus.

VI – a aposentadoria dos magistrados e a pensão de seus dependentes observarão o disposto no artigo 40;

▸ Inciso VI com a redação dada pela EC nº 20, de 15-12-1998.

VII – o juiz titular residirá na respectiva comarca, salvo autorização do tribunal;

▸ Inciso VII com a redação dada pela EC nº 45, de 8-12-2004.

VIII – o ato de remoção ou de disponibilidade do magistrado, por interesse público, fundar-se-á em decisão por voto da maioria absoluta do respectivo tribunal ou do Conselho Nacional de Justiça, assegurada ampla defesa;

▸ Inciso VIII com a redação dada pela EC nº 103, de 12-11-2019.

▸ Arts. 95, II, e 103-B desta Constituição.

▸ Art. 5º da EC nº 45, de 8-12-2004 (Reforma do Judiciário).

VIII-A – a remoção a pedido de magistrados de comarca de igual entrância atenderá, no que couber, ao disposto nas alíneas *a*, *b*, *c* e *e* do inciso II do *caput* deste artigo e no art. 94 desta Constituição;

▸ Inciso VIII-A com a redação dada pela EC nº 130, de 3-10-2023.

VIII-B – a permuta de magistrados de comarca de igual entrância, quando for o caso, e dentro do mesmo segmento de justiça, inclusive entre os juízes de segundo grau, vinculados a diferentes tribunais, na esfera da justiça estadual, federal ou do trabalho, atenderá, no que couber, ao disposto nas alíneas *a*, *b*, *c* e *e* do inciso II do *caput* deste artigo e no art. 94 desta Constituição;

▸ Inciso VIII-B acrescido pela EC nº 130, de 3-10-2023.

IX – todos os julgamentos dos órgãos do Poder Judiciário serão públicos, e fundamentadas todas as decisões, sob pena de nulidade, podendo a lei limitar a presença, em determinados atos, às próprias partes e a seus advogados, ou somente a estes, em casos nos quais a preservação do direito à intimidade do interessado no sigilo não prejudique o interesse público à informação;

▸ Súm. nº 123 do STJ.

X – as decisões administrativas dos tribunais serão motivadas e em sessão pública, sendo as disciplinares tomadas pelo voto da maioria absoluta de seus membros;

XI – nos tribunais com número superior a vinte e cinco julgadores, poderá ser constituído órgão especial, com o mínimo de onze e o máximo de vinte e cinco membros, para o exercício das atribuições administrativas e jurisdicionais delegadas da competência do tribunal pleno, provendo-se metade das vagas por antiguidade e a outra metade por eleição pelo tribunal pleno;

▸ Incisos IX a XI com a redação dada pela EC nº 45, de 8-12-2004.

▸ Art. 926, § 2º, do CPC/2015.

XII – a atividade jurisdicional será ininterrupta, sendo vedado férias coletivas nos juízos e tribunais de segundo grau, funcionando, nos dias em que não houver expediente forense normal, juízes em plantão permanente;

▸ Art. 214 do CPC/2015.

XIII – o número de juízes na unidade jurisdicional será proporcional à efetiva demanda judicial e à respectiva população;

XIV – os servidores receberão delegação para a prática de atos de administração e atos de mero expediente sem caráter decisório;

XV – a distribuição de processos será imediata, em todos os graus de jurisdição.

▸ Incisos XII a XV acrescidos pela EC nº 45, de 8-12-2004.

Art. 94. Um quinto dos lugares dos Tribunais Regionais Federais, dos Tribunais dos Estados, e do Distrito Federal e Territórios será composto de membros, do Ministério Público, com mais de dez anos de carreira, e de advogados de notório saber jurídico e de reputação ilibada, com mais de dez anos de efetiva atividade profissional, indicados em lista sêxtupla pelos órgãos de representação das respectivas classes.

▸ Arts. 104, II, e 115, II, desta Constituição.

Parágrafo único. Recebidas as indicações, o Tribunal formará lista tríplice, enviando-a ao Poder Executivo, que, nos vinte dias subsequentes, escolherá um de seus integrantes para nomeação.

Art. 95. Os juízes gozam das seguintes garantias:

I – vitaliciedade, que, no primeiro grau, só será adquirida após dois anos de exercício, dependendo a perda do cargo, nesse período, de deliberação do Tribunal a que o juiz estiver vinculado, e, nos demais casos, de sentença judicial transitada em julgado;

▸ Súm. nº 36 do STF.

II – inamovibilidade, salvo por motivo de interesse público, na forma do artigo 93, VIII;

III – irredutibilidade de subsídio, ressalvado o disposto nos artigos 37, X e XI, 39, § 4º, 150, II, 153, III, e 153, § 2º, I.

▸ Inciso III com a redação dada pela EC nº 19, de 4-6-1998.

Parágrafo único. Aos juízes é vedado:

I – exercer, ainda que em disponibilidade, outro cargo ou função, salvo uma de magistério;

II – receber, a qualquer título ou pretexto, custas ou participação em processo;

III – dedicar-se à atividade político-partidária;

IV – receber, a qualquer título ou pretexto, auxílios ou contribuições de pessoas físicas, entidades públicas ou privadas, ressalvadas as exceções previstas em lei;

V – exercer a advocacia no juízo ou tribunal do qual se afastou, antes de decorridos três anos do afastamento do cargo por aposentadoria ou exoneração.

▸ Incisos IV e V acrescidos pela EC nº 45, de 8-12-2004.

▸ Art. 128, § 6º, desta Constituição.

Art. 96. Compete privativamente:

▸ Art. 4º da EC nº 45, de 8-12-2004.

I – aos Tribunais:

a) eleger seus órgãos diretivos e elaborar seus regimentos internos, com observância das normas de processo e das garantias processuais das partes, dispondo sobre a competência e o funcionamento dos respectivos órgãos jurisdicionais e administrativos;

b) organizar suas secretarias e serviços auxiliares e os dos juízos que lhes forem vinculados, velando pelo exercício da atividade correicional respectiva;

c) prover, na forma prevista nesta Constituição, os cargos de juiz de carreira da respectiva jurisdição;

d) propor a criação de novas varas judiciárias;

e) prover, por concurso público de provas, ou de provas e títulos, obedecido o disposto no artigo 169, parágrafo único, os cargos necessários à administração da Justiça, exceto os de confiança assim definidos em lei;

▸ De acordo com a alteração processada pela EC nº 19, de 4-6-1998, a referência passa a ser ao art. 169, § 1º.

f) conceder licença, férias e outros afastamentos a seus membros e aos juízes e servidores que lhes forem imediatamente vinculados;

II – ao Supremo Tribunal Federal, aos Tribunais Superiores e aos Tribunais de Justiça propor ao Poder Legislativo respectivo, observado o disposto no artigo 169:

a) a alteração do número de membros dos Tribunais inferiores;

b) a criação e a extinção de cargos e a remuneração dos seus serviços auxiliares e dos juízos que lhes forem vinculados, bem como a fixação do subsídio de seus membros e dos juízes, inclusive dos tribunais inferiores, onde houver;

▸ Alínea *b* com a redação dada pela EC nº 41, de 19-12-2003.

▸ Lei nº 11.416, de 15-12-2006, dispõe sobre as carreiras dos servidores do Poder Judiciário da União.

c) a criação ou extinção dos Tribunais inferiores;

d) a alteração da organização e da divisão judiciárias;

III – aos Tribunais de Justiça julgar os juízes estaduais e do Distrito Federal e Territórios, bem como os membros do Ministério Público, nos crimes comuns e de responsabilidade, ressalvada a competência da Justiça Eleitoral.

Parágrafo único. *Nos Tribunais de Justiça compostos de mais de 170 (cento e setenta) desembargadores em efetivo exercício, a eleição para os cargos diretivos, de que trata a alínea a do inciso I do caput deste artigo, será realizada entre os membros do tribunal pleno, por maioria absoluta e por voto direto e secreto, para um mandato de 2 (dois) anos, vedada mais de 1 (uma) recondução sucessiva.*

- Parágrafo único acrescido pela EC nº 134, de 24-9-2024.

Art. 97. Somente pelo voto da maioria absoluta de seus membros ou dos membros do respectivo órgão especial poderão os Tribunais declarar a inconstitucionalidade de lei ou ato normativo do Poder Público.

- Súm. Vinc. nº 10 do STF.

Art. 98. A União, no Distrito Federal e nos Territórios, e os Estados criarão:

I – juizados especiais, providos por juízes togados, ou togados e leigos, competentes para a conciliação, o julgamento e a execução de causas cíveis de menor complexidade e infrações penais de menor potencial ofensivo, mediante os procedimentos oral e sumaríssimo, permitidos, nas hipóteses previstas em lei, a transação e o julgamento de recursos por turmas de juízes de primeiro grau;

- Lei nº 9.099, de 26-9-1995 (Lei dos Juizados Especiais).
- Lei nº 10.259, de 12-7-2001 (Lei dos Juizados Especiais Federais).
- Lei nº 12.153, de 22-12-2009 (Lei dos Juizados Especiais da Fazenda Pública).
- Súmulas Vinculantes nºs 27 e 35 do STF.
- Súm. nº 376 do STJ.

II – justiça de paz, remunerada, composta de cidadãos eleitos pelo voto direto, universal e secreto, com mandato de quatro anos e competência para, na forma da lei, celebrar casamentos, verificar, de ofício ou em face de impugnação apresentada, o processo de habilitação e exercer atribuições conciliatórias, sem caráter jurisdicional, além de outras previstas na legislação.

- Art. 30 do ADCT.

§ 1º Lei federal disporá sobre a criação de juizados especiais no âmbito da Justiça Federal.

- Antigo parágrafo único renumerado para § 1º pela EC nº 45, de 8-12-2004.
- Lei nº 10.259, de 12-7-2001 (Lei dos Juizados Especiais Federais).
- Súm. nº 428 do STJ.

§ 2º As custas e emolumentos serão destinados exclusivamente ao custeio dos serviços afetos às atividades específicas da Justiça.

- § 2º acrescido pela EC nº 45, de 8-12-2004.

Art. 99. Ao Poder Judiciário é assegurada autonomia administrativa e financeira.

§ 1º Os Tribunais elaborarão suas propostas orçamentárias dentro dos limites estipulados conjuntamente com os demais Poderes na lei de diretrizes orçamentárias.

- Art. 134, § 2º, desta Constituição.
- Art. 107, § 2º, do ADCT.

§ 2º O encaminhamento da proposta, ouvidos os outros Tribunais interessados, compete:

- Art. 134, § 2º, desta Constituição.

I – no âmbito da União, aos Presidentes do Supremo Tribunal Federal e dos Tribunais Superiores, com a aprovação dos respectivos Tribunais;

II – no âmbito dos Estados e no do Distrito Federal e Territórios, aos Presidentes dos Tribunais de Justiça, com a aprovação dos respectivos Tribunais.

§ 3º Se os órgãos referidos no § 2º não encaminharem as respectivas propostas orçamentárias dentro do prazo estabelecido na lei de diretrizes orçamentárias, o Poder Executivo considerará, para fins de consolidação da proposta orçamentária anual, os valores aprovados na lei orçamentária vigente, ajustados de acordo com os limites estipulados na forma do § 1º deste artigo.

§ 4º Se as propostas orçamentárias de que trata este artigo forem encaminhadas em desacordo com os limites estipulados na forma do § 1º, o Poder Executivo procederá aos ajustes necessários para fins de consolidação da proposta orçamentária anual.

§ 5º Durante a execução orçamentária do exercício, não poderá haver a realização de despesas ou a assunção de obrigações que extrapolem os limites estabelecidos na lei de diretrizes orçamentárias, exceto se previamente autorizadas, mediante a abertura de créditos suplementares ou especiais.

- §§ 3º a 5º acrescidos pela EC nº 45, de 8-12-2004.

Art. 100. Os pagamentos devidos pelas Fazendas Públicas Federal, Estaduais, Distrital e Municipais, em virtude de sentença judiciária, far-se-ão exclusivamente na ordem cronológica de apresentação dos precatórios e à conta dos créditos respectivos, proibida a designação de casos ou de pessoas nas dotações orçamentárias e nos créditos adicionais abertos para este fim.

- *Caput* com a redação dada pela EC nº 62, de 9-12-2009.
- Arts. 33, 78, 86, 87 e 97 do ADCT.
- Art. 4º da EC nº 62, de 9-12-2009.
- Art. 6º da Lei nº 9.469, de 10-7-1997, que regula os pagamentos devidos pela Fazenda Pública em virtude de sentença judiciária.
- Res. do CNJ nº 303, de 18-12-2019, dispõe sobre a gestão dos precatórios e respectivos procedimentos operacionais no âmbito do Poder Judiciário.
- Súmulas nºs 655 e 729 do STF.
- Súmulas nºs 144 e 339 do STJ.
- Orientações Jurisprudenciais do Tribunal Pleno nºs 12 e 13 do TST.

§ 1º Os débitos de natureza alimentícia compreendem aqueles decorrentes de salários, vencimentos, proventos, pensões e suas complementações, benefícios previdenciários e indenizações por morte ou por invalidez, fundadas em responsabilidade civil, em virtude de sentença judicial transitada em julgado, e serão pagos com preferência sobre todos os demais débitos, exceto sobre aqueles referidos no § 2º deste artigo.

- § 1º com a redação dada pela EC nº 62, de 9-12-2009.
- Súm. Vinc. nº 47 do STF.

§ 2º Os débitos de natureza alimentícia cujos titulares, originários ou por sucessão hereditária, tenham 60 (sessenta) anos de idade, ou sejam portadores de doença grave, ou pessoas com deficiência, assim definidos na forma da lei, serão pagos com preferência sobre todos os demais débitos, até o valor equivalente ao triplo fixado em lei para os fins do disposto no § 3º deste artigo, admitido o fracionamento para essa finalidade, sendo que o restante será pago na ordem cronológica de apresentação do precatório.

- § 2º com a redação dada pela EC nº 94, de 15-12-2016.
- Art. 102 do ADCT.

§ 3º O disposto no *caput* deste artigo relativamente à expedição de precatórios não se aplica aos pagamentos de obrigações definidas em leis como de pequeno valor que as Fazendas referidas devam fazer em virtude de sentença judicial transitada em julgado.

- Art. 87 do ADCT.
- Lei nº 10.099, de 19-12-2000, regulamenta este parágrafo.
- Art. 17, § 1º, da Lei nº 10.259, de 12-7-2001 (Lei dos Juizados Especiais Federais).
- Art. 13 da Lei nº 12.153, de 22-12-2009 (Lei dos Juizados Especiais da Fazenda Pública).

§ 4º Para os fins do disposto no § 3º, poderão ser fixados, por leis próprias, valores distintos às entidades de direito público, segundo as diferentes capacidades econômicas, sendo o mínimo igual ao valor do maior benefício do regime geral de previdência social.

- §§ 3º e 4º com a redação dada pela EC nº 62, de 9-12-2009.
- Art. 97, § 12, do ADCT.
- Orientações Jurisprudenciais nºs 1 e 9 do Tribunal Pleno do TST.

§ 5º É obrigatória a inclusão no orçamento das entidades de direito público de verba necessária ao pagamento de seus débitos oriundos de sentenças transitadas em julgado constantes de precatórios judiciários apresentados até 2 de abril, fazendo-se o pagamento até o final do exercício seguinte, quando terão seus valores atualizados monetariamente.

- § 5º com a redação dada pela EC nº 114, de 16-12-2021.
- Súm. Vinc. nº 17 do STF.

§ 6º As dotações orçamentárias e os créditos abertos serão consignados diretamente ao Poder Judiciário, cabendo ao Presidente do Tribunal que proferir a decisão exequenda determinar o pagamento integral e autorizar, a requerimento do credor e exclusivamente para os casos de preterimento de seu direito de precedência ou de não alocação orçamentária do valor necessário à satisfação do seu débito, o sequestro da quantia respectiva.

- § 6º com a redação dada pela EC nº 62, de 9-12-2009.
- Súm. nº 733 do STF.

§ 7º O Presidente do Tribunal competente que, por ato comissivo ou omissivo, retardar ou tentar frustrar a liquidação regular de precatórios incorrerá em crime de responsabilidade e responderá, também, perante o Conselho Nacional de Justiça.

- Lei nº 1.079, de 10-4-1950 (Lei dos Crimes de Responsabilidade).

§ 8º É vedada a expedição de precatórios complementares ou suplementares de valor pago, bem como o fracionamento, repartição ou quebra do valor da execução para fins de enquadramento de parcela do total ao que dispõe o § 3º deste artigo.

- §§ 7º e 8º acrescidos pela EC nº 62, de 9-12-2009.
- Art. 87 do ADCT.

§ 9º Sem que haja interrupção no pagamento do precatório e mediante comunicação da Fazenda Pública ao Tribunal, o valor correspondente aos eventuais débitos inscritos em dívida ativa contra o credor do requisitório e seus substituídos deverá ser depositado à conta do juízo responsável pela ação de cobrança, que decidirá pelo seu destino definitivo.

- § 9º com a redação dada pela EC nº 113, de 8-12-2021.
- O STF, por maioria, no julgamento das Ações Diretas de Inconstitucionalidade nºs 7.047 e 7.064, declarou a inconstitucionalidade deste parágrafo (*DOU* de 9-2-2024).

§ 10. Antes da expedição dos precatórios, o Tribunal solicitará à Fazenda Pública devedora, para resposta em até 30 (trinta) dias, sob pena de perda do direito de abatimento, informação sobre os débitos que preencham as condições estabelecidas no § 9º, para os fins nele previstos.

- § 10 acrescido pela EC nº 62, de 9-12-2009.
- Orient. Norm. do CJF nº 4, de 8-6-2010, estabelece regra de transição para os procedimentos de compensação previstos neste inciso.
- O STF, por maioria dos votos, julgou parcialmente procedente a ADI nº 4.425, para declarar a inconstitucionalidade deste parágrafo (*DOU* de 8-3-2021).

§ 11. É facultada ao credor, conforme estabelecido em lei do ente federativo devedor, com autoaplicabilidade para a União, a oferta de créditos líquidos e certos que originalmente lhe são próprios ou adquiridos de terceiros reconhecidos pelo ente federativo ou por decisão judicial transitada em julgado para:

- *Caput* do § 11 com a redação dada pela EC nº 113, de 8-12-2021.
- O STF, por maioria, no julgamento das Ações Diretas de Inconstitucionalidade nºs 7.047 e 7.064, conferiu interpretação conforme à Constituição a este parágrafo para afastar de seu texto a expressão "com autoaplicabilidade para a União" (*DOU* de 9-2-2024).

I – quitação de débitos parcelados ou débitos inscritos em dívida ativa do ente federativo devedor, inclusive em transação resolutiva de litígio, e, subsidiariamente, débitos com a administração autárquica e fundacional do mesmo ente;

II – compra de imóveis públicos de propriedade do mesmo ente disponibilizados para venda;

III – pagamento de outorga de delegações de serviços públicos e demais espécies de concessão negocial promovidas pelo mesmo ente;

IV – aquisição, inclusive minoritária, de participação societária, disponibilizada para venda, do respectivo ente federativo; ou

V – compra de direitos, disponibilizados para cessão, do respectivo ente federativo, inclusive, no caso da União, da antecipação de valores a serem recebidos a título do excedente em óleo em contratos de partilha de petróleo.

- Incisos I a V acrescidos pela EC nº 113, de 8-12-2021.
- Dec. nº 11.249, de 9-11-2022, dispõe sobre o procedimento de oferta de créditos líquidos e certos decorrentes de decisão judicial transitada em julgado, nos termos do disposto neste parágrafo.

§ 12. A partir da promulgação desta Emenda Constitucional, a atualização de valores de requisitórios, após sua expedição, até o efetivo pagamento, independentemente de sua natureza, será feita pelo índice oficial de remuneração básica da caderneta de poupança, e, para fins de compensação da mora, incidirão juros simples no mesmo percentual de juros incidentes sobre a caderneta de poupança, ficando excluída a incidência de juros compensatórios.

- OJ do Tribunal Pleno nº 7 do TST.
- OJ da SBDI-I nº 382 do TST.
- O STF, por maioria dos votos, julgou parcialmente procedente a ADI nº 4.425 para declarar a inconstitucionalidade parcial sem redução da expressão "independentemente de sua natureza", contida neste parágrafo, para determinar que, quanto aos precatórios de natureza tributária, sejam aplicados os mesmos juros de mora incidentes sobre todo e qualquer crédito tributário (*DOU* de 8-3-2021).

§ 13. O credor poderá ceder, total ou parcialmente, seus créditos em precatórios a terceiros, independentemente da concordância do devedor, não se aplicando ao cessionário o disposto nos §§ 2º e 3º.

- §§ 12 e 13 acrescidos pela EC nº 62, de 9-12-2009.
- Art. 5º da EC nº 62, de 9-12-2009, que convalida todas as cessões de precatórios efetuadas antes da sua promulgação, independentemente da concordância da entidade devedora.
- Arts. 286 a 298 do CC.

§ 14. A cessão de precatórios, observado o disposto no § 9º deste artigo, somente produzirá efeitos após comunicação, por meio de petição protocolizada, ao Tribunal de origem e ao ente federativo devedor.

- § 14 com a redação dada pela EC nº 113, de 8-12-2021.

§ 15. Sem prejuízo do disposto neste artigo, lei complementar a esta Constituição Federal poderá estabelecer regime especial para pagamento de crédito de precatórios de Estados, Distrito Federal e Municípios, dispondo sobre vinculações à receita corrente líquida e forma e prazo de liquidação.

- O STF, por maioria dos votos, julgou parcialmente procedente a ADI nº 4.425, para declarar a inconstitucionalidade deste parágrafo.
- Art. 97, *caput*, do ADCT.

§ 16. A seu critério exclusivo e na forma de lei, a União poderá assumir débitos, oriundos de precatórios, de Estados, Distrito Federal e Municípios, refinanciando-os diretamente.

- §§ 15 e 16 acrescidos pela EC nº 62, de 9-12-2009.

§ 17. A União, os Estados, o Distrito Federal e os Municípios aferirão mensalmente, em base anual, o comprometimento de suas respectivas receitas correntes líquidas com o pagamento de precatórios e obrigações de pequeno valor.

§ 18. Entende-se como receita corrente líquida, para os fins de que trata o § 17, o somatório das receitas tributárias, patrimoniais, industriais, agropecuárias, de contribuições e de serviços, de transferências correntes e outras receitas correntes, incluindo as oriundas do § 1º do art. 20 da Constituição Federal, verificado no período compreendido pelo segundo mês imediatamente anterior ao de referência e os 11 (onze) meses precedentes, excluídas as duplicidades, e deduzidas:

I – na União, as parcelas entregues aos Estados, ao Distrito Federal e aos Municípios por determinação constitucional;

II – nos Estados, as parcelas entregues aos Municípios por determinação constitucional;

III – na União, nos Estados, no Distrito Federal e nos Municípios, a contribuição dos servidores para custeio de seu sistema de previdência e assistência social e as receitas provenientes da compensação financeira referida no § 9º do art. 201 da Constituição Federal.

§ 19. Caso o montante total de débitos decorrentes de condenações judiciais em precatórios e obrigações de pequeno valor, em período de 12 (doze) meses, ultrapasse a média do comprometimento percentual da receita corrente líquida nos 5 (cinco) anos imediatamente anteriores, a parcela que exceder esse percentual poderá ser financiada, excetuada dos limites de endividamento de que tratam os incisos VI e VII do art. 52 da Constituição Federal e de quaisquer outros limites de endividamento previstos, não se aplicando a esse financiamento a vedação de vinculação de receita prevista no inciso IV do art. 167 da Constituição Federal.

§ 20. Caso haja precatório com valor superior a 15% (quinze por cento) do montante dos precatórios apresentados nos termos do § 5º deste artigo, 15% (quinze por cento) do valor deste precatório serão pagos até o final do exercício seguinte e o restante em parcelas iguais nos cinco exercícios subsequentes, acrescidas de juros de mora e correção monetária, ou mediante acordos diretos, perante Juízos Auxiliares de Conciliação de Precatórios, com redução máxima de 40% (quarenta por cento) do valor do crédito atualizado, desde que em relação ao crédito não penda recurso ou defesa judicial e que sejam observados os requisitos definidos na regulamentação editada pelo ente federado.

- §§ 17 a 20 acrescidos pela EC nº 94, de 15-12-2016.

§ 21. Ficam a União e os demais entes federativos, nos montantes que lhes são próprios, desde que aceito por ambas as partes, autorizados a utilizar valores objeto de sentenças transitadas em julgado devidos a pessoa jurídica de direito público para amortizar dívidas, vencidas ou vincendas:

I – nos contratos de refinanciamento cujos créditos sejam detidos pelo ente federativo que figure como devedor na sentença de que trata o *caput* deste artigo;

II – nos contratos em que houve prestação de garantia a outro ente federativo;

III – nos parcelamentos de tributos ou de contribuições sociais; e

IV – nas obrigações decorrentes do descumprimento de prestação de contas ou de desvio de recursos.

§ 22. A amortização de que trata o § 21 deste artigo:

I – nas obrigações vencidas, será imputada primeiramente às parcelas mais antigas;

II – nas obrigações vincendas, reduzirá uniformemente o valor de cada parcela devida, mantida a duração original do respectivo contrato ou parcelamento.

- §§ 21 e 22 acrescidos pela EC nº 113, de 8-12-2021.

Seção II
DO SUPREMO TRIBUNAL FEDERAL

Art. 101. O Supremo Tribunal Federal compõe-se de onze Ministros, escolhidos dentre cidadãos com mais de trinta e cinco e menos de setenta anos de idade, de notável saber jurídico e reputação ilibada.

- *Caput* com a redação dada pela EC nº 122, de 17-5-2022.
- Lei nº 8.038, de 28-5-1990, institui normas procedimentais para os processos que especifica, perante o STJ e o STF.

Parágrafo único. Os Ministros do Supremo Tribunal Federal serão nomeados pelo Presidente da República, depois de aprovada a escolha pela maioria absoluta do Senado Federal.

Art. 102. Compete ao Supremo Tribunal Federal, precipuamente, a guarda da Constituição, cabendo-lhe:

I – processar e julgar, originariamente:

▶ Res. do STF nº 693, de 17-7-2020, regulamenta o processo eletrônico no âmbito do Supremo Tribunal Federal.

a) a ação direta de inconstitucionalidade de lei ou ato normativo federal ou estadual e a ação declaratória de constitucionalidade de lei ou ato normativo federal;

▶ Alínea *a* com a redação dada pela EC nº 3, de 17-3-1993.
▶ Lei nº 9.868, de 10-11-1999 (Lei da ADI e da ADC).
▶ Dec. nº 2.346, de 10-10-1997, consolida as normas de procedimentos a serem observadas pela administração pública federal em razão de decisões judiciais.
▶ Súmulas nºs 360, 642 e 735 do STF.

b) nas infrações penais comuns, o Presidente da República, o Vice-Presidente, os membros do Congresso Nacional, seus próprios Ministros e o Procurador-Geral da República;

c) nas infrações penais comuns e nos crimes de responsabilidade, os Ministros de Estado e os Comandantes da Marinha, do Exército e da Aeronáutica, ressalvado o disposto no artigo 52, I, os membros dos Tribunais Superiores, os do Tribunal de Contas da União e os chefes de missão diplomática de caráter permanente;

▶ Alínea *c* com a redação dada pela EC nº 23, de 2-9-1999.
▶ Lei nº 1.079, de 10-4-1950 (Lei dos Crimes de Responsabilidade).

d) o *habeas corpus*, sendo paciente qualquer das pessoas referidas nas alíneas anteriores; o mandado de segurança e o *habeas data* contra atos do Presidente da República, das Mesas da Câmara dos Deputados e do Senado Federal, do Tribunal de Contas da União, do Procurador-Geral da República e do próprio Supremo Tribunal Federal;

▶ Lei nº 9.507, de 12-11-1997 (Lei do *Habeas Data*).
▶ Lei nº 12.016, de 7-8-2009 (Lei do Mandado de Segurança Individual e Coletivo).
▶ Súm. nº 624 do STF.

e) o litígio entre Estado estrangeiro ou organismo internacional e a União, o Estado, o Distrito Federal ou o Território;

▶ Art. 24 do CPC/2015.

f) as causas e os conflitos entre a União e os Estados, a União e o Distrito Federal, ou entre uns e outros, inclusive as respectivas entidades da administração indireta;

g) a extradição solicitada por Estado estrangeiro;

▶ Súmulas nºs 367, 421 e 692 do STF.

h) *Revogada*. EC nº 45, de 8-12-2004;

i) o *habeas corpus*, quando o coator for Tribunal Superior ou quando o coator ou o paciente for autoridade ou funcionário cujos atos estejam sujeitos diretamente à jurisdição do Supremo Tribunal Federal, ou se trate de crime sujeito à mesma jurisdição em uma única instância;

▶ Alínea *i* com a redação dada pela EC nº 22, de 18-3-1999.
▶ Súmulas nºs 606, 691, 692 e 731 do STF.

j) a revisão criminal e a ação rescisória de seus julgados;

▶ Arts. 966 a 975 do CPC/2015.
▶ Arts. 621 a 631 do CPP.

l) a reclamação para a preservação de sua competência e garantia da autoridade de suas decisões;

▶ Súm. 734 do STF.

m) a execução de sentença nas causas de sua competência originária, facultada a delegação de atribuições para a prática de atos processuais;

n) a ação em que todos os membros da magistratura sejam direta ou indiretamente interessados, e aquela em que mais da metade dos membros do Tribunal de origem estejam impedidos ou sejam direta ou indiretamente interessados;

▶ Súmulas nºs 623 e 731 do STF.

o) os conflitos de competência entre o Superior Tribunal de Justiça e quaisquer Tribunais, entre Tribunais Superiores, ou entre estes e qualquer outro Tribunal;

▶ Arts. 105, I, *d*, 108, I, *e*, e 114, V, desta Constituição.

p) o pedido de medida cautelar das ações diretas de inconstitucionalidade;

q) o mandado de injunção, quando a elaboração da norma regulamentadora for atribuição do Presidente da República, do Congresso Nacional, da Câmara dos Deputados, do Senado Federal, das Mesas de uma dessas Casas Legislativas, do Tribunal de Contas da União, de um dos Tribunais Superiores, ou do próprio Supremo Tribunal Federal;

▶ Lei nº 13.300, de 23-6-2016 (Lei do Mandado de Injunção).

r) as ações contra o Conselho Nacional de Justiça e contra o Conselho Nacional do Ministério Público;

▶ Alínea *r* acrescida pela EC nº 45, de 8-12-2004.
▶ Arts. 103-A e 130-B desta Constituição.

II – julgar, em recurso ordinário:

a) o *habeas corpus*, o mandado de segurança, o *habeas data* e o mandado de injunção decididos em única instância pelos Tribunais Superiores, se denegatória a decisão;

▶ Lei nº 9.507, de 12-11-1997 (Lei do *Habeas Data*).
▶ Lei nº 12.016, de 7-8-2009 (Lei do Mandado de Segurança Individual e Coletivo).
▶ Lei nº 13.300, de 23-6-2016 (Lei do Mandado de Injunção).

b) o crime político;

III – julgar, mediante recurso extraordinário, as causas decididas em única ou última instância, quando a decisão recorrida:

▶ Arts. 928, II, e 1.029 a 1.044 do CPC/2015.
▶ Lei nº 8.658, de 26-5-1993, dispõe sobre a aplicação, nos Tribunais de Justiça e nos Tribunais Regionais Federais, das normas da Lei nº 8.038, de 28-5-1990.
▶ Súmulas nºs 279, 283, 634, 635, 637, 640, 727 e 733 do STF.

a) contrariar dispositivo desta Constituição;

▶ Súmulas nºs 400 e 735 do STF.

b) declarar a inconstitucionalidade de tratado ou lei federal;

▶ Art. 948 do CPC/2015.

c) julgar válida lei ou ato de governo local contestado em face desta Constituição;

d) julgar válida lei local contestada em face de lei federal.

▶ Alínea *d* acrescida pela EC nº 45, de 8-12-2004.

§ 1º A arguição de descumprimento de preceito fundamental decorrente desta Constituição será apreciada pelo Supremo Tribunal Federal, na forma da lei.

▶ Parágrafo único transformado em § 1º pela EC nº 3, de 17-3-1993.
▶ Lei nº 9.882, de 3-12-1999 (Lei da Ação de Descumprimento de Preceito Fundamental).

§ 2º As decisões definitivas de mérito, proferidas pelo Supremo Tribunal Federal, nas ações diretas de inconstitucionalidade e nas ações declaratórias de constitucionalidade, produzirão eficácia contra todos e efeito vinculante, relativamente aos demais órgãos do Poder Judiciário e à administração pública direta e indireta, nas esferas federal, estadual e municipal.

▶ § 2º com a redação dada pela EC nº 45, de 8-12-2004.
▶ Lei nº 9.868, de 10-11-1999 (Lei da ADI e da ADC).

§ 3º No recurso extraordinário o recorrente deverá demonstrar a repercussão geral das questões constitucionais discutidas no caso, nos termos da lei, a fim de que o Tribunal examine a admissão do recurso, somente podendo recusá-lo pela manifestação de dois terços de seus membros.

▶ § 3º acrescido pela EC nº 45, de 8-12-2004.
▶ Arts. 1.035, 1.036, § 1º e 1.039 do CPC/2015.

Art. 103. Podem propor a ação direta de inconstitucionalidade e a ação declaratória de constitucionalidade:

▶ *Caput* com a redação dada pela EC nº 45, de 8-12-2004.
▶ Arts. 2º, 12-A e 13 da Lei nº 9.868, de 10-11-1999 (Lei da ADI e da ADC).

I – o Presidente da República;

II – a Mesa do Senado Federal;

III – a Mesa da Câmara dos Deputados;

IV – a Mesa de Assembleia Legislativa ou da Câmara Legislativa do Distrito Federal;

V – o Governador de Estado ou do Distrito Federal;

▶ Incisos IV e V com a redação dada pela EC nº 45, de 8-12-2004.

VI – o Procurador-Geral da República;

VII – o Conselho Federal da Ordem dos Advogados do Brasil;

VIII – partido político com representação no Congresso Nacional;

IX – confederação sindical ou entidade de classe de âmbito nacional.

§ 1º O Procurador-Geral da República deverá ser previamente ouvido nas ações de inconstitucionalidade e em todos os processos de competência do Supremo Tribunal Federal.

§ 2º Declarada a inconstitucionalidade por omissão de medida para tornar efetiva norma constitucional, será dada ciência ao Poder competente para a adoção das providências necessárias e, em se tratando de órgão administrativo, para fazê-lo em trinta dias.

▶ Art. 12-H da Lei nº 9.868, de 10-11-1999 (Lei da ADI e da ADC).

§ 3º Quando o Supremo Tribunal Federal apreciar a inconstitucionalidade, em tese, de norma legal ou ato normativo, citará, previamente, o Advogado-Geral da União, que defenderá o ato ou texto impugnado.

§ 4º *Revogado*. EC nº 45, de 8-12-2004.

Art. 103-A. O Supremo Tribunal Federal poderá, de ofício ou por provocação, mediante decisão de dois terços dos seus membros, após reiteradas decisões sobre matéria constitucional, aprovar súmula que, a partir de sua publicação na imprensa oficial, terá efeito vinculante em relação aos demais órgãos do Poder Judiciário e à administração pública direta e indireta, nas esferas federal, estadual e municipal, bem como proceder à sua revisão ou cancelamento, na forma estabelecida em lei.

- Art. 8º da EC nº 45, de 8-12-2004 (Reforma do Judiciário).
- Art. 927, II, do CPC/2015.
- Lei nº 11.417, de 19-12-2006 (Lei da Súmula Vinculante), regulamenta este artigo.

§ 1º A súmula terá por objetivo a validade, a interpretação e a eficácia de normas determinadas, acerca das quais haja controvérsia atual entre órgãos judiciários ou entre esses e a administração pública que acarrete grave insegurança jurídica e relevante multiplicação de processos sobre questão idêntica.

§ 2º Sem prejuízo do que vier a ser estabelecido em lei, a aprovação, revisão ou cancelamento de súmula poderá ser provocada por aqueles que podem propor a ação direta de inconstitucionalidade.

§ 3º Do ato administrativo ou decisão judicial que contrariar a súmula aplicável ou que indevidamente a aplicar, caberá reclamação ao Supremo Tribunal Federal que, julgando-a procedente, anulará o ato administrativo ou cassará a decisão judicial reclamada, e determinará que outra seja proferida com ou sem a aplicação da súmula, conforme o caso.

- Art. 103-A acrescido pela EC nº 45, de 8-12-2004.

Art. 103-B. O Conselho Nacional de Justiça compõe-se de 15 (quinze) membros com mandato de 2 (dois) anos, admitida 1 (uma) recondução, sendo:

- *Caput* com a redação dada pela EC nº 61, de 11-11-2009.
- Art. 5º da EC nº 45, de 8-12-2004 (Reforma do Judiciário).
- Lei nº 11.364, de 26-10-2006, dispõe sobre as atividades de apoio ao Conselho Nacional de Justiça.

I – o Presidente do Supremo Tribunal Federal;

- Inciso I com a redação dada pela EC nº 61, de 11-11-2009.

II – um Ministro do Superior Tribunal de Justiça, indicado pelo respectivo tribunal;

III – um Ministro do Tribunal Superior do Trabalho, indicado pelo respectivo tribunal;

IV – um desembargador de Tribunal de Justiça, indicado pelo Supremo Tribunal Federal;

V – um juiz estadual, indicado pelo Supremo Tribunal Federal;

VI – um juiz de Tribunal Regional Federal, indicado pelo Superior Tribunal de Justiça;

VII – um juiz federal, indicado pelo Superior Tribunal de Justiça;

VIII – um juiz de Tribunal Regional do Trabalho, indicado pelo Tribunal Superior do Trabalho;

IX – um juiz do trabalho, indicado pelo Tribunal Superior do Trabalho;

X – um membro do Ministério Público da União, indicado pelo Procurador-Geral da República;

XI – um membro do Ministério Público estadual, escolhido pelo Procurador-Geral da República dentre os nomes indicados pelo órgão competente de cada instituição estadual;

XII – dois advogados, indicados pelo Conselho Federal da Ordem dos Advogados do Brasil;

XIII – dois cidadãos, de notável saber jurídico e reputação ilibada, indicados um pela Câmara dos Deputados e outro pelo Senado Federal.

- Incisos II a XIII acrescidos pela EC nº 45, de 8-12-2004.

§ 1º O Conselho será presidido pelo Presidente do Supremo Tribunal Federal e, nas suas ausências e impedimentos, pelo Vice-Presidente do Supremo Tribunal Federal.

§ 2º Os demais membros do Conselho serão nomeados pelo Presidente da República, depois de aprovada a escolha pela maioria absoluta do Senado Federal.

- §§ 1º e 2º com a redação dada pela EC nº 61, de 11-11-2009.

§ 3º Não efetuadas, no prazo legal, as indicações previstas neste artigo, caberá a escolha ao Supremo Tribunal Federal.

- § 3º acrescido pela EC nº 45, de 8-12-2004.

§ 4º Compete ao Conselho o controle da atuação administrativa e financeira do Poder Judiciário e do cumprimento dos deveres funcionais dos juízes, cabendo-lhe, além de outras atribuições que lhe forem conferidas pelo Estatuto da Magistratura:

- *Caput* do § 4º acrescido pela EC nº 45, de 8-12-2004.

I – zelar pela autonomia do Poder Judiciário e pelo cumprimento do Estatuto da Magistratura, podendo expedir atos regulamentares, no âmbito de sua competência, ou recomendar providências;

II – zelar pela observância do art. 37 e apreciar, de ofício ou mediante provocação, a legalidade dos atos administrativos praticados por membros ou órgãos do Poder Judiciário, podendo desconstituí-los, revê-los ou fixar prazo para que se adotem as providências necessárias ao exato cumprimento da lei, sem prejuízo da competência do Tribunal de Contas da União;

- Incisos I e II acrescidos pela EC nº 45, de 8-12-2004.

III – receber e conhecer das reclamações contra membros ou órgãos do Poder Judiciário, inclusive contra seus serviços auxiliares, serventias e órgãos prestadores de serviços notariais e de registro que atuem por delegação do poder público ou oficializados, sem prejuízo da competência disciplinar e correicional dos tribunais, podendo avocar processos disciplinares em curso, determinar a remoção ou a disponibilidade e aplicar outras sanções administrativas, assegurada ampla defesa;

- Inciso III com a redação dada pela EC nº 103, de 12-11-2019.

IV – representar ao Ministério Público, no caso de crime contra a administração pública ou de abuso de autoridade;

V – rever, de ofício ou mediante provocação, os processos disciplinares de juízes e membros de tribunais julgados há menos de um ano;

VI – elaborar semestralmente relatório estatístico sobre processos e sentenças prolatadas, por unidade da Federação, nos diferentes órgãos do Poder Judiciário;

VII – elaborar relatório anual, propondo as providências que julgar necessárias, sobre a situação do Poder Judiciário no País e as atividades do Conselho, o qual deve integrar mensagem do Presidente do Supremo Tribunal Federal a ser remetida ao Congresso Nacional, por ocasião da abertura da sessão legislativa.

- Incisos IV a VII acrescidos pela EC nº 45, de 8-12-2004.

§ 5º O Ministro do Superior Tribunal de Justiça exercerá a função de Ministro-Corregedor e ficará excluído da distribuição de processos no Tribunal, competindo-lhe, além das atribuições que lhe forem conferidas pelo Estatuto da Magistratura, as seguintes:

I – receber as reclamações e denúncias, de qualquer interessado, relativas aos magistrados e aos serviços judiciários;

II – exercer funções executivas do Conselho, de inspeção e de correição geral;

III – requisitar e designar magistrados, delegando-lhes atribuições, e requisitar servidores de juízos ou tribunais, inclusive nos Estados, Distrito Federal e Territórios.

§ 6º Junto ao Conselho oficiarão o Procurador-Geral da República e o Presidente do Conselho Federal da Ordem dos Advogados do Brasil.

§ 7º A União, inclusive no Distrito Federal e nos Territórios, criará ouvidorias de justiça, competentes para receber reclamações e denúncias de qualquer interessado contra membros ou órgãos do Poder Judiciário, ou contra seus serviços auxiliares, representando diretamente ao Conselho Nacional de Justiça.

- §§ 5º a 7º acrescidos pela EC nº 45, de 8-12-2004.
- Res. do CNJ nº 103, de 24-2-2010, dispõe sobre as atribuições da Ouvidoria do Conselho Nacional de Justiça e determina a criação de ouvidorias no âmbito dos Tribunais.

Seção III

DO SUPERIOR TRIBUNAL DE JUSTIÇA

- Lei nº 8.038, de 28-5-1990, institui normas procedimentais para os processos que especifica, perante o STJ e o STF.

Art. 104. O Superior Tribunal de Justiça compõe-se de, no mínimo, trinta e três Ministros.

Parágrafo único. Os Ministros do Superior Tribunal de Justiça serão nomeados pelo Presidente da República, dentre brasileiros com mais de trinta e cinco e menos de setenta anos de idade, de notável saber jurídico e reputação ilibada, depois de aprovada a escolha pela maioria absoluta do Senado Federal, sendo:

- *Caput* do parágrafo único com a redação dada pela EC nº 122, de 17-5-2022.
- Lei nº 8.038, de 28-5-1990, institui normas procedimentais para os processos que especifica, perante o STJ e o STF.

I – um terço dentre juízes dos Tribunais Regionais Federais e um terço dentre desembargadores dos Tribunais de Justiça, indicados em lista tríplice elaborada pelo próprio Tribunal;

II – um terço, em partes iguais, dentre advogados e membros do Ministério Público Federal, Estadual, do Distrito Federal e Territórios, alternadamente, indicados na forma do artigo 94.

Art. 105. Compete ao Superior Tribunal de Justiça:

I – processar e julgar, originariamente:

a) nos crimes comuns, os Governadores dos Estados e do Distrito Federal, e, nestes e nos de responsabilidade, os desembargadores dos Tribunais de Justiça dos Estados e do Distrito Federal, os membros dos Tribunais de Contas dos Estados e do Distrito Federal, os dos Tribunais Regionais Federais, dos Tribunais Regionais Eleitorais e do Trabalho, os membros dos Conselhos ou Tribunais de Contas dos Municípios e os do Ministério Público da União que oficiem perante tribunais;

b) os mandados de segurança e os *habeas data* contra ato de Ministro de Estado, dos

Comandantes da Marinha, do Exército e da Aeronáutica ou do próprio Tribunal;

- ▸ Alínea *b* com a redação dada pela EC nº 23, de 2-9-1999.
- ▸ Lei nº 9.507, de 12-11-1997 (Lei do *Habeas Data*).
- ▸ Lei nº 12.016, de 7-8-2009 (Lei do Mandado de Segurança Individual e Coletivo).
- ▸ Súm. nº 41 do STJ.

c) os *habeas corpus*, quando o coator ou paciente for qualquer das pessoas mencionadas na alínea *a*, ou quando o coator for tribunal sujeito à sua jurisdição, Ministro de Estado ou Comandante da Marinha, do Exército ou da Aeronáutica, ressalvada a competência da Justiça Eleitoral;

- ▸ Alínea *c* com a redação dada pela EC nº 23, de 2-9-1999.

d) os conflitos de competência entre quaisquer tribunais, ressalvado o disposto no artigo 102, I, *o*, bem como entre Tribunal e juízes a ele não vinculados e entre juízes vinculados a Tribunais diversos;

- ▸ Súm. nº 22 do STJ.

e) as revisões criminais e as ações rescisórias de seus julgados;

- ▸ Arts. 966 a 975 do CPC/2015.
- ▸ Arts. 621 a 631 do CPP.

f) a reclamação para a preservação de sua competência e garantia da autoridade de suas decisões;

g) os conflitos de atribuições entre autoridades administrativas e judiciárias da União, ou entre autoridades judiciárias de um Estado e administrativas de outro ou do Distrito Federal, ou entre as deste e da União;

h) o mandado de injunção, quando a elaboração da norma regulamentadora for atribuição de órgão, entidade ou autoridade federal, da administração direta ou indireta, excetuados os casos de competência do Supremo Tribunal Federal e dos órgãos da Justiça Militar, da Justiça Eleitoral, da Justiça do Trabalho e da Justiça Federal;

- ▸ Art. 109 desta Constituição.
- ▸ Arts. 961 e 965, parágrafo único, do CPC/2015.
- ▸ Lei nº 13.300, de 23-6-2016 (Lei do Mandado de Injunção).

i) a homologação de sentenças estrangeiras e a concessão de *exequatur* às cartas rogatórias;

- ▸ Alínea *i* acrescida pela EC nº 45, de 8-12-2004.
- ▸ Art. 109, X, desta Constituição.
- ▸ Arts. 961 e 965, parágrafo único, do CPC/2015.
- ▸ Dec. nº 9.039, de 27-4-2017, promulga a Convenção sobre a Obtenção de Provas no Estrangeiro em Matéria Civil ou Comercial, firmada em Haia, em 18-3-1970.
- ▸ Arts. 216-A a 216-X do RISTJ.

j) os conflitos entre entes federativos, ou entre estes e o Comitê Gestor do Imposto sobre Bens e Serviços, relacionados aos tributos previstos nos arts. 156-A e 195, V;

- ▸ Alínea *j* acrescida pela EC nº 132, de 20-12-2023.

II – julgar, em recurso ordinário:

a) os *habeas corpus* decididos em única ou última instância pelos Tribunais Regionais Federais ou pelos Tribunais dos Estados, do Distrito Federal e Territórios, quando a decisão for denegatória;

b) os mandados de segurança decididos em única instância pelos Tribunais Regionais Federais ou pelos Tribunais dos Estados, do Distrito Federal e Territórios, quando denegatória a decisão;

- ▸ Lei nº 12.016, de 7-8-2009 (Lei do Mandado de Segurança Individual e Coletivo).

c) as causas em que forem partes Estado estrangeiro ou organismo internacional, de um lado, e, do outro, Município ou pessoa residente ou domiciliada no País;

III – julgar, em recurso especial, as causas decididas, em única ou última instância, pelos Tribunais Regionais Federais ou pelos Tribunais dos Estados, do Distrito Federal e Territórios, quando a decisão recorrida:

- ▸ Lei nº 8.658, de 26-5-1993, dispõe sobre a aplicação, nos Tribunais de Justiça e nos Tribunais Regionais Federais, das normas da Lei nº 8.038, de 28-5-1990.
- ▸ Arts. 928, III, e 1.029 a 1.044 do CPC/2015.
- ▸ Súmulas nºs 5, 7, 86, 203, 207, 320 e 518 do STJ.

a) contrariar tratado ou lei federal, ou negar-lhes vigência;

b) julgar válido ato de governo local contestado em face de lei federal;

- ▸ Alínea *b* com a redação dada pela EC nº 45, de 8-12-2004.

c) der a lei federal interpretação divergente da que lhe haja atribuído outro Tribunal.

- ▸ Súm. nº 13 do STJ.

§ 1º Funcionarão junto ao Superior Tribunal de Justiça:

I – a escola nacional de formação e aperfeiçoamento de magistrados, cabendo-lhe, dentre outras funções, regulamentar os cursos oficiais para o ingresso e promoção na carreira;

II – o Conselho da Justiça Federal, cabendo-lhe exercer, na forma da lei, a supervisão administrativa e orçamentária da Justiça Federal de primeiro e segundo graus, como órgão central do sistema e com poderes correicionais, cujas decisões terão caráter vinculante.

- ▸ Parágrafo único renumerado para § 1º pela EC nº 125, de 14-7-2022.

§ 2º No recurso especial, o recorrente deve demonstrar a relevância das questões de direito federal infraconstitucional discutidas no caso, nos termos da lei, a fim de que a admissão do recurso seja examinada pelo Tribunal, o qual somente pode dele não conhecer com base nesse motivo pela manifestação de 2/3 (dois terços) dos membros do órgão competente para o julgamento.

§ 3º Haverá a relevância de que trata o § 2º deste artigo nos seguintes casos:

I – ações penais;

II – ações de improbidade administrativa;

III – ações cujo valor da causa ultrapasse 500 (quinhentos) salários mínimos;

IV – ações que possam gerar inelegibilidade;

V – hipóteses em que o acórdão recorrido contrariar jurisprudência dominante do Superior Tribunal de Justiça;

VI – outras hipóteses previstas em lei.

- ▸ §§ 2º e 3º acrescidos pela EC nº 125, de 14-7-2022.

Seção IV

DOS TRIBUNAIS REGIONAIS FEDERAIS E DOS JUÍZES FEDERAIS

Art. 106. São órgãos da Justiça Federal:

- ▸ Lei nº 7.727, de 9-1-1989, dispõe sobre a composição inicial dos Tribunais Regionais Federais e sua instalação, cria os respectivos quadros de pessoal.

I – os Tribunais Regionais Federais;

II – os Juízes Federais.

Art. 107. Os Tribunais Regionais Federais compõem-se de, no mínimo, sete juízes, recrutados, quando possível, na respectiva região e nomeados pelo Presidente da República dentre brasileiros com mais de trinta e menos de setenta anos de idade, sendo:

- ▸ *Caput* com a redação dada pela EC nº 122, de 17-5-2022.

I – um quinto dentre advogados com mais de dez anos de efetiva atividade profissional e membros do Ministério Público Federal com mais de dez anos de carreira;

II – os demais, mediante promoção de juízes federais com mais de cinco anos de exercício, por antiguidade e merecimento, alternadamente.

- ▸ Art. 27, § 9º, do ADCT.
- ▸ Lei nº 9.967, de 10-5-2000, dispõe sobre as reestruturações dos Tribunais Regionais Federais das cinco Regiões.

§ 1º A lei disciplinará a remoção ou a permuta de juízes dos Tribunais Regionais Federais e determinará sua jurisdição e sede.

- ▸ Parágrafo único transformado em § 1º pela EC nº 45, de 8-12-2004.
- ▸ Art. 1º da Lei nº 9.967, de 10-5-2000, que dispõe sobre as reestruturações dos Tribunais Regionais Federais das cinco regiões.
- ▸ Lei nº 9.968, de 10-5-2000, dispõe sobre a reestruturação do Tribunal Regional Federal da 3ª Região.

§ 2º Os Tribunais Regionais Federais instalarão a justiça itinerante, com a realização de audiências e demais funções da atividade jurisdicional, nos limites territoriais da respectiva jurisdição, servindo-se de equipamentos públicos e comunitários.

§ 3º Os Tribunais Regionais Federais poderão funcionar descentralizadamente, constituindo Câmaras regionais, a fim de assegurar o pleno acesso do jurisdicionado à justiça em todas as fases do processo.

- ▸ §§ 2º e 3º acrescidos pela EC nº 45, de 8-12-2004.

Art. 108. Compete aos Tribunais Regionais Federais:

I – processar e julgar, originariamente:

a) os juízes federais da área de sua jurisdição, incluídos os da Justiça Militar e da Justiça do Trabalho, nos crimes comuns e de responsabilidade, e os membros do Ministério Público da União, ressalvada a competência da Justiça Eleitoral;

b) as revisões criminais e as ações rescisórias de julgados seus ou dos juízes federais da região;

- ▸ Arts. 966 a 975 do CPC/2015.
- ▸ Arts. 621 a 631 do CPP.

c) os mandados de segurança e os *habeas data* contra ato do próprio Tribunal ou de juiz federal;

- ▸ Lei nº 9.507, de 12-11-1997 (Lei do *Habeas Data*).
- ▸ Lei nº 12.016, de 7-8-2009 (Lei do Mandado de Segurança Individual e Coletivo).

d) os *habeas corpus*, quando a autoridade coatora for juiz federal;

e) os conflitos de competência entre juízes federais vinculados ao Tribunal;

- ▸ Súmulas nºs 3 e 428 do STJ.

II – julgar, em grau de recurso, as causas decididas pelos juízes federais e pelos juízes estaduais no exercício da competência federal da área de sua jurisdição.

- ▸ Súm. nº 55 do STJ.

Art. 109. Aos juízes federais compete processar e julgar:

- Lei nº 7.492, de 16-6-1986 (Lei dos Crimes Contra o Sistema Financeiro Nacional).
- Lei nº 9.469, de 9-7-1997, dispõe sobre a intervenção da União nas causas em que figurarem, como autores ou réus, entes da Administração indireta.
- Lei nº 10.259, de 12-7-2001 (Lei dos Juizados Especiais Federais).
- Art. 70 da Lei nº 11.343, de 23-8-2006 (Lei Antidrogas).
- Súmulas nºs 15, 32, 42, 66, 82, 150, 173, 324, 349 e 365 do STJ.

I – as causas em que a União, entidade autárquica ou empresa pública federal forem interessadas na condição de autoras, rés, assistentes ou oponentes, exceto as de falência, as de acidentes de trabalho e as sujeitas à Justiça Eleitoral e à Justiça do Trabalho;

- Arts. 45 e 51 do CPC/2015.
- Súmulas Vinculantes nºs 22 e 27 do STF.
- Súmulas nºs 15, 32, 42, 66, 82, 150, 173, 324, 365, 374 e 489 do STJ.

II – as causas entre Estado estrangeiro ou organismo internacional e Município ou pessoa domiciliada ou residente no País;

III – as causas fundadas em tratado ou contrato da União com Estado estrangeiro ou organismo internacional;

- Súm. nº 689 do STF.

IV – os crimes políticos e as infrações penais praticadas em detrimento de bens, serviços ou interesse da União ou de suas entidades autárquicas ou empresas públicas, excluídas as contravenções e ressalvada a competência da Justiça Militar e da Justiça Eleitoral;

- Art. 9º do CPM.
- Art. 11 da Lei nº 13.260, de 16-3-2016 (Lei Antiterrorismo).
- Súm. Vinc. nº 36 do STF.
- Súmulas nºs 38, 42, 62, 73, 104, 147, 165 e 208 do STJ.

V – os crimes previstos em tratado ou convenção internacional, quando, iniciada a execução no País, o resultado tenha ou devesse ter ocorrido no estrangeiro, ou reciprocamente;

V-A – as causas relativas a direitos humanos a que se refere o § 5º deste artigo;

- Inciso V-A acrescido pela EC nº 45, de 8-12-2004.

VI – os crimes contra a organização do trabalho e, nos casos determinados por lei, contra o sistema financeiro e a ordem econômico-financeira;

- Arts. 197 a 207 do CP.
- Lei nº 7.492, de 16-6-1986 (Lei dos Crimes contra o Sistema Financeiro Nacional).
- Lei nº 8.137, de 27-12-1990 (Lei dos Crimes Contra a Ordem Tributária, Econômica e contra as Relações de Consumo).
- Lei nº 8.176, de 8-2-1991 (Lei dos Crimes contra a Ordem Econômica).

VII – os *habeas corpus*, em matéria criminal de sua competência ou quando o constrangimento provier de autoridade cujos atos não estejam diretamente sujeitos a outra jurisdição;

VIII – os mandados de segurança e os *habeas data* contra ato de autoridade federal, excetuados os casos de competência dos Tribunais federais;

- Lei nº 9.507, de 12-11-1997 (Lei do *Habeas Data*).
- Lei nº 12.016, de 7-8-2009 (Lei do Mandado de Segurança Individual e Coletivo).

IX – os crimes cometidos a bordo de navios ou aeronaves, ressalvada a competência da Justiça Militar;

- Art. 125, § 4º, desta Constituição.
- Art. 9º do CPM.

X – os crimes de ingresso ou permanência irregular de estrangeiro, a execução de carta rogatória, após o *exequatur*, e de sentença estrangeira após a homologação, as causas referentes à nacionalidade, inclusive a respectiva opção, e à naturalização;

- Art. 105, I, *i*, desta Constituição.
- Art. 965, parágrafo único, do CPC/2015.

XI – a disputa sobre direitos indígenas.

- Súm. nº 140 do STJ.

§ 1º As causas em que a União for autora serão aforadas na seção judiciária onde tiver domicílio a outra parte.

§ 2º As causas intentadas contra a União poderão ser aforadas na seção judiciária em que for domiciliado o autor, naquela onde houver ocorrido o ato ou fato que deu origem à demanda ou onde esteja situada a coisa, ou, ainda, no Distrito Federal.

§ 3º Lei poderá autorizar que as causas de competência da Justiça Federal em que forem parte instituição de previdência social e segurado possam ser processadas e julgadas na justiça estadual quando a comarca do domicílio do segurado não for sede de vara federal.

- § 3º com a redação dada pela EC nº 103, de 12-11-2019.
- Lei nº 5.010, de 30-5-1966 (Lei de Organização da Justiça Federal).
- Súmulas nºs 11, 15 e 32 do STJ.

§ 4º Na hipótese do parágrafo anterior, o recurso cabível será sempre para o Tribunal Regional Federal na área de jurisdição do juiz de primeiro grau.

- Súm. nº 32 do STJ.

§ 5º Nas hipóteses de grave violação de direitos humanos, o Procurador-Geral da República, com a finalidade de assegurar o cumprimento de obrigações decorrentes de tratados internacionais de direitos humanos dos quais o Brasil seja parte, poderá suscitar, perante o Superior Tribunal de Justiça, em qualquer fase do inquérito ou processo, incidente de deslocamento de competência para a Justiça Federal.

- § 5º acrescido pela EC nº 45, de 8-12-2004.

Art. 110. Cada Estado, bem como o Distrito Federal, constituirá uma seção judiciária que terá por sede a respectiva Capital, e varas localizadas segundo o estabelecido em lei.

- Arts. 45 e 51 do CPC/2015.
- Lei nº 5.010, de 30-5-1966 (Lei de Organização da Justiça Federal).

Parágrafo único. Nos Territórios Federais, a jurisdição e as atribuições cometidas aos juízes federais caberão aos juízes da justiça local, na forma da lei.

- Lei nº 9.788, de 19-2-1999, dispõe sobre a reestruturação da Justiça Federal de Primeiro Grau, nas cinco regiões, com a criação de cem Varas Federais.

Seção V

DO TRIBUNAL SUPERIOR DO TRABALHO, DOS TRIBUNAIS REGIONAIS DO TRABALHO E DOS JUÍZES DO TRABALHO

- Seção V com a denominação dada pela EC nº 92, de 12-7-2016.
- Art. 743 e seguintes da CLT.
- Lei nº 9.957, de 12-1-2000, institui o procedimento sumaríssimo no processo trabalhista.
- Lei nº 9.958, de 12-1-2000, criou as Comissões de Conciliação Prévia no âmbito na Justiça do Trabalho.

Art. 111. São órgãos da Justiça do Trabalho:

I – o Tribunal Superior do Trabalho;

II – os Tribunais Regionais do Trabalho;

III – Juízes do Trabalho.

- Inciso III com a redação dada pela EC nº 24, de 9-12-1999.

§§ 1º a 3º *Revogados*. EC nº 45, de 8-12-2004.

Art. 111-A. O Tribunal Superior do Trabalho compõe-se de vinte e sete Ministros, escolhidos dentre brasileiros com mais de trinta e cinco e menos de setenta anos de idade, de notável saber jurídico e reputação ilibada, nomeados pelo Presidente da República após aprovação pela maioria absoluta do Senado Federal, sendo:

- *Caput* com a redação dada pela EC nº 122, de 17-5-2022.

I – um quinto dentre advogados com mais de dez anos de efetiva atividade profissional e membros do Ministério Público do Trabalho com mais de dez anos de efetivo exercício, observado o disposto no art. 94;

II – os demais dentre juízes do Trabalho dos Tribunais Regionais do Trabalho, oriundos da magistratura da carreira, indicados pelo próprio Tribunal Superior.

- Incisos I e II acrescidos pela EC nº 45, de 8-12-2004.

§ 1º A lei disporá sobre a competência do Tribunal Superior do Trabalho.

§ 2º Funcionarão junto ao Tribunal Superior do Trabalho:

I – a Escola Nacional de Formação e Aperfeiçoamento de Magistrados do Trabalho, cabendo-lhe, dentre outras funções, regulamentar os cursos oficiais para o ingresso e promoção na carreira;

II – o Conselho Superior da Justiça do Trabalho, cabendo-lhe exercer, na forma da lei, a supervisão administrativa, orçamentária, financeira e patrimonial da Justiça do Trabalho de primeiro e segundo graus, como órgão central do sistema, cujas decisões terão efeito vinculante.

- §§ 1º e 2º acrescidos pela EC nº 45, de 8-12-2004.
- Art. 6º da EC nº 45, de 8-12-2004 (Reforma do Judiciário).

§ 3º Compete ao Tribunal Superior do Trabalho processar e julgar, originariamente, a reclamação para a preservação de sua competência e garantia da autoridade de suas decisões.

- § 3º acrescido pela EC nº 92, de 12-7-2016.

Art. 112. A lei criará varas da Justiça do Trabalho, podendo, nas comarcas não abrangidas por sua jurisdição, atribuí-la aos juízes de direito, com recurso para o respectivo Tribunal Regional do Trabalho.

- Artigo com a redação dada pela EC nº 45, de 8-12-2004.

Art. 113. A lei disporá sobre a constituição, investidura, jurisdição, competência, garantias e condições de exercício dos órgãos da Justiça do Trabalho.

- Artigo com a redação dada pela EC nº 24, de 9-12-1999.
- Arts. 643 a 673 da CLT.
- LC nº 35, de 14-3-1979 (Lei Orgânica da Magistratura Nacional).

Art. 114. Compete à Justiça do Trabalho processar e julgar:

- *Caput* com a redação dada pela EC nº 45, de 8-12-2004.
- Art. 651 da CLT.
- Art. 6º, § 2º, da Lei nº 11.101, de 9-2-2005 (Lei de Recuperação de Empresas e Falências).
- Súm. Vinc. nº 22 do STF.
- Súmulas nºs 349 e 736 do STF.
- Súmulas nºs 57, 97, 137, 180, 222, 349 e 363 do STJ.
- Súmulas nºs 300, 389 e 392 do TST.

I – as ações oriundas da relação de trabalho, abrangidos os entes de direito público externo e da administração pública direta e indireta da União, dos Estados, do Distrito Federal e dos Municípios;

- O STF, por maioria de votos, julgou parcialmente procedente as Ações Diretas de Inconstitucionalidade nºs 3.395 e 3.529, confirmando a decisão liminar concedida e fixando, com aplicação de interpretação conforme a CF, que o disposto neste inciso não abrange causas ajuizadas para discussão de relação jurídico-estatutária entre o Poder Público dos Entes da Federação e seus Servidores (*DOU* de 23-4-2020).
- OJ da SBDI-I nº 26 do TST.

II – as ações que envolvam exercício do direito de greve;

- Art. 9º desta Constituição.
- Lei nº 7.783, de 28-6-1989 (Lei de Greve).
- Súm. Vinc. nº 23 do STF.
- Súm. nº 189 do TST.

III – as ações sobre representação sindical, entre sindicatos, entre sindicatos e trabalhadores, e entre sindicatos e empregadores;

- Lei nº 8.984, de 7-2-1995, estende a competência da Justiça do Trabalho.

IV – os mandados de segurança, *habeas corpus* e *habeas data*, quando o ato questionado envolver matéria sujeita à sua jurisdição;

- Arts. 5º, LXVIII, LXIX, LXXII, 7º, XXVIII, desta Constituição.
- Lei nº 9.507, de 12-11-1997 (Lei do *Habeas Data*).
- Lei nº 12.016, de 7-8-2009 (Lei do Mandado de Segurança Individual e Coletivo).
- OJ da SBDI-II nº 156 do TST.

V – os conflitos de competência entre órgãos com jurisdição trabalhista, ressalvado o disposto no art. 102, I, *o*;

- Arts. 803 a 811 da CLT.
- Súm. nº 420 do TST.
- OJ da SBDI-II nº 149 do TST.

VI – as ações de indenização por dano moral ou patrimonial, decorrentes da relação de trabalho;

- Arts. 186, 927, 949 a 951 do CC.
- Art. 8º da CLT.
- Súmulas nºs 227, 362, 370, 376 e 387 do STJ.
- Súm. nº 392 do TST.

VII – as ações relativas às penalidades administrativas impostas aos empregadores pelos órgãos de fiscalização das relações de trabalho;

- OJ da SBDI-II nº 156 do TST.

VIII – a execução, de ofício, das contribuições sociais previstas no art. 195, I, *a*, e II, e seus acréscimos legais, decorrentes das sentenças que proferir;

- Súm. Vinc. nº 53 do STF.
- Súm. nº 368 do TST.
- Orientações Jurisprudenciais da SBDI-I nºs 363, 368, 398 e 400 do TST.

IX – outras controvérsias decorrentes da relação de trabalho, na forma da lei.

- Incisos I a IX acrescidos pela EC nº 45, de 8-12-2004.
- O STF, por maioria de votos, julgou procedente a ADI nº 3.684 para dar interpretação conforme a CF ao art. 114, I, IV e IX, com a redação dada pela EC nº 45, de 8-12-2004, para afastar qualquer interpretação que entenda competir à Justiça do Trabalho processar e julgar ações penais, nos termos da medida cautelar anteriormente deferida pelo Plenário (*DOU* de 22-5-2020).
- Súm. nº 736 do STF.
- Súm. nº 389 do TST.

§ 1º Frustrada a negociação coletiva, as partes poderão eleger árbitros.

§ 2º Recusando-se qualquer das partes à negociação coletiva ou à arbitragem, é facultado às mesmas, de comum acordo, ajuizar dissídio coletivo de natureza econômica, podendo a Justiça do Trabalho decidir o conflito, respeitadas as disposições mínimas legais de proteção ao trabalho, bem como as convencionadas anteriormente.

§ 3º Em caso de greve em atividade essencial, com possibilidade de lesão do interesse público, o Ministério Público do Trabalho poderá ajuizar dissídio coletivo, competindo à Justiça do Trabalho decidir o conflito.

- §§ 2º e 3º com a redação dada pela EC nº 45, de 8-12-2004.
- Art. 9º, § 1º, desta Constituição.
- Lei nº 7.783, de 28-6-1989 (Lei de Greve).
- Súm. nº 190 do TST.

Art. 115. Os Tribunais Regionais do Trabalho compõem-se de, no mínimo, sete juízes, recrutados, quando possível, na respectiva região e nomeados pelo Presidente da República dentre brasileiros com mais de trinta e menos de setenta anos de idade, sendo:

- *Caput* com a redação dada pela EC nº 122, de 17-5-2022.
- Súm. nº 628 do STF.

I – um quinto dentre advogados com mais de dez anos de efetiva atividade profissional e membros do Ministério Público do Trabalho com mais de dez anos de efetivo exercício, observado o disposto no art. 94;

II – os demais, mediante promoção de juízes do trabalho por antiguidade e merecimento, alternadamente.

- Incisos I e II acrescidos pela EC nº 45, de 8-12-2004.

§ 1º Os Tribunais Regionais do Trabalho instalarão a justiça itinerante, com a realização de audiências e demais funções de atividade jurisdicional, nos limites territoriais da respectiva jurisdição, servindo-se de equipamentos públicos e comunitários.

§ 2º Os Tribunais Regionais do Trabalho poderão funcionar descentralizadamente, constituindo Câmaras regionais, a fim de assegurar o pleno acesso do jurisdicionado à justiça em todas as fases do processo.

- §§ 1º e 2º acrescidos pela EC nº 45, de 8-12-2004.

Art. 116. Nas Varas do Trabalho, a jurisdição será exercida por um juiz singular.

- *Caput* com a redação dada pela EC nº 24, de 9-12-1999.

Parágrafo único. *Revogado*. EC nº 24, de 9-12-1999.

Art. 117. *Revogado*. EC nº 24, de 9-12-1999.

Seção VI
DOS TRIBUNAIS E JUÍZES ELEITORAIS

- Arts. 12 a 41 do CE.

Art. 118. São órgãos da Justiça Eleitoral:

I – o Tribunal Superior Eleitoral;

II – os Tribunais Regionais Eleitorais;

III – os Juízes Eleitorais;

IV – as Juntas Eleitorais.

Art. 119. O Tribunal Superior Eleitoral compor-se-á, no mínimo, de sete membros, escolhidos:

I – mediante eleição, pelo voto secreto:

a) três juízes dentre os Ministros do Supremo Tribunal Federal;

b) dois juízes dentre os Ministros do Superior Tribunal de Justiça;

II – por nomeação do Presidente da República, dois juízes dentre seis advogados de notável saber jurídico e idoneidade moral, indicados pelo Supremo Tribunal Federal.

Parágrafo único. O Tribunal Superior Eleitoral elegerá seu Presidente e o Vice-Presidente dentre os Ministros do Supremo Tribunal Federal, e o Corregedor Eleitoral dentre os Ministros do Superior Tribunal de Justiça.

Art. 120. Haverá um Tribunal Regional Eleitoral na Capital de cada Estado e no Distrito Federal.

§ 1º Os Tribunais Regionais Eleitorais compor-se-ão:

I – mediante eleição, pelo voto secreto:

a) de dois juízes dentre os desembargadores do Tribunal de Justiça;

b) de dois juízes, dentre juízes de direito, escolhidos pelo Tribunal de Justiça;

II – de um juiz do Tribunal Regional Federal com sede na Capital do Estado ou no Distrito Federal, ou, não havendo, de juiz federal, escolhido, em qualquer caso, pelo Tribunal Regional Federal respectivo;

III – por nomeação, pelo Presidente da República, de dois juízes dentre seis advogados de notável saber jurídico e idoneidade moral, indicados pelo Tribunal de Justiça.

§ 2º O Tribunal Regional Eleitoral elegerá seu Presidente e o Vice-Presidente dentre os desembargadores.

Art. 121. Lei complementar disporá sobre a organização e competência dos Tribunais, dos juízes de direito e das juntas eleitorais.

- Arts. 22, 23, 29, 30, 34, 40 e 41 do CE.
- Súm. nº 368 do STJ.

§ 1º Os membros dos Tribunais, os juízes de direito e os integrantes das juntas eleitorais, no exercício de suas funções, e no que lhes for aplicável, gozarão de plenas garantias e serão inamovíveis.

§ 2º Os juízes dos Tribunais eleitorais, salvo motivo justificado, servirão por dois anos, no mínimo, e nunca por mais de dois biênios consecutivos, sendo os substitutos escolhidos na mesma ocasião e pelo mesmo processo, em número igual para cada categoria.

§ 3º São irrecorríveis as decisões do Tribunal Superior Eleitoral, salvo as que contrariarem esta Constituição e as denegatórias de *habeas corpus* ou mandado de segurança.

§ 4º Das decisões dos Tribunais Regionais Eleitorais somente caberá recurso quando:

I – forem proferidas contra disposição expressa desta Constituição ou de lei;

II – ocorrer divergência na interpretação de lei entre dois ou mais Tribunais eleitorais;

III – versarem sobre inelegibilidade ou expedição de diplomas nas eleições federais ou estaduais;

IV – anularem diplomas ou decretarem a perda de mandatos eletivos federais ou estaduais;

V – denegarem *habeas corpus*, mandado de segurança, *habeas data* ou mandado de injunção.

▶ Lei nº 13.300, de 23-6-2016 (Lei do Mandado de Injunção).

Seção VII

DOS TRIBUNAIS E JUÍZES MILITARES

Art. 122. São órgãos da Justiça Militar:

▶ Lei nº 8.457, de 4-9-1992, organiza a Justiça Militar da União e regula o funcionamento de seus Serviços Auxiliares.

▶ Art. 90-A da Lei nº 9.099, de 26-9-1995 (Lei dos Juizados Especiais).

I – o Superior Tribunal Militar;

II – os Tribunais e Juízes Militares instituídos por lei.

Art. 123. O Superior Tribunal Militar compor-se-á de quinze Ministros vitalícios, nomeados pelo Presidente da República, depois de aprovada a indicação pelo Senado Federal, sendo três dentre oficiais-generais da Marinha, quatro dentre oficiais-generais do Exército, três dentre oficiais-generais da Aeronáutica, todos da ativa e do posto mais elevado da carreira, e cinco dentre civis.

Parágrafo único. Os Ministros civis serão escolhidos pelo Presidente da República dentre brasileiros com mais de trinta e cinco e menos de setenta anos de idade, sendo:

▶ *Caput* do parágrafo único com a redação dada pela EC nº 122, de 17-5-2022.

I – três dentre advogados de notório saber jurídico e conduta ilibada, com mais de dez anos de efetiva atividade profissional;

II – dois, por escolha paritária, dentre juízes auditores e membros do Ministério Público da Justiça Militar.

Art. 124. À Justiça Militar compete processar e julgar os crimes militares definidos em lei.

▶ Dec.-lei nº 1.002, de 21-10-1969 (Código de Processo Penal Militar).

▶ Art. 90-A da Lei nº 9.099, de 26-9-1995 (Lei dos Juizados Especiais).

Parágrafo único. A lei disporá sobre a organização, o funcionamento e a competência da Justiça Militar.

▶ Lei nº 8.457, de 4-9-1992, organiza a Justiça Militar da União e regula o funcionamento de seus Serviços Auxiliares.

Seção VIII

DOS TRIBUNAIS E JUÍZES DOS ESTADOS

Art. 125. Os Estados organizarão sua Justiça, observados os princípios estabelecidos nesta Constituição.

▶ Art. 70 do ADCT.

▶ Súm. nº 721 do STF.

§ 1º A competência dos Tribunais será definida na Constituição do Estado, sendo a lei de organização judiciária de iniciativa do Tribunal de Justiça.

▶ Súmulas Vinculantes nºs 27 e 45 do STF.

▶ Súm. nº 721 do STF.

▶ Súm. nº 238 do STJ.

§ 2º Cabe aos Estados a instituição de representação de inconstitucionalidade de leis ou atos normativos estaduais ou municipais em face da Constituição Estadual, vedada a atribuição da legitimação para agir a um único órgão.

§ 3º A lei estadual poderá criar, mediante proposta do Tribunal de Justiça, a Justiça Militar estadual, constituída, em primeiro grau, pelos juízes de direito e pelos Conselhos de Justiça e, em segundo grau, pelo próprio Tribunal de Justiça, ou por Tribunal de Justiça Militar nos Estados em que o efetivo militar seja superior a vinte mil integrantes.

§ 4º Compete à Justiça Militar estadual processar e julgar os militares dos Estados, nos crimes militares definidos em lei e as ações judiciais contra atos disciplinares militares, ressalvada a competência do júri quando a vítima for civil, cabendo ao tribunal competente decidir sobre a perda do posto e da patente dos oficiais e da graduação das praças.

▶ §§ 3º e 4º com a redação dada pela EC nº 45, de 8-12-2004.

▶ Súm. nº 673 do STF.

▶ Súmulas nºs 6, 53 e 90 do STJ.

§ 5º Compete aos juízes de direito do juízo militar processar e julgar, singularmente, os crimes militares cometidos contra civis e as ações judiciais contra atos disciplinares militares, cabendo ao Conselho de Justiça, sob a presidência de juiz de direito, processar e julgar os demais crimes militares.

§ 6º O Tribunal de Justiça poderá funcionar descentralizadamente, constituindo Câmaras regionais, a fim de assegurar o pleno acesso do jurisdicionado à justiça em todas as fases do processo.

§ 7º O Tribunal de Justiça instalará a justiça itinerante, com a realização de audiências e demais funções da atividade jurisdicional, nos limites territoriais da respectiva jurisdição, servindo-se de equipamentos públicos e comunitários.

▶ §§ 5º a 7º acrescidos pela EC nº 45, de 8-12-2004.

Art. 126. Para dirimir conflitos fundiários, o Tribunal de Justiça proporá a criação de varas especializadas, com competência exclusiva para questões agrárias.

▶ *Caput* com a redação dada pela EC nº 45, de 8-12-2004.

Parágrafo único. Sempre que necessário à eficiente prestação jurisdicional, o juiz far-se-á presente no local do litígio.

CAPÍTULO IV

DAS FUNÇÕES ESSENCIAIS À JUSTIÇA

Seção I

DO MINISTÉRIO PÚBLICO

▶ LC nº 75, de 20-5-1993 (Lei Orgânica do Ministério Público da União).

▶ Lei nº 8.625, de 12-2-1993 (Lei Orgânica Nacional do Ministério Público).

Art. 127. O Ministério Público é instituição permanente, essencial à função jurisdicional do Estado, incumbindo-lhe a defesa da ordem jurídica, do regime democrático e dos interesses sociais e individuais indisponíveis.

§ 1º São princípios institucionais do Ministério Público a unidade, a indivisibilidade e a independência funcional.

§ 2º Ao Ministério Público é assegurada autonomia funcional e administrativa, podendo, observado o disposto no artigo 169, propor ao Poder Legislativo a criação e extinção de seus cargos e serviços auxiliares, provendo-os por concurso público de provas ou de provas e títulos, a política remuneratória e os planos de carreira; a lei disporá sobre sua organização e funcionamento.

▶ § 2º com a redação dada pela EC nº 19, de 4-6-1998.

▶ Lei nº 12.770, de 28-12-2012, dispõe sobre o subsídio do Procurador-Geral da República.

§ 3º O Ministério Público elaborará sua proposta orçamentária dentro dos limites estabelecidos na lei de diretrizes orçamentárias.

▶ Art. 107, § 2º, do ADCT.

§ 4º Se o Ministério Público não encaminhar a respectiva proposta orçamentária dentro do prazo estabelecido na lei de diretrizes orçamentárias, o Poder Executivo considerará, para fins de consolidação da proposta orçamentária anual, os valores aprovados na lei orçamentária vigente, ajustados de acordo com os limites estipulados na forma do § 3º.

§ 5º Se a proposta orçamentária de que trata este artigo for encaminhada em desacordo com os limites estipulados na forma do § 3º, o Poder Executivo procederá aos ajustes necessários para fins de consolidação da proposta orçamentária anual.

§ 6º Durante a execução orçamentária do exercício, não poderá haver a realização de despesas ou a assunção de obrigações que extrapolem os limites estabelecidos na lei de diretrizes orçamentárias, exceto se previamente autorizadas, mediante a abertura de créditos suplementares ou especiais.

▶ §§ 4º a 6º acrescidos pela EC nº 45, de 8-12-2004.

Art. 128. O Ministério Público abrange:

▶ LC nº 75, de 20-5-1993 (Lei Orgânica do Ministério Público da União).

I – o Ministério Público da União, que compreende:

a) o Ministério Público Federal;

b) o Ministério Público do Trabalho;

c) o Ministério Público Militar;

d) o Ministério Público do Distrito Federal e Territórios;

II – os Ministérios Públicos dos Estados.

§ 1º O Ministério Público da União tem por chefe o Procurador-Geral da República, nomeado pelo Presidente da República dentre integrantes da carreira, maiores de trinta e cinco anos, após a aprovação de seu nome pela maioria absoluta dos membros do Senado Federal, para mandato de dois anos, permitida a recondução.

§ 2º A destituição do Procurador-Geral da República, por iniciativa do Presidente da República, deverá ser precedida de autorização da maioria absoluta do Senado Federal.

§ 3º Os Ministérios Públicos dos Estados e o do Distrito Federal e Territórios formarão lista tríplice dentre integrantes da carreira, na forma da lei respectiva, para escolha de seu Procurador-Geral, que será nomeado pelo Chefe do Poder Executivo, para mandato de dois anos, permitida uma recondução.

§ 4º Os Procuradores-Gerais nos Estados e no Distrito Federal e Territórios poderão ser destituídos por deliberação da maioria absoluta do Poder Legislativo, na forma da lei complementar respectiva.

§ 5º Leis complementares da União e dos Estados, cuja iniciativa é facultada aos respectivos Procuradores-Gerais, estabelecerão a organização, as atribuições e o estatuto de cada Ministério Público, observadas, relativamente a seus membros:

I – as seguintes garantias:

a) vitaliciedade, após dois anos de exercício, não podendo perder o cargo senão por sentença judicial transitada em julgado;

b) inamovibilidade, salvo por motivo de interesse público, mediante decisão do órgão colegiado competente do Ministério Público, pelo voto da maioria absoluta de seus membros, assegurada ampla defesa;

▶ Alínea *b* com a redação dada pela EC nº 45, de 8-12-2004.

c) irredutibilidade de subsídio, fixado na forma do artigo 39, § 4º, e ressalvado o disposto nos artigos 37, X e XI, 150, II, 153, III, 153, § 2º, I;

▶ Alínea *c* com a redação dada pela EC nº 19, de 4-6-1998.

▶ Lei nº 12.770, de 28-12-2012, dispõe sobre o subsídio do Procurador-Geral da República.

II – as seguintes vedações:

a) receber, a qualquer título e sob qualquer pretexto, honorários, percentagens ou custas processuais;

b) exercer a advocacia;

c) participar de sociedade comercial, na forma da lei;

d) exercer, ainda que em disponibilidade, qualquer outra função pública, salvo uma de magistério;

e) exercer atividade político-partidária;

▶ Alínea *e* com a redação dada pela EC nº 45, de 8-12-2004.

f) receber, a qualquer título ou pretexto, auxílios ou contribuições de pessoas físicas, entidades públicas ou privadas, ressalvadas as exceções previstas em lei.

▶ Alínea *f* acrescida pela EC nº 45, de 8-12-2004.

§ 6º Aplica-se aos membros do Ministério Público o disposto no art. 95, parágrafo único, V.

▶ § 6º acrescido pela EC nº 45, de 8-12-2004.

Art. 129. São funções institucionais do Ministério Público:

I – promover, privativamente, a ação penal pública, na forma da lei;

▶ Art. 100, § 1º, do CP.

▶ Art. 24 do CPP.

▶ Lei nº 8.625, de 12-2-1993 (Lei Orgânica Nacional do Ministério Público).

▶ Súm. nº 234 do STJ.

II – zelar pelo efetivo respeito dos Poderes Públicos e dos serviços de relevância pública aos direitos assegurados nesta Constituição, promovendo as medidas necessárias a sua garantia;

III – promover o inquérito civil e a ação civil pública, para a proteção do patrimônio público e social, do meio ambiente e de outros interesses difusos e coletivos;

▶ Lei nº 7.347, de 24-7-1985 (Lei da Ação Civil Pública).

▶ Súm. nº 643 do STF.

▶ Súm. nº 329 do STJ.

IV – promover a ação de inconstitucionalidade ou representação para fins de intervenção da União e dos Estados, nos casos previstos nesta Constituição;

▶ Arts. 34 a 36 desta Constituição.

V – defender judicialmente os direitos e interesses das populações indígenas;

▶ Art. 231 desta Constituição.

VI – expedir notificações nos procedimentos administrativos de sua competência, requisitando informações e documentos para instruí-los, na forma da lei complementar respectiva;

▶ Súm. nº 234 do STJ.

VII – exercer o controle externo da atividade policial, na forma da lei complementar mencionada no artigo anterior;

▶ LC nº 75, de 20-5-1993 (Lei Orgânica do Ministério Público da União).

VIII – requisitar diligências investigatórias e a instauração de inquérito policial, indicados os fundamentos jurídicos de suas manifestações processuais;

IX – exercer outras funções que lhe forem conferidas, desde que compatíveis com sua finalidade, sendo-lhe vedada a representação judicial e a consultoria jurídica de entidades públicas.

§ 1º A legitimação do Ministério Público para as ações civis previstas neste artigo não impede a de terceiros, nas mesmas hipóteses, segundo o disposto nesta Constituição e na lei.

▶ Lei nº 7.347, de 24-7-1985 (Lei da Ação Civil Pública).

§ 2º As funções do Ministério Público só podem ser exercidas por integrantes da carreira, que deverão residir na comarca da respectiva lotação, salvo autorização do chefe da instituição.

§ 3º O ingresso na carreira do Ministério Público far-se-á mediante concurso público de provas e títulos, assegurada a participação da Ordem dos Advogados do Brasil em sua realização, exigindo-se do bacharel em direito, no mínimo, três anos de atividade jurídica e observando-se, nas nomeações, a ordem de classificação.

§ 4º Aplica-se ao Ministério Público, no que couber, o disposto no art. 93.

▶ §§ 2º a 4º com a redação dada pela EC nº 45, de 8-12-2004.

§ 5º A distribuição de processos no Ministério Público será imediata.

▶ § 5º acrescido pela EC nº 45, de 8-12-2004.

Art. 130. Aos membros do Ministério Público junto aos Tribunais de Contas aplicam-se as disposições desta seção pertinentes a direitos, vedações e forma de investidura.

Art. 130-A. O Conselho Nacional do Ministério Público compõe-se de quatorze membros nomeados pelo Presidente da República, depois de aprovada a escolha pela maioria absoluta do Senado Federal, para um mandato de dois anos, admitida uma recondução, sendo:

▶ *Caput* do art. 130-A acrescido pela EC nº 45, de 8-12-2004.

▶ Art. 5º da EC nº 45, de 8-12-2004 (Reforma do Judiciário).

I – o Procurador-Geral da República, que o preside;

II – quatro membros do Ministério Público da União, assegurada a representação de cada uma de suas carreiras;

III – três membros do Ministério Público dos Estados;

IV – dois juízes, indicados um pelo Supremo Tribunal Federal e outro pelo Superior Tribunal de Justiça;

V – dois advogados, indicados pelo Conselho Federal da Ordem dos Advogados do Brasil;

VI – dois cidadãos de notável saber jurídico e reputação ilibada, indicados um pela Câmara dos Deputados e outro pelo Senado Federal.

▶ Incisos I a VI acrescidos pela EC nº 45, de 8-12-2004.

§ 1º Os membros do Conselho oriundos do Ministério Público serão indicados pelos respectivos Ministérios Públicos, na forma da lei.

▶ § 1º acrescido pela EC nº 45, de 8-12-2004.

▶ Lei nº 11.372, de 28-11-2006, regulamenta este parágrafo.

§ 2º Compete ao Conselho Nacional do Ministério Público o controle da atuação administrativa e financeira do Ministério Público e do cumprimento dos deveres funcionais de seus membros, cabendo-lhe:

▶ *Caput* do § 2º acrescido pela EC nº 45, de 8-12-2004.

I – zelar pela autonomia funcional e administrativa do Ministério Público, podendo expedir atos regulamentares, no âmbito de sua competência, ou recomendar providências;

II – zelar pela observância do art. 37 e apreciar, de ofício ou mediante provocação, a legalidade dos atos administrativos praticados por membros ou órgãos do Ministério Público da União e dos Estados, podendo desconstituí-los, revê-los ou fixar prazo para que se adotem as providências necessárias ao exato cumprimento da lei, sem prejuízo da competência dos Tribunais de Contas;

▶ Incisos I e II acrescidos pela EC nº 45, de 8-12-2004.

III – receber e conhecer das reclamações contra membros ou órgãos do Ministério Público da União ou dos Estados, inclusive contra seus serviços auxiliares, sem prejuízo da competência disciplinar e correicional da instituição, podendo avocar processos disciplinares em curso, determinar a remoção ou a disponibilidade e aplicar outras sanções administrativas, assegurada ampla defesa;

▶ Inciso III com a redação dada pela EC nº 103, de 12-11-2019.

IV – rever, de ofício ou mediante provocação, os processos disciplinares de membros do Ministério Público da União ou dos Estados julgados há menos de um ano;

V – elaborar relatório anual, propondo as providências que julgar necessárias sobre a situação do Ministério Público no País e as atividades do Conselho, o qual deve integrar a mensagem prevista no art. 84, XI.

▶ Incisos IV e V acrescidos pela EC nº 45, de 8-12-2004.

§ 3º O Conselho escolherá, em votação secreta, um Corregedor nacional, dentre os membros do Ministério Público que o integram, vedada a recondução, competindo-lhe, além das atribuições que lhe forem conferidas pela lei, as seguintes:

I – receber reclamações e denúncias, de qualquer interessado, relativas aos membros do Ministério Público e dos seus serviços auxiliares;

II – exercer funções executivas do Conselho, de inspeção e correição geral;

III – requisitar e designar membros do Ministério Público, delegando-lhes atribuições, e requisitar servidores de órgãos do Ministério Público.

§ 4º O Presidente do Conselho Federal da Ordem dos Advogados do Brasil oficiará junto ao Conselho.

§ 5º Leis da União e dos Estados criarão ouvidorias do Ministério Público, competentes para receber reclamações e denúncias de qualquer interessado contra membros ou órgãos do Ministério Público, inclusive contra seus serviços auxiliares, representando diretamente ao Conselho Nacional do Ministério Público.

▶ §§ 3º a 5º acrescidos pela EC nº 45, de 8-12-2004.

Seção II

DA ADVOCACIA PÚBLICA

▶ Denominação da Seção dada pela EC nº 19, de 4-6-1998.
▶ LC nº 73, de 10-2-1993 (Lei Orgânica da Advocacia-Geral da União).
▶ Lei nº 9.028, de 12-4-1995, dispõe sobre o exercício das atribuições institucionais da Advocacia-Geral da União, em caráter emergencial e provisório.
▶ Dec. nº 767, de 5-3-1993, dispõe sobre as atividades de controle interno da Advocacia-Geral da União.

Art. 131. A Advocacia-Geral da União é a instituição que, diretamente ou através de órgão vinculado, representa a União, judicial e extrajudicialmente, cabendo-lhe, nos termos da lei complementar que dispuser sobre sua organização e funcionamento, as atividades de consultoria e assessoramento jurídico do Poder Executivo.

▶ LC nº 73, de 10-2-1993 (Lei Orgânica da Advocacia-Geral da União).
▶ Lei nº 9.028, de 12-4-1995, dispõe sobre o exercício das atribuições institucionais da Advocacia-Geral da União, em caráter emergencial e provisório.
▶ Dec. nº 767, de 5-3-1993, dispõe sobre as atividades de controle interno da Advocacia-Geral da União.
▶ Súm. nº 644 do STF.

§ 1º A Advocacia-Geral da União tem por chefe o Advogado-Geral da União, de livre nomeação pelo Presidente da República dentre cidadãos maiores de trinta e cinco anos, de notável saber jurídico e reputação ilibada.

§ 2º O ingresso nas classes iniciais das carreiras da instituição de que trata este artigo far-se-á mediante concurso público de provas e títulos.

§ 3º Na execução da dívida ativa de natureza tributária, a representação da União cabe à Procuradoria-Geral da Fazenda Nacional, observado o disposto em lei.

▶ Súm. nº 139 do STJ.

Art. 132. Os Procuradores dos Estados e do Distrito Federal, organizados em carreira, na qual o ingresso dependerá de concurso público de provas e títulos, com a participação da Ordem dos Advogados do Brasil em todas as suas fases, exercerão a representação judicial e a consultoria jurídica das respectivas unidades federadas.

Parágrafo único. Aos procuradores referidos neste artigo é assegurada estabilidade após três anos de efetivo exercício, mediante avaliação de desempenho perante os órgãos próprios, após relatório circunstanciado das corregedorias.

▶ Art. 132 com a redação dada pela EC nº 19, de 4-6-1998.

Seção III

DA ADVOCACIA

▶ Denominação da Seção dada pela EC nº 80, de 4-6-2014.

Art. 133. O advogado é indispensável à administração da justiça, sendo inviolável por seus atos e manifestações no exercício da profissão, nos limites da lei.

▶ Art. 103 do CPC/2015.
▶ Art. 791 da CLT.
▶ Lei nº 8.906, de 4-7-1994 (Estatuto da Advocacia e da OAB).
▶ Súm. Vinc. nº 14 do STF.
▶ Súm. nº 219, 329 e 425 do TST.
▶ O STF, ao julgar a ADI nº 1.194, deu interpretação conforme à Constituição ao art. 21 e parágrafo único da Lei nº 8.906, de 4-7-1994 (Estatuto da OAB), no sentido da preservação da liberdade contratual quanto à destinação dos honorários de sucumbência fixados judicialmente.

Seção IV

DA DEFENSORIA PÚBLICA

▶ Denominação da Seção dada pela EC nº 80, de 4-6-2014.

Art. 134. A Defensoria Pública é instituição permanente, essencial à função jurisdicional do Estado, incumbindo-lhe, como expressão e instrumento do regime democrático, fundamentalmente, a orientação jurídica, a promoção dos direitos humanos e a defesa, em todos os graus, judicial e extrajudicial, dos direitos individuais e coletivos, de forma integral e gratuita, aos necessitados, na forma do inciso LXXIV do art. 5º desta Constituição Federal.

▶ *Caput* com a redação dada pela EC nº 80, de 4-6-2014.
▶ Art. 98 do ADCT.
▶ Art. 104 do CPC/2015.
▶ LC nº 80, de 12-1-1994 (Lei da Defensoria Pública).
▶ Súm. Vinc. nº 14 do STF.

§ 1º Lei complementar organizará a Defensoria Pública da União e do Distrito Federal e dos Territórios e prescreverá normas gerais para sua organização nos Estados, em cargos de carreira, providos, na classe inicial, mediante concurso público de provas e títulos, assegurada a seus integrantes a garantia da inamovibilidade e vedado o exercício da advocacia fora das atribuições institucionais.

▶ Parágrafo único transformado em § 1º pela EC nº 45, de 8-12-2004.
▶ Súm. nº 421 do STJ.

§ 2º Às Defensorias Públicas Estaduais é assegurada autonomia funcional e administrativa, e a iniciativa de sua proposta orçamentária dentro dos limites estabelecidos na lei de diretrizes orçamentárias e subordinação ao disposto no art. 99, § 2º.

▶ § 2º acrescido pela EC nº 45, de 8-12-2004.

§ 3º Aplica-se o disposto no § 2º às Defensorias Públicas da União e do Distrito Federal.

▶ § 3º acrescido pela EC nº 74, de 6-8-2013.
▶ Art. 107, § 2º, do ADCT.

§ 4º São princípios institucionais da Defensoria Pública a unidade, a indivisibilidade e a independência funcional, aplicando-se também, no que couber, o disposto no art. 93 e no inciso II do art. 96 desta Constituição Federal.

▶ § 4º acrescido pela EC nº 80, de 4-6-2014.

Art. 135. Os servidores integrantes das carreiras disciplinadas nas Seções II e III deste Capítulo serão remunerados na forma do artigo 39, § 4º.

▶ Artigo com a redação dada pela EC nº 19, de 4-6-1998.
▶ Art. 132 desta Constituição.

TÍTULO V – DA DEFESA DO ESTADO E DAS INSTITUIÇÕES DEMOCRÁTICAS

CAPÍTULO I

DO ESTADO DE DEFESA E DO ESTADO DE SÍTIO

Seção I

DO ESTADO DE DEFESA

Art. 136. O Presidente da República pode, ouvidos o Conselho da República e o Conselho de Defesa Nacional, decretar estado de defesa para preservar ou prontamente restabelecer, em locais restritos e determinados, a ordem pública ou a paz social ameaçadas por grave e iminente instabilidade institucional ou atingidas por calamidades de grandes proporções na natureza.

▶ Arts. 89 a 91 desta Constituição.
▶ Lei nº 8.041, de 5-6-1990, dispõe sobre a organização e o funcionamento do Conselho da República.
▶ Lei nº 8.183, de 11-4-1991, dispõe sobre a organização e o funcionamento do Conselho de Defesa Nacional.
▶ Dec. nº 893, de 12-8-1993, aprova o regulamento do Conselho de Defesa Nacional.

§ 1º O decreto que instituir o estado de defesa determinará o tempo de sua duração, especificará as áreas a serem abrangidas e indicará, nos termos e limites da lei, as medidas coercitivas a vigorarem, dentre as seguintes:

I – restrições aos direitos de:

a) reunião, ainda que exercida no seio das associações;

b) sigilo de correspondência;

c) sigilo de comunicação telegráfica e telefônica;

II – ocupação e uso temporário de bens e serviços públicos, na hipótese de calamidade pública, respondendo a União pelos danos e custos decorrentes.

§ 2º O tempo de duração do estado de defesa não será superior a trinta dias, podendo ser prorrogado uma vez, por igual período, se persistirem as razões que justificaram a sua decretação.

§ 3º Na vigência do estado de defesa:

I – a prisão por crime contra o Estado, determinada pelo executor da medida, será por este comunicada imediatamente ao juiz competente, que a relaxará, se não for legal, facultado ao preso requerer exame de corpo de delito à autoridade policial;

II – a comunicação será acompanhada de declaração, pela autoridade, do estado físico e mental do detido no momento de sua autuação;

III – a prisão ou detenção de qualquer pessoa não poderá ser superior a dez dias, salvo quando autorizada pelo Poder Judiciário;

IV – é vedada a incomunicabilidade do preso.

§ 4º Decretado o estado de defesa ou sua prorrogação, o Presidente da República, dentro de vinte e quatro horas, submeterá o ato com a respectiva justificação ao Congresso Nacional, que decidirá por maioria absoluta.

§ 5º Se o Congresso Nacional estiver em recesso, será convocado, extraordinariamente, no prazo de cinco dias.

§ 6º O Congresso Nacional apreciará o decreto dentro de dez dias contados de seu recebimento, devendo continuar funcionando enquanto vigorar o estado de defesa.

§ 7º Rejeitado o decreto, cessa imediatamente o estado de defesa.

Seção II

DO ESTADO DE SÍTIO

Art. 137. O Presidente da República pode, ouvidos o Conselho da República e o Conselho de Defesa Nacional, solicitar ao Congresso Nacional autorização para decretar o estado de sítio nos casos de:

I – comoção grave de repercussão nacional ou ocorrência de fatos que comprovem a ineficácia de medida tomada durante o estado de defesa;

II – declaração de estado de guerra ou resposta a agressão armada estrangeira.

Parágrafo único. O Presidente da República, ao solicitar autorização para decretar o estado de sítio ou sua prorrogação, relatará os motivos determinantes do pedido, devendo o Congresso Nacional decidir por maioria absoluta.

Art. 138. O decreto do estado de sítio indicará sua duração, as normas necessárias a sua execução e as garantias constitucionais que ficarão suspensas, e, depois de publicado, o Presidente da República designará o executor das medidas específicas e as áreas abrangidas.

§ 1º O estado de sítio, no caso do artigo 137, I, não poderá ser decretado por mais de trinta dias, nem prorrogado, de cada vez, por prazo superior; no do inciso II, poderá ser decretado por todo o tempo que perdurar a guerra ou a agressão armada estrangeira.

§ 2º Solicitada autorização para decretar o estado de sítio durante o recesso parlamentar, o Presidente do Senado Federal, de imediato, convocará extraordinariamente o Congresso Nacional para se reunir dentro de cinco dias, a fim de apreciar o ato.

§ 3º O Congresso Nacional permanecerá em funcionamento até o término das medidas coercitivas.

Art. 139. Na vigência do estado de sítio decretado com fundamento no artigo 137, I, só poderão ser tomadas contra as pessoas as seguintes medidas:

I – obrigação de permanência em localidade determinada;

II – detenção em edifício não destinado a acusados ou condenados por crimes comuns;

III – restrições relativas à inviolabilidade da correspondência, ao sigilo das comunicações, à prestação de informações e à liberdade de imprensa, radiodifusão e televisão, na forma da lei;

- Lei nº 9.296, de 24-7-1996 (Lei das Interceptações Telefônicas).

IV – suspensão da liberdade de reunião;

- Lei nº 9.296, de 24-7-1996 (Lei das Interceptações Telefônicas).

V – busca e apreensão em domicílio;

VI – intervenção nas empresas de serviços públicos;

VII – requisição de bens.

Parágrafo único. Não se inclui nas restrições do inciso III a difusão de pronunciamentos de parlamentares efetuados em suas Casas Legislativas, desde que liberada pela respectiva Mesa.

Seção III

DISPOSIÇÕES GERAIS

Art. 140. A Mesa do Congresso Nacional, ouvidos os líderes partidários, designará Comissão composta de cinco de seus membros para acompanhar e fiscalizar a execução das medidas referentes ao estado de defesa e ao estado de sítio.

Art. 141. Cessado o estado de defesa ou o estado de sítio, cessarão também seus efeitos, sem prejuízo da responsabilidade pelos ilícitos cometidos por seus executores ou agentes.

Parágrafo único. Logo que cesse o estado de defesa ou o estado de sítio, as medidas aplicadas em sua vigência serão relatadas pelo Presidente da República, em mensagem ao Congresso Nacional, com especificação e justificação das providências adotadas, com relação nominal dos atingidos, e indicação das restrições aplicadas.

CAPÍTULO II

DAS FORÇAS ARMADAS

- Dec. nº 3.897, de 24-8-2001, fixa as diretrizes para o emprego das Forças Armadas na garantia da Lei e da Ordem.

Art. 142. As Forças Armadas, constituídas pela Marinha, pelo Exército e pela Aeronáutica, são instituições nacionais permanentes e regulares, organizadas com base na hierarquia e na disciplina, sob a autoridade suprema do Presidente da República, e destinam-se à defesa da Pátria, à garantia dos poderes constitucionais e, por iniciativa de qualquer destes, da lei e da ordem.

- Art. 37, X, desta Constituição.
- Art. 14-A, § 6º, do CPP.
- LC nº 69, de 23-7-1991, dispõe sobre a organização e emprego das Forças Armadas.
- Lei nº 8.071, de 17-7-1990, dispõe sobre os efetivos do Exército em tempo de paz.

§ 1º Lei complementar estabelecerá as normas gerais a serem adotadas na organização, no preparo e no emprego das Forças Armadas.

- LC nº 97, de 9-6-1999, dispõe sobre as normas gerais para a organização, o preparo e o emprego das Forças Armadas.

§ 2º Não caberá *habeas corpus* em relação a punições disciplinares militares.

- Art. 42, § 1º, desta Constituição.
- Dec.-lei nº 1.001, de 21-10-1969 (Código Penal Militar).
- Dec. nº 76.322, de 22-9-1975 (Regulamento Disciplinar da Aeronáutica).
- Dec. nº 88.545, de 26-7-1983 (Regulamento Disciplinar para a Marinha).
- Dec. nº 4.346, de 26-8-2002 (Regulamento Disciplinar do Exército).

§ 3º Os membros das Forças Armadas são denominados militares, aplicando-se-lhes, além das que vierem a ser fixadas em lei, as seguintes disposições:

- § 3º acrescido pela EC nº 18, de 5-2-1998.
- Art. 42, § 1º, desta Constituição.
- Lei nº 9.786, de 8-2-1999, dispõe sobre o ensino do Exército Brasileiro.
- Dec. nº 3.182, de 23-9-1999, regulamenta a Lei nº 9.786, de 8-2-1999, que dispõe sobre o ensino do Exército Brasileiro.

I – as patentes, com prerrogativas, direitos e deveres a elas inerentes, são conferidas pelo Presidente da República e asseguradas em plenitude aos oficiais da ativa, da reserva ou reformados, sendo-lhes privativos os títulos e postos militares e, juntamente com os demais membros, o uso dos uniformes das Forças Armadas;

- Inciso I acrescido pela EC nº 18, de 5-2-1998.

II – o militar em atividade que tomar posse em cargo ou emprego público civil permanente, ressalvada a hipótese prevista no art. 37, inciso XVI, alínea c, será transferido para a reserva, nos termos da lei;

III – o militar da ativa que, de acordo com a lei, tomar posse em cargo, emprego ou função pública civil temporária, não eletiva, ainda que da administração indireta, ressalvada a hipótese prevista no art. 37, inciso XVI, alínea c, ficará agregado ao respectivo quadro e somente poderá, enquanto permanecer nessa situação, ser promovido por antiguidade, contando-se-lhe o tempo de serviço apenas para aquela promoção e transferência para a reserva, sendo depois de dois anos de afastamento, contínuos ou não, transferido para a reserva, nos termos da lei;

- Incisos II e III com a redação dada pela EC nº 77, de 11-2-2014.

IV – ao militar são proibidas a sindicalização e a greve;

V – o militar, enquanto em serviço ativo, não pode estar filiado a partidos políticos;

VI – o oficial só perderá o posto e a patente se for julgado indigno do oficialato ou com ele incompatível, por decisão de Tribunal militar de caráter permanente, em tempo de paz, ou de Tribunal especial, em tempo de guerra;

VII – o oficial condenado na justiça comum ou militar a pena privativa de liberdade superior a dois anos, por sentença transitada em julgado, será submetido ao julgamento previsto no inciso anterior;

- Incisos IV a VII acrescidos pela EC nº 18, de 5-2-1998.

VIII – aplica-se aos militares o disposto no art. 7º, incisos VIII, XII, XVII, XVIII, XIX e XXV, e no art. 37, incisos XI, XIII, XIV e XV, bem como, na forma da lei e com prevalência da atividade militar, no art. 37, inciso XVI, alínea c;

- Inciso VIII com a redação dada pela EC nº 77, de 11-2-2014.
- Súm. Vinc. nº 6 do STF.

IX – *Revogado*. EC nº 41, de 19-12-2003;

X – a lei disporá sobre o ingresso nas Forças Armadas, os limites de idade, a estabilidade e outras condições de transferência do militar para a inatividade, os direitos, os deveres, a remuneração, as prerrogativas e outras situações especiais dos militares, consideradas as peculiaridades de suas atividades, inclusive aquelas cumpridas por força de compromissos internacionais e de guerra.

- Inciso X acrescido pela EC nº 18, de 5-2-1998.
- Arts. 40, § 20, e 42, § 1º, desta Constituição.
- Súm. Vinc. nº 4 do STF.

Art. 143. O serviço militar é obrigatório nos termos da lei.

- Lei nº 4.375, de 17-8-1964 (Lei do Serviço Militar), regulamentada pelo Dec. nº 57.654, de 20-1-1966.

§ 1º Às Forças Armadas compete, na forma da lei, atribuir serviço alternativo aos que, em tempo de paz, após alistados, alegarem imperativo de consciência, entendendo-se como tal o decorrente de crença religiosa e de convicção filosófica ou política, para se eximirem de atividades de caráter essencialmente militar.

- Art. 5º, VIII, desta Constituição.

§ 2º As mulheres e os eclesiásticos ficam isentos do serviço militar obrigatório em tempo de paz, sujeitos, porém, a outros encargos que a lei lhes atribuir.

- Lei nº 8.239, de 4-10-1991, regulamenta os §§ 1º e 2º deste artigo.
- Súm. Vinc. nº 6 do STF.

CAPÍTULO III
DA SEGURANÇA PÚBLICA

- Dec. nº 5.289, de 29-11-2004, disciplina a organização e o funcionamento da administração pública federal, para o desenvolvimento do programa de cooperação federativa denominado Força Nacional de Segurança Pública.

Art. 144. A segurança pública, dever do Estado, direito e responsabilidade de todos, é exercida para a preservação da ordem pública e da incolumidade das pessoas e do patrimônio, através dos seguintes órgãos:

- Arts. 14-A e 133-A do CPP.
- Dec. nº 4.332, de 12-8-2002, estabelece normas para o planejamento, a coordenação e a execução de medidas de segurança a serem implementadas durante as viagens presidenciais em território nacional, ou em eventos na capital federal.

I – polícia federal;

II – polícia rodoviária federal;

- Dec. nº 1.655, de 3-10-1995, define a competência da Polícia Rodoviária Federal.

III – polícia ferroviária federal;

IV – polícias civis;

V – polícias militares e corpos de bombeiros militares;

VI – polícias penais federal, estaduais e distrital.

- Inciso VI acrescido pela EC nº 104, de 4-12-2019.

§ 1º A polícia federal, instituída por lei como órgão permanente, organizado e mantido pela União e estruturado em carreira, destina-se a:

- § 1º com a redação dada pela EC nº 19, de 4-6-1998.

I – apurar infrações penais contra a ordem política e social ou em detrimento de bens, serviços e interesses da União ou de suas entidades autárquicas e empresas públicas, assim como outras infrações cuja prática tenha repercussão interestadual ou internacional e exija repressão uniforme, segundo se dispuser em lei;

- Lei nº 8.137, de 27-12-1990 (Lei dos Crimes contra a Ordem Tributária, Econômica e contra as Relações de Consumo).
- Lei nº 10.446, de 8-5-2002, dispõe sobre infrações penais de repercussão interestadual ou internacional que exigem repressão uniforme, para os fins de aplicação do disposto neste inciso.

II – prevenir e reprimir o tráfico ilícito de entorpecentes e drogas afins, o contrabando e o descaminho, sem prejuízo da ação fazendária e de outros órgãos públicos nas respectivas áreas de competência;

- Lei nº 11.343, de 23-8-2006 (Lei Antidrogas).
- Dec. nº 2.781, de 14-9-1998, institui o Programa Nacional de Combate ao Contrabando e o Descaminho.

III – exercer as funções de polícia marítima, aeroportuária e de fronteiras;

- Inciso III com a redação dada pela EC nº 19, de 4-6-1998.
- Súm. Vinc. nº 36 do STF.

IV – exercer, com exclusividade, as funções de polícia judiciária da União.

§ 2º A polícia rodoviária federal, órgão permanente, organizado e mantido pela União e estruturado em carreira, destina-se, na forma da lei, ao patrulhamento ostensivo das rodovias federais.

- Lei nº 9.654, de 2-3-1998, cria a carreira de Policial Rodoviário Federal.

§ 3º A polícia ferroviária federal, órgão permanente, organizado e mantido pela União e estruturado em carreira, destina-se, na forma da lei, ao patrulhamento ostensivo das ferrovias federais.

- §§ 2º e 3º com a redação dada pela EC nº 19, de 4-6-1998.

§ 4º Às polícias civis, dirigidas por delegados de polícia de carreira, incumbem, ressalvada a competência da União, as funções de polícia judiciária e a apuração de infrações penais, exceto as Militares.

- Art. 9º do CPM.
- Art. 7º do CPPM.

§ 5º Às polícias militares cabem a polícia ostensiva e a preservação da ordem pública; aos corpos de bombeiros militares, além das atribuições definidas em lei, incumbe a execução de atividades de defesa civil.

- Dec.-lei nº 667, de 2-7-1969, reorganiza as Polícias Militares e os Corpos de Bombeiros Militares dos Estados, dos Território e do Distrito Federal.

§ 5º-A. Às polícias penais, vinculadas ao órgão administrador do sistema penal da unidade federativa a que pertencem, cabe a segurança dos estabelecimentos penais.

- § 5º-A acrescido pela EC nº 104, de 4-12-2019.

§ 6º As polícias militares e os corpos de bombeiros militares, forças auxiliares e reserva do Exército subordinam-se, juntamente com as polícias civis e as polícias penais estaduais e distrital, aos Governadores dos Estados, do Distrito Federal e dos Territórios.

- § 6º com a redação dada pela EC nº 104, de 4-12-2019.

§ 7º A lei disciplinará a organização e o funcionamento dos órgãos responsáveis pela segurança pública, de maneira a garantir a eficiência de suas atividades.

- Lei nº 12.681, de 4-7-2012, institui o Sistema Nacional de Informações de Segurança Pública, Prisionais e sobre Drogas – SINESP.
- Lei nº 13.675, de 11-6-2018 (Lei do SUSP).
- Dec. nº 9.489, de 30-8-2018, regulamenta a Lei nº 13.675, de 11-6-2018 (Lei do SUSP).

§ 8º Os Municípios poderão constituir guardas municipais destinadas à proteção de seus bens, serviços e instalações, conforme dispuser a lei.

- Lei nº 13.022, de 8-8-2014, dispõe sobre o Estatuto Geral das Guardas Municipais.

§ 9º A remuneração dos servidores policiais integrantes dos órgãos relacionados neste artigo será fixada na forma do § 4º do artigo 39.

- § 9º acrescido pela EC nº 19, de 4-6-1998.

§ 10. A segurança viária, exercida para a preservação da ordem pública e da incolumidade das pessoas e do seu patrimônio nas vias públicas:

I – compreende a educação, engenharia e fiscalização de trânsito, além de outras atividades previstas em lei, que assegurem ao cidadão o direito à mobilidade urbana eficiente; e

II – compete, no âmbito dos Estados, do Distrito Federal e dos Municípios, aos respectivos órgãos ou entidades executivos e seus agentes de trânsito, estruturados em Carreira, na forma da lei.

- § 10 acrescido pela EC nº 82, de 16-7-2014.

TÍTULO VI – DA TRIBUTAÇÃO E DO ORÇAMENTO

- Lei nº 5.172, de 25-10-1966 (Código Tributário Nacional).

CAPÍTULO I
DO SISTEMA TRIBUTÁRIO NACIONAL

- Lei nº 8.137, de 27-12-1990 (Lei de Crimes contra a Ordem Tributária, Econômica e contra as Relações de Consumo).
- Lei nº 8.176, de 8-2-1991, define crimes contra a ordem econômica e cria o sistema de estoque de combustíveis.
- Dec. nº 2.730, de 10-8-1998, dispõe sobre o encaminhamento ao Ministério Público da representação fiscal para os crimes contra a ordem tributária.

Seção I
DOS PRINCÍPIOS GERAIS

Art. 145. A União, os Estados, o Distrito Federal e os Municípios poderão instituir os seguintes tributos:

- Arts. 1º a 5º do CTN.
- Súm. nº 667 do STF.

I – impostos;

- Arts. 16 a 76 do CTN.

II – taxas, em razão do exercício do poder de polícia ou pela utilização, efetiva ou potencial, de serviços públicos específicos e divisíveis, prestados ao contribuinte ou postos a sua disposição;

- Arts. 77 a 80 do CTN.
- Lei nº 7.940, de 20-12-1969, institui a Taxa de Fiscalização dos mercados de títulos e valores mobiliários.
- Súmulas Vinculantes nºs 19 e 41 do STF.
- Súmulas nºs 665 e 670 do STF.

III – contribuição de melhoria, decorrente de obras públicas.

- Arts. 81 e 82 do CTN.
- Dec.-lei nº 195, de 24-2-1967 (Lei da Contribuição de Melhoria).

§ 1º Sempre que possível, os impostos terão caráter pessoal e serão graduados segundo a capacidade econômica do contribuinte, facultado à administração tributária, especialmente para conferir efetividade a esses objetivos, identificar, respeitados os direitos individuais e nos termos da lei, o patrimônio, os rendimentos e as atividades econômicas do contribuinte.

- Lei nº 8.021, de 12-4-1990, dispõe sobre a identificação dos contribuintes para fins fiscais.
- Súmulas nºs 656 e 668 do STF.

§ 2º As taxas não poderão ter base de cálculo própria de impostos.

- Art. 77, parágrafo único, do CTN.
- Súm. Vinc. nº 29 do STF.
- Súm. nº 665 do STF.

§ 3º O Sistema Tributário Nacional deve observar os princípios da simplicidade, da transparência, da justiça tributária, da cooperação e da defesa do meio ambiente.

§ 4º As alterações na legislação tributária buscarão atenuar efeitos regressivos.

- §§ 3º e 4º acrescidos pela EC nº 132, de 20-12-2023.

Art. 146. Cabe à lei complementar:

I – dispor sobre conflitos de competência, em matéria tributária, entre a União, os Estados, o Distrito Federal e os Municípios;

- Arts. 6º a 8º do CTN.

II – regular as limitações constitucionais ao poder de tributar;

- Arts. 9º a 15 do CTN.

III – estabelecer normas gerais em matéria de legislação tributária, especialmente sobre:

- Art. 149 desta Constituição.

a) definição de tributos e de suas espécies, bem como, em relação aos impostos discriminados nesta Constituição, a dos respectivos fatos geradores, bases de cálculo e contribuintes;

b) obrigação, lançamento, crédito, prescrição e decadência tributários;

- Súm. Vinc. nº 8 do STF.

c) adequado tratamento tributário ao ato cooperativo praticado pelas sociedades cooperativas, inclusive em relação aos tributos previstos nos arts. 156-A e 195, V;

d) definição de tratamento diferenciado e favorecido para as microempresas e para as empresas de pequeno porte, inclusive regimes especiais ou simplificados no caso dos impostos previstos nos arts. 155, II, e 156-A, das contribuições sociais previstas no art. 195, I e V, e § 12 e da contribuição a que se refere o art. 239.

- Alíneas *c* e *d* com a redação dada pela EC nº 132, de 20-12-2023.

★ **Nova redação do dispositivo alterado:** "*d)* definição de tratamento diferenciado e favorecido para as microempresas e para as empresas de pequeno porte, inclusive regimes especiais ou simplificados no caso dos impostos previstos nos arts. 155, II, e 156-A e das contribuições previstas no art. 195, I e V."

- Alínea *d* com a redação dada pela EC nº 132, de 20-12-2023, para vigorar a partir de 2027.

★ **Nova redação do dispositivo alterado:** "*d)* definição de tratamento diferenciado e favorecido para as microempresas e para as empresas de pequeno porte, inclusive regimes especiais ou simplificados no caso do imposto previsto no art. 156-A e das contribuições sociais previstas no art. 195, I e V."

- Alínea *d* com a redação dada pela EC nº 132, de 20-12-2023, para vigorar a partir de 2033.

§ 1º A lei complementar de que trata o inciso III, *d*, também poderá instituir um regime único de arrecadação dos impostos e contribuições da União, dos Estados, do Distrito Federal e dos Municípios, observado que:

I – será opcional para o contribuinte;

II – poderão ser estabelecidas condições de enquadramento diferenciadas por Estado;

III – o recolhimento será unificado e centralizado e a distribuição da parcela de recursos pertencentes aos respectivos entes federados será imediata, vedada qualquer retenção ou condicionamento;

- Art. 107, § 6º, I, do ADCT.

IV – a arrecadação, a fiscalização e a cobrança poderão ser compartilhadas pelos entes federados, adotado cadastro nacional único de contribuintes.

- Parágrafo único transformado em § 1º pela EC nº 132, de 20-12-2023.

§ 2º É facultado ao optante pelo regime único de que trata o § 1º apurar e recolher os tributos previstos nos arts. 156-A e 195, V, nos termos estabelecidos nesses artigos, hipótese em que as parcelas a eles relativas não serão cobradas pelo regime único.

§ 3º Na hipótese de o recolhimento dos tributos previstos nos arts. 156-A e 195, V, ser realizado por meio do regime único de que trata o § 1º, enquanto perdurar a opção:

I – não será permitida a apropriação de créditos dos tributos previstos nos arts. 156-A e 195, V, pelo contribuinte optante pelo regime único; e

II – será permitida a apropriação de créditos dos tributos previstos nos arts. 156-A e 195, V, pelo adquirente não optante pelo regime único de que trata o § 1º de bens materiais ou imateriais, inclusive direitos, e de serviços do optante, em montante equivalente ao cobrado por meio do regime único.

- §§ 2º e 3º acrescidos pela EC nº 132, de 20-12-2023.

Art. 146-A. Lei complementar poderá estabelecer critérios especiais de tributação, com o objetivo de prevenir desequilíbrios da concorrência, sem prejuízo da competência de a União, por lei, estabelecer normas de igual objetivo.

- Art. 146-A acrescido pela EC nº 42, de 19-12-2003.

Art. 147. Competem à União, em Território Federal, os impostos estaduais e, se o Território não for dividido em Municípios, cumulativamente, os impostos municipais; ao Distrito Federal cabem os impostos municipais.

Art. 148. A União, mediante lei complementar, poderá instituir empréstimos compulsórios:

I – para atender a despesas extraordinárias, decorrentes de calamidade pública, de guerra externa ou sua iminência;

II – no caso de investimento público de caráter urgente e de relevante interesse nacional, observado o disposto no artigo 150, III, *b*.

- Art. 34, § 12, do ADCT.

Parágrafo único. A aplicação dos recursos provenientes de empréstimo compulsório será vinculada à despesa que fundamentou sua instituição.

Art. 149. Compete exclusivamente à União instituir contribuições sociais, de intervenção no domínio econômico e de interesse das categorias profissionais ou econômicas, como instrumento de sua atuação nas respectivas áreas, observado o disposto nos artigos 146, III, e 150, I e III, e sem prejuízo do previsto no artigo 195, § 6º, relativamente às contribuições a que alude o dispositivo.

- Lei nº 10.336, de 19-12-2001, institui a Contribuição de Intervenção no Domínio Econômico incidente sobre a importação e a comercialização de petróleo e seus derivados, gás natural e seus derivados e álcool etílico combustível – CIDE a que se refere este artigo.

§ 1º Os Estados, o Distrito Federal e os Municípios instituirão contribuição, cobrada de seus servidores, para o custeio, em benefício destes, do regime previdenciário de que trata o art. 40, cuja alíquota não será inferior à da contribuição dos servidores titulares de cargos efetivos da União.

- § 1º com a redação dada pela EC nº 41, de 19-12-2003.

★ **Nova redação do dispositivo alterado:** "§ 1º A União, os Estados, o Distrito Federal e os Municípios instituirão, por meio de lei, contribuições para custeio de regime próprio de previdência social, cobradas dos servidores ativos, dos aposentados e dos pensionistas, que poderão ter alíquotas progressivas de acordo com o valor da base de contribuição ou dos proventos de aposentadoria e de pensões."

- § 1º com a redação dada pela EC nº 103, de 12-11-2019, em vigor na data de publicação de lei de iniciativa privativa do respectivo Poder Executivo que o referende integralmente.

§ 1º-A. Quando houver *deficit* atuarial, a contribuição ordinária dos aposentados e pensionistas poderá incidir sobre o valor dos proventos de aposentadoria e de pensões que supere o salário mínimo.

- O STF, por maioria, julgou parcialmente procedente as Ações Diretas de Inconstitucionalidade nºs 6.255, 6.258, 6.271, 6.361 e 6.731 para dar interpretação conforme à Constituição a este parágrafo (*DOU* de 24-6-2024).

§ 1º-B. Demonstrada a insuficiência da medida prevista no § 1º-A para equacionar o *deficit* atuarial, é facultada a instituição de contribuição extraordinária, no âmbito da União, dos servidores públicos ativos, dos aposentados e dos pensionistas.

§ 1º-C. A contribuição extraordinária de que trata o § 1º-B deverá ser instituída simultaneamente com outras medidas para equacionamento do *deficit* e vigorará por período determinado, contado da data de sua instituição.

- §§ 1º-A a 1º-C acrescidos pela EC nº 103, de 12-11-2019, em vigor na data de publicação de lei de iniciativa privativa do respectivo Poder Executivo que os referende integralmente.

§ 2º As contribuições sociais e de intervenção no domínio econômico de que trata o *caput* deste artigo:

I – não incidirão sobre as receitas decorrentes de exportação;

II – incidirão também sobre a importação de produtos estrangeiros ou serviços;

- Inciso II com a redação dada pela EC nº 42, de 19-12-2003.
- Lei nº 10.336, de 19-12-2001, institui Contribuição de Intervenção no Domínio Econômico incidente sobre a importação e a comercialização de petróleo e seus derivados, e álcool etílico combustível – CIDE.
- Lei nº 10.865, de 30-4-2004, dispõe sobre o PIS/PASEP-Importação e a COFINS-Importação.

III – poderão ter alíquotas:

a) *ad valorem*, tendo por base o faturamento, a receita bruta ou o valor da operação e, no caso de importação, o valor aduaneiro;

b) específica, tendo por base a unidade de medida adotada.

§ 3º A pessoa natural destinatária das operações de importação poderá ser equiparada a pessoa jurídica, na forma da lei.

§ 4º A lei definirá as hipóteses em que as contribuições incidirão uma única vez.

- §§ 2º a 4º acrescidos pela EC nº 33, de 11-12-2001.

Art. 149-A. Os Municípios e o Distrito Federal poderão instituir contribuição, na forma das respectivas leis, para o custeio, a expansão e a melhoria do serviço de iluminação pública e de sistemas de monitoramento para segurança e preservação de logradouros públicos, observado o disposto no art. 150, I e III.

- *Caput* com a redação dada pela EC nº 132, de 20-12-2023.

Parágrafo único. É facultada a cobrança da contribuição a que se refere o *caput*, na fatura de consumo de energia elétrica.

▶ Parágrafo único acrescido pela EC nº 39, de 19-12-2002.

Art. 149-B. Os tributos previstos nos arts. 156-A e 195, V, observarão as mesmas regras em relação a:

I – fatos geradores, bases de cálculo, hipóteses de não incidência e sujeitos passivos;

II – imunidades;

III – regimes específicos, diferenciados ou favorecidos de tributação;

IV – regras de não cumulatividade e de creditamento.

Parágrafo único. Os tributos de que trata o *caput* observarão as imunidades previstas no art. 150, VI, não se aplicando a ambos os tributos o disposto no art. 195, § 7º.

Art. 149-C. O produto da arrecadação do imposto previsto no art. 156-A e da contribuição prevista no art. 195, V, incidentes sobre operações contratadas pela administração pública direta, por autarquias e por fundações públicas, inclusive suas importações, será integralmente destinado ao ente federativo contratante, mediante redução a zero das alíquotas do imposto e da contribuição devidos aos demais entes e equivalente elevação da alíquota do tributo devido ao ente contratante.

§ 1º As operações de que trata o *caput* poderão ter alíquotas reduzidas de modo uniforme, nos termos de lei complementar.

§ 2º Lei complementar poderá prever hipóteses em que não se aplicará o disposto no *caput* e no § 1º.

§ 3º Nas importações efetuadas pela administração pública direta, por autarquias e por fundações públicas, o disposto no art. 150, VI, *a*, será implementado na forma do disposto no *caput* e no § 1º, assegurada a igualdade de tratamento em relação às aquisições internas.

▶ Arts. 149-B e 149-C acrescidos pela EC nº 132, de 20-12-2023.

Seção II

DAS LIMITAÇÕES DO PODER DE TRIBUTAR

Art. 150. Sem prejuízo de outras garantias asseguradas ao contribuinte, é vedado à União, aos Estados, ao Distrito Federal e aos Municípios:

▶ Lei nº 5.172 de 25-10-1966 (Código Tributário Nacional).

I – exigir ou aumentar tributo sem lei que o estabeleça;

▶ Arts. 3º e 97, I e II, do CTN.

II – instituir tratamento desigual entre contribuintes que se encontrem em situação equivalente, proibida qualquer distinção em razão de ocupação profissional ou função por eles exercida, independentemente da denominação jurídica dos rendimentos, títulos ou direitos;

▶ Art. 5º, *caput*, desta Constituição.

▶ Súm. nº 658 do STF.

III – cobrar tributos:

a) em relação a fatos geradores ocorridos antes do início da vigência da lei que os houver instituído ou aumentado;

▶ Art. 9º, II, do CTN.

b) no mesmo exercício financeiro em que haja sido publicada a lei que os instituiu ou aumentou;

▶ Art. 195, § 6º, desta Constituição.

c) antes de decorridos noventa dias da data em que haja sido publicada a lei que os instituiu ou aumentou, observado o disposto na alínea *b*;

▶ Alínea *c* acrescida pela EC nº 42, de 19-12-2003.

IV – utilizar tributo com efeito de confisco;

V – estabelecer limitações ao tráfego de pessoas ou bens, por meio de tributos interestaduais ou intermunicipais, ressalvada a cobrança de pedágio pela utilização de vias conservadas pelo Poder Público;

▶ Art. 9º, III, do CTN.

VI – instituir impostos sobre:

a) patrimônio, renda ou serviços, uns dos outros;

▶ Art. 9º, IV, *a*, do CTN.

b) entidades religiosas e templos de qualquer culto, inclusive suas organizações assistenciais e beneficentes;

▶ Alínea *b* com a redação dada pela EC nº 132, de 20-12-2023.

▶ Art. 9º, IV, *b*, do CTN.

c) patrimônio, renda ou serviços dos partidos políticos, inclusive suas fundações, das entidades sindicais dos trabalhadores, das instituições de educação e de assistência social, sem fins lucrativos, atendidos os requisitos da lei;

▶ Art. 9º, IV, *c*, e 14 do CTN.

▶ Lei nº 3.193, de 4-7-1957, dispõe sobre isenção de impostos em templos de qualquer culto, bens e serviços de partidos políticos e instituições de educação e assistência social.

▶ Súm. Vinc. nº 52 do STF.

▶ Súmulas nºs 724 e 730 do STF.

d) livros, jornais, periódicos e o papel destinado à sua impressão;

▶ Lei nº 10.753, de 30-10-2003, institui a Política Internacional do Livro.

▶ Art. 1º, *caput*, I e II, da Lei nº 11.945, de 4-6-2009, que dispõe sobre o Registro Especial na Secretaria da Receita Federal do Brasil.

▶ Súm. nº 657 do STF.

e) fonogramas e videofonogramas musicais produzidos no Brasil contendo obras musicais ou literomusicais de autores brasileiros e/ou obras em geral interpretadas por artistas brasileiros bem como os suportes materiais ou arquivos digitais que os contenham, salvo na etapa de replicação industrial de mídias ópticas de leitura a *laser*.

▶ Alínea *e* acrescida pela EC nº 75, de 15-10-2013.

§ 1º A vedação do inciso III, *b*, não se aplica aos tributos previstos nos arts. 148, I, 153, I, II, IV e V; e 154, II; e a vedação do inciso III, *c*, não se aplica aos tributos previstos nos arts. 148, I, 153, I, II, III e V; e 154, II, nem à fixação da base de cálculo dos impostos previstos nos arts. 155, III, e 156, I.

▶ § 1º com a redação dada pela EC nº 42, de 19-12-2003.

§ 2º A vedação do inciso VI, *a*, é extensiva às autarquias e às fundações instituídas e mantidas pelo poder público e à empresa pública prestadora de serviço postal, no que se refere ao patrimônio, à renda e aos serviços vinculados a suas finalidades essenciais ou às delas decorrentes.

▶ § 2º com a redação dada pela EC nº 132, de 20-12-2023.

§ 3º As vedações do inciso VI, *a*, e do parágrafo anterior não se aplicam ao patrimônio, à renda e aos serviços, relacionados com exploração de atividades econômicas regidas pelas normas aplicáveis a empreendimentos privados, ou em que haja contraprestação ou pagamento de preços ou tarifas pelo usuário, nem exonera o promitente comprador da obrigação de pagar imposto relativamente ao bem imóvel.

§ 4º As vedações expressas no inciso VI, alíneas *b* e *c*, compreendem somente o patrimônio, a renda e os serviços, relacionados com as finalidades essenciais das entidades nelas mencionadas.

§ 5º A lei determinará medidas para que os consumidores sejam esclarecidos acerca dos impostos que incidam sobre mercadorias e serviços.

▶ Lei nº 12.741, de 8-12-2012, dispõe sobre as medidas de esclarecimento ao consumidor de que trata este parágrafo; regulamentada pelo Dec. nº 8.264, de 5-6-2014.

§ 6º Qualquer subsídio ou isenção, redução de base de cálculo, concessão de crédito presumido, anistia ou remissão, relativos a impostos, taxas ou contribuições, só poderá ser concedido mediante lei específica, federal, estadual ou municipal, que regule exclusivamente as matérias acima enumeradas ou o correspondente tributo ou contribuição, sem prejuízo do disposto no artigo 155, § 2º, XII, *g*.

★ **Nova redação do dispositivo alterado:** "§ 6º Qualquer subsídio ou isenção, redução de base de cálculo, concessão de crédito presumido, anistia ou remissão, relativos a impostos, taxas ou contribuições, só poderá ser concedido mediante lei específica, federal, estadual ou municipal, que regule exclusivamente as matérias acima enumeradas ou o correspondente tributo ou contribuição."

▶ § 6º com a redação dada pela EC nº 132, de 20-12-2023, para vigorar a partir de 2033.

§ 7º A lei poderá atribuir a sujeito passivo de obrigação tributária a condição de responsável pelo pagamento de imposto ou contribuição, cujo fato gerador deva ocorrer posteriormente, assegurada a imediata e preferencial restituição da quantia paga, caso não se realize o fato gerador presumido.

▶ §§ 6º e 7º acrescidos pela EC nº 3, de 17-3-1993.

Art. 151. É vedado à União:

I – instituir tributo que não seja uniforme em todo o Território Nacional ou que implique distinção ou preferência em relação a Estado, ao Distrito Federal ou a Município, em detrimento de outro, admitida a concessão de incentivos fiscais destinados a promover o equilíbrio do desenvolvimento socioeconômico entre as diferentes regiões do País;

▶ Art. 10 do CTN.

▶ Lei nº 9.440, de 14-3-1997, estabelece incentivos fiscais para o desenvolvimento regional.

▶ Lei nº 11.508, de 20-7-2007 (Lei das Zonas de Processamento de Exportação).

II – tributar a renda das obrigações da dívida pública dos Estados, do Distrito Federal e dos Municípios, bem como a remuneração e os proventos dos respectivos agentes públicos, em níveis superiores aos que fixar para suas obrigações e para seus agentes;

III – instituir isenções de tributos da competência dos Estados, do Distrito Federal ou dos Municípios.

▶ Súm. nº 185 do STJ.

Art. 152. É vedado aos Estados, ao Distrito Federal e aos Municípios estabelecer diferença tributária entre bens e serviços, de qualquer natureza, em razão de sua procedência ou destino.

▶ Art. 11 do CTN.

Seção III

DOS IMPOSTOS DA UNIÃO

Art. 153. Compete à União instituir impostos sobre:

I – importação de produtos estrangeiros;

▶ Arts. 60, § 2º, e 154, I, desta Constituição.

▶ Lei nº 7.810, de 30-8-1989, dispõe sobre a redução de impostos na importação.

▶ Lei nº 8.032, de 12-4-1990, dispõe sobre a isenção ou redução de imposto de importação.

▶ Lei nº 9.449, de 14-3-1997, reduz o Imposto de Importação para os produtos que especifica.

II – exportação, para o exterior, de produtos nacionais ou nacionalizados;

▶ Art. 60, § 2º, desta Constituição.

III – renda e proventos de qualquer natureza;

▶ Arts. 27, § 2º, 28, § 2º, 29, V e VI, 37, XV, 48, XV, 49, VII e VIII, 95, III, 128, § 5º, I, *c*, desta Constituição.

▶ Art. 34, § 2º, I, do ADCT.

▶ Lei nº 8.166, de 11-1-1991, dispõe sobre a não incidência do imposto de renda sobre lucros ou dividendos distribuídos a residentes ou domiciliados no exterior, doados a instituições sem fins lucrativos.

▶ Lei nº 9.430, de 27-12-1996, dispõe sobre a legislação tributária federal, as contribuições para a Seguridade Social, o processo administrativo de consulta.

▶ Súmulas nºs 125, 136 e 386 do STJ.

IV – produtos industrializados;

▶ Art. 60, § 2º, desta Constituição.

▶ Art. 34, § 2º, I, do ADCT.

▶ Lei nº 9.363, de 13-12-1996, dispõe sobre a instituição de crédito presumido do Imposto sobre Produtos Industrializados, para ressarcimento do valor do PIS/PASEP e COFINS nos casos que especifica.

▶ Lei nº 9.493, de 10-9-1997, concede isenção do Imposto sobre Produtos Industrializados – IPI na aquisição de equipamentos, máquinas, aparelhos e instrumentos, dispõe sobre período de apuração e prazo de recolhimento do referido imposto para as microempresas e empresas de pequeno porte, e estabelece suspensão do IPI na saída de bebidas alcoólicas, acondicionadas para venda a granel, dos estabelecimentos produtores e dos estabelecimentos equiparados a industrial.

▶ Dec. nº 7.212, de 15-6-2010, regulamenta a cobrança, fiscalização, arrecadação e administração do Imposto sobre Produtos Industrializados – IPI.

V – operações de crédito, câmbio e seguro, ou relativas a títulos ou valores mobiliários;

★ **Nova redação do dispositivo alterado:** "V – operações de crédito e câmbio ou relativas a títulos ou valores mobiliários;"

▶ Inciso V com a redação dada pela EC nº 132, de 20-12-2023, para vigorar a partir de 2027.

▶ Art. 60, § 2º, desta Constituição.

▶ Arts. 63 a 67 do CTN.

▶ Lei nº 8.894, de 21-6-1994, dispõe sobre o Imposto sobre Operações de Crédito, Câmbio e Seguro, ou relativas a Títulos e Valores Mobiliários.

▶ Dec. nº 6.306, de 14-12-2007, regulamenta o imposto sobre Operações de Crédito, Câmbio e Seguro, ou relativas a Títulos e Valores Mobiliários – IOF.

▶ Súm. Vinc. nº 32 do STF.

▶ Súm. nº 664 do STF.

VI – propriedade territorial rural;

▶ Lei nº 8.847, de 28-1-1994, dispõe sobre o Imposto sobre a Propriedade Territorial Rural – ITR.

▶ Lei nº 9.393, de 19-12-1996, dispõe sobre a Propriedade Territorial Rural – ITR, e sobre o pagamento da dívida representada por Títulos da Dívida Agrária – TDA.

▶ Dec. nº 4.382, de 19-9-2002, regulamenta a tributação, fiscalização, arrecadação e administração do Imposto sobre a Propriedade Territorial Rural – ITR.

▶ Súm. nº 139 do STJ.

VII – grandes fortunas, nos termos de lei complementar;

▶ LC nº 111, de 6-7-2001, dispõe sobre o Fundo de Combate e Erradicação da Pobreza, na forma prevista nos arts. 79 a 81 do ADCT.

VIII – produção, extração, comercialização ou importação de bens e serviços prejudiciais à saúde ou ao meio ambiente, nos termos de lei complementar.

▶ Inciso VIII acrescido pela EC nº 132, de 20-12-2023.

§ 1º É facultado ao Poder Executivo, atendidas as condições e os limites estabelecidos em lei, alterar as alíquotas dos impostos enumerados nos incisos I, II, IV e V.

▶ Art. 150, § 1º, desta Constituição.

▶ Lei nº 8.088, de 30-10-1990, dispõe sobre a atualização do Bônus do Tesouro Nacional e dos depósitos de poupança.

§ 2º O imposto previsto no inciso III:

I – será informado pelos critérios da generalidade, da universalidade e da progressividade, na forma da lei;

▶ Arts. 27, § 2º, 28, § 2º, 29, V e VI, 37, XV, 48, XV, 49, VII e VIII, 95, III, e 128, § 5º, I, *c*, desta Constituição.

II – *Revogado*. EC nº 20, de 15-12-1998.

§ 3º O imposto previsto no inciso IV:

I – será seletivo, em função da essencialidade do produto;

II – será não cumulativo, compensando-se o que for devido em cada operação com o montante cobrado nas anteriores;

III – não incidirá sobre produtos industrializados destinados ao exterior;

IV – terá reduzido seu impacto sobre a aquisição de bens de capital pelo contribuinte do imposto, na forma da lei.

▶ Inciso IV acrescido pela EC nº 42, de 19-12-2003.

§ 4º O imposto previsto no inciso VI do *caput*:

▶ *Caput* com a redação dada pela EC nº 42, de 19-12-2003.

▶ Lei nº 8.629, de 25-2-1993, regula os dispositivos constitucionais relativos à reforma agrária.

I – será progressivo e terá suas alíquotas fixadas de forma a desestimular a manutenção de propriedades improdutivas;

II – não incidirá sobre pequenas glebas rurais, definidas em lei, quando as explore o proprietário que não possua outro imóvel;

III – será fiscalizado e cobrado pelos Municípios que assim optarem, na forma da lei, desde que não implique redução do imposto ou qualquer outra forma de renúncia fiscal.

▶ Incisos I a III acrescidos pela EC nº 42, de 19-12-2003.

▶ Lei nº 11.250, de 27-12-2005, regulamenta este inciso.

§ 5º O ouro, quando definido em lei como ativo financeiro ou instrumento cambial, sujeita-se exclusivamente à incidência do imposto de que trata o inciso V do *caput* deste artigo, devido na operação de origem; a alíquota mínima será de um por cento, assegurada a transferência do montante da arrecadação nos seguintes termos:

▶ Arts. 74, § 2º, e 107, § 6º, I, do ADCT.

▶ Lei nº 7.766, de 11-5-1989, dispõe sobre o ouro, ativo financeiro e sobre seu tratamento tributário.

I – trinta por cento para o Estado, o Distrito Federal ou o Território, conforme a origem;

II – setenta por cento para o Município de origem.

▶ Arts. 72, § 3º, 74, § 2º, 75 e 76, § 1º, do ADCT.

▶ Lei nº 7.766, de 11-5-1989, dispõe sobre o ouro, ativo financeiro e sobre seu tratamento tributário.

§ 6º O imposto previsto no inciso VIII do *caput* deste artigo:

I – não incidirá sobre as exportações nem sobre as operações com energia elétrica e com telecomunicações;

II – incidirá uma única vez sobre o bem ou serviço;

III – não integrará sua própria base de cálculo;

IV – integrará a base de cálculo dos tributos previstos nos arts. 155, II, 156, III, 156-A e 195, V;

★ **Nova redação do dispositivo alterado:** "IV – integrará a base de cálculo dos tributos previstos nos arts. 156-A e 195, V;"

▶ Inciso IV acrescido pela EC nº 132, de 20-12-2023, para vigorar a partir de 2033.

V – poderá ter o mesmo fato gerador e base de cálculo de outros tributos;

VI – terá suas alíquotas fixadas em lei ordinária, podendo ser específicas, por unidade de medida adotada, ou *ad valorem*;

VII – na extração, o imposto será cobrado independentemente da destinação, caso em que a alíquota máxima corresponderá a 1% (um por cento) do valor de mercado do produto.

▶ § 6º acrescido pela EC nº 132, de 20-12-2023.

Art. 154. A União poderá instituir:

I – mediante lei complementar, impostos não previstos no artigo anterior, desde que sejam não cumulativos e não tenham fato gerador ou base de cálculo próprios dos discriminados nesta Constituição;

▶ Art. 195, § 4º, desta Constituição.

▶ Arts. 74, § 2º, e 75 do ADCT.

II – na iminência ou no caso de guerra externa, impostos extraordinários, compreendidos ou não em sua competência tributária, os quais serão suprimidos, gradativamente, cessadas as causas de sua criação.

▶ Arts. 62, § 2º, 150, § 1º, desta Constituição.

Seção IV

DOS IMPOSTOS DOS ESTADOS E DO DISTRITO FEDERAL

Art. 155. Compete aos Estados e ao Distrito Federal instituir impostos sobre:

▶ *Caput* com a redação dada pela EC nº 3, de 17-3-1993.

I – transmissão *causa mortis* e doação de quaisquer bens ou direitos;

II – operações relativas à circulação de mercadorias e sobre prestações de serviços de transporte interestadual e intermunicipal e de comunicação, ainda que as operações e as prestações se iniciem no exterior;

▶ Art. 60, § 2º, do ADCT.

▸ LC nº 24, de 7-1-1975, dispõe sobre os convênios para a concessão de isenções do imposto sobre operações relativas à circulação de mercadorias.
▸ LC nº 87, de 13-9-1996 (Lei Kandir – ICMS).
▸ Súm. nº 662 do STF.
▸ Súmulas nºs 334 e 457 do STJ.

III – propriedade de veículos automotores;

▸ Incisos I a III acrescidos pela EC nº 3, de 17-3-1993.

§ 1º O imposto previsto no inciso I:

▸ § 1º com a redação dada pela EC nº 3, de 17-3-1993.

I – relativamente a bens imóveis e respectivos direitos, compete ao Estado da situação do bem, ou ao Distrito Federal;

II – relativamente a bens móveis, títulos e créditos, compete ao Estado onde era domiciliado o *de cujus*, ou tiver domicílio o doador, ou ao Distrito Federal;

▸ Inciso II com a redação dada pela EC nº 132, de 20-12-2023.
▸ Este inciso estará revogado pela EC nº 132, de 20-12-2023, a partir de 1º-1-2033.
▸ Art. 17 da EC nº 132, de 20-12-2023.

III – terá a competência para sua instituição regulada por lei complementar:

▸ Art. 16 da EC nº 132, de 20-12-2023.

a) se o doador tiver domicílio ou residência no exterior;

b) se o *de cujus* possuía bens, era residente ou domiciliado ou teve o seu inventário processado no exterior;

IV – terá suas alíquotas máximas fixadas pelo Senado Federal;

V – não incidirá sobre as doações destinadas, no âmbito do Poder Executivo da União, a projetos socioambientais ou destinados a mitigar os efeitos das mudanças climáticas e às instituições federais de ensino;

▸ Inciso V acrescido pela EC nº 126, de 21-12-2022.

VI – será progressivo em razão do valor do quinhão, do legado ou da doação;

VII – não incidirá sobre as transmissões e as doações para as instituições sem fins lucrativos com finalidade de relevância pública e social, inclusive as organizações assistenciais e beneficentes de entidades religiosas e institutos científicos e tecnológicos, e por elas realizadas na consecução dos seus objetivos sociais, observadas as condições estabelecidas em lei complementar.

▸ Incisos VI e VII acrescidos pela EC nº 132, de 20-12-2023.

§ 2º O imposto previsto no inciso II atenderá ao seguinte:

▸ *Caput* do § 2º com a redação dada pela EC nº 3, de 17-3-1993.
▸ Este parágrafo estará revogado pela EC nº 132, de 20-12-2023, a partir de 1º-1-2033.
▸ LC nº 24, de 7-1-1975, dispõe sobre os convênios para a concessão de isenções do imposto sobre operações relativas à circulação de mercadorias.
▸ LC nº 101, de 4-5-2000 (Lei da Responsabilidade Fiscal).
▸ Dec.-lei nº 406, de 31-12-1968, estabelece normas gerais de direito financeiro, aplicáveis aos Impostos sobre Operações relativas à Circulação de Mercadorias e sobre Serviços de Qualquer Natureza.

I – será não cumulativo, compensando-se o que for devido em cada operação relativa à circulação de mercadorias ou prestação de serviços com o montante cobrado nas anteriores pelo mesmo ou outro Estado ou pelo Distrito Federal;

II – a isenção ou não incidência, salvo determinação em contrário da legislação:

▸ LC nº 24, de 7-1-1975, dispõe sobre os convênios para concessão para isenções do Imposto sobre Obrigações Relativas a Circulação de Mercadorias.
▸ LC nº 87, de 13-9-1996 (Lei Kandir – ICMS).
▸ Súm. nº 662 do STF.

a) não implicará crédito para compensação com o montante devido nas operações ou prestações seguintes;

b) acarretará a anulação do crédito relativo às operações anteriores;

III – poderá ser seletivo, em função da essencialidade das mercadorias e dos serviços;

IV – resolução do Senado Federal, de iniciativa do Presidente da República ou de um terço dos Senadores, aprovada pela maioria absoluta de seus membros, estabelecerá as alíquotas aplicáveis às operações e prestações, interestaduais e de exportação;

V – é facultado ao Senado Federal:

a) estabelecer alíquotas mínimas nas operações internas, mediante resolução de iniciativa de um terço e aprovada pela maioria absoluta de seus membros;

b) fixar alíquotas máximas nas mesmas operações para resolver conflito específico que envolva interesse de Estados, mediante resolução de iniciativa da maioria absoluta e aprovada por dois terços de seus membros;

VI – salvo deliberação em contrário dos Estados e do Distrito Federal, nos termos do disposto no inciso XII, *g*, as alíquotas internas, nas operações relativas à circulação de mercadorias e nas prestações de serviços, não poderão ser inferiores às previstas para as operações interestaduais;

VII – nas operações e prestações que destinem bens e serviços a consumidor final, contribuinte ou não do imposto, localizado em outro Estado, adotar-se-á a alíquota interestadual e caberá ao Estado de localização do destinatário o imposto correspondente à diferença entre a alíquota interna do Estado destinatário e a alíquota interestadual;

▸ Inciso VII com a redação dada pela EC nº 87, de 16-4-2015.

a) e b) *Revogadas*. EC nº 87, de 16-4-2015.

VIII – a responsabilidade pelo recolhimento do imposto correspondente à diferença entre a alíquota interna e a interestadual de que trata o inciso VII será atribuída:

a) ao destinatário, quando este for contribuinte do imposto;

b) ao remetente, quando o destinatário não for contribuinte do imposto;

▸ Inciso VIII com a redação dada pela EC nº 87, de 16-4-2015.

IX – incidirá também:

▸ Súmulas nºs 660 e 661 do STF.
▸ Súm. nº 155 do STJ.

a) sobre a entrada de bem ou mercadoria importados do exterior por pessoa física ou jurídica, ainda que não seja contribuinte habitual do imposto, qualquer que seja a sua finalidade, assim como sobre o serviço prestado no exterior, cabendo o imposto ao Estado onde estiver situado o domicílio ou o estabelecimento do destinatário da mercadoria, bem ou serviço;

▸ Alínea *a* com a redação dada pela EC nº 33, de 11-12-2001.
▸ Súm. Vinc. nº 48 do STF.
▸ Súmulas nºs 660 e 661 do STF.
▸ Súm. nº 198 do STJ.

b) sobre o valor total da operação, quando mercadorias forem fornecidas com serviços não compreendidos na competência tributária dos Municípios;

X – não incidirá:

a) sobre operações que destinem mercadorias para o exterior, nem sobre serviços prestados a destinatários no exterior, assegurada a manutenção e o aproveitamento do montante do imposto cobrado nas operações e prestações anteriores;

▸ Alínea *a* com a redação dada pela EC nº 42, de 19-12-2003.
▸ Súm. nº 433 do STJ.

b) sobre operações que destinem a outros Estados petróleo, inclusive lubrificantes, combustíveis líquidos e gasosos dele derivados, e energia elétrica;

c) sobre o ouro, nas hipóteses definidas no artigo 153, § 5º;

▸ Lei nº 7.766, de 11-5-1989, dispõe sobre o ouro, ativo financeiro, e sobre seu tratamento tributário.

d) nas prestações de serviço de comunicação nas modalidades de radiodifusão sonora e de sons e imagens de recepção livre e gratuita;

▸ Alínea *d* acrescida pela EC nº 42, de 19-12-2003.

XI – não compreenderá, em sua base de cálculo, o montante do imposto sobre produtos industrializados, quando a operação, realizada entre contribuintes e relativa a produto destinado à industrialização ou à comercialização, configure fato gerador dos dois impostos;

XII – cabe à lei complementar:

▸ Art. 4º da EC nº 42, de 19-12-2003.

a) definir seus contribuintes;

b) dispor sobre substituição tributária;

c) disciplinar o regime de compensação do imposto;

d) fixar, para efeito de sua cobrança e definição do estabelecimento responsável, o local das operações relativas à circulação de mercadorias e das prestações de serviços;

e) excluir da incidência do imposto, nas exportações para o exterior, serviços e outros produtos além dos mencionados no inciso X, *a*;

f) prever casos de manutenção de crédito, relativamente à remessa para outro Estado e exportação para o exterior, de serviços e de mercadorias;

g) regular a forma como, mediante deliberação dos Estados e do Distrito Federal, isenções, incentivos e benefícios fiscais serão concedidos e revogados;

▸ Art. 22, parágrafo único, da LC nº 123, de 14-12-2006 (Estatuto Nacional da Microempresa e da Empresa de Pequeno Porte).
▸ Art. 2º da LC nº 160, de 7-8-2017, que dispõe sobre convênio que permite aos Estados e ao Distrito Federal deliberar sobre a remissão dos créditos tributários, constituídos ou não, decorrentes das isenções, dos incentivos e dos benefícios fiscais ou financeiro-fiscais instituídos em desacordo com o disposto nesta alínea e a reinstituição das respectivas isenções, incentivos e benefícios fiscais ou financeiro-fiscais.

h) definir os combustíveis e lubrificantes sobre os quais o imposto incidirá uma única vez, qualquer que seja a sua finalidade, hipótese em que não se aplicará o disposto no inciso X, *b*;

- ▸ Alínea *h* acrescida pela EC nº 33, de 11-12-2001.
- ▸ Conforme o art. 4º da EC nº 33, de 11-12-2001, enquanto não entrar em vigor a lei complementar de que trata esta alínea, os Estados e o Distrito Federal, mediante convênio celebrado nos termos do § 2º, XII, *g*, deste artigo, fixarão normas para regular provisoriamente a matéria.

i) fixar a base de cálculo, de modo que o montante do imposto a integre, também na importação do exterior de bem, mercadoria ou serviço.

- ▸ Alínea *i* acrescida pela EC nº 33, de 11-12-2001.
- ▸ Súm. nº 457 do STJ.

§ 3º À exceção dos impostos de que tratam o inciso II do *caput* deste artigo e os arts. 153, I e II, e 156-A, nenhum outro imposto poderá incidir sobre operações relativas a energia elétrica e serviços de telecomunicações e, à exceção destes e do previsto no art. 153, VIII, nenhum outro imposto poderá incidir sobre operações relativas a derivados de petróleo, combustíveis e minerais do País.

- ▸ § 3º com a redação dada pela EC nº 132, de 20-12-2023.
- ▸ Este parágrafo estará revogado pela EC nº 132, de 20-12-2023, a partir de 1º-1-2033.
- ▸ Súm. nº 659 do STF.

§ 4º Na hipótese do inciso XII, *h*, observar-se-á o seguinte:

- ▸ Este parágrafo estará revogado pela EC nº 132, de 20-12-2023, a partir de 1º-1-2033.

I – nas operações com os lubrificantes e combustíveis derivados de petróleo, o imposto caberá ao Estado onde ocorrer o consumo;

II – nas operações interestaduais, entre contribuintes, com gás natural e seus derivados, e lubrificantes e combustíveis não incluídos no inciso I deste parágrafo, o imposto será repartido entre os Estados de origem e de destino, mantendo-se a mesma proporcionalidade que ocorre nas operações com as demais mercadorias;

III – nas operações interestaduais com gás natural e seus derivados, e lubrificantes e combustíveis não incluídos no inciso I deste parágrafo, destinadas a não contribuinte, o imposto caberá ao Estado de origem;

IV – as alíquotas do imposto serão definidas mediante deliberação dos Estados e Distrito Federal, nos termos do § 2º, XII, *g*, observando-se o seguinte:

a) serão uniformes em todo o território nacional, podendo ser diferenciadas por produto;

b) poderão ser específicas, por unidade de medida adotada, ou *ad valorem*, incidindo sobre o valor da operação ou sobre o preço que o produto ou seu similar alcançaria em uma venda em condições de livre concorrência;

c) poderão ser reduzidas e restabelecidas, não se lhes aplicando o disposto no artigo 150, III, *b*.

§ 5º As regras necessárias à aplicação do disposto no § 4º, inclusive as relativas à apuração e à destinação do imposto, serão estabelecidas mediante deliberação dos Estados e do Distrito Federal, nos termos do § 2º, XII, *g*.

- ▸ §§ 4º e 5º acrescidos pela EC nº 33, de 11-12-2001.
- ▸ Este parágrafo estará revogado pela EC nº 132, de 20-12-2023, a partir de 1º-1-2033.

§ 6º O imposto previsto no inciso III:

- ▸ *Caput* do § 6º acrescido pela EC nº 42, de 19-12-2003.

I – terá alíquotas mínimas fixadas pelo Senado Federal;

- ▸ Inciso I acrescido pela EC nº 42, de 19-12-2003.

II – poderá ter alíquotas diferenciadas em função do tipo, do valor, da utilização e do impacto ambiental;

- ▸ Inciso II com a redação dada pela EC nº 132, de 20-12-2023.

III – incidirá sobre a propriedade de veículos automotores terrestres, aquáticos e aéreos, excetuados:

a) aeronaves agrícolas e de operador certificado para prestar serviços aéreos a terceiros;

b) embarcações de pessoa jurídica que detenha outorga para prestar serviços de transporte aquaviário ou de pessoa física ou jurídica que pratique pesca industrial, artesanal, científica ou de subsistência;

c) plataformas suscetíveis de se locomoverem na água por meios próprios, inclusive aquelas cuja finalidade principal seja a exploração de atividades econômicas em águas territoriais e na zona econômica exclusiva e embarcações que tenham essa mesma finalidade principal;

d) tratores e máquinas agrícolas.

- ▸ Inciso III acrescido pela EC nº 132, de 20-12-2023.

Seção V

DOS IMPOSTOS DOS MUNICÍPIOS

Art. 156. Compete aos Municípios instituir impostos sobre:

- ▸ Art. 167, § 4º, desta Constituição.

I – propriedade predial e territorial urbana;

- ▸ Arts. 32 a 34 do CTN.
- ▸ Súm. nº 589 do STF.
- ▸ Súm. nº 399 do STJ.

II – transmissão *inter vivos*, a qualquer título, por ato oneroso, de bens imóveis, por natureza ou acessão física, e de direitos reais sobre imóveis, exceto os de garantia, bem como cessão de direitos à sua aquisição;

- ▸ Arts. 34 a 42 do CTN.
- ▸ Súm. nº 656 do STF.

III – serviços de qualquer natureza, não compreendidos no artigo 155, II, definidos em lei complementar.

- ▸ Inciso III com a redação dada pela EC nº 3, de 17-3-1993.
- ▸ Este inciso estará revogado pela EC nº 132, de 20-12-2023, a partir de 1º-1-2033
- ▸ LC nº 116, de 31-4-2003 (Lei do ISS).
- ▸ Súm. Vinc. nº 31 do STF.
- ▸ Súm. nº 424 do STJ.

IV – *Revogado*. EC nº 3, de 17-3-1993.

§ 1º Sem prejuízo da progressividade no tempo a que se refere o artigo 182, § 4º, inciso II, o imposto previsto no inciso I poderá:

- ▸ *Caput* do § 1º com a redação dada pela EC nº 29, de 13-9-2000.
- ▸ Arts. 182, §§ 2º e 4º, e 186 desta Constituição.
- ▸ Súm. nº 589 do STF.

I – ser progressivo em razão do valor do imóvel; e

II – ter alíquotas diferentes de acordo com a localização e o uso do imóvel;

- ▸ Incisos I e II com a redação dada pela EC nº 29, de 13-9-2000.
- ▸ Lei nº 10.257, de 10-7-2001 (Estatuto da Cidade).

III – ter sua base de cálculo atualizada pelo Poder Executivo, conforme critérios estabelecidos em lei municipal.

- ▸ Inciso III acrescido pela EC nº 132, de 20-12-2023.

§ 1º-A. O imposto previsto no inciso I do *caput* deste artigo não incide sobre templos de qualquer culto, ainda que as entidades abrangidas pela imunidade de que trata a alínea *b* do inciso VI do *caput* do art. 150 desta Constituição sejam apenas locatárias do bem imóvel.

- ▸ § 1º-A acrescido pela EC nº 116, de 17-2-2022.

§ 2º O imposto previsto no inciso II:

I – não incide sobre a transmissão de bens ou direitos incorporados ao patrimônio de pessoa jurídica em realização de capital, nem sobre a transmissão de bens ou direitos decorrentes de fusão, incorporação, cisão ou extinção de pessoa jurídica, salvo se, nesses casos, a atividade preponderante do adquirente for a compra e venda desses bens ou direitos, locação de bens imóveis ou arrendamento mercantil;

II – compete ao Município da situação do bem.

§ 3º Em relação ao imposto previsto no inciso III do *caput* deste artigo, cabe à lei complementar:

- ▸ *Caput* do § 3º com a redação dada pela EC nº 37, de 12-6-2002.
- ▸ Este parágrafo estará revogado pela EC nº 132, de 20-12-2023, a partir de 1º-1-2033.

I – fixar as suas alíquotas máximas e mínimas;

- ▸ Inciso I com a redação dada pela EC nº 37, de 12-6-2002.
- ▸ Art. 88 do ADCT.

II – excluir da sua incidência exportações de serviços para o exterior;

- ▸ Inciso II com a redação dada pela EC nº 3, de 17-3-1993.

III – regular a forma e as condições como isenções, incentivos e benefícios fiscais serão concedidos e revogados.

- ▸ Inciso III acrescido pela EC nº 37, de 12-6-2002.
- ▸ Art. 88 do ADCT.

§ 4º *Revogado*. EC nº 3, de 17-3-1993.

Seção V-A

DO IMPOSTO DE COMPETÊNCIA COMPARTILHADA ENTRE ESTADOS, DISTRITO FEDERAL E MUNICÍPIOS

- ▸ Seção V-A acrescida pela EC nº 132, de 20-12-2023.

Art. 156-A. Lei complementar instituirá imposto sobre bens e serviços de competência compartilhada entre Estados, Distrito Federal e Municípios.

§ 1º O imposto previsto no *caput* será informado pelo princípio da neutralidade e atenderá ao seguinte:

I – incidirá sobre operações com bens materiais ou imateriais, inclusive direitos, ou com serviços;

II – incidirá também sobre a importação de bens materiais ou imateriais, inclusive direitos, ou de serviços realizada por pessoa física ou jurídica, ainda que não seja sujeito passivo habitual do imposto, qualquer que seja a sua finalidade;

III – não incidirá sobre as exportações, assegurados ao exportador a manutenção e o aproveitamento dos créditos relativos às operações nas quais seja adquirente de bem material ou imaterial, inclusive direitos, ou serviço, observado o disposto no § 5º, III;

IV – terá legislação única e uniforme em todo o território nacional, ressalvado o disposto no inciso V;

V – cada ente federativo fixará sua alíquota própria por lei específica;

VI – a alíquota fixada pelo ente federativo na forma do inciso V será a mesma para todas as operações com bens materiais ou imateriais, inclusive direitos, ou com serviços, ressalvadas as hipóteses previstas nesta Constituição;

VII – será cobrado pelo somatório das alíquotas do Estado e do Município de destino da operação;

VIII – será não cumulativo, compensando-se o imposto devido pelo contribuinte com o montante cobrado sobre todas as operações nas quais seja adquirente de bem material ou imaterial, inclusive direito, ou de serviço, excetuadas exclusivamente as consideradas de uso ou consumo pessoal especificadas em lei complementar e as hipóteses previstas nesta Constituição;

IX – não integrará sua própria base de cálculo nem a dos tributos previstos nos arts. 153, VIII, e 195, I, *b*, IV e V, e da contribuição para o Programa de Integração Social de que trata o art. 239;

★ **Nova redação do dispositivo alterado:** "IX – não integrará sua própria base de cálculo nem a dos tributos previstos nos arts. 153, VIII, e 195, V;"

▸ Inciso IX acrescido pela EC nº 132, de 20-12-2023, para vigorar a partir de 2027.

★ **Nova redação do dispositivo alterado:** "IX – não integrará sua própria base de cálculo nem a dos tributos previstos nos arts. 153, VIII, e 195, V;".

▸ Inciso IX acrescido pela EC nº 132, de 20-12-2023, para vigorar a partir de 2033.

X – não será objeto de concessão de incentivos e benefícios financeiros ou fiscais relativos ao imposto ou de regimes específicos, diferenciados ou favorecidos de tributação, excetuadas as hipóteses previstas nesta Constituição;

XI – não incidirá nas prestações de serviço de comunicação nas modalidades de radiodifusão sonora e de sons e imagens de recepção livre e gratuita;

XII – resolução do Senado Federal fixará alíquota de referência do imposto para cada esfera federativa, nos termos de lei complementar, que será aplicada se outra não houver sido estabelecida pelo próprio ente federativo;

XIII – sempre que possível, terá seu valor informado, de forma específica, no respectivo documento fiscal.

§ 2º Para fins do disposto no § 1º, V, o Distrito Federal exercerá as competências estadual e municipal na fixação de suas alíquotas.

§ 3º Lei complementar poderá definir como sujeito passivo do imposto a pessoa que concorrer para a realização, a execução ou o pagamento da operação, ainda que residente ou domiciliada no exterior.

§ 4º Para fins de distribuição do produto da arrecadação do imposto, o Comitê Gestor do Imposto sobre Bens e Serviços:

I – reterá montante equivalente ao saldo acumulado de créditos do imposto não compensados pelos contribuintes e não ressarcidos ao final de cada período de apuração e aos valores decorrentes do cumprimento do § 5º, VIII;

II – distribuirá o produto da arrecadação do imposto, deduzida a retenção de que trata o inciso I deste parágrafo, ao ente federativo de destino das operações que não tenham gerado creditamento.

§ 5º Lei complementar disporá sobre:

I – as regras para a distribuição do produto da arrecadação do imposto, disciplinando, entre outros aspectos:

a) a sua forma de cálculo;

b) o tratamento em relação às operações em que o imposto não seja recolhido tempestivamente;

c) as regras de distribuição aplicáveis aos regimes favorecidos, específicos e diferenciados de tributação previstos nesta Constituição;

II – o regime de compensação, podendo estabelecer hipóteses em que o aproveitamento do crédito ficará condicionado à verificação do efetivo recolhimento do imposto incidente sobre a operação com bens materiais ou imateriais, inclusive direitos, ou com serviços, desde que:

a) o adquirente possa efetuar o recolhimento do imposto incidente nas suas aquisições de bens ou serviços; ou

b) o recolhimento do imposto ocorra na liquidação financeira da operação;

III – a forma e o prazo para ressarcimento de créditos acumulados pelo contribuinte;

IV – os critérios para a definição do destino da operação, que poderá ser, inclusive, o local da entrega, da disponibilização ou da localização do bem, o da prestação ou da disponibilização do serviço ou o do domicílio ou da localização do adquirente ou destinatário do bem ou serviço, admitidas diferenciações em razão das características da operação;

V – a forma de desoneração da aquisição de bens de capital pelos contribuintes, que poderá ser implementada por meio de:

a) crédito integral e imediato do imposto;

b) diferimento; ou

c) redução em 100% (cem por cento) das alíquotas do imposto;

VI – as hipóteses de diferimento e desoneração do imposto aplicáveis aos regimes aduaneiros especiais e às zonas de processamento de exportação;

VII – o processo administrativo fiscal do imposto;

VIII – as hipóteses de devolução do imposto a pessoas físicas, inclusive os limites e os beneficiários, com o objetivo de reduzir as desigualdades de renda;

IX – os critérios para as obrigações tributárias acessórias, visando à sua simplificação.

§ 6º Lei complementar disporá sobre regimes específicos de tributação para:

I – combustíveis e lubrificantes sobre os quais o imposto incidirá uma única vez, qualquer que seja a sua finalidade, hipótese em que:

a) serão as alíquotas uniformes em todo o território nacional, específicas por unidade de medida e diferenciadas por produto, admitida a não aplicação do disposto no § 1º, V a VII;

b) será vedada a apropriação de créditos em relação às aquisições dos produtos de que trata este inciso destinados a distribuição, comercialização ou revenda;

c) será concedido crédito nas aquisições dos produtos de que trata este inciso por sujeito passivo do imposto, observado o disposto na alínea *b* e no § 1º, VIII;

II – serviços financeiros, operações com bens imóveis, planos de assistência à saúde e concursos de prognósticos, podendo prever:

a) alterações nas alíquotas, nas regras de creditamento e na base de cálculo, admitida, em relação aos adquirentes dos bens e serviços de que trata este inciso, a não aplicação do disposto no § 1º, VIII;

b) hipóteses em que o imposto incidirá sobre a receita ou o faturamento, com alíquota uniforme em todo o território nacional, admitida a não aplicação do disposto no § 1º, V a VII, e, em relação aos adquirentes dos bens e serviços de que trata este inciso, também do disposto no § 1º, VIII;

III – sociedades cooperativas, que será optativo, com vistas a assegurar sua competitividade, observados os princípios da livre concorrência e da isonomia tributária, definindo, inclusive:

a) as hipóteses em que o imposto não incidirá sobre as operações realizadas entre a sociedade cooperativa e seus associados, entre estes e aquela e pelas sociedades cooperativas entre si quando associadas para a consecução dos objetivos sociais;

b) o regime de aproveitamento do crédito das etapas anteriores;

IV – serviços de hotelaria, parques de diversão e parques temáticos, agências de viagens e de turismo, bares e restaurantes, atividade esportiva desenvolvida por Sociedade Anônima do Futebol e aviação regional, podendo prever hipóteses de alterações nas alíquotas, nas bases de cálculo e nas regras de creditamento, admitida a não aplicação do disposto no § 1º, V a VIII;

V – operações alcançadas por tratado ou convenção internacional, inclusive referentes a missões diplomáticas, repartições consulares, representações de organismos internacionais e respectivos funcionários acreditados;

VI – serviços de transporte coletivo de passageiros rodoviário intermunicipal e interestadual, ferroviário e hidroviário, podendo prever hipóteses de alterações nas alíquotas e nas regras de creditamento, admitida a não aplicação do disposto no § 1º, V a VIII.

§ 7º A isenção e a imunidade:

I – não implicarão crédito para compensação com o montante devido nas operações seguintes;

II – acarretarão a anulação do crédito relativo às operações anteriores, salvo, na hipótese da imunidade, inclusive em relação ao inciso XI do § 1º, quando determinado em contrário em lei complementar.

§ 8º Para fins do disposto neste artigo, a lei complementar de que trata o *caput* poderá estabelecer o conceito de operações com serviços, seu conteúdo e alcance, admitida essa definição para qualquer operação que não seja classificada como operação com bens materiais ou imateriais, inclusive direitos.

§ 9º Qualquer alteração na legislação federal que reduza ou eleve a arrecadação do imposto:

I – deverá ser compensada pela elevação ou redução, pelo Senado Federal, das alíquotas de referência de que trata o § 1º, XII, de modo a preservar a arrecadação das esferas federativas, nos termos de lei complementar;

II – somente entrará em vigor com o início da produção de efeitos do ajuste das alíquotas de referência de que trata o inciso I deste parágrafo.

§ 10. Os Estados, o Distrito Federal e os Municípios poderão optar por vincular suas alíquotas à alíquota de referência de que trata o § 1º, XII.

§ 11. Projeto de lei complementar em tramitação no Congresso Nacional que reduza ou aumente a arrecadação do imposto somente será apreciado se acompanhado de estimativa de impacto no valor das alíquotas de referência de que trata o § 1º, XII.

§ 12. A devolução de que trata o § 5º, VIII, não será considerada nas bases de cálculo de que tratam os arts. 29-A, 198, § 2º, 204, parágrafo único, 212, 212-A, II, e 216, § 6º, não se aplicando a ela, ainda, o disposto no art. 158, IV, *b*.

§ 13. A devolução de que trata o § 5º, VIII, será obrigatória nas operações de fornecimento de energia elétrica e de gás liquefeito de petróleo ao consumidor de baixa renda, podendo a lei complementar determinar que seja calculada e concedida no momento da cobrança da operação.

Art. 156-B. Os Estados, o Distrito Federal e os Municípios exercerão de forma integrada, exclusivamente por meio do Comitê Gestor do Imposto sobre Bens e Serviços, nos termos e limites estabelecidos nesta Constituição e em lei complementar, as seguintes competências administrativas relativas ao imposto de que trata o art. 156-A:

I – editar regulamento único e uniformizar a interpretação e a aplicação da legislação do imposto;

II – arrecadar o imposto, efetuar as compensações e distribuir o produto da arrecadação entre Estados, Distrito Federal e Municípios;

III – decidir o contencioso administrativo.

§ 1º O Comitê Gestor do Imposto sobre Bens e Serviços, entidade pública sob regime especial, terá independência técnica, administrativa, orçamentária e financeira.

§ 2º Na forma da lei complementar:

I – os Estados, o Distrito Federal e os Municípios serão representados, de forma paritária, na instância máxima de deliberação do Comitê Gestor do Imposto sobre Bens e Serviços;

II – será assegurada a alternância na presidência do Comitê Gestor entre o conjunto dos Estados e o Distrito Federal e o conjunto dos Municípios e o Distrito Federal;

III – o Comitê Gestor será financiado por percentual do produto da arrecadação do imposto destinado a cada ente federativo;

IV – o controle externo do Comitê Gestor será exercido pelos Estados, pelo Distrito Federal e pelos Municípios;

V – a fiscalização, o lançamento, a cobrança, a representação administrativa e a representação judicial relativos ao imposto serão realizados, no âmbito de suas respectivas competências, pelas administrações tributárias e procuradorias dos Estados, do Distrito Federal e dos Municípios, que poderão definir hipóteses de delegação ou de compartilhamento de competências, cabendo ao Comitê Gestor a coordenação dessas atividades administrativas com vistas à integração entre os entes federativos;

VI – as competências exclusivas das carreiras da administração tributária e das procuradorias dos Estados, do Distrito Federal e dos Municípios serão exercidas, no Comitê Gestor e na representação deste, por servidores das referidas carreiras;

VII – serão estabelecidas a estrutura e a gestão do Comitê Gestor, cabendo ao regimento interno dispor sobre sua organização e funcionamento.

§ 3º A participação dos entes federativos na instância máxima de deliberação do Comitê Gestor do Imposto sobre Bens e Serviços observará a seguinte composição:

I – 27 (vinte e sete) membros, representando cada Estado e o Distrito Federal;

II – 27 (vinte e sete) membros, representando o conjunto dos Municípios e do Distrito Federal, que serão eleitos nos seguintes termos:

a) 14 (quatorze) representantes, com base nos votos de cada Município, com valor igual para todos; e

b) 13 (treze) representantes, com base nos votos de cada Município ponderados pelas respectivas populações.

§ 4º As deliberações no âmbito do Comitê Gestor do Imposto sobre Bens e Serviços serão consideradas aprovadas se obtiverem, cumulativamente, os votos:

I – em relação ao conjunto dos Estados e do Distrito Federal:

a) da maioria absoluta de seus representantes; e

b) de representantes dos Estados e do Distrito Federal que correspondam a mais de 50% (cinquenta por cento) da população do País; e

II – em relação ao conjunto dos Municípios e do Distrito Federal, da maioria absoluta de seus representantes.

§ 5º O Presidente do Comitê Gestor do Imposto sobre Bens e Serviços deverá ter notórios conhecimentos de administração tributária.

§ 6º O Comitê Gestor do Imposto sobre Bens e Serviços, a administração tributária da União e a Procuradoria-Geral da Fazenda Nacional compartilharão informações fiscais relacionadas aos tributos previstos nos arts. 156-A e 195, V, e atuarão com vistas a harmonizar normas, interpretações, obrigações acessórias e procedimentos a eles relativos.

§ 7º O Comitê Gestor do Imposto sobre Bens e Serviços e a administração tributária da União poderão implementar soluções integradas para a administração e cobrança dos tributos previstos nos arts. 156-A e 195, V.

§ 8º Lei complementar poderá prever a integração do contencioso administrativo relativo aos tributos previstos nos arts. 156-A e 195, V.

- Arts. 156-A e 156-B acrescidos pela EC nº 132, de 20-12-2023.

Seção VI

DA REPARTIÇÃO DAS RECEITAS TRIBUTÁRIAS

Art. 157. Pertencem aos Estados e ao Distrito Federal:

- Art. 167, § 4º, desta Constituição.
- Art. 107, § 6º, I, do ADCT.

I – o produto da arrecadação do imposto da União sobre renda e proventos de qualquer natureza, incidente na fonte, sobre rendimentos pagos, a qualquer título, por eles, suas autarquias e pelas fundações que instituírem e mantiverem;

- Art. 159, § 1º, desta Constituição.
- Art. 76, § 1º, do ADCT.
- Súm. nº 447 do STJ.

II – vinte por cento do produto da arrecadação do imposto que a União instituir no exercício da competência que lhe é atribuída pelo artigo 154, I.

- Art. 72, § 3º, do ADCT.

Art. 158. Pertencem aos Municípios:

- Art. 167, IV, desta Constituição.
- Art. 104, IV, do ADCT.
- LC nº 63, de 11-1-1990, dispõe sobre critérios e prazos de crédito das parcelas do produto da arrecadação de impostos de competência dos Estados e de transferências por estes recebidas, pertencentes aos Municípios.

I – o produto da arrecadação do imposto da União sobre renda e proventos de qualquer natureza, incidente na fonte, sobre rendimentos pagos, a qualquer título, por eles, suas autarquias e pelas fundações que instituírem e mantiverem;

- Art. 159, § 1º, desta Constituição.
- Arts. 76, § 1º, e 107, § 6º, I, do ADCT.

II – cinquenta por cento do produto da arrecadação do imposto da União sobre a propriedade territorial rural, relativamente aos imóveis neles situados, cabendo a totalidade na hipótese da opção a que se refere o art. 153, § 4º, III;

- Inciso II com a redação dada pela EC nº 42, de 19-12-2003.
- Arts. 76, § 1º, e 107, § 6º, I, do ADCT.
- Súm. nº 139 do STJ.

III – 50% (cinquenta por cento) do produto da arrecadação do imposto do Estado sobre a propriedade de veículos automotores licenciados em seus territórios e, em relação a veículos aquáticos e aéreos, cujos proprietários sejam domiciliados em seus territórios;

- Inciso III com a redação dada pela EC nº 132, de 20-12-2023.
- Art. 1º da LC nº 63, de 11-1-1990, que dispõe sobre critérios e prazos de crédito das parcelas do produto da arrecadação de impostos de competência dos Estados e de transferências por estes recebidas, pertencentes aos Municípios.

IV – 25% (vinte e cinco por cento):

- *Caput* do inciso IV com a redação dada pela EC nº 132, de 20-12-2023.

a) do produto da arrecadação do imposto do Estado sobre operações relativas à circulação de mercadorias e sobre prestações de serviços de transporte interestadual e intermunicipal e de comunicação;

b) do produto da arrecadação do imposto previsto no art. 156-A distribuída aos Estados.

- Alíneas *a* e *b* acrescidas pela EC nº 132, de 20-12-2023.
- Arts. 60, § 2º, e 82, § 1º, do ADCT.
- Art. 1º da LC nº 63, de 11-1-1990, que dispõe sobre critérios e prazos de crédito das parcelas do produto da arrecadação de impostos de competência dos Estados e de transferências por estes recebidas, pertencentes aos Municípios.

§ 1º As parcelas de receita pertencentes aos Municípios mencionadas no inciso IV, *a*, serão creditadas conforme os seguintes critérios:

I – 65% (sessenta e cinco por cento), no mínimo, na proporção do valor adicionado nas operações relativas à circulação de mercadorias e nas prestações de serviços, realizadas em seus territórios;

II – até 35% (trinta e cinco por cento), de acordo com o que dispuser lei estadual, observada, obrigatoriamente, a distribuição de, no mínimo, 10 (dez) pontos percentuais com base em indicadores de melhoria nos resultados de aprendizagem e de aumento da equidade, considerado o nível socioeconômico dos educandos.

- Parágrafo único transformado em § 1º e com a redação do *caput* dada pela EC nº 132, de 20-12-2023.
- Este parágrafo estará revogado pela EC nº 132, de 20-12-2023, a partir de 1º-1-2033.
- Art. 3º da EC nº 108, de 26-8-2020, que estabelece que os Estados terão prazo de 2 (dois) anos, contados da data de promulgação desta Emenda, para aprovar a lei estadual prevista neste inciso.

§ 2º As parcelas de receita pertencentes aos Municípios mencionadas no inciso IV, *b*, serão creditadas conforme os seguintes critérios:

I – 80% (oitenta por cento) na proporção da população;

II – 10% (dez por cento) com base em indicadores de melhoria nos resultados de aprendizagem e de aumento da equidade, considerado o nível socioeconômico dos educandos, de acordo com o que dispuser lei estadual;

III – 5% (cinco por cento) com base em indicadores de preservação ambiental, de acordo com o que dispuser lei estadual;

IV – 5% (cinco por cento) em montantes iguais para todos os Municípios do Estado.

- § 2º acrescido pela EC nº 132, de 20-12-2023.

Art. 159. A União entregará:

- Art. 167, IV, desta Constituição.
- Arts. 72, §§ 2º e 4º, 80, § 1º, e 107, § 6º, I, do ADCT.
- LC nº 62, de 28-12-1989, dispõe sobre normas para cálculo, entrega e controle de liberações de recursos dos Fundos de Participação.

I – do produto da arrecadação dos impostos sobre renda e proventos de qualquer natureza e sobre produtos industrializados e do imposto previsto no art. 153, VIII, 50% (cinquenta por cento), da seguinte forma:

- *Caput* do inciso I com a redação dada pela EC nº 132, de 20-12-2023.
- Art. 3º da EC nº 17, de 22-11-1997.
- Art. 60, II, do ADCT.

a) vinte e um inteiros e cinco décimos por cento ao Fundo de Participação dos Estados e do Distrito Federal;

- Arts. 34, § 2º, II e 60, § 2º, 76, § 1º, do ADCT.
- LC nº 62, de 28-12-1989, estabelece normas sobre o cálculo, a entrega e o controle das liberações dos recursos dos fundos de participação dos Estados, do Distrito Federal e dos Municípios.

b) vinte e dois inteiros e cinco décimos por cento ao Fundo de Participação dos Municípios;

- Art. 76, § 1º, do ADCT.
- LC nº 62, de 28-12-1989, estabelece normas sobre o cálculo, a entrega e o controle das liberações dos recursos dos fundos de participação dos Estados, do Distrito Federal e dos Municípios.
- LC nº 91, de 22-12-1997, dispõe sobre a fixação dos coeficientes do Fundo de Participação dos Municípios.

c) três por cento, para aplicação em programas de financiamento ao setor produtivo das Regiões Norte, Nordeste e Centro-Oeste, através de suas instituições financeiras de caráter regional, de acordo com os planos regionais de desenvolvimento, ficando assegurada ao semiárido do Nordeste a metade dos recursos destinados à Região, na forma que a lei estabelecer;

- Lei nº 7.827, de 22-9-1989, regulamenta esta alínea.

d) um por cento ao Fundo de Participação dos Municípios, que será entregue no primeiro decêndio do mês de dezembro de cada ano;

- Alínea *d* acrescida pela EC nº 55, de 20-9-2007.
- Art. 2º da EC nº 55, de 20-9-2007, que estabelece que as alterações inseridas neste artigo somente se aplicam sobre a arrecadação dos impostos sobre renda e proventos de qualquer natureza e sobre produtos industrializados realizada a partir de 1º-9-2007.

e) 1% (um por cento) ao Fundo de Participação dos Municípios, que será entregue no primeiro decêndio do mês de julho de cada ano;

- Alínea *e* acrescida pela EC nº 84, de 2-12-2014.
- Art. 2º da EC nº 84, de 2-12-2014, que estabelece o aumento da entrega de recursos pela União para o Fundo de Participação dos Municípios.

f) 1% (um por cento) ao Fundo de Participação dos Municípios, que será entregue no primeiro decêndio do mês de setembro de cada ano;

- Alínea *f* acrescida pela EC nº 112, de 27-10-2021, para vigorar na data de sua publicação (*DOU* de 28-10-2021), produzindo efeitos financeiros a partir de 1º de janeiro do exercício subsequente.
- Art. 2º da EC nº 112, de 27-10-2021, que disciplina a distribuição de recursos pela União ao Fundo de Participação dos Municípios.

II – do produto da arrecadação do imposto sobre produtos industrializados e do imposto previsto no art. 153, VIII, 10% (dez por cento) aos Estados e ao Distrito Federal, proporcionalmente ao valor das respectivas exportações de produtos industrializados;

- Arts. 60, § 2º, e 76, § 1º, do ADCT.
- Art. 1º da LC nº 63, de 11-1-1990, que dispõe sobre critérios e prazos de crédito das parcelas do produto da arrecadação de impostos de competência dos Estados e de transferências por estes recebidas, pertencentes aos Municípios.
- Lei nº 8.016, de 8-4-1990, dispõe sobre a entrega das quotas de participação dos Estados e do Distrito Federal na arrecadação do Imposto sobre Produtos Industrializados – IPI, a que se refere este inciso.

III – do produto da arrecadação da contribuição de intervenção no domínio econômico prevista no art. 177, § 4º, 29% (vinte e nove por cento) para os Estados e o Distrito Federal, distribuídos na forma da lei, observadas as destinações a que se referem as alíneas *c* e *d* do inciso II do referido parágrafo.

- Incisos II e III com a redação dada pela EC nº 132, de 20-12-2023.
- Art. 93 do ADCT.

§ 1º Para efeito de cálculo da entrega a ser efetuada de acordo com o previsto no inciso I, excluir-se-á a parcela da arrecadação do imposto de renda e proventos de qualquer natureza pertencente aos Estados, ao Distrito Federal e aos Municípios, nos termos do disposto nos artigos 157, I, e 158, I.

§ 2º A nenhuma unidade federada poderá ser destinada parcela superior a vinte por cento do montante a que se refere o inciso II, devendo o eventual excedente ser distribuído entre os demais participantes, mantido, em relação a esses, o critério de partilha nele estabelecido.

- LC nº 61, de 26-12-1989, dispõe sobre normas para participação dos Estados e do Distrito Federal no produto de arrecadação do Imposto sobre Produtos Industrializados – IPI, relativamente às exportações.

§ 3º Os Estados entregarão aos respectivos Municípios 25% (vinte e cinco por cento) dos recursos que receberem nos termos do inciso II do *caput* deste artigo, observados os critérios estabelecidos no art. 158, § 1º, para a parcela relativa ao imposto sobre produtos industrializados, e no art. 158, § 2º, para a parcela relativa ao imposto previsto no art. 153, VIII.

- § 3º com a redação dada pela EC nº 132, de 20-12-2023.

★ **Nova redação do dispositivo alterado:** "§ 3º Os Estados entregarão aos respectivos Municípios 25% (vinte e cinco por cento) dos recursos que receberem nos termos do inciso II do *caput* deste artigo, observados os critérios estabelecidos no art. 158, § 2º."

- § 3º com a redação dada pela EC nº 132, de 20-12-2023, para vigorar a partir de 2033.
- LC nº 63, de 11-1-1990, dispõe sobre critérios e prazos de crédito das parcelas do produto da arrecadação de impostos de competência dos Estados e de transferências por estes recebidas, pertencentes aos Municípios.

§ 4º Do montante de recursos de que trata o inciso III que cabe a cada Estado, vinte e cinco por cento serão destinados aos seus Municípios, na forma da lei a que se refere o mencionado inciso.

- § 4º acrescido pela EC nº 42, de 19-12-2003.
- Art. 93 do ADCT.

Art. 159-A. Fica instituído o Fundo Nacional de Desenvolvimento Regional, com o objetivo de reduzir as desigualdades regionais e sociais, nos termos do art. 3º, III, mediante a entrega de recursos da União aos Estados e ao Distrito Federal para:

I – realização de estudos, projetos e obras de infraestrutura;

II – fomento a atividades produtivas com elevado potencial de geração de emprego e renda, incluindo a concessão de subvenções econômicas e financeiras; e

III – promoção de ações com vistas ao desenvolvimento científico e tecnológico e à inovação.

§ 1º É vedada a retenção ou qualquer restrição ao recebimento dos recursos de que trata o *caput*.

§ 2º Na aplicação dos recursos de que trata o *caput*, os Estados e o Distrito Federal priorizarão projetos que prevejam ações de sustentabilidade ambiental e redução das emissões de carbono.

§ 3º Observado o disposto neste artigo, caberá aos Estados e ao Distrito Federal a decisão quanto à aplicação dos recursos de que trata o *caput*.

§ 4º Os recursos de que trata o *caput* serão entregues aos Estados e ao Distrito Federal de acordo com coeficientes individuais de participação, calculados com base nos seguintes indicadores e com os seguintes pesos:

I – população do Estado ou do Distrito Federal, com peso de 30% (trinta por cento);

II – coeficiente individual de participação do Estado ou do Distrito Federal nos recursos de que trata o art. 159, I, *a*, da Constituição Federal, com peso de 70% (setenta por cento).

§ 5º O Tribunal de Contas da União será o órgão responsável por regulamentar e calcular os coeficientes individuais de participação de que trata o § 4º.

▸ Art. 159-A acrescido pela EC nº 132, de 20-12-2023.

Art. 160. É vedada a retenção ou qualquer restrição à entrega e ao emprego dos recursos atribuídos, nesta seção, aos Estados, ao Distrito Federal e aos Municípios, neles compreendidos adicionais e acréscimos relativos a impostos.

▸ Art. 3º da EC nº 17, de 22-11-1997.

§ 1º A vedação prevista neste artigo não impede a União e os Estados de condicionarem a entrega de recursos:

I – ao pagamento de seus créditos, inclusive de suas autarquias;

II – ao cumprimento do disposto no artigo 198, § 2º, incisos II e III.

▸ Parágrafo único renumerado para § 1º pela EC nº 113, de 8-12-2021.

§ 2º Os contratos, os acordos, os ajustes, os convênios, os parcelamentos ou as renegociações de débitos de qualquer espécie, inclusive tributários, firmados pela União com os entes federativos conterão cláusulas para autorizar a dedução dos valores devidos dos montantes a serem repassados relacionados às respectivas cotas nos Fundos de Participação ou aos precatórios federais.

▸ § 2º acrescido pela EC nº 113, de 8-12-2021.

Art. 161. Cabe à lei complementar:

I – definir valor adicionado para fins do disposto no art. 158, § 1º, I;

▸ Inciso I com a redação dada pela EC nº 132, de 20-12-2023.

▸ Este inciso estará revogado pela EC nº 132, de 20-12-2023, a partir de 1º-1-2033.

▸ LC nº 63, de 11-1-1990, dispõe sobre critérios e prazos de crédito das parcelas do produto da arrecadação de impostos de competência dos Estados e de transferências por estes recebidas, pertencentes aos Municípios.

II – estabelecer normas sobre a entrega dos recursos de que trata o artigo 159, especialmente sobre os critérios de rateio dos fundos previstos em seu inciso I, objetivando promover o equilíbrio socioeconômico entre Estados e entre Municípios;

▸ Art. 34, § 2º, do ADCT.

▸ LC nº 62, de 28-12-1989, estabelece normas sobre o cálculo, a entrega e o controle das liberações dos recursos dos fundos de participação dos Estados, do Distrito Federal e dos Municípios.

III – dispor sobre o acompanhamento, pelos beneficiários, do cálculo das quotas e da liberação das participações previstas nos artigos 157, 158 e 159.

▸ LC nº 62, de 28-12-1989, estabelece normas sobre o cálculo, a entrega e o controle das liberações dos recursos dos fundos de participação dos Estados, do Distrito Federal e dos Municípios.

Parágrafo único. O Tribunal de Contas da União efetuará o cálculo das quotas referentes aos fundos de participação a que alude o inciso II.

Art. 162. A União, os Estados, o Distrito Federal e os Municípios divulgarão, até o último dia do mês subsequente ao da arrecadação, os montantes de cada um dos tributos arrecadados, os recursos recebidos, os valores de origem tributária entregues e a entregar e a expressão numérica dos critérios de rateio.

Parágrafo único. Os dados divulgados pela União serão discriminados por Estado e por Município; os dos Estados, por Município.

CAPÍTULO II
DAS FINANÇAS PÚBLICAS

Seção I
NORMAS GERAIS

Art. 163. Lei complementar disporá sobre:

▸ Art. 30 da EC nº 19, de 4-6-1998.

▸ Lei nº 4.320, de 17-3-1964, estatui normas gerais de direito financeiro para elaboração e controle dos orçamentos e balanços da União, dos Estados, dos Municípios e do Distrito Federal.

▸ Lei nº 6.830, de 22-9-1980 (Lei das Execuções Fiscais).

I – finanças públicas;

▸ LC nº 101, de 4-5-2000 (Lei da Responsabilidade Fiscal).

II – dívida pública externa e interna, incluída a das autarquias, fundações e demais entidades controladas pelo Poder Público;

▸ Lei nº 8.388, de 30-12-1991, estabelece diretrizes para que a União possa realizar a consolidação e o reescalonamento de dívidas das administrações direta e indireta dos Estados, do Distrito Federal e dos Municípios.

III – concessão de garantias pelas entidades públicas;

IV – emissão e resgate de títulos da dívida pública;

▸ Art. 34, § 2º, I, do ADCT.

V – fiscalização financeira da administração pública direta e indireta;

▸ Inciso V com a redação dada pela EC nº 40, de 29-5-2003.

▸ Lei nº 4.595, de 31-12-1964 (Lei do Sistema Financeiro Nacional).

VI – operações de câmbio realizadas por órgãos e entidades da União, dos Estados, do Distrito Federal e dos Municípios;

▸ Lei nº 4.131, de 3-9-1962, disciplina a aplicação do capital estrangeiro e as remessas de valores para o exterior.

▸ Dec.-lei nº 9.025, de 27-2-1946, dispõe sobre as operações de câmbio e regulamenta o retorno de capitais estrangeiros.

▸ Dec.-lei nº 9.602, de 16-8-1946, e Lei nº 1.807, de 7-1-1953, dispõem sobre operações de câmbio.

VII – compatibilização das funções das instituições oficiais de crédito da União, resguardadas as características e condições operacionais plenas das voltadas ao desenvolvimento regional;

▸ Art. 30 da EC nº 19, de 4-6-1998 (Reforma Administrativa).

▸ LC nº 101, de 4-5-2000 (Lei da Responsabilidade Fiscal).

▸ Lei nº 4.595, de 31-12-1964 (Lei do Sistema Financeiro Nacional).

VIII – sustentabilidade da dívida, especificando:

a) indicadores de sua apuração;

b) níveis de compatibilidade dos resultados fiscais com a trajetória da dívida;

c) trajetória de convergência do montante da dívida com os limites definidos em legislação;

d) medidas de ajuste, suspensões e vedações;

e) planejamento de alienação de ativos com vistas à redução do montante da dívida;

▸ Inciso VIII acrescido pela EC nº 109, de 15-3-2021.

IX – condições e limites para concessão, ampliação ou prorrogação de incentivo ou benefício de natureza tributária.

▸ Inciso IX acrescido pela EC nº 135, de 20-12-2024.

Parágrafo único. A lei complementar de que trata o inciso VIII do *caput* deste artigo pode autorizar a aplicação das vedações previstas no art. 167-A desta Constituição.

▸ Parágrafo único acrescido pela EC nº 109, de 15-3-2021.

Art. 163-A. A União, os Estados, o Distrito Federal e os Municípios disponibilizarão suas informações e dados contábeis, orçamentários e fiscais, conforme periodicidade, formato e sistema estabelecidos pelo órgão central de contabilidade da União, de forma a garantir a rastreabilidade, a comparabilidade e a publicidade dos dados coletados, os quais deverão ser divulgados em meio eletrônico de amplo acesso público.

▸ Art. 163-A acrescido pela EC nº 108, de 26-8-2020.

Art. 164. A competência da União para emitir moeda será exercida exclusivamente pelo Banco Central.

§ 1º É vedado ao Banco Central conceder, direta ou indiretamente, empréstimos ao Tesouro Nacional e a qualquer órgão ou entidade que não seja instituição financeira.

§ 2º O Banco Central poderá comprar e vender títulos de emissão do Tesouro Nacional, com o objetivo de regular a oferta de moeda ou a taxa de juros.

§ 3º As disponibilidades de caixa da União serão depositadas no Banco Central; as dos Estados, do Distrito Federal, dos Municípios e dos órgãos ou entidades do Poder Público e das empresas por ele controladas, em instituições financeiras oficiais, ressalvados os casos previstos em lei.

Art. 164-A. A União, os Estados, o Distrito Federal e os Municípios devem conduzir suas políticas fiscais de forma a manter a dívida pública em níveis sustentáveis, na forma da lei complementar referida no inciso VIII do *caput* do art. 163 desta Constituição.

Parágrafo único. A elaboração e a execução de planos e orçamentos devem refletir a compatibilidade dos indicadores fiscais com a sustentabilidade da dívida.

▸ Art. 164-A acrescido pela EC nº 109, de 15-3-2021.

Seção II
DOS ORÇAMENTOS

Art. 165. Leis de iniciativa do Poder Executivo estabelecerão:

I – o plano plurianual;

II – as diretrizes orçamentárias;

III – os orçamentos anuais.

§ 1º A lei que instituir o plano plurianual estabelecerá, de forma regionalizada, as diretrizes, os objetivos e metas da administração pública federal para as despesas de capital e outras delas decorrentes e para as relativas aos programas de duração continuada.

§ 2º A lei de diretrizes orçamentárias compreenderá as metas e prioridades da administração pública federal, estabelecerá as diretrizes de política fiscal e respectivas metas, em consonância com trajetória sustentável da dívida pública, orientará a elaboração da lei orçamentária anual, disporá sobre as alterações na legislação tributária e estabelecerá a política de aplicação das agências financeiras oficiais de fomento.

▸ § 2º com a redação dada pela EC nº 109, de 15-3-2021.

▶ Art. 4º da LC nº 101, de 4-5-2000 (Lei da Responsabilidade Fiscal).

§ 3º O Poder Executivo publicará, até trinta dias após o encerramento de cada bimestre, relatório resumido da execução orçamentária.

▶ Art. 5º, II, da EC nº 106, de 7-5-2020.

§ 4º Os planos e programas nacionais, regionais e setoriais previstos nesta Constituição serão elaborados em consonância com o plano plurianual e apreciados pelo Congresso Nacional.

▶ Lei nº 9.491, de 9-9-1997, altera procedimentos relativos ao Programa Nacional de Desestatização.

§ 5º A lei orçamentária anual compreenderá:

I – o orçamento fiscal referente aos Poderes da União, seus fundos, órgãos e entidades da administração direta e indireta, inclusive fundações instituídas e mantidas pelo Poder Público;

II – o orçamento de investimento das empresas em que a União, direta ou indiretamente, detenha a maioria do capital social com direito a voto;

III – o orçamento da seguridade social, abrangendo todas as entidades e órgãos a ela vinculados, da administração direta ou indireta, bem como os fundos e fundações instituídos e mantidos pelo Poder Público.

§ 6º O projeto de lei orçamentária será acompanhado de demonstrativo regionalizado do efeito, sobre as receitas e despesas, decorrente de isenções, anistias, remissões, subsídios e benefícios de natureza financeira, tributária e creditícia.

§ 7º Os orçamentos previstos no § 5º, I e II, deste artigo, compatibilizados com o plano plurianual, terão entre suas funções a de reduzir desigualdades inter-regionais, segundo critério populacional.

▶ Art. 35 do ADCT.

§ 8º A lei orçamentária anual não conterá dispositivo estranho à previsão da receita e à fixação da despesa, não se incluindo na proibição a autorização para abertura de créditos suplementares e contratação de operações de crédito, ainda que por antecipação de receita, nos termos da lei.

▶ Art. 167, IV, desta Constituição.

§ 9º Cabe à lei complementar:

▶ Art. 168 desta Constituição.

▶ Art. 35, § 2º, do ADCT.

▶ Lei nº 4.320, de 17-3-1964, estatui normas gerais de direito financeiro para elaboração e controle dos orçamentos e balanços da União, dos Estados, dos Municípios e do Distrito Federal.

▶ Dec.-lei nº 200, de 25-2-1967, dispõe sobre a organização da Administração Federal, estabelece diretrizes para a Reforma Administrativa.

I – dispor sobre o exercício financeiro, a vigência, os prazos, a elaboração e a organização do plano plurianual, da lei de diretrizes orçamentárias e da lei orçamentária anual;

II – estabelecer normas de gestão financeira e patrimonial da administração direta e indireta, bem como condições para a instituição e funcionamento de fundos;

▶ Arts. 35, § 2º, 71, § 1º, e 81, § 3º, do ADCT.

▶ LC nº 89, de 18-2-1997, institui o Fundo para Aparelhamento e Operacionalização das Atividades-fim da Polícia Federal – FUNAPOL.

▶ LC nº 101, de 4-5-2000 (Lei da Responsabilidade Fiscal).

III – dispor sobre critérios para a execução equitativa, além de procedimentos que serão adotados quando houver impedimentos legais e técnicos, cumprimento de restos a pagar e limitação das programações de caráter obrigatório, para a realização do disposto nos §§ 11 e 12 do art. 166.

▶ Inciso III com a redação dada pela EC nº 100, de 26-6-2019, para vigorar na data de sua publicação (*DOU* de 27-6-2019), produzindo efeitos a partir da execução orçamentária do exercício financeiro subsequente.

§ 10. A administração tem o dever de executar as programações orçamentárias, adotando os meios e as medidas necessários, com o propósito de garantir a efetiva entrega de bens e serviços à sociedade.

▶ § 10 acrescido pela EC nº 100, de 26-6-2019, para vigorar na data de sua publicação (*DOU* de 27-6-2019), produzindo efeitos a partir da execução orçamentária do exercício financeiro subsequente.

§ 11. O disposto no § 10 deste artigo, nos termos da lei de diretrizes orçamentárias:

I – subordina-se ao cumprimento de dispositivos constitucionais e legais que estabeleçam metas fiscais ou limites de despesas e não impede o cancelamento necessário à abertura de créditos adicionais;

II – não se aplica nos casos de impedimentos de ordem técnica devidamente justificados;

III – aplica-se exclusivamente às despesas primárias discricionárias.

§ 12. Integrará a lei de diretrizes orçamentárias, para o exercício a que se refere e, pelo menos, para os 2 (dois) exercícios subsequentes, anexo com previsão de agregados fiscais e a proporção dos recursos para investimentos que serão alocados na lei orçamentária anual para a continuidade daqueles em andamento.

§ 13. O disposto no inciso III do § 9º e nos §§ 10, 11 e 12 deste artigo aplica-se exclusivamente aos orçamentos fiscal e da seguridade social da União.

§ 14. A lei orçamentária anual poderá conter previsões de despesas para exercícios seguintes, com a especificação dos investimentos plurianuais e daqueles em andamento.

§ 15. A União organizará e manterá registro centralizado de projetos de investimento contendo, por Estado ou Distrito Federal, pelo menos, análises de viabilidade, estimativas de custos e informações sobre a execução física e financeira.

▶ §§ 11 a 15 acrescidos pela EC nº 102, de 26-9-2019, para vigorar na data de sua publicação (*DOU* de 27-9-2019), produzindo efeitos a partir da execução orçamentária do exercício financeiro subsequente.

§ 16. As leis de que trata este artigo devem observar, no que couber, os resultados do monitoramento e da avaliação das políticas públicas previstos no § 16 do art. 37 desta Constituição.

▶ § 16 acrescido pela EC nº 109, de 15-3-2021.

§ 17. *Para o cumprimento do disposto no inciso I do § 11 deste artigo, o Poder Executivo poderá reduzir ou limitar, na elaboração e na execução das leis orçamentárias, as despesas com a concessão de subsídios, subvenções e benefícios de natureza financeira, inclusive os relativos a indenizações e restituições por perdas econômicas, observado o ato jurídico perfeito.*

▶ § 17 acrescido pela EC nº 135, de 20-12-2024.

Art. 166. Os projetos de lei relativos ao plano plurianual, às diretrizes orçamentárias, ao orçamento anual e aos créditos adicionais serão apreciados pelas duas Casas do Congresso Nacional, na forma do regimento comum.

§ 1º Caberá a uma Comissão mista permanente de Senadores e Deputados:

I – examinar e emitir parecer sobre os projetos referidos neste artigo e sobre as contas apresentadas anualmente pelo Presidente da República;

II – examinar e emitir parecer sobre os planos e programas nacionais, regionais e setoriais previstos nesta Constituição e exercer o acompanhamento e a fiscalização orçamentária, sem prejuízo da atuação das demais comissões do Congresso Nacional e de suas Casas, criadas de acordo com o artigo 58.

§ 2º As emendas serão apresentadas na Comissão mista, que sobre elas emitirá parecer, e apreciadas, na forma regimental, pelo Plenário das duas Casas do Congresso Nacional.

§ 3º As emendas ao projeto de lei do orçamento anual ou aos projetos que o modifiquem somente podem ser aprovadas caso:

I – sejam compatíveis com o plano plurianual e com a lei de diretrizes orçamentárias;

II – indiquem os recursos necessários, admitidos apenas os provenientes de anulação de despesa, excluídas as que incidam sobre:

a) dotações para pessoal e seus encargos;

b) serviço da dívida;

c) transferências tributárias constitucionais para Estados, Municípios e Distrito Federal; ou

III – sejam relacionadas:

a) com a correção de erros ou omissões; ou

b) com os dispositivos do texto do projeto de lei.

§ 4º As emendas ao projeto de lei de diretrizes orçamentárias não poderão ser aprovadas quando incompatíveis com o plano plurianual.

▶ Art. 63, I, desta Constituição.

§ 5º O Presidente da República poderá enviar mensagem ao Congresso Nacional para propor modificação nos projetos a que se refere este artigo enquanto não iniciada a votação, na Comissão mista, da parte cuja alteração é proposta.

§ 6º Os projetos de lei do plano plurianual, das diretrizes orçamentárias e do orçamento anual serão enviados pelo Presidente da República ao Congresso Nacional, nos termos da lei complementar a que se refere o artigo 165, § 9º.

§ 7º Aplicam-se aos projetos mencionados neste artigo, no que não contrariar o disposto nesta seção, as demais normas relativas ao processo legislativo.

§ 8º Os recursos que, em decorrência de veto, emenda ou rejeição do projeto de lei orçamentária anual, ficarem sem despesas correspondentes poderão ser utilizados, conforme o caso, mediante créditos especiais ou suplementares, com prévia e específica autorização legislativa.

§ 9º As emendas individuais ao projeto de lei orçamentária serão aprovadas no limite de 2% (dois por cento) da receita corrente líquida do exercício anterior ao do encaminhamento do projeto, observado que a metade desse percentual será destinada a ações e serviços públicos de saúde.

▶ § 9º com a redação dada pela EC nº 126, de 21-12-2022.

▶ Art. 111 do ADCT.

§ 9º-A. Do limite a que se refere o § 9º deste artigo, 1,55% (um inteiro e cinquenta e cinco centésimos por cento) caberá às emendas de Deputados e 0,45% (quarenta e cinco centésimos por cento) às de Senadores.

▶ § 9º-A acrescido pela EC nº 126, de 21-12-2022.

§ 10. A execução do montante destinado a ações e serviços públicos de saúde previsto no § 9º, inclusive custeio, será computada para fins do cumprimento do inciso I do § 2º do art. 198, vedada a destinação para pagamento de pessoal ou encargos sociais.

▶ § 10 acrescido pela EC nº 86, de 17-3-2015.

§ 11. É obrigatória a execução orçamentária e financeira das programações oriundas de emendas individuais, em montante correspondente ao limite a que se refere o § 9º deste artigo, conforme os critérios para a execução equitativa da programação definidos na lei complementar prevista no § 9º do art. 165 desta Constituição, observado o disposto no § 9º-A deste artigo.

▶ § 11 com a redação dada pela EC nº 126, de 21-12-2022.

▶ Art. 111 do ADCT.

§ 12. A garantia de execução de que trata o § 11 deste artigo aplica-se também às programações incluídas por todas as emendas de iniciativa de bancada de parlamentares de Estado ou do Distrito Federal, no montante de até 1% (um por cento) da receita corrente líquida realizada no exercício anterior.

▶ Art. 2º da EC nº 100, de 26-6-2019, que determina que o montante previsto neste parágrafo será de 0,8% (oito décimos por cento) no exercício subsequente ao da promulgação da referida Emenda Constitucional (*DOU* de 27-6-2019).

▶ Art. 3º da EC nº 100, de 26-6-2019, que determina que a partir do 3º (terceiro) ano posterior à promulgação da referida Emenda Constitucional até o último exercício de vigência do regime previsto na EC nº 95, de 15-12-2016, a execução prevista neste parágrafo corresponderá ao montante de execução obrigatória para o exercício anterior, corrigido na forma estabelecida no inciso II do § 1º do art. 107 do ADCT.

§ 13. As programações orçamentárias previstas nos §§ 11 e 12 deste artigo não serão de execução obrigatória nos casos dos impedimentos de ordem técnica.

▶ §§ 12 e 13 com a redação dada pela EC nº 100, de 26-6-2019, para vigorar na data de sua publicação (*DOU* de 27-6-2019), produzindo efeitos a partir da execução orçamentária do exercício financeiro subsequente.

§ 14. Para fins de cumprimento do disposto nos §§ 11 e 12 deste artigo, os órgãos de execução deverão observar, nos termos da lei de diretrizes orçamentárias, cronograma para análise e verificação de eventuais impedimentos das programações e demais procedimentos necessários à viabilização da execução dos respectivos montantes.

▶ *Caput* do § 14 com a redação dada pela EC nº 100, de 26-6-2019, para vigorar na data de sua publicação (*DOU* de 27-6-2019), produzindo efeitos a partir da execução orçamentária do exercício financeiro subsequente.

I a IV – *Revogados*. EC nº 100, de 26-6-2019, para vigorar na data de sua publicação (*DOU* de 27-6-2019), produzindo efeitos a partir da execução orçamentária do exercício financeiro subsequente.

§ 15. *Revogado*. EC nº 100, de 26-6-2019, para vigorar na data de sua publicação (*DOU* de 27-6-2019), produzindo efeitos a partir da execução orçamentária do exercício financeiro subsequente.

§ 16. Quando a transferência obrigatória da União para a execução da programação prevista nos §§ 11 e 12 deste artigo for destinada a Estados, ao Distrito Federal e a Municípios, independerá da adimplência do ente federativo destinatário e não integrará a base de cálculo da receita corrente líquida para fins de aplicação dos limites de despesa de pessoal de que trata o *caput* do art. 169.

▶ § 16 com a redação dada pela EC nº 100, de 26-6-2019, para vigorar na data de sua publicação (*DOU* de 27-6-2019), produzindo efeitos a partir da execução orçamentária do exercício financeiro subsequente.

§ 17. Os restos a pagar provenientes das programações orçamentárias previstas nos §§ 11 e 12 deste artigo poderão ser considerados para fins de cumprimento da execução financeira até o limite de 1% (um por cento) da receita corrente líquida do exercício anterior ao do encaminhamento do projeto de lei orçamentária, para as programações das emendas individuais, e até o limite de 0,5% (cinco décimos por cento), para as programações das emendas de iniciativa de bancada de parlamentares de Estado ou do Distrito Federal.

▶ § 17 com a redação dada pela EC nº 126, de 21-12-2022.

§ 18. Se for verificado que a reestimativa da receita e da despesa poderá resultar no não cumprimento da meta de resultado fiscal estabelecida na lei de diretrizes orçamentárias, os montantes previstos nos §§ 11 e 12 deste artigo poderão ser reduzidos em até a mesma proporção da limitação incidente sobre o conjunto das demais despesas discricionárias.

▶ § 18 com a redação dada pela EC nº 100, de 26-6-2019, para vigorar na data de sua publicação (*DOU* de 27-6-2019), produzindo efeitos a partir da execução orçamentária do exercício financeiro subsequente.

§ 19. Considera-se equitativa a execução das programações de caráter obrigatório que observe critérios objetivos e imparciais e que atenda de forma igualitária e impessoal às emendas apresentadas, independentemente da autoria, observado o disposto no § 9º-A deste artigo.

▶ § 19 com a redação dada pela EC nº 126, de 21-12-2022.

§ 20. As programações de que trata o § 12 deste artigo, quando versarem sobre o início de investimentos com duração de mais de 1 (um) exercício financeiro ou cuja execução já tenha sido iniciada, deverão ser objeto de emenda pela mesma bancada estadual, a cada exercício, até a conclusão da obra ou do empreendimento.

▶ § 20 acrescido pela EC nº 100, de 26-6-2019, para vigorar na data de sua publicação (*DOU* de 27-6-2019), produzindo efeitos a partir da execução orçamentária do exercício financeiro subsequente.

Art. 166-A. As emendas individuais impositivas apresentadas ao projeto de lei orçamentária anual poderão alocar recursos a Estados, ao Distrito Federal e a Municípios por meio de:

I – transferência especial; ou

▶ Art. 2º da EC nº 105, de 12-12-2019, que acrescentou este artigo para autorizar a transferência de recursos federais a Estados, ao Distrito Federal e a Municípios mediante emendas ao projeto de lei orçamentária anual.

II – transferência com finalidade definida.

§ 1º Os recursos transferidos na forma do *caput* deste artigo não integrarão a receita do Estado, do Distrito Federal e dos Municípios para fins de repartição e para o cálculo dos limites da despesa com pessoal ativo e inativo, nos termos do § 16 do art. 166, e de endividamento do ente federado, vedada, em qualquer caso, a aplicação dos recursos a que se refere o *caput* deste artigo no pagamento de:

I – despesas com pessoal e encargos sociais relativas a ativos e inativos, e com pensionistas; e

II – encargos referentes ao serviço da dívida.

§ 2º Na transferência especial a que se refere o inciso I do *caput* deste artigo, os recursos:

I – serão repassados diretamente ao ente federado beneficiado, independentemente de celebração de convênio ou de instrumento congênere;

II – pertencerão ao ente federado no ato da efetiva transferência financeira; e

III – serão aplicadas em programações finalísticas das áreas de competência do Poder Executivo do ente federado beneficiado, observado o disposto no § 5º deste artigo.

§ 3º O ente federado beneficiado da transferência especial a que se refere o inciso I do *caput* deste artigo poderá firmar contratos de cooperação técnica para fins de subsidiar o acompanhamento da execução orçamentária na aplicação dos recursos.

§ 4º Na transferência com finalidade definida a que se refere o inciso II do *caput* deste artigo, os recursos serão:

I – vinculados à programação estabelecida na emenda parlamentar; e

II – aplicados nas áreas de competência constitucional da União.

§ 5º Pelo menos 70% (setenta por cento) das transferências especiais de que trata o inciso I do *caput* deste artigo deverão ser aplicadas em despesas de capital, observada a restrição a que se refere o inciso II do § 1º deste artigo.

▶ Art. 166-A acrescido pela EC nº 105, de 12-12-2019.

Art. 167. São vedados:

I – o início de programas ou projetos não incluídos na lei orçamentária anual;

II – a realização de despesas ou a assunção de obrigações diretas que excedam os créditos orçamentários ou adicionais;

III – a realização de operações de créditos que excedam o montante das despesas de capital, ressalvadas as autorizadas mediante créditos suplementares ou especiais com finalidade precisa, aprovados pelo Poder Legislativo por maioria absoluta;

▶ Art. 37 do ADCT.

▶ Art. 4º da EC nº 106, de 7-5-2020.

▶ Art. 38, § 1º, da LC nº 101, de 4-5-2000 (Lei da Responsabilidade Fiscal).

IV – a vinculação de receita de impostos a órgão, fundo ou despesa, ressalvadas a repartição do produto da arrecadação dos impostos a que se referem os arts. 158 e 159, a destinação de recursos para as ações e serviços públicos de saúde, para manutenção e desenvolvimento do ensino e para realização de atividades da administração tributária, como determinado, respectivamente, pelos arts. 198, § 2º, 212 e 37, XXII, e a prestação de garantias às operações de crédito por antecipação de receita, previstas no art. 165, § 8º, bem como o disposto no § 4º deste artigo;

▶ Inciso IV com a redação dada pela EC nº 42, de 19-12-2003.

▶ Art. 100, § 19, desta Constituição.

▶ Art. 101, § 2º, III, do ADCT.

▶ Art. 2º, parágrafo único, da LC nº 111, de 6-7-2001, que dispõe sobre o Fundo de Combate e Erradicação da Pobreza, na forma prevista nos arts. 79 a 81 do ADCT.

V – a abertura de crédito suplementar ou especial sem prévia autorização legislativa e sem indicação dos recursos correspondentes;

VI – a transposição, o remanejamento ou a transferência de recursos de uma categoria de programação para outra ou de um órgão para o outro, sem prévia autorização legislativa;

VII – a concessão ou utilização de créditos ilimitados;

VIII – a utilização, sem autorização legislativa específica, de recursos dos orçamentos fiscal e da seguridade social para suprir necessidade ou cobrir déficit de empresas, fundações e fundos, inclusive dos mencionados no artigo 165, § 5º;

IX – a instituição de fundos de qualquer natureza, sem prévia autorização legislativa;

X – a transferência voluntária de recursos e a concessão de empréstimos, inclusive por antecipação de receita, pelos Governos Federal e Estaduais e suas instituições financeiras, para pagamento de despesas com pessoal ativo, inativo e pensionista, dos Estados, do Distrito Federal e dos Municípios;

▸ Inciso X acrescido pela EC nº 19, de 4-6-1998.

XI – a utilização dos recursos provenientes das contribuições sociais de que trata o artigo 195, I, *a*, e II, para realização de despesas distintas do pagamento de benefícios do regime geral de previdência social de que trata o artigo 201;

▸ Inciso XI acrescido pela EC nº 20, de 15-12-1998.

XII – na forma estabelecida na lei complementar de que trata o § 22 do art. 40, a utilização de recursos de regime próprio de previdência social, incluídos os valores integrantes dos fundos previstos no art. 249, para a realização de despesas distintas do pagamento dos benefícios previdenciários do respectivo fundo vinculado àquele regime e das despesas necessárias à sua organização e ao seu funcionamento;

XIII – a transferência voluntária de recursos, a concessão de avais, as garantias e as subvenções pela União e a concessão de empréstimos e de financiamentos por instituições financeiras federais aos Estados, ao Distrito Federal e aos Municípios na hipótese de descumprimento das regras gerais de organização e de funcionamento de regime próprio de previdência social;

▸ Incisos XII e XIII acrescidos pela EC nº 103, de 12-11-2019.

XIV – a criação de fundo público, quando seus objetivos puderem ser alcançados mediante a vinculação de receitas orçamentárias específicas ou mediante a execução direta por programação orçamentária e financeira de órgão ou entidade da administração pública.

▸ Inciso XIV acrescido pela EC nº 109, de 15-3-2021.

§ 1º Nenhum investimento cuja execução ultrapasse um exercício financeiro poderá ser iniciado sem prévia inclusão no plano plurianual, ou sem lei que autorize a inclusão, sob pena de crime de responsabilidade.

§ 2º Os créditos especiais e extraordinários terão vigência no exercício financeiro em que forem autorizados, salvo se o ato de autorização for promulgado nos últimos quatro meses daquele exercício, caso em que, reabertos nos limites de seus saldos, serão incorporados ao orçamento do exercício financeiro subsequente.

§ 3º A abertura de crédito extraordinário somente será admitida para atender a despesas imprevisíveis e urgentes, como as decorrentes de guerra, comoção interna ou calamidade pública, observado o disposto no artigo 62.

▸ Art. 107, § 6º, II, do ADCT.

§ 4º É permitida a vinculação das receitas a que se referem os arts. 155, 156, 156-A, 157, 158 e as alíneas *a*, *b*, *d*, *e* e *f* do inciso I e o inciso II do *caput* do art. 159 desta Constituição para pagamento de débitos com a União e para prestar-lhe garantia ou contragarantia.

▸ § 4º com a redação dada pela EC nº 132, de 21-12-2023.

§ 5º A transposição, o remanejamento ou a transferência de recursos de uma categoria de programação para outra poderão ser admitidos, no âmbito das atividades de ciência, tecnologia e inovação, com o objetivo de viabilizar os resultados de projetos restritos a essas funções, mediante ato do Poder Executivo, sem necessidade da prévia autorização legislativa prevista no inciso VI deste artigo.

▸ § 5º acrescido pela EC nº 85, de 26-2-2015.

§ 6º Para fins da apuração ao término do exercício financeiro do cumprimento do limite de que trata o inciso III do *caput* deste artigo, as receitas das operações de crédito efetuadas no contexto da gestão da dívida pública mobiliária federal somente serão consideradas no exercício financeiro em que for realizada a respectiva despesa.

▸ § 6º acrescido pela EC nº 109, de 15-3-2021.

§ 7º A lei não imporá nem transferirá qualquer encargo financeiro decorrente da prestação de serviço público, inclusive despesas de pessoal e seus encargos, para a União, os Estados, o Distrito Federal ou os Municípios, sem a previsão de fonte orçamentária e financeira necessária à realização da despesa ou sem a previsão da correspondente transferência de recursos financeiros necessários ao seu custeio, ressalvadas as obrigações assumidas espontaneamente pelos entes federados e aquelas decorrentes da fixação do salário mínimo, na forma do inciso IV do *caput* do art. 7º desta Constituição.

▸ § 7º acrescido pela EC nº 128, de 22-12-2022.

Art. 167-A. Apurado que, no período de 12 (doze) meses, a relação entre despesas correntes e receitas correntes supera 95% (noventa e cinco por cento), no âmbito dos Estados, do Distrito Federal e dos Municípios, é facultado aos Poderes Executivo, Legislativo e Judiciário, ao Ministério Público, ao Tribunal de Contas e à Defensoria Pública do ente, enquanto permanecer a situação, aplicar o mecanismo de ajuste fiscal de vedação da:

I – concessão, a qualquer título, de vantagem, aumento, reajuste ou adequação de remuneração de membros de Poder ou de órgão, de servidores e empregados públicos e de militares, exceto dos derivados de sentença judicial transitada em julgado ou de determinação legal anterior ao início da aplicação das medidas de que trata este artigo;

II – criação de cargo, emprego ou função que implique aumento de despesa;

III – alteração de estrutura de carreira que implique aumento de despesa;

IV – admissão ou contratação de pessoal, a qualquer título, ressalvadas:

a) as reposições de cargos de chefia e de direção que não acarretem aumento de despesa;

b) as reposições decorrentes de vacâncias de cargos efetivos ou vitalícios;

c) as contratações temporárias de que trata o inciso IX do *caput* do art. 37 desta Constituição; e

d) as reposições de temporários para prestação de serviço militar e de alunos de órgãos de formação de militares;

V – realização de concurso público, exceto para as reposições de vacâncias previstas no inciso IV deste *caput*;

VI – criação ou majoração de auxílios, vantagens, bônus, abonos, verbas de representação ou benefícios de qualquer natureza, inclusive os de cunho indenizatório, em favor de membros de Poder, do Ministério Público ou da Defensoria Pública e de servidores e empregados públicos e de militares, ou ainda de seus dependentes, exceto quando derivados de sentença judicial transitada em julgado ou de determinação legal anterior ao início da aplicação das medidas de que trata este artigo;

VII – criação de despesa obrigatória;

VIII – adoção de medida que implique reajuste de despesa obrigatória acima da variação da inflação, observada a preservação do poder aquisitivo referida no inciso IV do *caput* do art. 7º desta Constituição;

IX – criação ou expansão de programas e linhas de financiamento, bem como remissão, renegociação ou refinanciamento de dívidas que impliquem ampliação das despesas com subsídios e subvenções;

X – concessão ou ampliação de incentivo ou benefício de natureza tributária.

§ 1º Apurado que a despesa corrente supera 85% (oitenta e cinco por cento) da receita corrente, sem exceder o percentual mencionado no *caput* deste artigo, as medidas nele indicadas podem ser, no todo ou em parte, implementadas por atos do Chefe do Poder Executivo com vigência imediata, facultado aos demais Poderes e órgãos autônomos implementá-las em seus respectivos âmbitos.

§ 2º O ato de que trata o § 1º deste artigo deve ser submetido, em regime de urgência, à apreciação do Poder Legislativo.

§ 3º O ato perde a eficácia, reconhecida a validade dos atos praticados na sua vigência, quando:

I – rejeitado pelo Poder Legislativo;

II – transcorrido o prazo de 180 (cento e oitenta) dias sem que se ultime a sua apreciação; ou

III – apurado que não mais se verifica a hipótese prevista no § 1º deste artigo, mesmo após a sua aprovação pelo Poder Legislativo.

§ 4º A apuração referida neste artigo deve ser realizada bimestralmente.

§ 5º As disposições de que trata este artigo:

I – não constituem obrigação de pagamento futuro pelo ente da Federação ou direitos de outrem sobre o erário;

II – não revogam, dispensam ou suspendem o cumprimento de dispositivos constitucionais e legais que disponham sobre metas fiscais ou limites máximos de despesas.

§ 6º Ocorrendo a hipótese de que trata o *caput* deste artigo, até que todas as medidas nele previstas tenham sido adotadas por todos os Poderes e órgãos nele mencionados, de acordo com declaração do respectivo Tribunal de Contas, é vedada:

I – a concessão, por qualquer outro ente da Federação, de garantias ao ente envolvido;

II – a tomada de operação de crédito por parte do ente envolvido com outro ente da Federação, diretamente ou por intermédio de seus fundos, autarquias, fundações ou empresas estatais dependentes, ainda que sob a forma de novação, refinanciamento ou postergação de dívida contraída anteriormente, ressalvados os financiamentos destinados a projetos específicos celebrados na forma de operações típicas das agências financeiras oficiais de fomento.

Art. 167-B. Durante a vigência de estado de calamidade pública de âmbito nacional, decretado pelo Congresso Nacional por iniciativa privativa do Presidente da República, a União deve adotar regime extraordinário fiscal, financeiro e de contratações para atender às necessidades dele decorrentes, somente naquilo em que a urgência for incompatível com o regime regular, nos termos definidos nos arts. 167-C, 167-D, 167-E, 167-F e 167-G desta Constituição.

Art. 167-C. Com o propósito exclusivo de enfrentamento da calamidade pública e de seus efeitos sociais e econômicos, no seu período de duração, o Poder Executivo federal pode adotar processos simplificados de contratação de pessoal, em caráter temporário e emergencial, e de obras, serviços e compras que assegurem, quando possível, competição e igualdade de condições a todos os concorrentes, dispensada a observância do § 1º do art. 169 na contratação de que trata o inciso IX do *caput* do art. 37 desta Constituição, limitada a dispensa às situações de que trata o referido inciso, sem prejuízo do controle dos órgãos competentes.

Art. 167-D. As proposições legislativas e os atos do Poder Executivo com propósito exclusivo de enfrentar a calamidade e suas consequências sociais e econômicas, com vigência e efeitos restritos à sua duração, desde que não impliquem despesa obrigatória de caráter continuado, ficam dispensados da observância das limitações legais quanto à criação, à expansão ou ao aperfeiçoamento de ação governamental que acarrete aumento de despesa e à concessão ou à ampliação de incentivo ou benefício de natureza tributária da qual decorra renúncia de receita.

Parágrafo único. Durante a vigência da calamidade pública de âmbito nacional de que trata o art. 167-B, não se aplica o disposto no § 3º do art. 195 desta Constituição.

Art. 167-E. Fica dispensada, durante a integralidade do exercício financeiro em que vigore a calamidade pública de âmbito nacional, a observância do inciso III do *caput* do art. 167 desta Constituição.

Art. 167-F. Durante a vigência da calamidade pública de âmbito nacional de que trata o art. 167-B desta Constituição:

I – são dispensados, durante a integralidade do exercício financeiro em que vigore a calamidade pública, os limites, as condições e demais restrições aplicáveis à União para a contratação de operações de crédito, bem como sua verificação;

II – o superávit financeiro apurado em 31 de dezembro do ano imediatamente anterior ao reconhecimento pode ser destinado à cobertura de despesas oriundas das medidas de combate à calamidade pública de âmbito nacional e ao pagamento da dívida pública.

§ 1º Lei complementar pode definir outras suspensões, dispensas e afastamentos aplicáveis durante a vigência do estado de calamidade pública de âmbito nacional.

§ 2º O disposto no inciso II do *caput* deste artigo não se aplica às fontes de recursos:

I – decorrentes de repartição de receitas a Estados, ao Distrito Federal e a Municípios;

II – decorrentes das vinculações estabelecidas pelos arts. 195, 198, 201, 212, 212-A e 239 desta Constituição;

III – destinadas ao registro de receitas oriundas da arrecadação de doações ou de empréstimos compulsórios, de transferências recebidas para o atendimento de finalidades determinadas ou das receitas de capital produto de operações de financiamento celebradas com finalidades contratualmente determinadas.

Art. 167-G. Na hipótese de que trata o art. 167-B, aplicam-se à União, até o término da calamidade pública, as vedações previstas no art. 167-A desta Constituição.

§ 1º Na hipótese de medidas de combate à calamidade pública cuja vigência e efeitos não ultrapassem a sua duração, não se aplicam as vedações referidas nos incisos II, IV, VII, IX e X do *caput* do art. 167-A desta Constituição.

§ 2º Na hipótese de que trata o art. 167-B, não se aplica a alínea c do inciso I do *caput* do art. 159 desta Constituição, devendo a transferência a que se refere aquele dispositivo ser efetuada nos mesmos montantes transferidos no exercício anterior à decretação da calamidade.

§ 3º É facultada aos Estados, ao Distrito Federal e aos Municípios a aplicação das vedações referidas no *caput*, nos termos deste artigo, e, até que as tenham adotado na integralidade, estarão submetidos às restrições do § 6º do art. 167-A desta Constituição, enquanto perdurarem seus efeitos para a União.

▸ Arts. 167-A a 167-G acrescidos pela EC nº 109, de 15-3-2021.

Art. 168. Os recursos correspondentes às dotações orçamentárias, compreendidos os créditos suplementares e especiais, destinados aos órgãos dos Poderes Legislativo e Judiciário, do Ministério Público e da Defensoria Pública, ser-lhes-ão entregues até o dia 20 de cada mês, em duodécimos, na forma da lei complementar a que se refere o art. 165, § 9º.

▸ *Caput* com a redação dada pela EC nº 45, de 8-12-2004.

§ 1º É vedada a transferência a fundos de recursos financeiros oriundos de repasses duodecimais.

§ 2º O saldo financeiro decorrente dos recursos entregues na forma do *caput* deste artigo deve ser restituído ao caixa único do Tesouro do ente federativo, ou terá seu valor deduzido das primeiras parcelas duodecimais do exercício seguinte.

▸ §§ 1º e 2º acrescidos pela EC nº 109, de 15-3-2021.

Art. 169. A despesa com pessoal ativo e inativo e pensionistas da União, dos Estados, do Distrito Federal e dos Municípios não pode exceder os limites estabelecidos em lei complementar.

▸ *Caput* com a redação dada pela EC nº 109, de 15-3-2021.

▸ Arts. 96, II, e 127, § 2º, desta Constituição.

▸ Arts. 19 a 23 da LC nº 101, de 4-5-2000 (Lei da Responsabilidade Fiscal).

▸ Lei nº 9.801, de 14-6-1999, dispõe sobre normas gerais para a perda de cargo público por excesso de despesa.

§ 1º A concessão de qualquer vantagem ou aumento de remuneração, a criação de cargos, empregos e funções ou alteração de estrutura de carreiras, bem como a admissão ou contratação de pessoal, a qualquer título, pelos órgãos e entidades da administração direta ou indireta, inclusive fundações instituídas e mantidas pelo poder público, só poderão ser feitas:

▸ Art. 96, I, *e*, desta Constituição.

▸ Art. 2º da EC nº 106, de 7-5-2020.

I – se houver prévia dotação orçamentária suficiente para atender às projeções de despesa de pessoal e aos acréscimos dela decorrentes;

II – se houver autorização específica na lei de diretrizes orçamentárias, ressalvadas as empresas públicas e as sociedades de economia mista.

▸ § 1º com a redação dada pela EC nº 19, de 4-6-1998.

§ 2º Decorrido o prazo estabelecido na lei complementar referida neste artigo para a adaptação aos parâmetros ali previstos, serão imediatamente suspensos todos os repasses de verbas federais ou estaduais aos Estados, ao Distrito Federal e aos Municípios que não observarem os referidos limites.

§ 3º Para o cumprimento dos limites estabelecidos com base neste artigo, durante o prazo fixado na lei complementar referida no *caput*, a União, os Estados, o Distrito Federal e os Municípios adotarão as seguintes providências:

I – redução em pelo menos vinte por cento das despesas com cargos em comissão e funções de confiança;

II – exoneração dos servidores não estáveis.

▸ Art. 33 da EC nº 19, de 4-6-1998 (Reforma Administrativa).

§ 4º Se as medidas adotadas com base no parágrafo anterior não forem suficientes para assegurar o cumprimento da determinação da lei complementar referida neste artigo, o servidor estável poderá perder o cargo, desde que ato normativo motivado de cada um dos Poderes especifique a atividade funcional, o órgão ou unidade administrativa objeto da redução de pessoal.

▸ Art. 198, § 6º, desta Constituição.

§ 5º O servidor que perder o cargo na forma do parágrafo anterior fará jus a indenização correspondente a um mês de remuneração por ano de serviço.

§ 6º O cargo objeto da redução prevista nos parágrafos anteriores será considerado extinto, vedada a criação de cargo, emprego ou função com atribuições iguais ou assemelhadas pelo prazo de quatro anos.

§ 7º Lei federal disporá sobre as normas gerais a serem obedecidas na efetivação do disposto no § 4º.

▸ §§ 2º a 7º acrescidos pela EC nº 19, de 4-6-1998.

▸ Art. 247 desta Constituição.

▸ Lei nº 9.801, de 14-6-1999, dispõe sobre as normas gerais para a perda de cargo público por excesso de despesa.

TÍTULO VII – DA ORDEM ECONÔMICA E FINANCEIRA

CAPÍTULO I

DOS PRINCÍPIOS GERAIS DA ATIVIDADE ECONÔMICA

- Lei nº 8.137, de 27-12-1990 (Lei dos Crimes contra a Ordem Tributária, Econômica e contra as Relações de Consumo).
- Lei nº 8.176, de 8-2-1991, define crimes contra a ordem econômica e cria o sistema de estoque de combustíveis.
- Lei nº 12.529, de 30-11-2011 (Lei do Sistema Brasileiro de Defesa da Concorrência).

Art. 170. A ordem econômica, fundada na valorização do trabalho humano e na livre iniciativa, tem por fim assegurar a todos existência digna, conforme os ditames da justiça social, observados os seguintes princípios:

I – soberania nacional;

- Art. 1º, I, desta Constituição.

II – propriedade privada;

- Art. 5º, XXII, desta Constituição.
- Arts. 1.228 a 1.368 do CC.

III – função social da propriedade;

- Lei nº 12.529, de 30-11-2011 (Lei do Sistema Brasileiro de Defesa da Concorrência).

IV – livre concorrência;

- Lei nº 12.529, de 30-11-2011 (Lei do Sistema Brasileiro de Defesa da Concorrência).
- Art. 52 do Dec. nº 2.594, de 15-4-1998, que dispõe sobre a defesa da concorrência na desestatização.
- Súm. Vinc. nº 49 do STF.
- Súm. nº 646 do STF.

V – defesa do consumidor;

- Lei nº 8.078, de 11-9-1990 (Código de Defesa do Consumidor).
- Lei nº 10.504, de 8-7-2002, institui o Dia Nacional do Consumidor, que é comemorado anualmente, no dia 15 de março.
- Dec. nº 2.181, de 20-3-1997, dispõe sobre a organização do Sistema Nacional de Defesa do Consumidor – SNDC e estabelece normas gerais de aplicação das sanções administrativas previstas no CDC.
- Súm. Vinc. nº 49 do STF.
- Súm. nº 646 do STF.

VI – defesa do meio ambiente, inclusive mediante tratamento diferenciado conforme o impacto ambiental dos produtos e serviços e de seus processos de elaboração e prestação;

- Inciso VI com a redação dada pela EC nº 42, de 19-12-2003.
- Art. 5º, LXXIII, desta Constituição.
- Lei nº 7.347, de 24-7-1985 (Lei da Ação Civil Pública).
- Lei nº 9.605, de 12-2-1998 (Lei dos Crimes Ambientais).
- Dec. nº 6.514, de 22-7-2008, dispõe sobre as infrações e sanções administrativas ao meio ambiente e estabelece o processo administrativo federal para apuração destas infrações.
- Res. do CONAMA nº 369, de 28-3-2006, dispõe sobre os casos excepcionais, de utilidade pública, interesse social ou baixo impacto ambiental, que possibilitam a intervenção ou supressão de vegetação em Área de Preservação Permanente – APP.

VII – redução das desigualdades regionais e sociais;

- Art. 3º, III, desta Constituição.

VIII – busca do pleno emprego;

- Arts. 6º e 7º desta Constituição.
- Art. 47 da Lei nº 11.101, de 9-2-2005 (Lei de Recuperação de Empresas e Falências).
- Dec. nº 10.088, de 5-11-2019, consolida atos normativos editados pelo Poder Executivo Federal que dispõem sobre a promulgação de convenções e recomendações da Organização Internacional do Trabalho – OIT ratificadas pela República Federativa do Brasil.

IX – tratamento favorecido para as empresas de pequeno porte constituídas sob as leis brasileiras e que tenham sua sede e administração no País.

- Inciso IX com a redação dada pela EC nº 6, de 15-8-1995.
- Art. 246 desta Constituição.
- LC nº 123, de 14-12-2006 (Estatuto Nacional da Microempresa e da Empresa de Pequeno Porte).
- Lei nº 6.174, de 1-8-2007, institui e regulamenta o Fórum Permanente das Microempresas de Pequeno Porte.

Parágrafo único. É assegurado a todos o livre exercício de qualquer atividade econômica, independentemente de autorização de órgãos públicos, salvo nos casos previstos em lei.

- Súm. Vinc. nº 49 do STF.
- Súm. nº 646 do STF.

Art. 171. *Revogado*. EC nº 6, de 15-8-1995.

Art. 172. A lei disciplinará, com base no interesse nacional, os investimentos de capital estrangeiro, incentivará os reinvestimentos e regulará a remessa de lucros.

- Lei nº 4.131, de 3-9-1962, disciplina a aplicação do capital estrangeiro e as remessas de valores para o exterior.
- Dec.-lei nº 37, de 18-11-1966 (Lei do Imposto de Importação).

Art. 173. Ressalvados os casos previstos nesta Constituição, a exploração direta de atividade econômica pelo Estado só será permitida quando necessária aos imperativos da segurança nacional ou a relevante interesse coletivo, conforme definidos em lei.

- OJ da SBDI-I nº 364 do TST.

§ 1º A lei estabelecerá o estatuto jurídico da empresa pública, da sociedade de economia mista e de suas subsidiárias que explorem atividade econômica de produção ou comercialização de bens ou de prestação de serviços, dispondo sobre:

- *Caput* do § 1º com a redação dada pela EC nº 19, de 4-6-1998.
- Lei nº 13.303, de 30-6-2016 (Estatuto Jurídico da Empresa Pública, da Sociedade de Economia Mista e de suas Subsidiárias).

I – sua função social e formas de fiscalização pelo Estado e pela sociedade;

II – a sujeição ao regime jurídico próprio das empresas privadas, inclusive quanto aos direitos e obrigações civis, comerciais, trabalhistas e tributários;

- Súm. nº 455 do TST.

III – licitação e contratação de obras, serviços, compras e alienações, observados os princípios da administração pública;

- Art. 22, XXVII, desta Constituição.
- Súm. nº 333 do STJ.

IV – a constituição e o funcionamento dos conselhos de administração e fiscal, com a participação de acionistas minoritários;

V – os mandatos, a avaliação de desempenho e a responsabilidade dos administradores.

- Incisos I a V com a redação dada pela EC nº 19, de 4-6-1998.

§ 2º As empresas públicas e as sociedades de economia mista não poderão gozar de privilégios fiscais não extensivos às do setor privado.

§ 3º A lei regulamentará as relações da empresa pública com o Estado e a sociedade.

§ 4º A lei reprimirá o abuso do poder econômico que vise à dominação dos mercados, à eliminação da concorrência e ao aumento arbitrário dos lucros.

- Lei nº 8.137, de 27-12-1990 (Lei dos Crimes Contra a Ordem Tributária, Econômica e Contra as Relações de Consumo).
- Lei nº 8.176, de 8-2-1991 (Lei dos Crimes Contra a Ordem Econômica).
- Lei nº 9.069, de 29-6-1995, dispõe sobre o Plano Real, o Sistema Monetário Nacional, estabelece as regras e condições de emissão do Real e os critérios para conversão das obrigações para o Real.
- Lei nº 12.529, de 30-11-2011 (Lei do Sistema Brasileiro de Defesa da Concorrência).
- Súm. nº 646 do STF.

§ 5º A lei, sem prejuízo da responsabilidade individual dos dirigentes da pessoa jurídica, estabelecerá a responsabilidade desta, sujeitando-a às punições compatíveis com sua natureza, nos atos praticados contra a ordem econômica e financeira e contra a economia popular.

Art. 174. Como agente normativo e regulador da atividade econômica, o Estado exercerá, na forma da lei, as funções de fiscalização, incentivo e planejamento, sendo este determinante para o setor público e indicativo para o setor privado.

§ 1º A lei estabelecerá as diretrizes e bases do planejamento do desenvolvimento nacional equilibrado, o qual incorporará e compatibilizará os planos nacionais e regionais de desenvolvimento.

§ 2º A lei apoiará e estimulará o cooperativismo e outras formas de associativismo.

- Lei nº 5.764, de 16-12-1971 (Lei das Cooperativas).
- Lei nº 9.867, de 10-11-1999, dispõe sobre a criação e o funcionamento de Cooperativas Sociais, visando à integração social dos cidadãos.

§ 3º O Estado favorecerá a organização da atividade garimpeira em cooperativas, levando em conta a proteção do meio ambiente e a promoção econômico-social dos garimpeiros.

- Dec.-lei nº 227, de 28-2-1967 (Código de Mineração).

§ 4º As cooperativas a que se refere o parágrafo anterior terão prioridade na autorização ou concessão para pesquisa e lavra dos recursos e jazidas de minerais garimpáveis, nas áreas onde estejam atuando, e naquelas fixadas de acordo com o artigo 21, XXV, na forma da lei.

Art. 175. Incumbe ao Poder Público, na forma da lei, diretamente ou sob regime de concessão ou permissão, sempre através de licitação, a prestação de serviços públicos.

- Lei nº 8.987, de 13-2-1995 (Lei da Concessão e Permissão da Prestação de Serviços Públicos).
- Lei nº 9.074, de 7-7-1995, estabelece normas para outorga e prorrogações das concessões e permissões de serviços públicos.
- Lei nº 9.427, de 26-12-1996, institui a Agência Nacional de Energia Elétrica – ANEEL e disciplina o regime das concessões de serviços públicos de energia elétrica.
- Lei nº 9.791, de 24-3-1999, dispõe sobre a obrigatoriedade de as concessionárias de serviços públicos estabelecerem ao consumidor e ao usuário datas opcionais para o vencimento de seus débitos.
- Dec. nº 2.196, de 8-4-1997, aprova o Regulamento de Serviços Especiais.

Parágrafo único. A lei disporá sobre:

I – o regime das empresas concessionárias e permissionárias de serviços públicos, o caráter especial de seu contrato e de sua prorrogação, bem como as condições de caducidade, fiscalização e rescisão da concessão ou permissão;

II – os direitos dos usuários;

III – política tarifária;

- Súm. nº 407 do STJ.

IV – a obrigação de manter serviço adequado.

Art. 176. As jazidas, em lavra ou não, e demais recursos minerais e os potenciais de energia hidráulica constituem propriedade distinta da do solo, para efeito de exploração ou aproveitamento, e pertencem à União, garantida ao concessionário a propriedade do produto da lavra.

§ 1º A pesquisa e a lavra de recursos minerais e o aproveitamento dos potenciais a que se refere o *caput* deste artigo somente poderão ser efetuados mediante autorização ou concessão da União, no interesse nacional, por brasileiros ou empresa constituída sob as leis brasileiras e que tenha sua sede e administração no País, na forma da lei, que estabelecerá as condições específicas quando essas atividades se desenvolverem em faixa de fronteira ou terras indígenas.

- § 1º com a redação dada pela EC nº 6, de 15-8-1995.
- Art. 246 desta Constituição.
- Dec.-lei nº 227, de 28-2-1967 (Código de Mineração).

§ 2º É assegurada participação ao proprietário do solo nos resultados da lavra, na forma e no valor que dispuser a lei.

- Lei nº 8.901, de 30-6-1995, regulamenta este parágrafo.
- Dec.-lei nº 227, de 28-2-1967 (Código de Mineração).

§ 3º A autorização de pesquisa será sempre por prazo determinado, e as autorizações e concessões previstas neste artigo não poderão ser cedidas ou transferidas, total ou parcialmente, sem prévia anuência do poder concedente.

§ 4º Não dependerá de autorização ou concessão o aproveitamento do potencial de energia renovável de capacidade reduzida.

Art. 177. Constituem monopólio da União:

- Lei nº 9.478, de 6-8-1997, dispõe sobre a política energética nacional, as atividades relativas ao monopólio do petróleo, institui o Conselho Nacional de Política Energética e a Agência Nacional do Petróleo – ANP.

I – a pesquisa e a lavra das jazidas de petróleo e gás natural e outros hidrocarbonetos fluidos;

- Lei nº 12.304, de 2-8-2010, autoriza o Poder Executivo a criar a empresa pública denominada Empresa Brasileira de Administração de Petróleo e Gás Natural S.A. – Pré-Sal Petróleo S.A. (PPSA).

II – a refinação do petróleo nacional ou estrangeiro;

- Art. 45 do ADCT.

III – a importação e exportação dos produtos e derivados básicos resultantes das atividades previstas nos incisos anteriores;

- Lei nº 11.909, de 4-3-2009, dispõe sobre as atividades relativas à importação, exportação, transporte por meio de condutos, tratamento, processamento, estocagem, liquefação, regaseificação e comercialização de gás natural.

IV – o transporte marítimo do petróleo bruto de origem nacional ou de derivados básicos de petróleo produzidos no País, bem assim o transporte, por meio de conduto, de petróleo bruto, seus derivados e gás natural de qualquer origem;

- Lei nº 11.909, de 4-3-2009, dispõe sobre as atividades relativas à importação, exportação, transporte por meio de condutos, tratamento, processamento, estocagem, liquefação, regaseificação e comercialização de gás natural.

V – a pesquisa, a lavra, o enriquecimento, o reprocessamento, a industrialização e o comércio de minérios e minerais nucleares e seus derivados, com exceção dos radioisótopos cuja produção, comercialização e utilização poderão ser autorizadas sob regime de permissão, conforme as alíneas *b* e *c* do inciso XXIII do *caput* do art. 21 desta Constituição Federal.

- Inciso V com a redação dada pela EC nº 49, de 8-2-2006

§ 1º A União poderá contratar com empresas estatais ou privadas a realização das atividades previstas nos incisos I a IV deste artigo, observadas as condições estabelecidas em Lei.

- § 1º com a redação dada pela EC nº 9, de 9-11-1995.
- Lei nº 12.304, de 2-8-2010, autoriza o Poder Executivo a criar a empresa pública denominada Empresa Brasileira de Administração de Petróleo e Gás Natural S.A. – Pré-Sal Petróleo S.A. (PPSA).

§ 2º A lei a que se refere o § 1º disporá sobre:

- Lei nº 9.478, de 6-8-1997, dispõe sobre a Política Energética Nacional, as atividades relativas ao monopólio do petróleo, institui o Conselho Nacional de Política Energética e a Agência Nacional de Petróleo – ANP.
- Lei nº 9.847, de 26-10-1999, dispõe sobre a fiscalização das atividades relativas ao abastecimento nacional de combustíveis de que trata a Lei nº 9.478, de 6-8-1997, e estabelece sanções administrativas.

I – a garantia do fornecimento dos derivados de petróleo em todo o Território Nacional;

II – as condições de contratação;

III – a estrutura e atribuições do órgão regulador do monopólio da União.

- § 2º acrescido pela EC nº 9, de 9-11-1995.
- Lei nº 9.478, de 6-8-1997, dispõe sobre a política energética nacional, as atividades relativas ao monopólio do petróleo, que institui o Conselho Nacional de Política Energética e a Agência Nacional de Petróleo – ANP.

§ 3º A lei disporá sobre transporte e a utilização de materiais radioativos no Território Nacional.

- Antigo § 2º transformado em § 3º pela EC nº 9, de 9-11-1995.
- Art. 3º da EC nº 9, de 9-11-1995.

§ 4º A lei que instituir contribuição de intervenção no domínio econômico relativa às atividades de importação ou comercialização de petróleo e seus derivados, gás natural e seus derivados e álcool combustível deverá atender aos seguintes requisitos:

- *Caput* do § 4º acrescido pela EC nº 33, de 11-12-2001.

I – a alíquota da contribuição poderá ser:

a) diferenciada por produto ou uso;

b) reduzida e restabelecida por ato do Poder Executivo, não se lhe aplicando o disposto no artigo 150, III, *b*;

- Inciso I acrescido pela EC nº 33, de 11-12-2001.

II – os recursos arrecadados serão destinados:

- *Caput* do inciso II acrescido pela EC nº 33, de 11-12-2001.

a) ao pagamento de subsídios a preços ou transporte de álcool combustível, gás natural e seus derivados e derivados de petróleo;

- Lei nº 10.453, de 13-5-2002, dispõe sobre subvenções ao preço e ao transporte do álcool combustível e subsídios ao preço do gás liquefeito de petróleo – GLP.

b) ao financiamento de projetos ambientais relacionados com a indústria do petróleo e do gás;

c) ao financiamento de programas de infraestrutura de transportes;

- Alíneas *a* a *c* acrescidas pela EC nº 33, de 11-12-2001.
- O STF, por maioria de votos, julgou parcialmente procedente a ADI nº 2.925-8, para dar interpretação conforme a CF, no sentido de que a abertura de crédito suplementar deve ser destinada às três finalidades enumeradas nas alíneas *a* a *c*, deste inciso (*DJ* de 4-3-2005).
- Lei nº 10.336, de 19-12-2001, institui Contribuição de Intervenção no Domínio Econômico incidente sobre a importação e a comercialização de petróleo e seus derivados, gás natural e seus derivados, e álcool etílico combustível – CIDE.
- Art. 1º da Lei nº 10.453, de 13-5-2002, que dispõe sobre subvenções ao preço e ao transporte do álcool combustível e subsídios ao preço do gás liquefeito de petróleo – GLP.

d) ao pagamento de subsídios a tarifas de transporte público coletivo de passageiros.

- Alínea *d* acrescida pela EC nº 132, de 20-12-2023.

Art. 178. A lei disporá sobre a ordenação dos transportes aéreo, aquático e terrestre, devendo, quanto à ordenação do transporte internacional, observar os acordos firmados pela União, atendido o princípio da reciprocidade.

- Art. 246 desta Constituição.
- Lei nº 7.565, de 19-15-1986 (Código Brasileiro de Aeronáutica).
- Lei nº 11.442, de 5-1-2007, dispõe sobre o transporte rodoviário de cargas por conta de terceiros e mediante remuneração.
- Dec.-lei nº 116, de 25-1-1967, dispõe sobre as operações inerentes ao transporte de mercadorias por via d'água nos portos brasileiros, delimitando suas responsabilidades e tratando das faltas e avarias.

Parágrafo único. Na ordenação do transporte aquático, a lei estabelecerá as condições em que o transporte de mercadorias na cabotagem e a navegação interior poderão ser feitos por embarcações estrangeiras.

- Art. 178 com a redação dada pela EC nº 7, de 15-8-1995.
- Art. 246 desta Constituição.
- Lei nº 10.233, de 5-6-2001, dispõe sobre a reestruturação dos transportes aquaviário e terrestre, cria o Conselho Nacional de Integração de Políticas de Transporte, a Agência Nacional de Transportes Terrestres, a Agência Nacional de Transportes Aquaviários e o Departamento Nacional de Infraestrutura de Transportes.
- Dec. nº 4.130, de 13-2-2002, aprova o Regulamento e o Quadro Demonstrativo dos Cargos Comissionados e dos Cargos Comissionados Técnicos da Agência Nacional de Transporte Terrestre – ANTT.
- Dec. nº 10.267, de 5-3-2020, dispõe sobre o transporte aéreo de autoridades em aeronaves do Comando da Aeronáutica.

Art. 179. A União, os Estados, o Distrito Federal e os Municípios dispensarão às microempresas e às empresas de pequeno porte, assim definidas em lei, tratamento jurídico diferenciado, visando a incentivá-las pela simplificação de suas obrigações administrativas, tributárias, previdenciárias e creditícias, ou pela eliminação ou redução destas por meio de lei.

- Art. 47, § 1º, do ADCT.

► LC nº 123, de 14-12-2006 (Estatuto Nacional da Microempresa e da Empresa de Pequeno Porte).

Art. 180. A União, os Estados, o Distrito Federal e os Municípios promoverão e incentivarão o turismo como fator de desenvolvimento social e econômico.

Art. 181. O atendimento de requisição de documento ou informação de natureza comercial, feita por autoridade administrativa ou judiciária estrangeira, a pessoa física ou jurídica residente ou domiciliada no País dependerá de autorização do Poder competente.

CAPÍTULO II
DA POLÍTICA URBANA

► Lei nº 10.257, de 10-7-2001 (Estatuto da Cidade).

Art. 182. A política de desenvolvimento urbano, executada pelo Poder Público municipal, conforme diretrizes gerais fixadas em lei, tem por objetivo ordenar o pleno desenvolvimento das funções sociais da cidade e garantir o bem-estar de seus habitantes.

► Lei nº 10.257, de 10-7-2001 (Estatuto da Cidade), regulamenta este artigo.

► Lei nº 12.587, de 3-1-2012 (Lei da Política Nacional de Mobilidade Urbana).

► Lei nº 13.089, de 12-1-2015 (Estatuto da Metrópole).

§ 1º O plano diretor, aprovado pela Câmara Municipal, obrigatório para cidades com mais de vinte mil habitantes, é o instrumento básico da política de desenvolvimento e de expansão urbana.

§ 2º A propriedade urbana cumpre sua função social quando atende às exigências fundamentais de ordenação da cidade expressas no plano diretor.

► Art. 186 desta Constituição.

► Súm. nº 668 do STF.

§ 3º As desapropriações de imóveis urbanos serão feitas com prévia e justa indenização em dinheiro.

► Art. 46 da LC nº 101, de 4-5-2000 (Lei da Responsabilidade Fiscal).

► Dec.-lei nº 3.365, de 21-6-1941 (Lei das Desapropriações).

► Súmulas nºs 113 e 114 do STJ.

§ 4º É facultado ao Poder Público municipal, mediante lei específica para área incluída no plano diretor, exigir, nos termos da lei federal, do proprietário do solo urbano não edificado, subutilizado ou não utilizado, que promova seu adequado aproveitamento, sob pena, sucessivamente, de:

I – parcelamento ou edificação compulsórios;

II – imposto sobre a propriedade predial e territorial urbana progressivo no tempo;

► Art. 156, § 1º, desta Constituição.

► Súm. nº 668 do STF.

III – desapropriação com pagamento mediante títulos da dívida pública de emissão previamente aprovada pelo Senado Federal, com prazo de resgate de até dez anos, em parcelas anuais, iguais e sucessivas, assegurados o valor real da indenização e os juros legais.

► Lei nº 10.257, de 10-7-2001 (Estatuto da Cidade).

► Dec.-lei nº 3.365, de 21-6-1941 (Lei das Desapropriações).

Art. 183. Aquele que possuir como sua área urbana de até duzentos e cinquenta metros quadrados, por cinco anos, ininterruptamente e sem oposição, utilizando-a para sua moradia ou de sua família, adquirir-lhe-á o domínio, desde que não seja proprietário de outro imóvel urbano ou rural.

► Arts. 1.238 e 1.240 do CC.

► Lei nº 10.257, de 10-7-2001 (Estatuto da Cidade), regulamenta este artigo.

§ 1º O título de domínio e a concessão de uso serão conferidos ao homem ou à mulher, ou a ambos, independentemente do estado civil.

► MP nº 2.220, de 4-9-2001, que até o encerramento desta edição não havia sido convertida em Lei, dispõe sobre a concessão de uso especial de que trata este parágrafo.

§ 2º Esse direito não será reconhecido ao mesmo possuidor mais de uma vez.

§ 3º Os imóveis públicos não serão adquiridos por usucapião.

► Lei nº 10.257, de 10-7-2001 (Estatuto da Cidade), regulamenta este artigo.

CAPÍTULO III
DA POLÍTICA AGRÍCOLA E FUNDIÁRIA E DA REFORMA AGRÁRIA

► LC nº 93, de 4-2-1998, cria o Fundo de Terras e da Reforma Agrária – Banco da Terra, e seu Dec. regulamentador nº 2.622, de 9-6-1998.

► Lei nº 4.504, de 30-11-1964 (Estatuto da Terra).

► Lei nº 8.174, de 30-1-1991, dispõe sobre princípios de política agrícola, estabelecendo atribuições ao Conselho Nacional de Política Agrícola – CNPA, tributação compensatória de produtos agrícolas, amparo ao pequeno produtor e regras de fixação e liberação dos estoques públicos.

► Lei nº 8.629, de 25-2-1993, regulamenta os dispositivos constitucionais relativos à reforma agrária.

► Lei nº 9.126, de 10-11-1995, dispõe sobre a concessão de subvenção econômica nas operações de crédito rural.

► Lei nº 9.138, de 29-11-1995, dispõe sobre o crédito rural.

► Lei nº 9.393, de 19-12-1996, dispõe sobre o ITR.

Art. 184. Compete à União desapropriar por interesse social, para fins de reforma agrária, o imóvel rural que não esteja cumprindo sua função social, mediante prévia e justa indenização em títulos da dívida agrária, com cláusula de preservação do valor real, resgatáveis no prazo de até vinte anos, a partir do segundo ano de sua emissão, e cuja utilização será definida em lei.

► Lei nº 8.629, de 25-2-1993, regula os dispositivos constitucionais relativos à reforma agrária.

§ 1º As benfeitorias úteis e necessárias serão indenizadas em dinheiro.

§ 2º O decreto que declarar o imóvel como de interesse social, para fins de reforma agrária, autoriza a União a propor a ação de desapropriação.

§ 3º Cabe à lei complementar estabelecer procedimento contraditório especial, de rito sumário, para o processo judicial de desapropriação.

► LC nº 76, de 6-7-1993 (Lei de Desapropriação de Imóvel Rural para fins de Reforma Agrária).

§ 4º O orçamento fixará anualmente o volume total de títulos da dívida agrária, assim como o montante de recursos para atender ao programa de reforma agrária no exercício.

§ 5º São isentas de impostos federais, estaduais e municipais as operações de transferência de imóveis desapropriados para fins de reforma agrária.

Art. 185. São insuscetíveis de desapropriação para fins de reforma agrária:

► Lei nº 8.629, de 25-2-1993, regula os dispositivos constitucionais relativos à reforma agrária.

I – a pequena e média propriedade rural, assim definida em lei, desde que seu proprietário não possua outra;

II – a propriedade produtiva.

Parágrafo único. A lei garantirá tratamento especial à propriedade produtiva e fixará normas para o cumprimento dos requisitos relativos à sua função social.

Art. 186. A função social é cumprida quando a propriedade rural atende, simultaneamente, segundo critérios e graus de exigência estabelecidos em lei, aos seguintes requisitos:

► Lei nº 8.629, de 25-2-1993, regula os dispositivos constitucionais relativos à reforma agrária.

I – aproveitamento racional e adequado;

II – utilização adequada dos recursos naturais disponíveis e preservação do meio ambiente;

► Res. do CONAMA nº 369, de 28-3-2006, dispõe sobre os casos excepcionais, de utilidade pública, interesse social ou baixo impacto ambiental, que possibilitam a intervenção ou supressão de vegetação em Área de Preservação Permanente – APP.

III – observância das disposições que regulam as relações de trabalho;

IV – exploração que favoreça o bem-estar dos proprietários e dos trabalhadores.

Art. 187. A política agrícola será planejada e executada na forma da lei, com a participação efetiva do setor de produção, envolvendo produtores e trabalhadores rurais, bem como dos setores de comercialização, de armazenamento e de transportes, levando em conta, especialmente:

► Lei nº 8.171, de 17-1-1991 (Lei da Política Agrícola).

► Lei nº 8.174, de 30-1-1991, dispõe sobre princípios de política agrícola, estabelecendo atribuições ao Conselho Nacional de Política Agrícola – CNPA, tributação compensatória de produtos agrícolas, amparo ao pequeno produtor e regras de fixação e liberação dos estoques públicos.

► Súm. nº 298 do STJ.

I – os instrumentos creditícios e fiscais;

II – os preços compatíveis com os custos de produção e a garantia de comercialização;

III – o incentivo à pesquisa e à tecnologia;

IV – a assistência técnica e extensão rural;

V – o seguro agrícola;

VI – o cooperativismo;

VII – a eletrificação rural e irrigação;

VIII – a habitação para o trabalhador rural.

§ 1º Incluem-se no planejamento agrícola as atividades agroindustriais, agropecuárias, pesqueiras e florestais.

§ 2º Serão compatibilizadas as ações de política agrícola e de reforma agrária.

Art. 188. A destinação de terras públicas e devolutas será compatibilizada com a política agrícola e com o plano nacional de reforma agrária.

§ 1º A alienação ou a concessão, a qualquer título, de terras públicas com área superior a dois mil e quinhentos hectares a pessoa física ou jurídica, ainda que por interposta pessoa, dependerá de prévia aprovação do Congresso Nacional.

§ 2º Excetuam-se do disposto no parágrafo anterior as alienações ou as concessões de terras públicas para fins de reforma agrária.

Art. 189. Os beneficiários da distribuição de imóveis rurais pela reforma agrária receberão títulos de domínio ou de concessão de uso, inegociáveis, pelo prazo de dez anos.

- Lei nº 8.629, de 25-2-1993, regula os dispositivos constitucionais relativos à reforma agrária.
- Art. 6º, II, da Lei nº 11.284, de 2-3-2006 (Lei de Gestão de Florestas Públicas).

Parágrafo único. O título de domínio e a concessão de uso serão conferidos ao homem ou à mulher, ou a ambos, independentemente do estado civil, nos termos e condições previstos em lei.

Art. 190. A lei regulará e limitará a aquisição ou o arrendamento de propriedade rural por pessoa física ou jurídica estrangeira e estabelecerá os casos que dependerão de autorização do Congresso Nacional.

- Lei nº 5.709, de 7-10-1971, regula a aquisição de imóveis rurais por estrangeiro residente no País ou pessoa jurídica estrangeira autorizada a funcionar no Brasil.
- Lei nº 8.629, de 25-2-1993, regula os dispositivos constitucionais relativos à reforma agrária.

Art. 191. Aquele que, não sendo proprietário de imóvel rural ou urbano, possua como seu, por cinco anos ininterruptos, sem oposição, área de terra, em zona rural, não superior a cinquenta hectares, tornando-a produtiva por seu trabalho ou de sua família, tendo nela sua moradia, adquirir-lhe-á a propriedade.

- Art. 1.239 do CC.
- Lei nº 6.969, de 10-12-1981 (Lei do Usucapião Especial).

Parágrafo único. Os imóveis públicos não serão adquiridos por usucapião.

CAPÍTULO IV
DO SISTEMA FINANCEIRO NACIONAL

Art. 192. O sistema financeiro nacional, estruturado de forma a promover o desenvolvimento equilibrado do País e a servir aos interesses da coletividade, em todas as partes que o compõem, abrangendo as cooperativas de crédito, será regulado por leis complementares que disporão, inclusive, sobre a participação do capital estrangeiro nas instituições que o integram.

- *Caput* com a redação dada pela EC nº 40, de 29-5-2003.

I a VIII – *Revogados*. EC nº 40, de 29-5-2003.

§§ 1º a 3º *Revogados*. EC nº 40, de 29-5-2003.

TÍTULO VIII – DA ORDEM SOCIAL

CAPÍTULO I
DISPOSIÇÃO GERAL

Art. 193. A ordem social tem como base o primado do trabalho, e como objetivo o bem-estar e a justiça sociais.

Parágrafo único. O Estado exercerá a função de planejamento das políticas sociais, assegurada, na forma da lei, a participação da sociedade nos processos de formulação, de monitoramento, de controle e de avaliação dessas políticas.

- Parágrafo único acrescido pela EC nº 108, de 26-8-2020.

CAPÍTULO II
DA SEGURIDADE SOCIAL

- Lei nº 8.212, de 24-7-1991 (Lei Orgânica da Seguridade Social).
- Lei nº 8.213, de 24-7-1991 (Lei dos Planos de Benefícios da Previdência Social).
- Lei nº 8.742, de 7-12-1993 (Lei Orgânica da Assistência Social).
- Dec. nº 3.048, de 6-5-1999 (Regulamento da Previdência Social).

SEÇÃO I
DISPOSIÇÕES GERAIS

Art. 194. A seguridade social compreende um conjunto integrado de ações de iniciativa dos Poderes Públicos e da sociedade, destinadas a assegurar os direitos relativos à saúde, à previdência e à assistência social.

- Lei nº 8.212, de 24-7-1991 (Lei Orgânica da Seguridade Social).
- Lei nº 8.213, de 24-7-1991 (Lei dos Planos de Benefícios da Previdência Social).

Parágrafo único. Compete ao Poder Público, nos termos da lei, organizar a seguridade social, com base nos seguintes objetivos:

I – universalidade da cobertura e do atendimento;

II – uniformidade e equivalência dos benefícios e serviços às populações urbanas e rurais;

III – seletividade e distributividade na prestação dos benefícios e serviços;

IV – irredutibilidade do valor dos benefícios;

V – equidade na forma de participação no custeio;

VI – diversidade da base de financiamento, identificando-se, em rubricas contábeis específicas para cada área, as receitas e as despesas vinculadas a ações de saúde, previdência e assistência social, preservado o caráter contributivo da previdência social;

- Inciso VI com a redação dada pela EC nº 103, de 12-11-2019.

VII – caráter democrático e descentralizado da administração, mediante gestão quadripartite, com participação dos trabalhadores, dos empregadores, dos aposentados e do Governo nos órgãos colegiados.

- Inciso VII com a redação dada pela EC nº 20, de 15-12-1998.

Art. 195. A seguridade social será financiada por toda a sociedade, de forma direta e indireta, nos termos da lei, mediante recursos provenientes dos orçamentos da União, dos Estados, do Distrito Federal e dos Municípios, e das seguintes contribuições sociais:

- Art. 12 da EC nº 20, de 15-12-1998 (Reforma Previdenciária).
- LC nº 70, de 30-12-1991, institui contribuição para financiamento da Seguridade Social, eleva a alíquota da contribuição social sobre o lucro das instituições financeiras.
- Lei nº 7.689, de 15-12-1988 (Lei da Contribuição Social Sobre o Lucro das Pessoas Jurídicas).
- Lei nº 7.894, de 24-11-1989, dispõe sobre as contribuições para o Finsocial e PIS/PASEP.
- Lei nº 9.363, de 13-12-1996, dispõe sobre a instituição de crédito presumido do Imposto sobre Produtos Industrializados, para ressarcimento do valor do PIS/PASEP e COFINS nos casos que especifica.
- Lei nº 9.477, de 24-7-1997, institui o Fundo de Aposentadoria Programada Individual – FAPI e o plano de incentivo à aposentadoria programada individual.
- Súmulas nºs 658, 659 e 688 do STF.
- Súm. nº 423 do STJ.

I – do empregador, da empresa e da entidade a ela equiparada na forma da lei, incidentes sobre:

- Súm. nº 688 do STF.

a) a folha de salários e demais rendimentos do trabalho pagos ou creditados, a qualquer título, à pessoa física que lhe preste serviço, mesmo sem vínculo empregatício;

- Art. 114, VIII, desta Constituição.

b) a receita ou o faturamento;

- Esta alínea estará revogada pela EC nº 132, de 20-12-2023, a partir de 1º-1-2027.

c) o lucro;

- Inciso I com a redação dada pela EC nº 20, de 15-12-1998.
- Art. 195, § 9º, desta Constituição.
- LC nº 70, de 30-12-1991, institui contribuição para o funcionamento da Seguridade Social e eleva alíquota da contribuição social sobre o lucro das instituições financeiras.

II – do trabalhador e dos demais segurados da previdência social, podendo ser adotadas alíquotas progressivas de acordo com o valor do salário de contribuição, não incidindo contribuição sobre aposentadoria e pensão concedidas pelo Regime Geral de Previdência Social;

- Inciso II com a redação dada pela EC nº 103, de 12-11-2019.
- Arts. 114, VIII, e 167, IX, desta Constituição.
- Lei nº 9.477, de 24-7-1997, institui o Fundo de Aposentadoria Programada Individual – FAPI e o Plano de Incentivo à Aposentadoria Programada Individual.

III – sobre a receita de concursos de prognósticos;

- Art. 4º da Lei nº 7.856, de 24-10-1989, que dispõe sobre a destinação da renda de concursos de prognósticos.

IV – do importador de bens ou serviços do exterior, ou de quem a lei a ele equiparar;

- Inciso IV acrescido pela EC nº 42, de 19-12-2003.
- Este inciso estará revogado pela EC nº 132, de 20-12-2023, a partir de 1º-1-2027.
- Lei nº 10.865, de 30-4-2004, dispõe sobre o PIS/PASEP-Importação e a COFINS-Importação.

V – sobre bens e serviços, nos termos de lei complementar.

- Inciso V acrescido pela EC nº 132, de 20-12-2023.

§ 1º As receitas dos Estados, do Distrito Federal e dos Municípios destinadas à seguridade social constarão dos respectivos orçamentos, não integrando o orçamento da União.

§ 2º A proposta de orçamento da seguridade social será elaborada de forma integrada pelos órgãos responsáveis pela saúde, previdência social e assistência social, tendo em vista as metas e prioridades estabelecidas na lei de diretrizes orçamentárias, assegurada a cada área a gestão de seus recursos.

§ 3º A pessoa jurídica em débito com o sistema da seguridade social, como estabelecido em lei, não poderá contratar com o Poder Público nem dele receber benefícios ou incentivos fiscais ou creditícios.

- Lei nº 8.212, de 24-7-1991 (Lei Orgânica da Seguridade Social).

§ 4º A lei poderá instituir outras fontes destinadas a garantir a manutenção ou expansão da seguridade social, obedecido o disposto no artigo 154, I.

- Lei nº 9.876, de 26-11-1999, dispõe sobre a contribuição previdenciária do contribuinte individual e o cálculo do benefício.

§ 5º Nenhum benefício ou serviço da seguridade social poderá ser criado, majorado ou estendido sem a correspondente fonte de custeio total.

▶ Art. 24 da LC nº 101, de 4-5-2000 (Lei da Responsabilidade Fiscal).

§ 6º As contribuições sociais de que trata este artigo só poderão ser exigidas após decorridos noventa dias da data da publicação da lei que as houver instituído ou modificado, não se lhes aplicando o disposto no artigo 150, III, *b*.

▶ Art. 74, § 4º, do ADCT.
▶ Súm. Vinc. nº 50 do STF.
▶ Súm. nº 669 do STF.

§ 7º São isentas de contribuição para a seguridade social as entidades beneficentes de assistência social que atendam às exigências estabelecidas em lei.

▶ Súm. nº 659 do STF.
▶ Súm. nº 352 do STJ.
▶ Ações Diretas de Inconstitucionalidade nºs 2.028, 2.036, 2.228 e 2.621 convoladas em Ações de Descumprimento de Preceito Fundamental.

§ 8º O produtor, o parceiro, o meeiro e o arrendatário rurais e o pescador artesanal, bem como os respectivos cônjuges, que exerçam suas atividades em regime de economia familiar, sem empregados permanentes, contribuirão para a seguridade social mediante a aplicação de uma alíquota sobre o resultado da comercialização da produção e farão jus aos benefícios nos termos da lei.

▶ § 8º com a redação dada pela EC nº 20, de 15-12-1998.
▶ Súm. nº 272 do STJ.

§ 9º As contribuições sociais previstas no inciso I do *caput* deste artigo poderão ter alíquotas diferenciadas em razão da atividade econômica, da utilização intensiva de mão de obra, do porte da empresa ou da condição estrutural do mercado de trabalho, sendo também autorizada a adoção de bases de cálculo diferenciadas apenas no caso das alíneas *b* e *c* do inciso I do *caput*.

▶ § 9º com a redação dada pela EC nº 103, de 12-11-2019.

★ **Nova redação do dispositivo alterado:** "§ 9º As contribuições sociais previstas no inciso I do *caput* deste artigo poderão ter alíquotas diferenciadas em razão da atividade econômica, da utilização intensiva de mão de obra, do porte da empresa ou da condição estrutural do mercado de trabalho, sendo também autorizada a adoção de bases de cálculo diferenciadas apenas no caso da alínea *c* do inciso I do *caput*."

▶ § 9º com a redação dada pela EC nº 132, de 21-12-2023, para vigorar a partir de 2027.

§ 10. A lei definirá os critérios de transferência de recursos para o sistema único de saúde e ações de assistência social da União para os Estados, o Distrito Federal e os Municípios, e dos Estados para os Municípios, observada a respectiva contrapartida de recursos.

▶ § 10 acrescido pela EC nº 20, de 15-12-1998.

§ 11. São vedados a moratória e o parcelamento em prazo superior a 60 (sessenta) meses e, na forma de lei complementar, a remissão e a anistia das contribuições sociais de que tratam a alínea *a* do inciso I e o inciso II do *caput*.

▶ § 11 com a redação dada pela EC nº 103, de 12-11-2019.
▶ Art. 11, § 3º, da Lei nº 13.988, de 14-4-2020 (Lei da Transação Tributária).

§ 12. A lei definirá os setores de atividade econômica para os quais as contribuições incidentes na forma dos incisos I, *b*; e IV do *caput*, serão não cumulativas.

▶ § 12 acrescido pela EC nº 42, de 19-12-2003.
▶ Este parágrafo estará revogado pela EC nº 132, de 20-12-2023, a partir de 1º-1-2027.

§ 13. *Revogado*. EC nº 103, de 12-11-2019.

§ 14. O segurado somente terá reconhecida como tempo de contribuição ao Regime Geral de Previdência Social a competência cuja contribuição seja igual ou superior à contribuição mínima mensal exigida para sua categoria, assegurado o agrupamento de contribuições.

▶ § 14 acrescido pela EC nº 103, de 12-11-2019.

§ 15. A contribuição prevista no inciso V do *caput* poderá ter sua alíquota fixada em lei ordinária.

§ 16. Aplica-se à contribuição prevista no inciso V do *caput* o disposto no art. 156-A, § 1º, I a VI, VIII, X a XIII, § 3º, § 5º, II a VI e IX, e §§ 6º a 11 e 13.

§ 17. A contribuição prevista no inciso V do *caput* não integrará sua própria base de cálculo nem a dos tributos previstos nos arts. 153, VIII, 156-A e 195, I, *b*, e IV, e da contribuição para o Programa de Integração Social de que trata o art. 239.

★ **Nova redação do dispositivo alterado:** "§ 17. A contribuição prevista no inciso V do *caput* não integrará sua própria base de cálculo nem a dos impostos previstos nos arts. 153, VIII, e 156-A."

▶ § 17 acrescido pela EC nº 132, de 21-12-2023, para vigorar a partir de 2027.

★ **Nova redação do dispositivo alterado:** "§ 17. A contribuição prevista no inciso V do *caput* não integrará sua própria base de cálculo nem a dos impostos previstos nos arts. 153, VIII, e 156-A."

▶ § 17 acrescido pela EC nº 132, de 20-12-2023, para vigorar a partir de 2033.

§ 18. Lei estabelecerá as hipóteses de devolução da contribuição prevista no inciso V do *caput* a pessoas físicas, inclusive em relação a limites e beneficiários, com o objetivo de reduzir as desigualdades de renda.

§ 19. A devolução de que trata o § 18 não será computada na receita corrente líquida da União para os fins do disposto nos arts. 100, § 15, 166, §§ 9º, 12 e 17, e 198, § 2º.

▶ §§ 15 a 19 acrescidos pela EC nº 132, de 20-12-2023.

★ **Nova redação do dispositivo alterado:** "§ 19. A devolução de que trata o § 18: I – não será computada na receita corrente líquida da União para os fins do disposto nos arts. 100, § 15, 166, §§ 9º, 12 e 17, e 198, § 2º; II – não integrará a base de cálculo para fins do disposto no art. 239."

▶ § 19 acrescido pela EC nº 132, de 21-12-2023, para vigorar a partir de 2027.

Seção II
DA SAÚDE

▶ Lei nº 8.147, de 28-12-1990, dispõe sobre a alíquota do Finsocial.
▶ Lei nº 9.790, de 23-3-1999, dispõe sobre a qualificação de pessoas jurídicas de direito privado, sem fins lucrativos, como organizações da sociedade civil de interesse público e institui e disciplina o termo de parceria.
▶ Lei nº 9.961, de 28-1-2000, cria a Agência Nacional de Saúde Suplementar – ANS, regulamentada pelo Dec. nº 3.327, de 5-1-2000.
▶ Lei nº 10.216, de 6-4-2001, dispõe sobre a proteção e os direitos das pessoas portadoras de transtornos mentais e redireciona o modelo assistencial em saúde mental.
▶ Dec. nº 3.964, de 10-10-2001, dispõe sobre o Fundo Nacional de Saúde.

Art. 196. A saúde é direito de todos e dever do Estado, garantido mediante políticas sociais e econômicas que visem à redução do risco de doença e de outros agravos e ao acesso universal e igualitário às ações e serviços para sua promoção, proteção e recuperação.

▶ Lei nº 9.273, de 3-5-1996, torna obrigatória a inclusão de dispositivo de segurança que impeça a reutilização das seringas descartáveis.
▶ Lei nº 9.313, de 13-11-1996, dispõe sobre a distribuição gratuita de medicamentos aos portadores do HIV e doentes de AIDS.
▶ Lei nº 9.797, de 5-6-1999, dispõe sobre a obrigatoriedade da cirurgia plástica reparadora da mama pela rede de unidades integrantes do Sistema Único de Saúde – SUS nos casos de mutilação decorrentes de tratamento de câncer.
▶ Lei nº 12.858, de 9-9-2013, dispõe sobre a destinação para as áreas de educação e saúde de parcela da participação no resultado ou da compensação financeira pela exploração de petróleo e gás natural, com a finalidade de cumprimento da meta prevista no inciso VI do *caput* do art. 214 e no art. 196 desta Constituição.

Art. 197. São de relevância pública as ações e serviços de saúde, cabendo ao Poder Público dispor, nos termos da lei, sobre sua regulamentação, fiscalização e controle, devendo sua execução ser feita diretamente ou através de terceiros e, também, por pessoa física ou jurídica de direito privado.

▶ Lei nº 8.080, de 19-9-1990, dispõe sobre as condições para a promoção, proteção e recuperação da saúde, a organização e o funcionamento dos serviços correspondentes.
▶ Lei nº 9.273, de 3-5-1996, torna obrigatória a inclusão de dispositivo de segurança que impeça a reutilização das seringas descartáveis.

Art. 198. As ações e serviços públicos de saúde integram uma rede regionalizada e hierarquizada e constituem um sistema único, organizado de acordo com as seguintes diretrizes:

I – descentralização, com direção única em cada esfera de governo;

▶ Lei nº 8.080, de 19-9-1990, dispõe sobre as condições para a promoção, proteção e recuperação da saúde, a organização e o funcionamento dos serviços correspondentes.

II – atendimento integral, com prioridade para as atividades preventivas, sem prejuízo dos serviços assistenciais;

III – participação da comunidade.

§ 1º O sistema único de saúde será financiado, nos termos do artigo 195, com recursos do orçamento da seguridade social, da União, dos Estados, do Distrito Federal e dos Municípios, além de outras fontes.

▶ Parágrafo único transformado em § 1º pela EC nº 29, de 13-9-2000.

§ 2º União, os Estados, o Distrito Federal e os Municípios aplicarão, anualmente, em ações e serviços públicos de saúde recursos mínimos derivados da aplicação de percentuais calculados sobre:

▶ Art. 167, IV, desta Constituição.

I – no caso da União, a receita corrente líquida do respectivo exercício financeiro, não podendo ser inferior a 15% (quinze por cento);

- Inciso I com a redação dada pela EC nº 86, de 17-3-2015.
- Art. 110, I, do ADCT.

II – no caso dos Estados e do Distrito Federal, o produto da arrecadação dos impostos a que se referem os arts. 155 e 156-A e dos recursos de que tratam os arts. 157 e 159, I, *a*, e II, deduzidas as parcelas que forem transferidas aos respectivos Municípios;

III – no caso dos Municípios e do Distrito Federal, o produto da arrecadação dos impostos a que se referem os arts. 156 e 156-A e dos recursos de que tratam os arts. 158 e 159, I, *b*, e § 3º.

- Incisos II e III com a redação dada pela EC nº 132, de 20-12-2023.

§ 3º Lei complementar, que será reavaliada pelo menos a cada cinco anos, estabelecerá:

- *Caput* do § 3º acrescido pela EC nº 29, de 13-9-2000.

I – os percentuais de que tratam os incisos II e III do § 2º;

- Inciso I com a redação dada pela EC nº 86, de 17-3-2015.

II – os critérios de rateio dos recursos da União vinculados à saúde destinados aos Estados, ao Distrito Federal e aos Municípios, e dos Estados destinados a seus respectivos Municípios, objetivando a progressiva redução das disparidades regionais;

III – as normas de fiscalização, avaliação e controle das despesas com saúde nas esferas federal, estadual, distrital e municipal;

- Incisos II e III acrescidos pela EC nº 29, de 13-9-2000.

IV – *Revogado*. EC nº 86, de 17-3-2015.

- LC nº 141, de 13-1-2012, regulamenta este parágrafo para dispor sobre os valores mínimos a serem aplicados anualmente pela União, Estados, Distrito Federal e Municípios em ações e serviços públicos de saúde.

§ 4º Os gestores locais do sistema único de saúde poderão admitir agentes comunitários de saúde e agentes de combate às endemias por meio de processo seletivo público, de acordo com a natureza e complexidade de suas atribuições e requisitos específicos para sua atuação.

- § 4º acrescido pela EC nº 51, de 14-2-2006.
- Art. 2º da EC nº 51, de 14-2-2006, que dispõe sobre a contratação dos agentes comunitários de saúde e de combate às endemias.

§ 5º Lei federal disporá sobre o regime jurídico, o piso salarial profissional nacional, as diretrizes para os Planos de Carreira e a regulamentação das atividades de agente comunitário de saúde e agente de combate às endemias, competindo à União, nos termos da lei, prestar assistência financeira complementar aos Estados, ao Distrito Federal e aos Municípios, para o cumprimento do referido piso salarial.

- § 5º com a redação dada pela EC nº 63, de 4-2-2010.
- Lei nº 11.350, de 5-10-2006, regulamenta este parágrafo.

§ 6º Além das hipóteses previstas no § 1º do art. 41 e no § 4º do art. 169 da Constituição Federal, o servidor que exerça funções equivalentes às de agente comunitário de saúde ou de agente de combate às endemias poderá perder o cargo em caso de descumprimento dos requisitos específicos, fixados em lei, para o seu exercício.

- § 6º acrescido pela EC nº 51, de 14-2-2006.

§ 7º O vencimento dos agentes comunitários de saúde e dos agentes de combate às endemias fica sob responsabilidade da União, e cabe aos Estados, ao Distrito Federal e aos Municípios estabelecer, além de outros consectários e vantagens, incentivos, auxílios, gratificações e indenizações, a fim de valorizar o trabalho desses profissionais.

§ 8º Os recursos destinados ao pagamento do vencimento dos agentes comunitários de saúde e dos agentes de combate às endemias serão consignados no orçamento geral da União com dotação própria e exclusiva.

§ 9º O vencimento dos agentes comunitários de saúde e dos agentes de combate às endemias não será inferior a 2 (dois) salários mínimos, repassados pela União aos Municípios, aos Estados e ao Distrito Federal.

§ 10. Os agentes comunitários de saúde e os agentes de combate às endemias terão também, em razão dos riscos inerentes às funções desempenhadas, aposentadoria especial e, somado aos seus vencimentos, adicional de insalubridade.

§ 11. Os recursos financeiros repassados pela União aos Estados, ao Distrito Federal e aos Municípios para pagamento do vencimento ou de qualquer outra vantagem dos agentes comunitários de saúde e dos agentes de combate às endemias não serão objeto de inclusão no cálculo para fins do limite de despesa com pessoal.

- §§ 7º a 11 acrescidos pela EC nº 120, de 5-5-2022.

§ 12. Lei federal instituirá pisos salariais profissionais nacionais para o enfermeiro, o técnico de enfermagem, o auxiliar de enfermagem e a parteira, a serem observados por pessoas jurídicas de direito público e de direito privado.

§ 13. A União, os Estados, o Distrito Federal e os Municípios, até o final do exercício financeiro em que for publicada a lei de que trata o § 12 deste artigo, adequarão a remuneração dos cargos ou dos respectivos planos de carreiras, quando houver, de modo a atender aos pisos estabelecidos para cada categoria profissional.

- §§ 12 e 13 acrescidos pela EC nº 124, de 14-7-2022.

§ 14. Compete à União, nos termos da lei, prestar assistência financeira complementar aos Estados, ao Distrito Federal e aos Municípios e às entidades filantrópicas, bem como aos prestadores de serviços contratualizados que atendam, no mínimo, 60% (sessenta por cento) de seus pacientes pelo sistema único de saúde, para o cumprimento dos pisos salariais de que trata o § 12 deste artigo.

§ 15. Os recursos federais destinados aos pagamentos da assistência financeira complementar aos Estados, ao Distrito Federal e aos Municípios e às entidades filantrópicas, bem como aos prestadores de serviços contratualizados que atendam, no mínimo, 60% (sessenta por cento) de seus pacientes pelo sistema único de saúde, para o cumprimento dos pisos salariais de que trata o § 12 deste artigo serão consignados no orçamento geral da União com dotação própria e exclusiva.

- §§ 14 e 15 acrescidos pela EC nº 127, de 22-12-2022.

Art. 199. A assistência à saúde é livre à iniciativa privada.

- Lei nº 9.656, de 3-6-1998 (Lei dos Planos e Seguros Privados de Saúde).

§ 1º As instituições privadas poderão participar de forma complementar do sistema único de saúde, segundo diretrizes deste, mediante contrato de direito público ou convênio, tendo preferência as entidades filantrópicas e as sem fins lucrativos.

§ 2º É vedada a destinação de recursos públicos para auxílios ou subvenções às instituições privadas com fins lucrativos.

§ 3º É vedada a participação direta ou indireta de empresas ou capitais estrangeiros na assistência à saúde no País, salvo nos casos previstos em lei.

- Lei nº 8.080, de 19-9-1990, dispõe sobre as condições para a promoção, proteção e recuperação da saúde, a organização e o funcionamento dos serviços correspondentes.

§ 4º A lei disporá sobre as condições e os requisitos que facilitem a remoção de órgãos, tecidos e substâncias humanas para fins de transplante, pesquisa e tratamento, bem como a coleta, processamento e transfusão de sangue e seus derivados, sendo vedado todo tipo de comercialização.

- Lei nº 8.501, de 30-11-1992, dispõe sobre a utilização de cadáver não reclamado, para fins de estudos ou pesquisas científicas.
- Lei nº 9.434, de 4-2-1997 (Lei de Remoção de Órgãos e Tecidos), regulamentada pelo Dec. nº 9.175, de 18-10-2017.
- Lei nº 10.205, de 21-3-2001, regulamenta este parágrafo, relativo à coleta, processamento, estocagem, distribuição e aplicação do sangue, seus componentes e derivados.
- Lei nº 10.972, de 2-12-2004, autoriza o Poder Executivo a criar a empresa pública denominada Empresa Brasileira de Hemoderivados e Biotecnologia – HEMOBRÁS.

Art. 200. Ao sistema único de saúde compete, além de outras atribuições, nos termos da lei:

- Lei nº 8.080, de 19-9-1990, dispõe sobre as condições para a promoção, proteção e recuperação da saúde e a organização e o funcionamento dos serviços correspondentes.
- Lei nº 8.142, de 28-12-1990, dispõe sobre a participação da comunidade na gestão do Sistema Único de Saúde – SUS e sobre as transferências intergovernamentais de recursos financeiros na área da saúde.

I – controlar e fiscalizar procedimentos, produtos e substâncias de interesse para a saúde e participar da produção de medicamentos, equipamentos, imunobiológicos, hemoderivados e outros insumos;

- Lei nº 9.431, de 6-1-1997, dispõe sobre a obrigatoriedade da manutenção de programa de controle de infecções hospitalares pelos hospitais do País.
- Lei nº 9.677, de 2-7-1998, dispõe sobre a obrigatoriedade da cirurgia plástica reparadora da mama pela rede de unidades integrantes do Sistema Único de Saúde – SUS, nos casos de mutilação decorrente do tratamento de câncer.
- Lei nº 9.695, de 20-8-1998, incluíram na classificação dos delitos considerados hediondos determinados crimes contra a saúde pública.

II – executar as ações de vigilância sanitária e epidemiológica, bem como as de saúde do trabalhador;

III – ordenar a formação de recursos humanos na área de saúde;

IV – participar da formulação da política e da execução das ações de saneamento básico;

V – incrementar, em sua área de atuação, o desenvolvimento científico e tecnológico e a inovação;

- Inciso V com a redação dada pela EC nº 85, de 26-2-2015.

VI – fiscalizar e inspecionar alimentos, compreendido o controle de seu teor nutricional, bem como bebidas e águas para consumo humano;

VII – participar do controle e fiscalização da produção, transporte, guarda e utilização de substâncias e produtos psicoativos, tóxicos e radioativos;

- Lei nº 14.785, de 27-12-2023, dispõe sobre a pesquisa, a experimentação, a produção, a embalagem, a rotulagem, o transporte, o armazenamento, a comercialização, a utilização, a importação, a exportação, o destino final dos resíduos e das embalagens, o registro, a classificação, o controle, a inspeção e a fiscalização de agrotóxicos, de produtos de controle ambiental, de seus produtos técnicos e afins.

VIII – colaborar na proteção do meio ambiente, nele compreendido o do trabalho.

Seção III

DA PREVIDÊNCIA SOCIAL

- Lei nº 8.147, de 28-12-1990, dispõe sobre a alíquota do Finsocial.
- Lei nº 8.213, de 24-7-1991 (Lei dos Planos de Benefícios da Previdência Social).
- Lei nº 9.796, de 5-5-1999, dispõe sobre a compensação financeira entre o Regime Geral de Previdência Social e os Regimes de previdência dos servidores da União, dos Estados, do Distrito Federal e dos Municípios, nos casos de contagem recíproca de tempo de contribuição para efeito de aposentadoria.
- Dec. nº 3.048, de 6-5-1999 (Regulamento da Previdência Social).

Art. 201. A previdência social será organizada sob a forma do Regime Geral de Previdência Social, de caráter contributivo e de filiação obrigatória, observados critérios que preservem o equilíbrio financeiro e atuarial, e atenderá, na forma da lei, a:

- *Caput* com a redação dada pela EC nº 103, de 12-11-2019.
- Arts. 40, 167, XI e 195, II, desta Constituição.
- Art. 14 da EC nº 20, de 15-12-1998 (Reforma Previdenciária).
- Arts. 4º, parágrafo único, I e II, e 5º, da EC nº 41, de 19-12-2003.
- Lei nº 8.212, de 24-7-1991 (Lei Orgânica da Seguridade Social).
- Lei nº 8.213, de 24-7-1991 (Lei dos Planos de Benefícios da Previdência Social).
- Dec. nº 3.048, de 6-5-1999 (Regulamento da Previdência Social).

I – cobertura dos eventos de incapacidade temporária ou permanente para o trabalho e idade avançada;

- Inciso I com a redação dada pela EC nº 103, de 12-11-2019.

II – proteção à maternidade, especialmente à gestante;

III – proteção ao trabalhador em situação de desemprego involuntário;

- Lei nº 7.998, de 11-1-1990 (Lei do Seguro-Desemprego).
- Lei nº 10.779, de 25-11-2003, dispõe sobre a concessão do benefício de seguro-desemprego, durante o período de defeso, ao pescador profissional que exerce a atividade pesqueira de forma artesanal.

IV – salário-família e auxílio-reclusão para os dependentes dos segurados de baixa renda;

V – pensão por morte do segurado, homem ou mulher, ao cônjuge ou companheiro e dependentes, observado o disposto no § 2º.

- Incisos II a V com a redação dada pela EC nº 20, de 15-12-1998.

§ 1º É vedada a adoção de requisitos ou critérios diferenciados para concessão de benefícios, ressalvada, nos termos de lei complementar, a possibilidade de previsão de idade e tempo de contribuição distintos da regra geral para concessão de aposentadoria exclusivamente em favor dos segurados:

I – com deficiência, previamente submetidos a avaliação biopsicossocial realizada por equipe multiprofissional e interdisciplinar;

- Art. 41 da Lei nº 13.146, de 6-7-2015 (Estatuto da Pessoa com Deficiência).

II – cujas atividades sejam exercidas com efetiva exposição a agentes químicos, físicos e biológicos prejudiciais à saúde, ou associação desses agentes, vedada a caracterização por categoria profissional ou ocupação.

- § 1º com a redação dada pela EC nº 103, de 12-11-2019.

§ 2º Nenhum benefício que substitua o salário de contribuição ou o rendimento do trabalho do segurado terá valor mensal inferior ao salário mínimo.

§ 3º Todos os salários de contribuição considerados para o cálculo de benefício serão devidamente atualizados, na forma da lei.

- Súm. nº 456 do STJ.

§ 4º É assegurado o reajustamento dos benefícios para preservar-lhes, em caráter permanente, o valor real, conforme critérios definidos em lei.

§ 5º É vedada a filiação ao regime geral de previdência social, na qualidade de segurado facultativo, de pessoa participante de regime próprio de previdência.

§ 6º A gratificação natalina dos aposentados e pensionistas terá por base o valor dos proventos do mês de dezembro de cada ano.

- §§ 2º a 6º com a redação dada pela EC nº 20, de 15-12-1998.
- Leis nºs 4.090, de 13-7-1962, e 4.749, de 12-8-1965, dispõem sobre o 13º salário.
- Arts. 76 a 82 do Dec. nº 10.854, de 10-11-2021, que regulamenta disposições relativas à legislação trabalhista.
- Súm. nº 688 do STF.

§ 7º É assegurada aposentadoria no regime geral de previdência social, nos termos da lei, obedecidas as seguintes condições:

- *Caput* com a redação dada pela EC nº 20, de 15-12-1998.

I – 65 (sessenta e cinco) anos de idade, se homem, e 62 (sessenta e dois) anos de idade, se mulher, observado tempo mínimo de contribuição;

II – 60 (sessenta) anos de idade, se homem, e 55 (cinquenta e cinco) anos de idade, se mulher, para os trabalhadores rurais e para os que exerçam suas atividades em regime de economia familiar, nestes incluídos o produtor rural, o garimpeiro e o pescador artesanal.

- Incisos I e II com a redação dada pela EC nº 103, de 12-11-2019.

§ 8º O requisito de idade a que se refere o inciso I do § 7º será reduzido em 5 (cinco) anos, para o professor que comprove tempo de efetivo exercício das funções de magistério na educação infantil e no ensino fundamental e médio fixado em lei complementar.

- Art. 67, § 2º, da Lei nº 9.394, de 20-12-1996 (Lei das Diretrizes e Bases da Educação Nacional).

§ 9º Para fins de aposentadoria, será assegurada a contagem recíproca do tempo de contribuição entre o Regime Geral de Previdência Social e os regimes próprios de previdência social, e destes entre si, observada a compensação financeira, de acordo com os critérios estabelecidos em lei.

- §§ 8º e 9º com a redação dada pela EC nº 103, de 12-11-2019.
- Art. 100, § 18, III, desta Constituição.
- Art. 101, § 1º, II, do ADCT.
- Lei nº 9.796, de 5-5-1999, dispõe sobre a compensação financeira entre o Regime Geral de Previdência Social e os Regimes de Previdência dos Servidores da União, dos Estados, do Distrito Federal e dos Municípios, nos casos de contagem recíproca de tempo de contribuição para efeito de aposentadoria.
- Dec. nº 10.188, de 20-12-2019, regulamenta a Lei nº 9.796, de 5-5-1999.

§ 9º-A. O tempo de serviço militar exercido nas atividades de que tratam os arts. 42, 142 e 143 e o tempo de contribuição ao Regime Geral de Previdência Social ou a regime próprio de previdência social terão contagem recíproca para fins de inativação militar ou aposentadoria, e a compensação financeira será devida entre as receitas de contribuição referentes aos militares e as receitas de contribuição aos demais regimes.

- § 9º-A acrescido pela EC nº 103, de 12-11-2019.

§ 10. Lei complementar poderá disciplinar a cobertura de benefícios não programados, inclusive os decorrentes de acidente do trabalho, a ser atendida concorrentemente pelo Regime Geral de Previdência Social e pelo setor privado.

- § 10 com a redação dada pela EC nº 103, de 12-11-2019.

§ 11. Os ganhos habituais do empregado, a qualquer título, serão incorporados ao salário para efeito de contribuição previdenciária e consequente repercussão em benefícios, nos casos e na forma da lei.

- § 11 acrescido pela EC nº 20, de 15-12-1998.
- Art. 3º da EC nº 20, de 15-12-1998 (Reforma Previdenciária).
- Lei nº 8.213, de 24-7-1991 (Lei dos Planos de Benefícios da Previdência Social).
- Dec. nº 3.048, de 6-5-1999 (Regulamento da Previdência Social).

§ 12. Lei instituirá sistema especial de inclusão previdenciária, com alíquotas diferenciadas, para atender aos trabalhadores de baixa renda, inclusive os que se encontram em situação de informalidade, e àqueles sem renda própria que se dediquem exclusivamente ao trabalho doméstico no âmbito de sua residência, desde que pertencentes a famílias de baixa renda.

§ 13. A aposentadoria concedida ao segurado de que trata o § 12 terá valor de 1 (um) salário mínimo.

- §§ 12 e 13 com a redação dada pela EC nº 103, de 12-11-2019.

§ 14. É vedada a contagem de tempo de contribuição fictício para efeito de concessão dos benefícios previdenciários e de contagem recíproca.

§ 15. Lei complementar estabelecerá vedações, regras e condições para a acumulação de benefícios previdenciários.

§ 16. Os empregados dos consórcios públicos, das empresas públicas, das sociedades de economia mista e das suas subsidiárias serão aposentados compulsoriamente, observado o cumprimento do tempo mínimo de contribuição, ao atingir a idade máxima de que trata o inciso II do § 1º do art. 40, na forma estabelecida em lei.

- §§ 14 a 16 acrescidos pela EC nº 103, de 12-11-2019.

Art. 202. O regime de previdência privada, de caráter complementar e organizado de forma autônoma em relação ao regime geral de previdência social, será facultativo, baseado na constituição de reservas que garantam o benefício contratado, e regulado por lei complementar.

- *Caput* com a redação dada pela EC nº 20, de 15-12-1998.
- Art. 40, § 15, desta Constituição.
- Art. 7º da EC nº 20, de 15-12-1998 (Reforma Previdenciária).
- LC nº 109, de 29-5-2001 (Lei do Regime de Previdência Complementar), regulamentada pelo Dec. nº 4.206, de 23-4-2002.
- Lei nº 9.656, de 3-6-1998 (Lei dos Planos e Seguros Privados de Saúde).
- Lei nº 10.185, de 12-2-2001, dispõe sobre a especialização das sociedades seguradoras em planos privados de assistência à saúde.
- Dec. nº 3.745, de 5-2-2001, institui o Programa de Interiorização do Trabalho em Saúde.
- Dec. nº 7.123, de 3-3-2010, dispõe sobre o Conselho Nacional de Previdência Complementar – CNPC e sobre a Câmara de Recursos de Previdência Complementar – CRPC.
- Súm. nº 149 do STJ.

§ 1º A lei complementar de que trata este artigo assegurará ao participante de planos de benefícios de entidades de previdência privada o pleno acesso às informações relativas à gestão de seus respectivos planos.

§ 2º As contribuições do empregador, os benefícios e as condições contratuais previstas nos estatutos, regulamentos e planos de benefícios das entidades de previdência privada não integram o contrato de trabalho dos participantes, assim como, à exceção dos benefícios concedidos, não integram a remuneração dos participantes, nos termos da lei.

- §§ 1º e 2º com a redação dada pela EC nº 20, de 15-12-1998.

§ 3º É vedado o aporte de recursos a entidade de previdência privada pela União, Estados, Distrito Federal e Municípios, suas autarquias, fundações, empresas públicas, sociedades de economia mista e outras entidades públicas, salvo na qualidade de patrocinador, situação na qual, em hipótese alguma, sua contribuição normal poderá exceder a do segurado.

- § 3º acrescido pela EC nº 20, de 15-12-1998.
- Art. 5º da EC nº 20, de 15-12-1998 (Reforma Previdenciária).
- LC nº 108, de 29-5-2001, regulamenta este parágrafo.

§ 4º Lei complementar disciplinará a relação entre a União, Estados, Distrito Federal ou Municípios, inclusive suas autarquias, fundações, sociedades de economia mista e empresas controladas direta ou indiretamente, enquanto patrocinadores de planos de benefícios previdenciários, e as entidades de previdência complementar.

- Art. 40, § 14, desta Constituição.
- LC nº 108, de 29-5-2001, regulamenta este parágrafo.

§ 5º A lei complementar de que trata o § 4º aplicar-se-á, no que couber, às empresas privadas permissionárias ou concessionárias de prestação de serviços públicos, quando patrocinadoras de planos de benefícios em entidades de previdência complementar.

- LC nº 108, de 29-5-2001, regulamenta este parágrafo.

§ 6º Lei complementar estabelecerá os requisitos para a designação dos membros das diretorias das entidades fechadas de previdência complementar instituídas pelos patrocinadores de que trata o § 4º e disciplinará a inserção dos participantes nos colegiados e instâncias de decisão em que seus interesses sejam objeto de discussão e deliberação.

- §§ 4º a 6º com a redação dada pela EC nº 103, de 12-11-2019.
- LC nº 108, de 29-5-2001, regulamenta este parágrafo.
- LC nº 109, de 29-5-2001 (Lei do Regime de Previdência Complementar).

Seção IV
DA ASSISTÊNCIA SOCIAL

- Lei nº 8.147, de 28-12-1990, dispõe sobre a alíquota do Finsocial.
- Lei nº 8.742, de 7-12-1993 (Lei Orgânica da Assistência Social).
- Lei nº 8.909, de 6-7-1994, dispõe sobre a prestação de serviços por entidades de assistência social, entidades beneficentes de assistência social e entidades de fins filantrópicos e estabelece prazos e procedimentos para o recadastramento de entidades junto ao Conselho Nacional de Assistência Social.
- Lei nº 9.790, de 23-3-1999, dispõe sobre a promoção da assistência social por meio de organizações da sociedade civil de interesse público.

Art. 203. A assistência social será prestada a quem dela necessitar, independentemente de contribuição à seguridade social, e tem por objetivos:

- Lei nº 8.213, de 24-7-1991 (Lei dos Planos de Benefícios da Previdência Social).
- Lei nº 8.742, de 7-12-1993 (Lei Orgânica da Assistência Social).
- Lei nº 8.909, de 6-7-1994, dispõe, em caráter emergencial, sobre a prestação de serviços por entidades de assistência social, entidades beneficentes de assistência social e entidades de fins filantrópicos e estabelece prazos e procedimentos para o recadastramento de entidades junto ao Conselho Nacional de Assistência Social.
- Lei nº 9.429, de 26-12-1996, dispõe sobre prorrogação de prazo para renovação de Certificado de Entidades de Fins Filantrópicos e de recadastramento junto ao Conselho Nacional de Assistência Social – CNAS e anulação de atos emanados do Instituto Nacional do Seguro Social – INSS contra instituições que gozavam de isenção da contribuição social, pela não apresentação do pedido de renovação do certificado em tempo hábil.

I – a proteção à família, à maternidade, à infância, à adolescência e à velhice;

II – o amparo às crianças e adolescentes carentes;

III – a promoção da integração ao mercado de trabalho;

IV – a habilitação e reabilitação das pessoas portadoras de deficiência e a promoção de sua integração à vida comunitária;

- Dec. nº 6.949, de 25-8-2009, promulga a Convenção Internacional sobre os Direitos das Pessoas com Deficiência.
- Arts. 14 a 17, 39 e 40 da Lei nº 13.146, de 6-7-2015 (Estatuto da Pessoa com Deficiência).

V – a garantia de um salário mínimo de benefício mensal à pessoa portadora de deficiência e ao idoso que comprovem não possuir meios de prover à própria manutenção ou de tê-la provida por sua família, conforme dispuser a lei;

- Lei nº 10.741, de 1º-10-2003 (Estatuto da Pessoa Idosa).
- Art. 40 da Lei nº 13.146, de 6-7-2015 (Estatuto da Pessoa com Deficiência).

VI – a redução da vulnerabilidade socioeconômica de famílias em situação de pobreza ou de extrema pobreza.

- Inciso VI acrescido pela EC nº 114, de 16-12-2021.

Art. 204. As ações governamentais na área da assistência social serão realizadas com recursos do orçamento da seguridade social, previstos no artigo 195, além de outras fontes, e organizadas com base nas seguintes diretrizes:

I – descentralização político-administrativa, cabendo a coordenação e as normas gerais à esfera federal e a coordenação e a execução dos respectivos programas às esferas estadual e municipal, bem como a entidades beneficentes e de assistência social;

II – participação da população, por meio de organizações representativas, na formulação das políticas e no controle das ações em todos os níveis.

Parágrafo único. É facultado aos Estados e ao Distrito Federal vincular a programa de apoio à inclusão e promoção social até cinco décimos por cento de sua receita tributária líquida, vedada a aplicação desses recursos no pagamento de:

I – despesas com pessoal e encargos sociais;

II – serviço da dívida;

III – qualquer outra despesa corrente não vinculada diretamente aos investimentos ou ações apoiados.

- Parágrafo único acrescido pela EC nº 42, de 19-12-2003.

Capítulo III
DA EDUCAÇÃO, DA CULTURA E DO DESPORTO

Seção I
DA EDUCAÇÃO

- Lei nº 9.394, de 20-12-1996 (Lei das Diretrizes e Bases da Educação Nacional).
- Lei nº 9.424, de 24-12-1996, dispõe sobre o fundo de manutenção e desenvolvimento e de valorização do magistério.
- Lei nº 9.766, de 18-12-1998, altera a legislação que rege o salário-educação.
- Lei nº 10.219, de 11-4-2001, cria o Programa Nacional de Renda Mínima vinculado à educação – "Bolsa-Escola", regulamentada pelo Dec. nº 4.313, de 24-7-2002.
- Lei nº 10.558, de 13-11-2002, cria o Programa Diversidade na Universidade.
- Lei nº 11.096, de 13-1-2005, institui o Programa Universidade para Todos – PROUNI.
- Lei nº 11.274, de 6-2-2006, fixa a idade de seis anos para o início do ensino fundamental obrigatório e altera para nove anos seu período de duração.

- ▶ Lei nº 12.089, de 11-11-2009, proíbe que uma mesma pessoa ocupe 2 (duas) vagas simultaneamente em instituições públicas de ensino superior.

Art. 205. A educação, direito de todos e dever do Estado e da família, será promovida e incentivada com a colaboração da sociedade, visando ao pleno desenvolvimento da pessoa, seu preparo para o exercício da cidadania e sua qualificação para o trabalho.

- ▶ Lei nº 8.147, de 28-12-1990, dispõe sobre a alíquota do Finsocial.
- ▶ Lei nº 9.394, de 20-12-1996 (Lei das Diretrizes e Bases da Educação Nacional).

Art. 206. O ensino será ministrado com base nos seguintes princípios:

I – igualdade de condições para o acesso e permanência na escola;

II – liberdade de aprender, ensinar, pesquisar e divulgar o pensamento, a arte e o saber;

III – pluralismo de ideias e de concepções pedagógicas, e coexistência de instituições públicas e privadas de ensino;

IV – gratuidade do ensino público em estabelecimentos oficiais;

- ▶ Art. 242 desta Constituição.
- ▶ Súm. Vinc. nº 12 do STF.

V – valorização dos profissionais da educação escolar, garantidos, na forma da lei, planos de carreira, com ingresso exclusivamente por concurso público de provas e títulos, aos das redes públicas;

- ▶ Inciso V com a redação dada pela EC nº 53, de 19-12-2006.
- ▶ Lei nº 9.424, de 24-12-1996, dispõe sobre o Fundo de Manutenção e Desenvolvimento do Ensino Fundamental e de Valorização do Magistério.

VI – gestão democrática do ensino público, na forma da lei;

- ▶ Lei nº 9.394, de 20-12-1996 (Lei das Diretrizes e Bases da Educação Nacional).

VII – garantia de padrão de qualidade;

VIII – piso salarial profissional nacional para os profissionais da educação escolar pública, nos termos de lei federal;

- ▶ Inciso VIII acrescido pela EC nº 53, de 19-12-2006.

IX – garantia do direito à educação e à aprendizagem ao longo da vida.

- ▶ Inciso IX acrescido pela EC nº 108, de 26-8-2020.

Parágrafo único. A lei disporá sobre as categorias de trabalhadores considerados profissionais da educação básica e sobre a fixação de prazo para a elaboração ou adequação de seus planos de carreira, no âmbito da União, dos Estados, do Distrito Federal e dos Municípios.

- ▶ Parágrafo único acrescido pela EC nº 53, de 19-12-2006.

Art. 207. As universidades gozam de autonomia didático-científica, administrativa e de gestão financeira e patrimonial, e obedecerão ao princípio de indissociabilidade entre ensino, pesquisa e extensão.

§ 1º É facultado às universidades admitir professores, técnicos e cientistas estrangeiros, na forma da lei.

§ 2º O disposto neste artigo aplica-se às instituições de pesquisa científica e tecnológica.

- ▶ §§ 1º e 2º acrescidos pela EC nº 11, de 30-4-1996.

Art. 208. O dever do Estado com a educação será efetivado mediante a garantia de:

I – educação básica obrigatória e gratuita dos 4 (quatro) aos 17 (dezessete) anos de idade, assegurada inclusive sua oferta gratuita para todos os que a ela não tiveram acesso na idade própria;

- ▶ Inciso I com a redação dada pela EC nº 59, de 11-11-2009.
- ▶ Art. 6º da EC nº 59, de 11-11-2009, que determina que o disposto neste inciso deverá ser implementado progressivamente, até 2016, nos termos do Plano Nacional de Educação, com apoio técnico e financeiro da União.

II – progressiva universalização do ensino médio gratuito;

- ▶ Inciso II com a redação dada pela EC nº 14, de 12-9-1996.
- ▶ Art. 6º da EC nº 14, de 12-9-1996.

III – atendimento educacional especializado aos portadores de deficiência, preferencialmente na rede regular de ensino;

- ▶ Lei nº 7.853, de 24-10-1989 (Lei de Apoio às Pessoas Portadoras de Deficiência), regulamentada pelo Dec. nº 3.298, de 20-12-1999.
- ▶ Lei nº 10.436, de 24-4-2002, dispõe sobre a Língua Brasileira de Sinais – LIBRAS.
- ▶ Lei nº 10.845, de 5-3-2004, institui o Programa de Complementação ao Atendimento Educacional Especializado às Pessoas Portadoras de Deficiência – PAED.
- ▶ Arts. 27 a 30 da Lei nº 13.146, de 6-7-2015 (Estatuto da Pessoa com Deficiência).
- ▶ Dec. nº 3.956, de 8-10-2001, promulga a Convenção Interamericana para a Eliminação de todas as Formas de Discriminação contra as Pessoas Portadoras de Deficiências.
- ▶ Dec. nº 6.949, de 25-8-2009, promulga a Convenção Internacional sobre os Direitos das Pessoas com Deficiência.

IV – educação infantil, em creche e pré-escola, às crianças até 5 (cinco) anos de idade;

- ▶ Inciso IV com a redação dada pela EC nº 53, de 19-12-2006.
- ▶ Art. 7º, XXV, desta Constituição.

V – acesso aos níveis mais elevados do ensino, da pesquisa e da criação artística, segundo a capacidade de cada um;

- ▶ Lei nº 10.260, de 10-7-2001, dispõe sobre o Fundo de Financiamento ao Estudante do Ensino Superior.
- ▶ Lei nº 12.089, de 11-11-2009, proíbe que uma mesma pessoa ocupe 2 (duas) vagas simultaneamente em instituições públicas de ensino superior.

VI – oferta de ensino noturno regular, adequado às condições do educando;

VII – atendimento ao educando, em todas as etapas da educação básica, por meio de programas suplementares de material didático-escolar, transporte, alimentação e assistência à saúde.

- ▶ Inciso VII com a redação dada pela EC nº 59, de 11-11-2009.
- ▶ Arts. 6º e 212, § 4º, desta Constituição.

§ 1º O acesso ao ensino obrigatório e gratuito é direito público subjetivo.

§ 2º O não oferecimento do ensino obrigatório pelo Poder Público, ou sua oferta irregular, importa responsabilidade da autoridade competente.

§ 3º Compete ao Poder Público recensear os educandos no ensino fundamental, fazer-lhes a chamada e zelar, junto aos pais ou responsáveis, pela frequência à escola.

Art. 209. O ensino é livre à iniciativa privada, atendidas as seguintes condições:

I – cumprimento das normas gerais da educação nacional;

II – autorização e avaliação de qualidade pelo Poder Público.

Art. 210. Serão fixados conteúdos mínimos para o ensino fundamental, de maneira a assegurar formação básica comum e respeito aos valores culturais e artísticos, nacionais e regionais.

§ 1º O ensino religioso, de matrícula facultativa, constituirá disciplina dos horários normais das escolas públicas de ensino fundamental.

§ 2º O ensino fundamental regular será ministrado em língua portuguesa, assegurada às comunidades indígenas também a utilização de suas línguas maternas e processos próprios de aprendizagem.

Art. 211. A União, os Estados, o Distrito Federal e os Municípios organizarão em regime de colaboração seus sistemas de ensino.

- ▶ Art. 60 do ADCT.
- ▶ Art. 6º da EC nº 14, de 12-9-1996.

§ 1º A União organizará o sistema federal de ensino e o dos Territórios, financiará as instituições de ensino públicas federais e exercerá, em matéria educacional, função redistributiva e supletiva, de forma a garantir equalização de oportunidades educacionais e padrão mínimo de qualidade de ensino mediante assistência técnica e financeira aos Estados, ao Distrito Federal e aos Municípios.

§ 2º Os Municípios atuarão prioritariamente no ensino fundamental e na educação infantil.

- ▶ §§ 1º e 2º com a redação dada pela EC nº 14, de 12-9-1996.

§ 3º Os Estados e o Distrito Federal atuarão prioritariamente no ensino fundamental e médio.

- ▶ § 3º acrescido pela EC nº 14, de 12-9-1996.

§ 4º Na organização de seus sistemas de ensino, a União, os Estados, o Distrito Federal e os Municípios definirão formas de colaboração, de forma a assegurar a universalização, a qualidade e a equidade do ensino obrigatório.

- ▶ § 4º com a redação dada pela EC nº 108, de 26-8-2020.

§ 5º A educação básica pública atenderá prioritariamente ao ensino regular.

- ▶ § 5º acrescido pela EC nº 53, de 19-12-2006.

§ 6º A União, os Estados, o Distrito Federal e os Municípios exercerão ação redistributiva em relação a suas escolas.

§ 7º O padrão mínimo de qualidade de que trata o § 1º deste artigo considerará as condições adequadas de oferta e terá como referência o Custo Aluno Qualidade (CAQ), pactuados em regime de colaboração na forma disposta em lei complementar, conforme o parágrafo único do art. 23 desta Constituição.

- ▶ §§ 6º e 7º acrescidos pela EC nº 108, de 26-8-2020.

Art. 212. A União aplicará, anualmente, nunca menos de dezoito, e os Estados, o Distrito Federal e os Municípios vinte e cinco por cento, no mínimo, da receita resultante de impostos, compreendida a proveniente de transferências, na manutenção e desenvolvimento do ensino.

- ▶ Arts. 34, VII, *e*, 35, III, e 167, IV, desta Constituição.
- ▶ Arts. 60, *caput*, § 6º, 72, §§ 2º e 3º, 76, § 3º, e 110, I, do ADCT.
- ▶ Lei nº 9.424, de 24-12-1996, dispõe sobre o Fundo de Manutenção e Desenvolvimento do Ensino Fundamental e de Valorização do Magistério.

§ 1º A parcela da arrecadação de impostos transferida pela União aos Estados, ao Distrito Federal e aos Municípios, ou pelos Estados aos respectivos Municípios, não é considerada, para efeito do cálculo previsto neste artigo, receita do governo que a transferir.

§ 2º Para efeito do cumprimento do disposto no *caput* deste artigo, serão considerados os sistemas de ensino federal, estadual e municipal e os recursos aplicados na forma do artigo 213.

§ 3º A distribuição dos recursos públicos assegurará prioridade ao atendimento das necessidades do ensino obrigatório, no que se refere a universalização, garantia de padrão de qualidade e equidade, nos termos do plano nacional de educação.

- § 3º com a redação dada pela EC nº 59, de 11-11-2009.

§ 4º Os programas suplementares de alimentação e assistência à saúde previstos no artigo 208, VII, serão financiados com recursos provenientes de contribuições sociais e outros recursos orçamentários.

§ 5º A educação básica pública terá como fonte adicional de financiamento a contribuição social do salário-educação, recolhida pelas empresas na forma da lei.

- § 5º com a redação dada pela EC nº 53, de 19-12-2006.
- Art. 76, § 2º, do ADCT.
- Lei nº 9.424, de 24-12-1996, dispõe sobre o Fundo de Manutenção e Desenvolvimento do Ensino Fundamental e de Valorização do Magistério.
- Lei nº 9.766, de 18-12-1998, dispõe sobre o salário-educação.
- Dec. nº 6.003, de 28-12-2006, regulamenta a arrecadação, a fiscalização e a cobrança da contribuição social do salário-educação.
- Súm. nº 732 do STF.

§ 6º As cotas estaduais e municipais da arrecadação da contribuição social do salário-educação serão distribuídas proporcionalmente ao número de alunos matriculados na educação básica nas respectivas redes públicas de ensino.

- § 6º acrescido pela EC nº 53, de 19-12-2006.
- Art. 107, § 6º, I, do ADCT.

§ 7º É vedado o uso dos recursos referidos no *caput* e nos §§ 5º e 6º deste artigo para pagamento de aposentadorias e de pensões.

§ 8º Na hipótese de extinção ou de substituição de impostos, serão redefinidos os percentuais referidos no *caput* deste artigo e no inciso II do *caput* do art. 212-A, de modo que resultem recursos vinculados à manutenção e ao desenvolvimento do ensino, bem como os recursos subvinculados aos fundos de que trata o art. 212-A desta Constituição, em aplicações equivalentes às anteriormente praticadas.

§ 9º A lei disporá sobre normas de fiscalização, de avaliação e de controle das despesas com educação nas esferas estadual, distrital e municipal.

- §§ 7º a 9º acrescidos pela EC nº 108, de 26-8-2020.

Art. 212-A. Os Estados, o Distrito Federal e os Municípios destinarão parte dos recursos a que se refere o *caput* do art. 212 desta Constituição à manutenção e ao desenvolvimento do ensino na educação básica e à remuneração condigna de seus profissionais, respeitadas as seguintes disposições:

- *Caput* do art. 212-A acrescido pela EC nº 108, de 26-8-2020.
- Lei nº 14.113, de 25-12-2020, regulamenta o Fundo de Manutenção e Desenvolvimento da Educação Básica e de Valorização dos Profissionais da Educação (FUNDEB), de que trata este artigo.

I – a distribuição dos recursos e de responsabilidades entre o Distrito Federal, os Estados e seus Municípios é assegurada mediante a instituição, no âmbito de cada Estado e do Distrito Federal, de um Fundo de Manutenção e Desenvolvimento da Educação Básica e de Valorização dos Profissionais da Educação (FUNDEB), de natureza contábil;

- Inciso I acrescido pela EC nº 108, de 26-8-2020.
- Art. 60-A do ADCT.

II – os fundos referidos no inciso I do *caput* deste artigo serão constituídos por 20% (vinte por cento):

- *Caput* do inciso II com a redação dada pela EC nº 132, de 20-12-2023.

a) das parcelas dos Estados no imposto de que trata o art. 156-A;

b) da parcela do Distrito Federal no imposto de que trata o art. 156-A, relativa ao exercício de sua competência estadual, nos termos do art. 156-A, § 2º; e

c) dos recursos a que se referem os incisos I, II e III do *caput* do art. 155, o inciso II do *caput* do art. 157, os incisos II, III e IV do *caput* do art. 158 e as alíneas *a* e *b* do inciso I e o inciso II do *caput* do art. 159 desta Constituição;

- Alíneas *a* a *c* acrescidas pela EC nº 132, de 20-12-2023.

★ **Nova redação do dispositivo alterado:** "*c)* dos recursos a que se referem os incisos I e III do *caput* do art. 155, o inciso II do *caput* do art. 157, os incisos II, III e IV do *caput* do art. 158 e as alíneas *a* e *b* do inciso I e o inciso II do *caput* do art. 159 desta Constituição;"

- Alínea *c* acrescida pela EC nº 132, de 20-12-2023, para vigorar a partir de 2033.

III – os recursos referidos no inciso II do *caput* deste artigo serão distribuídos entre cada Estado e seus Municípios, proporcionalmente ao número de alunos das diversas etapas e modalidades da educação básica presencial matriculados nas respectivas redes, nos âmbitos de atuação prioritária, conforme estabelecido nos §§ 2º e 3º do art. 211 desta Constituição, observadas as ponderações referidas na alínea a do inciso X do *caput* e no § 2º deste artigo;

IV – a União complementará os recursos dos fundos a que se refere o inciso II do *caput* deste artigo;

- Art. 60 do ADCT.

V – a complementação da União será equivalente a, no mínimo, 23% (vinte e três por cento) do total de recursos a que se refere o inciso II do *caput* deste artigo, distribuída da seguinte forma:

a) 10 (dez) pontos percentuais no âmbito de cada Estado e do Distrito Federal, sempre que o valor anual por aluno (VAAF), nos termos do inciso III do *caput* deste artigo, não alcançar o mínimo definido nacionalmente;

b) no mínimo, 10,5 (dez inteiros e cinco décimos) pontos percentuais em cada rede pública de ensino municipal, estadual ou distrital, sempre que o valor anual total por aluno (VAAT), referido no inciso VI do *caput* deste artigo, não alcançar o mínimo definido nacionalmente;

c) 2,5 (dois inteiros e cinco décimos) pontos percentuais nas redes públicas que, cumpridas condicionalidades de melhoria de gestão previstas em lei, alcançarem evolução de indicadores a serem definidos, de atendimento e melhoria da aprendizagem com redução das desigualdades, nos termos do sistema nacional de avaliação da educação básica;

- Art. 60, § 2º, do ADCT.

VI – o VAAT será calculado, na forma da lei de que trata o inciso X do *caput* deste artigo, com base nos recursos a que se refere o inciso II do *caput* deste artigo, acrescidos de outras receitas e de transferências vinculadas à educação, observado o disposto no § 1º e consideradas as matrículas nos termos do inciso III do *caput* deste artigo;

VII – os recursos de que tratam os incisos II e IV do *caput* deste artigo serão aplicados pelos Estados e pelos Municípios exclusivamente nos respectivos âmbitos de atuação prioritária, conforme estabelecido nos §§ 2º e 3º do art. 211 desta Constituição;

VIII – a vinculação de recursos à manutenção e ao desenvolvimento do ensino estabelecida no art. 212 desta Constituição suportará, no máximo, 30% (trinta por cento) da complementação da União, considerados para os fins deste inciso os valores previstos no inciso V do *caput* deste artigo;

IX – o disposto no *caput* do art. 160 desta Constituição aplica-se aos recursos referidos nos incisos II e IV do *caput* deste artigo, e seu descumprimento pela autoridade competente importará em crime de responsabilidade;

X – a lei disporá, observadas as garantias estabelecidas nos incisos I, II, III e IV do *caput* e no § 1º do art. 208 e as metas pertinentes do plano nacional de educação, nos termos previstos no art. 214 desta Constituição, sobre:

a) a organização dos fundos referidos no inciso I do *caput* deste artigo e a distribuição proporcional de seus recursos, as diferenças e as ponderações quanto ao valor anual por aluno entre etapas, modalidades, duração da jornada e tipos de estabelecimento de ensino, observados as respectivas especificidades e os insumos necessários para a garantia de sua qualidade;

b) a forma de cálculo do VAAF decorrente do inciso III do *caput* deste artigo e do VAAT referido no inciso VI do *caput* deste artigo;

c) a forma de cálculo para distribuição prevista na alínea *c* do inciso V do *caput* deste artigo;

d) a transparência, o monitoramento, a fiscalização e o controle interno, externo e social dos fundos referidos no inciso I do *caput* deste artigo, assegurada a criação, a autonomia, a manutenção e a consolidação de conselhos de acompanhamento e controle social, admitida sua integração aos conselhos de educação;

e) o conteúdo e a periodicidade da avaliação, por parte do órgão responsável, dos efeitos redistributivos, da melhoria dos indicadores educacionais e da ampliação do atendimento;

XI – proporção não inferior a 70% (setenta por cento) de cada fundo referido no inciso I do *caput* deste artigo, excluídos os recursos de que trata a alínea *c* do inciso V do *caput* deste artigo, será destinada ao pagamento dos profissionais da educação básica em efetivo exercício, observado, em relação aos recursos previstos na alínea *b* do inciso V do *caput* deste artigo, o percentual mínimo de 15% (quinze por cento) para despesas de capital;

XII – lei específica disporá sobre o piso salarial profissional nacional para os profissionais do magistério da educação básica pública;

XIII – a utilização dos recursos a que se refere o § 5º do art. 212 desta Constituição para a complementação da União ao FUNDEB, referida no inciso V do *caput* deste artigo, é vedada;

- Incisos III a XIII acrescidos pela EC nº 108, de 26-8-2020.

XIV – no exercício de 2025, da complementação de que trata o inciso V do caput, até 10% (dez por cento) dos valores de cada uma das modalidades referidas nesse dispositivo poderão ser repassados pela União para ações de fomento à criação de matrículas em tempo integral na educação básica pública, considerados indicadores de atendimento, melhoria da qualidade e redução de desigualdades, mantida a classificação orçamentária do repasse como FUNDEB, não se aplicando, para fins deste inciso, os critérios de que tratam as alíneas a, b e c do inciso V deste artigo;

XV – a partir do exercício de 2026, no mínimo 4% (quatro por cento) dos recursos dos fundos referidos no inciso I do caput deste artigo serão destinados pelos Estados, pelo Distrito Federal e pelos Municípios à criação de matrículas em tempo integral na educação básica, conforme diretrizes pactuadas entre a União e demais entes da Federação, até o atingimento das metas de educação em tempo integral estabelecidas pelo Plano Nacional de Educação.

- Incisos XIV e XV acrescidos pela EC nº 135, de 20-12-2024.

§ 1º O cálculo do VAAT, referido no inciso VI do *caput* deste artigo, deverá considerar, além dos recursos previstos no inciso II do *caput* deste artigo, pelo menos, as seguintes disponibilidades:

I – receitas de Estados, do Distrito Federal e de Municípios vinculadas à manutenção e ao desenvolvimento do ensino não integrantes dos fundos referidos no inciso I do *caput* deste artigo;

II – cotas estaduais e municipais da arrecadação do salário-educação de que trata o § 6º do art. 212 desta Constituição;

III – complementação da União transferida a Estados, ao Distrito Federal e a Municípios nos termos da alínea *a* do inciso V do *caput* deste artigo.

§ 2º Além das ponderações previstas na alínea *a* do inciso X do *caput* deste artigo, a lei definirá outras relativas ao nível socioeconômico dos educandos e aos indicadores de disponibilidade de recursos vinculados à educação e de potencial de arrecadação tributária de cada ente federado, bem como seus prazos de implementação.

§ 3º Será destinada à educação infantil a proporção de 50% (cinquenta por cento) dos recursos globais a que se refere a alínea *b* do inciso V do *caput* deste artigo, nos termos da lei.

- §§ 1º a 3º acrescidos pela EC nº 108, de 26-8-2020.

Art. 213. Os recursos públicos serão destinados às escolas públicas, podendo ser dirigidos a escolas comunitárias, confessionais ou filantrópicas, definidas em lei, que:

- Art. 212 desta Constituição.
- Art. 61 do ADCT.
- Lei nº 9.394, de 20-12-1996 (Lei das Diretrizes e Bases da Educação Nacional).

I – comprovem finalidade não lucrativa e apliquem seus excedentes financeiros em educação;

II – assegurem a destinação de seu patrimônio à outra escola comunitária, filantrópica ou confessional, ou ao Poder Público, no caso de encerramento de suas atividades.

- Art. 61 do ADCT.

§ 1º Os recursos de que trata este artigo poderão ser destinados a bolsas de estudo para o ensino fundamental e médio, na forma da lei, para os que demonstrarem insuficiência de recursos, quando houver falta de vagas e cursos regulares da rede pública na localidade da residência do educando, ficando o Poder Público obrigado a investir prioritariamente na expansão de sua rede na localidade.

- Lei nº 9.394, de 20-12-1996 (Lei das Diretrizes e Bases da Educação Nacional).

§ 2º As atividades de pesquisa, de extensão e de estímulo e fomento à inovação realizadas por universidades e/ou por instituições de educação profissional e tecnológica poderão receber apoio financeiro do Poder Público.

- § 2º com a redação dada pela EC nº 85, de 26-2-2015.
- Lei nº 8.436, de 25-6-1992, institucionaliza o Programa de Crédito Educativo para estudantes carentes.

Art. 214. A lei estabelecerá o plano nacional de educação, de duração decenal, com o objetivo de articular o sistema nacional de educação em regime de colaboração e definir diretrizes, objetivos, metas e estratégias de implementação para assegurar a manutenção e desenvolvimento do ensino em seus diversos níveis, etapas e modalidades por meio de ações integradas dos poderes públicos das diferentes esferas federativas que conduzam a:

- *Caput* com a redação dada pela EC nº 59, de 11-11-2009.

I – erradicação do analfabetismo;

II – universalização do atendimento escolar;

III – melhoria da qualidade do ensino;

IV – formação para o trabalho;

V – promoção humanística, científica e tecnológica do País;

- Lei nº 10.172, de 9-1-2001, aprova o Plano Nacional de Educação.

VI – estabelecimento de meta de aplicação de recursos públicos em educação como proporção do produto interno bruto.

- Inciso VI acrescido pela EC nº 59, de 11-11-2009.
- Lei nº 9.394, de 20-12-1996 (Lei das Diretrizes e Bases da Educação Nacional).
- Lei nº 10.172, de 9-1-2001, aprova o Plano Nacional de Educação.
- Lei nº 12.858, de 9-9-2013, dispõe sobre a destinação para as áreas de educação e saúde de parcela da participação no resultado ou da compensação financeira pela exploração de petróleo e gás natural, com a finalidade de cumprimento da meta prevista no inciso VI do *caput* do art. 214 e no art. 196 desta Constituição.

Seção II
DA CULTURA

Art. 215. O Estado garantirá a todos o pleno exercício dos direitos culturais e acesso às fontes da cultura nacional, e apoiará e incentivará a valorização e a difusão das manifestações culturais.

- Lei nº 8.313, de 23-12-1991, institui o Programa Nacional de Apoio à Cultura – PRONAC), regulamentada pelo Dec. nº 5.761, de 27-4-2002.
- Lei nº 8.685, de 20-7-1993, cria mecanismos de fomento à atividade audiovisual.
- Lei nº 10.454, de 13-5-2002, dispõe sobre remissão da Contribuição para o Desenvolvimento da Indústria Cinematográfica – CONDECINE.
- MP nº 2.228-1, de 6-9-2001, que até o encerramento desta edição não havia sido convertida em Lei, cria a Agência Nacional do Cinema – ANCINE.
- Dec. nº 2.290, de 4-8-1997, regulamenta o art. 5º, VIII, da Lei nº 8.313, de 23-12-1991.

§ 1º O Estado protegerá as manifestações das culturas populares, indígenas e afro-brasileiras, e das de outros grupos participantes do processo civilizatório nacional.

§ 2º A lei disporá sobre a fixação de datas comemorativas de alta significação para os diferentes segmentos étnicos nacionais.

§ 3º A lei estabelecerá o Plano Nacional de Cultura, de duração plurianual, visando ao desenvolvimento cultural do País e à integração das ações do poder público que conduzem à:

- Lei nº 12.343, de 2-12-2010, institui o Plano Nacional de Cultura – PNC e cria o Sistema Nacional de Informações e Indicadores Culturais – SNIIC.

I – defesa e valorização do patrimônio cultural brasileiro;

II – produção, promoção e difusão de bens culturais;

III – formação de pessoal qualificado para a gestão da cultura em suas múltiplas dimensões;

IV – democratização do acesso aos bens de cultura;

V – valorização da diversidade étnica e regional.

- § 3º acrescido pela EC nº 48, de 10-8-2005.

Art. 216. Constituem patrimônio cultural brasileiro os bens de natureza material e imaterial, tomados individualmente ou em conjunto, portadores de referência à identidade, à ação, à memória dos diferentes grupos formadores da sociedade brasileira, nos quais se incluem:

I – as formas de expressão;

II – os modos de criar, fazer e viver;

III – as criações científicas, artísticas e tecnológicas;

- Lei nº 9.610, de 19-2-1998 (Lei de Direitos Autorais).

IV – as obras, objetos, documentos, edificações e demais espaços destinados às manifestações artístico-culturais;

V – os conjuntos urbanos e sítios de valor histórico, paisagístico, artístico, arqueológico, paleontológico, ecológico e científico.

- Lei nº 3.924, de 26-7-1961 (Lei dos Monumentos Arqueológicos e Pré-Históricos).
- Arts. 1º, 20, 28, I, II e parágrafo único, da Lei nº 7.542, de 26-9-1986, que dispõe sobre a pesquisa, exploração, remoção e demolição de coisas ou bens afundados, submersos, encalhados e perdidos em águas sob jurisdição nacional, em terreno de marinha e seus acrescidos e em terrenos marginais, em decorrência de sinistro, alijamento ou fortuna do mar.

§ 1º O Poder Público, com a colaboração da comunidade, promoverá e protegerá o patrimônio cultural brasileiro, por meio de inventários, registros, vigilância, tombamento e desapropriação, e de outras formas de acautelamento e preservação.

- Lei nº 7.347, de 24-7-1985 (Lei da Ação Civil Pública).
- Lei nº 8.394, de 30-12-1991, dispõe sobre a preservação, organização e proteção dos acervos documentais privados dos presidentes da República.
- Dec. nº 3.551, de 4-8-2000, institui o registro de bens culturais de natureza imaterial que constituem Patrimônio Cultural Brasileiro e cria o Programa Nacional do Patrimônio Imaterial.

§ 2º Cabem à administração pública, na forma da lei, a gestão da documentação governamental e as providências para franquear sua consulta a quantos dela necessitem.

- Lei nº 8.159, de 8-1-1991, dispõe sobre a Política Nacional de arquivos públicos e privados.
- Lei nº 12.527, de 18-11-2011 (Lei do Acesso à Informação).

§ 3º A lei estabelecerá incentivos para a produção e o conhecimento de bens e valores culturais.

- Lei nº 7.505, de 2-7-1986, dispõe sobre benefícios fiscais na área do imposto de renda concedidos a operações de caráter cultural ou artístico.
- Lei nº 8.313, de 23-12-1991, dispõe sobre benefícios fiscais concedidos a operações de caráter cultural ou artístico e cria o Programa Nacional de Apoio a Cultura – PRONAC.
- Lei nº 8.685, de 20-7-1993, cria mecanismos de fomento à atividade audiovisual.
- Lei nº 10.454, de 13-5-2002, dispõe sobre remissão da Contribuição para o Desenvolvimento da Indústria Cinematográfica – CONDECINE.
- MP nº 2.228-1, de 6-9-2001, que até o encerramento desta edição não havia sido convertida em Lei, cria a Agência Nacional do Cinema – ANCINE.

§ 4º Os danos e ameaças ao patrimônio cultural serão punidos, na forma da lei.

- Lei nº 3.924, de 26-7-1961 (Lei dos Monumentos Arqueológicos e Pré-Históricos).
- Lei nº 4.717, de 29-6-1965 (Lei da Ação Popular).
- Lei nº 7.347, de 24-7-1985 (Lei da Ação Civil Pública).

§ 5º Ficam tombados todos os documentos e os sítios detentores de reminiscências históricas dos antigos quilombos.

§ 6º É facultado aos Estados e ao Distrito Federal vincular a fundo estadual de fomento à cultura até cinco décimos por cento de sua receita tributária líquida, para o financiamento de programas e projetos culturais, vedada a aplicação desses recursos no pagamento de:

I – despesas com pessoal e encargos sociais;

II – serviço da dívida;

III – qualquer outra despesa corrente não vinculada diretamente aos investimentos ou ações apoiados.

- § 6º acrescido pela EC nº 42, de 19-12-2003.

Art. 216-A. O Sistema Nacional de Cultura, organizado em regime de colaboração, de forma descentralizada e participativa, institui um processo de gestão e promoção conjunta de políticas públicas de cultura, democráticas e permanentes, pactuadas entre os entes da Federação e a sociedade, tendo por objetivo promover o desenvolvimento humano, social e econômico com pleno exercício dos direitos culturais.

§ 1º O Sistema Nacional de Cultura fundamenta-se na política nacional de cultura e nas suas diretrizes, estabelecidas no Plano Nacional de Cultura, e rege-se pelos seguintes princípios:

I – diversidade das expressões culturais;

II – universalização do acesso aos bens e serviços culturais;

III – fomento à produção, difusão e circulação de conhecimento e bens culturais;

IV – cooperação entre os entes federados, os agentes públicos e privados atuantes na área cultural;

V – integração e interação na execução das políticas, programas, projetos e ações desenvolvidas;

VI – complementaridade nos papéis dos agentes culturais;

VII – transversalidade das políticas culturais;

VIII – autonomia dos entes federados e das instituições da sociedade civil;

IX – transparência e compartilhamento das informações;

X – democratização dos processos decisórios com participação e controle social;

XI – descentralização articulada e pactuada da gestão, dos recursos e das ações;

XII – ampliação progressiva dos recursos contidos nos orçamentos públicos para a cultura.

§ 2º Constitui a estrutura do Sistema Nacional de Cultura, nas respectivas esferas da Federação:

I – órgãos gestores da cultura;

II – conselhos de política cultural;

III – conferências de cultura;

IV – comissões intergestores;

V – planos de cultura;

VI – sistemas de financiamento à cultura;

VII – sistemas de informações e indicadores culturais;

VIII – programas de formação na área da cultura; e

IX – sistemas setoriais de cultura.

§ 3º Lei federal disporá sobre a regulamentação do Sistema Nacional de Cultura, bem como de sua articulação com os demais sistemas nacionais ou políticas setoriais de governo.

§ 4º Os Estados, o Distrito Federal e os Municípios organizarão seus respectivos sistemas de cultura em leis próprias.

- Art. 216-A acrescido pela EC nº 71, de 29-11-2012.

Seção III
DO DESPORTO

- Lei nº 9.615, de 24-3-1998, institui normas gerais sobre desporto, regulamentada pelo Dec. nº 7.984, de 8-4-2013.
- Lei nº 14.597, de 14-6-2023 (Lei Geral do Esporte).

Art. 217. É dever do Estado fomentar práticas desportivas formais e não formais, como direito de cada um, observados:

I – a autonomia das entidades desportivas dirigentes e associações, quanto a sua organização e funcionamento;

II – a destinação de recursos públicos para a promoção prioritária do desporto educacional e, em casos específicos, para a do desporto de alto rendimento;

III – o tratamento diferenciado para o desporto profissional e o não profissional;

IV – a proteção e o incentivo às manifestações desportivas de criação nacional.

§ 1º O Poder Judiciário só admitirá ações relativas à disciplina e às competições desportivas após esgotarem-se as instâncias da justiça desportiva, regulada em lei.

§ 2º A justiça desportiva terá o prazo máximo de sessenta dias, contados da instauração do processo, para proferir decisão final.

§ 3º O Poder Público incentivará o lazer, como forma de promoção social.

CAPÍTULO IV
DA CIÊNCIA, TECNOLOGIA E INOVAÇÃO

- Capítulo IV com a denominação dada pela EC nº 85, de 26-2-2015.
- Lei nº 9.257, de 9-1-1996, dispõe sobre o Conselho Nacional de Ciência e Tecnologia.
- Lei nº 10.168, de 29-12-2000, institui Contribuição de Intervenção de Domínio Econômico destinado a financiar o Programa de Estímulo à Interação Universidade-Empresa para o apoio à inovação.
- Lei nº 10.332, de 19-12-2001, institui mecanismo de financiamento para o Programa de Ciência e Tecnologia para o Agronegócio, para o Programa de Fomento à Pesquisa em Saúde, para o Programa Biotecnologia e Recursos Genéticos, para o Programa de Ciência e Tecnologia para o Setor Aeronáutico e para o Programa de Inovação para Competitividade.

Art. 218. O Estado promoverá e incentivará o desenvolvimento científico, a pesquisa, a capacitação científica e tecnológica e a inovação.

- *Caput* com a redação dada EC nº 85, de 26-2-2015.
- Lei nº 10.973, de 2-12-2004, estabelece medidas de incentivo à inovação e à pesquisa científica e tecnológica no ambiente produtivo, com vistas à capacitação e ao alcance da autonomia tecnológica e ao desenvolvimento industrial do país, nos termos deste artigo e do art. 219.

§ 1º A pesquisa científica básica e tecnológica receberá tratamento prioritário do Estado, tendo em vista o bem público e o progresso da ciência, tecnologia e inovação.

- § 1º com a redação dada pela EC nº 85, de 26-2-2015.

§ 2º A pesquisa tecnológica voltar-se-á preponderantemente para a solução dos problemas brasileiros e para o desenvolvimento do sistema produtivo nacional e regional.

§ 3º O Estado apoiará a formação de recursos humanos nas áreas de ciência, pesquisa, tecnologia e inovação, inclusive por meio do apoio às atividades de extensão tecnológica, e concederá aos que delas se ocupem meios e condições especiais de trabalho.

- § 3º com a redação dada pela EC nº 85, de 26-2-2015.

§ 4º A lei apoiará e estimulará as empresas que invistam em pesquisa, criação de tecnologia adequada ao País, formação e aperfeiçoamento de seus recursos humanos e que pratiquem sistemas de remuneração que assegurem ao empregado, desvinculada do salário, participação nos ganhos econômicos resultantes da produtividade de seu trabalho.

- Lei nº 9.257, de 9-1-1996, dispõe sobre o Conselho Nacional de Ciência e Tecnologia.

§ 5º É facultado aos Estados e ao Distrito Federal vincular parcela de sua receita orçamentária a entidades públicas de fomento ao ensino e à pesquisa científica e tecnológica.

- Lei nº 8.248, de 23-10-1991, dispõe sobre a capacitação e competitividade do setor de informática e automação.

§ 6º O Estado, na execução das atividades previstas no *caput*, estimulará a articulação entre entes, tanto públicos quanto privados, nas diversas esferas de governo.

§ 7º O Estado promoverá e incentivará a atuação no exterior das instituições públicas de ciência, tecnologia e inovação, com vistas à execução das atividades previstas no *caput*.

- §§ 6º e 7º acrescidos pela EC nº 85, de 26-2-2015.

Art. 219. O mercado interno integra o patrimônio nacional e será incentivado de modo a viabilizar o desenvolvimento cultural e socioeconômico, o bem-estar da população e a autonomia tecnológica do País, nos termos de lei federal.

- Lei nº 10.973, de 2-12-2004, estabelece medidas de incentivo à inovação e à pesquisa científica e tecnológica no ambiente produtivo, com vistas à capacitação e ao alcance da autonomia tecnológica e ao desenvolvimento industrial do país, nos termos deste artigo e do art. 218.

Parágrafo único. O Estado estimulará a formação e o fortalecimento da inovação nas empresas, bem como nos demais entes, públicos ou privados, a constituição e a manutenção de parques e polos tecnológicos e de demais ambientes promotores da inovação, a atuação dos inventores independentes e a criação, absorção, difusão e transferência de tecnologia.

- Parágrafo único acrescido pela EC nº 85, de 26-2-2015.

Art. 219-A. A União, os Estados, o Distrito Federal e os Municípios poderão firmar instrumentos de cooperação com órgãos e entidades públicos e com entidades privadas, inclusive para o compartilhamento de recursos humanos especializados e capacidade instalada, para a execução de projetos de pesquisa, de desenvolvimento científico e tecnológico e de inovação, mediante contrapartida financeira ou não financeira assumida pelo ente beneficiário, na forma da lei.

Art. 219-B. O Sistema Nacional de Ciência, Tecnologia e Inovação será organizado em regime de colaboração entre entes, tanto públicos quanto privados, com vistas a promover o desenvolvimento científico e tecnológico e a inovação.

§ 1º Lei federal disporá sobre as normas gerais do Sistema Nacional de Ciência, Tecnologia e Inovação.

§ 2º Os Estados, o Distrito Federal e os Municípios legislarão concorrentemente sobre suas peculiaridades.

- Arts. 219-A e 219-B acrescidos pela EC nº 85, de 26-2-2015.

CAPÍTULO V
DA COMUNICAÇÃO SOCIAL

Art. 220. A manifestação do pensamento, a criação, a expressão e a informação, sob qualquer forma, processo ou veículo não sofrerão qualquer restrição, observado o disposto nesta Constituição.

- Arts. 1º, III e IV, 3º, III e IV, 4º, II, 5º, IX, XII, XIV, XXVII, XXVIII e XXIX, desta Constituição.
- Arts. 36, 37, 43 e 44 do CDC.
- Lei nº 4.117, de 24-8-1962 (Código Brasileiro de Telecomunicações).
- Art. 1º da Lei nº 7.524, de 17-7-1986, que dispõe sobre a manifestação, por militar inativo, de pensamento e opinião políticos ou filosóficos.
- Art. 2º da Lei nº 8.389, de 30-12-1991, que institui o Conselho de Comunicação Social.
- Lei nº 9.472, de 16-7-1997, dispõe sobre a organização dos serviços de telecomunicações, a criação e funcionamento de um Órgão Regulador e outros aspectos institucionais.
- Art. 7º da Lei nº 9.610, de 19-2-1998 (Lei de Direitos Autorais).

§ 1º Nenhuma lei conterá dispositivo que possa constituir embaraço à plena liberdade de informação jornalística em qualquer veículo de comunicação social, observado o disposto no artigo 5º, IV, V, X, XIII e XIV.

- Art. 45 da Lei nº 9.504, de 30-9-1997 (Lei das Eleições).

§ 2º É vedada toda e qualquer censura de natureza política, ideológica e artística.

§ 3º Compete à lei federal:

I – regular as diversões e espetáculos públicos, cabendo ao Poder Público informar sobre a natureza deles, as faixas etárias a que não se recomendem, locais e horários em que sua apresentação se mostre inadequada;

- Art. 21, XVI, desta Constituição.
- Arts. 74, 80, 247 e 258 do ECA.

II – estabelecer os meios legais que garantam à pessoa e à família a possibilidade de se defenderem de programas ou programações de rádio e televisão que contrariem o disposto no artigo 221, bem como da propaganda de produtos, práticas e serviços que possam ser nocivos à saúde e ao meio ambiente.

- Arts. 9º e 10 do CDC.
- Art. 5º da Lei nº 8.389, de 30-12-1991, que institui o Conselho de Comunicação Social.

§ 4º A propaganda comercial de tabaco, bebidas alcoólicas, agrotóxicos, medicamentos e terapias estará sujeita a restrições legais, nos termos do inciso II do parágrafo anterior, e conterá, sempre que necessário, advertência sobre os malefícios decorrentes de seu uso.

- Lei nº 9.294, de 15-7-1996, dispõe sobre as restrições ao uso e à propaganda de produtos fumígenos, bebidas alcoólicas, medicamentos, terapias e defensivos agrícolas referidos neste parágrafo.
- Lei nº 10.359, de 27-12-2001, dispõe sobre a obrigatoriedade de os novos aparelhos de televisão conterem dispositivo que possibilite o bloqueio temporário da recepção de programação inadequada.

§ 5º Os meios de comunicação social não podem, direta ou indiretamente, ser objeto de monopólio ou oligopólio.

- Arts. 36 e segs. da Lei nº 12.529, de 30-11-2011 (Lei do Sistema Brasileiro de Defesa da Concorrência).

§ 6º A publicação de veículo impresso de comunicação independe de licença de autoridade.

- Art. 114, parágrafo único, da Lei nº 6.015, de 31-12-1973 (Lei dos Registros Públicos).

Art. 221. A produção e a programação das emissoras de rádio e televisão atenderão aos seguintes princípios:

I – preferência a finalidades educativas, artísticas, culturais e informativas;

- Dec. nº 4.901, de 26-11-2003, institui o Sistema Brasileiro de Televisão Digital – SBTVD.

II – promoção da cultura nacional e regional e estímulo à produção independente que objetive sua divulgação;

- Lei nº 10.454, de 13-5-2002, dispõe sobre remissão da Contribuição para o Desenvolvimento da Indústria Cinematográfica – CONDECINE.
- Art. 2º da MP nº 2.228-1, de 6-9-2001, que até o encerramento desta edição não havia sido convertida em lei, cria a Agência Nacional do Cinema – ANCINE.

III – regionalização da produção cultural, artística e jornalística, conforme percentuais estabelecidos em lei;

- Art. 3º, III, desta Constituição.

IV – respeito aos valores éticos e sociais da pessoa e da família.

- Arts. 1º, III, 5º, XLII, XLIII, XLVIII, XLIX, L, 34, VII, *b*, 225 a 227 e 230 desta Constituição.
- Art. 8º, III, da Lei nº 11.340, de 7-8-2006 (Lei que Coíbe a Violência Doméstica e Familiar Contra a Mulher).

Art. 222. A propriedade de empresa jornalística e de radiodifusão sonora e de sons e imagens é privativa de brasileiros natos ou naturalizados há mais de dez anos, ou de pessoas jurídicas constituídas sob as leis brasileiras e que tenham sede no País.

- *Caput* com a redação dada pela EC nº 36, de 28-5-2002.

§ 1º Em qualquer caso, pelo menos setenta por cento do capital total e do capital votante das empresas jornalísticas e de radiodifusão sonora e de sons e imagens deverá pertencer, direta ou indiretamente, a brasileiros natos ou naturalizados há mais de dez anos, que exercerão obrigatoriamente a gestão das atividades e estabelecerão o conteúdo da programação.

§ 2º A responsabilidade editorial e as atividades de seleção e direção da programação veiculada são privativas de brasileiros natos ou naturalizados há mais de dez anos, em qualquer meio de comunicação social.

- §§ 1º e 2º com a redação dada pela EC nº 36, de 28-5-2002.

§ 3º Os meios de comunicação social eletrônica, independentemente da tecnologia utilizada para a prestação do serviço, deverão observar os princípios enunciados no art. 221, na forma de lei específica, que também garantirá a prioridade de profissionais brasileiros na execução de produções nacionais.

§ 4º Lei disciplinará a participação de capital estrangeiro nas empresas de que trata o § 1º.

- Lei nº 10.610, de 20-12-2002, dispõe sobre a participação de capital estrangeiro nas empresas jornalísticas e de radiodifusão sonora e de sons e imagens.

§ 5º As alterações de controle societário das empresas de que trata o § 1º serão comunicadas ao Congresso Nacional.

- §§ 3º a 5º acrescidos pela EC nº 36, de 28-5-2002.

Art. 223. Compete ao Poder Executivo outorgar e renovar concessão, permissão e autorização para o serviço de radiodifusão sonora e de sons e imagens, observado o princípio da complementaridade dos sistemas privado, público e estatal.

- Lei nº 9.612, de 19-2-1998, institui o serviço de radiodifusão comunitária.
- Arts. 2º e 10 do Dec. nº 52.795, de 31-10-1963, que aprova regulamento dos serviços de radiodifusão.

§ 1º O Congresso Nacional apreciará o ato no prazo do artigo 64, §§ 2º e 4º, a contar do recebimento da mensagem.

§ 2º A não renovação da concessão ou permissão dependerá de aprovação de, no mínimo, dois quintos do Congresso Nacional, em votação nominal.

§ 3º O ato de outorga ou renovação somente produzirá efeitos legais após deliberação do Congresso Nacional, na forma dos parágrafos anteriores.

§ 4º O cancelamento da concessão ou permissão, antes de vencido o prazo, depende de decisão judicial.

§ 5º O prazo da concessão ou permissão será de dez anos para as emissoras de rádio e de quinze para as de televisão.

Art. 224. Para os efeitos do disposto neste Capítulo, o Congresso Nacional instituirá, como seu órgão auxiliar, o Conselho de Comunicação Social, na forma da lei.

- Lei nº 6.650, de 23-5-1979, dispõe sobre a criação, na Presidência da República, da Secretaria de Comunicação Social.
- Lei nº 8.389, de 30-12-1991, institui o Conselho de Comunicação Social.
- Dec. nº 4.799, de 4-8-2003, dispõe sobre a comunicação de Governo do Poder Executivo Federal.
- Dec. nº 6.555, de 8-9-2008, dispõe sobre as ações de comunicação do Poder Executivo Federal.

CAPÍTULO VI
DO MEIO AMBIENTE

- Lei nº 9.605, de 12-2-1998 (Lei dos Crimes Ambientais).
- Lei nº 14.785, de 27-12-2023, dispõe sobre a pesquisa, a experimentação, a produção, a embalagem, a rotulagem, o transporte, o armazenamento, a comercialização, a utilização, a importação, a exportação, o destino final dos resíduos e das embalagens, o registro, a classificação, o controle, a inspeção e a fiscalização de agrotóxicos, de produtos de controle ambiental, de seus produtos técnicos e afins.
- Dec. nº 4.339, de 22-8-2002, institui princípios e diretrizes para a implementação Política Nacional da Biodiversidade.
- Dec. nº 4.411, de 7-10-2002, dispõe sobre a atuação das Forças Armadas e da Polícia Federal nas unidades de conservação.

Art. 225. Todos têm direito ao meio ambiente ecologicamente equilibrado, bem de uso comum do povo e essencial à sadia qualidade de vida, impondo-se ao Poder Público e à coletividade o dever de defendê-lo e preservá-lo para as presentes e futuras gerações.

- Lei nº 7.735, de 22-2-1989, dispõe sobre a extinção de órgão e de entidade autárquica, cria o Instituto Brasileiro do Meio Ambiente e dos Recursos Naturais Renováveis.
- Lei nº 7.797, de 10-7-1989 (Lei do Fundo Nacional de Meio Ambiente).
- Lei nº 11.284, de 2-3-2006 (Lei de Gestão de Florestas Públicas).
- Dec. nº 4.339, de 22-8-2002, institui princípios e diretrizes para a implementação Política Nacional da Biodiversidade.

§ 1º Para assegurar a efetividade desse direito, incumbe ao Poder Público:

- Lei nº 9.985, de 18-7-2000 (Lei do Sistema Nacional de Unidades de Conservação da Natureza).

I – preservar e restaurar os processos ecológicos essenciais e prover o manejo ecológico das espécies e ecossistemas;

- Lei nº 9.985, de 18-7-2000 (Lei do Sistema Nacional de Unidades de Conservação da Natureza), regulamentada pelo Dec. nº 4.340, de 22-8-2002.

II – preservar a diversidade e a integridade do patrimônio genético do País e fiscalizar as entidades dedicadas à pesquisa e manipulação de material genético;

- Lei nº 9.985, de 18-7-2000 (Lei do Sistema Nacional de Unidades de Conservação da Natureza), regulamentada pelo Dec. nº 4.340, de 22-8-2002.
- Lei nº 11.105, de 24-3-2005 (Lei de Biossegurança), regulamenta este inciso.
- Dec. nº 5.705, de 16-2-2006, promulga o Protocolo de Cartagena sobre Biossegurança da Convenção sobre Diversidade Biológica.

III – definir, em todas as Unidades da Federação, espaços territoriais e seus componentes a serem especialmente protegidos, sendo a alteração e a supressão permitidas somente através de lei, vedada qualquer utilização que comprometa a integridade dos atributos que justifiquem sua proteção;

- Lei nº 9.985, de 18-7-2000 (Lei do Sistema Nacional de Unidades de Conservação da Natureza), regulamentada pelo Dec. nº 4.340, de 22-8-2002.
- Res. do CONAMA nº 369, de 28-3-2006, dispõe sobre os casos excepcionais, de utilidade pública, interesse social ou baixo impacto ambiental, que possibilitam a intervenção ou supressão de vegetação em Área de Preservação Permanente – APP.

IV – exigir, na forma da lei, para instalação de obra ou atividade potencialmente causadora de significativa degradação do meio ambiente, estudo prévio de impacto ambiental, a que se dará publicidade;

- Lei nº 11.105, de 24-3-2005 (Lei de Biossegurança), regulamenta este inciso.

V – controlar a produção, a comercialização e o emprego de técnicas, métodos e substâncias que comportem risco para a vida, a qualidade de vida e o meio ambiente;

- Lei nº 9.985, de 18-7-2000 (Lei do Sistema Nacional de Unidades de Conservação da Natureza), regulamentada pelo Dec. nº 4.340, de 22-8-2002.
- Lei nº 11.105, de 24-3-2005 (Lei de Biossegurança), regulamenta este inciso.
- Lei nº 14.785, de 27-12-2023, dispõe sobre a pesquisa, a experimentação, a produção, a embalagem, a rotulagem, o transporte, o armazenamento, a comercialização, a utilização, a importação, a exportação, o destino final dos resíduos e das embalagens, o registro, a classificação, o controle, a inspeção e a fiscalização de agrotóxicos, de produtos de controle ambiental, de seus produtos técnicos e afins.

VI – promover a educação ambiental em todos os níveis de ensino e a conscientização pública para a preservação do meio ambiente;

- Lei nº 9.795, de 27-4-1999, dispõe sobre a educação ambiental e a instituição da Política Nacional de Educação Ambiental.

VII – proteger a fauna e a flora, vedadas, na forma da lei, as práticas que coloquem em risco sua função ecológica, provoquem a extinção de espécies ou submetam os animais à crueldade;

- Lei nº 5.197, de 3-1-1967 (Lei de Proteção à Fauna).
- Lei nº 9.605, de 12-2-1998 (Lei dos Crimes Ambientais).
- Lei nº 9.985, de 18-7-2000 (Lei do Sistema Nacional de Unidades de Conservação da Natureza), regulamentada pelo Dec. nº 4.340, de 22-8-2002.
- Lei nº 11.794, de 8-10-2008, regulamenta este inciso, estabelecendo procedimentos para o uso científico de animais.
- Lei nº 12.651, de 25-5-2012 (Novo Código Florestal).
- Lei nº 14.785, de 27-12-2023, dispõe sobre a pesquisa, a experimentação, a produção, a embalagem, a rotulagem, o transporte, o armazenamento, a comercialização, a utilização, a importação, a exportação, o destino final dos resíduos e das embalagens, o registro, a classificação, o controle, a inspeção e a fiscalização de agrotóxicos, de produtos de controle ambiental, de seus produtos técnicos e afins.
- Dec.-lei nº 221, de 28-2-1967 (Lei de Proteção e Estímulos à Pesca).

VIII – manter regime fiscal favorecido para os biocombustíveis e para o hidrogênio de baixa emissão de carbono, na forma de lei complementar, a fim de assegurar-lhes tributação inferior à incidente sobre os combustíveis fósseis, capaz de garantir diferencial competitivo em relação a estes, especialmente em relação às contribuições de que tratam o art. 195, I, *b*, IV e V, e o art. 239 e aos impostos a que se referem os arts. 155, II, e 156-A.

- Inciso VIII com a redação dada pela EC nº 132, de 20-12-2023.

★ **Nova redação do dispositivo alterado:** "VIII – manter regime fiscal favorecido para os biocombustíveis e para o hidrogênio de baixa emissão de carbono, na forma de lei complementar, a fim de assegurar-lhes tributação inferior à incidente sobre os combustíveis fósseis, capaz de garantir diferencial competitivo em relação a estes, especialmente em relação à contribuição de que trata o art. 195, V, e aos impostos a que se referem os arts. 155, II, e 156-A."

- Inciso VIII com a redação dada pela EC nº 132, de 20-12-2023, para vigorar a partir de 2027.

★ **Nova redação do dispositivo alterado:** "VIII – manter regime fiscal favorecido para os biocombustíveis e para o hidrogênio de baixa emissão de carbono, na forma de lei complementar, a fim de assegurar-lhes tributação inferior à incidente sobre os combustíveis fósseis, capaz de garantir diferencial competitivo em relação a estes, especialmente em relação à contribuição de que trata o art. 195, V, e ao imposto a que se refere o art. 156-A."

- Inciso VIII com a redação dada pela EC nº 132, de 20-12-2023, para vigorar a partir de 2033.

§ 2º Aquele que explorar recursos minerais fica obrigado a recuperar o meio ambiente degradado, de acordo com solução técnica exigida pelo órgão público competente, na forma da lei.

- Dec.-lei nº 227, de 28-2-1967 (Código de Mineração).

§ 3º As condutas e atividades consideradas lesivas ao meio ambiente sujeitarão os infratores, pessoas físicas ou jurídicas, a sanções penais e administrativas, independentemente da obrigação de reparar os danos causados.

- Art. 3º, *caput* e parágrafo único, da Lei nº 9.605, de 12-2-1998 (Lei dos Crimes Ambientais).
- Dec. nº 6.514, de 22-7-2008, dispõe sobre as infrações e sanções administrativas ao meio ambiente e estabelece o processo administrativo federal para apuração destas infrações.

§ 4º A Floresta Amazônica brasileira, a Mata Atlântica, a Serra do Mar, o Pantanal Mato-Grossense e a Zona Costeira são patrimônio nacional, e sua utilização far-se-á, na forma da lei, dentro de condições que assegurem a preservação do meio ambiente, inclusive quanto ao uso dos recursos naturais.

- Lei nº 6.902, de 27-4-1981 (Lei das Estações Ecológicas e das Áreas de Proteção Ambiental).
- Lei nº 6.938, de 31-8-1981 (Lei da Política Nacional do Meio Ambiente).
- Lei nº 7.347, de 24-7-1985 (Lei da Ação Civil Pública).
- Dec. nº 4.297, de 10-7-2002, regulamenta o inciso II do art. 9º da Lei nº 6.938, de 31-8-1981 (Lei da Política Nacional do Meio Ambiente), estabelecendo critério para o Zoneamento Ecológico-Econômico do Brasil – ZEE.
- Res. do CONAMA nº 369, de 28-3-2006, dispõe sobre os casos excepcionais, de utilidade pública, interesse social ou baixo impacto ambiental, que possibilitam a intervenção ou supressão de vegetação em Área de Preservação Permanente – APP.

§ 5º São indisponíveis as terras devolutas ou arrecadadas pelos Estados, por ações discriminatórias, necessárias à proteção dos ecossistemas naturais.

- Lei nº 6.383, de 7-12-1976 (Lei das Ações Discriminatórias).
- Dec.-lei nº 9.760, de 5-9-1946 (Lei dos Bens Imóveis da União).
- Res. do CONAMA nº 369, de 28-3-2006, dispõe sobre os casos excepcionais, de utilidade pública, interesse social ou baixo impacto ambiental, que possibilitam a intervenção ou supressão de vegetação em Área de Preservação Permanente – APP.

§ 6º As usinas que operem com reator nuclear deverão ter sua localização definida em lei federal, sem o que não poderão ser instaladas.

- Dec.-lei nº 1.809, de 7-10-1980, institui o Sistema de Proteção ao Programa Nuclear Brasileiro – SIPRON.

§ 7º Para fins do disposto na parte final do inciso VII do § 1º deste artigo, não se consideram cruéis as práticas desportivas que utilizem animais, desde que sejam manifestações culturais, conforme o § 1º do art. 215 desta Constituição Federal, registradas como bem de natureza imaterial integrante do patrimônio cultural brasileiro, devendo ser regulamentadas por lei específica que assegure o bem-estar dos animais envolvidos.

- § 7º acrescido pela EC nº 96, de 6-6-2017.

CAPÍTULO VII

DA FAMÍLIA, DA CRIANÇA, DO ADOLESCENTE, DO JOVEM E DO IDOSO

- Capítulo VII com a denominação dada pela EC nº 65, de 13-7-2010.
- Lei nº 8.069, de 13-7-1990 (Estatuto da Criança e do Adolescente).

- Lei nº 8.842, de 4-1-1994, dispõe sobre a composição, estruturação, competência e funcionamento do Conselho Nacional dos Direitos do Idoso – CNDI.
- Lei nº 10.741, de 1º-10-2003 (Estatuto da Pessoa Idosa).
- Lei nº 12.010, de 3-8-2009 (Lei da Adoção).
- Lei nº 12.852, de 5-8-2013 (Estatuto da Juventude).

Art. 226. A família, base da sociedade, tem especial proteção do Estado.

- Arts. 1.533 a 1.542 do CC.
- Lei nº 6.015, de 31-12-1973 (Lei dos Registros Públicos).
- Lei nº 8.069, de 13-7-1990 (Estatuto da Criança e do Adolescente).

§ 1º O casamento é civil e gratuita a celebração.

- Arts. 1.511 a 1.570 do CC.
- Arts. 67 a 76 da Lei nº 6.015, de 31-12-1973 (Lei dos Registros Públicos).

§ 2º O casamento religioso tem efeito civil, nos termos da lei.

- Lei nº 1.110, de 23-5-1950, regula o reconhecimento dos efeitos civis ao casamento religioso.
- Arts. 71 a 75 da Lei nº 6.015, de 31-12-1973 (Lei dos Registros Públicos).
- Lei nº 9.278, de 10-5-1996 (Lei da União Estável).
- Art. 5º do Dec.-lei nº 3.200, de 19-4-1941, que dispõe sobre a organização e proteção da família.

§ 3º Para efeito da proteção do Estado, é reconhecida a união estável entre o homem e a mulher como entidade familiar, devendo a lei facilitar sua conversão em casamento.

- Arts. 1.723 a 1.727 do CC.
- Art. 73, § 3º, do CPC/2015.
- Lei nº 8.971, de 29-12-1994, regula o direito dos companheiros a alimentos e sucessão.
- Lei nº 9.278, de 10-5-1996 (Lei da União Estável).
- O STF, por unanimidade de votos, julgou procedentes a ADPF nº 132 (como ação direta de inconstitucionalidade) e a ADI nº 4.277, com eficácia *erga omnes* e efeito vinculante, para dar ao art. 1.723 do CC interpretação conforme à CF para dele excluir qualquer significado que impeça o reconhecimento da união contínua, pública e duradoura entre pessoas do mesmo sexo como entidade familiar (*DOU* de 13-5-2011).

§ 4º Entende-se, também, como entidade familiar a comunidade formada por qualquer dos pais e seus descendentes.

§ 5º Os direitos e deveres referentes à sociedade conjugal são exercidos igualmente pelo homem e pela mulher.

- Arts. 1.511 a 1.570 do CC.
- Arts. 2º a 8º da Lei nº 6.515, de 26-12-1977 (Lei do Divórcio).

§ 6º O casamento civil pode ser dissolvido pelo divórcio.

- § 6º com a redação dada pela EC nº 66, de 13-7-2010.
- Lei nº 6.515, de 26-12-1977 (Lei do Divórcio).

§ 7º Fundado nos princípios da dignidade da pessoa humana e da paternidade responsável, o planejamento familiar é livre decisão do casal, competindo ao Estado propiciar recursos educacionais e científicos para o exercício desse direito, vedada qualquer forma coercitiva por parte de instituições oficiais ou privadas.

- Lei nº 9.263, de 12-1-1996 (Lei do Planejamento Familiar), regulamenta este parágrafo.

§ 8º O Estado assegurará a assistência à família na pessoa de cada um dos que a integram, criando mecanismos para coibir a violência no âmbito de suas relações.

- Lei nº 11.340, de 7-8-2006 (Lei que Coíbe a Violência Doméstica e Familiar Contra a Mulher).

Art. 227. É dever da família, da sociedade e do Estado assegurar à criança, ao adolescente e ao jovem, com absoluta prioridade, o direito à vida, à saúde, à alimentação, à educação, ao lazer, à profissionalização, à cultura, à dignidade, ao respeito, à liberdade e à convivência familiar e comunitária, além de colocá-los a salvo de toda forma de negligência, discriminação, exploração, violência, crueldade e opressão.

- *Caput* com a redação dada pela EC nº 65, de 13-7-2010.
- Arts. 6º, 208 e 212, § 4º, desta Constituição.
- Lei nº 8.069, de 13-7-1990 (Estatuto da Criança e do Adolescente).
- Lei nº 12.318, de 26-8-2010 (Lei da Alienação Parental).
- Lei nº 13.431, de 4-4-2017, estabelece o sistema de garantia de direitos da criança e do adolescente vítima ou testemunha de violência.
- Dec. nº 3.413, de 14-4-2000, promulga a Convenção sobre os Aspectos Civis do Sequestro Internacional de Crianças, concluída na cidade de Haia, em 25-10-1980.
- Dec. nº 3.951, de 4-10-2001, designa a Autoridade Central para dar cumprimento às obrigações impostas pela Convenção sobre os Aspectos Civis do Sequestro Internacional de Crianças, cria o Conselho da Autoridade Central Administrativa Federal Contra o Sequestro Internacional de Crianças e institui o Programa Nacional para Cooperação no Regresso de Crianças e Adolescentes Brasileiros Sequestrados Internacionalmente.
- Dec. nº 10.088, de 5-11-2019, consolida atos normativos editados pelo Poder Executivo Federal que dispõem sobre a promulgação de convenções e recomendações da Organização Internacional do Trabalho – OIT ratificadas pela República Federativa do Brasil.
- Dec. Legislativo nº 79, de 15-9-1999, aprova o texto da Convenção sobre os Aspectos Civis do Sequestro Internacional de Crianças, concluída na cidade de Haia, em 25-10-1980, com vistas a adesão pelo governo brasileiro.
- Res. do CNJ nº 94, de 27-10-2009, determina a criação de Coordenadorias da Infância e da Juventude no âmbito dos Tribunais de Justiça dos Estados e do Distrito Federal.

§ 1º O Estado promoverá programas de assistência integral à saúde da criança, do adolescente e do jovem, admitida a participação de entidades não governamentais, mediante políticas específicas e obedecendo aos seguintes preceitos:

- § 1º com a redação dada pela EC nº 65, de 13-7-2010.
- Lei nº 8.642, de 31-3-1993, dispõe sobre a instituição do Programa Nacional de Atenção à Criança e ao Adolescente – PRONAICA.

I – aplicação de percentual dos recursos públicos destinados à saúde na assistência materno-infantil;

II – criação de programas de prevenção e atendimento especializado para as pessoas portadoras de deficiência física, sensorial ou mental, bem como de integração social do adolescente e do jovem portador de deficiência, mediante o treinamento para o trabalho e a convivência, e a facilitação do acesso aos bens e serviços coletivos, com a eliminação de obstáculos arquitetônicos e de todas as formas de discriminação.

- Inciso II com a redação dada pela EC nº 65, de 13-7-2010.
- Lei nº 7.853, de 24-10-1989 (Lei de Apoio às Pessoas Portadoras de Deficiência), regulamentada pelo Dec. nº 3.298, de 20-12-1999.
- Lei nº 8.069, de 13-7-1990 (Estatuto da Criança e do Adolescente).
- Lei nº 10.216, de 6-4-2001, dispõe sobre a proteção e os direitos das pessoas portadoras de transtornos mentais e redireciona o modelo assistencial em saúde mental.
- Lei nº 13.146, de 6-7-2015 (Estatuto da Pessoa com Deficiência).
- Dec. nº 3.956, de 8-10-2001, promulga a Convenção Interamericana para Eliminação de Todas as Formas de Discriminação contra as Pessoas Portadoras de Deficiência.
- Dec. nº 6.949, de 25-8-2009, promulga a Convenção Internacional sobre os Direitos das Pessoas com Deficiência.

§ 2º A lei disporá sobre normas de construção dos logradouros e dos edifícios de uso público e de fabricação de veículos de transporte coletivo, a fim de garantir acesso adequado às pessoas portadoras de deficiência.

- Art. 244 desta Constituição.
- Art. 3º da Lei nº 7.853, de 24-10-1989 (Lei de Apoio às Pessoas Portadoras de Deficiência), regulamentada pelo Dec. nº 3.298, de 20-12-1999.
- Lei nº 13.146, de 6-7-2015 (Estatuto da Pessoa com Deficiência).
- Dec. nº 6.949, de 25-8-2009, promulga a Convenção Internacional sobre os Direitos das Pessoas com Deficiência.

§ 3º O direito a proteção especial abrangerá os seguintes aspectos:

I – idade mínima de quatorze anos para admissão ao trabalho, observado o disposto no artigo 7º, XXXIII;

- O art. 7º, XXXIII, desta Constituição, foi alterado pela EC nº 20, de 15-12-1998, e agora fixa em dezesseis anos a idade mínima para admissão ao trabalho.

II – garantia de direitos previdenciários e trabalhistas;

III – garantia de acesso do trabalhador adolescente e jovem à escola;

- Inciso III com a redação dada pela EC nº 65, de 13-7-2010.

IV – garantia de pleno e formal conhecimento da atribuição de ato infracional, igualdade na relação processual e defesa técnica por profissional habilitado, segundo dispuser a legislação tutelar específica;

V – obediência aos princípios de brevidade, excepcionalidade e respeito à condição peculiar de pessoa em desenvolvimento, quando da aplicação de qualquer medida privativa da liberdade;

VI – estímulo do Poder Público, através de assistência jurídica, incentivos fiscais e subsídios, nos termos da lei, ao acolhimento, sob a forma de guarda, de criança ou adolescente órfão ou abandonado;

- Arts. 33 a 35 do ECA.

VII – programas de prevenção e atendimento especializado à criança, ao adolescente e ao jovem dependente de entorpecentes e drogas afins.

- Inciso VII com a redação dada pela EC nº 65, de 13-7-2010.
- Lei nº 11.343, de 23-8-2006 (Lei Antidrogas).

§ 4º A lei punirá severamente o abuso, a violência e a exploração sexual da criança e do adolescente.

- Arts. 217-A a 218-B e 224 do CP.
- Arts. 225 a 258 do ECA.

§ 5º A adoção será assistida pelo Poder Público, na forma da lei, que estabelecerá casos e condições de sua efetivação por parte de estrangeiros.

- Arts. 1.618 e 1.619 do CC.

- Arts. 39 a 52 do ECA.
- Lei nº 12.010, de 3-8-2009 (Lei da Adoção).
- Dec. nº 3.087, de 21-6-1999, promulga a Convenção Relativa à Proteção das Crianças e à Cooperação em Matéria de Adoção Internacional, concluída em Haia, em 29-5-1993.

§ 6º Os filhos, havidos ou não da relação do casamento, ou por adoção, terão os mesmos direitos e qualificações, proibidas quaisquer designações discriminatórias relativas à filiação.

- Art. 41, §§ 1º e 2º, do ECA.
- Lei nº 8.560, de 29-12-1992 (Lei de Investigação de Paternidade).
- Lei nº 10.317, de 6-12-2001, dispõe sobre a gratuidade no exame de DNA nos casos que especifica.
- Lei nº 12.010, de 3-8-2009 (Lei da Adoção).

§ 7º No atendimento dos direitos da criança e do adolescente levar-se-á em consideração o disposto no artigo 204.

§ 8º A lei estabelecerá:

I – o estatuto da juventude, destinado a regular os direitos dos jovens;

II – o plano nacional de juventude, de duração decenal, visando à articulação das várias esferas do poder público para a execução de políticas públicas.

- § 8º acrescido pela EC nº 65, de 13-7-2010.

Art. 228. São penalmente inimputáveis os menores de dezoito anos, sujeitos às normas da legislação especial.

- Art. 27 do CP.
- Arts. 101, 104 e 112 do ECA.

Art. 229. Os pais têm o dever de assistir, criar e educar os filhos menores, e os filhos maiores têm o dever de ajudar e amparar os pais na velhice, carência ou enfermidade.

- Art. 22 do ECA.

Art. 230. A família, a sociedade e o Estado têm o dever de amparar as pessoas idosas, assegurando sua participação na comunidade, defendendo sua dignidade e bem-estar e garantindo-lhes o direito à vida.

- Lei nº 8.842, de 4-1-1994, dispõe sobre a política nacional do idoso.
- Lei nº 10.741, de 1º-10-2003 (Estatuto da Pessoa Idosa).

§ 1º Os programas de amparo aos idosos serão executados preferencialmente em seus lares.

§ 2º Aos maiores de sessenta e cinco anos é garantida a gratuidade dos transportes coletivos urbanos.

CAPÍTULO VIII
DOS ÍNDIOS

Art. 231. São reconhecidos aos índios sua organização social, costumes, línguas, crenças e tradições, e os direitos originários sobre as terras que tradicionalmente ocupam, competindo à União demarcá-las, proteger e fazer respeitar todos os seus bens.

- Lei nº 6.001, de 19-12-1973 (Estatuto do Índio).
- Dec. nº 26, de 4-2-1991, dispõe sobre a educação indígena no Brasil.
- Dec. nº 1.775, de 8-1-1996, dispõe sobre o procedimento administrativo de demarcação de terras indígenas.
- Dec. nº 3.156, de 7-10-1999, dispõe sobre as condições para a prestação de assistência à saúde dos povos indígenas, no âmbito do Sistema Único de Saúde.
- Dec. nº 4.412, de 7-10-2002, dispõe sobre a atuação das Forças Armadas e da Polícia Federal nas terras indígenas.
- Dec. nº 6.040, de 7-2-2007, institui a Política Nacional de Desenvolvimento Sustentável dos Povos e Comunidades Tradicionais.
- Dec. nº 7.747, de 5-6-2012, institui a Política Nacional de Gestão Territorial e Ambiental de Terras Indígenas – PNGATI
- Dec. nº 10.088, de 5-11-2019, consolida atos normativos editados pelo Poder Executivo Federal que dispõem sobre a promulqação de convenções e recomendações da Organização Internacional do Trabalho – OIT ratificadas pela República Federativa do Brasil.

§ 1º São terras tradicionalmente ocupadas pelos índios as por eles habitadas em caráter permanente, as utilizadas para suas atividades produtivas, as imprescindíveis à preservação dos recursos ambientais necessários a seu bem-estar e as necessárias a sua reprodução física e cultural, segundo seus usos, costumes e tradições.

§ 2º As terras tradicionalmente ocupadas pelos índios destinam-se a sua posse permanente, cabendo-lhes o usufruto exclusivo das riquezas do solo, dos rios e dos lagos nelas existentes.

§ 3º O aproveitamento dos recursos hídricos, incluídos os potenciais energéticos, a pesquisa e a lavra das riquezas minerais em terras indígenas só podem ser efetivados com autorização do Congresso Nacional, ouvidas as comunidades afetadas, ficando-lhes assegurada participação nos resultados da lavra, na forma da lei.

§ 4º As terras de que trata este artigo são inalienáveis e indisponíveis, e os direitos sobre elas, imprescritíveis.

§ 5º É vedada a remoção dos grupos indígenas de suas terras, salvo, *ad referendum* do Congresso Nacional, em caso de catástrofe ou epidemia que ponha em risco sua população, ou no interesse da soberania do País, após deliberação do Congresso Nacional, garantindo, em qualquer hipótese, o retorno imediato logo que cesse o risco.

§ 6º São nulos e extintos, não produzindo efeitos jurídicos, os atos que tenham por objeto a ocupação, o domínio e a posse das terras a que se refere este artigo, ou a exploração das riquezas naturais do solo, dos rios e dos lagos nelas existentes, ressalvado relevante interesse público da União, segundo o que dispuser lei complementar, não gerando a nulidade e a extinção direito a indenização ou ações contra a União, salvo, na forma da lei, quanto às benfeitorias derivadas da ocupação de boa-fé.

- Art. 62 da Lei nº 6.001, de 19-12-1973 (Estatuto do Índio).

§ 7º Não se aplica às terras indígenas o disposto no artigo 174, §§ 3º e 4º.

Art. 232. Os índios, suas comunidades e organizações são partes legítimas para ingressar em juízo em defesa de seus direitos e interesses, intervindo o Ministério Público em todos os atos do processo.

- Lei nº 6.001, de 19-12-1973 (Estatuto do Índio).

TÍTULO IX – DAS DISPOSIÇÕES CONSTITUCIONAIS GERAIS

Art. 233. *Revogado.* EC nº 28, de 25-5-2000.

Art. 234. É vedado à União, direta ou indiretamente, assumir, em decorrência da criação de Estado, encargos referentes a despesas com pessoal inativo e com encargos e amortizações da dívida interna ou externa da administração pública, inclusive da indireta.

- Art. 13, § 6º, do ADCT.

Art. 235. Nos dez primeiros anos da criação de Estado, serão observadas as seguintes normas básicas:

I – a Assembleia Legislativa será composta de dezessete Deputados se a população do Estado for inferior a seiscentos mil habitantes, e de vinte e quatro, se igual ou superior a esse número, até um milhão e quinhentos mil;

II – o Governo terá no máximo dez Secretarias;

III – o Tribunal de Contas terá três membros, nomeados, pelo Governador eleito, dentre brasileiros de comprovada idoneidade e notório saber;

IV – o Tribunal de Justiça terá sete Desembargadores;

V – os primeiros Desembargadores serão nomeados pelo Governador eleito, escolhidos da seguinte forma:

a) cinco dentre os magistrados com mais de trinta e cinco anos de idade, em exercício na área do novo Estado ou do Estado originário;

b) dois dentre promotores, nas mesmas condições, e advogados de comprovada idoneidade e saber jurídico, com dez anos, no mínimo, de exercício profissional, obedecido o procedimento fixado na Constituição;

VI – no caso de Estado proveniente de Território Federal, os cinco primeiros Desembargadores poderão ser escolhidos dentre juízes de direito de qualquer parte do País;

VII – em cada Comarca, o primeiro Juiz de Direito, o primeiro Promotor de Justiça e o primeiro Defensor Público serão nomeados pelo Governador eleito após concurso público de provas e títulos;

VIII – até a promulgação da Constituição Estadual, responderão pela Procuradoria-Geral, pela Advocacia-Geral e pela Defensoria-Geral do Estado advogados de notório saber, com trinta e cinco anos de idade, no mínimo, nomeados pelo Governador eleito e demissíveis *ad nutum*;

IX – se o novo Estado for resultado de transformação de Território Federal, a transferência de encargos financeiros da União para pagamento dos servidores optantes que pertenciam à Administração Federal ocorrerá da seguinte forma:

a) no sexto ano de instalação, o Estado assumirá vinte por cento dos encargos financeiros para fazer face ao pagamento dos servidores públicos, ficando ainda o restante sob a responsabilidade da União;

b) no sétimo ano, os encargos do Estado serão acrescidos de trinta por cento e, no oitavo, dos restantes cinquenta por cento;

X – as nomeações que se seguirem às primeiras, para os cargos mencionados neste artigo, serão disciplinadas na Constituição Estadual;

XI – as despesas orçamentárias com pessoal não poderão ultrapassar cinquenta por cento da receita do Estado.

Art. 236. Os serviços notariais e de registro são exercidos em caráter privado, por delegação do Poder Público.

- Art. 32 do ADCT.
- Lei nº 8.935, de 18-11-1994 (Lei dos Serviços Notariais e de Registro).

§ 1º Lei regulará as atividades, disciplinará a responsabilidade civil e criminal dos notários, dos oficiais de registro e de seus prepostos, e definirá a fiscalização de seus atos pelo Poder Judiciário.

§ 2º Lei federal estabelecerá normas gerais para fixação de emolumentos relativos aos atos praticados pelos serviços notariais e de registro.

▶ Lei nº 10.169, de 29-12-2000, dispõe sobre normas gerais para a fixação de emolumentos relativos aos atos praticados pelos serviços notariais e de registro.

§ 3º O ingresso na atividade notarial e de registro depende de concurso público de provas e títulos, não se permitindo que qualquer serventia fique vaga, sem abertura de concurso de provimento ou de remoção, por mais de seis meses.

Art. 237. A fiscalização e o controle sobre o comércio exterior, essenciais à defesa dos interesses fazendários nacionais, serão exercidos pelo Ministério da Fazenda.

▶ Dec. nº 2.781, de 14-9-1998, institui o Programa Nacional de Combate ao Contrabando e ao Descaminho.

Art. 238. A lei ordenará a venda e revenda de combustíveis de petróleo, álcool carburante e outros combustíveis derivados de matérias-primas renováveis, respeitados os princípios desta Constituição.

▶ Lei nº 9.478, de 6-8-1997, dispõe sobre a Política Energética Nacional, as atividades relativas ao monopólio do petróleo, institui o Conselho Nacional de Política Energética e a Agência Nacional de Petróleo – ANP.

▶ Lei nº 9.847, de 26-10-1999, disciplina a fiscalização das atividades relativas ao abastecimento nacional de combustíveis, de que trata a Lei nº 9.478, de 6-8-1997, e estabelece sanções.

Art. 239. A arrecadação decorrente das contribuições para o Programa de Integração Social, criado pela Lei Complementar nº 7, de 7 de setembro de 1970, e para o Programa de Formação do Patrimônio do Servidor Público, criado pela Lei Complementar nº 8, de 3 de dezembro de 1970, passa, a partir da promulgação desta Constituição, a financiar, nos termos que a lei dispuser, o programa do seguro-desemprego, outras ações da previdência social e o abono de que trata o § 3º deste artigo.

▶ *Caput* com a redação dada pela EC nº 103, de 12-11-2019.

★ **Nova redação do dispositivo alterado:** "Art. 239. A arrecadação correspondente a 18% (dezoito por cento) da contribuição prevista no art. 195, V, e a decorrente da contribuição para o Programa de Formação do Patrimônio do Servidor Público, criado pela Lei Complementar nº 8, de 3 de dezembro de 1970, financiarão, nos termos em que a lei dispuser, o programa do seguro-desemprego, outras ações da previdência social e o abono de que trata o § 3º deste artigo."

▶ *Caput* com a redação dada pela EC nº 132, de 20-12-2023, para vigorar a partir de 2027.

▶ Art. 72, §§ 2º e 3º, do ADCT.

▶ Lei nº 7.998, de 11-1-1990 (Lei do Seguro-Desemprego).

▶ Lei nº 9.715, de 25-11-1998, dispõe sobre as contribuições para os Programas de Integração Social e de Formação do Patrimônio do Servidor Público – PIS/PASEP.

§ 1º Dos recursos mencionados no *caput*, no mínimo 28% (vinte e oito por cento) serão destinados para o financiamento de programas de desenvolvimento econômico, por meio do Banco Nacional de Desenvolvimento Econômico e Social, com critérios de remuneração que preservem o seu valor.

▶ § 1º com a redação dada pela EC nº 103, de 12-11-2019.

§ 2º Os patrimônios acumulados do Programa de Integração Social e do Programa de Formação do Patrimônio do Servidor Público são preservados, mantendo-se os critérios de saque nas situações previstas nas leis específicas, com exceção da retirada por motivo de casamento, ficando vedada a distribuição da arrecadação de que trata o *caput* deste artigo, para depósito nas contas individuais dos participantes.

§ 3º Aos empregados que percebam de empregadores que contribuem para o Programa de Integração Social ou para o Programa de Formação do Patrimônio do Servidor Público remuneração mensal de até 2 (duas) vezes o salário mínimo do ano-base para pagamento em 2025, corrigida, a partir de 2026, pela variação anual do Índice Nacional de Preços ao Consumidor (INPC), calculado e divulgado pela Fundação Instituto Brasileiro de Geografia e Estatística (IBGE), ou de outro índice que vier a substituí-lo, acumulada no segundo exercício anterior ao de pagamento do benefício, é assegurado o pagamento de 1 (um) salário mínimo anual, computado nesse valor o rendimento das contas individuais, no caso daqueles que já participavam dos referidos Programas, até a data de promulgação desta Constituição.

▶ § 3º com a redação dada pela EC nº 135, de 20-12-2024.

★ **Nova redação do dispositivo alterado:** "§ 3º Aos empregados que percebam de empregadores que recolhem a contribuição prevista no art. 195, V, ou a contribuição para o Programa de Formação do Patrimônio do Servidor Público até 2 (dois) salários mínimos de remuneração mensal é assegurado o pagamento de 1 (um) salário mínimo anual, computado neste valor o rendimento das contas individuais, no caso daqueles que já participavam dos referidos programas, até a data de promulgação desta Constituição."

▶ § 3º com a redação dada pela EC nº 132, de 20-12-2023, para vigorar a partir de 2027.

§ 3º-A. O limite para elegibilidade do benefício de que trata o § 3º deste artigo não será inferior ao valor equivalente ao salário mínimo do período trabalhado multiplicado pelo índice de 1,5 (um inteiro e cinco décimos).

▶ § 3º-A acrescido pela EC nº 135, de 20-12-2024.

§ 4º O financiamento do seguro-desemprego receberá uma contribuição adicional da empresa cujo índice de rotatividade da força de trabalho superar o índice médio da rotatividade do setor, na forma estabelecida por lei.

▶ Lei nº 7.998, de 11-1-1990 (Lei do Seguro-Desemprego).

▶ Lei nº 8.352, de 28-12-1991, dispõe sobre as disponibilidades financeiras do Fundo de Amparo ao Trabalhador – FAT.

§ 5º Os programas de desenvolvimento econômico financiados na forma do § 1º e seus resultados serão anualmente avaliados e divulgados em meio de comunicação social eletrônico e apresentados em reunião da comissão mista permanente de que trata o § 1º do art. 166.

▶ § 5º acrescido pela EC nº 103, de 12-11-2019.

Art. 240. Ficam ressalvadas do disposto no artigo 195 as atuais contribuições compulsórias dos empregadores sobre a folha de salários, destinadas às entidades privadas de serviço social e de formação profissional vinculadas ao sistema sindical.

▶ Art. 13, § 3º, da LC nº 123, de 14-12-2006 (Estatuto Nacional da Microempresa e da Empresa de Pequeno Porte).

Art. 241. A União, os Estados, o Distrito Federal e os Municípios disciplinarão por meio de lei os consórcios públicos e os convênios de cooperação entre os entes federados, autorizando a gestão associada de serviços públicos, bem como a transferência total ou parcial de encargos, serviços, pessoal e bens essenciais à continuidade dos serviços transferidos.

▶ Artigo com a redação dada pela EC nº 19, de 4-6-1998.

▶ Lei nº 11.107, de 6-4-2005 (Lei de Consórcios Públicos), regulamenta este artigo.

▶ Arts. 3º, II, e 8º, § 1º, da Lei nº 11.445, de 5-1-2007, que estabelece diretrizes nacionais para o saneamento básico, regulamentada pelo Dec. nº 7.217, de 21-6-2010.

Art. 242. O princípio do artigo 206, IV, não se aplica às instituições educacionais oficiais criadas por lei estadual ou municipal e existentes na data da promulgação desta Constituição, que não sejam total ou preponderantemente mantidas com recursos públicos.

§ 1º O ensino da História do Brasil levará em conta as contribuições das diferentes culturas e etnias para a formação do povo brasileiro.

§ 2º O Colégio Pedro II, localizado na cidade do Rio de Janeiro, será mantido na órbita federal.

Art. 243. As propriedades rurais e urbanas de qualquer região do País onde forem localizadas culturas ilegais de plantas psicotrópicas ou a exploração de trabalho escravo na forma da lei serão expropriadas e destinadas à reforma agrária e a programas de habitação popular, sem qualquer indenização ao proprietário e sem prejuízo de outras sanções previstas em lei, observado, no que couber, o disposto no art. 5º.

▶ Lei nº 8.257, de 26-11-1991, dispõe sobre a expropriação das glebas nas quais se localizem culturas ilegais de plantas psicotrópicas, regulamentada pelo Dec. nº 577, de 24-6-1992.

Parágrafo único. Todo e qualquer bem de valor econômico apreendido em decorrência do tráfico ilícito de entorpecentes e drogas afins e da exploração de trabalho escravo será confiscado e reverterá a fundo especial com destinação específica, na forma da lei.

▶ Art. 243 com a redação dada pela EC nº 81, de 5-6-2014.

Art. 244. A lei disporá sobre a adaptação dos logradouros, dos edifícios de uso público e dos veículos de transporte coletivo atualmente existentes a fim de garantir acesso adequado às pessoas portadoras de deficiência, conforme o disposto no art. 227, § 2º.

▶ Lei nº 7.853, de 24-10-1989 (Lei de Apoio às Pessoas Portadoras de Deficiência), regulamentada pelo Dec. nº 3.298, de 20-12-1999.

▶ Lei nº 8.899, de 29-6-1994, concede passe livre às pessoas portadoras de deficiência, no sistema de transporte coletivo interestadual.

▶ Lei nº 10.098, de 19-12-2000, estabelece normas gerais e critérios básicos para a promoção da acessibilidade das pessoas portadoras de deficiência ou com mobilidade reduzida.

▶ Arts. 46 a 62 da Lei nº 13.146, de 6-7-2015 (Estatuto da Pessoa com Deficiência).

▶ Dec. nº 6.949, de 25-8-2009, promulga a Convenção Internacional sobre os Direitos das Pessoas com Deficiência.

Art. 245. A lei disporá sobre as hipóteses e condições em que o Poder Público dará assistência aos herdeiros e dependentes carentes de pessoas vitimadas por crime doloso, sem prejuízo da responsabilidade civil do autor do ilícito.

▸ LC nº 79, de 7-1-1994, cria o Fundo Penitenciário Nacional – FUNPEN.

Art. 246. É vedada a adoção de medida provisória na regulamentação de artigo da Constituição cuja redação tenha sido alterada por meio de emenda promulgada entre 1º de janeiro de 1995 até a promulgação desta emenda, inclusive.

▸ Artigo com a redação dada pela EC nº 32, de 11-9-2001.

▸ Art. 62 desta Constituição.

Art. 247. As leis previstas no inciso III do § 1º do artigo 41 e no § 7º do artigo 169 estabelecerão critérios e garantias especiais para a perda do cargo pelo servidor público estável que, em decorrência das atribuições de seu cargo efetivo, desenvolva atividades exclusivas de Estado.

Parágrafo único. Na hipótese de insuficiência de desempenho, a perda do cargo somente ocorrerá mediante processo administrativo em que lhe sejam assegurados o contraditório e a ampla defesa.

▸ Art. 247 acrescido pela EC nº 19, de 4-6-1998.

Art. 248. Os benefícios pagos, a qualquer título, pelo órgão responsável pelo regime geral de previdência social, ainda que à conta do Tesouro Nacional, e os não sujeitos ao limite máximo de valor fixado para os benefícios concedidos por esse regime observarão os limites fixados no artigo 37, XI.

Art. 249. Com o objetivo de assegurar recursos para o pagamento de proventos de aposentadoria e pensões concedidas aos respectivos servidores e seus dependentes, em adição aos recursos dos respectivos tesouros, a União, os Estados, o Distrito Federal e os Municípios poderão constituir fundos integrados pelos recursos provenientes de contribuições e por bens, direitos e ativos de qualquer natureza, mediante lei que disporá sobre a natureza e administração desses fundos.

Art. 250. Com o objetivo de assegurar recursos para o pagamento dos benefícios concedidos pelo regime geral de previdência social, em adição aos recursos de sua arrecadação, a União poderá constituir fundo integrado por bens, direitos e ativos de qualquer natureza, mediante lei que disporá sobre a natureza e administração desse fundo.

▸ Arts. 248 a 250 acrescidos pela EC nº 20, de 15-12-1998.

ATO DAS DISPOSIÇÕES CONSTITUCIONAIS TRANSITÓRIAS

Art. 1º O Presidente da República, o Presidente do Supremo Tribunal Federal e os membros do Congresso Nacional prestarão o compromisso de manter, defender e cumprir a Constituição, no ato e na data de sua promulgação.

Art. 2º No dia 7 de setembro de 1993 o eleitorado definirá, através de plebiscito, a forma (república ou monarquia constitucional) e o sistema de governo (parlamentarismo ou presidencialismo) que devem vigorar no País.

▸ EC nº 2, de 25-8-1992.

▸ Lei nº 8.624, de 4-2-1993, dispõe sobre o plebiscito que definirá a Forma e o Sistema de Governo, regulamentando este artigo.

▸ No plebiscito realizado em 21-4-1993, disciplinado pela EC nº 2, de 25-8-1992, foram mantidos a República e o Presidencialismo, como forma e sistema de Governo, respectivamente.

§ 1º Será assegurada gratuidade na livre divulgação dessas formas e sistemas, através dos meios de comunicação de massa cessionários de serviço público.

§ 2º O Tribunal Superior Eleitoral, promulgada a Constituição, expedirá as normas regulamentadoras deste artigo.

Art. 3º A revisão constitucional será realizada após cinco anos, contados da promulgação da Constituição, pelo voto da maioria absoluta dos membros do Congresso Nacional, em sessão unicameral.

▸ Emendas Constitucionais de Revisão nºs 1 a 6.

Art. 4º O mandato do atual Presidente da República terminará em 15 de março de 1990.

§ 1º A primeira eleição para Presidente da República após a promulgação da Constituição será realizada no dia 15 de novembro de 1989, não se lhe aplicando o disposto no artigo 16 da Constituição.

§ 2º É assegurada a irredutibilidade da atual representação dos Estados e do Distrito Federal na Câmara dos Deputados.

§ 3º Os mandatos dos Governadores e dos Vice-Governadores eleitos em 15 de novembro de 1986 terminarão em 15 de março de 1991.

§ 4º Os mandatos dos atuais Prefeitos, Vice-Prefeitos e Vereadores terminarão no dia 1º de janeiro de 1989, com a posse dos eleitos.

Art. 5º Não se aplicam às eleições previstas para 15 de novembro de 1988 o disposto no artigo 16 e as regras do artigo 77 da Constituição.

§ 1º Para as eleições de 15 de novembro de 1988 será exigido domicílio eleitoral na circunscrição pelo menos durante os quatro meses anteriores ao pleito, podendo os candidatos que preencham este requisito, atendidas as demais exigências da lei, ter seu registro efetivado pela Justiça Eleitoral após a promulgação da Constituição.

§ 2º Na ausência de norma legal específica, caberá ao Tribunal Superior Eleitoral editar as normas necessárias à realização das eleições de 1988, respeitada a legislação vigente.

§ 3º Os atuais parlamentares federais e estaduais eleitos Vice-Prefeitos, se convocados a exercer a função de Prefeito, não perderão o mandato parlamentar.

§ 4º O número de vereadores por município será fixado, para a representação a ser eleita em 1988, pelo respectivo Tribunal Regional Eleitoral, respeitados os limites estipulados no artigo 29, IV, da Constituição.

§ 5º Para as eleições de 15 de novembro de 1988, ressalvados os que já exercem mandato eletivo, são inelegíveis para qualquer cargo, no território de jurisdição do titular, o cônjuge e os parentes por consanguinidade ou afinidade, até o segundo grau, ou por adoção, do Presidente da República, do Governador de Estado, do Governador do Distrito Federal e do Prefeito que tenham exercido mais da metade do mandato.

Art. 6º Nos seis meses posteriores à promulgação da Constituição, parlamentares federais, reunidos em número não inferior a trinta, poderão requerer ao Tribunal Superior Eleitoral o registro de novo partido político, juntando ao requerimento o manifesto, o estatuto e o programa devidamente assinados pelos requerentes.

§ 1º O registro provisório, que será concedido de plano pelo Tribunal Superior Eleitoral, nos termos deste artigo, defere ao novo partido todos os direitos, deveres e prerrogativas dos atuais, entre eles o de participar, sob legenda própria, das eleições que vierem a ser realizadas nos doze meses seguintes à sua formação.

§ 2º O novo partido perderá automaticamente seu registro provisório se, no prazo de vinte e quatro meses, contados de sua formação, não obtiver registro definitivo no Tribunal Superior Eleitoral, na forma que a lei dispuser.

Art. 7º O Brasil propugnará pela formação de um Tribunal Internacional dos Direitos Humanos.

▸ Dec. nº 4.388, de 25-9-2002, promulga o Estatuto de Roma do Tribunal Penal Internacional.

▸ Dec. nº 4.463, de 8-11-2002, promulga a Declaração de Reconhecimento da Competência Obrigatória da Corte Interamericana em todos os casos relativos à interpretação ou aplicação da Convenção Americana sobre Direitos Humanos.

Art. 8º É concedida anistia aos que, no período de 18 de setembro de 1946 até a data da promulgação da Constituição, foram atingidos, em decorrência de motivação exclusivamente política, por atos de exceção, institucionais ou complementares, aos que foram abrangidos pelo Decreto Legislativo nº 18, de 15 de dezembro de 1961, e aos atingidos pelo Decreto-Lei nº 864, de 12 de setembro de 1969, asseguradas as promoções, na inatividade, ao cargo, emprego, posto ou graduação a que teriam direito se estivessem em serviço ativo, obedecidos os prazos de permanência em atividade previstos nas leis e regulamentos vigentes, respeitadas as características e peculiaridades das carreiras dos servidores públicos civis e militares e observados os respectivos regimes jurídicos.

▸ Lei nº 10.559, de 13-11-2002, regulamenta este artigo.

▸ Lei nº 12.528, de 18-11-2011, cria a Comissão Nacional da Verdade no âmbito da Casa Civil da Presidência da República.

▸ Súm. nº 674 do STF.

§ 1º O disposto neste artigo somente gerará efeitos financeiros a partir da promulgação da Constituição, vedada a remuneração de qualquer espécie em caráter retroativo.

§ 2º Ficam assegurados os benefícios estabelecidos neste artigo aos trabalhadores do setor privado, dirigentes e representantes sindicais que, por motivos exclusivamente políticos, tenham sido punidos, demitidos ou compelidos ao afastamento das atividades remuneradas que exerciam, bem como aos que foram impedidos de exercer atividades profissionais em virtude de pressões ostensivas ou expedientes oficiais sigilosos.

§ 3º Aos cidadãos que foram impedidos de exercer, na vida civil, atividade profissional específica, em decorrência das Portarias Reservadas do Ministério da Aeronáutica nº S-50-GM5, de 19 de junho de 1964, e nº S-285-GM5 será concedida reparação de natureza econômica, na forma que dispuser lei de iniciativa do Congresso Nacional e a entrar em vigor no prazo de doze meses a contar da promulgação da Constituição.

§ 4º Aos que, por força de atos institucionais, tenham exercido gratuitamente mandato eletivo de vereador serão computados, para efeito de aposentadoria no serviço público e Previdência Social, os respectivos períodos.

§ 5º A anistia concedida nos termos deste artigo aplica-se aos servidores públicos civis e aos empregados em todos os níveis de governo ou em suas fundações, empresas públicas ou empresas mistas sob controle estatal, exceto nos Ministérios militares, que tenham sidos punidos ou demitidos por atividades profissionais interrompidas em virtude de decisão de seus trabalhadores, bem como em decorrência do Decreto-lei nº 1.632, de 4 de agosto de 1978, ou por motivos exclusivamente políticos, assegurada a readmissão dos que foram atingidos a partir de 1979, observado o disposto no § 1º.

▸ O referido Decreto-lei foi revogado pela Lei nº 7.783, de 28-6-1989 (Lei de Greve).

Art. 9º Os que, por motivos exclusivamente políticos, foram cassados ou tiveram seus direitos políticos suspensos no período de 15 de julho a 31 de dezembro de 1969, por ato do então Presidente da República, poderão requerer ao Supremo Tribunal Federal o reconhecimento dos direitos e vantagens interrompidos pelos atos punitivos, desde que comprovem terem sido estes eivados de vício grave.

Parágrafo único. O Supremo Tribunal Federal proferirá a decisão no prazo de cento e vinte dias, a contar do pedido do interessado.

Art. 10. Até que seja promulgada a lei complementar a que se refere o artigo 7º, I, da Constituição:

I – fica limitada a proteção nele referida ao aumento, para quatro vezes, da porcentagem prevista no artigo 6º, *caput* e § 1º, da Lei nº 5.107, de 13 de setembro de 1966;

▸ A referida Lei foi revogada pela Lei nº 7.839, de 12-10-1989, e essa pela Lei nº 8.036, de 11-5-1990.

▸ Art. 18 da Lei nº 8.036, de 11-5-1990 (Lei do FGTS).

II – fica vedada a dispensa arbitrária ou sem justa causa:

a) do empregado eleito para cargo de direção de comissões internas de prevenção de acidentes, desde o registro de sua candidatura até um ano após o final de seu mandato;

▸ Súm. nº 676 do STF.

▸ Súm. nº 339 do TST.

b) da empregada gestante, desde a confirmação da gravidez até cinco meses após o parto.

▸ LC nº 146, de 25-6-2014, estende a estabilidade provisória prevista na alínea *b* do inciso II do art. 10 do ADCT à trabalhadora gestante, nos casos de morte desta, a quem detiver a guarda de seu filho.

▸ Súm. nº 244 do TST.

▸ OJ da SDC nº 30 do TST.

§ 1º Até que a lei venha a disciplinar o disposto no artigo 7º, XIX, da Constituição, o prazo da licença-paternidade a que se refere o inciso é de cinco dias.

§ 2º Até ulterior disposição legal, a cobrança das contribuições para o custeio das atividades dos sindicatos rurais será feita juntamente com a do imposto territorial rural, pelo mesmo órgão arrecadador.

§ 3º Na primeira comprovação do cumprimento das obrigações trabalhistas pelo empregador rural, na forma do artigo 233, após a promulgação da Constituição, será certificada perante a Justiça do Trabalho a regularidade do contrato e das atualizações das obrigações trabalhistas de todo o período.

▸ O referido art. 233 foi revogado pela EC nº 28, de 25-5-2000.

Art. 11. Cada Assembleia Legislativa, com poderes constituintes, elaborará a Constituição do Estado, no prazo de um ano, contado da promulgação da Constituição Federal, obedecidos os princípios desta.

Parágrafo único. Promulgada a Constituição do Estado, caberá à Câmara Municipal, no prazo de seis meses, votar a Lei Orgânica respectiva, em dois turnos de discussão e votação, respeitado o disposto na Constituição Federal e na Constituição Estadual.

Art. 12. Será criada, dentro de noventa dias da promulgação da Constituição, Comissão de Estudos Territoriais, com dez membros indicados pelo Congresso Nacional e cinco pelo Poder Executivo, com a finalidade de apresentar estudos sobre o território nacional e anteprojetos relativos a novas unidades territoriais, notadamente na Amazônia Legal e em áreas pendentes de solução.

§ 1º No prazo de um ano, a Comissão submeterá ao Congresso Nacional os resultados de seus estudos para, nos termos da Constituição, serem apreciados nos doze meses subsequentes, extinguindo-se logo após.

§ 2º Os Estados e os Municípios deverão, no prazo de três anos, a contar da promulgação da Constituição, promover, mediante acordo ou arbitramento, a demarcação de suas linhas divisórias atualmente litigiosas, podendo para isso fazer alterações e compensações de área que atendam aos acidentes naturais, critérios históricos, conveniências administrativas e comodidade das populações limítrofes.

§ 3º Havendo solicitação dos Estados e Municípios interessados, a União poderá encarregar-se dos trabalhos demarcatórios.

§ 4º Se, decorrido o prazo de três anos, a contar da promulgação da Constituição, os trabalhos demarcatórios não tiverem sido concluídos, caberá à União determinar os limites das áreas litigiosas.

§ 5º Ficam reconhecidos e homologados os atuais limites do Estado do Acre com os Estados do Amazonas e de Rondônia, conforme levantamentos cartográficos e geodésicos realizados pela Comissão Tripartite integrada por representantes dos Estados e dos serviços técnico-especializados do Instituto Brasileiro de Geografia e Estatística.

Art. 13. É criado o Estado do Tocantins, pelo desmembramento da área descrita neste artigo, dando-se sua instalação no quadragésimo sexto dia após a eleição prevista no § 3º, mas não antes de 1º de janeiro de 1989.

§ 1º O Estado do Tocantins integra a Região Norte e limita-se com o Estado de Goiás pelas divisas norte dos Municípios de São Miguel do Araguaia, Porangatu, Formoso, Minaçu, Cavalcante, Monte Alegre de Goiás e Campos Belos, conservando a leste, norte e oeste as divisas atuais de Goiás com os Estados da Bahia, Piauí, Maranhão, Pará e Mato Grosso.

§ 2º O Poder Executivo designará uma das cidades do Estado para sua Capital provisória até a aprovação da sede definitiva do governo pela Assembleia Constituinte.

§ 3º O Governador, o Vice-Governador, os Senadores, os Deputados Federais e os Deputados Estaduais serão eleitos, em um único turno, até setenta e cinco dias após a promulgação da Constituição, mas não antes de 15 de novembro de 1988, a critério do Tribunal Superior Eleitoral, obedecidas, entre outras, as seguintes normas:

I – o prazo de filiação partidária dos candidatos será encerrado setenta e cinco dias antes da data das eleições;

II – as datas das convenções regionais partidárias destinadas a deliberar sobre coligações e escolha de candidatos, de apresentação de requerimento de registro dos candidatos escolhidos e dos demais procedimentos legais serão fixadas em calendário especial, pela Justiça Eleitoral;

III – são inelegíveis os ocupantes de cargos estaduais ou municipais que não se tenham deles afastado, em caráter definitivo, setenta e cinco dias antes da data das eleições previstas neste parágrafo;

IV – ficam mantidos os atuais diretórios regionais dos partidos políticos do Estado de Goiás, cabendo às Comissões Executivas Nacionais designar comissões provisórias no Estado do Tocantins, nos termos e para os fins previstos na lei.

§ 4º Os mandatos do Governador, do Vice-Governador, dos Deputados Federais e Estaduais eleitos na forma do parágrafo anterior extinguir-se-ão concomitantemente aos das demais Unidades da Federação; o mandato do Senador eleito menos votado extinguir-se-á nessa mesma oportunidade, e os dos outros dois, juntamente com os dos Senadores eleitos em 1986 nos demais Estados.

§ 5º A Assembleia Estadual Constituinte será instalada no quadragésimo sexto dia da eleição de seus integrantes, mas não antes de 1º de janeiro de 1989, sob a presidência do Presidente do Tribunal Regional Eleitoral do Estado de Goiás, e dará posse, na mesma data, ao Governador e ao Vice-Governador eleitos.

§ 6º Aplicam-se à criação e instalação do Estado do Tocantins, no que couber, as normas legais disciplinadoras da divisão do Estado de Mato Grosso, observado o disposto no artigo 234 da Constituição.

§ 7º Fica o Estado de Goiás liberado dos débitos e encargos decorrentes de empreendimentos no território do novo Estado, e autorizada a União, a seu critério, a assumir os referidos débitos.

Art. 14. Os Territórios Federais de Roraima e do Amapá são transformados em Estados Federados, mantidos seus atuais limites geográficos.

§ 1º A instalação dos Estados dar-se-á com a posse dos Governadores eleitos em 1990.

§ 2º Aplicam-se à transformação e instalação dos Estados de Roraima e Amapá as normas e critérios seguidos na criação do Estado de Rondônia, respeitado o disposto na Constituição e neste Ato.

§ 3º O Presidente da República, até quarenta e cinco dias após a promulgação da Constituição, encaminhará à apreciação do Senado Federal os nomes dos Governadores dos Estados de Roraima e do Amapá que exercerão o Poder Executivo até a instalação dos novos Estados com a posse dos Governadores eleitos.

§ 4º Enquanto não concretizada a transformação em Estados, nos termos deste artigo, os Territórios Federais de Roraima e do Amapá serão beneficiados pela transferência de recursos prevista nos artigos 159, I, *a*, da Constituição, e 34, § 2º, II, deste Ato.

Art. 15. Fica extinto o Território Federal de Fernando de Noronha, sendo sua área reincorporada ao Estado de Pernambuco.

Art. 16. Até que se efetive o disposto no artigo 32, § 2º, da Constituição, caberá ao Presidente da República, com a aprovação do Senado Federal, indicar o Governador e o Vice-Governador do Distrito Federal.

§ 1º A competência da Câmara Legislativa do Distrito Federal, até que se instale, será exercida pelo Senado Federal.

§ 2º A fiscalização contábil, financeira, orçamentária, operacional e patrimonial do Distrito Federal, enquanto não for instalada a Câmara Legislativa, será exercida pelo Senado Federal, mediante controle externo, com o auxílio do Tribunal de Contas do Distrito Federal, observado o disposto no artigo 72 da Constituição.

§ 3º Incluem-se entre os bens do Distrito Federal aqueles que lhe vierem a ser atribuídos pela União na forma da lei.

Art. 17. Os vencimentos, a remuneração, as vantagens e os adicionais, bem como os proventos de aposentadoria que estejam sendo percebidos em desacordo com a Constituição serão imediatamente reduzidos aos limites dela decorrentes, não se admitindo, neste caso, invocação de direito adquirido ou percepção de excesso a qualquer título.

▶ Art. 9º da EC nº 41, de 19-12-2003, que dispõe sobre a Reforma Previdenciária.

§ 1º É assegurado o exercício cumulativo de dois cargos ou empregos privativos de médico que estejam sendo exercidos por médico militar na administração pública direta ou indireta.

§ 2º É assegurado o exercício cumulativo de dois cargos ou empregos privativos de profissionais de saúde que estejam sendo exercidos na administração pública direta ou indireta.

Art. 18. Ficam extintos os efeitos jurídicos de qualquer ato legislativo ou administrativo, lavrado a partir da instalação da Assembleia Nacional Constituinte, que tenha por objeto a concessão de estabilidade a servidor admitido sem concurso público, da administração direta ou indireta, inclusive das fundações instituídas e mantidas pelo Poder Público.

Art. 18-A. Os atos administrativos praticados no Estado do Tocantins, decorrentes de sua instalação, entre 1º de janeiro de 1989 e 31 de dezembro de 1994, eivados de qualquer vício jurídico e dos quais decorram efeitos favoráveis para os destinatários ficam convalidados após 5 (cinco) anos, contados da data em que foram praticados, salvo comprovada má-fé.

▶ Art. 18-A acrescido pela EC nº 110, de 12-7-2021.

Art. 19. Os servidores públicos civis da União, dos Estados, do Distrito Federal e dos Municípios, da administração direta, autárquica e das fundações públicas, em exercício na data da promulgação da Constituição, há pelo menos cinco anos continuados, e que não tenham sido admitidos na forma regulada no artigo 37, da Constituição, são considerados estáveis no serviço público.

▶ OJ da SBDI-I nº 364 do TST.

§ 1º O tempo de serviço dos servidores referidos neste artigo será contado como título quando se submeterem a concurso para fins de efetivação, na forma da lei.

§ 2º O disposto neste artigo não se aplica aos ocupantes de cargos, funções e empregos de confiança ou em comissão, nem aos que a lei declare de livre exoneração, cujo tempo de serviço não será computado para os fins do *caput* deste artigo, exceto se se tratar de servidor.

§ 3º O disposto neste artigo não se aplica aos professores de nível superior, nos termos da lei.

Art. 20. Dentro de cento e oitenta dias, proceder-se-á à revisão dos direitos dos servidores públicos inativos e pensionistas e à atualização dos proventos e pensões a eles devidos, a fim de ajustá-los ao disposto na Constituição.

▶ EC nº 41, de 19-12-2003, dispõe sobre a Reforma Previdenciária.

▶ Lei nº 8.112, de 11-12-1990 (Estatuto dos Servidores Públicos Civis da União, Autarquias e Fundações Públicas Federais).

Art. 21. Os juízes togados de investidura limitada no tempo, admitidos mediante concurso público de provas e títulos e que estejam em exercício na data da promulgação da Constituição, adquirem estabilidade, observado o estágio probatório, e passam a compor quadro em extinção, mantidas as competências, prerrogativas e restrições da legislação a que se achavam submetidos, salvo as inerentes à transitoriedade da investidura.

Parágrafo único. A aposentadoria dos juízes de que trata este artigo regular-se-á pelas normas fixadas para os demais juízes estaduais.

Art. 22. É assegurado aos defensores públicos investidos na função até a data de instalação da Assembleia Nacional Constituinte o direito de opção pela carreira, com a observância das garantias e vedações previstas no artigo 134, parágrafo único, da Constituição.

▶ O referido parágrafo único foi renumerado para § 1º, pela EC nº 45, de 8-12-2004.

Art. 23. Até que se edite a regulamentação do artigo 21, XVI, da Constituição, os atuais ocupantes do cargo de Censor Federal continuarão exercendo funções com este compatíveis, no Departamento de Polícia Federal, observadas as disposições constitucionais.

▶ Lei nº 9.688, de 6-7-1998, dispõe sobre a extinção dos cargos de Censor Federal e o enquadramento de seus ocupantes.

Parágrafo único. A lei referida disporá sobre o aproveitamento dos Censores Federais, nos termos deste artigo.

Art. 24. A União, os Estados, o Distrito Federal e os Municípios editarão leis que estabeleçam critérios para a compatibilização de seus quadros de pessoal ao disposto no artigo 39 da Constituição e à reforma administrativa dela decorrente, no prazo de dezoito meses, contados da sua promulgação.

Art. 25. Ficam revogados, a partir de cento e oitenta dias da promulgação da Constituição, sujeito este prazo a prorrogação por lei, todos os dispositivos legais que atribuam ou deleguem a órgão do Poder Executivo competência assinalada pela Constituição ao Congresso Nacional, especialmente no que tange à:

I – ação normativa;

II – alocação ou transferência de recursos de qualquer espécie.

§ 1º Os decretos-leis em tramitação no Congresso Nacional e por este não apreciados até a promulgação da Constituição terão seus efeitos regulados da seguinte forma:

I – se editados até 2 de setembro de 1988, serão apreciados pelo Congresso Nacional no prazo de até cento e oitenta dias a contar da promulgação da Constituição, não computado o recesso parlamentar;

II – decorrido o prazo definido no inciso anterior, e não havendo apreciação, os decretos-leis ali mencionados serão considerados rejeitados;

III – nas hipóteses definidas nos incisos I e II, terão plena validade os atos praticados na vigência dos respectivos decretos-leis, podendo o Congresso Nacional, se necessário, legislar sobre os efeitos deles remanescentes.

§ 2º Os decretos-leis editados entre 3 de setembro de 1988 e a promulgação da Constituição serão convertidos, nesta data, em medidas provisórias, aplicando-se-lhes as regras estabelecidas no artigo 62, parágrafo único.

▶ Art. 62, § 3º, desta Constituição.

Art. 26. No prazo de um ano a contar da promulgação da Constituição, o Congresso Nacional promoverá, através de Comissão Mista, exame analítico e pericial dos atos e fatos geradores do endividamento externo brasileiro.

§ 1º A Comissão terá a força legal de Comissão Parlamentar de Inquérito para os fins de requisição e convocação, e atuará com o auxílio do Tribunal de Contas da União.

§ 2º Apurada irregularidade, o Congresso Nacional proporá ao Poder Executivo a declaração de nulidade do ato e encaminhará o processo ao Ministério Público Federal, que formalizará, no prazo de sessenta dias, a ação cabível.

Art. 27. O Superior Tribunal de Justiça será instalado sob a Presidência do Supremo Tribunal Federal.

§ 1º Até que se instale o Superior Tribunal de Justiça, o Supremo Tribunal Federal exercerá as atribuições e competências definidas na ordem constitucional precedente.

§ 2º A composição inicial do Superior Tribunal de Justiça far-se-á:

I – pelo aproveitamento dos Ministros do Tribunal Federal de Recursos;

II – pela nomeação dos Ministros que sejam necessários para completar o número estabelecido na Constituição.

§ 3º Para os efeitos do disposto na Constituição, os atuais Ministros do Tribunal Federal de Recursos serão considerados pertencentes à classe de que provieram, quando de sua nomeação.

§ 4º Instalado o Tribunal, os Ministros aposentados do Tribunal Federal de Recursos tornar-se-ão, automaticamente, Ministros aposentados do Superior Tribunal de Justiça.

§ 5º Os Ministros a que se refere o § 2º, II, serão indicados em lista tríplice pelo Tribunal Federal de Recursos, observado o disposto no artigo 104, parágrafo único, da Constituição.

§ 6º Ficam criados cinco Tribunais Regionais Federais, a serem instalados no prazo de seis meses a contar da promulgação da Constituição, com a jurisdição e sede que lhes fixar o Tribunal Federal de Recursos, tendo em conta o número de processos e sua localização geográfica.

▶ Lei nº 7.727, de 9-1-1989, dispõe sobre a composição inicial dos Tribunais Regionais Federais e sua instalação, cria os respectivos quadros de pessoal.

§ 7º Até que se instalem os Tribunais Regionais Federais, o Tribunal Federal de Recursos exercerá a competência a eles atribuída em todo o território nacional, cabendo-lhe promover sua instalação e indicar os candidatos a todos os cargos da composição inicial, mediante lista tríplice, podendo desta constar juízes federais de qualquer região, observado o disposto no § 9º.

§ 8º É vedado, a partir da promulgação da Constituição, o provimento de vagas de Ministros do Tribunal Federal de Recursos.

§ 9º Quando não houver juiz federal que conte o tempo mínimo previsto no artigo 107, II, da Constituição, a promoção poderá contemplar juiz com menos de cinco anos no exercício do cargo.

§ 10. Compete à Justiça Federal julgar as ações nela propostas até a data da promulgação da Constituição, e aos Tribunais Regionais Federais bem como ao Superior Tribunal de Justiça julgar as ações rescisórias das decisões até então proferidas pela Justiça Federal, inclusive daquelas cuja matéria tenha passado à competência de outro ramo do Judiciário.

- Súmulas nºs 38, 104, 147 e 165 do STJ.

§ 11. São criados, ainda, os seguintes Tribunais Regionais Federais: o da 6ª Região, com sede em Curitiba, Estado do Paraná, e jurisdição nos Estados do Paraná, Santa Catarina e Mato Grosso do Sul; o da 7ª Região, com sede em Belo Horizonte, Estado de Minas Gerais, e jurisdição no Estado de Minas Gerais; o da 8ª Região, com sede em Salvador, Estado da Bahia, e jurisdição nos Estados da Bahia e Sergipe; e o da 9ª Região, com sede em Manaus, Estado do Amazonas, e jurisdição nos Estados do Amazonas, Acre, Rondônia e Roraima.

- § 11 acrescido pela EC nº 73, de 6-6-2013.
- O STF, na ADI nº 5.017, deferiu, em caráter excepcional e sujeita ao referendo do Colegiado, medida cautelar para suspender os efeitos da EC nº 73, de 6-6-2013 (*DJe* 1º-8-2013).

Art. 28. Os juízes federais de que trata o artigo 123, § 2º, da Constituição de 1967, com a redação dada pela Emenda Constitucional nº 7, de 1977, ficam investidos na titularidade de varas na Seção Judiciária para a qual tenham sido nomeados ou designados; na inexistência de vagas, proceder-se-á ao desdobramento das varas existentes.

- Dispunha o artigo citado: "A lei poderá atribuir a juízes federais exclusivamente funções de substituição, em uma ou mais seções judiciárias e, ainda, as de auxílio a juízes titulares de Varas, quando não se encontrarem no exercício de substituição".

Parágrafo único. Para efeito de promoção por antiguidade, o tempo de serviço desses juízes será computado a partir do dia de sua posse.

Art. 29. Enquanto não aprovadas as leis complementares relativas ao Ministério Público e à Advocacia-Geral da União, o Ministério Público Federal, a Procuradoria-Geral da Fazenda Nacional, as Consultorias Jurídicas dos Ministérios, as Procuradorias e Departamentos Jurídicos de autarquias federais com representação própria e os membros das Procuradorias das Universidades fundacionais públicas continuarão a exercer suas atividades na área das respectivas atribuições.

- LC nº 73, de 10-2-1993 (Lei Orgânica da Advocacia-Geral da União).
- LC nº 75, de 20-5-1993 (Lei Orgânica do Ministério Público da União).
- Dec. nº 767, de 5-3-1993, dispõe sobre as atividades de controle interno da Advocacia-Geral da União.

§ 1º O Presidente da República, no prazo de cento e vinte dias, encaminhará ao Congresso Nacional projeto de lei complementar dispondo sobre a organização e o funcionamento da Advocacia-Geral da União.

§ 2º Aos atuais Procuradores da República, nos termos da lei complementar, será facultada a opção, de forma irretratável, entre as carreiras do Ministério Público Federal e da Advocacia-Geral da União.

§ 3º Poderá optar pelo regime anterior, no que respeita às garantias e vantagens, o membro do Ministério Público admitido antes da promulgação da Constituição, observando-se, quanto às vedações, a situação jurídica na data desta.

§ 4º Os atuais integrantes do quadro suplementar dos Ministérios Públicos do Trabalho e Militar que tenham adquirido estabilidade nessas funções passam a integrar o quadro da respectiva carreira.

§ 5º Cabe à atual Procuradoria-Geral da Fazenda Nacional, diretamente ou por delegação, que pode ser ao Ministério Público Estadual, representar judicialmente a União nas causas de natureza fiscal, na área da respectiva competência, até a promulgação das leis complementares previstas neste artigo.

Art. 30. A legislação que criar a Justiça de Paz manterá os atuais juízes de paz até a posse dos novos titulares, assegurando-lhes os direitos e atribuições conferidos a estes, e designará o dia para a eleição prevista no artigo 98, II, da Constituição.

Art. 31. Serão estatizadas as serventias do foro judicial, assim definidas em lei, respeitados os direitos dos atuais titulares.

- Lei nº 8.935, de 18-11-1994 (Lei dos Serviços Notariais e de Registro).

Art. 32. O disposto no artigo 236 não se aplica aos serviços notariais e de registro que já tenham sido oficializados pelo Poder Público, respeitando-se o direito de seus servidores.

Art. 33. Ressalvados os créditos de natureza alimentar, o valor dos precatórios judiciais pendentes de pagamento na data da promulgação da Constituição, incluído o remanescente de juros e correção monetária, poderá ser pago em moeda corrente, com atualização, em prestações anuais, iguais e sucessivas, no prazo máximo de oito anos, a partir de 1º de julho de 1989, por decisão editada pelo Poder Executivo até cento e oitenta dias da promulgação da Constituição.

- Art. 97, § 15, deste Ato.
- Res. do CNJ nº 303, de 18-12-2019, dispõe sobre a gestão dos precatórios e respectivos procedimentos operacionais no âmbito do Poder Judiciário.

Parágrafo único. Poderão as entidades devedoras, para o cumprimento do disposto neste artigo, emitir, em cada ano, no exato montante do dispêndio, títulos de dívida pública não computáveis para efeito do limite global de endividamento.

- Súm. nº 144 do STJ.

Art. 34. O sistema tributário nacional entrará em vigor a partir do primeiro dia do quinto mês seguinte ao da promulgação da Constituição, mantido, até então, o da Constituição de 1967, com a redação dada pela Emenda nº 1, de 1969, e pelas posteriores.

§ 1º Entrarão em vigor com a promulgação da Constituição os artigos 148, 149, 150, 154, I, 156, III, e 159, I, *c*, revogadas as disposições em contrário da Constituição de 1967 e das Emendas que a modificaram, especialmente de seu artigo 25, III.

§ 2º O Fundo de Participação dos Estados e do Distrito Federal e o Fundo de Participação dos Municípios obedecerão às seguintes determinações:

I – a partir da promulgação da Constituição, os percentuais serão, respectivamente, de dezoito por cento e de vinte por cento, calculados sobre o produto da arrecadação dos impostos referidos no artigo 153, III e IV, mantidos os atuais critérios de rateio até a entrada em vigor da lei complementar a que se refere o artigo 161, II;

II – o percentual relativo ao Fundo de Participação dos Estados e do Distrito Federal será acrescido de um ponto percentual no exercício financeiro de 1989 e, a partir de 1990, inclusive, à razão de meio ponto por exercício, até 1992, inclusive, atingindo em 1993 o percentual estabelecido no artigo 159, I, *a*;

III – o percentual relativo ao Fundo de Participação dos Municípios, a partir de 1989, inclusive, será elevado à razão de meio ponto percentual por exercício financeiro, até atingir o estabelecido no artigo 159, I, *b*.

§ 3º Promulgada a Constituição, a União, os Estados, o Distrito Federal e os Municípios poderão editar as leis necessárias à aplicação do sistema tributário nacional nela previsto.

§ 4º As leis editadas nos termos do parágrafo anterior produzirão efeitos a partir da entrada em vigor do sistema tributário nacional previsto na Constituição.

§ 5º Vigente o novo sistema tributário nacional, fica assegurada a aplicação da legislação anterior, no que não seja incompatível com ele e com a legislação referida nos §§ 3º e 4º.

- Súm. nº 663 do STF.
- Súm. nº 198 do STJ.

§ 6º Até 31 de dezembro de 1989, o disposto no artigo 150, III, *b*, não se aplica aos impostos de que tratam os artigos 155, I, *a* e *b*, e 156, II e III, que podem ser cobrados trinta dias após a publicação da lei que os tenha instituído ou aumentado.

- Com a alteração determinada pela EC nº 3, de 17-3-1993, a referência ao art. 155, I, *b*, passou a ser ao art. 155, II.

§ 7º Até que sejam fixadas em lei complementar, as alíquotas máximas do imposto municipal sobre vendas a varejo de combustíveis líquidos e gasosos não excederão a três por cento.

§ 8º Se, no prazo de sessenta dias contados da promulgação da Constituição, não for editada a lei complementar necessária à instituição do imposto de que trata o artigo 155, I, *b*, os Estados e o Distrito Federal, mediante convênio celebrado nos termos da Lei Complementar nº 24, de 7 de janeiro de 1975, fixarão normas para regular provisoriamente a matéria.

- De acordo com a nova redação dada pela EC nº 3, de 17-3-1993, a referência ao art. 155, I, *b* passou a ser art. 155, II.
- LC nº 24, de 7-1-1975, dispõe sobre os convênios para a concessão de isenções de imposto sobre operações relativas à circulação de mercadorias.
- LC nº 87, de 13-9-1996 (Lei Kandir – ICMS).
- Súm. nº 198 do STJ.

§ 9º Até que lei complementar disponha sobre a matéria, as empresas distribuidoras de energia elétrica, na condição de contribuintes ou de substitutos tributários, serão as responsáveis, por ocasião da saída do produto de seus estabelecimentos, ainda que destinado a outra Unidade da Federação, pelo pagamento do Imposto sobre Operações Relativas à Circulação de mercadorias incidente sobre energia elétrica, desde a produção ou importação até a última operação, calculado o imposto sobre o preço então praticado na operação final e assegurado seu recolhimento ao Estado ou ao Distrito Federal, conforme o local onde deva ocorrer essa operação.

§ 10. Enquanto não entrar em vigor a lei prevista no artigo 159, I, *c*, cuja promulgação se fará até 31 de dezembro de 1989, é assegurada a aplicação dos recursos previstos naquele dispositivo da seguinte maneira:

▸ Lei nº 7.827, de 27-9-1989, regulamenta o art. 159, inciso I, alínea *c*, desta Constituição, institui o Fundo Constitucional de Financiamento do Norte – FNO, o Fundo Constitucional de Financiamento do Nordeste – FNE e o Fundo Constitucional de Financiamento do Centro-Oeste – FCO.

I – seis décimos por cento na Região Norte, através do Banco da Amazônia S/A;

II – um inteiro e oito décimos por cento na Região Nordeste, através do Banco do Nordeste do Brasil S/A;

III – seis décimos por cento na Região Centro-Oeste, através do Banco do Brasil S/A.

§ 11. Fica criado, nos termos da lei, o Banco de Desenvolvimento do Centro-Oeste, para dar cumprimento, na referida região, ao que determinam os artigos 159, I, *c*, e 192, § 2º, da Constituição.

▸ O referido § 2º foi revogado pela EC nº 40, de 29-5-2003.

§ 12. A urgência prevista no artigo 148, II, não prejudica a cobrança do empréstimo compulsório instituído, em benefício das Centrais Elétricas Brasileiras S/A (ELETROBRÁS), pela Lei nº 4.156, de 28 de novembro de 1962, com as alterações posteriores.

Art. 35. O disposto no artigo 165, § 7º, será cumprido de forma progressiva, no prazo de até dez anos, distribuindo-se os recursos entre as regiões macroeconômicas em razão proporcional à população, a partir da situação verificada no biênio 1986/1987.

§ 1º Para aplicação dos critérios de que trata este artigo, excluem-se das despesas totais as relativas:

I – aos projetos considerados prioritários no plano plurianual;

II – à segurança e defesa nacional;

III – à manutenção dos órgãos federais no Distrito Federal;

IV – ao Congresso Nacional, ao Tribunal de Contas da União e ao Poder Judiciário;

V – ao serviço da dívida da administração direta e indireta da União, inclusive fundações instituídas e mantidas pelo Poder Público Federal.

§ 2º Até a entrada em vigor da lei complementar a que se refere o artigo 165, § 9º, I e II, serão obedecidas as seguintes normas:

I – o projeto do plano plurianual, para vigência até o final do primeiro exercício financeiro do mandato presidencial subsequente, será encaminhado até quatro meses antes do encerramento do primeiro exercício financeiro e devolvido para sanção até o encerramento da sessão legislativa;

II – o projeto de lei de diretrizes orçamentárias será encaminhado até oito meses e meio antes do encerramento do exercício financeiro e devolvido para sanção até o encerramento do primeiro período da sessão legislativa;

III – o projeto de lei orçamentária da União será encaminhado até quatro meses antes do encerramento do exercício financeiro e devolvido para sanção até o encerramento da sessão legislativa.

Art. 36. Os fundos existentes na data da promulgação da Constituição, excetuados os resultantes de isenções fiscais que passem a integrar patrimônio privado e os que interessem à defesa nacional, extinguir-se-ão, se não forem ratificados pelo Congresso Nacional no prazo de dois anos.

Art. 37. A adaptação ao que estabelece o artigo 167, III, deverá processar-se no prazo de cinco anos, reduzindo-se o excesso à base de, pelo menos, um quinto por ano.

Art. 38. Até a promulgação da lei complementar referida no artigo 169, a União, os Estados, o Distrito Federal e os Municípios não poderão despender com pessoal mais do que sessenta e cinco por cento do valor das respectivas receitas correntes.

§ 1º A União, os Estados, o Distrito Federal e os Municípios, quando a respectiva despesa de pessoal exceder o limite previsto neste artigo, deverão retornar àquele limite, reduzindo o percentual excedente à razão de um quinto por ano.

▸ Parágrafo único renumerado para § 1º pela EC nº 127, de 22-12-2022.

§ 2º As despesas com pessoal resultantes do cumprimento do disposto nos §§ 12, 13, 14 e 15 do art. 198 da Constituição Federal serão contabilizadas, para fins dos limites de que trata o art. 169 da Constituição Federal, da seguinte forma:

I – até o fim do exercício financeiro subsequente ao da publicação deste dispositivo, não serão contabilizadas para esses limites;

II – no segundo exercício financeiro subsequente ao da publicação deste dispositivo, serão deduzidas em 90% (noventa por cento) do seu valor;

III – entre o terceiro e o décimo segundo exercício financeiro subsequente ao da publicação deste dispositivo, a dedução de que trata o inciso II deste parágrafo será reduzida anualmente na proporção de 10% (dez por cento) de seu valor.

▸ § 2º acrescido pela EC nº 127, de 22-12-2022.

Art. 39. Para efeito do cumprimento das disposições constitucionais que impliquem variações de despesas e receitas da União, após a promulgação da Constituição, o Poder Executivo deverá elaborar e o Poder Legislativo apreciar projeto de revisão da lei orçamentária referente ao exercício financeiro de 1989.

Parágrafo único. O Congresso Nacional deverá votar no prazo de doze meses a lei complementar prevista no artigo 161, II.

Art. 40. É mantida a Zona Franca de Manaus, com suas características de área livre de comércio, de exportação e importação, e de incentivos fiscais, pelo prazo de vinte e cinco anos, a partir da promulgação da Constituição.

▸ Arts. 92 e 92-A deste Ato.

▸ Dec. nº 205, de 5-9-1991, dispõe sobre a apresentação de guias de importação ou documento de efeito equivalente, na Zona Franca de Manaus e suspende a fixação de limites máximos globais anuais de importação, durante o prazo de que trata este artigo.

Parágrafo único. Somente por lei federal podem ser modificados os critérios que disciplinaram ou venham a disciplinar a aprovação dos projetos na Zona Franca de Manaus.

Art. 41. Os Poderes Executivos da União, dos Estados, do Distrito Federal e dos Municípios reavaliarão todos os incentivos fiscais de natureza setorial ora em vigor, propondo aos Poderes Legislativos respectivos as medidas cabíveis.

▸ Arts. 151, I, 155, XII, *g*, 195, § 3º, e 227, § 3º, VI, desta Constituição.

▸ Lei nº 8.402, de 8-1-1992, restabelece os incentivos fiscais que menciona.

§ 1º Considerar-se-ão revogados após dois anos, a partir da data da promulgação da Constituição, os incentivos que não forem confirmados por lei.

§ 2º A revogação não prejudicará os direitos que já tiverem sido adquiridos, àquela data, em relação a incentivos concedidos sob condição e com prazo certo.

§ 3º Os incentivos concedidos por convênio entre Estados, celebrados nos termos do artigo 23, § 6º, da Constituição de 1967, com a redação da Emenda nº 1, de 17 de outubro de 1969, também deverão ser reavaliados e reconfirmados nos prazos deste artigo.

Art. 42. Durante 40 (quarenta) anos, a União aplicará dos recursos destinados à irrigação:

I – 20% (vinte por cento) na Região Centro-Oeste;

II – 50% (cinquenta por cento) na Região Nordeste, preferencialmente no Semiárido.

Parágrafo único. Dos percentuais previstos nos incisos I e II do *caput*, no mínimo 50% (cinquenta por cento) serão destinados a projetos de irrigação que beneficiem agricultores familiares que atendam aos requisitos previstos em legislação específica.

▸ Art. 42 com a redação dada pela EC nº 89, de 15-9-2015.

Art. 43. Na data da promulgação da lei que disciplinar a pesquisa e a lavra de recursos e jazidas minerais, ou no prazo de um ano, a contar da promulgação da Constituição, tornar-se-ão sem efeito as autorizações, concessões e demais títulos atributivos de direitos minerários, caso os trabalhos de pesquisa ou de lavra não hajam sido comprovadamente iniciados nos prazos legais ou estejam inativos.

▸ Lei nº 7.886, de 20-11-1989, regulamenta este artigo.

Art. 44. As atuais empresas brasileiras titulares de autorização de pesquisa, concessão de lavra de recursos minerais e de aproveitamento dos potenciais de energia hidráulica em vigor terão quatro anos, a partir da promulgação da Constituição, para cumprir os requisitos do artigo 176, § 1º.

§ 1º Ressalvadas as disposições de interesse nacional previstas no texto constitucional, as empresas brasileiras ficarão dispensadas do cumprimento do disposto no artigo 176, § 1º, desde que, no prazo de até quatro anos da data da promulgação da Constituição, tenham o produto de sua lavra e beneficiamento destinado a industrialização no território nacional, em seus próprios estabelecimentos ou em empresa industrial controladora ou controlada.

§ 2º Ficarão também dispensadas do cumprimento do disposto no artigo 176, § 1º, as empresas brasileiras titulares de concessão de energia hidráulica para uso em seu processo de industrialização.

§ 3º As empresas brasileiras referidas no § 1º somente poderão ter autorizações de pesquisa e concessões de lavra ou potenciais de energia hidráulica, desde que a energia e o produto da lavra sejam utilizados nos respectivos processos industriais.

Art. 45. Ficam excluídas do monopólio estabelecido pelo artigo 177, II, da Constituição as refinarias em funcionamento no País amparadas pelo artigo 43 e nas condições do artigo 45 da Lei nº 2.004, de 3 de outubro de 1953.

▸ A referida Lei foi revogada pela Lei nº 9.478, de 6-8-1997.

Parágrafo único. Ficam ressalvados da vedação do artigo 177, § 1º, os contratos de risco feitos com a Petróleo Brasileiro S/A (PETROBRAS), para pesquisa de petróleo, que estejam em vigor na data da promulgação da Constituição.

Art. 46. São sujeitos à correção monetária desde o vencimento, até seu efetivo pagamento, sem interrupção ou suspensão, os créditos junto a entidades submetidas aos regimes de intervenção ou liquidação extrajudicial, mesmo quando esses regimes sejam convertidos em falência.

▸ Súm. nº 304 do TST.

Parágrafo único. O disposto neste artigo aplica-se também:

I – às operações realizadas posteriormente à decretação dos regimes referidos no *caput* deste artigo;

II – às operações de empréstimo, financiamento, refinanciamento, assistência financeira de liquidez, cessão ou sub-rogação de créditos ou cédulas hipotecárias, efetivação de garantia de depósitos do público ou de compra de obrigações passivas, inclusive as realizadas com recursos de fundos que tenham essas destinações;

III – aos créditos anteriores à promulgação da Constituição;

IV – aos créditos das entidades da administração pública anteriores à promulgação da Constituição, não liquidados até 1º de janeiro de 1988.

Art. 47. Na liquidação dos débitos, inclusive suas renegociações e composições posteriores, ainda que ajuizados, decorrentes de quaisquer empréstimos concedidos por bancos e por instituições financeiras, não existirá correção monetária desde que o empréstimo tenha sido concedido:

I – aos micro e pequenos empresários ou seus estabelecimentos no período de 28 de fevereiro de 1986 a 28 de fevereiro de 1987;

II – aos mini, pequenos e médios produtores rurais no período de 28 de fevereiro de 1986 a 31 de dezembro de 1987, desde que relativos a crédito rural.

§ 1º Consideram-se, para efeito deste artigo, microempresas as pessoas jurídicas e as firmas individuais com receitas anuais de até dez mil Obrigações do Tesouro Nacional, e pequenas empresas as pessoas jurídicas e as firmas individuais com receita anual de até vinte e cinco mil Obrigações do Tesouro Nacional.

▸ Art. 179 desta Constituição.

§ 2º A classificação de mini, pequeno e médio produtor rural será feita obedecendo-se às normas de crédito rural vigentes à época do contrato.

§ 3º A isenção da correção monetária a que se refere este artigo só será concedida nos seguintes casos:

I – se a liquidação do débito inicial, acrescido de juros legais e taxas judiciais, vier a ser efetivada no prazo de noventa dias, a contar da data da promulgação da Constituição;

II – se a aplicação dos recursos não contrariar a finalidade do financiamento, cabendo o ônus da prova à instituição credora;

III – se não for demonstrado pela instituição credora que o mutuário dispõe de meios para o pagamento de seu débito, excluído desta demonstração seu estabelecimento, a casa de moradia e os instrumentos de trabalho e produção;

IV – se o financiamento inicial não ultrapassar o limite de cinco mil Obrigações do Tesouro Nacional;

V – se o beneficiário não for proprietário de mais de cinco módulos rurais.

§ 4º Os benefícios de que trata este artigo não se estendem aos débitos já quitados e aos devedores que sejam constituintes.

§ 5º No caso de operações com prazos de vencimento posteriores à data-limite de liquidação da dívida, havendo interesse do mutuário, os bancos e as instituições financeiras promoverão, por instrumento próprio, alteração nas condições contratuais originais de forma a ajustá-las ao presente benefício.

§ 6º A concessão do presente benefício por bancos comerciais privados em nenhuma hipótese acarretará ônus para o Poder Público, ainda que através de refinanciamento e repasse de recursos pelo Banco Central.

§ 7º No caso de repasse a agentes financeiros oficiais ou cooperativas de crédito, o ônus recairá sobre a fonte de recursos originária.

Art. 48. O Congresso Nacional, dentro de cento e vinte dias da promulgação da Constituição, elaborará Código de Defesa do Consumidor.

▸ Lei nº 8.078, de 11-9-1990 (Código de Defesa do Consumidor).

Art. 49. A lei disporá sobre o instituto da enfiteuse em imóveis urbanos, sendo facultada aos foreiros, no caso de sua extinção, a remição dos aforamentos mediante aquisição do domínio direto, na conformidade do que dispuserem os respectivos contratos.

▸ Dec.-lei nº 9.760, de 5-9-1946 (Lei dos Bens Imóveis da União).

§ 1º Quando não existir cláusula contratual, serão adotados os critérios e bases hoje vigentes na legislação especial dos imóveis da União.

§ 2º Os direitos dos atuais ocupantes inscritos ficam assegurados pela aplicação de outra modalidade de contrato.

▸ Lei nº 9.636, de 15-5-1998, regulamenta este parágrafo.

§ 3º A enfiteuse continuará sendo aplicada aos terrenos de marinha e seus acrescidos, situados na faixa de segurança, a partir da orla marítima.

▸ Art. 2.038, § 2º, do CC.

▸ Dec.-lei nº 9.760, de 5-9-1946 (Lei dos Bens Imóveis da União).

§ 4º Remido o foro, o antigo titular do domínio direto deverá, no prazo de noventa dias, sob pena de responsabilidade, confiar à guarda do registro de imóveis competente toda a documentação a ele relativa.

Art. 50. Lei agrícola a ser promulgada no prazo de um ano disporá, nos termos da Constituição, sobre os objetivos e instrumentos de política agrícola, prioridades, planejamento de safras, comercialização, abastecimento interno, mercado externo e instituição de crédito fundiário.

▸ Lei nº 8.171, de 17-1-1991 (Lei da Política Agrícola).

Art. 51. Serão revistos pelo Congresso Nacional, através de Comissão Mista, nos três anos a contar da data da promulgação da Constituição, todas as doações, vendas e concessões de terras públicas com área superior a três mil hectares, realizadas no período de 1º de janeiro de 1962 a 31 de dezembro de 1987.

§ 1º No tocante às vendas, a revisão será feita com base exclusivamente no critério de legalidade da operação.

§ 2º No caso de concessões e doações, a revisão obedecerá aos critérios de legalidade e de conveniência do interesse público.

§ 3º Nas hipóteses previstas nos parágrafos anteriores, comprovada a ilegalidade, ou havendo interesse público, as terras reverterão ao patrimônio da União, dos Estados, do Distrito Federal ou dos Municípios.

Art. 52. Até que sejam fixadas as condições do art. 192, são vedados:

▸ *Caput* com a redação dada pela EC nº 40, de 29-5-2003.

I – a instalação, no País, de novas agências de instituições financeiras domiciliadas no exterior;

II – o aumento do percentual de participação, no capital de instituições financeiras com sede no País, de pessoas físicas ou jurídicas residentes ou domiciliadas no exterior.

Parágrafo único. A vedação a que se refere este artigo não se aplica às autorizações resultantes de acordos internacionais, de reciprocidade, ou de interesse do Governo brasileiro.

Art. 53. Ao ex-combatente que tenha efetivamente participado de operações bélicas durante a Segunda Guerra Mundial, nos termos da Lei nº 5.315, de 12 de setembro de 1967, serão assegurados os seguintes direitos:

▸ Lei nº 8.059, de 4-7-1990, dispõe sobre a pensão especial devida aos ex-combatentes da Segunda Guerra Mundial e a seus dependentes.

I – aproveitamento no serviço público, sem a exigência de concurso, com estabilidade;

II – pensão especial correspondente à deixada por segundo-tenente das Forças Armadas, que poderá ser requerida a qualquer tempo, sendo inacumulável com quaisquer rendimentos recebidos dos cofres públicos, exceto os benefícios previdenciários, ressalvado o direito de opção;

III – em caso de morte, pensão à viúva ou companheira ou dependente, de forma proporcional, de valor igual à do inciso anterior;

IV – assistência médica, hospitalar e educacional gratuita, extensiva aos dependentes;

V – aposentadoria com proventos integrais aos vinte e cinco anos de serviço efetivo, em qualquer regime jurídico;

VI – prioridade na aquisição da casa própria, para os que não a possuam ou para suas viúvas ou companheiras.

Parágrafo único. A concessão da pensão especial do inciso II substitui, para todos os efeitos legais, qualquer outra pensão já concedida ao ex-combatente.

Art. 54. Os seringueiros recrutados nos termos do Decreto-Lei nº 5.813, de 14 de setembro de 1943, e amparados pelo Decreto-Lei nº 9.882, de 16 de setembro de 1946, receberão, quando carentes, pensão mensal vitalícia no valor de dois salários mínimos.

- ▶ Art. 54-A deste Ato.
- ▶ Lei nº 7.986, de 28-12-1989, dispõe sobre a concessão do benefício previsto neste artigo.
- ▶ Lei nº 9.882, de 3-12-1999 (Lei da Ação de Descumprimento de Preceito Fundamental).
- ▶ Dec.-lei nº 5.813, de 14-9-1943, aprova o acordo relativo ao recrutamento, encaminhamento e colocação de trabalhadores para a Amazônia.

§ 1º O benefício é estendido aos seringueiros que, atendendo a apelo do Governo brasileiro, contribuíram para o esforço de guerra, trabalhando na produção de borracha, na Região Amazônica, durante a Segunda Guerra Mundial.

§ 2º Os benefícios estabelecidos neste artigo são transferíveis aos dependentes reconhecidamente carentes.

- ▶ Art. 2º da EC nº 78, de 14-5-2014.

§ 3º A concessão do benefício far-se-á conforme lei a ser proposta pelo Poder Executivo dentro de cento e cinquenta dias da promulgação da Constituição.

Art. 54-A. Os seringueiros de que trata o art. 54 deste Ato das Disposições Constitucionais Transitórias receberão indenização, em parcela única, no valor de R$ 25.000,00 (vinte e cinco mil reais).

- ▶ Artigo acrescido pela EC nº 78, de 14-5-2014.
- ▶ Art. 2º da EC nº 78, de 14-5-2014.

Art. 55. Até que seja aprovada a lei de diretrizes orçamentárias, trinta por cento, no mínimo, do orçamento da seguridade social, excluído o seguro-desemprego, serão destinados ao setor de saúde.

Art. 56. Até que a lei disponha sobre o artigo 195, I, a arrecadação decorrente de, no mínimo, cinco dos seis décimos percentuais correspondentes à alíquota da contribuição de que trata o Decreto-Lei nº 1.940, de 25 de maio de 1982, alterada pelo Decreto-Lei nº 2.049, de 1º de agosto de 1983, pelo Decreto nº 91.236, de 8 de maio de 1985, e pela Lei nº 7.611, de 8 de julho de 1987, passa a integrar a receita da seguridade social, ressalvados, exclusivamente no exercício de 1988, os compromissos assumidos com programas e projetos em andamento.

- ▶ LC nº 70, de 30-12-1991, institui contribuição para financiamento da Seguridade Social e eleva alíquota da contribuição social sobre o lucro das instituições financeiras.
- ▶ Dec.-lei nº 1.940, de 25-5-1982, institui contribuição social para financiamento da Seguridade Social e cria o Fundo de Investimento Social – FINSOCIAL.
- ▶ Súm. nº 658 do STF.

Art. 57. Os débitos dos Estados e dos Municípios relativos às contribuições previdenciárias até 30 de junho de 1988 serão liquidados, com correção monetária, em cento e vinte parcelas mensais, dispensados os juros e multas sobre eles incidentes, desde que os devedores requeiram o parcelamento e iniciem seu pagamento no prazo de cento e oitenta dias a contar da promulgação da Constituição.

§ 1º O montante a ser pago em cada um dos dois primeiros anos não será inferior a cinco por cento do total do débito consolidado e atualizado, sendo o restante dividido em parcelas mensais de igual valor.

§ 2º A liquidação poderá incluir pagamentos na forma de cessão de bens e prestação de serviços, nos termos da Lei nº 7.578, de 23 de dezembro de 1986.

§ 3º Em garantia do cumprimento do parcelamento, os Estados e os Municípios consignarão, anualmente, nos respectivos orçamentos as dotações necessárias ao pagamento de seus débitos.

§ 4º Descumprida qualquer das condições estabelecidas para concessão do parcelamento, o débito será considerado vencido em sua totalidade, sobre ele incidindo juros de mora; nesta hipótese, parcela dos recursos correspondentes aos Fundos de Participação, destinada aos Estados e Municípios devedores, será bloqueada e repassada à Previdência Social para pagamento de seus débitos.

Art. 58. Os benefícios de prestação continuada, mantidos pela Previdência Social na data da promulgação da Constituição, terão seus valores revistos, a fim de que seja restabelecido o poder aquisitivo, expresso em número de salários mínimos, que tinham na data de sua concessão, obedecendo-se a esse critério de atualização até a implantação do plano de custeio e benefícios referidos no artigo seguinte.

- ▶ Súm. nº 687 do STF.

Parágrafo único. As prestações mensais dos benefícios atualizadas de acordo com este artigo serão devidas e pagas a partir do sétimo mês a contar da promulgação da Constituição.

Art. 59. Os projetos de lei relativos à organização da seguridade social e aos planos de custeio e de benefício serão apresentados no prazo máximo de seis meses da promulgação da Constituição ao Congresso Nacional, que terá seis meses para apreciá-los.

Parágrafo único. Aprovados pelo Congresso Nacional, os planos serão implantados progressivamente nos dezoito meses seguintes.

- ▶ Lei nº 8.212, de 24-7-1991 (Lei Orgânica da Seguridade Social).
- ▶ Lei nº 8.213, de 24-7-1991 (Lei dos Planos de Benefícios da Previdência Social).

Art. 60. A complementação da União referida no inciso IV do *caput* do art. 212-A da Constituição Federal será implementada progressivamente até alcançar a proporção estabelecida no inciso V do *caput* do mesmo artigo, a partir de 1º de janeiro de 2021, nos seguintes valores mínimos:

- ▶ Lei nº 14.113, de 25-12-2020, regulamenta o Fundo de Manutenção e Desenvolvimento da Educação Básica e de Valorização dos Profissionais da Educação (FUNDEB).

I – 12% (doze por cento), no primeiro ano;
II – 15% (quinze por cento), no segundo ano;
III – 17% (dezessete por cento), no terceiro ano;
IV – 19% (dezenove por cento), no quarto ano;
V – 21% (vinte e um por cento), no quinto ano;
VI – 23% (vinte e três por cento), no sexto ano.

§ 1º A parcela da complementação de que trata a alínea *b* do inciso V do caput do art. 212-A da Constituição Federal observará, no mínimo, os seguintes valores:

I – 2 (dois) pontos percentuais, no primeiro ano;
II – 5 (cinco) pontos percentuais, no segundo ano;
III – 6,25 (seis inteiros e vinte e cinco centésimos) pontos percentuais, no terceiro ano;
IV – 7,5 (sete inteiros e cinco décimos) pontos percentuais, no quarto ano;
V – 9 (nove) pontos percentuais, no quinto ano;
VI – 10,5 (dez inteiros e cinco décimos) pontos percentuais, no sexto ano.

§ 2º A parcela da complementação de que trata a alínea *c* do inciso V do *caput* do art. 212-A da Constituição Federal observará os seguintes valores:

I – 0,75 (setenta e cinco centésimos) ponto percentual, no terceiro ano;
II – 1,5 (um inteiro e cinco décimos) ponto percentual, no quarto ano;
III – 2 (dois) pontos percentuais, no quinto ano;
IV – 2,5 (dois inteiros e cinco décimos) pontos percentuais, no sexto ano.

- ▶ Art. 60 com a redação dada pela EC nº 108, de 26-8-2020.

Art. 60-A. Os critérios de distribuição da complementação da União e dos fundos a que se refere o inciso I do *caput* do art. 212-A da Constituição Federal serão revistos em seu sexto ano de vigência e, a partir dessa primeira revisão, periodicamente, a cada 10 (dez) anos.

- ▶ Art. 60-A acrescido pela EC nº 108, de 26-8-2020.

Art. 61. As entidades educacionais a que se refere o artigo 213, bem como as fundações de ensino e pesquisa cuja criação tenha sido autorizada por lei, que preencham os requisitos dos incisos I e II do referido artigo e que, nos últimos três anos, tenham recebido recursos públicos, poderão continuar a recebê-los, salvo disposição legal em contrário.

Art. 62. A lei criará o Serviço Nacional de Aprendizagem Rural (SENAR) nos moldes da legislação relativa ao Serviço Nacional de Aprendizagem Industrial (SENAI) e ao Serviço Nacional de Aprendizagem do Comércio (SENAC), sem prejuízo das atribuições dos órgãos públicos que atuam na área.

- ▶ Lei nº 8.315, de 13-12-1991, dispõe sobre a criação do Serviço Nacional de Aprendizagem Rural – SENAR.

Art. 63. É criada uma Comissão composta de nove membros, sendo três do Poder Legislativo, três do Poder Judiciário e três do Poder Executivo, para promover as comemorações do centenário da proclamação da República e da promulgação da primeira Constituição republicana do País, podendo, a seu critério, desdobrar-se em tantas subcomissões quantas forem necessárias.

Parágrafo único. No desenvolvimento de suas atribuições, a Comissão promoverá estudos, debates e avaliações sobre a evolução política, social, econômica e cultural do País, podendo articular-se com os governos estaduais e municipais e com instituições públicas e privadas que desejem participar dos eventos.

Art. 64. A Imprensa Nacional e demais gráficas da União, dos Estados, do Distrito Federal e dos Municípios, da administração direta ou indireta, inclusive fundações instituídas e mantidas pelo Poder Público, promoverão edição popular do texto integral da Constituição, que será posta à disposição das escolas e dos cartórios, dos sindicatos, dos quartéis, das igrejas e de outras instituições representativas da comunidade, gratuitamente, de modo que cada cidadão brasileiro possa receber do Estado um exemplar da Constituição do Brasil.

Art. 65. O Poder Legislativo regulamentará, no prazo de doze meses, o artigo 220, § 4º.

Art. 66. São mantidas as concessões de serviços públicos de telecomunicações atualmente em vigor, nos termos da lei.

- Lei nº 9.472, de 16-7-1997, dispõe sobre a organização dos serviços de telecomunicações, a criação e funcionamento de um Órgão Regulador e outros aspectos institucionais.

Art. 67. A União concluirá a demarcação das terras indígenas no prazo de cinco anos a partir da promulgação da Constituição.

Art. 68. Aos remanescentes das comunidades dos quilombos que estejam ocupando suas terras é reconhecida a propriedade definitiva, devendo o Estado emitir-lhes os títulos respectivos.

- Dec. nº 4.887, de 20-11-2003, regulamenta o procedimento para identificação, reconhecimento, delimitação, demarcação e titulação das terras ocupadas por remanescentes das comunidades dos quilombos de que trata este artigo.
- Dec. nº 6.040, de 7-2-2007, institui a Política Nacional de Desenvolvimento Sustentável dos Povos e Comunidades Tradicionais.

Art. 69. Será permitido aos Estados manter consultorias jurídicas separadas de suas Procuradorias-Gerais ou Advocacias-Gerais, desde que, na data da promulgação da Constituição, tenham órgãos distintos para as respectivas funções.

Art. 70. Fica mantida a atual competência dos tribunais estaduais até que a mesma seja definida na Constituição do Estado, nos termos do artigo 125, § 1º, da Constituição.

- Art. 4º da EC nº 45, de 8-12-2004 (Reforma do Judiciário).

Art. 71. É instituído, nos exercícios financeiros de 1994 e 1995, bem assim nos períodos de 1º de janeiro de 1996 a 30 de junho de 1997 e 1º de julho de 1997 a 31 de dezembro de 1999, o Fundo Social de Emergência, com o objetivo de saneamento financeiro da Fazenda Pública Federal e de estabilização econômica, cujos recursos serão aplicados prioritariamente no custeio das ações dos sistemas de saúde e educação, incluindo a complementação de recursos de que trata o § 3º do artigo 60 do Ato das Disposições Constitucionais Transitórias, benefícios previdenciários e auxílios assistenciais de prestação continuada, inclusive liquidação de passivo previdenciário, e despesas orçamentárias associadas a programas de relevante interesse econômico e social.

- *Caput* com a redação dada pela EC nº 17, de 22-11-1997.

§ 1º Ao Fundo criado por este artigo não se aplica o disposto na parte final do inciso II do § 9º do artigo 165 da Constituição.

§ 2º O Fundo criado por este artigo passa a ser denominado Fundo de Estabilização Fiscal a partir do início do exercício financeiro de 1996.

§ 3º O Poder Executivo publicará demonstrativo da execução orçamentária, de periodicidade bimestral, no qual se discriminarão as fontes e usos do Fundo criado por este artigo.

- §§ 1º a 3º acrescidos pela EC nº 10, de 4-3-1996.

Art. 72. Integram o Fundo Social de Emergência:

- *Caput* acrescido pela ECR nº 1, de 1º-3-1994.

I – o produto da arrecadação do imposto sobre renda e proventos de qualquer natureza incidente na fonte sobre pagamentos efetuados, a qualquer título, pela União, inclusive suas autarquias e fundações;

- Inciso I acrescido pela ECR nº 1, de 1º-3-1994.

II – a parcela do produto da arrecadação do imposto sobre renda e proventos de qualquer natureza e do imposto sobre operações de crédito, câmbio e seguro, ou relativas a títulos e valores mobiliários, decorrente das alterações produzidas pela Lei nº 8.894, de 21 de junho de 1994, e pelas Leis nºs 8.849 e 8.848, ambas de 28 de janeiro de 1994, e modificações posteriores;

III – a parcela do produto da arrecadação resultante da elevação da alíquota da contribuição social sobre o lucro dos contribuintes a que se refere o § 1º do artigo 22 da Lei nº 8.212, de 24 de julho de 1991, a qual, nos exercícios financeiros de 1994 e 1995, bem assim no período de 1º de janeiro de 1996 a 30 de junho de 1997, passa a ser de trinta por cento, sujeita a alteração por lei ordinária, mantidas as demais normas da Lei nº 7.689, de 15 de dezembro de 1988;

IV – vinte por cento do produto da arrecadação de todos os impostos e contribuições da União, já instituídos ou a serem criados, excetuado o previsto nos incisos I, II e III, observado o disposto nos §§ 3º e 4º;

- Incisos II a IV com a redação dada pela EC nº 10, de 4-3-1996.

V – a parcela do produto da arrecadação da contribuição de que trata a Lei Complementar nº 7, de 7 de setembro de 1970, devida pelas pessoas jurídicas a que se refere o inciso III deste artigo, a qual será calculada, nos exercícios financeiros de 1994 a 1995, bem assim nos períodos de 1º de janeiro de 1996 a 30 de junho de 1997 e de 1º de julho de 1997 a 31 de dezembro de 1999, mediante a aplicação da alíquota de setenta e cinco centésimos por cento, sujeita a alteração por lei ordinária posterior, sobre a receita bruta operacional, como definida na legislação do imposto sobre renda e proventos de qualquer natureza;

- Inciso V com a redação dada pela EC nº 17, de 22-11-1997.

VI – outras receitas previstas em lei específica.

§ 1º As alíquotas e a base de cálculo previstas nos incisos III e IV aplicar-se-ão a partir do primeiro dia do mês seguinte aos noventa dias posteriores à promulgação desta Emenda.

- § 1º acrescido pela ECR nº 1, de 1º-3-1994.

§ 2º As parcelas de que tratam os incisos I, II, III e V serão previamente deduzidas da base de cálculo de qualquer vinculação ou participação constitucional ou legal, não se lhes aplicando o disposto nos artigos 159, 212 e 239 da Constituição.

§ 3º A parcela de que trata o inciso IV será previamente deduzida da base de cálculo das vinculações ou participações constitucionais previstas nos artigos 153, § 5º, 157, II, 212 e 239 da Constituição.

§ 4º O disposto no parágrafo anterior não se aplica aos recursos previstos nos artigos 158, II, e 159 da Constituição.

§ 5º A parcela dos recursos provenientes do imposto sobre renda e proventos de qualquer natureza, destinada ao Fundo Social de Emergência, nos termos do inciso II deste artigo, não poderá exceder a cinco inteiros e seis décimos por cento do total do produto da sua arrecadação.

- §§ 2º a 5º acrescidos pela EC nº 10, de 4-3-1996.

Art. 73. Na regulação do Fundo Social de Emergência não poderá ser utilizado o instrumento previsto no inciso V do artigo 59 da Constituição.

- Artigo acrescido pela ECR nº 1, de 1º-3-1994.

Art. 74. A União poderá instituir contribuição provisória sobre movimentação ou transmissão de valores e de créditos e direitos de natureza financeira.

- Art. 84 deste Ato.

§ 1º A alíquota da contribuição de que trata este artigo não excederá a vinte e cinco centésimos por cento, facultado ao Poder Executivo reduzi-la ou restabelecê-la, total ou parcialmente, nas condições e limites fixados em lei.

- Alíquota alterada pela EC nº 21, de 18-3-1999.

§ 2º À contribuição de que trata este artigo não se aplica o disposto nos artigos 153, § 5º, e 154, I, da Constituição.

§ 3º O produto da arrecadação da contribuição de que trata este artigo será destinado integralmente ao Fundo Nacional de Saúde, para financiamento das ações e serviços de saúde.

§ 4º A contribuição de que trata este artigo terá sua exigibilidade subordinada ao disposto no artigo 195, § 6º, da Constituição, e não poderá ser cobrada por prazo superior a dois anos.

- Art. 74 acrescido pela EC nº 12, de 15-8-1996.
- Lei nº 9.311 de 24-10-1996, institui a Contribuição Provisória sobre Movimentação ou Transmissão de Valores e de Créditos e Direitos de Natureza Financeira – CPMF.

Art. 75. É prorrogada, por trinta e seis meses, a cobrança da contribuição provisória sobre movimentação ou transmissão de valores e de créditos e direitos de natureza financeira de que trata o artigo 74, instituída pela Lei nº 9.311, de 24 de outubro de 1996, modificada pela Lei nº 9.539, de 12 de dezembro de 1997, cuja vigência é também prorrogada por idêntico prazo.

- Arts. 80, I, e 84 deste Ato.

§ 1º Observado o disposto no § 6º do artigo 195 da Constituição Federal, a alíquota da contribuição será de trinta e oito centésimos por cento, nos primeiros doze meses, e de trinta centésimos, nos meses subsequentes, facultado ao Poder Executivo reduzi-la total ou parcialmente, nos limites aqui definidos.

§ 2º O resultado do aumento da arrecadação, decorrente da alteração da alíquota, nos exercícios financeiros de 1999, 2000 e 2001, será destinado ao custeio da Previdência Social.

§ 3º É a União autorizada a emitir títulos da dívida pública interna, cujos recursos serão destinados ao custeio da saúde e da Previdência Social, em montante equivalente ao produto da arrecadação da contribuição, prevista e não realizada em 1999.

- Art. 75 acrescido pela EC nº 21, de 18-3-1999.

▶ O STF, por maioria de votos, julgou parcialmente procedente a ADI nº 2.031-5, para declarar a inconstitucionalidade deste parágrafo, acrescido pela EC nº 21, de 18-3-1999 (*DOU* de 5-11-2003).

▶ LC nº 111, de 6-7-2001, dispõe sobre o Fundo de Combate e Erradicação da Pobreza, na forma prevista nos arts. 79, 80 e 81 do ADCT.

Art. 76. *São desvinculados de órgão, fundo ou despesa, até 31 de dezembro de 2032, 30% (trinta por cento) da arrecadação da União relativa às contribuições sociais, sem prejuízo do pagamento das despesas do Regime Geral de Previdência Social, às contribuições de intervenção no domínio econômico, às taxas e às receitas patrimoniais, já instituídas ou que vierem a ser criadas até a referida data.*

▶ *Caput* com a redação dada pela EC nº 135, de 20-12-2024.

§ 1º *Revogado*. EC nº 93, de 8-9-2016 (*DOU* de 9-9-2016 – edição extra), produzindo efeitos a partir de 1º de janeiro de 2016.

§ 2º Excetua-se da desvinculação de que trata o *caput* a arrecadação da contribuição social do salário-educação a que se refere o § 5º do art. 212 da Constituição Federal.

▶ § 2º com a redação dada pela EC nº 68, de 21-12-2011.

§ 3º *Revogado*. EC nº 93, de 8-9-2016 (*DOU* de 9-9-2016 – edição extra), produzindo efeitos a partir de 1º de janeiro de 2016.

§ 4º A desvinculação de que trata o *caput* não se aplica às receitas das contribuições sociais destinadas ao custeio da seguridade social.

▶ § 4º acrescido pela EC nº 103, de 12-11-2019.

§ 5º *A desvinculação de que trata o caput deste artigo não opera efeitos sobre recursos que, por expressa disposição em norma constitucional ou legal, devam ser transferidos a Estados, ao Distrito Federal e a Municípios.*

§ 6º *A desvinculação de que trata o caput deste artigo não se aplica às receitas destinadas ao fundo criado pelo art. 47 da Lei nº 12.351, de 22 de dezembro de 2010, e aos recursos a que se refere o art. 2º da Lei nº 12.858, de 9 de setembro de 2013.*

▶ §§ 5º e 6º acrescidos pela EC nº 135, de 20-12-2024.

Art. 76-A. São desvinculados de órgão, fundo ou despesa, até 31 de dezembro de 2032, 30% (trinta por cento) das receitas dos Estados e do Distrito Federal relativas a impostos, taxas e multas já instituídos ou que vierem a ser criados até a referida data, seus adicionais e respectivos acréscimos legais, e outras receitas correntes.

▶ *Caput* com a redação dada pela EC nº 132, de 20-12-2023.

Parágrafo único. Excetuam-se da desvinculação de que trata o *caput*:

I – recursos destinados ao financiamento das ações e serviços públicos de saúde e à manutenção e desenvolvimento do ensino de que tratam, respectivamente, os incisos II e III do § 2º do art. 198 e o art. 212 da Constituição Federal;

II – receitas que pertencem aos Municípios decorrentes de transferências previstas na Constituição Federal;

III – receitas de contribuições previdenciárias e de assistência à saúde dos servidores;

IV – demais transferências obrigatórias e voluntárias entre entes da Federação com destinação especificada em lei;

V – fundos instituídos pelo Poder Judiciário, pelos Tribunais de Contas, pelo Ministério Público, pelas Defensorias Públicas e pelas Procuradorias-Gerais dos Estados e do Distrito Federal.

▶ Parágrafo único acrescido pela EC nº 93, de 8-9-2016 (*DOU* de 9-9-2016 – edição extra).

Art. 76-B. São desvinculados de órgão, fundo ou despesa, até 31 de dezembro de 2032, 30% (trinta por cento) das receitas dos Municípios relativas a impostos, taxas e multas, já instituídos ou que vierem a ser criados até a referida data, seus adicionais e respectivos acréscimos legais, e outras receitas correntes.

▶ *Caput* com a redação dada pela EC nº 132, de 20-12-2023.

Parágrafo único. Excetuam-se da desvinculação de que trata o *caput*:

I – recursos destinados ao financiamento das ações e serviços públicos de saúde e à manutenção e desenvolvimento do ensino de que tratam, respectivamente, os incisos II e III do § 2º do art. 198 e o art. 212 da Constituição Federal;

II – receitas de contribuições previdenciárias e de assistência à saúde dos servidores;

III – transferências obrigatórias e voluntárias entre entes da Federação com destinação especificada em lei;

IV – fundos instituídos pelo Tribunal de Contas do Município.

▶ Parágrafo único acrescido pela EC nº 93, de 8-9-2016 (*DOU* de 9-9-2016 – edição extra).

Art. 77. Até o exercício financeiro de 2004, os recursos mínimos aplicados nas ações e serviços públicos de saúde serão equivalentes:

I – no caso da União:

a) no ano 2000, o montante empenhado em ações e serviços públicos de saúde no exercício financeiro de 1999 acrescido de, no mínimo, cinco por cento;

b) do ano de 2001 ao ano de 2004, o valor apurado no ano anterior, corrigido pela variação nominal do Produto Interno Bruto – PIB;

II – no caso dos Estados e do Distrito Federal, doze por cento do produto da arrecadação dos impostos a que se refere o artigo 155 e dos recursos de que tratam os artigos 157 e 159, inciso I, alínea *a* e inciso II, deduzidas as parcelas que forem transferidas aos respectivos Municípios; e

III – no caso dos Municípios e do Distrito Federal, quinze por cento do produto da arrecadação dos impostos a que se refere o artigo 156 e dos recursos de que tratam os artigos 158 e 159, inciso I, alínea *b* e § 3º.

§ 1º Os Estados, o Distrito Federal e os Municípios que apliquem percentuais inferiores aos fixados nos incisos II e III deverão elevá-los gradualmente, até o exercício financeiro de 2004, reduzida a diferença à razão de, pelo menos, um quinto por ano, sendo que, a partir de 2000, a aplicação será de pelo menos sete por cento.

§ 2º Dos recursos da União apurados nos termos deste artigo, quinze por cento, no mínimo, serão aplicados nos Municípios, segundo o critério populacional, em ações e serviços básicos de saúde, na forma da lei.

§ 3º Os recursos dos Estados, do Distrito Federal e dos Municípios destinados às ações e serviços públicos de saúde e os transferidos pela União para a mesma finalidade serão aplicados por meio de Fundo de Saúde que será acompanhado e fiscalizado por Conselho de Saúde, sem prejuízo do disposto no artigo 74 da Constituição Federal.

§ 4º Na ausência da lei complementar a que se refere o artigo 198, § 3º, a partir do exercício financeiro de 2005, aplicar-se-á à União, aos Estados, ao Distrito Federal e aos Municípios o disposto neste artigo.

▶ Art. 77 acrescido pela EC nº 29, de 13-9-2000.

Art. 78. Ressalvados os créditos definidos em lei como de pequeno valor, os de natureza alimentícia, os de que trata o artigo 33 deste Ato das Disposições Constitucionais Transitórias e suas complementações e os que já tiverem os seus respectivos recursos liberados ou depositados em juízo, os precatórios pendentes na data da publicação desta Emenda e os que decorram de ações iniciais ajuizadas até 31 de dezembro de 1999 serão liquidados pelo seu valor real, em moeda corrente, acrescido de juros legais, em prestações anuais, iguais e sucessivas, no prazo máximo de dez anos, permitida a cessão dos créditos.

▶ O STF, por maioria de votos, nas Ações Diretas de Inconstitucionalidade nºs 2.356 e 2.362, declarou a inconstitucionalidade do art. 2º da EC nº 30/2000, que introduziu este artigo ao ADCT (*DOU* de 26-8-2024).

▶ Arts. 86, 87 e 97, § 15, deste Ato.

▶ Res. do CNJ nº 303, de 18-12-2019, dispõe sobre a gestão dos precatórios e respectivos procedimentos operacionais no âmbito do Poder Judiciário.

§ 1º É permitida a decomposição de parcelas, a critério do credor.

§ 2º As prestações anuais a que se refere o *caput* deste artigo terão, se não liquidadas até o final do exercício a que se referem, poder liberatório do pagamento de tributos da entidade devedora.

▶ Art. 6º da EC nº 62, de 9-12-2009, que convalida todas as compensações de precatórios com tributos vencidos até 31-10-2009 da entidade devedora, efetuadas na forma deste parágrafo, realizadas antes da promulgação desta Emenda Constitucional.

§ 3º O prazo referido no *caput* deste artigo fica reduzido para dois anos, nos casos de precatórios judiciais originários de desapropriação de imóvel residencial do credor, desde que comprovadamente único à época da imissão na posse.

§ 4º O Presidente do Tribunal competente deverá, vencido o prazo ou em caso de omissão no orçamento, ou preterição ao direito de precedência, a requerimento do credor, requisitar ou determinar o sequestro de recursos financeiros da entidade executada, suficientes à satisfação da prestação.

▶ Art. 78 acrescido pela EC nº 30, de 13-12-2000.

Art. 79. É instituído, para vigorar até o ano de 2010, no âmbito do Poder Executivo Federal, o Fundo de Combate e Erradicação da Pobreza, a ser regulado por lei complementar com o objetivo de viabilizar a todos os brasileiros acesso a níveis dignos de subsistência, cujos recursos serão aplicados em ações suplementares de nutrição, habitação, educação, saúde, reforço de renda familiar e outros programas de relevante interesse social voltados para melhoria da qualidade de vida.

▶ Art. 4º da EC nº 42, de 19-12-2003.

▶ EC nº 67, de 22-12-2010, prorroga, por tempo indeterminado, o prazo de vigência do Fundo de Combate e Erradicação da Pobreza.

Parágrafo único. O Fundo previsto neste artigo terá Conselho Consultivo e de Acompanhamento que conte com a participação de representantes da sociedade civil, nos termos da lei.

▶ Art. 79 acrescido pela EC nº 31, de 14-12-2000.

▶ LC nº 111, de 6-7-2001, dispõe sobre o Fundo de Combate e Erradicação da Pobreza, na forma prevista nos arts. 79 a 81 do ADCT.

▶ Dec. nº 3.997, de 1º-11-2001, define o órgão gestor do Fundo de Combate e Erradicação da Pobreza, e regulamenta a composição e o funcionamento do seu Conselho Consultivo e de Acompanhamento.

Art. 80. Compõem o Fundo de Combate e Erradicação da Pobreza:

- Art. 31, III, do Dec. nº 6.140, de 3-7-2007, que regulamenta a Contribuição Provisória sobre Movimentação ou Transmissão de Valores e de Créditos e Direitos de Natureza Financeira – CPMF.

I – a parcela do produto da arrecadação correspondente a um adicional de oito centésimos por cento, aplicável de 18 de junho de 2000 a 17 de junho de 2002, na alíquota da contribuição social de que trata o art. 75 do Ato das Disposições Constitucionais Transitórias;

- Art. 84 deste Ato.
- Art. 4º da EC nº 42, de 19-12-2003.

II – a parcela do produto da arrecadação correspondente a um adicional de cinco pontos percentuais na alíquota do Imposto sobre Produtos Industrializados – IPI, ou do imposto que vier a substituí-lo, incidente sobre produtos supérfluos e aplicável até a extinção do Fundo;

- Este inciso estará revogado pela EC nº 132, de 20-12-2023, a partir de 1º-1-2033.

III – o produto da arrecadação do imposto de que trata o artigo 153, inciso VII, da Constituição;

IV – dotações orçamentárias;

V – doações, de qualquer natureza, de pessoas físicas ou jurídicas do País ou do exterior;

VI – outras receitas, a serem definidas na regulamentação do referido Fundo.

§ 1º Aos recursos integrantes do Fundo de que trata este artigo não se aplica o disposto nos artigos 159 e 167, inciso IV, da Constituição, assim como qualquer desvinculação de recursos orçamentários.

§ 2º A arrecadação decorrente do disposto no inciso I deste artigo, no período compreendido entre 18 de junho de 2000 e o início da vigência da lei complementar a que se refere o artigo 79, será integralmente repassada ao Fundo, preservando o seu valor real, em títulos públicos federais, progressivamente resgatáveis após 18 de junho de 2002, na forma da lei.

- Art. 80 acrescido pela EC nº 31, de 14-12-2000.
- LC nº 111, de 6-7-2001, dispõe sobre o Fundo de Combate e Erradicação da Pobreza, na forma prevista nos arts. 79 a 81 do ADCT.

Art. 81. É instituído Fundo constituído pelos recursos recebidos pela União em decorrência da desestatização de sociedades de economia mista ou empresas públicas por ela controladas, direta ou indiretamente, quando a operação envolver a alienação do respectivo controle acionário a pessoa ou entidade não integrante da Administração Pública, ou de participação societária remanescente após a alienação, cujos rendimentos, gerados a partir de 18 de junho de 2002, reverterão ao Fundo de Combate e Erradicação da Pobreza.

- Art. 31, III, do Dec. nº 6.140, de 3-7-2007, que regulamenta a Contribuição Provisória sobre Movimentação ou Transmissão de Valores e de Créditos e Direitos de Natureza Financeira – CPMF.

§ 1º Caso o montante anual previsto nos rendimentos transferidos ao Fundo de Combate e Erradicação da Pobreza, na forma deste artigo, não alcance o valor de quatro bilhões de reais, far-se-á complementação na forma do artigo 80, inciso IV, do Ato das Disposições Constitucionais Transitórias.

§ 2º Sem prejuízo do disposto no § 1º, o Poder Executivo poderá destinar ao Fundo a que se refere este artigo outras receitas decorrentes da alienação de bens da União.

§ 3º A constituição do Fundo a que se refere o *caput*, a transferência de recursos ao Fundo de Combate e Erradicação da Pobreza e as demais disposições referentes ao § 1º deste artigo serão disciplinadas em lei, não se aplicando o disposto no artigo 165, § 9º, inciso II, da Constituição.

- Art. 81 acrescido pela EC nº 31, de 13-12-2000.
- LC nº 111, de 6-7-2001, dispõe sobre o Fundo de Combate e Erradicação da Pobreza, na forma prevista nos arts. 79 a 81 do ADCT.

Art. 82. Os Estados, o Distrito Federal e os Municípios devem instituir Fundos de Combate à Pobreza, com os recursos de que trata este artigo e outros que vierem a destinar, devendo os referidos Fundos ser geridos por entidades que contem com a participação da sociedade civil.

- *Caput* acrescido pela EC nº 31, de 14-12-2000.
- Art. 4º da EC nº 42, de 19-12-2003.

§ 1º Para o financiamento dos Fundos Estaduais e Distrital, poderá ser criado adicional de até dois pontos percentuais na alíquota do Imposto sobre Circulação de Mercadorias e Serviços – ICMS, sobre os produtos e serviços supérfluos e nas condições definidas na lei complementar de que trata o art. 155, § 2º, XII, da Constituição, não se aplicando, sobre este percentual, o disposto no art. 158, IV, da Constituição.

- § 1º com a redação dada pela EC nº 42, de 19-12-2003.

§ 2º Para o financiamento dos Fundos Municipais, poderá ser criado adicional de até meio ponto percentual na alíquota do Imposto sobre serviços ou do imposto que vier a substituí-lo, sobre os serviços supérfluos.

- § 2º acrescido pela EC nº 31, de 14-12-2000.
- Este artigo estará revogado pela EC nº 132, de 20-12-2023, a partir de 1º-1-2033.

★ **Nova redação do dispositivo alterado:** "Art. 82. Os Estados, o Distrito Federal e os Municípios devem instituir Fundos de Combate à Pobreza, devendo os referidos Fundos ser geridos por entidades que contem com a participação da sociedade civil. § 1º Para o financiamento dos Fundos Estaduais, Distrital e Municipais, poderá ser destinado percentual do imposto previsto no art. 156-A da Constituição Federal e dos recursos distribuídos nos termos dos arts. 131 e 132 deste Ato das Disposições Constitucionais Transitórias, nos limites definidos em lei complementar, não se aplicando, sobre estes valores, o disposto no art. 158, IV, da Constituição Federal. § 2º *Revogado*. EC nº 132, de 20-12-2023."

- Art. 82 com a redação dada pela EC nº 132, de 20-12-2023, para vigorar a partir de 2033.

Art. 83. Lei federal definirá os produtos e serviços supérfluos a que se referem os arts. 80, II, e 82, § 2º.

- Artigo com a redação dada pela EC nº 42, de 19-12-2003.
- Este artigo estará revogado pela EC nº 132, de 20-12-2023, a partir de 1º-1-2033.

Art. 84. A contribuição provisória sobre movimentação ou transmissão de valores e de créditos e direitos de natureza financeira, prevista nos arts. 74, 75 e 80, I, deste Ato das Disposições Constitucionais Transitórias, será cobrada até 31 de dezembro de 2004.

- Art. 90 deste Ato.
- Dec. nº 6.140, de 3-7-2007, regulamenta a Contribuição Provisória sobre Movimentação ou Transmissão de Valores e de Créditos e Direitos de Natureza Financeira – CPMF.

§ 1º Fica prorrogada, até a data referida no *caput* deste artigo, a vigência da Lei nº 9.311, de 24 de outubro de 1996, e suas alterações.

§ 2º Do produto da arrecadação da contribuição social de que trata este artigo será destinada a parcela correspondente à alíquota de:

- Art. 31 do Dec. nº 6.140, de 3-7-2007, que regulamenta a Contribuição Provisória sobre Movimentação ou Transmissão de Valores e de Créditos e Direitos de Natureza Financeira – CPMF.

I – vinte centésimos por cento ao Fundo Nacional de Saúde, para financiamento das ações e serviços de saúde;

II – dez centésimos por cento ao custeio da previdência social;

III – oito centésimos por cento ao Fundo de Combate e Erradicação da Pobreza, de que tratam os arts. 80 e 81 deste Ato das Disposições Constitucionais Transitórias.

§ 3º A alíquota da contribuição de que trata este artigo será de:

I – trinta e oito centésimos por cento, nos exercícios financeiros de 2002 e 2003;

II – *Revogado*. EC nº 42, de 19-12-2003.

- Art. 84 acrescido pela EC nº 37, de 12-6-2002.

Art. 85. A contribuição a que se refere o art. 84 deste Ato das Disposições Constitucionais Transitórias não incidirá, a partir do trigésimo dia da data de publicação desta Emenda Constitucional, nos lançamentos:

- Art. 3º do Dec. nº 6.140, de 3-7-2007, que regulamenta a Contribuição Provisória sobre Movimentação ou Transmissão de Valores e de Créditos e Direitos de Natureza Financeira – CPMF.

I – em contas correntes de depósito especialmente abertas e exclusivamente utilizadas para operações de:

- Art. 2º da Lei nº 10.892, de 13-7-2004, que dispõe sobre multas nos casos de utilização diversa da prevista na legislação das contas correntes de depósitos beneficiarias da alíquota 0 (zero), bem como da inobservância de normas baixadas pelo BACEN que resultem na falta de cobrança do CPMF devida.

a) câmaras e prestadoras de serviços de compensação e de liquidação de que trata o parágrafo único do art. 2º da Lei nº 10.214, de 27 de março de 2001;

b) companhias securitizadoras de que trata a Lei nº 9.514, de 20 de novembro de 1997;

c) sociedades anônimas que tenham por objeto exclusivo a aquisição de créditos oriundos de operações praticadas no mercado financeiro;

- Art. 2º, § 3º, da Lei nº 10.892, de 13-7-2004, que altera os arts. 8º e 16 da Lei nº 9.311, de 24-10-1996, que institui a Contribuição Provisória sobre Movimentação ou Transmissão de Valores e de Créditos e Direitos de Natureza Financeira – CPMF.

II – em contas correntes de depósito, relativos a:

a) operações de compra e venda de ações, realizadas em recintos ou sistemas de negociação de bolsas de valores e no mercado de balcão organizado;

b) contratos referenciados em ações ou índices de ações, em suas diversas modalidades, negociados em bolsas de valores, de mercadorias e de futuros;

III – em contas de investidores estrangeiros, relativos a entradas no País e a remessas para o exterior de recursos financeiros empregados, exclusivamente, em operações e contratos referidos no inciso II deste artigo.

§ 1º O Poder Executivo disciplinará o disposto neste artigo no prazo de trinta dias da data de publicação desta Emenda Constitucional.

§ 2º O disposto no inciso I deste artigo aplica-se somente às operações relacionadas em ato do Poder Executivo, dentre aquelas que constituam o objeto social das referidas entidades.

§ 3º O disposto no inciso II deste artigo aplica-se somente a operações e contratos efetuados por intermédio de instituições financeiras, sociedades corretoras de títulos e valores mobiliários, sociedades distribuidoras de títulos e valores mobiliários e sociedades corretoras de mercadorias.

▶ Art. 85 acrescido pela EC nº 37, de 12-6-2002.

Art. 86. Serão pagos conforme disposto no art. 100 da Constituição Federal, não se lhes aplicando a regra de parcelamento estabelecida no *caput* do art. 78 deste Ato das Disposições Constitucionais Transitórias, os débitos da Fazenda Federal, Estadual, Distrital ou Municipal oriundos de sentenças transitadas em julgado, que preencham, cumulativamente, as seguintes condições:

I – ter sido objeto de emissão de precatórios judiciários;

▶ Res. do CNJ nº 303, de 18-12-2019, dispõe sobre a gestão dos precatórios e respectivos procedimentos operacionais no âmbito do Poder Judiciário.

II – ter sido definidos como de pequeno valor pela lei de que trata o § 3º do art. 100 da Constituição Federal ou pelo art. 87 deste Ato das Disposições Constitucionais Transitórias;

III – estar, total ou parcialmente, pendentes de pagamento na data da publicação desta Emenda Constitucional.

§ 1º Os débitos a que se refere o *caput* deste artigo, ou os respectivos saldos, serão pagos na ordem cronológica de apresentação dos respectivos precatórios, com precedência sobre os de maior valor.

▶ Res. do CNJ nº 303, de 18-12-2019, dispõe sobre a gestão dos precatórios e respectivos procedimentos operacionais no âmbito do Poder Judiciário.

§ 2º Os débitos a que se refere o *caput* deste artigo, se ainda não tiverem sido objeto de pagamento parcial, nos termos do art. 78 deste Ato das Disposições Constitucionais Transitórias, poderão ser pagos em duas parcelas anuais, se assim dispuser a lei.

§ 3º Observada a ordem cronológica de sua apresentação, os débitos de natureza alimentícia previstos neste artigo terão precedência para pagamento sobre todos os demais.

▶ Art. 86 acrescido pela EC nº 37, de 12-6-2002.

Art. 87. Para efeito do que dispõem o § 3º do art. 100 da Constituição Federal e o art. 78 deste Ato das Disposições Constitucionais Transitórias serão considerados de pequeno valor, até que se dê a publicação oficial das respectivas leis definidoras pelos entes da Federação, observado o disposto no § 4º do art. 100 da Constituição Federal, os débitos ou obrigações consignados em precatório judiciário, que tenham valor igual ou inferior a:

I – quarenta salários mínimos, perante a Fazenda dos Estados e do Distrito Federal;

II – trinta salários mínimos, perante a Fazenda dos Municípios.

Parágrafo único. Se o valor da execução ultrapassar o estabelecido neste artigo, o pagamento far-se-á, sempre, por meio de precatório, sendo facultada à parte exequente a renúncia ao crédito do valor excedente, para que possa optar pelo pagamento do saldo sem o precatório, da forma prevista no § 3º do art. 100.

▶ Art. 87 acrescido pela EC nº 37, de 12-6-2002.

▶ Res. do CNJ nº 303, de 18-12-2019, dispõe sobre a gestão dos precatórios e respectivos procedimentos operacionais no âmbito do Poder Judiciário.

Art. 88. Enquanto lei complementar não disciplinar o disposto nos incisos I e III do § 3º do art. 156 da Constituição Federal, o imposto a que se refere o inciso III do *caput* do mesmo artigo:

I – terá alíquota mínima de dois por cento, exceto para os serviços a que se referem os itens 32, 33 e 34 da Lista de Serviços anexa ao Decreto-Lei nº 406, de 31 de dezembro de 1968;

II – não será objeto de concessão de isenções, incentivos e benefícios fiscais, que resulte, direta ou indiretamente, na redução da alíquota mínima estabelecida no inciso I.

▶ Art. 88 acrescido pela EC nº 37, de 12-6-2002.

Art. 89. Os integrantes da carreira policial militar e os servidores municipais do ex-Território Federal de Rondônia que, comprovadamente, se encontravam no exercício regular de suas funções prestando serviço àquele ex-Território na data em que foi transformado em Estado, bem como os servidores e os policiais militares alcançados pelo disposto no art. 36 da Lei Complementar nº 41, de 22 de dezembro de 1981, e aqueles admitidos regularmente nos quadros do Estado de Rondônia até a data de posse do primeiro Governador eleito, em 15 de março de 1987, constituirão, mediante opção, quadro em extinção da administração federal, assegurados os direitos e as vantagens a eles inerentes, vedado o pagamento, a qualquer título, de diferenças remuneratórias.

▶ *Caput* com a redação dada pela EC nº 60, de 11-11-2009.

▶ Art. 1º da EC nº 60, de 11-11-2009, que veda o pagamento, a qualquer título, em virtude da alteração pela referida Emenda, de ressarcimentos ou indenizações, de qualquer espécie, referentes a períodos anteriores à data de sua publicação (*DOU* de 12-11-2009).

▶ Arts. 2º, 4º e 5º da EC nº 79, de 27-5-2014, que altera o art. 31 da EC nº 19, de 4-6-1998, para prever a inclusão, em quadro em extinção da Administração Federal, de servidores e policiais militares admitidos pelos Estados do Amapá e de Roraima, na fase de instalação dessas unidades federadas.

▶ Lei nº 13.681, de 18-6-2018, que dispõe sobre as tabelas de salários, vencimentos, soldos e demais vantagens aplicáveis aos servidores civis, aos militares e aos empregados dos ex-Territórios Federais, integrantes do quadro em extinção de que trata este artigo.

§ 1º Os membros da Polícia Militar continuarão prestando serviços ao Estado de Rondônia, na condição de cedidos, submetidos às corporações da Polícia Militar, observadas as atribuições de função compatíveis com o grau hierárquico.

§ 2º Os servidores a que se refere o *caput* continuarão prestando serviços ao Estado de Rondônia na condição de cedidos, até seu aproveitamento em órgão ou entidade da administração federal direta, autárquica ou fundacional.

▶ §§ 1º e 2º acrescidos pela EC nº 60, de 11-11-2009.

Art. 90. O prazo previsto no *caput* do art. 84 deste Ato das Disposições Constitucionais Transitórias fica prorrogado até 31 de dezembro de 2007.

§ 1º Fica prorrogada, até a data referida no *caput* deste artigo, a vigência da Lei nº 9.311, de 24 de outubro de 1996, e suas alterações.

§ 2º Até a data referida no *caput* deste artigo, a alíquota da contribuição de que trata o art. 84 deste Ato das Disposições Constitucionais Transitórias será de trinta e oito centésimos por cento.

▶ Art. 90 acrescido pela EC nº 42, de 19-12-2003.

Art. 91. *Revogado*. EC nº 109, de 15-3-2021.

Art. 92. São acrescidos dez anos ao prazo fixado no art. 40 deste Ato das Disposições Constitucionais Transitórias.

▶ Artigo acrescido pela EC nº 42, de 19-12-2003.

▶ Art. 92-A deste Ato.

Art. 92-A. São acrescidos 50 (cinquenta) anos ao prazo fixado pelo art. 92 deste Ato das Disposições Constitucionais Transitórias.

▶ Artigo acrescido pela EC nº 83, de 5-8-2014.

Art. 92-B. As leis instituidoras dos tributos previstos nos arts. 156-A e 195, V, da Constituição Federal estabelecerão os mecanismos necessários, com ou sem contrapartidas, para manter, em caráter geral, o diferencial competitivo assegurado à Zona Franca de Manaus pelos arts. 40 e 92-A e às áreas de livre comércio existentes em 31 de maio de 2023, nos níveis estabelecidos pela legislação relativa aos tributos extintos a que se referem os arts. 126 a 129, todos deste Ato das Disposições Constitucionais Transitórias.

§ 1º Para assegurar o disposto no *caput*, serão utilizados, isolada ou cumulativamente, instrumentos fiscais, econômicos ou financeiros.

§ 2º Lei complementar instituirá Fundo de Sustentabilidade e Diversificação Econômica do Estado do Amazonas, que será constituído com recursos da União e por ela gerido, com a efetiva participação do Estado do Amazonas na definição das políticas, com o objetivo de fomentar o desenvolvimento e a diversificação das atividades econômicas no Estado.

§ 3º A lei complementar de que trata o § 2º:

I – estabelecerá o montante mínimo de aporte anual de recursos ao Fundo, bem como os critérios para sua correção;

II – preverá a possibilidade de utilização dos recursos do Fundo para compensar eventual perda de receita do Estado do Amazonas em função das alterações no sistema tributário decorrentes da instituição dos tributos previstos nos arts. 156-A e 195, V, da Constituição Federal.

§ 4º A União, mediante acordo com o Estado do Amazonas, poderá reduzir o alcance dos instrumentos previstos no § 1º, condicionado ao aporte de recursos adicionais ao Fundo de que trata o § 2º, asseguradas a diversificação das atividades econômicas e a antecedência mínima de 3 (três) anos.

§ 5º Não se aplica aos mecanismos previstos no *caput* o disposto nos incisos III e IV do *caput* do art. 149-B da Constituição Federal.

§ 6º Lei complementar instituirá Fundo de Desenvolvimento Sustentável dos Estados da Amazônia Ocidental e do Amapá, que será constituído com recursos da União e por ela gerido, com a efetiva participação desses Estados na definição das políticas, com o objetivo de fomentar o desenvolvimento e a diversificação de suas atividades econômicas.

§ 7º O Fundo de que trata o § 6º será integrado pelos Estados onde estão localizadas as áreas de livre comércio de que trata o *caput* e observará, no que couber, o disposto no § 3º, I e II, sendo, quanto a este inciso, considerados os respectivos Estados, e no § 4º.

▸ Art. 92-B acrescido pela EC nº 132, de 20-12-2023.

Art. 93. A vigência do disposto no art. 159, III, e § 4º, iniciará somente após a edição da lei de que trata o referido inciso III.

▸ Artigo acrescido pela EC nº 42, de 19-12-2003.

Art. 94. Os regimes especiais de tributação para microempresas e empresas de pequeno porte próprios da União, dos Estados, do Distrito Federal e dos Municípios cessarão a partir da entrada em vigor do regime previsto no art. 146, III, *d*, da Constituição.

▸ Artigo acrescido pela EC nº 42, de 19-12-2003.

Art. 95. Os nascidos no estrangeiro entre 7 de junho de 1994 e a data da promulgação desta Emenda Constitucional, filhos de pai brasileiro ou mãe brasileira, poderão ser registrados em repartição diplomática ou consular brasileira competente ou em ofício de registro, se vierem a residir na República Federativa do Brasil.

▸ Artigo acrescido pela EC nº 54, de 20-9-2007.

▸ Art. 12 desta Constituição.

Art. 96. Ficam convalidados os atos de criação, fusão, incorporação e desmembramento de Municípios, cuja lei tenha sido publicada até 31 de dezembro de 2006, atendidos os requisitos estabelecidos na legislação do respectivo Estado à época de sua criação.

▸ Artigo acrescido pela EC nº 57, de 18-12-2008.

Art. 97. Até que seja editada a Lei Complementar de que trata o § 15 do art. 100 da Constituição Federal, os Estados, o Distrito Federal e os Municípios que, na data de publicação desta Emenda Constitucional, estejam em mora na quitação de precatórios vencidos, relativos às suas administrações direta e indireta, inclusive os emitidos durante o período de vigência do regime especial instituído por este artigo, farão esses pagamentos de acordo com as normas a seguir estabelecidas, sendo inaplicável o disposto no art. 100 desta Constituição Federal, exceto em seus §§ 2º, 3º, 9º, 10, 11, 12, 13 e 14, e sem prejuízo dos acordos de juízos conciliatórios já formalizados na data de promulgação desta Emenda Constitucional.

▸ O STF, por maioria dos votos, julgou parcialmente procedente a ADI nº 4.425, para declarar a inconstitucionalidade deste artigo.

▸ Art. 3º da EC nº 62, de 9-12-2009, que estabelece que a implantação do regime de pagamento criado por este artigo deverá ocorrer no prazo de até 90 (noventa dias), contados da data de sua publicação (*DOU* de 10-12-2009).

§ 1º Os Estados, o Distrito Federal e os Municípios sujeitos ao regime especial de que trata este artigo optarão, por meio de ato do Poder Executivo:

▸ Art. 4º da EC nº 62, de 9-12-2009, que estabelece os casos em que a entidade federativa voltará a observar somente o disposto no art. 100 da CF.

I – pelo depósito em conta especial do valor referido pelo § 2º deste artigo; ou

II – pela adoção do regime especial pelo prazo de até 15 (quinze) anos, caso em que o percentual a ser depositado na conta especial a que se refere o § 2º deste artigo corresponderá, anualmente, ao saldo total dos precatórios devidos, acrescido do índice oficial de remuneração básica da caderneta de poupança e de juros simples no mesmo percentual de juros incidentes sobre a caderneta de poupança para fins de compensação da mora, excluída a incidência de juros compensatórios, diminuído das amortizações e dividido pelo número de anos restantes no regime especial de pagamento.

§ 2º Para saldar os precatórios, vencidos e a vencer, pelo regime especial, os Estados, o Distrito Federal e os Municípios devedores depositarão mensalmente, em conta especial criada para tal fim, 1/12 (um doze avos) do valor calculado percentualmente sobre as respectivas receitas correntes líquidas, apuradas no segundo mês anterior ao mês de pagamento, sendo que esse percentual, calculado no momento de opção pelo regime e mantido fixo até o final do prazo a que se refere o § 14 deste artigo, será:

I – para os Estados e para o Distrito Federal:

a) de, no mínimo, 1,5% (um inteiro e cinco décimos por cento), para os Estados das regiões Norte, Nordeste e Centro-Oeste, além do Distrito Federal, ou cujo estoque de precatórios pendentes das suas administrações direta e indireta corresponder a até 35% (trinta e cinco por cento) do total da receita corrente líquida;

b) de, no mínimo, 2% (dois por cento), para os Estados das regiões Sul e Sudeste, cujo estoque de precatórios pendentes das suas administrações direta e indireta corresponder a mais de 35% (trinta e cinco por cento) da receita corrente líquida;

II – para Municípios:

a) de, no mínimo, 1% (um por cento), para Municípios das regiões Norte, Nordeste e Centro-Oeste, ou cujo estoque de precatórios pendentes das suas administrações direta e indireta corresponder a até 35% (trinta e cinco por cento) da receita corrente líquida;

b) de, no mínimo, 1,5% (um inteiro e cinco décimos por cento), para Municípios das regiões Sul e Sudeste, cujo estoque de precatórios pendentes das suas administrações direta e indireta corresponder a mais de 35 % (trinta e cinco por cento) da receita corrente líquida.

§ 3º Entende-se como receita corrente líquida, para os fins de que trata este artigo, o somatório das receitas tributárias, patrimoniais, industriais, agropecuárias, de contribuições e de serviços, transferências correntes e outras receitas correntes, incluindo as oriundas do § 1º do art. 20 da Constituição Federal, verificado no período compreendido pelo mês de referência e os 11 (onze) meses anteriores, excluídas as duplicidades, e deduzidas:

I – nos Estados, as parcelas entregues aos Municípios por determinação constitucional;

II – nos Estados, no Distrito Federal e nos Municípios, a contribuição dos servidores para custeio do seu sistema de previdência e assistência social e as receitas provenientes da compensação financeira referida no § 9º do art. 201 da Constituição Federal.

§ 4º As contas especiais de que tratam os §§ 1º e 2º serão administradas pelo Tribunal de Justiça local, para pagamento de precatórios expedidos pelos tribunais.

§ 5º Os recursos depositados nas contas especiais de que tratam os §§ 1º e 2º deste artigo não poderão retornar para Estados, Distrito Federal e Municípios devedores.

§ 6º Pelo menos 50% (cinquenta por cento) dos recursos de que tratam os §§ 1º e 2º deste artigo serão utilizados para pagamento de precatórios em ordem cronológica de apresentação, respeitadas as preferências definidas no § 1º, para os requisitórios do mesmo ano e no § 2º do art. 100, para requisitórios de todos os anos.

§ 7º Nos casos em que não se possa estabelecer a precedência cronológica entre 2 (dois) precatórios, pagar-se-á primeiramente o precatório de menor valor.

§ 8º A aplicação dos recursos restantes dependerá de opção a ser exercida por Estados, Distrito Federal e Municípios devedores, por ato do Poder Executivo, obedecendo à seguinte forma, que poderá ser aplicada isoladamente ou simultaneamente:

I – destinados ao pagamento dos precatórios por meio do leilão;

II – destinados a pagamento a vista de precatórios não quitados na forma do § 6º e do inciso I, em ordem única e crescente de valor por precatório;

III – destinados a pagamento por acordo direto com os credores, na forma estabelecida por lei própria da entidade devedora, que poderá prever criação e forma de funcionamento de câmara de conciliação.

§ 9º Os leilões de que trata o inciso I do § 8º deste artigo:

I – serão realizados por meio de sistema eletrônico administrado por entidade autorizada pela Comissão de Valores Mobiliários ou pelo Banco Central do Brasil;

II – admitirão a habilitação de precatórios, ou parcela de cada precatório indicada pelo seu detentor, em relação aos quais não esteja pendente, no âmbito do Poder Judiciário, recurso ou impugnação de qualquer natureza, permitida por iniciativa do Poder Executivo a compensação com débitos líquidos e certos, inscritos ou não em dívida ativa e constituídos contra devedor originário pela Fazenda Pública devedora até a data da expedição do precatório, ressalvados aqueles cuja exigibilidade esteja suspensa nos termos da legislação, ou que já tenham sido objeto de abatimento nos termos do § 9º do art. 100 da Constituição Federal;

III – ocorrerão por meio de oferta pública a todos os credores habilitados pelo respectivo ente federativo devedor;

IV – considerarão automaticamente habilitado o credor que satisfaça o que consta no inciso II;

V – serão realizados tantas vezes quanto necessário em função do valor disponível;

VI – a competição por parcela do valor total ocorrerá a critério do credor, com deságio sobre o valor desta;

VII – ocorrerão na modalidade deságio, associado ao maior volume ofertado cumulado ou não com o maior percentual de deságio, pelo maior percentual de deságio, podendo ser fixado valor máximo por credor, ou por outro critério a ser definido em edital;

VIII – o mecanismo de formação de preço constará nos editais publicados para cada leilão;

IX – a quitação parcial dos precatórios será homologada pelo respectivo Tribunal que o expediu.

§ 10. No caso de não liberação tempestiva dos recursos de que tratam o inciso II do § 1º e os §§ 2º e 6º deste artigo:

I – haverá o sequestro de quantia nas contas de Estados, Distrito Federal e Municípios devedores, por ordem do Presidente do Tribunal referido no § 4º, até o limite do valor não liberado;

II – constituir-se-á, alternativamente, por ordem do Presidente do Tribunal requerido, em favor dos credores de precatórios, contra Estados, Distrito Federal e Municípios devedores, direito líquido e certo, autoaplicável e independentemente de regulamentação, à compensação automática com débitos líquidos lançados por esta contra aqueles, e, havendo saldo em favor do credor, o valor terá automaticamente poder liberatório do pagamento de tributos de Estados, Distrito Federal e Municípios devedores, até onde se compensarem;

III – o chefe do Poder Executivo responderá na forma da legislação de responsabilidade fiscal e de improbidade administrativa;

IV – enquanto perdurar a omissão, a entidade devedora:

a) não poderá contrair empréstimo externo ou interno;

b) ficará impedida de receber transferências voluntárias;

V – a União reterá os repasses relativos ao Fundo de Participação dos Estados e do Distrito Federal e ao Fundo de Participação dos Municípios, e os depositará nas contas especiais referidas no § 1º, devendo sua utilização obedecer ao que prescreve o § 5º, ambos deste artigo.

§ 11. No caso de precatórios relativos a diversos credores, em litisconsórcio, admite-se o desmembramento do valor, realizado pelo Tribunal de origem do precatório, por credor, e, por este, a habilitação do valor total a que tem direito, não se aplicando, neste caso, a regra do § 3º do art. 100 da Constituição Federal.

§ 12. Se a lei a que se refere o § 4º do art. 100 não estiver publicada em até 180 (cento e oitenta) dias, contados da data de publicação desta Emenda Constitucional, será considerado, para os fins referidos, em relação a Estados, Distrito Federal e Municípios devedores, omissos na regulamentação, o valor de:

I – 40 (quarenta) salários mínimos para Estados e para o Distrito Federal;

II – 30 (trinta) salários mínimos para Municípios.

§ 13. Enquanto Estados, Distrito Federal e Municípios devedores estiverem realizando pagamentos de precatórios pelo regime especial, não poderão sofrer sequestro de valores, exceto no caso de não liberação tempestiva dos recursos de que tratam o inciso II do § 1º e o § 2º deste artigo.

§ 14. O regime especial de pagamento de precatório previsto no inciso I do § 1º vigorará enquanto o valor dos precatórios devidos for superior ao valor dos recursos vinculados, nos termos do § 2º, ambos deste artigo, ou pelo prazo fixo de até 15 (quinze) anos, no caso da opção prevista no inciso II do § 1º.

§ 15. Os precatórios parcelados na forma do art. 33 ou do art. 78 deste Ato das Disposições Constitucionais Transitórias e ainda pendentes de pagamento ingressarão no regime especial com o valor atualizado das parcelas não pagas relativas a cada precatório, bem como o saldo dos acordos judiciais e extrajudiciais.

§ 16. A partir da promulgação desta Emenda Constitucional, a atualização de valores de requisitórios, até o efetivo pagamento, independentemente de sua natureza, será feita pelo índice oficial de remuneração básica da caderneta de poupança, e, para fins de compensação da mora, incidirão juros simples no mesmo percentual de juros incidentes sobre a caderneta de poupança, ficando excluída a incidência de juros compensatórios.

§ 17. O valor que exceder o limite previsto no § 2º do art. 100 da Constituição Federal será pago, durante a vigência do regime especial, na forma prevista nos §§ 6º e 7º ou nos incisos I, II e III do § 8º deste artigo, devendo os valores dispendidos para o atendimento do disposto no § 2º do art. 100 da Constituição Federal serem computados para efeito do § 6º deste artigo.

§ 18. Durante a vigência do regime especial a que se refere este artigo, gozarão também da preferência a que se refere o § 6º os titulares originais de precatórios que tenham completado 60 (sessenta) anos de idade até a data da promulgação desta Emenda Constitucional.

▸ Art. 97 acrescido pela EC nº 62, de 9-12-2009.

Art. 98. O número de defensores públicos na unidade jurisdicional será proporcional à efetiva demanda pelo serviço da Defensoria Pública e à respectiva população.

§ 1º No prazo de 8 (oito) anos, a União, os Estados e o Distrito Federal deverão contar com defensores públicos em todas as unidades jurisdicionais, observado o disposto no *caput* deste artigo.

§ 2º Durante o decurso do prazo previsto no § 1º deste artigo, a lotação dos defensores públicos ocorrerá, prioritariamente, atendendo as regiões com maiores índices de exclusão social e adensamento populacional.

▸ Art. 98 acrescido pela EC nº 80, de 4-6-2014.

▸ Art. 134 da CF.

Art. 99. Para efeito do disposto no inciso VII do § 2º do art. 155, no caso de operações e prestações que destinem bens e serviços a consumidor final não contribuinte localizado em outro Estado, o imposto correspondente à diferença entre a alíquota interna e a interestadual será partilhado entre os Estados de origem e de destino, na seguinte proporção:

I – para o ano de 2015: 20% (vinte por cento) para o Estado de destino e 80% (oitenta por cento) para o Estado de origem;

II – para o ano de 2016: 40% (quarenta por cento) para o Estado de destino e 60% (sessenta por cento) para o Estado de origem;

III – para o ano de 2017: 60% (sessenta por cento) para o Estado de destino e 40% (quarenta por cento) para o Estado de origem;

IV – para o ano de 2018: 80% (oitenta por cento) para o Estado de destino e 20% (vinte por cento) para o Estado de origem;

V – a partir do ano de 2019: 100% (cem por cento) para o Estado de destino.

▸ Art. 99 acrescido pela EC nº 87, de 16-4-2015.

Art. 100. Até que entre em vigor a lei complementar de que trata o inciso II do § 1º do art. 40 da Constituição Federal, os Ministros do Supremo Tribunal Federal, dos Tribunais Superiores e do Tribunal de Contas da União aposentar-se-ão, compulsoriamente, aos 75 (setenta e cinco) anos de idade, nas condições do art. 52 da Constituição Federal.

▸ Artigo acrescido pela EC nº 88, de 7-5-2015.

▸ O STF, por maioria de votos, deferiu o pedido de medida cautelar na ADI nº 5.316 (*DOU* de 9-6-2015), para: "1) suspender a aplicação da expressão *"nas condições do art. 52 da Constituição Federal"* contida no art. 100 do ADCT, introduzido pela EC nº 88/2015, por vulnerar as condições materiais necessárias ao exercício imparcial e independente da função jurisdicional, ultrajando a separação dos Poderes, cláusula pétrea inscrita no art. 60, § 4º, III, da CRFB; 2) fixar a interpretação, quanto à parte remanescente da EC nº 88/2015, de que o art. 100 do ADCT não pode ser estendido a outros agentes públicos até que seja editada a lei complementar a que alude o art. 40, § 1º, II, da CRFB, a qual, quanto à magistratura, é a lei complementar de iniciativa do Supremo Tribunal Federal nos termos do art. 93 da CRFB; 3) suspender a tramitação de todos os processos que envolvam a aplicação a magistrados do art. 40, § 1º, II da CRFB e do art. 100 do ADCT, até o julgamento definitivo da presente demanda, e 4) declarar sem efeito todo e qualquer pronunciamento judicial ou administrativo que afaste, amplie ou reduza a literalidade do comando previsto no art. 100 do ADCT e, com base neste fundamento, assegure a qualquer outro agente público o exercício das funções relativas a cargo efetivo após ter completado setenta anos de idade."

Art. 101. Os Estados, o Distrito Federal e os Municípios que, em 25 de março de 2015, se encontravam em mora no pagamento de seus precatórios quitarão, até 31 de dezembro de 2029, seus débitos vencidos e os que vencerão dentro desse período, atualizados pelo Índice Nacional de Preços ao Consumidor Amplo Especial (IPCA-E), ou por outro índice que venha a substituí-lo, depositando mensalmente em conta especial do Tribunal de Justiça local, sob única e exclusiva administração deste, 1/12 (um doze avos) do valor calculado percentualmente sobre suas receitas correntes líquidas apuradas no segundo mês anterior ao mês de pagamento, em percentual suficiente para a quitação de seus débitos e, ainda que variável, nunca inferior, em cada exercício, ao percentual praticado na data da entrada em vigor do regime especial a que se refere este artigo, em conformidade com plano de pagamento a ser anualmente apresentado ao Tribunal de Justiça local.

▸ *Caput* com a redação dada pela EC nº 109, de 15-3-2021.

§ 1º Entende-se como receita corrente líquida, para os fins de que trata este artigo, o somatório das receitas tributárias, patrimoniais, industriais, agropecuárias, de contribuições e de serviços, de transferências correntes e outras receitas correntes, incluindo as oriundas do § 1º do art. 20 da Constituição Federal, verificado no período compreendido pelo segundo mês imediatamente anterior ao de referência e os 11 (onze) meses precedentes, excluídas as duplicidades, e deduzidas:

I – nos Estados, as parcelas entregues aos Municípios por determinação constitucional;

II – nos Estados, no Distrito Federal e nos Municípios, a contribuição dos servidores para custeio de seu sistema de previdência e assistência social e as receitas provenientes da compensação financeira referida no § 9º do art. 201 da Constituição Federal.

▸ § 1º acrescido pela EC nº 94, de 15-12-2016.

§ 2º O débito de precatórios será pago com recursos orçamentários próprios provenientes das fontes de receita corrente líquida referidas no § 1º deste artigo e, adicionalmente, poderão ser utilizados recursos dos seguintes instrumentos:

▶ *Caput* do § 2º com a redação dada pela EC nº 99, de 14-12-2017.

I – até 75% (setenta e cinco por cento) dos depósitos judiciais e dos depósitos administrativos em dinheiro referentes a processos judiciais ou administrativos, tributários ou não tributários, nos quais sejam parte os Estados, o Distrito Federal ou os Municípios, e as respectivas autarquias, fundações e empresas estatais dependentes, mediante a instituição de fundo garantidor em montante equivalente a 1/3 (um terço) dos recursos levantados, constituído pela parcela restante dos depósitos judiciais e remunerado pela taxa referencial do Sistema Especial de Liquidação e de Custódia (SELIC) para títulos federais, nunca inferior aos índices e critérios aplicados aos depósitos levantados;

▶ Inciso I com a redação dada pela EC nº 99, de 14-12-2017.

II – até 30% (trinta por cento) dos demais depósitos judiciais da localidade sob jurisdição do respectivo Tribunal de Justiça, mediante a instituição de fundo garantidor em montante equivalente aos recursos levantados, constituído pela parcela restante dos depósitos judiciais e remunerado pela taxa referencial do Sistema Especial de Liquidação e de Custódia (SELIC) para títulos federais, nunca inferior aos índices e critérios aplicados aos depósitos levantados, destinando-se:

▶ *Caput* do inciso II com a redação dada pela EC nº 99, de 14-12-2017.

a) no caso do Distrito Federal, 100% (cem por cento) desses recursos ao próprio Distrito Federal;

▶ Alínea *a* acrescida pela EC nº 94, de 15-12-2016.

b) no caso dos Estados, 50% (cinquenta por cento) desses recursos ao próprio Estado e 50% (cinquenta por cento) aos respectivos Municípios, conforme a circunscrição judiciária onde estão depositados os recursos, e, se houver mais de um Município na mesma circunscrição judiciária, os recursos serão rateados entre os Municípios concorrentes, proporcionalmente às respectivas populações, utilizado como referência o último levantamento censitário ou a mais recente estimativa populacional da Fundação Instituto Brasileiro de Geografia e Estatística (IBGE);

▶ Alínea *b* com a redação dada pela EC nº 99, de 14-12-2017.

III – empréstimos, excetuados para esse fim os limites de endividamento de que tratam os incisos VI e VII do *caput* do art. 52 da Constituição Federal e quaisquer outros limites de endividamento previstos em lei, não se aplicando a esses empréstimos a vedação de vinculação de receita prevista no inciso IV do *caput* do art. 167 da Constituição Federal;

▶ Inciso III com a redação dada pela EC nº 99, de 14-12-2017.

IV – a totalidade dos depósitos em precatórios e requisições diretas de pagamento de obrigações de pequeno valor efetuados até 31 de dezembro de 2009 e ainda não levantados, com o cancelamento dos respectivos requisitórios e a baixa das obrigações, assegurada a revalidação dos requisitórios pelos juízos dos processos perante os Tribunais, a requerimento dos credores e após a oitiva da entidade devedora, mantidas a posição de ordem cronológica original e a remuneração de todo o período.

▶ Inciso IV acrescido pela EC nº 99, de 14-12-2017.

§ 3º Os recursos adicionais previstos nos incisos I, II e IV do § 2º deste artigo serão transferidos diretamente pela instituição financeira depositária para a conta especial referida no *caput* deste artigo, sob única e exclusiva administração do Tribunal de Justiça local, e essa transferência deverá ser realizada em até sessenta dias contados a partir da entrada em vigor deste parágrafo, sob pena de responsabilização pessoal do dirigente da instituição financeira por improbidade.

▶ § 3º acrescido pela EC nº 99, de 14-12-2017.

§ 4º *Revogado*. EC nº 109, de 15-3-2021.

§ 5º Os empréstimos de que trata o inciso III do § 2º deste artigo poderão ser destinados, por meio de ato do Poder Executivo, exclusivamente ao pagamento de precatórios por acordo direto com os credores, na forma do disposto no inciso III do § 8º do art. 97 deste Ato das Disposições Constitucionais Transitórias.

▶ § 5º acrescido pela EC nº 113, de 8-12-2021.

▶ O STF, por maioria, no julgamento das Ações Diretas de Inconstitucionalidade nºs 7.047 e 7.064, declarou a inconstitucionalidade deste parágrafo (*DOU* de 9-2-2024).

Art. 102. Enquanto viger o regime especial previsto nesta Emenda Constitucional, pelo menos 50% (cinquenta por cento) dos recursos que, nos termos do art. 101 deste Ato das Disposições Constitucionais Transitórias, forem destinados ao pagamento dos precatórios em mora serão utilizados no pagamento segundo a ordem cronológica de apresentação, respeitadas as preferências dos créditos alimentares, e, nessas, as relativas à idade, ao estado de saúde e à deficiência, nos termos do § 2º do art. 100 da Constituição Federal, sobre todos os demais créditos de todos os anos.

▶ *Caput* acrescido pela EC nº 94, de 15-12-2016.

§ 1º A aplicação dos recursos remanescentes, por opção a ser exercida por Estados, Distrito Federal e Municípios, por ato do respectivo Poder Executivo, observada a ordem de preferência dos credores, poderá ser destinada ao pagamento mediante acordos diretos, perante Juízos Auxiliares de Conciliação de Precatórios, com redução máxima de 40% (quarenta por cento) do valor do crédito atualizado, desde que em relação ao crédito não penda recurso ou defesa judicial e que sejam observados os requisitos definidos na regulamentação editada pelo ente federado.

▶ Parágrafo único transformado em § 1º pela EC nº 99, de 14-12-2017.

§ 2º Na vigência do regime especial previsto no art. 101 deste Ato das Disposições Constitucionais Transitórias, as preferências relativas à idade, ao estado de saúde e à deficiência serão atendidas até o valor equivalente ao quíntuplo fixado em lei para os fins do disposto no § 3º do art. 100 da Constituição Federal, admitido o fracionamento para essa finalidade, e o restante será pago em ordem cronológica de apresentação do precatório.

▶ § 2º acrescido pela EC nº 99, de 14-12-2017.

Art. 103. Enquanto os Estados, o Distrito Federal e os Municípios estiverem efetuando o pagamento da parcela mensal devida como previsto no *caput* do art. 101 deste Ato das Disposições Constitucionais Transitórias, nem eles, nem as respectivas autarquias, fundações e empresas estatais dependentes poderão sofrer sequestro de valores, exceto no caso de não liberação tempestiva dos recursos.

▶ *Caput* acrescido pela EC nº 94, de 15-12-2016.

Parágrafo único. Na vigência do regime especial previsto no art. 101 deste Ato das Disposições Constitucionais Transitórias, ficam vedadas desapropriações pelos Estados, pelo Distrito Federal e pelos Municípios, cujos estoques de precatórios ainda pendentes de pagamento, incluídos os precatórios a pagar de suas entidades da administração indireta, sejam superiores a 70% (setenta por cento) das respectivas receitas correntes líquidas, excetuadas as desapropriações para fins de necessidade pública nas áreas de saúde, educação, segurança pública, transporte público, saneamento básico e habitação de interesse social.

▶ Parágrafo único acrescido pela EC nº 99, de 14-12-2017.

Art. 104. Se os recursos referidos no art. 101 deste Ato das Disposições Constitucionais Transitórias para o pagamento de precatórios não forem tempestivamente liberados, no todo ou em parte:

▶ *Caput* acrescido pela EC nº 94, de 15-12-2016.

I – o Presidente do Tribunal de Justiça local determinará o sequestro, até o limite do valor não liberado, das contas do ente federado inadimplente;

II – o chefe do Poder Executivo do ente federado inadimplente responderá, na forma da legislação de responsabilidade fiscal e de improbidade administrativa;

III – a União reterá os recursos referentes aos repasses ao Fundo de Participação dos Estados e do Distrito Federal e ao Fundo de Participação dos Municípios e os depositará na conta especial referida no art. 101 deste Ato das Disposições Constitucionais Transitórias, para utilização como nele previsto;

▶ Incisos I a III acrescidos pela EC nº 94, de 15-12-2016.

IV – os Estados e o Comitê Gestor do Imposto sobre Bens e Serviços reterão os repasses previstos, respectivamente, nos §§ 1º e 2º do art. 158 da Constituição Federal e os depositarão na conta especial referida no art. 101 deste Ato das Disposições Constitucionais Transitórias, para utilização como nele previsto.

▶ Inciso IV com a redação dada pela EC nº 132, de 20-12-2023.

★ **Nova redação do dispositivo alterado:** "IV – o Comitê Gestor do Imposto sobre Bens e Serviços reterá os repasses previstos no § 2º do art. 158 da Constituição Federal e os depositará na conta especial referida no art. 101 deste Ato das Disposições Constitucionais Transitórias, para utilização como nele previsto."

▶ Inciso IV com a redação dada pela EC nº 132, de 20-12-2023, para vigorar a partir de 2033.

Parágrafo único. Enquanto perdurar a omissão, o ente federado não poderá contrair empréstimo externo ou interno, exceto para os fins previstos no § 2º do art. 101 deste Ato das Disposições Constitucionais Transitórias, e ficará impedido de receber transferências voluntárias.

▶ Parágrafo único acrescido pela EC nº 94, de 15-12-2016.

Art. 105. Enquanto viger o regime de pagamento de precatórios previsto no art. 101 deste Ato das Disposições Constitucionais Transitórias, é facultada aos credores de precatórios, próprios ou de terceiros, a compensação com débitos de natureza tributária ou de outra natureza que até 25 de março de 2015 tenham sido inscritos na dívida ativa dos Estados, do Distrito Federal ou dos Municípios, observados os requisitos definidos em lei própria do ente federado.

▶ *Caput* acrescido pela EC nº 94, de 15-12-2016.

§ 1º Não se aplica às compensações referidas no *caput* deste artigo qualquer tipo de vinculação, como as transferências a outros entes e as destinadas à educação, à saúde e a outras finalidades.

▶ Parágrafo único transformado em § 1º pela EC nº 99, de 14-12-2017.

§ 2º Os Estados, o Distrito Federal e os Municípios regulamentarão nas respectivas leis o disposto no *caput* deste artigo em até cento e vinte dias a partir de 1º de janeiro de 2018.

§ 3º Decorrido o prazo estabelecido no § 2º deste artigo sem a regulamentação nele prevista, ficam os credores de precatórios autorizados a exercer a faculdade a que se refere o *caput* deste artigo.

▶ §§ 2º e 3º acrescidos pela EC nº 99, de 14-12-2017.

Arts. 106 e 107. *Revogados*. EC nº 126, de 21-12-2022.

Art. 107-A. Até o fim de 2026, fica estabelecido, para cada exercício financeiro, limite para alocação na proposta orçamentária das despesas com pagamentos em virtude de sentença judiciária de que trata o art. 100 da Constituição Federal, equivalente ao valor da despesa paga no exercício de 2016, incluídos os restos a pagar pagos, corrigido, para o exercício de 2017, em 7,2% (sete inteiros e dois décimos por cento) e, para os exercícios posteriores, pela variação do Índice Nacional de Preços ao Consumidor Amplo (IPCA), publicado pela Fundação Instituto Brasileiro de Geografia e Estatística, ou de outro índice que vier a substituí-lo, apurado no exercício anterior a que se refere a lei orçamentária, devendo o espaço fiscal decorrente da diferença entre o valor dos precatórios expedidos e o respectivo limite ser destinado ao programa previsto no parágrafo único do art. 6º e à seguridade social, nos termos do art. 194, ambos da Constituição Federal, a ser calculado da seguinte forma:

▶ *Caput* do art. 107-A com a redação dada pela EC nº 126, de 21-12-2022.

▶ O STF, por maioria, no julgamento da ADI nº 7.064, conferiu interpretação conforme a Constituição ao *caput* deste artigo para que seus efeitos somente operem para o exercício de 2022 (*DOU* de 9-2-2024).

I – no exercício de 2022, o espaço fiscal decorrente da diferença entre o valor dos precatórios expedidos e o limite estabelecido no *caput* deste artigo deverá ser destinado ao programa previsto no parágrafo único do art. 6º e à seguridade social, nos termos do art. 194, ambos da Constituição Federal;

II – no exercício de 2023, pela diferença entre o total de precatórios expedidos entre 2 de julho de 2021 e 2 de abril de 2022 e o limite de que trata o *caput* deste artigo válido para o exercício de 2023; e

III – nos exercícios de 2024 a 2026, pela diferença entre o total de precatórios expedidos entre 3 de abril de dois anos anteriores e 2 de abril do ano anterior ao exercício e o limite de que trata o *caput* deste artigo válido para o mesmo exercício.

▶ Incisos I a III acrescidos pela EC nº 114, de 16-12-2021.

▶ O STF, por maioria, no julgamento da ADI nº 7.064, declarou a inconstitucionalidade, com supressão de texto, dos incisos II e III (*DOU* de 9-2-2024).

§ 1º O limite para o pagamento de precatórios corresponderá, em cada exercício, ao limite previsto no *caput* deste artigo, reduzido da projeção para a despesa com o pagamento de requisições de pequeno valor para o mesmo exercício, que terão prioridade no pagamento.

§ 2º Os precatórios que não forem pagos em razão do previsto neste artigo terão prioridade para pagamento em exercícios seguintes, observada a ordem cronológica e o disposto no § 8º deste artigo.

§ 3º É facultado ao credor de precatório que não tenha sido pago em razão do disposto neste artigo, além das hipóteses previstas no § 11 do art. 100 da Constituição Federal e sem prejuízo dos procedimentos previstos nos §§ 9º e 21 do referido artigo, optar pelo recebimento, mediante acordos diretos perante Juízos Auxiliares de Conciliação de Pagamento de Condenações Judiciais contra a Fazenda Pública Federal, em parcela única, até o final do exercício seguinte, com renúncia de 40% (quarenta por cento) do valor desse crédito.

▶ O STF, por maioria, no julgamento da ADI nº 7.064, declarou a inconstitucionalidade por arrastamento deste parágrafo (*DOU* de 9-2-2024).

§ 4º O Conselho Nacional de Justiça regulamentará a atuação dos Presidentes dos Tribunais competentes para o cumprimento deste artigo.

§ 5º Não se incluem no limite estabelecido neste artigo as despesas para fins de cumprimento do disposto nos §§ 11, 20 e 21 do art. 100 da Constituição Federal e no § 3º deste artigo, bem como a atualização monetária dos precatórios inscritos no exercício.

§ 6º Não se incluem nos limites estabelecidos no art. 107 deste Ato das Disposições Constitucionais Transitórias o previsto nos §§ 11, 20 e 21 do art. 100 da Constituição Federal e no § 3º deste artigo.

▶ O STF, por maioria, no julgamento da ADI nº 7.064, declarou a inconstitucionalidade por arrastamento dos §§ 5º e 6º (*DOU* de 9-2-2024).

§ 7º Na situação prevista no § 3º deste artigo, para os precatórios não incluídos na proposta orçamentária de 2022, os valores necessários à sua quitação serão providenciados pela abertura de créditos adicionais durante o exercício de 2022.

§ 8º Os pagamentos em virtude de sentença judiciária de que trata o art. 100 da Constituição Federal serão realizados na seguinte ordem:

I – obrigações definidas em lei como de pequeno valor, previstas no § 3º do art. 100 da Constituição Federal;

II – precatórios de natureza alimentícia cujos titulares, originários ou por sucessão hereditária, tenham no mínimo 60 (sessenta) anos de idade, ou sejam portadores de doença grave ou pessoas com deficiência, assim definidos na forma da lei, até o valor equivalente ao triplo do montante fixado em lei como obrigação de pequeno valor;

III – demais precatórios de natureza alimentícia até o valor equivalente ao triplo do montante fixado em lei como obrigação de pequeno valor;

IV – demais precatórios de natureza alimentícia além do valor previsto no inciso III deste parágrafo;

V – demais precatórios.

▶ §§ 1º a 8º acrescidos pela EC nº 114, de 16-12-2021.

Art. 108. *Revogado*. EC nº 113, de 8-12-2021.

Arts. 109 a 112. *Revogados*. EC nº 126, de 21-12-2022.

Art. 113. A proposição legislativa que crie ou altere despesa obrigatória ou renúncia de receita deverá ser acompanhada da estimativa do seu impacto orçamentário e financeiro.

▶ Artigo acrescido pela EC nº 95, de 15-12-2016.

Art. 114. *Revogado*. EC nº 126, de 21-12-2022.

Art. 115. Fica excepcionalmente autorizado o parcelamento das contribuições previdenciárias e dos demais débitos dos Municípios, incluídas suas autarquias e fundações, com os respectivos regimes próprios de previdência social, com vencimento até 31 de outubro de 2021, inclusive os parcelados anteriormente, no prazo máximo de 240 (duzentos e quarenta) prestações mensais, mediante autorização em lei municipal específica, desde que comprovem ter alterado a legislação do regime próprio de previdência social para atendimento das seguintes condições, cumulativamente:

I – adoção de regras de elegibilidade, de cálculo e de reajustamento dos benefícios que contemplem, nos termos previstos nos incisos I e III do § 1º e nos §§ 3º a 5º, 7º e 8º do art. 40 da Constituição Federal, regras assemelhadas às aplicáveis aos servidores públicos do regime próprio de previdência social da União e que contribuam efetivamente para o atingimento e a manutenção do equilíbrio financeiro e atuarial;

II – adequação do rol de benefícios ao disposto nos §§ 2º e 3º do art. 9º da Emenda Constitucional nº 103, de 12 de novembro de 2019;

III – adequação da alíquota de contribuição devida pelos servidores, nos termos do § 4º do art. 9º da Emenda Constitucional nº 103, de 12 de novembro de 2019; e

IV – instituição do regime de previdência complementar e adequação do órgão ou entidade gestora do regime próprio de previdência social, nos termos do § 6º do art. 9º da Emenda Constitucional nº 103, de 12 de novembro de 2019.

Parágrafo único. Ato do Ministério do Trabalho e Previdência, no âmbito de suas competências, definirá os critérios para o parcelamento previsto neste artigo, inclusive quanto ao cumprimento do disposto nos incisos I, II, III e IV do *caput* deste artigo, bem como disponibilizará as informações aos Municípios sobre o montante das dívidas, as formas de parcelamento, os juros e os encargos incidentes, de modo a possibilitar o acompanhamento da evolução desses débitos.

Art. 116. Fica excepcionalmente autorizado o parcelamento dos débitos decorrentes de contribuições previdenciárias dos Municípios, incluídas suas autarquias e fundações, com o Regime Geral de Previdência Social, com vencimento até 31 de outubro de 2021, ainda que em fase de execução fiscal ajuizada, inclusive os decorrentes do descumprimento de obrigações acessórias e os parcelados anteriormente, no prazo máximo de 240 (duzentos e quarenta) prestações mensais.

§ 1º Os Municípios que possuam regime próprio de previdência social deverão comprovar, para fins de formalização do parcelamento com o Regime Geral de Previdência Social, de que trata este artigo, terem atendido as condições estabelecidas nos incisos I, II, III e IV do *caput* do art. 115 deste Ato das Disposições Constitucionais Transitórias.

§ 2º Os débitos parcelados terão redução de 40% (quarenta por cento) das multas de mora, de ofício e isoladas, de 80% (oitenta por cento) dos juros de mora, de 40% (quarenta por cento) dos encargos legais e de 25% (vinte e cinco por cento) dos honorários advocatícios.

§ 3º O valor de cada parcela será acrescido de juros equivalentes à taxa referencial do Sistema Especial de Liquidação e de Custódia (SELIC), acumulada mensalmente, calculados a partir do mês subsequente ao da consolidação até o mês anterior ao do pagamento.

§ 4º Não constituem débitos dos Municípios aqueles considerados prescritos ou atingidos pela decadência.

§ 5º A Secretaria Especial da Receita Federal do Brasil e a Procuradoria-Geral da Fazenda Nacional, no âmbito de suas competências, deverão fixar os critérios para o parcelamento previsto neste artigo, bem como disponibilizar as informações aos Municípios sobre o montante das dívidas, as formas de parcelamento, os juros e os encargos incidentes, de modo a possibilitar o acompanhamento da evolução desses débitos.

Art. 117. A formalização dos parcelamentos de que tratam os arts. 115 e 116 deste Ato das Disposições Constitucionais Transitórias deverá ocorrer até 30 de junho de 2022 e ficará condicionada à autorização de vinculação do Fundo de Participação dos Municípios para fins de pagamento das prestações acordadas nos termos de parcelamento, observada a seguinte ordem de preferência:

I – a prestação de garantia ou de contragarantia à União ou os pagamentos de débitos em favor da União, na forma do § 4º do art. 167 da Constituição Federal;

II – as contribuições parceladas devidas ao Regime Geral de Previdência Social;

III – as contribuições parceladas devidas ao respectivo regime próprio de previdência social.

► Arts. 115 a 117 acrescidos pela EC nº 113, de 8-12-2021.

Art. 118. Os limites, as condições, as normas de acesso e os demais requisitos para o atendimento do disposto no parágrafo único do art. 6º e no inciso VI do *caput* do art. 203 da Constituição Federal serão determinados, na forma da lei e respectivo regulamento, até 31 de dezembro de 2022, dispensada, exclusivamente no exercício de 2022, a observância das limitações legais quanto à criação, à expansão ou ao aperfeiçoamento de ação governamental que acarrete aumento de despesa no referido exercício.

► Artigo acrescido pela EC nº 114, de 16-12-2021.

Art. 119. Em decorrência do estado de calamidade pública provocado pela pandemia da COVID-19, os Estados, o Distrito Federal, os Municípios e os agentes públicos desses entes federados não poderão ser responsabilizados administrativa, civil ou criminalmente pelo descumprimento, exclusivamente nos exercícios financeiros de 2020 e 2021, do disposto no *caput* do art. 212 da Constituição Federal.

► Art. 35, III, da CF.

► Art. 2º da EC nº 119, de 27-4-2022, que altera este ADCT para determinar a impossibilidade de responsabilização dos Estados, do Distrito Federal, dos Municípios e dos agentes públicos desses entes federados pelo descumprimento, nos exercícios financeiros de 2020 e 2021, do disposto no *caput* do art. 212 da CF.

Parágrafo único. Para efeitos do disposto no *caput* deste artigo, o ente deverá complementar na aplicação da manutenção e desenvolvimento do ensino, até o exercício financeiro de 2023, a diferença a menor entre o valor aplicado, conforme informação registrada no sistema integrado de planejamento e orçamento, e o valor mínimo exigível constitucionalmente para os exercícios de 2020 e 2021.

► Art. 119 acrescido pela EC nº 119, de 27-4-2022.

Art. 120. Fica reconhecido, no ano de 2022, o estado de emergência decorrente da elevação extraordinária e imprevisível dos preços do petróleo, combustíveis e seus derivados e dos impactos sociais dela decorrentes.

Parágrafo único. Para enfretamento ou mitigação dos impactos decorrentes do estado de emergência reconhecido, as medidas implementadas, até os limites de despesas previstos em uma única e exclusiva norma constitucional observarão o seguinte:

I – quanto às despesas:

a) serão atendidas por meio de crédito extraordinário;

b) não serão consideradas para fins de apuração da meta de resultado primário estabelecida no *caput* do art. 2º da Lei nº 14.194, de 20 de agosto de 2021, e do limite estabelecido para as despesas primárias, conforme disposto no inciso I do *caput* do art. 107 do Ato das Disposições Constitucionais Transitórias; e

c) ficarão ressalvadas do disposto no inciso III do *caput* do art. 167 da Constituição Federal;

II – a abertura do crédito extraordinário para seu atendimento dar-se-á independentemente da observância dos requisitos exigidos no § 3º do art. 167 da Constituição Federal; e

III – a dispensa das limitações legais, inclusive quanto à necessidade de compensação:

a) à criação, à expansão ou ao aperfeiçoamento de ação governamental que acarrete aumento de despesa; e

b) à renúncia de receita que possa ocorrer.

► Art. 120 acrescido pela EC nº 123, de 14-7-2022.

► O STF, por maioria, no julgamento da ADI nº 7.212, declarou a inconstitucionalidade do art. 3º da EC nº 123, de 14-7-2022, que introduziu este artigo ao ADCT (*DOU* de 13-8-2024).

Art. 121. As contas referentes aos patrimônios acumulados de que trata o § 2º do art. 239 da Constituição Federal cujos recursos não tenham sido reclamados por prazo superior a 20 (vinte) anos serão encerradas após o prazo de 60 (sessenta) dias da publicação de aviso no *Diário Oficial da União*, ressalvada reivindicação por eventual interessado legítimo dentro do referido prazo.

Parágrafo único. Os valores referidos no *caput* deste artigo serão tidos por abandonados, nos termos do inciso III do *caput* do art. 1.275 da Lei nº 10.406, de 10 de janeiro de 2002 (Código Civil), e serão apropriados pelo Tesouro Nacional como receita primária para realização de despesas de investimento de que trata o § 6º-B do art. 107, que não serão computadas nos limites previstos no art. 107, ambos deste Ato das Disposições Constitucionais Transitórias, podendo o interessado reclamar ressarcimento à União no prazo de até 5 (cinco) anos do encerramento das contas.

Art. 122. As transferências financeiras realizadas pelo Fundo Nacional de Saúde e pelo Fundo Nacional de Assistência Social diretamente aos fundos de saúde e assistência social estaduais, municipais e distritais, para enfrentamento da pandemia da COVID-19, poderão ser executadas pelos entes federativos até 31 de dezembro de 2023.

► Arts. 121 e 122 acrescidos pela EC nº 126, de 21-12-2022.

Art. 123. Todos os termos de credenciamentos, contratos, aditivos e outras formas de ajuste de permissão lotérica, em vigor, indistintamente, na data de publicação deste dispositivo, destinados a viabilizar a venda de serviços lotéricos, disciplinados em lei ou em outros instrumentos de alcance específico, terão assegurado prazo de vigência adicional, contado do término do prazo do instrumento vigente, independentemente da data de seu termo inicial.

► Artigo acrescido pela EC nº 129, de 5-7-2023.

Art. 124. A transição para os tributos previstos no art. 156-A e no art. 195, V, todos da Constituição Federal, atenderá aos critérios estabelecidos nos arts. 125 a 133 deste Ato das Disposições Constitucionais Transitórias.

Parágrafo único. A contribuição prevista no art. 195, V, será instituída pela mesma lei complementar de que trata o art. 156-A, ambos da Constituição Federal.

Art. 125. Em 2026, o imposto previsto no art. 156-A será cobrado à alíquota estadual de 0,1% (um décimo por cento), e a contribuição prevista no art. 195, V, ambos da Constituição Federal, será cobrada à alíquota de 0,9% (nove décimos por cento).

§ 1º O montante recolhido na forma do *caput* será compensado com o valor devido das contribuições previstas no art. 195, I, *b*, e IV, e da contribuição para o Programa de Integração Social a que se refere o art. 239, ambos da Constituição Federal.

§ 2º Caso o contribuinte não possua débitos suficientes para efetuar a compensação de que trata o § 1º, o valor recolhido poderá ser compensado com qualquer outro tributo federal ou ser ressarcido em até 60 (sessenta) dias, mediante requerimento.

§ 3º A arrecadação do imposto previsto no art. 156-A da Constituição Federal decorrente do disposto no *caput* deste artigo não observará as vinculações, repartições e destinações previstas na Constituição Federal, devendo ser aplicada, integral e sucessivamente, para:

I – o financiamento do Comitê Gestor do Imposto sobre Bens e Serviços, nos termos do art. 156-B, § 2º, III, da Constituição Federal;

II – compor o Fundo de Compensação de Benefícios Fiscais ou Financeiro-Fiscais do imposto de que trata o art. 155, II, da Constituição Federal.

§ 4º Durante o período de que trata o *caput*, os sujeitos passivos que cumprirem as obrigações acessórias relativas aos tributos referidos no *caput* poderão ser dispensados do seu recolhimento, nos termos de lei complementar.

Art. 126. A partir de 2027:

I – serão cobrados:

a) a contribuição prevista no art. 195, V, da Constituição Federal;

b) o imposto previsto no art. 153, VIII, da Constituição Federal;

II – serão extintas as contribuições previstas no art. 195, I, *b*, e IV, e a contribuição para o Programa de Integração Social de que trata o art. 239, todos da Constituição Federal, desde que instituída a contribuição referida na alínea *a* do inciso I;

III – o imposto previsto no art. 153, IV, da Constituição Federal:

a) terá suas alíquotas reduzidas a zero, exceto em relação aos produtos que tenham industrialização incentivada na Zona Franca de Manaus, conforme critérios estabelecidos em lei complementar; e

b) não incidirá de forma cumulativa com o imposto previsto no art. 153, VIII, da Constituição Federal.

Art. 127. Em 2027 e 2028, o imposto previsto no art. 156-A da Constituição Federal será cobrado à alíquota estadual de 0,05% (cinco centésimos por cento) e à alíquota municipal de 0,05% (cinco centésimos por cento).

Parágrafo único. No período referido no *caput*, a alíquota da contribuição prevista no art. 195, V, da Constituição Federal, será reduzida em 0,1 (um décimo) ponto percentual.

Art. 128. De 2029 a 2032, as alíquotas dos impostos previstos nos arts. 155, II, e 156, III, da Constituição Federal, serão fixadas nas seguintes proporções das alíquotas fixadas nas respectivas legislações:

I – 9/10 (nove décimos), em 2029;

II – 8/10 (oito décimos), em 2030;

III – 7/10 (sete décimos), em 2031;

IV – 6/10 (seis décimos), em 2032.

§ 1º Os benefícios ou os incentivos fiscais ou financeiros relativos aos impostos previstos nos arts. 155, II, e 156, III, da Constituição Federal não alcançados pelo disposto no *caput* deste artigo serão reduzidos na mesma proporção.

§ 2º Os benefícios e incentivos fiscais ou financeiros referidos no art. 3º da Lei Complementar nº 160, de 7 de agosto de 2017, serão reduzidos na forma deste artigo, não se aplicando a redução prevista no § 2º-A do art. 3º da referida Lei Complementar.

§ 3º Ficam mantidos em sua integralidade, até 31 de dezembro de 2032, os percentuais utilizados para calcular os benefícios ou incentivos fiscais ou financeiros já reduzidos por força da redução das alíquotas, em decorrência do disposto no *caput*.

Art. 129. Ficam extintos, a partir de 2033, os impostos previstos nos arts. 155, II, e 156, III, da Constituição Federal.

Art. 130. Resolução do Senado Federal fixará, para todas as esferas federativas, as alíquotas de referência dos tributos previstos nos arts. 156-A e 195, V, da Constituição Federal, observados a forma de cálculo e os limites previstos em lei complementar, de forma a assegurar:

I – de 2027 a 2033, que a receita da União com a contribuição prevista no art. 195, V, e com o imposto previsto no art. 153, VIII, todos da Constituição Federal, seja equivalente à redução da receita:

a) das contribuições previstas no art. 195, I, *b*, e IV, e da contribuição para o Programa de Integração Social de que trata o art. 239, todos da Constituição Federal;

b) do imposto previsto no art. 153, IV; e

c) do imposto previsto no art. 153, V, da Constituição Federal, sobre operações de seguros;

II – de 2029 a 2033, que a receita dos Estados e do Distrito Federal com o imposto previsto no art. 156-A da Constituição Federal seja equivalente à redução:

a) da receita do imposto previsto no art. 155, II, da Constituição Federal; e

b) das receitas destinadas a fundos estaduais financiados por contribuições estabelecidas como condição à aplicação de diferimento, regime especial ou outro tratamento diferenciado, relativos ao imposto de que trata o art. 155, II, da Constituição Federal, em funcionamento em 30 de abril de 2023, excetuadas as receitas dos fundos mantidas na forma do art. 136 deste Ato das Disposições Constitucionais Transitórias;

III – de 2029 a 2033, que a receita dos Municípios e do Distrito Federal com o imposto previsto no art. 156-A seja equivalente à redução da receita do imposto previsto no art. 156, III, ambos da Constituição Federal.

§ 1º As alíquotas de referência serão fixadas no ano anterior ao de sua vigência, não se aplicando o disposto no art. 150, III, *c*, da Constituição Federal, com base em cálculo realizado pelo Tribunal de Contas da União.

§ 2º Na fixação das alíquotas de referência, deverão ser considerados os efeitos sobre a arrecadação dos regimes específicos, diferenciados ou favorecidos e de qualquer outro regime que resulte em arrecadação menor do que a que seria obtida com a aplicação da alíquota padrão.

§ 3º Para fins do disposto nos §§ 4º a 6º, entende-se por:

I – Teto de Referência da União: a média da receita no período de 2012 a 2021, apurada como proporção do PIB, do imposto previsto no art. 153, IV, das contribuições previstas no art. 195, I, *b*, e IV, da contribuição para o Programa de Integração Social de que trata o art. 239 e do imposto previsto no art. 153, V, sobre operações de seguro, todos da Constituição Federal;

II – Teto de Referência Total: a média da receita no período de 2012 a 2021, apurada como proporção do PIB, dos impostos previstos nos arts. 153, IV, 155, II e 156, III, das contribuições previstas no art. 195, I, *b*, e IV, da contribuição para o Programa de Integração Social de que trata o art. 239 e do imposto previsto no art. 153, V, sobre operações de seguro, todos da Constituição Federal;

III – Receita-Base da União: a receita da União com a contribuição prevista no art. 195, V, e com o imposto previsto no art. 153, VIII, ambos da Constituição Federal, apurada como proporção do PIB;

IV – Receita-Base dos Entes Subnacionais: a receita dos Estados, do Distrito Federal e dos Municípios com o imposto previsto no art. 156-A da Constituição Federal, deduzida da parcela a que se refere a alínea *b* do inciso II do *caput*, apurada como proporção do PIB;

V – Receita-Base Total: a soma da Receita-Base da União com a Receita-Base dos Entes Subnacionais, sendo essa última:

a) multiplicada por 10 (dez) em 2029;

b) multiplicada por 5 (cinco) em 2030;

c) multiplicada por 10 (dez) e dividida por 3 (três) em 2031;

d) multiplicada por 10 (dez) e dividida por 4 (quatro) em 2032;

e) multiplicada por 1 (um) em 2033.

§ 4º A alíquota de referência da contribuição a que se refere o art. 195, V, da Constituição Federal será reduzida em 2030 caso a média da Receita-Base da União em 2027 e 2028 exceda o Teto de Referência da União.

§ 5º As alíquotas de referência da contribuição a que se refere o art. 195, V, e do imposto a que se refere o art. 156-A, ambos da Constituição Federal, serão reduzidas em 2035 caso a média da Receita-Base Total entre 2029 e 2033 exceda o Teto de Referência Total.

§ 6º As reduções de que tratam os §§ 4º e 5º serão:

I – definidas de forma a que a Receita-Base seja igual ao respectivo Teto de Referência;

II – no caso do § 5º, proporcionais para as alíquotas de referência federal, estadual e municipal.

§ 7º A revisão das alíquotas de referência em função do disposto nos §§ 4º, 5º e 6º não implicará cobrança ou restituição de tributo relativo a anos anteriores ou transferência de recursos entre os entes federativos.

§ 8º Os entes federativos e o Comitê Gestor do Imposto sobre Bens e Serviços fornecerão ao Tribunal de Contas da União as informações necessárias para o cálculo a que se referem os §§ 1º, 4º e 5º.

§ 9º Nos cálculos das alíquotas de que trata o *caput*, deverá ser considerada a arrecadação dos tributos previstos nos arts. 156-A e 195, V, da Constituição Federal, cuja cobrança tenha sido iniciada antes dos períodos de que tratam os incisos I, II e III do *caput*.

§ 10. O cálculo das alíquotas a que se refere este artigo será realizado com base em propostas encaminhadas pelo Poder Executivo da União e pelo Comitê Gestor do Imposto sobre Bens e Serviços, que deverão fornecer ao Tribunal de Contas da União todos os subsídios necessários, mediante o compartilhamento de dados e informações, nos termos de lei complementar.

Art. 131. De 2029 a 2077, o produto da arrecadação dos Estados, do Distrito Federal e dos Municípios com o imposto de que trata o art. 156-A da Constituição Federal será distribuído a esses entes federativos conforme o disposto neste artigo.

§ 1º Serão retidos do produto da arrecadação do imposto de cada Estado, do Distrito Federal e de cada Município apurada com base nas alíquotas de referência de que trata o art. 130 deste Ato das Disposições Constitucionais Transitórias, nos termos dos arts. 149-C e 156-A, § 4º, II, e § 5º, I e IV, antes da aplicação do disposto no art. 158, IV, *b*, todos da Constituição Federal:

I – de 2029 a 2032, 80% (oitenta por cento);

II – em 2033, 90% (noventa por cento);

III – de 2034 a 2077, percentual correspondente ao aplicado em 2033, reduzido à razão de 1/45 (um quarenta e cinco avos) por ano.

§ 2º Na forma estabelecida em lei complementar, o montante retido nos termos do § 1º será distribuído entre os Estados, o Distrito Federal e os Municípios proporcionalmente à receita média de cada ente federativo, devendo ser consideradas:

I – no caso dos Estados:

a) a arrecadação do imposto previsto no art. 155, II, após aplicação do disposto no art. 158, IV, *a*, todos da Constituição Federal; e

b) as receitas destinadas aos fundos estaduais de que trata o art. 130, II, *b*, deste Ato das Disposições Constitucionais Transitórias;

II – no caso do Distrito Federal:

a) a arrecadação do imposto previsto no art. 155, II, da Constituição Federal; e

b) a arrecadação do imposto previsto no art. 156, III, da Constituição Federal;

III – no caso dos Municípios:

a) a arrecadação do imposto previsto no art. 156, III, da Constituição Federal; e

b) a parcela creditada na forma do art. 158, IV, *a*, da Constituição Federal.

§ 3º Não se aplica o disposto no art. 158, IV, *b*, da Constituição Federal aos recursos distribuídos na forma do § 2º, I, deste artigo.

§ 4º A parcela do produto da arrecadação do imposto não retida nos termos do § 1º, após a retenção de que trata o art. 132 deste Ato das Disposições Constitucionais Transitórias, será distribuída a cada Estado, ao Distrito Federal e a cada Município de acordo com os critérios da lei complementar de que trata o art. 156-A, § 5º, I, da Constituição Federal, nela computada a variação de alíquota fixada pelo ente em relação à de referência.

§ 5º Os recursos de que trata este artigo serão distribuídos nos termos estabelecidos em lei complementar, aplicando-se o seguinte:

I – constituirão a base de cálculo dos fundos de que trata o art. 212-A, II, da Constituição Federal, observado que:

a) para os Estados, o percentual de que trata o art. 212-A, II, será aplicado proporcionalmente à razão entre a soma dos valores distribuídos a cada ente nos termos do § 2º, I, *a*, e do § 4º, e a soma dos valores distribuídos nos termos do § 2º, I e do § 4º;

b) para o Distrito Federal, o percentual de que trata o art. 212-A, II, será aplicado proporcionalmente à razão entre a soma dos valores distribuídos nos termos do § 2º, II, *a*, e do § 4º, e a soma dos valores distribuídos nos termos do § 2º, II, e do § 4º, considerada, em ambas as somas, somente a parcela estadual nos valores distribuídos nos termos do § 4º;

c) para os Municípios, o percentual de que trata o art. 212-A, II, será aplicado proporcionalmente à razão entre a soma dos valores distribuídos nos termos do § 2º, III, *b*, e a soma dos valores distribuídos nos termos do § 2º, III;

II – constituirão as bases de cálculo de que tratam os arts. 29-A, 198, § 2º, 204, parágrafo único, 212 e 216, § 6º, da Constituição Federal, excetuados os valores distribuídos nos termos do § 2º, I, *b*;

III – poderão ser vinculados para prestação de garantias às operações de crédito por antecipação de receita previstas no art. 165, § 8º, para pagamento de débitos com a União e para prestar-lhe garantia ou contragarantia, nos termos do art. 167, § 4º, todos da Constituição Federal.

§ 6º Durante o período de que trata o *caput* deste artigo, é vedado aos Estados, ao Distrito Federal e aos Municípios fixar alíquotas próprias do imposto de que trata o art. 156-A da Constituição Federal inferiores às necessárias para garantir as retenções de que tratam o § 1º deste artigo e o art. 132 deste Ato das Disposições Constitucionais Transitórias.

Art. 132. Do imposto dos Estados, do Distrito Federal e dos Municípios apurado com base nas alíquotas de referência de que trata o art. 130 deste Ato das Disposições Constitucionais Transitórias, deduzida a retenção de que trata o art. 131, § 1º, será retido montante correspondente a 5% (cinco por cento) para distribuição aos entes com as menores razões entre:

I – o valor apurado nos termos dos arts. 149-C e 156-A, § 4º, II, e § 5º, I e IV, com base nas alíquotas de referência, após a aplicação do disposto no art. 158, IV, *b*, todos da Constituição Federal; e

II – a respectiva receita média, apurada nos termos do art. 131, § 2º, I, II e III, deste Ato das Disposições Constitucionais Transitórias, limitada a 3 (três) vezes a média nacional por habitante da respectiva esfera federativa.

§ 1º Os recursos serão distribuídos, sequencial e sucessivamente, aos entes com as menores razões de que trata o *caput*, de maneira que, ao final da distribuição, para todos os entes que receberem recursos, seja observada a mesma a razão entre:

I – a soma do valor apurado nos termos do inciso I do *caput* com o valor recebido nos termos deste artigo; e

II – a receita média apurada na forma do inciso II do *caput*.

§ 2º Aplica-se aos recursos distribuídos na forma deste artigo o disposto no art. 131, § 5º deste Ato das Disposições Constitucionais Transitórias.

§ 3º Lei complementar estabelecerá os critérios para a redução gradativa, entre 2078 e 2097, do percentual de que trata o *caput*, até a sua extinção.

Art. 133. Os tributos de que tratam os arts. 153, IV, 155, II, 156, III, e 195, I, *b*, e IV, e a contribuição para o Programa de Integração Social a que se refere o art. 239 não integrarão a base de cálculo do imposto de que trata o art. 156-A e da contribuição de que trata o art. 195, V, todos da Constituição Federal.

Art. 134. Os saldos credores relativos ao imposto previsto no art. 155, II, da Constituição Federal, existentes ao final de 2032 serão aproveitados pelos contribuintes na forma deste artigo e nos termos de lei complementar.

§ 1º O disposto neste artigo alcança os saldos credores cujos aproveitamento ou ressarcimento sejam admitidos pela legislação em vigor em 31 de dezembro de 2032 e que tenham sido homologados pelos respectivos entes federativos, observadas as seguintes diretrizes:

I – apresentado o pedido de homologação, o ente federativo deverá se pronunciar no prazo estabelecido na lei complementar a que se refere o *caput*;

II – na ausência de resposta ao pedido de homologação no prazo a que se refere o inciso I deste parágrafo, os respectivos saldos credores serão considerados homologados.

§ 2º Aplica-se o disposto neste artigo também aos créditos reconhecidos após o prazo previsto no *caput*.

§ 3º O saldo dos créditos homologados será informado pelos Estados e pelo Distrito Federal ao Comitê Gestor do Imposto sobre Bens e Serviços para que seja compensado com o imposto de que trata o art. 156-A da Constituição Federal:

I – pelo prazo remanescente, apurado nos termos do art. 20, § 5º, da Lei Complementar nº 87, de 13 de setembro de 1996, para os créditos relativos à entrada de mercadorias destinadas ao ativo permanente;

II – em 240 (duzentos e quarenta) parcelas mensais, iguais e sucessivas, nos demais casos.

§ 4º O Comitê Gestor do Imposto sobre Bens e Serviços deduzirá do produto da arrecadação do imposto previsto no art. 156-A devido ao respectivo ente federativo o valor compensado na forma do § 3º, o qual não comporá base de cálculo para fins do disposto nos arts. 158, IV, 198, § 2º, 204, parágrafo único, 212, 212-A, II, e 216, § 6º, todos da Constituição Federal.

§ 5º A partir de 2033, os saldos credores serão atualizados pelo IPCA ou por outro índice que venha a substituí-lo.

§ 6º Lei complementar disporá sobre:

I – as regras gerais de implementação do parcelamento previsto no § 3º;

II – a forma pela qual os titulares dos créditos de que trata este artigo poderão transferi-los a terceiros;

III – a forma pela qual o crédito de que trata este artigo poderá ser ressarcido ao contribuinte pelo Comitê Gestor do Imposto sobre Bens e Serviços, caso não seja possível compensar o valor da parcela nos termos do § 3º.

Art. 135. Lei complementar disciplinará a forma de utilização dos créditos, inclusive presumidos, do imposto de que trata o art. 153, IV, e das contribuições de que tratam o art. 195, I, *b*, e IV, e da contribuição para o Programa de Integração Social a que se refere o art. 239, todos da Constituição Federal, não apropriados ou não utilizados até a extinção, mantendo-se, apenas para os créditos que cumpram os requisitos estabelecidos na legislação vigente na data da extinção de tais tributos, a permissão para compensação com outros tributos federais, inclusive com a contribuição prevista no inciso V do *caput* do art. 195 da Constituição Federal, ou ressarcimento em dinheiro.

Art. 136. Os Estados que possuíam, em 30 de abril de 2023, fundos destinados a investimentos em obras de infraestrutura e habitação e financiados por contribuições sobre produtos primários e semielaborados estabelecidas como condição à aplicação de diferimento, regime especial ou outro tratamento diferenciado, relativos ao imposto de que trata o art. 155, II, da Constituição Federal, poderão instituir contribuições semelhantes, não vinculadas ao referido imposto, observado que:

I – a alíquota ou o percentual de contribuição não poderão ser superiores e a base de incidência não poderá ser mais ampla que os das respectivas contribuições vigentes em 30 de abril de 2023;

II – a instituição de contribuição nos termos deste artigo implicará a extinção da contribuição correspondente, vinculada ao imposto de que trata o art. 155, II, da Constituição Federal, vigente em 30 de abril de 2023;

III – a destinação de sua receita deverá ser a mesma das contribuições vigentes em 30 de abril de 2023;

IV – a contribuição instituída nos termos do *caput* será extinta em 31 de dezembro de 2043.

Parágrafo único. As receitas das contribuições mantidas nos termos deste artigo não serão consideradas como receita do respectivo Estado para fins do disposto nos arts. 130, II, *b*, e 131, § 2º, I, *b*, deste Ato das Disposições Constitucionais Transitórias.

Art. 137. Os saldos financeiros dos recursos transferidos pelo Fundo Nacional de Saúde e pelo Fundo Nacional de Assistência Social, para enfrentamento da pandemia de COVID-19 no período de 2020 a 2022, aos fundos de saúde e assistência social estaduais, municipais e do Distrito Federal poderão ser aplicados, até 31 de dezembro de 2024, para o custeio de ações e serviços públicos de saúde e de assistência social, observadas, respectivamente, as diretrizes emanadas do Sistema Único de Saúde e do Sistema Único de Assistência Social.

▸ Arts. 124 a 137 acrescidos pela EC nº 132, de 20-12-2023.

Art. 138. *Até 2032, qualquer criação, alteração ou prorrogação de vinculação legal ou constitucional de receitas a despesas, inclusive na hipótese de aplicação mínima de montante de recursos, não poderá resultar em crescimento anual da respectiva despesa primária superior à variação do limite de despesas primárias, na forma prevista na lei complementar de que trata o art. 6º da Emenda Constitucional nº 126, de 21 de dezembro de 2022.*

▸ Artigo acrescido pela EC nº 135, de 20-12-2024.

Brasília, 5 de outubro de 1988.

Ulysses Guimarães – Presidente,
Mauro Benevides – 1º Vice-Presidente,
Jorge Arbage – 2º Vice-Presidente,
Marcelo Cordeiro – 1º Secretário,
Mário Maia – 2º Secretário,
Arnaldo Faria de Sá – 3º Secretário,
Benedita da Silva – 1º Suplente de Secretário,
Luiz Soyer – 2º Suplente de Secretário,
Sotero Cunha – 3º Suplente de Secretário,
Bernardo Cabral – Relator Geral,
Adolfo Oliveira – Relator Adjunto,
Antônio Carlos Konder Reis – Relator Adjunto,
José Fogaça – Relator Adjunto.

instituir contribuições semelhantes, não vinculadas ao referido imposto, observado que:

I – a alíquota ou o percentual de contribuição não poderão ser superiores e a base de incidência não poderá ser mais ampla que os das respectivas contribuições vigentes em 30 de abril de 2023;

II – a instituição de contribuição nos termos deste artigo implicará a extinção da contribuição correspondente, vinculada ao imposto de que trata o art. 155, II, da Constituição Federal, vigente em 30 de abril de 2023;

III – a destinação de sua receita deverá ser a mesma das contribuições vigentes em 30 de abril de 2023;

IV – a contribuição instituída nos termos do *caput* será extinta em 31 de dezembro de 2043.

Parágrafo único. As receitas das contribuições mantidas nos termos deste artigo não serão consideradas como receita do respectivo Estado para fins do disposto nos arts. 130, II, b, e 131, § 2º, I, b, deste Ato das Disposições Constitucionais Transitórias.

Art. 137. Os saldos financeiros dos recursos transferidos pelo Fundo Nacional de Saúde e pelo Fundo Nacional de Assistência Social, para enfrentamento da pandemia de COVID-19 no período de 2020 a 2022, aos fundos de saúde e assistência social estaduais, municipais e do Distrito Federal poderão ser aplicados, até 31 de dezembro de 2024, para o custeio de ações e serviços públicos de saúde e de assistência social, observadas, respectivamente, as diretrizes emanadas do Sistema Único de Saúde e do Sistema Único de Assistência Social.

▸ Arts. 129 a 137 acrescidos pela EC nº 132, de 20-12-2023.

Art. 138. Até 2032, qualquer criação, alteração ou prorrogação de vinculação legal ou constitucional de receitas a despesas, inclusive na hipótese de aplicação mínima de montante de recursos, não poderá resultar em crescimento anual da respectiva despesa primária superior à variação do limite de despesas primárias, na forma prevista na lei complementar de que trata o art. 6º da Emenda Constitucional nº 126, de 21 de dezembro de 2022.

▸ Artigo acrescido pela EC nº 135, de 20-12-2024.

Brasília, 5 de outubro de 1988.

Ulysses Guimarães – Presidente,
Mauro Benevides – 1º Vice-Presidente,
Jorge Arbage – 2º Vice-Presidente,
Marcelo Cordeiro – 1º Secretário,
Mário Maia – 2º Secretário,
Arnaldo Faria de Sá – 3º Secretário,
Benedita da Silva – 1º Suplente de Secretário,
Luiz Soyer – 2º Suplente de Secretário,
Sotero Cunha – 3º Suplente de Secretário,
Bernardo Cabral – Relator Geral,
Adolfo Oliveira – Relator Adjunto,
Antonio Carlos Konder Reis – Relator Adjunto,
José Fogaça – Relator Adjunto.

EMENDAS CONSTITUCIONAIS

EMENDA CONSTITUCIONAL Nº 2, DE 25 DE AGOSTO DE 1992

Dispõe sobre o plebiscito previsto no artigo 2º do Ato das Disposições Constitucionais Transitórias.

▶ Publicada no *DOU* de 1º-9-1992.

As Mesas da Câmara dos Deputados e do Senado Federal, nos termos do § 3º do artigo 60 da Constituição Federal, promulgam a seguinte Emenda ao texto constitucional:

Artigo único. O plebiscito de que trata o artigo 2º do Ato das Disposições Constitucionais Transitórias realizar-se-á no dia 21 de abril de 1993.

§ 1º A forma e o sistema de governo definidos pelo plebiscito terão vigência em 1º de janeiro de 1995.

§ 2º A lei poderá dispor sobre a realização do plebiscito, inclusive sobre a gratuidade da livre divulgação das formas e sistemas de governo, através dos meios de comunicação de massa concessionários ou permissionários de serviço público, assegurada igualdade de tempo e paridade de horários.

§ 3º A norma constante do parágrafo anterior não exclui a competência do Tribunal Superior Eleitoral para expedir instruções necessárias à realização da consulta plebiscitária.

Brasília, 25 de agosto de 1992.

Mesa da Câmara dos Deputados: Deputado Ibsen Pinheiro, Presidente.

Mesa do Senado Federal: Senador Mauro Benevides, Presidente.

EMENDA CONSTITUCIONAL Nº 3, DE 17 DE MARÇO DE 1993

Altera dispositivos da Constituição Federal.

▶ Publicada no *DOU* de 18-3-1993.

As Mesas da Câmara dos Deputados e do Senado Federal, nos termos do § 3º do artigo 60 da Constituição Federal, promulgam a seguinte Emenda ao texto constitucional:

Art. 1º Os dispositivos da Constituição Federal abaixo enumerados passam a vigorar com as seguintes alterações:

▶ Alterações inseridas no texto da CF.

Art. 2º A União poderá instituir, nos termos de lei complementar, com vigência até 31 de dezembro de 1994, imposto sobre movimentação ou transmissão de valores e de créditos e direitos de natureza financeira.

§ 1º A alíquota do imposto de que trata este artigo não excederá a vinte e cinco centésimos por cento, facultado ao Poder Executivo reduzi-la ou restabelecê-la, total ou parcialmente, nas condições e limites fixados em lei.

§ 2º Ao imposto de que trata este artigo não se aplica o artigo 150, III, *b*, e VI, nem o disposto no § 5º do artigo 153 da Constituição.

§ 3º O produto da arrecadação do imposto de que trata este artigo não se encontra sujeito a qualquer modalidade de repartição com outra entidade federada.

§ 4º *Revogado*. ECR nº 1, de 1º-3-1994.

Art. 3º A eliminação do adicional ao Imposto sobre a Renda, de competência dos Estados, decorrente desta Emenda Constitucional, somente produzirá efeitos a partir de 1º de janeiro de 1996, reduzindo-se a correspondente alíquota, pelo menos, a dois e meio por cento no exercício financeiro de 1995.

Art. 4º A eliminação do imposto sobre vendas a varejo de combustíveis líquidos e gasosos, de competência dos Municípios, decorrente desta Emenda Constitucional, somente produzirá efeitos a partir de 1º de janeiro de 1996, reduzindo-se a correspondente alíquota, pelo menos, a um e meio por cento no exercício financeiro de 1995.

Art. 5º Até 31 de dezembro de 1999, os Estados, o Distrito Federal e os Municípios somente poderão emitir títulos da dívida pública no montante necessário ao refinanciamento do principal devidamente atualizado de suas obrigações, representadas por essa espécie de títulos, ressalvado o disposto no artigo 33, parágrafo único, do Ato das Disposições Constitucionais Transitórias.

Art. 6º Revogam-se o inciso IV e o § 4º do artigo 156 da Constituição Federal.

Brasília, 17 de março de 1993.

Mesa da Câmara dos Deputados: Deputado Inocêncio Oliveira, Presidente; Deputado Adylson Motta, 1º Vice-Presidente; Deputado Fernando Lyra, 2º Vice-Presidente; Deputado Wilson Campos, 1º Secretário; Deputado Cardoso Alves, 2º Secretário; Deputado B. Sá, 4º Secretário.

Mesa do Senado Federal: Senador Humberto Lucena, Presidente; Senador Chagas Rodrigues, 1º Vice-Presidente; Senador Levy Dias, 2º Vice-Presidente; Senador Júlio Campos, 1º Secretário; Senador Nabor Júnior, 2º Secretário; Senadora Júnia Marise, 3º Secretário; Senador Nelson Wedekin, 4º Secretário.

EMENDA CONSTITUCIONAL Nº 8, DE 15 DE AGOSTO DE 1995

Altera o inciso XI e a alínea a do inciso XII do artigo 21 da Constituição Federal.

▶ Publicada no *DOU* de 16-8-1995.

As Mesas da Câmara dos Deputados e do Senado Federal, nos termos do § 3º do artigo 60 da Constituição Federal, promulgam a seguinte Emenda ao texto constitucional:

Art. 1º O inciso XI e a alínea *a* do inciso XII do artigo 21 da Constituição Federal passam a vigorar com a seguinte redação:

▶ Alterações inseridas no texto da CF.

Art. 2º É vedada a adoção de medida provisória para regulamentar o disposto no inciso XI do artigo 21 com a redação dada por esta Emenda Constitucional.

Brasília, 15 de agosto de 1995.

Mesa da Câmara dos Deputados: Deputado Luís Eduardo, Presidente; Deputado Ronaldo Perim, 1º Vice-Presidente; Deputado Beto Mansur, 2º Vice-Presidente; Deputado Wilson Campos, 1º Secretário; Deputado Leopoldo Bessone, 2º Secretário; Deputado Benedito Domingos, 3º Secretário; Deputado João Henrique, 4º Secretário.

Mesa do Senado Federal: Senador José Sarney, Presidente; Senador Teotonio Vilela Filho, 1º Vice-Presidente; Senador Júlio Campos, 2º Vice-Presidente; Senador Odacir Soares, 1º Secretário; Senador Renan Calheiros, 2º Secretário; Senador Levy Dias, 3º Secretário; Senador Ernandes Amorim, 4º Secretário.

EMENDA CONSTITUCIONAL Nº 9, DE 9 DE NOVEMBRO DE 1995

Dá nova redação ao artigo 177 da Constituição Federal, alterando e inserindo parágrafos.

▶ Publicada no *DOU* de 10-11-1995.

As Mesas da Câmara dos Deputados e do Senado Federal, nos termos do § 3º do artigo 60 da Constituição Federal, promulgam a seguinte Emenda ao texto constitucional:

Art. 1º O § 1º do artigo 177 da Constituição Federal passa a vigorar com a seguinte redação:

▶ Alteração inserida no texto da CF.

Art. 2º Inclua-se um parágrafo, a ser renumerado como § 2º com a redação seguinte, passando o atual § 2º para § 3º, no artigo 177 da Constituição Federal:

▶ Alterações inseridas no texto da CF.

Art. 3º É vedada a edição de medida provisória para a regulamentação da matéria prevista nos incisos I a IV e dos §§ 1º e 2º do artigo 177 da Constituição Federal.

Brasília, 9 de novembro de 1995.

Mesa da Câmara dos Deputados: Deputado Luís Eduardo, Presidente; Deputado Ronaldo Perim, 1º Vice-Presidente; Deputado Beto Mansur, 2º Vice-Presidente; Deputado Wilson Campos, 1º Secretário; Deputado Leopoldo Bessone, 2º Secretário; Deputado Benedito Domingos, 3º Secretário; Deputado João Henrique, 4º Secretário.

Mesa do Senado Federal: Senador José Sarney, Presidente; Senador Teotonio Vilela Filho, 1º Vice-Presidente; Senador Júlio Campos, 2º Vice-Presidente; Senador Odacir Soares, 1º Secretário; Senador Renan Calheiros, 2º Secretário; Senador Levy Dias, 3º Secretário; Senador Ernandes Amorim, 4º Secretário.

EMENDA CONSTITUCIONAL Nº 17, DE 22 DE NOVEMBRO DE 1997

Altera dispositivos dos artigos 71 e 72 do Ato das Disposições Constitucionais Transitórias, introduzidos pela Emenda Constitucional de Revisão nº 1, de 1994.

▶ Publicada no *DOU* de 25-11-1997.

As Mesas da Câmara dos Deputados e do Senado Federal, nos termos do § 3º do artigo 60 da Constituição Federal, promulgam a seguinte Emenda ao texto constitucional:

Art. 1º O *caput* do artigo 71 do Ato das Disposições Constitucionais Transitórias passa a vigorar com a seguinte redação:

▶ Alteração inserida no texto do ADCT.

Art. 2º O inciso V do artigo 72 do Ato das Disposições Constitucionais Transitórias passa a vigorar com a seguinte redação:

▶ Alteração inserida no texto do ADCT.

Art. 3º A União repassará aos Municípios, do produto da arrecadação do Imposto sobre a Renda e Proventos de Qualquer Natureza, tal como considerado na constituição dos fundos de que trata o artigo 159, I, da Constituição, excluída a parcela referida no artigo 72, I, do Ato das Disposições Constitucionais Transitórias, os seguintes percentuais:

I – um inteiro e cinquenta e seis centésimos por cento, no período de 1º de julho de 1997 a 31 de dezembro de 1997;

II – um inteiro e oitocentos e setenta e cinco milésimos por cento, no período de 1º de janeiro de 1998 a 31 de dezembro de 1998;

III – dois inteiros e cinco décimos por cento, no período de 1º de janeiro de 1999 a 31 de dezembro de 1999.

Parágrafo único. O repasse dos recursos de que trata este artigo obedecerá à mesma periodicidade e aos mesmos critérios de repartição e normas adotadas no Fundo de Participação dos Municípios, observado o disposto no artigo 160 da Constituição.

Art. 4º Os efeitos do disposto nos artigos 71 e 72 do Ato das Disposições Constitucionais Transitórias, com a redação dada pelos artigos 1º e 2º desta Emenda, são retroativos a 1º de julho de 1997.

Parágrafo único. As parcelas de recursos destinados ao Fundo de Estabilização Fiscal e entregues na forma do artigo 159, I, da Constituição, no período compreendido entre 1º de julho de 1997 e a data de promulgação desta Emenda, serão deduzidas das cotas subsequentes, limitada a dedução a um décimo do valor total entregue em cada mês.

Art. 5º Observado o disposto no artigo anterior, a União aplicará as disposições do artigo 3º desta Emenda retroativamente a 1º de julho de 1997.

Art. 6º Esta Emenda Constitucional entra em vigor na data de sua publicação.

Brasília, 22 de novembro de 1997.

Mesa da Câmara dos Deputados: Deputado Michel Temer, Presidente; Deputado Heráclito Fortes, 1º Vice-Presidente; Deputado Severino Cavalcanti, 2º Vice-Presidente; Deputado Ubiratan Aguiar, 1º Secretário; Deputado Nelson Trad, 2º Secretário; Deputado Efraim Morais, 4º Secretário.

Mesa do Senado Federal: Senador Antonio Carlos Magalhães, Presidente; Senador Geraldo Melo, 1º Vice-Presidente; Senadora Júnia Marise, 2º Vice-Presidente; Senador Ronaldo Cunha Lima, 1º Secretário; Senador Carlos Patrocínio, 2º Secretário; Senador Flaviano Melo, 3º Secretário.

EMENDA CONSTITUCIONAL Nº 19, DE 4 DE JUNHO DE 1998

Modifica o regime e dispõe sobre princípios e normas da Administração Pública, servidores e agentes políticos, controle de despesas e finanças públicas e custeio de atividades a cargo do Distrito Federal, e dá outras providências.

- Publicada no *DOU* de 5-6-1998.
- Lei nº 13.681, de 18-6-2018, disciplina o disposto nesta Emenda Constitucional.

As Mesas da Câmara dos Deputados e do Senado Federal, nos termos do § 3º do artigo 60 da Constituição Federal, promulgam esta Emenda ao texto constitucional:

Art. 1º Os incisos XIV e XXII do artigo 21 e XXVII do artigo 22 da Constituição Federal passam a vigorar com a seguinte redação:

- Alterações inseridas no texto da CF.

Art. 2º O § 2º do artigo 27 e os incisos V e VI do artigo 29 da Constituição Federal passam a vigorar com a seguinte redação, inserindo-se § 2º no artigo 28 e renumerando-se para § 1º o atual parágrafo único:

- Alterações inseridas no texto da CF.

Art. 3º O *caput*, os incisos I, II, V, VII, X, XI, XIII, XIV, XV, XVI, XVII e XIX e o § 3º do artigo 37 da Constituição Federal passam a vigorar com a seguinte redação, acrescendo-se ao artigo os §§ 7º a 9º:

- Alterações inseridas no texto da CF.

Art. 4º O *caput* do artigo 38 da Constituição Federal passa a vigorar com a seguinte redação:

- Alteração inserida no texto da CF.

Art. 5º O artigo 39 da Constituição Federal passa a vigorar com a seguinte redação:

- Alterações inseridas no texto da CF.

Art. 6º O artigo 41 da Constituição Federal passa a vigorar com a seguinte redação:

- Alterações inseridas no texto da CF.

Art. 7º O artigo 48 da Constituição Federal passa a vigorar acrescido do seguinte inciso XV:

- Alterações inseridas no texto da CF.

Art. 8º Os incisos VII e VIII do artigo 49 da Constituição Federal passam a vigorar com a seguinte redação:

- Alterações inseridas no texto da CF.

Art. 9º O inciso IV do artigo 51 da Constituição Federal passa a vigorar com a seguinte redação:

- Alterações inseridas no texto da CF.

Art. 10. O inciso XIII do artigo 52 da Constituição Federal passa a vigorar com a seguinte redação:

- Alterações inseridas no texto da CF.

Art. 11. O § 7º do artigo 57 da Constituição Federal passa a vigorar com a seguinte redação:

- Alteração inserida no texto da CF.

Art. 12. O parágrafo único do artigo 70 da Constituição Federal passa a vigorar com a seguinte redação:

- Alteração inserida no texto da CF.

Art. 13. O inciso V do artigo 93, o inciso III do artigo 95 e a alínea *b* do inciso II do artigo 96 da Constituição Federal passam a vigorar com a seguinte redação:

- Alterações inseridas no texto da CF.

Art. 14. O § 2º do artigo 127 da Constituição Federal passa a vigorar com a seguinte redação:

- Alteração inserida no texto da CF.

Art. 15. A alínea c do inciso I do § 5º do artigo 128 da Constituição Federal passa a vigorar com a seguinte redação:

- Alterações inseridas no texto da CF.

Art. 16. A Seção II do Capítulo IV do Título IV da Constituição Federal passa a denominar-se "DA ADVOCACIA PÚBLICA".

Art. 17. O artigo 132 da Constituição Federal passa a vigorar com a seguinte redação:

- Alterações inseridas no texto da CF.

Art. 18. O artigo 135 da Constituição Federal passa a vigorar com a seguinte redação:

- Alteração inserida no texto da CF.

Art. 19. O § 1º e seu inciso III e os §§ 2º e 3º do artigo 144 da Constituição Federal passam a vigorar com a seguinte redação, inserindo-se no artigo § 9º:

- Alterações inseridas no texto da CF.

Art. 20. O *caput* do artigo 167 da Constituição Federal passa a vigorar acrescido de inciso X, com a seguinte redação:

- Alteração inserida no texto da CF.

Art. 21. O artigo 169 da Constituição Federal passa a vigorar com a seguinte redação:

- Alterações inseridas no texto da CF.

Art. 22. O § 1º do artigo 173 da Constituição Federal passa a vigorar com a seguinte redação:

- Alterações inseridas no texto da CF.

Art. 23. O inciso V do artigo 206 da Constituição Federal passa a vigorar com a seguinte redação:

- Alterações inseridas no texto da CF.

Art. 24. O artigo 241 da Constituição Federal passa a vigorar com a seguinte redação:

- Alteração inserida no texto da CF.

Art. 25. Até a instituição do fundo a que se refere o inciso XIV do artigo 21 da Constituição Federal, compete à União manter os atuais compromissos financeiros com a prestação de serviços públicos do Distrito Federal.

Art. 26. No prazo de dois anos da promulgação desta Emenda, as entidades da administração indireta terão seus estatutos revistos quanto à respectiva natureza jurídica, tendo em conta a finalidade e as competências efetivamente executadas.

Art. 27. O Congresso Nacional, dentro de cento e vinte dias da promulgação desta Emenda, elaborará lei de defesa do usuário de serviços públicos.

Art. 28. É assegurado o prazo de dois anos de efetivo exercício para aquisição da estabilidade aos atuais servidores em estágio probatório, sem prejuízo da avaliação a que se refere o § 4º do artigo 41 da Constituição Federal.

Art. 29. Os subsídios, vencimentos, remuneração, proventos da aposentadoria e pensões e quaisquer outras espécies remuneratórias adequar-se-ão, a partir da promulgação desta Emenda, aos limites decorrentes da Constituição Federal, não se admitindo a percepção de excesso a qualquer título.

Art. 30. O projeto de lei complementar a que se refere o artigo 163 da Constituição Federal será apresentado pelo Poder Executivo ao Congresso Nacional no prazo máximo de cento e oitenta dias da promulgação desta Emenda.

Art. 31. A pessoa que revestiu a condição de servidor público federal da administração direta, autárquica ou fundacional, de servidor municipal ou de integrante da carreira de policial, civil ou militar, dos ex-Territórios Federais do Amapá e de Roraima e que, comprovadamente, encontrava-se no exercício de suas funções, prestando serviço à administração pública dos ex-Territórios ou de prefeituras neles localizadas, na data em que foram transformados em Estado, ou a condição de servidor ou de policial, civil ou militar, admitido pelos Estados do Amapá e de Roraima, entre a data de sua transformação em Estado e outubro de 1993, bem como a pessoa que comprove ter mantido, nesse período, relação ou vínculo funcional, de caráter efetivo ou não, ou relação ou vínculo empregatício, estatutário ou de trabalho com a administração pública dos ex-Territórios, dos Estados ou das prefeituras neles localizadas ou com empresa pública ou sociedade de economia mista que haja sido constituída pelo ex-Território ou pela União para atuar no âmbito do ex-Território Federal, inclusive as extintas, poderão integrar, mediante opção, quadro em extinção da administração pública federal.

- *Caput* com a redação dada pela EC nº 98, de 6-12-2017.
- Lei nº 13.681, de 18-6-2018, dispõe sobre as tabelas de salários, vencimentos, soldos e demais vantagens aplicáveis aos servidores civis, aos militares e aos empregados dos ex-Territórios Federais, integrantes do quadro em extinção de que trata este artigo.

§ 1º O enquadramento referido no *caput* deste artigo, para os servidores, para os policiais, civis ou militares, e para as pessoas que tenham revestido essa condição, entre a transformação e a instalação dos Estados em outubro de 1993, dar-se-á no cargo em que foram originariamente admitidos ou em cargo equivalente.

- § 1º com a redação dada pela EC nº 98, de 6-12-2017.

§ 2º Os integrantes da carreira policial militar a que se refere o *caput* continuarão prestando serviços aos respectivos Estados, na condição de cedidos, submetidos às disposições estatutárias a que estão sujeitas as corporações das respectivas Polícias Militares, observados as atribuições de função compatíveis com seu grau hierárquico e o direito às devidas promoções.

- § 2º com a redação dada pela EC nº 79, de 27-5-2014.

§ 3º As pessoas a que se referem este artigo prestarão serviços aos respectivos Estados ou a seus Municípios, na condição de servidores cedidos, sem ônus para o cessionário, até seu aproveitamento em órgão ou entidade da administração federal direta, autárquica ou fundacional, podendo os Estados, por conta e delegação da União, adotar os procedimentos necessários à cessão de servidores a seus Municípios.

- § 3º com a redação dada pela EC nº 98, de 6-12-2017.

§ 4º Para fins do disposto no *caput* deste artigo, são meios probatórios de relação ou vínculo funcional, empregatício, estatutário ou de trabalho, independentemente da existência de vínculo atual, além dos admitidos em lei:

I – o contrato, o convênio, o ajuste ou o ato administrativo por meio do qual a pessoa tenha revestido a condição de profissional, empregado, servidor público, prestador de serviço ou trabalhador e tenha atuado ou desenvolvido atividade laboral diretamente com o ex-Território, o Estado ou a prefeitura neles localizada, inclusive mediante a interveniência de cooperativa;

II – a retribuição, a remuneração ou o pagamento documentado ou formalizado, à época, mediante depósito em conta-corrente bancária ou emissão de ordem de pagamento, de recibo, de nota de empenho ou de ordem bancária em que se identifique a administração pública do ex-Território, do Estado ou de prefeitura neles localizada como fonte pagadora ou origem direta dos recursos, assim como aquele realizado à conta de recursos oriundos de fundo de participação ou de fundo especial, inclusive em proveito do pessoal integrante das tabelas especiais.

§ 5º Além dos meios probatórios de que trata o § 4º deste artigo, sem prejuízo daqueles admitidos em lei, o enquadramento referido no *caput* deste artigo dependerá de a pessoa ter mantido relação ou vínculo funcional, empregatício, estatutário ou de trabalho com o ex-Território ou o Estado que o tenha sucedido por, pelo menos, noventa dias.

§ 6º As pessoas a que se referem este artigo, para efeito de exercício em órgão ou entidade da administração pública estadual ou municipal dos Estados do Amapá e de Roraima, farão jus à percepção de todas as gratificações e dos demais valores que componham a estrutura remuneratória dos cargos em que tenham sido enquadradas, vedando-se reduzi-los ou suprimi-los por motivo de cessão ao Estado ou a seu Município.

- §§ 4º a 6º acrescidos pela EC nº 98, de 6-12-2017.

Art. 32. A Constituição Federal passa a vigorar acrescida do seguinte artigo:

- Alterações inseridas no texto da CF.

Art. 33. Consideram-se servidores não estáveis, para os fins do artigo 169, § 3º, II, da Constituição Federal aqueles admitidos na administração direta, autárquica e fundacional sem concurso público de provas ou de provas e títulos após o dia 5 de outubro de 1983.

Art. 34. Esta Emenda Constitucional entra em vigor na data de sua promulgação.

Brasília, 4 de junho de 1998.

Mesa da Câmara dos Deputados: Deputado Michel Temer, Presidente; Deputado Heráclito Fortes, 1º Vice-Presidente; Deputado Severino Cavalcanti, 2º Vice-Presidente; Deputado Ubiratan Aguiar, 1º Secretário; Deputado Nelson Trad, 2º Secretário ; Deputado Efraim Morais, 4º Secretário.

Mesa do Senado Federal: Senador Antonio Carlos Magalhães, Presidente; Senador Geraldo Melo, 1º Vice-Presidente; Senadora Júnia Marise, 2º Vice-Presidente; Senador Carlos Patrocínio, 2º Secretário; Senador Flaviano Melo, 3º Secretário; Senador Lucídio Portella, 4º Secretário.

EMENDA CONSTITUCIONAL Nº 20, DE 15 DE DEZEMBRO DE 1998

Modifica o sistema de previdência social, estabelece normas de transição e dá outras providências.

- Publicada no *DOU* de 16-12-1998.
- EC nº 41, de 19-12-2003, modifica dispositivos da CF e desta Emenda.

As Mesas da Câmara dos Deputados e do Senado Federal, nos termos do § 3º do artigo 60 da Constituição Federal, promulgam a seguinte Emenda ao texto constitucional:

Art. 1º A Constituição Federal passa a vigorar com as seguintes alterações:

- Alterações inseridas no texto da CF.

Art. 2º A Constituição Federal, nas Disposições Constitucionais Gerais, é acrescida dos seguintes artigos:

- Alterações inseridas no texto da CF.

Art. 3º É assegurada a concessão de aposentadoria e pensão, a qualquer tempo, aos servidores públicos e aos segurados do regime geral de Previdência Social, bem como aos seus dependentes, que, até a data da publicação desta Emenda, tenham cumprido os requisitos para a obtenção destes benefícios, com base nos critérios da legislação então vigente.

§ 1º O servidor de que trata este artigo, que tenha completado as exigências para aposentadoria integral e que opte por permanecer em atividade fará jus à isenção da contribuição previdenciária até completar as exigências para aposentadoria contidas no artigo 40, § 1º, III, *a*, da Constituição Federal.

§ 2º Os proventos da aposentadoria a ser concedida aos servidores públicos referidos no *caput*, em termos integrais ou proporcionais ao tempo de serviço já exercido até a data de publicação desta Emenda, bem como as pensões de seus dependentes, serão calculados de acordo com a legislação em vigor à época em que foram atendidas as prescrições nela estabelecidas para a concessão destes benefícios ou nas condições da legislação vigente.

§ 3º São mantidos todos os direitos e garantias assegurados nas disposições constitucionais vigentes à data de publicação desta Emenda aos servidores e militares, inativos e pensionistas, aos anistiados e aos ex-combatentes, assim como àqueles que já cumpriram, até aquela data, os requisitos para usufruírem tais direitos, observado o disposto no artigo 37, XI, da Constituição Federal.

Art. 4º Observado o disposto no artigo 40, § 10, da Constituição Federal, o tempo de serviço considerado pela legislação vigente para efeito de aposentadoria, cumprido até que a lei discipline a matéria, será contado como tempo de contribuição.

Art. 5º O disposto no artigo 202, § 3º, da Constituição Federal, quanto à exigência de paridade entre a contribuição da patrocinadora e a contribuição do segurado, terá vigência no prazo de dois anos a partir da publicação desta Emenda, ou, caso ocorra antes, na data de publicação da lei complementar a que se refere o § 4º do mesmo artigo.

Art. 6º As entidades fechadas de previdência privada patrocinadas por entidades públicas, inclusive empresas públicas e sociedades de economia mista, deverão rever, no prazo de dois anos, a contar da publicação desta Emenda, seus planos de benefícios e serviços, de modo a ajustá-los atuarialmente a seus ativos, sob pena de intervenção, sendo seus dirigentes e os de suas respectivas patrocinadoras responsáveis civil e criminalmente pelo descumprimento do disposto neste artigo.

Art. 7º Os projetos das leis complementares previstas no artigo 202 da Constituição Federal deverão ser apresentados ao Congresso Nacional no prazo máximo de noventa dias após a publicação desta Emenda.

Art. 8º *Revogado.* EC nº 41, de 19-12-2003.

Art. 9º *Revogado.* EC nº 103, de 12-11-2019.

Art. 10. *Revogado.* EC nº 41, de 19-12-2003.

Art. 11. A vedação prevista no artigo 37, § 10, da Constituição Federal, não se aplica aos membros de poder e aos inativos, servidores e militares, que, até a publicação desta Emenda, tenham ingressado novamente no serviço público por concurso público de provas ou de provas e títulos, e pelas demais formas previstas na Constituição Federal, sendo-lhes proibida a percepção de mais de uma aposentadoria pelo regime de previdência a que se refere o artigo 40 da Constituição Federal, aplicando-se-lhes, em qualquer hipótese, o limite de que trata o § 11 deste mesmo artigo.

Art. 12. Até que produzam efeitos as leis que irão dispor sobre as contribuições de que trata o artigo 195 da Constituição Federal, são exigíveis as estabelecidas em lei, destinadas ao custeio da seguridade social e dos diversos regimes previdenciários.

Art. 13. *Revogado.* EC nº 103, de 12-11-2019.

Art. 14. O limite máximo para o valor dos benefícios do regime geral de Previdência Social de que trata o artigo 201 da Constituição Federal é fixado em R$ 1.200,00 (um mil e duzentos reais), devendo, a partir da data da publicação desta Emenda, ser reajustado de forma a preservar, em caráter permanente, seu valor real, atualizado pelos mesmos índices aplicados aos benefícios do regime geral de Previdência Social.

▸ O STF, por unanimidade de votos, julgou parcialmente procedente a ADI nº 1.946-5, para dar, a este artigo, interpretação conforme a CF, excluindo-se sua aplicação ao salário da licença gestante, a que se refere o art. 7º, XVIII, da CF (*DJU* de 16-5-2003 e *DOU* de 3-6-2003).

Art. 15. *Revogado.* EC nº 103, de 12-11-2019.

Art. 16. Esta Emenda Constitucional entra em vigor na data de sua publicação.

Art. 17. Revoga-se o inciso II do § 2º do artigo 153 da Constituição Federal.

Brasília, 15 de dezembro de 1998.

Mesa da Câmara dos Deputados: Deputado MICHEL TEMER, Presidente; Deputado HERÁCLITO FORTES, 1º Vice-Presidente; Deputado SEVERINO CAVALCANTI, 2º Vice-Presidente; Deputado UBIRATAN AGUIAR, 1º Secretário; Deputado NELSON TRAD, 2º Secretário; Deputado PAULO PAIM, 3º Secretário; Deputado EFRAIM MORAIS, 4º Secretário.

Mesa do Senado Federal: Senador ANTONIO CARLOS MAGALHÃES, Presidente; Senador GERALDO MELO, 1º Vice-Presidente; Senadora JÚNIA MARISE, 2º Vice-Presidente; Senador RONALDO CUNHA LIMA, 1º Secretário; Senador CARLOS PATROCÍNIO, 2º Secretário; Senador FLAVIANO MELO, 3º Secretário; Senador LUCÍDIO PORTELLA, 4º Secretário.

EMENDA CONSTITUCIONAL Nº 24, DE 9 DE DEZEMBRO DE 1999

Altera dispositivos da Constituição Federal pertinentes à representação classista na Justiça do Trabalho.

▸ Publicada no *DOU* de 10-12-1999.

As Mesas da Câmara dos Deputados e do Senado Federal, nos termos do § 3º do artigo 60 da Constituição Federal, promulgam a seguinte Emenda ao texto constitucional:

Art. 1º Os arts. 111, 112, 113, 115 e 116 da Constituição Federal passam a vigorar com a seguinte redação:

▸ Alterações inseridas no texto da CF.

Art. 2º É assegurado o cumprimento dos mandatos dos atuais ministros classistas temporários do Tribunal Superior do Trabalho e dos atuais juízes classistas temporários dos Tribunais Regionais do Trabalho e das Juntas de Conciliação e Julgamento.

Art. 3º Esta Emenda Constitucional entra em vigor na data de sua publicação.

Art. 4º Revoga-se o art. 117 da Constituição Federal.

Brasília, 9 de dezembro de 1999.

Mesa da Câmara dos Deputados: Deputado MICHEL TEMER, Presidente; Deputado HERÁCLITO FORTES, 1º Vice-Presidente; Deputado SEVERINO CAVALCANTI, 2º Vice-Presidente; Deputado UBIRATAN AGUIAR, 1º Secretário; Deputado NELSON TRAD, 2º Secretário; Deputado JAQUES WAGNER, 3º Secretário; Deputado EFRAIM MORAIS, 4º Secretário.

Mesa do Senado Federal: Senador ANTONIO CARLOS MAGALHÃES, Presidente; Senador GERALDO MELO, 1º Vice-Presidente; Senador ADEMIR ANDRADE, 2º Vice-Presidente; Senador RONALDO CUNHA LIMA, 1º Secretário; Senador CARLOS PATROCÍNIO, 2º Secretário; Senador NABOR JÚNIOR, 3º Secretário; Senador CASILDO MALDANER, 4º Secretário.

EMENDA CONSTITUCIONAL Nº 32, DE 11 DE SETEMBRO DE 2001

Altera dispositivos dos arts. 48, 57, 61, 62, 64, 66, 84, 88 e 246 da Constituição Federal, e dá outras providências.

▸ Publicada no *DOU* de 12-9-2001.

As Mesas da Câmara dos Deputados e do Senado Federal, nos termos do § 3º do art. 60 da Constituição Federal, promulgam a seguinte Emenda ao texto constitucional:

Art. 1º Os arts. 48, 57, 61, 62, 64, 66, 84, 88 e 246 da Constituição Federal passam a vigorar com as seguintes alterações:

▸ Alterações inseridas no texto da CF.

Art. 2º As medidas provisórias editadas em data anterior à da publicação desta emenda continuam em vigor até que medida provisória ulterior as revogue explicitamente ou até deliberação definitiva do Congresso Nacional.

Art. 3º Esta Emenda Constitucional entra em vigor na data de sua publicação.

Brasília, 11 de setembro de 2001.

Mesa da Câmara dos Deputados: Deputado AÉCIO NEVES, Presidente; Deputado EFRAIM MORAIS, 1º Vice-Presidente; Deputado BARBOSA NETO, 2º Vice-Presidente; Deputado NILTON CAPIXABA, 2º Secretário; Deputado PAULO ROCHA, 3º Secretário; Deputado CIRO NOGUEIRA, 4º Secretário.

Mesa do Senado Federal: Senador EDISON LOBÃO, Presidente, Interino; Senador ANTONIO CARLOS VALADARES, 2º Vice-Presidente; Senador CARLOS WILSON, 1º Secretário; Senador ANTERO PAES DE BARROS, 2º Secretário; Senador RONALDO CUNHA LIMA, 3º Secretário; Senador MOZARILDO CAVALCANTI, 4º Secretário.

EMENDA CONSTITUCIONAL Nº 33, DE 11 DE DEZEMBRO DE 2001

Altera os arts. 149, 155 e 177 da Constituição Federal.

▸ Publicada no *DOU* de 12-12-2001.

As Mesas da Câmara dos Deputados e do Senado Federal, nos termos do § 3º do artigo 60 da Constituição Federal, promulgam a seguinte Emenda ao texto constitucional:

Art. 1º O artigo 149 da Constituição Federal passa a vigorar acrescido dos seguintes parágrafos, renumerando-se o atual parágrafo único para § 1º:

▸ Alterações inseridas no texto da CF.

Art. 2º O artigo 155 da Constituição Federal passa a vigorar com as seguintes alterações:

▸ Alterações inseridas no texto da CF.

Art. 3º O artigo 177 da Constituição Federal passa a vigorar acrescido do seguinte parágrafo:

▸ Alterações inseridas no texto da CF.

Art. 4º Enquanto não entrar em vigor a lei complementar de que trata o artigo 155, § 2º, XII, *h*, da Constituição Federal, os Estados e o Distrito Federal, mediante convênio celebrado nos termos do § 2º, XII, *g*, do mesmo artigo, fixarão normas para regular provisoriamente a matéria.

Art. 5º Esta Emenda Constitucional entra em vigor na data de sua promulgação.

Brasília, 11 de dezembro de 2001.

Mesa da Câmara dos Deputados: Deputado AÉCIO NEVES, Presidente; Deputado EFRAIM MORAIS, 1º Vice-Presidente; Deputado BARBOSA NETO, 2º Vice-Presidente; Deputado SEVERINO CAVALCANTI, 1º Secretário; Deputado NILTON CAPIXABA, 2º Secretário; Deputado PAULO ROCHA, 3º Secretário; Deputado CIRO NOGUEIRA, 4º Secretário.

Mesa do Senado Federal: Senador RAMEZ TEBET, Presidente; Senador EDISON LOBÃO, 1º Vice-Presidente; Senador ANTONIO CARLOS VALADARES, 2º Vice-Presidente; Senador CARLOS WILSON, 1º Secretário; Senador ANTERO PAES DE BARROS, 2º Secretário; Senador RONALDO CUNHA LIMA, 3º Secretário; Senador MOZARILDO CAVALCANTI, 4º Secretário.

EMENDA CONSTITUCIONAL Nº 41, DE 19 DE DEZEMBRO DE 2003

Modifica os arts. 37, 40, 42, 48, 96, 149 e 201 da Constituição Federal, revoga o inciso IX do § 3º do art. 142 da Constituição Federal e dispositivos da Emenda

Constitucional nº 20, de 15 de dezembro de 1998, e dá outras providências.

- Publicada no *DOU* de 31-12-2003.
- Lei nº 10.887, de 18-6-2004, dispõe sobre a aplicação de disposições desta Emenda.

As Mesas da Câmara dos Deputados e do Senado Federal, nos termos do § 3º do art. 60 da Constituição Federal, promulgam a seguinte Emenda ao texto constitucional:

Art. 1º A Constituição Federal passa a vigorar com as seguintes alterações:

- Alterações inseridas no texto da CF.
- O STF, *ad referendum* do Plenário, deferiu o pedido de medida cautelar na ADI nº 6.257 para: "dar interpretação a este artigo no tópico em que a norma estabelece subteto, para suspender qualquer interpretação e aplicação do subteto aos professores e pesquisadores das universidades estaduais, prevalecendo, assim, como teto único das universidades no país, os subsídios dos Ministros do STF" (*DJe* de 3-2-2020).

Art. 2º Observado o disposto no art. 4º da Emenda Constitucional nº 20, de 15 de dezembro de 1998, é assegurado o direito de opção pela aposentadoria voluntária com proventos calculados de acordo com o art. 40, §§ 3º e 17, da Constituição Federal, àquele que tenha ingressado regularmente em cargo efetivo na Administração Pública direta, autárquica e fundacional, até a data de publicação daquela Emenda, quando o servidor, cumulativamente:

- Este artigo estará revogado pela EC nº 103, de 12-11-2019, em vigor na data de publicação de lei de iniciativa privativa do respectivo Poder Executivo que o referende integralmente.
- Art. 3º da EC nº 47, de 5-7-2005.

I – tiver cinquenta e três anos de idade, se homem, e quarenta e oito anos de idade, se mulher;

II – tiver cinco anos de efetivo exercício no cargo em que se der a aposentadoria;

III – contar tempo de contribuição igual, no mínimo, à soma de:

a) trinta e cinco anos, se homem, e trinta anos, se mulher; e

b) um período adicional de contribuição equivalente a vinte por cento do tempo que, na data de publicação daquela Emenda, faltaria para atingir o limite de tempo constante da alínea *a* deste inciso.

§ 1º O servidor de que trata este artigo que cumprir as exigências para aposentadoria na forma do *caput* terá os seus proventos de inatividade reduzidos para cada ano antecipado em relação aos limites de idade estabelecidos pelo art. 40, § 1º, III, *a*, e § 5º da Constituição Federal, na seguinte proporção:

I – três inteiros e cinco décimos por cento, para aquele que completar as exigências para aposentadoria na forma do *caput* até 31 de dezembro de 2005;

II – cinco por cento, para aquele que completar as exigências para aposentadoria na forma do *caput* a partir de 1º de janeiro de 2006.

§ 2º Aplica-se ao magistrado e ao membro do Ministério Público e de Tribunal de Contas o disposto neste artigo.

§ 3º Na aplicação do disposto no § 2º deste artigo, o magistrado ou o membro do Ministério Público ou de Tribunal de Contas, se homem, terá o tempo de serviço exercido até a data de publicação da Emenda Constitucional nº 20, de 15 de dezembro de 1998, contado com acréscimo de dezessete por cento, observado o disposto no § 1º deste artigo.

§ 4º O professor, servidor da União, dos Estados, do Distrito Federal e dos Municípios, incluídas suas autarquias e fundações, que, até a data de publicação da Emenda Constitucional nº 20, de 15 de dezembro de 1998, tenha ingressado, regularmente, em cargo efetivo de magistério e que opte por aposentar-se na forma do disposto no *caput*, terá o tempo de serviço exercido até a publicação daquela Emenda contado com o acréscimo de dezessete por cento, se homem, e de vinte por cento, se mulher, desde que se aposente, exclusivamente, com tempo de efetivo exercício nas funções de magistério, observado o disposto no § 1º.

§ 5º O servidor de que trata este artigo, que tenha completado as exigências para aposentadoria voluntária estabelecidas no *caput*, e que opte por permanecer em atividade, fará jus a um abono de permanência equivalente ao valor da sua contribuição previdenciária até completar as exigências para aposentadoria compulsória contidas no art. 40, § 1º, II, da Constituição Federal.

§ 6º Às aposentadorias concedidas de acordo com este artigo aplica-se o disposto no art. 40, § 8º, da Constituição Federal.

Art. 3º É assegurada a concessão, a qualquer tempo, de aposentadoria aos servidores públicos, bem como pensão aos seus dependentes, que, até a data de publicação desta Emenda, tenham cumprido todos os requisitos para obtenção desses benefícios, com base nos critérios da legislação então vigente.

§ 1º O servidor de que trata este artigo que opte por permanecer em atividade tendo completado as exigências para aposentadoria voluntária e que conte com, no mínimo, vinte e cinco anos de contribuição, se mulher, ou trinta anos de contribuição, se homem, fará jus a um abono de permanência equivalente ao valor da sua contribuição previdenciária até completar as exigências para aposentadoria compulsória contidas no art. 40, § 1º, II, da Constituição Federal.

§ 2º Os proventos da aposentadoria a ser concedida aos servidores públicos referidos no *caput*, em termos integrais ou proporcionais ao tempo de contribuição já exercido até a data de publicação desta Emenda, bem como as pensões de seus dependentes, serão calculados de acordo com a legislação em vigor à época em que foram atendidos os requisitos nela estabelecidos para a concessão desses benefícios ou nas condições da legislação vigente.

Art. 4º Os servidores inativos e os pensionistas da União, dos Estados, do Distrito Federal e dos Municípios, incluídas suas autarquias e fundações, em gozo de benefícios na data de publicação desta Emenda, bem como os alcançados pelo disposto no seu art. 3º, contribuirão para o custeio do regime de que trata o art. 40 da Constituição Federal com percentual igual ao estabelecido para os servidores titulares de cargos efetivos.

Parágrafo único. A contribuição previdenciária a que se refere o *caput* incidirá apenas sobre a parcela dos proventos e das pensões que supere:

I – cinquenta por cento do limite máximo estabelecido para os benefícios do regime geral de previdência social de que trata o art. 201 da Constituição Federal, para os servidores inativos e os pensionistas dos Estados, do Distrito Federal e dos Municípios;

- O STF, por unanimidade de votos, nas Ações Diretas de Inconstitucionalidade nºs 3.105-8 e 3.128-7, julgou inconstitucional a expressão "cinquenta por cento do" contida neste inciso, forma pela qual se aplica então o art. 40, § 18, da CF, introduzido pela mesma emenda constitucional (*DOU* e *DJU* de 27-8-2004).

II – sessenta por cento do limite máximo estabelecido para os benefícios do regime geral de previdência social de que trata o art. 201 da Constituição Federal, para os servidores inativos e os pensionistas da União.

- O STF, por unanimidade de votos, nas Ações Diretas de Inconstitucionalidade nºs 3.105-8 e 3.128-7, julgou inconstitucional a expressão "sessenta por cento do", contida neste inciso, forma pela qual se aplica então o art. 40, § 18, da CF, introduzido pela mesma emenda constitucional (*DOU* e *DJU* de 27-8-2004).

Art. 5º O limite máximo para o valor dos benefícios do regime geral de previdência social de que trata o art. 201 da Constituição Federal é fixado em R$ 2.400,00 (dois mil e quatrocentos reais), devendo, a partir da data de publicação desta Emenda, ser reajustado de forma a preservar, em caráter permanente, seu valor real, atualizado pelos mesmos índices aplicados aos benefícios do regime geral de previdência social.

Art. 6º Ressalvado o direito de opção à aposentadoria pelas normas estabelecidas pelo art. 40 da Constituição Federal ou pelas regras estabelecidas pelo art. 2º desta Emenda, o servidor da União, dos Estados, do Distrito Federal e dos Municípios, incluídas suas autarquias e fundações, que tenha ingressado no serviço público até a data de publicação desta Emenda poderá aposentar-se com proventos integrais, que corresponderão à totalidade da remuneração do servidor no cargo efetivo em que se der a aposentadoria, na forma da lei, quando, observadas as reduções de idade e tempo de contribuição contidas no § 5º do art. 40 da Constituição Federal, vier a preencher, cumulativamente, as seguintes condições:

- Este artigo estará revogado pela EC nº 103, de 12-11-2019, em vigor na data de publicação de lei de iniciativa privativa do respectivo Poder Executivo que o referende integralmente.

I – sessenta anos de idade, se homem, e cinquenta e cinco anos de idade, se mulher;

II – trinta e cinco anos de contribuição, se homem, e trinta anos de contribuição, se mulher;

III – vinte anos de efetivo exercício no serviço público; e

IV – dez anos de carreira e cinco anos de efetivo exercício no cargo em que se der a aposentadoria.

- Arts. 2º e 3º da EC nº 47, de 5-7-2005.

Parágrafo único. *Revogado.* EC nº 47, de 5-7-2005.

Art. 6º-A. O servidor da União, dos Estados, do Distrito Federal e dos Municípios, incluídas suas autarquias e fundações, que tenha ingressado no serviço público até a data de publicação desta Emenda Constitucional e que tenha se aposentado ou venha a se aposentar por invalidez permanente, com fundamento no inciso I do § 1º do art. 40 da Constituição

Federal, tem direito a proventos de aposentadoria calculados com base na remuneração do cargo efetivo em que se der a aposentadoria, na forma da lei, não sendo aplicáveis as disposições constantes dos §§ 3º, 8º e 17 do art. 40 da Constituição Federal.

Parágrafo único. Aplica-se ao valor dos proventos de aposentadorias concedidas com base no *caput* o disposto no art. 7º desta Emenda Constitucional, observando-se igual critério de revisão às pensões derivadas dos proventos desses servidores.

- Art. 6º-A acrescido pela EC nº 70, de 29-3-2012.
- Este artigo estará revogado pela EC nº 103, de 12-11-2019, em vigor na data de publicação de lei de iniciativa privativa do respectivo Poder Executivo que o referende integralmente.

Art. 7º Observado o disposto no art. 37, XI, da Constituição Federal, os proventos de aposentadoria dos servidores públicos titulares de cargo efetivo e as pensões dos seus dependentes pagos pela União, Estados, Distrito Federal e Municípios, incluídas suas autarquias e fundações, em fruição na data de publicação desta Emenda, bem como os proventos de aposentadoria dos servidores e as pensões dos dependentes abrangidos pelo art. 3º desta Emenda, serão revistos na mesma proporção e na mesma data, sempre que se modificar a remuneração dos servidores em atividade, sendo também estendidos aos aposentados e pensionistas quaisquer benefícios ou vantagens posteriormente concedidos aos servidores em atividade, inclusive quando decorrentes da transformação ou reclassificação do cargo ou função em que se deu a aposentadoria ou que serviu de referência para a concessão da pensão, na forma da lei.

- Art. 3º, parágrafo único, da EC nº 47, de 5-7-2005.

Art. 8º Até que seja fixado o valor do subsídio de que trata o art. 37, XI, da Constituição Federal, será considerado, para os fins do limite fixado naquele inciso, o valor da maior remuneração atribuída por lei na data de publicação desta Emenda a Ministro do Supremo Tribunal Federal, a título de vencimento, de representação mensal e da parcela recebida em razão de tempo de serviço, aplicando-se como limite, nos Municípios, o subsídio do Prefeito, e nos Estados e no Distrito Federal, o subsídio mensal do Governador no âmbito do Poder Executivo, o subsídio dos Deputados Estaduais e Distritais no âmbito do Poder Legislativo e o subsídio dos Desembargadores do Tribunal de Justiça, limitado a noventa inteiros e vinte e cinco centésimos por cento da maior remuneração mensal de Ministro do Supremo Tribunal Federal a que se refere este artigo, no âmbito do Poder Judiciário, aplicável este limite aos membros do Ministério Público, aos Procuradores e aos Defensores Públicos.

Art. 9º Aplica-se o disposto no art. 17 do Ato das Disposições Constitucionais Transitórias aos vencimentos, remunerações e subsídios dos ocupantes de cargos, funções e empregos públicos da administração direta, autárquica e fundacional, dos membros de qualquer dos Poderes da União, dos Estados, do Distrito Federal e dos Municípios, dos detentores de mandato eletivo e dos demais agentes políticos e os proventos, pensões ou outra espécie remuneratória percebidos cumulativamente ou não, incluídas as vantagens pessoais ou de qualquer outra natureza.

Art. 10. Revogam-se o inciso IX do § 3º do art. 142 da Constituição Federal, bem como os arts. 8º e 10 da Emenda Constitucional nº 20, de 15 de dezembro de 1998.

Art. 11. Esta Emenda Constitucional entra em vigor na data de sua publicação.

Brasília, em 19 de dezembro de 2003.

Mesa da Câmara dos Deputados: Deputado João Paulo Cunha, Presidente; Deputado Inocêncio de Oliveira, 1º Vice-Presidente; Deputado Luiz Piauhylino, 2º Vice-Presidente; Deputado Geddel Vieira Lima, 1º Secretário; Deputado Severino Cavalcanti, 2º Secretário; Deputado Nilton Capixaba, 3º Secretário; Deputado Ciro Nogueira, 4º Secretário.

Mesa do Senado Federal: Senador José Sarney, Presidente; Senador Paulo Paim, 1º Vice-Presidente; Senador Eduardo Siqueira Campos, 2º Vice-Presidente; Senador Romeu Tuma, 1º Secretário; Senador Alberto Silva, 2º Secretário; Senador Heráclito Fortes, 3º Secretário; Senador Sérgio Zambiasi, 4º Secretário.

EMENDA CONSTITUCIONAL Nº 42, DE 19 DE DEZEMBRO DE 2003

Altera o Sistema Tributário Nacional e dá outras providências.

- Publicada no *DOU* de 31-12-2003.

As Mesas da Câmara dos Deputados e do Senado Federal, nos termos do § 3º do art. 60 da Constituição Federal, promulgam a seguinte Emenda ao texto constitucional:

Art. 1º Os artigos da Constituição a seguir enumerados passam a vigorar com as seguintes alterações:

- Alterações inseridas no texto da CF.

Art. 2º Os artigos do Ato das Disposições Constitucionais Transitórias a seguir enumerados passam a vigorar com as seguintes alterações:

- Alterações inseridas no texto do ADCT.

Art. 3º O Ato das Disposições Constitucionais Transitórias passa a vigorar acrescido dos seguintes artigos:

- Alterações inseridas no texto do ADCT.

Art. 4º Os adicionais criados pelos Estados e pelo Distrito Federal até a data da promulgação desta Emenda, naquilo em que estiverem em desacordo com o previsto nesta Emenda, na Emenda Constitucional nº 31, de 14 de dezembro de 2000, ou na lei complementar de que trata o art. 155, § 2º, XII, da Constituição, terão vigência, no máximo, até o prazo previsto no art. 79 do Ato das Disposições Constitucionais Transitórias.

Art. 5º O Poder Executivo, em até sessenta dias contados da data da promulgação desta Emenda, encaminhará ao Congresso Nacional projeto de lei, sob o regime de urgência constitucional, que disciplinará os benefícios fiscais para a capacitação do setor de tecnologia da informação, que vigerão até 2019 nas condições que estiverem em vigor no ato da aprovação desta Emenda.

Art. 6º Fica revogado o inciso II do § 3º do art. 84 do Ato das Disposições Constitucionais Transitórias.

Brasília, em 19 de dezembro de 2003.

Mesa da Câmara dos Deputados: Deputado João Paulo Cunha, Presidente; Deputado Inocêncio de Oliveira, 1º Vice-Presidente; Deputado Luiz Piauhylino, 2º Vice-Presidente; Deputado Geddel Vieira Lima, 1º Secretário; Deputado Severino Cavalcanti, 2º Secretário; Deputado Nilton Capixaba, 3º Secretário; Deputado Ciro Nogueira, 4º Secretário.

Mesa do Senado Federal: Senador José Sarney, Presidente; Senador Paulo Paim, 1º Vice-Presidente; Senador Eduardo Siqueira Campos, 2º Vice-Presidente; Senador Romeu Tuma, 1º Secretário; Senador Alberto Silva, 2º Secretário; Senador Heráclito Fortes, 3º Secretário; Senador Sérgio Zambiasi, 4º Secretário.

EMENDA CONSTITUCIONAL Nº 45, DE 8 DE DEZEMBRO DE 2004

Altera dispositivos dos arts. 5º, 36, 52, 92, 93, 95, 98, 99, 102, 103, 104, 105, 107, 109, 111, 112, 114, 115, 125, 126, 127, 128, 129, 134 e 168 da Constituição Federal, e acrescenta os arts. 103-A, 103-B, 111-A e 130-A, e dá outras providências.

- Publicada no *DOU* de 31-12-2004.

As Mesas da Câmara dos Deputados e do Senado Federal, nos termos do § 3º do art. 60 da Constituição Federal, promulgam a seguinte Emenda ao texto constitucional:

Art. 1º Os arts. 5º, 36, 52, 92, 93, 95, 98, 99, 102, 103, 104, 105, 107, 109, 111, 112, 114, 115, 125, 126, 127, 128, 129, 134 e 168 da Constituição Federal passam a vigorar com a seguinte redação:

- Alterações inseridas no texto da CF.

Art. 2º A Constituição Federal passa a vigorar acrescida dos seguintes arts. 103-A, 103-B, 111-A e 130-A:

- Alterações inseridas no texto da CF.

Art. 3º A lei criará o Fundo de Garantia das Execuções Trabalhistas, integrado pelas multas decorrentes de condenações trabalhistas e administrativas oriundas da fiscalização do trabalho, além de outras receitas.

Art. 4º Ficam extintos os tribunais de Alçada, onde houver, passando os seus membros a integrar os Tribunais de Justiça dos respectivos Estados, respeitadas a antiguidade e classe de origem.

Parágrafo único. No prazo de cento e oitenta dias, contado da promulgação desta Emenda, os Tribunais de Justiça, por ato administrativo, promoverão a integração dos membros dos tribunais extintos em seus quadros, fixando-lhes a competência e remetendo, em igual prazo, ao Poder Legislativo, proposta de alteração da organização e da divisão judiciária correspondentes, assegurados os direitos dos inativos e pensionistas e o aproveitamento dos servidores no Poder Judiciário estadual.

Art. 5º O Conselho Nacional de Justiça e o Conselho Nacional do Ministério Público serão instalados no prazo de cento e oitenta dias a contar da promulgação desta Emenda, devendo a indicação ou escolha de seus membros ser efetuada até trinta dias antes do termo final.

§ 1º Não efetuadas as indicações e escolha dos nomes para os Conselhos Nacional de Justiça e do Ministério Público dentro do prazo fixado no *caput* deste artigo, caberá, respectivamente, ao Supremo Tribunal Federal e ao Ministério Público da União realizá-las.

§ 2º Até que entre em vigor o Estatuto da Magistratura, o Conselho Nacional de Justiça, mediante resolução, disciplinará seu funcionamento e definirá as atribuições do Ministro-Corregedor.

Art. 6º O Conselho Superior da Justiça do Trabalho será instalado no prazo de cento e oitenta dias, cabendo ao Tribunal Superior do Trabalho regulamentar seu funcionamento por resolução, enquanto não promulgada a lei a que se refere o art. 111-A, § 2º, II.

Art. 7º O Congresso Nacional instalará, imediatamente após a promulgação desta Emenda Constitucional, comissão especial mista, destinada a elaborar, em cento e oitenta dias, os projetos de lei necessários à regulamentação da matéria nela tratada, bem como promover alterações na legislação federal objetivando tornar mais amplo o acesso à Justiça e mais célere a prestação jurisdicional.

Art. 8º As atuais súmulas do Supremo Tribunal Federal somente produzirão efeito vinculante após sua confirmação por dois terços de seus integrantes e publicação na imprensa oficial.

Art. 9º São revogados o inciso IV do art. 36; a alínea *h* do inciso I do art. 102; o § 4º do art. 103; e os §§ 1º a 3º do art. 111.

Art. 10. Esta Emenda Constitucional entra em vigor na data de sua publicação.

Brasília, em 8 de dezembro de 2004.

Mesa da Câmara dos Deputados: Deputado João Paulo Cunha, Presidente; Deputado Inocêncio Oliveira, 1º Vice-Presidente; Deputado Luiz Piauhylino, 2º Vice-Presidente; Deputado Geddel Vieira Lima, 1º Secretário; Deputado Severino Cavalcanti, 2º Secretário; Deputado Nilton Capixaba, 3º Secretário; Deputado Ciro Nogueira, 4º Secretário.

Mesa do Senado Federal: Senador José Sarney, Presidente ; Senador Paulo Paim, 1º Vice-Presidente; Senador Eduardo Siqueira Campos, 2º Vice-Presidente; Senador Romeu Tuma, 1º Secretário; Senador Alberto Silva, 2º Secretário; Senador Heráclito Fortes, 3º Secretário; Senador Sérgio Zambiasi, 4º Secretário.

EMENDA CONSTITUCIONAL Nº 47, DE 5 DE JULHO DE 2005

Altera os arts. 37, 40, 195 e 201 da Constituição Federal, para dispor sobre a previdência social, e dá outras providências.

▸ Publicada no *DOU* de 6-7-2005.

As Mesas da Câmara dos Deputados e do Senado Federal, nos termos do § 3º do art. 60 da Constituição Federal, promulgam a seguinte Emenda ao texto constitucional:

Art. 1º Os arts. 37, 40, 195 e 201 da Constituição Federal passam a vigorar com a seguinte redação:

▸ Alterações inseridas no texto da CF.

▸ O STF, por maioria de votos, concedeu a liminar na ADI nº 3.854-1, para dar interpretação conforme a CF ao art. 37, XI e § 12, o primeiro dispositivo com a redação dada pela EC nº 41, de 19-12-2003, e o segundo introduzido pela EC nº 47, de 5-7-2005, excluindo a submissão dos membros da magistratura estadual ao subteto de remuneração (*DOU* de 8-3-2007).

Art. 2º Aplica-se aos proventos de aposentadorias dos servidores públicos que se aposentarem na forma do *caput* do art. 6º da Emenda Constitucional nº 41, de 2003, o disposto no art. 7º da mesma Emenda.

Art. 3º Ressalvado o direito de opção à aposentadoria pelas normas estabelecidas pelo art. 40 da Constituição Federal ou pelas regras estabelecidas pelos arts. 2º e 6º da Emenda Constitucional nº 41, de 2003, o servidor da União, dos Estados, do Distrito Federal e dos Municípios, incluídas suas autarquias e fundações, que tenha ingressado no serviço público até 16 de dezembro de 1998 poderá aposentar-se com proventos integrais, desde que preencha, cumulativamente, as seguintes condições:

▸ Este artigo estará revogado pela EC nº 103, de 12-11-2019, em vigor na data de publicação de lei de iniciativa privativa do respectivo Poder Executivo que o referende integralmente.

I – trinta e cinco anos de contribuição, se homem, e trinta anos de contribuição, se mulher;

II – vinte e cinco anos de efetivo exercício no serviço público, quinze anos de carreira e cinco anos no cargo em que se der a aposentadoria;

III – idade mínima resultante da redução, relativamente aos limites do art. 40, § 1º, inciso III, alínea *a*, da Constituição Federal, de um ano de idade para cada ano de contribuição que exceder a condição prevista no inciso I do *caput* deste artigo.

Parágrafo único. Aplica-se ao valor dos proventos de aposentadorias concedidas com base neste artigo o disposto no art. 7º da Emenda Constitucional nº 41, de 2003, observando-se igual critério de revisão às pensões derivadas dos proventos de servidores falecidos que tenham se aposentado em conformidade com este artigo.

Art. 4º Enquanto não editada a lei a que se refere o § 11 do art. 37 da Constituição Federal, não será computada, para efeito dos limites remuneratórios de que trata o inciso XI do *caput* do mesmo artigo, qualquer parcela de caráter indenizatório, assim definida pela legislação em vigor na data de publicação da Emenda Constitucional nº 41, de 2003.

Art. 5º Revoga-se o parágrafo único do art. 6º da Emenda Constitucional nº 41, de 19 de dezembro de 2003.

Art. 6º Esta Emenda Constitucional entra em vigor na data de sua publicação, com efeitos retroativos à data de vigência da Emenda Constitucional nº 41, de 2003.

Brasília, em 5 de julho de 2005.

Mesa da Câmara dos Deputados: Deputado Severino Cavalcanti, Presidente; Deputado José Thomaz Nonô, 1º Vice-Presidente; Deputado Ciro Nogueira, 2º Vice-Presidente; Deputado Inocêncio Oliveira, 1º Secretário; Deputado Eduardo Gomes, 3º Secretário; Deputado João Caldas, 4º Secretário.

Mesa do Senado Federal: Senador Renan Calheiros, Presidente; Senador Tião Viana, 1º Vice-Presidente; Senador Efraim Morais, 1º Secretário; Senador Paulo Octávio, 3º Secretário; Senador Eduardo Siqueira Campos, 4º Secretário.

EMENDA CONSTITUCIONAL Nº 51, DE 14 DE FEVEREIRO DE 2006

Acrescenta os §§ 4º, 5º e 6º ao art. 198 da Constituição Federal.

▸ Publicada no *DOU* de 15-2-2006.

As Mesas da Câmara dos Deputados e do Senado Federal, nos termos do art. 60 da Constituição Federal, promulgam a seguinte Emenda ao texto constitucional:

Art. 1º O art. 198 da Constituição Federal passa a vigorar acrescido dos seguintes §§ 4º, 5º e 6º:

▸ Alterações inseridas no texto da CF.

Art. 2º Após a promulgação da presente Emenda Constitucional, os agentes comunitários de saúde e os agentes de combate às endemias somente poderão ser contratados diretamente pelos Estados, pelo Distrito Federal ou pelos Municípios na forma do § 4º do art. 198 da Constituição Federal, observado o limite de gasto estabelecido na Lei Complementar de que trata o art. 169 da Constituição Federal.

Parágrafo único. Os profissionais que, na data de promulgação desta Emenda e a qualquer título, desempenharem as atividades de agente comunitário de saúde ou de agente de combate às endemias, na forma da lei, ficam dispensados de se submeter ao processo seletivo público a que se refere o § 4º do art. 198 da Constituição Federal, desde que tenham sido contratados a partir de anterior processo de Seleção Pública efetuado por órgãos ou entes da administração direta ou indireta de Estado, Distrito Federal ou Município ou por outras instituições com a efetiva supervisão e autorização da administração direta dos entes da federação.

▸ Art. 9º, parágrafo único, da Lei nº 11.350, de 5-10-2006, que dispõe sobre a dispensa referida neste parágrafo.

Art. 3º Esta Emenda Constitucional entra em vigor na data da sua publicação.

Brasília, em 14 de fevereiro de 2006.

Mesa da Câmara dos Deputados: Deputado Aldo Rebelo, Presidente; Deputado José Thomaz Nonô, 1º Vice-Presidente; Deputado Ciro Nogueira, 2º Vice-Presidente; Deputado Inocêncio Oliveira, 1º Secretário; Nilton Capixaba, 2º Secretário; Deputado João Caldas, 4º Secretário.

Mesa do Senado Federal: Senador Renan Calheiros, Presidente; Senador Tião Viana, 1º Vice-Presidente; Senador Antero Paes de Barros, 2º Vice-Presidente; Senador Efraim Morais, 1º Secretário; Senador João Alberto Souza, 2º Secretário; Senador Paulo Octávio, 3º Secretário; Senador Eduardo Siqueira Campos, 4º Secretário.

EMENDA CONSTITUCIONAL Nº 53, DE 19 DE DEZEMBRO DE 2006

Dá nova redação aos arts. 7º, 23, 30, 206, 208, 211 e 212 da Constituição Federal e ao art. 60 do Ato das Disposições Constitucionais Transitórias.

▶ Publicada no *DOU* de 20-12-2006.

As Mesas da Câmara dos Deputados e do Senado Federal, nos termos do § 3º do art. 60 da Constituição Federal, promulgam a seguinte Emenda ao texto constitucional:

Art. 1º A Constituição Federal passa a vigorar com as seguintes alterações:

▶ Alterações inseridas no texto da CF.

Art. 2º O art. 60 do Ato das Disposições Constitucionais Transitórias passa a vigorar com a seguinte redação:

▶ Alterações inseridas no texto do ADCT.

Art. 3º Esta Emenda Constitucional entra em vigor na data de sua publicação, mantidos os efeitos do art. 60 do Ato das Disposições Constitucionais Transitórias, conforme estabelecido pela Emenda Constitucional nº 14, de 12 de setembro de 1996, até o início da vigência dos Fundos, nos termos desta Emenda Constitucional.

Brasília, 19 de dezembro de 2006.

Mesa da Câmara dos Deputados: Deputado Aldo Rebelo, Presidente; Deputado José Thomaz Nonô, 1º Vice-Presidente; Deputado Ciro Nogueira, 2º Vice-Presidente; Deputado Inocêncio Oliveira, 1º Secretário; Deputado Nilton Capixaba, 2º Secretário; Deputado Eduardo Gomes, 3º Secretário.

Mesa do Senado Federal: Senador Renan Calheiros, Presidente; Senador Tião Viana, 1º Vice-Presidente; Senador Antero Paes de Barros, 2º Vice-Presidente; Senador Efraim Morais, 1º Secretário; Senador João Alberto Souza, 2º Secretário; Senador Paulo Octávio, 3º Secretário; Senador Eduardo Siqueira Campos, 4º Secretário.

EMENDA CONSTITUCIONAL Nº 55, DE 20 DE SETEMBRO DE 2007

Altera o art. 159 da Constituição Federal, aumentando a entrega de recursos pela União ao Fundo de Participação dos Municípios.

▶ Publicada no *DOU* de 21-9-2007.

As Mesas da Câmara os Deputados e do Senado Federal, nos termos do § 3º do art. 60 da Constituição Federal, promulgam a seguinte Emenda ao texto constitucional:

Art. 1º O art. 159 da Constituição Federal passa a vigorar com as seguintes alterações:

▶ Alterações inseridas no texto da CF.

Art. 2º No exercício de 2007, as alterações do art. 159 da Constituição Federal previstas nesta Emenda Constitucional somente se aplicam sobre a arrecadação dos impostos sobre renda e proventos de qualquer natureza e sobre produtos industrializados realizada a partir de 1º de setembro de 2007.

Art. 3º Esta Emenda Constitucional entra em vigor na data de sua publicação.

Mesa da Câmara dos Deputados: Deputado Arlindo Chinaglia, Presidente; Deputado Narcio Rodrigues, 1º Vice-Presidente; Deputado Inocêncio Oliveira, 2º Vice-Presidente; Deputado Osmar Serraglio, 1º Secretário; Deputado Ciro Nogueira, 2º Secretário; Deputado Waldemir Moka, 3º Secretário; Deputado José Carlos Machado, 4º Secretário.

Mesa do Senado Federal: Senador Renan Calheiros, Presidente; Senador Tião Viana, 1º Vice-Presidente; Senador Alvaro Dias, 2º Vice-Presidente; Senador Efraim Morais, 1º Secretário; Senador Gerson Camata, 2º Secretário; Senador César Borges, 3º Secretário; Senador Magno Malta, 4º Secretário.

EMENDA CONSTITUCIONAL Nº 62, DE 9 DE DEZEMBRO DE 2009

Altera o art. 100 da Constituição Federal e acrescenta o art. 97 ao Ato das Disposições Constitucionais Transitórias, instituindo regime especial de pagamento de precatórios pelos Estados, Distrito Federal e Municípios.

▶ Publicada no *DOU* de 10-12-2009.

▶ O STF, por maioria de votos, julgou parcialmente procedente a ADI nº 4.425.

As Mesas da Câmara dos Deputados e do Senado Federal, nos termos do § 3º do art. 60 da Constituição Federal, promulgam a seguinte Emenda ao texto constitucional:

Art. 1º O art. 100 da Constituição Federal passa a vigorar com a seguinte redação:

▶ Alterações inseridas no texto da CF.

Art. 2º O Ato das Disposições Constitucionais Transitórias passa a vigorar acrescido do seguinte art. 97:

▶ Alterações inseridas no texto do ADCT.

Art. 3º A implantação do regime de pagamento criado pelo art. 97 do Ato das Disposições Constitucionais Transitórias deverá ocorrer no prazo de até 90 (noventa dias), contados da data da publicação desta Emenda Constitucional.

Art. 4º A entidade federativa voltará a observar somente o disposto no art. 100 da Constituição Federal:

I – no caso de opção pelo sistema previsto no inciso I do § 1º do art. 97 do Ato das Disposições Constitucionais Transitórias, quando o valor dos precatórios devidos for inferior ao dos recursos destinados ao seu pagamento;

II – no caso de opção pelo sistema previsto no inciso II do § 1º do art. 97 do Ato das Disposições Constitucionais Transitórias, ao final do prazo.

Art. 5º Ficam convalidadas todas as cessões de precatórios efetuadas antes da promulgação desta Emenda Constitucional, independentemente da concordância da entidade devedora.

Art. 6º Ficam também convalidadas todas as compensações de precatórios com tributos vencidos até 31 de outubro de 2009 da entidade devedora, efetuadas na forma do disposto no § 2º do art. 78 do ADCT, realizadas antes da promulgação desta Emenda Constitucional.

Art. 7º Esta Emenda Constitucional entra em vigor na data de sua publicação.

Brasília, em 9 de dezembro de 2009.

Mesa da Câmara dos Deputados: Deputado Michel Temer, Presidente; Deputado Marco Maia, 1º Vice-Presidente; Deputado Antônio Carlos Magalhães Neto, 2º Vice-Presidente; Deputado Rafael Guerra, 1º Secretário; Deputado Inocêncio Oliveira, 2º Secretário; Deputado Odair Cunha, 3º Secretário; Deputado Nelson Marquezelli, 4º Secretário.

Mesa do Senado Federal: Senador Marconi Perillo, 1º Vice-Presidente no exercício da Presidência; Senadora Serys Slhessarenko, 2º Vice-Presidente; Senador Heráclito Fortes, 1º Secretário; Senador João Vicente Claudino, 2º Secretário; Senador Mão Santa, 3º Secretário; Senadora Patrícia Saboya, 4ª Secretaria.

EMENDA CONSTITUCIONAL Nº 67, DE 22 DE DEZEMBRO DE 2010

Prorroga, por tempo indeterminado, o prazo de vigência do Fundo de Combate e Erradicação da Pobreza.

▶ Publicada no *DOU* de 23-12-2010.

As Mesas da Câmara dos Deputados e do Senado Federal, nos termos do § 3º do art. 60 da Constituição Federal, promulgam a seguinte Emenda ao texto constitucional:

Art. 1º Prorrogam-se, por tempo indeterminado, o prazo de vigência do Fundo de Combate e Erradicação da Pobreza a que se refere o *caput* do art. 79 do Ato das Disposições Constitucionais Transitórias e, igualmente, o prazo de vigência da Lei Complementar nº 111, de 6 de julho de 2001, que "Dispõe sobre o Fundo de Combate e Erradicação da Pobreza, na forma prevista nos arts. 79, 80 e 81 do Ato das Disposições Constitucionais Transitórias".

Art. 2º Esta Emenda Constitucional entra em vigor na data de sua publicação.

Brasília, em 22 de dezembro de 2010.

Mesa da Câmara dos Deputados: Deputado Marco Maia, Presidente; Deputado Antonio Carlos Magalhães Neto, 2º Vice-Presidente; Deputado Odair Cunha, 3º Secretário; Deputado Nelson Marquezelli, 4º Secretário.

Mesa do Senado Federal: Senador José Sarney, Presidente; Senadora Serys Slhessarenko, 2ª Vice-Presidente; Senador Heráclito Fortes, 1º Secretário; Senador Mão Santa, 3º Secretário.

EMENDA CONSTITUCIONAL Nº 69, DE 29 DE MARÇO DE 2012

Altera os arts. 21, 22 e 48 da Constituição Federal, para transferir da União para o Distrito Federal as atribuições de organizar e manter a Defensoria Pública do Distrito Federal.

▶ Publicada no *DOU* de 30-3-2012.

As Mesas da Câmara dos Deputados e do Senado Federal, nos termos do art. 60 da Constituição Federal, promulgam a seguinte Emenda ao texto constitucional:

Art. 1º Os arts. 21, 22 e 48 da Constituição Federal passam a vigorar com a seguinte redação:

▶ Alterações inseridas no texto da CF.

Art. 2º Sem prejuízo dos preceitos estabelecidos na Lei Orgânica do Distrito Federal, aplicam-se à Defensoria Pública do Distrito Federal os mesmos princípios e regras que, nos termos da Constituição Federal, regem as Defensorias Públicas dos Estados.

Art. 3º O Congresso Nacional e a Câmara Legislativa do Distrito Federal, imediatamente após a promulgação desta Emenda Constitucional e de acordo com suas competências, instalarão comissões especiais destinadas a elaborar, em 60 (sessenta) dias, os projetos de lei necessários à adequação da legislação infraconstitucional à matéria nela tratada.

Art. 4º Esta Emenda Constitucional entra em vigor na data de sua publicação, produzindo efeitos quanto ao disposto no art. 1º após decorridos 120 (cento e vinte) dias de sua publicação oficial.

Brasília, 29 de março de 2012.

Mesa da Câmara dos Deputados: Deputado Marco Maia, Presidente; Deputada Rose de Freitas, 1ª Vice-Presidente; Deputado Eduardo da Fonte, 2º Vice-Presidente; Deputado Eduardo Gomes, 1º Secretário; Deputado Jorge Tadeu Mudalen, 2º Secretário; Deputado Inocêncio Oliveira, 3º Secretário; Deputado Júlio Delgado, 4º Secretário.

Mesa do Senado Federal: Senador José Sarney, Presidente; Senadora Marta Suplicy, 1ª Vice-Presidente; Senador Waldemir Moka, 2º Vice-Presidente; Senador Cícero Lucena, 1º Secretário; Senador João Ribeiro, 2º Secretário; Senador João Vicente Claudino, 3º Secretário; Senador Ciro Nogueira, 4º Secretário.

EMENDA CONSTITUCIONAL Nº 70, DE 29 DE MARÇO DE 2012

Acrescenta art. 6º-A à Emenda Constitucional nº 41, de 2003, para estabelecer critérios para o cálculo e a correção dos proventos da aposentadoria por invalidez dos servidores públicos que ingressaram no serviço público até a data da publicação daquela Emenda Constitucional.

▶ Publicada no *DOU* de 30-3-2012.

As Mesas da Câmara dos Deputados e do Senado Federal, nos termos do § 3º do art. 60 da Constituição Federal, promulgam a seguinte Emenda ao texto constitucional:

Art. 1º A Emenda Constitucional nº 41, de 19 de dezembro de 2003, passa a vigorar acrescida do seguinte art. 6º-A:

▶ Alterações inseridas no texto da EC.

Art. 2º A União, os Estados, o Distrito Federal e os Municípios, assim como as respectivas autarquias e fundações, procederão, no prazo de 180 (cento e oitenta) dias da entrada em vigor desta Emenda Constitucional, à revisão das aposentadorias, e das pensões delas decorrentes, concedidas a partir de 1º de janeiro de 2004, com base na redação dada ao § 1º do art. 40 da Constituição Federal pela Emenda Constitucional nº 20, de 15 de dezembro de 1998, com efeitos financeiros a partir da data de promulgação desta Emenda Constitucional.

Art. 3º Esta Emenda Constitucional entra em vigor na data de sua publicação.

Brasília, 29 de março de 2012.

Mesa da Câmara dos Deputados: Deputado Marco Maia, Presidente; Deputada Rose de Freitas, 1ª Vice-Presidente; Deputado Eduardo da Fonte, 2º Vice-Presidente; Deputado Eduardo Gomes, 1º Secretário; Deputado Jorge Tadeu Mudalen, 2º Secretário; Deputado Inocêncio Oliveira, 3º Secretário; Deputado Júlio Delgado, 4º Secretário.

Mesa do Senado Federal: Senador José Sarney, Presidente; Senadora Marta Suplicy, 1ª Vice-Presidente; Senador Waldemir Moka, 2º Vice-Presidente; Senador Cícero Lucena, 1º Secretário; Senador João Ribeiro, 2º Secretário; Senador João Vicente Claudino, 3º Secretário; Senador Ciro Nogueira, 4º Secretário.

EMENDA CONSTITUCIONAL Nº 78, DE 14 DE MAIO DE 2014

Acrescenta art. 54-A ao Ato das Disposições Constitucionais Transitórias, para dispor sobre indenização devida aos seringueiros de que trata o art. 54 desse Ato.

▶ Publicada no *DOU* de 15-5-2014.

As Mesas da Câmara dos Deputados e do Senado Federal, nos termos do § 3º do art. 60 da Constituição Federal, promulgam a seguinte Emenda ao texto constitucional:

Art. 1º O Ato das Disposições Constitucionais Transitórias passa a vigorar acrescido do seguinte art. 54-A:

▶ Alteração inserida no texto do ADCT.

Art. 2º A indenização de que trata o art. 54-A do Ato das Disposições Constitucionais Transitórias somente se estende aos dependentes dos seringueiros que, na data de entrada em vigor desta Emenda Constitucional, detenham a condição de dependentes na forma do § 2º do art. 54 do Ato das Disposições Constitucionais Transitórias, devendo o valor de R$ 25.000,00 (vinte e cinco mil reais) ser rateado entre os pensionistas na proporção de sua cota-parte na pensão.

Art. 3º Esta Emenda Constitucional entra em vigor no exercício financeiro seguinte ao de sua publicação.

Brasília, em 14 de maio de 2014.

Mesa da Câmara dos Deputados: Deputado Henrique Eduardo Alves, Presidente; Deputado Arlindo Chinaglia, 1º Vice-Presidente; Deputado Fábio Faria, 2º Vice-Presidente; Deputado Marcio Bittar, 1º Secretário; Deputado Simão Sessim, 2º Secretário; Deputado Maurício Quintella Lessa, 3º Secretário; Deputado Antonio Carlos Biffi, 4º Secretário.

Mesa do Senado Federal: Senador Renan Calheiros, Presidente; Senador Jorge Viana, 1º Vice-Presidente; Senador Romero Jucá, 2º Vice-Presidente; Senador Flexa Ribeiro, 1º Secretário; Senadora Angela Portela, 2ª Secretária; Senador Ciro Nogueira, 3º Secretário; Senador João Vicente Claudino, 4º Secretário.

EMENDA CONSTITUCIONAL Nº 79, DE 27 DE MAIO DE 2014

Altera o art. 31 da Emenda Constitucional nº 19, de 4 de junho de 1998, para prever a inclusão, em quadro em extinção da Administração Federal, de servidores e policiais militares admitidos pelos Estados do Amapá e de Roraima, na fase de instalação dessas unidades federadas, e dá outras providências.

▶ Publicada no *DOU* de 28-5-2014.

▶ Lei nº 13.681, de 18-6-2018, disciplina o disposto nesta Emenda Constitucional.

As Mesas da Câmara dos Deputados e do Senado Federal, nos termos do § 3º do art. 60 da Constituição Federal, promulgam a seguinte Emenda ao texto constitucional:

Art. 1º O art. 31 da Emenda Constitucional nº 19, de 4 de junho de 1998, passa a vigorar com a seguinte redação:

▶ Alteração inserida no texto da EC nº 19/1998.

Art. 2º Para fins do enquadramento disposto no *caput* do art. 31 da Emenda Constitucional nº 19, de 4 de junho de 1998, e no *caput* do art. 89 do Ato das Disposições Constitucionais Transitórias, é reconhecido o vínculo funcional, com a União, dos servidores regularmente admitidos nos quadros dos Municípios integrantes dos ex-Territórios do Amapá, de Roraima e de Rondônia em efetivo exercício na data de transformação desses ex-Territórios em Estados.

Art. 3º Os servidores dos ex-Territórios do Amapá, de Roraima e de Rondônia incorporados a quadro em extinção da União serão enquadrados em cargos de atribuições equivalentes ou assemelhadas, integrantes de planos de cargos e carreiras da União, no nível de progressão alcançado, assegurados os direitos, vantagens e padrões remuneratórios a eles inerentes.

Art. 4º Cabe à União, no prazo máximo de 180 (cento e oitenta) dias, contado a partir da data de publicação desta Emenda Constitucional, regulamentar o enquadramento de servidores estabelecido no art. 31 da Emenda Constitucional nº 19, de 4 de junho de 1998, e no art. 89 do Ato das Disposições Constitucionais Transitórias.

Parágrafo único. No caso de a União não regulamentar o enquadramento previsto no *caput*, o optante tem direito ao pagamento retroativo das diferenças remuneratórias desde a data do encerramento do prazo para a regulamentação referida neste artigo.

Art. 5º A opção para incorporação em quadro em extinção da União, conforme disposto no art. 31 da Emenda Constitucional nº 19, de 4 de junho de 1998, e no art. 89 do Ato das Disposições Constitucionais Transitórias, deverá ser formalizada pelos servidores e policiais militares interessados perante a administração, no prazo máximo de 180 (cento e oitenta) dias, contado a partir da regulamentação prevista no art. 4º.

Art. 6º Os servidores admitidos regularmente que comprovadamente se encontravam no exercício de funções policiais nas Secretarias de Segurança Pública dos ex-Territórios do Amapá, de Roraima e de Rondônia na data em que foram transformados em Estados serão enquadrados no quadro da Polícia Civil dos ex-Territórios, no prazo de 180 (cento e oitenta) dias, assegurados os direitos, vantagens e padrões remuneratórios a eles inerentes.

Art. 7º Aos servidores admitidos regularmente pela União nas Carreiras do Grupo Tributação, Arrecadação e Fiscalização de que trata a Lei nº 6.550, de 5 de julho de 1978, cedidos aos Estados do Amapá, de Roraima e de Rondônia são assegurados os mesmos direitos remuneratórios auferidos pelos integrantes das Carreiras correspondentes do Grupo Tributação, Arrecadação e Fiscalização da União de que trata a Lei nº 5.645, de 10 de dezembro de 1970.

Art. 8º Os proventos das aposentadorias, pensões, reformas e reservas remuneradas, originadas no período de outubro de 1988 a outubro de 1993, passam a ser mantidos pela União a partir da data de publicação desta Emenda Constitucional, vedado o pagamento, a qualquer título, de valores referentes a períodos anteriores a sua publicação.

Art. 9º É vedado o pagamento, a qualquer título, em virtude das alterações promovidas por esta Emenda Constitucional, de remunerações, proventos, pensões ou indenizações referentes a períodos anteriores à data do enquadramento, salvo o disposto no parágrafo único do art. 4º.

Art. 10. Esta Emenda Constitucional entra em vigor na data de sua publicação.

Brasília, em 27 de maio de 2014.

Mesa da Câmara dos Deputados: Deputado Henrique Eduardo Alves, Presidente; Deputado Arlindo Chinaglia, 1º Vice-Presidente; Deputado Fábio Faria, 2º Vice-Presidente; Deputado Marcio Bittar, 1º Secretário; Deputado Simão Sessim, 2º Secretário; Deputado Maurício Quintella Lessa, 3º Secretário; Deputado Antonio Carlos Biffi, 4º Secretário.

Mesa do Senado Federal: Senador Renan Calheiros, Presidente; Senador Jorge Viana, 1º Vice-Presidente; Senador Romero Jucá, 2º Vice-Presidente; Senador Flexa Ribeiro, 1º Secretário; Senadora Ângela Portela, 2ª Secretária; Senador Ciro Nogueira, 3º Secretário; Senador João Vicente Claudino, 4º Secretário.

EMENDA CONSTITUCIONAL Nº 84, DE 2 DE DEZEMBRO DE 2014

Altera o art. 159 da Constituição Federal para aumentar a entrega de recursos pela União para o Fundo de Participação dos Municípios.

▸ Publicada no *DOU* de 3-12-2014.

As Mesas da Câmara dos Deputados e do Senado Federal, nos termos do § 3º do art. 60 da Constituição Federal, promulgam a seguinte Emenda ao texto constitucional:

Art. 1º O art. 159 da Constituição Federal passa a vigorar com a seguinte redação:

▸ Alteração inserida no texto da CF.

Art. 2º Para os fins do disposto na alínea e do inciso I do *caput* do art. 159 da Constituição Federal, a União entregará ao Fundo de Participação dos Municípios o percentual de 0,5% (cinco décimos por cento) do produto da arrecadação dos impostos sobre renda e proventos de qualquer natureza e sobre produtos industrializados no primeiro exercício em que esta Emenda Constitucional gerar efeitos financeiros, acrescentando-se 0,5% (cinco décimos por cento) a cada exercício, até que se alcance o percentual de 1% (um por cento).

Art. 3º Esta Emenda Constitucional entra em vigor na data de sua publicação, com efeitos financeiros a partir de 1º de janeiro do exercício subsequente.

Brasília, em 2 de dezembro de 2014.

Mesa da Câmara dos Deputados: Deputado Henrique Eduardo Alves, Presidente; Deputado Arlindo Chinaglia, 1º Vice-Presidente; Deputado Fábio Faria, 2º Vice Presidente; Deputado Marcio Bittar, 1º Secretário; Deputado Simão Sessim, 2º Secretário; Deputado Maurício Quintella Lessa, 3º Secretário; Deputado Antônio Carlos Biffi, 4º Secretário.

Mesa do Senado Federal: Senador Renan Calheiros, Presidente; Senador Jorge Viana, 1º Vice-Presidente; Senador Romero Jucá, 2º Vice-Presidente; Senador Flexa Ribeiro, 1º Secretário; Senadora Ângela Portela, 2ª Secretária; Senador Ciro Nogueira, 3º Secretário; Senador João Vicente Claudino, 4º Secretário.

EMENDA CONSTITUCIONAL Nº 86, DE 17 DE MARÇO DE 2015

Altera os arts. 165, 166 e 198 da Constituição Federal, para tornar obrigatória a execução da programação orçamentária que especifica.

▸ Publicada no *DOU* de 18-3-2015.

As Mesas da Câmara dos Deputados e do Senado Federal, nos termos do § 3º do art. 60 da Constituição Federal, promulgam a seguinte Emenda ao texto constitucional:

Art. 1º Os arts. 165, 166 e 198 da Constituição Federal passam a vigorar com as seguintes alterações:

▸ Alterações inseridas no texto da CF.

Art. 2º *Revogado*. EC nº 95, de 15-12-2016.

Art. 3º As despesas com ações e serviços públicos de saúde custeados com a parcela da União oriunda da participação no resultado ou da compensação financeira pela exploração de petróleo e gás natural, de que trata o § 1º do art. 20 da Constituição Federal, serão computadas para fins de cumprimento do disposto no inciso I do § 2º do art. 198 da Constituição Federal.

▸ O STF, por maioria, no julgamento da ADI nº 5.595, declarou a constitucionalidade deste artigo (*DOU* de 16-6-2023).

Art. 4º Esta Emenda Constitucional entra em vigor na data de sua publicação e produzirá efeitos a partir da execução orçamentária do exercício de 2014.

Art. 5º Fica revogado o inciso IV do § 3º do art. 198 da Constituição Federal.

Brasília, em 17 de março de 2015.

Mesa da Câmara dos Deputados: Deputado Eduardo Cunha, Presidente; Deputado Waldir Maranhão, 1º Vice-Presidente; Giacobo, 2º Vice-Presidente; Beto Mansur, 1º Secretário; Felipe Bornier, 2º Secretário; Mara Gabrilli, 3ª Secretária; Alex Canziani, 4º Secretário.

Mesa do Senado Federal: Senador Renan Calheiros, Presidente; Senador Jorge Viana, 1º Vice-Presidente; Senador Romero Jucá, 2º Vice-Presidente; Senador Vicentinho Alves, 1º Secretário; Senador Zeze Perrella, 2º Secretário; Senador Gladson Cameli, 3º Secretário; Senadora Ângela Portela, 4ª Secretária.

EMENDA CONSTITUCIONAL Nº 91, DE 18 DE FEVEREIRO DE 2016

Altera a Constituição Federal para estabelecer a possibilidade, excepcional e em período determinado, de desfiliação partidária, sem prejuízo do mandato.

▸ Publicada no *DOU* de 19-2-2016.

As Mesas da Câmara dos Deputados e do Senado Federal, nos termos do § 3º do art. 60 da Constituição Federal, promulgam a seguinte Emenda ao texto constitucional:

Art. 1º É facultado ao detentor de mandato eletivo desligar-se do partido pelo qual foi eleito nos trinta dias seguintes à promulgação desta Emenda Constitucional, sem prejuízo do mandato, não sendo essa desfiliação considerada para fins de distribuição dos recursos do Fundo Partidário e de acesso gratuito ao tempo de rádio e televisão.

Art. 2º Esta Emenda Constitucional entra em vigor na data de sua publicação.

Brasília, em 18 de fevereiro de 2016.

Mesa da Câmara dos Deputados: Deputado Eduardo Cunha, Presidente; Deputado Waldir Maranhão 1º Vice-Presidente; Deputado Giacobo 2º Vice-Presidente; Deputado Beto Mansur 1º Secretário; Deputado Felipe Bornier 2º Secretário; Deputada Mara Gabrilli 3ª Secretária; Deputado Alex Canziani 4º Secretário.

Mesa do Senado Federal: Senador Renan Calheiros Presidente; Senador Jorge Viana 1º Vice-Presidente; Senador Romero Jucá, 2º Vice-Presidente; Senador Vicentinho Alves 1º Secretário; Senador Zeze Perrella 2º Secretário; Senador Gladson Cameli 3º Secretário; Senadora Ângela Portela 4ª Secretária.

EMENDA CONSTITUCIONAL Nº 97, DE 4 DE OUTUBRO DE 2017

Altera a Constituição Federal para vedar as coligações partidárias nas eleições proporcionais, estabelecer normas sobre acesso dos partidos políticos aos recursos do fundo partidário e ao tempo de propaganda gratuito no rádio e na televisão e dispor sobre regras de transição.

▸ Publicada no *DOU* de 5-10-2017.

As Mesas da Câmara dos Deputados e do Senado Federal, nos termos do § 3º do art. 60 da Constituição Federal, promulgam a seguinte Emenda ao texto constitucional:

Art. 1º A Constituição Federal passa a vigorar com as seguintes alterações:

▸ Alterações inseridas no texto da CF.

Art. 2º A vedação à celebração de coligações nas eleições proporcionais, prevista no § 1º do art. 17 da Constituição Federal, aplicar-se-á a partir das eleições de 2020.

Art. 3º O disposto no § 3º do art. 17 da Constituição Federal quanto ao acesso dos partidos políticos aos recursos do fundo partidário e à propaganda gratuita no rádio e na televisão aplicar-se-á a partir das eleições de 2030.

Parágrafo único. Terão acesso aos recursos do fundo partidário e à propaganda gratuita no rádio e na televisão os partidos políticos que:

I – na legislatura seguinte às eleições de 2018:

a) obtiverem, nas eleições para a Câmara dos Deputados, no mínimo, 1,5% (um e meio por cento) dos votos válidos, distribuídos em pelo menos um terço das unidades da Federação, com um mínimo de 1% (um por cento) dos votos válidos em cada uma delas; ou

b) tiverem elegido pelo menos nove Deputados Federais distribuídos em pelo menos um terço das unidades da Federação;

II – na legislatura seguinte às eleições de 2022:

a) obtiverem, nas eleições para a Câmara dos Deputados, no mínimo, 2% (dois por cento) dos votos válidos, distribuídos em pelo menos um terço das unidades da Federação, com um mínimo de 1% (um por cento) dos votos válidos em cada uma delas; ou

b) tiverem elegido pelo menos onze Deputados Federais distribuídos em pelo menos um terço das unidades da Federação;

III – na legislatura seguinte às eleições de 2026:

a) obtiverem, nas eleições para a Câmara dos Deputados, no mínimo, 2,5% (dois e meio por cento) dos votos válidos, distribuídos em pelo menos um terço das unidades da Federação, com um mínimo de 1,5% (um e meio por cento) dos votos válidos em cada uma delas; ou

b) tiverem elegido pelo menos treze Deputados Federais distribuídos em pelo menos um terço das unidades da Federação.

Art. 4º Esta Emenda Constitucional entra em vigor na data de sua publicação.

Brasília, em 4 de outubro de 2017.

Mesa da Câmara dos Deputados: Deputado Rodrigo Maia, Presidente; Deputado Fábio Ramalho, 1º Vice-Presidente; Deputado André Fufuca, 2º Vice-Presidente; Deputado Giacobo, 1º Secretário; Deputada Mariana Carvalho, 2ª Secretária; Deputado Jhc, 3ª Secretária; Deputado Rômulo Gouveia, 4º Secretário.

Mesa do Senado Federal: Senador Eunício Oliveira, Presidente; Senador Cássio Cunha Lima, 1º Vice-Presidente; Senador João Alberto Souza, 2º Vice-Presidente; Senador José Pimentel, 1º Secretário; Senador Gladson Cameli, 2º Secretário; Senador Antonio Carlos Valadares, 3º Secretário; Senador Zeze Perrella, 4ª Secretária.

EMENDA CONSTITUCIONAL Nº 98, DE 6 DE DEZEMBRO DE 2017

Altera o art. 31 da Emenda Constitucional nº 19, de 4 de junho de 1998, para prever a inclusão, em quadro em extinção da administração pública federal, de servidor público, de integrante da carreira de policial, civil ou militar, e de pessoa que haja mantido relação ou vínculo funcional, empregatício, estatutário ou de trabalho com a administração pública dos ex-Territórios ou dos Estados do Amapá ou de Roraima, inclusive suas prefeituras, na fase de instalação dessas unidades federadas, e dá outras providências.

▸ Publicada no *DOU* de 11-12-2017.

▸ Lei nº 13.681, de 18-6-2018, disciplina o disposto nesta Emenda Constitucional.

As Mesas da Câmara dos Deputados e do Senado Federal, nos termos do § 3º do art. 60 da Constituição Federal, promulgam a seguinte Emenda ao texto constitucional:

Art. 1º O art. 31 da Emenda Constitucional nº 19, de 4 de junho de 1998, passa a vigorar com as seguintes alterações:

▸ Alterações inseridas no texto da EC.

Art. 2º Cabe à União, no prazo máximo de noventa dias, contado a partir da data de publicação desta Emenda Constitucional, regulamentar o disposto no art. 31 da Emenda Constitucional nº 19, de 4 de junho de 1998, a fim de que se exerça o direito de opção nele previsto.

§ 1º Descumprido o prazo de que trata o *caput* deste artigo, a pessoa a quem assista o direito de opção fará jus ao pagamento de eventuais acréscimos remuneratórios, desde a data de encerramento desse prazo, caso se confirme o seu enquadramento.

§ 2º É vedado o pagamento, a qualquer título, de acréscimo remuneratório, ressarcimento, auxílio, salário, retribuição ou valor em virtude de ato ou fato anterior à data de enquadramento da pessoa optante, ressalvado o pagamento de que trata o § 1º deste artigo.

Art. 3º O direito à opção, nos termos previstos no art. 31 da Emenda Constitucional nº 19, de 4 de junho de 1998, deverá ser exercido no prazo de até trinta dias, contado a partir da data de regulamentação desta Emenda Constitucional.

§ 1º São convalidados todos os direitos já exercidos até a data de regulamentação desta Emenda Constitucional, inclusive nos casos em que, feita a opção, o enquadramento ainda não houver sido efetivado, aplicando-se-lhes, para todos os fins, inclusive o de enquadramento, a legislação vigente à época em que houver sido feita a opção ou, sendo mais benéficas ou favoráveis ao optante, as normas previstas nesta Emenda Constitucional e em seu regulamento.

§ 2º Entre a data de promulgação desta Emenda Constitucional e a de publicação de seu regulamento, o exercício do direito de opção será feito com base nas disposições contidas na Emenda Constitucional nº 79, de 27 de maio de 2014, e em suas normas regulamentares, sem prejuízo do disposto no § 1º deste artigo.

Art. 4º É reconhecido o vínculo funcional com a União dos servidores do ex-Território do Amapá, a que se refere a Portaria nº 4.481, de 19 de dezembro de 1995, do Ministério da Administração Federal e Reforma do Estado, publicada no *Diário Oficial da União* de 21 de dezembro de 1995, convalidando-se os atos de gestão, de admissão, aposentadoria, pensão, progressão, movimentação e redistribuição relativos a esses servidores, desde que não tenham sido excluídos dos quadros da União por decisão do Tribunal de Contas da União, da qual não caiba mais recurso judicial.

Art. 5º O disposto no art. 7º da Emenda Constitucional nº 79, de 27 de maio de 2014, aplica-se aos servidores que, em iguais condições, hajam sido admitidos pelos Estados de Rondônia até 1987, e do Amapá e de Roraima até outubro de 1993.

Art. 6º O disposto no art. 6º da Emenda Constitucional nº 79, de 27 de maio de 2014, aplica-se aos servidores que, admitidos e lotados pelas Secretarias de Segurança Pública dos Estados de Rondônia até 1987, e do Amapá e de Roraima até outubro de 1993, exerciam função policial.

Art. 7º As disposições desta Emenda Constitucional aplicam-se aos aposentados e pensionistas, civis e militares, vinculados aos respectivos regimes próprios de previdência, vedado o pagamento, a qualquer título, de valores referentes a períodos anteriores à sua publicação.

Parágrafo único. Haverá compensação financeira entre os regimes próprios de previdência por ocasião da aposentação ou da inclusão de aposentados e pensionistas em quadro em extinção da União, observado o disposto no § 9º do art. 201 da Constituição Federal.

Art. 8º Esta Emenda Constitucional entra em vigor na data de sua publicação.

Brasília, em 6 de dezembro de 2017.

Mesa da Câmara dos Deputados: Deputado Rodrigo Maia, Presidente; Deputado Fábio Ramalho, 1º Vice-Presidente; Deputado André Fufuca, 2º Vice-Presidente; Deputado Giacobo, 1º Secretário; Deputada Mariana Carvalho, 2ª Secretária; Deputado JHC, 3º Secretário; Deputado Rômulo Gouveia, 4º Secretário.

Mesa do Senado Federal: Senador Eunício Oliveira, Presidente; Senador Cássio Cunha Lima, 1º Vice-Presidente; Senador João Alberto Souza, 2º Vice-Presidente; Senador José Pimentel, 1º Secretário; Senador Gladson Cameli, 2º Secretário; Senador Davi Alcolumbre, 3º Secretário-Suplente; Senador Zeze Perrella, 4º Secretário.

EMENDA CONSTITUCIONAL Nº 100, DE 26 DE JUNHO DE 2019

Altera os arts. 165 e 166 da Constituição Federal para tornar obrigatória a execução da programação orçamentária proveniente de emendas de bancada de parlamentares de Estado ou do Distrito Federal.

▸ Publicada no *DOU* de 27-6-2019.

As Mesas da Câmara dos Deputados e do Senado Federal, nos termos do § 3º do art. 60 da Constituição Federal, promulgam a seguinte Emenda ao texto constitucional:

Art. 1º Os arts. 165 e 166 da Constituição Federal passam a vigorar com as seguintes alterações:

▸ Alterações inseridas no texto da CF.

Art. 2º O montante previsto no § 12 do art. 166 da Constituição Federal será de 0,8% (oito décimos por cento) no exercício subsequente ao da promulgação desta Emenda Constitucional.

Art. 3º A partir do 3º (terceiro) ano posterior à promulgação desta Emenda Constitucional até o último exercício de vigência do regime previsto na Emenda Constitucional nº 95, de 15 de dezembro de 2016, a execução prevista no § 12 do art. 166 da Constituição Federal corresponderá ao montante de execução obrigatória para o exercício anterior, corrigido na forma estabelecida no inciso II do § 1º do art. 107 do Ato das Disposições Constitucionais Transitórias.

Art. 4º Esta Emenda Constitucional entra em vigor na data de sua publicação e produzirá efeitos a partir da execução orçamentária do exercício financeiro subsequente.

Brasília, em 26 de junho de 2019.

Mesa da Câmara dos Deputados:
Deputado Rodrigo Maia, Presidente;
Deputado Marcos Pereira, 1º Vice-Presidente;
Deputado Luciano Bivar, 2º Vice-Presidente;
Deputado Soraya Santos, 1ª Secretária;
Deputado Mário Heringer, 2º Secretário;
Deputado Fábio Faria, 3º Secretário;
Deputado André Fufuca, 4º Secretário.

Mesa do Senado Federal: Senador Davi Alcolumbre, Presidente; Senador Antonio Anastasia, 1º Vice-Presidente; Senador Lasier Martins, 2º Vice-Presidente; Senador Sérgio Petecão, 1º Secretário; Senador Eduardo Gomes, 2º Secretário; Senador Flávio Bolsonaro, 3º Secretário; Senador Luis Carlos Heinze, 4º Secretário.

EMENDA CONSTITUCIONAL Nº 103, DE 12 DE NOVEMBRO DE 2019

Altera o sistema de previdência social e estabelece regras de transição e disposições transitórias.

▸ Publicada no *DOU* de 13-11-2019.

As Mesas da Câmara dos Deputados e do Senado Federal, nos termos do § 3º do art. 60 da Constituição Federal, promulgam a seguinte Emenda ao texto constitucional:

Art. 1º A Constituição Federal passa a vigorar com as seguintes alterações:

▸ Alterações inseridas no texto da CF.

Art. 2º O art. 76 do Ato das Disposições Constitucionais Transitórias passa a vigorar com a seguinte redação:

▸ Alteração inserida no texto do ADCT.

Art. 3º A concessão de aposentadoria ao servidor público federal vinculado a regime próprio de previdência social e ao segurado do Regime Geral de Previdência Social e de pensão por morte aos respectivos dependentes será assegurada, a qualquer tempo, desde que tenham sido cumpridos os requisitos para obtenção desses benefícios até a data de entrada em vigor desta Emenda Constitucional, observados os critérios da legislação vigente na data em que foram atendidos os requisitos para a concessão da aposentadoria ou da pensão por morte.

§ 1º Os proventos de aposentadoria devidos ao servidor público a que se refere o *caput* e as pensões por morte devidas aos seus dependentes serão calculados e reajustados de acordo com a legislação em vigor à época em que foram atendidos os requisitos nela estabelecidos para a concessão desses benefícios.

§ 2º Os proventos de aposentadoria devidos ao segurado a que se refere o *caput* e as pensões por morte devidas aos seus dependentes serão apurados de acordo com a legislação em vigor à época em que foram atendidos os requisitos nela estabelecidos para a concessão desses benefícios.

§ 3º Até que entre em vigor lei federal de que trata o § 19 do art. 40 da Constituição Federal, o servidor de que trata o *caput* que tenha cumprido os requisitos para aposentadoria voluntária com base no disposto na alínea *a* do inciso III do § 1º do art. 40 da Constituição Federal, na redação vigente até a data de entrada em vigor desta Emenda Constitucional, no art. 2º, no § 1º do art. 3º ou no art. 6º da Emenda Constitucional nº 41, de 19 de dezembro de 2003, ou no art. 3º da Emenda Constitucional nº 47, de 5 de julho de 2005, que optar por permanecer em atividade fará jus a um abono de permanência equivalente ao valor da sua contribuição previdenciária, até completar a idade para aposentadoria compulsória.

Art. 4º O servidor público federal que tenha ingressado no serviço público em cargo efetivo até a data de entrada em vigor desta Emenda Constitucional poderá aposentar-se voluntariamente quando preencher, cumulativamente, os seguintes requisitos:

I – 56 (cinquenta e seis) anos de idade, se mulher, e 61 (sessenta e um) anos de idade, se homem, observado o disposto no § 1º;

II – 30 (trinta) anos de contribuição, se mulher, e 35 (trinta e cinco) anos de contribuição, se homem;

III – 20 (vinte) anos de efetivo exercício no serviço público;

IV – 5 (cinco) anos no cargo efetivo em que se der a aposentadoria; e

V – somatório da idade e do tempo de contribuição, incluídas as frações, equivalente a 86 (oitenta e seis) pontos, se mulher, e 96 (noventa e seis) pontos, se homem, observado o disposto nos §§ 2º e 3º.

§ 1º A partir de 1º de janeiro de 2022, a idade mínima a que se refere o inciso I do *caput* será de 57 (cinquenta e sete) anos de idade, se mulher, e 62 (sessenta e dois) anos de idade, se homem.

§ 2º A partir de 1º de janeiro de 2020, a pontuação a que se refere o inciso V do *caput* será acrescida a cada ano de 1 (um) ponto, até atingir o limite de 100 (cem) pontos, se mulher, e de 105 (cento e cinco) pontos, se homem.

§ 3º A idade e o tempo de contribuição serão apurados em dias para o cálculo do somatório de pontos a que se referem o inciso V do *caput* e o § 2º.

§ 4º Para o titular do cargo de professor que comprovar exclusivamente tempo de efetivo exercício das funções de magistério na educação infantil e no ensino fundamental e médio, os requisitos de idade e de tempo de contribuição de que tratam os incisos I e II do *caput* serão:

I – 51 (cinquenta e um) anos de idade, se mulher, e 56 (cinquenta e seis) anos de idade, se homem;

II – 25 (vinte e cinco) anos de contribuição, se mulher, e 30 (trinta) anos de contribuição, se homem; e

III – 52 (cinquenta e dois) anos de idade, se mulher, e 57 (cinquenta e sete) anos de idade, se homem, a partir de 1º de janeiro de 2022.

§ 5º O somatório da idade e do tempo de contribuição de que trata o inciso V do *caput* para as pessoas a que se refere o § 4º, incluídas as frações, será de 81 (oitenta e um) pontos, se mulher, e 91 (noventa e um) pontos, se homem, aos quais serão acrescidos, a partir de 1º de janeiro de 2020, 1 (um) ponto a cada ano, até atingir o limite de 92 (noventa e dois) pontos, se mulher, e de 100 (cem) pontos, se homem.

§ 6º Os proventos das aposentadorias concedidas nos termos do disposto neste artigo corresponderão:

I – à totalidade da remuneração do servidor público no cargo efetivo em que se der a aposentadoria, observado o disposto no § 8º, para o servidor público que tenha ingressado no serviço público em cargo efetivo até 31 de dezembro de 2003 e que não tenha feito a opção de que trata o § 16 do art. 40 da Constituição Federal, desde que tenha, no mínimo, 62 (sessenta e dois) anos de idade, se mulher, e 65 (sessenta e cinco) anos de idade, se homem, ou, para os titulares do cargo de professor de que trata o § 4º, 57 (cinquenta e sete) anos de idade, se mulher, e 60 (sessenta) anos de idade, se homem;

II – ao valor apurado na forma da lei, para o servidor público não contemplado no inciso I.

§ 7º Os proventos das aposentadorias concedidas nos termos do disposto neste artigo não serão inferiores ao valor a que se refere o § 2º do art. 201 da Constituição Federal e serão reajustados:

I – de acordo com o disposto no art. 7º da Emenda Constitucional nº 41, de 19 de dezembro de 2003, se cumpridos os requisitos previstos no inciso I do § 6º; ou

II – nos termos estabelecidos para o Regime Geral de Previdência Social, na hipótese prevista no inciso II do § 6º.

§ 8º Considera-se remuneração do servidor público no cargo efetivo, para fins de cálculo dos proventos de aposentadoria com fundamento no disposto no inciso I do § 6º ou no inciso I do § 2º do art. 20, o valor constituído pelo subsídio, pelo vencimento e pelas vantagens pecuniárias permanentes do cargo, estabelecidos em lei, acrescidos dos adicionais de caráter individual e das vantagens pessoais permanentes, observados os seguintes critérios:

I – se o cargo estiver sujeito a variações na carga horária, o valor das rubricas que refletem essa variação integrará o cálculo do valor da remuneração do servidor público no cargo efetivo em que se deu a aposentadoria, considerando-se a média aritmética simples dessa carga horária proporcional ao número de anos completos de recebimento e contribuição, contínuos ou intercalados, em relação ao tempo total exigido para a aposentadoria;

II – se as vantagens pecuniárias permanentes forem variáveis por estarem vinculadas a indicadores de desempenho, produtividade ou situação similar, o valor dessas vantagens integrará o cálculo da remuneração do servidor público no cargo efetivo mediante a aplicação, sobre o valor atual de referência das vantagens pecuniárias permanentes variáveis, da média aritmética simples do indicador, proporcional ao número de anos completos de recebimento e de respectiva contribuição, contínuos ou intercalados, em relação ao tempo total exigido para a aposentadoria ou, se inferior, ao tempo total de percepção da vantagem.

§ 9º Aplicam-se às aposentadorias dos servidores dos Estados, do Distrito Federal e dos Municípios as normas constitucionais e infraconstitucionais anteriores à data de entrada em vigor desta Emenda Constitucional, enquanto não promovidas alterações na legislação interna relacionada ao respectivo regime próprio de previdência social.

§ 10. Estende-se o disposto no § 9º às normas sobre aposentadoria de servidores públicos incompatíveis com a redação atribuída por esta Emenda Constitucional aos §§ 4º, 4º-A, 4º-B e 4º-C do art. 40 da Constituição Federal.

Art. 5º O policial civil do órgão a que se refere o inciso XIV do *caput* do art. 21 da Constituição Federal, o policial dos órgãos a que se referem o inciso IV do *caput* do art. 51, o inciso XIII do *caput* do art. 52 e os incisos I a III do *caput* do art. 144 da Constituição Federal e o ocupante de cargo de agente federal penitenciário ou socioeducativo que tenham ingressado na respectiva carreira até a data de entrada em vigor desta Emenda Constitucional poderão aposentar-se, na forma da Lei Complementar nº 51, de 20 de dezembro de 1985, observada a idade mínima de 55 (cinquenta e cinco) anos para ambos os sexos ou o disposto no § 3º.

- O STF, por unanimidade, referendou a medida liminar parcialmente concedida na ADI nº 7.727, para suspender a eficácia da expressão "para ambos os sexos", contidas neste *caput* (*DOU* de 5-5-2025).

§ 1º Serão considerados tempo de exercício em cargo de natureza estritamente policial, para os fins do inciso II do art. 1º da Lei Complementar nº 51, de 20 de dezembro de 1985, o tempo de atividade militar nas Forças Armadas, nas polícias militares e nos corpos de bombeiros militares e o tempo de atividade como agente penitenciário ou socioeducativo.

§ 2º Aplicam-se às aposentadorias dos servidores dos Estados de que trata o § 4º-B do art. 40 da Constituição Federal as normas constitucionais e infraconstitucionais anteriores à data de entrada em vigor desta Emenda Constitucional, enquanto não promovidas alterações na legislação interna relacionada ao respectivo regime próprio de previdência social.

§ 3º Os servidores de que trata o *caput* poderão aposentar-se aos 52 (cinquenta e dois) anos de idade, se mulher, e aos 53 (cinquenta e três) anos de idade, se homem, desde que cumprido período adicional de contribuição correspondente ao tempo que, na data de entrada em vigor desta Emenda Constitucional, faltaria para atingir o tempo de contribuição previsto na Lei Complementar nº 51, de 20 de dezembro de 1985.

Art. 6º O disposto no § 14 do art. 37 da Constituição Federal não se aplica a aposentadorias concedidas pelo Regime Geral de Previdência Social até a data de entrada em vigor desta Emenda Constitucional.

Art. 7º O disposto no § 15 do art. 37 da Constituição Federal não se aplica a complementações de aposentadorias e pensões concedidas até a data de entrada em vigor desta Emenda Constitucional.

Art. 8º Até que entre em vigor lei federal de que trata o § 19 do art. 40 da Constituição Federal, o servidor público federal que cumprir as exigências para a concessão da aposentadoria voluntária nos termos do disposto nos arts. 4º, 5º, 20, 21 e 22 e que optar por permanecer em atividade fará jus a um abono de permanência equivalente ao valor da sua contribuição previdenciária, até completar a idade para aposentadoria compulsória.

Art. 9º Até que entre em vigor lei complementar que discipline o § 22 do art. 40 da Constituição Federal, aplicam-se aos regimes próprios de previdência social o disposto na Lei nº 9.717, de 27 de novembro de 1998, e o disposto neste artigo.

§ 1º O equilíbrio financeiro e atuarial do regime próprio de previdência social deverá ser comprovado por meio de garantia de equivalência, a valor presente, entre o fluxo das receitas estimadas e das despesas projetadas, apuradas atuarialmente, que, juntamente com os bens, direitos e ativos vinculados, comparados às obrigações assumidas, evidenciem a solvência e a liquidez do plano de benefícios.

§ 2º O rol de benefícios dos regimes próprios de previdência social fica limitado às aposentadorias e à pensão por morte.

§ 3º Os afastamentos por incapacidade temporária para o trabalho e o salário-maternidade serão pagos diretamente pelo ente federativo e não correrão à conta do regime próprio de previdência social ao qual o servidor se vincula.

§ 4º Os Estados, o Distrito Federal e os Municípios não poderão estabelecer alíquota inferior à da contribuição dos servidores da União, exceto se demonstrado que o respectivo regime próprio de previdência social não possui *deficit* atuarial a ser equacionado, hipótese em que a alíquota não poderá ser inferior às alíquotas aplicáveis ao Regime Geral de Previdência Social.

§ 5º Para fins do disposto no § 4º, não será considerada como ausência de *deficit* a implementação de segregação da massa de segurados ou a previsão em lei de plano de equacionamento de *deficit*.

§ 6º A instituição do regime de previdência complementar na forma dos §§ 14 a 16 do art. 40 da Constituição Federal e a adequação do órgão ou entidade gestora do regime próprio de previdência social ao § 20 do art. 40 da Constituição Federal deverão ocorrer no prazo máximo de 2 (dois) anos da data de entrada em vigor desta Emenda Constitucional.

§ 7º Os recursos de regime próprio de previdência social poderão ser aplicados na concessão de empréstimos a seus segurados, na modalidade de consignados, observada regulamentação específica estabelecida pelo Conselho Monetário Nacional.

§ 8º Por meio de lei, poderá ser instituída contribuição extraordinária pelo prazo máximo de 20 (vinte) anos, nos termos dos §§ 1º-B e 1º-C do art. 149 da Constituição Federal.

§ 9º O parcelamento ou a moratória de débitos dos entes federativos com seus regimes próprios de previdência social fica limitado ao prazo a que se refere o § 11 do art. 195 da Constituição.

Art. 10. Até que entre em vigor lei federal que discipline os benefícios do regime próprio de previdência social dos servidores da União, aplica-se o disposto neste artigo.

§ 1º Os servidores públicos federais serão aposentados:

I – voluntariamente, observados, cumulativamente, os seguintes requisitos:

a) 62 (sessenta e dois) anos de idade, se mulher, e 65 (sessenta e cinco) anos de idade, se homem; e

b) 25 (vinte e cinco) anos de contribuição, desde que cumprido o tempo mínimo de 10 (dez) anos de efetivo exercício no serviço público e de 5 (cinco) anos no cargo efetivo em que for concedida a aposentadoria;

II – por incapacidade permanente para o trabalho, no cargo em que estiverem investidos, quando insuscetíveis de readaptação, hipótese em que será obrigatória a realização de avaliações periódicas para verificação da continuidade das condições que ensejaram a concessão da aposentadoria; ou

III – compulsoriamente, na forma do disposto no inciso II do § 1º do art. 40 da Constituição Federal.

§ 2º Os servidores públicos federais com direito a idade mínima ou tempo de contribuição distintos da regra geral para concessão de aposentadoria na forma dos §§ 4º-B, 4º-C e 5º do art. 40 da Constituição Federal poderão aposentar-se, observados os seguintes requisitos:

I – o policial civil do órgão a que se refere o inciso XIV do *caput* do art. 21 da Constituição Federal, o policial dos órgãos a que se referem o inciso IV do *caput* do art. 51, o inciso XIII do *caput* do art. 52 e os incisos I a III do *caput* do art. 144 da Constituição Federal e o ocupante de cargo de agente federal penitenciário ou socioeducativo, aos 55 (cinquenta e cinco) anos de idade, com 30 (trinta) anos de contribuição e 25 (vinte e cinco) anos de efetivo exercício em cargo dessas carreiras, para ambos os sexos;

- O STF, por unanimidade, referendou a medida liminar parcialmente concedida na ADI nº 7.727, para suspender a eficácia da expressão "para ambos os sexos", contidas neste inciso (*DOU* de 5-5-2025).

II – o servidor público federal cujas atividades sejam exercidas com efetiva exposição a agentes químicos, físicos e biológicos prejudiciais à saúde, ou associação desses agentes, vedada a caracterização por categoria profissional ou ocupação, aos 60 (sessenta) anos de idade, com 25 (vinte e cinco) anos de efetiva exposição e contribuição, 10 (dez) anos de efetivo exercício de serviço público e 5 (cinco) anos no cargo efetivo em que for concedida a aposentadoria;

III – o titular do cargo federal de professor, aos 60 (sessenta) anos de idade, se homem, aos 57 (cinquenta e sete) anos, se mulher, com 25 (vinte e cinco) anos de contribuição exclusivamente em efetivo exercício das funções de magistério na educação infantil e no ensino fundamental e médio, 10 (dez) anos de efetivo exercício de serviço público e 5 (cinco) anos no cargo efetivo em que for concedida a aposentadoria, para ambos os sexos.

§ 3º A aposentadoria a que se refere o § 4º-C do art. 40 da Constituição Federal observará adicionalmente as condições e os requisitos estabelecidos para o Regime Geral de Previdência Social, naquilo em que não conflitarem com as regras específicas aplicáveis ao regime próprio de previdência social da União, vedada a conversão de tempo especial em comum.

§ 4º Os proventos das aposentadorias concedidas nos termos do disposto neste artigo serão apurados na forma da lei.

§ 5º Até que entre em vigor lei federal de que trata o § 19 do art. 40 da Constituição Federal, o servidor federal que cumprir as exigências para a concessão da aposentadoria voluntária nos termos do disposto neste artigo e que optar por permanecer em atividade fará jus a um abono de permanência equivalente ao valor da sua contribuição previdenciária, até completar a idade para aposentadoria compulsória.

§ 6º A pensão por morte devida aos dependentes do policial civil do órgão a que se refere o inciso XIV do *caput* do art. 21 da Constituição Federal, do policial dos órgãos a que se referem o inciso IV do *caput* do art. 51, o inciso XIII do *caput* do art. 52 e os incisos I a III do *caput* do art. 144 da Constituição Federal e dos ocupantes dos cargos de agente federal penitenciário ou socioeducativo decorrente de agressão sofrida no exercício ou em razão da função será vitalícia para o cônjuge ou companheiro e equivalente à remuneração do cargo.

§ 7º Aplicam-se às aposentadorias dos servidores dos Estados, do Distrito Federal e dos Municípios as normas constitucionais e infraconstitucionais anteriores à data de entrada em vigor desta Emenda Constitucional, enquanto não promovidas alterações na legislação interna relacionada ao respectivo regime próprio de previdência social.

Art. 11. Até que entre em vigor lei que altere a alíquota da contribuição previdenciária de que tratam os arts. 4º, 5º e 6º da Lei nº 10.887, de 18 de junho de 2004, esta será de 14% (quatorze por cento).

▸ Art. 36, I, desta EC, que vigorará no primeiro dia do quarto mês subsequente ao da data de sua publicação (*DOU* de 13-11-2019).

§ 1º A alíquota prevista no *caput* será reduzida ou majorada, considerado o valor da base de contribuição ou do benefício recebido, de acordo com os seguintes parâmetros:

I – até 1 (um) salário mínimo, redução de seis inteiros e cinco décimos pontos percentuais;

II – acima de 1 (um) salário mínimo até R$ 2.000,00 (dois mil reais), redução de cinco pontos percentuais;

III – de R$ 2.000,01 (dois mil reais e um centavo) até R$ 3.000,00 (três mil reais), redução de dois pontos percentuais;

IV – de R$ 3.000,01 (três mil reais e um centavo) até R$ 5.839,45 (cinco mil, oitocentos e trinta e nove reais e quarenta e cinco centavos), sem redução ou acréscimo;

V – de R$ 5.839,46 (cinco mil, oitocentos e trinta e nove reais e quarenta e seis centavos) até R$ 10.000,00 (dez mil reais), acréscimo de meio ponto percentual;

VI – de R$ 10.000,01 (dez mil reais e um centavo) até R$ 20.000,00 (vinte mil reais), acréscimo de dois inteiros e cinco décimos pontos percentuais;

VII – de R$ 20.000,01 (vinte mil reais e um centavo) até R$ 39.000,00 (trinta e nove mil reais), acréscimo de cinco pontos percentuais; e

VIII – acima de R$ 39.000,00 (trinta e nove mil reais), acréscimo de oito pontos percentuais.

§ 2º A alíquota, reduzida ou majorada nos termos do disposto no § 1º, será aplicada de forma progressiva sobre a base de contribuição do servidor ativo, incidindo cada alíquota sobre a faixa de valores compreendida nos respectivos limites.

§ 3º Os valores previstos no § 1º serão reajustados, a partir da data de entrada em vigor desta Emenda Constitucional, na mesma data e com o mesmo índice em que se der o reajuste dos benefícios do Regime Geral de Previdência Social, ressalvados aqueles vinculados ao salário mínimo, aos quais se aplica a legislação específica.

§ 4º A alíquota de contribuição de que trata o *caput*, com a redução ou a majoração decorrentes do disposto no § 1º, será devida pelos aposentados e pensionistas de quaisquer dos Poderes da União, incluídas suas entidades autárquicas e suas fundações, e incidirá sobre o valor da parcela dos proventos de aposentadoria e de pensões que supere o limite máximo estabelecido para os benefícios do Regime Geral de Previdência Social, hipótese em que será considerada a totalidade do valor do benefício para fins de definição das alíquotas aplicáveis.

Art. 12. A União instituirá sistema integrado de dados relativos às remunerações, proventos e pensões dos segurados dos regimes de previdência de que tratam os arts. 40, 201 e 202 da Constituição Federal, aos benefícios dos programas de assistência social de que trata o art. 203 da Constituição Federal e às remunerações, proventos de inatividade e pensão por morte decorrentes das atividades militares de que tratam os arts. 42 e 142 da Constituição Federal, em interação com outras bases de dados, ferramentas e plataformas, para o fortalecimento de sua gestão, governança e transparência e o cumprimento das disposições estabelecidas nos incisos XI e XVI do art. 37 da Constituição Federal.

§ 1º A União, os Estados, o Distrito Federal e os Municípios e os órgãos e entidades gestoras dos regimes, dos sistemas e dos programas a que se refere o *caput* disponibilizarão as informações necessárias para a estruturação do sistema integrado de dados e terão acesso ao compartilhamento das referidas informações, na forma da legislação.

§ 2º É vedada a transmissão das informações de que trata este artigo a qualquer pessoa física ou jurídica para a prática de atividade não relacionada à fiscalização dos regimes, dos sistemas e dos programas a que se refere o *caput*.

Art. 13. Não se aplica o disposto no § 9º do art. 39 da Constituição Federal a parcelas remuneratórias decorrentes de incorporação de vantagens de caráter temporário ou vinculadas ao exercício de função de confiança ou de cargo em comissão efetivada até a data de entrada em vigor desta Emenda Constitucional.

Art. 14. Vedadas a adesão de novos segurados e a instituição de novos regimes dessa natureza, os atuais segurados de regime de previdência aplicável a titulares de mandato eletivo da União, dos Estados, do Distrito Federal e dos Municípios poderão, por meio de opção expressa formalizada no prazo de 180 (cento e oitenta) dias, contado da data de entrada em vigor desta Emenda Constitucional, retirar-se dos regimes previdenciários aos quais se encontrem vinculados.

§ 1º Os segurados, atuais e anteriores, do regime de previdência de que trata a Lei nº 9.506, de 30 de outubro de 1997, que fizerem a opção de permanecer nesse regime previdenciário deverão cumprir período adicional correspondente a 30% (trinta por cento) do tempo de contribuição que faltaria para aquisição do direito à aposentadoria na data de entrada em vigor desta Emenda Constitucional e somente poderão aposentar-se a partir dos 62 (sessenta e dois) anos de idade, se mulher, e 65 (sessenta e cinco) anos de idade, se homem.

§ 2º Se for exercida a opção prevista no *caput*, será assegurada a contagem do tempo de contribuição vertido para o regime de previdência ao qual o segurado se encontrava vinculado, nos termos do disposto no § 9º do art. 201 da Constituição Federal.

§ 3º A concessão de aposentadoria aos titulares de mandato eletivo e de pensão por morte aos dependentes de titular de mandato eletivo falecido será assegurada, a qualquer tempo, desde que cumpridos os requisitos para obtenção desses benefícios até a data de entrada em vigor desta Emenda Constitucional, observados os critérios da legislação vigente na data em que foram atendidos os requisitos para a concessão da aposentadoria ou da pensão por morte.

§ 4º Observado o disposto nos §§ 9º e 9º-A do art. 201 da Constituição Federal, o tempo de contribuição a regime próprio de previdência social e ao Regime Geral de Previdência Social, assim como o tempo de contribuição decorrente das atividades militares de que tratam os arts. 42 e 142 da Constituição Federal, que tenha sido considerado para a concessão de benefício pelos regimes a que se refere o *caput* não poderá ser utilizado para obtenção de benefício naqueles regimes.

§ 5º Lei específica do Estado, do Distrito Federal ou do Município deverá disciplinar a regra de transição a ser aplicada aos segurados que, na forma do *caput*, fizerem a opção de permanecer no regime previdenciário de que trata este artigo.

Art. 15. Ao segurado filiado ao Regime Geral de Previdência Social até a data de entrada em vigor desta Emenda Constitucional, fica assegurado o direito à aposentadoria quando forem preenchidos, cumulativamente, os seguintes requisitos:

I – 30 (trinta) anos de contribuição, se mulher, e 35 (trinta e cinco) anos de contribuição, se homem; e

II – somatório da idade e do tempo de contribuição, incluídas as frações, equivalente a 86 (oitenta e seis) pontos, se mulher, e 96 (noventa e seis) pontos, se homem, observado o disposto nos §§ 1º e 2º.

§ 1º A partir de 1º de janeiro de 2020, a pontuação a que se refere o inciso II do *caput* será acrescida a cada ano de 1 (um) ponto, até atingir o limite de 100 (cem) pontos, se mulher, e de 105 (cento e cinco) pontos, se homem.

§ 2º A idade e o tempo de contribuição serão apurados em dias para o cálculo do somatório de pontos a que se referem o inciso II do *caput* e o § 1º.

§ 3º Para o professor que comprovar exclusivamente 25 (vinte e cinco) anos de contribuição, se mulher, e 30 (trinta) anos de contribuição, se homem, em efetivo exercício das funções de magistério na educação infantil e no ensino fundamental e médio, o somatório da idade e do tempo de contribuição, incluídas as frações, será equivalente a 81 (oitenta e um) pontos, se mulher, e 91 (noventa e um) pontos, se homem, aos quais serão acrescidos, a partir de 1º de janeiro de 2020, 1 (um) ponto a cada ano para o homem e para a mulher, até atingir o limite de 92 (noventa e dois) pontos, se mulher, e 100 (cem) pontos, se homem.

§ 4º O valor da aposentadoria concedida nos termos do disposto neste artigo será apurado na forma da lei.

Art. 16. Ao segurado filiado ao Regime Geral de Previdência Social até a data de entrada em vigor desta Emenda Constitucional fica assegurado o direito à aposentadoria quando preencher, cumulativamente, os seguintes requisitos:

I – 30 (trinta) anos de contribuição, se mulher, e 35 (trinta e cinco) anos de contribuição, se homem; e

II – idade de 56 (cinquenta e seis) anos, se mulher, e 61 (sessenta e um) anos, se homem.

§ 1º A partir de 1º de janeiro de 2020, a idade a que se refere o inciso II do *caput* será acrescida de 6 (seis) meses a cada ano, até atingir 62 (sessenta e dois) anos de idade, se mulher, e 65 (sessenta e cinco) anos de idade, se homem.

§ 2º Para o professor que comprovar exclusivamente tempo de efetivo exercício das funções de magistério na educação infantil e no ensino fundamental e médio, o tempo de contribuição e a idade de que tratam os incisos I e II do *caput* deste artigo serão reduzidos em 5 (cinco) anos, sendo, a partir de 1º de janeiro de 2020, acrescidos 6 (seis) meses, a cada ano, às idades previstas no inciso II do *caput*, até atingirem 57 (cinquenta e sete) anos, se mulher, e 60 (sessenta) anos, se homem.

§ 3º O valor da aposentadoria concedida nos termos do disposto neste artigo será apurado na forma da lei.

Art. 17. Ao segurado filiado ao Regime Geral de Previdência Social até a data de entrada em vigor desta Emenda Constitucional e que na referida data contar com mais de 28 (vinte e oito) anos de contribuição, se mulher, e 33 (trinta e três) anos de contribuição, se homem, fica assegurado o direito à aposentadoria quando preencher, cumulativamente, os seguintes requisitos:

I – 30 (trinta) anos de contribuição, se mulher, e 35 (trinta e cinco) anos de contribuição, se homem; e

II – cumprimento de período adicional correspondente a 50% (cinquenta por cento) do tempo que, na data de entrada em vigor desta Emenda Constitucional, faltaria para atingir 30 (trinta) anos de contribuição, se mulher, e 35 (trinta e cinco) anos de contribuição, se homem.

Parágrafo único. O benefício concedido nos termos deste artigo terá seu valor apurado de acordo com a média aritmética simples dos salários de contribuição e das remunerações calculada na forma da lei, multiplicada pelo fator previdenciário, calculado na forma do disposto nos §§ 7º a 9º do art. 29 da Lei nº 8.213, de 24 de julho de 1991.

Art. 18. O segurado de que trata o inciso I do § 7º do art. 201 da Constituição Federal filiado ao Regime Geral de Previdência Social até a data de entrada em vigor desta Emenda Constitucional poderá aposentar-se quando preencher, cumulativamente, os seguintes requisitos:

I – 60 (sessenta) anos de idade, se mulher, e 65 (sessenta e cinco) anos de idade, se homem; e

II – 15 (quinze) anos de contribuição, para ambos os sexos.

§ 1º A partir de 1º de janeiro de 2020, a idade de 60 (sessenta) anos da mulher, prevista no inciso I do *caput*, será acrescida em 6 (seis) meses a cada ano, até atingir 62 (sessenta e dois) anos de idade.

§ 2º O valor da aposentadoria de que trata este artigo será apurado na forma da lei.

Art. 19. Até que lei disponha sobre o tempo de contribuição a que se refere o inciso I do § 7º do art. 201 da Constituição Federal, o segurado filiado ao Regime Geral de Previdência Social após a data de entrada em vigor desta Emenda Constitucional será aposentado aos 62 (sessenta e dois) anos de idade, se mulher, 65 (sessenta e cinco) anos de idade, se homem, com 15 (quinze) anos de tempo de contribuição, se mulher, e 20 (vinte) anos de tempo de contribuição, se homem.

§ 1º Até que lei complementar disponha sobre a redução de idade mínima ou tempo de contribuição prevista nos §§ 1º e 8º do art. 201 da Constituição Federal, será concedida aposentadoria:

I – aos segurados que comprovem o exercício de atividades com efetiva exposição a agentes químicos, físicos e biológicos prejudiciais à saúde, ou associação desses agentes, vedada a caracterização por categoria profissional ou ocupação, durante, no mínimo, 15 (quinze), 20 (vinte) ou 25 (vinte e cinco) anos, nos termos do disposto nos arts. 57 e 58 da Lei nº 8.213, de 24 de julho de 1991, quando cumpridos:

a) 55 (cinquenta e cinco) anos de idade, quando se tratar de atividade especial de 15 (quinze) anos de contribuição;

b) 58 (cinquenta e oito) anos de idade, quando se tratar de atividade especial de 20 (vinte) anos de contribuição; ou

c) 60 (sessenta) anos de idade, quando se tratar de atividade especial de 25 (vinte e cinco) anos de contribuição;

II – ao professor que comprove 25 (vinte e cinco) anos de contribuição exclusivamente em efetivo exercício das funções de magistério na educação infantil e no ensino fundamental e médio e tenha 57 (cinquenta e sete) anos de idade, se mulher, e 60 (sessenta) anos de idade, se homem.

§ 2º O valor das aposentadorias de que trata este artigo será apurado na forma da lei.

Art. 20. O segurado ou o servidor público federal que se tenha filiado ao Regime Geral de Previdência Social ou ingressado no serviço público em cargo efetivo até a data de entrada em vigor desta Emenda Constitucional poderá aposentar-se voluntariamente quando preencher, cumulativamente, os seguintes requisitos:

I – 57 (cinquenta e sete) anos de idade, se mulher, e 60 (sessenta) anos de idade, se homem;

II – 30 (trinta) anos de contribuição, se mulher, e 35 (trinta e cinco) anos de contribuição, se homem;

III – para os servidores públicos, 20 (vinte) anos de efetivo exercício no serviço público e 5 (cinco) anos no cargo efetivo em que se der a aposentadoria;

IV – período adicional de contribuição correspondente ao tempo que, na data de entrada em vigor desta Emenda Constitucional, faltaria para atingir o tempo mínimo de contribuição referido no inciso II.

§ 1º Para o professor que comprovar exclusivamente tempo de efetivo exercício das funções de magistério na educação infantil e no ensino fundamental e médio serão reduzidos, para ambos os sexos, os requisitos de idade e de tempo de contribuição em 5 (cinco) anos.

§ 2º O valor das aposentadorias concedidas nos termos do disposto neste artigo corresponderá:

I – em relação ao servidor público que tenha ingressado no serviço público em cargo efetivo até 31 de dezembro de 2003 e que não tenha feito a opção de que trata o § 16 do art. 40 da Constituição Federal, à totalidade da remuneração no cargo efetivo em que se der a aposentadoria, observado o disposto no § 8º do art. 4º; e

II – em relação aos demais servidores públicos e aos segurados do Regime Geral de Previdência Social, ao valor apurado na forma da lei.

§ 3º O valor das aposentadorias concedidas nos termos do disposto neste artigo não será inferior ao valor a que se refere o § 2º do art. 201 da Constituição Federal e será reajustado:

I – de acordo com o disposto no art. 7º da Emenda Constitucional nº 41, de 19 de dezembro de 2003, se cumpridos os requisitos previstos no inciso I do § 2º;

II – nos termos estabelecidos para o Regime Geral de Previdência Social, na hipótese prevista no inciso II do § 2º.

§ 4º Aplicam-se às aposentadorias dos servidores dos Estados, do Distrito Federal e dos Municípios as normas constitucionais e infraconstitucionais anteriores à data de entrada em vigor desta Emenda Constitucional, enquanto não promovidas alterações na legislação interna relacionada ao respectivo regime próprio de previdência social.

Art. 21. O segurado ou o servidor público federal que se tenha filiado ao Regime Geral de Previdência Social ou ingressado no serviço público em cargo efetivo até a data de entrada em vigor desta Emenda Constitucional cujas atividades tenham sido exercidas com efetiva exposição a agentes químicos, físicos e biológicos prejudiciais à saúde, ou associação desses agentes, vedada a caracterização por categoria profissional ou ocupação, desde que cumpridos, no caso do servidor, o tempo mínimo de 20 (vinte) anos de efetivo exercício no serviço público e de 5 (cinco) anos no cargo efetivo em que for concedida a aposentadoria, na forma dos arts. 57 e 58 da Lei nº 8.213, de 24 de julho de 1991, poderão aposentar-se quando o total da soma resultante da sua idade e do tempo de contribuição e o tempo de efetiva exposição forem, respectivamente, de:

I – 66 (sessenta e seis) pontos e 15 (quinze) anos de efetiva exposição;

II – 76 (setenta e seis) pontos e 20 (vinte) anos de efetiva exposição; e

III – 86 (oitenta e seis) pontos e 25 (vinte e cinco) anos de efetiva exposição.

§ 1º A idade e o tempo de contribuição serão apurados em dias para o cálculo do somatório de pontos a que se refere o *caput*.

§ 2º O valor da aposentadoria de que trata este artigo será apurado na forma da lei.

§ 3º Aplicam-se às aposentadorias dos servidores dos Estados, do Distrito Federal e dos Municípios cujas atividades sejam exercidas com efetiva exposição a agentes químicos, físicos e biológicos prejudiciais à saúde, ou associação desses agentes, vedada a caracterização por categoria profissional ou ocupação, na forma do § 4º-C do art. 40 da Constituição Federal, as normas constitucionais e infraconstitucionais anteriores à data de entrada em vigor desta Emenda Constitucional, enquanto não promovidas alterações na legislação interna relacionada ao respectivo regime próprio de previdência social.

Art. 22. Até que lei discipline o § 4º-A do art. 40 e o inciso I do § 1º do art. 201 da Constituição Federal, a aposentadoria da pessoa com deficiência segurada do Regime Geral de Previdência Social ou do servidor público federal com deficiência vinculado a regime próprio de previdência social, desde que cumpridos, no caso do servidor, o tempo mínimo de 10 (dez) anos de efetivo exercício no serviço público e de 5 (cinco) anos no cargo efetivo em que for concedida a aposentadoria, será concedida na forma da Lei Complementar nº 142, de 8 de maio de 2013, inclusive quanto aos critérios de cálculo dos benefícios.

Parágrafo único. Aplicam-se às aposentadorias dos servidores com deficiência dos Estados, do Distrito Federal e dos Municípios as normas constitucionais e infraconstitucionais anteriores à data de entrada em vigor desta Emenda Constitucional, enquanto não promovidas alterações na legislação interna relacionada ao respectivo regime próprio de previdência social.

Art. 23. A pensão por morte concedida a dependente de segurado do Regime Geral de Previdência Social ou de servidor público federal será equivalente a uma cota familiar de 50% (cinquenta por cento) do valor da aposentadoria recebida pelo segurado ou servidor ou daquela a que teria direito se fosse aposentado por incapacidade permanente na data do óbito, acrescida de cotas de 10 (dez) pontos percentuais por dependente, até o máximo de 100% (cem por cento).

- O STF, por maioria, julgou improcedente o pedido formulado na ADI nº 7.051 para declarar a constitucionalidade deste artigo (*DOU* de 7-7-2023).

§ 1º As cotas por dependente cessarão com a perda dessa qualidade e não serão reversíveis aos demais dependentes, preservado o valor de 100% (cem por cento) da pensão por morte quando o número de dependentes remanescente for igual ou superior a 5 (cinco).

§ 2º Na hipótese de existir dependente inválido ou com deficiência intelectual, mental ou grave, o valor da pensão por morte de que trata o *caput* será equivalente a:

I – 100% (cem por cento) da aposentadoria recebida pelo segurado ou servidor ou daquela a que teria direito se fosse aposentado por incapacidade permanente na data do óbito, até o limite máximo de benefícios do Regime Geral de Previdência Social; e

II – uma cota familiar de 50% (cinquenta por cento) acrescida de cotas de 10 (dez) pontos percentuais por dependente, até o máximo de 100% (cem por cento), para o valor que supere o limite máximo de benefícios do Regime Geral de Previdência Social.

§ 3º Quando não houver mais dependente inválido ou com deficiência intelectual, mental ou grave, o valor da pensão será recalculado na forma do disposto no *caput* e no § 1º.

§ 4º O tempo de duração da pensão por morte e das cotas individuais por dependente até a perda dessa qualidade, o rol de dependentes e sua qualificação e as condições necessárias para enquadramento serão aqueles estabelecidos na Lei nº 8.213, de 24 de julho de 1991.

§ 5º Para o dependente inválido ou com deficiência intelectual, mental ou grave, sua condição pode ser reconhecida previamente ao óbito do segurado, por meio de avaliação biopsicossocial realizada por equipe multiprofissional e interdisciplinar, observada revisão periódica na forma da legislação.

§ 6º Equiparam-se a filho, para fins de recebimento da pensão por morte, exclusivamente o enteado e o menor tutelado, desde que comprovada a dependência econômica.

§ 7º As regras sobre pensão previstas neste artigo e na legislação vigente na data de entrada em vigor desta Emenda Constitucional poderão ser alteradas na forma da lei para o Regime Geral de Previdência Social e para o regime próprio de previdência social da União.

§ 8º Aplicam-se às pensões concedidas aos dependentes de servidores dos Estados, do Distrito Federal e dos Municípios as normas constitucionais e infraconstitucionais anteriores à data de entrada em vigor desta Emenda Constitucional, enquanto não promovidas alterações na legislação interna relacionada ao respectivo regime próprio de previdência social.

Art. 24. É vedada a acumulação de mais de uma pensão por morte deixada por cônjuge ou companheiro, no âmbito do mesmo regime de previdência social, ressalvadas as pensões do mesmo instituidor decorrentes do exercício de cargos acumuláveis na forma do art. 37 da Constituição Federal.

§ 1º Será admitida, nos termos do § 2º, a acumulação de:

I – pensão por morte deixada por cônjuge ou companheiro de um regime de previdência social com pensão por morte concedida por outro regime de previdência social ou com pensões decorrentes das atividades militares de que tratam os arts. 42 e 142 da Constituição Federal;

II – pensão por morte deixada por cônjuge ou companheiro de um regime de previdência social com aposentadoria concedida no âmbito do Regime Geral de Previdência Social ou de regime próprio de previdência social ou com proventos de inatividade decorrentes das atividades militares de que tratam os arts. 42 e 142 da Constituição Federal; ou

III – pensões decorrentes das atividades militares de que tratam os arts. 42 e 142 da Constituição Federal com aposentadoria concedida no âmbito do Regime Geral de Previdência Social ou de regime próprio de previdência social.

§ 2º Nas hipóteses das acumulações previstas no § 1º, é assegurada a percepção do valor integral do benefício mais vantajoso e de uma parte de cada um dos demais benefícios, apurada cumulativamente de acordo com as seguintes faixas:

I – 60% (sessenta por cento) do valor que exceder 1 (um) salário mínimo, até o limite de 2 (dois) salários mínimos;

II – 40% (quarenta por cento) do valor que exceder 2 (dois) salários mínimos, até o limite de 3 (três) salários mínimos;

III – 20% (vinte por cento) do valor que exceder 3 (três) salários mínimos, até o limite de 4 (quatro) salários mínimos; e

IV – 10% (dez por cento) do valor que exceder 4 (quatro) salários mínimos.

§ 3º A aplicação do disposto no § 2º poderá ser revista a qualquer tempo, a pedido do interessado, em razão de alteração de algum dos benefícios.

§ 4º As restrições previstas neste artigo não serão aplicadas se o direito aos benefícios houver sido adquirido antes da data de entrada em vigor desta Emenda Constitucional.

§ 5º As regras sobre acumulação previstas neste artigo e na legislação vigente na data de entrada em vigor desta Emenda Constitucional poderão ser alteradas na forma do § 6º do art. 40 e do § 15 do art. 201 da Constituição Federal.

Art. 25. Será assegurada a contagem de tempo de contribuição fictício no Regime Geral de Previdência Social decorrente de hipóteses descritas na legislação vigente até a data de entrada em vigor desta Emenda Constitucional para fins de concessão de aposentadoria, observando-se, a partir da sua entrada em vigor, o disposto no § 14 do art. 201 da Constituição Federal.

§ 1º Para fins de comprovação de atividade rural exercida até a data de entrada em vigor desta Emenda Constitucional, o prazo de que tratam os §§ 1º e 2º do art. 38-B da Lei nº 8.213, de 24 de julho de 1991, será prorrogado até a data em que o Cadastro Nacional de Informações Sociais (CNIS) atingir a cobertura mínima de 50% (cinquenta por cento) dos trabalhadores de que trata o § 8º do art. 195 da Constituição Federal, apurada conforme quantitativo da Pesquisa Nacional por Amostra de Domicílios Contínua (Pnad).

§ 2º Será reconhecida a conversão de tempo especial em comum, na forma prevista na Lei nº 8.213, de 24 de julho de 1991, ao segurado do Regime Geral de Previdência Social que comprovar tempo de efetivo exercício de atividade sujeita a condições especiais que efetivamente prejudiquem a saúde, cumprido até a data de entrada em vigor desta Emenda Constitucional, vedada a conversão para o tempo cumprido após esta data.

§ 3º Considera-se nula a aposentadoria que tenha sido concedida ou que venha a ser concedida por regime próprio de previdência social com contagem recíproca do Regime Geral de Previdência Social mediante o cômputo de tempo de serviço sem o recolhimento da respectiva contribuição ou da correspondente indenização pelo segurado obrigatório responsável, à época do exercício da atividade, pelo recolhimento de suas próprias contribuições previdenciárias.

Art. 26. Até que lei discipline o cálculo dos benefícios do regime próprio de previdência social da União e do Regime Geral de Previdência Social, será utilizada a média aritmética simples dos salários de contribuição e das remunerações adotados como base para contribuições a regime próprio de previdência social e ao Regime Geral de Previdência Social, ou como base para contribuições decorrentes das atividades militares de que tratam os arts. 42 e 142 da Constituição Federal, atualizados monetariamente, correspondentes a 100% (cem por cento) do período contributivo desde a competência julho de 1994 ou desde o início da contribuição, se posterior àquela competência.

§ 1º A média a que se refere o *caput* será limitada ao valor máximo do salário de contribuição do Regime Geral de Previdência Social para os segurados desse regime e para o servidor que ingressou no serviço público em cargo efetivo após a implantação do regime de previdência complementar ou que tenha exercido a opção correspondente, nos termos do disposto nos §§ 14 a 16 do art. 40 da Constituição Federal.

§ 2º O valor do benefício de aposentadoria corresponderá a 60% (sessenta por cento) da média aritmética definida na forma prevista no *caput* e no § 1º, com acréscimo de 2 (dois) pontos percentuais para cada ano de contribuição que exceder o tempo de 20 (vinte) anos de contribuição nos casos:

I – do inciso II do § 6º do art. 4º, do § 4º do art. 15, do § 3º do art. 16 e do § 2º do art. 18;

II – do § 4º do art. 10, ressalvado o disposto no inciso II do § 3º e no § 4º deste artigo;

III – de aposentadoria por incapacidade permanente aos segurados do Regime Geral de Previdência Social, ressalvado o disposto no inciso II do § 3º deste artigo; e

IV – do § 2º do art. 19 e do § 2º do art. 21, ressalvado o disposto no § 5º deste artigo.

§ 3º O valor do benefício de aposentadoria corresponderá a 100% (cem por cento) da média aritmética definida na forma prevista no *caput* e no § 1º:

I – no caso do inciso II do § 2º do art. 20;

II – no caso de aposentadoria por incapacidade permanente, quando decorrer de acidente de trabalho, de doença profissional e de doença do trabalho.

§ 4º O valor do benefício da aposentadoria de que trata o inciso III do § 1º do art. 10 corresponderá ao resultado do tempo de contribuição dividido por 20 (vinte) anos, limitado a um inteiro, multiplicado pelo valor apurado na forma do *caput* do § 2º deste artigo, ressalvado o caso de cumprimento de critérios de acesso para aposentadoria voluntária que resulte em situação mais favorável.

§ 5º O acréscimo a que se refere o *caput* do § 2º será aplicado para cada ano que exceder 15 (quinze) anos de tempo de contribuição para os segurados de que tratam a alínea *a* do inciso I do § 1º do art. 19 e o inciso I do art. 21 e para as mulheres filiadas ao Regime Geral de Previdência Social.

§ 6º Poderão ser excluídas da média as contribuições que resultem em redução do valor do benefício, desde que mantido o tempo mínimo de contribuição exigido, vedada a utilização do tempo excluído para qualquer finalidade, inclusive para o acréscimo a que se referem os §§ 2º e 5º, para a averbação em outro regime previdenciário ou para a obtenção dos proventos de inatividade das atividades de que tratam os arts. 42 e 142 da Constituição Federal.

§ 7º Os benefícios calculados nos termos do disposto neste artigo serão reajustados nos termos estabelecidos para o Regime Geral de Previdência Social.

Art. 27. Até que lei discipline o acesso ao salário-família e ao auxílio-reclusão de que trata o inciso IV do art. 201 da Constituição Federal, esses benefícios serão concedidos apenas àqueles que tenham renda bruta mensal igual ou inferior a R$ 1.364,43 (mil, trezentos e sessenta e quatro reais e quarenta e três centavos), que serão corrigidos pelos mesmos índices aplicados aos benefícios do Regime Geral de Previdência Social.

§ 1º Até que lei discipline o valor do auxílio-reclusão, de que trata o inciso IV do art. 201 da Constituição Federal, seu cálculo será realizado na forma daquele aplicável à pensão por morte, não podendo exceder o valor de 1 (um) salário mínimo.

§ 2º Até que lei discipline o valor do salário-família, de que trata o inciso IV do art. 201 da Constituição Federal, seu valor será de R$ 46,54 (quarenta e seis reais e cinquenta e quatro centavos).

Art. 28. Até que lei altere as alíquotas da contribuição de que trata a Lei nº 8.212, de 24 de julho de 1991, devidas pelo segurado empregado, inclusive o doméstico, e pelo trabalhador avulso, estas serão de:

▶ Art. 36, I, desta EC, que vigorará no primeiro dia do quarto mês subsequente ao da data de sua publicação (*DOU* de 13-11-2019).

I – até 1 (um) salário mínimo, 7,5% (sete inteiros e cinco décimos por cento);

II – acima de 1 (um) salário mínimo até R$ 2.000,00 (dois mil reais), 9% (nove por cento);

III – de R$ 2.000,01 (dois mil reais e um centavo) até R$ 3.000,00 (três mil reais), 12% (doze por cento); e

IV – de R$ 3.000,01 (três mil reais e um centavo) até o limite do salário de contribuição, 14% (quatorze por cento).

§ 1º As alíquotas previstas no *caput* serão aplicadas de forma progressiva sobre o salário de contribuição do segurado, incidindo cada alíquota sobre a faixa de valores compreendida nos respectivos limites.

§ 2º Os valores previstos no *caput* serão reajustados, a partir da data de entrada em vigor desta Emenda Constitucional, na mesma data e com o mesmo índice em que se der o reajuste dos benefícios do Regime Geral de Previdência Social, ressalvados aqueles vinculados ao salário mínimo, aos quais se aplica a legislação específica.

Art. 29. Até que entre em vigor lei que disponha sobre o § 14 do art. 195 da Constituição Federal, o segurado que, no somatório de remunerações auferidas no período de 1 (um) mês, receber remuneração inferior ao limite mínimo mensal do salário de contribuição poderá:

I – complementar a sua contribuição, de forma a alcançar o limite mínimo exigido;

II – utilizar o valor da contribuição que exceder o limite mínimo de contribuição de uma competência em outra; ou

III – agrupar contribuições inferiores ao limite mínimo de diferentes competências, para aproveitamento em contribuições mínimas mensais.

Parágrafo único. Os ajustes de complementação ou agrupamento de contribuições previstos nos incisos I, II e III do *caput* somente poderão ser feitos ao longo do mesmo ano civil.

Art. 30. A vedação de diferenciação ou substituição de base de cálculo decorrente do disposto no § 9º do art. 195 da Constituição Federal não se aplica a contribuições que substituam a contribuição de que trata a alínea *a* do inciso I do *caput* do art. 195 da Constituição Federal instituídas antes da data de entrada em vigor desta Emenda Constitucional.

Art. 31. O disposto no § 11 do art. 195 da Constituição Federal não se aplica aos parcelamentos previstos na legislação vigente até a data de entrada em vigor desta Emenda Constitucional, sendo vedadas a reabertura ou a prorrogação de prazo para adesão.

Art. 32. Até que entre em vigor lei que disponha sobre a alíquota da contribuição de que trata a Lei nº 7.689, de 15 de dezembro de 1988, esta será de 20% (vinte por cento) no caso das pessoas jurídicas referidas no inciso I do § 1º do art. 1º da Lei Complementar nº 105, de 10 de janeiro de 2001.

▶ Art. 36, I, desta EC, que vigorará no primeiro dia do quarto mês subsequente ao da data de sua publicação (*DOU* de 13-11-2019).

Art. 33. Até que seja disciplinada a relação entre a União, os Estados, o Distrito Federal e os Municípios e entidades abertas de previdência complementar na forma do disposto nos §§ 4º e 5º do art. 202 da Constituição Federal, somente entidades fechadas de previdência complementar estão autorizadas a administrar planos de benefícios patrocinados pela União, Estados, Distrito Federal ou Municípios, inclusive suas autarquias, fundações, sociedades de economia mista e empresas controladas direta ou indiretamente.

Art. 34. Na hipótese de extinção por lei de regime previdenciário e migração dos respectivos segurados para o Regime Geral de Previdência Social, serão observados, até que lei federal disponha sobre a matéria, os seguintes requisitos pelo ente federativo:

I – assunção integral da responsabilidade pelo pagamento dos benefícios concedidos durante a vigência do regime extinto, bem como daqueles cujos requisitos já tenham sido implementados antes da sua extinção;

II – previsão de mecanismo de ressarcimento ou de complementação de benefícios aos que tenham contribuído acima do limite máximo do Regime Geral de Previdência Social;

III – vinculação das reservas existentes no momento da extinção, exclusivamente:

a) ao pagamento dos benefícios concedidos e a conceder, ao ressarcimento de contribuições ou à complementação de benefícios, na forma dos incisos I e II; e

b) à compensação financeira com o Regime Geral de Previdência Social.

Parágrafo único. A existência de *superavit* atuarial não constitui óbice à extinção de regime próprio de previdência social e à consequente migração para o Regime Geral de Previdência Social.

Art. 35. Revogam-se:

I – os seguintes dispositivos da Constituição Federal:

a) o § 21 do art. 40;

b) o § 13 do art. 195;

II – os arts. 9º, 13 e 15 da Emenda Constitucional nº 20, de 15 de dezembro de 1998;

III – os arts. 2º, 6º e 6º-A da Emenda Constitucional nº 41, de 19 de dezembro de 2003;

IV – o art. 3º da Emenda Constitucional nº 47, de 5 de julho de 2005.

Art. 36. Esta Emenda Constitucional entra em vigor:

I – no primeiro dia do quarto mês subsequente ao da data de publicação desta Emenda Constitucional, quanto ao disposto nos arts. 11, 28 e 32;

II – para os regimes próprios de previdência social dos Estados, do Distrito Federal e dos Municípios, quanto à alteração promovida pelo art. 1º desta Emenda Constitucional no art. 149 da Constituição Federal e às revogações previstas na alínea *a* do inciso I e nos incisos III e IV do art. 35, na data de publicação de lei de iniciativa privativa do respectivo Poder Executivo que as referende integralmente;

III – nos demais casos, na data de sua publicação.

Parágrafo único. A lei de que trata o inciso II do *caput* não produzirá efeitos anteriores à data de sua publicação.

Brasília, em 12 de novembro de 2019.

Mesa da Câmara dos Deputados: Deputado RODRIGO MAIA, Presidente; Deputado MARCOS PEREIRA, 1º Vice-Presidente; Deputado LUCIANO BIVAR, 2º Vice-Presidente; Deputada SORAYA SANTOS, 1ª Secretária; Deputado MÁRIO HERINGER, 2º Secretário; Deputado FÁBIO FARIA, 3º Secretário; Deputado ANDRÉ FUFUCA, 4º Secretário.

Mesa do Senado Federal: Senador DAVI ALCOLUMBRE, Presidente; Senador ANTONIO ANASTASIA, 1º Vice-Presidente; Senador LASIER MARTINS, 2º Vice-Presidente; Senador SÉRGIO PETECÃO, 1º Secretário; Senador EDUARDO GOMES, 2º Secretário; Senador FLÁVIO BOLSONARO, 3º Secretário; Senador LUIS CARLOS HEINZE, 4º Secretário.

EMENDA CONSTITUCIONAL Nº 104, DE 4 DE DEZEMBRO DE 2019

Altera o inciso XIV do caput do art. 21, o § 4º do art. 32 e o art. 144 da Constituição Federal, para criar as polícias penais federal, estaduais e distrital.

▸ Publicada no *DOU* de 5-12-2019.

As Mesas da Câmara dos Deputados e do Senado Federal, nos termos do § 3º do art. 60 da Constituição Federal, promulgam a seguinte Emenda ao texto constitucional:

Art. 1º O inciso XIV do *caput* do art. 21 da Constituição Federal passa a vigorar com a seguinte redação:

▸ Alteração inserida no texto da CF.

Art. 2º O § 4º do art. 32 da Constituição Federal passa a vigorar com a seguinte redação:

▸ Alteração inserida no texto da CF.

Art. 3º O art. 144 da Constituição Federal passa a vigorar com as seguintes alterações:

▸ Alterações inseridas no texto da CF.

Art. 4º O preenchimento do quadro de servidores das polícias penais será feito, exclusivamente, por meio de concurso público e por meio da transformação dos cargos isolados, dos cargos de carreira dos atuais agentes penitenciários e dos cargos públicos equivalentes.

Art. 5º Esta Emenda Constitucional entra em vigor na data de sua publicação.

Brasília, em 4 de dezembro de 2019.

Mesa da Câmara dos Deputados: Deputado RODRIGO MAIA, Presidente; Deputado MARCOS PEREIRA, 1º Vice-Presidente; Deputado LUCIANO BIVAR, 2º Vice-Presidente; Deputada SORAYA SANTOS, 1ª Secretária; Deputado MÁRIO HERINGER, 2º Secretário; Deputado FÁBIO FARIA, 3º Secretário; Deputado ANDRÉ FUFUCA, 4º Secretário.

Mesa do Senado Federal: Senador DAVI ALCOLUMBRE, Presidente; Senador ANTONIO ANASTASIA, 1º Vice-Presidente; Senador LASIER MARTINS, 2º Vice-Presidente; Senador SÉRGIO PETECÃO, 1º Secretário; Senador EDUARDO GOMES, 2º Secretário; Senador FLÁVIO BOLSONARO, 3º Secretário; Senador LUIS CARLOS HEINZE, 4º Secretário.

EMENDA CONSTITUCIONAL Nº 105, DE 12 DE DEZEMBRO DE 2019

Acrescenta o art. 166-A à Constituição Federal, para autorizar a transferência de recursos federais a Estados, ao Distrito Federal e a Municípios mediante emendas ao projeto de lei orçamentária anual.

▸ Publicada no *DOU* de 13-12-2019.

As Mesas da Câmara dos Deputados e do Senado Federal, nos termos do § 3º do art. 60 da Constituição Federal, promulgam a seguinte Emenda ao texto constitucional:

Art. 1º A Constituição Federal passa a vigorar acrescida do seguinte art. 166-A:

▸ Alterações inseridas no texto da CF.

Art. 2º No primeiro semestre do exercício financeiro subsequente ao da publicação desta Emenda Constitucional, fica assegurada a transferência financeira em montante mínimo equivalente a 60% (sessenta por cento) dos recursos de que trata o inciso I do *caput* do art. 166-A da Constituição Federal.

Art. 3º Esta Emenda Constitucional entra em vigor em 1º de janeiro do ano subsequente ao de sua publicação.

Brasília, em 12 de dezembro de 2019.

Mesa da Câmara dos Deputados: Deputado RODRIGO MAIA, Presidente; Deputado MARCOS PEREIRA, 1º Vice-Presidente; Deputado LUCIANO BIVAR, 2º Vice-Presidente; Deputada SORAYA SANTOS, 1ª Secretária; Deputado MÁRIO HERINGER, 2º Secretário; Deputado FÁBIO FARIA, 3º Secretário; Deputado ANDRÉ FUFUCA, 4º Secretário.

Mesa do Senado Federal: Senador DAVI ALCOLUMBRE, Presidente; Senador ANTONIO ANASTASIA, 1º Vice-Presidente; Senador LASIER MARTINS, 2º Vice-Presidente; Senador SÉRGIO PETECÃO, 1º Secretário; Senador EDUARDO GOMES, 2º Secretário; Senador FLÁVIO BOLSONARO, 3º Secretário; Senador LUIS CARLOS HEINZE, 4º Secretário.

EMENDA CONSTITUCIONAL Nº 106, DE 7 DE MAIO DE 2020

Institui regime extraordinário fiscal, financeiro e de contratações para enfrentamento de calamidade pública nacional decorrente de pandemia.

▸ Publicada no *DOU* de 8-5-2020.

As Mesas da Câmara dos Deputados e do Senado Federal, nos termos do § 3º do art. 60 da Constituição Federal, promulgam a seguinte Emenda ao texto constitucional:

Art. 1º Durante a vigência de estado de calamidade pública nacional reconhecido pelo Congresso Nacional em razão de emergência de saúde pública de importância internacional decorrente de pandemia, a União adotará regime extraordinário fiscal, financeiro e de contratações para atender às necessidades dele decorrentes, somente naquilo em que a urgência for incompatível com o regime regular, nos termos definidos nesta Emenda Constitucional.

Art. 2º Com o propósito exclusivo de enfrentamento do contexto da calamidade e de seus efeitos sociais e econômicos, no seu período de duração, o Poder Executivo federal, no âmbito de suas competências, poderá adotar processos simplificados de contratação de pessoal, em caráter temporário e emergencial, e de obras, serviços e compras que assegurem, quando possível, competição e igualdade de condições a todos os concorrentes, dispensada a observância do § 1º do art. 169 da Constituição Federal na contratação de que trata o inciso IX do *caput* do art. 37 da Constituição Federal, limitada a dispensa às situações de que trata o referido inciso, sem prejuízo da tutela dos órgãos de controle.

Parágrafo único. Nas hipóteses de distribuição de equipamentos e insumos de saúde imprescindíveis ao enfrentamento da calamidade, a União adotará critérios objetivos, devidamente publicados, para a respectiva destinação a Estados e a Municípios.

Art. 3º Desde que não impliquem despesa permanente, as proposições legislativas e os atos do Poder Executivo com propósito exclusivo de enfrentar a calamidade e suas consequências sociais e econômicas, com vigência e efeitos restritos à sua duração, ficam dispensados da observância das limitações legais quanto à criação, à expansão ou ao aperfeiçoamento de ação governamental que acarrete aumento de despesa e à concessão ou à ampliação de incentivo ou benefício de natureza tributária da qual decorra renúncia de receita.

Parágrafo único. Durante a vigência da calamidade pública nacional de que trata o art. 1º desta Emenda Constitucional, não se aplica o disposto no § 3º do art. 195 da Constituição Federal.

Art. 4º Será dispensada, durante a integralidade do exercício financeiro em que vigore a calamidade pública nacional de que trata o art. 1º desta Emenda Constitucional, a observância do inciso III do *caput* do art. 167 da Constituição Federal.

Parágrafo único. O Ministério da Economia publicará, a cada 30 (trinta) dias, relatório com os valores e o custo das operações de crédito realizadas no período de vigência do estado de calamidade pública nacional de que trata o art. 1º desta Emenda Constitucional.

Art. 5º As autorizações de despesas relacionadas ao enfrentamento da calamidade pública nacional de que trata o art. 1º desta Emenda Constitucional e de seus efeitos sociais e econômicos deverão:

▸ Dec. nº 10.579, de 18-12-2020, estabelece regras para a inscrição de restos a pagar das despesas de que trata este artigo.

I – constar de programações orçamentárias específicas ou contar com marcadores que as identifiquem; e

II – ser separadamente avaliadas na prestação de contas do Presidente da República e evidenciadas, até 30 (trinta) dias após o encerramento de cada bimestre, no relatório a que se refere o § 3º do art. 165 da Constituição Federal.

Parágrafo único. Decreto do Presidente da República, editado até 15 (quinze) dias após a entrada em vigor desta Emenda Constitucional, disporá sobre a forma de identificação das autorizações de que trata o *caput* deste artigo, incluídas as anteriores à vigência desta Emenda Constitucional.

Art. 6º Durante a vigência da calamidade pública nacional de que trata o art. 1º desta Emenda Constitucional, os recursos decorrentes de operações de crédito realizadas para o refinanciamento da dívida mobiliária poderão ser utilizados também para o pagamento de seus juros e encargos.

Art. 7º O Banco Central do Brasil, limitado ao enfrentamento da calamidade pública nacional de que trata o art. 1º desta Emenda Constitucional, e com vigência e efeitos restritos ao período de sua duração, fica autorizado a comprar e a vender:

I – títulos de emissão do Tesouro Nacional, nos mercados secundários local e internacional; e

II – os ativos, em mercados secundários nacionais no âmbito de mercados financeiros, de capitais e de pagamentos, desde que, no momento da compra, tenham classificação em categoria de risco de crédito no mercado local equivalente a BB – ou superior, conferida por pelo menos 1 (uma) das 3 (três) maiores agências internacionais de classificação de risco, e preço de referência publicado por entidade do mercado financeiro acreditada pelo Banco Central do Brasil.

§ 1º Respeitadas as condições previstas no inciso II do *caput* deste artigo, será dada preferência à aquisição de títulos emitidos por microempresas e por pequenas e médias empresas.

§ 2º O Banco Central do Brasil fará publicar diariamente as operações realizadas, de forma individualizada, com todas as respectivas informações, inclusive as condições financeiras e econômicas das operações, como taxas de juros pactuadas, valores envolvidos e prazos.

§ 3º O Presidente do Banco Central do Brasil prestará contas ao Congresso Nacional, a cada 30 (trinta) dias, do conjunto das operações previstas neste artigo, sem prejuízo do previsto no § 2º deste artigo.

§ 4º A alienação de ativos adquiridos pelo Banco Central do Brasil, na forma deste artigo, poderá dar-se em data posterior à vigência do estado de calamidade pública nacional de que trata o art. 1º desta Emenda Constitucional, se assim justificar o interesse público.

Art. 8º Durante a vigência desta Emenda Constitucional, o Banco Central do Brasil editará regulamentação sobre exigências de contrapartidas ao comprar ativos de instituições financeiras em conformidade com a previsão do inciso II do *caput* do art. 7º desta Emenda Constitucional, em especial a vedação de:

I – pagar juros sobre o capital próprio e dividendos acima do mínimo obrigatório estabelecido em lei ou no estatuto social vigente na data de entrada em vigor desta Emenda Constitucional;

II – aumentar a remuneração, fixa ou variável, de diretores e membros do conselho de administração, no caso das sociedades anônimas, e dos administradores, no caso de sociedades limitadas.

Parágrafo único. A remuneração variável referida no inciso II do *caput* deste artigo inclui bônus, participação nos lucros e quaisquer parcelas de remuneração diferidas e outros incentivos remuneratórios associados ao desempenho.

Art. 9º Em caso de irregularidade ou de descumprimento dos limites desta Emenda Constitucional, o Congresso Nacional poderá sustar, por decreto legislativo, qualquer decisão de órgão ou entidade do Poder Executivo relacionada às medidas autorizadas por esta Emenda Constitucional.

Art. 10. Ficam convalidados os atos de gestão praticados a partir de 20 de março de 2020, desde que compatíveis com o teor desta Emenda Constitucional.

Art. 11. Esta Emenda Constitucional entra em vigor na data de sua publicação e ficará automaticamente revogada na data do encerramento do estado de calamidade pública reconhecido pelo Congresso Nacional.

Brasília, em 7 de maio de 2020.

Mesa da Câmara dos Deputados: Deputado Rodrigo Maia, Presidente; Deputado Marcos Pereira, 1º Vice-Presidente; Deputado Luciano Bivar, 2º Vice-Presidente; Deputada Soraya Santos, 1ª Secretária; Deputado Mário Heringer, 2º Secretário; Deputado Fábio Faria, 3º Secretário; Deputado André Fufuca, 4º Secretário.

Mesa do Senado Federal: Senador Davi Alcolumbre, Presidente; Senador Antonio Anastasia, 1º Vice-Presidente; Senador Lasier Martins, 2º Vice-Presidente; Senador Sérgio Petecão, 1º Secretário; Senador Eduardo Gomes, 2º Secretário; Senador Flávio Bolsonaro, 3º Secretário; Senador Luis Carlos Heinze, 4º Secretário.

EMENDA CONSTITUCIONAL Nº 111, DE 28 DE SETEMBRO DE 2021

Altera a Constituição Federal para disciplinar a realização de consultas populares concomitantes às eleições municipais, dispor sobre o instituto da fidelidade partidária, alterar a data de posse de Governadores e do Presidente da República e estabelecer regras transitórias para distribuição entre os partidos políticos dos recursos do fundo partidário e do Fundo Especial de Financiamento de Campanha (FEFC) e para o funcionamento dos partidos políticos.

▸ Publicada no *DOU* de 29-9-2021.

As Mesas da Câmara dos Deputados e do Senado Federal, nos termos do § 3º do art. 60 da Constituição Federal, promulgam a seguinte Emenda ao texto constitucional:

Art. 1º A Constituição Federal passa a vigorar com as seguintes alterações:

▸ Alterações inseridas no texto da CF.

Art. 2º Para fins de distribuição entre os partidos políticos dos recursos do fundo partidário e do Fundo Especial de Financiamento de Campanha (FEFC), os votos dados a candidatas mulheres ou a candidatos negros para a Câmara dos Deputados nas eleições realizadas de 2022 a 2030 serão contados em dobro.

Parágrafo único. A contagem em dobro de votos a que se refere o *caput* somente se aplica uma única vez.

Art. 3º Até que entre em vigor lei que discipline cada uma das seguintes matérias, observar-se-ão os seguintes procedimentos:

I – nos processos de incorporação de partidos políticos, as sanções eventualmente aplicadas aos órgãos partidários regionais e municipais do partido incorporado, inclusive as decorrentes de prestações de contas, bem como as de responsabilização de seus antigos dirigentes, não serão aplicadas ao partido incorporador nem aos seus novos dirigentes, exceto aos que já integravam o partido incorporado;

II – nas anotações relativas às alterações dos estatutos dos partidos políticos, serão objeto de análise pelo Tribunal Superior Eleitoral apenas os dispositivos objeto de alteração.

Art. 4º O Presidente da República e os Governadores de Estado e do Distrito Federal eleitos em 2022 tomarão posse em 1º de janeiro de 2023, e seus mandatos durarão até a posse de seus sucessores, em 5 e 6 de janeiro de 2027, respectivamente.

Art. 5º As alterações efetuadas nos arts. 28 e 82 da Constituição Federal constantes do art. 1º desta Emenda Constitucional, relativas às datas de posse de Governadores, de Vice-Governadores, do Presidente e do Vice-Presidente da República, serão aplicadas somente a partir das eleições de 2026.

Art. 6º Esta Emenda Constitucional entra em vigor na data de sua publicação.

Brasília, em 28 de setembro de 2021.

Mesa da Câmara dos Deputados: Deputado Arthur Lira, Presidente; Deputado Marcelo Ramos, 1º Vice-Presidente; Deputado André De Paula, 2º Vice-Presidente; Deputado Luciano Bivar, 1º Secretário; Deputada Marília Arraes, 2ª Secretária; Deputada Rose Modesto, 3ª Secretária; Deputada Rosangela Gomes, 4ª Secretária.

Mesa do Senado Federal: Senador Rodrigo Pacheco, Presidente; Senador Veneziano Vital do Rêgo, 1º Vice-Presidente; Senador Romário, 2º Vice-Presidente; Senador Irajá, 1º Secretário; Senador Elmano Férrer, 2º Secretário; Senador Rogério Carvalho, 3º Secretário; Senador Weverton, 4º Secretário.

EMENDA CONSTITUCIONAL Nº 113, DE 8 DE DEZEMBRO DE 2021

Altera a Constituição Federal e o Ato das Disposições Constitucionais Transitórias para estabelecer o novo regime de pagamentos de precatórios, modificar normas relativas ao Novo Regime Fiscal e autorizar o parcelamento de débitos previdenciários dos Municípios; e dá outras providências.

▸ Publicada no *DOU* de 9-12-2021.

As Mesas da Câmara dos Deputados e do Senado Federal, nos termos do § 3º do art. 60 da Constituição Federal, promulgam a seguinte Emenda ao texto constitucional:

Art. 1º Os arts. 100 e 160 da Constituição Federal passam a vigorar com as seguintes alterações:

▸ Alterações inseridas no texto da CF.

Art. 2º O Ato das Disposições Constitucionais Transitórias passa a vigorar com as seguintes alterações:

▸ Alterações inseridas no texto do ADCT.

Art. 3º Nas discussões e nas condenações que envolvam a Fazenda Pública, independentemente de sua natureza e para fins de atualização monetária, de remuneração do capital e de compensação da mora, inclusive do precatório, haverá a incidência, uma única vez, até o efetivo pagamento, do índice da taxa referencial do Sistema Especial de Liquidação e de Custódia (SELIC), acumulado mensalmente.

Art. 4º Os limites resultantes da aplicação do disposto no inciso II do § 1º do art. 107 do Ato das Disposições Constitucionais Transitórias serão aplicáveis a partir do exercício de 2021, observado o disposto neste artigo.

§ 1º No exercício de 2021, o eventual aumento dos limites de que trata o *caput* deste artigo fica restrito ao montante de até R$ 15.000.000.000,00 (quinze bilhões de reais), a ser destinado exclusivamente ao atendimento de despesas de vacinação contra a covid-19 ou relacionadas a ações emergenciais e temporárias de caráter socioeconômico.

§ 2º As operações de crédito realizadas para custear o aumento de limite referido no § 1º deste artigo ficam ressalvadas do estabelecido no inciso III do *caput* do art. 167 da Constituição Federal.

§ 3º As despesas de que trata o § 1º deste artigo deverão ser atendidas por meio de créditos extraordinários e ter como fonte de recurso o produto de operações de crédito.

§ 4º A abertura dos créditos extraordinários referidos no § 3º deste artigo dar-se-á independentemente da observância dos requisitos exigidos no § 3º do art. 167 da Constituição Federal.

§ 5º O aumento do limite previsto no § 1º deste artigo será destinado, ainda, ao atendimento de despesas de programa de transferência de renda.

§ 6º O aumento do limite decorrente da aplicação do disposto no inciso II do § 1º do art. 107 do Ato das Disposições Constitucionais Transitórias deverá, no exercício de 2022, ser destinado somente ao atendimento das despesas de ampliação de programas sociais de combate à pobreza e à extrema pobreza, nos termos do parágrafo único do art. 6º e do inciso VI do *caput* do art. 203 da Constituição Federal, à saúde, à previdência e à assistência social.

► §§ 5º e 6º acrescidos pela EC nº 114, de 16-12-2021.

Art. 5º As alterações relativas ao regime de pagamento dos precatórios aplicam-se a todos os requisitórios já expedidos, inclusive no orçamento fiscal e da seguridade social do exercício de 2022.

Art. 6º Revoga-se o art. 108 do Ato das Disposições Constitucionais Transitórias.

Art. 7º Esta Emenda Constitucional entra em vigor na data de sua publicação.

Brasília, em 8 de dezembro de 2021.

Mesa da Câmara dos Deputados: Deputado Arthur Lira, Presidente; Deputado Marcelo Ramos, 1º Vice-Presidente; Deputado André de Paula, 2º Vice-Presidente; Deputado Luciano Bivar, 1º Secretário; Deputada Marília Arraes, 2ª Secretária; Deputado Rose Modesto, 3ª Secretária; Deputada Rosangela Gomes, 4ª Secretária.

Mesa do Senado Federal: Senador Rodrigo Pacheco, Presidente; Senador Veneziano Vital do Rêgo, 1º Vice-Presidente; Senador Romário, 2º Vice-Presidente; Senador Irajá, 1º Secretário; Senador Elmano Férrer, 2º Secretário; Senador Rogério Carvalho, 3º Secretário; Senador Weverton, 4º Secretário.

EMENDA CONSTITUCIONAL Nº 114, DE 16 DE DEZEMBRO DE 2021

Altera a Constituição Federal e o Ato das Disposições Constitucionais Transitórias para estabelecer o novo regime de pagamentos de precatórios, modificar normas relativas ao Novo Regime Fiscal e autorizar o parcelamento de débitos previdenciários dos Municípios; e dá outras providências.

► Publicada no *DOU* de 17-12-2021.

As Mesas da Câmara dos Deputados e do Senado Federal, nos termos do § 3º do art. 60 da Constituição Federal, promulgam a seguinte Emenda ao texto constitucional:

Art. 1º Os arts. 6º, 100 e 203 da Constituição Federal passam a vigorar com as seguintes alterações:

► Alterações inseridas no texto da CF.

Art. 2º O Ato das Disposições Constitucionais Transitórias passa a vigorar acrescido dos seguintes arts. 107-A e 118:

► Alterações inseridas no texto do ADCT.

Art. 3º O art. 4º da Emenda Constitucional nº 113, de 8 de dezembro de 2021, passa a vigorar acrescido dos seguintes §§ 5º e 6º:

► Alterações inseridas no texto da EC.

Art. 4º Os precatórios decorrentes de demandas relativas à complementação da União aos Estados e aos Municípios por conta do Fundo de Manutenção e Desenvolvimento do Ensino Fundamental e de Valorização do Magistério (FUNDEF) serão pagos em 3 (três) parcelas anuais e sucessivas, da seguinte forma:

I – 40% (quarenta por cento) no primeiro ano;
II – 30% (trinta por cento) no segundo ano;
III – 30% (trinta por cento) no terceiro ano.

Parágrafo único. Não se incluem nos limites estabelecidos nos arts. 107 e 107-A do Ato das Disposições Constitucionais Transitórias, a partir de 2022, as despesas para os fins de que trata este artigo.

Art. 5º As receitas que os Estados e os Municípios receberem a título de pagamentos da União por força de ações judiciais que tenham por objeto a complementação de parcela desta no Fundo de Manutenção e Desenvolvimento do Ensino Fundamental e de Valorização do Magistério (FUNDEF) deverão ser aplicadas na manutenção e desenvolvimento do ensino fundamental público e na valorização de seu magistério, conforme destinação originária do Fundo.

Parágrafo único. Da aplicação de que trata o *caput* deste artigo, no mínimo 60% (sessenta por cento) deverão ser repassados aos profissionais do magistério, inclusive aposentados e pensionistas, na forma de abono, vedada a incorporação na remuneração, na aposentadoria ou na pensão.

Art. 6º No prazo de 1 (um) ano a contar da promulgação desta Emenda Constitucional, o Congresso Nacional promoverá, por meio de comissão mista, exame analítico dos atos, dos fatos e das políticas públicas com maior potencial gerador de precatórios e de sentenças judiciais contrárias à Fazenda Pública da União.

§ 1º A comissão atuará em cooperação com o Conselho Nacional de Justiça e com o auxílio do Tribunal de Contas da União e poderá requisitar informações e documentos de órgãos e entidades da administração pública direta e indireta e de qualquer dos Poderes da União, dos Estados, do Distrito Federal e dos Municípios, buscando identificar medidas legislativas a serem adotadas com vistas a trazer maior segurança jurídica no âmbito federal.

§ 2º O exame de que trata o *caput* deste artigo analisará os mecanismos de aferição de risco fiscal e de prognóstico de efetivo pagamento de valores decorrentes de decisão judicial, segregando esses pagamentos por tipo de risco e priorizando os temas que possuam maior impacto financeiro.

§ 3º Apurados os resultados, o Congresso Nacional encaminhará suas conclusões aos presidentes do Supremo Tribunal Federal e do Superior Tribunal de Justiça, para a adoção de medidas de sua competência.

► O STF, por maioria, no julgamento das Ações Diretas de Inconstitucionalidade nºs 7.047 e 7.064, declarou a inconstitucionalidade deste artigo (*DOU* de 9-2-2024).

Art. 7º Os entes da Federação que tiverem descumprido a medida prevista no art. 4º da Lei Complementar nº 156, de 28 de dezembro de 2016, e que optarem por não firmar termo aditivo na forma prevista no art. 4º-A da referida Lei Complementar poderão restituir à União os valores diferidos por força do prazo adicional proporcionalmente à quantidade de prestações remanescentes dos respectivos contratos, aplicados os encargos contratuais de adimplência e desde que adotem, durante o prazo de restituição dos valores para a União, as medidas previstas no art. 167-A da Constituição Federal.

Art. 8º Esta Emenda Constitucional entra em vigor:

I – a partir de 2022, para a alteração do § 5º do art. 100 da Constituição Federal, constante do art. 1º desta Emenda Constitucional;
II – na data de sua publicação, para os demais dispositivos.

Brasília, em 16 de dezembro de 2021.

Mesa da Câmara dos Deputados: Deputado Arthur Lira, Presidente; Deputado Marcelo Ramos, 1º Vice-Presidente; Deputado André De Paula, 2º Vice-Presidente; Deputado Luciano Bivar, 1º Secretário; Deputada Marília Arraes, 2ª Secretária; Deputada Rose Modesto, 3ª Secretária; Deputada Rosangela Gomes, 4ª Secretária.

Mesa do Senado Federal: Senador Rodrigo Pacheco, Presidente; Senador Veneziano Vital Do Rêgo, 1º Vice-Presidente; Senador Romário, 2º Vice-Presidente; Senador Irajá, 1º Secretário; Senador Elmano Férrer, 2º Secretário; Senador Rogério Carvalho, 3º Secretário; Senador Weverton, 4º Secretário.

EMENDA CONSTITUCIONAL Nº 117, DE 5 DE ABRIL DE 2022

Altera o art. 17 da Constituição Federal para impor aos partidos políticos a aplicação de recursos do fundo partidário na promoção e difusão da participação política das mulheres, bem como a aplicação de recursos desse fundo e do Fundo Especial de Financiamento de Campanha e a divisão do tempo de propaganda gratuita no rádio e na televisão no percentual mínimo de 30% (trinta por cento) para candidaturas femininas.

► Publicada no *DOU* de 6-4-2022.

Art. 1º O art. 17 da Constituição Federal passa a vigorar acrescido dos seguintes §§ 7º e 8º:

► Alterações inseridas no texto da CF.

Art. 2º Aos partidos políticos que não tenham utilizado os recursos destinados aos programas de promoção e difusão da participação política das mulheres ou cujos valores destinados a essa finalidade não tenham sido reconhecidos pela Justiça Eleitoral é assegurada a utilização desses valores nas eleições subsequentes, vedada a condenação pela Justiça Eleitoral nos processos de prestação de contas de exercícios financeiros anteriores que ainda não tenham transitado em julgado até a data de promulgação desta Emenda Constitucional.

Art. 3º Não serão aplicadas sanções de qualquer natureza, inclusive de devolução de valores, multa ou suspensão do fundo partidário, aos partidos que não preencheram a cota mínima de recursos ou que não destinaram os valores mínimos em razão de sexo e raça em eleições ocorridas antes da promulgação desta Emenda Constitucional.

Art. 4º Esta Emenda Constitucional entra em vigor na data de sua publicação.

Brasília, em 5 de abril de 2022.

Mesa da Câmara dos Deputados: Deputado Arthur Lira, Presidente; Deputado Marcelo Ramos, 1º Vice-Presidente; Deputado André de Paula, 2º Vice-Presidente; Deputado Luciano Bivar, 1º Secretário.

Mesa do Senado Federal: Senador Rodrigo Pacheco, Presidente; Senador Veneziano Vital do Rêgo, 1º Vice-Presidente; Senador Romário, 2º Vice-Presidente; Senador Irajá, 1º Secretário.

EMENDA CONSTITUCIONAL Nº 123, DE 14 DE JULHO DE 2022

Altera o art. 225 da Constituição Federal para estabelecer diferencial de competitividade para os biocombustíveis; inclui o art. 120 no Ato das Disposições Constitucionais Transitórias para reconhecer o estado de emergência decorrente da elevação extraordinária e imprevisível dos preços do Petróleo, combustíveis e seus derivados e dos impactos sociais dela decorrentes; autoriza a União a entregar auxílio financeiro aos Estados e ao Distrito Federal que outorgarem créditos tributários do Imposto sobre Operações relativas à Circulação de Mercadorias e sobre Prestações de Serviços de Transporte Interestadual e Intermunicipal e de Comunicação (ICMS) aos produtores e distribuidores de etanol hidratado; expande o auxílio Gás dos Brasileiros, de que trata a Lei nº 14.237, de 19 de novembro de 2021; institui auxílio para caminhoneiros autônomos; expande o Programa Auxílio Brasil, de que trata a Lei nº 14.284, de 29 de dezembro de 2021; e institui auxílio para entes da Federação financiarem a gratuidade do transporte público.

▶ Publicada no *DOU* de 15-7-2022.

As Mesas da Câmara dos Deputados e do Senado Federal, nos termos do § 3º do art. 60 da Constituição Federal, promulgam a seguinte Emenda ao texto constitucional:

Art. 1º Esta Emenda Constitucional dispõe sobre o estabelecimento de diferencial de competitividade para os biocombustíveis e sobre medidas para atenuar os efeitos do estado de emergência decorrente da elevação extraordinária e imprevisível dos preços do petróleo, combustíveis e seus derivados e dos impactos sociais dela decorrentes.

▶ O STF, por maioria, no julgamento da ADI nº 7.212, declarou a inconstitucionalidade da expressão "e sobre medidas para atenuar os efeitos do estado de emergência decorrente da elevação extraordinária e imprevisível dos preços do petróleo, combustíveis e seus derivados e dos impactos sociais dela decorrentes", constante neste artigo (*DOU* de 11-6-2025).

Art. 2º O § 1º do art. 225 da Constituição Federal passa a vigorar acrescido do seguinte inciso VIII:

▶ Alteração inserida no texto da CF.

Art. 3º O Ato das Disposições Constitucionais Transitórias passa a vigorar acrescido do seguinte art. 120:

▶ Alterações inseridas no texto do ADCT.

▶ O STF, por maioria, no julgamento da ADI nº 7.212, declarou a inconstitucionalidade, com efeito *ex nunc*, deste artigo (*DOU* de 11-6-2025).

Art. 4º Enquanto não entrar em vigor a lei complementar a que se refere o inciso VIII do § 1º do art. 225 da Constituição Federal, o diferencial competitivo dos biocombustíveis destinados ao consumo final em relação aos combustíveis fósseis será garantido pela manutenção, em termos percentuais, da diferença entre as alíquotas aplicáveis a cada combustível fóssil e aos biocombustíveis que lhe sejam substitutos em patamar igual ou superior ao vigente em 15 de maio de 2022.

§ 1º Alternativamente ao disposto no *caput* deste artigo, quando o diferencial competitivo não for determinado pelas alíquotas, ele será garantido pela manutenção do diferencial da carga tributária efetiva entre os combustíveis.

§ 2º No período de 20 (vinte) anos após a promulgação desta Emenda Constitucional, a lei complementar federal não poderá estabelecer diferencial competitivo em patamar inferior ao referido no *caput* deste artigo.

§ 3º A modificação, por proposição legislativa estadual ou federal ou por decisão judicial com efeito *erga omnes*, das alíquotas aplicáveis a um combustível fóssil implicará automática alteração das alíquotas aplicáveis aos biocombustíveis destinados ao consumo final que lhe sejam substitutos, a fim de, no mínimo, manter a diferença de alíquotas existente anteriormente.

§ 4º A lei complementar a que se refere o inciso VIII do § 1º do art. 225 da Constituição Federal disporá sobre critérios ou mecanismos para assegurar o diferencial competitivo dos biocombustíveis destinados ao consumo final na hipótese de ser implantada, para o combustível fóssil de que são substitutos, a sistemática de recolhimento de que trata a alínea *h* do inciso XII do § 2º do art. 155 da Constituição Federal.

§ 5º Na aplicação deste artigo, é dispensada a observância do disposto no inciso VI do § 2º do art. 155 da Constituição Federal.

Art. 5º Observado o disposto no art. 120 do Ato das Disposições Constitucionais Transitórias, a União, como únicas e exclusivas medidas a que se refere o parágrafo único do referido dispositivo, excluída a possibilidade de adoção de quaisquer outras:

▶ O STF, por maioria, no julgamento da ADI nº 7.212, declarou a inconstitucionalidade, com efeito *ex nunc*, deste artigo (*DOU* de 11-6-2025).

I – assegurará a extensão do Programa Auxílio Brasil, de que trata a Lei nº 14.284, de 29 de dezembro de 2021, às famílias elegíveis na data de promulgação desta Emenda Constitucional, e concederá às famílias beneficiárias desse programa acréscimo mensal extraordinário, durante 5 (cinco) meses, de R$ 200,00 (duzentos reais), no período de 1º de agosto a 31 de dezembro de 2022, até o limite de R$ 26.000.000.000,00 (vinte e seis bilhões de reais), incluídos os valores essencialmente necessários para a implementação do benefício, vedado o uso para qualquer tipo de publicidade institucional;

II – assegurará às famílias beneficiadas pelo auxílio Gás dos Brasileiros, de que trata a Lei nº 14.237, de 19 de novembro de 2021, a cada bimestre, entre 1º de julho e 31 de dezembro de 2022, valor monetário correspondente a 1 (uma) parcela extraordinária adicional de 50% (cinquenta por cento) da média do preço nacional de referência do botijão de 13 kg (treze quilogramas) de gás liquefeito de petróleo (GLP), estabelecido pelo Sistema de Levantamento de Preços (SLP) da Agência Nacional do Petróleo, Gás Natural e Biocombustíveis (ANP), nos 6 (seis) meses anteriores, até o limite de R$ 1.050.000.000,00 (um bilhão e cinquenta milhões de reais), incluídos os valores essencialmente necessários para a implementação do benefício, vedado o uso para qualquer tipo de publicidade institucional;

III – concederá, entre 1º de julho e 31 de dezembro de 2022, aos Transportadores Autônomos de Cargas devidamente cadastrados no Registro Nacional de Transportadores Rodoviários de Cargas (RNTRC) até a data de 31 de maio de 2022, auxílio de R$ 1.000,00 (mil reais) mensais, até o limite de R$ 5.400.000.000,00 (cinco bilhões e quatrocentos milhões de reais);

IV – aportará à União, aos Estados, ao Distrito Federal e aos Municípios que dispõem de serviços regulares em operação de transporte público coletivo urbano, semiurbano ou metropolitano assistência financeira em caráter emergencial no valor de R$ 2.500.000.000,00 (dois bilhões e quinhentos milhões de reais), a serem utilizados para auxílio no custeio ao direito previsto no § 2º do art. 230 da Constituição Federal, regulamentado no art. 39 da Lei nº 10.741, de 1º de outubro de 2003 (Estatuto do Idoso), até 31 de dezembro de 2022;

V – entregará na forma de auxílio financeiro o valor de até R$ 3.800.000.000,00 (três bilhões e oitocentos milhões de reais), em 5 (cinco) parcelas mensais no valor de até R$ 760.000.000,00 (setecentos e sessenta milhões de reais) cada uma, de agosto a dezembro de 2022, exclusivamente para os Estados e o Distrito Federal que outorgarem créditos tributários do Imposto sobre Operações relativas à Circulação de Mercadorias e sobre Prestações de Serviços de Transporte Interestadual e Intermunicipal e de Comunicação (ICMS) aos produtores ou distribuidores de etanol hidratado em seu território, em montante equivalente ao valor recebido;

VI – concederá, entre 1º de julho e 31 de dezembro de 2022, aos motoristas de táxi devidamente registrados até 31 de maio de 2022, auxílio até o limite de R$ 2.000.000.000,00 (dois bilhões de reais);

VII – assegurará ao Programa Alimenta Brasil, de que trata a Lei nº 14.284, de 29 de dezembro de 2021, a suplementação orçamentária de R$ 500.000.000,00 (quinhentos milhões de reais).

§ 1º O acréscimo mensal extraordinário de que trata o inciso I do *caput* deste artigo será complementar à soma dos benefícios previstos nos incisos I, II, III e IV do *caput* do art. 4º da Lei nº 14.284, de 29 de dezembro de 2021, e não será considerado para fins de cálculo do benefício previsto na Lei nº 14.342, de 18 de maio de 2022.

§ 2º A parcela extraordinária de que trata o inciso II do *caput* deste artigo será complementar ao previsto no art. 3º da Lei nº 14.237, de 19 de novembro de 2021.

§ 3º O auxílio de que trata o inciso III do *caput* deste artigo observará o seguinte:

I – terá por objetivo auxiliar os Transportadores Autônomos de Cargas em decorrência do estado de emergência de que trata o *caput* do art. 120 do Ato das Disposições Constitucionais Transitórias;

II – será concedido para cada Transportador Autônomo de Cargas, independentemente do número de veículos que possuir;

III – será recebido independentemente de comprovação da aquisição de óleo diesel;

IV – será disponibilizada pelo Poder Executivo solução tecnológica em suporte à operacionalização dos pagamentos do auxílio; e

V – para fins de pagamento do auxílio, será definido pelo Ministério do Trabalho e Previdência o operador bancário responsável, entre as instituições financeiras federais, pela operacionalização dos pagamentos.

§ 4º O aporte de recursos da União para os Estados, para o Distrito Federal e para os Municípios de que trata o inciso IV do *caput* deste artigo observará o seguinte:

I – terá função de complementariedade aos subsídios tarifários, subsídios orçamentários e aportes de recursos de todos os gêneros concedidos pelos Estados, pelo Distrito Federal e pelos Municípios, bem como às gratuidades e aos demais custeios do sistema de transporte público coletivo suportados por esses entes;

II – será concedido em observância à premissa de equilíbrio econômico-financeiro dos contratos de concessão do transporte público coletivo e às diretrizes da modicidade tarifária;

III – será repassado a qualquer fundo apto a recebê-lo, inclusive aos que já recebem recursos federais, ou a qualquer conta bancária aberta especificamente para esse fim, ressalvada a necessidade de que o aporte se vincule estritamente à assistência financeira para a qual foi instituído;

IV – será distribuído em proporção à população maior de 65 (sessenta e cinco) anos residente no Distrito Federal e nos Municípios que dispõem de serviços de transporte público coletivo urbano intramunicipal regular em operação;

V – serão retidos 30% (trinta por cento) pela União e repassados aos respectivos entes estaduais ou a órgão da União responsáveis pela gestão do serviço, nos casos de Municípios atendidos por redes de transporte público coletivo intermunicipal ou interestadual de caráter urbano ou semiurbano;

VI – será integralmente entregue ao Município responsável pela gestão, nos casos de Municípios responsáveis pela gestão do sistema de transporte público integrado metropolitano, considerado o somatório da população maior de 65 (sessenta e cinco) anos residente nos Municípios que compõem a região metropolitana administrada;

VII – será distribuído com base na estimativa populacional mais atualizada publicada pelo Departamento de Informática do Sistema Único de Saúde (DataSUS) a partir de dados da Fundação Instituto Brasileiro de Geografia e Estatística (IBGE); e

VIII – será entregue somente aos entes federados que comprovarem possuir, em funcionamento, sistema de transporte público coletivo de caráter urbano, semiurbano ou metropolitano, na forma do regulamento.

§ 5º Os créditos de que trata o inciso V do *caput* deste artigo observarão o seguinte:

I – deverão ser outorgados até 31 de dezembro de 2022, podendo ser aproveitados nos exercícios posteriores;

II – terão por objetivo reduzir a carga tributária da cadeia produtiva do etanol hidratado, de modo a manter diferencial competitivo em relação à gasolina;

III – serão proporcionais à participação dos Estados e do Distrito Federal em relação ao consumo total do etanol hidratado em todos os Estados e no Distrito Federal no ano de 2021;

IV – seu recebimento pelos Estados ou pelo Distrito Federal importará na renúncia ao direito sobre o qual se funda eventual ação que tenha como causa de pedir, direta ou indiretamente, qualquer tipo de indenização relativa a eventual perda de arrecadação decorrente da adoção do crédito presumido de que trata o inciso V do *caput* deste artigo nas operações com etanol hidratado em seu território;

V – o auxílio financeiro será entregue pela Secretaria do Tesouro Nacional da Secretaria Especial do Tesouro e Orçamento do Ministério da Economia, mediante depósito, no Banco do Brasil S.A., na mesma conta bancária em que são depositados os repasses regulares do Fundo de Participação dos Estados e do Distrito Federal (FPE), da seguinte forma:

a) primeira parcela até o dia 31 de agosto de 2022;

b) segunda parcela até o dia 30 de setembro de 2022;

c) terceira parcela até o dia 31 de outubro de 2022;

d) quarta parcela até o dia 30 de novembro de 2022;

e) quinta parcela até o dia 27 de dezembro de 2022;

VI – serão livres de vinculações a atividades ou a setores específicos, observadas:

a) a repartição com os Municípios na proporção a que se refere o inciso IV do *caput* do art. 158 da Constituição Federal;

b) a inclusão na base de cálculo para efeitos de aplicação do art. 212 e do inciso II do *caput* do art. 212-A da Constituição Federal;

VII – serão entregues após a aprovação de norma específica, independentemente da deliberação de que trata a alínea *g* do inciso XII do § 2º do art. 155 da Constituição Federal; e

VIII – serão incluídos, como receita, no orçamento do ente beneficiário do auxílio e, como despesa, no orçamento da União e deverão ser deduzidos da receita corrente líquida da União.

§ 6º O auxílio de que trata o inciso VI do *caput* deste artigo:

I – considerará taxistas os profissionais que residam e trabalhem no Brasil, comprovado mediante apresentação do documento de permissão para prestação do serviço emitido pelo poder público municipal ou distrital;

II – será regulamentado pelo Poder Executivo quanto à formação do cadastro para sua racionalização, à sistemática de seu pagamento e ao seu valor.

§ 7º Compete aos ministérios setoriais, no âmbito de suas competências, a edição de atos complementares à implementação dos benefícios previstos nos incisos I, II, III e IV do *caput* deste artigo.

Art. 6º Até 31 de dezembro de 2022, a alíquota de tributos incidentes sobre a gasolina poderá ser fixada em zero, desde que a alíquota do mesmo tributo incidente sobre o etanol hidratado também seja fixada em zero.

► O STF, por maioria, no julgamento da ADI nº 7.212, declarou a inconstitucionalidade, com efeito *ex nunc*, deste artigo (*DOU* de 11-6-2025).

Art. 7º Esta Emenda Constitucional entra em vigor na data de sua publicação.

Brasília, em 14 de julho de 2022.

Mesa da Câmara dos Deputados: Deputado Arthur Lira, Presidente; Deputado Lincoln Portela, 1º Vice-Presidente; Deputado André De Paula, 2º Vice-Presidente; Deputado Luciano Bivar, 1º Secretário; Deputado Odair Cunha, 2º Secretário; Deputada Geovania De Sá, 3ª Secretária; Deputada Rosangela Gomes, 4ª Secretária.

Mesa do Senado Federal: Senador Rodrigo Pacheco, Presidente; Senador Veneziano Vital Do Rêgo, 1º Vice-Presidente; Senador Romário, 2º Vice-Presidente; Senador Irajá, 1º Secretário; Senador Elmano Férrer, 2º Secretário; Senador Rogério Carvalho, 3º Secretário.

EMENDA CONSTITUCIONAL Nº 125, DE 14 DE JULHO DE 2022

Altera o art. 105 da Constituição Federal para instituir no recurso especial o requisito da relevância das questões de direito federal infraconstitucional.

► Publicada no *DOU* de 15-7-2022.

As Mesas da Câmara dos Deputados e do Senado Federal, nos termos do § 3º do art. 60 da Constituição Federal, promulgam a seguinte Emenda ao texto constitucional:

Art. 1º O art. 105 da Constituição Federal passa a vigorar com as seguintes alterações:

► Alterações inseridas no texto da CF.

Art. 2º A relevância de que trata o § 2º do art. 105 da Constituição Federal será exigida nos recursos especiais interpostos após a entrada em vigor desta Emenda Constitucional, ocasião em que a parte poderá atualizar o valor da causa para os fins de que trata o inciso III do § 3º do referido artigo.

Art. 3º Esta Emenda Constitucional entra em vigor na data de sua publicação.

Brasília, em 14 de julho de 2022.

Mesa da Câmara dos Deputados: Deputado Arthur Lira, Presidente; Deputado Lincoln Portela, 1º Vice-Presidente; Deputado André De Paula, 2º Vice-Presidente; Deputado Luciano Bivar, 1º Secretário; Deputado Odair Cunha, 2º Secretário; Deputada Geovania De Sá, 3ª Secretária; Deputada Rosangela Gomes, 4ª Secretária.

Mesa do Senado Federal: Senador Rodrigo Pacheco, Presidente; Senador Veneziano Vital Do Rêgo, 1º Vice-Presidente; Senador Romário, 2º Vice-Presidente;

Senador Irajá, 1º Secretário; Senador Elmano Férrer, 2º Secretário; Senador Rogério Carvalho, 3º Secretário.

EMENDA CONSTITUCIONAL Nº 127, DE 22 DE DEZEMBRO DE 2022

Altera a Constituição Federal e o Ato das Disposições Constitucionais Transitórias para estabelecer que compete à União prestar assistência financeira complementar aos Estados, ao Distrito Federal e aos Municípios e às entidades filantrópicas, para o cumprimento dos pisos salariais profissionais nacionais para o enfermeiro, o técnico de enfermagem, o auxiliar de enfermagem e a parteira; altera a Emenda Constitucional nº 109, de 15 de março de 2021, para estabelecer o superávit financeiro dos fundos públicos do Poder Executivo como fonte de recursos para o cumprimento dos pisos salariais profissionais nacionais para o enfermeiro, o técnico de enfermagem, o auxiliar de enfermagem e a parteira; e dá outras providências.

▸ Publicada no *DOU* de 23-12-2022.

As Mesas da Câmara dos Deputados e do Senado Federal, nos termos do § 3º do art. 60 da Constituição Federal, promulgam a seguinte Emenda ao texto constitucional:

Art. 1º O art. 198 da Constituição Federal passa a vigorar acrescido dos seguintes §§ 14 e 15:

▸ Alterações inseridas no texto da CF.

Art. 2º O Ato das Disposições Constitucionais Transitórias passa a vigorar com as seguintes alterações:

▸ Alterações inseridas no texto do ADCT.

Art. 3º O art. 5º da Emenda Constitucional nº 109, de 15 de março de 2021, passa a vigorar com as seguintes alterações:

▸ Alterações inseridas no texto da EC.

Art. 4º Poderão ser utilizados como fonte para pagamento da assistência financeira complementar de que trata o § 15 do art. 198 da Constituição Federal os recursos vinculados ao Fundo Social (FS) de que trata o art. 49 da Lei nº 12.351, de 22 de dezembro de 2010, ou de lei que venha a substituí-la, sem prejuízo à parcela que estiver destinada à área de educação.

Parágrafo único. Os recursos previstos no *caput* deste artigo serão acrescidos ao montante aplicado nas ações e serviços públicos de saúde, nos termos da Lei Complementar nº 141, de 13 de janeiro de 2012, ou de lei complementar que venha a substituí-la, e não serão computados para fins dos recursos mínimos de que trata o § 2º do art. 198 da Constituição Federal.

Art. 5º Esta Emenda Constitucional entra em vigor na data de sua publicação.

Brasília, em 22 de dezembro de 2022.

Mesa da Câmara dos Deputados: Deputado Arthur Lira, Presidente; Deputado Lincoln Portela, 1º Vice-Presidente; Deputado André De Paula, 2º Vice-Presidente; Deputado Luciano Bivar, 1º Secretário; Deputado Odair Cunha, 2º Secretário; Deputada Geovania De Sá, 3ª Secretária; Deputada Rosangela Gomes, 4ª Secretária.

Mesa do Senado Federal: Senador Rodrigo Pacheco, Presidente; Senador Veneziano Vital Do Rêgo, 1º Vice-Presidente; Senador Romário, 2º Vice-Presidente; Senador Irajá, 1º Secretário; Senador Elmano Férrer, 2º Secretário; Senador Rogério Carvalho, 3º Secretário; Senador Weverton, 4º Secretário.

EMENDA CONSTITUCIONAL Nº 132, DE 20 DEZEMBRO DE 2023

Altera o Sistema Tributário Nacional.

▸ Publicada no *DOU* de 21-12-2023.

Art. 1º A Constituição Federal passa a vigorar com as seguintes alterações:

▸ Alterações inseridas no texto da CF.

Art. 2º O Ato das Disposições Constitucionais Transitórias passa a vigorar com as seguintes alterações:

▸ Alterações inseridas no texto do ADCT.

Art. 3º A Constituição Federal passa a vigorar com as seguintes alterações:

▸ Alterações inseridas no texto da CF.

Art. 4º A Constituição Federal passa a vigorar com as seguintes alterações:

▸ Alterações inseridas no texto da CF.

Art. 5º O Ato das Disposições Constitucionais Transitórias passa a vigorar com as seguintes alterações:

▸ Alterações inseridas no texto do ADCT.

Art. 6º Até que lei complementar disponha sobre a matéria:

I – o crédito das parcelas de que trata o art. 158, IV, *b*, da Constituição Federal, obedecido o § 2º do referido artigo, com redação dada pelo art. 1º desta Emenda Constitucional, observará, no que couber, os critérios e os prazos aplicáveis ao Imposto sobre Operações relativas à Circulação de Mercadorias e sobre Prestação de Serviços de Transporte Interestadual e Intermunicipal e de Comunicação a que se refere a Lei Complementar nº 63, de 11 de janeiro de 1990, e respectivas alterações;

II – a entrega dos recursos do art. 153, VIII, nos termos do art. 159, I, ambos da Constituição Federal, com redação dada pelo art. 1º desta Emenda Constitucional, observará os critérios e as condições da Lei Complementar nº 62, de 28 de dezembro de 1989, e respectivas alterações;

III – a entrega dos recursos do imposto de que trata o art. 153, VIII, nos termos do art. 159, II, ambos da Constituição Federal, com redação dada pelo art. 1º desta Emenda Constitucional, observará a Lei Complementar nº 61, de 26 de dezembro de 1989, e respectivas alterações;

IV – as bases de cálculo dos percentuais dos Estados, do Distrito Federal e dos Municípios de que trata a Lei Complementar nº 141, de 13 de janeiro de 2012, compreenderão também:

a) as respectivas parcelas do imposto de que trata o art. 156-A, com os acréscimos e as deduções decorrentes do crédito das parcelas de que trata o art. 158, IV, *b*, ambos da Constituição Federal, com redação dada pelo art. 1º desta Emenda Constitucional;

b) os valores recebidos nos termos dos arts. 131 e 132 do Ato das Disposições Constitucionais Transitórias, com redação dada pelo art. 2º desta Emenda Constitucional.

§ 1º As vinculações de receita dos impostos previstos nos arts. 155, II, e 156, III, estabelecidas em legislação de Estados, Distrito Federal ou Municípios até a data de promulgação desta Emenda Constitucional serão aplicadas, em mesmo percentual, sobre a receita do imposto previsto no art. 156-A do ente federativo competente.

§ 2º Aplica-se o disposto no § 1º deste artigo enquanto não houver alteração na legislação dos Estados, Distrito Federal ou Municípios que trata das referidas vinculações.

Art. 7º A partir de 2027, a União compensará eventual redução no montante dos valores entregues nos termos do art. 159, I e II, em razão da substituição da arrecadação do imposto previsto no art. 153, IV, pela arrecadação do imposto previsto no art. 153, VIII, todos da Constituição Federal, nos termos de lei complementar.

§ 1º A compensação de que trata o *caput*:

I – terá como referência a média de recursos transferidos do imposto previsto no art. 153, IV, de 2022 a 2026, atualizada:

a) até 2027, na forma da lei complementar;

b) a partir de 2028, pela variação do produto da arrecadação da contribuição prevista no art. 195, V, da Constituição Federal, apurada com base na alíquota de referência de que trata o art. 130 do Ato das Disposições Constitucionais Transitórias; e

II – observará os mesmos critérios, prazos e garantias aplicáveis à entrega de recursos de que trata o art. 159, I e II, da Constituição Federal.

§ 2º Aplica-se à compensação de que trata o *caput* o disposto nos arts. 167, § 4º, 198, § 2º, 212, *caput* e § 1º, e 212-A, II, da Constituição Federal.

Art. 8º Fica criada a Cesta Básica Nacional de Alimentos, que considerará a diversidade regional e cultural da alimentação do País e garantirá a alimentação saudável e nutricionalmente adequada, em observância ao direito social à alimentação previsto no art. 6º da Constituição Federal.

Parágrafo único. Lei complementar definirá os produtos destinados à alimentação humana que comporão a Cesta Básica Nacional de Alimentos, sobre os quais as alíquotas dos tributos previstos nos arts. 156-A e 195, V, da Constituição Federal serão reduzidas a zero.

Art. 9º A lei complementar que instituir o imposto de que trata o art. 156-A e a contribuição de que trata o art. 195, V, ambos da Constituição Federal, poderá prever os regimes diferenciados de tributação de que trata este artigo, desde que sejam uniformes em todo o território nacional e sejam realizados os respectivos ajustes nas alíquotas de referência com vistas a reequilibrar a arrecadação da esfera federativa.

§ 1º A lei complementar definirá as operações beneficiadas com redução de 60% (sessenta por cento) das alíquotas dos tributos de que trata o *caput* entre as relativas aos seguintes bens e serviços:

I – serviços de educação;

II – serviços de saúde;

III – dispositivos médicos;

IV – dispositivos de acessibilidade para pessoas com deficiência;
V – medicamentos;
VI – produtos de cuidados básicos à saúde menstrual;
VII – serviços de transporte público coletivo de passageiros rodoviário e metroviário de caráter urbano, semiurbano e metropolitano;
VIII – alimentos destinados ao consumo humano;
IX – produtos de higiene pessoal e limpeza majoritariamente consumidos por famílias de baixa renda;
X – produtos agropecuários, aquícolas, pesqueiros, florestais e extrativistas vegetais *in natura*;
XI – insumos agropecuários e aquícolas;
XII – produções artísticas, culturais, de eventos, jornalísticas e audiovisuais nacionais, atividades desportivas e comunicação institucional;
XIII – bens e serviços relacionados a soberania e segurança nacional, segurança da informação e segurança cibernética.

§ 2º É vedada a fixação de percentual de redução distinto do previsto no § 1º em relação às hipóteses nele previstas.

§ 3º A lei complementar a que se refere o *caput* preverá hipóteses de:
I – isenção, em relação aos serviços de que trata o § 1º, VII;
II – redução em 100% (cem por cento) das alíquotas dos tributos referidos no *caput* para:
a) bens de que trata o § 1º, III a VI;
b) produtos hortícolas, frutas e ovos;
c) serviços prestados por Instituição Científica, Tecnológica e de Inovação (ICT) sem fins lucrativos;
d) automóveis de passageiros, conforme critérios e requisitos estabelecidos em lei complementar, quando adquiridos por pessoas com deficiência e pessoas com transtorno do espectro autista, diretamente ou por intermédio de seu representante legal ou por motoristas profissionais, nos termos de lei complementar, que destinem o automóvel à utilização na categoria de aluguel (táxi);
III – redução em 100% (cem por cento) da alíquota da contribuição de que trata o art. 195, V, da Constituição Federal, para serviços de educação de ensino superior nos termos do Programa Universidade para Todos (PROUNI), instituído pela Lei nº 11.096, de 13 de janeiro de 2005;
IV – isenção ou redução em até 100% (cem por cento) das alíquotas dos tributos referidos no *caput* para atividades de reabilitação urbana de zonas históricas e de áreas críticas de recuperação e reconversão urbanística.

§ 4º O produtor rural pessoa física ou jurídica que obtiver receita anual inferior a R$ 3.600.000,00 (três milhões e seiscentos mil reais), atualizada anualmente pelo Índice Nacional de Preços ao Consumidor Amplo (IPCA), e o produtor integrado de que trata o art. 2º, II, da Lei nº 13.288, de 16 de maio de 2016, com a redação vigente em 31 de maio de 2023, poderão optar por ser contribuintes dos tributos de que trata o *caput*.

§ 5º É autorizada a concessão de crédito ao contribuinte adquirente de bens e serviços de produtor rural pessoa física ou jurídica que não opte por ser contribuinte na hipótese de que trata o § 4º, nos termos da lei complementar, observado o seguinte:
I – o Poder Executivo da União e o Comitê Gestor do Imposto de Bens e Serviços poderão revisar, anualmente, de acordo com critérios estabelecidos em lei complementar, o valor do crédito presumido concedido, não se aplicando o disposto no art. 150, I, da Constituição Federal; e
II – o crédito presumido de que trata este parágrafo terá como objetivo permitir a apropriação de créditos não aproveitados por não contribuinte do imposto em razão do disposto no *caput* deste parágrafo.

§ 6º Observado o disposto no § 5º, I, é autorizada a concessão de crédito ao contribuinte adquirente de:
I – serviços de transportador autônomo de carga pessoa física que não seja contribuinte do imposto, nos termos da lei complementar;
II – resíduos e demais materiais destinados à reciclagem, reutilização ou logística reversa, de pessoa física, cooperativa ou outra forma de organização popular.

§ 7º Lei complementar poderá prever a concessão de crédito ao contribuinte que adquira bens móveis usados de pessoa física não contribuinte para revenda, desde que esta seja tributada e o crédito seja vinculado ao respectivo bem, vedado o ressarcimento.

§ 8º Os benefícios especiais de que trata este artigo serão concedidos observando se o disposto no art. 149-B, III, da Constituição Federal, exceto em relação ao § 3º, III, deste artigo.

§ 9º O imposto previsto no art. 153, VIII, da Constituição Federal não incidirá sobre os bens ou serviços cujas alíquotas sejam reduzidas nos termos do § 1º deste artigo.

§ 10. Os regimes diferenciados de que trata este artigo serão submetidos a avaliação quinquenal de custo-benefício, podendo a lei fixar regime de transição para a alíquota padrão, não observado o disposto no § 2º, garantidos os respectivos ajustes nas alíquotas de referência.

§ 11. A avaliação de que trata o § 10 deverá examinar o impacto da legislação dos tributos a que se refere o *caput* deste artigo na promoção da igualdade entre homens e mulheres.

§ 12. A lei complementar estabelecerá as operações beneficiadas com redução de 30% (trinta por cento) das alíquotas dos tributos de que trata o *caput* relativas à prestação de serviços de profissão intelectual, de natureza científica, literária ou artística, desde que sejam submetidas a fiscalização por conselho profissional.

§ 13. Para fins deste artigo, incluem-se:
I – entre os medicamentos de que trata o inciso V do § 1º, as composições para nutrição enteral ou parenteral e as composições especiais e fórmulas nutricionais destinadas às pessoas com erros inatos do metabolismo; e
II – entre os alimentos de que trata o inciso VIII do § 1º, os sucos naturais sem adição de açúcares e conservantes.

Art. 10. Para fins do disposto no inciso II do § 6º do art. 156-A da Constituição Federal, consideram-se:
I – serviços financeiros:
a) operações de crédito, câmbio, seguro, resseguro, consórcio, arrendamento mercantil, faturização, securitização, previdência privada, capitalização, arranjos de pagamento, operações com títulos e valores mobiliários, inclusive negociação e corretagem, e outras que impliquem captação, repasse, intermediação, gestão ou administração de recursos;
b) outros serviços prestados por entidades administradoras de mercados organizados, infraestruturas de mercado e depositárias centrais e por instituições autorizadas a funcionar pelo Banco Central do Brasil, na forma de lei complementar;
II – operações com bens imóveis:
a) construção e incorporação imobiliária;
b) parcelamento do solo e alienação de bem imóvel;
c) locação e arrendamento de bem imóvel;
d) administração e intermediação de bem imóvel.

§ 1º Em relação às instituições financeiras bancárias:
I – não se aplica o regime específico de que trata o art. 156-A, § 6º, II, da Constituição Federal aos serviços remunerados por tarifas e comissões, observado o disposto nas normas expedidas pelas entidades reguladoras;
II – os demais serviços financeiros sujeitam-se ao regime específico de que trata o art. 156-A, § 6º, II, da Constituição Federal, devendo as alíquotas e as bases de cálculo ser definidas de modo a manter, em caráter geral, até o final do quinto ano da entrada em vigor do regime, a carga tributária decorrente dos tributos extintos por esta Emenda Constitucional incidente sobre as operações de crédito na data de sua promulgação, e a manter, em caráter específico, aquela incidente sobre as operações relacionadas ao fundo de garantia por tempo de serviço, podendo, neste caso, definir alíquota e base de cálculo diferenciadas e abranger os serviços de que trata o inciso I deste parágrafo, não se lhes aplicando o prazo previsto neste inciso.

§ 2º O disposto no § 1º, II, em relação ao fundo de garantia do tempo de serviço, poderá, nos termos da lei complementar, ser estendido para outros fundos garantidores ou executores de políticas públicas previstos em lei.

Art. 11. A revogação do art. 195, I, *b*, não produzirá efeitos sobre as contribuições incidentes sobre a receita ou o faturamento vigentes na data de publicação desta Emenda Constitucional que substituam a contribuição de que trata o art. 195, I, *a*, ambos da Constituição Federal, e sejam cobradas com base naquele dispositivo, observado o disposto no art. 30 da Emenda Constitucional nº 103, de 12 de novembro de 2019.

Art. 12. Fica instituído o Fundo de Compensação de Benefícios Fiscais ou Financeiro-Fiscais do imposto de que trata o art. 155, II, da Constituição Federal, com vistas a compensar, entre 1º de janeiro de 2029 e 31 de dezembro de 2032, pessoas físicas ou jurídicas beneficiárias de isenções, incentivos e benefícios fiscais ou financeiro-fiscais relativos àquele imposto, concedidos por prazo certo e sob condição.

§ 1º De 2025 a 2032, a União entregará ao Fundo recursos que corresponderão aos seguintes valores, atualizados, de 2023 até o ano anterior ao da entrega, pela variação acumulada do IPCA ou de outro índice que vier a substituí-lo:
I – em 2025, a R$ 8.000.000.000,00 (oito bilhões de reais);

II – em 2026, a R$ 16.000.000.000,00 (dezesseis bilhões de reais);
III – em 2027, a R$ 24.000.000.000,00 (vinte e quatro bilhões de reais);
IV – em 2028, a R$ 32.000.000.000,00 (trinta e dois bilhões de reais);
V – em 2029, a R$ 32.000.000.000,00 (trinta e dois bilhões de reais);
VI – em 2030, a R$ 24.000.000.000,00 (vinte e quatro bilhões de reais);
VII – em 2031, a R$ 16.000.000.000,00 (dezesseis bilhões de reais);
VIII – em 2032, a R$ 8.000.000.000,00 (oito bilhões de reais).

§ 2º Os recursos do Fundo de que trata o *caput* serão utilizados para compensar a redução do nível de benefícios onerosos do imposto previsto no art. 155, II, da Constituição Federal, na forma do § 1º do art. 128 do Ato das Disposições Constitucionais Transitórias, suportada pelas pessoas físicas ou jurídicas em razão da substituição do referido imposto por aquele previsto no art. 156-A da Constituição Federal, nos termos deste artigo.

§ 3º Para efeitos deste artigo, consideram-se benefícios onerosos as isenções, os incentivos e os benefícios fiscais ou financeiro-fiscais vinculados ao imposto referido no *caput* deste artigo concedidos por prazo certo e sob condição, na forma do art. 178 da Lei nº 5.172, de 25 de outubro de 1966 (Código Tributário Nacional).

§ 4º A compensação de que trata o § 1º:

I – aplica-se aos titulares de benefícios onerosos referentes ao imposto previsto no art. 155, II, da Constituição Federal regularmente concedidos até 31 de maio de 2023, sem prejuízo de ulteriores prorrogações ou renovações, observados o prazo estabelecido no *caput* e, se aplicável, a exigência de registro e depósito estabelecida pelo art. 3º, II, da Lei Complementar nº 160, de 7 de agosto de 2017, que tenham cumprido tempestivamente as condições exigidas pela norma concessiva do benefício, bem como aos titulares de projetos abrangidos pelos benefícios a que se refere o art. 19 desta Emenda Constitucional;

II – não se aplica aos titulares de benefícios decorrentes do disposto no art. 3º, § 2º-A, da Lei Complementar nº 160, de 7 de agosto de 2017.

§ 5º A pessoa física ou jurídica perderá o direito à compensação de que trata o § 2º caso deixe de cumprir tempestivamente as condições exigidas pela norma concessiva do benefício.

§ 6º Lei complementar estabelecerá:

I – critérios e limites para apuração do nível de benefícios e de sua redução;

II – procedimentos de análise, pela União, dos requisitos para habilitação do requerente à compensação de que trata o § 2º.

§ 7º É vedada a prorrogação dos prazos de que trata o art. 3º, §§ 2º e 2º-A, da Lei Complementar nº 160, de 7 de agosto de 2017.

§ 8º A União deverá complementar os recursos de que trata o § 1º em caso de insuficiência de recursos para a compensação de que trata o § 2º.

§ 9º Eventual saldo financeiro existente em 31 de dezembro de 2032 será transferido ao Fundo de que trata o art. 159-A da Constituição Federal, com a redação dada pelo art. 1º desta Emenda Constitucional, sem redução ou compensação dos valores consignados no art. 13 desta Emenda Constitucional.

§ 10. O disposto no § 4º, I, aplica-se também aos titulares de benefícios onerosos que, por força de mudanças na legislação estadual, tenham migrado para outros programas ou benefícios entre 31 de maio de 2023 e a data de promulgação desta Emenda Constitucional, ou estejam em processo de migração na data de promulgação desta Emenda Constitucional.

Art. 13. Os recursos de que trata o art. 159-A da Constituição Federal, com a redação dada pelo art. 1º desta Emenda Constitucional, corresponderão aos seguintes valores, atualizados, de 2023 até o ano anterior ao da entrega, pela variação acumulada do IPCA ou de outro índice que vier a substituí-lo:

I – em 2029, a R$ 8.000.000.000,00 (oito bilhões de reais);
II – em 2030, a R$ 16.000.000.000,00 (dezesseis bilhões de reais);
III – em 2031, a R$ 24.000.000.000,00 (vinte e quatro bilhões de reais);
IV – em 2032, a R$ 32.000.000.000,00 (trinta e dois bilhões de reais);
V – em 2033, a R$ 40.000.000.000,00 (quarenta bilhões de reais);
VI – em 2034, a R$ 42.000.000.000,00 (quarenta e dois bilhões de reais);
VII – em 2035, a R$ 44.000.000.000,00 (quarenta e quatro bilhões de reais);
VIII – em 2036, a R$ 46.000.000.000,00 (quarenta e seis bilhões de reais);
IX – em 2037, a R$ 48.000.000.000,00 (quarenta e oito bilhões de reais);
X – em 2038, a R$ 50.000.000.000,00 (cinquenta bilhões de reais);
XI – em 2039, a R$ 52.000.000.000,00 (cinquenta e dois bilhões de reais);
XII – em 2040, a R$ 54.000.000.000,00 (cinquenta e quatro bilhões de reais);
XIII – em 2041, a R$ 56.000.000.000,00 (cinquenta e seis bilhões de reais);
XIV – em 2042, a R$ 58.000.000.000,00 (cinquenta e oito bilhões de reais);
XV – a partir de 2043, a R$ 60.000.000.000,00 (sessenta bilhões de reais), por ano.

Art. 14. A União custeará, com posterior ressarcimento pelo Comitê Gestor do Imposto sobre Bens e Serviços de que trata o art. 156-B da Constituição Federal, as despesas necessárias para sua instalação.

Art. 15. Os recursos entregues na forma do art. 159-A da Constituição Federal, com a redação dada pelo art. 1º desta Emenda Constitucional, os recursos de que trata o art. 12 e as compensações de que trata o art. 7º não se incluem em bases de cálculo ou em limites de despesas estabelecidos pela lei complementar de que trata o art. 6º da Emenda Constitucional nº 126, de 21 de dezembro de 2022.

Art. 16. Até que lei complementar regule o disposto no art. 155, § 1º, III, da Constituição Federal, o imposto incidente nas hipóteses de que trata o referido dispositivo competirá:

I – relativamente a bens imóveis e respectivos direitos, ao Estado da situação do bem, ou ao Distrito Federal;

II – se o doador tiver domicílio ou residência no exterior:

a) ao Estado onde tiver domicílio o donatário ou ao Distrito Federal;

b) se o donatário tiver domicílio ou residir no exterior, ao Estado em que se encontrar o bem ou ao Distrito Federal;

III – relativamente aos bens do *de cujus*, ainda que situados no exterior, ao Estado onde era domiciliado, ou, se domiciliado ou residente no exterior, onde tiver domicílio o sucessor ou legatário, ou ao Distrito Federal.

Art. 17. A alteração do art. 155, § 1º, II, da Constituição Federal, promovida pelo art. 1º desta Emenda Constitucional, aplica-se às sucessões abertas a partir da data de publicação desta Emenda Constitucional.

Art. 18. O Poder Executivo deverá encaminhar ao Congresso Nacional:

I – em até 90 (noventa) dias após a promulgação desta Emenda Constitucional, projeto de lei que reforme a tributação da renda, acompanhado das correspondentes estimativas e estudos de impactos orçamentários e financeiros;

II – em até 180 (cento e oitenta) dias após a promulgação desta Emenda Constitucional, os projetos de lei referidos nesta Emenda Constitucional;

III – em até 90 (noventa) dias após a promulgação desta Emenda Constitucional, projeto de lei que reforme a tributação da folha de salários.

Parágrafo único. Eventual arrecadação adicional da União decorrente da aprovação da medida de que trata o inciso I do *caput* deste artigo poderá ser considerada como fonte de compensação para redução da tributação incidente sobre a folha de pagamentos e sobre o consumo de bens e serviços.

Art. 19. Os projetos habilitados à fruição dos benefícios estabelecidos pelo art. 11-C da Lei nº 9.440, de 14 de março de 1997, e pelos arts. 1º a 4º da Lei nº 9.826, de 23 de agosto 1999, farão jus, até 31 de dezembro de 2032, a crédito presumido da contribuição prevista no art. 195, V, da Constituição Federal.

§ 1º O crédito presumido de que trata este artigo:

I – incentivará exclusivamente a produção de veículos equipados com motor elétrico que tenha capacidade de tracionar o veículo somente com energia elétrica, permitida a associação com motor de combustão interna que utilize biocombustíveis isolada ou simultaneamente com combustíveis derivados de petróleo;

II – será concedido exclusivamente:

a) a projetos aprovados até 31 de dezembro de 2024 de pessoas jurídicas habilitadas à fruição dos benefícios estabelecidos pelo art. 11-C da Lei nº 9.440, de 14 de março de 1997, e pelos arts. 1º a 4º da Lei nº 9.826, de 23 de agosto de 1999, na data de promulgação desta Emenda Constitucional;

b) a novos projetos, aprovados até 31 de dezembro de 2025, que ampliem ou reiniciem a produção em planta industrial utilizada em projetos ativos ou inativos habilitados à fruição dos benefícios de que trata a alínea *a* deste inciso;

III – poderá ter sua manutenção condicionada à realização de investimentos produtivos e em pesquisa e desenvolvimento de inovação tecnológica;

IV – equivalerá ao nível de benefício estabelecido, para o ano de 2025, pelo art. 11-C da Lei nº 9.440, de 14 de março de 1997, e pelos arts. 1º a 4º da Lei nº 9.826, de 23 de agosto de 1999; e

V – será reduzido à razão de 20% (vinte por cento) ao ano entre 2029 e 2032.

§ 2º Os créditos apurados em decorrência dos benefícios de que trata o *caput* poderão ser compensados com débitos próprios relativos a tributos administrados pela Secretaria Especial da Receita Federal do Brasil, nos termos da lei, e não poderão ser transferidos a outro estabelecimento da pessoa jurídica, devendo ser utilizados somente pelo estabelecimento habilitado e localizado na região incentivada.

§ 3º O benefício de que trata este artigo será estendido a projetos de pessoas jurídicas de que trata o § 1º, II, *a*, relacionados à produção de veículos tracionados por motor de combustão interna que utilize biocombustíveis isolada ou cumulativamente com combustíveis derivados de petróleo, desde que a pessoa jurídica habilitada:

I – no caso de montadoras de veículos, inicie a produção de veículos que atendam ao disposto no § 1º, I, até 1º de janeiro de 2028; e

II – assuma, nos termos do ato concessório do benefício, compromissos relativos:

a) ao volume mínimo de investimentos;

b) ao volume mínimo de produção; e

c) à manutenção da produção por prazo mínimo, inclusive após o encerramento do benefício.

§ 4º A lei complementar estabelecerá as penalidades aplicáveis em razão do descumprimento das condições exigidas para fruição do crédito presumido de que trata este artigo.

Art. 20. Até que lei disponha sobre a matéria, a contribuição para o Programa de Formação do Patrimônio do Servidor Público, criado pela Lei Complementar nº 8, de 3 de dezembro de 1970, de que trata o art. 239 da Constituição Federal, permanecerá sendo cobrada na forma do art. 2º, III, da Lei nº 9.715, de 25 de novembro de 1998, e dos demais dispositivos legais a ele referentes em vigor na data de publicação desta Emenda Constitucional.

Art. 21. Lei complementar poderá estabelecer instrumentos de ajustes nos contratos firmados anteriormente à entrada em vigor das leis instituidoras dos tributos de que tratam o art. 156-A e o art. 195, V, da Constituição Federal, inclusive concessões públicas.

Art. 22. Revogam-se:

I – em 2027, o art. 195, I, *b*, e IV, e § 12, da Constituição Federal;

II – em 2033:

a) os arts. 155, II, e §§ 2º a 5º, 156, III, e § 3º, 158, IV, *a*, e § 1º, e 161, I, da Constituição Federal; e

b) os arts. 80, II, 82, § 2º, e 83 do Ato das Disposições Constitucionais Transitórias.

Art. 23. Esta Emenda Constitucional entra em vigor:

I – em 2027, em relação aos arts. 3º e 11;

II – em 2033, em relação aos arts. 4º e 5º; e

III – na data de sua publicação, em relação aos demais dispositivos.

Brasília, em 20 de dezembro de 2023.

Mesa da Câmara dos Deputados: Deputado Arthur Lira, Presidente; Deputado Marcos Pereira, 1º Vice-Presidente; Deputado Sóstenes Cavalcante, 2º Vice-Presidente; Deputado Luciano Bivar, 1º Secretário; Deputada Maria Do Rosário, 2ª Secretária; Deputado Júlio César, 3º Secretário; e Deputado Lucio Mosquini, 4º Secretário.

Mesa do Senado Federal: Senador Rodrigo Pacheco, Presidente; Senador Veneziano Vital do Rêgo, 1º Vice-Presidente; Senador Rodrigo Cunha, 2º Vice-Presidente; Senador Rogério Carvalho, 1º Secretário; Senador Weverton, 2º Secretário; Senador Chico Rodrigues, 3º Secretário; Senador Styvenson Valentim, 4º Secretário.

NOVA

EMENDA CONSTITUCIONAL Nº 133, DE 22 DE AGOSTO DE 2024

Impõe aos partidos políticos a obrigatoriedade da aplicação de recursos financeiros para candidaturas de pessoas pretas e pardas; estabelece parâmetros e condições para regularização e refinanciamento de débitos de partidos políticos; e reforça a imunidade tributária dos partidos políticos conforme prevista na Constituição Federal.

▶ Publicada no *DOU* de 23-8-2024.

As Mesas da Câmara dos Deputados e do Senado Federal, nos termos do § 3º do art. 60 da Constituição Federal, promulgam a seguinte Emenda ao texto constitucional:

Art. 1º Esta Emenda Constitucional impõe aos partidos políticos a obrigatoriedade da aplicação de recursos financeiros para candidaturas de pessoas pretas e pardas, estabelece parâmetros e condições para regularização e refinanciamento de débitos de partidos políticos e reforça a imunidade tributária dos partidos políticos conforme prevista na Constituição Federal.

Art. 2º O art. 17 da Constituição Federal passa a vigorar acrescido do seguinte § 9º:

▶ Alterações inseridas no texto da CF.

Art. 3º A aplicação de recursos de qualquer valor em candidaturas de pessoas pretas e pardas realizadas pelos partidos políticos nas eleições ocorridas até a promulgação desta Emenda Constitucional, com base em lei, em qualquer outro ato normativo ou em decisão judicial, deve ser considerada como cumprida.

Parágrafo único. A eficácia do disposto no *caput* deste artigo está condicionada à aplicação, nas 4 (quatro) eleições subsequentes à promulgação desta Emenda Constitucional, a partir de 2026, do montante correspondente àquele que deixou de ser aplicado para fins de cumprimento da cota racial nas eleições anteriores, sem prejuízo do cumprimento da cota estabelecida nesta Emenda Constitucional.

Art. 4º É assegurada a imunidade tributária aos partidos políticos e a seus institutos ou fundações, conforme estabelecido na alínea *c* do inciso VI do *caput* do art. 150 da Constituição Federal.

§ 1º A imunidade tributária estende-se a todas as sanções de natureza tributária, exceto as previdenciárias, abrangidos a devolução e o recolhimento de valores, inclusive os determinados nos processos de prestação de contas eleitorais e anuais, bem como os juros incidentes, as multas ou as condenações aplicadas por órgãos da administração pública direta e indireta em processos administrativos ou judiciais em trâmite, em execução ou transitados em julgado, e resulta no cancelamento das sanções, na extinção dos processos e no levantamento de inscrições em cadastros de dívida ou inadimplência.

§ 2º O disposto no § 1º deste artigo aplica-se aos processos administrativos ou judiciais nos quais a decisão administrativa, a ação de execução, a inscrição em cadastros de dívida ativa ou a inadimplência tenham ocorrido em prazo superior a 5 (cinco) anos.

Art. 5º É instituído o Programa de Recuperação Fiscal (REFIS) específico para partidos políticos e seus institutos ou fundações, para que regularizem seus débitos com isenção dos juros e das multas acumulados, aplicada apenas a correção monetária sobre os montantes originais, que poderá ocorrer a qualquer tempo, com o pagamento das obrigações apuradas em até 60 (sessenta) meses para as obrigações previdenciárias e em até 180 (cento e oitenta) meses para as demais obrigações, a critério do partido.

Art. 6º É garantido aos partidos políticos e seus institutos ou fundações o uso de recursos do fundo partidário para o parcelamento de sanções e penalidades de multas eleitorais, de outras sanções e de débitos de natureza não eleitoral e para devolução de recursos ao erário e devolução de recursos públicos ou privados a eles imputados pela Justiça Eleitoral, inclusive os de origem não identificada, excetuados os recursos de fontes vedadas.

Parágrafo único. Os órgãos partidários de esfera hierarquicamente superior poderão utilizar os recursos do fundo partidário para a quitação de débitos, ainda que parcial, das obrigações referidas no *caput* deste artigo dos órgãos partidários de esferas inferiores, inclusive se o órgão originalmente responsável estiver impedido de receber esse tipo de recurso.

Art. 7º O disposto nesta Emenda Constitucional aplica-se aos órgãos partidários nacionais, estaduais, municipais e zonais e abrange os processos de prestação de contas de exercícios financeiros e eleitorais, independentemente de terem sido julgados ou de estarem em execução, mesmo que transitados em julgado.

Art. 8º É dispensada a emissão do recibo eleitoral nas seguintes hipóteses:

▶ Art. 9º, II, da EC nº 133, de 22-8-2024.

I – doação do Fundo Especial de Financiamento de Campanha e do fundo partidário por meio de transferência bancária feita pelo partido aos candidatos e às candidatas;

II – doações recebidas por meio de PIX por partidos, candidatos e candidatas.

Art. 9º Esta Emenda Constitucional entra em vigor na data de sua publicação, aplicando-se a partir das eleições de 2024:

I – o § 9º do art. 17 da Constituição Federal; e

II – o art. 8º desta Emenda Constitucional.

Brasília, em 22 de agosto de 2024.

Mesa da Câmara dos Deputados: Deputado Arthur Lira, Presidente; Deputado Marcos Pereira, 1º Vice-Presidente; Deputado Sóstenes Cavalcante, 2º Vice-Presidente; Deputado Luciano Bivar, 1º Secretário; Deputada Maria do Rosário, 2ª Secretária; Deputado Júlio César, 3º Secretário; Deputado Lucio Mosquini, 4º Secretário.

Mesa do Senado Federal: Senador Rodrigo Pacheco, Presidente; Senador Veneziano Vital Do Rêgo, 1º Vice-Presidente; Senador Rodrigo Cunha, 2º Vice-Presidente; Senador Rogério Carvalho, 1º Secretário; Senador Weverton, 2º Secretário; Senador Chico Rodrigues, 3º Secretário; Senador Styvenson Valentim, 4º Secretário.

LEI DE INTRODUÇÃO ÀS NORMAS DO DIREITO BRASILEIRO

LEI DE INTRODUÇÃO ÀS NORMAS DO DIREITO BRASILEIRO

DECRETO-LEI Nº 4.657, DE 4 DE SETEMBRO DE 1942

Lei de Introdução às normas do Direito Brasileiro.

- Antiga Lei de Introdução ao Código Civil (LICC), cuja ementa foi alterada pela Lei nº 12.376, de 30-12-2010.
- Publicado no *DOU* de 9-9-1942, retificado no *DOU* de 8-10-1942 e no *DOU* de 17-6-1943.

O Presidente da República, usando da atribuição que lhe confere o artigo 180 da Constituição, decreta:

Art. 1º Salvo disposição contrária, a lei começa a vigorar em todo o País quarenta e cinco dias depois de oficialmente publicada.

- Art. 8º da LC nº 95, de 26-2-1998, que dispõe sobre a elaboração, a redação, a alteração e a consolidação das leis.

§ 1º Nos Estados estrangeiros, a obrigatoriedade da lei brasileira, quando admitida, se inicia três meses depois de oficialmente publicada.

§ 2º *Revogado*. Lei nº 12.036, de 1º-10-2009.

§ 3º Se, antes de entrar a lei em vigor, ocorrer nova publicação de seu texto, destinada a correção, o prazo deste artigo e dos parágrafos anteriores começará a correr da nova publicação.

§ 4º As correções a texto de lei já em vigor consideram-se lei nova.

Art. 2º Não se destinando à vigência temporária, a lei terá vigor até que outra a modifique ou revogue.

§ 1º A lei posterior revoga a anterior quando expressamente o declare, quando seja com ela incompatível ou quando regule inteiramente a matéria de que tratava a lei anterior.

§ 2º A lei nova, que estabeleça disposições gerais ou especiais a par das já existentes, não revoga nem modifica a lei anterior.

§ 3º Salvo disposição em contrário, a lei revogada não se restaura por ter a lei revogadora perdido a vigência.

Art. 3º Ninguém se escusa de cumprir a lei, alegando que não a conhece.

Art. 4º Quando a lei for omissa, o juiz decidirá o caso de acordo com a analogia, os costumes e os princípios gerais de direito.

- Arts. 140 e 375 do CPC/2015.

Art. 5º Na aplicação da lei, o juiz atenderá aos fins sociais a que ela se dirige e às exigências do bem comum.

Art. 6º A Lei em vigor terá efeito imediato e geral, respeitados o ato jurídico perfeito, o direito adquirido e a coisa julgada.

- Art. 5º, XXXVI, da CF.
- Súm. Vinc. nº 1 do STF.

§ 1º Reputa-se ato jurídico perfeito o já consumado segundo a lei vigente ao tempo em que se efetuou.

§ 2º Consideram-se adquiridos assim os direitos que o seu titular, ou alguém por ele, possa exercer, como aqueles cujo começo do exercício tenha termo prefixo, ou condição preestabelecida inalterável, a arbítrio de outrem.

- Arts. 131 e 135 do CC.

§ 3º Chama-se coisa julgada ou caso julgado a decisão judicial de que já não caiba recurso.

- Art. 6º com a redação dada pela Lei nº 3.238, de 1º-8-1957.
- Art. 502 do CPC/2015.

Art. 7º A lei do país em que for domiciliada a pessoa determina as regras sobre o começo e o fim da personalidade, o nome, a capacidade e os direitos de família.

- Arts. 2º, 6º e 8º do CC.
- Lei nº 13.445, de 24-5-2017 (Lei da Migração).
- Dec. nº 66.605, de 20-5-1970, promulgou a Convenção sobre Consentimento para Casamento.

§ 1º Realizando-se o casamento no Brasil, será aplicada a lei brasileira quanto aos impedimentos dirimentes e às formalidades da celebração.

- Art. 1.511 e segs. do CC.

§ 2º O casamento de estrangeiros poderá celebrar-se perante autoridades diplomáticas ou consulares do país de ambos os nubentes.

- § 2º com a redação dada pela Lei nº 3.238, de 1º-8-1957.

§ 3º Tendo os nubentes domicílio diverso, regerá os casos de invalidade do matrimônio a lei do primeiro domicílio conjugal.

§ 4º O regime de bens, legal ou convencional, obedece à lei do país em que tiverem os nubentes domicílio, e, se este for diverso, à do primeiro domicílio conjugal.

- Arts. 1.658 a 1.666 do CC.

§ 5º O estrangeiro casado, que se naturalizar brasileiro, pode, mediante expressa anuência de seu cônjuge, requerer ao juiz, no ato de entrega do decreto de naturalização, se apostile ao mesmo a adoção do regime de comunhão parcial de bens, respeitados os direitos de terceiros e dada esta adoção ao competente registro.

- § 5º com a redação dada pela Lei nº 6.515, de 26-12-1977 (Lei do Divórcio).
- Arts. 1.658 a 1.666 do CC.

§ 6º O divórcio realizado no estrangeiro, se um ou ambos os cônjuges forem brasileiros, só será reconhecido no Brasil depois de 1 (um) ano da data da sentença, salvo se houver sido antecedida de separação judicial por igual prazo, caso em que a homologação produzirá efeito imediato, obedecidas as condições estabelecidas para a eficácia das sentenças estrangeiras no país. O Superior Tribunal de Justiça, na forma de seu regimento interno, poderá reexaminar, a requerimento do interessado, decisões já proferidas em pedidos de homologação de sentenças estrangeiras de divórcio de brasileiros, a fim de que passem a produzir todos os efeitos legais.

- § 6º com a redação dada pela Lei nº 12.036, de 1º-10-2009.
- Art. 226, § 6º, da CF.

§ 7º Salvo o caso de abandono, o domicílio do chefe da família estende-se ao outro cônjuge e aos filhos não emancipados, e o do tutor ou curador aos incapazes sob sua guarda.

§ 8º Quando a pessoa não tiver domicílio, considerar-se-á domiciliada no lugar de sua residência ou naquele em que se encontre.

Art. 8º Para qualificar os bens e regular as relações a eles concernentes, aplicar-se-á a lei do país em que estiverem situados.

§ 1º Aplicar-se-á a lei do país em que for domiciliado o proprietário, quanto aos bens móveis que ele trouxer ou se destinarem a transporte para outros lugares.

§ 2º O penhor regula-se pela lei do domicílio que tiver a pessoa, em cuja posse se encontre a coisa apenhada.

Art. 9º Para qualificar e reger as obrigações, aplicar-se-á a lei do país em que se constituírem.

§ 1º Destinando-se a obrigação a ser executada no Brasil e dependendo de forma essencial, será esta observada, admitidas as peculiaridades da lei estrangeira quanto aos requisitos extrínsecos do ato.

§ 2º A obrigação resultante do contrato reputa-se constituída no lugar em que residir o proponente.

Art. 10. A sucessão por morte ou por ausência obedece à lei do país em que era domiciliado o defunto ou o desaparecido, qualquer que seja a natureza e a situação dos bens.

- Arts. 26 a 39, 1.784 e segs. do CC.

§ 1º A sucessão de bens de estrangeiros, situados no País, será regulada pela lei brasileira em benefício do cônjuge ou dos filhos brasileiros, ou de quem os represente, sempre que não lhes seja mais favorável a lei pessoal do *de cujus*.

- § 1º com a redação dada pela Lei nº 9.047, de 18-5-1995.
- Art. 5º, XXXI, da CF.

§ 2º A lei do domicílio do herdeiro ou legatário regula a capacidade para suceder.

- Arts. 1.798 a 1.803 do CC.

Art. 11. As organizações destinadas a fins de interesse coletivo, como as sociedades e as fundações, obedecem à lei do Estado em que se constituírem.

- Arts. 40 a 69, 981 e segs. do CC.

§ 1º Não poderão, entretanto, ter no Brasil filiais, agências ou estabelecimentos antes de serem os atos constitutivos aprovados pelo Governo brasileiro, ficando sujeitas à lei brasileira.

§ 2º Os Governos estrangeiros, bem como as organizações de qualquer natureza, que eles tenham constituído, dirijam ou hajam investido de funções públicas, não poderão adquirir no Brasil bens imóveis ou suscetíveis de desapropriação.

§ 3º Os Governos estrangeiros podem adquirir a propriedade dos prédios necessários à sede dos representantes diplomáticos ou dos agentes consulares.

Art. 12. É competente a autoridade judiciária brasileira, quando for o réu domiciliado no Brasil ou aqui tiver de ser cumprida a obrigação.

- Arts. 21, 23 e 24 do CPC/2015.

§ 1º Só à autoridade judiciária brasileira compete conhecer das ações relativas a imóveis situados no Brasil.

§ 2º A autoridade judiciária brasileira cumprirá, concedido o *exequatur* e segundo a forma estabelecida pela lei brasileira, as diligências deprecadas por autoridade estrangeira competente, observando a lei desta, quanto ao objeto das diligências.

▶ A concessão de *exequatur* às cartas rogatórias passou a ser da competência do STJ, conforme art. 105, I, *i*, da CF, com a redação dada pela EC nº 45, de 8-12-2004.

Art. 13. A prova dos fatos ocorridos em país estrangeiro rege-se pela lei que nele vigorar, quanto ao ônus e aos meios de produzir-se, não admitindo os tribunais brasileiros provas que a lei brasileira desconheça.

▶ Art. 373, *caput*, I, II e § 3º, do CPC/2015.

Art. 14. Não conhecendo a lei estrangeira, poderá o juiz exigir de quem a invoca prova do texto e da vigência.

Art. 15. Será executada no Brasil a sentença proferida no estrangeiro, que reúna os seguintes requisitos:

a) haver sido proferida por juiz competente;
b) terem sido as partes citadas ou haver-se legalmente verificado à revelia;
c) ter passado em julgado e estar revestida das formalidades necessárias para a execução no lugar em que foi proferida;
d) estar traduzida por intérprete autorizado;
e) ter sido homologada pelo Supremo Tribunal Federal.

▶ A concessão de *exequatur* às cartas rogatórias passou a ser da competência do STJ, conforme art. 105, I, *i*, da CF, com a redação dada pela EC nº 45, de 8-12-2004.

Parágrafo único. *Revogado*. Lei nº 12.036, de 1º-10-2009.

Art. 16. Quando, nos termos dos artigos precedentes, se houver de aplicar a lei estrangeira, ter-se-á em vista a disposição desta, sem considerar-se qualquer remissão por ela feita a outra lei.

Art. 17. As leis, atos e sentenças de outro país, bem como quaisquer declarações de vontade, não terão eficácia no Brasil, quando ofenderem a soberania nacional, a ordem pública e os bons costumes.

Art. 18. Tratando-se de brasileiros, são competentes as autoridades consulares brasileiras para lhes celebrar o casamento e os mais atos de registro civil e de tabelionato, inclusive o registro de nascimento e de óbito dos filhos de brasileiro ou brasileira nascidos no país da sede do consulado.

▶ *Caput* com a redação dada pela Lei nº 3.238, de 1º-8-1957.

§ 1º As autoridades consulares brasileiras também poderão celebrar a separação consensual e o divórcio consensual de brasileiros, não havendo filhos menores ou incapazes do casal e observados os requisitos legais quanto aos prazos, devendo constar da respectiva escritura pública as disposições relativas à descrição e à partilha dos bens comuns e à pensão alimentícia e, ainda, ao acordo quanto à retomada pelo cônjuge de seu nome de solteiro ou à manutenção do nome adotado quando se deu o casamento.

§ 2º É indispensável a assistência de advogado, devidamente constituído, que se dará mediante a subscrição de petição, juntamente com ambas as partes, ou com apenas uma delas, caso a outra constitua advogado próprio, não se fazendo necessário que a assinatura do advogado conste da escritura pública.

▶ §§ 1º e 2º acrescidos pela Lei nº 12.874, de 29-10-2013.

Art. 19. Reputam-se válidos todos os atos indicados no artigo anterior e celebrados pelos cônsules brasileiros na vigência do Decreto-Lei nº 4.657, de 4 de setembro de 1942, desde que satisfaçam todos os requisitos legais.

Parágrafo único. No caso em que a celebração desses atos tiver sido recusada pelas autoridades consulares, com fundamento no artigo 18 do mesmo Decreto-Lei, ao interessado é facultado renovar o pedido dentro de noventa dias contados da data da publicação desta Lei.

▶ Art. 19 acrescido pela Lei nº 3.238, de 1º-8-1957.

Art. 20. Nas esferas administrativa, controladora e judicial, não se decidirá com base em valores jurídicos abstratos sem que sejam consideradas as consequências práticas da decisão.

▶ Dec. nº 9.830, de 10-6-2019, regulamenta este artigo.

Parágrafo único. A motivação demonstrará a necessidade e a adequação da medida imposta ou da invalidação de ato, contrato, ajuste, processo ou norma administrativa, inclusive em face das possíveis alternativas.

Art. 21. A decisão que, nas esferas administrativa, controladora ou judicial, decretar a invalidação de ato, contrato, ajuste, processo ou norma administrativa deverá indicar de modo expresso suas consequências jurídicas e administrativas.

▶ Dec. nº 9.830, de 10-6-2019, regulamenta este artigo.

Parágrafo único. A decisão a que se refere o *caput* deste artigo deverá, quando for o caso, indicar as condições para que a regularização ocorra de modo proporcional e equânime e sem prejuízo aos interesses gerais, não se podendo impor aos sujeitos atingidos ônus ou perdas que, em função das peculiaridades do caso, sejam anormais ou excessivos.

Art. 22. Na interpretação de normas sobre gestão pública, serão considerados os obstáculos e as dificuldades reais do gestor e as exigências das políticas públicas a seu cargo, sem prejuízo dos direitos dos administrados.

▶ Dec. nº 9.830, de 10-6-2019, regulamenta este artigo.

§ 1º Em decisão sobre regularidade de conduta ou validade de ato, contrato, ajuste, processo ou norma administrativa, serão consideradas as circunstâncias práticas que houverem imposto, limitado ou condicionado a ação do agente.

§ 2º Na aplicação de sanções, serão consideradas a natureza e a gravidade da infração cometida, os danos que dela provierem para a administração pública, as circunstâncias agravantes ou atenuantes e os antecedentes do agente.

§ 3º As sanções aplicadas ao agente serão levadas em conta na dosimetria das demais sanções de mesma natureza e relativas ao mesmo fato.

▶ Arts. 20 a 22 acrescidos pela Lei nº 13.655, de 25-4-2018.

Art. 23. A decisão administrativa, controladora ou judicial que estabelecer interpretação ou orientação nova sobre norma de conteúdo indeterminado, impondo novo dever ou novo condicionamento de direito, deverá prever regime de transição quando indispensável para que o novo dever ou condicionamento de direito seja cumprido de modo proporcional, equânime e eficiente e sem prejuízo aos interesses gerais.

▶ *Caput* acrescido pela Lei nº 13.655, de 25-4-2018.
▶ Dec. nº 9.830, de 10-6-2019, regulamenta este artigo.

Parágrafo único. VETADO. Lei nº 13.655, de 25-4-2018.

Art. 24. A revisão, nas esferas administrativa, controladora ou judicial, quanto à validade de ato, contrato, ajuste, processo ou norma administrativa cuja produção já se houver completado levará em conta as orientações gerais da época, sendo vedado que, com base em mudança posterior de orientação geral, se declarem inválidas situações plenamente constituídas.

▶ Dec. nº 9.830, de 10-6-2019, regulamenta este artigo.

Parágrafo único. Consideram-se orientações gerais as interpretações e especificações contidas em atos públicos de caráter geral ou em jurisprudência judicial ou administrativa majoritária, e ainda as adotadas por prática administrativa reiterada e de amplo conhecimento público.

▶ Art. 24 acrescido pela Lei nº 13.655, de 25-4-2018.

Art. 25. VETADO. Lei nº 13.655, de 25-4-2018.

Art. 26. Para eliminar irregularidade, incerteza jurídica ou situação contenciosa na aplicação do direito público, inclusive no caso de expedição de licença, a autoridade administrativa poderá, após oitiva do órgão jurídico e, quando for o caso, após realização de consulta pública, e presentes razões de relevante interesse geral, celebrar compromisso com os interessados, observada a legislação aplicável, o qual só produzirá efeitos a partir de sua publicação oficial.

▶ *Caput* acrescido pela Lei nº 13.655, de 25-4-2018.
▶ Dec. nº 9.830, de 10-6-2019, regulamenta este artigo.

§ 1º O compromisso referido no *caput* deste artigo:

I – buscará solução jurídica proporcional, equânime, eficiente e compatível com os interesses gerais;
II – VETADO. Lei nº 13.655, de 25-4-2018;
III – não poderá conferir desoneração permanente de dever ou condicionamento de direito reconhecidos por orientação geral;
IV – deverá prever com clareza as obrigações das partes, o prazo para seu cumprimento e as sanções aplicáveis em caso de descumprimento.

▶ § 1º acrescido pela Lei nº 13.655, de 25-4-2018.

§ 2º VETADO. Lei nº 13.655, de 25-4-2018.

Art. 27. A decisão do processo, nas esferas administrativa, controladora ou judicial, poderá impor compensação por benefícios indevidos ou prejuízos anormais ou injustos resultantes do processo ou da conduta dos envolvidos.

▶ Dec. nº 9.830, de 10-6-2019, regulamenta este artigo.

§ 1º A decisão sobre a compensação será motivada, ouvidas previamente as partes sobre seu cabimento, sua forma e, se for o caso, seu valor.

§ 2º Para prevenir ou regular a compensação, poderá ser celebrado compromisso processual entre os envolvidos.

▸ Art. 27 acrescido pela Lei nº 13.655, de 25-4-2018.

Art. 28. O agente público responderá pessoalmente por suas decisões ou opiniões técnicas em caso de dolo ou erro grosseiro.

▸ *Caput* acrescido pela Lei nº 13.655, de 25-4-2018.

▸ Dec. nº 9.830, de 10-6-2019, regulamenta este artigo.

§§ 1º a 3º VETADOS. Lei nº 13.655, de 25-4-2018.

Art. 29. Em qualquer órgão ou Poder, a edição de atos normativos por autoridade administrativa, salvo os de mera organização interna, poderá ser precedida de consulta pública para manifestação de interessados, preferencialmente por meio eletrônico, a qual será considerada na decisão.

▸ *Caput* acrescido pela Lei nº 13.655, de 25-4-2018.

▸ Dec. nº 9.830, de 10-6-2019, regulamenta este artigo.

§ 1º A convocação conterá a minuta do ato normativo e fixará o prazo e demais condições da consulta pública, observadas as normas legais e regulamentares específicas, se houver.

▸ § 1º acrescido pela Lei nº 13.655, de 25-4-2018.

§ 2º VETADO. Lei nº 13.655, de 25-4-2018.

Art. 30. As autoridades públicas devem atuar para aumentar a segurança jurídica na aplicação das normas, inclusive por meio de regulamentos, súmulas administrativas e respostas a consultas.

▸ Dec. nº 9.830, de 10-6-2019, regulamenta este artigo.

Parágrafo único. Os instrumentos previstos no *caput* deste artigo terão caráter vinculante em relação ao órgão ou entidade a que se destinam, até ulterior revisão.

▸ Art. 30 acrescido pela Lei nº 13.655, de 25-4-2018.

Rio de Janeiro, 4 de setembro de 1942;
121º da Independência e
54º da República.

Getúlio Vargas

CÓDIGO CIVIL

ÍNDICE SISTEMÁTICO DO CÓDIGO CIVIL

(LEI Nº 10.406, DE 10-1-2002)

PARTE GERAL

LIVRO I – DAS PESSOAS

TÍTULO I – DAS PESSOAS NATURAIS

TÍTULO II – DAS PESSOAS JURÍDICAS

TÍTULO III – DO DOMICÍLIO

LIVRO II – DOS BENS

TÍTULO ÚNICO – DAS DIFERENTES CLASSES DE BENS

LIVRO III – DOS FATOS JURÍDICOS

TÍTULO I – DO NEGÓCIO JURÍDICO

TÍTULO II – DOS ATOS JURÍDICOS LÍCITOS

TÍTULO III – DOS ATOS ILÍCITOS

TÍTULO IV – DA PRESCRIÇÃO E DA DECADÊNCIA

TÍTULO V – DA PROVA

PARTE ESPECIAL

LIVRO I – DO DIREITO DAS OBRIGAÇÕES

TÍTULO I – DAS MODALIDADES DAS OBRIGAÇÕES

TÍTULO II – DA TRANSMISSÃO DAS OBRIGAÇÕES

TÍTULO III – DO ADIMPLEMENTO E EXTINÇÃO DAS OBRIGAÇÕES

TÍTULO IV – DO INADIMPLEMENTO DAS OBRIGAÇÕES

TÍTULO V – DOS CONTRATOS EM GERAL

TÍTULO VI – DAS VÁRIAS ESPÉCIES DE CONTRATO

TÍTULO VII – DOS ATOS UNILATERAIS

TÍTULO VIII – DOS TÍTULOS DE CRÉDITO

TÍTULO IX – DA RESPONSABILIDADE CIVIL

TÍTULO X – DAS PREFERÊNCIAS E PRIVILÉGIOS CREDITÓRIOS

LIVRO II – DO DIREITO DE EMPRESA

TÍTULO I – DO EMPRESÁRIO

TÍTULO I-A – DA EMPRESA INDIVIDUAL DE RESPONSABILIDADE LIMITADA

TÍTULO II – DA SOCIEDADE

SUBTÍTULO I – DA SOCIEDADE NÃO PERSONIFICADA

SUBTÍTULO II – DA SOCIEDADE PERSONIFICADA

TÍTULO III – DO ESTABELECIMENTO

TÍTULO IV – DOS INSTITUTOS COMPLEMENTARES

LIVRO III – DO DIREITO DAS COISAS

TÍTULO I – DA POSSE

TÍTULO II – DO DIREITO PATRIMONIAL

SUBTÍTULO I – DO REGIME DE BENS ENTRE OS CÔNJUGES

SUBTÍTULO II – DO USUFRUTO E DA ADMINISTRAÇÃO DOS BENS DE FILHOS MENORES

SUBTÍTULO III – DOS ALIMENTOS

SUBTÍTULO IV – DO BEM DE FAMÍLIA

TÍTULO III – DA UNIÃO ESTÁVEL

TÍTULO IV – DA TUTELA, DA CURATELA E DA TOMADA DE DECISÃO APOIADA

Livro V – DO DIREITO DAS SUCESSÕES

TÍTULO I – DA SUCESSÃO EM GERAL

TÍTULO II – DA SUCESSÃO LEGÍTIMA

TÍTULO III – DA SUCESSÃO TESTAMENTÁRIA

TÍTULO IV – DO INVENTÁRIO E DA PARTILHA

Livro Complementar – DAS DISPOSIÇÕES FINAIS E TRANSITÓRIAS

ÍNDICE ALFABÉTICO-REMISSIVO DO CÓDIGO CIVIL

(LEI Nº 10.406, DE 10-1-2002)

A

CÓDIGO CIVIL

LEI Nº 10.406, DE 10 DE JANEIRO DE 2002

Institui o Código Civil.

- Publicada no *DOU* de 11-1-2002.

O Presidente da República:
Faço saber que o Congresso Nacional decreta e eu sanciono a seguinte Lei:

PARTE GERAL

LIVRO I – DAS PESSOAS

TÍTULO I – DAS PESSOAS NATURAIS

CAPÍTULO I
DA PERSONALIDADE E DA CAPACIDADE

Art. 1º Toda pessoa é capaz de direitos e deveres na ordem civil.

- Arts. 3º a 5º e 972 a 980 deste Código.
- Art. 7º, *caput*, do Dec.-lei nº 4.657, de 4-9-1942 (Lei de Introdução às normas do Direito Brasileiro).

Art. 2º A personalidade civil da pessoa começa do nascimento com vida; mas a lei põe a salvo, desde a concepção, os direitos do nascituro.

- Arts. 542, 1.779, 1.798 e 1.800 deste Código.
- Art. 7º, *caput*, do Dec.-lei nº 4.657, de 4-9-1942 (Lei de Introdução às normas do Direito Brasileiro).
- Enunciados nºs 1 e 2 das Jornadas de Direito Civil.

Art. 3º São absolutamente incapazes de exercer pessoalmente os atos da vida civil os menores de 16 (dezesseis) anos.

- *Caput* com a redação dada pela Lei nº 13.146, de 6-7-2015.
- Arts. 50, 71, 72, 447, 698 e 896 do CPC/2015.

I a III – *Revogados*. Lei nº 13.146, de 6-7-2015.

Art. 4º São incapazes, relativamente a certos atos ou à maneira de os exercer:

- *Caput* com a redação dada pela Lei nº 13.146, de 6-7-2015.

I – os maiores de dezesseis e menores de dezoito anos;

- Arts. 666, 1.634, V, 1.690, 1.747, I, e 1.774 deste Código.

II – os ébrios habituais e os viciados em tóxico;
III – aqueles que, por causa transitória ou permanente, não puderem exprimir sua vontade;

- Incisos II e III com a redação dada pela Lei nº 13.146, de 6-7-2015.

IV – os pródigos.

- Arts. 104, 171 e 1.767, V, deste Código.
- Arts. 50, 71, 72, 178 e 896 do CPC/2015.
- Art. 30, § 5º, do Dec.-lei nº 891, de 25-11-1938 (Lei de Fiscalização de Entorpecentes).

Parágrafo único. A capacidade dos indígenas será regulada por legislação especial.

- Parágrafo único com a redação dada pela Lei nº 13.146, de 6-7-2015.
- Arts. 231 e 232 da CF.
- Lei nº 6.001, de 19-12-1973 (Estatuto do Índio).
- Art. 50, § 2º, da Lei nº 6.015, de 31-12-1973 (Lei dos Registros Públicos).

Art. 5º A menoridade cessa aos dezoito anos completos, quando a pessoa fica habilitada à prática de todos os atos da vida civil.

- Arts. 1.517 e 1.860, parágrafo único, deste Código.
- Art. 73 da Lei nº 4.375, de 17-8-1964 (Lei do Serviço Militar).
- Arts. 1º e 13 da Lei nº 9.307, de 23-9-1996 (Lei da Arbitragem).
- Enunciados nºs 3 e 397 das Jornadas de Direito Civil.

Parágrafo único. Cessará, para os menores, a incapacidade:

I – pela concessão dos pais, ou de um deles na falta do outro, mediante instrumento público, independentemente de homologação judicial, ou por sentença do juiz, ouvido o tutor, se o menor tiver dezesseis anos completos;

- Art. 148, parágrafo único, *e*, do ECA.
- En. nº 530 das Jornadas de Direito Civil.

II – pelo casamento;

- Arts. 1.511 e segs. deste Código.

III – pelo exercício de emprego público efetivo;
IV – pela colação de grau em curso de ensino superior;
V – pelo estabelecimento civil ou comercial, ou pela existência de relação de emprego, desde que, em função deles, o menor com dezesseis anos completos tenha economia própria.

- Arts. 1.635, 1.763 e 1.778 deste Código.

Art. 6º A existência da pessoa natural termina com a morte; presume-se esta, quanto aos ausentes, nos casos em que a lei autoriza a abertura de sucessão definitiva.

- Arts. 22 a 39 deste Código.
- Art. 744 do CPC/2015.
- Arts. 77 a 88 da Lei nº 6.015, de 31-12-1973 (Lei dos Registros Públicos).
- Súm. nº 331 do STF.

Art. 7º Pode ser declarada a morte presumida, sem decretação de ausência:

I – se for extremamente provável a morte de quem estava em perigo de vida;
II – se alguém, desaparecido em campanha ou feito prisioneiro, não for encontrado até dois anos após o término da guerra.

Parágrafo único. A declaração da morte presumida, nesses casos, somente poderá ser requerida depois de esgotadas as buscas e averiguações, devendo a sentença fixar a data provável do falecimento.

Art. 8º Se dois ou mais indivíduos falecerem na mesma ocasião, não se podendo averiguar se algum dos comorientes precedeu aos outros, presumir-se-ão simultaneamente mortos.

Art. 9º Serão registrados em registro público:

- Lei nº 6.015, de 31-12-1973 (Lei dos Registros Públicos).

I – os nascimentos, casamentos e óbitos;

- Arts. 1.511 e segs. deste Código.
- Art. 18 do Dec.-lei nº 4.657, de 4-9-1942 (Lei de Introdução às normas do Direito Brasileiro).

II – a emancipação por outorga dos pais ou por sentença do juiz;

- Art. 5º, parágrafo único, I, deste Código.

III – a interdição por incapacidade absoluta ou relativa;

- Art. 1.767 e segs. deste Código.

IV – a sentença declaratória de ausência e de morte presumida.

- Arts. 7º e 22 a 39 deste Código.

Art. 10. Far-se-á averbação em registro público:

- Enunciados nºs 272 e 273 das Jornadas de Direito Civil.

I – das sentenças que decretarem a nulidade ou anulação do casamento, o divórcio, a separação judicial e o restabelecimento da sociedade conjugal;
II – dos atos judiciais ou extrajudiciais que declararem ou reconhecerem a filiação;
III – *Revogado*. Lei nº 12.010, de 3-8-2009.

CAPÍTULO II
DOS DIREITOS DA PERSONALIDADE

Art. 11. Com exceção dos casos previstos em lei, os direitos da personalidade são intransmissíveis e irrenunciáveis, não podendo o seu exercício sofrer limitação voluntária.

- Art. 5º da CF.
- Enunciados nºs 4, 139, 274, 531 e 532 das Jornadas de Direito Civil.

Art. 12. Pode-se exigir que cesse a ameaça, ou a lesão, a direito da personalidade, e reclamar perdas e danos, sem prejuízo de outras sanções previstas em lei.

- Arts. 20 e 402 a 405 deste Código.
- Enunciados nºs 5, 140 e 275 das Jornadas de Direito Civil.

Parágrafo único. Em se tratando de morto, terá legitimação para requerer a medida prevista neste artigo o cônjuge sobrevivente, ou qualquer parente em linha reta, ou colateral até o quarto grau.

- Enunciados nºs 398, 399 e 400 das Jornadas de Direito Civil.

Art. 13. Salvo por exigência médica, é defeso o ato de disposição do próprio corpo, quando importar diminuição permanente da integridade física, ou contrariar os bons costumes.

- Enunciados nºs 6, 276, 401 e 532 das Jornadas de Direito Civil.

Parágrafo único. O ato previsto neste artigo será admitido para fins de transplante, na forma estabelecida em lei especial.

- Lei nº 9.434, de 4-2-1997 (Lei de Remoção de Órgãos e Tecidos).

Art. 14. É válida, com objetivo científico, ou altruístico, a disposição gratuita do próprio corpo, no todo ou em parte, para depois da morte.

- Lei nº 9.434, de 4-2-1997 (Lei de Remoção de Órgãos e Tecidos).
- En. nº 277 das Jornadas de Direito Civil.

Parágrafo único. O ato de disposição pode ser livremente revogado a qualquer tempo.

- En. nº 402 das Jornadas de Direito Civil.

Art. 15. Ninguém pode ser constrangido a submeter-se, com risco de vida, a tratamento médico ou a intervenção cirúrgica.

- Enunciados nºs 403 e 533 das Jornadas de Direito Civil.

Art. 16. Toda pessoa tem direito ao nome, nele compreendidos o prenome e o sobrenome.

- Art. 57, § 8º, da Lei nº 6.015, de 31-12-1973 (Lei dos Registros Públicos).

▶ Dec. nº 8.727, de 28-4-2016, dispõe sobre o uso do nome social e o reconhecimento da identidade de gênero de pessoas travestis e transexuais no âmbito da administração pública federal direta, autárquica e fundacional.

Art. 17. O nome da pessoa não pode ser empregado por outrem em publicações ou representações que a exponham ao desprezo público, ainda quando não haja intenção difamatória.

Art. 18. Sem autorização, não se pode usar o nome alheio em propaganda comercial.

▶ En. nº 278 das Jornadas de Direito Civil.

Art. 19. O pseudônimo adotado para atividades lícitas goza da proteção que se dá ao nome.

Art. 20. Salvo se autorizadas, ou se necessárias à administração da justiça ou à manutenção da ordem pública, a divulgação de escritos, a transmissão da palavra, ou a publicação, a exposição ou a utilização da imagem de uma pessoa poderão ser proibidas, a seu requerimento e sem prejuízo da indenização que couber, se lhe atingirem a honra, a boa fama ou a respeitabilidade, ou se se destinarem a fins comerciais.

▶ Art. 5º, X, da CF.

▶ Arts. 12, 927 e segs. deste Código.

▶ Súm. nº 403 do STJ.

▶ Enunciados nºs 5, 275 e 279 das Jornadas de Direito Civil.

▶ O STF, por unanimidade, julgou procedente a ADI nº 4.815 (*DOU* de 26-6-2015), "para dar interpretação conforme a Constituição aos artigos 20 e 21 do Código Civil, sem redução de texto, para, em consonância com os direitos fundamentais a liberdade de pensamento e de sua expressão, de criação artística, produção científica, declarar inexigível o consentimento de pessoa biografada relativamente a obras biográficas literárias ou audiovisuais, sendo por igual desnecessária autorização de pessoas retratadas como coadjuvantes (ou de seus familiares, em caso de pessoas falecidas)".

Parágrafo único. Em se tratando de morto ou de ausente, são partes legítimas para requerer essa proteção o cônjuge, os ascendentes ou os descendentes.

▶ Enunciados nºs 399 e 400 das Jornadas de Direito Civil.

Art. 21. A vida privada da pessoa natural é inviolável, e o juiz, a requerimento do interessado, adotará as providências necessárias para impedir ou fazer cessar ato contrário a esta norma.

▶ Art. 5º, X, da CF.

▶ Enunciados nºs 404 e 405 das Jornadas de Direito Civil.

▶ O STF, por unanimidade, julgou procedente a ADI nº 4.815 (*DOU* de 26-6-2015), "para dar interpretação conforme a Constituição aos artigos 20 e 21 do Código Civil, sem redução de texto, para, em consonância com os direitos fundamentais a liberdade de pensamento e de sua expressão, de criação artística, produção científica, declarar inexigível o consentimento de pessoa biografada relativamente a obras biográficas literárias ou audiovisuais, sendo por igual desnecessária autorização de pessoas retratadas como coadjuvantes (ou de seus familiares, em caso de pessoas falecidas)".

CAPÍTULO III
DA AUSÊNCIA

▶ Art. 9º, IV, deste Código.

Seção I
DA CURADORIA DOS BENS DO AUSENTE

Art. 22. Desaparecendo uma pessoa do seu domicílio sem dela haver notícia, se não houver deixado representante ou procurador a quem caiba administrar-lhe os bens, o juiz, a requerimento de qualquer interessado ou do Ministério Público, declarará a ausência, e nomear-lhe-á curador.

▶ Arts. 744 e 745 do CPC/2015.

▶ Art. 29, VI, da Lei nº 6.015, de 31-12-1973 (Lei dos Registros Públicos).

▶ Art. 94, III, *f*, da Lei nº 11.101, de 9-2-2005 (Lei de Recuperação de Empresas e Falências).

Art. 23. Também se declarará a ausência, e se nomeará curador, quando o ausente deixar mandatário que não queira ou não possa exercer ou continuar o mandato, ou se os seus poderes forem insuficientes.

Art. 24. O juiz, que nomear o curador, fixar-lhe-á os poderes e obrigações, conforme as circunstâncias, observando, no que for aplicável, o disposto a respeito dos tutores e curadores.

▶ Arts. 1.728 a 1.783 deste Código.

Art. 25. O cônjuge do ausente, sempre que não esteja separado judicialmente, ou de fato por mais de dois anos antes da declaração da ausência, será o seu legítimo curador.

▶ Art. 1.775 deste Código.

▶ En. nº 97 das Jornadas de Direito Civil.

§ 1º Em falta do cônjuge, a curadoria dos bens do ausente incumbe aos pais ou aos descendentes, nesta ordem, não havendo impedimento que os iniba de exercer o cargo.

§ 2º Entre os descendentes, os mais próximos precedem os mais remotos.

§ 3º Na falta das pessoas mencionadas, compete ao juiz a escolha do curador.

Seção II
DA SUCESSÃO PROVISÓRIA

Art. 26. Decorrido um ano da arrecadação dos bens do ausente, ou, se ele deixou representante ou procurador, em se passando três anos, poderão os interessados requerer que se declare a ausência e se abra provisoriamente a sucessão.

▶ Art. 28, § 1º, deste Código.

▶ Art. 745, § 1º, do CPC/2015.

Art. 27. Para o efeito previsto no artigo anterior, somente se consideram interessados:

I – o cônjuge não separado judicialmente;

II – os herdeiros presumidos, legítimos ou testamentários;

III – os que tiverem sobre os bens do ausente direito dependente de sua morte;

▶ Art. 1.951 deste Código.

IV – os credores de obrigações vencidas e não pagas.

Art. 28. A sentença que determinar a abertura da sucessão provisória só produzirá efeito cento e oitenta dias depois de publicada pela imprensa; mas, logo que passe em julgado, proceder-se-á à abertura do testamento, se houver, e ao inventário e partilha dos bens, como se o ausente fosse falecido.

§ 1º Findo o prazo a que se refere o art. 26, e não havendo interessados na sucessão provisória, cumpre ao Ministério Público requerê-la ao juízo competente.

§ 2º Não comparecendo herdeiro ou interessado para requerer o inventário até trinta dias depois de passar em julgado a sentença que mandar abrir a sucessão provisória, proceder-se-á à arrecadação dos bens do ausente pela forma estabelecida nos arts. 1.819 a 1.823.

Art. 29. Antes da partilha, o juiz, quando julgar conveniente, ordenará a conversão dos bens móveis, sujeitos a deterioração ou a extravio, em imóveis ou em títulos garantidos pela União.

▶ Art. 33 deste Código.

▶ Art. 730 do CPC/2015.

Art. 30. Os herdeiros, para se imitirem na posse dos bens do ausente, darão garantias da restituição deles, mediante penhores ou hipotecas equivalentes aos quinhões respectivos.

§ 1º Aquele que tiver direito à posse provisória, mas não puder prestar a garantia exigida neste artigo, será excluído, mantendo-se os bens que lhe deviam caber sob a administração do curador, ou de outro herdeiro designado pelo juiz, e que preste essa garantia.

▶ Art. 34 deste Código.

§ 2º Os ascendentes, os descendentes e o cônjuge, uma vez provada a sua qualidade de herdeiros, poderão, independentemente de garantia, entrar na posse dos bens do ausente.

Art. 31. Os imóveis do ausente só se poderão alienar, não sendo por desapropriação, ou hipotecar, quando o ordene o juiz, para lhes evitar a ruína.

Art. 32. Empossados nos bens, os sucessores provisórios ficarão representando ativa e passivamente o ausente, de modo que contra eles correrão as ações pendentes e as que de futuro àquele forem movidas.

Art. 33. O descendente, ascendente ou cônjuge que for sucessor provisório do ausente, fará seus todos os frutos e rendimentos dos bens que a este couberem; os outros sucessores, porém, deverão capitalizar metade desses frutos e rendimentos, segundo o disposto no art. 29, de acordo com o representante do Ministério Público, e prestar anualmente contas ao juiz competente.

Parágrafo único. Se o ausente aparecer, e ficar provado que a ausência foi voluntária e injustificada, perderá ele, em favor do sucessor, sua parte nos frutos e rendimentos.

Art. 34. O excluído, segundo o art. 30, da posse provisória poderá, justificando falta de meios, requerer lhe seja entregue metade dos rendimentos do quinhão que lhe tocaria.

Art. 35. Se durante a posse provisória se provar a época exata do falecimento do ausente, considerar-se-á, nessa data, aberta a sucessão em favor dos herdeiros, que o eram àquele tempo.

▶ Art. 1.784 deste Código.

Art. 36. Se o ausente aparecer, ou se lhe provar a existência, depois de estabelecida a posse provisória, cessarão para logo as vantagens dos sucessores nela imitidos, ficando, todavia, obrigados a tomar as medidas assecuratórias precisas, até a entrega dos bens a seu dono.

Seção III
DA SUCESSÃO DEFINITIVA

Art. 37. Dez anos depois de passada em julgado a sentença que concede a abertura da sucessão provisória, poderão os interessados requerer a sucessão definitiva e o levantamento das cauções prestadas.

▸ Art. 6º deste Código.
▸ Art. 745, § 3º, do CPC/2015.

Art. 38. Pode-se requerer a sucessão definitiva, também, provando-se que o ausente conta oitenta anos de idade, e que de cinco datam as últimas notícias dele.

Art. 39. Regressando o ausente nos dez anos seguintes à abertura da sucessão definitiva, ou algum de seus descendentes ou ascendentes, aquele ou estes haverão só os bens existentes no estado em que se acharem, os sub-rogados em seu lugar, ou o preço que os herdeiros e demais interessados houverem recebido pelos bens alienados depois daquele tempo.

Parágrafo único. Se, nos dez anos a que se refere este artigo, o ausente não regressar, e nenhum interessado promover a sucessão definitiva, os bens arrecadados passarão ao domínio do Município ou do Distrito Federal, se localizados nas respectivas circunscrições, incorporando-se ao domínio da União, quando situados em território federal.

▸ Arts. 1.822 e 1.844 deste Código.
▸ Art. 745, § 4º, do CPC/2015.

TÍTULO II – DAS PESSOAS JURÍDICAS

CAPÍTULO I – DISPOSIÇÕES GERAIS

Art. 40. As pessoas jurídicas são de direito público, interno ou externo, e de direito privado.

Art. 41. São pessoas jurídicas de direito público interno:

I – a União;
II – os Estados, o Distrito Federal e os Territórios;
III – os Municípios;
IV – as autarquias, inclusive as associações públicas;

▸ Inciso IV com a redação dada pela Lei nº 11.107, de 6-4-2005.

V – as demais entidades de caráter público criadas por lei.

▸ Art. 1.489, I, deste Código.

Parágrafo único. Salvo disposição em contrário, as pessoas jurídicas de direito público, a que se tenha dado estrutura de direito privado, regem-se, no que couber, quanto ao seu funcionamento, pelas normas deste Código.

▸ Art. 75, I a III, do CPC/2015.
▸ Art. 20 da Lei nº 4.717, de 29-6-1965 (Lei da Ação Popular).
▸ Art. 5º do Dec.-lei nº 200, de 25-2-1967, dispõe sobre organização da Administração Federal.
▸ En. nº 141 das Jornadas de Direito Civil.

Art. 42. São pessoas jurídicas de direito público externo os Estados estrangeiros e todas as pessoas que forem regidas pelo direito internacional público.

Art. 43. As pessoas jurídicas de direito público interno são civilmente responsáveis por atos dos seus agentes que nessa qualidade causem danos a terceiros, ressalvado direito regressivo contra os causadores do dano, se houver, por parte destes, culpa ou dolo.

▸ Arts. 21, XXIII, *c*, 37, § 6º, e 173, § 5º, da CF.
▸ Arts. 186 a 188, e 927 a 954 deste Código.
▸ Art. 125, II, do CPC/2015.
▸ Lei nº 4.619, de 28-4-1965, dispõe sobre a ação regressiva da União sobre seus agentes.
▸ Arts. 121 a 126 da Lei nº 8.112, de 11-2-1990 (Estatuto dos Servidores Públicos Civis da União, Autarquias e Fundações Públicas Federais).

Art. 44. São pessoas jurídicas de direito privado:

▸ Enunciados nºs 142, 143, 144, 280 e 469 das Jornadas de Direito Civil.

I – as associações;

▸ Arts. 53 a 61 deste Código.

II – as sociedades;

▸ Arts. 981 a 1.141 deste Código.

III – as fundações;

▸ Arts. 62 a 69, 2.033 e 2.034 deste Código.
▸ Art. 11 do Dec.-lei nº 4.657, de 4-9-1942 (Lei de Introdução às normas do Direito Brasileiro).

IV – as organizações religiosas;
V – os partidos políticos;

▸ Incisos IV e V acrescidos pela Lei nº 10.825, de 22-12-2003.

VI – *Revogado*. Lei nº 14.382, de 27-6-2022;
VII – *os empreendimentos de economia solidária*.

▸ Inciso VII acrescido pela Lei nº 15.068, de 23-12-2024.

§ 1º São livres a criação, a organização, a estruturação interna e o funcionamento das organizações religiosas, sendo vedado ao poder público negar-lhes reconhecimento ou registro dos atos constitutivos e necessários ao seu funcionamento.

▸ § 1º acrescido pela Lei nº 10.825, de 22-12-2003.

§ 2º *As disposições concernentes às associações aplicam-se subsidiariamente aos empreendimentos de economia solidária e às sociedades que são objeto do Livro II da Parte Especial deste Código.*

▸ § 2º com a redação dada pela Lei nº 15.068, de 23-12-2024.

§ 3º Os partidos políticos serão organizados e funcionarão conforme o disposto em lei específica.

▸ § 3º acrescido pela Lei nº 10.825, de 22-12-2003.

Art. 45. Começa a existência legal das pessoas jurídicas de direito privado com a inscrição do ato constitutivo no respectivo registro, precedida, quando necessário, de autorização ou aprovação do Poder Executivo, averbando-se no registro todas as alterações por que passar o ato constitutivo.

▸ Arts. 967, 985, 986, 998 e 1.150 deste Código.
▸ Art. 114 da Lei nº 6.015, de 31-12-1973 (Lei dos Registros Públicos).
▸ Lei nº 8.934, de 18-11-1994 (Lei do Registro Público de Empresas Mercantis).

Parágrafo único. Decai em três anos o direito de anular a constituição das pessoas jurídicas de direito privado, por defeito do ato respectivo, contado o prazo da publicação de sua inscrição no registro.

Art. 46. O registro declarará:

▸ Art. 120 da Lei nº 6.015, de 31-12-1973 (Lei dos Registros Públicos).

I – a denominação, os fins, a sede, o tempo de duração e o fundo social, quando houver;
II – o nome e a individualização dos fundadores ou instituidores, e dos diretores;
III – o modo por que se administra e representa, ativa e passivamente, judicial e extrajudicialmente;

▸ Art. 1.013 deste Código.
▸ Art. 75 do CPC/2015.

IV – se o ato constitutivo é reformável no tocante à administração, e de que modo;
V – se os membros respondem, ou não, subsidiariamente, pelas obrigações sociais;
VI – as condições de extinção da pessoa jurídica e o destino do seu patrimônio, nesse caso.

▸ Arts. 1.029 a 1.038 deste Código.

Art. 47. Obrigam a pessoa jurídica os atos dos administradores, exercidos nos limites de seus poderes definidos no ato constitutivo.

▸ En. nº 145 das Jornadas de Direito Civil.

Art. 48. Se a pessoa jurídica tiver administração coletiva, as decisões se tomarão pela maioria de votos dos presentes, salvo se o ato constitutivo dispuser de modo diverso.

Parágrafo único. Decai em três anos o direito de anular as decisões a que se refere este artigo, quando violarem a lei ou estatuto, ou forem eivadas de erro, dolo, simulação ou fraude.

Art. 48-A. As pessoas jurídicas de direito privado, sem prejuízo do previsto em legislação especial e em seus atos constitutivos, poderão realizar suas assembleias-gerais por meio eletrônico, inclusive para os fins do disposto no art. 59 deste Código, respeitados os direitos previstos de participação e de manifestação.

▸ Art. 48-A com a redação dada pela Lei nº 14.382, de 27-6-2022.

Art. 49. Se a administração da pessoa jurídica vier a faltar, o juiz, a requerimento de qualquer interessado, nomear-lhe-á administrador provisório.

Art. 49-A. A pessoa jurídica não se confunde com os seus sócios, associados, instituidores ou administradores.

Parágrafo único. A autonomia patrimonial das pessoas jurídicas é um instrumento lícito de alocação e segregação de riscos, estabelecido pela lei com a finalidade de estimular empreendimentos, para a geração de empregos, tributo, renda e inovação em benefício de todos.

▸ Art. 49-A acrescido pela Lei nº 13.874, de 20-9-2019.

Art. 50. Em caso de abuso da personalidade jurídica, caracterizado pelo desvio de finalidade ou pela confusão patrimonial, pode o juiz, a requerimento da parte, ou do Ministério Público quando lhe couber intervir no processo, desconsiderá-la para que os efeitos de certas e determinadas relações de obrigações sejam estendidos aos bens particulares de administradores ou de sócios da pessoa jurídica beneficiados direta ou indiretamente pelo abuso.

▸ Art. 1.080 deste Código.
▸ Art. 28 do CDC.
▸ Art. 34 da Lei nº 12.529, de 30-11-2011 (Lei do Sistema Brasileiro de Defesa da Concorrência).
▸ Enunciados nºs 7, 51, 146, 281, 282, 283, 284, 285, 406 e 487 das Jornadas de Direito Civil.
▸ En. nº 9 da Jornada de Direito Comercial.

§ 1º Para os fins do disposto neste artigo, desvio de finalidade é a utilização da pessoa jurídica com o propósito de lesar credores e para a prática de atos ilícitos de qualquer natureza.

§ 2º Entende-se por confusão patrimonial a ausência de separação de fato entre os patrimônios, caracterizada por:

I – cumprimento repetitivo pela sociedade de obrigações do sócio ou do administrador ou vice-versa;
II – transferência de ativos ou de passivos sem efetivas contraprestações, exceto os de valor proporcionalmente insignificante; e

III – outros atos de descumprimento da autonomia patrimonial.

§ 3º O disposto no *caput* e nos §§ 1º e 2º deste artigo também se aplica à extensão das obrigações de sócios ou de administradores à pessoa jurídica.

§ 4º A mera existência de grupo econômico sem a presença dos requisitos de que trata o *caput* deste artigo não autoriza a desconsideração da personalidade da pessoa jurídica.

§ 5º Não constitui desvio de finalidade a mera expansão ou a alteração da finalidade original da atividade econômica específica da pessoa jurídica.

- Art. 50 com a redação dada pela Lei nº 13.874, de 20-9-2019.

Art. 51. Nos casos de dissolução da pessoa jurídica ou cassada a autorização para seu funcionamento, ela subsistirá para os fins de liquidação, até que esta se conclua.

- Arts. 1.033 a 1.038 e 1.102 a 1.112 deste Código.
- Súm. nº 435 do STJ.

§ 1º Far-se-á, no registro onde a pessoa jurídica estiver inscrita, a averbação de sua dissolução.

§ 2º As disposições para a liquidação das sociedades aplicam-se, no que couber, às demais pessoas jurídicas de direito privado.

§ 3º Encerrada a liquidação, promover-se-á o cancelamento da inscrição da pessoa jurídica.

Art. 52. Aplica-se às pessoas jurídicas, no que couber, a proteção dos direitos da personalidade.

- Art. 5º, V e X, da CF.
- Arts. 11 a 21 deste Código.
- Súm. nº 227 do STJ.
- En. nº 286 das Jornadas de Direito Civil.

CAPÍTULO II
DAS ASSOCIAÇÕES

- Arts. 44, § 2º, e 1.155, parágrafo único, deste Código.
- Art. 1º, parágrafo único, da Lei nº 12.846, de 1º-8-2013 (Lei Anticorrupção).

Art. 53. Constituem-se as associações pela união de pessoas que se organizem para fins não econômicos.

- En. nº 534 das Jornadas de Direito Civil.

Parágrafo único. Não há, entre os associados, direitos e obrigações recíprocos.

Art. 54. Sob pena de nulidade, o estatuto das associações conterá:

I – a denominação, os fins e a sede da associação;

II – os requisitos para a admissão, demissão e exclusão dos associados;

III – os direitos e deveres dos associados;

IV – as fontes de recursos para sua manutenção;

V – o modo de constituição e de funcionamento dos órgãos deliberativos;

- Inciso V com a redação dada pela Lei nº 11.127, de 28-6-2005.

VI – as condições para a alteração das disposições estatutárias e para a dissolução;

VII – a forma de gestão administrativa e de aprovação das respectivas contas.

- Inciso VII acrescido pela Lei nº 11.127, de 28-6-2005.

Art. 55. Os associados devem ter iguais direitos, mas o estatuto poderá instituir categorias com vantagens especiais.

Art. 56. A qualidade de associado é intransmissível, se o estatuto não dispuser o contrário.

Parágrafo único. Se o associado for titular de quota ou fração ideal do patrimônio da associação, a transferência daquela não importará, de per si, na atribuição da qualidade de associado ao adquirente ou ao herdeiro, salvo disposição diversa do estatuto.

- Art. 61 deste Código.

Art. 57. A exclusão do associado só é admissível havendo justa causa, assim reconhecida em procedimento que assegure direito de defesa e de recurso, nos termos previstos no estatuto.

- *Caput* com a redação dada pela Lei nº 11.127, de 28-6-2005.
- En. nº 280 das Jornadas de Direito Civil.

Parágrafo único. *Revogado.* Lei nº 11.127, de 28-6-2005.

Art. 58. Nenhum associado poderá ser impedido de exercer direito ou função que lhe tenha sido legitimamente conferido, a não ser nos casos e pela forma previstos na lei ou no estatuto.

Art. 59. Compete privativamente à assembleia-geral:

- *Caput* com a redação dada pela Lei nº 11.127, de 28-6-2005.

I – destituir os administradores;

II – alterar o estatuto.

- Incisos I e II com a redação dada pela Lei nº 11.127, de 28-6-2005.

III e IV – *Suprimidos.* Lei nº 11.127, de 28-6-2005.

Parágrafo único. Para as deliberações a que se referem os incisos I e II deste artigo é exigido deliberação da assembleia especialmente convocada para esse fim, cujo *quorum* será o estabelecido no estatuto, bem como os critérios de eleição dos administradores.

- Parágrafo único com a redação dada pela Lei nº 11.127, de 28-6-2005.

Art. 60. A convocação dos órgãos deliberativos far-se-á na forma do estatuto, garantido a um quinto dos associados o direito de promovê-la.

- Artigo com a redação dada pela Lei nº 11.127, de 28-6-2005.
- En. nº 280 das Jornadas de Direito Civil.

Art. 61. Dissolvida a associação, o remanescente do seu patrimônio líquido, depois de deduzidas, se for o caso, as quotas ou frações ideais referidas no parágrafo único do art. 56, será destinado à entidade de fins não econômicos designada no estatuto, ou, omisso este, por deliberação dos associados, à instituição municipal, estadual ou federal, de fins idênticos ou semelhantes.

- En. nº 407 das Jornadas de Direito Civil.

§ 1º Por cláusula do estatuto ou, no seu silêncio, por deliberação dos associados, podem estes, antes da destinação do remanescente referida neste artigo, receber em restituição, atualizado o respectivo valor, as contribuições que tiverem prestado ao patrimônio da associação.

§ 2º Não existindo no Município, no Estado, no Distrito Federal ou no Território, em que a associação tiver sede, instituição nas condições indicadas neste artigo, o que remanescer do seu patrimônio se devolverá à Fazenda do Estado, do Distrito Federal ou da União.

CAPÍTULO III
DAS FUNDAÇÕES

- Arts. 1.155, parágrafo único, e 1.799, III, deste Código.
- Arts. 764 e 765 do CPC/2015.
- Art. 11 do Dec.-lei nº 4.657, de 4-9-1942 (Lei de Introdução às normas do Direito Brasileiro).
- Art. 1º, parágrafo único, da Lei nº 12.846, de 1º-8-2013 (Lei Anticorrupção).

Art. 62. Para criar uma fundação, o seu instituidor fará, por escritura pública ou testamento, dotação especial de bens livres, especificando o fim a que se destina, e declarando, se quiser, a maneira de administrá-la.

- Art. 65 deste Código.
- Arts. 114 e 120 da Lei nº 6.015, de 31-12-1973 (Lei dos Registros Públicos).

Parágrafo único. A fundação somente poderá constituir-se para fins de:

I – assistência social;

II – cultura, defesa e conservação do patrimônio histórico e artístico;

III – educação;

IV – saúde;

V – segurança alimentar e nutricional;

VI – defesa, preservação e conservação do meio ambiente e promoção do desenvolvimento sustentável;

VII – pesquisa científica, desenvolvimento de tecnologias alternativas, modernização de sistemas de gestão, produção e divulgação de informações e conhecimentos técnicos e científicos;

VIII – promoção da ética, da cidadania, da democracia e dos direitos humanos;

IX – atividades religiosas; e

X – VETADO. Lei nº 13.151, de 28-7-2015.

- Parágrafo único com a redação dada pela Lei nº 13.151, de 28-7-2015.
- Art. 2.032 deste Código.
- Enunciados nºs 8 e 9 das Jornadas de Direito Civil.

Art. 63. Quando insuficientes para constituir a fundação, os bens a ela destinados serão, se de outro modo não dispuser o instituidor, incorporados em outra fundação que se proponha a fim igual ou semelhante.

Art. 64. Constituída a fundação por negócio jurídico entre vivos, o instituidor é obrigado a transferir-lhe a propriedade, ou outro direito real, sobre os bens dotados, e, se não o fizer, serão registrados, em nome dela, por mandado judicial.

Art. 65. Aqueles a quem o instituidor cometer a aplicação do patrimônio, em tendo ciência do encargo, formularão logo, de acordo com as suas bases (art. 62), o estatuto da fundação projetada, submetendo-o, em seguida, à aprovação da autoridade competente, com recurso ao juiz.

Parágrafo único. Se o estatuto não for elaborado no prazo assinado pelo instituidor, ou, não havendo prazo, em cento e oitenta dias, a incumbência caberá ao Ministério Público.

- Arts. 764 e 765 do CPC/2015.

Art. 66. Velará pelas fundações o Ministério Público do Estado onde situadas.

- En. nº 147 das Jornadas de Direito Civil.

§ 1º Se funcionarem no Distrito Federal ou em Território, caberá o encargo ao Ministério Público do Distrito Federal e Territórios.

- § 1º com a redação dada pela Lei nº 13.151, de 28-7-2015.
- En. nº 10 das Jornadas de Direito Civil.

§ 2º Se estenderem a atividade por mais de um Estado, caberá o encargo, em cada um deles, ao respectivo Ministério Público.

▶ Lei nº 8.625, de 12-2-1993 (Lei Orgânica Nacional do Ministério Público).

Art. 67. Para que se possa alterar o estatuto da fundação é mister que a reforma:

I – seja deliberada por dois terços dos competentes para gerir e representar a fundação;

II – não contrarie ou desvirtue o fim desta;

III – seja aprovada pelo órgão do Ministério Público no prazo máximo de 45 (quarenta e cinco) dias, findo o qual ou no caso de o Ministério Público a denegar, poderá o juiz supri-la, a requerimento do interessado.

▶ Inciso III com a redação dada pela Lei nº 13.151, de 28-7-2015.

Art. 68. Quando a alteração não houver sido aprovada por votação unânime, os administradores da fundação, ao submeterem o estatuto ao órgão do Ministério Público, requererão que se dê ciência à minoria vencida para impugná-la, se quiser, em dez dias.

Art. 69. Tornando-se ilícita, impossível ou inútil a finalidade a que visa a fundação, ou vencido o prazo de sua existência, o órgão do Ministério Público, ou qualquer interessado, lhe promoverá a extinção, incorporando-se o seu patrimônio, salvo disposição em contrário no ato constitutivo, ou no estatuto, em outra fundação, designada pelo juiz, que se proponha a fim igual ou semelhante.

▶ Art. 765 do CPC/2015.

TÍTULO III – DO DOMICÍLIO

Art. 70. O domicílio da pessoa natural é o lugar onde ela estabelece a sua residência com ânimo definitivo.

▶ Arts. 46 a 50, 53, I e II, 62 e 63 do CPC/2015.

▶ Arts. 7º, 10 e 12 do Dec.-lei nº 4.657, de 4-9-1942 (Lei de Introdução às normas do Direito Brasileiro).

▶ Art. 127 do CTN.

▶ En. nº 408 das Jornadas de Direito Civil.

Art. 71. Se, porém, a pessoa natural tiver diversas residências, onde, alternadamente, viva, considerar-se-á domicílio seu qualquer delas.

▶ Art. 46, § 1º, do CPC/2015.

Art. 72. É também domicílio da pessoa natural, quanto às relações concernentes à profissão, o lugar onde esta é exercida.

Parágrafo único. Se a pessoa exercitar profissão em lugares diversos, cada um deles constituirá domicílio para as relações que lhe corresponderem.

▶ Art. 46, § 1º, do CPC/2015.

Art. 73. Ter-se-á por domicílio da pessoa natural, que não tenha residência habitual, o lugar onde for encontrada.

▶ Art. 46, § 2º, do CPC/2015.

▶ Art. 7º, § 8º, do Dec.-lei nº 4.657, de 4-9-1942 (Lei de Introdução às normas do Direito Brasileiro).

Art. 74. Muda-se o domicílio, transferindo a residência, com a intenção manifesta de o mudar.

Parágrafo único. A prova da intenção resultará do que declarar a pessoa às municipalidades dos lugares, que deixa, e para onde vai, ou, se tais declarações não fizer, da própria mudança, com as circunstâncias que a acompanharem.

Art. 75. Quanto às pessoas jurídicas, o domicílio é:

I – da União, o Distrito Federal;

II – dos Estados e Territórios, as respectivas capitais;

III – do Município, o lugar onde funcione a administração municipal;

IV – das demais pessoas jurídicas, o lugar onde funcionarem as respectivas diretorias e administrações, ou onde elegerem domicílio especial no seu estatuto ou atos constitutivos.

▶ Art. 109, §§ 1º a 4º, da CF.

▶ Art. 53, III, do CPC/2015.

§ 1º Tendo a pessoa jurídica diversos estabelecimentos em lugares diferentes, cada um deles será considerado domicílio para os atos nele praticados.

▶ Súm. nº 363 do STF.

§ 2º Se a administração, ou diretoria, tiver a sede no estrangeiro, haver-se-á por domicílio da pessoa jurídica, no tocante às obrigações contraídas por cada uma das suas agências, o lugar do estabelecimento, sito no Brasil, a que ela corresponder.

▶ Art. 21, I e parágrafo único, do CPC/2015.

Art. 76. Têm domicílio necessário o incapaz, o servidor público, o militar, o marítimo e o preso.

Parágrafo único. O domicílio do incapaz é o do seu representante ou assistente; o do servidor público, o lugar em que exercer permanentemente suas funções; o do militar, onde servir, e, sendo da Marinha ou da Aeronáutica, a sede do comando a que se encontrar imediatamente subordinado; o do marítimo, onde o navio estiver matriculado; e o do preso, o lugar em que cumprir a sentença.

▶ Art. 7º, § 7º, do Dec.-lei nº 4.657, de 4-9-1942 (Lei de Introdução às normas do Direito Brasileiro).

▶ Art. 50 do CPC/2015.

Art. 77. O agente diplomático do Brasil, que, citado no estrangeiro, alegar extraterritorialidade sem designar onde tem, no país, o seu domicílio, poderá ser demandado no Distrito Federal ou no último ponto do território brasileiro onde o teve.

Art. 78. Nos contratos escritos, poderão os contratantes especificar domicílio onde se exercitem e cumpram os direitos e obrigações deles resultantes.

▶ Arts. 47, 62 e 63 do CPC/2015.

▶ Súm. nº 335 do STF.

LIVRO II – DOS BENS

TÍTULO ÚNICO – DAS DIFERENTES CLASSES DE BENS

CAPÍTULO I – DOS BENS CONSIDERADOS EM SI MESMOS

SEÇÃO I – DOS BENS IMÓVEIS

Art. 79. São bens imóveis o solo e tudo quanto se lhe incorporar natural ou artificialmente.

▶ Art. 1.229 deste Código.

▶ En. nº 11 das Jornadas de Direito Civil.

Art. 80. Consideram-se imóveis para os efeitos legais:

I – os direitos reais sobre imóveis e as ações que os asseguram;

▶ Art. 1.225 deste Código.

II – o direito à sucessão aberta.

▶ Arts. 1.784 e 1.804 deste Código.

Art. 81. Não perdem o caráter de imóveis:

I – as edificações que, separadas do solo, mas conservando a sua unidade, forem removidas para outro local;

II – os materiais provisoriamente separados de um prédio, para nele se reempregarem.

▶ Art. 84 deste Código.

SEÇÃO II – DOS BENS MÓVEIS

Art. 82. São móveis os bens suscetíveis de movimento próprio, ou de remoção por força alheia, sem alteração da substância ou da destinação econômico-social.

Art. 83. Consideram-se móveis para os efeitos legais:

I – as energias que tenham valor econômico;

II – os direitos reais sobre objetos móveis e as ações correspondentes;

▶ Art. 1.225 deste Código.

III – os direitos pessoais de caráter patrimonial e respectivas ações.

▶ Arts. 233 a 965 deste Código.

Art. 84. Os materiais destinados a alguma construção, enquanto não forem empregados, conservam sua qualidade de móveis; readquirem essa qualidade os provenientes da demolição de algum prédio.

▶ Art. 81, II, deste Código.

SEÇÃO III – DOS BENS FUNGÍVEIS E CONSUMÍVEIS

Art. 85. São fungíveis os móveis que podem substituir-se por outros da mesma espécie, qualidade e quantidade.

▶ Art. 579 deste Código.

Art. 86. São consumíveis os bens móveis cujo uso importa destruição imediata da própria substância, sendo também considerados tais os destinados à alienação.

SEÇÃO IV – DOS BENS DIVISÍVEIS

▶ Arts. 257 a 263, 314, 504, 1.199, 1.314 a 1.358 e 1.386 deste Código.

Art. 87. Bens divisíveis são os que se podem fracionar sem alteração na sua substância, diminuição considerável de valor, ou prejuízo do uso a que se destinam.

Art. 88. Os bens naturalmente divisíveis podem tornar-se indivisíveis por determinação da lei ou por vontade das partes.

SEÇÃO V – DOS BENS SINGULARES E COLETIVOS

Art. 89. São singulares os bens que, embora reunidos, se consideram *de per si*, independentemente dos demais.

Art. 90. Constitui universalidade de fato a pluralidade de bens singulares que, pertinentes à mesma pessoa, tenham destinação unitária.

▶ En. nº 288 das Jornadas de Direito Civil.

Parágrafo único. Os bens que formam essa universalidade podem ser objeto de relações jurídicas próprias.

Art. 91. Constitui universalidade de direito o complexo de relações jurídicas, de uma pessoa, dotadas de valor econômico.

▶ En. nº 288 das Jornadas de Direito Civil.

CAPÍTULO II
DOS BENS RECIPROCAMENTE CONSIDERADOS

Art. 92. Principal é o bem que existe sobre si, abstrata ou concretamente; acessório, aquele cuja existência supõe a do principal.

- Arts. 233, 287 e 364 deste Código.

Art. 93. São pertenças os bens que, não constituindo partes integrantes, se destinam, de modo duradouro, ao uso, ao serviço ou ao aformoseamento de outro.

- En. nº 535 das Jornadas de Direito Civil.

Art. 94. Os negócios jurídicos que dizem respeito ao bem principal não abrangem as pertenças, salvo se o contrário resultar da lei, da manifestação de vontade, ou das circunstâncias do caso.

Art. 95. Apesar de ainda não separados do bem principal, os frutos e produtos podem ser objeto de negócio jurídico.

Art. 96. As benfeitorias podem ser voluptuárias, úteis ou necessárias.

- Arts. 1.219 a 1.222 e 1.922, parágrafo único, deste Código.

§ 1º São voluptuárias as de mero deleite ou recreio, que não aumentam o uso habitual do bem, ainda que o tornem mais agradável ou sejam de elevado valor.

§ 2º São úteis as que aumentam ou facilitam o uso do bem.

§ 3º São necessárias as que têm por fim conservar o bem ou evitar que se deteriore.

- Arts. 1.253 a 1.259 deste Código.

Art. 97. Não se consideram benfeitorias os melhoramentos ou acréscimos sobrevindos ao bem sem a intervenção do proprietário, possuidor ou detentor.

- Arts. 1.248 a 1.252 deste Código.

CAPÍTULO III
DOS BENS PÚBLICOS

- Arts. 20 e 26 da CF.
- Art. 1º da Lei nº 4.717, de 29-6-1965 (Lei da Ação Popular).
- Dec.-lei nº 25, de 30-11-1937, organiza a proteção do patrimônio histórico e artístico nacional.
- Dec.-lei nº 9.760, de 5-9-1946 (Lei dos Bens Imóveis da União).

Art. 98. São públicos os bens do domínio nacional pertencentes às pessoas jurídicas de direito público interno; todos os outros são particulares, seja qual for a pessoa a que pertencerem.

- En. nº 287 das Jornadas de Direito Civil.

Art. 99. São bens públicos:

I – os de uso comum do povo, tais como rios, mares, estradas, ruas e praças;

II – os de uso especial, tais como edifícios ou terrenos destinados a serviço ou estabelecimento da administração federal, estadual, territorial ou municipal, inclusive os de suas autarquias;

III – os dominicais, que constituem o patrimônio das pessoas jurídicas de direito público, como objeto de direito pessoal, ou real, de cada uma dessas entidades.

- Súm. nº 496 do STJ.

Parágrafo único. Não dispondo a lei em contrário, consideram-se dominicais os bens pertencentes às pessoas jurídicas de direito público a que se tenha dado estrutura de direito privado.

Art. 100. Os bens públicos de uso comum do povo e os de uso especial são inalienáveis, enquanto conservarem a sua qualificação, na forma que a lei determinar.

Art. 101. Os bens públicos dominicais podem ser alienados, observadas as exigências da lei.

Art. 102. Os bens públicos não estão sujeitos a usucapião.

- Arts. 183, § 3º, e 191, parágrafo único, da CF.
- Arts. 1.238 a 1.244 deste Código.
- Art. 200 do Dec.-lei nº 9.760, de 5-9-1946 (Lei dos Bens Imóveis da União).
- Súm. nº 340 do STF.

Art. 103. O uso comum dos bens públicos pode ser gratuito ou retribuído, conforme for estabelecido legalmente pela entidade a cuja administração pertencerem.

LIVRO III – DOS FATOS JURÍDICOS

TÍTULO I – DO NEGÓCIO JURÍDICO

CAPÍTULO I
DISPOSIÇÕES GERAIS

Art. 104. A validade do negócio jurídico requer:

I – agente capaz;

- Arts. 3º, 4º, 166, I, e 171, I, deste Código.

II – objeto lícito, possível, determinado ou determinável;

- Art. 166, II e III, deste Código.

III – forma prescrita ou não defesa em lei.

- Art. 166, IV, deste Código.
- Art. 51 do CDC.

Art. 105. A incapacidade relativa de uma das partes não pode ser invocada pela outra em benefício próprio, nem aproveita aos cointeressados capazes, salvo se, neste caso, for indivisível o objeto do direito ou da obrigação comum.

- Arts. 87, 88, 171, I, e 889 a 895 deste Código.

Art. 106. A impossibilidade inicial do objeto não invalida o negócio jurídico se for relativa, ou se cessar antes de realizada a condição a que ele estiver subordinado.

- Arts. 121 a 130 deste Código.

Art. 107. A validade da declaração de vontade não dependerá de forma especial, senão quando a lei expressamente a exigir.

- Arts. 183 e 212 deste Código.

Art. 108. Não dispondo a lei em contrário, a escritura pública é essencial à validade dos negócios jurídicos que visem à constituição, transferência, modificação ou renúncia de direitos reais sobre imóveis de valor superior a trinta vezes o maior salário mínimo vigente no País.

- Arts. 114, 1.225, 1.227 e 1.275 deste Código.
- Art. 406 do CPC/2015.
- Art. 26 da Lei nº 6.766, de 19-12-1979 (Lei do Parcelamento do Solo).
- En. nº 289 das Jornadas de Direito Civil.

Art. 109. No negócio jurídico celebrado com a cláusula de não valer sem instrumento público, este é da substância do ato.

Art. 110. A manifestação de vontade subsiste ainda que o seu autor haja feito a reserva mental de não querer o que manifestou, salvo se dela o destinatário tinha conhecimento.

Art. 111. O silêncio importa anuência, quando as circunstâncias ou os usos o autorizarem, e não for necessária a declaração de vontade expressa.

Art. 112. Nas declarações de vontade se atenderá mais à intenção nelas consubstanciada do que ao sentido literal da linguagem.

- Arts. 819 e 1.899 deste Código.
- Arts. 46 a 48 e 51 do CDC, sobre interpretação dos contratos.
- Art. 4º da Lei nº 9.610, de 19-2-1998 (Lei de Direitos Autorais).
- En. nº 421 das Jornadas de Direito Civil.

Art. 113. Os negócios jurídicos devem ser interpretados conforme a boa-fé e os usos do lugar de sua celebração.

- Enunciados nºs 166, 409 e 421 das Jornadas de Direito Civil.

§ 1º A interpretação do negócio jurídico deve lhe atribuir o sentido que:

I – for confirmado pelo comportamento das partes posterior à celebração do negócio;

II – corresponder aos usos, costumes e práticas do mercado relativas ao tipo de negócio;

III – corresponder à boa-fé;

IV – for mais benéfico à parte que não redigiu o dispositivo, se identificável; e

V – corresponder a qual seria a razoável negociação das partes sobre a questão discutida, inferida das demais disposições do negócio e da racionalidade econômica das partes, consideradas as informações disponíveis no momento de sua celebração.

§ 2º As partes poderão livremente pactuar regras de interpretação, de preenchimento de lacunas e de integração dos negócios jurídicos diversas daquelas previstas em lei.

- §§ 1º e 2º acrescidos pela Lei nº 13.874, de 20-9-2019.

Art. 114. Os negócios jurídicos benéficos e a renúncia interpretam-se estritamente.

- Arts. 392, 424 e 819 deste Código.

CAPÍTULO II
DA REPRESENTAÇÃO

Art. 115. Os poderes de representação conferem-se por lei ou pelo interessado.

Art. 116. A manifestação de vontade pelo representante, nos limites de seus poderes, produz efeitos em relação ao representado.

- Art. 213, parágrafo único, deste Código.

Art. 117. Salvo se o permitir a lei ou o representado, é anulável o negócio jurídico que o representante, no seu interesse ou por conta de outrem, celebrar consigo mesmo.

- Arts. 171 a 184 deste Código.

Parágrafo único. Para esse efeito, tem-se como celebrado pelo representante o negócio realizado por aquele em quem os poderes houverem sido subestabelecidos.

Art. 118. O representante é obrigado a provar às pessoas, com quem tratar em nome do representado, a sua qualidade e a extensão de seus poderes, sob pena de, não o fazendo, responder pelos atos que a estes excederem.

Art. 119. É anulável o negócio concluído pelo representante em conflito de interesses com o representado, se tal fato era ou devia ser do conhecimento de quem com aquele tratou.

- Arts. 171 a 184 deste Código.

Parágrafo único. É de cento e oitenta dias, a contar da conclusão do negócio ou da cessação da incapacidade, o prazo de decadência para pleitear-se a anulação prevista neste artigo.

▶ Arts. 3º a 5º deste Código.

Art. 120. Os requisitos e os efeitos da representação legal são os estabelecidos nas normas respectivas; os da representação voluntária são os da Parte Especial deste Código.

CAPÍTULO III
DA CONDIÇÃO, DO TERMO E DO ENCARGO

Art. 121. Considera-se condição a cláusula que, derivando exclusivamente da vontade das partes, subordina o efeito do negócio jurídico a evento futuro e incerto.

▶ Arts. 126, 127 e 1.359 deste Código.

Art. 122. São lícitas, em geral, todas as condições não contrárias à lei, à ordem pública ou aos bons costumes; entre as condições defesas se incluem as que privarem de todo efeito o negócio jurídico, ou o sujeitarem ao puro arbítrio de uma das partes.

▶ Art. 51 do CDC.
▶ Súm. nº 60 do STJ.

Art. 123. Invalidam os negócios jurídicos que lhes são subordinados:

I – as condições física ou juridicamente impossíveis, quando suspensivas;
II – as condições ilícitas, ou de fazer coisa ilícita;
III – as condições incompreensíveis ou contraditórias.

Art. 124. Têm-se por inexistentes as condições impossíveis, quando resolutivas, e as de não fazer coisa impossível.

Art. 125. Subordinando-se a eficácia do negócio jurídico à condição suspensiva, enquanto esta se não verificar, não se terá adquirido o direito, a que ele visa.

▶ Arts. 131, 199, I, 234, 509,1.809 e 1.924 deste Código.
▶ Art. 6º, § 2º, do Dec.-lei nº 4.657, de 4-9-1942 (Lei de Introdução às normas do Direito Brasileiro).

Art. 126. Se alguém dispuser de uma coisa sob condição suspensiva, e, pendente esta, fizer quanto àquela novas disposições, estas não terão valor, realizada a condição, se com ela forem incompatíveis.

Art. 127. Se for resolutiva a condição, enquanto esta se não realizar, vigorará o negócio jurídico, podendo exercer-se desde a conclusão deste o direito por ele estabelecido.

▶ Art. 474 deste Código.

Art. 128. Sobrevindo a condição resolutiva, extingue-se, para todos os efeitos, o direito a que ela se opõe; mas, se aposta a um negócio de execução continuada ou periódica, a sua realização, salvo disposição em contrário, não tem eficácia quanto aos atos já praticados, desde que compatíveis com a natureza da condição pendente e conforme aos ditames de boa-fé.

Art. 129. Reputa-se verificada, quanto aos efeitos jurídicos, a condição cujo implemento for maliciosamente obstado pela parte a quem desfavorecer, considerando-se, ao contrário, não verificada a condição maliciosamente levada a efeito por aquele a quem aproveita o seu implemento.

Art. 130. Ao titular do direito eventual, nos casos de condição suspensiva ou resolutiva, é permitido praticar os atos destinados a conservá-lo.

Art. 131. O termo inicial suspende o exercício, mas não a aquisição do direito.

▶ Arts. 125 e 1.924 deste Código.
▶ Art. 6º, § 2º, do Dec.-lei nº 4.657, de 4-9-1942 (Lei de Introdução às normas do Direito Brasileiro).

Art. 132. Salvo disposição legal ou convencional em contrário, computam-se os prazos, excluído o dia do começo, e incluído o do vencimento.

▶ Art. 224 do CPC/2015.
▶ Art. 10 do CP.
▶ Art. 798 do CPP.
▶ Art. 775 da CLT.

§ 1º Se o dia do vencimento cair em feriado, considerar-se-á prorrogado o prazo até o seguinte dia útil.

▶ Art. 216 do CPC/2015.
▶ Leis nºs 662, de 6-4-1949, 6.802, de 30-6-1980, e 7.466, de 23-4-1986, dispõem sobre feriados nacionais.

§ 2º Meado considera-se, em qualquer mês, o seu décimo quinto dia.

§ 3º Os prazos de meses e anos expiram no dia de igual número do de início, ou no imediato, se faltar exata correspondência.

▶ Lei nº 810, de 6-9-1949, define o ano civil.

§ 4º Os prazos fixados por hora contar-se-ão de minuto a minuto.

Art. 133. Nos testamentos, presume-se o prazo em favor do herdeiro, e, nos contratos, em proveito do devedor, salvo, quanto a esses, se do teor do instrumento, ou das circunstâncias, resultar que se estabeleceu a benefício do credor, ou de ambos os contratantes.

▶ Art. 1.899 deste Código.

Art. 134. Os negócios jurídicos entre vivos, sem prazo, são exequíveis desde logo, salvo se a execução tiver de ser feita em lugar diverso ou depender de tempo.

▶ Arts. 331 e 939 deste Código.

Art. 135. Ao termo inicial e final aplicam-se, no que couber, as disposições relativas à condição suspensiva e resolutiva.

Art. 136. O encargo não suspende a aquisição nem o exercício do direito, salvo quando expressamente imposto no negócio jurídico, pelo disponente, como condição suspensiva.

▶ Arts. 125 e 131 deste Código.
▶ Art. 6º, § 2º, do Dec.-lei nº 4.657, de 4-9-1942 (Lei de Introdução às normas do Direito Brasileiro).

Art. 137. Considera-se não escrito o encargo ilícito ou impossível, salvo se constituir o motivo determinante da liberalidade, caso em que se invalida o negócio jurídico.

CAPÍTULO IV
DOS DEFEITOS DO NEGÓCIO JURÍDICO

Seção I
DO ERRO OU IGNORÂNCIA

▶ Art. 178, II, deste Código.

Art. 138. São anuláveis os negócios jurídicos, quando as declarações de vontade emanarem de erro substancial que poderia ser percebido por pessoa de diligência normal, em face das circunstâncias do negócio.

▶ Art. 171, II, deste Código.
▶ Art. 446, II, do CPC/2015.
▶ En. nº 12 das Jornadas de Direito Civil.

Art. 139. O erro é substancial quando:

I – interessa à natureza do negócio, ao objeto principal da declaração, ou a alguma das qualidades a ele essenciais;
II – concerne à identidade ou à qualidade essencial da pessoa a quem se refira a declaração de vontade, desde que tenha influído nesta de modo relevante;

▶ Arts. 1.556, 1.557, 1.559 e 1.903 deste Código.

III – sendo de direito e não implicando recusa à aplicação da lei, for o motivo único ou principal do negócio jurídico.

Art. 140. O falso motivo só vicia a declaração de vontade quando expresso como razão determinante.

Art. 141. A transmissão errônea da vontade por meios interpostos é anulável nos mesmos casos em que o é a declaração direta.

Art. 142. O erro de indicação da pessoa ou da coisa, a que se referir a declaração de vontade, não viciará o negócio quando, por seu contexto e pelas circunstâncias, se puder identificar a coisa ou pessoa cogitada.

▶ Art. 1.903 deste Código.

Art. 143. O erro de cálculo apenas autoriza a retificação da declaração de vontade.

Art. 144. O erro não prejudica a validade do negócio jurídico quando a pessoa, a quem a manifestação de vontade se dirige, se oferecer para executá-la na conformidade da vontade real do manifestante.

Seção II
DO DOLO

▶ Art. 178, II, deste Código.

Art. 145. São os negócios jurídicos anuláveis por dolo, quando este for a sua causa.

▶ Arts. 171, II, e 180 deste Código.
▶ Art. 446, II, do CPC/2015.

Art. 146. O dolo acidental só obriga à satisfação das perdas e danos, e é acidental quando, a seu despeito, o negócio seria realizado, embora por outro modo.

Art. 147. Nos negócios jurídicos bilaterais, o silêncio intencional de uma das partes a respeito de fato ou qualidade que a outra parte haja ignorado, constitui omissão dolosa, provando-se que sem ela o negócio não se teria celebrado.

▶ Art. 766 deste Código.

Art. 148. Pode também ser anulado o negócio jurídico por dolo de terceiro, se a parte a quem aproveite dele tivesse ou devesse ter conhecimento; em caso contrário, ainda que subsista o negócio jurídico, o terceiro responderá por todas as perdas e danos da parte a quem ludibriou.

▶ Arts. 402 a 405 deste Código.

Art. 149. O dolo do representante legal de uma das partes só obriga o representado a responder civilmente até a importância do proveito que teve; se, porém, o dolo for do representante convencional, o representado responderá solidariamente com ele por perdas e danos.

▶ Arts. 275 a 285 e 402 a 405 deste Código.

Art. 150. Se ambas as partes procederem com dolo, nenhuma pode alegá-lo para anular o negócio, ou reclamar indenização.

Seção III
DA COAÇÃO

▶ Art. 178, I, deste Código.

Art. 151. A coação, para viciar a declaração da vontade, há de ser tal que incuta ao paciente fundado temor de dano iminente e considerável à sua pessoa, à sua família, ou aos seus bens.

- Arts. 171, II, 1.558 e 1.559 deste Código.
- Art. 446, II, do CPC/2015.
- Art. 146 do CP.

Parágrafo único. Se disser respeito a pessoa não pertencente à família do paciente, o juiz, com base nas circunstâncias, decidirá se houve coação.

Art. 152. No apreciar a coação, ter-se-ão em conta o sexo, a idade, a condição, a saúde, o temperamento do paciente e todas as demais circunstâncias que possam influir na gravidade dela.

Art. 153. Não se considera coação a ameaça do exercício normal de um direito, nem o simples temor reverencial.

Art. 154. Vicia o negócio jurídico a coação exercida por terceiro, se dela tivesse ou devesse ter conhecimento a parte a que aproveite, e esta responderá solidariamente com aquele por perdas e danos.

- Arts. 275 a 285 e 402 a 405 deste Código.

Art. 155. Subsistirá o negócio jurídico, se a coação decorrer de terceiro, sem que a parte a que aproveite dela tivesse ou devesse ter conhecimento; mas o autor da coação responderá por todas as perdas e danos que houver causado ao coacto.

- Arts. 402 a 405 deste Código.

Seção IV
DO ESTADO DE PERIGO

- Art. 178, II, deste Código.

Art. 156. Configura-se o estado de perigo quando alguém, premido da necessidade de salvar-se, ou a pessoa de sua família, de grave dano conhecido pela outra parte, assume obrigação excessivamente onerosa.

- En. nº 148 das Jornadas de Direito Civil.

Parágrafo único. Tratando-se de pessoa não pertencente à família do declarante, o juiz decidirá segundo as circunstâncias.

- Art. 171, II, deste Código.

Seção V
DA LESÃO

- Arts. 178, II, e 884 a 886 deste Código.

Art. 157. Ocorre a lesão quando uma pessoa, sob premente necessidade, ou por inexperiência, se obriga a prestação manifestamente desproporcional ao valor da prestação oposta.

- Enunciados nºs 149, 150, 290, 291 e 410 das Jornadas de Direito Civil.

§ 1º Aprecia-se a desproporção das prestações segundo os valores vigentes ao tempo em que foi celebrado o negócio jurídico.

§ 2º Não se decretará a anulação do negócio, se for oferecido suplemento suficiente, ou se a parte favorecida concordar com a redução do proveito.

- Art. 171, II, deste Código.

Seção VI
DA FRAUDE CONTRA CREDORES

- Arts. 178, II, e 1.813 deste Código.
- Art. 790, V, do CPC/2015.
- Art. 185 do CTN.
- Art. 216 da Lei nº 6.015, de 31-12-1973 (Lei dos Registros Públicos).

Art. 158. Os negócios de transmissão gratuita de bens ou remissão de dívida, se os praticar o devedor já insolvente, ou por eles reduzido à insolvência, ainda quando o ignore, poderão ser anulados pelos credores quirografários, como lesivos dos seus direitos.

- Arts. 161 e 171, II, deste Código.
- Súm. nº 195 do STJ.
- Enunciados nºs 151 e 292 das Jornadas de Direito Civil.

§ 1º Igual direito assiste aos credores cuja garantia se tornar insuficiente.

§ 2º Só os credores que já o eram ao tempo daqueles atos podem pleitear a anulação deles.

Art. 159. Serão igualmente anuláveis os contratos onerosos do devedor insolvente, quando a insolvência for notória, ou houver motivo para ser conhecida do outro contratante.

- Art. 161 deste Código.

Art. 160. Se o adquirente dos bens do devedor insolvente ainda não tiver pago o preço e este for, aproximadamente, o corrente, desobrigar-se-á depositando-o em juízo, com a citação de todos os interessados.

Parágrafo único. Se inferior, o adquirente, para conservar os bens, poderá depositar o preço que lhes corresponda ao valor real.

Art. 161. A ação, nos casos dos arts. 158 e 159, poderá ser intentada contra o devedor insolvente, a pessoa que com ele celebrou a estipulação considerada fraudulenta, ou terceiros adquirentes que hajam procedido de má-fé.

Art. 162. O credor quirografário, que receber do devedor insolvente o pagamento da dívida ainda não vencida, ficará obrigado a repor, em proveito do acervo sobre que se tenha de efetuar o concurso de credores, aquilo que recebeu.

Art. 163. Presumem-se fraudatórias dos direitos dos outros credores as garantias de dívidas que o devedor insolvente tiver dado a algum credor.

- Art. 1.419 e segs. deste Código.

Art. 164. Presumem-se, porém, de boa-fé e valem os negócios ordinários indispensáveis à manutenção de estabelecimento mercantil, rural, ou industrial, ou à subsistência do devedor e de sua família.

Art. 165. Anulados os negócios fraudulentos, a vantagem resultante reverterá em proveito do acervo sobre que se tenha de efetuar o concurso de credores.

Parágrafo único. Se esses negócios tinham por único objeto atribuir direitos preferenciais, mediante hipoteca, penhor ou anticrese, sua invalidade importará somente na anulação da preferência ajustada.

- Arts. 184 e 1.419 a 1.510 deste Código.

CAPÍTULO V
DA INVALIDADE DO NEGÓCIO JURÍDICO

Art. 166. É nulo o negócio jurídico quando:

I – celebrado por pessoa absolutamente incapaz;

- Arts. 3º e 166, I, deste Código.

II – for ilícito, impossível ou indeterminável o seu objeto;

III – o motivo determinante, comum a ambas as partes, for ilícito;

- Arts. 104, II, e 123 deste Código.

IV – não revestir a forma prescrita em lei;

- Art. 104, III, deste Código.

V – for preterida alguma solenidade que a lei considere essencial para a sua validade;

VI – tiver por objetivo fraudar lei imperativa;

VII – a lei taxativamente o declarar nulo, ou proibir-lhe a prática, sem cominar sanção.

- Arts. 104 a 109, 489, 497, 548, 549, 762, 795, 798, parágrafo único, 808, 850, 907, 912, 1.268, § 2º, 1.365, 1.428, 1.475, 1.516, § 3º, 1.548, 1.730, 1.802, 1.860 e 1.900 deste Código.
- Arts. 37 e 39 da Lei nº 6.766, de 19-12-1979 (Lei do Parcelamento do Solo).

Art. 167. É nulo o negócio jurídico simulado, mas subsistirá o que se dissimulou, se válido for na substância e na forma.

- Enunciados nºs 152, 153, 293 e 294 das Jornadas de Direito Civil.

§ 1º Haverá simulação nos negócios jurídicos quando:

I – aparentarem conferir ou transmitir direitos a pessoas diversas daquelas às quais realmente se conferem, ou transmitem;

II – contiverem declaração, confissão, condição ou cláusula não verdadeira;

- Art. 121 deste Código.

III – os instrumentos particulares forem antedatados, ou pós-datados.

- Art. 409 do CPC/2015.

§ 2º Ressalvam-se os direitos de terceiros de boa-fé em face dos contraentes do negócio jurídico simulado.

Art. 168. As nulidades dos artigos antecedentes podem ser alegadas por qualquer interessado, ou pelo Ministério Público, quando lhe couber intervir.

- En. nº 294 das Jornadas de Direito Civil.

Parágrafo único. As nulidades devem ser pronunciadas pelo juiz, quando conhecer do negócio jurídico ou dos seus efeitos e as encontrar provadas, não lhe sendo permitido supri-las, ainda que a requerimento das partes.

- Art. 177 deste Código.
- Art. 214 da Lei nº 6.015, de 31-12-1973 (Lei dos Registros Públicos).

Art. 169. O negócio jurídico nulo não é suscetível de confirmação, nem convalesce pelo decurso do tempo.

- Enunciados nºs 536 e 537 das Jornadas de Direito Civil.

Art. 170. Se, porém, o negócio jurídico nulo contiver os requisitos de outro, subsistirá este quando o fim a que visavam as partes permitir supor que o teriam querido, se houvessem previsto a nulidade.

- En. nº 13 das Jornadas de Direito Civil.

Art. 171. Além dos casos expressamente declarados na lei, é anulável o negócio jurídico:

- Arts. 117, 119, 496, 533, II, e 1.558 deste Código.

I – por incapacidade relativa do agente;

- Arts. 4º, 104, I, 105, 178, III, e 180 deste Código.

II – por vício resultante de erro, dolo, coação, estado de perigo, lesão ou fraude contra credores.

- Arts. 138 a 165 deste Código.
- Súm. nº 195 do STJ.

Art. 172. O negócio anulável pode ser confirmado pelas partes, salvo direito de terceiro.

- Arts. 151, 367, 662 e 873 deste Código.

Art. 173. O ato de confirmação deve conter a substância do negócio celebrado e a vontade expressa de mantê-lo.

▶ Art. 151 deste Código.

Art. 174. É escusada a confirmação expressa, quando o negócio já foi cumprido em parte pelo devedor, ciente do vício que o inquinava.

▶ Art. 151 deste Código.

Art. 175. A confirmação expressa, ou a execução voluntária de negócio anulável, nos termos dos arts. 172 a 174, importa a extinção de todas as ações, ou exceções, de que contra ele dispusesse o devedor.

Art. 176. Quando a anulabilidade do ato resultar da falta de autorização de terceiro, será validado se este a der posteriormente.

Art. 177. A anulabilidade não tem efeito antes de julgada por sentença, nem se pronuncia de ofício; só os interessados a podem alegar, e aproveita exclusivamente aos que a alegarem, salvo o caso de solidariedade ou indivisibilidade.

▶ Arts. 87, 88, 168 e 264 a 285 deste Código.

Art. 178. É de quatro anos o prazo de decadência para pleitear-se a anulação do negócio jurídico, contado:

I – no caso de coação, do dia em que ela cessar;

▶ Arts. 151 a 155 deste Código.

II – no de erro, dolo, fraude contra credores, estado de perigo ou lesão, do dia em que se realizou o negócio jurídico;

▶ Arts. 138 a 150 e 156 a 165 deste Código.

III – no de atos de incapazes, do dia em que cessar a incapacidade.

▶ Arts. 4º, 5º, 104, I, e 171, I, deste Código.

Art. 179. Quando a lei dispuser que determinado ato é anulável, sem estabelecer prazo para pleitear-se a anulação, será este de dois anos, a contar da data da conclusão do ato.

▶ Enunciados nºs 538 e 545 das Jornadas de Direito Civil.

Art. 180. O menor, entre dezesseis e dezoito anos, não pode, para eximir-se de uma obrigação, invocar a sua idade se dolosamente a ocultou quando inquirido pela outra parte, ou se, no ato de obrigar-se, declarou-se maior.

Art. 181. Ninguém pode reclamar o que, por uma obrigação anulada, pagou a um incapaz, se não provar que reverteu em proveito dele a importância paga.

▶ Art. 310 deste Código.

Art. 182. Anulado o negócio jurídico, restituir-se-ão as partes ao estado em que antes dele se achavam, e, não sendo possível restituí-las, serão indenizadas com o equivalente.

▶ Arts. 927 a 954 deste Código.

Art. 183. A invalidade do instrumento não induz a do negócio jurídico sempre que este puder provar-se por outro meio.

▶ Art. 107 deste Código.

Art. 184. Respeitada a intenção das partes, a invalidade parcial de um negócio jurídico não o prejudicará na parte válida, se esta for separável; a invalidade da obrigação principal implica a das obrigações acessórias, mas a destas não induz a da obrigação principal.

▶ Art. 165, parágrafo único, deste Código.

TÍTULO II – DOS ATOS JURÍDICOS LÍCITOS

Art. 185. Aos atos jurídicos lícitos, que não sejam negócios jurídicos, aplicam-se, no que couber, as disposições do Título anterior.

▶ Arts. 104 a 184 deste Código.

TÍTULO III – DOS ATOS ILÍCITOS

Art. 186. Aquele que, por ação ou omissão voluntária, negligência ou imprudência, violar direito e causar dano a outrem, ainda que exclusivamente moral, comete ato ilícito.

▶ O STF, por maioria, julgou procedentes as Ações Diretas de Inconstitucionalidade nºs 6.792 e 7.055, para conferir interpretação conforme a constituição a este artigo (*DOU* de 27-5-2024).

▶ Arts. 43, 398, 927 e segs. deste Código.

▶ Art. 533 do CPC/2015.

▶ Súmulas nºs 28, 492 e 562 do STF.

▶ Súmulas nºs 37, 43, 221, 281 e 403 do STJ.

▶ Enunciados nºs 159, 411, 550 e 551 das Jornadas de Direito Civil.

Art. 187. Também comete ato ilícito o titular de um direito que, ao exercê-lo, excede manifestamente os limites impostos pelo seu fim econômico ou social, pela boa-fé ou pelos bons costumes.

▶ Art. 927 deste Código.

▶ Enunciados nºs 37, 412, 413, 414, 508 e 539 das Jornadas de Direito Civil.

Art. 188. Não constituem atos ilícitos:

I – os praticados em legítima defesa ou no exercício regular de um direito reconhecido;

II – a deterioração ou destruição da coisa alheia, ou a lesão a pessoa, a fim de remover perigo iminente.

▶ Arts. 929 e 930 deste Código.

Parágrafo único. No caso do inciso II, o ato será legítimo somente quando as circunstâncias o tornarem absolutamente necessário, não excedendo os limites do indispensável para a remoção do perigo.

TÍTULO IV – DA PRESCRIÇÃO E DA DECADÊNCIA

CAPÍTULO I – DA PRESCRIÇÃO

▶ Arts. 1.601 e 1.606 deste Código.

Seção I – *DISPOSIÇÕES GERAIS*

▶ Súm. nº 150 do STF.

Art. 189. Violado o direito, nasce para o titular a pretensão, a qual se extingue, pela prescrição, nos prazos a que aludem os arts. 205 e 206.

▶ Art. 882 deste Código.

▶ Art. 487, II, do CPC/2015.

▶ En. nº 14 das Jornadas de Direito Civil.

Art. 190. A exceção prescreve no mesmo prazo em que a pretensão.

▶ En. nº 415 das Jornadas de Direito Civil.

Art. 191. A renúncia da prescrição pode ser expressa ou tácita, e só valerá, sendo feita, sem prejuízo de terceiro, depois que a prescrição se consumar; tácita é a renúncia quando se presume de fatos do interessado, incompatíveis com a prescrição.

▶ Art. 114 deste Código.

▶ En. nº 295 das Jornadas de Direito Civil.

Art. 192. Os prazos de prescrição não podem ser alterados por acordo das partes.

Art. 193. A prescrição pode ser alegada em qualquer grau de jurisdição, pela parte a quem aproveita.

▶ Art. 487, parágrafo único, do CPC/2015.

Art. 194. *Revogado*. Lei nº 11.280, de 16-2-2006.

Art. 195. Os relativamente incapazes e as pessoas jurídicas têm ação contra os seus assistentes ou representantes legais, que derem causa à prescrição, ou não a alegarem oportunamente.

▶ Art. 208 deste Código.

Art. 196. A prescrição iniciada contra uma pessoa continua a correr contra o seu sucessor.

Seção II – *DAS CAUSAS QUE IMPEDEM OU SUSPENDEM A PRESCRIÇÃO*

▶ Arts. 207 e 1.244 deste Código.

Art. 197. Não corre a prescrição:

▶ En. nº 296 das Jornadas de Direito Civil.

I – entre os cônjuges, na constância da sociedade conjugal;

II – entre ascendentes e descendentes, durante o poder familiar;

▶ Arts. 1.630 a 1.638 deste Código.

III – entre tutelados ou curatelados e seus tutores ou curadores, durante a tutela ou curatela.

▶ Arts. 1.728 a 1.783 deste Código.

Art. 198. Também não corre a prescrição:

▶ En. nº 156 das Jornadas de Direito Civil.

I – contra os incapazes de que trata o art. 3º;

▶ Art. 208 deste Código.

II – contra os ausentes do País em serviço público da União, dos Estados ou dos Municípios;

III – contra os que se acharem servindo nas Forças Armadas, em tempo de guerra.

Art. 199. Não corre igualmente a prescrição:

I – pendendo condição suspensiva;

▶ Arts. 125 e 126 deste Código.

▶ Arts. 6º, *caput*, 82, § 1º, e 157 da Lei nº 11.101, de 9-2-2005 (Lei de Recuperação de Empresas e Falências).

II – não estando vencido o prazo;

▶ Art. 131 deste Código.

III – pendendo ação de evicção.

▶ Arts. 447 a 457 deste Código.

Art. 200. Quando a ação se originar de fato que deva ser apurado no juízo criminal, não correrá a prescrição antes da respectiva sentença definitiva.

Art. 201. Suspensa a prescrição em favor de um dos credores solidários, só aproveitam os outros se a obrigação for indivisível.

▶ Arts. 267 a 274 e 257 a 263 deste Código.

Seção III – *DAS CAUSAS QUE INTERROMPEM A PRESCRIÇÃO*

▶ Arts. 207 e 1.244 deste Código.

▶ Art. 174, parágrafo único, do CTN.

Art. 202. A interrupção da prescrição, que somente poderá ocorrer uma vez, dar-se-á:

▶ Arts. 59 e 240 do CPC/2015.

▶ Súm. nº 154 do STF.

▶ En. nº 416 das Jornadas de Direito Civil.

I – por despacho do juiz, mesmo incompetente, que ordenar a citação, se o interessado a promover no prazo e na forma da lei processual;

- Súm. nº 78 do TFR.
- En. nº 417 das Jornadas de Direito Civil.

II – por protesto, nas condições do inciso antecedente;

III – por protesto cambial;

IV – pela apresentação do título de crédito em juízo de inventário ou em concurso de credores;

V – por qualquer ato judicial que constitua em mora o devedor;

- Arts. 59 e 240 do CPC/2015.

VI – por qualquer ato inequívoco, ainda que extrajudicial, que importe reconhecimento do direito pelo devedor.

- Súm. nº 154 do STF.

Parágrafo único. A prescrição interrompida recomeça a correr da data do ato que a interrompeu, ou do último ato do processo para a interromper.

- Art. 132 deste Código.
- Súm. nº 383 do STF.

Art. 203. A prescrição pode ser interrompida por qualquer interessado.

Art. 204. A interrupção da prescrição por um credor não aproveita aos outros; semelhantemente, a interrupção operada contra o codevedor, ou seu herdeiro, não prejudica aos demais coobrigados.

§ 1º A interrupção por um dos credores solidários aproveita aos outros; assim como a interrupção efetuada contra o devedor solidário envolve os demais e seus herdeiros.

§ 2º A interrupção operada contra um dos herdeiros do devedor solidário não prejudica os outros herdeiros ou devedores, senão quando se trate de obrigações e direitos indivisíveis.

- Arts. 87, 88, e 257 a 263 deste Código.

§ 3º A interrupção produzida contra o principal devedor prejudica o fiador.

- Arts. 264 a 285 deste Código.

Seção IV

DOS PRAZOS DA PRESCRIÇÃO

Art. 205. A prescrição ocorre em dez anos, quando a lei não lhe haja fixado prazo menor.

- Arts. 189 e 1.601 deste Código.
- Súm. nº 412 do STJ.

Art. 206. Prescreve:

- Art. 189 deste Código.
- En. nº 418 das Jornadas de Direito Civil.

§ 1º Em um ano:

I – a pretensão dos hospedeiros ou fornecedores de víveres destinados a consumo no próprio estabelecimento, para o pagamento da hospedagem ou dos alimentos;

II – a pretensão do segurado contra o segurador, ou a deste contra aquele, contado o prazo:

- Este inciso estará revogado pela Lei nº 15.040, de 9-12-2024, a partir de 10-12-2025.

a) para o segurado, no caso de seguro de responsabilidade civil, da data em que é citado para responder à ação de indenização proposta pelo terceiro prejudicado, ou da data que a este indeniza, com a anuência do segurador;

b) quanto aos demais seguros, da ciência do fato gerador da pretensão;

- Art. 757 e segs. deste Código.
- Súmulas nºs 101, 229 e 278 do STJ.

III – a pretensão dos tabeliães, auxiliares da justiça, serventuários judiciais, árbitros e peritos, pela percepção de emolumentos, custas e honorários;

IV – a pretensão contra os peritos, pela avaliação dos bens que entraram para a formação do capital de sociedade anônima, contado da publicação da ata da assembleia que aprovar o laudo;

V – a pretensão dos credores não pagos contra os sócios ou acionistas e os liquidantes, contado o prazo da publicação da ata de encerramento da liquidação da sociedade.

- Arts. 1.102 a 1.112 deste Código.

§ 2º Em dois anos, a pretensão para haver prestações alimentares, a partir da data em que se vencerem.

- Arts. 948 e 1.694 a 1.710 deste Código.

§ 3º Em três anos:

I – a pretensão relativa a aluguéis de prédios urbanos ou rústicos;

- Arts. 565 a 578 deste Código.
- Lei nº 8.245, de 18-10-1991 (Lei das Locações).

II – a pretensão para receber prestações vencidas de rendas temporárias ou vitalícias;

III – a pretensão para haver juros, dividendos ou quaisquer prestações acessórias, pagáveis, em períodos não maiores de um ano, com capitalização ou sem ela;

IV – a pretensão de ressarcimento de enriquecimento sem causa;

- Arts. 884 a 886 deste Código.
- Súm. nº 547 do STJ.

V – a pretensão de reparação civil;

- Arts. 927 a 954 deste Código.
- Art. 27 do CDC.
- Art. 1º-C da Lei nº 9.494, de 10-9-1997, que disciplina a aplicação da tutela antecipada contra a Fazenda Pública.
- Enunciados nºs 419 e 420 das Jornadas de Direito Civil.

VI – a pretensão de restituição dos lucros ou dividendos recebidos de má-fé, correndo o prazo da data em que foi deliberada a distribuição;

VII – a pretensão contra as pessoas em seguida indicadas por violação da lei ou do estatuto, contado o prazo:

a) para os fundadores, da publicação dos atos constitutivos da sociedade anônima;

- Arts. 1.088 e 1.089 deste Código.

b) para os administradores, ou fiscais, da apresentação, aos sócios, do balanço referente ao exercício em que a violação tenha sido praticada, ou da reunião ou assembleia-geral que dela deva tomar conhecimento;

- Arts. 1.010 a 1.021 e 1.060 a 1.070 deste Código.

c) para os liquidantes, da primeira assembleia semestral posterior à violação;

- Arts. 1.038, § 2º, e 1.102 a 1.112 deste Código.

VIII – a pretensão para haver o pagamento de título de crédito, a contar do vencimento, ressalvadas as disposições de lei especial;

- Arts. 887 a 926 deste Código.

IX – a pretensão do beneficiário contra o segurador, e a do terceiro prejudicado, no caso de seguro de responsabilidade civil obrigatório.

- Arts. 757 a 802 deste Código.
- Súm. nº 405 do STJ.

§ 4º Em quatro anos, a pretensão relativa à tutela, a contar da data da aprovação das contas.

- Arts. 1.728 a 1.766 deste Código.

§ 5º Em cinco anos:

I – a pretensão de cobrança de dívidas líquidas constantes de instrumento público ou particular;

- Súmulas nºs 503, 504 e 547 do STJ.

II – a pretensão dos profissionais liberais em geral, procuradores judiciais, curadores e professores pelos seus honorários, contado o prazo da conclusão dos serviços, da cessação dos respectivos contratos ou mandato;

- Art. 25 da Lei nº 8.906, de 4-7-1994 (Estatuto da Advocacia e da OAB).

III – a pretensão do vencedor para haver do vencido o que despendeu em juízo.

Art. 206-A. A prescrição intercorrente observará o mesmo prazo de prescrição da pretensão, observadas as causas de impedimento, de suspensão e de interrupção da prescrição previstas neste Código e observado o disposto no art. 921 da Lei nº 13.105, de 16 de março de 2015 (Código de Processo Civil).

- Art. 206-A com a redação dada pela Lei nº 14.382, de 27-6-2022.

CAPÍTULO II

DA DECADÊNCIA

- Arts. 45, parágrafo único, 48, parágrafo único, 119, parágrafo único, 178, 179, 445, 446, 501, 504, 505, 513, 516, 550, 554, 559, 618, parágrafo único, 745, 1.078, § 4º, 1.109, parágrafo único, 1.122, 1.423, 1.555, 1.560, 1.649, 1.795, 1.815, parágrafo único, 1.859, 1.909, parágrafo único, 1.965, parágrafo único, e 2.027, parágrafo único, deste Código.

Art. 207. Salvo disposição legal em contrário, não se aplicam à decadência as normas que impedem, suspendem ou interrompem a prescrição.

- Arts. 197 a 204 deste Código.

Art. 208. Aplica-se à decadência o disposto nos arts. 195 e 198, inciso I.

Art. 209. É nula a renúncia à decadência fixada em lei.

- Art. 114 deste Código.

Art. 210. Deve o juiz, de ofício, conhecer da decadência, quando estabelecida por lei.

- Art. 487, parágrafo único, do CPC/2015.

Art. 211. Se a decadência for convencional, a parte a quem aproveita pode alegá-la em qualquer grau de jurisdição, mas o juiz não pode suprir a alegação.

TÍTULO V – DA PROVA

Art. 212. Salvo o negócio a que se impõe forma especial, o fato jurídico pode ser provado mediante:

- Arts. 107 a 109, 183 e 221, parágrafo único, deste Código.
- Art. 369 do CPC/2015.
- Enunciados nºs 157, 297 e 298 das Jornadas de Direito Civil.

I – confissão;

► Arts. 213 e 214 deste Código.

► Arts. 389 e 395 do CPC/2015.

II – documento;

► Arts. 215 a 226 deste Código.

► Arts. 405 e 438 do CPC/2015.

III – testemunha;

► Art. 228 deste Código

► Arts. 442 a 463 do CPC/2015.

IV – presunção;

► Art. 375 do CPC/2015.

V – perícia.

► Arts. 464 a 484 do CPC/2015.

Art. 213. Não tem eficácia a confissão se provém de quem não é capaz de dispor do direito a que se referem os fatos confessados.

Parágrafo único. Se feita a confissão por um representante, somente é eficaz nos limites em que este pode vincular o representado.

► Arts. 115 a 120 deste Código.

► Art. 392 do CPC/2015.

Art. 214. A confissão é irrevogável, mas pode ser anulada se decorreu de erro de fato ou de coação.

► Arts. 138 a 144, 151 a 155, 171 e segs. deste Código.

► Art. 393 do CPC/2015.

Art. 215. A escritura pública, lavrada em notas de tabelião, é documento dotado de fé pública, fazendo prova plena.

► En. nº 158 das Jornadas de Direito Civil.

§ 1º Salvo quando exigidos por lei outros requisitos, a escritura pública deve conter:

I – data e local de sua realização;

II – reconhecimento da identidade e capacidade das partes e de quantos hajam comparecido ao ato, por si, como representantes, intervenientes ou testemunhas;

III – nome, nacionalidade, estado civil, profissão, domicílio e residência das partes e demais comparecentes, com a indicação, quando necessário, do regime de bens do casamento, nome do outro cônjuge e filiação;

IV – manifestação clara da vontade das partes e dos intervenientes;

V – referência ao cumprimento das exigências legais e fiscais inerentes à legitimidade do ato;

VI – declaração de ter sido lida na presença das partes e demais comparecentes, ou de que todos a leram;

VII – assinatura das partes e dos demais comparecentes, bem como a do tabelião ou seu substituto legal, encerrando o ato.

► Lei nº 7.433, de 18-12-1985, dispõe sobre os requisitos para a lavratura de escrituras públicas.

§ 2º Se algum comparecente não puder ou não souber escrever, outra pessoa capaz assinará por ele, a seu rogo.

§ 3º A escritura será redigida na língua nacional.

§ 4º Se qualquer dos comparecentes não souber a língua nacional e o tabelião não entender o idioma em que se expressa, deverá comparecer tradutor público para servir de intérprete, ou, não o havendo na localidade, outra pessoa capaz que, a juízo do tabelião, tenha idoneidade e conhecimento bastantes.

§ 5º Se algum dos comparecentes não for conhecido do tabelião, nem puder identificar-se por documento, deverão participar do ato pelo menos duas testemunhas que o conheçam e atestem sua identidade.

Art. 216. Farão a mesma prova que os originais as certidões textuais de qualquer peça judicial, do protocolo das audiências, ou de outro qualquer livro a cargo do escrivão, sendo extraídas por ele, ou sob a sua vigilância, e por ele subscritas, assim como os traslados de autos, quando por outro escrivão consertados.

► Art. 425, I, do CPC/2015.

Art. 217. Terão a mesma força probante os traslados e as certidões, extraídos por tabelião ou oficial de registro, de instrumentos ou documentos lançados em suas notas.

► Art. 425, II, do CPC/2015.

► Art. 161 da Lei nº 6.015, de 31-12-1973 (Lei dos Registros Públicos).

Art. 218. Os traslados e as certidões considerar-se-ão instrumentos públicos, se os originais se houverem produzido em juízo como prova de algum ato.

► Art. 425 do CPC/2015.

Art. 219. As declarações constantes de documentos assinados presumem-se verdadeiras em relação aos signatários.

► Art. 408 do CPC/2015.

► Art. 10 da MP nº 2.200-2, de 24-8-2001, que até o encerramento desta edição não havia sido convertida em lei, a qual institui a Infraestrutura de Chaves Públicas Brasileira – ICP-Brasil.

Parágrafo único. Não tendo relação direta, porém, com as disposições principais ou com a legitimidade das partes, as declarações enunciativas não eximem os interessados em sua veracidade do ônus de prová-las.

► Art. 408 do CPC/2015.

Art. 220. A anuência ou a autorização de outrem, necessária à validade de um ato, provar-se-á do mesmo modo que este, e constará, sempre que se possa, do próprio instrumento.

► Art. 1.537 deste Código.

Art. 221. O instrumento particular, feito e assinado, ou somente assinado por quem esteja na livre disposição e administração de seus bens, prova as obrigações convencionais de qualquer valor; mas os seus efeitos, bem como os da cessão, não se operam, a respeito de terceiros, antes de registrado no registro público.

► Arts. 288 e 463, parágrafo único, deste Código.

► Art. 408 do CPC/2015.

► Art. 127 da Lei nº 6.015, de 31-12-1973 (Lei dos Registros Públicos).

Parágrafo único. A prova do instrumento particular pode suprir-se pelas outras de caráter legal.

► Art. 212 deste Código.

Art. 222. O telegrama, quando lhe for contestada a autenticidade, faz prova mediante conferência com o original assinado.

► Arts. 413 e 414 do CPC/2015.

Art. 223. A cópia fotográfica de documento, conferida por tabelião de notas, valerá como prova de declaração da vontade, mas, impugnada sua autenticidade, deverá ser exibido o original.

Parágrafo único. A prova não supre a ausência do título de crédito, ou do original, nos casos em que a lei ou as circunstâncias condicionarem o exercício do direito à sua exibição.

Art. 224. Os documentos redigidos em língua estrangeira serão traduzidos para o português para ter efeitos legais no País.

► Arts. 162, I, do CPC/2015.

► Art. 148 da Lei nº 6.015, de 31-12-1973 (Lei dos Registros Públicos).

Art. 225. As reproduções fotográficas, cinematográficas, os registros fonográficos e, em geral, quaisquer outras reproduções mecânicas ou eletrônicas de fatos ou de coisas fazem prova plena destes, se a parte, contra quem forem exibidos, não lhes impugnar a exatidão.

► Art. 422 do CPC/2015.

► En. nº 298 das Jornadas de Direito Civil.

Art. 226. Os livros e fichas dos empresários e sociedades provam contra as pessoas a que pertencem, e, em seu favor, quando, escriturados sem vício extrínseco ou intrínseco, forem confirmados por outros subsídios.

► Art. 418 do CPC/2015.

Parágrafo único. A prova resultante dos livros e fichas não é bastante nos casos em que a lei exige escritura pública, ou escrito particular revestido de requisitos especiais, e pode ser ilidida pela comprovação da falsidade ou inexatidão dos lançamentos.

Art. 227. *Revogado.* Lei nº 13.105, de 16-3-2015.

Parágrafo único. Qualquer que seja o valor do negócio jurídico, a prova testemunhal é admissível como subsidiária ou complementar da prova por escrito.

► Arts. 444 e 445 do CPC/2015.

Art. 228. Não podem ser admitidos como testemunhas:

I – os menores de dezesseis anos;

II e III – *Revogados.* Lei nº 13.146, de 6-7-2015.

IV – o interessado no litígio, o amigo íntimo ou o inimigo capital das partes;

V – os cônjuges, os ascendentes, os descendentes e os colaterais, até o terceiro grau de alguma das partes, por consanguinidade, ou afinidade.

► Art. 1.525, III, deste Código.

► Art. 447 do CPC/2015.

► Art. 42 da Lei nº 6.015, de 31-12-1973 (Lei dos Registros Públicos).

§ 1º Para a prova de fatos que só elas conheçam, pode o juiz admitir o depoimento das pessoas a que se refere este artigo.

► Parágrafo único renumerado para § 1º pela Lei nº 13.146, de 6-7-2015.

§ 2º A pessoa com deficiência poderá testemunhar em igualdade de condições com as demais pessoas, sendo-lhe assegurados todos os recursos de tecnologia assistiva.

► § 2º acrescido pela Lei nº 13.146, de 6-7-2015.

Arts. 229 e 230. *Revogados.* Lei nº 13.105, de 16-3-2015.

Art. 231. Aquele que se nega a submeter-se a exame médico necessário não poderá aproveitar-se de sua recusa.

Art. 232. A recusa à perícia médica ordenada pelo juiz poderá suprir a prova que se pretendia obter com o exame.

PARTE ESPECIAL

LIVRO I – DO DIREITO DAS OBRIGAÇÕES

► Art. 9º do Dec.-lei nº 4.657, de 4-9-1942 (Lei de Introdução às normas do Direito Brasileiro).

TÍTULO I – DAS MODALIDADES DAS OBRIGAÇÕES

CAPÍTULO I
DAS OBRIGAÇÕES DE DAR

Seção I
DAS OBRIGAÇÕES DE DAR COISA CERTA

Art. 233. A obrigação de dar coisa certa abrange os acessórios dela embora não mencionados, salvo se o contrário resultar do título ou das circunstâncias do caso.

- ▶ Arts. 92 a 97 e 356 deste Código.
- ▶ Arts. 806 a 810 do CPC/2015.
- ▶ Art. 35, I, do CDC.

Art. 234. Se, no caso do artigo antecedente, a coisa se perder, sem culpa do devedor, antes da tradição, ou pendente a condição suspensiva, fica resolvida a obrigação para ambas as partes; se a perda resultar de culpa do devedor, responderá este pelo equivalente e mais perdas e danos.

- ▶ Arts. 125, 239, 248, 250, 256, 389, 402 a 405, 492, 509, 611, 1.267 e 1.268 deste Código.

Art. 235. Deteriorada a coisa, não sendo o devedor culpado, poderá o credor resolver a obrigação, ou aceitar a coisa, abatido de seu preço o valor que perdeu.

- ▶ Art. 240 deste Código.

Art. 236. Sendo culpado o devedor, poderá o credor exigir o equivalente, ou aceitar a coisa no estado em que se acha, com direito a reclamar, em um ou em outro caso, indenização das perdas e danos.

- ▶ Arts. 240, 389, e 402 a 405 deste Código.

Art. 237. Até a tradição pertence ao devedor a coisa, com os seus melhoramentos e acrescidos, pelos quais poderá exigir aumento no preço; se o credor não anuir, poderá o devedor resolver a obrigação.

- ▶ Arts. 96, 97, 1.267 e 1.268 deste Código.

Parágrafo único. Os frutos percebidos são do devedor, cabendo ao credor os pendentes.

- ▶ Arts. 1.214 e 1.215 deste Código.

Art. 238. Se a obrigação for de restituir coisa certa, e esta, sem culpa do devedor, se perder antes da tradição, sofrerá o credor a perda, e a obrigação se resolverá, ressalvados os seus direitos até o dia da perda.

- ▶ Arts. 241, 1.267 e 1.268 deste Código.

Art. 239. Se a coisa se perder por culpa do devedor, responderá este pelo equivalente, mais perdas e danos.

- ▶ Arts. 234, 240, 248, 250, 256, 389, e 402 a 405 deste Código.

Art. 240. Se a coisa restituível se deteriorar sem culpa do devedor, recebê-la-á o credor, tal qual se ache, sem direito a indenização; se por culpa do devedor, observar-se-á o disposto no art. 239.

- ▶ Arts. 235 e 236 deste Código.
- ▶ En. nº 15 das Jornadas de Direito Civil.

Art. 241. Se, no caso do art. 238, sobrevier melhoramento ou acréscimo à coisa, sem despesa ou trabalho do devedor, lucrará o credor, desobrigado de indenização.

Art. 242. Se para o melhoramento, ou aumento, empregou o devedor trabalho ou dispêndio, o caso se regulará pelas normas deste Código atinentes às benfeitorias realizadas pelo possuidor de boa-fé ou de má-fé.

- ▶ Arts. 1.219 a 1.222 deste Código.

Parágrafo único. Quanto aos frutos percebidos, observar-se-á, do mesmo modo, o disposto neste Código, acerca do possuidor de boa-fé ou de má-fé.

- ▶ Arts. 1.214 a 1.216 e 1.254 a 1.259 deste Código.

Seção II
DAS OBRIGAÇÕES DE DAR COISA INCERTA

Art. 243. A coisa incerta será indicada, ao menos, pelo gênero e pela quantidade.

- ▶ Arts. 811 a 813 do CPC/2015.
- ▶ En. nº 160 das Jornadas de Direito Civil.

Art. 244. Nas coisas determinadas pelo gênero e pela quantidade, a escolha pertence ao devedor, se o contrário não resultar do título da obrigação; mas não poderá dar a coisa pior, nem será obrigado a prestar a melhor.

- ▶ Arts. 342 e 1.929 deste Código.

Art. 245. Cientificado da escolha o credor, vigorará o disposto na Seção antecedente.

- ▶ Arts. 233 a 242 deste Código.

Art. 246. Antes da escolha, não poderá o devedor alegar perda ou deterioração da coisa, ainda que por força maior ou caso fortuito.

- ▶ Arts. 393, parágrafo único, e 492 deste Código.

CAPÍTULO II
DAS OBRIGAÇÕES DE FAZER

Art. 247. Incorre na obrigação de indenizar perdas e danos o devedor que recusar a prestação a ele só imposta, ou só por ele exequível.

- ▶ Arts. 402 a 405 deste Código.
- ▶ Arts. 815 a 821 do CPC/2015.

Art. 248. Se a prestação do fato tornar-se impossível sem culpa do devedor, resolver-se-á a obrigação; se por culpa dele, responderá por perdas e danos.

- ▶ Arts. 234, 239, 250, 256, 389 e 402 a 405 deste Código.

Art. 249. Se o fato puder ser executado por terceiro, será livre ao credor mandá-lo executar à custa do devedor, havendo recusa ou mora deste, sem prejuízo da indenização cabível.

- ▶ Arts. 394 a 405 deste Código.

Parágrafo único. Em caso de urgência, pode o credor, independentemente de autorização judicial, executar ou mandar executar o fato, sendo depois ressarcido.

CAPÍTULO III
DAS OBRIGAÇÕES DE NÃO FAZER

Art. 250. Extingue-se a obrigação de não fazer, desde que, sem culpa do devedor, se lhe torne impossível abster-se do ato, que se obrigou a não praticar.

- ▶ Art. 248 deste Código.
- ▶ Arts. 822 e 823 do CPC/2015.

Art. 251. Praticado pelo devedor o ato, a cuja abstenção se obrigara, o credor pode exigir dele que o desfaça, sob pena de se desfazer à sua custa, ressarcindo o culpado perdas e danos.

- ▶ Arts. 389 e 402 a 405 deste Código.

Parágrafo único. Em caso de urgência, poderá o credor desfazer ou mandar desfazer, independentemente de autorização judicial, sem prejuízo do ressarcimento devido.

CAPÍTULO IV
DAS OBRIGAÇÕES ALTERNATIVAS

Art. 252. Nas obrigações alternativas, a escolha cabe ao devedor, se outra coisa não se estipulou.

- ▶ Art. 342 deste Código.
- ▶ Art. 000 do CPC/2015.

§ 1º Não pode o devedor obrigar o credor a receber parte em uma prestação e parte em outra.

- ▶ Art. 314 deste Código.

§ 2º Quando a obrigação for de prestações periódicas, a faculdade de opção poderá ser exercida em cada período.

§ 3º No caso de pluralidade de optantes, não havendo acordo unânime entre eles, decidirá o juiz, findo o prazo por este assinado para a deliberação.

§ 4º Se o título deferir a opção a terceiro, e este não quiser, ou não puder exercê-la, caberá ao juiz a escolha se não houver acordo entre as partes.

Art. 253. Se uma das duas prestações não puder ser objeto de obrigação ou se tornada inexequível, subsistirá o débito quanto à outra.

- ▶ Art. 1.940 deste Código.

Art. 254. Se, por culpa do devedor, não se puder cumprir nenhuma das prestações, não competindo ao credor a escolha, ficará aquele obrigado a pagar o valor da que por último se impossibilitou, mais as perdas e danos que o caso determinar.

- ▶ Arts. 389 e 402 a 405 deste Código.

Art. 255. Quando a escolha couber ao credor e uma das prestações tornar-se impossível por culpa do devedor, o credor terá direito de exigir a prestação subsistente ou o valor da outra, com perdas e danos; se, por culpa do devedor, ambas as prestações se tornarem inexequíveis, poderá o credor reclamar o valor de qualquer das duas, além da indenização por perdas e danos.

- ▶ Arts. 342, 389 e 402 a 405 deste Código.

Art. 256. Se todas as prestações se tornarem impossíveis sem culpa do devedor, extinguir-se-á a obrigação.

- ▶ Arts. 234, 239, 248 e 250 deste Código.

CAPÍTULO V
DAS OBRIGAÇÕES DIVISÍVEIS E INDIVISÍVEIS

- ▶ Arts. 87 e 88 deste Código.

Art. 257. Havendo mais de um devedor ou mais de um credor em obrigação divisível, esta presume-se dividida em tantas obrigações, iguais e distintas, quantos os credores ou devedores.

Art. 258. A obrigação é indivisível quando a prestação tem por objeto uma coisa ou um fato não suscetíveis de divisão, por sua natureza, por motivo de ordem econômica, ou dada a razão determinante do negócio jurídico.

- ▶ Art. 414 deste Código.

Art. 259. Se, havendo dois ou mais devedores, a prestação não for divisível, cada um será obrigado pela dívida toda.

- ▶ Arts. 275 a 285 deste Código.

Parágrafo único. O devedor, que paga a dívida, sub-roga-se no direito do credor em relação aos outros coobrigados.

▸ Art. 346, I, deste Código.

Art. 260. Se a pluralidade for dos credores, poderá cada um destes exigir a dívida inteira; mas o devedor ou devedores se desobrigarão, pagando:

I – a todos conjuntamente;

II – a um, dando este caução de ratificação dos outros credores.

▸ Arts. 267 a 274 deste Código.

Art. 261. Se um só dos credores receber a prestação por inteiro, a cada um dos outros assistirá o direito de exigir dele em dinheiro a parte que lhe caiba no total.

▸ Art. 272 deste Código.

Art. 262. Se um dos credores remitir a dívida, a obrigação não ficará extinta para com os outros; mas estes só a poderão exigir, descontada a quota do credor remitente.

▸ Arts. 272 e 385 a 388 deste Código.

Parágrafo único. O mesmo critério se observará no caso de transação, novação, compensação ou confusão.

▸ Arts. 360 a 384 e 840 a 850 deste Código.

Art. 263. Perde a qualidade de indivisível a obrigação que se resolver em perdas e danos.

▸ En. nº 540 das Jornadas de Direito Civil.

§ 1º Se, para efeito do disposto neste artigo, houver culpa de todos os devedores, responderão todos por partes iguais.

§ 2º Se for de um só a culpa, ficarão exonerados os outros, respondendo só esse pelas perdas e danos.

▸ Arts. 402 a 405 deste Código.

CAPÍTULO VI
DAS OBRIGAÇÕES SOLIDÁRIAS

Seção I
DISPOSIÇÕES GERAIS

Art. 264. Há solidariedade, quando na mesma obrigação concorre mais de um credor, ou mais de um devedor, cada um com direito, ou obrigado, à dívida toda.

▸ Arts. 257 e 942 deste Código.

▸ Art. 130 do CPC/2015.

Art. 265. A solidariedade não se presume; resulta da lei ou da vontade das partes.

▸ En. nº 22 da Jornada de Direito Comercial.

Art. 266. A obrigação solidária pode ser pura e simples para um dos cocredores ou codevedores, e condicional, ou a prazo, ou pagável em lugar diferente, para o outro.

▸ Arts. 121 a 135 deste Código.

▸ En. nº 347 das Jornadas de Direito Civil.

Seção II
DA SOLIDARIEDADE ATIVA

▸ Arts. 201 e 260 deste Código.

Art. 267. Cada um dos credores solidários tem direito a exigir do devedor o cumprimento da prestação por inteiro.

Art. 268. Enquanto alguns dos credores solidários não demandarem o devedor comum, a qualquer daqueles poderá este pagar.

Art. 269. O pagamento feito a um dos credores solidários extingue a dívida até o montante do que foi pago.

Art. 270. Se um dos credores solidários falecer deixando herdeiros, cada um destes só terá direito a exigir e receber a quota do crédito que corresponder ao seu quinhão hereditário, salvo se a obrigação for indivisível.

Art. 271. Convertendo-se a prestação em perdas e danos, subsiste, para todos os efeitos, a solidariedade.

▸ Arts. 402 a 405 deste Código.

Art. 272. O credor que tiver remitido a dívida ou recebido o pagamento responderá aos outros pela parte que lhes caiba.

▸ Arts. 261, 262, 277 e 385 a 388 deste Código.

Art. 273. A um dos credores solidários não pode o devedor opor as exceções pessoais oponíveis aos outros.

Art. 274. O julgamento contrário a um dos credores solidários não atinge os demais, mas o julgamento favorável aproveita-lhes, sem prejuízo de exceção pessoal que o devedor tenha direito de invocar em relação a qualquer deles.

▸ Artigo com a redação dada pela Lei nº 13.105, de 16-3-2015.

Seção III
DA SOLIDARIEDADE PASSIVA

▸ Arts. 130 e 1.005, parágrafo único, do CPC/2015.

▸ Arts. 124 e 125 do CTN.

▸ Arts. 7º, parágrafo único, 18, 19, 25, §§ 1º e 2º, 28, § 3º, e 34 do CDC.

Art. 275. O credor tem direito a exigir e receber de um ou de alguns dos devedores, parcial ou totalmente, a dívida comum; se o pagamento tiver sido parcial, todos os demais devedores continuam obrigados solidariamente pelo resto.

▸ Art. 333, parágrafo único, deste Código.

▸ Súm. nº 26 do STJ.

▸ En. nº 348 das Jornadas de Direito Civil.

Parágrafo único. Não importará renúncia da solidariedade a propositura de ação pelo credor contra um ou alguns dos devedores.

▸ Art. 114 deste Código.

Art. 276. Se um dos devedores solidários falecer deixando herdeiros, nenhum destes será obrigado a pagar senão a quota que corresponder ao seu quinhão hereditário, salvo se a obrigação for indivisível; mas todos reunidos serão considerados como um devedor solidário em relação aos demais devedores.

▸ Arts. 87, 88, 257 a 263, 1.792 e 1.997 deste Código.

Art. 277. O pagamento parcial feito por um dos devedores e a remissão por ele obtida não aproveitam aos outros devedores, senão até à concorrência da quantia paga ou relevada.

▸ Arts. 272, 275 e 385 a 388 deste Código.

▸ Art. 125 do CTN.

Art. 278. Qualquer cláusula, condição ou obrigação adicional, estipulada entre um dos devedores solidários e o credor, não poderá agravar a posição dos outros sem consentimento destes.

▸ Arts. 121 a 130 deste Código.

Art. 279. Impossibilitando-se a prestação por culpa de um dos devedores solidários, subsiste para todos o encargo de pagar o equivalente; mas pelas perdas e danos só responde o culpado.

▸ Arts. 402 a 405 deste Código.

Art. 280. Todos os devedores respondem pelos juros da mora, ainda que a ação tenha sido proposta somente contra um; mas o culpado responde aos outros pela obrigação acrescida.

▸ Arts. 396, 406 e 407 deste Código.

Art. 281. O devedor demandado pode opor ao credor as exceções que lhe forem pessoais e as comuns a todos; não lhe aproveitando as exceções pessoais a outro codevedor.

▸ Art. 177 deste Código.

Art. 282. O credor pode renunciar à solidariedade em favor de um, de alguns ou de todos os devedores.

▸ Enunciados nºs 348, 349 e 351 das Jornadas de Direito Civil.

Parágrafo único. Se o credor exonerar da solidariedade um ou mais devedores, subsistirá a dos demais.

Art. 283. O devedor que satisfez a dívida por inteiro tem direito a exigir de cada um dos codevedores a sua quota, dividindo-se igualmente por todos a do insolvente, se o houver, presumindo-se iguais, no débito, as partes de todos os codevedores.

▸ Art. 346, I, deste Código.

Art. 284. No caso de rateio entre os codevedores, contribuirão também os exonerados da solidariedade pelo credor, pela parte que na obrigação incumbia ao insolvente.

▸ En. nº 350 das Jornadas de Direito Civil.

Art. 285. Se a dívida solidária interessar exclusivamente a um dos devedores, responderá este por toda ela para com aquele que pagar.

TÍTULO II – DA TRANSMISSÃO DAS OBRIGAÇÕES

CAPÍTULO I
DA CESSÃO DE CRÉDITO

Art. 286. O credor pode ceder o seu crédito, se a isso não se opuser a natureza da obrigação, a lei, ou a convenção com o devedor; a cláusula proibitiva da cessão não poderá ser oposta ao cessionário de boa-fé, se não constar do instrumento da obrigação.

▸ Arts. 348, 358, 377, 497, parágrafo único, 498, 919, 920, 1.707 e 1.749, III, deste Código.

Art. 287. Salvo disposição em contrário, na cessão de um crédito abrangem-se todos os seus acessórios.

▸ Arts. 92 a 97 deste Código.

Art. 288. É ineficaz, em relação a terceiros, a transmissão de um crédito, se não celebrar-se mediante instrumento público, ou instrumento particular revestido das solenidades do § 1º do art. 654.

▸ Art. 221 deste Código.

▸ Arts. 129, item 9, e 127, I, da Lei nº 6.015, de 31-12-1973 (Lei dos Registros Públicos).

Art. 289. O cessionário de crédito hipotecário tem o direito de fazer averbar a cessão no registro do imóvel.

Art. 290. A cessão do crédito não tem eficácia em relação ao devedor, senão quando a este notificada; mas por notificado se tem o devedor que, em escrito público ou particular, se declarou ciente da cessão feita.

▸ Arts. 312 e 377 deste Código.

Art. 291. Ocorrendo várias cessões do mesmo crédito, prevalece a que se completar com a tradição do título do crédito cedido.

Art. 292. Fica desobrigado o devedor que, antes de ter conhecimento da cessão, paga ao credor primitivo, ou que, no caso de mais de uma cessão notificada, paga ao cessionário que lhe apresenta, com o título de cessão, o da obrigação cedida; quando o crédito constar de escritura pública, prevalecerá a prioridade da notificação.

- Arts. 312, 348 e 377 deste Código.

Art. 293. Independentemente do conhecimento da cessão pelo devedor, pode o cessionário exercer os atos conservatórios do direito cedido.

Art. 294. O devedor pode opor ao cessionário as exceções que lhe competirem, bem como as que, no momento em que veio a ter conhecimento da cessão, tinha contra o cedente.

- Art. 302 deste Código.

Art. 295. Na cessão por título oneroso, o cedente, ainda que não se responsabilize, fica responsável ao cessionário pela existência do crédito ao tempo em que lhe cedeu; a mesma responsabilidade lhe cabe nas cessões por título gratuito, se tiver procedido de má-fé.

Art. 296. Salvo estipulação em contrário, o cedente não responde pela solvência do devedor.

- Art. 1.005 deste Código.

Art. 297. O cedente, responsável ao cessionário pela solvência do devedor, não responde por mais do que daquele recebeu, com os respectivos juros; mas tem de ressarcir-lhe as despesas da cessão e as que o cessionário houver feito com a cobrança.

Art. 298. O crédito, uma vez penhorado, não pode mais ser transferido pelo credor que tiver conhecimento da penhora; mas o devedor que o pagar, não tendo notificação dela, fica exonerado, subsistindo somente contra o credor os direitos de terceiro.

- Art. 312 deste Código.
- Art. 240 da Lei nº 6.015, de 31-12-1973 (Lei dos Registros Públicos).

CAPÍTULO II
DA ASSUNÇÃO DE DÍVIDA

- Arts. 346 a 351 deste Código.

Art. 299. É facultado a terceiro assumir a obrigação do devedor, com o consentimento expresso do credor, ficando exonerado o devedor primitivo, salvo se aquele, ao tempo da assunção, era insolvente e o credor o ignorava.

- En. nº 16 das Jornadas de Direito Civil.

Parágrafo único. Qualquer das partes pode assinar prazo ao credor para que consinta na assunção da dívida, interpretando-se o seu silêncio como recusa.

Art. 300. Salvo assentimento expresso do devedor primitivo, consideram-se extintas, a partir da assunção da dívida, as garantias especiais por ele originariamente dadas ao credor.

- Enunciados nºs 352 e 422 das Jornadas de Direito Civil.

Art. 301. Se a substituição do devedor vier a ser anulada, restaura-se o débito, com todas as suas garantias, salvo as garantias prestadas por terceiros, exceto se este conhecia o vício que inquinava a obrigação.

- En. nº 423 das Jornadas de Direito Civil.

Art. 302. O novo devedor não pode opor ao credor as exceções pessoais que competiam ao devedor primitivo.

- Art. 294 deste Código.

Art. 303. O adquirente de imóvel hipotecado pode tomar a seu cargo o pagamento do crédito garantido; se o credor, notificado, não impugnar em trinta dias a transferência do débito, entender-se-á dado o assentimento.

- Art. 1.475 deste Código.
- En. nº 424 das Jornadas de Direito Civil.

TÍTULO III – DO ADIMPLEMENTO E EXTINÇÃO DAS OBRIGAÇÕES

CAPÍTULO I
DO PAGAMENTO

Seção I
DE QUEM DEVE PAGAR

Art. 304. Qualquer interessado na extinção da dívida pode pagá-la, usando, se o credor se opuser, dos meios conducentes à exoneração do devedor.

- Arts. 334 e 346, III, deste Código.

Parágrafo único. Igual direito cabe ao terceiro não interessado, se o fizer em nome e à conta do devedor, salvo oposição deste.

Art. 305. O terceiro não interessado, que paga a dívida em seu próprio nome, tem direito a reembolsar-se do que pagar; mas não se sub-roga nos direitos do credor.

- Arts. 347, II, 871 e 872 deste Código.

Parágrafo único. Se pagar antes de vencida a dívida, só terá direito ao reembolso no vencimento.

Art. 306. O pagamento feito por terceiro, com desconhecimento ou oposição do devedor, não obriga a reembolsar aquele que pagou, se o devedor tinha meios para ilidir a ação.

Art. 307. Só terá eficácia o pagamento que importar transmissão da propriedade, quando feito por quem possa alienar o objeto em que ele consistiu.

- Arts. 356 a 359 e 1.268 deste Código.

Parágrafo único. Se se der em pagamento coisa fungível, não se poderá mais reclamar do credor que, de boa-fé, a recebeu e consumiu, ainda que o solvente não tivesse o direito de aliená-la.

- Arts. 85 e 86 deste Código.

Seção II
DAQUELES A QUEM SE DEVE PAGAR

Art. 308. O pagamento deve ser feito ao credor ou a quem de direito o represente, sob pena de só valer depois de por ele ratificado, ou tanto quanto reverter em seu proveito.

- Arts. 172 a 177, 673 e 873 deste Código.
- En. nº 425 das Jornadas de Direito Civil.

Art. 309. O pagamento feito de boa-fé ao credor putativo é válido, ainda provado depois que não era credor.

Art. 310. Não vale o pagamento cientemente feito ao credor incapaz de quitar, se o devedor não provar que em benefício dele efetivamente reverteu.

- Art. 181 deste Código.

Art. 311. Considera-se autorizado a receber o pagamento o portador da quitação, salvo se as circunstâncias contrariarem a presunção daí resultante.

- Art. 320 deste Código.

Art. 312. Se o devedor pagar ao credor, apesar de intimado da penhora feita sobre o crédito, ou da impugnação a ele oposta por terceiros, o pagamento não valerá contra estes, que poderão constranger o devedor a pagar de novo, ficando-lhe ressalvado o regresso contra o credor.

- Arts. 290, 292, 298, 876 e 1.460, parágrafo único, deste Código.
- Art. 855, I, do CPC/2015.

Seção III
DO OBJETO DO PAGAMENTO E SUA PROVA

Art. 313. O credor não é obrigado a receber prestação diversa da que lhe é devida, ainda que mais valiosa.

- Arts. 356 e 621 a 628 deste Código.
- Art. 35, I, do CDC.

Art. 314. Ainda que a obrigação tenha por objeto prestação divisível, não pode o credor ser obrigado a receber, nem o devedor a pagar, por partes, se assim não se ajustou.

- Arts. 87, 88, 257 a 263 deste Código.

Art. 315. As dívidas em dinheiro deverão ser pagas no vencimento, em moeda corrente e pelo valor nominal, salvo o disposto nos artigos subsequentes.

Art. 316. É lícito convencionar o aumento progressivo de prestações sucessivas.

Art. 317. Quando, por motivos imprevisíveis, sobrevier desproporção manifesta entre o valor da prestação devida e o do momento de sua execução, poderá o juiz corrigi-lo, a pedido da parte, de modo que assegure, quanto possível, o valor real da prestação.

- Arts. 478 a 480 deste Código.
- En. nº 17 das Jornadas de Direito Civil.
- En. nº 35 da Jornada de Direito Comercial.

Art. 318. São nulas as convenções de pagamento em ouro ou em moeda estrangeira, bem como para compensar a diferença entre o valor desta e o da moeda nacional, excetuados os casos previstos na legislação especial.

Art. 319. O devedor que paga tem direito a quitação regular, e pode reter o pagamento, enquanto não lhe seja dada.

- Arts. 335, I, e 396 deste Código.
- Lei nº 12.007, de 29-7-2009, dispõe sobre a emissão de declaração de quitação anual de débitos pelas pessoas jurídicas prestadoras de serviços públicos ou privados.
- En. nº 18 das Jornadas de Direito Civil.

Art. 320. A quitação, que sempre poderá ser dada por instrumento particular, designará o valor e a espécie da dívida quitada, o nome do devedor, ou quem por este pagou, o tempo e o lugar do pagamento, com a assinatura do credor, ou do seu representante.

- Art. 311 deste Código.

Parágrafo único. Ainda sem os requisitos estabelecidos neste artigo valerá a quitação, se de seus termos ou das circunstâncias resultar haver sido paga a dívida.

Art. 321. Nos débitos, cuja quitação consista na devolução do título, perdido este, poderá o devedor exigir, retendo o pagamento, declaração do credor que inutilize o título desaparecido.

Art. 322. Quando o pagamento for em quotas periódicas, a quitação da última estabelece, até prova em contrário, a presunção de estarem solvidas as anteriores.

Art. 323. Sendo a quitação do capital sem reserva dos juros, estes presumem-se pagos.

Art. 324. A entrega do título ao devedor firma a presunção do pagamento.

▸ Art. 386 deste Código.

Parágrafo único. Ficará sem efeito a quitação assim operada se o credor provar, em sessenta dias, a falta do pagamento.

Art. 325. Presumem-se a cargo do devedor as despesas com o pagamento e a quitação; se ocorrer aumento por fato do credor, suportará este a despesa acrescida.

Art. 326. Se o pagamento se houver de fazer por medida, ou peso, entender-se-á, no silêncio das partes, que aceitaram os do lugar da execução.

Seção IV

DO LUGAR DO PAGAMENTO

Art. 327. Efetuar-se-á o pagamento no domicílio do devedor, salvo se as partes convencionarem diversamente, ou se o contrário resultar da lei, da natureza da obrigação ou das circunstâncias.

▸ Arts. 70 a 78 deste Código.

▸ Art. 159 do CTN.

Parágrafo único. Designados dois ou mais lugares, cabe ao credor escolher entre eles.

Art. 328. Se o pagamento consistir na tradição de um imóvel, ou em prestações relativas a imóvel, far-se-á no lugar onde situado o bem.

▸ Art. 341 deste Código.

Art. 329. Ocorrendo motivo grave para que se não efetue o pagamento no lugar determinado, poderá o devedor fazê-lo em outro, sem prejuízo para o credor.

Art. 330. O pagamento reiteradamente feito em outro local faz presumir renúncia do credor relativamente ao previsto no contrato.

Seção V

DO TEMPO DO PAGAMENTO

Art. 331. Salvo disposição legal em contrário, não tendo sido ajustada época para o pagamento, pode o credor exigi-lo imediatamente.

▸ Arts. 134, 397, 592 e 939 deste Código.

▸ Art. 160 do CTN.

Art. 332. As obrigações condicionais cumprem-se na data do implemento da condição, cabendo ao credor a prova de que deste teve ciência o devedor.

▸ Arts. 121 a 130 deste Código.

Art. 333. Ao credor assistirá o direito de cobrar a dívida antes de vencido o prazo estipulado no contrato ou marcado neste Código:

▸ Arts. 590, 939 e 1.425 deste Código.

I – no caso de falência do devedor, ou de concurso de credores;

II – se os bens, hipotecados ou empenhados, forem penhorados em execução por outro credor;

III – se cessarem, ou se se tornarem insuficientes, as garantias do débito, fidejussórias, ou reais, e o devedor, intimado, se negar a reforçá-las.

Parágrafo único. Nos casos deste artigo, se houver, no débito, solidariedade passiva, não se reputará vencido quanto aos outros devedores solventes.

▸ Arts. 275 a 285 deste Código.

CAPÍTULO II

DO PAGAMENTO EM CONSIGNAÇÃO

▸ Arts. 539 a 549 do CPC/2015.

▸ Art. 164 do CTN.

Art. 334. Considera-se pagamento, e extingue a obrigação, o depósito judicial ou em estabelecimento bancário da coisa devida, nos casos e forma legais.

▸ Arts. 304 e 635 deste Código.

Art. 335. A consignação tem lugar:

I – se o credor não puder, ou, sem justa causa, recusar receber o pagamento, ou dar quitação na devida forma;

▸ Arts. 319 e 506 deste Código.

II – se o credor não for, nem mandar receber a coisa no lugar, tempo e condição devidos;

▸ Arts. 327 a 333 e 341 deste Código.

III – se o credor for incapaz de receber, for desconhecido, declarado ausente, ou residir em lugar incerto ou de acesso perigoso ou difícil;

▸ Art. 22 deste Código.

IV – se ocorrer dúvida sobre quem deva legitimamente receber o objeto do pagamento;

▸ Arts. 344, 345 e 755 deste Código.

V – se pender litígio sobre o objeto do pagamento.

▸ Arts. 344 e 345 deste Código.

Art. 336. Para que a consignação tenha força de pagamento, será mister concorram, em relação às pessoas, ao objeto, modo e tempo, todos os requisitos sem os quais não é válido o pagamento.

▸ Arts. 304 a 333 deste Código.

Art. 337. O depósito requerer-se-á no lugar do pagamento, cessando, tanto que se efetue, para o depositante, os juros da dívida e os riscos, salvo se for julgado improcedente.

▸ Arts. 327 a 330 deste Código.

▸ Art. 540 do CPC/2015.

Art. 338. Enquanto o credor não declarar que aceita o depósito, ou não o impugnar, poderá o devedor requerer o levantamento, pagando as respectivas despesas, e subsistindo a obrigação para todas as consequências de direito.

Art. 339. Julgado procedente o depósito, o devedor já não poderá levantá-lo, embora o credor consinta, senão de acordo com os outros devedores e fiadores.

Art. 340. O credor que, depois de contestar a lide ou aceitar o depósito, aquiescer no levantamento, perderá a preferência e a garantia que lhe competiam com respeito à coisa consignada, ficando para logo desobrigados os codevedores e fiadores que não tenham anuído.

Art. 341. Se a coisa devida for imóvel ou corpo certo que deva ser entregue no mesmo lugar onde está, poderá o devedor citar o credor para vir ou mandar recebê-la, sob pena de ser depositada.

▸ Arts. 328 e 335, II, deste Código.

▸ Art. 540 do CPC/2015.

Art. 342. Se a escolha da coisa indeterminada competir ao credor, será ele citado para esse fim, sob cominação de perder o direito e de ser depositada a coisa que o devedor escolher; feita a escolha pelo devedor, proceder-se-á como no artigo antecedente.

▸ Arts. 243 a 246, 252, 255 e 1.929 deste Código.

▸ Art. 543 do CPC/2015.

Art. 343. As despesas com o depósito, quando julgado procedente, correrão à conta do credor, e, no caso contrário, à conta do devedor.

Art. 344. O devedor de obrigação litigiosa exonerar-se-á mediante consignação, mas, se pagar a qualquer dos pretendidos credores, tendo conhecimento do litígio, assumirá o risco do pagamento.

▸ Art. 335, IV e V, deste Código.

Art. 345. Se a dívida se vencer, pendendo litígio entre credores que se pretendem mutuamente excluir, poderá qualquer deles requerer a consignação.

▸ Art. 335, IV e V, deste Código.

CAPÍTULO III

DO PAGAMENTO COM SUB-ROGAÇÃO

▸ Arts. 299 a 303, 1.368 e 1.429 deste Código.

▸ Arts. 127, I, e 129, item 9, da Lei nº 6.015, de 31-12-1973 (Lei dos Registros Públicos).

Art. 346. A sub-rogação opera-se, de pleno direito, em favor:

▸ Art. 13, parágrafo único, do CDC.

I – do credor que paga a dívida do devedor comum;

▸ Arts. 259, parágrafo único, e 283 deste Código.

II – do adquirente do imóvel hipotecado, que paga a credor hipotecário, bem como do terceiro que efetiva o pagamento para não ser privado de direito sobre imóvel;

▸ Arts. 1.478 e 1.481 deste Código.

III – do terceiro interessado, que paga a dívida pela qual era ou podia ser obrigado, no todo ou em parte.

▸ Arts. 304, 305, 800 e 831 deste Código.

Art. 347. A sub-rogação é convencional:

▸ Art. 129, item 9, da Lei nº 6.015, de 31-12-1973 (Lei dos Registros Públicos).

I – quando o credor recebe o pagamento de terceiro e expressamente lhe transfere todos os seus direitos;

▸ Art. 348 deste Código.

II – quando terceira pessoa empresta ao devedor a quantia precisa para solver a dívida, sob a condição expressa de ficar o mutuante sub-rogado nos direitos do credor satisfeito.

▸ Art. 305 deste Código.

Art. 348. Na hipótese do inciso I do artigo antecedente, vigorará o disposto quanto à cessão do crédito.

▸ Arts. 286 a 298 deste Código.

Art. 349. A sub-rogação transfere ao novo credor todos os direitos, ações, privilégios e garantias do primitivo, em relação à dívida, contra o devedor principal e os fiadores.

▸ Súmulas nºs 188 e 257 do STF.

Art. 350. Na sub-rogação legal o sub-rogado não poderá exercer os direitos e as ações do credor, senão até à soma que tiver desembolsado para desobrigar o devedor.

Art. 351. O credor originário, só em parte reembolsado, terá preferência ao sub-rogado, na cobrança da dívida restante, se os bens do devedor não chegarem para saldar inteiramente o que a um e outro dever.

CAPÍTULO IV

DA IMPUTAÇÃO DO PAGAMENTO

▸ Art. 163 do CTN.

Art. 352. A pessoa obrigada por dois ou mais débitos da mesma natureza, a um só credor, tem o direito de indicar a qual deles oferece pagamento, se todos forem líquidos e vencidos.

▶ Arts. 355 e 379 deste Código.

Art. 353. Não tendo o devedor declarado em qual das dívidas líquidas e vencidas quer imputar o pagamento, se aceitar a quitação de uma delas, não terá direito a reclamar contra a imputação feita pelo credor, salvo provando haver ele cometido violência ou dolo.

▶ Arts. 145 a 150 e 379 deste Código.

Art. 354. Havendo capital e juros, o pagamento imputar-se-á primeiro nos juros vencidos, e depois no capital, salvo estipulação em contrário, ou se o credor passar a quitação por conta do capital.

▶ Súm. nº 464 do STJ.

Art. 355. Se o devedor não fizer a indicação do art. 352, e a quitação for omissa quanto à imputação, esta se fará nas dívidas líquidas e vencidas em primeiro lugar. Se as dívidas forem todas líquidas e vencidas ao mesmo tempo, a imputação far-se-á na mais onerosa.

▶ Art. 379 deste Código.

CAPÍTULO V
DA DAÇÃO EM PAGAMENTO

▶ Arts. 127, I, e 129, item 9, da Lei nº 6.015, de 31-12-1973 (Lei dos Registros Públicos).

Art. 356. O credor pode consentir em receber prestação diversa da que lhe é devida.

▶ Arts. 307, 313 e 838, III, deste Código.

Art. 357. Determinado o preço da coisa dada em pagamento, as relações entre as partes regular-se-ão pelas normas do contrato de compra e venda.

▶ Arts. 481 a 532 deste Código.

Art. 358. Se for título de crédito a coisa dada em pagamento, a transferência importará em cessão.

▶ Arts. 286 a 298 deste Código.

Art. 359. Se o credor for evicto da coisa recebida em pagamento, restabelecer-se-á a obrigação primitiva, ficando sem efeito a quitação dada, ressalvados os direitos de terceiros.

▶ Arts. 447 a 457 deste Código.

CAPÍTULO VI
DA NOVAÇÃO

Art. 360. Dá-se a novação:

I – quando o devedor contrai com o credor nova dívida para extinguir e substituir a anterior;

II – quando novo devedor sucede ao antigo, ficando este quite com o credor;

III – quando, em virtude de obrigação nova, outro credor é substituído ao antigo, ficando o devedor quite com este.

Art. 361. Não havendo ânimo de novar, expresso ou tácito mas inequívoco, a segunda obrigação confirma simplesmente a primeira.

Art. 362. A novação por substituição do devedor pode ser efetuada independentemente de consentimento deste.

Art. 363. Se o novo devedor for insolvente, não tem o credor, que o aceitou, ação regressiva contra o primeiro, salvo se este obteve por má-fé a substituição.

Art. 364. A novação extingue os acessórios e garantias da dívida, sempre que não houver estipulação em contrário. Não aproveitará, contudo, ao credor ressalvar o penhor, a hipoteca ou a anticrese, se os bens dados em garantia pertencerem a terceiro que não foi parte na novação.

▶ Arts. 92 a 97 e 1.419 e segs. deste Código.

Art. 365. Operada a novação entre o credor e um dos devedores solidários, somente sobre os bens do que contrair a nova obrigação subsistem as preferências e garantias do crédito novado. Os outros devedores solidários ficam por esse fato exonerados.

▶ Arts. 275 a 285 deste Código.

Art. 366. Importa exoneração do fiador a novação feita sem seu consenso com o devedor principal.

▶ Arts. 835 e 838, I, deste Código.

▶ En. nº 547 das Jornadas de Direito Civil.

Art. 367. Salvo as obrigações simplesmente anuláveis, não podem ser objeto de novação obrigações nulas ou extintas.

▶ Arts. 166, 167, 171 e 172 deste Código.

CAPÍTULO VII
DA COMPENSAÇÃO

▶ Art. 1.506 deste Código.

Art. 368. Se duas pessoas forem ao mesmo tempo credor e devedor uma da outra, as duas obrigações extinguem-se, até onde se compensarem.

▶ Art. 1.919 deste Código.

Art. 369. A compensação efetua-se entre dívidas líquidas, vencidas e de coisas fungíveis.

▶ Arts. 85 e 86 deste Código.

Art. 370. Embora sejam do mesmo gênero as coisas fungíveis, objeto das duas prestações, não se compensarão, verificando-se que diferem na qualidade, quando especificada no contrato.

Art. 371. O devedor somente pode compensar com o credor o que este lhe dever; mas o fiador pode compensar sua dívida com a de seu credor ao afiançado.

▶ Arts. 376 e 837 deste Código.

Art. 372. Os prazos de favor, embora consagrados pelo uso geral, não obstam a compensação.

Art. 373. A diferença de causa nas dívidas não impede a compensação, exceto:

I – se provier de esbulho, furto ou roubo;

II – se uma se originar de comodato, depósito ou alimentos;

▶ Arts. 579 a 585, 638 e 1.707 deste Código.

III – se uma for de coisa não suscetível de penhora.

▶ Art. 1.711 deste Código.

▶ Art. 833 do CPC/2015.

Art. 374. *Revogado.* Lei nº 10.677, de 22-5-2003.

Art. 375. Não haverá compensação quando as partes, por mútuo acordo, a excluírem, ou no caso de renúncia prévia de uma delas.

▶ Arts. 114 e 385 a 388 deste Código.

Art. 376. Obrigando-se por terceiro uma pessoa, não pode compensar essa dívida com a que o credor dele lhe dever.

▶ Art. 371 deste Código.

Art. 377. O devedor que, notificado, nada opõe à cessão que o credor faz a terceiros dos seus direitos, não pode opor ao cessionário a compensação, que antes da cessão teria podido opor ao cedente. Se, porém, a cessão lhe não tiver sido notificada, poderá opor ao cessionário compensação do crédito que antes tinha contra o cedente.

▶ Arts. 286 a 298 e 312 deste Código.

Art. 378. Quando as duas dívidas não são pagáveis no mesmo lugar, não se podem compensar sem dedução das despesas necessárias à operação.

▶ Arts. 325 e 327 deste Código.

Art. 379. Sendo a mesma pessoa obrigada por várias dívidas compensáveis, serão observadas, no compensá-las, as regras estabelecidas quanto à imputação do pagamento.

▶ Arts. 352 a 355 deste Código.

Art. 380. Não se admite a compensação em prejuízo de direito de terceiro. O devedor que se torne credor do seu credor, depois de penhorado o crédito deste, não pode opor ao exequente a compensação, de que contra o próprio credor disporia.

CAPÍTULO VIII
DA CONFUSÃO

Art. 381. Extingue-se a obrigação, desde que na mesma pessoa se confundam as qualidades de credor e devedor.

▶ Art. 1.436, IV, deste Código.

Art. 382. A confusão pode verificar-se a respeito de toda a dívida, ou só de parte dela.

Art. 383. A confusão operada na pessoa do credor ou devedor solidário só extingue a obrigação até a concorrência da respectiva parte no crédito, ou na dívida, subsistindo quanto ao mais a solidariedade.

▶ Arts. 264 a 285 deste Código.

Art. 384. Cessando a confusão, para logo se restabelece, com todos os seus acessórios, a obrigação anterior.

CAPÍTULO IX
DA REMISSÃO DAS DÍVIDAS

▶ Arts. 262, 272, 277 e 324 deste Código.

▶ Art. 172 do CTN.

Art. 385. A remissão da dívida, aceita pelo devedor, extingue a obrigação, mas sem prejuízo de terceiro.

Art. 386. A devolução voluntária do título da obrigação, quando por escrito particular, prova desoneração do devedor e seus co-obrigados, se o credor for capaz de alienar, e o devedor capaz de adquirir.

Art. 387. A restituição voluntária do objeto empenhado prova a renúncia do credor à garantia real, não a extinção da dívida.

▶ Arts. 114 e 1.436, III, e § 1º, deste Código.

Art. 388. A remissão concedida a um dos codevedores extingue a dívida na parte a ele correspondente; de modo que, ainda reservando o credor a solidariedade contra os outros, já lhes não pode cobrar o débito sem dedução da parte remitida.

▶ Arts. 277 a 282 deste Código.

TÍTULO IV – DO INADIMPLEMENTO DAS OBRIGAÇÕES

CAPÍTULO I
DISPOSIÇÕES GERAIS

***Art. 389.** Não cumprida a obrigação, responde o devedor por perdas e danos, mais* *juros, atualização monetária e honorários de advogado.*

- *Caput* com a redação dada pela Lei nº 14.905, de 28-6-2024.
- Arts. 234, 239, 250, 256, 402 a 407, 409, 418 e 475 deste Código.
- Enunciados nºs 161, 426 e 548 das Jornadas de Direito Civil.

***Parágrafo único.** Na hipótese de o índice de atualização monetária não ter sido convencionado ou não estar previsto em lei específica, será aplicada a variação do Índice Nacional de Preços ao Consumidor Amplo (IPCA), apurado e divulgado pela Fundação Instituto Brasileiro de Geografia e Estatística (IBGE), ou do índice que vier a substituí-lo.*

- Parágrafo único acrescido pela Lei nº 14.905, de 28-6-2024.

Art. 390. Nas obrigações negativas o devedor é havido por inadimplente desde o dia em que executou o ato de que se devia abster.

- Art. 251 deste Código.

Art. 391. Pelo inadimplemento das obrigações respondem todos os bens do devedor.

- Art. 942 deste Código.
- Art. 789 do CPC/2015.

Art. 392. Nos contratos benéficos, responde por simples culpa o contratante, a quem o contrato aproveite, e por dolo aquele a quem não favoreça. Nos contratos onerosos, responde cada uma das partes por culpa, salvo as exceções previstas em lei.

- Arts. 114, 186 e 475 deste Código.
- Súm. nº 145 do STJ.

Art. 393. O devedor não responde pelos prejuízos resultantes de caso fortuito ou força maior, se expressamente não se houver por eles responsabilizado.

- Arts. 399, 492, § 1º, 642, 650 e 667, § 1º, deste Código.
- En. nº 443 das Jornadas de Direito Civil.

Parágrafo único. O caso fortuito ou de força maior verifica-se no fato necessário, cujos efeitos não era possível evitar ou impedir.

CAPÍTULO II
DA MORA

Art. 394. Considera-se em mora o devedor que não efetuar o pagamento e o credor que não quiser recebê-lo no tempo, lugar e forma que a lei ou a convenção estabelecer.

- Arts. 327 a 333 e 409 deste Código.

***Art. 395.** Responde o devedor pelos prejuízos a que sua mora der causa, mais juros, atualização dos valores monetários e honorários de advogado.*

- *Caput* com a redação dada pela Lei nº 14.905, de 28-6-2024.
- Art. 322, § 1º, do CPC/2015.
- Enunciados nºs 162 e 354 das Jornadas de Direito Civil.

Parágrafo único. Se a prestação, devido à mora, se tornar inútil ao credor, este poderá enjeitá-la, e exigir a satisfação das perdas e danos.

- Arts. 402 a 405 deste Código.

Art. 396. Não havendo fato ou omissão imputável ao devedor, não incorre este em mora.

- Arts. 280 e 319 deste Código.
- Súm. nº 369 do STJ.
- En. nº 354 das Jornadas de Direito Civil.

Art. 397. O inadimplemento da obrigação, positiva e líquida, no seu termo, constitui de pleno direito em mora o devedor.

Parágrafo único. Não havendo termo, a mora se constitui mediante interpelação judicial ou extrajudicial.

- Arts. 408, 331, 562, 939 e 1.925 deste Código.
- Art. 240 do CPC/2015.
- En. nº 427 das Jornadas de Direito Civil.

Art. 398. Nas obrigações provenientes de ato ilícito, considera-se o devedor em mora, desde que o praticou.

- Arts. 186 a 188 e 405 deste Código.
- Art. 240 do CPC/2015.
- Súmulas nºs 43 e 54 do STJ.

Art. 399. O devedor em mora responde pela impossibilidade da prestação, embora essa impossibilidade resulte de caso fortuito ou de força maior, se estes ocorrerem durante o atraso; salvo se provar isenção de culpa, ou que o dano sobreviria ainda quando a obrigação fosse oportunamente desempenhada.

- Art. 393 deste Código.

Art. 400. A mora do credor subtrai o devedor isento de dolo à responsabilidade pela conservação da coisa, obriga o credor a ressarcir as despesas empregadas em conservá-la, e sujeita-o a recebê-la pela estimação mais favorável ao devedor, se o seu valor oscilar entre o dia estabelecido para o pagamento e o da sua efetivação.

- Art. 492, § 2º, deste Código.

Art. 401. Purga-se a mora:

- Art. 62 da Lei nº 8.245, de 18-10-1991 (Lei das Locações).

I – por parte do devedor, oferecendo este a prestação mais a importância dos prejuízos decorrentes do dia da oferta;

II – por parte do credor, oferecendo-se este a receber o pagamento e sujeitando-se aos efeitos da mora até a mesma data.

CAPÍTULO III
DAS PERDAS E DANOS

- Súmulas nºs 412 e 562 do STF.

Art. 402. Salvo as exceções expressamente previstas em lei, as perdas e danos devidas ao credor abrangem, além do que ele efetivamente perdeu, o que razoavelmente deixou de lucrar.

- Art. 389 deste Código.

Art. 403. Ainda que a inexecução resulte de dolo do devedor, as perdas e danos só incluem os prejuízos efetivos e os lucros cessantes por efeito dela direto e imediato, sem prejuízo do disposto na lei processual.

***Art. 404.** As perdas e danos, nas obrigações de pagamento em dinheiro, serão pagas com atualização monetária, juros, custas e honorários de advogado, sem prejuízo da pena convencional.*

- *Caput* com a redação dada pela Lei nº 14.905, de 28-6-2024.
- Arts. 389 e 407 a 416 deste Código.
- En. nº 161 das Jornadas de Direito Civil.

Parágrafo único. Provado que os juros da mora não cobrem o prejuízo, e não havendo pena convencional, pode o juiz conceder ao credor indenização suplementar.

Art. 405. Contam-se os juros de mora desde a citação inicial.

- Arts. 398, 670 e 1.762 deste Código.
- Súm. nº 163 do STF.
- Súmulas nºs 54 e 426 do STJ.
- Enunciados nºs 163 e 428 das Jornadas de Direito Civil.

CAPÍTULO IV
DOS JUROS LEGAIS

- Art. 322, § 1º, do CPC/2015.
- Lei nº 7.089, de 23-3-1983, veda a cobrança de juros de mora sobre título cujo vencimento se dê em feriado, sábado ou domingo.
- Súm. nº 54 do STJ.

***Art. 406.** Quando não forem convencionados, ou quando o forem sem taxa estipulada, ou quando provierem de determinação da lei, os juros serão fixados de acordo com a taxa legal.*

- *Caput* com a redação dada pela Lei nº 14.905, de 28-6-2024.
- Arts. 405, 591 e 890 deste Código.
- Art. 161 do CTN.
- MP nº 2.172-32, de 23-8-2001, que até o encerramento desta edição não havia sido convertida em lei, estabelece a nulidade das disposições contratuais que menciona e inverte, nas hipóteses que prevê, o ônus da prova nas ações intentadas para sua declaração.
- Súm. nº 530 do STJ.
- Enunciados nºs 20 e 164 das Jornadas de Direito Civil.

§ 1º A taxa legal corresponderá à taxa referencial do Sistema Especial de Liquidação e de Custódia (SELIC), deduzido o índice de atualização monetária de que trata o parágrafo único do art. 389 deste Código.

§ 2º A metodologia de cálculo da taxa legal e sua forma de aplicação serão definidas pelo Conselho Monetário Nacional e divulgadas pelo Banco Central do Brasil.

§ 3º Caso a taxa legal apresente resultado negativo, este será considerado igual a 0 (zero) para efeito de cálculo dos juros no período de referência.

- §§ 1º a 3º acrescidos pela Lei nº 14.905, de 28-6-2024.

Art. 407. Ainda que se não alegue prejuízo, é obrigado o devedor aos juros da mora que se contarão assim às dívidas em dinheiro, como às prestações de outra natureza, uma vez que lhes esteja fixado o valor pecuniário por sentença judicial, arbitramento, ou acordo entre as partes.

- Arts. 404 e 552 deste Código.

CAPÍTULO V
DA CLÁUSULA PENAL

Art. 408. Incorre de pleno direito o devedor na cláusula penal, desde que, culposamente, deixe de cumprir a obrigação ou se constitua em mora.

- Arts. 397 e 404 deste Código.
- En. nº 354 das Jornadas de Direito Civil.

Art. 409. A cláusula penal estipulada conjuntamente com a obrigação, ou em ato posterior, pode referir-se à inexecução completa da obrigação, à de alguma cláusula especial ou simplesmente à mora.

- Arts. 389 e 394 deste Código.

Art. 410. Quando se estipular a cláusula penal para o caso de total inadimplemento da obrigação, esta converter-se-á em alternativa a benefício do credor.

Art. 411. Quando se estipular a cláusula penal para o caso de mora, ou em segurança especial de outra cláusula determinada, terá o credor o arbítrio de exigir a satisfação da pena cominada, juntamente com o desempenho da obrigação principal.

Art. 412. O valor da cominação imposta na cláusula penal não pode exceder o da obrigação principal.

► Art. 52, § 1º, do CDC.

Art. 413. A penalidade deve ser reduzida equitativamente pelo juiz se a obrigação principal tiver sido cumprida em parte, ou se o montante da penalidade for manifestamente excessivo, tendo-se em vista a natureza e a finalidade do negócio.

► Enunciados nºs 165, 355, 356, 357, 358, 359 e 429 das Jornadas de Direito Civil.

Art. 414. Sendo indivisível a obrigação, todos os devedores, caindo em falta um deles, incorrerão na pena; mas esta só se poderá demandar integralmente do culpado, respondendo cada um dos outros somente pela sua quota.

► Arts. 87, 88 e 253 deste Código.

Parágrafo único. Aos não culpados fica reservada a ação regressiva contra aquele que deu causa à aplicação da pena.

► Art. 125, II, do CPC/2015.

Art. 415. Quando a obrigação for divisível, só incorre na pena o devedor ou o herdeiro do devedor que a infringir, e proporcionalmente à sua parte na obrigação.

► Arts. 87, 88 e 257 a 263 deste Código.

Art. 416. Para exigir a pena convencional, não é necessário que o credor alegue prejuízo.

Parágrafo único. Ainda que o prejuízo exceda ao previsto na cláusula penal, não pode o credor exigir indenização suplementar se assim não foi convencionado. Se o tiver sido, a pena vale como mínimo da indenização, competindo ao credor provar o prejuízo excedente.

► Art. 419 deste Código.

► En. nº 430 das Jornadas de Direito Civil.

CAPÍTULO VI
DAS ARRAS OU SINAL

Art. 417. Se, por ocasião da conclusão do contrato, uma parte der à outra, a título de arras, dinheiro ou outro bem móvel, deverão as arras, em caso de execução, ser restituídas ou computadas na prestação devida, se do mesmo gênero da principal.

Art. 418. *Na hipótese de inexecução do contrato, se esta se der:*

► *Caput* com a redação dada pela Lei nº 14.905, de 28-6-2024.

► Art. 389 deste Código.

I – por parte de quem deu as arras, poderá a outra parte ter o contrato por desfeito, retendo-as;

II – por parte de quem recebeu as arras, poderá quem as deu haver o contrato por desfeito e exigir a sua devolução mais o equivalente, com atualização monetária, juros e honorários de advogado.

► Incisos I e II acrescidos pela Lei nº 14.905, de 28-6-2024.

Art. 419. A parte inocente pode pedir indenização suplementar, se provar maior prejuízo, valendo as arras como taxa mínima. Pode, também, a parte inocente exigir a execução do contrato, com as perdas e danos, valendo as arras como o mínimo da indenização.

► Art. 416 deste Código.

Art. 420. Se no contrato for estipulado o direito de arrependimento para qualquer das partes, as arras ou sinal terão função unicamente indenizatória. Neste caso, quem as deu perdê-las-á em benefício da outra parte; e quem as recebeu devolvê-las-á, mais o equivalente. Em ambos os casos não haverá direito a indenização suplementar.

► Art. 463 deste Código.

► Art. 49 do CDC.

► Súm. nº 412 do STF.

TÍTULO V – DOS CONTRATOS EM GERAL

► Art. 133 deste Código.

CAPÍTULO I
DISPOSIÇÕES GERAIS

Seção I
PRELIMINARES

Art. 421. A liberdade contratual será exercida nos limites da função social do contrato.

► Enunciados nºs 21, 22, 23, 166, 167, 360, 361 e 421 das Jornadas de Direito Civil.

► En. nº 29 da Jornada de Direito Comercial.

Parágrafo único. Nas relações contratuais privadas, prevalecerão o princípio da intervenção mínima e a excepcionalidade da revisão contratual.

► Art. 421 com a redação dada pela Lei nº 13.874, de 20-9-2019.

Art. 421-A. Os contratos civis e empresariais presumem-se paritários e simétricos até a presença de elementos concretos que justifiquem o afastamento dessa presunção, ressalvados os regimes jurídicos previstos em leis especiais, garantido também que:

I – as partes negociantes poderão estabelecer parâmetros objetivos para a interpretação das cláusulas negociais e de seus pressupostos de revisão ou de resolução;

II – a alocação de riscos definida pelas partes deve ser respeitada e observada; e

III – a revisão contratual somente ocorrerá de maneira excepcional e limitada.

► Art. 421-A acrescido pela Lei nº 13.874, de 20-9-2019.

Art. 422. Os contratantes são obrigados a guardar, assim na conclusão do contrato, como em sua execução, os princípios de probidade e boa-fé.

► Enunciados nºs 24, 25, 26, 27, 166, 167, 168, 169, 170, 361, 362, 363, 432 e 546 das Jornadas de Direito Civil.

► En. nº 29 da Jornada de Direito Comercial.

Art. 423. Quando houver no contrato de adesão cláusulas ambíguas ou contraditórias, dever-se-á adotar a interpretação mais favorável ao aderente.

► Arts. 47 e 54 do CDC.

► Enunciados nºs 167 e 171 das Jornadas de Direito Civil.

Art. 424. Nos contratos de adesão, são nulas as cláusulas que estipulem a renúncia antecipada do aderente a direito resultante da natureza do negócio.

► Art. 114 deste Código.

► Enunciados nºs 167, 172, 364 e 433 das Jornadas de Direito Civil.

Art. 425. É lícito às partes estipular contratos atípicos, observadas as normas gerais fixadas neste Código.

Art. 426. Não pode ser objeto de contrato a herança de pessoa viva.

► Art. 2.018 deste Código.

Seção II
DA FORMAÇÃO DOS CONTRATOS

Art. 427. A proposta de contrato obriga o proponente, se o contrário não resultar dos termos dela, da natureza do negócio, ou das circunstâncias do caso.

► Art. 30 do CDC.

Art. 428. Deixa de ser obrigatória a proposta:

I – se, feita sem prazo a pessoa presente, não foi imediatamente aceita. Considera-se também presente a pessoa que contrata por telefone ou por meio de comunicação semelhante;

► Art. 49 do CDC.

II – se, feita sem prazo a pessoa ausente, tiver decorrido tempo suficiente para chegar a resposta ao conhecimento do proponente;

III – se, feita a pessoa ausente, não tiver sido expedida a resposta dentro do prazo dado;

IV – se, antes dela, ou simultaneamente, chegar ao conhecimento da outra parte a retratação do proponente.

Art. 429. A oferta ao público equivale a proposta quando encerra os requisitos essenciais ao contrato, salvo se o contrário resultar das circunstâncias ou dos usos.

Parágrafo único. Pode revogar-se a oferta pela mesma via de sua divulgação, desde que ressalvada esta faculdade na oferta realizada.

Art. 430. Se a aceitação, por circunstância imprevista, chegar tarde ao conhecimento do proponente, este comunicá-lo-á imediatamente ao aceitante, sob pena de responder por perdas e danos.

► Arts. 402 a 405 deste Código.

Art. 431. A aceitação fora do prazo, com adições, restrições, ou modificações, importará nova proposta.

Art. 432. Se o negócio for daqueles em que não seja costume a aceitação expressa, ou o proponente a tiver dispensado, reputar-se-á concluído o contrato, não chegando a tempo a recusa.

Art. 433. Considera-se inexistente a aceitação, se antes dela ou com ela chegar ao proponente a retratação do aceitante.

Art. 434. Os contratos entre ausentes tornam-se perfeitos desde que a aceitação é expedida, exceto:

► En. nº 173 das Jornadas de Direito Civil.

I – no caso do artigo antecedente;

II – se o proponente se houver comprometido a esperar resposta;

III – se ela não chegar no prazo convencionado.

Art. 435. Reputar-se-á celebrado o contrato no lugar em que foi proposto.

► Art. 9º, § 2º, do Dec.-lei nº 4.657, de 4-9-1942 (Lei de Introdução às normas do Direito Brasileiro).

Seção III
DA ESTIPULAÇÃO EM FAVOR DE TERCEIRO

Art. 436. O que estipula em favor de terceiro pode exigir o cumprimento da obrigação.

► Art. 553 deste Código.

Parágrafo único. Ao terceiro, em favor de quem se estipulou a obrigação, também é permitido exigi-la, ficando, todavia, sujeito às condições e normas do contrato, se a ele anuir, e o estipulante não o inovar nos termos do art. 438.

Art. 437. Se ao terceiro, em favor de quem se fez o contrato, se deixar o direito de reclamar-lhe a execução, não poderá o estipulante exonerar o devedor.

Art. 438. O estipulante pode reservar-se o direito de substituir o terceiro designado no contrato, independentemente da sua anuência e da do outro contratante.

Parágrafo único. A substituição pode ser feita por ato entre vivos ou por disposição de última vontade.

▸ Arts. 436, parágrafo único, e 791 deste Código.

Seção IV

DA PROMESSA DE FATO DE TERCEIRO

Art. 439. Aquele que tiver prometido fato de terceiro responderá por perdas e danos, quando este o não executar.

▸ Arts. 402 a 405 deste Código.

Parágrafo único. Tal responsabilidade não existirá se o terceiro for o cônjuge do promitente, dependendo da sua anuência o ato a ser praticado, e desde que, pelo regime do casamento, a indenização, de algum modo, venha a recair sobre os seus bens.

▸ Arts. 1.639 a 1.688 deste Código.

Art. 440. Nenhuma obrigação haverá para quem se comprometer por outrem, se este, depois de se ter obrigado, faltar à prestação.

Seção V

DOS VÍCIOS REDIBITÓRIOS

Art. 441. A coisa recebida em virtude de contrato comutativo pode ser enjeitada por vícios ou defeitos ocultos, que a tornem imprópria ao uso a que é destinada, ou lhe diminuam o valor.

▸ Arts. 484, 500, 503, 567 e 568 deste Código.

▸ Arts. 18, 20, 26 e 51, II, do CDC.

Parágrafo único. É aplicável a disposição deste artigo às doações onerosas.

▸ Arts. 136, 540, 552 e 553 deste Código.

Art. 442. Em vez de rejeitar a coisa, redibindo o contrato (art. 441), pode o adquirente reclamar abatimento no preço.

▸ Art. 616 deste Código.

▸ Art. 18, § 1º, III, do CDC.

Art. 443. Se o alienante conhecia o vício ou defeito da coisa, restituirá o que recebeu com perdas e danos; se o não conhecia, tão somente restituirá o valor recebido, mais as despesas do contrato.

▸ Arts. 402 a 405 deste Código.

Art. 444. A responsabilidade do alienante subsiste ainda que a coisa pereça em poder do alienatário, se perecer por vício oculto, já existente ao tempo da tradição.

▸ Arts. 492, 1.267 e 1.268 deste Código.

Art. 445. O adquirente decai do direito de obter a redibição ou abatimento no preço no prazo de trinta dias se a coisa for móvel, e de um ano se for imóvel, contado da entrega efetiva; se já estava na posse, o prazo conta-se da alienação, reduzido à metade.

▸ Arts. 207 a 211 deste Código.

▸ En. nº 174 das Jornadas de Direito Civil.

§ 1º Quando o vício, por sua natureza, só puder ser conhecido mais tarde, o prazo contar-se-á do momento em que dele tiver ciência, até o prazo máximo de cento e oitenta dias, em se tratando de bens móveis; e de um ano, para os imóveis.

▸ En. nº 28 das Jornadas de Direito Civil.

§ 2º Tratando-se de venda de animais, os prazos de garantia por vícios ocultos serão os estabelecidos em lei especial, ou, na falta desta, pelos usos locais, aplicando-se o disposto no parágrafo antecedente se não houver regras disciplinando a matéria.

▸ Arts. 207 a 211 deste Código.

▸ En. nº 28 das Jornadas de Direito Civil.

Art. 446. Não correrão os prazos do artigo antecedente na constância de cláusula de garantia; mas o adquirente deve denunciar o defeito ao alienante nos trinta dias seguintes ao seu descobrimento, sob pena de decadência.

▸ Arts. 207 a 211 deste Código.

Seção VI

DA EVICÇÃO

▸ Arts. 199, III, 359, 552, 845, 1.939, III, 2.024 e 2.025 deste Código.

Art. 447. Nos contratos onerosos, o alienante responde pela evicção. Subsiste esta garantia ainda que a aquisição se tenha realizado em hasta pública.

▸ Arts. 881 a 883 do CPC/2015.

Art. 448. Podem as partes, por cláusula expressa, reforçar, diminuir ou excluir a responsabilidade pela evicção.

Art. 449. Não obstante a cláusula que exclui a garantia contra a evicção, se esta se der, tem direito o evicto a receber o preço que pagou pela coisa evicta, se não soube do risco da evicção, ou, dele informado, não o assumiu.

Art. 450. Salvo estipulação em contrário, tem direito o evicto, além da restituição integral do preço ou das quantias que pagou:

I – à indenização dos frutos que tiver sido obrigado a restituir;

II – à indenização pelas despesas dos contratos e pelos prejuízos que diretamente resultarem da evicção;

III – às custas judiciais e aos honorários do advogado por ele constituído.

Parágrafo único. O preço, seja a evicção total ou parcial, será o do valor da coisa, na época em que se evenceu, e proporcional ao desfalque sofrido, no caso de evicção parcial.

Art. 451. Subsiste para o alienante esta obrigação, ainda que a coisa alienada esteja deteriorada, exceto havendo dolo do adquirente.

▸ Arts. 145 a 150 deste Código.

Art. 452. Se o adquirente tiver auferido vantagens das deteriorações, e não tiver sido condenado a indenizá-las, o valor das vantagens será deduzido da quantia que lhe houver de dar o alienante.

Art. 453. As benfeitorias necessárias ou úteis, não abonadas ao que sofreu a evicção, serão pagas pelo alienante.

▸ Arts. 96, 97, 1.219, 1.221 e 1.222 deste Código.

Art. 454. Se as benfeitorias abonadas ao que sofreu a evicção tiverem sido feitas pelo alienante, o valor delas será levado em conta na restituição devida.

▸ Art. 1.221 deste Código.

Art. 455. Se parcial, mas considerável, for a evicção, poderá o evicto optar entre a rescisão do contrato e a restituição da parte do preço correspondente ao desfalque sofrido. Se não for considerável, caberá somente direito a indenização.

Art. 456. *Revogado.* Lei nº 13.105, de 16-3-2015.

Art. 457. Não pode o adquirente demandar pela evicção, se sabia que a coisa era alheia ou litigiosa.

Seção VII

DOS CONTRATOS ALEATÓRIOS

Art. 458. Se o contrato for aleatório, por dizer respeito a coisas ou fatos futuros, cujo risco de não virem a existir um dos contratantes assuma, terá o outro direito de receber integralmente o que lhe foi prometido, desde que de sua parte não tenha havido dolo ou culpa, ainda que nada do avençado venha a existir.

▸ Art. 483 deste Código.

Art. 459. Se for aleatório, por serem objeto dele coisas futuras, tomando o adquirente a si o risco de virem a existir em qualquer quantidade, terá também direito o alienante a todo o preço, desde que de sua parte não tiver concorrido culpa, ainda que a coisa venha a existir em quantidade inferior à esperada.

Parágrafo único. Mas, se da coisa nada vier a existir, alienação não haverá, e o alienante restituirá o preço recebido.

Art. 460. Se for aleatório o contrato, por se referir a coisas existentes, mas expostas a risco, assumido pelo adquirente, terá igualmente direito o alienante a todo o preço, posto que a coisa já não existisse, em parte, ou de todo, no dia do contrato.

Art. 461. A alienação aleatória a que se refere o artigo antecedente poderá ser anulada como dolosa pelo prejudicado, se provar que o outro contratante não ignorava a consumação do risco, a que no contrato se considerava exposta a coisa.

Seção VIII

DO CONTRATO PRELIMINAR

Art. 462. O contrato preliminar, exceto quanto à forma, deve conter todos os requisitos essenciais ao contrato a ser celebrado.

▸ En. nº 435 das Jornadas de Direito Civil.

Art. 463. Concluído o contrato preliminar, com observância do disposto no artigo antecedente, e desde que dele não conste cláusula de arrependimento, qualquer das partes terá o direito de exigir a celebração do definitivo, assinando prazo à outra para que o efetive.

▸ Art. 420 deste Código.

▸ En. nº 30 das Jornadas de Direito Civil.

Parágrafo único. O contrato preliminar deverá ser levado ao registro competente.

▸ Art. 221 deste Código.

Art. 464. Esgotado o prazo, poderá o juiz, a pedido do interessado, suprir a vontade da parte inadimplente, conferindo caráter definitivo ao contrato preliminar, salvo se a isto se opuser a natureza da obrigação.

Art. 465. Se o estipulante não der execução ao contrato preliminar, poderá a outra parte considerá-lo desfeito, e pedir perdas e danos.

▸ Arts. 402 a 405 deste Código.

Art. 466. Se a promessa de contrato for unilateral, o credor, sob pena de ficar a mesma sem efeito, deverá manifestar-se no prazo nela previsto, ou, inexistindo este, no que lhe for razoavelmente assinado pelo devedor.

Seção IX

DO CONTRATO COM PESSOA A DECLARAR

Art. 467. No momento da conclusão do contrato, pode uma das partes reservar-se a faculdade de indicar a pessoa que deve adquirir os direitos e assumir as obrigações dele decorrentes.

Art. 468. Essa indicação deve ser comunicada à outra parte no prazo de cinco dias da conclusão do contrato, se outro não tiver sido estipulado.

Parágrafo único. A aceitação da pessoa nomeada não será eficaz se não se revestir da mesma forma que as partes usaram para o contrato.

Art. 469. A pessoa, nomeada de conformidade com os artigos antecedentes, adquire os direitos e assume as obrigações decorrentes do contrato, a partir do momento em que este foi celebrado.

Art. 470. O contrato será eficaz somente entre os contratantes originários:

I – se não houver indicação de pessoa, ou se o nomeado se recusar a aceitá-la;

II – se a pessoa nomeada era insolvente, e a outra pessoa o desconhecia no momento da indicação.

Art. 471. Se a pessoa a nomear era incapaz ou insolvente no momento da nomeação, o contrato produzirá seus efeitos entre os contratantes originários.

▸ Arts. 3º a 5º deste Código.

CAPÍTULO II

DA EXTINÇÃO DO CONTRATO

Seção I

DO DISTRATO

Art. 472. O distrato faz-se pela mesma forma exigida para o contrato.

Art. 473. A resilição unilateral, nos casos em que a lei expressa ou implicitamente o permita, opera mediante denúncia notificada à outra parte.

Parágrafo único. Se, porém, dada a natureza do contrato, uma das partes houver feito investimentos consideráveis para a sua execução, a denúncia unilateral só produzirá efeito depois de transcorrido prazo compatível com a natureza e o vulto dos investimentos.

Seção II

DA CLÁUSULA RESOLUTIVA

Art. 474. A cláusula resolutiva expressa opera de pleno direito; a tácita depende de interpelação judicial.

▸ Arts. 726 e 727 do CPC/2015.
▸ En. nº 436 das Jornadas de Direito Civil.

Art. 475. A parte lesada pelo inadimplemento pode pedir a resolução do contrato, se não preferir exigir-lhe o cumprimento, cabendo, em qualquer dos casos, indenização por perdas e danos.

▸ Arts. 402 a 405 deste Código.
▸ Enunciados nºs 31, 361, 437 e 548 das Jornadas de Direito Civil.

Seção III

DA EXCEÇÃO DE CONTRATO NÃO CUMPRIDO

Art. 476. Nos contratos bilaterais, nenhum dos contratantes, antes de cumprida a sua obrigação, pode exigir o implemento da do outro.

▸ Art. 788, parágrafo único, deste Código.
▸ Art. 787 do CPC/2015.

Art. 477. Se, depois de concluído o contrato, sobrevier a uma das partes contratantes diminuição em seu patrimônio capaz de comprometer ou tornar duvidosa a prestação pela qual se obrigou, pode a outra recusar-se à prestação que lhe incumbe, até que aquela satisfaça a que lhe compete ou dê garantia bastante de satisfazê-la.

▸ Arts. 333, 491, 495, 590 e 810 deste Código.
▸ En. nº 438 das Jornadas de Direito Civil.

Seção IV

DA RESOLUÇÃO POR ONEROSIDADE EXCESSIVA

▸ En. nº 35 da Jornada de Direito Comercial.

Art. 478. Nos contratos de execução continuada ou diferida, se a prestação de uma das partes se tornar excessivamente onerosa, com extrema vantagem para a outra, em virtude de acontecimentos extraordinários e imprevisíveis, poderá o devedor pedir a resolução do contrato. Os efeitos da sentença que a decretar retroagirão à data da citação.

▸ Arts. 317 e 625, II, deste Código.
▸ Enunciados nºs 175, 176, 365, 366, 439 e 440 das Jornadas de Direito Civil.

Art. 479. A resolução poderá ser evitada, oferecendo-se o réu a modificar equitativamente as condições do contrato.

▸ En. nº 367 das Jornadas de Direito Civil.

Art. 480. Se no contrato as obrigações couberem a apenas uma das partes, poderá ela pleitear que a sua prestação seja reduzida, ou alterado o modo de executá-la, a fim de evitar a onerosidade excessiva.

TÍTULO VI – DAS VÁRIAS ESPÉCIES DE CONTRATO

▸ Lei nº 13.966, de 26-12-2019, dispõe sobre o sistema de franquia empresarial.

CAPÍTULO I

DA COMPRA E VENDA

▸ Arts. 1.417 e 1.418 deste Código.
▸ Arts. 11 a 22 do Dec.-lei nº 58, de 10-12-1937, dispõe sobre o loteamento e a venda de terrenos para pagamento em prestações.

Seção I

DISPOSIÇÕES GERAIS

Art. 481. Pelo contrato de compra e venda, um dos contratantes se obriga a transferir o domínio de certa coisa, e o outro, a pagar-lhe certo preço em dinheiro.

▸ Arts. 81, 242 a 244, 256 e 257 do ECA.
▸ Art. 129, item 5º, da Lei nº 6.015, de 31-12-1973 (Lei dos Registros Públicos).
▸ Art. 25 e segs. da Lei nº 6.766, de 19-12-1979 (Lei do Parcelamento do Solo).
▸ Súmulas nºs 412, 413 e 489 do STF.

Art. 482. A compra e venda, quando pura, considerar-se-á obrigatória e perfeita, desde que as partes acordarem no objeto e no preço.

Art. 483. A compra e venda pode ter por objeto coisa atual ou futura. Neste caso, ficará sem efeito o contrato se esta não vier a existir, salvo se a intenção das partes era de concluir contrato aleatório.

▸ Arts. 458 a 461 deste Código.

Art. 484. Se a venda se realizar à vista de amostras, protótipos ou modelos, entender-se-á que o vendedor assegura ter a coisa as qualidades que a elas correspondem.

Parágrafo único. Prevalece a amostra, o protótipo ou o modelo, se houver contradição ou diferença com a maneira pela qual se descreveu a coisa no contrato.

▸ Art. 441 deste Código.

Art. 485. A fixação do preço pode ser deixada ao arbítrio de terceiro, que os contratantes logo designarem ou prometerem designar. Se o terceiro não aceitar a incumbência, ficará sem efeito o contrato, salvo quando acordarem os contratantes designar outra pessoa.

▸ Art. 315 deste Código.

Art. 486. Também se poderá deixar a fixação do preço à taxa de mercado ou de bolsa, em certo e determinado dia e lugar.

Art. 487. É lícito às partes fixar o preço em função de índices ou parâmetros, desde que suscetíveis de objetiva determinação.

Art. 488. Convencionada a venda sem fixação de preço ou de critérios para a sua determinação, se não houver tabelamento oficial, entende-se que as partes se sujeitaram ao preço corrente nas vendas habituais do vendedor.

Parágrafo único. Na falta de acordo, por ter havido diversidade de preço, prevalecerá o termo médio.

▸ En. nº 441 das Jornadas de Direito Civil.

Art. 489. Nulo é o contrato de compra e venda, quando se deixa ao arbítrio exclusivo de uma das partes a fixação do preço.

▸ Art. 166 deste Código.

Art. 490. Salvo cláusula em contrário, ficarão as despesas de escritura e registro a cargo do comprador, e a cargo do vendedor as da tradição.

▸ Arts. 533, I, 1.267 e 1.268 deste Código.

Art. 491. Não sendo a venda a crédito, o vendedor não é obrigado a entregar a coisa antes de receber o preço.

▸ Arts. 476 e 477 deste Código.

Art. 492. Até o momento da tradição, os riscos da coisa correm por conta do vendedor, e os do preço por conta do comprador.

▸ Arts. 234, 246, 444, 502, 524, 1.267 e 1.268 deste Código.

§ 1º Todavia, os casos fortuitos, ocorrentes no ato de contar, marcar ou assinalar coisas, que comumente se recebem, contando, pesando, medindo ou assinalando, e que já tiverem sido postas à disposição do comprador, correrão por conta deste.

▸ Art. 393 deste Código.

§ 2º Correrão também por conta do comprador os riscos das referidas coisas, se estiver em mora de as receber, quando postas à sua disposição no tempo, lugar e pelo modo ajustados.

▸ Art. 400 deste Código.

Art. 493. A tradição da coisa vendida, na falta de estipulação expressa, dar-se-á no lugar onde ela se encontrava, ao tempo da venda.

▸ Arts. 1.267 e 1.268 deste Código.

Art. 494. Se a coisa for expedida para lugar diverso, por ordem do comprador, por sua conta correrão os riscos, uma vez entregue a quem haja de transportá-la, salvo se das instruções dele se afastar o vendedor.

Art. 495. Não obstante o prazo ajustado para o pagamento, se antes da tradição o comprador cair em insolvência, poderá o vendedor sobrestar na entrega da coisa, até que o comprador lhe dê caução de pagar no tempo ajustado.

- Arts. 477, 1.267 e 1.268 deste Código.

Art. 496. É anulável a venda de ascendente a descendente, salvo se os outros descendentes e o cônjuge do alienante expressamente houverem consentido.

- Arts. 171 e 533, II, deste Código.
- Súm. nº 494 do STF.
- Enunciados nºs 177, 368 e 545 das Jornadas de Direito Civil.

Parágrafo único. Em ambos os casos, dispensa-se o consentimento do cônjuge se o regime de bens for o da separação obrigatória.

Art. 497. Sob pena de nulidade, não podem ser comprados, ainda que em hasta pública:

I – pelos tutores, curadores, testamenteiros e administradores, os bens confiados à sua guarda ou administração;

- Arts. 1.741, 1.749, I, 1.753, 1.754, 1.774 e 1.978 deste Código.

II – pelos servidores públicos, em geral, os bens ou direitos da pessoa jurídica a que servirem, ou que estejam sob sua administração direta ou indireta;

III – pelos juízes, secretários de tribunais, arbitradores, peritos e outros serventuários ou auxiliares da justiça, os bens ou direitos sobre que se litigar em tribunal, juízo ou conselho, no lugar onde servirem, ou a que se estender a sua autoridade;

- Art. 498 deste Código.

IV – pelos leiloeiros e seus prepostos, os bens de cuja venda estejam encarregados.

- Art. 166 deste Código.

Parágrafo único. As proibições deste artigo estendem-se à cessão de crédito.

- Arts. 286 a 298 deste Código.

Art. 498. A proibição contida no inciso III do artigo antecedente, não compreende os casos de compra e venda ou cessão entre coerdeiros, ou em pagamento de dívida, ou para garantia de bens já pertencentes a pessoas designadas no referido inciso.

- Arts. 286 a 298 e 1.749, III, deste Código.

Art. 499. É lícita a compra e venda entre cônjuges, com relação a bens excluídos da comunhão.

- Arts. 1.659 e 1.668 deste Código.

Art. 500. Se, na venda de um imóvel, se estipular o preço por medida de extensão, ou se determinar a respectiva área, e esta não corresponder, em qualquer dos casos, às dimensões dadas, o comprador terá o direito de exigir o complemento da área, e, não sendo isso possível, o de reclamar a resolução do contrato ou abatimento proporcional ao preço.

- Art. 441 deste Código.

§ 1º Presume-se que a referência às dimensões foi simplesmente enunciativa, quando a diferença encontrada não exceder de um vigésimo da área total enunciada, ressalvado ao comprador o direito de provar que, em tais circunstâncias, não teria realizado o negócio.

§ 2º Se em vez de falta houver excesso, e o vendedor provar que tinha motivos para ignorar a medida exata da área vendida, caberá ao comprador, à sua escolha, completar o valor correspondente ao preço ou devolver o excesso.

§ 3º Não haverá complemento de área, nem devolução de excesso, se o imóvel for vendido como coisa certa e discriminada, tendo sido apenas enunciativa a referência às suas dimensões, ainda que não conste, de modo expresso, ter sido a venda *ad corpus*.

Art. 501. Decai do direito de propor as ações previstas no artigo antecedente o vendedor ou o comprador que não o fizer no prazo de um ano, a contar do registro do título.

Parágrafo único. Se houver atraso na imissão de posse no imóvel, atribuível ao alienante, a partir dela fluirá o prazo de decadência.

- Arts. 207 a 211 deste Código.

Art. 502. O vendedor, salvo convenção em contrário, responde por todos os débitos que gravem a coisa até o momento da tradição.

- Arts. 492, 1.267 e 1.268 deste Código.

Art. 503. Nas coisas vendidas conjuntamente, o defeito oculto de uma não autoriza a rejeição de todas.

- Art. 441 deste Código.

Art. 504. Não pode um condômino em coisa indivisível vender a sua parte a estranhos, se outro consorte a quiser, tanto por tanto. O condômino, a quem não se der conhecimento da venda, poderá, depositando o preço, haver para si a parte vendida a estranhos, se o requerer no prazo de cento e oitenta dias, sob pena de decadência.

- Arts. 87, 88, 207 a 211, 1.314 e 1.322 deste Código.

Parágrafo único. Sendo muitos os condôminos, preferirá o que tiver benfeitorias de maior valor e, na falta de benfeitorias, o de quinhão maior. Se as partes forem iguais, haverão a parte vendida os comproprietários, que a quiserem, depositando previamente o preço.

Seção II
DAS CLÁUSULAS ESPECIAIS À COMPRA E VENDA

Subseção I
DA RETROVENDA

Art. 505. O vendedor de coisa imóvel pode reservar-se o direito de recobrá-la no prazo máximo de decadência de três anos, restituindo o preço recebido e reembolsando as despesas do comprador, inclusive as que, durante o período de resgate, se efetuaram com a sua autorização escrita, ou para a realização de benfeitorias necessárias.

- Arts. 207 a 211 deste Código.

Art. 506. Se o comprador se recusar a receber as quantias a que faz jus, o vendedor, para exercer o direito de resgate, as depositará judicialmente.

- Art. 335, I, deste Código.

Parágrafo único. Verificada a insuficiência do depósito judicial, não será o vendedor restituído no domínio da coisa, até e enquanto não for integralmente pago o comprador.

Art. 507. O direito de retrato, que é cessível e transmissível a herdeiros e legatários, poderá ser exercido contra o terceiro adquirente.

Art. 508. Se a duas ou mais pessoas couber o direito de retrato sobre o mesmo imóvel, e só uma o exercer, poderá o comprador intimar as outras para nele acordarem, prevalecendo o pacto em favor de quem haja efetuado o depósito, contanto que seja integral.

- Art. 335 deste Código.

Subseção II
DA VENDA A CONTENTO E DA SUJEITA A PROVA

Art. 509. A venda feita a contento do comprador entende-se realizada sob condição suspensiva, ainda que a coisa lhe tenha sido entregue; e não se reputará perfeita, enquanto o adquirente não manifestar seu agrado.

- Arts. 125 e 234 deste Código.

Art. 510. Também a venda sujeita a prova presume-se feita sob a condição suspensiva de que a coisa tenha as qualidades asseguradas pelo vendedor e seja idônea para o fim a que se destina.

Art. 511. Em ambos os casos, as obrigações do comprador, que recebeu, sob condição suspensiva, a coisa comprada, são as de mero comodatário, enquanto não manifeste aceitá-la.

- Arts. 579 a 585 deste Código.

Art. 512. Não havendo prazo estipulado para a declaração do comprador, o vendedor terá direito de intimá-lo, judicial ou extrajudicialmente, para que o faça em prazo improrrogável.

Subseção III
DA PREEMPÇÃO OU PREFERÊNCIA

- Arts. 27 a 34 da Lei nº 8.245, de 18-10-1991 (Lei das Locações).

Art. 513. A preempção, ou preferência, impõe ao comprador a obrigação de oferecer ao vendedor a coisa que aquele vai vender, ou dar em pagamento, para que este use de seu direito de prelação na compra, tanto por tanto.

Parágrafo único. O prazo para exercer o direito de preferência não poderá exceder a cento e oitenta dias, se a coisa for móvel, ou a dois anos, se imóvel.

- Arts. 207 a 211 deste Código.

Art. 514. O vendedor pode também exercer o seu direito de prelação, intimando o comprador, quando lhe constar que este vai vender a coisa.

- Art. 1.373 deste Código.

Art. 515. Aquele que exerce a preferência está, sob pena de a perder, obrigado a pagar, em condições iguais, o preço encontrado, ou o ajustado.

Art. 516. Inexistindo prazo estipulado, o direito de preempção caducará, se a coisa for móvel, não se exercendo nos três dias, e, se for imóvel, não se exercendo nos sessenta dias subsequentes à data em que o comprador tiver notificado o vendedor.

- Arts. 207 a 211 deste Código.

Art. 517. Quando o direito de preempção for estipulado a favor de dois ou mais indivíduos em comum, só pode ser exercido em relação à coisa no seu todo. Se alguma das pessoas, a quem ele toque, perder ou não exercer o seu direito, poderão as demais utilizá-lo na forma sobredita.

Art. 518. Responderá por perdas e danos o comprador, se alienar a coisa sem ter dado ao vendedor ciência do preço e das vantagens que por ela lhe oferecem. Responderá solidariamente o adquirente, se tiver procedido de má-fé.

▶ Arts. 275 a 285 e 402 a 405 deste Código.

Art. 519. Se a coisa expropriada para fins de necessidade ou utilidade pública, ou por interesse social, não tiver o destino para que se desapropriou, ou não for utilizada em obras ou serviços públicos, caberá ao expropriado direito de preferência, pelo preço atual da coisa.

Art. 520. O direito de preferência não se pode ceder nem passa aos herdeiros.

SUBSEÇÃO IV

DA VENDA COM RESERVA DE DOMÍNIO

▶ Dec.-lei nº 1.027, de 2-1-1939, dispõe sobre o registro de contratos de compra e venda com reserva de domínio.

Art. 521. Na venda de coisa móvel, pode o vendedor reservar para si a propriedade, até que o preço esteja integralmente pago.

Art. 522. A cláusula de reserva de domínio será estipulada por escrito e depende de registro no domicílio do comprador para valer contra terceiros.

▶ Art. 129, item 5º, da Lei nº 6.015, de 31-12-1973 (Lei dos Registros Públicos).

Art. 523. Não pode ser objeto de venda com reserva de domínio a coisa insuscetível de caracterização perfeita, para estremá-la de outras congêneres. Na dúvida, decide-se a favor do terceiro adquirente de boa-fé.

Art. 524. A transferência de propriedade ao comprador dá-se no momento em que o preço esteja integralmente pago. Todavia, pelos riscos da coisa responde o comprador, a partir de quando lhe foi entregue.

▶ Arts. 492, 1.267 e 1.268 deste Código.

Art. 525. O vendedor somente poderá executar a cláusula de reserva de domínio após constituir o comprador em mora, mediante protesto do título ou interpelação judicial.

▶ Arts. 394 a 401 deste Código.

Art. 526. Verificada a mora do comprador, poderá o vendedor mover contra ele a competente ação de cobrança das prestações vencidas e vincendas e o mais que lhe for devido; ou poderá recuperar a posse da coisa vendida.

Art. 527. Na segunda hipótese do artigo antecedente, é facultado ao vendedor reter as prestações pagas até o necessário para cobrir a depreciação da coisa, as despesas feitas e o mais que de direito lhe for devido. O excedente será devolvido ao comprador; e o que faltar lhe será cobrado, tudo na forma da lei processual.

Art. 528. Se o vendedor receber o pagamento à vista, ou, posteriormente, mediante financiamento de instituição do mercado de capitais, a esta caberá exercer os direitos e ações decorrentes do contrato, a benefício de qualquer outro. A operação financeira e a respectiva ciência do comprador constarão do registro do contrato.

▶ Art. 129, item 5º, da Lei nº 6.015, de 31-12-1973 (Lei dos Registros Públicos).

▶ En. nº 178 das Jornadas de Direito Civil.

SUBSEÇÃO V

DA VENDA SOBRE DOCUMENTOS

Art. 529. Na venda sobre documentos, a tradição da coisa é substituída pela entrega do seu título representativo e dos outros documentos exigidos pelo contrato ou, no silêncio deste, pelos usos.

▶ Arts. 1.267 e 1.268 deste Código.

Parágrafo único. Achando-se a documentação em ordem, não pode o comprador recusar o pagamento, a pretexto de defeito de qualidade ou do estado da coisa vendida, salvo se o defeito já houver sido comprovado.

Art. 530. Não havendo estipulação em contrário, o pagamento deve ser efetuado na data e no lugar da entrega dos documentos.

Art. 531. Se entre os documentos entregues ao comprador figurar apólice de seguro que cubra os riscos do transporte, correm estes à conta do comprador, salvo se, ao ser concluído o contrato, tivesse o vendedor ciência da perda ou avaria da coisa.

Art. 532. Estipulado o pagamento por intermédio de estabelecimento bancário, caberá a este efetuá-lo contra a entrega dos documentos, sem obrigação de verificar a coisa vendida, pela qual não responde.

Parágrafo único. Nesse caso, somente após a recusa do estabelecimento bancário a efetuar o pagamento, poderá o vendedor pretendê-lo, diretamente do comprador.

CAPÍTULO II

DA TROCA OU PERMUTA

Art. 533. Aplicam-se à troca as disposições referentes à compra e venda, com as seguintes modificações:

▶ Arts. 481 a 532 deste Código.

I – salvo disposição em contrário, cada um dos contratantes pagará por metade as despesas com o instrumento da troca;

▶ Art. 490 deste Código.

II – é anulável a troca de valores desiguais entre ascendentes e descendentes, sem consentimento dos outros descendentes e do cônjuge do alienante.

▶ Arts. 171 e 496 deste Código.

CAPÍTULO III

DO CONTRATO ESTIMATÓRIO

Art. 534. Pelo contrato estimatório, o consignante entrega bens móveis ao consignatário, que fica autorizado a vendê-los, pagando àquele o preço ajustado, salvo se preferir, no prazo estabelecido, restituir-lhe a coisa consignada.

▶ En. nº 32 das Jornadas de Direito Civil.

Art. 535. O consignatário não se exonera da obrigação de pagar o preço, se a restituição da coisa, em sua integridade, se tornar impossível, ainda que por fato a ele não imputável.

▶ Art. 393, parágrafo único, deste Código.

Art. 536. A coisa consignada não pode ser objeto de penhora ou sequestro pelos credores do consignatário, enquanto não pago integralmente o preço.

Art. 537. O consignante não pode dispor da coisa antes de lhe ser restituída ou de lhe ser comunicada a restituição.

CAPÍTULO IV

DA DOAÇÃO

SEÇÃO I

DISPOSIÇÕES GERAIS

▶ Arts. 114, 879 e 1.647, IV, deste Código.

Art. 538. Considera-se doação o contrato em que uma pessoa, por liberalidade, transfere do seu patrimônio bens ou vantagens para o de outra.

▶ En. nº 549 das Jornadas de Direito Civil.

Art. 539. O doador pode fixar prazo ao donatário, para declarar se aceita ou não a liberalidade. Desde que o donatário, ciente do prazo, não faça, dentro dele, a declaração, entender-se-á que aceitou, se a doação não for sujeita a encargo.

Art. 540. A doação feita em contemplação do merecimento do donatário não perde o caráter de liberalidade, como não o perde a doação remuneratória, ou a gravada, no excedente ao valor dos serviços remunerados ou ao encargo imposto.

▶ Arts. 136, 441, 553 e 564, I, deste Código.

Art. 541. A doação far-se-á por escritura pública ou instrumento particular.

Parágrafo único. A doação verbal será válida, se, versando sobre bens móveis e de pequeno valor, se lhe seguir incontinenti a tradição.

▶ Arts. 1.267 e 1.268 deste Código.

Art. 542. A doação feita ao nascituro valerá, sendo aceita pelo seu representante legal.

▶ Arts. 2º e 1.779 deste Código.

Art. 543. Se o donatário for absolutamente incapaz, dispensa-se a aceitação, desde que se trate de doação pura.

▶ Arts. 3º e 1.748, II, deste Código.

Art. 544. A doação de ascendentes a descendentes, ou de um cônjuge a outro, importa adiantamento do que lhes cabe por herança.

▶ Arts. 1.847, 2.002 a 2.012 deste Código.

Art. 545. A doação em forma de subvenção periódica ao beneficiado extingue-se morrendo o doador, salvo se este outra coisa dispuser, mas não poderá ultrapassar a vida do donatário.

Art. 546. A doação feita em contemplação de casamento futuro com certa e determinada pessoa, quer pelos nubentes entre si, quer por terceiro a um deles, a ambos, ou aos filhos que, de futuro, houverem um do outro, não pode ser impugnada por falta de aceitação, e só ficará sem efeito se o casamento não se realizar.

▶ Art. 1.639 deste Código.

Art. 547. O doador pode estipular que os bens doados voltem ao seu patrimônio, se sobreviver ao donatário.

▶ Art. 1.359 deste Código.

Parágrafo único. Não prevalece cláusula de reversão em favor de terceiro.

Art. 548. É nula a doação de todos os bens sem reserva de parte, ou renda suficiente para a subsistência do doador.

▶ Art. 166, VII, deste Código.

Art. 549. Nula é também a doação quanto à parte que exceder à de que o doador, no momento da liberalidade, poderia dispor em testamento.

▶ Arts. 166, VII, 1.789, 1.846 e 1.847 deste Código.

Art. 550. A doação do cônjuge adúltero ao seu cúmplice pode ser anulada pelo outro cônjuge, ou por seus herdeiros necessários, até dois anos depois de dissolvida a sociedade conjugal.

▶ Arts. 207 a 211 e 1.642, V, deste Código.

Art. 551. Salvo declaração em contrário, a doação em comum a mais de uma pessoa entende-se distribuída entre elas por igual.

Parágrafo único. Se os donatários, em tal caso, forem marido e mulher, subsistirá na totalidade a doação para o cônjuge sobrevivo.

Art. 552. O doador não é obrigado a pagar juros moratórios, nem é sujeito às consequências da evicção ou do vício redibitório. Nas doações para casamento com certa e determinada pessoa, o doador ficará sujeito à evicção, salvo convenção em contrário.

- Arts. 407 e 441 a 457 deste Código.

Art. 553. O donatário é obrigado a cumprir os encargos da doação, caso forem a benefício do doador, de terceiro, ou do interesse geral.

- Arts. 136, 436, 441, 540 e 1.938 deste Código.

Parágrafo único. Se desta última espécie for o encargo, o Ministério Público poderá exigir sua execução, depois da morte do doador, se este não tiver feito.

Art. 554. A doação a entidade futura caducará se, em dois anos, esta não estiver constituída regularmente.

- Arts. 207 a 211 deste Código.

Seção II

DA REVOGAÇÃO DA DOAÇÃO

Art. 555. A doação pode ser revogada por ingratidão do donatário, ou por inexecução do encargo.

Art. 556. Não se pode renunciar antecipadamente o direito de revogar a liberalidade por ingratidão do donatário.

Art. 557. Podem ser revogadas por ingratidão as doações:

- Art. 564 deste Código.
- En. nº 33 das Jornadas de Direito Civil.

I – se o donatário atentou contra a vida do doador ou cometeu crime de homicídio doloso contra ele;

- Art. 561 deste Código.

II – se cometeu contra ele ofensa física;

III – se o injuriou gravemente ou o caluniou;

IV – se, podendo ministrá-los, recusou ao doador os alimentos de que este necessitava.

- Arts. 1.694 a 1.710 deste Código.
- Súm. nº 358 do STJ.

Art. 558. Pode ocorrer também a revogação quando o ofendido, nos casos do artigo anterior, for o cônjuge, ascendente, descendente, ainda que adotivo, ou irmão do doador.

Art. 559. A revogação por qualquer desses motivos deverá ser pleiteada dentro de um ano, a contar de quando chegue ao conhecimento do doador o fato que a autorizar, e de ter sido o donatário o seu autor.

- Arts. 207 a 211 deste Código.

Art. 560. O direito de revogar a doação não se transmite aos herdeiros do doador, nem prejudica os do donatário. Mas aqueles podem prosseguir na ação iniciada pelo doador, continuando-a contra os herdeiros do donatário, se este falecer depois de ajuizada a lide.

Art. 561. No caso de homicídio doloso do doador, a ação caberá aos seus herdeiros, exceto se aquele houver perdoado.

- Art. 557, I, deste Código.

Art. 562. A doação onerosa pode ser revogada por inexecução do encargo, se o donatário incorrer em mora. Não havendo prazo para o cumprimento, o doador poderá notificar judicialmente o donatário, assinando-lhe prazo razoável para que cumpra a obrigação assumida.

- Art. 397 deste Código.

Art. 563. A revogação por ingratidão não prejudica os direitos adquiridos por terceiros, nem obriga o donatário a restituir os frutos percebidos antes da citação válida; mas sujeita-o a pagar os posteriores, e, quando não possa restituir em espécie as coisas doadas, a indenizá-la pelo meio-termo do seu valor.

- Art. 1.360 deste Código.

Art. 564. Não se revogam por ingratidão:

- Art. 557 deste Código.

I – as doações puramente remuneratórias;

- Art. 540 deste Código.

II – as oneradas com encargo já cumprido;

III – as que se fizerem em cumprimento de obrigação natural;

- Arts. 814 e 882 deste Código.

IV – as feitas para determinado casamento.

CAPÍTULO V

DA LOCAÇÃO DE COISAS

- Lei nº 8.245, de 18-10-1991 (Lei das Locações).

Art. 565. Na locação de coisas, uma das partes se obriga a ceder à outra, por tempo determinado ou não, o uso e gozo de coisa não fungível, mediante certa retribuição.

Art. 566. O locador é obrigado:

I – a entregar ao locatário a coisa alugada, com suas pertenças, em estado de servir ao uso a que se destina, e a mantê-la nesse estado, pelo tempo do contrato, salvo cláusula expressa em contrário;

II – a garantir-lhe, durante o tempo do contrato, o uso pacífico da coisa.

- Art. 568 deste Código.
- Art. 22 da Lei nº 8.245, de 18-10-1991 (Lei das Locações).

Art. 567. Se, durante a locação, se deteriorar a coisa alugada, sem culpa do locatário, a este caberá pedir redução proporcional do aluguel, ou resolver o contrato, caso já não sirva a coisa para o fim a que se destinava.

- Art. 441 deste Código.

Art. 568. O locador resguardará o locatário dos embaraços e turbações de terceiros, que tenham ou pretendam ter direitos sobre a coisa alugada, e responderá pelos seus vícios, ou defeitos, anteriores à locação.

- Arts. 441 e 566, II, deste Código.

Art. 569. O locatário é obrigado:

I – a servir-se da coisa alugada para os usos convencionados ou presumidos, conforme a natureza dela e as circunstâncias, bem como tratá-la com o mesmo cuidado como se sua fosse;

II – a pagar pontualmente o aluguel nos prazos ajustados, e, em falta de ajuste, segundo o costume do lugar;

III – a levar ao conhecimento do locador as turbações de terceiros, que se pretendam fundadas em direito;

IV – a restituir a coisa, finda a locação, no estado em que a recebeu, salvas as deteriorações naturais ao uso regular.

- Art. 23 da Lei nº 8.245, de 18-10-1991 (Lei das Locações).

Art. 570. Se o locatário empregar a coisa em uso diverso do ajustado, ou do a que se destina, ou se ela se danificar por abuso do locatário, poderá o locador, além de rescindir o contrato, exigir perdas e danos.

- Arts. 402 a 405 deste Código.
- Art. 9º, II, da Lei nº 8.245, de 18-10-1991 (Lei das Locações).

Art. 571. Havendo prazo estipulado à duração do contrato, antes do vencimento não poderá o locador reaver a coisa alugada, senão ressarcindo ao locatário as perdas e danos resultantes, nem o locatário devolvê-la ao locador, senão pagando, proporcionalmente, a multa prevista no contrato.

- Arts. 402 a 405 deste Código.
- Art. 4º da Lei nº 8.245, de 18-10-1991 (Lei das Locações).

Parágrafo único. O locatário gozará do direito de retenção, enquanto não for ressarcido.

Art. 572. Se a obrigação de pagar o aluguel pelo tempo que faltar constituir indenização excessiva, será facultado ao juiz fixá-la em bases razoáveis.

Art. 573. A locação por tempo determinado cessa de pleno direito findo o prazo estipulado, independentemente de notificação ou aviso.

Art. 574. Se, findo o prazo, o locatário continuar na posse da coisa alugada, sem oposição do locador, presumir-se-á prorrogada a locação pelo mesmo aluguel, mas sem prazo determinado.

- Art. 56 da Lei nº 8.245, de 18-10-1991 (Lei das Locações).

Art. 575. Se, notificado o locatário, não restituir a coisa, pagará, enquanto a tiver em seu poder, o aluguel que o locador arbitrar, e responderá pelo dano que ela venha a sofrer, embora proveniente de caso fortuito.

- Art. 393, parágrafo único, deste Código.
- En. nº 180 das Jornadas de Direito Civil.

Parágrafo único. Se o aluguel arbitrado for manifestamente excessivo, poderá o juiz reduzi-lo, mas tendo sempre em conta o seu caráter de penalidade.

Art. 576. Se a coisa for alienada durante a locação, o adquirente não ficará obrigado a respeitar o contrato, se nele não for consignada a cláusula da sua vigência no caso de alienação, e não constar de registro.

§ 1º O registro a que se refere este artigo será o de Títulos e Documentos do domicílio do locador, quando a coisa for móvel; e será o Registro de Imóveis da respectiva circunscrição, quando imóvel.

- Arts. 129, item 1º, e 167, I, item 3, da Lei nº 6.015, de 31-12-1973 (Lei dos Registros Públicos).
- Arts. 27 e 30 da Lei nº 8.245, de 18-10-1991 (Lei das Locações).
- Súm. nº 442 do STF.

§ 2º Em se tratando de imóvel, e ainda no caso em que o locador não esteja obrigado a respeitar o contrato, não poderá ele despedir o locatário, senão observado o prazo de noventa dias após a notificação.

Art. 577. Morrendo o locador ou o locatário, transfere-se aos seus herdeiros a locação por tempo determinado.

- Arts. 10 e 11 da Lei nº 8.245, de 18-10-1991 (Lei das Locações).

Art. 578. Salvo disposição em contrário, o locatário goza do direito de retenção, no caso de benfeitorias necessárias, ou no de benfeitorias úteis, se estas houverem sido feitas com expresso consentimento do locador.

CAPÍTULO VI
DO EMPRÉSTIMO

Seção I
DO COMODATO

▶ Arts. 373, II, e 511 deste Código.

Art. 579. O comodato é o empréstimo gratuito de coisas não fungíveis. Perfaz-se com a tradição do objeto.

▶ Art. 85 deste Código.

Art. 580. Os tutores, curadores e em geral todos os administradores de bens alheios não poderão dar em comodato, sem autorização especial, os bens confiados à sua guarda.

▶ Arts. 1.749, II, 1.753, 1.754 e 1.774 deste Código.

Art. 581. Se o comodato não tiver prazo convencional, presumir-se-lhe-á o necessário para o uso concedido; não podendo o comodante, salvo necessidade imprevista e urgente, reconhecida pelo juiz, suspender o uso e gozo da coisa emprestada, antes de findo o prazo convencional, ou o que se determine pelo uso outorgado.

Art. 582. O comodatário é obrigado a conservar, como se sua própria fora, a coisa emprestada, não podendo usá-la senão de acordo com o contrato ou a natureza dela, sob pena de responder por perdas e danos. O comodatário constituído em mora, além de por ela responder, pagará, até restituí-la, o aluguel da coisa que for arbitrado pelo comodante.

▶ Arts. 397, 399 e 402 a 405 deste Código.
▶ En. nº 180 das Jornadas de Direito Civil.

Art. 583. Se, correndo risco o objeto do comodato juntamente com outros do comodatário, antepuser este a salvação dos seus abandonando o do comodante, responderá pelo dano ocorrido, ainda que se possa atribuir a caso fortuito, ou força maior.

▶ Arts. 238 a 240 e 393, parágrafo único, deste Código.

Art. 584. O comodatário não poderá jamais recobrar do comodante as despesas feitas com o uso e gozo da coisa emprestada.

Art. 585. Se duas ou mais pessoas forem simultaneamente comodatárias de uma coisa, ficarão solidariamente responsáveis para com o comodante.

▶ Arts. 275 a 285 deste Código.

Seção II
DO MÚTUO

▶ Dec. nº 22.626, de 7-4-1933 (Lei da Usura).
▶ Súm. nº 26 do STJ.

Art. 586. O mútuo é o empréstimo de coisas fungíveis. O mutuário é obrigado a restituir ao mutuante o que dele recebeu em coisa do mesmo gênero, qualidade e quantidade.

▶ Arts. 85 e 645 deste Código.

Art. 587. Este empréstimo transfere o domínio da coisa emprestada ao mutuário, por cuja conta correm todos os riscos dela desde a tradição.

▶ Arts. 1.267 e 1.268 deste Código.

Art. 588. O mútuo feito a pessoa menor, sem prévia autorização daquele sob cuja guarda estiver, não pode ser reavido nem do mutuário, nem de seus fiadores.

▶ Arts. 180, 824, parágrafo único, e 837 deste Código.

Art. 589. Cessa a disposição do artigo antecedente:

I – se a pessoa, de cuja autorização necessitava o mutuário para contrair o empréstimo, o ratificar posteriormente;

▶ Arts. 172 a 177 deste Código.

II – se o menor, estando ausente essa pessoa, se viu obrigado a contrair o empréstimo para os seus alimentos habituais;

III – se o menor tiver bens ganhos com o seu trabalho. Mas, em tal caso, a execução do credor não lhes poderá ultrapassar as forças;

IV – se o empréstimo reverteu em benefício do menor;

V – se o menor obteve o empréstimo maliciosamente.

▶ Art. 180 deste Código.

Art. 590. O mutuante pode exigir garantia da restituição, se antes do vencimento o mutuário sofrer notória mudança em sua situação econômica.

▶ Arts. 333 e 447 deste Código.

***Art. 591.** Destinando-se o mútuo a fins econômicos, presumem-se devidos juros.*

▶ *Caput* com a redação dada pela Lei nº 14.905, de 28-6-2024.
▶ MP nº 2.172-32, de 23-8-2001, que até o encerramento desta edição não havia sido convertida em lei, estabelece a nulidade das disposições contratuais que menciona e inverte, nas hipóteses que prevê, o ônus da prova nas ações intentadas para sua declaração.
▶ Súm. Vinc. nº 7 do STF.
▶ Súm. nº 596 do STF.
▶ Súmulas nºs 530, 539, 541 do STJ.
▶ En. nº 34 das Jornadas de Direito Civil.

***Parágrafo único.** Se a taxa de juros não for pactuada, aplica-se a taxa legal prevista no art. 406 deste Código.*

▶ Parágrafo único acrescido pela Lei nº 14.905, de 28-6-2024.

Art. 592. Não se tendo convencionado expressamente, o prazo do mútuo será:

I – até a próxima colheita, se o mútuo for de produtos agrícolas, assim para o consumo, como para semeadura;

II – de trinta dias, pelo menos, se for de dinheiro;

III – do espaço de tempo que declarar o mutuante, se for de qualquer outra coisa fungível.

▶ Arts. 331 e 939 deste Código.

CAPÍTULO VII
DA PRESTAÇÃO DE SERVIÇO

Art. 593. A prestação de serviço, que não estiver sujeita às leis trabalhistas ou a lei especial, reger-se-á pelas disposições deste Capítulo.

▶ Art. 722 deste Código.
▶ Arts. 2º e 3º da CLT.

Art. 594. Toda a espécie de serviço ou trabalho lícito, material ou imaterial, pode ser contratada mediante retribuição.

▶ En. nº 541 das Jornadas de Direito Civil.

Art. 595. No contrato de prestação de serviço, quando qualquer das partes não souber ler, nem escrever, o instrumento poderá ser assinado a rogo e subscrito por duas testemunhas.

Art. 596. Não se tendo estipulado, nem chegado a acordo as partes, fixar-se-á por arbitramento a retribuição, segundo o costume do lugar, o tempo de serviço e sua qualidade.

▶ Art. 460 da CLT.

Art. 597. A retribuição pagar-se-á depois de prestado o serviço, se, por convenção, ou costume, nao houver de ser adiantada, ou paga em prestações.

▶ Art. 459 da CLT.

Art. 598. A prestação de serviço não se poderá convencionar por mais de quatro anos, embora o contrato tenha por causa o pagamento de dívida de quem o presta, ou se destine à execução de certa e determinada obra. Neste caso, decorridos quatro anos, dar-se-á por findo o contrato, ainda que não concluída a obra.

▶ Art. 445 da CLT.
▶ En. nº 32 da Jornada de Direito Comercial.

Art. 599. Não havendo prazo estipulado, nem se podendo inferir da natureza do contrato, ou do costume do lugar, qualquer das partes, a seu arbítrio, mediante prévio aviso, pode resolver o contrato.

Parágrafo único. Dar-se-á o aviso:

I – com antecedência de oito dias, se o salário se houver fixado por tempo de um mês, ou mais;

II – com antecipação de quatro dias, se o salário se tiver ajustado por semana, ou quinzena;

III – de véspera, quando se tenha contratado por menos de sete dias.

▶ Arts. 487 a 491 da CLT.

Art. 600. Não se conta no prazo do contrato o tempo em que o prestador de serviço, por culpa sua, deixou de servir.

▶ Art. 453 da CLT.

Art. 601. Não sendo o prestador de serviço contratado para certo e determinado trabalho, entender-se-á que se obrigou a todo e qualquer serviço compatível com as suas forças e condições.

Art. 602. O prestador de serviço contratado por tempo certo, ou por obra determinada, não se pode ausentar, ou despedir, sem justa causa, antes de preenchido o tempo, ou concluída a obra.

▶ Arts. 443, § 1º, e 480 da CLT.

Parágrafo único. Se se despedir sem justa causa, terá direito à retribuição vencida, mas responderá por perdas e danos. O mesmo dar-se-á, se despedido por justa causa.

▶ Arts. 402 a 405 deste Código.

Art. 603. Se o prestador de serviço for despedido sem justa causa, a outra parte será obrigada a pagar-lhe por inteiro a retribuição vencida, e por metade a que lhe tocaria de então ao termo legal do contrato.

▶ Arts. 477 e 478 da CLT.
▶ En. nº 33 da Jornada de Direito Comercial.

Art. 604. Findo o contrato, o prestador de serviço tem direito a exigir da outra parte a declaração de que o contrato está findo. Igual direito lhe cabe, se for despedido sem justa causa, ou se tiver havido motivo justo para deixar o serviço.

Art. 605. Nem aquele a quem os serviços são prestados, poderá transferir a outrem o direito aos serviços ajustados, nem o prestador de serviços, sem aprazimento da outra parte, dar substituto que os preste.

Art. 606. Se o serviço for prestado por quem não possua título de habilitação, ou não satisfaça requisitos outros estabelecidos em lei, não poderá quem os prestou cobrar a retribuição normalmente correspondente ao trabalho executado. Mas se deste resultar benefício para a outra parte, o juiz atribuirá a quem o prestou uma compensação razoável, desde que tenha agido com boa-fé.

Parágrafo único. Não se aplica a segunda parte deste artigo, quando a proibição da prestação de serviço resultar de lei de ordem pública.

Art. 607. O contrato de prestação de serviço acaba com a morte de qualquer das partes. Termina, ainda, pelo escoamento do prazo, pela conclusão da obra, pela rescisão do contrato mediante aviso prévio, por inadimplemento de qualquer das partes ou pela impossibilidade da continuação do contrato, motivada por força maior.

▸ Art. 393, parágrafo único, deste Código.

Art. 608. Aquele que aliciar pessoas obrigadas em contrato escrito a prestar serviço a outrem pagará a este a importância que ao prestador de serviço, pelo ajuste desfeito, houvesse de caber durante dois anos.

Art. 609. A alienação do prédio agrícola, onde a prestação dos serviços se opera, não importa a rescisão do contrato, salvo ao prestador opção entre continuá-lo com o adquirente da propriedade ou com o primitivo contratante.

CAPÍTULO VIII
DA EMPREITADA

▸ Art. 964, IV, deste Código.
▸ En. nº 34 da Jornada de Direito Comercial.

Art. 610. O empreiteiro de uma obra pode contribuir para ela só com seu trabalho ou com ele e os materiais.

▸ Art. 613 deste Código.

§ 1º A obrigação de fornecer os materiais não se presume; resulta da lei ou da vontade das partes.

§ 2º O contrato para elaboração de um projeto não implica a obrigação de executá-lo, ou de fiscalizar-lhe a execução.

Art. 611. Quando o empreiteiro fornece os materiais, correm por sua conta os riscos até o momento da entrega da obra, a contento de quem a encomendou, se este não estiver em mora de receber. Mas se estiver, por sua conta correrão os riscos.

▸ Arts. 234, 394 e 400 deste Código.

Art. 612. Se o empreiteiro só forneceu mão de obra, todos os riscos em que não tiver culpa correrão por conta do dono.

Art. 613. Sendo a empreitada unicamente de lavor (art. 610), se a coisa perecer antes de entregue, sem mora do dono nem culpa do empreiteiro, este perderá a retribuição, se não provar que a perda resultou de defeito dos materiais e que em tempo reclamara contra a sua quantidade ou qualidade.

Art. 614. Se a obra constar de partes distintas, ou for de natureza das que se determinam por medida, o empreiteiro terá direito a que também se verifique por medida, ou segundo as partes em que se dividir, podendo exigir o pagamento na proporção da obra executada.

§ 1º Tudo o que se pagou presume-se verificado.

§ 2º O que se mediu presume-se verificado se, em trinta dias, a contar da medição, não forem denunciados os vícios ou defeitos pelo dono da obra ou por quem estiver incumbido da sua fiscalização.

Art. 615. Concluída a obra de acordo com o ajuste, ou o costume do lugar, o dono é obrigado a recebê-la. Poderá, porém, rejeitá-la, se o empreiteiro se afastou das instruções recebidas e dos planos dados, ou das regras técnicas em trabalhos de tal natureza.

Art. 616. No caso da segunda parte do artigo antecedente, pode quem encomendou a obra, em vez de enjeitá-la, recebê-la com abatimento no preço.

▸ Art. 442 deste Código.

Art. 617. O empreiteiro é obrigado a pagar os materiais que recebeu, se por imperícia ou negligência os inutilizar.

Art. 618. Nos contratos de empreitada de edifícios ou outras construções consideráveis, o empreiteiro de materiais e execução responderá, durante o prazo irredutível de cinco anos, pela solidez e segurança do trabalho, assim em razão dos materiais, como do solo.

Parágrafo único. Decairá do direito assegurado neste artigo o dono da obra que não propuser a ação contra o empreiteiro, nos cento e oitenta dias seguintes ao aparecimento do vício ou defeito.

▸ Arts. 207 a 211, 622 e 937 deste Código.
▸ En. nº 181 das Jornadas de Direito Civil.

Art. 619. Salvo estipulação em contrário, o empreiteiro que se incumbir de executar uma obra, segundo plano aceito por quem a encomendou, não terá direito a exigir acréscimo no preço, ainda que sejam introduzidas modificações no projeto, a não ser que estas resultem de instruções escritas do dono da obra.

Parágrafo único. Ainda que não tenha havido autorização escrita, o dono da obra é obrigado a pagar ao empreiteiro os aumentos e acréscimos, segundo o que for arbitrado, se, sempre presente à obra, por continuadas visitas, não podia ignorar o que se estava passando, e nunca protestou.

Art. 620. Se ocorrer diminuição no preço do material ou da mão de obra superior a um décimo do preço global convencionado, poderá este ser revisto, a pedido do dono da obra, para que se lhe assegure a diferença apurada.

Art. 621. Sem anuência de seu autor, não pode o proprietário da obra introduzir modificações no projeto por ele aprovado, ainda que a execução seja confiada a terceiros, a não ser que, por motivos supervenientes ou razões de ordem técnica, fique comprovada a inconveniência ou a excessiva onerosidade de execução do projeto em sua forma originária.

▸ Arts. 7º, X, e 29, III, da Lei nº 9.610, de 19-2-1998 (Lei de Direitos Autorais).

Parágrafo único. A proibição deste artigo não abrange alterações de pouca monta, ressalvada sempre a unidade estética da obra projetada.

Art. 622. Se a execução da obra for confiada a terceiros, a responsabilidade do autor do projeto respectivo, desde que não assuma a direção ou fiscalização daquela, ficará limitada aos danos resultantes de defeitos previstos no art. 618 e seu parágrafo único.

Art. 623. Mesmo após iniciada a construção, pode o dono da obra suspendê-la, desde que pague ao empreiteiro as despesas e lucros relativos aos serviços já feitos, mais indenização razoável, calculada em função do que ele teria ganho, se concluída a obra.

Art. 624. Suspensa a execução da empreitada sem justa causa, responde o empreiteiro por perdas e danos.

▸ Arts. 402 a 405 deste Código.

Art. 625. Poderá o empreiteiro suspender a obra:

I – por culpa do dono, ou por motivo de força maior;

▸ Art. 393, parágrafo único, deste Código.

II – quando, no decorrer dos serviços, se manifestarem dificuldades imprevisíveis de execução, resultantes de causas geológicas ou hídricas, ou outras semelhantes, de modo que torne a empreitada excessivamente onerosa, e o dono da obra se opuser ao reajuste do preço inerente ao projeto por ele elaborado, observados os preços;

▸ Arts. 478 a 480 deste Código.

III – se as modificações exigidas pelo dono da obra, por seu vulto e natureza, forem desproporcionais ao projeto aprovado, ainda que o dono se disponha a arcar com o acréscimo de preço.

Art. 626. Não se extingue o contrato de empreitada pela morte de qualquer das partes, salvo se ajustado em consideração às qualidades pessoais do empreiteiro.

CAPÍTULO IX
DO DEPÓSITO

Seção I
DO DEPÓSITO VOLUNTÁRIO

Art. 627. Pelo contrato de depósito recebe o depositário um objeto móvel, para guardar, até que o depositante o reclame.

▸ Art. 648 deste Código.

Art. 628. O contrato de depósito é gratuito, exceto se houver convenção em contrário, se resultante de atividade negocial ou se o depositário o praticar por profissão.

Parágrafo único. Se o depósito for oneroso e a retribuição do depositário não constar de lei, nem resultar de ajuste, será determinada pelos usos do lugar, e, na falta destes, por arbitramento.

Art. 629. O depositário é obrigado a ter na guarda e conservação da coisa depositada o cuidado e diligência que costuma com o que lhe pertence, bem como a restituí-la, com todos os frutos e acrescidos, quando o exija o depositante.

Art. 630. Se o depósito se entregou fechado, colado, selado, ou lacrado, nesse mesmo estado se manterá.

Art. 631. Salvo disposição em contrário, a restituição da coisa deve dar-se no lugar em que tiver de ser guardada. As despesas de restituição correm por conta do depositante.

Art. 632. Se a coisa houver sido depositada no interesse de terceiro, e o depositário tiver sido cientificado deste fato pelo depositante, não poderá ele exonerar-se restituindo a coisa a este, sem consentimento daquele.

Art. 633. Ainda que o contrato fixe prazo à restituição, o depositário entregará o depósito logo que se lhe exija, salvo se tiver o direito de retenção a que se refere o art. 644, se o objeto for judicialmente embargado, se sobre ele pender execução, notificada ao depositário, ou se houver motivo razoável de suspeitar que a coisa foi dolosamente obtida.

▶ Art. 638 deste Código.

Art. 634. No caso do artigo antecedente, última parte, o depositário, expondo o fundamento da suspeita, requererá que se recolha o objeto ao Depósito Público.

▶ Art. 638 deste Código.

Art. 635. Ao depositário será facultado, outrossim, requerer depósito judicial da coisa, quando, por motivo plausível, não a possa guardar, e o depositante não queira recebê-la.

▶ Art. 334 deste Código.

Art. 636. O depositário, que por força maior houver perdido a coisa depositada e recebido outra em seu lugar, é obrigado a entregar a segunda ao depositante, e ceder-lhe as ações que no caso tiver contra o terceiro responsável pela restituição da primeira.

▶ Art. 393, parágrafo único, deste Código.

Art. 637. O herdeiro do depositário, que de boa-fé vendeu a coisa depositada, é obrigado a assistir o depositante na reivindicação, e a restituir ao comprador o preço recebido.

▶ Art. 879 deste Código.

Art. 638. Salvo os casos previstos nos arts. 633 e 634, não poderá o depositário furtar-se à restituição do depósito, alegando não pertencer a coisa ao depositante, ou opondo compensação, exceto se noutro depósito se fundar.

▶ Art. 373, II, deste Código.

Art. 639. Sendo dois ou mais depositantes, e divisível a coisa, a cada um só entregará o depositário a respectiva parte, salvo se houver entre eles solidariedade.

▶ Arts. 87, 88 e 267 a 274 deste Código.

Art. 640. Sob pena de responder por perdas e danos, não poderá o depositário, sem licença expressa do depositante, servir-se da coisa depositada, nem a dar em depósito a outrem.

▶ Arts. 402 a 405 deste Código.

Parágrafo único. Se o depositário, devidamente autorizado, confiar a coisa em depósito a terceiro, será responsável se agiu com culpa na escolha deste.

Art. 641. Se o depositário se tornar incapaz, a pessoa que lhe assumir a administração dos bens diligenciará imediatamente restituir a coisa depositada e, não querendo ou não podendo o depositante recebê-la, recolhê-la-á ao Depósito Público ou promoverá nomeação de outro depositário.

Art. 642. O depositário não responde pelos casos de força maior; mas, para que lhe valha a escusa, terá de prová-los.

▶ Art. 393 deste Código.

Art. 643. O depositante é obrigado a pagar ao depositário as despesas feitas com a coisa, e os prejuízos que do depósito provierem.

Art. 644. O depositário poderá reter o depósito até que se lhe pague a retribuição devida, o líquido valor das despesas, ou dos prejuízos a que se refere o artigo anterior, provando imediatamente esses prejuízos ou essas despesas.

▶ Art. 633 deste Código.

▶ Art. 66-B, § 6º, da Lei nº 4.728, de 14-7-1965 (Lei do Mercado de Capitais).

Parágrafo único. Se essas dívidas, despesas ou prejuízos não forem provados suficientemente, ou forem ilíquidos, o depositário poderá exigir caução idônea do depositante ou, na falta desta, a remoção da coisa para o Depósito Público, até que se liquidem.

Art. 645. O depósito de coisas fungíveis, em que o depositário se obrigue a restituir objetos do mesmo gênero, qualidade e quantidade, regular-se-á pelo disposto acerca do mútuo.

▶ Arts. 85 e 586 deste Código.

Art. 646. O depósito voluntário provar-se-á por escrito.

Seção II
DO DEPÓSITO NECESSÁRIO

Art. 647. É depósito necessário:

I – o que se faz em desempenho de obrigação legal;

▶ Art. 1.435, I, deste Código.

II – o que se efetua por ocasião de alguma calamidade, como o incêndio, a inundação, o naufrágio ou o saque.

Art. 648. O depósito a que se refere o inciso I do artigo antecedente, reger-se-á pela disposição da respectiva lei, e, no silêncio ou deficiência dela, pelas concernentes ao depósito voluntário.

▶ Arts. 627 a 646 deste Código.

Parágrafo único. As disposições deste artigo aplicam-se aos depósitos previstos no inciso II do artigo antecedente, podendo estes certificarem-se por qualquer meio de prova.

Art. 649. Aos depósitos previstos no artigo antecedente é equiparado o das bagagens dos viajantes ou hóspedes nas hospedarias onde estiverem.

Parágrafo único. Os hospedeiros responderão como depositários, assim como pelos furtos e roubos que perpetrarem as pessoas empregadas ou admitidas nos seus estabelecimentos.

▶ Arts. 651, 932, IV, e 1.467, I, deste Código.

Art. 650. Cessa, nos casos do artigo antecedente, a responsabilidade dos hospedeiros, se provarem que os fatos prejudiciais aos viajantes ou hóspedes não podiam ter sido evitados.

▶ Art. 393 deste Código.

Art. 651. O depósito necessário não se presume gratuito. Na hipótese do art. 649, a remuneração pelo depósito está incluída no preço da hospedagem.

Art. 652. Seja o depósito voluntário ou necessário, o depositário que não o restituir quando exigido será compelido a fazê-lo mediante prisão não excedente a um ano, e ressarcir os prejuízos.

▶ Art. 5º, LXVII, da CF.

▶ Art. 638 deste Código.

▶ Art. 4º do Dec.-lei nº 911, de 1º-10-1969 (Lei das Alienações Fiduciárias).

▶ Art. 11 do Dec. nº 592, de 6-7-1992, que promulga o Pacto Internacional sobre Direitos Civis e Políticos.

▶ Art. 7º, 7, do Pacto de São José da Costa Rica.

▶ Súm. Vinc. nº 25 do STF.

▶ Súmulas nºs 304, 305 e 419 do STJ.

CAPÍTULO X
DO MANDATO

Seção I
DISPOSIÇÕES GERAIS

▶ Arts. 709, 721 e 917 deste Código.

▶ Arts. 104, 105, 111, e 112, *caput* e § 1º, do CPC/2015.

▶ Arts. 5º, 15, § 3º, 27 a 30 e 42 da Lei nº 8.906, de 4-7-1994 (Estatuto da Advocacia e da OAB).

Art. 653. Opera-se o mandato quando alguém recebe de outrem poderes para, em seu nome, praticar atos ou administrar interesses. A procuração é o instrumento do mandato.

▶ Art. 1.011 deste Código.

Art. 654. Todas as pessoas capazes são aptas para dar procuração mediante instrumento particular, que valerá desde que tenha a assinatura do outorgante.

▶ Arts. 3º a 5º deste Código.

§ 1º O instrumento particular deve conter a indicação do lugar onde foi passado, a qualificação do outorgante e do outorgado, a data e o objetivo da outorga com a designação e a extensão dos poderes conferidos.

▶ Art. 288 deste Código.

▶ Súm. nº 456 do TST.

§ 2º O terceiro com quem o mandatário tratar poderá exigir que a procuração traga a firma reconhecida.

Art. 655. Ainda quando se outorgue mandato por instrumento público, pode substabelecer-se mediante instrumento particular.

▶ En. nº 182 das Jornadas de Direito Civil.

Art. 656. O mandato pode ser expresso ou tácito, verbal ou escrito.

▶ Art. 1.324 deste Código.

Art. 657. A outorga do mandato está sujeita à forma exigida por lei para o ato a ser praticado. Não se admite mandato verbal quando o ato deva ser celebrado por escrito.

Art. 658. O mandato presume-se gratuito quando não houver sido estipulada retribuição, exceto se o seu objeto corresponder ao daqueles que o mandatário trata por ofício ou profissão lucrativa.

Parágrafo único. Se o mandato for oneroso, caberá ao mandatário a retribuição prevista em lei ou no contrato. Sendo estes omissos, será ela determinada pelos usos do lugar, ou, na falta destes, por arbitramento.

▶ Art. 676 deste Código.

Art. 659. A aceitação do mandato pode ser tácita, e resulta do começo de execução.

Art. 660. O mandato pode ser especial a um ou mais negócios determinadamente, ou geral a todos os do mandante.

▶ En. nº 183 das Jornadas de Direito Civil.

Art. 661. O mandato em termos gerais só confere poderes de administração.

▶ En. nº 183 das Jornadas de Direito Civil.

§ 1º Para alienar, hipotecar, transigir, ou praticar outros quaisquer atos que exorbitem da administração ordinária, depende a procuração de poderes especiais e expressos.

▶ Arts. 840 a 850 e 1.542 deste Código.

§ 2º O poder de transigir não importa o de firmar compromisso.

▶ Arts. 840 a 850 e 851 a 853 deste Código.

Art. 662. Os atos praticados por quem não tenha mandato, ou o tenha sem poderes suficientes, são ineficazes em relação àquele em cujo nome foram praticados, salvo se este os ratificar.

Parágrafo único. A ratificação há de ser expressa, ou resultar de ato inequívoco, e retroagirá à data do ato.

- Arts. 172 a 175, 673, 679 e 873 deste Código.
- Art. 104 do CPC/2015.

Art. 663. Sempre que o mandatário estipular negócios expressamente em nome do mandante, será este o único responsável; ficará, porém, o mandatário pessoalmente obrigado, se agir no seu próprio nome, ainda que o negócio seja de conta do mandante.

- Arts. 861 a 875 deste Código.

Art. 664. O mandatário tem o direito de reter, do objeto da operação que lhe foi cometida, quanto baste para pagamento de tudo que lhe for devido em consequência do mandato.

- Art. 681 deste Código.
- En. nº 184 das Jornadas de Direito Civil.

Art. 665. O mandatário que exceder os poderes do mandato, ou proceder contra eles, será considerado mero gestor de negócios, enquanto o mandante lhe não ratificar os atos.

- Arts. 679 e 861 a 875 deste Código.

Art. 666. O maior de dezesseis e menor de dezoito anos não emancipado pode ser mandatário, mas o mandante não tem ação contra ele senão de conformidade com as regras gerais, aplicáveis às obrigações contraídas por menores.

- Arts. 4º, 5º e 180 deste Código.

Seção II
DAS OBRIGAÇÕES DO MANDATÁRIO

Art. 667. O mandatário é obrigado a aplicar toda sua diligência habitual na execução do mandato, e a indenizar qualquer prejuízo causado por culpa sua ou daquele a quem substabelecer, sem autorização, poderes que devia exercer pessoalmente.

§ 1º Se, não obstante proibição do mandante, o mandatário se fizer substituir na execução do mandato, responderá ao seu constituinte pelos prejuízos ocorridos sob a gerência do substituto, embora provenientes de caso fortuito, salvo provando que o caso teria sobrevindo, ainda que não tivesse havido substabelecimento.

- Art. 393 deste Código.

§ 2º Havendo poderes de substabelecer, só serão imputáveis ao mandatário os danos causados pelo substabelecido, se tiver agido com culpa na escolha deste ou nas instruções dadas a ele.

§ 3º Se a proibição de substabelecer constar da procuração, os atos praticados pelo substabelecido não obrigam o mandante, salvo ratificação expressa, que retroagirá à data do ato.

§ 4º Sendo omissa a procuração quanto ao substabelecimento, o procurador será responsável se o substabelecido proceder culposamente.

Art. 668. O mandatário é obrigado a dar contas de sua gerência ao mandante, transferindo-lhe as vantagens provenientes do mandato, por qualquer título que seja.

- Arts. 550 a 553 do CPC/2015.

Art. 669. O mandatário não pode compensar os prejuízos a que deu causa com os proveitos que, por outro lado, tenha granjeado ao seu constituinte.

Art. 670. Pelas somas que devia entregar ao mandante ou recebeu para despesa, mas empregou em proveito seu, pagará o mandatário juros, desde o momento em que abusou.

- Arts. 405 a 407 e 677 deste Código.

Art. 671. Se o mandatário, tendo fundos ou crédito do mandante, comprar, em nome próprio, algo que devera comprar para o mandante, por ter sido expressamente designado no mandato, terá este ação para obrigá-lo à entrega da coisa comprada.

Art. 672. Sendo dois ou mais os mandatários nomeados no mesmo instrumento, qualquer deles poderá exercer os poderes outorgados, se não forem expressamente declarados conjuntos, nem especificamente designados para atos diferentes, ou subordinados a atos sucessivos. Se os mandatários forem declarados conjuntos, não terá eficácia o ato praticado sem interferência de todos, salvo havendo ratificação, que retroagirá à data do ato.

Art. 673. O terceiro que, depois de conhecer os poderes do mandatário, com ele celebrar negócio jurídico exorbitante do mandato, não tem ação contra o mandatário, salvo se este lhe prometeu ratificação do mandante ou se responsabilizou pessoalmente.

- Arts. 662, 679 e 873 deste Código.

Art. 674. Embora ciente da morte, interdição ou mudança de estado do mandante, deve o mandatário concluir o negócio já começado, se houver perigo na demora.

- Arts. 682, II e III, e 689 deste Código.

Seção III
DAS OBRIGAÇÕES DO MANDANTE

Art. 675. O mandante é obrigado a satisfazer todas as obrigações contraídas pelo mandatário, na conformidade do mandato conferido, e adiantar a importância das despesas necessárias à execução dele, quando o mandatário lho pedir.

Art. 676. É obrigado o mandante a pagar ao mandatário a remuneração ajustada e as despesas da execução do mandato, ainda que o negócio não surta o esperado efeito, salvo tendo o mandatário culpa.

- Art. 658 deste Código.

Art. 677. As somas adiantadas pelo mandatário, para a execução do mandato, vencem juros desde a data do desembolso.

- Art. 670 deste Código.

Art. 678. É igualmente obrigado o mandante a ressarcir ao mandatário as perdas que este sofrer com a execução do mandato, sempre que não resultem de culpa sua ou de excesso de poderes.

Art. 679. Ainda que o mandatário contrarie as instruções do mandante, se não exceder os limites do mandato, ficará o mandante obrigado para com aqueles com quem o seu procurador contratou; mas terá contra este ação pelas perdas e danos resultantes da inobservância das instruções.

- Arts. 402 a 405, 662, 665, 673 e 873 deste Código.

Art. 680. Se o mandato for outorgado por duas ou mais pessoas, e para negócio comum, cada uma ficará solidariamente responsável ao mandatário por todos os compromissos e efeitos do mandato, salvo direito regressivo, pelas quantias que pagar, contra os outros mandantes.

- Arts. 275 a 285 deste Código.

Art. 681. O mandatário tem sobre a coisa de que tenha a posse em virtude do mandato, direito de retenção, até se reembolsar do que no desempenho do encargo despendeu.

- Art. 664 deste Código.
- En. nº 184 das Jornadas de Direito Civil.

Seção IV
DA EXTINÇÃO DO MANDATO

Art. 682. Cessa o mandato:

I – pela revogação ou pela renúncia;

- Art. 114 deste Código.
- Arts. 111 e 112, *caput* e § 1º, do CPC/2015.
- Art. 5º, § 3º, da Lei nº 8.906, de 4-7-1994 (Estatuto da Advocacia e da OAB).

II – pela morte ou interdição de uma das partes;

- Art. 674 deste Código.

III – pela mudança de estado que inabilite o mandante a conferir os poderes, ou o mandatário para os exercer;

- Art. 674 deste Código.

IV – pelo término do prazo ou pela conclusão do negócio.

Art. 683. Quando o mandato contiver a cláusula de irrevogabilidade e o mandante o revogar, pagará perdas e danos.

- Arts. 402 a 405 deste Código.

Art. 684. Quando a cláusula de irrevogabilidade for condição de um negócio bilateral, ou tiver sido estipulada no exclusivo interesse do mandatário, a revogação do mandato será ineficaz.

- Art. 51, VIII, do CDC.

Art. 685. Conferido o mandato com a cláusula "em causa própria", a sua revogação não terá eficácia, nem se extinguirá pela morte de qualquer das partes, ficando o mandatário dispensado de prestar contas, e podendo transferir para si os bens móveis ou imóveis objeto do mandato, obedecidas as formalidades legais.

Art. 686. A revogação do mandato, notificada somente ao mandatário, não se pode opor aos terceiros que, ignorando-a, de boa-fé com ele trataram; mas ficam salvas ao constituinte as ações que no caso lhe possam caber contra o procurador.

Parágrafo único. É irrevogável o mandato que contenha poderes de cumprimento ou confirmação de negócios encetados, aos quais se ache vinculado.

Art. 687. Tanto que for comunicada ao mandatário a nomeação de outro, para o mesmo negócio, considerar-se-á revogado o mandato anterior.

Art. 688. A renúncia do mandato será comunicada ao mandante, que, se for prejudicado pela sua inoportunidade, ou pela falta de tempo, a fim de prover à substituição do procurador, será indenizado pelo mandatário, salvo se este provar que não podia continuar no mandato sem prejuízo considerável, e que não lhe era dado substabelecer.

Art. 689. São válidos, a respeito dos contratantes de boa-fé, os atos com estes ajustados em nome do mandante pelo mandatário, enquanto este ignorar a morte daquele ou a extinção do mandato, por qualquer outra causa.

▸ Arts. 674 e 682 deste Código.

Art. 690. Se falecer o mandatário, pendente o negócio a ele cometido, os herdeiros, tendo ciência do mandato, avisarão o mandante, e providenciarão a bem dele, como as circunstâncias exigirem.

Art. 691. Os herdeiros, no caso do artigo antecedente, devem limitar-se às medidas conservatórias, ou continuar os negócios pendentes que se não possam demorar sem perigo, regulando-se os seus serviços dentro desse limite, pelas mesmas normas a que os do mandatário estão sujeitos.

Seção V

DO MANDATO JUDICIAL

Art. 692. O mandato judicial fica subordinado às normas que lhe dizem respeito, constantes da legislação processual, e, supletivamente, às estabelecidas neste Código.

▸ Arts. 104, 105, 111 e 112, *caput* e § 1º, do CPC/2015.

▸ Arts. 5º e 15, § 3º, da Lei nº 8.906, de 4-7-1994 (Estatuto da Advocacia e da OAB).

CAPÍTULO XI

DA COMISSÃO

▸ Art. 721 deste Código.

Art. 693. O contrato de comissão tem por objeto a compra ou venda de bens ou a realização de mútuo ou outro negócio jurídico de crédito pelo comissário, em seu próprio nome, à conta do comitente.

▸ Artigo com a redação dada pela Lei nº 14.690, de 3-10-2023.

Art. 694. O comissário fica diretamente obrigado para com as pessoas com quem contratar, sem que estas tenham ação contra o comitente, nem este contra elas, salvo se o comissário ceder seus direitos a qualquer das partes.

▸ Arts. 286 a 298 deste Código.

Art. 695. O comissário é obrigado a agir de conformidade com as ordens e instruções do comitente, devendo, na falta destas, não podendo pedi-las a tempo, proceder segundo os usos em casos semelhantes.

Parágrafo único. Ter-se-ão por justificados os atos do comissário, se deles houver resultado vantagem para o comitente, e ainda no caso em que, não admitindo demora a realização do negócio, o comissário agiu de acordo com os usos.

Art. 696. No desempenho das suas incumbências o comissário é obrigado a agir com cuidado e diligência, não só para evitar qualquer prejuízo ao comitente, mas ainda para lhe proporcionar o lucro que razoavelmente se podia esperar do negócio.

Parágrafo único. Responderá o comissário, salvo motivo de força maior, por qualquer prejuízo que, por ação ou omissão, ocasionar ao comitente.

▸ Arts. 186, 393, parágrafo único, 927 e segs. deste Código.

Art. 697. O comissário não responde pela insolvência das pessoas com quem tratar, exceto em caso de culpa e no do artigo seguinte.

Art. 698. Se do contrato de comissão constar a cláusula *del credere*, responderá o comissário solidariamente com as pessoas com que houver tratado em nome do comitente, caso em que, salvo estipulação em contrário, o comissário tem direito a remuneração mais elevada, para compensar o ônus assumido.

▸ Arts. 275 a 285 deste Código.

Parágrafo único. A cláusula *del credere* de que trata o *caput* deste artigo poderá ser parcial.

▸ Parágrafo único acrescido pela Lei nº 14.690, de 3-10-2023.

Art. 699. Presume-se o comissário autorizado a conceder dilação do prazo para pagamento, na conformidade dos usos do lugar onde se realizar o negócio, se não houver instruções diversas do comitente.

Art. 700. Se houver instruções do comitente proibindo prorrogação de prazos para pagamento, ou se esta não for conforme os usos locais, poderá o comitente exigir que o comissário pague incontinenti ou responda pelas consequências da dilação concedida, procedendo-se de igual modo se o comissário não der ciência ao comitente dos prazos concedidos e de quem é seu beneficiário.

Art. 701. Não estipulada a remuneração devida ao comissário, será ela arbitrada segundo os usos correntes no lugar.

Art. 702. No caso de morte do comissário, ou, quando, por motivo de força maior, não puder concluir o negócio, será devida pelo comitente uma remuneração proporcional aos trabalhos realizados.

▸ Art. 393, parágrafo único, deste Código.

Art. 703. Ainda que tenha dado motivo à dispensa, terá o comissário direito a ser remunerado pelos serviços úteis prestados ao comitente, ressalvado a este o direito de exigir daquele os prejuízos sofridos.

Art. 704. Salvo disposição em contrário, pode o comitente, a qualquer tempo, alterar as instruções dadas ao comissário, entendendo-se por elas regidos também os negócios pendentes.

Art. 705. Se o comissário for despedido sem justa causa, terá direito a ser remunerado pelos trabalhos prestados, bem como a ser ressarcido pelas perdas e danos resultantes de sua dispensa.

▸ Arts. 402 a 405 deste Código.

Art. 706. O comitente e o comissário são obrigados a pagar juros um ao outro; o primeiro pelo que o comissário houver adiantado para cumprimento de suas ordens; e o segundo pela mora na entrega dos fundos que pertencerem ao comitente.

Art. 707. O crédito do comissário, relativo a comissões e despesas feitas, goza de privilégio geral, no caso de falência ou insolvência do comitente.

Art. 708. Para reembolso das despesas feitas, bem como para recebimento das comissões devidas, tem o comissário direito de retenção sobre os bens e valores em seu poder em virtude da comissão.

Art. 709. São aplicáveis à comissão, no que couber, as regras sobre mandato.

▸ Arts. 653 a 691 deste Código.

CAPÍTULO XII

DA AGÊNCIA E DISTRIBUIÇÃO

▸ Lei nº 4.886, de 9-12-1965 (Lei dos Representantes Comerciais Autônomos).

Art. 710. Pelo contrato de agência, uma pessoa assume, em caráter não eventual e sem vínculos de dependência, a obrigação de promover, à conta de outra, mediante retribuição, a realização de certos negócios, em zona determinada, caracterizando-se a distribuição quando o agente tiver à sua disposição a coisa a ser negociada.

▸ En. nº 31 da Jornada de Direito Comercial.

Parágrafo único. O proponente pode conferir poderes ao agente para que este o represente na conclusão dos contratos.

▸ Art. 1º da Lei nº 4.886, de 9-12-1965 (Lei dos Representantes Comerciais Autônomos).

Art. 711. Salvo ajuste, o proponente não pode constituir, ao mesmo tempo, mais de um agente, na mesma zona, com idêntica incumbência; nem pode o agente assumir o encargo de nela tratar de negócios do mesmo gênero, à conta de outros proponentes.

▸ Art. 31 da Lei nº 4.886, de 9-12-1965 (Lei dos Representantes Comerciais Autônomos).

Art. 712. O agente, no desempenho que lhe foi cometido, deve agir com toda diligência, atendo-se às instruções recebidas do proponente.

Art. 713. Salvo estipulação diversa, todas as despesas com a agência ou distribuição correm a cargo do agente ou distribuidor.

Art. 714. Salvo ajuste, o agente ou distribuidor terá direito à remuneração correspondente aos negócios concluídos dentro de sua zona, ainda que sem a sua interferência.

▸ Art. 31 da Lei nº 4.886, de 9-12-1965 (Lei dos Representantes Comerciais Autônomos).

Art. 715. O agente ou distribuidor tem direito à indenização se o proponente, sem justa causa, cessar o atendimento das propostas ou reduzi-lo tanto que se torna antieconômica a continuação do contrato.

Art. 716. A remuneração será devida ao agente também quando o negócio deixar de ser realizado por fato imputável ao proponente.

Art. 717. Ainda que dispensado por justa causa, terá o agente direito a ser remunerado pelos serviços úteis prestados ao proponente, sem embargo de haver este perdas e danos pelos prejuízos sofridos.

▸ Arts. 402 a 405 deste Código.

▸ Art. 37 da Lei nº 4.886, de 9-12-1965 (Lei dos Representantes Comerciais Autônomos).

Art. 718. Se a dispensa se der sem culpa do agente, terá ele direito à remuneração até então devida, inclusive sobre os negócios pendentes, além das indenizações previstas em lei especial.

▸ Arts. 27 e 34 da Lei nº 4.886, de 9-12-1965 (Lei dos Representantes Comerciais Autônomos).

Art. 719. Se o agente não puder continuar o trabalho por motivo de força maior, terá direito à remuneração correspondente aos serviços realizados, cabendo esse direito aos herdeiros no caso de morte.

▸ Art. 393, parágrafo único, deste Código.

Art. 720. Se o contrato for por tempo indeterminado, qualquer das partes poderá resolvê-lo, mediante aviso prévio de noventa dias, desde que transcorrido prazo compatível com a natureza e o vulto do investimento exigido do agente.

▸ Art. 34 da Lei nº 4.886, de 9-12-1965 (Lei dos Representantes Comerciais Autônomos).

Parágrafo único. No caso de divergência entre as partes, o juiz decidirá da razoabilidade do prazo e do valor devido.

Art. 721. Aplicam-se ao contrato de agência e distribuição, no que couber, as regras concernentes ao mandato e à comissão e as constantes de lei especial.

- ► Arts. 653 a 691 e 693 a 709 deste Código.
- ► Art. 27 da Lei nº 4.886, de 9-12-1965 (Lei dos Representantes Comerciais Autônomos).

CAPÍTULO XIII
DA CORRETAGEM

- ► Súm. nº 458 do STJ.

Art. 722. Pelo contrato de corretagem, uma pessoa, não ligada a outra em virtude de mandato, de prestação de serviços ou por qualquer relação de dependência, obriga-se a obter para a segunda um ou mais negócios, conforme as instruções recebidas.

- ► Arts. 593 a 609 e 653 a 691 deste Código.

Art. 723. O corretor é obrigado a executar a mediação com diligência e prudência, e a prestar ao cliente, espontaneamente, todas as informações sobre o andamento do negócio.

- ► *Caput* com a redação dada pela Lei nº 12.236, de 19-5-2010.
- ► Arts. 402 a 405 deste Código.

Parágrafo único. Sob pena de responder por perdas e danos, o corretor prestará ao cliente todos os esclarecimentos acerca da segurança ou do risco do negócio, das alterações de valores e de outros fatores que possam influir nos resultados da incumbência.

- ► Parágrafo único acrescido pela Lei nº 12.236, de 19-5-2010.

Art. 724. A remuneração do corretor, se não estiver fixada em lei, nem ajustada entre as partes, será arbitrada segundo a natureza do negócio e os usos locais.

Art. 725. A remuneração é devida ao corretor uma vez que tenha conseguido o resultado previsto no contrato de mediação, ou ainda que este não se efetive em virtude de arrependimento das partes.

Art. 726. Iniciado e concluído o negócio diretamente entre as partes, nenhuma remuneração será devida ao corretor; mas se, por escrito, for ajustada a corretagem com exclusividade, terá o corretor direito à remuneração integral, ainda que realizado o negócio sem a sua mediação, salvo se comprovada sua inércia ou ociosidade.

Art. 727. Se, por não haver prazo determinado, o dono do negócio dispensar o corretor, e o negócio se realizar posteriormente, como fruto da sua mediação, a corretagem lhe será devida; igual solução se adotará se o negócio se realizar após a decorrência do prazo contratual, mas por efeito dos trabalhos do corretor.

Art. 728. Se o negócio se concluir com a intermediação de mais de um corretor, a remuneração será paga a todos em partes iguais, salvo ajuste em contrário.

Art. 729. Os preceitos sobre corretagem constantes deste Código não excluem a aplicação de outras normas da legislação especial.

CAPÍTULO XIV
DO TRANSPORTE

- ► Súm. nº 161 do STF.

Seção I
DISPOSIÇÕES GERAIS

Art. 730. Pelo contrato de transporte alguém se obriga, mediante retribuição, a transportar, de um lugar para outro, pessoas ou coisas.

Art. 731. O transporte exercido em virtude de autorização, permissão ou concessão, rege-se pelas normas regulamentares e pelo que for estabelecido naqueles atos, sem prejuízo do disposto neste Código.

Art. 732. Aos contratos de transporte, em geral, são aplicáveis, quando couber, desde que não contrariem as disposições deste Código, os preceitos constantes da legislação especial e de tratados e convenções internacionais.

- ► Enunciados nºs 369 e 559 das Jornadas de Direito Civil.

Art. 733. Nos contratos de transporte cumulativo, cada transportador se obriga a cumprir o contrato relativamente ao respectivo percurso, respondendo pelos danos nele causados a pessoas e coisas.

- ► Arts. 186, 927 e segs. deste Código.

§ 1º O dano, resultante do atraso ou da interrupção da viagem, será determinado em razão da totalidade do percurso.

§ 2º Se houver substituição de algum dos transportadores no decorrer do percurso, a responsabilidade solidária estender-se-á ao substituto.

- ► Arts. 275 a 285 deste Código.

Seção II
DO TRANSPORTE DE PESSOAS

Art. 734. O transportador responde pelos danos causados às pessoas transportadas e suas bagagens, salvo motivo de força maior, sendo nula qualquer cláusula excludente da responsabilidade.

- ► Arts. 186, 393, parágrafo único, 927 e segs. deste Código.
- ► Súm. nº 161 do STF.

Parágrafo único. É lícito ao transportador exigir a declaração do valor da bagagem a fim de fixar o limite da indenização.

Art. 735. A responsabilidade contratual do transportador por acidente com o passageiro não é elidida por culpa de terceiro, contra o qual tem ação regressiva.

- ► En. nº 369 das Jornadas de Direito Civil.

Art. 736. Não se subordina às normas do contrato de transporte o feito gratuitamente, por amizade ou cortesia.

- ► En. nº 559 das Jornadas de Direito Civil.

Parágrafo único. Não se considera gratuito o transporte quando, embora feito sem remuneração, o transportador auferir vantagens indiretas.

Art. 737. O transportador está sujeito aos horários e itinerários previstos, sob pena de responder por perdas e danos, salvo motivo de força maior.

- ► Arts. 393, parágrafo único, e 402 a 405 deste Código.

Art. 738. A pessoa transportada deve sujeitar-se às normas estabelecidas pelo transportador, constantes no bilhete ou afixadas à vista dos usuários, abstendo-se de quaisquer atos que causem incômodo ou prejuízo aos passageiros, danifiquem o veículo, ou dificultem ou impeçam a execução normal do serviço.

Parágrafo único. Se o prejuízo sofrido pela pessoa transportada for atribuível à transgressão de normas e instruções regulamentares, o juiz reduzirá equitativamente a indenização, na medida em que a vítima houver concorrido para a ocorrência do dano.

Art. 739. O transportador não pode recusar passageiros, salvo os casos previstos nos regulamentos, ou se as condições de higiene ou de saúde do interessado o justificarem.

Art. 740. O passageiro tem direito a rescindir o contrato de transporte antes de iniciada a viagem, sendo-lhe devida a restituição do valor da passagem, desde que feita a comunicação ao transportador em tempo de ser renegociada.

§ 1º Ao passageiro é facultado desistir do transporte, mesmo depois de iniciada a viagem, sendo-lhe devida a restituição do valor correspondente ao trecho não utilizado, desde que provado que outra pessoa haja sido transportada em seu lugar.

§ 2º Não terá direito ao reembolso do valor da passagem o usuário que deixar de embarcar, salvo se provado que outra pessoa foi transportada em seu lugar, caso em que lhe será restituído o valor do bilhete não utilizado.

§ 3º Nas hipóteses previstas neste artigo, o transportador terá direito de reter até cinco por cento da importância a ser restituída ao passageiro, a título de multa compensatória.

Art. 741. Interrompendo-se a viagem por qualquer motivo alheio à vontade do transportador, ainda que em consequência de evento imprevisível, fica ele obrigado a concluir o transporte contratado em outro veículo da mesma categoria, ou, com a anuência do passageiro, por modalidade diferente, à sua custa, correndo também por sua conta as despesas de estada e alimentação do usuário, durante a espera de novo transporte.

- ► Art. 393, parágrafo único, deste Código.

Art. 742. O transportador, uma vez executado o transporte, tem direito de retenção sobre a bagagem de passageiro e outros objetos pessoais deste, para garantir-se do pagamento do valor da passagem que não tiver sido feito no início ou durante o percurso.

Seção III
DO TRANSPORTE DE COISAS

- ► Art. 780 deste Código.

Art. 743. A coisa, entregue ao transportador, deve estar caracterizada pela sua natureza, valor, peso e quantidade, e o mais que for necessário para que não se confunda com outras, devendo o destinatário ser indicado ao menos pelo nome e endereço.

Art. 744. Ao receber a coisa, o transportador emitirá conhecimento com a menção dos dados que a identifiquem, obedecido o disposto em lei especial.

Parágrafo único. O transportador poderá exigir que o remetente lhe entregue, devidamente assinada, a relação discriminada das coisas a serem transportadas, em duas vias, uma das quais, por ele devidamente autenticada, ficará fazendo parte integrante do conhecimento.

Art. 745. Em caso de informação inexata ou falsa descrição no documento a que se refere o artigo antecedente, será o transportador indenizado pelo prejuízo que sofrer, devendo a ação respectiva ser ajuizada no prazo de cento e vinte dias, a contar daquele ato, sob pena de decadência.

▶ Arts. 186, 207 a 211, 927 e segs. deste Código.

Art. 746. Poderá o transportador recusar a coisa cuja embalagem seja inadequada, bem como a que possa pôr em risco a saúde das pessoas, ou danificar o veículo e outros bens.

Art. 747. O transportador deverá obrigatoriamente recusar a coisa cujo transporte ou comercialização não sejam permitidos, ou que venha desacompanhada dos documentos exigidos por lei ou regulamento.

Art. 748. Até a entrega da coisa, pode o remetente desistir do transporte e pedi-la de volta, ou ordenar seja entregue a outro destinatário, pagando, em ambos os casos, os acréscimos de despesa decorrentes da contraordem, mais as perdas e danos que houver.

▶ Arts. 402 a 405 deste Código.

Art. 749. O transportador conduzirá a coisa ao seu destino, tomando todas as cautelas necessárias para mantê-la em bom estado e entregá-la no prazo ajustado ou previsto.

Art. 750. A responsabilidade do transportador, limitada ao valor constante do conhecimento, começa no momento em que ele, ou seus prepostos, recebem a coisa; termina quando é entregue ao destinatário, ou depositada em juízo, se aquele não for encontrado.

▶ Art. 780 deste Código.
▶ Súm. nº 161 do STF.

Art. 751. A coisa, depositada ou guardada nos armazéns do transportador, em virtude de contrato de transporte, rege-se, no que couber, pelas disposições relativas a depósito.

▶ Arts. 627 a 652 deste Código.

Art. 752. Desembarcadas as mercadorias, o transportador não é obrigado a dar aviso ao destinatário, se assim não foi convencionado, dependendo também de ajuste a entrega a domicílio, e devem constar do conhecimento de embarque as cláusulas de aviso ou de entrega a domicílio.

Art. 753. Se o transporte não puder ser feito ou sofrer longa interrupção, o transportador solicitará, incontinenti, instruções ao remetente, e zelará pela coisa, por cujo perecimento ou deterioração responderá, salvo força maior.

▶ Art. 393, parágrafo único, deste Código.

§ 1º Perdurando o impedimento, sem motivo imputável ao transportador e sem manifestação do remetente, poderá aquele depositar a coisa em juízo, ou vendê-la, obedecidos os preceitos legais e regulamentares, ou os usos locais, depositando o valor.

§ 2º Se o impedimento for responsabilidade do transportador, este poderá depositar a coisa, por sua conta e risco, mas só poderá vendê-la se perecível.

§ 3º Em ambos os casos, o transportador deve informar o remetente da efetivação do depósito ou da venda.

§ 4º Se o transportador mantiver a coisa depositada em seus próprios armazéns, continuará a responder pela sua guarda e conservação, sendo-lhe devida, porém, uma remuneração pela custódia, a qual poderá ser contratualmente ajustada ou se conformará aos usos adotados em cada sistema de transporte.

Art. 754. As mercadorias devem ser entregues ao destinatário, ou a quem apresentar o conhecimento endossado, devendo aquele que as receber conferi-las e apresentar as reclamações que tiver, sob pena de decadência dos direitos.

Parágrafo único. No caso de perda parcial ou de avaria não perceptível à primeira vista, o destinatário conserva a sua ação contra o transportador, desde que denuncie o dano em dez dias a contar da entrega.

▶ Arts. 207 a 211 deste Código.

Art. 755. Havendo dúvida acerca de quem seja o destinatário, o transportador deve depositar a mercadoria em juízo, se não lhe for possível obter instruções do remetente; se a demora puder ocasionar a deterioração da coisa, o transportador deverá vendê-la, depositando o saldo em juízo.

▶ Art. 335, IV, deste Código.
▶ Arts. 539 a 549 do CPC/2015.

Art. 756. No caso de transporte cumulativo, todos os transportadores respondem solidariamente pelo dano causado perante o remetente, ressalvada a apuração final da responsabilidade entre eles, de modo que o ressarcimento recaia, por inteiro, ou proporcionalmente, naquele ou naqueles em cujo percurso houver ocorrido o dano.

▶ Arts. 275 a 285 deste Código.

CAPÍTULO XV
DO SEGURO

▶ Este capítulo estará revogado pela Lei nº 15.040, de 9-12-2024, a partir de 10-12-2025.
▶ Art. 206, § 1º, II, e § 3º, IX, deste Código.
▶ Arts. 666 a 730 do CCom., sobre seguro marítimo.

Seção I
DISPOSIÇÕES GERAIS

▶ LC nº 126, de 15-1-2007, dispõe sobre a política de resseguro, retrocessão e sua intermediação, as operações de cosseguro, as contratações de seguro no exterior e as operações em moeda estrangeira do setor securitário.

Art. 757. Pelo contrato de seguro, o segurador se obriga, mediante o pagamento do prêmio, a garantir interesse legítimo do segurado, relativo a pessoa ou a coisa, contra riscos predeterminados.

▶ Súmulas nºs 426 e 465 do STJ.
▶ Enunciados nºs 185 e 370 das Jornadas de Direito Civil.

Parágrafo único. Somente pode ser parte, no contrato de seguro, como segurador, entidade para tal fim legalmente autorizada.

Art. 758. O contrato de seguro prova-se com a exibição da apólice ou do bilhete do seguro, e, na falta deles, por documento comprobatório do pagamento do respectivo prêmio.

Art. 759. A emissão da apólice deverá ser precedida de proposta escrita com a declaração dos elementos essenciais do interesse a ser garantido e do risco.

Art. 760. A apólice ou o bilhete de seguro serão nominativos, à ordem ou ao portador, e mencionarão os riscos assumidos, o início e o fim de sua validade, o limite da garantia e o prêmio devido, e, quando for o caso, o nome do segurado e o do beneficiário.

Parágrafo único. No seguro de pessoas, a apólice ou o bilhete não podem ser ao portador.

▶ Arts. 789 a 802 deste Código.

Art. 761. Quando o risco for assumido em cosseguro, a apólice indicará o segurador que administrará o contrato e representará os demais, para todos os seus efeitos.

Art. 762. Nulo será o contrato para garantia de risco proveniente de ato doloso do segurado, do beneficiário, ou de representante de um ou de outro.

▶ Art. 166, VII, deste Código.

Art. 763. Não terá direito a indenização o segurado que estiver em mora no pagamento do prêmio, se ocorrer o sinistro antes de sua purgação.

▶ Arts. 394 a 401 deste Código.
▶ Enunciados nºs 371 e 376 das Jornadas de Direito Civil.

Art. 764. Salvo disposição especial, o fato de se não ter verificado o risco, em previsão do qual se faz o seguro, não exime o segurado de pagar o prêmio.

Art. 765. O segurado e o segurador são obrigados a guardar na conclusão e na execução do contrato, a mais estrita boa-fé e veracidade, tanto a respeito do objeto como das circunstâncias e declarações a ele concernentes.

▶ Súm. nº 402 do STJ.
▶ Enunciados nºs 542 e 543 das Jornadas de Direito Civil.

Art. 766. Se o segurado, por si ou por seu representante, fizer declarações inexatas ou omitir circunstâncias que possam influir na aceitação da proposta ou na taxa do prêmio, perderá o direito à garantia, além de ficar obrigado ao prêmio vencido.

▶ Arts. 147 e 778 deste Código.
▶ En. nº 372 das Jornadas de Direito Civil.

Parágrafo único. Se a inexatidão ou omissão nas declarações não resultar de má-fé do segurado, o segurador terá direito a resolver o contrato, ou a cobrar, mesmo após o sinistro, a diferença do prêmio.

Art. 767. No seguro à conta de outrem, o segurador pode opor ao segurado quaisquer defesas que tenha contra o estipulante, por descumprimento das normas de conclusão do contrato, ou de pagamento do prêmio.

Art. 768. O segurado perderá o direito à garantia se agravar intencionalmente o risco objeto do contrato.

Art. 769. O segurado é obrigado a comunicar ao segurador, logo que saiba, todo incidente suscetível de agravar consideravelmente o risco coberto, sob pena de perder o direito à garantia, se provar que silenciou de má-fé.

§ 1º O segurador, desde que o faça nos quinze dias seguintes ao recebimento do aviso da agravação do risco sem culpa do segurado, poderá dar-lhe ciência, por escrito, de sua decisão de resolver o contrato.

§ 2º A resolução só será eficaz trinta dias após a notificação, devendo ser restituída pelo segurador a diferença do prêmio.

Art. 770. Salvo disposição em contrário, a diminuição do risco no curso do contrato não acarreta a redução do prêmio estipulado; mas, se a redução do risco for considerável, o segurado poderá exigir a revisão do prêmio, ou a resolução do contrato.

Art. 771. Sob pena de perder o direito à indenização, o segurado participará o sinistro ao segurador, logo que o saiba, e tomará as providências imediatas para minorar-lhe as consequências.

Parágrafo único. Correm à conta do segurador, até o limite fixado no contrato, as despesas de salvamento consequente ao sinistro.

- Súm. Vinc. nº 32 do STF.

***Art. 772.** A mora do segurador em pagar o sinistro obriga à atualização monetária da indenização devida, sem prejuízo dos juros moratórios.*

- Artigo com a redação dada pela Lei nº 14.905, de 28-6-2024.
- Arts. 394 a 401, 406 e 407 deste Código.
- Súm. nº 426 do STJ.

Art. 773. O segurador que, ao tempo do contrato, sabe estar passado o risco de que o segurado se pretende cobrir, e, não obstante, expede a apólice, pagará em dobro o prêmio estipulado.

Art. 774. A recondução tácita do contrato pelo mesmo prazo, mediante expressa cláusula contratual, não poderá operar mais de uma vez.

Art. 775. Os agentes autorizados do segurador presumem-se seus representantes para todos os atos relativos aos contratos que agenciarem.

- Art. 932, III, deste Código.

Art. 776. O segurador é obrigado a pagar em dinheiro o prejuízo resultante do risco assumido, salvo se convencionada a reposição da coisa.

Art. 777. O disposto no presente Capítulo aplica-se, no que couber, aos seguros regidos por leis próprias.

Seção II

DO SEGURO DE DANO

- Súm. nº 402 do STJ.

Art. 778. Nos seguros de dano, a garantia prometida não pode ultrapassar o valor do interesse segurado no momento da conclusão do contrato, sob pena do disposto no art. 766, e sem prejuízo da ação penal que no caso couber.

- Art. 782 deste Código.
- Súm. nº 31 do STJ.

Art. 779. O risco do seguro compreenderá todos os prejuízos resultantes ou consequentes, como sejam os estragos ocasionados para evitar o sinistro, minorar o dano, ou salvar a coisa.

Art. 780. A vigência da garantia, no seguro de coisas transportadas, começa no momento em que são pelo transportador recebidas, e cessa com a sua entrega ao destinatário.

- Arts. 743 a 756 deste Código.

Art. 781. A indenização não pode ultrapassar o valor do interesse segurado no momento do sinistro, e, em hipótese alguma, o limite máximo da garantia fixado na apólice, salvo em caso de mora do segurador.

- Arts. 394 a 401 deste Código.

Art. 782. O segurado que, na vigência do contrato, pretender obter novo seguro sobre o mesmo interesse, e contra o mesmo risco junto a outro segurador, deve previamente comunicar sua intenção por escrito ao primeiro, indicando a soma por que pretende segurar-se, a fim de se comprovar a obediência ao disposto no art. 778.

- Súm. nº 31 do STJ.

Art. 783. Salvo disposição em contrário, o seguro de um interesse por menos do que valha acarreta a redução proporcional da indenização, no caso de sinistro parcial.

Art. 784. Não se inclui na garantia o sinistro provocado por vício intrínseco da coisa segurada, não declarado pelo segurado.

Parágrafo único. Entende-se por vício intrínseco o defeito próprio da coisa, que se não encontra normalmente em outras da mesma espécie.

Art. 785. Salvo disposição em contrário, admite-se a transferência do contrato a terceiro com a alienação ou cessão do interesse segurado.

- Arts. 286 a 298 deste Código.
- Súm. nº 465 do STJ.

§ 1º Se o instrumento contratual é nominativo, a transferência só produz efeitos em relação ao segurador mediante aviso escrito assinado pelo cedente e pelo cessionário.

§ 2º A apólice ou o bilhete à ordem só se transfere por endosso em preto, datado e assinado pelo endossante e pelo endossatário.

- Arts. 910 a 920 deste Código.

Art. 786. Paga a indenização, o segurador sub-roga-se, nos limites do valor respectivo, nos direitos e ações que competirem ao segurado contra o autor do dano.

- Art. 800 deste Código.
- Súm. nº 188 do STF.
- En. nº 552 das Jornadas de Direito Civil.

§ 1º Salvo dolo, a sub-rogação não tem lugar se o dano foi causado pelo cônjuge do segurado, seus descendentes ou ascendentes, consanguíneos ou afins.

- Arts. 145 a 150 deste Código.

§ 2º É ineficaz qualquer ato do segurado que diminua ou extinga, em prejuízo do segurador, os direitos a que se refere este artigo.

Art. 787. No seguro de responsabilidade civil, o segurador garante o pagamento de perdas e danos devidos pelo segurado a terceiro.

- Arts. 402 a 405 e 927 a 954 deste Código.
- Súm. nº 529 do STJ.
- Enunciados nºs 373 e 544 das Jornadas de Direito Civil.

§ 1º Tão logo saiba o segurado das consequências de ato seu, suscetível de lhe acarretar a responsabilidade incluída na garantia, comunicará o fato ao segurador.

§ 2º É defeso ao segurado reconhecer sua responsabilidade ou confessar a ação, bem como transigir com o terceiro prejudicado, ou indenizá-lo diretamente, sem anuência expressa do segurador.

- En. nº 546 das Jornadas de Direito Civil.

§ 3º Intentada a ação contra o segurado, dará este ciência da lide ao segurador.

§ 4º Subsistirá a responsabilidade do segurado perante o terceiro, se o segurador for insolvente.

Art. 788. Nos seguros de responsabilidade legalmente obrigatórios, a indenização por sinistro será paga pelo segurador diretamente ao terceiro prejudicado.

Parágrafo único. Demandado em ação direta pela vítima do dano, o segurador não poderá opor a exceção de contrato não cumprido pelo segurado, sem promover a citação deste para integrar o contraditório.

- Arts. 206, § 3º, IX, 476 e 477 deste Código.

Seção III

DO SEGURO DE PESSOA

- Art. 760, parágrafo único, deste Código.

Art. 789. Nos seguros de pessoas, o capital segurado é livremente estipulado pelo proponente, que pode contratar mais de um seguro sobre o mesmo interesse, com o mesmo ou diversos seguradores.

Art. 790. No seguro sobre a vida de outros, o proponente é obrigado a declarar, sob pena de falsidade, o seu interesse pela preservação da vida do segurado.

Parágrafo único. Até prova em contrário, presume-se o interesse, quando o segurado é cônjuge, ascendente ou descendente do proponente.

- En. nº 186 das Jornadas de Direito Civil.

Art. 791. Se o segurado não renunciar à faculdade, ou se o seguro não tiver como causa declarada a garantia de alguma obrigação, é lícita a substituição do beneficiário, por ato entre vivos ou de última vontade.

- Arts. 438 e 1.857 deste Código.

Parágrafo único. O segurador, que não for cientificado oportunamente da substituição, desobrigar-se-á pagando o capital segurado ao antigo beneficiário.

- Art. 760, parágrafo único, deste Código.
- Dec.-lei nº 5.384, de 8-4-1943, dispõe sobre beneficiários do seguro de vida.

Art. 792. Na falta de indicação da pessoa ou beneficiário, ou se por qualquer motivo não prevalecer a que for feita, o capital segurado será pago por metade ao cônjuge não separado judicialmente, e o restante aos herdeiros do segurado, obedecida a ordem da vocação hereditária.

- Arts. 1.798 a 1.803 deste Código.
- En. nº 374 das Jornadas de Direito Civil.

Parágrafo único. Na falta das pessoas indicadas neste artigo, serão beneficiários os que provarem que a morte do segurado os privou dos meios necessários à subsistência.

Art. 793. É válida a instituição do companheiro como beneficiário, se ao tempo do contrato o segurado era separado judicialmente, ou já se encontrava separado de fato.

- Art. 1.727 deste Código.

Art. 794. No seguro de vida ou de acidentes pessoais para o caso de morte, o capital estipulado não está sujeito às dívidas do segurado, nem se considera herança para todos os efeitos de direito.

Art. 795. É nula, no seguro de pessoa, qualquer transação para pagamento reduzido do capital segurado.

- Art. 166 deste Código.
- En. nº 374 das Jornadas de Direito Civil.

Art. 796. O prêmio, no seguro de vida, será conveniado por prazo limitado, ou por toda a vida do segurado.

► En. nº 542 das Jornadas de Direito Civil.

Parágrafo único. Em qualquer hipótese, no seguro individual, o segurador não terá ação para cobrar o prêmio vencido, cuja falta de pagamento, nos prazos previstos, acarretará, conforme se estipular, a resolução do contrato, com a restituição da reserva já formada, ou a redução do capital garantido proporcionalmente ao prêmio pago.

Art. 797. No seguro de vida para o caso de morte, é lícito estipular-se um prazo de carência, durante o qual o segurador não responde pela ocorrência do sinistro.

Parágrafo único. No caso deste artigo o segurador é obrigado a devolver ao beneficiário o montante da reserva técnica já formada.

Art. 798. O beneficiário não tem direito ao capital estipulado quando o segurado se suicida nos primeiros dois anos de vigência inicial do contrato, ou da sua recondução depois de suspenso, observado o disposto no parágrafo único do artigo antecedente.

► En. nº 187 das Jornadas de Direito Civil.

Parágrafo único. Ressalvada a hipótese prevista neste artigo, é nula a cláusula contratual que exclui o pagamento do capital por suicídio do segurado.

► Art. 166 deste Código.

Art. 799. O segurador não pode eximir-se ao pagamento do seguro, ainda que da apólice conste a restrição, se a morte ou a incapacidade do segurado provier da utilização de meio de transporte mais arriscado, da prestação de serviço militar, da prática de esporte, ou de atos de humanidade em auxílio de outrem.

Art. 800. Nos seguros de pessoas, o segurador não pode sub-rogar-se nos direitos e ações do segurado, ou do beneficiário, contra o causador do sinistro.

► Arts. 346 a 351 e 786 deste Código.

Art. 801. O seguro de pessoas pode ser estipulado por pessoa natural ou jurídica em proveito de grupo que a ela, de qualquer modo, se vincule.

§ 1º O estipulante não representa o segurador perante o grupo segurado, e é o único responsável, para com o segurador, pelo cumprimento de todas as obrigações contratuais.

§ 2º A modificação da apólice em vigor dependerá da anuência expressa de segurados que representem três quartos do grupo.

► En. nº 375 das Jornadas de Direito Civil.

Art. 802. Não se compreende nas disposições desta Seção a garantia do reembolso de despesas hospitalares ou de tratamento médico, nem o custeio das despesas de luto e de funeral do segurado.

CAPÍTULO XVI
DA CONSTITUIÇÃO DE RENDA

Art. 803. Pode uma pessoa, pelo contrato de constituição de renda, obrigar-se para com outra a uma prestação periódica, a título gratuito.

► Art. 813 deste Código.

Art. 804. O contrato pode ser também a título oneroso, entregando-se bens móveis ou imóveis à pessoa que se obriga a satisfazer as prestações a favor do credor ou de terceiros.

Art. 805. Sendo o contrato a título oneroso, pode o credor, ao contratar, exigir que o rendeiro lhe preste garantia real, ou fidejussória.

► Arts. 818 a 839 e 1.419 e segs. deste Código.

Art. 806. O contrato de constituição de renda será feito a prazo certo, ou por vida, podendo ultrapassar a vida do devedor mas não a do credor, seja ele o contratante, seja terceiro.

Art. 807. O contrato de constituição de renda requer escritura pública.

► Art. 167, I, item 8, da Lei nº 6.015, de 31-12-1973 (Lei dos Registros Públicos).

Art. 808. É nula a constituição de renda em favor de pessoa já falecida, ou que, nos trinta dias seguintes, vier a falecer de moléstia que já sofria, quando foi celebrado o contrato.

► Art. 166 deste Código.

Art. 809. Os bens dados em compensação da renda caem, desde a tradição, no domínio da pessoa que por aquela se obrigou.

► Arts. 1.267, 1.268 e 1.359 deste Código.

Art. 810. Se o rendeiro, ou censuário, deixar de cumprir a obrigação estipulada, poderá o credor da renda acioná-lo, tanto para que lhe pague as prestações atrasadas como para que lhe dê garantias das futuras, sob pena de rescisão do contrato.

► Art. 477 deste Código.

Art. 811. O credor adquire o direito à renda dia a dia, se a prestação não houver de ser paga adiantada, no começo de cada um dos períodos prefixos.

Art. 812. Quando a renda for constituída em benefício de duas ou mais pessoas, sem determinação da parte de cada uma, entende-se que os seus direitos são iguais; e, salvo estipulação diversa, não adquirirão os sobrevivos direito à parte dos que morrerem.

► Art. 257 deste Código.

Art. 813. A renda constituída por título gratuito pode, por ato do instituidor, ficar isenta de todas as execuções pendentes e futuras.

Parágrafo único. A isenção prevista neste artigo prevalece de pleno direito em favor dos montepios e pensões alimentícias.

CAPÍTULO XVII
DO JOGO E DA APOSTA

Art. 814. As dívidas de jogo ou de aposta não obrigam a pagamento; mas não se pode recobrar a quantia, que voluntariamente se pagou, salvo se foi ganha por dolo, ou se o perdente é menor ou interdito.

► Arts. 145 a 150, 564 e 882 deste Código.

§ 1º Estende-se esta disposição a qualquer contrato que encubra ou envolva reconhecimento, novação ou fiança de dívida de jogo; mas a nulidade resultante não pode ser oposta ao terceiro de boa-fé.

§ 2º O preceito contido neste artigo tem aplicação, ainda que se trate de jogo não proibido, só se excetuando os jogos e apostas legalmente permitidos.

§ 3º Excetuam-se, igualmente, os prêmios oferecidos ou prometidos para o vencedor em competição de natureza esportiva, intelectual ou artística, desde que os interessados se submetam às prescrições legais e regulamentares.

► Art. 816 deste Código.

Art. 815. Não se pode exigir reembolso do que se emprestou para jogo ou aposta, no ato de apostar ou jogar.

► Art. 816 deste Código.

Art. 816. As disposições dos arts. 814 e 815 não se aplicam aos contratos sobre títulos de bolsa, mercadorias ou valores, em que se estipulem a liquidação exclusivamente pela diferença entre o preço ajustado e a cotação que eles tiverem no vencimento do ajuste.

Art. 817. O sorteio para dirimir questões ou dividir coisas comuns considera-se sistema de partilha ou processo de transação, conforme o caso.

► Arts. 840 a 850 e 2.013 a 2.022 deste Código.

CAPÍTULO XVIII
DA FIANÇA

Seção I
DISPOSIÇÕES GERAIS

► Arts. 333, III, 814, § 1º, 1.642, IV, 1.645 e 1.647, III, deste Código.

► Art. 129, 3º, da Lei nº 6.015, de 31-12-1973 (Lei dos Registros Públicos).

► Arts. 22, VII, 23, XI, 40 e 71, V e VI, da Lei nº 8.245, de 18-10-1991 (Lei das Locações).

► Súmulas nºs 214, 268 e 332 do STJ.

Art. 818. Pelo contrato de fiança, uma pessoa garante satisfazer ao credor uma obrigação assumida pelo devedor, caso este não a cumpra.

Art. 819. A fiança dar-se-á por escrito, e não admite interpretação extensiva.

► Arts. 112 a 114 deste Código.

Art. 819-A. VETADO. Lei nº 10.931, de 2-8-2004.

Art. 820. Pode-se estipular a fiança, ainda que sem consentimento do devedor ou contra a sua vontade.

Art. 821. As dívidas futuras podem ser objeto de fiança; mas o fiador, neste caso, não será demandado senão depois que se fizer certa e líquida a obrigação do principal devedor.

Art. 822. Não sendo limitada, a fiança compreenderá todos os acessórios da dívida principal, inclusive as despesas judiciais, desde a citação do fiador.

Art. 823. A fiança pode ser de valor inferior ao da obrigação principal e contraída em condições menos onerosas, e, quando exceder o valor da dívida, ou for mais onerosa que ela, não valerá senão até ao limite da obrigação afiançada.

Art. 824. As obrigações nulas não são suscetíveis de fiança, exceto se a nulidade resultar apenas de incapacidade pessoal do devedor.

► Arts. 166 a 170 deste Código.

Parágrafo único. A exceção estabelecida neste artigo não abrange o caso de mútuo feito a menor.

► Arts. 588 e 837 deste Código.

Art. 825. Quando alguém houver de oferecer fiador, o credor não pode ser obrigado a aceitá-lo se não for pessoa idônea, domiciliada no município onde tenha de prestar a fiança, e não possua bens suficientes para cumprir a obrigação.

Art. 826. Se o fiador se tornar insolvente ou incapaz, poderá o credor exigir que seja substituído.

► Art. 333, III, deste Código.

Seção II

DOS EFEITOS DA FIANÇA

Art. 827. O fiador demandado pelo pagamento da dívida tem direito a exigir, até a contestação da lide, que sejam primeiro executados os bens do devedor.

Parágrafo único. O fiador que alegar o benefício de ordem, a que se refere este artigo, deve nomear bens do devedor, sitos no mesmo município, livres e desembargados, quantos bastem para solver o débito.

► Art. 839 deste Código.

► Arts. 130 e 794 do CPC/2015.

Art. 828. Não aproveita este benefício ao fiador:

► En. nº 364 das Jornadas de Direito Civil.

I – se ele o renunciou expressamente;

II – se se obrigou como principal pagador, ou devedor solidário;

► Arts. 265 e 275 a 285 deste Código.

III – se o devedor for insolvente, ou falido.

► Art. 838 deste Código.

Art. 829. A fiança conjuntamente prestada a um só débito por mais de uma pessoa importa o compromisso de solidariedade entre elas, se declaradamente não se reservarem o benefício de divisão.

► Arts. 275 a 285 deste Código.

Parágrafo único. Estipulado este benefício, cada fiador responde unicamente pela parte que, em proporção, lhe couber no pagamento.

► Art. 838 deste Código.

Art. 830. Cada fiador pode fixar no contrato a parte da dívida que toma sob sua responsabilidade, caso em que não será por mais obrigado.

Art. 831. O fiador que pagar integralmente a dívida fica sub-rogado nos direitos do credor; mas só poderá demandar a cada um dos outros fiadores pela respectiva quota.

► Art. 346, III, deste Código.

Parágrafo único. A parte do fiador insolvente distribuir-se-á pelos outros.

► Arts. 283 e 284 deste Código.

Art. 832. O devedor responde também perante o fiador por todas as perdas e danos que este pagar, e pelos que sofrer em razão da fiança.

► Arts. 402 a 405 deste Código.

► Art. 794, § 2º, do CPC/2015.

Art. 833. O fiador tem direito aos juros do desembolso pela taxa estipulada na obrigação principal, e, não havendo taxa convencionada, aos juros legais da mora.

► Arts. 406 e 407 deste Código.

Art. 834. Quando o credor, sem justa causa, demorar a execução iniciada contra o devedor, poderá o fiador promover-lhe o andamento.

► Art. 778, IV, do CPC/2015.

Art. 835. O fiador poderá exonerar-se da fiança que tiver assinado sem limitação de tempo, sempre que lhe convier, ficando obrigado por todos os efeitos da fiança, durante sessenta dias após a notificação do credor.

► Art. 366 deste Código.

► En. nº 547 das Jornadas de Direito Civil.

Art. 836. A obrigação do fiador passa aos herdeiros; mas a responsabilidade da fiança se limita ao tempo decorrido até a morte do fiador, e não pode ultrapassar as forças da herança.

► Arts. 1.792 e 1.997 deste Código.

Seção III

DA EXTINÇÃO DA FIANÇA

Art. 837. O fiador pode opor ao credor as exceções que lhe forem pessoais, e as extintivas da obrigação que competem ao devedor principal, se não provierem simplesmente de incapacidade pessoal, salvo o caso do mútuo feito a pessoa menor.

► Arts. 204, § 3º, 366, 371, 376, 588 e 824 deste Código.

Art. 838. O fiador, ainda que solidário, ficará desobrigado:

I – se, sem consentimento seu, o credor conceder moratória ao devedor;

► Art. 366 deste Código.

II – se, por fato do credor, for impossível a sub-rogação nos seus direitos e preferências;

III – se o credor, em pagamento da dívida, aceitar amigavelmente do devedor objeto diverso do que este era obrigado a lhe dar, ainda que depois venha a perdê-lo por evicção.

► Arts. 356, 447 a 457, 828 e 829 deste Código.

Art. 839. Se for invocado o benefício da excussão e o devedor, retardando-se a execução, cair em insolvência, ficará exonerado o fiador que o invocou, se provar que os bens por ele indicados eram, ao tempo da penhora, suficientes para a solução da dívida afiançada.

► Art. 827 deste Código.

► Art. 794 do CPC/2015.

CAPÍTULO XIX

DA TRANSAÇÃO

► Art. 661, §§ 1º e 2º, deste Código.

► Arts. 90, § 2º, 122, 487, III, *b*, 535, VI, 619, 903, § 6º, 924, III, e 966, III, do CPC/2015.

► Art. 171 do CTN.

Art. 840. É lícito aos interessados prevenirem ou terminarem o litígio mediante concessões mútuas.

Art. 841. Só quanto a direitos patrimoniais de caráter privado se permite a transação.

Art. 842. A transação far-se-á por escritura pública, nas obrigações em que a lei o exige, ou por instrumento particular, nas em que ela o admite; se recair sobre direitos contestados em juízo, será feita por escritura pública, ou por termo nos autos, assinado pelos transigentes e homologado pelo juiz.

► Art. 108 deste Código.

Art. 843. A transação interpreta-se restritivamente, e por ela não se transmitem, apenas se declaram ou reconhecem direitos.

Art. 844. A transação não aproveita, nem prejudica senão aos que nela intervierem, ainda que diga respeito a coisa indivisível.

► Arts. 87, 88 e 257 a 263 deste Código.

► En. nº 442 das Jornadas de Direito Civil.

§ 1º Se for concluída entre o credor e o devedor, desobrigará o fiador.

§ 2º Se entre um dos credores solidários e o devedor, extingue a obrigação deste para com os outros credores.

► Arts. 267 a 274 deste Código.

§ 3º Se entre um dos devedores solidários e seu credor, extingue a dívida em relação aos codevedores.

► Arts. 275 a 285 deste Código.

Art. 845. Dada a evicção da coisa renunciada por um dos transigentes, ou por ele transferida à outra parte, não revive a obrigação extinta pela transação; mas ao evicto cabe o direito de reclamar perdas e danos.

► Arts. 402 a 405 e 447 a 457 deste Código.

Parágrafo único. Se um dos transigentes adquirir, depois da transação, novo direito sobre a coisa renunciada ou transferida, a transação feita não o inibirá de exercê-lo.

Art. 846. A transação concernente a obrigações resultantes de delito não extingue a ação penal pública.

Art. 847. É admissível, na transação, a pena convencional.

► Arts. 408 a 416 deste Código.

Art. 848. Sendo nula qualquer das cláusulas da transação, nula será esta.

Parágrafo único. Quando a transação versar sobre diversos direitos contestados, independentes entre si, o fato de não prevalecer em relação a um não prejudicará os demais.

Art. 849. A transação só se anula por dolo, coação, ou erro essencial quanto à pessoa ou coisa controversa.

► Arts. 138 a 155 deste Código.

Parágrafo único. A transação não se anula por erro de direito a respeito das questões que foram objeto de controvérsia entre as partes.

Art. 850. É nula a transação a respeito do litígio decidido por sentença passada em julgado, se dela não tinha ciência algum dos transatores, ou quando, por título ulteriormente descoberto, se verificar que nenhum deles tinha direito sobre o objeto da transação.

► Art. 166 deste Código.

CAPÍTULO XX

DO COMPROMISSO

► Art. 661, § 2º, deste Código.

► Lei nº 9.307, de 23-9-1996 (Lei da Arbitragem).

Art. 851. É admitido compromisso, judicial ou extrajudicial, para resolver litígios entre pessoas que podem contratar.

Art. 852. É vedado compromisso para solução de questões de estado, de direito pessoal de família e de outras que não tenham caráter estritamente patrimonial.

Art. 853. Admite-se nos contratos a cláusula compromissória, para resolver divergências mediante juízo arbitral, na forma estabelecida em lei especial.

► Art. 4º da Lei nº 9.307, de 23-9-1996 (Lei da Arbitragem).

CAPÍTULO XXI

DO CONTRATO DE ADMINISTRAÇÃO FIDUCIÁRIA DE GARANTIAS

► Capítulo XXI acrescido pela Lei nº 14.711, de 30-10-2023.

Art. 853-A. Qualquer garantia poderá ser constituída, levada a registro, gerida e ter a sua execução pleiteada por agente de garantia, que será designado pelos credores da obrigação garantida para esse fim e atuará em nome próprio e em benefício dos credores, inclusive em ações judiciais que envolvam discussões sobre a existência, a validade ou a eficácia do ato jurídico do crédito garantido, vedada qualquer cláusula que afaste essa regra em desfavor do devedor ou, se for o caso, do terceiro prestador da garantia.

§ 1º O agente de garantia poderá valer-se da execução extrajudicial da garantia, quando houver previsão na legislação especial aplicável à modalidade de garantia.

§ 2º O agente de garantia terá dever fiduciário em relação aos credores da obrigação garantida e responderá perante os credores por todos os seus atos.

§ 3º O agente de garantia poderá ser substituído, a qualquer tempo, por decisão do credor único ou dos titulares que representarem a maioria simples dos créditos garantidos, reunidos em assembleia, mas a substituição do agente de garantia somente será eficaz após ter sido tornada pública pela mesma forma por meio da qual tenha sido dada publicidade à garantia.

§ 4º Os requisitos de convocação e de instalação das assembleias dos titulares dos créditos garantidos estarão previstos em ato de designação ou de contratação do agente de garantia.

§ 5º O produto da realização da garantia, enquanto não transferido para os credores garantidos, constitui patrimônio separado daquele do agente de garantia e não poderá responder por suas obrigações pelo período de até 180 (cento e oitenta) dias, contado da data de recebimento do produto da garantia.

§ 6º Após receber o valor do produto da realização da garantia, o agente de garantia disporá do prazo de 10 (dez) dias úteis para efetuar o pagamento aos credores.

§ 7º Paralelamente ao contrato de que trata este artigo, o agente de garantia poderá manter contratos com o devedor para:

I – pesquisa de ofertas de crédito mais vantajosas entre os diversos fornecedores;

II – auxílio nos procedimentos necessários à formalização de contratos de operações de crédito e de garantias reais;

III – intermediação na resolução de questões relativas aos contratos de operações de crédito ou às garantias reais; e

IV – outros serviços não vedados em lei.

§ 8º Na hipótese do § 7º deste artigo, o agente de garantia deverá agir com estrita boa-fé perante o devedor.

▸ Art. 853-A acrescido pela Lei nº 14.711, de 30-10-2023.

TÍTULO VII – DOS ATOS UNILATERAIS

CAPÍTULO I

DA PROMESSA DE RECOMPENSA

Art. 854. Aquele que, por anúncios públicos, se comprometer a recompensar, ou gratificar, a quem preencha certa condição, ou desempenhe certo serviço, contrai obrigação de cumprir o prometido.

▸ Art. 427 deste Código.

Art. 855. Quem quer que, nos termos do artigo antecedente, fizer o serviço, ou satisfizer a condição, ainda que não pelo interesse da promessa, poderá exigir a recompensa estipulada.

Art. 856. Antes de prestado o serviço ou preenchida a condição, pode o promitente revogar a promessa, contanto que o faça com a mesma publicidade; se houver assinado prazo à execução da tarefa, entender-se-á que renuncia o arbítrio de retirar, durante ele, a oferta.

Parágrafo único. O candidato de boa-fé, que houver feito despesas, terá direito a reembolso.

Art. 857. Se o ato contemplado na promessa for praticado por mais de um indivíduo, terá direito à recompensa o que primeiro o executou.

Art. 858. Sendo simultânea a execução, a cada um tocará quinhão igual na recompensa; se esta não for divisível, conferir-se-á por sorteio, e o que obtiver a coisa dará ao outro o valor de seu quinhão.

▸ Arts. 87 e 88 deste Código.

Art. 859. Nos concursos que se abrirem com promessa pública de recompensa, é condição essencial, para valerem, a fixação de um prazo, observadas também as disposições dos parágrafos seguintes.

§ 1º A decisão da pessoa nomeada, nos anúncios, como juiz, obriga os interessados.

§ 2º Em falta de pessoa designada para julgar o mérito dos trabalhos que se apresentarem, entender-se-á que o promitente se reservou essa função.

§ 3º Se os trabalhos tiverem mérito igual, proceder-se-á de acordo com os arts. 857 e 858.

Art. 860. As obras premiadas, nos concursos de que trata o artigo antecedente, só ficarão pertencendo ao promitente, se assim for estipulado na publicação da promessa.

CAPÍTULO II

DA GESTÃO DE NEGÓCIOS

▸ Arts. 663 a 665 deste Código.

▸ Arts. 53, IV, *b*, e 121, parágrafo único, do CPC/2015.

Art. 861. Aquele que, sem autorização do interessado, intervém na gestão de negócio alheio, dirigi-lo-á segundo o interesse e a vontade presumível de seu dono, ficando responsável a este e às pessoas com que tratar.

Art. 862. Se a gestão foi iniciada contra a vontade manifesta ou presumível do interessado, responderá o gestor até pelos casos fortuitos, não provando que teriam sobrevindo, ainda quando se houvesse abatido.

▸ Embora conste na publicação oficial "abatido", consideramos que o correto seria "abstido".

▸ Arts. 393, parágrafo único, e 874 deste Código.

Art. 863. No caso do artigo antecedente, se os prejuízos da gestão excederem o seu proveito, poderá o dono do negócio exigir que o gestor restitua as coisas ao estado anterior, ou o indenize da diferença.

▸ Art. 874 deste Código.

Art. 864. Tanto que se possa, comunicará o gestor ao dono do negócio a gestão que assumiu, aguardando-lhe a resposta, se da espera não resultar perigo.

Art. 865. Enquanto o dono não providenciar, velará o gestor pelo negócio, até o levar a cabo, esperando, se aquele falecer durante a gestão, as instruções dos herdeiros, sem se descuidar, entretanto, das medidas que o caso reclame.

Art. 866. O gestor envidará toda sua diligência habitual na administração do negócio, ressarcindo ao dono o prejuízo resultante de qualquer culpa na gestão.

▸ Art. 667 deste Código.

Art. 867. Se o gestor se fizer substituir por outrem, responderá pelas faltas do substituto, ainda que seja pessoa idônea, sem prejuízo da ação que a ele, ou ao dono do negócio, contra ela possa caber.

Parágrafo único. Havendo mais de um gestor, solidária será a sua responsabilidade.

▸ Arts. 275 a 285 deste Código.

Art. 868. O gestor responde pelo caso fortuito quando fizer operações arriscadas, ainda que o dono costumasse fazê-las, ou quando preterir interesse deste em proveito de interesses seus.

▸ Art. 393, parágrafo único, deste Código.

Parágrafo único. Querendo o dono aproveitar-se da gestão, será obrigado a indenizar o gestor das despesas necessárias, que tiver feito, e dos prejuízos, que por motivo da gestão, houver sofrido.

Art. 869. Se o negócio for utilmente administrado, cumprirá ao dono as obrigações contraídas em seu nome, reembolsando ao gestor as despesas necessárias ou úteis que houver feito, com os juros legais, desde o desembolso, respondendo ainda pelos prejuízos que este houver sofrido por causa da gestão.

▸ Arts. 406 e 407 deste Código.

§ 1º A utilidade, ou necessidade, da despesa, apreciar-se-á não pelo resultado obtido, mas segundo as circunstâncias da ocasião em que se fizerem.

§ 2º Vigora o disposto neste artigo, ainda quando o gestor, em erro quanto ao dono do negócio, der a outra pessoa as contas da gestão.

▸ Art. 874 deste Código.

Art. 870. Aplica-se a disposição do artigo antecedente, quando a gestão se proponha a acudir a prejuízos iminentes, ou redunde em proveito do dono do negócio ou da coisa; mas a indenização ao gestor não excederá, em importância, as vantagens obtidas com a gestão.

▸ Arts. 863 e 874 deste Código.

Art. 871. Quando alguém, na ausência do indivíduo obrigado a alimentos, por ele os prestar a quem se devem, poder-lhes-á reaver do devedor a importância, ainda que este não ratifique o ato.

▸ Arts. 305 e 1.694 a 1.710 deste Código.

Art. 872. Nas despesas do enterro, proporcionadas aos usos locais e à condição do falecido, feitas por terceiro, podem ser cobradas da pessoa que teria a obrigação de alimentar a que veio a falecer, ainda mesmo que esta não tenha deixado bens.

▸ Art. 1.694 deste Código.

Parágrafo único. Cessa o disposto neste artigo e no antecedente, em se provando que o gestor fez essas despesas com o simples intento de bem fazer.

Art. 873. A ratificação pura e simples do dono do negócio retroage ao dia do começo da gestão, e produz todos os efeitos do mandato.

▸ Arts. 172, 662, 673 e 679 deste Código.

Art. 874. Se o dono do negócio, ou da coisa, desaprovar a gestão, considerando-a contrária aos seus interesses, vigorará o disposto nos arts. 862 e 863, salvo o estabelecido nos arts. 869 e 870.

Art. 875. Se os negócios alheios forem conexos ao do gestor, de tal arte que se não possam gerir separadamente, haver-se-á o gestor por sócio daquele cujos interesses agenciar de envolta com os seus.

Parágrafo único. No caso deste artigo, aquele em cujo benefício interveio o gestor só é obrigado na razão das vantagens que lograr.

CAPÍTULO III
DO PAGAMENTO INDEVIDO

Art. 876. Todo aquele que recebeu o que lhe não era devido fica obrigado a restituir; obrigação que incumbe àquele que recebe dívida condicional antes de cumprida a condição.

- Arts. 121 e 312 deste Código.
- Arts. 165 a 169 do CTN.
- Súmulas nºs 71 e 546 do STF.

Art. 877. Àquele que voluntariamente pagou o indevido incumbe a prova de tê-lo feito por erro.

- Arts. 138 a 144 deste Código.
- Súm. nº 322 do STJ.

Art. 878. Aos frutos, acessões, benfeitorias e deteriorações sobrevindas à coisa dada em pagamento indevido, aplica-se o disposto neste Código sobre o possuidor de boa-fé ou de má-fé, conforme o caso.

- Arts. 1.214 a 1.222 deste Código.

Art. 879. Se aquele que indevidamente recebeu um imóvel o tiver alienado em boa-fé, por título oneroso, responde somente pela quantia recebida; mas, se agiu de má-fé, além do valor do imóvel, responde por perdas e danos.

- Arts. 402 a 405, 538 a 554 e 637 deste Código.

Parágrafo único. Se o imóvel foi alienado por título gratuito, ou se, alienado por título oneroso, o terceiro adquirente agiu de má-fé, cabe ao que pagou por erro o direito de reivindicação.

Art. 880. Fica isento de restituir pagamento indevido aquele que, recebendo-o como parte de dívida verdadeira, inutilizou o título, deixou prescrever a pretensão ou abriu mão das garantias que asseguravam seu direito; mas aquele que pagou dispõe de ação regressiva contra o verdadeiro devedor e seu fiador.

Art. 881. Se o pagamento indevido tiver consistido no desempenho de obrigação de fazer ou para eximir-se da obrigação de não fazer, aquele que recebeu a prestação fica na obrigação de indenizar o que a cumpriu, na medida do lucro obtido.

Art. 882. Não se pode repetir o que se pagou para solver dívida prescrita, ou cumprir obrigação judicialmente inexigível.

- Arts. 189 a 206, 564, III, e 814 deste Código.

Art. 883. Não terá direito à repetição aquele que deu alguma coisa para obter fim ilícito, imoral, ou proibido por lei.

Parágrafo único. No caso deste artigo, o que se deu reverterá em favor de estabelecimento local de beneficência, a critério do juiz.

CAPÍTULO IV
DO ENRIQUECIMENTO SEM CAUSA

- Arts. 157 e 206, § 3º, IV, deste Código.

Art. 884. Aquele que, sem justa causa, se enriquecer à custa de outrem, será obrigado a restituir o indevidamente auferido, feita a atualização dos valores monetários.

- Enunciados nºs 35, 188, 482, 487 e 551 das Jornadas de Direito Civil.

Parágrafo único. Se o enriquecimento tiver por objeto coisa determinada, quem a recebeu é obrigado a restituí-la, e, se a coisa não mais subsistir, a restituição se fará pelo valor do bem na época em que foi exigido.

Art. 885. A restituição é devida, não só quando não tenha havido causa que justifique o enriquecimento, mas também se esta deixou de existir.

Art. 886. Não caberá a restituição por enriquecimento, se a lei conferir ao lesado outros meios para se ressarcir do prejuízo sofrido.

- En. nº 36 das Jornadas de Direito Civil.

TÍTULO VIII – DOS TÍTULOS DE CRÉDITO

- Arts. 206, § 3º, VIII, 1.395 e 1.451 a 1.460 deste Código.
- Arts. 783, 784 e 917 do CPC/2015.
- Lei nº 492, de 30-8-1937, dispõe sobre o penhor rural e a cédula pignoratícia.
- Lei nº 5.474, de 18-7-1968 (Lei das Duplicatas).
- Arts. 52 a 74 da Lei nº 6.404, de 15-12-1976 (Lei das Sociedades por Ações).
- Lei nº 7.357, de 2-9-1985 (Lei do Cheque).
- Lei nº 8.929, de 22-8-1994, institui a cédula de produto rural.
- Dec.-lei nº 70, de 21-11-1966 (Lei de Execução de Cédula Hipotecária).
- Dec.-lei nº 167, de 14-2-1967 (Lei de Execução de Cédula de Crédito Rural).
- Dec.-lei nº 413, de 9-1-1969 (Lei de Execução de Cédula de Crédito Industrial).
- Dec. nº 2.044, de 31-12-1908 (Lei da Letra de Câmbio e da Nota Promissória).
- Dec. nº 57.595, de 7-1-1966 (Lei Uniforme em Matéria de Cheque).
- Dec. nº 57.663, de 24-1-1966 (Lei Uniforme em Matéria de Letras de Câmbio e Notas Promissórias).

CAPÍTULO I
DISPOSIÇÕES GERAIS

Art. 887. O título de crédito, documento necessário ao exercício do direito literal e autônomo nele contido, somente produz efeito quando preencha os requisitos da lei.

Art. 888. A omissão de qualquer requisito legal, que tire ao escrito a sua validade como título de crédito, não implica a invalidade do negócio jurídico que lhe deu origem.

Art. 889. Deve o título de crédito conter a data da emissão, a indicação precisa dos direitos que confere, e a assinatura do emitente.

- En. nº 461 das Jornadas de Direito Civil.

§ 1º É à vista o título de crédito que não contenha indicação de vencimento.

§ 2º Considera-se lugar de emissão e de pagamento, quando não indicado no título, o domicílio do emitente.

§ 3º O título poderá ser emitido a partir dos caracteres criados em computador ou meio técnico equivalente e que constem da escrituração do emitente, observados os requisitos mínimos previstos neste artigo.

- En. nº 462 das Jornadas de Direito Civil

Art. 890. Consideram-se não escritas no título a cláusula de juros, a proibitiva de endosso, a excludente de responsabilidade pelo pagamento ou por despesas, a que dispense a observância de termos e formalidade prescritas, e a que, além dos limites fixados em lei, exclua ou restrinja direitos e obrigações.

- Arts. 406, 407 e 910 a 920 deste Código.

Art. 891. O título de crédito, incompleto ao tempo da emissão, deve ser preenchido de conformidade com os ajustes realizados.

- Súm. nº 387 do STF.

Parágrafo único. O descumprimento dos ajustes previstos neste artigo pelos que deles participaram, não constitui motivo de oposição ao terceiro portador, salvo se este, ao adquirir o título, tiver agido de má-fé.

Art. 892. Aquele que, sem ter poderes, ou excedendo os que tem, lança a sua assinatura em título de crédito, como mandatário ou representante de outrem, fica pessoalmente obrigado, e, pagando o título, tem ele os mesmos direitos que teria o suposto mandante ou representado.

- Art. 653 e segs. deste Código.
- Súm. nº 60 do STJ.

Art. 893. A transferência do título de crédito implica a de todos os direitos que lhe são inerentes.

Art. 894. O portador de título representativo de mercadoria tem o direito de transferi-lo, de conformidade com as normas que regulam a sua circulação, ou de receber aquela independentemente de quaisquer formalidades, além da entrega do título devidamente quitado.

Art. 895. Enquanto o título de crédito estiver em circulação, só ele poderá ser dado em garantia, ou ser objeto de medidas judiciais, e não, separadamente, os direitos ou mercadorias que representa.

- Arts. 1.451 a 1.460 deste Código.

Art. 896. O título de crédito não pode ser reivindicado do portador que o adquiriu de boa-fé e na conformidade das normas que disciplinam a sua circulação.

Art. 897. O pagamento de título de crédito, que contenha obrigação de pagar soma determinada, pode ser garantido por aval.

- En. nº 463 das Jornadas de Direito Civil.

Parágrafo único. É vedado o aval parcial.

- Súm. nº 26 do STJ.
- En. nº 39 da Jornada de Direito Comercial.

Art. 898. O aval deve ser dado no verso ou no anverso do próprio título.

§ 1º Para a validade do aval, dado no anverso do título, é suficiente a simples assinatura do avalista.

§ 2º Considera-se não escrito o aval cancelado.

Art. 899. O avalista equipara-se àquele cujo nome indicar; na falta de indicação, ao emitente ou devedor final.

§ 1º Pagando o título, tem o avalista ação de regresso contra o seu avalizado e demais coobrigados anteriores.

§ 2º Subsiste a responsabilidade do avalista, ainda que nula a obrigação daquele a quem se equipara, a menos que a nulidade decorra de vício de forma.

Art. 900. O aval posterior ao vencimento produz os mesmos efeitos do anteriormente dado.

Art. 901. Fica validamente desonerado o devedor que paga título de crédito ao legítimo portador, no vencimento, sem oposição, salvo se agiu de má-fé.

Parágrafo único. Pagando, pode o devedor exigir do credor, além da entrega do título, quitação regular.

Art. 902. Não é o credor obrigado a receber o pagamento antes do vencimento do título, e aquele que o paga, antes do vencimento, fica responsável pela validade do pagamento.

§ 1º No vencimento, não pode o credor recusar pagamento, ainda que parcial.

§ 2º No caso de pagamento parcial, em que se não opera a tradição do título, além da quitação em separado, outra deverá ser firmada no próprio título.

Art. 903. Salvo disposição diversa em lei especial, regem-se os títulos de crédito pelo disposto neste Código.

- Enunciados nºs 52 e 464 das Jornadas de Direito Civil.
- En. nº 39 da Jornada de Direito Comercial.

CAPÍTULO II
DO TÍTULO AO PORTADOR

Art. 904. A transferência de título ao portador se faz por simples tradição.

- Arts. 1.267 e 1.268 deste Código.

Art. 905. O possuidor de título ao portador tem direito à prestação nele indicada, mediante a sua simples apresentação ao devedor.

- Art. 311 deste Código.

Parágrafo único. A prestação é devida ainda que o título tenha entrado em circulação contra a vontade do emitente.

Art. 906. O devedor só poderá opor ao portador exceção fundada em direito pessoal, ou em nulidade de sua obrigação.

Art. 907. É nulo o título ao portador emitido sem autorização de lei especial.

- Art. 166 deste Código.

Art. 908. O possuidor de título dilacerado, porém identificável, tem direito a obter do emitente a substituição do anterior, mediante a restituição do primeiro e o pagamento das despesas.

Art. 909. O proprietário, que perder ou extraviar título, ou for injustamente desapossado dele, poderá obter novo título em juízo, bem como impedir sejam pagos a outrem capital e rendimentos.

Parágrafo único. O pagamento, feito antes de ter ciência da ação referida neste artigo, exonera o devedor, salvo se se provar que ele tinha conhecimento do fato.

CAPÍTULO III
DO TÍTULO À ORDEM

- Arts. 785, § 2º, e 890 deste Código.

Art. 910. O endosso deve ser lançado pelo endossante no verso ou anverso do próprio título.

§ 1º Pode o endossante designar o endossatário, e para validade do endosso, dado no verso do título, é suficiente a simples assinatura do endossante.

§ 2º A transferência por endosso completa-se com a tradição do título.

- Arts. 1.267 e 1.268 deste Código.

§ 3º Considera-se não escrito o endosso cancelado, total ou parcialmente.

Art. 911. Considera-se legítimo possuidor o portador do título à ordem com série regular e ininterrupta de endossos, ainda que o último seja em branco.

Parágrafo único. Aquele que paga o título está obrigado a verificar a regularidade da série de endossos, mas não a autenticidade das assinaturas.

Art. 912. Considera-se não escrita no endosso qualquer condição a que o subordine o endossante.

Parágrafo único. É nulo o endosso parcial.

- Art. 166 deste Código.

Art. 913. O endossatário de endosso em branco pode mudá-lo para endosso em preto, completando-o com o seu nome ou de terceiro; pode endossar novamente o título, em branco ou em preto; ou pode transferi-lo sem novo endosso.

Art. 914. Ressalvada cláusula expressa em contrário, constante do endosso, não responde o endossante pelo cumprimento da prestação constante do título.

§ 1º Assumindo responsabilidade pelo pagamento, o endossante se torna devedor solidário.

- Arts. 275 a 285 deste Código.

§ 2º Pagando o título, tem o endossante ação de regresso contra os coobrigados anteriores.

Art. 915. O devedor, além das exceções fundadas nas relações pessoais que tiver com o portador, só poderá opor a este as exceções relativas à forma do título e ao seu conteúdo literal, à falsidade da própria assinatura, a defeito de capacidade ou de representação no momento da subscrição, e à falta de requisito necessário ao exercício da ação.

Art. 916. As exceções, fundadas em relação do devedor com os portadores precedentes, somente poderão ser por ele opostas ao portador, se este, ao adquirir o título, tiver agido de má-fé.

Art. 917. A cláusula constitutiva de mandato, lançada no endosso, confere ao endossatário o exercício dos direitos inerentes ao título, salvo restrição expressamente estatuída.

- Arts. 653 a 691 deste Código.

§ 1º O endossatário de endosso-mandato só pode endossar novamente o título na qualidade de procurador, com os mesmos poderes que recebeu.

§ 2º Com a morte ou a superveniente incapacidade do endossante, não perde eficácia o endosso-mandato.

§ 3º Pode o devedor opor ao endossatário de endosso-mandato somente as exceções que tiver contra o endossante.

Art. 918. A cláusula constitutiva de penhor, lançada no endosso, confere ao endossatário o exercício dos direitos inerentes ao título.

§ 1º O endossatário de endosso-penhor só pode endossar novamente o título na qualidade de procurador.

§ 2º Não pode o devedor opor ao endossatário de endosso-penhor as exceções que tinha contra o endossante, salvo se aquele tiver agido de má-fé.

Art. 919. A aquisição de título à ordem, por meio diverso do endosso, tem efeito de cessão civil.

- Arts. 286 a 298 deste Código.

Art. 920. O endosso posterior ao vencimento produz os mesmos efeitos do anterior.

CAPÍTULO IV
DO TÍTULO NOMINATIVO

Art. 921. É título nominativo o emitido em favor de pessoa cujo nome conste no registro do emitente.

Art. 922. Transfere-se o título nominativo mediante termo, em registro do emitente, assinado pelo proprietário e pelo adquirente.

Art. 923. O título nominativo também pode ser transferido por endosso que contenha o nome do endossatário.

- Arts. 910 a 920 deste Código.

§ 1º A transferência mediante endosso só tem eficácia perante o emitente, uma vez feita a competente averbação em seu registro, podendo o emitente exigir do endossatário que comprove a autenticidade da assinatura do endossante.

§ 2º O endossatário, legitimado por série regular e ininterrupta de endossos, tem o direito de obter a averbação no registro do emitente, comprovada a autenticidade das assinaturas de todos os endossantes.

§ 3º Caso o título original contenha o nome do primitivo proprietário, tem direito o adquirente a obter do emitente novo título, em seu nome, devendo a emissão do novo título constar no registro do emitente.

Art. 924. Ressalvada proibição legal, pode o título nominativo ser transformado em à ordem ou ao portador, a pedido do proprietário e à sua custa.

- Arts. 904 a 920 deste Código.

Art. 925. Fica desonerado de responsabilidade o emitente que de boa-fé fizer a transferência pelos modos indicados nos artigos antecedentes.

Art. 926. Qualquer negócio ou medida judicial, que tenha por objeto o título, só produz efeito perante o emitente ou terceiros, uma vez feita a competente averbação no registro do emitente.

TÍTULO IX – DA RESPONSABILIDADE CIVIL

- Lei nº 12.846, de 1º-8-2013 (Lei Anticorrupção).
- Arts. 18 a 21 da Lei nº 12.965, de 23-4-2014 (Marco Civil da Internet).

CAPÍTULO I
DA OBRIGAÇÃO DE INDENIZAR

- Arts. 5º, V, X, LXXV, e 37, § 6º, da CF.
- Arts. 20 e 206, § 3º, V, deste Código.
- Súmulas nºs 28, 161 e 229 do STF.
- Súmulas nºs 37, 246 e 281 do STJ.

Art. 927. Aquele que, por ato ilícito (arts. 186 e 187), causar dano a outrem, fica obrigado a repará-lo.

- O STF, por maioria, julgou procedentes as Ações Diretas de Inconstitucionalidade nºs 6.792 e 7.055, para conferir interpretação conforme a constituição ao *caput* deste artigo (*DOU* de 27-5-2024).
- Art. 533 do CPC/2015.
- Enunciados nºs 38, 189, 377, 443, 444, 445, 446, 447, 551 e 553 das Jornadas de Direito Civil.

Parágrafo único. Haverá obrigação de reparar o dano, independentemente de culpa, nos casos especificados em lei, ou quando a atividade normalmente desenvolvida pelo autor do dano implicar, por sua natureza, risco para os direitos de outrem.

- Arts. 43, 182, 931 e 933 deste Código.
- Súmulas nºs 403 e 479 do STJ.

▸ Enunciados nºs 448, 554 e 555 das Jornadas de Direito Civil.

Art. 928. O incapaz responde pelos prejuízos que causar, se as pessoas por ele responsáveis não tiverem obrigação de fazê-lo ou não dispuserem de meios suficientes.

▸ Arts. 3º a 5º, 1.630 e 1.728 a 1.783 deste Código.
▸ Art. 116 do ECA.
▸ Enunciados nºs 39, 40 e 41 das Jornadas de Direito Civil.

Parágrafo único. A indenização prevista neste artigo, que deverá ser equitativa, não terá lugar se privar do necessário o incapaz ou as pessoas que dele dependem.

▸ En. nº 449 das Jornadas de Direito Civil.

Art. 929. Se a pessoa lesada, ou o dono da coisa, no caso do inciso II do art. 188, não forem culpados do perigo, assistir-lhes-á direito à indenização do prejuízo que sofreram.

Art. 930. No caso do inciso II do art. 188, se o perigo ocorrer por culpa de terceiro, contra este terá o autor do dano ação regressiva para haver a importância que tiver ressarcido ao lesado.

Parágrafo único. A mesma ação competirá contra aquele em defesa de quem se causou o dano (art. 188, inciso I).

▸ Art. 125, II, do CPC/2015.

Art. 931. Ressalvados outros casos previstos em lei especial, os empresários individuais e as empresas respondem independentemente de culpa pelos danos causados pelos produtos postos em circulação.

▸ Arts. 43 e 927 deste Código.
▸ Arts. 8º a 27 do CDC.
▸ Enunciados nºs 42, 43, 190, 378 e 562 das Jornadas de Direito Civil.

Art. 932. São também responsáveis pela reparação civil:

▸ Enunciados nºs 191 e 451 das Jornadas de Direito Civil.

I – os pais, pelos filhos menores que estiverem sob sua autoridade e em sua companhia;

▸ Arts. 3º a 5º, 928 e 1.630 a 1.638 deste Código.
▸ En. nº 450 das Jornadas de Direito Civil.

II – o tutor e o curador, pelos pupilos e curatelados, que se acharem nas mesmas condições;

▸ Arts. 1.728 a 1.783 deste Código.

III – o empregador ou comitente, por seus empregados, serviçais e prepostos, no exercício do trabalho que lhes competir, ou em razão dele;

▸ Arts. 149 e 775 deste Código.
▸ Súm. nº 341 do STF.

IV – os donos de hotéis, hospedarias, casas ou estabelecimentos onde se albergue por dinheiro, mesmo para fins de educação, pelos seus hóspedes, moradores e educandos;

▸ Arts. 649 e 650 deste Código.

V – os que gratuitamente houverem participado nos produtos do crime, até a concorrente quantia.

▸ Arts. 933 e 942 deste Código.
▸ Súm. nº 492 do STF.

Art. 933. As pessoas indicadas nos incisos I a V do artigo antecedente, ainda que não haja culpa de sua parte, responderão pelos atos praticados pelos terceiros ali referidos.

▸ Arts. 43, 182 e 931 deste Código.
▸ Súm. nº 341 do STF.
▸ En. nº 451 das Jornadas de Direito Civil.

Art. 934. Aquele que ressarcir o dano causado por outrem pode reaver o que houver pago daquele por quem pagou, salvo se o causador do dano for descendente seu, absoluta ou relativamente incapaz.

▸ Arts. 3º a 5º deste Código.
▸ Art. 125, II, do CPC/2015.
▸ Súm. nº 188 do STF.
▸ En. nº 44 das Jornadas de Direito Civil.

Art. 935. A responsabilidade civil é independente da criminal, não se podendo questionar mais sobre a existência do fato, ou sobre quem seja o seu autor, quando estas questões se acharem decididas no juízo criminal.

▸ Arts. 313, V, e 315 do CPC/2015.
▸ Arts. 63 a 68 e 92 a 94 do CPP.
▸ En. nº 45 das Jornadas de Direito Civil.

Art. 936. O dono, ou detentor, do animal ressarcirá o dano por este causado, se não provar culpa da vítima ou força maior.

▸ Arts. 393, parágrafo único, e 1.297, § 3º, deste Código.
▸ En. nº 452 das Jornadas de Direito Civil.

Art. 937. O dono de edifício ou construção responde pelos danos que resultarem de sua ruína, se esta provier de falta de reparos, cuja necessidade fosse manifesta.

▸ Arts. 618 e 1.280 deste Código.
▸ En. nº 556 das Jornadas de Direito Civil.

Art. 938. Aquele que habitar prédio, ou parte dele, responde pelo dano proveniente das coisas que dele caírem ou forem lançadas em lugar indevido.

▸ En. nº 557 das Jornadas de Direito Civil.

Art. 939. O credor que demandar o devedor antes de vencida a dívida, fora dos casos em que a lei o permita, ficará obrigado a esperar o tempo que faltava para o vencimento, a descontar os juros correspondentes, embora estipulados, e a pagar as custas em dobro.

▸ Arts. 134, 331, 397, 592 e 941 deste Código.

Art. 940. Aquele que demandar por dívida já paga, no todo ou em parte, sem ressalvar as quantias recebidas ou pedir mais do que for devido, ficará obrigado a pagar ao devedor, no primeiro caso, o dobro do que houver cobrado e, no segundo, o equivalente do que dele exigir, salvo se houver prescrição.

▸ Art. 941 deste Código.
▸ MP nº 2.172-32, de 23-8-2001, que até o encerramento desta edição não havia sido convertida em lei, estabelece a nulidade das disposições contratuais que menciona e inverte, nas hipóteses que prevê, o ônus da prova nas ações intentadas para sua declaração.
▸ Súm. nº 159 do STF.

Art. 941. As penas previstas nos arts. 939 e 940 não se aplicarão quando o autor desistir da ação antes de contestada a lide, salvo ao réu o direito de haver indenização por algum prejuízo que prove ter sofrido.

Art. 942. Os bens do responsável pela ofensa ou violação do direito de outrem ficam sujeitos à reparação do dano causado; e, se a ofensa tiver mais de um autor, todos responderão solidariamente pela reparação.

▸ Art. 391 deste Código.
▸ Art. 789 do CPC/2015.
▸ Enunciados nºs 453 e 558 das Jornadas de Direito Civil.

Parágrafo único. São solidariamente responsáveis com os autores os coautores e as pessoas designadas no art. 932.

▸ Arts. 275 a 285 deste Código.

Art. 943. O direito de exigir reparação e a obrigação de prestá-la transmitem-se com a herança.

▸ Arts. 276, 1.792 e 1.997 deste Código.
▸ En. nº 454 das Jornadas de Direito Civil.

CAPÍTULO II
DA INDENIZAÇÃO

▸ Art. 533 do CPC/2015.
▸ Súm. nº 362 do STJ.

Art. 944. A indenização mede-se pela extensão do dano.

▸ Súm. nº 387 do STJ.
▸ Enunciados nºs 46, 379, 380, 455, 456, 457, 458, 550 e 551 das Jornadas de Direito Civil.

Parágrafo único. Se houver excessiva desproporção entre a gravidade da culpa e o dano, poderá o juiz reduzir, equitativamente, a indenização.

Art. 945. Se a vítima tiver concorrido culposamente para o evento danoso, a sua indenização será fixada tendo-se em conta a gravidade de sua culpa em confronto com a do autor do dano.

▸ Enunciados nºs 47 e 459 das Jornadas de Direito Civil.

Art. 946. Se a obrigação for indeterminada, e não houver na lei ou no contrato disposição fixando a indenização devida pelo inadimplente, apurar-se-á o valor das perdas e danos na forma que a lei processual determinar.

▸ Arts. 402 a 405 deste Código.
▸ Arts. 491, 509, 511 e 512 do CPC/2015.

Art. 947. Se o devedor não puder cumprir a prestação na espécie ajustada, substituir-se-á pelo seu valor, em moeda corrente.

▸ Art. 809 do CPC/2015.

Art. 948. No caso de homicídio, a indenização consiste, sem excluir outras reparações:

▸ En. nº 560 das Jornadas de Direito Civil.

I – no pagamento das despesas com o tratamento da vítima, seu funeral e o luto da família;

II – na prestação de alimentos às pessoas a quem o morto os devia, levando-se em conta a duração provável da vida da vítima.

▸ Arts. 206, § 2º, 931, 1.694 a 1.710 deste Código.
▸ Art. 533 do CPC/2015.
▸ Súmulas nºs 490 e 491 do STF.

Art. 949. No caso de lesão ou outra ofensa à saúde, o ofensor indenizará o ofendido das despesas do tratamento e dos lucros cessantes até ao fim da convalescença, além de algum outro prejuízo que o ofendido prove haver sofrido.

▸ Art. 951 deste Código.
▸ En. nº 192 das Jornadas de Direito Civil.

Art. 950. Se da ofensa resultar defeito pelo qual o ofendido não possa exercer o seu ofício ou profissão, ou se lhe diminua a capacidade de trabalho, a indenização, além das despesas do tratamento e lucros cessantes até ao fim da convalescença, incluirá pensão correspondente à importância do trabalho para que se inabilitou, ou da depreciação que ele sofreu.

▸ Arts. 402 a 405 deste Código.
▸ Art. 533 do CPC/2015.
▸ En. nº 192 das Jornadas de Direito Civil.

Parágrafo único. O prejudicado, se preferir, poderá exigir que a indenização seja arbitrada e paga de uma só vez.

- ▶ Art. 951 deste Código.
- ▶ Enunciados nos 48 e 381 das Jornadas de Direito Civil.

Art. 951. O disposto nos arts. 948, 949 e 950 aplica-se ainda no caso de indenização devida por aquele que, no exercício de atividade profissional, por negligência, imprudência ou imperícia, causar a morte do paciente, agravar-lhe o mal, causar-lhe lesão, ou inabilitá-lo para o trabalho.

- ▶ En. nº 460 das Jornadas de Direito Civil.

Art. 952. Havendo usurpação ou esbulho do alheio, além da restituição da coisa, a indenização consistirá em pagar o valor das suas deteriorações e o devido a título de lucros cessantes; faltando a coisa, dever-se-á reembolsar o seu equivalente ao prejudicado.

- ▶ Arts. 1.210 e 1.228 deste Código.
- ▶ Arts. 555, I e parágrafo único, I, 556 e 560 do CPC/2015.
- ▶ En. nº 561 das Jornadas de Direito Civil.

Parágrafo único. Para se restituir o equivalente, quando não exista a própria coisa, estimar-se-á ela pelo seu preço ordinário e pelo de afeição, contanto que este não se avantaje àquele.

Art. 953. A indenização por injúria, difamação ou calúnia consistirá na reparação do dano que delas resulte ao ofendido.

- ▶ Arts. 138 a 145 do CP.

Parágrafo único. Se o ofendido não puder provar prejuízo material, caberá ao juiz fixar, equitativamente, o valor da indenização, na conformidade das circunstâncias do caso.

- ▶ Art. 954 deste Código.
- ▶ Súm. nº 362 do STJ.

Art. 954. A indenização por ofensa à liberdade pessoal consistirá no pagamento das perdas e danos que sobrevierem ao ofendido, e se este não puder provar prejuízo, tem aplicação o disposto no parágrafo único do artigo antecedente.

- ▶ Arts. 402 a 405 deste Código.

Parágrafo único. Consideram-se ofensivos da liberdade pessoal:

I – o cárcere privado;

- ▶ Art. 148 do CP.

II – a prisão por queixa ou denúncia falsa e de má-fé;

- ▶ Art. 339 do CP.

III – a prisão ilegal.

TÍTULO X – DAS PREFERÊNCIAS E PRIVILÉGIOS CREDITÓRIOS

- ▶ Art. 1.422 deste Código.

Art. 955. Procede-se à declaração de insolvência toda vez que as dívidas excedam à importância dos bens do devedor.

Art. 956. A discussão entre os credores pode versar quer sobre a preferência entre eles disputada, quer sobre a nulidade, simulação, fraude, ou falsidade das dívidas e contratos.

- ▶ Arts. 158 a 170 deste Código.

Art. 957. Não havendo título legal à preferência, terão os credores igual direito sobre os bens do devedor comum.

Art. 958. Os títulos legais de preferência são os privilégios e os direitos reais.

- ▶ Art. 1.225 deste Código.
- ▶ Arts. 186 a 193 do CTN.
- ▶ Art. 449, § 1º, da CLT.

Art. 959. Conservam seus respectivos direitos os credores, hipotecários ou privilegiados:

I – sobre o preço do seguro da coisa gravada com hipoteca ou privilégio, ou sobre a indenização devida, havendo responsável pela perda ou danificação da coisa;

II – sobre o valor da indenização, se a coisa obrigada a hipoteca ou privilégio for desapropriada.

- ▶ Arts. 1.419 a 1.430 e 1.473 a 1.505 deste Código.

Art. 960. Nos casos a que se refere o artigo antecedente, o devedor do seguro, ou da indenização, exonera-se pagando sem oposição dos credores hipotecários ou privilegiados.

Art. 961. O crédito real prefere ao pessoal de qualquer espécie; o crédito pessoal privilegiado, ao simples; e o privilégio especial, ao geral.

Art. 962. Quando concorrerem aos mesmos bens, e por título igual, dois ou mais credores da mesma classe especialmente privilegiados, haverá entre eles rateio proporcional ao valor dos respectivos créditos, se o produto não bastar para o pagamento integral de todos.

- ▶ Art. 908, *caput*, do CPC/2015.

Art. 963. O privilégio especial só compreende os bens sujeitos, por expressa disposição de lei, ao pagamento do crédito que ele favorece; e o geral, todos os bens não sujeitos a crédito real nem a privilégio especial.

Art. 964. Têm privilégio especial:

- ▶ Art. 83, IV, *a*, da Lei nº 11.101, de 9-2-2005 (Lei de Recuperação de Empresas e Falências).

I – sobre a coisa arrecadada e liquidada, o credor de custas e despesas judiciais feitas com a arrecadação e liquidação;

II – sobre a coisa salvada, o credor por despesas de salvamento;

- ▶ Art. 13 da Lei nº 7.203, de 3-7-1984, que dispõe sobre salvamento de embarcação.

III – sobre a coisa beneficiada, o credor por benfeitorias necessárias ou úteis;

- ▶ Arts. 96, 97 e 1.219 a 1.222 deste Código.

IV – sobre os prédios rústicos ou urbanos, fábricas, oficinas, ou quaisquer outras construções, o credor de materiais, dinheiro, ou serviços para a sua edificação, reconstrução, ou melhoramento;

- ▶ Art. 610 deste Código.

V – sobre os frutos agrícolas, o credor por sementes, instrumentos e serviços à cultura, ou à colheita;

VI – sobre as alfaias e utensílios de uso doméstico, nos prédios rústicos ou urbanos, o credor de aluguéis, quanto às prestações do ano corrente e do anterior;

VII – sobre os exemplares da obra existente na massa do editor, o autor dela, ou seus legítimos representantes, pelo crédito fundado contra aquele no contrato da edição;

- ▶ Lei nº 9.610, de 19-2-1998 (Lei de Direitos Autorais).

VIII – sobre o produto da colheita, para a qual houver concorrido com o seu trabalho, e precipuamente a quaisquer outros créditos, ainda que reais, o trabalhador agrícola, quanto à dívida dos seus salários;

- ▶ Art. 449, § 1º, da CLT.

IX – sobre os produtos do abate, o credor por animais.

- ▶ Inciso IX acrescido pela Lei nº 13.176, de 21-10-2015.

Art. 965. Goza de privilégio geral, na ordem seguinte, sobre os bens do devedor:

- ▶ Art. 83, V, *a*, da Lei nº 11.101, de 9-2-2005 (Lei de Recuperação de Empresas e Falências).

I – o crédito por despesa de seu funeral, feito segundo a condição do morto e o costume do lugar;

- ▶ Art. 1.998 deste Código.

II – o crédito por custas judiciais, ou por despesas com a arrecadação e liquidação da massa;

III – o crédito por despesas com o luto do cônjuge sobrevivo e dos filhos do devedor falecido, se foram moderadas;

IV – o crédito por despesas com a doença de que faleceu o devedor, no semestre anterior à sua morte;

V – o crédito pelos gastos necessários à mantença do devedor falecido e sua família, no trimestre anterior ao falecimento;

VI – o crédito pelos impostos devidos à Fazenda Pública, no ano corrente e no anterior;

- ▶ Arts. 183 a 193 do CTN.

VII – o crédito pelos salários dos empregados do serviço doméstico do devedor, nos seus derradeiros seis meses de vida;

VIII – os demais créditos de privilégio geral.

LIVRO II – DO DIREITO DE EMPRESA

TÍTULO I – DO EMPRESÁRIO

- ▶ Art. 2.037 deste Código.

CAPÍTULO I – DA CARACTERIZAÇÃO E DA INSCRIÇÃO

- ▶ Lei nº 8.934, de 18-11-1994 (Lei do Registro Público de Empresas Mercantis).
- ▶ Lei nº 11.598, de 3-12-2007 (Lei da REDESIM).

Art. 966. Considera-se empresário quem exerce profissionalmente atividade econômica organizada para a produção ou a circulação de bens ou de serviços.

- ▶ Art. 981 deste Código.
- ▶ Arts. 3º e 18-A, § 1º, da LC nº 123, de 14-12-2006 (Estatuto Nacional da Microempresa e da Empresa de Pequeno Porte).
- ▶ Enunciados nos 53, 54, 193, 194, 195, 196 e 197 das Jornadas de Direito Civil.
- ▶ En. nº 5 da Jornada de Direito Comercial.

Parágrafo único. Não se considera empresário quem exerce profissão intelectual, de natureza científica, literária ou artística, ainda com o concurso de auxiliares ou colaboradores, salvo se o exercício da profissão constituir elemento de empresa.

Art. 967. É obrigatória a inscrição do empresário no Registro Público de Empresas Mercantis da respectiva sede, antes do início de sua atividade.

- ▶ Arts. 45 a 52, 982, 985, 986, 998, e 1.150 a 1.154 deste Código.
- ▶ Lei nº 8.934, de 18-11-1994 (Lei do Registro Público de Empresas Mercantis).
- ▶ Enunciados nos 197, 198 e 199 das Jornadas de Direito Civil.

Art. 968. A inscrição do empresário far-se-á mediante requerimento que contenha:

▶ En. nº 55 das Jornadas de Direito Civil.

I – o seu nome, nacionalidade, domicílio, estado civil e, se casado, o regime de bens;

II – a firma, com a respectiva assinatura autógrafa que poderá ser substituída pela assinatura autenticada com certificação digital ou meio equivalente que comprove a sua autenticidade, ressalvado o disposto no inciso I do § 1º do art. 4º da Lei Complementar nº 123, de 14 de dezembro de 2006;

▶ Inciso II com a redação dada pela LC nº 147, de 7-8-2014.

III – o capital;

IV – o objeto e a sede da empresa.

▶ En. nº 466 das Jornadas de Direito Civil.

§ 1º Com as indicações estabelecidas neste artigo, a inscrição será tomada por termo no livro próprio do Registro Público de Empresas Mercantis, e obedecerá a número de ordem contínuo para todos os empresários inscritos.

§ 2º À margem da inscrição, e com as mesmas formalidades, serão averbadas quaisquer modificações nela ocorrentes.

▶ Arts. 971 e 984 deste Código.

§ 3º Caso venha a admitir sócios, o empresário individual poderá solicitar ao Registro Público de Empresas Mercantis a transformação de seu registro de empresário para registro de sociedade empresária, observado, no que couber, o disposto nos arts. 1.113 a 1.115 deste Código.

▶ § 3º acrescido pela LC nº 128, de 19-12-2008.

▶ En. nº 465 das Jornadas de Direito Civil.

§ 4º O processo de abertura, registro, alteração e baixa do microempreendedor individual de que trata o art. 18-A da Lei Complementar nº 123, de 14 de dezembro de 2006, bem como qualquer exigência para o início de seu funcionamento deverão ter trâmite especial e simplificado, preferentemente eletrônico, opcional para o empreendedor, na forma a ser disciplinada pelo Comitê para Gestão da Rede Nacional para a Simplificação do Registro e da Legalização de Empresas e Negócios – CGSIM, de que trata o inciso III do art. 2º da mesma Lei.

§ 5º Para fins do disposto no § 4º, poderão ser dispensados o uso da firma, com a respectiva assinatura autógrafa, o capital, requerimentos, demais assinaturas, informações relativas à nacionalidade, estado civil e regime de bens, bem como remessa de documentos, na forma estabelecida pelo CGSIM.

▶ §§ 4º e 5º acrescidos pela Lei nº 12.470, de 31-8-2011.

Art. 969. O empresário que instituir sucursal, filial ou agência, em lugar sujeito à jurisdição de outro Registro Público de Empresas Mercantis, neste deverá também inscrevê-la, com a prova da inscrição originária.

▶ En. nº 55 das Jornadas de Direito Civil.

Parágrafo único. Em qualquer caso, a constituição do estabelecimento secundário deverá ser averbada no Registro Público de Empresas Mercantis da respectiva sede.

Art. 970. A lei assegurará tratamento favorecido, diferenciado e simplificado ao empresário rural e ao pequeno empresário, quanto à inscrição e aos efeitos daí decorrentes.

▶ Art. 1.179, § 2º, deste Código.

▶ Art. 68 da LC nº 123, de 14-12-2006 (Estatuto Nacional da Microempresa e da Empresa de Pequeno Porte).

▶ En. nº 200 das Jornadas de Direito Civil.

Art. 971. O empresário, cuja atividade rural constitua sua principal profissão, pode, observadas as formalidades de que tratam o art. 968 e seus parágrafos, requerer inscrição no Registro Público de Empresas Mercantis da respectiva sede, caso em que, depois de inscrito, ficará equiparado, para todos os efeitos, ao empresário sujeito a registro.

▶ Art. 984 deste Código.

▶ Enunciados nºs 201 e 202 das Jornadas de Direito Civil.

Parágrafo único. Aplica-se o disposto no *caput* deste artigo à associação que desenvolva atividade futebolística em caráter habitual e profissional, caso em que, com a inscrição, será considerada empresária, para todos os efeitos.

▶ Parágrafo único acrescido pela Lei nº 14.193, de 6-8-2021.

CAPÍTULO II – DA CAPACIDADE

Art. 972. Podem exercer a atividade de empresário os que estiverem em pleno gozo da capacidade civil e não forem legalmente impedidos.

▶ Arts. 1º a 5º deste Código.

▶ Art. 117, X, da Lei nº 8.112, de 11-12-1990 (Estatuto dos Servidores Públicos Civis da União, Autarquias e Fundações Públicas Federais).

▶ En. nº 197 das Jornadas de Direito Civil.

Art. 973. A pessoa legalmente impedida de exercer atividade própria de empresário, se a exercer, responderá pelas obrigações contraídas.

▶ Art. 102 da Lei nº 11.101, de 9-2-2005 (Lei de Recuperação de Empresas e Falências).

Art. 974. Poderá o incapaz, por meio de representante ou devidamente assistido, continuar a empresa antes exercida por ele enquanto capaz, por seus pais ou pelo autor de herança.

▶ Arts. 3º a 5º, 1.634, V, 1.690, 1.747, I, deste Código.

▶ En. nº 203 das Jornadas de Direito Civil.

§ 1º Nos casos deste artigo, precederá autorização judicial, após exame das circunstâncias e dos riscos da empresa, bem como da conveniência em continuá-la, podendo a autorização ser revogada pelo juiz, ouvidos os pais, tutores ou representantes legais do menor ou do interdito, sem prejuízo dos direitos adquiridos por terceiros.

§ 2º Não ficam sujeitos ao resultado da empresa os bens que o incapaz já possuía, ao tempo da sucessão ou da interdição, desde que estranhos ao acervo daquela, devendo tais fatos constar do alvará que conceder a autorização.

▶ Art. 976 deste Código.

§ 3º O Registro Público de Empresas Mercantis a cargo das Juntas Comerciais deverá registrar contratos ou alterações contratuais de sociedade que envolva sócio incapaz, desde que atendidos, de forma conjunta, os seguintes pressupostos:

▶ En. nº 467 das Jornadas de Direito Civil.

I – o sócio incapaz não pode exercer a administração da sociedade;

II – o capital social deve ser totalmente integralizado;

III – o sócio relativamente incapaz deve ser assistido e o absolutamente incapaz deve ser representado por seus representantes legais.

▶ § 3º acrescido pela Lei nº 12.399, de 1º-4-2011.

▶ Arts. 3º, 4º, 1.150, 1.689 a 1.693, 1.728 e 1.767 deste Código.

▶ Lei nº 8.934, de 18-11-1994 (Lei do Registro Público de Empresas Mercantis).

▶ Lei nº 11.598, de 3-12-2007 (Lei da REDESIM).

Art. 975. Se o representante ou assistente do incapaz for pessoa que, por disposição de lei, não puder exercer atividade de empresário, nomeará, com a aprovação do juiz, um ou mais gerentes.

§ 1º Do mesmo modo será nomeado gerente em todos os casos em que o juiz entender ser conveniente.

§ 2º A aprovação do juiz não exime o representante ou assistente do menor ou do interdito da responsabilidade pelos atos dos gerentes nomeados.

Art. 976. A prova da emancipação e da autorização do incapaz, nos casos do art. 974, e a de eventual revogação desta, serão inscritas ou averbadas no Registro Público de Empresas Mercantis.

▶ Lei nº 8.934, de 18-11-1994 (Lei do Registro Público de Empresas Mercantis).

Parágrafo único. O uso da nova firma caberá, conforme o caso, ao gerente; ou ao representante do incapaz; ou a este, quando puder ser autorizado.

Art. 977. Faculta-se aos cônjuges contratar sociedade, entre si ou com terceiros, desde que não tenham casado no regime da comunhão universal de bens, ou no da separação obrigatória.

▶ Arts. 1.667 a 1.671, 1.687 e 1.688 deste Código.

▶ Enunciados nºs 204 e 205 das Jornadas de Direito Civil.

Art. 978. O empresário casado pode, sem necessidade de outorga conjugal, qualquer que seja o regime de bens, alienar os imóveis que integrem o patrimônio da empresa ou gravá-los de ônus real.

▶ Art. 1.647 deste Código.

▶ En. nº 6 da Jornada de Direito Comercial.

Art. 979. Além de no Registro Civil, serão arquivados e averbados, no Registro Público de Empresas Mercantis, os pactos e declarações antenupciais do empresário, o título de doação, herança, ou legado, de bens clausulados de incomunicabilidade ou inalienabilidade.

▶ Arts. 538, 544, 1.653 a 1.657 deste Código.

Art. 980. A sentença que decretar ou homologar a separação judicial do empresário e o ato de reconciliação não podem ser opostos a terceiros, antes de arquivados e averbados no Registro Público de Empresas Mercantis.

▶ Arts. 1.571 a 1.582 deste Código.

▶ Lei nº 8.934, de 18-11-1994 (Lei do Registro Público de Empresas Mercantis).

TÍTULO I-A – DA EMPRESA INDIVIDUAL DE RESPONSABILIDADE LIMITADA

Art. 980-A. *Revogado*. Lei nº 14.382, de 27-6-2022.

TÍTULO II – DA SOCIEDADE

▶ Arts. 40 a 69 e 2.037 deste Código.

CAPÍTULO ÚNICO
DISPOSIÇÕES GERAIS

Art. 981. Celebram contrato de sociedade as pessoas que reciprocamente se obrigam a contribuir, com bens ou serviços, para o exercício de atividade econômica e a partilha, entre si, dos resultados.

- Arts. 44 a 69 e 966 deste Código.
- Enunciados nºs 206, 474 e 475 das Jornadas de Direito Civil.

Parágrafo único. A atividade pode restringir-se à realização de um ou mais negócios determinados.

Art. 982. Salvo as exceções expressas, considera-se empresária a sociedade que tem por objeto o exercício de atividade própria de empresário sujeito a registro (art. 967); e, simples, as demais.

- Enunciados nºs 196, 207 e 476 das Jornadas de Direito Civil.

Parágrafo único. Independentemente de seu objeto, considera-se empresária a sociedade por ações; e, simples, a cooperativa.

- Arts. 997 a 1.038, 1.088 e 1.093 a 1.096 deste Código.
- Lei nº 5.764, de 16-12-1971 (Lei das Cooperativas).
- Lei nº 6.404, de 15-12-1976 (Lei das Sociedades por Ações).
- Art. 1º, parágrafo único, da Lei nº 12.846, de 1º-8-2013 (Lei Anticorrupção).

Art. 983. A sociedade empresária deve constituir-se segundo um dos tipos regulados nos arts. 1.039 a 1.092; a sociedade simples pode constituir-se de conformidade com um desses tipos, e, não o fazendo, subordina-se às normas que lhe são próprias.

- Arts. 997 a 1.038 deste Código.
- Enunciados nºs 57, 206, 208, 382, 474, 475 e 477 das Jornadas de Direito Civil.

Parágrafo único. Ressalvam-se as disposições concernentes à sociedade em conta de participação e à cooperativa, bem como as constantes de leis especiais que, para o exercício de certas atividades, imponham a constituição da sociedade segundo determinado tipo.

- Arts. 991 a 996 e 1.093 a 1.096 deste Código.

Art. 984. A sociedade que tenha por objeto o exercício de atividade própria de empresário rural e seja constituída, ou transformada, de acordo com um dos tipos de sociedade empresária, pode, com as formalidades do art. 968, requerer inscrição no Registro Público de Empresas Mercantis da sua sede, caso em que, depois de inscrita, ficará equiparada, para todos os efeitos, à sociedade empresária.

- Art. 971 deste Código.
- Lei nº 8.934, de 18-11-1994 (Lei do Registro Público de Empresas Mercantis).
- Enunciados nºs 201 e 202 das Jornadas de Direito Civil.

Parágrafo único. Embora já constituída a sociedade segundo um daqueles tipos, o pedido de inscrição se subordinará, no que for aplicável, às normas que regem a transformação.

- Arts. 1.113 a 1.115 deste Código.

Art. 985. A sociedade adquire personalidade jurídica com a inscrição, no registro próprio e na forma da lei, dos seus atos constitutivos (arts. 45 e 1.150).

- Art. 967 deste Código.
- En. nº 209 das Jornadas de Direito Civil.

SUBTÍTULO I – DA SOCIEDADE NÃO PERSONIFICADA

CAPÍTULO I
DA SOCIEDADE EM COMUM

- En. nº 58 das Jornadas de Direito Civil.

Art. 986. Enquanto não inscritos os atos constitutivos, reger-se-á a sociedade, exceto por ações em organização, pelo disposto neste Capítulo, observadas, subsidiariamente e no que com ele forem compatíveis, as normas da sociedade simples.

- Arts. 45, 967, 985, 997 a 1.038 e 1.051 deste Código.
- Art. 75 do CPC/2015.
- Enunciados nºs 208 e 209 das Jornadas de Direito Civil.

Art. 987. Os sócios, nas relações entre si ou com terceiros, somente por escrito podem provar a existência da sociedade, mas os terceiros podem prová-la de qualquer modo.

Art. 988. Os bens e dívidas sociais constituem patrimônio especial, do qual os sócios são titulares em comum.

- En. nº 210 das Jornadas de Direito Civil.

Art. 989. Os bens sociais respondem pelos atos de gestão praticados por qualquer dos sócios, salvo pacto expresso limitativo de poderes, que somente terá eficácia contra o terceiro que o conheça ou deva conhecer.

- En. nº 211 das Jornadas de Direito Civil.

Art. 990. Todos os sócios respondem solidária e ilimitadamente pelas obrigações sociais, excluído do benefício de ordem, previsto no art. 1.024, aquele que contratou pela sociedade.

- Arts. 275 a 285 e 1.016 deste Código.
- Arts. 790, II, e 795 do CPC/2015.
- Enunciados nºs 59 e 212 das Jornadas de Direito Civil.

CAPÍTULO II
DA SOCIEDADE EM CONTA DE PARTICIPAÇÃO

- Arts. 983, parágrafo único, e 1.162 deste Código.

Art. 991. Na sociedade em conta de participação, a atividade constitutiva do objeto social é exercida unicamente pelo sócio ostensivo, em seu nome individual e sob sua própria e exclusiva responsabilidade, participando os demais dos resultados correspondentes.

- En. nº 208 das Jornadas de Direito Civil.

Parágrafo único. Obriga-se perante terceiro tão somente o sócio ostensivo; e, exclusivamente perante este, o sócio participante, nos termos do contrato social.

Art. 992. A constituição da sociedade em conta de participação independe de qualquer formalidade e pode provar-se por todos os meios de direito.

- Art. 75, § 2º, do CPC/2015.

Art. 993. O contrato social produz efeito somente entre os sócios, e a eventual inscrição de seu instrumento em qualquer registro não confere personalidade jurídica à sociedade.

Parágrafo único. Sem prejuízo do direito de fiscalizar a gestão dos negócios sociais, o sócio participante não pode tomar parte nas relações do sócio ostensivo com terceiros, sob pena de responder solidariamente com este pelas obrigações em que intervier.

- Arts. 275 a 285 deste Código.

Art. 994. A contribuição do sócio participante constitui, com a do sócio ostensivo, patrimônio especial, objeto da conta de participação relativa aos negócios sociais.

§ 1º A especialização patrimonial somente produz efeitos em relação aos sócios.

§ 2º A falência do sócio ostensivo acarreta a dissolução da sociedade e a liquidação da respectiva conta, cujo saldo constituirá crédito quirografário.

§ 3º Falindo o sócio participante, o contrato social fica sujeito às normas que regulam os efeitos da falência nos contratos bilaterais do falido.

Art. 995. Salvo estipulação em contrário, o sócio ostensivo não pode admitir novo sócio sem o consentimento expresso dos demais.

Art. 996. Aplica-se à sociedade em conta de participação, subsidiariamente e no que com ela for compatível, o disposto para a sociedade simples, e a sua liquidação rege-se pelas normas relativas à prestação de contas, na forma da lei processual.

Parágrafo único. Havendo mais de um sócio ostensivo, as respectivas contas serão prestadas e julgadas no mesmo processo.

- Arts. 550 a 553 do CPC/2015.

SUBTÍTULO II – DA SOCIEDADE PERSONIFICADA

CAPÍTULO I
DA SOCIEDADE SIMPLES

- Arts. 1.040 e 1.155, parágrafo único, deste Código.
- Art. 1º, parágrafo único, da Lei nº 12.846, de 1º-8-2013 (Lei Anticorrupção).

Seção I
DO CONTRATO SOCIAL

Art. 997. A sociedade constitui-se mediante contrato escrito, particular ou público, que, além de cláusulas estipuladas pelas partes, mencionará:

- Enunciados nºs 206, 213, 214, 383 e 478 das Jornadas de Direito Civil.

I – nome, nacionalidade, estado civil, profissão e residência dos sócios, se pessoas naturais, e a firma ou a denominação, nacionalidade e sede dos sócios, se jurídicas;

II – denominação, objeto, sede e prazo da sociedade;

- En. nº 466 das Jornadas de Direito Civil.

III – capital da sociedade, expresso em moeda corrente, podendo compreender qualquer espécie de bens, suscetíveis de avaliação pecuniária;

- En. nº 478 das Jornadas de Direito Civil.

IV – a quota de cada sócio no capital social, e o modo de realizá-la;

V – as prestações a que se obriga o sócio, cuja contribuição consista em serviços;

VI – as pessoas naturais incumbidas da administração da sociedade, e seus poderes e atribuições;

VII – a participação de cada sócio nos lucros e nas perdas;

- En. nº 479 das Jornadas de Direito Civil.

VIII – se os sócios respondem, ou não, subsidiariamente, pelas obrigações sociais.

- Arts. 983, 999, 1.041 e 1.054 deste Código.

Parágrafo único. É ineficaz em relação a terceiros qualquer pacto separado, contrário ao disposto no instrumento do contrato.

Art. 998. Nos trinta dias subsequentes à sua constituição, a sociedade deverá requerer a inscrição do contrato social no Registro Civil das Pessoas Jurídicas do local de sua sede.

▸ Arts. 45, 967, 985, 986 e 1.150 a 1.154 deste Código.

▸ En. nº 215 das Jornadas de Direito Civil.

§ 1º O pedido de inscrição será acompanhado do instrumento autenticado do contrato, e, se algum sócio nele houver sido representado por procurador, o da respectiva procuração, bem como, se for o caso, da prova de autorização da autoridade competente.

§ 2º Com todas as indicações enumeradas no artigo antecedente, será a inscrição tomada por termo no livro de registro próprio, e obedecerá a número de ordem contínua para todas as sociedades inscritas.

Art. 999. As modificações do contrato social, que tenham por objeto matéria indicada no art. 997, dependem do consentimento de todos os sócios; as demais podem ser decididas por maioria absoluta de votos, se o contrato não determinar a necessidade de deliberação unânime.

▸ Enunciados nºs 216, 384 e 385 das Jornadas de Direito Civil.

Parágrafo único. Qualquer modificação do contrato social será averbada, cumprindo-se as formalidades previstas no artigo antecedente.

Art. 1.000. A sociedade simples que instituir sucursal, filial ou agência na circunscrição de outro Registro Civil das Pessoas Jurídicas, neste deverá também inscrevê-la, com a prova da inscrição originária.

Parágrafo único. Em qualquer caso, a constituição da sucursal, filial ou agência deverá ser averbada no Registro Civil da respectiva sede.

▸ Art. 969 deste Código.

Seção II
DOS DIREITOS E OBRIGAÇÕES DOS SÓCIOS

Art. 1.001. As obrigações dos sócios começam imediatamente com o contrato, se este não fixar outra data, e terminam quando, liquidada a sociedade, se extinguirem as responsabilidades sociais.

▸ Arts. 1.036 a 1.038 e 1.102 a 1.112 deste Código.

Art. 1.002. O sócio não pode ser substituído no exercício das suas funções, sem o consentimento dos demais sócios, expresso em modificação do contrato social.

Art. 1.003. A cessão total ou parcial de quota, sem a correspondente modificação do contrato social com o consentimento dos demais sócios, não terá eficácia quanto a estes e à sociedade.

Parágrafo único. Até dois anos depois de averbada a modificação do contrato, responde o cedente solidariamente com o cessionário, perante a sociedade e terceiros, pelas obrigações que tinha como sócio.

▸ Arts. 275 a 285 e 1.057 deste Código.

Art. 1.004. Os sócios são obrigados, na forma e prazo previstos, às contribuições estabelecidas no contrato social, e aquele que deixar de fazê-lo, nos trinta dias seguintes ao da notificação pela sociedade, responderá perante esta pelo dano emergente da mora.

Parágrafo único. Verificada a mora, poderá a maioria dos demais sócios preferir, à indenização, a exclusão do sócio remisso, ou reduzir-lhe a quota ao montante já realizado, aplicando-se, em ambos os casos, o disposto no § 1º do art. 1.031.

▸ Arts. 1.030 e 1.058 deste Código.

▸ En. nº 216 das Jornadas de Direito Civil.

Art. 1.005. O sócio que, a título de quota social, transmitir domínio, posse ou uso, responde pela evicção; e pela solvência do devedor, aquele que transferir crédito.

▸ Arts. 286 a 298 e 447 a 458 deste Código.

Art. 1.006. O sócio, cuja contribuição consista em serviços, não pode, salvo convenção em contrário, empregar-se em atividade estranha à sociedade, sob pena de ser privado de seus lucros e dela excluído.

▸ En. nº 206 das Jornadas de Direito Civil.

Art. 1.007. Salvo estipulação em contrário, o sócio participa dos lucros e das perdas, na proporção das respectivas quotas, mas aquele, cuja contribuição consiste em serviços, somente participa dos lucros na proporção da média do valor das quotas.

▸ En. nº 206 das Jornadas de Direito Civil.

Art. 1.008. É nula a estipulação contratual que exclua qualquer sócio de participar dos lucros e das perdas.

Art. 1.009. A distribuição de lucros ilícitos ou fictícios acarreta responsabilidade solidária dos administradores que a realizarem e dos sócios que os receberem, conhecendo ou devendo conhecer-lhes a ilegitimidade.

▸ Arts. 275 a 285 deste Código.

▸ Enunciados nºs 59 e 487 das Jornadas de Direito Civil.

Seção III
DA ADMINISTRAÇÃO

▸ Art. 206, § 3º, VII, *b*, deste Código.

Art. 1.010. Quando, por lei ou pelo contrato social, competir aos sócios decidir sobre os negócios da sociedade, as deliberações serão tomadas por maioria de votos, contados segundo o valor das quotas de cada um.

§ 1º Para formação da maioria absoluta são necessários votos correspondentes a mais de metade do capital.

§ 2º Prevalece a decisão sufragada por maior número de sócios no caso de empate, e, se este persistir, decidirá o juiz.

§ 3º Responde por perdas e danos o sócio que, tendo em alguma operação interesse contrário ao da sociedade, participar da deliberação que a aprove graças a seu voto.

▸ Arts. 402 a 405 e 1.072 deste Código.

▸ En. nº 217 das Jornadas de Direito Civil.

Art. 1.011. O administrador da sociedade deverá ter, no exercício de suas funções, o cuidado e a diligência que todo homem ativo e probo costuma empregar na administração de seus próprios negócios.

▸ En. nº 218 das Jornadas de Direito Civil.

§ 1º Não podem ser administradores, além das pessoas impedidas por lei especial, os condenados a pena que vede, ainda que temporariamente, o acesso a cargos públicos; ou por crime falimentar, de prevaricação, peita ou suborno, concussão, peculato; ou contra a economia popular, contra o sistema financeiro nacional, contra as normas de defesa da concorrência, contra as relações de consumo, a fé pública ou a propriedade, enquanto perdurarem os efeitos da condenação.

▸ Art. 1.066, § 1º, deste Código.

▸ En. nº 60 das Jornadas de Direito Civil.

§ 2º Aplicam-se à atividade dos administradores, no que couber, as disposições concernentes ao mandato.

▸ Arts. 653 a 691 deste Código.

Art. 1.012. O administrador, nomeado por instrumento em separado, deve averbá-lo à margem da inscrição da sociedade, e, pelos atos que praticar, antes de requerer a averbação, responde pessoal e solidariamente com a sociedade.

▸ Arts. 275 a 285 deste Código.

Art. 1.013. A administração da sociedade, nada dispondo o contrato social, compete separadamente a cada um dos sócios.

§ 1º Se a administração competir separadamente a vários administradores, cada um pode impugnar operação pretendida por outro, cabendo a decisão aos sócios, por maioria de votos.

§ 2º Responde por perdas e danos perante a sociedade o administrador que realizar operações, sabendo ou devendo saber que estava agindo em desacordo com a maioria.

▸ Arts. 402 a 405 deste Código.

Art. 1.014. Nos atos de competência conjunta de vários administradores, torna-se necessário o concurso de todos, salvo nos casos urgentes, em que a omissão ou retardo das providências possa ocasionar dano irreparável ou grave.

Art. 1.015. No silêncio do contrato, os administradores podem praticar todos os atos pertinentes à gestão da sociedade; não constituindo objeto social, a oneração ou a venda de bens imóveis depende do que a maioria dos sócios decidir.

▸ En. nº 219 das Jornadas de Direito Civil.

Parágrafo único. *Revogado.* Lei nº 14.195, de 26-8-2021.

Art. 1.016. Os administradores respondem solidariamente perante a sociedade e os terceiros prejudicados, por culpa no desempenho de suas funções.

▸ Arts. 275 a 285, 990 e 1.070 deste Código.

▸ Enunciados nºs 59, 220 e 487 das Jornadas de Direito Civil.

Art. 1.017. O administrador que, sem consentimento escrito dos sócios, aplicar créditos ou bens sociais em proveito próprio ou de terceiros, terá de restituí-los à sociedade, ou pagar o equivalente, com todos os lucros resultantes, e, se houver prejuízo, por ele também responderá.

▸ En. nº 59 das Jornadas de Direito Civil.

Parágrafo único. Fica sujeito às sanções o administrador que, tendo em qualquer operação interesse contrário ao da sociedade, tome parte na correspondente deliberação.

Art. 1.018. Ao administrador é vedado fazer-se substituir no exercício de suas funções, sendo-lhe facultado, nos limites de seus poderes, constituir mandatários da sociedade, especificados no instrumento os atos e operações que poderão praticar.

▸ Arts. 653 a 691 deste Código.

Art. 1.019. São irrevogáveis os poderes do sócio investido na administração por cláusula expressa do contrato social, salvo justa causa, reconhecida judicialmente, a pedido de qualquer dos sócios.

Parágrafo único. São revogáveis, a qualquer tempo, os poderes conferidos a sócio por ato separado, ou a quem não seja sócio.

Art. 1.020. Os administradores são obrigados a prestar aos sócios contas justificadas de sua administração, e apresentar-lhes o inventário anualmente, bem como o balanço patrimonial e o de resultado econômico.

Art. 1.021. Salvo estipulação que determine época própria, o sócio pode, a qualquer tempo, examinar os livros e documentos, e o estado da caixa e da carteira da sociedade.

Seção IV

DAS RELAÇÕES COM TERCEIROS

▸ Arts. 1.015, parágrafo único, e 1.016 deste Código.

Art. 1.022. A sociedade adquire direitos, assume obrigações e procede judicialmente, por meio de administradores com poderes especiais, ou, não os havendo, por intermédio de qualquer administrador.

▸ Art. 1.032 deste Código.

Art. 1.023. Se os bens da sociedade não lhe cobrirem as dívidas, respondem os sócios pelo saldo, na proporção em que participem das perdas sociais, salvo cláusula de responsabilidade solidária.

▸ Arts. 275 a 285 deste Código.
▸ Arts. 790, II, e 795 do CPC/2015.
▸ En. nº 61 das Jornadas de Direito Civil.

Art. 1.024. Os bens particulares dos sócios não podem ser executados por dívidas da sociedade, senão depois de executados os bens sociais.

▸ Art. 990 deste Código.
▸ Art. 790, II, do CPC/2015.
▸ En. nº 5 da Jornada de Direito Comercial.

Art. 1.025. O sócio, admitido em sociedade já constituída, não se exime das dívidas sociais anteriores à admissão.

Art. 1.026. O credor particular de sócio pode, na insuficiência de outros bens do devedor, fazer recair a execução sobre o que a este couber nos lucros da sociedade, ou na parte que lhe tocar em liquidação.

▸ Enunciados nºs 387, 388 e 389 das Jornadas de Direito Civil.

Parágrafo único. Se a sociedade não estiver dissolvida, pode o credor requerer a liquidação da quota do devedor, cujo valor, apurado na forma do art. 1.031, será depositado em dinheiro, no juízo da execução, até noventa dias após aquela liquidação.

▸ Art. 1.030 deste Código.
▸ En. nº 386 das Jornadas de Direito Civil.

Art. 1.027. Os herdeiros do cônjuge de sócio, ou o cônjuge do que se separou judicialmente, não podem exigir desde logo a parte que lhes couber na quota social, mas concorrer à divisão periódica dos lucros, até que se liquide a sociedade.

Seção V

DA RESOLUÇÃO DA SOCIEDADE EM RELAÇÃO A UM SÓCIO

Art. 1.028. No caso de morte de sócio, liquidar-se-á sua quota, salvo:

▸ En. nº 221 das Jornadas de Direito Civil.

I – se o contrato dispuser diferentemente;

II – se os sócios remanescentes optarem pela dissolução da sociedade;

▸ Arts. 1.033 a 1.038 deste Código.

III – se, por acordo com os herdeiros, regular-se a substituição do sócio falecido.

Art. 1.029. Além dos casos previstos na lei ou no contrato, qualquer sócio pode retirar-se da sociedade; se de prazo indeterminado, mediante notificação aos demais sócios, com antecedência mínima de sessenta dias; se de prazo determinado, provando judicialmente justa causa.

Parágrafo único. Nos trinta dias subsequentes à notificação, podem os demais sócios optar pela dissolução da sociedade.

▸ Arts. 1.033 a 1.038 deste Código.

Art. 1.030. Ressalvado o disposto no art. 1.004 e seu parágrafo único, pode o sócio ser excluído judicialmente, mediante iniciativa da maioria dos demais sócios, por falta grave no cumprimento de suas obrigações, ou, ainda, por incapacidade superveniente.

▸ Art. 1.085 deste Código.
▸ Enunciados nºs 67 e 216 das Jornadas de Direito Civil.

Parágrafo único. Será de pleno direito excluído da sociedade o sócio declarado falido, ou aquele cuja quota tenha sido liquidada nos termos do parágrafo único do art. 1.026.

▸ En. nº 481 das Jornadas de Direito Civil.

Art. 1.031. Nos casos em que a sociedade se resolver em relação a um sócio, o valor da sua quota, considerada pelo montante efetivamente realizado, liquidar-se-á, salvo disposição contratual em contrário, com base na situação patrimonial da sociedade, à data da resolução, verificada em balanço especialmente levantado.

▸ Arts. 1.036 a 1.038, 1.077, 1.086 e 1.114 deste Código.
▸ Súm. nº 265 do STF.
▸ Enunciados nºs 62, 391 e 482 das Jornadas de Direito Civil.

§ 1º O capital social sofrerá a correspondente redução, salvo se os demais sócios suprirem o valor da quota.

▸ Arts. 1.004, parágrafo único, e 1.026, parágrafo único, deste Código.

§ 2º A quota liquidada será paga em dinheiro, no prazo de noventa dias, a partir da liquidação, salvo acordo, ou estipulação contratual em contrário.

▸ Art. 609 do CPC/2015.

Art. 1.032. A retirada, exclusão ou morte do sócio, não o exime, ou a seus herdeiros, da responsabilidade pelas obrigações sociais anteriores, até dois anos após averbada a resolução da sociedade; nem nos dois primeiros casos, pelas posteriores e em igual prazo, enquanto não se requerer a averbação.

▸ Art. 1.086 deste Código.

Seção VI

DA DISSOLUÇÃO

▸ Arts. 51 e 1.028, II, deste Código.
▸ Arts. 599 a 609 do CPC/2015.

Art. 1.033. Dissolve-se a sociedade quando ocorrer:

▸ Súm. nº 435 do STJ.

I – o vencimento do prazo de duração, salvo se, vencido este e sem oposição de sócio, não entrar a sociedade em liquidação, caso em que se prorrogará por tempo indeterminado;

▸ Arts. 127, 1.029, 1.038, § 2º, e 1.102 a 1.112 deste Código.

II – o consenso unânime dos sócios;

III – a deliberação dos sócios, por maioria absoluta, na sociedade de prazo indeterminado;

▸ En. nº 07 das Jornadas de Direito Civil.

IV – *Revogado*. Lei nº 14.195, de 26-8-2021;

V – a extinção, na forma da lei, de autorização para funcionar.

▸ Arts. 1.037 e 1.044 deste Código.

Parágrafo único. *Revogado*. Lei nº 14.195, de 26-8-2021.

Art. 1.034. A sociedade pode ser dissolvida judicialmente, a requerimento de qualquer dos sócios, quando:

I – anulada a sua constituição;

II – exaurido o fim social, ou verificada a sua inexequibilidade.

Art. 1.035. O contrato pode prever outras causas de dissolução, a serem verificadas judicialmente quando contestadas.

Art. 1.036. Ocorrida a dissolução, cumpre aos administradores providenciar imediatamente a investidura do liquidante, e restringir a gestão própria aos negócios inadiáveis, vedadas novas operações, pelas quais responderão solidária e ilimitadamente.

▸ Arts. 275 a 285 deste Código.
▸ En. nº 487 das Jornadas de Direito Civil.

Parágrafo único. Dissolvida de pleno direito a sociedade, pode o sócio requerer, desde logo, a liquidação judicial.

▸ Arts. 1.102 a 1.112 deste Código.

Art. 1.037. Ocorrendo a hipótese prevista no inciso V do art. 1.033, o Ministério Público, tão logo lhe comunique a autoridade competente, promoverá a liquidação judicial da sociedade, se os administradores não o tiverem feito nos trinta dias seguintes à perda da autorização, ou se o sócio não houver exercido a faculdade assegurada no parágrafo único do artigo antecedente.

Parágrafo único. Caso o Ministério Público não promova a liquidação judicial da sociedade nos quinze dias subsequentes ao recebimento da comunicação, a autoridade competente para conceder a autorização nomeará interventor com poderes para requerer a medida e administrar a sociedade até que seja nomeado o liquidante.

Art. 1.038. Se não estiver designado no contrato social, o liquidante será eleito por deliberação dos sócios, podendo a escolha recair em pessoa estranha à sociedade.

§ 1º O liquidante pode ser destituído, a todo tempo:

I – se eleito pela forma prevista neste artigo, mediante deliberação dos sócios;

II – em qualquer caso, por via judicial, a requerimento de um ou mais sócios, ocorrendo justa causa.

§ 2º A liquidação da sociedade se processa de conformidade com o disposto no Capítulo IX, deste Subtítulo.

▸ Arts. 206, § 3º, VII, *c*, e 1.102 a 1.112 deste Código.

CAPÍTULO II

DA SOCIEDADE EM NOME COLETIVO

▸ Art. 1.046 deste Código.

Art. 1.039. Somente pessoas físicas podem tomar parte na sociedade em nome coletivo, respondendo todos os sócios, solidária e ilimitadamente, pelas obrigações sociais.

► Arts. 275 a 285 e 1.157 deste Código.

Parágrafo único. Sem prejuízo da responsabilidade perante terceiros, podem os sócios, no ato constitutivo, ou por unânime convenção posterior, limitar entre si a responsabilidade de cada um.

Art. 1.040. A sociedade em nome coletivo se rege pelas normas deste Capítulo e, no que seja omisso, pelas do Capítulo antecedente.

► Arts. 997 a 1.038 deste Código.

Art. 1.041. O contrato deve mencionar, além das indicações referidas no art. 997, a firma social.

Art. 1.042. A administração da sociedade compete exclusivamente a sócios, sendo o uso da firma, nos limites do contrato, privativo dos que tenham os necessários poderes.

Art. 1.043. O credor particular de sócio não pode, antes de dissolver-se a sociedade, pretender a liquidação da quota do devedor.

► En. nº 63 das Jornadas de Direito Civil.

Parágrafo único. Poderá fazê-lo quando:

I – a sociedade houver sido prorrogada tacitamente;

II – tendo ocorrido prorrogação contratual, for acolhida judicialmente oposição do credor, levantada no prazo de noventa dias, contado da publicação do ato dilatório.

► En. nº 489 das Jornadas de Direito Civil.

Art. 1.044. A sociedade se dissolve de pleno direito por qualquer das causas enumeradas no art. 1.033 e, se empresária, também pela declaração da falência.

► Arts. 1.051 e 1.087 deste Código.

► Lei nº 11.101, de 9-2-2005 (Lei de Recuperação de Empresas e Falências).

CAPÍTULO III
DA SOCIEDADE EM COMANDITA SIMPLES

Art. 1.045. Na sociedade em comandita simples tomam parte sócios de duas categorias: os comanditados, pessoas físicas, responsáveis solidária e ilimitadamente pelas obrigações sociais; e os comanditários, obrigados somente pelo valor de sua quota.

► Arts. 275 a 285 e 1.157 deste Código.

Parágrafo único. O contrato deve discriminar os comanditados e os comanditários.

Art. 1.046. Aplicam-se à sociedade em comandita simples as normas da sociedade em nome coletivo, no que forem compatíveis com as deste Capítulo.

► Arts. 1.039 a 1.044 deste Código.

Parágrafo único. Aos comanditados cabem os mesmos direitos e obrigações dos sócios da sociedade em nome coletivo.

Art. 1.047. Sem prejuízo da faculdade de participar das deliberações da sociedade e de lhe fiscalizar as operações, não pode o comanditário praticar qualquer ato de gestão, nem ter o nome na firma social, sob pena de ficar sujeito às responsabilidades de sócio comanditado.

Parágrafo único. Pode o comanditário ser constituído procurador da sociedade, para negócio determinado e com poderes especiais.

► Arts. 653 a 691 deste Código.

Art. 1.048. Somente após averbada a modificação do contrato, produz efeito, quanto a terceiros, a diminuição da quota do comanditário, em consequência de ter sido reduzido o capital social, sempre sem prejuízo dos credores preexistentes.

Art. 1.049. O sócio comanditário não é obrigado à reposição de lucros recebidos de boa-fé e de acordo com o balanço.

Parágrafo único. Diminuído o capital social por perdas supervenientes, não pode o comanditário receber quaisquer lucros, antes de reintegrado aquele.

Art. 1.050. No caso de morte de sócio comanditário, a sociedade, salvo disposição do contrato, continuará com os seus sucessores, que designarão quem os represente.

Art. 1.051. Dissolve-se de pleno direito a sociedade:

► En. nº 489 das Jornadas de Direito Civil.

I – por qualquer das causas previstas no art. 1.044;

II – quando por mais de cento e oitenta dias perdurar a falta de uma das categorias de sócio.

Parágrafo único. Na falta de sócio comanditado, os comanditários nomearão administrador provisório para praticar, durante o período referido no inciso II e sem assumir a condição de sócio, os atos de administração.

CAPÍTULO IV
DA SOCIEDADE LIMITADA

Seção I
DISPOSIÇÕES PRELIMINARES

Art. 1.052. Na sociedade limitada, a responsabilidade de cada sócio é restrita ao valor de suas quotas, mas todos respondem solidariamente pela integralização do capital social.

► Arts. 275 a 285 e 1.056, § 2º, e 1.158 deste Código.

► En. nº 65 das Jornadas de Direito Civil.

§ 1º A sociedade limitada pode ser constituída por 1 (uma) ou mais pessoas.

§ 2º Se for unipessoal, aplicar-se-ão ao documento de constituição do sócio único, no que couber, as disposições sobre o contrato social.

► §§ 1º e 2º acrescidos pela Lei nº 13.874, de 20-9-2019.

Art. 1.053. A sociedade limitada rege-se, nas omissões deste Capítulo, pelas normas da sociedade simples.

► Arts. 997 a 1.038 e 1.158 deste Código.

► Enunciados nºs 217, 222 e 223 das Jornadas de Direito Civil.

Parágrafo único. O contrato social poderá prever a regência supletiva da sociedade limitada pelas normas da sociedade anônima.

► Arts. 1.088 e 1.089 deste Código.

► Lei nº 6.404, de 15-12-1976 (Lei das Sociedades por Ações).

Art. 1.054. O contrato mencionará, no que couber, as indicações do art. 997, e, se for o caso, a firma social.

► En. nº 214 das Jornadas de Direito Civil.

Seção II
DAS QUOTAS

Art. 1.055. O capital social divide-se em quotas, iguais ou desiguais, cabendo uma ou diversas a cada sócio.

► En. nº 224 das Jornadas de Direito Civil.

§ 1º Pela exata estimação de bens conferidos ao capital social respondem solidariamente todos os sócios, até o prazo de cinco anos da data do registro da sociedade.

► Arts. 275 a 285 deste Código.

► Enunciados nºs 12 e 18 da Jornada de Direito Comercial.

§ 2º É vedada contribuição que consista em prestação de serviços.

Art. 1.056. A quota é indivisível em relação à sociedade, salvo para efeito de transferência, caso em que se observará o disposto no artigo seguinte.

§ 1º No caso de condomínio de quota, os direitos a ela inerentes somente podem ser exercidos pelo condômino representante, ou pelo inventariante do espólio de sócio falecido.

§ 2º Sem prejuízo do disposto no art. 1.052, os condôminos de quota indivisa respondem solidariamente pelas prestações necessárias à sua integralização.

► Arts. 275 a 285 deste Código.

Art. 1.057. Na omissão do contrato, o sócio pode ceder sua quota, total ou parcialmente, a quem seja sócio, independentemente de audiência dos outros, ou a estranho, se não houver oposição de titulares de mais de um quarto do capital social.

► Art. 1.081, § 2º, deste Código.

► Enunciados nºs 225 e 391 das Jornadas de Direito Civil.

Parágrafo único. A cessão terá eficácia quanto à sociedade e terceiros, inclusive para os fins do parágrafo único do art. 1.003, a partir da averbação do respectivo instrumento, subscrito pelos sócios anuentes.

Art. 1.058. Não integralizada a quota de sócio remisso, os outros sócios podem, sem prejuízo do disposto no art. 1.004 e seu parágrafo único, tomá-la para si ou transferi-la a terceiros, excluindo o primitivo titular e devolvendo-lhe o que houver pago, deduzidos os juros da mora, as prestações estabelecidas no contrato mais as despesas.

► Arts. 406, 407 e 1.030 deste Código.

► En. nº 391 das Jornadas de Direito Civil.

Art. 1.059. Os sócios serão obrigados à reposição dos lucros e das quantias retiradas, a qualquer título, ainda que autorizados pelo contrato, quando tais lucros ou quantia se distribuírem com prejuízo do capital.

Seção III
DA ADMINISTRAÇÃO

► Art. 206, § 3º, VII, *b*, deste Código.

Art. 1.060. A sociedade limitada é administrada por uma ou mais pessoas designadas no contrato social ou em ato separado.

Parágrafo único. A administração atribuída no contrato a todos os sócios não se estende de pleno direito aos que posteriormente adquiram essa qualidade.

Art. 1.061. A designação de administradores não sócios dependerá da aprovação de, no mínimo, 2/3 (dois terços) dos sócios, enquanto o capital não estiver integralizado, e da aprovação de titulares de quotas correspondentes a mais da metade do capital social, após a integralização.

► Artigo com a redação dada pela Lei nº 14.451, de 21-9-2022.

► Art. 1.076 deste Código.

Art. 1.062. O administrador designado em ato separado investir-se-á no cargo mediante termo de posse no livro de atas da administração.

§ 1º Se o termo não for assinado nos trinta dias seguintes à designação, esta se tornará sem efeito.

§ 2º Nos dez dias seguintes ao da investidura, deve o administrador requerer seja averbada sua nomeação no registro competente, mencionando o seu nome, nacionalidade, estado civil, residência, com exibição de documento de identidade, o ato e a data da nomeação e o prazo de gestão.

► En. nº 66 das Jornadas de Direito Civil.

Art. 1.063. O exercício do cargo de administrador cessa pela destituição, em qualquer tempo, do titular, ou pelo término do prazo se, fixado no contrato ou em ato separado, não houver recondução.

§ 1º Tratando-se de sócio nomeado administrador no contrato, sua destituição somente se opera pela aprovação de titulares de quotas correspondentes a mais da metade do capital social, salvo disposição contratual diversa.

► § 1º com a redação dada pela Lei nº 13.792, de 3-1-2019.

► Art. 1.076 deste Código.

§ 2º A cessação do exercício do cargo de administrador deve ser averbada no registro competente, mediante requerimento apresentado nos dez dias seguintes ao da ocorrência.

§ 3º A renúncia de administrador torna-se eficaz, em relação à sociedade, desde o momento em que esta toma conhecimento da comunicação escrita do renunciante; e, em relação a terceiros, após a averbação e publicação.

► Art. 114 deste Código.

► En. nº 489 das Jornadas de Direito Civil.

Art. 1.064. O uso da firma ou denominação social é privativo dos administradores que tenham os necessários poderes.

Art. 1.065. Ao término de cada exercício social, proceder-se-á à elaboração do inventário, do balanço patrimonial e do balanço de resultado econômico.

Seção IV — *DO CONSELHO FISCAL*

► Art. 206, § 3º, VII, *b*, deste Código.

Art. 1.066. Sem prejuízo dos poderes da assembleia dos sócios, pode o contrato instituir conselho fiscal composto de três ou mais membros e respectivos suplentes, sócios ou não, residentes no País, eleitos na assembleia anual prevista no art. 1.078.

§ 1º Não podem fazer parte do conselho fiscal, além dos inelegíveis enumerados no § 1º do art. 1.011, os membros dos demais órgãos da sociedade ou de outra por ela controlada, os empregados de quaisquer delas ou dos respectivos administradores, o cônjuge ou parente destes até o terceiro grau.

§ 2º É assegurado aos sócios minoritários, que representarem pelo menos um quinto do capital social, o direito de eleger, separadamente, um dos membros do conselho fiscal e o respectivo suplente.

Art. 1.067. O membro ou suplente eleito, assinando termo de posse lavrado no livro de atas e pareceres do conselho fiscal, em que se mencione o seu nome, nacionalidade, estado civil, residência e a data da escolha, ficará investido nas suas funções, que exercerá, salvo cessação anterior, até a subsequente assembleia anual.

Parágrafo único. Se o termo não for assinado nos trinta dias seguintes ao da eleição, esta se tornará sem efeito.

Art. 1.068. A remuneração dos membros do conselho fiscal será fixada, anualmente, pela assembleia dos sócios que os eleger.

Art. 1.069. Além de outras atribuições determinadas na lei ou no contrato social, aos membros do conselho fiscal incumbem, individual ou conjuntamente, os deveres seguintes:

I – examinar, pelo menos trimestralmente, os livros e papéis da sociedade e o estado da caixa e da carteira, devendo os administradores ou liquidantes prestar-lhes as informações solicitadas;

II – lavrar no livro de atas e pareceres do conselho fiscal o resultado dos exames referidos no inciso I deste artigo;

III – exarar no mesmo livro e apresentar à assembleia anual dos sócios parecer sobre os negócios e as operações sociais do exercício em que servirem, tomando por base o balanço patrimonial e o de resultado econômico;

IV – denunciar os erros, fraudes ou crimes que descobrirem, sugerindo providências úteis à sociedade;

V – convocar a assembleia dos sócios se a diretoria retardar por mais de trinta dias a sua convocação anual, ou sempre que ocorram motivos graves e urgentes;

► Art. 1.073, II, deste Código.

VI – praticar, durante o período da liquidação da sociedade, os atos a que se refere este artigo, tendo em vista as disposições especiais reguladoras da liquidação.

► Arts. 1.036 a 1.038, 1.053 e 1.102 a 1.112 deste Código.

Art. 1.070. As atribuições e poderes conferidos pela lei ao conselho fiscal não podem ser outorgados a outro órgão da sociedade, e a responsabilidade de seus membros obedece à regra que define a dos administradores (art. 1.016).

Parágrafo único. O conselho fiscal poderá escolher para assisti-lo no exame dos livros, dos balanços e das contas, contabilista legalmente habilitado, mediante remuneração aprovada pela assembleia dos sócios.

Seção V — *DAS DELIBERAÇÕES DOS SÓCIOS*

Art. 1.071. Dependem da deliberação dos sócios, além de outras matérias indicadas na lei ou no contrato:

► En. nº 227 das Jornadas de Direito Civil.

I – a aprovação das contas da administração;

II – a designação dos administradores, quando feita em ato separado;

III – a destituição dos administradores;

IV – o modo de sua remuneração, quando não estabelecido no contrato;

V – a modificação do contrato social;

VI – a incorporação, a fusão e a dissolução da sociedade, ou a cessação do estado de liquidação;

► Arts. 1.102 a 1.122 deste Código.

VII – a nomeação e destituição dos liquidantes e o julgamento das suas contas;

VIII – o pedido de concordata.

► Arts. 1.072, § 4º, e 1.076 deste Código.

► Arts. 47 e segs. e 161 e segs., da Lei nº 11.101, de 9-2-2005 (Lei de Recuperação de Empresas e Falências).

Art. 1.072. As deliberações dos sócios, obedecido o disposto no art. 1.010, serão tomadas em reunião ou em assembleia, conforme previsto no contrato social, devendo ser convocadas pelos administradores nos casos previstos em lei ou no contrato.

§ 1º A deliberação em assembleia será obrigatória se o número dos sócios for superior a dez.

► Art. 1.079 deste Código.

§ 2º Dispensam-se as formalidades de convocação previstas no § 3º do art. 1.152, quando todos os sócios comparecerem ou se declararem, por escrito, cientes do local, data, hora e ordem do dia.

§ 3º A reunião ou a assembleia tornam-se dispensáveis quando todos os sócios decidirem, por escrito, sobre a matéria que seria objeto delas.

§ 4º No caso do inciso VIII do artigo antecedente, os administradores, se houver urgência e com autorização de titulares de mais da metade do capital social, podem requerer concordata preventiva.

► Lei nº 11.101, de 9-2-2005 (Lei de Recuperação de Empresas e Falências).

§ 5º As deliberações tomadas de conformidade com a lei e o contrato vinculam todos os sócios, ainda que ausentes ou dissidentes.

§ 6º Aplica-se às reuniões dos sócios, nos casos omissos no contrato, o disposto na presente Seção sobre a assembleia.

Art. 1.073. A reunião ou a assembleia podem também ser convocadas:

I – por sócio, quando os administradores retardarem a convocação, por mais de sessenta dias, nos casos previstos em lei ou no contrato, ou por titulares de mais de um quinto do capital, quando não atendido, no prazo de oito dias, pedido de convocação fundamentado, com indicação das matérias a serem tratadas;

II – pelo conselho fiscal, se houver, nos casos a que se refere o inciso V do art. 1.069.

Art. 1.074. A assembleia dos sócios instala-se com a presença, em primeira convocação, de titulares de no mínimo três quartos do capital social, e, em segunda, com qualquer número.

► En. nº 226 das Jornadas de Direito Civil.

§ 1º O sócio pode ser representado na assembleia por outro sócio, ou por advogado, mediante outorga de mandato com especificação dos atos autorizados, devendo o instrumento ser levado a registro, juntamente com a ata.

► Arts. 653 a 691 deste Código.

► En. nº 484 das Jornadas de Direito Civil.

§ 2º Nenhum sócio, por si ou na condição de mandatário, pode votar matéria que lhe diga respeito diretamente.

Art. 1.075. A assembleia será presidida e secretariada por sócios escolhidos entre os presentes.

§ 1º Dos trabalhos e deliberações será lavrada, no livro de atas da assembleia, ata assinada pelos membros da mesa e por sócios participantes da reunião, quantos bastem à validade das deliberações, mas sem prejuízo dos que queiram assiná-la.

§ 2º Cópia da ata autenticada pelos administradores, ou pela mesa, será, nos vinte dias subsequentes à reunião, apresentada ao Registro Público de Empresas Mercantis para arquivamento e averbação.

- Lei nº 8.934, de 18-11-1994 (Lei do Registro Público de Empresas Mercantis).

§ 3º Ao sócio, que a solicitar, será entregue cópia autenticada da ata.

Art. 1.076. Ressalvado o disposto no art. 1.061, as deliberações dos sócios serão tomadas:

- *Caput* com a redação dada pela Lei nº 13.792, de 3-1-2019.
- Enunciados nºs 227 e 485 das Jornadas de Direito Civil.

I – *Revogado*. Lei nº 14.451, de 21-9-2022;

II – pelos votos correspondentes a mais da metade do capital social, nos casos previstos nos incisos II, III, IV, V, VI e VIII do *caput* do art. 1.071 deste Código;

- Inciso II com a redação dada pela Lei nº 14.451, de 21-9-2022.

III – pela maioria de votos dos presentes, nos demais casos previstos na lei ou no contrato, se este não exigir maioria mais elevada.

Art. 1.077. Quando houver modificação do contrato, fusão da sociedade, incorporação de outra, ou dela por outra, terá o sócio que dissentiu o direito de retirar-se da sociedade, nos trinta dias subsequentes à reunião, aplicando-se, no silêncio do contrato social antes vigente, o disposto no art. 1.031.

- Arts. 1.113 a 1.122 deste Código.
- En. nº 392 das Jornadas de Direito Civil.

Art. 1.078. A assembleia dos sócios deve realizar-se ao menos uma vez por ano, nos quatro meses seguintes ao término do exercício social, com o objetivo de:

- En. nº 228 das Jornadas de Direito Civil.

I – tomar as contas dos administradores e deliberar sobre o balanço patrimonial e o de resultado econômico;

II – designar administradores, quando for o caso;

III – tratar de qualquer outro assunto constante da ordem do dia.

- Art. 1.066 deste Código.

§ 1º Até trinta dias antes da data marcada para a assembleia, os documentos referidos no inciso I deste artigo devem ser postos, por escrito, e com a prova do respectivo recebimento, à disposição dos sócios que não exerçam a administração.

§ 2º Instalada a assembleia, proceder-se-á à leitura dos documentos referidos no parágrafo antecedente, os quais serão submetidos, pelo presidente, a discussão e votação, nesta não podendo tomar parte os membros da administração e, se houver, os do conselho fiscal.

§ 3º A aprovação, sem reserva, do balanço patrimonial e do de resultado econômico, salvo erro, dolo ou simulação, exonera de responsabilidade os membros da administração e, se houver, os do conselho fiscal.

- Arts. 138 a 150 e 167 deste Código.

§ 4º Extingue-se em dois anos o direito de anular a aprovação a que se refere o parágrafo antecedente.

- Arts. 207 a 211 deste Código.

Art. 1.079. Aplica-se às reuniões dos sócios, nos casos omissos no contrato, o estabelecido nesta Seção sobre a assembleia, obedecido o disposto no § 1º do art. 1.072.

Art. 1.080. As deliberações infringentes do contrato ou da lei tornam ilimitada a responsabilidade dos que expressamente as aprovaram.

- Art. 50 deste Código.
- Enunciados nºs 229 e 487 das Jornadas de Direito Civil.

Art. 1.080-A. O sócio poderá participar e votar a distância em reunião ou em assembleia, nos termos do regulamento do órgão competente do Poder Executivo federal.

Parágrafo único. A reunião ou a assembleia poderá ser realizada de forma digital, respeitados os direitos legalmente previstos de participação e de manifestação dos sócios e os demais requisitos regulamentares.

- Art. 1.080-A acrescido pela Lei nº 14.030, de 28-7-2020.

Seção VI

DO AUMENTO E DA REDUÇÃO DO CAPITAL

Art. 1.081. Ressalvado o disposto em lei especial, integralizadas as quotas, pode ser o capital aumentado, com a correspondente modificação do contrato.

§ 1º Até trinta dias após a deliberação, terão os sócios preferência para participar do aumento, na proporção das quotas de que sejam titulares.

§ 2º À cessão do direito de preferência, aplica-se o disposto no *caput* do art. 1.057.

§ 3º Decorrido o prazo da preferência, e assumida pelos sócios, ou por terceiros, a totalidade do aumento, haverá reunião ou assembleia dos sócios, para que seja aprovada a modificação do contrato.

Art. 1.082. Pode a sociedade reduzir o capital, mediante a correspondente modificação do contrato:

I – depois de integralizado, se houver perdas irreparáveis;

- Art. 1.083 deste Código.

II – se excessivo em relação ao objeto da sociedade.

- Art. 1.084 deste Código.

Art. 1.083. No caso do inciso I do artigo antecedente, a redução do capital será realizada com a diminuição proporcional do valor nominal das quotas, tornando-se efetiva a partir da averbação, no Registro Público de Empresas Mercantis, da ata da assembleia que a tenha aprovado.

- Lei nº 8.934, de 18-11-1994 (Lei do Registro Público de Empresas Mercantis).

Art. 1.084. No caso do inciso II do art. 1.082, a redução do capital será feita restituindo-se parte do valor das quotas aos sócios, ou dispensando-se as prestações ainda devidas, com diminuição proporcional, em ambos os casos, do valor nominal das quotas.

§ 1º No prazo de noventa dias, contado da data da publicação da ata da assembleia que aprovar a redução, o credor quirografário, por título líquido anterior a essa data, poderá opor-se ao deliberado.

- En. nº 489 das Jornadas de Direito Civil.

§ 2º A redução somente se tornará eficaz se, no prazo estabelecido no parágrafo antecedente, não for impugnada, ou se provado o pagamento da dívida ou o depósito judicial do respectivo valor.

§ 3º Satisfeitas as condições estabelecidas no parágrafo antecedente, proceder-se-á à averbação, no Registro Público de Empresas Mercantis, da ata que tenha aprovado a redução.

- Lei nº 8.934, de 18-11-1994 (Lei do Registro Público de Empresas Mercantis).

Seção VII

DA RESOLUÇÃO DA SOCIEDADE EM RELAÇÃO A SÓCIOS MINORITÁRIOS

Art. 1.085. Ressalvado o disposto no art. 1.030, quando a maioria dos sócios, representativa de mais da metade do capital social, entender que um ou mais sócios estão pondo em risco a continuidade da empresa, em virtude de atos de inegável gravidade, poderá excluí-los da sociedade, mediante alteração do contrato social, desde que prevista neste a exclusão por justa causa.

- En. nº 67 das Jornadas de Direito Civil.
- En. nº 17 da Jornada de Direito Comercial.

Parágrafo único. Ressalvado o caso em que haja apenas dois sócios na sociedade, a exclusão de um sócio somente poderá ser determinada em reunião ou assembleia especialmente convocada para esse fim, ciente o acusado em tempo hábil para permitir seu comparecimento e o exercício do direito de defesa.

- Parágrafo único com a redação dada pela Lei nº 13.792, de 3-1-2019.
- Súm. nº 265 do STF.

Art. 1.086. Efetuado o registro da alteração contratual, aplicar-se-á o disposto nos arts. 1.031 e 1.032.

Seção VIII

DA DISSOLUÇÃO

Art. 1.087. A sociedade dissolve-se, de pleno direito, por qualquer das causas previstas no art. 1.044.

- Arts. 599 a 609 do CPC/2015.

CAPÍTULO V

DA SOCIEDADE ANÔNIMA

- Arts. 206, § 3º, VII, *a*, 982, parágrafo único, 1.126 e 1.160 deste Código.

Seção Única

DA CARACTERIZAÇÃO

Art. 1.088. Na sociedade anônima ou companhia, o capital divide-se em ações, obrigando-se cada sócio ou acionista somente pelo preço de emissão das ações que subscrever ou adquirir.

- Art. 1º da Lei nº 6.404, de 15-12-1976 (Lei das Sociedades por Ações).
- Súm. nº 371 do STJ.
- En. nº 68 das Jornadas de Direito Civil.

Art. 1.089. A sociedade anônima rege-se por lei especial, aplicando-se-lhe, nos casos omissos, as disposições deste Código.

- Lei nº 6.404, de 15-12-1976 (Lei das Sociedades por Ações).
- Enunciados nºs 68 e 230 das Jornadas de Direito Civil.

CAPÍTULO VI

DA SOCIEDADE EM COMANDITA POR AÇÕES

- Art. 1.161 deste Código.
- Arts. 280 a 284 da Lei nº 6.404, de 15-12-1976 (Lei das Sociedades por Ações).

Art. 1.090. A sociedade em comandita por ações tem o capital dividido em ações, regendo-se pelas normas relativas à sociedade anônima, sem prejuízo das modificações constantes deste Capítulo, e opera sob firma ou denominação.

Art. 1.091. Somente o acionista tem qualidade para administrar a sociedade e, como diretor, responde subsidiária e ilimitadamente pelas obrigações da sociedade.

▶ En. nº 59 das Jornadas de Direito Civil.

§ 1º Se houver mais de um diretor, serão solidariamente responsáveis, depois de esgotados os bens sociais.

▶ Arts. 275 a 285 deste Código.

§ 2º Os diretores serão nomeados no ato constitutivo da sociedade, sem limitação de tempo, e somente poderão ser destituídos por deliberação de acionistas que representem no mínimo dois terços do capital social.

§ 3º O diretor destituído ou exonerado continua, durante dois anos, responsável pelas obrigações sociais contraídas sob sua administração.

Art. 1.092. A assembleia-geral não pode, sem o consentimento dos diretores, mudar o objeto essencial da sociedade, prorrogar-lhe o prazo de duração, aumentar ou diminuir o capital social, criar debêntures, ou partes beneficiárias.

CAPÍTULO VII
DA SOCIEDADE COOPERATIVA

▶ Arts. 982, parágrafo único, 983, parágrafo único, e 1.159 deste Código.

▶ Lei nº 5.764, de 16-12-1971 (Lei das Cooperativas).

▶ Lei nº 9.867, de 10-11-1999, dispõe sobre a criação e o funcionamento de Cooperativas Sociais, visando à integração social dos cidadãos, conforme especifica.

▶ Lei nº 12.690, de 19-7-2012, dispõe sobre a organização e o funcionamento das Cooperativas de Trabalho.

Art. 1.093. A sociedade cooperativa reger-se-á pelo disposto no presente Capítulo, ressalvada a legislação especial.

▶ En. nº 69 das Jornadas de Direito Civil.

Art. 1.094. São características da sociedade cooperativa:

▶ En. nº 206 das Jornadas de Direito Civil.

I – variabilidade, ou dispensa do capital social;

II – concurso de sócios em número mínimo necessário a compor a administração da sociedade, sem limitação de número máximo;

III – limitação do valor da soma de quotas do capital social que cada sócio poderá tomar;

IV – intransferibilidade das quotas do capital a terceiros estranhos à sociedade, ainda que por herança;

V – *quorum*, para a assembleia-geral funcionar e deliberar, fundado no número de sócios presentes à reunião, e não no capital social representado;

VI – direito de cada sócio a um só voto nas deliberações, tenha ou não capital a sociedade, e qualquer que seja o valor de sua participação;

VII – distribuição dos resultados, proporcionalmente ao valor das operações efetuadas pelo sócio com a sociedade, podendo ser atribuído juro fixo ao capital realizado;

VIII – indivisibilidade do fundo de reserva entre os sócios, ainda que em caso de dissolução da sociedade.

▶ Art. 1.096 deste Código.

Art. 1.095. Na sociedade cooperativa, a responsabilidade dos sócios pode ser limitada ou ilimitada.

§ 1º É limitada a responsabilidade na cooperativa em que o sócio responde somente pelo valor de suas quotas e pelo prejuízo verificado nas operações sociais, guardada a proporção de sua participação nas mesmas operações.

§ 2º É ilimitada a responsabilidade na cooperativa em que o sócio responde solidária e ilimitadamente pelas obrigações sociais.

▶ Arts. 275 a 285 deste Código.

Art. 1.096. No que a lei for omissa, aplicam-se as disposições referentes à sociedade simples, resguardadas as características estabelecidas no art. 1.094.

▶ Arts. 997 a 1.038 deste Código.

CAPÍTULO VIII
DAS SOCIEDADES COLIGADAS

Art. 1.097. Consideram-se coligadas as sociedades que, em suas relações de capital, são controladas, filiadas, ou de simples participação, na forma dos artigos seguintes.

Art. 1.098. É controlada:

I – a sociedade de cujo capital outra sociedade possua a maioria dos votos nas deliberações dos quotistas ou da assembleia-geral e o poder de eleger a maioria dos administradores;

II – a sociedade cujo controle, referido no inciso antecedente, esteja em poder de outra, mediante ações ou quotas possuídas por sociedades ou sociedades por esta já controladas.

Art. 1.099. Diz-se coligada ou filiada a sociedade de cujo capital outra sociedade participa com dez por cento ou mais, do capital da outra, sem controlá-la.

▶ Art. 243 da Lei nº 6.404, de 15-12-1976 (Lei das Sociedades por Ações).

Art. 1.100. É de simples participação a sociedade de cujo capital outra sociedade possua menos de dez por cento do capital com direito de voto.

Art. 1.101. Salvo disposição especial de lei, a sociedade não pode participar de outra, que seja sua sócia, por montante superior, segundo o balanço, ao das próprias reservas, excluída a reserva legal.

Parágrafo único. Aprovado o balanço em que se verifique ter sido excedido esse limite, a sociedade não poderá exercer o direito de voto correspondente às ações ou quotas em excesso, as quais devem ser alienadas nos cento e oitenta dias seguintes àquela aprovação.

CAPÍTULO IX
DA LIQUIDAÇÃO DA SOCIEDADE

▶ Arts. 51, 206, § 3º, VII, *c*, 1.038, § 2º, e 1.155, parágrafo único, deste Código.

Art. 1.102. Dissolvida a sociedade e nomeado o liquidante na forma do disposto neste Livro, procede-se à sua liquidação, de conformidade com os preceitos deste Capítulo, ressalvado o disposto no ato constitutivo ou no instrumento da dissolução.

Parágrafo único. O liquidante, que não seja administrador da sociedade, investir-se-á nas funções, averbada a sua nomeação no registro próprio.

▶ Arts. 1.036 a 1.038 deste Código.

Art. 1.103. Constituem deveres do liquidante:

I – averbar e publicar a ata, sentença ou instrumento de dissolução da sociedade;

II – arrecadar os bens, livros e documentos da sociedade, onde quer que estejam;

III – proceder, nos quinze dias seguintes ao da sua investidura e com a assistência, sempre que possível, dos administradores, à elaboração do inventário e do balanço geral do ativo e do passivo;

IV – ultimar os negócios da sociedade, realizar o ativo, pagar o passivo e partilhar o remanescente entre os sócios ou acionistas;

V – exigir dos quotistas, quando insuficiente o ativo à solução do passivo, a integralização de suas quotas e, se for o caso, as quantias necessárias, nos limites da responsabilidade de cada um e proporcionalmente à respectiva participação nas perdas, repartindo-se, entre os sócios solventes e na mesma proporção, o devido pelo insolvente;

VI – convocar assembleia dos quotistas, cada seis meses, para apresentar relatório e balanço do estado da liquidação, prestando conta dos atos praticados durante o semestre, ou sempre que necessário;

VII – confessar a falência da sociedade e pedir concordata, de acordo com as formalidades prescritas para o tipo de sociedade liquidanda;

▶ Lei nº 11.101, de 9-2-2005 (Lei de Recuperação de Empresas e Falências).

VIII – finda a liquidação, apresentar aos sócios o relatório da liquidação e as suas contas finais;

IX – averbar a ata da reunião ou da assembleia, ou o instrumento firmado pelos sócios, que considerar encerrada a liquidação.

Parágrafo único. Em todos os atos, documentos ou publicações, o liquidante empregará a firma ou denominação social sempre seguida da cláusula "em liquidação" e de sua assinatura individual, com a declaração de sua qualidade.

Art. 1.104. As obrigações e a responsabilidade do liquidante regem-se pelos preceitos peculiares às dos administradores da sociedade liquidanda.

Art. 1.105. Compete ao liquidante representar a sociedade e praticar todos os atos necessários à sua liquidação, inclusive alienar bens móveis ou imóveis, transigir, receber e dar quitação.

Parágrafo único. Sem estar expressamente autorizado pelo contrato social, ou pelo voto da maioria dos sócios, não pode o liquidante gravar de ônus reais os móveis e imóveis, contrair empréstimos, salvo quando indispensáveis ao pagamento de obrigações inadiáveis, nem prosseguir, embora para facilitar a liquidação, na atividade social.

Art. 1.106. Respeitados os direitos dos credores preferenciais, pagará o liquidante as dívidas sociais proporcionalmente, sem distinção entre vencidas e vincendas, mas, em relação a estas, com desconto.

▶ Arts. 955 a 965 deste Código.

Parágrafo único. Se o ativo for superior ao passivo, pode o liquidante, sob sua responsabilidade pessoal, pagar integralmente as dívidas vencidas.

Art. 1.107. Os sócios podem resolver, por maioria de votos, antes de ultimada a liquidação, mas depois de pagos os credores, que o liquidante faça rateios por antecipação da partilha, à medida em que se apurem os haveres sociais.

Art. 1.108. Pago o passivo e partilhado o remanescente, convocará o liquidante assembleia dos sócios para a prestação final de contas.

Art. 1.109. Aprovadas as contas, encerra-se a liquidação, e a sociedade se extingue, ao ser averbada no registro próprio a ata da assembleia.

Parágrafo único. O dissidente tem o prazo de trinta dias, a contar da publicação da ata, devidamente averbada, para promover a ação que couber.

- ▶ Arts. 207 a 211 deste Código.
- ▶ En. nº 489 das Jornadas de Direito Civil.

Art. 1.110. Encerrada a liquidação, o credor não satisfeito só terá direito a exigir dos sócios, individualmente, o pagamento do seu crédito, até o limite da soma por eles recebida em partilha, e a propor contra o liquidante ação de perdas e danos.

- ▶ Arts. 402 a 405 deste Código.

Art. 1.111. No caso de liquidação judicial, será observado o disposto na lei processual.

- ▶ Arts. 509 a 512 do CPC/2015.

Art. 1.112. No curso de liquidação judicial, o juiz convocará, se necessário, reunião ou assembleia para deliberar sobre os interesses da liquidação, e as presidirá, resolvendo sumariamente as questões suscitadas.

Parágrafo único. As atas das assembleias serão, em cópia autêntica, apensadas ao processo judicial.

CAPÍTULO X
DA TRANSFORMAÇÃO, DA INCORPORAÇÃO, DA FUSÃO E DA CISÃO DAS SOCIEDADES

- ▶ Arts. 984, parágrafo único, e 2.033 deste Código.

Art. 1.113. O ato de transformação independe de dissolução ou liquidação da sociedade, e obedecerá aos preceitos reguladores da constituição e inscrição próprios do tipo em que vai converter-se.

Art. 1.114. A transformação depende do consentimento de todos os sócios, salvo se prevista no ato constitutivo, caso em que o dissidente poderá retirar-se da sociedade, aplicando-se, no silêncio do estatuto ou do contrato social, o disposto no art. 1.031.

Art. 1.115. A transformação não modificará nem prejudicará, em qualquer caso, os direitos dos credores.

Parágrafo único. A falência da sociedade transformada somente produzirá efeitos em relação aos sócios que, no tipo anterior, a eles estariam sujeitos, se o pedirem os titulares de créditos anteriores à transformação, e somente a estes beneficiará.

Art. 1.116. Na incorporação, uma ou várias sociedades são absorvidas por outra, que lhes sucede em todos os direitos e obrigações, devendo todas aprová-la, na forma estabelecida para os respectivos tipos.

- ▶ Enunciados nºs 70, 231 e 232 das Jornadas de Direito Civil.

Art. 1.117. A deliberação dos sócios da sociedade incorporada deverá aprovar as bases da operação e o projeto de reforma do ato constitutivo.

- ▶ Enunciados nºs 231 e 232 das Jornadas de Direito Civil.

§ 1º A sociedade que houver de ser incorporada tomará conhecimento desse ato, e, se o aprovar, autorizará os administradores a praticar o necessário à incorporação, inclusive a subscrição em bens pelo valor da diferença que se verificar entre o ativo e o passivo.

§ 2º A deliberação dos sócios da sociedade incorporadora compreenderá a nomeação dos peritos para a avaliação do patrimônio líquido da sociedade, que tenha de ser incorporada.

Art. 1.118. Aprovados os atos da incorporação, a incorporadora declarará extinta a incorporada, e promoverá a respectiva averbação no registro próprio.

- ▶ En. nº 231 das Jornadas de Direito Civil.

Art. 1.119. A fusão determina a extinção das sociedades que se unem, para formar sociedade nova, que a elas sucederá nos direitos e obrigações.

- ▶ En. nº 231 das Jornadas de Direito Civil.

Art. 1.120. A fusão será decidida, na forma estabelecida para os respectivos tipos, pelas sociedades que pretendam unir-se.

- ▶ Enunciados nº 231 e 232 das Jornadas de Direito Civil.

§ 1º Em reunião ou assembleia dos sócios de cada sociedade, deliberada a fusão e aprovado o projeto do ato constitutivo da nova sociedade, bem como o plano de distribuição do capital social, serão nomeados os peritos para a avaliação do patrimônio da sociedade.

§ 2º Apresentados os laudos, os administradores convocarão reunião ou assembleia dos sócios para tomar conhecimento deles, decidindo sobre a constituição definitiva da nova sociedade.

§ 3º É vedado aos sócios votar o laudo de avaliação do patrimônio da sociedade de que façam parte.

Art. 1.121. Constituída a nova sociedade, aos administradores incumbe fazer inscrever, no registro próprio da sede, os atos relativos à fusão.

- ▶ En. nº 231 das Jornadas de Direito Civil.

Art. 1.122. Até noventa dias após publicados os atos relativos à incorporação, fusão ou cisão, o credor anterior, por ela prejudicado, poderá promover judicialmente a anulação deles.

- ▶ Arts. 207 a 211 deste Código.
- ▶ Enunciados nºs 231 e 489 das Jornadas de Direito Civil.

§ 1º A consignação em pagamento prejudicará a anulação pleiteada.

- ▶ Arts. 334 a 345 deste Código.
- ▶ Arts. 539 a 549 do CPC/2015.

§ 2º Sendo ilíquida a dívida, a sociedade poderá garantir-lhe a execução, suspendendo-se o processo de anulação.

§ 3º Ocorrendo, no prazo deste artigo, a falência da sociedade incorporadora, da sociedade nova ou da cindida, qualquer credor anterior terá direito a pedir a separação dos patrimônios, para o fim de serem os créditos pagos pelos bens das respectivas massas.

CAPÍTULO XI
DA SOCIEDADE DEPENDENTE DE AUTORIZAÇÃO

Seção I
DISPOSIÇÕES GERAIS

Art. 1.123. A sociedade que dependa de autorização do Poder Executivo para funcionar reger-se-á por este título, sem prejuízo do disposto em lei especial.

Parágrafo único. A competência para a autorização será sempre do Poder Executivo federal.

Art. 1.124. Na falta de prazo estipulado em lei ou em ato do poder público, será considerada caduca a autorização se a sociedade não entrar em funcionamento nos doze meses seguintes à respectiva publicação.

Art. 1.125. Ao Poder Executivo é facultado, a qualquer tempo, cassar a autorização concedida a sociedade nacional ou estrangeira que infringir disposição de ordem pública ou praticar atos contrários aos fins declarados no seu estatuto.

Seção II
DA SOCIEDADE NACIONAL

Art. 1.126. É nacional a sociedade organizada de conformidade com a lei brasileira e que tenha no País a sede de sua administração.

Parágrafo único. Quando a lei exigir que todos ou alguns sócios sejam brasileiros, as ações da sociedade anônima revestirão, no silêncio da lei, a forma nominativa. Qualquer que seja o tipo da sociedade, na sua sede ficará arquivada cópia autêntica do documento comprobatório da nacionalidade dos sócios.

- ▶ Arts. 1.088 e 1.089 deste Código.
- ▶ Lei nº 6.404, de 15-12-1976 (Lei das Sociedades por Ações).

Art. 1.127. Não haverá mudança de nacionalidade de sociedade brasileira sem o consentimento unânime dos sócios ou acionistas.

Art. 1.128. O requerimento de autorização de sociedade nacional deve ser acompanhado de cópia do contrato, assinada por todos os sócios, ou, tratando-se de sociedade anônima, de cópia, autenticada pelos fundadores, dos documentos exigidos pela lei especial.

- ▶ Lei nº 6.404, de 15-12-1976 (Lei das Sociedades por Ações).

Parágrafo único. Se a sociedade tiver sido constituída por escritura pública, bastará juntar-se ao requerimento a respectiva certidão.

- ▶ Art. 1.031 deste Código.

Art. 1.129. Ao Poder Executivo é facultado exigir que se procedam a alterações ou aditamento no contrato ou no estatuto, devendo os sócios, ou, tratando-se de sociedade anônima, os fundadores, cumprir as formalidades legais para revisão dos atos constitutivos, e juntar ao processo prova regular.

- ▶ Art. 1.031 deste Código.

Art. 1.130. Ao Poder Executivo é facultado recusar a autorização, se a sociedade não atender às condições econômicas, financeiras ou jurídicas especificadas em lei.

Art. 1.131. Expedido o decreto de autorização, cumprirá à sociedade publicar os atos referidos nos arts. 1.128 e 1.129, em trinta dias, no órgão oficial da União, cujo exemplar representará prova para inscrição, no registro próprio, dos atos constitutivos da sociedade.

Parágrafo único. A sociedade promoverá, também no órgão oficial da União e no prazo de trinta dias, a publicação do termo de inscrição.

▸ Arts. 1.135 e 1.136, § 3º, deste Código.

Art. 1.132. As sociedades anônimas nacionais, que dependam de autorização do Poder Executivo para funcionar, não se constituirão sem obtê-la, quando seus fundadores pretenderem recorrer a subscrição pública para a formação do capital.

§ 1º Os fundadores deverão juntar ao requerimento cópias autênticas do projeto do estatuto e do prospecto.

§ 2º Obtida a autorização e constituída a sociedade, proceder-se-á à inscrição dos seus atos constitutivos.

Art. 1.133. Dependem de aprovação as modificações do contrato ou do estatuto de sociedade sujeita a autorização do Poder Executivo, salvo se decorrerem de aumento do capital social, em virtude de utilização de reservas ou reavaliação do ativo.

Seção III
DA SOCIEDADE ESTRANGEIRA

▸ Art. 1º, parágrafo único, da Lei nº 12.846, de 1º-8-2013 (Lei Anticorrupção).

Art. 1.134. A sociedade estrangeira, qualquer que seja o seu objeto, não pode, sem autorização do Poder Executivo, funcionar no País, ainda que por estabelecimentos subordinados, podendo, todavia, ressalvados os casos expressos em lei, ser acionista de sociedade anônima brasileira.

▸ Lei nº 6.404, de 15-12-1976 (Lei das Sociedades por Ações).
▸ En. nº 486 das Jornadas de Direito Civil.

§ 1º Ao requerimento de autorização devem juntar-se:

I – prova de se achar a sociedade constituída conforme a lei de seu país;
II – inteiro teor do contrato ou do estatuto;
III – relação dos membros de todos os órgãos da administração da sociedade, com nome, nacionalidade, profissão, domicílio e, salvo quanto a ações ao portador, o valor da participação de cada um no capital da sociedade;
IV – cópia do ato que autorizou o funcionamento no Brasil e fixou o capital destinado às operações no território nacional;
V – prova de nomeação do representante no Brasil, com poderes expressos para aceitar as condições exigidas para a autorização;
VI – último balanço.

▸ Arts. 1.135, parágrafo único, e 1.141, § 1º, deste Código.

§ 2º Os documentos serão autenticados, de conformidade com a lei nacional da sociedade requerente, legalizados no consulado brasileiro da respectiva sede e acompanhados de tradução em vernáculo.

Art. 1.135. É facultado ao Poder Executivo, para conceder a autorização, estabelecer condições convenientes à defesa dos interesses nacionais.

Parágrafo único. Aceitas as condições, expedirá o Poder Executivo decreto de autorização, do qual constará o montante de capital destinado às operações no País, cabendo à sociedade promover a publicação dos atos referidos no art. 1.131 e no § 1º do art. 1.134.

Art. 1.136. A sociedade autorizada não pode iniciar sua atividade antes de inscrita no registro próprio do lugar em que se deva estabelecer.

§ 1º O requerimento de inscrição será instruído com exemplar da publicação exigida no parágrafo único do artigo antecedente, acompanhado de documento do depósito em dinheiro, em estabelecimento bancário oficial, do capital ali mencionado.

§ 2º Arquivados esses documentos, a inscrição será feita por termo em livro especial para as sociedades estrangeiras, com número de ordem contínuo para todas as sociedades inscritas; no termo constarão:

I – nome, objeto, duração e sede da sociedade no estrangeiro;
II – lugar da sucursal, filial ou agência, no País;
III – data e número do decreto de autorização;
IV – capital destinado às operações no País;
V – individuação do seu representante permanente.

§ 3º Inscrita a sociedade, promover-se-á a publicação determinada no parágrafo único do art. 1.131.

Art. 1.137. A sociedade estrangeira autorizada a funcionar ficará sujeita às leis e aos tribunais brasileiros, quanto aos atos ou operações praticados no Brasil.

▸ Art. 11 do Dec.-lei nº 4.657, de 4-9-1942 (Lei de Introdução às normas do Direito Brasileiro).

Parágrafo único. A sociedade estrangeira funcionará no território nacional com o nome que tiver em seu país de origem, podendo acrescentar as palavras "do Brasil" ou "para o Brasil".

Art. 1.138. A sociedade estrangeira autorizada a funcionar é obrigada a ter, permanentemente, representante no Brasil, com poderes para resolver quaisquer questões e receber citação judicial pela sociedade.

Parágrafo único. O representante somente pode agir perante terceiros depois de arquivado e averbado o instrumento de sua nomeação.

Art. 1.139. Qualquer modificação no contrato ou no estatuto dependerá da aprovação do Poder Executivo, para produzir efeitos no território nacional.

Art. 1.140. A sociedade estrangeira deve, sob pena de lhe ser cassada a autorização, reproduzir no órgão oficial da União, e do Estado, se for o caso, as publicações que, segundo a sua lei nacional, seja obrigada a fazer relativamente ao balanço patrimonial e ao de resultado econômico, bem como aos atos de sua administração.

Parágrafo único. Sob pena, também, de lhe ser cassada a autorização, a sociedade estrangeira deverá publicar o balanço patrimonial e o de resultado econômico das sucursais, filiais ou agências existentes no País.

Art. 1.141. Mediante autorização do Poder Executivo, a sociedade estrangeira admitida a funcionar no País pode nacionalizar-se, transferindo sua sede para o Brasil.

§ 1º Para o fim previsto neste artigo, deverá a sociedade, por seus representantes, oferecer, com o requerimento, os documentos exigidos no art. 1.134, e ainda a prova da realização do capital, pela forma declarada no contrato, ou no estatuto, e do ato em que foi deliberada a nacionalização.

§ 2º O Poder Executivo poderá impor as condições que julgar convenientes à defesa dos interesses nacionais.

§ 3º Aceitas as condições pelo representante, proceder-se-á, após a expedição do decreto de autorização, à inscrição da sociedade e publicação do respectivo termo.

TÍTULO III – DO ESTABELECIMENTO

CAPÍTULO ÚNICO
DISPOSIÇÕES GERAIS

Art. 1.142. Considera-se estabelecimento todo complexo de bens organizado, para exercício da empresa, por empresário, ou por sociedade empresária.

▸ Arts. 79 a 103 deste Código.
▸ Súm. nº 645 do STF.
▸ Súm. nº 451 do STJ.
▸ Enunciados nºs 233 e 488 das Jornadas de Direito Civil.

§ 1º O estabelecimento não se confunde com o local onde se exerce a atividade empresarial, que poderá ser físico ou virtual.

§ 2º Quando o local onde se exerce a atividade empresarial for virtual, o endereço informado para fins de registro poderá ser, conforme o caso, o endereço do empresário individual ou o de um dos sócios da sociedade empresária.

§ 3º Quando o local onde se exerce a atividade empresarial for físico, a fixação do horário de funcionamento competirá ao Município, observada a regra geral prevista no inciso II do *caput* do art. 3º da Lei nº 13.874, de 20 de setembro de 2019.

▸ §§ 1º a 3º com a redação dada pela Lei nº 14.382, de 27-6-2022.

Art. 1.143. Pode o estabelecimento ser objeto unitário de direitos e de negócios jurídicos, translativos ou constitutivos, que sejam compatíveis com a sua natureza.

▸ En. nº 393 das Jornadas de Direito Civil.

Art. 1.144. O contrato que tenha por objeto a alienação, o usufruto ou arrendamento do estabelecimento, só produzirá efeitos quanto a terceiros depois de averbado à margem da inscrição do empresário, ou da sociedade empresária, no Registro Público de Empresas Mercantis, e de publicado na imprensa oficial.

▸ Lei nº 8.934, de 18-11-1994 (Lei do Registro Público de Empresas Mercantis).
▸ En. nº 489 das Jornadas de Direito Civil.

Art. 1.145. Se ao alienante não restarem bens suficientes para solver o seu passivo, a eficácia da alienação do estabelecimento depende do pagamento de todos os credores, ou do consentimento destes, de modo expresso ou tácito, em trinta dias a partir de sua notificação.

Art. 1.146. O adquirente do estabelecimento responde pelo pagamento dos débitos anteriores à transferência, desde que regularmente contabilizados, continuando o devedor primitivo solidariamente obrigado pelo prazo de um ano, a partir, quanto aos créditos vencidos, da publicação, e, quanto aos outros, da data do vencimento.

▸ Arts. 275 a 285 deste Código.
▸ Art. 133 do CTN.
▸ Art. 448 da CLT.
▸ En. nº 489 das Jornadas de Direito Civil.

Art. 1.147. Não havendo autorização expressa, o alienante do estabelecimento não pode fazer concorrência ao adquirente, nos cinco anos subsequentes à transferência.

▸ En. nº 490 das Jornadas de Direito Civil.

Parágrafo único. No caso de arrendamento ou usufruto do estabelecimento, a proibição prevista neste artigo persistirá durante o prazo do contrato.

Art. 1.148. Salvo disposição em contrário, a transferência importa a sub-rogação do adquirente nos contratos estipulados para exploração do estabelecimento, se não tiverem caráter pessoal, podendo os terceiros rescindir o contrato em noventa dias a contar da publicação da transferência, se ocorrer justa causa, ressalvada, neste caso, a responsabilidade do alienante.

▸ Enunciados nºs 234 e 489 das Jornadas de Direito Civil.

Art. 1.149. A cessão dos créditos referentes ao estabelecimento transferido produzirá efeito em relação aos respectivos devedores, desde o momento da publicação da transferência, mas o devedor ficará exonerado se de boa-fé pagar ao cedente.

▸ Arts. 286 a 298 deste Código.

▸ En. nº 489 das Jornadas de Direito Civil.

TÍTULO IV – DOS INSTITUTOS COMPLEMENTARES

CAPÍTULO I – DO REGISTRO

▸ Lei nº 11.598, de 3-12-2007 (Lei da REDESIM).

Art. 1.150. O empresário e a sociedade empresária vinculam-se ao Registro Público de Empresas Mercantis a cargo das Juntas Comerciais, e a sociedade simples ao Registro Civil das Pessoas Jurídicas, o qual deverá obedecer às normas fixadas para aquele registro, se a sociedade simples adotar um dos tipos de sociedade empresária.

▸ Arts. 45, 967, 985, 986 e 1.166 deste Código.

▸ Lei nº 8.934, de 18-11-1994 (Lei do Registro Público de Empresas Mercantis).

▸ Enunciados nºs 55 e 1.150 das Jornadas de Direito Civil.

Art. 1.151. O registro dos atos sujeitos à formalidade exigida no artigo antecedente será requerido pela pessoa obrigada em lei, e, no caso de omissão ou demora, pelo sócio ou qualquer interessado.

§ 1º Os documentos necessários ao registro deverão ser apresentados no prazo de trinta dias, contado da lavratura dos atos respectivos.

§ 2º Requerido além do prazo previsto neste artigo, o registro somente produzirá efeito a partir da data de sua concessão.

§ 3º As pessoas obrigadas a requerer o registro responderão por perdas e danos, em caso de omissão ou demora.

▸ Arts. 402 a 405 deste Código.

Art. 1.152. Cabe ao órgão incumbido do registro verificar a regularidade das publicações determinadas em lei, de acordo com o disposto nos parágrafos deste artigo.

§ 1º Salvo exceção expressa, as publicações ordenadas neste Livro serão feitas no órgão oficial da União ou do Estado, conforme o local da sede do empresário ou da sociedade, e em jornal de grande circulação.

§ 2º As publicações das sociedades estrangeiras serão feitas nos órgãos oficiais da União e do Estado onde tiverem sucursais, filiais ou agências.

§ 3º O anúncio de convocação da assembleia de sócios será publicado por três vezes, ao menos, devendo mediar, entre a data da primeira inserção e a da realização da assembleia, o prazo mínimo de oito dias, para a primeira convocação, e de cinco dias, para as posteriores.

▸ Art. 1.072, § 2º, deste Código.

Art. 1.153. Cumpre à autoridade competente, antes de efetivar o registro, verificar a autenticidade e a legitimidade do signatário do requerimento, bem como fiscalizar a observância das prescrições legais concernentes ao ato ou aos documentos apresentados.

Parágrafo único. Das irregularidades encontradas deve ser notificado o requerente, que, se for o caso, poderá saná-las, obedecendo às formalidades da lei.

Art. 1.154. O ato sujeito a registro, ressalvadas disposições especiais da lei, não pode, antes do cumprimento das respectivas formalidades, ser oposto a terceiro, salvo prova de que este o conhecia.

Parágrafo único. O terceiro não pode alegar ignorância, desde que cumpridas as referidas formalidades.

CAPÍTULO II – DO NOME EMPRESARIAL

▸ Art. 72 da LC nº 123, de 14-12-2006 (Estatuto Nacional da Microempresa e da Empresa de Pequeno Porte).

Art. 1.155. Considera-se nome empresarial a firma ou a denominação adotada, de conformidade com este Capítulo, para o exercício de empresa.

Parágrafo único. Equipara-se ao nome empresarial, para os efeitos da proteção da lei, a denominação das sociedades simples, associações e fundações.

▸ Arts. 53 a 69 e 1.102 a 1.112 deste Código.

Art. 1.156. O empresário opera sob firma constituída por seu nome, completo ou abreviado, aditando-lhe, se quiser, designação mais precisa da sua pessoa ou do gênero de atividade.

Art. 1.157. A sociedade em que houver sócios de responsabilidade ilimitada operará sob firma, na qual somente os nomes daqueles poderão figurar, bastando para formá-la aditar ao nome de um deles a expressão "e companhia" ou sua abreviatura.

▸ Arts. 1.039 e 1.045 deste Código.

Parágrafo único. Ficam solidária e ilimitadamente responsáveis pelas obrigações contraídas sob a firma social aqueles que, por seus nomes, figurarem na firma da sociedade de que trata este artigo.

▸ Arts. 275 a 285 deste Código.

Art. 1.158. Pode a sociedade limitada adotar firma ou denominação, integradas pela palavra final "limitada" ou a sua abreviatura.

▸ Art. 1.052 deste Código.

▸ En. nº 71 das Jornadas de Direito Civil.

§ 1º A firma será composta com o nome de um ou mais sócios, desde que pessoas físicas, de modo indicativo da relação social.

§ 2º A denominação deve designar o objeto da sociedade, sendo permitido nela figurar o nome de um ou mais sócios.

§ 3º A omissão da palavra "limitada" determina a responsabilidade solidária e ilimitada dos administradores que assim empregarem a firma ou a denominação da sociedade.

Art. 1.159. A sociedade cooperativa funciona sob denominação integrada pelo vocábulo "cooperativa".

▸ Art. 1.093 deste Código.

Art. 1.160. A sociedade anônima opera sob denominação integrada pelas expressões sociedade anônima ou companhia, por extenso ou abreviadamente, facultada a designação do objeto social.

▸ *Caput* com a redação dada pela Lei nº 14.382, de 27-6-2022.

▸ Arts. 1.088 e 1.089 deste Código.

▸ En. nº 71 das Jornadas de Direito Civil.

Parágrafo único. Pode constar da denominação o nome do fundador, acionista, ou pessoa que haja concorrido para o bom êxito da formação da empresa.

Art. 1.161. A sociedade em comandita por ações pode, em lugar de firma, adotar denominação aditada da expressão comandita por ações, facultada a designação do objeto social.

▸ Artigo com a redação dada pela Lei nº 14.382, de 27-6-2022.

▸ Art. 1.090 deste Código.

Art. 1.162. A sociedade em conta de participação não pode ter firma ou denominação.

▸ Art. 991 deste Código.

Art. 1.163. O nome de empresário deve distinguir-se de qualquer outro já inscrito no mesmo registro.

Parágrafo único. Se o empresário tiver nome idêntico ao de outros já inscritos, deverá acrescentar designação que o distinga.

Art. 1.164. O nome empresarial não pode ser objeto de alienação.

▸ En. nº 72 das Jornadas de Direito Civil.

Parágrafo único. O adquirente de estabelecimento, por ato entre vivos, pode, se o contrato o permitir, usar o nome do alienante, precedido do seu próprio, com a qualificação de sucessor.

Art. 1.165. O nome de sócio que vier a falecer, for excluído ou se retirar, não pode ser conservado na firma social.

Art. 1.166. A inscrição do empresário, ou dos atos constitutivos das pessoas jurídicas, ou as respectivas averbações, no registro próprio, asseguram o uso exclusivo do nome nos limites do respectivo Estado.

▸ Art. 1.150 deste Código.

▸ En. nº 491 das Jornadas de Direito Civil.

▸ En. nº 2 da Jornada de Direito Comercial.

Parágrafo único. O uso previsto neste artigo estender-se-á a todo o território nacional, se registrado na forma da lei especial.

▸ Lei nº 8.934, de 18-11-1994 (Lei do Registro Público de Empresas Mercantis).

Art. 1.167. Cabe ao prejudicado, a qualquer tempo, ação para anular a inscrição do nome empresarial feita com violação da lei ou do contrato.

Art. 1.168. A inscrição do nome empresarial será cancelada, a requerimento de qualquer interessado, quando cessar o exercício da atividade para que foi adotado, ou quando ultimar-se a liquidação da sociedade que o inscreveu.

CAPÍTULO III

DOS PREPOSTOS

Seção I

DISPOSIÇÕES GERAIS

Art. 1.169. O preposto não pode, sem autorização escrita, fazer-se substituir no desempenho da preposição, sob pena de responder pessoalmente pelos atos do substituto e pelas obrigações por ele contraídas.

Art. 1.170. O preposto, salvo autorização expressa, não pode negociar por conta própria ou de terceiro, nem participar, embora indiretamente, de operação do mesmo gênero da que lhe foi cometida, sob pena de responder por perdas e danos e de serem retidos pelo preponente os lucros da operação.

▸ Arts. 402 a 405 deste Código.

Art. 1.171. Considera-se perfeita a entrega de papéis, bens ou valores ao preposto, encarregado pelo preponente, se os recebeu sem protesto, salvo nos casos em que haja prazo para reclamação.

Seção II

DO GERENTE

Art. 1.172. Considera-se gerente o preposto permanente no exercício da empresa, na sede desta, ou em sucursal, filial ou agência.

Art. 1.173. Quando a lei não exigir poderes especiais, considera-se o gerente autorizado a praticar todos os atos necessários ao exercício dos poderes que lhe foram outorgados.

Parágrafo único. Na falta de estipulação diversa, consideram-se solidários os poderes conferidos a dois ou mais gerentes.

Art. 1.174. As limitações contidas na outorga de poderes, para serem opostas a terceiros, dependem do arquivamento e averbação do instrumento no Registro Público de Empresas Mercantis, salvo se provado serem conhecidas da pessoa que tratou com o gerente.

Parágrafo único. Para o mesmo efeito e com idêntica ressalva, deve a modificação ou revogação do mandato ser arquivada e averbada no Registro Público de Empresas Mercantis.

▸ Art. 1.182 deste Código.

▸ Lei nº 8.934, de 18-11-1994 (Lei do Registro Público de Empresas Mercantis).

Art. 1.175. O preponente responde com o gerente pelos atos que este pratique em seu próprio nome, mas à conta daquele.

Art. 1.176. O gerente pode estar em juízo em nome do preponente, pelas obrigações resultantes do exercício da sua função.

Seção III

DO CONTABILISTA E OUTROS AUXILIARES

Art. 1.177. Os assentos lançados nos livros ou fichas do preponente, por qualquer dos prepostos encarregados de sua escrituração, produzem, salvo se houver procedido de má-fé, os mesmos efeitos como se o fossem por aquele.

Parágrafo único. No exercício de suas funções, os prepostos são pessoalmente responsáveis, perante os preponentes, pelos atos culposos; e, perante terceiros, solidariamente com o preponente, pelos atos dolosos.

▸ Arts. 275 a 285 deste Código.

▸ Súmulas nºs 260, 390 e 439 do STF.

Art. 1.178. Os preponentes são responsáveis pelos atos de quaisquer prepostos, praticados nos seus estabelecimentos e relativos à atividade da empresa, ainda que não autorizados por escrito.

Parágrafo único. Quando tais atos forem praticados fora do estabelecimento, somente obrigarão o preponente nos limites dos poderes conferidos por escrito, cujo instrumento pode ser suprido pela certidão ou cópia autêntica do seu teor.

CAPÍTULO IV

DA ESCRITURAÇÃO

Art. 1.179. O empresário e a sociedade empresária são obrigados a seguir um sistema de contabilidade, mecanizado ou não, com base na escrituração uniforme de seus livros, em correspondência com a documentação respectiva, e a levantar anualmente o balanço patrimonial e o de resultado econômico.

▸ Art. 68 da LC nº 123, de 14-12-2006 (Estatuto Nacional da Microempresa e da Empresa de Pequeno Porte).

▸ En. nº 235 das Jornadas de Direito Civil.

§ 1º Salvo o disposto no art. 1.180, o número e a espécie de livros ficam a critério dos interessados.

§ 2º É dispensado das exigências deste artigo o pequeno empresário a que se refere o art. 970.

Art. 1.180. Além dos demais livros exigidos por lei, é indispensável o Diário, que pode ser substituído por fichas no caso de escrituração mecanizada ou eletrônica.

Parágrafo único. A adoção de fichas não dispensa o uso de livro apropriado para o lançamento do balanço patrimonial e do de resultado econômico.

▸ Art. 1.179, § 1º, deste Código.

Art. 1.181. Salvo disposição especial de lei, os livros obrigatórios e, se for o caso, as fichas, antes de postos em uso, devem ser autenticados no Registro Público de Empresas Mercantis.

Parágrafo único. A autenticação não se fará sem que esteja inscrito o empresário, ou a sociedade empresária, que poderá fazer autenticar livros não obrigatórios.

Art. 1.182. Sem prejuízo do disposto no art. 1.174, a escrituração ficará sob a responsabilidade de contabilista legalmente habilitado, salvo se nenhum houver na localidade.

Art. 1.183. A escrituração será feita em idioma e moeda corrente nacionais e em forma contábil, por ordem cronológica de dia, mês e ano, sem intervalos em branco, nem entrelinhas, borrões, rasuras, emendas ou transportes para as margens.

Parágrafo único. É permitido o uso de código de números ou de abreviaturas, que constem de livro próprio, regularmente autenticado.

Art. 1.184. No Diário serão lançadas, com individuação, clareza e caracterização do documento respectivo, dia a dia, por escrita direta ou reprodução, todas as operações relativas ao exercício da empresa.

§ 1º Admite-se a escrituração resumida do Diário, com totais que não excedam o período de trinta dias, relativamente a contas cujas operações sejam numerosas ou realizadas fora da sede do estabelecimento, desde que utilizados livros auxiliares regularmente autenticados, para registro individualizado, e conservados os documentos que permitam a sua perfeita verificação.

§ 2º Serão lançados no Diário o balanço patrimonial e o de resultado econômico, devendo ambos ser assinados por técnico em Ciências Contábeis legalmente habilitado e pelo empresário ou sociedade empresária.

Art. 1.185. O empresário ou sociedade empresária que adotar o sistema de fichas de lançamentos poderá substituir o livro Diário pelo livro Balancetes Diários e Balanços, observadas as mesmas formalidades extrínsecas exigidas para aquele.

Art. 1.186. O livro Balancetes Diários e Balanços será escriturado de modo que registre:

I – a posição diária de cada uma das contas ou títulos contábeis, pelo respectivo saldo, em forma de balancetes diários;

II – o balanço patrimonial e o de resultado econômico, no encerramento do exercício.

Art. 1.187. Na coleta dos elementos para o inventário serão observados os critérios de avaliação a seguir determinados:

I – os bens destinados à exploração da atividade serão avaliados pelo custo de aquisição, devendo, na avaliação dos que se desgastam ou depreciam com o uso, pela ação do tempo ou outros fatores, atender-se à desvalorização respectiva, criando-se fundos de amortização para assegurar-lhes a substituição ou a conservação do valor;

II – os valores mobiliários, matéria-prima, bens destinados à alienação, ou que constituem produtos ou artigos da indústria ou comércio da empresa, podem ser estimados pelo custo de aquisição ou de fabricação, ou pelo preço corrente, sempre que este for inferior ao preço de custo, e quando o preço corrente ou venal estiver acima do valor do custo de aquisição, ou fabricação, e os bens forem avaliados pelo preço corrente, a diferença entre este e o preço de custo não será levada em conta para a distribuição de lucros, nem para as percentagens referentes a fundos de reserva;

III – o valor das ações e dos títulos de renda fixa pode ser determinado com base na respectiva cotação da Bolsa de Valores; os não cotados e as participações não acionárias serão considerados pelo seu valor de aquisição;

IV – os créditos serão considerados de conformidade com o presumível valor de realização, não se levando em conta os prescritos ou de difícil liquidação, salvo se houver, quanto aos últimos, previsão equivalente.

Parágrafo único. Entre os valores do ativo podem figurar, desde que se preceda, anualmente, à sua amortização:

I – as despesas de instalação da sociedade, até o limite correspondente a dez por cento do capital social;

II – os juros pagos aos acionistas da sociedade anônima, no período antecedente ao início das operações sociais, à taxa não superior a doze por cento ao ano, fixada no estatuto;

III – a quantia efetivamente paga a título de aviamento de estabelecimento adquirido pelo empresário ou sociedade.

Art. 1.188. O balanço patrimonial deverá exprimir, com fidelidade e clareza, a situação real da empresa e, atendidas as peculiaridades desta, bem como as disposições das leis especiais, indicará, distintamente, o ativo e o passivo.

Parágrafo único. Lei especial disporá sobre as informações que acompanharão o balanço patrimonial, em caso de sociedades coligadas.

Art. 1.189. O balanço de resultado econômico, ou demonstração da conta de lucros e perdas, acompanhará o balanço patrimonial e dele constarão crédito e débito, na forma da lei especial.

Art. 1.190. Ressalvados os casos previstos em lei, nenhuma autoridade, juiz ou tribunal, sob qualquer pretexto, poderá fazer ou ordenar diligência para verificar se o empresário ou a sociedade empresária observam, ou não, em seus livros e fichas, as formalidades prescritas em lei.

- ▶ Art. 6º, I, *d*, da Lei nº 10.593, de 6-12-2002, que dispõe sobre as atribuições dos ocupantes de cargo de Auditor Fiscal da Receita Federal do Brasil.
- ▶ Art. 11, § 4º, II, da Lei nº 11.457, de 16-3-2007 (Lei da Super-Receita).

Art. 1.191. O juiz só poderá autorizar a exibição integral dos livros e papéis de escrituração quando necessária para resolver questões relativas a sucessão, comunhão ou sociedade, administração ou gestão à conta de outrem, ou em caso de falência.

- ▶ Art. 6º, I, *d*, da Lei nº 10.593, de 6-12-2002, que dispõe sobre as atribuições dos ocupantes de cargo de Auditor Fiscal da Receita Federal do Brasil.
- ▶ Art. 11, § 4º, II, da Lei nº 11.457, de 16-3-2007 (Lei da Super-Receita).

§ 1º O juiz ou tribunal que conhecer de medida cautelar ou de ação pode, a requerimento ou de ofício, ordenar que os livros de qualquer das partes, ou de ambas, sejam examinados na presença do empresário ou da sociedade empresária a que pertencerem, ou de pessoas por estes nomeadas, para deles se extrair o que interessar à questão.

§ 2º Achando-se os livros em outra jurisdição, nela se fará o exame, perante o respectivo juiz.

Art. 1.192. Recusada a apresentação dos livros, nos casos do artigo antecedente, serão apreendidos judicialmente e, no do seu § 1º, ter-se-á como verdadeiro o alegado pela parte contrária para se provar pelos livros.

- ▶ Art. 6º, I, *d*, da Lei nº 10.593, de 6-12-2002, que dispõe sobre as atribuições dos ocupantes de cargo de Auditor Fiscal da Receita Federal do Brasil.
- ▶ Art. 11, § 4º, II, da Lei nº 11.457, de 16-3-2007 (Lei da Super-Receita).

Parágrafo único. A confissão resultante da recusa pode ser elidida por prova documental em contrário.

Art. 1.193. As restrições estabelecidas neste Capítulo ao exame da escrituração, em parte ou por inteiro, não se aplicam às autoridades fazendárias, no exercício da fiscalização do pagamento de impostos, nos termos estritos das respectivas leis especiais.

- ▶ Art. 6º, I, *d*, da Lei nº 10.593, de 6-12-2002, que dispõe sobre as atribuições dos ocupantes de cargo de Auditor Fiscal da Receita Federal do Brasil.
- ▶ Art. 11, § 4º, II, da Lei nº 11.457, de 16-3-2007 (Lei da Super-Receita).

Art. 1.194. O empresário e a sociedade empresária são obrigados a conservar em boa guarda toda a escrituração, correspondência e mais papéis concernentes à sua atividade, enquanto não ocorrer prescrição ou decadência no tocante aos atos neles consignados.

Art. 1.195. As disposições deste Capítulo aplicam-se às sucursais, filiais ou agências, no Brasil, do empresário ou sociedade com sede em país estrangeiro.

LIVRO III – DO DIREITO DAS COISAS

TÍTULO I – DA POSSE

- ▶ Arts. 554 a 568 do CPC/2015.

CAPÍTULO I – DA POSSE E SUA CLASSIFICAÇÃO

Art. 1.196. Considera-se possuidor todo aquele que tem de fato o exercício, pleno ou não, de algum dos poderes inerentes à propriedade.

- ▶ Arts. 1.223 e 1.228 deste Código.
- ▶ Enunciados nºs 236 e 563 das Jornadas de Direito Civil.

Art. 1.197. A posse direta, de pessoa que tem a coisa em seu poder, temporariamente, em virtude de direito pessoal, ou real, não anula a indireta, de quem aquela foi havida, podendo o possuidor direto defender a sua posse contra o indireto.

- ▶ Art. 1.394 deste Código.
- ▶ Enunciados nºs 76 e 1.197 das Jornadas de Direito Civil.

Art. 1.198. Considera-se detentor aquele que, achando-se em relação de dependência para com outro, conserva a posse em nome deste e em cumprimento de ordens ou instruções suas.

- ▶ Enunciados nºs 301 e 493 das Jornadas de Direito Civil.

Parágrafo único. Aquele que começou a comportar-se do modo como prescreve este artigo, em relação ao bem e à outra pessoa, presume-se detentor, até que prove o contrário.

Art. 1.199. Se duas ou mais pessoas possuírem coisa indivisa, poderá cada uma exercer sobre ela atos possessórios, contanto que não excluam os dos outros compossuidores.

- ▶ Arts. 87 e 88 deste Código.

Art. 1.200. É justa a posse que não for violenta, clandestina ou precária.

- ▶ Art. 1.208 deste Código.
- ▶ En. nº 302 das Jornadas de Direito Civil.

Art. 1.201. É de boa-fé a posse, se o possuidor ignora o vício, ou o obstáculo que impede a aquisição da coisa.

- ▶ En. nº 303 das Jornadas de Direito Civil.

Parágrafo único. O possuidor com justo título tem por si a presunção de boa-fé, salvo prova em contrário, ou quando a lei expressamente não admite esta presunção.

- ▶ Arts. 1.214 a 1.220, 1.228, § 4º, 1.242, 1.255 a 1.257, 1.260 e 1.261 deste Código.

Art. 1.202. A posse de boa-fé só perde este caráter no caso e desde o momento em que as circunstâncias façam presumir que o possuidor não ignora que possui indevidamente.

Art. 1.203. Salvo prova em contrário, entende-se manter a posse o mesmo caráter com que foi adquirida.

- ▶ Art. 1.206 deste Código.
- ▶ En. nº 237 das Jornadas de Direito Civil.

CAPÍTULO II – DA AQUISIÇÃO DA POSSE

Art. 1.204. Adquire-se a posse desde o momento em que se torna possível o exercício, em nome próprio, de qualquer dos poderes inerentes à propriedade.

- ▶ Art. 1.228 deste Código.
- ▶ En. nº 301 das Jornadas de Direito Civil.

Art. 1.205. A posse pode ser adquirida:

- ▶ Enunciados nºs 77 e 236 das Jornadas de Direito Civil.

I – pela própria pessoa que a pretende ou por seu representante;

II – por terceiro sem mandato, dependendo de ratificação.

Art. 1.206. A posse transmite-se aos herdeiros ou legatários do possuidor com os mesmos caracteres.

- ▶ Art. 1.203 deste Código.

Art. 1.207. O sucessor universal continua de direito a posse do seu antecessor; e ao sucessor singular é facultado unir sua posse à do antecessor, para os efeitos legais.

- ▶ Art. 1.243 deste Código.

Art. 1.208. Não induzem posse os atos de mera permissão ou tolerância assim como não autorizam a sua aquisição os atos violentos, ou clandestinos, senão depois de cessar a violência ou a clandestinidade.

- ▶ Arts. 1.200 e 1.203 deste Código.

Art. 1.209. A posse do imóvel faz presumir, até prova contrária, a das coisas móveis que nele estiverem.

CAPÍTULO III – DOS EFEITOS DA POSSE

Art. 1.210. O possuidor tem direito a ser mantido na posse em caso de turbação, restituído no de esbulho, e segurado de violência iminente, se tiver justo receio de ser molestado.

- ▶ Arts. 554 a 564 do CPC/2015.
- ▶ Súm. nº 487 do STF.
- ▶ Enunciados nºs 78, 79, 238 e 239 das Jornadas de Direito Civil.

§ 1º O possuidor turbado, ou esbulhado, poderá manter-se ou restituir-se por sua própria força, contanto que o faça logo; os atos de defesa, ou de desforço, não podem ir além do indispensável à manutenção, ou restituição da posse.

- ▶ Art. 1.224 deste Código.
- ▶ Arts. 23 e 25 do CP.

§ 2º Não obsta à manutenção ou reintegração na posse a alegação de propriedade, ou de outro direito sobre a coisa.

- ▶ Arts. 952 e 1.228 deste Código.
- ▶ Arts. 555, I, 556 e 560 do CPC/2015.

Art. 1.211. Quando mais de uma pessoa se disser possuidora, manter-se-á provisoriamente a que tiver a coisa, se não estiver manifesto que a obteve de alguma das outras por modo vicioso.

Art. 1.212. O possuidor pode intentar a ação de esbulho, ou a de indenização, contra o terceiro, que recebeu a coisa esbulhada sabendo que o era.

- ▶ Enunciados nºs 80 e 236 das Jornadas de Direito Civil.

Art. 1.213. O disposto nos artigos antecedentes não se aplica às servidões não aparentes, salvo quando os respectivos títulos provierem do possuidor do prédio serviente, ou daqueles de quem este o houve.

- ▶ Art. 1.378 deste Código.
- ▶ Súm. nº 415 do STF.

Art. 1.214. O possuidor de boa-fé tem direito, enquanto ela durar, aos frutos percebidos.

▶ Arts. 1.201, 1.202, 1.232 e 1.396 deste Código.

▶ En. nº 302 das Jornadas de Direito Civil.

Parágrafo único. Os frutos pendentes ao tempo em que cessar a boa-fé devem ser restituídos, depois de deduzidas as despesas da produção e custeio; devem ser também restituídos os frutos colhidos com antecipação.

▶ Arts. 237, 242, 878 e 1.826 deste Código.

Art. 1.215. Os frutos naturais e industriais reputam-se colhidos e percebidos, logo que são separados; os civis reputam-se percebidos dia por dia.

Art. 1.216. O possuidor de má-fé responde por todos os frutos colhidos e percebidos, bem como pelos que, por culpa sua, deixou de perceber, desde o momento em que se constituiu de má-fé; tem direito às despesas da produção e custeio.

Art. 1.217. O possuidor de boa-fé não responde pela perda ou deterioração da coisa, a que não der causa.

Art. 1.218. O possuidor de má-fé responde pela perda, ou deterioração da coisa, ainda que acidentais, salvo se provar que de igual modo se teriam dado, estando ela na posse do reivindicante.

Art. 1.219. O possuidor de boa-fé tem direito à indenização das benfeitorias necessárias e úteis, bem como, quanto às voluptuárias, se não lhe forem pagas, a levantá-las, quando o puder sem detrimento da coisa, e poderá exercer o direito de retenção pelo valor das benfeitorias necessárias e úteis.

▶ Arts. 96, 97 e 964, III, deste Código.

▶ Art. 810 do CPC/2015.

▶ Art. 51, XVI, do CDC.

▶ Art. 34 da Lei nº 6.766, de 19-12-1979 (Lei do Parcelamento do Solo).

▶ Súm. nº 158 do STF.

▶ En. nº 81 das Jornadas de Direito Civil.

Art. 1.220. Ao possuidor de má-fé serão ressarcidas somente as benfeitorias necessárias; não lhe assiste o direito de retenção pela importância destas, nem o de levantar as voluptuárias.

▶ Arts. 96 e 242 deste Código.

Art. 1.221. As benfeitorias compensam-se com os danos, e só obrigam ao ressarcimento se ao tempo da evicção ainda existirem.

▶ Arts. 368 e 447 a 457 deste Código.

Art. 1.222. O reivindicante, obrigado a indenizar as benfeitorias ao possuidor de má-fé, tem o direito de optar entre o seu valor atual e o seu custo; ao possuidor de boa-fé indenizará pelo valor atual.

CAPÍTULO IV
DA PERDA DA POSSE

Art. 1.223. Perde-se a posse quando cessa, embora contra a vontade do possuidor, o poder sobre o bem, ao qual se refere o art. 1.196.

Art. 1.224. Só se considera perdida a posse para quem não presenciou o esbulho, quando, tendo notícia dele, se abstém de retornar a coisa, ou, tentando recuperá-la, é violentamente repelido.

▶ Art. 1.210, § 1º, deste Código.

TÍTULO II – DOS DIREITOS REAIS

▶ Art. 8º do Dec.-lei nº 4.657, de 4-9-1942 (Lei de Introdução às normas do Direito Brasileiro).

CAPÍTULO ÚNICO
DISPOSIÇÕES GERAIS

Art. 1.225. São direitos reais:

I – a propriedade;

▶ Arts. 1.228 a 1.368-B deste Código.

II – a superfície;

▶ Arts. 1.369 a 1.377 deste Código.

III – as servidões;

▶ Arts. 1.378 a 1.389 deste Código.

IV – o usufruto;

▶ Arts. 1.390 a 1.411 deste Código.

V – o uso;

▶ Arts. 1.412 e 1.413 deste Código.

VI – a habitação;

▶ Arts. 1.414 a 1.416 deste Código.

VII – o direito do promitente comprador do imóvel;

▶ Arts. 1.417 e 1.418 deste Código.

VIII – o penhor;

▶ Arts. 1.419 a 1.472 deste Código.

IX – a hipoteca;

▶ Arts. 1.419 a 1.430 e 1.473 a 1.505 deste Código.

X – a anticrese;

▶ Arts. 80, I, 83, II, 1.419 a 1.430 e 1.506 a 1.510 deste Código.

XI – a concessão de uso especial para fins de moradia;

▶ Inciso XI acrescido pela Lei nº 11.481, de 31-5-2007.

XII – a concessão de direito real de uso;

XIII – a laje;

▶ Incisos XII e XIII com a redação dada pela Lei nº 14.620, de 13-7-2023.

XIV – os direitos oriundos da imissão provisória na posse, quando concedida à União, aos Estados, ao Distrito Federal, aos Municípios ou às suas entidades delegadas e a respectiva cessão e promessa de cessão.

▶ Inciso XIV acrescido pela Lei nº 14.620, de 13-7-2023.

Art. 1.226. Os direitos reais sobre coisas móveis, quando constituídos, ou transmitidos por atos entre vivos, só se adquirem com a tradição.

▶ Arts. 1.267 e 1.268 deste Código.

Art. 1.227. Os direitos reais sobre imóveis constituídos, ou transmitidos por atos entre vivos, só se adquirem com o registro no Cartório de Registro de Imóveis dos referidos títulos (arts. 1.245 a 1.247), salvo os casos expressos neste Código.

▶ Arts. 108, 1.228, § 5º, 1.238, 1.241, 1.369, 1.378, 1.379, 1.391, 1.413, 1.416, 1.438, 1.492 e 1.509, *caput*, deste Código.

TÍTULO III – DA PROPRIEDADE

▶ Art. 1.225, I, deste Código.

CAPÍTULO I
DA PROPRIEDADE EM GERAL

Seção I
DISPOSIÇÕES PRELIMINARES

Art. 1.228. O proprietário tem a faculdade de usar, gozar e dispor da coisa, e o direito de reavê-la do poder de quem quer que injustamente a possua ou detenha.

▶ Arts. 1.196 e 1.210 deste Código.

▶ Enunciados nºs 82, 83, 84, 240, 241, 304, 305, 306, 307, 308, 309 e 310 das Jornadas de Direito Civil.

§ 1º O direito de propriedade deve ser exercido em consonância com as suas finalidades econômicas e sociais e de modo que sejam preservados, de conformidade com o estabelecido em lei especial, a flora, a fauna, as belezas naturais, o equilíbrio ecológico e o patrimônio histórico e artístico, bem como evitada a poluição do ar e das águas.

▶ Arts. 5º, XXIII, 182, § 2º, e 186 da CF.

▶ Enunciados nºs 507 e 508 das Jornadas de Direito Civil.

§ 2º São defesos os atos que não trazem ao proprietário qualquer comodidade, ou utilidade, e sejam animados pela intenção de prejudicar outrem.

▶ Enunciados nºs 49 e 508 das Jornadas de Direito Civil.

§ 3º O proprietário pode ser privado da coisa, nos casos de desapropriação, por necessidade ou utilidade pública ou interesse social, bem como no de requisição, em caso de perigo público iminente.

▶ Arts. 5º, XXIV, XXV, 182, §§ 3º e 4º, 184 e 185 da CF.

▶ Lei nº 4.132, de 10-9-1962 (Lei da Desapropriação por Interesse Social).

▶ Lei nº 8.629, de 25-2-1993, dispõe sobre desapropriação por interesse social para fins de reforma agrária.

▶ Dec.-lei nº 3.365, de 21-6-1941 (Lei das Desapropriações).

▶ Dec.-lei nº 1.075, de 22-1-1970 (Lei da Imissão de Posse).

§ 4º O proprietário também pode ser privado da coisa se o imóvel reivindicado consistir em extensa área, na posse ininterrupta e de boa-fé, por mais de cinco anos, de considerável número de pessoas, e estas nela houverem realizado, em conjunto ou separadamente, obras e serviços considerados pelo juiz de interesse social e econômico relevante.

▶ Arts. 1.201, 2.029 e 2.030 deste Código.

▶ En. nº 496 das Jornadas de Direito Civil.

§ 5º No caso do parágrafo antecedente, o juiz fixará a justa indenização devida ao proprietário; pago o preço, valerá a sentença como título para o registro do imóvel em nome dos possuidores.

▶ Art. 1.227 deste Código.

▶ En. nº 496 das Jornadas de Direito Civil.

Art. 1.229. A propriedade do solo abrange a do espaço aéreo e subsolo correspondentes, em altura e profundidade úteis ao seu exercício, não podendo o proprietário opor-se a atividades que sejam realizadas, por terceiros, a uma altura ou profundidade tais, que não tenha ele interesse legítimo em impedi-las.

▶ Art. 79 deste Código.

Art. 1.230. A propriedade do solo não abrange as jazidas, minas e demais recursos minerais, os potenciais de energia hidráulica, os monumentos arqueológicos e outros bens referidos por leis especiais.

▶ Arts. 1.392, § 2º, e 1.473, V, deste Código.

Parágrafo único. O proprietário do solo tem o direito de explorar os recursos minerais de emprego imediato na construção civil, desde que não submetidos a transformação industrial, obedecido o disposto em lei especial.

▸ Arts. 176 e 177 da CF.

Art. 1.231. A propriedade presume-se plena e exclusiva, até prova em contrário.

▸ Súm. nº 496 do STJ.

Art. 1.232. Os frutos e mais produtos da coisa pertencem, ainda quando separados, ao seu proprietário, salvo se, por preceito jurídico especial, couberem a outrem.

▸ Arts. 1.214 a 1.216 e 1.254 a 1.257 deste Código.

Seção II

DA DESCOBERTA

▸ Art. 1.263 deste Código.

▸ Lei nº 7.542, de 26-9-1986, dispõe sobre a pesquisa, exploração, remoção e demolição das coisas ou bens afundados, submersos, encalhados e perdidos em águas sob jurisdição nacional.

Art. 1.233. Quem quer que ache coisa alheia perdida há de restituí-la ao dono ou legítimo possuidor.

Parágrafo único. Não o conhecendo, o descobridor fará por encontrá-lo, e, se não o encontrar, entregará a coisa achada à autoridade competente.

▸ Art. 746, *caput* e § 1º, do CPC/2015.

Art. 1.234. Aquele que restituir a coisa achada, nos termos do artigo antecedente, terá direito a uma recompensa não inferior a cinco por cento do seu valor, e à indenização pelas despesas que houver feito com a conservação e transporte da coisa, se o dono não preferir abandoná-la.

Parágrafo único. Na determinação do montante da recompensa, considerar-se-á o esforço desenvolvido pelo descobridor para encontrar o dono, ou o legítimo possuidor, as possibilidades que teria este de encontrar a coisa e a situação econômica de ambos.

Art. 1.235. O descobridor responde pelos prejuízos causados ao proprietário ou possuidor legítimo, quando tiver procedido com dolo.

▸ Arts. 145 a 150 deste Código.

Art. 1.236. A autoridade competente dará conhecimento da descoberta através da imprensa e outros meios de informação, somente expedindo editais se o seu valor os comportar.

Art. 1.237. Decorridos sessenta dias da divulgação da notícia pela imprensa, ou do edital, não se apresentando quem comprove a propriedade sobre a coisa, será esta vendida em hasta pública e, deduzidas do preço as despesas, mais a recompensa do descobridor, pertencerá o remanescente ao Município em cuja circunscrição se deparou o objeto perdido.

▸ Art. 730 do CPC/2015.

Parágrafo único. Sendo de diminuto valor, poderá o Município abandonar a coisa em favor de quem a achou.

CAPÍTULO II

DA AQUISIÇÃO DA PROPRIEDADE IMÓVEL

Seção I

DA USUCAPIÃO

▸ Arts. 183 e 191 da CF.

▸ Arts. 1.260 a 1.262, 1.379 e 1.391 deste Código.

▸ Lei nº 6.969, de 10-12-1981 (Lei da Usucapião Especial).

▸ Arts. 9º a 14 da Lei nº 10.257, de 10-7-2001 (Estatuto da Cidade).

▸ Súmulas nºs 237, 263, 340 e 391 do STF.

▸ Súm. nº 13 do TFR.

▸ Súm. nº 11 do STJ.

Art. 1.238. Aquele que, por quinze anos, sem interrupção, nem oposição, possuir como seu um imóvel, adquire-lhe a propriedade, independentemente de título e boa-fé; podendo requerer ao juiz que assim o declare por sentença, a qual servirá de título para o registro no Cartório de Registro de Imóveis.

▸ Art. 1.227 deste Código.

▸ Arts. 167, I, item 28, e 226 da Lei nº 6.015, de 31-12-1973 (Lei dos Registros Públicos).

▸ En. nº 564 das Jornadas de Direito Civil.

Parágrafo único. O prazo estabelecido neste artigo reduzir-se-á a dez anos se o possuidor houver estabelecido no imóvel a sua moradia habitual, ou nele realizado obras ou serviços de caráter produtivo.

▸ Arts. 2.029 e 2.030 deste Código.

Art. 1.239. Aquele que, não sendo proprietário de imóvel rural ou urbano, possua como sua, por cinco anos ininterruptos, sem oposição, área de terra em zona rural não superior a cinquenta hectares, tornando-a produtiva por seu trabalho ou de sua família, tendo nela sua moradia, adquirir-lhe-á a propriedade.

▸ Art. 191 da CF.

▸ Lei nº 6.969, de 10-12-1981 (Lei da Usucapião Especial).

▸ Enunciados nºs 312 e 313 das Jornadas de Direito Civil.

Art. 1.240. Aquele que possuir, como sua, área urbana de até duzentos e cinquenta metros quadrados, por cinco anos ininterruptamente e sem oposição, utilizando-a para sua moradia ou de sua família, adquirir-lhe-á o domínio, desde que não seja proprietário de outro imóvel urbano ou rural.

▸ Art. 1.573, IV, deste Código.

▸ Enunciados nºs 85, 313 e 314 das Jornadas de Direito Civil.

§ 1º O título de domínio e a concessão de uso serão conferidos ao homem ou à mulher, ou a ambos, independentemente do estado civil.

§ 2º O direito previsto no parágrafo antecedente não será reconhecido ao mesmo possuidor mais de uma vez.

▸ Art. 183 da CF.

Art. 1.240-A. Aquele que exercer, por 2 (dois) anos ininterruptamente e sem oposição, posse direta, com exclusividade, sobre imóvel urbano de até 250m² (duzentos e cinquenta metros quadrados) cuja propriedade divida com ex-cônjuge ou ex-companheiro que abandonou o lar, utilizando-o para sua moradia ou de sua família, adquirir-lhe-á o domínio integral, desde que não seja proprietário de outro imóvel urbano ou rural.

▸ Art. 1.573, IV, deste Código.

▸ Enunciados nºs 498, 499, 500, 501 e 502 das Jornadas de Direito Civil.

§ 1º O direito previsto no *caput* não será reconhecido ao mesmo possuidor mais de uma vez.

§ 2º VETADO. Lei nº 12.424, de 16-6-2011 (republicada no *DOU* de 20-6-2011).

▸ Art. 1.240-A acrescido pela Lei nº 12.424, de 16-6-2011 (*DOU* de 17-6-2011 e republicada no *DOU* de 20-6-2011).

Art. 1.241. Poderá o possuidor requerer ao juiz seja declarada adquirida, mediante usucapião, a propriedade imóvel.

▸ Enunciados nºs 108 e 315 das Jornadas de Direito Civil.

Parágrafo único. A declaração obtida na forma deste artigo constituirá título hábil para o registro no Cartório de Registro de Imóveis.

▸ Art. 1.227 deste Código.

▸ Arts. 167, I, item 28, e 226 da Lei nº 6.015, de 31-12-1973 (Lei dos Registros Públicos).

Art. 1.242. Adquire também a propriedade do imóvel aquele que, contínua e incontestadamente, com justo título e boa-fé, o possuir por dez anos.

▸ Arts. 1.201, 1.202 e 1.379 deste Código.

▸ En. nº 86 das Jornadas de Direito Civil.

Parágrafo único. Será de cinco anos o prazo previsto neste artigo se o imóvel houver sido adquirido, onerosamente, com base no registro constante do respectivo cartório, cancelada posteriormente, desde que os possuidores nele tiverem estabelecido a sua moradia, ou realizado investimentos de interesse social e econômico.

▸ Arts. 2.029 e 2.030 deste Código.

▸ En. nº 569 das Jornadas de Direito Civil.

Art. 1.243. O possuidor pode, para o fim de contar o tempo exigido pelos artigos antecedentes, acrescentar à sua posse a dos seus antecessores (art. 1.207), contanto que todas sejam contínuas, pacíficas e, nos casos do art. 1.242, com justo título e de boa-fé.

▸ Arts. 1.201, 1.202 e 1.262 deste Código.

▸ En. nº 317 das Jornadas de Direito Civil.

Art. 1.244. Estende-se ao possuidor o disposto quanto ao devedor acerca das causas que obstam, suspendem ou interrompem a prescrição, as quais também se aplicam à usucapião.

▸ Arts. 197 a 204 e 1.262 deste Código.

Seção II

DA AQUISIÇÃO PELO REGISTRO DO TÍTULO

▸ Art. 167, I, da Lei nº 6.015, de 31-12-1973 (Lei dos Registros Públicos).

Art. 1.245. Transfere-se entre vivos a propriedade mediante o registro do título translativo no Registro de Imóveis.

▸ En. nº 87 das Jornadas de Direito Civil.

§ 1º Enquanto não se registrar o título translativo, o alienante continua a ser havido como dono do imóvel.

§ 2º Enquanto não se promover, por meio de ação própria, a decretação de invalidade do registro, e o respectivo cancelamento, o adquirente continua a ser havido como dono do imóvel.

▸ Art. 1.227 deste Código.

Art. 1.246. O registro é eficaz desde o momento em que se apresentar o título ao oficial do registro, e este o prenotar no protocolo.

▸ Art. 1.227 deste Código.

▸ Arts. 182, 186 e 205 da Lei nº 6.015, de 31-12-1973 (Lei dos Registros Públicos).

Art. 1.247. Se o teor do registro não exprimir a verdade, poderá o interessado reclamar que se retifique ou anule.

Parágrafo único. Cancelado o registro, poderá o proprietário reivindicar o imóvel, independentemente da boa-fé ou do título do terceiro adquirente.

▸ Art. 1.227 deste Código.

Seção III

DA AQUISIÇÃO POR ACESSÃO

▸ Art. 1.474 deste Código.

Art. 1.248. A acessão pode dar-se:

I – por formação de ilhas;

▶ Art. 1.249 deste Código.

II – por aluvião;

▶ Art. 1.250 deste Código.

III – por avulsão;

▶ Art. 1.251 deste Código.

IV – por abandono de álveo;

▶ Art. 1.252 deste Código.

V – por plantações ou construções.

▶ Arts. 1.253 a 1.259 deste Código.

Subseção I

DAS ILHAS

▶ Arts. 20, IV, e 26, II, da CF.

▶ Art. 1.248, I, deste Código.

Art. 1.249. As ilhas que se formarem em correntes comuns ou particulares pertencem aos proprietários ribeirinhos fronteiros, observadas as regras seguintes:

I – as que se formarem no meio do rio consideram-se acréscimos sobrevindos aos terrenos ribeirinhos fronteiros de ambas as margens, na proporção de suas testadas, até a linha que dividir o álveo em duas partes iguais;

II – as que se formarem entre a referida linha e uma das margens consideram-se acréscimos aos terrenos ribeirinhos fronteiros desse mesmo lado;

III – as que se formarem pelo desdobramento de um novo braço do rio continuam a pertencer aos proprietários dos terrenos à custa dos quais se constituíram.

Subseção II

DA ALUVIÃO

▶ Art. 1.248, II, deste Código.

Art. 1.250. Os acréscimos formados, sucessiva e imperceptivelmente, por depósitos e aterros naturais ao longo das margens das correntes, ou pelo desvio das águas destas, pertencem aos donos dos terrenos marginais, sem indenização.

Parágrafo único. O terreno aluvial, que se formar em frente de prédios de proprietários diferentes, dividir-se-á entre eles, na proporção da testada de cada um sobre a antiga margem.

Subseção III

DA AVULSÃO

▶ Art. 1.248, III, deste Código.

Art. 1.251. Quando, por força natural violenta, uma porção de terra se destacar de um prédio e se juntar a outro, o dono deste adquirirá a propriedade do acréscimo, se indenizar o dono do primeiro ou, sem indenização, se, em um ano, ninguém houver reclamado.

Parágrafo único. Recusando-se ao pagamento de indenização, o dono do prédio a que se juntou a porção de terra deverá aquiescer a que se remova a parte acrescida.

Subseção IV

DO ÁLVEO ABANDONADO

▶ Art. 1.248, IV, deste Código.

Art. 1.252. O álveo abandonado de corrente pertence aos proprietários ribeirinhos das duas margens, sem que tenham indenização os donos dos terrenos por onde as águas abrirem novo curso, entendendo-se que os prédios marginais se estendem até o meio do álveo.

Subseção V

DAS CONSTRUÇÕES E PLANTAÇÕES

▶ Arts. 92 a 97, 1.248, V, e 1.369 deste Código.

Art. 1.253. Toda construção ou plantação existente em um terreno presume-se feita pelo proprietário e à sua custa, até que se prove o contrário.

Art. 1.254. Aquele que semeia, planta ou edifica em terreno próprio com sementes, plantas ou materiais alheios, adquire a propriedade destes; mas fica obrigado a pagar-lhes o valor, além de responder por perdas e danos, se agiu de má-fé.

▶ Arts. 402 a 405, 1.214 a 1.219 e 1.232 deste Código.

Art. 1.255. Aquele que semeia, planta ou edifica em terreno alheio perde, em proveito do proprietário, as sementes, plantas e construções; se procedeu de boa-fé, terá direito a indenização.

▶ Art. 1.232 deste Código.

Parágrafo único. Se a construção ou a plantação exceder consideravelmente o valor do terreno, aquele que, de boa-fé, plantou ou edificou, adquirirá a propriedade do solo, mediante pagamento da indenização fixada judicialmente, se não houver acordo.

Art. 1.256. Se de ambas as partes houve má-fé, adquirirá o proprietário as sementes, plantas e construções, devendo ressarcir o valor das acessões.

Parágrafo único. Presume-se má-fé no proprietário, quando o trabalho de construção, ou lavoura, se fez em sua presença e sem impugnação sua.

Art. 1.257. O disposto no artigo antecedente aplica-se ao caso de não pertencerem as sementes, plantas ou materiais a quem de boa-fé os empregou em solo alheio.

Parágrafo único. O proprietário das sementes, plantas ou materiais poderá cobrar do proprietário do solo a indenização devida, quando não puder havê-la do plantador ou construtor.

Art. 1.258. Se a construção, feita parcialmente em solo próprio, invade solo alheio em proporção não superior à vigésima parte deste, adquire o construtor de boa-fé a propriedade da parte do solo invadido, se o valor da construção exceder o dessa parte, e responde por indenização que represente, também, o valor da área perdida e a desvalorização da área remanescente.

▶ En. nº 318 das Jornadas de Direito Civil.

Parágrafo único. Pagando em décuplo as perdas e danos previstos neste artigo, o construtor de má-fé adquire a propriedade da parte do solo que invadiu, se em proporção à vigésima parte deste e o valor da construção exceder consideravelmente o dessa parte e não se puder demolir a porção invasora sem grave prejuízo para a construção.

▶ Arts. 402 a 405 deste Código.

Art. 1.259. Se o construtor estiver de boa-fé, e a invasão do solo alheio exceder a vigésima parte deste, adquire a propriedade da parte do solo invadido, e responde por perdas e danos que abranjam o valor que a invasão acrescer à construção, mais o da área perdida e o da desvalorização da área remanescente; se de má-fé, é obrigado a demolir o que nele construiu, pagando as perdas e danos apurados, que serão devidos em dobro.

▶ Arts. 402 a 405 deste Código.

CAPÍTULO III

DA AQUISIÇÃO DA PROPRIEDADE MÓVEL

Seção I

DA USUCAPIÃO

▶ Arts. 1.228, §§ 3º e 5º, e 1.238 a 1.244 deste Código.

▶ Lei nº 6.969, de 10-12-1981 (Lei da Usucapião Especial).

Art. 1.260. Aquele que possuir coisa móvel como sua, contínua e incontestadamente durante três anos, com justo título e boa-fé, adquirir-lhe-á a propriedade.

▶ Arts. 1.201 e 1.202 deste Código.

Art. 1.261. Se a posse da coisa móvel se prolongar por cinco anos, produzirá usucapião, independentemente de título ou boa-fé.

▶ Arts. 1.201 e 1.202 deste Código.

Art. 1.262. Aplica-se à usucapião das coisas móveis o disposto nos arts. 1.243 e 1.244.

Seção II

DA OCUPAÇÃO

▶ Arts. 1.233 a 1.237 deste Código.

Art. 1.263. Quem se assenhorear de coisa sem dono para logo lhe adquire a propriedade, não sendo essa ocupação defesa por lei.

Seção III

DO ACHADO DO TESOURO

▶ Lei nº 7.542, de 26-9-1986, dispõe sobre a pesquisa, exploração, remoção e demolição das coisas ou bens afundados, submersos, encalhados e perdidos em águas sob jurisdição nacional.

Art. 1.264. O depósito antigo de coisas preciosas, oculto e de cujo dono não haja memória, será dividido por igual entre o proprietário do prédio e o que achar o tesouro casualmente.

Art. 1.265. O tesouro pertencerá por inteiro ao proprietário do prédio, se for achado por ele, ou em pesquisa que ordenou, ou por terceiro não autorizado.

Art. 1.266. Achando-se em terreno aforado, o tesouro será dividido por igual entre o descobridor e o enfiteuta, ou será deste por inteiro quando ele mesmo seja o descobridor.

Seção IV

DA TRADIÇÃO

▶ Arts. 237, 490, 492, 493, 495, 524, 529, 587 e 1.226 deste Código.

Art. 1.267. A propriedade das coisas não se transfere pelos negócios jurídicos antes da tradição.

▶ Art. 234 deste Código.

Parágrafo único. Subentende-se a tradição quando o transmitente continua a possuir pelo constituto possessório; quando cede ao adquirente o direito à restituição da coisa, que se encontra em poder de terceiro; ou quando o adquirente já está na posse da coisa, por ocasião do negócio jurídico.

Art. 1.268. Feita por quem não seja proprietário, a tradição não aliena a propriedade, exceto se a coisa, oferecida ao público, em leilão ou estabelecimento comercial, for transferida em circunstâncias tais que, ao adquirente de boa-fé, como a qualquer pessoa, o alienante se afigurar dono.

▶ Arts. 307 e 1.420, § 1º, deste Código.

§ 1º Se o adquirente estiver de boa-fé e o alienante adquirir depois a propriedade, considera-se realizada a transferência desde o momento em que ocorreu a tradição.

§ 2º Não transfere a propriedade a tradição, quando tiver por título um negócio jurídico nulo.

▶ Art. 166 deste Código.

Seção V *DA ESPECIFICAÇÃO*

Art. 1.269. Aquele que, trabalhando em matéria-prima em parte alheia, obtiver espécie nova, desta será proprietário, se não se puder restituir à forma anterior.

Art. 1.270. Se toda a matéria for alheia, e não se puder reduzir à forma precedente, será do especificador de boa-fé a espécie nova.

§ 1º Sendo praticável a redução, ou quando impraticável, se a espécie nova se obteve de má-fé, pertencerá ao dono da matéria-prima.

▶ Art. 1.271 deste Código.

§ 2º Em qualquer caso, inclusive o da pintura em relação à tela, da escultura, escritura e outro qualquer trabalho gráfico em relação à matéria-prima, a espécie nova será do especificador, se o seu valor exceder consideravelmente o da matéria-prima.

▶ Arts. 92 a 95 deste Código.

Art. 1.271. Aos prejudicados, nas hipóteses dos arts. 1.269 e 1.270, se ressarcirá o dano que sofrerem, menos ao especificador de má-fé, no caso do § 1º do artigo antecedente, quando irredutível a especificação.

Seção VI *DA CONFUSÃO, DA COMISSÃO E DA ADJUNÇÃO*

▶ Mantivemos "comissão" conforme publicação oficial.

Art. 1.272. As coisas pertencentes a diversos donos, confundidas, misturadas ou adjuntadas sem o consentimento deles, continuam a pertencer-lhes, sendo possível separá-las sem deterioração.

§ 1º Não sendo possível a separação das coisas, ou exigindo dispêndio excessivo, subsiste indiviso o todo, cabendo a cada um dos donos quinhão proporcional ao valor da coisa com que entrou para a mistura ou agregado.

▶ Arts. 87 e 88 deste Código.

§ 2º Se uma das coisas puder considerar-se principal, o dono sê-lo-á do todo, indenizando os outros.

▶ Arts. 92 a 95 deste Código.

Art. 1.273. Se a confusão, comissão ou adjunção se operou de má-fé, à outra parte caberá escolher entre adquirir a propriedade do todo, pagando o que não for seu, abatida a indenização que lhe for devida, ou renunciar ao que lhe pertencer, caso em que será indenizado.

Art. 1.274. Se da união de matérias de natureza diversa se formar espécie nova, à confusão, comissão ou adjunção aplicam-se as normas dos arts. 1.272 e 1.273.

CAPÍTULO IV DA PERDA DA PROPRIEDADE

Art. 1.275. Além das causas consideradas neste Código, perde-se a propriedade:

I – por alienação;

II – pela renúncia;

▶ Arts. 108 e 114 deste Código.

III – por abandono;

▶ En. nº 565 das Jornadas de Direito Civil.

IV – por perecimento da coisa;

V – por desapropriação.

▶ Arts. 184 e 185 da CF.

▶ Lei nº 4.132, de 10-9-1962 (Lei da Desapropriação por Interesse Social).

▶ Lei nº 8.629, de 25-2-1993, dispõe sobre desapropriação por interesse social para fins de reforma agrária.

▶ Dec.-lei nº 3.365, de 21-6-1941 (Lei das Desapropriações).

▶ Dec.-lei nº 1.075, de 22-1-1970 (Lei da Imissão de Posse).

Parágrafo único. Nos casos dos incisos I e II, os efeitos da perda da propriedade imóvel serão subordinados ao registro do título transmissivo ou do ato renunciativo no Registro de Imóveis.

Art. 1.276. O imóvel urbano que o proprietário abandonar, com a intenção de não mais o conservar em seu patrimônio, e que se não encontrar na posse de outrem, poderá ser arrecadado, como bem vago, e passar, três anos depois, à propriedade do Município ou à do Distrito Federal, se se achar nas respectivas circunscrições.

▶ Enunciados nºs 242 e 316 das Jornadas de Direito Civil.

§ 1º O imóvel situado na zona rural, abandonado nas mesmas circunstâncias, poderá ser arrecadado, como bem vago, e passar, três anos depois, à propriedade da União, onde quer que ele se localize.

§ 2º Presumir-se-á de modo absoluto a intenção a que se refere este artigo, quando, cessados os atos de posse, deixar o proprietário de satisfazer os ônus fiscais.

▶ En. nº 243 das Jornadas de Direito Civil.

CAPÍTULO V DOS DIREITOS DE VIZINHANÇA

Seção I *DO USO ANORMAL DA PROPRIEDADE*

Art. 1.277. O proprietário ou o possuidor de um prédio tem o direito de fazer cessar as interferências prejudiciais à segurança, ao sossego e à saúde dos que o habitam, provocadas pela utilização de propriedade vizinha.

▶ Art. 19 da Lei nº 4.591, de 16-12-1964 (Lei do Condomínio e Incorporações).

▶ En. nº 319 das Jornadas de Direito Civil.

Parágrafo único. Proíbem-se as interferências considerando-se a natureza da utilização, a localização do prédio, atendidas as normas que distribuem as edificações em zonas, e os limites ordinários de tolerância dos moradores da vizinhança.

Art. 1.278. O direito a que se refere o artigo antecedente não prevalece quando as interferências forem justificadas por interesse público, caso em que o proprietário ou o possuidor, causador delas, pagará ao vizinho indenização cabal.

Art. 1.279. Ainda que por decisão judicial devam ser toleradas as interferências, poderá o vizinho exigir a sua redução, ou eliminação, quando estas se tornarem possíveis.

Art. 1.280. O proprietário ou o possuidor tem direito a exigir do dono do prédio vizinho a demolição, ou a reparação deste, quando ameace ruína, bem como que lhe preste caução pelo dano iminente.

▶ Arts. 618 e 937 deste Código.

Art. 1.281. O proprietário ou o possuidor de um prédio, em que alguém tenha direito de fazer obras, pode, no caso de dano iminente, exigir do autor delas as necessárias garantias contra o prejuízo eventual.

Seção II *DAS ÁRVORES LIMÍTROFES*

Art. 1.282. A árvore, cujo tronco estiver na linha divisória, presume-se pertencer em comum aos donos dos prédios confinantes.

▶ Art. 1.327 deste Código.

Art. 1.283. As raízes e os ramos de árvore, que ultrapassarem a estrema do prédio, poderão ser cortados, até o plano vertical divisório, pelo proprietário do terreno invadido.

Art. 1.284. Os frutos caídos de árvore do terreno vizinho pertencem ao dono do solo onde caíram, se este for de propriedade particular.

Seção III *DA PASSAGEM FORÇADA*

▶ Arts. 1.378 a 1.389 deste Código.

Art. 1.285. O dono do prédio que não tiver acesso a via pública, nascente ou porto, pode, mediante pagamento de indenização cabal, constranger o vizinho a lhe dar passagem, cujo rumo será judicialmente fixado, se necessário.

▶ Art. 1.388 deste Código.

▶ En. nº 88 das Jornadas de Direito Civil.

§ 1º Sofrerá o constrangimento o vizinho cujo imóvel mais natural e facilmente se prestar à passagem.

§ 2º Se ocorrer alienação parcial do prédio, de modo que uma das partes perca o acesso a via pública, nascente ou porto, o proprietário da outra deve tolerar a passagem.

§ 3º Aplica-se o disposto no parágrafo antecedente ainda quando, antes da alienação, existia passagem através de imóvel vizinho, não estando o proprietário deste constrangido, depois, a dar uma outra.

Seção IV *DA PASSAGEM DE CABOS E TUBULAÇÕES*

▶ Arts. 1.378 a 1.389 deste Código.

Art. 1.286. Mediante recebimento de indenização que atenda, também, à desvalorização da área remanescente, o proprietário é obrigado a tolerar a passagem, através de seu imóvel, de cabos, tubulações e outros condutos subterrâneos de serviços de utilidade pública, em proveito de proprietários vizinhos, quando de outro modo for impossível ou excessivamente onerosa.

Parágrafo único. O proprietário prejudicado pode exigir que a instalação seja feita de modo menos gravoso ao prédio onerado, bem como, depois, seja removida, à sua custa, para outro local do imóvel.

▶ Art. 1.294 deste Código.

Art. 1.287. Se as instalações oferecerem grave risco, será facultado ao proprietário do prédio onerado exigir a realização de obras de segurança.

► Art. 1.294 deste Código.

Seção V

DAS ÁGUAS

► Dec. nº 24.643, de 10-7-1934 (Código de Águas).

Art. 1.288. O dono ou o possuidor do prédio inferior é obrigado a receber as águas que correm naturalmente do superior, não podendo realizar obras que embaracem o seu fluxo; porém a condição natural e anterior do prédio inferior não pode ser agravada por obras feitas pelo dono ou possuidor do prédio superior.

Art. 1.289. Quando as águas, artificialmente levadas ao prédio superior, ou aí colhidas, correrem dele para o inferior, poderá o dono deste reclamar que se desviem, ou se lhe indenize o prejuízo que sofrer.

Parágrafo único. Da indenização será deduzido o valor do benefício obtido.

Art. 1.290. O proprietário de nascente, ou do solo onde caem águas pluviais, satisfeitas as necessidades de seu consumo, não pode impedir, ou desviar o curso natural das águas remanescentes pelos prédios inferiores.

Art. 1.291. O possuidor do imóvel superior não poderá poluir as águas indispensáveis às primeiras necessidades da vida dos possuidores dos imóveis inferiores; as demais, que poluir, deverá recuperar, ressarcindo os danos que estes sofrerem, se não for possível a recuperação ou o desvio do curso artificial das águas.

► En. nº 244 das Jornadas de Direito Civil.

Art. 1.292. O proprietário tem direito de construir barragens, açudes, ou outras obras para represamento de água em seu prédio; se as águas represadas invadirem prédio alheio, será o seu proprietário indenizado pelo dano sofrido, deduzido o valor do benefício obtido.

Art. 1.293. É permitido a quem quer que seja, mediante prévia indenização aos proprietários prejudicados, construir canais, através de prédios alheios, para receber as águas a que tenha direito, indispensáveis às primeiras necessidades da vida, e, desde que não cause prejuízo considerável à agricultura e à indústria, bem como para o escoamento de águas supérfluas ou acumuladas, ou a drenagem de terrenos.

► Art. 1.296 deste Código.

► En. nº 245 das Jornadas de Direito Civil.

§ 1º Ao proprietário prejudicado, em tal caso, também assiste direito a ressarcimento pelos danos que de futuro lhe advenham da infiltração ou irrupção das águas, bem como da deterioração das obras destinadas a canalizá-las.

§ 2º O proprietário prejudicado poderá exigir que seja subterrânea a canalização que atravessa áreas edificadas, pátios, hortas, jardins ou quintais.

§ 3º O aqueduto será construído de maneira que cause o menor prejuízo aos proprietários dos imóveis vizinhos, e a expensas do seu dono, a quem incumbem também as despesas de conservação.

Art. 1.294. Aplica-se ao direito de aqueduto o disposto nos arts. 1.286 e 1.287.

Art. 1.295. O aqueduto não impedirá que os proprietários cerquem os imóveis e construam sobre ele, sem prejuízo para a sua segurança e conservação; os proprietários dos imóveis poderão usar das águas do aqueduto para as primeiras necessidades da vida.

Art. 1.296. Havendo no aqueduto águas supérfluas, outros poderão canalizá-las, para os fins previstos no art. 1.293, mediante pagamento de indenização aos proprietários prejudicados e ao dono do aqueduto, de importância equivalente às despesas que então seriam necessárias para a condução das águas até o ponto de derivação.

Parágrafo único. Têm preferência os proprietários dos imóveis atravessados pelo aqueduto.

Seção VI

DOS LIMITES ENTRE PRÉDIOS E DO DIREITO DE TAPAGEM

Art. 1.297. O proprietário tem direito a cercar, murar, valar ou tapar de qualquer modo o seu prédio, urbano ou rural, e pode constranger o seu confinante a proceder com ele à demarcação entre os dois prédios, a aviventar rumos apagados e a renovar marcos destruídos ou arruinados, repartindo-se proporcionalmente entre os interessados as respectivas despesas.

► Arts. 89 e 569 a 598 do CPC/2015.

► Art. 167, I, item 23, da Lei nº 6.015, de 31-12-1973 (Lei dos Registros Públicos).

§ 1º Os intervalos, muros, cercas e os tapumes divisórios, tais como sebes vivas, cercas de arame ou de madeira, valas ou banquetas, presumem-se, até prova em contrário, pertencer a ambos os proprietários confinantes, sendo estes obrigados, de conformidade com os costumes da localidade, a concorrer, em partes iguais, para as despesas de sua construção e conservação.

§ 2º As sebes vivas, as árvores, ou plantas quaisquer, que servem de marco divisório, só podem ser cortadas, ou arrancadas, de comum acordo entre proprietários.

§ 3º A construção de tapumes especiais para impedir a passagem de animais de pequeno porte, ou para outro fim, pode ser exigida de quem provocou a necessidade deles, pelo proprietário, que não está obrigado a concorrer para as despesas.

► Arts. 936, 1.327 e 1.398 deste Código.

Art. 1.298. Sendo confusos, os limites, em falta de outro meio, se determinarão de conformidade com a posse justa; e, não se achando ela provada, o terreno contestado se dividirá por partes iguais entre os prédios, ou, não sendo possível a divisão cômoda, se adjudicará a um deles, mediante indenização ao outro.

► Art. 1.327 deste Código.

Seção VII

DO DIREITO DE CONSTRUIR

Art. 1.299. O proprietário pode levantar em seu terreno as construções que lhe aprouver, salvo o direito dos vizinhos e os regulamentos administrativos.

Art. 1.300. O proprietário construirá de maneira que o seu prédio não despeje águas, diretamente, sobre o prédio vizinho.

► Arts. 1.288 a 1.296 deste Código.

Art. 1.301. É defeso abrir janelas, ou fazer eirado, terraço ou varanda, a menos de metro e meio do terreno vizinho.

§ 1º As janelas cuja visão não incida sobre a linha divisória, bem como as perpendiculares, não poderão ser abertas a menos de setenta e cinco centímetros.

§ 2º As disposições deste artigo não abrangem as aberturas para luz ou ventilação, não maiores de dez centímetros de largura sobre vinte de comprimento e construídas a mais de dois metros de altura de cada piso.

► Súmulas nºs 120 e 414 do STF.

Art. 1.302. O proprietário pode, no lapso de ano e dia após a conclusão da obra, exigir que se desfaça janela, sacada, terraço ou goteira sobre o seu prédio; escoado o prazo, não poderá, por sua vez, edificar sem atender ao disposto no artigo antecedente, nem impedir, ou dificultar, o escoamento das águas da goteira, com prejuízo para o prédio vizinho.

Parágrafo único. Em se tratando de vãos, ou aberturas para luz, seja qual for a quantidade, altura e disposição, o vizinho poderá, a todo tempo, levantar a sua edificação, ou contramuro, ainda que lhes vede a claridade.

Art. 1.303. Na zona rural, não será permitido levantar edificações a menos de três metros do terreno vizinho.

Art. 1.304. Nas cidades, vilas e povoados cuja edificação estiver adstrita a alinhamento, o dono de um terreno pode nele edificar, madeirando na parede divisória do prédio contíguo, se ela suportar a nova construção; mas terá de embolsar ao vizinho metade do valor da parede e do chão correspondentes.

► Art. 1.327 deste Código.

Art. 1.305. O confinante, que primeiro construir, pode assentar a parede divisória até meia espessura no terreno contíguo, sem perder por isso o direito a haver meio valor dela se o vizinho a travejar, caso em que o primeiro fixará a largura e a profundidade do alicerce.

Parágrafo único. Se a parede divisória pertencer a um dos vizinhos, e não tiver capacidade para ser travejada pelo outro, não poderá este fazer-lhe alicerce ao pé sem prestar caução àquele, pelo risco a que expõe a construção anterior.

► Art. 1.327 deste Código.

Art. 1.306. O condômino da parede-meia pode utilizá-la até ao meio da espessura, não pondo em risco a segurança ou a separação dos dois prédios, e avisando previamente o outro condômino das obras que ali tenciona fazer; não pode sem consentimento do outro, fazer, na parede-meia, armários, ou obras semelhantes, correspondendo a outras, da mesma natureza, já feitas do lado oposto.

► Art. 1.327 deste Código.

Art. 1.307. Qualquer dos confinantes pode altear a parede divisória, se necessário reconstruindo-a, para suportar o alteamento; arcará com todas as despesas, inclusive de conservação, ou com metade, se o vizinho adquirir meação também na parte aumentada.

► Art. 1.327 deste Código.

Art. 1.308. Não é lícito encostar à parede divisória chaminés, fogões, fornos ou quaisquer aparelhos ou depósitos suscetíveis de produzir infiltrações ou interferências prejudiciais ao vizinho.

Parágrafo único. A disposição anterior não abrange as chaminés ordinárias e os fogões de cozinha.

Art. 1.309. São proibidas construções capazes de poluir, ou inutilizar, para uso ordinário, a água do poço, ou nascente alheia, a elas preexistentes.

Art. 1.310. Não é permitido fazer escavações ou quaisquer obras que tirem ao poço ou à nascente de outrem a água indispensável às suas necessidades normais.

Art. 1.311. Não é permitida a execução de qualquer obra ou serviço suscetível de provocar desmoronamento ou deslocação de terra, ou que comprometa a segurança do prédio vizinho, senão após haverem sido feitas as obras acautelatórias.

Parágrafo único. O proprietário do prédio vizinho tem direito a ressarcimento pelos prejuízos que sofrer, não obstante haverem sido realizadas as obras acautelatórias.

Art. 1.312. Todo aquele que violar as proibições estabelecidas nesta Seção é obrigado a demolir as construções feitas, respondendo por perdas e danos.

► Arts. 402 a 405 deste Código.

Art. 1.313. O proprietário ou ocupante do imóvel é obrigado a tolerar que o vizinho entre no prédio, mediante prévio-aviso, para:

I – dele temporariamente usar, quando indispensável à reparação, construção, reconstrução ou limpeza de sua casa ou do muro divisório;

II – apoderar-se de coisas suas, inclusive animais que aí se encontrem casualmente.

§ 1º O disposto neste artigo aplica-se aos casos de limpeza ou reparação de esgotos, goteiras, aparelhos higiênicos, poços e nascentes e ao aparo de cerca viva.

§ 2º Na hipótese do inciso II, uma vez entregues as coisas buscadas pelo vizinho, poderá ser impedida a sua entrada no imóvel.

§ 3º Se do exercício do direito assegurado neste artigo provier dano, terá o prejudicado direito a ressarcimento.

CAPÍTULO VI

DO CONDOMÍNIO GERAL

► Lei nº 4.591, de 16-12-1964 (Lei do Condomínio e Incorporações).

Seção I

DO CONDOMÍNIO VOLUNTÁRIO

Subseção I

DOS DIREITOS E DEVERES DOS CONDÔMINOS

Art. 1.314. Cada condômino pode usar da coisa conforme sua destinação, sobre ela exercer todos os direitos compatíveis com a indivisão, reivindicá-la de terceiro, defender a sua posse e alhear a respectiva parte ideal, ou gravá-la.

► Arts. 504 e 1.420, § 2º, deste Código.

Parágrafo único. Nenhum dos condôminos pode alterar a destinação da coisa comum, nem dar posse, uso ou gozo dela a estranhos, sem o consenso dos outros.

Art. 1.315. O condômino é obrigado, na proporção de sua parte, a concorrer para as despesas de conservação ou divisão da coisa, e a suportar os ônus a que estiver sujeita.

Parágrafo único. Presumem-se iguais as partes ideais dos condôminos.

Art. 1.316. Pode o condômino eximir-se do pagamento das despesas e dívidas, renunciando à parte ideal.

► Art. 114 deste Código.

§ 1º Se os demais condôminos assumem as despesas e as dívidas, a renúncia lhes aproveita, adquirindo a parte ideal de quem renunciou, na proporção dos pagamentos que fizerem.

§ 2º Se não há condômino que faça os pagamentos, a coisa comum será dividida.

Art. 1.317. Quando a dívida houver sido contraída por todos os condôminos, sem se discriminar a parte de cada um na obrigação, nem se estipular solidariedade, entende-se que cada qual se obrigou proporcionalmente ao seu quinhão na coisa comum.

► Arts. 275 a 285 deste Código.

Art. 1.318. As dívidas contraídas por um dos condôminos em proveito da comunhão, e durante ela, obrigam o contratante; mas terá este ação regressiva contra os demais.

► Art. 125, II, do CPC/2015.

Art. 1.319. Cada condômino responde aos outros pelos frutos que percebeu da coisa e pelo dano que lhe causou.

► Art. 1.326 deste Código.

Art. 1.320. A todo tempo será lícito ao condômino exigir a divisão da coisa comum, respondendo o quinhão de cada um pela sua parte nas despesas da divisão.

► Art. 1.322 deste Código.

► Arts. 569 a 572 e 588 a 598 do CPC/2015.

§ 1º Podem os condôminos acordar que fique indivisa a coisa comum por prazo não maior de cinco anos, suscetível de prorrogação ulterior.

§ 2º Não poderá exceder de cinco anos a indivisão estabelecida pelo doador ou pelo testador.

§ 3º A requerimento de qualquer interessado e se graves razões o aconselharem, pode o juiz determinar a divisão da coisa comum antes do prazo.

Art. 1.321. Aplicam-se à divisão do condomínio, no que couber, as regras de partilha de herança (arts. 2.013 a 2.022).

Art. 1.322. Quando a coisa for indivisível, e os consortes não quiserem adjudicá-la a um só, indenizando os outros, será vendida e repartido o apurado, preferindo-se, na venda, em condições iguais de oferta, o condômino ao estranho, e entre os condôminos aquele que tiver na coisa benfeitorias mais valiosas, e, não as havendo, o de quinhão maior.

► Arts. 504 e 2.019 deste Código.

Parágrafo único. Se nenhum dos condôminos tem benfeitorias na coisa comum e participam todos do condomínio em partes iguais, realizar-se-á licitação entre estranhos e, antes de adjudicada a coisa àquele que ofereceu maior lanço, proceder-se-á à licitação entre os condôminos, a fim de que a coisa seja adjudicada a quem afinal oferecer melhor lanço, preferindo, em condições iguais, o condômino ao estranho.

Subseção II

DA ADMINISTRAÇÃO DO CONDOMÍNIO

Art. 1.323. Deliberando a maioria sobre a administração da coisa comum, escolherá o administrador, que poderá ser estranho ao condomínio; resolvendo alugá-la, preferir-se-á, em condições iguais, o condômino ao que não o é.

Art. 1.324. O condômino que administrar sem oposição dos outros presume-se representante comum.

► Art. 656 deste Código.

Art. 1.325. A maioria será calculada pelo valor dos quinhões.

§ 1º As deliberações serão obrigatórias, sendo tomadas por maioria absoluta.

§ 2º Não sendo possível alcançar maioria absoluta, decidirá o juiz, a requerimento de qualquer condômino, ouvidos os outros.

§ 3º Havendo dúvida quanto ao valor do quinhão, será este avaliado judicialmente.

Art. 1.326. Os frutos da coisa comum, não havendo em contrário estipulação ou disposição de última vontade, serão partilhados na proporção dos quinhões.

► Art. 1.319 deste Código.

Seção II

DO CONDOMÍNIO NECESSÁRIO

Art. 1.327. O condomínio por meação de paredes, cercas, muros e valas regula-se pelo disposto neste Código (arts. 1.297 e 1.298; 1.304 a 1.307).

► Art. 1.282 deste Código.

Art. 1.328. O proprietário que tiver direito a estremar um imóvel com paredes, cercas, muros, valas ou valados, tê-lo-á igualmente a adquirir meação na parede, muro, valado ou cerca do vizinho, embolsando-lhe metade do que atualmente valer a obra e o terreno por ela ocupado (art. 1.297).

Art. 1.329. Não convindo os dois no preço da obra, será este arbitrado por peritos, a expensas de ambos os confinantes.

Art. 1.330. Qualquer que seja o valor da meação, enquanto aquele que pretender a divisão não o pagar ou depositar, nenhum uso poderá fazer na parede, muro, vala, cerca ou qualquer outra obra divisória.

CAPÍTULO VII

DO CONDOMÍNIO EDILÍCIO

► Lei nº 4.591, de 16-12-1964 (Lei do Condomínio e Incorporações).

Seção I

DISPOSIÇÕES GERAIS

Art. 1.331. Pode haver, em edificações, partes que são propriedade exclusiva, e partes que são propriedade comum dos condôminos.

► Enunciados nºs 89, 90, 91, 246, 247 e 320 das Jornadas de Direito Civil.

§ 1º As partes suscetíveis de utilização independente, tais como apartamentos, escritórios, salas, lojas e sobrelojas, com as respectivas frações ideais no solo e nas outras partes comuns, sujeitam-se a propriedade exclusiva, podendo ser alienadas e gravadas livremente por seus proprietários, exceto os abrigos para veículos, que não poderão ser alienados ou alugados a pessoas estranhas ao condomínio, salvo autorização expressa na convenção de condomínio.

► § 1º com a redação dada pela Lei nº 12.607, de 4-4-2012.

► Art. 1.339, § 1º, deste Código.

§ 2º O solo, a estrutura do prédio, o telhado, a rede geral de distribuição de água, esgoto, gás e eletricidade, a calefação e refrigeração centrais, e as demais partes comuns, inclusive o acesso ao logradouro público, são utilizados em comum pelos condôminos, não podendo ser alienados separadamente, ou divididos.

§ 3º A cada unidade imobiliária caberá, como parte inseparável, uma fração ideal no solo e nas outras partes comuns, que será identificada em forma decimal ou ordinária no instrumento de instituição do condomínio.

▶ § 3º com a redação dada pela Lei nº 10.931, de 2-8-2004.

§ 4º Nenhuma unidade imobiliária pode ser privada do acesso ao logradouro público.

§ 5º O terraço de cobertura é parte comum, salvo disposição contrária da escritura de constituição do condomínio.

Art. 1.332. Institui-se o condomínio edilício por ato entre vivos ou testamento, registrado no Cartório de Registro de Imóveis, devendo constar daquele ato, além do disposto em lei especial:

▶ En. nº 504 das Jornadas de Direito Civil.

I – a discriminação e individualização das unidades de propriedade exclusiva, estremadas uma das outras e das partes comuns;

II – a determinação da fração ideal atribuída a cada unidade, relativamente ao terreno e partes comuns;

III – o fim a que as unidades se destinam.

▶ Art. 1.334 deste Código.

▶ Art. 7º da Lei nº 4.591, de 16-12-1964 (Lei do Condomínio e Incorporações).

Art. 1.333. A convenção que constitui o condomínio edilício deve ser subscrita pelos titulares de, no mínimo, dois terços das frações ideais e torna-se, desde logo, obrigatória para os titulares de direito sobre as unidades, ou para quantos sobre elas tenham posse ou detenção.

▶ En. nº 504 das Jornadas de Direito Civil.

Parágrafo único. Para ser oponível contra terceiros, a convenção do condomínio deverá ser registrada no Cartório de Registro de Imóveis.

▶ Art. 9º da Lei nº 4.591, de 16-12-1964 (Lei do Condomínio e Incorporações).

Art. 1.334. Além das cláusulas referidas no art. 1.332 e das que os interessados houverem por bem estipular, a convenção determinará:

▶ Enunciados nºs 248 e 504 das Jornadas de Direito Civil.

I – a quota proporcional e o modo de pagamento das contribuições dos condôminos para atender às despesas ordinárias e extraordinárias do condomínio;

II – sua forma de administração;

III – a competência das assembleias, forma de sua convocação e quorum exigido para as deliberações;

IV – as sanções a que estão sujeitos os condôminos, ou possuidores;

V – o regimento interno.

§ 1º A convenção poderá ser feita por escritura pública ou por instrumento particular.

§ 2º São equiparados aos proprietários, para os fins deste artigo, salvo disposição em contrário, os promitentes compradores e os cessionários de direitos relativos às unidades autônomas.

▶ Arts. 1.417 e 1.418 deste Código.

Art. 1.335. São direitos do condômino:

I – usar, fruir e livremente dispor das suas unidades;

▶ En. nº 566 das Jornadas de Direito Civil.

II – usar das partes comuns, conforme a sua destinação, e contanto que não exclua a utilização dos demais compossuidores;

III – votar nas deliberações da assembleia e delas participar, estando quite.

▶ Art. 19 da Lei nº 4.591, de 16-12-1964 (Lei do Condomínio e Incorporações).

Art. 1.336. São deveres do condômino:

I – contribuir para as despesas do condomínio na proporção das suas frações ideais, salvo disposição em contrário na convenção;

▶ Inciso I com a redação dada pela Lei nº 10.931, de 2-8-2004.

II – não realizar obras que comprometam a segurança da edificação;

III – não alterar a forma e a cor da fachada, das partes e esquadrias externas;

IV – dar às suas partes a mesma destinação que tem a edificação, e não as utilizar de maneira prejudicial ao sossego, salubridade e segurança dos possuidores, ou aos bons costumes.

▶ Art. 10 da Lei nº 4.591, de 16-12-1964 (Lei do Condomínio e Incorporações).

§ 1º *O condômino que não pagar a sua contribuição ficará sujeito à correção monetária e aos juros moratórios convencionados ou, não sendo previstos, aos juros estabelecidos no art. 406 deste Código, bem como à multa de até 2% (dois por cento) sobre o débito.*

▶ § 1º com a redação dada pela Lei nº 14.905, de 28-6-2024.

▶ Arts. 406 e 407 deste Código.

▶ Art. 12, § 3º, da Lei nº 4.591, de 16-12-1964 (Lei do Condomínio e Incorporações).

▶ En. nº 505 das Jornadas de Direito Civil.

§ 2º O condômino, que não cumprir qualquer dos deveres estabelecidos nos incisos II a IV, pagará a multa prevista no ato constitutivo ou na convenção, não podendo ela ser superior a cinco vezes o valor de suas contribuições mensais, independentemente das perdas e danos que se apurarem; não havendo disposição expressa, caberá à assembleia-geral, por dois terços no mínimo dos condôminos restantes, deliberar sobre a cobrança da multa.

▶ Arts. 402 a 405 deste Código.

Art. 1.337. O condômino, ou possuidor, que não cumpre reiteradamente com os seus deveres perante o condomínio poderá, por deliberação de três quartos dos condôminos restantes, ser constrangido a pagar multa correspondente até ao quíntuplo do valor atribuído à contribuição para as despesas condominiais, conforme a gravidade das faltas e a reiteração, independentemente das perdas e danos que se apurem.

▶ Arts. 402 a 405 deste Código.

▶ En. nº 92 das Jornadas de Direito Civil.

Parágrafo único. O condômino ou possuidor que, por seu reiterado comportamento antissocial, gerar incompatibilidade de convivência com os demais condôminos ou possuidores, poderá ser constrangido a pagar multa correspondente ao décuplo do valor atribuído à contribuição para as despesas condominiais, até ulterior deliberação da assembleia.

▶ En. nº 508 das Jornadas de Direito Civil.

Art. 1.338. Resolvendo o condômino alugar área no abrigo para veículos, preferir-se-á, em condições iguais, qualquer dos condôminos a estranhos, e, entre todos, os possuidores.

▶ En. nº 320 das Jornadas de Direito Civil.

Art. 1.339. Os direitos de cada condômino às partes comuns são inseparáveis de sua propriedade exclusiva; são também inseparáveis das frações ideais correspondentes as unidades imobiliárias, com as suas partes acessórias.

§ 1º Nos casos deste artigo é proibido alienar ou gravar os bens em separado.

▶ Art. 1.331, § 1º, deste Código.

§ 2º É permitido ao condômino alienar parte acessória de sua unidade imobiliária a outro condômino, só podendo fazê-lo a terceiro se essa faculdade constar do ato constitutivo do condomínio, e se a ela não se opuser a respectiva assembleia-geral.

Art. 1.340. As despesas relativas a partes comuns de uso exclusivo de um condômino, ou de alguns deles, incumbem a quem delas se serve.

Art. 1.341. A realização de obras no condomínio depende:

I – se voluptuárias, de voto de dois terços dos condôminos;

II – se úteis, de voto da maioria dos condôminos.

§ 1º As obras ou reparações necessárias podem ser realizadas, independentemente de autorização, pelo síndico, ou, em caso de omissão ou impedimento deste, por qualquer condômino.

§ 2º Se as obras ou reparos necessários forem urgentes e importarem em despesas excessivas, determinada sua realização, o síndico ou o condômino que tomou a iniciativa delas dará ciência à assembleia, que deverá ser convocada imediatamente.

§ 3º Não sendo urgentes, as obras ou reparos necessários, que importarem em despesas excessivas, somente poderão ser efetuadas após autorização da assembleia, especialmente convocada pelo síndico, ou, em caso de omissão ou impedimento deste, por qualquer dos condôminos.

§ 4º O condômino que realizar obras ou reparos necessários será reembolsado das despesas que efetuar, não tendo direito à restituição das que fizer com obras ou reparos de outra natureza, embora de interesse comum.

Art. 1.342. A realização de obras, em partes comuns, em acréscimo às já existentes, a fim de lhes facilitar ou aumentar a utilização, depende da aprovação de dois terços dos votos dos condôminos, não sendo permitidas construções, nas partes comuns, suscetíveis de prejudicar a utilização, por qualquer dos condôminos, das partes próprias, ou comuns.

Art. 1.343. A construção de outro pavimento, ou, no solo comum, de outro edifício, destinado a conter novas unidades imobiliárias, depende da aprovação da unanimidade dos condôminos.

Art. 1.344. Ao proprietário do terraço de cobertura incumbem as despesas da sua conservação, de modo que não haja danos às unidades imobiliárias inferiores.

Art. 1.345. O adquirente de unidade responde pelos débitos do alienante, em relação ao condomínio, inclusive multas e juros moratórios.

▶ Arts. 406 e 407 deste Código.

Art. 1.346. É obrigatório o seguro de toda a edificação contra o risco de incêndio ou destruição, total ou parcial.

▸ Art. 1.348, IX, deste Código.

▸ Art. 13 da Lei nº 4.591, de 16-12-1964 (Lei do Condomínio e Incorporações).

Seção II

DA ADMINISTRAÇÃO DO CONDOMÍNIO

Art. 1.347. A assembleia escolherá um síndico, que poderá não ser condômino, para administrar o condomínio, por prazo não superior a dois anos, o qual poderá renovar-se.

▸ Art. 22, *caput*, da Lei nº 4.591, de 16-12-1964 (Lei do Condomínio e Incorporações).

Art. 1.348. Compete ao síndico:

I – convocar a assembleia dos condôminos;

II – representar, ativa e passivamente, o condomínio, praticando, em juízo ou fora dele, os atos necessários à defesa dos interesses comuns;

III – dar imediato conhecimento à assembleia da existência de procedimento judicial ou administrativo, de interesse do condomínio;

IV – cumprir e fazer cumprir a convenção, o regimento interno e as determinações da assembleia;

V – diligenciar a conservação e a guarda das partes comuns e zelar pela prestação dos serviços que interessem aos possuidores;

VI – elaborar o orçamento da receita e da despesa relativa a cada ano;

VII – cobrar dos condôminos as suas contribuições, bem como impor e cobrar as multas devidas;

VIII – prestar contas à assembleia, anualmente e quando exigidas;

IX – realizar o seguro da edificação.

▸ Art. 1.346 deste Código.

§ 1º Poderá a assembleia investir outra pessoa, em lugar do síndico, em poderes de representação.

§ 2º O síndico pode transferir a outrem, total ou parcialmente, os poderes de representação ou as funções administrativas, mediante aprovação da assembleia, salvo disposição em contrário da convenção.

▸ Art. 22, §§ 1º e 2º, da Lei nº 4.591, de 16-12-1964 (Lei do Condomínio e Incorporações).

Art. 1.349. A assembleia, especialmente convocada para o fim estabelecido no § 2º do artigo antecedente, poderá, pelo voto da maioria absoluta de seus membros, destituir o síndico que praticar irregularidades, não prestar contas, ou não administrar convenientemente o condomínio.

▸ Art. 22, § 5º, da Lei nº 4.591, de 16-12-1964 (Lei do Condomínio e Incorporações).

Art. 1.350. Convocará o síndico, anualmente, reunião da assembleia dos condôminos, na forma prevista na convenção, a fim de aprovar o orçamento das despesas, as contribuições dos condôminos e a prestação de contas, e eventualmente eleger-lhe o substituto e alterar o regimento interno.

▸ Art. 24 da Lei nº 4.591, de 16-12-1964 (Lei do Condomínio e Incorporações).

§ 1º Se o síndico não convocar a assembleia, um quarto dos condôminos poderá fazê-lo.

§ 2º Se a assembleia não se reunir, o juiz decidirá, a requerimento de qualquer condômino.

▸ Art. 27 da Lei nº 4.591, de 16-12-1964 (Lei do Condomínio e Incorporações).

Art. 1.351. Depende da aprovação de 2/3 (dois terços) dos votos dos condôminos a alteração da convenção, bem como a mudança da destinação do edifício ou da unidade imobiliária.

▸ Artigo com a redação dada pela Lei nº 14.405, de 12-7-2022.

▸ Art. 25, parágrafo único, da Lei nº 4.591, de 16-12-1964 (Lei do Condomínio e Incorporações).

Art. 1.352. Salvo quando exigido quorum especial, as deliberações da assembleia serão tomadas, em primeira convocação, por maioria de votos dos condôminos presentes que representem pelo menos metade das frações ideais.

Parágrafo único. Os votos serão proporcionais às frações ideais no solo e nas outras partes comuns pertencentes a cada condômino, salvo disposição diversa da convenção de constituição do condomínio.

▸ Art. 24, § 3º, da Lei nº 4.591, de 16-12-1964 (Lei do Condomínio e Incorporações).

Art. 1.353. Em segunda convocação, a assembleia poderá deliberar por maioria dos votos dos presentes, salvo quando exigido *quorum* especial.

§ 1º Quando a deliberação exigir quórum especial previsto em lei ou em convenção e ele não for atingido, a assembleia poderá, por decisão da maioria dos presentes, autorizar o presidente a converter a reunião em sessão permanente, desde que cumulativamente:

I – sejam indicadas a data e a hora da sessão em seguimento, que não poderá ultrapassar 60 (sessenta) dias, e identificadas as deliberações pretendidas, em razão do quórum especial não atingido;

II – fiquem expressamente convocados os presentes e sejam obrigatoriamente convocadas as unidades ausentes, na forma prevista em convenção;

III – seja lavrada ata parcial, relativa ao segmento presencial da reunião da assembleia, da qual deverão constar as transcrições circunstanciadas de todos os argumentos até então apresentados relativos à ordem do dia, que deverá ser remetida aos condôminos ausentes;

IV – seja dada continuidade às deliberações no dia e na hora designados, e seja a ata correspondente lavrada em seguimento à que estava parcialmente redigida, com a consolidação de todas as deliberações.

§ 2º Os votos consignados na primeira sessão ficarão registrados, sem que haja necessidade de comparecimento dos condôminos para sua confirmação, os quais poderão, se estiverem presentes no encontro seguinte, requerer a alteração do seu voto até o desfecho da deliberação pretendida.

§ 3º A sessão permanente poderá ser prorrogada tantas vezes quantas necessárias, desde que a assembleia seja concluída no prazo total de 90 (noventa) dias, contado da data de sua abertura inicial.

▸ §§ 1º a 3º acrescidos pela Lei nº 14.309, de 8-3-2022.

Art. 1.354. A assembleia não poderá deliberar se todos os condôminos não forem convocados para a reunião.

Art. 1.354-A. A convocação, a realização e a deliberação de quaisquer modalidades de assembleia poderão dar-se de forma eletrônica, desde que:

I – tal possibilidade não seja vedada na convenção de condomínio;

II – sejam preservados aos condôminos os direitos de voz, de debate e de voto.

§ 1º Do instrumento de convocação deverá constar que a assembleia será realizada por meio eletrônico, bem como as instruções sobre acesso, manifestação e forma de coleta de votos dos condôminos.

§ 2º A administração do condomínio não poderá ser responsabilizada por problemas decorrentes dos equipamentos de informática ou da conexão à internet dos condôminos ou de seus representantes nem por quaisquer outras situações que não estejam sob o seu controle.

§ 3º Somente após a somatória de todos os votos e a sua divulgação será lavrada a respectiva ata, também eletrônica, e encerrada a assembleia geral.

§ 4º A assembleia eletrônica deverá obedecer aos preceitos de instalação, de funcionamento e de encerramento previstos no edital de convocação e poderá ser realizada de forma híbrida, com a presença física e virtual de condôminos concomitantemente no mesmo ato.

§ 5º Normas complementares relativas às assembleias eletrônicas poderão ser previstas no regimento interno do condomínio e definidas mediante aprovação da maioria simples dos presentes em assembleia convocada para essa finalidade.

§ 6º Os documentos pertinentes à ordem do dia poderão ser disponibilizados de forma física ou eletrônica aos participantes.

▸ Art. 1.354-A acrescido pela Lei nº 14.309, de 8-3-2022.

Art. 1.355. Assembleias extraordinárias poderão ser convocadas pelo síndico ou por um quarto dos condôminos.

▸ Art. 25 da Lei nº 4.591, de 16-12-1964 (Lei do Condomínio e Incorporações).

Art. 1.356. Poderá haver no condomínio um conselho fiscal, composto de três membros, eleitos pela assembleia, por prazo não superior a dois anos, ao qual compete dar parecer sobre as contas do síndico.

▸ Art. 23 da Lei nº 4.591, de 16-12-1964 (Lei do Condomínio e Incorporações).

Seção III

DA EXTINÇÃO DO CONDOMÍNIO

Art. 1.357. Se a edificação for total ou consideravelmente destruída, ou ameace ruína, os condôminos deliberarão em assembleia sobre a reconstrução, ou venda, por votos que representem metade mais uma das frações ideais.

▸ Arts. 14 e 17 da Lei nº 4.591, de 16-12-1964 (Lei do Condomínio e Incorporações).

§ 1º Deliberada a reconstrução, poderá o condômino eximir-se do pagamento das despesas respectivas, alienando os seus direitos a outros condôminos, mediante avaliação judicial.

▸ Art. 15 da Lei nº 4.591, de 16-12-1964 (Lei do Condomínio e Incorporações).

§ 2º Realizada a venda, em que se preferirá, em condições iguais de oferta, o condômino ao estranho, será repartido o apurado entre os condôminos, proporcionalmente ao valor das suas unidades imobiliárias.

Art. 1.358. Se ocorrer desapropriação, a indenização será repartida na proporção a que se refere o § 2º do artigo antecedente.

Seção IV
DO CONDOMÍNIO DE LOTES

▶ Seção IV acrescida pela Lei nº 13.465, de 11-7-2017.

Art. 1.358-A. Pode haver, em terrenos, partes designadas de lotes que são propriedade exclusiva e partes que são propriedade comum dos condôminos.

▶ *Caput* acrescido pela Lei nº 13.465, de 11-7-2017.

§ 1º A fração ideal de cada condômino poderá ser proporcional à área do solo de cada unidade autônoma, ao respectivo potencial construtivo ou a outros critérios indicados no ato de instituição.

▶ § 1º acrescido pela Lei nº 13.465, de 11-7-2017.

§ 2º Aplica-se, no que couber, ao condomínio de lotes:

▶ *Caput* do § 2º com a redação dada pela Lei nº 14.382, de 27-6-2022.

I – o disposto sobre condomínio edilício neste Capítulo, respeitada a legislação urbanística; e

II – o regime jurídico das incorporações imobiliárias de que trata o Capítulo I do Título II da Lei nº 4.591, de 16 de dezembro de 1964, equiparando-se o empreendedor ao incorporador quanto aos aspectos civis e registrários.

▶ Incisos I e II acrescidos pela Lei nº 14.382, de 27-6-2022.

§ 3º Para fins de incorporação imobiliária, a implantação de toda a infraestrutura ficará a cargo do empreendedor.

▶ § 3º acrescido pela Lei nº 13.465, de 11-7-2017.

CAPÍTULO VII-A
DO CONDOMÍNIO EM MULTIPROPRIEDADE

▶ Capítulo VII-A acrescido pela Lei nº 13.777, de 20-12-2018.

Seção I
DISPOSIÇÕES GERAIS

Art. 1.358-B. A multipropriedade reger-se-á pelo disposto neste Capítulo e, de forma supletiva e subsidiária, pelas demais disposições deste Código e pelas disposições das Leis nºs 4.591, de 16 de dezembro de 1964, e 8.078, de 11 de setembro de 1990 (Código de Defesa do Consumidor).

Art. 1.358-C. Multipropriedade é o regime de condomínio em que cada um dos proprietários de um mesmo imóvel é titular de uma fração de tempo, à qual corresponde a faculdade de uso e gozo, com exclusividade, da totalidade do imóvel, a ser exercida pelos proprietários de forma alternada.

Parágrafo único. A multipropriedade não se extinguirá automaticamente se todas as frações de tempo forem do mesmo multiproprietário.

Art. 1.358-D. O imóvel objeto da multipropriedade:

I – é indivisível, não se sujeitando a ação de divisão ou de extinção de condomínio;

II – inclui as instalações, os equipamentos e o mobiliário destinados a seu uso e gozo.

Art. 1.358-E. Cada fração de tempo é indivisível.

§ 1º O período correspondente a cada fração de tempo será de, no mínimo, 7 (sete) dias, seguidos ou intercalados, e poderá ser:

I – fixo e determinado, no mesmo período de cada ano;

II – flutuante, caso em que a determinação do período será realizada de forma periódica, mediante procedimento objetivo que respeite, em relação a todos os multiproprietários, o princípio da isonomia, devendo ser previamente divulgado; ou

III – misto, combinando os sistemas fixo e flutuante.

§ 2º Todos os multiproprietários terão direito a uma mesma quantidade mínima de dias seguidos durante o ano, podendo haver a aquisição de frações maiores que a mínima, com o correspondente direito ao uso por períodos também maiores.

Seção II
DA INSTITUIÇÃO DA MULTIPROPRIEDADE

Art. 1.358-F. Institui-se a multipropriedade por ato entre vivos ou testamento, registrado no competente cartório de registro de imóveis, devendo constar daquele ato a duração dos períodos correspondentes a cada fração de tempo.

Art. 1.358-G. Além das cláusulas que os multiproprietários decidirem estipular, a convenção de condomínio em multipropriedade determinará:

I – os poderes e deveres dos multiproprietários, especialmente em matéria de instalações, equipamentos e mobiliário do imóvel, de manutenção ordinária e extraordinária, de conservação e limpeza e de pagamento da contribuição condominial;

II – o número máximo de pessoas que podem ocupar simultaneamente o imóvel no período correspondente a cada fração de tempo;

III – as regras de acesso do administrador condominial ao imóvel para cumprimento do dever de manutenção, conservação e limpeza;

IV – a criação de fundo de reserva para reposição e manutenção dos equipamentos, instalações e mobiliário;

V – o regime aplicável em caso de perda ou destruição parcial ou total do imóvel, inclusive para efeitos de participação no risco ou no valor do seguro, da indenização ou da parte restante;

VI – as multas aplicáveis ao multiproprietário nas hipóteses de descumprimento de deveres.

Art. 1.358-H. O instrumento de instituição da multipropriedade ou a convenção de condomínio em multipropriedade poderá estabelecer o limite máximo de frações de tempo no mesmo imóvel que poderão ser detidas pela mesma pessoa natural ou jurídica.

Parágrafo único. Em caso de instituição da multipropriedade para posterior venda das frações de tempo a terceiros, o atendimento a eventual limite de frações de tempo por titular estabelecido no instrumento de instituição será obrigatório somente após a venda das frações.

Seção III
DOS DIREITOS E DAS OBRIGAÇÕES DO MULTIPROPRIETÁRIO

Art. 1.358-I. São direitos do multiproprietário, além daqueles previstos no instrumento de instituição e na convenção de condomínio em multipropriedade:

I – usar e gozar, durante o período correspondente à sua fração de tempo, do imóvel e de suas instalações, equipamentos e mobiliário;

II – ceder a fração de tempo em locação ou comodato;

III – alienar a fração de tempo, por ato entre vivos ou por causa de morte, a título oneroso ou gratuito, ou onerá-la, devendo a alienação e a qualificação do sucessor, ou a oneração, ser informadas ao administrador;

IV – participar e votar, pessoalmente ou por intermédio de representante ou procurador, desde que esteja quite com as obrigações condominiais, em:

a) assembleia geral do condomínio em multipropriedade, e o voto do multiproprietário corresponderá à quota de sua fração de tempo no imóvel;

b) assembleia geral do condomínio edilício, quando for o caso, e o voto do multiproprietário corresponderá à quota de sua fração de tempo em relação à quota de poder político atribuído à unidade autônoma na respectiva convenção de condomínio edilício.

Art. 1.358-J. São obrigações do multiproprietário, além daquelas previstas no instrumento de instituição e na convenção de condomínio em multipropriedade:

I – pagar a contribuição condominial do condomínio em multipropriedade e, quando for o caso, do condomínio edilício, ainda que renuncie ao uso e gozo, total ou parcial, do imóvel, das áreas comuns ou das respectivas instalações, equipamentos e mobiliário;

II – responder por danos causados ao imóvel, às instalações, aos equipamentos e ao mobiliário por si, por qualquer de seus acompanhantes, convidados ou prepostos ou por pessoas por ele autorizadas;

III – comunicar imediatamente ao administrador os defeitos, avarias e vícios no imóvel dos quais tiver ciência durante a utilização;

IV – não modificar, alterar ou substituir o mobiliário, os equipamentos e as instalações do imóvel;

V – manter o imóvel em estado de conservação e limpeza condizente com os fins a que se destina e com a natureza da respectiva construção;

VI – usar o imóvel, bem como suas instalações, equipamentos e mobiliário, conforme seu destino e natureza;

VII – usar o imóvel exclusivamente durante o período correspondente à sua fração de tempo;

VIII – desocupar o imóvel, impreterivelmente, até o dia e hora fixados no instrumento de instituição ou na convenção de condomínio em multipropriedade, sob pena de multa diária, conforme convencionado no instrumento pertinente;

IX – permitir a realização de obras ou reparos urgentes.

§ 1º Conforme previsão que deverá constar da respectiva convenção de condomínio em multipropriedade, o multiproprietário estará sujeito a:

I – multa, no caso de descumprimento de qualquer de seus deveres;

II – multa progressiva e perda temporária do direito de utilização do imóvel no período correspondente à sua fração de tempo, no caso de descumprimento reiterado de deveres.

§ 2º A responsabilidade pelas despesas referentes a reparos no imóvel, bem como suas instalações, equipamentos e mobiliário, será:

I – de todos os multiproprietários, quando decorrentes do uso normal e do desgaste natural do imóvel;

II – exclusivamente do multiproprietário responsável pelo uso anormal, sem prejuízo de multa, quando decorrentes de uso anormal do imóvel.

§§ 3º a 5º VETADOS. Lei nº 13.777, de 20-12-2018.

Art. 1.358-K. Para os efeitos do disposto nesta Seção, são equiparados aos multiproprietários os promitentes compradores e os cessionários de direitos relativos a cada fração de tempo.

Seção IV

DA TRANSFERÊNCIA DA MULTIPROPRIEDADE

Art. 1.358-L. A transferência do direito de multipropriedade e a sua produção de efeitos perante terceiros dar-se-ão na forma da lei civil e não dependerão da anuência ou cientificação dos demais multiproprietários.

§ 1º Não haverá direito de preferência na alienação de fração de tempo, salvo se estabelecido no instrumento de instituição ou na convenção do condomínio em multipropriedade em favor dos demais multiproprietários ou do instituidor do condomínio em multipropriedade.

§ 2º O adquirente será solidariamente responsável com o alienante pelas obrigações de que trata o § 5º do art. 1.358-J deste Código caso não obtenha a declaração de inexistência de débitos referente à fração de tempo no momento de sua aquisição.

Seção V

DA ADMINISTRAÇÃO DA MULTIPROPRIEDADE

Art. 1.358-M. A administração do imóvel e de suas instalações, equipamentos e mobiliário será de responsabilidade da pessoa indicada no instrumento de instituição ou na convenção de condomínio em multipropriedade, ou, na falta de indicação, de pessoa escolhida em assembleia geral dos condôminos.

§ 1º O administrador exercerá, além daquelas previstas no instrumento de instituição e na convenção de condomínio em multipropriedade, as seguintes atribuições:

I – coordenação da utilização do imóvel pelos multiproprietários durante o período correspondente a suas respectivas frações de tempo;

II – determinação, no caso dos sistemas flutuante ou misto, dos períodos concretos de uso e gozo exclusivos de cada multiproprietário em cada ano;

III – manutenção, conservação e limpeza do imóvel;

IV – troca ou substituição de instalações, equipamentos ou mobiliário, inclusive:

a) determinar a necessidade da troca ou substituição;

b) providenciar os orçamentos necessários para a troca ou substituição;

c) submeter os orçamentos à aprovação pela maioria simples dos condôminos em assembleia;

V – elaboração do orçamento anual, com previsão das receitas e despesas;

VI – cobrança das quotas de custeio de responsabilidade dos multiproprietários;

VII – pagamento, por conta do condomínio edilício ou voluntário, com os fundos comuns arrecadados, de todas as despesas comuns.

§ 2º A convenção de condomínio em multipropriedade poderá regrar de forma diversa a atribuição prevista no inciso IV do § 1º deste artigo.

Art. 1.358-N. O instrumento de instituição poderá prever fração de tempo destinada à realização, no imóvel e em suas instalações, em seus equipamentos e em seu mobiliário, de reparos indispensáveis ao exercício normal do direito de multipropriedade.

§ 1º A fração de tempo de que trata o *caput* deste artigo poderá ser atribuída:

I – ao instituidor da multipropriedade; ou

II – aos multiproprietários, proporcionalmente às respectivas frações.

§ 2º Em caso de emergência, os reparos de que trata o *caput* deste artigo poderão ser feitos durante o período correspondente à fração de tempo de um dos multiproprietários.

Seção VI

DISPOSIÇÕES ESPECÍFICAS RELATIVAS ÀS UNIDADES AUTÔNOMAS DE CONDOMÍNIOS EDILÍCIOS

Art. 1.358-O. O condomínio edilício poderá adotar o regime de multipropriedade em parte ou na totalidade de suas unidades autônomas, mediante:

I – previsão no instrumento de instituição; ou

II – deliberação da maioria absoluta dos condôminos.

Parágrafo único. No caso previsto no inciso I do *caput* deste artigo, a iniciativa e a responsabilidade para a instituição do regime da multipropriedade serão atribuídas às mesmas pessoas e observarão os mesmos requisitos indicados nas alíneas *a*, *b* e *c* e no § 1º do art. 31 da Lei nº 4.591, de 16 de dezembro de 1964.

Art. 1.358-P. Na hipótese do art. 1.358-O, a convenção de condomínio edilício deve prever, além das matérias elencadas nos arts. 1.332, 1.334 e, se for o caso, 1.358-G deste Código:

I – a identificação das unidades sujeitas ao regime da multipropriedade, no caso de empreendimentos mistos;

II – a indicação da duração das frações de tempo de cada unidade autônoma sujeita ao regime da multipropriedade;

III – a forma de rateio, entre os multiproprietários de uma mesma unidade autônoma, das contribuições condominiais relativas à unidade, que, salvo se disciplinada de forma diversa no instrumento de instituição ou na convenção de condomínio em multipropriedade, será proporcional à fração de tempo de cada multiproprietário;

IV – a especificação das despesas ordinárias, cujo custeio será obrigatório, independentemente do uso e gozo do imóvel e das áreas comuns;

V – os órgãos de administração da multipropriedade;

VI – a indicação, se for o caso, de que o empreendimento conta com sistema de administração de intercâmbio, na forma prevista no § 2º do art. 23 da Lei nº 11.771, de 17 de setembro de 2008, seja do período de fruição da fração de tempo, seja do local de fruição, caso em que a responsabilidade e as obrigações da companhia de intercâmbio limitam-se ao contido na documentação de sua contratação;

VII – a competência para a imposição de sanções e o respectivo procedimento, especialmente nos casos de mora no cumprimento das obrigações de custeio e nos casos de descumprimento da obrigação de desocupar o imóvel até o dia e hora previstos;

VIII – o quórum exigido para a deliberação de adjudicação da fração de tempo na hipótese de inadimplemento do respectivo multiproprietário;

IX – o quórum exigido para a deliberação de alienação, pelo condomínio edilício, da fração de tempo adjudicada em virtude do inadimplemento do respectivo multiproprietário.

Art. 1.358-Q. Na hipótese do art. 1.358-O deste Código, o regimento interno do condomínio edilício deve prever:

I – os direitos dos multiproprietários sobre as partes comuns do condomínio edilício;

II – os direitos e obrigações do administrador, inclusive quanto ao acesso ao imóvel para cumprimento do dever de manutenção, conservação e limpeza;

III – as condições e regras para uso das áreas comuns;

IV – os procedimentos a serem observados para uso e gozo dos imóveis e das instalações, equipamentos e mobiliário destinados ao regime da multipropriedade;

V – o número máximo de pessoas que podem ocupar simultaneamente o imóvel no período correspondente a cada fração de tempo;

VI – as regras de convivência entre os multiproprietários e os ocupantes de unidades autônomas não sujeitas ao regime da multipropriedade, quando se tratar de empreendimentos mistos;

VII – a forma de contribuição, destinação e gestão do fundo de reserva específico para cada imóvel, para reposição e manutenção dos equipamentos, instalações e mobiliário, sem prejuízo do fundo de reserva do condomínio edilício;

VIII – a possibilidade de realização de assembleias não presenciais, inclusive por meio eletrônico;

IX – os mecanismos de participação e representação dos titulares;

X – o funcionamento do sistema de reserva, os meios de confirmação e os requisitos a serem cumpridos pelo multiproprietário quando não exercer diretamente sua faculdade de uso;

XI – a descrição dos serviços adicionais, se existentes, e as regras para seu uso e custeio.

Parágrafo único. O regimento interno poderá ser instituído por escritura pública ou por instrumento particular.

Art. 1.358-R. O condomínio edilício em que tenha sido instituído o regime de multipropriedade em parte ou na totalidade de suas unidades autônomas terá necessariamente um administrador profissional.

§ 1º O prazo de duração do contrato de administração será livremente convencionado.

§ 2º O administrador do condomínio referido no *caput* deste artigo será também o administrador de todos os condomínios em multipropriedade de suas unidades autônomas.

§ 3º O administrador será mandatário legal de todos os multiproprietários, exclusivamente para a realização dos atos de gestão ordinária da multipropriedade, incluindo manutenção, conservação e limpeza do imóvel e de suas instalações, equipamentos e mobiliário.

§ 4º O administrador poderá modificar o regimento interno quanto aos aspectos estritamente operacionais da gestão da multipropriedade no condomínio edilício.

§ 5º O administrador pode ser ou não um prestador de serviços de hospedagem.

Art. 1.358-S. Na hipótese de inadimplemento, por parte do multiproprietário, da obrigação de custeio das despesas ordinárias ou extraordinárias, é cabível, na forma da lei processual civil, a adjudicação ao condomínio edilício da fração de tempo correspondente.

Parágrafo único. Na hipótese de o imóvel objeto da multipropriedade ser parte integrante de empreendimento em que haja sistema de locação das frações de tempo no qual os titulares possam ou sejam obrigados a locar suas frações de tempo exclusivamente por meio de uma administração única, repartindo entre si as receitas das locações independentemente da efetiva ocupação de cada unidade autônoma, poderá a convenção do condomínio edilício regrar que em caso de inadimplência:

I – o inadimplente fique proibido de utilizar o imóvel até a integral quitação da dívida;

II – a fração de tempo do inadimplente passe a integrar o *pool* da administradora;

III – a administradora do sistema de locação fique automaticamente munida de poderes e obrigada a, por conta e ordem do inadimplente, utilizar a integralidade dos valores líquidos a que o inadimplente tiver direito para amortizar suas dívidas condominiais, seja do condomínio edilício, seja do condomínio em multipropriedade, até sua integral quitação, devendo eventual saldo ser imediatamente repassado ao multiproprietário.

Art. 1.358-T. O multiproprietário somente poderá renunciar de forma translativa a seu direito de multipropriedade em favor do condomínio edilício.

Parágrafo único. A renúncia de que trata o *caput* deste artigo só é admitida se o multiproprietário estiver em dia com as contribuições condominiais, com os tributos imobiliários e, se houver, com o foro ou a taxa de ocupação.

Art. 1.358-U. As convenções dos condomínios edilícios, os memoriais de loteamentos e os instrumentos de venda dos lotes em loteamentos urbanos poderão limitar ou impedir a instituição da multipropriedade nos respectivos imóveis, vedação que somente poderá ser alterada no mínimo pela maioria absoluta dos condôminos.

▸ Arts. 1.358-B a 1.358-U acrescidos pela Lei nº 13.777, de 20-12-2018.

CAPÍTULO VIII
DA PROPRIEDADE RESOLÚVEL

Art. 1.359. Resolvida a propriedade pelo implemento da condição ou pelo advento do termo, entendem-se também resolvidos os direitos reais concedidos na sua pendência, e o proprietário, em cujo favor se opera a resolução, pode reivindicar a coisa do poder de quem a possua ou detenha.

▸ Arts. 121 a 135, 547, 1.499, III, e 1.953 deste Código.

Art. 1.360. Se a propriedade se resolver por outra causa superveniente, o possuidor, que a tiver adquirido por título anterior à sua resolução, será considerado proprietário perfeito, restando à pessoa, em cujo benefício houve a resolução, ação contra aquele cuja propriedade se resolveu para haver a própria coisa ou o seu valor.

▸ Art. 563 deste Código.

CAPÍTULO IX
DA PROPRIEDADE FIDUCIÁRIA

▸ Art. 66-B da Lei nº 4.728, de 14-7-1965 (Lei do Mercado de Capitais).

▸ Lei nº 9.514, de 20-11-1997, dispõe sobre alienação fiduciária de coisa imóvel.

▸ Dec.-lei nº 911, de 1º-10-1969 (Lei das Alienações Fiduciárias).

Art. 1.361. Considera-se fiduciária a propriedade resolúvel de coisa móvel infungível que o devedor, com escopo de garantia, transfere ao credor.

§ 1º Constitui-se a propriedade fiduciária com o registro do contrato, celebrado por instrumento público ou particular, que lhe serve de título, no Registro de Títulos e Documentos do domicílio do devedor, ou, em se tratando de veículos, na repartição competente para o licenciamento, fazendo-se a anotação no certificado de registro.

§ 2º Com a constituição da propriedade fiduciária, dá-se o desdobramento da posse, tornando-se o devedor possuidor direto da coisa.

§ 3º A propriedade superveniente, adquirida pelo devedor, torna eficaz, desde o arquivamento, a transferência da propriedade fiduciária.

Art. 1.362. O contrato, que serve de título à propriedade fiduciária, conterá:

I – o total da dívida, ou sua estimativa;

II – o prazo, ou a época do pagamento;

III – a taxa de juros, se houver;

IV – a descrição da coisa objeto da transferência, com os elementos indispensáveis à sua identificação.

Art. 1.363. Antes de vencida a dívida, o devedor, a suas expensas e risco, pode usar a coisa segundo sua destinação, sendo obrigado, como depositário:

I – a empregar na guarda da coisa a diligência exigida por sua natureza;

II – a entregá-la ao credor, se a dívida não for paga no vencimento.

Art. 1.364. Vencida a dívida, e não paga, fica o credor obrigado a vender, judicial ou extrajudicialmente, a coisa a terceiros, a aplicar o preço no pagamento de seu crédito e das despesas de cobrança, e a entregar o saldo, se houver, ao devedor.

Art. 1.365. É nula a cláusula que autoriza o proprietário fiduciário a ficar com a coisa alienada em garantia, se a dívida não for paga no vencimento.

▸ Art. 166 deste Código.

Parágrafo único. O devedor pode, com a anuência do credor, dar seu direito eventual à coisa em pagamento da dívida, após o vencimento desta.

Art. 1.366. Quando, vendida a coisa, o produto não bastar para o pagamento da dívida e das despesas de cobrança, continuará o devedor obrigado pelo restante.

Art. 1.367. A propriedade fiduciária em garantia de bens móveis ou imóveis sujeita-se às disposições do Capítulo I do Título X do Livro III da Parte Especial deste Código e, no que for específico, à legislação especial pertinente, não se equiparando, para quaisquer efeitos, à propriedade plena de que trata o art. 1.231.

▸ Artigo com a redação dada pela Lei nº 13.043, de 13-11-2014.

Art. 1.368. O terceiro, interessado ou não, que pagar a dívida, se sub-rogará de pleno direito no crédito e na propriedade fiduciária.

▸ Arts. 346 a 351 deste Código.

Art. 1.368-A. As demais espécies de propriedade fiduciária ou de titularidade fiduciária submetem-se à disciplina específica das respectivas leis especiais, somente se aplicando as disposições deste Código naquilo que não for incompatível com a legislação especial.

▸ Art. 1.368-A acrescido pela Lei nº 10.931, de 2-8-2004.

Art. 1.368-B. A alienação fiduciária em garantia de bem móvel ou imóvel confere direito real de aquisição ao fiduciante, seu cessionário ou sucessor.

Parágrafo único. O credor fiduciário que se tornar proprietário pleno do bem, por efeito de realização da garantia, mediante consolidação da propriedade, adjudicação, dação ou outra forma pela qual lhe tenha sido transmitida a propriedade plena, passa a responder pelo pagamento dos tributos sobre a propriedade e a posse, taxas, despesas condominiais e quaisquer outros encargos, tributários ou não, incidentes sobre o bem objeto da garantia, a partir da data em que vier a ser imitido na posse direta do bem.

▸ Art. 1.368-B acrescido pela Lei nº 13.043, de 13-11-2014.

CAPÍTULO X
DO FUNDO DE INVESTIMENTO

▸ Capítulo X acrescido pela Lei nº 13.874, de 20-9-2019.

Art. 1.368-C. O fundo de investimento é uma comunhão de recursos, constituído sob a forma de condomínio de natureza especial, destinado à aplicação em ativos financeiros, bens e direitos de qualquer natureza.

§ 1º Não se aplicam ao fundo de investimento as disposições constantes dos arts. 1.314 ao 1.358-A deste Código.

§ 2º Competirá à Comissão de Valores Mobiliários disciplinar o disposto no *caput* deste artigo.

§ 3º O registro dos regulamentos dos fundos de investimentos na Comissão de Valores Mobiliários é condição suficiente para garantir a sua publicidade e a oponibilidade de efeitos em relação a terceiros.

Art. 1.368-D. O regulamento do fundo de investimento poderá, observado o disposto na regulamentação a que se refere o § 2º do art. 1.368-C desta Lei, estabelecer:

I – a limitação da responsabilidade de cada investidor ao valor de suas cotas;

II – a limitação da responsabilidade, bem como parâmetros de sua aferição, dos prestadores de serviços do fundo de investimento, perante o condomínio e entre si, ao cumprimento dos deveres particulares de cada um, sem solidariedade; e

III – classes de cotas com direitos e obrigações distintos, com possibilidade de constituir patrimônio segregado para cada classe.

§ 1º A adoção da responsabilidade limitada por fundo de investimento constituído sem a limitação de responsabilidade somente abrangerá fatos ocorridos após a respectiva mudança em seu regulamento.

§ 2º A avaliação de responsabilidade dos prestadores de serviço deverá levar sempre em consideração os riscos inerentes às aplicações nos mercados de atuação do fundo de investimento e a natureza de obrigação de meio de seus serviços.

§ 3º O patrimônio segregado referido no inciso III do *caput* deste artigo só responderá por obrigações vinculadas à classe respectiva, nos termos do regulamento.

► Arts. 1.368-C e 1.368-D acrescidos pela Lei nº 13.874, de 20-9-2019.

Art. 1.368-E. Os fundos de investimento respondem diretamente pelas obrigações legais e contratuais por eles assumidas, e os prestadores de serviço não respondem por essas obrigações, mas respondem pelos prejuízos que causarem quando procederem com dolo ou má-fé.

► *Caput* do art. 1.368-E acrescido pela Lei nº 13.874, de 20-9-2019.

§ 1º Se o fundo de investimento com limitação de responsabilidade não possuir patrimônio suficiente para responder por suas dívidas, aplicam-se as regras de insolvência previstas nos arts. 955 a 965 deste Código.

§ 2º A insolvência pode ser requerida judicialmente por credores, por deliberação própria dos cotistas do fundo de investimento, nos termos de seu regulamento, ou pela Comissão de Valores Mobiliários.

► §§ 1º e 2º acrescidos pela Lei nº 13.874, de 20-9-2019.

§ 3º Caso o regulamento do fundo estabeleça classes de cotas com direitos e obrigações distintos, nos termos do inciso III do *caput* do art. 1.368-D deste Código, aplica-se o disposto neste artigo a cada classe de cotas, individualmente considerada.

► § 3º acrescido pela Lei nº 14.754, de 12-12-2023.

Art. 1.368-F. O fundo de investimento constituído por lei específica e regulamentado pela Comissão de Valores Mobiliários deverá, no que couber, seguir as disposições deste Capítulo.

► Art. 1.368-F acrescido pela Lei nº 13.874, de 20-9-2019.

TÍTULO IV – DA SUPERFÍCIE

► Arts. 1.225, II, e 1.253 a 1.259 deste Código.
► Art. 791 do CPC/2015.

Art. 1.369. O proprietário pode conceder a outrem o direito de construir ou de plantar em seu terreno, por tempo determinado, mediante escritura pública devidamente registrada no Cartório de Registro de Imóveis.

► Art. 1.227 deste Código.
► Enunciados nºs 93, 249, 250, 321 e 568 das Jornadas de Direito Civil.

Parágrafo único. O direito de superfície não autoriza obra no subsolo, salvo se for inerente ao objeto da concessão.

Art. 1.370. A concessão da superfície será gratuita ou onerosa; se onerosa, estipularão as partes se o pagamento será feito de uma só vez, ou parceladamente.

Art. 1.371. O superficiário responderá pelos encargos e tributos que incidirem sobre o imóvel.

► En. nº 94 das Jornadas de Direito Civil.

Art. 1.372. O direito de superfície pode transferir-se a terceiros e, por morte do superficiário, aos seus herdeiros.

Parágrafo único. Não poderá ser estipulado pelo concedente, a nenhum título, qualquer pagamento pela transferência.

Art. 1.373. Em caso de alienação do imóvel ou do direito de superfície, o superficiário ou o proprietário tem direito de preferência, em igualdade de condições.

► Art. 514 deste Código.
► En. nº 510 das Jornadas de Direito Civil.

Art. 1.374. Antes do termo final, resolver-se-á a concessão se o superficiário der ao terreno destinação diversa daquela para que foi concedida.

Art. 1.375. Extinta a concessão, o proprietário passará a ter a propriedade plena sobre o terreno, construção ou plantação, independentemente de indenização, se as partes não houverem estipulado o contrário.

Art. 1.376. No caso de extinção do direito de superfície em consequência de desapropriação, a indenização cabe ao proprietário e ao superficiário, no valor correspondente ao direito real de cada um.

► En. nº 322 das Jornadas de Direito Civil.

Art. 1.377. O direito de superfície, constituído por pessoa jurídica de direito público interno, rege-se por este Código, no que não for diversamente disciplinado em lei especial.

► Art. 41 deste Código.

TÍTULO V – DAS SERVIDÕES

► Arts. 1.225, III, e 1.285 a 1.287 deste Código.

CAPÍTULO I
DA CONSTITUIÇÃO DAS SERVIDÕES

Art. 1.378. A servidão proporciona utilidade para o prédio dominante, e grava o prédio serviente, que pertence a diverso dono, e constitui-se mediante declaração expressa dos proprietários, ou por testamento, e subsequente registro no Cartório de Registro de Imóveis.

► Arts. 1.213, 1.227 e 1.285 deste Código.
► Art. 167, I, item 6, da Lei nº 6.015, de 31-12-1973 (Lei dos Registros Públicos).
► Súm. nº 415 do STF.

Art. 1.379. O exercício incontestado e contínuo de uma servidão aparente, por dez anos, nos termos do art. 1.242, autoriza o interessado a registrá-la em seu nome no Registro de Imóveis, valendo-lhe como título a sentença que julgar consumado a usucapião.

► Arts. 1.227 e 1.238 a 1.244 deste Código.
► En. nº 251 das Jornadas de Direito Civil.

Parágrafo único. Se o possuidor não tiver título, o prazo da usucapião será de vinte anos.

CAPÍTULO II
DO EXERCÍCIO DAS SERVIDÕES

Art. 1.380. O dono de uma servidão pode fazer todas as obras necessárias à sua conservação e uso, e, se a servidão pertencer a mais de um prédio, serão as despesas rateadas entre os respectivos donos.

Art. 1.381. As obras a que se refere o artigo antecedente devem ser feitas pelo dono do prédio dominante, se o contrário não dispuser expressamente o título.

Art. 1.382. Quando a obrigação incumbir ao dono do prédio serviente, este poderá exonerar-se, abandonando, total ou parcialmente, a propriedade ao dono do dominante.

Parágrafo único. Se o proprietário do prédio dominante se recusar a receber a propriedade do serviente, ou parte dela, caber-lhe-á custear as obras.

Art. 1.383. O dono do prédio serviente não poderá embaraçar de modo algum o exercício legítimo da servidão.

Art. 1.384. A servidão pode ser removida, de um local para outro, pelo dono do prédio serviente e à sua custa, se em nada diminuir as vantagens do prédio dominante, ou pelo dono deste e à sua custa, se houver considerável incremento da utilidade e não prejudicar o prédio serviente.

Art. 1.385. Restringir-se-á o exercício da servidão às necessidades do prédio dominante, evitando-se, quanto possível, agravar o encargo ao prédio serviente.

§ 1º Constituída para certo fim, a servidão não se pode ampliar a outro.

§ 2º Nas servidões de trânsito, a de maior inclui a de menor ônus, e a menor exclui a mais onerosa.

§ 3º Se as necessidades da cultura, ou da indústria, do prédio dominante impuserem à servidão maior largueza, o dono do serviente é obrigado a sofrê-la; mas tem direito a ser indenizado pelo excesso.

Art. 1.386. As servidões prediais são indivisíveis, e subsistem, no caso de divisão dos imóveis, em benefício de cada uma das porções do prédio dominante, e continuam a gravar cada uma das do prédio serviente, salvo se, por natureza, ou destino, só se aplicarem a certa parte de um ou de outro.

► Arts. 87 e 88 deste Código.

CAPÍTULO III
DA EXTINÇÃO DAS SERVIDÕES

Art. 1.387. Salvo nas desapropriações, a servidão, uma vez registrada, só se extingue, com respeito a terceiros, quando cancelada.

► Arts. 256 e 257 da Lei nº 6.015, de 31-12-1973 (Lei dos Registros Públicos).

Parágrafo único. Se o prédio dominante estiver hipotecado, e a servidão se mencionar no título hipotecário, será também preciso, para a cancelar, o consentimento do credor.

Art. 1.388. O dono do prédio serviente tem direito, pelos meios judiciais, ao cancelamento do registro, embora o dono do prédio dominante lho impugne:

I – quando o titular houver renunciado a sua servidão;

II – quando tiver cessado, para o prédio dominante, a utilidade ou a comodidade, que determinou a constituição da servidão;

III – quando o dono do prédio serviente resgatar a servidão.

Art. 1.389. Também se extingue a servidão, ficando ao dono do prédio serviente a faculdade de fazê-la cancelar, mediante a prova da extinção:

I – pela reunião dos dois prédios no domínio da mesma pessoa;

II – pela supressão das respectivas obras por efeito de contrato, ou de outro título expresso;

III – pelo não uso, durante dez anos contínuos.

TÍTULO VI – DO USUFRUTO

▸ Arts. 1.225, IV, e 1.689 a 1.693 deste Código.

CAPÍTULO I
DISPOSIÇÕES GERAIS

Art. 1.390. O usufruto pode recair em um ou mais bens, móveis ou imóveis, em um patrimônio inteiro, ou parte deste, abrangendo-lhe, no todo ou em parte, os frutos e utilidades.

▸ Art. 1.410, VIII, deste Código.

Art. 1.391. O usufruto de imóveis, quando não resulte de usucapião, constituir-se-á mediante registro no Cartório de Registro de Imóveis.

▸ Arts. 1.227, 1.238 a 1.244 e 1.652 deste Código.

▸ Art. 160, I, item 7, da Lei nº 6.015, de 31-12-1973 (Lei dos Registros Públicos).

Art. 1.392. Salvo disposição em contrário, o usufruto estende-se aos acessórios da coisa e seus acrescidos.

▸ Arts. 92 a 95 deste Código.

§ 1º Se, entre os acessórios e os acrescidos, houver coisas consumíveis, terá o usufrutuário o dever de restituir, findo o usufruto, as que ainda houver e, das outras, o equivalente em gênero, qualidade e quantidade, ou, não sendo possível, o seu valor, estimado ao tempo da restituição.

▸ Art. 86 deste Código.

§ 2º Se há no prédio em que recai o usufruto florestas ou os recursos minerais a que se refere o art. 1.230, devem o dono e o usufrutuário prefixar-lhe a extensão do gozo e a maneira de exploração.

§ 3º Se o usufruto recai sobre universalidade ou quota-parte de bens, o usufrutuário tem direito à parte do tesouro achado por outrem, e ao preço pago pelo vizinho do prédio usufruído, para obter meação em parede, cerca, muro, vala ou valado.

Art. 1.393. Não se pode transferir o usufruto por alienação; mas o seu exercício pode ceder-se por título gratuito ou oneroso.

CAPÍTULO II
DOS DIREITOS DO USUFRUTUÁRIO

Art. 1.394. O usufrutuário tem direito à posse, uso, administração e percepção dos frutos.

▸ Art. 1.197 deste Código.

Art. 1.395. Quando o usufruto recai em títulos de crédito, o usufrutuário tem direito a perceber os frutos e a cobrar as respectivas dívidas.

▸ Art. 887 e segs. deste Código.

Parágrafo único. Cobradas as dívidas, o usufrutuário aplicará, de imediato, a importância em títulos da mesma natureza, ou em títulos da dívida pública federal, com cláusula de atualização monetária segundo índices oficiais regularmente estabelecidos.

▸ Art. 1.410, VII, deste Código.

Art. 1.396. Salvo direito adquirido por outrem, o usufrutuário faz seus os frutos naturais, pendentes ao começar o usufruto, sem encargo de pagar as despesas de produção.

Parágrafo único. Os frutos naturais, pendentes ao tempo em que cessa o usufruto, pertencem ao dono, também sem compensação das despesas.

▸ Art. 1.214 deste Código.

Art. 1.397. As crias dos animais pertencem ao usufrutuário, deduzidas quantas bastem para inteirar as cabeças de gado existentes ao começar o usufruto.

Art. 1.398. Os frutos civis, vencidos na data inicial do usufruto, pertencem ao proprietário, e ao usufrutuário os vencidos na data em que cessa o usufruto.

Art. 1.399. O usufrutuário pode usufruir em pessoa, ou mediante arrendamento, o prédio, mas não mudar-lhe a destinação econômica, sem expressa autorização do proprietário.

▸ Art. 1.410, VIII, deste Código.

CAPÍTULO III
DOS DEVERES DO USUFRUTUÁRIO

Art. 1.400. O usufrutuário, antes de assumir o usufruto, inventariará, à sua custa, os bens que receber, determinando o estado em que se acham, e dará caução, fidejussória ou real, se lha exigir o dono, de velar-lhes pela conservação, e entregá-los findo o usufruto.

Parágrafo único. Não é obrigado à caução o doador que se reservar o usufruto da coisa doada.

Art. 1.401. O usufrutuário que não quiser ou não puder dar caução suficiente perderá o direito de administrar o usufruto; e, neste caso, os bens serão administrados pelo proprietário, que ficará obrigado, mediante caução, a entregar ao usufrutuário o rendimento deles, deduzidas as despesas de administração, entre as quais se incluirá a quantia fixada pelo juiz como remuneração do administrador.

Art. 1.402. O usufrutuário não é obrigado a pagar as deteriorações resultantes do exercício regular do usufruto.

Art. 1.403. Incumbem ao usufrutuário:

I – as despesas ordinárias de conservação dos bens no estado em que os recebeu;

II – as prestações e os tributos devidos pela posse ou rendimento da coisa usufruída.

Art. 1.404. Incumbem ao dono as reparações extraordinárias e as que não forem de custo módico; mas o usufrutuário lhe pagará os juros do capital despendido com as que forem necessárias à conservação, ou aumentarem o rendimento da coisa usufruída.

§ 1º Não se consideram módicas as despesas superiores a dois terços do líquido rendimento em um ano.

§ 2º Se o dono não fizer as reparações a que está obrigado, e que são indispensáveis à conservação da coisa, o usufrutuário pode realizá-las, cobrando daquele a importância despendida.

Art. 1.405. Se o usufruto recair num patrimônio, ou parte deste, será o usufrutuário obrigado aos juros da dívida que onerar o patrimônio ou a parte dele.

Art. 1.406. O usufrutuário é obrigado a dar ciência ao dono de qualquer lesão produzida contra a posse da coisa, ou os direitos deste.

Art. 1.407. Se a coisa estiver segurada, incumbe ao usufrutuário pagar, durante o usufruto, as contribuições do seguro.

§ 1º Se o usufrutuário fizer o seguro, ao proprietário caberá o direito dele resultante contra o segurador.

§ 2º Em qualquer hipótese, o direito do usufrutuário fica sub-rogado no valor da indenização do seguro.

▸ Art. 1.410, V, deste Código.

Art. 1.408. Se um edifício sujeito a usufruto for destruído sem culpa do proprietário, não será este obrigado a reconstruí-lo, nem o usufruto se restabelecerá, se o proprietário reconstruir à sua custa o prédio; mas se a indenização do seguro for aplicada à reconstrução do prédio, restabelecer-se-á o usufruto.

▸ Art. 1.410, V, deste Código.

Art. 1.409. Também fica sub-rogada no ônus do usufruto, em lugar do prédio, a indenização paga, se ele for desapropriado, ou a importância do dano, ressarcido pelo terceiro responsável no caso de danificação ou perda.

▸ Art. 1.410, V, deste Código.

CAPÍTULO IV
DA EXTINÇÃO DO USUFRUTO

▸ Art. 725, VI, do CPC/2015.

Art. 1.410. O usufruto extingue-se, cancelando-se o registro no Cartório de Registro de Imóveis:

I – pela renúncia ou morte do usufrutuário;

▸ Art. 114 deste Código.

II – pelo termo de sua duração;

III – pela extinção da pessoa jurídica, em favor de quem o usufruto foi constituído, ou, se ela perdurar, pelo decurso de trinta anos da data em que se começou a exercer;

IV – pela cessação do motivo de que se origina;

V – pela destruição da coisa, guardadas as disposições dos arts. 1.407, 1.408, 2ª parte, e 1.409;

VI – pela consolidação;

VII – por culpa do usufrutuário, quando aliena, deteriora, ou deixa arruinar os bens, não lhes acudindo com os reparos de conservação, ou quando, no usufruto de títulos de crédito, não dá às importâncias recebidas a aplicação prevista no parágrafo único do art. 1.395;

VIII – pelo não uso, ou não fruição, da coisa em que o usufruto recai (arts. 1.390 e 1.399).

▸ En. nº 252 das Jornadas de Direito Civil.

Art. 1.411. Constituído o usufruto em favor de duas ou mais pessoas, extinguir-se-á a parte em relação a cada uma das que falecerem, salvo se, por estipulação expressa, o quinhão desses couber ao sobrevivente.

▸ Art. 1.946 deste Código.

TÍTULO VII – DO USO

▸ Art. 1.225, V, deste Código.

▸ Art. 167, I, item 7, da Lei nº 6.015, de 31-12-1973 (Lei dos Registros Públicos).

Art. 1.412. O usuário usará da coisa e perceberá os seus frutos, quanto o exigirem as necessidades suas e de sua família.

§ 1º Avaliar-se-ão as necessidades pessoais do usuário conforme a sua condição social e o lugar onde viver.

§ 2º As necessidades da família do usuário compreendem as de seu cônjuge, dos filhos solteiros e das pessoas de seu serviço doméstico.

Art. 1.413. São aplicáveis ao uso, no que não for contrário à sua natureza, as disposições relativas ao usufruto.

- Arts. 1.390 a 1.411 e 1.227 deste Código.

TÍTULO VIII – DA HABITAÇÃO

- Arts. 1.225, VI, e 1.831 deste Código.
- Art. 167, I, item 7, da Lei nº 6.015, de 31-12-1973 (Lei dos Registros Públicos).

Art. 1.414. Quando o uso consistir no direito de habitar gratuitamente casa alheia, o titular deste direito não a pode alugar, nem emprestar, mas simplesmente ocupá-la com sua família.

Art. 1.415. Se o direito real de habitação for conferido a mais de uma pessoa, qualquer delas que sozinha habite a casa não terá de pagar aluguel à outra, ou às outras, mas não as pode inibir de exercerem, querendo, o direito, que também lhes compete, de habitá-la.

Art. 1.416. São aplicáveis à habitação, no que não for contrário à sua natureza, as disposições relativas ao usufruto.

- Arts. 1.390 a 1.411 e 1.227 deste Código.

TÍTULO IX – DO DIREITO DO PROMITENTE COMPRADOR

- Arts. 1.225, VII, e 1.334, § 2º, deste Código.

Art. 1.417. Mediante promessa de compra e venda, em que se não pactuou arrependimento, celebrada por instrumento público ou particular, e registrada no Cartório de Registro de Imóveis, adquire o promitente comprador direito real à aquisição do imóvel.

- Arts. 481 a 504 deste Código.
- Arts. 5º e 11 a 22 do Dec.-lei nº 58, de 10-12-1937, que dispõe sobre o loteamento e a venda de terrenos para pagamento em prestações.
- En. nº 253 das Jornadas de Direito Civil.

Art. 1.418. O promitente comprador, titular de direito real, pode exigir do promitente vendedor, ou de terceiros, a quem os direitos deste forem cedidos, a outorga da escritura definitiva de compra e venda, conforme o disposto no instrumento preliminar; e, se houver recusa, requerer ao juiz a adjudicação do imóvel.

- Art. 389 deste Código.
- Súm. nº 239 do STJ.
- En. nº 95 das Jornadas de Direito Civil.

TÍTULO X – DO PENHOR, DA HIPOTECA E DA ANTICRESE

- Arts. 333, II, 364, 955 a 965 e 1.225, VIII a X, deste Código.
- Dec. nº 24.778, de 14-7-1934, dispõe sobre a caução de hipoteca ou de penhor.

CAPÍTULO I – DISPOSIÇÕES GERAIS

Art. 1.419. Nas dívidas garantidas por penhor, anticrese ou hipoteca, o bem dado em garantia fica sujeito, por vínculo real, ao cumprimento da obrigação.

- Arts. 163 e 961 deste Código.
- Art. 83, II, da Lei nº 11.101, de 9-2-2005 (Lei de Recuperação de Empresas e Falências).

Art. 1.420. Só aquele que pode alienar poderá empenhar, hipotecar ou dar em anticrese; só os bens que se podem alienar poderão ser dados em penhor, anticrese ou hipoteca.

- Arts. 1.647, I, 1.691, 1.717 e 1.848 deste Código.
- Art. 167, II, item 11, da Lei nº 6.015, de 31-12-1973 (Lei dos Registros Públicos).
- Súm. nº 308 do STJ.

§ 1º A propriedade superveniente torna eficaz, desde o registro, as garantias reais estabelecidas por quem não era dono.

- Art. 1.268 deste Código.

§ 2º A coisa comum a dois ou mais proprietários não pode ser dada em garantia real, na sua totalidade, sem o consentimento de todos; mas cada um pode individualmente dar em garantia real a parte que tiver.

- Arts. 87 e 1.314 deste Código.

Art. 1.421. O pagamento de uma ou mais prestações da dívida não importa exoneração correspondente da garantia, ainda que esta compreenda vários bens, salvo disposição expressa no título ou na quitação.

- Arts. 1.367 e 1.436, I, deste Código.
- Art. 66-B, § 5º, da Lei nº 4.728, de 14-7-1965 (Lei do Mercado de Capitais).

Art. 1.422. O credor hipotecário e o pignoratício têm o direito de excutir a coisa hipotecada ou empenhada, e preferir, no pagamento, a outros credores, observada, quanto à hipoteca, a prioridade no registro.

- Arts. 955 a 965 e 1.493, parágrafo único, deste Código.
- Arts. 784, V, 842, 905 do CPC/2015.

Parágrafo único. Excetuam-se da regra estabelecida neste artigo as dívidas que, em virtude de outras leis, devam ser pagas precipuamente a quaisquer outros créditos.

- Arts. 186 e 187 do CTN.
- Art. 449, § 1º, da CLT.

Art. 1.423. O credor anticrético tem direito a reter em seu poder o bem, enquanto a dívida não for paga; extingue-se esse direito decorridos quinze anos da data de sua constituição.

- Arts. 207 a 211 e 1.507 deste Código.

Art. 1.424. Os contratos de penhor, anticrese ou hipoteca declararão, sob pena de não terem eficácia:

I – o valor do crédito, sua estimação, ou valor máximo;

II – o prazo fixado para pagamento;

III – a taxa dos juros, se houver;

IV – o bem dado em garantia com as suas especificações.

Art. 1.425. A dívida considera-se vencida:

- Arts. 333 e 939 deste Código.

I – se, deteriorando-se, ou depreciando-se o bem dado em segurança, desfalcar a garantia, e o devedor, intimado, não a reforçar ou substituir;

II – se o devedor cair em insolvência ou falir;

- Art. 77 da Lei nº 11.101, de 9-2-2005 (Lei de Recuperação de Empresas e Falências).

III – se as prestações não forem pontualmente pagas, toda vez que deste modo se achar estipulado o pagamento. Neste caso, o recebimento posterior da prestação atrasada importa renúncia do credor ao seu direito de execução imediata;

IV – se perecer o bem dado em garantia, e não for substituído;

V – se se desapropriar o bem dado em garantia, hipótese na qual se depositará a parte do preço que for necessária para o pagamento integral do credor.

- Art. 959, II, deste Código.
- Art. 31 do Dec.-lei nº 3.365, de 21-6-1941 (Lei das Desapropriações).

§ 1º Nos casos de perecimento da coisa dada em garantia, esta se sub-rogará na indenização do seguro, ou no ressarcimento do dano, em benefício do credor, a quem assistirá sobre ela preferência até seu completo reembolso.

§ 2º Nos casos dos incisos IV e V, só se vencerá a hipoteca antes do prazo estipulado, se o perecimento, ou a desapropriação recair sobre o bem dado em garantia, e esta não abranger outras; subsistindo, no caso contrário, a dívida reduzida, com a respectiva garantia sobre os demais bens, não desapropriados ou destruídos.

- Art. 1.367 deste Código.
- Art. 66-B, § 5º, da Lei nº 4.728, de 14-7-1965 (Lei do Mercado de Capitais).

Art. 1.426. Nas hipóteses do artigo anterior, de vencimento antecipado da dívida, não se compreendem os juros correspondentes ao tempo ainda não decorrido.

- Art. 1.367 deste Código.

Art. 1.427. Salvo cláusula expressa, o terceiro que presta garantia real por dívida alheia não fica obrigado a substituí-la, ou reforçá-la, quando, sem culpa sua, se perca, deteriore, ou desvalorize.

- Art. 1.367 deste Código.
- Art. 66-B, § 5º, da Lei nº 4.728, de 14-7-1965 (Lei do Mercado de Capitais).

Art. 1.428. É nula a cláusula que autoriza o credor pignoratício, anticrético ou hipotecário a ficar com o objeto da garantia, se a dívida não for paga no vencimento.

- Arts. 166, VII, e 1.435, V, deste Código.

Parágrafo único. Após o vencimento, poderá o devedor dar a coisa em pagamento da dívida.

Art. 1.429. Os sucessores do devedor não podem remir parcialmente o penhor ou a hipoteca na proporção dos seus quinhões; qualquer deles, porém, pode fazê-lo no todo.

Parágrafo único. O herdeiro ou sucessor que fizer a remição fica sub-rogado nos direitos do credor pelas quotas que houver satisfeito.

- Arts. 346 a 351 deste Código.

Art. 1.430. Quando, excutido o penhor, ou executada a hipoteca, o produto não bastar para pagamento da dívida e despesas judiciais, continuará o devedor obrigado pessoalmente pelo restante.

- Arts. 1.419 e 1.488, § 3º, deste Código.
- Art. 907 do CPC/2015.

CAPÍTULO II – DO PENHOR

- Art. 1.225, VIII, deste Código.
- Art. 8º, § 2º, do Dec.-lei nº 4.657, de 4-9-1942 (Lei de Introdução às normas do Direito Brasileiro).
- Art. 784 do CPC/2015.

Seção I – Da Constituição do Penhor

Art. 1.431. Constitui-se o penhor pela transferência efetiva da posse que, em garantia do débito ao credor ou a quem o represente, faz o devedor, ou alguém por ele, de uma coisa móvel, suscetível de alienação.

Parágrafo único. No penhor rural, industrial, mercantil e de veículos, as coisas empenhadas continuam em poder do devedor, que as deve guardar e conservar.

Art. 1.432. O instrumento do penhor deverá ser levado a registro, por qualquer dos contratantes; o do penhor comum será registrado no Cartório de Títulos e Documentos.

- Art. 221 deste Código.
- Arts. 127, II e IV, 167, I, itens 4 e 15, da Lei nº 6.015, de 31-12-1973 (Lei dos Registros Públicos).

Seção II

DOS DIREITOS DO CREDOR PIGNORATÍCIO

Art. 1.433. O credor pignoratício tem direito:

I – à posse da coisa empenhada;

II – à retenção dela, até que o indenizem das despesas devidamente justificadas, que tiver feito, não sendo ocasionadas por culpa sua;

III – ao ressarcimento do prejuízo que houver sofrido por vício da coisa empenhada;

IV – a promover a execução judicial, ou a venda amigável, se lhe permitir expressamente o contrato, ou lhe autorizar o devedor mediante procuração;

- Art. 1.435, V, deste Código.

V – a apropriar-se dos frutos da coisa empenhada que se encontra em seu poder;

- Art. 1.435, III, deste Código.

VI – a promover a venda antecipada, mediante prévia autorização judicial, sempre que haja receio fundado de que a coisa empenhada se perca ou deteriore, devendo o preço ser depositado. O dono da coisa empenhada pode impedir a venda antecipada, substituindo-a, ou oferecendo outra garantia real idônea.

Art. 1.434. O credor não pode ser constrangido a devolver a coisa empenhada, ou uma parte dela, antes de ser integralmente pago, podendo o juiz, a requerimento do proprietário, determinar que seja vendida apenas uma das coisas, ou parte da coisa empenhada, suficiente para o pagamento do credor.

Seção III

DAS OBRIGAÇÕES DO CREDOR PIGNORATÍCIO

Art. 1.435. O credor pignoratício é obrigado:

- Art. 647 deste Código.
- Art. 66-B, § 5º, da Lei nº 4.728, de 14-7-1965 (Lei do Mercado de Capitais).

I – à custódia da coisa, como depositário, e a ressarcir ao dono a perda ou deterioração de que for culpado, podendo ser compensada na dívida, até a concorrente quantia, a importância da responsabilidade;

II – à defesa da posse da coisa empenhada e a dar ciência, ao dono dela, das circunstâncias que tornarem necessário o exercício de ação possessória;

III – a imputar o valor dos frutos, de que se apropriar (art. 1.433, inciso V) nas despesas de guarda e conservação, nos juros e no capital da obrigação garantida, sucessivamente;

IV – a restituí-la, com os respectivos frutos e acessões, uma vez paga a dívida;

V – a entregar o que sobeje do preço, quando a dívida for paga, no caso do inciso IV do art. 1.433.

- Arts. 1.428 e 1.436, V, deste Código.
- Art. 907 do CPC/2015.

Seção IV

DA EXTINÇÃO DO PENHOR

Art. 1.436. Extingue-se o penhor:

- Art. 66-B, § 5º, da Lei nº 4.728, de 14-7-1965 (Lei do Mercado de Capitais).

I – extinguindo-se a obrigação;

- Art. 1.421 deste Código.

II – perecendo a coisa;

III – renunciando o credor;

- Art. 387 deste Código.

IV – confundindo-se na mesma pessoa as qualidades de credor e de dono da coisa;

- Art. 381 deste Código.

V – dando-se a adjudicação judicial, a remissão ou a venda da coisa empenhada, feita pelo credor ou por ele autorizada.

- Arts. 1.435, V, e 1.445 deste Código.
- Consta do texto publicado no *DJU* a palavra "remissão" quando o correto seria "remição".

§ 1º Presume-se a renúncia do credor quando consentir na venda particular do penhor sem reserva de preço, quando restituir a sua posse ao devedor, ou quando anuir à sua substituição por outra garantia.

- Art. 387 deste Código.

§ 2º Operando-se a confusão tão somente quanto a parte da dívida pignoratícia, subsistirá inteiro o penhor quanto ao resto.

- Arts. 381 e 1.367 deste Código.

Art. 1.437. Produz efeitos a extinção do penhor depois de averbado o cancelamento do registro, à vista da respectiva prova.

Seção V

DO PENHOR RURAL

- Lei nº 492, de 30-8-1937, regula o penhor rural e a cédula pignoratícia.
- Lei nº 2.666, de 6-12-1955, dispõe sobre o penhor dos produtos agrícolas.

Subseção I

DISPOSIÇÕES GERAIS

Art. 1.438. Constitui-se o penhor rural mediante instrumento público ou particular, registrado no Cartório de Registro de Imóveis da circunscrição em que estiverem situadas as coisas empenhadas.

- Art. 1.227 deste Código.
- Art. 167, I, item 15, da Lei nº 6.015, de 31-12-1973 (Lei dos Registros Públicos).

Parágrafo único. Prometendo pagar em dinheiro a dívida, que garante com penhor rural, o devedor poderá emitir, em favor do credor, cédula rural pignoratícia, na forma determinada em lei especial.

- Lei nº 492, de 30-8-1937, regula o penhor rural e a cédula pignoratícia.

Art. 1.439. O penhor agrícola e o penhor pecuário não podem ser convencionados por prazos superiores aos das obrigações garantidas.

- *Caput* com a redação dada pela Lei nº 12.873, de 24-10-2013.

§ 1º Embora vencidos os prazos, permanece a garantia, enquanto subsistirem os bens que a constituem.

§ 2º A prorrogação deve ser averbada à margem do registro respectivo, mediante requerimento do credor e do devedor.

Art. 1.440. Se o prédio estiver hipotecado, o penhor rural poderá constituir-se independentemente da anuência do credor hipotecário, mas não lhe prejudica o direito de preferência, nem restringe a extensão da hipoteca, ao ser executada.

Art. 1.441. Tem o credor direito a verificar o estado das coisas empenhadas, inspecionando-as onde se acharem, por si ou por pessoa que credenciar.

Subseção II

DO PENHOR AGRÍCOLA

Art. 1.442. Podem ser objeto de penhor:

I – máquinas e instrumentos de agricultura;

II – colheitas pendentes, ou em via de formação;

III – frutos acondicionados ou armazenados;

IV – lenha cortada e carvão vegetal;

V – animais do serviço ordinário de estabelecimento agrícola.

Art. 1.443. O penhor agrícola que recai sobre colheita pendente, ou em via de formação, abrange a imediatamente seguinte, no caso de frustrar-se ou ser insuficiente a que se deu em garantia.

Parágrafo único. Se o credor não financiar a nova safra, poderá o devedor constituir com outrem novo penhor, em quantia máxima equivalente à do primeiro; o segundo penhor terá preferência sobre o primeiro, abrangendo este apenas o excesso apurado na colheita seguinte.

Subseção III

DO PENHOR PECUÁRIO

Art. 1.444. Podem ser objeto de penhor os animais que integram a atividade pastoril, agrícola ou de lacticínios.

Art. 1.445. O devedor não poderá alienar os animais empenhados sem prévio consentimento, por escrito, do credor.

- Art. 1.436, V, deste Código.

Parágrafo único. Quando o devedor pretende alienar o gado empenhado ou, por negligência, ameace prejudicar o credor, poderá este requerer se depositem os animais sob a guarda de terceiro, ou exigir que se lhe pague a dívida de imediato.

Art. 1.446. Os animais da mesma espécie, comprados para substituir os mortos, ficam sub-rogados no penhor.

Parágrafo único. Presume-se a substituição prevista neste artigo, mas não terá eficácia contra terceiros, se não constar de menção adicional ao respectivo contrato, a qual deverá ser averbada.

Seção VI

DO PENHOR INDUSTRIAL E MERCANTIL

Art. 1.447. Podem ser objeto de penhor máquinas, aparelhos, materiais, instrumentos, instalados e em funcionamento, com os acessórios ou sem eles; animais, utilizados na indústria; sal e bens destinados à exploração das salinas; produtos de suinocultura, animais destinados à industrialização de carnes e derivados; matérias-primas e produtos industrializados.

Parágrafo único. Regula-se pelas disposições relativas aos armazéns gerais o penhor das mercadorias neles depositadas.

Art. 1.448. Constitui-se o penhor industrial, ou o mercantil, mediante instrumento público ou particular, registrado no Cartório de Registro de Imóveis da circunscrição onde estiverem situadas as coisas empenhadas.

- Art. 1.227 deste Código.

Parágrafo único. Prometendo pagar em dinheiro a dívida, que garante com penhor industrial ou mercantil, o devedor poderá emitir, em favor do credor, cédula do respectivo crédito, na forma e para os fins que a lei especial determinar.

Art. 1.449. O devedor não pode, sem o consentimento por escrito do credor, alterar as coisas empenhadas ou mudar-lhes a situação, nem delas dispor. O devedor que, anuindo o credor, alienar as coisas empenhadas, deverá repor outros bens da mesma natureza, que ficarão sub-rogados no penhor.

Art. 1.450. Tem o credor direito a verificar o estado das coisas empenhadas, inspecionando-as onde se acharem, por si ou por pessoa que credenciar.

Seção VII

DO PENHOR DE DIREITOS E TÍTULOS DE CRÉDITO

▸ Arts. 887 a 926 deste Código.

Art. 1.451. Podem ser objeto de penhor direitos, suscetíveis de cessão, sobre coisas móveis.

Art. 1.452. Constitui-se o penhor de direito mediante instrumento público ou particular, registrado no Registro de Títulos e Documentos.

▸ Art. 1.227 deste Código.

Parágrafo único. O titular de direito empenhado deverá entregar ao credor pignoratício os documentos comprobatórios desse direito, salvo se tiver interesse legítimo em conservá-los.

Art. 1.453. O penhor de crédito não tem eficácia senão quando notificado ao devedor; por notificado tem-se o devedor que, em instrumento público ou particular, declarar-se ciente da existência do penhor.

Art. 1.454. O credor pignoratício deve praticar os atos necessários à conservação e defesa do direito empenhado e cobrar os juros e mais prestações acessórias compreendidas na garantia.

Art. 1.455. Deverá o credor pignoratício cobrar o crédito empenhado, assim que se torne exigível. Se este consistir numa prestação pecuniária, depositará a importância recebida, de acordo com o devedor pignoratício, ou onde o juiz determinar; se consistir na entrega da coisa, nesta se sub-rogará o penhor.

Parágrafo único. Estando vencido o crédito pignoratício, tem o credor direito a reter, da quantia recebida, o que lhe é devido, restituindo o restante ao devedor; ou a excutir a coisa a ele entregue.

Art. 1.456. Se o mesmo crédito for objeto de vários penhores, só ao credor pignoratício, cujo direito prefira aos demais, o devedor deve pagar; responde por perdas e danos aos demais credores o credor preferente que, notificado por qualquer um deles, não promover oportunamente a cobrança.

▸ Arts. 402 a 405 deste Código.

Art. 1.457. O titular do crédito empenhado só pode receber o pagamento com a anuência, por escrito, do credor pignoratício, caso em que o penhor se extinguirá.

Art. 1.458. O penhor, que recai sobre título de crédito, constitui-se mediante instrumento público ou particular ou endosso pignoratício, com a tradição do título ao credor, regendo-se pelas Disposições Gerais deste Título e, no que couber, pela presente Seção.

Art. 1.459. Ao credor, em penhor de título de crédito, compete o direito de:

I – conservar a posse do título e recuperá-la de quem quer que o detenha;

II – usar dos meios judiciais convenientes para assegurar os seus direitos, e os do credor do título empenhado;

III – fazer intimar ao devedor do título que não pague ao seu credor, enquanto durar o penhor;

▸ Art. 1.460 deste Código.

IV – receber a importância consubstanciada no título e os respectivos juros, se exigíveis, restituindo o título ao devedor, quando este solver a obrigação.

Art. 1.460. O devedor do título empenhado que receber a intimação prevista no inciso III do artigo antecedente, ou se der por ciente do penhor, não poderá pagar ao seu credor. Se o fizer, responderá solidariamente por este, por perdas e danos, perante o credor pignoratício.

▸ Arts. 275 a 284 e 402 a 405 deste Código.

Parágrafo único. Se o credor der quitação ao devedor do título empenhado, deverá saldar imediatamente a dívida, em cuja garantia se constituiu o penhor.

▸ Art. 312 deste Código.

Seção VIII

DO PENHOR DE VEÍCULOS

Art. 1.461. Podem ser objeto de penhor os veículos empregados em qualquer espécie de transporte ou condução.

Art. 1.462. Constitui-se o penhor, a que se refere o artigo antecedente, mediante instrumento público ou particular, registrado no Cartório de Títulos e Documentos do domicílio do devedor, e anotado no certificado de propriedade.

▸ Art. 1.227 deste Código.

Parágrafo único. Prometendo pagar em dinheiro a dívida garantida com o penhor, poderá o devedor emitir cédula de crédito, na forma e para os fins que a lei especial determinar.

Art. 1.463. *Revogado.* Lei nº 14.179, de 30-6-2021.

Art. 1.464. Tem o credor direito a verificar o estado do veículo empenhado, inspecionando-o onde se achar, por si ou por pessoa que credenciar.

Art. 1.465. A alienação, ou a mudança, do veículo empenhado sem prévia comunicação ao credor importa no vencimento antecipado do crédito pignoratício.

Art. 1.466. O penhor de veículos só se pode convencionar pelo prazo máximo de dois anos, prorrogável até o limite de igual tempo, averbada a prorrogação à margem do registro respectivo.

Seção IX

DO PENHOR LEGAL

▸ Arts. 703 a 706 do CPC/2015.

Art. 1.467. São credores pignoratícios, independentemente de convenção:

I – os hospedeiros, ou fornecedores de pousada ou alimento, sobre as bagagens, móveis, joias ou dinheiro que os seus consumidores ou fregueses tiverem consigo nas respectivas casas ou estabelecimentos, pelas despesas ou consumo que aí tiverem feito;

▸ Arts. 649 e 1.468 deste Código.

II – o dono do prédio rústico ou urbano, sobre os bens móveis que o rendeiro ou inquilino tiver guarnecendo o mesmo prédio, pelos aluguéis ou rendas.

▸ Arts. 1.469 e 1.472 deste Código.

Art. 1.468. A conta das dívidas enumeradas no inciso I do artigo antecedente será extraída conforme a tabela impressa, prévia e ostensivamente exposta na casa, dos preços de hospedagem, da pensão ou dos gêneros fornecidos, sob pena de nulidade do penhor.

Art. 1.469. Em cada um dos casos do art. 1.467, o credor poderá tomar em garantia um ou mais objetos até o valor da dívida.

Art. 1.470. Os credores, compreendidos no art. 1.467, podem fazer efetivo o penhor, antes de recorrerem à autoridade judiciária, sempre que haja perigo na demora, dando aos devedores comprovante dos bens de que se apossarem.

Art. 1.471. Tomado o penhor, requererá o credor, ato contínuo, a sua homologação judicial.

▸ Arts. 703, § 1º, 704 e 706 do CPC/2015.

Art. 1.472. Pode o locatário impedir a constituição do penhor mediante caução idônea.

CAPÍTULO III

DA HIPOTECA

▸ Arts. 1.225, IX, e 1.506, § 2º, deste Código.

▸ Dec.-lei nº 70, de 21-11-1966 (Lei de Execução de Cédula Hipotecária).

Seção I

DISPOSIÇÕES GERAIS

Art. 1.473. Podem ser objeto de hipoteca:

I – os imóveis e os acessórios dos imóveis conjuntamente com eles;

▸ Arts. 79 a 81 e 92 a 95 deste Código.

II – o domínio direto;

III – o domínio útil;

IV – as estradas de ferro;

▸ Arts. 1.502 a 1.505 deste Código.

V – os recursos naturais a que se refere o art. 1.230, independentemente do solo onde se acham;

VI – os navios;

VII – as aeronaves;

VIII – o direito de uso especial para fins de moradia;

▸ MP nº 2.200, de 4-9-2001, que até o encerramento desta edição não havia sido convertida em Lei, dispõe sobre a concessão de uso especial de que trata o § 1º do art. 183 da CF.

IX – o direito real de uso;

▸ Incisos VIII e IX acrescidos pela Lei nº 11.481, de 31-5-2007.

X – a propriedade superficiária;

▸ Inciso X com a redação dada pela Lei nº 14.620, de 13-7-2023.

XI – os direitos oriundos da imissão provisória na posse, quando concedida à União, aos Estados, ao Distrito Federal, aos Municípios ou às suas entidades delegadas e a respectiva cessão e promessa de cessão.

▸ Inciso XI acrescido pela Lei nº 14.620, de 13-7-2023.

Parágrafo único. A hipoteca dos navios e das aeronaves reger-se-á pelo disposto em lei especial.

▸ A Lei nº 11.481, de 31-5-2007, acrescentou o § 2º abaixo, mas não dispôs sobre a renumeração deste parágrafo único para § 1º.

§ 2º Os direitos de garantia instituídos nas hipóteses dos incisos IX e X do *caput* deste artigo ficam limitados à duração da concessão ou direito de superfície, caso tenham sido transferidos por período determinado.

▸ § 2º acrescido pela Lei nº 11.481, de 31-5-2007.

Art. 1.474. A hipoteca abrange todas as acessões, melhoramentos ou construções do imóvel. Subsistem os ônus reais constituídos e registrados, anteriormente à hipoteca, sobre o mesmo imóvel.

▸ Arts. 96, 97 e 1.248 a 1.259 deste Código.

Art. 1.475. É nula a cláusula que proíbe ao proprietário alienar imóvel hipotecado.

▸ Arts. 166 e 303 deste Código.

Parágrafo único. Pode convencionar-se que vencerá o crédito hipotecário, se o imóvel for alienado.

Art. 1.476. O dono do imóvel hipotecado pode constituir outra hipoteca sobre ele, mediante novo título, em favor do mesmo ou de outro credor.

Art. 1.477. Salvo o caso de insolvência do devedor, o credor da segunda hipoteca, embora vencida, não poderá executar o imóvel antes de vencida a primeira.

§ 1º Não se considera insolvente o devedor por faltar ao pagamento das obrigações garantidas por hipotecas posteriores à primeira.

▸ Parágrafo único transformado em § 1º pela Lei nº 14.711, de 30-10-2023.

§ 2º O inadimplemento da obrigação garantida por hipoteca faculta ao credor declarar vencidas as demais obrigações de que for titular garantidas pelo mesmo imóvel.

▸ § 2º acrescido pela Lei nº 14.711, de 30-10-2023.

Art. 1.478. O credor hipotecário que efetuar o pagamento, a qualquer tempo, das dívidas garantidas pelas hipotecas anteriores sub-rogar-se-á nos seus direitos, sem prejuízo dos que lhe competirem contra o devedor comum.

▸ *Caput* com a redação dada pela Lei nº 14.711, de 30-10-2023.

▸ Art. 346, II, deste Código.

▸ Arts. 266 a 276 da Lei nº 6.015, de 31-12-1973 (Lei dos Registros Públicos).

Parágrafo único. Se o primeiro credor estiver promovendo a execução da hipoteca, o credor da segunda depositará a importância do débito e as despesas judiciais.

Art. 1.479. O adquirente do imóvel hipotecado, desde que não se tenha obrigado pessoalmente a pagar as dívidas aos credores hipotecários, poderá exonerar-se da hipoteca, abandonando-lhes o imóvel.

Art. 1.480. O adquirente notificará o vendedor e os credores hipotecários, deferindo-lhes, conjuntamente, a posse do imóvel, ou o depositará em juízo.

Parágrafo único. Poderá o adquirente exercer a faculdade de abandonar o imóvel hipotecado, até as vinte e quatro horas subsequentes à citação, com que se inicia o procedimento executivo.

Art. 1.481. Dentro em trinta dias, contados do registro do título aquisitivo, tem o adquirente do imóvel hipotecado o direito de remi-lo, citando os credores hipotecários e propondo importância não inferior ao preço por que o adquiriu.

▸ Arts. 346, II, e 1.499, V, deste Código.

§ 1º Se o credor impugnar o preço da aquisição ou a importância oferecida, realizar-se-á licitação, efetuando-se a venda judicial a quem oferecer maior preço, assegurada preferência ao adquirente do imóvel.

§ 2º Não impugnado pelo credor, o preço da aquisição ou o preço proposto pelo adquirente, haver-se-á por definitivamente fixado para a remissão do imóvel, que ficará livre de hipoteca, uma vez pago ou depositado o preço.

▸ Consta do texto publicado no *DJU* a palavra "remissão", quando o correto seria "remição".

§ 3º Se o adquirente deixar de remir o imóvel, sujeitando-o a execução, ficará obrigado a ressarcir os credores hipotecários da desvalorização que, por sua culpa, o mesmo vier a sofrer, além das despesas judiciais da execução.

§ 4º Disporá de ação regressiva contra o vendedor o adquirente que ficar privado do imóvel em consequência de licitação ou penhora, o que pagar a hipoteca, o que, por causa de adjudicação ou licitação, desembolsar com o pagamento da hipoteca importância excedente à da compra e o que suportar custas e despesas judiciais.

Arts. 1.482 e 1.483. *Revogados.* Lei nº 13.105, de 16-3-2015.

Art. 1.484. É lícito aos interessados fazer constar das escrituras o valor entre si ajustado dos imóveis hipotecados, o qual, devidamente atualizado, será a base para as arrematações, adjudicações e remições, dispensada a avaliação.

Art. 1.485. Mediante simples averbação, requerida por ambas as partes, poderá prorrogar-se a hipoteca, até trinta anos da data do contrato. Desde que perfaça esse prazo, só poderá subsistir o contrato de hipoteca reconstituindo-se por novo título e novo registro; e, nesse caso, lhe será mantida a precedência, que então lhe competir.

▸ Artigo com a redação dada pela Lei nº 10.931, de 2-8-2004.

▸ Art. 238 da Lei nº 6.015, de 31-12-1973 (Lei dos Registros Públicos).

Art. 1.486. Podem o credor e o devedor, no ato constitutivo da hipoteca, autorizar a emissão da correspondente cédula hipotecária, na forma e para os fins previstos em lei especial.

▸ Dec.-lei nº 70, de 21-11-1966 (Lei de Execução de Cédula Hipotecária).

Art. 1.487. A hipoteca pode ser constituída para garantia de dívida futura ou condicionada, desde que determinado o valor máximo do crédito a ser garantido.

§ 1º Nos casos deste artigo, a execução da hipoteca dependerá de prévia e expressa concordância do devedor quanto à verificação da condição, ou ao montante da dívida.

§ 2º Havendo divergência entre o credor e o devedor, caberá àquele fazer prova de seu crédito. Reconhecido este, o devedor responderá, inclusive, por perdas e danos, em razão da superveniente desvalorização do imóvel.

▸ Arts. 402 a 405 deste Código.

Art. 1.487-A. A hipoteca poderá, por requerimento do proprietário, ser posteriormente estendida para garantir novas obrigações em favor do mesmo credor, mantidos o registro e a publicidade originais, mas respeitada, em relação à extensão, a prioridade de direitos contraditórios ingressos na matrícula do imóvel.

§ 1º A extensão da hipoteca não poderá exceder ao prazo e ao valor máximo garantido constantes da especialização da garantia original.

§ 2º A extensão da hipoteca será objeto de averbação subsequente na matrícula do imóvel, assegurada a preferência creditória em favor da:

I – obrigação inicial, em relação às obrigações alcançadas pela extensão da hipoteca;

II – obrigação mais antiga, considerando-se o tempo da averbação, no caso de mais de uma extensão de hipoteca.

§ 3º Na hipótese de superveniente multiplicidade de credores garantidos pela mesma hipoteca estendida, apenas o credor titular do crédito mais prioritário, conforme estabelecido no § 2º deste artigo, poderá promover a execução judicial ou extrajudicial da garantia, exceto se convencionado de modo diverso por todos os credores.

▸ Art. 1.487-A acrescido pela Lei nº 14.711, de 30-10-2023.

Art. 1.488. Se o imóvel, dado em garantia hipotecária, vier a ser loteado, ou se nele se constituir condomínio edilício, poderá o ônus ser dividido, gravando cada lote ou unidade autônoma, se o requererem ao juiz o credor, o devedor ou os donos, obedecida a proporção entre o valor de cada um deles e o crédito.

§ 1º O credor só poderá se opor ao pedido de desmembramento do ônus, provando que o mesmo importa em diminuição de sua garantia.

§ 2º Salvo convenção em contrário, todas as despesas judiciais ou extrajudiciais necessárias ao desmembramento do ônus correm por conta de quem o requerer.

§ 3º O desmembramento do ônus não exonera o devedor originário da responsabilidade a que se refere o art. 1.430, salvo anuência do credor.

Seção II

DA HIPOTECA LEGAL

▸ Arts. 495, 759, §§ 1º e 2º, do CPC/2015.

Art. 1.489. A lei confere hipoteca:

I – às pessoas de direito público interno (art. 41) sobre os imóveis pertencentes aos encarregados da cobrança, guarda ou administração dos respectivos fundos e rendas;

II – aos filhos, sobre os imóveis do pai ou da mãe que passar a outras núpcias, antes de fazer o inventário do casal anterior;

▸ Art. 1.523, I, deste Código.

III – ao ofendido, ou aos seus herdeiros, sobre os imóveis do delinquente, para satisfação do dano causado pelo delito e pagamento das despesas judiciais;

IV – ao coerdeiro, para garantia do seu quinhão ou torna da partilha, sobre o imóvel adjudicado ao herdeiro reponente;

▸ Art. 2.019 deste Código.

V – ao credor sobre o imóvel arrematado, para garantia do pagamento do restante do preço da arrematação.

▸ Art. 2.040 deste Código.

Art. 1.490. O credor da hipoteca legal, ou quem o represente, poderá, provando a insuficiência dos imóveis especializados, exigir do devedor que seja reforçado com outros.

Art. 1.491. A hipoteca legal pode ser substituída por caução de títulos da dívida pública federal ou estadual, recebidos pelo valor de sua cotação mínima no ano corrente; ou por outra garantia, a critério do juiz, a requerimento do devedor.

Seção III

DO REGISTRO DA HIPOTECA

▸ Art. 167, I, item 2, da Lei nº 6.015, de 31-12-1973 (Lei dos Registros Públicos).

Art. 1.492. As hipotecas serão registradas no cartório do lugar do imóvel, ou no de cada um deles, se o título se referir a mais de um.

Parágrafo único. Compete aos interessados, exibido o título, requerer o registro da hipoteca.

▸ Art. 1.227 deste Código.

Art. 1.493. Os registros e averbações seguirão a ordem em que forem requeridas, verificando-se ela pela da sua numeração sucessiva no protocolo.

▸ Art. 182 e segs. da Lei nº 6.015, de 31-12-1973 (Lei dos Registros Públicos).

Parágrafo único. O número de ordem determina a prioridade, e esta a preferência entre as hipotecas.

▸ Art. 1.422 deste Código.

Art. 1.494. *Revogado.* Lei nº 14.382, de 27-6-2022.

Art. 1.495. Quando se apresentar ao oficial do registro título de hipoteca que mencione a constituição de anterior, não registrada, sobrestará ele na inscrição da nova, depois de a prenotar, até trinta dias, aguardando que o interessado inscreva a precedente; esgotado o prazo, sem que se requeira a inscrição desta, a hipoteca ulterior será registrada e obterá preferência.

▸ Art. 189 da Lei nº 6.015, de 31-12-1973 (Lei dos Registros Públicos).

Art. 1.496. Se tiver dúvida sobre a legalidade do registro requerido, o oficial fará, ainda assim, a prenotação do pedido. Se a dúvida, dentro em noventa dias, for julgada improcedente, o registro efetuar-se-á com o mesmo número que teria na data da prenotação; no caso contrário, cancelada esta, receberá o registro o número correspondente à data em que se tornar a requerer.

▸ Arts. 198 a 207 da Lei nº 6.015, de 31-12-1973 (Lei dos Registros Públicos).

Art. 1.497. As hipotecas legais, de qualquer natureza, deverão ser registradas e especializadas.

§ 1º O registro e a especialização das hipotecas legais incumbem a quem está obrigado a prestar a garantia, mas os interessados podem promover a inscrição delas, ou solicitar ao Ministério Público que o faça.

§ 2º As pessoas, às quais incumbir o registro e a especialização das hipotecas legais, estão sujeitas a perdas e danos pela omissão.

▸ Arts. 402 a 405 deste Código.

Art. 1.498. Vale o registro da hipoteca, enquanto a obrigação perdurar; mas a especialização, em completando vinte anos, deve ser renovada.

Seção IV

DA EXTINÇÃO DA HIPOTECA

▸ Art. 31 do Dec.-lei nº 3.365, de 21-6-1941 (Lei das Desapropriações).

Art. 1.499. A hipoteca extingue-se:

I – pela extinção da obrigação principal;

II – pelo perecimento da coisa;

III – pela resolução da propriedade;

▸ Arts. 1.359 e 1.360 deste Código.

IV – pela renúncia do credor;

▸ Art. 114 deste Código.

V – pela remição;

▸ Art. 1.481 deste Código.

VI – pela arrematação ou adjudicação.

▸ Art. 1.501 deste Código.

Art. 1.500. Extingue-se ainda a hipoteca com a averbação, no Registro de Imóveis, do cancelamento do registro, à vista da respectiva prova.

▸ Arts. 251 e 259 da Lei nº 6.015, de 31-12-1973 (Lei dos Registros Públicos).

Art. 1.501. Não extinguirá a hipoteca, devidamente registrada, a arrematação ou adjudicação, sem que tenham sido notificados judicialmente os respectivos credores hipotecários, que não forem de qualquer modo partes na execução.

Seção V

DA HIPOTECA DE VIAS FÉRREAS

▸ Art. 1.473, IV, deste Código.

Art. 1.502. As hipotecas sobre as estradas de ferro serão registradas no Município da estação inicial da respectiva linha.

▸ Art. 171 da Lei nº 6.015, de 31-12-1973 (Lei dos Registros Públicos).

Art. 1.503. Os credores hipotecários não podem embaraçar a exploração da linha, nem contrariar as modificações, que a administração deliberar, no leito da estrada, em suas dependências, ou no seu material.

Art. 1.504. A hipoteca será circunscrita à linha ou às linhas especificadas na escritura e ao respectivo material de exploração, no estado em que ao tempo da execução estiverem; mas os credores hipotecários poderão opor-se à venda da estrada, à de suas linhas, de seus ramais ou de parte considerável do material de exploração; bem como à fusão com outra empresa, sempre que com isso a garantia do débito enfraquecer.

▸ Arts. 1.119 a 1.122 deste Código.

Art. 1.505. Na execução das hipotecas será intimado o representante da União ou do Estado, para, dentro em quinze dias, remir a estrada de ferro hipotecada, pagando o preço da arrematação ou da adjudicação.

CAPÍTULO IV

DA ANTICRESE

▸ Art. 1.225, X, deste Código.

Art. 1.506. Pode o devedor ou outrem por ele, com a entrega do imóvel ao credor, ceder-lhe o direito de perceber, em compensação da dívida, os frutos e rendimentos.

▸ Arts. 368 a 380 deste Código.

§ 1º É permitido estipular que os frutos e rendimentos do imóvel sejam percebidos pelo credor à conta de juros, mas se o seu valor ultrapassar a taxa máxima permitida em lei para as operações financeiras, o remanescente será imputado ao capital.

▸ Arts. 406 e 407 deste Código.

§ 2º Quando a anticrese recair sobre bem imóvel, este poderá ser hipotecado pelo devedor ao credor anticrético, ou a terceiros, assim como o imóvel hipotecado poderá ser dado em anticrese.

▸ Art. 1.473 e segs. deste Código.

Art. 1.507. O credor anticrético pode administrar os bens dados em anticrese e fruir seus frutos e utilidades, mas deverá apresentar anualmente balanço, exato e fiel, de sua administração.

▸ Art. 1.423 deste Código.

§ 1º Se o devedor anticrético não concordar com o que se contém no balanço, por ser inexato, ou ruinosa a administração, poderá impugná-lo, e, se o quiser, requerer a transformação em arrendamento, fixando o juiz o valor mensal do aluguel, o qual poderá ser corrigido anualmente.

§ 2º O credor anticrético pode, salvo pacto em sentido contrário, arrendar os bens dados em anticrese a terceiro, mantendo, até ser pago, direito de retenção do imóvel, embora o aluguel desse arrendamento não seja vinculativo para o devedor.

Art. 1.508. O credor anticrético responde pelas deteriorações que, por culpa sua, o imóvel vier a sofrer, e pelos frutos e rendimentos que, por sua negligência, deixar de perceber.

Art. 1.509. O credor anticrético pode vindicar os seus direitos contra o adquirente dos bens, os credores quirografários e os hipotecários posteriores ao registro da anticrese.

▸ Art. 1.227 deste Código.

§ 1º Se executar os bens por falta de pagamento da dívida, ou permitir que outro credor o execute, sem opor o seu direito de retenção ao exequente, não terá preferência sobre o preço.

§ 2º O credor anticrético não terá preferência sobre a indenização do seguro, quando o prédio seja destruído, nem, se forem desapropriados os bens, com relação à desapropriação.

▸ Arts. 83, II, e 149, *caput*, da Lei nº 11.101, de 9-2-2005 (Lei de Recuperação de Empresas e Falências).

Art. 1.510. O adquirente dos bens dados em anticrese poderá remi-los, antes do vencimento da dívida, pagando a sua totalidade à data do pedido de remição e imitir-se-á, se for o caso, na sua posse.

TÍTULO XI – DA LAJE

▸ Título XI acrescido pela Lei nº 13.465, de 11-7-2017.

Art. 1.510-A. O proprietário de uma construção-base poderá ceder a superfície superior ou inferior de sua construção a fim de que o titular da laje mantenha unidade distinta daquela originalmente construída sobre o solo.

§ 1º O direito real de laje contempla o espaço aéreo ou o subsolo de terrenos públicos ou privados, tomados em projeção vertical, como unidade imobiliária autônoma, não contemplando as demais áreas edificadas ou não pertencentes ao proprietário da construção-base.

§ 2º O titular do direito real de laje responderá pelos encargos e tributos que incidirem sobre a sua unidade.

§ 3º Os titulares da laje, unidade imobiliária autônoma constituída em matrícula própria, poderão dela usar, gozar e dispor.

§ 4º A instituição do direito real de laje não implica a atribuição de fração ideal de terreno ao titular da laje ou a participação proporcional em áreas já edificadas.

§ 5º Os Municípios e o Distrito Federal poderão dispor sobre posturas edilícias e urbanísticas associadas ao direito real de laje.

§ 6º O titular da laje poderá ceder a superfície de sua construção para a instituição de um sucessivo direito real de laje, desde que haja autorização expressa dos titulares da construção-base e das demais lajes, respeitadas as posturas edilícias e urbanísticas vigentes.

Art. 1.510-B. É expressamente vedado ao titular da laje prejudicar com obras novas ou com falta de reparação a segurança, a linha arquitetônica ou o arranjo estético do edifício, observadas as posturas previstas em legislação local.

Art. 1.510-C. Sem prejuízo, no que couber, das normas aplicáveis aos condomínios edilícios, para fins do direito real de laje, as despesas necessárias à conservação e fruição das partes que sirvam a todo o edifício e ao pagamento de serviços de interesse comum serão partilhadas entre o proprietário da construção-base e o titular da laje, na proporção que venha a ser estipulada em contrato.

§ 1º São partes que servem a todo o edifício:

I – os alicerces, colunas, pilares, paredes-mestras e todas as partes restantes que constituam a estrutura do prédio;

II – o telhado ou os terraços de cobertura, ainda que destinados ao uso exclusivo do titular da laje;

III – as instalações gerais de água, esgoto, eletricidade, aquecimento, ar condicionado, gás, comunicações e semelhantes que sirvam a todo o edifício; e

IV – em geral, as coisas que sejam afetadas ao uso de todo o edifício.

§ 2º É assegurado, em qualquer caso, o direito de qualquer interessado em promover reparações urgentes na construção na forma do parágrafo único do art. 249 deste Código.

Art. 1.510-D. Em caso de alienação de qualquer das unidades sobrepostas, terão direito de preferência, em igualdade de condições com terceiros, os titulares da construção-base e da laje, nessa ordem, que serão cientificados por escrito para que se manifestem no prazo de trinta dias, salvo se o contrato dispuser de modo diverso.

§ 1º O titular da construção-base ou da laje a quem não se der conhecimento da alienação poderá, mediante depósito do respectivo preço, haver para si a parte alienada a terceiros, se o requerer no prazo decadencial de cento e oitenta dias, contado da data de alienação.

§ 2º Se houver mais de uma laje, terá preferência, sucessivamente, o titular das lajes ascendentes e o titular das lajes descendentes, assegurada a prioridade para a laje mais próxima à unidade sobreposta a ser alienada.

▶ Arts. 1.510-A a 1.510-D acrescidos pela Lei nº 13.465, de 11-7-2017.

Art. 1.510-E. A ruína da construção-base implica extinção do direito real de laje, salvo:

▶ *Caput* do art. 1.510-E acrescido pela Lei nº 13.465, de 11-7-2017.

I – se este tiver sido instituído sobre o subsolo;

▶ Inciso I acrescido pela Lei nº 13.465, de 11-7-2017.

II – se a construção-base for reconstruída no prazo de 5 (cinco) anos.

▶ Inciso II com a redação dada pela Lei nº 14.382, de 27-6-2022.

Parágrafo único. O disposto neste artigo não afasta o direito a eventual reparação civil contra o culpado pela ruína.

▶ Parágrafo único acrescido pela Lei nº 13.465, de 11-7-2017.

LIVRO IV – DO DIREITO DE FAMÍLIA

TÍTULO I – DO DIREITO PESSOAL

▶ Art. 9º, I, deste Código.

▶ Arts. 7º, § 1º, 18 e 19 do Dec.-lei nº 4.657, de 4-9-1942 (Lei de Introdução às normas do Direito Brasileiro).

▶ Arts. 235 a 240 do CP.

SUBTÍTULO I – DO CASAMENTO

CAPÍTULO I – DISPOSIÇÕES GERAIS

Art. 1.511. O casamento estabelece comunhão plena de vida, com base na igualdade de direitos e deveres dos cônjuges.

▶ Art. 226, § 5º, da CF.

▶ Arts. 1.565 a 1.570 deste Código.

Art. 1.512. O casamento é civil e gratuita a sua celebração.

▶ Art. 226, § 1º, da CF.

Parágrafo único. A habilitação para o casamento, o registro e a primeira certidão serão isentos de selos, emolumentos e custas, para as pessoas cuja pobreza for declarada, sob as penas da lei.

▶ Art. 6º do Dec.-lei nº 3.200, de 19-4-1941, que dispõe sobre a organização e proteção da família.

Art. 1.513. É defeso a qualquer pessoa, de direito público ou privado, interferir na comunhão de vida instituída pela família.

Art. 1.514. O casamento se realiza no momento em que o homem e a mulher manifestam, perante o juiz, a sua vontade de estabelecer vínculo conjugal, e o juiz os declara casados.

▶ Art. 1.535 deste Código.

Art. 1.515. O casamento religioso, que atender às exigências da lei para a validade do casamento civil, equipara-se a este, desde que registrado no registro próprio, produzindo efeitos a partir da data de sua celebração.

▶ Art. 226, § 2º, da CF.

▶ Lei nº 1.110, de 23-5-1950, dispõe sobre reconhecimento dos efeitos civis do casamento religioso.

Art. 1.516. O registro do casamento religioso submete-se aos mesmos requisitos exigidos para o casamento civil.

§ 1º O registro civil do casamento religioso deverá ser promovido dentro de noventa dias de sua realização, mediante comunicação do celebrante ao ofício competente, ou por iniciativa de qualquer interessado, desde que haja sido homologada previamente a habilitação regulada neste Código. Após o referido prazo, o registro dependerá de nova habilitação.

▶ Arts. 1.525 a 1.532 deste Código.

§ 2º O casamento religioso, celebrado sem as formalidades exigidas neste Código, terá efeitos civis se, a requerimento do casal, for registrado, a qualquer tempo, no registro civil, mediante prévia habilitação perante a autoridade competente e observado o prazo do art. 1.532.

§ 3º Será nulo o registro civil do casamento religioso se, antes dele, qualquer dos consorciados houver contraído com outrem casamento civil.

▶ Art. 166 deste Código.

CAPÍTULO II – DA CAPACIDADE PARA O CASAMENTO

Art. 1.517. O homem e a mulher com dezesseis anos podem casar, exigindo-se autorização de ambos os pais, ou de seus representantes legais, enquanto não atingida a maioridade civil.

▶ Arts. 5º e 1.553 deste Código.

▶ En. nº 512 das Jornadas de Direito Civil.

Parágrafo único. Se houver divergência entre os pais, aplica-se o disposto no parágrafo único do art. 1.631.

Art. 1.518. Até a celebração do casamento podem os pais ou tutores revogar a autorização.

▶ Artigo com a redação dada pela Lei nº 13.146, de 6-7-2015.

Art. 1.519. A denegação do consentimento, quando injusta, pode ser suprida pelo juiz.

▶ Art. 148, parágrafo único, *c*, do ECA.

Art. 1.520. Não será permitido, em qualquer caso, o casamento de quem não atingiu a idade núbil, observado o disposto no art. 1.517 deste Código.

▶ Artigo com a redação dada pela Lei nº 13.811, de 12-3-2019.

▶ Art. 1.551 deste Código.

▶ Art. 69, § 1º, da Lei nº 6.015, de 31-12-1973 (Lei dos Registros Públicos).

CAPÍTULO III – DOS IMPEDIMENTOS

▶ Art. 7º, § 1º, do Dec.-lei nº 4.657, de 4-9-1942 (Lei de Introdução às normas do Direito Brasileiro).

Art. 1.521. Não podem casar:

I – os ascendentes com os descendentes, seja o parentesco natural ou civil;

II – os afins em linha reta;

III – o adotante com quem foi cônjuge do adotado e o adotado com quem o foi do adotante;

▶ Lei nº 12.010, de 3-8-2009 (Lei da Adoção).

IV – os irmãos, unilaterais ou bilaterais, e demais colaterais, até o terceiro grau inclusive;

▶ Art. 1º da Lei nº 5.891, de 12-6-1973, que dispõe sobre exame médico na habilitação de casamento entre colaterais de terceiro grau.

▶ Arts. 1º a 3º do Dec.-lei nº 3.200, de 19-4-1941, que dispõe sobre a organização e proteção da família.

▶ En. nº 98 das Jornadas de Direito Civil.

V – o adotado com o filho do adotante;

▶ Lei nº 12.010, de 3-8-2009 (Lei da Adoção).

VI – as pessoas casadas;

▶ Art. 1.723, § 1º, deste Código.

▶ Art. 235 do CP.

VII – o cônjuge sobrevivente com o condenado por homicídio ou tentativa de homicídio contra o seu consorte.

▶ Arts. 1.548, II, e 1.723, § 1º, deste Código.

Art. 1.522. Os impedimentos podem ser opostos, até o momento da celebração do casamento, por qualquer pessoa capaz.

Parágrafo único. Se o juiz, ou o oficial de registro, tiver conhecimento da existência de algum impedimento, será obrigado a declará-lo.

▶ Art. 1.529 deste Código.

CAPÍTULO IV
DAS CAUSAS SUSPENSIVAS

Art. 1.523. Não devem casar:

I – o viúvo ou a viúva que tiver filho do cônjuge falecido, enquanto não fizer inventário dos bens do casal e der partilha aos herdeiros;

▶ Art. 1.489, II, deste Código.

II – a viúva, ou a mulher cujo casamento se desfez por ser nulo ou ter sido anulado, até dez meses depois do começo da viuvez, ou da dissolução da sociedade conjugal;

▶ Art. 1.598 deste Código.

III – o divorciado, enquanto não houver sido homologada ou decidida a partilha dos bens do casal;

IV – o tutor ou o curador e os seus descendentes, ascendentes, irmãos, cunhados ou sobrinhos, com a pessoa tutelada ou curatelada, enquanto não cessar a tutela ou curatela, e não estiverem saldadas as respectivas contas.

▶ Arts. 723, § 2º, 1.641 e 1.727 deste Código.

Parágrafo único. É permitido aos nubentes solicitar ao juiz que não lhes sejam aplicadas as causas suspensivas previstas nos incisos I, III e IV deste artigo, provando-se a inexistência de prejuízo, respectivamente, para o herdeiro, para o ex-cônjuge e para a pessoa tutelada ou curatelada; no caso do inciso II, a nubente deverá provar nascimento de filho, ou inexistência de gravidez, na fluência do prazo.

Art. 1.524. As causas suspensivas da celebração do casamento podem ser arguidas pelos parentes em linha reta de um dos nubentes, sejam consanguíneos ou afins, e pelos colaterais em segundo grau, sejam também consanguíneos ou afins.

▶ Art. 1.529 deste Código.

▶ En. nº 330 das Jornadas de Direito Civil.

CAPÍTULO V
DO PROCESSO DE HABILITAÇÃO PARA O CASAMENTO

▶ Art. 1.516 deste Código.

▶ Arts. 67 a 69 da Lei nº 6.015, de 31-12-1973 (Lei dos Registros Públicos).

Art. 1.525. O requerimento de habilitação para o casamento será firmado por ambos os nubentes, de próprio punho, ou, a seu pedido, por procurador, e deve ser instruído com os seguintes documentos:

I – certidão de nascimento ou documento equivalente;

II – autorização por escrito das pessoas sob cuja dependência legal estiverem, ou ato judicial que a supra;

▶ Arts. 1.517 a 1.520 deste Código.

III – declaração de duas testemunhas maiores, parentes ou não, que atestem conhecê-los e afirmem não existir impedimento que os iniba de casar;

▶ Art. 228 deste Código.

IV – declaração do estado civil, do domicílio e da residência atual dos contraentes e de seus pais, se forem conhecidos;

V – certidão de óbito do cônjuge falecido, de sentença declaratória de nulidade ou de anulação de casamento, transitada em julgado, ou do registro da sentença de divórcio.

Art. 1.526. A habilitação será feita pessoalmente perante o oficial do Registro Civil, com a audiência do Ministério Público.

▶ *Caput* com a redação dada pela Lei nº 12.133, de 17-12-2009.

▶ Art. 1.531 deste Código.

Parágrafo único. Caso haja impugnação do oficial, do Ministério Público ou de terceiro, a habilitação será submetida ao juiz.

▶ Parágrafo único acrescido pela Lei nº 12.133, de 17-12-2009.

Art. 1.527. Estando em ordem a documentação, o oficial extrairá o edital, que se afixará durante quinze dias nas circunscrições do Registro Civil de ambos os nubentes, e, obrigatoriamente, se publicará na imprensa local, se houver.

▶ Art. 1.531 deste Código.

▶ Art. 44 da Lei nº 6.015, de 31-12-1973 (Lei dos Registros Públicos).

Parágrafo único. A autoridade competente, havendo urgência, poderá dispensar a publicação.

▶ Art. 1.540 deste Código.

▶ En. nº 513 das Jornadas de Direito Civil.

Art. 1.528. É dever do oficial do registro esclarecer os nubentes a respeito dos fatos que podem ocasionar a invalidade do casamento, bem como sobre os diversos regimes de bens.

▶ Arts. 1.548 a 1.564 e 1.639 a 1.688 deste Código.

Art. 1.529. Tanto os impedimentos quanto as causas suspensivas serão opostos em declaração escrita e assinada, instruída com as provas do fato alegado, ou com a indicação do lugar onde possam ser obtidas.

▶ Arts. 1.521 a 1.524 deste Código.

Art. 1.530. O oficial do registro dará aos nubentes ou a seus representantes nota da oposição, indicando os fundamentos, as provas e o nome de quem a ofereceu.

Parágrafo único. Podem os nubentes requerer prazo razoável para fazer prova contrária aos fatos alegados, e promover as ações civis e criminais contra o oponente de má-fé.

▶ Art. 67, § 5º, da Lei nº 6.015, de 31-12-1973 (Lei dos Registros Públicos).

Art. 1.531. Cumpridas as formalidades dos arts. 1.526 e 1.527 e verificada a inexistência de fato obstativo, o oficial do registro extrairá o certificado de habilitação.

▶ Art. 1.533 deste Código.

Art. 1.532. A eficácia da habilitação será de noventa dias, a contar da data em que foi extraído o certificado.

▶ Art. 1.516, § 2º, deste Código.

CAPÍTULO VI
DA CELEBRAÇÃO DO CASAMENTO

▶ Art. 7º, § 1º, do Dec.-lei nº 4.657, de 4-9-1942 (Lei de Introdução às normas do Direito Brasileiro).

▶ Arts. 70 a 75 da Lei nº 6.015, de 31-12-1973 (Lei dos Registros Públicos).

Art. 1.533. Celebrar-se-á o casamento, no dia, hora e lugar previamente designados pela autoridade que houver de presidir o ato, mediante petição dos contraentes, que se mostrem habilitados com a certidão do art. 1.531.

Art. 1.534. A solenidade realizar-se-á na sede do cartório, com toda publicidade, a portas abertas, presentes pelo menos duas testemunhas, parentes ou não dos contraentes, ou, querendo as partes e consentindo a autoridade celebrante, noutro edifício público ou particular.

§ 1º Quando o casamento for em edifício particular, ficará este de portas abertas durante o ato.

▶ Art. 1.539 deste Código.

§ 2º Serão quatro as testemunhas na hipótese do parágrafo anterior e se algum dos contraentes não souber ou não puder escrever.

Art. 1.535. Presentes os contraentes, em pessoa ou por procurador especial, juntamente com as testemunhas e o oficial do registro, o presidente do ato, ouvida aos nubentes a afirmação de que pretendem casar por livre e espontânea vontade, declarará efetuado o casamento, nestes termos:

"De acordo com a vontade que ambos acabais de afirmar perante mim, de vos receberdes por marido e mulher, eu, em nome da lei, vos declaro casados."

▶ Arts. 1.514 e 1.542 deste Código.

Art. 1.536. Do casamento, logo depois de celebrado, lavrar-se-á o assento no livro de registro. No assento, assinado pelo presidente do ato, pelos cônjuges, as testemunhas, e o oficial do registro, serão exarados:

I – os prenomes, sobrenomes, datas de nascimento, profissão, domicílio e residência atual dos cônjuges;

II – os prenomes, sobrenomes, datas de nascimento ou de morte, domicílio e residência atual dos pais;

III – o prenome e sobrenome do cônjuge precedente e a data da dissolução do casamento anterior;

IV – a data da publicação dos proclamas e da celebração do casamento;

V – a relação dos documentos apresentados ao oficial do registro;

VI – o prenome, sobrenome, profissão, domicílio e residência atual das testemunhas;

VII – o regime do casamento, com a declaração da data e do cartório em cujas notas foi lavrada a escritura antenupcial, quando o regime não for o da comunhão parcial, ou o obrigatoriamente estabelecido.

▶ Arts. 1.543, 1.639 a 1.688 e 1.653 a 1.657 deste Código.

Art. 1.537. O instrumento da autorização para casar transcrever-se-á integralmente na escritura antenupcial.

▶ Arts. 220, 1.517 a 1.520, e 1.653 a 1.657 deste Código.

Art. 1.538. A celebração do casamento será imediatamente suspensa se algum dos contraentes:

I – recusar a solene afirmação da sua vontade;

II – declarar que esta não é livre e espontânea;

III – manifestar-se arrependido.

Parágrafo único. O nubente que, por algum dos fatos mencionados neste artigo, der causa à suspensão do ato, não será admitido a retratar-se no mesmo dia.

Art. 1.539. No caso de moléstia grave de um dos nubentes, o presidente do ato irá celebrá-lo onde se encontrar o impedido, sendo urgente, ainda que à noite, perante duas testemunhas que saibam ler e escrever.

▶ Art. 1.534, § 1º, deste Código.

§ 1º A falta ou impedimento da autoridade competente para presidir o casamento suprir-se-á por qualquer dos seus substitutos legais, e a do oficial do Registro Civil por outro *ad hoc*, nomeado pelo presidente do ato.

§ 2º O termo avulso, lavrado pelo oficial *ad hoc*, será registrado no respectivo registro dentro em cinco dias, perante duas testemunhas, ficando arquivado.

Art. 1.540. Quando algum dos contraentes estiver em iminente risco de vida, não obtendo a presença da autoridade à qual incumba presidir o ato, nem a de seu substituto, poderá o casamento ser celebrado na presença de seis testemunhas, que com os nubentes não tenham parentesco em linha reta, ou, na colateral, até segundo grau.

▶ Arts. 1.527, parágrafo único, e 1.542, § 2º, deste Código.

▶ Art. 76 da Lei nº 6.015, de 31-12-1973 (Lei dos Registros Públicos).

Art. 1.541. Realizado o casamento, devem as testemunhas comparecer perante a autoridade judicial mais próxima, dentro em dez dias, pedindo que lhes tome por termo a declaração de:

I – que foram convocadas por parte do enfermo;

II – que este parecia em perigo de vida, mas em seu juízo;

III – que, em sua presença, declararam os contraentes, livre e espontaneamente, receber-se por marido e mulher.

§ 1º Autuado o pedido e tomadas as declarações, o juiz procederá às diligências necessárias para verificar se os contraentes podiam ter-se habilitado, na forma ordinária, ouvidos os interessados que o requererem, dentro em quinze dias.

§ 2º Verificada a idoneidade dos cônjuges para o casamento, assim o decidirá a autoridade competente, com recurso voluntário às partes.

§ 3º Se da decisão não se tiver recorrido, ou se ela passar em julgado, apesar dos recursos interpostos, o juiz mandará registrá-la no livro do Registro dos Casamentos.

§ 4º O assento assim lavrado retrotrairá os efeitos do casamento, quanto ao estado dos cônjuges, à data da celebração.

§ 5º Serão dispensadas as formalidades deste e do artigo antecedente, se o enfermo convalescer e puder ratificar o casamento na presença da autoridade competente e do oficial do registro.

▶ Art. 76 da Lei nº 6.015, de 31-12-1973 (Lei dos Registros Públicos).

Art. 1.542. O casamento pode celebrar-se mediante procuração, por instrumento público, com poderes especiais.

▶ Arts. 661, § 1º, e 1.535 deste Código.

§ 1º A revogação do mandato não necessita chegar ao conhecimento do mandatário; mas, celebrado o casamento sem que o mandatário ou o outro contraente tivessem ciência da revogação, responderá o mandante por perdas e danos.

▶ Arts. 402 a 405 deste Código.

§ 2º O nubente que não estiver em iminente risco de vida poderá fazer-se representar no casamento nuncupativo.

▶ Arts. 1.540 e 1.541 deste Código.

§ 3º A eficácia do mandato não ultrapassará noventa dias.

§ 4º Só por instrumento público se poderá revogar o mandato.

▶ Art. 1.550, V, e parágrafo único, deste Código.

CAPÍTULO VII
DAS PROVAS DO CASAMENTO

Art. 1.543. O casamento celebrado no Brasil prova-se pela certidão do registro.

Parágrafo único. Justificada a falta ou perda do registro civil, é admissível qualquer outra espécie de prova.

Art. 1.544. O casamento de brasileiro, celebrado no estrangeiro, perante as respectivas autoridades ou os cônsules brasileiros, deverá ser registrado em cento e oitenta dias, a contar da volta de um ou de ambos os cônjuges ao Brasil, no cartório do respectivo domicílio, ou, em sua falta, no 1º Ofício da Capital do Estado em que passarem a residir.

▶ Art. 32 da Lei nº 6.015, de 31-12-1973 (Lei dos Registros Públicos).

Art. 1.545. O casamento de pessoas que, na posse do estado de casadas, não possam manifestar vontade, ou tenham falecido, não se pode contestar em prejuízo da prole comum, salvo mediante certidão do Registro Civil que prove que já era casada alguma delas, quando contraiu o casamento impugnado.

Art. 1.546. Quando a prova da celebração legal do casamento resultar de processo judicial, o registro da sentença no livro do Registro Civil produzirá, tanto no que toca aos cônjuges como no que respeita aos filhos, todos os efeitos civis desde a data do casamento.

Art. 1.547. Na dúvida entre as provas favoráveis e contrárias, julgar-se-á pelo casamento, se os cônjuges, cujo casamento se impugna, viverem ou tiverem vivido na posse do estado de casados.

CAPÍTULO VIII
DA INVALIDADE DO CASAMENTO

▶ Art. 1.528 deste Código.

Art. 1.548. É nulo o casamento contraído:

I – *Revogado*. Lei nº 13.146, de 6-7-2015;

II – por infringência de impedimento.

▶ Arts. 166, VII, 1.521, 1.522 e 1.561 deste Código.

Art. 1.549. A decretação de nulidade de casamento, pelos motivos previstos no artigo antecedente, pode ser promovida mediante ação direta, por qualquer interessado, ou pelo Ministério Público.

Art. 1.550. É anulável o casamento:

I – de quem não completou a idade mínima para casar;

▶ Art. 1.517 deste Código.

II – do menor em idade núbil, quando não autorizado por seu representante legal;

III – por vício da vontade, nos termos dos arts. 1.556 a 1.558;

IV – do incapaz de consentir ou manifestar, de modo inequívoco, o consentimento;

▶ Art. 1.560, I, deste Código.

V – realizado pelo mandatário, sem que ele ou o outro contraente soubesse da revogação do mandato, e não sobrevindo coabitação entre os cônjuges;

▶ Arts. 1.542 e 1.560, § 2º, deste Código.

VI – por incompetência da autoridade celebrante.

▶ Arts. 1.554, 1.560, II, e 1.561 deste Código.

§ 1º Equipara-se à revogação a invalidade do mandato judicialmente decretada.

▶ Parágrafo único renumerado para § 1º pela Lei nº 13.146, de 6-7-2015.

§ 2º A pessoa com deficiência mental ou intelectual em idade núbia poderá contrair matrimônio, expressando sua vontade diretamente ou por meio de seu responsável ou curador.

▶ § 2º acrescido pela Lei nº 13.146, de 6-7-2015.

Art. 1.551. Não se anulará, por motivo de idade, o casamento de que resultou gravidez.

▶ Art. 1.520 deste Código.

Art. 1.552. A anulação do casamento dos menores de dezesseis anos será requerida:

I – pelo próprio cônjuge menor;

II – por seus representantes legais;

III – por seus ascendentes.

Art. 1.553. O menor que não atingiu a idade núbil poderá, depois de completá-la, confirmar seu casamento, com a autorização de seus representantes legais, se necessária, ou com suprimento judicial.

▶ Arts. 1.517 a 1.520 deste Código.

Art. 1.554. Subsiste o casamento celebrado por aquele que, sem possuir a competência exigida na lei, exercer publicamente as funções de juiz de casamentos e, nessa qualidade, tiver registrado o ato no Registro Civil.

▶ Arts. 1.550, VI, e 1.560, I, deste Código.

Art. 1.555. O casamento do menor em idade de núbil, quando não autorizado por seu representante legal, só poderá ser anulado se a ação for proposta em cento e oitenta dias, por iniciativa do incapaz, ao deixar de sê-lo, de seus representantes legais ou de seus herdeiros necessários.

§ 1º O prazo estabelecido neste artigo será contado do dia em que cessou a incapacidade, no primeiro caso; a partir do casamento, no segundo; e, no terceiro, da morte do incapaz.

▶ Arts. 207 a 211 e 1.560, § 1º, deste Código.

§ 2º Não se anulará o casamento quando à sua celebração houverem assistido os representantes legais do incapaz, ou tiverem, por qualquer modo, manifestado sua aprovação.

▶ Art. 1.551 deste Código.

Art. 1.556. O casamento pode ser anulado por vício da vontade, se houve por parte de um dos nubentes, ao consentir, erro essencial quanto à pessoa do outro.

▶ Arts. 138 a 144 e 1.550, III, deste Código.

Art. 1.557. Considera-se erro essencial sobre a pessoa do outro cônjuge:

I – o que diz respeito à sua identidade, sua honra e boa fama, sendo esse erro tal que o seu conhecimento ulterior torne insuportável a vida em comum ao cônjuge enganado;

II – a ignorância de crime, anterior ao casamento, que, por sua natureza, torne insuportável a vida conjugal;

III – a ignorância, anterior ao casamento, de defeito físico irremediável que não caracterize deficiência ou de moléstia grave e transmissível, por contágio ou por herança, capaz de pôr em risco a saúde do outro cônjuge ou de sua descendência;

▶ Inciso III com a redação dada pela Lei nº 13.146, de 6-7-2015.

IV – *Revogado*. Lei nº 13.146, de 6-7-2015.

Art. 1.558. É anulável o casamento em virtude de coação, quando o consentimento de um ou de ambos os cônjuges houver sido captado mediante fundado temor de mal considerável e iminente para a vida, a saúde e a honra, sua ou de seus familiares.

▶ Arts. 151 a 155, 1.550, III, e 1.560, IV, deste Código.

Art. 1.559. Somente o cônjuge que incidiu em erro, ou sofreu coação, pode demandar a anulação do casamento; mas a coabitação, havendo ciência do vício, valida o ato, ressalvadas as hipóteses dos incisos III e IV do art. 1.557.

▶ O referido art. 1.557, IV, foi revogado pela Lei nº 13.146, de 6-7-2015.

Art. 1.560. O prazo para ser intentada a ação de anulação do casamento, a contar da data da celebração, é de:

I – cento e oitenta dias, no caso do inciso IV do art. 1.550;

II – dois anos, se incompetente a autoridade celebrante;

▶ Arts. 1.550, VI, e 1.554, deste Código.

III – três anos, nos casos dos incisos I a IV do art. 1.557;

▶ O referido art. 1.557, IV, foi revogado pela Lei nº 13.146, de 6-7-2015.

IV – quatro anos, se houver coação.

▶ Arts. 1.558 e 1.559 deste Código.

§ 1º Extingue-se, em cento e oitenta dias, o direito de anular o casamento dos menores de dezesseis anos, contado o prazo para o menor do dia em que perfez essa idade; e da data do casamento, para seus representantes legais ou ascendentes.

▶ Art. 1.555 deste Código.

§ 2º Na hipótese do inciso V do art. 1.550, o prazo para anulação do casamento é de cento e oitenta dias, a partir da data em que o mandante tiver conhecimento da celebração.

▶ Arts. 207 a 211 deste Código.

Art. 1.561. Embora anulável ou mesmo nulo, se contraído de boa-fé por ambos os cônjuges, o casamento, em relação a estes como aos filhos, produz todos os efeitos até o dia da sentença anulatória.

§ 1º Se um dos cônjuges estava de boa-fé ao celebrar o casamento, os seus efeitos civis só a ele e aos filhos aproveitarão.

§ 2º Se ambos os cônjuges estavam de má-fé ao celebrar o casamento, os seus efeitos civis só aos filhos aproveitarão.

▶ Arts. 1.548, 1.550 e 1.564 deste Código.

▶ Art. 14, parágrafo único, da Lei nº 6.515, de 26-12-1977 (Lei do Divórcio).

Art. 1.562. Antes de mover a ação de nulidade do casamento, a de anulação, a de separação judicial, a de divórcio direto ou a de dissolução de união estável, poderá requerer a parte, comprovando sua necessidade, a separação de corpos, que será concedida pelo juiz com a possível brevidade.

▶ Art. 1.585 deste Código.

▶ Art. 7º, § 1º, da Lei nº 6.515, de 26-12-1977 (Lei do Divórcio).

Art. 1.563. A sentença que decretar a nulidade do casamento retroagirá à data da sua celebração, sem prejudicar a aquisição de direitos, a título oneroso, por terceiros de boa-fé, nem a resultante de sentença transitada em julgado.

Art. 1.564. Quando o casamento for anulado por culpa de um dos cônjuges, este incorrerá:

I – na perda de todas as vantagens havidas do cônjuge inocente;

II – na obrigação de cumprir as promessas que lhe fez no contrato antenupcial.

▶ Arts. 1.561 e 1.653 a 1.657 deste Código.

CAPÍTULO IX
DA EFICÁCIA DO CASAMENTO

Art. 1.565. Pelo casamento, homem e mulher assumem mutuamente a condição de consortes, companheiros e responsáveis pelos encargos da família.

§ 1º Qualquer dos nubentes, querendo, poderá acrescer ao seu o sobrenome do outro.

§ 2º O planejamento familiar é de livre decisão do casal, competindo ao Estado propiciar recursos educacionais e financeiros para o exercício desse direito, vedado qualquer tipo de coerção por parte de instituições privadas ou públicas.

▶ Art. 226, § 7º, da CF.

▶ En. nº 99 das Jornadas de Direito Civil.

Art. 1.566. São deveres de ambos os cônjuges:

I – fidelidade recíproca;

II – vida em comum, no domicílio conjugal;

III – mútua assistência;

IV – sustento, guarda e educação dos filhos;

V – respeito e consideração mútuos.

▶ Art. 226, § 5º, da CF.

▶ Arts. 1.511 e 1.576 deste Código.

Art. 1.567. A direção da sociedade conjugal será exercida, em colaboração, pelo marido e pela mulher, sempre no interesse do casal e dos filhos.

Parágrafo único. Havendo divergência, qualquer dos cônjuges poderá recorrer ao juiz, que decidirá tendo em consideração aqueles interesses.

Art. 1.568. Os cônjuges são obrigados a concorrer, na proporção de seus bens e dos rendimentos do trabalho, para o sustento da família e a educação dos filhos, qualquer que seja o regime patrimonial.

Art. 1.569. O domicílio do casal será escolhido por ambos os cônjuges, mas um e outro podem ausentar-se do domicílio conjugal para atender a encargos públicos, ao exercício de sua profissão, ou a interesses particulares relevantes.

Art. 1.570. Se qualquer dos cônjuges estiver em lugar remoto ou não sabido, encarcerado por mais de cento e oitenta dias, interditado judicialmente ou privado, episodicamente, de consciência, em virtude de enfermidade ou de acidente, o outro exercerá com exclusividade a direção da família, cabendo-lhe a administração dos bens.

CAPÍTULO X
DA DISSOLUÇÃO DA SOCIEDADE E DO VÍNCULO CONJUGAL

▶ Arts. 197, I, 980 e 1.632 deste Código.

▶ En. nº 571 das Jornadas de Direito Civil.

Art. 1.571. A sociedade conjugal termina:

▶ En. nº 514 das Jornadas de Direito Civil.

I – pela morte de um dos cônjuges;

II – pela nulidade ou anulação do casamento;

III – pela separação judicial;

▶ EC nº 66, de 13-7-2010, suprimiu o requisito da prévia separação judicial para a dissolução do casamento civil pelo divórcio.

IV – pelo divórcio.

▶ Art. 226, § 6º, da CF.

§ 1º O casamento válido só se dissolve pela morte de um dos cônjuges ou pelo divórcio, aplicando-se a presunção estabelecida neste Código quanto ao ausente.

▶ Arts. 22 a 39 deste Código.

▶ Art. 2º da Lei nº 6.515, de 26-12-1977 (Lei do Divórcio).

§ 2º Dissolvido o casamento pelo divórcio direto ou por conversão, o cônjuge poderá manter o nome de casado; salvo, no segundo caso, dispondo em contrário a sentença de separação judicial.

▶ Arts. 1.578, 1.721 e 1.722 deste Código.

▶ Arts. 17, 18 e 25, parágrafo único, da Lei nº 6.515, de 26-12-1977 (Lei do Divórcio).

Art. 1.572. Qualquer dos cônjuges poderá propor a ação de separação judicial, imputando ao outro qualquer ato que importe grave violação dos deveres do casamento e torne insuportável a vida em comum.

▶ EC nº 66, de 13-7-2010, suprimiu o requisito da prévia separação judicial para a dissolução do casamento civil pelo divórcio.

▶ Arts. 1.573 e 1.704 deste Código.

▶ En. nº 100 das Jornadas de Direito Civil.

§ 1º A separação judicial pode também ser pedida se um dos cônjuges provar ruptura da vida em comum há mais de um ano e a impossibilidade de sua reconstituição.

§ 2º O cônjuge pode ainda pedir a separação judicial quando o outro estiver acometido de doença mental grave, manifestada após o casamento, que torne impossível a continuação da vida em comum, desde que, após uma duração de dois anos, a enfermidade tenha sido reconhecida de cura improvável.

§ 3º No caso do § 2º, reverterão ao cônjuge enfermo, que não houver pedido a separação judicial, os remanescentes dos bens que levou para o casamento, e se o regime dos bens adotado o permitir, a meação dos adquiridos na constância da sociedade conjugal.

▶ Arts. 1.639 a 1.688 deste Código.

▶ Art. 5º da Lei nº 6.515, de 26-12-1977 (Lei do Divórcio).

Art. 1.573. Podem caracterizar a impossibilidade da comunhão de vida a ocorrência de algum dos seguintes motivos:

▶ En. nº 254 das Jornadas de Direito Civil.

I – adultério;

▶ O crime de adultério foi expressamente revogado pela Lei nº 11.106, de 28-3-2005.

II – tentativa de morte;

III – sevícia ou injúria grave;

IV – abandono voluntário do lar conjugal, durante um ano contínuo;

▶ Art. 1.240-A deste Código.

V – condenação por crime infamante;

VI – conduta desonrosa.

Parágrafo único. O juiz poderá considerar outros fatos que tornem evidente a impossibilidade da vida em comum.

Art. 1.574. Dar-se-á a separação judicial por mútuo consentimento dos cônjuges se forem casados por mais de um ano e o manifestarem perante o juiz, sendo por ele devidamente homologada a convenção.

- EC nº 66, de 13-7-2010, suprimiu o requisito da prévia separação judicial para a dissolução do casamento civil pelo divórcio.
- Art. 226, § 6º, da CF.
- Art. 4º da Lei nº 6.515, de 26-12-1977 (Lei do Divórcio).
- En. nº 515 das Jornadas de Direito Civil.

Parágrafo único. O juiz pode recusar a homologação e não decretar a separação judicial se apurar que a convenção não preserva suficientemente os interesses dos filhos ou de um dos cônjuges.

- En. nº 516 das Jornadas de Direito Civil.

Art. 1.575. A sentença de separação judicial importa a separação de corpos e a partilha de bens.

- EC nº 66, de 13-7-2010, suprimiu o requisito da prévia separação judicial para a dissolução do casamento civil pelo divórcio.
- En. nº 255 das Jornadas de Direito Civil.

Parágrafo único. A partilha de bens poderá ser feita mediante proposta dos cônjuges e homologada pelo juiz ou por este decidida.

- Art. 7º da Lei nº 6.515, de 26-12-1977 (Lei do Divórcio).

Art. 1.576. A separação judicial põe termo aos deveres de coabitação e fidelidade recíproca e ao regime de bens.

- EC nº 66, de 13-7-2010, suprimiu o requisito da prévia separação judicial para a dissolução do casamento civil pelo divórcio.
- Arts. 1.566 e 1.639 e segs. deste Código.

Parágrafo único. O procedimento judicial da separação caberá somente aos cônjuges, e, no caso de incapacidade, serão representados pelo curador, pelo ascendente ou pelo irmão.

- Art. 3º da Lei nº 6.515, de 26-12-1977 (Lei do Divórcio).

Art. 1.577. Seja qual for a causa da separação judicial e o modo como esta se faça, é lícito aos cônjuges restabelecer, a todo tempo, a sociedade conjugal, por ato regular em juízo.

- EC nº 66, de 13-7-2010, suprimiu o requisito da prévia separação judicial para a dissolução do casamento civil pelo divórcio.

Parágrafo único. A reconciliação em nada prejudicará o direito de terceiros, adquirido antes e durante o estado de separado, seja qual for o regime de bens.

- Art. 46 da Lei nº 6.515, de 26-12-1977 (Lei do Divórcio).

Art. 1.578. O cônjuge declarado culpado na ação de separação judicial perde o direito de usar o sobrenome do outro, desde que expressamente requerido pelo cônjuge inocente e se a alteração não acarretar:

- EC nº 66, de 13-7-2010, suprimiu o requisito da prévia separação judicial para a dissolução do casamento civil pelo divórcio.

I – evidente prejuízo para a sua identificação;
II – manifesta distinção entre o seu nome de família e o dos filhos havidos da união dissolvida;
III – dano grave reconhecido na decisão judicial.

§ 1º O cônjuge inocente na ação de separação judicial poderá renunciar, a qualquer momento, ao direito de usar o sobrenome do outro.

§ 2º Nos demais casos caberá a opção pela conservação do nome de casado.

- Art. 1.571, § 2º, deste Código.
- Arts. 17, 18 e 25, parágrafo único, da Lei nº 6.515, de 26-12-1977 (Lei do Divórcio).

Art. 1.579. O divórcio não modificará os direitos e deveres dos pais em relação aos filhos.

Parágrafo único. Novo casamento de qualquer dos pais, ou de ambos, não poderá importar restrições aos direitos e deveres previstos neste artigo.

- Art. 27 da Lei nº 6.515, de 26-12-1977 (Lei do Divórcio).

Art. 1.580. Decorrido um ano do trânsito em julgado da sentença que houver decretado a separação judicial, ou da decisão concessiva da medida cautelar de separação de corpos, qualquer das partes poderá requerer sua conversão em divórcio.

- EC nº 66, de 13-7-2010, suprimiu o requisito da prévia separação judicial para a dissolução do casamento civil pelo divórcio.
- En. nº 517 das Jornadas de Direito Civil.

§ 1º A conversão em divórcio da separação judicial dos cônjuges será decretada por sentença, da qual não constará referência à causa que a determinou.

§ 2º O divórcio poderá ser requerido, por um ou por ambos os cônjuges, no caso de comprovada separação de fato por mais de dois anos.

- Arts. 25, *caput*, e 40 da Lei nº 6.515, de 26-12-1977 (Lei do Divórcio).

Art. 1.581. O divórcio pode ser concedido sem que haja prévia partilha de bens.

- Art. 31 da Lei nº 6.515, de 26-12-1977 (Lei do Divórcio).

Art. 1.582. O pedido de divórcio somente competirá aos cônjuges.

Parágrafo único. Se o cônjuge for incapaz para propor a ação ou defender-se, poderá fazê-lo o curador, o ascendente ou o irmão.

- Art. 24, parágrafo único, da Lei nº 6.515, de 26-12-1977 (Lei do Divórcio).

CAPÍTULO XI
DA PROTEÇÃO DA PESSOA DOS FILHOS

- Lei nº 12.318, de 26-8-2010 (Lei da Alienação Parental).

Art. 1.583. A guarda será unilateral ou compartilhada.

- *Caput* com a redação dada pela Lei nº 11.698, de 13-6-2008.
- Enunciados nºs 101 e 518 das Jornadas de Direito Civil.

§ 1º Compreende-se por guarda unilateral a atribuída a um só dos genitores ou a alguém que o substitua (art. 1.584, § 5º) e, por guarda compartilhada a responsabilização conjunta e o exercício de direitos e deveres do pai e da mãe que não vivam sob o mesmo teto, concernentes ao poder familiar dos filhos comuns.

- § 1º acrescido pela Lei nº 11.698, de 13-6-2008.

§ 2º Na guarda compartilhada, o tempo de convívio com os filhos deve ser dividido de forma equilibrada com a mãe e com o pai, sempre tendo em vista as condições fáticas e os interesses dos filhos.

- *Caput* do § 2º com a redação dada pela Lei nº 13.058, de 22-12-2014.

I a III – *Revogados*. Lei nº 13.058, de 22-12-2014.

§ 3º Na guarda compartilhada, a cidade considerada base de moradia dos filhos será aquela que melhor atender aos interesses dos filhos.

- § 3º com a redação dada pela Lei nº 13.058, de 22-12-2014.

§ 4º VETADO. Lei nº 11.698, de 13-6-2008.

§ 5º A guarda unilateral obriga o pai ou a mãe que não a detenha a supervisionar os interesses dos filhos, e, para possibilitar tal supervisão, qualquer dos genitores sempre será parte legítima para solicitar informações e/ou prestação de contas, objetivas ou subjetivas, em assuntos ou situações que direta ou indiretamente afetem a saúde física e psicológica e a educação de seus filhos.

- § 5º acrescido pela Lei nº 13.058, de 22-12-2014.

Art. 1.584. A guarda, unilateral ou compartilhada, poderá ser:

- *Caput* com a redação dada pela Lei nº 11.698, de 13-6-2008.
- Enunciados nºs 102, 333, 334, 336 e 518 das Jornadas de Direito Civil.

I – requerida, por consenso, pelo pai e pela mãe, ou por qualquer deles, em ação autônoma de separação, de divórcio, de dissolução de união estável ou em medida cautelar;

II – decretada pelo juiz, em atenção a necessidades específicas do filho, ou em razão da distribuição de tempo necessário ao convívio deste com o pai e com a mãe.

- Incisos I e II acrescidos pela Lei nº 11.698, de 13-6-2008.
- Art. 42, § 5º, do ECA.

§ 1º Na audiência de conciliação, o juiz informará ao pai e à mãe o significado da guarda compartilhada, a sua importância, a similitude de deveres e direitos atribuídos aos genitores e as sanções pelo descumprimento de suas cláusulas.

- § 1º acrescido pela Lei nº 11.698, de 13-6-2008.

§ 2º Quando não houver acordo entre a mãe e o pai quanto à guarda do filho, encontrando-se ambos os genitores aptos a exercer o poder familiar, será aplicada a guarda compartilhada, salvo se um dos genitores declarar ao magistrado que não deseja a guarda da criança ou do adolescente ou quando houver elementos que evidenciem a probabilidade de risco de violência doméstica ou familiar.

- § 2º com a redação dada pela Lei nº 14.713, de 30-10-2023.

§ 3º Para estabelecer as atribuições do pai e da mãe e os períodos de convivência sob guarda compartilhada, o juiz, de ofício ou a requerimento do Ministério Público, poderá basear-se em orientação técnico-profissional ou de equipe interdisciplinar, que deverá visar à divisão equilibrada do tempo com o pai e com a mãe.

§ 4º A alteração não autorizada ou o descumprimento imotivado de cláusula de guarda unilateral ou compartilhada poderá implicar a redução de prerrogativas atribuídas ao seu detentor.

§ 5º Se o juiz verificar que o filho não deve permanecer sob a guarda do pai ou da mãe, deferirá a guarda a pessoa que revele compatibilidade com a natureza da medida, considerados, de preferência, o grau de parentesco e as relações de afinidade e afetividade.

- §§ 3º a 5º com a redação dada pela Lei nº 13.058, de 22-12-2014.

§ 6º Qualquer estabelecimento público ou privado é obrigado a prestar informações a qualquer dos genitores sobre os filhos destes, sob pena de multa de R$ 200,00 (duzentos reais) a R$ 500,00 (quinhentos reais) por dia pelo não atendimento da solicitação.

▸ § 6º acrescido pela Lei nº 13.058, de 22-12-2014.

Art. 1.585. Em sede de medida cautelar de separação de corpos, em sede de medida cautelar de guarda ou em outra sede de fixação liminar de guarda, a decisão sobre guarda de filhos, mesmo que provisória, será proferida preferencialmente após a oitiva de ambas as partes perante o juiz, salvo se a proteção aos interesses dos filhos exigir a concessão de liminar sem a oitiva da outra parte, aplicando-se as disposições do art. 1.584.

▸ Artigo com a redação dada pela Lei nº 13.058, de 22-12-2014.

▸ Art. 1.562 deste Código.

Art. 1.586. Havendo motivos graves, poderá o juiz, em qualquer caso, a bem dos filhos, regular de maneira diferente da estabelecida nos artigos antecedentes a situação deles para com os pais.

▸ Art. 1.587 deste Código.

▸ Art. 13 da Lei nº 6.515, de 26-12-1977 (Lei do Divórcio).

Art. 1.587. No caso de invalidade do casamento, havendo filhos comuns, observar-se-á o disposto nos arts. 1.584 e 1.586.

▸ Art. 14 da Lei nº 6.515, de 26-12-1977 (Lei do Divórcio).

Art. 1.588. O pai ou a mãe que contrair novas núpcias não perde o direito de ter consigo os filhos, que só lhe poderão ser retirados por mandado judicial, provado que não são tratados convenientemente.

▸ Enunciados nºs 337 e 338 das Jornadas de Direito Civil.

Art. 1.589. O pai ou a mãe, em cuja guarda não estejam os filhos, poderá visitá-los e tê-los em sua companhia, segundo o que acordar com o outro cônjuge, ou for fixado pelo juiz, bem como fiscalizar sua manutenção e educação.

▸ Art. 15 da Lei nº 6.515, de 26-12-1977 (Lei do Divórcio).

▸ En. nº 333 das Jornadas de Direito Civil.

Parágrafo único. O direito de visita estende-se a qualquer dos avós, a critério do juiz, observados os interesses da criança ou do adolescente.

▸ Parágrafo único acrescido pela Lei nº 12.398, de 28-3-2011.

Art. 1.590. As disposições relativas à guarda e prestação de alimentos aos filhos menores estendem-se aos maiores incapazes.

▸ Art. 16 da Lei nº 6.515, de 26-12-1977 (Lei do Divórcio).

SUBTÍTULO II – DAS RELAÇÕES DE PARENTESCO

CAPÍTULO I – DISPOSIÇÕES GERAIS

Art. 1.591. São parentes em linha reta as pessoas que estão umas para com as outras na relação de ascendentes e descendentes.

Art. 1.592. São parentes em linha colateral ou transversal, até o quarto grau, as pessoas provenientes de um só tronco, sem descenderem uma da outra.

▸ Arts. 1.829, IV, e 1.839 deste Código.

Art. 1.593. O parentesco é natural ou civil, conforme resulte de consanguinidade ou outra origem.

▸ Enunciados nºs 103, 256 e 519 das Jornadas de Direito Civil.

Art. 1.594. Contam-se, na linha reta, os graus de parentesco pelo número de gerações, e, na colateral, também pelo número delas, subindo de um dos parentes até ao ascendente comum, e descendo até encontrar o outro parente.

▸ Art. 1.836 deste Código.

Art. 1.595. Cada cônjuge ou companheiro é aliado aos parentes do outro pelo vínculo da afinidade.

§ 1º O parentesco por afinidade limita-se aos ascendentes, aos descendentes e aos irmãos do cônjuge ou companheiro.

§ 2º Na linha reta, a afinidade não se extingue com a dissolução do casamento ou da união estável.

CAPÍTULO II – DA FILIAÇÃO

Art. 1.596. Os filhos, havidos ou não da relação de casamento, ou por adoção, terão os mesmos direitos e qualificações, proibidas quaisquer designações discriminatórias relativas à filiação.

▸ Art. 227, § 6º, da CF.

▸ Art. 20 do ECA.

▸ Lei nº 12.010, de 3-8-2009 (Lei da Adoção).

Art. 1.597. Presumem-se concebidos na constância do casamento os filhos:

▸ Enunciados nºs 104, 105, 257 das Jornadas de Direito Civil.

I – nascidos cento e oitenta dias, pelo menos, depois de estabelecida a convivência conjugal;

▸ Art. 1.598 deste Código.

II – nascidos nos trezentos dias subsequentes à dissolução da sociedade conjugal, por morte, separação judicial, nulidade e anulação do casamento;

III – havidos por fecundação artificial homóloga, mesmo que falecido o marido;

▸ En. nº 106 das Jornadas de Direito Civil.

IV – havidos, a qualquer tempo, quando se tratar de embriões excedentários, decorrentes de concepção artificial homóloga;

▸ En. nº 107 das Jornadas de Direito Civil.

V – havidos por inseminação artificial heteróloga, desde que tenha prévia autorização do marido.

▸ En. nº 258 das Jornadas de Direito Civil.

Art. 1.598. Salvo prova em contrário, se, antes de decorrido o prazo previsto no inciso II do art. 1.523, a mulher contrair novas núpcias e lhe nascer algum filho, este se presume do primeiro marido, se nascido dentro dos trezentos dias a contar da data do falecimento deste e, do segundo, se o nascimento ocorrer após esse período e já decorrido o prazo a que se refere o inciso I do art. 1.597.

Art. 1.599. A prova da impotência do cônjuge para gerar, à época da concepção, ilide a presunção da paternidade.

Art. 1.600. Não basta o adultério da mulher, ainda que confessado, para ilidir a presunção legal da paternidade.

▸ O crime de adultério foi expressamente revogado pela Lei nº 11.106, de 28-3-2005.

▸ Art. 1.602 deste Código.

Art. 1.601. Cabe ao marido o direito de contestar a paternidade dos filhos nascidos de sua mulher, sendo tal ação imprescritível.

▸ Enunciados nºs 258 e 520 das Jornadas de Direito Civil.

Parágrafo único. Contestada a filiação, os herdeiros do impugnante têm direito de prosseguir na ação.

Art. 1.602. Não basta a confissão materna para excluir a paternidade.

▸ Art. 1.600 deste Código.

Art. 1.603. A filiação prova-se pela certidão do termo de nascimento registrada no Registro Civil.

▸ Art. 1.605 deste Código.

▸ En. nº 108 das Jornadas de Direito Civil.

Art. 1.604. Ninguém pode vindicar estado contrário ao que resulta do registro de nascimento, salvo provando-se erro ou falsidade do registro.

▸ Art. 113 da Lei nº 6.015, de 31-12-1973 (Lei dos Registros Públicos).

Art. 1.605. Na falta, ou defeito, do termo de nascimento, poderá provar-se a filiação por qualquer modo admissível em direito:

▸ En. nº 109 das Jornadas de Direito Civil.

I – quando houver começo de prova por escrito, proveniente dos pais, conjunta ou separadamente;

II – quando existirem veementes presunções resultantes de fatos já certos.

Art. 1.606. A ação de prova de filiação compete ao filho, enquanto viver, passando aos herdeiros, se ele morrer menor ou incapaz.

▸ En. nº 521 das Jornadas de Direito Civil.

Parágrafo único. Se iniciada a ação pelo filho, os herdeiros poderão continuá-la, salvo se julgado extinto o processo.

CAPÍTULO III – DO RECONHECIMENTO DOS FILHOS

▸ Art. 227, § 6º, da CF.

▸ Arts. 1.693, I, e 1.824 a 1.828 deste Código.

▸ Lei nº 8.560, de 29-12-1992 (Lei de Investigação de Paternidade).

Art. 1.607. O filho havido fora do casamento pode ser reconhecido pelos pais, conjunta ou separadamente.

▸ Art. 26 do ECA.

▸ En. nº 570 das Jornadas de Direito Civil.

Art. 1.608. Quando a maternidade constar do termo do nascimento do filho, a mãe só poderá contestá-la, provando a falsidade do termo, ou das declarações nele contidas.

Art. 1.609. O reconhecimento dos filhos havidos fora do casamento é irrevogável e será feito:

▸ Art. 1.610 deste Código.

▸ En. nº 570 das Jornadas de Direito Civil.

I – no registro do nascimento;

II – por escritura pública ou escrito particular, a ser arquivado em cartório;

III – por testamento, ainda que incidentalmente manifestado;

▸ Art. 1.857 e segs. deste Código.

IV – por manifestação direta e expressa perante o juiz, ainda que o reconhecimento não haja sido o objeto único e principal do ato que o contém.

Parágrafo único. O reconhecimento pode preceder o nascimento do filho ou ser posterior ao seu falecimento, se ele deixar descendentes.

▶ Art. 26 do ECA.

Art. 1.610. O reconhecimento não pode ser revogado, nem mesmo quando feito em testamento.

Art. 1.611. O filho havido fora do casamento, reconhecido por um dos cônjuges, não poderá residir no lar conjugal sem o consentimento do outro.

Art. 1.612. O filho reconhecido, enquanto menor, ficará sob a guarda do genitor que o reconheceu, e, se ambos o reconheceram e não houver acordo, sob a de quem melhor atender aos interesses do menor.

Art. 1.613. São ineficazes a condição e o termo apostos ao ato de reconhecimento do filho.

Art. 1.614. O filho maior não pode ser reconhecido sem o seu consentimento, e o menor pode impugnar o reconhecimento, nos quatro anos que se seguirem à maioridade, ou à emancipação.

Art. 1.615. Qualquer pessoa, que justo interesse tenha, pode contestar a ação de investigação de paternidade, ou maternidade.

▶ Súm. nº 301 do STJ.

Art. 1.616. A sentença que julgar procedente a ação de investigação produzirá os mesmos efeitos do reconhecimento; mas poderá ordenar que o filho se crie e eduque fora da companhia dos pais ou daquele que lhe contestou essa qualidade.

▶ Súm. nº 301 do STJ.

Art. 1.617. A filiação materna ou paterna pode resultar de casamento declarado nulo, ainda mesmo sem as condições do putativo.

▶ Art. 1.548 deste Código.

CAPÍTULO IV
DA ADOÇÃO

▶ Arts. 1.521, III e V, 1.593, 1.635, IV, e 1.763, II, deste Código.

▶ Arts. 20, 28, 31, 39 a 52, 148, III, 165, 167, 170 e 198, VI, do ECA.

▶ Lei nº 12.010, de 3-8-2009 (Lei da Adoção).

Art. 1.618. A adoção de crianças e adolescentes será deferida na forma prevista pela Lei nº 8.069, de 13 de julho de 1990 – Estatuto da Criança e do Adolescente.

▶ *Caput* com a redação dada pela Lei nº 12.010, de 3-8-2009.

Parágrafo único. *Revogado*. Lei nº 12.010, de 3-8-2009.

Art. 1.619. A adoção de maiores de 18 (dezoito) anos dependerá da assistência efetiva do poder público e de sentença constitutiva, aplicando-se, no que couber, as regras gerais da Lei nº 8.069, de 13 de julho de 1990 – Estatuto da Criança e do Adolescente.

▶ Artigo com a redação dada pela Lei nº 12.010, de 3-8-2009.

Arts. 1.620 a 1.629. *Revogados*. Lei nº 12.010, de 3-8-2009.

CAPÍTULO V
DO PODER FAMILIAR

▶ Arts. 197, II, 928 e 931 deste Código.

Seção I
DISPOSIÇÕES GERAIS

Art. 1.630. Os filhos estão sujeitos ao poder familiar, enquanto menores.

▶ Art. 21 do ECA.

▶ En. nº 112 das Jornadas de Direito Civil.

Art. 1.631. Durante o casamento e a união estável, compete o poder familiar aos pais; na falta ou impedimento de um deles, o outro o exercerá com exclusividade.

Parágrafo único. Divergindo os pais quanto ao exercício do poder familiar, é assegurado a qualquer deles recorrer ao juiz para solução do desacordo.

▶ Art. 1.517 deste Código.

Art. 1.632. A separação judicial, o divórcio e a dissolução da união estável não alteram as relações entre pais e filhos senão quanto ao direito, que aos primeiros cabe, de terem em sua companhia os segundos.

Art. 1.633. O filho, não reconhecido pelo pai, fica sob poder familiar exclusivo da mãe; se a mãe não for conhecida ou capaz de exercê-lo, dar-se-á tutor ao menor.

Seção II
DO EXERCÍCIO DO PODER FAMILIAR

Art. 1.634. Compete a ambos os pais, qualquer que seja a sua situação conjugal, o pleno exercício do poder familiar, que consiste em, quanto aos filhos:

I – dirigir-lhes a criação e a educação;

▶ Art. 229 da CF.

II – exercer a guarda unilateral ou compartilhada nos termos do art. 1.584;

III – conceder-lhes ou negar-lhes consentimento para casarem;

▶ Arts. 1.517 e 1.553 deste Código.

IV – conceder-lhes ou negar-lhes consentimento para viajarem ao exterior;

V – conceder-lhes ou negar-lhes consentimento para mudarem sua residência permanente para outro Município;

VI – nomear-lhes tutor por testamento ou documento autêntico, se o outro dos pais não lhe sobreviver, ou o sobrevivo não puder exercer o poder familiar;

▶ Art. 1.729 deste Código.

VII – representá-los judicial e extrajudicialmente até os 16 (dezesseis) anos, nos atos da vida civil, e assisti-los, após essa idade, nos atos em que forem partes, suprindo-lhes o consentimento;

▶ Arts. 3º a 5º, 1.690, 1.747, I, e 1.774 deste Código.

VIII – reclamá-los de quem ilegalmente os detenha;

IX – exigir que lhes prestem obediência, respeito e os serviços próprios de sua idade e condição.

▶ Art. 1.634 com a redação dada pela Lei nº 13.058, de 22-12-2014.

▶ Art. 22 do ECA.

Seção III
DA SUSPENSÃO E EXTINÇÃO DO PODER FAMILIAR

Art. 1.635. Extingue-se o poder familiar:

I – pela morte dos pais ou do filho;

II – pela emancipação, nos termos do art. 5º, parágrafo único;

III – pela maioridade;

▶ Art. 5º deste Código.

IV – pela adoção;

▶ Arts. 1.618 e 1.619 deste Código.

▶ Lei nº 12.010, de 3-8-2009 (Lei da Adoção).

V – por decisão judicial, na forma do artigo 1.638.

▶ Art. 1.728 deste Código.

▶ Art. 24 do ECA.

Art. 1.636. O pai ou a mãe que contrai novas núpcias, ou estabelece união estável, não perde, quanto aos filhos do relacionamento anterior, os direitos ao poder familiar, exercendo-os sem qualquer interferência do novo cônjuge ou companheiro.

▶ En. nº 335 das Jornadas de Direito Civil.

Parágrafo único. Igual preceito ao estabelecido neste artigo aplica-se ao pai ou à mãe solteiros que casarem ou estabelecerem união estável.

Art. 1.637. Se o pai, ou a mãe, abusar de sua autoridade, faltando aos deveres a eles inerentes ou arruinando os bens dos filhos, cabe ao juiz, requerendo algum parente, ou o Ministério Público, adotar a medida que lhe pareça reclamada pela segurança do menor e seus haveres, até suspendendo o poder familiar, quando convenha.

▶ Arts. 1.689 a 1.693 deste Código.

Parágrafo único. Suspende-se igualmente o exercício do poder familiar ao pai ou à mãe condenados por sentença irrecorrível, em virtude de crime cuja pena exceda a dois anos de prisão.

Art. 1.638. Perderá por ato judicial o poder familiar o pai ou a mãe que:

I – castigar imoderadamente o filho;

▶ Art. 136 do CP.

II – deixar o filho em abandono;

▶ Arts. 133 e 244 a 247 do CP.

III – praticar atos contrários à moral e aos bons costumes;

IV – incidir, reiteradamente, nas faltas previstas no artigo antecedente;

▶ Art. 1.635, V, deste Código.

▶ Art. 24 do ECA.

V – entregar de forma irregular o filho a terceiros para fins de adoção.

▶ Inciso V acrescido pela Lei nº 13.509, de 22-11-2017.

Parágrafo único. Perderá também por ato judicial o poder familiar aquele que:

I – praticar contra outrem igualmente titular do mesmo poder familiar:

a) homicídio, feminicídio ou lesão corporal de natureza grave ou seguida de morte, quando se tratar de crime doloso envolvendo violência doméstica e familiar ou menosprezo ou discriminação à condição de mulher;

b) estupro ou outro crime contra a dignidade sexual sujeito à pena de reclusão;

II – praticar contra filho, filha ou outro descendente:

a) homicídio, feminicídio ou lesão corporal de natureza grave ou seguida de morte, quando se tratar de crime doloso envolvendo violência doméstica e familiar ou menosprezo ou discriminação à condição de mulher;

b) estupro, estupro de vulnerável ou outro crime contra a dignidade sexual sujeito à pena de reclusão.

- Parágrafo único acrescido pela Lei nº 13.715, de 24-9-2018.

TÍTULO II – DO DIREITO PATRIMONIAL

SUBTÍTULO I – DO REGIME DE BENS ENTRE OS CÔNJUGES

- Arts. 439, parágrafo único, 499, 1.536, VII, 1.576, 1.657, 1.829, 1.831 e 2.039 deste Código.
- Art. 7º, §§ 4º e 5º, do Dec.-lei nº 4.657, de 4-9-1942 (Lei de Introdução às normas do Direito Brasileiro).

CAPÍTULO I
DISPOSIÇÕES GERAIS

Art. 1.639. É lícito aos nubentes, antes de celebrado o casamento, estipular, quanto aos seus bens, o que lhes aprouver.

- Art. 546 deste Código.
- Enunciados nºs 113, 262 e 331 das Jornadas de Direito Civil.

§ 1º O regime de bens entre os cônjuges começa a vigorar desde a data do casamento.

§ 2º É admissível alteração do regime de bens, mediante autorização judicial em pedido motivado de ambos os cônjuges, apurada a procedência das razões invocadas e ressalvados os direitos de terceiros.

- Art. 734 do CPC/2015.
- En. nº 260 das Jornadas de Direito Civil.

Art. 1.640. Não havendo convenção, ou sendo ela nula ou ineficaz, vigorará, quanto aos bens entre os cônjuges, o regime da comunhão parcial.

- Arts. 1.658 a 1.666 deste Código.

Parágrafo único. Poderão os nubentes, no processo de habilitação, optar por qualquer dos regimes que este código regula. Quanto à forma, reduzir-se-á a termo a opção pela comunhão parcial, fazendo-se o pacto antenupcial por escritura pública, nas demais escolhas.

- Art. 1.829, I, deste Código.

Art. 1.641. É obrigatório o regime da separação de bens no casamento:

- Enunciados nº 261 e 262 das Jornadas de Direito Civil.

I – das pessoas que o contraírem com inobservância das causas suspensivas da celebração do casamento;

- Art. 1.523 deste Código.

II – da pessoa maior de 70 (setenta) anos;

- Inciso II com a redação dada pela Lei nº 12.344, de 9-12-2010.

III – de todos os que dependerem, para casar, de suprimento judicial.

- Arts. 1.687 e 1.688 deste Código.
- Súm. nº 377 do STF.

Art. 1.642. Qualquer que seja o regime de bens, tanto o marido quanto a mulher podem livremente:

I – praticar todos os atos de disposição e de administração necessários ao desempenho de sua profissão, com as limitações estabelecidas no inciso I do art. 1.647;

II – administrar os bens próprios;

III – desobrigar ou reivindicar os imóveis que tenham sido gravados ou alienados sem o seu consentimento ou sem suprimento judicial;

- Arts. 1.645, 1.646 e 1.648 deste Código.

IV – demandar a rescisão dos contratos de fiança e doação, ou a invalidação do aval, realizados pelo outro cônjuge com infração do disposto nos incisos III e IV do art. 1.647;

- Arts. 538 a 564, 818 a 839, 897 a 900, 1.645 e 1.646 deste Código.

V – reivindicar os bens comuns, móveis ou imóveis, doados ou transferidos pelo outro cônjuge ao concubino, desde que provado que os bens não foram adquiridos pelo esforço comum destes, se o casal estiver separado de fato por mais de cinco anos;

- Arts. 550, 1.645 e 1.727 deste Código.

VI – praticar todos os atos que não lhes forem vedados expressamente.

Art. 1.643. Podem os cônjuges, independentemente de autorização um do outro:

I – comprar, ainda a crédito, as coisas necessárias à economia doméstica;

II – obter, por empréstimo, as quantias que a aquisição dessas coisas possa exigir.

- Art. 1.664 deste Código.

Art. 1.644. As dívidas contraídas para os fins do artigo antecedente obrigam solidariamente ambos os cônjuges.

- Arts. 275 a 285 deste Código.

Art. 1.645. As ações fundadas nos incisos III, IV e V do art. 1.642 competem ao cônjuge prejudicado e a seus herdeiros.

Art. 1.646. No caso dos incisos III e IV do art. 1.642, o terceiro, prejudicado com a sentença favorável ao autor, terá direito regressivo contra o cônjuge, que realizou o negócio jurídico, ou seus herdeiros.

Art. 1.647. Ressalvado o disposto no art. 1.648, nenhum dos cônjuges pode, sem autorização do outro, exceto no regime da separação absoluta:

I – alienar ou gravar de ônus real os bens imóveis;

- Arts. 978, 1.420 e 1.642, I, deste Código.

II – pleitear, como autor ou réu, acerca desses bens ou direitos;

III – prestar fiança ou aval;

- Arts. 818 a 839 e 897 a 900 deste Código.
- Súm. nº 332 do STJ.
- En. nº 114 das Jornadas de Direito Civil.

IV – fazer doação, não sendo remuneratória, de bens comuns, ou dos que possam integrar futura meação.

- Arts. 538 a 564, 1.642, IV, e 1.649 deste Código.

Parágrafo único. São válidas as doações nupciais feitas aos filhos quando casarem ou estabelecerem economia separada.

Art. 1.648. Cabe ao juiz, nos casos do artigo antecedente, suprir a outorga, quando um dos cônjuges a denegue sem motivo justo, ou lhe seja impossível concedê-la.

- Arts. 1.642 e 1.643 deste Código.
- Art. 74 do CPC/2015.

Art. 1.649. A falta de autorização, não suprida pelo juiz, quando necessária (art. 1.647), tornará anulável o ato praticado, podendo o outro cônjuge pleitear-lhe a anulação, até dois anos depois de terminada a sociedade conjugal.

- Arts. 207 a 211 deste Código.

Parágrafo único. A aprovação torna válido o ato, desde que feita por instrumento público, ou particular, autenticado.

Art. 1.650. A decretação de invalidade dos atos praticados sem outorga, sem consentimento, ou sem suprimento do juiz, só poderá ser demandada pelo cônjuge a quem cabia concedê-la, ou por seus herdeiros.

Art. 1.651. Quando um dos cônjuges não puder exercer a administração dos bens que lhe incumbe, segundo o regime de bens, caberá ao outro:

I – gerir os bens comuns e os do consorte;

II – alienar os bens móveis comuns;

III – alienar os imóveis comuns e os móveis ou imóveis do consorte, mediante autorização judicial.

Art. 1.652. O cônjuge, que estiver na posse dos bens particulares do outro, será para com este e seus herdeiros responsável:

I – como usufrutuário, se o rendimento for comum;

- Arts. 1.390 a 1.411 deste Código.

II – como procurador, se tiver mandato expresso ou tácito para os administrar;

- Arts. 653 a 691 deste Código.

III – como depositário, se não for usufrutuário, nem administrador.

- Arts. 627 a 646 deste Código.

CAPÍTULO II
DO PACTO ANTENUPCIAL

- Arts. 1.536, VII, 1.537, 1.564, II, 1.665 e 1.688 deste Código.
- Arts. 167, I, item 12, II, item 1, 178, V, 244 e 245 da Lei nº 6.015, de 31-12-1973 (Lei dos Registros Públicos).
- Art. 39 da Lei nº 9.610, de 19-2-1998 (Lei de Direitos Autorais).

Art. 1.653. É nulo o pacto antenupcial se não for feito por escritura pública, e ineficaz se não lhe seguir o casamento.

Art. 1.654. A eficácia do pacto antenupcial, realizado por menor, fica condicionada à aprovação de seu representante legal, salvo as hipóteses de regime obrigatório de separação de bens.

- Arts. 1.641, 1.687 e 1.688 deste Código.

Art. 1.655. É nula a convenção ou cláusula dela que contravenha disposição absoluta de lei.

Art. 1.656. No pacto antenupcial, que adotar o regime de participação final nos aquestos, poder-se-á convencionar a livre disposição dos bens imóveis, desde que particulares.

- Arts. 1.672 a 1.686 deste Código.

Art. 1.657. As convenções antenupciais não terão efeito perante terceiros senão depois de registradas, em livro especial, pelo oficial do Registro de Imóveis do domicílio dos cônjuges.

- Arts. 167, I, item 12, II, item 1, 178, V, 244 e 245 da Lei nº 6.015, de 31-12-1973 (Lei dos Registros Públicos).

CAPÍTULO III
DO REGIME DE COMUNHÃO PARCIAL

- Arts. 1.640, 1.829 e 1.831 deste Código.

Art. 1.658. No regime de comunhão parcial, comunicam-se os bens que sobrevierem ao casal, na constância do casamento, com as exceções dos artigos seguintes.

Art. 1.659. Excluem-se da comunhão:

I – os bens que cada cônjuge possuir ao casar, e os que lhe sobrevierem, na constância do casamento, por doação ou sucessão, e os sub-rogados em seu lugar;

▶ Art. 1.660, III, deste Código.

II – os bens adquiridos com valores exclusivamente pertencentes a um dos cônjuges em sub-rogação dos bens particulares;

▶ Arts. 1.660, I, e 1.661 deste Código.

III – as obrigações anteriores ao casamento;

IV – as obrigações provenientes de atos ilícitos, salvo reversão em proveito do casal;

▶ Arts. 186, 187 e 927 deste Código.

V – os bens de uso pessoal, os livros e instrumentos de profissão;

VI – os proventos do trabalho pessoal de cada cônjuge;

VII – as pensões, meios-soldos, montepios e outras rendas semelhantes.

▶ Arts. 499, V, e 1.668 deste Código.

▶ Art. 39 da Lei nº 9.610, de 19-2-1998 (Lei de Direitos Autorais).

Art. 1.660. Entram na comunhão:

I – os bens adquiridos na constância do casamento por título oneroso, ainda que só em nome de um dos cônjuges;

▶ Art. 1.659, II, deste Código.

II – os bens adquiridos por fato eventual, com ou sem o concurso de trabalho ou despesa anterior;

III – os bens adquiridos por doação, herança ou legado, em favor de ambos os cônjuges;

▶ Art. 1.659, I, deste Código.

IV – as benfeitorias em bens particulares de cada cônjuge;

▶ Arts. 96 e 97 deste Código.

V – os frutos dos bens comuns, ou dos particulares de cada cônjuge, percebidos na constância do casamento, ou pendentes ao tempo de cessar a comunhão.

Art. 1.661. São incomunicáveis os bens cuja aquisição tiver por título uma causa anterior ao casamento.

▶ Art. 1.659, II, deste Código.

Art. 1.662. No regime da comunhão parcial, presumem-se adquiridos na constância do casamento os bens móveis, quando não se provar que o foram em data anterior.

Art. 1.663. A administração do patrimônio comum compete a qualquer dos cônjuges.

▶ Art. 1.651 deste Código.

§ 1º As dívidas contraídas no exercício da administração obrigam os bens comuns e particulares do cônjuge que os administra, e os do outro na razão do proveito que houver auferido.

§ 2º A anuência de ambos os cônjuges é necessária para os atos, a título gratuito, que impliquem cessão do uso ou gozo dos bens comuns.

§ 3º Em caso de malversação dos bens, o juiz poderá atribuir a administração a apenas um dos cônjuges.

Art. 1.664. Os bens da comunhão respondem pelas obrigações contraídas pelo marido ou pela mulher para atender aos encargos da família, às despesas de administração e às decorrentes de imposição legal.

▶ Arts. 1.643, 1.644 e 1.666 deste Código.

Art. 1.665. A administração e a disposição dos bens constitutivos do patrimônio particular competem ao cônjuge proprietário, salvo convenção diversa em pacto antenupcial.

▶ Arts. 1.653 a 1.657 deste Código.

▶ En. nº 340 das Jornadas de Direito Civil.

Art. 1.666. As dívidas, contraídas por qualquer dos cônjuges na administração de seus bens particulares e em benefício destes, não obrigam os bens comuns.

▶ Arts. 1.643, 1.644 e 1.664 deste Código.

CAPÍTULO IV
DO REGIME DE COMUNHÃO UNIVERSAL

▶ Arts. 977, 1.783, 1.829 e 1.831 deste Código.

Art. 1.667. O regime de comunhão universal importa a comunicação de todos os bens presentes e futuros dos cônjuges e suas dívidas passivas, com as exceções do artigo seguinte.

Art. 1.668. São excluídos da comunhão:

I – os bens doados ou herdados com a cláusula de incomunicabilidade e os sub-rogados em seu lugar;

▶ Art. 1.848 deste Código.

▶ Súm. nº 49 do STF.

II – os bens gravados de fideicomisso e o direito do herdeiro fideicomissário, antes de realizada a condição suspensiva;

III – as dívidas anteriores ao casamento, salvo se provierem de despesas com seus aprestos, ou reverterem em proveito comum;

IV – as doações antenupciais feitas por um dos cônjuges ao outro com a cláusula de incomunicabilidade;

▶ Súm. nº 49 do STF.

V – os bens referidos nos incisos V a VII do art. 1.659.

▶ Art. 499 deste Código.

▶ Art. 39 da Lei nº 9.610, de 19-2-1998 (Lei de Direitos Autorais).

Art. 1.669. A incomunicabilidade dos bens enumerados no artigo antecedente não se estende aos frutos, quando se percebam ou vençam durante o casamento.

Art. 1.670. Aplica-se ao regime da comunhão universal o disposto no Capítulo antecedente, quanto à administração dos bens.

▶ Arts. 1.663 a 1.666 deste Código.

Art. 1.671. Extinta a comunhão, e efetuada a divisão do ativo e do passivo, cessará a responsabilidade de cada um dos cônjuges para com os credores do outro.

CAPÍTULO V
DO REGIME DE PARTICIPAÇÃO FINAL NOS AQUESTOS

▶ Arts. 1.656, 1.829 e 1.831 deste Código.

Art. 1.672. No regime de participação final nos aquestos, cada cônjuge possui patrimônio próprio, consoante disposto no artigo seguinte, e lhe cabe, à época da dissolução da sociedade conjugal, direito à metade dos bens adquiridos pelo casal, a título oneroso, na constância do casamento.

Art. 1.673. Integram o patrimônio próprio os bens que cada cônjuge possuía ao casar e os por ele adquiridos, a qualquer título, na constância do casamento.

Parágrafo único. A administração desses bens é exclusiva de cada cônjuge, que os poderá livremente alienar, se forem móveis.

Art. 1.674. Sobrevindo a dissolução da sociedade conjugal, apurar-se-á o montante dos aquestos, excluindo-se da soma dos patrimônios próprios:

I – os bens anteriores ao casamento e os que em seu lugar se sub-rogaram;

II – os que sobrevieram a cada cônjuge por sucessão ou liberalidade;

III – as dívidas relativas a esses bens.

Parágrafo único. Salvo prova em contrário, presumem-se adquiridos durante o casamento os bens móveis.

Art. 1.675. Ao determinar-se o montante dos aquestos, computar-se-á o valor das doações feitas por um dos cônjuges, sem a necessária autorização do outro; nesse caso, o bem poderá ser reivindicado pelo cônjuge prejudicado ou por seus herdeiros, ou declarado no monte partilhável, por valor equivalente ao da época da dissolução.

Art. 1.676. Incorpora-se ao monte o valor dos bens alienados em detrimento da meação, se não houver preferência do cônjuge lesado, ou de seus herdeiros, de os reivindicar.

Art. 1.677. Pelas dívidas posteriores ao casamento, contraídas por um dos cônjuges, somente este responderá, salvo prova de terem revertido, parcial ou totalmente, em benefício do outro.

Art. 1.678. Se um dos cônjuges solveu uma dívida do outro com bens do seu patrimônio, o valor do pagamento deve ser atualizado e imputado, na data da dissolução, à meação do outro cônjuge.

Art. 1.679. No caso de bens adquiridos pelo trabalho conjunto, terá cada um dos cônjuges uma quota igual no condomínio ou no crédito por aquele modo estabelecido.

Art. 1.680. As coisas móveis, em face de terceiros, presumem-se do domínio do cônjuge devedor, salvo se o bem for de uso pessoal do outro.

Art. 1.681. Os bens imóveis são de propriedade do cônjuge cujo nome constar no registro.

Parágrafo único. Impugnada a titularidade, caberá ao cônjuge proprietário provar a aquisição regular dos bens.

Art. 1.682. O direito à meação não é renunciável, cessível ou penhorável na vigência do regime matrimonial.

Art. 1.683. Na dissolução do regime de bens por separação judicial ou por divórcio, verificar-se-á o montante dos aquestos à data em que cessou a convivência.

Art. 1.684. Se não for possível nem conveniente a divisão de todos os bens em natureza, calcular-se-á o valor de alguns ou de todos para reposição em dinheiro ao cônjuge não proprietário.

Parágrafo único. Não se podendo realizar a reposição em dinheiro, serão avaliados e, mediante autorização judicial, alienados tantos bens quantos bastarem.

Art. 1.685. Na dissolução da sociedade conjugal por morte, verificar-se-á a meação do cônjuge sobrevivente de conformidade com os artigos antecedentes, deferindo-se a herança aos herdeiros na forma estabelecida neste Código.

▸ Art. 1.829 deste Código.

Art. 1.686. As dívidas de um dos cônjuges, quando superiores à sua meação, não obrigam ao outro, ou a seus herdeiros.

CAPÍTULO VI
DO REGIME DE SEPARAÇÃO DE BENS

▸ Arts. 977, 1.641, 1.654, 1.829 e 1.831 deste Código.

Art. 1.687. Estipulada a separação de bens, estes permanecerão sob a administração exclusiva de cada um dos cônjuges, que os poderá livremente alienar ou gravar de ônus real.

Art. 1.688. Ambos os cônjuges são obrigados a contribuir para as despesas do casal na proporção dos rendimentos de seu trabalho e de seus bens, salvo estipulação em contrário no pacto antenupcial.

▸ Arts. 1.653 a 1.657 deste Código.

SUBTÍTULO II – DO USUFRUTO E DA ADMINISTRAÇÃO DOS BENS DE FILHOS MENORES

▸ Arts. 1.390 a 1.411 deste Código.

Art. 1.689. O pai e a mãe, enquanto no exercício do poder familiar:

I – são usufrutuários dos bens dos filhos;

II – têm a administração dos bens dos filhos menores sob sua autoridade.

▸ Art. 1.637 deste Código.

Art. 1.690. Compete aos pais, e na falta de um deles ao outro, com exclusividade, representar os filhos menores de dezesseis anos, bem como assisti-los até completarem a maioridade ou serem emancipados.

▸ Arts. 3º a 5º, 1.634, V, 1.747, I, e 1.774 deste Código.

Parágrafo único. Os pais devem decidir em comum as questões relativas aos filhos e a seus bens; havendo divergência, poderá qualquer deles recorrer ao juiz para a solução necessária.

Art. 1.691. Não podem os pais alienar, ou gravar de ônus real os imóveis dos filhos, nem contrair, em nome deles, obrigações que ultrapassem os limites da simples administração, salvo por necessidade ou evidente interesse da prole, mediante prévia autorização do juiz.

▸ Arts. 1.420 e 1.637 deste Código.

Parágrafo único. Podem pleitear a declaração de nulidade dos atos previstos neste artigo:

I – os filhos;

II – os herdeiros;

III – o representante legal.

Art. 1.692. Sempre que no exercício do poder familiar colidir o interesse dos pais com o do filho, a requerimento deste ou do Ministério Público o juiz lhe dará curador especial.

▸ Art. 72, I, do CPC/2015.

▸ Arts. 142, parágrafo único, e 148, parágrafo único, *f*, do ECA.

Art. 1.693. Excluem-se do usufruto e da administração dos pais:

I – os bens adquiridos pelo filho havido fora do casamento, antes do reconhecimento;

▸ Arts. 1.607 a 1.617 deste Código.

II – os valores auferidos pelo filho maior de dezesseis anos, no exercício de atividade profissional e os bens com tais recursos adquiridos;

III – os bens deixados ou doados ao filho, sob a condição de não serem usufruídos, ou administrados, pelos pais;

IV – os bens que aos filhos couberem na herança, quando os pais forem excluídos da sucessão.

▸ Art. 1.216 deste Código.

SUBTÍTULO III – DOS ALIMENTOS

▸ Arts. 227 e 229 da CF.

▸ Arts. 206, § 2º, 373, II, 557, IV, 1.740, I, 1.920 e 1.928, parágrafo único, deste Código.

▸ Arts. 53, I, *a* a *c*, 528, 529 e 911 a 913 do CPC/2015.

▸ Art. 244 do CP.

▸ Lei nº 5.478, de 25-7-1968 (Lei da Ação de Alimentos).

▸ Arts. 19 a 23 e 28 da Lei nº 6.515, de 26-12-1977 (Lei do Divórcio).

▸ Lei nº 8.971, de 29-12-1994, dispõe sobre direito dos companheiros a alimentos e à sucessão.

▸ Arts. 2º e 7º da Lei nº 9.278, de 10-5-1996 (Lei da União Estável).

▸ Lei nº 11.804, de 5-11-2008 (Lei dos Alimentos Gravídicos).

▸ Súmulas nºs 309 e 358 do STJ.

Art. 1.694. Podem os parentes, os cônjuges ou companheiros pedir uns aos outros os alimentos de que necessitem para viver de modo compatível com a sua condição social, inclusive para atender às necessidades de sua educação.

▸ Arts. 872, 1.700 e 1.702 deste Código.

▸ Arts. 11 a 14 da Lei nº 10.741, de 1º-10-2003 (Estatuto da Pessoa Idosa).

▸ En. nº 522 das Jornadas de Direito Civil.

§ 1º Os alimentos devem ser fixados na proporção das necessidades do reclamante e dos recursos da pessoa obrigada.

▸ En. nº 573 das Jornadas de Direito Civil.

§ 2º Os alimentos serão apenas os indispensáveis à subsistência, quando a situação de necessidade resultar de culpa de quem os pleiteia.

▸ Art. 1.702 deste Código.

Art. 1.695. São devidos os alimentos quando quem os pretende não tem bens suficientes, nem pode prover, pelo seu trabalho, à própria mantença, e aquele, de quem se reclamam, pode fornecê-los, sem desfalque do necessário ao seu sustento.

▸ Enunciados nºs 342 e 572 das Jornadas de Direito Civil.

Art. 1.696. O direito à prestação de alimentos é recíproco entre pais e filhos, e extensivo a todos os ascendentes, recaindo a obrigação nos mais próximos em grau, uns em falta de outros.

▸ Art. 229 da CF.

▸ Art. 1.590 deste Código.

▸ Enunciados nºs 341 e 521 das Jornadas de Direito Civil.

Art. 1.697. Na falta dos ascendentes cabe a obrigação aos descendentes, guardada a ordem de sucessão e, faltando estes, aos irmãos, assim germanos como unilaterais.

Art. 1.698. Se o parente, que deve alimentos em primeiro lugar, não estiver em condições de suportar totalmente o encargo, serão chamados a concorrer os de grau imediato; sendo várias as pessoas obrigadas a prestar alimentos, todas devem concorrer na proporção dos respectivos recursos, e, intentada ação contra uma delas, poderão as demais ser chamadas a integrar a lide.

▸ Art. 130, II, do CPC/2015.

▸ En. nº 523 das Jornadas de Direito Civil.

Art. 1.699. Se, fixados os alimentos, sobrevier mudança na situação financeira de quem os supre, ou na de quem os recebe, poderá o interessado reclamar ao juiz, conforme as circunstâncias, exoneração, redução ou majoração do encargo.

▸ Art. 505, I, do CPC/2015.

▸ Arts. 13, § 1º, e 15 da Lei nº 5.478, de 25-7-1968 (Lei da Ação de Alimentos).

Art. 1.700. A obrigação de prestar alimentos transmite-se aos herdeiros do devedor, na forma do art. 1.694.

▸ Art. 1.997 deste Código.

▸ Art. 23 da Lei nº 6.515, de 26-12-1977 (Lei do Divórcio).

▸ En. nº 343 das Jornadas de Direito Civil.

Art. 1.701. A pessoa obrigada a suprir alimentos poderá pensionar o alimentando, ou dar-lhe hospedagem e sustento, sem prejuízo do dever de prestar o necessário à sua educação, quando menor.

▸ En. nº 344 das Jornadas de Direito Civil.

Parágrafo único. Compete ao juiz, se as circunstâncias o exigirem, fixar a forma do cumprimento da prestação.

▸ Art. 25 da Lei nº 5.478, de 25-7-1968 (Lei da Ação de Alimentos).

▸ En. nº 572 das Jornadas de Direito Civil.

Art. 1.702. Na separação judicial litigiosa, sendo um dos cônjuges inocente e desprovido de recursos, prestar-lhe-á o outro a pensão alimentícia que o juiz fixar, obedecidos os critérios estabelecidos no art. 1.694.

▸ Súm. nº 336 do STJ.

Art. 1.703. Para a manutenção dos filhos, os cônjuges separados judicialmente contribuirão na proporção de seus recursos.

Art. 1.704. Se um dos cônjuges separados judicialmente vier a necessitar de alimentos, será o outro obrigado a prestá-los mediante pensão a ser fixada pelo juiz, caso não tenha sido declarado culpado na ação de separação judicial.

Parágrafo único. Se o cônjuge declarado culpado vier a necessitar de alimentos, e não tiver parentes em condições de prestá-los, nem aptidão para o trabalho, o outro cônjuge será obrigado a assegurá-los, fixando o juiz o valor indispensável à sobrevivência.

▸ Art. 1.572 deste Código.

Art. 1.705. Para obter alimentos, o filho havido fora do casamento pode acionar o genitor, sendo facultado ao juiz determinar, a pedido de qualquer das partes, que a ação se processe em segredo de justiça.

▸ Art. 189, II, do CPC/2015.

Art. 1.706. Os alimentos provisionais serão fixados pelo juiz, nos termos da lei processual.

▸ Lei nº 5.478, de 25-7-1968 (Lei da Ação de Alimentos).

▸ En. nº 522 das Jornadas de Direito Civil.

Art. 1.707. Pode o credor não exercer, porém lhe é vedado renunciar o direito a alimentos, sendo o respectivo crédito insuscetível de cessão, compensação ou penhora.

▸ Arts. 286 e 368 deste Código.

▸ Súm. nº 379 do STF.

▸ En. nº 263 das Jornadas de Direito Civil.

Art. 1.708. Com o casamento, a união estável ou o concubinato do credor, cessa o dever de prestar alimentos.

- Arts. 1.511 e segs., e 1.723 a 1.727 deste Código.
- Enunciados nºs 264, 265 e 345 das Jornadas de Direito Civil.

Parágrafo único. Com relação ao credor cessa, também, o direito a alimentos, se tiver procedimento indigno em relação ao devedor.

Art. 1.709. O novo casamento do cônjuge devedor não extingue a obrigação constante da sentença de divórcio.

Art. 1.710. As prestações alimentícias, de qualquer natureza, serão atualizadas segundo índice oficial regularmente estabelecido.

SUBTÍTULO IV – DO BEM DE FAMÍLIA

Art. 1.711. Podem os cônjuges, ou a entidade familiar, mediante escritura pública ou testamento, destinar parte de seu patrimônio para instituir bem de família, desde que não ultrapasse um terço do patrimônio líquido existente ao tempo da instituição, mantidas as regras sobre a impenhorabilidade do imóvel residencial estabelecida em lei especial.

- Art. 833, I, do CPC/2015.
- Arts. 167, I, item 1, e 260 a 265 da Lei nº 6.015, de 31-12-1973 (Lei dos Registros Públicos).
- Lei nº 8.009, de 29-3-1990 (Lei da Impenhorabilidade do Bem de Família).
- Arts. 8º, § 5º, e 19 a 23 do Dec.-lei nº 3.200, de 19-4-1941, que dispõe sobre a organização e proteção da família.
- Súm. nº 486 do STJ.

Parágrafo único. O terceiro poderá igualmente instituir bem de família por testamento ou doação, dependendo a eficácia do ato da aceitação expressa de ambos os cônjuges beneficiados ou da entidade familiar beneficiada.

Art. 1.712. O bem de família consistirá em prédio residencial urbano ou rural, com suas pertenças e acessórios, destinando-se em ambos os casos a domicílio familiar, e poderá abranger valores mobiliários, cuja renda será aplicada na conservação do imóvel e no sustento da família.

- Art. 1.717 deste Código.

Art. 1.713. Os valores mobiliários, destinados aos fins previstos no artigo antecedente, não poderão exceder o valor do prédio instituído em bem de família, à época de sua instituição.

§ 1º Deverão os valores mobiliários ser devidamente individualizados no instrumento de instituição do bem de família.

§ 2º Se se tratar de títulos nominativos, a sua instituição como bem de família deverá constar dos respectivos livros de registro.

§ 3º O instituidor poderá determinar que a administração dos valores mobiliários seja confiada a instituição financeira, bem como disciplinar a forma de pagamento da respectiva renda aos beneficiários, caso em que a responsabilidade dos administradores obedecerá às regras do contrato de depósito.

- Art. 1.718 deste Código.

Art. 1.714. O bem de família, quer instituído pelos cônjuges ou por terceiro, constitui-se pelo registro de seu título no Registro de Imóveis.

- Arts. 167, I, item 1, e 260 a 265 da Lei nº 6.015, de 31-12-1973 (Lei dos Registros Públicos).

Art. 1.715. O bem de família é isento de execução por dívidas posteriores à sua instituição, salvo as que provierem de tributos relativos ao prédio, ou de despesas de condomínio.

- Art. 3º da Lei nº 8.009, de 29-3-1990 (Lei da Impenhorabilidade do Bem de Família).

Parágrafo único. No caso de execução pelas dívidas referidas neste artigo, o saldo existente será aplicado em outro prédio, como bem de família, ou em títulos da dívida pública, para sustento familiar, salvo se motivos relevantes aconselharem outra solução, a critério do juiz.

Art. 1.716. A isenção de que trata o artigo antecedente durará enquanto viver um dos cônjuges, ou, na falta destes, até que os filhos completem a maioridade.

Art. 1.717. O prédio e os valores mobiliários, constituídos como bem da família, não podem ter destino diverso do previsto no art. 1.712 ou serem alienados sem o consentimento dos interessados e seus representantes legais, ouvido o Ministério Público.

- Art. 1.420 deste Código.

Art. 1.718. Qualquer forma de liquidação da entidade administradora, a que se refere o § 3º do art. 1.713, não atingirá os valores a ela confiados, ordenando o juiz a sua transferência para outra instituição semelhante, obedecendo-se, no caso de falência, ao disposto sobre pedido de restituição.

Art. 1.719. Comprovada a impossibilidade da manutenção do bem de família nas condições em que foi instituído, poderá o juiz, a requerimento dos interessados, extingui-lo ou autorizar a sub-rogação dos bens que o constituem em outros, ouvidos o instituidor e o Ministério Público.

Art. 1.720. Salvo disposição em contrário do ato de instituição, a administração do bem de família compete a ambos os cônjuges, resolvendo o juiz em caso de divergência.

Parágrafo único. Com o falecimento de ambos os cônjuges, a administração passará ao filho mais velho, se for maior, e, do contrário, a seu tutor.

Art. 1.721. A dissolução da sociedade conjugal não extingue o bem de família.

Parágrafo único. Dissolvida a sociedade conjugal pela morte de um dos cônjuges, o sobrevivente poderá pedir a extinção do bem de família, se for o único bem do casal.

Art. 1.722. Extingue-se, igualmente, o bem de família com a morte de ambos os cônjuges e a maioridade dos filhos, desde que não sujeitos a curatela.

- Arts. 1.767 a 1.783 deste Código.

TÍTULO III – DA UNIÃO ESTÁVEL

- Art. 1.790 deste Código.
- Lei nº 8.971, de 29-12-1994, dispõe sobre direito dos companheiros a alimentos e à sucessão.
- Lei nº 9.278, de 10-5-1996 (Lei da União Estável).
- Lei nº 11.804, de 5-11-2008 (Lei dos Alimentos Gravídicos).
- O STF, por unanimidade de votos, julgou procedentes a ADPF nº 132 (como ação direta de inconstitucionalidade) e a ADI nº 4.277, com eficácia *erga omnes* e efeito vinculante, para dar ao art. 1.723 do CC interpretação conforme à CF para dele excluir qualquer significado que impeça o reconhecimento da união contínua, pública e duradoura entre pessoas do mesmo sexo como entidade familiar (*DOU* de 13-5-2011).

Art. 1.723. É reconhecida como entidade familiar a união estável entre o homem e a mulher, configurada na convivência pública, contínua e duradoura e estabelecida com o objetivo de constituição de família.

- Art. 226, § 3º, da CF.
- Art. 16, § 6º, do Dec. nº 3.048, de 6-5-1999 (Regulamento da Previdência Social).
- En. nº 524 das Jornadas de Direito Civil.

§ 1º A união estável não se constituirá se ocorrerem os impedimentos do art. 1.521; não se aplicando a incidência do inciso VI no caso de a pessoa casada se achar separada de fato ou judicialmente.

- Art. 1.727 deste Código.
- En. nº 525 das Jornadas de Direito Civil.

§ 2º As causas suspensivas do art. 1.523 não impedirão a caracterização da união estável.

Art. 1.724. As relações pessoais entre os companheiros obedecerão aos deveres de lealdade, respeito e assistência, e de guarda, sustento e educação dos filhos.

Art. 1.725. Na união estável, salvo contrato escrito entre os companheiros, aplica-se às relações patrimoniais, no que couber, o regime da comunhão parcial de bens.

- Arts. 1.658 a 1.666 deste Código.
- En. nº 346 das Jornadas de Direito Civil.

Art. 1.726. A união estável poderá converter-se em casamento, mediante pedido dos companheiros ao juiz e assento no Registro Civil.

- Art. 226, § 3º, da CF.
- En. nº 526 das Jornadas de Direito Civil.

Art. 1.727. As relações não eventuais entre o homem e a mulher, impedidos de casar, constituem concubinato.

- Arts. 793, 1.642, V, 1.723, § 1º, e 1.803 deste Código.

TÍTULO IV – DA TUTELA, DA CURATELA E DA TOMADA DE DECISÃO APOIADA

- Título IV com a redação dada pela Lei nº 13.146, de 6-7-2015.

CAPÍTULO I – DA TUTELA

- Arts. 197, III, 206, § 4º, 928 e 932, II, deste Código.

Seção I – *DOS TUTORES*

Art. 1.728. Os filhos menores são postos em tutela:

I – com o falecimento dos pais, ou sendo estes julgados ausentes;

II – em caso de os pais decaírem do poder familiar.

- Art. 1.635 deste Código.

Art. 1.729. O direito de nomear tutor compete aos pais, em conjunto.

Parágrafo único. A nomeação deve constar de testamento ou de qualquer outro documento autêntico.

- Art. 1.634, IV, deste Código.
- En. nº 528 das Jornadas de Direito Civil.

Art. 1.730. É nula a nomeação de tutor pelo pai ou pela mãe que, ao tempo de sua morte, não tinha o poder familiar.

► Art. 166, VII, deste Código.

Art. 1.731. Em falta de tutor nomeado pelos pais incumbe a tutela aos parentes consanguíneos do menor, por esta ordem:

I – aos ascendentes, preferindo o de grau mais próximo ao mais remoto;

II – aos colaterais até o terceiro grau, preferindo os mais próximos aos mais remotos, e, no mesmo grau, os mais velhos aos mais moços; em qualquer dos casos, o juiz escolherá entre eles o mais apto a exercer a tutela em benefício do menor.

Art. 1.732. O juiz nomeará tutor idôneo e residente no domicílio do menor:

I – na falta de tutor testamentário ou legítimo;

II – quando estes forem excluídos ou escusados da tutela;

► Arts. 1.736 a 1.739 deste Código.

III – quando removidos por não idôneos o tutor legítimo e o testamentário.

Art. 1.733. Aos irmãos órfãos dar-se-á um só tutor.

§ 1º No caso de ser nomeado mais de um tutor por disposição testamentária sem indicação de precedência, entende-se que a tutela foi cometida ao primeiro, e que os outros lhe sucederão pela ordem de nomeação, se ocorrer morte, incapacidade, escusa ou qualquer outro impedimento.

§ 2º Quem institui um menor herdeiro, ou legatário seu, poderá nomear-lhe curador especial para os bens deixados, ainda que o beneficiário se encontre sob o poder familiar, ou tutela.

► Art. 1.897 deste Código.

Art. 1.734. As crianças e os adolescentes cujos pais forem desconhecidos, falecidos ou que tiverem sido suspensos ou destituídos do poder familiar terão tutores nomeados pelo Juiz ou serão incluídos em programa de colocação familiar, na forma prevista pela Lei nº 8.069, de 13 de julho de 1990 – Estatuto da Criança e do Adolescente.

► Artigo com a redação dada pela Lei nº 12.010, de 3-8-2009.

► Art. 1.752 deste Código.

► Arts. 28 a 38 do ECA.

Seção II

DOS INCAPAZES DE EXERCER A TUTELA

Art. 1.735. Não podem ser tutores e serão exonerados da tutela, caso a exerçam:

I – aqueles que não tiverem a livre administração de seus bens;

II – aqueles que, no momento de lhes ser deferida a tutela, se acharem constituídos em obrigação para com o menor, ou tiverem que fazer valer direitos contra este, e aqueles cujos pais, filhos ou cônjuges tiverem demanda contra o menor;

► Art. 1.751 deste Código.

III – os inimigos do menor, ou de seus pais, ou que tiverem sido por estes expressamente excluídos da tutela;

IV – os condenados por crime de furto, roubo, estelionato, falsidade, contra a família ou os costumes, tenham ou não cumprido pena;

V – as pessoas de mau procedimento, ou falhas em probidade, e as culpadas de abuso em tutorias anteriores;

VI – aqueles que exercerem função pública incompatível com a boa administração da tutela.

► Art. 1.764, III, deste Código.

Seção III

DA ESCUSA DOS TUTORES

► Arts. 1.732, II, e 1.764, II, deste Código.

► Art. 760, *caput* e §§ 1º e 2º, do CPC/2015.

Art. 1.736. Podem escusar-se da tutela:

I – mulheres casadas;

II – maiores de sessenta anos;

III – aqueles que tiverem sob sua autoridade mais de três filhos;

IV – os impossibilitados por enfermidade;

V – aqueles que habitarem longe do lugar onde se haja de exercer a tutela;

VI – aqueles que já exercerem tutela ou curatela;

VII – militares em serviço.

Art. 1.737. Quem não for parente do menor não poderá ser obrigado a aceitar a tutela, se houver no lugar parente idôneo, consanguíneo ou afim, em condições de exercê-la.

Art. 1.738. A escusa apresentar-se-á nos dez dias subsequentes à designação, sob pena de entender-se renunciado o direito de alegá-la; se o motivo escusatório ocorrer depois de aceita a tutela, os dez dias contar-se-ão do em que ele sobrevier.

► Art. 760, *caput* e § 1º, do CPC/2015.

Art. 1.739. Se o juiz não admitir a escusa, exercerá o nomeado a tutela, enquanto o recurso interposto não tiver provimento, e responderá desde logo pelas perdas e danos que o menor venha a sofrer.

► Arts. 402 a 405 deste Código.

► Art. 760, § 2º, do CPC/2015.

Seção IV

DO EXERCÍCIO DA TUTELA

► Art. 249 do ECA.

Art. 1.740. Incumbe ao tutor, quanto à pessoa do menor:

I – dirigir-lhe a educação, defendê-lo e prestar-lhe alimentos, conforme os seus haveres e condição;

► Arts. 1.694 a 1.710 deste Código.

► Súm. nº 358 do STJ.

II – reclamar do juiz que providencie, como houver por bem, quando o menor haja mister correção;

III – adimplir os demais deveres que normalmente cabem aos pais, ouvida a opinião do menor, se este já contar doze anos de idade.

Art. 1.741. Incumbe ao tutor, sob a inspeção do juiz, administrar os bens do tutelado, em proveito deste, cumprindo seus deveres com zelo e boa-fé.

► Art. 497, I, deste Código.

Art. 1.742. Para fiscalização dos atos do tutor, pode o juiz nomear um protutor.

Art. 1.743. Se os bens e interesses administrativos exigirem conhecimentos técnicos, forem complexos, ou realizados em lugares distantes do domicílio do tutor, poderá este, mediante aprovação judicial, delegar a outras pessoas físicas ou jurídicas o exercício parcial da tutela.

Art. 1.744. A responsabilidade do juiz será:

I – direta e pessoal, quando não tiver nomeado o tutor, ou não o houver feito oportunamente;

II – subsidiária, quando não tiver exigido garantia legal do tutor, nem o removido, tanto que se tornou suspeito.

Art. 1.745. Os bens do menor serão entregues ao tutor mediante termo especificado deles e seus valores, ainda que os pais o tenham dispensado.

Parágrafo único. Se o patrimônio do menor for de valor considerável, poderá o juiz condicionar o exercício da tutela à prestação de caução bastante, podendo dispensá-la se o tutor for de reconhecida idoneidade.

► Art. 2.040 deste Código.

Art. 1.746. Se o menor possuir bens, será sustentado e educado a expensas deles, arbitrando o juiz para tal fim as quantias que lhe pareçam necessárias, considerado o rendimento da fortuna do pupilo quando o pai ou a mãe não as houver fixado.

Art. 1.747. Compete mais ao tutor:

I – representar o menor, até os dezesseis anos, nos atos da vida civil, e assisti-lo, após essa idade, nos atos em que for parte;

► Arts. 3º a 5º, 1.634, V, e 1.690 deste Código.

II – receber as rendas e pensões do menor, e as quantias a ele devidas;

III – fazer-lhe as despesas de subsistência e educação, bem como as de administração, conservação e melhoramentos de seus bens;

► Art. 1.754, I, deste Código.

IV – alienar os bens do menor destinados a venda;

V – promover-lhe, mediante preço conveniente, o arrendamento de bens de raiz.

Art. 1.748. Compete também ao tutor, com autorização do juiz:

I – pagar as dívidas do menor;

II – aceitar por ele heranças, legados ou doações, ainda que com encargos;

► Art. 543 deste Código.

III – transigir;

IV – vender-lhe os bens móveis, cuja conservação não convier, e os imóveis nos casos em que for permitido;

► Art. 1.750 deste Código.

V – propor em juízo as ações, ou nelas assistir o menor, e promover todas as diligências a bem deste, assim como defendê-lo nos pleitos contra ele movidos.

Parágrafo único. No caso de falta de autorização, a eficácia de ato do tutor depende da aprovação ulterior do juiz.

Art. 1.749. Ainda com a autorização judicial, não pode o tutor, sob pena de nulidade:

I – adquirir por si, ou por interposta pessoa, mediante contrato particular, bens móveis ou imóveis pertencentes ao menor;

► Art. 497, I, deste Código.

II – dispor dos bens do menor a título gratuito;

► Art. 580 deste Código.

III – constituir-se cessionário de crédito ou de direito, contra o menor.

► Arts. 286 a 298 e 498 deste Código.

Art. 1.750. Os imóveis pertencentes aos menores sob tutela somente podem ser vendidos quando houver manifesta vantagem, mediante prévia avaliação judicial e aprovação do juiz.

► Art. 1.748, IV, deste Código.

► Arts. 725, III, e 730 do CPC/2015.

Art. 1.751. Antes de assumir a tutela, o tutor declarará tudo o que o menor lhe deva, sob pena de não lhe poder cobrar, enquanto exerça a tutoria, salvo provando que não conhecia o débito quando a assumiu.

▶ Art. 1.735, II, deste Código.

Art. 1.752. O tutor responde pelos prejuízos que, por culpa, ou dolo, causar ao tutelado; mas tem direito a ser pago pelo que realmente despender no exercício da tutela, salvo no caso do art. 1.734, e a perceber remuneração proporcional à importância dos bens administrados.

▶ Arts. 402 a 404 deste Código.

§ 1º Ao protutor será arbitrada uma gratificação módica pela fiscalização efetuada.

§ 2º São solidariamente responsáveis pelos prejuízos as pessoas às quais competia fiscalizar a atividade do tutor, e as que concorreram para o dano.

▶ Arts. 275 a 285 e 1.760 deste Código.

Seção V
DOS BENS DO TUTELADO

▶ Arts. 497, I, e 580 deste Código.

Art. 1.753. Os tutores não podem conservar em seu poder dinheiro dos tutelados, além do necessário para as despesas ordinárias com o seu sustento, a sua educação e a administração de seus bens.

§ 1º Se houver necessidade, os objetos de ouro e prata, pedras preciosas e móveis serão avaliados por pessoa idônea e, após autorização judicial, alienados, e o seu produto convertido em títulos, obrigações e letras de responsabilidade direta ou indireta da União ou dos Estados, atendendo-se preferentemente à rentabilidade, e recolhidos ao estabelecimento bancário oficial ou aplicado na aquisição de imóveis, conforme for determinado pelo juiz.

▶ Art. 1.757, parágrafo único, deste Código.

§ 2º O mesmo destino previsto no parágrafo antecedente terá o dinheiro proveniente de qualquer outra procedência.

§ 3º Os tutores respondem pela demora na aplicação dos valores acima referidos, pagando os juros legais desde o dia em que deveriam dar esse destino, o que não os exime da obrigação, que o juiz fará efetiva, da referida aplicação.

▶ Arts. 406, 407 e 1.757 deste Código.

▶ Arts. 725, III, e 730 do CPC/2015.

Art. 1.754. Os valores que existirem em estabelecimento bancário oficial, na forma do artigo antecedente, não se poderão retirar, senão mediante ordem do juiz, e somente:

I – para as despesas com o sustento e educação do tutelado, ou a administração de seus bens;

▶ Art. 1.747, III, deste Código.

II – para se comprarem bens imóveis e títulos, obrigações ou letras, nas condições previstas no § 1º do artigo antecedente;

III – para se empregarem em conformidade com o disposto por quem os houver doado, ou deixado;

IV – para se entregarem aos órfãos, quando emancipados, ou maiores, ou, mortos eles, aos seus herdeiros.

Seção VI
DA PRESTAÇÃO DE CONTAS

▶ Arts. 206, § 4º, e 1.783, deste Código.

Art. 1.755. Os tutores, embora o contrário tivessem disposto os pais dos tutelados, são obrigados a prestar contas da sua administração.

Art. 1.756. No fim de cada ano de administração, os tutores submeterão ao juiz o balanço respectivo, que, depois de aprovado, se anexará aos autos do inventário.

Art. 1.757. Os tutores prestarão contas de dois em dois anos, e também quando, por qualquer motivo, deixarem o exercício da tutela ou toda vez que o juiz achar conveniente.

Parágrafo único. As contas serão prestadas em juízo, e julgadas depois da audiência dos interessados, recolhendo o tutor imediatamente a estabelecimento bancário oficial os saldos, ou adquirindo bens imóveis, ou títulos, obrigações ou letras, na forma do § 1º do art. 1.753.

Art. 1.758. Finda a tutela pela emancipação ou maioridade, a quitação do menor não produzirá efeito antes de aprovadas as contas pelo juiz, subsistindo inteira, até então, a responsabilidade do tutor.

Art. 1.759. Nos casos de morte, ausência, ou interdição do tutor, as contas serão prestadas por seus herdeiros ou representantes.

Art. 1.760. Serão levadas a crédito do tutor todas as despesas justificadas e reconhecidamente proveitosas ao menor.

▶ Art. 1.752 deste Código.

Art. 1.761. As despesas com a prestação das contas serão pagas pelo tutelado.

Art. 1.762. O alcance do tutor, bem como o saldo contra o tutelado, são dívidas de valor e vencem juros desde o julgamento definitivo das contas.

▶ Art. 405 deste Código.

Seção VII
DA CESSAÇÃO DA TUTELA

Art. 1.763. Cessa a condição de tutelado:

I – com a maioridade ou a emancipação do menor;

II – ao cair o menor sob o poder familiar, no caso de reconhecimento ou adoção.

▶ Arts. 1.618 e 1.619 deste Código.

▶ Lei nº 12.010, de 3-8-2009 (Lei da Adoção).

Art. 1.764. Cessam as funções do tutor:

I – ao expirar o termo, em que era obrigado a servir;

▶ Art. 1.765 deste Código.

II – ao sobrevir escusa legítima;

▶ Arts. 1.736 a 1.739 deste Código.

III – ao ser removido.

▶ Arts. 1.735 a 1.766 deste Código.

▶ Arts. 761 e 762 do CPC/2015.

▶ Arts. 24, 38 e 164 do ECA.

Art. 1.765. O tutor é obrigado a servir por espaço de dois anos.

Parágrafo único. Pode o tutor continuar no exercício da tutela, além do prazo previsto neste artigo, se o quiser e o juiz julgar conveniente ao menor.

▶ Art. 1.764, I, deste Código.

▶ Art. 763, *caput* e § 1º, do CPC/2015.

Art. 1.766. Será destituído o tutor, quando negligente, prevaricador ou incurso em incapacidade.

▶ Art. 1.764, III, deste Código.

▶ Arts. 761 e 762 do CPC/2015.

▶ Art. 164 do ECA.

CAPÍTULO II
DA CURATELA

▶ Arts. 9º, III, 197, III, 1.800, §§ 1º e 2º, deste Código.

▶ Arts. 72, parágrafo único, 753, § 3º, 755 a 757, 759 a 763 do CPC/2015.

Seção I
DOS INTERDITOS

▶ Arts. 29, V, 92, 93, 104 e 107, § 1º, da Lei nº 6.015, de 31-12-1973 (Lei dos Registros Públicos).

Art. 1.767. Estão sujeitos a curatela:

I – aqueles que, por causa transitória ou permanente, não puderem exprimir sua vontade;

▶ Inciso I com a redação dada pela Lei nº 13.146, de 6-7-2015.

▶ Arts. 3º, II, 1.769, I, e 1.777 deste Código.

II – *Revogado*. Lei nº 13.146, de 6-7-2015;

III – os ébrios habituais e os viciados em tóxico;

▶ Inciso III com a redação dada pela Lei nº 13.146, de 6-7-2015.

▶ Art. 4º, II, deste Código.

▶ Dec.-lei nº 891, de 25-11-1938 (Lei de Fiscalização de Entorpecentes).

IV – *Revogado*. Lei nº 13.146, de 6-7-2015;

V – os pródigos.

▶ Arts. 4º, IV, e 1.782 deste Código.

Art. 1.768. O processo que define os termos da curatela deve ser promovido:

▶ *Caput* com a redação dada pela Lei nº 13.146, de 6-7-2015.

I a III – *Revogados*. Lei nº 13.105, de 16-3-2015.

IV – pela própria pessoa.

▶ Inciso IV acrescido pela Lei nº 13.146, de 6-7-2015.

▶ Art. 747 e segs. do CPC/2015.

Art. 1.769. O Ministério Público somente promoverá o processo que define os termos da curatela:

▶ *Caput* com a redação dada pela Lei nº 13.146, de 6-7-2015.

I – nos casos de deficiência mental ou intelectual;

▶ Inciso I com a redação dada pela Lei nº 13.146, de 6-7-2015.

II – se não existir ou não promover a interdição alguma das pessoas designadas nos incisos I e II do artigo antecedente;

III – se, existindo, forem menores ou incapazes as pessoas mencionadas no inciso II.

▶ Inciso III com a redação dada pela Lei nº 13.146, de 6-7-2015.

▶ Art. 748 do CPC/2015.

Art. 1.770. *Revogado*. Lei nº 13.105, de 16-3-2015.

Art. 1.771. Antes de se pronunciar acerca dos termos da curatela, o juiz, que deverá ser assistido por equipe multidisciplinar, entrevistará pessoalmente o interditando.

▶ Arts. 751, 753, *caput*, 754, 755, I, do CPC/2015.

Art. 1.772. O juiz determinará, segundo as potencialidades da pessoa, os limites da curatela, circunscritos às restrições constantes do art. 1.782, e indicará curador.

Parágrafo único. Para a escolha do curador, o juiz levará em conta a vontade e as preferências do interditando, a ausência de conflito de interesses e de influência indevida, a proporcionalidade e a adequação às circunstâncias da pessoa.

▸ Arts. 1.771 e 1.772 com a redação dada pela Lei nº 13.146, de 6-7-2015.

▸ Art. 755, § 3º, do CPC/2015.

Art. 1.773. *Revogado*. Lei nº 13.105, de 16-3-2015.

Art. 1.774. Aplicam-se à curatela as disposições concernentes à tutela, com as modificações dos artigos seguintes.

▸ Arts. 497, I, 580 e 1.726 a 1.766 deste Código.

Art. 1.775. O cônjuge ou companheiro, não separado judicialmente ou de fato, é, de direito, curador do outro, quando interdito.

§ 1º Na falta do cônjuge ou companheiro, é curador legítimo o pai ou a mãe; na falta destes, o descendente que se demonstrar mais apto.

§ 2º Entre os descendentes, os mais próximos precedem aos mais remotos.

§ 3º Na falta das pessoas mencionadas neste artigo, compete ao juiz a escolha do curador.

▸ Arts. 25 e 1.800, § 1º, deste Código.

Art. 1.775-A. Na nomeação de curador para a pessoa com deficiência, o juiz poderá estabelecer curatela compartilhada a mais de uma pessoa.

▸ Artigo acrescido pela Lei nº 13.146, de 6-7-2015.

Art. 1.776. *Revogado*. Lei nº 13.146, de 6-7-2015.

Art. 1.777. As pessoas referidas no inciso I do art. 1.767 receberão todo o apoio necessário para ter preservado o direito à convivência familiar e comunitária, sendo evitado o seu recolhimento em estabelecimento que os afaste desse convívio.

▸ Artigo com a redação dada pela Lei nº 13.146, de 6-7-2015.

Art. 1.778. A autoridade do curador estende-se à pessoa e aos bens dos filhos do curatelado, observado o art. 5º.

Seção II

DA CURATELA DO NASCITURO E DO ENFERMO OU PORTADOR DE DEFICIÊNCIA FÍSICA

Art. 1.779. Dar-se-á curador ao nascituro, se o pai falecer estando grávida a mulher, e não tendo o poder familiar.

Parágrafo único. Se a mulher estiver interditada, seu curador será o do nascituro.

▸ Arts. 2º, 542 e 1.798 deste Código.

Art. 1.780. *Revogado*. Lei nº 13.146, de 6-7-2015.

Seção III

DO EXERCÍCIO DA CURATELA

Art. 1.781. As regras a respeito do exercício da tutela aplicam-se ao da curatela, com a restrição do art. 1.772 e as desta Seção.

▸ Arts. 1.740 a 1.752 deste Código.

Art. 1.782. A interdição do pródigo só o privará de, sem curador, emprestar, transigir, dar quitação, alienar, hipotecar, demandar ou ser demandado, e praticar, em geral, os atos que não sejam de mera administração.

▸ Arts. 1.767, V, e 1.772 deste Código.

Art. 1.783. Quando o curador for o cônjuge e o regime de bens do casamento for de comunhão universal, não será obrigado à prestação de contas, salvo determinação judicial.

▸ Arts. 1.667 a 1.671 e 1.755 a 1.762 deste Código.

CAPÍTULO III

DA TOMADA DE DECISÃO APOIADA

▸ Capítulo III acrescido pela Lei nº 13.146, de 6-7-2015.

Art. 1.783-A. A tomada de decisão apoiada é o processo pelo qual a pessoa com deficiência elege pelo menos 2 (duas) pessoas idôneas, com as quais mantenha vínculos e que gozem de sua confiança, para prestar-lhe apoio na tomada de decisão sobre atos da vida civil, fornecendo-lhes os elementos e informações necessários para que possa exercer sua capacidade.

§ 1º Para formular pedido de tomada de decisão apoiada, a pessoa com deficiência e os apoiadores devem apresentar termo em que constem os limites do apoio a ser oferecido e os compromissos dos apoiadores, inclusive o prazo de vigência do acordo e o respeito à vontade, aos direitos e aos interesses da pessoa que devem apoiar.

§ 2º O pedido de tomada de decisão apoiada será requerido pela pessoa a ser apoiada, com indicação expressa das pessoas aptas a prestarem o apoio previsto no *caput* deste artigo.

§ 3º Antes de se pronunciar sobre o pedido de tomada de decisão apoiada, o juiz, assistido por equipe multidisciplinar, após oitiva do Ministério Público, ouvirá pessoalmente o requerente e as pessoas que lhe prestarão apoio.

§ 4º A decisão tomada por pessoa apoiada terá validade e efeitos sobre terceiros, sem restrições, desde que esteja inserida nos limites do apoio acordado.

§ 5º Terceiro com quem a pessoa apoiada mantenha relação negocial pode solicitar que os apoiadores contra-assinem o contrato ou acordo, especificando, por escrito, sua função em relação ao apoiado.

§ 6º Em caso de negócio jurídico que possa trazer risco ou prejuízo relevante, havendo divergência de opiniões entre a pessoa apoiada e um dos apoiadores, deverá o juiz, ouvido o Ministério Público, decidir sobre a questão.

§ 7º Se o apoiador agir com negligência, exercer pressão indevida ou não adimplir as obrigações assumidas, poderá a pessoa apoiada ou qualquer pessoa apresentar denúncia ao Ministério Público ou ao juiz.

§ 8º Se procedente a denúncia, o juiz destituirá o apoiador e nomeará, ouvida a pessoa apoiada e se for de seu interesse, outra pessoa para prestação de apoio.

§ 9º A pessoa apoiada pode, a qualquer tempo, solicitar o término de acordo firmado em processo de tomada de decisão apoiada.

§ 10. O apoiador pode solicitar ao juiz a exclusão de sua participação do processo de tomada de decisão apoiada, sendo seu desligamento condicionado à manifestação do juiz sobre a matéria.

§ 11. Aplicam-se à tomada de decisão apoiada, no que couber, as disposições referentes à prestação de contas na curatela.

▸ Art. 1.783-A acrescido pela Lei nº 13.146, de 6-7-2015.

LIVRO V – DO DIREITO DAS SUCESSÕES

TÍTULO I – DA SUCESSÃO EM GERAL

▸ Art. 5º, XXVII, XXX e XXXI, da CF.

▸ Art. 10 do Dec.-lei nº 4.657, de 4-9-1942 (Lei de Introdução às normas do Direito Brasileiro).

CAPÍTULO I

DISPOSIÇÕES GERAIS

Art. 1.784. Aberta a sucessão, a herança transmite-se, desde logo, aos herdeiros legítimos e testamentários.

▸ Arts. 35, 80, II, 426, 1.206, 1.207, 1.804 e 1.923 deste Código.

Art. 1.785. A sucessão abre-se no lugar do último domicílio do falecido.

▸ Arts. 70 a 78 deste Código.

▸ Arts. 23, II, e 48 do CPC/2015.

Art. 1.786. A sucessão dá-se por lei ou por disposição de última vontade.

▸ Arts. 426 e 1.857 deste Código.

Art. 1.787. Regula a sucessão e a legitimação para suceder a lei vigente ao tempo da abertura daquela.

Art. 1.788. Morrendo a pessoa sem testamento, transmite a herança aos herdeiros legítimos; o mesmo ocorrerá quanto aos bens que não forem compreendidos no testamento; e subsiste a sucessão legítima se o testamento caducar, ou for julgado nulo.

▸ Arts. 549, 1.846, 1.850, 1.961, 1.966, 1.969, 1.973 a 1.975 e 2.018 deste Código.

Art. 1.789. Havendo herdeiros necessários, o testador só poderá dispor da metade da herança.

▸ Arts. 549, 1.846 e 1.847 deste Código.

Art. 1.790. A companheira ou o companheiro participará da sucessão do outro, quanto aos bens adquiridos onerosamente na vigência da união estável, nas condições seguintes:

▸ O STF, por maioria dos votos, deu provimento ao RE nº 878.694/MG (*DJe* de 6-2-2018), para reconhecer de forma incidental a inconstitucionalidade deste artigo.

▸ En. nº 525 das Jornadas de Direito Civil.

I – se concorrer com filhos comuns, terá direito a uma quota equivalente à que por lei for atribuída ao filho;

▸ En. nº 266 das Jornadas de Direito Civil.

II – se concorrer com descendentes só do autor da herança, tocar-lhe-á a metade do que couber a cada um daqueles;

III – se concorrer com outros parentes sucessíveis, terá direito a um terço da herança;

IV – não havendo parentes sucessíveis, terá direito à totalidade da herança.

▸ Arts. 1.723 a 1.727 deste Código.

▸ Art. 2º da Lei nº 8.971, de 29-12-1994, que dispõe sobre o direito dos companheiros a alimentos e à sucessão.

CAPÍTULO II

DA HERANÇA E DE SUA ADMINISTRAÇÃO

Art. 1.791. A herança defere-se como um todo unitário, ainda que vários sejam os herdeiros.

Parágrafo único. Até a partilha, o direito dos coerdeiros, quanto à propriedade e posse da herança, será indivisível, e regular-se-á pelas normas relativas ao condomínio.

▸ Arts. 1.314 a 1.330 deste Código.

Art. 1.792. O herdeiro não responde por encargos superiores às forças da herança; incumbe-lhe, porém, a prova do excesso, salvo se houver inventário que a escuse, demonstrando o valor dos bens herdados.

▶ Arts. 276, 836, 943, 1.823 e 1.997 deste Código.

Art. 1.793. O direito à sucessão aberta, bem como o quinhão de que disponha o coerdeiro, pode ser objeto de cessão por escritura pública.

§ 1º Os direitos, conferidos ao herdeiro em consequência de substituição ou de direito de acrescer, presumem-se não abrangidos pela cessão feita anteriormente.

§ 2º É ineficaz a cessão, pelo coerdeiro, de seu direito hereditário sobre qualquer bem da herança considerado singularmente.

§ 3º Ineficaz é a disposição, sem prévia autorização do juiz da sucessão, por qualquer herdeiro, de bem componente do acervo hereditário, pendente a indivisibilidade.

▶ Art. 1.791 deste Código.

Art. 1.794. O coerdeiro não poderá ceder a sua quota hereditária a pessoa estranha à sucessão, se outro coerdeiro a quiser, tanto por tanto.

Art. 1.795. O coerdeiro, a quem não se der conhecimento da cessão, poderá, depositado o preço, haver para si a quota cedida a estranho, se o requerer até cento e oitenta dias após a transmissão.

▶ Arts. 207 a 211 deste Código.

Parágrafo único. Sendo vários os coerdeiros a exercer a preferência, entre eles se distribuirá o quinhão cedido, na proporção das respectivas quotas hereditárias.

Art. 1.796. No prazo de trinta dias, a contar da abertura da sucessão, instaurar-se-á inventário do patrimônio hereditário, perante o juízo competente no lugar da sucessão, para fins de liquidação e, quando for o caso, de partilha da herança.

▶ Arts. 2.013 a 2.022 deste Código.

▶ Arts. 23, 48 e 610 a 673 do CPC/2015.

▶ Súm. nº 542 do STF.

Art. 1.797. Até o compromisso do inventariante, a administração da herança caberá, sucessivamente:

I – ao cônjuge ou companheiro, se com o outro convivia ao tempo da abertura da sucessão;

II – ao herdeiro que estiver na posse e administração dos bens, e, se houver mais de um nessas condições, ao mais velho;

III – ao testamenteiro;

IV – a pessoa de confiança do juiz, na falta ou escusa das indicadas nos incisos antecedentes, ou quando tiverem de ser afastadas por motivo grave levado ao conhecimento do juiz.

CAPÍTULO III
DA VOCAÇÃO HEREDITÁRIA

▶ Arts. 1.829 a 1.844 deste Código.

Art. 1.798. Legitimam-se a suceder as pessoas nascidas ou já concebidas no momento da abertura da sucessão.

▶ Arts. 2º e 1.779 deste Código.

▶ En. nº 267 das Jornadas de Direito Civil.

Art. 1.799. Na sucessão testamentária podem ainda ser chamados a suceder:

I – os filhos, ainda não concebidos, de pessoas indicadas pelo testador, desde que vivas estas ao abrir-se a sucessão;

▶ Art. 1.800 deste Código.

▶ En. nº 268 das Jornadas de Direito Civil.

II – as pessoas jurídicas;

III – as pessoas jurídicas, cuja organização for determinada pelo testador sob a forma de fundação.

▶ Arts. 62 a 69 deste Código.

Art. 1.800. No caso do inciso I do artigo antecedente, os bens da herança serão confiados, após a liquidação ou partilha, a curador nomeado pelo juiz.

§ 1º Salvo disposição testamentária em contrário, a curatela caberá à pessoa cujo filho o testador esperava ter por herdeiro, e, sucessivamente, às pessoas indicadas no art. 1.775.

§ 2º Os poderes, deveres e responsabilidades do curador, assim nomeado, regem-se pelas disposições concernentes à curatela dos incapazes, no que couber.

▶ Arts. 1.767 e 1.783 deste Código.

§ 3º Nascendo com vida o herdeiro esperado, ser-lhe-á deferida a sucessão, com os frutos e rendimentos relativos à deixa, a partir da morte do testador.

§ 4º Se, decorridos dois anos após a abertura da sucessão, não for concebido o herdeiro esperado, os bens reservados, salvo disposição em contrário do testador, caberão aos herdeiros legítimos.

Art. 1.801. Não podem ser nomeados herdeiros nem legatários:

I – a pessoa que, a rogo, escreveu o testamento, nem o seu cônjuge ou companheiro, ou os seus ascendentes e irmãos;

II – as testemunhas do testamento;

III – o concubino do testador casado, salvo se este, sem culpa sua, estiver separado de fato do cônjuge há mais de cinco anos;

▶ En. nº 269 das Jornadas de Direito Civil.

IV – o tabelião, civil ou militar, ou o comandante ou escrivão, perante quem se fizer, assim como o que fizer ou aprovar o testamento.

▶ Arts. 1.814 e 1.900, V, deste Código.

Art. 1.802. São nulas as disposições testamentárias em favor de pessoas não legitimadas a suceder, ainda quando simuladas sob a forma de contrato oneroso, ou feitas mediante interposta pessoa.

▶ Arts. 166, VII, e 1.900, V, deste Código.

Parágrafo único. Presumem-se pessoas interpostas os ascendentes, os descendentes, os irmãos e o cônjuge ou companheiro do não legitimado a suceder.

Art. 1.803. É lícita a deixa ao filho do concubino, quando também o for do testador.

▶ Arts. 1.723 a 1.727 deste Código.

CAPÍTULO IV
DA ACEITAÇÃO E RENÚNCIA DA HERANÇA

Art. 1.804. Aceita a herança, torna-se definitiva a sua transmissão ao herdeiro, desde a abertura da sucessão.

Parágrafo único. A transmissão tem-se por não verificada quando o herdeiro renuncia à herança.

▶ Arts. 80, II, 1.784 e 1.807 deste Código.

Art. 1.805. A aceitação da herança, quando expressa, faz-se por declaração escrita; quando tácita, há de resultar tão somente de atos próprios da qualidade de herdeiro.

§ 1º Não exprimem aceitação de herança os atos oficiosos, como o funeral do finado, os meramente conservatórios, ou os de administração e guarda provisória.

§ 2º Não importa igualmente aceitação a cessão gratuita, pura e simples, da herança, aos demais coerdeiros.

Art. 1.806. A renúncia da herança deve constar expressamente de instrumento público ou termo judicial.

▶ Arts. 114 e 1.823 deste Código.

Art. 1.807. O interessado em que o herdeiro declare se aceita, ou não, a herança, poderá, vinte dias após aberta a sucessão, requerer ao juiz prazo razoável, não maior de trinta dias, para, nele, se pronunciar o herdeiro, sob pena de se haver a herança por aceita.

▶ Art. 1.804 deste Código.

Art. 1.808. Não se pode aceitar ou renunciar a herança em parte, sob condição ou a termo.

▶ Arts. 114 e 121 a 135 deste Código.

§ 1º O herdeiro, a quem se testarem legados, pode aceitá-los, renunciando a herança; ou, aceitando-a, repudiá-los.

▶ Arts. 1.912 a 1.946 deste Código.

§ 2º O herdeiro, chamado, na mesma sucessão, a mais de um quinhão hereditário, sob títulos sucessórios diversos, pode livremente deliberar quanto aos quinhões que aceita e aos que renuncia.

Art. 1.809. Falecendo o herdeiro antes de declarar se aceita a herança, o poder de aceitar passa-lhe aos herdeiros, a menos que se trate de vocação adstrita a uma condição suspensiva, ainda não verificada.

▶ Arts. 125 e 1.933 deste Código.

Parágrafo único. Os chamados à sucessão do herdeiro falecido antes da aceitação, desde que concordem em receber a segunda herança, poderão aceitar ou renunciar a primeira.

Art. 1.810. Na sucessão legítima, a parte do renunciante acresce à dos outros herdeiros da mesma classe e, sendo ele o único desta, devolve-se aos da subsequente.

▶ Arts. 1.829 a 1.844 deste Código.

▶ En. nº 575 das Jornadas de Direito Civil.

Art. 1.811. Ninguém pode suceder, representando herdeiro renunciante. Se, porém, ele for o único legítimo da sua classe, ou se todos os outros da mesma classe renunciarem a herança, poderão os filhos vir à sucessão, por direito próprio, e por cabeça.

▶ Arts. 1.835 e 1.856 deste Código.

Art. 1.812. São irrevogáveis os atos de aceitação ou de renúncia da herança.

Art. 1.813. Quando o herdeiro prejudicar os seus credores, renunciando à herança, poderão eles, com autorização do juiz, aceitá-la em nome do renunciante.

§ 1º A habilitação dos credores se fará no prazo de trinta dias seguintes ao conhecimento do fato.

§ 2º Pagas as dívidas do renunciante, prevalece a renúncia quanto ao remanescente, que será devolvido aos demais herdeiros.

▶ Arts. 158 a 165 deste Código.

CAPÍTULO V
DOS EXCLUÍDOS DA SUCESSÃO

▶ Arts. 1.961 a 1.965 e 1.975 deste Código.

Art. 1.814. São excluídos da sucessão os herdeiros ou legatários:

▸ Arts. 1.801, 1.962 e 1.963 deste Código.

I – que houverem sido autores, coautores ou partícipes de homicídio doloso, ou tentativa deste, contra a pessoa de cuja sucessão se tratar, seu cônjuge, companheiro, ascendente ou descendente;

II – que houverem acusado caluniosamente em juízo o autor da herança ou incorrerem em crime contra a sua honra, ou de seu cônjuge ou companheiro;

III – que, por violência ou meios fraudulentos, inibirem ou obstarem o autor da herança de dispor livremente de seus bens por ato de última vontade.

Art. 1.815. A exclusão do herdeiro ou legatário, em qualquer desses casos de indignidade, será declarada por sentença.

▸ Art. 1.939, IV, deste Código.

▸ En. nº 116 das Jornadas de Direito Civil.

§ 1º O direito de demandar a exclusão do herdeiro ou legatário extingue-se em quatro anos, contados da abertura da sucessão.

▸ Parágrafo único transformado em § 1º pela Lei nº 13.532, de 7-12-2017.

▸ Arts. 207 a 211 deste Código.

§ 2º Na hipótese do inciso I do art. 1.814, o Ministério Público tem legitimidade para demandar a exclusão do herdeiro ou legatário.

▸ § 2º acrescido pela Lei nº 13.532, de 7-12-2017.

Art. 1.815-A. Em qualquer dos casos de indignidade previstos no art. 1.814, o trânsito em julgado da sentença penal condenatória acarretará a imediata exclusão do herdeiro ou legatário indigno, independentemente da sentença prevista no *caput* do art. 1.815 deste Código.

▸ Art. 1.815-A acrescido pela Lei nº 14.661, de 23-8-2023.

Art. 1.816. São pessoais os efeitos da exclusão; os descendentes do herdeiro excluído sucedem, como se ele morto fosse antes da abertura da sucessão.

Parágrafo único. O excluído da sucessão não terá direito ao usufruto ou à administração dos bens que a seus sucessores couberem na herança, nem à sucessão eventual desses bens.

▸ Art. 1.693, IV, deste Código.

Art. 1.817. São válidas as alienações onerosas de bens hereditários a terceiros de boa-fé, e os atos de administração legalmente praticados pelo herdeiro, antes da sentença de exclusão; mas aos herdeiros subsiste, quando prejudicados, o direito de demandar-lhe perdas e danos.

▸ Arts. 402 a 405 e 1.827 deste Código.

Parágrafo único. O excluído da sucessão é obrigado a restituir os frutos e rendimentos que dos bens da herança houver percebido, mas tem direito a ser indenizado das despesas com a conservação deles.

Art. 1.818. Aquele que incorreu em atos que determinem a exclusão da herança será admitido a suceder, se o ofendido o tiver expressamente reabilitado em testamento, ou em outro ato autêntico.

▸ Art. 1.857 deste Código.

Parágrafo único. Não havendo reabilitação expressa, o indigno, contemplado em testamento do ofendido, quando o testador, ao testar, já conhecia a causa da indignidade, pode suceder no limite da disposição testamentária.

CAPÍTULO VI
DA HERANÇA JACENTE

▸ Art. 28, § 2º, deste Código.

▸ Arts. 738 a 743 do CPC/2015.

Art. 1.819. Falecendo alguém sem deixar testamento nem herdeiro legítimo notoriamente conhecido, os bens da herança, depois de arrecadados, ficarão sob a guarda e administração de um curador, até a sua entrega ao sucessor devidamente habilitado ou à declaração de sua vacância.

Art. 1.820. Praticadas as diligências de arrecadação e ultimado o inventário, serão expedidos editais na forma da lei processual, e, decorrido um ano de sua primeira publicação, sem que haja herdeiro habilitado, ou penda habilitação, será a herança declarada vacante.

Art. 1.821. É assegurado aos credores o direito de pedir o pagamento das dívidas reconhecidas, nos limites das forças da herança.

▸ Art. 1.792 deste Código.

Art. 1.822. A declaração de vacância da herança não prejudicará os herdeiros que legalmente se habilitarem; mas, decorridos cinco anos da abertura da sucessão, os bens arrecadados passarão ao domínio do Município ou do Distrito Federal, se localizados nas respectivas circunscrições, incorporando-se ao domínio da União quando situados em território federal.

▸ Arts. 39, parágrafo único, e 1.844 deste Código.

Parágrafo único. Não se habilitando até a declaração de vacância, os colaterais ficarão excluídos da sucessão.

Art. 1.823. Quando todos os chamados a suceder renunciarem à herança, será esta desde logo declarada vacante.

▸ Art. 1.806 deste Código.

CAPÍTULO VII
DA PETIÇÃO DE HERANÇA

▸ Arts. 1.607 a 1.617 deste Código.

Art. 1.824. O herdeiro pode, em ação de petição de herança, demandar o reconhecimento de seu direito sucessório, para obter a restituição da herança, ou de parte dela, contra quem, na qualidade de herdeiro, ou mesmo sem título, a possua.

Art. 1.825. A ação de petição de herança, ainda que exercida por um só dos herdeiros, poderá compreender todos os bens hereditários.

Art. 1.826. O possuidor da herança está obrigado à restituição dos bens do acervo, fixando-se-lhe a responsabilidade segundo a sua posse, observado o disposto nos arts. 1.214 a 1.222.

Parágrafo único. A partir da citação, a responsabilidade do possuidor se há de aferir pelas regras concernentes à posse de má-fé e à mora.

▸ Arts. 394 a 401, 1.216, 1.218, e 1.220 a 1.222 deste Código.

Art. 1.827. O herdeiro pode demandar os bens da herança, mesmo em poder de terceiros, sem prejuízo da responsabilidade do possuidor originário pelo valor dos bens alienados.

Parágrafo único. São eficazes as alienações feitas, a título oneroso, pelo herdeiro aparente a terceiro de boa-fé.

▸ Art. 1.817 deste Código.

Art. 1.828. O herdeiro aparente, que de boa-fé houver pago um legado, não está obrigado a prestar o equivalente ao verdadeiro sucessor, ressalvado a este o direito de proceder contra quem o recebeu.

TÍTULO II – DA SUCESSÃO LEGÍTIMA

CAPÍTULO I
DA ORDEM DA VOCAÇÃO HEREDITÁRIA

▸ Arts. 1.790, 1.798 a 1.803, 1.810 e 2.041 deste Código.

Art. 1.829. A sucessão legítima defere-se na ordem seguinte:

▸ En. nº 525 das Jornadas de Direito Civil.

I – aos descendentes, em concorrência com o cônjuge sobrevivente, salvo se casado este com o falecido no regime da comunhão universal, ou no da separação obrigatória de bens (art. 1.640, parágrafo único); ou se, no regime da comunhão parcial, o autor da herança não houver deixado bens particulares;

▸ Arts. 1.639 a 1.688 e 1.832 a 1.835 deste Código.

▸ En. nº 270 das Jornadas de Direito Civil.

II – aos ascendentes, em concorrência com o cônjuge;

▸ Arts. 1.836 e 1.837 deste Código.

III – ao cônjuge sobrevivente;

▸ Arts. 1.838, 1.845 e 1.961 deste Código.

IV – aos colaterais.

▸ Arts. 1.592 e 1.839 a 1.843 deste Código.

Art. 1.830. Somente é reconhecido direito sucessório ao cônjuge sobrevivente se, ao tempo da morte do outro, não estavam separados judicialmente, nem separados de fato há mais de dois anos, salvo prova, neste caso, de que essa convivência se tornara impossível sem culpa do sobrevivente.

▸ Art. 1.839 deste Código.

▸ En. nº 525 das Jornadas de Direito Civil.

Art. 1.831. Ao cônjuge sobrevivente, qualquer que seja o regime de bens, será assegurado, sem prejuízo da participação que lhe caiba na herança, o direito real de habitação relativamente ao imóvel destinado à residência da família, desde que seja o único daquela natureza a inventariar.

▸ Arts. 1.414 a 1.416 deste Código.

▸ Art. 167, I, item 7, da Lei nº 6.015, de 31-12-1973 (Lei dos Registros Públicos).

▸ Enunciados nºs 117 e 271 das Jornadas de Direito Civil.

Art. 1.832. Em concorrência com os descendentes (art. 1.829, inciso I) caberá ao cônjuge quinhão igual ao dos que sucederem por cabeça, não podendo a sua quota ser inferior à quarta parte da herança, se for ascendente dos herdeiros com que concorrer.

▸ Art. 1.835 deste Código.

▸ En. nº 527 das Jornadas de Direito Civil.

Art. 1.833. Entre os descendentes, os em grau mais próximo excluem os mais remotos, salvo o direito de representação.

▸ Arts. 1.851 a 1.856 deste Código.

Art. 1.834. Os descendentes da mesma classe têm os mesmos direitos à sucessão de seus ascendentes.

Art. 1.835. Na linha descendente, os filhos sucedem por cabeça, e os outros descendentes, por cabeça ou por estirpe, conforme se achem ou não no mesmo grau.

▸ Arts. 1.811, 1.832, 1.843, § 1º, e 1.852 deste Código.

Art. 1.836. Na falta de descendentes, são chamados à sucessão os ascendentes, em concorrência com o cônjuge sobrevivente.

▸ Art. 1.829, II, deste Código.

§ 1º Na classe dos ascendentes, o grau mais próximo exclui o mais remoto, sem distinção de linhas.

§ 2º Havendo igualdade em grau e diversidade em linha, os ascendentes da linha paterna herdam a metade, cabendo a outra aos da linha materna.

▸ Art. 1.594 deste Código.

Art. 1.837. Concorrendo com ascendente em primeiro grau, ao cônjuge tocará um terço da herança; caber-lhe-á a metade desta se houver um só ascendente, ou se maior for aquele grau.

▸ Art. 1.829, II, deste Código.

Art. 1.838. Em falta de descendentes e ascendentes, será deferida a sucessão por inteiro ao cônjuge sobrevivente.

▸ Art. 1.829, III, deste Código.

Art. 1.839. Se não houver cônjuge sobrevivente, nas condições estabelecidas no art. 1.830, serão chamados a suceder os colaterais até o quarto grau.

▸ Arts. 1.592, 1.549 e 1.829, IV, deste Código.

Art. 1.840. Na classe dos colaterais, os mais próximos excluem os mais remotos, salvo o direito de representação concedido aos filhos de irmãos.

▸ Arts. 1.810, 1.811, 1.816, 1.829, IV, 1.843 e 1.851 a 1.856 deste Código.

Art. 1.841. Concorrendo à herança do falecido irmãos bilaterais com irmãos unilaterais, cada um destes herdará metade do que cada um daqueles herdar.

Art. 1.842. Não concorrendo à herança irmão bilateral, herdarão, em partes iguais, os unilaterais.

Art. 1.843. Na falta de irmãos, herdarão os filhos destes e, não os havendo, os tios.

▸ Art. 1.840 deste Código.

§ 1º Se concorrerem à herança somente filhos de irmãos falecidos, herdarão por cabeça.

▸ Art. 1.835 deste Código.

§ 2º Se concorrem filhos de irmãos bilaterais com filhos de irmãos unilaterais, cada um destes herdará a metade do que herdar cada um daqueles.

§ 3º Se todos forem filhos de irmãos bilaterais, ou todos de irmãos unilaterais, herdarão por igual.

▸ Art. 1.853 deste Código.

Art. 1.844. Não sobrevivendo cônjuge, ou companheiro, nem parente algum sucessível, ou tendo eles renunciado a herança, esta se devolve ao Município ou ao Distrito Federal, se localizada nas respectivas circunscrições, ou à União, quando situada em território federal.

▸ Arts. 39, parágrafo único, e 1.822 deste Código.

CAPÍTULO II
DOS HERDEIROS NECESSÁRIOS

▸ Arts. 1.961 a 1.965 deste Código.

Art. 1.845. São herdeiros necessários os descendentes, os ascendentes e o cônjuge.

▸ Art. 1.829, I a III, deste Código.

Art. 1.846. Pertence aos herdeiros necessários, de pleno direito, a metade dos bens da herança, constituindo a legítima.

▸ Arts. 549 e 1.789 deste Código.

Art. 1.847. Calcula-se a legítima sobre o valor dos bens existentes na abertura da sucessão, abatidas as dívidas e as despesas do funeral, adicionando-se, em seguida, o valor dos bens sujeitos a colação.

▸ Arts. 544, 1.967, 1.998 e 2.002 a 2.012 deste Código.

Art. 1.848. Salvo se houver justa causa, declarada no testamento, não pode o testador estabelecer cláusula de inalienabilidade, impenhorabilidade, e de incomunicabilidade, sobre os bens da legítima.

§ 1º Não é permitido ao testador estabelecer a conversão dos bens da legítima em outros de espécie diversa.

§ 2º Mediante autorização judicial e havendo justa causa, podem ser alienados os bens gravados, convertendo-se o produto em outros bens, que ficarão sub-rogados nos ônus dos primeiros.

▸ Arts. 1.420, 1.668, II e IV, 1.911 e 2.042 deste Código.

▸ Súm. nº 49 do STF.

Art. 1.849. O herdeiro necessário, a quem o testador deixar a sua parte disponível, ou algum legado, não perderá o direito à legítima.

Art. 1.850. Para excluir da sucessão os herdeiros colaterais, basta que o testador disponha de seu patrimônio sem os contemplar.

▸ Arts. 1.788 e 1.906 deste Código.

CAPÍTULO III
DO DIREITO DE REPRESENTAÇÃO

▸ Arts. 1.810, 1.811, 1.816, 1.833, 1.840 e 1.843 deste Código.

Art. 1.851. Dá-se o direito de representação, quando a lei chama certos parentes do falecido a suceder em todos os direitos, em que ele sucederia, se vivo fosse.

Art. 1.852. O direito de representação dá-se na linha reta descendente, mas nunca na ascendente.

▸ Art. 1.835 deste Código.

Art. 1.853. Na linha transversal, somente se dá o direito de representação em favor dos filhos de irmãos do falecido, quando com irmãos deste concorrerem.

▸ Arts. 1.840 e 1.843 deste Código.

Art. 1.854. Os representantes só podem herdar, como tais, o que herdaria o representado, se vivo fosse.

Art. 1.855. O quinhão do representado partir-se-á por igual entre os representantes.

Art. 1.856. O renunciante à herança de uma pessoa poderá representá-la na sucessão de outra.

▸ Art. 1.811 deste Código.

TÍTULO III – DA SUCESSÃO TESTAMENTÁRIA

CAPÍTULO I
DO TESTAMENTO EM GERAL

▸ Arts. 133, 791, 1.609, III, 1.610, 1.786, 1.788, 1.798 a 1.803 e 1.818 deste Código.

Art. 1.857. Toda pessoa capaz pode dispor, por testamento, da totalidade dos seus bens, ou de parte deles, para depois de sua morte.

▸ En. nº 528 das Jornadas de Direito Civil.

§ 1º A legítima dos herdeiros necessários não poderá ser incluída no testamento.

§ 2º São válidas as disposições testamentárias de caráter não patrimonial, ainda que o testador somente a elas se tenha limitado.

Art. 1.858. O testamento é ato personalíssimo, podendo ser mudado a qualquer tempo.

Art. 1.859. Extingue-se em cinco anos o direito de impugnar a validade do testamento, contado o prazo da data do seu registro.

▸ Arts. 207 a 211 deste Código.

CAPÍTULO II
DA CAPACIDADE DE TESTAR

Art. 1.860. Além dos incapazes, não podem testar os que, no ato de fazê-lo, não tiverem pleno discernimento.

▸ Arts. 3º, 4º, 166, VII, 1.866, 1.867, 1.872 e 1.873 deste Código.

Parágrafo único. Podem testar os maiores de dezesseis anos.

▸ Art. 5º deste Código.

Art. 1.861. A incapacidade superveniente do testador não invalida o testamento, nem o testamento do incapaz se valida com a superveniência da capacidade.

CAPÍTULO III
DAS FORMAS ORDINÁRIAS DO TESTAMENTO

Seção I
DISPOSIÇÕES GERAIS

Art. 1.862. São testamentos ordinários:

I – o público;

▸ Arts. 1.864 a 1.867 deste Código.

II – o cerrado;

▸ Arts. 1.868 a 1.875 deste Código.

III – o particular.

▸ Arts. 1.876 a 1.880 deste Código.

Art. 1.863. É proibido o testamento conjuntivo, seja simultâneo, recíproco ou correspectivo.

Seção II
DO TESTAMENTO PÚBLICO

▸ Art. 1.862, I, deste Código.

▸ Art. 736 do CPC/2015.

Art. 1.864. São requisitos essenciais do testamento público:

I – ser escrito por tabelião ou por seu substituto legal em seu livro de notas, de acordo com as declarações do testador, podendo este servir-se de minuta, notas ou apontamentos;

II – lavrado o instrumento, ser lido em voz alta pelo tabelião ao testador e a duas testemunhas, a um só tempo; ou pelo testador, se o quiser, na presença destas e do oficial;

III – ser o instrumento, em seguida à leitura, assinado pelo testador, pelas testemunhas e pelo tabelião.

Parágrafo único. O testamento público pode ser escrito manualmente ou mecanicamente, bem como ser feito pela inserção da declaração de vontade em partes impressas de livro de notas, desde que rubricadas todas as páginas pelo testador, se mais de uma.

Art. 1.865. Se o testador não souber, ou não puder assinar, o tabelião ou seu substituto legal assim o declarará, assinando, neste caso, pelo testador, e, a seu rogo, uma das testemunhas instrumentárias.

Art. 1.866. O indivíduo inteiramente surdo, sabendo ler, lerá o seu testamento, e, se não o souber, designará quem o leia em seu lugar, presentes as testemunhas.

▸ Art. 1.873 deste Código.

Art. 1.867. Ao cego só se permite o testamento público, que lhe será lido, em voz alta, duas vezes, uma pelo tabelião ou por seu substituto legal, e a outra por uma das testemunhas, designada pelo testador, fazendo-se de tudo circunstanciada menção no testamento.

Seção III
DO TESTAMENTO CERRADO

▸ Arts. 1.862, II, e 1.972 deste Código.
▸ Art. 735 do CPC/2015.

Art. 1.868. O testamento escrito pelo testador, ou por outra pessoa, a seu rogo, e por aquele assinado, será válido se aprovado pelo tabelião ou seu substituto legal, observadas as seguintes formalidades:

I – que o testador o entregue ao tabelião em presença de duas testemunhas;

II – que o testador declare que aquele é o seu testamento e quer que seja aprovado;

III – que o tabelião lavre, desde logo, o auto de aprovação, na presença de duas testemunhas, e o leia, em seguida, ao testador e testemunhas;

IV – que o auto de aprovação seja assinado pelo tabelião, pelas testemunhas e pelo testador.

Parágrafo único. O testamento cerrado pode ser escrito mecanicamente, desde que seu subscritor numere e autentique, com a sua assinatura, todas as páginas.

Art. 1.869. O tabelião deve começar o auto de aprovação imediatamente depois da última palavra do testador, declarando, sob sua fé, que o testador lhe entregou para ser aprovado na presença das testemunhas; passando a cerrar e coser o instrumento aprovado.

Parágrafo único. Se não houver espaço na última folha do testamento, para início da aprovação, o tabelião aporá nele o seu sinal público, mencionando a circunstância no auto.

Art. 1.870. Se o tabelião tiver escrito o testamento a rogo do testador, poderá, não obstante, aprová-lo.

Art. 1.871. O testamento pode ser escrito em língua nacional ou estrangeira, pelo próprio testador, ou por outrem, a seu rogo.

Art. 1.872. Não pode dispor de seus bens em testamento cerrado quem não saiba ou não possa ler.

Art. 1.873. Pode fazer testamento cerrado o surdo-mudo, contanto que o escreva todo, e o assine de sua mão, e que, ao entregá-lo ao oficial público, ante as duas testemunhas, escreva, na face externa do papel ou do envoltório, que aquele é o seu testamento, cuja aprovação lhe pede.

▸ Art. 1.866 deste Código.

Art. 1.874. Depois de aprovado e cerrado, será o testamento entregue ao testador, e o tabelião lançará, no seu livro, nota do lugar, dia, mês e ano em que o testamento foi aprovado e entregue.

Art. 1.875. Falecido o testador, o testamento será apresentado ao juiz, que o abrirá e o fará registrar, ordenando seja cumprido, se não achar vício externo que o torne eivado de nulidade ou suspeito de falsidade.

▸ Art. 735 do CPC/2015.

Seção IV
DO TESTAMENTO PARTICULAR

▸ Art. 1.862, III, deste Código.
▸ Arts. 735 a 737 do CPC/2015.

Art. 1.876. O testamento particular pode ser escrito de próprio punho ou mediante processo mecânico.

§ 1º Se escrito de próprio punho, são requisitos essenciais à sua validade seja lido e assinado por quem o escreveu, na presença de pelo menos três testemunhas, que o devem subscrever.

§ 2º Se elaborado por processo mecânico, não pode conter rasuras ou espaços em branco, devendo ser assinado pelo testador, depois de o ter lido na presença de pelo menos três testemunhas, que o subscreverão.

Art. 1.877. Morto o testador, publicar-se-á em juízo o testamento, com citação dos herdeiros legítimos.

▸ Art. 737 do CPC/2015.

Art. 1.878. Se as testemunhas forem contestes sobre o fato da disposição, ou, ao menos, sobre a sua leitura perante elas, e se reconhecerem as próprias assinaturas, assim como a do testador, o testamento será confirmado.

Parágrafo único. Se faltarem testemunhas, por morte ou ausência, e se pelo menos uma delas o reconhecer, o testamento poderá ser confirmado, se, a critério do juiz, houver prova suficiente de sua veracidade.

Art. 1.879. Em circunstâncias excepcionais declaradas na cédula, o testamento particular de próprio punho e assinado pelo testador, sem testemunhas, poderá ser confirmado, a critério do juiz.

Art. 1.880. O testamento particular pode ser escrito em língua estrangeira, contanto que as testemunhas a compreendam.

CAPÍTULO IV
DOS CODICILOS

▸ Art. 737, § 3º, do CPC/2015.

Art. 1.881. Toda pessoa capaz de testar poderá, mediante escrito particular seu, datado e assinado, fazer disposições especiais sobre o seu enterro, sobre esmolas de pouca monta a certas e determinadas pessoas, ou, indeterminadamente, aos pobres de certo lugar, assim como legar móveis, roupas ou joias, de pouco valor, de seu uso pessoal.

▸ Arts. 1.860, 1.902 e 1.998 deste Código.

Art. 1.882. Os atos a que se refere o artigo antecedente, salvo direito de terceiro, valerão como codicilos, deixe ou não testamento o autor.

Art. 1.883. Pelo modo estabelecido no art. 1.881, poder-se-ão nomear ou substituir testamenteiros.

▸ Arts. 1.976 a 1.990 deste Código.

Art. 1.884. Os atos previstos nos artigos antecedentes revogam-se por atos iguais, e consideram-se revogados, se, havendo testamento posterior, de qualquer natureza, este os não confirmar ou modificar.

Art. 1.885. Se estiver fechado o codicilo, abrir-se-á do mesmo modo que o testamento cerrado.

▸ Arts. 735 a 737 do CPC/2015.

CAPÍTULO V
DOS TESTAMENTOS ESPECIAIS

Seção I
DISPOSIÇÕES GERAIS

Art. 1.886. São testamentos especiais:

I – o marítimo;

II – o aeronáutico;

III – o militar.

▸ Art. 737, § 3º, do CPC/2015.

Art. 1.887. Não se admitem outros testamentos especiais além dos contemplados neste Código.

Seção II
DO TESTAMENTO MARÍTIMO E DO TESTAMENTO AERONÁUTICO

Art. 1.888. Quem estiver em viagem, a bordo de navio nacional, de guerra ou mercante, pode testar perante o comandante, em presença de duas testemunhas, por forma que corresponda ao testamento público ou ao cerrado.

▸ Arts. 1.864 a 1.875 deste Código.

Parágrafo único. O registro do testamento será feito no diário de bordo.

Art. 1.889. Quem estiver em viagem, a bordo de aeronave militar ou comercial, pode testar perante pessoa designada pelo comandante, observado o disposto no artigo antecedente.

Art. 1.890. O testamento marítimo ou aeronáutico ficará sob a guarda do comandante, que o entregará às autoridades administrativas do primeiro porto ou aeroporto nacional, contra recibo averbado no diário de bordo.

Art. 1.891. Caducará o testamento marítimo, ou aeronáutico, se o testador não morrer na viagem, nem nos noventa dias subsequentes ao seu desembarque em terra, onde possa fazer, na forma ordinária, outro testamento.

Art. 1.892. Não valerá o testamento marítimo, ainda que feito no curso de uma viagem, se, ao tempo em que se fez, o navio estava em porto onde o testador pudesse desembarcar e testar na forma ordinária.

Seção III
DO TESTAMENTO MILITAR

Art. 1.893. O testamento dos militares e demais pessoas a serviço das Forças Armadas em campanha, dentro do País ou fora dele, assim como em praça sitiada, ou que esteja de comunicações interrompidas, poderá fazer-se, não havendo tabelião ou seu substituto legal, ante duas, ou três testemunhas, se o testador não puder, ou não souber assinar, caso em que assinará por ele uma delas.

▸ Art. 1.896 deste Código.

§ 1º Se o testador pertencer a corpo ou seção de corpo destacado, o testamento será escrito pelo respectivo comandante, ainda que de graduação ou posto inferior.

§ 2º Se o testador estiver em tratamento em hospital, o testamento será escrito pelo respectivo oficial de saúde, ou pelo diretor do estabelecimento.

§ 3º Se o testador for o oficial mais graduado, o testamento será escrito por aquele que o substituir.

Art. 1.894. Se o testador souber escrever, poderá fazer o testamento de seu punho, contanto que o date e assine por extenso, e o apresente aberto ou cerrado, na presença de duas testemunhas ao auditor, ou ao oficial de patente, que lhe faça as vezes neste mister.

Parágrafo único. O auditor, ou o oficial a quem o testamento se apresente notará, em qualquer parte dele, lugar, dia, mês e ano, em que lhe for apresentado, nota esta que será assinada por ele e pelas testemunhas.

Art. 1.895. Caduca o testamento militar, desde que, depois dele, o testador esteja, noventa dias seguidos, em lugar onde possa testar na forma ordinária, salvo se esse testamento apresentar as solenidades prescritas no parágrafo único do artigo antecedente.

Art. 1.896. As pessoas designadas no art. 1.893, estando empenhadas em combate, ou feridas, podem testar oralmente, confiando a sua última vontade a duas testemunhas.

Parágrafo único. Não terá efeito o testamento se o testador não morrer na guerra ou convalescer do ferimento.

CAPÍTULO VI
DAS DISPOSIÇÕES TESTAMENTÁRIAS

Art. 1.897. A nomeação de herdeiro, ou legatário, pode fazer-se pura e simplesmente, sob condição, para certo fim ou modo, ou por certo motivo.

▸ Arts. 121, 1.733, § 2º, e 1.951 a 1.960 deste Código.

Art. 1.898. A designação do tempo em que deva começar ou cessar o direito do herdeiro, salvo nas disposições fideicomissárias, ter-se-á por não escrita.

Art. 1.899. Quando a cláusula testamentária for suscetível de interpretações diferentes, prevalecerá a que melhor assegure a observância da vontade do testador.

▸ Arts. 112 a 114 e 133 deste Código.

Art. 1.900. É nula a disposição:

▸ Art. 166, VII, deste Código.

I – que institua herdeiro ou legatário sob a condição captatória de que este disponha, também por testamento, em benefício do testador, ou de terceiro;

II – que se refira a pessoa incerta, cuja identidade não se possa averiguar;

III – que favoreça a pessoa incerta, cometendo a determinação de sua identidade a terceiro;

IV – que deixe a arbítrio do herdeiro, ou de outrem, fixar o valor do legado;

V – que favoreça as pessoas a que se referem os arts. 1.801 e 1.802.

Art. 1.901. Valerá a disposição:

I – em favor de pessoa incerta que deva ser determinada por terceiro, dentre duas ou mais pessoas mencionadas pelo testador, ou pertencentes a uma família, ou a um corpo coletivo, ou a um estabelecimento por ele designado;

II – em remuneração de serviços prestados ao testador, por ocasião da moléstia de que faleceu, ainda que fique ao arbítrio do herdeiro ou de outrem determinar o valor do legado.

Art. 1.902. A disposição geral em favor dos pobres, dos estabelecimentos particulares de caridade, ou dos de assistência pública, entender-se-á relativa aos pobres do lugar do domicílio do testador ao tempo de sua morte, ou dos estabelecimentos aí sitos, salvo se manifestamente constar que tinha em mente beneficiar os de outra localidade.

▸ Art. 1.881 deste Código.

Parágrafo único. Nos casos deste artigo, as instituições particulares preferirão sempre às públicas.

Art. 1.903. O erro na designação da pessoa do herdeiro, do legatário, ou da coisa legada anula a disposição, salvo se, pelo contexto do testamento, por outros documentos, ou por fatos inequívocos, se puder identificar a pessoa ou coisa a que o testador queria referir-se.

▸ Arts. 138 a 144 deste Código.

Art. 1.904. Se o testamento nomear dois ou mais herdeiros, sem discriminar a parte de cada um, partilhar-se-á por igual, entre todos, a porção disponível do testador.

Art. 1.905. Se o testador nomear certos herdeiros individualmente e outros coletivamente, a herança será dividida em tantas quotas quantos forem os indivíduos e os grupos designados.

Art. 1.906. Se forem determinadas as quotas de cada herdeiro, e não absorverem toda a herança, o remanescente pertencerá aos herdeiros legítimos, segundo a ordem da vocação hereditária.

▸ Arts. 1.829, 1.850 e 1.966 deste Código.

Art. 1.907. Se forem determinados os quinhões de uns e não os de outros herdeiros, distribuir-se-á por igual a estes últimos o que restar, depois de completas as porções hereditárias dos primeiros.

Art. 1.908. Dispondo o testador que não caiba ao herdeiro instituído certo e determinado objeto, dentre os da herança, tocará ele aos herdeiros legítimos.

Art. 1.909. São anuláveis as disposições testamentárias inquinadas de erro, dolo ou coação.

▸ Arts. 138 a 155 deste Código.

Parágrafo único. Extingue-se em quatro anos o direito de anular a disposição, contados de quando o interessado tiver conhecimento do vício.

▸ Arts. 207 a 211 deste Código.

Art. 1.910. A ineficácia de uma disposição testamentária importa a das outras que, sem aquela, não teriam sido determinadas pelo testador.

Art. 1.911. A cláusula de inalienabilidade, imposta aos bens por ato de liberalidade, implica impenhorabilidade e incomunicabilidade.

▸ Art. 1.848 deste Código.
▸ Súm. nº 49 do STF.

Parágrafo único. No caso de desapropriação de bens clausulados, ou de sua alienação, por conveniência econômica do donatário ou do herdeiro, mediante autorização judicial, o produto da venda converter-se-á em outros bens, sobre os quais incidirão as restrições apostas aos primeiros.

CAPÍTULO VII
DOS LEGADOS

Seção I
DISPOSIÇÕES GERAIS

▸ Arts. 1.808, § 1º, e 1.814 deste Código.

Art. 1.912. É ineficaz o legado de coisa certa que não pertença ao testador no momento da abertura da sucessão.

Art. 1.913. Se o testador ordenar que o herdeiro ou legatário entregue coisa de sua propriedade a outrem, não o cumprindo ele, entender-se-á que renunciou à herança ou ao legado.

▸ Art. 1.935 deste Código.

Art. 1.914. Se tão somente em parte a coisa legada pertencer ao testador, ou, no caso do artigo antecedente, ao herdeiro ou ao legatário, só quanto a essa parte valerá o legado.

Art. 1.915. Se o legado for de coisa que se determine pelo gênero, será o mesmo cumprido, ainda que tal coisa não exista entre os bens deixados pelo testador.

Art. 1.916. Se o testador legar coisa sua, singularizando-a, só terá eficácia o legado se, ao tempo do seu falecimento, ela se achava entre os bens da herança; se a coisa legada existir entre os bens do testador, mas em quantidade inferior à do legado, este será eficaz apenas quanto à existente.

▸ Art. 1.939, II, deste Código.

Art. 1.917. O legado de coisa que deva encontrar-se em determinado lugar só terá eficácia se nele for achada, salvo se removida a título transitório.

Art. 1.918. O legado de crédito, ou de quitação de dívida, terá eficácia somente até a importância desta, ou daquele, ao tempo da morte do testador.

§ 1º Cumpre-se o legado, entregando o herdeiro ao legatário o título respectivo.

§ 2º Este legado não compreende as dívidas posteriores à data do testamento.

Art. 1.919. Não o declarando expressamente o testador, não se reputará compensação da sua dívida o legado que ele faça ao credor.

▸ Art. 368 deste Código.

Parágrafo único. Subsistirá integralmente o legado, se a dívida lhe foi posterior, e o testador a solveu antes de morrer.

Art. 1.920. O legado de alimentos abrange o sustento, a cura, o vestuário e a casa, enquanto o legatário viver, além da educação, se ele for menor.

▸ Súm. nº 358 do STJ.

Art. 1.921. O legado de usufruto, sem fixação de tempo, entende-se deixado ao legatário por toda a sua vida.

▸ Art. 1.390 e segs. deste Código.

Art. 1.922. Se aquele que legar um imóvel lhe ajuntar depois novas aquisições, estas, ainda que contíguas, não se compreendem no legado, salvo expressa declaração em contrário do testador.

Parágrafo único. Não se aplica o disposto neste artigo às benfeitorias necessárias, úteis ou voluptuárias feitas no prédio legado.

▸ Art. 96 deste Código.

Seção II

DOS EFEITOS DO LEGADO E DO SEU PAGAMENTO

Art. 1.923. Desde a abertura da sucessão, pertence ao legatário a coisa certa, existente no acervo, salvo se o legado estiver sob condição suspensiva.

▸ Art. 1.784 deste Código.

§ 1º Não se defere de imediato a posse da coisa, nem nela pode o legatário entrar por autoridade própria.

§ 2º O legado de coisa certa existente na herança transfere também ao legatário os frutos que produzir, desde a morte do testador, exceto se dependente de condição suspensiva, ou de termo inicial.

Art. 1.924. O direito de pedir o legado não se exercerá, enquanto se litigue sobre a validade do testamento, e, nos legados condicionais, ou a prazo, enquanto esteja pendente a condição ou o prazo não se vença.

▸ Arts. 125 e 131 deste Código.

Art. 1.925. O legado em dinheiro só vence juros desde o dia em que se constituir em mora a pessoa obrigada a prestá-lo.

Art. 1.926. Se o legado consistir em renda vitalícia ou pensão periódica, esta ou aquela correrá da morte do testador.

Art. 1.927. Se o legado for de quantidades certas, em prestações periódicas, datará da morte do testador o primeiro período, e o legatário terá direito a cada prestação, uma vez encetado cada um dos períodos sucessivos, ainda que venha a falecer antes do termo dele.

Art. 1.928. Sendo periódicas as prestações, só no termo de cada período se poderão exigir.

Parágrafo único. Se as prestações forem deixadas a título de alimentos, pagar-se-ão no começo de cada período, sempre que outra coisa não tenha disposto o testador.

Art. 1.929. Se o legado consiste em coisa determinada pelo gênero, ao herdeiro tocará escolhê-la, guardando o meio-termo entre as congêneres da melhor e pior qualidade.

▸ Arts. 243 a 246, 342 e 1.931 deste Código.

Art. 1.930. O estabelecido no artigo antecedente será observado, quando a escolha for deixada a arbítrio de terceiro; e, se este não a quiser ou não a puder exercer, ao juiz competirá fazê-la, guardado o disposto na última parte do artigo antecedente.

Art. 1.931. Se a opção foi deixada ao legatário, este poderá escolher, do gênero determinado, a melhor coisa que houver na herança; e, se nesta não existir coisa de tal gênero, dar-lhe-á de outra congênere o herdeiro, observada a disposição na última parte do art. 1.929.

Art. 1.932. No legado alternativo, presume-se deixada ao herdeiro a opção.

Art. 1.933. Se o herdeiro ou legatário a quem couber a opção falecer antes de exercê-la, passará este poder aos seus herdeiros.

▸ Art. 1.809 deste Código.

Art. 1.934. No silêncio do testamento, o cumprimento dos legados incumbe aos herdeiros e, não os havendo, aos legatários, na proporção do que herdaram.

Parágrafo único. O encargo estabelecido neste artigo, não havendo disposição testamentária em contrário, caberá ao herdeiro ou legatário incumbido pelo testador da execução do legado; quando indicados mais de um, os onerados dividirão entre si o ônus, na proporção do que recebam da herança.

Art. 1.935. Se algum legado consistir em coisa pertencente a herdeiro ou legatário (art. 1.913), só a ele incumbirá cumpri-lo, com regresso contra os coerdeiros, pela quota de cada um, salvo se o contrário expressamente dispôs o testador.

Art. 1.936. As despesas e os riscos da entrega do legado correm à conta do legatário, se não dispuser diversamente o testador.

Art. 1.937. A coisa legada entregar-se-á, com seus acessórios, no lugar e estado em que se achava ao falecer o testador, passando ao legatário com todos os encargos que a onerarem.

Art. 1.938. Nos legados com encargo, aplica-se ao legatário o disposto neste Código quanto às doações de igual natureza.

▸ Arts. 136, 137 e 553 deste Código.

Seção III

DA CADUCIDADE DOS LEGADOS

Art. 1.939. Caducará o legado:

I – se, depois do testamento, o testador modificar a coisa legada, ao ponto de já não ter a forma nem lhe caber a denominação que possuía;

II – se o testador, por qualquer título, alienar no todo ou em parte a coisa legada; nesse caso, caducará até onde ela deixou de pertencer ao testador;

▸ Art. 1.916 deste Código.

III – se a coisa perecer ou for evicta, vivo ou morto o testador, sem culpa do herdeiro ou legatário incumbido do seu cumprimento;

▸ Arts. 447 a 457 deste Código.

IV – se o legatário for excluído da sucessão, nos termos do art. 1.815;

V – se o legatário falecer antes do testador.

Art. 1.940. Se o legado for de duas ou mais coisas alternativamente, e algumas delas perecerem, subsistirá quanto às restantes; perecendo parte de uma, valerá, quanto ao seu remanescente, o legado.

▸ Art. 253 deste Código.

CAPÍTULO VIII

DO DIREITO DE ACRESCER ENTRE HERDEIROS E LEGATÁRIOS

Art. 1.941. Quando vários herdeiros, pela mesma disposição testamentária, forem conjuntamente chamados à herança em quinhões não determinados, e qualquer deles não puder ou não quiser aceitá-la, a sua parte acrescerá à dos coerdeiros, salvo o direito do substituto.

Art. 1.942. O direito de acrescer competirá aos colegatários, quando nomeados conjuntamente a respeito de uma só coisa, determinada e certa, ou quando o objeto do legado não puder ser dividido sem risco de desvalorização.

Art. 1.943. Se um dos coerdeiros ou colegatários, nas condições do artigo antecedente, morrer antes do testador; se renunciar a herança ou legado, ou destes for excluído, e, se a condição sob a qual foi instituído não se verificar, acrescerá o seu quinhão, salvo o direito do substituto, à parte dos coerdeiros ou colegatários conjuntos.

▸ Arts. 125 e 1.947 deste Código.

Parágrafo único. Os coerdeiros ou colegatários, aos quais acresceu o quinhão daquele que não quis ou não pôde suceder, ficam sujeitos às obrigações ou encargos que o oneravam.

▸ Arts. 136 e 137 deste Código.

Art. 1.944. Quando não se efetua o direito de acrescer, transmite-se aos herdeiros legítimos a quota vaga do nomeado.

Parágrafo único. Não existindo o direito de acrescer entre os colegatários, a quota do que faltar acresce ao herdeiro ou ao legatário incumbido de satisfazer esse legado, ou a todos os herdeiros, na proporção dos seus quinhões, se o legado se deduziu da herança.

Art. 1.945. Não pode o beneficiário do acréscimo repudiá-lo separadamente da herança ou legado que lhe caiba, salvo se o acréscimo comportar encargos especiais impostos pelo testador; nesse caso, uma vez repudiado, reverte o acréscimo para a pessoa a favor de quem os encargos foram instituídos.

Art. 1.946. Legado um só usufruto conjuntamente a duas ou mais pessoas, a parte da que faltar acresce aos colegatários.

Parágrafo único. Se não houver conjunção entre os colegatários, ou se, apesar de conjuntos, só lhes foi legada certa parte do usufruto, consolidar-se-ão na propriedade as quotas dos que faltarem, à medida que eles forem faltando.

▸ Art. 1.411 deste Código.

CAPÍTULO IX

DAS SUBSTITUIÇÕES

Seção I

DA SUBSTITUIÇÃO VULGAR E DA RECÍPROCA

Art. 1.947. O testador pode substituir outra pessoa ao herdeiro ou ao legatário nomeado, para o caso de um ou outro não querer ou não poder aceitar a herança ou o legado, presumindo-se que a substituição foi determinada para as duas alternativas, ainda que o testador só a uma se refira.

▸ Art. 1.943 deste Código.

Art. 1.948. Também é lícito ao testador substituir muitas pessoas por uma só, ou vice-versa, e ainda substituir com reciprocidade ou sem ela.

Art. 1.949. O substituto fica sujeito à condição ou encargo imposto ao substituído, quando não for diversa a intenção manifestada pelo testador, ou não resultar outra coisa da natureza da condição ou do encargo.

▸ Arts. 121 a 130, 136 e 137 deste Código.

Art. 1.950. Se, entre muitos coerdeiros ou legatários de partes desiguais, for estabelecida substituição recíproca, a proporção dos quinhões fixada na primeira disposição entender-se-á mantida na segunda; se, com as outras anteriormente nomeadas, for incluída mais alguma pessoa na substituição, o quinhão vago pertencerá em partes iguais aos substitutos.

Seção II

DA SUBSTITUIÇÃO FIDEICOMISSÁRIA

Art. 1.951. Pode o testador instituir herdeiros ou legatários, estabelecendo que, por ocasião de sua morte, a herança ou o legado se transmita ao fiduciário, resolvendo-se o direito deste, por sua morte, a certo tempo ou sob certa condição, em favor de outrem, que se qualifica de fideicomissário.

▸ Arts. 27, III, 121 a 135 e 1.897 deste Código.
▸ En. nº 529 das Jornadas de Direito Civil.

Art. 1.952. A substituição fideicomissária somente se permite em favor dos não concebidos ao tempo da morte do testador.

Parágrafo único. Se, ao tempo da morte do testador, já houver nascido o fideicomissário, adquirirá este a propriedade dos bens fideicometidos, convertendo-se em usufruto o direito do fiduciário.

Art. 1.953. O fiduciário tem a propriedade da herança ou legado, mas restrita e resolúvel.

▸ Arts. 1.359 e 1.360 deste Código.

Parágrafo único. O fiduciário é obrigado a proceder ao inventário dos bens gravados, e a prestar caução de restituí-los se o exigir o fideicomissário.

Art. 1.954. Salvo disposição em contrário do testador, se o fiduciário renunciar a herança ou o legado, defere-se ao fideicomissário o poder de aceitar.

Art. 1.955. O fideicomissário pode renunciar a herança ou o legado, e, neste caso, o fideicomisso caduca, deixando de ser resolúvel a propriedade do fiduciário, se não houver disposição contrária do testador.

▸ Art. 1.958 deste Código.

Art. 1.956. Se o fideicomissário aceitar a herança ou o legado, terá direito à parte que, ao fiduciário, em qualquer tempo acrescer.

Art. 1.957. Ao sobrevir a sucessão, o fideicomissário responde pelos encargos da herança que ainda restarem.

Art. 1.958. Caduca o fideicomisso se o fideicomissário morrer antes do fiduciário, ou antes de realizar-se a condição resolutória do direito deste último; nesse caso, a propriedade consolida-se no fiduciário, nos termos do art. 1.955.

▸ Arts. 121, 127 e 128 deste Código.

Art. 1.959. São nulos os fideicomissos além do segundo grau.

Art. 1.960. A nulidade da substituição ilegal não prejudica a instituição, que valerá sem o encargo resolutório.

CAPÍTULO X
DA DESERDAÇÃO

▸ Arts. 1.845 a 1.850 e 1.975 deste Código.

Art. 1.961. Os herdeiros necessários podem ser privados de sua legítima, ou deserdados, em todos os casos em que podem ser excluídos da sucessão.

▸ Arts. 1.814 a 1.818 e 1.845 deste Código.

Art. 1.962. Além das causas mencionadas no art. 1.814, autorizam a deserdação dos descendentes por seus ascendentes:

I – ofensa física;
II – injúria grave;
III – relações ilícitas com a madrasta ou com o padrasto;
IV – desamparo do ascendente em alienação mental ou grave enfermidade.

Art. 1.963. Além das causas enumeradas no art. 1.814, autorizam a deserdação dos ascendentes pelos descendentes:

I – ofensa física;
II – injúria grave;
III – relações ilícitas com a mulher ou companheira do filho ou a do neto, ou com o marido ou companheiro da filha ou o da neta;
IV – desamparo do filho ou neto com deficiência mental ou grave enfermidade.

Art. 1.964. Somente com expressa declaração de causa pode a deserdação ser ordenada em testamento.

Art. 1.965. Ao herdeiro instituído, ou àquele a quem aproveite a deserdação, incumbe provar a veracidade da causa alegada pelo testador.

Parágrafo único. O direito de provar a causa da deserdação extingue-se no prazo de quatro anos, a contar da data da abertura do testamento.

▸ Arts. 207 a 211 deste Código.

CAPÍTULO XI
DA REDUÇÃO DAS DISPOSIÇÕES TESTAMENTÁRIAS

Art. 1.966. O remanescente pertencerá aos herdeiros legítimos, quando o testador só em parte dispuser da quota hereditária disponível.

▸ Arts. 1.788 e 1.906 deste Código.

Art. 1.967. As disposições que excederem a parte disponível reduzir-se-ão aos limites dela, de conformidade com o disposto nos parágrafos seguintes.

▸ Arts. 1.846 e 1.847 deste Código.
▸ En. nº 118 das Jornadas de Direito Civil.

§ 1º Em se verificando excederem as disposições testamentárias a porção disponível, serão proporcionalmente reduzidas as quotas do herdeiro ou herdeiros instituídos, até onde baste, e, não bastando, também os legados, na proporção do seu valor.

§ 2º Se o testador, prevenindo o caso, dispuser que se inteirem, de preferência, certos herdeiros e legatários, a redução far-se-á nos outros quinhões ou legados, observando-se a seu respeito a ordem estabelecida no parágrafo antecedente.

Art. 1.968. Quando consistir em prédio divisível o legado sujeito a redução, far-se-á esta dividindo-o proporcionalmente.

▸ Arts. 87 e 88 deste Código.

§ 1º Se não for possível a divisão, e o excesso do legado montar a mais de um quarto do valor do prédio, o legatário deixará inteiro na herança o imóvel legado, ficando com o direito de pedir aos herdeiros o valor que couber na parte disponível; se o excesso não for de mais de um quarto, aos herdeiros fará tornar em dinheiro o legatário, que ficará com o prédio.

§ 2º Se o legatário for ao mesmo tempo herdeiro necessário, poderá inteirar sua legítima no mesmo imóvel, de preferência aos outros, sempre que ela e a parte subsistente do legado lhe absorverem o valor.

CAPÍTULO XII
DA REVOGAÇÃO DO TESTAMENTO

▸ Art. 1.788 deste Código.

Art. 1.969. O testamento pode ser revogado pelo mesmo modo e forma como pode ser feito.

Art. 1.970. A revogação do testamento pode ser total ou parcial.

Parágrafo único. Se parcial, ou se o testamento posterior não contiver cláusula revogatória expressa, o anterior subsiste em tudo que não for contrário ao posterior.

Art. 1.971. A revogação produzirá seus efeitos, ainda quando o testamento, que a encerra, vier a caducar por exclusão, incapacidade ou renúncia do herdeiro nele nomeado; não valerá, se o testamento revogatório for anulado por omissão ou infração de solenidades essenciais ou por vícios intrínsecos.

Art. 1.972. O testamento cerrado que o testador abrir ou dilacerar, ou for aberto ou dilacerado com seu consentimento, haver-se-á como revogado.

▸ Arts. 1.868 a 1.875 deste Código.

CAPÍTULO XIII
DO ROMPIMENTO DO TESTAMENTO

Art. 1.973. Sobrevindo descendente sucessível ao testador, que não o tinha ou não o conhecia quando testou, rompe-se o testamento em todas as suas disposições, se esse descendente sobreviver ao testador.

Art. 1.974. Rompe-se também o testamento feito na ignorância de existirem outros herdeiros necessários.

Art. 1.975. Não se rompe o testamento, se o testador dispuser da sua metade, não contemplando os herdeiros necessários de cuja existência saiba, ou quando os exclua dessa parte.

▸ Arts. 1.814 a 1.818 e 1.961 a 1.965 deste Código.

CAPÍTULO XIV
DO TESTAMENTEIRO

▸ Art. 497, I, deste Código.
▸ Art. 735, § 3º, do CPC/2015.

Art. 1.976. O testador pode nomear um ou mais testamenteiros, conjuntos ou separados, para lhe darem cumprimento às disposições de última vontade.

▸ Arts. 1.881, 1.883 e 1.986 deste Código.

Art. 1.977. O testador pode conceder ao testamenteiro a posse e a administração da herança, ou de parte dela, não havendo cônjuge ou herdeiros necessários.

Parágrafo único. Qualquer herdeiro pode requerer partilha imediata, ou devolução da herança, habilitando o testamenteiro com os meios necessários para o cumprimento dos legados, ou dando caução de prestá-los.

▸ Art. 617, V, do CPC/2015.

Art. 1.978. Tendo o testamenteiro a posse e a administração dos bens, incumbe-lhe requerer inventário e cumprir o testamento.

▸ Art. 497, I, deste Código.
▸ Arts. 615 e 616, IV, do CPC/2015.

Art. 1.979. O testamenteiro nomeado, ou qualquer parte interessada, pode requerer, assim como o juiz pode ordenar, de ofício, ao detentor do testamento, que o leve a registro.

▸ Arts. 735, §§ 3º e 4º, do CPC/2015.

Art. 1.980. O testamenteiro é obrigado a cumprir as disposições testamentárias, no prazo marcado pelo testador, e a dar contas do que recebeu e despendeu, subsistindo sua responsabilidade enquanto durar a execução do testamento.

▸ Art. 735, § 5º, do CPC/2015.

Art. 1.981. Compete ao testamenteiro, com ou sem o concurso do inventariante e dos herdeiros instituídos, defender a validade do testamento.

Art. 1.982. Além das atribuições exaradas nos artigos antecedentes, terá o testamenteiro as que lhe conferir o testador, nos limites da lei.

Art. 1.983. Não concedendo o testador prazo maior, cumprirá o testamenteiro o testamento e prestará contas em cento e oitenta dias, contados da aceitação da testamentaria.

Parágrafo único. Pode esse prazo ser prorrogado se houver motivo suficiente.

Art. 1.984. Na falta de testamenteiro nomeado pelo testador, a execução testamentária compete a um dos cônjuges, e, em falta destes, ao herdeiro nomeado pelo juiz.

Art. 1.985. O encargo da testamentaria não se transmite aos herdeiros do testamenteiro, nem é delegável; mas o testamenteiro pode fazer-se representar em juízo e fora dele, mediante mandatário com poderes especiais.

► Arts. 653 a 691 deste Código.

Art. 1.986. Havendo simultaneamente mais de um testamenteiro, que tenha aceitado o cargo, poderá cada qual exercê-lo, em falta dos outros; mas todos ficam solidariamente obrigados a dar conta dos bens que lhes forem confiados, salvo se cada um tiver, pelo testamento, funções distintas, e a elas se limitar.

► Arts. 275 a 285 e 1.976 deste Código.

Art. 1.987. Salvo disposição testamentária em contrário, o testamenteiro, que não seja herdeiro ou legatário, terá direito a um prêmio, que, se o testador não o houver fixado, será de um a cinco por cento, arbitrado pelo juiz, sobre a herança líquida, conforme a importância dela e maior ou menor dificuldade na execução do testamento.

Parágrafo único. O prêmio arbitrado será pago à conta da parte disponível, quando houver herdeiro necessário.

Art. 1.988. O herdeiro ou o legatário nomeado testamenteiro poderá preferir o prêmio à herança ou ao legado.

Art. 1.989. Reverterá à herança o prêmio que o testamenteiro perder, por ser removido ou por não ter cumprido o testamento.

Art. 1.990. Se o testador tiver distribuído toda a herança em legados, exercerá o testamenteiro as funções de inventariante.

► Art. 617, V, do CPC/2015.

TÍTULO IV – DO INVENTÁRIO E DA PARTILHA

CAPÍTULO I – DO INVENTÁRIO

Art. 1.991. Desde a assinatura do compromisso até a homologação da partilha, a administração da herança será exercida pelo inventariante.

► Art. 618, II, do CPC/2015.

CAPÍTULO II – DOS SONEGADOS

► Arts. 621, 622, VI, e 669 do CPC/2015.

Art. 1.992. O herdeiro que sonegar bens da herança, não os descrevendo no inventário quando estejam em seu poder, ou, com o seu conhecimento, no de outrem, ou que os omitir na colação, a que os deva levar, ou que deixar de restituí-los, perderá o direito que sobre eles lhe cabia.

Art. 1.993. Além da pena cominada no artigo antecedente, se o sonegador for o próprio inventariante, remover-se-á, em se provando a sonegação, ou negando ele a existência dos bens, quando indicados.

Art. 1.994. A pena de sonegados só se pode requerer e impor em ação movida pelos herdeiros ou pelos credores da herança.

Parágrafo único. A sentença que se proferir na ação de sonegados, movida por qualquer dos herdeiros ou credores, aproveita aos demais interessados.

Art. 1.995. Se não se restituírem os bens sonegados, por já não os ter o sonegador em seu poder, pagará ele a importância dos valores que ocultou, mais as perdas e danos.

► Arts. 402 a 405 deste Código.

Art. 1.996. Só se pode arguir de sonegação o inventariante depois de encerrada a descrição dos bens, com a declaração, por ele feita, de não existirem outros por inventariar e partir, assim como arguir o herdeiro, depois de declarar-se no inventário que não os possui.

CAPÍTULO III – DO PAGAMENTO DAS DÍVIDAS

► Arts. 642 a 646 e 668 a 673 do CPC/2015.

Art. 1.997. A herança responde pelo pagamento das dívidas do falecido; mas, feita a partilha, só respondem os herdeiros, cada qual em proporção da parte que na herança lhe coube.

► Arts. 276, 836, 943, 1.700 e 1.792 deste Código.

§ 1º Quando, antes da partilha, for requerido no inventário o pagamento de dívidas constantes de documentos, revestidos de formalidades legais, constituindo prova bastante da obrigação, e houver impugnação, que não se funde na alegação de pagamento, acompanhada de prova valiosa, o juiz mandará reservar, em poder do inventariante, bens suficientes para solução do débito, sobre os quais venha a recair oportunamente a execução.

§ 2º No caso previsto no parágrafo antecedente, o credor será obrigado a iniciar a ação de cobrança no prazo de trinta dias, sob pena de se tornar de nenhum efeito a providência indicada.

Art. 1.998. As despesas funerárias, haja ou não herdeiros legítimos, sairão do monte da herança; mas as de sufrágios por alma do falecido só obrigarão a herança quando ordenadas em testamento ou codicilo.

► Arts. 965, I, 1.847 e 1.881 deste Código.

Art. 1.999. Sempre que houver ação regressiva de uns contra outros herdeiros, a parte do coerdeiro insolvente dividir-se-á em proporção entre os demais.

Art. 2.000. Os legatários e credores da herança podem exigir que do patrimônio do falecido se discrimine o do herdeiro, e, em concurso com os credores deste, ser-lhes-ão preferidos no pagamento.

Art. 2.001. Se o herdeiro for devedor ao espólio, sua dívida será partilhada igualmente entre todos, salvo se a maioria consentir que o débito seja imputado inteiramente no quinhão do devedor.

CAPÍTULO IV – DA COLAÇÃO

► Arts. 639 a 641 do CPC/2015.

Art. 2.002. Os descendentes que concorrerem à sucessão do ascendente comum são obrigados, para igualar as legítimas, a conferir o valor das doações que dele em vida receberam, sob pena de sonegação.

► Arts. 544, 1.847 e 2.005 deste Código.

Parágrafo único. Para cálculo da legítima, o valor dos bens conferidos será computado na parte indisponível, sem aumentar a disponível.

Art. 2.003. A colação tem por fim igualar, na proporção estabelecida neste Código, as legítimas dos descendentes e do cônjuge sobrevivente, obrigando também os donatários que, ao tempo do falecimento do doador, já não possuírem os bens doados.

Parágrafo único. Se, computados os valores das doações feitas em adiantamento de legítima, não houver no acervo bens suficientes para igualar as legítimas dos descendentes e do cônjuge, os bens assim doados serão conferidos em espécie, ou, quando deles já não disponha o donatário, pelo seu valor ao tempo da liberalidade.

Art. 2.004. O valor de colação dos bens doados será aquele, certo ou estimativo, que lhes atribuir o ato de liberalidade.

► Arts. 544 e 1.847 deste Código.

► En. nº 119 das Jornadas de Direito Civil.

§ 1º Se do ato de doação não constar valor certo, nem houver estimação feita naquela época, os bens serão conferidos na partilha pelo que então se calcular valessem ao tempo da liberalidade.

§ 2º Só o valor dos bens doados entrará em colação; não assim o das benfeitorias acrescidas, as quais pertencerão ao herdeiro donatário, correndo também à conta deste os rendimentos ou lucros, assim como os danos e perdas que eles sofrerem.

► Arts. 402 a 405 deste Código.

Art. 2.005. São dispensadas da colação as doações que o doador determinar saiam da parte disponível, contanto que não a excedam, computado o seu valor ao tempo da doação.

► Arts. 544, 1.847 e 2.002 deste Código.

Parágrafo único. Presume-se imputada na parte disponível a liberalidade feita a descendente que, ao tempo do ato, não seria chamado à sucessão na qualidade de herdeiro necessário.

Art. 2.006. A dispensa da colação pode ser outorgada pelo doador em testamento, ou no próprio título de liberalidade.

Art. 2.007. São sujeitas à redução as doações em que se apurar excesso quanto ao que o doador poderia dispor, no momento da liberalidade.

§ 1º O excesso será apurado com base no valor que os bens doados tinham, no momento da liberalidade.

§ 2º A redução da liberalidade far-se-á pela restituição ao monte do excesso assim apurado; a restituição será em espécie, ou, se não mais existir o bem em poder do donatário, em dinheiro, segundo o seu valor ao tempo da abertura da sucessão, observadas, no que forem aplicáveis, as regras deste Código sobre a redução das disposições testamentárias.

§ 3º Sujeita-se a redução, nos termos do parágrafo antecedente, a parte da doação feita a herdeiros necessários que exceder a legítima e mais a quota disponível.

§ 4º Sendo várias as doações a herdeiros necessários, feitas em diferentes datas, serão elas reduzidas a partir da última, até a eliminação do excesso.

Art. 2.008. Aquele que renunciou a herança ou dela foi excluído, deve, não obstante, conferir as doações recebidas, para o fim de repor o que exceder o disponível.

- Arts. 1.806 a 1.813 e 1.814 a 1.818 deste Código.

Art. 2.009. Quando os netos, representando os seus pais, sucederem aos avós, serão obrigados a trazer à colação, ainda que não o hajam herdado, o que os pais teriam de conferir.

Art. 2.010. Não virão à colação os gastos ordinários do ascendente com o descendente, enquanto menor, na sua educação, estudos, sustento, vestuário, tratamento nas enfermidades, enxoval, assim como as despesas de casamento, ou as feitas no interesse de sua defesa em processo-crime.

Art. 2.011. As doações remuneratórias de serviços feitos ao ascendente também não estão sujeitas a colação.

Art. 2.012. Sendo feita a doação por ambos os cônjuges, no inventário de cada um se conferirá por metade.

CAPÍTULO V
DA PARTILHA

- Art. 1.321 deste Código.
- Arts. 647 a 658 do CPC/2015.

Art. 2.013. O herdeiro pode sempre requerer a partilha, ainda que o testador o proíba, cabendo igual faculdade aos seus cessionários e credores.

- Art. 616, V e VI, do CPC/2015.

Art. 2.014. Pode o testador indicar os bens e valores que devem compor os quinhões hereditários, deliberando ele próprio a partilha, que prevalecerá, salvo se o valor dos bens não corresponder às quotas estabelecidas.

Art. 2.015. Se os herdeiros forem capazes, poderão fazer partilha amigável, por escritura pública, termo nos autos do inventário, ou escrito particular, homologado pelo juiz.

- Arts. 659 a 667 do CPC/2015.

Art. 2.016. Será sempre judicial a partilha, se os herdeiros divergirem, assim como se algum deles for incapaz.

- Súm. nº 265 do STF.

Art. 2.017. No partilhar os bens, observar-se-á, quanto ao seu valor, natureza e qualidade, a maior igualdade possível.

Art. 2.018. É válida a partilha feita por ascendente, por ato entre vivos ou de última vontade, contanto que não prejudique a legítima dos herdeiros necessários.

- Arts. 426, 1.788 e 1.845 deste Código.

Art. 2.019. Os bens insuscetíveis de divisão cômoda, que não couberem na meação do cônjuge sobrevivente ou no quinhão de um só herdeiro, serão vendidos judicialmente, partilhando-se o valor apurado, a não ser que haja acordo para serem adjudicados a todos.

§ 1º Não se fará a venda judicial se o cônjuge sobrevivente ou um ou mais herdeiros requererem lhes seja adjudicado o bem, repondo aos outros, em dinheiro, a diferença, após avaliação atualizada.

§ 2º Se a adjudicação for requerida por mais de um herdeiro, observar-se-á o processo da licitação.

- Arts. 1.322 e 1.489, IV, deste Código.

Art. 2.020. Os herdeiros em posse dos bens da herança, o cônjuge sobrevivente e o inventariante são obrigados a trazer ao acervo os frutos que perceberam, desde a abertura da sucessão; têm direito ao reembolso das despesas necessárias e úteis que fizeram, e respondem pelo dano a que, por dolo ou culpa, deram causa.

- Art. 614 do CPC/2015.

Art. 2.021. Quando parte da herança consistir em bens remotos do lugar do inventário, litigiosos, ou de liquidação morosa ou difícil, poderá proceder-se, no prazo legal, à partilha dos outros, reservando-se aqueles para uma ou mais sobrepartilhas, sob a guarda e a administração do mesmo ou diverso inventariante, e consentimento da maioria dos herdeiros.

Art. 2.022. Ficam sujeitos a sobrepartilha os bens sonegados e quaisquer outros bens da herança de que se tiver ciência após a partilha.

- Art. 669 do CPC/2015.

CAPÍTULO VI
DA GARANTIA DOS QUINHÕES HEREDITÁRIOS

Art. 2.023. Julgada a partilha, fica o direito de cada um dos herdeiros circunscrito aos bens do seu quinhão.

Art. 2.024. Os coerdeiros são reciprocamente obrigados a indenizar-se no caso de evicção dos bens aquinhoados.

- Arts. 447 a 457 deste Código.

Art. 2.025. Cessa a obrigação mútua estabelecida no artigo antecedente, havendo convenção em contrário, e bem assim dando-se a evicção por culpa do evicto, ou por fato posterior à partilha.

- Arts. 447 a 457 deste Código.

Art. 2.026. O evicto será indenizado pelos coerdeiros na proporção de suas quotas hereditárias, mas, se algum deles se achar insolvente, responderão os demais na mesma proporção, pela parte desse, menos a quota que corresponderia ao indenizado.

CAPÍTULO VII
DA ANULAÇÃO DA PARTILHA

- Arts. 657 e 966, § 4º, do CPC/2015.

Art. 2.027. A partilha é anulável pelos vícios e defeitos que invalidam, em geral, os negócios jurídicos.

- *Caput* com a redação dada pela Lei nº 13.105, de 16-3-2015.
- Arts. 138 e segs. deste Código.

Parágrafo único. Extingue-se em um ano o direito de anular a partilha.

- Arts. 207 a 211 deste Código.

LIVRO COMPLEMENTAR – DAS DISPOSIÇÕES FINAIS E TRANSITÓRIAS

Art. 2.028. Serão os da lei anterior os prazos, quando reduzidos por este Código, e se, na data de sua entrada em vigor, já houver transcorrido mais da metade do tempo estabelecido na lei revogada.

- Enunciados nºs 50 e 299 das Jornadas de Direito Civil.

Art. 2.029. Até dois anos após a entrada em vigor deste Código, os prazos estabelecidos no parágrafo único do art. 1.238 e no parágrafo único do art. 1.242 serão acrescidos de dois anos, qualquer que seja o tempo transcorrido na vigência do anterior, Lei nº 3.071, de 1º de janeiro de 1916.

Art. 2.030. O acréscimo de que trata o artigo antecedente, será feito nos casos a que se refere o § 4º do art. 1.228.

Art. 2.031. As associações, sociedades e fundações, constituídas na forma das leis anteriores, bem como os empresários, deverão se adaptar às disposições deste Código até 11 de janeiro de 2007.

- *Caput* com a redação dada pela Lei nº 11.127, de 28-6-2005.
- Arts. 40 a 69 e 966 a 1.145 deste Código.
- Lei nº 12.879, de 5-11-2013, dispõe sobre a gratuidade dos atos de registro pelas associações de moradores para fins de enquadramento dessas entidades como Organizações da Sociedade Civil de Interesse Público.
- Enunciados nºs 73, 394 e 395 das Jornadas de Direito Civil.

Parágrafo único. O disposto neste artigo não se aplica às organizações religiosas nem aos partidos políticos.

- Parágrafo único acrescido pela Lei nº 10.825, de 22-12-2003.

Art. 2.032. As fundações, instituídas segundo a legislação anterior, inclusive as de fins diversos dos previstos no parágrafo único do art. 62, subordinam-se, quanto ao seu funcionamento, ao disposto neste Código.

Art. 2.033. Salvo o disposto em lei especial, as modificações dos atos constitutivos das pessoas jurídicas referidas no art. 44, bem como a sua transformação, incorporação, cisão ou fusão, regem-se desde logo por este Código.

- Arts. 1.113 a 1.122 deste Código.

Art. 2.034. A dissolução e a liquidação das pessoas jurídicas referidas no artigo antecedente, quando iniciadas antes da vigência deste Código, obedecerão ao disposto nas leis anteriores.

Art. 2.035. A validade dos negócios e demais atos jurídicos, constituídos antes da entrada em vigor deste Código, obedece ao disposto nas leis anteriores, referidas no art. 2.045, mas os seus efeitos, produzidos após a vigência deste Código, aos preceitos dele se subordinam, salvo se houver sido prevista pelas partes determinada forma de execução.

- Enunciados nºs 300 e 396 das Jornadas de Direito Civil.

Parágrafo único. Nenhuma convenção prevalecerá se contrariar preceitos de ordem pública, tais como os estabelecidos por este Código para assegurar a função social da propriedade e dos contratos.

Art. 2.036. A locação de prédio urbano, que esteja sujeita à lei especial, por esta continua a ser regida.

- Lei nº 8.245, de 18-10-1991 (Lei de Locações).

Art. 2.037. Salvo disposição em contrário, aplicam-se aos empresários e sociedades empresárias as disposições de lei não revogadas por este Código, referentes a comerciantes, ou a sociedades comerciais, bem como a atividades mercantis.

Art. 2.038. Fica proibida a constituição de enfiteuses e subenfiteuses, subordinando-se as existentes, até sua extinção, às disposições do Código Civil anterior, Lei nº 3.071, de 1º de janeiro de 1916, e leis posteriores.

§ 1º Nos aforamentos a que se refere este artigo é defeso:

I – cobrar laudêmio ou prestação análoga nas transmissões de bem aforado, sobre o valor das construções ou plantações;

II – constituir subenfiteuse.

§ 2º A enfiteuse dos terrenos de marinha e acrescidos regula-se por lei especial.

Art. 2.039. O regime de bens nos casamentos celebrados na vigência do Código Civil anterior, Lei nº 3.071, de 1º de janeiro de 1916, é o por ele estabelecido.

▸ Arts. 1.639 a 1.688 deste Código.

▸ En. nº 260 das Jornadas de Direito Civil.

Art. 2.040. A hipoteca legal dos bens do tutor ou curador, inscrita em conformidade com o inciso IV do art. 827 do Código Civil anterior, Lei nº 3.071, de 1º de janeiro de 1916, poderá ser cancelada, obedecido o disposto no parágrafo único do art. 1.745 deste Código.

Art. 2.041. As disposições deste Código relativas à ordem da vocação hereditária (arts. 1.829 a 1.844) não se aplicam à sucessão aberta antes de sua vigência, prevalecendo o disposto na lei anterior (Lei nº 3.071, de 1º de janeiro de 1916).

Art. 2.042. Aplica-se o disposto no *caput* do art. 1.848, quando aberta a sucessão no prazo de um ano após a entrada em vigor deste Código, ainda que o testamento tenha sido feito na vigência do anterior, Lei nº 3.071, de 1º de janeiro de 1916; se, no prazo, o testador não aditar o testamento para declarar a justa causa de cláusula aposta à legítima, não subsistirá a restrição.

Art. 2.043. Até que por outra forma se disciplinem, continuam em vigor as disposições de natureza processual, administrativa ou penal, constantes de leis cujos preceitos de natureza civil hajam sido incorporados a este Código.

Art. 2.044. Este Código entrará em vigor um ano após a sua publicação.

▸ En. nº 164 das Jornadas de Direito Civil.

Art. 2.045. Revogam-se a Lei nº 3.071, de 1º de janeiro de 1916 – Código Civil e a Parte Primeira do Código Comercial, Lei nº 556, de 25 de junho de 1850.

▸ Art. 2.035 deste Código.

▸ Enunciados nºs 74, 75 e 164 das Jornadas de Direito Civil.

Art. 2.046. Todas as remissões, em diplomas legislativos, aos Códigos referidos no artigo antecedente, consideram-se feitas às disposições correspondentes deste Código.

Brasília, 10 de janeiro de 2002;
181º da Independência e
114º da República.

Fernando Henrique Cardoso

CÓDIGO DE PROCESSO CIVIL

ÍNDICE SISTEMÁTICO DO CÓDIGO DE PROCESSO CIVIL

(LEI Nº 13.105, DE 16-3-2015)

PARTE GERAL

Livro I – Das Normas Processuais Civis

TÍTULO ÚNICO – DAS NORMAS FUNDAMENTAIS E DA APLICAÇÃO DAS NORMAS PROCESSUAIS

Livro II – Da Função Jurisdicional

TÍTULO I – DA JURISDIÇÃO E DA AÇÃO

TÍTULO II – DOS LIMITES DA JURISDIÇÃO NACIONAL E DA COOPERAÇÃO INTERNACIONAL

TÍTULO III – DA COMPETÊNCIA INTERNA

Livro III – Dos Sujeitos Do Processo

TÍTULO I – DAS PARTES E DOS PROCURADORES

TÍTULO II – DO LITISCONSÓRCIO

TÍTULO III – DA INTERVENÇÃO DE TERCEIROS

TÍTULO IV – DO JUIZ E DOS AUXILIARES DA JUSTIÇA

TÍTULO V – DO MINISTÉRIO PÚBLICO

TÍTULO VI – DA ADVOCACIA PÚBLICA

TÍTULO VII – DA DEFENSORIA PÚBLICA

Livro IV – Dos Atos Processuais

TÍTULO I – DA FORMA, DO TEMPO E DO LUGAR DOS ATOS PROCESSUAIS

TÍTULO II – DA COMUNICAÇÃO DOS ATOS PROCESSUAIS

TÍTULO III – DAS NULIDADES

TÍTULO IV – DA DISTRIBUIÇÃO E DO REGISTRO

TÍTULO V – DO VALOR DA CAUSA

Livro V – Da Tutela Provisória

TÍTULO I – DISPOSIÇÕES GERAIS

TÍTULO II – DA TUTELA DE URGÊNCIA

TÍTULO III – DA TUTELA DA EVIDÊNCIA

Livro VI – Da Formação, da Suspensão e da Extinção do Processo

TÍTULO I – DA FORMAÇÃO DO PROCESSO

TÍTULO II – DA SUSPENSÃO DO PROCESSO

TÍTULO III – DA EXTINÇÃO DO PROCESSO

PARTE ESPECIAL

LIVRO I – DO PROCESSO DE CONHECIMENTO E DO CUMPRIMENTO DE SENTENÇA

TÍTULO I – DO PROCEDIMENTO COMUM

TÍTULO II – DO CUMPRIMENTO DA SENTENÇA

TÍTULO III – DOS PROCEDIMENTOS ESPECIAIS

Livro II – Do Processo de Execução

TÍTULO I – DA EXECUÇÃO EM GERAL

TÍTULO II – DAS DIVERSAS ESPÉCIES DE EXECUÇÃO

TÍTULO III – DOS EMBARGOS À EXECUÇÃO

TÍTULO IV – DA SUSPENSÃO E DA EXTINÇÃO DO PROCESSO DE EXECUÇÃO

Livro III – Dos Processos nos Tribunais e dos Meios de Impugnação das Decisões Judiciais

TÍTULO I – DA ORDEM DOS PROCESSOS E DOS PROCESSOS DE COMPETÊNCIA ORIGINÁRIA DOS TRIBUNAIS

TÍTULO II – DOS RECURSOS

Livro Complementar – Disposições Finais e Transitórias

ÍNDICE ALFABÉTICO-REMISSIVO DO CÓDIGO DE PROCESSO CIVIL

(LEI Nº 13.105, DE 16-3-2015)

A

ÍNDICES • CPC

CÓDIGO DE PROCESSO CIVIL

LEI Nº 13.105, DE 16 DE MARÇO DE 2015

Código de Processo Civil.

- Publicada no *DOU* de 17-3-2015.
- Art. 1.045 deste Código.
- Lei nº 13.300, de 23-6-2016 (Lei do Mandado de Injunção).

A Presidenta da República

Faço saber que o Congresso Nacional decreta e eu sanciono a seguinte Lei:

PARTE GERAL

LIVRO I – DAS NORMAS PROCESSUAIS CIVIS

TÍTULO ÚNICO – DAS NORMAS FUNDAMENTAIS E DA APLICAÇÃO DAS NORMAS PROCESSUAIS

CAPÍTULO I – DAS NORMAS FUNDAMENTAIS DO PROCESSO CIVIL

Art. 1º O processo civil será ordenado, disciplinado e interpretado conforme os valores e as normas fundamentais estabelecidos na Constituição da República Federativa do Brasil, observando-se as disposições deste Código.

- Art. 5º, XXXV a XXXVII, LIII a LVI, LXVII, LXXIV e LXXVIII, da CF.

Art. 2º O processo começa por iniciativa da parte e se desenvolve por impulso oficial, salvo as exceções previstas em lei.

- Arts. 139 e 141 deste Código.

Art. 3º Não se excluirá da apreciação jurisdicional ameaça ou lesão a direito.

- Art. 5º, XXXV, da CF.

§ 1º É permitida a arbitragem, na forma da lei.

- Lei nº 9.307, de 23-9-1996 (Lei da Arbitragem).

§ 2º O Estado promoverá, sempre que possível, a solução consensual dos conflitos.

§ 3º A conciliação, a mediação e outros métodos de solução consensual de conflitos deverão ser estimulados por juízes, advogados, defensores públicos e membros do Ministério Público, inclusive no curso do processo judicial.

- Arts. 139, V, 165 a 175, 334 e 359 deste Código.
- Lei nº 13.140, de 26-6-2015 (Lei da Mediação).

Art. 4º As partes têm o direito de obter em prazo razoável a solução integral do mérito, incluída a atividade satisfativa.

- Art. 5º, LXXVIII, da CF.
- Arts. 6º, 139, II, e 685, parágrafo único, deste Código.

Art. 5º Aquele que de qualquer forma participa do processo deve comportar-se de acordo com a boa-fé.

- Arts. 77 a 80 e 435, parágrafo único, deste Código.

Art. 6º Todos os sujeitos do processo devem cooperar entre si para que se obtenha, em tempo razoável, decisão de mérito justa e efetiva.

- Arts. 4º, 67 a 69, 139, II, 237, III, 357, § 3º, 487, e 685, parágrafo único, deste Código.

Art. 7º É assegurada às partes paridade de tratamento em relação ao exercício de direitos e faculdades processuais, aos meios de defesa, aos ônus, aos deveres e à aplicação de sanções processuais, competindo ao juiz zelar pelo efetivo contraditório.

- Art. 5º, LV, da CF.
- Arts. 9º, 10, 77 a 81, 98, § 1º, VIII, 115, 329, II, 372, 503, § 1º, II, e 962, § 2º, deste Código.

Art. 8º Ao aplicar o ordenamento jurídico, o juiz atenderá aos fins sociais e às exigências do bem comum, resguardando e promovendo a dignidade da pessoa humana e observando a proporcionalidade, a razoabilidade, a legalidade, a publicidade e a eficiência.

- Art. 37 da CF.
- Arts. 11, 194, 930 e 979 deste Código.
- Art. 5º do Dec.-lei nº 4.657, de 4-9-1942 (Lei de Introdução às Normas do Direito Brasileiro).

Art. 9º Não se proferirá decisão contra uma das partes sem que ela seja previamente ouvida.

- Art. 5º, LV, da CF.
- Arts. 10, 115, 503, § 1º, II, deste Código.
- Art. 4º da IN do TST nº 39, de 15-3-2016, que dispõe de forma não exaustiva sobre as normas do CPC/2015 aplicáveis ao Processo do Trabalho.

Parágrafo único. O disposto no *caput* não se aplica:

I – à tutela provisória de urgência;

- Arts. 300 a 310 deste Código.

II – às hipóteses de tutela da evidência previstas no art. 311, incisos II e III;

- O STF, por maioria, ao julgar a ADI nº 5.492, declarou a constitucionalidade da referência deste dispositivo ao inciso II do art. 311 do mesmo diploma legal (*DOU* de 4-5-2023).

III – à decisão prevista no art. 701.

Art. 10. O juiz não pode decidir, em grau algum de jurisdição, com base em fundamento a respeito do qual não se tenha dado às partes oportunidade de se manifestar, ainda que se trate de matéria sobre a qual deva decidir de ofício.

- Art. 5º, LV, da CF.
- Arts. 63, § 3º, 64, § 1º, 78, § 2º, 81, 138, 142, 190, parágrafo único, 278, parágrafo único, 292, § 3º, 337, § 5º, 485, § 3º, 487, parágrafo único, 493, parágrafo único, 622, 803, parágrafo único, 921, § 5º, 927, § 1º, 933, e 938, § 1º, deste Código.
- Art. 4º da IN do TST nº 39, de 15-3-2016, que dispõe de forma não exaustiva sobre as normas do CPC/2015 aplicáveis ao Processo do Trabalho.

Art. 11. Todos os julgamentos dos órgãos do Poder Judiciário serão públicos, e fundamentadas todas as decisões, sob pena de nulidade.

- Art. 93, IX, da CF.
- Arts. 489, § 1º, e 1.013, § 3º, IV, deste Código.

Parágrafo único. Nos casos de segredo de justiça, pode ser autorizada a presença somente das partes, de seus advogados, de defensores públicos ou do Ministério Público.

- Arts. 107, I, 152, V, 189, 195 e 368 deste Código.

Art. 12. Os juízes e os tribunais atenderão, preferencialmente, à ordem cronológica de conclusão para proferir sentença ou acórdão.

- *Caput* com a redação dada pela Lei nº 13.256, de 4-2-2016.
- Art. 153 deste Código.

§ 1º A lista de processos aptos a julgamento deverá estar permanentemente à disposição para consulta pública em cartório e na rede mundial de computadores.

- Art. 1.046, § 5º, deste Código.

§ 2º Estão excluídos da regra do *caput*:

I – as sentenças proferidas em audiência, homologatórias de acordo ou de improcedência liminar do pedido;

- Arts. 239, 332, 334 e 918, II, deste Código.

II – o julgamento de processos em bloco para aplicação de tese jurídica firmada em julgamento de casos repetitivos;

- Arts. 69, § 2º, VI, e 928 deste Código.

III – o julgamento de recursos repetitivos ou de incidente de resolução de demandas repetitivas;

- Arts. 980, 1.037, § 4º, e 1.038, § 2º, deste Código.

IV – as decisões proferidas com base nos arts. 485 e 932;

V – o julgamento de embargos de declaração;

- Art. 1.024 deste Código.

VI – o julgamento de agravo interno;

- Art. 1.021 deste Código.

VII – as preferências legais e as metas estabelecidas pelo Conselho Nacional de Justiça;

- Arts. 936, 1.035, § 9º, e 1.048 deste Código.

VIII – os processos criminais, nos órgãos jurisdicionais que tenham competência penal;

IX – a causa que exija urgência no julgamento, assim reconhecida por decisão fundamentada.

§ 3º Após elaboração de lista própria, respeitar-se-á a ordem cronológica das conclusões entre as preferências legais.

§ 4º Após a inclusão do processo na lista de que trata o § 1º, o requerimento formulado pela parte não altera a ordem cronológica para a decisão, exceto quando implicar a reabertura da instrução ou a conversão do julgamento em diligência.

§ 5º Decidido o requerimento previsto no § 4º, o processo retornará à mesma posição em que anteriormente se encontrava na lista.

§ 6º Ocupará o primeiro lugar na lista prevista no § 1º ou, conforme o caso, no § 3º, o processo que:

I – tiver sua sentença ou acórdão anulado, salvo quando houver necessidade de realização de diligência ou de complementação da instrução;

- Arts. 228, 233, 276 a 283, e 1.013, § 3º, IV, deste Código.

II – se enquadrar na hipótese do art. 1.040, inciso II.

CAPÍTULO II – DA APLICAÇÃO DAS NORMAS PROCESSUAIS

Art. 13. A jurisdição civil será regida pelas normas processuais brasileiras, ressalvadas as disposições específicas previstas em tratados, convenções ou acordos internacionais de que o Brasil seja parte.

Art. 14. A norma processual não retroagirá e será aplicável imediatamente aos processos em curso, respeitados os atos processuais praticados e as situações jurídicas consolidadas sob a vigência da norma revogada.

- Art. 1.046 deste Código.

Art. 15. Na ausência de normas que regulem processos eleitorais, trabalhistas ou administrativos, as disposições deste Código lhes serão aplicadas supletiva e subsidiariamente.

- O STF, por maioria, ao julgar a ADI nº 5.492, declarou a constitucionalidade da expressão "administrativos", constante neste artigo (*DOU* de 4-5-2023).

LIVRO II – DA FUNÇÃO JURISDICIONAL

TÍTULO I – DA JURISDIÇÃO E DA AÇÃO

Art. 16. A jurisdição civil é exercida pelos juízes e pelos tribunais em todo o território nacional, conforme as disposições deste Código.

- Art. 5º, XXXVII, da CF.
- Art. 1.046 deste Código.

Art. 17. Para postular em juízo é necessário ter interesse e legitimidade.

- Arts. 109, 120, parágrafo único, 330, II e III, 337, XI, 339, 485, VI, 525, § 1º, II, 535, II, 615, 616, 677, § 4º, 747, parágrafo único, 761 e 967 deste Código.

Art. 18. Ninguém poderá pleitear direito alheio em nome próprio, salvo quando autorizado pelo ordenamento jurídico.

- Art. 5º, XXI e LXX, e 8º, III, da CF.
- Arts. 81 e 82 do CDC.
- Lei nº 1.134, de 14-6-1950, faculta representação perante as autoridades administrativas e a justiça ordinária dos associados de classes que especifica.
- Art. 5º da Lei nº 7.347, de 24-7-1985 (Lei da Ação Civil Pública).

Parágrafo único. Havendo substituição processual, o substituído poderá intervir como assistente litisconsorcial.

- Art. 124 deste Código.

Art. 19. O interesse do autor pode limitar-se à declaração:

I – da existência, da inexistência ou do modo de ser de uma relação jurídica;

- Súmulas nºs 181 e 242 do STJ.

II – da autenticidade ou da falsidade de documento.

- Arts. 427 a 433, 436 e 478 deste Código.
- Súm. nº 258 do STF.

Art. 20. É admissível a ação meramente declaratória, ainda que tenha ocorrido a violação do direito.

- Súmulas nºs 181 e 242 do STJ.

TÍTULO II – DOS LIMITES DA JURISDIÇÃO NACIONAL E DA COOPERAÇÃO INTERNACIONAL

CAPÍTULO I – DOS LIMITES DA JURISDIÇÃO NACIONAL

- Art. 964 deste Código.

Art. 21. Compete à autoridade judiciária brasileira processar e julgar as ações em que:

- Súmulas nºs 181 e 242 do STJ.

I – o réu, qualquer que seja a sua nacionalidade, estiver domiciliado no Brasil;

- Art. 46, § 3º, deste Código.
- Arts. 70 a 78 do CC.

II – no Brasil tiver de ser cumprida a obrigação;

- Art. 12 do Dec.-lei nº 4.657, de 4-9-1942 (Lei de Introdução às Normas do Direito Brasileiro).

III – o fundamento seja fato ocorrido ou ato praticado no Brasil.

Parágrafo único. Para o fim do disposto no inciso I, considera-se domiciliada no Brasil a pessoa jurídica estrangeira que nele tiver agência, filial ou sucursal.

- Art. 75, X, § 3º, deste Código.
- Art. 75, § 2º, do CC.
- Art. 12 da LINDB.

Art. 22. Compete, ainda, à autoridade judiciária brasileira processar e julgar as ações:

I – de alimentos, quando:

- Arts. 53, II, 189, II, 215, II, 292, III, 528 a 533, 911 a 913 e 1.012, § 1º, II, deste Código.
- Arts. 1.694 a 1.710 do CC.
- Lei nº 5.478, de 25-7-1968 (Lei da Ação de Alimentos).
- Lei nº 8.971, de 29-12-1994, regula o direito dos companheiros a alimentos e à sucessão.
- Lei nº 11.804, de 5-11-2008 (Lei dos Alimentos Gravídicos).

a) o credor tiver domicílio ou residência no Brasil;

- Arts. 70 a 78 do CC.

b) o réu mantiver vínculos no Brasil, tais como posse ou propriedade de bens, recebimento de renda ou obtenção de benefícios econômicos;

II – decorrentes de relações de consumo, quando o consumidor tiver domicílio ou residência no Brasil;

- Arts. 70 a 78 do CC.
- Art. 101, I, do CDC.

III – em que as partes, expressa ou tacitamente, se submeterem à jurisdição nacional.

Art. 23. Compete à autoridade judiciária brasileira, com exclusão de qualquer outra:

- Arts. 7º, 10, 14 e 18 da LINDB.

I – conhecer de ações relativas a imóveis situados no Brasil;

- Art. 47 deste Código.
- Arts. 8º e 12, § 1º, do Dec.-lei nº 4.657, de 4-9-1942 (Lei de Introdução às Normas do Direito Brasileiro).

II – em matéria de sucessão hereditária, proceder à confirmação de testamento particular e ao inventário e à partilha de bens situados no Brasil, ainda que o autor da herança seja de nacionalidade estrangeira ou tenha domicílio fora do território nacional;

- Art. 48 deste Código.
- Arts. 70 a 78 do CC.
- Art. 10 do Dec.-lei nº 4.657, de 4-9-1942 (Lei de Introdução às Normas do Direito Brasileiro).

III – em divórcio, separação judicial ou dissolução de união estável, proceder à partilha de bens situados no Brasil, ainda que o titular seja de nacionalidade estrangeira ou tenha domicílio fora do território nacional.

- Arts. 53, I, 189, II, 693 a 699, 731 a 734 e 961, §§ 5º e 6º, deste Código.
- Arts. 70 a 78, 1.571 a 1.582 e 1.723 a 1.727 do CC.
- Art. 7º do Dec.-lei nº 4.657, de 4-9-1942 (Lei de Introdução às Normas do Direito Brasileiro).
- Lei nº 6.515, de 26-12-1977 (Lei do Divórcio).
- Lei nº 8.971, de 29-12-1994, dispõe sobre direito dos companheiros a alimentos e à sucessão.
- Lei nº 9.278, de 10-5-1996 (Lei da União Estável).

Art. 24. A ação proposta perante tribunal estrangeiro não induz litispendência e não obsta a que a autoridade judiciária brasileira conheça da mesma causa e das que lhe são conexas, ressalvadas as disposições em contrário de tratados internacionais e acordos bilaterais em vigor no Brasil.

- Art. 337, § 1º, deste Código.

Parágrafo único. A pendência de causa perante a jurisdição brasileira não impede a homologação de sentença judicial estrangeira quando exigida para produzir efeitos no Brasil.

- Arts. 26, § 2º, 27, III, 40, e 960 a 965 deste Código.

Art. 25. Não compete à autoridade judiciária brasileira o processamento e o julgamento da ação quando houver cláusula de eleição de foro exclusivo estrangeiro em contrato internacional, arguida pelo réu na contestação.

- Arts. 63, 337, II, e 340 deste Código.

§ 1º Não se aplica o disposto no *caput* às hipóteses de competência internacional exclusiva previstas neste Capítulo.

- Art. 964 deste Código.

§ 2º Aplica-se à hipótese do *caput* o art. 63, §§ 1º a 4º.

CAPÍTULO II – DA COOPERAÇÃO INTERNACIONAL

SEÇÃO I – DISPOSIÇÕES GERAIS

- Art. 4º, IX, da CF.
- Arts. 37 a 41 deste Código.

Art. 26. A cooperação jurídica internacional será regida por tratado de que o Brasil faz parte e observará:

I – o respeito às garantias do devido processo legal no Estado requerente;

II – a igualdade de tratamento entre nacionais e estrangeiros, residentes ou não no Brasil, em relação ao acesso à justiça e à tramitação dos processos, assegurando-se assistência judiciária aos necessitados;

- Arts. 5º, LXXIV, e 134 da CF.
- Lei nº 1.060, de 5-2-1950 (Lei de Assistência Judiciária).

III – a publicidade processual, exceto nas hipóteses de sigilo previstas na legislação brasileira ou na do Estado requerente;

- Art. 8º deste Código.

IV – a existência de autoridade central para recepção e transmissão dos pedidos de cooperação;

V – a espontaneidade na transmissão de informações a autoridades estrangeiras.

§ 1º Na ausência de tratado, a cooperação jurídica internacional poderá realizar-se com base em reciprocidade, manifestada por via diplomática.

§ 2º Não se exigirá a reciprocidade referida no § 1º para homologação de sentença estrangeira.

- Arts. 960 a 965 deste Código.

§ 3º Na cooperação jurídica internacional não será admitida a prática de atos que contrariem ou que produzam resultados incompatíveis com as normas fundamentais que regem o Estado brasileiro.

§ 4º O Ministério da Justiça exercerá as funções de autoridade central na ausência de designação específica.

Art. 27. A cooperação jurídica internacional terá por objeto:

I – citação, intimação e notificação judicial e extrajudicial;

▸ Arts. 238, 269 e 726 a 729 deste Código.

II – colheita de provas e obtenção de informações;

III – homologação e cumprimento de decisão;

▸ Arts. 26, § 2º, e 960 a 965 deste Código.

IV – concessão de medida judicial de urgência;

V – assistência jurídica internacional;

VI – qualquer outra medida judicial ou extrajudicial não proibida pela lei brasileira.

Seção II

DO AUXÍLIO DIRETO

Art. 28. Cabe auxílio direto quando a medida não decorrer diretamente de decisão de autoridade jurisdicional estrangeira a ser submetida a juízo de delibação no Brasil.

Art. 29. A solicitação de auxílio direto será encaminhada pelo órgão estrangeiro interessado à autoridade central, cabendo ao Estado requerente assegurar a autenticidade e a clareza do pedido.

Art. 30. Além dos casos previstos em tratados de que o Brasil faz parte, o auxílio direto terá os seguintes objetos:

I – obtenção e prestação de informações sobre o ordenamento jurídico e sobre processos administrativos ou jurisdicionais findos ou em curso;

II – colheita de provas, salvo se a medida for adotada em processo, em curso no estrangeiro, de competência exclusiva de autoridade judiciária brasileira;

▸ Arts. 21 a 25 deste Código.

III – qualquer outra medida judicial ou extrajudicial não proibida pela lei brasileira.

Art. 31. A autoridade central brasileira comunicar-se-á diretamente com suas congêneres e, se necessário, com outros órgãos estrangeiros responsáveis pela tramitação e pela execução de pedidos de cooperação enviados e recebidos pelo Estado brasileiro, respeitadas disposições específicas constantes de tratado.

Art. 32. No caso de auxílio direto para a prática de atos que, segundo a lei brasileira, não necessitem de prestação jurisdicional, a autoridade central adotará as providências necessárias para seu cumprimento.

Art. 33. Recebido o pedido de auxílio direto passivo, a autoridade central o encaminhará à Advocacia-Geral da União, que requererá em juízo a medida solicitada.

Parágrafo único. O Ministério Público requererá em juízo a medida solicitada quando for autoridade central.

Art. 34. Compete ao juízo federal do lugar em que deva ser executada a medida apreciar pedido de auxílio direto passivo que demande prestação de atividade jurisdicional.

Seção III

DA CARTA ROGATÓRIA

Art. 35. VETADO.

▸ O dispositivo vetado tinha a seguinte redação: "Art. 35. Dar-se-á por meio de carta rogatória o pedido de cooperação entre órgão jurisdicional brasileiro e órgão jurisdicional estrangeiro para prática de ato de citação, intimação, notificação judicial, colheita de provas, obtenção de informações e cumprimento de decisão interlocutória, sempre que o ato estrangeiro constituir decisão a ser executada no Brasil."

Art. 36. O procedimento da carta rogatória perante o Superior Tribunal de Justiça é de jurisdição contenciosa e deve assegurar às partes as garantias do devido processo legal.

▸ Arts. 5º, LIV, 105, I, *i*, e 109, X, da CF.

§ 1º A defesa restringir-se-á à discussão quanto ao atendimento dos requisitos para que o pronunciamento judicial estrangeiro produza efeitos no Brasil.

§ 2º Em qualquer hipótese, é vedada a revisão do mérito do pronunciamento judicial estrangeiro pela autoridade judiciária brasileira.

Seção IV

DISPOSIÇÕES COMUNS ÀS SEÇÕES ANTERIORES

Art. 37. O pedido de cooperação jurídica internacional oriundo de autoridade brasileira competente será encaminhado à autoridade central para posterior envio ao Estado requerido para lhe dar andamento.

Art. 38. O pedido de cooperação oriundo de autoridade brasileira competente e os documentos anexos que o instruem serão encaminhados à autoridade central, acompanhados de tradução para a língua oficial do Estado requerido.

Art. 39. O pedido passivo de cooperação jurídica internacional será recusado se configurar manifesta ofensa à ordem pública.

Art. 40. A cooperação jurídica internacional para execução de decisão estrangeira dar-se-á por meio de carta rogatória ou de ação de homologação de sentença estrangeira, de acordo com o art. 960.

▸ Art. 105, I, *i*, da CF.

▸ Arts. 35, 36 e 960 a 965 deste Código.

Art. 41. Considera-se autêntico o documento que instruir pedido de cooperação jurídica internacional, inclusive tradução para a língua portuguesa, quando encaminhado ao Estado brasileiro por meio de autoridade central ou por via diplomática, dispensando-se ajuramentação, autenticação ou qualquer procedimento de legalização.

▸ Art. 192 deste Código.

Parágrafo único. O disposto no *caput* não impede, quando necessária, a aplicação pelo Estado brasileiro do princípio da reciprocidade de tratamento.

TÍTULO III – DA COMPETÊNCIA INTERNA

CAPÍTULO I

DA COMPETÊNCIA

▸ Art. 5º, LIII, da CF.

▸ Art. 781 deste Código.

Seção I

DISPOSIÇÕES GERAIS

Art. 42. As causas cíveis serão processadas e decididas pelo juiz nos limites de sua competência, ressalvado às partes o direito de instituir juízo arbitral, na forma da lei.

▸ Art. 5º, XXXV, da CF.

▸ Art. 3º deste Código.

▸ Arts. 70 a 78 do CC.

▸ Lei nº 9.307, de 23-9-1996 (Lei da Arbitragem).

Art. 43. Determina-se a competência no momento do registro ou da distribuição da petição inicial, sendo irrelevantes as modificações do estado de fato ou de direito ocorridas posteriormente, salvo quando suprimirem órgão judiciário ou alterarem a competência absoluta.

▸ Arts. 59, 284, 312 e 340 deste Código.

Art. 44. Obedecidos os limites estabelecidos pela Constituição Federal, a competência é determinada pelas normas previstas neste Código ou em legislação especial, pelas normas de organização judiciária e, ainda, no que couber, pelas constituições dos Estados.

▸ Arts. 92 a 126 da CF.

Art. 45. Tramitando o processo perante outro juízo, os autos serão remetidos ao juízo federal competente se nele intervier a União, suas empresas públicas, entidades autárquicas e fundações, ou conselho de fiscalização de atividade profissional, na qualidade de parte ou de terceiro interveniente, exceto as ações:

▸ Art. 109 da CF.

I – de recuperação judicial, falência, insolvência civil e acidente de trabalho;

▸ Lei nº 11.101, de 9-2-2005 (Lei de Recuperação de Empresas e Falências).

II – sujeitas à justiça eleitoral e à justiça do trabalho.

▸ Arts. 114 e 121 da CF.

§ 1º Os autos não serão remetidos se houver pedido cuja apreciação seja de competência do juízo perante o qual foi proposta a ação.

§ 2º Na hipótese do § 1º, o juiz, ao não admitir a cumulação de pedidos em razão da incompetência para apreciar qualquer deles, não examinará o mérito daquele em que exista interesse da União, de suas entidades autárquicas ou de suas empresas públicas.

§ 3º O juízo federal restituirá os autos ao juízo estadual sem suscitar conflito se o ente federal cuja presença ensejou a remessa for excluído do processo.

Art. 46. A ação fundada em direito pessoal ou em direito real sobre bens móveis será proposta, em regra, no foro de domicílio do réu.

▸ Arts. 70 a 78 do CC.

§ 1º Tendo mais de um domicílio, o réu será demandado no foro de qualquer deles.

§ 2º Sendo incerto ou desconhecido o domicílio do réu, ele poderá ser demandado onde for encontrado ou no foro de domicílio do autor.

§ 3º Quando o réu não tiver domicílio ou residência no Brasil, a ação será proposta no foro de domicílio do autor, e, se este também residir fora do Brasil, a ação será proposta em qualquer foro.

▸ Art. 21 deste Código.

§ 4º Havendo 2 (dois) ou mais réus com diferentes domicílios, serão demandados no foro de qualquer deles, à escolha do autor.

§ 5º A execução fiscal será proposta no foro de domicílio do réu, no de sua residência ou no do lugar onde for encontrado.

▸ O STF, por maioria, ao julgar a ADI nº 5.492, aplicou interpretação conforme a Constituição Federal a este dispositivo (*DOU* de 4-5-2023).

▸ Lei nº 6.830, de 22-9-1980 (Lei das Execuções Fiscais).

Art. 47. Para as ações fundadas em direito real sobre imóveis é competente o foro de situação da coisa.

▸ Art. 23, I, deste Código.

§ 1º O autor pode optar pelo foro de domicílio do réu ou pelo foro de eleição se o litígio não recair sobre direito de propriedade, vizinhança, servidão, divisão e demarcação de terras e de nunciação de obra nova.

▸ Arts. 63, 574 a 598 deste Código.

§ 2º A ação possessória imobiliária será proposta no foro de situação da coisa, cujo juízo tem competência absoluta.

▸ Arts. 554 a 568 deste Código.

Art. 48. O foro de domicílio do autor da herança, no Brasil, é o competente para o inventário, a partilha, a arrecadação, o cumprimento de disposições de última vontade, a impugnação ou anulação de partilha extrajudicial e para todas as ações em que o espólio for réu, ainda que o óbito tenha ocorrido no estrangeiro.

▸ Arts. 23, II, 610 a 673 e 735 a 737 deste Código.
▸ Súm. nº 58 do TFR.

Parágrafo único. Se o autor da herança não possuía domicílio certo, é competente:

I – o foro de situação dos bens imóveis;
II – havendo bens imóveis em foros diferentes, qualquer destes;
III – não havendo bens imóveis, o foro do local de qualquer dos bens do espólio.

Art. 49. A ação em que o ausente for réu será proposta no foro de seu último domicílio, também competente para a arrecadação, o inventário, a partilha e o cumprimento de disposições testamentárias.

▸ Arts. 744 e 745 deste Código.

Art. 50. A ação em que o incapaz for réu será proposta no foro de domicílio de seu representante ou assistente.

▸ Art. 76, parágrafo único, do CC.

Art. 51. É competente o foro de domicílio do réu para as causas em que seja autora a União.

▸ Art. 109, I, da CF.

Parágrafo único. Se a União for a demandada, a ação poderá ser proposta no foro de domicílio do autor, no de ocorrência do ato ou fato que originou a demanda, no de situação da coisa ou no Distrito Federal.

Art. 52. É competente o foro de domicílio do réu para as causas em que seja autor Estado ou o Distrito Federal.

Parágrafo único. Se Estado ou o Distrito Federal for o demandado, a ação poderá ser proposta no foro de domicílio do autor, no de ocorrência do ato ou fato que originou a demanda, no de situação da coisa ou na capital do respectivo ente federado.

▸ O STF, por maioria, ao julgar a ADI nº 5.492, aplicou interpretação conforme a Constituição Federal a este dispositivo (*DOU* de 4-5-2023).

Art. 53. É competente o foro:

▸ O STF, por maioria, julgou procedentes as Ações Diretas de Inconstitucionalidade nºs 6.792 e 7.055, para conferir interpretação conforme a constituição a este artigo (*DOU* de 27-5-2024).
▸ Arts. 70 a 78 do CC.

I – para a ação de divórcio, separação, anulação de casamento e reconhecimento ou dissolução de união estável:

▸ EC nº 66, de 13-7-2010, suprimiu o requisito da prévia separação judicial para a dissolução do casamento civil pelo divórcio.
▸ Arts. 5º, I, e 226, §§ 5º e 6º, da CF.
▸ Arts. 1.548 a 1.564 e 1.571 a 1.582 do CC.
▸ Lei nº 6.515, de 26-12-1977 (Lei do Divórcio).

a) de domicílio do guardião de filho incapaz;

b) do último domicílio do casal, caso não haja filho incapaz;

c) de domicílio do réu, se nenhuma das partes residir no antigo domicílio do casal;

▸ Arts. 693 a 699 e 731 a 734 deste Código.
▸ Arts. 1.548 a 1.564 e 1.571 a 1.582 do CC.
▸ Lei nº 6.515, de 26-12-1977 (Lei do Divórcio).
▸ Lei nº 9.278, de 10-5-1996 (Lei da União Estável).

d) de domicílio da vítima de violência doméstica e familiar, nos termos da Lei nº 11.340, de 7 de agosto de 2006 (Lei Maria da Penha);

▸ Alínea *d* acrescida pela Lei nº 13.894, de 29-10-2019.

II – de domicílio ou residência do alimentando, para a ação em que se pedem alimentos;

▸ Arts. 227, 229 e 230 da CF.
▸ Arts. 22, I, 189, II, 528 a 533, 911 a 913 e 1.012, § 1º, II, deste Código.
▸ Arts. 1.694 a 1.710 do CC.
▸ Lei nº 5.478, de 25-7-1968 (Lei da Ação de Alimentos).
▸ Lei nº 8.971, de 29-12-1994, regula o direito dos companheiros a alimentos e à sucessão.
▸ Lei nº 11.804, de 5-11-2008 (Lei dos Alimentos Gravídicos).
▸ Súm. nº 1 do STJ.

III – do lugar:

a) onde está a sede, para a ação em que for ré pessoa jurídica;

▸ Art. 75 do CC.

b) onde se acha agência ou sucursal, quanto às obrigações que a pessoa jurídica contraiu;

▸ Súm. nº 363 do STF.

c) onde exerce suas atividades, para a ação em que for ré sociedade ou associação sem personalidade jurídica;

▸ Art. 21, parágrafo único, deste Código.
▸ Art. 75 do CC.

d) onde a obrigação deve ser satisfeita, para a ação em que se lhe exigir o cumprimento;

▸ Arts. 814 a 823 deste Código.

e) de residência do idoso, para a causa que verse sobre direito previsto no respectivo estatuto;

▸ Lei nº 10.741, de 1º-10-2003 (Estatuto da Pessoa Idosa).

f) da sede da serventia notarial ou de registro, para a ação de reparação de dano por ato praticado em razão do ofício;

IV – do lugar do ato ou fato para a ação:

a) de reparação de dano;

▸ Arts. 43, 186, 402 a 405 e 927 a 954 do CC.

b) em que for réu administrador ou gestor de negócios alheios;

▸ Arts. 861 a 875, 1.010 a 1.021 e 1.060 a 1.065 do CC.

V – de domicílio do autor ou do local do fato, para a ação de reparação de dano sofrido em razão de delito ou acidente de veículos, inclusive aeronaves.

Seção II

DA MODIFICAÇÃO DA COMPETÊNCIA

Art. 54. A competência relativa poderá modificar-se pela conexão ou pela continência, observado o disposto nesta Seção.

▸ Súm. nº 235 do STJ.

Art. 55. Reputam-se conexas 2 (duas) ou mais ações quando lhes for comum o pedido ou a causa de pedir.

§ 1º Os processos de ações conexas serão reunidos para decisão conjunta, salvo se um deles já houver sido sentenciado.

§ 2º Aplica-se o disposto no *caput*:

I – à execução de título extrajudicial e à ação de conhecimento relativa ao mesmo ato jurídico;
II – às execuções fundadas no mesmo título executivo.

§ 3º Serão reunidos para julgamento conjunto os processos que possam gerar risco de prolação de decisões conflitantes ou contraditórias caso decididos separadamente, mesmo sem conexão entre eles.

▸ Arts. 58, 113, 286, I e III, e 337, VIII, deste Código.

Art. 56. Dá-se a continência entre 2 (duas) ou mais ações quando houver identidade quanto às partes e à causa de pedir, mas o pedido de uma, por ser mais amplo, abrange o das demais.

Art. 57. Quando houver continência e a ação continente tiver sido proposta anteriormente, no processo relativo à ação contida será proferida sentença sem resolução de mérito, caso contrário, as ações serão necessariamente reunidas.

▸ Art. 485, X, deste Código.
▸ Súmulas nºs 235 e 489 do STJ.

Art. 58. A reunião das ações propostas em separado far-se-á no juízo prevento, onde serão decididas simultaneamente.

▸ Arts. 54 e 286, I, deste Código.
▸ Súm. nº 235 do STJ.

Art. 59. O registro ou a distribuição da petição inicial torna prevento o juízo.

▸ Arts. 43, 284, 304, § 4º, 312, 340, § 2º, e 381, § 3º, deste Código.
▸ Arts. 202 a 204 e 397 do CC.
▸ Súmulas nºs 204 e 426 do STJ.

Art. 60. Se o imóvel se achar situado em mais de um Estado, comarca, seção ou subseção judiciária, a competência territorial do juízo prevento estender-se-á sobre a totalidade do imóvel.

Art. 61. A ação acessória será proposta no juízo competente para a ação principal.

Art. 62. A competência determinada em razão da matéria, da pessoa ou da função é inderrogável por convenção das partes.

▸ Art. 78 do CC.
▸ Súm. nº 335 do STF.

Art. 63. As partes podem modificar a competência em razão do valor e do território, elegendo foro onde será proposta ação oriunda de direitos e obrigações.

▸ Arts. 25, § 2º, e 47, § 1º, deste Código.
▸ Art. 78 do CC.
▸ Art. 2º da IN do TST nº 39, de 15-3-2016, que dispõe de forma não exaustiva sobre as normas do CPC/2015 inaplicáveis ao Processo do Trabalho.
▸ Súm. nº 335 do STF.

§ 1º *A eleição de foro somente produz efeito quando constar de instrumento escrito, aludir expressamente a determinado negócio jurídico e guardar pertinência com o domicílio ou a residência de uma das partes ou com o local da obrigação, ressalvada a pactuação consumerista, quando favorável ao consumidor.*

▸ § 1º com a redação dada pela Lei nº 14.879, de 4-6-2024.

§ 2º O foro contratual obriga os herdeiros e sucessores das partes.

§ 3º Antes da citação, a cláusula de eleição de foro, se abusiva, pode ser reputada ineficaz de ofício pelo juiz, que determinará a remessa dos autos ao juízo do foro de domicílio do réu.

▸ Art. 10 deste Código.

▸ Arts. 70 a 78 do CC.

§ 4º Citado, incumbe ao réu alegar a abusividade da cláusula de eleição de foro na contestação, sob pena de preclusão.

▸ Arts. 25, § 2º, e 337 deste Código.

§ 5º *O ajuizamento de ação em juízo aleatório, entendido como aquele sem vinculação com o domicílio ou a residência das partes ou com o negócio jurídico discutido na demanda, constitui prática abusiva que justifica a declinação de competência de ofício.*

▸ § 5º acrescido pela Lei nº 14.879, de 4-6-2024.

Seção III

DA INCOMPETÊNCIA

Art. 64. A incompetência, absoluta ou relativa, será alegada como questão preliminar de contestação.

▸ Arts. 46 a 53, 337, II, e 340 deste Código.

▸ Súmulas nos 33 e 187 do STJ.

§ 1º A incompetência absoluta pode ser alegada em qualquer tempo e grau de jurisdição e deve ser declarada de ofício.

▸ Arts. 10, 342, III, e 485, § 3º, deste Código.

§ 2º Após manifestação da parte contrária, o juiz decidirá imediatamente a alegação de incompetência.

§ 3º Caso a alegação de incompetência seja acolhida, os autos serão remetidos ao juízo competente.

§ 4º Salvo decisão judicial em sentido contrário, conservar-se-ão os efeitos de decisão proferida pelo juízo incompetente até que outra seja proferida, se for o caso, pelo juízo competente.

Art. 65. Prorrogar-se-á a competência relativa se o réu não alegar a incompetência em preliminar de contestação.

▸ Arts. 337, II, e 340 deste Código.

Parágrafo único. A incompetência relativa pode ser alegada pelo Ministério Público nas causas em que atuar.

Art. 66. Há conflito de competência quando:

▸ Súmulas nos 59 e 489 do STJ.

I – 2 (dois) ou mais juízes se declaram competentes;

II – 2 (dois) ou mais juízes se consideram incompetentes, atribuindo um ao outro a competência;

III – entre 2 (dois) ou mais juízes surge controvérsia acerca da reunião ou separação de processos.

Parágrafo único. O juiz que não acolher a competência declinada deverá suscitar o conflito, salvo se a atribuir a outro juízo.

▸ Arts. 951 a 959 deste Código.

CAPÍTULO II

DA COOPERAÇÃO NACIONAL

▸ Arts. 6º e 237, III, deste Código.

Art. 67. Aos órgãos do Poder Judiciário, estadual ou federal, especializado ou comum, em todas as instâncias e graus de jurisdição, inclusive aos tribunais superiores, incumbe o dever de recíproca cooperação, por meio de seus magistrados e servidores.

Art. 68. Os juízos poderão formular entre si pedido de cooperação para prática de qualquer ato processual.

▸ Art. 237, III, deste Código.

Art. 69. O pedido de cooperação jurisdicional deve ser prontamente atendido, prescinde de forma específica e pode ser executado como:

I – auxílio direto;

▸ Art. 377 deste Código.

II – reunião ou apensamento de processos;

III – prestação de informações;

IV – atos concertados entre os juízes cooperantes.

§ 1º As cartas de ordem, precatória e arbitral seguirão o regime previsto neste Código.

▸ Arts. 237 e 260 deste Código.

§ 2º Os atos concertados entre os juízes cooperantes poderão consistir, além de outros, no estabelecimento de procedimento para:

I – a prática de citação, intimação ou notificação de ato;

▸ Arts. 238, 269 e 726 a 729 deste Código.

II – a obtenção e apresentação de provas e a coleta de depoimentos;

III – a efetivação de tutela provisória;

▸ Arts. 294 a 311 deste Código.

IV – a efetivação de medidas e providências para recuperação e preservação de empresas;

V – a facilitação de habilitação de créditos na falência e na recuperação judicial;

▸ Arts. 7º a 20 da Lei nº 11.101, de 9-2-2005 (Lei de Recuperação de Empresas e Falências).

VI – a centralização de processos repetitivos;

▸ Art. 12, § 2º, II, deste Código.

VII – a execução de decisão jurisdicional.

§ 3º O pedido de cooperação judiciária pode ser realizado entre órgãos jurisdicionais de diferentes ramos do Poder Judiciário.

LIVRO III – DOS SUJEITOS DO PROCESSO

TÍTULO I – DAS PARTES E DOS PROCURADORES

CAPÍTULO I

DA CAPACIDADE PROCESSUAL

Art. 70. Toda pessoa que se encontre no exercício de seus direitos tem capacidade para estar em juízo.

▸ Art. 8º da Lei nº 9.099, de 26-9-1995 (Lei dos Juizados Especiais Cíveis e Criminais).

Art. 71. O incapaz será representado ou assistido por seus pais, por tutor ou por curador, na forma da lei.

▸ Arts. 3º a 5º, 1.690, 1.692, 1.747, 1.748, V, 1.767, 1.774, 1.779 e 1.782 do CC.

▸ Arts. 7º a 11 da Lei nº 6.001, de 19-12-1973 (Estatuto do Índio).

Art. 72. O juiz nomeará curador especial ao:

I – incapaz, se não tiver representante legal ou se os interesses deste colidirem com os daquele, enquanto durar a incapacidade;

▸ Art. 1.692 do CC.

II – réu preso revel, bem como ao réu revel citado por edital ou com hora certa, enquanto não for constituído advogado.

▸ Arts. 253, 257, 341, parágrafo único, 671, e 752, § 2º, deste Código.

▸ Súm. nº 196 do STJ.

Parágrafo único. A curatela especial será exercida pela Defensoria Pública, nos termos da lei.

▸ LC nº 80, de 12-1-1994 (Lei da Defensoria Pública).

Art. 73. O cônjuge necessitará do consentimento do outro para propor ação que verse sobre direito real imobiliário, salvo quando casados sob o regime de separação absoluta de bens.

▸ Arts. 1.647, II, 1.687 e 1.688 do CC.

§ 1º Ambos os cônjuges serão necessariamente citados para a ação:

I – que verse sobre direito real imobiliário, salvo quando casados sob o regime de separação absoluta de bens;

▸ Arts. 842, 1.687 e 1.688 do CC.

II – resultante de fato que diga respeito a ambos os cônjuges ou de ato praticado por eles;

III – fundada em dívida contraída por um dos cônjuges a bem da família;

▸ Art. 226, § 5º, da CF.

IV – que tenha por objeto o reconhecimento, a constituição ou a extinção de ônus sobre imóvel de um ou de ambos os cônjuges.

▸ Arts. 1.642 e 1.647, I, do CC.

§ 2º Nas ações possessórias, a participação do cônjuge do autor ou do réu somente é indispensável nas hipóteses de composse ou de ato por ambos praticado.

§ 3º Aplica-se o disposto neste artigo à união estável comprovada nos autos.

Art. 74. O consentimento previsto no art. 73 pode ser suprido judicialmente quando for negado por um dos cônjuges sem justo motivo, ou quando lhe seja impossível concedê-lo.

▸ Art. 1.648 do CC.

Parágrafo único. A falta de consentimento, quando necessário e não suprido pelo juiz, invalida o processo.

Art. 75. Serão representados em juízo, ativa e passivamente:

I – a União, pela Advocacia-Geral da União, diretamente ou mediante órgão vinculado;

▸ Arts. 131 e 132 da CF.

II – o Estado e o Distrito Federal, por seus procuradores;

III – o Município, por seu prefeito, procurador ou Associação de Representação de Municípios, quando expressamente autorizada;

▸ Inciso III com a redação dada pela Lei nº 14.341, de 18-5-2022.

▸ Art. 22, III, *c*, *l*, *n* e *o*, da Lei nº 11.101, de 9-2-2005 (Lei de Recuperação de Empresas e Falências).

IV – a autarquia e a fundação de direito público, por quem a lei do ente federado designar;

▸ Arts. 1.819 a 1.823 do CC.

V – a massa falida, pelo administrador judicial;

VI – a herança jacente ou vacante, por seu curador;

▸ Art. 46, III, do CC.

VII – o espólio, pelo inventariante;

▸ Arts. 986 a 996 do CC.

VIII – a pessoa jurídica, por quem os respectivos atos constitutivos designarem ou, não havendo essa designação, por seus diretores;

▸ Arts. 1.323 e 1.348, II, do CC.

▸ Art. 22, § 1º, da Lei nº 4.591, de 16-12-1964 (Lei do Condomínio e Incorporações).

IX – a sociedade e a associação irregulares e outros entes organizados sem personalidade jurídica, pela pessoa a quem couber a administração de seus bens;

X – a pessoa jurídica estrangeira, pelo gerente, representante ou administrador de sua filial, agência ou sucursal aberta ou instalada no Brasil;

▸ Art. 21, parágrafo único, deste Código.

XI – o condomínio, pelo administrador ou síndico.

§ 1º Quando o inventariante for dativo, os sucessores do falecido serão intimados no processo no qual o espólio seja parte.

▸ Art. 618, I, deste Código.

§ 2º A sociedade ou associação sem personalidade jurídica não poderá opor a irregularidade de sua constituição quando demandada.

§ 3º O gerente de filial ou agência presume-se autorizado pela pessoa jurídica estrangeira a receber citação para qualquer processo.

§ 4º Os Estados e o Distrito Federal poderão ajustar compromisso recíproco para prática de ato processual por seus procuradores em favor de outro ente federado, mediante convênio firmado pelas respectivas procuradorias.

§ 5º A representação judicial do Município pela Associação de Representação de Municípios somente poderá ocorrer em questões de interesse comum dos Municípios associados e dependerá de autorização do respectivo chefe do Poder Executivo municipal, com indicação específica do direito ou da obrigação a ser objeto das medidas judiciais.

▸ § 5º acrescido pela Lei nº 14.341, de 18-5-2022.

Art. 76. Verificada a incapacidade processual ou a irregularidade da representação da parte, o juiz suspenderá o processo e designará prazo razoável para que seja sanado o vício.

▸ Arts. 111 e 337, IX, deste Código.

▸ Art. 3º da IN do TST nº 39, de 15-3-2016, que dispõe de forma não exaustiva sobre as normas do CPC/2015 aplicáveis ao Processo do Trabalho.

§ 1º Descumprida a determinação, caso o processo esteja na instância originária:

I – o processo será extinto, se a providência couber ao autor;

II – o réu será considerado revel, se a providência lhe couber;

III – o terceiro será considerado revel ou excluído do processo, dependendo do polo em que se encontre.

§ 2º Descumprida a determinação em fase recursal perante tribunal de justiça, tribunal regional federal ou tribunal superior, o relator:

I – não conhecerá do recurso, se a providência couber ao recorrente;

II – determinará o desentranhamento das contrarrazões, se a providência couber ao recorrido.

CAPÍTULO II
DOS DEVERES DAS PARTES E DE SEUS PROCURADORES

Seção I
DOS DEVERES

▸ Arts. 5º e 6º deste Código.

Art. 77. Além de outros previstos neste Código, são deveres das partes, de seus procuradores e de todos aqueles que de qualquer forma participem do processo:

I – expor os fatos em juízo conforme a verdade;

▸ Arts. 80, II, e 379 deste Código.

II – não formular pretensão ou de apresentar defesa quando cientes de que são destituídas de fundamento;

▸ Art. 80, I, deste Código.

III – não produzir provas e não praticar atos inúteis ou desnecessários à declaração ou à defesa do direito;

▸ Art. 370, parágrafo único, deste Código.

IV – cumprir com exatidão as decisões jurisdicionais, de natureza provisória ou final, e não criar embaraços à sua efetivação;

V – declinar, no primeiro momento que lhes couber falar nos autos, o endereço residencial ou profissional onde receberão intimações, atualizando essa informação sempre que ocorrer qualquer modificação temporária ou definitiva;

▸ Arts. 274, parágrafo único, 106, e 319, II, deste Código.

VI – não praticar inovação ilegal no estado de fato de bem ou direito litigioso;

VII – informar e manter atualizados seus dados cadastrais perante os órgãos do Poder Judiciário e, no caso do § 6º do art. 246 deste Código, da Administração Tributária, para recebimento de citações e intimações.

▸ Inciso VII acrescido pela Lei nº 14.195, de 26-8-2021.

§ 1º Nas hipóteses dos incisos IV e VI, o juiz advertirá qualquer das pessoas mencionadas no *caput* de que sua conduta poderá ser punida como ato atentatório à dignidade da justiça.

▸ Arts. 139, III, 161, parágrafo único, 334, § 8º, 772, II, 774, 777, 903, § 6º, e 918, parágrafo único, deste Código.

§ 2º A violação ao disposto nos incisos IV e VI constitui ato atentatório à dignidade da justiça, devendo o juiz, sem prejuízo das sanções criminais, civis e processuais cabíveis, aplicar ao responsável multa de até vinte por cento do valor da causa, de acordo com a gravidade da conduta.

▸ Arts. 31 a 33 da Lei nº 8.906, de 4-7-1994 (Estatuto da Advocacia e da OAB).

§ 3º Não sendo paga no prazo a ser fixado pelo juiz, a multa prevista no § 2º será inscrita como dívida ativa da União ou do Estado após o trânsito em julgado da decisão que a fixou, e sua execução observará o procedimento da execução fiscal, revertendo-se aos fundos previstos no art. 97.

▸ Lei nº 6.830, de 22-9-1980 (Lei das Execuções Fiscais).

§ 4º A multa estabelecida no § 2º poderá ser fixada independentemente da incidência das previstas nos arts. 523, § 1º, e 536, § 1º.

▸ Art. 85, § 12, deste Código.

§ 5º Quando o valor da causa for irrisório ou inestimável, a multa prevista no § 2º poderá ser fixada em até 10 (dez) vezes o valor do salário mínimo.

§ 6º Aos advogados públicos ou privados e aos membros da Defensoria Pública e do Ministério Público não se aplica o disposto nos §§ 2º a 5º, devendo eventual responsabilidade disciplinar ser apurada pelo respectivo órgão de classe ou corregedoria, ao qual o juiz oficiará.

§ 7º Reconhecida violação ao disposto no inciso VI, o juiz determinará o restabelecimento do estado anterior, podendo, ainda, proibir a parte de falar nos autos até a purgação do atentado, sem prejuízo da aplicação do § 2º.

§ 8º O representante judicial da parte não pode ser compelido a cumprir decisão em seu lugar.

Art. 78. É vedado às partes, a seus procuradores, aos juízes, aos membros do Ministério Público e da Defensoria Pública e a qualquer pessoa que participe do processo empregar expressões ofensivas nos escritos apresentados.

▸ Art. 142, I, e parágrafo único, do CP.

▸ Art. 7º, § 2º, da Lei nº 8.906, de 4-7-1994 (Estatuto da Advocacia e da OAB).

§ 1º Quando expressões ou condutas ofensivas forem manifestadas oral ou presencialmente, o juiz advertirá o ofensor de que não as deve usar ou repetir, sob pena de lhe ser cassada a palavra.

§ 2º De ofício ou a requerimento do ofendido, o juiz determinará que as expressões ofensivas sejam riscadas e, a requerimento do ofendido, determinará a expedição de certidão com inteiro teor das expressões ofensivas e a colocará à disposição da parte interessada.

▸ Art. 10 deste Código.

Seção II
DA RESPONSABILIDADE DAS PARTES POR DANO PROCESSUAL

Art. 79. Responde por perdas e danos aquele que litigar de má-fé como autor, réu ou interveniente.

▸ Arts. 187, 402 a 405, 927 e 940 do CC.

Art. 80. Considera-se litigante de má-fé aquele que:

I – deduzir pretensão ou defesa contra texto expresso de lei ou fato incontroverso;

▸ Art. 77, II, deste Código.

▸ Art. 32, parágrafo único, da Lei nº 8.906, de 4-7-1994 (Estatuto da Advocacia e da OAB).

II – alterar a verdade dos fatos;

▸ Arts. 77, I, e 379 deste Código.

III – usar do processo para conseguir objetivo ilegal;

IV – opuser resistência injustificada ao andamento do processo;

V – proceder de modo temerário em qualquer incidente ou ato do processo;

VI – provocar incidente manifestamente infundado;

VII – interpuser recurso com intuito manifestamente protelatório.

▸ Arts. 139, III, e 1.026, §§ 2º a 4º, deste Código.

▸ Art. 4º, parágrafo único, da Lei nº 9.800, de 26-5-1999, que permite às partes a utilização de sistema de transmissão de dados para a prática de atos processuais.

Art. 81. De ofício ou a requerimento, o juiz condenará o litigante de má-fé a pagar multa, que deverá ser superior a um por cento e inferior a dez por cento do valor corrigido da causa, a indenizar a parte contrária pelos prejuízos que esta sofreu e a arcar com os honorários advocatícios e com todas as despesas que efetuou.

- ▶ Art. 5º, LV, da CF.
- ▶ Arts. 10, 82 a 97, 100, parágrafo único, 142, 536, § 3º, 702, §§ 10 e 11, e 777 deste Código.
- ▶ Art. 87 do CDC.
- ▶ Art. 17 da Lei nº 7.347, de 24-7-1985 (Lei da Ação Civil Pública).
- ▶ Art. 27 da Lei nº 9.307, de 23-9-1996 (Lei de Arbitragem).
- ▶ OJ da SBDI-I nº 409 do TST.

§ 1º Quando forem 2 (dois) ou mais os litigantes de má-fé, o juiz condenará cada um na proporção de seu respectivo interesse na causa ou solidariamente aqueles que se coligaram para lesar a parte contrária.

- ▶ Arts. 275 a 285 e 942 do CC.
- ▶ Art. 32, parágrafo único, da Lei nº 8.906, de 4-7-1994 (Estatuto da Advocacia e da OAB).

§ 2º Quando o valor da causa for irrisório ou inestimável, a multa poderá ser fixada em até 10 (dez) vezes o valor do salário mínimo.

- ▶ Arts. 275 a 285 do CC.

§ 3º O valor da indenização será fixado pelo juiz ou, caso não seja possível mensurá-lo, liquidado por arbitramento ou pelo procedimento comum, nos próprios autos.

- ▶ Arts. 509, I, 510 e 511 deste Código.

Seção III *DAS DESPESAS, DOS HONORÁRIOS ADVOCATÍCIOS E DAS MULTAS*

Art. 82. Salvo as disposições concernentes à gratuidade da justiça, incumbe às partes prover as despesas dos atos que realizarem ou requererem no processo, antecipando-lhes o pagamento, desde o início até a sentença final ou, na execução, até a plena satisfação do direito reconhecido no título.

- ▶ Art. 5º, LXIII, LXIV e LXXVII, da CF.
- ▶ Arts. 84 e 98 a 102 deste Código.
- ▶ Lei nº 1.060, de 5-2-1950 (Lei de Assistência Judiciária).
- ▶ Art. 1º da Lei nº 5.478, de 25-7-1968 (Lei da Ação de Alimentos).
- ▶ Súm. nº 232 do STJ.

§ 1º Incumbe ao autor adiantar as despesas relativas a ato cuja realização o juiz determinar de ofício ou a requerimento do Ministério Público, quando sua intervenção ocorrer como fiscal da ordem jurídica.

§ 2º A sentença condenará o vencido a pagar ao vencedor as despesas que antecipou.

- ▶ Art. 974, parágrafo único, deste Código.

§ 3º *Nas ações de cobrança por qualquer procedimento, comum ou especial, bem como nas execuções ou cumprimentos de sentença de honorários advocatícios, o advogado ficará dispensado de adiantar o pagamento de custas processuais, e caberá ao réu ou executado suprir, ao final do processo, o seu pagamento, se tiver dado causa ao processo.*

- ▶ § 3º acrescido pela Lei nº 15.109, de 13-3-2025.

Art. 83. O autor, brasileiro ou estrangeiro, que residir fora do Brasil ou deixar de residir no país ao longo da tramitação de processo prestará caução suficiente ao pagamento das custas e dos honorários de advogado da parte contrária nas ações que propuser, se não tiver no Brasil bens imóveis que lhes assegurem o pagamento.

- ▶ Arts. 300, § 1º, e 337, XII, deste Código.

§ 1º Não se exigirá a caução de que trata o *caput*:

I – quando houver dispensa prevista em acordo ou tratado internacional de que o Brasil faz parte;

II – na execução fundada em título extrajudicial e no cumprimento de sentença;

- ▶ Arts. 513 e 784 deste Código.

III – na reconvenção.

- ▶ Art. 343 deste Código.

§ 2º Verificando-se no trâmite do processo que se desfalcou a garantia, poderá o interessado exigir reforço da caução, justificando seu pedido com a indicação da depreciação do bem dado em garantia e a importância do reforço que pretende obter.

Art. 84. As despesas abrangem as custas dos atos do processo, a indenização de viagem, a remuneração do assistente técnico e a diária de testemunha.

- ▶ Art. 82 deste Código.

Art. 85. A sentença condenará o vencido a pagar honorários ao advogado do vencedor.

- ▶ Arts. 22 a 26 da Lei nº 8.906, de 4-7-1994 (Estatuto da Advocacia e a OAB).
- ▶ Súmulas nºs 234, 256, 257, 389, 512 e 616 do STF.
- ▶ Súmulas nºs 14, 29, 105, 110, 111, 131, 141, 201, 303, 306, 325, 326 e 453 do STJ.

§ 1º São devidos honorários advocatícios na reconvenção, no cumprimento de sentença, provisório ou definitivo, na execução, resistida ou não, e nos recursos interpostos, cumulativamente.

- ▶ Arts. 343, 520, § 2º, 523, § 1º, 827 e 994 a 1.044 deste Código.

§ 2º Os honorários serão fixados entre o mínimo de dez e o máximo de vinte por cento sobre o valor da condenação, do proveito econômico obtido ou, não sendo possível mensurá-lo, sobre o valor atualizado da causa, atendidos:

I – o grau de zelo do profissional;

II – o lugar de prestação do serviço;

III – a natureza e a importância da causa;

IV – o trabalho realizado pelo advogado e o tempo exigido para o seu serviço.

§ 3º Nas causas em que a Fazenda Pública for parte, a fixação dos honorários observará os critérios estabelecidos nos incisos I a IV do § 2º e os seguintes percentuais:

I – mínimo de dez e máximo de vinte por cento sobre o valor da condenação ou do proveito econômico obtido até 200 (duzentos) salários mínimos;

II – mínimo de oito e máximo de dez por cento sobre o valor da condenação ou do proveito econômico obtido acima de 200 (duzentos) salários mínimos até 2.000 (dois mil) salários mínimos;

III – mínimo de cinco e máximo de oito por cento sobre o valor da condenação ou do proveito econômico obtido acima de 2.000 (dois mil) salários mínimos até 20.000 (vinte mil) salários mínimos;

IV – mínimo de três e máximo de cinco por cento sobre o valor da condenação ou do proveito econômico obtido acima de 20.000 (vinte mil) salários mínimos até 100.000 (cem mil) salários mínimos;

V – mínimo de um e máximo de três por cento sobre o valor da condenação ou do proveito econômico obtido acima de 100.000 (cem mil) salários mínimos.

§ 4º Em qualquer das hipóteses do § 3º:

I – os percentuais previstos nos incisos I a V devem ser aplicados desde logo, quando for líquida a sentença;

II – não sendo líquida a sentença, a definição do percentual, nos termos previstos nos incisos I a V, somente ocorrerá quando liquidado o julgado;

III – não havendo condenação principal ou não sendo possível mensurar o proveito econômico obtido, a condenação em honorários dar-se-á sobre o valor atualizado da causa;

IV – será considerado o salário mínimo vigente quando prolatada sentença líquida ou o que estiver em vigor na data da decisão de liquidação.

§ 5º Quando, conforme o caso, a condenação contra a Fazenda Pública ou o benefício econômico obtido pelo vencedor ou o valor da causa for superior ao valor previsto no inciso I do § 3º, a fixação do percentual de honorários deve observar a faixa inicial e, naquilo que a exceder, a faixa subsequente, e assim sucessivamente.

§ 6º Os limites e critérios previstos nos §§ 2º e 3º aplicam-se independentemente de qual seja o conteúdo da decisão, inclusive aos casos de improcedência ou de sentença sem resolução de mérito.

- ▶ Art. 485 deste Código.

§ 6º-A. Quando o valor da condenação ou do proveito econômico obtido ou o valor atualizado da causa for líquido ou liquidável, para fins de fixação dos honorários advocatícios, nos termos dos §§ 2º e 3º, é proibida a apreciação equitativa, salvo nas hipóteses expressamente previstas no § 8º deste artigo.

- ▶ § 6º-A acrescido pela Lei nº 14.365, de 2-6-2022.

§ 7º Não serão devidos honorários no cumprimento de sentença contra a Fazenda Pública que enseje expedição de precatório, desde que não tenha sido impugnada.

- ▶ Art. 100 da CF.
- ▶ Art. 535, § 3º, I, deste Código.

§ 8º Nas causas em que for inestimável ou irrisório o proveito econômico ou, ainda, quando o valor da causa for muito baixo, o juiz fixará o valor dos honorários por apreciação equitativa, observando o disposto nos incisos do § 2º.

- ▶ Art. 338, parágrafo único, deste Código.
- ▶ Art. 1º-D da Lei nº 9.494, de 10-9-1997, que disciplina a aplicação da tutela antecipada contra a Fazenda Pública.
- ▶ Súmulas nºs 153 e 345 do STJ.

§ 8º-A. Na hipótese do § 8º deste artigo, para fins de fixação equitativa de honorários sucumbenciais, o juiz deverá observar os valores recomendados pelo Conselho Seccional da Ordem dos Advogados do Brasil a título de honorários advocatícios ou o limite mínimo de 10% (dez por cento) estabelecido no § 2º deste artigo, aplicando-se o que for maior.

- ▶ § 8º-A acrescido pela Lei nº 14.365, de 2-6-2022.

§ 9º Na ação de indenização por ato ilícito contra pessoa, o percentual de honorários incidirá sobre a soma das prestações vencidas acrescida de 12 (doze) prestações vincendas.

§ 10. Nos casos de perda do objeto, os honorários serão devidos por quem deu causa ao processo.

§ 11. O tribunal, ao julgar recurso, majorará os honorários fixados anteriormente levando em conta o trabalho adicional realizado em grau recursal, observando, conforme o caso, o disposto nos §§ 2º a 6º, sendo vedado ao tribunal, no cômputo geral da fixação de honorários devidos ao advogado do vencedor, ultrapassar os respectivos limites estabelecidos nos §§ 2º e 3º para a fase de conhecimento.

§ 12. Os honorários referidos no § 11 são cumuláveis com multas e outras sanções processuais, inclusive as previstas no art. 77.

§ 13. As verbas de sucumbência arbitradas em embargos à execução rejeitados ou julgados improcedentes e em fase de cumprimento de sentença serão acrescidas no valor do débito principal, para todos os efeitos legais.

► Arts. 520, § 2º, e 523, § 1º, deste Código.

§ 14. Os honorários constituem direito do advogado e têm natureza alimentar, com os mesmos privilégios dos créditos oriundos da legislação do trabalho, sendo vedada a compensação em caso de sucumbência parcial.

§ 15. O advogado pode requerer que o pagamento dos honorários que lhe caibam seja efetuado em favor da sociedade de advogados que integra na qualidade de sócio, aplicando-se à hipótese o disposto no § 14.

§ 16. Quando os honorários forem fixados em quantia certa, os juros moratórios incidirão a partir da data do trânsito em julgado da decisão.

§ 17. Os honorários serão devidos quando o advogado atuar em causa própria.

► Art. 103, parágrafo único, deste Código.

§ 18. Caso a decisão transitada em julgado seja omissa quanto ao direito aos honorários ou ao seu valor, é cabível ação autônoma para sua definição e cobrança.

§ 19. Os advogados públicos perceberão honorários de sucumbência, nos termos da lei.

► O STF, por maioria dos votos, julgou parcialmente procedente a ADI nº 6.053, para conferindo interpretação conforme a CF a este parágrafo, "estabelecer que a somatória dos subsídios e honorários de sucumbência percebidos mensalmente pelos advogados públicos não poderá exceder ao teto dos Ministros do Supremo Tribunal Federal, conforme o que dispõe o art. 37, XI, da CF" (*DOU* de 1º-7-2020).

§ 20. O disposto nos §§ 2º, 3º, 4º, 5º, 6º, 6º-A, 8º, 8º-A, 9º e 10 deste artigo aplica-se aos honorários fixados por arbitramento judicial.

► § 20 acrescido pela Lei nº 14.365, de 2-6-2022.

Art. 86. Se cada litigante for, em parte, vencedor e vencido, serão proporcionalmente distribuídas entre eles as despesas.

► Súmulas nºs 306 e 326 do STJ.

Parágrafo único. Se um litigante sucumbir em parte mínima do pedido, o outro responderá, por inteiro, pelas despesas e pelos honorários.

Art. 87. Concorrendo diversos autores ou diversos réus, os vencidos respondem proporcionalmente pelas despesas e pelos honorários.

► Art. 257 do CC.

§ 1º A sentença deverá distribuir entre os litisconsortes, de forma expressa, a responsabilidade proporcional pelo pagamento das verbas previstas no *caput*.

► Arts. 113 a 118 deste Código.

§ 2º Se a distribuição de que trata o § 1º não for feita, os vencidos responderão solidariamente pelas despesas e pelos honorários.

Art. 88. Nos procedimentos de jurisdição voluntária, as despesas serão adiantadas pelo requerente e rateadas entre os interessados.

► Arts. 719 a 770 deste Código.

Art. 89. Nos juízos divisórios, não havendo litígio, os interessados pagarão as despesas proporcionalmente a seus quinhões.

► Arts. 588 a 598 deste Código.

Art. 90. Proferida sentença com fundamento em desistência, em renúncia ou em reconhecimento do pedido, as despesas e os honorários serão pagos pela parte que desistiu, renunciou ou reconheceu.

► Arts. 105, 122, 128, III, 200, parágrafo único, 485, VIII, §§ 4º e 5º, 487, III, 684 e 775 deste Código.

§ 1º Sendo parcial a desistência, a renúncia ou o reconhecimento, a responsabilidade pelas despesas e pelos honorários será proporcional à parcela reconhecida, à qual se renunciou ou da qual se desistiu.

§ 2º Havendo transação e nada tendo as partes disposto quanto às despesas, estas serão divididas igualmente.

► Arts. 840 a 850 do CC.

§ 3º Se a transação ocorrer antes da sentença, as partes ficam dispensadas do pagamento das custas processuais remanescentes, se houver.

§ 4º Se o réu reconhecer a procedência do pedido e, simultaneamente, cumprir integralmente a prestação reconhecida, os honorários serão reduzidos pela metade.

Art. 91. As despesas dos atos processuais praticados a requerimento da Fazenda Pública, do Ministério Público ou da Defensoria Pública serão pagas ao final pelo vencido.

► Art. 39 da Lei nº 6.830, de 22-9-1980 (Lei das Execuções Fiscais).

► Súmulas nºs 232 e 483 do STJ.

§ 1º As perícias requeridas pela Fazenda Pública, pelo Ministério Público ou pela Defensoria Pública poderão ser realizadas por entidade pública ou, havendo previsão orçamentária, ter os valores adiantados por aquele que requerer a prova.

§ 2º Não havendo previsão orçamentária no exercício financeiro para adiantamento dos honorários periciais, eles serão pagos no exercício seguinte ou ao final, pelo vencido, caso o processo se encerre antes do adiantamento a ser feito pelo ente público.

Art. 92. Quando, a requerimento do réu, o juiz proferir sentença sem resolver o mérito, o autor não poderá propor novamente a ação sem pagar ou depositar em cartório as despesas e os honorários a que foi condenado.

► Art. 485, § 2º, deste Código.

Art. 93. As despesas de atos adiados ou cuja repetição for necessária ficarão a cargo da parte, do auxiliar da justiça, do órgão do Ministério Público ou da Defensoria Pública ou do juiz que, sem justo motivo, houver dado causa ao adiamento ou à repetição.

Art. 94. Se o assistido for vencido, o assistente será condenado ao pagamento das custas em proporção à atividade que houver exercido no processo.

► Arts. 119 a 124 deste Código.

Art. 95. Cada parte adiantará a remuneração do assistente técnico que houver indicado, sendo a do perito adiantada pela parte que houver requerido a perícia ou rateada quando a perícia for determinada de ofício ou requerida por ambas as partes.

► Art. 465, § 3º, deste Código.

► Súm. nº 232 do STJ.

§ 1º O juiz poderá determinar que a parte responsável pelo pagamento dos honorários do perito deposite em juízo o valor correspondente.

§ 2º A quantia recolhida em depósito bancário à ordem do juízo será corrigida monetariamente e paga de acordo com o art. 465, § 4º.

§ 3º Quando o pagamento da perícia for de responsabilidade de beneficiário de gratuidade da justiça, ela poderá ser:

I – custeada com recursos alocados no orçamento do ente público e realizada por servidor do Poder Judiciário ou por órgão público conveniado;

II – paga com recursos alocados no orçamento da União, do Estado ou do Distrito Federal, no caso de ser realizada por particular, hipótese em que o valor será fixado conforme tabela do tribunal respectivo ou, em caso de sua omissão, do Conselho Nacional de Justiça.

§ 4º Na hipótese do § 3º, o juiz, após o trânsito em julgado da decisão final, oficiará a Fazenda Pública para que promova, contra quem tiver sido condenado ao pagamento das despesas processuais, a execução dos valores gastos com a perícia particular ou com a utilização de servidor público ou da estrutura de órgão público, observando-se, caso o responsável pelo pagamento das despesas seja beneficiário de gratuidade da justiça, o disposto no art. 98, § 2º.

§ 5º Para fins de aplicação do § 3º, é vedada a utilização de recursos do fundo de custeio da Defensoria Pública.

► Art. 98, §§ 7º e 8º, deste Código.

Art. 96. O valor das sanções impostas ao litigante de má-fé reverterá em benefício da parte contrária, e o valor das sanções impostas aos serventuários pertencerá ao Estado ou à União.

► Arts. 79 a 81, 100, parágrafo único, 142, 536, § 3º, 702, §§ 10 e 11, e 777 deste Código.

► OJ da SBDI-I nº 409 do TST.

Art. 97. A União e os Estados podem criar fundos de modernização do Poder Judiciário, aos quais serão revertidos os valores das sanções pecuniárias processuais destinadas à União e aos Estados, e outras verbas previstas em lei.

► Art. 77, § 3º, deste Código.

Seção IV
DA GRATUIDADE DA JUSTIÇA

► Lei nº 1.060, de 5-2-1950 (Lei de Assistência Judiciária).

Art. 98. A pessoa natural ou jurídica, brasileira ou estrangeira, com insuficiência de recursos para pagar as custas, as despesas processuais e os honorários advocatícios tem direito à gratuidade da justiça, na forma da lei.

§ 1º A gratuidade da justiça compreende:

I – as taxas ou as custas judiciais;

II – os selos postais;

III – as despesas com publicação na imprensa oficial, dispensando-se a publicação em outros meios;

IV – a indenização devida à testemunha que, quando empregada, receberá do empregador salário integral, como se em serviço estivesse;

V – as despesas com a realização de exame de código genético – DNA e de outros exames considerados essenciais;

VI – os honorários do advogado e do perito e a remuneração do intérprete ou do tradutor nomeado para apresentação de versão em português de documento redigido em língua estrangeira;

► Art. 192 deste Código.

VII – o custo com a elaboração de memória de cálculo, quando exigida para instauração da execução;

VIII – os depósitos previstos em lei para interposição de recurso, para propositura de ação e para a prática de outros atos processuais inerentes ao exercício da ampla defesa e do contraditório;

► Art. 5º, LV, da CF.
► Art. 7º deste Código.

IX – os emolumentos devidos a notários ou registradores em decorrência da prática de registro, averbação ou qualquer outro ato notarial necessário à efetivação de decisão judicial ou à continuidade de processo judicial no qual o benefício tenha sido concedido.

► Art. 169, § 2º, deste Código.

§ 2º A concessão de gratuidade não afasta a responsabilidade do beneficiário pelas despesas processuais e pelos honorários advocatícios decorrentes de sua sucumbência.

► Art. 95, § 4º, deste Código.

§ 3º Vencido o beneficiário, as obrigações decorrentes de sua sucumbência ficarão sob condição suspensiva de exigibilidade e somente poderão ser executadas se, nos 5 (cinco) anos subsequentes ao trânsito em julgado da decisão que as certificou, o credor demonstrar que deixou de existir a situação de insuficiência de recursos que justificou a concessão de gratuidade, extinguindo-se, passado esse prazo, tais obrigações do beneficiário.

§ 4º A concessão de gratuidade não afasta o dever de o beneficiário pagar, ao final, as multas processuais que lhe sejam impostas.

§ 5º A gratuidade poderá ser concedida em relação a algum ou a todos os atos processuais, ou consistir na redução percentual de despesas processuais que o beneficiário tiver de adiantar no curso do procedimento.

§ 6º Conforme o caso, o juiz poderá conceder direito ao parcelamento de despesas processuais que o beneficiário tiver de adiantar no curso do procedimento.

§ 7º Aplica-se o disposto no art. 95, §§ 3º a 5º, ao custeio dos emolumentos previstos no § 1º, inciso IX, do presente artigo, observada a tabela e as condições da lei estadual ou distrital respectiva.

§ 8º Na hipótese do § 1º, inciso IX, havendo dúvida fundada quanto ao preenchimento atual dos pressupostos para a concessão de gratuidade, o notário ou registrador, após praticar o ato, pode requerer, ao juízo competente para decidir questões notariais ou registrais, a revogação total ou parcial do benefício ou a sua substituição pelo parcelamento de que trata o § 6º deste artigo, caso em que o beneficiário será citado para, em 15 (quinze) dias, manifestar-se sobre esse requerimento.

Art. 99. O pedido de gratuidade da justiça pode ser formulado na petição inicial, na contestação, na petição para ingresso de terceiro no processo ou em recurso.

§ 1º Se superveniente à primeira manifestação da parte na instância, o pedido poderá ser formulado por petição simples, nos autos do próprio processo, e não suspenderá seu curso.

§ 2º O juiz somente poderá indeferir o pedido se houver nos autos elementos que evidenciem a falta dos pressupostos legais para a concessão de gratuidade, devendo, antes de indeferir o pedido, determinar à parte a comprovação do preenchimento dos referidos pressupostos.

§ 3º Presume-se verdadeira a alegação de insuficiência deduzida exclusivamente por pessoa natural.

§ 4º A assistência do requerente por advogado particular não impede a concessão de gratuidade da justiça.

§ 5º Na hipótese do § 4º, o recurso que verse exclusivamente sobre valor de honorários de sucumbência fixados em favor do advogado de beneficiário estará sujeito a preparo, salvo se o próprio advogado demonstrar que tem direito à gratuidade.

► Art. 1.007 deste Código.

§ 6º O direito à gratuidade da justiça é pessoal, não se estendendo a litisconsorte ou a sucessor do beneficiário, salvo requerimento e deferimento expressos.

► Art. 113 deste Código.

§ 7º Requerida a concessão de gratuidade da justiça em recurso, o recorrente estará dispensado de comprovar o recolhimento do preparo, incumbindo ao relator, neste caso, apreciar o requerimento e, se indeferi-lo, fixar prazo para realização do recolhimento.

Art. 100. Deferido o pedido, a parte contrária poderá oferecer impugnação na contestação, na réplica, nas contrarrazões de recurso ou, nos casos de pedido superveniente ou formulado por terceiro, por meio de petição simples, a ser apresentada no prazo de 15 (quinze) dias, nos autos do próprio processo, sem suspensão de seu curso.

► Art. 337, XIII, deste Código.

Parágrafo único. Revogado o benefício, a parte arcará com as despesas processuais que tiver deixado de adiantar e pagará, em caso de má-fé, até o décuplo de seu valor a título de multa, que será revertida em benefício da Fazenda Pública estadual ou federal e poderá ser inscrita em dívida ativa.

► Arts. 79 a 81, 96, 142 e 777 deste Código.

Art. 101. Contra a decisão que indeferir a gratuidade ou a que acolher pedido de sua revogação caberá agravo de instrumento, exceto quando a questão for resolvida na sentença, contra a qual caberá apelação.

► Art. 1.015, V, deste Código.

§ 1º O recorrente estará dispensado do recolhimento de custas até decisão do relator sobre a questão, preliminarmente ao julgamento do recurso.

§ 2º Confirmada a denegação ou a revogação da gratuidade, o relator ou o órgão colegiado determinará ao recorrente o recolhimento das custas processuais, no prazo de 5 (cinco) dias, sob pena de não conhecimento do recurso.

Art. 102. Sobrevindo o trânsito em julgado de decisão que revoga a gratuidade, a parte deverá efetuar o recolhimento de todas as despesas de cujo adiantamento foi dispensada, inclusive as relativas ao recurso interposto, se houver, no prazo fixado pelo juiz, sem prejuízo de aplicação das sanções previstas em lei.

Parágrafo único. Não efetuado o recolhimento, o processo será extinto sem resolução de mérito, tratando-se do autor, e, nos demais casos, não poderá ser deferida a realização de nenhum ato ou diligência requerida pela parte enquanto não efetuado o depósito.

► Art. 485, X, deste Código.

CAPÍTULO III
DOS PROCURADORES

► Art. 133 da CF.

Art. 103. A parte será representada em juízo por advogado regularmente inscrito na Ordem dos Advogados do Brasil.

► Art. 1º, I, da Lei nº 8.906, de 4-7-1994 (Estatuto da Advocacia e a OAB).
► Art. 9º da Lei nº 9.469, de 10-7-1997, que dispõe sobre a intervenção da União nas causas em que figurarem, como autores ou réus, entes da administração indireta.

Parágrafo único. É lícito à parte postular em causa própria quando tiver habilitação legal.

► Art. 85, § 17, deste Código.

Art. 104. O advogado não será admitido a postular em juízo sem procuração, salvo para evitar preclusão, decadência ou prescrição, ou para praticar ato considerado urgente.

► Art. 287, parágrafo único, I, deste Código.
► Arts. 189 a 211 e 692 do CC.
► Arts. 5º e 15, § 3º, da Lei nº 8.906, de 4-7-1994 (Estatuto da Advocacia e da OAB).
► Súm. nº 644 do STF.
► Súm. nº 115 do STJ.

§ 1º Nas hipóteses previstas no *caput*, o advogado deverá, independentemente de caução, exibir a procuração no prazo de 15 (quinze) dias, prorrogável por igual período por despacho do juiz.

§ 2º O ato não ratificado será considerado ineficaz relativamente àquele em cujo nome foi praticado, respondendo o advogado pelas despesas e por perdas e danos.

► Arts. 402 a 405 e 927 do CC.

Art. 105. A procuração geral para o foro, outorgada por instrumento público ou particular assinado pela parte, habilita o advogado a praticar todos os atos do processo, exceto receber citação, confessar, reconhecer a procedência do pedido, transigir, desistir, renunciar ao direito sobre o qual se funda a ação, receber, dar quitação, firmar compromisso e assinar declaração de hipossuficiência econômica, que devem constar de cláusula específica.

► Arts. 653 e 692 do CC.

§ 1º A procuração pode ser assinada digitalmente, na forma da lei.

► MP nº 2.200-2, de 24-8-2001, que até o encerramento desta edição não havia sido convertida em Lei, institui a Infraestrutura de Chaves Públicas Brasileira – ICP-Brasil, para garantir a autenticidade, a integridade e a validade jurídica de documentos em forma eletrônica.

§ 2º A procuração deverá conter o nome do advogado, seu número de inscrição na Ordem dos Advogados do Brasil e endereço completo.

§ 3º Se o outorgado integrar sociedade de advogados, a procuração também deverá conter o nome dessa, seu número de registro na Ordem dos Advogados do Brasil e endereço completo.

§ 4º Salvo disposição expressa em sentido contrário constante do próprio instrumento, a procuração outorgada na fase de conhecimento é eficaz para todas as fases do processo, inclusive para o cumprimento de sentença.

Art. 106. Quando postular em causa própria, incumbe ao advogado:

I – declarar, na petição inicial ou na contestação, o endereço, seu número de inscrição na Ordem dos Advogados do Brasil e o nome da sociedade de advogados da qual participa, para o recebimento de intimações;

▸ Art. 77, V, deste Código.

II – comunicar ao juízo qualquer mudança de endereço.

§ 1º Se o advogado descumprir o disposto no inciso I, o juiz ordenará que se supra a omissão, no prazo de 5 (cinco) dias, antes de determinar a citação do réu, sob pena de indeferimento da petição.

▸ Art. 330 deste Código.

§ 2º Se o advogado infringir o previsto no inciso II, serão consideradas válidas as intimações enviadas por carta registrada ou meio eletrônico ao endereço constante dos autos.

Art. 107. O advogado tem direito a:

▸ Art. 7º da Lei nº 8.906, de 4-7-1994 (Estatuto da Advocacia e da OAB).

I – examinar, em cartório de fórum e secretaria de tribunal, mesmo sem procuração, autos de qualquer processo, independentemente da fase de tramitação, assegurados a obtenção de cópias e o registro de anotações, salvo na hipótese de segredo de justiça, nas quais apenas o advogado constituído terá acesso aos autos;

▸ Arts. 11, parágrafo único, 152, V, 189 e 195 deste Código.

II – requerer, como procurador, vista dos autos de qualquer processo, pelo prazo de 5 (cinco) dias;

III – retirar os autos do cartório ou da secretaria, pelo prazo legal, sempre que neles lhe couber falar por determinação do juiz, nos casos previstos em lei.

§ 1º Ao receber os autos, o advogado assinará carga em livro ou documento próprio.

§ 2º Sendo o prazo comum às partes, os procuradores poderão retirar os autos somente em conjunto ou mediante prévio ajuste, por petição nos autos.

§ 3º Na hipótese do § 2º, é lícito ao procurador retirar os autos para obtenção de cópias, pelo prazo de 2 (duas) a 6 (seis) horas, independentemente de ajuste e sem prejuízo da continuidade do prazo.

§ 4º O procurador perderá no mesmo processo o direito a que se refere o § 3º se não devolver os autos tempestivamente, salvo se o prazo for prorrogado pelo juiz.

§ 5º O disposto no inciso I do *caput* deste artigo aplica-se integralmente a processos eletrônicos.

▸ § 5º acrescido pela Lei nº 13.793, de 3-1-2019.

CAPÍTULO IV
DA SUCESSÃO DAS PARTES E DOS PROCURADORES

Art. 108. No curso do processo, somente é lícita a sucessão voluntária das partes nos casos expressos em lei.

Art. 109. A alienação da coisa ou do direito litigioso por ato entre vivos, a título particular, não altera a legitimidade das partes.

▸ Art. 17 deste Código.

§ 1º O adquirente ou cessionário não poderá ingressar em juízo, sucedendo o alienante ou cedente, sem que o consinta a parte contrária.

§ 2º O adquirente ou cessionário poderá intervir no processo como assistente litisconsorcial do alienante ou cedente.

▸ Art. 124 deste Código.

§ 3º Estendem-se os efeitos da sentença proferida entre as partes originárias ao adquirente ou cessionário.

Art. 110. Ocorrendo a morte de qualquer das partes, dar-se-á a sucessão pelo seu espólio ou pelos seus sucessores, observado o disposto no art. 313, §§ 1º e 2º.

▸ Arts. 687 a 692 deste Código.

Art. 111. A parte que revogar o mandato outorgado a seu advogado constituirá, no mesmo ato, outro que assuma o patrocínio da causa.

▸ Arts. 683 a 687 do CC.

Parágrafo único. Não sendo constituído novo procurador no prazo de 15 (quinze) dias, observar-se-á o disposto no art. 76.

Art. 112. O advogado poderá renunciar ao mandato a qualquer tempo, provando, na forma prevista neste Código, que comunicou a renúncia ao mandante, a fim de que este nomeie sucessor.

▸ Art. 688 do CC.

§ 1º Durante os 10 (dez) dias seguintes, o advogado continuará a representar o mandante, desde que necessário para lhe evitar prejuízo.

▸ Art. 688 do CC.

§ 2º Dispensa-se a comunicação referida no *caput* quando a procuração tiver sido outorgada a vários advogados e a parte continuar representada por outro, apesar da renúncia.

TÍTULO II – DO LITISCONSÓRCIO

▸ Arts. 87, § 1º, 124, 127, 128, 131, 229, 286, II, 334, § 6º, 335, §§ 1º e 2º, 339, § 2º, 343, § 4º, 364, § 1º, 391, 998, 1.005, e 1.015, VII e VIII, deste Código.

Art. 113. Duas ou mais pessoas podem litigar, no mesmo processo, em conjunto, ativa ou passivamente, quando:

I – entre elas houver comunhão de direitos ou de obrigações relativamente à lide;

II – entre as causas houver conexão pelo pedido ou pela causa de pedir;

III – ocorrer afinidade de questões por ponto comum de fato ou de direito.

§ 1º O juiz poderá limitar o litisconsórcio facultativo quanto ao número de litigantes na fase de conhecimento, na liquidação de sentença ou na execução, quando este comprometer a rápida solução do litígio ou dificultar a defesa ou o cumprimento da sentença.

▸ Art. 1.015, V, deste Código.

§ 2º O requerimento de limitação interrompe o prazo para manifestação ou resposta, que recomeçará da intimação da decisão que o solucionar.

▸ Art. 534, § 1º, deste Código.

Art. 114. O litisconsórcio será necessário por disposição de lei ou quando, pela natureza da relação jurídica controvertida, a eficácia da sentença depender da citação de todos que devam ser litisconsortes.

▸ Art. 903, § 4º, deste Código.

Art. 115. A sentença de mérito, quando proferida sem a integração do contraditório, será:

▸ Art. 5º, LV, da CF.

▸ Arts. 7º, 9º, 10, 329, II, 372, e 503, § 1º, II, deste Código.

I – nula, se a decisão deveria ser uniforme em relação a todos que deveriam ter integrado o processo;

II – ineficaz, nos outros casos, apenas para os que não foram citados.

Parágrafo único. Nos casos de litisconsórcio passivo necessário, o juiz determinará ao autor que requeira a citação de todos que devam ser litisconsortes, dentro do prazo que assinar, sob pena de extinção do processo.

▸ Súm. nº 631 do STF.

▸ Súm. nº 77 do STJ.

Art. 116. O litisconsórcio será unitário quando, pela natureza da relação jurídica, o juiz tiver de decidir o mérito de modo uniforme para todos os litisconsortes.

Art. 117. Os litisconsortes serão considerados, em suas relações com a parte adversa, como litigantes distintos, exceto no litisconsórcio unitário, caso em que os atos e as omissões de um não prejudicarão os outros, mas os poderão beneficiar.

Art. 118. Cada litisconsorte tem o direito de promover o andamento do processo, e todos devem ser intimados dos respectivos atos.

TÍTULO III – DA INTERVENÇÃO DE TERCEIROS

▸ Arts. 286, parágrafo único, e 1.015, IX, deste Código.

CAPÍTULO I
DA ASSISTÊNCIA

▸ Lei nº 9.469, de 10-7-1997, dispõe sobre a intervenção da União nas causas em que figurarem, como autores ou réus, entes da administração indireta.

Seção I
DISPOSIÇÕES COMUNS

Art. 119. Pendendo causa entre 2 (duas) ou mais pessoas, o terceiro juridicamente interessado em que a sentença seja favorável a uma delas poderá intervir no processo para assisti-la.

Parágrafo único. A assistência será admitida em qualquer procedimento e em todos os graus de jurisdição, recebendo o assistente o processo no estado em que se encontre.

Art. 120. Não havendo impugnação no prazo de 15 (quinze) dias, o pedido do assistente será deferido, salvo se for caso de rejeição liminar.

Parágrafo único. Se qualquer parte alegar que falta ao requerente interesse jurídico para intervir, o juiz decidirá o incidente, sem suspensão do processo.

▸ Arts. 17, 94, 330, III, 337, XI, 485, VI, e 1.015, IX, deste Código.

Seção II
DA ASSISTÊNCIA SIMPLES

Art. 121. O assistente simples atuará como auxiliar da parte principal, exercerá os mesmos poderes e sujeitar-se-á aos mesmos ônus processuais que o assistido.

Parágrafo único. Sendo revel ou, de qualquer outro modo, omisso o assistido, o assistente será considerado seu substituto processual.

▸ Arts. 861 a 875 do CC.

Art. 122. A assistência simples não obsta a que a parte principal reconheça a procedência do pedido, desista da ação, renuncie ao direito sobre o que se funda a ação ou transija sobre direitos controvertidos.

► Arts. 90, 200, parágrafo único, 485, VIII, §§ 4º e 5º, e 487, III, deste Código.

Art. 123. Transitada em julgado a sentença no processo em que interveio o assistente, este não poderá, em processo posterior, discutir a justiça da decisão, salvo se alegar e provar que:

I – pelo estado em que recebeu o processo ou pelas declarações e pelos atos do assistido, foi impedido de produzir provas suscetíveis de influir na sentença;

II – desconhecia a existência de alegações ou de provas das quais o assistido, por dolo ou culpa, não se valeu.

Seção III

DA ASSISTÊNCIA LITISCONSORCIAL

Art. 124. Considera-se litisconsorte da parte principal o assistente sempre que a sentença influir na relação jurídica entre ele e o adversário do assistido.

► Arts. 18, parágrafo único, 109, § 2º, e 113 a 118 deste Código.

CAPÍTULO II

DA DENUNCIAÇÃO DA LIDE

Art. 125. É admissível a denunciação da lide, promovida por qualquer das partes:

I – ao alienante imediato, no processo relativo à coisa cujo domínio foi transferido ao denunciante, a fim de que possa exercer os direitos que da evicção lhe resultam;

► Arts. 456 e 1.197 do CC.

II – àquele que estiver obrigado, por lei ou pelo contrato, a indenizar, em ação regressiva, o prejuízo de quem for vencido no processo.

► Art. 927 e seguintes do CC.

► Súm. nº 188 do STF.

§ 1º O direito regressivo será exercido por ação autônoma quando a denunciação da lide for indeferida, deixar de ser promovida ou não for permitida.

§ 2º Admite-se uma única denunciação sucessiva, promovida pelo denunciado, contra seu antecessor imediato na cadeia dominial ou quem seja responsável por indenizá-lo, não podendo o denunciado sucessivo promover nova denunciação, hipótese em que eventual direito de regresso será exercido por ação autônoma.

Art. 126. A citação do denunciado será requerida na petição inicial, se o denunciante for autor, ou na contestação, se o denunciante for réu, devendo ser realizada na forma e nos prazos previstos no art. 131.

Art. 127. Feita a denunciação pelo autor, o denunciado poderá assumir a posição de litisconsorte do denunciante e acrescentar novos argumentos à petição inicial, procedendo-se em seguida à citação do réu.

► Arts. 113 a 118 deste Código.

Art. 128. Feita a denunciação pelo réu:

I – se o denunciado contestar o pedido formulado pelo autor, o processo prosseguirá tendo, na ação principal, em litisconsórcio, denunciante e denunciado;

► Arts. 113 a 118 deste Código.

II – se o denunciado for revel, o denunciante pode deixar de prosseguir com sua defesa, eventualmente oferecida, e abster-se de recorrer, restringindo sua atuação à ação regressiva;

III – se o denunciado confessar os fatos alegados pelo autor na ação principal, o denunciante poderá prosseguir com sua defesa ou, aderindo a tal reconhecimento, pedir apenas a procedência da ação de regresso.

► Arts. 90, 200, parágrafo único, e 485, VIII, §§ 4º e 5º, deste Código.

Parágrafo único. Procedente o pedido da ação principal, pode o autor, se for o caso, requerer o cumprimento da sentença também contra o denunciado, nos limites da condenação deste na ação regressiva.

Art. 129. Se o denunciante for vencido na ação principal, o juiz passará ao julgamento da denunciação da lide.

Parágrafo único. Se o denunciante for vencedor, a ação de denunciação não terá o seu pedido examinado, sem prejuízo da condenação do denunciante ao pagamento das verbas de sucumbência em favor do denunciado.

CAPÍTULO III

DO CHAMAMENTO AO PROCESSO

Art. 130. É admissível o chamamento ao processo, requerido pelo réu:

I – do afiançado, na ação em que o fiador for réu;

II – dos demais fiadores, na ação proposta contra um ou alguns deles;

► Arts. 818 a 839 do CC.

III – dos demais devedores solidários, quando o credor exigir de um ou de alguns o pagamento da dívida comum.

► Arts. 275 a 285 e 818 a 839 do CC.

► Súm. nº 492 do STF.

Art. 131. A citação daqueles que devam figurar em litisconsórcio passivo será requerida pelo réu na contestação e deve ser promovida no prazo de 30 (trinta) dias, sob pena de ficar sem efeito o chamamento.

► Arts. 113 a 118 e 126 deste Código.

Parágrafo único. Se o chamado residir em outra comarca, seção ou subseção judiciárias, ou em lugar incerto, o prazo será de 2 (dois) meses.

Art. 132. A sentença de procedência valerá como título executivo em favor do réu que satisfizer a dívida, a fim de que possa exigi-la, por inteiro, do devedor principal, ou, de cada um dos codevedores, a sua quota, na proporção que lhes tocar.

► Arts. 283 a 285 e 831 do CC.

CAPÍTULO IV

DO INCIDENTE DE DESCONSIDERAÇÃO DA PERSONALIDADE JURÍDICA

► Arts. 790, VII, 795, § 4º, 932, VI, e 1.062 deste Código.

► Arts. 50 e 1.080 do CC.

► Art. 28 do CDC.

► Art. 34 da Lei nº 12.529, de 30-11-2011 (Lei do Sistema Brasileiro de Defesa da Concorrência).

► Art. 6º da IN do TST nº 39, de 15-3-2016, que dispõe de forma não exaustiva sobre as normas do CPC/2015 aplicáveis ao Processo do Trabalho.

Art. 133. O incidente de desconsideração da personalidade jurídica será instaurado a pedido da parte ou do Ministério Público, quando lhe couber intervir no processo.

► Art. 17 da IN do TST nº 41, de 21-6-2018, que dispõe sobre a aplicação das normas processuais da CLT alteradas pela Lei nº 13.467, de 13-7-2017.

§ 1º O pedido de desconsideração da personalidade jurídica observará os pressupostos previstos em lei.

§ 2º Aplica-se o disposto neste Capítulo à hipótese de desconsideração inversa da personalidade jurídica.

Art. 134. O incidente de desconsideração é cabível em todas as fases do processo de conhecimento, no cumprimento de sentença e na execução fundada em título executivo extrajudicial.

► Arts. 513 a 538 e 771 a 796 deste Código.

► Art. 17 da IN do TST nº 41, de 21-6-2018, que dispõe sobre a aplicação das normas processuais da CLT alteradas pela Lei nº 13.467, de 13-7-2017.

§ 1º A instauração do incidente será imediatamente comunicada ao distribuidor para as anotações devidas.

► Arts. 284 a 290 deste Código.

§ 2º Dispensa-se a instauração do incidente se a desconsideração da personalidade jurídica for requerida na petição inicial, hipótese em que será citado o sócio ou a pessoa jurídica.

§ 3º A instauração do incidente suspenderá o processo, salvo na hipótese do § 2º.

§ 4º O requerimento deve demonstrar o preenchimento dos pressupostos legais específicos para desconsideração da personalidade jurídica.

Art. 135. Instaurado o incidente, o sócio ou a pessoa jurídica será citado para manifestar-se e requerer as provas cabíveis no prazo de 15 (quinze) dias.

► Arts. 369 a 484 deste Código.

► Art. 17 da IN do TST nº 41, de 21-6-2018, que dispõe sobre a aplicação das normas processuais da CLT alteradas pela Lei nº 13.467, de 13-7-2017.

Art. 136. Concluída a instrução, se necessária, o incidente será resolvido por decisão interlocutória.

► Arts. 203, § 2º, e 1.015, IV, deste Código.

► Art. 17 da IN do TST nº 41, de 21-6-2018, que dispõe sobre a aplicação das normas processuais da CLT alteradas pela Lei nº 13.467, de 13-7-2017.

Parágrafo único. Se a decisão for proferida pelo relator, cabe agravo interno.

► Art. 1.021 deste Código.

Art. 137. Acolhido o pedido de desconsideração, a alienação ou a oneração de bens, havida em fraude de execução, será ineficaz em relação ao requerente.

► Arts. 674, § 2º, II, 790, V, 792, § 3º, 828, § 4º, e 856, § 3º, deste Código.

► Art. 17 da IN do TST nº 41, de 21-6-2018, que dispõe sobre a aplicação das normas processuais da CLT alteradas pela Lei nº 13.467, de 13-7-2017.

CAPÍTULO V

DO *AMICUS CURIAE*

Art. 138. O juiz ou o relator, considerando a relevância da matéria, a especificidade do tema objeto da demanda ou a repercussão social da controvérsia, poderá, por decisão irrecorrível, de ofício ou a requerimento das partes ou de quem pretenda manifestar-se, solicitar ou admitir a participação de pessoa natural ou jurídica, órgão ou entidade especializada, com representatividade adequada, no prazo de 15 (quinze) dias de sua intimação.

▶ Arts. 10, 927, § 2º, 983 e 1.038, I, deste Código.

▶ Art. 3º da IN do TST nº 39, de 15-3-2016, que dispõe de forma não exaustiva sobre as normas do CPC/2015 aplicáveis ao Processo do Trabalho.

§ 1º A intervenção de que trata o *caput* não implica alteração de competência nem autoriza a interposição de recursos, ressalvadas a oposição de embargos de declaração e a hipótese do § 3º.

▶ Art. 1.022 a 1.026 deste Código.

§ 2º Caberá ao juiz ou ao relator, na decisão que solicitar ou admitir a intervenção, definir os poderes do *amicus curiae*.

§ 3º O *amicus curiae* pode recorrer da decisão que julgar o incidente de resolução de demandas repetitivas.

▶ Arts. 976 a 987 deste Código.

TÍTULO IV – DO JUIZ E DOS AUXILIARES DA JUSTIÇA

CAPÍTULO I

DOS PODERES, DOS DEVERES E DA RESPONSABILIDADE DO JUIZ

Art. 139. O juiz dirigirá o processo conforme as disposições deste Código, incumbindo-lhe:

▶ Arts. 2º, 141, 370 e 372 deste Código.

▶ Art. 3º da IN do TST nº 39, de 15-3-2016, que dispõe de forma não exaustiva sobre as normas do CPC/2015 aplicáveis ao Processo do Trabalho.

I – assegurar às partes igualdade de tratamento;

▶ Art. 7º deste Código.

II – velar pela duração razoável do processo;

▶ Art. 5º, LXXVIII, da CF.

▶ Arts. 4º, 6º e 685, parágrafo único, deste Código.

▶ Art. 49 da LC nº 35, de 14-3-1979 (Lei Orgânica da Magistratura Nacional).

III – prevenir ou reprimir qualquer ato contrário à dignidade da justiça e indeferir postulações meramente protelatórias;

▶ Arts. 77, IV e VI, §§ 1º a 8º, 80, VII, 161, parágrafo único, 311, I, 334, § 8º, 370, 772, II, 774, 777, 903, § 6º, 918, III, parágrafo único, e 1.026, §§ 2º a 4º, deste Código.

IV – determinar todas as medidas indutivas, coercitivas, mandamentais ou sub-rogatórias necessárias para assegurar o cumprimento de ordem judicial, inclusive nas ações que tenham por objeto prestação pecuniária;

▶ Arts. 380, parágrafo único, 400, parágrafo único, e 403, parágrafo único, deste Código.

V – promover, a qualquer tempo, a autocomposição, preferencialmente com auxílio de conciliadores e mediadores judiciais;

▶ Arts. 3º, § 3º, 154, parágrafo único, 165 a 175, 334, 359, 694 a 696 deste Código.

▶ Lei nº 13.140, de 26-6-2015 (Lei da Mediação).

VI – dilatar os prazos processuais e alterar a ordem de produção dos meios de prova, adequando-os às necessidades do conflito de modo a conferir maior efetividade à tutela do direito;

▶ Arts. 222, § 1º, 361 e 369 a 484 deste Código.

VII – exercer o poder de polícia, requisitando, quando necessário, força policial, além da segurança interna dos fóruns e tribunais;

▶ Arts. 360, III, 403, § 3º, 536, § 1º, 782, § 2º, e 846, § 2º, deste Código.

VIII – determinar, a qualquer tempo, o comparecimento pessoal das partes, para inquiri-las sobre os fatos da causa, hipótese em que não incidirá a pena de confesso;

▶ Arts. 385, § 1º, e 389 deste Código.

IX – determinar o suprimento de pressupostos processuais e o saneamento de outros vícios processuais;

▶ Art. 485, IV, deste Código.

X – quando se deparar com diversas demandas individuais repetitivas, oficiar o Ministério Público, a Defensoria Pública e, na medida do possível, outros legitimados a que se referem o art. 5º da Lei nº 7.347, de 24 de julho de 1985, e o art. 82 da Lei nº 8.078, de 11 de setembro de 1990, para, se for o caso, promover a propositura da ação coletiva respectiva.

▶ Lei nº 7.347, de 24-7-1985 (Lei da Ação Civil Pública).

▶ Lei nº 8.078, de 11-9-1990 (Código de Defesa do Consumidor).

Parágrafo único. A dilação de prazos prevista no inciso VI somente pode ser determinada antes de encerrado o prazo regular.

▶ Art. 223 deste Código.

Art. 140. O juiz não se exime de decidir sob a alegação de lacuna ou obscuridade do ordenamento jurídico.

▶ Art. 4º do Dec.-lei nº 4.657, de 4-9-1942 (Lei de Introdução às Normas do Direito Brasileiro).

Parágrafo único. O juiz só decidirá por equidade nos casos previstos em lei.

Art. 141. O juiz decidirá o mérito nos limites propostos pelas partes, sendo-lhe vedado conhecer de questões não suscitadas a cujo respeito a lei exige iniciativa da parte.

▶ Arts. 2º, 139, 490, 492 e 1.013, § 3º, II, deste Código.

Art. 142. Convencendo-se, pelas circunstâncias, de que autor e réu se serviram do processo para praticar ato simulado ou conseguir fim vedado por lei, o juiz proferirá decisão que impeça os objetivos das partes, aplicando, de ofício, as penalidades da litigância de má-fé.

▶ Arts. 10, 79 a 81, 100, parágrafo único, 536, § 3º, 702, §§ 10 e 11, e 777 deste Código.

Art. 143. O juiz responderá, civil e regressivamente, por perdas e danos quando:

▶ Arts. 402 a 405 e 927 do CC.

I – no exercício de suas funções, proceder com dolo ou fraude;

II – recusar, omitir ou retardar, sem justo motivo, providência que deva ordenar de ofício ou a requerimento da parte.

▶ Art. 49 da LC nº 35, de 14-3-1979 (Lei Orgânica da Magistratura Nacional).

▶ Arts. 187, 402 a 405, 927, 940 e 1.744 do CC.

Parágrafo único. As hipóteses previstas no inciso II somente serão verificadas depois que a parte requerer ao juiz que determine a providência e o requerimento não for apreciado no prazo de 10 (dez) dias.

CAPÍTULO II

DOS IMPEDIMENTOS E DA SUSPEIÇÃO

▶ Arts. 313, III, 314, 452 e 923 deste Código.

Art. 144. Há impedimento do juiz, sendo-lhe vedado exercer suas funções no processo:

▶ Súm. nº 252 do STF.

I – em que interveio como mandatário da parte, oficiou como perito, funcionou como membro do Ministério Público ou prestou depoimento como testemunha;

▶ Art. 452 deste Código.

II – de que conheceu em outro grau de jurisdição, tendo proferido decisão;

III – quando nele estiver postulando, como defensor público, advogado ou membro do Ministério Público, seu cônjuge ou companheiro, ou qualquer parente, consanguíneo ou afim, em linha reta ou colateral, até o terceiro grau, inclusive;

▶ Res. CNJ nº 200, de 3-3-2015 (disciplina a causa de impedimento de magistrado prevista no art. 134, IV, do CPC/1973).

IV – quando for parte no processo ele próprio, seu cônjuge ou companheiro, ou parente, consanguíneo ou afim, em linha reta ou colateral, até o terceiro grau, inclusive;

V – quando for sócio ou membro de direção ou de administração de pessoa jurídica parte no processo;

VI – quando for herdeiro presuntivo, donatário ou empregador de qualquer das partes;

VII – em que figure como parte instituição de ensino com a qual tenha relação de emprego ou decorrente de contrato de prestação de serviços;

VIII – em que figure como parte cliente do escritório de advocacia de seu cônjuge, companheiro ou parente, consanguíneo ou afim, em linha reta ou colateral, até o terceiro grau, inclusive, mesmo que patrocinado por advogado de outro escritório;

▶ O STF, por maioria, julgou procedente a ADI nº 5.953, para declarar a inconstitucionalidade deste inciso (*DOU* de 27-10-2023).

IX – quando promover ação contra a parte ou seu advogado.

§ 1º Na hipótese do inciso III, o impedimento só se verifica quando o defensor público, o advogado ou o membro do Ministério Público já integrava o processo antes do início da atividade judicante do juiz.

§ 2º É vedada a criação de fato superveniente a fim de caracterizar impedimento do juiz.

§ 3º O impedimento previsto no inciso III também se verifica no caso de mandato conferido a membro de escritório de advocacia que tenha em seus quadros advogado que individualmente ostente a condição nele prevista, mesmo que não intervenha diretamente no processo.

Art. 145. Há suspeição do juiz:

I – amigo íntimo ou inimigo de qualquer das partes ou de seus advogados;

II – que receber presentes de pessoas que tiverem interesse na causa antes ou depois de iniciado o processo, que aconselhar alguma das partes acerca do objeto da causa ou que subministrar meios para atender às despesas do litígio;

III – quando qualquer das partes for sua credora ou devedora, de seu cônjuge ou companheiro ou de parentes destes, em linha reta até o terceiro grau, inclusive;

IV – interessado no julgamento do processo em favor de qualquer das partes.

§ 1º Poderá o juiz declarar-se suspeito por motivo de foro íntimo, sem necessidade de declarar suas razões.

§ 2º Será ilegítima a alegação de suspeição quando:

I – houver sido provocada por quem a alega;

II – a parte que a alega houver praticado ato que signifique manifesta aceitação do arguido.

Art. 146. No prazo de 15 (quinze) dias, a contar do conhecimento do fato, a parte alegará o impedimento ou a suspeição, em petição específica dirigida ao juiz do processo, na qual indicará o fundamento da recusa, podendo instruí-la com documentos em que se fundar a alegação e com rol de testemunhas.

▸ Arts. 450, 525, § 2º, 535, § 1º, e 917, § 7º, deste Código.

§ 1º Se reconhecer o impedimento ou a suspeição ao receber a petição, o juiz ordenará imediatamente a remessa dos autos a seu substituto legal, caso contrário, determinará a autuação em apartado da petição e, no prazo de 15 (quinze) dias, apresentará suas razões, acompanhadas de documentos e de rol de testemunhas, se houver, ordenando a remessa do incidente ao tribunal.

▸ Art. 450 deste Código.

§ 2º Distribuído o incidente, o relator deverá declarar os seus efeitos, sendo que, se o incidente for recebido:

I – sem efeito suspensivo, o processo voltará a correr;

II – com efeito suspensivo, o processo permanecerá suspenso até o julgamento do incidente.

▸ Arts. 313 a 315 deste Código.

§ 3º Enquanto não for declarado o efeito em que é recebido o incidente ou quando este for recebido com efeito suspensivo, a tutela de urgência será requerida ao substituto legal.

▸ Arts. 300 a 310 deste Código.

§ 4º Verificando que a alegação de impedimento ou de suspeição é improcedente, o tribunal rejeitá-la-á.

§ 5º Acolhida a alegação, tratando-se de impedimento ou de manifesta suspeição, o tribunal condenará o juiz nas custas e remeterá os autos ao seu substituto legal, podendo o juiz recorrer da decisão.

§ 6º Reconhecido o impedimento ou a suspeição, o tribunal fixará o momento a partir do qual o juiz não poderia ter atuado.

§ 7º O tribunal decretará a nulidade dos atos do juiz, se praticados quando já presente o motivo de impedimento ou de suspeição.

▸ Arts. 276 a 283 deste Código.

Art. 147. Quando 2 (dois) ou mais juízes forem parentes, consanguíneos ou afins, em linha reta ou colateral, até o terceiro grau, inclusive, o primeiro que conhecer do processo impede que o outro nele atue, caso em que o segundo se escusará, remetendo os autos ao seu substituto legal.

Art. 148. Aplicam-se os motivos de impedimento e de suspeição:

I – ao membro do Ministério Público;

II – aos auxiliares da justiça;

▸ Art. 152, § 2º, deste Código.

III – aos demais sujeitos imparciais do processo.

▸ Arts. 156, § 4º, 157, § 1º, 167, § 5º, 170, 173, II, 465, § 1º, I, 525, § 2º, 535, § 1º, e 917, § 7º, deste Código.

§ 1º A parte interessada deverá arguir o impedimento ou a suspeição, em petição fundamentada e devidamente instruída, na primeira oportunidade em que lhe couber falar nos autos.

§ 2º O juiz mandará processar o incidente em separado e sem suspensão do processo, ouvindo o arguido no prazo de 15 (quinze) dias e facultando a produção de prova, quando necessária.

§ 3º Nos tribunais, a arguição a que se refere o § 1º será disciplinada pelo regimento interno.

§ 4º O disposto nos §§ 1º e 2º não se aplica à arguição de impedimento ou de suspeição de testemunha.

▸ Arts. 447, §§ 2º a 5º, e 457, §§ 1º e 2º, deste Código.

CAPÍTULO III
DOS AUXILIARES DA JUSTIÇA

Art. 149. São auxiliares da Justiça, além de outros cujas atribuições sejam determinadas pelas normas de organização judiciária, o escrivão, o chefe de secretaria, o oficial de justiça, o perito, o depositário, o administrador, o intérprete, o tradutor, o mediador, o conciliador judicial, o partidor, o distribuidor, o contabilista e o regulador de avarias.

▸ Arts. 524, § 2º, 638, § 1º, 651, 707 e 711 deste Código.

Seção I
DO ESCRIVÃO, DO CHEFE DE SECRETARIA E DO OFICIAL DE JUSTIÇA

Art. 150. Em cada juízo haverá um ou mais ofícios de justiça, cujas atribuições serão determinadas pelas normas de organização judiciária.

Art. 151. Em cada comarca, seção ou subseção judiciária haverá, no mínimo, tantos oficiais de justiça quantos sejam os juízos.

▸ Art. 154 deste Código.

Art. 152. Incumbe ao escrivão ou ao chefe de secretaria:

I – redigir, na forma legal, os ofícios, os mandados, as cartas precatórias e os demais atos que pertençam ao seu ofício;

II – efetivar as ordens judiciais, realizar citações e intimações, bem como praticar todos os demais atos que lhe forem atribuídos pelas normas de organização judiciária;

III – comparecer às audiências ou, não podendo fazê-lo, designar servidor para substituí-lo;

IV – manter sob sua guarda e responsabilidade os autos, não permitindo que saiam do cartório, exceto:

a) quando tenham de seguir à conclusão do juiz;

b) com vista a procurador, à Defensoria Pública, ao Ministério Público ou à Fazenda Pública;

c) quando devam ser remetidos ao contabilista ou ao partidor;

d) quando forem remetidos a outro juízo em razão da modificação da competência;

V – fornecer certidão de qualquer ato ou termo do processo, independentemente de despacho, observadas as disposições referentes ao segredo de justiça;

▸ Arts. 11, parágrafo único, 107, I, 152, V, 189, 195, 423 e 424 deste Código.

VI – praticar, de ofício, os atos meramente ordinatórios.

§ 1º O juiz titular editará ato a fim de regulamentar a atribuição prevista no inciso VI.

§ 2º No impedimento do escrivão ou chefe de secretaria, o juiz convocará substituto e, não o havendo, nomeará pessoa idônea para o ato.

▸ Art. 148, II, deste Código.

Art. 153. O escrivão ou o chefe de secretaria atenderá, preferencialmente, à ordem cronológica de recebimento para publicação e efetivação dos pronunciamentos judiciais.

▸ *Caput* com a redação dada pela Lei nº 13.256, de 4-2-2016.

▸ Art. 12 deste Código.

§ 1º A lista de processos recebidos deverá ser disponibilizada, de forma permanente, para consulta pública.

§ 2º Estão excluídos da regra do *caput*:

I – os atos urgentes, assim reconhecidos pelo juiz no pronunciamento judicial a ser efetivado;

II – as preferências legais.

▸ Art. 1.048 deste Código.

§ 3º Após elaboração de lista própria, respeitar-se-ão a ordem cronológica de recebimento entre os atos urgentes e as preferências legais.

§ 4º A parte que se considerar preterida na ordem cronológica poderá reclamar, nos próprios autos, ao juiz do processo, que requisitará informações ao servidor, a serem prestadas no prazo de 2 (dois) dias.

§ 5º Constatada a preterição, o juiz determinará o imediato cumprimento do ato e a instauração de processo administrativo disciplinar contra o servidor.

Art. 154. Incumbe ao oficial de justiça:

I – fazer pessoalmente citações, prisões, penhoras, arrestos e demais diligências próprias do seu ofício, sempre que possível na presença de 2 (duas) testemunhas, certificando no mandado o ocorrido, com menção ao lugar, ao dia e à hora;

▸ Arts. 149, 246, II, 275, 301 e 829 a 875 deste Código.

II – executar as ordens do juiz a que estiver subordinado;

III – entregar o mandado em cartório após seu cumprimento;

IV – auxiliar o juiz na manutenção da ordem;

V – efetuar avaliações, quando for o caso;

▸ Arts. 870 a 875 deste Código.

VI – certificar, em mandado, proposta de autocomposição apresentada por qualquer das partes, na ocasião de realização de ato de comunicação que lhe couber.

▸ Art. 782 deste Código.

Parágrafo único. Certificada a proposta de autocomposição prevista no inciso VI, o juiz ordenará a intimação da parte contrária para manifestar-se, no prazo de 5 (cinco) dias, sem prejuízo do andamento regular do processo, entendendo-se o silêncio como recusa.

▸ Art. 139, V, deste Código.

Art. 155. O escrivão, o chefe de secretaria e o oficial de justiça são responsáveis, civil e regressivamente, quando:

I – sem justo motivo, se recusarem a cumprir no prazo os atos impostos pela lei ou pelo juiz a que estão subordinados;

▸ Arts. 228 e 233 deste Código.

II – praticarem ato nulo com dolo ou culpa.

Seção II
DO PERITO

▸ Arts. 464 a 480 e 711 deste Código.

Art. 156. O juiz será assistido por perito quando a prova do fato depender de conhecimento técnico ou científico.

§ 1º Os peritos serão nomeados entre os profissionais legalmente habilitados e os órgãos técnicos ou científicos devidamente inscritos em cadastro mantido pelo tribunal ao qual o juiz está vinculado.

§ 2º Para formação do cadastro, os tribunais devem realizar consulta pública, por meio de divulgação na rede mundial de computadores ou em jornais de grande circulação, além de consulta direta a universidades, a conselhos de classe, ao Ministério Público, à Defensoria Pública e à Ordem dos Advogados do Brasil, para a indicação de profissionais ou de órgãos técnicos interessados.

§ 3º Os tribunais realizarão avaliações e reavaliações periódicas para manutenção do cadastro, considerando a formação profissional, a atualização do conhecimento e a experiência dos peritos interessados.

§ 4º Para verificação de eventual impedimento ou motivo de suspeição, nos termos dos arts. 148 e 467, o órgão técnico ou científico nomeado para realização da perícia informará ao juiz os nomes e os dados de qualificação dos profissionais que participarão da atividade.

§ 5º Na localidade onde não houver inscrito no cadastro disponibilizado pelo tribunal, a nomeação do perito é de livre escolha pelo juiz e deverá recair sobre profissional ou órgão técnico ou científico comprovadamente detentor do conhecimento necessário à realização da perícia.

Art. 157. O perito tem o dever de cumprir o ofício no prazo que lhe designar o juiz, empregando toda sua diligência, podendo escusar-se do encargo alegando motivo legítimo.

► Arts. 164, 465, § 1º, I, e 467 deste Código.

§ 1º A escusa será apresentada no prazo de 15 (quinze) dias, contado da intimação, da suspeição ou do impedimento supervenientes, sob pena de renúncia ao direito a alegá-la.

► Art. 156, § 4º, deste Código.

§ 2º Será organizada lista de peritos na vara ou na secretaria, com disponibilização dos documentos exigidos para habilitação à consulta de interessados, para que a nomeação seja distribuída de modo equitativo, observadas a capacidade técnica e a área de conhecimento.

Art. 158. O perito que, por dolo ou culpa, prestar informações inverídicas responderá pelos prejuízos que causar à parte e ficará inabilitado para atuar em outras perícias no prazo de 2 (dois) a 5 (cinco) anos, independentemente das demais sanções previstas em lei, devendo o juiz comunicar o fato ao respectivo órgão de classe para adoção das medidas que entender cabíveis.

► Art. 164 deste Código.
► Art. 342 do CP.

Seção III

DO DEPOSITÁRIO E DO ADMINISTRADOR

► Arts. 739, § 2º, 840, II, deste Código.

Art. 159. A guarda e a conservação de bens penhorados, arrestados, sequestrados ou arrecadados serão confiadas a depositário ou a administrador, não dispondo a lei de outro modo.

► Súmulas nºs 304 e 305 do STJ.

Art. 160. Por seu trabalho o depositário ou o administrador perceberá remuneração que o juiz fixará levando em conta a situação dos bens, ao tempo do serviço e às dificuldades de sua execução.

Parágrafo único. O juiz poderá nomear um ou mais prepostos por indicação do depositário ou do administrador.

Art. 161. O depositário ou o administrador responde pelos prejuízos que, por dolo ou culpa, causar à parte, perdendo a remuneração que lhe foi arbitrada, mas tem o direito a haver o que legitimamente despendeu no exercício do encargo.

Parágrafo único. O depositário infiel responde civilmente pelos prejuízos causados, sem prejuízo de sua responsabilidade penal e da imposição de sanção por ato atentatório à dignidade da justiça.

► Arts. 77, IV e VI, §§ 1º a 8º, 139, III, 772, II, 774 e 777 deste Código.

Seção IV

DO INTÉRPRETE E DO TRADUTOR

Art. 162. O juiz nomeará intérprete ou tradutor quando necessário para:

I – traduzir documento redigido em língua estrangeira;

II – verter para o português as declarações das partes e das testemunhas que não conhecerem o idioma nacional;

III – realizar a interpretação simultânea dos depoimentos das partes e testemunhas com deficiência auditiva que se comuniquem por meio da Língua Brasileira de Sinais, ou equivalente, quando assim for solicitado.

► Art. 192 deste Código.

Art. 163. Não pode ser intérprete ou tradutor quem:

I – não tiver a livre administração de seus bens;

II – for arrolado como testemunha ou atuar como perito no processo;

III – estiver inabilitado para o exercício da profissão por sentença penal condenatória, enquanto durarem seus efeitos.

Art. 164. O intérprete ou tradutor, oficial ou não, é obrigado a desempenhar seu ofício, aplicando-se-lhe o disposto nos arts. 157 e 158.

Seção V

DOS CONCILIADORES E MEDIADORES JUDICIAIS

► Arts. 139, V, 221, parágrafo único, 334, 359 e 694 a 696 deste Código.
► Lei nº 13.140, de 26-6-2015 (Lei da Mediação).

Art. 165. Os tribunais criarão centros judiciários de solução consensual de conflitos, responsáveis pela realização de sessões e audiências de conciliação e mediação e pelo desenvolvimento de programas destinados a auxiliar, orientar e estimular a autocomposição.

► Art. 14 da IN do TST nº 39, de 15-3-2016, que dispõe de forma não exaustiva sobre as normas do CPC/2015 inaplicáveis ao Processo do Trabalho.

§ 1º A composição e a organização dos centros serão definidas pelo respectivo tribunal, observadas as normas do Conselho Nacional de Justiça.

§ 2º O conciliador, que atuará preferencialmente nos casos em que não houver vínculo anterior entre as partes, poderá sugerir soluções para o litígio, sendo vedada a utilização de qualquer tipo de constrangimento ou intimidação para que as partes conciliem.

§ 3º O mediador, que atuará preferencialmente nos casos em que houver vínculo anterior entre as partes, auxiliará aos interessados a compreender as questões e os interesses em conflito, de modo que eles possam, pelo restabelecimento da comunicação, identificar, por si próprios, soluções consensuais que gerem benefícios mútuos.

Art. 166. A conciliação e a mediação são informadas pelos princípios da independência, da imparcialidade, da autonomia da vontade, da confidencialidade, da oralidade, da informalidade e da decisão informada.

§ 1º A confidencialidade estende-se a todas as informações produzidas no curso do procedimento, cujo teor não poderá ser utilizado para fim diverso daquele previsto por expressa deliberação das partes.

§ 2º Em razão do dever de sigilo, inerente às suas funções, o conciliador e o mediador, assim como os membros de suas equipes, não poderão divulgar ou depor acerca de fatos ou elementos oriundos da conciliação ou da mediação.

► Art. 173, I, deste Código.

§ 3º Admite-se a aplicação de técnicas negociais, com o objetivo de proporcionar ambiente favorável à autocomposição.

§ 4º A mediação e a conciliação serão regidas conforme a livre autonomia dos interessados, inclusive no que diz respeito à definição das regras procedimentais.

Art. 167. Os conciliadores, os mediadores e as câmaras privadas de conciliação e mediação serão inscritos em cadastro nacional e em cadastro de tribunal de justiça ou de tribunal regional federal, que manterá registro de profissionais habilitados, com indicação de sua área profissional.

§ 1º Preenchendo o requisito da capacitação mínima, por meio de curso realizado por entidade credenciada, conforme parâmetro curricular definido pelo Conselho Nacional de Justiça em conjunto com o Ministério da Justiça, o conciliador ou o mediador, com o respectivo certificado, poderá requerer sua inscrição no cadastro nacional e no cadastro de tribunal de justiça ou de tribunal regional federal.

§ 2º Efetivado o registro, que poderá ser precedido de concurso público, o tribunal remeterá ao diretor do foro da comarca, seção ou subseção judiciária onde atuará o conciliador ou o mediador os dados necessários para que seu nome passe a constar da respectiva lista, a ser observada na distribuição alternada e aleatória, respeitado o princípio da igualdade dentro da mesma área de atuação profissional.

§ 3º Do credenciamento das câmaras e do cadastro de conciliadores e mediadores constarão todos os dados relevantes para a sua atuação, tais como o número de processos de que participou, o sucesso ou insucesso da atividade, a matéria sobre a qual versou a controvérsia, bem como outros dados que o tribunal julgar relevantes.

§ 4º Os dados colhidos na forma do § 3º serão classificados sistematicamente pelo tribunal, que os publicará, ao menos anualmente, para conhecimento da população e para fins estatísticos e de avaliação da conciliação, da mediação, das câmaras privadas de conciliação e de mediação, dos conciliadores e dos mediadores.

§ 5º Os conciliadores e mediadores judiciais cadastrados na forma do *caput*, se advogados, estarão impedidos de exercer a advocacia nos juízos em que desempenhem suas funções.

§ 6º O tribunal poderá optar pela criação de quadro próprio de conciliadores e mediadores, a ser preenchido por concurso público de provas e títulos, observadas as disposições deste Capítulo.

▸ Art. 169 deste Código.

Art. 168. As partes podem escolher, de comum acordo, o conciliador, o mediador ou a câmara privada de conciliação e de mediação.

§ 1º O conciliador ou mediador escolhido pelas partes poderá ou não estar cadastrado no tribunal.

§ 2º Inexistindo acordo quanto à escolha do mediador ou conciliador, haverá distribuição entre aqueles cadastrados no registro do tribunal, observada a respectiva formação.

§ 3º Sempre que recomendável, haverá a designação de mais de um mediador ou conciliador.

Art. 169. Ressalvada a hipótese do art. 167, § 6º, o conciliador e o mediador receberão pelo seu trabalho remuneração prevista em tabela fixada pelo tribunal, conforme parâmetros estabelecidos pelo Conselho Nacional de Justiça.

§ 1º A mediação e a conciliação podem ser realizadas como trabalho voluntário, observada a legislação pertinente e a regulamentação do tribunal.

§ 2º Os tribunais determinarão o percentual de audiências não remuneradas que deverão ser suportadas pelas câmaras privadas de conciliação e mediação, com o fim de atender aos processos em que deferida gratuidade da justiça, como contrapartida de seu credenciamento.

Art. 170. No caso de impedimento, o conciliador ou mediador o comunicará imediatamente, de preferência por meio eletrônico, e devolverá os autos ao juiz do processo ou ao coordenador do centro judiciário de solução de conflitos, devendo este realizar nova distribuição.

▸ Arts. 144 e 148, III, deste Código.

Parágrafo único. Se a causa de impedimento for apurada quando já iniciado o procedimento, a atividade será interrompida, lavrando-se ata com relatório do ocorrido e solicitação de distribuição para novo conciliador ou mediador.

Art. 171. No caso de impossibilidade temporária do exercício da função, o conciliador ou mediador informará o fato ao centro, preferencialmente por meio eletrônico, para que, durante o período em que perdurar a impossibilidade, não haja novas distribuições.

Art. 172. O conciliador e o mediador ficam impedidos, pelo prazo de 1 (um) ano, contado do término da última audiência em que atuaram, de assessorar, representar ou patrocinar qualquer das partes.

Art. 173. Será excluído do cadastro de conciliadores e mediadores aquele que:

I – agir com dolo ou culpa na condução da conciliação ou da mediação sob sua responsabilidade ou violar qualquer dos deveres decorrentes do art. 166, §§ 1º e 2º;

II – atuar em procedimento de mediação ou conciliação, apesar de impedido ou suspeito.

▸ Arts. 144, 145 e 148, III deste Código.

§ 1º Os casos previstos neste artigo serão apurados em processo administrativo.

§ 2º O juiz do processo ou o juiz coordenador do centro de conciliação e mediação, se houver, verificando atuação inadequada do mediador ou conciliador, poderá afastá-lo de suas atividades por até 180 (cento e oitenta) dias, por decisão fundamentada, informando o fato imediatamente ao tribunal para instauração do respectivo processo administrativo.

Art. 174. A União, os Estados, o Distrito Federal e os Municípios criarão câmaras de mediação e conciliação, com atribuições relacionadas à solução consensual de conflitos no âmbito administrativo, tais como:

I – dirimir conflitos envolvendo órgãos e entidades da administração pública;

II – avaliar a admissibilidade dos pedidos de resolução de conflitos, por meio de conciliação, no âmbito da administração pública;

III – promover, quando couber, a celebração de termo de ajustamento de conduta.

Art. 175. As disposições desta Seção não excluem outras formas de conciliação e mediação extrajudiciais vinculadas a órgãos institucionais ou realizadas por intermédio de profissionais independentes, que poderão ser regulamentadas por lei específica.

▸ Lei nº 13.140, de 26-6-2015 (Lei da Mediação).

Parágrafo único. Os dispositivos desta Seção aplicam-se, no que couber, às câmaras privadas de conciliação e mediação.

TÍTULO V – DO MINISTÉRIO PÚBLICO

▸ Arts. 127 a 130-A da CF.

▸ Arts. 246, § 2º, 270, parágrafo único, e 1.050 deste Código.

▸ LC nº 75, de 20-5-1993 (Lei Orgânica do Ministério Público da União).

▸ Lei nº 8.625, de 12-2-1993 (Lei Orgânica Nacional do Ministério Público da União).

Art. 176. O Ministério Público atuará na defesa da ordem jurídica, do regime democrático e dos interesses e direitos sociais e individuais indisponíveis.

▸ Arts. 345, 373, § 3º, I, e 392 deste Código.

Art. 177. O Ministério Público exercerá o direito de ação em conformidade com suas atribuições constitucionais.

▸ Art. 129 da CF.

Art. 178. O Ministério Público será intimado para, no prazo de 30 (trinta) dias, intervir como fiscal da ordem jurídica nas hipóteses previstas em lei ou na Constituição Federal e nos processos que envolvam:

I – interesse público ou social;

II – interesse de incapaz;

III – litígios coletivos pela posse de terra rural ou urbana.

▸ Arts. 279, 554, §§ 1º e 2º, 721, 951, parágrafo único, e 967, parágrafo único, deste Código.

▸ Súm. nº 226 do STJ.

Parágrafo único. A participação da Fazenda Pública não configura, por si só, hipótese de intervenção do Ministério Público.

Art. 179. Nos casos de intervenção como fiscal da ordem jurídica, o Ministério Público:

I – terá vista dos autos depois das partes, sendo intimado de todos os atos do processo;

II – poderá produzir provas, requerer as medidas processuais pertinentes e recorrer.

▸ Arts. 369 a 484 deste Código.

Art. 180. O Ministério Público gozará de prazo em dobro para manifestar-se nos autos, que terá início a partir de sua intimação pessoal, nos termos do art. 183, § 1º.

▸ Art. 10 da Lei nº 9.469, de 10-7-1997, que dispõe sobre a intervenção da União nas causas em que figurarem, como autores ou réus, entes da administração indireta.

▸ Súm. nº 116 do STJ.

§ 1º Findo o prazo para manifestação do Ministério Público sem o oferecimento de parecer, o juiz requisitará os autos e dará andamento ao processo.

§ 2º Não se aplica o benefício da contagem em dobro quando a lei estabelecer, de forma expressa, prazo próprio para o Ministério Público.

Art. 181. O membro do Ministério Público será civil e regressivamente responsável quando agir com dolo ou fraude no exercício de suas funções.

▸ Arts. 187, 402 a 405, 927 e 940 do CC.

TÍTULO VI – DA ADVOCACIA PÚBLICA

▸ Arts. 131 e 132 da CF.

▸ Arts. 242, § 3º, 246, § 2º, 269, § 3º, 270, parágrafo único, e 1.050 deste Código.

▸ LC nº 73, de 10-2-1993 (Lei Orgânica da Advocacia-Geral da União).

▸ Lei nº 9.028, de 12-4-1995, dispõe sobre o exercício das atribuições institucionais da Advocacia-Geral da União, em caráter emergencial e provisório.

Art. 182. Incumbe à Advocacia Pública, na forma da lei, defender e promover os interesses públicos da União, dos Estados, do Distrito Federal e dos Municípios, por meio da representação judicial, em todos os âmbitos federativos, das pessoas jurídicas de direito público que integram a administração direta e indireta.

Art. 183. A União, os Estados, o Distrito Federal, os Municípios e suas respectivas autarquias e fundações de direito público gozarão de prazo em dobro para todas as suas manifestações processuais, cuja contagem terá início a partir da intimação pessoal.

▸ Art. 10 da Lei nº 9.469, de 10-7-1997, que dispõe sobre a intervenção da União nas causas em que figurarem, como autores ou réus, entes da administração indireta.

▸ Súm. nº 116 do STJ.

§ 1º A intimação pessoal far-se-á por carga, remessa ou meio eletrônico.

▸ Arts. 180 e 186, § 1º, deste Código.

§ 2º Não se aplica o benefício da contagem em dobro quando a lei estabelecer, de forma expressa, prazo próprio para o ente público.

Art. 184. O membro da Advocacia Pública será civil e regressivamente responsável quando agir com dolo ou fraude no exercício de suas funções.

TÍTULO VII – DA DEFENSORIA PÚBLICA

▸ Arts. 246, § 2º, 270, parágrafo único, e 1.050 deste Código.

▸ LC nº 80, de 12-1-1994 (Lei da Defensoria Pública).

Art. 185. A Defensoria Pública exercerá a orientação jurídica, a promoção dos direitos humanos e a defesa dos direitos individuais e coletivos dos necessitados, em todos os graus, de forma integral e gratuita.

▸ Art. 554, §§ 1º e 2º, deste Código.

Art. 186. A Defensoria Pública gozará de prazo em dobro para todas as suas manifestações processuais.

§ 1º O prazo tem início com a intimação pessoal do defensor público, nos termos do art. 183, § 1º.

§ 2º A requerimento da Defensoria Pública, o juiz determinará a intimação pessoal da parte patrocinada quando o ato processual depender de providência ou informação que somente por ela possa ser realizada ou prestada.

§ 3º O disposto no *caput* aplica-se aos escritórios de prática jurídica das faculdades de Direito reconhecidas na forma da lei e às entidades que prestam assistência jurídica gratuita em razão de convênios firmados com a Defensoria Pública.

§ 4º Não se aplica o benefício da contagem em dobro quando a lei estabelecer, de forma expressa, prazo próprio para a Defensoria Pública.

Art. 187. O membro da Defensoria Pública será civil e regressivamente responsável quando agir com dolo ou fraude no exercício de suas funções.

Livro IV – Dos Atos Processuais

TÍTULO I – DA FORMA, DO TEMPO E DO LUGAR DOS ATOS PROCESSUAIS

CAPÍTULO I – DA FORMA DOS ATOS PROCESSUAIS

Seção I – DOS ATOS EM GERAL

Art. 188. Os atos e os termos processuais independem de forma determinada, salvo quando a lei expressamente a exigir, considerando-se válidos os que, realizados de outro modo, lhe preencham a finalidade essencial.

- Lei nº 9.800, de 26-5-1999, dispõe sobre utilização de sistema de transmissão de dados para a prática de atos processuais.

Art. 189. Os atos processuais são públicos, todavia tramitam em segredo de justiça os processos:

- Arts. 5º, LX, e 93, IX, da CF.

I – em que o exija o interesse público ou social;

II – que versem sobre casamento, separação de corpos, divórcio, separação, união estável, filiação, alimentos e guarda de crianças e adolescentes;

- Arts. 528 a 533, 693 a 699, 731 a 734 e 911 a 913 deste Código.
- Arts. 1.511 a 1.783 do CC.
- Lei nº 5.478, de 25-7-1968 (Lei da Ação de Alimentos).
- Lei nº 6.515, de 26-12-1977 (Lei do Divórcio).
- Lei nº 8.069, de 13-7-1990 (Estatuto da Criança e do Adolescente).
- Lei nº 8.971, de 29-12-1994, dispõe sobre direito dos companheiros a alimentos e à sucessão.
- Lei nº 9.278, de 10-5-1996 (Lei da União Estável).
- Lei nº 11.804, de 5-11-2008 (Lei dos Alimentos Gravídicos).

III – em que constem dados protegidos pelo direito constitucional à intimidade;

- Art. 5º, X, da CF.

IV – que versem sobre arbitragem, inclusive sobre cumprimento de carta arbitral, desde que a confidencialidade estipulada na arbitragem seja comprovada perante o juízo.

- Arts. 237, IV, 260, § 3º, e 267 deste Código.
- Lei nº 9.307, de 23-9-1996 (Lei da Arbitragem).

§ 1º O direito de consultar os autos de processo que tramite em segredo de justiça e de pedir certidões de seus atos é restrito às partes e aos seus procuradores.

§ 2º O terceiro que demonstrar interesse jurídico pode requerer ao juiz certidão do dispositivo da sentença, bem como de inventário e de partilha resultantes de divórcio ou separação.

Art. 190. Versando o processo sobre direitos que admitam autocomposição, é lícito às partes plenamente capazes estipular mudanças no procedimento para ajustá-lo às especificidades da causa e convencionar sobre os seus ônus, poderes, faculdades e deveres processuais, antes ou durante o processo.

- Arts. 62, 200, 373, §§ 3º e 4º, 471 deste Código.
- Art. 2º da IN do TST nº 39, de 15-3-2016, que dispõe de forma não exaustiva sobre as normas do CPC/2015 inaplicáveis ao Processo do Trabalho.

Parágrafo único. De ofício ou a requerimento, o juiz controlará a validade das convenções previstas neste artigo, recusando-lhes aplicação somente nos casos de nulidade ou de inserção abusiva em contrato de adesão ou em que alguma parte se encontre em manifesta situação de vulnerabilidade.

- Arts. 10, 139, V, e 276 a 283 deste Código.

Art. 191. De comum acordo, o juiz e as partes podem fixar calendário para a prática dos atos processuais, quando for o caso.

§ 1º O calendário vincula as partes e o juiz, e os prazos nele previstos somente serão modificados em casos excepcionais, devidamente justificados.

§ 2º Dispensa-se a intimação das partes para a prática de ato processual ou a realização de audiência cujas datas tiverem sido designadas no calendário.

Art. 192. Em todos os atos e termos do processo é obrigatório o uso da língua portuguesa.

Parágrafo único. O documento redigido em língua estrangeira somente poderá ser juntado aos autos quando acompanhado de versão para a língua portuguesa tramitada por via diplomática ou pela autoridade central, ou firmada por tradutor juramentado.

- Arts. 41, 162 a 164 e 767 deste Código.
- Art. 224 do CC.
- Súm. nº 259 do STF.

Seção II – DA PRÁTICA ELETRÔNICA DE ATOS PROCESSUAIS

- Arts. 213, 228, § 2º, e 1.053 deste Código.

Art. 193. Os atos processuais podem ser total ou parcialmente digitais, de forma a permitir que sejam produzidos, comunicados, armazenados e validados por meio eletrônico, na forma da lei.

- Art. 209, §§ 1º e 2º, deste Código.
- Lei nº 11.419, de 19-12-2006 (Lei da Informatização do Processo Judicial).

Parágrafo único. O disposto nesta Seção aplica-se, no que for cabível, à prática de atos notariais e de registro.

Art. 194. Os sistemas de automação processual respeitarão a publicidade dos atos, o acesso e a participação das partes e de seus procuradores, inclusive nas audiências e sessões de julgamento, observadas as garantias da disponibilidade, independência da plataforma computacional, acessibilidade e interoperabilidade dos sistemas, serviços, dados e informações que o Poder Judiciário administre no exercício de suas funções.

- Arts. 8º e 11 deste Código.

Art. 195. O registro de ato processual eletrônico deverá ser feito em padrões abertos, que atenderão aos requisitos de autenticidade, integridade, temporalidade, não repúdio, conservação e, nos casos que tramitem em segredo de justiça, confidencialidade, observada a infraestrutura de chaves públicas unificada nacionalmente, nos termos da lei.

- Arts. 11, parágrafo único, 107, I, 152, V, e 189 deste Código.
- Lei nº 11.419, de 19-12-2006 (Lei da Informatização do Processo Judicial).
- MP nº 2.200-2, de 24-8-2001 (institui a Infraestrutura de Chaves Públicas Brasileira – ICP-Brasil).

Art. 196. Compete ao Conselho Nacional de Justiça e, supletivamente, aos tribunais, regulamentar a prática e a comunicação oficial de atos processuais por meio eletrônico e velar pela compatibilidade dos sistemas, disciplinando a incorporação progressiva de novos avanços tecnológicos e editando, para esse fim, os atos que forem necessários, respeitadas as normas fundamentais deste Código.

Art. 197. Os tribunais divulgarão as informações constantes de seu sistema de automação em página própria na rede mundial de computadores, gozando a divulgação de presunção de veracidade e confiabilidade.

Parágrafo único. Nos casos de problema técnico do sistema e de erro ou omissão do auxiliar da justiça responsável pelo registro dos andamentos, poderá ser configurada a justa causa prevista no art. 223, *caput* e § 1º.

Art. 198. As unidades do Poder Judiciário deverão manter gratuitamente, à disposição dos interessados, equipamentos necessários à prática de atos processuais e à consulta e ao acesso ao sistema e aos documentos dele constantes.

Parágrafo único. Será admitida a prática de atos por meio não eletrônico no local onde não estiverem disponibilizados os equipamentos previstos no *caput*.

Art. 199. As unidades do Poder Judiciário assegurarão às pessoas com deficiência acessibilidade aos seus sítios na rede mundial de computadores, ao meio eletrônico de prática de atos judiciais, à comunicação eletrônica dos atos processuais e à assinatura eletrônica.

Seção III – DOS ATOS DAS PARTES

Art. 200. Os atos das partes consistentes em declarações unilaterais ou bilaterais de vontade produzem imediatamente a constituição, modificação ou extinção de direitos processuais.

- Art. 190 deste Código.

Parágrafo único. A desistência da ação só produzirá efeitos após homologação judicial.

- Arts. 90, 485, VIII, §§ 4º e 5º, e 775 deste Código.

Art. 201. As partes poderão exigir recibo de petições, arrazoados, papéis e documentos que entregarem em cartório.

Art. 202. É vedado lançar nos autos cotas marginais ou interlineares, as quais o juiz mandará riscar, impondo a quem as escrever multa correspondente à metade do salário mínimo.

Seção IV
DOS PRONUNCIAMENTOS DO JUIZ

Art. 203. Os pronunciamentos do juiz consistirão em sentenças, decisões interlocutórias e despachos.

§ 1º Ressalvadas as disposições expressas dos procedimentos especiais, sentença é o pronunciamento por meio do qual o juiz, com fundamento nos arts. 485 e 487, põe fim à fase cognitiva do procedimento comum, bem como extingue a execução.

▸ Arts. 925 e 1.009 deste Código.

§ 2º Decisão interlocutória é todo pronunciamento judicial de natureza decisória que não se enquadre no § 1º.

▸ Art. 1.015 deste Código.

§ 3º São despachos todos os demais pronunciamentos do juiz praticados no processo, de ofício ou a requerimento da parte.

▸ Art. 1.001 deste Código.

§ 4º Os atos meramente ordinatórios, como a juntada e a vista obrigatória, independem de despacho, devendo ser praticados de ofício pelo servidor e revistos pelo juiz quando necessário.

▸ Art. 152, VI, deste Código.

Art. 204. Acórdão é o julgamento colegiado proferido pelos tribunais.

Art. 205. Os despachos, as decisões, as sentenças e os acórdãos serão redigidos, datados e assinados pelos juízes.

▸ Arts. 11 e 489 deste Código.

§ 1º Quando os pronunciamentos previstos no *caput* forem proferidos oralmente, o servidor os documentará, submetendo-os aos juízes para revisão e assinatura.

§ 2º A assinatura dos juízes, em todos os graus de jurisdição, pode ser feita eletronicamente, na forma da lei.

§ 3º Os despachos, as decisões interlocutórias, o dispositivo das sentenças e a ementa dos acórdãos serão publicados no *Diário de Justiça eletrônico*.

Seção V
DOS ATOS DO ESCRIVÃO OU DO CHEFE DE SECRETARIA

Art. 206. Ao receber a petição inicial de processo, o escrivão ou o chefe de secretaria a autuará, mencionando o juízo, a natureza do processo, o número de seu registro, os nomes das partes e a data de seu início, e procederá do mesmo modo em relação aos volumes em formação.

Art. 207. O escrivão ou o chefe de secretaria numerará e rubricará todas as folhas dos autos.

Parágrafo único. A parte, ao procurador, ao membro do Ministério Público, ao defensor público e aos auxiliares da justiça é facultado rubricar as folhas correspondentes aos atos em que intervierem.

Art. 208. Os termos de juntada, vista, conclusão e outros semelhantes constarão de notas datadas e rubricadas pelo escrivão ou pelo chefe de secretaria.

Art. 209. Os atos e os termos do processo serão assinados pelas pessoas que neles intervierem, todavia, quando essas não puderem ou não quiserem firmá-los, o escrivão ou o chefe de secretaria certificará a ocorrência.

▸ Art. 228, § 2º, deste Código.

§ 1º Quando se tratar de processo total ou parcialmente documentado em autos eletrônicos, os atos processuais praticados na presença do juiz poderão ser produzidos e armazenados de modo integralmente digital em arquivo eletrônico inviolável, na forma da lei, mediante registro em termo, que será assinado digitalmente pelo juiz e pelo escrivão ou chefe de secretaria, bem como pelos advogados das partes.

▸ Art. 193 deste Código.

§ 2º Na hipótese do § 1º, eventuais contradições na transcrição deverão ser suscitadas oralmente no momento de realização do ato, sob pena de preclusão, devendo o juiz decidir de plano e ordenar o registro, no termo, da alegação e da decisão.

Art. 210. É lícito o uso da taquigrafia, da estenotipia ou de outro método idôneo em qualquer juízo ou tribunal.

Art. 211. Não se admitem nos atos e termos processuais espaços em branco, salvo os que forem inutilizados, assim como entrelinhas, emendas ou rasuras, exceto quando expressamente ressalvadas.

CAPÍTULO II
DO TEMPO E DO LUGAR DOS ATOS PROCESSUAIS

Seção I
DO TEMPO

Art. 212. Os atos processuais serão realizados em dias úteis, das 6 (seis) às 20 (vinte) horas.

§ 1º Serão concluídos após as 20 (vinte) horas os atos iniciados antes, quando o adiamento prejudicar a diligência ou causar grave dano.

§ 2º Independentemente de autorização judicial, as citações, intimações e penhoras poderão realizar-se no período de férias forenses, onde as houver, e nos feriados ou dias úteis fora do horário estabelecido neste artigo, observado o disposto no art. 5º, inciso XI, da Constituição Federal.

▸ Arts. 214, I, 220 e 829 a 869 deste Código.

§ 3º Quando o ato tiver de ser praticado por meio de petição em autos não eletrônicos, essa deverá ser protocolada no horário de funcionamento do fórum ou tribunal, conforme o disposto na lei de organização judiciária local.

Art. 213. A prática eletrônica de ato processual pode ocorrer em qualquer horário até as 24 (vinte e quatro) horas do último dia do prazo.

▸ Art. 3º, parágrafo único, da Lei nº 11.419, de 19-12-2006 (Lei da Informatização do Processo Judicial).

Parágrafo único. O horário vigente no juízo perante o qual o ato deve ser praticado será considerado para fins de atendimento do prazo.

Art. 214. Durante as férias forenses e nos feriados, não se praticarão atos processuais, excetuando-se:

▸ Arts. 212, § 2º, 215, 220 e 975, § 1º, deste Código.

I – os atos previstos no art. 212, § 2º;

II – a tutela de urgência.

▸ Arts. 300 a 310 deste Código.

Art. 215. Processam-se durante as férias forenses, onde as houver, e não se suspendem pela superveniência delas:

▸ Arts. 212, § 2º, 214, 220 e 975, § 1º, deste Código.

I – os procedimentos de jurisdição voluntária e os necessários à conservação de direitos, quando puderem ser prejudicados pelo adiamento;

▸ Arts. 719 a 770 deste Código.

II – a ação de alimentos e os processos de nomeação ou remoção de tutor e curador;

▸ Arts. 22, I, 53, II, 189, II, 528 a 533, 911 a 913 e 1.012, § 1º, II, deste Código.

▸ Arts. 1.694 a 1.710 do CC.

▸ Lei nº 5.478, de 25-7-1968 (Lei da Ação de Alimentos).

▸ Lei nº 8.971, de 29-12-1994, regula o direito dos companheiros a alimentos e à sucessão.

▸ Lei nº 11.804, de 5-11-2008 (Lei dos Alimentos Gravídicos).

III – os processos que a lei determinar.

▸ Lei nº 6.338, de 7-6-1976, inclui as ações de indenização por acidente do trabalho entre as que têm curso nas férias forenses.

Art. 216. Além dos declarados em lei, são feriados, para efeito forense, os sábados, os domingos e os dias em que não haja expediente forense.

Seção II
DO LUGAR

Art. 217. Os atos processuais realizar-se-ão ordinariamente na sede do juízo, ou, excepcionalmente, em outro lugar em razão de deferência, de interesse da justiça, da natureza do ato ou de obstáculo arguido pelo interessado e acolhido pelo juiz.

CAPÍTULO III
DOS PRAZOS

Seção I
DISPOSIÇÕES GERAIS

Art. 218. Os atos processuais serão realizados nos prazos prescritos em lei.

▸ Arts. 180, 183, 185 e 229 deste Código.

§ 1º Quando a lei for omissa, o juiz determinará os prazos em consideração à complexidade do ato.

▸ Lei nº 9.800, de 26-5-1999, dispõe sobre utilização de sistema de transmissão de dados para a prática de atos processuais.

§ 2º Quando a lei ou o juiz não determinar prazo, as intimações somente obrigarão a comparecimento após decorridas 48 (quarenta e oito) horas.

§ 3º Inexistindo preceito legal ou prazo determinado pelo juiz, será de 5 (cinco) dias o prazo para a prática de ato processual a cargo da parte.

§ 4º Será considerado tempestivo o ato praticado antes do termo inicial do prazo.

Art. 219. Na contagem de prazo em dias, estabelecido por lei ou pelo juiz, computar-se-ão somente os dias úteis.

▸ Art. 2º da IN do TST nº 39, de 15-3-2016, que dispõe de forma não exaustiva sobre as normas do CPC/2015 inaplicáveis ao Processo do Trabalho.

Parágrafo único. O disposto neste artigo aplica-se somente aos prazos processuais.

Art. 220. Suspende-se o curso do prazo processual nos dias compreendidos entre 20 de dezembro e 20 de janeiro, inclusive.

▸ Arts. 212, § 2º, 214 e 975, § 1º, deste Código.

§ 1º Ressalvadas as férias individuais e os feriados instituídos por lei, os juízes, os membros do Ministério Público, da Defensoria Pública e da Advocacia Pública e os auxiliares da Justiça exercerão suas atribuições durante o período previsto no *caput*.

§ 2º Durante a suspensão do prazo, não se realizarão audiências nem sessões de julgamento.

Art. 221. Suspende-se o curso do prazo por obstáculo criado em detrimento da parte ou ocorrendo qualquer das hipóteses do art. 313, devendo o prazo ser restituído por tempo igual ao que faltava para sua complementação.

▶ Súm. nº 173 do STF.

Parágrafo único. Suspendem-se os prazos durante a execução de programa instituído pelo Poder Judiciário para promover a autocomposição, incumbindo aos tribunais especificar, com antecedência, a duração dos trabalhos.

▶ Arts. 165 a 175 deste Código.

Art. 222. Na comarca, seção ou subseção judiciária onde for difícil o transporte, o juiz poderá prorrogar os prazos por até 2 (dois) meses.

§ 1º Ao juiz é vedado reduzir prazos peremptórios sem anuência das partes.

▶ Art. 139, VI, deste Código.

§ 2º Havendo calamidade pública, o limite previsto no *caput* para prorrogação de prazos poderá ser excedido.

Art. 223. Decorrido o prazo, extingue-se o direito de praticar ou de emendar o ato processual, independentemente de declaração judicial, ficando assegurado, porém, à parte provar que não o realizou por justa causa.

▶ Art. 139, parágrafo único, deste Código.

§ 1º Considera-se justa causa o evento alheio à vontade da parte e que a impediu de praticar o ato por si ou por mandatário.

▶ Art. 197, parágrafo único, deste Código.

§ 2º Verificada a justa causa, o juiz permitirá à parte a prática do ato no prazo que lhe assinar.

Art. 224. Salvo disposição em contrário, os prazos serão contados excluindo o dia do começo e incluindo o dia do vencimento.

§ 1º Os dias do começo e do vencimento do prazo serão protraídos para o primeiro dia útil seguinte, se coincidirem com dia em que o expediente forense for encerrado antes ou iniciado depois da hora normal ou houver indisponibilidade da comunicação eletrônica.

▶ Lei nº 1.408, de 9-8-1951, prorroga vencimentos de prazos judiciais.

§ 2º Considera-se como data de publicação o primeiro dia útil seguinte ao da disponibilização da informação no *Diário da Justiça eletrônico*.

§ 3º A contagem do prazo terá início no primeiro dia útil que seguir ao da publicação.

▶ Súm. nº 310 do STF.

Art. 225. A parte poderá renunciar ao prazo estabelecido exclusivamente em seu favor, desde que o faça de maneira expressa.

Art. 226. O juiz proferirá:

I – os despachos no prazo de 5 (cinco) dias;

II – as decisões interlocutórias no prazo de 10 (dez) dias;

III – as sentenças no prazo de 30 (trinta) dias.

▶ Art. 235 deste Código.

Art. 227. Em qualquer grau de jurisdição, havendo motivo justificado, pode o juiz exceder, por igual tempo, os prazos a que está submetido.

Art. 228. Incumbirá ao serventuário remeter os autos conclusos no prazo de 1 (um) dia e executar os atos processuais no prazo de 5 (cinco) dias, contado da data em que:

I – houver concluído o ato processual anterior, se lhe foi imposto pela lei;

II – tiver ciência da ordem, quando determinada pelo juiz.

▶ Arts. 155, I, e 233 deste Código.

§ 1º Ao receber os autos, o serventuário certificará o dia e a hora em que teve ciência da ordem referida no inciso II.

§ 2º Nos processos em autos eletrônicos, a juntada de petições ou de manifestações em geral ocorrerá de forma automática, independentemente de ato de serventuário da justiça.

▶ Art. 10 da Lei nº 11.419, de 19-12-2006 (Lei da Informatização do Processo Judicial).

Art. 229. Os litisconsortes que tiverem diferentes procuradores, de escritórios de advocacia distintos, terão prazos contados em dobro para todas as suas manifestações, em qualquer juízo ou tribunal, independentemente de requerimento.

▶ Arts. 113 a 118, 525, § 3º, 915, § 3º, e 1.023, § 1º, deste Código.

▶ Súm. nº 641 do STF.

§ 1º Cessa a contagem do prazo em dobro se, havendo apenas 2 (dois) réus, é oferecida defesa por apenas um deles.

§ 2º Não se aplica o disposto no *caput* aos processos em autos eletrônicos.

Art. 230. O prazo para a parte, o procurador, a Advocacia Pública, a Defensoria Pública e o Ministério Público será contado da citação, da intimação ou da notificação.

▶ Arts. 238 e 269 deste Código.

Art. 231. Salvo disposição em sentido diverso, considera-se dia do começo do prazo:

I – a data de juntada aos autos do aviso de recebimento, quando a citação ou a intimação for pelo correio;

▶ Arts. 247 e 248 deste Código.

▶ Súm. nº 429 do STJ.

II – a data de juntada aos autos do mandado cumprido, quando a citação ou a intimação for por oficial de justiça;

▶ Arts. 249 a 251 deste Código.

III – a data de ocorrência da citação ou da intimação, quando ela se der por ato do escrivão ou do chefe de secretaria;

▶ Art. 246, III, deste Código.

IV – o dia útil seguinte ao fim da dilação assinada pelo juiz, quando a citação ou a intimação for por edital;

▶ Arts. 256 a 259 deste Código.

V – o dia útil seguinte à consulta ao teor da citação ou da intimação ou ao término do prazo para que a consulta se dê, quando a citação ou a intimação for eletrônica;

▶ Art. 246, V, §§ 1º e 2º, deste Código.

VI – a data de juntada do comunicado de que trata o art. 232 ou, não havendo esse, a data de juntada da carta aos autos de origem devidamente cumprida, quando a citação ou a intimação se realizar em cumprimento de carta;

▶ Art. 1.003, § 2º, deste Código.

VII – a data de publicação, quando a intimação se der pelo *Diário da Justiça* impresso ou eletrônico;

VIII – o dia da carga, quando a intimação se der por meio da retirada dos autos, em carga, do cartório ou da secretaria;

▶ Arts. 335, III, e 915 deste Código.

IX – o quinto dia útil seguinte à confirmação, na forma prevista na mensagem de citação, do recebimento da citação realizada por meio eletrônico.

▶ Inciso IX acrescido pela Lei nº 14.195, de 26-8-2021.

§ 1º Quando houver mais de um réu, o dia do começo do prazo para contestar corresponderá à última das datas a que se referem os incisos I a VI do *caput*.

▶ Art. 335 deste Código.

§ 2º Havendo mais de um intimado, o prazo para cada um é contado individualmente.

§ 3º Quando o ato tiver de ser praticado diretamente pela parte ou por quem, de qualquer forma, participe do processo, sem a intermediação de representante judicial, o dia do começo do prazo para cumprimento da determinação judicial corresponderá à data em que se der a comunicação.

§ 4º Aplica-se o disposto no inciso II do *caput* à citação com hora certa.

Art. 232. Nos atos de comunicação por carta precatória, rogatória ou de ordem, a realização da citação ou da intimação será imediatamente informada, por meio eletrônico, pelo juiz deprecado ao juiz deprecante.

▶ Art. 105, I, *i*, da CF.

▶ Arts. 36, 40, 231, VI, 236, 237, 260 a 268 e 914, § 4º, deste Código.

Seção II

DA VERIFICAÇÃO DOS PRAZOS E DAS PENALIDADES

Art. 233. Incumbe ao juiz verificar se o serventuário excedeu, sem motivo legítimo, os prazos estabelecidos em lei.

▶ Arts. 12, 155, I, e 228 deste Código.

§ 1º Constatada a falta, o juiz ordenará a instauração de processo administrativo, na forma da lei.

§ 2º Qualquer das partes, o Ministério Público ou a Defensoria Pública poderá representar ao juiz contra o serventuário que injustificadamente exceder os prazos previstos em lei.

Art. 234. Os advogados públicos ou privados, o defensor público e o membro do Ministério Público devem restituir os autos no prazo do ato a ser praticado.

▶ Art. 7º, XV e XVI, § 1º, 3, da Lei nº 8.906, de 4-7-1994 (Estatuto da Advocacia e da OAB).

§ 1º É lícito a qualquer interessado exigir os autos do advogado que exceder prazo legal.

§ 2º Se, intimado, o advogado não devolver os autos no prazo de 3 (três) dias, perderá o direito à vista fora de cartório e incorrerá em multa correspondente à metade do salário mínimo.

§ 3º Verificada a falta, o juiz comunicará o fato à seção local da Ordem dos Advogados do Brasil para procedimento disciplinar e imposição de multa.

§ 4º Se a situação envolver membro do Ministério Público, da Defensoria Pública ou da Advocacia Pública, a multa, se for o caso, será aplicada ao agente público responsável pelo ato.

§ 5º Verificada a falta, o juiz comunicará o fato ao órgão competente responsável pela instauração de procedimento disciplinar contra o membro que atuou no feito.

Art. 235. Qualquer parte, o Ministério Público ou a Defensoria Pública poderá representar ao corregedor do tribunal ou ao Conselho Nacional de Justiça contra juiz ou relator que injustificadamente exceder os prazos previstos em lei, regulamento ou regimento interno.

▶ Arts. 226 e 227 deste Código.

§ 1º Distribuída a representação ao órgão competente e ouvido previamente o juiz, não sendo caso de arquivamento liminar, será instaurado procedimento para apuração da responsabilidade, com intimação do representado por meio eletrônico para, querendo, apresentar justificativa no prazo de 15 (quinze) dias.

§ 2º Sem prejuízo das sanções administrativas cabíveis, em até 48 (quarenta e oito) horas após a apresentação ou não da justificativa de que trata o § 1º, se for o caso, o corregedor do tribunal ou o relator no Conselho Nacional de Justiça determinará a intimação do representado por meio eletrônico para que, em 10 (dez) dias, pratique o ato.

§ 3º Mantida a inércia, os autos serão remetidos ao substituto legal do juiz ou do relator contra o qual se representou para decisão em 10 (dez) dias.

TÍTULO II – DA COMUNICAÇÃO DOS ATOS PROCESSUAIS

CAPÍTULO I – DISPOSIÇÕES GERAIS

Art. 236. Os atos processuais serão cumpridos por ordem judicial.

§ 1º Será expedida carta para a prática de atos fora dos limites territoriais do tribunal, da comarca, da seção ou da subseção judiciárias, ressalvadas as hipóteses previstas em lei.

§ 2º O tribunal poderá expedir carta para juízo a ele vinculado, se o ato houver de se realizar fora dos limites territoriais do local de sua sede.

▶ Art. 237, I, deste Código.

§ 3º Admite-se a prática de atos processuais por meio de videoconferência ou outro recurso tecnológico de transmissão de sons e imagens em tempo real.

▶ Arts. 385, § 3º, 453, § 1º, 461, § 2º, e 937, § 4º, deste Código.

Art. 237. Será expedida carta:

I – de ordem, pelo tribunal, na hipótese do § 2º do art. 236;

II – rogatória, para que órgão jurisdicional estrangeiro pratique ato de cooperação jurídica internacional, relativo a processo em curso perante órgão jurisdicional brasileiro;

▶ O STF, por maioria, julgou procedente a ADC nº 51, declarando a constitucionalidade deste inciso (*DOU* de 28-4-2023).

▶ Arts. 40, 256, § 1º, 260 e 377 deste Código.

III – precatória, para que órgão jurisdicional brasileiro pratique ou determine o cumprimento, na área de sua competência territorial, de ato relativo a pedido de cooperação judiciária formulado por órgão jurisdicional de competência territorial diversa;

▶ Arts. 67 a 69 deste Código.

▶ A concessão de *exequatur* às cartas rogatórias passou a ser da competência do STJ, conforme art. 105, I, *i*, da CF.

IV – arbitral, para que órgão do Poder Judiciário pratique ou determine o cumprimento, na área de sua competência territorial, de ato objeto de pedido de cooperação judiciária formulado por juízo arbitral, inclusive os que importem efetivação de tutela provisória.

▶ Arts. 189, IV, 260, § 3º, 267 e 294 a 311 deste Código.

Parágrafo único. Se o ato relativo a processo em curso na justiça federal ou em tribunal superior houver de ser praticado em local onde não haja vara federal, a carta poderá ser dirigida ao juízo estadual da respectiva comarca.

CAPÍTULO II – DA CITAÇÃO

Art. 238. Citação é o ato pelo qual são convocados o réu, o executado ou o interessado para integrar a relação processual.

Parágrafo único. A citação será efetivada em até 45 (quarenta e cinco) dias a partir da propositura da ação.

▶ Parágrafo único acrescido pela Lei nº 14.195, de 26-8-2021.

Art. 239. Para a validade do processo é indispensável a citação do réu ou do executado, ressalvadas as hipóteses de indeferimento da petição inicial ou de improcedência liminar do pedido.

▶ Arts. 12, § 2º, I, 321, parágrafo único, 330, 332, 334, 337, I, 485, I, 486, § 1º, 525, § 1º, I, 535, I, 700, § 4º, 803, II, 918, II, e 968, § 3º, deste Código.

§ 1º O comparecimento espontâneo do réu ou do executado supre a falta ou a nulidade da citação, fluindo a partir desta data o prazo para apresentação de contestação ou de embargos à execução.

▶ Arts. 335 a 341 e 914 a 920 deste Código.

§ 2º Rejeitada a alegação de nulidade, tratando-se de processo de:

I – conhecimento, o réu será considerado revel;

II – execução, o feito terá seguimento.

Art. 240. A citação válida, ainda quando ordenada por juízo incompetente, induz litispendência, torna litigiosa a coisa e constitui em mora o devedor, ressalvado o disposto nos arts. 397 e 398 da Lei nº 10.406, de 10 de janeiro de 2002 (Código Civil).

▶ Arts. 109, 312, 337 e 485, V, deste Código.

▶ Arts. 202 a 204 e 397 do CC.

▶ Súmulas nºs 204 e 426 do STJ.

§ 1º A interrupção da prescrição, operada pelo despacho que ordena a citação, ainda que proferido por juízo incompetente, retroagirá à data de propositura da ação.

▶ Arts. 202 a 204 e 397 do CC.

§ 2º Incumbe ao autor adotar, no prazo de 10 (dez) dias, as providências necessárias para viabilizar a citação, sob pena de não se aplicar o disposto no § 1º.

▶ Art. 802 deste Código.

§ 3º A parte não será prejudicada pela demora imputável exclusivamente ao serviço judiciário.

§ 4º O efeito retroativo a que se refere o § 1º aplica-se à decadência e aos demais prazos extintivos previstos em lei.

Art. 241. Transitada em julgado a sentença de mérito proferida em favor do réu antes da citação, incumbe ao escrivão ou ao chefe de secretaria comunicar-lhe o resultado do julgamento.

▶ Art. 332 deste Código.

Art. 242. A citação será pessoal, podendo, no entanto, ser feita na pessoa do representante legal ou do procurador do réu, do executado ou do interessado.

§ 1º Na ausência do citando, a citação será feita na pessoa de seu mandatário, administrador, preposto ou gerente, quando a ação se originar de atos por eles praticados.

§ 2º O locador que se ausentar do Brasil sem cientificar o locatário de que deixou, na localidade onde estiver situado o imóvel, procurador com poderes para receber citação será citado na pessoa do administrador do imóvel encarregado do recebimento dos aluguéis, que será considerado habilitado para representar o locador em juízo.

§ 3º A citação da União, dos Estados, do Distrito Federal, dos Municípios e de suas respectivas autarquias e fundações de direito público será realizada perante o órgão de Advocacia Pública responsável por sua representação judicial.

▶ O STF, por maioria, ao julgar a ADI nº 5.492, declarou a constitucionalidade da expressão "dos Estados, do Distrito Federal e dos Municípios" constante neste dispositivo (*DOU* de 4-5-2023).

▶ Arts. 182 a 184 deste Código.

Art. 243. A citação poderá ser feita em qualquer lugar em que se encontre o réu, o executado ou o interessado.

Parágrafo único. O militar em serviço ativo será citado na unidade em que estiver servindo, se não for conhecida sua residência ou nela não for encontrado.

Art. 244. Não se fará a citação, salvo para evitar o perecimento do direito:

I – de quem estiver participando de ato de culto religioso;

II – de cônjuge, de companheiro ou de qualquer parente do morto, consanguíneo ou afim, em linha reta ou na linha colateral em segundo grau, no dia do falecimento e nos 7 (sete) dias seguintes;

III – de noivos, nos 3 (três) primeiros dias seguintes ao casamento;

IV – de doente, enquanto grave o seu estado.

Art. 245. Não se fará citação quando se verificar que o citando é mentalmente incapaz ou está impossibilitado de recebê-la.

▶ Arts. 3º, 4º e 1.775 do CC.

§ 1º O oficial de justiça descreverá e certificará minuciosamente a ocorrência.

§ 2º Para examinar o citando, o juiz nomeará médico, que apresentará laudo no prazo de 5 (cinco) dias.

§ 3º Dispensa-se a nomeação de que trata o § 2º se pessoa da família apresentar declaração do médico do citando que ateste a incapacidade deste.

§ 4º Reconhecida a impossibilidade, o juiz nomeará curador ao citando, observando, quanto à sua escolha, a preferência estabelecida em lei e restringindo a nomeação à causa.

§ 5º A citação será feita na pessoa do curador, a quem incumbirá a defesa dos interesses do citando.

Art. 246. A citação será feita preferencialmente por meio eletrônico, no prazo de até 2 (dois) dias úteis, contado da decisão que a determinar, por meio dos endereços eletrônicos indicados pelo citando no banco de dados do Poder Judiciário, conforme regulamento do Conselho Nacional de Justiça.

► *Caput* com a redação dada pela Lei nº 14.195, de 26-8-2021.

I a V – *Revogados.* Lei nº 14.195, de 26-8-2021.

§ 1º As empresas públicas e privadas são obrigadas a manter cadastro nos sistemas de processo em autos eletrônicos, para efeito de recebimento de citações e intimações, as quais serão efetuadas preferencialmente por esse meio.

► § 1º com a redação dada pela Lei nº 14.195, de 26-8-2021.

► Arts. 270, parágrafo único, 513, § 2º, III, 876, § 1º, III, e 1.051 deste Código.

§ 1º-A. A ausência de confirmação, em até 3 (três) dias úteis, contados do recebimento da citação eletrônica, implicará a realização da citação:

I – pelo correio;

II – por oficial de justiça;

III – pelo escrivão ou chefe de secretaria, se o citando comparecer em cartório;

IV – por edital.

§ 1º-B. Na primeira oportunidade de falar nos autos, o réu citado nas formas previstas nos incisos I, II, III e IV do § 1º-A deste artigo deverá apresentar justa causa para a ausência de confirmação do recebimento da citação enviada eletronicamente.

§ 1º-C. Considera-se ato atentatório à dignidade da justiça, passível de multa de até 5% (cinco por cento) do valor da causa, deixar de confirmar no prazo legal, sem justa causa, o recebimento da citação recebida por meio eletrônico.

► §§ 1º-A a 1º-C acrescidos pela Lei nº 14.195, de 26-8-2021.

§ 2º O disposto no § 1º aplica-se à União, aos Estados, ao Distrito Federal, aos Municípios e às entidades da administração indireta.

► Art. 1.050 deste Código.

§ 3º Na ação de usucapião de imóvel, os confinantes serão citados pessoalmente, exceto quando tiver por objeto unidade autônoma de prédio em condomínio, caso em que tal citação é dispensada.

► Art. 259 deste Código.

§ 4º As citações por correio eletrônico serão acompanhadas das orientações para realização da confirmação de recebimento e de código identificador que permitirá a sua identificação na página eletrônica do órgão judicial citante.

§ 5º As microempresas e as pequenas empresas somente se sujeitam ao disposto no § 1º deste artigo quando não possuírem endereço eletrônico cadastrado no sistema integrado da Rede Nacional para a Simplificação do Registro e da Legalização de Empresas e Negócios (REDESIM).

§ 6º Para os fins do § 5º deste artigo, deverá haver compartilhamento de cadastro com o órgão do Poder Judiciário, incluído o endereço eletrônico constante do sistema integrado da REDESIM, nos termos da legislação aplicável ao sigilo fiscal e ao tratamento de dados pessoais.

► §§ 4º a 6º acrescidos pela Lei nº 14.195, de 26-8-2021.

Art. 247. A citação será feita por meio eletrônico ou pelo correio para qualquer comarca do País, exceto:

► *Caput* com a redação dada pela Lei nº 14.195, de 26-8-2021.

I – nas ações de estado, observado o disposto no art. 695, § 3º;

II – quando o citando for incapaz;

► Arts. 3º e 4º do CC.

III – quando o citando for pessoa de direito público;

► Arts. 41 e 42 do CC.

IV – quando o citando residir em local não atendido pela entrega domiciliar de correspondência;

V – quando o autor, justificadamente, a requerer de outra forma.

► Arts. 576 e 626, § 1º, deste Código.

Art. 248. Deferida a citação pelo correio, o escrivão ou o chefe de secretaria remeterá ao citando cópias da petição inicial e do despacho do juiz e comunicará o prazo para resposta, o endereço do juízo e o respectivo cartório.

§ 1º A carta será registrada para entrega ao citando, exigindo-lhe o carteiro, ao fazer a entrega, que assine o recibo.

► Súm. nº 429 do STJ.

§ 2º Sendo o citando pessoa jurídica, será válida a entrega do mandado a pessoa com poderes de gerência geral ou de administração ou, ainda, a funcionário responsável pelo recebimento de correspondências.

► Súm. nº 429 do STJ.

§ 3º Da carta de citação no processo de conhecimento constarão os requisitos do art. 250.

§ 4º Nos condomínios edilícios ou nos loteamentos com controle de acesso, será válida a entrega do mandado a funcionário da portaria responsável pelo recebimento de correspondência, que, entretanto, poderá recusar o recebimento, se declarar, por escrito, sob as penas da lei, que o destinatário da correspondência está ausente.

Art. 249. A citação será feita por meio de oficial de justiça nas hipóteses previstas neste Código ou em lei, ou quando frustrada a citação pelo correio.

Art. 250. O mandado que o oficial de justiça tiver de cumprir conterá:

► Arts. 248, § 3º, e 264 deste Código.

I – os nomes do autor e do citando e seus respectivos domicílios ou residências;

II – a finalidade da citação, com todas as especificações constantes da petição inicial, bem como a menção do prazo para contestar, sob pena de revelia, ou para embargar a execução;

III – a aplicação de sanção para o caso de descumprimento da ordem, se houver;

IV – se for o caso, a intimação do citando para comparecer, acompanhado de advogado ou de defensor público, à audiência de conciliação ou de mediação, com a menção do dia, da hora e do lugar do comparecimento;

► Art. 334 deste Código.

V – a cópia da petição inicial, do despacho ou da decisão que deferir tutela provisória;

► Arts. 294 a 311 deste Código.

VI – a assinatura do escrivão ou do chefe de secretaria e a declaração de que o subscreve por ordem do juiz.

Art. 251. Incumbe ao oficial de justiça procurar o citando e, onde o encontrar, citá-lo:

I – lendo-lhe o mandado e entregando-lhe a contrafé;

II – portando por fé se recebeu ou recusou a contrafé;

III – obtendo a nota de ciente ou certificando que o citando não a apôs no mandado.

Art. 252. Quando, por 2 (duas) vezes, o oficial de justiça houver procurado o citando em seu domicílio ou residência sem o encontrar, deverá, havendo suspeita de ocultação, intimar qualquer pessoa da família ou, em sua falta, qualquer vizinho de que, no dia útil imediato, voltará a fim de efetuar a citação, na hora que designar.

Parágrafo único. Nos condomínios edilícios ou nos loteamentos com controle de acesso, será válida a intimação a que se refere o *caput* feita a funcionário da portaria responsável pelo recebimento de correspondência.

Art. 253. No dia e na hora designados, o oficial de justiça, independentemente de novo despacho, comparecerá ao domicílio ou à residência do citando a fim de realizar a diligência.

► Arts. 70 a 78 do CC.

§ 1º Se o citando não estiver presente, o oficial de justiça procurará informar-se das razões da ausência, dando por feita a citação, ainda que o citando se tenha ocultado em outra comarca, seção ou subseção judiciárias.

§ 2º A citação com hora certa será efetivada mesmo que a pessoa da família ou o vizinho que houver sido intimado esteja ausente, ou se, embora presente, a pessoa da família ou o vizinho se recusar a receber o mandado.

§ 3º Da certidão da ocorrência, o oficial de justiça deixará contrafé com qualquer pessoa da família ou vizinho, conforme o caso, declarando-lhe o nome.

§ 4º O oficial de justiça fará constar do mandado a advertência de que será nomeado curador especial se houver revelia.

► Art. 72, II, deste Código.

Art. 254. Feita a citação com hora certa, o escrivão ou chefe de secretaria enviará ao réu, executado ou interessado, no prazo de 10 (dez) dias, contado da data da juntada do mandado aos autos, carta, telegrama ou correspondência eletrônica, dando-lhe de tudo ciência.

► Súm. nº 196 do STJ.

Art. 255. Nas comarcas contíguas de fácil comunicação e nas que se situem na mesma região metropolitana, o oficial de justiça poderá efetuar, em qualquer delas, citações, intimações, notificações, penhoras e quaisquer outros atos executivos.

► Art. 782, § 1º, deste Código.

Art. 256. A citação por edital será feita:

► Súm. nº 282 do STJ.

I – quando desconhecido ou incerto o citando;

II – quando ignorado, incerto ou inacessível o lugar em que se encontrar o citando;

III – nos casos expressos em lei.

► Arts. 259, 513, § 2º, IV, e 554, §§ 1º e 2º, deste Código.

§ 1º Considera-se inacessível, para efeito de citação por edital, o país que recusar o cumprimento de carta rogatória.

▸ Arts. 40, 237, 260 e 377 deste Código.

▸ A concessão de *exequatur* às cartas rogatórias passou a ser da competência do STJ, conforme art. 105, I, *i*, da CF.

§ 2º No caso de ser inacessível o lugar em que se encontrar o réu, a notícia de sua citação será divulgada também pelo rádio, se na comarca houver emissora de radiodifusão.

§ 3º O réu será considerado em local ignorado ou incerto se infrutíferas as tentativas de sua localização, inclusive mediante requisição pelo juízo de informações sobre seu endereço nos cadastros de órgãos públicos ou de concessionárias de serviços públicos.

Art. 257. São requisitos da citação por edital:

I – a afirmação do autor ou a certidão do oficial informando a presença das circunstâncias autorizadoras;

II – a publicação do edital na rede mundial de computadores, no sítio do respectivo tribunal e na plataforma de editais do Conselho Nacional de Justiça, que deve ser certificada nos autos;

III – a determinação, pelo juiz, do prazo, que variará entre 20 (vinte) e 60 (sessenta) dias, fluindo da data da publicação única ou, havendo mais de uma, da primeira;

IV – a advertência de que será nomeado curador especial em caso de revelia.

▸ Art. 72, II, deste Código.

Parágrafo único. O juiz poderá determinar que a publicação do edital seja feita também em jornal local de ampla circulação ou por outros meios, considerando as peculiaridades da comarca, da seção ou da subseção judiciárias.

Art. 258. A parte que requerer a citação por edital, alegando dolosamente a ocorrência das circunstâncias autorizadoras para sua realização, incorrerá em multa de 5 (cinco) vezes o salário mínimo.

Parágrafo único. A multa reverterá em benefício do citando.

Art. 259. Serão publicados editais:

I – na ação de usucapião de imóvel;

▸ Art. 246, § 3º, deste Código.

II – na ação de recuperação ou substituição de título ao portador;

III – em qualquer ação em que seja necessária, por determinação legal, a provocação, para participação no processo, de interessados incertos ou desconhecidos.

▸ Arts. 576, parágrafo único, e 626, § 1º, deste Código.

CAPÍTULO III
DAS CARTAS

▸ Arts. 67 a 69, 231, VI, 232, 236, 237, 340, §§ 1º e 2º, 377 e 845, § 2º, deste Código.

Art. 260. São requisitos das cartas de ordem, precatória e rogatória:

▸ A concessão de *exequatur* às cartas rogatórias passou a ser da competência do STJ, conforme art. 105, I, *i*, da CF.

I – a indicação dos juízes de origem e de cumprimento do ato;

II – o inteiro teor da petição, do despacho judicial e do instrumento do mandato conferido ao advogado;

III – a menção do ato processual que lhe constitui o objeto;

IV – o encerramento com a assinatura do juiz.

§ 1º O juiz mandará trasladar para a carta quaisquer outras peças, bem como instruí-la com mapa, desenho ou gráfico, sempre que esses documentos devam ser examinados, na diligência, pelas partes, pelos peritos ou pelas testemunhas.

§ 2º Quando o objeto da carta for exame pericial sobre documento, este será remetido em original, ficando nos autos reprodução fotográfica.

▸ Art. 478 deste Código.

§ 3º A carta arbitral atenderá, no que couber, aos requisitos a que se refere o *caput* e será instruída com a convenção de arbitragem e com as provas da nomeação do árbitro e de sua aceitação da função.

▸ Arts. 189, IV, 237, IV, 260, § 3º, e 267 deste Código.

▸ Lei nº 9.307, de 23-9-1996 (Lei da Arbitragem).

Art. 261. Em todas as cartas o juiz fixará o prazo para cumprimento, atendendo à facilidade das comunicações e à natureza da diligência.

§ 1º As partes deverão ser intimadas pelo juiz do ato de expedição da carta.

§ 2º Expedida a carta, as partes acompanharão o cumprimento da diligência perante o juízo destinatário, ao qual compete a prática dos atos de comunicação.

§ 3º A parte a quem interessar o cumprimento da diligência cooperará para que o prazo a que se refere o *caput* seja cumprido.

▸ Art. 6º deste Código.

Art. 262. A carta tem caráter itinerante, podendo, antes ou depois de lhe ser ordenado o cumprimento, ser encaminhada a juízo diverso do que dela consta, a fim de se praticar o ato.

Parágrafo único. O encaminhamento da carta a outro juízo será imediatamente comunicado ao órgão expedidor, que intimará as partes.

Art. 263. As cartas deverão, preferencialmente, ser expedidas por meio eletrônico, caso em que a assinatura do juiz deverá ser eletrônica, na forma da lei.

▸ A concessão de *exequatur* às cartas rogatórias passou a ser da competência do STJ, conforme art. 105, I, *i*, da CF.

▸ MP nº 2.200-2, de 24-8-2001, que até o encerramento desta edição não havia sido convertida em Lei, institui a Infraestrutura de Chaves Públicas Brasileira – ICP-Brasil, para garantir a autenticidade, a integridade e a validade jurídica de documentos em forma eletrônica.

Art. 264. A carta de ordem e a carta precatória por meio eletrônico, por telefone ou por telegrama conterão, em resumo substancial, os requisitos mencionados no art. 250, especialmente no que se refere à aferição da autenticidade.

Art. 265. O secretário do tribunal, o escrivão ou o chefe de secretaria do juízo deprecante transmitirá, por telefone, a carta de ordem ou a carta precatória ao juízo em que houver de se cumprir o ato, por intermédio do escrivão do primeiro ofício da primeira vara, se houver na comarca mais de um ofício ou de uma vara, observando-se, quanto aos requisitos, o disposto no art. 264.

§ 1º O escrivão ou o chefe de secretaria, no mesmo dia ou no dia útil imediato, telefonará ou enviará mensagem eletrônica ao secretário do tribunal, ao escrivão ou ao chefe de secretaria do juízo deprecante, lendo-lhe os termos da carta e solicitando-lhe que os confirme.

§ 2º Sendo confirmada, o escrivão ou o chefe de secretaria submeterá a carta a despacho.

Art. 266. Serão praticados de ofício os atos requisitados por meio eletrônico e de telegrama, devendo a parte depositar, contudo, na secretaria do tribunal ou no cartório do juízo deprecante, a importância correspondente às despesas que serão feitas no juízo em que houver de praticar-se o ato.

Art. 267. O juiz recusará cumprimento a carta precatória ou arbitral, devolvendo-a com decisão motivada quando:

I – a carta não estiver revestida dos requisitos legais;

II – faltar ao juiz competência em razão da matéria ou da hierarquia;

III – o juiz tiver dúvida acerca de sua autenticidade.

Parágrafo único. No caso de incompetência em razão da matéria ou da hierarquia, o juiz deprecado, conforme o ato a ser praticado, poderá remeter a carta ao juiz ou ao tribunal competente.

Art. 268. Cumprida a carta, será devolvida ao juízo de origem no prazo de 10 (dez) dias, independentemente de traslado, pagas as custas pela parte.

CAPÍTULO IV
DAS INTIMAÇÕES

Art. 269. Intimação é o ato pelo qual se dá ciência a alguém dos atos e dos termos do processo.

§ 1º É facultado aos advogados promover a intimação do advogado da outra parte por meio do correio, juntando aos autos, a seguir, cópia do ofício de intimação e do aviso de recebimento.

§ 2º O ofício de intimação deverá ser instruído com cópia do despacho, da decisão ou da sentença.

§ 3º A intimação da União, dos Estados, do Distrito Federal, dos Municípios e de suas respectivas autarquias e fundações de direito público será realizada perante o órgão de Advocacia Pública responsável por sua representação judicial.

▸ Arts. 182 a 184 deste Código.

Art. 270. As intimações realizam-se, sempre que possível, por meio eletrônico, na forma da lei.

Parágrafo único. Aplica-se ao Ministério Público, à Defensoria Pública e à Advocacia Pública o disposto no § 1º do art. 246.

▸ Art. 1.050 deste Código.

Art. 271. O juiz determinará de ofício as intimações em processos pendentes, salvo disposição em contrário.

Art. 272. Quando não realizadas por meio eletrônico, consideram-se feitas as intimações pela publicação dos atos no órgão oficial.

§ 1º Os advogados poderão requerer que, na intimação a eles dirigida, figure apenas o nome da sociedade a que pertençam, desde que devidamente registrada na Ordem dos Advogados do Brasil.

§ 2º Sob pena de nulidade, é indispensável que da publicação constem os nomes das partes e de seus advogados, com o respectivo número de inscrição na Ordem dos Advogados do Brasil, ou, se assim requerido, da sociedade de advogados.

§ 3º A grafia dos nomes das partes não deve conter abreviaturas.

§ 4º A grafia dos nomes dos advogados deve corresponder ao nome completo e ser a mesma que constar da procuração ou que estiver registrada na Ordem dos Advogados do Brasil.

§ 5º Constando dos autos pedido expresso para que as comunicações dos atos processuais sejam feitas em nome dos advogados indicados, o seu desatendimento implicará nulidade.

▶ Arts. 276 a 283 deste Código.

§ 6º A retirada dos autos do cartório ou da secretaria em carga pelo advogado, por pessoa credenciada a pedido do advogado ou da sociedade de advogados, pela Advocacia Pública, pela Defensoria Pública ou pelo Ministério Público implicará intimação de qualquer decisão contida no processo retirado, ainda que pendente de publicação.

§ 7º O advogado e a sociedade de advogados deverão requerer o respectivo credenciamento para a retirada de autos por preposto.

§ 8º A parte arguirá a nulidade da intimação em capítulo preliminar do próprio ato que lhe caiba praticar, o qual será tido por tempestivo se o vício for reconhecido.

§ 9º Não sendo possível a prática imediata do ato diante da necessidade de acesso prévio aos autos, a parte limitar-se-á a arguir a nulidade da intimação, caso em que o prazo será contado da intimação da decisão que a reconheça.

▶ Arts. 276 a 283 deste Código.

Art. 273. Se inviável a intimação por meio eletrônico e não houver na localidade publicação em órgão oficial, incumbirá ao escrivão ou chefe de secretaria intimar de todos os atos do processo os advogados das partes:

I – pessoalmente, se tiverem domicílio na sede do juízo;

▶ Arts. 70 a 78 do CC.

II – por carta registrada, com aviso de recebimento, quando forem domiciliados fora do juízo.

Art. 274. Não dispondo a lei de outro modo, as intimações serão feitas às partes, aos seus representantes legais, aos advogados e aos demais sujeitos do processo pelo correio ou, se presentes em cartório, diretamente pelo escrivão ou chefe de secretaria.

Parágrafo único. Presumem-se válidas as intimações dirigidas ao endereço constante dos autos, ainda que não recebidas pessoalmente pelo interessado, se a modificação temporária ou definitiva não tiver sido devidamente comunicada ao juízo, fluindo os prazos a partir da juntada aos autos do comprovante de entrega da correspondência no primitivo endereço.

▶ Arts. 77, V, 106, 319, II, 513, §§ 3º e 4º, 841, § 4º, 876, § 2º, deste Código.

Art. 275. A intimação será feita por oficial de justiça quando frustrada a realização por meio eletrônico ou pelo correio.

▶ Arts. 150 e 154, I, deste Código.

§ 1º A certidão de intimação deve conter:

I – a indicação do lugar e a descrição da pessoa intimada, mencionando, quando possível, o número de seu documento de identidade e o órgão que o expediu;

II – a declaração de entrega da contrafé;

III – a nota de ciente ou a certidão de que o interessado não a apôs no mandado.

▶ Mantivemos o termo "interessado", conforme publicação oficial; a expressão deve ser entendida como "intimado".

§ 2º Caso necessário, a intimação poderá ser efetuada com hora certa ou por edital.

▶ Arts. 252 a 254 e 256 a 259 deste Código.

TÍTULO III – DAS NULIDADES

▶ Arts. 11, 12, § 6º, 115, I, 139, IX, 146, § 7º, 239, §§ 1º e 2º, 272, 337, I, 525, § 1º, I, 535, I, 803, e 1.013, § 3º, IV, deste Código.

Art. 276. Quando a lei prescrever determinada forma sob pena de nulidade, a decretação desta não pode ser requerida pela parte que lhe deu causa.

Art. 277. Quando a lei prescrever determinada forma, o juiz considerará válido o ato se, realizado de outro modo, lhe alcançar a finalidade.

Art. 278. A nulidade dos atos deve ser alegada na primeira oportunidade em que couber à parte falar nos autos, sob pena de preclusão.

Parágrafo único. Não se aplica o disposto no *caput* às nulidades que o juiz deva decretar de ofício, nem prevalece a preclusão provando a parte legítimo impedimento.

▶ Arts. 10 e 938, § 1º, deste Código.

Art. 279. É nulo o processo quando o membro do Ministério Público não for intimado a acompanhar o feito em que deva intervir.

▶ Art. 179 deste Código.

§ 1º Se o processo tiver tramitado sem conhecimento do membro do Ministério Público, o juiz invalidará os atos praticados a partir do momento em que ele deveria ter sido intimado.

▶ Art. 25, parágrafo único, da Lei nº 8.625, de 12-2-1993 (Lei Orgânica Nacional do Ministério Público).

§ 2º A nulidade só pode ser decretada após a intimação do Ministério Público, que se manifestará sobre a existência ou a inexistência de prejuízo.

Art. 280. As citações e as intimações serão nulas quando feitas sem observância das prescrições legais.

▶ Arts. 238 a 283 deste Código.

Art. 281. Anulado o ato, consideram-se de nenhum efeito todos os subsequentes que dele dependam, todavia, a nulidade de uma parte do ato não prejudicará as outras que dela sejam independentes.

▶ Art. 184 do CC.

Art. 282. Ao pronunciar a nulidade, o juiz declarará que atos são atingidos e ordenará as providências necessárias a fim de que sejam repetidos ou retificados.

§ 1º O ato não será repetido nem sua falta será suprida quando não prejudicar a parte.

§ 2º Quando puder decidir o mérito a favor da parte a quem aproveite a decretação da nulidade, o juiz não a pronunciará nem mandará repetir o ato ou suprir-lhe a falta.

Art. 283. O erro de forma do processo acarreta unicamente a anulação dos atos que não possam ser aproveitados, devendo ser praticados os que forem necessários a fim de se observarem as prescrições legais.

Parágrafo único. Dar-se-á o aproveitamento dos atos praticados desde que não resulte prejuízo à defesa de qualquer parte.

TÍTULO IV – DA DISTRIBUIÇÃO E DO REGISTRO

Art. 284. Todos os processos estão sujeitos a registro, devendo ser distribuídos onde houver mais de um juiz.

▶ Arts. 43, 59 e 340 deste Código.

Art. 285. A distribuição, que poderá ser eletrônica, será alternada e aleatória, obedecendo-se rigorosa igualdade.

Parágrafo único. A lista de distribuição deverá ser publicada no *Diário de Justiça*.

Art. 286. Serão distribuídas por dependência as causas de qualquer natureza:

I – quando se relacionarem, por conexão ou continência, com outra já ajuizada;

▶ Arts. 54 a 58 deste Código.
▶ Súm. nº 235 do STJ.

II – quando, tendo sido extinto o processo sem resolução de mérito, for reiterado o pedido, ainda que em litisconsórcio com outros autores ou que sejam parcialmente alterados os réus da demanda;

▶ Arts. 113 a 118, 485 e 486 deste Código.

III – quando houver ajuizamento de ações nos termos do art. 55, § 3º, ao juízo prevento.

Parágrafo único. Havendo intervenção de terceiro, reconvenção ou outra hipótese de ampliação objetiva do processo, o juiz, de ofício, mandará proceder à respectiva anotação pelo distribuidor.

▶ Arts. 119 a 138, 343, 642, § 1º, 676, 683 e 914, § 1º, deste Código.

Art. 287. A petição inicial deve vir acompanhada de procuração, que conterá os endereços do advogado, eletrônico e não eletrônico.

▶ Art. 105, §§ 2º e 3º, deste Código.

Parágrafo único. Dispensa-se a juntada da procuração:

I – no caso previsto no art. 104;

II – se a parte estiver representada pela Defensoria Pública;

III – se a representação decorrer diretamente de norma prevista na Constituição Federal ou em lei.

Art. 288. O juiz, de ofício ou a requerimento do interessado, corrigirá o erro ou compensará a falta de distribuição.

Art. 289. A distribuição poderá ser fiscalizada pela parte, por seu procurador, pelo Ministério Público e pela Defensoria Pública.

Art. 290. Será cancelada a distribuição do feito se a parte, intimada na pessoa de seu advogado, não realizar o pagamento das custas e despesas de ingresso em 15 (quinze) dias.

TÍTULO V – DO VALOR DA CAUSA

Art. 291. A toda causa será atribuído valor certo, ainda que não tenha conteúdo econômico imediatamente aferível.

Art. 292. O valor da causa constará da petição inicial ou da reconvenção e será:

▶ Arts. 319, V, e 343 deste Código.

I – na ação de cobrança de dívida, a soma monetariamente corrigida do principal, dos juros de mora vencidos e de outras penalidades, se houver, até a data de propositura da ação;

▶ Arts. 395 e 405 a 407 do CC.

II – na ação que tiver por objeto a existência, a validade, o cumprimento, a modificação, a resolução, a resilição ou a rescisão de ato jurídico, o valor do ato ou o de sua parte controvertida;

III – na ação de alimentos, a soma de 12 (doze) prestações mensais pedidas pelo autor;

▶ Lei nº 5.478, de 25-7-1968 (Lei da Ação de Alimentos).

▶ Lei nº 8.971, de 29-12-1994, regula o direito dos companheiros a alimentos e à sucessão.

▶ Lei nº 11.804, de 5-11-2008 (Lei dos Alimentos Gravídicos).

IV – na ação de divisão, de demarcação e de reivindicação, o valor de avaliação da área ou do bem objeto do pedido;

▶ Arts. 569 a 598 deste Código.

V – na ação indenizatória, inclusive a fundada em dano moral, o valor pretendido;

▶ Art. 3º da IN do TST nº 39, de 15-3-2016, que dispõe de forma não exaustiva sobre as normas do CPC/2015 aplicáveis ao Processo do Trabalho.

VI – na ação em que há cumulação de pedidos, a quantia correspondente à soma dos valores de todos eles;

VII – na ação em que os pedidos são alternativos, o de maior valor;

▶ Arts. 325 e 800 deste Código.

VIII – na ação em que houver pedido subsidiário, o valor do pedido principal.

▶ Art. 326 deste Código.

§ 1º Quando se pedirem prestações vencidas e vincendas, considerar-se-á o valor de umas e outras.

§ 2º O valor das prestações vincendas será igual a uma prestação anual, se a obrigação for por tempo indeterminado ou por tempo superior a 1 (um) ano, e, se por tempo inferior, será igual à soma das prestações.

§ 3º O juiz corrigirá, de ofício e por arbitramento, o valor da causa quando verificar que não corresponde ao conteúdo patrimonial em discussão ou ao proveito econômico perseguido pelo autor, caso em que se procederá ao recolhimento das custas correspondentes.

▶ Arts. 10 e 290 deste Código.

▶ Art. 3º da IN do TST nº 39, de 15-3-2016, que dispõe de forma não exaustiva sobre as normas do CPC/2015 aplicáveis ao Processo do Trabalho.

Art. 293. O réu poderá impugnar, em preliminar da contestação, o valor atribuído à causa pelo autor, sob pena de preclusão, e o juiz decidirá a respeito, impondo, se for o caso, a complementação das custas.

▶ Art. 337, III, deste Código.

Livro V – Da Tutela Provisória

▶ Arts. 237, IV, 250, V, 519, 537, 555, parágrafo único, II, 695, 919, § 1º, 932, II, 969, 1.012, § 1º, V, 1.013, § 5º, e 1.059 deste Código.

▶ Art. 3º da IN do TST nº 39, de 15-3-2016, que dispõe de forma não exaustiva sobre as normas do CPC/2015 aplicáveis ao Processo do Trabalho.

TÍTULO I – DISPOSIÇÕES GERAIS

Art. 294. A tutela provisória pode fundamentar-se em urgência ou evidência.

Parágrafo único. A tutela provisória de urgência, cautelar ou antecipada, pode ser concedida em caráter antecedente ou incidental.

▶ Arts. 300 a 310 deste Código.

▶ Lei nº 8.437, de 30-6-1992 (Lei das Medidas Cautelares contra Atos do Poder Público).

Art. 295. A tutela provisória requerida em caráter incidental independe do pagamento de custas.

Art. 296. A tutela provisória conserva sua eficácia na pendência do processo, mas pode, a qualquer tempo, ser revogada ou modificada.

Parágrafo único. Salvo decisão judicial em contrário, a tutela provisória conservará a eficácia durante o período de suspensão do processo.

▶ Arts. 313 a 315 deste Código.

Art. 297. O juiz poderá determinar as medidas que considerar adequadas para efetivação da tutela provisória.

▶ Súm. nº 212 do STJ.

Parágrafo único. A efetivação da tutela provisória observará as normas referentes ao cumprimento provisório da sentença, no que couber.

▶ Art. 519 deste Código.

Art. 298. Na decisão que conceder, negar, modificar ou revogar a tutela provisória, o juiz motivará seu convencimento de modo claro e preciso.

▶ Art. 294, parágrafo único, deste Código.

Art. 299. A tutela provisória será requerida ao juízo da causa e, quando antecedente, ao juízo competente para conhecer do pedido principal.

Parágrafo único. Ressalvada disposição especial, na ação de competência originária de tribunal e nos recursos a tutela provisória será requerida ao órgão jurisdicional competente para apreciar o mérito.

▶ Art. 932, II, deste Código.

▶ Súmulas nºs 634 e 635 do STF.

▶ Súm. nº 263 do TFR.

TÍTULO II – DA TUTELA DE URGÊNCIA

CAPÍTULO I – DISPOSIÇÕES GERAIS

▶ Arts. 146, § 3º, 214, II, 294, parágrafo único, 937, VIII, e 982, § 2º, deste Código.

Art. 300. A tutela de urgência será concedida quando houver elementos que evidenciem a probabilidade do direito e o perigo de dano ou o risco ao resultado útil do processo.

§ 1º Para a concessão da tutela de urgência, o juiz pode, conforme o caso, exigir caução real ou fidejussória idônea para ressarcir os danos que a outra parte possa vir a sofrer, podendo a caução ser dispensada se a parte economicamente hipossuficiente não puder oferecê-la.

▶ Art. 337, XII, deste Código.

§ 2º A tutela de urgência pode ser concedida liminarmente ou após justificação prévia.

▶ Art. 9º, parágrafo único, I, deste Código.

§ 3º A tutela de urgência de natureza antecipada não será concedida quando houver perigo de irreversibilidade dos efeitos da decisão.

Art. 301. A tutela de urgência de natureza cautelar pode ser efetivada mediante arresto, sequestro, arrolamento de bens, registro de protesto contra alienação de bem e qualquer outra medida idônea para asseguração do direito.

▶ Arts. 154, I, e 381 deste Código.

Art. 302. Independentemente da reparação por dano processual, a parte responde pelo prejuízo que a efetivação da tutela de urgência causar à parte adversa, se:

I – a sentença lhe for desfavorável;

II – obtida liminarmente a tutela em caráter antecedente, não fornecer os meios necessários para a citação do requerido no prazo de 5 (cinco) dias;

III – ocorrer a cessação da eficácia da medida em qualquer hipótese legal;

IV – o juiz acolher a alegação de decadência ou prescrição da pretensão do autor.

▶ Arts. 332, § 1º, e 487 deste Código.

▶ Arts. 189 a 211 do CC.

Parágrafo único. A indenização será liquidada nos autos em que a medida tiver sido concedida, sempre que possível.

CAPÍTULO II – DO PROCEDIMENTO DA TUTELA ANTECIPADA REQUERIDA EM CARÁTER ANTECEDENTE

Art. 303. Nos casos em que a urgência for contemporânea à propositura da ação, a petição inicial pode limitar-se ao requerimento da tutela antecipada e à indicação do pedido de tutela final, com a exposição da lide, do direito que se busca realizar e do perigo de dano ou do risco ao resultado útil do processo.

▶ Art. 305, parágrafo único, deste Código.

§ 1º Concedida a tutela antecipada a que se refere o *caput* deste artigo:

I – o autor deverá aditar a petição inicial, com a complementação de sua argumentação, a juntada de novos documentos e a confirmação do pedido de tutela final, em 15 (quinze) dias ou em outro prazo maior que o juiz fixar;

▶ Art. 329 deste Código.

II – o réu será citado e intimado para a audiência de conciliação ou de mediação na forma do art. 334;

III – não havendo autocomposição, o prazo para contestação será contado na forma do art. 335.

§ 2º Não realizado o aditamento a que se refere o inciso I do § 1º deste artigo, o processo será extinto sem resolução do mérito.

▶ Art. 485, X, deste Código.

§ 3º O aditamento a que se refere o inciso I do § 1º deste artigo dar-se-á nos mesmos autos, sem incidência de novas custas processuais.

§ 4º Na petição inicial a que se refere o *caput* deste artigo, o autor terá de indicar o valor da causa, que deve levar em consideração o pedido de tutela final.

▶ Arts. 291 e 292 deste Código.

§ 5º O autor indicará na petição inicial, ainda, que pretende valer-se do benefício previsto no *caput* deste artigo.

§ 6º Caso entenda que não há elementos para a concessão de tutela antecipada, o órgão jurisdicional determinará a emenda da petição inicial em até 5 (cinco) dias, sob pena de ser indeferida e de o processo ser extinto sem resolução de mérito.

▶ Art. 321 deste Código.

Art. 304. A tutela antecipada, concedida nos termos do art. 303, torna-se estável se da decisão que a conceder não for interposto o respectivo recurso.

§ 1º No caso previsto no *caput*, o processo será extinto.

§ 2º Qualquer das partes poderá demandar a outra com o intuito de rever, reformar ou invalidar a tutela antecipada estabilizada nos termos do *caput*.

§ 3º A tutela antecipada conservará seus efeitos enquanto não revista, reformada ou invalidada por decisão de mérito proferida na ação de que trata o § 2º.

§ 4º Qualquer das partes poderá requerer o desarquivamento dos autos em que foi concedida a medida, para instruir a petição inicial da ação a que se refere o § 2º, prevento o juízo em que a tutela antecipada foi concedida.

▸ Art. 59 deste Código.

§ 5º O direito de rever, reformar ou invalidar a tutela antecipada, previsto no § 2º deste artigo, extingue-se após 2 (dois) anos, contados da ciência da decisão que extinguiu o processo, nos termos do § 1º.

§ 6º A decisão que concede a tutela não fará coisa julgada, mas a estabilidade dos respectivos efeitos só será afastada por decisão que a revir, reformar ou invalidar, proferida em ação ajuizada por uma das partes, nos termos do § 2º deste artigo.

▸ Arts. 502 a 508 deste Código.

CAPÍTULO III
DO PROCEDIMENTO DA TUTELA CAUTELAR REQUERIDA EM CARÁTER ANTECEDENTE

▸ Art. 294, parágrafo único, deste Código.

Art. 305. A petição inicial da ação que visa à prestação de tutela cautelar em caráter antecedente indicará a lide e seu fundamento, a exposição sumária do direito que se objetiva assegurar e o perigo de dano ou o risco ao resultado útil do processo.

Parágrafo único. Caso entenda que o pedido a que se refere o *caput* tem natureza antecipada, o juiz observará o disposto no art. 303.

Art. 306. O réu será citado para, no prazo de 5 (cinco) dias, contestar o pedido e indicar as provas que pretende produzir.

▸ Arts. 369 a 484 deste Código.

Art. 307. Não sendo contestado o pedido, os fatos alegados pelo autor presumir-se-ão aceitos pelo réu como ocorridos, caso em que o juiz decidirá dentro de 5 (cinco) dias.

Parágrafo único. Contestado o pedido no prazo legal, observar-se-á o procedimento comum.

▸ Arts. 318 a 512 deste Código.

Art. 308. Efetivada a tutela cautelar, o pedido principal terá de ser formulado pelo autor no prazo de 30 (trinta) dias, caso em que será apresentado nos mesmos autos em que deduzido o pedido de tutela cautelar, não dependendo do adiantamento de novas custas processuais.

▸ Súm. nº 482 do STJ.

§ 1º O pedido principal pode ser formulado conjuntamente com o pedido de tutela cautelar.

§ 2º A causa de pedir poderá ser aditada no momento de formulação do pedido principal.

▸ Art. 329 deste Código.

§ 3º Apresentado o pedido principal, as partes serão intimadas para a audiência de conciliação ou de mediação, na forma do art. 334, por seus advogados ou pessoalmente, sem necessidade de nova citação do réu.

§ 4º Não havendo autocomposição, o prazo para contestação será contado na forma do art. 335.

Art. 309. Cessa a eficácia da tutela concedida em caráter antecedente, se:

I – o autor não deduzir o pedido principal no prazo legal;

▸ Súm. nº 482 do STJ.

II – não for efetivada dentro de 30 (trinta) dias;

III – o juiz julgar improcedente o pedido principal formulado pelo autor ou extinguir o processo sem resolução de mérito.

▸ Art. 485 deste Código.

Parágrafo único. Se por qualquer motivo cessar a eficácia da tutela cautelar, é vedado à parte renovar o pedido, salvo sob novo fundamento.

Art. 310. O indeferimento da tutela cautelar não obsta a que a parte formule o pedido principal, nem influi no julgamento desse, salvo se o motivo do indeferimento for o reconhecimento de decadência ou de prescrição.

▸ Arts. 332, § 1º, e 487 deste Código.
▸ Arts. 189 a 211 do CC.

TÍTULO III – DA TUTELA DA EVIDÊNCIA

Art. 311. A tutela da evidência será concedida, independentemente da demonstração de perigo de dano ou de risco ao resultado útil do processo, quando:

I – ficar caracterizado o abuso do direito de defesa ou o manifesto propósito protelatório da parte;

▸ Arts. 80, 81 e 139, III, deste Código.
▸ Art. 5º, LXXVIII, da CF.
▸ Art. 7º, § 5º, da Lei nº 12.016, de 7-8-2009 (Lei do Mandado de Segurança Individual e Coletivo).
▸ Art. 19, § 4º, da Lei nº 12.965, de 23-4-2014 (Marco Civil da Internet).
▸ Súm. nº 212 do STJ.

II – as alegações de fato puderem ser comprovadas apenas documentalmente e houver tese firmada em julgamento de casos repetitivos ou em súmula vinculante;

▸ Art. 103-A da CF.
▸ Art. 928 deste Código.

III – se tratar de pedido reipersecutório fundado em prova documental adequada do contrato de depósito, caso em que será decretada a ordem de entrega do objeto custodiado, sob cominação de multa;

▸ Arts. 627 a 652 do CC.

IV – a petição inicial for instruída com prova documental suficiente dos fatos constitutivos do direito do autor, a que o réu não oponha prova capaz de gerar dúvida razoável.

▸ Arts. 405 a 429 deste Código.

Parágrafo único. Nas hipóteses dos incisos II e III, o juiz poderá decidir liminarmente.

▸ O STF, por maioria, ao julgar a ADI nº 5.492, declarou a constitucionalidade da referência deste dispositivo ao inciso II (*DOU* de 4-5-2023).

▸ Arts. 9º, parágrafo único, II, e 937, VIII, deste Código.

LIVRO VI – DA FORMAÇÃO, DA SUSPENSÃO E DA EXTINÇÃO DO PROCESSO

TÍTULO I – DA FORMAÇÃO DO PROCESSO

Art. 312. Considera-se proposta a ação quando a petição inicial for protocolada, todavia, a propositura da ação só produz quanto ao réu os efeitos mencionados no art. 240 depois que for validamente citado.

▸ Arts. 43, 58 e 59 deste Código.

TÍTULO II – DA SUSPENSÃO DO PROCESSO

▸ Art. 296, parágrafo único, deste Código.

Art. 313. Suspende-se o processo:

▸ Art. 221 deste Código.

I – pela morte ou pela perda da capacidade processual de qualquer das partes, de seu representante legal ou de seu procurador;

▸ Art. 110 deste Código.

II – pela convenção das partes;

▸ Art. 12, §§ 1º e 2º, da Lei nº 13.988, de 14-4-2020 (Lei da Transação Tributária).

III – pela arguição de impedimento ou de suspeição;

▸ Arts. 144 a 148 deste Código.

IV – pela admissão de incidente de resolução de demandas repetitivas;

▸ Arts. 980, parágrafo único, e 982 deste Código.

V – quando a sentença de mérito:

a) depender do julgamento de outra causa ou da declaração de existência ou de inexistência de relação jurídica que constitua o objeto principal de outro processo pendente;

b) tiver de ser proferida somente após a verificação de determinado fato ou a produção de certa prova, requisitada a outro juízo;

▸ Art. 377 deste Código.

VI – por motivo de força maior;

▸ Art. 393, parágrafo único, do CC.

VII – quando se discutir em juízo questão decorrente de acidentes e fatos da navegação de competência do Tribunal Marítimo;

VIII – nos demais casos que este Código regula;

▸ Arts. 146, § 2º, 694, parágrafo único, 921, I, 989, 1.029, § 4º, 1.036, § 1º, 1.037, II, §§ 1º e 8º, 1.040, III, deste Código.

IX – pelo parto ou pela concessão de adoção, quando a advogada responsável pelo processo constituir a única patrona da causa;

▸ Art. 313, § 6º, deste Código.
▸ Art. 392 da CLT.
▸ Art. 7º-A da Lei nº 8.906, de 4-7-1994 (Estatuto da Advocacia e da OAB).
▸ Lei nº 11.770, de 9-9-2008 (Lei do Programa Empresa Cidadã).
▸ Arts. 137 a 142 do Dec. nº 10.854, de 10-11-2021, que regulamenta disposições relativas à legislação trabalhista.

X – quando o advogado responsável pelo processo constituir o único patrono da causa e tornar-se pai.

▸ Incisos IX e X acrescidos pela Lei nº 13.363, de 25-11-2016.
▸ Art. 313, § 7º, deste Código.
▸ Art. 392 da CLT.
▸ Lei nº 11.770, de 9-9-2008 (Lei do Programa Empresa Cidadã).

▶ Arts. 137 a 142 do Dec. nº 10.854, de 10-11-2021, que regulamenta disposições relativas à legislação trabalhista.

§ 1º Na hipótese do inciso I, o juiz suspenderá o processo, nos termos do art. 689.

§ 2º Não ajuizada ação de habilitação, ao tomar conhecimento da morte, o juiz determinará a suspensão do processo e observará o seguinte:

I – falecido o réu, ordenará a intimação do autor para que promova a citação do respectivo espólio, de quem for o sucessor ou, se for o caso, dos herdeiros, no prazo que designar, de no mínimo 2 (dois) e no máximo 6 (seis) meses;

II – falecido o autor e sendo transmissível o direito em litígio, determinará a intimação de seu espólio, de quem for o sucessor ou, se for o caso, dos herdeiros, pelos meios de divulgação que reputar mais adequados, para que manifestem interesse na sucessão processual e promovam a respectiva habilitação no prazo designado, sob pena de extinção do processo sem resolução de mérito.

▶ Arts. 110 e 485, IX e X, deste Código.

§ 3º No caso de morte do procurador de qualquer das partes, ainda que iniciada a audiência de instrução e julgamento, o juiz determinará que a parte constitua novo mandatário, no prazo de 15 (quinze) dias, ao final do qual extinguirá o processo sem resolução de mérito, se o autor não nomear novo mandatário, ou ordenará o prosseguimento do processo à revelia do réu, se falecido o procurador deste.

§ 4º O prazo de suspensão do processo nunca poderá exceder 1 (um) ano nas hipóteses do inciso V e 6 (seis) meses naquela prevista no inciso II.

§ 5º O juiz determinará o prosseguimento do processo assim que esgotados os prazos previstos no § 4º.

§ 6º No caso do inciso IX, o período de suspensão será de 30 (trinta) dias, contado a partir da data do parto ou da concessão da adoção, mediante apresentação de certidão de nascimento ou documento similar que comprove a realização do parto, ou de termo judicial que tenha concedido a adoção, desde que haja notificação ao cliente.

▶ Art. 392 da CLT.

▶ Art. 7º-A da Lei nº 8.906, de 4-7-1994 (Estatuto da Advocacia e da OAB).

▶ Lei nº 11.770, de 9-9-2008 (Lei do Programa Empresa Cidadã).

▶ Arts. 137 a 142 do Dec. nº 10.854, de 10-11-2021, que regulamenta disposições relativas à legislação trabalhista.

§ 7º No caso do inciso X, o período de suspensão será de 8 (oito) dias, contado a partir da data do parto ou da concessão da adoção, mediante apresentação de certidão de nascimento ou documento similar que comprove a realização do parto, ou de termo judicial que tenha concedido a adoção, desde que haja notificação ao cliente.

▶ §§ 6º e 7º acrescidos pela Lei nº 13.363, de 25-11-2016.

▶ Lei nº 11.770, de 9-9-2008 (Lei do Programa Empresa Cidadã).

▶ Arts. 137 a 142 do Dec. nº 10.854, de 10-11-2021, que regulamenta disposições relativas à legislação trabalhista.

Art. 314. Durante a suspensão é vedado praticar qualquer ato processual, podendo o juiz, todavia, determinar a realização de atos urgentes a fim de evitar dano irreparável, salvo no caso de arguição de impedimento e de suspeição.

▶ Arts. 144 a 148 e 923 deste Código.

Art. 315. Se o conhecimento do mérito depender de verificação da existência de fato delituoso, o juiz pode determinar a suspensão do processo até que se pronuncie a justiça criminal.

▶ Art. 935 do CC.

▶ Súm. nº 18 do STF.

§ 1º Se a ação penal não for proposta no prazo de 3 (três) meses, contado da intimação do ato de suspensão, cessará o efeito desse, incumbindo ao juiz cível examinar incidentemente a questão prévia.

§ 2º Proposta a ação penal, o processo ficará suspenso pelo prazo máximo de 1 (um) ano, ao final do qual aplicar-se-á o disposto na parte final do § 1º.

TÍTULO III – DA EXTINÇÃO DO PROCESSO

Art. 316. A extinção do processo dar-se-á por sentença.

▶ Arts. 12, 485 a 501 deste Código.

Art. 317. Antes de proferir decisão sem resolução de mérito, o juiz deverá conceder à parte oportunidade para, se possível, corrigir o vício.

▶ Art. 485 deste Código.

PARTE ESPECIAL

LIVRO I – DO PROCESSO DE CONHECIMENTO E DO CUMPRIMENTO DE SENTENÇA

TÍTULO I – DO PROCEDIMENTO COMUM

CAPÍTULO I
DISPOSIÇÕES GERAIS

Art. 318. Aplica-se a todas as causas o procedimento comum, salvo disposição em contrário deste Código ou de lei.

Parágrafo único. O procedimento comum aplica-se subsidiariamente aos demais procedimentos especiais e ao processo de execução.

▶ Arts. 539 a 925 deste Código.

CAPÍTULO II
DA PETIÇÃO INICIAL

Seção I
DOS REQUISITOS DA PETIÇÃO INICIAL

Art. 319. A petição inicial indicará:

I – o juízo a que é dirigida;

II – os nomes, os prenomes, o estado civil, a existência de união estável, a profissão, o número de inscrição no Cadastro de Pessoas Físicas ou no Cadastro Nacional da Pessoa Jurídica, o endereço eletrônico, o domicílio e a residência do autor e do réu;

▶ Arts. 77, V, e 274, parágrafo único, deste Código.

▶ Arts. 70 a 78 do CC.

▶ Súm. nº 558 do STJ.

III – o fato e os fundamentos jurídicos do pedido;

IV – o pedido com as suas especificações;

V – o valor da causa;

▶ Arts. 291 e 292 deste Código.

VI – as provas com que o autor pretende demonstrar a verdade dos fatos alegados;

▶ Arts. 369 a 484 deste Código.

VII – a opção do autor pela realização ou não de audiência de conciliação ou de mediação.

▶ Arts. 334, § 5º, e 968 deste Código.

§ 1º Caso não disponha das informações previstas no inciso II, poderá o autor, na petição inicial, requerer ao juiz diligências necessárias a sua obtenção.

§ 2º A petição inicial não será indeferida se, a despeito da falta de informações a que se refere o inciso II, for possível a citação do réu.

§ 3º A petição inicial não será indeferida pelo não atendimento ao disposto no inciso II deste artigo se a obtenção de tais informações tornar impossível ou excessivamente oneroso o acesso à justiça.

▶ Arts. 330 e 524, I, deste Código.

Art. 320. A petição inicial será instruída com os documentos indispensáveis à propositura da ação.

▶ Arts. 341, II, 345, II, 406 e 434 deste Código.

Art. 321. O juiz, ao verificar que a petição inicial não preenche os requisitos dos arts. 319 e 320 ou que apresenta defeitos e irregularidades capazes de dificultar o julgamento de mérito, determinará que o autor, no prazo de 15 (quinze) dias, a emende ou a complete, indicando com precisão o que deve ser corrigido ou completado.

Parágrafo único. Se o autor não cumprir a diligência, o juiz indeferirá a petição inicial.

▶ Arts. 239, 330, 485, I, 486, § 1º, 700, § 4º, 918, II, e 968, § 3º, deste Código.

Seção II
DO PEDIDO

Art. 322. O pedido deve ser certo.

§ 1º Compreendem-se no principal os juros legais, a correção monetária e as verbas de sucumbência, inclusive os honorários advocatícios.

▶ Arts. 81 a 97 deste Código.

▶ Arts. 395 e 405 a 407 do CC.

▶ Súmulas nºs 163 e 254 do STF.

§ 2º A interpretação do pedido considerará o conjunto da postulação e observará o princípio da boa-fé.

Art. 323. Na ação que tiver por objeto cumprimento de obrigação em prestações sucessivas, essas serão consideradas incluídas no pedido, independentemente de declaração expressa do autor, e serão incluídas na condenação, enquanto durar a obrigação, se o devedor, no curso do processo, deixar de pagá-las ou de consigná-las.

▶ Art. 541 deste Código.

Art. 324. O pedido deve ser determinado.

§ 1º É lícito, porém, formular pedido genérico:

I – nas ações universais, se o autor não puder individuar os bens demandados;

II – quando não for possível determinar, desde logo, as consequências do ato ou do fato;

III – quando a determinação do objeto ou do valor da condenação depender de ato que deva ser praticado pelo réu.

§ 2º O disposto neste artigo aplica-se à reconvenção.

▶ Arts. 343 e 491 deste Código.

Art. 325. O pedido será alternativo quando, pela natureza da obrigação, o devedor puder cumprir a prestação de mais de um modo.

▶ Arts. 292, VII, e 800 deste Código.

▶ Arts. 252 a 256 do CC.

Parágrafo único. Quando, pela lei ou pelo contrato, a escolha couber ao devedor, o juiz lhe assegurará o direito de cumprir a prestação de um ou de outro modo, ainda que o autor não tenha formulado pedido alternativo.

Art. 326. É lícito formular mais de um pedido em ordem subsidiária, a fim de que o juiz conheça do posterior, quando não acolher o anterior.

▶ Arts. 292, VIII, e 327, § 3º, deste Código.

Parágrafo único. É lícito formular mais de um pedido, alternativamente, para que o juiz acolha um deles.

Art. 327. É lícita a cumulação, em um único processo, contra o mesmo réu, de vários pedidos, ainda que entre eles não haja conexão.

§ 1º São requisitos de admissibilidade da cumulação que:

I – os pedidos sejam compatíveis entre si;

II – seja competente para conhecer deles o mesmo juízo;

III – seja adequado para todos os pedidos o tipo de procedimento.

§ 2º Quando, para cada pedido, corresponder tipo diverso de procedimento, será admitida a cumulação se o autor empregar o procedimento comum, sem prejuízo do emprego das técnicas processuais diferenciadas previstas nos procedimentos especiais a que se sujeitam um ou mais pedidos cumulados, que não forem incompatíveis com as disposições sobre o procedimento comum.

§ 3º O inciso I do § 1º não se aplica às cumulações de pedidos de que trata o art. 326.

Art. 328. Na obrigação indivisível com pluralidade de credores, aquele que não participou do processo receberá sua parte, deduzidas as despesas na proporção de seu crédito.

▶ Art. 258 do CC.

Art. 329. O autor poderá:

I – até a citação, aditar ou alterar o pedido ou a causa de pedir, independentemente de consentimento do réu;

II – até o saneamento do processo, aditar ou alterar o pedido e a causa de pedir, com consentimento do réu, assegurado o contraditório mediante a possibilidade de manifestação deste no prazo mínimo de 15 (quinze) dias, facultado o requerimento de prova suplementar.

▶ Art. 5º, LV, da CF.

▶ Arts. 7º, 9º, 10, 115, 303, §§ 1º a 3º, e 308, § 2º, deste Código.

Parágrafo único. Aplica-se o disposto neste artigo à reconvenção e à respectiva causa de pedir.

▶ Art. 343 deste Código.

Seção III

DO INDEFERIMENTO DA PETIÇÃO INICIAL

Art. 330. A petição inicial será indeferida quando:

I – for inepta;

▶ Art. 337, IV, deste Código.

II – a parte for manifestamente ilegítima;

▶ Arts. 17, 109, 337, XI, 339, 485, VI, 525, § 1º, II, 615, 616, 677, § 4º, 747, parágrafo único, e 967 deste Código.

III – o autor carecer de interesse processual;

▶ Arts. 17, 120, parágrafo único, 337, XI, 485, VI, e 761 deste Código.

IV – não atendidas as prescrições dos arts. 106 e 321.

▶ Arts. 239, 319, 485, I, 486, § 1º, 700, § 4º, 918, II, e 968, § 3º, deste Código.

§ 1º Considera-se inepta a petição inicial quando:

I – lhe faltar pedido ou causa de pedir;

II – o pedido for indeterminado, ressalvadas as hipóteses legais em que se permite o pedido genérico;

▶ Art. 324 deste Código.

III – da narração dos fatos não decorrer logicamente a conclusão;

IV – contiver pedidos incompatíveis entre si.

§ 2º Nas ações que tenham por objeto a revisão de obrigação decorrente de empréstimo, de financiamento ou de alienação de bens, o autor terá de, sob pena de inépcia, discriminar na petição inicial, dentre as obrigações contratuais, aquelas que pretende controverter, além de quantificar o valor incontroverso do débito.

§ 3º Na hipótese do § 2º, o valor incontroverso deverá continuar a ser pago no tempo e modo contratados.

▶ Arts. 356, I, e 374, III, deste Código.

Art. 331. Indeferida a petição inicial, o autor poderá apelar, facultado ao juiz, no prazo de 5 (cinco) dias, retratar-se.

▶ Arts. 1.009 a 1.014 deste Código.

§ 1º Se não houver retratação, o juiz mandará citar o réu para responder ao recurso.

§ 2º Sendo a sentença reformada pelo tribunal, o prazo para a contestação começará a correr da intimação do retorno dos autos, observado o disposto no art. 334.

▶ Art. 335 deste Código.

§ 3º Não interposta a apelação, o réu será intimado do trânsito em julgado da sentença.

CAPÍTULO III

DA IMPROCEDÊNCIA LIMINAR DO PEDIDO

▶ Arts. 12, § 2º, I, 239, 241, 332, e 918, II, deste Código.

Art. 332. Nas causas que dispensem a fase instrutória, o juiz, independentemente da citação do réu, julgará liminarmente improcedente o pedido que contrariar:

▶ Art. 7º da IN do TST nº 39, de 15-3-2016, que dispõe de forma não exaustiva sobre as normas do CPC/2015 aplicáveis ao Processo do Trabalho.

I – enunciado de súmula do Supremo Tribunal Federal ou do Superior Tribunal de Justiça;

II – acórdão proferido pelo Supremo Tribunal Federal ou pelo Superior Tribunal de Justiça em julgamento de recursos repetitivos;

▶ Arts. 927, III, e 987, § 2º, deste Código.

III – entendimento firmado em incidente de resolução de demandas repetitivas ou de assunção de competência;

▶ Arts. 927, III, 947 e 976 a 987 deste Código.

IV – enunciado de súmula de tribunal de justiça sobre direito local.

▶ Art. 968, § 4º, deste Código.

§ 1º O juiz também poderá julgar liminarmente improcedente o pedido se verificar, desde logo, a ocorrência de decadência ou de prescrição.

▶ Art. 487 deste Código.

▶ Arts. 189 a 211 do CC.

§ 2º Não interposta a apelação, o réu será intimado do trânsito em julgado da sentença, nos termos do art. 241.

§ 3º Interposta a apelação, o juiz poderá retratar-se em 5 (cinco) dias.

▶ Arts. 1.009 a 1.014 deste Código.

§ 4º Se houver retratação, o juiz determinará o prosseguimento do processo, com a citação do réu, e, se não houver retratação, determinará a citação do réu para apresentar contrarrazões, no prazo de 15 (quinze) dias.

CAPÍTULO IV

DA CONVERSÃO DA AÇÃO INDIVIDUAL EM AÇÃO COLETIVA

Art. 333. VETADO.

▶ O dispositivo vetado tinha a seguinte redação:

"Art. 333. Atendidos os pressupostos da relevância social e dificuldade de formação do litisconsórcio, o juiz, a requerimento do Ministério Público ou da Defensoria Pública, ouvido o autor, poderá converter em coletiva a ação individual que veicule pedido que:

I – tenha alcance coletivo, em razão da tutela de bem jurídico difuso ou coletivo, assim entendidos aqueles definidos pelo art. 81, parágrafo único, incisos I e II, da Lei nº 8.078, de 11 de setembro de 1990 (Código de Defesa do Consumidor), e cuja ofensa afete, a um só tempo, as esferas jurídicas do indivíduo e da coletividade;

II – tenha por objetivo a solução de conflito de interesse relativo a uma mesma relação jurídica plurilateral, cuja solução, por sua natureza ou por disposição de lei, deva ser necessariamente uniforme, assegurando-se tratamento isonômico para todos os membros do grupo.

§ 1º Além do Ministério Público e da Defensoria Pública, podem requerer a conversão os legitimados referidos no art. 5º da Lei nº 7.347, de 24 de julho de 1985, e no art. 82 da Lei nº 8.078, de 11 de setembro de 1990 (Código de Defesa do Consumidor).

§ 2º A conversão não pode implicar a formação de processo coletivo para a tutela de direitos individuais homogêneos.

§ 3º Não se admite a conversão, ainda, se: I – já iniciada, no processo individual, a audiência de instrução e julgamento; ou II – houver processo coletivo pendente com o mesmo objeto; ou III – o juízo não tiver competência para o processo coletivo que seria formado.

§ 4º Determinada a conversão, o juiz intimará o autor do requerimento para que, no prazo fixado, adite ou emende a petição inicial, para adaptá-la à tutela coletiva.

§ 5º Havendo aditamento ou emenda da petição inicial, o juiz determinará a intimação do réu para, querendo, manifestar-se no prazo de 15 (quinze) dias.

§ 6º O autor originário da ação individual atuará na condição de litisconsorte unitário do legitimado para condução do processo coletivo.

§ 7º O autor originário não é responsável por nenhuma despesa processual decorrente da conversão do processo individual em coletivo.

§ 8º Após a conversão, observar-se-ão as regras do processo coletivo.

§ 9º A conversão poderá ocorrer mesmo que o autor tenha cumulado pedido de natureza estritamente individual, hipótese em que o processamento desse pedido dar-se-á em autos apartados.

§ 10. O Ministério Público deverá ser ouvido sobre o requerimento previsto no *caput*, salvo quando ele próprio o houver formulado."

CAPÍTULO V

DA AUDIÊNCIA DE CONCILIAÇÃO OU DE MEDIAÇÃO

▶ Arts. 3º, § 3º, 139, V, 340, 359, 565 e 694 a 696 deste Código.

▶ Lei nº 13.140, de 26-6-2015 (Lei da Mediação).

Art. 334. Se a petição inicial preencher os requisitos essenciais e não for o caso de improcedência liminar do pedido, o juiz designará audiência de conciliação ou de mediação com antecedência mínima de 30 (trinta) dias, devendo ser citado o réu com pelo menos 20 (vinte) dias de antecedência.

▶ Arts. 239, 250, IV, 303, § 1º, II, 308, § 3º, 319, 331, § 2º, 332 e 515, II, § 2º, deste Código.

▶ Art. 2º da IN do TST nº 39, de 15-3-2016, que dispõe de forma não exaustiva sobre as normas do CPC/2015 inaplicáveis ao Processo do Trabalho.

§ 1º O conciliador ou mediador, onde houver, atuará necessariamente na audiência de conciliação ou de mediação, observando o disposto neste Código, bem como as disposições da lei de organização judiciária.

▶ Arts. 167 deste Código.

§ 2º Poderá haver mais de uma sessão destinada à conciliação e à mediação, não podendo exceder a 2 (dois) meses da data de realização da primeira sessão, desde que necessárias à composição das partes.

§ 3º A intimação do autor para a audiência será feita na pessoa de seu advogado.

§ 4º A audiência não será realizada:

I – se ambas as partes manifestarem, expressamente, desinteresse na composição consensual;

▶ Arts. 319, VII, e 335, II, deste Código.

II – quando não se admitir a autocomposição.

▶ Art. 335, § 2º, deste Código.

§ 5º O autor deverá indicar, na petição inicial, seu desinteresse na autocomposição, e o réu deverá fazê-lo, por petição, apresentada com 10 (dez) dias de antecedência, contados da data da audiência.

▶ Art. 319, VII, deste Código.

§ 6º Havendo litisconsórcio, o desinteresse na realização da audiência deve ser manifestado por todos os litisconsortes.

▶ Arts. 113 a 118 deste Código.

§ 7º A audiência de conciliação ou de mediação pode realizar-se por meio eletrônico, nos termos da lei.

§ 8º O não comparecimento injustificado do autor ou do réu à audiência de conciliação é considerado ato atentatório à dignidade da justiça e será sancionado com multa de até dois por cento da vantagem econômica pretendida ou do valor da causa, revertida em favor da União ou do Estado.

▶ Arts. 77, IV e VI, §§ 1º a 8º, 139, III, 161, parágrafo único, 334, § 8º, 772, II, 777 e 903, § 6º, deste Código.

§ 9º As partes devem estar acompanhadas por seus advogados ou defensores públicos.

§ 10. A parte poderá constituir representante, por meio de procuração específica, com poderes para negociar e transigir.

§ 11. A autocomposição obtida será reduzida a termo e homologada por sentença.

▶ Art. 515, II, § 2º, deste Código.

§ 12. A pauta das audiências de conciliação ou de mediação será organizada de modo a respeitar o intervalo mínimo de 20 (vinte) minutos entre o início de uma e o início da seguinte.

CAPÍTULO VI
DA CONTESTAÇÃO

▶ Art. 344 deste Código.

Art. 335. O réu poderá oferecer contestação, por petição, no prazo de 15 (quinze) dias, cujo termo inicial será a data:

▶ Arts. 231, § 1º, e 331, § 2º, deste Código.

▶ Art. 2º da IN do TST nº 39, de 15-3-2016, que dispõe de forma não exaustiva sobre as normas do CPC/2015 inaplicáveis ao Processo do Trabalho.

I – da audiência de conciliação ou de mediação, ou da última sessão de conciliação, quando qualquer parte não comparecer ou, comparecendo, não houver autocomposição;

▶ Arts. 303, § 1º, III, 308, § 4º, deste Código.

II – do protocolo do pedido de cancelamento da audiência de conciliação ou de mediação apresentado pelo réu, quando ocorrer a hipótese do art. 334, § 4º, inciso I;

III – prevista no art. 231, de acordo com o modo como foi feita a citação, nos demais casos.

▶ Art. 697 deste Código.

§ 1º No caso de litisconsórcio passivo, ocorrendo a hipótese do art. 334, § 6º, o termo inicial previsto no inciso II será, para cada um dos réus, a data de apresentação de seu respectivo pedido de cancelamento da audiência.

▶ Arts. 113 a 118 deste Código.

§ 2º Quando ocorrer a hipótese do art. 334, § 4º, inciso II, havendo litisconsórcio passivo e o autor desistir da ação em relação a réu ainda não citado, o prazo para resposta correrá da data de intimação da decisão que homologar a desistência.

▶ Arts. 90, 200, parágrafo único, e 485, VIII, §§ 4º e 5º, deste Código.

Art. 336. Incumbe ao réu alegar, na contestação, toda a matéria de defesa, expondo as razões de fato e de direito com que impugna o pedido do autor e especificando as provas que pretende produzir.

▶ Arts. 369 a 484 deste Código.

Art. 337. Incumbe ao réu, antes de discutir o mérito, alegar:

I – inexistência ou nulidade da citação;

▶ Arts. 239, §§ 1º e 2º, 276 a 283 e 485, IV, deste Código.

II – incompetência absoluta e relativa;

▶ Arts. 42 a 66 e 340 deste Código.

III – incorreção do valor da causa;

▶ Arts. 291 a 293 deste Código.

IV – inépcia da petição inicial;

▶ Arts. 330, 337, IV, e 485, I, deste Código.

V – perempção;

▶ Art. 485, V, deste Código.

VI – litispendência;

▶ Arts. 24, 240, e 485, V, deste Código.

VII – coisa julgada;

▶ Arts. 485, V, 502 a 508, 601, parágrafo único, e 963, IV, deste Código.

▶ Art. 5º, XXXVI, da CF.

VIII – conexão;

▶ Arts. 54 e 55 deste Código.

IX – incapacidade da parte, defeito de representação ou falta de autorização;

▶ Arts. 70 a 76 deste Código.

X – convenção de arbitragem;

▶ Arts. 3º a 12 da Lei nº 9.307, de 23-9-1996 (Lei da Arbitragem).

▶ Súm. nº 485 do STJ.

XI – ausência de legitimidade ou de interesse processual;

▶ Arts. 17, 109, 120, parágrafo único, 330, II e III, 338, 339, 485, VI, 525, § 1º, II, 535,II, 615, 616, 677, § 4º, 747, parágrafo único, 761 e 967 deste Código.

XII – falta de caução ou de outra prestação que a lei exige como preliminar;

▶ Arts. 83 e 300, § 1º, deste Código.

▶ Súm. nº 237 do STF.

XIII – indevida concessão do benefício de gratuidade de justiça.

▶ Arts. 100, 351 e 485, § 3º, deste Código.

▶ Lei nº1.060, de 5-2-1950 (Lei de Assistência Judiciária).

§ 1º Verifica-se a litispendência ou a coisa julgada quando se reproduz ação anteriormente ajuizada.

§ 2º Uma ação é idêntica a outra quando possui as mesmas partes, a mesma causa de pedir e o mesmo pedido.

§ 3º Há litispendência quando se repete ação que está em curso.

§ 4º Há coisa julgada quando se repete ação que já foi decidida por decisão transitada em julgado.

§ 5º Excetuadas a convenção de arbitragem e a incompetência relativa, o juiz conhecerá de ofício das matérias enumeradas neste artigo.

▶ Art. 10 deste Código.

▶ Arts. 3º a 12 da Lei nº 9.307, de 23-9-1996 (Lei da Arbitragem).

§ 6º A ausência de alegação da existência de convenção de arbitragem, na forma prevista neste Capítulo, implica aceitação da jurisdição estatal e renúncia ao juízo arbitral.

Art. 338. Alegando o réu, na contestação, ser parte ilegítima ou não ser o responsável pelo prejuízo invocado, o juiz facultará ao autor, em 15 (quinze) dias, a alteração da petição inicial para substituição do réu.

Parágrafo único. Realizada a substituição, o autor reembolsará as despesas e pagará os honorários ao procurador do réu excluído, que serão fixados entre três e cinco por cento do valor da causa ou, sendo este irrisório, nos termos do art. 85, § 8º.

▶ Art. 339, § 1º, deste Código.

Art. 339. Quando alegar sua ilegitimidade, incumbe ao réu indicar o sujeito passivo da relação jurídica discutida sempre que tiver conhecimento, sob pena de arcar com as despesas processuais e de indenizar o autor pelos prejuízos decorrentes da falta de indicação.

▶ Arts. 330, II, 337, XI, e 525, § 1º, II, deste Código.

§ 1º O autor, ao aceitar a indicação, procederá, no prazo de 15 (quinze) dias, à alteração da petição inicial para a substituição do réu, observando-se, ainda, o parágrafo único do art. 338.

§ 2º No prazo de 15 (quinze) dias, o autor pode optar por alterar a petição inicial para incluir, como litisconsorte passivo, o sujeito indicado pelo réu.

▶ Arts. 113 a 118 deste Código.

Art. 340. Havendo alegação de incompetência relativa ou absoluta, a contestação poderá ser protocolada no foro de domicílio do réu, fato que será imediatamente comunicado ao juiz da causa, preferencialmente por meio eletrônico.

▶ Arts. 42 a 66 deste Código.

▶ Arts. 70 a 78 do CC.

§ 1º A contestação será submetida a livre distribuição ou, se o réu houver sido citado por meio de carta precatória, juntada aos autos dessa carta, seguindo-se a sua imediata remessa para o juízo da causa.

► Arts. 43, 59 e 284 a 290 deste Código.

§ 2º Reconhecida a competência do foro indicado pelo réu, o juízo para o qual for distribuída a contestação ou a carta precatória será considerado prevento.

► Art. 59 deste Código.

§ 3º Alegada a incompetência nos termos do *caput*, será suspensa a realização da audiência de conciliação ou de mediação, se tiver sido designada.

► Art. 334 deste Código.

§ 4º Definida a competência, o juízo competente designará nova data para a audiência de conciliação ou de mediação.

Art. 341. Incumbe também ao réu manifestar-se precisamente sobre as alegações de fato constantes da petição inicial, presumindo-se verdadeiras as não impugnadas, salvo se:

► Art. 430 deste Código.

I – não for admissível, a seu respeito, a confissão;

► Art. 389 deste Código.

II – a petição inicial não estiver acompanhada de instrumento que a lei considerar da substância do ato;

► Arts. 320, 345, III, 406 e 434 deste Código.

III – estiverem em contradição com a defesa, considerada em seu conjunto.

Parágrafo único. O ônus da impugnação especificada dos fatos não se aplica ao defensor público, ao advogado dativo e ao curador especial.

Art. 342. Depois da contestação, só é lícito ao réu deduzir novas alegações quando:

I – relativas a direito ou a fato superveniente;

II – competir ao juiz conhecer delas de ofício;

► Arts. 10 e 337, § 5º, deste Código.

III – por expressa autorização legal, puderem ser formuladas em qualquer tempo e grau de jurisdição.

► Arts. 64, § 1º, 342, III, e 485, § 3º, deste Código.

CAPÍTULO VII
DA RECONVENÇÃO

► Arts. 83, § 1º, III, 85, § 1º, 286, parágrafo único, 292, 324, § 2º, 329, parágrafo único, 487 e 702, § 6º, deste Código.

Art. 343. Na contestação, é lícito ao réu propor reconvenção para manifestar pretensão própria, conexa com a ação principal ou com o fundamento da defesa.

§ 1º Proposta a reconvenção, o autor será intimado, na pessoa de seu advogado, para apresentar resposta no prazo de 15 (quinze) dias.

§ 2º A desistência da ação ou a ocorrência de causa extintiva que impeça o exame de seu mérito não obsta ao prosseguimento do processo quanto à reconvenção.

► Arts. 90, 200, parágrafo único, 485, VIII, §§ 4º e 5º, e 775 deste Código.

§ 3º A reconvenção pode ser proposta contra o autor e terceiro.

§ 4º A reconvenção pode ser proposta pelo réu em litisconsórcio com terceiro.

► Arts. 113 a 118 deste Código.

§ 5º Se o autor for substituto processual, o reconvinte deverá afirmar ser titular de direito em face do substituído, e a reconvenção deverá ser proposta em face do autor, também na qualidade de substituto processual.

► Art. 18 deste Código.

§ 6º O réu pode propor reconvenção independentemente de oferecer contestação.

CAPÍTULO VIII
DA REVELIA

Art. 344. Se o réu não contestar a ação, será considerado revel e presumir-se-ão verdadeiras as alegações de fato formuladas pelo autor.

► Arts. 348 e 355, II, deste Código.

Art. 345. A revelia não produz o efeito mencionado no art. 344 se:

I – havendo pluralidade de réus, algum deles contestar a ação;

II – o litígio versar sobre direitos indisponíveis;

► Arts. 176, 373, § 3º, I, e 392 deste Código.

III – a petição inicial não estiver acompanhada de instrumento que a lei considere indispensável à prova do ato;

► Arts. 320, 341, II, 406 e 434 deste Código.

► Arts. 108 e 215 do CC.

IV – as alegações de fato formuladas pelo autor forem inverossímeis ou estiverem em contradição com prova constante dos autos.

Art. 346. Os prazos contra o revel que não tenha patrono nos autos fluirão da data de publicação do ato decisório no órgão oficial.

► Súm. nº 231 do STF.

Parágrafo único. O revel poderá intervir no processo em qualquer fase, recebendo-o no estado em que se encontrar.

CAPÍTULO IX
DAS PROVIDÊNCIAS PRELIMINARES E DO SANEAMENTO

Art. 347. Findo o prazo para a contestação, o juiz tomará, conforme o caso, as providências preliminares constantes das seções deste Capítulo.

► Art. 335 deste Código.

Seção I
DA NÃO INCIDÊNCIA DOS EFEITOS DA REVELIA

Art. 348. Se o réu não contestar a ação, o juiz, verificando a inocorrência do efeito da revelia previsto no art. 344, ordenará que o autor especifique as provas que pretenda produzir, se ainda não as tiver indicado.

► Arts. 369 a 484 deste Código.

► Súm. nº 231 do STF.

Art. 349. Ao réu revel será lícita a produção de provas, contrapostas às alegações do autor, desde que se faça representar nos autos a tempo de praticar os atos processuais indispensáveis a essa produção.

► Arts. 346 e 355, II, deste Código.

Seção II
DO FATO IMPEDITIVO, MODIFICATIVO OU EXTINTIVO DO DIREITO DO AUTOR

Art. 350. Se o réu alegar fato impeditivo, modificativo ou extintivo do direito do autor, este será ouvido no prazo de 15 (quinze) dias, permitindo-lhe o juiz a produção de prova.

► Art. 434 deste Código.

Seção III
DAS ALEGAÇÕES DO RÉU

Art. 351. Se o réu alegar qualquer das matérias enumeradas no art. 337, o juiz determinará a oitiva do autor no prazo de 15 (quinze) dias, permitindo-lhe a produção de prova.

► Art. 434 deste Código.

Art. 352. Verificando a existência de irregularidades ou de vícios sanáveis, o juiz determinará sua correção em prazo nunca superior a 30 (trinta) dias.

Art. 353. Cumpridas as providências preliminares ou não havendo necessidade delas, o juiz proferirá julgamento conforme o estado do processo, observando o que dispõe o Capítulo X.

CAPÍTULO X
DO JULGAMENTO CONFORME O ESTADO DO PROCESSO

Seção I
DA EXTINÇÃO DO PROCESSO

Art. 354. Ocorrendo qualquer das hipóteses previstas nos arts. 485 e 487, incisos II e III, o juiz proferirá sentença.

Parágrafo único. A decisão a que se refere o *caput* pode dizer respeito a apenas parcela do processo, caso em que será impugnável por agravo de instrumento.

► Arts. 1.015 a 1.020 deste Código.

Seção II
DO JULGAMENTO ANTECIPADO DO MÉRITO

Art. 355. O juiz julgará antecipadamente o pedido, proferindo sentença com resolução de mérito, quando:

► Art. 487 deste Código.

I – não houver necessidade de produção de outras provas;

► Arts. 369 a 484 deste Código.

II – o réu for revel, ocorrer o efeito previsto no art. 344 e não houver requerimento de prova, na forma do art. 349.

► Arts. 356, II, e 550, § 4º, deste Código.

Seção III
DO JULGAMENTO ANTECIPADO PARCIAL DO MÉRITO

Art. 356. O juiz decidirá parcialmente o mérito quando um ou mais dos pedidos formulados ou parcela deles:

I – mostrar-se incontroverso;

► Arts. 330, §§ 2º e 3º, 374, III, e 523 deste Código.

II – estiver em condições de imediato julgamento, nos termos do art. 355.

§ 1º A decisão que julgar parcialmente o mérito poderá reconhecer a existência de obrigação líquida ou ilíquida.

► Art. 5º da IN do TST nº 39, de 15-3-2016, que dispõe de forma não exaustiva sobre as normas do CPC/2015 aplicáveis ao Processo do Trabalho.

§ 2º A parte poderá liquidar ou executar, desde logo, a obrigação reconhecida na decisão que julgar parcialmente o mérito, independentemente de caução, ainda que haja recurso contra essa interposto.

► Art. 5º da IN do TST nº 39, de 15-3-2016, que dispõe de forma não exaustiva sobre as normas do CPC/2015 aplicáveis ao Processo do Trabalho.

§ 3º Na hipótese do § 2º, se houver trânsito em julgado da decisão, a execução será definitiva.

▸ Art. 5º da IN do TST nº 39, de 15-3-2016, que dispõe de forma não exaustiva sobre as normas do CPC/2015 aplicáveis ao Processo do Trabalho.

§ 4º A liquidação e o cumprimento da decisão que julgar parcialmente o mérito poderão ser processados em autos suplementares, a requerimento da parte ou a critério do juiz.

▸ Arts. 509 a 538 deste Código.

▸ Art. 5º da IN do TST nº 39, de 15-3-2016, que dispõe de forma não exaustiva sobre as normas do CPC/2015 aplicáveis ao Processo do Trabalho.

§ 5º A decisão proferida com base neste artigo é impugnável por agravo de instrumento.

▸ Arts. 1.015 a 1.020 deste Código.

Seção IV

DO SANEAMENTO E DA ORGANIZAÇÃO DO PROCESSO

Art. 357. Não ocorrendo nenhuma das hipóteses deste Capítulo, deverá o juiz, em decisão de saneamento e de organização do processo:

▸ Súm. nº 424 do STF.

I – resolver as questões processuais pendentes, se houver;

II – delimitar as questões de fato sobre as quais recairá a atividade probatória, especificando os meios de prova admitidos;

▸ Arts. 369 a 484 deste Código.

III – definir a distribuição do ônus da prova, observado o art. 373;

IV – delimitar as questões de direito relevantes para a decisão do mérito;

V – designar, se necessário, audiência de instrução e julgamento.

▸ Arts. 358 a 368 deste Código.

§ 1º Realizado o saneamento, as partes têm o direito de pedir esclarecimentos ou solicitar ajustes, no prazo comum de 5 (cinco) dias, findo o qual a decisão se torna estável.

§ 2º As partes podem apresentar ao juiz, para homologação, delimitação consensual das questões de fato e de direito a que se referem os incisos II e IV, a qual, se homologada, vincula as partes e o juiz.

§ 3º Se a causa apresentar complexidade em matéria de fato ou de direito, deverá o juiz designar audiência para que o saneamento seja feito em cooperação com as partes, oportunidade em que o juiz, se for o caso, convidará as partes a integrar ou esclarecer suas alegações.

▸ Art. 6º deste Código.

§ 4º Caso tenha sido determinada a produção de prova testemunhal, o juiz fixará prazo comum não superior a 15 (quinze) dias para que as partes apresentem rol de testemunhas.

▸ Art. 455 deste Código.

§ 5º Na hipótese do § 3º, as partes devem levar, para a audiência prevista, o respectivo rol de testemunhas.

▸ Arts. 450 e 451 deste Código.

§ 6º O número de testemunhas arroladas não pode ser superior a 10 (dez), sendo 3 (três), no máximo, para a prova de cada fato.

§ 7º O juiz poderá limitar o número de testemunhas levando em conta a complexidade da causa e dos fatos individualmente considerados.

§ 8º Caso tenha sido determinada a produção de prova pericial, o juiz deve observar o disposto no art. 465 e, se possível, estabelecer, desde logo, calendário para sua realização.

§ 9º As pautas deverão ser preparadas com intervalo mínimo de 1 (uma) hora entre as audiências.

CAPÍTULO XI

DA AUDIÊNCIA DE INSTRUÇÃO E JULGAMENTO

▸ Art. 313, § 3º, deste Código.

Art. 358. No dia e na hora designados, o juiz declarará aberta a audiência de instrução e julgamento e mandará apregoar as partes e os respectivos advogados, bem como outras pessoas que dela devam participar.

Art. 359. Instalada a audiência, o juiz tentará conciliar as partes, independentemente do emprego anterior de outros métodos de solução consensual de conflitos, como a mediação e a arbitragem.

▸ Arts. 3º, § 3º, 139, V, e 165 a 175 deste Código.

▸ Lei nº 9.307, de 23-9-1996 (Lei da Arbitragem).

▸ Lei nº 13.140, de 26-6-2015 (Lei da Mediação).

Art. 360. O juiz exerce o poder de polícia, incumbindo-lhe:

I – manter a ordem e o decoro na audiência;

II – ordenar que se retirem da sala de audiência os que se comportarem inconvenientemente;

III – requisitar, quando necessário, força policial;

▸ Arts. 139, VII, 403, § 3º, 536, § 1º, 782, § 2º, e 846, § 2º, deste Código.

IV – tratar com urbanidade as partes, os advogados, os membros do Ministério Público e da Defensoria Pública e qualquer pessoa que participe do processo;

V – registrar em ata, com exatidão, todos os requerimentos apresentados em audiência.

Art. 361. As provas orais serão produzidas em audiência, ouvindo-se nesta ordem, preferencialmente:

I – o perito e os assistentes técnicos, que responderão aos quesitos de esclarecimentos requeridos no prazo e na forma do art. 477, caso não respondidos anteriormente por escrito;

▸ Art. 469 deste Código.

II – o autor e, em seguida, o réu, que prestarão depoimentos pessoais;

III – as testemunhas arroladas pelo autor e pelo réu, que serão inquiridas.

▸ Art. 456 deste Código.

Parágrafo único. Enquanto depuserem o perito, os assistentes técnicos, as partes e as testemunhas, não poderão os advogados e o Ministério Público intervir ou apartear, sem licença do juiz.

Art. 362. A audiência poderá ser adiada:

I – por convenção das partes;

II – se não puder comparecer, por motivo justificado, qualquer pessoa que dela deva necessariamente participar;

III – por atraso injustificado de seu início em tempo superior a 30 (trinta) minutos do horário marcado.

▸ Art. 2º da IN do TST nº 39, de 15-3-2016, que dispõe de forma não exaustiva sobre as normas do CPC/2015 inaplicáveis ao Processo do Trabalho.

§ 1º O impedimento deverá ser comprovado até a abertura da audiência, e, não o sendo, o juiz procederá à instrução.

§ 2º O juiz poderá dispensar a produção das provas requeridas pela parte cujo advogado ou defensor público não tenha comparecido à audiência, aplicando-se a mesma regra ao Ministério Público.

§ 3º Quem der causa ao adiamento responderá pelas despesas acrescidas.

Art. 363. Havendo antecipação ou adiamento da audiência, o juiz, de ofício ou a requerimento da parte, determinará a intimação dos advogados ou da sociedade de advogados para ciência da nova designação.

Art. 364. Finda a instrução, o juiz dará a palavra ao advogado do autor e do réu, bem como ao membro do Ministério Público, se for o caso de sua intervenção, sucessivamente, pelo prazo de 20 (vinte) minutos para cada um, prorrogável por 10 (dez) minutos, a critério do juiz.

§ 1º Havendo litisconsorte ou terceiro interveniente, o prazo, que formará com o da prorrogação um só todo, dividir-se-á entre os do mesmo grupo, se não convencionarem de modo diverso.

▸ Arts. 113 a 138 deste Código.

§ 2º Quando a causa apresentar questões complexas de fato ou de direito, o debate oral poderá ser substituído por razões finais escritas, que serão apresentadas pelo autor e pelo réu, bem como pelo Ministério Público, se for o caso de sua intervenção, em prazos sucessivos de 15 (quinze) dias, assegurada vista dos autos.

Art. 365. A audiência é una e contínua, podendo ser excepcional e justificadamente cindida na ausência de perito ou de testemunha, desde que haja concordância das partes.

Parágrafo único. Diante da impossibilidade de realização da instrução, do debate e do julgamento no mesmo dia, o juiz marcará seu prosseguimento para a data mais próxima possível, em pauta preferencial.

Art. 366. Encerrado o debate ou oferecidas as razões finais, o juiz proferirá sentença em audiência ou no prazo de 30 (trinta) dias.

Art. 367. O servidor lavrará, sob ditado do juiz, termo que conterá, em resumo, o ocorrido na audiência, bem como, por extenso, os despachos, as decisões e a sentença, se proferida no ato.

§ 1º Quando o termo não for registrado em meio eletrônico, o juiz rubricar-lhe-á as folhas, que serão encadernadas em volume próprio.

§ 2º Subscreverão o termo o juiz, os advogados, o membro do Ministério Público e o escrivão ou chefe de secretaria, dispensadas as partes, exceto quando houver ato de disposição para cuja prática os advogados não tenham poderes.

§ 3º O escrivão ou chefe de secretaria trasladará para os autos cópia autêntica do termo de audiência.

§ 4º Tratando-se de autos eletrônicos, observar-se-á o disposto neste Código, em legislação específica e nas normas internas dos tribunais.

§ 5º A audiência poderá ser integralmente gravada em imagem e em áudio, em meio digital ou analógico, desde que assegure o rápido acesso das partes e dos órgãos julgadores, observada a legislação específica.

§ 6º A gravação a que se refere o § 5º também pode ser realizada diretamente por qualquer das partes, independentemente de autorização judicial.

Art. 368. A audiência será pública, ressalvadas as exceções legais.

- ▶ Arts. 11 e 189 deste Código.

CAPÍTULO XII
DAS PROVAS

Seção I
DISPOSIÇÕES GERAIS

- ▶ Art. 1.047 deste Código.
- ▶ Arts. 212 a 232 do CC.

Art. 369. As partes têm o direito de empregar todos os meios legais, bem como os moralmente legítimos, ainda que não especificados neste Código, para provar a verdade dos fatos em que se funda o pedido ou a defesa e influir eficazmente na convicção do juiz.

- ▶ Art. 5º, LVI, da CF.
- ▶ Art. 212 do CC.
- ▶ Lei nº 9.296, de 24-7-1966 (Lei das Interceptações Telefônicas).
- ▶ Súm. nº 231 do STF.

Art. 370. Caberá ao juiz, de ofício ou a requerimento da parte, determinar as provas necessárias ao julgamento do mérito.

Parágrafo único. O juiz indeferirá, em decisão fundamentada, as diligências inúteis ou meramente protelatórias.

- ▶ Arts. 77, III, e 139, III, deste Código.

Art. 371. O juiz apreciará a prova constante dos autos, independentemente do sujeito que a tiver promovido, e indicará na decisão as razões da formação de seu convencimento.

- ▶ Art. 479 deste Código.

Art. 372. O juiz poderá admitir a utilização de prova produzida em outro processo, atribuindo-lhe o valor que considerar adequado, observado o contraditório.

- ▶ Art. 5º, LV, da CF.
- ▶ Arts. 7º, 9º, 10 e 115 deste Código.

Art. 373. O ônus da prova incumbe:

I – ao autor, quanto ao fato constitutivo de seu direito;

II – ao réu, quanto à existência de fato impeditivo, modificativo ou extintivo do direito do autor.

- ▶ Art. 357, III, deste Código.
- ▶ Súm. nº 301 do STJ.

§ 1º Nos casos previstos em lei ou diante de peculiaridades da causa relacionadas à impossibilidade ou à excessiva dificuldade de cumprir o encargo nos termos do *caput* ou à maior facilidade de obtenção da prova do fato contrário, poderá o juiz atribuir o ônus da prova de modo diverso, desde que o faça por decisão fundamentada, caso em que deverá dar à parte a oportunidade de se desincumbir do ônus que lhe foi atribuído.

- ▶ Arts. 429 e 1.015, IX, deste Código.
- ▶ Art. 6º, VIII, do CDC.
- ▶ Art. 3º da IN do TST nº 39, de 15-3-2016, que dispõe de forma não exaustiva sobre as normas do CPC/2015 aplicáveis ao Processo do Trabalho.

§ 2º A decisão prevista no § 1º deste artigo não pode gerar situação em que a desincumbência do encargo pela parte seja impossível ou excessivamente difícil.

- ▶ Art. 3º da IN do TST nº 39, de 15-3-2016, que dispõe de forma não exaustiva sobre as normas do CPC/2015 aplicáveis ao Processo do Trabalho.

§ 3º A distribuição diversa do ônus da prova também pode ocorrer por convenção das partes, salvo quando:

- ▶ Art. 2º da IN do TST nº 39, de 15-3-2016, que dispõe de forma não exaustiva sobre as normas do CPC/2015 aplicáveis ao Processo do Trabalho.

I – recair sobre direito indisponível da parte;

- ▶ Arts. 176, 345 e 392 deste Código.

II – tornar excessivamente difícil a uma parte o exercício do direito.

§ 4º A convenção de que trata o § 3º pode ser celebrada antes ou durante o processo.

- ▶ Art. 190 deste Código.
- ▶ Art. 2º da IN do TST nº 39, de 15-3-2016, que dispõe de forma não exaustiva sobre as normas do CPC/2015 aplicáveis ao Processo do Trabalho.

Art. 374. Não dependem de prova os fatos:

I – notórios;

II – afirmados por uma parte e confessados pela parte contrária;

III – admitidos no processo como incontroversos;

- ▶ Arts. 330, §§ 2º e 3º, e 356, I, deste Código.

IV – em cujo favor milita presunção legal de existência ou de veracidade.

- ▶ Súm. nº 301 do STJ.

Art. 375. O juiz aplicará as regras de experiência comum subministradas pela observação do que ordinariamente acontece e, ainda, as regras de experiência técnica, ressalvado, quanto a estas, o exame pericial.

Art. 376. A parte que alegar direito municipal, estadual, estrangeiro ou consuetudinário provar-lhe-á o teor e a vigência, se assim o juiz determinar.

Art. 377. A carta precatória, a carta rogatória e o auxílio direto suspenderão o julgamento da causa no caso previsto no art. 313, inciso V, alínea *b*, quando, tendo sido requeridos antes da decisão de saneamento, a prova neles solicitada for imprescindível.

- ▶ Arts. 35, 36, 69, I, 260 a 268 deste Código.

Parágrafo único. A carta precatória e a carta rogatória não devolvidas no prazo ou concedidas sem efeito suspensivo poderão ser juntadas aos autos a qualquer momento.

- ▶ A concessão de *exequatur* às cartas rogatórias passou a ser da competência do STJ, conforme art. 105, I, *i*, da CF.

Art. 378. Ninguém se exime do dever de colaborar com o Poder Judiciário para o descobrimento da verdade.

Art. 379. Preservado o direito de não produzir prova contra si própria, incumbe à parte:

- ▶ Arts. 77, I, e 80, II, deste Código.

I – comparecer em juízo, respondendo ao que lhe for interrogado;

II – colaborar com o juízo na realização de inspeção judicial que for considerada necessária;

- ▶ Arts. 481 a 484 deste Código.

III – praticar o ato que lhe for determinado.

Art. 380. Incumbe ao terceiro, em relação a qualquer causa:

I – informar ao juiz os fatos e as circunstâncias de que tenha conhecimento;

II – exibir coisa ou documento que esteja em seu poder.

- ▶ Arts. 401 a 404 deste Código.

Parágrafo único. Poderá o juiz, em caso de descumprimento, determinar, além da imposição de multa, outras medidas indutivas, coercitivas, mandamentais ou sub-rogatórias.

- ▶ Art. 139, IV, deste Código.

Seção II
DA PRODUÇÃO ANTECIPADA DA PROVA

Art. 381. A produção antecipada da prova será admitida nos casos em que:

I – haja fundado receio de que venha a tornar-se impossível ou muito difícil a verificação de certos fatos na pendência da ação;

II – a prova a ser produzida seja suscetível de viabilizar a autocomposição ou outro meio adequado de solução de conflito;

III – o prévio conhecimento dos fatos possa justificar ou evitar o ajuizamento de ação.

- ▶ Art. 700, § 1º, deste Código.

§ 1º O arrolamento de bens observará o disposto nesta Seção quando tiver por finalidade apenas a realização de documentação e não a prática de atos de apreensão.

- ▶ Art. 301 deste Código.

§ 2º A produção antecipada da prova é da competência do juízo do foro onde esta deva ser produzida ou do foro de domicílio do réu.

- ▶ Arts. 70 a 78 do CC.

§ 3º A produção antecipada da prova não previne a competência do juízo para a ação que venha a ser proposta.

- ▶ Art. 59 deste Código.

§ 4º O juízo estadual tem competência para produção antecipada de prova requerida em face da União, de entidade autárquica ou de empresa pública federal se, na localidade, não houver vara federal.

§ 5º Aplica-se o disposto nesta Seção àquele que pretender justificar a existência de algum fato ou relação jurídica para simples documento e sem caráter contencioso, que exporá, em petição circunstanciada, a sua intenção.

Art. 382. Na petição, o requerente apresentará as razões que justificam a necessidade de antecipação da prova e mencionará com precisão os fatos sobre os quais a prova há de recair.

§ 1º O juiz determinará, de ofício ou a requerimento da parte, a citação de interessados na produção da prova ou no fato a ser provado, salvo se inexistente caráter contencioso.

§ 2º O juiz não se pronunciará sobre a ocorrência ou a inocorrência do fato, nem sobre as respectivas consequências jurídicas.

§ 3º Os interessados poderão requerer a produção de qualquer prova no mesmo procedimento, desde que relacionada ao mesmo fato, salvo se a sua produção conjunta acarretar excessiva demora.

§ 4º Neste procedimento, não se admitirá defesa ou recurso, salvo contra decisão que indeferir totalmente a produção da prova pleiteada pelo requerente originário.

Art. 383. Os autos permanecerão em cartório durante 1 (um) mês para extração de cópias e certidões pelos interessados.

Parágrafo único. Findo o prazo, os autos serão entregues ao promovente da medida.

Seção III

DA ATA NOTARIAL

Art. 384. A existência e o modo de existir de algum fato podem ser atestados ou documentados, a requerimento do interessado, mediante ata lavrada por tabelião.

▶ Art. 422, § 1º, deste Código.
▶ Art. 215 do CC.
▶ Arts. 6º, III, e 7º, III, da Lei nº 8.935, de 18-11-1994 (Lei dos Serviços Notariais e de Registro).

Parágrafo único. Dados representados por imagem ou som gravados em arquivos eletrônicos poderão constar da ata notarial.

Seção IV

DO DEPOIMENTO PESSOAL

Art. 385. Cabe à parte requerer o depoimento pessoal da outra parte, a fim de que esta seja interrogada na audiência de instrução e julgamento, sem prejuízo do poder do juiz de ordená-lo de ofício.

▶ Arts. 358 a 368 deste Código.

§ 1º Se a parte, pessoalmente intimada para prestar depoimento pessoal e advertida da pena de confesso, não comparecer ou, comparecendo, se recusar a depor, o juiz aplicar-lhe-á a pena.

▶ Art. 389 deste Código.

§ 2º É vedado a quem ainda não depôs assistir ao interrogatório da outra parte.

§ 3º O depoimento pessoal da parte que residir em comarca, seção ou subseção judiciária diversa daquela onde tramita o processo poderá ser colhido por meio de videoconferência ou outro recurso tecnológico de transmissão de sons e imagens em tempo real, o que poderá ocorrer, inclusive, durante a realização da audiência de instrução e julgamento.

▶ Arts. 236, § 3º, 358 a 368, 453, § 1º, e 461, § 2º, deste Código.

Art. 386. Quando a parte, sem motivo justificado, deixar de responder ao que lhe for perguntado ou empregar evasivas, o juiz, apreciando as demais circunstâncias e os elementos de prova, declarará, na sentença, se houve recusa de depor.

Art. 387. A parte responderá pessoalmente sobre os fatos articulados, não podendo servir-se de escritos anteriormente preparados, permitindo-lhe o juiz, todavia, a consulta a notas breves, desde que objetivem completar esclarecimentos.

Art. 388. A parte não é obrigada a depor sobre fatos:

I – criminosos ou torpes que lhe forem imputados;

II – a cujo respeito, por estado ou profissão, deva guardar sigilo;

III – acerca dos quais não possa responder sem desonra própria, de seu cônjuge, de seu companheiro ou de parente em grau sucessível;

IV – que coloquem em perigo a vida do depoente ou das pessoas referidas no inciso III.

Parágrafo único. Esta disposição não se aplica às ações de estado e de família.

▶ Art. 39 da Lei nº 6.515, de 26-12-1977 (Lei do Divórcio).

Seção V

DA CONFISSÃO

▶ Arts. 341, I, 385, § 1º, e 443 deste Código.
▶ Art. 3º, § 1º, da Lei nº 13.988, de 14-4-2020 (Lei da Transação Tributária).

Art. 389. Há confissão, judicial ou extrajudicial, quando a parte admite a verdade de fato contrário ao seu interesse e favorável ao do adversário.

Art. 390. A confissão judicial pode ser espontânea ou provocada.

§ 1º A confissão espontânea pode ser feita pela própria parte ou por representante com poder especial.

▶ Art. 105 deste Código.

§ 2º A confissão provocada constará do termo de depoimento pessoal.

Art. 391. A confissão judicial faz prova contra o confitente, não prejudicando, todavia, os litisconsortes.

▶ Arts. 113 a 118 deste Código.

Parágrafo único. Nas ações que versarem sobre bens imóveis ou direitos reais sobre imóveis alheios, a confissão de um cônjuge ou companheiro não valerá sem a do outro, salvo se o regime de casamento for o de separação absoluta de bens.

▶ Arts. 1.687 e 1.688 do CC.

Art. 392. Não vale como confissão a admissão, em juízo, de fatos relativos a direitos indisponíveis.

▶ Arts. 176, 345, e 373, § 3º, I, deste Código.
▶ Art. 841 do CC.

§ 1º A confissão será ineficaz se feita por quem não for capaz de dispor do direito a que se referem os fatos confessados.

§ 2º A confissão feita por um representante somente é eficaz nos limites em que este pode vincular o representado.

▶ Art. 213 do CC.

Art. 393. A confissão é irrevogável, mas pode ser anulada se decorreu de erro de fato ou de coação.

▶ Art. 966, § 1º, deste Código.
▶ Arts. 138 a 155 e 214 do CC.
▶ Art. 344 do CP.

Parágrafo único. A legitimidade para a ação prevista no *caput* é exclusiva do confitente e pode ser transferida a seus herdeiros se ele falecer após a propositura.

Art. 394. A confissão extrajudicial, quando feita oralmente, só terá eficácia nos casos em que a lei não exija prova literal.

Art. 395. A confissão é, em regra, indivisível, não podendo a parte que a quiser invocar como prova aceitá-la no tópico que a beneficiar e rejeitá-la no que lhe for desfavorável, porém cindir-se-á quando o confitente a ela aduzir fatos novos, capazes de constituir fundamento de defesa de direito material ou de reconvenção.

▶ Art. 343 deste Código.

Seção VI

DA EXIBIÇÃO DE DOCUMENTO OU COISA

▶ Art. 1.015, VI, deste Código.
▶ Súm. nº 372 do STJ.

Art. 396. O juiz pode ordenar que a parte exiba documento ou coisa que se encontre em seu poder.

Art. 397. O pedido formulado pela parte conterá:

I – a descrição, tão completa quanto possível, do documento ou da coisa, ou das categorias de documentos ou de coisas buscados;

II – a finalidade da prova, com indicação dos fatos que se relacionam com o documento ou com a coisa, ou com suas categorias;

III – as circunstâncias em que se funda o requerente para afirmar que o documento ou a coisa existe, ainda que a referência seja a categoria de documentos ou de coisas, e se acha em poder da parte contrária.

▶ Incisos I a III com a redação dada pela Lei nº 14.195, de 26-8-2021.

Art. 398. O requerido dará sua resposta nos 5 (cinco) dias subsequentes à sua intimação.

▶ Art. 400, I, deste Código.

Parágrafo único. Se o requerido afirmar que não possui o documento ou a coisa, o juiz permitirá que o requerente prove, por qualquer meio, que a declaração não corresponde à verdade.

Art. 399. O juiz não admitirá a recusa se:

I – o requerido tiver obrigação legal de exibir;

II – o requerido tiver aludido ao documento ou à coisa, no processo, com o intuito de constituir prova;

III – o documento, por seu conteúdo, for comum às partes.

Art. 400. Ao decidir o pedido, o juiz admitirá como verdadeiros os fatos que, por meio do documento ou da coisa, a parte pretendia provar se:

I – o requerido não efetuar a exibição nem fizer nenhuma declaração no prazo do art. 398;

II – a recusa for havida por ilegítima.

Parágrafo único. Sendo necessário, o juiz pode adotar medidas indutivas, coercitivas, mandamentais ou sub-rogatórias para que o documento seja exibido.

▶ Art. 139, IV, deste Código.

Art. 401. Quando o documento ou a coisa estiver em poder de terceiro, o juiz ordenará sua citação para responder no prazo de 15 (quinze) dias.

▶ Arts. 380, II, e 772, III, deste Código.

Art. 402. Se o terceiro negar a obrigação de exibir ou a posse do documento ou da coisa, o juiz designará audiência especial, tomando-lhe o depoimento, bem como o das partes e, se necessário, o de testemunhas, e em seguida proferirá decisão.

Art. 403. Se o terceiro, sem justo motivo, se recusar a efetuar a exibição, o juiz ordenar-lhe-á que proceda ao respectivo depósito em cartório ou em outro lugar designado, no prazo de 5 (cinco) dias, impondo ao requerente que o ressarça pelas despesas que tiver.

Parágrafo único. Se o terceiro descumprir a ordem, o juiz expedirá mandado de apreensão, requisitando, se necessário, força policial, sem prejuízo da responsabilidade por crime de desobediência, pagamento de multa e outras medidas indutivas, coercitivas, mandamentais ou sub-rogatórias necessárias para assegurar a efetivação da decisão.

▶ Arts. 139, IV, e 360, III, deste Código.
▶ Art. 330 do CP.

Art. 404. A parte e o terceiro se escusam de exibir, em juízo, o documento ou a coisa se:

I – concernente a negócios da própria vida da família;

II – sua apresentação puder violar dever de honra;

III – sua publicidade redundar em desonra à parte ou ao terceiro, bem como a seus parentes consanguíneos ou afins até o terceiro grau, ou lhes representar perigo de ação penal;

IV – sua exibição acarretar a divulgação de fatos a cujo respeito, por estado ou profissão, devam guardar segredo;

V – subsistirem outros motivos graves que, segundo o prudente arbítrio do juiz, justifiquem a recusa da exibição;

VI – houver disposição legal que justifique a recusa da exibição.

Parágrafo único. Se os motivos de que tratam os incisos I a VI do *caput* disserem respeito a apenas uma parcela do documento, a parte ou o terceiro exibirá a outra em cartório, para dela ser extraída cópia reprográfica, de tudo sendo lavrado auto circunstanciado.

Seção VII — *DA PROVA DOCUMENTAL*

Subseção I — *DA FORÇA PROBANTE DOS DOCUMENTOS*

▸ Art. 215 do CC.

Art. 405. O documento público faz prova não só da sua formação, mas também dos fatos que o escrivão, o chefe de secretaria, o tabelião ou o servidor declarar que ocorreram em sua presença.

Art. 406. Quando a lei exigir instrumento público como da substância do ato, nenhuma outra prova, por mais especial que seja, pode suprir-lhe a falta.

▸ Arts. 341, II, e 345, III, deste Código.
▸ Arts. 108 e 215 do CC.

Art. 407. O documento feito por oficial público incompetente ou sem a observância das formalidades legais, sendo subscrito pelas partes, tem a mesma eficácia probatória do documento particular.

Art. 408. As declarações constantes do documento particular escrito e assinado ou somente assinado presumem-se verdadeiras em relação ao signatário.

▸ Arts. 219 e 221 do CC.
▸ Lei nº 7.115, de 29-8-1983, dispõe sobre prova documental nos casos que indica.

Parágrafo único. Quando, todavia, contiver declaração de ciência de determinado fato, o documento particular prova a ciência, mas não o fato em si, incumbindo o ônus de prová-lo ao interessado em sua veracidade.

Art. 409. A data do documento particular, quando a seu respeito surgir dúvida ou impugnação entre os litigantes, provar-se-á por todos os meios de direito.

Parágrafo único. Em relação a terceiros, considerar-se-á datado o documento particular:

I – no dia em que foi registrado;

II – desde a morte de algum dos signatários;

III – a partir da impossibilidade física que sobreveio a qualquer dos signatários;

IV – da sua apresentação em repartição pública ou em juízo;

V – do ato ou do fato que estabeleça, de modo certo, a anterioridade da formação do documento.

Art. 410. Considera-se autor do documento particular:

I – aquele que o fez e o assinou;

II – aquele por conta de quem ele foi feito, estando assinado;

III – aquele que, mandando compô-lo, não o firmou porque, conforme a experiência comum, não se costuma assinar, como livros empresariais e assentos domésticos.

Art. 411. Considera-se autêntico o documento quando:

I – o tabelião reconhecer a firma do signatário;

II – a autoria estiver identificada por qualquer outro meio legal de certificação, inclusive eletrônico, nos termos da lei;

III – não houver impugnação da parte contra quem foi produzido o documento.

▸ Art. 436, II, deste Código.

Art. 412. O documento particular de cuja autenticidade não se duvida prova que o seu autor fez a declaração que lhe é atribuída.

▸ Arts. 428 e 429 deste Código.

Parágrafo único. O documento particular admitido expressa ou tacitamente é indivisível, sendo vedado à parte que pretende utilizar-se dele aceitar os fatos que lhe são favoráveis e recusar os que são contrários ao seu interesse, salvo se provar que estes não ocorreram.

Art. 413. O telegrama, o radiograma ou qualquer outro meio de transmissão tem a mesma força probatória do documento particular se o original constante da estação expedidora tiver sido assinado pelo remetente.

▸ Art. 222 do CC.
▸ Súm. nº 216 do STJ.

Parágrafo único. A firma do remetente poderá ser reconhecida pelo tabelião, declarando-se essa circunstância no original depositado na estação expedidora.

Art. 414. O telegrama ou o radiograma presume-se conforme com o original, provando as datas de sua expedição e de seu recebimento pelo destinatário.

Art. 415. As cartas e os registros domésticos provam contra quem os escreveu quando:

I – enunciam o recebimento de um crédito;

II – contêm anotação que visa a suprir a falta de título em favor de quem é apontado como credor;

III – expressam conhecimento de fatos para os quais não se exija determinada prova.

Art. 416. A nota escrita pelo credor em qualquer parte de documento representativo de obrigação, ainda que não assinada, faz prova em benefício do devedor.

Parágrafo único. Aplica-se essa regra tanto para o documento que o credor conservar em seu poder quanto para aquele que se achar em poder do devedor ou de terceiro.

Art. 417. Os livros empresariais provam contra seu autor, sendo lícito ao empresário, todavia, demonstrar, por todos os meios permitidos em direito, que os lançamentos não correspondem à verdade dos fatos.

Art. 418. Os livros empresariais que preencham os requisitos exigidos por lei provam a favor de seu autor no litígio entre empresários.

▸ Art. 226 do CC.

Art. 419. A escrituração contábil é indivisível, e, se dos fatos que resultam dos lançamentos, uns são favoráveis ao interesse de seu autor e outros lhe são contrários, ambos serão considerados em conjunto, como unidade.

Art. 420. O juiz pode ordenar, a requerimento da parte, a exibição integral dos livros empresariais e dos documentos do arquivo:

I – na liquidação de sociedade;

II – na sucessão por morte de sócio;

▸ Arts. 620, § 1º, e 630, § 1º, deste Código.

III – quando e como determinar a lei.

Art. 421. O juiz pode, de ofício, ordenar à parte a exibição parcial dos livros e dos documentos, extraindo-se deles a suma que interessar ao litígio, bem como reproduções autenticadas.

▸ Súm. nº 260 do STF.

Art. 422. Qualquer reprodução mecânica, como a fotográfica, a cinematográfica, a fonográfica ou de outra espécie, tem aptidão para fazer prova dos fatos ou das coisas representadas, se a sua conformidade com o documento original não for impugnada por aquele contra quem foi produzida.

▸ Art. 225 do CC.

§ 1º As fotografias digitais e as extraídas da rede mundial de computadores fazem prova das imagens que reproduzem, devendo, se impugnadas, ser apresentada a respectiva autenticação eletrônica ou, não sendo possível, realizada perícia.

▸ Art. 384 deste Código.

§ 2º Se se tratar de fotografia publicada em jornal ou revista, será exigido um exemplar original do periódico, caso impugnada a veracidade pela outra parte.

§ 3º Aplica-se o disposto neste artigo à forma impressa de mensagem eletrônica.

Art. 423. As reproduções dos documentos particulares, fotográficas ou obtidas por outros processos de repetição, valem como certidões sempre que o escrivão ou o chefe de secretaria certificar sua conformidade com o original.

Art. 424. A cópia de documento particular tem o mesmo valor probante que o original, cabendo ao escrivão, intimadas as partes, proceder à conferência e certificar a conformidade entre a cópia e o original.

▸ Art. 152, V, deste Código.

Art. 425. Fazem a mesma prova que os originais:

▸ Art. 217 do CC.

I – as certidões textuais de qualquer peça dos autos, do protocolo das audiências ou de outro livro a cargo do escrivão ou do chefe de secretaria, se extraídas por ele ou sob sua vigilância e por ele subscritas;

II – os traslados e as certidões extraídas por oficial público de instrumentos ou documentos lançados em suas notas;

III – as reproduções dos documentos públicos, desde que autenticadas por oficial público ou conferidas em cartório com os respectivos originais;

▸ Arts. 216 a 218 do CC.

IV – as cópias reprográficas de peças do próprio processo judicial declaradas autênticas pelo advogado, sob sua responsabilidade pessoal, se não lhes for impugnada a autenticidade;

V – os extratos digitais de bancos de dados públicos e privados, desde que atestado pelo seu emitente, sob as penas da lei, que as informações conferem com o que consta na origem;

VI – as reproduções digitalizadas de qualquer documento público ou particular, quando juntadas aos autos pelos órgãos da justiça e seus auxiliares, pelo Ministério Público e seus auxiliares, pela Defensoria Pública e seus auxiliares, pelas procuradorias, pelas repartições públicas em geral e por advogados, ressalvada a alegação motivada e fundamentada de adulteração.

§ 1º Os originais dos documentos digitalizados mencionados no inciso VI deverão ser preservados pelo seu detentor até o final do prazo para propositura de ação rescisória.

▶ Art. 975 deste Código.

§ 2º Tratando-se de cópia digital de título executivo extrajudicial ou de documento relevante à instrução do processo, o juiz poderá determinar seu depósito em cartório ou secretaria.

Art. 426. O juiz apreciará fundamentadamente a fé que deva merecer o documento, quando em ponto substancial e sem ressalva contiver entrelinha, emenda, borrão ou cancelamento.

Art. 427. Cessa a fé do documento público ou particular sendo-lhe declarada judicialmente a falsidade.

▶ Arts. 19, II, 430 a 433 e 478 deste Código.

Parágrafo único. A falsidade consiste em:

I – formar documento não verdadeiro;

II – alterar documento verdadeiro.

Art. 428. Cessa a fé do documento particular quando:

I – for impugnada sua autenticidade e enquanto não se comprovar sua veracidade;

▶ Arts. 412, 425, IV, e 429, II, deste Código.

II – assinado em branco, for impugnado seu conteúdo, por preenchimento abusivo.

▶ Arts. 19, II, 430 a 433 e 478 deste Código.

Parágrafo único. Dar-se-á abuso quando aquele que recebeu documento assinado com texto não escrito no todo ou em parte formá-lo ou completá-lo por si ou por meio de outrem, violando o pacto feito com o signatário.

Art. 429. Incumbe o ônus da prova quando:

I – se tratar de falsidade de documento ou de preenchimento abusivo, à parte que a arguir;

▶ Art. 373 deste Código.

II – se tratar de impugnação da autenticidade, à parte que produziu o documento.

▶ Arts. 412 e 428, I, deste Código.

Subseção II
DA ARGUIÇÃO DE FALSIDADE

▶ Arts. 19, II, 427, 428, 436 e 478 deste Código.

Art. 430. A falsidade deve ser suscitada na contestação, na réplica ou no prazo de 15 (quinze) dias, contado a partir da intimação da juntada do documento aos autos.

▶ Art. 437 deste Código.

Parágrafo único. Uma vez arguida, a falsidade será resolvida como questão incidental, salvo se a parte requerer que o juiz a decida como questão principal, nos termos do inciso II do art. 19.

Art. 431. A parte arguirá a falsidade expondo os motivos em que funda a sua pretensão e os meios com que provará o alegado.

Art. 432. Depois de ouvida a outra parte no prazo de 15 (quinze) dias, será realizado o exame pericial.

▶ Art. 478 deste Código.

Parágrafo único. Não se procederá ao exame pericial se a parte que produziu o documento concordar em retirá-lo.

Art. 433. A declaração sobre a falsidade do documento, quando suscitada como questão principal, constará da parte dispositiva da sentença e sobre ela incidirá também a autoridade da coisa julgada.

▶ Arts. 502 a 508 deste Código.

Subseção III
DA PRODUÇÃO DA PROVA DOCUMENTAL

Art. 434. Incumbe à parte instruir a petição inicial ou a contestação com os documentos destinados a provar suas alegações.

▶ Arts. 320, 341, II, e 350 deste Código.

Parágrafo único. Quando o documento consistir em reprodução cinematográfica ou fonográfica, a parte deverá trazê-lo nos termos do *caput*, mas sua exposição será realizada em audiência, intimando-se previamente as partes.

Art. 435. É lícito às partes, em qualquer tempo, juntar aos autos documentos novos, quando destinados a fazer prova de fatos ocorridos depois dos articulados ou para contrapô-los aos que foram produzidos nos autos.

Parágrafo único. Admite-se também a juntada posterior de documentos formados após a petição inicial ou a contestação, bem como dos que se tornaram conhecidos, acessíveis ou disponíveis após esses atos, cabendo à parte que os produzir comprovar o motivo que a impediu de juntá-los anteriormente e incumbindo ao juiz, em qualquer caso, avaliar a conduta da parte de acordo com o art. 5º.

▶ Art. 966, VII, deste Código.

Art. 436. A parte, intimada a falar sobre documento constante dos autos, poderá:

I – impugnar a admissibilidade da prova documental;

II – impugnar sua autenticidade;

III – suscitar sua falsidade, com ou sem deflagração do incidente de arguição de falsidade;

▶ Arts. 411 e 428 a 433 deste Código.

IV – manifestar-se sobre seu conteúdo.

Parágrafo único. Nas hipóteses dos incisos II e III, a impugnação deverá basear-se em argumentação específica, não se admitindo alegação genérica de falsidade.

Art. 437. O réu manifestar-se-á na contestação sobre os documentos anexados à inicial, e o autor manifestar-se-á na réplica sobre os documentos anexados à contestação.

▶ Arts. 336, 351 e 430 deste Código.

§ 1º Sempre que uma das partes requerer a juntada de documento aos autos, o juiz ouvirá, a seu respeito, a outra parte, que disporá do prazo de 15 (quinze) dias para adotar qualquer das posturas indicadas no art. 436.

§ 2º Poderá o juiz, a requerimento da parte, dilatar o prazo para manifestação sobre a prova documental produzida, levando em consideração a quantidade e a complexidade da documentação.

Art. 438. O juiz requisitará às repartições públicas, em qualquer tempo ou grau de jurisdição:

▶ Art. 5º, XXXIII e XXXIV, *b*, da CF.

I – as certidões necessárias à prova das alegações das partes;

II – os procedimentos administrativos nas causas em que forem interessados a União, os Estados, o Distrito Federal, os Municípios ou entidades da administração indireta.

§ 1º Recebidos os autos, o juiz mandará extrair, no prazo máximo e improrrogável de 1 (um) mês, certidões ou reproduções fotográficas das peças que indicar e das que forem indicadas pelas partes, e, em seguida, devolverá os autos à repartição de origem.

§ 2º As repartições públicas poderão fornecer todos os documentos em meio eletrônico, conforme disposto em lei, certificando, pelo mesmo meio, que se trata de extrato fiel do que consta em seu banco de dados ou no documento digitalizado.

Seção VIII
DOS DOCUMENTOS ELETRÔNICOS

▶ Lei nº 11.419, de 19-12-2006 (Lei da Informatização do Processo Judicial).

▶ Art. 10 da MP nº 2.200-2, de 24-8-2001, que até o encerramento desta edição não havia sido convertida em lei, institui a Infraestrutura de Chaves Públicas Brasileira – ICP-Brasil.

Art. 439. A utilização de documentos eletrônicos no processo convencional dependerá de sua conversão à forma impressa e da verificação de sua autenticidade, na forma da lei.

Art. 440. O juiz apreciará o valor probante do documento eletrônico não convertido, assegurado às partes o acesso ao seu teor.

Art. 441. Serão admitidos documentos eletrônicos produzidos e conservados com a observância da legislação específica.

Seção IX
DA PROVA TESTEMUNHAL

Subseção I
DA ADMISSIBILIDADE E DO VALOR DA PROVA TESTEMUNHAL

Art. 442. A prova testemunhal é sempre admissível, não dispondo a lei de modo diverso.

Art. 443. O juiz indeferirá a inquirição de testemunhas sobre fatos:

I – já provados por documento ou confissão da parte;

▶ Art. 389 deste Código.

II – que só por documento ou por exame pericial puderem ser provados.

Art. 444. Nos casos em que a lei exigir prova escrita da obrigação, é admissível a prova testemunhal quando houver começo de prova por escrito, emanado da parte contra a qual se pretende produzir a prova.

▶ Art. 227, parágrafo único, do CC.

Art. 445. Também se admite a prova testemunhal quando o credor não pode ou não podia, moral ou materialmente, obter a prova escrita da obrigação, em casos como o de parentesco, de depósito necessário ou de hospedagem em hotel ou em razão das práticas comerciais do local onde contraída a obrigação.

Art. 446. É lícito à parte provar com testemunhas:

▶ Art. 167 do CC.

I – nos contratos simulados, a divergência entre a vontade real e a vontade declarada;

II – nos contratos em geral, os vícios de consentimento.

▶ Arts. 138 a 165 do CC.

Art. 447. Podem depor como testemunhas todas as pessoas, exceto as incapazes, impedidas ou suspeitas.

§ 1º São incapazes:

I – o interdito por enfermidade ou deficiência mental;

II – o que, acometido por enfermidade ou retardamento mental, ao tempo em que ocorreram os fatos, não podia discerni-los, ou, ao tempo em que deve depor, não está habilitado a transmitir as percepções;
III – o que tiver menos de 16 (dezesseis) anos;
IV – o cego e o surdo, quando a ciência do fato depender dos sentidos que lhes faltam.

▸ Art. 228 do CC.

§ 2º São impedidos:
I – o cônjuge, o companheiro, o ascendente e o descendente em qualquer grau e o colateral, até o terceiro grau, de alguma das partes, por consanguinidade ou afinidade, salvo se o exigir o interesse público ou, tratando-se de causa relativa ao estado da pessoa, não se puder obter de outro modo a prova que o juiz repute necessária ao julgamento do mérito;
II – o que é parte na causa;
III – o que intervém em nome de uma parte, como o tutor, o representante legal da pessoa jurídica, o juiz, o advogado e outros que assistam ou tenham assistido as partes.

§ 3º São suspeitos:
I – o inimigo da parte ou o seu amigo íntimo;
II – o que tiver interesse no litígio.

§ 4º Sendo necessário, pode o juiz admitir o depoimento das testemunhas menores, impedidas ou suspeitas.

§ 5º Os depoimentos referidos no § 4º serão prestados independentemente de compromisso, e o juiz lhes atribuirá o valor que possam merecer.

▸ Art. 457, § 1º, deste Código.
▸ Art. 228 do CC.

Art. 448. A testemunha não é obrigada a depor sobre fatos:
I – que lhe acarretem grave dano, bem como ao seu cônjuge ou companheiro e aos seus parentes consanguíneos ou afins, em linha reta ou colateral, até o terceiro grau;
II – a cujo respeito, por estado ou profissão, deva guardar sigilo.

▸ Art. 457, § 3º, deste Código.
▸ Art. 229, I, do CC.
▸ Arts. 153 e 154 do CP.

Art. 449. Salvo disposição especial em contrário, as testemunhas devem ser ouvidas na sede do juízo.

Parágrafo único. Quando a parte ou a testemunha, por enfermidade ou por outro motivo relevante, estiver impossibilitada de comparecer, mas não de prestar depoimento, o juiz designará, conforme as circunstâncias, dia, hora e lugar para inquiri-la.

Subseção II
DA PRODUÇÃO DA PROVA TESTEMUNHAL

Art. 450. O rol de testemunhas conterá, sempre que possível, o nome, a profissão, o estado civil, a idade, o número de inscrição no Cadastro de Pessoas Físicas, o número de registro de identidade e o endereço completo da residência e do local de trabalho.

▸ Art. 357, §§ 3º a 7º, deste Código.

Art. 451. Depois de apresentado o rol de que tratam os §§ 4º e 5º do art. 357, a parte só pode substituir a testemunha:
I – que falecer;
II – que, por enfermidade, não estiver em condições de depor;
III – que, tendo mudado de residência ou de local de trabalho, não for encontrada.

Art. 452. Quando for arrolado como testemunha, o juiz da causa:
I – declarar-se-á impedido, se tiver conhecimento de fatos que possam influir na decisão, caso em que será vedado à parte que o incluiu no rol desistir de seu depoimento;

▸ Art. 144, I, deste Código.

II – se nada souber, mandará excluir o seu nome.

Art. 453. As testemunhas depõem, na audiência de instrução e julgamento, perante o juiz da causa, exceto:
I – as que prestam depoimento antecipadamente;
II – as que são inquiridas por carta.

▸ Art. 361, III, deste Código.

§ 1º A oitiva de testemunha que residir em comarca, seção ou subseção judiciária diversa daquela onde tramita o processo poderá ser realizada por meio de videoconferência ou outro recurso tecnológico de transmissão e recepção de sons e imagens em tempo real, o que poderá ocorrer, inclusive, durante a audiência de instrução e julgamento.

▸ Arts. 236, § 3º, 358 a 368, 385, § 3º, e 461, § 2º, deste Código.

§ 2º Os juízos deverão manter equipamento para a transmissão e recepção de sons e imagens a que se refere o § 1º.

Art. 454. São inquiridos em sua residência ou onde exercem sua função:
I – o presidente e o vice-presidente da República;
II – os ministros de Estado;
III – os ministros do Supremo Tribunal Federal, os conselheiros do Conselho Nacional de Justiça e os ministros do Superior Tribunal de Justiça, do Superior Tribunal Militar, do Tribunal Superior Eleitoral, do Tribunal Superior do Trabalho e do Tribunal de Contas da União;
IV – o procurador-geral da República e os conselheiros do Conselho Nacional do Ministério Público;
V – o advogado-geral da União, o procurador-geral do Estado, o procurador-geral do Município, o defensor público-geral federal e o defensor público-geral do Estado;
VI – os senadores e os deputados federais;
VII – os governadores dos Estados e do Distrito Federal;
VIII – o prefeito;
IX – os deputados estaduais e distritais;
X – os desembargadores dos Tribunais de Justiça, dos Tribunais Regionais Federais, dos Tribunais Regionais do Trabalho e dos Tribunais Regionais Eleitorais e os conselheiros dos Tribunais de Contas dos Estados e do Distrito Federal;
XI – o procurador-geral de justiça;
XII – o embaixador de país que, por lei ou tratado, concede idêntica prerrogativa a agente diplomático do Brasil.

▸ Art. 455, § 3º, V, deste Código.

§ 1º O juiz solicitará à autoridade que indique dia, hora e local a fim de ser inquirida, remetendo-lhe cópia da petição inicial ou da defesa oferecida pela parte que a arrolou como testemunha.

§ 2º Passado 1 (um) mês sem manifestação da autoridade, o juiz designará dia, hora e local para o depoimento, preferencialmente na sede do juízo.

§ 3º O juiz também designará dia, hora e local para o depoimento, quando a autoridade não comparecer, injustificadamente, à sessão agendada para a colheita de seu testemunho no dia, hora e local por ela mesma indicados.

Art. 455. Cabe ao advogado da parte informar ou intimar a testemunha por ele arrolada do dia, da hora e do local da audiência designada, dispensando-se a intimação do juízo.

§ 1º A intimação deverá ser realizada por carta com aviso de recebimento, cumprindo ao advogado juntar aos autos, com antecedência de pelo menos 3 (três) dias da data da audiência, cópia da correspondência de intimação e do comprovante de recebimento.

§ 2º A parte pode comprometer-se a levar a testemunha à audiência, independentemente da intimação de que trata o § 1º, presumindo-se, caso a testemunha não compareça, que a parte desistiu de sua inquirição.

§ 3º A inércia na realização da intimação a que se refere o § 1º importa desistência da inquirição da testemunha.

§ 4º A intimação será feita pela via judicial quando:
I – for frustrada a intimação prevista no § 1º deste artigo;
II – sua necessidade for devidamente demonstrada pela parte ao juiz;
III – figurar no rol de testemunhas servidor público ou militar, hipótese em que o juiz o requisitará ao chefe da repartição ou ao comando do corpo em que servir;
IV – a testemunha houver sido arrolada pelo Ministério Público ou pela Defensoria Pública;
V – a testemunha for uma daquelas previstas no art. 454.

§ 5º A testemunha que, intimada na forma do § 1º ou do § 4º, deixar de comparecer sem motivo justificado será conduzida e responderá pelas despesas do adiamento.

Art. 456. O juiz inquirirá as testemunhas separada e sucessivamente, primeiro as do autor e depois as do réu, e providenciará para que uma não ouça o depoimento das outras.

Parágrafo único. O juiz poderá alterar a ordem estabelecida no *caput* se as partes concordarem.

▸ Art. 361 deste Código.

Art. 457. Antes de depor, a testemunha será qualificada, declarará ou confirmará seus dados e informará se tem relações de parentesco com a parte ou interesse no objeto do processo.

§ 1º É lícito à parte contraditar a testemunha, arguindo-lhe a incapacidade, o impedimento ou a suspeição, bem como, caso a testemunha negue os fatos que lhe são imputados, provar a contradita com documentos ou com testemunhas, até 3 (três), apresentadas no ato e inquiridas em separado.

▸ Arts. 144, 145, 447 e 452 deste Código.

§ 2º Sendo provados ou confessados os fatos a que se refere o § 1º, o juiz dispensará a testemunha ou lhe tomará o depoimento como informante.

§ 3º A testemunha pode requerer ao juiz que a escuse de depor, alegando os motivos previstos neste Código, decidindo o juiz de plano após ouvidas as partes.

▸ Art. 448 deste Código.

Art. 458. Ao início da inquirição, a testemunha prestará o compromisso de dizer a verdade do que souber e lhe for perguntado.

▸ Art. 342 do CP.

Parágrafo único. O juiz advertirá à testemunha que incorre em sanção penal quem faz afirmação falsa, cala ou oculta a verdade.

Art. 459. As perguntas serão formuladas pelas partes diretamente à testemunha, começando pela que a arrolou, não admitindo o juiz aquelas que puderem induzir a resposta, não tiverem relação com as questões de fato objeto da atividade probatória ou importarem repetição de outra já respondida.

▸ Art. 11 da IN do TST nº 39, de 15-3-2016, que dispõe de forma não exaustiva sobre as normas do CPC/2015 inaplicáveis ao Processo do Trabalho.

§ 1º O juiz poderá inquirir a testemunha tanto antes quanto depois da inquirição feita pelas partes.

§ 2º As testemunhas devem ser tratadas com urbanidade, não se lhes fazendo perguntas ou considerações impertinentes, capciosas ou vexatórias.

§ 3º As perguntas que o juiz indeferir serão transcritas no termo, se a parte o requerer.

▸ Lei nº 11.419, de 19-12-2006 (Lei da Informatização do Processo Judicial).

Art. 460. O depoimento poderá ser documentado por meio de gravação.

§ 1º Quando digitado ou registrado por taquigrafia, estenotipia ou outro método idôneo de documentação, o depoimento será assinado pelo juiz, pelo depoente e pelos procuradores.

§ 2º Se houver recurso em processo em autos não eletrônicos, o depoimento somente será digitado quando for impossível o envio de sua documentação eletrônica.

§ 3º Tratando-se de autos eletrônicos, observar-se-á o disposto neste Código e na legislação específica sobre a prática eletrônica de atos processuais.

Art. 461. O juiz pode ordenar, de ofício ou a requerimento da parte:

I – a inquirição de testemunhas referidas nas declarações da parte ou das testemunhas;

II – a acareação de 2 (duas) ou mais testemunhas ou de alguma delas com a parte, quando, sobre fato determinado que possa influir na decisão da causa, divergirem as suas declarações.

§ 1º Os acareados serão reperguntados para que expliquem os pontos de divergência, reduzindo-se a termo o ato de acareação.

§ 2º A acareação pode ser realizada por videoconferência ou por outro recurso tecnológico de transmissão de sons e imagens em tempo real.

▸ Arts. 236, § 3º, e 453, § 1º, deste Código.

Art. 462. A testemunha pode requerer ao juiz o pagamento da despesa que efetuou para comparecimento à audiência, devendo a parte pagá-la logo que arbitrada ou depositá-la em cartório dentro de 3 (três) dias.

Art. 463. O depoimento prestado em juízo é considerado serviço público.

Parágrafo único. A testemunha, quando sujeita ao regime da legislação trabalhista, não sofre, por comparecer à audiência, perda de salário nem desconto no tempo de serviço.

SEÇÃO X

DA PROVA PERICIAL

▸ Arts. 156 a 158 deste Código.

Art. 464. A prova pericial consiste em exame, vistoria ou avaliação.

▸ Art. 917, § 5º, deste Código.

§ 1º O juiz indeferirá a perícia quando:

I – a prova do fato não depender de conhecimento especial de técnico;

II – for desnecessária em vista de outras provas produzidas;

III – a verificação for impraticável.

§ 2º De ofício ou a requerimento das partes, o juiz poderá, em substituição à perícia, determinar a produção de prova técnica simplificada, quando o ponto controvertido for de menor complexidade.

§ 3º A prova técnica simplificada consistirá apenas na inquirição de especialista, pelo juiz, sobre ponto controvertido da causa que demande especial conhecimento científico ou técnico.

§ 4º Durante a arguição, o especialista, que deverá ter formação acadêmica específica na área objeto de seu depoimento, poderá valer-se de qualquer recurso tecnológico de transmissão de sons e imagens com o fim de esclarecer os pontos controvertidos da causa.

Art. 465. O juiz nomeará perito especializado no objeto da perícia e fixará de imediato o prazo para a entrega do laudo.

▸ Art. 357, § 8º, deste Código.

§ 1º Incumbe às partes, dentro de 15 (quinze) dias contados da intimação do despacho de nomeação do perito:

I – arguir o impedimento ou a suspeição do perito, se for o caso;

▸ Arts. 144, 145, 156, § 4º, 157, § 1º, e 467 deste Código.

II – indicar assistente técnico;

III – apresentar quesitos.

§ 2º Ciente da nomeação, o perito apresentará em 5 (cinco) dias:

I – proposta de honorários;

II – currículo, com comprovação de especialização;

III – contatos profissionais, em especial o endereço eletrônico, para onde serão dirigidas as intimações pessoais.

§ 3º As partes serão intimadas da proposta de honorários para, querendo, manifestar-se no prazo comum de 5 (cinco) dias, após o que o juiz arbitrará o valor, intimando-se as partes para os fins do art. 95.

§ 4º O juiz poderá autorizar o pagamento de até cinquenta por cento dos honorários arbitrados a favor do perito no início dos trabalhos, devendo o remanescente ser pago apenas ao final, depois de entregue o laudo e prestados todos os esclarecimentos necessários.

▸ Art. 95, § 2º, deste Código.

§ 5º Quando a perícia for inconclusiva ou deficiente, o juiz poderá reduzir a remuneração inicialmente arbitrada para o trabalho.

§ 6º Quando tiver de realizar-se por carta, poder-se-á proceder à nomeação de perito e à indicação de assistentes técnicos no juízo ao qual se requisitar a perícia.

Art. 466. O perito cumprirá escrupulosamente o encargo que lhe foi cometido, independentemente de termo de compromisso.

§ 1º Os assistentes técnicos são de confiança da parte e não estão sujeitos a impedimento ou suspeição.

§ 2º O perito deve assegurar aos assistentes das partes o acesso e o acompanhamento das diligências e dos exames que realizar, com prévia comunicação, comprovada nos autos, com antecedência mínima de 5 (cinco) dias.

▸ Art. 474 deste Código.

Art. 467. O perito pode escusar-se ou ser recusado por impedimento ou suspeição.

▸ Arts. 156, § 4º, 157, § 1º, e 465, § 1º, I, deste Código.

Parágrafo único. O juiz, ao aceitar a escusa ou ao julgar procedente a impugnação, nomeará novo perito.

Art. 468. O perito pode ser substituído quando:

I – faltar-lhe conhecimento técnico ou científico;

II – sem motivo legítimo, deixar de cumprir o encargo no prazo que lhe foi assinado.

§ 1º No caso previsto no inciso II, o juiz comunicará a ocorrência à corporação profissional respectiva, podendo, ainda, impor multa ao perito, fixada tendo em vista o valor da causa e o possível prejuízo decorrente do atraso no processo.

§ 2º O perito substituído restituirá, no prazo de 15 (quinze) dias, os valores recebidos pelo trabalho não realizado, sob pena de ficar impedido de atuar como perito judicial pelo prazo de 5 (cinco) anos.

§ 3º Não ocorrendo a restituição voluntária de que trata o § 2º, a parte que tiver realizado o adiantamento dos honorários poderá promover execução contra o perito, na forma dos arts. 513 e seguintes deste Código, com fundamento na decisão que determinar a devolução do numerário.

Art. 469. As partes poderão apresentar quesitos suplementares durante a diligência, que poderão ser respondidos pelo perito previamente ou na audiência de instrução e julgamento.

▸ Art. 361, I, deste Código.

Parágrafo único. O escrivão dará à parte contrária ciência da juntada dos quesitos aos autos.

Art. 470. Incumbe ao juiz:

I – indeferir quesitos impertinentes;

II – formular os quesitos que entender necessários ao esclarecimento da causa.

Art. 471. As partes podem, de comum acordo, escolher o perito, indicando-o mediante requerimento, desde que:

I – sejam plenamente capazes;

II – a causa possa ser resolvida por autocomposição.

§ 1º As partes, ao escolher o perito, já devem indicar os respectivos assistentes técnicos para acompanhar a realização da perícia, que se realizará em data e local previamente anunciados.

§ 2º O perito e os assistentes técnicos devem entregar, respectivamente, laudo e pareceres em prazo fixado pelo juiz.

§ 3º A perícia consensual substitui, para todos os efeitos, a que seria realizada por perito nomeado pelo juiz.

▶ Art. 190 deste Código.

Art. 472. O juiz poderá dispensar prova pericial quando as partes, na inicial e na contestação, apresentarem, sobre as questões de fato, pareceres técnicos ou documentos elucidativos que considerar suficientes.

Art. 473. O laudo pericial deverá conter:

I – a exposição do objeto da perícia;

II – a análise técnica ou científica realizada pelo perito;

III – a indicação do método utilizado, esclarecendo-o e demonstrando ser predominantemente aceito pelos especialistas da área do conhecimento da qual se originou;

IV – resposta conclusiva a todos os quesitos apresentados pelo juiz, pelas partes e pelo órgão do Ministério Público.

§ 1º No laudo, o perito deve apresentar sua fundamentação em linguagem simples e com coerência lógica, indicando como alcançou suas conclusões.

§ 2º É vedado ao perito ultrapassar os limites de sua designação, bem como emitir opiniões pessoais que excedam o exame técnico ou científico do objeto da perícia.

§ 3º Para o desempenho de sua função, o perito e os assistentes técnicos podem valer-se de todos os meios necessários, ouvindo testemunhas, obtendo informações, solicitando documentos que estejam em poder da parte, de terceiros ou em repartições públicas, bem como instruir o laudo com planilhas, mapas, plantas, desenhos, fotografias ou outros elementos necessários ao esclarecimento do objeto da perícia.

Art. 474. As partes terão ciência da data e do local designados pelo juiz ou indicados pelo perito para ter início a produção da prova.

▶ Art. 466, § 2º, deste Código.

Art. 475. Tratando-se de perícia complexa que abranja mais de uma área de conhecimento especializado, o juiz poderá nomear mais de um perito, e a parte, indicar mais de um assistente técnico.

Art. 476. Se o perito, por motivo justificado, não puder apresentar o laudo dentro do prazo, o juiz poderá conceder-lhe, por uma vez, prorrogação pela metade do prazo originalmente fixado.

Art. 477. O perito protocolará o laudo em juízo, no prazo fixado pelo juiz, pelo menos 20 (vinte) dias antes da audiência de instrução e julgamento.

§ 1º As partes serão intimadas para, querendo, manifestar-se sobre o laudo do perito do juízo no prazo comum de 15 (quinze) dias, podendo o assistente técnico de cada uma das partes, em igual prazo, apresentar seu respectivo parecer.

§ 2º O perito do juízo tem o dever de, no prazo de 15 (quinze) dias, esclarecer ponto:

I – sobre o qual exista divergência ou dúvida de qualquer das partes, do juiz ou do órgão do Ministério Público;

II – divergente apresentado no parecer do assistente técnico da parte.

§ 3º Se ainda houver necessidade de esclarecimentos, a parte requererá ao juiz que mande intimar o perito ou o assistente técnico a comparecer à audiência de instrução e julgamento, formulando, desde logo, as perguntas, sob forma de quesitos.

▶ Art. 361, I, deste Código.

§ 4º O perito ou o assistente técnico será intimado por meio eletrônico, com pelo menos 10 (dez) dias de antecedência da audiência.

Art. 478. Quando o exame tiver por objeto a autenticidade ou a falsidade de documento ou for de natureza médico-legal, o perito será escolhido, de preferência, entre os técnicos dos estabelecimentos oficiais especializados, a cujos diretores o juiz autorizará a remessa dos autos, bem como do material sujeito a exame.

▶ Arts. 19, II, 260, § 2º, e 430 a 433 deste Código.

§ 1º Nas hipóteses de gratuidade de justiça, os órgãos e as repartições oficiais deverão cumprir a determinação judicial com preferência, no prazo estabelecido.

▶ Art. 95, §§ 3º e 4º, deste Código.

§ 2º A prorrogação do prazo referido no § 1º pode ser requerida motivadamente.

§ 3º Quando o exame tiver por objeto a autenticidade da letra e da firma, o perito poderá requisitar, para efeito de comparação, documentos existentes em repartições públicas e, na falta destes, poderá requerer ao juiz que a pessoa a quem se atribuir a autoria do documento lance em folha de papel, por cópia ou sob ditado, dizeres diferentes, para fins de comparação.

Art. 479. O juiz apreciará a prova pericial de acordo com o disposto no art. 371, indicando na sentença os motivos que o levaram a considerar ou a deixar de considerar as conclusões do laudo, levando em conta o método utilizado pelo perito.

Art. 480. O juiz determinará, de ofício ou a requerimento da parte, a realização de nova perícia quando a matéria não estiver suficientemente esclarecida.

▶ Art. 873, parágrafo único, deste Código.

§ 1º A segunda perícia tem por objeto os mesmos fatos sobre os quais recaiu a primeira e destina-se a corrigir eventual omissão ou inexatidão dos resultados a que esta conduziu.

§ 2º A segunda perícia rege-se pelas disposições estabelecidas para a primeira.

§ 3º A segunda perícia não substitui a primeira, cabendo ao juiz apreciar o valor de uma e de outra.

Seção XI
DA INSPEÇÃO JUDICIAL

▶ Art. 379, II, deste Código.

Art. 481. O juiz, de ofício ou a requerimento da parte, pode, em qualquer fase do processo, inspecionar pessoas ou coisas, a fim de se esclarecer sobre fato que interesse à decisão da causa.

Art. 482. Ao realizar a inspeção, o juiz poderá ser assistido por um ou mais peritos.

Art. 483. O juiz irá ao local onde se encontre a pessoa ou a coisa quando:

I – julgar necessário para a melhor verificação ou interpretação dos fatos que deva observar;

II – a coisa não puder ser apresentada em juízo sem consideráveis despesas ou graves dificuldades;

III – determinar a reconstituição dos fatos.

Parágrafo único. As partes têm sempre direito a assistir à inspeção, prestando esclarecimentos e fazendo observações que considerem de interesse para a causa.

Art. 484. Concluída a diligência, o juiz mandará lavrar auto circunstanciado, mencionando nele tudo quanto for útil ao julgamento da causa.

Parágrafo único. O auto poderá ser instruído com desenho, gráfico ou fotografia.

CAPÍTULO XIII
DA SENTENÇA E DA COISA JULGADA

▶ Art. 93, IX, da CF.

▶ Arts. 11, 12 e 316 deste Código.

Seção I
DISPOSIÇÕES GERAIS

Art. 485. O juiz não resolverá o mérito quando:

▶ Arts. 203, § 1º, 309, III, 317, e 354 deste Código.

I – indeferir a petição inicial;

▶ Arts. 239, 321, parágrafo único, 330, 486, § 1º, 700, § 4º, 918, II, e 968, § 3º, deste Código.

II – o processo ficar parado durante mais de 1 (um) ano por negligência das partes;

III – por não promover os atos e as diligências que lhe incumbir, o autor abandonar a causa por mais de 30 (trinta) dias;

▶ Súm. nº 240 do STJ.

IV – verificar a ausência de pressupostos de constituição e de desenvolvimento válido e regular do processo;

▶ Arts. 139, IX, e 486, § 1º, deste Código.

V – reconhecer a existência de perempção, de litispendência ou de coisa julgada;

▶ Arts. 24, 240, 304, § 6º, 337, 486, § 1º, 502 a 508, 601, parágrafo único, e 963, IV, deste Código.

VI – verificar ausência de legitimidade ou de interesse processual;

▶ Arts. 17, 109, 120, parágrafo único, 330, II e III, 337, XI, 525, § 1º, II, e 535, II, deste Código.

VII – acolher a alegação de existência de convenção de arbitragem ou quando o juízo arbitral reconhecer sua competência;

▶ Art. 486, § 1º, deste Código.

▶ Lei nº 9.307, de 23-9-1996 (Lei da Arbitragem).

▶ Súm. nº 485 do STJ.

VIII – homologar a desistência da ação;

▶ Arts. 90, 105, 122, 200, parágrafo único, 976, §§ 1º e 2º, e 1.040, §§ 1º a 3º, deste Código.

IX – em caso de morte da parte, a ação for considerada intransmissível por disposição legal; e

X – nos demais casos prescritos neste Código.

▶ Arts. 12, § 2º, IV, 57, 102, parágrafo único, 303, §§ 2º e 6º, 309, 313, §§ 1º e 2º, 488, 542, parágrafo único, e 917, § 4º, I, deste Código.

§ 1º Nas hipóteses descritas nos incisos II e III, a parte será intimada pessoalmente para suprir a falta no prazo de 5 (cinco) dias.

▶ Art. 317 deste Código.

§ 2º No caso do § 1º, quanto ao inciso II, as partes pagarão proporcionalmente as custas, e, quanto ao inciso III, o autor será condenado ao pagamento das despesas e dos honorários de advogado.

▶ Art. 92 deste Código.

§ 3º O juiz conhecerá de ofício da matéria constante dos incisos IV, V, VI e IX, em qualquer tempo e grau de jurisdição, enquanto não ocorrer o trânsito em julgado.

▸ Arts. 64, § 1º, 337, § 3º, e 342, III, deste Código.

§ 4º Oferecida a contestação, o autor não poderá, sem o consentimento do réu, desistir da ação.

▸ Art. 1.040, § 3º, deste Código.

§ 5º A desistência da ação pode ser apresentada até a sentença.

§ 6º Oferecida a contestação, a extinção do processo por abandono da causa pelo autor depende de requerimento do réu.

§ 7º Interposta a apelação em qualquer dos casos de que tratam os incisos deste artigo, o juiz terá 5 (cinco) dias para retratar-se.

▸ Art. 1.013, § 3º, I, deste Código.

▸ Art. 3º da IN do TST nº 39, de 15-3-2016, que dispõe de forma não exaustiva sobre as normas do CPC/2015 aplicáveis ao Processo do Trabalho.

Art. 486. O pronunciamento judicial que não resolve o mérito não obsta a que a parte proponha de novo a ação.

▸ Art. 286, II, deste Código.

§ 1º No caso de extinção em razão de litispendência e nos casos dos incisos I, IV, VI e VII do art. 485, a propositura da nova ação depende da correção do vício que levou à sentença sem resolução do mérito.

§ 2º A petição inicial, todavia, não será despachada sem a prova do pagamento ou do depósito das custas e dos honorários de advogado.

§ 3º Se o autor der causa, por 3 (três) vezes, a sentença fundada em abandono da causa, não poderá propor nova ação contra o réu com o mesmo objeto, ficando-lhe ressalvada, entretanto, a possibilidade de alegar em defesa o seu direito.

▸ Art. 966, § 2º, I, deste Código.

Art. 487. Haverá resolução de mérito quando o juiz:

▸ Arts. 203, § 1º, e 355 deste Código.

I – acolher ou rejeitar o pedido formulado na ação ou na reconvenção;

▸ Arts. 343, 490 e 495 deste Código.

II – decidir, de ofício ou a requerimento, sobre a ocorrência de decadência ou prescrição;

▸ Arts. 104, 240, § 1º, 302, IV, 310, 332, § 1º, 525, § 1º, VII, 535, VI, 802, 921, §§ 1º, 4º e 5º, 924, V, e 1.013, § 4º, deste Código.

▸ Arts. 189 a 211 do CC.

▸ Súmulas nºs 149, 150, 151, 153, 154, 383, 443, 445 e 494 do STF.

▸ Súmulas nºs 101 e 119 do STJ.

III – homologar:

a) o reconhecimento da procedência do pedido formulado na ação ou na reconvenção;

▸ Art. 343 deste Código.

▸ Arts. 840 a 850 do CC.

b) a transação;

▸ Arts. 840 a 850 do CC.

c) a renúncia à pretensão formulada na ação ou na reconvenção.

▸ Arts. 90, 105, 122, 128, III, 343, 354 e 684 deste Código.

▸ Art. 3º, V, da Lei nº 13.988, de 14-4-2020 (Lei da Transação Tributária).

Parágrafo único. Ressalvada a hipótese do § 1º do art. 332, a prescrição e a decadência não serão reconhecidas sem que antes seja dada às partes oportunidade de manifestar-se.

▸ Art. 10 deste Código.

Art. 488. Desde que possível, o juiz resolverá o mérito sempre que a decisão for favorável à parte a quem aproveitaria eventual pronunciamento nos termos do art. 485.

Seção II

DOS ELEMENTOS E DOS EFEITOS DA SENTENÇA

Art. 489. São elementos essenciais da sentença:

▸ Art. 3º da IN do TST nº 39, de 15-3-2016, que dispõe de forma não exaustiva sobre as normas do CPC/2015 aplicáveis ao Processo do Trabalho.

I – o relatório, que conterá os nomes das partes, a identificação do caso, com a suma do pedido e da contestação, e o registro das principais ocorrências havidas no andamento do processo;

II – os fundamentos, em que o juiz analisará as questões de fato e de direito;

▸ Art. 504 deste Código.

III – o dispositivo, em que o juiz resolverá as questões principais que as partes lhe submeterem.

▸ Lei nº 6.899, de 8-4-1981, determina a aplicação da correção monetária nos débitos oriundos de decisão judicial.

§ 1º Não se considera fundamentada qualquer decisão judicial, seja ela interlocutória, sentença ou acórdão, que:

I – se limitar à indicação, à reprodução ou à paráfrase de ato normativo, sem explicar sua relação com a causa ou a questão decidida;

II – empregar conceitos jurídicos indeterminados, sem explicar o motivo concreto de sua incidência no caso;

III – invocar motivos que se prestariam a justificar qualquer outra decisão;

IV – não enfrentar todos os argumentos deduzidos no processo capazes de, em tese, infirmar a conclusão adotada pelo julgador;

V – se limitar a invocar precedente ou enunciado de súmula, sem identificar seus fundamentos determinantes nem demonstrar que o caso sob julgamento se ajusta àqueles fundamentos;

VI – deixar de seguir enunciado de súmula, jurisprudência ou precedente invocado pela parte, sem demonstrar a existência de distinção no caso em julgamento ou a superação do entendimento.

▸ Art. 93, IX, da CF.

▸ Arts. 11, 927, § 1º, 1.013, § 3º, IV, e 1.022, parágrafo único, II, deste Código.

§ 2º No caso de colisão entre normas, o juiz deve justificar o objeto e os critérios gerais da ponderação efetuada, enunciando as razões que autorizam a interferência na norma afastada e as premissas fáticas que fundamentam a conclusão.

§ 3º A decisão judicial deve ser interpretada a partir da conjugação de todos os seus elementos e em conformidade com o princípio da boa-fé.

Art. 490. O juiz resolverá o mérito acolhendo ou rejeitando, no todo ou em parte, os pedidos formulados pelas partes.

▸ Art. 487, I, deste Código.

Art. 491. Na ação relativa à obrigação de pagar quantia, ainda que formulado pedido genérico, a decisão definirá desde logo a extensão da obrigação, o índice de correção monetária, a taxa de juros, o termo inicial de ambos e a periodicidade da capitalização dos juros, se for o caso, salvo quando:

▸ Arts. 324, § 1º, e 495 deste Código.

I – não for possível determinar, de modo definitivo, o montante devido;

II – a apuração do valor devido depender da produção de prova de realização demorada ou excessivamente dispendiosa, assim reconhecida na sentença.

§ 1º Nos casos previstos neste artigo, seguir-se-á a apuração do valor devido por liquidação.

▸ Arts. 509 a 512 deste Código.

§ 2º O disposto no *caput* também se aplica quando o acórdão alterar a sentença.

Art. 492. É vedado ao juiz proferir decisão de natureza diversa da pedida, bem como condenar a parte em quantidade superior ou em objeto diverso do que lhe foi demandado.

▸ Arts. 141, 490 e 1.013, § 3º, II, deste Código.

Parágrafo único. A decisão deve ser certa, ainda que resolva relação jurídica condicional.

Art. 493. Se, depois da propositura da ação, algum fato constitutivo, modificativo ou extintivo do direito influir no julgamento do mérito, caberá ao juiz tomá-lo em consideração, de ofício ou a requerimento da parte, no momento de proferir a decisão.

Parágrafo único. Se constatar de ofício o fato novo, o juiz ouvirá as partes sobre ele antes de decidir.

▸ Art. 10 deste Código.

Art. 494. Publicada a sentença, o juiz só poderá alterá-la:

▸ Súm. nº 453 do STJ.

I – para corrigir-lhe, de ofício ou a requerimento da parte, inexatidões materiais ou erros de cálculo;

II – por meio de embargos de declaração.

▸ Arts. 1.022 a 1.026 deste Código.

▸ Súm. nº 317 do STF.

Art. 495. A decisão que condenar o réu ao pagamento de prestação consistente em dinheiro e a que determinar a conversão de prestação de fazer, de não fazer ou de dar coisa em prestação pecuniária valerão como título constitutivo de hipoteca judiciária.

▸ Arts. 499, 792, III, deste Código.

▸ Art. 17 da IN do TST nº 39, de 15-3-2016, que dispõe de forma não exaustiva sobre as normas do CPC/2015 aplicáveis ao Processo do Trabalho.

§ 1º A decisão produz a hipoteca judiciária:

I – embora a condenação seja genérica;

▸ Art. 324, § 1º, deste Código.

II – ainda que o credor possa promover o cumprimento provisório da sentença ou esteja pendente arresto sobre bem do devedor;

▸ Arts. 301 e 520 a 522 deste Código.

III – mesmo que impugnada por recurso dotado de efeito suspensivo.

▸ Arts. 987, § 1º, 1.012, 1.019, I, e 1.029, § 5º, deste Código.

§ 2º A hipoteca judiciária poderá ser realizada mediante apresentação de cópia da sentença perante o cartório de registro imobiliário, independentemente de ordem judicial, de declaração expressa do juiz ou de demonstração de urgência.

§ 3º No prazo de até 15 (quinze) dias da data de realização da hipoteca, a parte informá-la-á ao juízo da causa, que determinará a intimação da outra parte para que tome ciência do ato.

§ 4º A hipoteca judiciária, uma vez constituída, implicará, para o credor hipotecário, o direito de preferência, quanto ao pagamento, em relação a outros credores, observada a prioridade no registro.

§ 5º Sobrevindo a reforma ou a invalidação da decisão que impôs o pagamento de quantia, a parte responderá, independentemente de culpa, pelos danos que a outra parte tiver sofrido em razão da constituição da garantia, devendo o valor da indenização ser liquidado e executado nos próprios autos.

Seção III — Da Remessa Necessária

- Art. 942, § 4º, II, deste Código.

Art. 496. Está sujeita ao duplo grau de jurisdição, não produzindo efeito senão depois de confirmada pelo tribunal, a sentença:

- Art. 3º da IN do TST nº 39, de 15-3-2016, que dispõe de forma não exaustiva sobre as normas do CPC/2015 aplicáveis ao Processo do Trabalho.

I – proferida contra a União, os Estados, o Distrito Federal, os Municípios e suas respectivas autarquias e fundações de direito público;

- Súm. nº 620 do STF.
- Súm. nº 34 do TFR.
- Súm. nº 45 do STJ.

II – que julgar procedentes, no todo ou em parte, os embargos à execução fiscal.

- Art. 701, § 4º, deste Código.
- Lei nº 6.830, de 22-9-1980 (Lei das Execuções Fiscais).
- Art. 13, § 1º, da LC nº 76, de 6-7-1993 (Lei de Desapropriação de Imóvel Rural para fins de Reforma Agrária).
- Art. 10 da Lei nº 9.469, de 10-7-1997, que dispõe sobre a intervenção da União nas causas em que figurarem, como autores ou réus, entes da administração indireta.
- Art. 14, § 1º, da Lei nº 12.016, de 7-8-2009 (Lei do Mandado de Segurança Individual e Coletivo).
- Súm. nº 620 do STF.
- Súm. nº 77 do TFR.
- Súmulas nºs 254 e 325 do STJ.

§ 1º Nos casos previstos neste artigo, não interposta a apelação no prazo legal, o juiz ordenará a remessa dos autos ao tribunal, e, se não o fizer, o presidente do respectivo tribunal avocá-los-á.

- Súm. nº 390 do STJ.

§ 2º Em qualquer dos casos referidos no § 1º, o tribunal julgará a remessa necessária.

§ 3º Não se aplica o disposto neste artigo quando a condenação ou o proveito econômico obtido na causa for de valor certo e líquido inferior a:

- Súm. nº 490 do STJ.

I – 1.000 (mil) salários mínimos para a União e as respectivas autarquias e fundações de direito público;

II – 500 (quinhentos) salários mínimos para os Estados, o Distrito Federal, as respectivas autarquias e fundações de direito público e os Municípios que constituam capitais dos Estados;

III – 100 (cem) salários mínimos para todos os demais Municípios e respectivas autarquias e fundações de direito público.

§ 4º Também não se aplica o disposto neste artigo quando a sentença estiver fundada em:

I – súmula de tribunal superior;

II – acórdão proferido pelo Supremo Tribunal Federal ou pelo Superior Tribunal de Justiça em julgamento de recursos repetitivos;

- Arts. 987, § 2º, e 1.036 a 1.041 deste Código.

III – entendimento firmado em incidente de resolução de demandas repetitivas ou de assunção de competência;

- Arts. 947 e 976 a 987 deste Código.

IV – entendimento coincidente com orientação vinculante firmada no âmbito administrativo do próprio ente público, consolidada em manifestação, parecer ou súmula administrativa.

Seção IV — Do Julgamento das Ações Relativas às Prestações de Fazer, de Não Fazer e de Entregar Coisa

- Arts. 495, 515, I, 516, parágrafo único, 520, § 5º, e 536 a 538 deste Código.
- Arts. 233 a 242 e 247 a 251 do CC.
- Art. 3º da IN do TST nº 39, de 15-3-2016, que dispõe de forma não exaustiva sobre as normas do CPC/2015 aplicáveis ao Processo do Trabalho.

Art. 497. Na ação que tenha por objeto a prestação de fazer ou de não fazer, o juiz, se procedente o pedido, concederá a tutela específica ou determinará providências que assegurem a obtenção de tutela pelo resultado prático equivalente.

- Art. 22, § 4º, da Lei nº 11.340, de 7-8-2006 (Lei que Coíbe a Violência Doméstica e Familiar Contra a Mulher).
- Art. 7º, § 5º, da Lei nº 12.016, de 7-8-2009 (Lei do Mandado de Segurança Individual e Coletivo).
- Art. 19, § 4º, da Lei nº 12.965, de 23-4-2014 (Marco Civil da Internet).

Parágrafo único. Para a concessão da tutela específica destinada a inibir a prática, a reiteração ou a continuação de um ilícito, ou a sua remoção, é irrelevante a demonstração da ocorrência de dano ou da existência de culpa ou dolo.

Art. 498. Na ação que tenha por objeto a entrega de coisa, o juiz, ao conceder a tutela específica, fixará o prazo para o cumprimento da obrigação.

Parágrafo único. Tratando-se de entrega de coisa determinada pelo gênero e pela quantidade, o autor individualizá-la-á na petição inicial, se lhe couber a escolha, ou, se a escolha couber ao réu, este a entregará individualizada, no prazo fixado pelo juiz.

Art. 499. A obrigação somente será convertida em perdas e danos se o autor o requerer ou se impossível a tutela específica ou a obtenção de tutela pelo resultado prático equivalente.

- Art. 495 deste Código.
- Arts. 402 a 405 e 927 do CC.

***Parágrafo único.** Nas hipóteses de responsabilidade contratual previstas nos arts. 441, 618 e 757 da Lei nº 10.406, de 10 de janeiro de 2002 (Código Civil), e de responsabilidade subsidiária e solidária, se requerida a conversão da obrigação em perdas e danos, o juiz concederá, primeiramente, a faculdade para o cumprimento da tutela específica.*

- Parágrafo único acrescido pela Lei nº 14.833, de 27-3-2024.

Art. 500. A indenização por perdas e danos dar-se-á sem prejuízo da multa fixada periodicamente para compelir o réu ao cumprimento específico da obrigação.

Art. 501. Na ação que tenha por objeto a emissão de declaração de vontade, a sentença que julgar procedente o pedido, uma vez transitada em julgado, produzirá todos os efeitos da declaração não emitida.

Seção V — Da Coisa Julgada

- Art. 5º, XXXVI, da CF.
- Arts. 304, § 6º, 337, VII, e § 4º, 485, V, 517, 601, parágrafo único, 963, IV, e 966, IV, deste Código.

Art. 502. Denomina-se coisa julgada material a autoridade que torna imutável e indiscutível a decisão de mérito não mais sujeita a recurso.

Art. 503. A decisão que julgar total ou parcialmente o mérito tem força de lei nos limites da questão principal expressamente decidida.

§ 1º O disposto no *caput* aplica-se à resolução de questão prejudicial, decidida expressa e incidentemente no processo, se:

I – dessa resolução depender o julgamento do mérito;

II – a seu respeito tiver havido contraditório prévio e efetivo, não se aplicando no caso de revelia;

- Art. 5º, LV, da CF.
- Arts. 7º, 9º, 10, e 115 deste Código.

III – o juízo tiver competência em razão da matéria e da pessoa para resolvê-la como questão principal.

- Art. 1.054 deste Código.

§ 2º A hipótese do § 1º não se aplica se no processo houver restrições probatórias ou limitações à cognição que impeçam o aprofundamento da análise da questão prejudicial.

Art. 504. Não fazem coisa julgada:

- Art. 304, §§ 5º e 6º, deste Código.

I – os motivos, ainda que importantes para determinar o alcance da parte dispositiva da sentença;

II – a verdade dos fatos, estabelecida como fundamento da sentença.

- Arts. 304, § 6º, e 489, II, deste Código.

Art. 505. Nenhum juiz decidirá novamente as questões já decididas relativas à mesma lide, salvo:

I – se, tratando-se de relação jurídica de trato continuado, sobreveio modificação no estado de fato ou de direito, caso em que poderá a parte pedir a revisão do que foi estatuído na sentença;

- Art. 15 da Lei nº 5.478, de 25-7-1968 (Lei da Ação de Alimentos).

II – nos demais casos prescritos em lei.

Art. 506. A sentença faz coisa julgada às partes entre as quais é dada, não prejudicando terceiros.

- Art. 123 deste Código.

Art. 507. É vedado à parte discutir no curso do processo as questões já decididas a cujo respeito se operou a preclusão.

- Art. 1.009, § 1º, deste Código.

Art. 508. Transitada em julgado a decisão de mérito, considerar-se-ão deduzidas e repelidas todas as alegações e as defesas que a parte poderia opor tanto ao acolhimento quanto à rejeição do pedido.

CAPÍTULO XIV
DA LIQUIDAÇÃO DE SENTENÇA

▸ Arts. 491, § 1º, 515, § 1º, 545, § 2º, 816, parágrafo único, 823, parágrafo único, e 1.015, parágrafo único, deste Código.

Art. 509. Quando a sentença condenar ao pagamento de quantia ilíquida, proceder-se-á à sua liquidação, a requerimento do credor ou do devedor:

▸ Súmulas nºs 318 e 344 do STJ.

I – por arbitramento, quando determinado pela sentença, convencionado pelas partes ou exigido pela natureza do objeto da liquidação;

▸ Súm. nº 344 do STJ.

II – pelo procedimento comum, quando houver necessidade de alegar e provar fato novo.

§ 1º Quando na sentença houver uma parte líquida e outra ilíquida, ao credor é lícito promover simultaneamente a execução daquela e, em autos apartados, a liquidação desta.

§ 2º Quando a apuração do valor depender apenas de cálculo aritmético, o credor poderá promover, desde logo, o cumprimento da sentença.

▸ Lei nº 6.899, 8-4-1981, que determina a aplicação da correção monetária nos débitos oriundos de decisão judicial.

§ 3º O Conselho Nacional de Justiça desenvolverá e colocará à disposição dos interessados programa de atualização financeira.

§ 4º Na liquidação é vedado discutir de novo a lide ou modificar a sentença que a julgou.

Art. 510. Na liquidação por arbitramento, o juiz intimará as partes para a apresentação de pareceres ou documentos elucidativos, no prazo que fixar, e, caso não possa decidir de plano, nomeará perito, observando-se, no que couber, o procedimento da prova pericial.

▸ Arts. 464 a 480 deste Código.

Art. 511. Na liquidação pelo procedimento comum, o juiz determinará a intimação do requerido, na pessoa de seu advogado ou da sociedade de advogados a que estiver vinculado, para, querendo, apresentar contestação no prazo de 15 (quinze) dias, observando-se, a seguir, no que couber, o disposto no Livro I da Parte Especial deste Código.

▸ Arts. 318 a 508 deste Código.

Art. 512. A liquidação poderá ser realizada na pendência de recurso, processando-se em autos apartados no juízo de origem, cumprindo ao liquidante instruir o pedido com cópias das peças processuais pertinentes.

TÍTULO II – DO CUMPRIMENTO DA SENTENÇA

CAPÍTULO I
DISPOSIÇÕES GERAIS

▸ Arts. 85, §§ 1º e 13, 105, § 4º, 128, parágrafo único, 134, 468, § 3º, 771 e 916, § 6º, deste Código.

Art. 513. O cumprimento da sentença será feito segundo as regras deste Título, observando-se, no que couber e conforme a natureza da obrigação, o disposto no Livro II da Parte Especial deste Código.

▸ Arts. 771 a 913 deste Código.

▸ Súmulas nºs 517 e 519 do STJ.

§ 1º O cumprimento da sentença que reconhece o dever de pagar quantia, provisório ou definitivo, far-se-á a requerimento do exequente.

▸ Arts. 522 e 523 deste Código.

§ 2º O devedor será intimado para cumprir a sentença:

I – pelo *Diário da Justiça*, na pessoa de seu advogado constituído nos autos;

II – por carta com aviso de recebimento, quando representado pela Defensoria Pública ou quando não tiver procurador constituído nos autos, ressalvada a hipótese do inciso IV;

III – por meio eletrônico, quando, no caso do § 1º do art. 246, não tiver procurador constituído nos autos;

IV – por edital, quando, citado na forma do art. 256, tiver sido revel na fase de conhecimento.

§ 3º Na hipótese do § 2º, incisos II e III, considera-se realizada a intimação quando o devedor houver mudado de endereço sem prévia comunicação ao juízo, observado o disposto no parágrafo único do art. 274.

▸ Art. 77, V, deste Código.

§ 4º Se o requerimento a que alude o § 1º for formulado após 1 (um) ano do trânsito em julgado da sentença, a intimação será feita na pessoa do devedor, por meio de carta com aviso de recebimento encaminhada ao endereço constante dos autos, observado o disposto no parágrafo único do art. 274 e no § 3º deste artigo.

§ 5º O cumprimento da sentença não poderá ser promovido em face do fiador, do coobrigado ou do corresponsável que não tiver participado da fase de conhecimento.

Art. 514. Quando o juiz decidir relação jurídica sujeita a condição ou termo, o cumprimento da sentença dependerá de demonstração de que se realizou a condição ou de que ocorreu o termo.

▸ Arts. 121 a 137 do CC.

Art. 515. São títulos executivos judiciais, cujo cumprimento dar-se-á de acordo com os artigos previstos neste Título:

I – as decisões proferidas no processo civil que reconheçam a exigibilidade de obrigação de pagar quantia, de fazer, de não fazer ou de entregar coisa;

▸ Arts. 520 a 538 e 552 deste Código.

II – a decisão homologatória de autocomposição judicial;

▸ Art. 334, § 11, deste Código.

▸ Art. 57 da Lei nº 9.099, de 26-9-1995 (Lei dos Juizados Especiais).

▸ Arts. 19, § 1º, I, e 26 da Lei nº 13.988, de 14-4-2020 (Lei da Transação Tributária).

III – a decisão homologatória de autocomposição extrajudicial de qualquer natureza;

▸ Art. 725, VIII, deste Código.

▸ Arts. 19, § 1º, I, e 26 da Lei nº 13.988, de 14-4-2020 (Lei da Transação Tributária).

IV – o formal e a certidão de partilha, exclusivamente em relação ao inventariante, aos herdeiros e aos sucessores a título singular ou universal;

V – o crédito de auxiliar da justiça, quando as custas, emolumentos ou honorários tiverem sido aprovados por decisão judicial;

VI – a sentença penal condenatória transitada em julgado;

VII – a sentença arbitral;

▸ Art. 31 da Lei nº 9.307, de 23-9-1996 (Lei da Arbitragem).

VIII – a sentença estrangeira homologada pelo Superior Tribunal de Justiça;

▸ A homologação de sentença estrangeira passou a ser da competência do STJ, conforme art. 105, I, *i*, da CF.

IX – a decisão interlocutória estrangeira, após a concessão do *exequatur* à carta rogatória pelo Superior Tribunal de Justiça;

▸ Art. 105, I, *i*, da CF.

▸ Arts. 35, 36, 40 e 960 a 965 deste Código.

X – VETADO.

▸ O dispositivo vetado tinha a seguinte redação: "X – o acórdão proferido pelo Tribunal Marítimo quando do julgamento de acidentes e fatos da navegação;".

§ 1º Nos casos dos incisos VI a IX, o devedor será citado no juízo cível para o cumprimento da sentença ou para a liquidação no prazo de 15 (quinze) dias.

▸ Arts. 509 a 512 deste Código.

§ 2º A autocomposição judicial pode envolver sujeito estranho ao processo e versar sobre relação jurídica que não tenha sido deduzida em juízo.

▸ Art. 334, § 11, deste Código.

Art. 516. O cumprimento da sentença efetuar-se-á perante:

I – os tribunais, nas causas de sua competência originária;

II – o juízo que decidiu a causa no primeiro grau de jurisdição;

III – o juízo cível competente, quando se tratar de sentença penal condenatória, de sentença arbitral, de sentença estrangeira ou de acórdão proferido pelo Tribunal Marítimo.

Parágrafo único. Nas hipóteses dos incisos II e III, o exequente poderá optar pelo juízo do atual domicílio do executado, pelo juízo do local onde se encontrem os bens sujeitos à execução ou pelo juízo do local onde deva ser executada a obrigação de fazer ou de não fazer, casos em que a remessa dos autos do processo será solicitada ao juízo de origem.

▸ Arts. 520, § 5º, 528, § 9º, 536 e 537 deste Código.

▸ Arts. 70 a 78 do CC.

Art. 517. A decisão judicial transitada em julgado poderá ser levada a protesto, nos termos da lei, depois de transcorrido o prazo para pagamento voluntário previsto no art. 523.

▸ Arts. 502, 528, § 1º, e 782, §§ 3º a 5º, deste Código.

▸ Lei nº 9.492, de 10-9-1997 (Lei do Protesto de Títulos).

▸ Art. 17 da IN do TST nº 39, de 15-3-2016, que dispõe de forma não exaustiva sobre as normas do CPC/2015 aplicáveis ao Processo do Trabalho.

§ 1º Para efetivar o protesto, incumbe ao exequente apresentar certidão de teor da decisão.

§ 2º A certidão de teor da decisão deverá ser fornecida no prazo de 3 (três) dias e indicará o nome e a qualificação do exequente e do executado, o número do processo, o valor da dívida e a data de decurso do prazo para pagamento voluntário.

§ 3º O executado que tiver proposto ação rescisória para impugnar a decisão exequenda pode requerer, a suas expensas e sob sua responsabilidade, a anotação da propositura da ação à margem do título protestado.

▶ Arts. 966 a 975 deste Código.

§ 4º A requerimento do executado, o protesto será cancelado por determinação do juiz, mediante ofício a ser expedido ao cartório, no prazo de 3 (três) dias, contado da data de protocolo do requerimento, desde que comprovada a satisfação integral da obrigação.

Art. 518. Todas as questões relativas à validade do procedimento de cumprimento da sentença e dos atos executivos subsequentes poderão ser arguidas pelo executado nos próprios autos e nestes serão decididas pelo juiz.

Art. 519. Aplicam-se as disposições relativas ao cumprimento da sentença, provisório ou definitivo, e à liquidação, no que couber, às decisões que concederem tutela provisória.

▶ Art. 297, parágrafo único, deste Código.

CAPÍTULO II
DO CUMPRIMENTO PROVISÓRIO DA SENTENÇA QUE RECONHECE A EXIGIBILIDADE DE OBRIGAÇÃO DE PAGAR QUANTIA CERTA

Art. 520. O cumprimento provisório da sentença impugnada por recurso desprovido de efeito suspensivo será realizado da mesma forma que o cumprimento definitivo, sujeitando-se ao seguinte regime:

▶ Arts. 495, § 1º, I, 527, 987, § 1º, 1.012, 1.019, I, e 1.029, § 5º, deste Código.

I – corre por iniciativa e responsabilidade do exequente, que se obriga, se a sentença for reformada, a reparar os danos que o executado haja sofrido;

II – fica sem efeito, sobrevindo decisão que modifique ou anule a sentença objeto da execução, restituindo-se as partes ao estado anterior e liquidando-se eventuais prejuízos nos mesmos autos;

III – se a sentença objeto de cumprimento provisório for modificada ou anulada apenas em parte, somente nesta ficará sem efeito a execução;

IV – o levantamento de depósito em dinheiro e a prática de atos que importem transferência de posse ou alienação de propriedade ou de outro direito real, ou dos quais possa resultar grave dano ao executado, dependem de caução suficiente e idônea, arbitrada de plano pelo juiz e prestada nos próprios autos.

▶ Art. 521 deste Código.

§ 1º No cumprimento provisório da sentença, o executado poderá apresentar impugnação, se quiser, nos termos do art. 525.

§ 2º A multa e os honorários a que se refere o § 1º do art. 523 são devidos no cumprimento provisório de sentença condenatória ao pagamento de quantia certa.

▶ Art. 85, §§ 1º e 13, deste Código.

§ 3º Se o executado comparecer tempestivamente e depositar o valor, com a finalidade de isentar-se da multa, o ato não será havido como incompatível com o recurso por ele interposto.

§ 4º A restituição ao estado anterior a que se refere o inciso II não implica o desfazimento da transferência de posse ou da alienação de propriedade ou de outro direito real eventualmente já realizada, ressalvado, sempre, o direito à reparação dos prejuízos causados ao executado.

§ 5º Ao cumprimento provisório de sentença que reconheça obrigação de fazer, de não fazer ou de dar coisa aplica-se, no que couber, o disposto neste Capítulo.

▶ Arts. 536 a 538 deste Código.

Art. 521. A caução prevista no inciso IV do art. 520 poderá ser dispensada nos casos em que:

I – o crédito for de natureza alimentar, independentemente de sua origem;

II – o credor demonstrar situação de necessidade;

III – pender o agravo do art. 1.042;

▶ Inciso III com a redação dada pela Lei nº 13.256, de 4-2-2016.

IV – a sentença a ser provisoriamente cumprida estiver em consonância com súmula da jurisprudência do Supremo Tribunal Federal ou do Superior Tribunal de Justiça ou em conformidade com acórdão proferido no julgamento de casos repetitivos.

▶ Art. 928 deste Código.

Parágrafo único. A exigência de caução será mantida quando da dispensa possa resultar manifesto risco de grave dano de difícil ou incerta reparação.

Art. 522. O cumprimento provisório da sentença será requerido por petição dirigida ao juízo competente.

▶ Art. 513, § 1º, deste Código.

Parágrafo único. Não sendo eletrônicos os autos, a petição será acompanhada de cópias das seguintes peças do processo, cuja autenticidade poderá ser certificada pelo próprio advogado, sob sua responsabilidade pessoal:

I – decisão exequenda;

II – certidão de interposição do recurso não dotado de efeito suspensivo;

III – procurações outorgadas pelas partes;

IV – decisão de habilitação, se for o caso;

V – facultativamente, outras peças processuais consideradas necessárias para demonstrar a existência do crédito.

CAPÍTULO III
DO CUMPRIMENTO DEFINITIVO DA SENTENÇA QUE RECONHECE A EXIGIBILIDADE DE OBRIGAÇÃO DE PAGAR QUANTIA CERTA

Art. 523. No caso de condenação em quantia certa, ou já fixada em liquidação, e no caso de decisão sobre parcela incontroversa, o cumprimento definitivo da sentença far-se-á a requerimento do exequente, sendo o executado intimado para pagar o débito, no prazo de 15 (quinze) dias, acrescido de custas, se houver.

▶ Arts. 356, I, 513, § 1º, 517 e 525 deste Código.

§ 1º Não ocorrendo pagamento voluntário no prazo do *caput*, o débito será acrescido de multa de dez por cento e, também, de honorários de advogado de dez por cento.

▶ Arts. 77, § 4º, 85, §§ 1º e 13, 520, § 2º, e 534, § 2º, deste Código.

▶ Súmulas nºs 317, 517 e 519 do STJ.

§ 2º Efetuado o pagamento parcial no prazo previsto no *caput*, a multa e os honorários previstos no § 1º incidirão sobre o restante.

§ 3º Não efetuado tempestivamente o pagamento voluntário, será expedido, desde logo, mandado de penhora e avaliação, seguindo-se os atos de expropriação.

▶ Arts. 513, 825 e 831 a 903 deste Código.

Art. 524. O requerimento previsto no art. 523 será instruído com demonstrativo discriminado e atualizado do crédito, devendo a petição conter:

I – o nome completo, o número de inscrição no Cadastro de Pessoas Físicas ou no Cadastro Nacional da Pessoa Jurídica do exequente e do executado, observado o disposto no art. 319, §§ 1º a 3º;

II – o índice de correção monetária adotado;

III – os juros aplicados e as respectivas taxas;

IV – o termo inicial e o termo final dos juros e da correção monetária utilizados;

▶ Arts. 395 e 405 a 407 do CC.

V – a periodicidade da capitalização dos juros, se for o caso;

VI – especificação dos eventuais descontos obrigatórios realizados;

VII – indicação dos bens passíveis de penhora, sempre que possível.

▶ Arts. 782, §§ 3º a 5º, e 835 deste Código.

§ 1º Quando o valor apontado no demonstrativo aparentemente exceder os limites da condenação, a execução será iniciada pelo valor pretendido, mas a penhora terá por base a importância que o juiz entender adequada.

§ 2º Para a verificação dos cálculos, o juiz poderá valer-se de contabilista do juízo, que terá o prazo máximo de 30 (trinta) dias para efetuá-la, exceto se outro lhe for determinado.

▶ Art. 149 deste Código.

§ 3º Quando a elaboração do demonstrativo depender de dados em poder de terceiros ou do executado, o juiz poderá requisitá-los, sob cominação do crime de desobediência.

▶ Art. 330 do CP.

§ 4º Quando a complementação do demonstrativo depender de dados adicionais em poder do executado, o juiz poderá, a requerimento do exequente, requisitá-los, fixando prazo de até 30 (trinta) dias para o cumprimento da diligência.

§ 5º Se os dados adicionais a que se refere o § 4º não forem apresentados pelo executado, sem justificativa, no prazo designado, reputar-se-ão corretos os cálculos apresentados pelo exequente apenas com base nos dados de que dispõe.

Art. 525. Transcorrido o prazo previsto no art. 523 sem o pagamento voluntário, inicia-se o prazo de 15 (quinze) dias para que o executado, independentemente de penhora ou nova intimação, apresente, nos próprios autos, sua impugnação.

▶ Arts. 520, § 1º, e 536, § 4º, deste Código.

§ 1º Na impugnação, o executado poderá alegar:

▶ Súmula nº 519 do STJ.

I – falta ou nulidade da citação se, na fase de conhecimento, o processo correu à revelia;

▶ Arts. 239 e 276 a 283 deste Código.

II – ilegitimidade de parte;

▶ Arts. 17, 109, 330, II, 337, XI, 339, e 485, VI, deste Código.

III – inexequibilidade do título ou inexigibilidade da obrigação;

IV – penhora incorreta ou avaliação errônea;

V – excesso de execução ou cumulação indevida de execuções;

▸ Arts. 780 e 917, § 2º, deste Código.

VI – incompetência absoluta ou relativa do juízo da execução;

▸ Arts. 42 a 66 deste Código.

VII – qualquer causa modificativa ou extintiva da obrigação, como pagamento, novação, compensação, transação ou prescrição, desde que supervenientes à sentença.

▸ Arts. 104, 240, § 1º, e 487 deste Código.
▸ Arts. 189 a 206, 304 a 380 e 840 a 850 do CC.
▸ Art. 33, § 3º, da Lei nº 9.307, de 23-9-1996 (Lei da Arbitragem).

§ 2º A alegação de impedimento ou suspeição observará o disposto nos arts. 146 e 148.

§ 3º Aplica-se à impugnação o disposto no art. 229.

§ 4º Quando o executado alegar que o exequente, em excesso de execução, pleiteia quantia superior à resultante da sentença, cumprir-lhe-á declarar de imediato o valor que entende correto, apresentando demonstrativo discriminado e atualizado de seu cálculo.

§ 5º Na hipótese do § 4º, não apontado o valor correto ou não apresentado o demonstrativo, a impugnação será liminarmente rejeitada, se o excesso de execução for o seu único fundamento, ou, se houver outro, a impugnação será processada, mas o juiz não examinará a alegação de excesso de execução.

▸ Súmula nº 519 do STJ.

§ 6º A apresentação de impugnação não impede a prática dos atos executivos, inclusive os de expropriação, podendo o juiz, a requerimento do executado e desde que garantido o juízo com penhora, caução ou depósito suficientes, atribuir-lhe efeito suspensivo, se seus fundamentos forem relevantes e se o prosseguimento da execução for manifestamente suscetível de causar ao executado grave dano de difícil ou incerta reparação.

▸ Arts. 825, 843, § 2º, 875 a 903 deste Código.

§ 7º A concessão de efeito suspensivo a que se refere o § 6º não impedirá a efetivação dos atos de substituição, de reforço ou de redução da penhora e de avaliação dos bens.

§ 8º Quando o efeito suspensivo atribuído à impugnação disser respeito apenas a parte do objeto da execução, esta prosseguirá quanto à parte restante.

§ 9º A concessão de efeito suspensivo à impugnação deduzida por um dos executados não suspenderá a execução contra os que não impugnaram, quando o respectivo fundamento disser respeito exclusivamente ao impugnante.

§ 10. Ainda que atribuído efeito suspensivo à impugnação, é lícito ao exequente requerer o prosseguimento da execução, oferecendo e prestando, nos próprios autos, caução suficiente e idônea a ser arbitrada pelo juiz.

§ 11. As questões relativas a fato superveniente ao término do prazo para apresentação da impugnação, assim como aquelas relativas à validade e à adequação da penhora, da avaliação e dos atos executivos subsequentes, podem ser arguidas por simples petição, tendo o executado, em qualquer dos casos, o prazo de 15 (quinze) dias para formular esta arguição, contado da comprovada ciência do fato ou da intimação do ato.

§ 12. Para efeito do disposto no inciso III do § 1º deste artigo, considera-se também inexigível a obrigação reconhecida em título executivo judicial fundado em lei ou ato normativo considerado inconstitucional pelo Supremo Tribunal Federal, ou fundado em aplicação ou interpretação da lei ou do ato normativo tido pelo Supremo Tribunal Federal como incompatível com a Constituição Federal, em controle de constitucionalidade concentrado ou difuso.

▸ Art. 102 da CF.

§ 13. No caso do § 12, os efeitos da decisão do Supremo Tribunal Federal poderão ser modulados no tempo, em atenção à segurança jurídica.

§ 14. A decisão do Supremo Tribunal Federal referida no § 12 deve ser anterior ao trânsito em julgado da decisão exequenda.

§ 15. Se a decisão referida no § 12 for proferida após o trânsito em julgado da decisão exequenda, caberá ação rescisória, cujo prazo será contado do trânsito em julgado da decisão proferida pelo Supremo Tribunal Federal.

▸ Arts. 966 a 975 e 1.057 deste Código.

Art. 526. É lícito ao réu, antes de ser intimado para o cumprimento da sentença, comparecer em juízo e oferecer em pagamento o valor que entender devido, apresentando memória discriminada do cálculo.

§ 1º O autor será ouvido no prazo de 5 (cinco) dias, podendo impugnar o valor depositado, sem prejuízo do levantamento do depósito a título de parcela incontroversa.

§ 2º Concluindo o juiz pela insuficiência do depósito, sobre a diferença incidirão multa de dez por cento e honorários advocatícios, também fixados em dez por cento, seguindo-se a execução com penhora e atos subsequentes.

▸ Art. 85, §§ 1º e 13, deste Código.

§ 3º Se o autor não se opuser, o juiz declarará satisfeita a obrigação e extinguirá o processo.

Art. 527. Aplicam-se as disposições deste Capítulo ao cumprimento provisório da sentença, no que couber.

▸ Arts. 520 a 522 deste Código.

CAPÍTULO IV

DO CUMPRIMENTO DE SENTENÇA QUE RECONHEÇA A EXIGIBILIDADE DE OBRIGAÇÃO DE PRESTAR ALIMENTOS

▸ Arts. 22, I, 53, II, 189, II, 215, II, 292, III, 782, §§ 3º a 5º, 911 a 913 e 1.012, § 1º, II, deste Código.
▸ Arts. 1.694 a 1.710 do CC.
▸ Lei nº 5.478, de 25-7-1968 (Lei da Ação de Alimentos).
▸ Lei nº 8.971, de 29-12-1994, regula o direito dos companheiros a alimentos e à sucessão.
▸ Lei nº 11.804, de 5-11-2008 (Lei dos Alimentos Gravídicos).

Art. 528. No cumprimento de sentença que condene ao pagamento de prestação alimentícia ou de decisão interlocutória que fixe alimentos, o juiz, a requerimento do exequente, mandará intimar o executado pessoalmente para, em 3 (três) dias, pagar o débito, provar que o fez ou justificar a impossibilidade de efetuá-lo.

§ 1º Caso o executado, no prazo referido no *caput*, não efetue o pagamento, não prove que o efetuou ou não apresente justificativa da impossibilidade de efetuá-lo, o juiz mandará protestar o pronunciamento judicial, aplicando-se, no que couber, o disposto no art. 517.

§ 2º Somente a comprovação de fato que gere a impossibilidade absoluta de pagar justificará o inadimplemento.

§ 3º Se o executado não pagar ou se a justificativa apresentada não for aceita, o juiz, além de mandar protestar o pronunciamento judicial na forma do § 1º, decretar-lhe-á a prisão pelo prazo de 1 (um) a 3 (três) meses.

▸ Art. 5º, LXVII, da CF.
▸ Art. 15 da Lei nº 14.010, de 10-6-2020, que estabelece que a prisão civil por dívida alimentícia deverá ser cumprida exclusivamente sob a modalidade domiciliar, sem prejuízo da exigibilidade das respectivas obrigações, até 30-10-2020.
▸ Art. 7º, 7, do Pacto de São José da Costa Rica.
▸ Súm. nº 309 do STJ.

§ 4º A prisão será cumprida em regime fechado, devendo o preso ficar separado dos presos comuns.

▸ Art. 15 da Lei nº 14.010, de 10-6-2020, que estabelece que a prisão civil por dívida alimentícia deverá ser cumprida exclusivamente sob a modalidade domiciliar, sem prejuízo da exigibilidade das respectivas obrigações, até 30-10-2020.

§ 5º O cumprimento da pena não exime o executado do pagamento das prestações vencidas e vincendas.

▸ Art. 15 da Lei nº 14.010, de 10-6-2020, que estabelece que a prisão civil por dívida alimentícia deverá ser cumprida exclusivamente sob a modalidade domiciliar, sem prejuízo da exigibilidade das respectivas obrigações, até 30-10-2020.

§ 6º Paga a prestação alimentícia, o juiz suspenderá o cumprimento da ordem de prisão.

▸ Art. 15 da Lei nº 14.010, de 10-6-2020, que estabelece que a prisão civil por dívida alimentícia deverá ser cumprida exclusivamente sob a modalidade domiciliar, sem prejuízo da exigibilidade das respectivas obrigações, até 30-10-2020.

§ 7º O débito alimentar que autoriza a prisão civil do alimentante é o que compreende até as 3 (três) prestações anteriores ao ajuizamento da execução e as que se vencerem no curso do processo.

▸ Art. 911, parágrafo único, deste Código.
▸ Art. 15 da Lei nº 14.010, de 10-6-2020, que estabelece que a prisão civil por dívida alimentícia deverá ser cumprida exclusivamente sob a modalidade domiciliar, sem prejuízo da exigibilidade das respectivas obrigações, até 30-10-2020.

§ 8º O exequente pode optar por promover o cumprimento da sentença ou decisão desde logo, nos termos do disposto neste Livro, Título II, Capítulo III, caso em que não será admissível a prisão do executado, e, recaindo a penhora em dinheiro, a concessão de efeito suspensivo à impugnação não obsta a que o exequente levante mensalmente a importância da prestação.

▸ Arts. 523 a 527, 833, § 2º, 835, 837, 854 e 913 deste Código.
▸ Art. 15 da Lei nº 14.010, de 10-6-2020, que estabelece que a prisão civil por dívida alimentícia deverá ser cumprida exclusivamente sob a modalidade domiciliar, sem prejuízo da exigibilidade das respectivas obrigações, até 30-10-2020.

§ 9º Além das opções previstas no art. 516, parágrafo único, o exequente pode promover o cumprimento da sentença ou decisão que condena ao pagamento de prestação alimentícia no juízo de seu domicílio.

▸ Arts. 53, II, e 70 a 78 do CC.
▸ Art. 15 da Lei nº 14.010, de 10-6-2020, que estabelece que a prisão civil por dívida alimentícia deverá ser cumprida exclusivamente sob a modali-

dade domiciliar, sem prejuízo da exigibilidade das respectivas obrigações, até 30-10-2020.

Art. 529. Quando o executado for funcionário público, militar, diretor ou gerente de empresa ou empregado sujeito à legislação do trabalho, o exequente poderá requerer o desconto em folha de pagamento da importância da prestação alimentícia.

§ 1º Ao proferir a decisão, o juiz oficiará à autoridade, à empresa ou ao empregador, determinando, sob pena de crime de desobediência, o desconto a partir da primeira remuneração posterior do executado, a contar do protocolo do ofício.

▸ Art. 330 do CP.

§ 2º O ofício conterá o nome e o número de inscrição no Cadastro de Pessoas Físicas do exequente e do executado, a importância a ser descontada mensalmente, o tempo de sua duração e a conta na qual deve ser feito o depósito.

§ 3º Sem prejuízo do pagamento dos alimentos vincendos, o débito objeto de execução pode ser descontado dos rendimentos ou rendas do executado, de forma parcelada, nos termos do *caput* deste artigo, contanto que, somado à parcela devida, não ultrapasse cinquenta por cento de seus ganhos líquidos.

▸ Art. 833, § 2º, deste Código.

Art. 530. Não cumprida a obrigação, observar-se-á o disposto nos arts. 831 e seguintes.

Art. 531. O disposto neste Capítulo aplica-se aos alimentos definitivos ou provisórios.

§ 1º A execução dos alimentos provisórios, bem como a dos alimentos fixados em sentença ainda não transitada em julgado, se processa em autos apartados.

§ 2º O cumprimento definitivo da obrigação de prestar alimentos será processado nos mesmos autos em que tenha sido proferida a sentença.

Art. 532. Verificada a conduta procrastinatória do executado, o juiz deverá, se for o caso, dar ciência ao Ministério Público dos indícios da prática do crime de abandono material.

▸ Art. 244 do CP.

Art. 533. Quando a indenização por ato ilícito incluir prestação de alimentos, caberá ao executado, a requerimento do exequente, constituir capital cuja renda assegure o pagamento do valor mensal da pensão.

▸ Arts. 186 a 188, 398 e 927 a 953 do CC.

▸ Súm. nº 313 do STJ.

§ 1º O capital a que se refere o *caput*, representado por imóveis ou por direitos reais sobre imóveis suscetíveis de alienação, títulos da dívida pública ou aplicações financeiras em banco oficial, será inalienável e impenhorável enquanto durar a obrigação do executado, além de constituir-se em patrimônio de afetação.

▸ Arts. 31-A a 31-F da Lei nº 4.591, de 16-12-1964 (Lei do Condomínio e Incorporações).

§ 2º O juiz poderá substituir a constituição do capital pela inclusão do exequente em folha de pagamento de pessoa jurídica de notória capacidade econômica ou, a requerimento do executado, por fiança bancária ou garantia real, em valor a ser arbitrado de imediato pelo juiz.

§ 3º Se sobrevier modificação nas condições econômicas, poderá a parte requerer, conforme as circunstâncias, redução ou aumento da prestação.

§ 4º A prestação alimentícia poderá ser fixada tomando por base o salário mínimo.

§ 5º Finda a obrigação de prestar alimentos, o juiz mandará liberar o capital, cessar o desconto em folha ou cancelar as garantias prestadas.

CAPÍTULO V

DO CUMPRIMENTO DE SENTENÇA QUE RECONHEÇA A EXIGIBILIDADE DE OBRIGAÇÃO DE PAGAR QUANTIA CERTA PELA FAZENDA PÚBLICA

Art. 534. No cumprimento de sentença que impuser à Fazenda Pública o dever de pagar quantia certa, o exequente apresentará demonstrativo discriminado e atualizado do crédito contendo:

I – o nome completo e o número de inscrição no Cadastro de Pessoas Físicas ou no Cadastro Nacional da Pessoa Jurídica do exequente;

II – o índice de correção monetária adotado;

III – os juros aplicados e as respectivas taxas;

IV – o termo inicial e o termo final dos juros e da correção monetária utilizados;

V – a periodicidade da capitalização dos juros, se for o caso;

VI – a especificação dos eventuais descontos obrigatórios realizados.

§ 1º Havendo pluralidade de exequentes, cada um deverá apresentar o seu próprio demonstrativo, aplicando-se à hipótese, se for o caso, o disposto nos §§ 1º e 2º do art. 113.

§ 2º A multa prevista no § 1º do art. 523 não se aplica à Fazenda Pública.

Art. 535. A Fazenda Pública será intimada na pessoa de seu representante judicial, por carga, remessa ou meio eletrônico, para, querendo, no prazo de 30 (trinta) dias e nos próprios autos, impugnar a execução, podendo arguir:

I – falta ou nulidade da citação se, na fase de conhecimento, o processo correu à revelia;

▸ Arts. 239 e 276 a 283 deste Código.

II – ilegitimidade de parte;

▸ Arts. 17, 109, 330, II, 337, XI, 339, e 485, VI, deste Código.

III – inexequibilidade do título ou inexigibilidade da obrigação;

IV – excesso de execução ou cumulação indevida de execuções;

▸ Arts. 780 e 917, § 2º, deste Código.

V – incompetência absoluta ou relativa do juízo da execução;

▸ Arts. 42 a 66 deste Código.

▸ Art. 33, § 3º, da Lei nº 9.307, de 23-9-1996 (Lei de Arbitragem).

VI – qualquer causa modificativa ou extintiva da obrigação, como pagamento, novação, compensação, transação ou prescrição, desde que supervenientes ao trânsito em julgado da sentença.

▸ Arts. 104, 240, § 1º, e 487 deste Código.

▸ Arts. 189 a 206, 304 a 380 e 840 a 850 do CC.

▸ Súm. nº 394 do STJ.

§ 1º A alegação de impedimento ou suspeição observará o disposto nos arts. 146 e 148.

§ 2º Quando se alegar que o exequente, em excesso de execução, pleiteia quantia superior à resultante do título, cumprirá à executada declarar de imediato o valor que entende correto, sob pena de não conhecimento da arguição.

§ 3º Não impugnada a execução ou rejeitadas as arguições da executada:

I – expedir-se-á, por intermédio do presidente do tribunal competente, precatório em favor do exequente, observando-se o disposto na Constituição Federal;

▸ Art. 85, § 7º, deste Código.

II – por ordem do juiz, dirigida à autoridade na pessoa de quem o ente público foi citado para o processo, o pagamento de obrigação de pequeno valor será realizado no prazo de 2 (dois) meses contado da entrega da requisição, mediante depósito na agência de banco oficial mais próxima da residência do exequente.

▸ O STF, por maioria, ao julgar a ADI nº 5.492, declarou a inconstitucionalidade da expressão "banco oficial", constante neste inciso (*DOU* de 4-5-2023).

▸ Art. 100 da CF.

§ 4º Tratando-se de impugnação parcial, a parte não questionada pela executada será, desde logo, objeto de cumprimento.

§ 5º Para efeito do disposto no inciso III do *caput* deste artigo, considera-se também inexigível a obrigação reconhecida em título executivo judicial fundado em lei ou ato normativo considerado inconstitucional pelo Supremo Tribunal Federal, ou fundado em aplicação ou interpretação da lei ou do ato normativo tido pelo Supremo Tribunal Federal como incompatível com a Constituição Federal, em controle de constitucionalidade concentrado ou difuso.

▸ Art. 102 da CF.

▸ Lei nº 9.868, de 10-11-1999 (Lei da ADI e da ADC).

▸ Súm. nº 487 do STJ.

§ 6º No caso do § 5º, os efeitos da decisão do Supremo Tribunal Federal poderão ser modulados no tempo, de modo a favorecer a segurança jurídica.

§ 7º A decisão do Supremo Tribunal Federal referida no § 5º deve ter sido proferida antes do trânsito em julgado da decisão exequenda.

§ 8º Se a decisão referida no § 5º for proferida após o trânsito em julgado da decisão exequenda, caberá ação rescisória, cujo prazo será contado do trânsito em julgado da decisão proferida pelo Supremo Tribunal Federal.

▸ Arts. 966 a 975 e 1.057 deste Código.

CAPÍTULO VI

DO CUMPRIMENTO DE SENTENÇA QUE RECONHEÇA A EXIGIBILIDADE DE OBRIGAÇÃO DE FAZER, DE NÃO FAZER OU DE ENTREGAR COISA

▸ Arts. 495, 497 a 501, 515, I, 516, parágrafo único, e 520, § 5º, deste Código.

▸ Art. 3º da IN do TST nº 39, de 15-3-2016, que dispõe de forma não exaustiva sobre as normas do CPC/2015 aplicáveis ao Processo do Trabalho.

Seção I

DO CUMPRIMENTO DE SENTENÇA QUE RECONHEÇA A EXIGIBILIDADE DE OBRIGAÇÃO DE FAZER OU DE NÃO FAZER

▸ Arts. 247 a 251 do CC.

Art. 536. No cumprimento de sentença que reconheça a exigibilidade de obrigação de fazer ou de não fazer, o juiz poderá, de ofício ou a requerimento, para a efetivação da tutela específica ou a obtenção de tutela pelo resultado prático equivalente, determinar as medidas necessárias à satisfação do exequente.

§ 1º Para atender ao disposto no *caput*, o juiz poderá determinar, entre outras medidas, a imposição de multa, a busca e apreensão, a remoção de pessoas e coisas, o desfazimento de obras e o impedimento de atividade nociva, podendo, caso necessário, requisitar o auxílio de força policial.

▸ Arts. 77, § 4º, 139, IV, e 360, III, deste Código.

§ 2º O mandado de busca e apreensão de pessoas e coisas será cumprido por 2 (dois) oficiais de justiça, observando-se o disposto no art. 846, §§ 1º a 4º, se houver necessidade de arrombamento.

§ 3º O executado incidirá nas penas de litigância de má-fé quando injustificadamente descumprir a ordem judicial, sem prejuízo de sua responsabilização por crime de desobediência.

▸ Arts. 79 a 81, 96, 100, parágrafo único, 142 e 777 deste Código.

▸ Art. 330 do CP.

§ 4º No cumprimento de sentença que reconheça a exigibilidade de obrigação de fazer ou de não fazer, aplica-se o art. 525, no que couber.

§ 5º O disposto neste artigo aplica-se, no que couber, ao cumprimento de sentença que reconheça deveres de fazer e de não fazer de natureza não obrigacional.

Art. 537. A multa independe de requerimento da parte e poderá ser aplicada na fase de conhecimento, em tutela provisória ou na sentença, ou na fase de execução, desde que seja suficiente e compatível com a obrigação e que se determine prazo razoável para cumprimento do preceito.

▸ Arts. 294 a 311 deste Código.

§ 1º O juiz poderá, de ofício ou a requerimento, modificar o valor ou a periodicidade da multa vincenda ou excluí-la, caso verifique que:

I – se tornou insuficiente ou excessiva;

II – o obrigado demonstrou cumprimento parcial superveniente da obrigação ou justa causa para o descumprimento.

§ 2º O valor da multa será devido ao exequente.

§ 3º A decisão que fixa a multa é passível de cumprimento provisório, devendo ser depositada em juízo, permitido o levantamento do valor após o trânsito em julgado da sentença favorável à parte.

▸ § 3º com a redação dada pela Lei nº 13.256, de 4-2-2016.

§ 4º A multa será devida desde o dia em que se configurar o descumprimento da decisão e incidirá enquanto não for cumprida a decisão que a tiver cominado.

§ 5º O disposto neste artigo aplica-se, no que couber, ao cumprimento de sentença que reconheça deveres de fazer e de não fazer de natureza não obrigacional.

Seção II — *DO CUMPRIMENTO DE SENTENÇA QUE RECONHEÇA A EXIGIBILIDADE DE OBRIGAÇÃO DE ENTREGAR COISA*

▸ Arts. 233 a 242 do CC.

Art. 538. Não cumprida a obrigação de entregar coisa no prazo estabelecido na sentença, será expedido mandado de busca e apreensão ou de imissão na posse em favor do credor, conforme se tratar de coisa móvel ou imóvel.

§ 1º A existência de benfeitorias deve ser alegada na fase de conhecimento, em contestação, de forma discriminada e com atribuição, sempre que possível e justificadamente, do respectivo valor.

▸ Art. 341 deste Código.

§ 2º O direito de retenção por benfeitorias deve ser exercido na contestação, na fase de conhecimento.

§ 3º Aplicam-se ao procedimento previsto neste artigo, no que couber, as disposições sobre o cumprimento de obrigação de fazer ou de não fazer.

▸ Arts. 536 e 537 deste Código.

TÍTULO III – DOS PROCEDIMENTOS ESPECIAIS

▸ Art. 318, parágrafo único, deste Código.

CAPÍTULO I — DA AÇÃO DE CONSIGNAÇÃO EM PAGAMENTO

▸ Arts. 334 a 345 do CC.

Art. 539. Nos casos previstos em lei, poderá o devedor ou terceiro requerer, com efeito de pagamento, a consignação da quantia ou da coisa devida.

▸ Arts. 334 a 345 do CC.

§ 1º Tratando-se de obrigação em dinheiro, poderá o valor ser depositado em estabelecimento bancário, oficial onde houver, situado no lugar do pagamento, cientificando-se o credor por carta com aviso de recebimento, assinado o prazo de 10 (dez) dias para a manifestação de recusa.

§ 2º Decorrido o prazo do § 1º, contado do retorno do aviso de recebimento, sem a manifestação de recusa, considerar-se-á o devedor liberado da obrigação, ficando à disposição do credor a quantia depositada.

§ 3º Ocorrendo a recusa, manifestada por escrito ao estabelecimento bancário, poderá ser proposta, dentro de 1 (um) mês, a ação de consignação, instruindo-se a inicial com a prova do depósito e da recusa.

▸ Art. 542, I, deste Código.

§ 4º Não proposta a ação no prazo do § 3º, ficará sem efeito o depósito, podendo levantá-lo o depositante.

Art. 540. Requerer-se-á a consignação no lugar do pagamento, cessando para o devedor, à data do depósito, os juros e os riscos, salvo se a demanda for julgada improcedente.

Art. 541. Tratando-se de prestações sucessivas, consignada uma delas, pode o devedor continuar a depositar, no mesmo processo e sem mais formalidades, as que se forem vencendo, desde que o faça em até 5 (cinco) dias contados da data do respectivo vencimento.

▸ Art. 323 deste Código.

Art. 542. Na petição inicial, o autor requererá:

I – o depósito da quantia ou da coisa devida, a ser efetivado no prazo de 5 (cinco) dias contados do deferimento, ressalvada a hipótese do art. 539, § 3º;

II – a citação do réu para levantar o depósito ou oferecer contestação.

Parágrafo único. Não realizado o depósito no prazo do inciso I, o processo será extinto sem resolução do mérito.

▸ Art. 485, X, deste Código.

Art. 543. Se o objeto da prestação for coisa indeterminada e a escolha couber ao credor, será este citado para exercer o direito dentro de 5 (cinco) dias, se outro prazo não constar de lei ou do contrato, ou para aceitar que o devedor a faça, devendo o juiz, ao despachar a petição inicial, fixar lugar, dia e hora em que se fará a entrega, sob pena de depósito.

▸ Arts. 252 a 256 e 334 a 345 do CC.

Art. 544. Na contestação, o réu poderá alegar que:

▸ Art. 341 deste Código.

I – não houve recusa ou mora em receber a quantia ou a coisa devida;

II – foi justa a recusa;

III – o depósito não se efetuou no prazo ou no lugar do pagamento;

IV – o depósito não é integral.

Parágrafo único. No caso do inciso IV, a alegação somente será admissível se o réu indicar o montante que entende devido.

Art. 545. Alegada a insuficiência do depósito, é lícito ao autor completá-lo, em 10 (dez) dias, salvo se corresponder a prestação cujo inadimplemento acarrete a rescisão do contrato.

§ 1º No caso do *caput*, poderá o réu levantar, desde logo, a quantia ou a coisa depositada, com a consequente liberação parcial do autor, prosseguindo o processo quanto à parcela controvertida.

§ 2º A sentença que concluir pela insuficiência do depósito determinará, sempre que possível, o montante devido e valerá como título executivo, facultado ao credor promover-lhe o cumprimento nos mesmos autos, após liquidação, se necessária.

▸ Arts. 509 a 512 deste Código.

Art. 546. Julgado procedente o pedido, o juiz declarará extinta a obrigação e condenará o réu ao pagamento de custas e honorários advocatícios.

▸ Arts. 81 a 97 deste Código.

Parágrafo único. Proceder-se-á do mesmo modo se o credor receber e der quitação.

Art. 547. Se ocorrer dúvida sobre quem deva legitimamente receber o pagamento, o autor requererá o depósito e a citação dos possíveis titulares do crédito para provarem o seu direito.

Art. 548. No caso do art. 547:

I – não comparecendo pretendente algum, converter-se-á o depósito em arrecadação de coisas vagas;

II – comparecendo apenas um, o juiz decidirá de plano;

III – comparecendo mais de um, o juiz declarará efetuado o depósito e extinta a obrigação, continuando o processo a correr unicamente entre os presuntivos credores, observado o procedimento comum.

▸ Arts. 318 a 512 deste Código.

Art. 549. Aplica-se o procedimento estabelecido neste Capítulo, no que couber, ao resgate do aforamento.

CAPÍTULO II — DA AÇÃO DE EXIGIR CONTAS

▸ Arts. 668 e 861 do CC.

Art. 550. Aquele que afirmar ser titular do direito de exigir contas requererá a citação do réu para que as preste ou ofereça contestação no prazo de 15 (quinze) dias.

▸ Arts. 335 a 343 deste Código.

▸ Arts. 668 e 861 do CC.

▸ Súm. nº 259 do STJ.

§ 1º Na petição inicial, o autor especificará, detalhadamente, as razões pelas quais exige as contas, instruindo-a com documentos comprobatórios dessa necessidade, se existirem.

§ 2º Prestadas as contas, o autor terá 15 (quinze) dias para se manifestar, prosseguindo-se o processo na forma do Capítulo X do Título I deste Livro.

▸ Arts. 354 a 357 deste Código.

§ 3º A impugnação das contas apresentadas pelo réu deverá ser fundamentada e específica, com referência expressa ao lançamento questionado.

§ 4º Se o réu não contestar o pedido, observar-se-á o disposto no art. 355.

§ 5º A decisão que julgar procedente o pedido condenará o réu a prestar as contas no prazo de 15 (quinze) dias, sob pena de não lhe ser lícito impugnar as que o autor apresentar.

▸ Art. 551, § 2º, deste Código.

§ 6º Se o réu apresentar as contas no prazo previsto no § 5º, seguir-se-á o procedimento do § 2º, caso contrário, o autor apresentá-las-á no prazo de 15 (quinze) dias, podendo o juiz determinar a realização de exame pericial, se necessário.

Art. 551. As contas do réu serão apresentadas na forma adequada, especificando-se as receitas, a aplicação das despesas e os investimentos, se houver.

§ 1º Havendo impugnação específica e fundamentada pelo autor, o juiz estabelecerá prazo razoável para que o réu apresente os documentos justificativos dos lançamentos individualmente impugnados.

§ 2º As contas do autor, para os fins do art. 550, § 5º, serão apresentadas na forma adequada, já instruídas com os documentos justificativos, especificando-se as receitas, a aplicação das despesas e os investimentos, se houver, bem como o respectivo saldo.

Art. 552. A sentença apurará o saldo e constituirá título executivo judicial.

▸ Art. 515, I, deste Código.

Art. 553. As contas do inventariante, do tutor, do curador, do depositário e de qualquer outro administrador serão prestadas em apenso aos autos do processo em que tiver sido nomeado.

▸ Arts. 618, VII, 622, V, 735, § 5º, 739, § 1º, V, 763, 2º, 866, § 2º, 869, § 1º, e 884, V, deste Código.

Parágrafo único. Se qualquer dos referidos no *caput* for condenado a pagar o saldo e não o fizer no prazo legal, o juiz poderá destituí-lo, sequestrar os bens sob sua guarda, glosar o prêmio ou a gratificação a que teria direito e determinar as medidas executivas necessárias à recomposição do prejuízo.

CAPÍTULO III – DAS AÇÕES POSSESSÓRIAS

Seção I – DISPOSIÇÕES GERAIS

▸ Arts. 47, § 2º, 73, §§ 2º e 3º, e 74 deste Código.
▸ Arts. 1.196 a 1.224 do CC.

Art. 554. A propositura de uma ação possessória em vez de outra não obstará a que o juiz conheça do pedido e outorgue a proteção legal correspondente àquela cujos pressupostos estejam provados.

§ 1º No caso de ação possessória em que figure no polo passivo grande número de pessoas, serão feitas a citação pessoal dos ocupantes que forem encontrados no local e a citação por edital dos demais, determinando-se, ainda, a intimação do Ministério Público e, se envolver pessoas em situação de hipossuficiência econômica, da Defensoria Pública.

▸ Arts. 178, III, e 256 a 259 deste Código.

§ 2º Para fim da citação pessoal prevista no § 1º, o oficial de justiça procurará os ocupantes no local por uma vez, citando-se por edital os que não forem encontrados.

▸ Arts. 256 a 259 do CPC.

§ 3º O juiz deverá determinar que se dê ampla publicidade da existência da ação prevista no § 1º e dos respectivos prazos processuais, podendo, para tanto, valer-se de anúncios em jornal ou rádio locais, da publicação de cartazes na região do conflito e de outros meios.

Art. 555. É lícito ao autor cumular ao pedido possessório o de:

I – condenação em perdas e danos;

▸ Arts. 402 a 405 e 927 do CC.

II – indenização dos frutos.

Parágrafo único. Pode o autor requerer, ainda, imposição de medida necessária e adequada para:

I – evitar nova turbação ou esbulho;
II – cumprir-se a tutela provisória ou final.

▸ Arts. 294 a 311 deste Código.

Art. 556. É lícito ao réu, na contestação, alegando que foi o ofendido em sua posse, demandar a proteção possessória e a indenização pelos prejuízos resultantes da turbação ou do esbulho cometido pelo autor.

▸ Art. 341 deste Código.

Art. 557. Na pendência de ação possessória é vedado, tanto ao autor quanto ao réu, propor ação de reconhecimento do domínio, exceto se a pretensão for deduzida em face de terceira pessoa.

▸ Súm. nº 487 do STF.

Parágrafo único. Não obsta à manutenção ou à reintegração de posse a alegação de propriedade ou de outro direito sobre a coisa.

Art. 558. Regem o procedimento de manutenção e de reintegração de posse as normas da Seção II deste Capítulo quando a ação for proposta dentro de ano e dia da turbação ou do esbulho afirmado na petição inicial.

▸ Arts. 560 a 566 deste Código.

Parágrafo único. Passado o prazo referido no *caput*, será comum o procedimento, não perdendo, contudo, o caráter possessório.

▸ Arts. 318 a 512 deste Código.

Art. 559. Se o réu provar, em qualquer tempo, que o autor provisoriamente mantido ou reintegrado na posse carece de idoneidade financeira para, no caso de sucumbência, responder por perdas e danos, o juiz designar-lhe-á o prazo de 5 (cinco) dias para requerer caução, real ou fidejussória, sob pena de ser depositada a coisa litigiosa, ressalvada a impossibilidade da parte economicamente hipossuficiente.

▸ Arts. 402 a 405 e 927 do CC.

Seção II – DA MANUTENÇÃO E DA REINTEGRAÇÃO DE POSSE

▸ Art. 558 deste Código.
▸ Art. 1.210 do CC.

Art. 560. O possuidor tem direito a ser mantido na posse em caso de turbação e reintegrado em caso de esbulho.

Art. 561. Incumbe ao autor provar:

I – a sua posse;
II – a turbação ou o esbulho praticado pelo réu;
III – a data da turbação ou do esbulho;
IV – a continuação da posse, embora turbada, na ação de manutenção, ou a perda da posse, na ação de reintegração.

▸ Arts. 369 a 484 deste Código.

Art. 562. Estando a petição inicial devidamente instruída, o juiz deferirá, sem ouvir o réu, a expedição do mandado liminar de manutenção ou de reintegração, caso contrário, determinará que o autor justifique previamente o alegado, citando-se o réu para comparecer à audiência que for designada.

▸ Súm. nº 262 do STF.

Parágrafo único. Contra as pessoas jurídicas de direito público não será deferida a manutenção ou a reintegração liminar sem prévia audiência dos respectivos representantes judiciais.

Art. 563. Considerada suficiente a justificação, o juiz fará logo expedir mandado de manutenção ou de reintegração.

Art. 564. Concedido ou não o mandado liminar de manutenção ou de reintegração, o autor promoverá, nos 5 (cinco) dias subsequentes, a citação do réu para, querendo, contestar a ação no prazo de 15 (quinze) dias.

Parágrafo único. Quando for ordenada a justificação prévia, o prazo para contestar será contado da intimação da decisão que deferir ou não a medida liminar.

Art. 565. No litígio coletivo pela posse de imóvel, quando o esbulho ou a turbação afirmado na petição inicial houver ocorrido há mais de ano e dia, o juiz, antes de apreciar o pedido de concessão da medida liminar, deverá designar audiência de mediação, a realizar-se em até 30 (trinta) dias, que observará o disposto nos §§ 2º e 4º.

▸ Art. 334 deste Código.
▸ Lei nº 13.140, de 26-6-2015 (Lei da Mediação).

§ 1º Concedida a liminar, se essa não for executada no prazo de 1 (um) ano, a contar da data de distribuição, caberá ao juiz designar audiência de mediação, nos termos dos §§ 2º a 4º deste artigo.

§ 2º O Ministério Público será intimado para comparecer à audiência, e a Defensoria Pública será intimada sempre que houver parte beneficiária de gratuidade da justiça.

§ 3º O juiz poderá comparecer à área objeto do litígio quando sua presença se fizer necessária à efetivação da tutela jurisdicional.

§ 4º Os órgãos responsáveis pela política agrária e pela política urbana da União, de Estado ou do Distrito Federal e de Município onde se situe a área objeto do litígio poderão ser intimados para a audiência, a fim de se manifestarem sobre seu interesse no processo e sobre a existência de possibilidade de solução para o conflito possessório.

§ 5º Aplica-se o disposto neste artigo ao litígio sobre propriedade de imóvel.

Art. 566. Aplica-se, quanto ao mais, o procedimento comum.

▸ Arts. 318 a 512 deste Código.

Seção III

DO INTERDITO PROIBITÓRIO

Art. 567. O possuidor direto ou indireto que tenha justo receio de ser molestado na posse poderá requerer ao juiz que o segure da turbação ou esbulho iminente, mediante mandado proibitório em que se comine ao réu determinada pena pecuniária caso transgrida o preceito.

Art. 568. Aplica-se ao interdito proibitório o disposto na Seção II deste Capítulo.

▶ Arts. 560 a 566 deste Código.

CAPÍTULO IV

DA AÇÃO DE DIVISÃO E DA DEMARCAÇÃO DE TERRAS PARTICULARES

Seção I

DISPOSIÇÕES GERAIS

▶ Arts. 47, § 1º, e 292, IV, deste Código.

▶ Arts. 1.297, 1.298 e 1.320 do CC.

Art. 569. Cabe:

I – ao proprietário a ação de demarcação, para obrigar o seu confinante a estremar os respectivos prédios, fixando-se novos limites entre eles ou aviventando-se os já apagados;

▶ Arts. 574 a 587 deste Código.

II – ao condômino a ação de divisão, para obrigar os demais consortes a estremar os quinhões.

▶ Arts. 588 a 598 deste Código.

▶ Arts. 1.297, 1.298 e 1.320 do CC.

Art. 570. É lícita a cumulação dessas ações, caso em que deverá processar-se primeiramente a demarcação total ou parcial da coisa comum, citando-se os confinantes e os condôminos.

Art. 571. A demarcação e a divisão poderão ser realizadas por escritura pública, desde que maiores, capazes e concordes todos os interessados, observando-se, no que couber, os dispositivos deste Capítulo.

Art. 572. Fixados os marcos da linha de demarcação, os confinantes considerar-se-ão terceiros quanto ao processo divisório, ficando-lhes, porém, ressalvado o direito de vindicar os terrenos de que se julguem despojados por invasão das linhas limítrofes constitutivas do perímetro ou de reclamar indenização correspondente ao seu valor.

§ 1º No caso do *caput*, serão citados para a ação todos os condôminos, se a sentença homologatória da divisão ainda não houver transitado em julgado, e todos os quinhoeiros dos terrenos vindicados, se a ação for proposta posteriormente.

§ 2º Neste último caso, a sentença que julga procedente a ação, condenando a restituir os terrenos ou a pagar a indenização, valerá como título executivo em favor dos quinhoeiros para haverem dos outros condôminos que forem parte na divisão ou de seus sucessores a título universal, na proporção que lhes tocar, a composição pecuniária do desfalque sofrido.

Art. 573. Tratando-se de imóvel georreferenciado, com averbação no registro de imóveis, pode o juiz dispensar a realização de prova pericial.

Seção II

DA DEMARCAÇÃO

Art. 574. Na petição inicial, instruída com os títulos da propriedade, designar-se-á o imóvel pela situação e pela denominação, descrever-se-ão os limites por constituir, aviventar ou renovar e nomear-se-ão todos os confinantes da linha demarcanda.

Art. 575. Qualquer condômino é parte legítima para promover a demarcação do imóvel comum, requerendo a intimação dos demais para, querendo, intervir no processo.

▶ Art. 598 deste Código.

Art. 576. A citação dos réus será feita por correio, observado o disposto no art. 247.

▶ Arts. 589 e 598 deste Código.

Parágrafo único. Será publicado edital, nos termos do inciso III do art. 259.

Art. 577. Feitas as citações, terão os réus o prazo comum de 15 (quinze) dias para contestar.

▶ Arts. 589 e 598 deste Código.

Art. 578. Após o prazo de resposta do réu, observar-se-á o procedimento comum.

▶ Arts. 318 a 512, 589 e 598 deste Código.

Art. 579. Antes de proferir a sentença, o juiz nomeará um ou mais peritos para levantar o traçado da linha demarcanda.

Art. 580. Concluídos os estudos, os peritos apresentarão minucioso laudo sobre o traçado da linha demarcanda, considerando os títulos, os marcos, os rumos, a fama da vizinhança, as informações de antigos moradores do lugar e outros elementos que coligirem.

Art. 581. A sentença que julgar procedente o pedido determinará o traçado da linha demarcanda.

Parágrafo único. A sentença proferida na ação demarcatória determinará a restituição da área invadida, se houver, declarando o domínio ou a posse do prejudicado, ou ambos.

Art. 582. Transitada em julgado a sentença, o perito efetuará a demarcação e colocará os marcos necessários.

Parágrafo único. Todas as operações serão consignadas em planta e memorial descritivo com as referências convenientes para a identificação, em qualquer tempo, dos pontos assinalados, observada a legislação especial que dispõe sobre a identificação do imóvel rural.

Art. 583. As plantas serão acompanhadas das cadernetas de operações de campo e do memorial descritivo, que conterá:

I – o ponto de partida, os rumos seguidos e a aviventação dos antigos com os respectivos cálculos;

II – os acidentes encontrados, as cercas, os valos, os marcos antigos, os córregos, os rios, as lagoas e outros;

III – a indicação minuciosa dos novos marcos cravados, dos antigos aproveitados, das culturas existentes e da sua produção anual;

IV – a composição geológica dos terrenos, bem como a qualidade e a extensão dos campos, das matas e das capoeiras;

V – as vias de comunicação;

VI – as distâncias a pontos de referência, tais como rodovias federais e estaduais, ferrovias, portos, aglomerações urbanas e polos comerciais;

VII – a indicação de tudo o mais que for útil para o levantamento da linha ou para a identificação da linha já levantada.

Art. 584. É obrigatória a colocação de marcos tanto na estação inicial, dita marco primordial, quanto nos vértices dos ângulos, salvo se algum desses últimos pontos for assinalado por acidentes naturais de difícil remoção ou destruição.

▶ Art. 596, parágrafo único, deste Código.

Art. 585. A linha será percorrida pelos peritos, que examinarão os marcos e os rumos, consignando em relatório escrito a exatidão do memorial e da planta apresentados pelo agrimensor ou as divergências porventura encontradas.

▶ Art. 596, parágrafo único, deste Código.

Art. 586. Juntado aos autos o relatório dos peritos, o juiz determinará que as partes se manifestem sobre ele no prazo comum de 15 (quinze) dias.

Parágrafo único. Executadas as correções e as retificações que o juiz determinar, lavrar-se-á, em seguida, o auto de demarcação em que os limites demarcandos serão minuciosamente descritos de acordo com o memorial e a planta.

▶ Art. 597, § 1º, deste Código.

Art. 587. Assinado o auto pelo juiz e pelos peritos, será proferida a sentença homologatória da demarcação.

Seção III

DA DIVISÃO

▶ Art. 89 deste Código.

Art. 588. A petição inicial será instruída com os títulos de domínio do promovente e conterá:

I – a indicação da origem da comunhão e a denominação, a situação, os limites e as características do imóvel;

II – o nome, o estado civil, a profissão e a residência de todos os condôminos, especificando-se os estabelecidos no imóvel com benfeitorias e culturas;

III – as benfeitorias comuns.

Art. 589. Feitas as citações como preceitua o art. 576, prosseguir-se-á na forma dos arts. 577 e 578.

Art. 590. O juiz nomeará um ou mais peritos para promover a medição do imóvel e as operações de divisão, observada a legislação especial que dispõe sobre a identificação do imóvel rural.

Parágrafo único. O perito deverá indicar as vias de comunicação existentes, as construções e as benfeitorias, com a indicação dos seus valores e dos respectivos proprietários e ocupantes, as águas principais que banham o imóvel e quaisquer outras informações que possam concorrer para facilitar a partilha.

Art. 591. Todos os condôminos serão intimados a apresentar, dentro de 10 (dez) dias, os seus títulos, se ainda não o tiverem feito, e a formular os seus pedidos sobre a constituição dos quinhões.

Art. 592. O juiz ouvirá as partes no prazo comum de 15 (quinze) dias.

§ 1º Não havendo impugnação, o juiz determinará a divisão geodésica do imóvel.

§ 2º Havendo impugnação, o juiz proferirá, no prazo de 10 (dez) dias, decisão sobre os pedidos e os títulos que devam ser atendidos na formação dos quinhões.

Art. 593. Se qualquer linha do perímetro atingir benfeitorias permanentes dos confinantes feitas há mais de 1 (um) ano, serão elas respeitadas, bem como os terrenos onde estiverem, os quais não se computarão na área dividenda.

Art. 594. Os confinantes do imóvel dividendo podem demandar a restituição dos terrenos que lhes tenham sido usurpados.

§ 1º Serão citados para a ação todos os condôminos, se a sentença homologatória da divisão ainda não houver transitado em julgado, e todos os quinhoeiros dos terrenos vindicados, se a ação for proposta posteriormente.

§ 2º Nesse último caso terão os quinhoeiros o direito, pela mesma sentença que os obrigar à restituição, a haver dos outros condôminos do processo divisório ou de seus sucessores a título universal a composição pecuniária proporcional ao desfalque sofrido.

Art. 595. Os peritos proporão, em laudo fundamentado, a forma da divisão, devendo consultar, quanto possível, a comodidade das partes, respeitar, para adjudicação a cada condômino, a preferência dos terrenos contíguos às suas residências e benfeitorias e evitar o retalhamento dos quinhões em glebas separadas.

Art. 596. Ouvidas as partes, no prazo comum de 15 (quinze) dias, sobre o cálculo e o plano da divisão, o juiz deliberará a partilha.

Parágrafo único. Em cumprimento dessa decisão, o perito procederá à demarcação dos quinhões, observando, além do disposto nos arts. 584 e 585, as seguintes regras:

I – as benfeitorias comuns que não comportarem divisão cômoda serão adjudicadas a um dos condôminos mediante compensação;

II – instituir-se-ão as servidões que forem indispensáveis em favor de uns quinhões sobre os outros, incluindo o respectivo valor no orçamento para que, não se tratando de servidões naturais, seja compensado o condômino aquinhoado com o prédio serviente;

III – as benfeitorias particulares dos condôminos que excederem à área a que têm direito serão adjudicadas ao quinhoeiro vizinho mediante reposição;

IV – se outra coisa não acordarem as partes, as compensações e as reposições serão feitas em dinheiro.

Art. 597. Terminados os trabalhos e desenhados na planta os quinhões e as servidões aparentes, o perito organizará o memorial descritivo.

§ 1º Cumprido o disposto no art. 586, o escrivão, em seguida, lavrará o auto de divisão, acompanhado de uma folha de pagamento para cada condômino.

§ 2º Assinado o auto pelo juiz e pelo perito, será proferida sentença homologatória da divisão.

§ 3º O auto conterá:

I – a confinação e a extensão superficial do imóvel;

II – a classificação das terras com o cálculo das áreas de cada consorte e com a respectiva avaliação ou, quando a homogeneidade das terras não determinar diversidade de valores, a avaliação do imóvel na sua integridade;

III – o valor e a quantidade geométrica que couber a cada condômino, declarando-se as reduções e as compensações resultantes da diversidade de valores das glebas componentes de cada quinhão.

§ 4º Cada folha de pagamento conterá:

I – a descrição das linhas divisórias do quinhão, mencionadas as confinantes;

II – a relação das benfeitorias e das culturas do próprio quinhoeiro e das que lhe foram adjudicadas por serem comuns ou mediante compensação;

III – a declaração das servidões instituídas, especificados os lugares, a extensão e o modo de exercício.

Art. 598. Aplica-se às divisões o disposto nos arts. 575 a 578.

CAPÍTULO V
DA AÇÃO DE DISSOLUÇÃO PARCIAL DE SOCIEDADE

▸ Arts. 417 a 421 deste Código.

▸ Arts. 1.028 a 1.038, 1.085, 1.086 e 1.102 a 1.112 do CC.

▸ Arts. 206 a 219 da Lei nº 6.404, de 15-12-1976 (Lei das Sociedades por Ações).

Art. 599. A ação de dissolução parcial de sociedade pode ter por objeto:

I – a resolução da sociedade empresária contratual ou simples em relação ao sócio falecido, excluído ou que exerceu o direito de retirada ou recesso; e

II – a apuração dos haveres do sócio falecido, excluído ou que exerceu o direito de retirada ou recesso; ou

III – somente a resolução ou a apuração de haveres.

▸ Arts. 620, § 1º, II, e 630, parágrafo único, deste Código.

§ 1º A petição inicial será necessariamente instruída com o contrato social consolidado.

§ 2º A ação de dissolução parcial de sociedade pode ter também por objeto a sociedade anônima de capital fechado quando demonstrado, por acionista ou acionistas que representem cinco por cento ou mais do capital social, que não pode preencher o seu fim.

Art. 600. A ação pode ser proposta:

I – pelo espólio do sócio falecido, quando a totalidade dos sucessores não ingressar na sociedade;

II – pelos sucessores, após concluída a partilha do sócio falecido;

III – pela sociedade, se os sócios sobreviventes não admitirem o ingresso do espólio ou dos sucessores do falecido na sociedade, quando esse direito decorrer do contrato social;

IV – pelo sócio que exerceu o direito de retirada ou recesso, se não tiver sido providenciada, pelos demais sócios, a alteração contratual consensual formalizando o desligamento, depois de transcorridos 10 (dez) dias do exercício do direito;

V – pela sociedade, nos casos em que a lei não autoriza a exclusão extrajudicial; ou

VI – pelo sócio excluído.

Parágrafo único. O cônjuge ou companheiro do sócio cujo casamento, união estável ou convivência terminou poderá requerer a apuração de seus haveres na sociedade, que serão pagos à conta da quota social titulada por este sócio.

Art. 601. Os sócios e a sociedade serão citados para, no prazo de 15 (quinze) dias, concordar com o pedido ou apresentar contestação.

▸ Arts. 335 a 343 deste Código.

Parágrafo único. A sociedade não será citada se todos os seus sócios o forem, mas ficará sujeita aos efeitos da decisão e à coisa julgada.

▸ Arts. 502 a 508 deste Código.

Art. 602. A sociedade poderá formular pedido de indenização compensável com o valor dos haveres a apurar.

Art. 603. Havendo manifestação expressa e unânime pela concordância da dissolução, o juiz a decretará, passando-se imediatamente à fase de liquidação.

§ 1º Na hipótese prevista no *caput*, não haverá condenação em honorários advocatícios de nenhuma das partes, e as custas serão rateadas segundo a participação das partes no capital social.

§ 2º Havendo contestação, observar-se-á o procedimento comum, mas a liquidação da sentença seguirá o disposto neste Capítulo.

▸ Arts. 318 a 512 deste Código.

Art. 604. Para apuração dos haveres, o juiz:

I – fixará a data da resolução da sociedade;

II – definirá o critério de apuração dos haveres à vista do disposto no contrato social; e

III – nomeará o perito.

▸ Arts. 420, II, e 606, parágrafo único, deste Código.

§ 1º O juiz determinará à sociedade ou aos sócios que nela permanecerem que depositem em juízo a parte incontroversa dos haveres devidos.

§ 2º O depósito poderá ser, desde logo, levantando pelo ex-sócio, pelo espólio ou pelos sucessores.

§ 3º Se o contrato social estabelecer o pagamento dos haveres, será observado o que nele se dispôs no depósito judicial da parte incontroversa.

Art. 605. A data da resolução da sociedade será:

I – no caso de falecimento do sócio, a do óbito;

II – na retirada imotivada, o sexagésimo dia seguinte ao do recebimento, pela sociedade, da notificação do sócio retirante;

III – no recesso, o dia do recebimento, pela sociedade, da notificação do sócio dissidente;

IV – na retirada por justa causa de sociedade por prazo determinado e na exclusão judicial de sócio, a do trânsito em julgado da decisão que dissolver a sociedade; e

V – na exclusão extrajudicial, a data da assembleia ou da reunião de sócios que a tiver deliberado.

Art. 606. Em caso de omissão do contrato social, o juiz definirá, como critério de apuração de haveres, o valor patrimonial apurado em balanço de determinação, tomando-se por referência a data da resolução e avaliando-se bens e direitos do ativo, tangíveis e intangíveis, a preço de saída, além do passivo também a ser apurado de igual forma.

Parágrafo único. Em todos os casos em que seja necessária a realização de perícia, a nomeação do perito recairá preferencialmente sobre especialista em avaliação de sociedades.

▸ Art. 604, III, deste Código.

Art. 607. A data da resolução e o critério de apuração de haveres podem ser revistos pelo juiz, a pedido da parte, a qualquer tempo antes do início da perícia.

Art. 608. Até a data da resolução, integram o valor devido ao ex-sócio, ao espólio ou aos sucessores a participação nos lucros ou os juros sobre o capital próprio declarados pela sociedade e, se for o caso, a remuneração como administrador.

Parágrafo único. Após a data da resolução, o ex-sócio, o espólio ou os sucessores terão direito apenas à correção monetária dos valores apurados e aos juros contratuais ou legais.

Art. 609. Uma vez apurados, os haveres do sócio retirante serão pagos conforme disciplinar o contrato social e, no silêncio deste, nos termos do § 2º do art. 1.031 da Lei nº 10.406, de 10 de janeiro de 2002 (Código Civil).

CAPÍTULO VI – DO INVENTÁRIO E DA PARTILHA

▶ Arts. 1.991 a 2.027 do CC.

Seção I – *DISPOSIÇÕES GERAIS*

▶ Arts. 668 a 673 deste Código.

Art. 610. Havendo testamento ou interessado incapaz, proceder-se-á ao inventário judicial.

▶ Arts. 3º a 5º e 1.857 a 1.911 do CC.

§ 1º Se todos forem capazes e concordes, o inventário e a partilha poderão ser feitos por escritura pública, a qual constituirá documento hábil para qualquer ato de registro, bem como para levantamento de importância depositada em instituições financeiras.

§ 2º O tabelião somente lavrará a escritura pública se todas as partes interessadas estiverem assistidas por advogado ou por defensor público, cuja qualificação e assinatura constarão do ato notarial.

Art. 611. O processo de inventário e de partilha deve ser instaurado dentro de 2 (dois) meses, a contar da abertura da sucessão, ultimando-se nos 12 (doze) meses subsequentes, podendo o juiz prorrogar esses prazos, de ofício ou a requerimento de parte.

▶ Art. 615 deste Código.

▶ Art. 1.796 do CC.

▶ Art. 16 da Lei nº 14.010, de 10-6-2020, que estabelece que o prazo deste artigo para sucessões abertas a partir de 1º-2-2020 terá seu termo inicial dilatado para 30-10-2020. Caso iniciado antes da referida data, ficará suspenso a partir da entrada em vigor desta Lei (*DOU* de 12-6-2020) até 30-10-2020.

▶ Súm. nº 542 do STF.

Art. 612. O juiz decidirá todas as questões de direito desde que os fatos relevantes estejam provados por documento, só remetendo para as vias ordinárias as questões que dependerem de outras provas.

Art. 613. Até que o inventariante preste o compromisso, continuará o espólio na posse do administrador provisório.

▶ Art. 1.991 do CC.

Art. 614. O administrador provisório representa ativa e passivamente o espólio, é obrigado a trazer ao acervo os frutos que desde a abertura da sucessão percebeu, tem direito ao reembolso das despesas necessárias e úteis que fez e responde pelo dano a que, por dolo ou culpa, der causa.

Seção II – *DA LEGITIMIDADE PARA REQUERER O INVENTÁRIO*

▶ Arts. 17, 330, II, 337, XI, 339, e 485, VI, deste Código.

Art. 615. O requerimento de inventário e de partilha incumbe a quem estiver na posse e na administração do espólio, no prazo estabelecido no art. 611.

Parágrafo único. O requerimento será instruído com a certidão de óbito do autor da herança.

Art. 616. Têm, contudo, legitimidade concorrente:

I – o cônjuge ou companheiro supérstite;
II – o herdeiro;
III – o legatário;
IV – o testamenteiro;
V – o cessionário do herdeiro ou do legatário;
VI – o credor do herdeiro, do legatário ou do autor da herança;
VII – o Ministério Público, havendo herdeiros incapazes;
VIII – a Fazenda Pública, quando tiver interesse;
IX – o administrador judicial da falência do herdeiro, do legatário, do autor da herança ou do cônjuge ou companheiro supérstite.

▶ Arts. 21 a 25 da Lei nº 11.101, de 9-2-2005 (Lei de Recuperação de Empresas e Falências).

Seção III – *DO INVENTARIANTE E DAS PRIMEIRAS DECLARAÇÕES*

Art. 617. O juiz nomeará inventariante na seguinte ordem:

I – o cônjuge ou companheiro sobrevivente, desde que estivesse convivendo com o outro ao tempo da morte deste;
II – o herdeiro que se achar na posse e na administração do espólio, se não houver cônjuge ou companheiro sobrevivente ou se estes não puderem ser nomeados;
III – qualquer herdeiro, quando nenhum deles estiver na posse e na administração do espólio;
IV – o herdeiro menor, por seu representante legal;
V – o testamenteiro, se lhe tiver sido confiada a administração do espólio ou se toda a herança estiver distribuída em legados;
VI – o cessionário do herdeiro ou do legatário;
VII – o inventariante judicial, se houver;
VIII – pessoa estranha idônea, quando não houver inventariante judicial.

▶ Art. 624, parágrafo único, deste Código.

Parágrafo único. O inventariante, intimado da nomeação, prestará, dentro de 5 (cinco) dias, o compromisso de bem e fielmente desempenhar a função.

Art. 618. Incumbe ao inventariante:

I – representar o espólio ativa e passivamente, em juízo ou fora dele, observando-se, quanto ao dativo, o disposto no art. 75, § 1º;
II – administrar o espólio, velando-lhe os bens com a mesma diligência que teria se seus fossem;

▶ Art. 1.991 do CC.

III – prestar as primeiras e as últimas declarações pessoalmente ou por procurador com poderes especiais;

▶ Arts. 620 e 622, I, deste Código.

IV – exibir em cartório, a qualquer tempo, para exame das partes, os documentos relativos ao espólio;
V – juntar aos autos certidão do testamento, se houver;
VI – trazer à colação os bens recebidos pelo herdeiro ausente, renunciante ou excluído;
VII – prestar contas de sua gestão ao deixar o cargo ou sempre que o juiz lhe determinar;

▶ Arts. 553 e 622, V, deste Código.

VIII – requerer a declaração de insolvência.

Art. 619. Incumbe ainda ao inventariante, ouvidos os interessados e com autorização do juiz:

I – alienar bens de qualquer espécie;
II – transigir em juízo ou fora dele;

▶ Arts. 840 a 850 do CC.

III – pagar dívidas do espólio;
IV – fazer as despesas necessárias para a conservação e o melhoramento dos bens do espólio.

Art. 620. Dentro de 20 (vinte) dias contados da data em que prestou o compromisso, o inventariante fará as primeiras declarações, das quais se lavrará termo circunstanciado, assinado pelo juiz, pelo escrivão e pelo inventariante, no qual serão exarados:

▶ Arts. 618, III, e 622, I, deste Código.

I – o nome, o estado, a idade e o domicílio do autor da herança, o dia e o lugar em que faleceu e se deixou testamento;

▶ Arts. 70 a 78 do CC.

II – o nome, o estado, a idade, o endereço eletrônico e a residência dos herdeiros e, havendo cônjuge ou companheiro supérstite, além dos respectivos dados pessoais, o regime de bens do casamento ou da união estável;

▶ Arts. 417 a 421, 599, II, 604, 605, I, e 630, parágrafo único, deste Código.

III – a qualidade dos herdeiros e o grau de parentesco com o inventariado;
IV – a relação completa e individualizada de todos os bens do espólio, inclusive aqueles que devem ser conferidos à colação, e dos bens alheios que nele forem encontrados, descrevendo-se:

a) os imóveis, com as suas especificações, nomeadamente local em que se encontram, extensão da área, limites, confrontações, benfeitorias, origem dos títulos, números das matrículas e ônus que os gravam;
b) os móveis, com os sinais característicos;
c) os semoventes, seu número, suas espécies, suas marcas e seus sinais distintivos;
d) o dinheiro, as joias, os objetos de ouro e prata e as pedras preciosas, declarando-se-lhes especificadamente a qualidade, o peso e a importância;
e) os títulos da dívida pública, bem como as ações, as quotas e os títulos de sociedade, mencionando-se-lhes o número, o valor e a data;
f) as dívidas ativas e passivas, indicando-se-lhes as datas, os títulos, a origem da obrigação e os nomes dos credores e dos devedores;
g) direitos e ações;
h) o valor corrente de cada um dos bens do espólio.

§ 1º O juiz determinará que se proceda:

I – ao balanço do estabelecimento, se o autor da herança era empresário individual;
II – à apuração de haveres, se o autor da herança era sócio de sociedade que não anônima.

§ 2º As declarações podem ser prestadas mediante petição, firmada por procurador com poderes especiais, à qual o termo se reportará.

Art. 621. Só se pode arguir sonegação ao inventariante depois de encerrada a descrição dos bens, com a declaração, por ele feita, de não existirem outros por inventariar.

▸ Arts. 1.992 a 1.996 do CC.

Art. 622. O inventariante será removido de ofício ou a requerimento:

▸ Art. 10 deste Código.

I – se não prestar, no prazo legal, as primeiras ou as últimas declarações;

▸ Arts. 618, III, e 620 deste Código.

II – se não der ao inventário andamento regular, se suscitar dúvidas infundadas ou se praticar atos meramente protelatórios;

▸ Art. 139, III, deste Código.

III – se, por culpa sua, bens do espólio se deteriorarem, forem dilapidados ou sofrerem dano;

IV – se não defender o espólio nas ações em que for citado, se deixar de cobrar dívidas ativas ou se não promover as medidas necessárias para evitar o perecimento de direitos;

V – se não prestar contas ou se as que prestar não forem julgadas boas;

▸ Arts. 553 e 618, VII, deste Código.

VI – se sonegar, ocultar ou desviar bens do espólio.

▸ Arts. 1.992 a 1.996 do CC.

Art. 623. Requerida a remoção com fundamento em qualquer dos incisos do art. 622, será intimado o inventariante para, no prazo de 15 (quinze) dias, defender-se e produzir provas.

Parágrafo único. O incidente da remoção correrá em apenso aos autos do inventário.

Art. 624. Decorrido o prazo, com a defesa do inventariante ou sem ela, o juiz decidirá.

Parágrafo único. Se remover o inventariante, o juiz nomeará outro, observada a ordem estabelecida no art. 617.

Art. 625. O inventariante removido entregará imediatamente ao substituto os bens do espólio e, caso deixe de fazê-lo, será compelido mediante mandado de busca e apreensão ou de imissão na posse, conforme se tratar de bem móvel ou imóvel, sem prejuízo da multa a ser fixada pelo juiz em montante não superior a três por cento do valor dos bens inventariados.

Seção IV — *Das Citações e das Impugnações*

Art. 626. Feitas as primeiras declarações, o juiz mandará citar, para os termos do inventário e da partilha, o cônjuge, o companheiro, os herdeiros e os legatários e intimar a Fazenda Pública, o Ministério Público, se houver herdeiro incapaz ou ausente, e o testamenteiro, se houver testamento.

§ 1º O cônjuge ou o companheiro, os herdeiros e os legatários serão citados pelo correio, observado o disposto no art. 247, sendo, ainda, publicado edital, nos termos do inciso III do art. 259.

§ 2º Das primeiras declarações extrair-se-ão tantas cópias quantas forem as partes.

§ 3º A citação será acompanhada de cópia das primeiras declarações.

§ 4º Incumbe ao escrivão remeter cópias à Fazenda Pública, ao Ministério Público, ao testamenteiro, se houver, e ao advogado, se a parte já estiver representada nos autos.

Art. 627. Concluídas as citações, abrir-se-á vista às partes, em cartório e pelo prazo comum de 15 (quinze) dias, para que se manifestem sobre as primeiras declarações, incumbindo às partes:

I – arguir erros, omissões e sonegação de bens;

▸ Arts. 1.992 a 1.996 do CC.

II – reclamar contra a nomeação de inventariante;

▸ Art. 617 deste Código.

III – contestar a qualidade de quem foi incluído no título de herdeiro.

▸ Arts. 629, 630 e 639 deste Código.

§ 1º Julgando procedente a impugnação referida no inciso I, o juiz mandará retificar as primeiras declarações.

§ 2º Se acolher o pedido de que trata o inciso II, o juiz nomeará outro inventariante, observada a preferência legal.

§ 3º Verificando que a disputa sobre a qualidade de herdeiro a que alude o inciso III demanda produção de provas que não a documental, o juiz remeterá a parte às vias ordinárias e sobrestará, até o julgamento da ação, a entrega do quinhão que na partilha couber ao herdeiro admitido.

Art. 628. Aquele que se julgar preterido poderá demandar sua admissão no inventário, requerendo-a antes da partilha.

§ 1º Ouvidas as partes no prazo de 15 (quinze) dias, o juiz decidirá.

§ 2º Se para solução da questão for necessária a produção de provas que não a documental, o juiz remeterá o requerente às vias ordinárias, mandando reservar, em poder do inventariante, o quinhão do herdeiro excluído até que se decida o litígio.

Art. 629. A Fazenda Pública, no prazo de 15 (quinze) dias, após a vista de que trata o art. 627, informará ao juízo, de acordo com os dados que constam de seu cadastro imobiliário, o valor dos bens de raiz descritos nas primeiras declarações.

Seção V — *Da Avaliação e do Cálculo do Imposto*

Art. 630. Findo o prazo previsto no art. 627 sem impugnação ou decidida a impugnação que houver sido oposta, o juiz nomeará, se for o caso, perito para avaliar os bens do espólio, se não houver na comarca avaliador judicial.

▸ Art. 660, II, deste Código.

Parágrafo único. Na hipótese prevista no art. 620, § 1º, o juiz nomeará perito para avaliação das quotas sociais ou apuração dos haveres.

▸ Arts. 420, II, 599, II, 600, II, e 620, § 1º, II, deste Código.

Art. 631. Ao avaliar os bens do espólio, o perito observará, no que for aplicável, o disposto nos arts. 872 e 873.

Art. 632. Não se expedirá carta precatória para a avaliação de bens situados fora da comarca onde corre o inventário se eles forem de pequeno valor ou perfeitamente conhecidos do perito nomeado.

▸ Art. 237, III, deste Código.

Art. 633. Sendo capazes todas as partes, não se procederá à avaliação se a Fazenda Pública, intimada pessoalmente, concordar de forma expressa com o valor atribuído, nas primeiras declarações, aos bens do espólio.

Art. 634. Se os herdeiros concordarem com o valor dos bens declarados pela Fazenda Pública, a avaliação cingir-se-á aos demais.

Art. 635. Entregue o laudo de avaliação, o juiz mandará que as partes se manifestem no prazo de 15 (quinze) dias, que correrá em cartório.

§ 1º Versando a impugnação sobre o valor dado pelo perito, o juiz a decidirá de plano, à vista do que constar dos autos.

§ 2º Julgando procedente a impugnação, o juiz determinará que o perito retifique a avaliação, observando os fundamentos da decisão.

Art. 636. Aceito o laudo ou resolvidas as impugnações suscitadas a seu respeito, lavrar-se-á em seguida o termo de últimas declarações, no qual o inventariante poderá emendar, aditar ou completar as primeiras.

Art. 637. Ouvidas as partes sobre as últimas declarações no prazo comum de 15 (quinze) dias, proceder-se-á ao cálculo do tributo.

▸ Súmulas nºs 112 a 116 e 331 do STF.

Art. 638. Feito o cálculo, sobre ele serão ouvidas todas as partes no prazo comum de 5 (cinco) dias, que correrá em cartório, e, em seguida, a Fazenda Pública.

§ 1º Se acolher eventual impugnação, o juiz ordenará nova remessa dos autos ao contabilista, determinando as alterações que devam ser feitas no cálculo.

▸ Art. 149 deste Código.

§ 2º Cumprido o despacho, o juiz julgará o cálculo do tributo.

Seção VI — *Das Colações*

▸ Arts. 2.002 a 2.012 do CC.

Art. 639. No prazo estabelecido no art. 627, o herdeiro obrigado à colação conferirá por termo nos autos ou por petição à qual o termo se reportará os bens que recebeu ou, se já não os possuir, trar-lhes-á o valor.

Parágrafo único. Os bens a serem conferidos na partilha, assim como as acessões e as benfeitorias que o donatário fez, calcular-se-ão pelo valor que tiverem ao tempo da abertura da sucessão.

Art. 640. O herdeiro que renunciou à herança ou o que dela foi excluído não se exime, pelo fato da renúncia ou da exclusão, de conferir, para o efeito de repor a parte inoficiosa, as liberalidades que obteve do doador.

§ 1º É lícito ao donatário escolher, dentre os bens doados, tantos quantos bastem para perfazer a legítima e a metade disponível, entrando na partilha o excedente para ser dividido entre os demais herdeiros.

§ 2º Se a parte inoficiosa da doação recair sobre bem imóvel que não comporte divisão cômoda, o juiz determinará que sobre ela se proceda a licitação entre os herdeiros.

§ 3º O donatário poderá concorrer na licitação referida no § 2º e, em igualdade de condições, terá preferência sobre os herdeiros.

Art. 641. Se o herdeiro negar o recebimento dos bens ou a obrigação de os conferir, o juiz, ouvidas as partes no prazo comum de 15 (quinze) dias, decidirá à vista das alegações e das provas produzidas.

§ 1º Declarada improcedente a oposição, se o herdeiro, no prazo improrrogável de 15 (quinze) dias, não proceder à conferência, o juiz mandará sequestrar-lhe, para serem inventariados e partilhados, os bens sujeitos à colação ou imputar ao seu quinhão hereditário o valor deles, se já não os possuir.

§ 2º Se a matéria exigir dilação probatória diversa da documental, o juiz remeterá as partes às vias ordinárias, não podendo o herdeiro receber o seu quinhão hereditário, enquanto pender a demanda, sem prestar caução correspondente ao valor dos bens sobre os quais versar a conferência.

Seção VII

DO PAGAMENTO DAS DÍVIDAS

▶ Arts. 1.997 a 2.001 do CC.

Art. 642. Antes da partilha, poderão os credores do espólio requerer ao juízo do inventário o pagamento das dívidas vencidas e exigíveis.

▶ Art. 1.997 do CC.

§ 1º A petição, acompanhada de prova literal da dívida, será distribuída por dependência e autuada em apenso aos autos do processo de inventário.

▶ Art. 286 deste Código.

§ 2º Concordando as partes com o pedido, o juiz, ao declarar habilitado o credor, mandará que se faça a separação de dinheiro ou, em sua falta, de bens suficientes para o pagamento.

§ 3º Separados os bens, tantos quantos forem necessários para o pagamento dos credores habilitados, o juiz mandará aliená-los, observando-se as disposições deste Código relativas à expropriação.

▶ Arts. 647, 825, 843, § 2º, e 875 a 903 deste Código.

§ 4º Se o credor requerer que, em vez de dinheiro, lhe sejam adjudicados, para o seu pagamento, os bens já reservados, o juiz deferir-lhe-á o pedido, concordando todas as partes.

§ 5º Os donatários serão chamados a pronunciar-se sobre a aprovação das dívidas, sempre que haja possibilidade de resultar delas a redução das liberalidades.

Art. 643. Não havendo concordância de todas as partes sobre o pedido de pagamento feito pelo credor, será o pedido remetido às vias ordinárias.

Parágrafo único. O juiz mandará, porém, reservar, em poder do inventariante, bens suficientes para pagar o credor quando a dívida constar de documento que comprove suficientemente a obrigação e a impugnação não se fundar em quitação.

Art. 644. O credor de dívida líquida e certa, ainda não vencida, pode requerer habilitação no inventário.

Parágrafo único. Concordando as partes com o pedido referido no *caput*, o juiz, ao julgar habilitado o crédito, mandará que se faça separação de bens para o futuro pagamento.

Art. 645. O legatário é parte legítima para manifestar-se sobre as dívidas do espólio:

I – quando toda a herança for dividida em legados;

II – quando o reconhecimento das dívidas importar redução dos legados.

Art. 646. Sem prejuízo do disposto no art. 860, é lícito aos herdeiros, ao separarem bens para o pagamento de dívidas, autorizar que o inventariante os indique à penhora no processo em que o espólio for executado.

▶ Arts. 829 a 869 deste Código.

Seção VIII

DA PARTILHA

▶ Art. 731, parágrafo único, deste Código.

▶ Arts. 2.013 a 2.022 do CC.

Art. 647. Cumprido o disposto no art. 642, § 3º, o juiz facultará às partes que, no prazo comum de 15 (quinze) dias, formulem o pedido de quinhão e, em seguida, proferirá a decisão de deliberação da partilha, resolvendo os pedidos das partes e designando os bens que devam constituir quinhão de cada herdeiro e legatário.

Parágrafo único. O juiz poderá, em decisão fundamentada, deferir antecipadamente a qualquer dos herdeiros o exercício dos direitos de usar e de fruir de determinado bem, com a condição de que, ao término do inventário, tal bem integre a cota desse herdeiro, cabendo a este, desde o deferimento, todos os ônus e bônus decorrentes do exercício daqueles direitos.

Art. 648. Na partilha, serão observadas as seguintes regras:

I – a máxima igualdade possível quanto ao valor, à natureza e à qualidade dos bens;

II – a prevenção de litígios futuros;

III – a máxima comodidade dos coerdeiros, do cônjuge ou do companheiro, se for o caso.

Art. 649. Os bens insuscetíveis de divisão cômoda que não couberem na parte do cônjuge ou companheiro supérstite ou no quinhão de um só herdeiro serão licitados entre os interessados ou vendidos judicialmente, partilhando-se o valor apurado, salvo se houver acordo para que sejam adjudicados a todos.

Art. 650. Se um dos interessados for nascituro, o quinhão que lhe caberá será reservado em poder do inventariante até o seu nascimento.

Art. 651. O partidor organizará o esboço da partilha de acordo com a decisão judicial, observando nos pagamentos a seguinte ordem:

▶ Art. 149 deste Código.

I – dívidas atendidas;

II – meação do cônjuge;

III – meação disponível;

IV – quinhões hereditários, a começar pelo coerdeiro mais velho.

Art. 652. Feito o esboço, as partes manifestar-se-ão sobre esse no prazo comum de 15 (quinze) dias, e, resolvidas as reclamações, a partilha será lançada nos autos.

Art. 653. A partilha constará:

I – de auto de orçamento, que mencionará:

a) os nomes do autor da herança, do inventariante, do cônjuge ou companheiro supérstite, dos herdeiros, dos legatários e dos credores admitidos;

b) o ativo, o passivo e o líquido partível, com as necessárias especificações;

c) o valor de cada quinhão;

II – de folha de pagamento para cada parte, declarando a quota a pagar-lhe, a razão do pagamento e a relação dos bens que lhe compõem o quinhão, as características que os individualizam e os ônus que os gravam.

Parágrafo único. O auto e cada uma das folhas serão assinados pelo juiz e pelo escrivão.

Art. 654. Pago o imposto de transmissão a título de morte e juntada aos autos certidão ou informação negativa de dívida para com a Fazenda Pública, o juiz julgará por sentença a partilha.

Parágrafo único. A existência de dívida para com a Fazenda Pública não impedirá o julgamento da partilha, desde que o seu pagamento esteja devidamente garantido.

Art. 655. Transitada em julgado a sentença mencionada no art. 654, receberá o herdeiro os bens que lhe tocarem e um formal de partilha, do qual constarão as seguintes peças:

I – termo de inventariante e título de herdeiros;

II – avaliação dos bens que constituíram o quinhão do herdeiro;

III – pagamento do quinhão hereditário;

IV – quitação dos impostos;

V – sentença.

Parágrafo único. O formal de partilha poderá ser substituído por certidão de pagamento do quinhão hereditário quando esse não exceder a 5 (cinco) vezes o salário mínimo, caso em que se transcreverá nela a sentença de partilha transitada em julgado.

Art. 656. A partilha, mesmo depois de transitada em julgado a sentença, pode ser emendada nos mesmos autos do inventário, convindo todas as partes, quando tenha havido erro de fato na descrição dos bens, podendo o juiz, de ofício ou a requerimento da parte, a qualquer tempo, corrigir-lhe as inexatidões materiais.

Art. 657. A partilha amigável, lavrada em instrumento público, reduzida a termo nos autos do inventário ou constante de escrito particular homologado pelo juiz, pode ser anulada por dolo, coação, erro essencial ou intervenção de incapaz, observado o disposto no § 4º do art. 966.

▶ Arts. 3º a 5º e 138 a 155 do CC.

Parágrafo único. O direito à anulação de partilha amigável extingue-se em 1 (um) ano, contado esse prazo:

I – no caso de coação, do dia em que ela cessou;

II – no caso de erro ou dolo, do dia em que se realizou o ato;

III – quanto ao incapaz, do dia em que cessar a incapacidade.

▶ Art. 2.027 do CC.

Art. 658. É rescindível a partilha julgada por sentença:

I – nos casos mencionados no art. 657;

II – se feita com preterição de formalidades legais;

III – se preteriu herdeiro ou incluiu quem não o seja.

▶ Arts. 966 a 975 deste Código.

Seção IX

DO ARROLAMENTO

Art. 659. A partilha amigável, celebrada entre partes capazes, nos termos da lei, será homologada de plano pelo juiz, com observância dos arts. 660 a 663.

▶ Art. 2.015 do CC.

§ 1º O disposto neste artigo aplica-se, também, ao pedido de adjudicação, quando houver herdeiro único.

§ 2º Transitada em julgado a sentença de homologação de partilha ou de adjudicação, será lavrado o formal de partilha ou elaborada a carta de adjudicação e, em seguida, serão expedidos os alvarás referentes aos bens e às rendas por ele abrangidos, intimando-se o fisco para lançamento administrativo do imposto de transmissão e de outros tributos porventura incidentes, conforme dispuser a legislação tributária, nos termos do § 2º do art. 662.

Art. 660. Na petição de inventário, que se processará na forma de arrolamento sumário, independentemente da lavratura de termos de qualquer espécie, os herdeiros:

I – requererão ao juiz a nomeação do inventariante que designarem;

II – declararão os títulos dos herdeiros e os bens do espólio, observado o disposto no art. 630;

III – atribuirão valor aos bens do espólio, para fins de partilha.

Art. 661. Ressalvada a hipótese prevista no parágrafo único do art. 663, não se procederá à avaliação dos bens do espólio para nenhuma finalidade.

Art. 662. No arrolamento, não serão conhecidas ou apreciadas questões relativas ao lançamento, ao pagamento ou à quitação de taxas judiciárias e de tributos incidentes sobre a transmissão da propriedade dos bens do espólio.

§ 1º A taxa judiciária, se devida, será calculada com base no valor atribuído pelos herdeiros, cabendo ao fisco, se apurar em processo administrativo valor diverso do estimado, exigir a eventual diferença pelos meios adequados ao lançamento de créditos tributários em geral.

§ 2º O imposto de transmissão será objeto de lançamento administrativo, conforme dispuser a legislação tributária, não ficando as autoridades fazendárias adstritas aos valores dos bens do espólio atribuídos pelos herdeiros.

- Art. 659, § 2º, deste Código.

Art. 663. A existência de credores do espólio não impedirá a homologação da partilha ou da adjudicação, se forem reservados bens suficientes para o pagamento da dívida.

Parágrafo único. A reserva de bens será realizada pelo valor estimado pelas partes, salvo se o credor, regularmente notificado, impugnar a estimativa, caso em que se promoverá a avaliação dos bens a serem reservados.

- Art. 661 deste Código.

Art. 664. Quando o valor dos bens do espólio for igual ou inferior a 1.000 (mil) salários mínimos, o inventário processar-se-á na forma de arrolamento, cabendo ao inventariante nomeado, independentemente de assinatura de termo de compromisso, apresentar, com suas declarações, a atribuição de valor aos bens do espólio e o plano da partilha.

§ 1º Se qualquer das partes ou o Ministério Público impugnar a estimativa, o juiz nomeará avaliador, que oferecerá laudo em 10 (dez) dias.

§ 2º Apresentado o laudo, o juiz, em audiência que designar, deliberará sobre a partilha, decidindo de plano todas as reclamações e mandando pagar as dívidas não impugnadas.

§ 3º Lavrar-se-á de tudo um só termo, assinado pelo juiz, pelo inventariante e pelas partes presentes ou por seus advogados.

§ 4º Aplicam-se a essa espécie de arrolamento, no que couber, as disposições do art. 672, relativamente ao lançamento, ao pagamento e à quitação da taxa judiciária e do imposto sobre a transmissão da propriedade dos bens do espólio.

§ 5º Provada a quitação dos tributos relativos aos bens do espólio e às suas rendas, o juiz julgará a partilha.

Art. 665. O inventário processar-se-á também na forma do art. 664, ainda que haja interessado incapaz, desde que concordem todas as partes e o Ministério Público.

Art. 666. Independerá de inventário ou de arrolamento o pagamento dos valores previstos na Lei nº 6.858, de 24 de novembro de 1980.

- Art. 725, VII, deste Código.
- Lei nº 6.858, de 24-11-1980, dispõe sobre o pagamento, aos dependentes ou sucessores, de valores não recebidos em vida pelos respectivos titulares.

Art. 667. Aplicam-se subsidiariamente a esta Seção as disposições das Seções VII e VIII deste Capítulo.

- Arts. 639 a 646 deste Código.

Seção X

DISPOSIÇÕES COMUNS A TODAS AS SEÇÕES

Art. 668. Cessa a eficácia da tutela provisória prevista nas Seções deste Capítulo:

I – se a ação não for proposta em 30 (trinta) dias contados da data em que da decisão foi intimado o impugnante, o herdeiro excluído ou o credor não admitido;

II – se o juiz extinguir o processo de inventário com ou sem resolução de mérito.

Art. 669. São sujeitos à sobrepartilha os bens:

I – sonegados;

II – da herança descobertos após a partilha;

III – litigiosos, assim como os de liquidação difícil ou morosa;

IV – situados em lugar remoto da sede do juízo onde se processa o inventário.

- Art. 2.022 do CC.

Parágrafo único. Os bens mencionados nos incisos III e IV serão reservados à sobrepartilha sob a guarda e a administração do mesmo ou de diverso inventariante, a consentimento da maioria dos herdeiros.

Art. 670. Na sobrepartilha dos bens, observar-se-á o processo de inventário e de partilha.

Parágrafo único. A sobrepartilha correrá nos autos do inventário do autor da herança.

Art. 671. O juiz nomeará curador especial:

I – ao ausente, se não o tiver;

II – ao incapaz, se concorrer na partilha com o seu representante, desde que exista colisão de interesses.

- Art. 72 deste Código.

Art. 672. É lícita a cumulação de inventários para a partilha de heranças de pessoas diversas quando houver:

I – identidade de pessoas entre as quais devam ser repartidos os bens;

II – heranças deixadas pelos dois cônjuges ou companheiros;

III – dependência de uma das partilhas em relação à outra.

- Art. 664, § 4º, deste Código.

Parágrafo único. No caso previsto no inciso III, se a dependência for parcial, por haver outros bens, o juiz pode ordenar a tramitação separada, se melhor convier ao interesse das partes ou à celeridade processual.

Art. 673. No caso previsto no art. 672, inciso II, prevalecerão as primeiras declarações, assim como o laudo de avaliação, salvo se alterado o valor dos bens.

CAPÍTULO VII

DOS EMBARGOS DE TERCEIRO

Art. 674. Quem, não sendo parte no processo, sofrer constrição ou ameaça de constrição sobre bens que possua ou sobre os quais tenha direito incompatível com o ato constritivo, poderá requerer seu desfazimento ou sua inibição por meio de embargos de terceiro.

- Súmulas nºs 84 e 303 do STJ.

§ 1º Os embargos podem ser de terceiro proprietário, inclusive fiduciário, ou possuidor.

§ 2º Considera-se terceiro, para ajuizamento dos embargos:

I – o cônjuge ou companheiro, quando defende a posse de bens próprios ou de sua meação, ressalvado o disposto no art. 843;

- Súm. nº 134 do STJ.

II – o adquirente de bens cuja constrição decorreu de decisão que declara a ineficácia da alienação realizada em fraude à execução;

- Arts. 790, V, 792, 828, § 4º, e 856, § 3º, deste Código.

III – quem sofre constrição judicial de seus bens por força de desconsideração da personalidade jurídica, de cujo incidente não fez parte;

- Arts. 133 a 137 deste Código.

IV – o credor com garantia real para obstar expropriação judicial do objeto de direito real de garantia, caso não tenha sido intimado, nos termos legais dos atos expropriatórios respectivos.

- Arts. 779, V, 790, I, 791, 825, 835, § 3º, e 876 a 903 deste Código.

Art. 675. Os embargos podem ser opostos a qualquer tempo no processo de conhecimento enquanto não transitada em julgado a sentença e, no cumprimento de sentença ou no processo de execução, até 5 (cinco) dias depois da adjudicação, da alienação por iniciativa particular ou da arrematação, mas sempre antes da assinatura da respectiva carta.

- Arts. 513 a 538 e 771 a 925 deste Código.

Parágrafo único. Caso identifique a existência de terceiro titular de interesse em embargar o ato, o juiz mandará intimá-lo pessoalmente.

Art. 676. Os embargos serão distribuídos por dependência ao juízo que ordenou a constrição e autuados em apartado.

- Art. 286 deste Código.

Parágrafo único. Nos casos de ato de constrição realizado por carta, os embargos serão oferecidos no juízo deprecado, salvo se indicado pelo juízo deprecante o bem constrito ou se já devolvida a carta.

Art. 677. Na petição inicial, o embargante fará a prova sumária de sua posse ou de seu domínio e da qualidade de terceiro, oferecendo documentos e rol de testemunhas.

- Art. 450 deste Código.

§ 1º É facultada a prova da posse em audiência preliminar designada pelo juiz.

§ 2º O possuidor direto pode alegar, além da sua posse, o domínio alheio.

- Art. 1.197 do CC.

§ 3º A citação será pessoal, se o embargado não tiver procurador constituído nos autos da ação principal.

§ 4º Será legitimado passivo o sujeito a quem o ato de constrição aproveita, assim como o será seu adversário no processo principal quando for sua a indicação do bem para a constrição judicial.

▸ Arts. 17, 330, II, 337, XI, 339, e 485, VI, deste Código.

Art. 678. A decisão que reconhecer suficientemente provado o domínio ou a posse determinará a suspensão das medidas constritivas sobre os bens litigiosos objeto dos embargos, bem como a manutenção ou a reintegração provisória da posse, se o embargante a houver requerido.

Parágrafo único. O juiz poderá condicionar a ordem de manutenção ou de reintegração provisória de posse à prestação de caução pelo requerente, ressalvada a impossibilidade da parte economicamente hipossuficiente.

Art. 679. Os embargos poderão ser contestados no prazo de 15 (quinze) dias, findo o qual se seguirá o procedimento comum.

▸ Arts. 318 a 512 deste Código.

Art. 680. Contra os embargos do credor com garantia real, o embargado somente poderá alegar que:

I – o devedor comum é insolvente;

II – o título é nulo ou não obriga a terceiro;

III – outra é a coisa dada em garantia.

Art. 681. Acolhido o pedido inicial, o ato de constrição judicial indevida será cancelado, com o reconhecimento do domínio, da manutenção da posse ou da reintegração definitiva do bem ou do direito ao embargante.

CAPÍTULO VIII
DA OPOSIÇÃO

Art. 682. Quem pretender, no todo ou em parte, a coisa ou o direito sobre que controvertem autor e réu poderá, até ser proferida a sentença, oferecer oposição contra ambos.

Art. 683. O opoente deduzirá o pedido em observação aos requisitos exigidos para propositura da ação.

Parágrafo único. Distribuída a oposição por dependência, serão os opostos citados, na pessoa de seus respectivos advogados, para contestar o pedido no prazo comum de 15 (quinze) dias.

▸ Art. 286 deste Código.

Art. 684. Se um dos opostos reconhecer a procedência do pedido, contra o outro prosseguirá o opoente.

▸ Arts. 90 e 487, III, *a*, deste Código.

Art. 685. Admitido o processamento, a oposição será apensada aos autos e tramitará simultaneamente à ação originária, sendo ambas julgadas pela mesma sentença.

Parágrafo único. Se a oposição for proposta após o início da audiência de instrução, o juiz suspenderá o curso do processo ao fim da produção das provas, salvo se concluir que a unidade da instrução atende melhor ao princípio da duração razoável do processo.

▸ Art. 5º, LXXVIII, da CF.

▸ Arts. 4º, 6º, 139, II, e 358 a 368 deste Código.

Art. 686. Cabendo ao juiz decidir simultaneamente a ação originária e a oposição, desta conhecerá em primeiro lugar.

CAPÍTULO IX
DA HABILITAÇÃO

Art. 687. A habilitação ocorre quando, por falecimento de qualquer das partes, os interessados houverem de suceder-lhe no processo.

▸ Art. 110 deste Código.

Art. 688. A habilitação pode ser requerida:

I – pela parte, em relação aos sucessores do falecido;

II – pelos sucessores do falecido, em relação à parte.

Art. 689. Proceder-se-á à habilitação nos autos do processo principal, na instância em que estiver, suspendendo-se, a partir de então, o processo.

▸ Arts. 313, I e § 1º, e 745, § 2º, deste Código.

Art. 690. Recebida a petição, o juiz ordenará a citação dos requeridos para se pronunciarem no prazo de 5 (cinco) dias.

Parágrafo único. A citação será pessoal, se a parte não tiver procurador constituído nos autos.

Art. 691. O juiz decidirá o pedido de habilitação imediatamente, salvo se este for impugnado e houver necessidade de dilação probatória diversa da documental, caso em que determinará que o pedido seja autuado em apartado e disporá sobre a instrução.

Art. 692. Transitada em julgado a sentença de habilitação, o processo principal retomará o seu curso, e cópia da sentença será juntada aos autos respectivos.

CAPÍTULO X
DAS AÇÕES DE FAMÍLIA

▸ Arts. 22, I, 53, I, 189, II, 215, II, 292, III, 528 a 533, 731 a 734, 911 a 933 e 1.012, § 1º, II, deste Código.

▸ Arts. 1.511 a 1.783 do CC.

▸ Lei nº 5.478, de 25-7-1968 (Lei da Ação de Alimentos).

▸ Lei nº 6.515, de 26-12-1977 (Lei do Divórcio).

▸ Lei nº 8.069, de 13-7-1990 (Estatuto da Criança e do Adolescente).

▸ Lei nº 8.971, de 29-12-1994, regula o direito dos companheiros a alimentos e à sucessão.

▸ Lei nº 9.278, de 10-5-1996 (Lei da União Estável).

▸ Lei nº 11.804, de 5-11-2008 (Lei dos Alimentos Gravídicos).

Art. 693. As normas deste Capítulo aplicam-se aos processos contenciosos de divórcio, separação, reconhecimento e extinção de união estável, guarda, visitação e filiação.

Parágrafo único. A ação de alimentos e a que versar sobre interesse de criança ou de adolescente observarão o procedimento previsto em legislação específica, aplicando-se, no que couber, as disposições deste Capítulo.

Art. 694. Nas ações de família, todos os esforços serão empreendidos para a solução consensual da controvérsia, devendo o juiz dispor do auxílio de profissionais de outras áreas de conhecimento para a mediação e conciliação.

▸ Arts. 3º, § 3º, 139, V, e 165 a 175 deste Código.

▸ Lei nº 13.140, de 26-6-2015 (Lei da Mediação).

Parágrafo único. A requerimento das partes, o juiz pode determinar a suspensão do processo enquanto os litigantes se submetem a mediação extrajudicial ou a atendimento multidisciplinar.

▸ Arts. 313 a 315 deste Código.

Art. 695. Recebida a petição inicial e, se for o caso, tomadas as providências referentes à tutela provisória, o juiz ordenará a citação do réu para comparecer à audiência de mediação e conciliação, observado o disposto no art. 694.

▸ Arts. 294 a 311 deste Código.

§ 1º O mandado de citação conterá apenas os dados necessários à audiência e deverá estar desacompanhado de cópia da petição inicial, assegurado ao réu o direito de examinar seu conteúdo a qualquer tempo.

▸ Art. 250 deste Código.

§ 2º A citação ocorrerá com antecedência mínima de 15 (quinze) dias da data designada para a audiência.

§ 3º A citação será feita na pessoa do réu.

▸ Art. 247, I, deste Código.

§ 4º Na audiência, as partes deverão estar acompanhadas de seus advogados ou de defensores públicos.

Art. 696. A audiência de mediação e conciliação poderá dividir-se em tantas sessões quantas sejam necessárias para viabilizar a solução consensual, sem prejuízo de providências jurisdicionais para evitar o perecimento do direito.

▸ Art. 334 deste Código.

Art. 697. Não realizado o acordo, passarão a incidir, a partir de então, as normas do procedimento comum, observado o art. 335.

▸ Arts. 318 a 512 deste Código.

Art. 698. Nas ações de família, o Ministério Público somente intervirá quando houver interesse de incapaz e deverá ser ouvido previamente à homologação de acordo.

Parágrafo único. O Ministério Público intervirá, quando não for parte, nas ações de família em que figure como parte vítima de violência doméstica e familiar, nos termos da Lei nº 11.340, de 7 de agosto de 2006 (Lei Maria da Penha).

▸ Parágrafo único acrescido pela Lei nº 13.894, de 29-10-2019.

Art. 699. Quando o processo envolver discussão sobre fato relacionado a abuso ou a alienação parental, o juiz, ao tomar o depoimento do incapaz, deverá estar acompanhado por especialista.

▸ Lei nº 12.318, de 26-8-2010 (Lei da Alienação Parental).

Art. 699-A. Nas ações de guarda, antes de iniciada a audiência de mediação e conciliação de que trata o art. 695 deste Código, o juiz indagará às partes e ao Ministério Público se há risco de violência doméstica ou familiar, fixando o prazo de 5 (cinco) dias para a apresentação de prova ou de indícios pertinentes.

▸ Art. 699-A acrescido pela Lei nº 14.713, de 30-10-2023.

CAPÍTULO XI
DA AÇÃO MONITÓRIA

Art. 700. A ação monitória pode ser proposta por aquele que afirmar, com base em prova escrita sem eficácia de título executivo, ter direito de exigir do devedor capaz:

I – o pagamento de quantia em dinheiro;

▸ Súmulas nºs 339, 384, 503 e 504 do STJ.

II – a entrega de coisa fungível ou infungível ou de bem móvel ou imóvel;

▸ Súmulas nºs 339, 384, 503 e 504 do STJ.

III – o adimplemento de obrigação de fazer ou de não fazer.

§ 1º A prova escrita pode consistir em prova oral documentada, produzida antecipadamente nos termos do art. 381.

§ 2º Na petição inicial, incumbe ao autor explicitar, conforme o caso:

I – a importância devida, instruindo-a com memória de cálculo;

II – o valor atual da coisa reclamada;

III – o conteúdo patrimonial em discussão ou o proveito econômico perseguido.

§ 3º O valor da causa deverá corresponder à importância prevista no § 2º, incisos I a III.

▸ Arts. 291 a 293 deste Código.

§ 4º Além das hipóteses do art. 330, a petição inicial será indeferida quando não atendido o disposto no § 2º deste artigo.

▸ Arts. 239, 321, parágrafo único, 330, 485, I, e 486, § 1º, deste Código.

§ 5º Havendo dúvida quanto à idoneidade de prova documental apresentada pelo autor, o juiz intimá-lo-á para, querendo, emendar a petição inicial, adaptando-a ao procedimento comum.

▸ Art. 321 deste Código.

§ 6º É admissível ação monitória em face da Fazenda Pública.

§ 7º Na ação monitória, admite-se citação por qualquer dos meios permitidos para o procedimento comum.

▸ Arts. 238 a 259 deste Código.

Art. 701. Sendo evidente o direito do autor, o juiz deferirá a expedição de mandado de pagamento, de entrega de coisa ou para execução de obrigação de fazer ou de não fazer, concedendo ao réu prazo de 15 (quinze) dias para o cumprimento e o pagamento de honorários advocatícios de cinco por cento do valor atribuído à causa.

▸ Art. 9º, parágrafo único, III, deste Código.
▸ Súm. nº 282 do STJ.

§ 1º O réu será isento do pagamento de custas processuais se cumprir o mandado no prazo.

§ 2º Constituir-se-á de pleno direito o título executivo judicial, independentemente de qualquer formalidade, se não realizado o pagamento e não apresentados os embargos previstos no art. 702, observando-se, no que couber, o Título II do Livro I da Parte Especial.

▸ Arts. 513 a 538 deste Código.

§ 3º É cabível ação rescisória da decisão prevista no *caput* quando ocorrer a hipótese do § 2º.

▸ Arts. 966 a 975 deste Código.

§ 4º Sendo a ré Fazenda Pública, não apresentados os embargos previstos no art. 702, aplicar-se-á o disposto no art. 496, observando-se, a seguir, no que couber, o Título II do Livro I da Parte Especial.

▸ Arts. 513 a 538 deste Código.

§ 5º Aplica-se à ação monitória, no que couber, o art. 916.

Art. 702. Independentemente de prévia segurança do juízo, o réu poderá opor, nos próprios autos, no prazo previsto no art. 701, embargos à ação monitória.

▸ Súm. nº 292 do STJ.

§ 1º Os embargos podem se fundar em matéria passível de alegação como defesa no procedimento comum.

▸ Arts. 336 a 341 deste Código.

§ 2º Quando o réu alegar que o autor pleiteia quantia superior à devida, cumprir-lhe-á declarar de imediato o valor que entende correto, apresentando demonstrativo discriminado e atualizado da dívida.

§ 3º Não apontado o valor correto ou não apresentado o demonstrativo, os embargos serão liminarmente rejeitados, se esse for o seu único fundamento, e, se houver outro fundamento, os embargos serão processados, mas o juiz deixará de examinar a alegação de excesso.

§ 4º A oposição dos embargos suspende a eficácia da decisão referida no *caput* do art. 701 até o julgamento em primeiro grau.

§ 5º O autor será intimado para responder aos embargos no prazo de 15 (quinze) dias.

§ 6º Na ação monitória admite-se a reconvenção, sendo vedado o oferecimento de reconvenção à reconvenção.

▸ Art. 343 deste Código.

§ 7º A critério do juiz, os embargos serão autuados em apartado, se parciais, constituindo-se de pleno direito o título executivo judicial em relação à parcela incontroversa.

§ 8º Rejeitados os embargos, constituir-se-á de pleno direito o título executivo judicial, prosseguindo-se o processo em observância ao disposto no Título II do Livro I da Parte Especial, no que for cabível.

▸ Arts. 513 a 538 deste Código.

§ 9º Cabe apelação contra a sentença que acolhe ou rejeita os embargos.

▸ Arts. 1.009 a 1.014 deste Código.

§ 10. O juiz condenará o autor de ação monitória proposta indevidamente e de má-fé ao pagamento, em favor do réu, de multa de até dez por cento sobre o valor da causa.

▸ Arts. 79 a 81 deste Código.

§ 11. O juiz condenará o réu que de má-fé opuser embargos à ação monitória ao pagamento de multa de até dez por cento sobre o valor atribuído à causa, em favor do autor.

▸ Arts. 79 a 81, 96, 100, parágrafo único, e 142 deste Código.

CAPÍTULO XII
DA HOMOLOGAÇÃO DO PENHOR LEGAL

▸ Arts. 1.467 a 1.472 do CC.

Art. 703. Tomado o penhor legal nos casos previstos em lei, requererá o credor, ato contínuo, a homologação.

§ 1º Na petição inicial, instruída com o contrato de locação ou a conta pormenorizada das despesas, a tabela dos preços e a relação dos objetos retidos, o credor pedirá a citação do devedor para pagar ou contestar na audiência preliminar que for designada.

▸ Arts. 1.467 a 1.472 do CC.

§ 2º A homologação do penhor legal poderá ser promovida pela via extrajudicial mediante requerimento, que conterá os requisitos previstos no § 1º deste artigo, do credor a notário de sua livre escolha.

§ 3º Recebido o requerimento, o notário promoverá a notificação extrajudicial do devedor para, no prazo de 5 (cinco) dias, pagar o débito ou impugnar sua cobrança, alegando por escrito uma das causas previstas no art. 704, hipótese em que o procedimento será encaminhado ao juízo competente para decisão.

§ 4º Transcorrido o prazo sem manifestação do devedor, o notário formalizará a homologação do penhor legal por escritura pública.

Art. 704. A defesa só pode consistir em:

I – nulidade do processo;

▸ Arts. 276 a 283 deste Código.

II – extinção da obrigação;

III – não estar a dívida compreendida entre as previstas em lei ou não estarem os bens sujeitos a penhor legal;

IV – alegação de haver sido ofertada caução idônea, rejeitada pelo credor.

Art. 705. A partir da audiência preliminar, observar-se-á o procedimento comum.

▸ Arts. 318 a 512 deste Código.

Art. 706. Homologado judicialmente o penhor legal, consolidar-se-á a posse do autor sobre o objeto.

§ 1º Negada a homologação, o objeto será entregue ao réu, ressalvado ao autor o direito de cobrar a dívida pelo procedimento comum, salvo se acolhida a alegação de extinção da obrigação.

§ 2º Contra a sentença caberá apelação, e, na pendência de recurso, poderá o relator ordenar que a coisa permaneça depositada ou em poder do autor.

▸ Arts. 1.009 a 1.014 deste Código.

CAPÍTULO XIII
DA REGULAÇÃO DE AVARIA GROSSA

▸ Arts. 772 a 796 do CCom.

Art. 707. Quando inexistir consenso acerca da nomeação de um regulador de avarias, o juiz de direito da comarca do primeiro porto onde o navio houver chegado, provocado por qualquer parte interessada, nomeará um de notório conhecimento.

▸ Art. 149 deste Código.

Art. 708. O regulador declarará justificadamente se os danos são passíveis de rateio na forma de avaria grossa e exigirá das partes envolvidas a apresentação de garantias idôneas para que possam ser liberadas as cargas aos consignatários.

§ 1º A parte que não concordar com o regulador quanto à declaração de abertura da avaria grossa deverá justificar suas razões ao juiz, que decidirá no prazo de 10 (dez) dias.

§ 2º Se o consignatário não apresentar garantia idônea a critério do regulador, este fixará o valor da contribuição provisória com base nos fatos narrados e nos documentos que instruírem a petição inicial, que deverá ser caucionado sob a forma de depósito judicial ou de garantia bancária.

§ 3º Recusando-se o consignatário a prestar caução, o regulador requererá ao juiz a alienação judicial de sua carga na forma dos arts. 879 a 903.

§ 4º É permitido o levantamento, por alvará, das quantias necessárias ao pagamento das despesas da alienação a serem arcadas pelo consignatário, mantendo-se o saldo remanescente em depósito judicial até o encerramento da regulação.

Art. 709. As partes deverão apresentar nos autos os documentos necessários à regulação da avaria grossa em prazo razoável a ser fixado pelo regulador.

Art. 710. O regulador apresentará o regulamento da avaria grossa no prazo de até 12 (doze) meses, contado da data da entrega dos documentos nos autos pelas partes, podendo o prazo ser estendido a critério do juiz.

§ 1º Oferecido o regulamento da avaria grossa, dele terão vista as partes pelo prazo comum de 15 (quinze) dias, e, não havendo impugnação, o regulamento será homologado por sentença.

§ 2º Havendo impugnação ao regulamento, o juiz decidirá no prazo de 10 (dez) dias, após a oitiva do regulador.

Art. 711. Aplicam-se ao regulador de avarias os arts. 156 a 158, no que couber.

▸ Art. 149 deste Código.

CAPÍTULO XIV
DA RESTAURAÇÃO DE AUTOS

Art. 712. Verificado o desaparecimento dos autos, eletrônicos ou não, pode o juiz, de ofício, qualquer das partes ou o Ministério Público, se for o caso, promover-lhes a restauração.

Parágrafo único. Havendo autos suplementares, nesses prosseguirá o processo.

Art. 713. Na petição inicial, declarará a parte o estado do processo ao tempo do desaparecimento dos autos, oferecendo:

I – certidões dos atos constantes do protocolo de audiências do cartório por onde haja corrido o processo;

II – cópia das peças que tenha em seu poder;

III – qualquer outro documento que facilite a restauração.

Art. 714. A parte contrária será citada para contestar o pedido no prazo de 5 (cinco) dias, cabendo-lhe exibir as cópias, as contrafés e as reproduções dos atos e dos documentos que estiverem em seu poder.

§ 1º Se a parte concordar com a restauração, lavrar-se-á o auto que, assinado pelas partes e homologado pelo juiz, suprirá o processo desaparecido.

§ 2º Se a parte não contestar ou se a concordância for parcial, observar-se-á o procedimento comum.

▸ Arts. 318 a 512 deste Código.

Art. 715. Se a perda dos autos tiver ocorrido depois da produção das provas em audiência, o juiz, se necessário, mandará repeti-las.

§ 1º Serão reinquiridas as mesmas testemunhas, que, em caso de impossibilidade, poderão ser substituídas de ofício ou a requerimento.

§ 2º Não havendo certidão ou cópia do laudo, far-se-á nova perícia, sempre que possível pelo mesmo perito.

§ 3º Não havendo certidão de documentos, esses serão reconstituídos mediante cópias ou, na falta dessas, pelos meios ordinários de prova.

§ 4º Os serventuários e os auxiliares da justiça não podem eximir-se de depor como testemunhas a respeito de atos que tenham praticado ou assistido.

§ 5º Se o juiz houver proferido sentença da qual ele próprio ou o escrivão possua cópia, esta será juntada aos autos e terá a mesma autoridade da original.

Art. 716. Julgada a restauração, seguirá o processo os seus termos.

Parágrafo único. Aparecendo os autos originais, neles se prosseguirá, sendo-lhes apensados os autos da restauração.

Art. 717. Se o desaparecimento dos autos tiver ocorrido no tribunal, o processo de restauração será distribuído, sempre que possível, ao relator do processo.

§ 1º A restauração far-se-á no juízo de origem quanto aos atos nele realizados.

§ 2º Remetidos os autos ao tribunal, nele completar-se-á a restauração e proceder-se-á ao julgamento.

Art. 718. Quem houver dado causa ao desaparecimento dos autos responderá pelas custas da restauração e pelos honorários de advogado, sem prejuízo da responsabilidade civil ou penal em que incorrer.

▸ Arts. 81 a 97 deste Código.

CAPÍTULO XV
DOS PROCEDIMENTOS DE JURISDIÇÃO VOLUNTÁRIA

Seção I
DISPOSIÇÕES GERAIS

▸ Arts. 88 e 215, I, deste Código.

Art. 719. Quando este Código não estabelecer procedimento especial, regem os procedimentos de jurisdição voluntária as disposições constantes desta Seção.

Art. 720. O procedimento terá início por provocação do interessado, do Ministério Público ou da Defensoria Pública, cabendo-lhes formular o pedido devidamente instruído com os documentos necessários e com a indicação da providência judicial.

Art. 721. Serão citados todos os interessados, bem como intimado o Ministério Público, nos casos do art. 178, para que se manifestem, querendo, no prazo de 15 (quinze) dias.

Art. 722. A Fazenda Pública será sempre ouvida nos casos em que tiver interesse.

Art. 723. O juiz decidirá o pedido no prazo de 10 (dez) dias.

Parágrafo único. O juiz não é obrigado a observar critério de legalidade estrita, podendo adotar em cada caso a solução que considerar mais conveniente ou oportuna.

Art. 724. Da sentença caberá apelação.

▸ Arts. 1.009 a 1.014 deste Código.

Art. 725. Processar-se-á na forma estabelecida nesta Seção o pedido de:

I – emancipação;

▸ Art. 5º, parágrafo único, do CC.

II – sub-rogação;

III – alienação, arrendamento ou oneração de bens de crianças ou adolescentes, de órfãos e de interditos;

▸ Art. 1.691 do CC.

IV – alienação, locação e administração da coisa comum;

▸ Arts. 1.323 a 1.326 do CC.

V – alienação de quinhão em coisa comum;

▸ Art. 1.322 do CC.

VI – extinção de usufruto, quando não decorrer da morte do usufrutuário, do termo da sua duração ou da consolidação, e de fideicomisso, quando decorrer de renúncia ou quando ocorrer antes do evento que caracterizar a condição resolutória;

▸ Arts. 1.410, 1.411 e 1.951 a 1.960 do CC.

VII – expedição de alvará judicial;

▸ Art. 666 deste Código.

VIII – homologação de autocomposição extrajudicial, de qualquer natureza ou valor.

▸ Art. 515, III, deste Código.

Parágrafo único. As normas desta Seção aplicam-se, no que couber, aos procedimentos regulados nas seções seguintes.

Seção II
DA NOTIFICAÇÃO E DA INTERPELAÇÃO

Art. 726. Quem tiver interesse em manifestar formalmente sua vontade a outrem sobre assunto juridicamente relevante poderá notificar pessoas participantes da mesma relação jurídica para dar-lhes ciência de seu propósito.

§ 1º Se a pretensão for a de dar conhecimento geral ao público, mediante edital, o juiz só a deferirá se a tiver por fundada e necessária ao resguardo de direito.

§ 2º Aplica-se o disposto nesta Seção, no que couber, ao protesto judicial.

Art. 727. Também poderá o interessado interpelar o requerido, no caso do art. 726, para que faça ou deixe de fazer o que o requerente entenda ser de seu direito.

Art. 728. O requerido será previamente ouvido antes do deferimento da notificação ou do respectivo edital:

I – se houver suspeita de que o requerente, por meio da notificação ou do edital, pretende alcançar fim ilícito;

II – se tiver sido requerida a averbação da notificação em registro público.

Art. 729. Deferida e realizada a notificação ou interpelação, os autos serão entregues ao requerente.

Seção III
DA ALIENAÇÃO JUDICIAL

Art. 730. Nos casos expressos em lei, não havendo acordo entre os interessados sobre o modo como se deve realizar a alienação do bem, o juiz, de ofício ou a requerimento dos interessados ou do depositário, mandará aliená-lo em leilão, observando-se o disposto na Seção I deste Capítulo e, no que couber, o disposto nos arts. 879 a 903.

▸ Arts. 719 a 725 deste Código.

Seção IV
DO DIVÓRCIO E DA SEPARAÇÃO CONSENSUAIS, DA EXTINÇÃO CONSENSUAL DE UNIÃO ESTÁVEL E DA ALTERAÇÃO DO REGIME DE BENS DO MATRIMÔNIO

▸ Arts. 100, I, 600, parágrafo único, 693 a 699 deste Código.

▸ Arts. 1.571 a 1.582 e 1.723 a 1.727 do CC.

▸ Lei nº 5.478, de 25-7-1968 (Lei da Ação de Alimentos).

▸ Lei nº 6.515, de 26-12-1977 (Lei do Divórcio).

▸ Lei nº 8.971, de 29-12-1994, dispõe sobre direito dos companheiros a alimentos e à sucessão.

▸ Lei nº 9.278, de 10-5-1996 (Lei da União Estável).

▸ Lei nº 11.804, de 5-11-2008 (Lei dos Alimentos Gravídicos).

▸ Lei nº 12.318, 26-8-2010 (Lei da Alienação Parental).

Art. 731. A homologação do divórcio ou da separação consensuais, observados os requisitos legais, poderá ser requerida em petição assinada por ambos os cônjuges, da qual constarão:

I – as disposições relativas à descrição e à partilha dos bens comuns;

II – as disposições relativas à pensão alimentícia entre os cônjuges;

▶ Súm. nº 305 do STF.

▶ Súm. nº 64 do TFR.

III – o acordo relativo à guarda dos filhos incapazes e ao regime de visitas; e

▶ Art. 1.584 do CC.

IV – o valor da contribuição para criar e educar os filhos.

▶ Art. 733 deste Código.

Parágrafo único. Se os cônjuges não acordarem sobre a partilha dos bens, far-se-á esta depois de homologado o divórcio, na forma estabelecida nos arts. 647 a 658.

Art. 732. As disposições relativas ao processo de homologação judicial de divórcio ou de separação consensuais aplicam-se, no que couber, ao processo de homologação da extinção consensual de união estável.

Art. 733. O divórcio consensual, a separação consensual e a extinção consensual de união estável, não havendo nascituro ou filhos incapazes e observados os requisitos legais, poderão ser realizados por escritura pública, da qual constarão as disposições de que trata o art. 731.

§ 1º A escritura não depende de homologação judicial e constitui título hábil para qualquer ato de registro, bem como para levantamento de importância depositada em instituições financeiras.

§ 2º O tabelião somente lavrará a escritura se os interessados estiverem assistidos por advogado ou por defensor público, cuja qualificação e assinatura constarão do ato notarial.

Art. 734. A alteração do regime de bens do casamento, observados os requisitos legais, poderá ser requerida, motivadamente, em petição assinada por ambos os cônjuges, na qual serão expostas as razões que justificam a alteração, ressalvados os direitos de terceiros.

▶ Art. 1.639, § 2º, do CC.

§ 1º Ao receber a petição inicial, o juiz determinará a intimação do Ministério Público e a publicação de edital que divulgue a pretendida alteração de bens, somente podendo decidir depois de decorrido o prazo de 30 (trinta) dias da publicação do edital.

§ 2º Os cônjuges, na petição inicial ou em petição avulsa, podem propor ao juiz meio alternativo de divulgação da alteração do regime de bens, a fim de resguardar direitos de terceiros.

§ 3º Após o trânsito em julgado da sentença, serão expedidos mandados de averbação aos cartórios de registro civil e de imóveis e, caso qualquer dos cônjuges seja empresário, ao Registro Público de Empresas Mercantis e Atividades Afins.

Seção V

DOS TESTAMENTOS E DOS CODICILOS

▶ Arts. 1.857 a 1.911 do CC.

Art. 735. Recebendo testamento cerrado, o juiz, se não achar vício externo que o torne suspeito de nulidade ou falsidade, o abrirá e mandará que o escrivão o leia em presença do apresentante.

▶ Arts. 1.868 a 1.875 do CC.

§ 1º Do termo de abertura constarão o nome do apresentante e como ele obteve o testamento, a data e o lugar do falecimento do testador, com as respectivas provas, e qualquer circunstância digna de nota.

§ 2º Depois de ouvido o Ministério Público, não havendo dúvidas a serem esclarecidas, o juiz mandará registrar, arquivar e cumprir o testamento.

▶ Art. 1.875 do CC.

§ 3º Feito o registro, será intimado o testamenteiro para assinar o termo da testamentária.

▶ Art. 1.984 do CC.

§ 4º Se não houver testamenteiro nomeado ou se ele estiver ausente ou não aceitar o encargo, o juiz nomeará testamenteiro dativo, observando-se a preferência legal.

▶ Art. 1.984 do CC.

§ 5º O testamenteiro deverá cumprir as disposições testamentárias e prestar contas em juízo do que recebeu e despendeu, observando-se o disposto em lei.

▶ Arts. 553 e 737, § 4º, deste Código.

Art. 736. Qualquer interessado, exibindo o traslado ou a certidão de testamento público, poderá requerer ao juiz que ordene o seu cumprimento, observando-se, no que couber, o disposto nos parágrafos do art. 735.

▶ Arts. 1.864 a 1.867 do CC.

Art. 737. A publicação do testamento particular poderá ser requerida, depois da morte do testador, pelo herdeiro, pelo legatário ou pelo testamenteiro, bem como pelo terceiro detentor do testamento, se impossibilitado de entregá-lo a algum dos outros legitimados para requerê-la.

▶ Arts. 1.876 a 1.880 do CC.

§ 1º Serão intimados os herdeiros que não tiverem requerido a publicação do testamento.

§ 2º Verificando a presença dos requisitos da lei, ouvido o Ministério Público, o juiz confirmará o testamento.

▶ Art. 1.878 do CC.

§ 3º Aplica-se o disposto neste artigo ao codicilo e aos testamentos marítimo, aeronáutico, militar e nuncupativo.

▶ Arts. 1.885, 1.888 e 1.893 do CC.

§ 4º Observar-se-á, no cumprimento do testamento, o disposto nos parágrafos do art. 735.

▶ Art. 1.983 do CC.

Seção VI

DA HERANÇA JACENTE

▶ Arts. 1.819 a 1.823 do CC.

Art. 738. Nos casos em que a lei considere jacente a herança, o juiz em cuja comarca tiver domicílio o falecido procederá imediatamente à arrecadação dos respectivos bens.

▶ Arts. 70 a 78 do CC.

Art. 739. A herança jacente ficará sob a guarda, a conservação e a administração de um curador até a respectiva entrega ao sucessor legalmente habilitado ou até a declaração de vacância.

▶ Art. 1.822 do CC.

§ 1º Incumbe ao curador:

I – representar a herança em juízo ou fora dele, com intervenção do Ministério Público;

II – ter em boa guarda e conservação os bens arrecadados e promover a arrecadação de outros porventura existentes;

III – executar as medidas conservatórias dos direitos da herança;

IV – apresentar mensalmente ao juiz balancete da receita e da despesa;

V – prestar contas ao final de sua gestão.

▶ Art. 553 deste Código.

§ 2º Aplica-se ao curador o disposto nos arts. 159 a 161.

Art. 740. O juiz ordenará que o oficial de justiça, acompanhado do escrivão ou do chefe de secretaria e do curador, arrole os bens e descreva-os em auto circunstanciado.

§ 1º Não podendo comparecer ao local, o juiz requisitará à autoridade policial que proceda à arrecadação e ao arrolamento dos bens, com 2 (duas) testemunhas, que assistirão às diligências.

§ 2º Não estando ainda nomeado o curador, o juiz designará depositário e lhe entregará os bens, mediante simples termo nos autos, depois de compromissado.

▶ Arts. 159 a 161 deste Código.

§ 3º Durante a arrecadação, o juiz ou a autoridade policial inquirirá os moradores da casa e da vizinhança sobre a qualificação do falecido, o paradeiro de seus sucessores e a existência de outros bens, lavrando-se de tudo auto de inquirição e informação.

§ 4º O juiz examinará reservadamente os papéis, as cartas missivas e os livros domésticos e, verificando que não apresentam interesse, mandará empacotá-los e lacrá-los para serem assim entregues aos sucessores do falecido ou queimados quando os bens forem declarados vacantes.

§ 5º Se constar ao juiz a existência de bens em outra comarca, mandará expedir carta precatória a fim de serem arrecadados.

▶ Art. 237, III, deste Código.

§ 6º Não se fará a arrecadação, ou essa será suspensa, quando, iniciada, apresentarem-se para reclamar os bens o cônjuge ou companheiro, o herdeiro ou o testamenteiro notoriamente reconhecido e não houver oposição motivada do curador, de qualquer interessado, do Ministério Público ou do representante da Fazenda Pública.

Art. 741. Ultimada a arrecadação, o juiz mandará expedir edital, que será publicado na rede mundial de computadores, no sítio do tribunal a que estiver vinculado o juízo e na plataforma de editais do Conselho Nacional de Justiça, onde permanecerá por 3 (três) meses, ou, não havendo sítio, no órgão oficial e na imprensa da comarca, por 3 (três) vezes com intervalos de 1 (um) mês, para que os sucessores do falecido venham a habilitar-se no prazo de 6 (seis) meses contado da primeira publicação.

§ 1º Verificada a existência de sucessor ou de testamenteiro em lugar certo, far-se-á a sua citação, sem prejuízo do edital.

§ 2º Quando o falecido for estrangeiro, será também comunicado o fato à autoridade consular.

§ 3º Julgada a habilitação do herdeiro, reconhecida a qualidade do testamenteiro ou provada a identidade do cônjuge ou companheiro, a arrecadação converter-se-á em inventário.

§ 4º Os credores da herança poderão habilitar-se como nos inventários ou propor a ação de cobrança.

Art. 742. O juiz poderá autorizar a alienação:

I – de bens móveis, se forem de conservação difícil ou dispendiosa;

II – de semoventes, quando não empregados na exploração de alguma indústria;

III – de títulos e papéis de crédito, havendo fundado receio de depreciação;

IV – de ações de sociedade quando, reclamada a integralização, não dispuser a herança de dinheiro para o pagamento;

V – de bens imóveis:

a) se ameaçarem ruína, não convindo a reparação;

b) se estiverem hipotecados e vencer-se a dívida, não havendo dinheiro para o pagamento.

§ 1º Não se procederá, entretanto, à venda se a Fazenda Pública ou o habilitando adiantar a importância para as despesas.

§ 2º Os bens com valor de afeição, como retratos, objetos de uso pessoal, livros e obras de arte, só serão alienados depois de declarada a vacância da herança.

Art. 743. Passado 1 (um) ano da primeira publicação do edital e não havendo herdeiro habilitado nem habilitação pendente, será a herança declarada vacante.

§ 1º Pendendo habilitação, a vacância será declarada pela mesma sentença que a julgar improcedente, aguardando-se, no caso de serem diversas as habilitações, o julgamento da última.

§ 2º Transitada em julgado a sentença que declarou a vacância, o cônjuge, o companheiro, os herdeiros e os credores só poderão reclamar o seu direito por ação direta.

Seção VII – *DOS BENS DOS AUSENTES*

- Art. 49 deste Código.
- Arts. 22 a 39 do CC.
- Súm. nº 331 do STF.

Art. 744. Declarada a ausência nos casos previstos em lei, o juiz mandará arrecadar os bens do ausente e nomear-lhes-á curador na forma estabelecida na Seção VI, observando-se o disposto em lei.

- Arts. 738 a 743 deste Código.

Art. 745. Feita a arrecadação, o juiz mandará publicar editais na rede mundial de computadores, no sítio do tribunal a que estiver vinculado e na plataforma de editais do Conselho Nacional de Justiça, onde permanecerá por 1 (um) ano, ou, não havendo sítio, no órgão oficial e na imprensa da comarca, durante 1 (um) ano, reproduzida de 2 (dois) em 2 (dois) meses, anunciando a arrecadação e chamando o ausente a entrar na posse de seus bens.

§ 1º Findo o prazo previsto no edital, poderão os interessados requerer a abertura da sucessão provisória, observando-se o disposto em lei.

§ 2º O interessado, ao requerer a abertura da sucessão provisória, pedirá a citação pessoal dos herdeiros presentes e do curador e, por editais, a dos ausentes para requererem habilitação, na forma dos arts. 689 a 692.

§ 3º Presentes os requisitos legais, poderá ser requerida a conversão da sucessão provisória em definitiva.

§ 4º Regressando o ausente ou algum de seus descendentes ou ascendentes para requerer ao juiz a entrega de bens, serão citados para contestar o pedido os sucessores provisórios ou definitivos, o Ministério Público e o representante da Fazenda Pública, seguindo-se o procedimento comum.

- Arts. 318 a 512 deste Código.

Seção VIII – *DAS COISAS VAGAS*

- Arts. 1.233 a 1.237 do CC.

Art. 746. Recebendo do descobridor coisa alheia perdida, o juiz mandará lavrar o respectivo auto, do qual constará a descrição do bem e as declarações do descobridor.

- Arts. 1.233 a 1.237 do CC.

§ 1º Recebida a coisa por autoridade policial, esta a remeterá em seguida ao juízo competente.

§ 2º Depositada a coisa, o juiz mandará publicar edital na rede mundial de computadores, no sítio do tribunal a que estiver vinculado e na plataforma de editais do Conselho Nacional de Justiça ou, não havendo sítio, no órgão oficial e na imprensa da comarca, para que o dono ou o legítimo possuidor a reclame, salvo se se tratar de coisa de pequeno valor e não for possível a publicação no sítio do tribunal, caso em que o edital será apenas afixado no átrio do edifício do fórum.

§ 3º Observar-se-á, quanto ao mais, o disposto em lei.

Seção IX – *DA INTERDIÇÃO*

- Arts. 1.767 a 1.783 do CC.

Art. 747. A interdição pode ser promovida:

- Art. 1.768, IV, do CC.

I – pelo cônjuge ou companheiro;

II – pelos parentes ou tutores;

III – pelo representante da entidade em que se encontra abrigado o interditando;

IV – pelo Ministério Público.

Parágrafo único. A legitimidade deverá ser comprovada por documentação que acompanhe a petição inicial.

- Arts. 17, 330, II, 337, XI, 339, e 485, VI, deste Código.

Art. 748. O Ministério Público só promoverá interdição em caso de doença mental grave:

I – se as pessoas designadas nos incisos I, II e III do art. 747 não existirem ou não promoverem a interdição;

II – se, existindo, forem incapazes as pessoas mencionadas nos incisos I e II do art. 747.

Art. 749. Incumbe ao autor, na petição inicial, especificar os fatos que demonstram a incapacidade do interditando para administrar seus bens e, se for o caso, para praticar atos da vida civil, bem como o momento em que a incapacidade se revelou.

Parágrafo único. Justificada a urgência, o juiz pode nomear curador provisório ao interditando para a prática de determinados atos.

Art. 750. O requerente deverá juntar laudo médico para fazer prova de suas alegações ou informar a impossibilidade de fazê-lo.

Art. 751. O interditando será citado para, em dia designado, comparecer perante o juiz, que o entrevistará minuciosamente acerca de sua vida, negócios, bens, vontades, preferências e laços familiares e afetivos e sobre o que mais lhe parecer necessário para convencimento quanto à sua capacidade para praticar atos da vida civil, devendo ser reduzidas a termo as perguntas e respostas.

§ 1º Não podendo o interditando deslocar-se, o juiz o ouvirá no local onde estiver.

§ 2º A entrevista poderá ser acompanhada por especialista.

§ 3º Durante a entrevista, é assegurado o emprego de recursos tecnológicos capazes de permitir ou de auxiliar o interditando a expressar suas vontades e preferências e a responder às perguntas formuladas.

§ 4º A critério do juiz, poderá ser requisitada a oitiva de parentes e de pessoas próximas.

Art. 752. Dentro do prazo de 15 (quinze) dias contado da entrevista, o interditando poderá impugnar o pedido.

§ 1º O Ministério Público intervirá como fiscal da ordem jurídica.

§ 2º O interditando poderá constituir advogado, e, caso não o faça, deverá ser nomeado curador especial.

- Art. 72 deste Código.

§ 3º Caso o interditando não constitua advogado, o seu cônjuge, companheiro ou qualquer parente sucessível poderá intervir como assistente.

Art. 753. Decorrido o prazo previsto no art. 752, o juiz determinará a produção de prova pericial para avaliação da capacidade do interditando para praticar atos da vida civil.

§ 1º A perícia pode ser realizada por equipe composta por expertos com formação multidisciplinar.

§ 2º O laudo pericial indicará especificadamente, se for o caso, os atos para os quais haverá necessidade de curatela.

Art. 754. Apresentado o laudo, produzidas as demais provas e ouvidos os interessados, o juiz proferirá sentença.

Art. 755. Na sentença que decretar a interdição, o juiz:

I – nomeará curador, que poderá ser o requerente da interdição, e fixará os limites da curatela, segundo o estado e o desenvolvimento mental do interdito;

II – considerará as características pessoais do interdito, observando suas potencialidades, habilidades, vontades e preferências.

- Art. 1.012, § 1º, VI, deste Código.

§ 1º A curatela deve ser atribuída a quem melhor possa atender aos interesses do curatelado.

§ 2º Havendo, ao tempo da interdição, pessoa incapaz sob a guarda e a responsabilidade do interdito, o juiz atribuirá a curatela a quem melhor puder atender aos interesses do interdito e do incapaz.

§ 3º A sentença de interdição será inscrita no registro de pessoas naturais e imediatamente publicada na rede mundial de computadores, no sítio do tribunal a que estiver vinculado o juízo e na plataforma de editais do Conselho Nacional de Justiça, onde permanecerá por 6 (seis) meses, na imprensa local, 1 (uma) vez, e no órgão oficial, por 3 (três) vezes, com intervalo de 10 (dez) dias, constando do edital os nomes do interdito e do curador, a causa da interdição, os limites da curatela e, não sendo total a interdição, os atos que o interdito poderá praticar autonomamente.

Art. 756. Levantar-se-á a curatela quando cessar a causa que a determinou.

§ 1º O pedido de levantamento da curatela poderá ser feito pelo interdito, pelo curador ou pelo Ministério Público e será apensado aos autos da interdição.

§ 2º O juiz nomeará perito ou equipe multidisciplinar para proceder ao exame do interdito e designará audiência de instrução e julgamento após a apresentação do laudo.

▸ Arts. 358 a 368 deste Código.

§ 3º Acolhido o pedido, o juiz decretará o levantamento da interdição e determinará a publicação da sentença, após o trânsito em julgado, na forma do art. 755, § 3º, ou, não sendo possível, na imprensa local e no órgão oficial, por 3 (três) vezes, com intervalo de 10 (dez) dias, seguindo-se a averbação no registro de pessoas naturais.

§ 4º A interdição poderá ser levantada parcialmente quando demonstrada a capacidade do interdito para praticar alguns atos da vida civil.

Art. 757. A autoridade do curador estende-se à pessoa e aos bens do incapaz que se encontrar sob a guarda e a responsabilidade do curatelado ao tempo da interdição, salvo se o juiz considerar outra solução como mais conveniente aos interesses do incapaz.

Art. 758. O curador deverá buscar tratamento e apoio apropriados à conquista da autonomia pelo interdito.

Seção X

DISPOSIÇÕES COMUNS À TUTELA E À CURATELA

▸ Arts. 1.767 a 1.783 do CC.

Art. 759. O tutor ou o curador será intimado a prestar compromisso no prazo de 5 (cinco) dias contado da:

I – nomeação feita em conformidade com a lei;

II – intimação do despacho que mandar cumprir o testamento ou o instrumento público que o houver instituído.

§ 1º O tutor ou o curador prestará o compromisso por termo em livro rubricado pelo juiz.

§ 2º Prestado o compromisso, o tutor ou o curador assume a administração dos bens do tutelado ou do interditado.

Art. 760. O tutor ou o curador poderá eximir-se do encargo apresentando escusa ao juiz no prazo de 5 (cinco) dias contado:

I – antes de aceitar o encargo, da intimação para prestar compromisso;

II – depois de entrar em exercício, do dia em que sobrevier o motivo da escusa.

§ 1º Não sendo requerida a escusa no prazo estabelecido neste artigo, considerar-se-á renunciado o direito de alegá-la.

▸ Arts. 1.736 a 1.739 do CC.

§ 2º O juiz decidirá de plano o pedido de escusa, e, não o admitindo, exercerá o nomeado a tutela ou a curatela enquanto não for dispensado por sentença transitada em julgado.

▸ Art. 1.739 do CC.

Art. 761. Incumbe ao Ministério Público ou a quem tenha legítimo interesse requerer, nos casos previstos em lei, a remoção do tutor ou do curador.

▸ Arts. 17, 330, III, 337, XI, 339, e 485, VI, deste Código.

Parágrafo único. O tutor ou o curador será citado para contestar a arguição no prazo de 5 (cinco) dias, findo o qual observar-se-á o procedimento comum.

▸ Arts. 318 a 512 deste Código.

Art. 762. Em caso de extrema gravidade, o juiz poderá suspender o tutor ou o curador do exercício de suas funções, nomeando substituto interino.

Art. 763. Cessando as funções do tutor ou do curador pelo decurso do prazo em que era obrigado a servir, ser-lhe-á lícito requerer a exoneração do encargo.

§ 1º Caso o tutor ou o curador não requeira a exoneração do encargo dentro dos 10 (dez) dias seguintes à expiração do termo, entender-se-á reconduzido, salvo se o juiz o dispensar.

§ 2º Cessada a tutela ou a curatela, é indispensável a prestação de contas pelo tutor ou pelo curador, na forma da lei civil.

▸ Art. 553 deste Código.

Seção XI

DA ORGANIZAÇÃO E DA FISCALIZAÇÃO DAS FUNDAÇÕES

▸ Arts. 62 a 69 do CC.

Art. 764. O juiz decidirá sobre a aprovação do estatuto das fundações e de suas alterações sempre que o requeira o interessado, quando:

I – ela for negada previamente pelo Ministério Público ou por este forem exigidas modificações com as quais o interessado não concorde;

II – o interessado discordar do estatuto elaborado pelo Ministério Público.

§ 1º O estatuto das fundações deve observar o disposto na Lei nº 10.406, de 10 de janeiro de 2002 (Código Civil).

§ 2º Antes de suprir a aprovação, o juiz poderá mandar fazer no estatuto modificações a fim de adaptá-lo ao objetivo do instituidor.

Art. 765. Qualquer interessado ou o Ministério Público promoverá em juízo a extinção da fundação quando:

I – se tornar ilícito o seu objeto;

II – for impossível a sua manutenção;

III – vencer o prazo de sua existência.

Seção XII

DA RATIFICAÇÃO DOS PROTESTOS MARÍTIMOS E DOS PROCESSOS TESTEMUNHÁVEIS FORMADOS A BORDO

▸ Art. 505 do CCom.

Art. 766. Todos os protestos e os processos testemunháveis formados a bordo e lançados no livro Diário da Navegação deverão ser apresentados pelo comandante ao juiz de direito do primeiro porto, nas primeiras 24 (vinte e quatro) horas de chegada da embarcação, para sua ratificação judicial.

Art. 767. A petição inicial conterá a transcrição dos termos lançados no livro Diário da Navegação e deverá ser instruída com cópias das páginas que contenham os termos que serão ratificados, dos documentos de identificação do comandante e das testemunhas arroladas, do rol de tripulantes, do documento de registro da embarcação e, quando for o caso, do manifesto das cargas sinistradas e a qualificação de seus consignatários, traduzidos, quando for o caso, de forma livre para o português.

Art. 768. A petição inicial deverá ser distribuída com urgência e encaminhada ao juiz, que ouvirá, sob compromisso a ser prestado no mesmo dia, o comandante e as testemunhas em número mínimo de 2 (duas) e máximo de 4 (quatro), que deverão comparecer ao ato independentemente de intimação.

§ 1º Tratando-se de estrangeiros que não dominem a língua portuguesa, o autor deverá fazer-se acompanhar por tradutor, que prestará compromisso em audiência.

▸ Arts. 162 a 164 deste Código.

§ 2º Caso o autor não se faça acompanhar por tradutor, o juiz deverá nomear outro que preste compromisso em audiência.

Art. 769. Aberta a audiência, o juiz mandará apregoar os consignatários das cargas indicados na petição inicial e outros eventuais interessados, nomeando para os ausentes curador para o ato.

Art. 770. Inquiridos o comandante e as testemunhas, o juiz, convencido da veracidade dos termos lançados no Diário da Navegação, em audiência, ratificará por sentença o protesto ou o processo testemunhável lavrado a bordo, dispensado o relatório.

Parágrafo único. Independentemente do trânsito em julgado, o juiz determinará a entrega dos autos ao autor ou ao seu advogado, mediante a apresentação de traslado.

LIVRO II – DO PROCESSO DE EXECUÇÃO

TÍTULO I – DA EXECUÇÃO EM GERAL

CAPÍTULO I

DISPOSIÇÕES GERAIS

Art. 771. Este Livro regula o procedimento da execução fundada em título extrajudicial, e suas disposições aplicam-se, também, no que couber, aos procedimentos especiais de execução, aos atos executivos realizados no procedimento de cumprimento de sentença, bem como aos efeitos de atos ou fatos processuais a que a lei atribuir força executiva.

▸ Arts. 513 a 538 deste Código.

Parágrafo único. Aplicam-se subsidiariamente à execução as disposições do Livro I da Parte Especial.

▸ Súm. nº 196 do STJ.

Art. 772. O juiz pode, em qualquer momento do processo:

I – ordenar o comparecimento das partes;

II – advertir o executado de que seu procedimento constitui ato atentatório à dignidade da justiça;

▸ Arts. 77, IV e VI, §§ 1º a 8º, 139, III, 161, parágrafo único, 334, § 8º, 774, 777, 903, § 6º, 918, parágrafo único, deste Código.

III – determinar que sujeitos indicados pelo exequente forneçam informações em geral relacionadas ao objeto da execução, tais como documentos e dados que tenham em seu poder, assinando-lhes prazo razoável.

▸ Arts. 401 a 404 deste Código.

Art. 773. O juiz poderá, de ofício ou a requerimento, determinar as medidas necessárias ao cumprimento da ordem de entrega de documentos e dados.

Parágrafo único. Quando, em decorrência do disposto neste artigo, o juízo receber dados sigilosos para os fins da execução, o juiz adotará as medidas necessárias para assegurar a confidencialidade.

Art. 774. Considera-se atentatória à dignidade da justiça a conduta comissiva ou omissiva do executado que:

I – frauda a execução;

► Art. 792 deste Código.

II – se opõe maliciosamente à execução, empregando ardis e meios artificiosos;

III – dificulta ou embaraça a realização da penhora;

IV – resiste injustificadamente às ordens judiciais;

V – intimado, não indica ao juiz quais são e onde estão os bens sujeitos à penhora e os respectivos valores, nem exibe prova de sua propriedade e, se for o caso, certidão negativa de ônus.

► Arts. 77, IV e VI, §§ 1º a 8º, 139, III, 161, parágrafo único, 772, II, 777, 903, § 6º, e 918, parágrafo único, deste Código.

Parágrafo único. Nos casos previstos neste artigo, o juiz fixará multa em montante não superior a vinte por cento do valor atualizado do débito em execução, a qual será revertida em proveito do exequente, exigível nos próprios autos do processo, sem prejuízo de outras sanções de natureza processual ou material.

Art. 775. O exequente tem o direito de desistir de toda a execução ou de apenas alguma medida executiva.

Parágrafo único. Na desistência da execução, observar-se-á o seguinte:

I – serão extintos a impugnação e os embargos que versarem apenas sobre questões processuais, pagando o exequente as custas processuais e os honorários advocatícios;

► Arts. 81 a 97 deste Código.

II – nos demais casos, a extinção dependerá da concordância do impugnante ou do embargante.

► Arts. 90, 200, parágrafo único, e 485, VIII, §§ 4º e 5º deste Código.

Art. 776. O exequente ressarcirá ao executado os danos que este sofreu, quando a sentença, transitada em julgado, declarar inexistente, no todo ou em parte, a obrigação que ensejou a execução.

► Arts. 402 a 405 e 927 do CC.

Art. 777. A cobrança de multas ou de indenizações decorrentes de litigância de má-fé ou de prática de ato atentatório à dignidade da justiça será promovida nos próprios autos do processo.

► Arts. 77, IV e VI, §§ 1º a 8º, 79 a 81, 100, parágrafo único, 139, III, 142, 161, parágrafo único, 536, § 3º, 772, II, 774, 903, § 6º, e 918, parágrafo único, deste Código.

CAPÍTULO II
DAS PARTES

Art. 778. Pode promover a execução forçada o credor a quem a lei confere título executivo.

► Arts. 783 a 785 deste Código.

§ 1º Podem promover a execução forçada ou nela prosseguir, em sucessão ao exequente originário:

I – o Ministério Público, nos casos previstos em lei;

II – o espólio, os herdeiros ou os sucessores do credor, sempre que, por morte deste, lhes for transmitido o direito resultante do título executivo;

► Art. 110 deste Código.

III – o cessionário, quando o direito resultante do título executivo lhe for transferido por ato entre vivos;

IV – o sub-rogado, nos casos de sub-rogação legal ou convencional.

► Arts. 259, parágrafo único, 346 a 351, 786, 831, 1.148, 1.368, 1.407, § 2º, e 1.429, parágrafo único, do CC.

§ 2º A sucessão prevista no § 1º independe de consentimento do executado.

Art. 779. A execução pode ser promovida contra:

► Súm. nº 268 do STJ.

I – o devedor, reconhecido como tal no título executivo;

II – o espólio, os herdeiros ou os sucessores do devedor;

III – o novo devedor que assumiu, com o consentimento do credor, a obrigação resultante do título executivo;

IV – o fiador do débito constante em título extrajudicial;

V – o responsável titular do bem vinculado por garantia real ao pagamento do débito;

► Arts. 674, § 2º, IV, 784, V, 790, 791 e 842 deste Código.

VI – o responsável tributário, assim definido em lei.

Art. 780. O exequente pode cumular várias execuções, ainda que fundadas em títulos diferentes, quando o executado for o mesmo e desde que para todas elas seja competente o mesmo juízo e idêntico o procedimento.

► Art. 917 deste Código.

► Súm. nº 27 do STJ.

CAPÍTULO III
DA COMPETÊNCIA

► Arts. 42 a 66 deste Código.

Art. 781. A execução fundada em título extrajudicial será processada perante o juízo competente, observando-se o seguinte:

I – a execução poderá ser proposta no foro de domicílio do executado, de eleição constante do título ou, ainda, de situação dos bens a ela sujeitos;

► Arts. 25 e 63 deste Código.

II – tendo mais de um domicílio, o executado poderá ser demandado no foro de qualquer deles;

III – sendo incerto ou desconhecido o domicílio do executado, a execução poderá ser proposta no lugar onde for encontrado ou no foro de domicílio do exequente;

IV – havendo mais de um devedor, com diferentes domicílios, a execução será proposta no foro de qualquer deles, à escolha do exequente;

V – a execução poderá ser proposta no foro do lugar em que se praticou o ato ou em que ocorreu o fato que deu origem ao título, mesmo que nele não mais resida o executado.

► Arts. 70 a 78 do CC.

Art. 782. Não dispondo a lei de modo diverso, o juiz determinará os atos executivos, e o oficial de justiça os cumprirá.

► Art. 154 deste Código.

§ 1º O oficial de justiça poderá cumprir os atos executivos determinados pelo juiz também nas comarcas contíguas, de fácil comunicação, e nas que se situem na mesma região metropolitana.

► Art. 255 deste Código.

§ 2º Sempre que, para efetivar a execução, for necessário o emprego de força policial, o juiz a requisitará.

► Arts. 139, IV, e 360, III, deste Código.

§ 3º A requerimento da parte, o juiz pode determinar a inclusão do nome do executado em cadastros de inadimplentes.

► Art. 17 da IN do TST nº 39, de 15-3-2016, que dispõe de forma não exaustiva sobre as normas do CPC/2015 aplicáveis ao Processo do Trabalho.

§ 4º A inscrição será cancelada imediatamente se for efetuado o pagamento, se for garantida a execução ou se a execução for extinta por qualquer outro motivo.

► Art. 17 da IN do TST nº 39, de 15-3-2016, que dispõe de forma não exaustiva sobre as normas do CPC/2015 aplicáveis ao Processo do Trabalho.

§ 5º O disposto nos §§ 3º e 4º aplica-se à execução definitiva de título judicial.

► Art. 17 da IN do TST nº 39, de 15-3-2016, que dispõe de forma não exaustiva sobre as normas do CPC/2015 aplicáveis ao Processo do Trabalho.

CAPÍTULO IV
DOS REQUISITOS NECESSÁRIOS PARA REALIZAR QUALQUER EXECUÇÃO

Seção I
DO TÍTULO EXECUTIVO

Art. 783. A execução para cobrança de crédito fundar-se-á sempre em título de obrigação certa, líquida e exigível.

► Art. 803, I, deste Código.

Art. 784. São títulos executivos extrajudiciais:

I – a letra de câmbio, a nota promissória, a duplicata, a debênture e o cheque;

► Lei nº 5.474, de 18-7-1968 (Lei das Duplicatas).

► Dec. nº 2.044, de 31-12-1908 (Lei da Letra de Câmbio e da Nota Promissória).

► Dec. nº 57.595, de 7-1-1965 (Lei Uniforme em Matéria de Cheque).

► Dec. nº 57.663, de 24-1-1966 (Lei Uniforme em Matéria de Letras de Câmbio e Notas Promissórias).

► Súm. nº 600 do STF.

► Súmulas nºs 60 e 258 do STJ.

II – a escritura pública ou outro documento público assinado pelo devedor;

► Súmulas nºs 233, 247 e 300 do STJ.

III – o documento particular assinado pelo devedor e por 2 (duas) testemunhas;

IV – o instrumento de transação referendado pelo Ministério Público, pela Defensoria Pública, pela Advocacia Pública, pelos advogados dos transatores ou por conciliador ou mediador credenciado por tribunal;

► Arts. 840 a 850 do CC.

► Lei nº 13.140, de 26-6-2015 (Lei da Mediação).

V – o contrato garantido por hipoteca, penhor, anticrese ou outro direito real de garantia e aquele garantido por caução;

► Arts. 779, V, 790, I, 791 e 842 deste Código.

► Arts. 1.419 a 1.510 do CC.

VI – o contrato de seguro de vida em caso de morte;

- Arts. 789 a 802 do CC.

VII – o crédito decorrente de foro e laudêmio;

VIII – o crédito, documentalmente comprovado, decorrente de aluguel de imóvel, bem como de encargos acessórios, tais como taxas e despesas de condomínio;

- Lei nº 8.245, de 18-10-1991 (Lei das Locações).

IX – a certidão de dívida ativa da Fazenda Pública da União, dos Estados, do Distrito Federal e dos Municípios, correspondente aos créditos inscritos na forma da lei;

- Lei nº 6.830 de 22-9-1980 (Lei das Execuções Fiscais).
- Súm. nº 392 do STJ.

X – o crédito referente às contribuições ordinárias ou extraordinárias de condomínio edilício, previstas na respectiva convenção ou aprovadas em assembleia-geral, desde que documentalmente comprovadas;

- Art. 1.336, I, do CC.
- Art. 12 da Lei nº 4.591, de 16-12-1964 (Lei do Condomínio e Incorporações).

XI – a certidão expedida por serventia notarial ou de registro relativa a valores de emolumentos e demais despesas devidas pelos atos por ela praticados, fixados nas tabelas estabelecidas em lei;

XI-A – o contrato de contragarantia ou qualquer outro instrumento que materialize o direito de ressarcimento da seguradora contra tomadores de seguro-garantia e seus garantidores;

- Inciso XI-A acrescido pela Lei nº 14.711, de 30-10-2023.

XII – todos os demais títulos aos quais, por disposição expressa, a lei atribuir força executiva.

- Arts. 778 e 798, I, *a*, deste Código.

§ 1º A propositura de qualquer ação relativa a débito constante de título executivo não inibe o credor de promover-lhe a execução.

§ 2º Os títulos executivos extrajudiciais oriundos de país estrangeiro não dependem de homologação para serem executados.

§ 3º O título estrangeiro só terá eficácia executiva quando satisfeitos os requisitos de formação exigidos pela lei do lugar de sua celebração e quando o Brasil for indicado como o lugar de cumprimento da obrigação.

§ 4º Nos títulos executivos constituídos ou atestados por meio eletrônico, é admitida qualquer modalidade de assinatura eletrônica prevista em lei, dispensada a assinatura de testemunhas quando sua integridade for conferida por provedor de assinatura.

- § 4º acrescido pela Lei nº 14.620, de 13-7-2023.

Art. 785. A existência de título executivo extrajudicial não impede a parte de optar pelo processo de conhecimento, a fim de obter título executivo judicial.

Seção II
DA EXIGIBILIDADE DA OBRIGAÇÃO

Art. 786. A execução pode ser instaurada caso o devedor não satisfaça a obrigação certa, líquida e exigível consubstanciada em título executivo.

- Lei nº 6.899, de 8-4-1981, determina a aplicação da correção monetária nos débitos oriundos de decisão judicial.

Parágrafo único. A necessidade de simples operações aritméticas para apurar o crédito exequendo não retira a liquidez da obrigação constante do título.

Art. 787. Se o devedor não for obrigado a satisfazer sua prestação senão mediante a contraprestação do credor, este deverá provar que a adimpliu ao requerer a execução, sob pena de extinção do processo.

- Art. 798, I, *d*, deste Código.
- Arts. 475 a 477 do CC.

Parágrafo único. O executado poderá eximir-se da obrigação, depositando em juízo a prestação ou a coisa, caso em que o juiz não permitirá que o credor a receba sem cumprir a contraprestação que lhe tocar.

Art. 788. O credor não poderá iniciar a execução ou nela prosseguir se o devedor cumprir a obrigação, mas poderá recusar o recebimento da prestação se ela não corresponder ao direito ou à obrigação estabelecidos no título executivo, caso em que poderá requerer a execução forçada, ressalvado ao devedor o direito de embargá-la.

- Arts. 914 a 920 deste Código.
- Art. 313 do CC.

CAPÍTULO V
DA RESPONSABILIDADE PATRIMONIAL

- Art. 3º da IN do TST nº 39, de 15-3-2016, que dispõe de forma não exaustiva sobre as normas do CPC/2015 aplicáveis ao Processo do Trabalho.

Art. 789. O devedor responde com todos os seus bens presentes e futuros para o cumprimento de suas obrigações, salvo as restrições estabelecidas em lei.

Art. 790. São sujeitos à execução os bens:

I – do sucessor a título singular, tratando-se de execução fundada em direito real ou obrigação reipersecutória;

- Arts. 674, § 2º, IV, 792, I, 779, V, e 842 deste Código.

II – do sócio, nos termos da lei;

- Art. 795 deste Código.
- Arts. 990, 991, 1.023, 1.024, 1.039, 1.045, 1.052, 1.088, 1.091 e 1.095 do CC.

III – do devedor, ainda que em poder de terceiros;

IV – do cônjuge ou companheiro, nos casos em que seus bens próprios ou de sua meação respondem pela dívida;

- Arts. 1.643, 1.644, 1.663, § 1º, 1.664, 1.666, 1.667, 1.668, 1.677 e 1.686 do CC.

V – alienados ou gravados com ônus real em fraude à execução;

- Arts. 137, 674, § 2º, II, 792, 828, § 4º, e 856, § 3º, deste Código.
- Súm. nº 375 do STJ.

VI – cuja alienação ou gravação com ônus real tenha sido anulada em razão do reconhecimento, em ação autônoma, de fraude contra credores;

- Arts. 158 a 165 do CC.

VII – do responsável, nos casos de desconsideração da personalidade jurídica.

- Arts. 133 a 137 deste Código.
- Arts. 50 e 1.080 do CC.
- Art. 28 do CDC.
- Art. 34 da Lei nº 12.529, de 30-11-2011 (Lei do Sistema Brasileiro de Defesa da Concorrência).

Art. 791. Se a execução tiver por objeto obrigação de que seja sujeito passivo o proprietário de terreno submetido ao regime do direito de superfície, ou o superficiário, responderá pela dívida, exclusivamente, o direito real do qual é titular o executado, recaindo a penhora ou outros atos de constrição exclusivamente sobre o terreno, no primeiro caso, ou sobre a construção ou a plantação, no segundo caso.

- Arts. 799, V e VI, 804, § 2º, 842 e 889, III e IV, deste Código.
- Arts. 1.369 a 1.377 do CC.

§ 1º Os atos de constrição a que se refere o *caput* serão averbados separadamente na matrícula do imóvel, com a identificação do executado, do valor do crédito e do objeto sobre o qual recai o gravame, devendo o oficial destacar o bem que responde pela dívida, se o terreno, a construção ou a plantação, de modo a assegurar a publicidade da responsabilidade patrimonial de cada um deles pelas dívidas e pelas obrigações que a eles estão vinculadas.

- Arts. 792, II, 799, IX, 828, 837 e 844 deste Código.

§ 2º Aplica-se, no que couber, o disposto neste artigo à enfiteuse, à concessão de uso especial para fins de moradia e à concessão de direito real de uso.

Art. 792. A alienação ou a oneração de bem é considerada fraude à execução:

I – quando sobre o bem pender ação fundada em direito real ou com pretensão reipersecutória, desde que a pendência do processo tenha sido averbada no respectivo registro público, se houver;

II – quando tiver sido averbada, no registro do bem, a pendência do processo de execução, na forma do art. 828;

- Arts. 790, I, 791, § 1º, 799, IX, 828 e 844 deste Código.

III – quando tiver sido averbado, no registro do bem, hipoteca judiciária ou outro ato de constrição judicial originário do processo onde foi arguida a fraude;

- Art. 495 deste Código.

IV – quando, ao tempo da alienação ou da oneração, tramitava contra o devedor ação capaz de reduzi-lo à insolvência;

- Súm. nº 375 do STJ.

V – nos demais casos expressos em lei.

- Art. 179 do CP.

§ 1º A alienação em fraude à execução é ineficaz em relação ao exequente.

§ 2º No caso de aquisição de bem não sujeito a registro, o terceiro adquirente tem o ônus de provar que adotou as cautelas necessárias para a aquisição, mediante a exibição das certidões pertinentes, obtidas no domicílio do vendedor e no local onde se encontra o bem.

§ 3º Nos casos de desconsideração da personalidade jurídica, a fraude à execução verifica-se a partir da citação da parte cuja personalidade se pretende desconsiderar.

- Art. 137 deste Código.

§ 4º Antes de declarar a fraude à execução, o juiz deverá intimar o terceiro adquirente, que, se quiser, poderá opor embargos de terceiro, no prazo de 15 (quinze) dias.

- Arts. 674, § 2º, II, 790, V, 828, § 4º, e 856, § 3º, deste Código.
- Arts. 54 a 58 da Lei nº 13.097, de 19-1-2015 (Registros na Matrícula do Imóvel).

Art. 793. O exequente que estiver, por direito de retenção, na posse de coisa pertencente ao devedor não poderá promover a execução sobre outros bens senão depois de excutida a coisa que se achar em seu poder.

▸ Arts. 1.219 e 1.433, II, do CC.

Art. 794. O fiador, quando executado, tem o direito de exigir que primeiro sejam executados os bens do devedor situados na mesma comarca, livres e desembargados, indicando-os pormenorizadamente à penhora.

§ 1º Os bens do fiador ficarão sujeitos à execução se os do devedor, situados na mesma comarca que os seus, forem insuficientes à satisfação do direito do credor.

§ 2º O fiador que pagar a dívida poderá executar o afiançado nos autos do mesmo processo.

§ 3º O disposto no *caput* não se aplica se o fiador houver renunciado ao benefício de ordem.

▸ Arts. 827, 828 e 831 do CC.

Art. 795. Os bens particulares dos sócios não respondem pelas dívidas da sociedade, senão nos casos previstos em lei.

▸ Art. 790, II, deste Código.

▸ Arts. 990, 991, 1.023, 1.024, 1.039, 1.045, 1.052, 1.088, 1.091 e 1.095 do CC.

§ 1º O sócio réu, quando responsável pelo pagamento da dívida da sociedade, tem o direito de exigir que primeiro sejam excutidos os bens da sociedade.

§ 2º Incumbe ao sócio que alegar o benefício do § 1º nomear quantos bens da sociedade situados na mesma comarca, livres e desembargados, bastem para pagar o débito.

§ 3º O sócio que pagar a dívida poderá executar a sociedade nos autos do mesmo processo.

§ 4º Para a desconsideração da personalidade jurídica é obrigatória a observância do incidente previsto neste Código.

▸ Arts. 133 a 137 deste Código.

Art. 796. O espólio responde pelas dívidas do falecido, mas, feita a partilha, cada herdeiro responde por elas dentro das forças da herança e na proporção da parte que lhe coube.

▸ Art. 1.997 do CC.

TÍTULO II – DAS DIVERSAS ESPÉCIES DE EXECUÇÃO

CAPÍTULO I – DISPOSIÇÕES GERAIS

Art. 797. Ressalvado o caso de insolvência do devedor, em que tem lugar o concurso universal, realiza-se a execução no interesse do exequente que adquire, pela penhora, o direito de preferência sobre os bens penhorados.

▸ Arts. 829 a 869 deste Código.

Parágrafo único. Recaindo mais de uma penhora sobre o mesmo bem, cada exequente conservará o seu título de preferência.

Art. 798. Ao propor a execução, incumbe ao exequente:

I – instruir a petição inicial com:

a) o título executivo extrajudicial;

▸ Art. 784 deste Código.

b) o demonstrativo do débito atualizado até a data de propositura da ação, quando se tratar de execução por quantia certa;

▸ Súm. nº 559 do STJ.

c) a prova de que se verificou a condição ou ocorreu o termo, se for o caso;

d) a prova, se for o caso, de que adimpliu a contraprestação que lhe corresponde ou que lhe assegura o cumprimento, se o executado não for obrigado a satisfazer a sua prestação senão mediante a contraprestação do exequente;

▸ Art. 787 deste Código.

▸ Arts. 476 e 477 do CC.

II – indicar:

a) a espécie de execução de sua preferência, quando por mais de um modo puder ser realizada;

b) os nomes completos do exequente e do executado e seus números de inscrição no Cadastro de Pessoas Físicas ou no Cadastro Nacional da Pessoa Jurídica;

c) os bens suscetíveis de penhora, sempre que possível.

▸ Art. 835 deste Código.

Parágrafo único. O demonstrativo do débito deverá conter:

I – o índice de correção monetária adotado;

II – a taxa de juros aplicada;

III – os termos inicial e final de incidência do índice de correção monetária e da taxa de juros utilizados;

▸ Arts. 395 e 405 a 407 do CC.

IV – a periodicidade da capitalização dos juros, se for o caso;

V – a especificação de desconto obrigatório realizado.

Art. 799. Incumbe ainda ao exequente:

I – requerer a intimação do credor pignoratício, hipotecário, anticrético ou fiduciário, quando a penhora recair sobre bens gravados por penhor, hipoteca, anticrese ou alienação fiduciária;

II – requerer a intimação do titular de usufruto, uso ou habitação, quando a penhora recair sobre bem gravado por usufruto, uso ou habitação;

III – requerer a intimação do promitente comprador, quando a penhora recair sobre bem em relação ao qual haja promessa de compra e venda registrada;

IV – requerer a intimação do promitente vendedor, quando a penhora recair sobre direito aquisitivo derivado de promessa de compra e venda registrada;

V – requerer a intimação do superficiário, enfiteuta ou concessionário, em caso de direito de superfície, enfiteuse, concessão de uso especial para fins de moradia ou concessão de direito real de uso, quando a penhora recair sobre imóvel submetido ao regime do direito de superfície, enfiteuse ou concessão;

VI – requerer a intimação do proprietário de terreno com regime de direito de superfície, enfiteuse, concessão de uso especial para fins de moradia ou concessão de direito real de uso, quando a penhora recair sobre direitos do superficiário, do enfiteuta ou do concessionário;

VII – requerer a intimação da sociedade, no caso de penhora de quota social ou de ação de sociedade anônima fechada, para o fim previsto no art. 876, § 7º;

VIII – pleitear, se for o caso, medidas urgentes;

IX – proceder à averbação em registro público do ato de propositura da execução e dos atos de constrição realizados, para conhecimento de terceiros;

▸ Arts. 791, 804, 792, II, 828, 837, 844 e 899 deste Código.

X – requerer a intimação do titular da construção-base, bem como, se for o caso, do titular de lajes anteriores, quando a penhora recair sobre o direito real de laje;

XI – requerer a intimação do titular das lajes, quando a penhora recair sobre a construção-base.

▸ Incisos X e XI acrescidos pela Lei nº 13.465, de 11-7-2017.

Art. 800. Nas obrigações alternativas, quando a escolha couber ao devedor, esse será citado para exercer a opção e realizar a prestação dentro de 10 (dez) dias, se outro prazo não lhe foi determinado em lei ou em contrato.

▸ Arts. 292, VII, e 325, parágrafo único, deste Código.

▸ Arts. 252 a 256 do CC.

§ 1º Devolver-se-á ao credor a opção, se o devedor não a exercer no prazo determinado.

§ 2º A escolha será indicada na petição inicial da execução quando couber ao credor exercê-la.

▸ Arts. 252 a 256 do CC.

Art. 801. Verificando que a petição inicial está incompleta ou que não está acompanhada dos documentos indispensáveis à propositura da execução, o juiz determinará que o exequente a corrija, no prazo de 15 (quinze) dias, sob pena de indeferimento.

Art. 802. Na execução, o despacho que ordena a citação, desde que realizada em observância ao disposto no § 2º do art. 240, interrompe a prescrição, ainda que proferido por juízo incompetente.

▸ Arts. 312 e 827 deste Código.

▸ Arts. 202 a 204 e 397 do CC.

▸ Súm. nº 150 do STF.

▸ Súmulas nºs 204 e 426 do STJ.

Parágrafo único. A interrupção da prescrição retroagirá à data de propositura da ação.

Art. 803. É nula a execução se:

I – o título executivo extrajudicial não corresponder a obrigação certa, líquida e exigível;

▸ Art. 783 deste Código.

II – o executado não for regularmente citado;

▸ Arts. 239 e 276 a 283 deste Código.

III – for instaurada antes de se verificar a condição ou de ocorrer o termo.

▸ Arts. 276 a 283 deste Código.

Parágrafo único. A nulidade de que cuida este artigo será pronunciada pelo juiz, de ofício ou a requerimento da parte, independentemente de embargos à execução.

▸ Art. 10 deste Código.

Art. 804. A alienação de bem gravado por penhor, hipoteca ou anticrese será ineficaz em relação ao credor pignoratício, hipotecário ou anticrético não intimado.

§ 1º A alienação de bem objeto de promessa de compra e venda ou de cessão registrada será ineficaz em relação ao promitente comprador ou ao cessionário não intimado.

§ 2º A alienação de bem sobre o qual tenha sido instituído direito de superfície, seja do solo, da plantação ou da construção, será ineficaz em relação ao concedente ou ao concessionário não intimado.

§ 3º A alienação de direito aquisitivo de bem objeto de promessa de venda, de promessa de cessão ou de alienação fiduciária será ineficaz em relação ao promitente vendedor, ao promitente cedente ou ao proprietário fiduciário não intimado.

§ 4º A alienação de imóvel sobre o qual tenha sido instituída enfiteuse, concessão de uso especial para fins de moradia ou concessão de direito real de uso será ineficaz em relação ao enfiteuta ou ao concessionário não intimado.

§ 5º A alienação de direitos do enfiteuta, do concessionário de direito real de uso ou do concessionário de uso especial para fins de moradia será ineficaz em relação ao proprietário do respectivo imóvel não intimado.

§ 6º A alienação de bem sobre o qual tenha sido instituído usufruto, uso ou habitação será ineficaz em relação ao titular desses direitos reais não intimado.

► Arts. 791, 799, 889 e 903, § 1º, II, deste Código.

Art. 805. Quando por vários meios o exequente puder promover a execução, o juiz mandará que se faça pelo modo menos gravoso para o executado.

► Arts. 829, § 2º, 847 e 867 deste Código.

► Art. 3º da IN do TST nº 39, de 15-3-2016, que dispõe de forma não exaustiva sobre as normas do CPC/2015 aplicáveis ao Processo do Trabalho.

► Súm. nº 417 do STJ.

Parágrafo único. Ao executado que alegar ser a medida executiva mais gravosa incumbe indicar outros meios mais eficazes e menos onerosos, sob pena de manutenção dos atos executivos já determinados.

CAPÍTULO II

DA EXECUÇÃO PARA A ENTREGA DE COISA

Seção I

DA ENTREGA DE COISA CERTA

► Arts. 233 a 242 do CC.

Art. 806. O devedor de obrigação de entrega de coisa certa, constante de título executivo extrajudicial, será citado para, em 15 (quinze) dias, satisfazer a obrigação.

► Súm. nº 196 do STJ.

§ 1º Ao despachar a inicial, o juiz poderá fixar multa por dia de atraso no cumprimento da obrigação, ficando o respectivo valor sujeito a alteração, caso se revele insuficiente ou excessivo.

► Súm. nº 196 do STJ.

§ 2º Do mandado de citação constará ordem para imissão na posse ou busca e apreensão, conforme se tratar de bem imóvel ou móvel, cujo cumprimento se dará de imediato, se o executado não satisfizer a obrigação no prazo que lhe foi designado.

Art. 807. Se o executado entregar a coisa, será lavrado o termo respectivo e considerada satisfeita a obrigação, prosseguindo-se a execução para o pagamento de frutos ou o ressarcimento de prejuízos, se houver.

Art. 808. Alienada a coisa quando já litigiosa, será expedido mandado contra o terceiro adquirente, que somente será ouvido após depositá-la.

Art. 809. O exequente tem direito a receber, além de perdas e danos, o valor da coisa, quando essa se deteriorar, não lhe for entregue, não for encontrada ou não for reclamada do poder de terceiro adquirente.

► Arts. 402 a 405 e 927 do CC.

§ 1º Não constando do título o valor da coisa e sendo impossível sua avaliação, o exequente apresentará estimativa, sujeitando-a ao arbitramento judicial.

§ 2º Serão apurados em liquidação o valor da coisa e os prejuízos.

► Arts. 509 a 512 deste Código.

Art. 810. Havendo benfeitorias indenizáveis feitas na coisa pelo executado ou por terceiros de cujo poder ela houver sido tirada, a liquidação prévia é obrigatória.

► Art. 917, IV, deste Código.

► Arts. 96, 453, 454, 578 e 1.219 a 1.222 do CC.

Parágrafo único. Havendo saldo:

I – em favor do executado ou de terceiros, o exequente o depositará ao requerer a entrega da coisa;

II – em favor do exequente, esse poderá cobrá-lo nos autos do mesmo processo.

Seção II

DA ENTREGA DE COISA INCERTA

► Arts. 85 e 243 a 246 do CC.

Art. 811. Quando a execução recair sobre coisa determinada pelo gênero e pela quantidade, o executado será citado para entregá-la individualizada, se lhe couber a escolha.

Parágrafo único. Se a escolha couber ao exequente, esse deverá indicá-la na petição inicial.

Art. 812. Qualquer das partes poderá, no prazo de 15 (quinze) dias, impugnar a escolha feita pela outra, e o juiz decidirá de plano ou, se necessário, ouvindo perito de sua nomeação.

Art. 813. Aplicar-se-ão à execução para entrega de coisa incerta, no que couber, as disposições da Seção I deste Capítulo.

► Arts. 806 a 810 deste Código.

CAPÍTULO III

DA EXECUÇÃO DAS OBRIGAÇÕES DE FAZER OU DE NÃO FAZER

Seção I

DISPOSIÇÕES COMUNS

► Art. 53, III, *d*, deste Código.

Art. 814. Na execução de obrigação de fazer ou de não fazer fundada em título extrajudicial, ao despachar a inicial, o juiz fixará multa por período de atraso no cumprimento da obrigação e a data a partir da qual será devida.

Parágrafo único. Se o valor da multa estiver previsto no título e for excessivo, o juiz poderá reduzi-lo.

Seção II

DA OBRIGAÇÃO DE FAZER

► Arts. 247 a 249 do CC.

Art. 815. Quando o objeto da execução for obrigação de fazer, o executado será citado para satisfazê-la no prazo que o juiz lhe designar, se outro não estiver determinado no título executivo.

► Súmulas nºs 196 e 410 do STJ.

Art. 816. Se o executado não satisfizer a obrigação no prazo designado, é lícito ao exequente, nos próprios autos do processo, requerer a satisfação da obrigação à custa do executado ou perdas e danos, hipótese em que se converterá em indenização.

► Arts. 249, 402 a 405 e 927 do CC.

Parágrafo único. O valor das perdas e danos será apurado em liquidação, seguindo-se a execução para cobrança de quantia certa.

► Arts. 509 a 512 e 824 a 909 deste Código.

Art. 817. Se a obrigação puder ser satisfeita por terceiro, é lícito ao juiz autorizar, a requerimento do exequente, que aquele a satisfaça à custa do executado.

Parágrafo único. O exequente adiantará as quantias previstas na proposta que, ouvidas as partes, o juiz houver aprovado.

Art. 818. Realizada a prestação, o juiz ouvirá as partes no prazo de 10 (dez) dias e, não havendo impugnação, considerará satisfeita a obrigação.

Parágrafo único. Caso haja impugnação, o juiz a decidirá.

Art. 819. Se o terceiro contratado não realizar a prestação no prazo ou se o fizer de modo incompleto ou defeituoso, poderá o exequente requerer ao juiz, no prazo de 15 (quinze) dias, que o autorize a concluí-la ou a repará-la à custa do contratante.

Parágrafo único. Ouvido o contratante no prazo de 15 (quinze) dias, o juiz mandará avaliar o custo das despesas necessárias e o condenará a pagá-lo.

Art. 820. Se o exequente quiser executar ou mandar executar, sob sua direção e vigilância, as obras e os trabalhos necessários à realização da prestação, terá preferência, em igualdade de condições de oferta, em relação ao terceiro.

Parágrafo único. O direito de preferência deverá ser exercido no prazo de 5 (cinco) dias, após aprovada a proposta do terceiro.

Art. 821. Na obrigação de fazer, quando se convencionar que o executado a satisfaça pessoalmente, o exequente poderá requerer ao juiz que lhe assine prazo para cumpri-la.

Parágrafo único. Havendo recusa ou mora do executado, sua obrigação pessoal será convertida em perdas e danos, caso em que se observará o procedimento de execução por quantia certa.

► Arts. 509 a 512 e 824 a 909 deste Código.

► Arts. 402 a 405 e 927 do CC.

Seção III

DA OBRIGAÇÃO DE NÃO FAZER

► Arts. 250 e 251 do CC.

Art. 822. Se o executado praticou ato a cuja abstenção estava obrigado por lei ou por contrato, o exequente requererá ao juiz que assine prazo ao executado para desfazê-lo.

Art. 823. Havendo recusa ou mora do executado, o exequente requererá ao juiz que mande desfazer o ato à custa daquele, que responderá por perdas e danos.

► Arts. 402 a 405 e 927 do CC.

Parágrafo único. Não sendo possível desfazer-se o ato, a obrigação resolve-se em perdas e danos, caso em que, após a liquidação, se observará o procedimento de execução por quantia certa.

► Arts. 509 a 512 e 824 a 909 deste Código.

CAPÍTULO IV

DA EXECUÇÃO POR QUANTIA CERTA

Seção I

DISPOSIÇÕES GERAIS

► Art. 913 deste Código.

Art. 824. A execução por quantia certa realiza-se pela expropriação de bens do executado, ressalvadas as execuções especiais.

Art. 825. A expropriação consiste em:

I – adjudicação;

II – alienação;

III – apropriação de frutos e rendimentos de empresa ou de estabelecimentos e de outros bens.

▸ Arts. 843, § 2º, e 875 a 903 deste Código.

Art. 826. Antes de adjudicados ou alienados os bens, o executado pode, a todo tempo, remir a execução, pagando ou consignando a importância atualizada da dívida, acrescida de juros, custas e honorários advocatícios.

▸ Arts. 81 a 97 deste Código.

▸ Arts. 395 e 405 a 407 do CC.

Seção II

DA CITAÇÃO DO DEVEDOR E DO ARRESTO

▸ Art. 915, § 4º, deste Código.

Art. 827. Ao despachar a inicial, o juiz fixará, de plano, os honorários advocatícios de dez por cento, a serem pagos pelo executado.

▸ Arts. 85, § 1º, e 802 deste Código.

§ 1º No caso de integral pagamento no prazo de 3 (três) dias, o valor dos honorários advocatícios será reduzido pela metade.

§ 2º O valor dos honorários poderá ser elevado até vinte por cento, quando rejeitados os embargos à execução, podendo a majoração, caso não opostos os embargos, ocorrer ao final do procedimento executivo, levando-se em conta o trabalho realizado pelo advogado do exequente.

Art. 828. O exequente poderá obter certidão de que a execução foi admitida pelo juiz, com identificação das partes e do valor da causa, para fins de averbação no registro de imóveis, de veículos ou de outros bens sujeitos a penhora, arresto ou indisponibilidade.

▸ Arts. 791, § 1º, 792, II, 799, IX, 837 e 844 deste Código.

§ 1º No prazo de 10 (dez) dias de sua concretização, o exequente deverá comunicar ao juízo as averbações efetivadas.

§ 2º Formalizada penhora sobre bens suficientes para cobrir o valor da dívida, o exequente providenciará, no prazo de 10 (dez) dias, o cancelamento das averbações relativas àqueles não penhorados.

§ 3º O juiz determinará o cancelamento das averbações, de ofício ou a requerimento, caso o exequente não o faça no prazo.

§ 4º Presume-se em fraude à execução a alienação ou a oneração de bens efetuada após a averbação.

▸ Art. 792 deste Código.

▸ Súm. nº 375 do STJ.

§ 5º O exequente que promover averbação manifestamente indevida ou não cancelar as averbações nos termos do § 2º indenizará a parte contrária, processando-se o incidente em autos apartados.

Art. 829. O executado será citado para pagar a dívida no prazo de 3 (três) dias, contado da citação.

▸ Arts. 915 e 916 deste Código.

§ 1º Do mandado de citação constarão, também, a ordem de penhora e a avaliação a serem cumpridas pelo oficial de justiça tão logo verificado o não pagamento no prazo assinalado, de tudo lavrando-se auto, com intimação do executado.

§ 2º A penhora recairá sobre os bens indicados pelo exequente, salvo se outros forem indicados pelo executado e aceitos pelo juiz, mediante demonstração de que a constrição proposta lhe será menos onerosa e não trará prejuízo ao exequente.

▸ Arts. 805, 847 e 867 deste Código.

Art. 830. Se o oficial de justiça não encontrar o executado, arrestar-lhe-á tantos bens quantos bastem para garantir a execução.

§ 1º Nos 10 (dez) dias seguintes à efetivação do arresto, o oficial de justiça procurará o executado 2 (duas) vezes em dias distintos e, havendo suspeita de ocultação, realizará a citação com hora certa, certificando pormenorizadamente o ocorrido.

§ 2º Incumbe ao exequente requerer a citação por edital, uma vez frustradas a pessoal e a com hora certa.

▸ Arts. 238 a 259, 844, e 876, § 3º, deste Código.

§ 3º Aperfeiçoada a citação e transcorrido o prazo de pagamento, o arresto converter-se-á em penhora, independentemente de termo.

Seção III

DA PENHORA, DO DEPÓSITO E DA AVALIAÇÃO

Subseção I

DO OBJETO DA PENHORA

▸ Arts. 530, 797 e 874 deste Código.

Art. 831. A penhora deverá recair sobre tantos bens quantos bastem para o pagamento do principal atualizado, dos juros, das custas e dos honorários advocatícios.

▸ Súmulas nºs 319, 328 e 497 do STJ.

Art. 832. Não estão sujeitos à execução os bens que a lei considera impenhoráveis ou inalienáveis.

▸ Arts. 833 e 834 deste Código.

▸ Arts. 100, 1.164, 1.711 a 1.722, 1.848 e 1.911 do CC.

▸ Lei nº 8.009, de 29-3-1990 (Lei da Impenhorabilidade do Bem de Família).

▸ Súm. nº 242 do TFR.

▸ Súmulas nºs 364 e 486 do STJ.

Art. 833. São impenhoráveis:

▸ Art. 3º da IN do TST nº 39, de 15-3-2016, que dispõe de forma não exaustiva sobre as normas do CPC/2015 aplicáveis ao Processo do Trabalho.

I – os bens inalienáveis e os declarados, por ato voluntário, não sujeitos à execução;

II – os móveis, os pertences e as utilidades domésticas que guarnecem a residência do executado, salvo os de elevado valor ou os que ultrapassem as necessidades comuns correspondentes a um médio padrão de vida;

III – os vestuários, bem como os pertences de uso pessoal do executado, salvo se de elevado valor;

IV – os vencimentos, os subsídios, os soldos, os salários, as remunerações, os proventos de aposentadoria, as pensões, os pecúlios e os montepios, bem como as quantias recebidas por liberalidade de terceiro e destinadas ao sustento do devedor e de sua família, os ganhos de trabalhador autônomo e os honorários de profissional liberal, ressalvado o § 2º;

▸ Art. 813 do CC.

V – os livros, as máquinas, as ferramentas, os utensílios, os instrumentos ou outros bens móveis necessários ou úteis ao exercício da profissão do executado;

▸ Súm. nº 451 do STJ.

VI – o seguro de vida;

VII – os materiais necessários para obras em andamento, salvo se essas forem penhoradas;

VIII – a pequena propriedade rural, assim definida em lei, desde que trabalhada pela família;

IX – os recursos públicos recebidos por instituições privadas para aplicação compulsória em educação, saúde ou assistência social;

X – a quantia depositada em caderneta de poupança, até o limite de 40 (quarenta) salários mínimos;

XI – os recursos públicos do fundo partidário recebidos por partido político, nos termos da lei;

XII – os créditos oriundos de alienação de unidades imobiliárias, sob regime de incorporação imobiliária, vinculados à execução da obra.

▸ Art. 854, § 3º, I, deste Código.

§ 1º A impenhorabilidade não é oponível à execução de dívida relativa ao próprio bem, inclusive àquela contraída para sua aquisição.

§ 2º O disposto nos incisos IV e X do *caput* não se aplica à hipótese de penhora para pagamento de prestação alimentícia, independentemente de sua origem, bem como às importâncias excedentes a 50 (cinquenta) salários mínimos mensais, devendo a constrição observar o disposto no art. 528, § 8º, e no art. 529, § 3º.

§ 3º Incluem-se na impenhorabilidade prevista no inciso V do *caput* os equipamentos, os implementos e as máquinas agrícolas pertencentes a pessoa física ou a empresa individual produtora rural, exceto quando tais bens tenham sido objeto de financiamento e estejam vinculados em garantia a negócio jurídico ou quando respondam por dívida de natureza alimentar, trabalhista ou previdenciária.

Art. 834. Podem ser penhorados, à falta de outros bens, os frutos e os rendimentos dos bens inalienáveis.

Art. 835. A penhora observará, preferencialmente, a seguinte ordem:

I – dinheiro, em espécie ou em depósito ou aplicação em instituição financeira;

▸ Arts. 837, 840, I, 854 e 913 deste Código.

▸ Súmulas nºs 328 e 417 do STJ.

II – títulos da dívida pública da União, dos Estados e do Distrito Federal com cotação em mercado;

III – títulos e valores mobiliários com cotação em mercado;

IV – veículos de via terrestre;

V – bens imóveis;

▸ Art. 845, § 1º, deste Código.

VI – bens móveis em geral;

VII – semoventes;

VIII – navios e aeronaves;

IX – ações e quotas de sociedades simples e empresárias;

▸ Arts. 862 a 865 deste Código.

X – percentual do faturamento de empresa devedora;

▸ Art. 866 deste Código.

XI – pedras e metais preciosos;

▸ Art. 840, § 3º, deste Código.

XII – direitos aquisitivos derivados de promessa de compra e venda e de alienação fiduciária em garantia;
XIII – outros direitos.

▶ Arts. 848, I, e 852, I, deste Código.
▶ Súm. nº 406 do STJ.

§ 1º É prioritária a penhora em dinheiro, podendo o juiz, nas demais hipóteses, alterar a ordem prevista no *caput* de acordo com as circunstâncias do caso concreto.

▶ Art. 3º da IN do TST nº 39, de 15-3-2016, que dispõe de forma não exaustiva sobre as normas do CPC/2015 aplicáveis ao Processo do Trabalho.

§ 2º Para fins de substituição da penhora, equiparam-se a dinheiro a fiança bancária e o seguro garantia judicial, desde que em valor não inferior ao do débito constante da inicial, acrescido de trinta por cento.

▶ Art. 848, parágrafo único, deste Código.
▶ Art. 3º da IN do TST nº 39, de 15-3-2016, que dispõe de forma não exaustiva sobre as normas do CPC/2015 aplicáveis ao Processo do Trabalho.

§ 3º Na execução de crédito com garantia real, a penhora recairá sobre a coisa dada em garantia, e, se a coisa pertencer a terceiro garantidor, este também será intimado da penhora.

▶ Arts. 674, § 2º, IV, 779, V, 784, V, 790, I, 791 e 842 deste Código.

Art. 836. Não se levará a efeito a penhora quando ficar evidente que o produto da execução dos bens encontrados será totalmente absorvido pelo pagamento das custas da execução.

▶ Art. 3º da IN do TST nº 39, de 15-3-2016, que dispõe de forma não exaustiva sobre as normas do CPC/2015 aplicáveis ao Processo do Trabalho.

§ 1º Quando não encontrar bens penhoráveis, independentemente de determinação judicial expressa, o oficial de justiça descreverá na certidão os bens que guarnecem a residência ou o estabelecimento do executado, quando este for pessoa jurídica.

▶ Art. 921, III, deste Código.

§ 2º Elaborada a lista, o executado ou seu representante legal será nomeado depositário provisório de tais bens até ulterior determinação do juiz.

▶ Arts. 159 a 161 deste Código.

Subseção II
DA DOCUMENTAÇÃO DA PENHORA, DE SEU REGISTRO E DO DEPÓSITO

Art. 837. Obedecidas as normas de segurança instituídas sob critérios uniformes pelo Conselho Nacional de Justiça, a penhora de dinheiro e as averbações de penhoras de bens imóveis e móveis podem ser realizadas por meio eletrônico.

▶ Arts. 791, § 1º, 792, II, 799, IX, 828, 835, 844, 854, 860 e 868 deste Código.

Art. 838. A penhora será realizada mediante auto ou termo, que conterá:

▶ Súm. nº 375 do STJ.

I – a indicação do dia, do mês, do ano e do lugar em que foi feita;
II – os nomes do exequente e do executado;
III – a descrição dos bens penhorados, com as suas características;
IV – a nomeação do depositário dos bens.

▶ Arts. 159 a 161 deste Código.
▶ Súm. nº 319 do STJ.

Art. 839. Considerar-se-á feita a penhora mediante a apreensão e o depósito dos bens, lavrando-se um só auto se as diligências forem concluídas no mesmo dia.

Parágrafo único. Havendo mais de uma penhora, serão lavrados autos individuais.

Art. 840. Serão preferencialmente depositados:

I – as quantias em dinheiro, os papéis de crédito e as pedras e os metais preciosos, no Banco do Brasil, na Caixa Econômica Federal ou em banco do qual o Estado ou o Distrito Federal possua mais da metade do capital social integralizado, ou, na falta desses estabelecimentos, em qualquer instituição de crédito designada pelo juiz;

▶ O STF, por maioria, ao julgar a ADI nº 5.492, declarou a inconstitucionalidade da expressão "na falta desses estabelecimentos", constante neste inciso (*DOU* de 4-5-2023).
▶ Art. 1.058 deste Código.

II – os móveis, os semoventes, os imóveis urbanos e os direitos aquisitivos sobre imóveis urbanos, em poder do depositário judicial;

▶ Arts. 159 a 161 deste Código.

III – os imóveis rurais, os direitos aquisitivos sobre imóveis rurais, as máquinas, os utensílios e os instrumentos necessários ou úteis à atividade agrícola, mediante caução idônea, em poder do executado.

§ 1º No caso do inciso II do *caput*, se não houver depositário judicial, os bens ficarão em poder do exequente.

§ 2º Os bens poderão ser depositados em poder do executado nos casos de difícil remoção ou quando anuir o exequente.

§ 3º As joias, as pedras e os objetos preciosos deverão ser depositados com registro do valor estimado de resgate.

▶ Art. 835, XI, deste Código.

Art. 841. Formalizada a penhora por qualquer dos meios legais, dela será imediatamente intimado o executado.

§ 1º A intimação da penhora será feita ao advogado do executado ou à sociedade de advogados a que aquele pertença.

▶ Art. 3º da IN do TST nº 39, de 15-3-2016, que dispõe de forma não exaustiva sobre as normas do CPC/2015 aplicáveis ao Processo do Trabalho.

§ 2º Se não houver constituído advogado nos autos, o executado será intimado pessoalmente, de preferência por via postal.

▶ Art. 3º da IN do TST nº 39, de 15-3-2016, que dispõe de forma não exaustiva sobre as normas do CPC/2015 aplicáveis ao Processo do Trabalho.

§ 3º O disposto no § 1º não se aplica aos casos de penhora realizada na presença do executado, que se reputa intimado.

§ 4º Considera-se realizada a intimação a que se refere o § 2º quando o executado houver mudado de endereço sem prévia comunicação ao juízo, observado o disposto no parágrafo único do art. 274.

▶ Arts. 77, V, e 847 deste Código.

Art. 842. Recaindo a penhora sobre bem imóvel ou direito real sobre imóvel, será intimado também o cônjuge do executado, salvo se forem casados em regime de separação absoluta de bens.

▶ Arts. 73, § 1º, I, 674, § 2º, I, 1.687 e 1.688 do CC.

Art. 843. Tratando-se de penhora de bem indivisível, o equivalente à quota-parte do coproprietário ou do cônjuge alheio à execução recairá sobre o produto da alienação do bem.

▶ Arts. 674, § 2º, I, e 889, II, deste Código.
▶ Súm. nº 134 do STJ.

§ 1º É reservada ao coproprietário ou ao cônjuge não executado a preferência na arrematação do bem em igualdade de condições.

§ 2º Não será levada a efeito expropriação por preço inferior ao da avaliação na qual o valor auferido seja incapaz de garantir, ao coproprietário ou ao cônjuge alheio à execução, o correspondente à sua quota-parte calculado sobre o valor da avaliação.

▶ Arts. 825 e 876 a 903 deste Código.

Art. 844. Para presunção absoluta de conhecimento por terceiros, cabe ao exequente providenciar a averbação do arresto ou da penhora no registro competente, mediante apresentação de cópia do auto ou do termo, independentemente de mandado judicial.

▶ Arts. 791, § 1º, 792, II, 799, IX, e 828 a 869 deste Código.

Subseção III
DO LUGAR DE REALIZAÇÃO DA PENHORA

Art. 845. Efetuar-se-á a penhora onde se encontrem os bens, ainda que sob a posse, a detenção ou a guarda de terceiros.

§ 1º A penhora de imóveis, independentemente de onde se localizem, quando apresentada certidão da respectiva matrícula, e a penhora de veículos automotores, quando apresentada certidão que ateste a sua existência, serão realizadas por termo nos autos.

▶ Súmulas nºs 319 e 375 do STJ.

§ 2º Se o executado não tiver bens no foro do processo, não sendo possível a realização da penhora nos termos do § 1º, a execução será feita por carta, penhorando-se, avaliando-se e alienando-se os bens no foro da situação.

▶ Arts. 260 a 268 deste Código.
▶ Súm. nº 46 do STJ.

Art. 846. Se o executado fechar as portas da casa a fim de obstar a penhora dos bens, o oficial de justiça comunicará o fato ao juiz, solicitando-lhe ordem de arrombamento.

§ 1º Deferido o pedido, 2 (dois) oficiais de justiça cumprirão o mandado, arrombando cômodos e móveis em que se presuma estarem os bens, e lavrarão de tudo auto circunstanciado, que será assinado por 2 (duas) testemunhas presentes à diligência.

§ 2º Sempre que necessário, o juiz requisitará força policial, a fim de auxiliar os oficiais de justiça na penhora dos bens.

▶ Arts. 139, IV, e 360, III, deste Código.
▶ Art. 329 do CP.

§ 3º Os oficiais de justiça lavrarão em duplicata o auto da ocorrência, entregando uma via ao escrivão ou ao chefe de secretaria, para ser juntada aos autos, e a outra à autoridade policial a quem couber a apuração criminal dos eventuais delitos de desobediência ou de resistência.

▶ Arts. 329 e 330 do CP.

§ 4º Do auto da ocorrência constará o rol de testemunhas, com a respectiva qualificação.

▶ Arts. 450 e 536, § 2º, deste Código.

Subseção IV

DAS MODIFICAÇÕES DA PENHORA

Art. 847. O executado pode, no prazo de 10 (dez) dias contado da intimação da penhora, requerer a substituição do bem penhorado, desde que comprove que lhe será menos onerosa e não trará prejuízo ao exequente.

▸ Arts. 805, 829, § 2º, 841 e 867 deste Código.

§ 1º O juiz só autorizará a substituição se o executado:

I – comprovar as respectivas matrículas e os registros por certidão do correspondente ofício, quanto aos bens imóveis;

II – descrever os bens móveis, com todas as suas propriedades e características, bem como o estado deles e o lugar onde se encontram;

III – descrever os semoventes, com indicação de espécie, de número, de marca ou sinal e do local onde se encontram;

IV – identificar os créditos, indicando quem seja o devedor, qual a origem da dívida, o título que a representa e a data do vencimento; e

V – atribuir, em qualquer caso, valor aos bens indicados à penhora, além de especificar os ônus e os encargos a que estejam sujeitos.

§ 2º Requerida a substituição do bem penhorado, o executado deve indicar onde se encontram os bens sujeitos à execução, exibir a prova de sua propriedade e a certidão negativa ou positiva de ônus, bem como abster-se de qualquer atitude que dificulte ou embarace a realização da penhora.

§ 3º O executado somente poderá oferecer bem imóvel em substituição caso o requeira com a expressa anuência do cônjuge, salvo se o regime for o de separação absoluta de bens.

▸ Arts. 1.687 e 1.688 do CC.

§ 4º O juiz intimará o exequente para manifestar-se sobre o requerimento de substituição do bem penhorado.

Art. 848. As partes poderão requerer a substituição da penhora se:

I – ela não obedecer à ordem legal;

▸ Art. 835 deste Código.

II – ela não incidir sobre os bens designados em lei, contrato ou ato judicial para o pagamento;

III – havendo bens no foro da execução, outros tiverem sido penhorados;

IV – havendo bens livres, ela tiver recaído sobre bens já penhorados ou objeto de gravame;

V – ela incidir sobre bens de baixa liquidez;

VI – fracassar a tentativa de alienação judicial do bem; ou

▸ Arts. 879 a 903 deste Código.

VII – o executado não indicar o valor dos bens ou omitir qualquer das indicações previstas em lei.

Parágrafo único. A penhora pode ser substituída por fiança bancária ou por seguro garantia judicial, em valor não inferior ao do débito constante da inicial, acrescido de trinta por cento.

▸ Art. 835, § 2º, deste Código.

Art. 849. Sempre que ocorrer a substituição dos bens inicialmente penhorados, será lavrado novo termo.

Art. 850. Será admitida a redução ou a ampliação da penhora, bem como sua transferência para outros bens, se, no curso do processo, o valor de mercado dos bens penhorados sofrer alteração significativa.

Art. 851. Não se procede à segunda penhora, salvo se:

I – a primeira for anulada;

II – executados os bens, o produto da alienação não bastar para o pagamento do exequente;

▸ Art. 874 deste Código.

III – o exequente desistir da primeira penhora, por serem litigiosos os bens ou por estarem submetidos a constrição judicial.

Art. 852. O juiz determinará a alienação antecipada dos bens penhorados quando:

I – se tratar de veículos automotores, de pedras e metais preciosos e de outros bens móveis sujeitos à depreciação ou à deterioração;

II – houver manifesta vantagem.

Art. 853. Quando uma das partes requerer alguma das medidas previstas nesta Subseção, o juiz ouvirá sempre a outra, no prazo de 3 (três) dias, antes de decidir.

▸ Arts. 7º, 9º e 10 deste Código.

Parágrafo único. O juiz decidirá de plano qualquer questão suscitada.

Subseção V

DA PENHORA DE DINHEIRO EM DEPÓSITO OU EM APLICAÇÃO FINANCEIRA

▸ Arts. 835, 837 e 913 deste Código.

Art. 854. Para possibilitar a penhora de dinheiro em depósito ou em aplicação financeira, o juiz, a requerimento do exequente, sem dar ciência prévia do ato ao executado, determinará às instituições financeiras, por meio de sistema eletrônico gerido pela autoridade supervisora do sistema financeiro nacional, que torne indisponíveis ativos financeiros existentes em nome do executado, limitando-se a indisponibilidade ao valor indicado na execução.

▸ Art. 3º da IN do TST nº 39, de 15-3-2016, que dispõe de forma não exaustiva sobre as normas do CPC/2015 aplicáveis ao Processo do Trabalho.

§ 1º No prazo de 24 (vinte e quatro) horas a contar da resposta, de ofício, o juiz determinará o cancelamento de eventual indisponibilidade excessiva, o que deverá ser cumprido pela instituição financeira em igual prazo.

§ 2º Tornados indisponíveis os ativos financeiros do executado, este será intimado na pessoa de seu advogado ou, não o tendo, pessoalmente.

§ 3º Incumbe ao executado, no prazo de 5 (cinco) dias, comprovar que:

I – as quantias tornadas indisponíveis são impenhoráveis;

▸ Art. 833 deste Código.

II – ainda remanesce indisponibilidade excessiva de ativos financeiros.

§ 4º Acolhida qualquer das arguições dos incisos I e II do § 3º, o juiz determinará o cancelamento de eventual indisponibilidade irregular ou excessiva, a ser cumprido pela instituição financeira em 24 (vinte e quatro) horas.

§ 5º Rejeitada ou não apresentada a manifestação do executado, converter-se-á a indisponibilidade em penhora, sem necessidade de lavratura de termo, devendo o juiz da execução determinar à instituição financeira depositária que, no prazo de 24 (vinte e quatro) horas, transfira o montante indisponível para conta vinculada ao juízo da execução.

§ 6º Realizado o pagamento da dívida por outro meio, o juiz determinará, imediatamente, por sistema eletrônico gerido pela autoridade supervisora do sistema financeiro nacional, a notificação da instituição financeira para que, em até 24 (vinte e quatro) horas, cancele a indisponibilidade.

§ 7º As transmissões das ordens de indisponibilidade, de seu cancelamento e de determinação de penhora previstas neste artigo far-se-ão por meio de sistema eletrônico gerido pela autoridade supervisora do sistema financeiro nacional.

§ 8º A instituição financeira será responsável pelos prejuízos causados ao executado em decorrência da indisponibilidade de ativos financeiros em valor superior ao indicado na execução ou pelo juiz, bem como na hipótese de não cancelamento da indisponibilidade no prazo de 24 (vinte e quatro) horas, quando assim determinar o juiz.

§ 9º Quando se tratar de execução contra partido político, o juiz, a requerimento do exequente, determinará às instituições financeiras, por meio de sistema eletrônico gerido por autoridade supervisora do sistema bancário, que tornem indisponíveis ativos financeiros somente em nome do órgão partidário que tenha contraído a dívida executada ou que tenha dado causa à violação de direito ou ao dano, ao qual cabe exclusivamente a responsabilidade pelos atos praticados, na forma da lei.

Subseção VI

DA PENHORA DE CRÉDITOS

Art. 855. Quando recair em crédito do executado, enquanto não ocorrer a hipótese prevista no art. 856, considerar-se-á feita a penhora pela intimação:

▸ Art. 312 do CC.

I – ao terceiro devedor para que não pague ao executado, seu credor;

II – ao executado, credor do terceiro, para que não pratique ato de disposição do crédito.

Art. 856. A penhora de crédito representado por letra de câmbio, nota promissória, duplicata, cheque ou outros títulos far-se-á pela apreensão do documento, esteja ou não este em poder do executado.

§ 1º Se o título não for apreendido, mas o terceiro confessar a dívida, será este tido como depositário da importância.

▸ Arts. 159 a 161 deste Código.

▸ Súm. nº 319 do STJ.

§ 2º O terceiro só se exonerará da obrigação depositando em juízo a importância da dívida.

▸ Art. 344 do CC.

§ 3º Se o terceiro negar o débito em conluio com o executado, a quitação que este lhe der caracterizará fraude à execução.

▸ Art. 792 deste Código.

§ 4º A requerimento do exequente, o juiz determinará o comparecimento, em audiência especialmente designada, do executado e do terceiro, a fim de lhes tomar os depoimentos.

Art. 857. Feita a penhora em direito e ação do executado, e não tendo ele oferecido embargos ou sendo estes rejeitados, o exequente ficará sub-rogado nos direitos do executado até a concorrência de seu crédito.

§ 1º O exequente pode preferir, em vez da sub-rogação, a alienação judicial do direito penhorado, caso em que declarará sua vontade no prazo de 10 (dez) dias contado da realização da penhora.

§ 2º A sub-rogação não impede o sub-rogado, se não receber o crédito do executado, de prosseguir na execução, nos mesmos autos, penhorando outros bens.

Art. 858. Quando a penhora recair sobre dívidas de dinheiro a juros, de direito a rendas ou de prestações periódicas, o exequente poderá levantar os juros, os rendimentos ou as prestações à medida que forem sendo depositados, abatendo-se do crédito as importâncias recebidas, conforme as regras de imputação do pagamento.

▸ Arts. 352 a 355 do CC.

Art. 859. Recaindo a penhora sobre direito a prestação ou a restituição de coisa determinada, o executado será intimado para, no vencimento, depositá-la, correndo sobre ela a execução.

Art. 860. Quando o direito estiver sendo pleiteado em juízo, a penhora que recair sobre ele será averbada, com destaque, nos autos pertinentes ao direito e na ação correspondente à penhora, a fim de que esta seja efetivada nos bens que forem adjudicados ou que vierem a caber ao executado.

▸ Arts. 646, 792, II, 799, IX, 828, 837 e 844 deste Código.

Subseção VII

DA PENHORA DAS QUOTAS OU DAS AÇÕES DE SOCIEDADES PERSONIFICADAS

Art. 861. Penhoradas as quotas ou as ações de sócio em sociedade simples ou empresária, o juiz assinará prazo razoável, não superior a 3 (três) meses, para que a sociedade:

I – apresente balanço especial, na forma da lei;

▸ Art. 1.031 do CC.

II – ofereça as quotas ou as ações aos demais sócios, observado o direito de preferência legal ou contratual;

▸ Art. 876, § 7º, deste Código.

▸ Arts. 1.003 e 1.057 do CC.

III – não havendo interesse dos sócios na aquisição das ações, proceda à liquidação das quotas ou das ações, depositando em juízo o valor apurado, em dinheiro.

▸ Arts. 1.102 a 1.112 do CC.

§ 1º Para evitar a liquidação das quotas ou das ações, a sociedade poderá adquiri-las sem redução do capital social e com utilização de reservas, para manutenção em tesouraria.

§ 2º O disposto no *caput* e no § 1º não se aplica à sociedade anônima de capital aberto, cujas ações serão adjudicadas ao exequente ou alienadas em bolsa de valores, conforme o caso.

▸ Lei nº 6.404, de 15-12-1976 (Lei das Sociedades por Ações).

§ 3º Para os fins da liquidação de que trata o inciso III do *caput*, o juiz poderá, a requerimento do exequente ou da sociedade, nomear administrador, que deverá submeter à aprovação judicial a forma de liquidação.

▸ Arts. 159 a 161 deste Código.

§ 4º O prazo previsto no *caput* poderá ser ampliado pelo juiz, se o pagamento das quotas ou das ações liquidadas:

I – superar o valor do saldo de lucros ou reservas, exceto a legal, e sem diminuição do capital social, ou por doação; ou

II – colocar em risco a estabilidade financeira da sociedade simples ou empresária.

§ 5º Caso não haja interesse dos demais sócios no exercício de direito de preferência, não ocorra a aquisição das quotas ou das ações pela sociedade e a liquidação do inciso III do *caput* seja excessivamente onerosa para a sociedade, o juiz poderá determinar o leilão judicial das quotas ou das ações.

Subseção VIII

DA PENHORA DE EMPRESA, DE OUTROS ESTABELECIMENTOS E DE SEMOVENTES

▸ Art. 835, VII a IX, deste Código.

Art. 862. Quando a penhora recair em estabelecimento comercial, industrial ou agrícola, bem como em semoventes, plantações ou edifícios em construção, o juiz nomeará administrador-depositário, determinando-lhe que apresente em 10 (dez) dias o plano de administração.

▸ Arts. 159 a 161 deste Código.

§ 1º Ouvidas as partes, o juiz decidirá.

▸ Súm. nº 319 do STJ.

§ 2º É lícito às partes ajustar a forma de administração e escolher o depositário, hipótese em que o juiz homologará por despacho a indicação.

▸ Súm. nº 319 do STJ.

§ 3º Em relação aos edifícios em construção sob regime de incorporação imobiliária, a penhora somente poderá recair sobre as unidades imobiliárias ainda não comercializadas pelo incorporador.

§ 4º Sendo necessário afastar o incorporador da administração da incorporação, será ela exercida pela comissão de representantes dos adquirentes ou, se se tratar de construção financiada, por empresa ou profissional indicado pela instituição fornecedora dos recursos para a obra, devendo ser ouvida, neste último caso, a comissão de representantes dos adquirentes.

Art. 863. A penhora de empresa que funcione mediante concessão ou autorização far-se-á, conforme o valor do crédito, sobre a renda, sobre determinados bens ou sobre todo o patrimônio, e o juiz nomeará como depositário, de preferência, um de seus diretores.

▸ Arts. 159 a 161 deste Código.

▸ Súm. nº 319 do STJ.

§ 1º Quando a penhora recair sobre a renda ou sobre determinados bens, o administrador-depositário apresentará a forma de administração e o esquema de pagamento, observando-se, quanto ao mais, o disposto em relação ao regime de penhora de frutos e rendimentos de coisa móvel e imóvel.

§ 2º Recaindo a penhora sobre todo o patrimônio, prosseguirá a execução em seus ulteriores termos, ouvindo-se, antes da arrematação ou da adjudicação, o ente público que houver outorgado a concessão.

Art. 864. A penhora de navio ou de aeronave não obsta que continuem navegando ou operando até a alienação, mas o juiz, ao conceder a autorização para tanto, não permitirá que saiam do porto ou do aeroporto antes que o executado faça o seguro usual contra riscos.

Art. 865. A penhora de que trata esta Subseção somente será determinada se não houver outro meio eficaz para a efetivação do crédito.

Subseção IX

DA PENHORA DE PERCENTUAL DE FATURAMENTO DE EMPRESA

▸ Art. 835, X, deste Código.

Art. 866. Se o executado não tiver outros bens penhoráveis ou se, tendo-os, esses forem de difícil alienação ou insuficientes para saldar o crédito executado, o juiz poderá ordenar a penhora de percentual de faturamento de empresa.

§ 1º O juiz fixará percentual que propicie a satisfação do crédito exequendo em tempo razoável, mas que não torne inviável o exercício da atividade empresarial.

§ 2º O juiz nomeará administrador-depositário, o qual submeterá à aprovação judicial a forma de sua atuação e prestará contas mensalmente, entregando em juízo as quantias recebidas, com os respectivos balancetes mensais, a fim de serem imputadas no pagamento da dívida.

▸ Arts. 159 a 161, e 553 deste Código.

§ 3º Na penhora de percentual de faturamento de empresa, observar-se-á, no que couber, o disposto quanto ao regime de penhora de frutos e rendimentos de coisa móvel e imóvel.

▸ Arts. 867 a 869 deste Código.

Subseção X

DA PENHORA DE FRUTOS E RENDIMENTOS DE COISA MÓVEL OU IMÓVEL

▸ Arts. 1.390 a 1.411 do CC.

Art. 867. O juiz pode ordenar a penhora de frutos e rendimentos de coisa móvel ou imóvel quando a considerar mais eficiente para o recebimento do crédito e menos gravosa ao executado.

▸ Arts. 805, 829, § 2º, e 847 deste Código.

Art. 868. Ordenada a penhora de frutos e rendimentos, o juiz nomeará administrador-depositário, que será investido de todos os poderes que concernem à administração do bem e à fruição de seus frutos e utilidades, perdendo o executado o direito de gozo do bem, até que o exequente seja pago do principal, dos juros, das custas e dos honorários advocatícios.

▸ Arts. 159 a 161 deste Código.

▸ Art. 1.394 do CC.

§ 1º A medida terá eficácia em relação a terceiros a partir da publicação da decisão que a conceda ou de sua averbação no ofício imobiliário, em caso de imóveis.

§ 2º O exequente providenciará a averbação no ofício imobiliário mediante a apresentação de certidão de inteiro teor do ato, independentemente de mandado judicial.

▸ Arts. 792, II, 799, IX, 828, 837 e 844 deste Código.

Art. 869. O juiz poderá nomear administrador-depositário o exequente ou o executado, ouvida a parte contrária, e, não havendo acordo, nomeará profissional qualificado para o desempenho da função.

▸ Art. 1.394 do CC.

§ 1º O administrador submeterá à aprovação judicial a forma de administração e a de prestar contas periodicamente.

▸ Art. 553 deste Código.

§ 2º Havendo discordância entre as partes ou entre essas e o administrador, o juiz decidirá a melhor forma de administração do bem.

§ 3º Se o imóvel estiver arrendado, o inquilino pagará o aluguel diretamente ao exequente, salvo se houver administrador.

§ 4º O exequente ou o administrador poderá celebrar locação do móvel ou do imóvel, ouvido o executado.

§ 5º As quantias recebidas pelo administrador serão entregues ao exequente, a fim de serem imputadas ao pagamento da dívida.

§ 6º O exequente dará ao executado, por termo nos autos, quitação das quantias recebidas.

Subseção XI

DA AVALIAÇÃO

Art. 870. A avaliação será feita pelo oficial de justiça.

▸ Art. 154, V, deste Código.

Parágrafo único. Se forem necessários conhecimentos especializados e o valor da execução o comportar, o juiz nomeará avaliador, fixando-lhe prazo não superior a 10 (dez) dias para entrega do laudo.

Art. 871. Não se procederá à avaliação quando:

I – uma das partes aceitar a estimativa feita pela outra;

II – se tratar de títulos ou de mercadorias que tenham cotação em bolsa, comprovada por certidão ou publicação no órgão oficial;

III – se tratar de títulos da dívida pública, de ações de sociedades e de títulos de crédito negociáveis em bolsa, cujo valor será o da cotação oficial do dia, comprovada por certidão ou publicação no órgão oficial;

IV – se tratar de veículos automotores ou de outros bens cujo preço médio de mercado possa ser conhecido por meio de pesquisas realizadas por órgãos oficiais ou de anúncios de venda divulgados em meios de comunicação, caso em que caberá a quem fizer a nomeação o encargo de comprovar a cotação de mercado.

Parágrafo único. Ocorrendo a hipótese do inciso I deste artigo, a avaliação poderá ser realizada quando houver fundada dúvida do juiz quanto ao real valor do bem.

Art. 872. A avaliação realizada pelo oficial de justiça constará de vistoria e de laudo anexados ao auto de penhora ou, em caso de perícia realizada por avaliador, de laudo apresentado no prazo fixado pelo juiz, devendo-se, em qualquer hipótese, especificar:

I – os bens, com as suas características, e o estado em que se encontram;

II – o valor dos bens.

▸ Art. 631 deste Código.

§ 1º Quando o imóvel for suscetível de cômoda divisão, a avaliação, tendo em conta o crédito reclamado, será realizada em partes, sugerindo-se, com a apresentação de memorial descritivo, os possíveis desmembramentos para alienação.

§ 2º Realizada a avaliação e, sendo o caso, apresentada a proposta de desmembramento, as partes serão ouvidas no prazo de 5 (cinco) dias.

Art. 873. É admitida nova avaliação quando:

I – qualquer das partes arguir, fundamentadamente, a ocorrência de erro na avaliação ou dolo do avaliador;

II – se verificar, posteriormente à avaliação, que houve majoração ou diminuição no valor do bem;

III – o juiz tiver fundada dúvida sobre o valor atribuído ao bem na primeira avaliação.

▸ Art. 631 deste Código.

Parágrafo único. Aplica-se o art. 480 à nova avaliação prevista no inciso III do *caput* deste artigo.

Art. 874. Após a avaliação, o juiz poderá, a requerimento do interessado e ouvida a parte contrária, mandar:

I – reduzir a penhora aos bens suficientes ou transferi-la para outros, se o valor dos bens penhorados for consideravelmente superior ao crédito do exequente e dos acessórios;

II – ampliar a penhora ou transferi-la para outros bens mais valiosos, se o valor dos bens penhorados for inferior ao crédito do exequente.

▸ Art. 851, II, deste Código.

Art. 875. Realizadas a penhora e a avaliação, o juiz dará início aos atos de expropriação do bem.

Seção IV

DA EXPROPRIAÇÃO DE BENS

▸ Arts. 824 a 826 deste Código.

Subseção I

DA ADJUDICAÇÃO

Art. 876. É lícito ao exequente, oferecendo preço não inferior ao da avaliação, requerer que lhe sejam adjudicados os bens penhorados.

§ 1º Requerida a adjudicação, o executado será intimado do pedido:

I – pelo *Diário da Justiça*, na pessoa de seu advogado constituído nos autos;

II – por carta com aviso de recebimento, quando representado pela Defensoria Pública ou quando não tiver procurador constituído nos autos;

III – por meio eletrônico, quando, sendo o caso do § 1º do art. 246, não tiver procurador constituído nos autos.

§ 2º Considera-se realizada a intimação quando o executado houver mudado de endereço sem prévia comunicação ao juízo, observado o disposto no art. 274, parágrafo único.

▸ Art. 77, V, deste Código.

§ 3º Se o executado, citado por edital, não tiver procurador constituído nos autos, é dispensável a intimação prevista no § 1º.

▸ Art. 830, § 2º, deste Código.

§ 4º Se o valor do crédito for:

I – inferior ao dos bens, o requerente da adjudicação depositará de imediato a diferença, que ficará à disposição do executado;

II – superior ao dos bens, a execução prosseguirá pelo saldo remanescente.

§ 5º Idêntico direito pode ser exercido por aqueles indicados no art. 889, incisos II a VIII, pelos credores concorrentes que hajam penhorado o mesmo bem, pelo cônjuge, pelo companheiro, pelos descendentes ou pelos ascendentes do executado.

§ 6º Se houver mais de um pretendente, proceder-se-á a licitação entre eles, tendo preferência, em caso de igualdade de oferta, o cônjuge, o companheiro, o descendente ou o ascendente, nessa ordem.

§ 7º No caso de penhora de quota social ou de ação de sociedade anônima fechada realizada em favor de exequente alheio à sociedade, esta será intimada, ficando responsável por informar aos sócios a ocorrência da penhora, assegurando-se a estes a preferência.

▸ Arts. 799, VII, e 861 deste Código.

Art. 877. Transcorrido o prazo de 5 (cinco) dias, contado da última intimação, e decididas eventuais questões, o juiz ordenará a lavratura do auto de adjudicação.

§ 1º Considera-se perfeita e acabada a adjudicação com a lavratura e a assinatura do auto pelo juiz, pelo adjudicatário, pelo escrivão ou chefe de secretaria, e, se estiver presente, pelo executado, expedindo-se:

I – a carta de adjudicação e o mandado de imissão na posse, quando se tratar de bem imóvel;

II – a ordem de entrega ao adjudicatário, quando se tratar de bem móvel.

§ 2º A carta de adjudicação conterá a descrição do imóvel, com remissão à sua matrícula e aos seus registros, a cópia do auto de adjudicação e a prova de quitação do imposto de transmissão.

▸ Art. 156, II, da CF.

§ 3º No caso de penhora de bem hipotecado, o executado poderá remi-lo até a assinatura do auto de adjudicação, oferecendo preço igual ao da avaliação, se não tiver havido licitantes, ou ao do maior lance oferecido.

§ 4º Na hipótese de falência ou de insolvência do devedor hipotecário, o direito de remição previsto no § 3º será deferido à massa ou aos credores em concurso, não podendo o exequente recusar o preço da avaliação do imóvel.

Art. 878. Frustradas as tentativas de alienação do bem, será reaberta oportunidade para requerimento de adjudicação, caso em que também se poderá pleitear a realização de nova avaliação.

Subseção II

DA ALIENAÇÃO

▸ Arts. 708, § 3º, 730, 848, VI, e 852 deste Código.

Art. 879. A alienação far-se-á:

I – por iniciativa particular;

II – em leilão judicial eletrônico ou presencial.

Art. 880. Não efetivada a adjudicação, o exequente poderá requerer a alienação por sua própria iniciativa ou por intermédio de corretor ou leiloeiro público credenciado perante o órgão judiciário.

§ 1º O juiz fixará o prazo em que a alienação deve ser efetivada, a forma de publicidade, o preço mínimo, as condições de pagamento, as garantias e, se for o caso, a comissão de corretagem.

§ 2º A alienação será formalizada por termo nos autos, com a assinatura do juiz, do exequente, do adquirente e, se estiver presente, do executado, expedindo-se:

I – a carta de alienação e o mandado de imissão na posse, quando se tratar de bem imóvel;

II – a ordem de entrega ao adquirente, quando se tratar de bem móvel.

§ 3º Os tribunais poderão editar disposições complementares sobre o procedimento da alienação prevista neste artigo, admitindo, quando for o caso, o concurso de meios eletrônicos, e dispor sobre o credenciamento dos corretores e leiloeiros públicos, os quais deverão estar em exercício profissional por não menos que 3 (três) anos.

§ 4º Nas localidades em que não houver corretor ou leiloeiro público credenciado nos termos do § 3º, a indicação será de livre escolha do exequente.

Art. 881. A alienação far-se-á em leilão judicial se não efetivada a adjudicação ou a alienação por iniciativa particular.

§ 1º O leilão do bem penhorado será realizado por leiloeiro público.

§ 2º Ressalvados os casos de alienação a cargo de corretores de bolsa de valores, todos os demais bens serão alienados em leilão público.

Art. 882. Não sendo possível a sua realização por meio eletrônico, o leilão será presencial.

§ 1º A alienação judicial por meio eletrônico será realizada, observando-se as garantias processuais das partes, de acordo com regulamentação específica do Conselho Nacional de Justiça.

§ 2º A alienação judicial por meio eletrônico deverá atender aos requisitos de ampla publicidade, autenticidade e segurança, com observância das regras estabelecidas na legislação sobre certificação digital.

§ 3º O leilão presencial será realizado no local designado pelo juiz.

Art. 883. Caberá ao juiz a designação do leiloeiro público, que poderá ser indicado pelo exequente.

Art. 884. Incumbe ao leiloeiro público:

I – publicar o edital, anunciando a alienação;

II – realizar o leilão onde se encontrem os bens ou no lugar designado pelo juiz;

III – expor aos pretendentes os bens ou as amostras das mercadorias;

IV – receber e depositar, dentro de 1 (um) dia, à ordem do juiz, o produto da alienação;

V – prestar contas nos 2 (dois) dias subsequentes ao depósito.

▸ Art. 553 deste Código.

Parágrafo único. O leiloeiro tem o direito de receber do arrematante a comissão estabelecida em lei ou arbitrada pelo juiz.

Art. 885. O juiz da execução estabelecerá o preço mínimo, as condições de pagamento e as garantias que poderão ser prestadas pelo arrematante.

Art. 886. O leilão será precedido de publicação de edital, que conterá:

I – a descrição do bem penhorado, com suas características, e, tratando-se de imóvel, sua situação e suas divisas, com remissão à matrícula e aos registros;

II – o valor pelo qual o bem foi avaliado, o preço mínimo pelo qual poderá ser alienado, as condições de pagamento e, se for o caso, a comissão do leiloeiro designado;

III – o lugar onde estiverem os móveis, os veículos e os semoventes e, tratando-se de créditos ou direitos, a identificação dos autos do processo em que foram penhorados;

IV – o sítio, na rede mundial de computadores, e o período em que se realizará o leilão, salvo se este se der de modo presencial, hipótese em que serão indicados o local, o dia e a hora de sua realização;

V – a indicação de local, dia e hora de segundo leilão presencial, para a hipótese de não haver interessado no primeiro;

VI – menção da existência de ônus, recurso ou processo pendente sobre os bens a serem leiloados.

Parágrafo único. No caso de títulos da dívida pública e de títulos negociados em bolsa, constará do edital o valor da última cotação.

Art. 887. O leiloeiro público designado adotará providências para a ampla divulgação da alienação.

§ 1º A publicação do edital deverá ocorrer pelo menos 5 (cinco) dias antes da data marcada para o leilão.

§ 2º O edital será publicado na rede mundial de computadores, em sítio designado pelo juízo da execução, e conterá descrição detalhada e, sempre que possível, ilustrada dos bens, informando expressamente se o leilão se realizará de forma eletrônica ou presencial.

§ 3º Não sendo possível a publicação na rede mundial de computadores ou considerando o juiz, em atenção às condições da sede do juízo, que esse modo de divulgação é insuficiente ou inadequado, o edital será afixado em local de costume e publicado, em resumo, pelo menos uma vez em jornal de ampla circulação local.

§ 4º Atendendo ao valor dos bens e às condições da sede do juízo, o juiz poderá alterar a forma e a frequência da publicidade na imprensa, mandar publicar o edital em local de ampla circulação de pessoas e divulgar avisos em emissora de rádio ou televisão local, bem como em sítios distintos do indicado no § 2º.

§ 5º Os editais de leilão de imóveis e de veículos automotores serão publicados pela imprensa ou por outros meios de divulgação, preferencialmente na seção ou no local reservados à publicidade dos respectivos negócios.

§ 6º O juiz poderá determinar a reunião de publicações em listas referentes a mais de uma execução.

Art. 888. Não se realizando o leilão por qualquer motivo, o juiz mandará publicar a transferência, observando-se o disposto no art. 887.

Parágrafo único. O escrivão, o chefe de secretaria ou o leiloeiro que culposamente der causa à transferência responde pelas despesas da nova publicação, podendo o juiz aplicar-lhe a pena de suspensão por 5 (cinco) dias a 3 (três) meses, em procedimento administrativo regular.

Art. 889. Serão cientificados da alienação judicial, com pelo menos 5 (cinco) dias de antecedência:

I – o executado, por meio de seu advogado ou, se não tiver procurador constituído nos autos, por carta registrada, mandado, edital ou outro meio idôneo;

II – o coproprietário de bem indivisível do qual tenha sido penhorada fração ideal;

▸ Art. 843 deste Código.

III – o titular de usufruto, uso, habitação, enfiteuse, direito de superfície, concessão de uso especial para fins de moradia ou concessão de direito real de uso, quando a penhora recair sobre bem gravado com tais direitos reais;

IV – o proprietário do terreno submetido ao regime de direito de superfície, enfiteuse, concessão de uso especial para fins de moradia ou concessão de direito real de uso, quando a penhora recair sobre tais direitos reais;

V – o credor pignoratício, hipotecário, anticrético, fiduciário ou com penhora anteriormente averbada, quando a penhora recair sobre bens com tais gravames, caso não seja o credor, de qualquer modo, parte na execução;

▸ Art. 1.501 do CC.

VI – o promitente comprador, quando a penhora recair sobre bem em relação ao qual haja promessa de compra e venda registrada;

VII – o promitente vendedor, quando a penhora recair sobre direito aquisitivo derivado de promessa de compra e venda registrada;

▸ Arts. 791, 799 e 804 deste Código.

VIII – a União, o Estado e o Município, no caso de alienação de bem tombado.

▸ Art. 876, § 5º, deste Código.

Parágrafo único. Se o executado for revel e não tiver advogado constituído, não constando dos autos seu endereço atual ou, ainda, não sendo ele encontrado no endereço constante do processo, a intimação considerar-se-á feita por meio do próprio edital de leilão.

Art. 890. Pode oferecer lance quem estiver na livre administração de seus bens, com exceção:

I – dos tutores, dos curadores, dos testamenteiros, dos administradores ou dos liquidantes, quanto aos bens confiados à sua guarda e à sua responsabilidade;

II – dos mandatários, quanto aos bens de cuja administração ou alienação estejam encarregados;

III – do juiz, do membro do Ministério Público e da Defensoria Pública, do escrivão, do chefe de secretaria e dos demais servidores e auxiliares da justiça, em relação aos bens e direitos objeto de alienação na localidade onde servirem ou a que se estender a sua autoridade;

IV – dos servidores públicos em geral, quanto aos bens ou aos direitos da pessoa jurídica a que servirem ou que estejam sob sua administração direta ou indireta;

V – dos leiloeiros e seus prepostos, quanto aos bens de cuja venda estejam encarregados;

VI – dos advogados de qualquer das partes.

Art. 891. Não será aceito lance que ofereça preço vil.

Parágrafo único. Considera-se vil o preço inferior ao mínimo estipulado pelo juiz e constante do edital, e, não tendo sido fixado preço mínimo, considera-se vil o preço inferior a cinquenta por cento do valor da avaliação.

Art. 892. Salvo pronunciamento judicial em sentido diverso, o pagamento deverá ser realizado de imediato pelo arrematante, por depósito judicial ou por meio eletrônico.

§ 1º Se o exequente arrematar os bens e for o único credor, não estará obrigado a exibir o preço, mas, se o valor dos bens exceder ao seu crédito, depositará, dentro de 3 (três) dias, a diferença, sob pena de tornar-se sem efeito a arrematação, e, nesse caso, realizar-se-á novo leilão, à custa do exequente.

§ 2º Se houver mais de um pretendente, proceder-se-á entre eles à licitação, e, no caso de igualdade de oferta, terá preferência o cônjuge, o companheiro, o descendente ou o ascendente do executado, nessa ordem.

§ 3º No caso de leilão de bem tombado, a União, os Estados e os Municípios terão, nessa ordem, o direito de preferência na arrematação, em igualdade de oferta.

Art. 893. Se o leilão for de diversos bens e houver mais de um lançador, terá preferência aquele que se propuser a arrematá-los todos,

CÓDIGO DE PROCESSO CIVIL

em conjunto, oferecendo, para os bens que não tiverem lance, preço igual ao da avaliação e, para os demais, preço igual ao do maior lance que, na tentativa de arrematação individualizada, tenha sido oferecido para eles.

Art. 894. Quando o imóvel admitir cômoda divisão, o juiz, a requerimento do executado, ordenará a alienação judicial de parte dele, desde que suficiente para o pagamento do exequente e para a satisfação das despesas da execução.

§ 1º Não havendo lançador, far-se-á a alienação do imóvel em sua integridade.

§ 2º A alienação por partes deverá ser requerida a tempo de permitir a avaliação das glebas destacadas e sua inclusão no edital, e, nesse caso, caberá ao executado instruir o requerimento com planta e memorial descritivo subscritos por profissional habilitado.

Art. 895. O interessado em adquirir o bem penhorado em prestações poderá apresentar, por escrito:

▶ Art. 3º da IN do TST nº 39, de 15-3-2016, que dispõe de forma não exaustiva sobre as normas do CPC/2015 aplicáveis ao Processo do Trabalho.

I – até o início do primeiro leilão, proposta de aquisição do bem por valor não inferior ao da avaliação;

▶ Art. 843, § 2º, deste Código.

II – até o início do segundo leilão, proposta de aquisição do bem por valor que não seja considerado vil.

▶ Art. 891 deste Código.

§ 1º A proposta conterá, em qualquer hipótese, oferta de pagamento de pelo menos vinte e cinco por cento do valor do lance à vista e o restante parcelado em até 30 (trinta) meses, garantido por caução idônea, quando se tratar de móveis, e por hipoteca do próprio bem, quando se tratar de imóveis.

§ 2º As propostas para aquisição em prestações indicarão o prazo, a modalidade, o indexador de correção monetária e as condições de pagamento do saldo.

§ 3º VETADO.

▶ O dispositivo vetado tinha a seguinte redação: "§ 3º As prestações, que poderão ser pagas por meio eletrônico, serão corrigidas mensalmente pelo índice oficial de atualização financeira, a ser informado, se for o caso, para a operadora do cartão de crédito."

§ 4º No caso de atraso no pagamento de qualquer das prestações, incidirá multa de dez por cento sobre a soma da parcela inadimplida com as parcelas vincendas.

§ 5º O inadimplemento autoriza o exequente a pedir a resolução da arrematação ou promover, em face do arrematante, a execução do valor devido, devendo ambos os pedidos ser formulados nos autos da execução em que se deu a arrematação.

§ 6º A apresentação da proposta prevista neste artigo não suspende o leilão.

§ 7º A proposta de pagamento do lance à vista sempre prevalecerá sobre as propostas de pagamento parcelado.

§ 8º Havendo mais de uma proposta de pagamento parcelado:

I – em diferentes condições, o juiz decidirá pela mais vantajosa, assim compreendida, sempre, a de maior valor;

II – em iguais condições, o juiz decidirá pela formulada em primeiro lugar.

§ 9º No caso de arrematação a prazo, os pagamentos feitos pelo arrematante pertencerão ao exequente até o limite de seu crédito, e os subsequentes, ao executado.

Art. 896. Quando o imóvel de incapaz não alcançar em leilão pelo menos oitenta por cento do valor da avaliação, o juiz o confiará à guarda e à administração de depositário idôneo, adiando a alienação por prazo não superior a 1 (um) ano.

▶ Arts. 159 a 161 deste Código.

§ 1º Se, durante o adiamento, algum pretendente assegurar, mediante caução idônea, o preço da avaliação, o juiz ordenará a alienação em leilão.

§ 2º Se o pretendente à arrematação se arrepender, o juiz impor-lhe-á multa de vinte por cento sobre o valor da avaliação, em benefício do incapaz, valendo a decisão como título executivo.

§ 3º Sem prejuízo do disposto nos §§ 1º e 2º, o juiz poderá autorizar a locação do imóvel no prazo do adiamento.

§ 4º Findo o prazo do adiamento, o imóvel será submetido a novo leilão.

Art. 897. Se o arrematante ou seu fiador não pagar o preço no prazo estabelecido, o juiz impor-lhe-á, em favor do exequente, a perda da caução, voltando os bens a novo leilão, do qual não serão admitidos a participar o arrematante e o fiador remissos.

Art. 898. O fiador do arrematante que pagar o valor do lance e a multa poderá requerer que a arrematação lhe seja transferida.

Art. 899. Será suspensa a arrematação logo que o produto da alienação dos bens for suficiente para o pagamento do credor e para a satisfação das despesas da execução.

Art. 900. O leilão prosseguirá no dia útil imediato, à mesma hora em que teve início, independentemente de novo edital, se for ultrapassado o horário de expediente forense.

Art. 901. A arrematação constará de auto que será lavrado de imediato e poderá abranger bens penhorados em mais de uma execução, nele mencionadas as condições nas quais foi alienado o bem.

§ 1º A ordem de entrega do bem móvel ou a carta de arrematação do bem imóvel, com o respectivo mandado de imissão na posse, será expedida depois de efetuado o depósito ou prestadas as garantias pelo arrematante, bem como realizado o pagamento da comissão do leiloeiro e das demais despesas da execução.

§ 2º A carta de arrematação conterá a descrição do imóvel, com remissão à sua matrícula ou individuação e aos seus registros, a cópia do auto de arrematação e a prova de pagamento do imposto de transmissão, além da indicação da existência de eventual ônus real ou gravame.

Art. 902. No caso de leilão de bem hipotecado, o executado poderá remi-lo até a assinatura do auto de arrematação, oferecendo preço igual ao do maior lance oferecido.

Parágrafo único. No caso de falência ou insolvência do devedor hipotecário, o direito de remição previsto no *caput* defere-se à massa ou aos credores em concurso, não podendo o exequente recusar o preço da avaliação do imóvel.

Art. 903. Qualquer que seja a modalidade de leilão, assinado o auto pelo juiz, pelo arrematante e pelo leiloeiro, a arrematação será considerada perfeita, acabada e irretratável, ainda que venham a ser julgados procedentes os embargos do executado ou a ação autônoma de que trata o § 4º deste artigo, assegurada a possibilidade de reparação pelos prejuízos sofridos.

▶ Arts. 914 a 920 deste Código.

§ 1º Ressalvadas outras situações previstas neste Código, a arrematação poderá, no entanto, ser:

I – invalidada, quando realizada por preço vil ou com outro vício;

▶ Art. 891 deste Código.

II – considerada ineficaz, se não observado o disposto no art. 804;

III – resolvida, se não for pago o preço ou se não for prestada a caução.

§ 2º O juiz decidirá acerca das situações referidas no § 1º, se for provocado em até 10 (dez) dias após o aperfeiçoamento da arrematação.

§ 3º Passado o prazo previsto no § 2º sem que tenha havido alegação de qualquer das situações previstas no § 1º, será expedida a carta de arrematação e, conforme o caso, a ordem de entrega ou mandado de imissão na posse.

§ 4º Após a expedição da carta de arrematação ou da ordem de entrega, a invalidação da arrematação poderá ser pleiteada por ação autônoma, em cujo processo o arrematante figurará como litisconsorte necessário.

▶ Art. 114 deste Código.

§ 5º O arrematante poderá desistir da arrematação, sendo-lhe imediatamente devolvido o depósito que tiver feito:

I – se provar, nos 10 (dez) dias seguintes, a existência de ônus real ou gravame não mencionado no edital;

II – se, antes de expedida a carta de arrematação ou a ordem de entrega, o executado alegar alguma das situações previstas no § 1º;

III – uma vez citado para responder a ação autônoma de que trata o § 4º deste artigo, desde que apresente a desistência no prazo de que dispõe para responder a essa ação.

§ 6º Considera-se ato atentatório à dignidade da justiça a suscitação infundada de vício com o objetivo de ensejar a desistência do arrematante, devendo o suscitante ser condenado, sem prejuízo da responsabilidade por perdas e danos, ao pagamento de multa, a ser fixada pelo juiz e devida ao exequente, em montante não superior a vinte por cento do valor atualizado do bem.

▶ Arts. 77, IV e VI, §§ 1º a 8º, 772, II, 774 e 777 deste Código.

▶ Arts. 402 a 405 e 927 do CC.

▶ Súm. nº 331 do STJ.

Seção V
DA SATISFAÇÃO DO CRÉDITO

Art. 904. A satisfação do crédito exequendo far-se-á:

I – pela entrega do dinheiro;

II – pela adjudicação dos bens penhorados.

Art. 905. O juiz autorizará que o exequente levante, até a satisfação integral de seu crédito, o dinheiro depositado para segurar o juízo ou o produto dos bens alienados, bem como do faturamento de empresa ou de outros frutos e rendimentos de coisas ou empresas penhoradas, quando:

I – a execução for movida só a benefício do exequente singular, a quem, por força da penhora, cabe o direito de preferência sobre os bens penhorados e alienados;

II – não houver sobre os bens alienados outros privilégios ou preferências instituídos anteriormente à penhora.

Parágrafo único. Durante o plantão judiciário, veda-se a concessão de pedidos de levantamento de importância em dinheiro ou valores ou de liberação de bens apreendidos.

Art. 906. Ao receber o mandado de levantamento, o exequente dará ao executado, por termo nos autos, quitação da quantia paga.

Parágrafo único. A expedição de mandado de levantamento poderá ser substituída pela transferência eletrônica do valor depositado em conta vinculada ao juízo para outra indicada pelo exequente.

Art. 907. Pago ao exequente o principal, os juros, as custas e os honorários, a importância que sobrar será restituída ao executado.

Art. 908. Havendo pluralidade de credores ou exequentes, o dinheiro lhes será distribuído e entregue consoante a ordem das respectivas preferências.

§ 1º No caso de adjudicação ou alienação, os créditos que recaem sobre o bem, inclusive os de natureza *propter rem*, sub-rogam-se sobre o respectivo preço, observada a ordem de preferência.

§ 2º Não havendo título legal à preferência, o dinheiro será distribuído entre os concorrentes, observando-se a anterioridade de cada penhora.

Art. 909. Os exequentes formularão as suas pretensões, que versarão unicamente sobre o direito de preferência e a anterioridade da penhora, e, apresentadas as razões, o juiz decidirá.

CAPÍTULO V

DA EXECUÇÃO CONTRA A FAZENDA PÚBLICA

- Art. 85, §§ 3º a 7º, deste Código.
- Arts. 1º, 2º e 6º da Lei nº 9.469, de 10-7-1997, que regula os pagamentos devidos pela Fazenda Pública em virtude de sentença judiciária.
- Súmulas nºs 279 e 339 do STJ.

Art. 910. Na execução fundada em título extrajudicial, a Fazenda Pública será citada para opor embargos em 30 (trinta) dias.

- O STF, por unanimidade de votos, deferiu a medida cautelar na ADC nº 11, para suspender todos os processos em que se discuta a constitucionalidade do art. 1º-B da Lei nº 9.494, de 10-9-1997, acrescido pela MP nº 2.180-35, de 24-8-2001 (*DOU* de 10-4-2007).

§ 1º Não opostos embargos ou transitada em julgado a decisão que os rejeitar, expedir-se-á precatório ou requisição de pequeno valor em favor do exequente, observando-se o disposto no art. 100 da Constituição Federal.

- Arts. 1º-D a 1-F da Lei nº 9.494, de 10-9-1997, que disciplina a aplicação da tutela antecipada contra a Fazenda Pública.
- Súmulas nºs 655 e 733 do STF.
- Súmulas nºs 144 e 311 do STJ.

§ 2º Nos embargos, a Fazenda Pública poderá alegar qualquer matéria que lhe seria lícito deduzir como defesa no processo de conhecimento.

§ 3º Aplica-se a este Capítulo, no que couber, o disposto nos artigos 534 e 535.

CAPÍTULO VI

DA EXECUÇÃO DE ALIMENTOS

- Arts. 22, I, 53, II, 189, II, 215, II, 292, III, 528 a 533, 833, § 2º, e 1.012, § 1º, II, deste Código.
- Arts. 1.694 a 1.710 do CC.
- Lei nº 5.478, de 25-7-1968 (Lei da Ação de Alimentos).
- Lei nº 8.971, de 29-12-1994, regula o direito dos companheiros a alimentos e à sucessão.
- Lei nº 11.804, de 5-11-2008 (Lei dos Alimentos Gravídicos).
- Súm. nº 358 do STJ.

Art. 911. Na execução fundada em título executivo extrajudicial que contenha obrigação alimentar, o juiz mandará citar o executado para, em 3 (três) dias, efetuar o pagamento das parcelas anteriores ao início da execução e das que se vencerem no seu curso, provar que o fez ou justificar a impossibilidade de fazê-lo.

- Arts. 1.694 a 1.710 do CC.

Parágrafo único. Aplicam-se, no que couber, os §§ 2º a 7º do art. 528.

Art. 912. Quando o executado for funcionário público, militar, diretor ou gerente de empresa, bem como empregado sujeito à legislação do trabalho, o exequente poderá requerer o desconto em folha de pagamento de pessoal da importância da prestação alimentícia.

§ 1º Ao despachar a inicial, o juiz oficiará à autoridade, à empresa ou ao empregador, determinando, sob pena de crime de desobediência, o desconto a partir da primeira remuneração posterior do executado, a contar do protocolo do ofício.

§ 2º O ofício conterá os nomes e o número de inscrição no Cadastro de Pessoas Físicas do exequente e do executado, a importância a ser descontada mensalmente, a conta na qual deve ser feito o depósito e, se for o caso, o tempo de sua duração.

Art. 913. Não requerida a execução nos termos deste Capítulo, observar-se-á o disposto no art. 824 e seguintes, com a ressalva de que, recaindo a penhora em dinheiro, a concessão de efeito suspensivo aos embargos à execução não obsta a que o exequente levante mensalmente a importância da prestação.

- Arts. 528, § 8º, 835, 837 e 854 deste Código.

TÍTULO III – DOS EMBARGOS À EXECUÇÃO

Art. 914. O executado, independentemente de penhora, depósito ou caução, poderá se opor à execução por meio de embargos.

- Súm. nº 196 do STJ.

§ 1º Os embargos à execução serão distribuídos por dependência, autuados em apartado e instruídos com cópias das peças processuais relevantes, que poderão ser declaradas autênticas pelo próprio advogado, sob sua responsabilidade pessoal.

- Art. 286 deste Código.

§ 2º Na execução por carta, os embargos serão oferecidos no juízo deprecante ou no juízo deprecado, mas a competência para julgá-los é do juízo deprecante, salvo se versarem unicamente sobre vícios ou defeitos da penhora, da avaliação ou da alienação dos bens efetuadas no juízo deprecado.

- Súm. nº 46 do STJ.

Art. 915. Os embargos serão oferecidos no prazo de 15 (quinze) dias, contado, conforme o caso, na forma do art. 231.

- Arts. 239 e 829 deste Código.

§ 1º Quando houver mais de um executado, o prazo para cada um deles embargar conta-se a partir da juntada do respectivo comprovante da citação, salvo no caso de cônjuges ou de companheiros, quando será contado a partir da juntada do último.

- Súm. nº 134 do STJ.

§ 2º Nas execuções por carta, o prazo para embargos será contado:

I – da juntada, na carta, da certificação da citação, quando versarem unicamente sobre vícios ou defeitos da penhora, da avaliação ou da alienação dos bens;

II – da juntada, nos autos de origem, do comunicado de que trata o § 4º deste artigo ou, não havendo este, da juntada da carta devidamente cumprida, quando versarem sobre questões diversas da prevista no inciso I deste parágrafo.

§ 3º Em relação ao prazo para oferecimento dos embargos à execução, não se aplica o disposto no art. 229.

§ 4º Nos atos de comunicação por carta precatória, rogatória ou de ordem, a realização da citação será imediatamente informada, por meio eletrônico, pelo juiz deprecado ao juiz deprecante.

- Art. 232 do CPC.

Art. 916. No prazo para embargos, reconhecendo o crédito do exequente e comprovando o depósito de trinta por cento do valor em execução, acrescido de custas e de honorários de advogado, o executado poderá requerer que lhe seja permitido pagar o restante em até 6 (seis) parcelas mensais, acrescidas de correção monetária e de juros de um por cento ao mês.

- Arts. 701, § 5º, e 921, V, deste Código.
- Art. 3º da IN do TST nº 39, de 15-3-2016, que dispõe de forma não exaustiva sobre as normas do CPC/2015 aplicáveis ao Processo do Trabalho.

§ 1º O exequente será intimado para manifestar-se sobre o preenchimento dos pressupostos do *caput*, e o juiz decidirá o requerimento em 5 (cinco) dias.

§ 2º Enquanto não apreciado o requerimento, o executado terá de depositar as parcelas vincendas, facultado ao exequente seu levantamento.

§ 3º Deferida a proposta, o exequente levantará a quantia depositada, e serão suspensos os atos executivos.

§ 4º Indeferida a proposta, seguir-se-ão os atos executivos, mantido o depósito, que será convertido em penhora.

§ 5º O não pagamento de qualquer das prestações acarretará cumulativamente:

I – o vencimento das prestações subsequentes e o prosseguimento do processo, com o imediato reinício dos atos executivos;

II – a imposição ao executado de multa de dez por cento sobre o valor das prestações não pagas.

§ 6º A opção pelo parcelamento de que trata este artigo importa renúncia ao direito de opor embargos.

§ 7º O disposto neste artigo não se aplica ao cumprimento da sentença.

► Arts. 513 a 538 deste Código.

Art. 917. Nos embargos à execução, o executado poderá alegar:

I – inexequibilidade do título ou inexigibilidade da obrigação;

II – penhora incorreta ou avaliação errônea;

III – excesso de execução ou cumulação indevida de execuções;

► Art. 780 deste Código.

IV – retenção por benfeitorias necessárias ou úteis, nos casos de execução para entrega de coisa certa;

► Art. 810 deste Código.

► Art. 96, §§ 2º e 3º, do CC.

V – incompetência absoluta ou relativa do juízo da execução;

► Arts. 42 a 66 deste Código.

VI – qualquer matéria que lhe seria lícito deduzir como defesa em processo de conhecimento.

► Arts. 336 a 342 deste Código.

§ 1º A incorreção da penhora ou da avaliação poderá ser impugnada por simples petição, no prazo de 15 (quinze) dias, contado da ciência do ato.

§ 2º Há excesso de execução quando:

I – o exequente pleiteia quantia superior à do título;

II – ela recai sobre coisa diversa daquela declarada no título;

III – ela se processa de modo diferente do que foi determinado no título;

IV – o exequente, sem cumprir a prestação que lhe corresponde, exige o adimplemento da prestação do executado;

V – o exequente não prova que a condição se realizou.

§ 3º Quando alegar que o exequente, em excesso de execução, pleiteia quantia superior à do título, o embargante declarará na petição inicial o valor que entende correto, apresentando demonstrativo discriminado e atualizado de seu cálculo.

§ 4º Não apontado o valor correto ou não apresentado o demonstrativo, os embargos à execução:

I – serão liminarmente rejeitados, sem resolução de mérito, se o excesso de execução for o seu único fundamento;

II – serão processados, se houver outro fundamento, mas o juiz não examinará a alegação de excesso de execução.

§ 5º Nos embargos de retenção por benfeitorias, o exequente poderá requerer a compensação de seu valor com o dos frutos ou dos danos considerados devidos pelo executado, cumprindo ao juiz, para a apuração dos respectivos valores, nomear perito, observando-se, então, o art. 464.

§ 6º O exequente poderá a qualquer tempo ser imitido na posse da coisa, prestando caução ou depositando o valor devido pelas benfeitorias ou resultante da compensação.

§ 7º A arguição de impedimento e suspeição observará o disposto nos arts. 146 e 148.

Art. 918. O juiz rejeitará liminarmente os embargos:

► Art. 3º da IN do TST nº 39, de 15-3-2016, que dispõe de forma não exaustiva sobre as normas do CPC/2015 aplicáveis ao Processo do Trabalho.

I – quando intempestivos;

II – nos casos de indeferimento da petição inicial e de improcedência liminar do pedido;

► Arts. 12, § 2º, I, 239, 321, parágrafo único, 330, 332, 485, I, e 486, § 1º, deste Código.

III – manifestamente protelatórios.

► Art. 1.012, § 1º, III, deste Código.

Parágrafo único. Considera-se conduta atentatória à dignidade da justiça o oferecimento de embargos manifestamente protelatórios.

► Arts. 77, IV e VI, §§ 1º a 8º, 139, III, 772, II, e 777 deste Código.

Art. 919. Os embargos à execução não terão efeito suspensivo.

► Art. 1.015, X, deste Código.

► Súm. nº 317 do STJ.

§ 1º O juiz poderá, a requerimento do embargante, atribuir efeito suspensivo aos embargos quando verificados os requisitos para a concessão da tutela provisória e desde que a execução já esteja garantida por penhora, depósito ou caução suficientes.

► Arts. 294 a 311 e 921, II, deste Código.

§ 2º Cessando as circunstâncias que a motivaram, a decisão relativa aos efeitos dos embargos poderá, a requerimento da parte, ser modificada ou revogada a qualquer tempo, em decisão fundamentada.

§ 3º Quando o efeito suspensivo atribuído aos embargos disser respeito apenas a parte do objeto da execução, esta prosseguirá quanto à parte restante.

§ 4º A concessão de efeito suspensivo aos embargos oferecidos por um dos executados não suspenderá a execução contra os que não embargaram quando o respectivo fundamento disser respeito exclusivamente ao embargante.

§ 5º A concessão de efeito suspensivo não impedirá a efetivação dos atos de substituição, de reforço ou de redução da penhora e de avaliação dos bens.

Art. 920. Recebidos os embargos:

I – o exequente será ouvido no prazo de 15 (quinze) dias;

II – a seguir, o juiz julgará imediatamente o pedido ou designará audiência;

III – encerrada a instrução, o juiz proferirá sentença.

► Arts. 85, § 13, 827, § 2º, 903 e 1.012, § 1º, III, deste Código.

TÍTULO IV – DA SUSPENSÃO E DA EXTINÇÃO DO PROCESSO DE EXECUÇÃO

CAPÍTULO I – DA SUSPENSÃO DO PROCESSO DE EXECUÇÃO

Art. 921. Suspende-se a execução:

I – nas hipóteses dos arts. 313 e 315, no que couber;

II – no todo ou em parte, quando recebidos com efeito suspensivo os embargos à execução;

► Art. 919 deste Código.

III – quando não for localizado o executado ou bens penhoráveis;

► Inciso III com a redação dada pela Lei nº 14.195, de 26-8-2021.

► Art. 836, § 1º, deste Código.

IV – se a alienação dos bens penhorados não se realizar por falta de licitantes e o exequente, em 15 (quinze) dias, não requerer a adjudicação nem indicar outros bens penhoráveis;

V – quando concedido o parcelamento de que trata o art. 916.

§ 1º Na hipótese do inciso III, o juiz suspenderá a execução pelo prazo de 1 (um) ano, durante o qual se suspenderá a prescrição.

§ 2º Decorrido o prazo máximo de 1 (um) ano sem que seja localizado o executado ou que sejam encontrados bens penhoráveis, o juiz ordenará o arquivamento dos autos.

§ 3º Os autos serão desarquivados para prosseguimento da execução se a qualquer tempo forem encontrados bens penhoráveis.

§ 4º O termo inicial da prescrição no curso do processo será a ciência da primeira tentativa infrutífera de localização do devedor ou de bens penhoráveis, e será suspensa, por uma única vez, pelo prazo máximo previsto no § 1º deste artigo.

► § 4º com a redação dada pela Lei nº 14.195, de 26-8-2021.

► Art. 2º da IN do TST nº 39, de 15-3-2016, que dispõe de forma não exaustiva sobre as normas do CPC/2015 inaplicáveis ao Processo do Trabalho.

§ 4º-A. A efetiva citação, intimação do devedor ou constrição de bens penhoráveis interrompe o prazo de prescrição, que não corre pelo tempo necessário à citação e à intimação do devedor, bem como para as formalidades da constrição patrimonial, se necessária, desde que o credor cumpra os prazos previstos na lei processual ou fixados pelo juiz.

► § 4º-A acrescido pela Lei nº 14.195, de 26-8-2021.

§ 5º O juiz, depois de ouvidas as partes, no prazo de 15 (quinze) dias, poderá, de ofício, reconhecer a prescrição no curso do processo e extingui-lo, sem ônus para as partes.

► § 5º com a redação dada pela Lei nº 14.195, de 26-8-2021.

► Art. 10 deste Código.

► Arts. 189 a 206 do CC.

► Art. 2º da IN do TST nº 39, de 15-3-2016, que dispõe de forma não exaustiva sobre as normas do CPC/2015 inaplicáveis ao Processo do Trabalho.

§ 6º A alegação de nulidade quanto ao procedimento previsto neste artigo somente será conhecida caso demonstrada a ocorrência de efetivo prejuízo, que será presumido apenas em caso de inexistência da intimação de que trata o § 4º deste artigo.

§ 7º Aplica-se o disposto neste artigo ao cumprimento de sentença de que trata o art. 523 deste Código.

► §§ 6º e 7º acrescidos pela Lei nº 14.195, de 26-8-2021.

Art. 922. Convindo as partes, o juiz declarará suspensa a execução durante o prazo concedido pelo exequente para que o executado cumpra voluntariamente a obrigação.

Parágrafo único. Findo o prazo sem cumprimento da obrigação, o processo retomará o seu curso.

Art. 923. Suspensa a execução, não serão praticados atos processuais, podendo o juiz, entretanto, salvo no caso de arguição de impedimento ou de suspeição, ordenar providências urgentes.

► Art. 314 deste Código.

CAPÍTULO II
DA EXTINÇÃO DO PROCESSO DE EXECUÇÃO

Art. 924. Extingue-se a execução quando:

- Súm. nº 224 do TFR.

I – a petição inicial for indeferida;

- Art. 798 deste Código.

II – a obrigação for satisfeita;

III – o executado obtiver, por qualquer outro meio, a extinção total da dívida;

- Arts. 385 a 388 e 840 a 850 do CC.

IV – o exequente renunciar ao crédito;

- Arts. 385 a 388 do CC.

V – ocorrer a prescrição intercorrente.

- Art. 1.056 deste Código.
- Arts. 189 a 206 do CC.
- Art. 2º da IN do TST nº 39, de 15-3-2016, que dispõe de forma não exaustiva sobre as normas do CPC/2015 inaplicáveis ao Processo do Trabalho.

Art. 925. A extinção só produz efeito quando declarada por sentença.

- Art. 203, § 1º, deste Código.
- Súm. nº 150 do STF.

LIVRO III – DOS PROCESSOS NOS TRIBUNAIS E DOS MEIOS DE IMPUGNAÇÃO DAS DECISÕES JUDICIAIS

TÍTULO I – DA ORDEM DOS PROCESSOS E DOS PROCESSOS DE COMPETÊNCIA ORIGINÁRIA DOS TRIBUNAIS

CAPÍTULO I
DISPOSIÇÕES GERAIS

- Art. 3º da IN do TST nº 39, de 15-3-2016, que dispõe de forma não exaustiva sobre as normas do CPC/2015 aplicáveis ao Processo do Trabalho.

Art. 926. Os tribunais devem uniformizar sua jurisprudência e mantê-la estável, íntegra e coerente.

- Art. 978 deste Código.
- Art. 18 da IN do TST nº 41, de 21-6-2018, que dispõe sobre a aplicação das normas processuais da CLT alteradas pela Lei nº 13.467, de 13-7-2017.

§ 1º Na forma estabelecida e segundo os pressupostos fixados no regimento interno, os tribunais editarão enunciados de súmula correspondentes a sua jurisprudência dominante.

- Art. 18, § 3º, da IN do TST nº 41, de 21-6-2018, que dispõe sobre a aplicação das normas processuais da CLT alteradas pela Lei nº 13.467, de 13-7-2017.

§ 2º Ao editar enunciados de súmula, os tribunais devem ater-se às circunstâncias fáticas dos precedentes que motivaram sua criação.

- Art. 18, § 3º, da IN do TST nº 41, de 21-6-2018, que dispõe sobre a aplicação das normas processuais da CLT alteradas pela Lei nº 13.467, de 13-7-2017.

Art. 927. Os juízes e os tribunais observarão:

I – as decisões do Supremo Tribunal Federal em controle concentrado de constitucionalidade;

- Art. 102, I, *a*, e § 2º, da CF.
- Arts. 19, § 1º, II, e 20, II, *b*, da Lei nº 13.988, de 14-4-2020 (Lei da Transação Tributária).

II – os enunciados de súmula vinculante;

- Art. 103-A da CF.
- Arts. 19, § 1º, II, e 20, II, *b*, da Lei nº 13.988, de 14-4-2020 (Lei da Transação Tributária).

III – os acórdãos em incidente de assunção de competência ou de resolução de demandas repetitivas e em julgamento de recursos extraordinário e especial repetitivos;

- Arts. 928, 947, 976 a 987 e 1.036 a 1.041 deste Código.
- Arts. 19, § 1º, II, e 20, II, *b*, da Lei nº 13.988, de 14-4-2020 (Lei da Transação Tributária).
- Art. 18, § 3º, da IN do TST nº 41, de 21-6-2018, que dispõe sobre a aplicação das normas processuais da CLT alteradas pela Lei nº 13.467, de 13-7-2017.

IV – os enunciados das súmulas do Supremo Tribunal Federal em matéria constitucional e do Superior Tribunal de Justiça em matéria infraconstitucional;

- Arts. 19, § 1º, II, e 20, II, *b*, da Lei nº 13.988, de 14-4-2020 (Lei da Transação Tributária).

V – a orientação do plenário ou do órgão especial aos quais estiverem vinculados.

- Art. 18, § 3º, da IN do TST nº 41, de 21-6-2018, que dispõe sobre a aplicação das normas processuais da CLT alteradas pela Lei nº 13.467, de 13-7-2017.

§ 1º Os juízes e os tribunais observarão o disposto no art. 10 e no art. 489, § 1º, quando decidirem com fundamento neste artigo.

§ 2º A alteração de tese jurídica adotada em enunciado de súmula ou em julgamento de casos repetitivos poderá ser precedida de audiências públicas e da participação de pessoas, órgãos ou entidades que possam contribuir para a rediscussão da tese.

- Art. 138 deste Código.

§ 3º Na hipótese de alteração de jurisprudência dominante do Supremo Tribunal Federal e dos tribunais superiores ou daquela oriunda de julgamento de casos repetitivos, pode haver modulação dos efeitos da alteração no interesse social e no da segurança jurídica.

§ 4º A modificação de enunciado de súmula, de jurisprudência pacificada ou de tese adotada em julgamento de casos repetitivos observará a necessidade de fundamentação adequada e específica, considerando os princípios da segurança jurídica, da proteção da confiança e da isonomia.

§ 5º Os tribunais darão publicidade a seus precedentes, organizando-os por questão jurídica decidida e divulgando-os, preferencialmente, na rede mundial de computadores.

Art. 928. Para os fins deste Código, considera-se julgamento de casos repetitivos a decisão proferida em:

I – incidente de resolução de demandas repetitivas;

- Arts. 976 a 987 deste Código.

II – recursos especial e extraordinário repetitivos.

- Arts. 1.036 a 1.041 deste Código.

Parágrafo único. O julgamento de casos repetitivos tem por objeto questão de direito material ou processual.

CAPÍTULO II
DA ORDEM DOS PROCESSOS NO TRIBUNAL

Art. 929. Os autos serão registrados no protocolo do tribunal no dia de sua entrada, cabendo à secretaria ordená-los, com imediata distribuição.

Parágrafo único. A critério do tribunal, os serviços de protocolo poderão ser descentralizados, mediante delegação a ofícios de justiça de primeiro grau.

Art. 930. Far-se-á a distribuição de acordo com o regimento interno do tribunal, observando-se a alternatividade, o sorteio eletrônico e a publicidade.

Parágrafo único. O primeiro recurso protocolado no tribunal tornará prevento o relator para eventual recurso subsequente interposto no mesmo processo ou em processo conexo.

Art. 931. Distribuídos, os autos serão imediatamente conclusos ao relator, que, em 30 (trinta) dias, depois de elaborar o voto, restituí-los-á, com relatório, à secretaria.

- Art. 12 deste Código.

Art. 932. Incumbe ao relator:

I – dirigir e ordenar o processo no tribunal, inclusive em relação à produção de prova, bem como, quando for o caso, homologar autocomposição das partes;

- Art. 515, II, deste Código.

II – apreciar o pedido de tutela provisória nos recursos e nos processos de competência originária do tribunal;

- Art. 299, parágrafo único, deste Código.

III – não conhecer de recurso inadmissível, prejudicado ou que não tenha impugnado especificamente os fundamentos da decisão recorrida;

IV – negar provimento a recurso que for contrário a:

- Súm. nº 622 do STF.
- Súm. nº 253 do STJ.
- Súm. nº 435 do TST.

a) súmula do Supremo Tribunal Federal, do Superior Tribunal de Justiça ou do próprio tribunal;

b) acórdão proferido pelo Supremo Tribunal Federal ou pelo Superior Tribunal de Justiça em julgamento de recursos repetitivos;

- Arts. 1.036 a 1.041 deste Código.

c) entendimento firmado em incidente de resolução de demandas repetitivas ou de assunção de competência;

- Arts. 947, 976 a 987 e 1.019 deste Código.

V – depois de facultada a apresentação de contrarrazões, dar provimento ao recurso se a decisão recorrida for contrária a:

a) súmula do Supremo Tribunal Federal, do Superior Tribunal de Justiça ou do próprio tribunal;

b) acórdão proferido pelo Supremo Tribunal Federal ou pelo Superior Tribunal de Justiça em julgamento de recursos repetitivos;

- Arts. 1.036 a 1.041 deste Código.

c) entendimento firmado em incidente de resolução de demandas repetitivas ou de assunção de competência;

- Arts. 947, 976 a 987 e 1.011, I, deste Código.

VI – decidir o incidente de desconsideração da personalidade jurídica, quando este for instaurado originariamente perante o tribunal;

- Arts. 133 a 137 deste Código.

VII – determinar a intimação do Ministério Público, quando for o caso;

- Arts. 176 a 179 deste Código.

VIII – exercer outras atribuições estabelecidas no regimento interno do tribunal.

- Arts. 12, § 2º, IV, e 1.021 deste Código.

Parágrafo único. Antes de considerar inadmissível o recurso, o relator concederá o prazo de 5 (cinco) dias ao recorrente para que seja sanado vício ou complementada a documentação exigível.

- Art. 1.017, § 3º, deste Código.
- Art. 10 da IN do TST nº 39, de 15-3-2016, que dispõe de forma não exaustiva sobre as normas do CPC/2015 aplicáveis ao Processo do Trabalho.

Art. 933. Se o relator constatar a ocorrência de fato superveniente à decisão recorrida ou a existência de questão apreciável de ofício ainda não examinada que devam ser considerados no julgamento do recurso, intimará as partes para que se manifestem no prazo de 5 (cinco) dias.

▶ Art. 10 deste Código.

§ 1º Se a constatação ocorrer durante a sessão de julgamento, esse será imediatamente suspenso a fim de que as partes se manifestem especificamente.

§ 2º Se a constatação se der em vista dos autos, deverá o juiz que a solicitou encaminhá-los ao relator, que tomará as providências previstas no *caput* e, em seguida, solicitará a inclusão do feito em pauta para prosseguimento do julgamento, com submissão integral da nova questão aos julgadores.

Art. 934. Em seguida, os autos serão apresentados ao presidente, que designará dia para julgamento, ordenando, em todas as hipóteses previstas neste Livro, a publicação da pauta no órgão oficial.

▶ Art. 12 deste Código.

Art. 935. Entre a data de publicação da pauta e a da sessão de julgamento decorrerá, pelo menos, o prazo de 5 (cinco) dias, incluindo-se em nova pauta os processos que não tenham sido julgados, salvo aqueles cujo julgamento tiver sido expressamente adiado para a primeira sessão seguinte.

▶ Súm. nº 117 do STJ.

§ 1º Às partes será permitida vista dos autos em cartório após a publicação da pauta de julgamento.

§ 2º Afixar-se-á a pauta na entrada da sala em que se realizar a sessão de julgamento.

Art. 936. Ressalvadas as preferências legais e regimentais, os recursos, a remessa necessária e os processos de competência originária serão julgados na seguinte ordem:

▶ Art. 1.048 deste Código.

I – aqueles nos quais houver sustentação oral, observada a ordem dos requerimentos;

▶ Art. 937, § 2º, deste Código.

II – os requerimentos de preferência apresentados até o início da sessão de julgamento;

III – aqueles cujo julgamento tenha iniciado em sessão anterior; e

IV – os demais casos.

Art. 937. Na sessão de julgamento, depois da exposição da causa pelo relator, o presidente dará a palavra, sucessivamente, ao recorrente, ao recorrido e, nos casos de sua intervenção, ao membro do Ministério Público, pelo prazo improrrogável de 15 (quinze) minutos para cada um, a fim de sustentarem suas razões, nas seguintes hipóteses, nos termos da parte final do *caput* do art. 1.021:

I – no recurso de apelação;

▶ Arts. 1.009 a 1.014 deste Código.

II – no recurso ordinário;

▶ Arts. 1.027 e 1.028 deste Código.

III – no recurso especial;

IV – no recurso extraordinário;

▶ Arts. 1.029 a 1.041 deste Código.

V – nos embargos de divergência;

▶ Arts. 1.043 e 1.044 deste Código.

VI – na ação rescisória, no mandado de segurança e na reclamação;

▶ Arts. 5º, LXIX e LXX, e 103-A, § 3º, da CF.

▶ Arts. 966 a 975 e 988 a 933 deste Código.

▶ Lei nº 12.016, de 7-8-2009 (Lei do Mandado de Segurança Individual e Coletivo).

VII – VETADO;

▶ O dispositivo vetado tinha a seguinte redação: "VII – no agravo interno originário de recurso de apelação, de recurso ordinário, de recurso especial ou de recurso extraordinário;".

VIII – no agravo de instrumento interposto contra decisões interlocutórias que versem sobre tutelas provisórias de urgência ou da evidência;

▶ Arts. 300 a 311 e 1.015 a 1.020 deste Código.

IX – em outras hipóteses previstas em lei ou no regimento interno do tribunal.

§ 1º A sustentação oral no incidente de resolução de demandas repetitivas observará o disposto no art. 984, no que couber.

§ 2º O procurador que desejar proferir sustentação oral poderá requerer, até o início da sessão, que o processo seja julgado em primeiro lugar, sem prejuízo das preferências legais.

§ 3º Nos processos de competência originária previstos no inciso VI, caberá sustentação oral no agravo interno interposto contra decisão de relator que o extinga.

▶ Art. 1.021 deste Código.

§ 4º É permitido ao advogado com domicílio profissional em cidade diversa daquela onde está sediado o tribunal realizar sustentação oral por meio de videoconferência ou outro recurso tecnológico de transmissão de sons e imagens em tempo real, desde que o requeira até o dia anterior ao da sessão.

▶ Art. 236, § 3º, deste Código.

Art. 938. A questão preliminar suscitada no julgamento será decidida antes do mérito, deste não se conhecendo caso seja incompatível com a decisão.

▶ Art. 10 da IN do TST nº 39, de 15-3-2016, que dispõe de forma não exaustiva sobre as normas do CPC/2015 aplicáveis ao Processo do Trabalho.

§ 1º Constatada a ocorrência de vício sanável, inclusive aquele que possa ser conhecido de ofício, o relator determinará a realização ou a renovação do ato processual, no próprio tribunal ou em primeiro grau de jurisdição, intimadas as partes.

▶ Arts. 10 e 278 deste Código.

§ 2º Cumprida a diligência de que trata o § 1º, o relator, sempre que possível, prosseguirá no julgamento do recurso.

§ 3º Reconhecida a necessidade de produção de prova, o relator converterá o julgamento em diligência, que se realizará no tribunal ou em primeiro grau de jurisdição, decidindo-se o recurso após a conclusão da instrução.

§ 4º Quando não determinadas pelo relator, as providências indicadas nos §§ 1º e 3º poderão ser determinadas pelo órgão competente para julgamento do recurso.

Art. 939. Se a preliminar for rejeitada ou se a apreciação do mérito for com ela compatível, seguir-se-ão a discussão e o julgamento da matéria principal, sobre a qual deverão se pronunciar os juízes vencidos na preliminar.

Art. 940. O relator ou outro juiz que não se considerar habilitado a proferir imediatamente seu voto poderá solicitar vista pelo prazo máximo de 10 (dez) dias, após o qual o recurso será reincluído em pauta para julgamento na sessão seguinte à data da devolução.

▶ Art. 3º da IN do TST nº 39, de 15-3-2016, que dispõe de forma não exaustiva sobre as normas do CPC/2015 aplicáveis ao Processo do Trabalho.

§ 1º Se os autos não forem devolvidos tempestivamente ou se não for solicitada pelo juiz prorrogação de prazo de no máximo mais 10 (dez) dias, o presidente do órgão fracionário os requisitará para julgamento do recurso na sessão ordinária subsequente, com publicação da pauta em que for incluído.

§ 2º Quando requisitar os autos na forma do § 1º, se aquele que fez o pedido de vista ainda não se sentir habilitado a votar, o presidente convocará substituto para proferir voto, na forma estabelecida no regimento interno do tribunal.

Art. 941. Proferidos os votos, o presidente anunciará o resultado do julgamento, designando para redigir o acórdão o relator ou, se vencido este, o autor do primeiro voto vencedor.

▶ Arts. 204, 205, 489, § 1º, e 943 deste Código.

§ 1º O voto poderá ser alterado até o momento da proclamação do resultado pelo presidente, salvo aquele já proferido por juiz afastado ou substituído.

§ 2º No julgamento de apelação ou de agravo de instrumento, a decisão será tomada, no órgão colegiado, pelo voto de 3 (três) juízes.

▶ Arts. 1.009 a 1.020 deste Código.

§ 3º O voto vencido será necessariamente declarado e considerado parte integrante do acórdão para todos os fins legais, inclusive de prequestionamento.

▶ Art. 1.025 deste Código.

Art. 942. Quando o resultado da apelação for não unânime, o julgamento terá prosseguimento em sessão a ser designada com a presença de outros julgadores, que serão convocados nos termos previamente definidos no regimento interno, em número suficiente para garantir a possibilidade de inversão do resultado inicial, assegurado às partes e a eventuais terceiros o direito de sustentar oralmente suas razões perante os novos julgadores.

▶ Arts. 937 e 1.009 a 1.014 deste Código.

▶ Art. 2º da IN do TST nº 39, de 15-3-2016, que dispõe de forma não exaustiva sobre as normas do CPC/2015 inaplicáveis ao Processo do Trabalho.

▶ Súm. nº 354 do STF.

▶ Súmulas nºs 88, 169, 207, 255 e 390 do STJ.

§ 1º Sendo possível, o prosseguimento do julgamento dar-se-á na mesma sessão, colhendo-se os votos de outros julgadores que porventura componham o órgão colegiado.

§ 2º Os julgadores que já tiverem votado poderão rever seus votos por ocasião do prosseguimento do julgamento.

§ 3º A técnica de julgamento prevista neste artigo aplica-se, igualmente, ao julgamento não unânime proferido em:

I – ação rescisória, quando o resultado for a rescisão da sentença, devendo, nesse caso, seu prosseguimento ocorrer em órgão de maior composição previsto no regimento interno;

▶ Arts. 966 a 975 deste Código.

II – agravo de instrumento, quando houver reforma da decisão que julgar parcialmente o mérito.

▸ Arts. 1.015 a 1.020 deste Código.

§ 4º Não se aplica o disposto neste artigo ao julgamento:

I – do incidente de assunção de competência e ao de resolução de demandas repetitivas;

▸ Arts. 947 e 976 a 987 deste Código.

II – da remessa necessária;

▸ Art. 496 deste Código.

III – não unânime proferido, nos tribunais, pelo plenário ou pela corte especial.

Art. 943. Os votos, os acórdãos e os demais atos processuais podem ser registrados em documento eletrônico inviolável e assinados eletronicamente, na forma da lei, devendo ser impressos para juntada aos autos do processo quando este não for eletrônico.

▸ Arts. 204, 205, 489, § 1º, e 941 deste Código.

§ 1º Todo acórdão conterá ementa.

§ 2º Lavrado o acórdão, sua ementa será publicada no órgão oficial no prazo de 10 (dez) dias.

Art. 944. Não publicado o acórdão no prazo de 30 (trinta) dias, contado da data da sessão de julgamento, as notas taquigráficas o substituirão, para todos os fins legais, independentemente de revisão.

▸ Art. 2º da IN do TST nº 39, de 15-3-2016, que dispõe de forma não exaustiva sobre as normas do CPC/2015 inaplicáveis ao Processo do Trabalho.

Parágrafo único. No caso do *caput*, o presidente do tribunal lavrará, de imediato, as conclusões e a ementa e mandará publicar o acórdão.

▸ Art. 205 deste Código.

Art. 945. *Revogado*. Lei nº 13.256, de 4-2-2016.

Art. 946. O agravo de instrumento será julgado antes da apelação interposta no mesmo processo.

▸ Arts. 1.009 a 1.020 deste Código.

Parágrafo único. Se ambos os recursos de que trata o *caput* houverem de ser julgados na mesma sessão, terá precedência o agravo de instrumento.

CAPÍTULO III
DO INCIDENTE DE ASSUNÇÃO DE COMPETÊNCIA

▸ Arts. 138, 332, III, 496, § 4º, III, 927, III, 932, IV, *c*, e V, *c*, 942, § 4º, I, 955, parágrafo único, II, 988, IV, e 1.022, parágrafo único, I, deste Código.

Art. 947. É admissível a assunção de competência quando o julgamento de recurso, de remessa necessária ou de processo de competência originária envolver relevante questão de direito, com grande repercussão social, sem repetição em múltiplos processos.

▸ Art. 3º da IN do TST nº 39, de 15-3-2016, que dispõe de forma não exaustiva sobre as normas do CPC/2015 aplicáveis ao Processo do Trabalho.

§ 1º Ocorrendo a hipótese de assunção de competência, o relator proporá, de ofício ou a requerimento da parte, do Ministério Público ou da Defensoria Pública, que seja o recurso, a remessa necessária ou o processo de competência originária julgado pelo órgão colegiado que o regimento indicar.

§ 2º O órgão colegiado julgará o recurso, a remessa necessária ou o processo de competência originária se reconhecer interesse público na assunção de competência.

§ 3º O acórdão proferido em assunção de competência vinculará todos os juízes e órgãos fracionários, exceto se houver revisão de tese.

§ 4º Aplica-se o disposto neste artigo quando ocorrer relevante questão de direito a respeito da qual seja conveniente a prevenção ou a composição de divergência entre câmaras ou turmas do tribunal.

CAPÍTULO IV
DO INCIDENTE DE ARGUIÇÃO DE INCONSTITUCIONALIDADE

Art. 948. Arguida, em controle difuso, a inconstitucionalidade de lei ou de ato normativo do poder público, o relator, após ouvir o Ministério Público e as partes, submeterá a questão à turma ou à câmara à qual competir o conhecimento do processo.

▸ Arts. 102, I, *a*, e 103 da CF.

Art. 949. Se a arguição for:

I – rejeitada, prosseguirá o julgamento;

II – acolhida, a questão será submetida ao plenário do tribunal ou ao seu órgão especial, onde houver.

▸ Art. 97 da CF.

Parágrafo único. Os órgãos fracionários dos tribunais não submeterão ao plenário ou ao órgão especial a arguição de inconstitucionalidade quando já houver pronunciamento destes ou do plenário do Supremo Tribunal Federal sobre a questão.

Art. 950. Remetida cópia do acórdão a todos os juízes, o presidente do tribunal designará a sessão de julgamento.

▸ Art. 97 da CF.

▸ Art. 1.035, § 3º, III, deste Código.

§ 1º As pessoas jurídicas de direito público responsáveis pela edição do ato questionado poderão manifestar-se no incidente de inconstitucionalidade se assim o requererem, observados os prazos e as condições previstos no regimento interno do tribunal.

§ 2º A parte legitimada à propositura das ações previstas no art. 103 da Constituição Federal poderá manifestar-se, por escrito, sobre a questão constitucional objeto de apreciação, no prazo previsto pelo regimento interno, sendo-lhe assegurado o direito de apresentar memoriais ou de requerer a juntada de documentos.

§ 3º Considerando a relevância da matéria e a representatividade dos postulantes, o relator poderá admitir, por despacho irrecorrível, a manifestação de outros órgãos ou entidades.

▸ Súmulas nºs 293 e 455 do STF.

CAPÍTULO V
DO CONFLITO DE COMPETÊNCIA

▸ Arts. 64 a 66 deste Código.

Art. 951. O conflito de competência pode ser suscitado por qualquer das partes, pelo Ministério Público ou pelo juiz.

Parágrafo único. O Ministério Público somente será ouvido nos conflitos de competência relativos aos processos previstos no art. 178, mas terá qualidade de parte nos conflitos que suscitar.

Art. 952. Não pode suscitar conflito a parte que, no processo, arguiu incompetência relativa.

▸ Arts. 337, II, § 5º, 340, 525, § 1º, VI, 535, V, e 917, V, deste Código.

Parágrafo único. O conflito de competência não obsta, porém, a que a parte que não o arguiu suscite a incompetência.

Art. 953. O conflito será suscitado ao tribunal:

I – pelo juiz, por ofício;

II – pela parte e pelo Ministério Público, por petição.

Parágrafo único. O ofício e a petição serão instruídos com os documentos necessários à prova do conflito.

Art. 954. Após a distribuição, o relator determinará a oitiva dos juízes em conflito ou, se um deles for suscitante, apenas do suscitado.

Parágrafo único. No prazo designado pelo relator, incumbirá ao juiz ou aos juízes prestar as informações.

Art. 955. O relator poderá, de ofício ou a requerimento de qualquer das partes, determinar, quando o conflito for positivo, o sobrestamento do processo e, nesse caso, bem como no de conflito negativo, designará um dos juízes para resolver, em caráter provisório, as medidas urgentes.

Parágrafo único. O relator poderá julgar de plano o conflito de competência quando sua decisão se fundar em:

I – súmula do Supremo Tribunal Federal, do Superior Tribunal de Justiça ou do próprio tribunal;

II – tese firmada em julgamento de casos repetitivos ou em incidente de assunção de competência.

▸ Arts. 928 e 947 deste Código.

Art. 956. Decorrido o prazo designado pelo relator, será ouvido o Ministério Público, no prazo de 5 (cinco) dias, ainda que as informações não tenham sido prestadas, e, em seguida, o conflito irá a julgamento.

Art. 957. Ao decidir o conflito, o tribunal declarará qual o juízo competente, pronunciando-se também sobre a validade dos atos do juízo incompetente.

Parágrafo único. Os autos do processo em que se manifestou o conflito serão remetidos ao juiz declarado competente.

Art. 958. No conflito que envolva órgãos fracionários dos tribunais, desembargadores e juízes em exercício no tribunal, observar-se-á o que dispuser o regimento interno do tribunal.

Art. 959. O regimento interno do tribunal regulará o processo e o julgamento do conflito de atribuições entre autoridade judiciária e autoridade administrativa.

CAPÍTULO VI
DA HOMOLOGAÇÃO DE DECISÃO ESTRANGEIRA E DA CONCESSÃO DO *EXEQUATUR* À CARTA ROGATÓRIA

▸ Art. 105, I, *i*, da CF.

▸ Arts. 24, parágrafo único, 26, § 2º, 27, III, 36, 40, 515, VIII e IX, e 784, § 2º, deste Código.

▸ Arts. 216-A a 216-X do RISTJ.

Art. 960. A homologação de decisão estrangeira será requerida por ação de homologação de decisão estrangeira, salvo disposição especial em sentido contrário prevista em tratado.

§ 1º A decisão interlocutória estrangeira poderá ser executada no Brasil por meio de carta rogatória.

▸ Art. 515, IX, deste Código.

§ 2º A homologação obedecerá ao que dispuserem os tratados em vigor no Brasil e o Regimento Interno do Superior Tribunal de Justiça.

§ 3º A homologação de decisão arbitral estrangeira obedecerá ao disposto em tratado e em lei, aplicando-se, subsidiariamente, as disposições deste Capítulo.

▸ Arts. 34 a 40 da Lei nº 9.307, de 23-9-1996 (Lei da Arbitragem).

Art. 961. A decisão estrangeira somente terá eficácia no Brasil após a homologação de sentença estrangeira ou a concessão do *exequatur* às cartas rogatórias, salvo disposição em sentido contrário de lei ou tratado.

▸ A homologação de sentença estrangeira passou a ser da competência do STJ, conforme art. 105, I, *i*, da CF.

▸ Súm. nº 420 do STF.

§ 1º É passível de homologação a decisão judicial definitiva, bem como a decisão não judicial que, pela lei brasileira, teria natureza jurisdicional.

§ 2º A decisão estrangeira poderá ser homologada parcialmente.

§ 3º A autoridade judiciária brasileira poderá deferir pedidos de urgência e realizar atos de execução provisória no processo de homologação de decisão estrangeira.

§ 4º Haverá homologação de decisão estrangeira para fins de execução fiscal quando prevista em tratado ou em promessa de reciprocidade apresentada à autoridade brasileira.

§ 5º A sentença estrangeira de divórcio consensual produz efeitos no Brasil, independentemente de homologação pelo Superior Tribunal de Justiça.

▸ Art. 23, III, deste Código.

§ 6º Na hipótese do § 5º, competirá a qualquer juiz examinar a validade da decisão, em caráter principal ou incidental, quando essa questão for suscitada em processo de sua competência.

Art. 962. É passível de execução a decisão estrangeira concessiva de medida de urgência.

§ 1º A execução no Brasil de decisão interlocutória estrangeira concessiva de medida de urgência dar-se-á por carta rogatória.

§ 2º A medida de urgência concedida sem audiência do réu poderá ser executada, desde que garantido o contraditório em momento posterior.

▸ Art. 5º, LV, da CF.

▸ Arts. 7º, 9º e 10 deste Código.

§ 3º O juízo sobre a urgência da medida compete exclusivamente à autoridade jurisdicional prolatora da decisão estrangeira.

§ 4º Quando dispensada a homologação para que a sentença estrangeira produza efeitos no Brasil, a decisão concessiva de medida de urgência dependerá, para produzir efeitos, de ter sua validade expressamente reconhecida pelo juiz competente para dar-lhe cumprimento, dispensada a homologação pelo Superior Tribunal de Justiça.

Art. 963. Constituem requisitos indispensáveis à homologação da decisão:

I – ser proferida por autoridade competente;

II – ser precedida de citação regular, ainda que verificada a revelia;

III – ser eficaz no país em que foi proferida;

IV – não ofender a coisa julgada brasileira;

▸ Arts. 337, VII e § 4º, 485, V, 502 a 508 deste Código.

V – estar acompanhada de tradução oficial, salvo disposição que a dispense prevista em tratado;

VI – não conter manifesta ofensa à ordem pública.

Parágrafo único. Para a concessão do *exequatur* às cartas rogatórias, observar-se-ão os pressupostos previstos no *caput* deste artigo e no art. 962, § 2º.

Art. 964. Não será homologada a decisão estrangeira na hipótese de competência exclusiva da autoridade judiciária brasileira.

▸ Arts. 21 a 25 deste Código.

Parágrafo único. O dispositivo também se aplica à concessão do *exequatur* à carta rogatória.

Art. 965. O cumprimento de decisão estrangeira far-se-á perante o juízo federal competente, a requerimento da parte, conforme as normas estabelecidas para o cumprimento de decisão nacional.

▸ Arts. 513 a 538 deste Código.

▸ A homologação de sentença estrangeira passou a ser da competência do STJ, conforme art. 105, I, *i*, da CF.

Parágrafo único. O pedido de execução deverá ser instruído com cópia autenticada da decisão homologatória ou do *exequatur*, conforme o caso.

CAPÍTULO VII
DA AÇÃO RESCISÓRIA

▸ Arts. 517, § 3º, 525, § 15, 535, § 8º, 701, § 3º, 937, VI, e 942, § 3º, I, deste Código.

▸ Art. 3º da IN do TST nº 39, de 15-3-2016, que dispõe de forma não exaustiva sobre as normas do CPC/2015 aplicáveis ao Processo do Trabalho.

Art. 966. A decisão de mérito, transitada em julgado, pode ser rescindida quando:

▸ Súm. nº 514 do STF.

I – se verificar que foi proferida por força de prevaricação, concussão ou corrupção do juiz;

▸ Arts. 316, 317, 319 e 333 do CP.

II – for proferida por juiz impedido ou por juízo absolutamente incompetente;

▸ Arts. 62, 144, 146 e 147 deste Código.

III – resultar de dolo ou coação da parte vencedora em detrimento da parte vencida ou, ainda, de simulação ou colusão entre as partes, a fim de fraudar a lei;

▸ Arts. 80, III, 142, 393, 967, III, *b*, e 975, §3º, deste Código.

▸ Arts. 145 a 155 do CC.

▸ Art. 344 do CP.

IV – ofender a coisa julgada;

▸ Arts. 502 a 508 deste Código.

V – violar manifestamente norma jurídica;

▸ Súm. nº 343 do STF.

▸ Súm. nº 134 do TFR.

VI – for fundada em prova cuja falsidade tenha sido apurada em processo criminal ou venha a ser demonstrada na própria ação rescisória;

VII – obtiver o autor, posteriormente ao trânsito em julgado, prova nova cuja existência ignorava ou de que não pôde fazer uso, capaz, por si só, de lhe assegurar pronunciamento favorável;

▸ Arts. 435 e 975, § 2º, deste Código.

VIII – for fundada em erro de fato verificável do exame dos autos.

§ 1º Há erro de fato quando a decisão rescindenda admitir fato inexistente ou quando considerar inexistente fato efetivamente ocorrido, sendo indispensável, em ambos os casos, que o fato não represente ponto controvertido sobre o qual o juiz deveria ter se pronunciado.

§ 2º Nas hipóteses previstas nos incisos do *caput*, será rescindível a decisão transitada em julgado que, embora não seja de mérito, impeça:

I – nova propositura da demanda; ou

▸ Art. 486 deste Código.

II – admissibilidade do recurso correspondente.

▸ Art. 968, § 5º, I, deste Código.

§ 3º A ação rescisória pode ter por objeto apenas um capítulo da decisão.

§ 4º Os atos de disposição de direitos, praticados pelas partes ou por outros participantes do processo e homologados pelo juízo, bem como os atos homologatórios praticados no curso da execução, estão sujeitos à anulação, nos termos da lei.

▸ Arts. 657 e 658, I, deste Código.

§ 5º Cabe ação rescisória, com fundamento no inciso V do *caput* deste artigo, contra decisão baseada em enunciado de súmula ou acórdão proferido em julgamento de casos repetitivos que não tenha considerado a existência de distinção entre a questão discutida no processo e o padrão decisório que lhe deu fundamento.

§ 6º Quando a ação rescisória fundar-se na hipótese do § 5º deste artigo, caberá ao autor, sob pena de inépcia, demonstrar, fundamentadamente, tratar-se de situação particularizada por hipótese fática distinta ou de questão jurídica não examinada, a impor outra solução jurídica.

▸ §§ 5º e 6º acrescidos pela Lei nº 13.256, de 4-2-2016.

Art. 967. Têm legitimidade para propor a ação rescisória:

I – quem foi parte no processo ou o seu sucessor a título universal ou singular;

II – o terceiro juridicamente interessado;

III – o Ministério Público:

a) se não foi ouvido no processo em que lhe era obrigatória a intervenção;

b) quando a decisão rescindenda é o efeito de simulação ou de colusão das partes, a fim de fraudar a lei;

▸ Art. 975, § 3º, deste Código.

c) em outros casos em que se imponha sua atuação;

IV – aquele que não foi ouvido no processo em que lhe era obrigatória a intervenção.

▸ Arts. 17, 330, 337, e 485, VI, deste Código.

Parágrafo único. Nas hipóteses do art. 178, o Ministério Público será intimado para intervir como fiscal da ordem jurídica quando não for parte.

Art. 968. A petição inicial será elaborada com observância dos requisitos essenciais do art. 319, devendo o autor:

I – cumular ao pedido de rescisão, se for o caso, o de novo julgamento do processo;

II – depositar a importância de cinco por cento sobre o valor da causa, que se converterá em multa caso a ação seja, por unanimidade de votos, declarada inadmissível ou improcedente.

- Arts. 291, 292 e 974 deste Código.
- Súm. nº 175 do STJ.

§ 1º Não se aplica o disposto no inciso II à União, aos Estados, ao Distrito Federal, aos Municípios, às suas respectivas autarquias e fundações de direito público, ao Ministério Público, à Defensoria Pública e aos que tenham obtido o benefício de gratuidade da justiça.

- Arts. 98 a 102 deste Código.

§ 2º O depósito previsto no inciso II do *caput* deste artigo não será superior a 1.000 (mil) salários mínimos.

§ 3º Além dos casos previstos no art. 330, a petição inicial será indeferida quando não efetuado o depósito exigido pelo inciso II do *caput* deste artigo.

- Arts. 239, 321, parágrafo único, 485, I, e 486, § 1º, deste Código.

§ 4º Aplica-se à ação rescisória o disposto no art. 332.

§ 5º Reconhecida a incompetência do tribunal para julgar a ação rescisória, o autor será intimado para emendar a petição inicial, a fim de adequar o objeto da ação rescisória, quando a decisão apontada como rescindenda:

- Art. 321 deste Código.

I – não tiver apreciado o mérito e não se enquadrar na situação prevista no § 2º do art. 966;

II – tiver sido substituída por decisão posterior.

§ 6º Na hipótese do § 5º, após a emenda da petição inicial, será permitido ao réu complementar os fundamentos de defesa, e, em seguida, os autos serão remetidos ao tribunal competente.

Art. 969. A propositura da ação rescisória não impede o cumprimento da decisão rescindenda, ressalvada a concessão de tutela provisória.

- Arts. 294 a 311 deste Código.
- De acordo com o art. 15 da MP nº 2.180-35, de 24-8-2001, que até o encerramento desta edição não havia sido convertida em Lei, aplica-se à ação rescisória o poder geral de cautela de que trata o art. 297 deste Código.

Art. 970. O relator ordenará a citação do réu, designando-lhe prazo nunca inferior a 15 (quinze) dias nem superior a 30 (trinta) dias para, querendo, apresentar resposta, ao fim do qual, com ou sem contestação, observar-se-á, no que couber, o procedimento comum.

- Arts. 238 a 259 e 318 a 512 deste Código.

Art. 971. Na ação rescisória, devolvidos os autos pelo relator, a secretaria do tribunal expedirá cópias do relatório e as distribuirá entre os juízes que compuserem o órgão competente para o julgamento.

Parágrafo único. A escolha de relator recairá, sempre que possível, em juiz que não haja participado do julgamento rescindendo.

Art. 972. Se os fatos alegados pelas partes dependerem de prova, o relator poderá delegar a competência ao órgão que proferiu a decisão rescindenda, fixando prazo de 1 (um) a 3 (três) meses para a devolução dos autos.

Art. 973. Concluída a instrução, será aberta vista ao autor e ao réu para razões finais, sucessivamente, pelo prazo de 10 (dez) dias.

- Súm. nº 252 do STF.

Parágrafo único. Em seguida, os autos serão conclusos ao relator, procedendo-se ao julgamento pelo órgão competente.

Art. 974. Julgando procedente o pedido, o tribunal rescindirá a decisão, proferirá, se for o caso, novo julgamento e determinará a restituição do depósito a que se refere o inciso II do art. 968.

Parágrafo único. Considerando, por unanimidade, inadmissível ou improcedente o pedido, o tribunal determinará a reversão, em favor do réu, da importância do depósito, sem prejuízo do disposto no § 2º do art. 82.

Art. 975. O direito à rescisão se extingue em 2 (dois) anos contados do trânsito em julgado da última decisão proferida no processo.

- Arts. 425, §1º, e 525, § 15, deste Código.
- Arts. 207 a 211 do CC.
- Súm. nº 264 do STF.
- Súm. nº 401 do STJ.

§ 1º Prorroga-se até o primeiro dia útil imediatamente subsequente o prazo a que se refere o *caput*, quando expirar durante férias forenses, recesso, feriados ou em dia em que não houver expediente forense.

- Art. 220 deste Código.

§ 2º Se fundada a ação no inciso VII do art. 966, o termo inicial do prazo será a data de descoberta da prova nova, observado o prazo máximo de 5 (cinco) anos, contado do trânsito em julgado da última decisão proferida no processo.

§ 3º Nas hipóteses de simulação ou de colusão das partes, o prazo começa a contar, para o terceiro prejudicado e para o Ministério Público, que não interveio no processo, a partir do momento em que têm ciência da simulação ou da colusão.

- Art. 966, III, deste Código.

CAPÍTULO VIII
DO INCIDENTE DE RESOLUÇÃO DE DEMANDAS REPETITIVAS

- Arts. 12, § 2º, II e III, 311, II, 313, IV, 332, III, 496, § 4º, II, 521, IV, 927, III, 928, I, 932, IV, *c*, 955, parágrafo único, II, 988, IV, 1.022, parágrafo único, I, 1.029, § 4º, deste Código.

Art. 976. É cabível a instauração do incidente de resolução de demandas repetitivas quando houver, simultaneamente:

- Art. 8º da IN do TST nº 39, de 15-3-2016, que dispõe de forma não exaustiva sobre as normas do CPC/2015 aplicáveis ao Processo do Trabalho.

I – efetiva repetição de processos que contenham controvérsia sobre a mesma questão unicamente de direito;

II – risco de ofensa à isonomia e à segurança jurídica.

- Art. 5º da CF.
- Art. 981 deste Código.

§ 1º A desistência ou o abandono do processo não impede o exame de mérito do incidente.

§ 2º Se não for o requerente, o Ministério Público intervirá obrigatoriamente no incidente e deverá assumir sua titularidade em caso de desistência ou de abandono.

- Arts. 90, 200, parágrafo único, 485, VIII, §§ 4º e 5º, e 1.040, §§ 1º a 3º, deste Código.

§ 3º A inadmissão do incidente de resolução de demandas repetitivas por ausência de qualquer de seus pressupostos de admissibilidade não impede que, uma vez satisfeito o requisito, seja o incidente novamente suscitado.

§ 4º É incabível o incidente de resolução de demandas repetitivas quando um dos tribunais superiores, no âmbito de sua respectiva competência, já tiver afetado recurso para definição de tese sobre questão de direito material ou processual repetitiva.

- Arts. 1.036 a 1.041 deste Código.

§ 5º Não serão exigidas custas processuais no incidente de resolução de demandas repetitivas.

Art. 977. O pedido de instauração do incidente será dirigido ao presidente de tribunal:

- Art. 8º da IN do TST nº 39, de 15-3-2016, que dispõe de forma não exaustiva sobre as normas do CPC/2015 aplicáveis ao Processo do Trabalho.

I – pelo juiz ou relator, por ofício;

II – pelas partes, por petição;

III – pelo Ministério Público ou pela Defensoria Pública, por petição.

- Arts. 982, § 3º, e 986 deste Código.

Parágrafo único. O ofício ou a petição será instruído com os documentos necessários à demonstração do preenchimento dos pressupostos para a instauração do incidente.

Art. 978. O julgamento do incidente caberá ao órgão indicado pelo regimento interno dentre aqueles responsáveis pela uniformização de jurisprudência do tribunal.

- Art. 926 deste Código.
- Art. 8º da IN do TST nº 39, de 15-3-2016, que dispõe de forma não exaustiva sobre as normas do CPC/2015 aplicáveis ao Processo do Trabalho.

Parágrafo único. O órgão colegiado incumbido de julgar o incidente e de fixar a tese jurídica julgará igualmente o recurso, a remessa necessária ou o processo de competência originária de onde se originou o incidente.

Art. 979. A instauração e o julgamento do incidente serão sucedidos da mais ampla e específica divulgação e publicidade, por meio de registro eletrônico no Conselho Nacional de Justiça.

- Art. 8º da IN do TST nº 39, de 15-3-2016, que dispõe de forma não exaustiva sobre as normas do CPC/2015 aplicáveis ao Processo do Trabalho.

§ 1º Os tribunais manterão banco eletrônico de dados atualizados com informações específicas sobre questões de direito submetidas ao incidente, comunicando-o imediatamente ao Conselho Nacional de Justiça para inclusão no cadastro.

§ 2º Para possibilitar a identificação dos processos abrangidos pela decisão do incidente, o registro eletrônico das teses jurídicas constantes do cadastro conterá, no mínimo, os fundamentos determinantes da decisão e os dispositivos normativos a ela relacionados.

§ 3º Aplica-se o disposto neste artigo ao julgamento de recursos repetitivos e da repercussão geral em recurso extraordinário.

- Arts. 1.035 a 1.041 deste Código.

Art. 980. O incidente será julgado no prazo de 1 (um) ano e terá preferência sobre os demais feitos, ressalvados os que envolvam réu preso e os pedidos de *habeas corpus*.

- Art. 12, § 2º, III, deste Código.
- Art. 8º da IN do TST nº 39, de 15-3-2016, que dispõe de forma não exaustiva sobre as normas do CPC/2015 aplicáveis ao Processo do Trabalho.

Parágrafo único. Superado o prazo previsto no *caput*, cessa a suspensão dos processos prevista no art. 982, salvo decisão fundamentada do relator em sentido contrário.

Art. 981. Após a distribuição, o órgão colegiado competente para julgar o incidente procederá ao seu juízo de admissibilidade, considerando a presença dos pressupostos do art. 976.

▸ Art. 8º da IN do TST nº 39, de 15-3-2016, que dispõe de forma não exaustiva sobre as normas do CPC/2015 aplicáveis ao Processo do Trabalho.

Art. 982. Admitido o incidente, o relator:

▸ Art. 8º da IN do TST nº 39, de 15-3-2016, que dispõe de forma não exaustiva sobre as normas do CPC/2015 aplicáveis ao Processo do Trabalho.

I – suspenderá os processos pendentes, individuais ou coletivos, que tramitam no Estado ou na região, conforme o caso;

▸ Art. 980, parágrafo único, deste Código.

II – poderá requisitar informações a órgãos em cujo juízo tramita processo no qual se discute o objeto do incidente, que as prestarão no prazo de 15 (quinze) dias;

III – intimará o Ministério Público para, querendo, manifestar-se no prazo de 15 (quinze) dias.

§ 1º A suspensão será comunicada aos órgãos jurisdicionais competentes.

§ 2º Durante a suspensão, o pedido de tutela de urgência deverá ser dirigido ao juízo onde tramita o processo suspenso.

▸ Arts. 300 a 310 deste Código.

§ 3º Visando à garantia da segurança jurídica, qualquer legitimado mencionado no art. 977, incisos II e III, poderá requerer, ao tribunal competente para conhecer do recurso extraordinário ou especial, a suspensão de todos os processos individuais ou coletivos em curso no território nacional que versem sobre a questão objeto do incidente já instaurado.

▸ Art. 1.029, § 4º, deste Código.

§ 4º Independentemente dos limites da competência territorial, a parte no processo em curso no qual se discuta a mesma questão objeto do incidente é legitimada para requerer a providência prevista no § 3º deste artigo.

§ 5º Cessa a suspensão a que se refere o inciso I do *caput* deste artigo se não for interposto recurso especial ou recurso extraordinário contra a decisão proferida no incidente.

▸ Arts. 1.029 a 1.041 deste Código.

Art. 983. O relator ouvirá as partes e os demais interessados, inclusive pessoas, órgãos e entidades com interesse na controvérsia, que, no prazo comum de 15 (quinze) dias, poderão requerer a juntada de documentos, bem como as diligências necessárias para a elucidação da questão de direito controvertida, e, em seguida, manifestar-se-á o Ministério Público, no mesmo prazo.

▸ Art. 138 deste Código.

▸ Art. 8º da IN do TST nº 39, de 15-3-2016, que dispõe de forma não exaustiva sobre as normas do CPC/2015 aplicáveis ao Processo do Trabalho.

§ 1º Para instruir o incidente, o relator poderá designar data para, em audiência pública, ouvir depoimentos de pessoas com experiência e conhecimento na matéria.

§ 2º Concluídas as diligências, o relator solicitará dia para o julgamento do incidente.

Art. 984. No julgamento do incidente, observar-se-á a seguinte ordem:

▸ Art. 8º da IN do TST nº 39, de 15-3-2016, que dispõe de forma não exaustiva sobre as normas do CPC/2015 aplicáveis ao Processo do Trabalho.

I – o relator fará a exposição do objeto do incidente;

II – poderão sustentar suas razões, sucessivamente:

a) o autor e o réu do processo originário e o Ministério Público, pelo prazo de 30 (trinta) minutos;

b) os demais interessados, no prazo de 30 (trinta) minutos, divididos entre todos, sendo exigida inscrição com 2 (dois) dias de antecedência.

▸ Art. 937, § 1º, deste Código.

§ 1º Considerando o número de inscritos, o prazo poderá ser ampliado.

§ 2º O conteúdo do acórdão abrangerá a análise de todos os fundamentos suscitados concernentes à tese jurídica discutida, sejam favoráveis ou contrários.

▸ Arts. 489, § 1º, e 942, § 4º, I, deste Código.

Art. 985. Julgado o incidente, a tese jurídica será aplicada:

▸ Art. 8º da IN do TST nº 39, de 15-3-2016, que dispõe de forma não exaustiva sobre as normas do CPC/2015 aplicáveis ao Processo do Trabalho.

I – a todos os processos individuais ou coletivos que versem sobre idêntica questão de direito e que tramitem na área de jurisdição do respectivo tribunal, inclusive àqueles que tramitem nos juizados especiais do respectivo Estado ou região;

II – aos casos futuros que versem idêntica questão de direito e que venham a tramitar no território de competência do tribunal, salvo revisão na forma do art. 986.

§ 1º Não observada a tese adotada no incidente, caberá reclamação.

▸ Arts. 988 a 993 deste Código.

§ 2º Se o incidente tiver por objeto questão relativa a prestação de serviço concedido, permitido ou autorizado, o resultado do julgamento será comunicado ao órgão, ao ente ou à agência reguladora competente para fiscalização da efetiva aplicação, por parte dos entes sujeitos a regulação, da tese adotada.

▸ O STF, por maioria, ao julgar a ADI nº 5.492, declarou a constitucionalidade deste dispositivo (*DOU* de 4-5-2023).

Art. 986. A revisão da tese jurídica firmada no incidente far-se-á pelo mesmo tribunal, de ofício ou mediante requerimento dos legitimados mencionados no art. 977, inciso III.

▸ Art. 8º da IN do TST nº 39, de 15-3-2016, que dispõe de forma não exaustiva sobre as normas do CPC/2015 aplicáveis ao Processo do Trabalho.

Art. 987. Do julgamento do mérito do incidente caberá recurso extraordinário ou especial, conforme o caso.

▸ Arts. 1.029 a 1.035 deste Código.

§ 1º O recurso tem efeito suspensivo, presumindo-se a repercussão geral de questão constitucional eventualmente discutida.

▸ Arts. 495, § 1º, III, e 1.035 deste Código.

§ 2º Apreciado o mérito do recurso, a tese jurídica adotada pelo Supremo Tribunal Federal ou pelo Superior Tribunal de Justiça será aplicada no território nacional a todos os processos individuais ou coletivos que versem sobre idêntica questão de direito.

▸ Art. 927, III, deste Código.

CAPÍTULO IX
DA RECLAMAÇÃO

▸ Art. 937, VI, deste Código.

▸ Art. 3º da IN do TST nº 39, de 15-3-2016, que dispõe de forma não exaustiva sobre as normas do CPC/2015 aplicáveis ao Processo do Trabalho.

Art. 988. Caberá reclamação da parte interessada ou do Ministério Público para:

I – preservar a competência do tribunal;

II – garantir a autoridade das decisões do tribunal;

III – garantir a observância de enunciado de súmula vinculante e de decisão do Supremo Tribunal Federal em controle concentrado de constitucionalidade;

▸ Art. 102, I, *a*, da CF.

IV – garantir a observância de acórdão proferido em julgamento de incidente de resolução de demandas repetitivas ou de incidente de assunção de competência;

▸ Incisos III e IV com a redação dada pela Lei nº 13.256, de 4-2-2016.

▸ Arts. 928, 947, 985, § 1º, e 1.036 a 1.041 deste Código.

§ 1º A reclamação pode ser proposta perante qualquer tribunal, e seu julgamento compete ao órgão jurisdicional cuja competência se busca preservar ou cuja autoridade se pretenda garantir.

§ 2º A reclamação deverá ser instruída com prova documental e dirigida ao presidente do tribunal.

§ 3º Assim que recebida, a reclamação será autuada e distribuída ao relator do processo principal, sempre que possível.

§ 4º As hipóteses dos incisos III e IV compreendem a aplicação indevida da tese jurídica e sua não aplicação aos casos que a ela correspondam.

§ 5º É inadmissível a reclamação:

I – proposta após o trânsito em julgado da decisão reclamada;

II – proposta para garantir a observância de acórdão de recurso extraordinário com repercussão geral reconhecida ou de acórdão proferido em julgamento de recursos extraordinário ou especial repetitivos, quando não esgotadas as instâncias ordinárias.

▸ § 5º com a redação dada pela Lei nº 13.256, de 4-2-2016.

§ 6º A inadmissibilidade ou o julgamento do recurso interposto contra a decisão proferida pelo órgão reclamado não prejudica a reclamação.

Art. 989. Ao despachar a reclamação, o relator:

I – requisitará informações da autoridade a quem for imputada a prática do ato impugnado, que as prestará no prazo de 10 (dez) dias;

II – se necessário, ordenará a suspensão do processo ou do ato impugnado para evitar dano irreparável;

▸ Arts. 313 a 315 deste Código.

III – determinará a citação do beneficiário da decisão impugnada, que terá prazo de 15 (quinze) dias para apresentar a sua contestação.

Art. 990. Qualquer interessado poderá impugnar o pedido do reclamante.

Art. 991. Na reclamação que não houver formulado, o Ministério Público terá vista do processo por 5 (cinco) dias, após o decurso do prazo para informações e para o oferecimento da contestação pelo beneficiário do ato impugnado.

Art. 992. Julgando procedente a reclamação, o tribunal cassará a decisão exorbitante de seu julgado ou determinará medida adequada à solução da controvérsia.

Art. 993. O presidente do tribunal determinará o imediato cumprimento da decisão, lavrando-se o acórdão posteriormente.

TÍTULO II – DOS RECURSOS

CAPÍTULO I – DISPOSIÇÕES GERAIS

Art. 994. São cabíveis os seguintes recursos:

I – apelação;

▶ Arts. 1.009 a 1.014 deste Código.

II – agravo de instrumento;

▶ Arts. 1.015 a 1.020 deste Código.

III – agravo interno;

▶ Art. 1.021 deste Código.

IV – embargos de declaração;

▶ Arts. 1.022 a 1.026 deste Código.

V – recurso ordinário;

▶ Arts. 1.027 e 1.028 deste Código.

VI – recurso especial;

VII – recurso extraordinário;

▶ Arts. 1.029 a 1.041 deste Código.

VIII – agravo em recurso especial ou extraordinário;

▶ Art. 1.042 deste Código.

IX – embargos de divergência.

▶ Arts. 1.043 e 1.044 deste Código.

▶ Súmulas nºs 158, 168, 315, 316 e 420 do STJ.

Art. 995. Os recursos não impedem a eficácia da decisão, salvo disposição legal ou decisão judicial em sentido diverso.

Parágrafo único. A eficácia da decisão recorrida poderá ser suspensa por decisão do relator, se da imediata produção de seus efeitos houver risco de dano grave, de difícil ou impossível reparação, e ficar demonstrada a probabilidade de provimento do recurso.

Art. 996. O recurso pode ser interposto pela parte vencida, pelo terceiro prejudicado e pelo Ministério Público, como parte ou como fiscal da ordem jurídica.

▶ Súm. nº 202 do STJ.

Parágrafo único. Cumpre ao terceiro demonstrar a possibilidade de a decisão sobre a relação jurídica submetida à apreciação judicial atingir direito de que se afirme titular ou que possa discutir em juízo como substituto processual.

Art. 997. Cada parte interporá o recurso independentemente, no prazo e com observância das exigências legais.

▶ Arts. 218 a 225, 229, 1.003 e 1.004 deste Código.

§ 1º Sendo vencidos autor e réu, ao recurso interposto por qualquer deles poderá aderir o outro.

▶ Art. 1.010, § 2º, deste Código.

§ 2º O recurso adesivo fica subordinado ao recurso independente, sendo-lhe aplicáveis as mesmas regras deste quanto aos requisitos de admissibilidade e julgamento no tribunal, salvo disposição legal diversa, observado, ainda, o seguinte:

I – será dirigido ao órgão perante o qual o recurso independente fora interposto, no prazo de que a parte dispõe para responder;

II – será admissível na apelação, no recurso extraordinário e no recurso especial;

▶ Arts. 1.009 a 1.014, e 1.029 a 1.041 deste Código.

III – não será conhecido, se houver desistência do recurso principal ou se for ele considerado inadmissível.

Art. 998. O recorrente poderá, a qualquer tempo, sem a anuência do recorrido ou dos litisconsortes, desistir do recurso.

▶ Arts. 113 a 118 deste Código.

Parágrafo único. A desistência do recurso não impede a análise de questão cuja repercussão geral já tenha sido reconhecida e daquela objeto de julgamento de recursos extraordinários ou especiais repetitivos.

▶ Arts. 1.035 a 1.041 deste Código.

Art. 999. A renúncia ao direito de recorrer independe da aceitação da outra parte.

Art. 1.000. A parte que aceitar expressa ou tacitamente a decisão não poderá recorrer.

Parágrafo único. Considera-se aceitação tácita a prática, sem nenhuma reserva, de ato incompatível com a vontade de recorrer.

Art. 1.001. Dos despachos não cabe recurso.

▶ Art. 203, § 3º, deste Código.

Art. 1.002. A decisão pode ser impugnada no todo ou em parte.

▶ Súm. nº 354 do STF.

Art. 1.003. O prazo para interposição de recurso conta-se da data em que os advogados, a sociedade de advogados, a Advocacia Pública, a Defensoria Pública ou o Ministério Público são intimados da decisão.

▶ Arts. 218 a 225, 229 e 997 deste Código.

▶ Lei nº 9.800, de 26-5-1999, dispõe sobre utilização de sistema de transmissão de dados para a prática de atos processuais.

§ 1º Os sujeitos previstos no *caput* considerar-se-ão intimados em audiência quando nesta for proferida a decisão.

§ 2º Aplica-se o disposto no art. 231, incisos I a VI, ao prazo de interposição de recurso pelo réu contra decisão proferida anteriormente à citação.

§ 3º No prazo para interposição de recurso, a petição será protocolada em cartório ou conforme as normas de organização judiciária, ressalvado o disposto em regra especial.

§ 4º Para aferição da tempestividade do recurso remetido pelo correio, será considerada como data de interposição a data de postagem.

§ 5º Excetuados os embargos de declaração, o prazo para interpor os recursos e para responder-lhes é de 15 (quinze) dias.

▶ Arts. 1.023, 1.026 e 1.070 deste Código.

▶ Súm. nº 728 do STF.

▶ Súm. nº 216 do STJ.

§ 6º O recorrente comprovará a ocorrência de feriado local no ato de interposição do recurso, e, se não o fizer, o tribunal determinará a correção do vício formal, ou poderá desconsiderá-lo caso a informação já conste do processo eletrônico.

▶ § 6º com a redação dada pela Lei nº 14.939, de 30-7-2024.

Art. 1.004. Se, durante o prazo para a interposição do recurso, sobrevier o falecimento da parte ou de seu advogado ou ocorrer motivo de força maior que suspenda o curso do processo, será tal prazo restituído em proveito da parte, do herdeiro ou do sucessor, contra quem começará a correr novamente depois da intimação.

▶ Art. 393, parágrafo único, do CC.

Art. 1.005. O recurso interposto por um dos litisconsortes a todos aproveita, salvo se distintos ou opostos os seus interesses.

▶ Arts. 113 a 118 deste Código.

Parágrafo único. Havendo solidariedade passiva, o recurso interposto por um devedor aproveitará aos outros quando as defesas opostas ao credor lhes forem comuns.

▶ Arts. 275 a 285 do CC.

Art. 1.006. Certificado o trânsito em julgado, com menção expressa da data de sua ocorrência, o escrivão ou o chefe de secretaria, independentemente de despacho, providenciará a baixa dos autos ao juízo de origem, no prazo de 5 (cinco) dias.

Art. 1.007. No ato de interposição do recurso, o recorrente comprovará, quando exigido pela legislação pertinente, o respectivo preparo, inclusive porte de remessa e de retorno, sob pena de deserção.

▶ Arts. 99, §§ 4º e 7º, e 1.023 deste Código.

▶ Súmulas nºs 187 e 484 do STJ.

§ 1º São dispensados de preparo, inclusive porte de remessa e de retorno, os recursos interpostos pelo Ministério Público, pela União, pelo Distrito Federal, pelos Estados, pelos Municípios, e respectivas autarquias, e pelos que gozam de isenção legal.

▶ Súm. nº 393 do TST.

§ 2º A insuficiência no valor do preparo, inclusive porte de remessa e de retorno, implicará deserção se o recorrente, intimado na pessoa de seu advogado, não vier a supri-lo no prazo de 5 (cinco) dias.

▶ Art. 10 da IN do TST nº 39, de 15-3-2016, que dispõe de forma não exaustiva sobre as normas do CPC/2015 aplicáveis ao Processo do Trabalho.

§ 3º É dispensado o recolhimento do porte de remessa e de retorno no processo em autos eletrônicos.

§ 4º O recorrente que não comprovar, no ato de interposição do recurso, o recolhimento do preparo, inclusive porte de remessa e de retorno, será intimado, na pessoa de seu advogado, para realizar o recolhimento em dobro, sob pena de deserção.

§ 5º É vedada a complementação se houver insuficiência parcial do preparo, inclusive porte de remessa e de retorno, no recolhimento realizado na forma do § 4º.

§ 6º Provando o recorrente justo impedimento, o relator relevará a pena de deserção, por decisão irrecorrível, fixando-lhe prazo de 5 (cinco) dias para efetuar o preparo.

§ 7º O equívoco no preenchimento da guia de custas não implicará a aplicação da pena de deserção, cabendo ao relator, na hipótese de dúvida quanto ao recolhimento, intimar o recorrente para sanar o vício no prazo de 5 (cinco) dias.

▶ Art. 10 da IN do TST nº 39, de 15-3-2016, que dispõe de forma não exaustiva sobre as normas do CPC/2015 aplicáveis ao Processo do Trabalho.

Art. 1.008. O julgamento proferido pelo tribunal substituirá a decisão impugnada no que tiver sido objeto de recurso.

CAPÍTULO II
DA APELAÇÃO

▶ Arts. 101, 331, 332, 485, § 7º, 496, § 1º, 702, § 9º, 703, § 2º, 724, 937, I, 941, § 2º, 942, 946, 994, I, e 997, § 2º, II, deste Código.

Art. 1.009. Da sentença cabe apelação.

▶ Arts. 203, § 1º, e 1.003, § 5º, deste Código.

§ 1º As questões resolvidas na fase de conhecimento, se a decisão a seu respeito não comportar agravo de instrumento, não são cobertas pela preclusão e devem ser suscitadas em preliminar de apelação, eventualmente interposta contra a decisão final, ou nas contrarrazões.

▶ Arts. 507 e 1.015 deste Código.

§ 2º Se as questões referidas no § 1º forem suscitadas em contrarrazões, o recorrente será intimado para, em 15 (quinze) dias, manifestar-se a respeito delas.

§ 3º O disposto no *caput* deste artigo aplica-se mesmo quando as questões mencionadas no art. 1.015 integrarem capítulo da sentença.

Art. 1.010. A apelação, interposta por petição dirigida ao juízo de primeiro grau, conterá:

I – os nomes e a qualificação das partes;

II – a exposição do fato e do direito;

III – as razões do pedido de reforma ou de decretação de nulidade;

▶ Arts. 276 a 283 deste Código.

IV – o pedido de nova decisão.

§ 1º O apelado será intimado para apresentar contrarrazões no prazo de 15 (quinze) dias.

§ 2º Se o apelado interpuser apelação adesiva, o juiz intimará o apelante para apresentar contrarrazões.

▶ Art. 997, §§ 1º e 2º, deste Código.

§ 3º Após as formalidades previstas nos §§ 1º e 2º, os autos serão remetidos ao tribunal pelo juiz, independentemente de juízo de admissibilidade.

▶ Art. 2º da IN do TST nº 39, de 15-3-2016, que dispõe de forma não exaustiva sobre as normas do CPC/2015 inaplicáveis ao Processo do Trabalho.

Art. 1.011. Recebido o recurso de apelação no tribunal e distribuído imediatamente, o relator:

I – decidi-lo-á monocraticamente apenas nas hipóteses do art. 932, incisos III a V;

II – se não for o caso de decisão monocrática, elaborará seu voto para julgamento do recurso pelo órgão colegiado.

Art. 1.012. A apelação terá efeito suspensivo.

▶ Súm. nº 331 do STJ.

§ 1º Além de outras hipóteses previstas em lei, começa a produzir efeitos imediatamente após a sua publicação a sentença que:

I – homologa divisão ou demarcação de terras;

▶ Arts. 569 a 598 deste Código.

II – condena a pagar alimentos;

▶ Arts. 528 a 533 deste Código.

III – extingue sem resolução do mérito ou julga improcedentes os embargos do executado;

▶ Arts. 485, 918 e 920 deste Código.

IV – julga procedente o pedido de instituição de arbitragem;

▶ Lei nº 9.307, de 23-9-1996 (Lei da Arbitragem).

V – confirma, concede ou revoga tutela provisória;

▶ Arts. 294 a 311 deste Código.

VI – decreta a interdição.

▶ Arts. 747 a 758 deste Código.

§ 2º Nos casos do § 1º, o apelado poderá promover o pedido de cumprimento provisório depois de publicada a sentença.

▶ Arts. 495, § 1º, I, e 520 a 522 deste Código.

§ 3º O pedido de concessão de efeito suspensivo nas hipóteses do § 1º poderá ser formulado por requerimento dirigido ao:

I – tribunal, no período compreendido entre a interposição da apelação e sua distribuição, ficando o relator designado para seu exame prevento para julgá-la;

II – relator, se já distribuída a apelação.

§ 4º Nas hipóteses do § 1º, a eficácia da sentença poderá ser suspensa pelo relator se o apelante demonstrar a probabilidade de provimento do recurso ou se, sendo relevante a fundamentação, houver risco de dano grave ou de difícil reparação.

Art. 1.013. A apelação devolverá ao tribunal o conhecimento da matéria impugnada.

▶ Art. 3º da IN do TST nº 39, de 15-3-2016, que dispõe de forma não exaustiva sobre as normas do CPC/2015 aplicáveis ao Processo do Trabalho.

§ 1º Serão, porém, objeto de apreciação e julgamento pelo tribunal todas as questões suscitadas e discutidas no processo, ainda que não tenham sido solucionadas, desde que relativas ao capítulo impugnado.

§ 2º Quando o pedido ou a defesa tiver mais de um fundamento e o juiz acolher apenas um deles, a apelação devolverá ao tribunal o conhecimento dos demais.

§ 3º Se o processo estiver em condições de imediato julgamento, o tribunal deve decidir desde logo o mérito quando:

I – reformar sentença fundada no art. 485;

II – decretar a nulidade da sentença por não ser ela congruente com os limites do pedido ou da causa de pedir;

▶ Arts. 141, 490 e 492 deste Código.

III – constatar a omissão no exame de um dos pedidos, hipótese em que poderá julgá-lo;

IV – decretar a nulidade de sentença por falta de fundamentação.

▶ Art. 93, IX, da CF.

▶ Arts. 11, 489, § 1º, e 1.027, § 2º, deste Código.

§ 4º Quando reformar sentença que reconheça a decadência ou a prescrição, o tribunal, se possível, julgará o mérito, examinando as demais questões, sem determinar o retorno do processo ao juízo de primeiro grau.

▶ Arts. 189 a 211 do CC.

§ 5º O capítulo da sentença que confirma, concede ou revoga a tutela provisória é impugnável na apelação.

▶ Arts. 294 a 311 deste Código.

Art. 1.014. As questões de fato não propostas no juízo inferior poderão ser suscitadas na apelação, se a parte provar que deixou de fazê-lo por motivo de força maior.

▶ Art. 393, parágrafo único, do CC.

▶ Art. 3º da IN do TST nº 39, de 15-3-2016, que dispõe de forma não exaustiva sobre as normas do CPC/2015 aplicáveis ao Processo do Trabalho.

CAPÍTULO III
DO AGRAVO DE INSTRUMENTO

▶ Arts. 101, 354, parágrafo único, 937, VIII, 941, § 2º, 942, § 3º, II, 946, 994, II, 1.027, 1.028, parágrafo único, e 1.037, § 13, I, deste Código.

Art. 1.015. Cabe agravo de instrumento contra as decisões interlocutórias que versarem sobre:

▶ Art. 203, § 2º, deste Código.

▶ Súm. nº 255 do STJ.

I – tutelas provisórias;

▶ Arts. 294 a 311 deste Código.

II – mérito do processo;

▶ Art. 356, § 5º, deste Código.

III – rejeição da alegação de convenção de arbitragem;

▶ Arts. 3º a 12 da Lei nº 9.307, de 23-9-1996 (Lei da Arbitragem).

IV – incidente de desconsideração da personalidade jurídica;

▶ Art. 136 deste Código.

V – rejeição do pedido de gratuidade da justiça ou acolhimento do pedido de sua revogação;

▶ Art. 101 deste Código.

VI – exibição ou posse de documento ou coisa;

▶ Arts. 396 a 404 deste Código.

VII – exclusão de litisconsorte;

VIII – rejeição do pedido de limitação do litisconsórcio;

▶ Arts. 113 a 118 deste Código.

IX – admissão ou inadmissão de intervenção de terceiros;

▶ Arts. 119 a 138 deste Código.

X – concessão, modificação ou revogação do efeito suspensivo aos embargos à execução;

▶ Art. 919 deste Código.

XI – redistribuição do ônus da prova nos termos do art. 373, § 1º;

XII – VETADO;

▶ O dispositivo vetado tinha a seguinte redação: "XII – conversão da ação individual em ação coletiva;".

XIII – outros casos expressamente referidos em lei.

Parágrafo único. Também caberá agravo de instrumento contra decisões interlocutórias proferidas na fase de liquidação de sentença ou de cumprimento de sentença, no processo de execução e no processo de inventário.

▶ Arts. 509 a 538, 797 a 913, 1.009, §§ 1º e 3º, e 1.027, § 1º, deste Código.

Art. 1.016. O agravo de instrumento será dirigido diretamente ao tribunal competente, por meio de petição com os seguintes requisitos:

I – os nomes das partes;

II – a exposição do fato e do direito;

III – as razões do pedido de reforma ou de invalidação da decisão e o próprio pedido;

▶ Súm. nº 182 do STJ.

IV – o nome e o endereço completo dos advogados constantes do processo.

Art. 1.017. A petição de agravo de instrumento será instruída:

I – obrigatoriamente, com cópias da petição inicial, da contestação, da petição que ensejou a decisão agravada, da própria decisão agravada, da certidão da respectiva intimação ou outro documento oficial que comprove a tempestividade e das procurações outorgadas aos advogados do agravante e do agravado;

▸ Súm. nº 223 do STJ.

II – com declaração de inexistência de qualquer dos documentos referidos no inciso I, feita pelo advogado do agravante, sob pena de sua responsabilidade pessoal;

III – facultativamente, com outras peças que o agravante reputar úteis.

§ 1º Acompanhará a petição o comprovante do pagamento das respectivas custas e do porte de retorno, quando devidos, conforme tabela publicada pelos tribunais.

▸ Art. 1.007 deste Código.

§ 2º No prazo do recurso, o agravo será interposto por:

▸ Arts. 1.003, § 5º, e 1.070 deste Código.

I – protocolo realizado diretamente no tribunal competente para julgá-lo;

II – protocolo realizado na própria comarca, seção ou subseção judiciárias;

III – postagem, sob registro, com aviso de recebimento;

IV – transmissão de dados tipo fac-símile, nos termos da lei;

V – outra forma prevista em lei.

§ 3º Na falta da cópia de qualquer peça ou no caso de algum outro vício que comprometa a admissibilidade do agravo de instrumento, deve o relator aplicar o disposto no art. 932, parágrafo único.

§ 4º Se o recurso for interposto por sistema de transmissão de dados tipo fac-símile ou similar, as peças devem ser juntadas no momento de protocolo da petição original.

§ 5º Sendo eletrônicos os autos do processo, dispensam-se as peças referidas nos incisos I e II do *caput*, facultando-se ao agravante anexar outros documentos que entender úteis para a compreensão da controvérsia.

Art. 1.018. O agravante poderá requerer a juntada, aos autos do processo, de cópia da petição do agravo de instrumento, do comprovante de sua interposição e da relação dos documentos que instruíram o recurso.

§ 1º Se o juiz comunicar que reformou inteiramente a decisão, o relator considerará prejudicado o agravo de instrumento.

§ 2º Não sendo eletrônicos os autos, o agravante tomará a providência prevista no *caput*, no prazo de 3 (três) dias a contar da interposição do agravo de instrumento.

§ 3º O descumprimento da exigência de que trata o § 2º, desde que arguido e provado pelo agravado, importa inadmissibilidade do agravo de instrumento.

Art. 1.019. Recebido o agravo de instrumento no tribunal e distribuído imediatamente, se não for o caso de aplicação do art. 932, incisos III e IV, o relator, no prazo de 5 (cinco) dias:

I – poderá atribuir efeito suspensivo ao recurso ou deferir, em antecipação de tutela, total ou parcialmente, a pretensão recursal, comunicando ao juiz sua decisão;

II – ordenará a intimação do agravado pessoalmente, por carta com aviso de recebimento, quando não tiver procurador constituído, ou pelo *Diário da Justiça* ou por carta com aviso de recebimento dirigida ao seu advogado, para que responda no prazo de 15 (quinze) dias, facultando-lhe juntar a documentação que entender necessária ao julgamento do recurso;

III – determinará a intimação do Ministério Público, preferencialmente por meio eletrônico, quando for o caso de sua intervenção, para que se manifeste no prazo de 15 (quinze) dias.

▸ Arts. 176 a 178 deste Código.

Art. 1.020. O relator solicitará dia para julgamento em prazo não superior a 1 (um) mês da intimação do agravado.

▸ Súm. nº 86 do STJ.

CAPÍTULO IV
DO AGRAVO INTERNO

▸ Arts. 12, VI, 136, parágrafo único, 937, § 3º, 994, III, 1.024, § 3º, 1.037, § 13, II, e 1.070 deste Código.

Art. 1.021. Contra decisão proferida pelo relator caberá agravo interno para o respectivo órgão colegiado, observadas, quanto ao processamento, as regras do regimento interno do tribunal.

▸ Arts. 932 e 1.003, § 5º, deste Código.

▸ Art. 3º da IN do TST nº 39, de 15-3-2016, que dispõe de forma não exaustiva sobre as normas do CPC/2015 aplicáveis ao Processo do Trabalho.

▸ Súm. nº 622 do STF.

▸ Súmulas nºs 182 e 316 do STJ.

§ 1º Na petição de agravo interno, o recorrente impugnará especificadamente os fundamentos da decisão agravada.

▸ Art. 1.024, § 3º, deste Código.

§ 2º O agravo será dirigido ao relator, que intimará o agravado para manifestar-se sobre o recurso no prazo de 15 (quinze) dias, ao final do qual, não havendo retratação, o relator levá-lo-á a julgamento pelo órgão colegiado, com inclusão em pauta.

§ 3º É vedado ao relator limitar-se à reprodução dos fundamentos da decisão agravada para julgar improcedente o agravo interno.

§ 4º Quando o agravo interno for declarado manifestamente inadmissível ou improcedente em votação unânime, o órgão colegiado, em decisão fundamentada, condenará o agravante a pagar ao agravado multa fixada entre um e cinco por cento do valor atualizado da causa.

§ 5º A interposição de qualquer outro recurso está condicionada ao depósito prévio do valor da multa prevista no § 4º, à exceção da Fazenda Pública e do beneficiário de gratuidade da justiça, que farão o pagamento ao final.

▸ Art. 98, § 4º, deste Código.

CAPÍTULO V
DOS EMBARGOS DE DECLARAÇÃO

▸ Art. 994, IV, deste Código.

Art. 1.022. Cabem embargos de declaração contra qualquer decisão judicial para:

▸ Arts. 203 e 204 deste Código.

I – esclarecer obscuridade ou eliminar contradição;

II – suprir omissão de ponto ou questão sobre o qual devia se pronunciar o juiz de ofício ou a requerimento;

▸ Súmulas nºs 211 e 453 do STJ.

III – corrigir erro material.

▸ Art. 494, II, deste Código.

Parágrafo único. Considera-se omissa a decisão que:

I – deixe de se manifestar sobre tese firmada em julgamento de casos repetitivos ou em incidente de assunção de competência aplicável ao caso sob julgamento;

▸ Arts. 928 e 947 deste Código.

II – incorra em qualquer das condutas descritas no art. 489, § 1º.

Art. 1.023. Os embargos serão opostos, no prazo de 5 (cinco) dias, em petição dirigida ao juiz, com indicação do erro, obscuridade, contradição ou omissão, e não se sujeitam a preparo.

▸ Art. 1.003, § 5º, deste Código.

§ 1º Aplica-se aos embargos de declaração o art. 229.

§ 2º O juiz intimará o embargado para, querendo, manifestar-se, no prazo de 5 (cinco) dias, sobre os embargos opostos, caso seu eventual acolhimento implique a modificação da decisão embargada.

Art. 1.024. O juiz julgará os embargos em 5 (cinco) dias.

▸ Art. 12, § 2º, V, deste Código.

§ 1º Nos tribunais, o relator apresentará os embargos em mesa na sessão subsequente, proferindo voto, e, não havendo julgamento nessa sessão, será o recurso incluído em pauta automaticamente.

§ 2º Quando os embargos de declaração forem opostos contra decisão de relator ou outra decisão unipessoal proferida em tribunal, o órgão prolator da decisão embargada decidi-los-á monocraticamente.

§ 3º O órgão julgador conhecerá dos embargos de declaração como agravo interno se entender ser este o recurso cabível, desde que determine previamente a intimação do recorrente para, no prazo de 5 (cinco) dias, complementar as razões recursais, de modo a ajustá-las às exigências do art. 1.021, § 1º.

▸ Art. 1.021 deste Código.

§ 4º Caso o acolhimento dos embargos de declaração implique modificação da decisão embargada, o embargado que já tiver interposto outro recurso contra a decisão originária tem o direito de complementar ou alterar suas razões, nos exatos limites da modificação, no prazo de 15 (quinze) dias, contado da intimação da decisão dos embargos de declaração.

§ 5º Se os embargos de declaração forem rejeitados ou não alterarem a conclusão do julgamento anterior, o recurso interposto pela outra parte antes da publicação do julgamento dos embargos de declaração será processado e julgado independentemente de ratificação.

Art. 1.025. Consideram-se incluídos no acórdão os elementos que o embargante suscitou, para fins de pré-questionamento, ainda que os embargos de declaração sejam inadmitidos ou rejeitados, caso o tribunal superior considere existentes erro, omissão, contradição ou obscuridade.

▸ Art. 941, § 3º, deste Código.

Art. 1.026. Os embargos de declaração não possuem efeito suspensivo e interrompem o prazo para a interposição de recurso.

§ 1º A eficácia da decisão monocrática ou colegiada poderá ser suspensa pelo respectivo juiz ou relator se demonstrada a probabilidade de provimento do recurso ou, sendo relevante a fundamentação, se houver risco de dano grave ou de difícil reparação.

§ 2º Quando manifestamente protelatórios os embargos de declaração, o juiz ou o tribunal, em decisão fundamentada, condenará o embargante a pagar ao embargado multa não excedente a dois por cento sobre o valor atualizado da causa.

- Arts. 80, VII, e 139, III, deste Código.
- Súm. nº 98 do STJ.
- Súm. nº 353 do TST.

§ 3º Na reiteração de embargos de declaração manifestamente protelatórios, a multa será elevada a até dez por cento sobre o valor atualizado da causa, e a interposição de qualquer recurso ficará condicionada ao depósito prévio do valor da multa, à exceção da Fazenda Pública e do beneficiário de gratuidade da justiça, que a recolherão ao final.

- Súm. nº 98 do STJ.
- Súm. nº 353 do TST.

§ 4º Não serão admitidos novos embargos de declaração se os dois anteriores houverem sido considerados protelatórios.

CAPÍTULO VI
DOS RECURSOS PARA O SUPREMO TRIBUNAL FEDERAL E PARA O SUPERIOR TRIBUNAL DE JUSTIÇA

Seção I
DO RECURSO ORDINÁRIO

- Arts. 937, II, e 994, V, deste Código.

Art. 1.027. Serão julgados em recurso ordinário:

- Art. 1.003, § 5º, deste Código.
- Arts. 102, II, e 105, II, da CF.

I – pelo Supremo Tribunal Federal, os mandados de segurança, os *habeas data* e os mandados de injunção decididos em única instância pelos tribunais superiores, quando denegatória a decisão;

II – pelo Superior Tribunal de Justiça:

a) os mandados de segurança decididos em única instância pelos tribunais regionais federais ou pelos tribunais de justiça dos Estados e do Distrito Federal e Territórios, quando denegatória a decisão;

b) os processos em que forem partes, de um lado, Estado estrangeiro ou organismo internacional e, de outro, Município ou pessoa residente ou domiciliada no País.

- Arts. 102, II, e 105, II, da CF.
- Art. 1.028 deste Código.

§ 1º Nos processos referidos no inciso II, alínea *b*, contra as decisões interlocutórias caberá agravo de instrumento dirigido ao Superior Tribunal de Justiça, nas hipóteses do art. 1.015.

- Arts. 1.015 a 1.020, e 1.028, § 1º, deste Código.

§ 2º Aplica-se ao recurso ordinário o disposto nos arts. 1.013, § 3º, e 1.029, § 5º.

Art. 1.028. Ao recurso mencionado no art. 1.027, inciso II, alínea *b*, aplicam-se, quanto aos requisitos de admissibilidade e ao procedimento, as disposições relativas à apelação e o Regimento Interno do Superior Tribunal de Justiça.

- Arts. 937, I, 941, § 2º, 942, 946 e 1.009 a 1.014 deste Código.

§ 1º Na hipótese do art. 1.027, § 1º, aplicam-se as disposições relativas ao agravo de instrumento e o Regimento Interno do Superior Tribunal de Justiça.

- Arts. 1.015 a 1.020 deste Código.

§ 2º O recurso previsto no art. 1.027, incisos I e II, alínea *a*, deve ser interposto perante o tribunal de origem, cabendo ao seu presidente ou vice-presidente determinar a intimação do recorrido para, em 15 (quinze) dias, apresentar as contrarrazões.

§ 3º Findo o prazo referido no § 2º, os autos serão remetidos ao respectivo tribunal superior, independentemente de juízo de admissibilidade.

Seção II
DO RECURSO EXTRAORDINÁRIO E DO RECURSO ESPECIAL

- Lei nº 8.038, de 28-5-1990, institui normas procedimentais para os processos que especifica, perante o STJ e o STF.
- Súmulas nºs 288, 633 a 640, 733 e 735 do STF.
- Súmulas nºs 5, 7, 83, 86, 126, 203, 207, 211 e 320 do STJ.

Subseção I
DISPOSIÇÕES GERAIS

- Arts. 102, III, e 105, III, da CF.
- Arts. 937, III e IV, 994, VI e VII, 997, § 2º, II, e 1.043 deste Código.

Art. 1.029. O recurso extraordinário e o recurso especial, nos casos previstos na Constituição Federal, serão interpostos perante o presidente ou o vice-presidente do tribunal recorrido, em petições distintas que conterão:

- Art. 1.003, § 5º, deste Código.

I – a exposição do fato e do direito;

II – a demonstração do cabimento do recurso interposto;

III – as razões do pedido de reforma ou de invalidação da decisão recorrida.

§ 1º Quando o recurso fundar-se em dissídio jurisprudencial, o recorrente fará a prova da divergência com a certidão, cópia ou citação do repositório de jurisprudência, oficial ou credenciado, inclusive em mídia eletrônica, em que houver sido publicado o acórdão divergente, ou ainda com a reprodução de julgado disponível na rede mundial de computadores, com indicação da respectiva fonte, devendo-se, em qualquer caso, mencionar as circunstâncias que identifiquem ou assemelhem os casos confrontados.

§ 2º *Revogado*. Lei nº 13.256, de 4-2-2016.

§ 3º O Supremo Tribunal Federal ou o Superior Tribunal de Justiça poderá desconsiderar vício formal de recurso tempestivo ou determinar sua correção, desde que não o repute grave.

§ 4º Quando, por ocasião do processamento do incidente de resolução de demandas repetitivas, o presidente do Supremo Tribunal Federal ou do Superior Tribunal de Justiça receber requerimento de suspensão de processos em que se discuta questão federal constitucional ou infraconstitucional, poderá, considerando razões de segurança jurídica ou de excepcional interesse social, estender a suspensão a todo o território nacional, até ulterior decisão do recurso extraordinário ou do recurso especial a ser interposto.

- Arts. 313, IV, 982, § 3º, deste Código.

§ 5º O pedido de concessão de efeito suspensivo a recurso extraordinário ou a recurso especial poderá ser formulado por requerimento dirigido:

I – ao tribunal superior respectivo, no período compreendido entre a publicação da decisão de admissão do recurso e sua distribuição, ficando o relator designado para seu exame prevento para julgá-lo;

- Inciso I com a redação dada pela Lei nº 13.256, de 4-2-2016.

II – ao relator, se já distribuído o recurso;

III – ao presidente ou ao vice-presidente do tribunal recorrido, no período compreendido entre a interposição do recurso e a publicação da decisão de admissão do recurso, assim como no caso de o recurso ter sido sobrestado, nos termos do art. 1.037.

- Inciso III com a redação dada pela Lei nº 13.256, de 4-2-2016.
- Arts. 495, § 1º, III, e 1.027, § 2º, deste Código.

Art. 1.030. Recebida a petição do recurso pela secretaria do tribunal, o recorrido será intimado para apresentar contrarrazões no prazo de 15 (quinze) dias, findo o qual os autos serão conclusos ao presidente ou ao vice-presidente do tribunal recorrido, que deverá:

I – negar seguimento:

a) a recurso extraordinário que discuta questão constitucional à qual o Supremo Tribunal Federal não tenha reconhecido a existência de repercussão geral ou a recurso extraordinário interposto contra acórdão que esteja em conformidade com entendimento do Supremo Tribunal Federal exarado no regime de repercussão geral;

b) a recurso extraordinário ou a recurso especial interposto contra acórdão que esteja em conformidade com entendimento do Supremo Tribunal Federal ou do Superior Tribunal de Justiça, respectivamente, exarado no regime de julgamento de recursos repetitivos;

II – encaminhar o processo ao órgão julgador para realização do juízo de retratação, se o acórdão recorrido divergir do entendimento do Supremo Tribunal Federal ou do Superior Tribunal de Justiça exarado, conforme o caso, nos regimes de repercussão geral ou de recursos repetitivos;

III – sobrestar o recurso que versar sobre controvérsia de caráter repetitivo ainda não decidida pelo Supremo Tribunal Federal ou pelo Superior Tribunal de Justiça, conforme se trate de matéria constitucional ou infraconstitucional;

IV – selecionar o recurso como representativo de controvérsia constitucional ou infraconstitucional, nos termos do § 6º do art. 1.036;

V – realizar o juízo de admissibilidade e, se positivo, remeter o feito ao Supremo Tribunal Federal ou ao Superior Tribunal de Justiça, desde que:

a) o recurso ainda não tenha sido submetido ao regime de repercussão geral ou de julgamento de recursos repetitivos;

b) o recurso tenha sido selecionado como representativo da controvérsia; ou

c) o tribunal recorrido tenha refutado o juízo de retratação.

§ 1º Da decisão de inadmissibilidade proferida com fundamento no inciso V caberá agravo ao tribunal superior, nos termos do art. 1.042.

§ 2º Da decisão proferida com fundamento nos incisos I e III caberá agravo interno, nos termos do art. 1.021.

- Art. 1.030 com a redação dada pela Lei nº 13.256, de 4-2-2016.
- Súm. nº 123 do STJ.

Art. 1.031. Na hipótese de interposição conjunta de recurso extraordinário e recurso especial, os autos serão remetidos ao Superior Tribunal de Justiça.

§ 1º Concluído o julgamento do recurso especial, os autos serão remetidos ao Supremo Tribunal Federal para apreciação do recurso extraordinário, se este não estiver prejudicado.

§ 2º Se o relator do recurso especial considerar prejudicial o recurso extraordinário, em decisão irrecorrível, sobrestará o julgamento e remeterá os autos ao Supremo Tribunal Federal.

§ 3º Na hipótese do § 2º, se o relator do recurso extraordinário, em decisão irrecorrível, rejeitar a prejudicialidade, devolverá os autos ao Superior Tribunal de Justiça para o julgamento do recurso especial.

Art. 1.032. Se o relator, no Superior Tribunal de Justiça, entender que o recurso especial versa sobre questão constitucional, deverá conceder prazo de 15 (quinze) dias para que o recorrente demonstre a existência de repercussão geral e se manifeste sobre a questão constitucional.

▸ Art. 1.035 deste Código.

Parágrafo único. Cumprida a diligência de que trata o *caput*, o relator remeterá o recurso ao Supremo Tribunal Federal, que, em juízo de admissibilidade, poderá devolvê-lo ao Superior Tribunal de Justiça.

Art. 1.033. Se o Supremo Tribunal Federal considerar como reflexa a ofensa à Constituição afirmada no recurso extraordinário, por pressupor a revisão da interpretação de lei federal ou de tratado, remetê-lo-á ao Superior Tribunal de Justiça para julgamento como recurso especial.

Art. 1.034. Admitido o recurso extraordinário ou o recurso especial, o Supremo Tribunal Federal ou o Superior Tribunal de Justiça julgará o processo, aplicando o direito.

Parágrafo único. Admitido o recurso extraordinário ou o recurso especial por um fundamento, devolve-se ao tribunal superior o conhecimento dos demais fundamentos para a solução do capítulo impugnado.

▸ Art. 12 da IN do TST nº 39, de 15-3-2016, que dispõe de forma não exaustiva sobre as normas do CPC/2015 aplicáveis ao Processo do Trabalho.

Art. 1.035. O Supremo Tribunal Federal, em decisão irrecorrível, não conhecerá do recurso extraordinário quando a questão constitucional nele versada não tiver repercussão geral, nos termos deste artigo.

▸ Art. 102, § 3º, da CF.

▸ Arts. 979, § 3º, 987, § 1º, 998, 1.032, 1.039, parágrafo único, deste Código.

§ 1º Para efeito de repercussão geral, será considerada a existência ou não de questões relevantes do ponto de vista econômico, político, social ou jurídico que ultrapassem os interesses subjetivos do processo.

§ 2º O recorrente deverá demonstrar a existência de repercussão geral para apreciação exclusiva pelo Supremo Tribunal Federal.

§ 3º Haverá repercussão geral sempre que o recurso impugnar acórdão que:

I – contrarie súmula ou jurisprudência dominante do Supremo Tribunal Federal;

II – *Revogado*. Lei nº 13.256, de 4-2-2016;

III – tenha reconhecido a inconstitucionalidade de tratado ou de lei federal, nos termos do art. 97 da Constituição Federal.

▸ Arts. 948 e 949 deste Código.

§ 4º O relator poderá admitir, na análise da repercussão geral, a manifestação de terceiros, subscrita por procurador habilitado, nos termos do Regimento Interno do Supremo Tribunal Federal.

§ 5º Reconhecida a repercussão geral, o relator no Supremo Tribunal Federal determinará a suspensão do processamento de todos os processos pendentes, individuais ou coletivos, que versem sobre a questão e tramitem no território nacional.

▸ Art. 979, § 3º, deste Código.

§ 6º O interessado pode requerer, ao presidente ou ao vice-presidente do tribunal de origem, que exclua da decisão de sobrestamento e inadmita o recurso extraordinário que tenha sido interposto intempestivamente, tendo o recorrente o prazo de 5 (cinco) dias para manifestar-se sobre esse requerimento.

§ 7º Da decisão que indeferir o requerimento referido no § 6º ou que aplicar entendimento firmado em regime de repercussão geral ou em julgamento de recursos repetitivos caberá agravo interno.

▸ § 7º com a redação dada pela Lei nº 13.256, de 4-2-2016.

§ 8º Negada a repercussão geral, o presidente ou o vice-presidente do tribunal de origem negará seguimento aos recursos extraordinários sobrestados na origem que versem sobre matéria idêntica.

§ 9º O recurso que tiver a repercussão geral reconhecida deverá ser julgado no prazo de 1 (um) ano e terá preferência sobre os demais feitos, ressalvados os que envolvam réu preso e os pedidos de *habeas corpus*.

▸ Art. 12, § 2º, VII, deste Código.

§ 10. *Revogado*. Lei nº 13.256, de 4-2-2016.

§ 11. A súmula da decisão sobre a repercussão geral constará de ata, que será publicada no *Diário Oficial* e valerá como acórdão.

Subseção II

DO JULGAMENTO DOS RECURSOS EXTRAORDINÁRIO E ESPECIAL REPETITIVOS

▸ Arts. 12, § 2º, III, 311, II, 332, II, 496, § 4º, III, 521, IV, 927, III, 928, II, 932, IV, *b*, 955, parágrafo único, II, 979, § 3º, 988, IV, 998 parágrafo único, e 1.022, parágrafo único, I, deste Código.

Art. 1.036. Sempre que houver multiplicidade de recursos extraordinários ou especiais com fundamento em idêntica questão de direito, haverá afetação para julgamento de acordo com as disposições desta Subseção, observado o disposto no Regimento Interno do Supremo Tribunal Federal e no do Superior Tribunal de Justiça.

▸ Arts. 328 e 328-A do RISTF.

§ 1º O presidente ou o vice-presidente de tribunal de justiça ou de tribunal regional federal selecionará 2 (dois) ou mais recursos representativos da controvérsia, que serão encaminhados ao Supremo Tribunal Federal ou ao Superior Tribunal de Justiça para fins de afetação, determinando a suspensão do trâmite de todos os processos pendentes, individuais ou coletivos, que tramitem no Estado ou na região, conforme o caso.

▸ Arts. 313 a 315 e 1.041 deste Código.

§ 2º O interessado pode requerer, ao presidente ou ao vice-presidente, que exclua da decisão de sobrestamento e inadmita o recurso especial ou o recurso extraordinário que tenha sido interposto intempestivamente, tendo o recorrente o prazo de 5 (cinco) dias para manifestar-se sobre esse requerimento.

§ 3º Da decisão que indeferir o requerimento referido no § 2º caberá apenas agravo interno.

▸ § 3º com a redação dada pela Lei nº 13.256, de 4-2-2016.

§ 4º A escolha feita pelo presidente ou vice-presidente do tribunal de justiça ou do tribunal regional federal não vinculará o relator no tribunal superior, que poderá selecionar outros recursos representativos da controvérsia.

§ 5º O relator em tribunal superior também poderá selecionar 2 (dois) ou mais recursos representativos da controvérsia para julgamento da questão de direito independentemente da iniciativa do presidente ou do vice-presidente do tribunal de origem.

§ 6º Somente podem ser selecionados recursos admissíveis que contenham abrangente argumentação e discussão a respeito da questão a ser decidida.

Art. 1.037. Selecionados os recursos, o relator, no tribunal superior, constatando a presença do pressuposto do *caput* do art. 1.036, proferirá decisão de afetação, na qual:

I – identificará com precisão a questão a ser submetida a julgamento;

II – determinará a suspensão do processamento de todos os processos pendentes, individuais ou coletivos, que versem sobre a questão e tramitem no território nacional;

▸ Arts. 313 a 315 e 1.029, § 5º, III, deste Código.

III – poderá requisitar aos presidentes ou aos vice-presidentes dos tribunais de justiça ou dos tribunais regionais federais a remessa de um recurso representativo da controvérsia.

▸ Art. 979, § 3º, deste Código.

§ 1º Se, após receber os recursos selecionados pelo presidente ou pelo vice-presidente de tribunal de justiça ou de tribunal regional federal, não se proceder à afetação, o relator, no tribunal superior, comunicará o fato ao presidente ou ao vice-presidente que os houver enviado, para que seja revogada a decisão de suspensão referida no art. 1.036, § 1º.

§ 2º *Revogado*. Lei nº 13.256, de 4-2-2016.

§ 3º Havendo mais de uma afetação, será prevento o relator que primeiro tiver proferido a decisão a que se refere o inciso I do *caput*.

§ 4º Os recursos afetados deverão ser julgados no prazo de 1 (um) ano e terão preferência sobre os demais feitos, ressalvados os que envolvam réu preso e os pedidos de *habeas corpus*.

▸ Art. 12, § 2º, III, deste Código.

§ 5º *Revogado*. Lei nº 13.256, de 4-2-2016.

§ 6º Ocorrendo a hipótese do § 5º, é permitido a outro relator do respectivo tribunal superior afetar 2 (dois) ou mais recursos representativos da controvérsia na forma do art. 1.036.

§ 7º Quando os recursos requisitados na forma do inciso III do *caput* contiverem outras questões além daquela que é objeto da afetação, caberá ao tribunal decidir esta em primeiro lugar e depois as demais, em acórdão específico para cada processo.

§ 8º As partes deverão ser intimadas da decisão de suspensão de seu processo, a ser proferida pelo respectivo juiz ou relator quando informado da decisão a que se refere o inciso II do *caput*.

§ 9º Demonstrando distinção entre a questão a ser decidida no processo e aquela a ser julgada no recurso especial ou extraordinário afetado, a parte poderá requerer o prosseguimento do seu processo.

§ 10. O requerimento a que se refere o § 9º será dirigido:

I – ao juiz, se o processo sobrestado estiver em primeiro grau;

II – ao relator, se o processo sobrestado estiver no tribunal de origem;

III – ao relator do acórdão recorrido, se for sobrestado recurso especial ou recurso extraordinário no tribunal de origem;

IV – ao relator, no tribunal superior, de recurso especial ou de recurso extraordinário cujo processamento houver sido sobrestado.

§ 11. A outra parte deverá ser ouvida sobre o requerimento a que se refere o § 9º, no prazo de 5 (cinco) dias.

§ 12. Reconhecida a distinção no caso:

I – dos incisos I, II e IV do § 10, o próprio juiz ou relator dará prosseguimento ao processo;

II – do inciso III do § 10, o relator comunicará a decisão ao presidente ou ao vice-presidente que houver determinado o sobrestamento, para que o recurso especial ou o recurso extraordinário seja encaminhado ao respectivo tribunal superior, na forma do art. 1.030, parágrafo único.

§ 13. Da decisão que resolver o requerimento a que se refere o § 9º caberá:

I – agravo de instrumento, se o processo estiver em primeiro grau;

II – agravo interno, se a decisão for de relator.

▶ Arts. 1.015 a 1.021 deste Código.

Art. 1.038. O relator poderá:

I – solicitar ou admitir manifestação de pessoas, órgãos ou entidades com interesse na controvérsia, considerando a relevância da matéria e consoante dispuser o regimento interno;

▶ Art. 138 deste Código.

II – fixar data para, em audiência pública, ouvir depoimentos de pessoas com experiência e conhecimento na matéria, com a finalidade de instruir o procedimento;

III – requisitar informações aos tribunais inferiores a respeito da controvérsia e, cumprida a diligência, intimará o Ministério Público para manifestar-se.

§ 1º No caso do inciso III, os prazos respectivos são de 15 (quinze) dias, e os atos serão praticados, sempre que possível, por meio eletrônico.

§ 2º Transcorrido o prazo para o Ministério Público e remetida cópia do relatório aos demais ministros, haverá inclusão em pauta, devendo ocorrer o julgamento com preferência sobre os demais feitos, ressalvados os que envolvam réu preso e os pedidos de *habeas corpus*.

▶ Art. 12, § 2º, III, deste Código.

§ 3º O conteúdo do acórdão abrangerá a análise dos fundamentos relevantes da tese jurídica discutida.

▶ § 3º com a redação dada pela Lei nº 13.256, de 4-2-2016.

▶ Art. 489, § 1º, deste Código.

Art. 1.039. Decididos os recursos afetados, os órgãos colegiados declararão prejudicados os demais recursos versando sobre idêntica controvérsia ou os decidirão aplicando a tese firmada.

Parágrafo único. Negada a existência de repercussão geral no recurso extraordinário afetado, serão considerados automaticamente inadmitidos os recursos extraordinários cujo processamento tenha sido sobrestado.

▶ Art. 1.035 deste Código.

Art. 1.040. Publicado o acórdão paradigma:

I – o presidente ou o vice-presidente do tribunal de origem negará seguimento aos recursos especiais ou extraordinários sobrestados na origem, se o acórdão recorrido coincidir com a orientação do tribunal superior;

II – o órgão que proferiu o acórdão recorrido, na origem, reexaminará o processo de competência originária, a remessa necessária ou o recurso anteriormente julgado, se o acórdão recorrido contrariar a orientação do tribunal superior;

▶ Arts. 12, § 6º, II, e 1.041, § 2º, deste Código.

III – os processos suspensos em primeiro e segundo graus de jurisdição retomarão o curso para julgamento e aplicação da tese firmada pelo tribunal superior;

IV – se os recursos versarem sobre questão relativa a prestação de serviço público objeto de concessão, permissão ou autorização, o resultado do julgamento será comunicado ao órgão, ao ente ou à agência reguladora competente para fiscalização da efetiva aplicação, por parte dos entes sujeitos a regulação, da tese adotada.

§ 1º A parte poderá desistir da ação em curso no primeiro grau de jurisdição, antes de proferida a sentença, se a questão nela discutida for idêntica à resolvida pelo recurso representativo da controvérsia.

§ 2º Se a desistência ocorrer antes de oferecida contestação, a parte ficará isenta do pagamento de custas e de honorários de sucumbência.

§ 3º A desistência apresentada nos termos do § 1º independe de consentimento do réu, ainda que apresentada contestação.

▶ Arts. 90, 200, parágrafo único, 485, VIII, §§ 4º e 5º, e 976, §§ 1º e 2º, deste Código.

Art. 1.041. Mantido o acórdão divergente pelo tribunal de origem, o recurso especial ou extraordinário será remetido ao respectivo tribunal superior, na forma do art. 1.036, § 1º.

§ 1º Realizado o juízo de retratação, com alteração do acórdão divergente, o tribunal de origem, se for o caso, decidirá as demais questões ainda não decididas cujo enfrentamento se tornou necessário em decorrência da alteração.

§ 2º Quando ocorrer a hipótese do inciso II do *caput* do art. 1.040 e o recurso versar sobre outras questões, caberá ao presidente ou ao vice-presidente do tribunal recorrido, depois do reexame pelo órgão de origem e independentemente de ratificação do recurso, sendo positivo o juízo de admissibilidade, determinar a remessa do recurso ao tribunal superior para julgamento das demais questões.

▶ § 2º com a redação dada pela Lei nº 13.256, de 4-2-2016.

Seção III

DO AGRAVO EM RECURSO ESPECIAL E EM RECURSO EXTRAORDINÁRIO

▶ Arts. 994, VIII, e 1.070 deste Código.

Art. 1.042. Cabe agravo contra decisão do presidente ou do vice-presidente do tribunal recorrido que inadmitir recurso extraordinário ou recurso especial, salvo quando fundada na aplicação de entendimento firmado em regime de repercussão geral ou em julgamento de recursos repetitivos.

▶ *Caput* com a redação dada pela Lei nº 13.256, de 4-2-2016.

▶ Art. 1.003, § 5º, deste Código.

▶ Res. do STF nº 450, de 3-12-2010, institui nova classe processual, denominada Recurso Extraordinário com Agravo.

▶ Res. do STF nº 451, de 3-12-2010, dispõe sobre a aplicação da Lei nº 12.322, de 9-9-2010, para os recursos extraordinários e agravos sobre matéria penal e processual penal.

▶ Res. do STJ nº 7, de 9-12-2010, institui o Agravo em Recurso Especial para o processamento de agravo interposto contra decisão que inadmite Recurso Especial.

▶ Súmulas nºs 288, 639 e 727 do STF.

▶ Súm. nº 315 do STJ.

I a III – *Revogados*. Lei nº 13.256, de 4-2-2016.

§ 1º *Revogado*. Lei nº 13.256, de 4-2-2016.

§ 2º A petição de agravo será dirigida ao presidente ou ao vice-presidente do tribunal de origem e independe do pagamento de custas e despesas postais, aplicando-se a ela o regime de repercussão geral e de recursos repetitivos, inclusive quanto à possibilidade de sobrestamento e do juízo de retratação.

▶ § 2º com a redação dada pela Lei nº 13.256, de 4-2-2016.

§ 3º O agravado será intimado, de imediato, para oferecer resposta no prazo de 15 (quinze) dias.

§ 4º Após o prazo de resposta, não havendo retratação, o agravo será remetido ao tribunal superior competente.

§ 5º O agravo poderá ser julgado, conforme o caso, conjuntamente com o recurso especial ou extraordinário, assegurada, neste caso, sustentação oral, observando-se, ainda, o disposto no regimento interno do tribunal respectivo.

▶ Art. 937 deste Código.

§ 6º Na hipótese de interposição conjunta de recursos extraordinário e especial, o agravante deverá interpor um agravo para cada recurso não admitido.

§ 7º Havendo apenas um agravo, o recurso será remetido ao tribunal competente, e, havendo interposição conjunta, os autos serão remetidos ao Superior Tribunal de Justiça.

§ 8º Concluído o julgamento do agravo pelo Superior Tribunal de Justiça e, se for o caso, do recurso especial, independentemente de pedido, os autos serão remetidos ao Supremo Tribunal Federal para apreciação do agravo a ele dirigido, salvo se estiver prejudicado.

Seção IV

DOS EMBARGOS DE DIVERGÊNCIA

▶ Arts. 937, V, e 994, IX, deste Código.

Art. 1.043. É embargável o acórdão de órgão fracionário que:

▶ Art. 1.003, § 5º, deste Código.

▶ Art. 2º da IN do TST nº 39, de 15-3-2016, que dispõe de forma não exaustiva sobre as normas do CPC/2015 inaplicáveis ao Processo do Trabalho.

I – em recurso extraordinário ou em recurso especial, divergir do julgamento de qualquer outro órgão do mesmo tribunal, sendo os acórdãos, embargado e paradigma, de mérito;

▶ Súmulas nºs 158, 168, 315, 316 e 420 do STJ.

II – *Revogado*. Lei nº 13.256, de 4-2-2016;

III – em recurso extraordinário ou em recurso especial, divergir do julgamento de qualquer outro órgão do mesmo tribunal, sendo um acórdão de mérito e outro que não tenha conhecido do recurso, embora tenha apreciado a controvérsia;

IV – *Revogado*. Lei nº 13.256, de 4-2-2016.

§ 1º Poderão ser confrontadas teses jurídicas contidas em julgamentos de recursos e de ações de competência originária.

§ 2º A divergência que autoriza a interposição de embargos de divergência pode verificar-se na aplicação do direito material ou do direito processual.

§ 3º Cabem embargos de divergência quando o acórdão paradigma for da mesma turma que proferiu a decisão embargada, desde que sua composição tenha sofrido alteração em mais da metade de seus membros.

§ 4º O recorrente provará a divergência com certidão, cópia ou citação de repositório oficial ou credenciado de jurisprudência, inclusive em mídia eletrônica, onde foi publicado o acórdão divergente, ou com a reprodução de julgado disponível na rede mundial de computadores, indicando a respectiva fonte, e mencionará as circunstâncias que identificam ou assemelham os casos confrontados.

§ 5º *Revogado*. Lei nº 13.256, de 4-2-2016.

Art. 1.044. No recurso de embargos de divergência, será observado o procedimento estabelecido no regimento interno do respectivo tribunal superior.

▶ Art. 2º da IN do TST nº 39, de 15-3-2016, que dispõe de forma não exaustiva sobre as normas do CPC/2015 inaplicáveis ao Processo do Trabalho.

▶ Súmulas nºs 315 e 316 do STJ.

§ 1º A interposição de embargos de divergência no Superior Tribunal de Justiça interrompe o prazo para interposição de recurso extraordinário por qualquer das partes.

§ 2º Se os embargos de divergência forem desprovidos ou não alterarem a conclusão do julgamento anterior, o recurso extraordinário interposto pela outra parte antes da publicação do julgamento dos embargos de divergência será processado e julgado independentemente de ratificação.

Livro Complementar – Disposições Finais e Transitórias

Art. 1.045. Este Código entra em vigor após decorrido 1 (um) ano da data de sua publicação oficial.

Art. 1.046. Ao entrar em vigor este Código, suas disposições se aplicarão desde logo aos processos pendentes, ficando revogada a Lei nº 5.869, de 11 de janeiro de 1973.

▶ Arts. 14 e 1.052 deste Código.

§ 1º As disposições da Lei nº 5.869, de 11 de janeiro de 1973, relativas ao procedimento sumário e aos procedimentos especiais que forem revogadas aplicar-se-ão às ações propostas e não sentenciadas até o início da vigência deste Código.

§ 2º Permanecem em vigor as disposições especiais dos procedimentos regulados em outras leis, aos quais se aplicará supletivamente este Código.

§ 3º Os processos mencionados no art. 1.218 da Lei nº 5.869, de 11 de janeiro de 1973, cujo procedimento ainda não tenha sido incorporado por lei submetem-se ao procedimento comum previsto neste Código.

▶ Arts. 318 a 512 deste Código.

§ 4º As remissões a disposições do Código de Processo Civil revogado, existentes em outras leis, passam a referir-se às que lhes são correspondentes neste Código.

§ 5º A primeira lista de processos para julgamento em ordem cronológica observará a antiguidade da distribuição entre os já conclusos na data da entrada em vigor deste Código.

▶ Art. 12 deste Código.

Art. 1.047. As disposições de direito probatório adotadas neste Código aplicam-se apenas às provas requeridas ou determinadas de ofício a partir da data de início de sua vigência.

▶ Arts. 369 a 484 deste Código.

Art. 1.048. Terão prioridade de tramitação, em qualquer juízo ou tribunal, os procedimentos judiciais:

I – em que figure como parte ou interessado pessoa com idade igual ou superior a 60 (sessenta) anos ou portadora de doença grave, assim compreendida qualquer das enumeradas no art. 6º, inciso XIV, da Lei nº 7.713, de 22 de dezembro de 1988;

▶ Art. 71 da Lei nº 10.741, de 1º-10-2003 (Estatuto da Pessoa Idosa).

II – regulados pela Lei nº 8.069, de 13 de julho de 1990 (Estatuto da Criança e do Adolescente);

▶ Art. 12, § 2º, VII, deste Código.

III – em que figure como parte a vítima de violência doméstica e familiar, nos termos da Lei nº 11.340, de 7 de agosto de 2006 (Lei Maria da Penha);

▶ Inciso III acrescido pela Lei nº 13.894, de 29-10-2019.

IV – em que se discuta a aplicação do disposto nas normas gerais de licitação e contratação a que se refere o inciso XXVII do *caput* do art. 22 da Constituição Federal.

▶ Inciso IV acrescido pela Lei nº 14.133, de 1º-4-2021 (Nova Lei de Licitações e Contratos Administrativos).

§ 1º A pessoa interessada na obtenção do benefício, juntando prova de sua condição, deverá requerê-lo à autoridade judiciária competente para decidir o feito, que determinará ao cartório do juízo as providências a serem cumpridas.

§ 2º Deferida a prioridade, os autos receberão identificação própria que evidencie o regime de tramitação prioritária.

§ 3º Concedida a prioridade, essa não cessará com a morte do beneficiado, estendendo-se em favor do cônjuge supérstite ou do companheiro em união estável.

§ 4º A tramitação prioritária independe de deferimento pelo órgão jurisdicional e deverá ser imediatamente concedida diante da prova da condição de beneficiário.

Art. 1.049. Sempre que a lei remeter a procedimento previsto na lei processual sem especificá-lo, será observado o procedimento comum previsto neste Código.

▶ Arts. 318 a 512 deste Código.

Parágrafo único. Na hipótese de a lei remeter ao procedimento sumário, será observado o procedimento comum previsto neste Código, com as modificações previstas na própria lei especial, se houver.

Art. 1.050. A União, os Estados, o Distrito Federal, os Municípios, suas respectivas entidades da administração indireta, o Ministério Público, a Defensoria Pública e a Advocacia Pública, no prazo de 30 (trinta) dias a contar da data da entrada em vigor deste Código, deverão se cadastrar perante a administração do tribunal no qual atuem para cumprimento do disposto nos arts. 246, § 2º, e 270, parágrafo único.

Art. 1.051. As empresas públicas e privadas devem cumprir o disposto no art. 246, § 1º, no prazo de 30 (trinta) dias, a contar da data de inscrição do ato constitutivo da pessoa jurídica, perante o juízo onde tenham sede ou filial.

Parágrafo único. O disposto no *caput* não se aplica às microempresas e às empresas de pequeno porte.

Art. 1.052. Até a edição de lei específica, as execuções contra devedor insolvente, em curso ou que venham a ser propostas, permanecem reguladas pelo Livro II, Título IV, da Lei nº 5.869, de 11 de janeiro de 1973.

Art. 1.053. Os atos processuais praticados por meio eletrônico até a transição definitiva para certificação digital ficam convalidados, ainda que não tenham observado os requisitos mínimos estabelecidos por este Código, desde que tenham atingido sua finalidade e não tenha havido prejuízo à defesa de qualquer das partes.

▶ Arts. 193 a 199 deste Código.

Art. 1.054. O disposto no art. 503, § 1º, somente se aplica aos processos iniciados após a vigência deste Código, aplicando-se aos anteriores o disposto nos arts. 5º, 325 e 470 da Lei nº 5.869, de 11 de janeiro de 1973.

Art. 1.055. VETADO.

▶ O dispositivo vetado tinha a seguinte redação: "Art. 1.055. O devedor ou arrendatário não se exime da obrigação de pagamento dos tributos, das multas e das taxas incidentes sobre os bens vinculados e de outros encargos previstos em contrato, exceto se a obrigação de pagar não for de sua responsabilidade, conforme contrato, ou for objeto de suspensão em tutela provisória."

Art. 1.056. Considerar-se-á como termo inicial do prazo da prescrição prevista no art. 924, inciso V, inclusive para as execuções em curso, a data de vigência deste Código.

Art. 1.057. O disposto no art. 525, §§ 14 e 15, e no art. 535, §§ 7º e 8º, aplica-se às decisões transitadas em julgado após a entrada em vigor deste Código, e, às decisões transitadas em julgado anteriormente, aplica-se o disposto no art. 475-L, § 1º, e no art. 741, parágrafo único, da Lei nº 5.869, de 11 de janeiro de 1973.

Art. 1.058. Em todos os casos em que houver recolhimento de importância em dinheiro, esta será depositada em nome da parte ou do interessado, em conta especial movimentada por ordem do juiz, nos termos do art. 840, inciso I.

Art. 1.059. À tutela provisória requerida contra a Fazenda Pública aplica-se o disposto nos arts. 1º a 4º da Lei nº 8.437, de 30 de junho de 1992, e no art. 7º, § 2º, da Lei nº 12.016, de 7 de agosto de 2009.

▶ Lei nº 8.437, de 30-6-1992 (Lei de Medidas Cautelares contra Atos do Poder Público).

▶ Lei nº 12.016, de 7-8-2009 (Lei do Mandado de Segurança Individual e Coletivo).

Art. 1.060. O inciso II do art. 14 da Lei nº 9.289, de 4 de julho de 1996, passa a vigorar com a seguinte redação:

▶ Alteração inserida no texto da referida Lei.

Art. 1.061. O § 3º do art. 33 da Lei nº 9.307, de 23 de setembro de 1996 (Lei de Arbitragem), passa a vigorar com a seguinte redação:

▶ Alteração inserida no texto da referida Lei.

Art. 1.062. O incidente de desconsideração da personalidade jurídica aplica-se ao processo de competência dos juizados especiais.

▶ Arts. 133 a 137 deste Código.

***Art. 1.063.** Os juizados especiais cíveis previstos na Lei nº 9.099, de 26 de setembro de 1995, continuam competentes para o processamento e o julgamento das causas previstas no inciso II do art. 275 da Lei nº 5.869, de 11 de janeiro de 1973.*

▶ Artigo com a redação dada pela Lei nº 14.976, de 18-9-2024.

Art. 1.064. O *caput* do art. 48 da Lei nº 9.099, de 26 de setembro de 1995, passa a vigorar com a seguinte redação:

▶ Alteração inserida no texto da referida Lei.

Art. 1.065. O art. 50 da Lei nº 9.099, de 26 de setembro de 1995, passa a vigorar com a seguinte redação:

▶ Alteração inserida no texto da referida Lei.

Art. 1.066. O art. 83 da Lei nº 9.099, de 26 de setembro de 1995, passam a vigorar com a seguinte redação:

▶ Alterações inseridas no texto da referida Lei.

Art. 1.067. O art. 275 da Lei nº 4.737, de 15 de julho de 1965 (Código Eleitoral), passa a vigorar com a seguinte redação:

▶ Alteração inserida no texto do Código Eleitoral.

Art. 1.068. O art. 274 e o *caput* do art. 2.027 da Lei nº 10.406, de 10 de janeiro de 2002 (Código Civil), passam a vigorar com a seguinte redação:

▶ Alterações inseridas no texto do Código Civil.

Art. 1.069. O Conselho Nacional de Justiça promoverá, periodicamente, pesquisas estatísticas para avaliação da efetividade das normas previstas neste Código.

Art. 1.070. É de 15 (quinze) dias o prazo para a interposição de qualquer agravo, previsto em lei ou em regimento interno de tribunal, contra decisão de relator ou outra decisão unipessoal proferida em tribunal.

▶ Art. 2º da IN do TST nº 39, de 15-3-2016, que dispõe de forma não exaustiva sobre as normas do CPC/2015 inaplicáveis ao Processo do Trabalho.

Art. 1.071. O Capítulo III do Título V da Lei nº 6.015, de 31 de dezembro de 1973 (Lei de Registros Públicos), passa a vigorar acrescida do seguinte art. 216-A:

▶ Alteração inserida no texto da referida Lei.

Art. 1.072. Revogam-se:

I – o art. 22 do Decreto-Lei nº 25, de 30 de novembro de 1937;

II – os arts. 227, *caput*, 229, 230, 456, 1.482, 1.483 e 1.768 a 1.773 da Lei nº 10.406, de 10 de janeiro de 2002 (Código Civil);

III – os arts. 2º, 3º, 4º, 6º, 7º, 11, 12 e 17 da Lei nº 1.060, de 5 de fevereiro de 1950;

IV – os arts. 13 a 18, 26 a 29 e 38 da Lei nº 8.038, de 28 de maio de 1990;

V – os arts. 16 a 18 da Lei nº 5.478, de 25 de julho de 1968; e

VI – o art. 98, § 4º, da Lei nº 12.529, de 30 de novembro de 2011.

Brasília, 16 de março de 2015;
194º da Independência e
127º da República.

Dilma Rousseff

CÓDIGO PENAL

ÍNDICE SISTEMÁTICO DO CÓDIGO PENAL

(DECRETO-LEI Nº 2.848, DE 7-12-1940)

PARTE GERAL

TÍTULO I – DA APLICAÇÃO DA LEI PENAL

TÍTULO II – DO CRIME

TÍTULO III – DA IMPUTABILIDADE PENAL

TÍTULO IV – DO CONCURSO DE PESSOAS

TÍTULO V – DAS PENAS

TÍTULO VI – DAS MEDIDAS DE SEGURANÇA

TÍTULO VII – DA AÇÃO PENAL

TÍTULO VIII – DA EXTINÇÃO DA PUNIBILIDADE

PARTE ESPECIAL

TÍTULO I – DOS CRIMES CONTRA A PESSOA

TÍTULO II – DOS CRIMES CONTRA O PATRIMÔNIO

TÍTULO III – DOS CRIMES CONTRA A PROPRIEDADE IMATERIAL

TÍTULO IV – DOS CRIMES CONTRA A ORGANIZAÇÃO DO TRABALHO

TÍTULO V – DOS CRIMES CONTRA O SENTIMENTO RELIGIOSO E CONTRA O RESPEITO AOS MORTOS

TÍTULO VI – DOS CRIMES CONTRA A DIGNIDADE SEXUAL

TÍTULO VII – DOS CRIMES CONTRA A FAMÍLIA

TÍTULO VIII – DOS CRIMES CONTRA A INCOLUMIDADE PÚBLICA

TÍTULO IX – DOS CRIMES CONTRA A PAZ PÚBLICA

TÍTULO X – DOS CRIMES CONTRA A FÉ PÚBLICA

TÍTULO XI – DOS CRIMES CONTRA A ADMINISTRAÇÃO PÚBLICA

TÍTULO XII – DOS CRIMES CONTRA O ESTADO DEMOCRÁTICO DE DIREITO

DISPOSIÇÕES FINAIS

ÍNDICE ALFABÉTICO-REMISSIVO DO CÓDIGO PENAL

(DECRETO-LEI Nº 2.848, DE 7-12-1940)

M

N

O

P

Q

R

LEI DE INTRODUÇÃO AO CÓDIGO PENAL

DECRETO-LEI Nº 3.914, DE 9 DE DEZEMBRO DE 1941

Lei de Introdução ao Código Penal (Decreto-Lei nº 2.848, de 7 de dezembro de 1940) e à Lei das Contravenções Penais (Decreto-Lei nº 3.688, de 3 de outubro de 1941).

▶ Publicado no *DOU* de 11-12-1941.

▶ Os valores das multas previstas nesta Lei de Introdução foram cancelados pelo art. 2º da Lei nº 7.209, de 11-7-1984, substituindo-se a expressão "*multa de*" por "*multa*" simplesmente.

Art. 1º Considera-se crime a infração penal a que a lei comina pena de reclusão ou de detenção, quer isoladamente, quer alternativa ou cumulativamente com a pena de multa; contravenção, a infração penal a que a lei comina, isoladamente, pena de prisão simples ou de multa, ou ambas, alternativa ou cumulativamente.

Art. 2º Quem incorrer em falência será punido:

I – se fraudulenta a falência, com a pena de reclusão, por dois a seis anos;

II – se culposa, com a pena de detenção, por seis meses a três anos.

▶ Lei nº 11.101, de 9-2-2005 (Lei de Recuperação de Empresas e Falências).

Art. 3º Os fatos definidos como crimes no Código Florestal, quando não compreendidos em disposição do Código Penal, passam a constituir contravenções, punidas com a pena de prisão simples, por três meses a um ano, ou de multa, ou com ambas as penas, cumulativamente.

▶ Refere-se à Lei nº 4.771, de 15-9-1965, que foi revogada pela Lei nº 12.651, de 25-5-2012 (Novo Código Florestal).

▶ Lei nº 9.605, de 12-2-1998 (Lei dos Crimes Ambientais).

Art. 4º Quem cometer contravenção prevista no Código Florestal será punido com pena de prisão simples, por quinze dias a três meses, ou de multa, ou com ambas as penas, cumulativamente.

▶ Refere-se à Lei nº 4.771, de 15-9-1965, que foi revogada pela Lei nº 12.651, de 25-5-2012 (Novo Código Florestal).

▶ Lei nº 9.605, de 12-2-1998 (Lei dos Crimes Ambientais).

Art. 5º Os fatos definidos como crimes no Código de Pesca (Decreto-Lei nº 794, de 19 de outubro de 1938) passam a constituir contravenções, punidas com a pena de prisão simples, por três meses a um ano, ou de multa, ou com ambas as penas, cumulativamente.

▶ O Dec.-lei nº 794, de 19-10-1938, foi revogado pelo Dec.-lei nº 221, de 28-2-1967 (Lei de Proteção e Estímulos à Pesca).

▶ Lei nº 9.605, de 12-2-1998 (Lei dos Crimes Ambientais).

▶ Lei nº 11.959, de 29-6-2009, dispõe sobre a Política Nacional de Desenvolvimento Sustentável da Aquicultura e da Pesca, regula as atividades pesqueiras.

Art. 6º Quem, depois de punido administrativamente por infração da legislação especial sobre a caça, praticar qualquer infração definida na mesma legislação, ficará sujeito à pena de prisão simples, por quinze dias a três meses.

▶ Lei nº 5.197, de 3-1-1967 (Lei de Proteção à Fauna).

Art. 7º No caso do artigo 71 do Código de Menores (Decreto nº 17.943-A, de 12 de outubro de 1927), o juiz determinará a internação do menor em seção especial de escola de reforma.

▶ A legislação mencionada neste artigo foi revogada. O assunto é tratado pela Lei nº 8.069, de 13-7-1990 (Estatuto da Criança e do Adolescente).

§ 1º A internação durará, no mínimo, três anos.

§ 2º Se o menor completar vinte e um anos, sem que tenha sido revogada a medida de internação, será transferido para colônia agrícola ou para instituto de trabalho, de reeducação ou de ensino profissional, ou seção especial de outro estabelecimento, à disposição do Juiz Criminal.

§ 3º Aplicar-se-á, quanto à revogação da medida, o disposto no Código Penal sobre a revogação de medida de segurança.

Art. 8º As interdições permanentes, previstas na legislação especial como efeito de sentença condenatória, durarão pelo tempo de vinte anos.

Art. 9º As interdições permanentes, impostas em sentença condenatória passada em julgado, ou desta decorrentes, de acordo com a Consolidação das Leis Penais, durarão pelo prazo máximo estabelecido no Código Penal para a espécie correspondente.

Parágrafo único. Aplicar-se-á o disposto neste artigo às interdições temporárias com prazo de duração superior ao limite máximo fixado no Código Penal.

Art. 10. O disposto nos artigos 8º e 9º não se aplica às interdições que, segundo o Código Penal, podem consistir em incapacidades permanentes.

Art. 11. Observar-se-á, quanto ao prazo de duração das interdições, nos casos dos artigos 8º e 9º, o disposto no artigo 72 do Código Penal, no que for aplicável.

Art. 12. Quando, por fato cometido antes da vigência do Código Penal, se tiver de pronunciar condenação, de acordo com a lei anterior, atender-se-á ao seguinte:

I – a pena de prisão celular, ou de prisão com trabalho, será substituída pela de reclusão, ou de detenção, se uma destas for a pena cominada para o mesmo fato pelo Código Penal;

II – a pena de prisão celular ou de prisão com trabalho será substituída pela de prisão simples, se o fato estiver definido como contravenção na lei anterior, ou na Lei das Contravenções Penais.

Art. 13. A pena de prisão celular ou de prisão com trabalho imposta em sentença irrecorrível, ainda que já iniciada a execução, será convertida em reclusão, detenção ou prisão simples, de conformidade com as normas prescritas no artigo anterior.

Art. 14. A pena convertida em prisão simples, em virtude do artigo 409 da Consolidação das Leis Penais, será convertida em reclusão, detenção ou prisão simples, segundo o disposto no artigo 13, desde que o condenado possa ser recolhido a estabelecimento destinado à execução da pena resultante da conversão.

Parágrafo único. Abstrair-se-á, no caso de conversão, do aumento que tiver sido aplicado, de acordo com o disposto no artigo 409, *in fine*, da Consolidação das Leis Penais.

Art. 15. A substituição ou conversão da pena, na forma desta Lei, não impedirá a suspensão condicional, se a lei anterior não a excluía.

Art. 16. Se, em virtude da substituição da pena, for imposta a de detenção ou a de prisão simples, por tempo superior a um ano e que não exceda de dois, o juiz poderá conceder a suspensão condicional da pena, desde que reunidas as demais condições exigidas pelo artigo 57 do Código Penal.

Art. 17. Aplicar-se-á o disposto no artigo 81, § 1º, II e III, do Código Penal, aos indivíduos recolhidos a manicômio judiciário ou a outro estabelecimento em virtude do disposto no artigo 29, 1ª parte, da Consolidação das Leis Penais.

Art. 18. As condenações anteriores serão levadas em conta para determinação da reincidência em relação a fato praticado depois de entrar em vigor o Código Penal.

Art. 19. O juiz aplicará o disposto no artigo 2º, parágrafo único, *in fine*, do Código Penal, nos seguintes casos:

I – se o Código ou a Lei das Contravenções Penais cominar para o fato pena de multa, isoladamente, e na sentença tiver sido imposta pena privativa de liberdade;

II – se o Código ou a Lei das Contravenções cominar para o fato pena privativa de liberdade por tempo inferior ao da pena cominada na lei aplicada pela sentença.

Parágrafo único. Em nenhum caso, porém, o juiz reduzirá a pena abaixo do limite que fixaria se pronunciasse condenação de acordo com o Código Penal.

Art. 20. Não poderá ser promovida ação pública por fato praticado antes da vigência do Código Penal:

I – quando, pela lei anterior, somente cabia ação privada;

II – quando, ao contrário do que dispunha a lei anterior, o Código Penal só admite ação privada.

Parágrafo único. O prazo estabelecido no artigo 105 do Código Penal correrá, na hipótese do nº II:

a) de 1º de janeiro de 1942, se o ofendido sabia, anteriormente, quem era o autor do fato;

b) no caso contrário, do dia em que vier a saber quem é o autor do fato.

▶ Art. 103 do CP.

Art. 21. Nos casos em que o Código Penal exige representação, sem esta não poderá ser intentada ação pública por fato praticado antes de 1º de janeiro de 1942; prosseguindo-se, entretanto, na que tiver sido anteriormente iniciada, haja ou não representação.

Parágrafo único. Atender-se-á, no que for aplicável, ao disposto no parágrafo único do artigo anterior.

Art. 22. Onde não houver estabelecimento adequado para a execução de medida de segurança detentiva estabelecida no artigo 88, § 1º, III, do Código Penal, aplicar-se-á a de liberdade vigiada, até que seja criado aquele estabelecimento ou adotada qualquer das providências previstas no artigo 89, e seu parágrafo, do mesmo Código.

Parágrafo único. Enquanto não existir estabelecimento adequado, as medidas detentivas estabelecidas no artigo 88, § 1º, I e II, do Código Penal, poderão ser executadas em seções especiais de manicômio comum, asilo ou casa de saúde.

► Arts. 96 a 99 do CP.

Art. 23. Onde não houver estabelecimento adequado ou adaptado à execução das penas de reclusão, detenção ou prisão, poderão estas ser cumpridas em prisão comum.

Art. 24. Não se aplicará o disposto no artigo 79, II, do Código Penal a indivíduo que, antes de 1º de janeiro de 1942, tenha sido absolvido por sentença passada em julgado.

► Refere-se à antiga Parte Geral, alterada pela Lei nº 7.209, de 11-7-1984.

Art. 25. A medida de segurança aplicável ao condenado que, a 1º de janeiro de 1942, ainda não tenha cumprido a pena, é a liberdade vigiada.

► Arts. 109 e 110 do CP.

Art. 26. A presente Lei não se aplica aos crimes referidos no artigo 360 do Código Penal, salvo os de falência.

Art. 27. Esta Lei entrará em vigor em 1º de janeiro de 1942; revogadas as disposições em contrário.

Rio de Janeiro, 9 de dezembro de 1941;
120º da Independência e
53º da República.

Getúlio Vargas

CÓDIGO PENAL

DECRETO-LEI Nº 2.848, DE 7 DE DEZEMBRO DE 1940

Código Penal.

- Publicado no *DOU* de 31-12-1940 e retificado no *DOU* de 3-1-1941.

O Presidente da República, usando da atribuição que lhe confere o art. 180 da Constituição, decreta a seguinte Lei:

PARTE GERAL

- A Parte Geral, compreendendo os arts. 1º a 120, tem a redação determinada pela Lei nº 7.209, de 11-7-1984.

TÍTULO I – DA APLICAÇÃO DA LEI PENAL

Anterioridade da lei

Art. 1º Não há crime sem lei anterior que o defina. Não há pena sem prévia cominação legal.

- Art. 5º, XXXIX, da CF.
- Art. 1º do CPM.

Lei penal no tempo

Art. 2º Ninguém pode ser punido por fato que lei posterior deixa de considerar crime, cessando em virtude dela a execução e os efeitos penais da sentença condenatória.

- Art. 9º do Pacto de São José da Costa Rica.

Parágrafo único. A lei posterior, que de qualquer modo favorecer o agente, aplica-se aos fatos anteriores, ainda que decididos por sentença condenatória transitada em julgado.

- Art. 5º, XL, da CF.
- Art. 107, III, deste Código.
- Art. 2º do CPP.
- Art. 2º do CPM.
- Art. 66, I, da LEP.
- Súm. nº 611 do STF.
- Súmulas nºs 471 e 501 do STJ.

Lei excepcional ou temporária

Art. 3º A lei excepcional ou temporária, embora decorrido o período de sua duração ou cessadas as circunstâncias que a determinaram, aplica-se ao fato praticado durante sua vigência.

- Art. 4º do CPM.

Tempo do crime

Art. 4º Considera-se praticado o crime no momento da ação ou omissão, ainda que outro seja o momento do resultado.

- Art. 69 do CPP.
- Art. 5º do CPM.

Territorialidade

Art. 5º Aplica-se a lei brasileira, sem prejuízo de convenções, tratados e regras de direito internacional, ao crime cometido no território nacional.

- Art. 90 do CPP.
- Art. 7º do CPM.
- Art. 2º da LCP.
- Lei nº 8.617, de 4-1-1993, dispõe sobre o mar territorial, a zona contígua, a zona econômica exclusiva e a plataforma continental brasileiros.
- Lei nº 13.445, de 24-5-2017 (Lei da Migração).

§ 1º Para os efeitos penais, consideram-se como extensão do território nacional as embarcações e aeronaves brasileiras, de natureza pública ou a serviço do governo brasileiro onde quer que se encontrem, bem como as aeronaves e as embarcações brasileiras, mercantes ou de propriedade privada, que se achem, respectivamente, no espaço aéreo correspondente ou em alto-mar.

§ 2º É também aplicável a lei brasileira aos crimes praticados a bordo de aeronaves ou embarcações estrangeiras de propriedade privada, achando-se aquelas em pouso no território nacional ou em voo no espaço aéreo correspondente, e estas em porto ou mar territorial do Brasil.

Lugar do crime

Art. 6º Considera-se praticado o crime no lugar em que ocorreu a ação ou omissão, no todo ou em parte, bem como onde se produziu ou deveria produzir-se o resultado.

- Arts. 70 e 71 do CPP.
- Art. 6º do CPM.
- Art. 63 da Lei nº 9.099, de 26-9-1995 (Lei dos Juizados Especiais).

Extraterritorialidade

Art. 7º Ficam sujeitos à lei brasileira, embora cometidos no estrangeiro:

- Art. 7º do CPM.
- Art. 40, I, da Lei nº 11.343, de 23-8-2006 (Lei Antidrogas).

I – os crimes:

a) contra a vida ou a liberdade do Presidente da República;

b) contra o patrimônio ou a fé pública da União, do Distrito Federal, de Estado, de Território, de Município, de empresa pública, sociedade de economia mista, autarquia ou fundação instituída pelo Poder Público;

- Art. 109, IV, da CF.

c) contra a administração pública, por quem está a seu serviço;

d) de genocídio, quando o agente for brasileiro ou domiciliado no Brasil;

- Art. 1º da Lei nº 2.889, de 1º-10-1956 (Lei do Crime de Genocídio).

II – os crimes:

a) que, por tratado ou convenção, o Brasil se obrigou a reprimir;

- Art. 109, V, da CF.

b) praticados por brasileiro;

- Art. 12 da CF.

c) praticados em aeronaves ou embarcações brasileiras, mercantes ou de propriedade privada, quando em território estrangeiro e aí não sejam julgados.

- Art. 261 do CP.

§ 1º Nos casos do inciso I, o agente é punido segundo a lei brasileira, ainda que absolvido ou condenado no estrangeiro.

§ 2º Nos casos do inciso II, a aplicação da lei brasileira depende do concurso das seguintes condições:

a) entrar o agente no território nacional;

- Súm. nº 1 do STF.

b) ser o fato punível também no país em que foi praticado;

c) estar o crime incluído entre aqueles pelos quais a lei brasileira autoriza a extradição;

d) não ter sido o agente absolvido no estrangeiro ou não ter aí cumprido a pena;

e) não ter sido o agente perdoado no estrangeiro ou, por outro motivo, não estar extinta a punibilidade, segundo a lei mais favorável.

- Arts. 107 a 120 deste Código.

§ 3º A lei brasileira aplica-se também ao crime cometido por estrangeiro contra brasileiro fora do Brasil, se, reunidas as condições previstas no parágrafo anterior:

a) não foi pedida ou foi negada a extradição;

b) houve requisição do Ministro da Justiça.

Pena cumprida no estrangeiro

Art. 8º A pena cumprida no estrangeiro atenua a imposta no Brasil pelo mesmo crime, quando diversas, ou nela é computada, quando idênticas.

- Art. 42 deste Código.
- Arts. 787 a 790 do CPP.
- Art. 8º do CPM.

Eficácia de sentença estrangeira

Art. 9º A sentença estrangeira, quando a aplicação da lei brasileira produz na espécie as mesmas consequências, pode ser homologada no Brasil para:

- Art. 105, I, *i*, da CF.

I – obrigar o condenado à reparação do dano, a restituições e a outros efeitos civis;

II – sujeitá-lo a medida de segurança.

- Arts. 96 a 99 deste Código.
- Arts.171 a 179 da LEP.

Parágrafo único. A homologação depende:

a) para os efeitos previstos no inciso I, de pedido da parte interessada;

b) para os outros efeitos, da existência de tratado de extradição com o país de cuja autoridade judiciária emanou a sentença, ou, na falta de tratado, de requisição do Ministro da Justiça.

Contagem de prazo

Art. 10. O dia do começo inclui-se no cômputo do prazo. Contam-se os dias, os meses e os anos pelo calendário comum.

- Art. 798, § 1º, do CPP.
- Art. 16 do CPM.

Frações não computáveis da pena

Art. 11. Desprezam-se, nas penas privativas de liberdade e nas restritivas de direitos, as frações de dia, e, na pena de multa, as frações de cruzeiro.

- Art. 44, § 4º, deste Código.

Legislação especial

Art. 12. As regras gerais deste Código aplicam-se aos fatos incriminados por lei especial, se esta não dispuser de modo diverso.

- Art. 17 do CPM.
- Art. 287 do CE.
- Art. 1º da LCP.

▸ Art. 90 da Lei nº 9.504, de 30-9-1997 (Lei das Eleições).
▸ Súm. nº 171 do STJ.

TÍTULO II – DO CRIME

Relação de causalidade

Art. 13. O resultado, de que depende a existência do crime, somente é imputável a quem lhe deu causa. Considera-se causa a ação ou omissão sem a qual o resultado não teria ocorrido.

▸ Art. 19 deste Código.
▸ Art. 29 do CPM.

Superveniência de causa independente

§ 1º A superveniência de causa relativamente independente exclui a imputação quando, por si só, produziu o resultado; os fatos anteriores, entretanto, imputam-se a quem os praticou.

Relevância da omissão

§ 2º A omissão é penalmente relevante quando o omitente devia e podia agir para evitar o resultado. O dever de agir incumbe a quem:

a) tenha por lei obrigação de cuidado, proteção ou vigilância;

b) de outra forma, assumiu a responsabilidade de impedir o resultado;

c) com seu comportamento anterior, criou o risco da ocorrência do resultado.

Art. 14. Diz-se o crime:

▸ Art. 70 do CPP.
▸ Art. 30 do CPM.

Crime consumado

I – consumado, quando nele se reúnem todos os elementos de sua definição legal;

▸ Art. 111, I, deste Código.

Tentativa

II – tentado, quando, iniciada a execução, não se consuma por circunstâncias alheias à vontade do agente.

▸ Art. 111, II, deste Código.
▸ Art. 4º da LCP.

Pena de tentativa

Parágrafo único. Salvo disposição em contrário, pune-se a tentativa com a pena correspondente ao crime consumado, diminuída de um a dois terços.

▸ Art. 30, parágrafo único, do CPM.
▸ Art. 2º da Lei nº 1.079, de 10-4-1950 (Lei dos Crimes de Responsabilidade).

Desistência voluntária e arrependimento eficaz

Art. 15. O agente que, voluntariamente, desiste de prosseguir na execução ou impede que o resultado se produza, só responde pelos atos já praticados.

▸ Art. 31 do CPM.

Arrependimento posterior

Art. 16. Nos crimes cometidos sem violência ou grave ameaça à pessoa, reparado o dano ou restituída a coisa, até o recebimento da denúncia ou da queixa, por ato voluntário do agente, a pena será reduzida de um a dois terços.

▸ Art. 65, III, *b*, deste Código.
▸ Art. 240, §§ 1º e 2º, do CPM.

Crime impossível

Art. 17. Não se pune a tentativa quando, por ineficácia absoluta do meio ou por absoluta impropriedade do objeto, é impossível consumar-se o crime.

▸ Art. 32 do CPM.
▸ Súm. nº 145 do STF.

Art. 18. Diz-se o crime:

▸ Art. 33 do CPM.

Crime doloso

I – doloso, quando o agente quis o resultado ou assumiu o risco de produzi-lo;

▸ Art. 5º, XXXVIII, *d*, da CF.
▸ Arts. 36, § 2º, 77, I, 81, I, e 83, I, deste Código.

Crime culposo

II – culposo, quando o agente deu causa ao resultado por imprudência, negligência ou imperícia.

Parágrafo único. Salvo os casos expressos em lei, ninguém pode ser punido por fato previsto como crime, senão quando o pratica dolosamente.

Agravação pelo resultado

Art. 19. Pelo resultado que agrava especialmente a pena, só responde o agente que o houver causado ao menos culposamente.

▸ Art. 34 do CPM.

Erro sobre elementos do tipo

Art. 20. O erro sobre elemento constitutivo do tipo legal de crime exclui o dolo, mas permite a punição por crime culposo, se previsto em lei.

Descriminantes putativas

§ 1º É isento de pena quem, por erro plenamente justificado pelas circunstâncias, supõe situação de fato que, se existisse, tornaria a ação legítima. Não há isenção de pena quando o erro deriva de culpa e o fato é punível como crime culposo.

▸ Arts. 386, VI, e 415 do CPP.
▸ Art. 36 do CPM.

Erro determinado por terceiro

§ 2º Responde pelo crime o terceiro que determina o erro.

▸ Art. 36, § 2º, do CPM.

Erro sobre a pessoa

§ 3º O erro quanto à pessoa contra a qual o crime é praticado não isenta de pena. Não se consideram, neste caso, as condições ou qualidades da vítima, senão as da pessoa contra quem o agente queria praticar o crime.

▸ Art. 73 deste Código.
▸ Arts. 35 e 37 do CPM.

Erro sobre a ilicitude do fato

Art. 21. O desconhecimento da lei é inescusável. O erro sobre a ilicitude do fato, se inevitável, isenta de pena; se evitável, poderá diminuí-la de um sexto a um terço.

▸ Art. 65, II, deste Código.
▸ Art. 35 do CPM.
▸ Art. 3º do Dec.-lei nº 4.657, de 4-9-1942 (Lei de Introdução às normas do Direito Brasileiro).
▸ Art. 8º da LCP.

Parágrafo único. Considera-se evitável o erro se o agente atua ou se omite sem a consciência da ilicitude do fato, quando lhe era possível, nas circunstâncias, ter ou atingir essa consciência.

Coação irresistível e obediência hierárquica

Art. 22. Se o fato é cometido sob coação irresistível ou em estrita obediência a ordem, não manifestamente ilegal, de superior hierárquico, só é punível o autor da coação ou da ordem.

▸ Arts. 62, II e III, 65, III, *c*, e 146, § 3º, I e II, deste Código.
▸ Arts. 386, VI, e 415 do CPP.
▸ Arts. 38 e 40 do CPM.

Exclusão de ilicitude

Art. 23. Não há crime quando o agente pratica o fato:

▸ Art. 14-A do CPP.
▸ Art. 188, I, do CC.
▸ Arts. 42 e 45 do CPM.

I – em estado de necessidade;

▸ Art. 310, § 1º, do CPP.

II – em legítima defesa;

▸ O STF, por unanimidade, no julgamento da ADPF nº 779, conferiu interpretação conforme a Constituição Federal a este dispositivo (*DOU* de 10-8-2023).
▸ Art. 310, § 1º, do CPP.

III – em estrito cumprimento de dever legal ou no exercício regular de direito.

▸ Art. 310, § 1º, do CPP.

Excesso punível

Parágrafo único. O agente, em qualquer das hipóteses deste artigo, responderá pelo excesso doloso ou culposo.

Estado de necessidade

Art. 24. Considera-se em estado de necessidade quem pratica o fato para salvar de perigo atual, que não provocou por sua vontade, nem podia de outro modo evitar, direito próprio ou alheio, cujo sacrifício, nas circunstâncias, não era razoável exigir-se.

▸ Art. 65 do CPP.
▸ Art. 188, I, do CC.
▸ Arts. 39 e 43 do CPM.

§ 1º Não pode alegar estado de necessidade quem tinha o dever legal de enfrentar o perigo.

§ 2º Embora seja razoável exigir-se o sacrifício do direito ameaçado, a pena poderá ser reduzida de um terço a dois terços.

Legítima defesa

Art. 25. Entende-se em legítima defesa quem, usando moderadamente dos meios necessários, repele injusta agressão, atual ou iminente, a direito seu ou de outrem.

▸ Arts. 65, 314, 386, V e VI, 411 e 415 do CPP.
▸ Arts. 188, I, e 1.210, § 1º, do CC.
▸ Art. 44 do CPM.

Parágrafo único. Observados os requisitos previstos no *caput* deste artigo, considera-se também em legítima defesa o agente de segurança pública que repele agressão ou risco de agressão a vítima mantida refém durante a prática de crimes.

▸ Parágrafo único acrescido pela Lei nº 13.964, de 24-12-2019.
▸ O STF, por unanimidade, no julgamento da ADPF nº 779, conferiu interpretação conforme a Constituição Federal a este artigo (*DOU* de 10-8-2023).

TÍTULO III – DA IMPUTABILIDADE PENAL

Inimputáveis

Art. 26. É isento de pena o agente que, por doença mental ou desenvolvimento mental incompleto ou retardado, era, ao tempo da ação ou da omissão, inteiramente incapaz de entender o caráter ilícito do fato ou de determinar-se de acordo com esse entendimento.

▸ Art. 97, *caput*, deste Código.

▸ Arts. 149 a 154, 319, VII, 386, VI, e 415 do CPP.
▸ Art. 48 do CPM.
▸ Art. 99 da LEP.
▸ Art. 46 da Lei nº 11.343, de 23-8-2006 (Lei Antidrogas).

Redução de pena

Parágrafo único. A pena pode ser reduzida de um terço a dois terços, se o agente, em virtude de perturbação de saúde mental ou por desenvolvimento mental incompleto ou retardado não era inteiramente capaz de entender o caráter ilícito do fato ou de determinar-se de acordo com esse entendimento.

▸ Arts. 171 a 179 da LEP.

Menores de dezoito anos

Art. 27. Os menores de dezoito anos são penalmente inimputáveis, ficando sujeitos às normas estabelecidas na legislação especial.

▸ Art. 228 da CF.
▸ Art. 104 do ECA.

Emoção e paixão

Art. 28. Não excluem a imputabilidade penal:

▸ Art. 49 do CPM.

I – a emoção ou a paixão;

Embriaguez

II – a embriaguez, voluntária ou culposa, pelo álcool ou substância de efeitos análogos.

▸ Art. 61, II, *l*, deste Código.
▸ Arts. 62 e 63 da LCP.
▸ Dec. nº 6.117, de 22-5-2007, aprova a Política Nacional sobre o álcool e dispõe sobre as medidas para redução do uso indevido de álcool e sua associação com a violência e criminalidade.

§ 1º É isento de pena o agente que, por embriaguez completa, proveniente de caso fortuito ou força maior, era, ao tempo da ação ou da omissão, inteiramente incapaz de entender o caráter ilícito do fato ou de determinar-se de acordo com esse entendimento.

▸ Arts. 386, VI, e 415 do CPP.
▸ Art. 45 da Lei nº 11.343, de 23-8-2006 (Lei Antidrogas).

§ 2º A pena pode ser reduzida de um a dois terços, se o agente, por embriaguez, proveniente de caso fortuito ou força maior, não possuía, ao tempo da ação ou da omissão, a plena capacidade de entender o caráter ilícito do fato ou de determinar-se de acordo com esse entendimento.

▸ Art. 46 da Lei nº 11.343, de 23-8-2006 (Lei Antidrogas).

TÍTULO IV – DO CONCURSO DE PESSOAS

Art. 29. Quem, de qualquer modo, concorre para o crime incide nas penas a este cominadas, na medida de sua culpabilidade.

▸ Arts. 106, I, e 117, § 1º, deste Código.
▸ Arts. 77, I, 191 e 270 e 580 do CPP.
▸ Art. 75 do CDC.
▸ Art. 53 do CPM.
▸ Art. 19 da Lei nº 9.263, de 12-1-1996 (Lei do Planejamento Familiar).

§ 1º Se a participação for de menor importância, a pena pode ser diminuída de um sexto a um terço.

§ 2º Se algum dos concorrentes quis participar de crime menos grave, ser-lhe-á aplicada a pena deste; essa pena será aumentada até metade, na hipótese de ter sido previsível o resultado mais grave.

Circunstâncias incomunicáveis

Art. 30. Não se comunicam as circunstâncias e as condições de caráter pessoal, salvo quando elementares do crime.

▸ Art. 53, § 1º, do CPM.

Casos de impunibilidade

Art. 31. O ajuste, a determinação ou instigação e o auxílio, salvo disposição expressa em contrário, não são puníveis, se o crime não chega, pelo menos, a ser tentado.

▸ Art. 54 do CPM.

TÍTULO V – DAS PENAS

CAPÍTULO I – DAS ESPÉCIES DE PENA

Art. 32. As penas são:

▸ Art. 5º, XLV a L e LXVII, da CF.
▸ Art. 55 do CPM.
▸ Art. 5º da LCP.

I – privativas de liberdade;

▸ Art. 5º, XLVIII e XLIX, da CF.
▸ Arts. 6º e 105 a 146 da LEP.

II – restritivas de direitos;

▸ Arts. 147 a 155 da LEP.

III – de multa.

▸ Arts. 164 a 170 da LEP.

Seção I – DAS PENAS PRIVATIVAS DE LIBERDADE

Reclusão e detenção

Art. 33. A pena de reclusão deve ser cumprida em regime fechado, semiaberto ou aberto. A de detenção, em regime semiaberto, ou aberto, salvo necessidade de transferência a regime fechado.

▸ *Caput* com a redação dada pela Lei nº 7.209, de 11-7-1984.
▸ Arts. 87 a 95 da LEP.

§ 1º Considera-se:

a) regime fechado a execução da pena em estabelecimento de segurança máxima ou média;

b) regime semiaberto a execução da pena em colônia agrícola, industrial ou estabelecimento similar;

c) regime aberto a execução da pena em casa de albergado ou estabelecimento adequado.

§ 2º As penas privativas de liberdade deverão ser executadas em forma progressiva, segundo o mérito do condenado, observados os seguintes critérios e ressalvadas as hipóteses de transferência a regime mais rigoroso:

▸ Súmulas nºs 718 e 719 do STF.
▸ Súm. nº 269 do STJ.

a) o condenado a pena superior a oito anos deverá começar a cumpri-la em regime fechado;

b) o condenado não reincidente, cuja pena seja superior a quatro anos e não exceda a oito, poderá, desde o princípio, cumpri-la em regime semiaberto;

c) o condenado não reincidente, cuja pena seja igual ou inferior a quatro anos, poderá, desde o início, cumpri-la em regime aberto.

§ 3º A determinação do regime inicial de cumprimento da pena far-se-á com observância dos critérios previstos no artigo 59 deste Código.

▸ Art. 2º, § 1º, da Lei nº 8.072, de 25-7-1990 (Lei dos Crimes Hediondos).
▸ Art. 1º, § 7º, da Lei nº 9.455, de 7-4-1997 (Lei dos Crimes de Tortura).
▸ Súm. Vinc. nº 26 do STF.
▸ Súm. nº 440 do STJ.

§ 4º O condenado por crime contra a administração pública terá a progressão de regime do cumprimento da pena condicionada à reparação do dano que causou, ou à devolução do produto do ilícito praticado, com os acréscimos legais.

▸ § 4º acrescido pela Lei nº 10.763, de 12-11-2003.

Regras do regime fechado

Art. 34. O condenado será submetido, no início do cumprimento da pena, a exame criminológico de classificação para individualização da execução.

▸ Arts. 8º e 174 da LEP.
▸ Súm. Vinc. nº 26 do STF.
▸ Súm. nº 439 do STJ.

§ 1º O condenado fica sujeito a trabalho no período diurno e a isolamento durante o repouso noturno.

§ 2º O trabalho será em comum dentro do estabelecimento, na conformidade das aptidões ou ocupações anteriores do condenado, desde que compatíveis com a execução da pena.

§ 3º O trabalho externo é admissível, no regime fechado, em serviços ou obras públicas.

▸ Art. 8º da LEP.

Regras do regime semiaberto

Art. 35. Aplica-se a norma do artigo 34 deste Código, *caput*, ao condenado que inicie o cumprimento da pena em regime semiaberto.

▸ Arts. 8º e 174 da LEP.
▸ Súm. Vinc. nº 26 do STF.
▸ Súm. nº 439 do STJ.

§ 1º O condenado fica sujeito a trabalho em comum durante o período diurno, em colônia agrícola, industrial ou estabelecimento similar.

§ 2º O trabalho externo é admissível, bem como a frequência a cursos supletivos profissionalizantes, de instrução de segundo grau ou superior.

▸ Art. 8º, parágrafo único, da LEP.

Regras do regime aberto

Art. 36. O regime aberto baseia-se na autodisciplina e senso de responsabilidade do condenado.

§ 1º O condenado deverá, fora do estabelecimento e sem vigilância, trabalhar, frequentar curso ou exercer outra atividade autorizada, permanecendo recolhido durante o período noturno e nos dias de folga.

§ 2º O condenado será transferido do regime aberto, se praticar fato definido como crime doloso, se frustrar os fins da execução ou se, podendo, não pagar a multa cumulativamente aplicada.

▸ Arts. 113 a 119 da LEP.

Regime especial

Art. 37. As mulheres cumprem pena em estabelecimento próprio, observando-se os deveres e direitos inerentes à sua condição pessoal, bem como, no que couber, o disposto neste Capítulo.

▸ Art. 5º, XLVIII e L, da CF.

▶ Arts. 82 a 86, 88 e 89 da LEP.

Direitos do preso

Art. 38. O preso conserva todos os direitos não atingidos pela perda da liberdade, impondo-se a todas as autoridades o respeito à sua integridade física e moral.

▶ Art. 5º, XLIX, da CF.

▶ Arts. 3º, 40 e 41 da LEP.

Trabalho do preso

Art. 39. O trabalho do preso será sempre remunerado, sendo-lhe garantidos os benefícios da Previdência Social.

▶ Art. 40 deste Código.

▶ Arts. 28 a 37 da LEP.

Legislação especial

Art. 40. A legislação especial regulará a matéria prevista nos artigos 38 e 39 deste Código, bem como especificará os deveres e direitos do preso, os critérios para revogação e transferência dos regimes e estabelecerá as infrações disciplinares e correspondentes sanções.

Superveniência de doença mental

Art. 41. O condenado a quem sobrevém doença mental deve ser recolhido a hospital de custódia e tratamento psiquiátrico ou, à falta, a outro estabelecimento adequado.

▶ Art. 26 deste Código.

▶ Art. 154 do CPP.

▶ Art. 66 do CPM.

▶ Arts. 99 a 101 e 183 da LEP.

Detração

Art. 42. Computam-se, na pena privativa de liberdade e na medida de segurança, o tempo de prisão provisória, no Brasil ou no estrangeiro, o de prisão administrativa e o de internação em qualquer dos estabelecimentos referidos no artigo anterior.

▶ Art. 8º deste Código.

▶ Art. 67 do CPM.

▶ Art. 111 da LEP.

Seção II

DAS PENAS RESTRITIVAS DE DIREITOS

Penas restritivas de direitos

Art. 43. As penas restritivas de direitos são:

▶ Arts. 54, 55, 80, 81, § 1º, e 109, parágrafo único, deste Código.

▶ Art. 78 do CDC.

▶ Arts. 48, 147 a 155 e 181 da LEP.

▶ Art. 17 da Lei nº 11.340, de 7-8-2006 (Lei que Coíbe a Violência Doméstica e Familiar Contra a Mulher).

I – prestação pecuniária;

▶ Art. 45, §§ 1º e 2º, deste Código.

▶ Art. 17 da Lei nº 11.340, de 7-8-2006 (Lei que Coíbe a Violência Doméstica e Familiar Contra a Mulher).

II – perda de bens e valores;

▶ Art. 45, § 3º, deste Código.

III – VETADO;

IV – prestação de serviço à comunidade ou a entidades públicas;

▶ Arts. 46, 55 e 78, § 1º, deste Código.

V – interdição temporária de direitos;

▶ Arts. 55 a 57 do CP.

▶ Arts. 154 e 181, § 3º, da LEP.

VI – limitação de fim de semana.

▶ Art. 43 com a redação dada pela Lei nº 9.714, de 25-11-1998.

▶ Arts. 55, 78, § 1º, e 81, III, deste Código.

▶ Arts. 151 a 153 da LEP.

Art. 44. As penas restritivas de direitos são autônomas e substituem as privativas de liberdade, quando:

▶ *Caput* com a redação dada pela Lei nº 7.209, de 11-7-1984.

▶ Arts. 69, § 1º, e 77, III, deste Código.

▶ Art. 78 do CDC.

▶ Art. 17 da Lei nº 11.340, de 7-8-2006 (Lei que Coíbe a Violência Doméstica e Familiar Contra a Mulher).

I – aplicada pena privativa de liberdade não superior a quatro anos e o crime não for cometido com violência ou grave ameaça à pessoa ou, qualquer que seja a pena aplicada, se o crime for culposo;

▶ Arts. 45, 55 e 69, § 2º, deste Código.

II – o réu não for reincidente em crime doloso;

III – a culpabilidade, os antecedentes, a conduta social e a personalidade do condenado, bem como os motivos e as circunstâncias indicarem que essa substituição seja suficiente.

▶ Incisos I a III com a redação dada pela Lei nº 9.714, de 25-11-1998.

▶ Arts. 59, 69, § 1º, e 77, III, deste Código.

§ 1º VETADO.

§ 2º Na condenação igual ou inferior a um ano, a substituição pode ser feita por multa ou por uma pena restritiva de direitos; se superior a um ano, a pena privativa de liberdade pode ser substituída por uma pena restritiva de direitos e multa ou por duas restritivas de direitos.

▶ Arts. 58, parágrafo único, 59, IV, 60, § 2º, 69, § 1º, e 77, III, deste Código.

§ 3º Se o condenado for reincidente, o juiz poderá aplicar a substituição, desde que, em face de condenação anterior, a medida seja socialmente recomendável e a reincidência não se tenha operado em virtude da prática do mesmo crime.

▶ Art. 59 deste Código.

§ 4º A pena restritiva de direitos converte-se em privativa de liberdade quando ocorrer o descumprimento injustificado da restrição imposta. No cálculo da pena privativa de liberdade a executar será deduzido o tempo cumprido na pena restritiva de direitos, respeitado o saldo mínimo de trinta dias de detenção ou reclusão.

▶ Art. 11 deste Código.

§ 5º Sobrevindo condenação a pena privativa de liberdade, por outro crime, o juiz da execução penal decidirá sobre a conversão, podendo deixar de aplicá-la se for possível ao condenado cumprir a pena substitutiva anterior.

▶ §§ 1º a 5º acrescidos pela Lei nº 9.714, de 25-11-1998.

Conversão das penas restritivas de direitos

Art. 45. Na aplicação da substituição prevista no artigo anterior, proceder-se-á na forma deste e dos artigos 46, 47, 48.

▶ *Caput* com a redação dada pela Lei nº 9.714, de 25-11-1998.

▶ Art. 28-A, IV, do CPP.

▶ Art. 17 da Lei nº 11.340, de 7-8-2006 (Lei que Coíbe a Violência Doméstica e Familiar Contra a Mulher).

§ 1º A prestação pecuniária consiste no pagamento em dinheiro à vítima, a seus dependentes ou a entidade pública ou privada com destinação social, de importância fixada pelo juiz, não inferior a 1 (um) salário mínimo nem superior a 360 (trezentos e sessenta) salários mínimos. O valor pago será deduzido do montante de eventual condenação em ação de reparação civil, se coincidentes os beneficiários.

§ 2º No caso do parágrafo anterior, se houver aceitação do beneficiário, a prestação pecuniária pode consistir em prestação de outra natureza.

§ 3º A perda de bens e valores pertencentes aos condenados dar-se-á, ressalvada a legislação especial, em favor do Fundo Penitenciário Nacional, e seu valor terá como teto – o que for maior – o montante do prejuízo causado ou do provento obtido pelo agente ou por terceiro, em consequência da prática do crime.

§ 4º VETADO.

▶ §§ 1º a 4º acrescidos pela Lei nº 9.714, de 25-11-1998.

Prestação de serviços à comunidade ou a entidades públicas

Art. 46. A prestação de serviços à comunidade ou a entidades públicas é aplicável às condenações superiores a seis meses de privação de liberdade.

▶ *Caput* com a redação dada pela Lei nº 9.714, de 25-11-1998.

▶ Art. 28-A, III, do CPP.

§ 1º A prestação de serviços à comunidade ou a entidades públicas consiste na atribuição de tarefas gratuitas ao condenado.

§ 2º A prestação de serviço à comunidade dar-se-á em entidades assistenciais, hospitais, escolas, orfanatos e outros estabelecimentos congêneres, em programas comunitários ou estatais.

§ 3º As tarefas a que se refere o § 1º serão atribuídas conforme as aptidões do condenado, devendo ser cumpridas à razão de uma hora de tarefa por dia de condenação, fixadas de modo a não prejudicar a jornada normal de trabalho.

§ 4º Se a pena substituída for superior a um ano, é facultado ao condenado cumprir a pena substitutiva em menor tempo (artigo 55), nunca inferior à metade da pena privativa de liberdade fixada.

▶ §§ 1º a 4º acrescidos pela Lei nº 9.714, de 25-11-1998.

▶ Art. 78, § 1º, deste Código.

▶ Arts. 149 e 150 da LEP.

Interdição temporária de direitos

Art. 47. As penas de interdição temporária de direitos são:

▶ Arts. 5º, XLVI, *e*, e 15, III, da CF.

▶ Art. 45 deste Código.

▶ Art. 78, I, do CDC.

▶ Arts. 151 a 155 e 181, § 3º, da LEP.

I – proibição do exercício de cargo, função ou atividade pública, bem como de mandato eletivo;

▶ Arts. 15, III e V, e 37, § 4º, da CF.

▶ Arts. 56 e 92, I, deste Código.

▶ Art. 12, II, da LCP.

▶ Art. 154, § 1º, da LEP.

II – proibição do exercício de profissão, atividade ou ofício que dependam de habilitação especial, de licença ou autorização do poder público;

▶ Art. 12, I, da LCP.

▶ Art. 154, § 2º, da LEP.

III – suspensão de autorização ou de habilitação para dirigir veículo;

▶ Art. 57 deste Código.

IV – proibição de frequentar determinados lugares;

▶ Inciso IV acrescido pela Lei nº 9.714, de 25-11-1998.

V – proibição de inscrever-se em concurso, avaliação ou exame públicos.

▶ Inciso V acrescido pela Lei nº 12.550, de 15-12-2011.

Limitação de fim de semana

Art. 48. A limitação de fim de semana consiste na obrigação de permanecer, aos sábados e domingos, por cinco horas diárias, em casa de albergado ou outro estabelecimento adequado.

▶ Art. 78, § 1º, deste Código.
▶ Arts. 151 a 153 da LEP.

Parágrafo único. Durante a permanência poderão ser ministrados ao condenado cursos e palestras ou atribuídas atividades educativas.

Seção III
DA PENA DE MULTA

Multa

Art. 49. A pena de multa consiste no pagamento ao fundo penitenciário da quantia fixada na sentença e calculada em dias-multa. Será, no mínimo, de dez e, no máximo, de trezentos e sessenta dias-multa.

▶ Arts. 164 a 170 da LEP.

§ 1º O valor do dia-multa será fixado pelo juiz não podendo ser inferior a um trigésimo do maior salário mínimo mensal vigente ao tempo do fato, nem superior a cinco vezes esse salário.

▶ Art. 33 da Lei nº 7.492, de 16-6-1986 (Lei dos Crimes Contra o Sistema Financeiro Nacional).

§ 2º O valor da multa será atualizado, quando da execução, pelos índices de correção monetária.

▶ Art. 337-P deste Código.

Pagamento da multa

Art. 50. A multa deve ser paga dentro de dez dias depois de transitada em julgado a sentença. A requerimento do condenado e conforme as circunstâncias, o juiz pode permitir que o pagamento se realize em parcelas mensais.

▶ Arts. 168 a 170 da LEP.

§ 1º A cobrança da multa pode efetuar-se mediante desconto no vencimento ou salário do condenado quando:

a) aplicada isoladamente;
b) aplicada cumulativamente com pena restritiva de direitos;
c) concedida a suspensão condicional da pena.

§ 2º O desconto não deve incidir sobre os recursos indispensáveis ao sustento do condenado e de sua família.

Conversão da multa e revogação

Art. 51. Transitada em julgado a sentença condenatória, a multa será executada perante o juiz da execução penal e será considerada dívida de valor, aplicáveis as normas relativas à dívida ativa da Fazenda Pública, inclusive no que concerne às causas interruptivas e suspensivas da prescrição.

▶ *Caput* com a redação dada pela Lei nº 13.964, de 24-12-2019.
▶ O STF, no julgamento da ADI nº 7.032, conferiu a este artigo interpretação conforme a Constituição (*DOU* de 8-8-2024).
▶ Súm. nº 693 do STF.
▶ Súm. nº 521 do STJ.

Modo de conversão

§ 1º *Revogado.* Lei nº 9.268, de 1º-4-1996.

Revogação da conversão

§ 2º *Revogado.* Lei nº 9.268, de 1º-4-1996.

Suspensão da execução da multa

Art. 52. É suspensa a execução da pena de multa, se sobrevém ao condenado doença mental.

▶ Art. 167 da LEP.

CAPÍTULO II
DA COMINAÇÃO DAS PENAS

Penas privativas de liberdade

Art. 53. As penas privativas de liberdade têm seus limites estabelecidos na sanção correspondente a cada tipo legal de crime.

Penas restritivas de direitos

Art. 54. As penas restritivas de direitos são aplicáveis, independentemente de cominação na parte especial, em substituição à pena privativa de liberdade, fixada em quantidade inferior a um ano, ou nos crimes culposos.

▶ Arts. 43 a 48, 55 e 77 deste Código.
▶ Arts. 147 a 155 e 180 da LEP.

Art. 55. As penas restritivas de direitos referidas nos incisos III, IV, V e VI do artigo 43 terão a mesma duração da pena privativa de liberdade substituída, ressalvado o disposto no § 4º do artigo 46.

▶ Artigo com a redação dada pela Lei nº 9.714, de 25-11-1998.

Art. 56. As penas de interdição, previstas nos incisos I e II do artigo 47 deste Código, aplicam-se para todo o crime cometido no exercício de profissão, atividade, ofício, cargo ou função, sempre que houver violação dos deveres que lhes são inerentes.

Art. 57. A pena de interdição, prevista no inciso III do artigo 47 deste Código, aplica-se aos crimes culposos de trânsito.

▶ Arts. 154, § 2º, e 181, § 3º, da LEP.

Pena de multa

Art. 58. A multa, prevista em cada tipo legal de crime, tem os limites fixados no artigo 49 e seus parágrafos deste Código.

▶ Arts. 164 a 170 da LEP.

Parágrafo único. A multa prevista no parágrafo único do artigo 44 e no § 2º do artigo 60 deste Código aplica-se independentemente de cominação na parte especial.

▶ Lei nº 9.714, de 25-11-1998, refere-se apenas ao art. 44, § 2º, do CP.

CAPÍTULO III
DA APLICAÇÃO DA PENA

Fixação da pena

Art. 59. O juiz, atendendo à culpabilidade, aos antecedentes, à conduta social, à personalidade do agente, aos motivos, às circunstâncias e consequências do crime, bem como ao comportamento da vítima, estabelecerá, conforme seja necessário e suficiente para reprovação e prevenção do crime:

▶ O STF, por unanimidade, julgou procedentes os pedidos da ADPF nº 1.107, conferindo a este artigo interpretação conforme à Constituição (*DOU* de 5-9-2024).
▶ Art. 5º, 6, do Pacto de São José da Costa Rica.
▶ Súm. Vinc. nº 59 do STF.
▶ Súmulas nºs 440 e 444 do STJ.

I – as penas aplicáveis dentre as cominadas;
II – a quantidade de pena aplicável, dentro dos limites previstos;
III – o regime inicial de cumprimento da pena privativa de liberdade;
IV – a substituição da pena privativa da liberdade aplicada, por outra espécie de pena, se cabível.

▶ Art. 5º, XLVI, da CF.
▶ Arts. 33, § 3º, 68 e 78, § 2º, deste Código.
▶ Arts. 6º, IX, 381, III, 387, II e III, do CPP.
▶ Art. 69 do CPM.
▶ Súm. Vinc. nº 26 do STF.
▶ Súmulas nºs 269, 440, 444 e 501 do STJ.

Critérios especiais da pena de multa

Art. 60. Na fixação da pena de multa o juiz deve atender, principalmente, à situação econômica do réu.

§ 1º A multa pode ser aumentada até o triplo, se o juiz considerar que, em virtude da situação econômica do réu, é ineficaz, embora aplicada no máximo.

Multa substitutiva

§ 2º A pena privativa de liberdade aplicada, não superior a seis meses, pode ser substituída pela de multa, observados os critérios dos incisos II e III do artigo 44 deste Código.

▶ Art. 58, parágrafo único, deste Código.
▶ Art. 387, II, do CPP.
▶ Art. 17 da Lei nº 11.340, de 7-8-2006 (Lei que Coíbe a Violência Doméstica e Familiar Contra a Mulher).
▶ Súm. nº 171 do STJ.

Circunstâncias agravantes

Art. 61. São circunstâncias que sempre agravam a pena, quando não constituem ou qualificam o crime:

▶ Arts. 387, 484, parágrafo único, I e II, do CPP.
▶ Art. 70 do CPM.

I – a reincidência;

▶ Arts. 63 e 64 deste Código.
▶ Art. 71 do CPM.
▶ Súm. nº 241 do STJ.

II – ter o agente cometido o crime:

▶ Art. 76 do CDC.
▶ Art. 298 do CTB.

a) por motivo fútil ou torpe;
b) para facilitar ou assegurar a execução, a ocultação, a impunidade ou vantagem de outro crime;
c) à traição, de emboscada, ou mediante dissimulação, ou outro recurso que dificultou ou tornou impossível a defesa do ofendido;
d) com emprego de veneno, fogo, explosivo, tortura ou outro meio insidioso ou cruel, ou de que podia resultar perigo comum;

▶ Art. 5º, 2, do Pacto de São José da Costa Rica.

e) contra ascendente, descendente, irmão ou cônjuge;
f) com abuso de autoridade ou prevalecendo-se de relações domésticas, de coabitação ou de hospitalidade, ou com violência contra a mulher na forma da lei específica;

▶ Alínea *f* com a redação dada pela Lei nº 11.340, de 7-8-2006.
▶ Lei nº 13.869, de 5-9-2019 (Lei do Abuso de Autoridade).

g) com abuso de poder ou violação de dever inerente a cargo, ofício, ministério ou profissão;

h) contra criança, maior de 60 (sessenta) anos, enfermo ou mulher grávida;

▸ Alínea *h* com a redação dada pela Lei nº 10.741, de 1º-10-2003.

i) quando o ofendido estava sob a imediata proteção da autoridade;

j) em ocasião de incêndio, naufrágio, inundação ou qualquer calamidade pública, ou de desgraça particular do ofendido;

l) em estado de embriaguez preordenada;

▸ Art. 28, II, deste Código.

m) *nas dependências de instituição de ensino.*

▸ Alínea *m* acrescida pela Lei nº 15.159, de 3-7-2025.

Agravantes no caso de concurso de pessoas

Art. 62. A pena será ainda agravada em relação ao agente que:

▸ Art. 53, § 2º, do CPM.

I – promove, ou organiza a cooperação no crime ou dirige a atividade dos demais agentes;

II – coage ou induz outrem à execução material do crime;

▸ Art. 22 deste Código.
▸ Art. 33, § 2º, da Lei nº 11.343, de 23-8-2006 (Lei Antidrogas).

III – instiga ou determina a cometer o crime alguém sujeito à sua autoridade ou não punível em virtude de condição ou qualidade pessoal;

▸ Art. 33, § 2º, da Lei nº 11.343, de 23-8-2006 (Lei Antidrogas).

IV – executa o crime, ou nele participa, mediante paga ou promessa de recompensa.

Reincidência

Art. 63. Verifica-se a reincidência quando o agente comete novo crime, depois de transitar em julgado a sentença que, no País ou no estrangeiro, o tenha condenado por crime anterior.

▸ Arts. 33, § 2º, *b* e *c*, 77, I, 95, 110, *caput*, e 117, VI, deste Código.
▸ Art. 71 do CPM.

Art. 64. Para efeito de reincidência:

I – não prevalece a condenação anterior, se entre a data do cumprimento ou extinção da pena e a infração posterior tiver decorrido período de tempo superior a cinco anos, computado o período de prova da suspensão ou do livramento condicional, se não ocorrer revogação;

▸ O STF, por unanimidade, em sede de RE nº 593.818, tema 150 da repercussão geral, fixou a seguinte tese de julgamento: "Não se aplica ao reconhecimento dos maus antecedentes o prazo quinquenal de prescrição da reincidência, previsto no art. 64, I, do Código Penal, podendo o julgador, fundamentada e eventualmente, não promover qualquer incremento da pena-base em razão de condenações pretéritas, quando as considerar desimportantes, ou demasiadamente distanciadas no tempo, e, portanto, não necessárias à prevenção e repressão do crime, nos termos do comando do artigo 59, do Código Penal".
▸ Art. 313, II, do CPP.

II – não se consideram os crimes militares próprios e políticos.

▸ Art. 9º do CPM.

Circunstâncias atenuantes

Art. 65. São circunstâncias que sempre atenuam a pena:

▸ Art. 72 do CPM.
▸ Súmulas nºs 231 e 501 do STJ.

I – *ser o agente menor de 21 (vinte e um) anos, na data do fato, ou maior de 70 (setenta) anos, na data da sentença, salvo se o crime envolver violência sexual contra a mulher;*

▸ Inciso I com a redação dada pela Lei nº 15.160, de 3-7-2025.
▸ Arts. 77, § 2º, e 115 deste Código.
▸ Súm. nº 74 do STJ.

II – o desconhecimento da lei;

▸ Art. 21 deste Código.

III – ter o agente:

a) cometido o crime por motivo de relevante valor social ou moral;

b) procurado, por sua espontânea vontade e com eficiência, logo após o crime, evitar-lhe ou minorar-lhe as consequências, ou ter, antes do julgamento, reparado o dano;

▸ Art. 16 deste Código.

c) cometido o crime sob coação a que podia resistir, ou em cumprimento de ordem de autoridade superior, ou sob a influência de violenta emoção, provocada por ato injusto da vítima;

▸ Arts. 22 e 23, III, deste Código.

d) confessado espontaneamente, perante a autoridade, a autoria do crime;

▸ Arts. 197 a 200 do CPP.
▸ Súm. nº 545 do STJ.

e) cometido o crime sob a influência de multidão em tumulto, se não o provocou.

Art. 66. A pena poderá ser ainda atenuada em razão de circunstância relevante, anterior ou posterior ao crime, embora não prevista expressamente em lei.

Concurso de circunstâncias agravantes e atenuantes

Art. 67. No concurso de agravantes e atenuantes, a pena deve aproximar-se do limite indicado pelas circunstâncias preponderantes, entendendo-se como tais as que resultam dos motivos determinantes do crime, da personalidade do agente e da reincidência.

▸ Art. 75 do CPM.

Cálculo da pena

Art. 68. A pena base será fixada atendendo-se ao critério do artigo 59 deste Código; em seguida serão consideradas as circunstâncias atenuantes e agravantes; por último, as causas de diminuição e de aumento.

▸ Súmulas nºs 231, 241, 440, 444 e 501 do STJ.

Parágrafo único. No concurso de causas de aumento ou de diminuição previstas na parte especial, pode o juiz limitar-se a um só aumento ou a uma só diminuição, prevalecendo, todavia, a causa que mais aumente ou diminua.

▸ Súm. nº 443 do STJ.

Concurso material

Art. 69. Quando o agente, mediante mais de uma ação ou omissão, pratica dois ou mais crimes, idênticos ou não, aplicam-se cumulativamente as penas privativas de liberdade em que haja incorrido. No caso de aplicação cumulativa de penas de reclusão e de detenção, executa-se primeiro aquela.

▸ Arts. 76 e 119 deste Código.
▸ Art. 79 do CPM.
▸ Art. 111 da LEP.
▸ Súm. nº 243 do STJ.

§ 1º Na hipótese deste artigo, quando ao agente tiver sido aplicada pena privativa de liberdade, não suspensa, por um dos crimes, para os demais será incabível a substituição de que trata o artigo 44 deste Código.

§ 2º Quando forem aplicadas penas restritivas de direitos, o condenado cumprirá simultaneamente as que forem compatíveis entre si e sucessivamente as demais.

Concurso formal

Art. 70. Quando o agente, mediante uma só ação ou omissão, pratica dois ou mais crimes, idênticos ou não, aplica-se-lhe a mais grave das penas cabíveis ou, se iguais, somente uma delas, mas aumentada, em qualquer caso, de um sexto até metade. As penas aplicam-se, entretanto, cumulativamente, se a ação ou omissão é dolosa e os crimes concorrentes resultam de desígnios autônomos, consoante o disposto no artigo anterior.

▸ Arts. 73 e 74 deste Código.
▸ Art. 77, II, do CPP.
▸ Art. 79 do CPM.
▸ Art. 111 da LEP.
▸ Súmulas nºs 17 e 243 do STJ.

Parágrafo único. Não poderá a pena exceder a que seria cabível pela regra do artigo 69 deste Código.

Crime continuado

Art. 71. Quando o agente, mediante mais de uma ação ou omissão, pratica dois ou mais crimes da mesma espécie e, pelas condições de tempo, lugar, maneira de execução e outras semelhantes, devem os subsequentes ser havidos como continuação do primeiro, aplica-se-lhe a pena de um só dos crimes, se idênticas, ou a mais grave, se diversas, aumentada, em qualquer caso, de um sexto a dois terços.

▸ Art. 71 do CPP.
▸ Art. 80 do CPM.
▸ Súm. nº 711 do STF.

Parágrafo único. Nos crimes dolosos, contra vítimas diferentes, cometidos com violência ou grave ameaça à pessoa, poderá o juiz, considerando a culpabilidade, os antecedentes, a conduta social e a personalidade do agente, bem como os motivos e as circunstâncias, aumentar a pena de um só dos crimes, se idênticas, ou a mais grave, se diversas, até o triplo, observadas as regras do parágrafo único do artigo 70 e do artigo 75 deste Código.

Multas no concurso de crimes

Art. 72. No concurso de crimes, as penas de multa são aplicadas distinta e integralmente.

▸ Art. 83 do CPM.

Erro na execução

Art. 73. Quando, por acidente ou erro no uso dos meios de execução, o agente, ao invés de atingir a pessoa que pretendia ofender, atinge pessoa diversa, responde como se tivesse praticado o crime contra aquela, atendendo-se ao disposto no § 3º do artigo 20 deste Código. No caso de ser também atingida a pessoa que o agente pretendia ofender, aplica-se a regra do artigo 70 deste Código.

▸ Art. 37 do CPM.

Resultado diverso do pretendido

Art. 74. Fora dos casos do artigo anterior, quando, por acidente ou erro na execução do crime, sobrevém resultado diverso do pretendido, o agente responde por culpa, se o fato é previsto como crime culposo; se ocorre também o resultado pretendido, aplica-se a regra do artigo 70 deste Código.

▸ Art. 37 do CPM.

Limite das penas

Art. 75. O tempo de cumprimento das penas privativas de liberdade não pode ser superior a 40 (quarenta) anos.

- *Caput* com a redação dada pela Lei nº 13.964, de 24-12-2019.
- Art. 5º, LXXV, da CF.
- Art. 81 do CPM.
- Súm. nº 527 do STJ.

§ 1º Quando o agente for condenado a penas privativas de liberdade cuja soma seja superior a 40 (quarenta) anos, devem elas ser unificadas para atender ao limite máximo deste artigo.

- § 1º com a redação dada pela Lei nº 13.964, de 24-12-2019.
- Súm. nº 715 do STF.

§ 2º Sobrevindo condenação por fato posterior ao início do cumprimento da pena, far-se-á nova unificação, desprezando-se, para esse fim, o período de pena já cumprido.

Concurso de infrações

Art. 76. No concurso de infrações, executar-se-á primeiramente a pena mais grave.

CAPÍTULO IV
DA SUSPENSÃO CONDICIONAL DA PENA

Requisitos da suspensão da pena

Art. 77. A execução da pena privativa de liberdade, não superior a dois anos, poderá ser suspensa, por dois a quatro anos, desde que:

- Arts. 84 e 88 do CPM.
- Art. 11 da LCP.
- Arts. 156 a 163 da LEP.
- Art. 5º da Lei nº 1.521, de 26-12-1951 (Lei dos Crimes Contra a Economia Popular).

I – o condenado não seja reincidente em crime doloso;

II – a culpabilidade, os antecedentes, a conduta social e personalidade do agente, bem como os motivos e as circunstâncias autorizem a concessão do benefício;

III – não seja indicada ou cabível a substituição prevista no artigo 44 deste Código.

§ 1º A condenação anterior a pena de multa não impede a concessão do benefício.

- Súm. nº 499 do STF.

§ 2º A execução da pena privativa de liberdade, não superior a quatro anos, poderá ser suspensa, por quatro a seis anos, desde que o condenado seja maior de setenta anos de idade, ou razões de saúde justifiquem a suspensão.

- § 2º com a redação dada pela Lei nº 9.714, de 25-11-1998.

Art. 78. Durante o prazo da suspensão, o condenado ficará sujeito à observação e ao cumprimento das condições estabelecidas pelo juiz.

§ 1º No primeiro ano do prazo, deverá o condenado prestar serviços à comunidade (artigo 46) ou submeter-se à limitação de fim de semana (artigo 48).

- Art. 81, III, deste Código.

§ 2º Se o condenado houver reparado o dano, salvo impossibilidade de fazê-lo, e se as circunstâncias do artigo 59 deste Código lhe forem inteiramente favoráveis, o juiz poderá substituir a exigência do parágrafo anterior pelas seguintes condições, aplicadas cumulativamente:

- § 2º com a redação dada pela Lei nº 9.268, de 1º-4-1996.
- Arts. 16, 65, III, *b*, e 91, I, deste Código.

a) proibição de frequentar determinados lugares;

b) proibição de ausentar-se da comarca onde reside, sem autorização do juiz;

c) comparecimento pessoal e obrigatório a juízo, mensalmente, para informar e justificar suas atividades.

- Arts. 158 e 159 da LEP.

Art. 79. A sentença poderá especificar outras condições a que fica subordinada a suspensão, desde que adequadas ao fato e à situação pessoal do condenado.

- Súm. nº 249 do TFR.

Art. 80. A suspensão não se estende às penas restritivas de direitos nem à multa.

Revogação obrigatória

Art. 81. A suspensão será revogada se, no curso do prazo, o beneficiário:

- Art. 86 do CPM.
- Arts. 162 e 163 da LEP.

I – é condenado, em sentença irrecorrível, por crime doloso;

II – frustra, embora solvente, a execução de pena de multa ou não efetua, sem motivo justificado, a reparação do dano;

- Art. 51 deste Código.

III – descumpre a condição do § 1º do artigo 78 deste Código.

Revogação facultativa

§ 1º A suspensão poderá ser revogada se o condenado descumpre qualquer outra condição imposta ou é irrecorrivelmente condenado, por crime culposo ou por contravenção, a pena privativa de liberdade ou restritiva de direitos.

Prorrogação do período de prova

§ 2º Se o beneficiário está sendo processado por outro crime ou contravenção, considera-se prorrogado o prazo da suspensão até o julgamento definitivo.

§ 3º Quando facultativa a revogação, o juiz pode, ao invés de decretá-la, prorrogar o período de prova até o máximo, se este não foi o fixado.

Cumprimento das condições

Art. 82. Expirado o prazo sem que tenha havido revogação, considera-se extinta a pena privativa de liberdade.

CAPÍTULO V
DO LIVRAMENTO CONDICIONAL

Requisitos do livramento condicional

Art. 83. O juiz poderá conceder livramento condicional ao condenado a pena privativa de liberdade igual ou superior a dois anos, desde que:

- Arts. 89 e 96 do CPM.
- Arts. 128, 131 a 146, e 170, § 1º, da LEP.
- Art. 5º da Lei nº 1.521, de 26-12-1951 (Lei dos Crimes contra a Economia Popular).
- Súm. nº 441 do STJ.

I – cumprida mais de um terço da pena se o condenado não for reincidente em crime doloso e tiver bons antecedentes;

II – cumprida mais da metade se o condenado for reincidente em crime doloso;

III – comprovado:

a) bom comportamento durante a execução da pena;

b) não cometimento de falta grave nos últimos 12 (doze) meses;

c) bom desempenho no trabalho que lhe foi atribuído; e

d) aptidão para prover a própria subsistência mediante trabalho honesto;

- Inciso III com a redação dada pela Lei nº 13.964, de 24-12-2019.
- Art. 112, § 2º, da LEP.

IV – tenha reparado, salvo efetiva impossibilidade de fazê-lo, o dano causado pela infração;

- Art. 91, I, deste Código.

V – cumpridos mais de dois terços da pena, nos casos de condenação por crime hediondo, prática de tortura, tráfico ilícito de entorpecentes e drogas afins, tráfico de pessoas e terrorismo, se o apenado não for reincidente específico em crimes dessa natureza.

- Inciso V com a redação dada pela Lei nº 13.344, de 6-10-2016.

Parágrafo único. Para o condenado por crime doloso, cometido com violência ou grave ameaça à pessoa, a concessão do livramento ficará também subordinada à constatação de condições pessoais que façam presumir que o liberado não voltará a delinquir.

Soma de penas

Art. 84. As penas que correspondem a infrações diversas devem somar-se para efeito do livramento.

- Art. 75 deste Código.
- Arts. 111 e 118, II, da LEP.

Especificações das condições

Art. 85. A sentença especificará as condições a que fica subordinado o livramento.

- Art. 90 do CPM.
- Art. 132 da LEP.

Revogação do livramento

Art. 86. Revoga-se o livramento, se o liberado vem a ser condenado a pena privativa de liberdade, em sentença irrecorrível:

I – por crime cometido durante a vigência do benefício;

II – por crime anterior, observado o disposto no artigo 84 deste Código.

- Art. 93 do CPM.
- Arts. 140 a 145 da LEP.

Revogação facultativa

Art. 87. O juiz poderá, também, revogar o livramento, se o liberado deixar de cumprir qualquer das obrigações constantes da sentença, ou for irrecorrivelmente condenado, por crime ou contravenção, a pena que não seja privativa de liberdade.

- Art. 93, § 1º, do CPM.
- Art. 140, parágrafo único, da LEP.

Efeitos da revogação

Art. 88. Revogado o livramento, não poderá ser novamente concedido, e, salvo quando a revogação resulta de condenação por outro crime anterior àquele benefício, não se desconta na pena o tempo em que esteve solto o condenado.

- Art. 94 do CPM.

Extinção

Art. 89. O juiz não poderá declarar extinta a pena, enquanto não passar em julgado a sentença em processo a que responde o liberado, por crime cometido na vigência do livramento.

- Art. 95, parágrafo único, do CPM.
- Arts. 145 e 146 da LEP.

Art. 90. Se até o seu término o livramento não é revogado, considera-se extinta a pena privativa de liberdade.

- Art. 95, *caput*, do CPM.
- Art. 146 da LEP.

CAPÍTULO VI – DOS EFEITOS DA CONDENAÇÃO

Efeitos genéricos e específicos

Art. 91. São efeitos da condenação:

I – tornar certa a obrigação de indenizar o dano causado pelo crime;

▸ Súm. nº 249 do TFR.

II – a perda em favor da União, ressalvado o direito do lesado ou de terceiro de boa-fé:

a) dos instrumentos do crime, desde que consistam em coisas cujo fabrico, alienação, uso, porte ou detenção constitua fato ilícito;

▸ Art. 6º do CPP.

b) do produto do crime ou de qualquer bem ou valor que constitua proveito auferido pelo agente com a prática do fato criminoso.

▸ Arts. 5º, XLV, XLVI, *b*, e 243 da CF.
▸ Arts. 6º, 119 e 136 do CPP.
▸ Art. 109 do CPM.

§ 1º Poderá ser decretada a perda de bens ou valores equivalentes ao produto ou proveito do crime quando estes não forem encontrados ou quando se localizarem no exterior.

§ 2º Na hipótese do § 1º, as medidas assecuratórias previstas na legislação processual poderão abranger bens ou valores equivalentes do investigado ou acusado para posterior decretação de perda.

▸ §§ 1º e 2º acrescidos pela Lei nº 12.694, de 24-7-2012.

Art. 91-A. Na hipótese de condenação por infrações às quais a lei comine pena máxima superior a 6 (seis) anos de reclusão, poderá ser decretada a perda, como produto ou proveito do crime, dos bens correspondentes à diferença entre o valor do patrimônio do condenado e aquele que seja compatível com o seu rendimento lícito.

§ 1º Para efeito da perda prevista no *caput* deste artigo, entende-se por patrimônio do condenado todos os bens:

I – de sua titularidade, ou em relação aos quais ele tenha o domínio e o benefício direto ou indireto, na data da infração penal ou recebidos posteriormente; e

II – transferidos a terceiros a título gratuito ou mediante contraprestação irrisória, a partir do início da atividade criminal.

§ 2º O condenado poderá demonstrar a inexistência da incompatibilidade ou a procedência lícita do patrimônio.

§ 3º A perda prevista neste artigo deverá ser requerida expressamente pelo Ministério Público, por ocasião do oferecimento da denúncia, com indicação da diferença apurada.

§ 4º Na sentença condenatória, o juiz deve declarar o valor da diferença apurada e especificar os bens cuja perda for decretada.

§ 5º Os instrumentos utilizados para a prática de crimes por organizações criminosas e milícias deverão ser declarados perdidos em favor da União ou do Estado, dependendo da Justiça onde tramita a ação penal, ainda que não ponham em perigo a segurança das pessoas, a moral ou a ordem pública, nem ofereçam sério risco de ser utilizados para o cometimento de novos crimes.

▸ Art. 91-A acrescido pela Lei nº 13.964, de 24-12-2019.

Art. 92. São também efeitos da condenação:

▸ Súm. nº 694 do STF.

I – a perda de cargo, função pública ou mandato eletivo:

a) quando aplicada pena privativa de liberdade por tempo igual ou superior a um ano, nos crimes praticados com abuso de poder ou violação de dever para com a Administração Pública;

b) quando for aplicada pena privativa de liberdade por tempo superior a quatro anos nos demais casos;

▸ Inciso I com a redação dada pela Lei nº 9.268, de 1º-4-1996.

II – *a incapacidade para o exercício do poder familiar, da tutela ou da curatela nos crimes dolosos sujeitos à pena de reclusão cometidos contra outrem igualmente titular do mesmo poder familiar, contra filho, filha ou outro descendente, tutelado ou curatelado, bem como nos crimes cometidos contra a mulher por razões da condição do sexo feminino, nos termos do § 1º do art. 121-A deste Código;*

▸ Inciso II com a redação dada pela Lei nº 14.994, de 9-10-2024.

III – a inabilitação para dirigir veículo, quando utilizado como meio para a prática de crime doloso.

▸ Arts. 47, III, e 93, parágrafo único, deste Código.

§ 1º *Os efeitos de que trata este artigo não são automáticos, devendo ser motivadamente declarados na sentença pelo juiz, mas independem de pedido expresso da acusação, observado o disposto no inciso III do § 2º deste artigo.*

▸ Parágrafo único transformado em § 1º e com a redação dada pela Lei nº 14.994, de 9-10-2024.
▸ Art. 337-I deste Código.
▸ Art. 202 da LEP.

§ 2º *Ao condenado por crime praticado contra a mulher por razões da condição do sexo feminino, nos termos do § 1º do art. 121-A deste Código serão:*

I – *aplicados os efeitos previstos nos incisos I e II do caput deste artigo;*

II – *vedadas a sua nomeação, designação ou diplomação em qualquer cargo, função pública ou mandato eletivo entre o trânsito em julgado da condenação até o efetivo cumprimento da pena;*

III – *automáticos os efeitos dos incisos I e II do caput e do inciso II do § 2º deste artigo.*

▸ § 2º acrescido pela Lei nº 14.994, de 9-10-2024.

CAPÍTULO VII – DA REABILITAÇÃO

Reabilitação

Art. 93. A reabilitação alcança quaisquer penas aplicadas em sentença definitiva, assegurando ao condenado o sigilo dos registros sobre seu processo e condenação.

▸ Arts. 134 e 135 do CPM.
▸ Art. 202 da LEP.

Parágrafo único. A reabilitação poderá, também, atingir os efeitos da condenação, previstos no artigo 92 deste Código, vedada reintegração na situação anterior, nos casos dos incisos I e II do mesmo artigo.

▸ Arts. 743 a 750 do CPP.

Art. 94. A reabilitação poderá ser requerida, decorridos dois anos do dia em que for extinta, de qualquer modo, a pena ou terminar sua execução, computando-se o período de prova da suspensão e o do livramento condicional, se não sobrevier revogação, desde que o condenado:

I – tenha tido domicílio no País no prazo acima referido;

II – tenha dado, durante esse tempo, demonstração efetiva e constante de bom comportamento público e privado;

III – tenha ressarcido o dano causado pelo crime ou demonstre a absoluta impossibilidade de o fazer, até o dia do pedido, ou exiba documento que comprove a renúncia da vítima ou novação da dívida.

Parágrafo único. Negada a reabilitação, poderá ser requerida, a qualquer tempo, desde que o pedido seja instruído com novos elementos comprobatórios dos requisitos necessários.

Art. 95. A reabilitação será revogada, de ofício ou a requerimento do Ministério Público, se o reabilitado for condenado, como reincidente, por decisão definitiva, a pena que não seja de multa.

▸ Arts. 63 e 64 deste Código.

TÍTULO VI – DAS MEDIDAS DE SEGURANÇA

Espécies de medidas de segurança

Art. 96. As medidas de segurança são:

I – internação em hospital de custódia e tratamento psiquiátrico ou, à falta, em outro estabelecimento adequado;

▸ Arts. 99 a 101 e 108 da LEP.

II – sujeição a tratamento ambulatorial.

▸ Arts. 581, XIX a XXIII, 627, 685, parágrafo único, e 715 do CPP.
▸ Arts. 110 a 120 do CPM.
▸ Art. 184 da LEP.
▸ Arts. 26, 28, § 7º, 45, parágrafo único, e 47 da Lei nº 11.343, de 23-8-2006 (Lei Antidrogas).

Parágrafo único. Extinta a punibilidade, não se impõe medida de segurança nem subsiste a que tenha sido imposta.

▸ Arts. 171 a 179 da LEP.

Imposição da medida de segurança para inimputável

Art. 97. Se o agente for inimputável, o juiz determinará sua internação (artigo 26). Se, todavia, o fato previsto como crime for punível com detenção, poderá o juiz submetê-lo a tratamento ambulatorial.

▸ Arts. 101, 175 e 178 da LEP.

Prazo

§ 1º A internação, ou tratamento ambulatorial, será por tempo indeterminado, perdurando enquanto não for averiguada, mediante perícia médica, a cessação de periculosidade. O prazo mínimo deverá ser de um a três anos.

▸ Súmulas nºs 439 e 527 do STJ.

Perícia médica

§ 2º A perícia médica realizar-se-á ao termo do prazo mínimo fixado e deverá ser repetida de ano em ano, ou a qualquer tempo, se o determinar o juiz da execução.

Desinternação ou liberação condicional

§ 3º A desinternação, ou a liberação, será sempre condicional devendo ser restabelecida a situação anterior se o agente, antes do decurso de um ano, pratica fato indicativo de persistência de sua periculosidade.

▸ Art. 178 da LEP.

§ 4º Em qualquer fase do tratamento ambulatorial, poderá o juiz determinar a internação do agente, se essa providência for necessária para fins curativos.

Substituição da pena por medida de segurança para o semi-imputável

Art. 98. Na hipótese do parágrafo único do artigo 26 deste Código e necessitando o condenado de especial tratamento curativo, a pena privativa de liberdade pode ser substituída pela internação, ou tratamento ambulatorial, pelo prazo mínimo de um a três anos, nos termos do artigo anterior e respectivos §§ 1º a 4º.

- Art. 59, IV, deste Código.
- Art. 387, V, do CPP.

Direitos do internado

Art. 99. O internado será recolhido a estabelecimento dotado de características hospitalares e será submetido a tratamento.

- Arts. 3º, 41, 42 e 99 a 101 da LEP.

TÍTULO VII – DA AÇÃO PENAL

Ação pública e de iniciativa privada

Art. 100. A ação penal é pública, salvo quando a lei expressamente a declara privativa do ofendido.

- Art. 24 e segs. do CPP.
- Arts. 121 e 122 do CPM.

§ 1º A ação pública é promovida pelo Ministério Público, dependendo, quando a lei o exige, de representação do ofendido ou de requisição do Ministro da Justiça.

- Art. 129, I, da CF.
- Súm. nº 234 do STJ.

§ 2º A ação de iniciativa privada é promovida mediante queixa do ofendido ou de quem tenha qualidade para representá-lo.

- Arts. 30 a 33 do CPP.

§ 3º A ação de iniciativa privada pode intentar-se nos crimes de ação pública, se o Ministério Público não oferece denúncia no prazo legal.

- Art. 5º, LIX, da CF.
- Art. 103 deste Código.

§ 4º No caso de morte do ofendido ou de ter sido declarado ausente por decisão judicial, o direito de oferecer queixa ou de prosseguir na ação passa ao cônjuge, ascendente, descendente ou irmão.

- Arts. 24, § 1º, e 31 do CPP.

A ação penal no crime complexo

Art. 101. Quando a lei considera como elemento ou circunstâncias do tipo legal fatos que, por si mesmos, constituem crimes, cabe ação pública em relação àquele, desde que, em relação a qualquer destes, se deva proceder por iniciativa do Ministério Público.

Irretratabilidade da representação

Art. 102. A representação será irretratável depois de oferecida a denúncia.

- Art. 25 do CPP.

Decadência do direito de queixa ou de representação

Art. 103. Salvo disposição expressa em contrário, o ofendido decai do direito de queixa ou de representação se não o exerce dentro do prazo de seis meses, contado do dia em que veio a saber quem é o autor do crime, ou, no caso do § 3º do artigo 100 deste Código, do dia em que se esgota o prazo para oferecimento da denúncia.

- Art. 107, IV, deste Código.
- Art. 38 do CPP.

Renúncia expressa ou tácita do direito de queixa

Art. 104. O direito de queixa não pode ser exercido quando renunciado expressa ou tacitamente.

Parágrafo único. Importa renúncia tácita ao direito de queixa a prática de ato incompatível com a vontade de exercê-lo; não a implica, todavia, o fato de receber o ofendido a indenização do dano causado pelo crime.

- Art. 57 do CPP.
- Art. 74, parágrafo único, da Lei nº 9.099, de 26-9-1995 (Lei dos Juizados Especiais).

Perdão do ofendido

Art. 105. O perdão do ofendido, nos crimes em que somente se procede mediante queixa, obsta ao prosseguimento da ação.

- Arts. 51 a 59 do CPP.

Art. 106. O perdão, no processo ou fora dele, expresso ou tácito:

I – se concedido a qualquer dos querelados, a todos aproveita;

- Art. 51 do CPP.

II – se concedido por um dos ofendidos, não prejudica o direito dos outros;

III – se o querelado o recusa, não produz efeito.

- Art. 58 do CPP.

§ 1º Perdão tácito é o que resulta da prática de ato incompatível com a vontade de prosseguir na ação.

§ 2º Não é admissível o perdão depois que passa em julgado a sentença condenatória.

TÍTULO VIII – DA EXTINÇÃO DA PUNIBILIDADE

Extinção da punibilidade

Art. 107. Extingue-se a punibilidade:

- Art. 123 do CPM.

I – pela morte do agente;

- Art. 62 do CPP.

II – pela anistia, graça ou indulto;

- Arts. 21, XVII, 48, VIII, e 84, XII, da CF.
- Arts. 187 a 193 da LEP.

III – pela retroatividade de lei que não mais considera o fato como criminoso;

- Art. 5º, XL, da CF.
- Art. 2º, parágrafo único, deste Código.
- Art. 2º, § 1º, do CPM.
- Súm. nº 611 do STF.

IV – pela prescrição, decadência ou perempção;

- Arts. 38, 60 e 497, IX, do CPP.
- Súm. nº 438 do STJ.

V – pela renúncia do direito de queixa ou pelo perdão aceito, nos crimes de ação privada;

- Arts. 49 a 60 do CPP.

VI – pela retratação do agente, nos casos em que a lei a admite;

VII e VIII – *Revogados*. Lei nº 11.106, de 28-3-2005;

IX – pelo perdão judicial, nos casos previstos em lei.

- Arts. 8º e 39, § 2º, da LCP.
- Súm. nº 18 do STJ.

Art. 108. A extinção da punibilidade de crime que é pressuposto, elemento constitutivo ou circunstância agravante de outro não se estende a este. Nos crimes conexos, a extinção da punibilidade de um deles não impede, quanto aos outros, a agravação da pena resultante da conexão.

- Art. 61 do CPP.

Prescrição antes de transitar em julgado a sentença

Art. 109. A prescrição, antes de transitar em julgado a sentença final, salvo o disposto no § 1º do art. 110 deste Código, regula-se pelo máximo da pena privativa de liberdade cominada ao crime, verificando-se:

- *Caput* com a redação dada pela Lei nº 12.234, de 5-5-2010.
- Art. 125 do CPM.
- Súmulas nºs 338, 415 e 438 do STJ.

I – em vinte anos, se o máximo da pena é superior a doze;

II – em dezesseis anos, se o máximo da pena é superior a oito anos e não excede a doze;

III – em doze anos, se o máximo da pena é superior a quatro anos e não excede a oito;

IV – em oito anos, se o máximo da pena é superior a dois anos e não excede a quatro;

V – em quatro anos, se o máximo da pena é igual a um ano ou, sendo superior, não excede a dois;

VI – em 3 (três) anos, se o máximo da pena é inferior a 1 (um) ano.

- Inciso VI com a redação dada pela Lei nº 12.234, de 5-5-2010.

Prescrição das penas restritivas de direito

Parágrafo único. Aplicam-se às penas restritivas de direito os mesmos prazos previstos para as privativas de liberdade.

Prescrição depois de transitar em julgado sentença final condenatória

Art. 110. A prescrição depois de transitar em julgado a sentença condenatória regula-se pela pena aplicada e verifica-se nos prazos fixados no artigo anterior, os quais se aumentam de um terço, se o condenado é reincidente.

- Art. 112 deste Código.
- Art. 336, parágrafo único, do CPP.
- Súmulas nºs 146, 497 e 604 do STF.
- Súmulas nºs 220 e 438 do STJ.

§ 1º A prescrição, depois da sentença condenatória com trânsito em julgado para a acusação ou depois de improvido seu recurso, regula-se pela pena aplicada, não podendo, em nenhuma hipótese, ter por termo inicial data anterior à da denúncia ou queixa.

- § 1º com a redação dada pela Lei nº 12.234, de 5-5-2010.
- Súm. nº 186 do TFR.

§ 2º *Revogado*. Lei nº 12.234, de 5-5-2010.

Termo inicial da prescrição antes de transitar em julgado a sentença final

Art. 111. A prescrição, antes de transitar em julgado a sentença final, começa a correr:

- Art. 125, § 2º, do CPM.

I – do dia em que o crime se consumou;

II – no caso de tentativa, do dia em que cessou a atividade criminosa;

III – nos crimes permanentes, do dia em que cessou a permanência;

- Súm. nº 711 do STF.

IV – nos de bigamia e nos de falsificação ou alteração de assentamento do registro civil, da data em que o fato se tornou conhecido;

V – nos crimes contra a dignidade sexual ou que envolvam violência contra a criança e o adolescente, previstos neste Código ou em legislação especial, da data em que a vítima completar 18 (dezoito) anos, salvo se a esse tempo já houver sido proposta a ação penal.

- Inciso V com a redação dada pela Lei nº 14.344, de 24-5-2022.

Termo inicial da prescrição após a sentença condenatória irrecorrível

Art. 112. No caso do artigo 110 deste Código, a prescrição começa a correr:

► Art. 126, § 1º, do CPM.

I – do dia em que transita em julgado a sentença condenatória, para a acusação, ou a que revoga a suspensão condicional da pena ou o livramento condicional;

II – do dia em que se interrompe a execução, salvo quando o tempo da interrupção deva computar-se na pena.

Prescrição no caso de evasão do condenado ou de revogação do livramento condicional

Art. 113. No caso de evadir-se o condenado ou de revogar-se o livramento condicional, a prescrição é regulada pelo tempo que resta da pena.

► Art. 126, § 2º, do CPM.

Prescrição da multa

Art. 114. A prescrição da pena de multa ocorrerá:

I – em dois anos, quando a multa for a única cominada ou aplicada;

II – no mesmo prazo estabelecido para prescrição da pena privativa de liberdade, quando a multa for alternativa ou cumulativamente cominada ou cumulativamente aplicada.

► Art. 114 com a redação dada pela Lei nº 9.268, de 1º-4-1996.

Redução dos prazos de prescrição

Art. 115. *São reduzidos de metade os prazos de prescrição quando o criminoso era, ao tempo do crime, menor de 21 (vinte e um) anos ou, na data da sentença, maior de 70 (setenta) anos, salvo se o crime envolver violência sexual contra a mulher.*

► Artigo com a redação dada pela Lei nº 15.160, de 3-7-2025.

► Art. 129 do CPM.

► Súm. nº 74 do STJ.

Causas impeditivas da prescrição

Art. 116. Antes de passar em julgado a sentença final, a prescrição não corre:

► Art. 125, § 4º, do CPM.

I – enquanto não resolvida, em outro processo, questão de que dependa o reconhecimento da existência do crime;

II – enquanto o agente cumpre pena no exterior;

► Inciso II com a redação dada Lei nº 13.964, de 24-12-2019.

III – na pendência de embargos de declaração ou de recursos aos Tribunais Superiores, quando inadmissíveis; e

IV – enquanto não cumprido ou não rescindido o acordo de não persecução penal.

► Incisos III e IV acrescidos pela Lei nº 13.964, de 24-12-2019.

Parágrafo único. Depois de passada em julgado a sentença condenatória, a prescrição não corre durante o tempo em que o condenado está preso por outro motivo.

Causas interruptivas da prescrição

Art. 117. O curso da prescrição interrompe-se:

► Art. 125, § 5º, do CPM.

I – pelo recebimento da denúncia ou da queixa;

II – pela pronúncia;

► Súm. nº 191 do STJ.

III – pela decisão confirmatória da pronúncia;

IV – pela publicação da sentença ou acórdão condenatórios recorríveis;

► Inciso IV com a redação dada pela Lei nº 11.596, de 29-11-2007.

V – pelo início ou continuação do cumprimento da pena;

VI – pela reincidência.

► Incisos V e VI com a redação dada pela Lei nº 9.268, de 1º-4-1996.

► Arts. 63 e 64 deste Código.

§ 1º Excetuados os casos dos incisos V e VI deste artigo, a interrupção da prescrição produz efeitos relativamente a todos os autores do crime. Nos crimes conexos, que sejam objeto do mesmo processo, estende-se aos demais a interrupção relativa a qualquer deles.

► Arts. 76 a 92 do CPP.

► Art. 125, § 6º, do CPM.

§ 2º Interrompida a prescrição, salvo a hipótese do inciso V deste artigo, todo o prazo começa a correr, novamente, do dia da interrupção.

► Art. 128 do CPM.

Art. 118. As penas mais leves prescrevem com as mais graves.

Art. 119. No caso de concurso de crimes, a extinção da punibilidade incidirá sobre a pena de cada um, isoladamente.

Perdão judicial

Art. 120. A sentença que conceder perdão judicial não será considerada para efeitos de reincidência.

► Art. 107, IX, deste Código.

► Arts. 8º e 39, § 2º, da LCP.

► Súm. nº 18 do STJ.

PARTE ESPECIAL

TÍTULO I – DOS CRIMES CONTRA A PESSOA

CAPÍTULO I

DOS CRIMES CONTRA A VIDA

► Art. 5º, XXXVIII, *d*, da CF.

► Arts. 74, § 1º, e 406 a 497 do CPP.

► Súm. nº 605 do STF.

Homicídio simples

Art. 121. Matar alguém:

Pena – reclusão, de seis a vinte anos.

► Arts. 205, 208 e 400 do CPM.

► Art. 1º da Lei nº 2.889, de 1º-10-1956 (Lei do Crime do Genocídio).

► Art. 1º, III, *a*, da Lei nº 7.960, de 21-12-1989 (Lei da Prisão Temporária).

► Art. 1º, I, da Lei nº 8.072, de 25-7-1990 (Lei dos Crimes Hediondos).

► Art. 3º da Lei nº 9.434, de 4-2-1997 (Lei de Remoção de Órgãos e Tecidos).

► Art. 4º, 1, do Pacto de São José da Costa Rica.

Caso de diminuição de pena

§ 1º Se o agente comete o crime impelido por motivo de relevante valor social ou moral, ou sob o domínio de violenta emoção, logo em seguida a injusta provocação da vítima, o juiz pode reduzir a pena de um sexto a um terço.

► Art. 65, III, *a* e *c*, deste Código.

► Art. 74, § 1º, do CPP.

► Art. 205, § 1º, do CPM.

Homicídio qualificado

§ 2º Se o homicídio é cometido:

I – mediante paga ou promessa de recompensa, ou por outro motivo torpe;

II – por motivo fútil;

III – com emprego de veneno, fogo, explosivo, asfixia, tortura ou outro meio insidioso ou cruel, ou de que possa resultar perigo comum;

► Art. 5º, 2, do Pacto de São José da Costa Rica.

IV – à traição, de emboscada, ou mediante dissimulação ou outro recurso que dificulte ou torne impossível a defesa do ofendido;

V – para assegurar a execução, a ocultação, a impunidade ou vantagem de outro crime;

VI – Revogado. *Lei nº 14.994, de 9-10-2024;*

VII – contra:

► *Caput* do inciso VII com a redação dada pela Lei nº 15.134, de 6-5-2025.

a) autoridade ou agente descrito nos arts. 142 e 144 da Constituição Federal, integrantes do sistema prisional e da Força Nacional de Segurança Pública, no exercício da função ou em decorrência dela, ou contra seu cônjuge, companheiro ou parente consanguíneo até o terceiro grau, em razão dessa condição;

b) membro do Poder Judiciário, do Ministério Público, da Defensoria Pública ou da Advocacia Pública, de que tratam os arts. 131 e 132 da Constituição Federal, ou oficial de justiça, no exercício da função ou em decorrência dela, ou contra seu cônjuge, companheiro ou parente, inclusive por afinidade, até o terceiro grau, em razão dessa condição;

► Alíneas *a* e *b* acrescidas pela Lei nº 15.134, de 6-5-2025.

VIII – com emprego de arma de fogo de uso restrito ou proibido;

► Inciso VIII acrescido pela Lei nº 13.964, de 24-12-2019, promulgado nos termos do art. 66, § 5º, da CF (*DOU* de 30-4-2021).

Homicídio contra menor de 14 (quatorze) anos

IX – contra menor de 14 (quatorze) anos;

► Inciso IX acrescido pela Lei nº 14.344, de 24-5-2022.

X – nas dependências de instituição de ensino:

► Inciso X acrescido pela Lei nº 15.159, de 3-7-2025.

Pena – reclusão, de doze a trinta anos.

► Art. 74, § 1º, do CPP.

► Art. 205, § 2º, do CPM.

► Art. 1º, III, *a*, da Lei nº 7.960, de 21-12-1989 (Lei da Prisão Temporária).

► Art. 1º, I, da Lei nº 8.072, de 25-7-1990 (Lei dos Crimes Hediondos).

§ 2º-A. Revogado. *Lei nº 14.994, de 9-10-2024.*

§ 2º-B. A pena do homicídio contra menor de 14 (quatorze) anos é aumentada de:

► *Caput* do § 2º-B acrescido pela Lei nº 14.344, de 24-5-2022.

I – 1/3 (um terço) até a metade se a vítima é pessoa com deficiência ou com doença que implique o aumento de sua vulnerabilidade;

II – 2/3 (dois terços) se o autor é ascendente, padrasto ou madrasta, tio, irmão, cônjuge, companheiro, tutor, curador, preceptor ou empregador da vítima ou por qualquer outro título tiver autoridade sobre ela;

► Incisos I e II acrescidos pela Lei nº 14.344, de 24-5-2022.

III – 2/3 (dois terços) se o crime for praticado em instituição de educação básica pública ou privada.

► Inciso III acrescido pela Lei nº 14.811, de 12-1-2024.

§ 2º-C. A pena do homicídio cometido nas dependências de instituição de ensino é aumentada de:

I – 1/3 (um terço) até a metade se a vítima é pessoa com deficiência ou com doença que acarrete condição limitante ou de vulnerabilidade física ou mental;

II – 2/3 (dois terços) se o autor é ascendente, padrasto ou madrasta, tio, irmão, cônjuge, companheiro, tutor, curador, preceptor ou empregador da vítima ou por qualquer outro título tem autoridade sobre ela ou, ainda, se é professor ou funcionário da instituição de ensino.

- § 2º-C acrescido pela Lei nº 15.159, de 3-7-2025.

Homicídio culposo

§ 3º Se o homicídio é culposo:

Pena – detenção, de um a três anos.

- Art. 206 do CPM.

Aumento de pena

§ 4º No homicídio culposo, a pena é aumentada de um terço, se o crime resulta de inobservância de regra técnica de profissão, arte ou ofício, ou se o agente deixa de prestar imediato socorro à vítima, não procura diminuir as consequências do seu ato, ou foge para evitar prisão em flagrante. Sendo doloso o homicídio, a pena é aumentada de um terço se o crime é praticado contra pessoa menor de quatorze ou maior de sessenta anos.

- § 4º com a redação dada pela Lei nº 10.741, de 1º-10-2003.
- Art. 129, § 7º, deste Código.
- Art. 206, § 1º, do CPM.

§ 5º Na hipótese de homicídio culposo, o juiz poderá deixar de aplicar a pena, se as consequências da infração atingirem o próprio agente de forma tão grave que a sanção penal se torne desnecessária.

- Arts. 107, IX, e 120 deste Código.

§ 6º A pena é aumentada de 1/3 (um terço) até a metade se o crime for praticado por milícia privada, sob o pretexto de prestação de serviço de segurança, ou por grupo de extermínio.

- § 6º acrescido pela Lei nº 12.720, de 27-9-2012.

§ 7º Revogado. *Lei nº 14.994, de 9-10-2024.*

Feminicídio

Art. 121-A. *Matar mulher por razões da condição do sexo feminino:*

Pena – reclusão, de 20 (vinte) a 40 (quarenta) anos.

§ 1º Considera-se que há razões da condição do sexo feminino quando o crime envolve:

I – violência doméstica e familiar;

II – menosprezo ou discriminação à condição de mulher.

§ 2º A pena do feminicídio é aumentada de 1/3 (um terço) até a metade se o crime é praticado:

I – durante a gestação, nos 3 (três) meses posteriores ao parto ou se a vítima é a mãe ou a responsável por criança, adolescente ou pessoa com deficiência de qualquer idade;

II – contra pessoa menor de 14 (catorze) anos, maior de 60 (sessenta) anos, com deficiência ou portadora de doenças degenerativas que acarretem condição limitante ou de vulnerabilidade física ou mental;

III – na presença física ou virtual de descendente ou de ascendente da vítima;

IV – em descumprimento das medidas protetivas de urgência previstas nos incisos I, II e III do caput do art. 22 da Lei nº 11.340, de 7 de agosto de 2006 (Lei Maria da Penha);

V – nas circunstâncias previstas nos incisos III, IV e VIII do § 2º do art. 121 deste Código.

Coautoria

§ 3º Comunicam-se ao coautor ou partícipe as circunstâncias pessoais elementares do crime previstas no § 1º deste artigo.

- Art. 121-A acrescido pela Lei nº 14.994, de 9-10-2024.

Induzimento, instigação ou auxílio a suicídio ou a automutilação

- Epígrafe com a denominação dada pela Lei nº 13.968, de 26-12-2019.

Art. 122. Induzir ou instigar alguém a suicidar-se ou a praticar automutilação ou prestar-lhe auxílio material para que o faça:

- *Caput* do art. 122 com a redação dada pela Lei nº 13.968, de 26-12-2019.

Pena – reclusão, de 6 (seis) meses a 2 (dois) anos.

- Art. 207 do CPM.
- Art. 4º, 1, do Pacto de São José da Costa Rica.

§ 1º Se da automutilação ou da tentativa de suicídio resulta lesão corporal de natureza grave ou gravíssima, nos termos dos §§ 1º e 2º do art. 129 deste Código:

Pena – reclusão, de 1 (um) a 3 (três) anos.

§ 2º Se o suicídio se consuma ou se da automutilação resulta morte:

Pena – reclusão, de 2 (dois) a 6 (seis) anos.

§ 3º A pena é duplicada:

I – se o crime é praticado por motivo egoístico, torpe ou fútil;

II – se a vítima é menor ou tem diminuída, por qualquer causa, a capacidade de resistência.

§ 4º A pena é aumentada até o dobro se a conduta é realizada por meio da rede de computadores, de rede social ou transmitida em tempo real.

- §§ 1º a 4º com a redação dada pela Lei nº 13.968, de 26-12-2019.

§ 5º Aplica-se a pena em dobro se o autor é líder, coordenador ou administrador de grupo, de comunidade ou de rede virtual, ou por estes é responsável.

- § 5º com a redação dada pela Lei nº 14.811, de 12-1-2024.

§ 6º Se o crime de que trata o § 1º deste artigo resulta em lesão corporal de natureza gravíssima e é cometido contra menor de 14 (quatorze) anos ou contra quem, por enfermidade ou deficiência mental, não tem o necessário discernimento para a prática do ato, ou que, por qualquer outra causa, não pode oferecer resistência, responde o agente pelo crime descrito no § 2º do art. 129 deste Código.

§ 7º Se o crime de que trata o § 2º deste artigo é cometido contra menor de 14 (quatorze) anos ou contra quem não tem o necessário discernimento para a prática do ato, ou que, por qualquer outra causa, não pode oferecer resistência, responde o agente pelo crime de homicídio, nos termos do art. 121 deste Código.

- §§ 6º e 7º com a redação dada pela Lei nº 13.968, de 26-12-2019.

Infanticídio

Art. 123. Matar, sob a influência do estado puerperal, o próprio filho, durante o parto ou logo após:

Pena – detenção, de dois a seis anos.

- Art. 74, § 1º, do CPP.
- Art. 4º, 1, do Pacto de São José da Costa Rica.

Aborto provocado pela gestante ou com seu consentimento

Art. 124. Provocar aborto em si mesma ou consentir que outrem lho provoque:

Pena – detenção, de um a três anos.

- O STF, por maioria de votos, julgou procedente a ADPF nº 54 para declarar a inconstitucionalidade da interpretação segundo a qual a interrupção da gravidez de feto anencéfalo é conduta tipificada nos arts. 124, 126, 128, I e II, deste Código (*DOU* de 24-4-2012).
- Art. 74, § 1º, do CPP.
- Art. 4º, 1, do Pacto de São José da Costa Rica.

Aborto provocado por terceiro

Art. 125. Provocar aborto, sem o consentimento da gestante:

Pena – reclusão, de três a dez anos.

- Art. 74, § 1º, do CPP.
- Art. 4º, 1, do Pacto de São José da Costa Rica.

Art. 126. Provocar aborto com o consentimento da gestante:

Pena – reclusão, de um a quatro anos.

- O STF, por maioria de votos, julgou procedente a ADPF nº 54 para declarar a inconstitucionalidade da interpretação segundo a qual a interrupção da gravidez de feto anencéfalo é conduta tipificada nos arts. 124, 126, 128, I e II, deste Código (*DOU* de 24-4-2012).
- Art. 74, § 1º, do CPP.
- Art. 4º, 1, do Pacto de São José da Costa Rica.

Parágrafo único. Aplica-se a pena do artigo anterior, se a gestante não é maior de quatorze anos, ou é alienada ou débil mental, ou se o consentimento é obtido mediante fraude, grave ameaça ou violência.

Forma qualificada

Art. 127. As penas cominadas nos dois artigos anteriores são aumentadas de um terço, se, em consequência do aborto ou dos meios empregados para provocá-lo, a gestante sofre lesão corporal de natureza grave; e são duplicadas, se, por qualquer dessas causas, lhe sobrevém a morte.

- Art. 74, § 1º, do CPP.

Art. 128. Não se pune o aborto praticado por médico:

- Art. 24 deste Código.
- O STF, por maioria de votos, julgou procedente a ADPF nº 54 para declarar a inconstitucionalidade da interpretação segundo a qual a interrupção da gravidez de feto anencéfalo é conduta tipificada nos arts. 124, 126, 128, I e II, deste Código (*DOU* de 24-4-2012).

Aborto necessário

I – se não há outro meio de salvar a vida da gestante;

Aborto no caso de gravidez resultante de estupro

II – se a gravidez resulta de estupro e o aborto é precedido de consentimento da gestante ou, quando incapaz, de seu representante legal.

CAPÍTULO II
DAS LESÕES CORPORAIS

Lesão corporal

Art. 129. Ofender a integridade corporal ou a saúde de outrem:

Pena – detenção, de três meses a um ano.

- Arts. 209 e 403 do CPM.
- Art. 88 da Lei nº 9.099, de 26-9-1995 (Lei dos Juizados Especiais).
- Art. 5º, 1, do Pacto de São José da Costa Rica.

Lesão corporal de natureza grave

- Art. 27, § 2º, III, da Lei nº 11.105, de 24-3-2005 (Lei de Biossegurança).

§ 1º Se resulta:

I – incapacidade para as ocupações habituais, por mais de trinta dias;

▶ Art. 168, § 2º, do CPP.

II – perigo de vida;

III – debilidade permanente de membro, sentido ou função;

IV – aceleração de parto:

Pena – reclusão, de um a cinco anos.

§ 2º Se resulta:

I – incapacidade permanente para o trabalho;

II – enfermidade incurável;

III – perda ou inutilização de membro, sentido ou função;

IV – deformidade permanente;

V – aborto:

Pena – reclusão, de dois a oito anos.

Lesão corporal seguida de morte

§ 3º Se resulta morte e as circunstâncias evidenciam que o agente não quis o resultado, nem assumiu o risco de produzi-lo:

Pena – reclusão, de quatro a doze anos.

▶ Art. 27, § 2º, IV, da Lei nº 11.105, de 24-3-2005 (Lei de Biossegurança).

Diminuição de pena

§ 4º Se o agente comete o crime impelido por motivo de relevante valor social ou moral ou sob o domínio de violenta emoção, logo em seguida a injusta provocação da vítima, o juiz pode reduzir a pena de um sexto a um terço.

▶ Arts. 65, III, *a* e *c*, e 121, § 1º, deste Código.

Substituição da pena

§ 5º O juiz, não sendo graves as lesões, pode ainda substituir a pena de detenção pela de multa:

▶ Arts. 59, IV, e 60, § 2º, deste Código.

I – se ocorre qualquer das hipóteses do parágrafo anterior;

II – se as lesões são recíprocas.

Lesão corporal culposa

§ 6º Se a lesão é culposa:

Pena – detenção, de dois meses a um ano.

▶ Art. 210 do CPM.

▶ Art. 303 do CTB.

▶ Art. 88 da Lei nº 9.099, de 26-9-1995 (Lei dos Juizados Especiais).

Aumento de pena

§ 7º Aumenta-se a pena de 1/3 (um terço) se ocorrer qualquer das hipóteses dos §§ 4º e 6º do art. 121 deste Código.

▶ § 7º com a redação dada pela Lei nº 12.720, de 27-9-2012.

§ 8º Aplica-se à lesão culposa o disposto no § 5º do artigo 121.

▶ § 8º com a redação dada pela Lei nº 8.069, de 13-7-1990.

▶ Arts. 107, IX, e 120 deste Código.

Violência doméstica

§ 9º Se a lesão for praticada contra ascendente, descendente, irmão, cônjuge ou companheiro, ou com quem conviva ou tenha convivido, ou, ainda, prevalecendo-se o agente das relações domésticas, de coabitação ou de hospitalidade:

▶ *Caput* do § 9º com a redação dada pela Lei nº 10.886, de 17-6-2004.

▶ Súm. nº 536 do STJ.

Pena – reclusão, de 2 (dois) a 5 (cinco) anos.

▶ Pena com a redação dada pela Lei nº 14.994, de 9-10-2024.

§ 10. Nos casos previstos nos §§ 1º a 3º deste artigo, se as circunstâncias são as indicadas no § 9º deste artigo, aumenta-se a pena em um terço.

▶ § 10 acrescido pela Lei nº 10.886, de 17-6-2004.

§ 11. Na hipótese do § 9º deste artigo, a pena será aumentada de um terço se o crime for cometido contra pessoa portadora de deficiência.

▶ § 11 acrescido pela Lei nº 11.340, de 7-8-2006.

§ 12. *Aumenta-se a pena de:*

I – 1/3 (um terço) a 2/3 (dois terços) se a lesão dolosa for praticada:

a) contra autoridade ou agente descrito nos arts. 142 e 144 da Constituição Federal ou integrantes do sistema prisional ou da Força Nacional de Segurança Pública, no exercício da função ou em decorrência dela, ou contra seu cônjuge, companheiro ou parente consanguíneo até terceiro grau, em razão dessa condição;

b) contra membro do Poder Judiciário, do Ministério Público, da Defensoria Pública ou da Advocacia Pública, de que tratam os arts. 131 e 132 da Constituição Federal, ou oficial de justiça, no exercício da função ou em decorrência dela, ou contra seu cônjuge, companheiro ou parente, inclusive por afinidade, até o terceiro grau, em razão dessa condição; ou

c) nas dependências de instituição de ensino;

II – 2/3 (dois terços) ao dobro se a lesão dolosa for praticada nas dependências de instituição de ensino e:

a) a vítima for pessoa com deficiência ou com doença que acarrete condição limitante ou de vulnerabilidade física ou mental; ou

b) o autor for ascendente, padrasto ou madrasta, tio, irmão, cônjuge, companheiro, tutor, curador, preceptor ou empregador da vítima ou por qualquer outro título tiver autoridade sobre ela ou, ainda, for professor ou funcionário da instituição de ensino.

▶ § 12 com a redação dada pela Lei nº 15.159, de 3-7-2025.

§ 13. *Se a lesão é praticada contra a mulher, por razões da condição do sexo feminino, nos termos do § 1º do art. 121-A deste Código:*

Pena – reclusão, de 2 (dois) a 5 (cinco) anos.

▶ § 13 com a redação dada pela Lei nº 14.994, de 9-10-2024.

CAPÍTULO III

DA PERICLITAÇÃO DA VIDA E DA SAÚDE

Perigo de contágio venéreo

Art. 130. Expor alguém, por meio de relações sexuais ou qualquer ato libidinoso, a contágio de moléstia venérea, de que sabe ou deve saber que está contaminado:

Pena – detenção, de três meses a um ano, ou multa.

§ 1º Se é intenção do agente transmitir a moléstia:

Pena – reclusão, de um a quatro anos, e multa.

§ 2º Somente se procede mediante representação.

▶ Art. 100, § 1º, deste Código.

▶ Art. 24 do CPP.

Perigo de contágio de moléstia grave

Art. 131. Praticar, com o fim de transmitir a outrem moléstia grave de que está contaminado, ato capaz de produzir o contágio:

Pena – reclusão, de um a quatro anos, e multa.

Perigo para a vida ou saúde de outrem

Art. 132. Expor a vida ou a saúde de outrem a perigo direto e iminente:

Pena – detenção, de três meses a um ano, se o fato não constitui crime mais grave.

Parágrafo único. A pena é aumentada de um sexto a um terço se a exposição da vida ou da saúde de outrem a perigo decorre do transporte de pessoas para a prestação de serviços em estabelecimentos de qualquer natureza, em desacordo com as normas legais.

▶ Parágrafo único acrescido pela Lei nº 9.777, de 29-12-1998.

Abandono de incapaz

Art. 133. Abandonar pessoa que está sob seu cuidado, guarda, vigilância ou autoridade, e, por qualquer motivo, incapaz de defender-se dos riscos resultantes do abandono:

▶ Art. 61, II, *f*, *g* e *i*, deste Código.

▶ Art. 212 do CPM.

Pena – reclusão, de 2 (dois) a 5 (cinco) anos.

▶ Pena com a redação dada pela Lei nº 15.163, de 3-7-2025.

§ 1º Se do abandono resulta lesão corporal de natureza grave:

Pena – reclusão, de 3 (três) a 7 (sete) anos.

▶ Pena com a redação dada pela Lei nº 15.163, de 3-7-2025.

§ 2º Se resulta a morte:

Pena – reclusão, de 8 (oito) a 14 (quatorze) anos.

▶ Pena com a redação dada pela Lei nº 15.163, de 3-7-2025.

Aumento de pena

§ 3º As penas cominadas neste artigo aumentam-se de um terço:

▶ Art. 61, II, *e* e *h*, deste Código.

I – se o abandono ocorre em lugar ermo;

II – se o agente é ascendente ou descendente, cônjuge, irmão, tutor ou curador da vítima;

III – se a vítima é maior de sessenta anos.

▶ Inciso III acrescido pela Lei nº 10.741, de 1º-10-2003.

Exposição ou abandono de recém-nascido

Art. 134. Expor ou abandonar recém-nascido, para ocultar desonra própria:

Pena – detenção, de seis meses a dois anos.

§ 1º Se do fato resulta lesão corporal de natureza grave:

Pena – detenção, de um a três anos.

§ 2º Se resulta a morte:

Pena – detenção, de dois a seis anos.

Omissão de socorro

Art. 135. Deixar de prestar assistência, quando possível fazê-lo sem risco pessoal, à criança abandonada ou extraviada, ou à pessoa inválida ou ferida, ao desamparo ou em grave e iminente perigo; ou não pedir, nesses casos, o socorro da autoridade pública:

Pena – detenção, de um a seis meses, ou multa.

▶ Arts. 198 a 201 do CPM.

▶ Art. 304 do CTB.

Parágrafo único. A pena é aumentada de metade, se da omissão resulta lesão corporal de natureza grave, e triplicada, se resulta a morte.

Condicionamento de atendimento médico-hospitalar emergencial

Art. 135-A. Exigir cheque-caução, nota promissória ou qualquer garantia, bem como o preenchimento prévio de formulários administrativos, como condição para o atendimento médico-hospitalar emergencial:

Pena – detenção, de 3 (três) meses a 1 (um) ano, e multa.

Parágrafo único. A pena é aumentada até o dobro se da negativa de atendimento resulta lesão corporal de natureza grave, e até o triplo se resulta a morte.

- Art. 135-A acrescido pela Lei nº 12.653, de 28-5-2012.

Maus-tratos

Art. 136. Expor a perigo a vida ou a saúde de pessoa sob sua autoridade, guarda ou vigilância, para fim de educação, ensino, tratamento ou custódia, quer privando-a de alimentação ou cuidados indispensáveis, quer sujeitando-a a trabalho excessivo ou inadequado, quer abusando de meios de correção ou disciplina:

- Lei nº 13.869, de 5-9-2019 (Lei do Abuso de Autoridade).

Pena – reclusão, de 2 (dois) a 5 (cinco) anos.

- Pena com a redação dada pela Lei nº 15.163, de 3-7-2025.
- Art. 213 do CPM.

§ 1º Se do fato resulta lesão corporal de natureza grave:

Pena – reclusão, de 3 (três) a 7 (sete) anos.

- Pena com a redação dada pela Lei nº 15.163, de 3-7-2025.

§ 2º Se resulta a morte:

Pena – reclusão, de 8 (oito) a 14 (quatorze) anos.

- Pena com a redação dada pela Lei nº 15.163, de 3-7-2025.

§ 3º Aumenta-se a pena de um terço, se o crime é praticado contra pessoa menor de quatorze anos.

- § 3º acrescido pela Lei nº 8.069, de 13-7-1990.

CAPÍTULO IV
DA RIXA

Rixa

Art. 137. Participar de rixa, salvo para separar os contendores:

Pena – detenção, de quinze dias a dois meses, ou multa.

- Art. 211 do CPM.

Parágrafo único. Se ocorre morte ou lesão corporal de natureza grave, aplica-se, pelo fato da participação na rixa, a pena de detenção, de seis meses a dois anos.

CAPÍTULO V
DOS CRIMES CONTRA A HONRA

- Arts. 214 a 221 do CPM.
- Art. 11, 1, do Pacto de São José da Costa Rica.

Calúnia

Art. 138. Caluniar alguém, imputando-lhe falsamente fato definido como crime:

Pena – detenção, de seis meses a dois anos, e multa.

- Arts. 519 a 523 do CPP.
- Art. 324 do CE.
- Art. 53 da Lei nº 4.117, de 27-8-1962 (Código Brasileiro de Telecomunicações).
- Art. 58 da Lei nº 9.504, de 30-9-1997 (Lei das Eleições).

§ 1º Na mesma pena incorre quem, sabendo falsa a imputação, a propala ou divulga.

§ 2º É punível a calúnia contra os mortos.

Exceção da verdade

§ 3º Admite-se a prova da verdade, salvo:

- Art. 214, § 2º, do CPM.
- Súm. nº 396 do STF.

I – se, constituindo o fato imputado crime de ação privada, o ofendido não foi condenado por sentença irrecorrível;

II – se o fato é imputado a qualquer das pessoas indicadas no nº I do artigo 141;

III – se do crime imputado, embora de ação pública, o ofendido foi absolvido por sentença irrecorrível.

Difamação

Art. 139. Difamar alguém, imputando-lhe fato ofensivo à sua reputação:

Pena – detenção, de três meses a um ano, e multa.

- Arts. 519 a 523 do CPP.
- Art. 215, parágrafo único, do CPM.
- Art. 325 do CE.
- Art. 53 da Lei nº 4.117, de 27-8-1962 (Código Brasileiro de Telecomunicações).

Exceção da verdade

Parágrafo único. A exceção da verdade somente se admite se o ofendido é funcionário público e a ofensa é relativa ao exercício de suas funções.

- Súm. nº 396 do STF.

Injúria

Art. 140. Injuriar alguém, ofendendo-lhe a dignidade ou o decoro:

Pena – detenção, de um a seis meses, ou multa.

- Arts. 256, 519 a 523 do CPP.
- Art. 217 do CPM.
- Art. 326 do CE.
- Art. 53 da Lei nº 4.117, de 27-8-1962 (Código Brasileiro de Telecomunicações).

§ 1º O juiz pode deixar de aplicar a pena:

I – quando o ofendido, de forma reprovável, provocou diretamente a injúria;

II – no caso de retorsão imediata, que consista em outra injúria.

§ 2º Se a injúria consiste em violência ou vias de fato, que, por sua natureza ou pelo meio empregado, se considerem aviltantes:

Pena – detenção, de três meses a um ano, e multa, além da pena correspondente à violência.

- Art. 21 da LCP.

§ 3º Se a injúria consiste na utilização de elementos referentes a religião ou à condição de pessoa idosa ou com deficiência:

Pena – reclusão, de 1 (um) a 3 (três) anos, e multa.

- § 3º com a redação dada pela Lei nº 14.532, de 11-1-2023.

Disposições comuns

Art. 141. As penas cominadas neste Capítulo aumentam-se de um terço, se qualquer dos crimes é cometido:

- Art. 218 do CPM.

I – contra o Presidente da República, ou contra chefe de governo estrangeiro;

II – contra funcionário público, em razão de suas funções, ou contra os Presidentes do Senado Federal, da Câmara dos Deputados ou do Supremo Tribunal Federal;

- Inciso II com a redação dada pela Lei nº 14.197, de 1º-9-2021.

III – na presença de várias pessoas, ou por meio que facilite a divulgação da calúnia, da difamação ou da injúria;

IV – contra criança, adolescente, pessoa maior de 60 (sessenta) anos ou pessoa com deficiência, exceto na hipótese prevista no § 3º do art. 140 deste Código.

- Inciso IV com a redação dada pela Lei nº 14.344, de 24-5-2022.

§ 1º Se o crime é cometido mediante paga ou promessa de recompensa, aplica-se a pena em dobro.

- Parágrafo único transformado em § 1º pela Lei nº 13.964, de 24-12-2019.

§ 2º Se o crime é cometido ou divulgado em quaisquer modalidades das redes sociais da rede mundial de computadores, aplica-se em triplo a pena.

- § 2º acrescido pela Lei nº 13.964, de 24-12-2019, promulgado nos termos do art. 66, § 5º, da CF (*DOU* de 30-4-2021).

§ 3º Se o crime é cometido contra a mulher por razões da condição do sexo feminino, nos termos do § 1º do art. 121-A deste Código, aplica-se a pena em dobro.

- § 3º acrescido pela Lei nº 14.994, de 9-10-2024.

Exclusão do crime

Art. 142. Não constituem injúria ou difamação punível:

I – a ofensa irrogada em juízo, na discussão da causa, pela parte ou por seu procurador;

- Arts. 78, 360 e 361, parágrafo único, do CPC/2015.

II – a opinião desfavorável da crítica literária, artística ou científica, salvo quando inequívoca a intenção de injuriar ou difamar;

III – o conceito desfavorável emitido por funcionário público, em apreciação ou informação que preste no cumprimento de dever do ofício.

Parágrafo único. Nos casos dos nºs I e III, responde pela injúria ou pela difamação quem lhe dá publicidade.

Retratação

Art. 143. O querelado que, antes da sentença, se retrata cabalmente da calúnia ou da difamação, fica isento de pena.

- Art. 107, VI, deste Código.

Parágrafo único. Nos casos em que o querelado tenha praticado a calúnia ou a difamação utilizando-se de meios de comunicação, a retratação dar-se-á, se assim desejar o ofendido, pelos mesmos meios em que se praticou a ofensa.

- Parágrafo único acrescido pela Lei nº 13.188, de 11-11-2015.

Art. 144. Se, de referências, alusões ou frases, se infere calúnia, difamação ou injúria, quem se julga ofendido pode pedir explicações em juízo. Aquele que se recusa a dá-las ou, a critério do juiz, não as dá satisfatórias, responde pela ofensa.

Art. 145. Nos crimes previstos neste Capítulo somente se procede mediante queixa, salvo quando, no caso do artigo 140, § 2º, da violência resulta lesão corporal.

Parágrafo único. Procede-se mediante requisição do Ministro da Justiça, no caso do inciso I do *caput* do art. 141 deste Código, e mediante representação do ofendido, no caso do inciso

II do mesmo artigo, bem como no caso do § 3º do art. 140 deste Código.

▸ Parágrafo único com a redação dada pela Lei nº 12.033, de 29-9-2009.

CAPÍTULO VI – DOS CRIMES CONTRA A LIBERDADE INDIVIDUAL

Seção I – *DOS CRIMES CONTRA A LIBERDADE PESSOAL*

Constrangimento ilegal

Art. 146. Constranger alguém, mediante violência ou grave ameaça, ou depois de lhe haver reduzido, por qualquer outro meio, a capacidade de resistência, a não fazer o que a lei permite, ou a fazer o que ela não manda:

Pena – detenção, de três meses a um ano, ou multa.

▸ Art. 5º, II, da CF.
▸ Art. 222 do CPM.
▸ Art. 71 do CDC.
▸ Art. 301 do CE.
▸ Art. 232 do ECA.
▸ Arts. 6º, 2 e 6, e 9º, 6, da Lei nº 1.079, de 10-4-1950 (Lei dos Crimes de Responsabilidade).
▸ Art. 13 da Lei nº 13.869, de 5-9-2019 (Lei do Abuso de Autoridade).
▸ Art. 7º, 1, do Pacto de São José da Costa Rica.
▸ Súm. nº 568 do STF.

Aumento de pena

§ 1º As penas aplicam-se cumulativamente e em dobro, quando, para a execução do crime, se reúnem mais de três pessoas, ou há emprego de armas.

§ 2º Além das penas cominadas, aplicam-se as correspondentes à violência.

§ 3º Não se compreendem na disposição deste artigo:

I – a intervenção médica ou cirúrgica, sem o consentimento do paciente ou de seu representante legal, se justificada por iminente perigo de vida;

II – a coação exercida para impedir suicídio.

Intimidação sistemática (*bullying*)

Art. 146-A. *Intimidar sistematicamente, individualmente ou em grupo, mediante violência física ou psicológica, uma ou mais pessoas, de modo intencional e repetitivo, sem motivação evidente, por meio de atos de intimidação, de humilhação ou de discriminação ou de ações verbais, morais, sexuais, sociais, psicológicas, físicas, materiais ou virtuais:*

Pena – multa, se a conduta não constituir crime mais grave.

Intimidação sistemática virtual (*cyberbullying*)

Parágrafo único. *Se a conduta é realizada por meio da rede de computadores, de rede social, de aplicativos, de jogos on-line ou por qualquer outro meio ou ambiente digital, ou transmitida em tempo real:*

Pena – reclusão, de 2 (dois) anos a 4 (quatro) anos, e multa, se a conduta não constituir crime mais grave.

▸ Art. 146-A acrescido pela Lei nº 14.811, de 12-1-2024.

Ameaça

Art. 147. Ameaçar alguém, por palavra, escrito ou gesto, ou qualquer outro meio simbólico, de causar-lhe mal injusto e grave:

Pena – detenção, de um a seis meses, ou multa.

▸ Art. 223 do CPM.
▸ Art. 71 do CDC.
▸ Art. 5º, 1, do Pacto de São José da Costa Rica.

§ 1º Se o crime é cometido contra a mulher por razões da condição do sexo feminino, nos termos do § 1º do art. 121-A deste Código, aplica-se a pena em dobro.

▸ Parágrafo único transformado em § 1º e com a redação dada pela Lei nº 14.994, de 9-10-2024.

§ 2º Somente se procede mediante representação, exceto na hipótese prevista no § 1º deste artigo.

▸ § 2º acrescido pela Lei nº 14.994, de 9-10-2024.
▸ Art. 100, § 1º, deste Código.
▸ Arts. 24, 38 e 39 do CPP.

Perseguição

Art. 147-A. Perseguir alguém, reiteradamente e por qualquer meio, ameaçando-lhe a integridade física e psicológica, restringindo-lhe a capacidade de locomoção ou, de qualquer forma, invadindo ou perturbando sua esfera de liberdade ou privacidade.

Pena – reclusão, de 6 (seis) meses a 2 (dois) anos, e multa.

§ 1º A pena é aumentada de metade se o crime é cometido:

I – contra criança, adolescente ou idoso;

II – contra mulher por razões da condição de sexo feminino, nos termos do § 2º-A do art. 121 deste Código;

III – mediante concurso de 2 (duas) ou mais pessoas ou com o emprego de arma.

§ 2º As penas deste artigo são aplicáveis sem prejuízo das correspondentes à violência.

§ 3º Somente se procede mediante representação.

▸ Art. 147-A acrescido pela Lei nº 14.132, de 31-3-2021.

Violência psicológica contra a mulher

Art. 147-B. Causar dano emocional à mulher que a prejudique e perturbe seu pleno desenvolvimento ou que vise a degradar ou a controlar suas ações, comportamentos, crenças e decisões, mediante ameaça, constrangimento, humilhação, manipulação, isolamento, chantagem, ridicularização, limitação do direito de ir e vir ou qualquer outro meio que cause prejuízo à sua saúde psicológica e autodeterminação:

Pena – reclusão, de 6 (seis) meses a 2 (dois) anos, e multa, se a conduta não constitui crime mais grave.

▸ *Caput* e pena acrescidos pela Lei nº 14.188, de 28-7-2021.

Parágrafo único. *A pena é aumentada de metade se o crime é cometido mediante uso de inteligência artificial ou de qualquer outro recurso tecnológico que altere imagem ou som da vítima.*

▸ Parágrafo único acrescido pela Lei nº 15.123, de 24-4-2025.

Sequestro e cárcere privado

Art. 148. Privar alguém de sua liberdade, mediante sequestro ou cárcere privado:

Pena – reclusão, de um a três anos.

▸ Art. 225 do CPM.
▸ Art. 230 do ECA.
▸ Art. 1º, *e*, da Lei nº 2.889, de 1-10-1956 (Lei do Crime de Genocídio).
▸ Art. 1º, III, *b*, da Lei nº 7.960, de 21-12-1989 (Lei da Prisão Temporária).
▸ Art. 1º, I, da Lei nº 10.446, de 8-5-2002, que dispõe sobre infrações penais de repercussão interestadual ou internacional que exigem repressão uniforme, para os fins de aplicação do disposto no inciso I do § 1º do art. 144 da CF.
▸ Art. 7º, 1, do Pacto de São José da Costa Rica.

§ 1º A pena é de reclusão, de dois a cinco anos:

I – se a vítima é ascendente, descendente, cônjuge ou companheiro do agente ou maior de sessenta anos;

▸ Inciso I com a redação dada pela Lei nº 11.106, de 28-3-2005.

II – se o crime é praticado mediante internação da vítima em casa de saúde ou hospital;

III – se a privação da liberdade dura mais de quinze dias;

IV – se o crime é praticado contra menor de dezoito anos;

V – se o crime é praticado com fins libidinosos.

▸ Incisos IV e V acrescidos pela Lei nº 11.106, de 28-3-2005.

§ 2º Se resulta à vítima, em razão de maus-tratos ou da natureza da detenção, grave sofrimento físico ou moral:

Pena – reclusão, de dois a oito anos.

Redução a condição análoga à de escravo

Art. 149. Reduzir alguém a condição análoga à de escravo, quer submetendo-o a trabalhos forçados ou a jornada exaustiva, quer sujeitando-o a condições degradantes de trabalho, quer restringindo, por qualquer meio, sua locomoção em razão de dívida contraída com o empregador ou preposto:

Pena – reclusão, de dois a oito anos, e multa, além da pena correspondente à violência.

▸ *Caput* e pena com a redação dada pela Lei nº 10.803, de 11-12-2003.
▸ Art. 6º do Pacto de São José da Costa Rica.

§ 1º Nas mesmas penas incorre quem:

I – cerceia o uso de qualquer meio de transporte por parte do trabalhador, com o fim de retê-lo no local de trabalho;

II – mantém vigilância ostensiva no local de trabalho ou se apodera de documentos ou objetos pessoais do trabalhador, com o fim de retê-lo no local de trabalho.

§ 2º A pena é aumentada de metade, se o crime é cometido:

I – contra criança ou adolescente;

II – por motivo de preconceito de raça, cor, etnia, religião ou origem.

▸ §§ 1º e 2º acrescidos pela Lei nº 10.803, de 11-12-2003.

Tráfico de pessoas

Art. 149-A. Agenciar, aliciar, recrutar, transportar, transferir, comprar, alojar ou acolher pessoa, mediante grave ameaça, violência, coação, fraude ou abuso, com a finalidade de:

I – remover-lhe órgãos, tecidos ou partes do corpo;

II – submetê-la a trabalho em condições análogas à de escravo;
III – submetê-la a qualquer tipo de servidão;
IV – adoção ilegal; ou
V – exploração sexual.

Pena – reclusão, de 4 (quatro) a 8 (oito) anos, e multa.

§ 1º A pena é aumentada de um terço até a metade se:

I – o crime for cometido por funcionário público no exercício de suas funções ou a pretexto de exercê-las;
II – o crime for cometido contra criança, adolescente ou pessoa idosa ou com deficiência;
III – o agente se prevalecer de relações de parentesco, domésticas, de coabitação, de hospitalidade, de dependência econômica, de autoridade ou de superioridade hierárquica inerente ao exercício de emprego, cargo ou função; ou
IV – a vítima do tráfico de pessoas for retirada do território nacional.

§ 2º A pena é reduzida de um a dois terços se o agente for primário e não integrar organização criminosa.

- Art. 149-A acrescido pela Lei nº 13.344, de 6-10-2016.

Seção II

DOS CRIMES CONTRA A INVIOLABILIDADE DO DOMICÍLIO

Violação de domicílio

Art. 150. Entrar ou permanecer, clandestina ou astuciosamente, ou contra a vontade expressa ou tácita de quem de direito, em casa alheia ou em suas dependências:

Pena – detenção, de um a três meses, ou multa.

- Art. 5º, XI, da CF.
- Arts. 245 a 248, 283, § 2º, e 293 do CPP.
- Art. 226 do CPM.
- Lei nº 13.869, de 5-9-2019 (Lei do Abuso de Autoridade).
- Art. 11 do Pacto de São José da Costa Rica.

§ 1º Se o crime é cometido durante a noite, ou em lugar ermo, ou com o emprego de violência ou de arma, ou por duas ou mais pessoas:

Pena – detenção, de seis meses a dois anos, além da pena correspondente à violência.

§ 2º *Revogado.* Lei nº 13.869, de 5-9-2019.

§ 3º Não constitui crime a entrada ou permanência em casa alheia ou em suas dependências:

I – durante o dia, com observância das formalidades legais, para efetuar prisão ou outra diligência;
II – a qualquer hora do dia ou da noite, quando algum crime está sendo ali praticado ou na iminência de o ser.

§ 4º A expressão "casa" compreende:

I – qualquer compartimento habitado;
II – aposento ocupado de habitação coletiva;
III – compartimento não aberto ao público, onde alguém exerce profissão ou atividade.

§ 5º Não se compreendem na expressão "casa":

I – hospedaria, estalagem ou qualquer outra habitação coletiva, enquanto aberta, salvo a restrição do nº II do parágrafo anterior;
II – taverna, casa de jogo e outras do mesmo gênero.

Seção III

DOS CRIMES CONTRA A INVIOLABILIDADE DE CORRESPONDÊNCIA

Violação de correspondência

- Art. 5º, XII, da CF.

Art. 151. Devassar indevidamente o conteúdo de correspondência fechada, dirigida a outrem:

Pena – detenção, de um a seis meses, ou multa.

- Art. 227 do CPM.
- Art. 41, XV, e parágrafo único, da LEP.
- Art. 40 da Lei nº 6.538, de 22-6-1978, que dispõe sobre os serviços postais.
- Lei nº 13.869, de 5-9-2019 (Lei do Abuso de Autoridade).
- Art. 11 do Pacto de São José da Costa Rica.

Sonegação ou destruição de correspondência

§ 1º Na mesma pena incorre:

I – quem se apossa indevidamente de correspondência alheia, embora não fechada e, no todo ou em parte, a sonega ou destrói;

- Art. 40, § 1º, da Lei nº 6.538, de 22-6-1978, que dispõe sobre os serviços postais.

Violação de comunicação telegráfica, radioelétrica ou telefônica

II – quem indevidamente divulga, transmite a outrem ou utiliza abusivamente comunicação telegráfica ou radioelétrica dirigida a terceiro, ou conversação telefônica entre outras pessoas;
III – quem impede a comunicação ou a conversação referidas no número anterior;
IV – quem instala ou utiliza estação ou aparelho radioelétrico, sem observância de disposição legal.

- Art. 70 da Lei nº 4.117, de 27-8-1962 (Código Brasileiro de Telecomunicações).

§ 2º As penas aumentam-se de metade, se há dano para outrem.

§ 3º Se o agente comete o crime, com abuso de função em serviço postal, telegráfico, radioelétrico ou telefônico:

Pena – detenção, de um a três anos.

§ 4º Somente se procede mediante representação, salvo nos casos do § 1º, IV, e do § 3º.

Correspondência comercial

Art. 152. Abusar da condição de sócio ou empregado de estabelecimento comercial ou industrial para, no todo ou em parte, desviar, sonegar, subtrair ou suprimir correspondência, ou revelar a estranho seu conteúdo:

Pena – detenção, de três meses a dois anos.

- Lei nº 13.869, de 5-9-2019 (Lei do Abuso de Autoridade).
- Art. 11 do Pacto de São José da Costa Rica.

Parágrafo único. Somente se procede mediante representação.

- Art. 100, § 1º, deste Código.
- Arts. 24, 38 e 39 do CPP.

Seção IV

DOS CRIMES CONTRA A INVIOLABILIDADE DOS SEGREDOS

Divulgação de segredo

Art. 153. Divulgar alguém, sem justa causa, conteúdo de documento particular ou de correspondência confidencial, de que é destinatário ou detentor, e cuja divulgação possa produzir dano a outrem:

Pena – detenção, de um a seis meses, ou multa.

- Art. 448 do CPC/2015.
- Art. 228 do CPM.
- Art. 11 do Pacto de São José da Costa Rica.

§ 1º-A. Divulgar, sem justa causa, informações sigilosas ou reservadas, assim definidas em lei, contidas ou não nos sistemas de informações ou banco de dados da Administração Pública:

Pena – detenção, de um a quatro anos, e multa.

- § 1º-A acrescido pela Lei nº 9.983, de 14-7-2000.

§ 1º Somente se procede mediante representação.

- Parágrafo único transformado em § 1º pela Lei nº 9.983, de 14-7-2000.
- Art. 100, § 1º, deste Código.
- Arts. 24, 38 e 39 do CPP.

§ 2º Quando resultar prejuízo para a Administração Pública, a ação penal será incondicionada.

- § 2º acrescido pela Lei nº 9.983, de 14-7-2000.

Violação do segredo profissional

Art. 154. Revelar alguém, sem justa causa, segredo, de que tem ciência em razão de função, ministério, ofício ou profissão, e cuja revelação possa produzir dano a outrem:

Pena – detenção, de três meses a um ano, ou multa.

- Art. 230 do CPM.
- Art. 11 do Pacto de São José da Costa Rica.

Parágrafo único. Somente se procede mediante representação.

- Art. 100, § 1º, deste Código.
- Arts. 24, 38 e 39 do CPP.

Invasão de dispositivo informático

Art. 154-A. Invadir dispositivo informático de uso alheio, conectado ou não à rede de computadores, com o fim de obter, adulterar ou destruir dados ou informações sem autorização expressa ou tácita do usuário do dispositivo ou de instalar vulnerabilidades para obter vantagem ilícita:

Pena – reclusão, de 1 (um) a 4 (quatro) anos, e multa.

- *Caput* do art. 154-A com a redação dada pela Lei nº 14.155, de 27-5-2021.
- Arts. 190-A a 190-E do ECA.

§ 1º Na mesma pena incorre quem produz, oferece, distribui, vende ou difunde dispositivo ou programa de computador com o intuito de permitir a prática da conduta definida no *caput*.

- § 1º acrescido pela Lei nº 12.737, de 30-11-2012.

§ 2º Aumenta-se a pena de 1/3 (um terço) a 2/3 (dois terços) se da invasão resulta prejuízo econômico.

- § 2º com a redação dada pela Lei nº 14.155, de 27-5-2021.

§ 3º Se da invasão resultar a obtenção de conteúdo de comunicações eletrônicas privadas, segredos comerciais ou industriais, informações sigilosas, assim definidas em lei, ou o controle remoto não autorizado do dispositivo invadido:

- *Caput* do § 3º acrescido pela Lei nº 12.737, de 30-11-2012.

Pena – reclusão, de 2 (dois) a 5 (cinco) anos, e multa.

- Pena com a redação dada pela Lei nº 14.155, de 27-5-2021.

§ 4º Na hipótese do § 3º, aumenta-se a pena de um a dois terços se houver divulgação, comercialização ou transmissão a terceiro, a qualquer título, dos dados ou informações obtidos.

§ 5º Aumenta-se a pena de um terço à metade se o crime for praticado contra:

I – Presidente da República, governadores e prefeitos;

II – Presidente do Supremo Tribunal Federal;

III – Presidente da Câmara dos Deputados, do Senado Federal, de Assembleia Legislativa de Estado, da Câmara Legislativa do Distrito Federal ou de Câmara Municipal; ou

IV – dirigente máximo da administração direta e indireta federal, estadual, municipal ou do Distrito Federal.

- §§ 4º e 5º acrescidos pela Lei nº 12.737, de 30-11-2012.

Ação penal

Art. 154-B. Nos crimes definidos no art. 154-A, somente se procede mediante representação, salvo se o crime é cometido contra a administração pública direta ou indireta de qualquer dos Poderes da União, Estados, Distrito Federal ou Municípios ou contra empresas concessionárias de serviços públicos.

- Art. 154-B acrescido pela Lei nº 12.737, de 30-11-2012.

TÍTULO II – DOS CRIMES CONTRA O PATRIMÔNIO

CAPÍTULO I – DO FURTO

Furto

Art. 155. Subtrair, para si ou para outrem, coisa alheia móvel:

Pena – reclusão, de um a quatro anos, e multa.

- Arts. 181 a 183 deste Código.
- Arts. 240, 241 e 404 do CPM.
- Arts. 24 e 25 da LCP.

§ 1º A pena aumenta-se de um terço, se o crime é praticado durante o repouso noturno.

§ 2º Se o criminoso é primário, e é de pequeno valor a coisa furtada, o juiz pode substituir a pena de reclusão pela de detenção, diminuí-la de um terço a dois terços, ou aplicar somente a pena de multa.

- Arts. 59, IV, 60, § 2º, 63 e 180, § 5º, deste Código.
- Súm. nº 511 do STJ.

§ 3º Equipara-se à coisa móvel a energia elétrica ou qualquer outra que tenha valor econômico.

Furto qualificado

§ 4º A pena é de reclusão de dois a oito anos, e multa, se o crime é cometido:

I – com destruição ou rompimento de obstáculo à subtração da coisa;

II – com abuso de confiança, ou mediante fraude, escalada ou destreza;

III – com emprego de chave falsa;

IV – mediante concurso de duas ou mais pessoas.

- Súm. nº 442 do STJ.

§ 4º-A. A pena é de reclusão de 4 (quatro) a 10 (dez) anos e multa, se houver emprego de explosivo ou de artefato análogo que cause perigo comum.

- § 4º-A acrescido pela Lei nº 13.654, de 23-4-2018.
- Art. 1º, IX, da Lei nº 8.072, de 25-7-1990 (Lei dos Crimes Hediondos).

§ 4º-B. A pena é de reclusão, de 4 (quatro) a 8 (oito) anos, e multa, se o furto mediante fraude é cometido por meio de dispositivo eletrônico ou informático, conectado ou não à rede de computadores, com ou sem a violação de mecanismo de segurança ou a utilização de programa malicioso, ou por qualquer outro meio fraudulento análogo.

§ 4º-C. A pena prevista no § 4º-B deste artigo, considerada a relevância do resultado gravoso:

I – aumenta-se de 1/3 (um terço) a 2/3 (dois terços), se o crime é praticado mediante a utilização de servidor mantido fora do território nacional;

II – aumenta-se de 1/3 (um terço) ao dobro, se o crime é praticado contra idoso ou vulnerável.

- §§ 4º-B e 4º-C acrescidos pela Lei nº 14.155, de 27-5-2021.

§ 5º A pena é de reclusão de três a oito anos, se a subtração for de veículo automotor que venha a ser transportado para outro Estado ou para o exterior.

- § 5º acrescido pela Lei nº 9.426, de 24-12-1996.

§ 6º A pena é de reclusão de 2 (dois) a 5 (cinco) anos se a subtração for de semovente domesticável de produção, ainda que abatido ou dividido em partes no local da subtração.

- § 6º acrescido pela Lei nº 13.330, de 2-8-2016.

§ 7º A pena é de reclusão de 4 (quatro) a 10 (dez) anos e multa, se a subtração for de substâncias explosivas ou de acessórios que, conjunta ou isoladamente, possibilitem sua fabricação, montagem ou emprego.

- § 7º acrescido pela Lei nº 13.654, de 23-4-2018.

Furto de coisa comum

Art. 156. Subtrair o condômino, coerdeiro ou sócio, para si ou para outrem, a quem legitimamente a detém, a coisa comum:

Pena – detenção, de seis meses a dois anos, ou multa.

§ 1º Somente se procede mediante representação.

- Art. 100, § 1º, deste Código.
- Arts. 24, 38 e 39 do CPP.
- Súm. nº 442 do STJ.

§ 2º Não é punível a subtração de coisa comum fungível, cujo valor não excede a quota a que tem direito o agente.

CAPÍTULO II – DO ROUBO E DA EXTORSÃO

Roubo

Art. 157. Subtrair coisa móvel alheia, para si ou para outrem, mediante grave ameaça ou violência à pessoa, ou depois de havê-la, por qualquer meio, reduzido à impossibilidade de resistência:

Pena – reclusão, de quatro a dez anos, e multa.

- Arts. 242 e 405 do CPM.
- Art. 1º, III, *c*, da Lei nº 7.960, de 21-12-1989 (Lei da Prisão Temporária).

§ 1º Na mesma pena incorre quem, logo depois de subtraída a coisa, emprega violência contra pessoa ou grave ameaça, a fim de assegurar a impunidade do crime ou a detenção da coisa para si ou para terceiro.

§ 2º A pena aumenta-se de 1/3 (um terço) até metade:

- *Caput* com a redação dada pela Lei nº 13.654, de 23-4-2018.
- Súm. nº 443 do STJ.

I – *Revogado*. Lei nº 13.654, de 23-4-2018;

II – se há o concurso de duas ou mais pessoas;

- Súm. nº 442 do STJ.

III – se a vítima está em serviço de transporte de valores e o agente conhece tal circunstância;

IV – se a subtração for de veículo automotor que venha a ser transportado para outro Estado ou para o exterior;

V – se o agente mantém a vítima em seu poder, restringindo sua liberdade;

- Incisos IV e V acrescidos pela Lei nº 9.426, de 24-12-1996.
- Art. 1º, II, *a*, da Lei nº 8.072, de 25-7-1990 (Lei dos Crimes Hediondos).

VI – se a subtração for de substâncias explosivas ou de acessórios que, conjunta ou isoladamente, possibilitem sua fabricação, montagem ou emprego;

- Inciso VI acrescido pela Lei nº 13.654, de 23-4-2018.

VII – se a violência ou grave ameaça é exercida com emprego de arma branca;

- Inciso VII acrescido pela Lei nº 13.964, de 24-12-2019.

§ 2º-A. A pena aumenta-se de 2/3 (dois terços):

I – se a violência ou ameaça é exercida com emprego de arma de fogo;

- Art. 1º, II, *b*, da Lei nº 8.072, de 25-7-1990 (Lei dos Crimes Hediondos).

II – se há destruição ou rompimento de obstáculo mediante o emprego de explosivo ou de artefato análogo que cause perigo comum.

- § 2º-A acrescido pela Lei nº 13.654, de 23-4-2018.

§ 2º-B. Se a violência ou grave ameaça é exercida com emprego de arma de fogo de uso restrito ou proibido, aplica-se em dobro a pena prevista no *caput* deste artigo.

- § 2º-B acrescido Lei nº 13.964, de 24-12-2019.
- Art. 1º, II, *b*, da Lei nº 8.072, de 25-7-1990 (Lei dos Crimes Hediondos).

§ 3º Se da violência resulta:

I – lesão corporal grave, a pena é de reclusão de 7 (sete) a 18 (dezoito) anos, e multa;

II – morte, a pena é de reclusão de 20 (vinte) a 30 (trinta) anos, e multa.

- § 3º com a redação dada pela Lei nº 13.654, de 23-4-2018.
- Art. 5º, XLIII, da CF.
- Art. 1º, II, *c*, da Lei nº 8.072, de 25-7-1990 (Lei dos Crimes Hediondos).
- Súmulas nºs 603 e 610 do STF.

Extorsão

Art. 158. Constranger alguém, mediante violência ou grave ameaça, e com o intuito de obter para si ou para outrem indevida vantagem econômica, a fazer, tolerar que se faça ou deixar de fazer alguma coisa:

Pena – reclusão, de quatro a dez anos, e multa.

- Arts. 243 e 405 do CPM.
- Art. 1º, III, *d*, da Lei nº 7.960, de 21-12-1989 (Lei da Prisão Temporária).
- Súm. nº 96 do STJ.

§ 1º Se o crime é cometido por duas ou mais pessoas, ou com emprego de arma, aumenta-se a pena de um terço até metade.

§ 2º Aplica-se à extorsão praticada mediante violência o disposto no § 3º do artigo anterior.

- Art. 5º, XLIII, da CF.
- Art. 1º, III, da Lei nº 8.072, de 25-7-1990 (Lei dos Crimes Hediondos).

§ 3º Se o crime é cometido mediante a restrição da liberdade da vítima, e essa condição é necessária para a obtenção da vantagem econômica, a pena é de reclusão, de 6 (seis) a 12 (doze) anos, além da multa; se resulta lesão corporal grave ou morte, aplicam-se as penas previstas no art. 159, §§ 2º e 3º, respectivamente.

- § 3º acrescido pela Lei nº 11.923, de 17-4-2009.
- Art. 1º, III, da Lei nº 8.072, de 25-7-1990 (Lei dos Crimes Hediondos).

Extorsão mediante sequestro

Art. 159. Sequestrar pessoa com o fim de obter, para si ou para outrem, qualquer vantagem, como condição ou preço do resgate:

Pena – reclusão, de oito a quinze anos.

- Art. 5º, XLIII, da CF.
- Art. 244 do CPM.
- Art. 1º, III, *e*, da Lei nº 7.960, de 21-12-1989 (Lei da Prisão Temporária).
- Art.1º, IV, da Lei nº 8.072, de 25-7-1990 (Lei dos Crimes Hediondos).
- Lei nº 10.446, de 8-5-2002, dispõe sobre infrações penais de repercussão interestadual ou internacional que exigem repressão uniforme, para os fins de aplicação do disposto no inciso I do § 1º do art. 144 da CF.

§ 1º Se o sequestro dura mais de vinte e quatro horas, se o sequestrado é menor de dezoito ou maior de sessenta anos, ou se o crime é cometido por bando ou quadrilha:

- § 1º com a redação dada pela Lei nº 10.741, de 1º-10-2003.

Pena – reclusão, de doze a vinte anos.

§ 2º Se do fato resulta lesão corporal de natureza grave:

Pena – reclusão, de dezesseis a vinte e quatro anos.

§ 3º Se resulta a morte:

Pena – reclusão, de vinte e quatro a trinta anos.

§ 4º Se o crime é cometido em concurso, o concorrente que o denunciar à autoridade, facilitando a libertação do sequestrado, terá sua pena reduzida de um a dois terços.

- § 4º com a redação dada pela Lei nº 9.269, de 2-4-1996.
- Lei nº 8.072, de 25-7-1990 (Lei dos Crimes Hediondos), alterou as penas deste artigo.

Extorsão indireta

Art. 160. Exigir ou receber, como garantia de dívida, abusando da situação de alguém, documento que pode dar causa a procedimento criminal contra a vítima ou contra terceiro:

Pena – reclusão, de um a três anos, e multa.

- Art. 246 do CPM.

CAPÍTULO III
DA USURPAÇÃO

Alteração de limites

Art. 161. Suprimir ou deslocar tapume, marco, ou qualquer outro sinal indicativo de linha divisória, para apropriar-se, no todo ou em parte, de coisa imóvel alheia:

Pena – detenção, de um a seis meses, e multa.

- Art. 257 do CPM.
- Art. 2º da Lei nº 8.176, de 8-2-1991 (Lei dos Crimes Contra a Ordem Econômica).

§ 1º Na mesma pena incorre quem:

Usurpação de águas

I – desvia ou represa, em proveito próprio ou de outrem, águas alheias;

Esbulho possessório

II – invade, com violência à pessoa ou grave ameaça, ou mediante concurso de mais de duas pessoas, terreno ou edifício alheio, para o fim de esbulho possessório.

§ 2º Se o agente usa de violência, incorre também na pena a esta cominada.

§ 3º Se a propriedade é particular, e não há emprego de violência, somente se procede mediante queixa.

- Art. 100, § 2º, deste Código.
- Arts. 29 a 38 do CPP.

Supressão ou alteração de marca em animais

Art. 162. Suprimir ou alterar, indevidamente, em gado ou rebanho alheio, marca ou sinal indicativo de propriedade:

Pena – detenção, de seis meses a três anos, e multa.

- Art. 258 do CPM.

CAPÍTULO IV
DO DANO

Dano

Art. 163. Destruir, inutilizar ou deteriorar coisa alheia:

Pena – detenção, de um a seis meses, ou multa.

- Arts. 259 a 266, 383 e 384 do CPM.
- Art. 65 da Lei nº 9.605, de 12-2-1998 (Lei dos Crimes Ambientais).

Dano qualificado

Parágrafo único. Se o crime é cometido:

I – com violência à pessoa ou grave ameaça;

II – com emprego de substância inflamável ou explosiva, se o fato não constitui crime mais grave;

III – contra o patrimônio da União, de Estado, do Distrito Federal, de Município ou de autarquia, fundação pública, empresa pública, sociedade de economia mista ou empresa concessionária de serviços públicos;

- Inciso III com a redação dada pela Lei nº 13.531, de 7-12-2017.

IV – por motivo egoístico ou com prejuízo considerável para a vítima:

Pena – detenção, de seis meses a três anos, e multa, além da pena correspondente à violência.

Introdução ou abandono de animais em propriedade alheia

Art. 164. Introduzir ou deixar animais em propriedade alheia, sem consentimento de quem de direito, desde que o fato resulte prejuízo:

Pena – detenção, de quinze dias a seis meses, ou multa.

Dano em coisa de valor artístico, arqueológico ou histórico

Art. 165. Destruir, inutilizar ou deteriorar coisa tombada pela autoridade competente em virtude de valor artístico, arqueológico ou histórico:

Pena – detenção, de seis meses a dois anos, e multa.

- Art. 62 da Lei nº 9.605, de 12-2-1998 (Lei dos Crimes Ambientais).

Alteração de local especialmente protegido

Art. 166. Alterar, sem licença da autoridade competente, o aspecto de local especialmente protegido por lei:

Pena – detenção, de um mês a um ano, ou multa.

- Art. 63 da Lei nº 9.605, de 12-2-1998 (Lei dos Crimes Ambientais).

Ação penal

Art. 167. Nos casos do artigo 163, do nº IV do seu parágrafo e do artigo 164, somente se procede mediante queixa.

- Art. 100, § 2º, deste Código.
- Arts. 29 a 38 do CPP.

CAPÍTULO V
DA APROPRIAÇÃO INDÉBITA

Apropriação indébita

Art. 168. Apropriar-se de coisa alheia móvel, de que tem a posse ou a detenção:

Pena – reclusão, de um a quatro anos, e multa.

- Art. 248 do CPM.
- Art. 5º da Lei nº 7.492, de 16-6-1986 (Lei dos Crimes Contra o Sistema Financeiro Nacional).
- Art. 173 da Lei nº 11.101, de 9-2-2005 (Lei de Recuperação de Empresas e Falências).

Aumento de pena

§ 1º A pena é aumentada de um terço, quando o agente recebeu a coisa:

I – em depósito necessário;

II – na qualidade de tutor, curador, síndico, liquidatário, inventariante, testamenteiro ou depositário judicial;

III – em razão de ofício, emprego ou profissão.

Apropriação indébita previdenciária

Art. 168-A. Deixar de repassar à previdência social as contribuições recolhidas dos contribuintes, no prazo e forma legal ou convencional:

Pena – reclusão, de dois a cinco anos, e multa.

- *Caput* acrescido pela Lei nº 9.983, de 14-7-2000.
- Art. 83 da Lei nº 9.430, de 27-12-1996, que dispõe sobre a legislação tributária federal e as contribuições para a seguridade social.

§ 1º Nas mesmas penas incorre quem deixar de:

I – recolher, no prazo legal, contribuição ou outra importância destinada à previdência social que tenha sido descontada de pagamento efetuado a segurados, a terceiros ou arrecadada do público;

II – recolher contribuições devidas à previdência social que tenham integrado despesas contábeis ou custos relativos à venda de produtos ou à prestação de serviços;

III – pagar benefício devido a segurado, quando as respectivas cotas ou valores já tiverem sido reembolsados à empresa pela previdência social.

§ 2º É extinta a punibilidade se o agente, espontaneamente, declara, confessa e efetua o pagamento das contribuições, importâncias ou valores e presta as informações devidas à previdência social, na forma definida em lei ou regulamento, antes do início da ação fiscal.

§ 3º É facultado ao juiz deixar de aplicar a pena ou aplicar somente a de multa se o agente for primário e de bons antecedentes, desde que:

I – tenha promovido, após o início da ação fiscal e antes de oferecida a denúncia, o pagamento da contribuição social previdenciária, inclusive acessórios; ou

II – o valor das contribuições devidas, inclusive acessórios, seja igual ou inferior àquele estabelecido pela previdência social, administrativamente, como sendo o mínimo para o ajuizamento de suas execuções fiscais.

▸ §§ 1º a 3º acrescidos pela Lei nº 9.983, de 14-7-2000.

§ 4º A faculdade prevista no § 3º deste artigo não se aplica aos casos de parcelamento de contribuições cujo valor, inclusive dos acessórios, seja superior àquele estabelecido, administrativamente, como sendo o mínimo para o ajuizamento de suas execuções fiscais.

▸ § 4º acrescido pela Lei nº 13.606, de 9-1-2018.

Apropriação de coisa havida por erro, caso fortuito ou força da natureza

Art. 169. Apropriar-se alguém de coisa alheia vinda ao seu poder por erro, caso fortuito ou força da natureza:

▸ Art. 249 do CPM.

Pena – detenção, de um mês a um ano, ou multa.

Parágrafo único. Na mesma pena incorre:

Apropriação de tesouro

I – quem acha tesouro em prédio alheio e se apropria, no todo ou em parte, da quota a que tem direito o proprietário do prédio;

Apropriação de coisa achada

II – quem acha coisa alheia perdida e dela se apropria, total ou parcialmente, deixando de restituí-la ao dono ou legítimo possuidor ou de entregá-la à autoridade competente, dentro no prazo de quinze dias.

Art. 170. Nos crimes previstos neste Capítulo, aplica-se o disposto no artigo 155, § 2º.

CAPÍTULO VI
DO ESTELIONATO E OUTRAS FRAUDES

Estelionato

Art. 171. Obter, para si ou para outrem, vantagem ilícita, em prejuízo alheio, induzindo ou mantendo alguém em erro, mediante artifício, ardil, ou qualquer outro meio fraudulento:

▸ Art. 251 do CPM.

▸ Art. 6º da Lei nº 7.492, de 16-6-1986 (Lei dos Crimes Contra o Sistema Financeiro Nacional).

▸ Súmulas nºs 17 e 48 e 107 do STJ.

Pena – reclusão, de um a cinco anos, e multa.

§ 1º Se o criminoso é primário, e é de pequeno valor o prejuízo, o juiz pode aplicar a pena conforme o disposto no artigo 155, § 2º.

§ 2º Nas mesmas penas incorre quem:

Disposição de coisa alheia como própria

I – vende, permuta, dá em pagamento, em locação ou em garantia coisa alheia como própria;

Alienação ou oneração fraudulenta de coisa própria

II – vende, permuta, dá em pagamento ou em garantia coisa própria inalienável, gravada de ônus ou litigiosa, ou imóvel que prometeu vender a terceiro, mediante pagamento em prestações, silenciando sobre qualquer dessas circunstâncias;

Defraudação de penhor

III – defrauda, mediante alienação não consentida pelo credor ou por outro modo, a garantia pignoratícia, quando tem a posse do objeto empenhado;

Fraude na entrega de coisa

IV – defrauda substância, qualidade ou quantidade de coisa que deve entregar a alguém;

Fraude para recebimento de indenização ou valor de seguro

V – destrói, total ou parcialmente, ou oculta coisa própria, ou lesa o próprio corpo ou a saúde, ou agrava as consequências da lesão ou doença, com o intuito de haver indenização ou valor de seguro;

Fraude no pagamento por meio de cheque

VI – emite cheque, sem suficiente provisão de fundos em poder do sacado, ou lhe frustra o pagamento.

▸ Súmulas nºs 246, 521 e 554 do STF.

▸ Súm. nº 244 do STJ.

Fraude eletrônica

§ 2º-A. A pena é de reclusão, de 4 (quatro) a 8 (oito) anos, e multa, se a fraude é cometida com a utilização de informações fornecidas pela vítima ou por terceiro induzido a erro por meio de redes sociais, contatos telefônicos ou envio de correio eletrônico fraudulento, ou por qualquer outro meio fraudulento análogo.

§ 2º-B. A pena prevista no § 2º-A deste artigo, considerada a relevância do resultado gravoso, aumenta-se de 1/3 (um terço) a 2/3 (dois terços), se o crime é praticado mediante a utilização de servidor mantido fora do território nacional.

▸ §§ 2º-A e 2º-B acrescidos pela Lei nº 14.155, de 27-5-2021.

§ 3º A pena aumenta-se de um terço, se o crime é cometido em detrimento de entidade de direito público ou de instituto de economia popular, assistência social ou beneficência.

▸ Súm. nº 24 do STJ.

Estelionato contra idoso ou vulnerável

▸ Título com a redação dada pela Lei nº 14.155, de 27-5-2021.

§ 4º A pena aumenta-se de 1/3 (um terço) ao dobro, se o crime é cometido contra idoso ou vulnerável, considerada a relevância do resultado gravoso.

▸ § 4º acrescido pela Lei nº 14.155, de 27-5-2021.

§ 5º Somente se procede mediante representação, salvo se a vítima for:

I – a Administração Pública, direta ou indireta;

II – criança ou adolescente;

III – pessoa com deficiência mental; ou

IV – maior de 70 (setenta) anos de idade ou incapaz.

▸ § 5º acrescido pela Lei nº 13.964, de 24-12-2019.

Fraude com a utilização de ativos virtuais, valores mobiliários ou ativos financeiros

▸ Título acrescido pela Lei nº 14.478, de 21-12-2022.

Art. 171-A. Organizar, gerir, ofertar ou distribuir carteiras ou intermediar operações que envolvam ativos virtuais, valores mobiliários ou quaisquer ativos financeiros com o fim de obter vantagem ilícita, em prejuízo alheio, induzindo ou mantendo alguém em erro, mediante artifício, ardil ou qualquer outro meio fraudulento.

Pena – reclusão, de 4 (quatro) a 8 (oito) anos, e multa.

▸ Art. 171-A acrescido pela Lei nº 14.478, de 21-12-2022.

Duplicata simulada

Art. 172. Emitir fatura, duplicata ou nota de venda que não corresponda à mercadoria vendida, em quantidade ou qualidade, ou ao serviço prestado.

Pena – detenção, de dois a quatro anos, e multa.

▸ *Caput* e pena com a redação dada pela Lei nº 8.137, de 27-12-1990.

▸ Art. 1º, II e III, da Lei nº 8.137, de 27-12-1990 (Lei dos Crimes Contra a Ordem Tributária, Econômica e Contra as Relações de Consumo).

Parágrafo único. Nas mesmas penas incorrerá aquele que falsificar ou adulterar a escrituração do Livro de Registro de Duplicatas.

▸ Parágrafo único acrescido pela Lei nº 5.474, de 18-7-1968.

Abuso de incapazes

Art. 173. Abusar, em proveito próprio ou alheio, de necessidade, paixão ou inexperiência de menor, ou da alienação ou debilidade mental de outrem, induzindo qualquer deles à prática de ato suscetível de produzir efeito jurídico, em prejuízo próprio ou de terceiro.

Pena – reclusão, de dois a seis anos, e multa.

▸ Art. 252 do CPM.

▸ Art. 4º, *b*, da Lei nº 1.521, de 26-12-1951 (Lei dos Crimes Contra a Economia Popular).

Induzimento à especulação

Art. 174. Abusar, em proveito próprio ou alheio, da inexperiência ou da simplicidade ou inferioridade mental de outrem, induzindo-o à prática de jogo ou aposta ou à especulação com títulos ou mercadorias, sabendo ou devendo saber que a operação é ruinosa:

Pena – reclusão, de um a três anos, e multa.

▸ Arts. 50 a 58 da LCP.

▸ Art. 2º da Lei nº 1.521, de 26-12-1951 (Lei dos Crimes Contra a Economia Popular).

Fraude no comércio

Art. 175. Enganar, no exercício de atividade comercial, o adquirente ou consumidor:

▸ Art. 2º da Lei nº 1.521, de 26-12-1951 (Lei dos Crimes Contra a Economia Popular).

I – vendendo, como verdadeira ou perfeita, mercadoria falsificada ou deteriorada;

II – entregando uma mercadoria por outra:

Pena – detenção, de seis meses a dois anos, ou multa.

§ 1º Alterar em obra que lhe é encomendada a qualidade ou o peso de metal ou substituir, no mesmo caso, pedra verdadeira por falsa ou por outra de menor valor; vender pedra falsa por verdadeira; vender, como precioso, metal de outra qualidade:

Pena – reclusão, de um a cinco anos, e multa.

§ 2º É aplicável o disposto no artigo 155, § 2º.

Outras fraudes

Art. 176. Tomar refeição em restaurante, alojar-se em hotel ou utilizar-se de meio de transporte sem dispor de recursos para efetuar o pagamento:

Pena – detenção, de quinze dias a dois meses, ou multa.

Parágrafo único. Somente se procede mediante representação, e o juiz pode, conforme as circunstâncias, deixar de aplicar a pena.

- Arts. 107, IX, e 120 deste Código.
- Arts. 24, 38 e 39 do CPP.

Fraudes e abusos na fundação ou administração de sociedade por ações

Art. 177. Promover a fundação de sociedade por ações, fazendo, em prospecto ou em comunicação ao público ou à assembleia, afirmação falsa sobre a constituição da sociedade, ou ocultando fraudulentamente fato a ela relativo:

Pena – reclusão, de um a quatro anos, e multa, se o fato não constitui crime contra a economia popular.

§ 1º Incorrem na mesma pena, se o fato não constitui crime contra a economia popular:

I – o diretor, o gerente ou o fiscal de sociedade por ações, que, em prospecto, relatório, parecer, balanço ou comunicação ao público ou à assembleia, faz afirmação falsa sobre as condições econômicas da sociedade, ou oculta fraudulentamente, no todo ou em parte, fato a elas relativo;

II – o diretor, o gerente ou o fiscal que promove, por qualquer artifício, falsa cotação das ações ou de outros títulos da sociedade;

III – o diretor ou o gerente que toma empréstimo à sociedade ou usa, em proveito próprio ou de terceiro, dos bens ou haveres sociais, sem prévia autorização da assembleia-geral;

IV – o diretor ou o gerente que compra ou vende, por conta da sociedade, ações por ela emitidas, salvo quando a lei o permite;

V – o diretor ou o gerente que, como garantia de crédito social, aceita em penhor ou em caução ações da própria sociedade;

VI – o diretor ou o gerente que, na falta de balanço, em desacordo com este, ou mediante balanço falso, distribui lucros ou dividendos fictícios;

VII – o diretor, o gerente ou o fiscal que, por interposta pessoa, ou conluiado com acionista, consegue a aprovação de conta ou parecer;

VIII – o liquidante, nos casos dos nºs I, II, III, IV, V e VII;

IX – o representante da sociedade anônima estrangeira, autorizada a funcionar no País, que pratica os atos mencionados nos nºs I e II, ou dá falsa informação ao Governo.

§ 2º Incorre na pena de detenção, de seis meses a dois anos, e multa, o acionista que, a fim de obter vantagem para si ou para outrem, negocia o voto nas deliberações de assembleia-geral.

Emissão irregular de conhecimento de depósito ou *warrant*

Art. 178. Emitir conhecimento de depósito ou *warrant*, em desacordo com disposição legal:

Pena – reclusão, de um a quatro anos, e multa.

Fraude à execução

Art. 179. Fraudar execução, alienando, desviando, destruindo ou danificando bens, ou simulando dívidas:

Pena – detenção, de seis meses a dois anos, ou multa.

Parágrafo único. Somente se procede mediante queixa.

- Art. 100, § 2º, deste Código.
- Arts. 29 a 38 do CPP.

CAPÍTULO VII – DA RECEPTAÇÃO

Receptação

Art. 180. Adquirir, receber, transportar, conduzir ou ocultar, em proveito próprio ou alheio, coisa que sabe ser produto de crime, ou influir para que terceiro, de boa-fé, a adquira, receba ou oculte:

Pena – reclusão, de um a quatro anos, e multa.

- *Caput* com a redação dada pela Lei nº 9.426, de 24-12-1996, retificada no *DOU* de 15-1-1997.
- Arts. 254 a 256 do CPM.
- Art. 2º, § 1º, da Lei nº 8.176, de 8-2-1991 (Lei dos Crimes Contra a Ordem Econômica).
- Art. 174 da Lei nº 11.101, de 9-2-2005 (Lei de Recuperação de Empresas e Falências).

Receptação qualificada

§ 1º Adquirir, receber, transportar, conduzir, ocultar, ter em depósito, desmontar, montar, remontar, vender, expor à venda, ou de qualquer forma utilizar, em proveito próprio ou alheio, no exercício de atividade comercial ou industrial, coisa que deve saber ser produto de crime:

Pena – reclusão, de três a oito anos, e multa.

§ 2º Equipara-se à atividade comercial, para efeito do parágrafo anterior, qualquer forma de comércio irregular ou clandestino, inclusive o exercido em residência.

§ 3º Adquirir ou receber coisa que, por sua natureza ou pela desproporção entre o valor e o preço, ou pela condição de quem a oferece, deve presumir-se obtida por meio criminoso:

Pena – detenção, de um mês a um ano, ou multa, ou ambas as penas.

§ 4º A receptação é punível, ainda que desconhecido ou isento de pena o autor do crime de que proveio a coisa.

- Art. 228 da CF.
- Arts. 26 e 27 deste Código.

§ 5º Na hipótese do § 3º, se o criminoso é primário, pode o juiz, tendo em consideração as circunstâncias, deixar de aplicar a pena. Na receptação dolosa aplica-se o disposto no § 2º do art. 155.

- §§ 1º a 5º com a redação dada pela Lei nº 9.426, de 24-12-1996, retificada no *DOU* de 15-1-1997.
- Arts. 107, IX, e 120 deste Código.

§ 6º Tratando-se de bens do patrimônio da União, de Estado, do Distrito Federal, de Município ou de autarquia, fundação pública, empresa pública, sociedade de economia mista ou empresa concessionária de serviços públicos, aplica-se em dobro a pena prevista no *caput* deste artigo.

- § 6º com a redação dada pela Lei nº 13.531, de 7-12-2017.

Receptação de animal

Art. 180-A. Adquirir, receber, transportar, conduzir, ocultar, ter em depósito ou vender, com a finalidade de produção ou de comercialização, semovente domesticável de produção, ainda que abatido ou dividido em partes, que deve saber ser produto de crime:

Pena – reclusão, de 2 (dois) a 5 (cinco) anos, e multa.

- Artigo acrescido pela Lei nº 13.330, de 2-8-2016.

CAPÍTULO VIII – DISPOSIÇÕES GERAIS

Art. 181. É isento de pena quem comete qualquer dos crimes previstos neste título, em prejuízo:

I – do cônjuge, na constância da sociedade conjugal;

II – de ascendente ou descendente, seja o parentesco legítimo ou ilegítimo, seja civil ou natural.

Art. 182. Somente se procede mediante representação, se o crime previsto neste título é cometido em prejuízo:

I – do cônjuge desquitado ou judicialmente separado;

II – de irmão, legítimo ou ilegítimo;

III – de tio ou sobrinho, com quem o agente coabita.

Art. 183. Não se aplica o disposto nos dois artigos anteriores:

I – se o crime é de roubo ou de extorsão, ou, em geral, quando haja emprego de grave ameaça ou violência à pessoa;

II – ao estranho que participa do crime;

III – se o crime é praticado contra pessoa com idade igual ou superior a 60 (sessenta) anos.

- Inciso III acrescido pela Lei nº 10.741, de 1º-10-2003.

Art. 183-A. *Nos crimes de que trata este Título, quando cometidos contra as instituições financeiras e os prestadores de serviço de segurança privada, de que trata o Estatuto da Segurança Privada e da Segurança das Instituições Financeiras, as penas serão aumentadas de 1/3 (um terço) até o dobro.*

- Art. 183-A acrescido pela Lei nº 14.967, de 9-9-2024.

TÍTULO III – DOS CRIMES CONTRA A PROPRIEDADE IMATERIAL

CAPÍTULO I – DOS CRIMES CONTRA A PROPRIEDADE INTELECTUAL

- Art. 5º, XXVII a XXIX, da CF.
- Arts. 524 e segs. do CPP.
- Lei nº 9.610, de 19-2-1998 (Lei de Direitos Autorais).

Violação de direito autoral

Art. 184. Violar direitos de autor e os que lhe são conexos:

Pena – detenção, de três meses a um ano, ou multa.

- *Caput* e pena com a redação dada pela Lei nº 10.695, de 1º-7-2003.
- Arts. 12 a 14 da Lei nº 9.609, de 19-2-1998, que dispõe sobre a proteção da propriedade intelectual de programa de computador, sua comercialização no País.

§ 1º Se a violação consistir em reprodução total ou parcial, com intuito de lucro direto ou indireto, por qualquer meio ou processo, de obra intelectual, interpretação, execução ou fonograma, sem autorização expressa do autor, do artista intérprete ou executante, do produtor, conforme o caso, ou de quem os represente:

Pena – reclusão, de dois a quatro anos, e multa.

§ 2º Na mesma pena do § 1º incorre quem, com o intuito de lucro direto ou indireto, distribui, vende, expõe à venda, aluga, introduz no País, adquire, oculta, tem em depósito, original ou cópia de obra intelectual ou fonograma reproduzido com violação do direito de autor, do direito de artista intérprete ou executante ou do direito do produtor de fonograma, ou, ainda, aluga original ou cópia de obra intelectual ou fonograma, sem a expressa autorização dos titulares dos direitos ou de quem os represente.

▶ Súm. nº 502 do STJ.

§ 3º Se a violação consistir no oferecimento ao público, mediante cabo, fibra ótica, satélite, ondas ou qualquer outro sistema que permita ao usuário realizar a seleção da obra ou produção para recebê-la em um tempo e lugar previamente determinados por quem formula a demanda, com intuito de lucro, direto ou indireto, sem autorização expressa, conforme o caso, do autor, do artista intérprete ou executante, do produtor de fonograma, ou de quem os represente:

Pena – reclusão, de dois a quatro anos, e multa.

▶ §§ 1º a 3º com a redação dada pela Lei nº 10.695, de 1º-7-2003.

§ 4º O disposto nos §§ 1º, 2º e 3º não se aplica quando se tratar de exceção ou limitação ao direito de autor ou os que lhe são conexos, em conformidade com o previsto na Lei nº 9.610, de 19 de fevereiro de 1998, nem a cópia de obra intelectual ou fonograma, em um só exemplar, para uso privado do copista, sem intuito de lucro direto ou indireto.

▶ § 4º acrescido pela Lei nº 10.695, de 1º-7-2003.

Usurpação de nome ou pseudônimo alheio

Art. 185. *Revogado*. Lei nº 10.695, de 1º-7-2003.

Art. 186. Procede-se mediante:

▶ Arts. 24 e segs. do CPP.

I – queixa, nos crimes previstos no *caput* do art. 184;

II – ação penal pública incondicionada, nos crimes previstos nos §§ 1º e 2º do art. 184;

III – ação penal pública incondicionada, nos crimes cometidos em desfavor de entidades de direito público, autarquia, empresa pública, sociedade de economia mista ou fundação instituída pelo Poder Público;

IV – ação penal pública condicionada à representação, nos crimes previstos no § 3º do art. 184.

▶ Art.186 com a redação dada pela Lei nº 10.695, de 1º-7-2003.

CAPÍTULO II – DOS CRIMES CONTRA O PRIVILÉGIO DE INVENÇÃO

Arts. 187 a 191. *Revogados*. Lei nº 9.279, de 14-5-1996.

CAPÍTULO III – DOS CRIMES CONTRA AS MARCAS DE INDÚSTRIA E COMÉRCIO

Arts. 192 a 195. *Revogados*. Lei nº 9.279, de 14-5-1996.

CAPÍTULO IV – DOS CRIMES DE CONCORRÊNCIA DESLEAL

Art. 196. *Revogado*. Lei nº 9.279, de 14-5-1996.

TÍTULO IV – DOS CRIMES CONTRA A ORGANIZAÇÃO DO TRABALHO

Atentado contra a liberdade de trabalho

Art. 197. Constranger alguém, mediante violência ou grave ameaça:

I – a exercer ou não exercer arte, ofício, profissão ou indústria, ou a trabalhar ou não trabalhar durante certo período ou em determinados dias:

Pena – detenção, de um mês a um ano, e multa, além da pena correspondente à violência;

II – a abrir ou fechar o seu estabelecimento de trabalho, ou a participar de parede ou paralisação de atividade econômica:

Pena – detenção, de três meses a um ano, e multa, além da pena correspondente à violência.

Atentado contra a liberdade de contrato de trabalho e boicotagem violenta

Art. 198. Constranger alguém, mediante violência ou grave ameaça, a celebrar contrato de trabalho, ou a não fornecer a outrem ou não adquirir de outrem matéria-prima ou produto industrial ou agrícola:

Pena – detenção, de um mês a um ano, e multa, além da pena correspondente à violência.

Atentado contra a liberdade de associação

Art. 199. Constranger alguém, mediante violência ou grave ameaça, a participar ou deixar de participar de determinado sindicato ou associação profissional:

Pena – detenção, de um mês a um ano, e multa, além da pena correspondente à violência.

▶ Lei nº 13.869, de 5-9-2019 (Lei do Abuso de Autoridade).

Paralisação de trabalho, seguida de violência ou perturbação da ordem

Art. 200. Participar de suspensão ou abandono coletivo de trabalho, praticando violência contra pessoa ou contra coisa:

Pena – detenção, de um mês a um ano, e multa, além da pena correspondente à violência.

Parágrafo único. Para que se considere coletivo o abandono de trabalho é indispensável o concurso de, pelo menos, três empregados.

Paralisação de trabalho de interesse coletivo

Art. 201. Participar de suspensão ou abandono coletivo de trabalho, provocando a interrupção de obra pública ou serviço de interesse coletivo:

Pena – detenção, de seis meses a dois anos, e multa.

▶ Art. 3º, II, da Lei nº 1.521, de 26-12-1951 (Lei dos Crimes Contra a Economia Popular).

Invasão de estabelecimento industrial, comercial ou agrícola. Sabotagem

Art. 202. Invadir ou ocupar estabelecimento industrial, comercial ou agrícola, com o intuito de impedir ou embaraçar o curso normal do trabalho, ou com o mesmo fim danificar o estabelecimento ou as coisas nele existentes ou delas dispor:

Pena – reclusão, de um a três anos, e multa.

Frustração de direito assegurado por lei trabalhista

Art. 203. Frustrar, mediante fraude ou violência, direito assegurado pela legislação do trabalho:

Pena – detenção, de um ano a dois anos, e multa, além da pena correspondente à violência.

▶ Pena com a redação dada pela Lei nº 9.777, de 29-12-1998.

§ 1º Na mesma pena incorre quem:

I – obriga ou coage alguém a usar mercadorias de determinado estabelecimento, para impossibilitar o desligamento do serviço em virtude de dívida;

II – impede alguém de se desligar de serviços de qualquer natureza, mediante coação ou por meio da retenção de seus documentos pessoais ou contratuais.

§ 2º A pena é aumentada de um sexto a um terço se a vítima é menor de dezoito anos, idosa, gestante, indígena ou portadora de deficiência física ou mental.

▶ §§ 1º e 2º acrescidos pela Lei nº 9.777, de 29-12-1998.

Frustração de lei sobre a nacionalização do trabalho

Art. 204. Frustrar, mediante fraude ou violência, obrigação legal relativa à nacionalização do trabalho:

Pena – detenção, de um mês a um ano, e multa, além da pena correspondente à violência.

Exercício de atividade com infração de decisão administrativa

Art. 205. Exercer atividade, de que está impedido por decisão administrativa:

Pena – detenção, de três meses a dois anos, ou multa.

▶ Arts. 47 e 48 da LCP.

Aliciamento para o fim de emigração

Art. 206. Recrutar trabalhadores, mediante fraude, com o fim de levá-los para território estrangeiro:

Pena – detenção, de um a três anos, e multa.

▶ Art. 206 com a redação dada pela Lei nº 8.683, de 15-7-1993.

Aliciamento de trabalhadores de um local para outro do território nacional

Art. 207. Aliciar trabalhadores, com o fim de levá-los de uma para outra localidade do território nacional:

Pena – detenção, de um a três anos, e multa.

▶ Pena com a redação dada pela Lei nº 9.777, de 29-12-1998.

§ 1º Incorre na mesma pena quem recrutar trabalhadores fora da localidade de execução do trabalho, dentro do território nacional, mediante fraude ou cobrança de qualquer quantia do trabalhador, ou, ainda, não assegurar condições do seu retorno ao local de origem.

§ 2º A pena é aumentada de um sexto a um terço se a vítima é menor de dezoito anos, idosa, gestante, indígena ou portadora de deficiência física ou mental.

▶ §§ 1º e 2º acrescidos pela Lei nº 9.777, de 29-12-1998.

TÍTULO V – DOS CRIMES CONTRA O SENTIMENTO RELIGIOSO E CONTRA O RESPEITO AOS MORTOS

CAPÍTULO I – DOS CRIMES CONTRA O SENTIMENTO RELIGIOSO

Ultraje a culto e impedimento ou perturbação de ato a ele relativo

Art. 208. Escarnecer de alguém publicamente, por motivo de crença ou função religiosa; impedir ou perturbar cerimônia ou prática de culto religioso; vilipendiar publicamente ato ou objeto de culto religioso:

Pena – detenção, de um mês a um ano, ou multa.

- Arts. 40 e 65 da LCP.
- Art. 58, I, da Lei nº 6.001, de 19-12-1973 (Estatuto do Índio).
- Lei nº 13.869, de 5-9-2019 (Lei do Abuso de Autoridade).

Parágrafo único. Se há emprego de violência, a pena é aumentada de um terço, sem prejuízo da correspondente à violência.

CAPÍTULO II – DOS CRIMES CONTRA O RESPEITO AOS MORTOS

Impedimento ou perturbação de cerimônia funerária

Art. 209. Impedir ou perturbar enterro ou cerimônia funerária:

Pena – detenção, de um mês a um ano, ou multa.

- Arts. 40 e 65 da LCP.

Parágrafo único. Se há emprego de violência, a pena é aumentada de um terço, sem prejuízo da correspondente à violência.

Violação de sepultura

Art. 210. Violar ou profanar sepultura ou urna funerária:

Pena – reclusão, de um a três anos, e multa.

- Art. 67 da LCP.

Destruição, subtração ou ocultação de cadáver

Art. 211. Destruir, subtrair ou ocultar cadáver ou parte dele:

Pena – reclusão, de um a três anos, e multa.

- Arts. 8º e 19 da Lei nº 9.434, de 4-2-1997 (Lei de Remoção de Órgãos e Tecidos).

Vilipêndio a cadáver

Art. 212. Vilipendiar cadáver ou suas cinzas:

Pena – detenção, de um a três anos, e multa.

- Arts. 8º e 19 da Lei nº 9.434, de 4-2-1997 (Lei de Remoção de Órgãos e Tecidos).

TÍTULO VI – DOS CRIMES CONTRA A DIGNIDADE SEXUAL

- Título VI com a denominação dada pela Lei nº 12.015, de 7-8-2009.
- Lei nº 12.845, de 1º-8-2013 (Atendimento obrigatório em situação de violência sexual).

CAPÍTULO I – DOS CRIMES CONTRA A LIBERDADE SEXUAL

Estupro

Art. 213. Constranger alguém, mediante violência ou grave ameaça, a ter conjunção carnal ou a praticar ou permitir que com ele se pratique outro ato libidinoso:

Pena – reclusão, de 6 (seis) a 10 (dez) anos.

- *Caput* e pena com a redação dada pela Lei nº 12.015, de 7-8-2009.
- Art. 5º, XLIII, da CF.
- Arts. 232 e 408 do CPM.
- Art. 1º, III, *f*, da Lei nº 7.960, de 21-12-1989 (Lei da Prisão Temporária).
- Arts. 1º, V, e 9º da Lei nº 8.072, de 25-7-1990 (Lei dos Crimes Hediondos).
- Súm. nº 608 do STF.

§ 1º Se da conduta resulta lesão corporal de natureza grave ou se a vítima é menor de 18 (dezoito) ou maior de 14 (catorze) anos:

Pena – reclusão, de 8 (oito) a 12 (doze) anos.

§ 2º Se da conduta resulta morte:

Pena – reclusão, de 12 (doze) a 30 (trinta) anos.

- §§ 1º e 2º acrescidos pela Lei nº 12.015, de 7-8-2009.

Atentado violento ao pudor

Art. 214. *Revogado.* Lei nº 12.015, de 7-8-2009.

Parágrafo único. *Revogado.* Lei nº 9.281, de 4-6-1996.

Violação sexual mediante fraude

Art. 215. Ter conjunção carnal ou praticar outro ato libidinoso com alguém, mediante fraude ou outro meio que impeça ou dificulte a livre manifestação de vontade da vítima:

Pena – reclusão, de 2 (dois) a 6 (seis) anos.

Parágrafo único. Se o crime é cometido com o fim de obter vantagem econômica, aplica-se também multa.

- Art. 215 com a redação dada pela Lei nº 12.015, de 7-8-2009.

Importunação sexual

Art. 215-A. Praticar contra alguém e sem a sua anuência ato libidinoso com o objetivo de satisfazer a própria lascívia ou a de terceiro:

Pena – reclusão, de 1 (um) a 5 (cinco) anos, se o ato não constitui crime mais grave.

- Art. 215-A acrescido pela Lei nº 13.718, de 24-9-2018.

Atentado ao pudor mediante fraude

Art. 216. *Revogado.* Lei nº 12.015, de 7-8-2009.

Assédio Sexual

Art. 216-A. Constranger alguém com o intuito de obter vantagem ou favorecimento sexual, prevalecendo-se o agente de sua condição de superior hierárquico ou ascendência inerentes ao exercício de emprego, cargo ou função.

Pena – detenção, de um a dois anos.

Parágrafo único. VETADO.

- Mantivemos parágrafo único conforme consta na publicação oficial. Todavia, entendemos que o correto seria § 1º, devido ao acréscimo do § 2º pela Lei nº 12.015, de 7-8-2009.

§ 2º A pena é aumentada em até um terço se a vítima é menor de 18 (dezoito) anos.

- § 2º acrescido pela Lei nº 12.015, de 7-8-2009.

CAPÍTULO I-A – DA EXPOSIÇÃO DA INTIMIDADE SEXUAL

- Capítulo I-A acrescido pela Lei nº 13.772, de 19-12-2018.

Registro não autorizado da intimidade sexual

Art. 216-B. Produzir, fotografar, filmar ou registrar, por qualquer meio, conteúdo com cena de nudez ou ato sexual ou libidinoso de caráter íntimo e privado sem autorização dos participantes:

Pena – detenção, de 6 (seis) meses a 1 (um) ano, e multa.

Parágrafo único. Na mesma pena incorre quem realiza montagem em fotografia, vídeo, áudio ou qualquer outro registro com o fim de incluir pessoa em cena de nudez ou ato sexual ou libidinoso de caráter íntimo.

- Art. 216-B acrescido pela Lei nº 13.772, de 19-12-2018.

CAPÍTULO II – DOS CRIMES SEXUAIS CONTRA VULNERÁVEL

- Capítulo II com a denominação dada pela Lei nº 12.015, de 7-8-2009.

Sedução

Art. 217. *Revogado.* Lei nº 11.106, de 28-3-2005.

Estupro de vulnerável

Art. 217-A. Ter conjunção carnal ou praticar outro ato libidinoso com menor de 14 (catorze) anos:

Pena – reclusão, de 8 (oito) a 15 (quinze) anos.

- *Caput* e pena acrescidos pela Lei nº 12.015, de 7-8-2009.
- Arts. 190-A a 190-E do ECA.

§ 1º Incorre na mesma pena quem pratica as ações descritas no *caput* com alguém que, por enfermidade ou deficiência mental, não tem o necessário discernimento para a prática do ato, ou que, por qualquer outra causa, não pode oferecer resistência.

§ 2º VETADO. Lei nº 12.015, de 7-8-2009.

§ 3º Se da conduta resulta lesão corporal de natureza grave:

Pena – reclusão, de 10 (dez) a 20 (vinte) anos.

§ 4º Se da conduta resulta morte:

Pena – reclusão, de 12 (doze) a 30 (trinta) anos.

- §§ 1º a 4º acrescidos pela Lei nº 12.015, de 7-8-2009.

§ 5º As penas previstas no *caput* e nos §§ 1º, 3º e 4º deste artigo aplicam-se independentemente do consentimento da vítima ou do fato de ela ter mantido relações sexuais anteriormente ao crime.

- § 5º acrescido pela Lei nº 13.718, de 24-9-2018.

Corrupção de menores

Art. 218. Induzir alguém menor de 14 (catorze) anos a satisfazer a lascívia de outrem:

Pena – reclusão, de 2 (dois) a 5 (cinco) anos.

- *Caput* e pena com a redação dada pela Lei nº 12.015, de 7-8-2009.
- Art. 234 do CPM.
- Arts. 190-A a 190-E, 240 e 241 do ECA.

Parágrafo único. VETADO. Lei nº 12.015, de 7-8-2009.

Satisfação de lascívia mediante presença de criança ou adolescente

Art. 218-A. Praticar, na presença de alguém menor de 14 (catorze) anos, ou induzi-lo a presenciar, conjunção carnal ou outro ato libidinoso, a fim de satisfazer lascívia própria ou de outrem:

Pena – reclusão, de 2 (dois) a 4 (quatro) anos.

- Art. 218-A acrescido pela Lei nº 12.015, de 7-8-2009.
- Arts. 190-A a 190-E do ECA.

Favorecimento da prostituição ou de outra forma de exploração sexual de criança ou adolescente ou de vulnerável

- Epígrafe com a denominação dada pela Lei nº 12.978, de 21-5-2014.

Art. 218-B. Submeter, induzir ou atrair à prostituição ou outra forma de exploração sexual alguém menor de 18 (dezoito) anos ou que, por enfermidade ou deficiência mental, não tem o necessário discernimento para a prática do ato, facilitá-la, impedir ou dificultar que a abandone:

Pena – reclusão, de 4 (quatro) a 10 (dez) anos.

- Arts. 190-A a 190-E do ECA.

§ 1º Se o crime é praticado com o fim de obter vantagem econômica, aplica-se também multa.

§ 2º Incorre nas mesmas penas:

I – quem pratica conjunção carnal ou outro ato libidinoso com alguém menor de 18 (dezoito) e maior de 14 (catorze) anos na situação descrita no *caput* deste artigo;

II – o proprietário, o gerente ou o responsável pelo local em que se verifiquem as práticas referidas no *caput* deste artigo.

§ 3º Na hipótese do inciso II do § 2º, constitui efeito obrigatório da condenação a cassação da licença de localização e de funcionamento do estabelecimento.

- Art. 218-B acrescido pela Lei nº 12.015, de 7-8-2009.

Divulgação de cena de estupro ou de cena de estupro de vulnerável, de cena de sexo ou de pornografia

Art. 218-C. Oferecer, trocar, disponibilizar, transmitir, vender ou expor à venda, distribuir, publicar ou divulgar, por qualquer meio – inclusive por meio de comunicação de massa ou sistema de informática ou telemática –, fotografia, vídeo ou outro registro audiovisual que contenha cena de estupro ou de estupro de vulnerável ou que faça apologia ou induza a sua prática, ou, sem o consentimento da vítima, cena de sexo, nudez ou pornografia:

Pena – reclusão, de 1 (um) a 5 (cinco) anos, se o fato não constitui crime mais grave.

Aumento de pena

§ 1º A pena é aumentada de 1/3 (um terço) a 2/3 (dois terços) se o crime é praticado por agente que mantém ou tenha mantido relação íntima de afeto com a vítima ou com o fim de vingança ou humilhação.

Exclusão de ilicitude

§ 2º Não há crime quando o agente pratica as condutas descritas no *caput* deste artigo em publicação de natureza jornalística, científica, cultural ou acadêmica com a adoção de recurso que impossibilite a identificação da vítima, ressalvada sua prévia autorização, caso seja maior de 18 (dezoito) anos.

- Art. 218-C acrescido pela Lei nº 13.718, de 24-9-2018.

CAPÍTULO III

DO RAPTO

Rapto violento ou mediante fraude

Art. 219. *Revogado*. Lei nº 11.106, de 28-3-2005.

Rapto consensual

Art. 220. *Revogado*. Lei nº 11.106, de 28-3-2005.

Diminuição de pena

Art. 221. *Revogado*. Lei nº 11.106, de 28-3-2005.

Concurso de rapto e outro crime

Art. 222. *Revogado*. Lei nº 11.106, de 28-3-2005.

CAPÍTULO IV

DISPOSIÇÕES GERAIS

Formas qualificadas

Art. 223. *Revogado*. Lei nº 12.015, de 7-8-2009.

Presunção de violência

Art. 224. *Revogado*. Lei nº 12.015, de 7-8-2009.

Ação penal

Art. 225. Nos crimes definidos nos Capítulos I e II deste Título, procede-se mediante ação penal pública incondicionada.

- *Caput* com a redação dada pela Lei nº 13.718, de 24-9-2018.
- Art. 129, I, da CF.
- Art. 100, § 1º, deste Código.
- Arts. 24 e 39 do CPP.

Parágrafo único. *Revogado*. Lei nº 13.718, de 24-9-2018.

Aumento de pena

Art. 226. A pena é aumentada:

- *Caput* com a redação dada pela Lei nº 11.106, de 28-3-2005.
- Art. 237 do CPM.

I – de quarta parte, se o crime é cometido com o concurso de duas ou mais pessoas;

- Inciso I com a redação dada pela Lei nº 11.106, de 28-3-2005.

II – de metade, se o agente é ascendente, padrasto ou madrasta, tio, irmão, cônjuge, companheiro, tutor, curador, preceptor ou empregador da vítima ou por qualquer outro título tiver autoridade sobre ela;

- Inciso II com a redação dada pela Lei nº 13.718, de 24-9-2018.

III – *Revogado*. Lei nº 11.106, de 28-3-2005;

IV – de 1/3 (um terço) a 2/3 (dois terços), se o crime é praticado:

Estupro coletivo

a) mediante concurso de 2 (dois) ou mais agentes;

Estupro corretivo

b) para controlar o comportamento social ou sexual da vítima.

- Inciso IV acrescido pela Lei nº 13.718, de 24-9-2018.

CAPÍTULO V

DO LENOCÍNIO E DO TRÁFICO DE PESSOA PARA FIM DE PROSTITUIÇÃO OU OUTRA FORMA DE EXPLORAÇÃO SEXUAL

- Capítulo V com a denominação dada pela Lei nº 12.015, de 7-8-2009.

Mediação para servir a lascívia de outrem

Art. 227. Induzir alguém a satisfazer a lascívia de outrem:

Pena – reclusão, de um a três anos.

§ 1º Se a vítima é maior de catorze e menor de dezoito anos, ou se o agente é seu ascendente, descendente, cônjuge ou companheiro, irmão, tutor ou curador ou pessoa a quem esteja confiada para fins de educação, de tratamento ou de guarda:

- § 1º com a redação dada pela Lei nº 11.106, de 28-3-2005.

Pena – reclusão, de dois a cinco anos.

§ 2º Se o crime é cometido com emprego de violência, grave ameaça ou fraude:

Pena – reclusão, de dois a oito anos, além da pena correspondente à violência.

§ 3º Se o crime é cometido com o fim de lucro, aplica-se também multa.

Favorecimento da prostituição ou outra forma de exploração sexual

Art. 228. Induzir ou atrair alguém à prostituição ou outra forma de exploração sexual, facilitá-la, impedir ou dificultar que alguém a abandone:

Pena – reclusão, de 2 (dois) a 5 (cinco) anos, e multa.

- *Caput* e pena com a redação dada pela Lei nº 12.015, de 7-8-2009.

§ 1º Se o agente é ascendente, padrasto, madrasta, irmão, enteado, cônjuge, companheiro, tutor ou curador, preceptor ou empregador da vítima, ou se assumiu, por lei ou outra forma, obrigação de cuidado, proteção ou vigilância:

Pena – reclusão, de 3 (três) a 8 (oito) anos.

- § 1º e pena com a redação dada pela Lei nº 12.015, de 7-8-2009.

§ 2º Se o crime é cometido com emprego de violência, grave ameaça ou fraude:

Pena – reclusão, de quatro a dez anos, além da pena correspondente à violência.

§ 3º Se o crime é cometido com o fim de lucro, aplica-se também multa.

Casa de prostituição

Art. 229. Manter, por conta própria ou de terceiro, estabelecimento em que ocorra exploração sexual, haja, ou não, intuito de lucro ou mediação direta do proprietário ou gerente:

- *Caput* com a redação dada pela Lei nº 12.015, de 7-8-2009.
- Antes da alteração determinada pela Lei nº 12.015, de 7-8-2009, havia a rubrica "casa de prostituição".

Pena – reclusão, de dois a cinco anos, e multa.

Rufianismo

Art. 230. Tirar proveito da prostituição alheia, participando diretamente de seus lucros ou fazendo-se sustentar, no todo ou em parte, por quem a exerça:

Pena – reclusão, de um a quatro anos, e multa.

§ 1º Se a vítima é menor de 18 (dezoito) e maior de 14 (catorze) anos ou se o crime é cometido por ascendente, padrasto, madrasta, irmão, enteado, cônjuge, companheiro, tutor ou curador, preceptor ou empregador da vítima, ou por quem assumiu, por lei ou outra forma, obrigação de cuidado, proteção ou vigilância:

Pena – reclusão, de 3 (três) a 6 (seis) anos, e multa.

§ 2º Se o crime é cometido mediante violência, grave ameaça, fraude ou outro meio que impeça ou dificulte a livre manifestação da vontade da vítima:

Pena – reclusão, de 2 (dois) a 8 (oito) anos, sem prejuízo da pena correspondente à violência.

▶ §§ 1º e 2º com a redação dada pela Lei nº 12.015, de 7-8-2009.

Tráfico internacional de pessoa para fim de exploração sexual

Art. 231. *Revogado.* Lei nº 13.344, de 6-10-2016.

Tráfico interno de pessoa para fim de exploração sexual

Art. 231-A. *Revogado.* Lei nº 13.344, de 6-10-2016.

Art. 232. *Revogado.* Lei nº 12.015, de 7-8-2009.

Promoção de migração ilegal

Art. 232-A. Promover, por qualquer meio, com o fim de obter vantagem econômica, a entrada ilegal de estrangeiro em território nacional ou de brasileiro em país estrangeiro:

Pena – reclusão, de 2 (dois) a 5 (cinco) anos, e multa.

§ 1º Na mesma pena incorre quem promover, por qualquer meio, com o fim de obter vantagem econômica, a saída de estrangeiro do território nacional para ingressar ilegalmente em país estrangeiro.

§ 2º A pena é aumentada de 1/6 (um sexto) a 1/3 (um terço) se:

I – o crime é cometido com violência; ou

II – a vítima é submetida a condição desumana ou degradante.

§ 3º A pena prevista para o crime será aplicada sem prejuízo das correspondentes às infrações conexas.

▶ Art. 232-A acrescido pela Lei nº 13.445, de 24-5-2017.

CAPÍTULO VI – DO ULTRAJE PÚBLICO AO PUDOR

Ato obsceno

Art. 233. Praticar ato obsceno em lugar público, ou aberto ou exposto ao público:

Pena – detenção, de três meses a um ano, ou multa.

▶ Art. 238 do CPM.

▶ Art. 61 da LCP.

Escrito ou objeto obsceno

Art. 234. Fazer, importar, exportar, adquirir ou ter sob sua guarda, para fim de comércio, de distribuição ou de exposição pública, escrito, desenho, pintura, estampa ou qualquer objeto obsceno:

Pena – detenção, de seis meses a dois anos, ou multa.

▶ Art. 234 do CPM.

▶ Arts. 240 e 241 do ECA.

Parágrafo único. Incorre na mesma pena quem:

I – vende, distribui ou expõe à venda ou ao público qualquer dos objetos referidos neste artigo;

II – realiza, em lugar público ou acessível ao público, representação teatral, ou exibição cinematográfica de caráter obsceno, ou qualquer outro espetáculo, que tenha o mesmo caráter;

III – realiza, em lugar público ou acessível ao público, ou pelo rádio, audição ou recitação de caráter obsceno.

CAPÍTULO VII – DISPOSIÇÕES GERAIS

▶ Capítulo VII acrescido pela Lei nº 12.015, de 7-8-2009.

Aumento de pena

Art. 234-A. Nos crimes previstos neste Título a pena é aumentada:

▶ *Caput* acrescido pela Lei nº 12.015, de 7-8-2009.

I e II – VETADOS; Lei nº 12.015, de 7-8-2009.

III – de metade a 2/3 (dois terços), se do crime resulta gravidez;

IV – de 1/3 (um terço) a 2/3 (dois terços), se o agente transmite à vítima doença sexualmente transmissível de que sabe ou deveria saber ser portador, ou se a vítima é idosa ou pessoa com deficiência.

▶ Incisos III e IV com a redação dada pela Lei nº 13.718, de 24-9-2018.

Art. 234-B. Os processos em que se apuram crimes definidos neste Título correrão em segredo de justiça.

▶ *Caput* do art. 234-B acrescido pela Lei nº 12.015, de 7-8-2009.

§ 1º O sistema de consulta processual tornará de acesso público o nome completo do réu, seu número de inscrição no Cadastro de Pessoas Físicas (CPF) e a tipificação penal do fato a partir da condenação em primeira instância pelos crimes tipificados nos arts. 213, 216-B, 217-A, 218-B, 227, 228, 229 e 230 deste Código, inclusive com os dados da pena ou da medida de segurança imposta, ressalvada a possibilidade de o juiz fundamentadamente determinar a manutenção do sigilo.

§ 2º Caso o réu seja absolvido em grau recursal, será restabelecido o sigilo sobre as informações a que se refere o § 1º deste artigo.

§ 3º O réu condenado passará a ser monitorado por dispositivo eletrônico.

▶ §§ 1º a 3º acrescidos pela Lei nº 15.035, de 27-11-2024.

Art. 234-C. VETADO. Lei nº 12.015, de 7-8-2009.

TÍTULO VII – DOS CRIMES CONTRA A FAMÍLIA

CAPÍTULO I – DOS CRIMES CONTRA O CASAMENTO

Bigamia

Art. 235. Contrair alguém, sendo casado, novo casamento:

Pena – reclusão, de dois a seis anos.

§ 1º Aquele que, não sendo casado, contrai casamento com pessoa casada, conhecendo essa circunstância, é punido com reclusão ou detenção, de um a três anos.

§ 2º Anulado por qualquer motivo o primeiro casamento, ou o outro por motivo que não a bigamia, considera-se inexistente o crime.

▶ Arts. 1.548 a 1.563 do CC.

Induzimento a erro essencial e ocultação de impedimento

Art. 236. Contrair casamento, induzindo em erro essencial o outro contraente, ou ocultando-lhe impedimento que não seja casamento anterior:

Pena – detenção, de seis meses a dois anos.

▶ Arts. 1.517 a 1.524 do CC.

Parágrafo único. A ação penal depende de queixa do contraente enganado e não pode ser intentada senão depois de transitar em julgado a sentença que, por motivo de erro ou impedimento, anule o casamento.

▶ Arts. 1.548 a 1.563 do CC.

Conhecimento prévio de impedimento

Art. 237. Contrair casamento, conhecendo a existência de impedimento que lhe cause a nulidade absoluta:

Pena – detenção, de três meses a um ano.

▶ Arts. 1.522, 1.524 e 1.530 do CC.

Simulação de autoridade para celebração de casamento

Art. 238. Atribuir-se falsamente autoridade para celebração de casamento:

Pena – detenção, de um a três anos, se o fato não constitui crime mais grave.

▶ Arts. 1.533 a 1.542 do CC.

Simulação de casamento

Art. 239. Simular casamento mediante engano de outra pessoa:

Pena – detenção, de um a três anos, se o fato não constitui elemento de crime mais grave.

Adultério

Art. 240. *Revogado.* Lei nº 11.106, de 28-3-2005.

CAPÍTULO II – DOS CRIMES CONTRA O ESTADO DE FILIAÇÃO

Registro de nascimento inexistente

Art. 241. Promover no registro civil a inscrição de nascimento inexistente:

Pena – reclusão, de dois a seis anos.

Parto suposto. Supressão ou alteração de direito inerente ao estado civil de recém-nascido

Art. 242. Dar parto alheio como próprio; registrar como seu o filho de outrem; ocultar recém-nascido ou substituí-lo, suprimindo ou alterando direito inerente ao estado civil:

Pena – reclusão, de dois a seis anos.

Parágrafo único. Se o crime é praticado por motivo de reconhecida nobreza:

Pena – detenção, de um a dois anos, podendo o juiz deixar de aplicar a pena.

▶ Art. 242 com a redação dada pela Lei nº 6.898, de 30-3-1981.

Sonegação de estado de filiação

Art. 243. Deixar em asilo de expostos ou outra instituição de assistência filho próprio ou alheio, ocultando-lhe a filiação ou atribuindo-lhe outra, com o fim de prejudicar direito inerente ao estado civil:

Pena – reclusão, de um a cinco anos, e multa.

CAPÍTULO III

DOS CRIMES CONTRA A ASSISTÊNCIA FAMILIAR

Abandono material

Art. 244. Deixar, sem justa causa, de prover a subsistência do cônjuge, ou de filho menor de dezoito anos ou inapto para o trabalho, ou de ascendente inválido ou maior de sessenta anos, não lhes proporcionando os recursos necessários ou faltando ao pagamento de pensão alimentícia judicialmente acordada, fixada ou majorada; deixar, sem justa causa, de socorrer descendente ou ascendente, gravemente enfermo:

► *Caput* com a redação dada pela Lei nº 10.741, de 1º-10-2003.

Pena – detenção, de um a quatro anos, e multa, de uma a dez vezes o maior salário mínimo vigente no País.

Parágrafo único. Nas mesmas penas incide quem, sendo solvente, frustra ou ilide, de qualquer modo, inclusive por abandono injustificado de emprego ou função, o pagamento de pensão alimentícia judicialmente acordada, fixada ou majorada.

► Pena e parágrafo único com a redação dada pela Lei nº 5.478, de 25-7-1968.

► Art. 5º, LXVII, da CF.

Entrega de filho menor a pessoa inidônea

Art. 245. Entregar filho menor de dezoito anos a pessoa em cuja companhia saiba ou deva saber que o menor fica moral ou materialmente em perigo:

► *Caput* com a redação dada pela Lei nº 7.251, de 19-11-1984.

Pena – detenção, de um a dois anos.

§ 1º A pena é de um a quatro anos de reclusão, se o agente pratica delito para obter lucro, ou se o menor é enviado para o exterior.

► Art. 238 do ECA.

§ 2º Incorre, também, na pena do parágrafo anterior quem, embora excluído o perigo moral ou material, auxilia a efetivação de ato destinado ao envio de menor para o exterior, com o fito de obter lucro.

► §§ 1º e 2º acrescidos pela Lei nº 7.251, de 19-11-1984.

► Art. 239 do ECA.

Abandono intelectual

Art. 246. Deixar, sem justa causa, de prover à instrução primária de filho em idade escolar:

Pena – detenção, de quinze dias a um mês, ou multa.

Art. 247. Permitir alguém que menor de dezoito anos, sujeito a seu poder ou confiado à sua guarda ou vigilância:

I – frequente casa de jogo ou mal-afamada, ou conviva com pessoa viciosa ou de má vida;

► Art. 50, § 4º, da LCP.

II – frequente espetáculo capaz de pervertê-lo ou de ofender-lhe o pudor, ou participe de representação de igual natureza;

► Art. 240 do ECA.

III – resida ou trabalhe em casa de prostituição;

IV – mendigue ou sirva a mendigo para excitar a comiseração pública:

► Art. 60 da LCP.

Pena – detenção, de um a três meses, ou multa.

CAPÍTULO IV

DOS CRIMES CONTRA O PÁTRIO PODER, TUTELA OU CURATELA

► A Lei nº 10.406, de 10-1-2002 (Código Civil) substituiu a expressão "pátrio poder" por "poder familiar".

Induzimento a fuga, entrega arbitrária ou sonegação de incapazes

Art. 248. Induzir menor de dezoito anos, ou interdito, a fugir do lugar em que se acha por determinação de quem sobre ele exerce autoridade, em virtude de lei ou de ordem judicial; confiar a outrem sem ordem do pai, do tutor ou do curador algum menor de dezoito anos ou interdito, ou deixar, sem justa causa, de entregá-lo a quem legitimamente o reclame:

Pena – detenção, de um mês a um ano, ou multa.

Subtração de incapazes

Art. 249. Subtrair menor de dezoito anos ou interdito ao poder de quem o tem sob sua guarda em virtude de lei ou de ordem judicial:

Pena – detenção, de dois meses a dois anos, se o fato não constitui elemento de outro crime.

► Art. 237 do ECA.

§ 1º O fato de ser o agente pai ou tutor do menor ou curador do interdito não o exime de pena, se destituído ou temporariamente privado do pátrio poder, tutela, curatela ou guarda.

► A Lei nº 10.406, de 10-1-2002 (Código Civil) substituiu a expressão "pátrio poder" por "poder familiar".

§ 2º No caso de restituição do menor ou do interdito, se este não sofreu maus-tratos ou privações, o juiz pode deixar de aplicar pena.

TÍTULO VIII – DOS CRIMES CONTRA A INCOLUMIDADE PÚBLICA

CAPÍTULO I

DOS CRIMES DE PERIGO COMUM

Incêndio

Art. 250. Causar incêndio, expondo a perigo a vida, a integridade física ou o patrimônio de outrem:

Pena – reclusão, de três a seis anos, e multa.

► Art. 173 do CPP.

► Art. 268 do CPM.

Aumento de pena

§ 1º As penas aumentam-se de um terço:

I – se o crime é cometido com intuito de obter vantagem pecuniária em proveito próprio ou alheio;

II – se o incêndio é:

a) em casa habitada ou destinada a habitação;

b) em edifício público ou destinado a uso público ou a obra de assistência social ou de cultura;

c) em embarcação, aeronave, comboio ou veículo de transporte coletivo;

d) em estação ferroviária ou aeródromo;

e) em estaleiro, fábrica ou oficina;

f) em depósito de explosivo, combustível ou inflamável;

g) em poço petrolífero ou galeria de mineração;

h) em lavoura, pastagem, mata ou floresta.

► Art. 41 da Lei nº 9.605, de 12-2-1998 (Lei dos Crimes Ambientais).

Incêndio culposo

§ 2º Se culposo o incêndio, a pena é de detenção, de seis meses a dois anos.

Explosão

Art. 251. Expor a perigo a vida, a integridade física ou o patrimônio de outrem, mediante explosão, arremesso ou simples colocação de engenho de dinamite ou de substância de efeitos análogos:

Pena – reclusão, de três a seis anos, e multa.

► Art. 269 do CPM.

§ 1º Se a substância utilizada não é dinamite ou explosivo de efeitos análogos:

Pena – reclusão, de um a quatro anos, e multa.

Aumento de pena

§ 2º As penas aumentam-se de um terço, se ocorre qualquer das hipóteses previstas no § 1º, I, do artigo anterior, ou é visada ou atingida qualquer das coisas enumeradas no nº II do mesmo parágrafo.

Modalidade culposa

§ 3º No caso de culpa, se a explosão é de dinamite ou substância de efeitos análogos, a pena é de detenção, de seis meses a dois anos; nos demais casos, é de detenção, de três meses a um ano.

Uso de gás tóxico ou asfixiante

Art. 252. Expor a perigo a vida, a integridade física ou o patrimônio de outrem, usando de gás tóxico ou asfixiante:

Pena – reclusão, de um a quatro anos, e multa.

► Art. 270 do CPM.

► Art. 56 da Lei nº 9.605, de 12-2-1998 (Lei dos Crimes Ambientais).

Modalidade culposa

Parágrafo único. Se o crime é culposo:

Pena – detenção, de três meses a um ano.

Fabrico, fornecimento, aquisição, posse ou transporte de explosivos ou gás tóxico, ou asfixiante

Art. 253. Fabricar, fornecer, adquirir, possuir ou transportar, sem licença da autoridade, substância ou engenho explosivo, gás tóxico ou asfixiante, ou material destinado à sua fabricação:

Pena – detenção, de seis meses a dois anos, e multa.

► Art. 242 do ECA.

► Art. 16, parágrafo único, III, da Lei nº 10.826, de 22-12-2003.

Inundação

Art. 254. Causar inundação, expondo a perigo a vida, a integridade física ou o patrimônio de outrem:

Pena – reclusão, de três a seis anos, e multa, no caso de dolo, ou detenção, de seis meses a dois anos, no caso de culpa.

► Art. 272 do CPM.

Perigo de inundação

Art. 255. Remover, destruir ou inutilizar, em prédio próprio ou alheio, expondo a perigo a vida, a integridade física ou o patrimônio de outrem, obstáculo natural ou obra destinada a impedir inundação:

Pena – reclusão, de um a três anos, e multa.

► Art. 273 do CPM.

Desabamento ou desmoronamento

Art. 256. Causar desabamento ou desmoronamento, expondo a perigo a vida, a integridade física ou o patrimônio de outrem:

Pena – reclusão, de um a quatro anos, e multa.

- ▸ Art. 274 do CPM.

Modalidade culposa

Parágrafo único. Se o crime é culposo:

Pena – detenção, de seis meses a um ano.

Subtração, ocultação ou inutilização de material de salvamento

Art. 257. Subtrair, ocultar ou inutilizar, por ocasião de incêndio, inundação, naufrágio, ou outro desastre ou calamidade, aparelho, material ou qualquer meio destinado a serviço de combate ao perigo, de socorro ou salvamento; ou impedir ou dificultar serviço de tal natureza:

Pena – reclusão, de dois a cinco anos, e multa.

- ▸ Art. 275 do CPM.

Formas qualificadas de crime de perigo comum

Art. 258. Se do crime doloso de perigo comum resulta lesão corporal de natureza grave, a pena privativa de liberdade é aumentada de metade; se resulta morte, é aplicada em dobro. No caso de culpa, se do fato resulta lesão corporal, a pena aumenta-se de metade; se resulta morte, aplica-se a pena cominada ao homicídio culposo, aumentada de um terço.

- ▸ Art. 277 do CPM.

Difusão de doença ou praga

Art. 259. Difundir doença ou praga que possa causar dano a floresta, plantação ou animais de utilidade econômica:

Pena – reclusão, de dois a cinco anos, e multa.

- ▸ Art. 278 do CPM.
- ▸ Lei nº 7.347, de 24-7-1985 (Lei da Ação Civil Pública).
- ▸ Art. 61 da Lei nº 9.605, de 12-2-1998 (Lei dos Crimes Ambientais).

Modalidade culposa

Parágrafo único. No caso de culpa, a pena é de detenção, de um a seis meses, ou multa.

CAPÍTULO II

DOS CRIMES CONTRA A SEGURANÇA DOS MEIOS DE COMUNICAÇÃO E TRANSPORTE E OUTROS SERVIÇOS PÚBLICOS

Perigo de desastre ferroviário

Art. 260. Impedir ou perturbar serviço de estrada de ferro:

- ▸ Art. 282 do CPM.

I – destruindo, danificando ou desarranjando, total ou parcialmente, linha férrea, material rodante ou de tração, obra de arte ou instalação;

II – colocando obstáculo na linha;

III – transmitindo falso aviso acerca do movimento dos veículos ou interrompendo ou embaraçando o funcionamento de telégrafo, telefone ou radiotelegrafia;

- ▸ Art. 41 da LCP.

IV – praticando outro ato de que possa resultar desastre:

Pena – reclusão, de dois a cinco anos, e multa.

Desastre ferroviário

§ 1º Se do fato resulta desastre:

Pena – reclusão, de quatro a doze anos, e multa.

§ 2º No caso de culpa, ocorrendo desastre:

Pena – detenção, de seis meses a dois anos.

§ 3º Para os efeitos deste artigo, entende-se por estrada de ferro qualquer via de comunicação em que circulem veículos de tração mecânica, em trilhos ou por meio de cabo aéreo.

Atentado contra a segurança de transporte marítimo, fluvial ou aéreo

Art. 261. Expor a perigo embarcação ou aeronave, própria ou alheia, ou praticar qualquer ato tendente a impedir ou dificultar navegação marítima, fluvial ou aérea:

Pena – reclusão, de dois a cinco anos.

- ▸ Art. 283 do CPM.
- ▸ Art. 35 da LCP.

Sinistro em transporte marítimo, fluvial ou aéreo

§ 1º Se do fato resulta naufrágio, submersão ou encalhe de embarcação ou a queda ou destruição de aeronave:

Pena – reclusão, de quatro a doze anos.

Prática do crime com o fim de lucro

§ 2º Aplica-se, também, a pena de multa, se o agente pratica o crime com intuito de obter vantagem econômica, para si ou para outrem.

Modalidade culposa

§ 3º No caso de culpa, se ocorre o sinistro:

Pena – detenção, de seis meses a dois anos.

Atentado contra a segurança de outro meio de transporte

Art. 262. Expor a perigo outro meio de transporte público, impedir-lhe ou dificultar-lhe o funcionamento:

Pena – detenção, de um a dois anos.

- ▸ Art. 284 do CPM.

§ 1º Se do fato resulta desastre, a pena é de reclusão, de dois a cinco anos.

§ 2º No caso de culpa, se ocorre desastre:

Pena – detenção, de três meses a um ano.

Forma qualificada

Art. 263. Se de qualquer dos crimes previstos nos artigos 260 a 262, no caso de desastre ou sinistro, resulta lesão corporal ou morte, aplica-se o disposto no artigo 258.

- ▸ Art. 285 do CPM.

Arremesso de projétil

Art. 264. Arremessar projétil contra veículo, em movimento, destinado ao transporte público por terra, por água ou pelo ar:

Pena – detenção, de um a seis meses.

- ▸ Art. 286 do CPM.
- ▸ Art. 37 da LCP.

Parágrafo único. Se do fato resulta lesão corporal, a pena é de detenção, de seis meses a dois anos; se resulta morte, a pena é a do artigo 121, § 3º, aumentada de um terço.

Atentado contra a segurança de serviço de utilidade pública

Art. 265. Atentar contra a segurança ou o funcionamento de serviço de água, luz, força ou calor, ou qualquer outro de utilidade pública:

Pena – reclusão, de um a cinco anos, e multa.

- ▸ Art. 287 do CPM.

Parágrafo único. Aumentar-se-á a pena de um terço até a metade, se o dano ocorrer em virtude de subtração de material essencial ao funcionamento dos serviços.

- ▸ Parágrafo único acrescido pela Lei nº 5.346, de 3-11-1967.

Interrupção ou perturbação de serviço telegráfico, telefônico, informático, telemático ou de informação de utilidade pública

Art. 266. Interromper ou perturbar serviço telegráfico, radiotelegráfico ou telefônico, impedir ou dificultar-lhe o restabelecimento:

Pena – detenção, de um a três anos, e multa.

- ▸ Art. 288 do CPM.
- ▸ Art. 41 da LCP.

§ 1º Incorre na mesma pena quem interrompe serviço telemático ou de informação de utilidade pública, ou impede ou dificulta-lhe o restabelecimento.

- ▸ § 1º acrescido pela Lei nº 12.737, de 30-11-2012.

§ 2º Aplicam-se as penas em dobro se o crime é cometido por ocasião de calamidade pública.

- ▸ Antigo parágrafo único transformado em § 2º pela Lei nº 12.737, de 30-11-2012.

CAPÍTULO III

DOS CRIMES CONTRA A SAÚDE PÚBLICA

Epidemia

Art. 267. Causar epidemia, mediante a propagação de germes patogênicos:

Pena – reclusão, de dez a quinze anos.

- ▸ Pena com a redação dada pela Lei nº 8.072, de 25-7-1990.
- ▸ Art. 292 do CPM.

§ 1º Se do fato resulta morte, a pena é aplicada em dobro.

- ▸ Art. 5º, XLIII, da CF.
- ▸ Art. 1º, III, *i*, da Lei nº 7.960, de 21-12-1989 (Lei da Prisão Temporária).
- ▸ Art. 1º, VII, da Lei nº 8.072, de 25-7-1990 (Lei dos Crimes Hediondos).

§ 2º No caso de culpa, a pena é de detenção, de um a dois anos, ou, se resulta morte, de dois a quatro anos.

Infração de medida sanitária preventiva

Art. 268. Infringir determinação do poder público, destinada a impedir introdução ou propagação de doença contagiosa:

Pena – detenção, de um mês a um ano, e multa.

Parágrafo único. A pena é aumentada de um terço, se o agente é funcionário da saúde pública ou exerce a profissão de médico, farmacêutico, dentista ou enfermeiro.

Omissão de notificação de doença

Art. 269. Deixar o médico de denunciar à autoridade pública doença cuja notificação é compulsória:

Pena – detenção, de seis meses a dois anos, e multa.

Envenenamento de água potável ou de substância alimentícia ou medicinal

Art. 270. Envenenar água potável, de uso comum ou particular, ou substância alimentícia ou medicinal destinada a consumo:

Pena – reclusão, de dez a quinze anos.

- ▸ Pena com a redação dada pela Lei nº 8.072, de 25-7-1990.
- ▸ Art. 5º, XLIII, da CF.
- ▸ Arts. 293 e 385 do CPM.

- Art. 1º da Lei nº 2.889, de 1º-10-1956 (Lei do Crime de Genocídio).
- Art. 1º, III, *j*, da Lei nº 7.960, de 21-12-1989 (Lei da Prisão Temporária).
- Art. 54 da Lei nº 9.605, de 12-2-1998 (Lei dos Crimes Ambientais).

§ 1º Está sujeito à mesma pena quem entrega a consumo ou tem em depósito, para o fim de ser distribuída, a água ou a substância envenenada.

- Art. 56 da Lei nº 9.605, de 12-2-1998 (Lei dos Crimes Ambientais).

Modalidade culposa

§ 2º Se o crime é culposo:

Pena – detenção, de seis meses a dois anos.

Corrupção ou poluição de água potável

Art. 271. Corromper ou poluir água potável, de uso comum ou particular, tornando-a imprópria para consumo ou nociva à saúde:

Pena – reclusão, de dois a cinco anos.

- Arts. 294 e 385 do CPM.
- Art. 54 da Lei nº 9.605, de 12-2-1998 (Lei dos Crimes Ambientais).

Modalidade culposa

Parágrafo único. Se o crime é culposo:

Pena – detenção, de dois meses a um ano.

Falsificação, corrupção, adulteração ou alteração de substância ou produtos alimentícios

Art. 272. Corromper, adulterar, falsificar ou alterar substância ou produto alimentício destinado a consumo, tornando-o nocivo à saúde ou reduzindo-lhe o valor nutritivo:

Pena – reclusão, de quatro a oito anos, e multa.

- *Caput* com a redação dada pela Lei nº 9.677, de 2-7-1998.
- Art. 295 do CPM.

§ 1º-A. Incorre nas penas deste artigo quem fabrica, vende, expõe à venda, importa, tem em depósito para vender ou, de qualquer forma, distribui ou entrega a consumo a substância alimentícia ou o produto falsificado, corrompido ou adulterado.

- § 1º-A acrescido pela Lei nº 9.677, de 2-7-1998.

§ 1º Está sujeito às mesmas penas quem pratica as ações previstas neste artigo em relação a bebidas, com ou sem teor alcoólico.

Modalidade culposa

§ 2º Se o crime é culposo:

Pena – detenção, de um a dois anos, e multa.

- §§ 1º e 2º com a redação dada pela Lei nº 9.677, de 2-7-1998.

Falsificação, corrupção, adulteração ou alteração de produto destinado a fins terapêuticos ou medicinais

Art. 273. Falsificar, corromper, adulterar ou alterar produto destinado a fins terapêuticos ou medicinais:

Pena – reclusão, de dez a quinze anos, e multa.

- *Caput* com a redação dada pela Lei nº 9.677, de 2-7-1998.
- Art. 296 do CPM.
- Art. 1º, VII-B, da Lei nº 8.072, de 25-7-1990 (Lei dos Crimes Hediondos).
- Art. 1º, V, da Lei nº 10.446, de 8-5-2002, que dispõe sobre infrações penais de repercussão interestadual ou internacional que exigem repressão uniforme, para os fins de aplicação do disposto no inciso I do § 1º do art. 144 da CF.

§ 1º Nas mesmas penas incorre quem importa, vende, expõe à venda, tem em depósito para vender ou, de qualquer forma, distribui ou entrega a consumo o produto falsificado, corrompido, adulterado ou alterado.

- § 1º com a redação dada pela Lei nº 9.677, de 2-7-1998.

§ 1º-A. Incluem-se entre os produtos a que se refere este artigo os medicamentos, as matérias-primas, os insumos farmacêuticos, os cosméticos, os saneantes e os de uso em diagnóstico.

§ 1º-B. Está sujeito às penas deste artigo quem pratica as ações previstas no § 1º em relação a produtos em qualquer das seguintes condições:

I – sem registro, quando exigível, no órgão de vigilância sanitária competente;

II – em desacordo com a fórmula constante do registro previsto no inciso anterior;

III – sem as características de identidade e qualidade admitidas para a sua comercialização;

IV – com redução de seu valor terapêutico ou de sua atividade;

V – de procedência ignorada;

VI – adquiridos de estabelecimento sem licença da autoridade sanitária competente.

- §§ 1º-A e 1º-B acrescidos pela Lei nº 9.677, de 2-7-1998.

Modalidade culposa

§ 2º Se o crime é culposo:

Pena – detenção, de um a três anos, e multa.

- § 2º com a redação dada pela Lei nº 9.677, de 2-7-1998.

Emprego de processo proibido ou de substância não permitida

Art. 274. Empregar, no fabrico de produto destinado a consumo, revestimento, gaseificação artificial, matéria corante, substância aromática, antisséptica, conservadora ou qualquer outra não expressamente permitida pela legislação sanitária:

Pena – reclusão, de um a cinco anos, e multa.

- Pena com a redação dada pela Lei nº 9.677, de 2-7-1998.

Invólucro ou recipiente com falsa indicação

Art. 275. Inculcar, em invólucro ou recipiente de produtos alimentícios, terapêuticos ou medicinais, a existência de substância que não se encontra em seu conteúdo ou que nele existe em quantidade menor que a mencionada:

Pena – reclusão, de um a cinco anos, e multa.

- Artigo com a redação dada pela Lei nº 9.677, de 2-7-1998.

Produto ou substância nas condições dos dois artigos anteriores

Art. 276. Vender, expor à venda, ter em depósito para vender ou, de qualquer forma, entregar a consumo produto nas condições dos artigos 274 e 275:

Pena – reclusão, de um a cinco anos, e multa.

- Pena com a redação dada pela Lei nº 9.677, de 2-7-1998.
- Art. 7º, IV, *d*, da Lei nº 8.137, de 27-12-1990 (Lei dos Crimes Contra a Ordem Tributária, Econômica e Contra as Relações de Consumo).

Substância destinada à falsificação

Art. 277. Vender, expor à venda, ter em depósito ou ceder substância destinada à falsificação de produtos alimentícios, terapêuticos ou medicinais:

Pena – reclusão, de um a cinco anos, e multa.

- Artigo com a redação dada pela Lei nº 9.677, de 2-7-1998.

Outras substâncias nocivas à saúde pública

Art. 278. Fabricar, vender, expor à venda, ter em depósito para vender ou, de qualquer forma, entregar a consumo coisa ou substância nociva à saúde, ainda que não destinada à alimentação ou a fim medicinal:

Pena – detenção, de um a três anos, e multa.

Modalidade culposa

Parágrafo único. Se o crime é culposo:

Pena – detenção, de dois meses a um ano.

Substância avariada

Art. 279. *Revogado*. Lei nº 8.137, de 27-12-1990.

Medicamento em desacordo com receita médica

Art. 280. Fornecer substância medicinal em desacordo com receita médica:

Pena – detenção, de um a três anos, ou multa.

Modalidade culposa

Parágrafo único. Se o crime é culposo:

Pena – detenção, de dois meses a um ano.

Art. 281. *Revogado*. Lei nº 6.368, de 21-10-1976.

Exercício ilegal da medicina, arte dentária ou farmacêutica

Art. 282. Exercer, ainda que a título gratuito, a profissão de médico, dentista ou farmacêutico, sem autorização legal ou excedendo-lhe os limites:

Pena – detenção, de seis meses a dois anos.

Parágrafo único. Se o crime é praticado com o fim de lucro, aplica-se também multa.

- Art. 5º, XIII, da CF.
- Art. 47 da LCP.

Charlatanismo

Art. 283. Inculcar ou anunciar cura por meio secreto ou infalível:

Pena – detenção, de três meses a um ano, e multa.

Curandeirismo

Art. 284. Exercer o curandeirismo:

I – prescrevendo, ministrando ou aplicando, habitualmente, qualquer substância;

II – usando gestos, palavras ou qualquer outro meio;

III – fazendo diagnósticos:

Pena – detenção, de seis meses a dois anos.

Parágrafo único. Se o crime é praticado mediante remuneração, o agente fica também sujeito à multa.

Forma qualificada

Art. 285. Aplica-se o disposto no artigo 258 aos crimes previstos neste Capítulo, salvo quanto ao definido no artigo 267.

- Art. 1º, III, *j*, da Lei nº 7.960, de 21-12-1989 (Lei da Prisão Temporária).

TÍTULO IX – DOS CRIMES CONTRA A PAZ PÚBLICA

Incitação ao crime

Art. 286. Incitar, publicamente, a prática de crime:

Pena – detenção, de três a seis meses, ou multa.

- Arts. 155, 370 e 371 do CPM.
- Art. 3º da Lei nº 2.889, de 1º-10-1956 (Lei do Crime de Genocídio).
- Art. 20 da Lei nº 7.716, de 5-1-1989 (Lei do Racismo).

Parágrafo único. Incorre na mesma pena quem incita, publicamente, animosidade entre as Forças Armadas, ou delas contra os poderes constitucionais, as instituições civis ou a sociedade.

- Parágrafo único acrescido pela Lei nº 14.197, de 1º-9-2021.

Apologia de crime ou criminoso

Art. 287. Fazer, publicamente, apologia de fato criminoso ou de autor de crime:

Pena – detenção, de três a seis meses, ou multa.

- O STF, por unanimidade de votos, julgou procedente a ADPF nº 187, para dar interpretação conforme a CF a este artigo, com efeito vinculante, a fim de excluir qualquer exegese que possa ensejar a criminalização da defesa da legalização das drogas, ou de qualquer substância entorpecente específica, inclusive por meio de manifestações e eventos públicos (*DOU* de 27-6-2011).
- Art. 156 do CPM.

Associação criminosa

Art. 288. Associarem-se 3 (três) ou mais pessoas, para o fim específico de cometer crimes:

Pena – reclusão, de 1 (um) a 3 (três) anos.

- Arts. 149 a 152 e 154 do CPM.
- Art. 2º da Lei nº 2.889, de 1º-10-1956 (Lei do Crime de Genocídio).
- Art. 1º, III, *l*, da Lei nº 7.960, de 21-12-1989 (Lei da Prisão Temporária).
- Art. 8º da Lei nº 8.072, de 25-7-1990 (Lei dos Crimes Hediondos).
- Lei nº 12.850, de 2-8-2013 (Nova Lei do Crime Organizado).

Parágrafo único. A pena aumenta-se até a metade se a associação é armada ou se houver a participação de criança ou adolescente.

- Artigo com a redação dada pela Lei nº 12.850, de 2-8-2013.

Constituição de milícia privada

Art. 288-A. Constituir, organizar, integrar, manter ou custear organização paramilitar, milícia particular, grupo ou esquadrão com a finalidade de praticar qualquer dos crimes previstos neste Código:

Pena – reclusão, de 4 (quatro) a 8 (oito) anos.

- Artigo acrescido pela Lei nº 12.720, de 27-9-2012.

TÍTULO X – DOS CRIMES CONTRA A FÉ PÚBLICA

- Súmulas nºs 17, 48, 62, 73, 104, 107, 165 e 200 do STJ.

CAPÍTULO I – DA MOEDA FALSA

Moeda falsa

Art. 289. Falsificar, fabricando-a ou alterando-a, moeda metálica ou papel-moeda de curso legal no País ou no estrangeiro:

Pena – reclusão, de três a doze anos, e multa.

- Arts. 43 e 44 da LCP.
- Súm. nº 73 do STJ.

§ 1º Nas mesmas penas incorre quem, por conta própria ou alheia, importa ou exporta, adquire, vende, troca, cede, empresta, guarda ou introduz na circulação moeda falsa.

§ 2º Quem, tendo recebido de boa-fé, como verdadeira, moeda falsa ou alterada, a restitui à circulação, depois de conhecer a falsidade, é punido com detenção, de seis meses a dois anos, e multa.

§ 3º É punido com reclusão, de três a quinze anos, e multa, o funcionário público ou diretor, gerente, ou fiscal de banco de emissão que fabrica, emite ou autoriza a fabricação ou emissão:

I – de moeda com título ou peso inferior ao determinado em lei;

II – de papel-moeda em quantidade superior à autorizada.

§ 4º Nas mesmas penas incorre quem desvia e faz circular moeda, cuja circulação não estava ainda autorizada.

Crimes assimilados ao de moeda falsa

Art. 290. Formar cédula, nota ou bilhete representativo de moeda com fragmentos de cédulas, notas ou bilhetes verdadeiros; suprimir, em nota, cédula ou bilhete recolhidos, para o fim de restituí-los à circulação, sinal indicativo de sua inutilização; restituir à circulação cédula, nota ou bilhete em tais condições, ou já recolhidos para o fim de inutilização:

Pena – reclusão, de dois a oito anos, e multa.

Parágrafo único. O máximo da reclusão é elevado a doze anos e o da multa a CR$ 40.000,00 (quarenta mil cruzeiros), se o crime é cometido por funcionário que trabalha na repartição onde o dinheiro se achava recolhido, ou nela tem fácil ingresso, em razão do cargo.

- Art. 2º da Lei nº 7.209, de 11-7-1984, que cancelou qualquer referência a valores de multa previstas nesta parte especial.

Petrechos para falsificação de moeda

Art. 291. Fabricar, adquirir, fornecer, a título oneroso ou gratuito, possuir ou guardar maquinismo, aparelho, instrumento ou qualquer objeto especialmente destinado à falsificação de moeda:

Pena – reclusão, de dois a seis anos, e multa.

Emissão de título ao portador sem permissão legal

Art. 292. Emitir, sem permissão legal, nota, bilhete, ficha, vale ou título que contenha promessa de pagamento em dinheiro ao portador ou a que falte indicação do nome da pessoa a quem deva ser pago:

Pena – detenção, de um a seis meses, ou multa.

Parágrafo único. Quem recebe ou utiliza como dinheiro qualquer dos documentos referidos neste artigo incorre na pena de detenção, de quinze dias a três meses, ou multa.

CAPÍTULO II – DA FALSIDADE DE TÍTULOS E OUTROS PAPÉIS PÚBLICOS

Falsificação de papéis públicos

Art. 293. Falsificar, fabricando-os ou alterando-os:

I – selo destinado a controle tributário, papel selado ou qualquer papel de emissão legal destinado à arrecadação de tributo;

- Inciso I com a redação dada pela Lei nº 11.035, de 22-12-2004.
- Art. 36 da Lei nº 6.538, de 22-6-1978, que dispõe sobre os serviços postais.

II – papel de crédito público que não seja moeda de curso legal;

- Art. 36 da Lei nº 6.538, de 22-6-1978, que dispõe sobre os serviços postais.

III – vale postal;

- Art. 36 da Lei nº 6.538, de 22-6-1978, que dispõe sobre os serviços postais.

IV – cautela de penhor, caderneta de depósito de caixa econômica ou de outro estabelecimento mantido por entidade de direito público;

V – talão, recibo, guia, alvará ou qualquer outro documento relativo à arrecadação de rendas públicas ou a depósito ou caução por que o poder público seja responsável;

VI – bilhete, passe ou conhecimento de empresa de transporte administrada pela União, por Estado ou por Município:

Pena – reclusão, de dois a oito anos, e multa.

§ 1º Incorre na mesma pena quem:

- *Caput* do § 1º com a redação dada pela Lei nº 11.035, de 22-12-2004.
- Art. 36 da Lei nº 6.538, de 22-6-1978, que dispõe sobre os serviços postais.

I – usa, guarda, possui ou detém qualquer dos papéis falsificados a que se refere este artigo;

II – importa, exporta, adquire, vende, troca, cede, empresta, guarda, fornece ou restitui à circulação selo falsificado destinado a controle tributário;

III – importa, exporta, adquire, vende, expõe à venda, mantém em depósito, guarda, troca, cede, empresta, fornece, porta ou, de qualquer forma, utiliza em proveito próprio ou alheio, no exercício de atividade comercial ou industrial, produto ou mercadoria:

a) em que tenha sido aplicado selo que se destine a controle tributário, falsificado;

b) sem selo oficial, nos casos em que a legislação tributária determina a obrigatoriedade de sua aplicação.

- Incisos I a III acrescidos pela Lei nº 11.035, de 22-12-2004.
- Art. 36 da Lei nº 6.538, de 22-6-1978, que dispõe sobre os serviços postais.

§ 2º Suprimir, em qualquer desses papéis, quando legítimos, com o fim de torná-los novamente utilizáveis, carimbo ou sinal indicativo de sua inutilização:

Pena – reclusão, de um a quatro anos, e multa.

- Art. 37 da Lei nº 6.538, de 22-6-1978, que dispõe sobre os serviços postais.

§ 3º Incorre na mesma pena quem usa, depois de alterado, qualquer dos papéis a que se refere o parágrafo anterior.

§ 4º Quem usa ou restitui à circulação, embora recebido de boa-fé, qualquer dos papéis falsificados ou alterados, a que se referem este artigo e o seu § 2º, depois de conhecer a falsidade ou alteração, incorre na pena de detenção, de seis meses a dois anos, ou multa.

§ 5º Equipara-se a atividade comercial, para os fins do inciso III do § 1º, qualquer forma de comércio irregular ou clandestino, inclusive o exercido em vias, praças ou outros logradouros públicos e em residências.

▸ § 5º acrescido pela Lei nº 11.035, de 22-12-2004.

Petrechos de falsificação

Art. 294. Fabricar, adquirir, fornecer, possuir ou guardar objeto especialmente destinado à falsificação de qualquer dos papéis referidos no artigo anterior:

Pena – reclusão, de um a três anos, e multa.

▸ Art. 38 da Lei nº 6.538, de 22-6-1978, que dispõe sobre os serviços postais.

Art. 295. Se o agente é funcionário público, e comete o crime prevalecendo-se do cargo, aumenta-se a pena de sexta parte.

CAPÍTULO III – DA FALSIDADE DOCUMENTAL

Falsificação do selo ou sinal público

Art. 296. Falsificar, fabricando-os ou alterando-os:

I – selo público destinado a autenticar atos oficiais da União, de Estado ou de Município;

II – selo ou sinal atribuído por lei a entidade de direito público, ou a autoridade, ou sinal público de tabelião:

Pena – reclusão, de dois a seis anos, e multa.

§ 1º Incorre nas mesmas penas:

I – quem faz uso do selo ou sinal falsificado;

II – quem utiliza indevidamente o selo ou sinal verdadeiro em prejuízo de outrem ou em proveito próprio ou alheio;

III – quem altera, falsifica ou faz uso indevido de marcas, logotipos, siglas ou quaisquer outros símbolos utilizados ou identificadores de órgãos ou entidades da Administração Pública.

▸ Inciso III acrescido pela Lei nº 9.983, de 14-7-2000.

§ 2º Se o agente é funcionário público, e comete o crime prevalecendo-se do cargo, aumenta-se a pena de sexta parte.

Falsificação de documento público

Art. 297. Falsificar, no todo ou em parte, documento público, ou alterar documento público verdadeiro:

Pena – reclusão, de dois a seis anos, e multa.

▸ Art. 311 do CPM.

▸ Art. 348 do CE.

§ 1º Se o agente é funcionário público, e comete o crime prevalecendo-se do cargo, aumenta-se a pena de sexta parte.

§ 2º Para os efeitos penais, equiparam-se a documento público o emanado de entidade paraestatal, o título ao portador ou transmissível por endosso, as ações de sociedade comercial, os livros mercantis e o testamento particular.

§ 3º Nas mesmas penas incorre quem insere ou faz inserir:

I – na folha de pagamento ou em documento de informações que seja destinado a fazer prova perante a previdência social, pessoa que não possua a qualidade de segurado obrigatório;

II – na Carteira de Trabalho e Previdência Social do empregado ou em documento que deva produzir efeito perante a previdência social, declaração falsa ou diversa da que deveria ter sido escrita;

III – em documento contábil ou em qualquer outro documento relacionado com as obrigações da empresa perante a previdência social, declaração falsa ou diversa da que deveria ter constado.

§ 4º Nas mesmas penas incorre quem omite, nos documentos mencionados no § 3º, nome do segurado e seus dados pessoais, a remuneração, a vigência do contrato de trabalho ou de prestação de serviços.

▸ §§ 3º e 4º acrescidos pela Lei nº 9.983, de 14-7-2000.

Falsificação de documento particular

Art. 298. Falsificar, no todo ou em parte, documento particular ou alterar documento particular verdadeiro:

Pena – reclusão, de um a cinco anos, e multa.

▸ Art. 311 do CPM.

▸ Art. 349 do CE.

▸ Art. 1º, III e IV, da Lei nº 8.137, de 27-12-1990 (Lei dos Crimes Contra a Ordem Tributária, Econômica e Contra as Relações de Consumo).

Falsificação de cartão

Parágrafo único. Para fins do disposto no *caput*, equipara-se a documento particular o cartão de crédito ou débito.

▸ Parágrafo único acrescido pela Lei nº 12.737, de 30-11-2012.

Falsidade ideológica

Art. 299. Omitir, em documento público ou particular, declaração que dele devia constar, ou nele inserir ou fazer inserir declaração falsa ou diversa da que devia ser escrita, com o fim de prejudicar direito, criar obrigação ou alterar a verdade sobre fato juridicamente relevante:

Pena – reclusão, de um a cinco anos, e multa, se o documento é público, e reclusão de um a três anos, e multa, se o documento é particular.

▸ Art. 312 do CPM.

▸ Art. 315 do CE.

▸ Arts. 9º e 10 da Lei nº 7.492, de 16-6-1986 (Lei dos Crimes Contra o Sistema Financeiro Nacional).

▸ Art. 168, *caput* e § 1º, da Lei nº 11.101, de 9-2-2005 (Lei de Recuperação de Empresas e Falências).

Parágrafo único. Se o agente é funcionário público, e comete o crime prevalecendo-se do cargo, ou se a falsificação ou alteração é de assentamento de registro civil, aumenta-se a pena de sexta parte.

▸ Art. 350 do CE.

Falso reconhecimento de firma ou letra

Art. 300. Reconhecer, como verdadeira, no exercício de função pública, firma ou letra que o não seja:

Pena – reclusão, de um a cinco anos, e multa, se o documento é público; e de um a três anos, e multa, se o documento é particular.

▸ Art. 352 do CE.

Certidão ou atestado ideologicamente falso

Art. 301. Atestar ou certificar falsamente, em razão de função pública, fato ou circunstância que habilite alguém a obter cargo público, isenção de ônus ou de serviço de caráter público, ou qualquer outra vantagem:

Pena – detenção, de dois meses a um ano.

▸ Art. 314 do CPM.

Falsidade material de atestado ou certidão

§ 1º Falsificar, no todo ou em parte, atestado ou certidão, ou alterar o teor de certidão ou de atestado verdadeiro, para prova de fato ou circunstância que habilite alguém a obter cargo público, isenção de ônus ou de serviço de caráter público, ou qualquer outra vantagem:

Pena – detenção, de três meses a dois anos.

§ 2º Se o crime é praticado com o fim de lucro, aplica-se, além da pena privativa de liberdade, a de multa.

Falsidade de atestado médico

Art. 302. Dar o médico, no exercício da sua profissão, atestado falso:

Pena – detenção, de um mês a um ano.

▸ Art. 47 da LCP.

Parágrafo único. Se o crime é cometido com o fim de lucro, aplica-se também multa.

Reprodução ou adulteração de selo ou peça filatélica

Art. 303. Reproduzir ou alterar selo ou peça filatélica que tenha valor para coleção, salvo quando a reprodução ou a alteração está visivelmente anotada na face ou no verso do selo ou peça:

Pena – detenção, de um a três anos, e multa.

▸ Art. 39 da Lei nº 6.538, de 22-6-1978, que dispõe sobre os serviços postais.

Parágrafo único. Na mesma pena incorre quem, para fins de comércio, faz uso do selo ou peça filatélica.

Uso de documento falso

Art. 304. Fazer uso de qualquer dos papéis falsificados ou alterados, a que se referem os artigos 297 a 302:

Pena – a cominada à falsificação ou à alteração.

▸ Art. 315 do CPM.

▸ Art. 14 da Lei nº 7.492, de 16-6-1986 (Lei dos Crimes Contra o Sistema Financeiro Nacional).

▸ Súmulas nºs 522 e 546 do STJ.

Supressão de documento

Art. 305. Destruir, suprimir ou ocultar, em benefício próprio ou de outrem, ou em prejuízo alheio, documento público ou particular verdadeiro, de que não podia dispor:

Pena – reclusão, de dois a seis anos, e multa, se o documento é público, e reclusão, de um a cinco anos, e multa, se o documento é particular.

▸ Art. 316 do CPM.

▸ Art. 168, *caput* e § 1º, da Lei nº 11.101, de 9-2-2005 (Lei de Recuperação de Empresas e Falências).

CAPÍTULO IV – DE OUTRAS FALSIDADES

Falsificação do sinal empregado no contraste de metal precioso ou na fiscalização alfandegária, ou para outros fins

Art. 306. Falsificar, fabricando-o ou alterando-o, marca ou sinal empregado pelo poder público no contraste de metal precioso ou na fiscalização alfandegária, ou usar marca ou sinal dessa natureza, falsificado por outrem:

Pena – reclusão, de dois a seis anos, e multa.

Parágrafo único. Se a marca ou sinal falsificado é o que usa a autoridade pública para o fim de fiscalização sanitária, ou para autenticar ou encerrar determinados objetos, ou comprovar o cumprimento de formalidade legal:

Pena – reclusão ou detenção, de um a três anos, e multa.

Falsa identidade

Art. 307. Atribuir-se ou atribuir a terceiro falsa identidade para obter vantagem, em proveito próprio ou alheio, ou para causar dano a outrem:

Pena – detenção, de três meses a um ano, ou multa, se o fato não constitui elemento de crime mais grave.

- Art. 318 do CPM.
- Arts. 45 e 46 da LCP.
- Súm. nº 522 do STJ.

Art. 308. Usar, como próprio, passaporte, título de eleitor, caderneta de reservista ou qualquer documento de identidade alheia ou ceder a outrem, para que dele se utilize, documento dessa natureza, próprio ou de terceiro:

Pena – detenção, de quatro meses a dois anos, e multa, se o fato não constitui elemento de crime mais grave.

- Art. 317 do CPM.
- Arts. 45 e 46 da LCP.

Fraude de lei sobre estrangeiros

Art. 309. Usar o estrangeiro, para entrar ou permanecer no Território Nacional, nome que não é o seu:

Pena – detenção, de um a três anos, e multa.

Parágrafo único. Atribuir a estrangeiro falsa qualidade para promover-lhe a entrada em território nacional:

Pena – Reclusão, de um a quatro anos e multa.

- Parágrafo único acrescido pela Lei nº 9.426, de 24-12-1996.

Art. 310. Prestar-se a figurar como proprietário ou possuidor de ação, título ou valor pertencente a estrangeiro, nos casos em que a este é vedada por lei a propriedade ou a posse de tais bens:

Pena – detenção de seis meses a três anos e multa.

- Artigo com a redação dada pela Lei nº 9.426, de 24-12-1996.

Adulteração de sinal identificador de veículo

- Epígrafe com a denominação dada pela Lei nº 14.562, de 26-4-2023.

Art. 311. Adulterar, remarcar ou suprimir número de chassi, monobloco, motor, placa de identificação, ou qualquer sinal identificador de veículo automotor, elétrico, híbrido, de reboque, de semirreboque ou de suas combinações, bem como de seus componentes ou equipamentos, sem autorização do órgão competente:

- *Caput* com a redação dada pela Lei nº 14.562, de 26-4-2023.

Pena – reclusão, de três a seis anos, e multa.

§ 1º Se o agente comete o crime no exercício da função pública ou em razão dela, a pena é aumentada de um terço.

- § 1º com a redação dada pela Lei nº 9.429, de 24-12-1996.

§ 2º Incorrem nas mesmas penas do *caput* deste artigo:

- *Caput* do § 2º com a redação dada pela Lei nº 14.562, de 26-4-2023.

I – o funcionário público que contribui para o licenciamento ou registro do veículo remarcado ou adulterado, fornecendo indevidamente material ou informação oficial;

II – aquele que adquire, recebe, transporta, oculta, mantém em depósito, fabrica, fornece, a título oneroso ou gratuito, possui ou guarda maquinismo, aparelho, instrumento ou objeto especialmente destinado à falsificação e/ou adulteração de que trata o *caput* deste artigo; ou

III – aquele que adquire, recebe, transporta, conduz, oculta, mantém em depósito, desmonta, monta, remonta, vende, expõe à venda, ou de qualquer forma utiliza, em proveito próprio ou alheio, veículo automotor, elétrico, híbrido, de reboque, semirreboque ou suas combinações ou partes, com número de chassi ou monobloco, placa de identificação ou qualquer sinal identificador veicular que devesse saber estar adulterado ou remarcado.

- Incisos I a III acrescidos pela Lei nº 14.562, de 26-4-2023.

§ 3º Praticar as condutas de que tratam os incisos II ou III do § 2º deste artigo no exercício de atividade comercial ou industrial:

Pena – reclusão, de 4 (quatro) a 8 (oito) anos, e multa.

§ 4º Equipara-se a atividade comercial, para efeito do disposto no § 3º deste artigo, qualquer forma de comércio irregular ou clandestino, inclusive aquele exercido em residência.

- §§ 3º e 4º acrescidos pela Lei nº 14.562, de 26-4-2023.

CAPÍTULO V
DAS FRAUDES EM CERTAMES DE INTERESSE PÚBLICO

- Capítulo V acrescido pela Lei nº 12.550, de 15-12-2011.

Fraudes em certames de interesse público

Art. 311-A. Utilizar ou divulgar, indevidamente, com o fim de beneficiar a si ou a outrem, ou de comprometer a credibilidade do certame, conteúdo sigiloso de:

I – concurso público;

II – avaliação ou exame públicos;

III – processo seletivo para ingresso no ensino superior; ou

IV – exame ou processo seletivo previstos em lei:

Pena – reclusão, de 1 (um) a 4 (quatro) anos, e multa.

§ 1º Nas mesmas penas incorre quem permite ou facilita, por qualquer meio, o acesso de pessoas não autorizadas às informações mencionadas no *caput*.

§ 2º Se da ação ou omissão resulta dano à administração pública:

Pena – reclusão, de 2 (dois) a 6 (seis) anos, e multa.

§ 3º Aumenta-se a pena de 1/3 (um terço) se o fato é cometido por funcionário público.

- Art. 311-A acrescido pela Lei nº 12.550, de 15-12-2011.

TÍTULO XI – DOS CRIMES CONTRA A ADMINISTRAÇÃO PÚBLICA

CAPÍTULO I
DOS CRIMES PRATICADOS POR FUNCIONÁRIO PÚBLICO CONTRA A ADMINISTRAÇÃO EM GERAL

Peculato

Art. 312. Apropriar-se o funcionário público de dinheiro, valor ou qualquer outro bem móvel, público ou particular, de que tem a posse em razão do cargo, ou desviá-lo, em proveito próprio ou alheio:

Pena – reclusão, de dois a doze anos, e multa.

- Art. 303 do CPM.
- Art. 1º, I, do Dec.-lei nº 201, de 27-2-1967 (Lei de Responsabilidade dos Prefeitos e Vereadores).
- Art. 5º da Lei nº 7.492, de 16-6-1986 (Lei dos Crimes Contra o Sistema Financeiro Nacional).
- Art. 173 da Lei nº 11.101, de 9-2-2005 (Lei de Recuperação de Empresas e Falências).

§ 1º Aplica-se a mesma pena, se o funcionário público, embora não tendo a posse do dinheiro, valor ou bem, o subtrai, ou concorre para que seja subtraído, em proveito próprio ou alheio, valendo-se de facilidade que lhe proporciona a qualidade de funcionário.

Peculato culposo

§ 2º Se o funcionário concorre culposamente para o crime de outrem:

Pena – detenção, de três meses a um ano.

§ 3º No caso do parágrafo anterior, a reparação do dano, se precede à sentença irrecorrível, extingue a punibilidade; se lhe é posterior, reduz de metade a pena imposta.

Peculato mediante erro de outrem

Art. 313. Apropriar-se de dinheiro ou qualquer utilidade que, no exercício do cargo, recebeu por erro de outrem:

Pena – reclusão, de um a quatro anos, e multa.

- Art. 304 do CPM.

Inserção de dados falsos em sistema de informações

Art. 313-A. Inserir ou facilitar, o funcionário autorizado, a inserção de dados falsos, alterar ou excluir indevidamente dados corretos nos sistemas informatizados ou bancos de dados da Administração Pública com o fim de obter vantagem indevida para si ou para outrem ou para causar dano:

Pena – reclusão, de dois a doze anos, e multa.

- Art. 313-A acrescido pela Lei nº 9.983, de 14-7-2000.

Modificação ou alteração não autorizada de sistema de informações

Art. 313-B. Modificar ou alterar, o funcionário, sistema de informações ou programa de informática sem autorização ou solicitação de autoridade competente:

Pena – detenção, de três meses a dois anos, e multa.

Parágrafo único. As penas são aumentadas de um terço até a metade se da modificação ou alteração resulta dano para a Administração Pública ou para o administrado.

- Art. 313-B acrescido pela Lei nº 9.983, de 14-7-2000.

Extravio, sonegação ou inutilização de livro ou documento

Art. 314. Extraviar livro oficial ou qualquer documento, de que tem a guarda em razão do cargo; sonegá-lo ou inutilizá-lo, total ou parcialmente:

Pena – reclusão, de um a quatro anos, se o fato não constitui crime mais grave.

- Art. 337 do CPM.

Emprego irregular de verbas ou rendas públicas

Art. 315. Dar às verbas ou rendas públicas aplicação diversa da estabelecida em lei:

Pena – detenção, de um a três meses, ou multa.

- Art. 331 do CPM.
- Art. 1º, II, do Dec.-lei nº 201, de 27-2-1967 (Lei de Responsabilidade dos Prefeitos e Vereadores).

Concussão

Art. 316. Exigir, para si ou para outrem, direta ou indiretamente, ainda que fora da função ou antes de assumi-la, mas em razão dela, vantagem indevida:

Pena – reclusão, de 2 (dois) a 12 (doze) anos, e multa.

- Pena com a redação dada pela Lei nº 13.964, de 24-12-2019.
- Art. 438 do CPP.
- Art. 305 do CPM.
- Lei nº 9.613, de 3-3-1998 (Lei dos Crimes de Lavagem de Dinheiro).

Excesso de exação

§ 1º Se o funcionário exige tributo ou contribuição social que sabe ou deveria saber indevido, ou, quando devido, emprega na cobrança meio vexatório ou gravoso, que a lei não autoriza:

Pena – reclusão, de três a oito anos, e multa.

- § 1º com a redação dada pela Lei nº 8.137, de 27-12-1990.
- Art. 306 do CPM.
- Art. 33 da Lei nº 13.869, de 5-9-2019 (Lei do Abuso de Autoridade).
- Art. 3º, II, da Lei nº 8.137, de 27-12-1990 (Lei dos Crimes Contra a Ordem Tributária, Econômica e Contra as Relações de Consumo).

§ 2º Se o funcionário desvia, em proveito próprio ou de outrem, o que recebeu indevidamente para recolher aos cofres públicos:

Pena – reclusão, de dois a doze anos, e multa.

Corrupção passiva

Art. 317. Solicitar ou receber, para si ou para outrem, direta ou indiretamente, ainda que fora da função ou antes de assumi-la, mas em razão dela, vantagem indevida, ou aceitar promessa de tal vantagem:

Pena – reclusão, de dois a doze anos, e multa.

- Pena com a redação dada pela Lei nº 10.763, de 12-11-2003.
- Art. 438 do CPP.
- Art. 308 do CPM.

§ 1º A pena é aumentada de um terço, se, em consequência da vantagem ou promessa, o funcionário retarda ou deixa de praticar qualquer ato de ofício ou o pratica infringindo dever funcional.

§ 2º Se o funcionário pratica, deixa de praticar ou retarda ato de ofício, com infração de dever funcional, cedendo a pedido ou influência de outrem:

Pena – detenção, de três meses a um ano, ou multa.

Facilitação de contrabando ou descaminho

Art. 318. Facilitar, com infração de dever funcional, a prática de contrabando ou descaminho (artigo 334):

Pena – reclusão, de três a oito anos, e multa.

- Pena com a redação dada pela Lei nº 8.137, de 27-12-1990.

Prevaricação

Art. 319. Retardar ou deixar de praticar, indevidamente, ato de ofício, ou praticá-lo contra disposição expressa de lei, para satisfazer interesse ou sentimento pessoal:

Pena – detenção, de três meses a um ano, e multa.

- Pena com a redação dada pela Lei nº 8.137, de 27-12-1990.
- Art. 438 do CPP.
- Art. 319 do CPM.
- Art. 345 do CE.
- Art. 10, § 4º, da Lei nº 1.521, de 26-12-1951 (Lei dos Crimes Contra a Economia Popular).
- Art. 23 da Lei nº 7.492, de 16-6-1986 (Lei dos Crimes Contra o Sistema Financeiro Nacional).

Art. 319-A. Deixar o Diretor de Penitenciária e/ou agente público, de cumprir seu dever de vedar ao preso o acesso a aparelho telefônico, de rádio ou similar, que permita a comunicação com outros presos ou com o ambiente externo:

Pena – detenção, de 3 (três) meses a 1 (um) ano.

- Art. 319-A acrescido pela Lei nº 11.466, de 28-3-2007.
- Art. 50, VII, da LEP.
- Súm. nº 441 do STJ.

Condescendência criminosa

Art. 320. Deixar o funcionário, por indulgência, de responsabilizar subordinado que cometeu infração no exercício do cargo ou, quando lhe falte competência, não levar o fato ao conhecimento da autoridade competente:

Pena – detenção, de quinze dias a um mês, ou multa.

- Art. 322 do CPM.
- Art. 9º, 3, da Lei nº 1.079, de 10-4-1950 (Lei dos Crimes de Responsabilidade).

Advocacia administrativa

Art. 321. Patrocinar, direta ou indiretamente, interesse privado perante a administração pública, valendo-se da qualidade de funcionário:

Pena – detenção, de um a três meses, ou multa.

- Art. 334 do CPM.
- Art. 3º, III, da Lei nº 8.137, de 27-12-1990 (Lei dos Crimes Contra a Ordem Tributária, Econômica e Contra as Relações de Consumo).
- Art. 8º da Lei nº 12.529, de 30-11-2011 (Lei do Sistema Brasileiro de Defesa da Concorrência).

Parágrafo único. Se o interesse é ilegítimo:

Pena – detenção, de três meses a um ano, além da multa.

Violência arbitrária

Art. 322. Praticar violência, no exercício de função ou a pretexto de exercê-la:

Pena – detenção, de seis meses a três anos, além da pena correspondente à violência.

- Art. 333 do CPM.
- Art. 21 da LCP.

Abandono de função

Art. 323. Abandonar cargo público, fora dos casos permitidos em lei:

Pena – detenção, de quinze dias a um mês, ou multa.

- Art. 330 do CPM.
- Art. 344 do CE.

§ 1º Se do fato resulta prejuízo público:

Pena – detenção, de três meses a um ano, e multa.

§ 2º Se o fato ocorre em lugar compreendido na faixa de fronteira:

Pena – detenção, de um a três anos, e multa.

Exercício funcional ilegalmente antecipado ou prolongado

Art. 324. Entrar no exercício de função pública antes de satisfeitas as exigências legais, ou continuar a exercê-la, sem autorização, depois de saber oficialmente que foi exonerado, removido, substituído ou suspenso:

Pena – detenção, de quinze dias a um mês, ou multa.

- Art. 329 do CPM.

Violação de sigilo funcional

Art. 325. Revelar fato de que tem ciência em razão do cargo e que deva permanecer em segredo, ou facilitar-lhe a revelação:

Pena – detenção, de seis meses a dois anos, ou multa, se o fato não constitui crime mais grave.

- Art. 326 do CPM.

§ 1º Nas mesmas penas deste artigo incorre quem:

I – permite ou facilita, mediante atribuição, fornecimento e empréstimo de senha ou qualquer outra forma, o acesso de pessoas não autorizadas a sistemas de informações ou banco de dados da Administração Pública;

II – se utiliza, indevidamente, do acesso restrito.

§ 2º Se da ação ou omissão resulta dano à Administração Pública ou a outrem:

Pena – reclusão, de dois a seis anos, e multa.

- §§ 1º e 2º acrescidos pela Lei nº 9.983, de 14-7-2000.

Violação do sigilo de proposta de concorrência

Art. 326. Devassar o sigilo de proposta de concorrência pública, ou proporcionar a terceiro o ensejo de devassá-lo:

Pena – detenção, de três meses a um ano, e multa.

- Art. 337-J deste Código.
- Art. 327 do CPM.

Funcionário público

Art. 327. Considera-se funcionário público, para os efeitos penais, quem, embora transitoriamente ou sem remuneração, exerce cargo, emprego ou função pública.

§ 1º Equipara-se a funcionário público quem exerce cargo, emprego ou função em entidade paraestatal, e quem trabalha para empresa prestadora de serviço contratada ou conveniada para a execução de atividade típica da Administração Pública.

- § 1º com a redação dada pela Lei nº 9.983, de 14-7-2000.

§ 2º A pena será aumentada da terça parte quando os autores dos crimes previstos neste Capítulo forem ocupantes de cargos em comissão ou de função de direção ou assessoramento de órgão da administração direta, sociedade de economia mista, empresa pública ou fundação instituída pelo poder público.

- § 2º acrescido pela Lei nº 6.799, de 23-6-1980.

CAPÍTULO II

DOS CRIMES PRATICADOS POR PARTICULAR CONTRA A ADMINISTRAÇÃO EM GERAL

Usurpação de função pública

Art. 328. Usurpar o exercício de função pública:

Pena – detenção, de três meses a dois anos, e multa.

- Art. 335 do CPM.
- Arts. 45 a 47 da LCP.

Parágrafo único. Se do fato o agente aufere vantagem:

Pena – reclusão, de dois a cinco anos, e multa.

Resistência

Art. 329. Opor-se à execução de ato legal, mediante violência ou ameaça a funcionário competente para executá-lo ou a quem lhe esteja prestando auxílio:

Pena – detenção, de dois meses a dois anos.

- Arts. 284, 292 e 795, parágrafo único, do CPP.
- Art. 177 do CPM.
- Art. 111 da Lei nº 12.529, de 30-11-2011 (Lei do Sistema Brasileiro de Defesa da Concorrência).

§ 1º Se o ato, em razão da resistência, não se executa:

Pena – reclusão, de um a três anos.

§ 2º As penas deste artigo são aplicáveis sem prejuízo das correspondentes à violência.

Desobediência

Art. 330. Desobedecer a ordem legal de funcionário público:

Pena – detenção, de quinze dias a seis meses, e multa.

- Arts. 163, parágrafo único, 245, § 2º, e 656, parágrafo único, do CPP.
- Arts. 301 e 349 do CPM.
- Art. 12 da Lei nº 1.079, de 10-4-1950 (Lei dos Crimes de Responsabilidade).
- Art. 111 da Lei nº 12.529, de 30-11-2011 (Lei do Sistema Brasileiro de Defesa da Concorrência).

Desacato

Art. 331. Desacatar funcionário público no exercício da função ou em razão dela:

Pena – detenção, de seis meses a dois anos, ou multa.

- O STF, por maioria dos votos, julgou improcedente a ADPF nº 496 e fixou a seguinte tese: "Foi recepcionada pela Constituição de 1988 a norma do art. 331 do Código Penal, que tipifica o crime de desacato" (*DOU* de 23-11-2022).
- Art. 292 do CPP.
- Arts. 298 a 300 e 341 do CPM.

Tráfico de Influência

Art. 332. Solicitar, exigir, cobrar ou obter, para si ou para outrem, vantagem ou promessa de vantagem, a pretexto de influir em ato praticado por funcionário público no exercício da função.

Pena – reclusão, de dois a cinco anos, e multa.

- Art. 357 deste Código.
- Art. 336 do CPM.

Parágrafo único. A pena é aumentada da metade, se o agente alega ou insinua que a vantagem é também destinada ao funcionário.

- Art. 332 com a redação dada pela Lei nº 9.127, de 16-11-1995.

Corrupção ativa

Art. 333. Oferecer ou prometer vantagem indevida a funcionário público, para determiná-lo a praticar, omitir ou retardar ato de ofício:

Pena – reclusão, de dois a doze anos, e multa.

- Pena com a redação dada pela Lei nº 10.763, de 12-11-2003.
- Art. 309 do CPM.
- Art. 299 do CE.
- Art. 6º, 2, da Lei nº 1.079, de 10-4-1950 (Lei dos Crimes de Responsabilidade).
- Art. 1º, V, da Lei nº 4.729, de 14-7-1965 (Lei do Crime de Sonegação Fiscal).

Parágrafo único. A pena é aumentada de um terço, se, em razão da vantagem ou promessa, o funcionário retarda ou omite ato de ofício, ou o pratica infringindo dever funcional.

Descaminho

Art. 334. Iludir, no todo ou em parte, o pagamento de direito ou imposto devido pela entrada, pela saída ou pelo consumo de mercadoria:

Pena – reclusão, de 1 (um) a 4 (quatro) anos.

§ 1º Incorre na mesma pena quem:

I – pratica navegação de cabotagem, fora dos casos permitidos em lei;

II – pratica fato assimilado, em lei especial, a descaminho;

III – vende, expõe à venda, mantém em depósito ou, de qualquer forma, utiliza em proveito próprio ou alheio, no exercício de atividade comercial ou industrial, mercadoria de procedência estrangeira que introduziu clandestinamente no País ou importou fraudulentamente ou que sabe ser produto de introdução clandestina no território nacional ou de importação fraudulenta por parte de outrem;

IV – adquire, recebe ou oculta, em proveito próprio ou alheio, no exercício de atividade comercial ou industrial, mercadoria de procedência estrangeira, desacompanhada de documentação legal ou acompanhada de documentos que sabe serem falsos.

§ 2º Equipara-se às atividades comerciais, para os efeitos deste artigo, qualquer forma de comércio irregular ou clandestino de mercadorias estrangeiras, inclusive o exercido em residências.

§ 3º A pena aplica-se em dobro se o crime de descaminho é praticado em transporte aéreo, marítimo ou fluvial.

- Art. 334 com a redação dada pela Lei nº 13.008, de 26-6-2014.

Contrabando

Art. 334-A. Importar ou exportar mercadoria proibida:

Pena – reclusão, de 2 (dois) a 5 (cinco) anos.

§ 1º Incorre na mesma pena quem:

I – pratica fato assimilado, em lei especial, a contrabando;

II – importa ou exporta clandestinamente mercadoria que dependa de registro, análise ou autorização de órgão público competente;

III – reinsere no território nacional mercadoria brasileira destinada à exportação;

IV – vende, expõe à venda, mantém em depósito ou, de qualquer forma, utiliza em proveito próprio ou alheio, no exercício de atividade comercial ou industrial, mercadoria proibida pela lei brasileira;

V – adquire, recebe ou oculta, em proveito próprio ou alheio, no exercício de atividade comercial ou industrial, mercadoria proibida pela lei brasileira.

§ 2º Equipara-se às atividades comerciais, para os efeitos deste artigo, qualquer forma de comércio irregular ou clandestino de mercadorias estrangeiras, inclusive o exercido em residências.

§ 3º A pena aplica-se em dobro se o crime de contrabando é praticado em transporte aéreo, marítimo ou fluvial.

- Art. 334-A acrescido pela Lei nº 13.008, de 26-6-2014.

Impedimento, perturbação ou fraude de concorrência

Art. 335. Impedir, perturbar ou fraudar concorrência pública ou venda em hasta pública, promovida pela administração federal, estadual ou municipal, ou por entidade paraestatal; afastar ou procurar afastar concorrente ou licitante, por meio de violência, grave ameaça, fraude ou oferecimento de vantagem:

Pena – detenção, de seis meses a dois anos, ou multa, além da pena correspondente à violência.

- Arts. 337-I e 337-K deste Código.
- Art. 339 do CPM.

Parágrafo único. Incorre na mesma pena quem se abstém de concorrer ou licitar, em razão da vantagem oferecida.

- Art. 337-K, parágrafo único, deste Código.

Inutilização de edital ou de sinal

Art. 336. Rasgar ou, de qualquer forma, inutilizar ou conspurcar edital afixado por ordem de funcionário público; violar ou inutilizar selo ou sinal empregado, por determinação legal ou por ordem de funcionário público, para identificar ou cerrar qualquer objeto:

Pena – detenção, de um mês a um ano, ou multa.

- Art. 338 do CPM.

Subtração ou inutilização de livro ou documento

Art. 337. Subtrair, ou inutilizar, total ou parcialmente, livro oficial, processo ou documento confiado à custódia de funcionário, em razão de ofício, ou de particular em serviço público:

Pena – reclusão, de dois a cinco anos, se o fato não constitui crime mais grave.

- Art. 337 do CPM.

Sonegação de contribuição previdenciária

Art. 337-A. Suprimir ou reduzir contribuição social previdenciária e qualquer acessório, mediante as seguintes condutas:

- Art. 83 da Lei nº 9.430, de 27-12-1996, que dispõe sobre a legislação tributária federal e as contribuições para a seguridade social.

I – omitir de folha de pagamento da empresa ou de documento de informações previsto pela legislação previdenciária segurados empregado, empresário, trabalhador avulso ou trabalhador autônomo ou a este equiparado que lhe prestem serviços;

II – deixar de lançar mensalmente nos títulos próprios da contabilidade da empresa as quantias descontadas dos segurados ou as devidas pelo empregador ou pelo tomador de serviços;

III – omitir, total ou parcialmente, receitas ou lucros auferidos, remunerações pagas ou creditadas e demais fatos geradores de contribuições sociais previdenciárias:

Pena – reclusão, de dois a cinco anos, e multa.

§ 1º É extinta a punibilidade se o agente, espontaneamente, declara e confessa as contribuições, importâncias ou valores e presta as informações devidas à previdência social, na forma definida em lei ou regulamento, antes do início da ação fiscal.

§ 2º É facultado ao juiz deixar de aplicar a pena ou aplicar somente a de multa se o agente for primário e de bons antecedentes, desde que:

I – VETADO;

II – o valor das contribuições devidas, inclusive acessórios, seja igual ou inferior àquele estabelecido pela previdência social, administrativamente, como sendo o mínimo para o ajuizamento de suas execuções fiscais.

§ 3º Se o empregador não é pessoa jurídica e sua folha de pagamento mensal não ultrapassa R$ 1.510,00 (um mil, quinhentos e dez reais), o juiz poderá reduzir a pena de um terço até a metade ou aplicar apenas a de multa.

▸ Art. 8º, VI, da Port. Interministerial do MTPrev e MF nº 26, de 10-1-2023 (*DOU* de 11-1-2023), que altera o valor previsto neste parágrafo para R$ 6.627,92 (seis mil seiscentos e vinte e sete reais e noventa e dois centavos).

§ 4º O valor a que se refere o parágrafo anterior será reajustado nas mesmas datas e nos mesmos índices do reajuste dos benefícios da previdência social.

▸ Art. 337-A acrescido pela Lei nº 9.983, de 14-7-2000.

CAPÍTULO II-A
DOS CRIMES PRATICADOS POR PARTICULAR CONTRA A ADMINISTRAÇÃO PÚBLICA ESTRANGEIRA

▸ Capítulo II-A acrescido pela Lei nº 10.467, de 11-6-2002.

Corrupção ativa em transação comercial internacional

Art. 337-B. Prometer, oferecer ou dar, direta ou indiretamente, vantagem indevida a funcionário público estrangeiro, ou a terceira pessoa, para determiná-lo a praticar, omitir ou retardar ato de ofício relacionado à transação comercial internacional:

Pena – reclusão, de um a oito anos, e multa.

Parágrafo único. A pena é aumentada de um terço, se, em razão da vantagem ou promessa, o funcionário público estrangeiro retarda ou omite o ato de ofício, ou o pratica infringindo dever funcional.

Tráfico de influência em transação comercial internacional

Art. 337-C. Solicitar, exigir, cobrar ou obter, para si ou para outrem, direta ou indiretamente, vantagem ou promessa de vantagem a pretexto de influir em ato praticado por funcionário público estrangeiro no exercício de suas funções, relacionado a transação comercial internacional:

Pena – reclusão, de dois a cinco anos, e multa.

Parágrafo único. A pena é aumentada da metade, se o agente alega ou insinua que a vantagem é também destinada a funcionário estrangeiro.

Funcionário público estrangeiro

Art. 337-D. Considera-se funcionário público estrangeiro, para os efeitos penais, quem, ainda que transitoriamente ou sem remuneração, exerce cargo, emprego ou função pública em entidades estatais ou em representações diplomáticas de país estrangeiro.

Parágrafo único. Equipara-se a funcionário público estrangeiro quem exerce cargo, emprego ou função em empresas controladas, diretamente ou indiretamente, pelo Poder Público de país estrangeiro ou em organizações públicas internacionais.

▸ Arts. 337-B a 337-D acrescidos pela Lei nº 10.467, de 11-6-2002.

CAPÍTULO II-B
DOS CRIMES EM LICITAÇÕES E CONTRATOS ADMINISTRATIVOS

▸ Capítulo II-B acrescido pela Lei nº 14.133, de 1º-4-2021 (Nova Lei de Licitações e Contratos Administrativos).

Contratação direta ilegal

Art. 337-E. Admitir, possibilitar ou dar causa à contratação direta fora das hipóteses previstas em lei:

Pena – reclusão, de 4 (quatro) a 8 (oito) anos, e multa.

Frustração do caráter competitivo de licitação

Art. 337-F. Frustrar ou fraudar, com o intuito de obter para si ou para outrem vantagem decorrente da adjudicação do objeto da licitação, o caráter competitivo do processo licitatório:

Pena – reclusão, de 4 (quatro) anos a 8 (oito) anos, e multa.

Patrocínio de contratação indevida

Art. 337-G. Patrocinar, direta ou indiretamente, interesse privado perante a Administração Pública, dando causa à instauração de licitação ou à celebração de contrato cuja invalidação vier a ser decretada pelo Poder Judiciário:

Pena – reclusão, de 6 (seis) meses a 3 (três) anos, e multa.

Modificação ou pagamento irregular em contrato administrativo

Art. 337-H. Admitir, possibilitar ou dar causa a qualquer modificação ou vantagem, inclusive prorrogação contratual, em favor do contratado, durante a execução dos contratos celebrados com a Administração Pública, sem autorização em lei, no edital da licitação ou nos respectivos instrumentos contratuais, ou, ainda, pagar fatura com preterição da ordem cronológica de sua exigibilidade:

Pena – reclusão, de 4 (quatro) anos a 8 (oito) anos, e multa.

Perturbação de processo licitatório

Art. 337-I. Impedir, perturbar ou fraudar a realização de qualquer ato de processo licitatório:

Pena – detenção, de 6 (seis) meses a 3 (três) anos, e multa.

Violação de sigilo em licitação

Art. 337-J. Devassar o sigilo de proposta apresentada em processo licitatório ou proporcionar a terceiro o ensejo de devassá-lo:

Pena – detenção, de 2 (dois) anos a 3 (três) anos, e multa.

Afastamento de licitante

Art. 337-K. Afastar ou tentar afastar licitante por meio de violência, grave ameaça, fraude ou oferecimento de vantagem de qualquer tipo:

Pena – reclusão, de 3 (três) anos a 5 (cinco) anos, e multa, além da pena correspondente à violência.

Parágrafo único. Incorre na mesma pena quem se abstém ou desiste de licitar em razão de vantagem oferecida.

Fraude em licitação ou contrato

Art. 337-L. Fraudar, em prejuízo da Administração Pública, licitação ou contrato dela decorrente, mediante:

I – entrega de mercadoria ou prestação de serviços com qualidade ou em quantidade diversas das previstas no edital ou nos instrumentos contratuais;

II – fornecimento, como verdadeira ou perfeita, de mercadoria falsificada, deteriorada, inservível para consumo ou com prazo de validade vencido;

III – entrega de uma mercadoria por outra;

IV – alteração da substância, qualidade ou quantidade da mercadoria ou do serviço fornecido;

V – qualquer meio fraudulento que torne injustamente mais onerosa para a Administração Pública a proposta ou a execução do contrato:

Pena – reclusão, de 4 (quatro) anos a 8 (oito) anos, e multa.

Contratação inidônea

Art. 337-M. Admitir à licitação empresa ou profissional declarado inidôneo:

Pena – reclusão, de 1 (um) ano a 3 (três) anos, e multa.

§ 1º Celebrar contrato com empresa ou profissional declarado inidôneo:

Pena – reclusão, de 3 (três) anos a 6 (seis) anos, e multa.

§ 2º Incide na mesma pena do *caput* deste artigo aquele que, declarado inidôneo, venha a participar de licitação e, na mesma pena do § 1º deste artigo, aquele que, declarado inidôneo, venha a contratar com a Administração Pública.

Impedimento indevido

Art. 337-N. Obstar, impedir ou dificultar injustamente a inscrição de qualquer interessado nos registros cadastrais ou promover indevidamente a alteração, a suspensão ou o cancelamento de registro do inscrito:

Pena – reclusão, de 6 (seis) meses a 2 (dois) anos, e multa.

Omissão grave de dado ou de informação por projetista

Art. 337-O. Omitir, modificar ou entregar à Administração Pública levantamento cadastral ou condição de contorno em relevante dissonância com a realidade, em frustração ao caráter competitivo da licitação ou em detrimento da seleção da proposta mais vantajosa para a Administração Pública, em contratação para a elaboração de projeto básico, projeto executivo ou anteprojeto, em diálogo competitivo ou em procedimento de manifestação de interesse:

Pena – reclusão, de 6 (seis) meses a 3 (três) anos, e multa.

§ 1º Consideram-se condição de contorno as informações e os levantamentos suficientes e necessários para a definição da solução de projeto e dos respectivos preços pelo licitante, incluídos sondagens, topografia, estudos de demanda, condições ambientais e demais elementos ambientais impactantes, considerados requisitos mínimos ou obrigatórios em normas técnicas que orientam a elaboração de projetos.

§ 2º Se o crime é praticado com o fim de obter benefício, direto ou indireto, próprio ou de outrem, aplica-se em dobro a pena prevista no *caput* deste artigo.

Art. 337-P. A pena de multa cominada aos crimes previstos neste Capítulo seguirá a metodologia de cálculo prevista neste Código e não poderá ser inferior a 2% (dois por cento) do valor do contrato licitado ou celebrado com contratação direta.

▸ Arts. 337-E a 337-P acrescidos pela Lei nº 14.133, de 1º-4-2021 (Nova Lei de Licitações e Contratos Administrativos).

CAPÍTULO III DOS CRIMES CONTRA A ADMINISTRAÇÃO DA JUSTIÇA

Reingresso de estrangeiro expulso

Art. 338. Reingressar no território nacional o estrangeiro que dele foi expulso:

Pena – reclusão, de um a quatro anos, sem prejuízo de nova expulsão após o cumprimento da pena.

Denunciação caluniosa

Art. 339. Dar causa à instauração de inquérito policial, de procedimento investigatório criminal, de processo judicial, de processo administrativo disciplinar, de inquérito civil ou de ação de improbidade administrativa contra alguém, imputando-lhe crime, infração ético-disciplinar ou ato ímprobo de que o sabe inocente:

▸ *Caput* com a redação dada pela Lei nº 14.110, de 18-12-2020.
▸ Art. 343 do CPM.
▸ Art. 19 da Lei nº 8.429, de 2-6-1992 (Lei da Improbidade Administrativa).

Pena – reclusão, de dois a oito anos, e multa.

§ 1º A pena é aumentada de sexta parte, se o agente se serve de anonimato ou de nome suposto.

§ 2º A pena é diminuída de metade, se a imputação é de prática de contravenção.

Comunicação falsa de crime ou de contravenção

Art. 340. Provocar a ação de autoridade, comunicando-lhe a ocorrência de crime ou de contravenção que sabe não se ter verificado:

Pena – detenção, de um a seis meses, ou multa.

▸ Art. 344 do CPM.
▸ Art. 41 da LCP.

Autoacusação falsa

Art. 341. Acusar-se, perante a autoridade, de crime inexistente ou praticado por outrem:

Pena – detenção, de três meses a dois anos, ou multa.

▸ Art. 345 do CPM.

Falso testemunho ou falsa perícia

Art. 342. Fazer afirmação falsa, ou negar ou calar a verdade como testemunha, perito, contador, tradutor ou intérprete em processo judicial, ou administrativo, inquérito policial, ou em juízo arbitral:

▸ *Caput* do art. 342 com a redação dada pela Lei nº 10.268, de 28-8-2001.

Pena – reclusão, de 2 (dois) a 4 (quatro) anos, e multa.

▸ Pena com a redação dada pela Lei nº 12.850, de 2-8-2013.
▸ Art. 346 do CPM.
▸ Art. 4º, II, da Lei nº 1.579, de 18-3-1952 (Lei das Comissões Parlamentares de Inquérito).
▸ Art. 171 da Lei nº 11.101, de 9-2-2005 (Lei de Recuperação de Empresas e Falências).

§ 1º As penas aumentam-se de um sexto a um terço, se o crime é praticado mediante suborno ou se cometido com o fim de obter prova destinada a produzir efeito em processo penal, ou em processo civil em que for parte entidade da administração pública direta ou indireta.

§ 2º O fato deixa de ser punível se, antes da sentença no processo em que ocorreu o ilícito, o agente se retrata ou declara a verdade.

▸ §§ 1º e 2º com a redação dada pela Lei nº 10.268, de 28-8-2001.

Art. 343. Dar, oferecer ou prometer dinheiro ou qualquer outra vantagem a testemunha, perito, contador, tradutor ou intérprete, para fazer afirmação falsa, negar ou calar a verdade em depoimento, perícia, cálculos, tradução ou interpretação:

Pena – reclusão, de três a quatro anos, e multa.

▸ Art. 347 do CPM.

Parágrafo único. As penas aumentam-se de um sexto a um terço, se o crime é cometido com o fim de obter prova destinada a produzir efeito em processo penal ou em processo civil em que for parte entidade da administração pública direta ou indireta.

▸ Art. 343 com a redação dada pela Lei nº 10.268, de 28-8-2001.

Coação no curso do processo

Art. 344. Usar de violência ou grave ameaça, com o fim de favorecer interesse próprio ou alheio, contra autoridade, parte, ou qualquer outra pessoa que funciona ou é chamada a intervir em processo judicial, policial ou administrativo, ou em juízo arbitral:

Pena – reclusão, de um a quatro anos, e multa, além da pena correspondente à violência.

▸ Art. 342 do CPM.
▸ Lei nº 9.307, de 23-9-1996 (Lei da Arbitragem).
▸ Art. 111 da Lei nº 12.529, de 30-11-2011 (Lei do Sistema Brasileiro de Defesa da Concorrência).

Parágrafo único. A pena aumenta-se de 1/3 (um terço) até a metade se o processo envolver crime contra a dignidade sexual.

▸ Parágrafo único acrescido pela Lei nº 14.245, de 22-11-2021.

Exercício arbitrário das próprias razões

Art. 345. Fazer justiça pelas próprias mãos, para satisfazer pretensão, embora legítima, salvo quando a lei o permite:

Pena – detenção, de quinze dias a um mês, ou multa, além da pena correspondente à violência.

Parágrafo único. Se não há emprego de violência, somente se procede mediante queixa.

Art. 346. Tirar, suprimir, destruir ou danificar coisa própria, que se acha em poder de terceiro por determinação judicial ou convenção:

Pena – detenção, de seis meses a dois anos, e multa.

Fraude processual

Art. 347. Inovar artificiosamente, na pendência de processo civil ou administrativo, o estado de lugar, de coisa ou de pessoa, com o fim de induzir a erro o juiz ou o perito:

Pena – detenção, de três meses a dois anos, e multa.

Parágrafo único. Se a inovação se destina a produzir efeito em processo penal, ainda que não iniciado, as penas aplicam-se em dobro.

Favorecimento pessoal

Art. 348. Auxiliar a subtrair-se à ação de autoridade pública autor de crime a que é cominada pena de reclusão:

Pena – detenção, de um a seis meses, e multa.

▸ Art. 350 do CPM.

§ 1º Se ao crime não é cominada pena de reclusão:

Pena – detenção, de quinze dias a três meses, e multa.

§ 2º Se quem presta o auxílio é ascendente, descendente, cônjuge ou irmão do criminoso, fica isento de pena.

Favorecimento real

Art. 349. Prestar a criminoso, fora dos casos de coautoria ou de receptação, auxílio destinado a tornar seguro o proveito do crime:

Pena – detenção, de um a seis meses, e multa.

▸ Art. 351 do CPM.

Art. 349-A. Ingressar, promover, intermediar, auxiliar ou facilitar a entrada de aparelho telefônico de comunicação móvel, de rádio ou similar, sem autorização legal, em estabelecimento prisional.

Pena – detenção, de 3 (três) meses a 1 (um) ano.

▸ Art. 349-A acrescido pela Lei nº 12.012, de 6-8-2009.
▸ Art. 319-A deste Código.
▸ Art. 50, VII, da LEP.
▸ Súm. nº 441 do STJ.

Exercício arbitrário ou abuso de poder

Art. 350. *Revogado.* Lei nº 13.869, de 5-9-2019.

Fuga de pessoa presa ou submetida a medida de segurança

Art. 351. Promover ou facilitar a fuga de pessoa legalmente presa ou submetida a medida de segurança detentiva:

Pena – detenção, de seis meses a dois anos.

▸ Arts. 178 e 179 do CPM.

§ 1º Se o crime é praticado a mão armada, ou por mais de uma pessoa, ou mediante arrombamento, a pena é de reclusão, de dois a seis anos.

§ 2º Se há emprego de violência contra pessoa, aplica-se também a pena correspondente à violência.

§ 3º A pena é de reclusão, de um a quatro anos, se o crime é praticado por pessoa sob cuja custódia ou guarda está o preso ou o internado.

§ 4º No caso de culpa do funcionário incumbido da custódia ou guarda, aplica-se a pena de detenção, de três meses a um ano, ou multa.

Evasão mediante violência contra a pessoa

Art. 352. Evadir-se ou tentar evadir-se o preso ou indivíduo submetido a medida de segurança detentiva, usando de violência contra a pessoa:

Pena – detenção, de três meses a um ano, além da pena correspondente à violência.

▸ Art. 180 do CPM.

Arrebatamento de preso

Art. 353. Arrebatar preso, a fim de maltratá-lo, do poder de quem o tenha sob custódia ou guarda:

Pena – reclusão, de um a quatro anos, além da pena correspondente à violência.

▸ Art. 181 do CPM.

Motim de presos

Art. 354. Amotinarem-se presos, perturbando a ordem ou disciplina da prisão:

Pena – detenção, de seis meses a dois anos, além da pena correspondente à violência.

▸ Art. 182 do CPM.
▸ Art. 50 da LEP.
▸ Súm. nº 441 do STJ.

Patrocínio infiel

Art. 355. Trair, na qualidade de advogado ou procurador, o dever profissional, prejudicando interesse, cujo patrocínio, em juízo, lhe é confiado:

Pena – detenção, de seis meses a três anos, e multa.

Patrocínio simultâneo ou tergiversação

Parágrafo único. Incorre na pena deste artigo o advogado ou procurador judicial que defende na mesma causa, simultânea ou sucessivamente, partes contrárias.

Sonegação de papel ou objeto de valor probatório

Art. 356. Inutilizar, total ou parcialmente, ou deixar de restituir autos, documento ou objeto de valor probatório, que recebeu na qualidade de advogado ou procurador:

Pena – detenção, de seis meses a três anos, e multa.

▸ Art. 352 do CPM.

Exploração de prestígio

Art. 357. Solicitar ou receber dinheiro ou qualquer outra utilidade, a pretexto de influir em juiz, jurado, órgão do Ministério Público, funcionário de justiça, perito, tradutor, intérprete ou testemunha:

Pena – reclusão, de um a cinco anos, e multa.

▸ Art. 332 deste Código.
▸ Art. 353 do CPM.

Parágrafo único. As penas aumentam-se de um terço, se o agente alega ou insinua que o dinheiro ou utilidade também se destina a qualquer das pessoas referidas neste artigo.

Violência ou fraude em arrematação judicial

Art. 358. Impedir, perturbar ou fraudar arrematação judicial; afastar ou procurar afastar concorrente ou licitante, por meio de violência, grave ameaça, fraude ou oferecimento de vantagem:

Pena – detenção, de dois meses a um ano, ou multa, além da pena correspondente à violência.

▸ Arts. 337-I e 337-K deste Código.
▸ Art. 339 do CPM.

Desobediência à decisão judicial sobre perda ou suspensão de direito

Art. 359. Exercer função, atividade, direito, autoridade ou múnus, de que foi suspenso ou privado por decisão judicial:

Pena – detenção, de três meses a dois anos, ou multa.

▸ Art. 354 do CPM.

CAPÍTULO IV
DOS CRIMES CONTRA AS FINANÇAS PÚBLICAS

Contratação de operação de crédito

Art. 359-A. Ordenar, autorizar ou realizar operação de crédito, interno ou externo, sem prévia autorização legislativa:

Pena – reclusão, de um a dois anos.

Parágrafo único. Incide na mesma pena quem ordena, autoriza ou realiza operação de crédito, interno ou externo:

I – com inobservância de limite, condição ou montante estabelecido em lei ou em resolução do Senado Federal;

II – quando o montante da dívida consolidada ultrapassa o limite máximo autorizado por lei.

Inscrição de despesas não empenhadas em restos a pagar

Art. 359-B. Ordenar ou autorizar inscrição em restos a pagar, de despesa que não tenha sido previamente empenhada ou que exceda limite estabelecido em lei:

Pena – detenção, de seis meses a dois anos.

Assunção de obrigação no último ano do mandato ou legislatura

Art. 359-C. Ordenar ou autorizar a assunção de obrigação, nos dois últimos quadrimestres do último ano do mandato ou legislatura, cuja despesa não possa ser paga no mesmo exercício financeiro ou, caso reste parcela a ser paga no exercício seguinte, que não tenha contrapartida suficiente de disponibilidade de caixa:

Pena – reclusão, de um a quatro anos.

Ordenação de despesa não autorizada

Art. 359-D. Ordenar despesa não autorizada por lei:

Pena – reclusão, de um a quatro anos.

Prestação de garantia graciosa

Art. 359-E. Prestar garantia em operação de crédito sem que tenha sido constituída contragarantia em valor igual ou superior ao valor da garantia prestada, na forma da lei:

Pena – detenção, de três meses a um ano.

Não cancelamento de restos a pagar

Art. 359-F. Deixar de ordenar, de autorizar ou de promover o cancelamento do montante de restos a pagar inscrito em valor superior ao permitido em lei:

Pena – detenção, de seis meses a dois anos.

Aumento de despesa total com pessoal no último ano do mandato ou legislatura

Art. 359-G. Ordenar, autorizar ou executar ato que acarrete aumento de despesa total com pessoal, nos cento e oitenta dias anteriores ao final do mandato ou da legislatura:

Pena – reclusão, de um a quatro anos.

Oferta pública ou colocação de títulos no mercado

Art. 359-H. Ordenar, autorizar ou promover a oferta pública ou a colocação no mercado financeiro de títulos da dívida pública sem que tenham sido criados por lei ou sem que estejam registrados em sistema centralizado de liquidação e de custódia:

Pena – reclusão, de um a quatro anos.

▸ Arts. 359-A a 359-H acrescidos pela Lei nº 10.028, de 19-10-2000.

TÍTULO XII – DOS CRIMES CONTRA O ESTADO DEMOCRÁTICO DE DIREITO

▸ Título XII acrescido pela Lei nº 14.197, de 1º-9-2021.

CAPÍTULO I
DOS CRIMES CONTRA A SOBERANIA NACIONAL

▸ Capítulo I acrescido pela Lei nº 14.197, de 1º-9-2021.

Atentado à soberania

Art. 359-I. Negociar com governo ou grupo estrangeiro, ou seus agentes, com o fim de provocar atos típicos de guerra contra o País ou invadi-lo:

Pena – reclusão, de 3 (três) a 8 (oito) anos.

§ 1º Aumenta-se a pena de metade até o dobro, se declarada guerra em decorrência das condutas previstas no *caput* deste artigo.

§ 2º Se o agente participa de operação bélica com o fim de submeter o território nacional, ou parte dele, ao domínio ou à soberania de outro país:

Pena – reclusão, de 4 (quatro) a 12 (doze) anos.

Atentado à integridade nacional

Art. 359-J. Praticar violência ou grave ameaça com a finalidade de desmembrar parte do território nacional para constituir país independente:

Pena – reclusão, de 2 (dois) a 6 (seis) anos, além da pena correspondente à violência.

Espionagem

Art. 359-K. Entregar a governo estrangeiro, a seus agentes, ou a organização criminosa estrangeira, em desacordo com determinação legal ou regulamentar, documento ou informação classificados como secretos ou ultrassecretos nos termos da lei, cuja revelação possa colocar em perigo a preservação da ordem constitucional ou a soberania nacional:

▸ Arts. 143 e 366 do CPM.

Pena – reclusão, de 3 (três) a 12 (doze) anos.

§ 1º Incorre na mesma pena quem presta auxílio a espião, conhecendo essa circunstância, para subtraí-lo à ação da autoridade pública.

§ 2º Se o documento, dado ou informação é transmitido ou revelado com violação do dever de sigilo:

Pena – reclusão, de 6 (seis) a 15 (quinze) anos.

§ 3º Facilitar a prática de qualquer dos crimes previstos neste artigo mediante atribuição, fornecimento ou empréstimo de senha, ou de qualquer outra forma de acesso de pessoas não autorizadas a sistemas de informações:

Pena – detenção, de 1 (um) a 4 (quatro) anos.

§ 4º Não constitui crime a comunicação, a entrega ou a publicação de informações ou de documentos com o fim de expor a prática de crime ou a violação de direitos humanos.

▸ Arts. 359-I a 359-K acrescidos pela Lei nº 14.197, de 1º-9-2021.

CAPÍTULO II
DOS CRIMES CONTRA AS INSTITUIÇÕES DEMOCRÁTICAS

▸ Capítulo II acrescido pela Lei nº 14.197, de 1º-9-2021.

Abolição violenta do Estado Democrático de Direito

Art. 359-L. Tentar, com emprego de violência ou grave ameaça, abolir o Estado Democrático de Direito, impedindo ou restringindo o exercício dos poderes constitucionais:

Pena – reclusão, de 4 (quatro) a 8 (oito) anos, além da pena correspondente à violência.

Golpe de Estado

Art. 359-M. Tentar depor, por meio de violência ou grave ameaça, o governo legitimamente constituído:

Pena – reclusão, de 4 (quatro) a 12 (doze) anos, além da pena correspondente à violência.

▸ Arts. 359-L e 359-M acrescidos pela Lei nº 14.197, de 1º-9-2021.

CAPÍTULO III
DOS CRIMES CONTRA O FUNCIONAMENTO DAS INSTITUIÇÕES DEMOCRÁTICAS NO PROCESSO ELEITORAL

▸ Capítulo III acrescido pela Lei nº 14.197, de 1º-9-2021.

Interrupção do processo eleitoral

Art. 359-N. Impedir ou perturbar a eleição ou a aferição de seu resultado, mediante violação indevida de mecanismos de segurança do sistema eletrônico de votação estabelecido pela Justiça Eleitoral:

Pena – reclusão, de 3 (três) a 6 (seis) anos, e multa.

▸ Art. 359-N acrescido pela Lei nº 14.197, de 1º-9-2021.

Comunicação enganosa em massa

Art. 359-O. VETADO. Lei nº 14.197, de 1º-9-2021.

Violência política

Art. 359-P. Restringir, impedir ou dificultar, com emprego de violência física, sexual ou psicológica, o exercício de direitos políticos a qualquer pessoa em razão de seu sexo, raça, cor, etnia, religião ou procedência nacional:

Pena – reclusão, de 3 (três) a 6 (seis) anos, e multa, além da pena correspondente à violência.

▸ Art. 359-P acrescido pela Lei nº 14.197, de 1º-9-2021.

Ação penal privada subsidiária

Art. 359-Q. VETADO. Lei nº 14.197, de 1º-9-2021.

CAPÍTULO IV
DOS CRIMES CONTRA O FUNCIONAMENTO DOS SERVIÇOS ESSENCIAIS

▸ Capítulo IV acrescido pela Lei nº 14.197, de 1º-9-2021.

Sabotagem

Art. 359-R. Destruir ou inutilizar meios de comunicação ao público, estabelecimentos, instalações ou serviços destinados à defesa nacional, com o fim de abolir o Estado Democrático de Direito:

Pena – reclusão, de 2 (dois) a 8 (oito) anos.

▸ Art. 359-R acrescido pela Lei nº 14.197, de 1º-9-2021.

CAPÍTULO V
DOS CRIMES CONTRA A CIDADANIA

Atentado a direito de manifestação

Art. 359-S. VETADO. Lei nº 14.197, de 1º-9-2021.

CAPÍTULO VI
DISPOSIÇÕES COMUNS

▸ Capítulo VI acrescido pela Lei nº 14.197, de 1º-9-2021.

Art. 359-T. Não constitui crime previsto neste Título a manifestação crítica aos poderes constitucionais nem a atividade jornalística ou a reivindicação de direitos e garantias constitucionais por meio de passeatas, de reuniões, de greves, de aglomerações ou de qualquer outra forma de manifestação política com propósitos sociais.

▸ Art. 359-T acrescido pela Lei nº 14.197, de 1º-9-2021.

Aumento de pena

Art. 359-U. VETADO. Lei nº 14.197, de 1º-9-2021.

DISPOSIÇÕES FINAIS

Art. 360. Ressalvada a legislação especial sobre os crimes contra a existência, a segurança e a integridade do Estado e contra a guarda e o emprego da economia popular, os crimes de imprensa e os de falência, os de responsabilidade do Presidente da República e dos Governadores ou Interventores, e os crimes militares, revogam-se as disposições em contrário.

Art. 361. Este Código entrará em vigor no dia 1º de janeiro de 1942.

Rio de Janeiro, 7 de dezembro de 1940;
119º da Independência e
52º da República.

Getúlio Vargas

CÓDIGO DE PROCESSO PENAL

ÍNDICE SISTEMÁTICO DO CÓDIGO DE PROCESSO PENAL

(DECRETO-LEI Nº 3.689, DE 3-10-1941)

LIVRO III – DAS NULIDADES E DOS RECURSOS EM GERAL

TÍTULO I – DAS NULIDADES

TÍTULO II – DOS RECURSOS EM GERAL

LIVRO IV – DA EXECUÇÃO

TÍTULO I – DISPOSIÇÕES GERAIS

TÍTULO II – DA EXECUÇÃO DAS PENAS EM ESPÉCIE

TÍTULO III – DOS INCIDENTES DA EXECUÇÃO

TÍTULO IV – DA GRAÇA, DO INDULTO, DA ANISTIA E DA REABILITAÇÃO

TÍTULO V – DA EXECUÇÃO DAS MEDIDAS DE SEGURANÇA

LIVRO V – DAS RELAÇÕES JURISDICIONAIS COM AUTORIDADE ESTRANGEIRA

TÍTULO ÚNICO

LIVRO VI – DISPOSIÇÕES GERAIS

ÍNDICES • CPP

ÍNDICE ALFABÉTICO-REMISSIVO DO CÓDIGO DE PROCESSO PENAL

(DECRETO-LEI Nº 3.689, DE 3-10-1941)

A

ÍNDICES • CPP

LEI DE INTRODUÇÃO AO CÓDIGO DE PROCESSO PENAL

DECRETO-LEI Nº 3.931, DE 11 DE DEZEMBRO DE 1941

Lei de Introdução ao Código de Processo Penal (Decreto-Lei nº 3.689, de 3 de outubro de 1941).

▶ Publicado no *DOU* de 13-12-1941.

Art. 1º O Código de Processo Penal aplicar-se-á aos processos em curso a 1º de janeiro de 1942, observado o disposto nos artigos seguintes, sem prejuízo da validade dos atos realizados sob a vigência da legislação anterior.

▶ Arts. 2º e 3º do CPP.

Art. 2º À prisão preventiva e à fiança aplicar-se-ão os dispositivos que forem mais favoráveis.

▶ Arts. 311 a 316 e 321 a 350 do CPP.

Art. 3º O prazo já iniciado, inclusive o estabelecido para a interposição de recurso, será regulado pela lei anterior, se esta não prescrever prazo menor do que o fixado no Código de Processo Penal.

Art. 4º A falta de arguição em prazo já decorrido, ou dentro no prazo iniciado antes da vigência do Código Penal e terminado depois de sua entrada em vigor, sanará a nulidade, se a legislação anterior lhe atribui este efeito.

Art. 5º Se tiver sido intentada ação pública por crime que, segundo o Código Penal, só admite ação privada, esta, salvo decadência intercorrente, poderá prosseguir nos autos daquela, desde que a parte legítima para intentá-la ratifique os atos realizados e promova o andamento do processo.

Art. 6º As ações penais, em que já se tenha iniciado a produção de prova testemunhal, prosseguirão, até a sentença de primeira instância, com o rito estabelecido na lei anterior.

§ 1º Nos processos cujo julgamento, segundo a lei anterior, competia ao júri e, pelo Código de Processo Penal, cabe a juiz singular:

a) concluída a inquirição das testemunhas de acusação, proceder-se-á a interrogatório do réu, observado o disposto nos artigos 395 e 396, parágrafo único, do mesmo Código, prosseguindo-se depois de produzida a prova de defesa, de acordo com o que dispõem os artigos 499 e seguintes;

b) se, embora concluída a inquirição das testemunhas de acusação, ainda não houver sentença de pronúncia ou impronúncia, prosseguir-se-á na forma da letra anterior;

c) se a sentença de pronúncia houver passado em julgado, ou dela não tiver ainda sido interposto recurso, prosseguir-se-á na forma da letra *a*;

d) se, havendo sentença de impronúncia, esta passar em julgado, só poderá ser instaurado o processo no caso do artigo 409, parágrafo único, do Código de Processo Penal;

▶ A redação do mencionado art. 409 do CPP, após as alterações da Lei nº 11.689, de 9-6-2008, corresponde ao atual art. 414.

e) se tiver sido interposto recurso da sentença de pronúncia, aguardar-se-á o julgamento do mesmo, observando-se, afinal, o disposto na letra *b* ou na letra *d*.

§ 2º Aplicar-se-á o disposto no § 1º aos processos da competência do juiz singular nos quais exista a pronúncia, segundo a lei anterior.

§ 3º Subsistem os efeitos da pronúncia, inclusive a prisão.

§ 4º O julgamento caberá ao júri se, na sentença de pronúncia, houver sido ou for o crime classificado no § 1º ou § 2º do artigo 295 da Consolidação das Leis Penais.

Art. 7º O juiz da pronúncia, ao classificar o crime, consumado ou tentado, não poderá reconhecer a existência de causa especial de diminuição da pena.

Art. 8º As perícias iniciadas antes de 1º de janeiro de 1942 prosseguirão de acordo com a legislação anterior.

Art. 9º Os processos de contravenções, em qualquer caso, prosseguirão na forma da legislação anterior.

Art. 10. No julgamento, pelo júri, de crime praticado antes da vigência do Código Penal, observar-se-á o disposto no artigo 78 do Decreto-Lei nº 167, de 5 de janeiro de 1938, devendo os quesitos ser formulados de acordo com a Consolidação das Leis Penais.

▶ Art. 5º, XXXVIII, da CF.

▶ Arts. 74, 78, 81, 106 e 406 a 497 do CPP.

▶ Lei nº 9.605, de 12-2-1998 (Lei dos Crimes Ambientais).

§ 1º Os quesitos sobre causas de exclusão de crime, ou de isenção de pena, serão sempre formulados de acordo com a lei mais favorável.

§ 2º Quando as respostas do júri importarem condenação, o presidente do tribunal fará o confronto da pena resultante dessas respostas e da que seria imposta segundo o Código Penal, e aplicará a mais benigna.

§ 3º Se o confronto das penas concretizadas, segundo uma e outra lei, depender do reconhecimento de algum fato previsto no Código Penal, e que, pelo Código de Processo Penal, deva constituir objeto de quesito, o juiz o formulará.

Art. 11. Já tendo sido interposto recurso de despacho ou de sentença, as condições de admissibilidade, a forma e o julgamento serão regulados pela lei anterior.

Art. 12. No caso do artigo 673 do Código de Processo Penal, se tiver sido imposta medida de segurança detentiva ao condenado, este será removido para estabelecimento adequado.

Art. 13. A aplicação da lei nova a fato julgado por sentença condenatória irrecorrível, nos casos previstos no artigo 2º e seu parágrafo, do Código Penal, far-se-á mediante despacho do juiz, de ofício, ou a requerimento do condenado ou do Ministério Público.

▶ Súm. nº 611 do STF.

§ 1º Do despacho caberá recurso, em sentido estrito.

§ 2º O recurso interposto pelo Ministério Público terá efeito suspensivo, no caso de condenação por crime a que a lei anterior comine, no máximo, pena privativa de liberdade, por tempo igual ou superior a oito anos.

Art. 14. No caso de infração definida na legislação sobre a caça, verificado que o agente foi, anteriormente, punido, administrativamente, por qualquer infração prevista na mesma legislação, deverão ser os autos remetidos à autoridade judiciária que, mediante portaria, instaurará o processo, na forma do artigo 531 do Código de Processo Penal.

▶ Art. 129, I, da CF.

Parágrafo único. O disposto neste artigo não exclui a forma de processo estabelecido no Código de Processo Penal, para o caso de prisão em flagrante de contraventor.

▶ Art. 129, I, da CF.

Art. 15. No caso do artigo 145, IV, do Código de Processo Penal, o documento reconhecido como falso será, antes de desentranhado dos autos, rubricado pelo juiz e pelo escrivão em cada uma de suas folhas.

Art. 16. Esta Lei entrará em vigor no dia 1º de janeiro de 1942, revogadas as disposições em contrário.

Rio de Janeiro, 11 de dezembro de 1941;
120º da Independência e
53º da República.

Getúlio Vargas

CÓDIGO DE PROCESSO PENAL

DECRETO-LEI Nº 3.689, DE 3 DE OUTUBRO DE 1941

Código de Processo Penal.

- ▶ Publicado no *DOU* de 13-10-1941 e retificado no *DOU* de 24-10-1941.

O Presidente da República, usando da atribuição que lhe confere o artigo 180 da Constituição, decreta a seguinte Lei:

CÓDIGO DE PROCESSO PENAL

LIVRO I – DO PROCESSO EM GERAL

TÍTULO I – DISPOSIÇÕES PRELIMINARES

Art. 1º O processo penal reger-se-á, em todo o Território Brasileiro, por este Código, ressalvados:

- ▶ Arts. 1º a 6º do CPPM.
- ▶ Lei nº 7.565, de 19-12-1986 (Código Brasileiro de Aeronáutica).
- ▶ Lei nº 8.617, de 4-1-1993, dispõe sobre o mar territorial, a zona contígua, a zona econômica exclusiva e a plataforma continental brasileiros.

I – os tratados, as convenções e regras de direito internacional;

- ▶ Art. 109, V, da CF.
- ▶ Dec. nº 4.388, de 25-9-2002, promulga o Estatuto de Roma do Tribunal Penal Internacional.

II – as prerrogativas constitucionais do Presidente da República, dos ministros de Estado, nos crimes conexos com os do Presidente da República, e dos ministros do Supremo Tribunal Federal, nos crimes de responsabilidade (Constituição, artigos 86, 89, § 2º, e 100);

- ▶ A referência foi feita à CF/1937. A Constituição vigente trata da matéria nos arts. 50, § 2º, 52, I, parágrafo único, 85, 86, § 1º, II, e 102, I, *b*.
- ▶ Lei nº 1.079, de 10-4-1950 (Lei dos Crimes de Responsabilidade).

III – os processos da competência da Justiça Militar;

- ▶ Art. 124 da CF.

IV – os processos da competência do tribunal especial (Constituição, artigo 122, nº 17);

- ▶ A referência foi feita à CF/1937.

V – os processos por crimes de imprensa.

Parágrafo único. Aplicar-se-á, entretanto, este Código aos processos referidos nos nºs IV e V, quando as leis especiais que os regulam não dispuserem de modo diverso.

Art. 2º A lei processual penal aplicar-se-á desde logo, sem prejuízo da validade dos atos realizados sob a vigência da lei anterior.

- ▶ Arts. 1º a 3º do CP.

Art. 3º A lei processual penal admitirá interpretação extensiva e aplicação analógica, bem como o suplemento dos princípios gerais de direito.

- ▶ Art. 1º do CP.
- ▶ Arts. 4º e 5º do Dec.-lei nº 4.657, de 4-9-1942 (Lei de Introdução às normas do Direito Brasileiro).

Juiz das Garantias

- ▶ Epígrafe acrescida pela Lei nº 13.964, de 24-12-2019.
- ▶ O STF, por unanimidade, no julgamento das Ações Diretas de Inconstitucionalidade nºs 6.298, 6.299, 6.300 e 6.305, fixou a seguinte regra de transição: quanto às ações penais já instauradas no momento da efetiva implementação do juiz das garantias pelos tribunais, a eficácia da lei não acarretará qualquer modificação do juízo competente (*DOU* de 4-9-2023).

Art. 3º-A. O processo penal terá estrutura acusatória, vedadas a iniciativa do juiz na fase de investigação e a substituição da atuação probatória do órgão de acusação.

- ▶ O STF, por maioria, no julgamento das Ações Diretas de Inconstitucionalidade nºs 6.298, 6.299, 6.300 e 6.305, atribuiu interpretação conforme a Constituição Federal a este artigo (*DOU* de 4-9-2023).

Art. 3º-B. O juiz das garantias é responsável pelo controle da legalidade da investigação criminal e pela salvaguarda dos direitos individuais cuja franquia tenha sido reservada à autorização prévia do Poder Judiciário, competindo-lhe especialmente:

- ▶ O STF, por maioria, no julgamento das Ações Diretas de Inconstitucionalidade nºs 6.298, 6.299, 6.300 e 6.305, declarou a constitucionalidade deste *caput* (*DOU* de 4-9-2023).

I – receber a comunicação imediata da prisão, nos termos do inciso LXII do *caput* do art. 5º da Constituição Federal;

II – receber o auto da prisão em flagrante para o controle da legalidade da prisão, observado o disposto no art. 310 deste Código;

III – zelar pela observância dos direitos do preso, podendo determinar que este seja conduzido à sua presença, a qualquer tempo;

IV – ser informado sobre a instauração de qualquer investigação criminal;

- ▶ O STF, por unanimidade, no julgamento das Ações Diretas de Inconstitucionalidade nºs 6.298, 6.299, 6.300 e 6.305, atribuiu interpretação conforme a Constituição Federal a este inciso (*DOU* de 4-9-2023).

V – decidir sobre o requerimento de prisão provisória ou outra medida cautelar, observado o disposto no § 1º deste artigo;

VI – prorrogar a prisão provisória ou outra medida cautelar, bem como substituí-las ou revogá-las, assegurado, no primeiro caso, o exercício do contraditório em audiência pública e oral, na forma do disposto neste Código ou em legislação especial pertinente;

- ▶ O STF, por unanimidade, no julgamento das Ações Diretas de Inconstitucionalidade nºs 6.298, 6.299, 6.300 e 6.305, atribuiu interpretação conforme a Constituição Federal a este inciso (*DOU* de 4-9-2023).

VII – decidir sobre o requerimento de produção antecipada de provas consideradas urgentes e não repetíveis, assegurados o contraditório e a ampla defesa em audiência pública e oral;

- ▶ O STF, por unanimidade, no julgamento das Ações Diretas de Inconstitucionalidade nºs 6.298, 6.299, 6.300 e 6.305, atribuiu interpretação conforme a Constituição Federal a este inciso (*DOU* de 4-9-2023).

VIII – prorrogar o prazo de duração do inquérito, estando o investigado preso, em vista das razões apresentadas pela autoridade policial e observado o disposto no § 2º deste artigo;

- ▶ O STF, por unanimidade, no julgamento das Ações Diretas de Inconstitucionalidade nºs 6.298, 6.299, 6.300 e 6.305, atribuiu interpretação conforme a Constituição Federal a este inciso (*DOU* de 4-9-2023).

IX – determinar o trancamento do inquérito policial quando não houver fundamento razoável para sua instauração ou prosseguimento;

- ▶ O STF, por unanimidade, no julgamento das Ações Diretas de Inconstitucionalidade nºs 6.298, 6.299, 6.300 e 6.305, atribuiu interpretação conforme a Constituição Federal a este inciso (*DOU* de 4-9-2023).

X – requisitar documentos, laudos e informações ao delegado de polícia sobre o andamento da investigação;

XI – decidir sobre os requerimentos de:

a) interceptação telefônica, do fluxo de comunicações em sistemas de informática e telemática ou de outras formas de comunicação;

b) afastamento dos sigilos fiscal, bancário, de dados e telefônico;

c) busca e apreensão domiciliar;

d) acesso a informações sigilosas;

e) outros meios de obtenção da prova que restrinjam direitos fundamentais do investigado;

XII – julgar o habeas corpus impetrado antes do oferecimento da denúncia;

XIII – determinar a instauração de incidente de insanidade mental;

XIV – decidir sobre o recebimento da denúncia ou queixa, nos termos do art. 399 deste Código;

- ▶ O STF, por maioria, no julgamento das Ações Diretas de Inconstitucionalidade nºs 6.298, 6.299, 6.300 e 6.305, declarou a inconstitucionalidade desde inciso, e atribuiu interpretação conforme a Constituição Federal a este inciso (*DOU* de 4-9-2023).

XV – assegurar prontamente, quando se fizer necessário, o direito outorgado ao investigado e ao seu defensor de acesso a todos os elementos informativos e provas produzidos no âmbito da investigação criminal, salvo no que concerne, estritamente, às diligências em andamento;

XVI – deferir pedido de admissão de assistente técnico para acompanhar a produção da perícia;

XVII – decidir sobre a homologação de acordo de não persecução penal ou os de colaboração premiada, quando formalizados durante a investigação;

XVIII – outras matérias inerentes às atribuições definidas no *caput* deste artigo.

§ 1º O preso em flagrante ou por força de mandado de prisão provisória será encaminhado à presença do juiz de garantias no prazo de 24 (vinte e quatro) horas, momento em que se realizará audiência com a presença do Ministério Público e da Defensoria Pública ou de advogado constituído, vedado o emprego de videoconferência.

- ▶ § 1º acrescido pela Lei nº 13.964, de 24-12-2019, promulgado nos termos do art. 66, § 5º, da CF (*DOU* de 30-4-2021).
- ▶ O STF, por unanimidade, no julgamento das Ações Diretas de Inconstitucionalidade nºs 6.298, 6.299, 6.300 e 6.305, atribuiu interpretação conforme a

Constituição Federal a este parágrafo (*DOU* de 4-9-2023).

§ 2º Se o investigado estiver preso, o juiz das garantias poderá, mediante representação da autoridade policial e ouvido o Ministério Público, prorrogar, uma única vez, a duração do inquérito por até 15 (quinze) dias, após o que, se ainda assim a investigação não for concluída, a prisão será imediatamente relaxada.

▶ O STF, por unanimidade, no julgamento das Ações Diretas de Inconstitucionalidade nºs 6.298, 6.299, 6.300 e 6.305, atribuiu interpretação conforme a Constituição Federal a este parágrafo (*DOU* de 4-9-2023).

Art. 3º-C. A competência do juiz das garantias abrange todas as infrações penais, exceto as de menor potencial ofensivo, e cessa com o recebimento da denúncia ou queixa na forma do art. 399 deste Código.

▶ O STF, por unanimidade, no julgamento das Ações Diretas de Inconstitucionalidade nºs 6.298, 6.299, 6.300 e 6.305, atribuiu interpretação conforme a Constituição Federal à primeira parte do *caput* deste artigo. Ainda, por maioria, o STF declarou a inconstitucionalidade da expressão "recebimento da denúncia ou queixa na forma do art. 399 deste Código" contida na segunda parte do *caput* deste artigo, atribuindo interpretação conforme para assentar que a competência do juiz das garantias cessa com o oferecimento da denúncia (*DOU* de 4-9-2023).

§ 1º Recebida a denúncia ou queixa, as questões pendentes serão decididas pelo juiz da instrução e julgamento.

▶ O STF, por maioria, no julgamento das Ações Diretas de Inconstitucionalidade nºs 6.298, 6.299, 6.300 e 6.305, declarou a inconstitucionalidade do termo "recebida", contido neste parágrafo, atribuindo interpretação conforme a Constituição Federal para assentar que, oferecida a denúncia ou queixa, as questões pendentes serão decididas pelo juiz da instrução e julgamento (*DOU* de 4-9-2023).

§ 2º As decisões proferidas pelo juiz das garantias não vinculam o juiz da instrução e julgamento, que, após o recebimento da denúncia ou queixa, deverá reexaminar a necessidade das medidas cautelares em curso, no prazo máximo de 10 (dez) dias.

▶ O STF, por maioria, no julgamento das Ações Diretas de Inconstitucionalidade nºs 6.298, 6.299, 6.300 e 6.305, declarou a inconstitucionalidade do termo "recebimento" contido neste parágrafo, atribuindo interpretação conforme a Constituição Federal (*DOU* de 4-9-2023).

§ 3º Os autos que compõem as matérias de competência do juiz das garantias ficarão acautelados na secretaria desse juízo, à disposição do Ministério Público e da defesa, e não serão apensados aos autos do processo enviados ao juiz da instrução e julgamento, ressalvados os documentos relativos às provas irrepetíveis, medidas de obtenção de provas ou de antecipação de provas, que deverão ser remetidos para apensamento em apartado.

▶ O STF, por maioria, no julgamento das Ações Diretas de Inconstitucionalidade nºs 6.298, 6.299, 6.300 e 6.305, declarou a inconstitucionalidade deste parágrafo, com redução de texto, atribuindo interpretação conforme a Constituição Federal para entender-se que os autos que compõem as matérias de competência do juiz das garantias serão remetidos ao juiz da instrução e julgamento (*DOU* de 4-9-2023).

§ 4º Fica assegurado às partes o amplo acesso aos autos acautelados na secretaria do juízo das garantias.

▶ O STF, por maioria, no julgamento das Ações Diretas de Inconstitucionalidade nºs 6.298, 6.299, 6.300 e 6.305, declarou a inconstitucionalidade deste parágrafo, com redução de texto, atribuindo interpretação conforme a Constituição Federal para entender-se que os autos que compõem as matérias de competência do juiz das garantias serão remetidos ao juiz da instrução e julgamento (*DOU* de 4-9-2023).

Art. 3º-D. O juiz que, na fase de investigação, praticar qualquer ato incluído nas competências dos arts. 4º e 5º deste Código ficará impedido de funcionar no processo.

▶ O STF, por unanimidade, no julgamento das Ações Diretas de Inconstitucionalidade nºs 6.298, 6.299, 6.300 e 6.305, declarou a inconstitucionalidade deste *caput* (*DOU* de 4-9-2023).

Parágrafo único. Nas comarcas em que funcionar apenas um juiz, os tribunais criarão um sistema de rodízio de magistrados, a fim de atender às disposições deste Capítulo.

▶ O STF, por unanimidade, no julgamento das Ações Diretas de Inconstitucionalidade nºs 6.298, 6.299, 6.300 e 6.305, declarou a inconstitucionalidade formal deste parágrafo único (*DOU* de 4-9-2023).

Art. 3º-E. O juiz das garantias será designado conforme as normas de organização judiciária da União, dos Estados e do Distrito Federal, observando critérios objetivos a serem periodicamente divulgados pelo respectivo tribunal.

▶ O STF, por unanimidade, no julgamento das Ações Diretas de Inconstitucionalidade nºs 6.298, 6.299, 6.300 e 6.305, atribuiu interpretação conforme a Constituição Federal a este artigo (*DOU* de 4-9-2023).

Art. 3º-F. O juiz das garantias deverá assegurar o cumprimento das regras para o tratamento dos presos, impedindo o acordo ou ajuste de qualquer autoridade com órgãos da imprensa para explorar a imagem da pessoa submetida à prisão, sob pena de responsabilidade civil, administrativa e penal.

▶ O STF, por unanimidade, no julgamento das Ações Diretas de Inconstitucionalidade nºs 6.298, 6.299, 6.300 e 6.305, declarou a constitucionalidade deste *caput* (*DOU* de 4-9-2023).

Parágrafo único. Por meio de regulamento, as autoridades deverão disciplinar, em 180 (cento e oitenta) dias, o modo pelo qual as informações sobre a realização da prisão e a identidade do preso serão, de modo padronizado e respeitada a programação normativa aludida no *caput* deste artigo, transmitidas à imprensa, assegurados a efetividade da persecução penal, o direito à informação e a dignidade da pessoa submetida à prisão.

▶ Arts. 3º-A a 3º-F acrescidos pela Lei nº 13.964, de 24-12-2019.

▶ O STF, por unanimidade, no julgamento das Ações Diretas de Inconstitucionalidade nºs 6.298, 6.299, 6.300 e 6.305, atribuiu interpretação conforme a Constituição Federal a este parágrafo único (*DOU* de 4-9-2023).

TÍTULO II – DO INQUÉRITO POLICIAL

Art. 4º A polícia judiciária será exercida pelas autoridades policiais no território de suas respectivas circunscrições e terá por fim a apuração das infrações penais e da sua autoria.

▶ *Caput* com a redação dada pela Lei nº 9.043, de 9-5-1995.

▶ Art. 144, § 1º, IV, da CF.

▶ Art. 3º-D deste Código.

▶ Arts. 7º a 9º do CPPM.

Parágrafo único. A competência definida neste artigo não excluirá a de autoridades administrativas, a quem por lei seja cometida a mesma função.

Art. 5º Nos crimes de ação pública o inquérito policial será iniciado:

▶ Arts. 5º, LIX, e 129, I, VII e VIII, da CF.

▶ Art. 3º-D deste Código.

▶ Art. 10 do CPPM.

▶ Súm. nº 397 do STF.

I – de ofício;

II – mediante requisição da autoridade judiciária ou do Ministério Público, ou a requerimento do ofendido ou de quem tiver qualidade para representá-lo.

§ 1º O requerimento a que se refere o nº II conterá sempre que possível:

▶ Art. 12, § 1º, da Lei nº 11.340, de 7-8-2006 (Lei que Coíbe a Violência Doméstica e Familiar Contra a Mulher).

a) a narração do fato, com todas as circunstâncias;

b) a individualização do indiciado ou seus sinais característicos e as razões de convicção ou de presunção de ser ele o autor da infração, ou os motivos de impossibilidade de o fazer;

c) a nomeação das testemunhas, com indicação de sua profissão e residência.

▶ Arts. 202 e 207 deste Código.

§ 2º Do despacho que indeferir o requerimento de abertura de inquérito caberá recurso para o chefe de Polícia.

§ 3º Qualquer pessoa do povo que tiver conhecimento da existência de infração penal em que caiba ação pública poderá, verbalmente ou por escrito, comunicá-la à autoridade policial, e esta, verificada a procedência das informações, mandará instaurar inquérito.

▶ Art. 340 do CP.

▶ Art. 66, I e II, da LCP.

§ 4º O inquérito, nos crimes em que a ação pública depender de representação, não poderá sem ela ser iniciado.

▶ Arts. 24 e 25 deste Código.

▶ Art. 100, § 1º, do CP.

§ 5º Nos crimes de ação privada, a autoridade policial somente poderá proceder a inquérito a requerimento de quem tenha qualidade para intentá-la.

▶ Arts. 30, 31 e 34 deste Código.

▶ Art. 100, § 2º, do CP.

▶ Súm. nº 594 do STF.

Art. 6º Logo que tiver conhecimento da prática da infração penal, a autoridade policial deverá:

▶ Art. 12 do CPPM.

▶ Art. 69 da Lei nº 9.099, de 26-9-1995 (Lei dos Juizados Especiais).

▶ Art. 90, II, do Dec. nº 6.049, de 27-2-2007 (Regulamento Penitenciário Federal).

I – dirigir-se ao local, providenciando para que não se alterem o estado e conservação das coisas, até a chegada dos peritos criminais;

▶ Arts. 158 a 184 deste Código.

▶ Lei nº 5.970, de 11-12-1973, exclui da aplicação do disposto neste inciso os casos de acidente de trânsito.

II – apreender os objetos que tiverem relação com o fato, após liberados pelos peritos criminais;

▶ Incisos I e II com a redação dada pela Lei nº 8.862, de 28-3-1994.

▶ Art. 91, II, *a* e *b*, do CP.

III – colher todas as provas que servirem para o esclarecimento do fato e suas circunstâncias;

► Arts. 155 a 250 deste Código.

IV – ouvir o ofendido;

► Art. 201 deste Código.

V – ouvir o indiciado, com observância, no que for aplicável, do disposto no Capítulo III do Título VII, deste Livro, devendo o respectivo termo ser assinado por duas testemunhas que lhe tenham ouvido a leitura;

► Arts. 185 a 196 deste Código.

VI – proceder a reconhecimento de pessoas e coisas e a acareações;

► Arts. 226 a 230 deste Código.

VII – determinar, se for caso, que se proceda a exame de corpo de delito e a quaisquer outras perícias;

► Arts. 158 a 184 deste Código.

VIII – ordenar a identificação do indiciado pelo processo datiloscópico, se possível, e fazer juntar aos autos sua folha de antecedentes;

► Art. 5º, LVIII, da CF.

► Lei nº 12.037, de 1º-10-2009 (Lei da Identificação Criminal).

► Súm. nº 568 do STF.

IX – averiguar a vida pregressa do indiciado, sob o ponto de vista individual, familiar e social, sua condição econômica, sua atitude e estado de ânimo antes e depois do crime e durante ele, e quaisquer outros elementos que contribuírem para a apreciação do seu temperamento e caráter;

► Art. 59 do CP.

► Art. 5º da LEP.

X – colher informações sobre a existência de filhos, respectivas idades e se possuem alguma deficiência e o nome e o contato de eventual responsável pelos cuidados dos filhos, indicado pela pessoa presa.

► Inciso X acrescido pela Lei nº 13.257, de 8-3-2016.

Art. 7º Para verificar a possibilidade de haver a infração sido praticada de determinado modo, a autoridade policial poderá proceder à reprodução simulada dos fatos, desde que esta não contrarie a moralidade ou a ordem pública.

► Art. 5º, LXIII, da CF.

► Art. 13 do CPPM.

Art. 8º Havendo prisão em flagrante, será observado o disposto no Capítulo II do Título IX deste Livro.

► Arts. 301 a 310 deste Código.

► Art. 69, parágrafo único, da Lei nº 9.099, de 26-9-1995 (Lei dos Juizados Especiais).

► Súm. nº 145 do STF.

Art. 9º Todas as peças do inquérito policial serão, num só processado, reduzidas a escrito ou datilografadas e, neste caso, rubricadas pela autoridade.

► Art. 21 do CPPM.

► Súm. Vinc. nº 14 do STF.

Art. 10. O inquérito deverá terminar no prazo de dez dias, se o indiciado tiver sido preso em flagrante, ou estiver preso preventivamente, contado o prazo, nesta hipótese, a partir do dia em que se executar a ordem de prisão, ou no prazo de trinta dias, quando estiver solto, mediante fiança ou sem ela.

► Art. 20 do CPPM.

► Art. 66 da Lei nº 5.010, de 30-5-1966 (Lei da Organização da Justiça Federal).

► Art. 51 da Lei nº 11.343, de 23-8-2006 (Lei Antidrogas).

§ 1º A autoridade fará minucioso relatório do que tiver sido apurado e enviará os autos ao juiz competente.

► Art. 23 deste Código.

► Arts. 22 e 23 do CPPM.

► Art. 52, I, da Lei nº 11.343, de 23-8-2006 (Lei Antidrogas).

§ 2º No relatório poderá a autoridade indicar testemunhas que não tiverem sido inquiridas, mencionando o lugar onde possam ser encontradas.

§ 3º Quando o fato for de difícil elucidação, e o indiciado estiver solto, a autoridade poderá requerer ao juiz a devolução dos autos, para ulteriores diligências, que serão realizadas no prazo marcado pelo juiz.

► Art. 14 do CPPM.

Art. 11. Os instrumentos do crime, bem como os objetos que interessarem à prova, acompanharão os autos do inquérito.

► Arts. 155 a 250 deste Código.

Art. 12. O inquérito policial acompanhará a denúncia ou queixa, sempre que servir de base a uma ou outra.

► Art. 28 do CPPM.

Art. 13. Incumbirá ainda à autoridade policial:

► Art. 322 deste Código.

► Art. 8º do CPPM.

I – fornecer às autoridades judiciárias as informações necessárias à instrução e julgamento dos processos;

II – realizar as diligências requisitadas pelo juiz ou pelo Ministério Público;

► Art. 129, VIII, da CF.

III – cumprir os mandados de prisão expedidos pelas autoridades judiciárias;

IV – representar acerca da prisão preventiva.

► Arts. 311 e 312 deste Código.

► Arts. 1º e 2º da Lei nº 7.960, de 21-12-1989 (Lei da Prisão Temporária).

Art. 13-A. Nos crimes previstos nos arts. 148, 149 e 149-A, no § 3º do art. 158 e no art. 159 do Decreto-Lei nº 2.848, de 7 de dezembro de 1940 (Código Penal), e no art. 239 da Lei nº 8.069, de 13 de julho de 1990 (Estatuto da Criança e do Adolescente), o membro do Ministério Público ou o delegado de polícia poderá requisitar, de quaisquer órgãos do poder público ou de empresas da iniciativa privada, dados e informações cadastrais da vítima ou de suspeitos.

Parágrafo único. A requisição, que será atendida no prazo de 24 (vinte e quatro) horas, conterá:

I – o nome da autoridade requisitante;

II – o número do inquérito policial; e

III – a identificação da unidade de polícia judiciária responsável pela investigação.

Art. 13-B. Se necessário à prevenção e à repressão dos crimes relacionados ao tráfico de pessoas, o membro do Ministério Público ou o delegado de polícia poderão requisitar, mediante autorização judicial, às empresas prestadoras de serviço de telecomunicações e/ou telemática que disponibilizem imediatamente os meios técnicos adequados – como sinais, informações e outros – que permitam a localização da vítima ou dos suspeitos do delito em curso.

§ 1º Para os efeitos deste artigo, sinal significa posicionamento da estação de cobertura, setorização e intensidade de radiofrequência.

§ 2º Na hipótese de que trata o *caput*, o sinal:

I – não permitirá acesso ao conteúdo da comunicação de qualquer natureza, que dependerá de autorização judicial, conforme disposto em lei;

II – deverá ser fornecido pela prestadora de telefonia móvel celular por período não superior a 30 (trinta) dias, renovável por uma única vez, por igual período;

III – para períodos superiores àquele de que trata o inciso II, será necessária a apresentação de ordem judicial.

§ 3º Na hipótese prevista neste artigo, o inquérito policial deverá ser instaurado no prazo máximo de 72 (setenta e duas) horas, contado do registro da respectiva ocorrência policial.

§ 4º Não havendo manifestação judicial no prazo de 12 (doze) horas, a autoridade competente requisitará às empresas prestadoras de serviço de telecomunicações e/ou telemática que disponibilizem imediatamente os meios técnicos adequados – como sinais, informações e outros – que permitam a localização da vítima ou dos suspeitos do delito em curso, com imediata comunicação ao juiz.

► Arts. 13-A e 13-B acrescidos pela Lei nº 13.344, de 6-10-2016.

Art. 14. O ofendido, ou seu representante legal, e o indiciado poderão requerer qualquer diligência, que será realizada, ou não, a juízo da autoridade.

► Arts. 176 e 184 deste Código.

► Súm. Vinc. nº 14 do STF.

Art. 14-A. Nos casos em que servidores vinculados às instituições dispostas no art. 144 da Constituição Federal figurarem como investigados em inquéritos policiais, inquéritos policiais militares e demais procedimentos extrajudiciais, cujo objeto for a investigação de fatos relacionados ao uso da força letal praticados no exercício profissional, de forma consumada ou tentada, incluindo as situações dispostas no art. 23 do Decreto-Lei nº 2.848, de 7 de dezembro de 1940 (Código Penal), o indiciado poderá constituir defensor.

§ 1º Para os casos previstos no *caput* deste artigo, o investigado deverá ser citado da instauração do procedimento investigatório, podendo constituir defensor no prazo de até 48 (quarenta e oito) horas a contar do recebimento da citação.

§ 2º Esgotado o prazo disposto no § 1º deste artigo com ausência de nomeação de defensor pelo investigado, a autoridade responsável pela investigação deverá intimar a instituição a que estava vinculado o investigado à época da ocorrência dos fatos, para que essa, no prazo de 48 (quarenta e oito) horas, indique defensor para a representação do investigado.

§ 3º Havendo necessidade de indicação de defensor nos termos do § 2º deste artigo, a defesa caberá preferencialmente à Defensoria Pública, e, nos locais em que ela não estiver instalada, a União ou a Unidade da Federação correspondente à respectiva competência territorial do procedimento instaurado deverá disponibilizar profissional para acompanhamento e realização de todos os atos relacionados à defesa administrativa do investigado.

§ 4º A indicação do profissional a que se refere o § 3º deste artigo deverá ser precedida de manifestação de que não existe defensor público lotado na área territorial onde tramita o inquérito e com atribuição para nele atuar, hipótese em que poderá ser indicado profissional que não integre os quadros próprios da Administração.

§ 5º Na hipótese de não atuação da Defensoria Pública, os custos com o patrocínio dos interesses dos investigados nos procedimentos de que trata este artigo correrão por conta do orçamento próprio da instituição a que este esteja vinculado à época da ocorrência dos fatos investigados.

- §§ 3º a 5º acrescidos pela Lei nº 13.964, de 24-12-2019, promulgados nos termos do art. 66, § 5º, da CF (*DOU* de 30-4-2021).

§ 6º As disposições constantes deste artigo se aplicam aos servidores militares vinculados às instituições dispostas no art. 142 da Constituição Federal, desde que os fatos investigados digam respeito a missões para a Garantia da Lei e da Ordem.

- Art. 14-A acrescido Lei nº 13.964, de 24-12-2019.

Art. 15. Se o indiciado for menor, ser-lhe-á nomeado curador pela autoridade policial.

- Art. 262 deste Código.
- Art. 65, I, do CP.
- Art. 5º do CC.
- Súm. nº 352 do STF.

Art. 16. O Ministério Público não poderá requerer a devolução do inquérito à autoridade policial, senão para novas diligências, imprescindíveis ao oferecimento da denúncia.

- Art. 129, VIII, da CF.
- Arts. 46 e 47 deste Código.
- Art. 26 do CPPM.

Art. 17. A autoridade policial não poderá mandar arquivar autos de inquérito.

- Art. 28 deste Código.
- Art. 24 do CPPM.

Art. 18. Depois de ordenado o arquivamento do inquérito pela autoridade judiciária, por falta de base para a denúncia, a autoridade policial poderá proceder a novas pesquisas, se de outras provas tiver notícia.

- Arts. 67, I, e 414, parágrafo único, deste Código.
- Art. 25 do CPPM.
- Art. 7º da Lei nº 1.521, de 26-12-1951 (Lei dos Crimes Contra a Economia Popular).
- Súm. nº 524 do STF.

Art. 19. Nos crimes em que não couber ação pública, os autos do inquérito serão remetidos ao juízo competente, onde aguardarão a iniciativa do ofendido ou de seu representante legal, ou serão entregues ao requerente, se o pedir, mediante traslado.

- Arts. 30 a 38 e 183 deste Código.
- Art. 100 do CP.

Art. 20. A autoridade assegurará no inquérito o sigilo necessário à elucidação do fato ou exigido pelo interesse da sociedade.

- Art. 5º, XXXIII, da CF.
- Art. 745 deste Código.
- Art. 16 do CPPM.
- Art. 7º, XIII a XV, e § 1º, da Lei nº 8.906, de 4-7-1994 (Estatuto da Advocacia e da OAB).

Parágrafo único. Nos atestados de antecedentes que lhe forem solicitados, a autoridade policial não poderá mencionar quaisquer anotações referentes à instauração de inquérito contra os requerentes.

- Parágrafo único com a redação dada pela Lei nº 12.681, de 4-7-2012.
- Art. 5º, XXXIV, *b*, da CF.
- Art. 748 deste Código.

Art. 21. A incomunicabilidade do indiciado dependerá sempre de despacho nos autos e somente será permitida quando o interesse da sociedade ou a conveniência da investigação o exigir.

- Arts. 5º, LXII, e 136, § 3º, IV, da CF.
- Art. 17 do CPPM.
- Lei nº 13.869, de 5-9-2019 (Lei do Abuso de Autoridade).

Parágrafo único. A incomunicabilidade, que não excederá de três dias, será decretada por despacho fundamentado do juiz, a requerimento da autoridade policial, ou do órgão do Ministério Público, respeitado, em qualquer hipótese, o disposto no artigo 89, III, do Estatuto da Ordem dos Advogados do Brasil (Lei nº 4.215, de 27 de abril de 1963).

- Parágrafo único com a redação dada pela Lei nº 5.010, de 30-5-1966.
- Art. 7º, III, da Lei nº 8.906, de 4-7-1994 (Estatuto da Advocacia e da OAB).

Art. 22. No Distrito Federal e nas comarcas em que houver mais de uma circunscrição policial, a autoridade com exercício em uma delas poderá, nos inquéritos a que esteja procedendo, ordenar diligências em circunscrição de outra, independentemente de precatórias ou requisições, e bem assim providenciará, até que compareça a autoridade competente, sobre qualquer fato que ocorra em sua presença, noutra circunscrição.

- Arts. 4º e 70 deste Código.

Art. 23. Ao fazer a remessa dos autos do inquérito ao juiz competente, a autoridade policial oficiará ao Instituto de Identificação e Estatística, ou repartição congênere, mencionando o juízo a que tiverem sido distribuídos, e os dados relativos à infração penal e à pessoa do indiciado.

- Art. 809 deste Código.
- Art. 202 da LEP.

TÍTULO III – DA AÇÃO PENAL

Art. 24. Nos crimes de ação pública, esta será promovida por denúncia do Ministério Público, mas dependerá, quando a lei o exigir, de requisição do Ministro da Justiça, ou de representação do ofendido ou de quem tiver qualidade para representá-lo.

- Arts. 5º, LIX, e 129, I, da CF.
- Art. 39 deste Código.
- Art. 100 do CP.
- Art. 29 do CPPM.
- Arts. 121 e 122 do CPM.
- Súm. nº 594 do STF.

§ 1º No caso de morte do ofendido ou quando declarado ausente por decisão judicial, o direito de representação passará ao cônjuge, ascendente, descendente ou irmão.

- Parágrafo único transformado em § 1º pela Lei nº 8.699, de 27-8-1993.
- Súm. nº 594 do STF.

§ 2º Seja qual for o crime, quando praticado em detrimento do patrimônio ou interesse da União, Estado e Município, a ação penal será pública.

- § 2º acrescido pela Lei nº 8.699, de 27-8-1993.

Art. 25. A representação será irretratável, depois de oferecida a denúncia.

- Arts. 100, § 1º, e 102 do CP.

Art. 26. A ação penal, nas contravenções, será iniciada com o auto de prisão em flagrante ou por meio de portaria expedida pela autoridade judiciária ou policial.

- Art. 129, I, da CF.

Art. 27. Qualquer pessoa do povo poderá provocar a iniciativa do Ministério Público, nos casos em que caiba a ação pública, fornecendo-lhe, por escrito, informações sobre o fato e a autoria e indicando o tempo, o lugar e os elementos de convicção.

- Art. 5º, § 3º, deste Código.
- Arts. 339 e 340 do CP.
- Art. 33 do CPPM.
- Art. 66, I e II, da LCP.

Art. 28. Ordenado o arquivamento do inquérito policial ou de quaisquer elementos informativos da mesma natureza, o órgão do Ministério Público comunicará à vítima, ao investigado e à autoridade policial e encaminhará os autos para a instância de revisão ministerial para fins de homologação, na forma da lei.

- O STF, por maioria, no julgamento das Ações Diretas de Inconstitucionalidade nºs 6.298, 6.299, 6.300 e 6.305, atribuiu interpretação conforme a Constituição Federal a este *caput* (*DOU* de 4-9-2023).

§ 1º Se a vítima, ou seu representante legal, não concordar com o arquivamento do inquérito policial, poderá, no prazo de 30 (trinta) dias do recebimento da comunicação, submeter a matéria à revisão da instância competente do órgão ministerial, conforme dispuser a respectiva lei orgânica.

- O STF, por unanimidade, no julgamento das Ações Diretas de Inconstitucionalidade nºs 6.298, 6.299, 6.300 e 6.305, atribuiu interpretação conforme a Constituição Federal a este parágrafo (*DOU* de 4-9-2023).

§ 2º Nas ações penais relativas a crimes praticados em detrimento da União, Estados e Municípios, a revisão do arquivamento do inquérito policial poderá ser provocada pela chefia do órgão a quem couber a sua representação judicial.

- Art. 28 com a redação dada pela Lei nº 13.964, de 24-12-2019.

Art. 28-A. Não sendo caso de arquivamento e tendo o investigado confessado formal e circunstancialmente a prática de infração penal sem violência ou grave ameaça e com pena mínima inferior a 4 (quatro) anos, o Ministério Público poderá propor acordo de não persecução penal, desde que necessário e suficiente para reprovação e prevenção do crime, mediante as seguintes condições ajustadas cumulativa e alternativamente:

- O STF, por unanimidade, no julgamento das Ações Diretas de Inconstitucionalidade nºs 6.298, 6.299, 6.300 e 6.305, declarou a constitucionalidade deste *caput* (*DOU* de 4-9-2023).

I – reparar o dano ou restituir a coisa à vítima, exceto na impossibilidade de fazê-lo;

II – renunciar voluntariamente a bens e direitos indicados pelo Ministério Público como instrumentos, produto ou proveito do crime;

III – prestar serviço à comunidade ou a entidades públicas por período correspondente à pena mínima cominada ao delito diminuída de um a dois terços, em local a ser indicado pelo juízo da execução, na forma do art. 46

do Decreto-Lei nº 2.848, de 7 de dezembro de 1940 (Código Penal);

▶ O STF, por unanimidade, no julgamento das Ações Diretas de Inconstitucionalidade nºs 6.298, 6.299, 6.300 e 6.305, declarou a constitucionalidade deste inciso (*DOU* de 4-9-2023).

IV – pagar prestação pecuniária, a ser estipulada nos termos do art. 45 do Decreto-Lei nº 2.848, de 7 de dezembro de 1940 (Código Penal), a entidade pública ou de interesse social, a ser indicada pelo juízo da execução, que tenha, preferencialmente, como função proteger bens jurídicos iguais ou semelhantes aos aparentemente lesados pelo delito; ou

▶ O STF, por unanimidade, no julgamento das Ações Diretas de Inconstitucionalidade nºs 6.298, 6.299, 6.300 e 6.305, declarou a constitucionalidade deste inciso (*DOU* de 4-9-2023).

V – cumprir, por prazo determinado, outra condição indicada pelo Ministério Público, desde que proporcional e compatível com a infração penal imputada.

§ 1º Para aferição da pena mínima cominada ao delito a que se refere o *caput* deste artigo, serão consideradas as causas de aumento e diminuição aplicáveis ao caso concreto.

§ 2º O disposto no *caput* deste artigo não se aplica nas seguintes hipóteses:

I – se for cabível transação penal de competência dos Juizados Especiais Criminais, nos termos da lei;

II – se o investigado for reincidente ou se houver elementos probatórios que indiquem conduta criminal habitual, reiterada ou profissional, exceto se insignificantes as infrações penais pretéritas;

III – ter sido o agente beneficiado nos 5 (cinco) anos anteriores ao cometimento da infração, em acordo de não persecução penal, transação penal ou suspensão condicional do processo; e

IV – nos crimes praticados no âmbito de violência doméstica ou familiar, ou praticados contra a mulher por razões da condição de sexo feminino, em favor do agressor.

§ 3º O acordo de não persecução penal será formalizado por escrito e será firmado pelo membro do Ministério Público, pelo investigado e por seu defensor.

§ 4º Para a homologação do acordo de não persecução penal, será realizada audiência na qual o juiz deverá verificar a sua voluntariedade, por meio da oitiva do investigado na presença do seu defensor, e sua legalidade.

§ 5º Se o juiz considerar inadequadas, insuficientes ou abusivas as condições dispostas no acordo de não persecução penal, devolverá os autos ao Ministério Público para que seja reformulada a proposta de acordo, com concordância do investigado e seu defensor.

▶ O STF, por unanimidade, no julgamento das Ações Diretas de Inconstitucionalidade nºs 6.298, 6.299, 6.300 e 6.305, declarou a constitucionalidade deste parágrafo (*DOU* de 4-9-2023).

§ 6º Homologado judicialmente o acordo de não persecução penal, o juiz devolverá os autos ao Ministério Público para que inicie sua execução perante o juízo de execução penal.

§ 7º O juiz poderá recusar homologação à proposta que não atender aos requisitos legais ou quando não for realizada a adequação a que se refere o § 5º deste artigo.

▶ O STF, por unanimidade, no julgamento das Ações Diretas de Inconstitucionalidade nºs 6.298, 6.299, 6.300 e 6.305, declarou a constitucionalidade deste parágrafo (*DOU* de 4-9-2023).

§ 8º Recusada a homologação, o juiz devolverá os autos ao Ministério Público para a análise da necessidade de complementação das investigações ou o oferecimento da denúncia.

▶ O STF, por unanimidade, no julgamento das Ações Diretas de Inconstitucionalidade nºs 6.298, 6.299, 6.300 e 6.305, declarou a constitucionalidade deste parágrafo (*DOU* de 4-9-2023).

§ 9º A vítima será intimada da homologação do acordo de não persecução penal e de seu descumprimento.

§ 10. Descumpridas quaisquer das condições estipuladas no acordo de não persecução penal, o Ministério Público deverá comunicar ao juízo, para fins de sua rescisão e posterior oferecimento de denúncia.

§ 11. O descumprimento do acordo de não persecução penal pelo investigado também poderá ser utilizado pelo Ministério Público como justificativa para o eventual não oferecimento de suspensão condicional do processo.

§ 12. A celebração e o cumprimento do acordo de não persecução penal não constarão de certidão de antecedentes criminais, exceto para os fins previstos no inciso III do § 2º deste artigo.

§ 13. Cumprido integralmente o acordo de não persecução penal, o juízo competente decretará a extinção de punibilidade.

§ 14. No caso de recusa, por parte do Ministério Público, em propor o acordo de não persecução penal, o investigado poderá requerer a remessa dos autos a órgão superior, na forma do art. 28 deste Código.

▶ Art. 28-A acrescido pela Lei nº 13.964, de 24-12-2019.

▶ Art. 581, XXV, deste Código.

Art. 29. Será admitida ação privada nos crimes de ação pública, se esta não for intentada no prazo legal, cabendo ao Ministério Público aditar a queixa, repudiá-la e oferecer denúncia substitutiva, intervir em todos os termos do processo, fornecer elementos de prova, interpor recurso e, a todo tempo, no caso de negligência do querelante, retomar a ação como parte principal.

▶ Art. 5º, LIX, da CF.

▶ Art. 476, § 2º, deste Código.

▶ Art. 100, § 3º, do CP.

Art. 30. Ao ofendido ou a quem tenha qualidade para representá-lo caberá intentar a ação privada.

▶ Art. 44 deste Código.

▶ Art. 100, § 2º, do CP.

▶ Art. 74, parágrafo único, da Lei nº 9.099, de 26-9-1995 (Lei dos Juizados Especiais).

Art. 31. No caso de morte do ofendido ou quando declarado ausente por decisão judicial, o direito de oferecer queixa ou prosseguir na ação passará ao cônjuge, ascendente, descendente ou irmão.

▶ Arts. 268 e 598 deste Código.

▶ Art. 100, § 4º, do CP.

Art. 32. Nos crimes de ação privada, o juiz, a requerimento da parte que comprovar a sua pobreza, nomeará advogado para promover a ação penal.

▶ Arts. 5º, LXXIV, e 134 da CF.

▶ Arts. 68 e 806 deste Código.

§ 1º Considerar-se-á pobre a pessoa que não puder prover às despesas do processo, sem privar-se dos recursos indispensáveis ao próprio sustento ou da família.

§ 2º Será prova suficiente de pobreza o atestado da autoridade policial em cuja circunscrição residir o ofendido.

Art. 33. Se o ofendido for menor de dezoito anos, ou mentalmente enfermo, ou retardado mental, e não tiver representante legal, ou colidirem os interesses deste com os daquele, o direito de queixa poderá ser exercido por curador especial, nomeado, de ofício ou a requerimento do Ministério Público, pelo juiz competente para o processo penal.

▶ Arts. 45 e 53 deste Código.

Art. 34. Se o ofendido for menor de vinte e um e maior de dezoito anos, o direito de queixa poderá ser exercido por ele ou por seu representante legal.

▶ Art. 5º do CC.

▶ Súm. nº 594 do STF.

Art. 35. *Revogado.* Lei nº 9.520, de 27-11-1997.

Art. 36. Se comparecer mais de uma pessoa com direito de queixa, terá preferência o cônjuge, e, em seguida, o parente mais próximo na ordem de enumeração constante do artigo 31, podendo, entretanto, qualquer delas prosseguir na ação, caso o querelante desista da instância ou a abandone.

▶ Art. 60, II, deste Código.

Art. 37. As fundações, associações ou sociedades legalmente constituídas poderão exercer a ação penal, devendo ser representadas por quem os respectivos contratos ou estatutos designarem ou, no silêncio destes, pelos seus diretores ou sócios-gerentes.

▶ Art. 60, IV, deste Código.

Art. 38. Salvo disposição em contrário, o ofendido, ou seu representante legal, decairá no direito de queixa ou de representação, se não o exercer dentro do prazo de seis meses, contado do dia em que vier a saber quem é o autor do crime, ou, no caso do artigo 29, do dia em que se esgotar o prazo para o oferecimento da denúncia.

▶ Arts. 103 e 107, IV, do CP.

▶ Art. 91 da Lei nº 9.099, de 26-9-1995 (Lei dos Juizados Especiais).

Parágrafo único. Verificar-se-á a decadência do direito de queixa ou representação, dentro do mesmo prazo, nos casos dos artigos 24, parágrafo único, e 31.

▶ O referido parágrafo único foi transformado em § 1º pela Lei nº 8.699, de 27-8-1993.

Art. 39. O direito de representação poderá ser exercido, pessoalmente ou por procurador com poderes especiais, mediante declaração, escrita ou oral, feita ao juiz, ao órgão do Ministério Público, ou à autoridade policial.

▶ Súm. nº 594 do STF.

§ 1º A representação feita oralmente ou por escrito, sem assinatura devidamente autenticada do ofendido, de seu representante legal ou procurador, será reduzida a termo, perante o juiz ou autoridade policial, presente o órgão do Ministério Público, quando a este houver sido dirigida.

§ 2º A representação conterá todas as informações que possam servir à apuração do fato e da autoria.

▸ Art. 569 deste Código.

§ 3º Oferecida ou reduzida a termo a representação, a autoridade policial procederá a inquérito, ou, não sendo competente, remetê-lo-á à autoridade que o for.

▸ Art. 5º, § 4º, deste Código.

§ 4º A representação, quando feita ao juiz ou perante este reduzida a termo, será remetida à autoridade policial para que esta proceda a inquérito.

§ 5º O órgão do Ministério Público dispensará o inquérito, se com a representação forem oferecidos elementos que o habilitem a promover a ação penal, e, neste caso, oferecerá a denúncia no prazo de quinze dias.

▸ Art. 12 deste Código.

Art. 40. Quando, em autos ou papéis de que conhecerem, os juízes ou tribunais verificarem a existência de crime de ação pública, remeterão ao Ministério Público as cópias e os documentos necessários ao oferecimento da denúncia.

▸ Art. 211 deste Código.
▸ Art. 442 do CPPM.

Art. 41. A denúncia ou queixa conterá a exposição do fato criminoso, com todas as suas circunstâncias, a qualificação do acusado ou esclarecimentos pelos quais se possa identificá-lo, a classificação do crime e, quando necessário, o rol das testemunhas.

▸ Art. 569 deste Código.
▸ Art. 77 do CPPM.
▸ Artigo 8º, 2, *b*, do Pacto de São José da Costa Rica.

Art. 42. O Ministério Público não poderá desistir da ação penal.

▸ Art. 32 do CPPM.

Art. 43. *Revogado.* Lei nº 11.719, de 20-6-2008.

Art. 44. A queixa poderá ser dada por procurador com poderes especiais, devendo constar do instrumento do mandato o nome do querelante e a menção do fato criminoso, salvo quando tais esclarecimentos dependerem de diligências que devem ser previamente requeridas no juízo criminal.

▸ Em vez de "querelante", leia-se: "querelado".
▸ Arts. 564, III, *a*, e 568 deste Código.

Art. 45. A queixa, ainda quando a ação penal for privativa do ofendido, poderá ser aditada pelo Ministério Público, a quem caberá intervir em todos os termos subsequentes do processo.

▸ Arts. 29, 46, § 2º, 257, 564, III, *d*, e 572 deste Código.

Art. 46. O prazo para oferecimento da denúncia, estando o réu preso, será de cinco dias, contado da data em que o órgão do Ministério Público receber os autos do inquérito policial, e de quinze dias, se o réu estiver solto ou afiançado. No último caso, se houver devolução do inquérito à autoridade policial (artigo 16), contar-se-á o prazo da data em que o órgão do Ministério Público receber novamente os autos.

▸ Art. 79 do CPPM.

§ 1º Quando o Ministério Público dispensar o inquérito policial, o prazo para o oferecimento da denúncia contar-se-á da data em que tiver recebido as peças de informações ou a representação.

§ 2º O prazo para o aditamento da queixa será de três dias, contado da data em que o órgão do Ministério Público receber os autos, e, se este não se pronunciar dentro do tríduo, entender-se-á que não tem o que aditar, prosseguindo-se nos demais termos do processo.

Art. 47. Se o Ministério Público julgar necessários maiores esclarecimentos e documentos complementares ou novos elementos de convicção, deverá requisitá-los, diretamente, de quaisquer autoridades ou funcionários que devam ou possam fornecê-los.

▸ Art. 129, VI e VIII, da CF.
▸ Art. 80 do CPPM.

Art. 48. A queixa contra qualquer dos autores do crime obrigará ao processo de todos, e o Ministério Público velará pela sua indivisibilidade.

▸ Art. 107, V, do CP.

Art. 49. A renúncia ao exercício do direito de queixa, em relação a um dos autores do crime, a todos se estenderá.

▸ Arts. 104, parágrafo único, e 107, V, do CP.

Art. 50. A renúncia expressa constará de declaração assinada pelo ofendido, por seu representante legal ou procurador com poderes especiais.

▸ Art. 57 deste Código.
▸ Art. 104, parágrafo único, do CP.

Parágrafo único. A renúncia do representante legal do menor que houver completado dezoito anos não privará este do direito de queixa, nem a renúncia do último excluirá o direito do primeiro.

▸ Art. 5º do CC.

Art. 51. O perdão concedido a um dos querelados aproveitará a todos, sem que produza, todavia, efeito em relação ao que o recusar.

▸ Arts. 105, 106 e 107, V, do CP.

Art. 52. Se o querelante for menor de vinte e um e maior de dezoito anos, o direito de perdão poderá ser exercido por ele ou por seu representante legal, mas o perdão concedido por um, havendo oposição do outro, não produzirá efeito.

▸ Art. 5º do CC.

Art. 53. Se o querelado for mentalmente enfermo ou retardado mental e não tiver representante legal, ou colidirem os interesses deste com os do querelado, a aceitação do perdão caberá ao curador que o juiz lhe nomear.

▸ Art. 33 deste Código.

Art. 54. Se o querelado for menor de vinte e um anos, observar-se-á, quanto à aceitação do perdão, o disposto no artigo 52.

▸ Art. 107, V, do CP.

Art. 55. O perdão poderá ser aceito por procurador com poderes especiais.

Art. 56. Aplicar-se-á ao perdão extraprocessual expresso o disposto no artigo 50.

▸ Art. 106 do CP.

Art. 57. A renúncia tácita e o perdão tácito admitirão todos os meios de prova.

Art. 58. Concedido o perdão, mediante declaração expressa nos autos, o querelado será intimado a dizer, dentro de três dias, se o aceita, devendo, ao mesmo tempo, ser cientificado de que o seu silêncio importará aceitação.

Parágrafo único. Aceito o perdão, o juiz julgará extinta a punibilidade.

Art. 59. A aceitação do perdão fora do processo constará de declaração assinada pelo querelado, por seu representante legal ou procurador com poderes especiais.

Art. 60. Nos casos em que somente se procede mediante queixa, considerar-se-á perempta a ação penal:

▸ Art. 581, VIII, deste Código.
▸ Art. 107, IV, do CP.

I – quando, iniciada esta, o querelante deixar de promover o andamento do processo durante trinta dias seguidos;

II – quando, falecendo o querelante, ou sobrevindo sua incapacidade, não comparecer em juízo, para prosseguir no processo, dentro do prazo de sessenta dias, qualquer das pessoas a quem couber fazê-lo, ressalvado o disposto no artigo 36;

III – quando o querelante deixar de comparecer, sem motivo justificado, a qualquer ato do processo a que deva estar presente, ou deixar de formular o pedido de condenação nas alegações finais;

IV – quando, sendo o querelante pessoa jurídica, esta se extinguir sem deixar sucessor.

Art. 61. Em qualquer fase do processo, o juiz, se reconhecer extinta a punibilidade, deverá declará-lo de ofício.

▸ Art. 107 do CP.

Parágrafo único. No caso de requerimento do Ministério Público, do querelante ou do réu, o juiz mandará autuá-lo em apartado, ouvirá a parte contrária e, se o julgar conveniente, concederá o prazo de cinco dias para a prova, proferindo a decisão dentro de cinco dias ou reservando-se para apreciar a matéria na sentença final.

▸ Art. 497, IX, deste Código.

Art. 62. No caso de morte do acusado, o juiz somente à vista da certidão de óbito, e depois de ouvido o Ministério Público, declarará extinta a punibilidade.

▸ Arts. 581, VIII e IX, e 683 deste Código.
▸ Art. 107, I, do CP.
▸ Art. 81 do CPPM.

TÍTULO IV – DA AÇÃO CIVIL

Art. 63. Transitada em julgado a sentença condenatória, poderão promover-lhe a execução, no juízo cível, para o efeito da reparação do dano, o ofendido, seu representante legal ou seus herdeiros.

▸ Arts. 9º, I, e 91, I, do CP.
▸ Arts. 74 e 76, § 6º, da Lei nº 9.099, de 26-9-1995 (Lei dos Juizados Especiais).
▸ Art. 21 da Lei nº 9.263, de 12-1-1996 (Lei do Planejamento Familiar).

Parágrafo único. Transitada em julgado a sentença condenatória, a execução poderá ser efetuada pelo valor fixado nos termos do inciso IV do *caput* do art. 387 deste Código sem prejuízo da liquidação para a apuração do dano efetivamente sofrido.

▸ Parágrafo único acrescido pela Lei nº 11.719, de 20-6-2008.

Art. 64. Sem prejuízo do disposto no artigo anterior, a ação para ressarcimento do dano poderá ser proposta no juízo cível, contra o autor do crime e, se for caso, contra o responsável civil.

Parágrafo único. Intentada a ação penal, o juiz da ação civil poderá suspender o curso desta, até o julgamento definitivo daquela.

Art. 65. Faz coisa julgada no cível a sentença penal que reconhecer ter sido o ato praticado em estado de necessidade, em legítima defesa, em estrito cumprimento de dever legal ou no exercício regular de direito.

- O STF, por unanimidade, no julgamento da ADPF nº 779, conferiu interpretação conforme a Constituição Federal a este artigo (*DOU* de 10-8-2023).
- Arts. 23 a 25 do CP.
- Arts. 188, 929 e 930 do CC.

Art. 66. Não obstante a sentença absolutória no juízo criminal, a ação civil poderá ser proposta quando não tiver sido, categoricamente, reconhecida a inexistência material do fato.

- Art. 386 deste Código.
- Art. 935 do CC.

Art. 67. Não impedirão igualmente a propositura da ação civil:

I – o despacho de arquivamento do inquérito ou das peças de informação;

- Arts. 17, 18, 28 e 414 deste Código.

II – a decisão que julgar extinta a punibilidade;

- Art. 107 do CP.

III – a sentença absolutória que decidir que o fato imputado não constitui crime.

- Art. 386, III, deste Código.

Art. 68. Quando o titular do direito à reparação do dano for pobre (artigo 32, §§ 1º e 2º), a execução da sentença condenatória (artigo 63) ou a ação civil (artigo 64) será promovida, a seu requerimento, pelo Ministério Público.

TÍTULO V – DA COMPETÊNCIA

Art. 69. Determinará a competência jurisdicional:

- Art. 5º, LIII, da CF.
- Art. 564, I, deste Código.
- Arts. 85 a 87 do CPPM.
- Art. 8º, 1, do Pacto de São José da Costa Rica.

I – o lugar da infração;

II – o domicílio ou residência do réu;

III – a natureza da infração;

IV – a distribuição;

V – a conexão ou continência;

VI – a prevenção;

VII – a prerrogativa de função.

CAPÍTULO I – DA COMPETÊNCIA PELO LUGAR DA INFRAÇÃO

Art. 70. A competência será, de regra, determinada pelo lugar em que se consumar a infração, ou, no caso de tentativa, pelo lugar em que for praticado o último ato de execução.

- Art. 14, I e II, do CP.
- Arts. 88 a 92 do CPPM.
- Art. 63 da Lei nº 9.099, de 26-9-1995 (Lei dos Juizados Especiais).1
- Súm. nº 528 do STJ.

§ 1º Se, iniciada a execução no Território Nacional, a infração se consumar fora dele, a competência será determinada pelo lugar em que tiver sido praticado, no Brasil, o último ato de execução.

- Art. 109, V, da CF.
- Arts. 5º a 7º do CP.

§ 2º Quando o último ato de execução for praticado fora do Território Nacional, será competente o juiz do lugar em que o crime, embora parcialmente, tenha produzido ou devia produzir seu resultado.

- Art. 109, V, da CF.
- Arts. 5º a 7º do CP.

§ 3º Quando incerto o limite territorial entre duas ou mais jurisdições, ou quando incerta a jurisdição por ter sido a infração consumada ou tentada nas divisas de duas ou mais jurisdições, a competência firmar-se-á pela prevenção.

- Art. 83 deste Código.

§ 4º Nos crimes previstos no art. 171 do Decreto-Lei nº 2.848, de 7 de dezembro de 1940 (Código Penal), quando praticados mediante depósito, mediante emissão de cheques sem suficiente provisão de fundos em poder do sacado ou com o pagamento frustrado ou mediante transferência de valores, a competência será definida pelo local do domicílio da vítima, e, em caso de pluralidade de vítimas, a competência firmar-se-á pela prevenção.

- § 4º acrescido pela Lei nº 14.155, de 27-5-2021.

Art. 71. Tratando-se de infração continuada ou permanente, praticada em território de duas ou mais jurisdições, a competência firmar-se-á pela prevenção.

- Art. 83 deste Código.
- Art. 71 do CP.
- Súm. nº 151 do STJ.

CAPÍTULO II – DA COMPETÊNCIA PELO DOMICÍLIO OU RESIDÊNCIA DO RÉU

Art. 72. Não sendo conhecido o lugar da infração, a competência regular-se-á pelo domicílio ou residência do réu.

- Art. 93 do CPPM.
- Arts. 70 a 73 do CC.

§ 1º Se o réu tiver mais de uma residência, a competência firmar-se-á pela prevenção.

§ 2º Se o réu não tiver residência certa ou for ignorado o seu paradeiro, será competente o juiz que primeiro tomar conhecimento do fato.

- Art. 83 deste Código.

Art. 73. Nos casos de exclusiva ação privada, o querelante poderá preferir o foro de domicílio ou da residência do réu, ainda quando conhecido o lugar da infração.

CAPÍTULO III – DA COMPETÊNCIA PELA NATUREZA DA INFRAÇÃO

Art. 74. A competência pela natureza da infração será regulada pelas leis de organização judiciária, salvo a competência privativa do Tribunal do Júri.

- Art. 5º, XXXVIII, da CF.

§ 1º Compete ao Tribunal do Júri o julgamento dos crimes previstos nos artigos 121, §§ 1º e 2º, 122, parágrafo único, 123, 124, 125, 126 e 127 do Código Penal, consumados ou tentados.

- § 1º com a redação dada pela Lei nº 263, de 23-2-1948.
- Art. 419 deste Código.
- Súm. Vinc. nº 45 do STF.
- Súm. nº 603 do STF.

§ 2º Se, iniciado o processo perante um juiz, houver desclassificação para infração da competência de outro, a este será remetido o processo, salvo se mais graduada for a jurisdição do primeiro, que, em tal caso, terá sua competência prorrogada.

§ 3º Se o juiz da pronúncia desclassificar a infração para outra atribuída à competência de juiz singular, observar-se-á o disposto no artigo 410; mas, se a desclassificação for feita pelo próprio Tribunal do Júri, a seu presidente caberá proferir a sentença (artigo 492, § 2º).

- Arts. 419 e 492, § 1º, deste Código.

CAPÍTULO IV – DA COMPETÊNCIA POR DISTRIBUIÇÃO

Art. 75. A precedência da distribuição fixará a competência quando, na mesma circunscrição judiciária, houver mais de um juiz igualmente competente.

- Art. 98 do CPPM.

Parágrafo único. A distribuição realizada para o efeito da concessão de fiança ou da decretação de prisão preventiva ou de qualquer diligência anterior à denúncia ou queixa prevenirá a da ação penal.

- Arts. 311 a 316 e 321 a 350 deste Código.
- Súm. nº 706 do STF.

CAPÍTULO V – DA COMPETÊNCIA POR CONEXÃO OU CONTINÊNCIA

Art. 76. A competência será determinada pela conexão:

- Arts. 108 e 117, § 1º, do CP.
- Arts. 99 a 107 do CPPM.

I – se, ocorrendo duas ou mais infrações, houverem sido praticadas, ao mesmo tempo, por várias pessoas reunidas, ou por várias pessoas em concurso, embora diverso o tempo e o lugar, ou por várias pessoas, umas contra as outras;

II – se, no mesmo caso, houverem sido umas praticadas para facilitar ou ocultar as outras, ou para conseguir impunidade ou vantagem em relação a qualquer delas;

III – quando a prova de uma infração ou de qualquer de suas circunstâncias elementares influir na prova de outra infração.

Art. 77. A competência será determinada pela continência quando:

I – duas ou mais pessoas forem acusadas pela mesma infração;

- Art. 580 deste Código.
- Arts. 29, 137 e 288 do CP.

II – no caso de infração cometida nas condições previstas nos artigos 51, § 1º, 53, segunda parte, e 54 do Código Penal.

- Referência feita a dispositivos da antiga Parte Geral do CP, revogada pela Lei nº 7.209, de 11-7-1984. A matéria é, atualmente, tratada nos arts. 70, 73 e 74.

Art. 78. Na determinação da competência por conexão ou continência, serão observadas as seguintes regras:

I – no concurso entre a competência do júri e a de outro órgão da jurisdição comum, prevalecerá a competência do júri;

- Art. 5º, XXXVIII, da CF.

II – no concurso de jurisdições da mesma categoria:

a) preponderará a do lugar da infração, à qual for cominada a pena mais grave;

- Súm. nº 52 do TFR.
- Súm. nº 122 do STJ.

b) prevalecerá a do lugar em que houver ocorrido o maior número de infrações, se as respectivas penas forem de igual gravidade;

c) firmar-se-á a competência pela prevenção, nos outros casos;

III – no concurso de jurisdições de diversas categorias, predominará a de maior graduação;

- Art. 83 deste Código.

IV – no concurso entre a jurisdição comum e a especial, prevalecerá esta.

- Art. 78 com a redação dada pela Lei nº 263, de 23-2-1948.

Art. 79. A conexão e a continência importarão unidade de processo e julgamento, salvo:

- Súm. nº 704 do STF.

I – no concurso entre a jurisdição comum e a militar;

- Súm. nº 90 do STJ.

II – no concurso entre a jurisdição comum e a do juízo de menores.

§ 1º Cessará, em qualquer caso, a unidade do processo, se, em relação a algum corréu, sobrevier o caso previsto no artigo 152.

§ 2º A unidade do processo não importará a do julgamento, se houver corréu foragido que não possa ser julgado à revelia, ou ocorrer a hipótese do artigo 461.

- A redação do mencionado art. 461 do CPP, após as alterações da Lei nº 11.689, de 9-6-2008, corresponde ao atual art. 469.

Art. 80. Será facultativa a separação dos processos quando as infrações tiverem sido praticadas em circunstâncias de tempo ou de lugar diferentes, ou, quando pelo excessivo número de acusados e para não lhes prolongar a prisão provisória, ou por outro motivo relevante, o juiz reputar conveniente a separação.

Art. 81. Verificada a reunião dos processos por conexão ou continência, ainda que no processo da sua competência própria venha o juiz ou tribunal a proferir sentença absolutória ou que desclassifique a infração para outra que não se inclua na sua competência, continuará competente em relação aos demais processos.

Parágrafo único. Reconhecida inicialmente ao júri a competência por conexão ou continência, o juiz, se vier a desclassificar a infração ou impronunciar ou absolver o acusado, de maneira que exclua a competência do júri, remeterá o processo ao juízo competente.

- Art. 492, § 2º, deste Código.

Art. 82. Se, não obstante a conexão ou continência, forem instaurados processos diferentes, a autoridade de jurisdição prevalente deverá avocar os processos que corram perante os outros juízes, salvo se já estiverem com sentença definitiva. Neste caso, a unidade dos processos só se dará, ulteriormente, para o efeito de soma ou de unificação das penas.

- Arts. 581, XVII, e 674, parágrafo único, deste Código.

CAPÍTULO VI
DA COMPETÊNCIA POR PREVENÇÃO

Art. 83. Verificar-se-á a competência por prevenção toda vez que, concorrendo dois ou mais juízes igualmente competentes ou com jurisdição cumulativa, um deles tiver antecedido aos outros na prática de algum ato do processo ou de medida a este relativa, ainda que anterior ao oferecimento da denúncia ou da queixa (artigos 70, § 3º, 71, 72, § 2º, e 78, II, *c*).

- Arts. 75, parágrafo único, e 91 deste Código.
- Arts. 94 e 95 do CPPM.
- Súm. nº 706 do STF.

CAPÍTULO VII
DA COMPETÊNCIA PELA PRERROGATIVA DE FUNÇÃO

Art. 84. A competência pela prerrogativa de função é do Supremo Tribunal Federal, do Superior Tribunal de Justiça, dos Tribunais Regionais Federais e Tribunais de Justiça dos Estados e do Distrito Federal, relativamente às pessoas que devam responder perante eles por crimes comuns e de responsabilidade.

- *Caput* com a redação dada pela Lei nº 10.628, de 24-12-2002.
- Art. 108 do CPPM.
- Súm. nº 704 do STF.

§ 1º A competência especial por prerrogativa de função, relativa a atos administrativos do agente, prevalece ainda que o inquérito ou a ação judicial sejam iniciados após a cessação do exercício da função pública.

§ 2º A ação de improbidade, de que trata a Lei nº 8.429, de 2 de junho de 1992, será proposta perante o tribunal competente para processar e julgar criminalmente o funcionário ou autoridade na hipótese de prerrogativa de foro em razão do exercício de função pública, observado o disposto no § 1º.

- §§ 1º e 2º acrescidos pela Lei nº 10.628, de 24-12-2002.
- O STF, por maioria de votos, julgou procedente as Ações Diretas de Inconstitucionalidade nºs 2.797-2 e 2.860-0, para declarar a inconstitucionalidade dos §§ 1º e 2º, acrescidos pela Lei nº 10.628, de 24-12-2002 (*DOU* de 26-9-2005) (*DJU* de 19-12-2006).

Art. 85. Nos processos por crime contra a honra, em que forem querelantes as pessoas que a Constituição sujeita à jurisdição do Supremo Tribunal Federal e dos Tribunais de Apelação, àquele ou a estes caberá o julgamento, quando oposta e admitida a exceção da verdade.

- Art. 523 deste Código.
- Arts. 138, § 3º, e 139, parágrafo único, do CP.
- Súm. nº 396 do STF.

Art. 86. Ao Supremo Tribunal Federal competirá, privativamente, processar e julgar:

- Art. 102 da CF.

I – os seus ministros, nos crimes comuns;

II – os ministros de Estado, salvo nos crimes conexos com os do Presidente da República;

- Art. 52, I e II, e parágrafo único, da CF.

III – o procurador-geral da República, os desembargadores dos Tribunais de Apelação, os ministros do Tribunal de Contas e os embaixadores e ministros diplomáticos, nos crimes comuns e de responsabilidade.

- Arts. 105, I, *a*, e 108, I, *a*, da CF.

Art. 87. Competirá, originariamente, aos Tribunais de Apelação o julgamento dos governadores ou interventores nos Estados ou Territórios, e prefeito do Distrito Federal, seus respectivos secretários e chefes de Polícia, juízes de instância inferior e órgãos do Ministério Público.

CAPÍTULO VIII
DISPOSIÇÕES ESPECIAIS

Art. 88. No processo por crimes praticados fora do território brasileiro, será competente o juízo da Capital do Estado onde houver por último residido o acusado. Se este nunca tiver residido no Brasil, será competente o juízo da Capital da República.

- Art. 109, IX, da CF.
- Art. 7º do CP.

Art. 89. Os crimes cometidos em qualquer embarcação nas águas territoriais da República, ou nos rios e lagos fronteiriços, bem como a bordo de embarcações nacionais, em alto-mar, serão processados e julgados pela justiça do primeiro porto brasileiro em que tocar a embarcação, após o crime, ou, quando se afastar do País, pela do último em que houver tocado.

- Art. 109, IX, da CF.
- Arts. 4º e 5º, § 2º, do CP.
- Art. 2º da LCP.
- Súm. nº 522 do STF.

Art. 90. Os crimes praticados a bordo de aeronave nacional, dentro do espaço aéreo correspondente ao território brasileiro, ou ao alto-mar, ou a bordo de aeronave estrangeira, dentro do espaço aéreo correspondente ao Território Nacional, serão processados e julgados pela justiça da comarca em cujo território se verificar o pouso após o crime, ou pela da comarca de onde houver partido a aeronave.

- Art. 109, IX, da CF.
- Arts. 4º e 5º, § 2º, do CP.
- Art. 2º da LCP.
- Súm. nº 522 do STF.

Art. 91. Quando incerta e não se determinar de acordo com as normas estabelecidas nos artigos 89 e 90, a competência se firmará pela prevenção.

- Artigo com a redação dada pela Lei nº 4.893, de 9-12-1965.
- Art. 83 deste Código.

TÍTULO VI – DAS QUESTÕES E PROCESSOS INCIDENTES

CAPÍTULO I
DAS QUESTÕES PREJUDICIAIS

Art. 92. Se a decisão sobre a existência da infração depender da solução de controvérsia, que o juiz repute séria e fundada, sobre o estado civil das pessoas, o curso da ação penal ficará suspenso até que no juízo cível seja a controvérsia dirimida por sentença passada em julgado, sem prejuízo, entretanto, da inquirição das testemunhas e de outras provas de natureza urgente.

- Art. 581, XVI, deste Código.
- Arts. 122 a 127 do CPPM.

Parágrafo único. Se for o crime de ação pública, o Ministério Público, quando necessário, promoverá a ação civil ou prosseguirá na que tiver sido iniciada, com a citação dos interessados.

Art. 93. Se o reconhecimento da existência da infração penal depender de decisão sobre questão diversa da prevista no artigo anterior, da competência do juízo cível, e se neste houver sido proposta ação para resolvê-la, o juiz criminal poderá, desde que essa questão seja de difícil solução e não verse sobre direito cuja prova a lei civil limite, suspender o curso do processo, após a inquirição das testemunhas e realização das outras provas de natureza urgente.

- Art. 225 deste Código.

§ 1º O juiz marcará o prazo da suspensão, que poderá ser razoavelmente prorrogado, se a demora não for imputável à parte. Expirado o prazo, sem que o juiz cível tenha proferido decisão, o juiz criminal fará prosseguir o processo, retomando sua competência para resolver, de fato e de direito, toda a matéria da acusação ou da defesa.

§ 2º Do despacho que denegar a suspensão não caberá recurso.

▶ Art. 581, XVI, deste Código.

§ 3º Suspenso o processo, e tratando-se de crime de ação pública, incumbirá ao Ministério Público intervir imediatamente na causa cível, para o fim de promover-lhe o rápido andamento.

Art. 94. A suspensão do curso da ação penal, nos casos dos artigos anteriores, será decretada pelo juiz, de ofício ou a requerimento das partes.

▶ Art. 581, XVI, deste Código.

CAPÍTULO II
DAS EXCEÇÕES

▶ Art. 407 deste Código.

Art. 95. Poderão ser opostas as exceções de:

▶ Art. 128 do CPPM.

I – suspeição;

▶ Arts. 96 a 107, 254 a 256, 258, 470, 564, I, e 581, III, deste Código.

▶ Súm. nº 234 do STJ.

II – incompetência de juízo;

▶ Arts. 108, 109, 111, 114, I, 564, I, 567 e 581, II, deste Código.

III – litispendência;

▶ Arts. 110, 111 e 581, III, deste Código.

IV – ilegitimidade de parte;

▶ Arts. 110, 111, 564, II, 568 e 581, III, deste Código.

V – coisa julgada.

▶ Arts. 110, § 2º, e 581, III, deste Código.

Art. 96. A arguição de suspeição precederá a qualquer outra, salvo quando fundada em motivo superveniente.

▶ Arts. 254 a 256 deste Código.

Art. 97. O juiz que espontaneamente afirmar suspeição deverá fazê-lo por escrito, declarando o motivo legal, e remeterá imediatamente o processo ao seu substituto, intimadas as partes.

▶ Arts. 254 a 256 deste Código.

Art. 98. Quando qualquer das partes pretender recusar o juiz, deverá fazê-lo em petição assinada por ela própria ou por procurador com poderes especiais, aduzindo as suas razões acompanhadas de prova documental ou do rol de testemunhas.

▶ Arts. 254 a 256 deste Código.

▶ Art. 131 do CPPM.

Art. 99. Se reconhecer a suspeição, o juiz sustará a marcha do processo, mandará juntar aos autos a petição do recusante com os documentos que a instruam, e por despacho se declarará suspeito, ordenando a remessa dos autos ao substituto.

▶ Art. 132 do CPPM.

Art. 100. Não aceitando a suspeição, o juiz mandará autuar em apartado a petição, dará sua resposta dentro em três dias, podendo instruí-la e oferecer testemunhas, e, em seguida, determinará sejam os autos da exceção remetidos, dentro em vinte e quatro horas, ao juiz ou tribunal a quem competir o julgamento.

▶ Art. 133 do CPPM.

§ 1º Reconhecida, preliminarmente, a relevância da arguição, o juiz ou tribunal, com citação das partes, marcará dia e hora para a inquirição das testemunhas, seguindo-se o julgamento, independentemente de mais alegações.

§ 2º Se a suspeição for de manifesta improcedência, o juiz ou relator a rejeitará liminarmente.

▶ Súm. nº 322 do STF.

Art. 101. Julgada procedente a suspeição, ficarão nulos os atos do processo principal, pagando o juiz as custas, no caso de erro inescusável; rejeitada, evidenciando-se a malícia do excipiente, a este será imposta a multa de duzentos mil-réis a dois contos de réis.

▶ Art. 564, I, deste Código.

▶ Art. 134 do CPPM.

Art. 102. Quando a parte contrária reconhecer a procedência da arguição, poderá ser sustado, a seu requerimento, o processo principal, até que se julgue o incidente da suspeição.

Art. 103. No Supremo Tribunal Federal e nos Tribunais de Apelação, o juiz que se julgar suspeito deverá declará-lo nos autos e, se for revisor, passar o feito ao seu substituto na ordem da precedência, ou, se for relator, apresentar os autos em mesa para nova distribuição.

▶ Art. 135 do CPPM.

§ 1º Se não for relator nem revisor, o juiz que houver de dar-se por suspeito, deverá fazê-lo verbalmente, na sessão de julgamento, registrando-se na ata a declaração.

§ 2º Se o presidente do tribunal se der por suspeito, competirá ao seu substituto designar dia para o julgamento e presidi-lo.

§ 3º Observar-se-á, quanto à arguição de suspeição pela parte, o disposto nos artigos 98 a 101, no que lhe for aplicável, atendido, se o juiz a reconhecer, o que estabelece este artigo.

§ 4º A suspeição, não sendo reconhecida, será julgada pelo tribunal pleno, funcionando como relator o presidente.

§ 5º Se o recusado for o presidente do tribunal, o relator será o vice-presidente.

Art. 104. Se for arguida a suspeição do órgão do Ministério Público, o juiz, depois de ouvi-lo, decidirá, sem recurso, podendo antes admitir a produção de provas no prazo de três dias.

▶ Arts. 258 e 470 deste Código.

▶ Arts. 136 a 138 do CPPM.

▶ Súm. nº 234 do STJ.

Art. 105. As partes poderão também arguir de suspeitos os peritos, os intérpretes e os serventuários ou funcionários de justiça, decidindo o juiz de plano e sem recurso, à vista da matéria alegada e prova imediata.

▶ Arts. 274, 280, 281 e 470 deste Código.

▶ Arts. 137, 139 e 140 do CPPM.

Art. 106. A suspeição dos jurados deverá ser arguida oralmente, decidindo de plano o presidente do Tribunal do Júri, que a rejeitará se, negada pelo recusado, não for imediatamente comprovada, o que tudo constará da ata.

▶ Arts. 448, 449 e 466 deste Código.

Art. 107. Não se poderá opor suspeição às autoridades policiais nos atos do inquérito, mas deverão elas declarar-se suspeitas, quando ocorrer motivo legal.

▶ Art. 142 do CPPM.

Art. 108. A exceção de incompetência do juízo poderá ser oposta, verbalmente ou por escrito, no prazo de defesa.

▶ Art. 581, II, deste Código.

▶ Arts. 143 a 147 do CPPM.

▶ Art. 8º, 1, do Pacto de São José da Costa Rica.

§ 1º Se, ouvido o Ministério Público, for aceita a declinatória, o feito será remetido ao juízo competente, onde, ratificados os atos anteriores, o processo prosseguirá.

§ 2º Recusada a incompetência, o juiz continuará no feito, fazendo tomar por termo a declinatória, se formulada verbalmente.

Art. 109. Se em qualquer fase do processo o juiz reconhecer motivo que o torne incompetente, declará-lo-á nos autos, haja ou não alegação da parte, prosseguindo-se na forma do artigo anterior.

▶ Arts. 564, I, 567 e 581, II, deste Código.

Art. 110. Nas exceções de litispendência, ilegitimidade de parte e coisa julgada, será observado, no que lhes for aplicável, o disposto sobre a exceção de incompetência do juízo.

▶ Arts. 564, II, e 581, III, deste Código.

▶ Arts. 148 a 155 do CPPM.

§ 1º Se a parte houver de opor mais de uma dessas exceções, deverá fazê-lo numa só petição ou articulado.

§ 2º A exceção de coisa julgada somente poderá ser oposta em relação ao fato principal, que tiver sido objeto da sentença.

▶ Art. 8º, 4, do Pacto de São José da Costa Rica.

Art. 111. As exceções serão processadas em autos apartados e não suspenderão, em regra, o andamento da ação penal.

CAPÍTULO III
DAS INCOMPATIBILIDADES E IMPEDIMENTOS

Art. 112. O juiz, o órgão do Ministério Público, os serventuários ou funcionários de justiça e os peritos ou intérpretes abster-se-ão de servir no processo, quando houver incompatibilidade ou impedimento legal, que declararão nos autos. Se não se der a abstenção, a incompatibilidade ou impedimento poderá ser arguido pelas partes, seguindo-se o processo estabelecido para a exceção de suspeição.

▶ Arts. 252 e 253 deste Código.

▶ Súm. nº 234 do STJ.

CAPÍTULO IV
DO CONFLITO DE JURISDIÇÃO

Art. 113. As questões atinentes à competência resolver-se-ão não só pela exceção própria, como também pelo conflito positivo ou negativo de jurisdição.

▶ Art. 95, II, deste Código.

▶ Art. 111 do CPPM.

▶ Súm. nº 59 do STJ.

Art. 114. Haverá conflito de jurisdição:

▶ Art. 112 do CPPM.

I – quando duas ou mais autoridades judiciárias se considerarem competentes, ou incompetentes, para conhecer do mesmo fato criminoso;

II – quando entre elas surgir controvérsia sobre unidade de juízo, junção ou separação de processos.

Art. 115. O conflito poderá ser suscitado:

▸ Art. 113 do CPPM.

I – pela parte interessada;

II – pelos órgãos do Ministério Público junto a qualquer dos juízos em dissídio;

III – por qualquer dos juízes ou tribunais em causa.

▸ Súm. nº 59 do STJ.

Art. 116. Os juízes e tribunais, sob a forma de representação, e a parte interessada, sob a de requerimento, darão parte escrita e circunstanciada do conflito, perante o tribunal competente, expondo os fundamentos e juntando os documentos comprobatórios.

▸ Arts. 102, I, *o*, e 105, I, *d*, da CF.

▸ Arts. 114 a 118 do CPPM.

§ 1º Quando negativo o conflito, os juízes e tribunais poderão suscitá-los nos próprios autos do processo.

§ 2º Distribuído o feito, se o conflito for positivo, o relator poderá determinar imediatamente que se suspenda o andamento do processo.

§ 3º Expedida ou não a ordem de suspensão, o relator requisitará informações às autoridades em conflito, remetendo-lhes cópia do requerimento ou representação.

§ 4º As informações serão prestadas no prazo marcado pelo relator.

§ 5º Recebidas as informações, e depois de ouvido o procurador-geral, o conflito será decidido na primeira sessão, salvo se a instrução do feito depender de diligência.

§ 6º Proferida a decisão, as cópias necessárias serão remetidas, para a sua execução, às autoridades contra as quais tiver sido levantado o conflito ou que o houverem suscitado.

Art. 117. O Supremo Tribunal Federal, mediante avocatória, restabelecerá a sua jurisdição, sempre que exercida por qualquer dos juízes ou tribunais inferiores.

▸ Art. 120 do CPPM.

CAPÍTULO V
DA RESTITUIÇÃO DAS COISAS APREENDIDAS

Art. 118. Antes de transitar em julgado a sentença final, as coisas apreendidas não poderão ser restituídas enquanto interessarem ao processo.

▸ Art. 6º deste Código.

▸ Art. 91, II, *a* e *b*, do CP.

▸ Art. 190 do CPPM.

Art. 119. As coisas a que se referem os artigos 74 e 100 do Código Penal não poderão ser restituídas, mesmo depois de transitar em julgado a sentença final, salvo se pertencerem ao lesado ou a terceiro de boa-fé.

▸ Referência feita a dispositivos da antiga Parte Geral do CP, revogada pela Lei nº 7.209, de 11-7-1984. Trata, atualmente, da matéria, o art. 91.

Art. 120. A restituição, quando cabível, poderá ser ordenada pela autoridade policial ou juiz, mediante termo nos autos, desde que não exista dúvida quanto ao direito do reclamante.

▸ Arts. 191 a 195 do CPPM.

§ 1º Se duvidoso esse direito, o pedido de restituição autuar-se-á em apartado, assinando-se ao requerente o prazo de cinco dias para a prova. Em tal caso, só o juiz criminal poderá decidir o incidente.

§ 2º O incidente autuar-se-á também em apartado e só a autoridade judicial o resolverá, se as coisas forem apreendidas em poder de terceiro de boa-fé, que será intimado para alegar e provar o seu direito, em prazo igual e sucessivo ao do reclamante, tendo um e outro dois dias para arrazoar.

§ 3º Sobre o pedido de restituição será sempre ouvido o Ministério Público.

§ 4º Em caso de dúvida sobre quem seja o verdadeiro dono, o juiz remeterá as partes para o juízo cível, ordenando o depósito das coisas em mãos de depositário ou do próprio terceiro que as detinha, se for pessoa idônea.

§ 5º Tratando-se de coisas facilmente deterioráveis, serão avaliadas e levadas a leilão público, depositando-se o dinheiro apurado, ou entregues ao terceiro que as detinha, se este for pessoa idônea e assinar termo de responsabilidade.

Art. 121. No caso de apreensão de coisa adquirida com os proventos da infração, aplica-se o disposto no artigo 133 e seu parágrafo.

▸ Art. 91, II, *b*, do CP.

Art. 122. Sem prejuízo do disposto no art. 120, as coisas apreendidas serão alienadas nos termos do disposto no art. 133 deste Código.

▸ *Caput* com a redação dada pela Lei nº 13.964, de 24-12-2019.

Parágrafo único. *Revogado.* Lei nº 13.964, de 24-12-2019.

Art. 123. Fora dos casos previstos nos artigos anteriores, se dentro no prazo de noventa dias, a contar da data em que transitar em julgado a sentença final, condenatória ou absolutória, os objetos apreendidos não forem reclamados ou não pertencerem ao réu, serão vendidos em leilão, depositando-se o saldo à disposição do juízo de ausentes.

▸ Art. 198 do CPPM.

Art. 124. Os instrumentos do crime, cuja perda em favor da União for decretada, e as coisas confiscadas, de acordo com o disposto no artigo 100 do Código Penal, serão inutilizados ou recolhidos a museu criminal, se houver interesse na sua conservação.

▸ Referência feita a dispositivo da antiga Parte Geral do CP, revogada pela Lei nº 7.209, de 11-7-1984, o qual não encontra correspondente no texto atual.

Art. 124-A. Na hipótese de decretação de perdimento de obras de arte ou de outros bens de relevante valor cultural ou artístico, se o crime não tiver vítima determinada, poderá haver destinação dos bens a museus públicos.

▸ Art. 124-A acrescido pela Lei nº 13.964, de 24-12-2019.

CAPÍTULO VI
DAS MEDIDAS ASSECURATÓRIAS

Art. 125. Caberá o sequestro dos bens imóveis, adquiridos pelo indiciado com os proventos da infração, ainda que já tenham sido transferidos a terceiro.

▸ Art. 5º, XLV, da CF.

▸ Arts. 199 a 205 do CPPM.

Art. 126. Para a decretação do sequestro, bastará a existência de indícios veementes da proveniência ilícita dos bens.

▸ Art. 239 deste Código.

Art. 127. O juiz, de ofício, a requerimento do Ministério Público ou do ofendido, ou mediante representação da autoridade policial, poderá ordenar o sequestro, em qualquer fase do processo ou ainda antes de oferecida a denúncia ou queixa.

Art. 128. Realizado o sequestro, o juiz ordenará a sua inscrição no Registro de Imóveis.

▸ Arts. 167 a 288 da Lei nº 6.015, de 31-12-1973 (Lei dos Registros Públicos).

Art. 129. O sequestro autuar-se-á em apartado e admitirá embargos de terceiro.

Art. 130. O sequestro poderá ainda ser embargado:

I – pelo acusado, sob o fundamento de não terem os bens sido adquiridos com os proventos da infração;

II – pelo terceiro, a quem houverem os bens sido transferidos a título oneroso, sob o fundamento de tê-los adquirido de boa-fé.

Parágrafo único. Não poderá ser pronunciada decisão nesses embargos antes de passar em julgado a sentença condenatória.

Art. 131. O sequestro será levantado:

I – se a ação penal não for intentada no prazo de sessenta dias, contado da data em que ficar concluída a diligência;

II – se o terceiro, a quem tiverem sido transferidos os bens, prestar caução que assegure a aplicação do disposto no artigo 74, II, *b*, segunda parte, do Código Penal;

▸ Referência feita a dispositivo da antiga Parte Geral do CP, revogada pela Lei nº 7.209, de 11-7-1984. Trata, atualmente, da matéria, o art. 91, II, *b*.

III – se for julgada extinta a punibilidade ou absolvido o réu, por sentença transitada em julgado.

▸ Art. 107 do CP.

Art. 132. Proceder-se-á ao sequestro dos bens móveis se, verificadas as condições previstas no artigo 126, não for cabível a medida regulada no Capítulo XI do Título VII deste Livro.

▸ Arts. 240 a 250 deste Código.

Art. 133. Transitada em julgado a sentença condenatória, o juiz, de ofício ou a requerimento do interessado ou do Ministério Público, determinará a avaliação e a venda dos bens em leilão público cujo perdimento tenha sido decretado.

▸ Arts. 63, 121 e 122 deste Código.

§ 1º Do dinheiro apurado, será recolhido aos cofres públicos o que não couber ao lesado ou a terceiro de boa-fé.

§ 2º O valor apurado deverá ser recolhido ao Fundo Penitenciário Nacional, exceto se houver previsão diversa em lei especial.

▸ Art. 133 com a redação dada pela Lei nº 13.964, de 24-12-2019.

Art. 133-A. O juiz poderá autorizar, constatado o interesse público, a utilização de bem sequestrado, apreendido ou sujeito a qualquer medida assecuratória pelos órgãos de segurança pública previstos no art. 144 da Constituição Federal, do sistema prisional, do sistema socioeducativo, da Força Nacional de Segurança Pública e do Instituto Geral de Perícia, para o desempenho de suas atividades.

§ 1º O órgão de segurança pública participante das ações de investigação ou repressão da infração penal que ensejou a constrição do bem terá prioridade na sua utilização.

§ 2º Fora das hipóteses anteriores, demonstrado o interesse público, o juiz poderá autorizar o uso do bem pelos demais órgãos públicos.

§ 3º Se o bem a que se refere o *caput* deste artigo for veículo, embarcação ou aeronave, o juiz ordenará à autoridade de trânsito ou ao órgão de registro e controle a expedição de certificado provisório de registro e licenciamento em favor do orgao público beneficiário, o qual estará isento do pagamento de multas, encargos e tributos anteriores à disponibilização do bem para a sua utilização, que deverão ser cobrados de seu responsável.

§ 4º Transitada em julgado a sentença penal condenatória com a decretação de perdimento dos bens, ressalvado o direito do lesado ou terceiro de boa-fé, o juiz poderá determinar a transferência definitiva da propriedade ao órgão público beneficiário ao qual foi custodiado o bem.

▸ Art. 133-A acrescido pela Lei nº 13.964, de 24-12-2019.

Art. 134. A hipoteca legal sobre os imóveis do indiciado poderá ser requerida pelo ofendido em qualquer fase do processo, desde que haja certeza da infração e indícios suficientes da autoria.

▸ Art. 239 deste Código.
▸ Arts. 206 a 214 do CPPM.

Art. 135. Pedida a especialização mediante requerimento, em que a parte estimará o valor da responsabilidade civil, e designará e estimará o imóvel ou imóveis que terão de ficar especialmente hipotecados, o juiz mandará logo proceder ao arbitramento do valor da responsabilidade e à avaliação do imóvel ou imóveis.

§ 1º A petição será instruída com as provas ou indicação das provas em que se fundar a estimação da responsabilidade, com a relação dos imóveis que o responsável possuir, se outros tiver, além dos indicados no requerimento, e com os documentos comprobatórios do domínio.

§ 2º O arbitramento do valor da responsabilidade e a avaliação dos imóveis designados far-se-ão por perito nomeado pelo juiz, onde não houver avaliador judicial, sendo-lhe facultada a consulta dos autos do processo respectivo.

▸ Arts. 275 a 281 deste Código.

§ 3º O juiz, ouvidas as partes no prazo de dois dias, que correrá em cartório, poderá corrigir o arbitramento do valor da responsabilidade, se lhe parecer excessivo ou deficiente.

§ 4º O juiz autorizará somente a inscrição da hipoteca do imóvel ou imóveis necessários à garantia da responsabilidade.

§ 5º O valor da responsabilidade será liquidado definitivamente após a condenação, podendo ser requerido novo arbitramento se qualquer das partes não se conformar com o arbitramento anterior à sentença condenatória.

§ 6º Se o réu oferecer caução suficiente, em dinheiro ou em títulos de dívida pública, pelo valor de sua cotação em Bolsa, o juiz poderá deixar de mandar proceder à inscrição da hipoteca legal.

Art. 136. O arresto do imóvel poderá ser decretado de início, revogando-se, porém, se no prazo de 15 (quinze) dias não for promovido o processo de inscrição da hipoteca legal.

▸ Artigo com a redação dada pela Lei nº 11.435, de 28-12-2006.

Art. 137. Se o responsável não possuir bens imóveis ou os possuir de valor insuficiente, poderão ser arrestados bens móveis suscetíveis de penhora, nos termos em que é facultada a hipoteca legal dos imóveis.

▸ *Caput* com a redação dada pela Lei nº 11.435, de 28-12-2006.

§ 1º Se esses bens forem coisas fungíveis e facilmente deterioráveis, proceder-se-á na forma do § 5º do artigo 120.

§ 2º Das rendas dos bens móveis poderão ser fornecidos recursos arbitrados pelo juiz, para a manutenção do indiciado e de sua família.

Art. 138. O processo de especialização da hipoteca e do arresto correrão em auto apartado.

Art. 139. O depósito e a administração dos bens arrestados ficarão sujeitos ao regime do processo civil.

▸ Arts. 138 e 139 com a redação dada pela Lei nº 11.435, de 28-12-2006.

Art. 140. As garantias do ressarcimento do dano alcançarão também as despesas processuais e as penas pecuniárias, tendo preferência sobre estas a reparação do dano ao ofendido.

▸ Arts. 63 a 68 deste Código.

Art. 141. O arresto será levantado ou cancelada a hipoteca, se, por sentença irrecorrível, o réu for absolvido ou julgada extinta a punibilidade.

▸ Artigo com a redação dada pela Lei nº 11.435, de 28-12-2006.

Art. 142. Caberá ao Ministério Público promover as medidas estabelecidas nos artigos 134 e 137, se houver interesse da Fazenda Pública, ou se o ofendido for pobre e o requerer.

Art. 143. Passando em julgado a sentença condenatória, serão os autos de hipoteca ou arresto remetidos ao juiz do cível (art. 63).

▸ Artigo com a redação dada pela Lei nº 11.435, de 28-12-2006.

Art. 144. Os interessados ou, nos casos do artigo 142, o Ministério Público poderão requerer no juízo cível, contra o responsável civil, as medidas previstas nos artigos 134, 136 e 137.

Art. 144-A. O juiz determinará a alienação antecipada para preservação do valor dos bens sempre que estiverem sujeitos a qualquer grau de deterioração ou depreciação, ou quando houver dificuldade para sua manutenção.

§ 1º O leilão far-se-á preferencialmente por meio eletrônico.

§ 2º Os bens deverão ser vendidos pelo valor fixado na avaliação judicial ou por valor maior. Não alcançado o valor estipulado pela administração judicial, será realizado novo leilão, em até 10 (dez) dias contados da realização do primeiro, podendo os bens ser alienados por valor não inferior a 80% (oitenta por cento) do estipulado na avaliação judicial.

§ 3º O produto da alienação ficará depositado em conta vinculada ao juízo até a decisão final do processo, procedendo-se à sua conversão em renda para a União, Estado ou Distrito Federal, no caso de condenação, ou, no caso de absolvição, à sua devolução ao acusado.

§ 4º Quando a indisponibilidade recair sobre dinheiro, inclusive moeda estrangeira, títulos, valores mobiliários ou cheques emitidos como ordem de pagamento, o juízo determinará a conversão do numerário apreendido em moeda nacional corrente e o depósito das correspondentes quantias em conta judicial.

§ 5º No caso da alienação de veículos, embarcações ou aeronaves, o juiz ordenará à autoridade de trânsito ou ao equivalente órgão de registro e controle a expedição de certificado de registro e licenciamento em favor do arrematante, ficando este livre do pagamento de multas, encargos e tributos anteriores, sem prejuízo de execução fiscal em relação ao antigo proprietário.

§ 6º O valor dos títulos da dívida pública, das ações das sociedades e dos títulos de crédito negociáveis em bolsa será o da cotação oficial do dia, provada por certidão ou publicação no órgão oficial.

§ 7º VETADO. Lei nº 12.694, de 24-7-2012.

▸ Art. 144-A acrescido pela Lei nº 12.694, de 24-7-2012.

CAPÍTULO VII
DO INCIDENTE DE FALSIDADE

Art. 145. Arguida, por escrito, a falsidade de documento constante dos autos, o juiz observará o seguinte processo:

▸ Art. 581, XVIII, deste Código.
▸ Arts. 430 a 433 do CPC/2015.
▸ Arts. 293 a 311 do CP.
▸ Art. 163 do CPPM.

I – mandará autuar em apartado a impugnação, e em seguida ouvirá a parte contrária, que, no prazo de quarenta e oito horas, oferecerá resposta;

II – assinará o prazo de três dias, sucessivamente, a cada uma das partes, para prova de suas alegações;

III – conclusos os autos, poderá ordenar as diligências que entender necessárias;

IV – se reconhecida a falsidade por decisão irrecorrível, mandará desentranhar o documento e remetê-lo, com os autos do processo incidente, ao Ministério Público.

▸ Art. 40 deste Código.

Art. 146. A arguição de falsidade, feita por procurador, exige poderes especiais.

▸ Art. 165 do CPPM.

Art. 147. O juiz poderá, de ofício, proceder à verificação da falsidade.

▸ Art. 166 do CPPM.

Art. 148. Qualquer que seja a decisão, não fará coisa julgada em prejuízo de ulterior processo penal ou civil.

▸ Art. 581, XVIII, deste Código.
▸ Arts. 430 a 433 do CPC/2015.
▸ Art. 169 do CPPM.

CAPÍTULO VIII
DA INSANIDADE MENTAL DO ACUSADO

Art. 149. Quando houver dúvida sobre a integridade mental do acusado, o juiz ordenará, de ofício ou a requerimento do Ministério Público, do defensor, do curador, do ascendente, descendente, irmão ou cônjuge do acusado, seja este submetido a exame médico-legal.

▸ Arts. 26 e 97 do CP.
▸ Art. 156 do CPPM.

§ 1º O exame poderá ser ordenado ainda na fase do inquérito, mediante representação da autoridade policial ao juiz competente.

§ 2º O juiz nomeará curador ao acusado, quando determinar o exame, ficando suspenso o processo, se já iniciada a ação penal, salvo quanto às diligências que possam ser prejudicadas pelo adiamento.

Art. 150. Para o efeito do exame, o acusado, se estiver preso, será internado em manicômio judiciário, onde houver, ou, se estiver solto, e o requererem os peritos, em estabelecimento adequado que o juiz designar.

- Art. 157 do CPPM.
- Súm. nº 361 do STF.

§ 1º O exame não durará mais de quarenta e cinco dias, salvo se os peritos demonstrarem a necessidade de maior prazo.

§ 2º Se não houver prejuízo para a marcha do processo, o juiz poderá autorizar sejam os autos entregues aos peritos, para facilitar o exame.

- Art. 803 deste Código.

Art. 151. Se os peritos concluírem que o acusado era, ao tempo da infração, irresponsável nos termos do artigo 22 do Código Penal, o processo prosseguirá, com a presença do curador.

- Referência feita a dispositivo da antiga Parte Geral do CP, revogada pela Lei nº 7.209, de 11-7-1984. Trata, atualmente, da matéria, o art. 26.
- Art. 160 do CPPM.
- Súm. nº 361 do STF.

Art. 152. Se se verificar que a doença mental sobreveio à infração o processo continuará suspenso até que o acusado se restabeleça, observado o § 2º do artigo 149.

- Art. 79, § 1º, deste Código.
- Art. 161 do CPPM.

§ 1º O juiz poderá, nesse caso, ordenar a internação do acusado em manicômio judiciário ou em outro estabelecimento adequado.

§ 2º O processo retomará o seu curso, desde que se restabeleça o acusado, ficando-lhe assegurada a faculdade de reinquirir as testemunhas que houverem prestado depoimento sem a sua presença.

Art. 153. O incidente da insanidade mental processar-se-á em auto apartado, que só depois da apresentação do laudo, será apenso ao processo principal.

- Art. 162 do CPPM.

Art. 154. Se a insanidade mental sobrevier no curso da execução da pena, observar-se-á o disposto no artigo 682.

- Art. 41 do CP.
- Art. 183 da LEP.

TÍTULO VII – DA PROVA

CAPÍTULO I – DISPOSIÇÕES GERAIS

Art. 155. O juiz formará sua convicção pela livre apreciação da prova produzida em contraditório judicial, não podendo fundamentar sua decisão exclusivamente nos elementos informativos colhidos na investigação, ressalvadas as provas cautelares, não repetíveis e antecipadas.

- *Caput* com a redação dada pela Lei nº 11.690, de 9-6-2008.
- Art. 5º, LVI, da CF.
- Arts. 182, 184, 200 e 381, III, deste Código.
- Art. 297 do CPPM.

Parágrafo único. Somente quanto ao estado das pessoas serão observadas as restrições estabelecidas na lei civil.

- Parágrafo único acrescido pela Lei nº 11.690, de 9-6-2008.
- Art. 92 deste Código.
- Art. 294 do CPPM.
- Súm. nº 74 do STJ.

Art. 156. A prova da alegação incumbirá a quem a fizer, sendo, porém, facultado ao juiz de ofício:

- *Caput* com a redação dada pela Lei nº 11.690, de 9-6-2008.
- Arts. 373 e 374 do CPC/2015.
- Art. 296 do CPPM.
- Art. 81, § 1º, da Lei nº 9.099, de 26-9-1995 (Lei dos Juizados Especiais).

I – ordenar, mesmo antes de iniciada a ação penal, a produção antecipada de provas consideradas urgentes e relevantes, observando a necessidade, adequação e proporcionalidade da medida;

II – determinar, no curso da instrução, ou antes de proferir sentença, a realização de diligências para dirimir dúvida sobre ponto relevante.

- Incisos I e II acrescidos pela Lei nº 11.690, de 9-6-2008.

Art. 157. São inadmissíveis, devendo ser desentranhadas do processo, as provas ilícitas, assim entendidas as obtidas em violação a normas constitucionais ou legais.

- *Caput* com a redação dada pela Lei nº 11.690, de 9-6-2008.
- Art. 5º, LVI, da CF.

§ 1º São também inadmissíveis as provas derivadas das ilícitas, salvo quando não evidenciado o nexo de causalidade entre umas e outras, ou quando as derivadas puderem ser obtidas por uma fonte independente das primeiras.

§ 2º Considera-se fonte independente aquela que por si só, seguindo os trâmites típicos e de praxe, próprios da investigação ou instrução criminal, seria capaz de conduzir ao fato objeto da prova.

§ 3º Preclusa a decisão de desentranhamento da prova declarada inadmissível, esta será inutilizada por decisão judicial, facultado às partes acompanhar o incidente.

- §§ 1º a 3º acrescidos pela Lei nº 11.690, de 9-6-2008.

§ 4º VETADO. Lei nº 11.690, de 9-6-2008.

§ 5º O juiz que conhecer do conteúdo da prova declarada inadmissível não poderá proferir a sentença ou acórdão.

- § 5º acrescido pela Lei nº 13.964, de 24-12-2019.
- O STF, por maioria, no julgamento das Ações Diretas de Inconstitucionalidade nºs 6.298, 6.299 e 6.300, declarou a inconstitucionalidade deste parágrafo (*DOU* de 4-9-2023).

CAPÍTULO II – DO EXAME DE CORPO DE DELITO, DA CADEIA DE CUSTÓDIA E DAS PERÍCIAS EM GERAL

- Capítulo II com a denominação dada pela Lei nº 13.964, de 24-12-2019.

Art. 158. Quando a infração deixar vestígios, será indispensável o exame de corpo de delito, direto ou indireto, não podendo supri-lo a confissão do acusado.

- Arts. 167, 525 e 564, III, *b*, deste Código.
- Art. 328 do CPPM.
- Arts. 69 e 77, § 1º, da Lei nº 9.099, de 26-9-1995 (Lei dos Juizados Especiais).

Parágrafo único. Dar-se-á prioridade à realização do exame de corpo de delito quando se tratar de crime que envolva:

I – violência doméstica e familiar contra mulher;

II – violência contra criança, adolescente, idoso ou pessoa com deficiência.

- Parágrafo único acrescido pela Lei nº 13.721, de 2-10-2018.

Art. 158-A. Considera-se cadeia de custódia o conjunto de todos os procedimentos utilizados para manter e documentar a história cronológica do vestígio coletado em locais ou em vítimas de crimes, para rastrear sua posse e manuseio a partir de seu reconhecimento até o descarte.

§ 1º O início da cadeia de custódia dá-se com a preservação do local de crime ou com procedimentos policiais ou periciais nos quais seja detectada a existência de vestígio.

§ 2º O agente público que reconhecer um elemento como de potencial interesse para a produção da prova pericial fica responsável por sua preservação.

§ 3º Vestígio é todo objeto ou material bruto, visível ou latente, constatado ou recolhido, que se relaciona à infração penal.

Art. 158-B. A cadeia de custódia compreende o rastreamento do vestígio nas seguintes etapas:

I – reconhecimento: ato de distinguir um elemento como de potencial interesse para a produção da prova pericial;

II – isolamento: ato de evitar que se altere o estado das coisas, devendo isolar e preservar o ambiente imediato, mediato e relacionado aos vestígios e local de crime;

III – fixação: descrição detalhada do vestígio conforme se encontra no local de crime ou no corpo de delito, e a sua posição na área de exames, podendo ser ilustrada por fotografias, filmagens ou croqui, sendo indispensável a sua descrição no laudo pericial produzido pelo perito responsável pelo atendimento;

IV – coleta: ato de recolher o vestígio que será submetido à análise pericial, respeitando suas características e natureza;

V – acondicionamento: procedimento por meio do qual cada vestígio coletado é embalado de forma individualizada, de acordo com suas características físicas, químicas e biológicas, para posterior análise, com anotação da data, hora e nome de quem realizou a coleta e o acondicionamento;

VI – transporte: ato de transferir o vestígio de um local para o outro, utilizando as condições adequadas (embalagens, veículos, temperatura, entre outras), de modo a garantir a manutenção de suas características originais, bem como o controle de sua posse;

VII – recebimento: ato formal de transferência da posse do vestígio, que deve ser documentado com, no mínimo, informações referentes ao número de procedimento e unidade de polícia judiciária relacionada, local de origem, nome de quem transportou o vestígio, código de rastreamento, natureza do exame, tipo do vestígio, protocolo, assinatura e identificação de quem o recebeu;

VIII – processamento: exame pericial em si, manipulação do vestígio de acordo com a metodologia adequada às suas características biológicas, físicas e químicas, a fim de se obter o resultado desejado, que deverá ser formalizado em laudo produzido por perito;

IX – armazenamento: procedimento referente à guarda, em condições adequadas, do material a ser processado, guardado para realização de contraperícia, descartado ou transportado, com vinculação ao número do laudo correspondente;

X – descarte: procedimento referente à liberação do vestígio, respeitando a legislação vigente e, quando pertinente, mediante autorização judicial.

Art. 158-C. A coleta dos vestígios deverá ser realizada preferencialmente por perito oficial, que dará o encaminhamento necessário para a central de custódia, mesmo quando for necessária a realização de exames complementares.

§ 1º Todos vestígios coletados no decurso do inquérito ou processo devem ser tratados como descrito nesta Lei, ficando órgão central de perícia oficial de natureza criminal responsável por detalhar a forma do seu cumprimento.

§ 2º É proibida a entrada em locais isolados bem como a remoção de quaisquer vestígios de locais de crime antes da liberação por parte do perito responsável, sendo tipificada como fraude processual a sua realização.

Art. 158-D. O recipiente para acondicionamento do vestígio será determinado pela natureza do material.

§ 1º Todos os recipientes deverão ser selados com lacres, com numeração individualizada, de forma a garantir a inviolabilidade e a idoneidade do vestígio durante o transporte.

§ 2º O recipiente deverá individualizar o vestígio, preservar suas características, impedir contaminação e vazamento, ter grau de resistência adequado e espaço para registro de informações sobre seu conteúdo.

§ 3º O recipiente só poderá ser aberto pelo perito que vai proceder à análise e, motivadamente, por pessoa autorizada.

§ 4º Após cada rompimento de lacre, deve se fazer constar na ficha de acompanhamento de vestígio o nome e a matrícula do responsável, a data, o local, a finalidade, bem como as informações referentes ao novo lacre utilizado.

§ 5º O lacre rompido deverá ser acondicionado no interior do novo recipiente.

Art. 158-E. Todos os Institutos de Criminalística deverão ter uma central de custódia destinada à guarda e controle dos vestígios, e sua gestão deve ser vinculada diretamente ao órgão central de perícia oficial de natureza criminal.

§ 1º Toda central de custódia deve possuir os serviços de protocolo, com local para conferência, recepção, devolução de materiais e documentos, possibilitando a seleção, a classificação e a distribuição de materiais, devendo ser um espaço seguro e apresentar condições ambientais que não interfiram nas características do vestígio.

§ 2º Na central de custódia, a entrada e a saída de vestígio deverão ser protocoladas, consignando-se informações sobre a ocorrência no inquérito que a eles se relacionam.

§ 3º Todas as pessoas que tiverem acesso ao vestígio armazenado deverão ser identificadas e deverão ser registradas a data e a hora do acesso.

§ 4º Por ocasião da tramitação do vestígio armazenado, todas as ações deverão ser registradas, consignando-se a identificação do responsável pela tramitação, a destinação, a data e horário da ação.

Art. 158-F. Após a realização da perícia, o material deverá ser devolvido à central de custódia, devendo nela permanecer.

Parágrafo único. Caso a central de custódia não possua espaço ou condições de armazenar determinado material, deverá a autoridade policial ou judiciária determinar as condições de depósito do referido material em local diverso, mediante requerimento do diretor do órgão central de perícia oficial de natureza criminal.

- Arts. 158-A a 158-F acrescidos pela Lei nº 13.964, de 24-12-2019.

Art. 159. O exame de corpo de delito e outras perícias serão realizados por perito oficial, portador de diploma de curso superior.

- *Caput* com a redação dada pela Lei nº 11.690, de 9-6-2008.
- Os peritos que ingressaram sem exigência do diploma de curso superior até a data de entrada em vigor da Lei nº 11.690, de 9-6-2008, continuarão a atuar exclusivamente nas respectivas áreas para as quais se habilitaram, ressalvados os peritos médicos, conforme art. 2º da referida Lei.
- Art. 178 deste Código.
- Art. 318 do CPPM.
- Lei nº 12.030, de 17-9-2009 (Lei das Perícias Oficiais Criminais).
- Súm. nº 361 do STF.

§ 1º Na falta de perito oficial, o exame será realizado por duas pessoas idôneas, portadoras de diploma de curso superior preferencialmente na área específica, dentre as que tiverem habilitação técnica relacionada com a natureza do exame.

- Art. 179 deste Código.
- Art. 48 do CPPM.

§ 2º Os peritos não oficiais prestarão o compromisso de bem e fielmente desempenhar o encargo.

- §§ 1º e 2º com a redação dada pela Lei nº 11.690, de 9-6-2008.
- Arts. 275, 276, 279, 564, IV, e 572 deste Código.
- Art. 48, parágrafo único, do CPPM.

§ 3º Serão facultadas ao Ministério Público, ao assistente de acusação, ao ofendido, ao querelante e ao acusado a formulação de quesitos e indicação de assistente técnico.

§ 4º O assistente técnico atuará a partir de sua admissão pelo juiz e após a conclusão dos exames e elaboração do laudo pelos peritos oficiais, sendo as partes intimadas desta decisão.

§ 5º Durante o curso do processo judicial, é permitido às partes, quanto à perícia:

I – requerer a oitiva dos peritos para esclarecerem a prova ou para responderem a quesitos, desde que o mandado de intimação e os quesitos ou questões a serem esclarecidas sejam encaminhados com antecedência mínima de 10 (dez) dias, podendo apresentar as respostas em laudo complementar;

- Art. 8º, 2, *f*, do Pacto de São José da Costa Rica.

II – indicar assistentes técnicos que poderão apresentar pareceres em prazo a ser fixado pelo juiz ou ser inquiridos em audiência.

§ 6º Havendo requerimento das partes, o material probatório que serviu de base à perícia será disponibilizado no ambiente do órgão oficial, que manterá sempre sua guarda, e na presença de perito oficial, para exame pelos assistentes, salvo se for impossível a sua conservação.

§ 7º Tratando-se de perícia complexa que abranja mais de uma área de conhecimento especializado, poder-se-á designar a atuação de mais de um perito oficial, e a parte indicar mais de um assistente técnico.

- §§ 3º a 7º acrescidos pela Lei nº 11.690, de 9-6-2008.

Art. 160. Os peritos elaborarão o laudo pericial, onde descreverão minuciosamente o que examinarem, e responderão aos quesitos formulados.

- *Caput* com a redação dada pela Lei nº 8.862, de 28-3-1994.
- Art. 319 do CPPM.

Parágrafo único. O laudo pericial será elaborado no prazo máximo de dez dias, podendo este prazo ser prorrogado, em casos excepcionais, a requerimento dos peritos.

- Parágrafo único com a redação dada pela Lei nº 8.862, de 28-3-1994.

Art. 161. O exame de corpo de delito poderá ser feito em qualquer dia e a qualquer hora.

- Art. 6º, VII, deste Código.
- Art. 329 do CPPM.

Art. 162. A autópsia será feita pelo menos seis horas depois do óbito, salvo se os peritos, pela evidência dos sinais de morte, julgarem que possa ser feita antes daquele prazo, o que declararão no auto.

- Arts. 333 a 335 do CPPM.

Parágrafo único. Nos casos de morte violenta, bastará o simples exame externo do cadáver, quando não houver infração penal que apurar, ou quando as lesões externas permitirem precisar a causa da morte e não houver necessidade de exame interno para a verificação de alguma circunstância relevante.

Art. 163. Em caso de exumação para exame cadavérico, a autoridade providenciará para que, em dia e hora previamente marcados, se realize a diligência, da qual se lavrará auto circunstanciado.

- Art. 338 do CPPM.
- Art. 67 da LCP.

Parágrafo único. O administrador de cemitério público ou particular indicará o lugar da sepultura, sob pena de desobediência. No caso de recusa ou de falta de quem indique a sepultura, ou de encontrar-se o cadáver em lugar não destinado a inumações, a autoridade procederá às pesquisas necessárias, o que tudo constará do auto.

- Art. 330 do CP.

Art. 164. Os cadáveres serão sempre fotografados na posição em que forem encontrados, bem como, na medida do possível, todas as lesões externas e vestígios deixados no local do crime.

- Artigo com a redação dada pela Lei nº 8.862, de 28-3-1994.
- Art. 6º, I, deste Código.
- Art. 336 do CPPM.

Art. 165. Para representar as lesões encontradas no cadáver, os peritos, quando possível, juntarão ao laudo do exame provas fotográficas, esquemas ou desenhos, devidamente rubricados.

Art. 166. Havendo dúvida sobre a identidade do cadáver exumado, proceder-se-á ao reconhecimento pelo Instituto de Identificação e

Estatística ou repartição congênere ou pela inquirição de testemunhas, lavrando-se auto de reconhecimento e de identidade, no qual se descreverá o cadáver, com todos os sinais e indicações.

▸ Art. 337 do CPPM.

Parágrafo único. Em qualquer caso, serão arrecadados e autenticados todos os objetos encontrados, que possam ser úteis para a identificação do cadáver.

Art. 167. Não sendo possível o exame de corpo de delito, por haverem desaparecido os vestígios, a prova testemunhal poderá suprir-lhe a falta.

▸ Arts. 202 a 225 e 564, III, *b*, deste Código.
▸ Art. 328, parágrafo único, do CPPM.

Art. 168. Em caso de lesões corporais, se o primeiro exame pericial tiver sido incompleto, proceder-se-á a exame complementar por determinação da autoridade policial ou judiciária, de ofício, ou a requerimento do Ministério Público, do ofendido ou do acusado, ou de seu defensor.

▸ Art. 331 do CPPM.

§ 1º No exame complementar, os peritos terão presente o auto de corpo de delito, a fim de suprir-lhe a deficiência ou retificá-lo.

§ 2º Se o exame tiver por fim precisar a classificação do delito no artigo 129, § 1º, I, do Código Penal, deverá ser feito logo que decorra o prazo de trinta dias, contado da data do crime.

§ 3º A falta de exame complementar poderá ser suprida pela prova testemunhal.

Art. 169. Para o efeito de exame do local onde houver sido praticada a infração, a autoridade providenciará imediatamente para que não se altere o estado das coisas até a chegada dos peritos, que poderão instruir seus laudos com fotografias, desenhos ou esquemas elucidativos.

▸ Art. 6º, I, deste Código.
▸ Art. 347 do CP.
▸ Art. 339 do CPPM.

Parágrafo único. Os peritos registrarão, no laudo, as alterações do estado das coisas e discutirão, no relatório, as consequências dessas alterações na dinâmica dos fatos.

▸ Parágrafo único acrescido pela Lei nº 8.862, de 28-3-1994.

Art. 170. Nas perícias de laboratório, os peritos guardarão material suficiente para a eventualidade de nova perícia. Sempre que conveniente, os laudos serão ilustrados com provas fotográficas, ou microfotográficas, desenhos ou esquemas.

▸ Art. 340 do CPPM.
▸ Súm. nº 361 do STF.

Art. 171. Nos crimes cometidos com destruição ou rompimento de obstáculo a subtração da coisa, ou por meio de escalada, os peritos, além de descrever os vestígios, indicarão com que instrumentos, por que meios e em que época presumem ter sido o fato praticado.

▸ Art. 155, § 4º, I e II, do CP.
▸ Art. 341 do CPPM.

Art. 172. Proceder-se-á, quando necessário, à avaliação de coisas destruídas, deterioradas ou que constituam produto do crime.

▸ Art. 342 do CPPM.

Parágrafo único. Se impossível a avaliação direta, os peritos procederão à avaliação por meio dos elementos existentes nos autos e dos que resultarem de diligências.

Art. 173. No caso de incêndio, os peritos verificarão a causa e o lugar em que houver começado, o perigo que dele tiver resultado para a vida ou para o patrimônio alheio, a extensão do dano e o seu valor e as demais circunstâncias que interessarem à elucidação do fato.

▸ Art. 250 do CP.
▸ Art. 343 do CPPM.

Art. 174. No exame para o reconhecimento de escritos, por comparação de letra, observar-se-á o seguinte:

▸ Art. 344 do CPPM.

I – a pessoa a quem se atribua ou se possa atribuir o escrito será intimada para o ato, se for encontrada;

II – para a comparação, poderão servir quaisquer documentos que a dita pessoa reconhecer ou já tiverem sido judicialmente reconhecidos como de seu punho, ou sobre cuja autenticidade não houver dúvida;

III – a autoridade, quando necessário, requisitará, para o exame, os documentos que existirem em arquivos ou estabelecimentos públicos, ou nestes realizará a diligência, se daí não puderem ser retirados;

IV – quando não houver escritos para a comparação ou forem insuficientes os exibidos, a autoridade mandará que a pessoa escreva o que lhe for ditado. Se estiver ausente a pessoa, mas em lugar certo, esta última diligência poderá ser feita por precatória, em que se consignarão as palavras que a pessoa será intimada a escrever.

Art. 175. Serão sujeitos a exame os instrumentos empregados para a prática da infração, a fim de se lhes verificar a natureza e a eficiência.

▸ Art. 6º, II, deste Código.
▸ Art. 345 do CPPM.

Art. 176. A autoridade e as partes poderão formular quesitos até o ato da diligência.

▸ Art. 14 deste Código.
▸ Art. 316 do CPPM.

Art. 177. No exame por precatória, a nomeação dos peritos far-se-á no juízo deprecado. Havendo, porém, no caso de ação privada, acordo das partes, essa nomeação poderá ser feita pelo juiz deprecante.

▸ Art. 346 do CPPM.

Parágrafo único. Os quesitos do juiz e das partes serão transcritos na precatória.

Art. 178. No caso do artigo 159, o exame será requisitado pela autoridade ao diretor da repartição, juntando-se ao processo o laudo assinado pelos peritos.

Art. 179. No caso do § 1º do artigo 159, o escrivão lavrará o auto respectivo, que será assinado pelos peritos e, se presente ao exame, também pela autoridade.

Parágrafo único. No caso do artigo 160, parágrafo único, o laudo, que poderá ser datilografado, será subscrito e rubricado em suas folhas por todos os peritos.

Art. 180. Se houver divergência entre os peritos, serão consignadas no auto do exame as declarações e respostas de um e de outro, ou cada um redigirá separadamente o seu laudo, e a autoridade nomeará um terceiro; se este divergir de ambos, a autoridade poderá mandar proceder a novo exame por outros peritos.

▸ Art. 322 do CPPM.

Art. 181. No caso de inobservância de formalidades, ou no caso de omissões, obscuridades ou contradições, a autoridade judiciária mandará suprir a formalidade, complementar ou esclarecer o laudo.

▸ *Caput* com a redação dada pela Lei nº 8.862, de 28-3-1994.
▸ Arts. 563, 564, IV, 566 e 572 deste Código.
▸ Art. 323 do CPPM.

Parágrafo único. A autoridade poderá também ordenar que se proceda a novo exame, por outros peritos, se julgar conveniente.

Art. 182. O juiz não ficará adstrito ao laudo, podendo aceitá-lo ou rejeitá-lo, no todo ou em parte.

▸ Art. 157 deste Código.
▸ Art. 326 do CPPM.

Art. 183. Nos crimes em que não couber ação pública, observar-se-á o disposto no artigo 19.

Art. 184. Salvo o caso de exame de corpo de delito, o juiz ou a autoridade policial negará a perícia requerida pelas partes, quando não for necessária ao esclarecimento da verdade.

▸ Arts. 14 e 158 deste Código.
▸ Art. 315, parágrafo único, do CPPM.

CAPÍTULO III
DO INTERROGATÓRIO DO ACUSADO

▸ Art. 474 deste Código.

Art. 185. O acusado que comparecer perante a autoridade judiciária, no curso do processo penal, será qualificado e interrogado na presença de seu defensor, constituído ou nomeado.

▸ *Caput* com a redação dada pela Lei nº 10.792, de 1º-12-2003.
▸ Art. 5º, LIII a LVII, da CF.
▸ Arts. 6º, V, 304, 400, 474 e 531 deste Código.
▸ Art. 302 do CPPM.
▸ Art. 8º, 1, do Pacto de São José da Costa Rica.

§ 1º O interrogatório do réu preso será realizado, em sala própria, no estabelecimento em que estiver recolhido, desde que estejam garantidas a segurança do juiz, do membro do Ministério Público e dos auxiliares bem como a presença do defensor e a publicidade do ato.

▸ § 1º com a redação dada pela Lei nº 11.900, de 8-1-2009.

§ 2º Excepcionalmente, o juiz, por decisão fundamentada, de ofício ou a requerimento das partes, poderá realizar o interrogatório do réu preso por sistema de videoconferência ou outro recurso tecnológico de transmissão de sons e imagens em tempo real, desde que a medida seja necessária para atender a uma das seguintes finalidades:

▸ *Caput* do § 2º com a redação dada pela Lei nº 11.900, de 8-1-2009.

I – prevenir risco à segurança pública, quando exista fundada suspeita de que o preso integre organização criminosa ou de que, por outra razão, possa fugir durante o deslocamento;

II – viabilizar a participação do réu no referido ato processual, quando haja relevante dificuldade para seu comparecimento em juízo, por enfermidade ou outra circunstância pessoal;

III – impedir a influência do réu no ânimo de testemunha ou da vítima, desde que não seja possível colher o depoimento destas por videoconferência, nos termos do art. 217 deste Código;

IV – responder à gravíssima questão de ordem pública.

▶ Incisos I a IV acrescidos pela Lei nº 11.900, de 8-1-2009.

§ 3º Da decisão que determinar a realização de interrogatório por videoconferência, as partes serão intimadas com 10 (dez) dias de antecedência.

§ 4º Antes do interrogatório por videoconferência, o preso poderá acompanhar, pelo mesmo sistema tecnológico, a realização de todos os atos da audiência única de instrução e julgamento de que tratam os arts. 400, 411 e 531 deste Código.

§ 5º Em qualquer modalidade de interrogatório, o juiz garantirá ao réu o direito de entrevista prévia e reservada com o seu defensor; se realizado por videoconferência, fica também garantido o acesso a canais telefônicos reservados para comunicação entre o defensor que esteja no presídio e o advogado presente na sala de audiência do Fórum, e entre este e o preso.

§ 6º A sala reservada no estabelecimento prisional para a realização de atos processuais por sistema de videoconferência será fiscalizada pelos corregedores e pelo juiz de cada causa, como também pelo Ministério Público e pela Ordem dos Advogados do Brasil.

§ 7º Será requisitada a apresentação do réu preso em juízo nas hipóteses em que o interrogatório não se realizar na forma prevista nos §§ 1º e 2º deste artigo.

§ 8º Aplica-se o disposto nos §§ 2º, 3º, 4º e 5º deste artigo, no que couber, à realização de outros atos processuais que dependam da participação de pessoa que esteja presa, como acareação, reconhecimento de pessoas e coisas, e inquirição de testemunha ou tomada de declarações do ofendido.

§ 9º Na hipótese do § 8º deste artigo, fica garantido o acompanhamento do ato processual pelo acusado e seu defensor.

▶ §§ 3º a 9º acrescidos pela Lei nº 11.900, de 8-1-2009.

§ 10. Do interrogatório deverá constar a informação sobre a existência de filhos, respectivas idades e se possuem alguma deficiência e o nome e o contato de eventual responsável pelos cuidados dos filhos, indicado pela pessoa presa.

▶ § 10 acrescido pela Lei nº 13.257, de 8-3-2016.

Art. 186. Depois de devidamente qualificado e cientificado do inteiro teor da acusação, o acusado será informado pelo juiz, antes de iniciar o interrogatório, do seu direito de permanecer calado e de não responder perguntas que lhe forem formuladas.

▶ *Caput* com a redação dada pela Lei nº 10.792, de 1º-12-2003.
▶ Art. 5º, LXIII, da CF.
▶ Art. 305 do CPPM.

Parágrafo único. O silêncio, que não importará em confissão, não poderá ser interpretado em prejuízo da defesa.

▶ Parágrafo único acrescido pela Lei nº 10.792, de 1º-12-2003.

Art. 187. O interrogatório será constituído de duas partes: sobre a pessoa do acusado e sobre os fatos.

▶ *Caput* com a redação dada pela Lei nº 10.792, de 1º-12-2003.
▶ Art. 306 do CPPM.
▶ Art. 68 da LCP.

§ 1º Na primeira parte o interrogando será perguntado sobre a residência, meios de vida ou profissão, oportunidades sociais, lugar onde exerce a sua atividade, vida pregressa, notadamente se foi preso ou processado alguma vez e, em caso afirmativo, qual o juízo do processo, se houve suspensão condicional ou condenação, qual a pena imposta, se a cumpriu e outros dados familiares e sociais.

§ 2º Na segunda parte será perguntado sobre:

I – ser verdadeira a acusação que lhe é feita;

II – não sendo verdadeira a acusação, se tem algum motivo particular a que atribuí-la, se conhece a pessoa ou pessoas a quem deva ser imputada a prática do crime, e quais sejam, e se com elas esteve antes da prática da infração ou depois dela;

III – onde estava ao tempo em que foi cometida a infração e se teve notícia desta;

IV – as provas já apuradas;

V – se conhece as vítimas e testemunhas já inquiridas ou por inquirir, e desde quando, e se tem o que alegar contra elas;

VI – se conhece o instrumento com que foi praticada a infração, ou qualquer objeto que com esta se relacione e tenha sido apreendido;

VII – todos os demais fatos e pormenores que conduzam à elucidação dos antecedentes e circunstâncias da infração;

VIII – se tem algo mais a alegar em sua defesa.

▶ §§ 1º e 2º acrescidos pela Lei nº 10.792, de 1º-12-2003.

Art. 188. Após proceder ao interrogatório, o juiz indagará das partes se restou algum fato para ser esclarecido, formulando as perguntas correspondentes se o entender pertinente e relevante.

▶ Art. 303 do CPPM.

Art. 189. Se o interrogando negar a acusação, no todo ou em parte, poderá prestar esclarecimentos e indicar provas.

Art. 190. Se confessar a autoria, será perguntado sobre os motivos e circunstâncias do fato e se outras pessoas concorreram para a infração, e quais sejam.

▶ Arts. 197 a 200 deste Código.
▶ Arts. 59 e 65, III, *d*, do CP.

Art. 191. Havendo mais de um acusado, serão interrogados separadamente.

▶ Art. 304 do CPPM.

Art. 192. O interrogatório do mudo, do surdo ou do surdo-mudo será feito pela forma seguinte:

▶ Art. 299 do CPPM.

I – ao surdo serão apresentadas por escrito as perguntas, que ele responderá oralmente;

II – ao mudo as perguntas serão feitas oralmente, respondendo-as por escrito;

III – ao surdo-mudo as perguntas serão formuladas por escrito e do mesmo modo dará as respostas.

Parágrafo único. Caso o interrogando não saiba ler ou escrever, intervirá no ato, como intérprete e sob compromisso, pessoa habilitada a entendê-lo.

▶ Art. 281 deste Código.

Art. 193. Quando o interrogando não falar a língua nacional, o interrogatório será feito por meio de intérprete.

▶ Arts. 188 a 193 com a redação dada pela Lei nº 10.792, de 1º-12-2003.
▶ Art. 281 deste Código.

Art. 194. *Revogado*. Lei nº 10.792, de 1º-12-2003.

Art. 195. Se o interrogado não souber escrever, não puder ou não quiser assinar, tal fato será consignado no termo.

Art. 196. A todo tempo o juiz poderá proceder a novo interrogatório de ofício ou a pedido fundamentado de qualquer das partes.

▶ Arts. 195 e 196 com a redação dada pela Lei nº 10.792, de 1º-12-2003.
▶ Art. 616 deste Código.

CAPÍTULO IV
DA CONFISSÃO

Art. 197. O valor da confissão se aferirá pelos critérios adotados para os outros elementos de prova, e para a sua apreciação o juiz deverá confrontá-la com as demais provas do processo, verificando se entre ela e estas existe compatibilidade ou concordância.

▶ Art. 630, § 2º, *a*, deste Código.
▶ Arts. 59 e 65, III, *d*, do CP.
▶ Art. 307 do CPPM.
▶ Art. 8º, 3, do Pacto de São José da Costa Rica.

Art. 198. O silêncio do acusado não importará confissão, mas poderá constituir elemento para a formação do convencimento do juiz.

▶ Art. 5º, LXIII, da CF.
▶ Art. 308 do CPPM.
▶ Art. 8º, 2, *g*, do Pacto de São José da Costa Rica.

Art. 199. A confissão, quando feita fora do interrogatório, será tomada por termo nos autos, observado o disposto no artigo 195.

▶ Art. 310 do CPPM.

Art. 200. A confissão será divisível e retratável, sem prejuízo do livre convencimento do juiz, fundado no exame das provas em conjunto.

▶ Art. 309 do CPPM.

CAPÍTULO V
DO OFENDIDO

▶ Denominação do Capítulo com a redação dada pela Lei nº 11.690, de 9-6-2008.

Art. 201. Sempre que possível, o ofendido será qualificado e perguntado sobre as circunstâncias da infração, quem seja ou presuma ser o seu autor, as provas que possa indicar, tomando-se por termo as suas declarações.

▶ A Lei nº 11.690, de 9-6-2008, reproduziu a redação do *caput* deste artigo, sem alterações.
▶ Art. 339 do CP.
▶ Art. 311 do CPPM.
▶ Art. 81 da Lei nº 9.099, de 26-9-1995 (Lei dos Juizados Especiais).

§ 1º Se, intimado para esse fim, deixar de comparecer sem motivo justo, o ofendido poderá ser conduzido à presença da autoridade.

▶ Parágrafo único transformado em § 1º pela Lei nº 11.690, de 9-6-2008.
▶ Arts. 218 e 220 deste Código.

§ 2º O ofendido será comunicado dos atos processuais relativos ao ingresso e à saída do acusado da prisão, à designação de data para audiência e à sentença e respectivos acórdãos que a mantenham ou modifiquem.

§ 3º As comunicações ao ofendido deverão ser feitas no endereço por ele indicado, admitindo-se, por opção do ofendido, o uso de meio eletrônico.

§ 4º Antes do início da audiência e durante a sua realização, será reservado espaço separado para o ofendido.

§ 5º Se o juiz entender necessário, poderá encaminhar o ofendido para atendimento multidisciplinar, especialmente nas áreas psicossocial, de assistência jurídica e de saúde, a expensas do ofensor ou do Estado.

§ 6º O juiz tomará as providências necessárias à preservação da intimidade, vida privada, honra e imagem do ofendido, podendo, inclusive, determinar o segredo de justiça em relação aos dados, depoimentos e outras informações constantes dos autos a seu respeito para evitar sua exposição aos meios de comunicação.

- §§ 2º a 6º acrescidos pela Lei nº 11.690, de 9-6-2008.

CAPÍTULO VI
DAS TESTEMUNHAS

Art. 202. Toda pessoa poderá ser testemunha.

- Art. 53, § 6º, da CF.
- Arts. 342 e 343 do CP.
- Art. 351 do CPPM.
- Art. 81 da Lei nº 9.099, de 26-9-1995 (Lei dos Juizados Especiais).

Art. 203. A testemunha fará, sob palavra de honra, a promessa de dizer a verdade do que souber e lhe for perguntado, devendo declarar seu nome, sua idade, seu estado e sua residência, sua profissão, lugar onde exerce sua atividade, se é parente, e em que grau, de alguma das partes, ou quais suas relações com qualquer delas, e relatar o que souber, explicando sempre as razões de sua ciência ou as circunstâncias pelas quais possa avaliar-se de sua credibilidade.

- Art. 352 do CPPM.
- Art. 68 da LCP.

Art. 204. O depoimento será prestado oralmente, não sendo permitido à testemunha trazê-lo por escrito.

- Art. 221, § 1º, deste Código.
- Art. 300, § 1º, do CPPM.
- Lei nº 13.869, de 5-9-2019 (Lei do Abuso de Autoridade).

Parágrafo único. Não será vedada à testemunha, entretanto, breve consulta a apontamentos.

Art. 205. Se ocorrer dúvida sobre a identidade da testemunha, o juiz procederá à verificação pelos meios ao seu alcance, podendo, entretanto, tomar-lhe o depoimento desde logo.

- Art. 307 do CP.
- Art. 352, § 1º, do CPPM.

Art. 206. A testemunha não poderá eximir-se da obrigação de depor. Poderão, entretanto, recusar-se a fazê-lo o ascendente ou descendente, o afim em linha reta, o cônjuge, ainda que desquitado, o irmão e o pai, a mãe, ou o filho adotivo do acusado, salvo quando não for possível, por outro modo, obter-se ou integrar-se a prova do fato e de suas circunstâncias.

- Art. 354 do CPPM.

Art. 207. São proibidas de depor as pessoas que, em razão de função, ministério, ofício ou profissão, devam guardar segredo, salvo se, desobrigadas pela parte interessada, quiserem dar o seu testemunho.

- Art. 214 deste Código.
- Art. 154 do CP.
- Art. 354 do CPPM.
- Art. 34, VII, da Lei nº 8.906, de 4-7-1994 (Estatuto da Advocacia e da OAB).

Art. 208. Não se deferirá o compromisso a que alude o artigo 203 aos doentes e deficientes mentais e aos menores de quatorze anos, nem às pessoas a que se refere o artigo 206.

- Art. 214 deste Código.
- Art. 352, § 2º, do CPPM.

Art. 209. O juiz, quando julgar necessário, poderá ouvir outras testemunhas, além das indicadas pelas partes.

- Art. 356 do CPPM.
- Art. 8º, 2, *f*, do Pacto de São José da Costa Rica.

§ 1º Se ao juiz parecer conveniente, serão ouvidas as pessoas a que as testemunhas se referirem.

§ 2º Não será computada como testemunha a pessoa que nada souber que interesse à decisão da causa.

Art. 210. As testemunhas serão inquiridas cada uma de *per si*, de modo que umas não saibam nem ouçam os depoimentos das outras, devendo o juiz adverti-las das penas cominadas ao falso testemunho.

- A Lei nº 11.690, de 9-6-2008, reproduziu a redação do *caput* deste artigo, sem alterações.
- Art. 342 do CP.
- Art. 353 do CPPM.

Parágrafo único. Antes do início da audiência e durante a sua realização, serão reservados espaços separados para a garantia da incomunicabilidade das testemunhas.

- Parágrafo único acrescido pela Lei nº 11.690, de 9-6-2008.

Art. 211. Se o juiz, ao pronunciar sentença final, reconhecer que alguma testemunha fez afirmação falsa, calou ou negou a verdade, remeterá cópia do depoimento à autoridade policial para a instauração de inquérito.

- Art. 40 deste Código.
- Art. 364 do CPPM.

Parágrafo único. Tendo o depoimento sido prestado em plenário de julgamento, o juiz, no caso de proferir decisão na audiência (artigo 538, § 2º), o tribunal (artigo 561), ou o conselho de sentença, após a votação dos quesitos, poderão fazer apresentar imediatamente a testemunha à autoridade policial.

- O referido art. 561 foi revogado pela Lei nº 8.658, de 26-5-1993.

Art. 212. As perguntas serão formuladas pelas partes diretamente à testemunha, não admitindo o juiz aquelas que puderem induzir a resposta, não tiverem relação com a causa ou importarem na repetição de outra já respondida.

- *Caput* com a redação dada pela Lei nº 11.690, de 9-6-2008.
- Art. 473, § 1º, deste Código.
- Art. 419 do CPPM.

Parágrafo único. Sobre os pontos não esclarecidos, o juiz poderá complementar a inquirição.

- Parágrafo único acrescido pela Lei nº 11.690, de 9-6-2008.

Art. 213. O juiz não permitirá que a testemunha manifeste suas apreciações pessoais, salvo quando inseparáveis da narrativa do fato.

- Art. 357 do CPPM.

Art. 214. Antes de iniciado o depoimento, as partes poderão contraditar a testemunha ou arguir circunstâncias ou defeitos, que a tornem suspeita de parcialidade, ou indigna de fé. O juiz fará consignar a contradita ou arguição e a resposta da testemunha, mas só excluirá a testemunha ou não lhe deferirá compromisso nos casos previstos nos artigos 207 e 208.

- Art. 352, § 3º, do CPPM.

Art. 215. Na redação do depoimento, o juiz deverá cingir-se, tanto quanto possível, às expressões usadas pelas testemunhas, reproduzindo fielmente as suas frases.

- Art. 300 do CPPM.

Art. 216. O depoimento da testemunha será reduzido a termo, assinado por ela, pelo juiz e pelas partes. Se a testemunha não souber assinar, ou não puder fazê-lo, pedirá a alguém que o faça por ela, depois de lido na presença de ambos.

- Art. 422 do CPPM.

Art. 217. Se o juiz verificar que a presença do réu poderá causar humilhação, temor, ou sério constrangimento à testemunha ou ao ofendido, de modo que prejudique a verdade do depoimento, fará a inquirição por videoconferência e, somente na impossibilidade dessa forma, determinará a retirada do réu, prosseguindo na inquirição, com a presença do seu defensor.

- *Caput* com a redação dada pela Lei nº 11.719, de 20-6-2008.
- Arts. 497, VI, e 796 deste Código.
- Art. 358 do CPPM.

Parágrafo único. A adoção de qualquer das medidas previstas no *caput* deste artigo deverá constar do termo, assim como os motivos que a determinaram.

- Parágrafo único acrescido pela Lei nº 11.690, de 9-6-2008.

Art. 218. Se, regularmente intimada, a testemunha deixar de comparecer sem motivo justificado, o juiz poderá requisitar à autoridade policial a sua apresentação ou determinar seja conduzida por oficial de justiça, que poderá solicitar o auxílio da força pública.

- Arts. 458 e 461, § 1º, deste Código.
- Art. 347, § 2º, do CPPM.

Art. 219. O juiz poderá aplicar à testemunha faltosa a multa prevista no artigo 453, sem prejuízo do processo penal por crime de desobediência, e condená-la ao pagamento das custas da diligência.

- Artigo com a redação dada pela Lei nº 6.416, de 24-5-1997.
- A remissão ao art. 453, após as alterações da Lei nº 11.689, de 9-6-2008, deve ser entendida como ao art. 458 deste Código.
- Art. 330 do CP.

Art. 220. As pessoas impossibilitadas, por enfermidade ou por velhice, de comparecer para depor, serão inquiridas onde estiverem.

- Art. 792, § 2º, deste Código.
- Art. 350, *b*, do CPPM.

Art. 221. O Presidente e o Vice-Presidente da República, os senadores e deputados federais, os ministros de Estado, os governadores de Estados e Territórios, os secretários de Estado, os prefeitos do Distrito Federal e dos Municípios, os deputados às Assembleias Legislativas Estaduais, os membros do Poder Judiciário, os ministros e juízes dos Tribunais de Contas da União, dos Estados, do Distrito Federal, bem como os do Tribunal Marítimo serão inquiridos em local, dia e hora previamente ajustados entre eles e o juiz.

- *Caput* com a redação dada pela Lei nº 3.653, de 4-11-1959.
- Art. 350, *a*, do CPPM.

§ 1º O Presidente e o Vice-Presidente da República, os presidentes do Senado Federal, da Câmara dos Deputados e do Supremo Tribunal Federal poderão optar pela prestação de depoimento por escrito, caso em que as perguntas, formuladas pelas partes e deferidas pelo juiz, lhes serão transmitidas por ofício.

§ 2º Os militares deverão ser requisitados à autoridade superior.

- §§ 1º e 2º com a redação dada pela Lei nº 6.416, de 24-5-1977.

§ 3º Aos funcionários públicos aplicar-se-á o disposto no artigo 218, devendo, porém, a expedição do mandado ser imediatamente comunicada ao chefe da repartição em que servirem, com indicação do dia e da hora marcados.

- § 3º acrescido pela Lei nº 6.416, de 24-5-1977.

Art. 222. A testemunha que morar fora da jurisdição do juiz será inquirida pelo juiz do lugar de sua residência, expedindo-se, para esse fim, carta precatória, com prazo razoável, intimadas as partes.

- Arts. 359 a 361 do CPPM.
- Súm. nº 155 do STF.

§ 1º A expedição da precatória não suspenderá a instrução criminal.

§ 2º Findo o prazo marcado, poderá realizar-se o julgamento, mas, a todo tempo, a precatória, uma vez devolvida, será junta aos autos.

- As alterações que seriam introduzidas nos §§ 1º e 2º pela Lei nº 11.900, de 8-1-2009, foram vetadas, razão pela qual mantivemos suas redações.

§ 3º Na hipótese prevista no *caput* deste artigo, a oitiva de testemunha poderá ser realizada por meio de videoconferência ou outro recurso tecnológico de transmissão de sons e imagens em tempo real, permitida a presença do defensor e podendo ser realizada, inclusive, durante a realização da audiência de instrução e julgamento.

- § 3º acrescido pela Lei nº 11.900, de 8-1-2009.

Art. 222-A. As cartas rogatórias só serão expedidas se demonstrada previamente a sua imprescindibilidade, arcando a parte requerente com os custos de envio.

Parágrafo único. Aplica-se às cartas rogatórias o disposto nos §§ 1º e 2º do art. 222 deste Código.

- Art. 222-A acrescido pela Lei nº 11.900, de 8-1-2009.

Art. 223. Quando a testemunha não conhecer a língua nacional, será nomeado intérprete para traduzir as perguntas e respostas.

- Art. 193 deste Código.
- Art. 298, § 1º, do CPPM.

Parágrafo único. Tratando-se de mudo, surdo ou surdo-mudo, proceder-se-á na conformidade do artigo 192.

Art. 224. As testemunhas comunicarão ao juiz, dentro de um ano, qualquer mudança de residência, sujeitando-se, pela simples omissão, às penas do não comparecimento.

- Art. 362 do CPPM.

Art. 225. Se qualquer testemunha houver de ausentar-se, ou, por enfermidade ou por velhice, inspirar receio de que ao tempo da instrução criminal já não exista, o juiz poderá, de ofício ou a requerimento de qualquer das partes, tomar-lhe antecipadamente o depoimento.

- Art. 363 do CPPM.

CAPÍTULO VII
DO RECONHECIMENTO DE PESSOAS E COISAS

Art. 226. Quando houver necessidade de fazer-se o reconhecimento de pessoa, proceder-se-á pela seguinte forma:

- Arts. 400, 411 e 531 deste Código.
- Art. 368 do CPPM.

I – a pessoa que tiver de fazer o reconhecimento será convidada a descrever a pessoa que deva ser reconhecida;

II – a pessoa, cujo reconhecimento se pretender, será colocada, se possível, ao lado de outras que com ela tiverem qualquer semelhança, convidando-se quem tiver de fazer o reconhecimento a apontá-la;

III – se houver razão para recear que a pessoa chamada para o reconhecimento, por efeito de intimidação ou outra influência, não diga a verdade em face da pessoa que deve ser reconhecida, a autoridade providenciará para que esta não veja aquela;

IV – do ato de reconhecimento lavrar-se-á auto pormenorizado, subscrito pela autoridade, pela pessoa chamada para proceder ao reconhecimento e por duas testemunhas presenciais.

Parágrafo único. O disposto no nº III deste artigo não terá aplicação na fase da instrução criminal ou em plenário de julgamento.

Art. 227. No reconhecimento de objeto, proceder-se-á com as cautelas estabelecidas no artigo anterior, no que for aplicável.

- Art. 369 do CPPM.

Art. 228. Se várias forem as pessoas chamadas a efetuar o reconhecimento de pessoa ou de objeto, cada uma fará a prova em separado, evitando-se qualquer comunicação entre elas.

- Art. 370 do CPPM.

CAPÍTULO VIII
DA ACAREAÇÃO

Art. 229. A acareação será admitida entre acusados, entre acusado e testemunha, entre testemunhas, entre acusado ou testemunha e a pessoa ofendida, e entre as pessoas ofendidas, sempre que divergirem, em suas declarações, sobre fatos ou circunstâncias relevantes.

- Arts. 6º, VI, 400, 411 e 473, § 3º, deste Código.
- Art. 461 do CPC/2015.
- Art. 365 do CPPM.

Parágrafo único. Os acareados serão reperguntados, para que expliquem os pontos de divergências, reduzindo-se a termo o ato de acareação.

- Art. 366 do CPPM.

Art. 230. Se ausente alguma testemunha, cujas declarações divirjam das de outra, que esteja presente, a esta se darão a conhecer os pontos da divergência, consignando-se no auto o que explicar ou observar. Se subsistir a discordância, expedir-se-á precatória à autoridade do lugar onde resida a testemunha ausente, transcrevendo-se as declarações desta e as da testemunha presente, nos pontos em que divergirem, bem como o texto do referido auto, a fim de que se complete a diligência, ouvindo-se a testemunha ausente, pela mesma forma estabelecida para a testemunha presente. Esta diligência só se realizará quando não importe demora prejudicial ao processo e o juiz a entenda conveniente.

- Art. 222 deste Código.
- Art. 367 do CPPM.

CAPÍTULO IX
DOS DOCUMENTOS

Art. 231. Salvo os casos expressos em lei, as partes poderão apresentar documentos em qualquer fase do processo.

- Art. 479 deste Código.
- Arts. 400 e 479 do CPPM.

Art. 232. Consideram-se documentos quaisquer escritos, instrumentos ou papéis, públicos ou particulares.

- Art. 297, § 2º, do CP.
- Arts. 405 a 429 do CPC/2015.
- Art. 371 do CPPM.

Parágrafo único. À fotografia do documento, devidamente autenticada, se dará o mesmo valor do original.

Art. 233. As cartas particulares, interceptadas ou obtidas por meios criminosos, não serão admitidas em juízo.

- Art. 5º, LVI, da CF.
- Art. 157 deste Código.
- Arts. 151 e 152 do CP.
- Art. 375 do CPPM.

Parágrafo único. As cartas poderão ser exibidas em juízo pelo respectivo destinatário, para a defesa de seu direito, ainda que não haja consentimento do signatário.

- Art. 376 do CPPM.

Art. 234. Se o juiz tiver notícia da existência de documento relativo a ponto relevante da acusação ou da defesa, providenciará, independentemente de requerimento de qualquer das partes, para sua juntada aos autos, se possível.

- Arts. 156 e 157 deste Código.
- Art. 378, § 1º, do CPPM.

Art. 235. A letra e firma dos documentos particulares serão submetidas a exame pericial, quando contestada a sua autenticidade.

- Art. 174 deste Código.
- Art. 377 do CPPM.

Art. 236. Os documentos em língua estrangeira, sem prejuízo de sua juntada imediata, serão, se necessário, traduzidos por tradutor público, ou, na falta, por pessoa idônea nomeada pela autoridade.

- Arts. 784, § 1º, e 788, V, deste Código.
- Art. 298, § 2º, do CPPM.

Art. 237. As públicas-formas só terão valor quando conferidas com o original, em presença da autoridade.

- Art. 372 do CPPM.

Art. 238. Os documentos originais, juntos a processo findo, quando não exista motivo relevante que justifique a sua conservação nos autos, poderão, mediante requerimento, e ouvido o Ministério Público, ser entregues à parte que os produziu, ficando traslado nos autos.

- Art. 381 do CPPM.

CAPÍTULO X
DOS INDÍCIOS

Art. 239. Considera-se indício a circunstância conhecida e provada, que, tendo relação com o fato, autorize, por indução, concluir-se a existência de outra ou outras circunstâncias.

- Arts. 382 e 383 do CPPM.

CAPÍTULO XI

DA BUSCA E DA APREENSÃO

Art. 240. A busca será domiciliar ou pessoal.

- Art. 5º, XI, da CF.
- Arts. 170 a 172 e 180 do CPPM.
- Art. 11 do Pacto de São José da Costa Rica.

§ 1º Proceder-se-á à busca domiciliar, quando fundadas razões a autorizarem, para:

a) prender criminosos;

- Art. 293 deste Código.

b) apreender coisas achadas ou obtidas por meios criminosos;

- Art. 169, parágrafo único, II, do CP.

c) apreender instrumentos de falsificação ou de contrafação e objetos falsificados ou contrafeitos;

- Arts. 289 a 311 do CP.

d) apreender armas e munições, instrumentos utilizados na prática de crime ou destinados a fim delituoso;

- Arts. 18, 19, 24 e 25 da LCP.

e) descobrir objetos necessários à prova de infração ou à defesa do réu;

f) apreender cartas, abertas ou não, destinadas ao acusado ou em seu poder, quando haja suspeita de que o conhecimento do seu conteúdo possa ser útil à elucidação do fato;

g) apreender pessoas vítimas de crimes;

h) colher qualquer elemento de convicção.

§ 2º Proceder-se-á à busca pessoal quando houver fundada suspeita de que alguém oculte consigo arma proibida ou objetos mencionados nas letras *b* a *f* e letra *h* do parágrafo anterior.

Art. 241. Quando a própria autoridade policial ou judiciária não a realizar pessoalmente, a busca domiciliar deverá ser precedida da expedição de mandado.

- Art. 5º, XI, da CF.
- Art. 150 do CP.
- Art. 177 do CPPM.

Art. 242. A busca poderá ser determinada de ofício ou a requerimento de qualquer das partes.

- Art. 176 do CPPM.
- Art. 11 do Pacto de São José da Costa Rica.

Art. 243. O mandado de busca deverá:

- Art. 178 do CPPM.

I – indicar, o mais precisamente possível, a casa em que será realizada a diligência e o nome do respectivo proprietário ou morador; ou, no caso de busca pessoal, o nome da pessoa que terá de sofrê-la ou os sinais que a identifiquem;

II – mencionar o motivo e os fins da diligência;

III – ser subscrito pelo escrivão e assinado pela autoridade que o fizer expedir.

§ 1º Se houver ordem de prisão, constará do próprio texto do mandado de busca.

§ 2º Não será permitida a apreensão de documento em poder do defensor do acusado, salvo quando constituir elemento do corpo de delito.

Art. 244. A busca pessoal independerá de mandado, no caso de prisão ou quando houver fundada suspeita de que a pessoa esteja na posse de arma proibida ou de objetos ou papéis que constituam corpo de delito, ou quando a medida for determinada no curso de busca domiciliar.

- Art. 182 do CPPM.
- Art. 11 do Pacto de São José da Costa Rica.

Art. 245. As buscas domiciliares serão executadas de dia, salvo se o morador consentir que se realizem à noite, e, antes de penetrarem na casa, os executores mostrarão e lerão o mandado ao morador, ou a quem o represente, intimando-o, em seguida, a abrir a porta.

- Art. 5º, XI, da CF.
- Art. 150, § 3º, do CP.
- Arts. 175 e 179 do CPPM.
- Art. 11 do Pacto de São José da Costa Rica.

§ 1º Se a própria autoridade der a busca, declarará previamente sua qualidade e o objeto da diligência.

§ 2º Em caso de desobediência, será arrombada a porta e forçada a entrada.

- Art. 330 do CP.

§ 3º Recalcitrando o morador, será permitido o emprego de força contra coisas existentes no interior da casa, para o descobrimento do que se procura.

§ 4º Observar-se-á o disposto nos §§ 2º e 3º, quando ausentes os moradores, devendo, neste caso, ser intimado a assistir à diligência qualquer vizinho, se houver e estiver presente.

§ 5º Se é determinada a pessoa ou coisa que se vai procurar, o morador será intimado a mostrá-la.

§ 6º Descoberta a pessoa ou coisa que se procura, será imediatamente apreendida e posta sob custódia da autoridade ou de seus agentes.

§ 7º Finda a diligência, os executores lavrarão auto circunstanciado, assinando-o com duas testemunhas presenciais, sem prejuízo do disposto no § 4º.

Art. 246. Aplicar-se-á também o disposto no artigo anterior, quando se tiver de proceder a busca em compartimento habitado ou em aposento ocupado de habitação coletiva ou em compartimento não aberto ao público, onde alguém exercer profissão ou atividade.

- Art. 5º, XI, da CF.
- Art. 150, §§ 4º e 5º, do CP.
- Arts. 173 e 174 do CPPM.

Art. 247. Não sendo encontrada a pessoa ou coisa procurada, os motivos da diligência serão comunicados a quem tiver sofrido a busca, se o requerer.

Art. 248. Em casa habitada, a busca será feita de modo que não moleste os moradores mais do que o indispensável para o êxito da diligência.

- Art. 179, § 3º, do CPPM.

Art. 249. A busca em mulher será feita por outra mulher, se não importar retardamento ou prejuízo da diligência.

- Art. 183 do CPPM.
- Lei nº 13.869, de 5-9-2019 (Lei do Abuso de Autoridade).

Art. 250. A autoridade ou seus agentes poderão penetrar no território de jurisdição alheia, ainda que de outro Estado, quando, para o fim de apreensão, forem no seguimento de pessoa ou coisa, devendo apresentar-se à competente autoridade local, antes da diligência ou após, conforme a urgência desta.

- Arts. 22 e 290 deste Código.
- Arts. 186 e 187 do CPPM.

§ 1º Entender-se-á que a autoridade ou seus agentes vão em seguimento da pessoa ou coisa, quando:

a) tendo conhecimento direto de sua remoção ou transporte, a seguirem sem interrupção, embora depois a percam de vista;

b) ainda que não a tenham avistado, mas sabendo, por informações fidedignas ou circunstâncias indiciárias, que está sendo removida ou transportada em determinada direção, forem ao seu encalço.

§ 2º Se as autoridades locais tiverem fundadas razões para duvidar da legitimidade das pessoas que, nas referidas diligências, entrarem pelos seus distritos, ou da legalidade dos mandados que apresentarem, poderão exigir as provas dessa legitimidade, mas de modo que não se frustre a diligência.

TÍTULO VIII – DO JUIZ, DO MINISTÉRIO PÚBLICO, DO ACUSADO E DEFENSOR, DOS ASSISTENTES E AUXILIARES DA JUSTIÇA

CAPÍTULO I

DO JUIZ

Art. 251. Ao juiz incumbirá prover à regularidade do processo e manter a ordem no curso dos respectivos atos, podendo, para tal fim, requisitar a força pública.

- Arts. 497, 794 e 795 deste Código.
- Art. 139 do CPC/2015.
- Art. 36 do CPPM.
- Arts. 60 e 80 da Lei nº 9.099, de 26-9-1995 (Lei dos Juizados Especiais).
- Art. 8º, 1, do Pacto de São José da Costa Rica.

Art. 252. O juiz não poderá exercer jurisdição no processo em que:

- Arts. 112, 267 e 564, I, deste Código.
- Art. 144 do CPC/2015.
- Art. 37 do CPPM.

I – tiver funcionado seu cônjuge ou parente, consanguíneo ou afim, em linha reta ou colateral até o terceiro grau, inclusive, como defensor ou advogado, órgão do Ministério Público, autoridade policial, auxiliar da justiça ou perito;

- Arts. 97 e 267 deste Código.

II – ele próprio houver desempenhado qualquer dessas funções ou servido como testemunha;

- Art. 112 deste Código.

III – tiver funcionado como juiz de outra instância, pronunciando-se, de fato ou de direito, sobre a questão;

- Art. 112 deste Código.
- Súm. nº 206 do STF.

IV – ele próprio ou seu cônjuge ou parente, consanguíneo ou afim em linha reta ou colateral até o terceiro grau, inclusive, for parte ou diretamente interessado no feito.

Art. 253. Nos juízos coletivos, não poderão servir no mesmo processo os juízes que forem entre si parentes, consanguíneos ou afins, em linha reta ou colateral até o terceiro grau, inclusive.

- Arts. 112, 448 e 466 deste Código.

Art. 254. O juiz dar-se-á por suspeito, e, se não o fizer, poderá ser recusado por qualquer das partes:

► Arts. 97 e 564, I, deste Código.
► Art. 145 do CPC/2015.
► Art. 38 do CPPM.

I – se for amigo íntimo ou inimigo capital de qualquer deles;

II – se ele, seu cônjuge, ascendente ou descendente, estiver respondendo a processo por fato análogo, sobre cujo caráter criminoso haja controvérsia;

III – se ele, seu cônjuge, ou parente, consanguíneo, ou afim, até o terceiro grau, inclusive, sustentar demanda ou responder a processo que tenha de ser julgado por qualquer das partes;

IV – se tiver aconselhado qualquer das partes;

V – se for credor ou devedor, tutor ou curador, de qualquer das partes;

VI – se for sócio, acionista ou administrador de sociedade interessada no processo.

Art. 255. O impedimento ou suspeição decorrente de parentesco por afinidade cessará pela dissolução do casamento que lhe tiver dado causa, salvo sobrevindo descendentes; mas, ainda que dissolvido o casamento sem descendentes, não funcionará como juiz o sogro, o padrasto, o cunhado, o genro ou enteado de quem for parte no processo.

► Art. 40 do CPPM.

Art. 256. A suspeição não poderá ser declarada nem reconhecida, quando a parte injuriar o juiz ou de propósito der motivo para criá-la.

► Art. 140 do CP.
► Art. 41 do CPPM.

CAPÍTULO II

DO MINISTÉRIO PÚBLICO

Art. 257. Ao Ministério Público cabe:

► *Caput* com a redação dada pela Lei nº 11.719, de 20-6-2008.

I – promover, privativamente, a ação penal pública, na forma estabelecida neste Código; e

II – fiscalizar a execução da lei.

► Incisos I e II acrescidos pela Lei nº 11.719, de 20-6-2008.
► Arts. 127 a 130 da CF.
► Arts. 42 e 576 deste Código.
► Arts. 54 a 59 do CPPM.
► Lei nº 8.625, de 12-2-1993 (Lei Orgânica Nacional do Ministério Público).
► Arts. 76 e 89 da Lei nº 9.099, de 26-9-1995 (Lei dos Juizados Especiais).
► Arts. 25 e 26 da Lei nº 11.340, de 7-8-2006 (Lei que Coíbe a Violência Doméstica e Familiar Contra a Mulher).

Art. 258. Os órgãos do Ministério Público não funcionarão nos processos em que o juiz ou qualquer das partes for seu cônjuge, ou parente, consanguíneo ou afim, em linha reta ou colateral, até o terceiro grau, inclusive, e a eles se estendem, no que lhes for aplicável, as prescrições relativas à suspeição e aos impedimentos dos juízes.

► Art. 104 deste Código.

CAPÍTULO III

DO ACUSADO E SEU DEFENSOR

Art. 259. A impossibilidade de identificação do acusado com o seu verdadeiro nome ou outros qualificativos não retardará a ação penal, quando certa a identidade física. A qualquer tempo, no curso do processo, do julgamento ou da execução da sentença, se for descoberta a sua qualificação, far-se-á a retificação, por termo, nos autos, sem prejuízo da validade dos atos precedentes.

► Arts. 6º, VIII, e 41 deste Código.
► Arts. 69 e 70 do CPPM.

Art. 260. Se o acusado não atender à intimação para o interrogatório, reconhecimento ou qualquer outro ato que, sem ele, não possa ser realizado, a autoridade poderá mandar conduzi-lo à sua presença.

► O STF, por maioria e nos termos do voto do Relator, julgou procedente a ADPF nº 395, para pronunciar a não recepção da expressão "para o interrogatório", constante deste artigo.
► Art. 80 da Lei nº 9.099, de 26-9-1995 (Lei dos Juizados Especiais).

Parágrafo único. O mandado conterá, além da ordem de condução, os requisitos mencionados no artigo 352, no que lhe for aplicável.

Art. 261. Nenhum acusado, ainda que ausente ou foragido, será processado ou julgado sem defensor.

► Arts. 5º, LV, e 133 da CF.
► Art. 564, III, *c*, deste Código.
► Art. 71 do CPPM.
► Art. 8º, 2, *d* e *e*, do Pacto de São José da Costa Rica.
► Súmulas nºs 523 e 708 do STF.

Parágrafo único. A defesa técnica, quando realizada por defensor público ou dativo, será sempre exercida através de manifestação fundamentada.

► Parágrafo único acrescido pela Lei nº 10.792, de 1º-12-2003.

Art. 262. Ao acusado menor dar-se-á curador.

► Arts. 15 e 564, III, *c*, deste Código.
► Art. 72 do CPPM.
► Súm. nº 352 do STF.

Art. 263. Se o acusado não o tiver, ser-lhe-á nomeado defensor pelo juiz, ressalvado o seu direito de, a todo tempo, nomear outro de sua confiança, ou a si mesmo defender-se, caso tenha habilitação.

► Arts. 5º, LV e LXXIV, e 134 da CF.

Parágrafo único. O acusado, que não for pobre, será obrigado a pagar os honorários do defensor dativo, arbitrados pelo juiz.

Art. 264. Salvo motivo relevante, os advogados e solicitadores serão obrigados, sob pena de multa de cem a quinhentos mil-réis, a prestar seu patrocínio aos acusados quando nomeados pelo juiz.

► Art. 14 da Lei nº 1.060, de 5-2-1950 (Lei de Assistência Judiciária).

Art. 265. O defensor não poderá abandonar o processo sem justo motivo, previamente comunicado ao juiz, sob pena de responder por infração disciplinar perante o órgão correicional competente.

► *Caput* com a redação dada pela Lei nº 14.752, de 12-12-2023.
► Art. 403 deste Código.
► Art. 71, § 6º, do CPPM.

§ 1º A audiência poderá ser adiada se, por motivo justificado, o defensor não puder comparecer.

► Art. 74 do CPPM.

§ 2º Incumbe ao defensor provar o impedimento até a abertura da audiência. Não o fazendo, o juiz não determinará o adiamento de ato algum do processo, devendo nomear defensor substituto, ainda que provisoriamente ou só para o efeito do ato.

► §§ 1º e 2º acrescidos pela Lei nº 11.719, de 20-6-2008.

§ 3º Em caso de abandono do processo pelo defensor, o acusado será intimado para constituir novo defensor, se assim o quiser, e, na hipótese de não ser localizado, deverá ser nomeado defensor público ou advogado dativo para a sua defesa.

► § 3º acrescido pela Lei nº 14.752, de 12-12-2023.

Art. 266. A constituição de defensor independerá de instrumento de mandato, se o acusado o indicar por ocasião do interrogatório.

► Art. 185 deste Código.
► Art. 71, § 1º, do CPPM.

Art. 267. Nos termos do artigo 252, não funcionarão como defensores os parentes do juiz.

► Art. 76 do CPPM.

CAPÍTULO IV

DOS ASSISTENTES

Art. 268. Em todos os termos da ação pública, poderá intervir, como assistente do Ministério Público, o ofendido ou seu representante legal, ou, na falta, qualquer das pessoas mencionadas no artigo 31.

► Art. 598 deste Código.
► Art. 60 do CPPM.
► Art. 26, parágrafo único, da Lei nº 7.492, de 16-6-1986 (Lei dos Crimes Contra o Sistema Financeiro Nacional).
► Súmulas nºs 208, 210 e 448 do STF.

Art. 269. O assistente será admitido enquanto não passar em julgado a sentença e receberá a causa no estado em que se achar.

► Art. 430 deste Código.
► Art. 62 do CPPM.

Art. 270. O corréu no mesmo processo não poderá intervir como assistente do Ministério Público.

► Art. 64 do CPPM.

Art. 271. Ao assistente será permitido propor meios de prova, requerer perguntas às testemunhas, aditar o libelo e os articulados, participar do debate oral e arrazoar os recursos interpostos pelo Ministério Público, ou por ele próprio, nos casos dos artigos 584, § 1º, e 598.

► Art. 65 do CPPM.
► Súmulas nºs 208, 210 e 448 do STF.

§ 1º O juiz, ouvido o Ministério Público, decidirá acerca da realização das provas propostas pelo assistente.

§ 2º O processo prosseguirá independentemente de nova intimação do assistente, quando este, intimado, deixar de comparecer a qualquer dos atos da instrução ou do julgamento, sem motivo de força maior devidamente comprovado.

Art. 272. O Ministério Público será ouvido previamente sobre a admissão do assistente.

► Art. 61 do CPPM.

Art. 273. Do despacho que admitir, ou não, o assistente, não caberá recurso, devendo, entretanto, constar dos autos o pedido e a decisão.

► Art. 65, § 2º, do CPPM.

CAPÍTULO V

DOS FUNCIONÁRIOS DA JUSTIÇA

Art. 274. As prescrições sobre suspeição dos juízes estendem-se aos serventuários e funcionários da justiça, no que lhes for aplicável.

- Arts. 105 e 254 a 256 deste Código.
- Art. 148 do CPC/2015.
- Arts. 42 a 46 do CPPM.

CAPÍTULO VI

DOS PERITOS E INTÉRPRETES

Art. 275. O perito, ainda quando não oficial, estará sujeito à disciplina judiciária.

- Arts. 105 e 159 deste Código.
- Arts. 342 e 343 do CP.
- Lei nº 12.030, de 17-9-2009 (Lei das Perícias Oficiais Criminais).
- Art. 8º, 2, *f*, do Pacto de São José da Costa Rica.

Art. 276. As partes não intervirão na nomeação do perito.

- Art. 177 deste Código.
- Art. 47 do CPPM.
- Súm. nº 361 do STF.

Art. 277. O perito nomeado pela autoridade será obrigado a aceitar o encargo, sob pena de multa de cem a quinhentos mil-réis, salvo escusa atendível.

- Art. 112 deste Código.
- Arts. 49 e 50 do CPPM.

Parágrafo único. Incorrerá na mesma multa o perito que, sem justa causa, provada imediatamente:

a) deixar de acudir à intimação ou ao chamado da autoridade;

b) não comparecer no dia e local designados para o exame;

c) não der o laudo, ou concorrer para que a perícia não seja feita, nos prazos estabelecidos.

Art. 278. No caso de não comparecimento do perito, sem justa causa, a autoridade poderá determinar a sua condução.

- Art. 51 do CPPM.

Art. 279. Não poderão ser peritos:

- Art. 52 do CPPM.

I – os que estiverem sujeitos à interdição de direito mencionada nos nºs I e IV do artigo 69 do Código Penal;

- Referência feita a dispositivo da antiga Parte Geral do CP, revogada pela Lei nº 7.209, de 11-7-1984. Trata da matéria, o art. 47, I e II, do CP.

II – os que tiverem prestado depoimento no processo ou opinado anteriormente sobre o objeto da perícia;

- Súm. nº 361 do STF.

III – os analfabetos e os menores de vinte e um anos.

Art. 280. É extensivo aos peritos, no que lhes for aplicável, o disposto sobre suspeição dos juízes.

- Arts. 105 e 254 a 256 deste Código.
- Art. 53 do CPPM.

Art. 281. Os intérpretes são, para todos os efeitos, equiparados aos peritos.

- Art. 8º, 2, *a*, do Pacto de São José da Costa Rica.

TÍTULO IX – DA PRISÃO, DAS MEDIDAS CAUTELARES E DA LIBERDADE PROVISÓRIA

- Denominação do Título IX dada pela Lei nº 12.403, de 4-5-2011.
- Art. 413, § 3º, deste Código.

CAPÍTULO I

DISPOSIÇÕES GERAIS

Art. 282. As medidas cautelares previstas neste Título deverão ser aplicadas observando-se a:

- *Caput* com a redação dada pela Lei nº 12.403, de 4-5-2011.
- O STF, por unanimidade, no julgamento da ADPF nº 1.017, conferiu interpretação conforme a Constituição Federal a este artigo (*DOU* de 12-7-2023).
- Art. 5º, LXI a LXVII, da CF.
- Arts. 300, 306, 310 a 316 e 413 deste Código.
- Art. 221 do CPPM.
- Lei nº 7.960, de 21-12-1989 (Lei da Prisão Temporária).
- Lei nº 13.869, de 5-9-2019 (Lei do Abuso de Autoridade).

I – necessidade para aplicação da lei penal, para a investigação ou a instrução criminal e, nos casos expressamente previstos, para evitar a prática de infrações penais;

- Arts. 1º a 12 do CP.

II – adequação da medida à gravidade do crime, circunstâncias do fato e condições pessoais do indiciado ou acusado.

- Incisos I e II acrescidos pela Lei nº 12.403, de 4-5-2011.

§ 1º As medidas cautelares poderão ser aplicadas isolada ou cumulativamente.

- § 1º acrescido pela Lei nº 12.403, de 4-5-2011.

§ 2º As medidas cautelares serão decretadas pelo juiz a requerimento das partes ou, quando no curso da investigação criminal, por representação da autoridade policial ou mediante requerimento do Ministério Público.

§ 3º Ressalvados os casos de urgência ou de perigo de ineficácia da medida, o juiz, ao receber o pedido de medida cautelar, determinará a intimação da parte contrária, para se manifestar no prazo de 5 (cinco) dias, acompanhada de cópia do requerimento e das peças necessárias, permanecendo os autos em juízo, e os casos de urgência ou de perigo deverão ser justificados e fundamentados em decisão que contenha elementos do caso concreto que justifiquem essa medida excepcional.

§ 4º No caso de descumprimento de qualquer das obrigações impostas, o juiz, mediante requerimento do Ministério Público, de seu assistente ou do querelante, poderá substituir a medida, impor outra em cumulação, ou, em último caso, decretar a prisão preventiva, nos termos do parágrafo único do art. 312 deste Código.

§ 5º O juiz poderá, de ofício ou a pedido das partes, revogar a medida cautelar ou substituí-la quando verificar a falta de motivo para que subsista, bem como voltar a decretá-la, se sobrevierem razões que a justifiquem.

§ 6º A prisão preventiva somente será determinada quando não for cabível a sua substituição por outra medida cautelar, observado o art. 319 deste Código, e o não cabimento da substituição por outra medida cautelar deverá ser justificado de forma fundamentada nos elementos presentes do caso concreto, de forma individualizada.

- §§ 2º a 6º com a redação dada pela Lei nº 13.964, de 24-12-2019.

Art. 283. Ninguém poderá ser preso senão em flagrante delito ou por ordem escrita e fundamentada da autoridade judiciária competente, em decorrência de prisão cautelar ou em virtude de condenação criminal transitada em julgado.

- *Caput* com a redação dada pela Lei nº 13.964, de 24-12-2019.
- Art. 5º, LXI a LXVI, da CF.
- Arts. 306, 310 a 316 deste Código.
- Arts. 221 e 243 do CPPM.
- Art. 236 do CE.
- Art. 301 do CTB.
- Art. 69, parágrafo único, da Lei nº 9.099, de 26-9-1995 (Lei dos Juizados Especiais).
- Súmulas nºs 145 e 397 do STF.

§ 1º As medidas cautelares previstas neste Título não se aplicam à infração a que não for isolada, cumulativa ou alternativamente cominada pena privativa de liberdade.

§ 2º A prisão poderá ser efetuada em qualquer dia e a qualquer hora, respeitadas as restrições relativas à inviolabilidade do domicílio.

- §§ 1º e 2º acrescidos pela Lei nº 12.403, de 4-5-2011.
- Art. 5º, XI, da CF.
- Art. 150 do CP.
- Art. 226 do CPPM.

Art. 284. Não será permitido o emprego de força, salvo a indispensável no caso de resistência ou de tentativa de fuga do preso.

- Arts. 322, 329, 330 e 352 do CP.
- Art. 234 do CPPM.
- Art. 199 da LEP.
- Súm. Vinc. nº 11 do STF.

Art. 285. A autoridade que ordenar a prisão fará expedir o respectivo mandado.

- Art. 225 do CPPM.

Parágrafo único. O mandado de prisão:

- IN da CNJ nº 1, de 10-2-2010, dispõe sobre a indicação da condição de possível foragido ou estadia no exterior quando da expedição de mandado de prisão em face de pessoa condenada, com sentença de pronúncia ou prisão preventiva decretada no País.

a) será lavrado pelo escrivão e assinado pela autoridade;

b) designará a pessoa, que tiver de ser presa, por seu nome, alcunha ou sinais característicos;

c) mencionará a infração penal que motivar a prisão;

d) declarará o valor da fiança arbitrada, quando afiançável a infração;

e) será dirigido a quem tiver qualidade para dar-lhe execução.

Art. 286. O mandado será passado em duplicata, e o executor entregará ao preso, logo depois da prisão, um dos exemplares com declaração do dia, hora e lugar da diligência. Da entrega deverá o preso passar recibo no outro exemplar; se recusar, não souber ou não puder escrever, o fato será mencionado em declaração, assinada por duas testemunhas.

- Art. 225 do CPPM.

Art. 287. Se a infração for inafiançável, a falta de exibição do mandado não obstará a prisão, e o preso, em tal caso, será imediatamente apresentado ao juiz que tiver expedido o mandado, para a realização de audiência de custódia.

- Artigo com a redação dada pela Lei nº 13.964, de 24-12-2019.
- Arts. 323 e 324 deste Código.

Art. 288. Ninguém será recolhido à prisão, sem que seja exibido o mandado ao respectivo diretor ou carcereiro, a quem será entregue cópia assinada pelo executor ou apresentada a guia expedida pela autoridade competente, devendo ser passado recibo da entrega do preso, com declaração de dia e hora.

- Art. 237 do CPPM.
- Art. 107 da LEP.
- Lei nº 13.869, de 5-9-2019 (Lei do Abuso de Autoridade).

Parágrafo único. O recibo poderá ser passado no próprio exemplar do mandado, se este for o documento exibido.

Art. 289. Quando o acusado estiver no território nacional, fora da jurisdição do juiz processante, será deprecada a sua prisão, devendo constar da precatória o inteiro teor do mandado.

- *Caput* com a redação dada pela Lei nº 12.403, de 4-5-2011.
- Arts. 354 e 665, parágrafo único, deste Código.
- Art. 228 do CPPM.

§ 1º Havendo urgência, o juiz poderá requisitar a prisão por qualquer meio de comunicação, do qual deverá constar o motivo da prisão, bem como o valor da fiança se arbitrada.

- Antigo parágrafo único renumerado para § 1º e com a redação dada pela Lei nº 12.403, de 4-5-2011.

§ 2º A autoridade a quem se fizer a requisição tomará as precauções necessárias para averiguar a autenticidade da comunicação.

§ 3º O juiz processante deverá providenciar a remoção do preso no prazo máximo de 30 (trinta) dias, contados da efetivação da medida.

- §§ 2º e 3º acrescidos pela Lei nº 12.403, de 4-5-2011.

Art. 289-A. O juiz competente providenciará o imediato registro do mandado de prisão em banco de dados mantido pelo Conselho Nacional de Justiça para essa finalidade.

- Art. 103-B da CF.

§ 1º Qualquer agente policial poderá efetuar a prisão determinada no mandado de prisão registrado no Conselho Nacional de Justiça, ainda que fora da competência territorial do juiz que o expediu.

§ 2º Qualquer agente policial poderá efetuar a prisão decretada, ainda que sem registro no Conselho Nacional de Justiça, adotando as precauções necessárias para averiguar a autenticidade do mandado e comunicando ao juiz que a decretou, devendo este providenciar, em seguida, o registro do mandado na forma do *caput* deste artigo.

§ 3º A prisão será imediatamente comunicada ao juiz do local de cumprimento da medida o qual providenciará a certidão extraída do registro do Conselho Nacional de Justiça e informará ao juízo que a decretou.

§ 4º O preso será informado de seus direitos, nos termos do inciso LXIII do art. 5º da Constituição Federal e, caso o autuado não informe o nome de seu advogado, será comunicado à Defensoria Pública.

§ 5º Havendo dúvidas das autoridades locais sobre a legitimidade da pessoa do executor ou sobre a identidade do preso, aplica-se o disposto no § 2º do art. 290 deste Código.

§ 6º O Conselho Nacional de Justiça regulamentará o registro do mandado de prisão a que se refere o *caput* deste artigo.

- Art. 289-A acrescido pela Lei nº 12.403, de 4-5-2011.

Art. 290. Se o réu, sendo perseguido, passar ao território de outro município ou comarca, o executor poderá efetuar-lhe a prisão no lugar onde o alcançar, apresentando-o imediatamente à autoridade local, que, depois de lavrado, se for o caso, o auto de flagrante, providenciará para a remoção do preso.

- Art. 250 deste Código.
- Art. 235 do CPPM.

§ 1º Entender-se-á que o executor vai em perseguição do réu, quando:

a) tendo-o avistado, for perseguindo-o sem interrupção, embora depois o tenha perdido de vista;

b) sabendo, por indícios ou informações fidedignas, que o réu tenha passado, há pouco tempo, em tal ou qual direção, pelo lugar em que o procure, for no seu encalço.

§ 2º Quando as autoridades locais tiverem fundadas razões para duvidar da legitimidade da pessoa do executor ou da legalidade do mandado que apresentar, poderão pôr em custódia o réu, até que fique esclarecida a dúvida.

- Art. 289-A, § 5º, deste Código.

Art. 291. A prisão em virtude de mandado entender-se-á feita desde que o executor, fazendo-se conhecer do réu, lhe apresente o mandado e o intime a acompanhá-lo.

Art. 292. Se houver, ainda que por parte de terceiros, resistência à prisão em flagrante ou à determinada por autoridade competente, o executor e as pessoas que o auxiliarem poderão usar dos meios necessários para defender-se ou para vencer a resistência, do que tudo se lavrará auto subscrito também por duas testemunhas.

- Art. 284 deste Código.
- Arts. 23, III, 329 a 331 e 352 do CP.
- Art. 234 do CPPM.
- Art. 199 da LEP.

Parágrafo único. É vedado o uso de algemas em mulheres grávidas durante os atos médico-hospitalares preparatórios para a realização do parto e durante o trabalho de parto, bem como em mulheres durante o período de puerpério imediato.

- Parágrafo único acrescido pela Lei nº 13.434, de 12-4-2017.

Art. 293. Se o executor do mandado verificar, com segurança, que o réu entrou ou se encontra em alguma casa, o morador será intimado a entregá-lo, à vista da ordem de prisão. Se não for obedecido imediatamente, o executor convocará duas testemunhas e, sendo dia, entrará à força na casa, arrombando as portas, se preciso; sendo noite, o executor, depois da intimação ao morador, se não for atendido, fará guardar todas as saídas, tornando a casa incomunicável, e, logo que amanheça, arrombará as portas e efetuará a prisão.

- Art. 5º, XI, da CF.
- Arts. 240, § 1º, *a*, 245, § 4º, e 283 deste Código.
- Art. 150 do CP.
- Arts. 231 e 232 do CPPM.

Parágrafo único. O morador que se recusar a entregar o réu oculto em sua casa será levado à presença da autoridade, para que se proceda contra ele como for de direito.

- Art. 348 do CP.

Art. 294. No caso de prisão em flagrante, observar-se-á o disposto no artigo anterior, no que for aplicável.

- Art. 233 do CPPM.

Art. 295. Serão recolhidos a quartéis ou a prisão especial, à disposição da autoridade competente, quando sujeitos a prisão antes de condenação definitiva:

- Art. 242 do CPPM.
- Súm. nº 717 do STF.

I – os ministros de Estado;

II – os governadores ou interventores de Estados ou Territórios, o prefeito do Distrito Federal, seus respectivos secretários, os prefeitos municipais, os vereadores e os chefes de Polícia;

- Inciso II com a redação dada pela Lei nº 3.181, de 11-6-1957.

III – os membros do Parlamento Nacional, do Conselho de Economia Nacional e das Assembleias Legislativas dos Estados;

- Art. 53, § 2º, da CF.

IV – os cidadãos inscritos no "Livro de Mérito";

V – os oficiais das Forças Armadas e os militares dos Estados, do Distrito Federal e dos Territórios;

- Inciso V com a redação dada pela Lei nº 10.258, de 11-7-2001.

VI – os magistrados;

VII – os diplomados por qualquer das faculdades superiores da República;

- O STF, por unanimidade, julgou procedente o pedido formulado na ADPF nº 334, para declarar a não recepção deste inciso pela CF (*DOU* de 10-4-2023).

VIII – os ministros de confissão religiosa;

IX – os ministros do Tribunal de Contas;

X – os cidadãos que já tiverem exercido efetivamente a função de jurado, salvo quando excluídos da lista por motivo de incapacidade para o exercício daquela função;

XI – os delegados de polícia e os guardas-civis dos Estados e Territórios, ativos e inativos.

- Inciso XI com a redação dada pela Lei nº 5.126, de 29-9-1966.

§ 1º A prisão especial, prevista neste Código ou em outras leis, consiste exclusivamente no recolhimento em local distinto da prisão comum.

§ 2º Não havendo estabelecimento específico para o preso especial, este será recolhido em cela distinta do mesmo estabelecimento.

§ 3º A cela especial poderá consistir em alojamento coletivo, atendidos os requisitos de salubridade do ambiente, pela concorrência dos fatores de aeração, insolação e condicionamento térmico adequados à existência humana.

§ 4º O preso especial não será transportado juntamente com o preso comum.

§ 5º Os demais direitos e deveres do preso especial serão os mesmos do preso comum.

- §§ 1º a 5º acrescidos pela Lei nº 10.258, de 11-7-2001.

Art. 296. Os inferiores e praças de pré, onde for possível, serão recolhidos à prisão, em estabelecimentos militares, de acordo com os respectivos regulamentos.

- Art. 242, parágrafo único, do CPPM.

Art. 297. Para o cumprimento de mandado expedido pela autoridade judiciária, a autoridade policial poderá expedir tantos outros quantos necessários às diligências, devendo neles ser fielmente reproduzido o teor do mandado original.

- Art. 13, III, deste Código.
- Art. 227 do CPPM.

Art. 298. *Revogado.* Lei nº 12.403, de 4-5-2011.

Art. 299. A captura poderá ser requisitada, à vista de mandado judicial, por qualquer meio de comunicação, tomadas pela autoridade, a quem se fizer a requisição, as precauções necessárias para averiguar a autenticidade desta.

- Artigo com a redação dada pela Lei nº 12.403, de 4-5-2011.

Art. 300. As pessoas presas provisoriamente ficarão separadas das que já estiverem definitivamente condenadas, nos termos da lei de execução penal.

- *Caput* com a redação dada pela Lei nº 12.403, de 4-5-2011.
- Art. 239 do CPPM.
- Art. 84 da LEP.

Parágrafo único. O militar preso em flagrante delito, após a lavratura dos procedimentos legais, será recolhido a quartel da instituição a que pertencer, onde ficará preso à disposição das autoridades competentes.

- Parágrafo único acrescido pela Lei nº 12.403, de 4-5-2011.
- Art. 74 da Lei nº 6.880, de 9-12-1980 (Estatuto dos Militares).

CAPÍTULO II
DA PRISÃO EM FLAGRANTE

Art. 301. Qualquer do povo poderá e as autoridades policiais e seus agentes deverão prender quem quer que seja encontrado em flagrante delito.

- Art. 5º, LXI a LXVI, da CF.
- Art. 243 do CPPM.
- Art. 301 do CTB.
- Art. 69, parágrafo único, da Lei nº 9.099, de 26-9-1995 (Lei dos Juizados Especiais).
- Súmulas nºs 145 e 397 do STF.

Art. 302. Considera-se em flagrante delito quem:

- Art. 244 do CPPM.

I – está cometendo a infração penal;

II – acaba de cometê-la;

III – é perseguido, logo após, pela autoridade, pelo ofendido ou por qualquer pessoa, em situação que faça presumir ser autor da infração;

- Art. 290, § 1º, deste Código.

IV – é encontrado, logo depois, com instrumentos, armas, objetos ou papéis que façam presumir ser ele autor da infração.

Art. 303. Nas infrações permanentes, entende-se o agente em flagrante delito enquanto não cessar a permanência.

- Art. 71 deste Código.
- Art. 244, parágrafo único, do CPPM.

Art. 304. Apresentado o preso à autoridade competente, ouvirá esta o condutor e colherá, desde logo, sua assinatura, entregando a este cópia do termo e recibo de entrega do preso. Em seguida, procederá à oitiva das testemunhas que o acompanharem e ao interrogatório do acusado sobre a imputação que lhe é feita, colhendo, após cada oitiva suas respectivas assinaturas, lavrando, a autoridade, afinal, o auto.

- *Caput* com a redação dada pela Lei nº 11.113, de 13-5-2005.
- Art. 5º, LXII e LXIII, da CF.
- Arts. 6º, V, 185, 564, IV, e 572 deste Código.
- Arts. 245 e 246 do CPPM.
- Art. 8º, 2, *d* e *g*, e 3, do Pacto de São José da Costa Rica.

§ 1º Resultando das respostas fundada a suspeita contra o conduzido, a autoridade mandará recolhê-lo à prisão, exceto no caso de livrar-se solto ou de prestar fiança, e prosseguirá nos atos do inquérito ou processo, se para isso for competente; se não o for, enviará os autos à autoridade que o seja.

§ 2º A falta de testemunhas da infração não impedirá o auto de prisão em flagrante; mas, nesse caso, com o condutor, deverão assiná-lo pelo menos duas pessoas que hajam testemunhado a apresentação do preso à autoridade.

§ 3º Quando o acusado se recusar a assinar, não souber ou não puder fazê-lo, o auto de prisão em flagrante será assinado por duas testemunhas, que tenham ouvido sua leitura na presença deste.

- § 3º com a redação dada pela Lei nº 11.113, de 13-5-2005.

§ 4º Da lavratura do auto de prisão em flagrante deverá constar a informação sobre a existência de filhos, respectivas idades e se possuem alguma deficiência e o nome e o contato de eventual responsável pelos cuidados dos filhos, indicado pela pessoa presa.

- § 4º acrescido pela Lei nº 13.257, de 8-3-2016.

Art. 305. Na falta ou no impedimento do escrivão, qualquer pessoa designada pela autoridade lavrará o auto, depois de prestado o compromisso legal.

- Art. 245, § 5º, do CPPM.

Art. 306. A prisão de qualquer pessoa e o local onde se encontre serão comunicados imediatamente ao juiz competente, ao Ministério Público e à família do preso ou à pessoa por ele indicada.

- Art. 5º, LXII, da CF.
- Art. 7º, 6, do Pacto de São José da Costa Rica.

§ 1º Em até 24 (vinte e quatro) horas após a realização da prisão, será encaminhado ao juiz competente o auto de prisão em flagrante e, caso o autuado não informe o nome de seu advogado, cópia integral para a Defensoria Pública.

§ 2º No mesmo prazo, será entregue ao preso, mediante recibo, a nota de culpa, assinada pela autoridade, com o motivo da prisão, o nome do condutor e os das testemunhas.

- Art. 306 com a redação dada pela Lei nº 12.403, de 4-5-2011.
- Art. 5º, LXIV, da CF.
- Art. 648, II, deste Código.
- Art. 247 do CPPM.
- Art. 7º, 4, do Pacto de São José da Costa Rica.

Art. 307. Quando o fato for praticado em presença da autoridade, ou contra esta, no exercício de suas funções, constarão do auto a narração deste fato, a voz de prisão, as declarações que fizer o preso e os depoimentos das testemunhas, sendo tudo assinado pela autoridade, pelo preso e pelas testemunhas e remetido imediatamente ao juiz a quem couber tomar conhecimento do fato delituoso, se não o for a autoridade que houver presidido o auto.

- Art. 252, II, deste Código.
- Art. 249 do CPPM.

Art. 308. Não havendo autoridade no lugar em que se tiver efetuado a prisão, o preso será logo apresentado à do lugar mais próximo.

- Art. 250 do CPPM.
- Art. 231 do ECA.
- Lei nº 13.869, de 5-9-2019 (Lei do Abuso de Autoridade).

Art. 309. Se o réu se livrar solto, deverá ser posto em liberdade, depois de lavrado o auto de prisão em flagrante.

- Art. 5º, LXV e LXVI, da CF.

Art. 310. Após receber o auto de prisão em flagrante, no prazo máximo de até 24 (vinte e quatro) horas após a realização da prisão, o juiz deverá promover audiência de custódia com a presença do acusado, seu advogado constituído ou membro da Defensoria Pública e o membro do Ministério Público, e, nessa audiência, o juiz deverá, fundamentadamente:

- *Caput* com a redação dada pela Lei nº 13.964, de 24-12-2019.
- O STF, por unanimidade, no julgamento das Ações Diretas de Inconstitucionalidade nºs 6.298, 6.299, 6.300 e 6.305, atribuiu interpretação conforme a Constituição Federal ao *caput* deste artigo, para assentar que o juiz, em caso de urgência e se o meio se revelar idôneo, poderá realizar a audiência de custódia por videoconferência (*DOU* de 4-9-2023).
- Art. 3º-B, II, deste Código.

I – relaxar a prisão ilegal; ou

- Art. 5º, LXV, da CF.

II – converter a prisão em flagrante em preventiva, quando presentes os requisitos constantes do art. 312 deste Código, e se revelarem inadequadas ou insuficientes as medidas cautelares diversas da prisão; ou

III – conceder liberdade provisória, com ou sem fiança.

- Incisos I a III acrescidos pela Lei nº 12.403, de 4-5-2011.
- Art. 5º, LXVI, da CF.
- Arts. 270 e 271 do CPPM.

§ 1º Se o juiz verificar, pelo auto de prisão em flagrante, que o agente praticou o fato em qualquer das condições constantes dos incisos I, II ou III do *caput* do art. 23 do Decreto-Lei nº 2.848, de 7 de dezembro de 1940 (Código Penal), poderá, fundamentadamente, conceder ao acusado liberdade provisória, mediante termo de comparecimento obrigatório a todos os atos processuais, sob pena de revogação.

- Parágrafo único transformado em § 1º e com a redação dada pela Lei nº 13.964, de 24-12-2019.

§ 2º Se o juiz verificar que o agente é reincidente ou que integra organização criminosa armada ou milícia, ou que porta arma de fogo de uso restrito, deverá denegar a liberdade provisória, com ou sem medidas cautelares.

§ 3º A autoridade que deu causa, sem motivação idônea, à não realização da audiência de custódia no prazo estabelecido no caput deste artigo responderá administrativa, civil e penalmente pela omissão.

§ 4º Transcorridas 24 (vinte e quatro) horas após o decurso do prazo estabelecido no caput deste artigo, a não realização de audiência de custódia sem motivação idônea ensejará também a ilegalidade da prisão, a ser relaxada pela autoridade competente, sem prejuízo da possibilidade de imediata decretação de prisão preventiva.

- §§ 2º a 4º acrescidos pela Lei nº 13.964, de 24-12-2019.

▶ O STF, por unanimidade, no julgamento das Ações Diretas de Inconstitucionalidade nºs 6.298, 6.299, 6.300 e 6.305, atribuiu interpretação conforme a Constituição Federal a este parágrafo (*DOU* de 4-9-2023).

CAPÍTULO III
DA PRISÃO PREVENTIVA

Art. 311. Em qualquer fase da investigação policial ou do processo penal, caberá a prisão preventiva decretada pelo juiz, a requerimento do Ministério Público, do querelante ou do assistente, ou por representação da autoridade policial.

▶ Artigo com a redação dada pela Lei nº 13.964, de 24-12-2019.
▶ Art. 5º, LXI e LXII, da CF.
▶ Arts. 13, IV, 581, V, e 648, I, deste Código.
▶ Art. 254 do CPPM.
▶ Art. 20 da Lei nº 11.340, de 7-8-2006 (Lei que Coíbe a Violência Doméstica e Familiar Contra a Mulher).
▶ Art. 7º, 2, do Pacto de São José da Costa Rica.

Art. 312. A prisão preventiva poderá ser decretada como garantia da ordem pública, da ordem econômica, por conveniência da instrução criminal ou para assegurar a aplicação da lei penal, quando houver prova da existência do crime e indício suficiente de autoria e de perigo gerado pelo estado de liberdade do imputado.

▶ *Caput* com a redação dada pela Lei nº 13.964, de 24-12-2019.
▶ Art. 282, § 4º, deste Código.
▶ Art. 255 do CPPM.

§ 1º A prisão preventiva também poderá ser decretada em caso de descumprimento de qualquer das obrigações impostas por força de outras medidas cautelares (art. 282, § 4º).

▶ Parágrafo único transformado em § 1º pela Lei nº 13.964, de 24-12-2019.

§ 2º A decisão que decretar a prisão preventiva deve ser motivada e fundamentada em receio de perigo e existência concreta de fatos novos ou contemporâneos que justifiquem a aplicação da medida adotada.

▶ § 2º acrescido pela Lei nº 13.964, de 24-12-2019.

Art. 313. Nos termos do art. 312 deste Código, será admitida a decretação da prisão preventiva:

▶ *Caput* com a redação dada pela Lei nº 12.403, de 4-5-2011.

I – nos crimes dolosos punidos com pena privativa de liberdade máxima superior a 4 (quatro) anos;

II – se tiver sido condenado por outro crime doloso, em sentença transitada em julgado, ressalvado o disposto no inciso I do *caput* do art. 64 do Decreto-Lei nº 2.848, de 7 de dezembro de 1940 – Código Penal;

III – se o crime envolver violência doméstica e familiar contra a mulher, criança, adolescente, idoso, enfermo ou pessoa com deficiência, para garantir a execução das medidas protetivas de urgência;

▶ Incisos I a III com a redação dada pela Lei nº 12.403, de 4-5-2011.
▶ Art. 225 e segs. do ECA.
▶ Art. 95 e segs. da Lei nº 10.741, de 1º-10-2003 (Estatuto da Pessoa Idosa).
▶ Lei nº 11.340, de 7-8-2006 (Lei que Coíbe a Violência Doméstica e Familiar Contra a Mulher).

IV – *Revogado*. Lei nº 12.403, de 4-5-2011.

§ 1º Também será admitida a prisão preventiva quando houver dúvida sobre a identidade civil da pessoa ou quando esta não fornecer elementos suficientes para esclarecê-la, devendo o preso ser colocado imediatamente em liberdade após a identificação, salvo se outra hipótese recomendar a manutenção da medida.

▶ Parágrafo único transformado em § 1º pela Lei nº 13.964, de 24-12-2019.

§ 2º Não será admitida a decretação da prisão preventiva com a finalidade de antecipação de cumprimento de pena ou como decorrência imediata de investigação criminal ou da apresentação ou recebimento de denúncia.

▶ § 2º acrescido pela Lei nº 13.964, de 24-12-2019.

Art. 314. A prisão preventiva em nenhum caso será decretada se o juiz verificar pelas provas constantes dos autos ter o agente praticado o fato nas condições previstas nos incisos I, II e III do *caput* do art. 23 do Decreto-Lei nº 2.848, de 7 de dezembro de 1940 – Código Penal.

▶ Art. 314 com a redação dada pela Lei nº 12.403, de 4-5-2011.
▶ Art. 258 do CPPM.

Art. 315. A decisão que decretar, substituir ou denegar a prisão preventiva será sempre motivada e fundamentada.

§ 1º Na motivação da decretação da prisão preventiva ou de qualquer outra cautelar, o juiz deverá indicar concretamente a existência de fatos novos ou contemporâneos que justifiquem a aplicação da medida adotada.

§ 2º Não se considera fundamentada qualquer decisão judicial, seja ela interlocutória, sentença ou acórdão, que:

I – limitar-se à indicação, à reprodução ou à paráfrase de ato normativo, sem explicar sua relação com a causa ou a questão decidida;

II – empregar conceitos jurídicos indeterminados, sem explicar o motivo concreto de sua incidência no caso;

III – invocar motivos que se prestariam a justificar qualquer outra decisão;

IV – não enfrentar todos os argumentos deduzidos no processo capazes de, em tese, infirmar a conclusão adotada pelo julgador;

V – limitar-se a invocar precedente ou enunciado de súmula, sem identificar seus fundamentos determinantes nem demonstrar que o caso sob julgamento se ajusta àqueles fundamentos;

VI – deixar de seguir enunciado de súmula, jurisprudência ou precedente invocado pela parte, sem demonstrar a existência de distinção no caso em julgamento ou a superação do entendimento.

▶ Art. 315 com a redação dada pela Lei nº 13.964, de 24-12-2019.
▶ Arts. 5º, LXI, e 93, IX, da CF.
▶ Art. 581, V, deste Código.
▶ Art. 256 do CPPM.

Art. 316. O juiz poderá, de ofício ou a pedido das partes, revogar a prisão preventiva se, no correr da investigação ou do processo, verificar a falta de motivo para que ela subsista, bem como novamente decretá-la, se sobrevierem razões que a justifiquem.

Parágrafo único. Decretada a prisão preventiva, deverá o órgão emissor da decisão revisar a necessidade de sua manutenção a cada 90 (noventa) dias, mediante decisão fundamentada, de ofício, sob pena de tornar a prisão ilegal.

▶ Art. 316 com a redação dada pela Lei nº 13.964, de 24-12-2019.
▶ O STF, por maioria dos votos, julgou parcialmente improcedente as Ações Diretas de Inconstitucionalidades nºs 6.581 e 6.582, concedendo a este parágrafo único interpretação conforme a Constituição (*DOU* de 16-3-2022).
▶ Arts. 80 e 492, II, *a*, deste Código.
▶ Art. 259 do CPPM.

CAPÍTULO IV
DA PRISÃO DOMICILIAR

▶ Denominação do Capítulo IV dada pela Lei nº 12.403, de 4-5-2011.
▶ Art. 146-B, IV, da LEP.
▶ Lei nº 5.256, de 6-4-1967 (Lei da Prisão Especial).
▶ Art. 40, V, da Lei nº 8.625, de 12-2-1993 (Lei Orgânica Nacional do Ministério Público).
▶ Art. 7º, V, da Lei nº 8.906, de 4-7-1994 (Estatuto da Advocacia e da OAB).

Art. 317. A prisão domiciliar consiste no recolhimento do indiciado ou acusado em sua residência, só podendo dela ausentar-se com autorização judicial.

▶ Artigo com a redação dada pela Lei nº 12.403, de 4-5-2011.

Art. 318. Poderá o juiz substituir a prisão preventiva pela domiciliar quando o agente for:

▶ *Caput* com a redação dada pela Lei nº 12.403, de 4-5-2011.

I – maior de 80 (oitenta) anos;

II – extremamente debilitado por motivo de doença grave;

III – imprescindível aos cuidados especiais de pessoa menor de 6 (seis) anos de idade ou com deficiência;

▶ Incisos I a III acrescidos pela Lei nº 12.403, de 4-5-2011.

IV – gestante;

▶ Inciso IV com redação dada pela Lei nº 13.257, de 8-3-2016.

V – mulher com filho de até 12 (doze) anos de idade incompletos;

VI – homem, caso seja o único responsável pelos cuidados do filho de até 12 (doze) anos de idade incompletos.

▶ Incisos V e VI acrescidos pela Lei nº 13.257, de 8-3-2016.

Parágrafo único. Para a substituição, o juiz exigirá prova idônea dos requisitos estabelecidos neste artigo.

▶ Parágrafo único acrescido pela Lei nº 12.403, de 4-5-2011.

Art. 318-A. A prisão preventiva imposta à mulher gestante ou que for mãe ou responsável por crianças ou pessoas com deficiência será substituída por prisão domiciliar, desde que:

I – não tenha cometido crime com violência ou grave ameaça a pessoa;

II – não tenha cometido o crime contra seu filho ou dependente.

Art. 318-B. A substituição de que tratam os arts. 318 e 318-A poderá ser efetuada sem prejuízo da aplicação concomitante das medidas alternativas previstas no art. 319 deste Código.

▶ Arts. 318-A e 318-B acrescidos pela Lei nº 13.769, de 19-12-2018.

CAPÍTULO V
DAS OUTRAS MEDIDAS CAUTELARES

▶ Denominação do Capítulo V dada pela Lei nº 12.403, de 4-5-2011.

Art. 319. São medidas cautelares diversas da prisão:

▶ *Caput* com a redação dada pela Lei nº 12.403, de 4-5-2011.
▶ Art. 5º, LXI, da CF.
▶ Art. 282, § 6º, deste Código.

I – comparecimento periódico em juízo, no prazo e nas condições fixadas pelo juiz, para informar e justificar atividades;

II – proibição de acesso ou frequência a determinados lugares quando, por circunstâncias relacionadas ao fato, deva o indiciado ou acusado permanecer distante desses locais para evitar o risco de novas infrações;

III – proibição de manter contato com pessoa determinada quando, por circunstâncias relacionadas ao fato, deva o indiciado ou acusado dela permanecer distante;

- Incisos I a III com a redação dada pela Lei nº 12.403, de 4-5-2011.

IV – proibição de ausentar-se da Comarca quando a permanência seja conveniente ou necessária para a investigação ou instrução;

V – recolhimento domiciliar no período noturno e nos dias de folga quando o investigado ou acusado tenha residência e trabalho fixos;

VI – suspensão do exercício de função pública ou de atividade de natureza econômica ou financeira quando houver justo receio de sua utilização para a prática de infrações penais;

- O STF, por unanimidade, no julgamento da ADPF nº 1.017, conferiu interpretação conforme a Constituição Federal a este inciso (*DOU* de 12-7-2023).

VII – internação provisória do acusado nas hipóteses de crimes praticados com violência ou grave ameaça, quando os peritos concluírem ser inimputável ou semi-imputável (art. 26 do Código Penal) e houver risco de reiteração;

VIII – fiança, nas infrações que a admitem, para assegurar o comparecimento a atos do processo, evitar a obstrução do seu andamento ou em caso de resistência injustificada à ordem judicial;

IX – monitoração eletrônica.

- Incisos IV a IX acrescidos pela Lei nº 12.403, de 4-5-2011.
- Arts. 146-B a 146-D da LEP.
- Dec. nº 7.627, de 24-11-2011, regulamenta este inciso.

§§ 1º a 3º *Revogados*. Lei nº 12.403, de 4-5-2011.

§ 4º A fiança será aplicada de acordo com as disposições do Capítulo VI deste Título, podendo ser cumulada com outras medidas cautelares.

- § 4º acrescido pela Lei nº 12.403, de 4-5-2011.

Art. 320. A proibição de ausentar-se do País será comunicada pelo juiz às autoridades encarregadas de fiscalizar as saídas do território nacional, intimando-se o indiciado ou acusado para entregar o passaporte, no prazo de 24 (vinte e quatro) horas.

- Artigo com a redação dada pela Lei nº 12.403, de 4-5-2011.

CAPÍTULO VI

DA LIBERDADE PROVISÓRIA, COM OU SEM FIANÇA

- Art. 5º, LXVI, da CF.

Art. 321. Ausentes os requisitos que autorizam a decretação da prisão preventiva, o juiz deverá conceder liberdade provisória, impondo, se for o caso, as medidas cautelares previstas no art. 319 deste Código e observados os critérios constantes do art. 282 deste Código.

- *Caput* com a redação dada pela Lei nº 12.403, de 4-5-2011.
- Arts. 270 e 271 do CPPM.

I e II – *Revogados*. Lei nº 12.403, de 4-5-2011.

Art. 322. A autoridade policial somente poderá conceder fiança nos casos de infração cuja pena privativa de liberdade máxima não seja superior a 4 (quatro) anos.

Parágrafo único. Nos demais casos, a fiança será requerida ao juiz, que decidirá em 48 (quarenta e oito) horas.

- Art. 322 com a redação dada pela Lei nº 12.403, de 4-5-2011.
- Art. 581, V, deste Código.

Art. 323. Não será concedida fiança:

- *Caput* com a redação dada pela Lei nº 12.403, de 4-5-2011.

I – nos crimes de racismo;

- Art. 5º, XLII, da CF.
- Lei nº 7.716, de 5-1-1989 (Lei do Racismo).

II – nos crimes de tortura, tráfico ilícito de entorpecentes e drogas afins, terrorismo e nos definidos como crimes hediondos;

- Art. 2º, II, da Lei nº 8.072, de 25-7-1990 (Lei dos Crimes Hediondos).

III – nos crimes cometidos por grupos armados, civis ou militares, contra a ordem constitucional e o Estado Democrático;

- Incisos I a III com a redação dada pela Lei nº 12.403, de 4-5-2011.

IV e V – *Revogados*. Lei nº 12.403, de 4-5-2011.

Art. 324. Não será, igualmente, concedida fiança:

- *Caput* com a redação dada pela Lei nº 12.403, de 4-5-2011.

I – aos que, no mesmo processo, tiverem quebrado fiança anteriormente concedida ou infringido, sem motivo justo, qualquer das obrigações a que se referem os arts. 327 e 328 deste Código;

II – em caso de prisão civil ou militar;

- Incisos I e II com a redação dada pela Lei nº 12.403, de 4-5-2011.

III – *Revogado*. Lei nº 12.403, de 4-5-2011;

IV – quando presentes os motivos que autorizam a decretação da prisão preventiva (art. 312).

- Inciso IV com a redação dada pela Lei nº 12.403, de 4-5-2011.

Art. 325. O valor da fiança será fixado pela autoridade que a conceder nos seguintes limites:

- *Caput* com a redação dada pela Lei nº 12.403, de 4-5-2011.

a a c) *Revogadas*. Lei nº 12.403, de 4-5-2011.

I – de 1 (um) a 100 (cem) salários mínimos, quando se tratar de infração cuja pena privativa de liberdade, no grau máximo, não for superior a 4 (quatro) anos;

II – de 10 (dez) a 200 (duzentos) salários mínimos, quando o máximo da pena privativa de liberdade cominada for superior a 4 (quatro) anos.

- Incisos I e II acrescidos pela Lei nº 12.403, de 4-5-2011.

§ 1º Se assim recomendar a situação econômica do preso, a fiança poderá ser:

- *Caput* do § 1º com a redação dada pela Lei nº 12.403, de 4-5-2011.

I – dispensada, na forma do art. 350 deste Código;

II – reduzida até o máximo de 2/3 (dois terços); ou

- Incisos I e II com a redação dada pela Lei nº 12.403, de 4-5-2011.

III – aumentada em até 1.000 (mil) vezes.

- Inciso III acrescido pela Lei nº 12.403, de 4-5-2011.

§ 2º *Revogado*. Lei nº 12.403, de 4-5-2011.

Art. 326. Para determinar o valor da fiança, a autoridade terá em consideração a natureza da infração, as condições pessoais de fortuna e vida pregressa do acusado, as circunstâncias indicativas de sua periculosidade, bem como a importância provável das custas do processo, até final julgamento.

Art. 327. A fiança tomada por termo obrigará o afiançado a comparecer perante a autoridade, todas as vezes que for intimado para atos do inquérito e da instrução criminal e para o julgamento. Quando o réu não comparecer, a fiança será havida como quebrada.

- Arts. 341 a 343, 346 e 581, VII, deste Código.

Art. 328. O réu afiançado não poderá, sob pena de quebramento da fiança, mudar de residência, sem prévia permissão da autoridade processante, ou ausentar-se por mais de oito dias de sua residência, sem comunicar àquela autoridade o lugar onde será encontrado.

- Art. 581, VII, deste Código.

Art. 329. Nos juízos criminais e delegacias de polícia, haverá um livro especial, com termos de abertura e de encerramento, numerado e rubricado em todas as suas folhas pela autoridade, destinado especialmente aos termos de fiança. O termo será lavrado pelo escrivão e assinado pela autoridade e por quem prestar a fiança, e dele extrair-se-á certidão para juntar-se aos autos.

Parágrafo único. O réu e quem prestar a fiança serão pelo escrivão notificados das obrigações e da sanção previstas nos artigos 327 e 328, o que constará dos autos.

Art. 330. A fiança, que será sempre definitiva, consistirá em depósito de dinheiro, pedras, objetos ou metais preciosos, títulos da dívida pública, federal, estadual ou municipal, ou em hipoteca inscrita em primeiro lugar.

§ 1º A avaliação de imóvel, ou de pedras, objetos ou metais preciosos será feita imediatamente por perito nomeado pela autoridade.

§ 2º Quando a fiança consistir em caução de títulos da dívida pública, o valor será determinado pela sua cotação em Bolsa, e, sendo nominativos, exigir-se-á prova de que se acham livres de ônus.

Art. 331. O valor em que consistir a fiança será recolhido à repartição arrecadadora federal ou estadual, ou entregue ao depositário público, juntando-se aos autos os respectivos conhecimentos.

Parágrafo único. Nos lugares em que o depósito não se puder fazer de pronto, o valor será entregue ao escrivão ou pessoa abonada, a critério da autoridade, e dentro de três dias dar-se-á ao valor o destino que lhe assina este artigo, o que tudo constará do termo de fiança.

Art. 332. Em caso de prisão em flagrante, será competente para conceder a fiança a autoridade que presidir ao respectivo auto, e, em caso de prisão por mandado, o juiz que o houver expedido, ou a autoridade judiciária ou policial a quem tiver sido requisitada a prisão.

- Art. 5º, LXVI, da CF.

Art. 333. Depois de prestada a fiança, que será concedida independentemente de audiência do Ministério Público, este terá vista do processo a fim de requerer o que julgar conveniente.

▶ Art. 581, V, deste Código.

Art. 334. A fiança poderá ser prestada enquanto não transitar em julgado a sentença condenatória.

▶ Art. 660, § 3º, deste Código.

Art. 335. Recusando ou retardando a autoridade policial a concessão da fiança, o preso, ou alguém por ele, poderá prestá-la, mediante simples petição, perante o juiz competente, que decidirá em 48 (quarenta e oito) horas.

▶ Art. 5º, LXVI, da CF.

▶ Art. 648, V, deste Código.

▶ Lei nº 13.869, de 5-9-2019 (Lei do Abuso de Autoridade).

Art. 336. O dinheiro ou objetos dados como fiança servirão ao pagamento das custas, da indenização do dano, da prestação pecuniária e da multa, se o réu for condenado.

▶ Art. 63 deste Código.

▶ Arts. 49 e 91, I, do CP.

Parágrafo único. Este dispositivo terá aplicação ainda no caso da prescrição depois da sentença condenatória (art. 110 do Código Penal).

Art. 337. Se a fiança for declarada sem efeito ou passar em julgado sentença que houver absolvido o acusado ou declarada extinta a ação penal, o valor que a constituir, atualizado, será restituído sem desconto, salvo o disposto no parágrafo único do art. 336 deste Código.

▶ Arts. 334 a 337 com a redação dada pela Lei nº 12.403, de 4-5-2011.

Art. 338. A fiança que se reconheça não ser cabível na espécie será cassada em qualquer fase do processo.

▶ Arts. 581, V, e 584 deste Código.

Art. 339. Será também cassada a fiança quando reconhecida a existência de delito inafiançável, no caso de inovação na classificação do delito.

▶ Arts. 383, 384 e 418 deste Código.

Art. 340. Será exigido o reforço da fiança:

I – quando a autoridade tomar, por engano, fiança insuficiente;

II – quando houver depreciação material ou perecimento dos bens hipotecados ou caucionados, ou depreciação dos metais ou pedras preciosas;

III – quando for inovada a classificação do delito.

Parágrafo único. A fiança ficará sem efeito e o réu será recolhido à prisão, quando, na conformidade deste artigo, não for reforçada.

Art. 341. Julgar-se-á quebrada a fiança quando o acusado:

▶ *Caput* com a redação dada pela Lei nº 12.403, de 4-5-2011.

▶ Art. 581, VII, deste Código.

I – regularmente intimado para ato do processo, deixar de comparecer, sem motivo justo;

II – deliberadamente praticar ato de obstrução ao andamento do processo;

III – descumprir medida cautelar imposta cumulativamente com a fiança;

▶ Arts. 282 e 319 deste Código.

IV – resistir injustificadamente a ordem judicial;

V – praticar nova infração penal dolosa.

▶ Incisos I a V acrescidos pela Lei nº 12.403, de 4-5-2011.

Art. 342. Se vier a ser reformado o julgamento em que se declarou quebrada a fiança, esta subsistirá em todos os seus efeitos.

▶ Art. 581, VII, deste Código.

Art. 343. O quebramento injustificado da fiança importará na perda de metade do seu valor, cabendo ao juiz decidir sobre a imposição de outras medidas cautelares ou, se for o caso, a decretação da prisão preventiva.

▶ Art. 581, VII, deste Código.

Art. 344. Entender-se-á perdido, na totalidade, o valor da fiança, se, condenado, o acusado não se apresentar para o início do cumprimento da pena definitivamente imposta.

▶ Art. 581, VII, deste Código.

Art. 345. No caso de perda da fiança, o seu valor, deduzidas as custas e mais encargos a que o acusado estiver obrigado, será recolhido ao fundo penitenciário, na forma da lei.

Art. 346. No caso de quebramento de fiança, feitas as deduções previstas no art. 345 deste Código, o valor restante será recolhido ao fundo penitenciário, na forma da lei.

▶ Arts. 343 a 346 com a redação dada pela Lei nº 12.403, de 4-5-2011.

▶ Art. 324, I, deste Código.

Art. 347. Não ocorrendo a hipótese do artigo 345, o saldo será entregue a quem houver prestado a fiança, depois de deduzidos os encargos a que o réu estiver obrigado.

Art. 348. Nos casos em que a fiança tiver sido prestada por meio de hipoteca, a execução será promovida no juízo cível pelo órgão do Ministério Público.

Art. 349. Se a fiança consistir em pedras, objetos ou metais preciosos, o juiz determinará a venda por leiloeiro ou corretor.

Art. 350. Nos casos em que couber fiança, o juiz, verificando a situação econômica do preso, poderá conceder-lhe liberdade provisória, sujeitando-o às obrigações constantes dos arts. 327 e 328 deste Código e a outras medidas cautelares, se for o caso.

Parágrafo único. Se o beneficiado descumprir, sem motivo justo, qualquer das obrigações ou medidas impostas, aplicar-se-á o disposto no § 4º do art. 282 deste Código.

▶ Art. 350 com a redação dada pela Lei nº 12.403, de 4-5-2011.

TÍTULO X – DAS CITAÇÕES E INTIMAÇÕES

CAPÍTULO I – DAS CITAÇÕES

Art. 351. A citação inicial far-se-á por mandado, quando o réu estiver no território sujeito à jurisdição do juiz que a houver ordenado.

▶ Arts. 564, III, *e*, 570 e 572 deste Código.

▶ Art. 238 e seguintes do CPC/2015.

▶ Art. 277 do CPPM.

▶ Art. 164 da LEP.

▶ Arts. 66, 68 e 78 da Lei nº 9.099, de 26-9-1995 (Lei dos Juizados Especiais).

▶ Súm. nº 351 do STF.

Art. 352. O mandado de citação indicará:

▶ Art. 278 do CPPM.

I – o nome do juiz;

II – o nome do querelante nas ações iniciadas por queixa;

III – o nome do réu, ou, se for desconhecido, os seus sinais característicos;

IV – a residência do réu, se for conhecida;

V – o fim para que é feita a citação;

VI – o juízo e o lugar, o dia e a hora em que o réu deverá comparecer;

VII – a subscrição do escrivão e a rubrica do juiz.

Art. 353. Quando o réu estiver fora do território da jurisdição do juiz processante, será citado mediante precatória.

▶ Art. 277, II, do CPPM.

▶ Art. 65, § 2º, da Lei nº 9.099, de 26-9-1995 (Lei dos Juizados Especiais).

Art. 354. A precatória indicará:

▶ Art. 283 do CPPM.

I – o juiz deprecado e o juiz deprecante;

II – a sede da jurisdição de um e de outro;

III – o fim para que é feita a citação, com todas as especificações;

IV – o juízo do lugar, o dia e a hora em que o réu deverá comparecer.

Art. 355. A precatória será devolvida ao juiz deprecante, independentemente de traslado, depois de lançado o "cumpra-se" e de feita a citação por mandado do juiz deprecado.

▶ Art. 284 do CPPM.

§ 1º Verificado que o réu se encontra em território sujeito à jurisdição de outro juiz, a este remeterá o juiz deprecado os autos para efetivação da diligência, desde que haja tempo para fazer-se a citação.

§ 2º Certificado pelo oficial de justiça que o réu se oculta para não ser citado, a precatória será imediatamente devolvida, para o fim previsto no artigo 362.

Art. 356. Se houver urgência, a precatória, que conterá em resumo os requisitos enumerados no artigo 354, poderá ser expedida por via telegráfica, depois de reconhecida a firma do juiz, o que a estação expedidora mencionará.

▶ Art. 283, parágrafo único, do CPPM.

Art. 357. São requisitos da citação por mandado:

▶ Art. 278 do CPPM.

I – leitura do mandado ao citando pelo oficial e entrega da contrafé, na qual se mencionarão dia e hora da citação;

▶ Art. 8º, 2, *b*, do Pacto de São José da Costa Rica.

II – declaração do oficial, na certidão, da entrega da contrafé, e sua aceitação ou recusa.

Art. 358. A citação do militar far-se-á por intermédio do chefe do respectivo serviço.

▶ Art. 221, § 2º, deste Código.

▶ Art. 280 do CPPM.

Art. 359. O dia designado para funcionário público comparecer em juízo, como acusado, será notificado assim a ele como ao chefe de sua repartição.

▶ Art. 221, § 3º, deste Código.

▶ Art. 281 do CPPM.

Art. 360. Se o réu estiver preso, será pessoalmente citado.

▶ Artigo com a redação dada pela Lei nº 10.792, de 1º-12-2003.

▶ Art. 282 do CPPM.

Art. 361. Se o réu não for encontrado, será citado por edital, com o prazo de quinze dias.

▶ Arts. 277, V, e 285, § 3º, do CPPM.

▶ Súmulas nºs 351 e 366 do STF.

Art. 362. Verificando que o réu se oculta para não ser citado, o oficial de justiça certificará a ocorrência e procederá à citação com hora certa, na forma estabelecida nos arts. 227 a 229 da Lei nº 5.869, de 11 de janeiro de 1973 – Código de Processo Civil.

- *Caput* com a redação dada pela Lei nº 11.719, de 20-6-2008.
- Art. 355, § 2º, deste Código.
- Arts. 277, V, e 285, § 3º, do CPPM.
- Arts. 252 a 254, do CPC/2015.

Parágrafo único. Completada a citação com hora certa, se o acusado não comparecer, ser-lhe-á nomeado defensor dativo.

- Parágrafo único acrescido pela Lei nº 11.719, de 20-6-2008.

Art. 363. O processo terá completada a sua formação quando realizada a citação do acusado.

- *Caput* com a redação dada pela Lei nº 11.719, de 20-6-2008.
- Arts. 277, V, e 285, § 3º, do CPPM.

I e II – *Revogados*. Lei nº 11.719, de 20-6-2008.

§ 1º Não sendo encontrado o acusado, será procedida a citação por edital.

- § 1º acrescido pela Lei nº 11.719, de 20-6-2008.

§§ 2º e 3º VETADOS. Lei nº 11.719, de 20-6-2008.

§ 4º Comparecendo o acusado citado por edital, em qualquer tempo, o processo observará o disposto nos arts. 394 e seguintes deste Código.

- § 4º acrescido pela Lei nº 11.719, de 20-6-2008.

Art. 364. No caso do artigo anterior, nº I, o prazo será fixado pelo juiz entre quinze e noventa dias, de acordo com as circunstâncias, e, no caso de nº II, o prazo será de trinta dias.

Art. 365. O edital de citação indicará:

- Art. 286 do CPPM.

I – o nome do juiz que a determinar;

II – o nome do réu, ou, se não for conhecido, os seus sinais característicos, bem como sua residência e profissão, se constarem do processo;

III – o fim para que é feita a citação;

- Súm. nº 366 do STF.

IV – o juízo e o dia, a hora e o lugar em que o réu deverá comparecer;

V – o prazo, que será contado do dia da publicação do edital na imprensa, se houver, ou da sua afixação.

Parágrafo único. O edital será afixado à porta do edifício onde funcionar o juízo e será publicado pela imprensa, onde houver, devendo a afixação ser certificada pelo oficial que a tiver feito e a publicação provada por exemplar do jornal ou certidão do escrivão, da qual conste a página do jornal com a data da publicação.

Art. 366. Se o acusado, citado por edital, não comparecer, nem constituir advogado, ficarão suspensos o processo e o curso do prazo prescricional, podendo o juiz determinar a produção antecipada das provas consideradas urgentes e, se for o caso, decretar prisão preventiva, nos termos do disposto no artigo 312.

- A alteração que seria introduzida no art. 366 pela Lei nº 11.719, de 20-6-2008, foi vetada, razão pela qual mantivemos a sua redação.
- Súmulas nºs 415 e 455 do STJ.

§§ 1º e 2º *Revogados*. Lei nº 11.719, de 20-6-2008.

Art. 367. O processo seguirá sem a presença do acusado que, citado ou intimado pessoalmente para qualquer ato, deixar de comparecer sem motivo justificado, ou, no caso de mudança de residência, não comunicar o novo endereço ao juízo.

- Artigo com a redação dada pela Lei nº 9.271, de 17-4-1996.

Art. 368. Estando o acusado no estrangeiro, em lugar sabido, será citado mediante carta rogatória, suspendendo-se o curso do prazo de prescrição até o seu cumprimento.

- Artigo com a redação dada pela Lei nº 9.271, de 17-4-1996.
- A concessão de *exequatur* às cartas rogatórias passou a ser da competência do STJ, conforme art. 105, I, *i*, da CF, com a redação dada pela EC nº 45, de 8-12-2004.

Art. 369. As citações que houverem de ser feitas em legações estrangeiras serão efetuadas mediante carta rogatória.

- Artigo com a redação dada pela Lei nº 9.271, de 17-4-1996.
- Arts. 783 a 786 deste Código.
- Art. 285 do CPPM.

CAPÍTULO II – DAS INTIMAÇÕES

Art. 370. Nas intimações dos acusados, das testemunhas e demais pessoas que devam tomar conhecimento de qualquer ato, será observado, no que for aplicável, o disposto no Capítulo anterior.

- Arts. 392, 420 e 570 deste Código.
- Art. 288 do CPPM.

§ 1º A intimação do defensor constituído, do advogado do querelante e do assistente far-se-á por publicação no órgão incumbido da publicidade dos atos judiciais da comarca, incluindo, sob pena de nulidade, o nome do acusado.

- Art. 288, § 2º, do CPPM.
- Art. 67 da Lei nº 9.099, de 26-9-1995 (Lei dos Juizados Especiais).

§ 2º Caso não haja órgão de publicação dos atos judiciais na comarca, a intimação far-se-á diretamente pelo escrivão, por mandado, ou via postal com comprovante de recebimento, ou por qualquer outro meio idôneo.

§ 3º A intimação pessoal, feita pelo escrivão, dispensará a aplicação a que alude o § 1º.

§ 4º A intimação do Ministério Público e do defensor nomeado será pessoal.

- Art. 370 com a redação dada pela Lei nº 9.271, de 17-4-1996.

Art. 371. Será admissível a intimação por despacho na petição em que for requerida, observado o disposto no artigo 357.

Art. 372. Adiada, por qualquer motivo, a instrução criminal, o juiz marcará desde logo, na presença das partes e testemunhas, dia e hora para seu prosseguimento, do que se lavrará termo nos autos.

TÍTULO XI – DA APLICAÇÃO PROVISÓRIA DE INTERDIÇÕES DE DIREITOS E MEDIDAS DE SEGURANÇA

Art. 373. A aplicação provisória de interdições de direitos poderá ser determinada pelo juiz, de ofício, ou a requerimento do Ministério Público, do querelante, do assistente, do ofendido, ou de seu representante legal, ainda que este não se tenha constituído como assistente:

I – durante a instrução criminal após a apresentação da defesa ou do prazo concedido para esse fim;

II – na sentença de pronúncia;

III – na decisão confirmatória da pronúncia ou na que, em grau de recurso, pronunciar o réu;

IV – na sentença condenatória recorrível.

§ 1º No caso do nº I, havendo requerimento de aplicação da medida, o réu ou seu defensor será ouvido no prazo de dois dias.

§ 2º Decretada a medida, serão feitas as comunicações necessárias para a sua execução, na forma do disposto no Capítulo III do Título II do Livro IV.

Art. 374. Não caberá recurso do despacho ou da parte da sentença que decretar ou denegar a aplicação provisória de interdições de direitos, mas estas poderão ser substituídas ou revogadas:

I – se aplicadas no curso da instrução criminal, durante esta ou pelas sentenças a que se referem os nºs II, III e IV do artigo anterior;

II – se aplicadas na sentença de pronúncia, pela decisão que, em grau de recurso, a confirmar, total ou parcialmente, ou pela sentença condenatória recorrível;

III – se aplicadas na decisão a que se refere o nº III do artigo anterior, pela sentença condenatória recorrível.

Art. 375. O despacho que aplicar, provisoriamente, substituir ou revogar interdição de direito, será fundamentado.

Art. 376. A decisão que impronunciar ou absolver o réu fará cessar a aplicação provisória da interdição anteriormente determinada.

Art. 377. Transitando em julgado a sentença condenatória, serão executadas somente as interdições nela aplicadas ou que derivarem da imposição da pena principal.

Art. 378. A aplicação provisória de medida de segurança obedecerá ao disposto nos artigos anteriores, com as modificações seguintes:

I – o juiz poderá aplicar, provisoriamente, a medida de segurança, de ofício, ou a requerimento do Ministério Público;

II – a aplicação poderá ser determinada ainda no curso do inquérito, mediante representação da autoridade policial;

III – a aplicação provisória de medida de segurança, a substituição ou a revogação da anteriormente aplicada poderão ser determinadas, também, na sentença absolutória;

IV – decretada a medida, atender-se-á ao disposto no Título V do Livro IV, no que for aplicável.

Art. 379. Transitando em julgado a sentença, observar-se-á, quanto à execução das medidas de segurança definitivamente aplicadas, o disposto no Título V do Livro IV.

Art. 380. A aplicação provisória de medida de segurança, obstará a concessão de fiança, e tornará sem efeito a anteriormente concedida.

- Os arts. 373 a 380 encontram-se prejudicados, conforme disposto nos arts. 147, 171 e 172 da LEP.

TÍTULO XII – DA SENTENÇA

Art. 381. A sentença conterá:

- Art. 93, IX, da CF.
- Arts. 564, III, *m*, e 800, I, deste Código.
- Arts. 489 e 490 do CPC/2015.
- Art. 438 do CPPM.
- Art. 81, § 3º, da Lei nº 9.099, de 26-9-1995 (Lei dos Juizados Especiais).

I – os nomes das partes ou, quando não possível, as indicações necessárias para identificá-las;

II – a exposição sucinta da acusação e da defesa;

III – a indicação dos motivos de fato e de direito em que se fundar a decisão;

IV – a indicação dos artigos de lei aplicados;

V – o dispositivo;

VI – a data e a assinatura do juiz.

Art. 382. Qualquer das partes poderá, no prazo de dois dias, pedir ao juiz que declare a sentença, sempre que nela houver obscuridade, ambiguidade, contradição ou omissão.

- Art. 619 deste Código.
- Art. 538 do CPPM.
- Art. 83 da Lei nº 9.099, de 26-9-1995 (Lei dos Juizados Especiais).

Art. 383. O juiz, sem modificar a descrição do fato contida na denúncia ou queixa, poderá atribuir-lhe definição jurídica diversa, ainda que, em consequência, tenha de aplicar pena mais grave.

- *Caput* com a redação dada pela Lei nº 11.719, de 20-6-2008.
- Art. 617 deste Código.
- Art. 437, *a*, do CPPM.
- Súm. nº 453 do STF.

§ 1º Se, em consequência de definição jurídica diversa, houver possibilidade de proposta de suspensão condicional do processo, o juiz procederá de acordo com o disposto na lei.

- Art. 89 da Lei nº 9.099, de 26-9-1995 (Lei dos Juizados Especiais).

§ 2º Tratando-se de infração da competência de outro juízo, a este serão encaminhados os autos.

- §§ 1º e 2º acrescidos pela Lei nº 11.719, de 20-6-2008.

Art. 384. Encerrada a instrução probatória, se entender cabível nova definição jurídica do fato, em consequência de prova existente nos autos de elemento ou circunstância da infração penal não contida na acusação, o Ministério Público deverá aditar a denúncia ou queixa, no prazo de 5 (cinco) dias, se em virtude desta houver sido instaurado o processo em crime de ação pública, reduzindo-se a termo o aditamento, quando feito oralmente.

- *Caput* com a redação dada pela Lei nº 11.719, de 20-6-2008.
- Súm. nº 453 do STF.

§ 1º Não procedendo o órgão do Ministério Público ao aditamento, aplica-se o art. 28 deste Código.

§ 2º Ouvido o defensor do acusado no prazo de 5 (cinco) dias e admitido o aditamento, o juiz, a requerimento de qualquer das partes, designará dia e hora para continuação da audiência, com inquirição de testemunhas, novo interrogatório do acusado, realização de debates e julgamento.

§ 3º Aplicam-se as disposições dos §§ 1º e 2º do art. 383 ao *caput* deste artigo.

§ 4º Havendo aditamento, cada parte poderá arrolar até 3 (três) testemunhas, no prazo de 5 (cinco) dias, ficando o juiz, na sentença, adstrito aos termos do aditamento.

§ 5º Não recebido o aditamento, o processo prosseguirá.

- §§ 1º a 5º acrescidos pela Lei nº 11.719, de 20-6-2008.

Art. 385. Nos crimes de ação pública, o juiz poderá proferir sentença condenatória, ainda que o Ministério Público tenha opinado pela absolvição, bem como reconhecer agravantes, embora nenhuma tenha sido alegada.

- Art. 437, *b*, do CPPM.

Art. 386. O juiz absolverá o réu, mencionando a causa na parte dispositiva, desde que reconheça:

- Art. 439 do CPPM.

I – estar provada a inexistência do fato;

II – não haver prova da existência do fato;

- Art. 66 deste Código.

III – não constituir o fato infração penal;

- Art. 67, III, deste Código.

IV – estar provado que o réu não concorreu para a infração penal;

V – não existir prova de ter o réu concorrido para a infração penal;

- Art. 415 deste Código.

VI – existirem circunstâncias que excluam o crime ou isentem o réu de pena (arts. 20, 21, 22, 23, 26 e § 1º do art. 28, todos do Código Penal), ou mesmo se houver fundada dúvida sobre sua existência;

- Incisos IV a VI com a redação dada pela Lei nº 11.690, de 9-6-2008.

VII – não existir prova suficiente para a condenação.

- Inciso VII acrescido pela Lei nº 11.690, de 9-6-2008.
- Súm. nº 422 do STF.

Parágrafo único. Na sentença absolutória, o juiz:

I – mandará, se for o caso, pôr o réu em liberdade;

- Art. 596 deste Código.

II – ordenará a cessação das medidas cautelares e provisoriamente aplicadas;

- Inciso II com a redação dada pela Lei nº 11.690, de 9-6-2008.

III – aplicará medida de segurança, se cabível.

- Arts. 96 a 99 do CP.
- Súm. nº 422 do STF.

Art. 387. O juiz, ao proferir sentença condenatória:

- Art. 492, I, deste Código.
- Art. 440 do CPPM.

I – mencionará as circunstâncias agravantes ou atenuantes definidas no Código Penal, e cuja existência reconhecer;

II – mencionará as outras circunstâncias apuradas e tudo o mais que deva ser levado em conta na aplicação da pena, de acordo com o disposto nos arts. 59 e 60 do Decreto-lei nº 2.848, de 7 de dezembro de 1940 – Código Penal;

- Súmulas nºs 440, 442, 443 e 444 do STJ.

III – aplicará as penas de acordo com essas conclusões;

IV – fixará valor mínimo para reparação dos danos causados pela infração, considerando os prejuízos sofridos pelo ofendido;

- Incisos II a IV com a redação dada pela Lei nº 11.719, de 20-6-2008.

V – atenderá, quanto à aplicação provisória de interdições de direitos e medidas de segurança, ao disposto no Título XI deste Livro;

VI – determinará se a sentença deverá ser publicada na íntegra ou em resumo e designará o jornal em que será feita a publicação (artigo 73, § 1º, do Código Penal).

- Referência feita a dispositivo da antiga Parte Geral do CP, revogada pela Lei nº 7.209, de 11-7-1984, o qual não encontra correspondente na redação vigente.

§ 1º O juiz decidirá, fundamentadamente, sobre a manutenção ou, se for o caso, a imposição de prisão preventiva ou de outra medida cautelar, sem prejuízo do conhecimento de apelação que vier a ser interposta.

- Antigo parágrafo único transformado em § 1º pela Lei nº 12.736, de 30-11-2012.
- Arts. 311 a 316 deste Código.
- Súm. nº 347 do STJ.

§ 2º O tempo de prisão provisória, de prisão administrativa ou de internação, no Brasil ou no estrangeiro, será computado para fins de determinação do regime inicial de pena privativa de liberdade.

- § 2º acrescido pela Lei nº 12.736, de 30-11-2012.

Art. 388. A sentença poderá ser datilografada e neste caso o juiz a rubricará em todas as folhas.

- Art. 438, § 3º, do CPPM.

Art. 389. A sentença será publicada em mão do escrivão, que lavrará nos autos o respectivo termo, registrando-a em livro especialmente destinado a esse fim.

Art. 390. O escrivão, dentro de três dias após a publicação, e sob pena de suspensão de cinco dias, dará conhecimento da sentença ao órgão do Ministério Público.

- Arts. 799 e 800, § 4º, deste Código.

Art. 391. O querelante ou o assistente será intimado da sentença, pessoalmente ou na pessoa de seu advogado. Se nenhum deles for encontrado no lugar da sede do juízo, a intimação será feita mediante edital com o prazo de dez dias, afixado no lugar de costume.

- Art. 598, parágrafo único, deste Código.

Art. 392. A intimação da sentença será feita:

- Arts. 443 a 446 do CPPM.
- Art. 82, § 1º, da Lei nº 9.099, de 26-9-1995 (Lei dos Juizados Especiais).

I – ao réu, pessoalmente, se estiver preso;

II – ao réu, pessoalmente, ou ao defensor por ele constituído, quando se livrar solto, ou, sendo afiançável a infração, tiver prestado fiança;

III – ao defensor constituído pelo réu, se este, afiançável, ou não, a infração, expedido o mandado de prisão, não tiver sido encontrado, e assim, o certificar o oficial de justiça;

IV – mediante edital, nos casos do nº II, se o réu e o defensor que houver constituído não forem encontrados, e assim o certificar o oficial de justiça;

V – mediante edital, nos casos do nº III, se o defensor que o réu houver constituído também não for encontrado, e assim o certificar o oficial de justiça;

VI – mediante edital, se o réu, não tendo constituído defensor, não for encontrado, e assim o certificar o oficial de justiça.

§ 1º O prazo do edital será de noventa dias, se tiver sido imposta pena privativa de liberdade por tempo igual ou superior a um ano, e de sessenta dias, nos outros casos.

§ 2º O prazo para apelação correrá após o término do fixado no edital, salvo se, no curso deste, for feita a intimação por qualquer das outras formas estabelecidas neste artigo.

Art. 393. *Revogado*. Lei nº 12.403, de 4-5-2011.

LIVRO II – DOS PROCESSOS EM ESPÉCIE

TÍTULO I – DO PROCESSO COMUM

CAPÍTULO I
DA INSTRUÇÃO CRIMINAL

Art. 394. O procedimento será comum ou especial.

▶ *Caput* com a redação dada pela Lei nº 11.719, de 20-6-2008.

§ 1º O procedimento comum será ordinário, sumário ou sumaríssimo:

I – ordinário, quando tiver por objeto crime cuja sanção máxima cominada for igual ou superior a 4 (quatro) anos de pena privativa de liberdade;

II – sumário, quando tiver por objeto crime cuja sanção máxima cominada seja inferior a 4 (quatro) anos de pena privativa de liberdade;

▶ Arts. 531 a 540 deste Código.

III – sumaríssimo, para as infrações penais de menor potencial ofensivo, na forma da lei.

▶ Arts. 77 a 83 da Lei nº 9.099, de 26-9-1995 (Lei dos Juizados Especiais).

§ 2º Aplica-se a todos os processos o procedimento comum, salvo disposições em contrário deste Código ou de lei especial.

§ 3º Nos processos de competência do Tribunal do Júri, o procedimento observará as disposições estabelecidas nos arts. 406 a 497 deste Código.

§ 4º As disposições dos arts. 395 a 398 deste Código aplicam-se a todos os procedimentos penais de primeiro grau, ainda que não regulados neste Código.

§ 5º Aplicam-se subsidiariamente aos procedimentos especial, sumário e sumaríssimo as disposições do procedimento ordinário.

▶ §§ 1º a 5º acrescidos pela Lei nº 11.719, de 20-6-2008.

Art. 394-A. *Os processos que apurem a prática de crime hediondo ou violência contra a mulher terão prioridade de tramitação em todas as instâncias.*

▶ *Caput* com a redação dada pela Lei nº 14.994, de 9-10-2024.

§ 1º Os processos que apurem violência contra a mulher independerão do pagamento de custas, taxas ou despesas processuais, salvo em caso de má-fé.

§ 2º As isenções de que trata o § 1º deste artigo aplicam-se apenas à vítima e, em caso de morte, ao cônjuge, ascendente, descendente ou irmão, quando a estes couber o direito de representação ou de oferecer queixa ou prosseguir com a ação.

▶ §§ 1º e 2º acrescidos pela Lei nº 14.994, de 9-10-2024.

Art. 395. A denúncia ou queixa será rejeitada quando:

▶ *Caput* com a redação dada pela Lei nº 11.719, de 20-6-2008.

I – for manifestamente inepta;

II – faltar pressuposto processual ou condição para o exercício da ação penal; ou

III – faltar justa causa para o exercício da ação penal.

▶ Incisos I a III acrescidos pela Lei nº 11.719, de 20-6-2008.

Parágrafo único. *Revogado*. Lei nº 11.719, de 20-6-2008.

Art. 396. Nos procedimentos ordinário e sumário, oferecida a denúncia ou queixa, o juiz, se não a rejeitar liminarmente, recebê-la-á e ordenará a citação do acusado para responder à acusação, por escrito, no prazo de 10 (dez) dias.

▶ Art. 8º, 2, *b*, do Pacto de São José da Costa Rica.

Parágrafo único. No caso de citação por edital, o prazo para a defesa começará a fluir a partir do comparecimento pessoal do acusado ou do defensor constituído.

▶ Art. 396 com a redação dada pela Lei nº 11.719, de 20-6-2008.

Art. 396-A. Na resposta, o acusado poderá arguir preliminares e alegar tudo o que interesse à sua defesa, oferecer documentos e justificações, especificar as provas pretendidas e arrolar testemunhas, qualificando-as e requerendo sua intimação, quando necessário.

§ 1º A exceção será processada em apartado, nos termos dos arts. 95 a 112 deste Código.

§ 2º Não apresentada a resposta no prazo legal, ou se o acusado, citado, não constituir defensor, o juiz nomeará defensor para oferecê-la, concedendo-lhe vista dos autos por 10 (dez) dias.

▶ Art. 396-A acrescido pela Lei nº 11.719, de 20-6-2008.

Art. 397. Após o cumprimento do disposto no art. 396-A, e parágrafos, deste Código, o juiz deverá absolver sumariamente o acusado quando verificar:

▶ *Caput* com a redação dada pela Lei nº 11.719, de 20-6-2008.

I – a existência manifesta de causa excludente da ilicitude do fato;

▶ Art. 23 do CP.

II – a existência manifesta de causa excludente da culpabilidade do agente, salvo inimputabilidade;

III – que o fato narrado evidentemente não constitui crime; ou

IV – extinta a punibilidade do agente.

▶ Incisos I a IV acrescidos pela Lei nº 11.719, de 20-6-2008.

Art. 398. *Revogado*. Lei nº 11.719, de 20-6-2008.

Art. 399. Recebida a denúncia ou queixa, o juiz designará dia e hora para a audiência, ordenando a intimação do acusado, de seu defensor, do Ministério Público e, se for o caso, do querelante e do assistente.

▶ *Caput* com a redação dada pela Lei nº 11.719, de 20-6-2008.

▶ Arts. 3º-B, XIV, e 3º-C deste Código.

§ 1º O acusado preso será requisitado para comparecer ao interrogatório, devendo o poder público providenciar sua apresentação.

§ 2º O juiz que presidiu a instrução deverá proferir a sentença.

▶ §§ 1º e 2º acrescidos pela Lei nº 11.719, de 20-6-2008.

Art. 400. Na audiência de instrução e julgamento, a ser realizada no prazo máximo de 60 (sessenta) dias, proceder-se-á à tomada de declarações do ofendido, à inquirição das testemunhas arroladas pela acusação e pela defesa, nesta ordem, ressalvado o disposto no art. 222 deste Código, bem como aos esclarecimentos dos peritos, às acareações e ao reconhecimento de pessoas e coisas, interrogando-se, em seguida, o acusado.

▶ *Caput* com a redação dada pela Lei nº 11.719, de 20-6-2008.

▶ Arts. 226 a 230 deste Código.

▶ Súm. nº 15 do STM.

§ 1º As provas serão produzidas numa só audiência, podendo o juiz indeferir as consideradas irrelevantes, impertinentes ou protelatórias.

▶ Art. 5º, LVI, da CF.

▶ Art. 157 deste Código.

§ 2º Os esclarecimentos dos peritos dependerão de prévio requerimento das partes.

▶ §§ 1º e 2º acrescidos pela Lei nº 11.719, de 20-6-2008.

Art. 400-A. Na audiência de instrução e julgamento, e, em especial, nas que apurem crimes contra a dignidade sexual, todas as partes e demais sujeitos processuais presentes no ato deverão zelar pela integridade física e psicológica da vítima, sob pena de responsabilização civil, penal e administrativa, cabendo ao juiz garantir o cumprimento do disposto neste artigo, vedadas:

I – a manifestação sobre circunstâncias ou elementos alheios aos fatos objeto de apuração nos autos;

▶ O STF, por unanimidade, julgou procedentes os pedidos da ADPF nº 1.107, conferindo interpretação conforme à Constituição à expressão "elementos alheios aos fatos objeto de apuração" prevista neste inciso (*DOU* de 5-9-2024).

II – a utilização de linguagem, de informações ou de material que ofendam a dignidade da vítima ou de testemunhas.

▶ Art. 400-A acrescido pela Lei nº 14.245, de 22-11-2021.

Art. 401. Na instrução poderão ser inquiridas até 8 (oito) testemunhas arroladas pela acusação e 8 (oito) pela defesa.

▶ *Caput* com a redação dada pela Lei nº 11.719, de 20-6-2008.

§ 1º Nesse número não se compreendem as que não prestem compromisso e as referidas.

§ 2º A parte poderá desistir da inquirição de qualquer das testemunhas arroladas, ressalvado o disposto no art. 209 deste Código.

▶ §§ 1º e 2º acrescidos pela Lei nº 11.719, de 20-6-2008.

Art. 402. Produzidas as provas, ao final da audiência, o Ministério Público, o querelante e o assistente e, a seguir, o acusado poderão requerer diligências cuja necessidade se origine de circunstâncias ou fatos apurados na instrução.

▶ Artigo com a redação dada pela Lei nº 11.719, de 20-6-2008.

Art. 403. Não havendo requerimento de diligências, ou sendo indeferido, serão oferecidas alegações finais orais por 20 (vinte) minutos, respectivamente, pela acusação e pela defesa, prorrogáveis por mais 10 (dez), proferindo o juiz, a seguir, sentença.

▶ *Caput* com a redação dada pela Lei nº 11.719, de 20-6-2008.

▶ Art. 57 da Lei nº 11.343, de 23-8-2006 (Lei Antidrogas).

§ 1º Havendo mais de um acusado, o tempo previsto para a defesa de cada um será individual.

§ 2º Ao assistente do Ministério Público, após a manifestação desse, serão concedidos 10 (dez) minutos, prorrogando-se por igual período o tempo de manifestação da defesa.

§ 3º O juiz poderá, considerada a complexidade do caso ou o número de acusados, conceder às partes o prazo de 5 (cinco) dias sucessivamente para a apresentação de memoriais. Nesse caso, terá o prazo de 10 (dez) dias para proferir a sentença.

▸ §§ 1º a 3º acrescidos pela Lei nº 11.719, de 20-6-2008.

Art. 404. Ordenado diligência considerada imprescindível, de ofício ou a requerimento da parte, a audiência será concluída sem as alegações finais.

▸ *Caput* com a redação dada pela Lei nº 11.719, de 20-6-2008.

Parágrafo único. Realizada, em seguida, a diligência determinada, as partes apresentarão, no prazo sucessivo de 5 (cinco) dias, suas alegações finais, por memorial, e, no prazo de 10 (dez) dias, o juiz proferirá a sentença.

▸ Parágrafo único acrescido pela Lei nº 11.719, de 20-6-2008.

Art. 405. Do ocorrido em audiência será lavrado termo em livro próprio, assinado pelo juiz e pelas partes, contendo breve resumo dos fatos relevantes nela ocorridos.

▸ *Caput* com a redação dada pela Lei nº 11.719, de 20-6-2008.

§ 1º Sempre que possível, o registro dos depoimentos do investigado, indiciado, ofendido e testemunhas será feito pelos meios ou recursos de gravação magnética, estenotipia, digital ou técnica similar, inclusive audiovisual, destinada a obter maior fidelidade das informações.

§ 2º No caso de registro por meio audiovisual, será encaminhado às partes cópia do registro original, sem necessidade de transcrição.

▸ §§ 1º e 2º acrescidos pela Lei nº 11.719, de 20-6-2008.

CAPÍTULO II
DO PROCEDIMENTO RELATIVO AOS PROCESSOS DA COMPETÊNCIA DO TRIBUNAL DO JÚRI

▸ Capítulo II com a redação dada pela Lei nº 11.689, de 9-6-2008.
▸ Art. 5º, XXXVIII, da CF.
▸ Art. 74, § 1º, deste Código.

Seção I
DA ACUSAÇÃO E DA INSTRUÇÃO PRELIMINAR

Art. 406. O juiz, ao receber a denúncia ou a queixa, ordenará a citação do acusado para responder a acusação, por escrito, no prazo de 10 (dez) dias.

▸ Art. 8º, 2, *b*, do Pacto de São José da Costa Rica.

§ 1º O prazo previsto no *caput* deste artigo será contado a partir do efetivo cumprimento do mandado ou do comparecimento, em juízo, do acusado ou de defensor constituído, no caso de citação inválida ou por edital.

§ 2º A acusação deverá arrolar testemunhas, até o máximo de 8 (oito), na denúncia ou na queixa.

§ 3º Na resposta, o acusado poderá arguir preliminares e alegar tudo que interesse a sua defesa, oferecer documentos e justificações, especificar as provas pretendidas e arrolar testemunhas, até o máximo de 8 (oito), qualificando-as e requerendo sua intimação, quando necessário.

Art. 407. As exceções serão processadas em apartado, nos termos dos arts. 95 a 112 deste Código.

Art. 408. Não apresentada a resposta no prazo legal, o juiz nomeará defensor para oferecê-la em até 10 (dez) dias, concedendo-lhe vista dos autos.

Art. 409. Apresentada a defesa, o juiz ouvirá o Ministério Público ou o querelante sobre preliminares e documentos, em 5 (cinco) dias.

Art. 410. O juiz determinará a inquirição das testemunhas e a realização das diligências requeridas pelas partes, no prazo máximo de 10 (dez) dias.

Art. 411. Na audiência de instrução, proceder-se-á à tomada de declarações do ofendido, se possível, à inquirição das testemunhas arroladas pela acusação e pela defesa, nesta ordem, bem como aos esclarecimentos dos peritos, às acareações e ao reconhecimento de pessoas e coisas, interrogando-se, em seguida, o acusado e procedendo-se o debate.

§ 1º Os esclarecimentos dos peritos dependerão de prévio requerimento e de deferimento pelo juiz.

§ 2º As provas serão produzidas em uma só audiência, podendo o juiz indeferir as consideradas irrelevantes, impertinentes ou protelatórias.

§ 3º Encerrada a instrução probatória, observar-se-á, se for o caso, o disposto no art. 384 deste Código.

§ 4º As alegações serão orais, concedendo-se a palavra, respectivamente, à acusação e à defesa, pelo prazo de 20 (vinte) minutos, prorrogáveis por mais 10 (dez).

§ 5º Havendo mais de 1 (um) acusado, o tempo previsto para a acusação e a defesa de cada um deles será individual.

§ 6º Ao assistente do Ministério Público, após a manifestação deste, serão concedidos 10 (dez) minutos, prorrogando-se por igual período o tempo de manifestação da defesa.

§ 7º Nenhum ato será adiado, salvo quando imprescindível à prova faltante, determinando o juiz a condução coercitiva de quem deva comparecer.

§ 8º A testemunha que comparecer será inquirida, independentemente da suspensão da audiência, observada em qualquer caso a ordem estabelecida no *caput* deste artigo.

§ 9º Encerrados os debates, o juiz proferirá a sua decisão, ou o fará em 10 (dez) dias, ordenando que os autos para isso lhe sejam conclusos.

Art. 412. O procedimento será concluído no prazo máximo de 90 (noventa) dias.

▸ Art. 390 do CPPM.

Seção II
DA PRONÚNCIA, DA IMPRONÚNCIA E DA ABSOLVIÇÃO SUMÁRIA

Art. 413. O juiz, fundamentadamente, pronunciará o acusado, se convencido da materialidade do fato e da existência de indícios suficientes de autoria ou de participação.

▸ Art. 93, IX, da CF.
▸ Art. 155 deste Código.
▸ Art. 117, II, do CP.
▸ Súm. nº 191 do STJ.

§ 1º A fundamentação da pronúncia limitar-se-á à indicação da materialidade do fato e da existência de indícios suficientes de autoria ou de participação, devendo o juiz declarar o dispositivo legal em que julgar incurso o acusado e especificar as circunstâncias qualificadoras e as causas de aumento de pena.

▸ Arts. 564, III, *f*, e 581, IV, deste Código.

§ 2º Se o crime for afiançável, o juiz arbitrará o valor da fiança para a concessão ou manutenção da liberdade provisória.

▸ Art. 5º, LXVI, da CF.

§ 3º O juiz decidirá, motivadamente, no caso de manutenção, revogação ou substituição da prisão ou medida restritiva de liberdade anteriormente decretada e, tratando-se de acusado solto, sobre a necessidade da decretação da prisão ou imposição de quaisquer das medidas previstas no Título IX do Livro I deste Código.

▸ Arts. 311 a 316 deste Código.

Art. 414. Não se convencendo da materialidade do fato ou da existência de indícios suficientes de autoria ou de participação, o juiz, fundamentadamente, impronunciará o acusado.

▸ Art. 93, IX, da CF.
▸ Art. 779 deste Código.

Parágrafo único. Enquanto não ocorrer a extinção da punibilidade, poderá ser formulada nova denúncia ou queixa se houver prova nova.

▸ Art. 18 deste Código.
▸ Art. 107, IV, do CP.
▸ Art. 6º, § 1º, *d*, do Dec.-lei nº 3.931, de 11-12-1941 (LICPP).

Art. 415. O juiz, fundamentadamente, absolverá desde logo o acusado, quando:

▸ Art. 93, IX, da CF.
▸ Arts. 397 e 574, II, deste Código.

I – provada a inexistência do fato;
II – provado não ser ele autor ou partícipe do fato;
III – o fato não constituir infração penal;
IV – demonstrada causa de isenção de pena ou de exclusão do crime.

Parágrafo único. Não se aplica o disposto no inciso IV do *caput* deste artigo ao caso de inimputabilidade prevista no *caput* do art. 26 do Decreto-Lei nº 2.848, de 7 de dezembro de 1940 – Código Penal, salvo quando esta for a única tese defensiva.

Art. 416. Contra a sentença de impronúncia ou de absolvição sumária caberá apelação.

▸ Art. 596 deste Código.

Art. 417. Se houver indícios de autoria ou de participação de outras pessoas não incluídas na acusação, o juiz, ao pronunciar ou impronunciar o acusado, determinará o retorno dos autos ao Ministério Público, por 15 (quinze) dias, aplicável, no que couber, o art. 80 deste Código.

Art. 418. O juiz poderá dar ao fato definição jurídica diversa da constante da acusação, embora o acusado fique sujeito a pena mais grave.

Art. 419. Quando o juiz se convencer, em discordância com a acusação, da existência de crime diverso dos referidos no § 1º do art. 74 deste Código e não for competente para o julgamento, remeterá os autos ao juiz que o seja.

▸ Arts. 567 e 581, II, deste Código.

► Súmulas nºs 603 e 610 do STF.

Parágrafo único. Remetidos os autos do processo a outro juiz, à disposição deste ficará o acusado preso.

Art. 420. A intimação da decisão de pronúncia será feita:

► Art. 431 deste Código.

I – pessoalmente ao acusado, ao defensor nomeado e ao Ministério Público;

II – ao defensor constituído, ao querelante e ao assistente do Ministério Público, na forma do disposto no § 1º do art. 370 deste Código.

Parágrafo único. Será intimado por edital o acusado solto que não for encontrado.

Art. 421. Preclusa a decisão de pronúncia, os autos serão encaminhados ao juiz presidente do Tribunal do Júri.

§ 1º Ainda que preclusa a decisão de pronúncia, havendo circunstância superveniente que altere a classificação do crime, o juiz ordenará a remessa dos autos ao Ministério Público.

§ 2º Em seguida, os autos serão conclusos ao juiz para decisão.

Seção III
DA PREPARAÇÃO DO PROCESSO PARA JULGAMENTO EM PLENÁRIO

Art. 422. Ao receber os autos, o presidente do Tribunal do Júri determinará a intimação do órgão do Ministério Público ou do querelante, no caso de queixa, e do defensor, para, no prazo de 5 (cinco) dias, apresentarem rol de testemunhas que irão depor em plenário, até o máximo de 5 (cinco), oportunidade em que poderão juntar documentos e requerer diligência.

► Art. 461 deste Código.

Art. 423. Deliberando sobre os requerimentos de provas a serem produzidas ou exibidas no plenário do júri, e adotadas as providências devidas, o juiz presidente:

► Art. 430 do CPPM.

I – ordenará as diligências necessárias para sanar qualquer nulidade ou esclarecer fato que interesse ao julgamento da causa;

II – fará relatório sucinto do processo, determinando sua inclusão em pauta da reunião do Tribunal do Júri.

Art. 424. Quando a lei local de organização judiciária não atribuir ao presidente do Tribunal do Júri o preparo para julgamento, o juiz competente remeter-lhe-á os autos do processo preparado até 5 (cinco) dias antes do sorteio a que se refere o art. 433 deste Código.

Parágrafo único. Deverão ser remetidos, também, os processos preparados até o encerramento da reunião, para a realização de julgamento.

Seção IV
DO ALISTAMENTO DOS JURADOS

Art. 425. Anualmente, serão alistados pelo presidente do Tribunal do Júri de 800 (oitocentos) a 1.500 (um mil e quinhentos) jurados nas comarcas de mais de 1.000.000 (um milhão) de habitantes, de 300 (trezentos) a 700 (setecentos) nas comarcas de mais de 100.000 (cem mil) habitantes e de 80 (oitenta) a 400 (quatrocentos) nas comarcas de menor população.

► Arts. 581, XIV, e 586, parágrafo único, deste Código.

§ 1º Nas comarcas onde for necessário, poderá ser aumentado o número de jurados e, ainda, organizada lista de suplentes, depositadas as cédulas em urna especial, com as cautelas mencionadas na parte final do § 3º do art. 426 deste Código.

§ 2º O juiz presidente requisitará às autoridades locais, associações de classe e de bairro, entidades associativas e culturais, instituições de ensino em geral, universidades, sindicatos, repartições públicas e outros núcleos comunitários a indicação de pessoas que reúnam as condições para exercer a função de jurado.

Art. 426. A lista geral dos jurados, com indicação das respectivas profissões, será publicada pela imprensa até o dia 10 de outubro de cada ano e divulgada em editais afixados à porta do Tribunal do Júri.

§ 1º A lista poderá ser alterada, de ofício ou mediante reclamação de qualquer do povo ao juiz presidente até o dia 10 de novembro, data de sua publicação definitiva.

§ 2º Juntamente com a lista, serão transcritos os arts. 436 a 446 deste Código.

§ 3º Os nomes e endereços dos alistados, em cartões iguais, após serem verificados na presença do Ministério Público, de advogado indicado pela Seção local da Ordem dos Advogados do Brasil e de defensor indicado pelas Defensorias Públicas competentes, permanecerão guardados em urna fechada a chave, sob a responsabilidade do juiz presidente.

§ 4º O jurado que tiver integrado o Conselho de Sentença nos 12 (doze) meses que antecederem à publicação da lista geral fica dela excluído.

§ 5º Anualmente, a lista geral de jurados será, obrigatoriamente, completada.

Seção V
DO DESAFORAMENTO

Art. 427. Se o interesse da ordem pública o reclamar ou houver dúvida sobre a imparcialidade do júri ou a segurança pessoal do acusado, o Tribunal, a requerimento do Ministério Público, do assistente, do querelante ou do acusado ou mediante representação do juiz competente, poderá determinar o desaforamento do julgamento para outra comarca da mesma região, onde não existam aqueles motivos, preferindo-se as mais próximas.

► Art. 70 deste Código.
► Art. 109 do CPPM.
► Súm. nº 712 do STF.

§ 1º O pedido de desaforamento será distribuído imediatamente e terá preferência de julgamento na Câmara ou Turma competente.

§ 2º Sendo relevantes os motivos alegados, o relator poderá determinar, fundamentadamente, a suspensão do julgamento pelo júri.

§ 3º Será ouvido o juiz presidente, quando a medida não tiver sido por ele solicitada.

§ 4º Na pendência de recurso contra a decisão de pronúncia ou quando efetivado o julgamento, não se admitirá o pedido de desaforamento, salvo, nesta última hipótese, quanto a fato ocorrido durante ou após a realização de julgamento anulado.

Art. 428. O desaforamento também poderá ser determinado, em razão do comprovado excesso de serviço, ouvidos o juiz presidente e a parte contrária, se o julgamento não puder ser realizado no prazo de 6 (seis) meses, contado do trânsito em julgado da decisão de pronúncia.

§ 1º Para a contagem do prazo referido neste artigo, não se computará o tempo de adiamentos, diligências ou incidentes de interesse da defesa.

§ 2º Não havendo excesso de serviço ou existência de processos aguardando julgamento em quantidade que ultrapasse a possibilidade de apreciação pelo Tribunal do Júri, nas reuniões periódicas previstas para o exercício, o acusado poderá requerer ao Tribunal que determine a imediata realização do julgamento.

Seção VI
DA ORGANIZAÇÃO DA PAUTA

Art. 429. Salvo motivo relevante que autorize alteração na ordem dos julgamentos, terão preferência:

I – os acusados presos;

II – dentre os acusados presos, aqueles que estiverem há mais tempo na prisão;

III – em igualdade de condições, os precedentemente pronunciados.

§ 1º Antes do dia designado para o primeiro julgamento da reunião periódica, será afixada na porta do edifício do Tribunal do Júri a lista dos processos a serem julgados, obedecida a ordem prevista no *caput* deste artigo.

§ 2º O juiz presidente reservará datas na mesma reunião periódica para a inclusão de processo que tiver o julgamento adiado.

Art. 430. O assistente somente será admitido se tiver requerido sua habilitação até 5 (cinco) dias antes da data da sessão na qual pretenda atuar.

► Arts. 268 a 273 deste Código.

Art. 431. Estando o processo em ordem, o juiz presidente mandará intimar as partes, o ofendido, se for possível, as testemunhas e os peritos, quando houver requerimento, para a sessão de instrução e julgamento, observando, no que couber, o disposto no art. 420 deste Código.

Seção VII
DO SORTEIO E DA CONVOCAÇÃO DOS JURADOS

Art. 432. Em seguida à organização da pauta, o juiz presidente determinará a intimação do Ministério Público, da Ordem dos Advogados do Brasil e da Defensoria Pública para acompanharem, em dia e hora designados, o sorteio dos jurados que atuarão na reunião periódica.

Art. 433. O sorteio, presidido pelo juiz, far-se-á a portas abertas, cabendo-lhe retirar as cédulas até completar o número de 25 (vinte e cinco) jurados, para a reunião periódica ou extraordinária.

§ 1º O sorteio será realizado entre o 15º (décimo quinto) e o 10º (décimo) dia útil antecedente à instalação da reunião.

§ 2º A audiência de sorteio não será adiada pelo não comparecimento das partes.

§ 3º O jurado não sorteado poderá ter o seu nome novamente incluído para as reuniões futuras.

Art. 434. Os jurados sorteados serão convocados pelo correio ou por qualquer outro meio hábil para comparecer no dia e hora designados para a reunião, sob as penas da lei.

► Art. 465 deste Código.

Parágrafo único. No mesmo expediente de convocação serão transcritos os arts. 436 a 446 deste Código.

Art. 435. Serão afixados na porta do edifício do Tribunal do Júri a relação dos jurados convocados, os nomes do acusado e dos procuradores das partes, além do dia, hora e local das sessões de instrução e julgamento.

▸ Art. 465 deste Código.

Seção VIII

DA FUNÇÃO DO JURADO

▸ Arts. 426 e 434 deste Código.

Art. 436. O serviço do júri é obrigatório. O alistamento compreenderá os cidadãos maiores de 18 (dezoito) anos de notória idoneidade.

§ 1º Nenhum cidadão poderá ser excluído dos trabalhos do júri ou deixar de ser alistado em razão de cor ou etnia, raça, credo, sexo, profissão, classe social ou econômica, origem ou grau de instrução.

§ 2º A recusa injustificada ao serviço do júri acarretará multa no valor de 1 (um) a 10 (dez) salários mínimos, a critério do juiz, de acordo com a condição econômica do jurado.

▸ Arts. 458 e 466, § 1º, deste Código.

Art. 437. Estão isentos do serviço do júri:

I – o Presidente da República e os Ministros de Estado;

II – os Governadores e seus respectivos Secretários;

III – os membros do Congresso Nacional, das Assembleias Legislativas e das Câmaras Distrital e Municipais;

IV – os Prefeitos Municipais;

V – os Magistrados e membros do Ministério Público e da Defensoria Pública;

VI – os servidores do Poder Judiciário, do Ministério Público e da Defensoria Pública;

VII – as autoridades e os servidores da polícia e da segurança pública;

VIII – os militares em serviço ativo;

▸ Art. 75 da Lei nº 6.880, de 9-12-1980 (Estatuto dos Militares).

IX – os cidadãos maiores de 70 (setenta) anos que requeiram sua dispensa;

X – aqueles que o requererem, demonstrando justo impedimento.

Art. 438. A recusa ao serviço do júri fundada em convicção religiosa, filosófica ou política importará no dever de prestar serviço alternativo, sob pena de suspensão dos direitos políticos, enquanto não prestar o serviço imposto.

▸ Arts. 5º, VIII, e 15, IV, da CF.

§ 1º Entende-se por serviço alternativo o exercício de atividades de caráter administrativo, assistencial, filantrópico ou mesmo produtivo, no Poder Judiciário, na Defensoria Pública, no Ministério Público ou em entidade conveniada para esses fins.

§ 2º O juiz fixará o serviço alternativo atendendo aos princípios da proporcionalidade e da razoabilidade.

Art. 439. O exercício efetivo da função de jurado constituirá serviço público relevante e estabelecerá presunção de idoneidade moral.

▸ Artigo com a redação dada pela Lei nº 12.403, de 4-5-2011.

▸ Art. 327 do CP.

Art. 440. Constitui também direito do jurado, na condição do art. 439 deste Código, preferência, em igualdade de condições, nas licitações públicas e no provimento, mediante concurso, de cargo ou função pública, bem como nos casos de promoção funcional ou remoção voluntária.

Art. 441. Nenhum desconto será feito nos vencimentos ou salário do jurado sorteado que comparecer à sessão do júri.

▸ Art. 459 deste Código.

Art. 442. Ao jurado que, sem causa legítima, deixar de comparecer no dia marcado para a sessão ou retirar-se antes de ser dispensado pelo presidente será aplicada multa de 1 (um) a 10 (dez) salários mínimos, a critério do juiz, de acordo com a sua condição econômica.

Art. 443. Somente será aceita escusa fundada em motivo relevante devidamente comprovado e apresentada, ressalvadas as hipóteses de força maior, até o momento da chamada dos jurados.

Art. 444. O jurado somente será dispensado por decisão motivada do juiz presidente, consignada na ata dos trabalhos.

Art. 445. O jurado, no exercício da função ou a pretexto de exercê-la, será responsável criminalmente nos mesmos termos em que o são os juízes togados.

▸ Arts. 316, 317, §§ 1º e 2º, e 319 do CP.

Art. 446. Aos suplentes, quando convocados, serão aplicáveis os dispositivos referentes às dispensas, faltas e escusas e à equiparação de responsabilidade penal prevista no art. 445 deste Código.

Seção IX

DA COMPOSIÇÃO DO TRIBUNAL DO JÚRI E DA FORMAÇÃO DO CONSELHO DE SENTENÇA

Art. 447. O Tribunal do Júri é composto por 1 (um) juiz togado, seu presidente e por 25 (vinte e cinco) jurados que serão sorteados dentre os alistados, 7 (sete) dos quais constituirão o Conselho de Sentença em cada sessão de julgamento.

Art. 448. São impedidos de servir no mesmo Conselho:

▸ Art. 466 deste Código.

▸ Súm. nº 206 do STF.

I – marido e mulher;

II – ascendente e descendente;

III – sogro e genro ou nora;

IV – irmãos e cunhados, durante o cunhadio;

V – tio e sobrinho;

VI – padrasto, madrasta ou enteado.

§ 1º O mesmo impedimento ocorrerá em relação às pessoas que mantenham união estável reconhecida como entidade familiar.

§ 2º Aplicar-se-á aos jurados o disposto sobre os impedimentos, a suspeição e as incompatibilidades dos juízes togados.

Art. 449. Não poderá servir o jurado que:

▸ Art. 466 deste Código.

▸ Súm. nº 206 do STF.

I – tiver funcionado em julgamento anterior do mesmo processo, independentemente da causa determinante do julgamento posterior;

II – no caso do concurso de pessoas, houver integrado o Conselho de Sentença que julgou o outro acusado;

III – tiver manifestado prévia disposição para condenar ou absolver o acusado.

Art. 450. Dos impedidos entre si por parentesco ou relação de convivência, servirá o que houver sido sorteado em primeiro lugar.

Art. 451. Os jurados excluídos por impedimento, suspeição ou incompatibilidade serão considerados para a constituição do número legal exigível para a realização da sessão.

Art. 452. O mesmo Conselho de Sentença poderá conhecer de mais de um processo, no mesmo dia, se as partes o aceitarem, hipótese em que seus integrantes deverão prestar novo compromisso.

Seção X

DA REUNIÃO E DAS SESSÕES DO TRIBUNAL DO JÚRI

Art. 453. O Tribunal do Júri reunir-se-á para as sessões de instrução e julgamento nos períodos e na forma estabelecida pela lei local de organização judiciária.

Art. 454. Até o momento de abertura dos trabalhos da sessão, o juiz presidente decidirá os casos de isenção e dispensa de jurados e o pedido de adiamento de julgamento, mandando consignar em ata as deliberações.

Art. 455. Se o Ministério Público não comparecer, o juiz presidente adiará o julgamento para o primeiro dia desimpedido da mesma reunião, cientificadas as partes e as testemunhas.

▸ Art. 129, I, e §§ 2º e 3º, da CF.

▸ Art. 25, parágrafo único, da Lei nº 8.625, de 12-2-1993 (Lei Orgânica Nacional do Ministério Público).

Parágrafo único. Se a ausência não for justificada, o fato será imediatamente comunicado ao Procurador-Geral de Justiça com a data designada para a nova sessão.

Art. 456. Se a falta, sem escusa legítima, for do advogado do acusado, e se outro não for por este constituído, o fato será imediatamente comunicado ao presidente da seccional da Ordem dos Advogados do Brasil, com a data designada para a nova sessão.

▸ Art. 265, parágrafo único, deste Código.

§ 1º Não havendo escusa legítima, o julgamento será adiado somente uma vez, devendo o acusado ser julgado quando chamado novamente.

§ 2º Na hipótese do § 1º deste artigo, o juiz intimará a Defensoria Pública para o novo julgamento, que será adiado para o primeiro dia desimpedido, observado o prazo mínimo de 10 (dez) dias.

Art. 457. O julgamento não será adiado pelo não comparecimento do acusado solto, do assistente ou do advogado do querelante, que tiver sido regularmente intimado.

§ 1º Os pedidos de adiamento e as justificações de não comparecimento deverão ser, salvo comprovado motivo de força maior, previamente submetidos à apreciação do juiz presidente do Tribunal do Júri.

§ 2º Se o acusado preso não for conduzido, o julgamento será adiado para o primeiro dia desimpedido da mesma reunião, salvo se houver pedido de dispensa de comparecimento subscrito por ele e seu defensor.

Art. 458. Se a testemunha, sem justa causa, deixar de comparecer, o juiz presidente, sem prejuízo da ação penal pela desobediência, aplicar-lhe-á a multa prevista no § 2º do art. 436 deste Código.

▸ Art. 330 do CP.

Art. 459. Aplicar-se-á às testemunhas a serviço do Tribunal do Júri o disposto no art. 441 deste Código.

Art. 460. Antes de constituído o Conselho de Sentença, as testemunhas serão recolhidas a lugar onde umas não possam ouvir os depoimentos das outras.

Art. 461. O julgamento não será adiado se a testemunha deixar de comparecer, salvo se uma das partes tiver requerido a sua intimação por mandado, na oportunidade de que trata o art. 422 deste Código, declarando não prescindir do depoimento e indicando a sua localização.

▸ Art. 218 deste Código.

§ 1º Se, intimada, a testemunha não comparecer, o juiz presidente suspenderá os trabalhos e mandará conduzi-la ou adiará o julgamento para o primeiro dia desimpedido, ordenando a sua condução.

§ 2º O julgamento será realizado mesmo na hipótese de a testemunha não ser encontrada no local indicado, se assim for certificado por oficial de justiça.

Art. 462. Realizadas as diligências referidas nos arts. 454 a 461 deste Código, o juiz presidente verificará se a urna contém as cédulas dos 25 (vinte e cinco) jurados sorteados, mandando que o escrivão proceda à chamada deles.

Art. 463. Comparecendo, pelo menos, 15 (quinze) jurados, o juiz presidente declarará instalados os trabalhos, anunciando o processo que será submetido a julgamento.

§ 1º O oficial de justiça fará o pregão, certificando a diligência nos autos.

§ 2º Os jurados excluídos por impedimento ou suspeição serão computados para a constituição do número legal.

Art. 464. Não havendo o número referido no art. 463 deste Código, proceder-se-á ao sorteio de tantos suplentes quantos necessários, e designar-se-á nova data para a sessão do júri.

Art. 465. Os nomes dos suplentes serão consignados em ata, remetendo-se o expediente de convocação, com observância do disposto nos arts. 434 e 435 deste Código.

Art. 466. Antes do sorteio dos membros do Conselho de Sentença, o juiz presidente esclarecerá sobre os impedimentos, a suspeição e as incompatibilidades constantes dos arts. 448 e 449 deste Código.

§ 1º O juiz presidente também advertirá os jurados de que, uma vez sorteados, não poderão comunicar-se entre si e com outrem, nem manifestar sua opinião sobre o processo, sob pena de exclusão do Conselho e multa, na forma do § 2º do art. 436 deste Código.

§ 2º A incomunicabilidade será certificada nos autos pelo oficial de justiça.

Art. 467. Verificando que se encontram na urna as cédulas relativas aos jurados presentes, o juiz presidente sorteará 7 (sete) dentre eles para a formação do Conselho de Sentença.

▸ Art. 564, III, *j*, deste Código.

Art. 468. À medida que as cédulas forem sendo retiradas da urna, o juiz presidente as lerá, e a defesa e, depois dela, o Ministério Público poderão recusar os jurados sorteados, até 3 (três) cada parte, sem motivar a recusa.

Parágrafo único. O jurado recusado imotivadamente por qualquer das partes será excluído daquela sessão de instrução e julgamento, prosseguindo-se o sorteio para a composição do Conselho de Sentença com os jurados remanescentes.

Art. 469. Se forem 2 (dois) ou mais os acusados, as recusas poderão ser feitas por um só defensor.

▸ Art. 80 deste Código.

§ 1º A separação dos julgamentos somente ocorrerá se, em razão das recusas, não for obtido o número mínimo de 7 (sete) jurados para compor o Conselho de Sentença.

§ 2º Determinada a separação dos julgamentos, será julgado em primeiro lugar o acusado a quem foi atribuída a autoria do fato ou, em caso de coautoria, aplicar-se-á o critério de preferência disposto no art. 429 deste Código.

Art. 470. Desacolhida a arguição de impedimento, de suspeição ou de incompatibilidade contra o juiz presidente do Tribunal do Júri, órgão do Ministério Público, jurado ou qualquer funcionário, o julgamento não será suspenso, devendo, entretanto, constar da ata o seu fundamento e a decisão.

▸ Arts. 106, 112, 252 a 254, 258, 274 e 564, I, deste Código.

Art. 471. Se, em consequência do impedimento, suspeição, incompatibilidade, dispensa ou recusa, não houver número para a formação do Conselho, o julgamento será adiado para o primeiro dia desimpedido, após sorteados os suplentes, com observância do disposto no art. 464 deste Código.

Art. 472. Formado o Conselho de Sentença, o presidente, levantando-se, e, com ele, todos os presentes, fará aos jurados a seguinte exortação:

▸ Art. 495, XIII, deste Código.

▸ Art. 400 do CPPM.

Em nome da lei, concito-vos a examinar esta causa com imparcialidade e a proferir a vossa decisão de acordo com a vossa consciência e os ditames da justiça.

Os jurados, nominalmente chamados pelo presidente, responderão:

Assim o prometo.

Parágrafo único. O jurado, em seguida, receberá cópias da pronúncia ou, se for o caso, das decisões posteriores que julgaram admissível a acusação e do relatório do processo.

Seção XI

DA INSTRUÇÃO EM PLENÁRIO

Art. 473. Prestado o compromisso pelos jurados, será iniciada a instrução plenária quando o juiz presidente, o Ministério Público, o assistente, o querelante e o defensor do acusado tomarão, sucessiva e diretamente, as declarações do ofendido, se possível, e inquirirão as testemunhas arroladas pela acusação.

▸ Art. 212 deste Código.

§ 1º Para a inquirição das testemunhas arroladas pela defesa, o defensor do acusado formulará as perguntas antes do Ministério Público e do assistente, mantidos no mais a ordem e os critérios estabelecidos neste artigo.

§ 2º Os jurados poderão formular perguntas ao ofendido e às testemunhas, por intermédio do juiz presidente.

§ 3º As partes e os jurados poderão requerer acareações, reconhecimento de pessoas e coisas e esclarecimento dos peritos, bem como a leitura de peças que se refiram, exclusivamente, às provas colhidas por carta precatória e às provas cautelares, antecipadas ou não repetíveis.

▸ Art. 2º do Dec. nº 8.858, de 26-9-2016, que regulamenta o disposto no art. 199 da Lei nº 7.210, de 11 de julho de 1984 – Lei de Execução Penal.

Art. 474. A seguir será o acusado interrogado, se estiver presente, na forma estabelecida no Capítulo III do Título VII do Livro I deste Código, com as alterações introduzidas nesta Seção.

▸ Arts. 185 a 196, 495, XIII, e 564, III, *e*, deste Código.

§ 1º O Ministério Público, o assistente, o querelante e o defensor, nessa ordem, poderão formular, diretamente, perguntas ao acusado.

§ 2º Os jurados formularão perguntas por intermédio do juiz presidente.

▸ Art. 473, § 2º, deste Código.

§ 3º Não se permitirá o uso de algemas no acusado durante o período em que permanecer no plenário do júri, salvo se absolutamente necessário à ordem dos trabalhos, à segurança das testemunhas ou à garantia da integridade física dos presentes.

▸ Art. 5º, XLIX, da CF.

▸ Arts. 284 e 292 deste Código.

▸ Arts. 23, III, 329 a 331 e 352 do CP.

▸ Arts. 234 e 242 do CPPM.

▸ Arts. 42, 117, 180 e 298 a 301 do CPM.

▸ Arts. 40 e 199 da LEP.

▸ Lei nº 13.869, de 5-9-2019 (Lei do Abuso de Autoridade).

▸ Súm. Vinc. nº 11 do STF.

Art. 474-A. Durante a instrução em plenário, todas as partes e demais sujeitos processuais presentes no ato deverão respeitar a dignidade da vítima, sob pena de responsabilização civil, penal e administrativa, cabendo ao juiz presidente garantir o cumprimento do disposto neste artigo, vedadas:

I – a manifestação sobre circunstâncias ou elementos alheios aos fatos objeto de apuração nos autos;

II – a utilização de linguagem, de informações ou de material que ofendam a dignidade da vítima ou de testemunhas.

▸ Art. 474-A acrescido pela Lei nº 14.245, de 22-11-2021.

Art. 475. O registro dos depoimentos e do interrogatório será feito pelos meios ou recursos de gravação magnética, eletrônica, estenotipia ou técnica similar, destinada a obter maior fidelidade e celeridade na colheita da prova.

Parágrafo único. A transcrição do registro, após feita a degravação, constará dos autos.

Seção XII

DOS DEBATES

Art. 476. Encerrada a instrução, será concedida a palavra ao Ministério Público, que fará a acusação, nos limites da pronúncia ou das decisões posteriores que julgaram admissível a acusação, sustentando, se for o caso, a existência de circunstância agravante.

§ 1º O assistente falará depois do Ministério Público.

§ 2º Tratando-se de ação penal de iniciativa privada, falará em primeiro lugar o querelante e, em seguida, o Ministério Público, salvo se este houver retomado a titularidade da ação, na forma do art. 29 deste Código.

§ 3º Finda a acusação, terá a palavra a defesa.

§ 4º A acusação poderá replicar e a defesa treplicar, sendo admitida a reinquirição de testemunha já ouvida em plenário.

Art. 477. O tempo destinado à acusação e à defesa será de uma hora e meia para cada, e de uma hora para a réplica e outro tanto para a tréplica.

▶ Art. 564, III, *e*, deste Código.
▶ Art. 433 do CPPM.

§ 1º Havendo mais de um acusador ou mais de um defensor, combinarão entre si a distribuição do tempo, que, na falta de acordo, será dividido pelo juiz presidente, de forma a não exceder o determinado neste artigo.

§ 2º Havendo mais de 1 (um) acusado, o tempo para a acusação e a defesa será acrescido de 1 (uma) hora e elevado ao dobro o da réplica e da tréplica, observado o disposto no § 1º deste artigo.

Art. 478. Durante os debates as partes não poderão, sob pena de nulidade, fazer referências:

I – à decisão de pronúncia, às decisões posteriores que julgaram admissível a acusação ou à determinação do uso de algemas como argumento de autoridade que beneficiem ou prejudiquem o acusado;

▶ Art. 474, § 3º, deste Código.
▶ Súm. Vinc. nº 11 do STF.

II – ao silêncio do acusado ou à ausência de interrogatório por falta de requerimento, em seu prejuízo.

▶ Art. 5º, LXIII, da CF.

Art. 479. Durante o julgamento não será permitida a leitura de documento ou a exibição de objeto que não tiver sido juntado aos autos com a antecedência mínima de 3 (três) dias úteis, dando-se ciência à outra parte.

▶ Arts. 231 e 234 deste Código.
▶ Arts. 378 e 379 do CPPM.

Parágrafo único. Compreende-se na proibição deste artigo a leitura de jornais ou qualquer outro escrito, bem como a exibição de vídeos, gravações, fotografias, laudos, quadros, croqui ou qualquer outro meio assemelhado, cujo conteúdo versar sobre a matéria de fato submetida à apreciação e julgamento dos jurados.

Art. 480. A acusação, a defesa e os jurados poderão, a qualquer momento e por intermédio do juiz presidente, pedir ao orador que indique a folha dos autos onde se encontra a peça por ele lida ou citada, facultando-se, ainda, aos jurados solicitar-lhe, pelo mesmo meio, o esclarecimento de fato por ele alegado.

§ 1º Concluídos os debates, o presidente indagará dos jurados se estão habilitados a julgar ou se necessitam de outros esclarecimentos.

▶ Art. 434 do CPPM.

§ 2º Se houver dúvida sobre questão de fato, o presidente prestará esclarecimentos à vista dos autos.

§ 3º Os jurados, nesta fase do procedimento, terão acesso aos autos e aos instrumentos do crime se solicitarem ao juiz presidente.

Art. 481. Se a verificação de qualquer fato, reconhecida como essencial para o julgamento da causa, não puder ser realizada imediatamente, o juiz presidente dissolverá o Conselho, ordenando a realização das diligências entendidas necessárias.

Parágrafo único. Se a diligência consistir na produção de prova pericial, o juiz presidente, desde logo, nomeará perito e formulará quesitos, facultando às partes também formulá-los e indicar assistentes técnicos, no prazo de 5 (cinco) dias.

Seção XIII
Do Questionário e sua Votação

Art. 482. O Conselho de Sentença será questionado sobre matéria de fato e se o acusado deve ser absolvido.

Parágrafo único. Os quesitos serão redigidos em proposições afirmativas, simples e distintas, de modo que cada um deles possa ser respondido com suficiente clareza e necessária precisão. Na sua elaboração, o presidente levará em conta os termos da pronúncia ou das decisões posteriores que julgaram admissível a acusação, do interrogatório e das alegações das partes.

Art. 483. Os quesitos serão formulados na seguinte ordem, indagando sobre:

▶ Art. 564, III, *k*, e parágrafo único, deste Código.
▶ Súmulas nºs 156 e 162 do STF.

I – a materialidade do fato;
II – a autoria ou participação;
III – se o acusado deve ser absolvido;
IV – se existe causa de diminuição de pena alegada pela defesa;
V – se existe circunstância qualificadora ou causa de aumento de pena reconhecidas na pronúncia ou em decisões posteriores que julgaram admissível a acusação.

§ 1º A resposta negativa, de mais de 3 (três) jurados, a qualquer dos quesitos referidos nos incisos I e II do *caput* deste artigo encerra a votação e implica a absolvição do acusado.

§ 2º Respondidos afirmativamente por mais de 3 (três) jurados os quesitos relativos aos incisos I e II do *caput* deste artigo será formulado quesito com a seguinte redação:

O jurado absolve o acusado?

▶ O STF, por unanimidade, no julgamento da ADPF nº 779, conferiu interpretação conforme a Constituição Federal a este parágrafo (*DOU* de 10-8-2023).

§ 3º Decidindo os jurados pela condenação, o julgamento prossegue, devendo ser formulados quesitos sobre:

I – causa de diminuição de pena alegada pela defesa;

II – circunstância qualificadora ou causa de aumento de pena, reconhecidas na pronúncia ou em decisões posteriores que julgaram admissível a acusação.

§ 4º Sustentada a desclassificação da infração para outra de competência do juiz singular, será formulado quesito a respeito, para ser respondido após o 2º (segundo) ou 3º (terceiro) quesito, conforme o caso.

§ 5º Sustentada a tese de ocorrência do crime na sua forma tentada ou havendo divergência sobre a tipificação do delito, sendo este da competência do Tribunal do Júri, o juiz formulará quesito acerca destas questões, para ser respondido após o segundo quesito.

§ 6º Havendo mais de um crime ou mais de um acusado, os quesitos serão formulados em séries distintas.

Art. 484. A seguir, o presidente lerá os quesitos e indagará das partes se têm requerimento ou reclamação a fazer, devendo qualquer deles, bem como a decisão, constar da ata.

▶ Art. 495, XV, deste Código.

Parágrafo único. Ainda em plenário, o juiz presidente explicará aos jurados o significado de cada quesito.

Art. 485. Não havendo dúvida a ser esclarecida, o juiz presidente, os jurados, o Ministério Público, o assistente, o querelante, o defensor do acusado, o escrivão e o oficial de justiça dirigir-se-ão à sala especial a fim de ser procedida a votação.

§ 1º Na falta de sala especial, o juiz presidente determinará que o público se retire, permanecendo somente as pessoas mencionadas no *caput* deste artigo.

§ 2º O juiz presidente advertirá as partes de que não será permitida qualquer intervenção que possa perturbar a livre manifestação do Conselho e fará retirar da sala quem se portar inconvenientemente.

▶ Arts. 251, 497, I e II, e 794 deste Código.
▶ Art. 385 do CPPM.

Art. 486. Antes de proceder-se à votação de cada quesito, o juiz presidente mandará distribuir aos jurados pequenas cédulas, feitas de papel opaco e facilmente dobráveis, contendo 7 (sete) delas a palavra sim, 7 (sete) a palavra não.

▶ Art. 435 do CPPM.

Art. 487. Para assegurar o sigilo do voto, o oficial de justiça recolherá em urnas separadas as cédulas correspondentes aos votos e as não utilizadas.

Art. 488. Após a resposta, verificados os votos e as cédulas não utilizadas, o presidente determinará que o escrivão registre no termo a votação de cada quesito, bem como o resultado do julgamento.

Parágrafo único. Do termo também constará a conferência das cédulas não utilizadas.

Art. 489. As decisões do Tribunal do Júri serão tomadas por maioria de votos.

▶ Art. 435, parágrafo único, do CPPM.

Art. 490. Se a resposta a qualquer dos quesitos estiver em contradição com outra ou outras já dadas, o presidente, explicando aos jurados em que consiste a contradição, submeterá novamente à votação os quesitos a que se referirem tais respostas.

▶ Art. 564, parágrafo único, deste Código.

Parágrafo único. Se, pela resposta dada a um dos quesitos, o presidente verificar que ficam prejudicados os seguintes, assim o declarará, dando por finda a votação.

Art. 491. Encerrada a votação, será o termo a que se refere o art. 488 deste Código assinado pelo presidente, pelos jurados e pelas partes.

Seção XIV

DA SENTENÇA

Art. 492. Em seguida, o presidente proferirá sentença que:

- Art. 564, III, *m*, deste Código.

I – no caso de condenação:

a) fixará a pena-base;

- Art. 59 do CP.

b) considerará as circunstâncias agravantes ou atenuantes alegadas nos debates;

- Arts. 61, 62, 65 e 66 do CP.

c) imporá os aumentos ou diminuições da pena, em atenção às causas admitidas pelo júri;

d) observará as demais disposições do art. 387 deste Código;

e) mandará o acusado recolher-se ou recomendá-lo-á à prisão em que se encontra, se presentes os requisitos da prisão preventiva, ou, no caso de condenação a uma pena igual ou superior a 15 (quinze) anos de reclusão, determinará a execução provisória das penas, com expedição do mandado de prisão, se for o caso, sem prejuízo do conhecimento de recursos que vierem a ser interpostos;

- Alínea *e* com a redação dada pela Lei nº 13.964, de 24-12-2019.
- Arts. 311 a 316 deste Código.

f) estabelecerá os efeitos genéricos e específicos da condenação;

II – no caso de absolvição:

a) mandará colocar em liberdade o acusado se por outro motivo não estiver preso;

- Arts. 386, parágrafo único, I, e 596 deste Código.

b) revogará as medidas restritivas provisoriamente decretadas;

- Art. 386, parágrafo único, II, deste Código.

c) imporá, se for o caso, a medida de segurança cabível.

- Arts. 386, parágrafo único, III, e 596, parágrafo único, deste Código.
- Arts. 96 a 99 do CP.
- Súm. nº 422 do STF.

§ 1º Se houver desclassificação da infração para outra, de competência do juiz singular, ao presidente do Tribunal do Júri caberá proferir sentença em seguida, aplicando-se, quando o delito resultante da nova tipificação for considerado pela lei como infração penal de menor potencial ofensivo, o disposto nos arts. 69 e seguintes da Lei nº 9.099, de 26 de setembro de 1995.

§ 2º Em caso de desclassificação, o crime conexo que não seja doloso contra a vida será julgado pelo juiz presidente do Tribunal do Júri, aplicando-se, no que couber, o disposto no § 1º deste artigo.

§ 3º O presidente poderá, excepcionalmente, deixar de autorizar a execução provisória das penas de que trata a alínea *e* do inciso I do *caput* deste artigo, se houver questão substancial cuja resolução pelo tribunal ao qual competir o julgamento possa plausivelmente levar à revisão da condenação.

§ 4º A apelação interposta contra decisão condenatória do Tribunal do Júri a uma pena igual ou superior a 15 (quinze) anos de reclusão não terá efeito suspensivo.

§ 5º Excepcionalmente, poderá o tribunal atribuir efeito suspensivo à apelação de que trata o § 4º deste artigo, quando verificado cumulativamente que o recurso:

I – não tem propósito meramente protelatório; e

II – levanta questão substancial e que pode resultar em absolvição, anulação da sentença, novo julgamento ou redução da pena para patamar inferior a 15 (quinze) anos de reclusão.

§ 6º O pedido de concessão de efeito suspensivo poderá ser feito incidentemente na apelação ou por meio de petição em separado dirigida diretamente ao relator, instruída com cópias da sentença condenatória, das razões da apelação e de prova da tempestividade, das contrarrazões e das demais peças necessárias à compreensão da controvérsia.

- §§ 3º a 6º acrescidos pela Lei nº 13.964, de 24-12-2019.

Art. 493. A sentença será lida em plenário pelo presidente antes de encerrada a sessão de instrução e julgamento.

- Art. 495, XVII, deste Código.

Seção XV

DA ATA DOS TRABALHOS

Art. 494. De cada sessão de julgamento o escrivão lavrará ata, assinada pelo presidente e pelas partes.

- Art. 395 do CPPM.

Art. 495. A ata descreverá fielmente todas as ocorrências, mencionando obrigatoriamente:

I – a data e a hora da instalação dos trabalhos;

II – o magistrado que presidiu a sessão e os jurados presentes;

III – os jurados que deixaram de comparecer, com escusa ou sem ela, e as sanções aplicadas;

IV – o ofício ou requerimento de isenção ou dispensa;

V – o sorteio dos jurados suplentes;

VI – o adiamento da sessão, se houver ocorrido, com a indicação do motivo;

VII – a abertura da sessão e a presença do Ministério Público, do querelante e do assistente, se houver, e a do defensor do acusado;

VIII – o pregão e a sanção imposta, no caso de não comparecimento;

IX – as testemunhas dispensadas de depor;

X – o recolhimento das testemunhas a lugar de onde umas não pudessem ouvir o depoimento das outras;

XI – a verificação das cédulas pelo juiz presidente;

XII – a formação do Conselho de Sentença, com o registro dos nomes dos jurados sorteados e recusas;

XIII – o compromisso e o interrogatório, com simples referência ao termo;

XIV – os debates e as alegações das partes com os respectivos fundamentos;

XV – os incidentes;

XVI – o julgamento da causa;

XVII – a publicidade dos atos da instrução plenária, das diligências e da sentença.

Art. 496. A falta da ata sujeitará o responsável a sanções administrativa e penal.

Seção XVI

DAS ATRIBUIÇÕES DO PRESIDENTE DO TRIBUNAL DO JÚRI

Art. 497. São atribuições do juiz presidente do Tribunal do Júri, além de outras expressamente referidas neste Código:

I – regular a polícia das sessões e prender os desobedientes;

- Art. 795 deste Código.
- Arts. 329 e 330 do CP.

II – requisitar o auxílio da força pública, que ficará sob sua exclusiva autoridade;

- Arts. 251 e 794 deste Código.

III – dirigir os debates, intervindo em caso de abuso, excesso de linguagem ou mediante requerimento de uma das partes;

- Art. 433, §§ 7º e 8º, do CPPM.

IV – resolver as questões incidentes que não dependam de pronunciamento do júri;

V – nomear defensor ao acusado, quando considerá-lo indefeso, podendo, neste caso, dissolver o Conselho e designar novo dia para o julgamento, com a nomeação ou a constituição de novo defensor;

- Arts. 261 e 263 deste Código.

VI – mandar retirar da sala o acusado que dificultar a realização do julgamento, o qual prosseguirá sem a sua presença;

- Arts. 217 e 796 deste Código.

VII – suspender a sessão pelo tempo indispensável à realização das diligências requeridas ou entendidas necessárias, mantida a incomunicabilidade dos jurados;

VIII – interromper a sessão por tempo razoável, para proferir sentença e para repouso ou refeição dos jurados;

IX – decidir, de ofício, ouvidos o Ministério Público e a defesa, ou a requerimento de qualquer destes, a arguição de extinção de punibilidade;

- Arts. 61 e 67, II, deste Código.
- Art. 107, IV, do CP.

X – resolver as questões de direito suscitadas no curso do julgamento;

XI – determinar, de ofício ou a requerimento das partes ou de qualquer jurado, as diligências destinadas a sanar nulidade ou a suprir falta que prejudique o esclarecimento da verdade;

XII – regulamentar, durante os debates, a intervenção de uma das partes, quando a outra estiver com a palavra, podendo conceder até 3 (três) minutos para cada aparte requerido, que serão acrescidos ao tempo desta última.

- Art. 433, § 8º, do CPPM.

CAPÍTULO III

DO PROCESSO E DO JULGAMENTO DOS CRIMES DA COMPETÊNCIA DO JUIZ SINGULAR

- Capítulo III – *Revogado*. Lei nº 11.719, de 20-6-2008.

Arts. 498 a 502. *Revogados*. Lei nº 11.719, de 20-6-2008.

TÍTULO II – DOS PROCESSOS ESPECIAIS

CAPÍTULO I

DO PROCESSO E DO JULGAMENTO DOS CRIMES DE FALÊNCIA

Arts. 503 a 512. *Revogados*. Lei nº 11.101, de 9-2-2005.

CAPÍTULO II

DO PROCESSO E DO JULGAMENTO DOS CRIMES DE RESPONSABILIDADE DOS FUNCIONÁRIOS PÚBLICOS

Art. 513. Nos crimes de responsabilidade dos funcionários públicos, cujo processo e julgamento competirão aos juízes de direito, a queixa ou a denúncia será instruída com documentos ou justificação que façam presumir a existência do delito ou com declaração fundamentada da impossibilidade de apresentação de qualquer dessas provas.

▶ Arts. 312 a 327 do CP.

▶ Súm. Vinc. nº 45 do STF.

Art. 514. Nos crimes afiançáveis, estando a denúncia ou queixa em devida forma, o juiz mandará autuá-la e ordenará a notificação do acusado, para responder por escrito, dentro do prazo de quinze dias.

▶ Arts. 323 e 324 deste Código.

▶ Súm. nº 330 do STJ.

Parágrafo único. Se não for conhecida a residência do acusado, ou este se achar fora da jurisdição do juiz, ser-lhe-á nomeado defensor, a quem caberá apresentar a resposta preliminar.

▶ Arts. 261, 263 e 564, III, *e*, deste Código.

Art. 515. No caso previsto no artigo anterior, durante o prazo concedido para a resposta, os autos permanecerão em cartório, onde poderão ser examinados pelo acusado ou por seu defensor.

▶ Art. 803 deste Código.

Parágrafo único. A resposta poderá ser instruída com documentos e justificações.

Art. 516. O juiz rejeitará a queixa ou denúncia, em despacho fundamentado, se convencido, pela resposta do acusado ou do seu defensor, da inexistência do crime ou da improcedência da ação.

▶ Arts. 395, 581, I, e 583, II, deste Código.

Art. 517. Recebida a denúncia ou a queixa, será o acusado citado, na forma estabelecida no Capítulo I do Título X do Livro I.

▶ Arts. 351 a 369 deste Código.

Art. 518. Na instrução criminal e nos demais termos do processo, observar-se-á o disposto nos Capítulos I e III, Título I, deste Livro.

▶ Arts. 399 a 405 deste Código.

CAPÍTULO III

DO PROCESSO E DO JULGAMENTO DOS CRIMES DE CALÚNIA E INJÚRIA, DE COMPETÊNCIA DO JUIZ SINGULAR

Art. 519. No processo por crime de calúnia ou injúria, para o qual não haja outra forma estabelecida em lei especial, observar-se-á o disposto nos Capítulos I e III, Título I, deste Livro, com as modificações constantes dos artigos seguintes.

▶ Arts. 399 a 405 deste Código.

▶ Arts. 138 e 140 do CP.

Art. 520. Antes de receber a queixa, o juiz oferecerá às partes oportunidade para se reconciliarem, fazendo-as comparecer em juízo e ouvindo-as, separadamente, sem a presença dos seus advogados, não se lavrando termo.

Art. 521. Se depois de ouvir o querelante e o querelado, o juiz achar provável a reconciliação, promoverá entendimento entre eles, na sua presença.

Art. 522. No caso de reconciliação, depois de assinado pelo querelante o termo da desistência, a queixa será arquivada.

Art. 523. Quando for oferecida a exceção da verdade ou da notoriedade do fato imputado, o querelante poderá contestar a exceção no prazo de dois dias, podendo ser inquiridas as testemunhas arroladas na queixa, ou outras indicadas naquele prazo, em substituição às primeiras, ou para completar o máximo legal.

▶ Art. 85 deste Código.

▶ Arts. 138, § 3º, e 139, parágrafo único, do CP.

CAPÍTULO IV

DO PROCESSO E DO JULGAMENTO DOS CRIMES CONTRA A PROPRIEDADE IMATERIAL

Art. 524. No processo e julgamento dos crimes contra a propriedade imaterial, observar-se-á o disposto nos Capítulos I e III do Título I deste Livro, com as modificações constantes dos artigos seguintes.

▶ Art. 5º, XXIX, da CF.

▶ Arts. 399 a 405 deste Código.

▶ Arts. 183 a 210 da Lei nº 9.279, de 14-5-1996 (Lei da Propriedade Industrial).

Art. 525. No caso de haver o crime deixado vestígio, a queixa ou a denúncia não será recebida se não for instruída com o exame pericial dos objetos que constituam o corpo de delito.

▶ Arts. 158 e 564, III, *b*, deste Código.

Art. 526. Sem a prova de direito à ação, não será recebida a queixa, nem ordenada qualquer diligência preliminarmente requerida pelo ofendido.

Art. 527. A diligência de busca ou de apreensão será realizada por dois peritos nomeados pelo juiz, que verificarão a existência de fundamento para a apreensão, e quer esta se realize, quer não, o laudo pericial será apresentado dentro de três dias após o encerramento da diligência.

▶ Arts. 159 e 240 a 250 deste Código.

Parágrafo único. O requerente da diligência poderá impugnar o laudo contrário à apreensão, e o juiz ordenará que esta se efetue, se reconhecer a improcedência das razões aduzidas pelos peritos.

Art. 528. Encerradas as diligências, os autos serão conclusos ao juiz para homologação do laudo.

Art. 529. Nos crimes de ação privativa do ofendido, não será admitida queixa com fundamento em apreensão e em perícia, se decorrido o prazo de trinta dias, após a homologação do laudo.

▶ Art. 38 deste Código.

Parágrafo único. Será dada vista ao Ministério Público dos autos de busca e apreensão requeridas pelo ofendido, se o crime for de ação pública e não tiver sido oferecida queixa no prazo fixado neste artigo.

▶ Art. 29 deste Código.

Art. 530. Se ocorrer prisão em flagrante e o réu não for posto em liberdade, o prazo a que se refere o artigo anterior será de oito dias.

Art. 530-A. O disposto nos arts. 524 a 530 será aplicável aos crimes em que se proceda mediante queixa.

Art. 530-B. Nos casos das infrações previstas nos §§ 1º, 2º e 3º do art. 184 do Código Penal, a autoridade policial procederá à apreensão dos bens ilicitamente produzidos ou reproduzidos, em sua totalidade, juntamente com os equipamentos, suportes e materiais que possibilitaram a sua existência, desde que estes se destinem precipuamente à prática do ilícito.

Art. 530-C. Na ocasião da apreensão será lavrado termo, assinado por duas ou mais testemunhas, com a descrição de todos os bens apreendidos e informações sobre suas origens, o qual deverá integrar o inquérito policial ou o processo.

Art. 530-D. Subsequente à apreensão, será realizada, por perito oficial, ou, na falta deste, por pessoa tecnicamente habilitada, perícia sobre todos os bens apreendidos e elaborado o laudo que deverá integrar o inquérito policial ou o processo.

Art. 530-E. Os titulares de direito de autor e os que lhe são conexos serão os fiéis depositários de todos os bens apreendidos, devendo colocá-los à disposição do juiz quando do ajuizamento da ação.

Art. 530-F. Ressalvada a possibilidade de se preservar o corpo de delito, o juiz poderá determinar, a requerimento da vítima, a destruição da produção ou reprodução apreendida quando não houver impugnação quanto à sua ilicitude ou quando a ação penal não puder ser iniciada por falta de determinação de quem seja o autor do ilícito.

Art. 530-G. O juiz, ao prolatar a sentença condenatória, poderá determinar a destruição dos bens ilicitamente produzidos ou reproduzidos e o perdimento dos equipamentos apreendidos, desde que precipuamente destinados à produção e reprodução dos bens, em favor da Fazenda Nacional, que deverá destruí-los ou doá-los aos Estados, Municípios e Distrito Federal, a instituições públicas de ensino e pesquisa ou de assistência social, bem como incorporá-los, por economia ou interesse público, ao patrimônio da União, que não poderão retorná-los aos canais de comércio.

Art. 530-H. As associações de titulares de direitos de autor e os que lhes são conexos poderão, em seu próprio nome, funcionar como assistente da acusação nos crimes previstos no art. 184 do Código Penal, quando praticado em detrimento de qualquer de seus associados.

Art. 530-I. Nos crimes em que caiba ação penal pública incondicionada ou condicionada, observar-se-ão as normas constantes dos arts. 530-B, 530-C, 530-D, 530-E, 530-F, 530-G e 530-H.

▶ Arts. 530-A a 530-I acrescidos pela Lei nº 10.695, de 1º-7-2003.

CAPÍTULO V

DO PROCESSO SUMÁRIO

Art. 531. Na audiência de instrução e julgamento, a ser realizada no prazo máximo de 30 (trinta) dias, proceder-se-á à tomada de declarações do ofendido, se possível, à inquirição das testemunhas arroladas pela acusação e pela defesa, nesta ordem, ressalvado o disposto no art. 222 deste Código, bem como aos esclarecimentos dos peritos, às acareações e ao reconhecimento de pessoas e coisas, interrogando-se, em seguida, o acusado e procedendo-se, finalmente, ao debate.

Art. 532. Na instrução, poderão ser inquiridas até 5 (cinco) testemunhas arroladas pela acusação e 5 (cinco) pela defesa.

▶ Arts. 531 e 532 com a redação dada pela Lei nº 11.719, de 20-6-2008.

Art. 533. Aplica-se ao procedimento sumário o disposto nos parágrafos do art. 400 deste Código.

▸ *Caput* com a redação dada pela Lei nº 11.719, de 20-6-2008.

§§ 1º a 4º *Revogados*. Lei nº 11.719, de 20-6-2008.

Art. 534. As alegações finais serão orais, concedendo-se a palavra, respectivamente, à acusação e à defesa, pelo prazo de 20 (vinte) minutos, prorrogáveis por mais 10 (dez), proferindo o juiz, a seguir, sentença.

▸ *Caput* com a redação dada pela Lei nº 11.719, de 20-6-2008.

§ 1º Havendo mais de um acusado, o tempo previsto para a defesa de cada um será individual.

§ 2º Ao assistente do Ministério Público, após a manifestação deste, serão concedidos 10 (dez) minutos, prorrogando-se por igual período o tempo de manifestação da defesa.

▸ §§ 1º e 2º acrescidos pela Lei nº 11.719, de 20-6-2008.

Art. 535. Nenhum ato será adiado, salvo quando imprescindível a prova faltante, determinando o juiz a condução coercitiva de quem deva comparecer.

▸ *Caput* com a redação dada pela Lei nº 11.719, de 20-6-2008.

§§ 1º e 2º *Revogados*. Lei nº 11.719, de 20-6-2008.

Art. 536. A testemunha que comparecer será inquirida, independentemente da suspensão da audiência, observada em qualquer caso a ordem estabelecida no art. 531 deste Código.

▸ Artigo com a redação dada pela Lei nº 11.719, de 20-6-2008.

Art. 537. *Revogado*. Lei nº 11.719, de 20-6-2008.

Art. 538. Nas infrações penais de menor potencial ofensivo, quando o juizado especial criminal encaminhar ao juízo comum as peças existentes para a adoção de outro procedimento, observar-se-á o procedimento sumário previsto neste Capítulo.

▸ *Caput* com a redação dada pela Lei nº 11.719, de 20-6-2008.

§§ 1º a 4º *Revogados*. Lei nº 11.719, de 20-6-2008.

Arts. 539 e 540. *Revogados*. Lei nº 11.719, de 20-6-2008.

CAPÍTULO VI
DO PROCESSO DE RESTAURAÇÃO DE AUTOS EXTRAVIADOS OU DESTRUÍDOS

Art. 541. Os autos originais de processo penal extraviados ou destruídos, em primeira ou segunda instância, serão restaurados.

▸ Arts. 314, 337 e 356 do CP.

▸ Art. 481 do CPPM.

▸ Art. 352 do CPM.

§ 1º Se existir e for exibida cópia autêntica ou certidão do processo, será uma ou outra considerada como original.

§ 2º Na falta de cópia autêntica ou certidão do processo, o juiz mandará, de ofício, ou a requerimento de qualquer das partes, que:

a) o escrivão certifique o estado do processo, segundo a sua lembrança, e reproduza o que houver a respeito em seus protocolos e registros;

b) sejam requisitadas cópias do que constar a respeito no Instituto Médico-Legal, no Instituto de Identificação e Estatística ou em estabelecimentos congêneres, repartições públicas, penitenciárias ou cadeias;

c) as partes sejam citadas pessoalmente, ou, se não forem encontradas, por edital, com o prazo de dez dias, para o processo de restauração dos autos.

§ 3º Proceder-se-á à restauração na primeira instância, ainda que os autos se tenham extraviado na segunda.

Art. 542. No dia designado, as partes serão ouvidas, mencionando-se em termo circunstanciado os pontos em que estiverem acordes e a exibição e a conferência das certidões e mais reproduções do processo apresentadas e conferidas.

▸ Art. 482 do CPPM.

Art. 543. O juiz determinará as diligências necessárias para a restauração, observando-se o seguinte:

▸ Art. 483 do CPPM.

I – caso ainda não tenha sido proferida a sentença, reinquirir-se-ão as testemunhas, podendo ser substituídas as que tiverem falecido ou se encontrarem em lugar não sabido;

II – os exames periciais, quando possível, serão repetidos, e de preferência pelos mesmos peritos;

▸ Arts. 158 a 184 deste Código.

III – a prova documental será reproduzida por meio de cópia autêntica ou, quando impossível, por meio de testemunhas;

▸ Arts. 231 a 238 deste Código.

IV – poderão também ser inquiridas sobre os atos do processo, que deverá ser restaurado, as autoridades, os serventuários, os peritos e mais pessoas que tenham nele funcionado;

V – o Ministério Público e as partes poderão oferecer testemunhas e produzir documentos, para provar o teor do processo extraviado ou destruído.

Art. 544. Realizadas as diligências que, salvo motivo de força maior, deverão concluir-se dentro de vinte dias, serão os autos conclusos para julgamento.

▸ Art. 484 do CPPM.

Parágrafo único. No curso do processo, e depois de subirem os autos conclusos para sentença, o juiz poderá, dentro em cinco dias, requisitar de autoridades ou de repartições todos os esclarecimentos para a restauração.

Art. 545. Os selos e as taxas judiciárias, já pagos nos autos originais, não serão novamente cobrados.

Art. 546. Os causadores de extravio de autos responderão pelas custas, em dobro, sem prejuízo da responsabilidade criminal.

▸ Arts. 314, 337 e 356 do CP.

▸ Art. 488 do CPPM.

▸ Art. 352 do CPM.

Art. 547. Julgada a restauração, os autos respectivos valerão pelos originais.

▸ Art. 485 do CPPM.

▸ Art. 593, II, deste Código.

Parágrafo único. Se no curso da restauração aparecerem os autos originais, nestes continuará o processo, apensos a eles os autos da restauração.

Art. 548. Até à decisão que julgue restaurados os autos, a sentença condenatória em execução continuará a produzir efeito, desde que conste da respectiva guia arquivada na cadeia ou na penitenciária, onde o réu estiver cumprindo a pena, ou de registro que torne a sua existência inequívoca.

▸ Art. 486 do CPPM.

CAPÍTULO VII
DO PROCESSO DE APLICAÇÃO DE MEDIDA DE SEGURANÇA POR FATO NÃO CRIMINOSO

Art. 549. Se a autoridade policial tiver conhecimento de fato que, embora não constituindo infração penal, possa determinar a aplicação de medida de segurança (Código Penal, artigos 14 e 27), deverá proceder a inquérito, a fim de apurá-lo e averiguar todos os elementos que possam interessar à verificação da periculosidade do agente.

▸ Referência feita a dispositivos da antiga Parte Geral do CP, revogada pela Lei nº 7.209, de 11-7-1984. Tratam da matéria os arts. 17 e 31 do CP.

Art. 550. O processo será promovido pelo Ministério Público, mediante requerimento que conterá a exposição sucinta do fato, as suas circunstâncias e todos os elementos em que se fundar o pedido.

Art. 551. O juiz, ao deferir o requerimento, ordenará a intimação do interessado para comparecer em juízo, a fim de ser interrogado.

Art. 552. Após o interrogatório ou dentro do prazo de dois dias, o interessado ou seu defensor poderá oferecer alegações.

Parágrafo único. O juiz nomeará defensor ao interessado que não o tiver.

Art. 553. O Ministério Público, ao fazer o requerimento inicial, e a defesa, no prazo estabelecido no artigo anterior, poderão requerer exames, diligências e arrolar até três testemunhas.

Art. 554. Após o prazo de defesa ou a realização dos exames e diligências ordenados pelo juiz, de ofício ou a requerimento das partes, será marcada audiência, em que, inquiridas as testemunhas e produzidas alegações orais pelo órgão do Ministério Público e pelo defensor, dentro de dez minutos para cada um, o juiz proferirá sentença.

Parágrafo único. Se o juiz não se julgar habilitado a proferir a decisão, designará, desde logo, outra audiência, que se realizará dentro de cinco dias, para publicar a sentença.

Art. 555. Quando, instaurado processo por infração penal, o juiz, absolvendo ou impronunciando o réu, reconhecer a existência de qualquer dos fatos previstos no artigo 14 ou no artigo 27 do Código Penal, aplicar-lhe-á, se for caso, medida de segurança.

▸ Referência feita a dispositivos da antiga Parte Geral do CP, revogada pela Lei nº 7.209, de 11-7-1984. Tratam da matéria os arts. 17 e 31 do CP.

TÍTULO III – DOS PROCESSOS DE COMPETÊNCIA DO SUPREMO TRIBUNAL FEDERAL E DOS TRIBUNAIS DE APELAÇÃO

▸ Título revogado pela Lei nº 8.658, de 26-5-1993.

CAPÍTULO I
DA INSTRUÇÃO

Arts. 556 a 560. *Revogados*. Lei nº 8.658, de 26-5-1993.

CAPÍTULO II
DO JULGAMENTO

Arts. 561 e 562. *Revogados.* Lei nº 8.658, de 26-5-1993.

LIVRO III – DAS NULIDADES E DOS RECURSOS EM GERAL

TÍTULO I – DAS NULIDADES

Art. 563. Nenhum ato será declarado nulo, se da nulidade não resultar prejuízo para a acusação ou para a defesa.

▶ Art. 566 deste Código.
▶ Art. 499 do CPPM.
▶ Art. 65, § 1º, da Lei nº 9.099, de 26-9-1995 (Lei dos Juizados Especiais).
▶ Súm. nº 523 do STF.

Art. 564. A nulidade ocorrerá nos seguintes casos:

▶ Art. 500 do CPPM.

I – por incompetência, suspeição ou suborno do juiz;

▶ Arts. 69 a 91, 252 a 256 e 567 deste Código.

II – por ilegitimidade de parte;

▶ Arts. 95, IV, 110, 395, II, e 568 deste Código.

III – por falta das fórmulas ou dos termos seguintes:

▶ Art. 603 deste Código.

a) a denúncia ou a queixa e a representação e, nos processos de contravenções penais, a portaria ou o auto de prisão em flagrante;

▶ Arts. 39 e 44 deste Código.

b) o exame do corpo de delito nos crimes que deixam vestígios, ressalvado o disposto no artigo 167;

▶ Arts. 158 a 184 deste Código.
▶ Súm. nº 361 do STF.

c) a nomeação de defensor ao réu presente, que o não tiver, ou ao ausente, e de curador ao menor de vinte e um anos;

▶ Art. 5º do CC/2002, dispõe que aos 18 anos completos cessa a menoridade civil.
▶ Súmulas nºs 352, 523 e 708 do STF.

d) a intervenção do Ministério Público em todos os termos da ação por ele intentada e nos da intentada pela parte ofendida, quando se tratar de crime de ação pública;

▶ Arts. 24, 29 e 572 deste Código.

e) a citação do réu para ver-se processar, o seu interrogatório, quando presente, e os prazos concedidos à acusação e à defesa;

▶ Art. 572 deste Código.
▶ Súm. nº 351 do STF.

f) a sentença de pronúncia, o libelo e a entrega da respectiva cópia, com o rol de testemunhas, nos processos perante o Tribunal do Júri;

▶ Arts. 413, 421 e 422 deste Código.

g) a intimação do réu para a sessão de julgamento, pelo Tribunal do Júri, quando a lei não permitir o julgamento à revelia;

▶ Art. 457 deste Código.

h) a intimação das testemunhas arroladas no libelo e na contrariedade, nos termos estabelecidos pela lei;

▶ Arts. 422 e 572 deste Código.

i) a presença pelo menos de quinze jurados para a constituição do júri;

▶ Art. 463 deste Código.

j) o sorteio dos jurados do conselho de sentença em número legal e sua incomunicabilidade;

▶ Arts. 463 a 467 e 495, XII, deste Código.

k) os quesitos e as respectivas respostas;

▶ Arts. 482 a 491 deste Código.
▶ Súmulas nºs 156 e 162 do STF.

l) a acusação e a defesa, na sessão de julgamento;

▶ Arts. 476 a 481 deste Código.

m) a sentença;

▶ Art. 381 deste Código.

n) o recurso de ofício, nos casos em que a lei o tenha estabelecido;

▶ Arts. 574, I, e 746 deste Código.

o) a intimação, nas condições estabelecidas pela lei, para ciência de sentenças e despachos de que caiba recurso;

▶ Arts. 370 a 372, 392 e 420 deste Código.

p) no Supremo Tribunal Federal e nos Tribunais de Apelação, o *quorum* legal para o julgamento;

IV – por omissão de formalidade que constitua elemento essencial do ato;

V – em decorrência de decisão carente de fundamentação.

▶ Inciso V acrescido pela Lei nº 13.964, de 24-12-2019.

Parágrafo único. Ocorrerá ainda a nulidade, por deficiência dos quesitos ou das suas respostas, e contradição entre estas.

▶ Arts. 482, parágrafo único, 483 e 490 deste Código.
▶ Súmulas nºs 156 e 162 do STF.

Art. 565. Nenhuma das partes poderá arguir nulidade a que haja dado causa, ou para que tenha concorrido, ou referente a formalidade cuja observância só à parte contrária interesse.

▶ Art. 501 do CPPM.

Art. 566. Não será declarada a nulidade de ato processual que não houver influído na apuração da verdade substancial ou na decisão da causa.

▶ Art. 502 do CPPM.
▶ Súm. nº 366 do STF.

Art. 567. A incompetência do juízo anula somente os atos decisórios, devendo o processo, quando for declarada a nulidade, ser remetido ao juiz competente.

▶ Art. 508 do CPPM.

Art. 568. A nulidade por ilegitimidade do representante da parte poderá ser a todo tempo sanada, mediante ratificação dos atos processuais.

Art. 569. As omissões da denúncia ou da queixa, da representação, ou, nos processos das contravenções penais, da portaria ou do auto de prisão em flagrante, poderão ser supridas a todo o tempo, antes da sentença final.

▶ Arts. 41 e 564, III, *a*, deste Código.

Art. 570. A falta ou a nulidade da citação, da intimação ou notificação estará sanada, desde que o interessado compareça, antes de o ato consumar-se, embora declare que o faz para o único fim de arguí-la. O juiz ordenará, todavia, a suspensão ou o adiamento do ato, quando reconhecer que a irregularidade poderá prejudicar direito da parte.

▶ Art. 564, III, *e, g* e *h*, deste Código.
▶ Art. 503 do CPPM.
▶ Súm. nº 155 do STF.

Art. 571. As nulidades deverão ser arguidas:

▶ Art. 504 do CPPM.

I – as da instrução criminal dos processos da competência do júri, nos prazos a que se refere o artigo 406;

▶ Art. 411, § 4º, deste Código.

II – as da instrução criminal dos processos de competência do juiz singular e dos processos especiais, salvo os dos Capítulos V e VII do Título II do Livro II, nos prazos a que se refere o artigo 500;

▶ Arts. 403 e 534 deste Código.

III – as do processo sumário, no prazo a que se refere o artigo 537, ou, se verificadas depois desse prazo, logo depois de aberta a audiência e apregoadas as partes;

IV – as do processo regulado no Capítulo VII do Título II do Livro II, logo depois de aberta a audiência;

V – as ocorridas posteriormente à pronúncia, logo depois de anunciado o julgamento e apregoadas as partes (artigo 447);

▶ A redação do mencionado art. 447 do CPP, após as alterações da Lei nº 11.689, de 9-6-2008, corresponde ao atual art. 454.

VI – as de instrução criminal dos processos de competência do Supremo Tribunal Federal e dos Tribunais de Apelação, nos prazos a que se refere o artigo 500;

VII – se verificadas após a decisão da primeira instância, nas razões de recurso ou logo depois de anunciado o julgamento do recurso e apregoadas as partes;

VIII – as do julgamento em plenário, em audiência ou em sessão do tribunal, logo depois de ocorrerem.

Art. 572. As nulidades previstas no artigo 564, III, *d* e *e*, segunda parte, *g* e *h*, e IV, considerar-se-ão sanadas:

▶ Art. 505 do CPPM.

I – se não forem arguidas, em tempo oportuno, de acordo com o disposto no artigo anterior;

II – se, praticado por outra forma, o ato tiver atingido o seu fim;

▶ Súm. nº 366 do STF.

III – se a parte, ainda que tacitamente, tiver aceito os seus efeitos.

Art. 573. Os atos, cuja nulidade não tiver sido sanada, na forma dos artigos anteriores, serão renovados ou retificados.

▶ Art. 282 do CPC/2015.
▶ Art. 506 do CPPM.

§ 1º A nulidade de um ato, uma vez declarada, causará a dos atos que dele diretamente dependam ou sejam consequência.

§ 2º O juiz que pronunciar a nulidade declarará os atos a que ela se estende.

TÍTULO II – DOS RECURSOS EM GERAL

CAPÍTULO I
DISPOSIÇÕES GERAIS

Art. 574. Os recursos serão voluntários, excetuando-se os seguintes casos, em que deverão ser interpostos, de ofício, pelo juiz:

▶ Arts. 564, III, *n*, 583, I, e 746 deste Código.
▶ Arts. 154, parágrafo único, e 696 do CPPM.
▶ Art. 7º da Lei nº 1.521, de 26-12-1951 (Lei dos Crimes Contra a Economia Popular).
▶ Art. 8º, 2, *h*, do Pacto de São José da Costa Rica.
▶ Súmulas nºs 160 e 423 do STF.

I – da sentença que conceder *habeas corpus*;

▶ Arts. 581, X, e 647 a 667 deste Código.

▶ Súm. nº 344 do STF.

II – da que absolver desde logo o réu com fundamento na existência de circunstância que exclua o crime ou isente o réu de pena, nos termos do artigo 411.

▶ Art. 416 deste Código.

Art. 575. Não serão prejudicados os recursos que, por erro, falta ou omissão dos funcionários, não tiverem seguimento ou não forem apresentados dentro do prazo.

▶ Súmulas nºs 320 e 428 do STF.

Art. 576. O Ministério Público não poderá desistir de recurso que haja interposto.

▶ Art. 42 deste Código.

▶ Art. 512 do CPPM.

Art. 577. O recurso poderá ser interposto pelo Ministério Público, ou pelo querelante, ou pelo réu, seu procurador ou seu defensor.

▶ Arts. 271 e 598 deste Código.

▶ Art. 511 do CPPM.

▶ Súmulas nºs 210 e 448 do STF.

Parágrafo único. Não se admitirá, entretanto, recurso da parte que não tiver interesse na reforma ou modificação da decisão.

Art. 578. O recurso será interposto por petição ou por termo nos autos, assinado pelo recorrente ou por seu representante.

▶ Art. 513 do CPPM.

§ 1º Não sabendo ou não podendo o réu assinar o nome, o termo será assinado por alguém, a seu rogo, na presença de duas testemunhas.

§ 2º A petição de interposição de recurso, com o despacho do juiz, será, até o dia seguinte ao último do prazo, entregue ao escrivão, que certificará no termo da juntada a data da entrega.

§ 3º Interposto por termo o recurso, o escrivão, sob pena de suspensão por dez a trinta dias, fará conclusos os autos ao juiz, até o dia seguinte ao último do prazo.

Art. 579. Salvo a hipótese de má-fé, a parte não será prejudicada pela interposição de um recurso por outro.

▶ Art. 514 do CPPM.

Parágrafo único. Se o juiz, desde logo, reconhecer a impropriedade do recurso interposto pela parte, mandará processá-lo de acordo com o rito do recurso cabível.

Art. 580. No caso de concurso de agentes (Código Penal, artigo 25), a decisão do recurso interposto por um dos réus, se fundado em motivos que não sejam de caráter exclusivamente pessoal, aproveitará aos outros.

▶ Referência feita a dispositivo da antiga Parte Geral do CP, revogada pela Lei nº 7.209, de 11-7-1984. Trata da matéria o art. 29 do CP.

▶ Art. 515 do CPPM.

CAPÍTULO II

DO RECURSO EM SENTIDO ESTRITO

Art. 581. Caberá recurso, no sentido estrito, da decisão, despacho ou sentença:

▶ Art. 593, § 4º, deste Código.

▶ Art. 516 do CPPM.

▶ Art. 8º, 2, *h*, do Pacto de São José da Costa Rica.

I – que não receber a denúncia ou a queixa;

▶ Art. 395 deste Código.

▶ Súmulas nºs 707 e 709 do STF.

II – que concluir pela incompetência do juízo;

▶ Arts. 108, 109, 564, I, e 567 deste Código.

III – que julgar procedentes as exceções, salvo a de suspeição;

▶ Arts. 95 a 111 deste Código.

IV – que pronunciar o réu;

▶ Inciso IV com a redação dada pela Lei nº 11.689, de 9-6-2008.

▶ Art. 413 deste Código.

V – que conceder, negar, arbitrar, cassar ou julgar inidônea a fiança, indeferir requerimento de prisão preventiva ou revogá-la, conceder liberdade provisória ou relaxar a prisão em flagrante;

▶ Inciso V com a redação dada pela Lei nº 7.780, de 22-6-1989.

▶ Art. 5º, LXV e LXVI, da CF.

▶ Arts. 310, parágrafo único, 311 a 316, 321 a 350 deste Código.

▶ Súm. nº 697 do STF.

VI – *Revogado*. Lei nº 11.689, de 9-6-2008;

VII – que julgar quebrada a fiança ou perdido o seu valor;

▶ Arts. 328 e 341 a 347 deste Código.

VIII – que decretar a prescrição ou julgar, por outro modo, extinta a punibilidade;

▶ Art. 107 do CP.

▶ Súm. nº 438 do STJ.

IX – que indeferir o pedido de reconhecimento da prescrição ou de outra causa extintiva da punibilidade;

▶ Art. 107 do CP.

X – que conceder ou negar a ordem de *habeas corpus*;

▶ Arts. 574, I, e 647 a 667 deste Código.

XI – que conceder, negar ou revogar a suspensão condicional da pena;

▶ Arts. 77 a 82 do CP.

▶ Arts. 156 a 163 da LEP.

XII – que conceder, negar ou revogar livramento condicional;

▶ Arts. 83 a 90 do CP.

▶ Arts. 131 a 146 da LEP.

XIII – que anular o processo da instrução criminal, no todo ou em parte;

▶ Arts. 563 a 573 deste Código.

XIV – que incluir jurado na lista geral ou desta o excluir;

▶ Art. 586, parágrafo único, deste Código.

XV – que denegar a apelação ou a julgar deserta;

▶ Art. 639, I, deste Código.

XVI – que ordenar a suspensão do processo, em virtude de questão prejudicial;

▶ Arts. 92 a 94 deste Código.

XVII – que decidir sobre a unificação de penas;

▶ Art. 66, III, *a*, da LEP.

XVIII – que decidir o incidente de falsidade;

▶ Arts. 145 a 148 deste Código.

XIX – que decretar medida de segurança, depois de transitar a sentença em julgado;

▶ Arts. 171 a 179, 183 e 184 da LEP.

XX – que impuser medida de segurança por transgressão de outra;

▶ Arts. 171 a 179, 183 e 184 da LEP.

XXI – que mantiver ou substituir a medida de segurança, nos casos do artigo 774;

▶ Arts. 171 a 179, 183 e 184 da LEP.

XXII – que revogar a medida de segurança;

▶ Arts. 171 a 179 da LEP.

XXIII – que deixar de revogar a medida de segurança, nos casos em que a lei admita a revogação;

▶ Arts. 171 a 179 da LEP.

XXIV – que converter a multa em detenção ou em prisão simples;

XXV – que recusar homologação à proposta de acordo de não persecução penal, previsto no art. 28-A desta Lei.

▶ Inciso XXV acrescido pela Lei nº 13.964, de 24-12-2019.

Art. 582. Os recursos serão sempre para o Tribunal de Apelação, salvo nos casos dos nºs V, X e XIV.

Parágrafo único. O recurso, no caso do nº XIV, será para o presidente do Tribunal de Apelação.

▶ Os Tribunais de Apelação, com a promulgação da CF/1946, passaram a ser denominados Tribunais de Justiça.

Art. 583. Subirão nos próprios autos os recursos:

▶ Art. 517 do CPPM.

I – quando interpostos de ofício;

II – nos casos do artigo 581, I, III, IV, VI, VIII e X;

▶ O inciso VI do art. 581 foi revogado pela Lei nº 11.689, de 9-6-2008.

III – quando o recurso não prejudicar o andamento do processo.

Parágrafo único. O recurso da pronúncia subirá em traslado, quando, havendo dois ou mais réus, qualquer deles se conformar com a decisão ou todos não tiverem sido ainda intimados da pronúncia.

▶ Art. 420 deste Código.

Art. 584. Os recursos terão efeito suspensivo nos casos de perda da fiança, de concessão de livramento condicional e dos nºs XV, XVII e XXIV do artigo 581.

§ 1º Ao recurso interposto de sentença de impronúncia ou no caso do nº VIII do artigo 581, aplicar-se-á o disposto nos artigos 596 e 598.

▶ Súm. nº 210 do STF.

§ 2º O recurso da pronúncia suspenderá tão somente o julgamento.

§ 3º O recurso do despacho que julgar quebrada a fiança suspenderá unicamente o efeito de perda da metade do seu valor.

Art. 585. O réu não poderá recorrer da pronúncia senão depois de preso, salvo se prestar fiança, nos casos em que a lei a admitir.

Art. 586. O recurso voluntário poderá ser interposto no prazo de cinco dias.

▶ Art. 518 do CPPM.

Parágrafo único. No caso do artigo 581, XIV, o prazo será de vinte dias, contado da data da publicação definitiva da lista de jurados.

Art. 587. Quando o recurso houver de subir por instrumento, a parte indicará, no respectivo termo, ou em requerimento avulso, as peças dos autos de que pretenda traslado.

Parágrafo único. O traslado será extraído, conferido e concertado no prazo de cinco dias, e dele constarão sempre a decisão recorrida, a certidão de sua intimação, se por outra forma não for possível verificar-se a oportunidade do recurso, e o termo de interposição.

▶ Art. 518, parágrafo único, do CPPM.

Art. 588. Dentro de dois dias, contados da interposição do recurso, ou do dia em que o escrivão, extraído o traslado, o fizer com vista ao recorrente, este oferecerá as razões e, em seguida, será aberta vista ao recorrido por igual prazo.

▸ Art. 519 do CPPM.

▸ Súm. nº 707 do STF.

Parágrafo único. Se o recorrido for o réu, será intimado do prazo na pessoa do defensor.

Art. 589. Com a resposta do recorrido ou sem ela, será o recurso concluso ao juiz, que, dentro de dois dias, reformará ou sustentará o seu despacho, mandando instruir o recurso com os traslados que lhe parecerem necessários.

▸ Art. 520 do CPPM.

Parágrafo único. Se o juiz reformar o despacho recorrido, a parte contrária, por simples petição, poderá recorrer da nova decisão, se couber recurso, não sendo mais lícito ao juiz modificá-la. Neste caso, independentemente de novos arrazoados, subirá o recurso nos próprios autos ou em traslado.

Art. 590. Quando for impossível ao escrivão extrair o traslado no prazo da lei, poderá o juiz prorrogá-lo até o dobro.

▸ Art. 521 do CPPM.

Art. 591. Os recursos serão apresentados ao juiz ou tribunal *ad quem*, dentro de cinco dias da publicação da resposta do juiz *a quo*, ou entregues ao Correio dentro do mesmo prazo.

Art. 592. Publicada a decisão do juiz ou do tribunal *ad quem*, deverão os autos ser devolvidos, dentro de cinco dias, ao juiz *a quo*.

▸ Art. 525 do CPPM.

CAPÍTULO III
DA APELAÇÃO

Art. 593. Caberá apelação no prazo de cinco dias:

▸ *Caput* com a redação dada pela Lei nº 263, de 23-2-1948.

▸ Art. 526 do CPPM.

▸ Art. 82 da Lei nº 9.099, de 26-9-1995 (Lei dos Juizados Especiais).

▸ Art. 8º, 2, *h*, do Pacto de São José da Costa Rica.

I – das sentenças definitivas de condenação ou absolvição proferidas por juiz singular;

II – das decisões definitivas, ou com força de definitivas, proferidas por juiz singular nos casos não previstos no Capítulo anterior;

III – das decisões do Tribunal do Júri, quando:

▸ Súm. nº 713 do STF.

a) ocorrer nulidade posterior à pronúncia;

▸ Art. 571, V, deste Código.

b) for a sentença do juiz presidente contrária à lei expressa ou à decisão dos jurados;

c) houver erro ou injustiça no tocante à aplicação da pena ou da medida de segurança;

d) for a decisão dos jurados manifestamente contrária à prova dos autos.

▸ Incisos I a III com a redação dada pela Lei nº 263, de 23-2-1948.

§ 1º Se a sentença do juiz presidente for contrária à lei expressa ou divergir das respostas dos jurados aos quesitos, o tribunal *ad quem* fará a devida retificação.

§ 2º Interposta a apelação com fundamento no nº III, c, deste artigo, o tribunal *ad quem*, se lhe der provimento, retificará a aplicação da pena ou da medida de segurança.

§ 3º Se a apelação se fundar no nº III, *d*, deste artigo, e o tribunal *ad quem* se convencer de que a decisão dos jurados é manifestamente contrária à prova dos autos, dar-lhe-á provimento para sujeitar o réu a novo julgamento; não se admite, porém, pelo mesmo motivo, segunda apelação.

§ 4º Quando cabível a apelação, não poderá ser usado o recurso em sentido estrito, ainda que somente de parte da decisão se recorra.

▸ §§ 1º a 4º acrescidos pela Lei nº 263, de 23-2-1948.

Art. 594. *Revogado*. Lei nº 11.719, de 20-6-2008.

Art. 595. *Revogado*. Lei nº 12.403, de 4-5-2011.

Art. 596. A apelação da sentença absolutória não impedirá que o réu seja posto imediatamente em liberdade.

▸ *Caput* com a redação dada pela Lei nº 263, de 23-2-1948.

▸ Art. 532 do CPPM.

Parágrafo único. A apelação não suspenderá a execução da medida de segurança aplicada provisoriamente.

▸ Parágrafo único com a redação dada pela Lei nº 5.941, de 22-11-1973.

Art. 597. A apelação de sentença condenatória terá efeito suspensivo, salvo o disposto no artigo 393, a aplicação provisória de interdições de direitos e de medidas de segurança (artigos 374 e 378), e o caso de suspensão condicional de pena.

▸ O art. 393 deste Código foi revogado pela Lei nº 12.403, de 4-5-2011.

▸ Art. 533 do CPPM.

Art. 598. Nos crimes de competência do Tribunal do Júri, ou do juiz singular, se da sentença não for interposta apelação pelo Ministério Público no prazo legal, o ofendido ou qualquer das pessoas enumeradas no artigo 31, ainda que não se tenha habilitado como assistente, poderá interpor apelação, que não terá, porém, efeito suspensivo.

▸ Art. 584, § 1º, deste Código.

▸ Súmulas nºs 210 e 448 do STF.

Parágrafo único. O prazo para interposição desse recurso será de quinze dias e correrá do dia em que terminar o do Ministério Público.

Art. 599. As apelações poderão ser interpostas quer em relação a todo o julgado, quer em relação a parte dele.

▸ Súm. nº 160 do STF.

Art. 600. Assinado o termo de apelação, o apelante e, depois dele, o apelado terão o prazo de oito dias cada um para oferecer razões, salvo nos processos de contravenção, em que o prazo será de três dias.

▸ Art. 531 do CPPM.

§ 1º Se houver assistente, este arrazoará, no prazo de três dias, após o Ministério Público.

§ 2º Se a ação penal for movida pela parte ofendida, o Ministério Público terá vista dos autos, no prazo do parágrafo anterior.

§ 3º Quando forem dois ou mais os apelantes ou apelados, os prazos serão comuns.

§ 4º Se o apelante declarar, na petição ou no termo, ao interpor a apelação, que deseja arrazoar na superior instância serão os autos remetidos ao tribunal *ad quem* onde será aberta vista às partes, observados os prazos legais, notificadas as partes pela publicação oficial.

▸ § 4º acrescido pela Lei nº 4.436, de 1º-6-1964.

Art. 601. Findos os prazos para razões, os autos serão remetidos à instância superior, com as razões ou sem elas, no prazo de cinco dias, salvo no caso do artigo 603, segunda parte, em que o prazo será de trinta dias.

▸ Art. 534 do CPPM.

§ 1º Se houver mais de um réu, e não houverem todos sido julgados, ou não tiverem todos apelado, caberá ao apelante promover extração do traslado dos autos, o qual deverá ser remetido à instância superior no prazo de trinta dias, contado da data da entrega das últimas razões de apelação, ou do vencimento do prazo para a apresentação das do apelado.

§ 2º As despesas do traslado correrão por conta de quem o solicitar, salvo se o pedido for de réu pobre ou do Ministério Público.

Art. 602. Os autos serão, dentro dos prazos do artigo anterior, apresentados ao tribunal *ad quem* ou entregues ao Correio, sob registro.

Art. 603. A apelação subirá nos autos originais e, a não ser no Distrito Federal e nas comarcas que forem sede de Tribunal de Apelação, ficará em cartório traslado dos termos essenciais do processo referidos no artigo 564, III.

▸ Os Tribunais de Apelação, com a promulgação da CF/1946, passaram a ser denominados Tribunais de Justiça.

Arts. 604 a 606. *Revogados*. Lei nº 263, de 23-2-1948.

CAPÍTULO IV
DO PROTESTO POR NOVO JÚRI

▸ Capítulo IV – *Revogado*. Lei nº 11.689, de 9-6-2008.

Arts. 607 e 608. *Revogados*. Lei nº 11.689, de 9-6-2008.

CAPÍTULO V
DO PROCESSO E DO JULGAMENTO DOS RECURSOS EM SENTIDO ESTRITO E DAS APELAÇÕES, NOS TRIBUNAIS DE APELAÇÃO

Art. 609. Os recursos, apelações e embargos serão julgados pelos Tribunais de Justiça, câmaras ou turmas criminais, de acordo com a competência estabelecida nas leis de organização judiciária.

▸ *Caput* com a redação dada pela Lei nº 1.720-B, de 3-11-1952.

▸ Art. 82 da Lei nº 9.099, de 26-9-1995 (Lei dos Juizados Especiais).

Parágrafo único. Quando não for unânime a decisão de segunda instância, desfavorável ao réu, admitem-se embargos infringentes e de nulidade, que poderão ser opostos dentro de dez dias, a contar da publicação de acórdão, na forma do artigo 613. Se o desacordo for parcial, os embargos serão restritos à matéria objeto de divergência.

▸ Parágrafo único acrescido pela Lei nº 1.720-B, de 3-11-1952.

▸ Arts. 538 a 549 do CPPM.

Art. 610. Nos recursos em sentido estrito, com exceção do de *habeas corpus*, e nas apelações interpostas das sentenças em processo de contravenção ou de crime a que a lei comine pena de detenção, os autos irão imediatamente com vista ao procurador-geral pelo prazo de cinco dias, e, em seguida, passarão, por igual prazo, ao relator, que pedirá designação de dia para o julgamento.

Parágrafo único. Anunciado o julgamento pelo presidente, e apregoadas as partes, com a presença destas ou à sua revelia, o relator fará a exposição do feito e, em seguida, o presidente concederá, pelo prazo de dez minutos, a palavra aos advogados ou às partes que a solicitarem e ao procurador-geral, quando o requerer, por igual prazo.

Art. 611. *Revogado*. Dec.-lei nº 552, de 25-4-1969.

Art. 612. Os recursos de *habeas corpus*, designado o relator, serão julgados na primeira sessão.

Art. 613. As apelações interpostas das sentenças proferidas em processos por crime a que a lei comine pena de reclusão, deverão ser processadas e julgadas pela forma estabelecida no artigo 610, com as seguintes modificações:

I – exarado o relatório nos autos, passarão estes ao revisor, que terá igual prazo para o exame do processo e pedirá designação de dia para o julgamento;

II – os prazos serão ampliados ao dobro;

III – o tempo para os debates será de um quarto de hora.

Art. 614. No caso de impossibilidade de observância de qualquer dos prazos marcados nos artigos 610 e 613, os motivos da demora serão declarados nos autos.

Art. 615. O tribunal decidirá por maioria de votos.

§ 1º *Em todos os julgamentos em matéria penal ou processual penal em órgãos colegiados, havendo empate, prevalecerá a decisão mais favorável ao indivíduo imputado, proclamando-se de imediato esse resultado, ainda que, nas hipóteses de vaga aberta a ser preenchida, de impedimento, de suspeição ou de ausência, tenha sido o julgamento tomado sem a totalidade dos integrantes do colegiado.*

▶ § 1º com a redação dada pela Lei nº 14.836, de 8-4-2024.

§ 2º O acórdão será apresentado à conferência na primeira sessão seguinte à do julgamento, ou no prazo de duas sessões, pelo juiz incumbido de lavrá-lo.

Art. 616. No julgamento das apelações poderá o tribunal, câmara ou turma proceder a novo interrogatório do acusado, reinquirir testemunhas ou determinar outras diligências.

Art. 617. O tribunal, câmara ou turma atenderá nas suas decisões ao disposto nos artigos 383, 386 e 387, no que for aplicável, não podendo, porém, ser agravada a pena, quando somente o réu houver apelado da sentença.

▶ Súmulas nºs 160, 453 e 525 do STF.

Art. 618. Os regimentos dos Tribunais de Apelação estabelecerão as normas complementares para o processo e julgamento dos recursos e apelações.

CAPÍTULO VI
DOS EMBARGOS

Art. 619. Aos acórdãos proferidos pelos Tribunais de Apelação, câmaras ou turmas, poderão ser opostos embargos de declaração, no prazo de dois dias contado da sua publicação, quando houver na sentença ambiguidade, obscuridade, contradição ou omissão.

▶ Art. 382 deste Código.

▶ Arts. 538 a 549 do CPPM.

Art. 620. Os embargos de declaração serão deduzidos em requerimento de que constem os pontos em que o acórdão é ambíguo, obscuro, contraditório ou omisso.

§ 1º O requerimento será apresentado pelo relator e julgado, independentemente de revisão, na primeira sessão.

§ 2º Se não preenchidas as condições enumeradas neste artigo, o relator indeferirá desde logo o requerimento.

CAPÍTULO VII
DA REVISÃO

Art. 621. A revisão dos processos findos será admitida:

▶ Arts. 550 e 551 do CPPM.

▶ Art. 10 do Pacto de São José da Costa Rica.

I – quando a sentença condenatória for contrária ao texto expresso da lei penal ou à evidência dos autos;

II – quando a sentença condenatória se fundar em depoimentos, exames ou documentos comprovadamente falsos;

▶ Arts. 145 a 148 deste Código.

III – quando, após a sentença, se descobrirem novas provas de inocência do condenado ou de circunstância que determine ou autorize diminuição especial da pena.

Art. 622. A revisão poderá ser requerida em qualquer tempo, antes da extinção da pena ou após.

▶ Art. 552 do CPPM.

▶ Súmulas nºs 393 e 611 do STF.

Parágrafo único. Não será admissível a reiteração do pedido, salvo se fundado em novas provas.

Art. 623. A revisão poderá ser pedida pelo próprio réu ou por procurador legalmente habilitado ou, no caso de morte do réu, pelo cônjuge, ascendente, descendente ou irmão.

▶ Art. 553 do CPPM.

Art. 624. As revisões criminais serão processadas e julgadas:

▶ *Caput* com a redação dada pelo Dec.-lei nº 504, de 18-3-1969.

▶ Art. 554 do CPPM.

I – pelo Supremo Tribunal Federal, quanto às condenações por ele proferidas;

II – pelo Tribunal Federal de Recursos, Tribunais de Justiça ou de Alçada, nos demais casos.

▶ Incisos I e II com a redação dada pelo Dec.-lei nº 504, de 18-3-1969.

▶ Com o advento da Constituição Federal de 1988, extinguiu-se o TFR, sendo que o STJ absorveu toda a competência daquele Tribunal, conforme art. 105, I, *e*, da CF.

▶ Art. 4º da EC nº 45, de 8-12-2004, que determina a extinção dos Tribunais de Alçada.

§ 1º No Supremo Tribunal Federal e no Tribunal Federal de Recursos o processo e julgamento obedecerão ao que for estabelecido no respectivo regimento interno.

§ 2º Nos Tribunais de Justiça ou de Alçada, o julgamento será efetuado pelas câmaras ou turmas criminais, reunidas em sessão conjunta, quando houver mais de uma, e, no caso contrário, pelo tribunal pleno.

▶ Art. 4º da EC nº 45, de 8-12-2004, que determina a extinção dos Tribunais de Alçada.

§ 3º Nos tribunais onde houver quatro ou mais câmaras ou turmas criminais, poderão ser constituídos dois ou mais grupos de câmaras ou turmas para o julgamento de revisão, obedecido o que for estabelecido no respectivo regimento interno.

▶ §§ 1º a 3º acrescidos pelo Dec.-lei nº 504, de 18-3-1969.

Art. 625. O requerimento será distribuído a um relator e a um revisor, devendo funcionar como relator um desembargador que não tenha pronunciado decisão em qualquer fase do processo.

▶ Art. 555 do CPPM.

§ 1º O requerimento será instruído com a certidão de haver passado em julgado a sentença condenatória e com as peças necessárias à comprovação dos fatos arguidos.

§ 2º O relator poderá determinar que se apensem os autos originais, se daí não advier dificuldade à execução normal da sentença.

§ 3º Se o relator julgar insuficientemente instruído o pedido e inconveniente ao interesse da justiça que se apensem os autos originais, indeferi-lo-á *in limine*, dando recurso para as câmaras reunidas ou para o tribunal, conforme o caso (artigo 624, parágrafo único).

▶ A referência ao art. 624, parágrafo único, ficou prejudicada em face da redação dada a este artigo pelo Dec.-lei nº 504, de 18-3-1969.

§ 4º Interposto o recurso por petição e independentemente de termo, o relator apresentará o processo em mesa para o julgamento e o relatará, sem tomar parte na discussão.

§ 5º Se o requerimento não for indeferido *in limine*, abrir-se-á vista dos autos ao procurador-geral, que dará parecer no prazo de dez dias. Em seguida, examinados os autos, sucessivamente, em igual prazo, pelo relator e revisor, julgar-se-á o pedido na sessão que o presidente designar.

Art. 626. Julgando procedente a revisão, o tribunal poderá alterar a classificação da infração, absolver o réu, modificar a pena ou anular o processo.

▶ Art. 558 do CPPM.

Parágrafo único. De qualquer maneira, não poderá ser agravada a pena imposta pela decisão revista.

▶ Art. 617 deste Código.

▶ Súmulas nºs 160, 453 e 525 do STF.

Art. 627. A absolvição implicará o restabelecimento de todos os direitos perdidos em virtude da condenação, devendo o tribunal, se for caso, impor a medida de segurança cabível.

▶ Art. 559 do CPPM.

Art. 628. Os regimentos internos dos Tribunais de Apelação estabelecerão as normas complementares para o processo e julgamento das revisões criminais.

Art. 629. À vista da certidão do acórdão que cassar a sentença condenatória, o juiz mandará juntá-la imediatamente aos autos, para inteiro cumprimento da decisão.

▶ Art. 560 do CPPM.

Art. 630. O Tribunal, se o interessado o requerer, poderá reconhecer o direito a uma justa indenização pelos prejuízos sofridos.

▶ Art. 5º, LXXV, da CF.

▶ Art. 10 do Pacto de São José da Costa Rica.

§ 1º Por essa indenização, que será liquidada no juízo cível, responderá a União, se a condenação tiver sido proferida pela justiça do Distrito Federal ou de Território, ou o Estado, se o tiver sido pela respectiva justiça.

§ 2º A indenização não será devida:

a) se o erro ou a injustiça da condenação proceder de ato ou falta imputável ao próprio impetrante, como a confissão ou a ocultação de prova em seu poder;

b) se a acusação houver sido meramente privada.

Art. 631. Quando, no curso da revisão, falecer a pessoa, cuja condenação tiver de ser revista, o presidente do tribunal nomeará curador para a defesa.

▶ Art. 561 do CPPM.

CAPÍTULO VIII
DO RECURSO EXTRAORDINÁRIO

▶ Lei nº 8.038, de 28-5-1990, dispõe sobre as normas procedimentais para os processos que especifica, perante o STJ e o STF.

▶ Res. do STF nº 451, de 3-12-2010, dispõe sobre a aplicação da Lei nº 12.322, de 9-9-2010, para os recursos extraordinários e agravos sobre matéria penal e processual penal.

Arts. 632 a 636. *Revogados.* Lei nº 3.396, de 2-6-1958.

Art. 637. O recurso extraordinário não tem efeito suspensivo, e uma vez arrazoados pelo recorrido os autos do translado, os originais baixarão à primeira instância, para a execução da sentença.

Art. 638. O recurso extraordinário e o recurso especial serão processados e julgados no Supremo Tribunal Federal e no Superior Tribunal de Justiça na forma estabelecida por leis especiais, pela lei processual civil e pelos respectivos regimentos internos.

▶ Artigo com a redação dada pela Lei nº 13.964, de 24-12-2019.

CAPÍTULO IX
DA CARTA TESTEMUNHÁVEL

Art. 639. Dar-se-á carta testemunhável:

I – da decisão que denegar o recurso;

▶ Art. 581, XV, deste Código.

II – da que, admitindo embora o recurso, obstar à sua expedição e seguimento para o juízo *ad quem*.

Art. 640. A carta testemunhável será requerida ao escrivão, ou ao secretário do tribunal, conforme o caso, nas quarenta e oito horas seguintes ao despacho que denegar o recurso, indicando o requerente as peças do processo que deverão ser trasladadas.

Art. 641. O escrivão, ou o secretário do tribunal, dará recibo da petição à parte e, no prazo máximo de cinco dias, no caso de recurso no sentido estrito, ou de sessenta dias, no caso de recurso extraordinário, fará entrega da carta, devidamente conferida e concertada.

Art. 642. O escrivão, ou o secretário do tribunal, que se negar a dar o recibo, ou deixar de entregar, sob qualquer pretexto, o instrumento, será suspenso por trinta dias. O juiz, ou o presidente do Tribunal de Apelação, em face de representação do testemunhante, imporá a pena e mandará que seja extraído o instrumento, sob a mesma sanção, pelo substituto do escrivão ou do secretário do tribunal. Se o testemunhante não for atendido, poderá reclamar ao presidente do tribunal *ad quem*, que avocará os autos, para o efeito do julgamento do recurso e imposição da pena.

▶ Os Tribunais de Apelação, com a promulgação da CF/1946, passaram a ser denominados Tribunais de Justiça.

Art. 643. Extraído e autuado o instrumento, observar-se-á o disposto nos artigos 588 a 592, no caso de recurso em sentido estrito, ou o processo estabelecido para o recurso extraordinário, se deste se tratar.

Art. 644. O tribunal, câmara ou turma a que competir o julgamento da carta, se desta tomar conhecimento, mandará processar o recurso, ou, se estiver suficientemente instruída, decidirá logo, *de meritis*.

Art. 645. O processo da carta testemunhável na instância superior seguirá o processo do recurso denegado.

Art. 646. A carta testemunhável não terá efeito suspensivo.

CAPÍTULO X
DO *HABEAS CORPUS* E SEU PROCESSO

Art. 647. Dar-se-á *habeas corpus* sempre que alguém sofrer ou se achar na iminência de sofrer violência ou coação ilegal na sua liberdade de ir e vir, salvo nos casos de punição disciplinar.

▶ Arts. 5º, LXVIII, e 142, § 2º, da CF.

▶ Arts. 574, I, e 581, X, deste Código.

▶ Art. 466 do CPPM.

▶ Art. 7º do Pacto de São José da Costa Rica.

▶ Súmulas nºs 395 e 693 a 695 do STF.

***Art. 647-A.** No âmbito de sua competência jurisdicional, qualquer autoridade judicial poderá expedir de ofício ordem de habeas corpus, individual ou coletivo, quando, no curso de qualquer processo judicial, verificar que, por violação ao ordenamento jurídico, alguém sofre ou se acha ameaçado de sofrer violência ou coação em sua liberdade de locomoção.*

***Parágrafo único.** A ordem de habeas corpus poderá ser concedida de ofício pelo juiz ou pelo tribunal em processo de competência originária ou recursal, ainda que não conhecidos a ação ou o recurso em que veiculado o pedido de cessação de coação ilegal.*

▶ Art. 647-A acrescido pela Lei nº 14.836, de 8-4-2024.

Art. 648. A coação considerar-se-á ilegal:

▶ Arts. 467 e 468 do CPPM.

I – quando não houver justa causa;

▶ Art. 395, III, deste Código.

II – quando alguém estiver preso por mais tempo do que determina a lei;

▶ Arts. 10, *caput*, e 46, *caput*, deste Código.

III – quando quem ordenar a coação não tiver competência para fazê-lo;

▶ Arts. 69 a 87 deste Código.

IV – quando houver cessado o motivo que autorizou a coação;

V – quando não for alguém admitido a prestar fiança, nos casos em que a lei a autoriza;

▶ Arts. 321 a 350, 581, V, e 660, § 3º, deste Código.

VI – quando o processo for manifestamente nulo;

▶ Arts. 563 a 573 deste Código.

VII – quando extinta a punibilidade.

▶ Art. 107 do CP.

Art. 649. O juiz ou o tribunal, dentro dos limites da sua jurisdição, fará passar imediatamente a ordem impetrada, nos casos em que tenha cabimento, seja qual for a autoridade coatora.

Art. 650. Competirá conhecer, originariamente, do pedido de *habeas corpus*:

▶ Art. 469 do CPPM.

I – ao Supremo Tribunal Federal, nos casos previstos no artigo 101, I, *g*, da Constituição;

▶ Art. 102, I, *d* e *i*, da CF.

II – aos Tribunais de Apelação, sempre que os atos de violência ou coação forem atribuídos aos governadores ou interventores dos Estados ou Territórios e ao prefeito do Distrito Federal, ou a seus secretários, ou aos chefes de Polícia.

§ 1º A competência do juiz cessará sempre que a violência ou coação provier de autoridade judiciária de igual ou superior jurisdição.

▶ Súm. nº 606 do STF.

§ 2º Não cabe o *habeas corpus* contra a prisão administrativa, atual ou iminente, dos responsáveis por dinheiro ou valor pertencente à Fazenda Pública, alcançados ou omissos em fazer o seu recolhimento nos prazos legais, salvo se o pedido for acompanhado de prova de quitação ou de depósito do alcance verificado, ou se a prisão exceder o prazo legal.

▶ Art. 5º, LXI, da CF.

Art. 651. A concessão do *habeas corpus* não obstará, nem porá termo ao processo, desde que este não esteja em conflito com os fundamentos daquela.

▶ Art. 476 do CPPM.

Art. 652. Se o *habeas corpus* for concedido em virtude de nulidade do processo, este será renovado.

▶ Arts. 563 a 573 deste Código.

▶ Art. 477 do CPPM.

Art. 653. Ordenada a soltura do paciente em virtude de *habeas corpus*, será condenada nas custas a autoridade que, por má-fé ou evidente abuso de poder, tiver determinado a coação.

▶ Lei nº 13.869, de 5-9-2019 (Lei do Abuso de Autoridade).

Parágrafo único. Neste caso, será remetida ao Ministério Público cópia das peças necessárias para ser promovida a responsabilidade da autoridade.

▶ Art. 40 deste Código.

Art. 654. O *habeas corpus* poderá ser impetrado por qualquer pessoa, em seu favor ou de outrem, bem como pelo Ministério Público.

▶ Art. 5º, LXXVII, da CF.

▶ Art. 470 do CPPM.

§ 1º A petição de *habeas corpus* conterá:

▶ Art. 662 deste Código.

▶ Art. 471 do CPPM.

a) o nome da pessoa que sofre ou está ameaçada de sofrer violência ou coação e o de quem exercer a violência, coação ou ameaça;

b) a declaração da espécie de constrangimento ou, em caso de simples ameaça de coação, as razões em que funda o seu temor;

c) a assinatura do impetrante, ou de alguém a seu rogo, quando não souber ou não puder escrever, e a designação das respectivas residências.

§ 2º Os juízes e os tribunais têm competência para expedir de ofício ordem de *habeas corpus*, quando no curso de processo verificarem que alguém sofre ou está na iminência de sofrer coação ilegal.

Art. 655. O carcereiro ou o diretor da prisão, o escrivão, o oficial de justiça ou a autoridade judiciária ou policial que embaraçar ou procrastinar a expedição de ordem de *habeas corpus*, as informações sobre a causa da prisão, a condução e apresentação do paciente, ou a sua soltura, será multado na quantia de duzentos mil-réis a um conto de réis, sem prejuízo das penas em que incorrer. As multas serão impostas pelo juiz do tribunal que julgar o *habeas corpus*, salvo quando se tratar de autoridade judiciária, caso em que caberá ao Supremo Tribunal Federal ou ao Tribunal de Apelação impor as multas.

- Os Tribunais de Apelação, com a promulgação da CF/1946, passaram a ser denominados Tribunais de Justiça.
- Art. 480 do CPPM.

Art. 656. Recebida a petição de *habeas corpus*, o juiz, se julgar necessário, e estiver preso o paciente, mandará que este lhe seja imediatamente apresentado em dia e hora que designar.

- Art. 474 do CPPM.
- Art. 7º, 5, do Pacto de São José da Costa Rica.

Parágrafo único. Em caso de desobediência, será expedido mandado de prisão contra o detentor, que será processado na forma da lei, e o juiz providenciará para que o paciente seja tirado da prisão e apresentado em juízo.

- Art. 330 do CP.

Art. 657. Se o paciente estiver preso, nenhum motivo escusará a sua apresentação, salvo:

- Art. 475 do CPPM.

I – grave enfermidade do paciente;
II – não estar ele sob a guarda da pessoa a quem se atribui a detenção;
III – se o comparecimento não tiver sido determinado pelo juiz ou pelo tribunal.

Parágrafo único. O juiz poderá ir ao local em que o paciente se encontrar, se este não puder ser apresentado por motivo de doença.

Art. 658. O detentor declarará à ordem de quem o paciente estiver preso.

- Art. 472, § 1º, do CPPM.

Art. 659. Se o juiz ou o tribunal verificar que já cessou a violência ou coação ilegal, julgará prejudicado o pedido.

Art. 660. Efetuadas as diligências, e interrogado o paciente, o juiz decidirá, fundamentadamente, dentro de vinte e quatro horas.

§ 1º Se a decisão for favorável ao paciente, será logo posto em liberdade, salvo se por outro motivo dever ser mantido na prisão.

§ 2º Se os documentos que instruírem a petição evidenciarem a ilegalidade da coação, o juiz ou o tribunal ordenará que cesse imediatamente o constrangimento.

- Súm. nº 431 do STF.

§ 3º Se a ilegalidade decorrer do fato de não ter sido o paciente admitido a prestar fiança, o juiz arbitrará o valor desta, que poderá ser prestada perante ele, remetendo, neste caso, à autoridade os respectivos autos, para serem anexados aos do inquérito policial ou aos do processo judicial.

- Art. 648, V, deste Código.

§ 4º Se a ordem de *habeas corpus* for concedida para evitar ameaça de violência ou coação ilegal, dar-se-á ao paciente salvo-conduto assinado pelo juiz.

- Art. 479 do CPPM.

§ 5º Será incontinenti enviada cópia da decisão à autoridade que tiver ordenado a prisão ou tiver o paciente à sua disposição, a fim de juntar-se aos autos do processo.

§ 6º Quando o paciente estiver preso em lugar que não seja o da sede do juízo ou do tribunal que conceder a ordem, o alvará de soltura será expedido pelo telégrafo, se houver, observadas as formalidades estabelecidas no artigo 289, parágrafo único, *in fine*, ou por via postal.

Art. 661. Em caso de competência originária do Tribunal de Apelação, a petição de *habeas corpus* será apresentada ao secretário, que a enviará imediatamente ao presidente do tribunal, ou da câmara criminal, ou da turma, que estiver reunida, ou primeiro tiver de reunir-se.

- Os Tribunais de Apelação, com a promulgação da CF/1946, passaram a ser denominados Tribunais de Justiça.

Art. 662. Se a petição contiver os requisitos do artigo 654, § 1º, o presidente, se necessário, requisitará da autoridade indicada como coatora informações por escrito. Faltando, porém, qualquer daqueles requisitos, o presidente mandará preenchê-lo, logo que lhe for apresentada a petição.

Art. 663. As diligências do artigo anterior não serão ordenadas, se o presidente entender que o *habeas corpus* deva ser indeferido *in limine*. Nesse caso, levará a petição ao tribunal, câmara ou turma, para que delibere a respeito.

Art. 664. Recebidas as informações, ou dispensadas, o *habeas corpus* será julgado na primeira sessão, podendo, entretanto, adiar-se o julgamento para a sessão seguinte.

Parágrafo único. A decisão será tomada por maioria de votos. Havendo empate, se o presidente não tiver tomado parte na votação, proferirá voto de desempate; no caso contrário, prevalecerá a decisão mais favorável ao paciente.

- Art. 615, § 1º, deste Código.

Art. 665. O secretário do tribunal lavrará a ordem que, assinada pelo presidente do tribunal, câmara ou turma, será dirigida, por ofício ou telegrama, ao detentor, ao carcereiro ou autoridade que exercer ou ameaçar exercer o constrangimento.

Parágrafo único. A ordem transmitida por telegrama obedecerá ao disposto no artigo 289, parágrafo único, *in fine*.

Art. 666. Os regimentos dos Tribunais de Apelação estabelecerão as normas complementares para o processo e julgamento do pedido de *habeas corpus* de sua competência originária.

Art. 667. No processo e julgamento do *habeas corpus* de competência originária do Supremo Tribunal Federal, bem como nos de recurso das decisões de última ou única instância, denegatórias de *habeas corpus*, observar-se-á, no que lhes for aplicável, o disposto nos artigos anteriores, devendo o regimento interno do tribunal estabelecer as regras complementares.

LIVRO IV – DA EXECUÇÃO

- Lei nº 7.210, de 11-7-1984 – LEP, passou a regular o Livro IV do CPP.

TÍTULO I – DISPOSIÇÕES GERAIS

Art. 668. A execução, onde não houver juiz especial, incumbirá ao juiz da sentença, ou, se a decisão for do Tribunal do Júri, ao seu presidente.

Parágrafo único. Se a decisão for de tribunal superior, nos casos de sua competência originária, caberá ao respectivo presidente prover-lhe a execução.

Art. 669. Só depois de passar em julgado, será exequível a sentença, salvo:

- Art. 105 da LEP.

I – quando condenatória, para o efeito de sujeitar o réu a prisão, ainda no caso de crime afiançável, enquanto não for prestada a fiança;
II – quando absolutória, para o fim de imediata soltura do réu, desde que não proferida em processo por crime a que a lei comine pena de reclusão, no máximo, por tempo igual ou superior a oito anos.

Art. 670. No caso de decisão absolutória confirmada ou proferida em grau de apelação, incumbirá ao relator fazer expedir o alvará de soltura, de que dará imediatamente conhecimento ao juiz de primeira instância.

Art. 671. Os incidentes da execução serão resolvidos pelo respectivo juiz.

Art. 672. Computar-se-á na pena privativa da liberdade o tempo:

I – de prisão preventiva no Brasil ou no estrangeiro;
II – de prisão provisória no Brasil ou no estrangeiro;
III – de internação em hospital ou manicômio.

Art. 673. Verificado que o réu, pendente a apelação por ele interposta, já sofreu prisão por tempo igual ao da pena a que foi condenado, o relator do feito mandará pô-lo imediatamente em liberdade, sem prejuízo do julgamento do recurso, salvo se, no caso de crime a que a lei comine pena de reclusão, no máximo, por tempo igual ou superior a oito anos, o querelante ou o Ministério Público também houver apelado da sentença condenatória.

TÍTULO II – DA EXECUÇÃO DAS PENAS EM ESPÉCIE

CAPÍTULO I – DAS PENAS PRIVATIVAS DE LIBERDADE

- Arts. 105 a 146 da LEP.

Art. 674. Transitando em julgado a sentença que impuser pena privativa de liberdade, se o réu já estiver preso, ou vier a ser preso, o juiz ordenará a expedição de carta de guia para o cumprimento da pena.

Parágrafo único. Na hipótese do artigo 82, última parte, a expedição da carta de guia será ordenada pelo juiz competente para a soma ou unificação das penas.

Art. 675. No caso de ainda não ter sido expedido mandado de prisão, por tratar-se de infração penal em que o réu se livra solto ou por estar afiançado, o juiz, ou o presidente da câmara ou tribunal, se tiver havido recurso, fará expedir o mandado de prisão, logo que transite em julgado a sentença condenatória.

§ 1º No caso de reformada pela superior instância, em grau de recurso, a sentença absolutória, estando o réu solto, o presidente da câmara ou do tribunal fará, logo após a sessão de julgamento, remeter ao chefe de Polícia o mandado de prisão do condenado.

§ 2º Se o réu estiver em prisão especial, deverá, ressalvado o disposto na legislação relativa aos militares, ser expedida ordem para sua imediata remoção para prisão comum, até que se verifique a expedição de carta de guia para o cumprimento da pena.

Art. 676. A carta de guia, extraída pelo escrivão e assinada pelo juiz, que a rubricará em todas as folhas, será remetida ao diretor do estabelecimento em que tenha de ser cumprida a sentença condenatória, e conterá:

I – o nome do réu e a alcunha por que for conhecido;

II – a sua qualificação civil (naturalidade, filiação, idade, estado, profissão), instrução e, se constar, número do registro geral do Instituto de Identificação e Estatística ou de repartição congênere;

III – o teor integral da sentença condenatória e a data da terminação da pena.

Parágrafo único. Expedida carta de guia para cumprimento de uma pena, se o réu estiver cumprindo outra, só depois de terminada a execução desta será aquela executada. Retificar-se-á a carta de guia sempre que sobrevenha modificação quanto ao início da execução ou ao tempo de duração da pena.

Art. 677. Da carta de guia e seus aditamentos se remeterá cópia ao Conselho Penitenciário.

Art. 678. O diretor do estabelecimento, em que o réu tiver de cumprir a pena, passará recibo da carta de guia para juntar-se aos autos do processo.

Art. 679. As cartas de guia serão registradas em livro especial, segundo a ordem cronológica do recebimento, fazendo-se no curso da execução as anotações necessárias.

Art. 680. Computar-se-á no tempo da pena o período em que o condenado, por sentença irrecorrível, permanecer preso em estabelecimento diverso do destinado ao cumprimento dela.

Art. 681. Se impostas cumulativamente penas privativas da liberdade, será executada primeiro a de reclusão, depois a de detenção e por último a de prisão simples.

Art. 682. O sentenciado a que sobrevier doença mental, verificada por perícia médica, será internado em manicômio judiciário, ou, à falta, em outro estabelecimento adequado, onde lhe seja assegurada a custódia.

▶ Art. 154 deste Código.

§ 1º Em caso de urgência, o diretor do estabelecimento penal poderá determinar a remoção do sentenciado, comunicando imediatamente a providência ao juiz, que, em face da perícia médica, ratificará ou revogará a medida.

§ 2º Se a internação se prolongar até o término do prazo restante da pena e não houver sido imposta medida de segurança detentiva, o indivíduo terá o destino aconselhado pela sua enfermidade, feita a devida comunicação ao juiz de incapazes.

Art. 683. O diretor da prisão a que o réu tiver sido recolhido provisoriamente ou em cumprimento de pena comunicará imediatamente ao juiz o óbito, a fuga ou a soltura do detido ou sentenciado para que fique constando dos autos.

Parágrafo único. A certidão de óbito acompanhará a comunicação.

Art. 684. A recaptura do réu evadido não depende de prévia ordem judicial e poderá ser efetuada por qualquer pessoa.

Art. 685. Cumprida ou extinta a pena, o condenado será posto, imediatamente, em liberdade, mediante alvará do juiz, no qual se ressalvará a hipótese de dever o condenado continuar na prisão por outro motivo legal.

Parágrafo único. Se tiver sido imposta medida de segurança detentiva, o condenado será removido para estabelecimento adequado (artigo 762).

CAPÍTULO II
DAS PENAS PECUNIÁRIAS

▶ Arts. 164 a 170 da LEP.

Art. 686. A pena de multa será paga dentro em dez dias após haver transitado em julgado a sentença que a impuser.

Parágrafo único. Se interposto recurso da sentença, esse prazo será contado do dia em que o juiz ordenar o cumprimento da decisão da superior instância.

Art. 687. O juiz poderá, desde que o condenado o requeira:

I – prorrogar o prazo do pagamento da multa até três meses, se as circunstâncias justificarem essa prorrogação;

II – permitir, nas mesmas circunstâncias, que o pagamento se faça em parcelas mensais, no prazo que fixar, mediante caução real ou fidejussória, quando necessário.

▶ Inciso II com a redação dada pela Lei nº 6.416, de 24-5-1977.

§ 1º O requerimento, tanto no caso do nº I, como no do nº II, será feito dentro do decêndio concedido para o pagamento da multa.

§ 2º A permissão para o pagamento em parcelas será revogada, se o juiz verificar que o condenado dela se vale para fraudar a execução da pena. Nesse caso, a caução resolver-se-á em valor monetário, devolvendo-se ao condenado o que exceder à satisfação da multa e das custas processuais.

Art. 688. Findo o decêndio ou a prorrogação sem que o condenado efetue o pagamento, ou ocorrendo a hipótese prevista no § 2º do artigo anterior, observar-se-á o seguinte:

I – possuindo o condenado bens sobre os quais possa recair a execução, será extraída certidão da sentença condenatória, a fim de que o Ministério Público proceda à cobrança judicial;

II – sendo o condenado insolvente, far-se-á a cobrança:

a) mediante desconto de quarta parte de sua remuneração (artigos 29, § 1º, e 37 do Código Penal), quando cumprir pena privativa da liberdade, cumulativamente imposta com a de multa;

▶ Referência feita a dispositivos da antiga Parte Geral do CP, revogada pela Lei nº 7.209, de 11-7-1984. Tratam da matéria os arts. 34, § 1º, e 50 do CP.

b) mediante desconto em seu vencimento ou salário, se, cumprida a pena privativa da liberdade, ou concedido o livramento condicional, a multa não houver sido resgatada;

c) mediante esse desconto, se a multa for a única pena imposta ou no caso de suspensão condicional da pena.

§ 1º O desconto, nos casos das letras *b* e *c*, será feito mediante ordem ao empregador, à repartição competente ou à administração da entidade paraestatal, e, antes de fixá-lo, o juiz requisitará informações e ordenará diligências, inclusive arbitramento, quando necessário, para observância do artigo 37, § 3º, do Código Penal.

▶ Referência feita a dispositivo da antiga Parte Geral do CP, revogada pela Lei nº 7.209, de 11-7-1984. Trata da matéria o art. 50, § 2º, do CP.

§ 2º Sob pena de desobediência e sem prejuízo da execução a que ficará sujeito, o empregador será intimado a recolher mensalmente, até o dia fixado pelo juiz, a importância correspondente ao desconto, em selo penitenciário, que será inutilizado nos autos pelo juiz.

§ 3º Se o condenado for funcionário estadual ou municipal ou empregado de entidade paraestatal, a importância do desconto será, semestralmente, recolhida ao Tesouro Nacional, delegacia fiscal ou coletoria federal, como receita do selo penitenciário.

§ 4º As quantias descontadas em folha de pagamento de funcionário federal constituirão renda do selo penitenciário.

Art. 689. A multa será convertida, à razão de dez mil-réis por dia, em detenção ou prisão simples, no caso de crime ou de contravenção:

I – se o condenado solvente frustrar o pagamento da multa;

II – se não forem pagas pelo condenado solvente as parcelas mensais autorizadas sem garantia.

▶ Inciso II com a redação dada pela Lei nº 6.416, de 24-5-1977.

§ 1º Se o juiz reconhecer desde logo a existência de causa para a conversão, a ela procederá de ofício ou a requerimento do Ministério Público, independentemente de audiência do condenado; caso contrário, depois de ouvir o condenado, se encontrado no lugar da sede do juízo, poderá admitir a apresentação de prova pelas partes, inclusive testemunhal, no prazo de três dias.

§ 2º O juiz, desde que transite em julgado a decisão, ordenará a expedição de mandado de prisão ou aditamento à carta de guia, conforme esteja o condenado solto ou em cumprimento de pena privativa da liberdade.

§ 3º Na hipótese do inciso II deste artigo, a conversão será feita pelo valor das parcelas não pagas.

▶ § 3º com a redação dada pela Lei nº 6.416, de 24-5-1977.

▶ Art. 51 do CP.

Art. 690. O juiz tornará sem efeito a conversão, expedindo alvará de soltura ou cassando a ordem de prisão, se o condenado, em qualquer tempo:

I – pagar a multa;

II – prestar caução real ou fidejussória que lhe assegure o pagamento.

Parágrafo único. No caso do nº II, antes de homologada a caução, será ouvido o Ministério Público dentro do prazo de dois dias.

CAPÍTULO III
DAS PENAS ACESSÓRIAS

Art. 691. O juiz dará à autoridade administrativa competente conhecimento da sentença transitada em julgado, que impuser ou de que resultar a perda da função pública ou a incapacidade temporária para investidura em função pública ou para exercício de profissão ou atividade.

Art. 692. No caso de incapacidade temporária ou permanente para o exercício do pátrio poder, da tutela ou da curatela, o juiz providenciará para que sejam acautelados, no juízo competente, a pessoa e os bens do menor ou do interdito.

► A Lei nº 10.406, de 10-1-2002 (Código Civil) substituiu a expressão "pátrio poder" por "poder familiar".

Art. 693. A incapacidade permanente ou temporária para o exercício da autoridade marital ou do pátrio poder será averbada no registro civil.

► A Lei nº 10.406, de 10-1-2002 (Código Civil) substituiu a expressão "pátrio poder" por "poder familiar".

Art. 694. As penas acessórias consistentes em interdições de direitos serão comunicadas ao Instituto de Identificação e Estatística ou estabelecimento congênere, figurarão na folha de antecedentes do condenado e serão mencionadas no rol de culpados.

Art. 695. Iniciada a execução das interdições temporárias (artigo 72, *a* e *b*, do Código Penal), o juiz, de ofício, a requerimento do Ministério Público ou do condenado, fixará o seu termo final, completando as providências determinadas nos artigos anteriores.

► Referência feita a dispositivo original do CP. A nova Parte Geral não tem correspondente.

TÍTULO III – DOS INCIDENTES DA EXECUÇÃO

CAPÍTULO I
DA SUSPENSÃO CONDICIONAL DA PENA

► Arts. 77 a 82 do CP.
► Arts. 156 a 163 da LEP.

Art. 696. O juiz poderá suspender, por tempo não inferior a dois nem superior a seis anos, a execução das penas de reclusão e de detenção que não excedam a dois anos, ou, por tempo não inferior a um nem superior a três anos, a execução da pena de prisão simples, desde que o sentenciado:

► *Caput* com a redação dada pela Lei nº 6.416, de 24-5-1977.

I – não haja sofrido, no País ou no estrangeiro, condenação irrecorrível por outro crime a pena privativa da liberdade, salvo o disposto no parágrafo único do artigo 46 do Código Penal;

► Inciso I com a redação dada pela Lei nº 6.416, de 24-5-1977.
► Referência feita a dispositivo da antiga Parte Geral do CP, revogada pela Lei nº 7.209, de 11-7-1984. Trata da matéria atualmente o art. 64, I, do CP.

II – os antecedentes e a personalidade do sentenciado, os motivos e as circunstâncias do crime autorizem a presunção de que não tornará a delinquir.

Parágrafo único. Processado o beneficiário por outro crime ou contravenção, considerar-se-á prorrogado o prazo da suspensão da pena até o julgamento definitivo.

Art. 697. O juiz ou tribunal, na decisão que aplicar pena privativa da liberdade não superior a dois anos, deverá pronunciar-se, motivadamente, sobre a suspensão condicional, quer a conceda quer a denegue.

► Artigo com a redação dada pela Lei nº 6.416, de 24-5-1977.

Art. 698. Concedida a suspensão, o juiz especificará as condições a que fica sujeito o condenado, pelo prazo previsto, começando este a correr da audiência em que se der conhecimento da sentença ao beneficiário e lhe for entregue documento similar ao descrito no artigo 724.

► *Caput* com a redação dada pela Lei nº 6.416, de 24-5-1977.

§ 1º As condições serão adequadas ao delito e à personalidade do condenado.

§ 2º Poderão ser impostas, além das estabelecidas no artigo 767, como normas de conduta e obrigações, as seguintes condições:

I – frequentar curso de habilitação profissional ou de instrução escolar;

II – prestar serviços em favor da comunidade;

III – atender aos encargos de família;

IV – submeter-se a tratamento de desintoxicação.

§ 3º O juiz poderá fixar, a qualquer tempo, de ofício ou a requerimento do Ministério Público, outras condições além das especificadas na sentença e das referidas no parágrafo anterior, desde que as circunstâncias o aconselhem.

§ 4º A fiscalização do cumprimento das condições deverá ser regulada, nos Estados, Territórios e Distrito Federal, por normas supletivas e atribuída a serviço social penitenciário, patronato, conselho de comunidade ou entidades similares, inspecionadas pelo Conselho Penitenciário, pelo Ministério Público ou ambos, devendo o juiz da execução na comarca suprir, por ato, a falta das normas supletivas.

§ 5º O beneficiário deverá comparecer periodicamente à entidade fiscalizadora, para comprovar a observância das condições a que está sujeito, comunicando, também, a sua ocupação, os salários ou proventos de que vive, as economias que conseguiu realizar e as dificuldades materiais ou sociais que enfrenta.

§ 6º A entidade fiscalizadora deverá comunicar imediatamente ao órgão de inspeção, para os fins legais (artigos 730 e 731), qualquer fato capaz de acarretar a revogação do benefício, a prorrogação do prazo ou a modificação das condições.

§ 7º Se for permitido ao beneficiário mudar-se, será feita comunicação ao juiz e à entidade fiscalizadora do local da nova residência, aos quais deverá apresentar-se imediatamente.

► §§ 1º a 7º acrescidos pela Lei nº 6.416, de 24-5-1977.

Art. 699. No caso de condenação pelo Tribunal do Júri, a suspensão condicional da pena competirá ao seu presidente.

Art. 700. A suspensão não compreende a multa, as penas acessórias, os efeitos da condenação nem as custas.

Art. 701. O juiz, ao conceder a suspensão, fixará, tendo em conta as condições econômicas ou profissionais do réu, o prazo para o pagamento, integral ou em prestações, das custas do processo e taxa penitenciária.

Art. 702. Em caso de coautoria, a suspensão poderá ser concedida a uns e negada a outros réus.

Art. 703. O juiz que conceder a suspensão lerá ao réu, em audiência, a sentença respectiva, e o advertirá das consequências de nova infração penal e da transgressão das obrigações impostas.

Art. 704. Quando for concedida a suspensão pela superior instância, a esta caberá estabelecer-lhe as condições, podendo a audiência ser presidida por qualquer membro do tribunal ou câmara, pelo juiz do processo ou por outro designado pelo presidente do tribunal ou câmara.

Art. 705. Se, intimado pessoalmente ou por edital com prazo de vinte dias, o réu não comparecer à audiência a que se refere o artigo 703, a suspensão ficará sem efeito e será executada imediatamente a pena, salvo prova de justo impedimento, caso em que será marcada nova audiência.

Art. 706. A suspensão também ficará sem efeito se, em virtude de recurso, for aumentada a pena de modo que exclua a concessão do benefício.

► Artigo com a redação dada pela Lei nº 6.416, de 24-5-1977.

Art. 707. A suspensão será revogada se o beneficiário:

I – é condenado, por sentença irrecorrível, a pena privativa da liberdade;

II – frustra, embora solvente, o pagamento da multa, ou não efetua, sem motivo justificado, a reparação do dano.

Parágrafo único. O juiz poderá revogar a suspensão, se o beneficiário deixa de cumprir qualquer das obrigações constantes da sentença, de observar proibições inerentes à pena acessória, ou é irrecorrivelmente condenado a pena que não seja privativa da liberdade; se não a revogar, deverá advertir o beneficiário, ou exacerbar as condições ou, ainda, prorrogar o período da suspensão até o máximo, se esse limite não foi o fixado.

► Art. 707 com a redação dada pela Lei nº 6.416, de 24-5-1977.

Art. 708. Expirado o prazo de suspensão ou a prorrogação, sem que tenha ocorrido motivo de revogação, a pena privativa de liberdade será declarada extinta.

Parágrafo único. O juiz, quando julgar necessário, requisitará, antes do julgamento, nova folha de antecedentes do beneficiário.

Art. 709. A condenação será inscrita, com a nota de suspensão, em livros especiais do Instituto de Identificação e Estatística, ou repartição congênere, averbando-se, mediante comunicação do juiz ou do tribunal, a revogação da suspensão ou a extinção da pena. Em caso de revogação, será feita a averbação definitiva no registro geral.

§ 1º Nos lugares onde não houver Instituto de Identificação e Estatística ou repartição congênere, o registro e a averbação serão feitos em livro próprio no juízo ou no tribunal.

§ 2º O registro será secreto, salvo para efeito de informações requisitadas por autoridade judiciária, no caso de novo processo.

§ 3º Não se aplicará o disposto no § 2º, quando houver sido imposta ou resultar de condenação pena acessória consistente em interdição de direitos.

CAPÍTULO II
DO LIVRAMENTO CONDICIONAL

► Arts. 83 a 90 do CP.
► Arts. 131 a 146 da LEP.

Art. 710. O livramento condicional poderá ser concedido ao condenado a pena privativa da liberdade igual ou superior a dois anos, desde que se verifiquem as condições seguintes:

► *Caput* com a redação dada pela Lei nº 6.416, de 24-5-1977.

I – cumprimento de mais da metade da pena, ou mais de três quartos, se reincidente o sentenciado;

► Inciso I com a redação dada pela Lei nº 6.416, de 24-5-1977.

II – ausência ou cessação de periculosidade;
III – bom comportamento durante a vida carcerária;
IV – aptidão para prover à própria subsistência mediante trabalho honesto;
V – reparação do dano causado pela infração, salvo impossibilidade de fazê-lo.

► Inciso V com a redação dada pela Lei nº 6.416, de 24-5-1977.

Art. 711. As penas que correspondem a infrações diversas podem somar-se, para efeito do livramento.

► Artigo com a redação dada pela Lei nº 6.416, de 24-5-1977.

Art. 712. O livramento condicional poderá ser concedido mediante requerimento do sentenciado, de seu cônjuge ou de parente em linha reta, ou por proposta do diretor do estabelecimento penal, ou por iniciativa do Conselho Penitenciário.

► *Caput* com a redação dada pelo Dec.-lei nº 6.109, de 16-12-1943.

Parágrafo único. No caso do artigo anterior, a concessão do livramento competirá ao juiz da execução da pena que o condenado estiver cumprindo.

Art. 713. As condições de admissibilidade, conveniência e oportunidade da concessão do livramento serão verificadas pelo Conselho Penitenciário, a cujo parecer não ficará, entretanto, adstrito o juiz.

Art. 714. O diretor do estabelecimento penal remeterá ao Conselho Penitenciário minucioso relatório sobre:

I – o caráter do sentenciado, revelado pelos seus antecedentes e conduta na prisão;
II – o procedimento do liberando na prisão, sua aplicação ao trabalho e seu trato com os companheiros e funcionários do estabelecimento;
III – suas relações, quer com a família, quer com estranhos;
IV – seu grau de instrução e aptidão profissional, com a indicação dos serviços em que haja sido empregado e da especialização anterior ou adquirida na prisão;
V – sua situação financeira, e seus propósitos quanto ao seu futuro meio de vida, juntando o diretor, quando dada por pessoa idônea, promessa escrita de colocação do liberando, com indicação do serviço e do salário.

Parágrafo único. O relatório será, dentro do prazo de quinze dias, remetido ao Conselho, com o prontuário do sentenciado, e, na falta, o Conselho opinará livremente, comunicando à autoridade competente a omissão do diretor da prisão.

Art. 715. Se tiver sido imposta medida de segurança detentiva, o livramento não poderá ser concedido sem que se verifique, mediante exame das condições do sentenciado, a cessação da periculosidade.

Parágrafo único. Consistindo a medida de segurança em internação em casa de custódia e tratamento, proceder-se-á a exame mental do sentenciado.

Art. 716. A petição ou a proposta de livramento será remetida ao juiz ou ao tribunal por ofício do presidente do Conselho Penitenciário, com a cópia do respectivo parecer e do relatório do diretor da prisão.

§ 1º Para emitir parecer, o Conselho poderá determinar diligências e requisitar os autos do processo.

§ 2º O juiz ou o tribunal mandará juntar a petição ou a proposta, com o ofício ou documento que a acompanhar, aos autos do processo, e proferirá sua decisão, previamente ouvido o Ministério Público.

Art. 717. Na ausência da condição prevista no artigo 710, I, o requerimento será liminarmente indeferido.

Art. 718. Deferido o pedido, o juiz, ao especificar as condições a que ficará subordinado o livramento, atenderá ao disposto no artigo 698, §§ 1º, 2º e 5º.

§ 1º Se for permitido ao liberado residir fora da jurisdição do juiz da execução, remeter-se-á cópia da sentença do livramento à autoridade judiciária do lugar para onde ele se houver transferido, e à entidade de observação cautelar e proteção.

§ 2º O liberado será advertido da obrigação de apresentar-se imediatamente à autoridade judiciária e à entidade de observação cautelar e proteção.

► Arts. 717 e 718 com a redação dada pela Lei nº 6.416, de 24-5-1977.

Art. 719. O livramento ficará também subordinado à obrigação de pagamento das custas do processo e da taxa penitenciária, salvo caso de insolvência comprovada.

Parágrafo único. O juiz poderá fixar o prazo para o pagamento integral ou em prestações, tendo em consideração as condições econômicas ou profissionais do liberado.

Art. 720. A forma de pagamento da multa, ainda não paga pelo liberando, será determinada de acordo com o disposto no artigo 688.

Art. 721. Reformada a sentença denegatória do livramento, os autos baixarão ao juiz da primeira instância, a fim de que determine as condições que devam ser impostas ao liberando.

Art. 722. Concedido o livramento, será expedida carta de guia, com a cópia integral da sentença em duas vias, remetendo-se uma ao diretor do estabelecimento penal e outra ao presidente do Conselho Penitenciário.

Art. 723. A cerimônia do livramento condicional será realizada solenemente, em dia marcado pela autoridade que deva presidi-la, observando-se o seguinte:

I – a sentença será lida ao liberando, na presença dos demais presos, salvo motivo relevante, pelo presidente do Conselho Penitenciário, ou pelo seu representante junto ao estabelecimento penal, ou, na falta, pela autoridade judiciária local;
II – o diretor do estabelecimento penal chamará a atenção do liberando para as condições impostas na sentença de livramento;
III – o preso declarará se aceita as condições.

§ 1º De tudo, em livro próprio, se lavrará termo, subscrito por quem presidir a cerimônia, e pelo liberando, ou alguém a seu rogo, se não souber ou não puder escrever.

§ 2º Desse termo, se remeterá cópia ao juiz do processo.

Art. 724. Ao sair da prisão o liberado, ser-lhe-á entregue, além do saldo do seu pecúlio e do que lhe pertencer, uma caderneta que exibirá à autoridade judiciária ou administrativa sempre que lhe for exigido. Essa caderneta conterá:

I – a reprodução da ficha de identidade, ou o retrato do liberado, sua qualificação e sinais característicos;
II – o texto impresso dos artigos do presente capítulo;
III – as condições impostas ao liberado;
IV – a pena acessória a que esteja sujeito.

► Inciso IV com a redação dada pela Lei nº 6.416, de 24-5-1977.

§ 1º Na falta de caderneta, será entregue ao liberado um salvo-conduto, em que constem as condições do livramento e a pena acessória, podendo substituir-se a ficha de identidade ou o retrato do liberado pela descrição dos sinais que possam identificá-lo.

§ 2º Na caderneta e no salvo-conduto deve haver espaço para consignar o cumprimento das condições referidas no artigo 718.

► §§ 1º e 2º acrescidos pela Lei nº 6.416, de 24-5-1977.

Art. 725. A observação cautelar e proteção realizadas por serviço social penitenciário, patronato, conselho de comunidade ou entidades similares, terá a finalidade de:

I – fazer observar o cumprimento da pena acessória, bem como das condições especificadas na sentença concessiva do benefício;
II – proteger o beneficiário, orientando-o na execução de suas obrigações e auxiliando-o na obtenção de atividade laborativa.

Parágrafo único. As entidades encarregadas de observação cautelar e proteção do liberado apresentarão relatório ao Conselho Penitenciário, para efeito da representação prevista nos artigos 730 e 731.

► Art. 725 com a redação dada pela Lei nº 6.416, de 24-5-1977.

Art. 726. Revogar-se-á o livramento condicional, se o liberado vier, por crime ou contravenção, a ser condenado por sentença irrecorrível a pena privativa de liberdade.

Art. 727. O juiz pode, também, revogar o livramento, se o liberado deixar de cumprir qualquer das obrigações constantes da sentença, de observar proibições inerentes à pena acessória ou for irrecorrivelmente condenado, por crime, à pena que não seja privativa da liberdade.

Parágrafo único. Se o juiz não revogar o livramento, deverá advertir o liberado ou exacerbar as condições.

Art. 728. Se a revogação for motivada por infração penal anterior à vigência do livramento, computar-se-á no tempo da pena o período em que esteve solto o liberado, sendo permitida, para a concessão de novo livramento, a soma do tempo das duas penas.

Art. 729. No caso de revogação por outro motivo, não se computará na pena o tempo em que esteve solto o liberado, e tampouco se concederá, em relação à mesma pena, novo livramento.

Art. 730. A revogação do livramento será decretada mediante representação do Conselho Penitenciário, ou a requerimento do Ministério Público, ou de ofício, pelo juiz, que, antes, ouvirá o liberado, podendo ordenar diligências e permitir a produção de prova, no prazo de cinco dias.

Art. 731. O juiz, de ofício, a requerimento do Ministério Público, ou mediante representação do Conselho Penitenciário, poderá modificar as condições ou normas de conduta especificadas na sentença, devendo a respectiva decisão ser lida ao liberado por uma das autoridades ou por um dos funcionários indicados no inciso I do artigo 723, observado o disposto nos incisos II e III, e §§ 1º e 2º do mesmo artigo.

▸ Arts. 730 e 731 com a redação dada pela Lei nº 6.416, de 24-5-1977.

Art. 732. Praticada pelo liberado nova infração, o juiz ou o tribunal poderá ordenar a sua prisão, ouvido o Conselho Penitenciário, suspendendo o curso do livramento condicional, cuja revogação ficará, entretanto, dependendo da decisão final no novo processo.

Art. 733. O juiz, de ofício, ou a requerimento do interessado, do Ministério Público, ou do Conselho Penitenciário, julgará extinta a pena privativa de liberdade, se expirar o prazo do livramento sem revogação, ou na hipótese do artigo anterior, for o liberado absolvido por sentença irrecorrível.

TÍTULO IV – DA GRAÇA, DO INDULTO, DA ANISTIA E DA REABILITAÇÃO

CAPÍTULO I – DA GRAÇA, DO INDULTO E DA ANISTIA

▸ Arts. 21, XVII, 48, VIII, e 84, XII, da CF.
▸ Art. 8º do ADCT.
▸ Arts. 187 a 193 da LEP.

Art. 734. A graça poderá ser provocada por petição do condenado, de qualquer pessoa do povo, do Conselho Penitenciário, ou do Ministério Público, ressalvada, entretanto, ao Presidente da República, a faculdade de concedê-la espontaneamente.

Art. 735. A petição de graça, acompanhada dos documentos com que o impetrante a instruir, será remetida ao Ministro da Justiça por intermédio do Conselho Penitenciário.

Art. 736. O Conselho Penitenciário, à vista dos autos do processo, e depois de ouvir o diretor do estabelecimento penal a que estiver recolhido o condenado, fará, em relatório, a narração do fato criminoso, examinará as provas, mencionará qualquer formalidade ou circunstância omitida na petição e exporá os antecedentes do condenado e seu procedimento depois de preso, opinando sobre o mérito do pedido.

Art. 737. Processada no Ministério da Justiça, com os documentos e o relatório do Conselho Penitenciário, a petição subirá a despacho do Presidente da República, a quem serão presentes os autos do processo ou a certidão de qualquer de suas peças, se ele o determinar.

Art. 738. Concedida a graça e junta aos autos cópia do decreto, o juiz declarará extinta a pena ou penas, ou ajustará a execução aos termos do decreto, no caso de redução ou comutação de pena.

Art. 739. O condenado poderá recusar a comutação da pena.

Art. 740. Os autos da petição de graça serão arquivados no Ministério da Justiça.

Art. 741. Se o réu for beneficiado por indulto, o juiz, de ofício ou a requerimento do interessado, do Ministério Público ou por iniciativa do Conselho Penitenciário, providenciará de acordo com o disposto no artigo 738.

Art. 742. Concedida a anistia após transitar em julgado a sentença condenatória, o juiz, de ofício ou a requerimento do interessado, do Ministério Público ou por iniciativa do Conselho Penitenciário, declarará extinta a pena.

CAPÍTULO II – DA REABILITAÇÃO

▸ Arts. 93 a 95 do CP.

Art. 743. A reabilitação será requerida ao juiz da condenação, após o decurso de quatro ou oito anos, pelo menos, conforme se trate de condenado ou reincidente, contados do dia em que houver terminado a execução da pena principal ou da medida de segurança detentiva, devendo o requerente indicar as comarcas em que haja residido durante aquele tempo.

▸ Houve, no artigo acima transcrito, lapso na publicação, pois o correto seria "*condenado primário*" e não somente "*condenado*", como pode-se depreender do texto.
▸ Art. 94 do CP.

Art. 744. O requerimento será instruído com:

I – certidões comprobatórias de não ter o requerente respondido, nem estar respondendo a processo penal, em qualquer das comarcas em que houver residido durante o prazo a que se refere o artigo anterior;

II – atestados de autoridades policiais ou outros documentos que comprovem ter residido nas comarcas indicadas e mantido, efetivamente, bom comportamento;

III – atestados de bom comportamento fornecidos por pessoas a cujo serviço tenha estado;

IV – quaisquer outros documentos que sirvam como prova de sua regeneração;

V – prova de haver ressarcido o dano causado pelo crime ou persistir a impossibilidade de fazê-lo.

Art. 745. O juiz poderá ordenar as diligências necessárias para apreciação do pedido, cercando-as do sigilo possível e, antes da decisão final, ouvirá o Ministério Público.

Art. 746. Da decisão que conceder a reabilitação haverá recurso de ofício.

Art. 747. A reabilitação, depois de sentença irrecorrível, será comunicada ao Instituto de Identificação e Estatística ou repartição congênere.

Art. 748. A condenação ou condenações anteriores não serão mencionadas na folha de antecedentes do reabilitado, nem em certidão extraída dos livros do juízo, salvo quando requisitadas por juiz criminal.

Art. 749. Indeferida a reabilitação, o condenado não poderá renovar o pedido senão após o decurso de dois anos, salvo se o indeferimento tiver resultado de falta ou insuficiência de documentos.

Art. 750. A revogação de reabilitação (Código Penal, artigo 120) será decretada pelo juiz, de ofício ou a requerimento do Ministério Público.

▸ Referência feita a dispositivo da antiga Parte Geral do CP, revogada pela Lei nº 7.209, de 11-7-1984. Trata da matéria o art. 95 do CP.

TÍTULO V – DA EXECUÇÃO DAS MEDIDAS DE SEGURANÇA

▸ Arts. 96 a 99 do CP.
▸ Arts. 171 a 179 da LEP.

Art. 751. Durante a execução da pena ou durante o tempo em que a ela se furtar o condenado, poderá ser imposta medida de segurança, se:

I – o juiz ou o tribunal, na sentença:

a) omitir sua decretação, nos casos de periculosidade presumida;

b) deixar de aplicá-la ou de excluí-la expressamente;

c) declarar os elementos constantes do processo insuficientes para a imposição ou exclusão da medida e ordenar indagações para a verificação da periculosidade do condenado;

II – tendo sido, expressamente, excluída na sentença a periculosidade do condenado, novos fatos demonstrarem ser ele perigoso.

Art. 752. Poderá ser imposta medida de segurança, depois de transitar em julgado a sentença, ainda quando não iniciada a execução da pena, por motivo diverso de fuga ou ocultação do condenado:

I – no caso da letra *a* do nº I do artigo anterior, bem como no da letra *b*, se tiver sido alegada a periculosidade;

II – no caso da letra c do nº I do mesmo artigo.

Art. 753. Ainda depois de transitar em julgado a sentença absolutória, poderá ser imposta a medida de segurança, enquanto não decorrido tempo equivalente ao da sua duração mínima, a indivíduo que a lei presuma perigoso.

▸ Súm. nº 422 do STF.

Art. 754. A aplicação da medida de segurança, nos casos previstos nos artigos 751 e 752, competirá ao juiz da execução da pena, e, no caso do artigo 753, ao juiz da sentença.

Art. 755. A imposição da medida de segurança, nos casos dos artigos 751 a 753, poderá ser decretada de ofício ou a requerimento do Ministério Público.

Parágrafo único. O diretor do estabelecimento penal, que tiver conhecimento de fatos indicativos da periculosidade do condenado a quem não tenha sido imposta medida de segurança, deverá logo comunicá-los ao juiz.

▸ Súm. nº 422 do STF.

Art. 756. Nos casos do nº I, *a* e *b*, do artigo 751, e nº I do artigo 752, poderá ser dispensada nova audiência do condenado.

Art. 757. Nos casos do nº I, *c*, e nº II do artigo 751 e nº II do artigo 752, o juiz, depois de proceder às diligências que julgar convenientes, ouvirá o Ministério Público e concederá ao condenado o prazo de três dias para alegações, devendo a prova requerida ou reputada necessária pelo juiz ser produzida dentro em dez dias.

§ 1º O juiz nomeará defensor ao condenado que o requerer.

§ 2º Se o réu estiver foragido, o juiz procederá às diligências que julgar convenientes, concedendo o prazo de provas, quando requerido pelo Ministério Público.

§ 3º Findo o prazo de provas, o juiz proferirá a sentença dentro de três dias.

Art. 758. A execução da medida de segurança incumbirá ao juiz da execução da sentença.

Art. 759. No caso do artigo 753, o juiz ouvirá o curador já nomeado ou que então nomear, podendo mandar submeter o condenado a exame mental, internando-o, desde logo, em estabelecimento adequado.

Art. 760. Para a verificação da periculosidade, no caso do § 3º do artigo 78 do Código Penal, observar-se-á o disposto no artigo 757, no que for aplicável.

▸ Referência feita a dispositivo da antiga Parte Geral do CP, sem correspondente na redação atual.

Art. 761. Para a providência determinada no artigo 84, § 2º, do Código Penal, se as sentenças forem proferidas por juízes diferentes, será competente o juiz que tiver sentenciado por último ou a autoridade de jurisdição prevalente no caso do artigo 82.

▸ Referência feita a dispositivo da antiga Parte Geral do CP, sem correspondente na redação atual.

Art. 762. A ordem de internação, expedida para executar-se medida de segurança detentiva, conterá:

I – a qualificação do internando;

II – o teor da decisão que tiver imposto a medida de segurança;

III – a data em que terminará o prazo mínimo da internação.

Art. 763. Se estiver solto o internando, expedir-se-á mandado de captura, que será cumprido por oficial de justiça ou por autoridade policial.

Art. 764. O trabalho nos estabelecimentos referidos no artigo 88, § 1º, III, do Código Penal, será educativo e remunerado, de modo que assegure ao internado meios de subsistência, quando cessar a internação.

▸ Referência feita a dispositivo da antiga Parte Geral do CP, sem correspondente na redação atual.

§ 1º O trabalho poderá ser praticado ao ar livre.

§ 2º Nos outros estabelecimentos, o trabalho dependerá das condições pessoais do internado.

Art. 765. A quarta parte do salário caberá ao Estado ou, no Distrito Federal e nos Territórios, à União, e o restante será depositado em nome do internado ou, se este preferir, entregue à sua família.

Art. 766. A internação das mulheres será feita em estabelecimento próprio ou em seção especial.

Art. 767. O juiz fixará as normas de conduta que serão observadas durante a liberdade vigiada.

§ 1º Serão normas obrigatórias, impostas ao indivíduo sujeito à liberdade vigiada:

a) tomar ocupação, dentro de prazo razoável, se for apto para o trabalho;

b) não mudar do território da jurisdição do juiz, sem prévia autorização deste.

§ 2º Poderão ser impostas ao indivíduo sujeito à liberdade vigiada, entre outras obrigações, as seguintes:

a) não mudar de habitação sem aviso prévio ao juiz, ou à autoridade incumbida da vigilância;

b) recolher-se cedo à habitação;

c) não trazer consigo armas ofensivas ou instrumentos capazes de ofender;

d) não frequentar casas de bebidas ou de tavolagem, nem certas reuniões, espetáculos ou diversões públicas.

§ 3º Será entregue ao indivíduo sujeito à liberdade vigiada uma caderneta, de que constarão as obrigações impostas.

Art. 768. As obrigações estabelecidas na sentença serão comunicadas à autoridade policial.

Art. 769. A vigilância será exercida discretamente, de modo que não prejudique o indivíduo a ela sujeito.

Art. 770. Mediante representação da autoridade incumbida da vigilância, a requerimento do Ministério Público ou de ofício, poderá o juiz modificar as normas fixadas ou estabelecer outras.

Art. 771. Para execução do exílio local, o juiz comunicará sua decisão à autoridade policial do lugar ou dos lugares onde o exilado está proibido de permanecer ou de residir.

§ 1º O infrator da medida será conduzido à presença do juiz que poderá mantê-lo detido até proferir decisão.

§ 2º Se for reconhecida a transgressão e imposta, consequentemente, a liberdade vigiada, determinará o juiz que a autoridade policial providencie a fim de que o infrator siga imediatamente para o lugar de residência por ele escolhido, e oficiará à autoridade policial desse lugar, observando-se o disposto no artigo 768.

Art. 772. A proibição de frequentar determinados lugares será comunicada pelo juiz à autoridade policial, que lhe dará conhecimento de qualquer transgressão.

Art. 773. A medida de fechamento de estabelecimento ou de interdição de associação será comunicada pelo juiz à autoridade policial, para que a execute.

Art. 774. Nos casos do parágrafo único do artigo 83 do Código Penal, ou quando a transgressão de uma medida de segurança importar a imposição de outra, observar-se-á o disposto no artigo 757, no que for aplicável.

▸ Referência feita a dispositivo da antiga Parte Geral do CP, sem correspondente na redação atual.

Art. 775. A cessação ou não da periculosidade se verificará ao fim do prazo mínimo de duração da medida de segurança pelo exame das condições da pessoa a que tiver sido imposta, observando-se o seguinte:

I – o diretor do estabelecimento de internação ou a autoridade policial incumbida da vigilância, até um mês antes de expirado o prazo de duração mínima da medida, se não for inferior a um ano, ou até quinze dias nos outros casos, remeterá ao juiz da execução minucioso relatório, que o habilite a resolver sobre a cessação ou permanência da medida;

II – se o indivíduo estiver internado em manicômio judiciário ou em casa de custódia e tratamento, o relatório será acompanhado do laudo de exame pericial feito por dois médicos designados pelo diretor do estabelecimento;

III – o diretor do estabelecimento de internação ou a autoridade policial deverá, no relatório, concluir pela conveniência da revogação, ou não, da medida de segurança;

IV – se a medida de segurança for o exílio local ou a proibição de frequentar determinados lugares, o juiz, até um mês ou quinze dias antes de expirado o prazo mínimo de duração, ordenará as diligências necessárias, para verificar se desapareceram as causas da aplicação da medida;

V – junto aos autos o relatório, ou realizadas as diligências, serão ouvidos sucessivamente o Ministério Público e o curador ou o defensor, no prazo de três dias para cada um;

VI – o juiz nomeará curador ou defensor ao interessado que o não tiver;

VII – o juiz, de ofício, ou a requerimento de qualquer das partes, poderá determinar novas diligências, ainda que já expirado o prazo de duração mínima da medida de segurança;

VIII – ouvidas as partes ou realizadas as diligências a que se refere o número anterior o juiz proferirá a sua decisão, no prazo de três dias.

Art. 776. Nos exames sucessivos a que se referem o § 1º, II, e § 2º do artigo 81 do Código Penal, observar-se-á, no que lhes for aplicável, o disposto no artigo anterior.

▸ Referência feita a dispositivo da antiga Parte Geral do CP, revogada pela Lei nº 7.209, de 11-7-1984. Trata da matéria o art. 97, § 2º, do CP.

Art. 777. Em qualquer tempo, ainda durante o prazo mínimo de duração da medida de segurança, poderá o tribunal, câmara ou turma, a requerimento do Ministério Público ou do interessado, seu defensor ou curador, ordenar o exame, para a verificação da cessação da periculosidade.

▸ Súm. nº 520 do STF.

§ 1º Designado o relator e ouvido o procurador-geral, se a medida não tiver sido por ele requerida, o pedido será julgado na primeira sessão.

§ 2º Deferido o pedido, a decisão será imediatamente comunicada ao juiz, que requisitará, marcando prazo, o relatório e o exame a que se referem os nºs I e II do artigo 775 ou ordenará as diligências mencionadas no nº IV do mesmo artigo, prosseguindo de acordo com o disposto nos outros incisos do citado artigo.

Art. 778. Transitando em julgado a sentença de revogação, o juiz expedirá ordem para a desinternação, quando se tratar de medida detentiva, ou para que cesse a vigilância ou a proibição, nos outros casos.

Art. 779. O confisco dos instrumentos e produtos do crime, no caso previsto no artigo 100 do Código Penal, será decretado no despacho de arquivamento do inquérito, na sentença de impronúncia ou na sentença absolutória.

▸ Referência feita a dispositivo original da antiga Parte Geral do CP, sem correspondente na atual redação.

LIVRO V – DAS RELAÇÕES JURISDICIONAIS COM AUTORIDADE ESTRANGEIRA

TÍTULO ÚNICO

CAPÍTULO I

DISPOSIÇÕES GERAIS

Art. 780. Sem prejuízo de convenções ou tratados, aplicar-se-á o disposto neste Título à homologação de sentenças penais estrangeiras e à expedição e ao cumprimento de cartas rogatórias para citações, inquirições e outras diligências necessárias à instrução de processo penal.

- O STF, por maioria, julgou procedente a ADC nº 51, declarando a constitucionalidade deste artigo (*DOU* de 28-4-2023).

Art. 781. As sentenças estrangeiras não serão homologadas, nem as cartas rogatórias cumpridas, se contrárias à ordem pública e aos bons costumes.

Art. 782. O trânsito, por via diplomática, dos documentos apresentados constituirá prova bastante de sua autenticidade.

CAPÍTULO II – DAS CARTAS ROGATÓRIAS

Art. 783. As cartas rogatórias serão, pelo respectivo juiz, remetidas ao Ministro da Justiça, a fim de ser pedido o seu cumprimento, por via diplomática, às autoridades estrangeiras competentes.

- O STF, por maioria, julgou procedente a ADC nº 51, declarando a constitucionalidade deste artigo (*DOU* de 28-4-2023).
- Arts. 105, I, *i*, e 109, X, da CF.

Art. 784. As cartas rogatórias emanadas de autoridades estrangeiras competentes não dependem de homologação e serão atendidas se encaminhadas por via diplomática e desde que o crime, segundo a lei brasileira, não exclua a extradição.

- Art. 5º, LI e LII, da CF.
- Arts. 81 a 99 da Lei nº 13.445, de 24-5-2017 (Lei da Migração).

§ 1º As rogatórias, acompanhadas de tradução em língua nacional, feita por tradutor oficial ou juramentado, serão, após *exequatur* do presidente do Supremo Tribunal Federal, cumpridas pelo juiz criminal do lugar onde as diligências tenham de efetuar-se, observadas as formalidades prescritas neste Código.

- A concessão de *exequatur* às cartas rogatórias passou a ser da competência do STJ, conforme art. 105, I, *i*, da CF, com a redação dada pela EC nº 45, de 8-12-2004.

§ 2º A carta rogatória será pelo presidente do Supremo Tribunal Federal remetida ao presidente do Tribunal de Apelação do Estado, do Distrito Federal, ou do Território, a fim de ser encaminhada ao juiz competente.

§ 3º Versando sobre crime de ação privada, segundo a lei brasileira, o andamento, após o *exequatur*, dependerá do interessado, a quem incumbirá o pagamento das despesas.

§ 4º Ficará sempre na secretaria do Supremo Tribunal Federal cópia da carta rogatória.

Art. 785. Concluídas as diligências, a carta rogatória será devolvida ao presidente do Supremo Tribunal Federal, por intermédio do presidente do Tribunal de Apelação, o qual, antes de devolvê-la, mandará completar qualquer diligência ou sanar qualquer nulidade.

- Os Tribunais de Apelação, com a promulgação da CF/1946, passaram a ser denominados Tribunais de Justiça.

Art. 786. O despacho que conceder o *exequatur* marcará, para o cumprimento da diligência, prazo razoável, que poderá ser excedido, havendo justa causa, ficando esta consignada em ofício dirigido ao presidente do Supremo Tribunal Federal, juntamente com a carta rogatória.

- Arts. 105, I, *i*, e 109, X, da CF.
- A concessão de *exequatur* às cartas rogatórias passou a ser da competência do STJ, conforme art. 105, I, *i*, da CF, com a redação dada pela EC nº 45, de 8-12-2004.

CAPÍTULO III – DA HOMOLOGAÇÃO DAS SENTENÇAS ESTRANGEIRAS

Art. 787. As sentenças estrangeiras deverão ser previamente homologadas pelo Supremo Tribunal Federal para que produzam os efeitos do artigo 7º do Código Penal.

- Referência feita a dispositivo da antiga Parte Geral do CP, revogada pela Lei nº 7.209, de 11-7-1984. Trata da matéria o art. 9º do CP.
- Arts. 105, I, *i*, e 109, X, da CF.
- A homologação de sentença estrangeira passou a ser da competência do STJ, conforme art. 105, I, *i*, da CF, com a redação dada pela EC nº 45, de 8-12-2004.

Art. 788. A sentença penal estrangeira será homologada, quando a aplicação da lei brasileira produzir na espécie as mesmas consequências e concorrem os seguintes requisitos:

I – estar revestida das formalidades externas necessárias, segundo a legislação do país de origem;

II – haver sido proferida por juiz competente, mediante citação regular, segundo a mesma legislação;

III – ter passado em julgado;

IV – estar devidamente autenticada por cônsul brasileiro;

V – estar acompanhada de tradução, feita por tradutor público.

Art. 789. O procurador-geral da República, sempre que tiver conhecimento da existência de sentença penal estrangeira, emanada de Estado que tenha com o Brasil tratado de extradição e que haja imposto medida de segurança pessoal ou pena acessória que deva ser cumprida no Brasil, pedirá ao Ministro da Justiça providências para a obtenção de elementos que o habilitem a requerer a homologação da sentença.

§ 1º A homologação de sentença emanada de autoridade judiciária de Estado, que não tiver tratado de extradição com o Brasil, dependerá de requisição do Ministro da Justiça.

§ 2º Distribuído o requerimento de homologação, o relator mandará citar o interessado para deduzir embargos, dentro de dez dias, se residir no Distrito Federal, ou trinta dias, no caso contrário.

§ 3º Se nesse prazo o interessado não deduzir os embargos, ser-lhe-á pelo relator nomeado defensor, o qual dentro de dez dias produzirá a defesa.

§ 4º Os embargos somente poderão fundar-se em dúvida sobre a autenticidade do documento, sobre a inteligência da sentença, ou sobre a falta de qualquer dos requisitos enumerados nos artigos 781 e 788.

§ 5º Contestados os embargos dentro de dez dias, pelo procurador-geral, irá o processo ao relator e ao revisor, observando-se no seu julgamento o Regimento Interno do Supremo Tribunal Federal.

- A homologação de sentença estrangeira passou a ser da competência do STJ, conforme art. 105, I, *i*, da CF, com a redação dada pela EC nº 45, de 8-12-2004.

§ 6º Homologada a sentença, a respectiva carta será remetida ao presidente do Tribunal de Apelação do Distrito Federal, do Estado, ou do Território.

§ 7º Recebida a carta de sentença, o presidente do Tribunal de Apelação a remeterá ao juiz do lugar de residência do condenado, para a aplicação da medida de segurança ou da pena acessória, observadas as disposições do Título II, Capítulo III, e Título V do Livro IV deste Código.

- Os Tribunais de Apelação, com a promulgação da CF/1946, passaram a ser denominados Tribunais de Justiça.
- Arts. 691 a 695 e 751 a 779 deste Código.

Art. 790. O interessado na execução de sentença penal estrangeira, para a reparação do dano, restituição e outros efeitos civis, poderá requerer ao Supremo Tribunal Federal a sua homologação, observando-se o que a respeito prescreve o Código de Processo Civil.

- A homologação de sentença estrangeira passou a ser da competência do STJ, conforme art. 105, I, *i*, da CF, com a redação dada pela EC nº 45, de 8-12-2004.
- Arts. 961 e 965 do CPC/2015.

LIVRO VI – DISPOSIÇÕES GERAIS

Art. 791. Em todos os juízos e tribunais do crime, além das audiências e sessões ordinárias, haverá as extraordinárias, de acordo com as necessidades do rápido andamento dos feitos.

Art. 792. As audiências, sessões e os atos processuais serão, em regra, públicos e se realizarão nas sedes dos juízos e tribunais, com assistência dos escrivães, do secretário, do oficial de justiça que servir de porteiro, em dia e hora certos, ou previamente designados.

- Arts. 5º, LX, e 93, IX, da CF.
- Arts. 387 e 388 do CPPM.
- Art. 8º, 5, do Pacto de São José da Costa Rica.

§ 1º Se da publicidade da audiência, da sessão ou do ato processual, puder resultar escândalo, inconveniente grave ou perigo de perturbação da ordem, o juiz, ou o tribunal, câmara, ou turma, poderá, de ofício ou a requerimento da parte ou do Ministério Público, determinar que o ato seja realizado a portas fechadas, limitando o número de pessoas que possam estar presentes.

§ 2º As audiências, as sessões e os atos processuais, em caso de necessidade, poderão realizar-se na residência do juiz, ou em outra casa por ele especialmente designada.

Art. 793. Nas audiências e nas sessões, os advogados, as partes, os escrivães e os espectadores poderão estar sentados. Todos, porém, se levantarão quando se dirigirem aos juízes ou quando estes se levantarem para qualquer ato do processo.

- Art. 386 do CPPM.

Parágrafo único. Nos atos da instrução criminal, perante os juízes singulares, os advogados poderão requerer sentados.

Art. 794. A polícia das audiências e das sessões compete aos respectivos juízes ou ao presidente do tribunal, câmara, ou turma, que poderão determinar o que for conveniente à manutenção da ordem. Para tal fim, requisitarão força pública, que ficará exclusivamente à sua disposição.

- Arts. 251 e 497, I e II, deste Código.
- Art. 385 do CPPM.

Art. 795. Os espectadores das audiências ou das sessões não poderão manifestar-se.

Parágrafo único. O juiz ou o presidente fará retirar da sala os desobedientes, que, em caso de resistência, serão presos e autuados.

▶ Art. 497, VI, deste Código.
▶ Art. 329 do CP.

Art. 796. Os atos de instrução ou julgamento prosseguirão com a assistência do defensor, se o réu se portar inconvenientemente.

▶ Art. 389 do CPPM.

Art. 797. Excetuadas as sessões de julgamento, que não serão marcadas para domingo ou dia feriado, os demais atos do processo poderão ser praticados em período de férias, em domingos e dias feriados. Todavia, os julgamentos iniciados em dia útil não se interromperão pela superveniência de feriado ou domingo.

Art. 798. Todos os prazos correrão em cartório e serão contínuos e peremptórios, não se interrompendo por férias, domingo ou dia feriado.

▶ Art. 218 e segs. do CPC/2015.
▶ Súm. nº 310 do STF.

§ 1º Não se computará no prazo o dia do começo, incluindo-se, porém, o do vencimento.

▶ Art. 10 do CP.
▶ Art. 16 do CPM.

§ 2º A terminação dos prazos será certificada nos autos pelo escrivão; será, porém, considerado findo o prazo, ainda que omitida aquela formalidade, se feita a prova do dia em que começou a correr.

§ 3º O prazo que terminar em domingo ou dia feriado considerar-se-á prorrogado até o dia útil imediato.

§ 4º Não correrão os prazos, se houver impedimento do juiz, força maior, ou obstáculo judicial oposto pela parte contrária.

§ 5º Salvo os casos expressos, os prazos correrão:

a) da intimação;
b) da audiência ou sessão em que for proferida a decisão, se a ela estiver presente a parte;
c) do dia em que a parte manifestar nos autos ciência inequívoca da sentença ou despacho.

Art. 798-A. Suspende-se o curso do prazo processual nos dias compreendidos entre 20 de dezembro e 20 de janeiro, inclusive, salvo nos seguintes casos:

I – que envolvam réus presos, nos processos vinculados a essas prisões;
II – nos procedimentos regidos pela Lei nº 11.340, de 7 de agosto de 2006 (Lei Maria da Penha);
III – nas medidas consideradas urgentes, mediante despacho fundamentado do juízo competente.

Parágrafo único. Durante o período a que se refere o *caput* deste artigo, fica vedada a realização de audiências e de sessões de julgamento, salvo nas hipóteses dos incisos I, II e III do *caput* deste artigo.

▶ Art. 798-A acrescido pela Lei nº 14.365, de 2-6-2022.

Art. 799. O escrivão, sob pena de multa de cinquenta a quinhentos mil-réis e, na reincidência, suspensão até trinta dias, executará dentro do prazo de dois dias os atos determinados em lei ou ordenados pelo juiz.

Art. 800. Os juízes singulares darão seus despachos e decisões dentro dos prazos seguintes, quando outros não estiverem estabelecidos:

I – de dez dias, se a decisão for definitiva, ou interlocutória mista;

▶ Art. 386 deste Código.

II – de cinco dias, se for interlocutória simples;
III – de um dia, se se tratar de despacho de expediente.

§ 1º Os prazos para o juiz contar-se-ão do termo de conclusão.

§ 2º Os prazos do Ministério Público contar-se-ão do termo de vista, salvo para a interposição do recurso (artigo 798, § 5º).

§ 3º Em qualquer instância, declarando motivo justo, poderá o juiz exceder por igual tempo os prazos a ele fixados neste Código.

§ 4º O escrivão que não enviar os autos ao juiz ou ao órgão do Ministério Público no dia em que assinar termo de conclusão ou de vista estará sujeito à sanção estabelecida no artigo 799.

Art. 801. Findos os respectivos prazos, os juízes e os órgãos do Ministério Público, responsáveis pelo retardamento, perderão tantos dias de vencimentos quantos forem os excedidos. Na contagem do tempo de serviço, para o efeito de promoção e aposentadoria, a perda será do dobro dos dias excedidos.

Art. 802. O desconto referido no artigo antecedente far-se-á à vista da certidão do escrivão do processo ou do secretário do tribunal, que deverão, de ofício, ou a requerimento de qualquer interessado, remetê-la às repartições encarregadas do pagamento e da contagem do tempo de serviço, sob pena de incorrerem, de pleno direito, na multa de quinhentos mil-réis, imposta por autoridade fiscal.

Art. 803. Salvo nos casos expressos em lei, é proibida a retirada de autos do cartório, ainda que em confiança, sob pena de responsabilidade do escrivão.

▶ Art. 7º, XV e XVI, da Lei nº 8.906, de 4-7-1994 (Estatuto da Advocacia e da OAB).

Art. 804. A sentença ou o acórdão, que julgar a ação, qualquer incidente ou recurso, condenará nas custas o vencido.

▶ Art. 5º, LXXIV, da CF.
▶ Art. 712 do CPPM.

Art. 805. As custas serão contadas e cobradas de acordo com os regulamentos expedidos pela União e pelos Estados.

Art. 806. Salvo o caso do artigo 32, nas ações intentadas mediante queixa, nenhum ato ou diligência se realizará, sem que seja depositada em cartório a importância das custas.

§ 1º Igualmente, nenhum ato requerido no interesse da defesa será realizado, sem o prévio pagamento das custas, salvo se o acusado for pobre.

▶ Art. 32, § 1º, deste Código.

§ 2º A falta do pagamento das custas, nos prazos fixados em lei, ou marcados pelo juiz, importará renúncia à diligência requerida ou deserção do recurso interposto.

▶ Art. 581, XV, deste Código.

§ 3º A falta de qualquer prova ou diligência que deixe de realizar-se em virtude do não pagamento de custas não implicará a nulidade do processo, se a prova de pobreza do acusado só posteriormente foi feita.

Art. 807. O disposto no artigo anterior não obstará à faculdade atribuída ao juiz de determinar de ofício inquirição de testemunhas ou outras diligências.

Art. 808. Na falta ou impedimento do escrivão e seu substituto, servirá pessoa idônea, nomeada pela autoridade, perante quem prestará compromisso, lavrando o respectivo termo.

Art. 809. A estatística judiciária criminal, a cargo do Instituto de Identificação e Estatística ou repartições congêneres, terá por base o *boletim individual*, que é parte integrante dos processos e versará sobre:

I – os crimes e as contravenções praticados durante o trimestre, com especificação da natureza de cada um, meios utilizados e circunstâncias de tempo e lugar;
II – as armas proibidas que tenham sido apreendidas;
III – o número de delinquentes, mencionadas as infrações que praticaram, sua nacionalidade, sexo, idade, filiação, estado civil, prole, residência, meios de vida e condições econômicas, grau de instrução, religião, e condições de saúde física e psíquica;
IV – o número dos casos de codelinquência;
V – a reincidência e os antecedentes judiciários;
VI – as sentenças condenatórias ou absolutórias, bem como as de pronúncia ou de impronúncia;
VII – a natureza das penas impostas;
VIII – a natureza das medidas de segurança aplicadas;
IX – a suspensão condicional da execução da pena, quando concedida;
X – as concessões ou denegações de *habeas corpus*.

§ 1º Os dados acima enumerados constituem o mínimo exigível, podendo ser acrescidos de outros elementos úteis ao serviço da estatística criminal.

§ 2º Esses dados serão lançados semestralmente em mapa e remetidos ao Serviço Estatística Demográfica Moral e Política do Ministério da Justiça.

▶ § 2º com a redação dada pela Lei nº 9.061, de 14-6-1995.

§ 3º O *boletim individual* a que se refere este artigo é dividido em três partes destacáveis, conforme modelo anexo a este Código, e será adotado nos Estados, no Distrito Federal e nos Territórios. A primeira parte ficará arquivada no cartório policial; a segunda será remetida ao Instituto de Identificação e Estatística, ou repartição congênere; e a terceira acompanhará o processo, e, depois de passar em julgado a sentença definitiva, lançados os dados finais, será enviada ao referido Instituto ou repartição congênere.

Art. 810. Este Código entrará em vigor no dia 1º de janeiro de 1942.

Art. 811. Revogam-se as disposições em contrário.

Rio de Janeiro, em 3 de outubro de 1941;
120º da Independência e
53º da República.

Getúlio Vargas

CÓDIGO PENAL MILITAR

ÍNDICE SISTEMÁTICO DO CÓDIGO PENAL MILITAR

(DECRETO-LEI Nº 1.001, DE 21-10-1969)

TÍTULO II – DA HOSTILIDADE E DA ORDEM ARBITRÁRIA

TÍTULO III – DOS CRIMES CONTRA A PESSOA

TÍTULO IV – DOS CRIMES CONTRA O PATRIMÔNIO

TÍTULO V – DO RAPTO E DA VIOLÊNCIA CARNAL

DISPOSIÇÕES FINAIS

ÍNDICE ALFABÉTICO-REMISSIVO DO CÓDIGO PENAL MILITAR

(DECRETO-LEI Nº 1.001, DE 21-10-1969)

CÓDIGO PENAL MILITAR

DECRETO-LEI Nº 1.001, DE 21 DE OUTUBRO DE 1969

Código Penal Militar.

► Publicado no *DOU* de 21-10-1969.

Os Ministros da Marinha de Guerra, do Exército e da Aeronáutica Militar, usando das atribuições que lhes confere o artigo 3º do Ato Institucional nº 16, de 14 de outubro de 1969, combinado com o § 1º do artigo 2º, do Ato Institucional nº 5, de 13 de dezembro de 1968, decretam:

CÓDIGO PENAL MILITAR

PARTE GERAL

LIVRO ÚNICO

TÍTULO I – DA APLICAÇÃO DA LEI PENAL MILITAR

Princípio de legalidade

Art. 1º Não há crime sem lei anterior que o defina, nem pena sem prévia cominação legal.

► Art. 5º, XXXIX, da CF.

► Art. 1º do CP.

Lei supressiva de incriminação

Art. 2º Ninguém pode ser punido por fato que lei posterior deixa de considerar crime, cessando em virtude dela a execução e os efeitos penais da sentença condenatória.

► *Caput* com a redação dada pela Lei nº 14.688, de 20-9-2023.

► Art. 5º, XL, da CF.

► Art. 123, III, deste Código.

► Art. 2º do CP.

► Art. 66 da LEP.

► Art. 9º do Pacto de São José da Costa Rica.

Retroatividade de lei mais benigna

§ 1º A lei posterior que, de qualquer outro modo, favorece o agente, aplica-se retroativamente, ainda quando já tenha sobrevindo sentença condenatória irrecorrível.

► Art. 5º, XL, da CF.

► Súm. nº 611 do STF.

Apuração da maior benignidade

§ 2º Para se reconhecer qual a mais favorável, a lei posterior e a anterior devem ser consideradas separadamente, cada qual no conjunto de suas normas aplicáveis ao fato.

► Art. 5º, XXXIX, da CF.

Medidas de segurança

Art. 3º As medidas de segurança regem-se pela lei vigente ao tempo da sentença, prevalecendo, entretanto, se diversa, a lei vigente ao tempo da execução.

► Arts. 110 a 120 deste Código.

► Arts. 659 a 674 do CPPM.

Lei excepcional ou temporária

Art. 4º A lei excepcional ou temporária, embora decorrido o período de sua duração ou cessadas as circunstâncias que a determinaram, aplica-se ao fato praticado durante sua vigência.

► Art. 3º do CP.

Tempo do crime

Art. 5º Considera-se praticado o crime no momento da ação ou omissão, ainda que outro seja o do resultado.

► Art. 4º do CP.

Lugar do crime

Art. 6º Considera-se praticado o fato, no lugar em que se desenvolveu a atividade criminosa, no todo ou em parte, e ainda que sob forma de participação, bem como onde se produziu ou deveria produzir-se o resultado. Nos crimes omissivos, o fato considera-se praticado no lugar em que deveria realizar-se a ação omitida.

► Art. 6º do CP.

► Arts. 88 a 92 do CPPM.

Territorialidade. Extraterritorialidade

Art. 7º Aplica-se a lei penal militar, sem prejuízo de convenções, tratados e regras de direito internacional, ao crime cometido, no todo ou em parte, no território nacional, ou fora dele, ainda que, neste caso, o agente esteja sendo processado ou tenha sido julgado pela justiça estrangeira.

► Art. 7º do CP.

► Art. 4º do CPPM.

Território nacional por extensão

§ 1º Para os efeitos da lei penal militar consideram-se como extensão do território nacional as aeronaves e os navios brasileiros, onde quer que se encontrem, sob comando militar ou militarmente utilizados ou ocupados por ordem legal de autoridade competente, ainda que de propriedade privada.

Ampliação a aeronaves ou navios estrangeiros

§ 2º É também aplicável a lei penal militar ao crime praticado a bordo de aeronaves ou navios estrangeiros, desde que em lugar sujeito à administração militar, e o crime atente contra as instituições militares.

Conceito de navio

§ 3º Para efeito da aplicação deste Código, considera-se navio toda embarcação sob comando militar.

Pena cumprida no estrangeiro

Art. 8º A pena cumprida no estrangeiro atenua a pena imposta no Brasil pelo mesmo crime, quando diversas, ou nela é computada, quando idênticas.

► Art. 8º do CP.

Crimes militares em tempo de paz

Art. 9º Consideram-se crimes militares, em tempo de paz:

I – os crimes de que trata este Código, quando definidos de modo diverso na lei penal comum, ou nela não previstos, qualquer que seja o agente, salvo disposição especial;

II – os crimes previstos neste Código e os previstos na legislação penal, quando praticados:

► Inciso II com a redação dada pela Lei nº 13.491, de 13-10-2017.

a) por militar da ativa contra militar na mesma situação;

► Art. 251, § 2º, deste Código.

► Arts. 3º, § 1º, *a*, 5º, § 1º, e 6º da Lei nº 6.880, de 9-12-1980 (Estatuto dos Militares).

► Súm. nº 6 do STJ.

b) por militar da ativa, em lugar sujeito à administração militar, contra militar da reserva ou reformado ou contra civil;

► Alíneas *a* e *b* com a redação dada pela Lei nº 14.688, de 20-9-2023.

► Arts. 3º, § 1º, *a*, 5º, § 1º, e 6º da Lei nº 6.880, de 9-12-1980 (Estatuto dos Militares).

c) por militar em serviço ou atuando em razão da função, em comissão de natureza militar, ou em formatura, ainda que fora do lugar sujeito à administração militar contra militar da reserva, ou reformado, ou civil;

► Alínea *c* com a redação dada pela Lei nº 9.299, de 7-8-1996.

► LC nº 97, de 9-6-1999, dispõe sobre as normas gerais para a organização, o preparo e o emprego das Forças Armadas.

d) por militar, durante o período de manobras ou exercício, contra militar da reserva ou reformado ou contra civil;

e) por militar da ativa contra o patrimônio sob a administração militar ou contra a ordem administrativa militar;

► Alíneas *d* e *e* com a redação dada pela Lei nº 14.688, de 20-9-2023.

► Art. 251, § 2º, deste Código.

► Arts. 3º, § 1º, *a*, 5º, § 1º, e 6º da Lei nº 6.880, de 9-12-1980 (Estatuto dos Militares).

f) *Revogada*. Lei nº 9.299, de 7-8-1996.

III – os crimes praticados por militar da reserva, ou reformado, ou por civil, contra as instituições militares, considerando-se como tais não só os compreendidos no inciso I, como os do inciso II, nos seguintes casos:

► Súm. Vinc. nº 36 do STF.

► Súm. nº 298 do STF.

► Súm. nº 53 do STJ.

a) contra o patrimônio sob a administração militar, ou contra a ordem administrativa militar;

b) em lugar sujeito à administração militar, contra militar da ativa ou contra servidor público das instituições militares ou da Justiça Militar, no exercício de função inerente ao seu cargo;

► Alínea *b* com a redação dada pela Lei nº 14.688, de 20-9-2023.

► Arts. 3º, § 1º, *a*, 5º, § 1º, e 6º da Lei nº 6.880, de 9-12-1980 (Estatuto dos Militares).

c) contra militar em formatura, ou durante o período de prontidão, vigilância, observação, exploração, exercício, acampamento, acantonamento ou manobras;

d) ainda que fora do lugar sujeito à administração militar, contra militar em função de natureza militar, ou no desempenho de serviço de vigilância, garantia e preservação da ordem pública, administrativa ou judiciária, quando legalmente requisitado para aquele fim, ou em obediência a determinação legal superior.

Crimes dolosos

§ 1º Os crimes de que trata este artigo, quando dolosos contra a vida e cometidos por militares contra civil, serão da competência do Tribunal do Júri.

▸ Parágrafo único transformado em § 1º e com a redação dada pela Lei nº 13.491, de 13-10-2017.

▸ A alteração que seria inserida neste dispositivo pela Lei nº 14.688, de 20-9-2023, foi vetada, razão pela qual, mantivemos a sua redação.

§ 2º Os crimes militares de que trata este artigo, incluídos os previstos na legislação penal, nos termos do inciso II do *caput* deste artigo, quando dolosos contra a vida e cometidos por militares das Forças Armadas contra civil, serão da competência da Justiça Militar da União, se praticados no contexto:

▸ *Caput* do § 2º com a redação dada pela Lei nº 14.688, de 20-9-2023.

I – do cumprimento de atribuições que lhes forem estabelecidas pelo Presidente da República ou pelo Ministro de Estado da Defesa;

II – de ação que envolva a segurança de instituição militar ou de missão militar, mesmo que não beligerante; ou

III – de atividade de natureza militar, de operação de paz, de garantia da lei e da ordem ou de atribuição subsidiária, realizadas em conformidade com o disposto no art. 142 da Constituição Federal e na forma dos seguintes diplomas legais:

a) Lei nº 7.565, de 19 de dezembro de 1986 – Código Brasileiro de Aeronáutica;

b) Lei Complementar nº 97, de 9 de junho de 1999;

c) Decreto-Lei nº 1.002, de 21 de outubro de 1969 – Código de Processo Penal Militar; e

d) Lei nº 4.737, de 15 de julho de 1965 – Código Eleitoral.

▸ § 2º acrescido pela Lei nº 13.491, de 13-10-2017.

Crimes militares em tempo de guerra

Art. 10. Consideram-se crimes militares, em tempo de guerra:

▸ Art. 675 e segs. do CPPM.

I – os especialmente previstos neste Código para o tempo de guerra;

▸ Art. 355 e segs. deste Código.

II – os crimes militares previstos para o tempo de paz;

▸ Art. 9º deste Código.

III – os crimes previstos neste Código, embora também o sejam com igual definição na lei penal comum ou especial, quando praticados, qualquer que seja o agente:

a) em Território Nacional, ou estrangeiro, militarmente ocupado;

b) em qualquer lugar, se comprometem ou podem comprometer a preparação, a eficiência ou as operações militares ou, de qualquer outra forma, atentam contra a segurança externa do País ou podem expô-la a perigo;

IV – os crimes definidos na lei penal comum ou especial, embora não previstos neste Código, quando praticados em zona de efetivas operações militares ou em território estrangeiro, militarmente ocupado.

Militares estrangeiros

Art. 11. Os militares estrangeiros, quando em comissão ou em estágio em instituições militares, ficam sujeitos à lei penal militar brasileira, ressalvado o disposto em tratados ou em convenções internacionais.

▸ Artigo com a redação dada pela Lei nº 14.688, de 20-9-2023.

Equiparação a militar da ativa

Art. 12. O militar da reserva ou reformado, quando empregado na administração militar, equipara-se ao militar da ativa, para o efeito da aplicação da lei penal militar.

▸ Artigo com a redação dada pela Lei nº 14.688, de 20-9-2023.

▸ Arts. 3º, 4º, 5º, § 1º, e 6º da Lei nº 6.880, de 9-12-1980 (Estatuto dos Militares).

Militar da reserva ou reformado

Art. 13. O militar da reserva, ou reformado, conserva as responsabilidades e prerrogativas do posto ou graduação, para o efeito da aplicação da lei penal militar, quando pratica ou contra ele é praticado crime militar.

▸ Arts. 3º e 4º da Lei nº 6.880, de 9-12-1980 (Estatuto dos Militares).

Defeito de incorporação ou de matrícula

▸ Epígrafe com a redação dada pela Lei nº 14.688, de 20-9-2023.

Art. 14. O defeito do ato de incorporação ou de matrícula não exclui a aplicação da lei penal militar, salvo se alegado ou conhecido antes da prática do crime.

▸ Artigo com a redação dada pela Lei nº 14.688, de 20-9-2023.

Tempo de guerra

Art. 15. O tempo de guerra, para os efeitos da aplicação da lei penal militar, começa com a declaração ou o reconhecimento do estado de guerra, ou com o decreto de mobilização se nele estiver compreendido aquele reconhecimento; e termina quando ordenada a cessação das hostilidades.

▸ Art. 84, XIX, da CF.

▸ Art. 355 e segs. deste Código.

Contagem de prazo

Art. 16. No cômputo dos prazos inclui-se o dia do começo. Contam-se os dias, os meses e os anos pelo calendário comum.

▸ Art. 10 do CP.

Legislação especial. Salário mínimo

Art. 17. As regras gerais deste Código aplicam-se aos fatos incriminados por lei penal militar especial, se esta não dispõe de modo diverso. Para os efeitos penais, salário mínimo é o maior mensal vigente no País, ao tempo da sentença.

Crimes praticados em prejuízo de país aliado

Art. 18. Ficam sujeitos às disposições deste Código os crimes praticados em prejuízo de país em guerra contra país inimigo do Brasil:

I – se o crime é praticado por brasileiro;

II – se o crime é praticado no Território Nacional, ou em território estrangeiro, militarmente ocupado por força brasileira, qualquer que seja o agente.

Infrações disciplinares

Art. 19. Este Código não compreende as infrações dos regulamentos disciplinares.

▸ Dec. nº 76.322, de 22-9-1975, aprova o Regulamento Disciplinar da Aeronáutica – RDAER.

▸ Dec. nº 88.545, de 26-7-1983, aprova o Regulamento Disciplinar para a Marinha.

▸ Dec. nº 4.346, de 26-8-2002, aprova o Regulamento Disciplinar do Exército – R-4.

Crimes praticados em tempo de guerra

Art. 20. Aos crimes praticados em tempo de guerra, salvo disposição especial, aplicam-se as penas cominadas para o tempo de paz, com o aumento de um terço.

▸ Art. 10 deste Código.

Assemelhado

Art. 21. *Revogado.* Lei nº 14.688, de 20-9-2023.

Pessoa considerada militar

Art. 22. É militar, para o efeito da aplicação deste Código, qualquer pessoa que, em tempo de paz ou de guerra, seja incorporada a instituições militares ou nelas matriculada, para servir em posto ou em graduação ou em regime de sujeição à disciplina militar.

▸ Artigo com a redação dada pela Lei nº 14.688, de 20-9-2023.

Equiparação a comandante

Art. 23. Equipara-se ao comandante, para o efeito da aplicação da lei penal militar, toda autoridade com função de direção.

Conceito de superior

Art. 24. Considera-se superior para fins de aplicação da lei penal militar:

▸ *Caput* com a redação dada pela Lei nº 14.688, de 20-9-2023.

▸ Art. 47 deste Código.

I – o militar que ocupa nível hierárquico, posto ou graduação superiores, conforme a antiguidade, nos termos da Lei nº 6.880, de 9 de dezembro de 1980 (Estatuto dos Militares), e de leis das unidades da Federação que regulam o regime jurídico de seus militares;

II – o militar que, em virtude da função, exerce autoridade sobre outro de igual posto ou graduação.

▸ Incisos I e II acrescidos pela Lei nº 14.688, de 20-9-2023.

Parágrafo único. O militar sobre o qual se exerce autoridade nas condições descritas nos incisos I e II do *caput* deste artigo é considerado inferior hierárquico para fins de aplicação da lei penal militar.

▸ Parágrafo único acrescido pela Lei nº 14.688, de 20-9-2023.

Crime praticado em presença do inimigo

Art. 25. Diz-se crime praticado em presença do inimigo, quando o fato ocorre em zona de efetivas operações militares, ou na iminência ou em situação de hostilidade.

Referência a "brasileiro" ou "nacional"

Art. 26. Quando a lei penal se refere a "brasileiro" ou "nacional", compreende as pessoas enumeradas como brasileiros na Constituição do Brasil.

▸ Art. 12 da CF.

Estrangeiros

Parágrafo único. Para os efeitos da lei penal militar, são considerados estrangeiros os apátridas e os brasileiros que perderam a nacionalidade.

Servidores da Justiça Militar

▸ Epígrafe com a redação dada pela Lei nº 14.688, de 20-9-2023.

Art. 27. Para o efeito da aplicação deste Código, consideram-se servidores da Justiça Militar os juízes, os servidores públicos e os auxiliares da Justiça Militar.

► Artigo com a redação dada pela Lei nº 14.688, de 20-9-2023.

Casos de prevalência do Código Penal Militar

Art. 28. Os crimes contra a segurança externa do País ou contra as instituições militares, definidos neste Código, excluem os da mesma natureza definidos em outras leis.

TÍTULO II – DO CRIME

Relação de causalidade

Art. 29. O resultado de que depende a existência do crime somente é imputável a quem lhe deu causa. Considera-se causa a ação ou omissão sem a qual o resultado não teria ocorrido.

► Art. 13 do CP.

Superveniência de causa independente

§ 1º A superveniência de causa relativamente independente exclui a imputação quando, por si só, produziu o resultado. Os fatos anteriores imputam-se, entretanto, a quem os praticou.

Relevância de omissão

§ 2º A omissão é relevante como causa quando o omitente devia e podia agir para evitar o resultado. O dever de agir incumbe a quem tenha por lei obrigação de cuidado, proteção ou vigilância; a quem, de outra forma, assumiu a responsabilidade de impedir o resultado; e a quem, com seu comportamento anterior, criou o risco de sua superveniência.

Art. 30. Diz-se o crime:

► Art. 14 do CP.

Crime consumado

I – consumado, quando nele se reúnem todos os elementos de sua definição legal;

► Art. 125, § 2º, *a*, deste Código.

Tentativa

II – tentado, quando, iniciada a execução, não se consuma por circunstâncias alheias à vontade do agente.

► Art. 125, § 2º, *b*, deste Código.

Pena de tentativa

Parágrafo único. Pune-se a tentativa com a pena correspondente ao crime, diminuída de um a dois terços, podendo o juiz, no caso de excepcional gravidade, aplicar a pena do crime consumado.

Desistência voluntária e arrependimento eficaz

Art. 31. O agente que, voluntariamente, desiste de prosseguir na execução ou impede que o resultado se produza, só responde pelos atos já praticados.

► Art. 15 do CP.

Art. 31-A. VETADO. Lei nº 14.688, de 20-9-2023.

Crime impossível

Art. 32. Quando, por ineficácia absoluta do meio empregado ou por absoluta impropriedade do objeto, é impossível consumar-se o crime, nenhuma pena é aplicável.

► Art. 17 do CP.
► Súm. nº 145 do STF.
► Súm. nº 567 do STJ.

Art. 33. Diz-se o crime:

► Art. 18 do CP.

Culpabilidade

I – doloso, quando o agente quis o resultado ou assumiu o risco de produzi-lo;

II – culposo, quando o agente, deixando de empregar a cautela, atenção, ou diligência ordinária, ou especial, a que estava obrigado em face das circunstâncias, não prevê o resultado que podia prever ou, prevendo-o, supõe levianamente que não se realizaria ou que poderia evitá-lo.

Excepcionalidade do crime culposo

Parágrafo único. Salvo os casos expressos em lei, ninguém pode ser punido por fato previsto como crime, senão quando o pratica dolosamente.

Nenhuma pena sem culpabilidade

Art. 34. Pelos resultados que agravam especialmente as penas só responde o agente quando os houver causado, pelo menos, culposamente.

► Art. 19 do CP.

Erro de direito

Art. 35. A pena pode ser atenuada ou substituída por outra menos grave quando o agente, salvo em se tratando de crime que atente contra o dever militar, supõe lícito o fato, por ignorância ou erro de interpretação da lei, se escusáveis.

► Arts. 183 a 204 deste Código.

Erro de fato

Art. 36. É isento de pena quem, ao praticar o crime, supõe, por erro plenamente escusável, a inexistência de circunstância de fato que o constitui ou a existência de situação de fato que tornaria a ação legítima.

► Art. 20, § 1º, do CP.

Erro culposo

§ 1º Se o erro deriva de culpa, a este título responde o agente, se o fato é punível como crime culposo.

► Art. 33, parágrafo único, deste Código.

Erro provocado

§ 2º Se o erro é provocado por terceiro, responderá este pelo crime, a título de dolo ou culpa, conforme o caso.

► Art. 20, § 2º, do CP.

Erro sobre a pessoa

Art. 37. Quando o agente, por erro de percepção ou no uso dos meios de execução, ou outro acidente, atinge uma pessoa em vez de outra, responde como se tivesse praticado o crime contra aquela que realmente pretendia atingir. Devem ter-se em conta não as condições e qualidades da vítima, mas as da outra pessoa, para configuração, qualificação ou exclusão do crime, e agravação ou atenuação da pena.

► Art. 20, § 3º, do CP.

Erro quanto ao bem jurídico

§ 1º Se, por erro ou outro acidente na execução, é atingido bem jurídico diverso do visado pelo agente, responde este por culpa, se o fato é previsto como crime culposo.

► Art. 74 do CP.

Duplicidade do resultado

§ 2º Se, no caso do artigo, é também atingida a pessoa visada, ou, no caso do parágrafo anterior, ocorre ainda o resultado pretendido, aplica-se a regra do artigo 79.

► Art. 73 do CP.

Art. 38. Não é culpado quem comete o crime:

► Art. 22 do CP.

Coação irresistível

a) sob coação irresistível ou que lhe suprima a faculdade de agir segundo a própria vontade;

Obediência hierárquica

b) em estrita obediência a ordem direta de superior hierárquico, em matéria de serviços.

► Art. 24 deste Código.

§ 1º Responde pelo crime o autor da coação ou da ordem.

§ 2º Se a ordem do superior tem por objeto a prática de ato manifestamente criminoso, ou há excesso nos atos ou na forma da execução, é punível também o inferior hierárquico.

► § 2º com a redação dada pela Lei nº 14.688, de 20-9-2023.

Estado de necessidade, como excludente de culpabilidade

Art. 39. Não é igualmente culpado quem, para proteger direito próprio ou de pessoa a quem está ligado por estreitas relações de parentesco ou afeição, contra perigo certo e atual, que não provocou, nem podia de outro modo evitar, sacrifica direito alheio, ainda quando superior ao direito protegido, desde que não lhe era razoavelmente exigível conduta diversa.

Coação física ou material

Art. 40. Nos crimes em que há violação do dever militar, o agente não pode invocar coação irresistível senão quando física ou material.

Atenuação de pena

Art. 41. Nos casos do artigo 38, letras *a* e *b*, se era possível resistir à coação, ou se a ordem não era manifestamente ilegal; ou, no caso do artigo 39, se era razoavelmente exigível o sacrifício do direito ameaçado, o juiz, tendo em vista as condições pessoais do réu, pode atenuar a pena.

Exclusão de crime

Art. 42. Não há crime quando o agente pratica o fato:

I – em estado de necessidade;
II – em legítima defesa;
III – em estrito cumprimento do dever legal;
IV – em exercício regular de direito.

Parágrafo único. Não há igualmente crime quando o comandante de navio, aeronave ou praça de guerra, na iminência de perigo ou grave calamidade, compele os subalternos, por meios violentos, a executar serviços e manobras urgentes, para salvar a unidade ou vidas, ou evitar o desânimo, o terror, a desordem, a rendição, a revolta ou o saque.

► A alteração que seria inserida neste parágrafo único pela Lei nº 14.688, de 20-9-2023, foi vetada, razão pela qual, mantivemos a sua redação.
► Art. 23 do CP.
► Arts. 188, I, e 1.210, § 1º, do CC.

Estado de necessidade, como excludente do crime

Art. 43. Considera-se em estado de necessidade quem pratica o fato para preservar direito seu ou alheio, de perigo certo e atual, que não provocou, nem podia de outro modo evitar, desde que o mal causado, por sua natureza e importância, é consideravelmente inferior ao mal evitado, e o agente não era legalmente obrigado a arrostar o perigo.

▸ Art. 24 do CP.

Legítima defesa

Art. 44. Entende-se em legítima defesa quem, usando moderadamente dos meios necessários, repele injusta agressão, atual ou iminente, a direito seu ou de outrem.

▸ Art. 25 do CP.

Excesso culposo

Art. 45. O agente que, em qualquer dos casos de exclusão de crime, excede culposamente os limites da necessidade, responde pelo fato, se este é punível, a título de culpa.

▸ Art. 23, parágrafo único, do CP.

Excesso escusável

Parágrafo único. Não é punível o excesso quando resulta de escusável surpresa ou perturbação de ânimo, em face da situação.

Excesso doloso

Art. 46. O juiz pode atenuar a pena ainda quando punível o fato por excesso doloso.

Elementos não constitutivos do crime

Art. 47. Deixam de ser elementos constitutivos do crime:

I – a qualidade de superior ou a de inferior hierárquico, quando não conhecida do agente;

II – a qualidade de superior ou a de inferior hierárquico, a de oficial de dia, de serviço ou de quarto, ou a de sentinela, vigia ou plantão, quando a ação é praticada em repulsa a agressão.

▸ Incisos I e II com a redação dada pela Lei nº 14.688, de 20-9-2023.

▸ Art. 24 deste Código.

TÍTULO III – DA IMPUTABILIDADE PENAL

Inimputáveis

Art. 48. Não é imputável quem, no momento da ação ou da omissão, não possui a capacidade de entender o caráter ilícito do fato ou de determinar-se de acordo com esse entendimento, em virtude de doença mental, de desenvolvimento mental incompleto ou retardado.

▸ Art. 26 do CP.

Redução facultativa da pena

Parágrafo único. Se a doença ou a deficiência mental não suprime, mas diminui consideravelmente a capacidade de entendimento da ilicitude do fato ou a de autodeterminação, não fica excluída a imputabilidade, mas a pena pode ser reduzida de 1/3 (um terço) a 2/3 (dois terços), sem prejuízo do disposto no art. 113 deste Código.

▸ Parágrafo único com a redação dada pela Lei nº 14.688, de 20-9-2023.

Embriaguez

Art. 49. Não é igualmente imputável o agente que, por embriaguez completa proveniente de caso fortuito ou força maior, era, ao tempo da ação ou da omissão, inteiramente incapaz de entender o caráter criminoso do fato ou de determinar-se de acordo com esse entendimento.

▸ Art. 28 do CP.

▸ Art. 45 da Lei nº 11.343, de 23-8-2006 (Lei Antidrogas).

Parágrafo único. A pena pode ser reduzida de um a dois terços, se o agente por embriaguez proveniente de caso fortuito ou força maior, não possuía, ao tempo da ação ou da omissão, a plena capacidade de entender o caráter criminoso do fato ou de determinar-se de acordo com esse entendimento.

▸ Art. 46 da Lei nº 11.343, de 23-8-2006 (Lei Antidrogas).

Menores

Art. 50. O menor de 18 (dezoito) anos é penalmente inimputável, ficando sujeito às normas estabelecidas na legislação especial.

▸ Artigo com a redação dada pela Lei nº 14.688, de 20-9-2023.

▸ Art. 228 da CF.

▸ Art. 27 do CP.

▸ Art. 104 da Lei nº 8.069, de 13-7-1990 (Estatuto da Criança e do Adolescente).

Equiparação a maiores

Arts. 51 e 52. *Revogados*. Lei nº 14.688, de 20-9-2023.

TÍTULO IV – DO CONCURSO DE AGENTES

Coautoria

Art. 53. Quem, de qualquer modo, concorre para o crime incide nas penas a este cominadas.

▸ Arts. 29 a 31 do CP.

Condições ou circunstâncias pessoais

§ 1º A punibilidade de qualquer dos concorrentes é independente da dos outros, determinando-se segundo a sua própria culpabilidade. Não se comunicam, outrossim, as condições ou circunstâncias de caráter pessoal, salvo quando elementares do crime.

Agravação de pena

§ 2º A pena é agravada em relação ao agente que:

I – promove ou organiza a cooperação no crime ou dirige a atividade dos demais agentes;

II – coage outrem à execução material do crime;

III – instiga ou determina a cometer o crime alguém sujeito à sua autoridade, ou não punível em virtude de condição ou qualidade pessoal;

IV – executa o crime, ou nele participa, mediante paga ou promessa de recompensa.

Atenuação de pena

§ 3º A pena é atenuada com relação ao agente, cuja participação no crime é de somenos importância.

▸ Arts. 73 a 75 deste Código.

Cabeças

§ 4º Na prática de crime de autoria coletiva necessária, reputam-se cabeças os que dirigem, provocam, instigam ou excitam a ação.

▸ Arts. 149 a 152 deste Código.

§ 5º Quando o crime é cometido por inferiores hierárquicos e um ou mais oficiais, são estes considerados cabeças, assim como os inferiores hierárquicos que exercem função de oficial.

▸ § 5º com a redação dada pela Lei nº 14.688, de 20-9-2023.

Casos de impunibilidade

Art. 54. O ajuste, a determinação ou instigação e o auxílio, salvo disposição em contrário, não são puníveis se o crime não chega, pelo menos, a ser tentado.

▸ Art. 31 do CP.

TÍTULO V – DAS PENAS

CAPÍTULO I – DAS PENAS PRINCIPAIS

Penas principais

Art. 55. As penas principais são:

▸ Art. 5º, XLV a L e LXVII, da CF.

▸ Art. 32 do CP.

a) morte;

▸ Art. 5º, XLVII, da CF.

▸ Art. 4º do Pacto de São José da Costa Rica.

b) reclusão;

c) detenção;

d) prisão;

e) impedimento;

f) e *g)* *Revogadas*. Lei nº 14.688, de 20-9-2023.

Pena de morte

Art. 56. A pena de morte é executada por fuzilamento.

▸ Arts. 5º, XLVII, e 60, § 4º, IV, da CF.

▸ Arts. 707 e 708 do CPPM.

Comunicação

Art. 57. A sentença definitiva de condenação à morte é comunicada, logo que passe em julgado, ao Presidente da República, e não pode ser executada senão depois de sete dias após a comunicação.

Parágrafo único. Se a pena é imposta em zona de operações de guerra, pode ser imediatamente executada, quando o exigir o interesse da ordem e da disciplina militares.

▸ Art. 84, XII, da CF.

Mínimos e máximos genéricos

Art. 58. O mínimo da pena de reclusão é de um ano, e o máximo de trinta anos; o mínimo da pena de detenção é de trinta dias, e o máximo de dez anos.

Pena até dois anos aplicada a militar

Art. 59. A pena de reclusão ou de detenção até dois anos, aplicada a militar, é convertida em pena de prisão e cumprida, quando não cabível a suspensão condicional:

▸ *Caput* com a redação dada pela Lei nº 6.544, de 30-6-1978.

I – pelo oficial, em recinto de estabelecimento militar;

II – pela praça, em estabelecimento penal militar, onde ficará separada de presos que estejam cumprindo pena disciplinar ou pena privativa de liberdade por tempo superior a dois anos.

Separação de praças especiais e graduadas

Parágrafo único. Para efeito de separação, no cumprimento da pena de prisão, atender-se-á, também, à condição das praças especiais e à das graduadas, ou não; e, dentre as graduadas, à das que tenham graduação especial.

Pena do assemelhado

Art. 60. *Revogado*. Lei nº 14.688, de 20-9-2023.

Pena superior a dois anos, aplicada a militar

Art. 61. A pena privativa da liberdade por mais de dois anos, aplicada a militar, é cumprida em penitenciária militar e, na falta dessa, em estabelecimento prisional civil, ficando o recluso ou detento sujeito ao regime conforme a legislação penal comum, de cujos benefícios e concessões, também, poderá gozar.

▶ Artigo com a redação dada pela Lei nº 6.544, de 30-6-1978.

▶ Art. 598 do CPPM.

Pena privativa da liberdade aplicada a civil

Art. 62. O civil cumpre a pena aplicada pela Justiça Militar, em estabelecimento prisional civil, ficando ele sujeito ao regime conforme a legislação penal comum, de cujos benefícios e concessões, também, poderá gozar.

▶ Arts. 82 a 104 da LEP.

▶ Art. 3º da Lei nº 8.072, de 25-7-1990 (Lei dos Crimes Hediondos).

▶ Súm. nº 192 do STJ.

Cumprimento em penitenciária militar

Parágrafo único. Por crime militar praticado em tempo de guerra poderá o civil ficar sujeito a cumprir a pena, no todo ou em parte, em penitenciária militar, se, em benefício da segurança nacional, assim o determinar a sentença.

▶ Art. 62 com a redação dada pela Lei nº 6.544, de 30-6-1978.

Pena de impedimento

Art. 63. A pena de impedimento sujeita o condenado a permanecer no recinto da unidade, sem prejuízo da instrução militar.

Pena de suspensão do exercício do posto, graduação, cargo ou função

Art. 64. *Revogado.* Lei nº 14.688, de 20-9-2023.

Pena de reforma

Art. 65. *Revogado.* Lei nº 14.688, de 20-9-2023.

Superveniência de doença mental

Art. 66. O condenado a que sobrevenha doença mental deve ser recolhido a manicômio judiciário ou, na falta deste, a outro estabelecimento adequado, onde lhe seja assegurado custódia e tratamento.

▶ Arts. 26 e 41 do CP.

▶ Art. 154 do CPP.

▶ Art. 600 do CPPM.

▶ Art. 183 da LEP.

Tempo computável

Art. 67. Computam-se na pena privativa de liberdade o tempo de prisão provisória, no Brasil ou no estrangeiro, e o de internação em hospital ou manicômio, bem como o excesso de tempo, reconhecido em decisão judicial irrecorrível, no cumprimento da pena, por outro crime, desde que a decisão seja posterior ao crime de que se trata.

▶ Art. 42 do CP.

Transferência de condenados

Art. 68. O condenado pela Justiça Militar de uma região, distrito ou zona pode cumprir pena em estabelecimento de outra região, distrito ou zona.

CAPÍTULO II
DA APLICAÇÃO DA PENA

Fixação da pena privativa de liberdade

Art. 69. Para fixação da pena privativa de liberdade, o juiz aprecia a gravidade do crime praticado e a personalidade do réu, devendo ter em conta a intensidade do dolo ou grau da culpa, a maior ou menor extensão do dano ou perigo de dano, os meios empregados, o modo de execução, os motivos determinantes, as circunstâncias de tempo e lugar, os antecedentes do réu e sua atitude de insensibilidade, indiferença ou arrependimento após o crime.

▶ Art. 59 do CP.

▶ Art. 5º, 6, do Pacto de São José da Costa Rica.

▶ Súmulas nºs 231, 241, 440, 442 a 444 e 636 do STJ.

Determinação da pena

§ 1º Se são cominadas penas alternativas, o juiz deve determinar qual delas é aplicável.

Limites legais da pena

§ 2º Salvo o disposto no artigo 76, é fixada dentro dos limites legais a quantidade da pena aplicável.

Circunstâncias agravantes

Art. 70. São circunstâncias que sempre agravam a pena, quando não integrantes ou qualificativas do crime:

▶ Art. 61 do CP.

I – a reincidência;

▶ Súm. nº 241 do STJ.

II – ter o agente cometido o crime:

a) por motivo fútil ou torpe;

b) para facilitar ou assegurar a execução, a ocultação, a impunidade ou vantagem de outro crime;

c) depois de embriagar-se, salvo se a embriaguez decorre de caso fortuito, engano ou força maior;

d) à traição, de emboscada, com surpresa, ou mediante outro recurso insidioso que dificultou ou tornou impossível a defesa da vítima;

e) com o emprego de veneno, asfixia, tortura, fogo, explosivo, ou qualquer outro meio dissimulado ou cruel, ou de que podia resultar perigo comum;

▶ Art. 5º, 2, do Pacto de São José da Costa Rica.

f) contra ascendente, descendente, irmão ou cônjuge;

g) com abuso de poder ou violação de dever inerente a cargo, ofício, ministério ou profissão;

h) contra criança, pessoa maior de 60 (sessenta) anos, pessoa enferma, mulher grávida ou pessoa com deficiência;

▶ Alínea *h* com a redação dada pela Lei nº 14.688, de 20-9-2023.

▶ Art. 61, II, *h*, do CP.

i) quando o ofendido estava sob a imediata proteção da autoridade;

j) em ocasião de incêndio, naufrágio, encalhe, alagamento, inundação, ou qualquer calamidade pública, ou de desgraça particular do ofendido;

l) estando de serviço;

m) com emprego de arma, material ou instrumento de serviço, para esse fim procurado;

n) em auditório da Justiça Militar ou local onde tenha sede a sua administração;

o) em país estrangeiro.

Parágrafo único. As circunstâncias das letras *c*, salvo no caso de embriaguez preordenada, *l*, *m* e *o*, só agravam o crime quando praticado por militar.

Reincidência

Art. 71. Verifica-se a reincidência quando o agente comete novo crime, depois de transitar em julgado a sentença que, no País ou no estrangeiro, o tenha condenado por crime anterior.

▶ Art. 63 do CP.

▶ Súm. nº 241 do STJ.

Temporariedade da reincidência

§ 1º Não se toma em conta, para efeito da reincidência, a condenação anterior, se, entre a data do cumprimento ou extinção da pena e o crime posterior, decorreu período de tempo superior a cinco anos.

▶ Arts. 603, 615 e 638 do CPPM.

Crimes não considerados para efeito da reincidência

§ 2º Para efeito da reincidência, não se consideram os crimes anistiados.

▶ Arts. 21, XVII, e 48, VIII, da CF.

▶ Art. 187 da LEP.

Circunstâncias atenuantes

Art. 72. São circunstâncias que sempre atenuam a pena:

▶ Art. 65 do CP.

▶ Súm. nº 231 do STJ.

I – ser o agente menor de vinte e um ou maior de setenta anos;

▶ Súm. nº 74 do STJ.

II – ser meritório seu comportamento anterior;

III – ter o agente:

a) cometido o crime por motivo de relevante valor social ou moral;

b) procurado, por sua espontânea vontade e com eficiência, logo após o crime, evitar-lhe ou minorar-lhe as consequências, ou ter, antes do julgamento, reparado o dano;

c) cometido o crime sob a influência de violenta emoção, provocada por ato injusto da vítima;

d) confessado espontaneamente, perante a autoridade, a autoria do crime, ignorada ou imputada a outrem;

▶ Arts. 307 a 310 do CPPM.

e) sofrido tratamento com rigor não permitido em lei.

Não atendimento de atenuantes

Parágrafo único. Nos crimes em que a pena máxima cominada é de morte, ao juiz é facultado atender, ou não, às circunstâncias atenuantes enumeradas no artigo.

***Quantum* da agravação ou atenuação**

Art. 73. Quando a lei determina a agravação ou atenuação da pena sem mencionar o *quantum*, deve o juiz fixá-lo entre um quinto e um terço, guardados os limites da pena cominada ao crime.

Mais de uma agravante ou atenuante

Art. 74. Quando ocorre mais de uma agravante ou mais de uma atenuante, o juiz poderá limitar-se a uma só agravação ou a uma só atenuação.

Concurso de agravantes e atenuantes

Art. 75. No concurso de agravantes e atenuantes, a pena deve aproximar-se do limite indicado pelas circunstâncias preponderantes, entendendo-se como tais as que resultam dos motivos determinantes do crime, da personalidade do agente, e da reincidência. Se há equivalência entre umas e outras, é como se não tivessem ocorrido.

Majorantes e minorantes

Art. 76. Quando a lei prevê causas especiais de aumento ou diminuição da pena, não fica o juiz adstrito aos limites da pena cominada ao crime, senão apenas aos da espécie de pena aplicável (art. 58).

Parágrafo único. No concurso dessas causas especiais, pode o juiz limitar-se a um só aumento ou a uma só diminuição, prevalecendo, todavia, a causa que mais aumente ou diminua.

Cálculo da pena

▸ Epígrafe com a redação dada pela Lei nº 14.688, de 20-9-2023.

Art. 77. A pena-base será fixada de acordo com o critério definido no art. 69 deste Código e, em seguida, serão consideradas as circunstâncias atenuantes e agravantes e, por último, as causas de diminuição e de aumento de pena.

▸ *Caput* com a redação dada pela Lei nº 14.688, de 20-9-2023.

Parágrafo único. Salvo na aplicação das causas de diminuição e de aumento, a pena não poderá ser fixada aquém do mínimo nem acima do máximo previsto em abstrato para o crime.

▸ Parágrafo único acrescido pela Lei nº 14.688, de 20-9-2023.

Criminoso habitual ou por tendência

Art. 78. *Revogado*. Lei nº 14.688, de 20-9-2023.

Concurso material

▸ Epígrafe com a redação dada pela Lei nº 14.688, de 20-9-2023.

Art. 79. Quando o agente, mediante mais de uma ação ou omissão, pratica dois ou mais crimes, idênticos ou não, aplicam-se-lhe cumulativamente as penas privativas de liberdade em que haja incorrido.

▸ *Caput* com a redação dada pela Lei nº 14.688, de 20-9-2023.
▸ Arts. 69, 76 e 119 do CP.
▸ Art. 111 da LEP.
▸ Súm. nº 243 do STJ.

Parágrafo único. No caso de aplicação cumulativa de penas de reclusão e de detenção, executa-se primeiro aquela.

▸ Parágrafo único acrescido pela Lei nº 14.688, de 20-9-2023.

Concurso formal

Art. 79-A. Quando o agente, mediante uma só ação ou omissão, pratica dois ou mais crimes, idênticos ou não, aplica-se-lhe a mais grave das penas cabíveis ou, se iguais, somente uma delas, mas aumentada, em qualquer caso, de 1/6 (um sexto) até metade.

▸ Art. 70 do CP.

§ 1º As penas aplicam-se, entretanto, cumulativamente, se a ação ou omissão é dolosa e os crimes concorrentes resultam de desígnios autônomos, consoante o disposto no art. 79 deste Código.

▸ Art. 70 do CP.

§ 2º Não poderá a pena exceder a que seria cabível pela regra do art. 79 deste Código.

▸ Art. 79-A acrescido pela Lei nº 14.688, de 20-9-2023.
▸ Art. 70, parágrafo único, do CP.

Crime continuado

Art. 80. Quando o agente, mediante mais de uma ação ou omissão, pratica dois ou mais crimes da mesma espécie e, pelas condições de tempo, lugar, maneira de execução e outras semelhantes, devem os subsequentes ser havidos como continuação do primeiro, aplica-se-lhe a pena de um só dos crimes, se idênticas, ou a mais grave, se diversas, aumentada, em qualquer caso, de 1/6 (um sexto) a 2/3 (dois terços).

▸ Art. 71 do CP.
▸ Súm. nº 711 do STF.

Parágrafo único. Nos crimes dolosos contra vítimas diferentes cometidos com violência ou grave ameaça à pessoa, poderá o juízo, considerando a culpabilidade, os antecedentes, a conduta social e a personalidade do agente, bem como os motivos e as circunstâncias, aumentar a pena de um só dos crimes, se idênticas, ou a mais grave, se diversas, até o triplo, observadas as regras dos §§ 1º e 2º do art. 79-A e do art. 81 deste Código.

▸ Art. 80 com a redação dada pela Lei nº 14.688, de 20-9-2023.
▸ Art. 71, parágrafo único, do CP.

Limite da pena unificada

Art. 81. A pena unificada não pode ultrapassar de trinta anos, se é de reclusão, ou de quinze anos, se é de detenção.

▸ Art. 75 do CP.
▸ Súm. nº 715 do STF.

Redução facultativa da pena

§ 1º A pena unificada pode ser diminuída de um sexto a um quarto, no caso de unidade de ação ou omissão, ou de crime continuado.

Graduação no caso de pena de morte

§ 2º Quando cominada a pena de morte como grau máximo e a de reclusão como grau mínimo, aquela corresponde, para o efeito de graduação, à de reclusão por trinta anos.

▸ Art. 5º, XLVII, da CF.

Cálculo da pena aplicável à tentativa

§ 3º Nos crimes punidos com a pena de morte, esta corresponde à de reclusão por trinta anos, para cálculo da pena aplicável à tentativa, salvo disposição especial.

▸ Art. 30, parágrafo único, deste Código.

Ressalva do artigo 78, § 2º, letra *b*

Art. 82. *Revogado*. Lei nº 14.688, de 20-9-2023.

Penas não privativas de liberdade

Art. 83. As penas não privativas de liberdade são aplicadas distinta e integralmente, ainda que previstas para um só dos crimes concorrentes.

CAPÍTULO III
DA SUSPENSÃO CONDICIONAL DA PENA

Pressupostos da suspensão

▸ Epígrafe com a redação dada pela Lei nº 14.688, de 20-9-2023.

Art. 84. A execução da pena privativa de liberdade não superior a 2 (dois) anos pode ser suspensa por 3 (três) a 5 (cinco) anos, no caso de pena de reclusão, e por 2 (dois) a 4 (quatro) anos, no caso de pena de detenção, desde que:

▸ *Caput* com a redação dada pela Lei nº 14.688, de 20-9-2023.
▸ Art. 77 do CP.
▸ Arts. 606 a 617 do CPPM.
▸ Arts. 156 a 163 da LEP.
▸ Art. 5º da Lei nº 1.521, de 23-12-1951 (Lei dos Crimes Contra a Economia Popular).

I – o sentenciado não haja sofrido no País ou no estrangeiro, condenação irrecorrível por outro crime a pena privativa da liberdade, salvo o disposto no § 1º do artigo 71;

▸ Inciso I com a redação dada pela Lei nº 6.544, de 30-6-1978.

II – a culpabilidade, os antecedentes, a conduta social e a personalidade do agente, bem como os motivos e as circunstâncias do crime, autorizem a concessão do benefício.

▸ Inciso II com a redação dada pela Lei nº 14.688, de 20-9-2023.

Restrições

§ 1º A suspensão não se estende à pena acessória nem exclui a aplicação de medida de segurança não detentiva.

▸ Parágrafo único renumerado para § 1º e com a redação dada pela Lei nº 14.688, de 20-9-2023.

§ 2º A execução da pena privativa de liberdade não superior a 4 (quatro) anos poderá ser suspensa por 4 (quatro) a 6 (seis) anos, desde que o condenado seja maior de 70 (setenta) anos de idade ou existam razões de saúde que justifiquem a suspensão.

▸ § 2º acrescido pela Lei nº 14.688, de 20-9-2023.
▸ Art. 77, § 2º, CP.

Condições

Art. 85. A sentença deve especificar as condições a que fica subordinada a suspensão.

▸ Art. 79 do CP.

Revogação obrigatória da suspensão

Art. 86. A suspensão é revogada se, no curso do prazo, o beneficiário:

▸ Art. 81 do CP.
▸ Arts. 162 e 163 da LEP.

I – é condenado por crime doloso, na Justiça Militar ou na Justiça Comum, por sentença irrecorrível;

▸ Inciso I com a redação dada pela Lei nº 14.688, de 20-9-2023.

II – não efetua, sem motivo justificado, a reparação do dano;

III – *Revogado*. Lei nº 14.688, de 20-9-2023.

Revogação facultativa

§ 1º A suspensão também pode ser revogada se o condenado deixar de cumprir qualquer das obrigações constantes da sentença ou, se militar, for punido por infração disciplinar considerada grave.

▸ § 1º com a redação dada pela Lei nº 14.688, de 20-9-2023.

Prorrogação de prazo

§ 2º Quando facultativa a revogação, o juiz pode, ao invés de decretá-la, prorrogar o período de prova até o máximo, se este não foi o fixado.

§ 3º Se o beneficiário está respondendo a processo que, no caso de condenação, pode acarretar a revogação, considera-se prorrogado o prazo da suspensão até o julgamento definitivo.

Extinção da pena

Art. 87. Se o prazo expira sem que tenha sido revogada a suspensão, fica extinta a pena privativa de liberdade.

▸ Art. 615 do CPPM.

Não aplicação da suspensão condicional da pena

Art. 88. A suspensão condicional da pena não se aplica:

I – ao condenado por crime cometido em tempo de guerra;
II – em tempo de paz:
a) por crime contra a segurança nacional, de aliciação e incitamento, de violência contra superior, oficial de dia, de serviço ou de quarto, sentinela, vigia ou plantão, de desrespeito a superior, de insubordinação, ou de deserção;
b) pelos crimes previstos nos artigos 160, 161, 162, 235, 291 e seu parágrafo único, nºs I a IV.

CAPÍTULO IV
DO LIVRAMENTO CONDICIONAL

Requisitos

Art. 89. O condenado à pena de reclusão ou de detenção por tempo igual ou superior a dois anos pode ser liberado condicionalmente, desde que:

- Art. 96 deste Código.
- Art. 83 do CP.
- Arts. 618 a 642 do CPPM.
- Art. 5º da Lei nº 1.521, de 26-12-1951 (Lei dos Crimes Contra a Economia Popular).
- Arts. 128, 131 a 146 e 170, § 1º, da LEP.
- Súm. nº 441 do STJ.

I – tenha cumprido:
a) metade da pena, se primário;
b) dois terços, se reincidente;

- Art. 71 deste Código.

II – tenha reparado, salvo impossibilidade de fazê-lo, o dano causado pelo crime;
III – sua boa conduta durante a execução da pena, sua adaptação ao trabalho e às circunstâncias atinentes a sua personalidade, ao meio social e à sua vida pregressa permitem supor que não voltará a delinquir.

Penas em concurso de infrações

§ 1º No caso de condenação por infrações penais em concurso, deve ter-se em conta a pena unificada.

Condenação de menor de 21 ou maior de 70 anos

§ 2º Se o condenado é primário e menor de vinte e um ou maior de setenta anos, o tempo de cumprimento da pena pode ser reduzido a um terço.

Especificação das condições

Art. 90. A sentença deve especificar as condições a que fica subordinado o livramento.

- Art. 85 do CP.
- Arts. 625, 626 e 639 do CPPM.

Preliminares da concessão

Art. 91. O livramento somente se concede mediante parecer do Conselho Penitenciário, ouvidos o diretor do estabelecimento em que está ou tenha estado o liberando e o representante do Ministério Público da Justiça Militar; e, se imposta medida de segurança detentiva, após perícia conclusiva de não periculosidade do liberando.

- Arts. 622 e 671 do CPPM.

Observação cautelar e proteção do liberado

Art. 92. O liberado fica sob observação cautelar e proteção realizadas por patrono oficial ou particular, dirigido aquele e inspecionado este pelo Conselho Penitenciário. Na falta de patronato, o liberado fica sob observação cautelar realizada por serviço social penitenciário ou órgão similar.

Revogação obrigatória

Art. 93. Revoga-se o livramento, se o liberado vem a ser condenado, em sentença irrecorrível, a pena privativa de liberdade:

- Art. 86 do CP.

I – por infração penal cometida durante a vigência do benefício;
II – por infração penal anterior, salvo se, tendo de ser unificadas as penas, não fica prejudicado o requisito do artigo 89, nº I, letra a.

Revogação facultativa

§ 1º O juiz pode, também, revogar o livramento se o liberado deixa de cumprir qualquer das obrigações constantes da sentença ou é irrecorrivelmente condenado, por motivo de contravenção, a pena que não seja privativa de liberdade; ou, se militar, sofre penalidade por transgressão disciplinar considerada grave.

- Art. 87 do CP.

Infração sujeita à jurisdição penal comum

§ 2º Para os efeitos da revogação obrigatória, são tomadas, também, em consideração, nos termos dos nºs I e II deste artigo, as infrações sujeitas à jurisdição penal comum; e, igualmente, a contravenção compreendida no § 1º, se assim, com prudente arbítrio, o entender o juiz.

Efeitos da revogação

Art. 94. Revogado o livramento, não pode ser novamente concedido e, salvo quando a revogação resulta de condenação por infração penal anterior ao benefício, não se desconta na pena o tempo em que esteve solto o condenado.

- Art. 88 do CP.

Extinção da pena

Art. 95. Se, até o seu termo, o livramento não é revogado, considera-se extinta a pena privativa de liberdade.

- Art. 90 do CP.
- Súm. nº 617 do STJ.

Parágrafo único. Enquanto não passa em julgado a sentença em processo, a que responde o liberado por infração penal cometida na vigência do livramento, deve o juiz abster-se de declarar a extinção da pena.

- Art. 89 do CP.

Não aplicação do livramento condicional

Art. 96. O livramento condicional não se aplica ao condenado por crime cometido em tempo de guerra.

Casos especiais do livramento condicional

Art. 97. Em tempo de paz, o livramento condicional por crime contra a segurança externa do País, ou de revolta, motim, aliciação e incitamento, violência contra superior ou militar de serviço, só será concedido após o cumprimento de dois terços da pena, observado ainda o disposto no artigo 89, preâmbulo, seus nºs II e III e §§ 1º e 2º.

CAPÍTULO V
DAS PENAS ACESSÓRIAS

Penas acessórias

Art. 98. São penas acessórias:
I – a perda de posto e patente;
II – a indignidade para o oficialato;
III – a incompatibilidade com o oficialato;
IV – a exclusão das Forças Armadas;
V – a perda da função pública, ainda que eletiva;

- A alteração que seria inserida neste dispositivo pela Lei nº 14.688, de 20-9-2023, foi vetada, razão pela qual, mantivemos a sua redação.

VI – a inabilitação para o exercício de função pública;
VII – a incapacidade para o exercício do poder familiar, da tutela ou da curatela, quando tal medida for determinante para salvaguardar os interesses do filho, do tutelado ou do curatelado;

- Inciso VII com a redação dada pela Lei nº 14.688, de 20-9-2023.
- Arts. 1.630 a 1.638 do CC.

VIII – a suspensão dos direitos políticos.

Função pública equiparada

Parágrafo único. Equipara-se à função pública a que é exercida em empresa pública, autarquia, sociedade de economia mista, ou sociedade de que participe a União, o Estado ou o Município como acionista majoritário.

Perda de posto e patente

Art. 99. A perda de posto e patente resulta da condenação a pena privativa de liberdade por tempo superior a 2 (dois) anos, por crimes comuns e militares, e importa a perda das condecorações, desde que submetido o oficial ao julgamento previsto no inciso VI do § 3º do art. 142 da Constituição Federal.

- Artigo com a redação dada pela Lei nº 14.688, de 20-9-2023.

Indignidade para o oficialato

Art. 100. Fica sujeito à declaração de indignidade para o oficialato o militar condenado, qualquer que seja a pena, nos crimes de traição, espionagem ou covardia, ou em qualquer dos definidos nos artigos 161, 235, 240, 242, 243, 244, 245, 251, 252, 303, 304, 311 e 312.

Incompatibilidade com o oficialato

Art. 101. Fica sujeito à declaração de incompatibilidade com o oficialato o militar condenado nos crimes dos artigos 141 e 142.

Exclusão das Forças Armadas

Art. 102. A condenação da praça a pena privativa de liberdade, por tempo superior a dois anos, importa sua exclusão das Forças Armadas.

- A alteração que seria inserida neste artigo pela Lei nº 14.688, de 20-9-2023, foi vetada, razão pela qual, mantivemos a sua redação.

Perda da função pública

Art. 103. Incorre na perda da função pública o civil:

- *Caput* com a redação dada pela Lei nº 14.688, de 20-9-2023.

I – condenado a pena privativa de liberdade por crime cometido com abuso de poder ou violação de dever inerente à função pública;
II – condenado, por outro crime, a pena privativa de liberdade por mais de dois anos.

Parágrafo único. O disposto no artigo aplica-se ao militar da reserva, ou reformado, se estiver no exercício de função pública de qualquer natureza.

- Art. 92 do CP.

Inabilitação para o exercício de função pública

Art. 104. Incorre na inabilitação para o exercício de função pública, pelo prazo de dois até vinte anos, o condenado a reclusão por mais de quatro anos, em virtude de crime praticado com abuso de poder ou violação do dever militar ou inerente à função pública.

- Art. 92 do CP.

Termo inicial

Parágrafo único. O prazo da inabilitação para o exercício de função pública começa ao termo da execução da pena privativa de liberdade ou da medida de segurança imposta em substituição, ou da data em que se extingue a referida pena.

- Art. 603 do CPPM.

Incapacidade para o exercício do poder familiar, da tutela ou da curatela

- Epígrafe com a redação dada pela Lei nº 14.688, de 20-9-2023.

Art. 105. O condenado por cometimento de crime doloso sujeito a pena de reclusão praticado contra outrem igualmente titular do mesmo poder familiar ou contra filho, tutelado ou curatelado poderá, justificadamente e em atendimento ao melhor interesse do menor ou do curatelado, ter decretada a incapacidade para o exercício do poder familiar, da tutela ou da curatela, enquanto durar a execução da pena ou da medida de segurança imposta em substituição nos termos do art. 113 deste Código.

- *Caput* com a redação dada pela Lei nº 14.688, de 20-9-2023.
- Art. 92 do CP.

Incapacidade provisória

- Epígrafe com a redação dada pela Lei nº 14.688, de 20-9-2023.

Parágrafo único. Durante o processo para apuração dos crimes descritos no *caput* deste artigo, poderá o juízo, justificadamente e em atendimento ao melhor interesse do menor ou do curatelado, decretar a incapacidade provisória para o exercício do poder familiar, da tutela ou da curatela.

- Parágrafo único com a redação dada pela Lei nº 14.688, de 20-9-2023.
- Art. 276 do CPPM.

Suspensão dos direitos políticos

Art. 106. Durante a execução da pena privativa de liberdade ou da medida de segurança imposta em substituição, ou enquanto perdura a inabilitação para função pública, o condenado não pode votar, nem ser votado.

Imposição de pena acessória

Art. 107. Salvo os casos dos artigos 99, 103, nº II, e 106, a imposição da pena acessória deve constar expressamente da sentença.

- A alteração que seria inserida neste artigo pela Lei nº 14.688, de 20-9-2023, foi vetada, razão pela qual, mantivemos a sua redação.

Tempo computável

Art. 108. Computa-se no prazo das inabilitações temporárias o tempo de liberdade resultante da suspensão condicional da pena ou do livramento condicional, se não sobrevém revogação.

CAPÍTULO VI
DOS EFEITOS DA CONDENAÇÃO

Obrigação de reparar o dano

Art. 109. São efeitos da condenação:

- Art. 91 do CP.

I – tornar certa a obrigação de reparar o dano resultante do crime;

Perda em favor da Fazenda Nacional

II – a perda em favor da Fazenda Pública, ressalvado o direito do lesado ou de terceiro de boa-fé:

- *Caput* do inciso II com a redação dada pela Lei nº 14.688, de 20-9-2023.

a) dos instrumentos do crime, desde que consistam em coisas cujo fabrico, alienação, uso, porte ou detenção constitua fato ilícito;

b) do produto do crime ou de qualquer bem ou valor que constitua proveito auferido pelo agente com a sua prática.

TÍTULO VI – DAS MEDIDAS DE SEGURANÇA

Espécies de medidas de segurança

Art. 110. As medidas de segurança são pessoais ou patrimoniais.

- *Caput* com a redação dada pela Lei nº 14.688, de 20-9-2023.
- Arts. 96 a 99 do CP.
- Arts. 659 a 674 do CPPM.
- Súmulas nºs 422 e 525 do STF.

§ 1º As medidas de segurança pessoais subdividem-se em:

I – detentivas: compreendem a internação em estabelecimento de custódia e tratamento ou em seção especial de estabelecimento penal;

II – não detentivas: compreendem o tratamento ambulatorial, a interdição de licença para direção de veículos motorizados, o exílio local e a proibição de frequentar determinados lugares.

§ 2º As medidas de segurança patrimoniais compreendem a interdição de estabelecimento ou sede de sociedade ou associação e o confisco.

- §§ 1º e 2º acrescidos pela Lei nº 14.688, de 20-9-2023.

Pessoas sujeitas às medidas de segurança

Art. 111. As medidas de segurança somente podem ser impostas:

I – aos civis;

II – aos militares condenados a pena privativa de liberdade por tempo superior a 2 (dois) anos, aos que de outro modo hajam perdido função, posto ou patente ou aos que tenham sido excluídos das Forças Armadas;

III – aos militares, no caso do art. 48 deste Código;

IV – aos militares, no caso do art. 115 deste Código, com aplicação dos seus §§ 1º, 2º e 3º.

- Incisos II a IV com a redação dada pela Lei nº 14.688, de 20-9-2023.

Estabelecimento de custódia e tratamento

- Epígrafe com a redação dada pela Lei nº 14.688, de 20-9-2023.

Art. 112. Quando o agente é inimputável, nos termos do art. 48 deste Código, o juiz poderá determinar sua internação em estabelecimento de custódia e tratamento.

- *Caput* com a redação dada pela Lei nº 14.688, de 20-9-2023.
- Arts. 663 e 674 do CPPM.

Prazo de internação

§ 1º A internação ou o tratamento ambulatorial será por tempo indeterminado, perdurando enquanto não for averiguada, mediante perícia médica, a cessação da periculosidade, observado que o prazo mínimo deverá ser de 1 (um) a 3 (três) anos.

- § 1º com a redação dada pela Lei nº 14.688, de 20-9-2023.

Perícia médica

§ 2º A perícia médica realizar-se-á ao término do prazo mínimo fixado e deverá ser repetida de ano em ano, ou a qualquer tempo, se o determinar o juiz da execução.

- § 2º com a redação dada pela Lei nº 14.688, de 20-9-2023.
- Súm. nº 520 do STF.

Desinternação ou liberação condicional

§ 3º A desinternação ou a liberação será sempre condicional, devendo ser restabelecida a situação anterior se o agente, antes do decurso de 1 (um) ano, praticar fato indicativo de persistência de sua periculosidade.

§ 4º Durante o período previsto no § 3º deste artigo, aplicar-se-á o disposto no art. 92 deste Código.

- §§ 3º e 4º com a redação dada pela Lei nº 14.688, de 20-9-2023.

§ 5º Em qualquer fase do tratamento ambulatorial, poderá o juiz determinar a internação do agente, se essa providência for necessária para fins curativos.

- § 5º acrescido pela Lei nº 14.688, de 20-9-2023.

Substituição da pena por internação

Art. 113. Na hipótese do parágrafo único do art. 48 deste Código, e se o condenado necessitar de especial tratamento curativo destinado aos inimputáveis, a pena privativa de liberdade poderá ser substituída por internação ou por tratamento ambulatorial, pelo prazo mínimo de 1 (um) a 3 (três) anos, nos termos do art. 112 deste Código.

- *Caput* com a redação dada pela Lei nº 14.688, de 20-9-2023.

Superveniência de cura

§ 1º Sobrevindo a cura, pode o internado ser transferido para o estabelecimento penal, não ficando excluído o seu direito a livramento condicional.

Persistência do estado mórbido

§ 2º Se, ao término do prazo, persistir o mórbido estado psíquico do internado, condicionante de periculosidade atual, a internação passa a ser por tempo indeterminado, aplicando-se o disposto nos §§ 1º a 4º do artigo anterior.

Ébrios habituais ou toxicômanos

§ 3º A idêntica internação para fim curativo, sob as mesmas normas, ficam sujeitos os condenados reconhecidos como ébrios habituais ou toxicômanos.

Regime de internação

Art. 114. A internação, em qualquer dos casos previstos nos artigos precedentes, deve visar não apenas ao tratamento curativo do internado, senão também ao seu aperfeiçoamento a um regime educativo ou de trabalho, lucrativo ou não, segundo o permitirem suas condições pessoais.

Cassação de licença para dirigir veículos motorizados

Art. 115. Ao condenado por crime cometido na direção ou relacionadamente à direção de veículos motorizados, deve ser cassada a licença para tal fim, pelo prazo mínimo de um ano, se as circunstâncias do caso e os antecedentes do condenado revelam a sua inaptidão para essa atividade e consequente perigo para a incolumidade alheia.

▶ Arts. 672 e 674 do CPPM.

§ 1º O prazo da interdição se conta do dia em que termina a execução da pena privativa de liberdade ou da medida de segurança detentiva, ou da data da suspensão condicional da pena ou da concessão do livramento ou desinternação condicionais.

§ 2º Se, antes de expirado o prazo estabelecido, é averiguada a cessação do perigo condicionante da interdição, esta é revogada; mas, se o perigo persiste ao termo do prazo, prorroga-se este enquanto não cessa aquele.

§ 3º A cassação da licença deve ser determinada ainda no caso de absolvição do réu em razão de inimputabilidade.

Exílio local

Art. 116. O exílio local, aplicável quando o juiz o considera necessário como medida preventiva, a bem da ordem pública ou do próprio condenado, consiste na proibição de que este resida ou permaneça, durante um ano, pelo menos, na localidade, município ou comarca em que o crime foi praticado.

Parágrafo único. O exílio deve ser cumprido logo que cessa ou é suspensa condicionalmente a execução da pena privativa de liberdade.

Proibição de frequentar determinados lugares

Art. 117. A proibição de frequentar determinados lugares consiste em privar o condenado, durante um ano, pelo menos, da faculdade de acesso a lugares que favoreçam, por qualquer motivo, seu retorno à atividade criminosa.

Parágrafo único. Para o cumprimento da proibição, aplica-se o disposto no parágrafo único do artigo anterior.

Interdição de estabelecimento, sociedade ou associação

Art. 118. A interdição de estabelecimento comercial ou industrial, ou de sociedade ou associação, pode ser decretada por tempo não inferior a quinze dias, nem superior a seis meses, se o estabelecimento, sociedade ou associação serve de meio ou pretexto para a prática de infração penal.

▶ Art. 272, § 1º, do CPPM.

§ 1º A interdição consiste na proibição de exercer no local o mesmo comércio ou indústria, ou atividade social.

§ 2º A sociedade ou associação, cuja sede é interditada, não pode exercer em outro local as suas atividades.

Confisco

Art. 119. O juiz, embora não apurada a autoria, ou ainda quando o agente é inimputável, ou não punível, deve ordenar o confisco dos instrumentos e produtos do crime, desde que consistam em coisas:

I – cujo fabrico, alienação, uso, porte ou detenção constitui fato ilícito;

II – que, pertencendo às Forças Armadas ou sendo de uso exclusivo de militares, estejam em poder ou em uso do agente, ou de pessoa não devidamente autorizada;

III – abandonadas, ocultas ou desaparecidas.

Parágrafo único. É ressalvado o direito do lesado ou de terceiro de boa-fé, nos casos dos nºs I e III.

Imposição da medida de segurança

Art. 120. A medida de segurança é imposta em sentença, que lhe estabelecerá as condições, nos termos da lei penal militar.

Parágrafo único. A imposição da medida de segurança não impede a expulsão do estrangeiro.

TÍTULO VII – DA AÇÃO PENAL

Propositura da ação penal

Art. 121. A ação penal é promovida pelo Ministério Público, na forma da lei.

▶ *Caput* com a redação dada pela Lei nº 14.688, de 20-9-2023.

▶ Art. 129, I, da CF.

▶ Art. 100 do CP.

Parágrafo único. Será admitida ação privada, se a ação pública não for intentada no prazo legal.

▶ Parágrafo único acrescido pela Lei nº 14.688, de 20-9-2023.

Dependência de requisição

Art. 122. Nos crimes previstos nos arts. 136 a 141 deste Código, a ação penal, quando o agente for militar, depende da requisição do Comando da Força a que aquele estiver subordinado, observado que, no caso do art. 141, quando o agente for civil e não houver coautor militar, a requisição será do Ministério da Justiça.

▶ Artigo com a redação dada pela Lei nº 14.688, de 20-9-2023.

TÍTULO VIII – DA EXTINÇÃO DA PUNIBILIDADE

Causas extintivas

Art. 123. Extingue-se a punibilidade:

▶ Art. 107 do CP.

I – pela morte do agente;

II – pela anistia, graça ou indulto;

▶ Inciso II com a redação dada pela Lei nº 14.688, de 20-9-2023.

III – pela retroatividade de lei que não mais considera o fato como criminoso;

IV – pela prescrição;

▶ Súm. nº 438 do STJ.

V – *Revogado.* Lei nº 14.688, de 20-9-2023;

VI – pelo ressarcimento do dano, no peculato culposo (art. 303, § 4º);

VII – pelo perdão judicial, nos casos previstos em lei.

▶ Inciso VII acrescido pela Lei nº 14.688, de 20-9-2023.

Parágrafo único. A extinção da punibilidade de crime, que é pressuposto, elemento constitutivo ou circunstância agravante de outro, não se estende a este. Nos crimes conexos, a extinção da punibilidade de um deles não impede, quanto aos outros, a agravação da pena resultante da conexão.

▶ Art. 108 do CP.

Espécies de prescrição

Art. 124. A prescrição refere-se à pretensão punitiva ou à executória.

▶ Artigo com a redação dada pela Lei nº 14.688, de 20-9-2023.

Prescrição da pretensão punitiva

Art. 125. A prescrição da pretensão punitiva, salvo o disposto no § 1º deste artigo, regula-se pelo máximo da pena privativa de liberdade cominada ao crime, verificando-se:

▶ *Caput* com a redação dada pela Lei nº 14.688, de 20-9-2023.

▶ Art. 109 do CP.

▶ Súmulas nºs 220 e 415 do STJ.

I – em trinta anos, se a pena é de morte;

II – em vinte anos, se o máximo da pena é superior a doze;

III – em dezesseis anos, se o máximo da pena é superior a oito e não excede a doze;

IV – em doze anos, se o máximo da pena é superior a quatro e não excede a oito;

V – em oito anos, se o máximo da pena é superior a dois e não excede a quatro;

VI – em quatro anos, se o máximo da pena é igual a um ano ou, sendo superior, não excede a dois;

VII – em 3 (três) anos, se o máximo da pena é inferior a 1 (um) ano.

▶ Inciso VII com a redação dada pela Lei nº 14.688, de 20-9-2023.

Superveniência de sentença condenatória de que somente o réu recorre

§ 1º Sobrevindo sentença condenatória, de que somente o réu tenha recorrido, a prescrição passa a regular-se pela pena imposta, e deve ser logo declarada, sem prejuízo do andamento do recurso se, entre a última causa interruptiva do curso da prescrição (§ 5º) e a sentença, já decorreu tempo suficiente.

Termo inicial da prescrição da ação penal

§ 2º A prescrição da ação penal começa a correr:

▶ Art. 111 do CP.

a) do dia em que o crime se consumou;

b) no caso de tentativa, do dia em que cessou a atividade criminosa;

c) nos crimes permanentes, do dia em que cessou a permanência;

▶ Súm. nº 711 do STF.

d) nos crimes de falsidade, da data em que o fato se tornou conhecido.

Caso de concurso de crimes ou de crime continuado

§ 3º No caso de concurso de crimes ou de crime continuado, a prescrição é referida, não à pena unificada, mas à de cada crime considerado isoladamente.

▶ Súm. nº 497 do STF.

Suspensão da prescrição

§ 4º A prescrição da ação penal não corre:

▶ Art. 116 do CP.

I – enquanto não resolvida, em outro processo, questão de que dependa o reconhecimento da existência do crime;

II – enquanto o agente cumpre pena no estrangeiro;

III – enquanto pendentes embargos de declaração ou recursos ao Supremo Tribunal Federal, se estes forem considerados inadmissíveis.

▶ Inciso III acrescido pela Lei nº 14.688, de 20-9-2023.

Interrupção da prescrição

§ 5º O curso da prescrição da ação penal interrompe-se:

▶ Art. 117 do CP.

I – pela instauração do processo;

▸ Arts. 35 e 396 do CPPM.

II – pela sentença condenatória ou acórdão condenatório recorríveis;

▸ Inciso II com a redação dada pela Lei nº 14.688, de 20-9-2023.

III – pelo início ou continuação da execução provisória ou definitiva da pena; e

IV – pela reincidência.

▸ Incisos III e IV acrescidos pela Lei nº 14.688, de 20-9-2023.

§ 6º A interrupção da prescrição produz efeito relativamente a todos os autores do crime; e nos crimes conexos, que sejam objeto do mesmo processo, a interrupção relativa a qualquer deles estende-se aos demais.

Prescrição da execução da pena ou da medida de segurança que a substitui

Art. 126. A prescrição da execução da pena privativa de liberdade ou da medida de segurança que a substitui (artigo 113) regula-se pelo tempo fixado na sentença e verifica-se nos mesmos prazos estabelecidos no artigo 125, os quais se aumentam de um terço, se o condenado é criminoso habitual ou por tendência.

▸ Art. 110 do CP.

§ 1º Começa a correr a prescrição:

a) do dia em que passa em julgado a sentença condenatória ou a que revoga a suspensão condicional da pena ou o livramento condicional;

b) do dia em que se interrompe a execução, salvo quando o tempo da interrupção deva computar-se na pena.

§ 2º No caso de evadir-se o condenado ou de revogar-se o livramento ou desinternação condicionais, a prescrição se regula pelo restante tempo da execução.

▸ Art. 601 do CPPM.

§ 3º O curso da prescrição da execução da pena suspende-se enquanto o condenado está preso por outro motivo, e interrompe-se pelo início ou continuação do cumprimento da pena, ou pela reincidência.

▸ Art. 597 do CPPM.

Prescrição no caso de reforma ou suspensão de exercício

Art. 127. *Revogado*. Lei nº 14.688, de 20-9-2023.

Disposições comuns a ambas as espécies de prescrição

Art. 128. Interrompida a prescrição, salvo o caso do § 3º, segunda parte, do artigo 126, todo o prazo começa a correr, novamente, do dia da interrupção.

▸ Art. 117, § 2º, do CP.

Redução

Art. 129. São reduzidos de metade os prazos da prescrição, quando o criminoso era, ao tempo do crime, menor de vinte e um anos ou maior de setenta.

▸ Art. 115 do CP.

Imprescritibilidade das penas acessórias

Art. 130. É imprescritível a execução das penas acessórias.

▸ Art. 98 deste Código.

Prescrição no caso de insubmissão

Art. 131. A prescrição começa a correr, no crime de insubmissão, do dia em que o insubmisso atinge a idade de trinta anos.

▸ Art. 183 deste Código.

Prescrição no caso de deserção

Art. 132. No crime de deserção, embora decorrido o prazo da prescrição, esta só extingue a punibilidade quando o desertor atinge a idade de quarenta e cinco anos, e, se oficial, a de sessenta.

▸ Art. 187 e segs. deste Código.

Declaração de ofício

Art. 133. A prescrição, embora não alegada, deve ser declarada de ofício.

▸ Art. 81 do CPPM.

Reabilitação

Art. 134. A reabilitação alcança quaisquer penas impostas por sentença definitiva.

▸ Arts. 93 a 95 do CP.

▸ Art. 202 da LEP.

▸ Arts. 70 e 71 da Lei nº 6.880, de 9-12-1980 (Estatuto dos Militares).

§ 1º A reabilitação poderá ser requerida decorridos cinco anos do dia em que for extinta, de qualquer modo, a pena principal ou terminar a execução desta ou da medida de segurança aplicada em substituição (artigo 113), ou do dia em que terminar o prazo da suspensão condicional da pena ou do livramento condicional, desde que o condenado:

a) tenha tido domicílio no País, no prazo acima referido;

b) tenha dado, durante esse tempo, demonstração efetiva e constante de bom comportamento público e privado;

c) tenha ressarcido o dano causado pelo crime ou demonstre absoluta impossibilidade de o fazer até o dia do pedido, ou exiba documento que comprove a renúncia da vítima ou novação da dívida.

§ 2º A reabilitação não pode ser concedida:

a) em favor dos que foram reconhecidos perigosos, salvo prova cabal em contrário;

b) em relação aos atingidos pelas penas acessórias do artigo 98, inciso VII, se o crime for de natureza sexual em detrimento de filho, tutelado ou curatelado.

Prazo para renovação do pedido

§ 3º Negada a reabilitação, não pode ser novamente requerida senão após o decurso de dois anos.

§ 4º Os prazos para o pedido de reabilitação serão contados em dobro no caso de criminoso habitual ou por tendência.

Revogação

§ 5º A reabilitação será revogada de ofício, ou a requerimento do Ministério Público, se a pessoa reabilitada for condenada, por decisão definitiva, ao cumprimento de pena privativa de liberdade.

Cancelamento do registro de condenações penais

Art. 135. Declarada a reabilitação, serão cancelados, mediante averbação, os antecedentes criminais.

▸ Arts. 655 e 656 do CPPM.

Sigilo sobre antecedentes criminais

Parágrafo único. Concedida a reabilitação, o registro oficial de condenações penais não pode ser comunicado senão à autoridade policial ou judiciária, ou ao representante do Ministério Público, para instrução de processo penal que venha a ser instaurado contra o reabilitado.

PARTE ESPECIAL

LIVRO I – DOS CRIMES MILITARES EM TEMPO DE PAZ

TÍTULO I – DOS CRIMES CONTRA A SEGURANÇA EXTERNA DO PAÍS

Hostilidade contra país estrangeiro

Art. 136. Praticar o militar ato de hostilidade contra país estrangeiro, expondo o Brasil a perigo de guerra:

Pena – reclusão, de oito a quinze anos.

Resultado mais grave

§ 1º Se resulta ruptura de relações diplomáticas, represália ou retorsão:

Pena – reclusão, de dez a vinte e quatro anos.

§ 2º Se resulta guerra:

Pena – reclusão, de doze a trinta anos.

Provocação a país estrangeiro

Art. 137. Provocar o militar, diretamente, país estrangeiro a declarar guerra ou mover hostilidade contra o Brasil ou a intervir em questão que respeite à soberania nacional:

Pena – reclusão, de doze a trinta anos.

Ato de jurisdição indevida

Art. 138. Praticar o militar, indevidamente, no Território Nacional, ato de jurisdição de país estrangeiro, ou favorecer a prática de ato dessa natureza:

Pena – reclusão, de cinco a quinze anos.

Violação de território estrangeiro

Art. 139. Violar o militar território estrangeiro, com o fim de praticar ato de jurisdição em nome do Brasil:

Pena – reclusão, de dois a seis anos.

Entendimento para empenhar o Brasil à neutralidade ou à guerra

Art. 140. Entrar ou tentar entrar o militar em entendimento com país estrangeiro, para empenhar o Brasil à neutralidade ou à guerra:

Pena – reclusão, de seis a doze anos.

Entendimento para gerar conflito ou divergência com o Brasil

Art. 141. Entrar em entendimento com país estrangeiro, ou organização nele existente, para gerar conflito ou divergência de caráter internacional entre o Brasil e qualquer outro país, ou para lhes perturbar as relações diplomáticas:

Pena – reclusão, de quatro a oito anos.

Resultado mais grave

§ 1º Se resulta ruptura de relações diplomáticas:

Pena – reclusão, de seis a dezoito anos.

§ 2º Se resulta guerra:

Pena – reclusão, de dez a vinte e quatro anos.

Tentativa contra a soberania do Brasil

Art. 142. Tentar:

I – submeter o Território Nacional, ou parte dele, à soberania de país estrangeiro;

II – desmembrar, por meio de movimento armado ou tumultos planejados, o Território Nacional, desde que o fato atente contra a segurança externa do Brasil ou a sua soberania;

III – internacionalizar, por qualquer meio, região ou parte do Território Nacional:

Pena – reclusão, de quinze a trinta anos, para os cabeças; de dez a vinte anos, para os demais agentes.

▸ Arts. 101 e 357 deste Código.

Consecução de notícia, informação ou documento para fim de espionagem

Art. 143. Conseguir, para o fim de espionagem militar, notícia, informação ou documento, cujo sigilo seja de interesse da segurança externa do Brasil:

▸ Art. 366 deste Código.

▸ Art. 359-K do CP.

Pena – reclusão, de quatro a doze anos.

§ 1º A pena é de reclusão de dez a vinte anos:

I – se o fato compromete a preparação ou eficiência bélica do Brasil, ou o agente transmite ou fornece, por qualquer meio, mesmo sem remuneração, a notícia, informação ou documento, a autoridade ou pessoa estrangeira;

II – se o agente, em detrimento da segurança externa do Brasil, promove ou mantém no Território Nacional atividade ou serviço destinado à espionagem;

III – se o agente se utiliza, ou contribui para que outrem se utilize, de meio de comunicação, para dar indicação que ponha ou possa pôr em perigo a segurança externa do Brasil.

Modalidade culposa

§ 2º Contribuir culposamente para a execução do crime:

Pena – detenção, de seis meses a dois anos, no caso do artigo; ou até quatro anos, no caso do § 1º, nº I.

Revelação de notícia, informação ou documento

Art. 144. Revelar notícia, informação ou documento, cujo sigilo seja de interesse da segurança externa do Brasil:

▸ Art. 366 deste Código.

Pena – reclusão, de três a oito anos.

Fim de espionagem militar

§ 1º Se o fato é cometido com o fim de espionagem militar:

Pena – reclusão, de seis a doze anos.

Resultado mais grave

§ 2º Se o fato compromete a preparação ou a eficiência bélica do País:

Pena – reclusão, de dez a vinte anos.

Modalidade culposa

§ 3º Se a revelação é culposa:

Pena – detenção, de seis meses a dois anos, no caso do artigo; ou até quatro anos, nos casos dos §§ 1º e 2º.

Turbação de objeto ou documento

Art. 145. Suprimir, subtrair, deturpar, alterar, desviar, ainda que temporariamente, objeto ou documento concernente à segurança externa do Brasil:

Pena – reclusão, de três a oito anos.

Resultado mais grave

§ 1º Se o fato compromete a segurança ou a eficiência bélica do País:

Pena – reclusão, de dez a vinte anos.

Modalidade culposa

§ 2º Contribuir culposamente para o fato:

Pena – detenção, de seis meses a dois anos.

Penetração com o fim de espionagem

Art. 146. Penetrar, sem licença, ou introduzir-se clandestinamente ou sob falso pretexto, em lugar sujeito à administração militar, ou centro industrial a serviço de construção ou fabricação sob fiscalização militar, para colher informação destinada a país estrangeiro ou agente seu:

▸ Art. 366 deste Código.

Pena – reclusão, de três a oito anos.

Parágrafo único. Entrar, em local referido no artigo, sem licença de autoridade competente, munido de máquina fotográfica ou qualquer outro meio hábil para a prática de espionagem:

Pena – reclusão, até três anos.

Desenho ou levantamento de plano ou planta de local militar ou de engenho de guerra

Art. 147. Fazer desenho ou levantar plano ou planta de fortificação, quartel, fábrica, arsenal, hangar ou aeródromo, ou de navio, aeronave ou engenho de guerra motomecanizado, utilizados ou em construção sob administração ou fiscalização militar, ou fotografá-los ou filmá-los:

Pena – reclusão, até quatro anos, se o fato não constitui crime mais grave.

Sobrevoo em local interdito

Art. 148. Sobrevoar local declarado interdito:

Pena – reclusão, até três anos.

TÍTULO II – DOS CRIMES CONTRA A AUTORIDADE OU DISCIPLINA MILITAR

CAPÍTULO I – DO MOTIM E DA REVOLTA

Motim

Art. 149. Reunirem-se militares:

▸ *Caput* com a redação dada pela Lei nº 14.688, de 20-9-2023.

▸ Art. 368 deste Código.

I – agindo contra a ordem recebida de superior, ou negando-se a cumpri-la;

II – recusando obediência a superior, quando estejam agindo sem ordem ou praticando violência;

III – assentindo em recusa conjunta de obediência, ou em resistência ou violência, em comum, contra superior;

IV – ocupando quartel, fortaleza, arsenal, fábrica ou estabelecimento militar, ou dependência de qualquer deles, hangar, aeródromo ou aeronave, navio ou viatura militar, ou utilizando-se de qualquer daqueles locais ou meios de transportes, para ação militar, ou prática de violência, em desobediência a ordem superior ou em detrimento da ordem ou da disciplina militar:

Pena – reclusão, de quatro a oito anos, com aumento de um terço para os cabeças.

▸ Arts. 24 e 47 deste Código.

Revolta

Parágrafo único. Se os agentes estavam armados:

Pena – reclusão, de oito a vinte anos, com aumento de um terço para os cabeças.

Organização de grupo para a prática de violência

Art. 150. Reunirem-se dois ou mais militares, com armamento ou material bélico de propriedade militar, praticando violência à pessoa ou à coisa pública ou particular em lugar sujeito ou não à administração militar:

▸ *Caput* com a redação dada pela Lei nº 14.688, de 20-9-2023.

Pena – reclusão, de quatro a oito anos.

▸ Art. 153 deste Código.

Omissão de lealdade militar

Art. 151. Deixar o militar de levar ao conhecimento do superior o motim ou a revolta de cuja preparação teve notícia ou, se presenciar o ato criminoso, não usar de todos os meios ao seu alcance para impedi-lo:

▸ *Caput* com a redação dada pela Lei nº 14.688, de 20-9-2023.

▸ Art. 369 deste Código.

Pena – reclusão, de três a cinco anos.

Conspiração

Art. 152. Concertarem-se militares para a prática do crime previsto no art. 149 deste Código:

▸ *Caput* com a redação dada pela Lei nº 14.688, de 20-9-2023.

▸ Art. 368 deste Código.

Pena – reclusão, de três a cinco anos.

Isenção de pena

Parágrafo único. É isento de pena aquele que, antes da execução do crime e quando era ainda possível evitar-lhe as consequências, denuncia o ajuste de que participou.

Cumulação de penas

Art. 153. As penas dos artigos 149 e 150 são aplicáveis sem prejuízo das correspondentes à violência.

CAPÍTULO II – DA ALICIAÇÃO E DO INCITAMENTO

Aliciação para motim ou revolta

Art. 154. Aliciar militar para a prática de qualquer dos crimes previstos no Capítulo I deste Título:

▸ *Caput* com a redação dada pela Lei nº 14.688, de 20-9-2023.

Pena – reclusão, de dois a quatro anos.

Incitamento

Art. 155. Incitar à desobediência, à indisciplina ou à prática de crime militar:

Pena – reclusão, de dois a quatro anos.

▸ Art. 286 do CP.

Parágrafo único. Na mesma pena incorre quem introduz, afixa ou distribui, em lugar sujeito à administração militar, material impresso, manuscrito ou produzido por meio eletrônico, fotocopiado ou gravado que contenha incitamento à prática dos atos previstos no *caput* deste artigo.

▸ Parágrafo único com a redação dada pela Lei nº 14.688, de 20-9-2023.

Apologia de fato criminoso ou do seu autor

Art. 156. Fazer apologia de fato que a lei militar considera crime, ou do autor do mesmo, em lugar sujeito à administração militar:

Pena – detenção, de seis meses a um ano.

- Art. 287 do CP.

CAPÍTULO III

DA VIOLÊNCIA CONTRA SUPERIOR OU MILITAR DE SERVIÇO

Violência contra superior

Art. 157. Praticar violência contra superior:

Pena – detenção, de três meses a dois anos.

- Arts. 24 e 47 deste Código.
- Art. 389 deste Código.

Formas qualificadas

§ 1º Se o superior é comandante da unidade a que pertence o agente, ou oficial-general:

Pena – reclusão, de três a nove anos.

§ 2º Se a violência é praticada com arma, a pena é aumentada de um terço.

§ 3º Se da violência resulta lesão corporal, aplica-se, além da pena da violência, a do crime contra a pessoa.

- Art. 79 deste Código.

§ 4º Se da violência resulta morte:

Pena – reclusão, de doze a trinta anos.

§ 5º A pena é aumentada da sexta parte, se o crime ocorre em serviço.

Violência contra militar de serviço

Art. 158. Praticar violência contra oficial de dia, de serviço, ou de quarto, ou contra sentinela, vigia ou plantão:

- Art. 389 deste Código.

Pena – reclusão, de três a oito anos.

Formas qualificadas

§ 1º Se a violência é praticada com arma, a pena é aumentada de um terço.

§ 2º Se da violência resulta lesão corporal, aplica-se, além da pena da violência, a do crime contra a pessoa.

§ 3º Se da violência resulta morte:

Pena – reclusão, de doze a trinta anos.

Ausência de dolo no resultado

Art. 159. Quando da violência resulta morte ou lesão corporal e as circunstâncias evidenciam que o agente não quis o resultado nem assumiu o risco de produzi-lo, a pena do crime contra a pessoa é diminuída de metade.

CAPÍTULO IV

DO DESRESPEITO A SUPERIOR E A SÍMBOLO NACIONAL OU A FARDA

Desrespeito a superior

Art. 160. Desrespeitar superior diante de outro militar:

Pena – detenção de três meses a um ano, se o fato não constitui crime mais grave.

Desrespeito a comandante, oficial-general ou oficial de serviço

Parágrafo único. Se o fato é praticado contra o comandante da unidade a que pertence o agente, oficial-general, oficial de dia, de serviço ou de quarto, a pena é aumentada da metade.

Desrespeito a símbolo nacional

Art. 161. Praticar o militar diante da tropa, ou em lugar sujeito à administração militar, ato que se traduza em ultraje a símbolo nacional:

Pena – detenção, de um a dois anos.

Despojamento desprezível

Art. 162. Despojar-se de uniforme, condecoração militar, insígnia ou distintivo, por menosprezo ou vilipêndio:

Pena – detenção, de seis meses a um ano.

Parágrafo único. A pena é aumentada da metade, se o fato é praticado diante da tropa, ou em público.

CAPÍTULO V

DA INSUBORDINAÇÃO

Recusa de obediência

Art. 163. Recusar obedecer a ordem do superior sobre assunto ou matéria de serviço, ou relativamente a dever imposto em lei, regulamento ou instrução:

- Art. 387 deste Código.

Pena – detenção, de um a dois anos, se o fato não constitui crime mais grave.

Oposição a ordem de sentinela

Art. 164. Opor-se às ordens da sentinela:

- Art. 387 deste Código.

Pena – detenção, de seis meses a um ano, se o fato não constitui crime mais grave.

Reunião ilícita

Art. 165. Promover a reunião de militares, ou nela tomar parte, para discussão de ato de superior ou assunto atinente à disciplina militar:

Pena – detenção, de seis meses a um ano a quem promove a reunião; de dois a seis meses a quem dela participa, se o fato não constitui crime mais grave.

Publicação ou crítica indevida

Art. 166. Publicar o militar ou assemelhado, sem licença, ato ou documento oficial, ou criticar publicamente ato de seu superior ou assunto atinente à disciplina militar, ou a qualquer resolução do Governo:

Pena – detenção, de dois meses a um ano, se o fato não constitui crime mais grave.

- O STF, por unanimidade, julgou improcedente o pedido formulado na ADPF nº 475, considerando recepcionado pela Constituição Federal este artigo (*DOU* de 15-5-2023).
- A alteração que seria inserida neste artigo pela Lei nº 14.688, de 20-9-2023, foi vetada, razão pela qual, mantivemos a sua redação.

CAPÍTULO VI

DA USURPAÇÃO E DO EXCESSO OU ABUSO DE AUTORIDADE

Assunção de comando sem ordem ou autorização

Art. 167. Assumir o militar, sem ordem ou autorização, salvo se em grave emergência, qualquer comando, ou a direção de estabelecimento militar:

Pena – reclusão, de dois a quatro anos, se o fato não constitui crime mais grave.

Conservação ilegal de comando

Art. 168. Conservar comando ou função legitimamente assumida, depois de receber ordem de seu superior para deixá-los ou transmiti-los a outrem:

Pena – detenção, de um a três anos.

Operação militar sem ordem superior

Art. 169. Determinar o comandante, sem ordem superior e fora dos casos em que essa se dispensa, movimento de tropa ou ação militar:

Pena – reclusão, de três a cinco anos.

Forma qualificada

Parágrafo único. Se o movimento da tropa ou ação militar é em território estrangeiro ou contra força, navio ou aeronave de país estrangeiro:

Pena – reclusão, de quatro a oito anos, se o fato não constitui crime mais grave.

Ordem arbitrária de invasão

Art. 170. Ordenar, arbitrariamente, o comandante de força, navio, aeronave ou engenho de guerra motomecanizado a entrada de comandados seus em águas ou território estrangeiro, ou sobrevoá-los:

Pena – detenção, de 1 (um) a 2 (dois) anos.

- Pena com a redação dada pela Lei nº 14.688, de 20-9-2023.

Uso indevido por militar de uniforme, distintivo ou insígnia

Art. 171. Usar o militar, indevidamente, uniforme, distintivo ou insígnia de posto ou de graduação superior:

- *Caput* com a redação dada pela Lei nº 14.688, de 20-9-2023.

Pena – detenção, de seis meses a um ano, se o fato não constitui crime mais grave.

Uso indevido de uniforme, distintivo ou insígnia militar por qualquer pessoa

Art. 172. Usar, indevidamente, uniforme, distintivo ou insígnia militar a que não tenha direito:

Pena – detenção, até seis meses.

Abuso de requisição militar

Art. 173. Abusar do direito de requisição militar, excedendo os poderes conferidos ou recusando cumprir dever imposto em lei:

Pena – detenção, de um a dois anos.

Rigor excessivo

Art. 174. Exceder a faculdade de punir o subordinado, fazendo-o com rigor não permitido, ou ofendendo-o por palavra, ato ou escrito:

Pena – detenção, de 1 (um) a 2 (dois) anos, se o fato não constitui crime mais grave.

- Pena com a redação dada pela Lei nº 14.688, de 20-9-2023.

Violência contra inferior hierárquico

- Epígrafe com a redação dada pela Lei nº 14.688, de 20-9-2023.

Art. 175. Praticar violência contra inferior hierárquico:

Pena – detenção, de 3 (três) meses a 2 (dois) anos.

- *Caput* e pena com a redação dada pela Lei nº 14.688, de 20-9-2023.

Resultado mais grave

Parágrafo único. Se da violência resulta lesão corporal ou morte é também aplicada a pena do crime contra a pessoa, atendendo-se, quando for o caso, ao disposto no artigo 159.

Ofensa aviltante a inferior hierárquico

- Epígrafe com a redação dada pela Lei nº 14.688, de 20-9-2023.

Art. 176. Ofender inferior hierárquico, mediante ato de violência que, por natureza ou pelo meio empregado, seja considerado aviltante:

Pena – detenção, de 1 (um) a 2 (dois) anos.

▶ *Caput* e pena com a redação dada pela Lei nº 14.688, de 20-9-2023.

Parágrafo único. Aplica-se o disposto no parágrafo único do artigo anterior.

CAPÍTULO VII
DA RESISTÊNCIA

Resistência mediante ameaça ou violência

Art. 177. Opor-se à execução de ato legal, mediante ameaça ou violência ao executor, ou a quem esteja prestando auxílio:

Pena – detenção, de seis meses a dois anos.

▶ Art. 329 do CP.

Forma qualificada

§ 1º Se o ato não se executa em razão da resistência:

Pena – reclusão de dois a quatro anos.

§ 1º-A. Se da resistência resulta morte:

Pena – reclusão, de 6 (seis) a 20 (vinte) anos.

▶ § 1º-A acrescido pela Lei nº 14.688, de 20-9-2023.

Cumulação de penas

§ 2º As penas previstas no *caput* e no § 1º deste artigo são aplicáveis sem prejuízo das correspondentes à violência.

▶ § 2º com a redação dada pela Lei nº 14.688, de 20-9-2023.

CAPÍTULO VIII
DA FUGA, EVASÃO, ARREBATAMENTO E AMOTINAMENTO DE PRESOS

Fuga de preso ou internado

Art. 178. Promover ou facilitar a fuga de pessoa legalmente presa ou submetida a medida de segurança detentiva:

Pena – detenção, de seis meses a dois anos.

▶ Art. 351 do CP.

Formas qualificadas

§ 1º Se o crime é praticado a mão armada ou por mais de uma pessoa, ou mediante arrombamento:

Pena – reclusão, de dois a seis anos.

§ 2º Se há emprego de violência contra pessoa, aplica-se também a pena correspondente à violência.

§ 3º Se o crime é praticado por pessoa sob cuja guarda, custódia ou condução está o preso ou internado:

Pena – reclusão, até quatro anos.

Modalidade culposa

Art. 179. Deixar, por culpa, fugir pessoa legalmente presa, confiada à sua guarda ou condução:

Pena – detenção, de três meses a um ano.

Evasão de preso ou internado

Art. 180. Evadir-se, ou tentar evadir-se o preso ou internado, usando de violência contra a pessoa:

▶ Art. 352 do CP.

Pena – detenção, de um a dois anos, além da correspondente à violência.

§ 1º Se a evasão ou a tentativa ocorre mediante arrombamento da prisão militar:

Pena – detenção, de seis meses a um ano.

Cumulação de penas

§ 2º Se ao fato sucede deserção, aplicam-se cumulativamente as penas correspondentes.

Arrebatamento de preso ou internado

Art. 181. Arrebatar preso ou internado, a fim de maltratá-lo, do poder de quem o tenha sob guarda ou custódia militar:

▶ Art. 353 do CP.

Pena – reclusão, até quatro anos, além da correspondente à violência.

Amotinamento

Art. 182. Amotinarem-se presos, ou internados, perturbando a disciplina do recinto de prisão militar:

▶ Art. 354 do CP.

▶ Art. 50, parágrafo único, da LEP.

Pena – Reclusão, até três anos, aos cabeças; aos demais, detenção de um a dois anos.

Responsabilidade de partícipe ou de oficial

Parágrafo único. Na mesma pena incorre quem participa do amotinamento ou, sendo oficial e estando presente, não usa os meios ao seu alcance para debelar o amotinado ou evitar-lhe as consequências.

TÍTULO III – DOS CRIMES CONTRA O SERVIÇO MILITAR E O DEVER MILITAR

CAPÍTULO I
DA INSUBMISSÃO

Insubmissão

Art. 183. Deixar de apresentar-se o convocado à incorporação, dentro do prazo que lhe foi marcado, ou, apresentando-se, ausentar-se antes do ato oficial de incorporação:

▶ Arts. 463 a 465 do CPPM.

Pena – impedimento, de três meses a um ano.

▶ Súmulas nºs 3 e 7 do STM.

Caso assimilado

§ 1º Na mesma pena incorre quem, dispensado temporariamente da incorporação, deixa de se apresentar, decorrido o prazo de licenciamento.

Diminuição da pena

§ 2º A pena é diminuída de um terço:

a) pela ignorância ou a errada compreensão dos atos da convocação militar, quando escusáveis;

b) pela apresentação voluntária dentro do prazo de um ano, contado do último dia marcado para a apresentação.

Criação ou simulação de incapacidade física

Art. 184. Criar ou simular incapacidade física, que inabilite o convocado para o serviço militar:

▶ Art. 171, § 2º, V, do CP.

Pena – detenção, de seis meses a dois anos.

Substituição de convocado

Art. 185. Substituir-se o convocado por outrem na apresentação ou na inspeção de saúde:

Pena – detenção, de seis meses a dois anos.

Parágrafo único. Na mesma pena incorre quem substituiu o convocado.

Favorecimento a convocado

Art. 186. Dar asilo a convocado, ou tomá-lo a seu serviço, ou proporcionar-lhe ou facilitar-lhe transporte ou meio que obste ou dificulte a incorporação, sabendo ou tendo razão para saber que cometeu qualquer dos crimes previstos neste capítulo:

Pena – detenção, de três meses a um ano.

Isenção de pena

Parágrafo único. Se o favorecedor é ascendente, descendente, cônjuge ou irmão do criminoso, fica isento de pena.

CAPÍTULO II
DA DESERÇÃO

Deserção

Art. 187. Ausentar-se o militar, sem licença, da unidade em que serve, ou do lugar em que deve permanecer, por mais de oito dias:

Pena – detenção, de seis meses a dois anos; se oficial, a pena é agravada.

▶ Arts. 132 e 391 deste Código.

▶ Arts. 451 a 462 do CPPM.

▶ Art. 90 da Lei nº 6.880, de 9-12-1980 (Estatuto dos Militares).

▶ *Súmulas nºs 3 e 8 do STM.*

Casos assimilados

Art. 188. Na mesma pena incorre o militar que:

I – não se apresenta no lugar designado, dentro de oito dias, findo o prazo de trânsito ou férias;

II – deixa de se apresentar à autoridade competente, dentro do prazo de oito dias, contados daquele em que termina ou é cassada a licença ou agregação ou em que é declarado o estado de sítio ou de guerra;

III – tendo cumprido a pena, deixa de se apresentar, dentro do prazo de oito dias;

IV – consegue exclusão do serviço ativo ou situação de inatividade, criando ou simulando incapacidade.

Art. 189. Nos crimes dos artigos 187 e 188, nºs I, II e III.

Atenuante especial

I – se o agente se apresenta voluntariamente dentro em oito dias após a consumação do crime, a pena é diminuída de metade; e de um terço, se de mais de oito dias e até sessenta;

Agravante especial

II – se a deserção ocorre em unidade estacionada em fronteira ou país estrangeiro, a pena é agravada de um terço.

Deserção especial

Art. 190. Deixar o militar de apresentar-se no momento da partida do navio ou aeronave, de que é tripulante, ou do deslocamento da unidade ou força em que serve:

▶ *Caput* com a redação dada pela Lei nº 9.764, de 17-12-1998.

Pena – detenção, até três meses, se após a partida ou deslocamento se apresentar, dentro de vinte e quatro horas, à autoridade militar do lugar, ou, na falta desta, à autoridade policial, para ser comunicada a apresentação ao comando militar competente.

▶ Pena com a redação dada pela Lei nº 9.764, de 17-12-1998.

§ 1º Se a apresentação se der dentro de prazo superior a vinte e quatro horas e não excedente a cinco dias:

Pena – detenção, de dois a oito meses.

§ 2º Se superior a cinco dias e não excedente a oito dias:

Pena – detenção, de três meses a um ano.

▶ § 2º com a redação dada pela Lei nº 9.764, de 17-12-1998.

§ 2º-A. Se superior a oito dias:

Pena – detenção, de seis meses a dois anos.

▶ § 2º-A acrescido pela Lei nº 9.764, de 17-12-1998.

Aumento de pena

§ 3º A pena é aumentada de um terço, se se tratar de sargento, subtenente ou suboficial, e de metade, se oficial.

▶ § 3º com a redação dada pela Lei nº 9.764, de 17-12-1998.

Concerto para deserção

Art. 191. Concertarem-se militares para a prática da deserção:

I – se a deserção não chega a consumar-se:

Pena – detenção, de três meses a um ano;

Modalidade complexa

II – se consumada a deserção:

Pena – reclusão, de dois a quatro anos.

Deserção por evasão ou fuga

Art. 192. Evadir-se o militar do poder da escolta, ou de recinto de detenção ou de prisão, ou fugir em seguida à prática de crime para evitar prisão, permanecendo ausente por mais de oito dias.

Pena – detenção, de seis meses a dois anos.

Favorecimento a desertor

Art. 193. Dar asilo a desertor, ou tomá-lo a seu serviço, ou proporcionar-lhe ou facilitar-lhe transporte ou meio de ocultação, sabendo ou tendo razão para saber que cometeu qualquer dos crimes previstos neste capítulo:

Pena – detenção, de quatro meses a um ano.

Isenção de pena

Parágrafo único. Se o favorecedor é ascendente, descendente, cônjuge ou irmão do criminoso, fica isento de pena.

Omissão de oficial

Art. 194. Deixar o oficial de proceder contra desertor, sabendo, ou devendo saber encontrar-se entre os seus comandados:

Pena – detenção, de seis meses a um ano.

CAPÍTULO III
DO ABANDONO DE POSTO E DE OUTROS CRIMES EM SERVIÇO

Abandono de posto

Art. 195. Abandonar, sem ordem superior, o posto ou lugar de serviço que lhe tenha sido designado, ou o serviço que lhe cumpria, antes de terminá-lo:

▶ Art. 390 deste Código.

▶ Art. 10, nº 17, do Dec. nº 76.322, de 22-9-1975 (Regulamento Disciplinar da Aeronáutica).

▶ Art. 7º, nº 53, do Dec. nº 88.545, de 26-7-1983 (Regulamento Disciplinar para a Marinha).

▶ Anexo I, nº 28, do Dec. nº 4.346, de 26-8-2002 (Regulamento Disciplinar do Exército).

Pena – detenção, de três meses a um ano.

Descumprimento de missão

Art. 196. Deixar o militar de desempenhar a missão que lhe foi confiada:

Pena – detenção, de seis meses a dois anos, se o fato não constitui crime mais grave.

§ 1º Se é oficial o agente, a pena é aumentada de um terço.

§ 2º Se o agente exercia função de comando, a pena é aumentada de metade.

Modalidade culposa

§ 3º Se a abstenção é culposa:

Pena – detenção, de três meses a um ano.

Retenção indevida

Art. 197. Deixar o oficial de restituir, por ocasião da passagem de função, ou quando lhe é exigido, objeto, plano, carta, cifra, código ou documento que lhe haja sido confiado:

Pena – detenção, até 6 (seis) meses, se o fato não constitui crime mais grave.

▶ Pena com a redação dada pela Lei nº 14.688, de 20-9-2023.

Parágrafo único. Se o objeto, plano, carta, cifra, código, ou documento envolve ou constitui segredo relativo à segurança nacional:

Pena – detenção, de três meses a um ano, se o fato não constitui crime mais grave.

Omissão de eficiência da força

Art. 198. Deixar o comandante de manter a força sob seu comando em estado de eficiência:

Pena – detenção, de 3 (três) meses a 1 (um) ano.

▶ Pena com a redação dada pela Lei nº 14.688, de 20-9-2023.

Omissão de providências para evitar danos

Art. 199. Deixar o comandante de empregar todos os meios ao seu alcance para evitar perda, destruição ou inutilização de instalações militares, navio, aeronave ou engenho de guerra motomecanizado em perigo:

Pena – reclusão, de dois a oito anos.

Modalidade culposa

Parágrafo único. Se a abstenção é culposa:

Pena – detenção, de três meses a um ano.

Omissão de providências para salvar comandados

Art. 200. Deixar o comandante, em ocasião de incêndio, naufrágio, encalhe, colisão, ou outro perigo semelhante, de tomar todas as providências adequadas para salvar os seus comandados e minorar as consequências do sinistro, não sendo o último a sair de bordo ou a deixar a aeronave ou o quartel ou sede militar sob seu comando:

Pena – reclusão, de dois a seis anos.

Modalidade culposa

Parágrafo único. Se a abstenção é culposa:

Pena – detenção, de seis meses a dois anos.

Omissão de socorro

Art. 201. Deixar o comandante de socorrer, sem justa causa, navio de guerra ou mercante, nacional ou estrangeiro, ou aeronave, em perigo, ou náufragos que hajam pedido socorro:

Pena – detenção, de 1 (um) a 2 (dois) anos.

▶ Pena com a redação dada pela Lei nº 14.688, de 20-9-2023.

Embriaguez em serviço

Art. 202. Embriagar-se o militar, quando em serviço, ou apresentar-se embriagado para prestá-lo:

Pena – detenção, de seis meses a dois anos.

Dormir em serviço

Art. 203. Dormir o militar, quando em serviço, como oficial de quarto ou de ronda, ou em situação equivalente, ou, não sendo oficial, em serviço de sentinela, vigia, plantão às máquinas, ao leme, de ronda ou em qualquer serviço de natureza semelhante:

Pena – detenção, de três meses a um ano.

CAPÍTULO IV
DO EXERCÍCIO DE COMÉRCIO

Exercício de comércio por oficial

Art. 204. Comerciar o oficial da ativa, ou tomar parte na administração ou gerência de sociedade comercial, ou dela ser sócio ou participar, exceto como acionista ou cotista em sociedade anônima, ou por cotas de responsabilidade limitada:

Pena – detenção, de 1 (um) a 2 (dois) anos.

▶ Pena com a redação dada pela Lei nº 14.688, de 20-9-2023.

TÍTULO IV – DOS CRIMES CONTRA A PESSOA

CAPÍTULO I
DO HOMICÍDIO

Homicídio simples

Art. 205. Matar alguém:

▶ Arts. 208 e 400 deste Código.

▶ Art. 121 do CP.

▶ Art. 1º da Lei nº 2.889, de 1-10-1956 (Lei do Crime de Genocídio).

▶ Art. 1º, III, *a*, da Lei nº 7.960, de 21-12-1989 (Lei da Prisão Temporária).

▶ Art. 1º, I, da Lei nº 8.072, de 25-7-1990 (Lei dos Crimes Hediondos).

▶ Art. 3º da Lei nº 9.434, de 4-2-1997 (Lei de Remoção de Órgãos e Tecidos).

▶ Art. 4º, 1, do Pacto de São José da Costa Rica.

Pena – reclusão, de seis a vinte anos.

Minoração facultativa da pena

§ 1º Se o agente comete o crime impelido por motivo de relevante valor social ou moral, ou sob o domínio de violenta emoção, logo em seguida a injusta provocação da vítima, o juiz pode reduzir a pena, de um sexto a um terço.

▶ Art. 121, § 1º, do CP.

Homicídio qualificado

§ 2º Se o homicídio é cometido:

▶ Art. 121, § 2º, do CP.

▶ Art. 1º, I, da Lei nº 8.072, de 25-7-1990 (Lei dos Crimes Hediondos).

I – por motivo fútil;

II – mediante paga ou promessa de recompensa, por cupidez, para excitar ou saciar desejos sexuais, ou por outro motivo torpe;

III – com emprego de veneno, asfixia, tortura, fogo, explosivo, ou qualquer outro meio dissimulado ou cruel, ou de que possa resultar perigo comum;

▶ Art. 5º, 2, do Pacto de São José da Costa Rica.

IV – à traição, de emboscada, com surpresa ou mediante outro recurso insidioso, que dificultou ou tornou impossível a defesa da vítima;

V – para assegurar a execução, a ocultação, a impunidade ou vantagem de outro crime;

VI – prevalecendo-se o agente da situação de serviço;

VII – contra autoridade ou agente descrito nos arts. 142 e 144 da Constituição Federal, integrantes do sistema prisional e da Força Nacional de Segurança Pública, no exercício da função ou em decorrência dela, ou contra seu cônjuge, companheiro ou parente consanguíneo até o terceiro grau, em razão dessa condição:

▸ Inciso VII acrescido pela Lei nº 14.688, de 20-9-2023.

Pena – reclusão, de doze a trinta anos.

Homicídio culposo

Art. 206. Se o homicídio é culposo:

▸ Art. 121, § 3º, do CP.

Pena – detenção, de um a quatro anos.

Aumento de pena

▸ Epígrafe com a redação dada pela Lei nº 14.688, de 20-9-2023.

§ 1º A pena é aumentada de 1/3 (um terço):

▸ *Caput* do § 1º com a redação dada pela Lei nº 14.688, de 20-9-2023.

▸ Arts. 121, § 4º, e 129, § 7º, do CP.

I – se o crime resulta da inobservância de regra técnica de profissão, arte ou ofício;

II – se o agente deixa de prestar imediato socorro à vítima, não procura diminuir as consequências do seu ato ou foge para evitar prisão em flagrante.

▸ Incisos I e II acrescidos pela Lei nº 14.688, de 20-9-2023.

Multiplicidade de vítimas

§ 2º Se, em consequência de uma só ação ou omissão culposa, ocorre morte de mais de uma pessoa ou também lesões corporais em outras pessoas, a pena é aumentada de um sexto até metade.

§ 3º O juízo poderá deixar de aplicar a pena se as consequências da infração atingirem o próprio agente de forma tão grave que a sanção penal se torne desnecessária.

▸ § 3º acrescido pela Lei nº 14.688, de 20-9-2023.

Provocação direta ou auxílio a suicídio

Art. 207. Instigar ou induzir alguém a suicidar-se, ou prestar-lhe auxílio para que o faça, vindo o suicídio a consumar-se:

▸ Art. 122 do CP.

▸ Art. 4º, 1, do Pacto de São José da Costa Rica.

Pena – reclusão, de dois a seis anos.

Aumento de pena

▸ Epígrafe com a redação dada pela Lei nº 14.688, de 20-9-2023.

§ 1º Se o crime é praticado por motivo egoístico, ou a vítima é menor ou tem diminuída, por qualquer motivo, a resistência moral, a pena é duplicada.

▸ § 1º com a redação dada pela Lei nº 14.688, de 20-9-2023.

▸ Art. 122, parágrafo único, do CP.

Provocação indireta ao suicídio

§ 2º Infligir, desumana e reiteradamente, maus-tratos a alguém, sob sua autoridade ou dependência, levando-o, em razão disso, à prática de suicídio:

Pena – detenção, de 1 (um) a 4 (quatro) anos.

▸ § 2º com a redação dada pela Lei nº 14.688, de 20-9-2023.

Redução de pena

§ 3º Se o suicídio é apenas tentado, e da tentativa resulta lesão grave, a pena é reduzida de um a dois terços.

CAPÍTULO II
DO GENOCÍDIO

Genocídio

Art. 208. Matar membros de um grupo nacional, étnico, religioso ou pertencente a determinada raça, com o fim de destruição total ou parcial desse grupo:

▸ Arts. 401 e 402 deste Código.

▸ Art. 1º da Lei nº 2.889, de 1º-10-1956 (Lei do Crime de Genocídio).

▸ Art. 4º, 1, do Pacto de São José da Costa Rica.

Pena – reclusão, de quinze a trinta anos.

Casos assimilados

Parágrafo único. Será punido com reclusão, de quatro a quinze anos, quem, com o mesmo fim:

I – inflige lesões graves a membros do grupo;

II – submete o grupo a condições de existência, físicas ou morais, capazes de ocasionar a eliminação de todos os seus membros ou parte deles;

III – força o grupo à sua dispersão;

IV – impõe medidas destinadas a impedir os nascimentos no seio do grupo;

V – efetua coativamente a transferência de crianças do grupo para outro grupo.

CAPÍTULO III
DA LESÃO CORPORAL E DA RIXA

Lesão leve

Art. 209. Ofender a integridade corporal ou a saúde de outrem:

▸ Art. 403 deste Código.

▸ Art. 129 do CP.

▸ Art. 331 do CPPM.

▸ Art. 88 da Lei nº 9.099, de 26-9-1995 (Lei dos Juizados Especiais).

▸ Art. 4º, 1, do Pacto de São José da Costa Rica.

Pena – detenção, de três meses a um ano.

Lesão grave

§ 1º Se se produz, dolosamente, aceleração de parto, perigo de vida, debilidade permanente de membro, sentido ou função, ou incapacidade para as ocupações habituais, por mais de 30 (trinta) dias:

▸ *Caput* do § 1º com a redação dada pela Lei nº 14.688, de 20-9-2023.

Pena – reclusão, até cinco anos.

§ 2º Se se produz, dolosamente, enfermidade incurável, perda ou inutilização de membro, sentido ou função, incapacidade permanente para o trabalho, deformidade duradoura ou aborto:

▸ *Caput* do § 2º com a redação dada pela Lei nº 14.688, de 20-9-2023.

Pena – reclusão, de dois a oito anos.

Lesão qualificada pelo resultado

▸ Epígrafe com a redação dada pela Lei nº 14.688, de 20-9-2023.

§ 3º Se os resultados previstos nos §§ 1º e 2º deste artigo forem causados culposamente:

Pena – detenção, de 1 (um) a 4 (quatro) anos.

▸ § 3º com a redação dada pela Lei nº 14.688, de 20-9-2023.

§ 3º-A. Se da lesão resultar morte e as circunstâncias evidenciarem que o agente não quis o resultado nem assumiu o risco de produzi-lo:

Pena – reclusão, de 4 (quatro) a 12 (doze) anos.

▸ § 3º-A acrescido pela Lei nº 14.688, de 20-9-2023.

Minoração facultativa da pena

§ 4º Se o agente comete o crime impelido por motivo de relevante valor moral ou social ou sob o domínio de violenta emoção, logo em seguida a injusta provocação da vítima, o juiz pode reduzir a pena, de um sexto a um terço.

§ 5º No caso de lesões leves, se estas são recíprocas, não se sabendo qual dos contendores atacou primeiro, ou quando ocorre qualquer das hipóteses do parágrafo anterior, o juiz pode diminuir a pena de um a dois terços.

Lesão levíssima

§ 6º No caso de lesões levíssimas, o juiz pode considerar a infração como disciplinar.

Lesão culposa

Art. 210. Se a lesão é culposa:

▸ Art. 129, § 6º, do CP.

▸ Art. 303 do CTB.

▸ Art. 88 da Lei nº 9.099, de 26-9-1995 (Lei dos Juizados Especiais).

Pena – detenção, de dois meses a um ano.

Aumento de pena

§ 1º A pena é aumentada de 1/3 (um terço) se o crime resulta da inobservância de regra técnica de profissão, arte ou ofício, ou se o agente deixa de prestar imediato socorro à vítima, não procura diminuir as consequências do seu ato ou foge para evitar prisão em flagrante.

▸ § 1º com a redação dada pela Lei nº 14.688, de 20-9-2023.

§ 2º Se, em consequência de uma só ação ou omissão culposa, ocorrem lesões em várias pessoas, a pena é aumentada de um sexto até metade.

§ 3º O juiz poderá deixar de aplicar a pena se as consequências da infração atingirem o próprio agente de forma tão grave que a sanção penal se torne desnecessária.

▸ § 3º acrescido pela Lei nº 14.688, de 20-9-2023.

Participação em rixa

Art. 211. Participar de rixa, salvo para separar os contendores:

▸ Art. 137 do CP.

Pena – detenção, até dois meses.

Parágrafo único. Se ocorre morte ou lesão grave, aplica-se, pelo fato de participação na rixa, a pena de detenção, de seis meses a dois anos.

CAPÍTULO IV
DA PERICLITAÇÃO DA VIDA OU DA SAÚDE

Abandono de pessoa

Art. 212. Abandonar o militar pessoa que está sob seu cuidado, guarda, vigilância ou autoridade e, por qualquer motivo, incapaz de defender-se dos riscos resultantes do abandono:

▸ Art. 133 do CP.

Pena – detenção, de seis meses a três anos.

Formas qualificadas pelo resultado

§ 1º Se do abandono resulta lesão grave:

Pena – reclusão, até cinco anos.

§ 2º Se resulta morte:

Pena – reclusão, de quatro a doze anos.

Aumento de pena

▶ Epígrafe acrescida pela Lei nº 14.688, de 20-9-2023.

§ 3º As penas cominadas neste artigo são aumentadas de 1/3 (um terço):

I – se o abandono ocorre em lugar ermo;

II – se o agente é ascendente ou descendente, cônjuge, irmão, tutor ou curador da vítima;

III – se a vítima é maior de 60 (sessenta) anos, menor de 14 (quatorze) anos ou pessoa com deficiência.

▶ § 3º acrescido pela Lei nº 14.688, de 20-9-2023.

Maus-tratos

Art. 213. Expor a perigo a vida ou saúde, em lugar sujeito à administração militar ou no exercício de função militar, de pessoa sob sua autoridade, guarda ou vigilância, para o fim de educação, instrução, tratamento ou custódia, quer privando-a de alimentação ou cuidados indispensáveis, quer sujeitando-a a trabalhos excessivos ou inadequados, quer abusando de meios de correção ou disciplina:

▶ Art. 136 do CP.

Pena – detenção, de dois meses a um ano.

Formas qualificadas pelo resultado

§ 1º Se do fato resulta lesão grave:

Pena – reclusão, até quatro anos.

§ 2º Se resulta morte:

Pena – reclusão, de dois a dez anos.

§ 3º A pena é aumentada de 1/3 (um terço) se o crime é praticado contra pessoa menor de 14 (quatorze) anos, maior de 60 (sessenta) anos ou com deficiência.

▶ § 3º acrescido pela Lei nº 14.688, de 20-9-2023.

CAPÍTULO V
DOS CRIMES CONTRA A HONRA

▶ Art. 11, 1, do Pacto de São José da Costa Rica.

Calúnia

Art. 214. Caluniar alguém, imputando-lhe falsamente fato definido como crime:

Pena – detenção, de seis meses a dois anos.

▶ Arts. 138 e 141, II, do CP.
▶ Art. 324 do CE.
▶ Art. 53 da Lei nº 4.117, de 24-8-1962 (Código Brasileiro de Telecomunicações).
▶ Art. 58 da Lei nº 9.504, de 30-9-1997 (Lei das Eleições).

§ 1º Na mesma pena incorre quem, sabendo falsa a imputação, a propala ou divulga.

Exceção da verdade

§ 2º A prova da verdade do fato imputado exclui o crime, mas não é admitida:

▶ Art. 138, § 3º, do CP.

I – se, constituindo o fato imputado crime de ação privada, o ofendido não foi condenado por sentença irrecorrível;

II – se o fato é imputado a qualquer das pessoas indicadas no nº 1 do artigo 218;

III – se do crime imputado, embora de ação pública, o ofendido foi absolvido por sentença irrecorrível.

Difamação

Art. 215. Difamar alguém, imputando-lhe fato ofensivo à sua reputação:

▶ Arts. 139 e 141, II, do CP.
▶ Art. 325 do CE.
▶ Art. 53 da Lei nº 4.117, de 24-8-1962 (Código Brasileiro de Telecomunicações).
▶ Art. 58 da Lei nº 9.504, de 30-9-1997 (Lei das Eleições).

Pena – detenção, de três meses a um ano.

Parágrafo único. A exceção da verdade somente se admite se a ofensa é relativa ao exercício da função pública, militar ou civil, do ofendido.

▶ Art. 139, parágrafo único, do CP.

Injúria

Art. 216. Injuriar alguém, ofendendo-lhe a dignidade ou o decoro:

▶ Arts. 140 e 141, II, do CP.
▶ Art. 256 do CPP.
▶ Art. 326 do CE.
▶ Art. 53 da Lei nº 4.117, de 24-8-1962 (Código Brasileiro de Telecomunicações).
▶ Art. 58 da Lei nº 9.504, de 30-9-1997 (Lei das Eleições).

Pena – detenção, até seis meses.

§ 1º O juízo pode deixar de aplicar a pena:

▶ Art. 140, § 1º, do CP.

I – quando o ofendido, de forma reprovável, provocou diretamente a injúria;

II – no caso de retorsão imediata, que consista em outra injúria.

Injúria qualificada

§ 2º Se a injúria consiste na utilização de elementos referentes a raça, a cor, a etnia, a religião, a origem, a orientação sexual ou a condição de pessoa idosa ou com deficiência:

Pena – reclusão, de 1 (um) a 3 (três) anos.

▶ §§ 1º e 2º acrescidos pela Lei nº 14.688, de 20-9-2023.
▶ Art. 140, § 3º, do CP.

Injúria real

Art. 217. Se a injúria consiste em violência, ou outro ato que atinja a pessoa, e, por sua natureza ou pelo meio empregado, se considera aviltante:

▶ Art. 140, § 2º, do CP.

Pena – detenção, de três meses a um ano, além da pena correspondente à violência.

Disposições comuns

Art. 218. As penas cominadas nos antecedentes artigos deste capítulo aumentam-se de um terço, se qualquer dos crimes é cometido:

▶ Art. 141 do CP.

I – contra o Presidente da República ou chefe de governo estrangeiro;

II – contra superior;

III – contra militar ou servidor público, em razão das suas funções;

IV – na presença de 2 (duas) ou mais pessoas ou de inferior hierárquico do ofendido, ou por meio que facilite a divulgação da calúnia, da difamação ou da injúria.

▶ Incisos III e IV com a redação dada pela Lei nº 14.688, de 20-9-2023.

Parágrafo único. Se o crime é cometido mediante paga ou promessa de recompensa, aplica-se a pena em dobro, se o fato não constitui crime mais grave.

Ofensa às Forças Armadas

Art. 219. Propalar fatos, que sabe inverídicos, capazes de ofender a dignidade ou abalar o crédito das Forças Armadas ou a confiança que estas merecem do público:

Pena – detenção, de seis meses a um ano.

Parágrafo único. A pena será aumentada de um terço, se o crime é cometido pela imprensa, rádio ou televisão.

Exclusão de pena

Art. 220. Não constitui ofensa punível, salvo quando inequívoca a intenção de injuriar, difamar ou caluniar:

▶ Art. 142 do CP.

I – a irrogada em juízo, na discussão de causa, por uma das partes ou seu procurador contra a outra parte ou seu procurador;

II – a opinião desfavorável da crítica literária, artística ou científica;

III – a apreciação crítica às instituições militares, salvo quando inequívoca a intenção de ofender;

IV – o conceito desfavorável em apreciação ou informação prestada no cumprimento do dever de ofício.

Parágrafo único. Nos casos dos nºs I e IV, responde pela ofensa quem lhe dá publicidade.

Equivocidade da ofensa

Art. 221. Se a ofensa é irrogada de forma imprecisa ou equívoca, quem se julga atingido pode pedir explicações em juízo. Se o interpelado se recusa a dá-las ou, a critério do juiz, não as dá satisfatórias, responde pela ofensa.

▶ Art. 144 do CP.

CAPÍTULO VI
DOS CRIMES CONTRA A LIBERDADE

Seção I
DOS CRIMES CONTRA A LIBERDADE INDIVIDUAL

▶ Art. 7º, 1, do Pacto de São José da Costa Rica.

Constrangimento ilegal

Art. 222. Constranger alguém, mediante violência ou grave ameaça, ou depois de lhe haver reduzido, por qualquer outro meio, a capacidade de resistência, a não fazer o que a lei permite, ou a fazer ou a tolerar que se faça, o que ela não manda:

▶ Art. 5º, II, da CF.
▶ Art. 146 do CP.
▶ Art. 301 do CE.
▶ Art. 71 do CDC.
▶ Art. 232 do ECA.
▶ Arts. 6º, itens 2 e 6, e 9º, item 6, da Lei nº 1.079, de 10-4-1950 (Lei dos Crimes de Responsabilidade).
▶ Art. 13 da Lei nº 13.869, de 5-9-2019 (Lei do Abuso de Autoridade).

Pena – detenção, de 3 (três) meses a 1 (um) ano.

▶ Pena com a redação dada pela Lei nº 14.688, de 20-9-2023.

Aumento de pena

§ 1º A pena aplica-se em dobro, quando, para a execução do crime, se reúnem mais de três pessoas, ou há emprego de arma, ou quando o constrangimento é exercido com abuso de autoridade, para obter de alguém confissão de autoria de crime ou declaração como testemunha.

§ 2º Além da pena cominada, aplica-se a correspondente à violência.

Exclusão de crime

§ 3º Não constitui crime:

I – salvo o caso de transplante de órgãos, a intervenção médica ou cirúrgica, sem o consentimento do paciente ou de seu representante legal, se justificada para conjurar iminente

CÓDIGO PENAL MILITAR

perigo de vida ou de grave dano ao corpo ou à saúde;

II – a coação exercida para impedir suicídio.

Ameaça

Art. 223. Ameaçar alguém, por palavra, escrito ou gesto, ou qualquer outro meio simbólico, de lhe causar mal injusto e grave:

Pena – detenção, até seis meses, se o fato não constitui crime mais grave.

- ▸ Art. 147 do CP.
- ▸ Art. 71 do CDC.

Parágrafo único. Se a ameaça é motivada por fato referente a serviço de natureza militar, a pena é aumentada de um terço.

Desafio para duelo

Art. 224. Desafiar outro militar para duelo ou aceitar-lhe o desafio, embora o duelo não se realize:

Pena – detenção, até três meses, se o fato não constitui crime mais grave.

Sequestro ou cárcere privado

Art. 225. Privar alguém de sua liberdade, mediante sequestro ou cárcere privado:

- ▸ Art. 148 do CP.
- ▸ Art. 230 do ECA.
- ▸ Art. 1º, *e*, da Lei nº 2.889, de 1º-10-1956 (Lei do Crime de Genocídio).
- ▸ Art. 1º, III, *b*, da Lei nº 7.960, de 21-12-1989 (Lei da Prisão Temporária).
- ▸ Art. 1º, I, da Lei nº 10.446, de 8-5-2002, que dispõe sobre infrações penais de repercussão interestadual ou internacional.

Pena – reclusão, até três anos.

Aumento de pena

§ 1º A pena é de reclusão, de 2 (dois) a 5 (cinco) anos:

- ▸ *Caput* do § 1º com a redação dada pela Lei nº 14.688, de 20-9-2023.

I – se a vítima é ascendente, descendente, cônjuge, companheira do agente, maior de 60 (sessenta) anos, menor de 18 (dezoito) anos ou pessoa com deficiência;

- ▸ Inciso I com a redação dada pela Lei nº 14.688, de 20-9-2023.

II – se o crime é praticado mediante internação da vítima em casa de saúde ou hospital;

III – se a privação de liberdade dura mais de quinze dias;

IV – se o crime é praticado com fins libidinosos.

- ▸ Inciso IV acrescido pela Lei nº 14.688, de 20-9-2023.

Formas qualificadas pelo resultado

§ 2º Se resulta à vítima, em razão de maus-tratos ou da natureza da detenção, grave sofrimento físico ou moral:

Pena – reclusão, de dois a oito anos.

§ 3º Se, pela razão do parágrafo anterior, resulta morte:

Pena – reclusão, de doze a trinta anos.

Seção II

DO CRIME CONTRA A INVIOLABILIDADE DO DOMICÍLIO

- ▸ Art. 11 do Pacto de São José da Costa Rica.

Violação de domicílio

Art. 226. Entrar ou permanecer, clandestina ou astuciosamente, ou contra a vontade expressa ou tácita de quem de direito, em casa alheia ou em suas dependências:

- ▸ Art. 5º, XI, da CF.
- ▸ Art. 150 do CP.
- ▸ Arts. 170 a 184 do CPPM.

Pena – detenção, até três meses.

Forma qualificada

§ 1º Se o crime é cometido durante o repouso noturno, ou com emprego de violência ou de arma, ou mediante arrombamento, ou por duas ou mais pessoas:

Pena – detenção, de seis meses a dois anos, além da pena correspondente à violência.

Aumento de pena

- ▸ Epígrafe com a redação dada pela Lei nº 14.688, de 20-9-2023.

§ 2º A pena é aumentada de 1/3 (um terço) se o fato é cometido por militar em serviço ou por servidor público, fora dos casos legais, ou com inobservância das formalidades prescritas em lei ou com abuso de poder.

- ▸ § 2º com a redação dada pela Lei nº 14.688, de 20-9-2023.

Exclusão de crime

§ 3º Não constitui crime a entrada ou permanência em casa alheia ou em suas dependências:

I – durante o dia, com observância das formalidades legais, para efetuar prisão ou outra diligência em cumprimento de lei ou regulamento militar;

II – a qualquer hora do dia ou da noite para acudir vítima de desastre ou quando alguma infração penal está sendo ali praticada ou na iminência de o ser.

Compreensão do termo "casa"

§ 4º O termo "casa" compreende:

I – qualquer compartimento habitado;

II – aposento ocupado de habitação coletiva;

III – compartimento não aberto ao público, onde alguém exerce profissão ou atividade.

§ 5º Não se compreende no termo "casa":

I – hotel, hospedaria, ou qualquer outra habitação coletiva, enquanto aberta, salvo a restrição do nº II do parágrafo anterior;

II – taverna, boate, casa de jogo e outras do mesmo gênero.

Seção III

DOS CRIMES CONTRA A INVIOLABILIDADE DE CORRESPONDÊNCIA OU COMUNICAÇÃO

- ▸ Art. 11 do Pacto de São José da Costa Rica.

Violação de correspondência

Art. 227. Devassar indevidamente o conteúdo de correspondência privada dirigida a outrem:

- ▸ Arts. 151 e 359-K do CP.
- ▸ Art. 41, XV, e parágrafo único, da LEP.
- ▸ Lei nº 13.869, de 5-9-2019 (Lei do Abuso de Autoridade).

Pena – detenção, até seis meses.

§ 1º Nas mesmas penas incorre:

I – quem se apossa de correspondência alheia, fechada ou aberta, e, no todo ou em parte, a sonega ou destrói;

II – quem indevidamente divulga, transmite a outrem ou utiliza, abusivamente, comunicação telegráfica ou radioelétrica dirigida a terceiro, ou conversação telefônica entre outras pessoas;

III – quem impede a comunicação ou a conversação referida no número anterior.

Aumento de pena

§ 2º A pena aumenta-se de metade, se há dano para outrem.

§ 3º Se o agente comete o crime com abuso de função, em serviço postal, telegráfico, radioelétrico ou telefônico:

Pena – detenção, de um a três anos.

Natureza militar do crime

§ 4º Salvo o disposto no parágrafo anterior, qualquer dos crimes previstos neste artigo só é considerado militar no caso do artigo 9º, nº II, letra *a*.

Seção IV

DOS CRIMES CONTRA A INVIOLABILIDADE DOS SEGREDOS DE CARÁTER PARTICULAR

- ▸ Art. 11 do Pacto de São José da Costa Rica.

Divulgação de segredo

Art. 228. Divulgar, sem justa causa, conteúdo de documento particular sigiloso ou de correspondência confidencial, de que é detentor ou destinatário, desde que da divulgação possa resultar dano a outrem:

- ▸ Art. 153 do CP.

Pena – detenção, até seis meses.

Violação de recato

Art. 229. Violar, mediante processo técnico o direito ao recato pessoal ou o direito ao resguardo das palavras que não forem pronunciadas publicamente:

Pena – detenção, até um ano.

§ 1º Na mesma pena incorre quem divulga os fatos captados.

- ▸ Parágrafo único renumerado para § 1º pela Lei nº 14.688, de 20-9-2023.

§ 2º Considera-se processo técnico, para os fins deste artigo, qualquer meio que registre informações, dados, imagens ou outros similares, não consentidos pela vítima.

- ▸ § 2º acrescido pela Lei nº 14.688, de 20-9-2023.

Violação de segredo profissional

Art. 230. Revelar, sem justa causa, segredo de que tem ciência, em razão de função ou profissão, exercida em local sob administração militar, desde que da revelação possa resultar dano a outrem:

- ▸ Art. 154 do CP.

Pena – detenção, de três meses a um ano.

Natureza militar do crime

Art. 231. Os crimes previstos nos artigos 228 e 229 somente são considerados militares no caso do artigo 9º, nº II, letra *a*.

CAPÍTULO VII

DOS CRIMES SEXUAIS

Estupro

Art. 232. Constranger alguém, mediante violência ou grave ameaça, a ter conjunção carnal ou a praticar ou permitir que com ele se pratique outro ato libidinoso:

Pena – reclusão, de 6 (seis) a 10 (dez) anos.

- ▸ *Caput* e pena com a redação dada pela Lei nº 14.688, de 20-9-2023.
- ▸ Art. 408 deste Código.
- ▸ Art. 5º, XLIII, da CF.
- ▸ Arts. 213 e 217-A do CP.
- ▸ Art. 1º, III, *f*, da Lei nº 7.960, de 21-12-1989 (Lei da Prisão Temporária).
- ▸ Arts. 1º, V, e 9º da Lei nº 8.072, de 25-7-1990 (Lei dos Crimes Hediondos).

§ 1º Se da conduta resulta lesão de natureza grave, ou se a vítima é menor de 18 (dezoito) e maior de 14 (quatorze) anos:

Pena – reclusão, de 8 (oito) a 12 (doze) anos.

► Art. 213, § 1º, do CP.

§ 2º Se da conduta resulta morte:

Pena – reclusão, de 12 (doze) a 30 (trinta) anos.

► Art. 213, § 2º, do CP.

§ 3º Se a vítima é menor de 14 (quatorze) anos ou, por enfermidade ou deficiência mental, não tem o necessário discernimento para a prática do ato ou, por qualquer outra causa, não pode oferecer resistência:

Pena – reclusão, de 8 (oito) a 15 (quinze) anos.

► §§ 1º a 3º acrescidos pela Lei nº 14.688, de 20-9-2023.

► Art. 217-A, *caput* e § 1º, do CP.

Atentado violento ao pudor

Art. 233. *Revogado*. Lei nº 14.688, de 20-9-2023.

Corrupção de menores

Art. 234. Induzir alguém menor de 14 (quatorze) anos a satisfazer a lascívia de outrem:

► Art. 218 do CP.

► Arts. 240 e 241 do ECA.

Pena – reclusão, de 2 (dois) a 5 (cinco) anos.

► Artigo com a redação dada pela Lei nº 14.688, de 20-9-2023.

Ato de libidinagem

► Epígrafe com a redação dada pela Lei nº 14.688, de 20-9-2023.

Art. 235. Praticar, ou permitir o militar que com ele se pratique, ato libidinoso em lugar sujeito à administração militar ou no exercício de função militar:

► *Caput* com a redação dada pela Lei nº 14.688, de 20-9-2023.

► O STF, ao julgar parcialmente procedente a ADPF nº 291 (*DOU* de 4-11-2015), declarou como não recepcionada pela Constituição Federal a expressão "pederastia ou outro", mencionada na rubrica enunciativa referente ao art. 235 do Código Penal Militar, e a expressão "homossexual ou não", contida no referido dispositivo.

Presunção de violência

Art. 236. Presume-se a violência, se a vítima:

I – não é maior de quatorze anos, salvo fundada suposição contrária do agente;

II – é doente ou deficiente mental, e o agente conhecia esta circunstância;

III – não pode, por qualquer outra causa, oferecer resistência.

Aumento de pena

Art. 237. Nos crimes previstos neste capítulo, a pena é agravada, se o fato é praticado:

► Art. 226 do CP.

I – com o concurso de duas ou mais pessoas;

II – por oficial, ou por militar em serviço.

CAPÍTULO VIII – DO ULTRAJE PÚBLICO AO PUDOR

Ato obsceno

Art. 238. Praticar ato obsceno em lugar sujeito à administração militar:

► Art. 233 do CP.

► Art. 61 da LCP.

Pena – detenção, de três meses a um ano.

Parágrafo único. A pena é agravada, se o fato é praticado por militar em serviço ou por oficial.

Escrito ou objeto obsceno

Art. 239. Produzir, distribuir, vender, expor à venda, exibir, adquirir ou ter em depósito para o fim de venda, distribuição ou exibição, livros, jornais, revistas, escritos, pinturas, gravuras, estampas, imagens, desenhos ou qualquer outro objeto de caráter obsceno, em lugar sujeito à administração militar, ou durante o período de exercício ou manobras:

► Art. 234 do CP.

Pena – detenção, de seis meses a dois anos.

Parágrafo único. Na mesma pena incorre quem distribui, vende, oferece à venda ou exibe a militares em serviço objeto de caráter obsceno.

TÍTULO V – DOS CRIMES CONTRA O PATRIMÔNIO

CAPÍTULO I – DO FURTO

Furto simples

Art. 240. Subtrair, para si ou para outrem, coisa alheia móvel:

► Art. 404 deste Código.

► Art. 155 do CP.

► Arts. 24 e 25 da LCP.

► Súm. nº 567 do STJ.

Pena – reclusão, até seis anos.

Furto atenuado

§ 1º Se o agente é primário e é de pequeno valor a coisa furtada, o juiz pode substituir a pena de reclusão pela de detenção, diminuí-la de um a dois terços, ou considerar a infração como disciplinar. Entende-se pequeno o valor que não exceda a um décimo da quantia mensal do mais alto salário mínimo do País.

§ 2º A atenuação do parágrafo anterior é igualmente aplicável no caso em que o criminoso, sendo primário, restitui a coisa ao seu dono ou repara o dano causado, antes de instaurada a ação penal.

► Arts. 35 e 396 do CPPM.

Energia de valor econômico

§ 3º Equipara-se à coisa móvel a energia elétrica ou qualquer outra que tenha valor econômico.

Furto qualificado

§ 4º Se o furto é praticado durante a noite:

Pena – reclusão, de dois a oito anos.

§ 5º Se a coisa furtada pertence à Fazenda Pública:

► *Caput* do § 5º com a redação dada pela Lei nº 14.688, de 20-9-2023.

Pena – reclusão, de dois a seis anos.

§ 6º Se o furto é praticado:

I – com destruição ou rompimento de obstáculo à subtração da coisa;

II – com abuso de confiança ou mediante fraude, escalada ou destreza;

III – com emprego de chave falsa;

IV – mediante concurso de duas ou mais pessoas:

► Súm. nº 442 do STJ.

Pena – reclusão, de três a dez anos.

§ 6º-A. Na mesma pena do § 6º deste artigo incorre quem subtrai arma, munição, explosivo ou outro material de uso restrito militar ou que contenha sinal indicativo de pertencer a instituição militar.

► § 6º-A acrescido pela Lei nº 14.688, de 20-9-2023.

§ 7º Aos casos previstos nos §§ 4º e 5º são aplicáveis as atenuações a que se referem os §§ 1º e 2º, e aos casos previstos nos §§ 6º e 6º-A é aplicável a atenuação referida no § 2º deste artigo.

► § 7º com a redação dada pela Lei nº 14.688, de 20-9-2023.

Furto de uso

Art. 241. Se a coisa é subtraída para o fim de uso momentâneo e, a seguir, vem a ser imediatamente restituída ou reposta no lugar onde se achava:

► Art. 404 deste Código.

Pena – detenção, até seis meses.

Aumento de pena

► Epígrafe acrescida pela Lei nº 14.688, de 20-9-2023.

Parágrafo único. A pena é aumentada de metade se a coisa usada é veículo motorizado, embarcação, aeronave ou arma, e de 1/3 (um terço) se é animal de sela ou de tiro.

► Parágrafo único com a redação dada pela Lei nº 14.688, de 20-9-2023.

CAPÍTULO II – DO ROUBO E DA EXTORSÃO

Roubo simples

Art. 242. Subtrair coisa alheia móvel, para si ou para outrem, mediante emprego ou ameaça de emprego de violência contra pessoa, ou depois de havê-la, por qualquer modo, reduzido à impossibilidade de resistência:

► Art. 405 deste Código.

► Art. 157 do CP.

► Súm. nº 582 do STJ.

Pena – reclusão, de quatro a quinze anos.

§ 1º Na mesma pena incorre quem, em seguida à subtração da coisa, emprega ou ameaça empregar violência contra pessoa, a fim de assegurar a impunidade do crime ou a detenção da coisa para si ou para outrem.

Roubo qualificado

§ 2º A pena aumenta-se de um terço até metade:

► Súm. nº 443 do STJ.

I – se a violência ou ameaça é exercida com emprego de arma;

II – se há concurso de duas ou mais pessoas;

III – se a vítima está em serviço de transporte de valores, e o agente conhece tal circunstância;

IV – se a vítima está em serviço de natureza militar;

V – se é dolosamente causada lesão grave;

VI – se resulta morte e as circunstâncias evidenciam que o agente não quis esse resultado, nem assumiu o risco de produzi-lo;

VII – se a subtração é de veículo automotor que venha a ser transportado para outra unidade da Federação ou para o exterior;

► Art. 157, § 2º, IV, do CP.

VIII – se o agente mantém a vítima em seu poder, restringindo sua liberdade;

► Art. 157, § 2º, V, do CP.

IX – se a coisa subtraída é arma, munição, explosivo ou outro material de uso restrito militar ou que contenha sinal indicativo de pertencer a instituição militar.

▶ Incisos VII a IX acrescidos pela Lei nº 14.688, de 20-9-2023.

▶ Art. 157, § 2º, VI, do CP.

Latrocínio

§ 3º Se, para praticar o roubo, ou assegurar a impunidade do crime, ou a detenção da coisa, o agente ocasiona dolosamente a morte de alguém, a pena será de reclusão, de quinze a trinta anos, sendo irrelevante se a lesão patrimonial deixa de consumar-se. Se há mais de uma vítima dessa violência à pessoa, aplica-se o disposto no artigo 79.

▶ Art. 5º, XLIII, da CF.

▶ Art. 1º, II, da Lei nº 8.072, de 25-7-1990 (Lei dos Crimes Hediondos).

▶ Súm. nº 610 do STF.

Extorsão simples

Art. 243. Obter para si ou para outrem indevida vantagem econômica, constrangendo alguém, mediante violência ou grave ameaça:

▶ Art. 158 do CP.

▶ Art. 405 deste Código.

▶ Art. 1º, III, *d*, da Lei nº 7.960, de 21-12-1989 (Lei da Prisão Temporária).

▶ Súm. nº 96 do STJ.

a) a praticar ou tolerar que se pratique ato lesivo do seu patrimônio, ou de terceiro;

b) a omitir ato de interesse do seu patrimônio, ou de terceiro:

Pena – reclusão, de quatro a quinze anos.

Formas qualificadas

§ 1º Aplica-se à extorsão o disposto no § 2º do artigo 242.

§ 2º Aplica-se à extorsão, praticada mediante violência, o disposto no § 3º do artigo 242.

Extorsão mediante sequestro

Art. 244. Extorquir ou tentar extorquir para si ou para outrem, mediante sequestro de pessoa, indevida vantagem econômica:

▶ Art. 405 deste Código.

▶ Art. 159 do CP.

▶ Art. 1º, III, *e*, da Lei nº 7.960, de 21-12-1989 (Lei da Prisão Temporária).

▶ Art. 1º, IV, da Lei nº 8.072, de 25-7-1990 (Lei dos Crimes Hediondos).

Pena – reclusão, de seis a quinze anos.

Formas qualificadas

§ 1º Se o sequestro dura mais de vinte e quatro horas, ou se o sequestrado é menor de dezesseis ou maior de sessenta anos, ou se o crime é cometido por mais de duas pessoas, a pena é de reclusão de oito a vinte anos.

§ 2º Se à pessoa sequestrada, em razão de maus-tratos ou da natureza do sequestro, resulta grave sofrimento físico ou moral, a pena de reclusão é aumentada de um terço.

§ 3º Se o agente vem a empregar violência contra a pessoa sequestrada, aplicam-se correspondentemente, as disposições do artigo 242, § 2º, nºs V e VI, e § 3º.

§ 4º Se o crime é cometido em concurso, o concorrente que o denunciar à autoridade, facilitando a libertação do sequestrado, terá sua pena reduzida de 1/3 (um terço) a 2/3 (dois terços).

▶ § 4º acrescido pela Lei nº 14.688, de 20-9-2023.

▶ Art. 159, § 4º, do CP.

Chantagem

Art. 245. Obter ou tentar obter de alguém, para si ou para outrem, indevida vantagem econômica, mediante a ameaça de revelar fato, cuja divulgação pode lesar a sua reputação ou de pessoa que lhe seja particularmente cara:

Pena – reclusão, de três a dez anos.

Parágrafo único. Se a ameaça é de divulgação pela imprensa, radiodifusão ou televisão, a pena é agravada.

Extorsão indireta

Art. 246. Obter de alguém, como garantia de dívida, abusando de sua premente necessidade, documento que pode dar causa a procedimento penal contra o devedor ou contra terceiro:

▶ Art. 160 do CP.

Pena – reclusão, até três anos.

Aumento de pena

Art. 247. Nos crimes previstos neste capítulo, a pena é agravada, se a violência é contra superior, ou militar de serviço.

▶ Art. 24 deste Código.

CAPÍTULO III
DA APROPRIAÇÃO INDÉBITA

Apropriação indébita simples

Art. 248. Apropriar-se de coisa alheia móvel, de que tem a posse ou detenção:

▶ Art. 168 do CP.

▶ Art. 5º da Lei nº 7.492, de 16-6-1986 (Lei dos Crimes Contra o Sistema Financeiro Nacional).

▶ Art. 173 da Lei nº 11.101, de 9-2-2005 (Lei de Recuperação de Empresas e Falências).

Pena – reclusão, até seis anos.

Agravação de pena

Parágrafo único. A pena é agravada, se o valor da coisa excede vinte vezes o maior salário mínimo, ou se o agente recebeu a coisa:

I – em depósito necessário;

II – em razão de ofício, emprego ou profissão.

Apropriação de coisa havida acidentalmente

Art. 249. Apropriar-se alguém de coisa alheia vinda ao seu poder por erro, caso fortuito ou força da natureza:

▶ Art. 169 do CP.

Pena – detenção, até um ano.

Apropriação de coisa achada

Parágrafo único. Na mesma pena incorre quem acha coisa alheia perdida e dela se apropria, total ou parcialmente, deixando de restituí-la ao dono ou legítimo possuidor, ou de entregá-la à autoridade competente, dentro do prazo de quinze dias.

▶ Art. 169, parágrafo único, II, do CP.

Art. 250. Nos crimes previstos neste capítulo, aplica-se o disposto nos §§ 1º e 2º do artigo 240.

CAPÍTULO IV
DO ESTELIONATO E OUTRAS FRAUDES

Estelionato

Art. 251. Obter, para si ou para outrem, vantagem ilícita, em prejuízo alheio, induzindo ou mantendo alguém em erro, mediante artifício, ardil ou qualquer outro meio fraudulento:

▶ Art. 171 do CP.

▶ Art. 6º da Lei nº 7.492, de 16-6-1986 (Lei dos Crimes Contra o Sistema Financeiro Nacional).

▶ Súm. nº 17 do STJ.

Pena – reclusão, de dois a sete anos.

§ 1º Nas mesmas penas incorre quem:

Disposição de coisa alheia como própria

I – vende, permuta, dá em pagamento, em locação ou em garantia, coisa alheia como própria;

Alienação ou oneração fraudulenta de coisa própria

II – vende, permuta, dá em pagamento ou em garantia coisa própria inalienável, gravada de ônus ou litigiosa, ou imóvel que prometeu vender a terceiro, mediante pagamento em prestações, silenciando sobre qualquer dessas circunstâncias;

Defraudação de penhor

III – defrauda, mediante alienação não consentida pelo credor ou por outro modo, a garantia pignoratícia, quando tem a posse do objeto empenhado;

Fraude na entrega de coisa

IV – defrauda substância, qualidade ou quantidade de coisa que entrega a adquirente;

Fraude no pagamento de cheque

V – defrauda de qualquer modo o pagamento de cheque que emitiu a favor de alguém.

▶ Súmulas nºs 246, 521 e 554 do STF.

▶ Súm. nº 244 do STJ.

§ 2º Os crimes previstos nos nºs I a V do parágrafo anterior são considerados militares somente nos casos do artigo 9º, nº II, letras *a* e *e*.

Agravação de pena

§ 3º A pena é agravada, se o crime é cometido em detrimento da administração militar.

Abuso de pessoa

Art. 252. Abusar, em proveito próprio ou alheio, no exercício de função, em unidade, repartição ou estabelecimento militar, da necessidade, paixão ou inexperiência, ou da doença ou deficiência mental de outrem, induzindo-o à prática de ato que produza efeito jurídico, em prejuízo próprio ou de terceiro, ou em detrimento da administração militar:

▶ Art. 173 do CP.

▶ Art. 4º, *b*, da Lei nº 1.521, de 26-12-1951 (Lei dos Crimes Contra a Economia Popular).

Pena – reclusão, de dois a seis anos.

Art. 253. Nos crimes previstos neste capítulo, aplica-se o disposto nos §§ 1º e 2º do artigo 240.

CAPÍTULO V
DA RECEPTAÇÃO

Receptação

Art. 254. Adquirir, receber ou ocultar em proveito próprio ou alheio, coisa proveniente de crime, ou influir para que terceiro, de boa-fé, a adquira, receba ou oculte:

▶ Art. 180 do CP.

▶ Art. 2º, § 1º, Lei nº 8.176, de 8-2-1991 (Lei dos Crimes Contra a Ordem Econômica).

Pena – reclusão, até cinco anos.

§ 1º São aplicáveis os §§ 1º e 2º do artigo 240.

▶ Parágrafo único renumerado para § 1º pela Lei nº 14.688, de 20-9-2023.

Receptação qualificada

§ 2º Se a coisa é arma, munição, explosivo ou outro material militar de uso restrito ou que contenha sinal indicativo de pertencer a instituição militar:

Pena – reclusão de 3 (três) a 10 (dez) anos.

- § 2º acrescido pela Lei nº 14.688, de 20-9-2023.

Receptação culposa

Art. 255. Adquirir ou receber coisa que, por sua natureza ou pela manifesta desproporção entre o valor e o preço, ou pela condição de quem a oferece, deve presumir-se obtida por meio criminoso:

- Art. 180, § 3º, do CP.

Pena – detenção, até um ano.

Parágrafo único. Se o agente é primário e o valor da coisa não é superior a um décimo do salário mínimo, o juiz pode deixar de aplicar a pena.

- Art. 180, § 5º, do CP.
- Súm. nº 18 do STJ.

Punibilidade de receptação

Art. 256. A receptação é punível ainda que desconhecido ou isento de pena o autor do crime de que proveio a coisa.

- Art. 180, § 4º, do CP.

CAPÍTULO VI
DA USURPAÇÃO

Alteração de limites

Art. 257. Suprimir ou deslocar tapume, marco ou qualquer outro sinal indicativo de linha divisória, para apropriar-se, no todo ou em parte, de coisa imóvel sob administração militar:

- Art. 161 do CP.
- Art. 2º da Lei nº 8.176, de 8-2-1991 (Lei dos Crimes Contra a Ordem Econômica).

Pena – detenção, até seis meses.

§ 1º Na mesma pena incorre quem:

Usurpação de águas

I – desvia ou represa, em proveito próprio ou de outrem, águas sob administração militar;

Invasão de propriedade

II – invade, com violência à pessoa ou à coisa, ou com grave ameaça, ou mediante concurso de duas ou mais pessoas, terreno ou edifício sob administração militar.

Pena correspondente à violência

§ 2º Quando há emprego de violência, fica ressalvada a pena a esta correspondente.

Aposição, supressão ou alteração de marca

Art. 258. Apor, suprimir ou alterar, indevidamente, em gado ou rebanho alheio, sob guarda ou administração militar, marca ou sinal indicativo de propriedade:

- Art. 162 do CP.

Pena – detenção, de seis meses a três anos.

CAPÍTULO VII
DO DANO

Dano simples

Art. 259. Destruir, inutilizar, deteriorar ou fazer desaparecer coisa alheia:

- Arts. 383 e 384 deste Código.
- Art. 163 do CP.
- Art. 65 da Lei nº 9.605, de 12-2-1998 (Lei dos Crimes Ambientais).

Pena – detenção, até seis meses.

Parágrafo único. Se se trata de bem público:

Pena – detenção, de seis meses a três anos.

Dano atenuado

Art. 260. Nos casos do artigo anterior, se o criminoso é primário e a coisa é de valor não excedente a um décimo do salário mínimo, o juiz pode atenuar a pena, ou considerar a infração como disciplinar.

Parágrafo único. O benefício previsto no artigo é igualmente aplicável, se, dentro das condições nele estabelecidas, o criminoso repara o dano causado antes de instaurada a ação penal.

Dano qualificado

Art. 261. Se o dano é cometido:

I – com violência à pessoa ou grave ameaça;

II – com emprego de substância inflamável ou explosiva, se o fato não constitui crime mais grave;

III – por motivo egoístico ou com prejuízo considerável:

Pena – reclusão, até quatro anos, além da pena correspondente à violência.

Dano em material ou aparelhamento de guerra

Art. 262. Praticar dano em material ou aparelhamento de guerra ou de utilidade militar, ainda que em construção ou fabricação, ou em efeitos recolhidos a depósito, pertencentes ou não às Forças Armadas:

- Art. 383 deste Código.

Pena – reclusão, até seis anos.

Dano em navio de guerra ou mercante em serviço militar

Art. 263. Causar a perda, destruição, inutilização, encalhe, colisão ou alagamento de navio de guerra ou de navio mercante em serviço militar, ou nele causar avaria:

- Art. 383 deste Código.

Pena – reclusão, de três a dez anos.

§ 1º Se resulta lesão grave, a pena correspondente é aumentada da metade; se resulta a morte, é aplicada em dobro.

§ 2º Se, para a prática do dano previsto no artigo, usou o agente de violência contra a pessoa, ser-lhe-á aplicada igualmente a pena a ela correspondente.

Dano em aparelhos e instalações de aviação e navais, e em estabelecimentos militares

Art. 264. Praticar dano:

- Art. 383 deste Código.

I – em aeronave, hangar, depósito, pista ou instalações de campo de aviação, engenho de guerra motomecanizado, viatura em comboio militar, arsenal, dique, doca, armazém, quartel, alojamento ou em qualquer outra instalação militar;

II – em estabelecimento militar sob regime industrial, ou centro industrial a serviço de construção ou fabricação militar:

Pena – reclusão, de dois a dez anos.

Parágrafo único. Aplica-se o disposto nos parágrafos do artigo anterior.

Desaparecimento, consumação ou extravio

Art. 265. Fazer desaparecer, consumir ou extraviar combustível, armamento, munição ou peças de equipamento de navio, de aeronave ou de outros equipamentos militares:

- *Caput* com a redação dada pela Lei nº 14.688, de 20-9-2023.

Pena – reclusão, até três anos, se o fato não constitui crime mais grave.

Modalidades culposas

Art. 266. Se o crime dos arts. 262, 263, 264 e 265 deste Código é culposo, a pena é de detenção de 6 (seis) meses a 2 (dois) anos e, se dele resulta lesão corporal ou morte, aplica-se também a pena cominada ao crime culposo contra a pessoa.

- Artigo com a redação dada pela Lei nº 14.688, de 20-9-2023.

CAPÍTULO VIII
DA USURA

Usura pecuniária

Art. 267. Obter ou estipular, para si ou para outrem, no contrato de mútuo de dinheiro, abusando da premente necessidade, inexperiência ou leviandade do mutuário, juro que excede a taxa fixada em lei, regulamento ou ato oficial:

Pena – detenção, de seis meses a dois anos.

Casos assimilados

§ 1º Na mesma pena incorre quem, em repartição ou local sob administração militar, recebe vencimento ou provento de outrem, ou permite que estes sejam recebidos, auferindo ou permitindo que outrem aufira proveito cujo valor excede a taxa de três por cento.

Aumento de pena

- Epígrafe com a redação dada pela Lei nº 14.688, de 20-9-2023.

§ 2º A pena é aumentada de 1/3 (um terço) se o crime é cometido por superior, por militar ou por servidor público, em razão da função.

- § 2º com a redação dada pela Lei nº 14.688, de 20-9-2023.

TÍTULO VI – DOS CRIMES CONTRA A INCOLUMIDADE PÚBLICA

CAPÍTULO I
DOS CRIMES DE PERIGO COMUM

Incêndio

Art. 268. Causar incêndio em lugar sujeito à administração militar, expondo a perigo a vida, a integridade física ou o patrimônio de outrem:

Pena – reclusão, de três a oito anos.

- Art. 386 do CPM.
- Art. 250 do CP.
- Art. 343 do CPPM.

Agravação de pena

§ 1º A pena é agravada:

I – se o crime é cometido com intuito de obter vantagem pecuniária para si ou para outrem;

II – se o incêndio é:

a) em casa habitada ou destinada a habitação;

b) em edifício público ou qualquer construção destinada a uso público ou a obra de assistência social ou de cultura;

c) em navio, aeronave, comboio ou veículo de transporte coletivo;

d) em estação ferroviária, rodoviária, aeródromo ou construção portuária;

e) em estaleiro, fábrica ou oficina;

f) em depósito de explosivo, combustível ou inflamável;
g) em poço petrolífero ou galeria de mineração;
h) em lavoura, pastagem, mata ou floresta.

▶ Art. 41 da Lei nº 9.605, de 12-2-1998 (Lei dos Crimes Ambientais).

Incêndio culposo

§ 2º Se culposo o incêndio:

Pena – detenção, de seis meses a dois anos.

Explosão

Art. 269. Causar ou tentar causar explosão, em lugar sujeito à administração militar, expondo a perigo a vida, a integridade ou o patrimônio de outrem:

▶ Art. 386 deste Código.
▶ Art. 251 do CP.

Pena – reclusão, até quatro anos.

Forma qualificada

§ 1º Se a substância utilizada é dinamite ou outra de efeitos análogos:

Pena – reclusão, de três a oito anos.

Agravação de pena

§ 2º A pena é agravada se ocorre qualquer das hipóteses previstas no § 1º, nº I, do artigo anterior, ou é visada ou atingida qualquer das coisas enumeradas no nº II do mesmo parágrafo.

§ 3º Se a explosão é causada pelo desencadeamento de energia nuclear:

Pena – reclusão, de cinco a vinte anos.

Modalidade culposa

§ 4º No caso de culpa, se a explosão é causada por dinamite ou substância de efeitos análogos, a pena é detenção, de seis meses a dois anos; se é causada pelo desencadeamento de energia nuclear, detenção de três a dez anos; nos demais casos, detenção de três meses a um ano.

Emprego de gás tóxico ou asfixiante

Art. 270. Expor a perigo de vida, a integridade física ou o patrimônio de outrem, em lugar sujeito à administração militar, usando de gás tóxico ou asfixiante ou prejudicial de qualquer modo à incolumidade da pessoa ou da coisa:

▶ Art. 386 deste Código.
▶ Art. 252 do CP.
▶ Art. 54 da Lei nº 9.605, de 12-2-1998 (Lei dos Crimes Ambientais).

Pena – reclusão, até cinco anos.

Modalidade culposa

Parágrafo único. Se o crime é culposo:

Pena – detenção, de seis meses a dois anos.

Abuso de radiação

Art. 271. Expor a perigo a vida ou a integridade física de outrem, em lugar sujeito à administração militar, pelo abuso de radiação ionizante ou de substância radioativa:

▶ Art. 386 deste Código.

Pena – reclusão, até quatro anos.

Modalidade culposa

Parágrafo único. Se o crime é culposo:

Pena – detenção, de seis meses a dois anos.

Inundação

Art. 272. Causar inundação, em lugar sujeito à administração militar, expondo a perigo a vida, a integridade física ou o patrimônio de outrem:

▶ Art. 386 deste Código.
▶ Art. 254 do CP.

Pena – reclusão, de três a oito anos.

Modalidade culposa

Parágrafo único. Se o crime é culposo:

Pena – detenção, de seis meses a dois anos.

Perigo de inundação

Art. 273. Remover, destruir ou inutilizar obstáculo natural ou obra destinada a impedir inundação, expondo a perigo a vida, a integridade física ou o patrimônio de outrem, em lugar sujeito à administração militar:

▶ Art. 386 deste Código.
▶ Art. 255 do CP.

Pena – reclusão, de dois a quatro anos.

Desabamento ou desmoronamento

Art. 274. Causar desabamento ou desmoronamento, em lugar sujeito à administração militar, expondo a perigo a vida, a integridade física ou o patrimônio de outrem:

▶ Art. 386 deste Código.
▶ Art. 256 do CP.

Pena – reclusão, até cinco anos.

Modalidade culposa

Parágrafo único. Se o crime é culposo:

Pena – detenção, de seis meses a dois anos.

Subtração, ocultação ou inutilização de material de socorro

Art. 275. Subtrair, ocultar ou inutilizar, por ocasião de incêndio, inundação, naufrágio, ou outro desastre ou calamidade, aparelho, material ou qualquer meio destinado a serviço de combate ao perigo, de socorro ou salvamento; ou impedir ou dificultar serviço de tal natureza:

▶ Art. 386 deste Código.
▶ Art. 257 do CP.

Pena – reclusão, de três a seis anos.

Fatos que expõem a perigo aparelhamento militar

Art. 276. Praticar qualquer dos fatos previstos nos artigos anteriores deste capítulo, expondo a perigo, embora em lugar não sujeito à administração militar, navio, aeronave, material ou engenho de guerra motomecanizado ou não, ainda que em construção ou fabricação, destinados às Forças Armadas, ou instalações especialmente a serviço delas:

▶ Art. 386 deste Código.

Pena – reclusão, de dois a seis anos.

Modalidade culposa

Parágrafo único. Se o crime é culposo:

Pena – detenção, de seis meses a dois anos.

Formas qualificadas pelo resultado

Art. 277. Se do crime doloso de perigo comum resulta, além da vontade do agente, lesão grave, a pena é aumentada de metade; se resulta morte, é aplicada em dobro. No caso de culpa, se do fato resulta lesão corporal, a pena aumenta-se de metade; se resulta morte, aplica-se a pena cominada ao homicídio culposo, aumentada de um terço.

▶ Art. 258 do CP.

Difusão de epizootia ou praga vegetal

Art. 278. Difundir doença ou praga que possa causar dano a floresta, plantação, pastagem ou animais de utilidade econômica ou militar, em lugar sob administração militar:

▶ Art. 386 deste Código.
▶ Art. 259 do CP.
▶ Art. 61 da Lei nº 9.605, de 12-2-1998 (Lei dos Crimes Ambientais).

Pena – reclusão, até três anos.

Modalidade culposa

Parágrafo único. No caso de culpa, a pena é de detenção, até seis meses.

Embriaguez ao volante

Art. 279. Dirigir veículo motorizado, sob administração militar, na via pública, encontrando-se em estado de embriaguez, por bebida alcoólica, ou qualquer outro inebriante:

Pena – detenção, de três meses a um ano.

Perigo resultante de violação de regra de trânsito

Art. 280. Violar regra de regulamento de trânsito, dirigindo veículo sob administração militar, expondo a efetivo e grave perigo a incolumidade de outrem:

Pena – detenção, até seis meses.

Fuga após acidente de trânsito

Art. 281. Causar, na direção de veículo motorizado, sob administração militar, ainda que sem culpa, acidente de trânsito, de que resulte dano pessoal, e, em seguida, afastar-se do local, sem prestar socorro à vítima que dele necessite:

Pena – detenção, de seis meses a um ano, sem prejuízo das cominadas nos artigos 206 e 210.

Isenção de prisão em flagrante

Parágrafo único. Se o agente se abstém de fugir e, na medida que as circunstâncias o permitam, presta ou providencia para que seja prestado socorro à vítima, fica isento de prisão em flagrante.

CAPÍTULO II
DOS CRIMES CONTRA OS MEIOS DE TRANSPORTE E DE COMUNICAÇÃO

Perigo de desastre ferroviário

Art. 282. Impedir ou perturbar serviço de estrada de ferro, sob administração ou requisição militar emanada de ordem legal:

▶ Art. 260 do CP.

I – danificando ou desarranjando, total ou parcialmente, linha férrea, material rodante ou de tração, obra de arte ou instalação;
II – colocando obstáculo na linha;
III – transmitindo falso aviso acerca do movimento dos veículos, ou interrompendo ou embaraçando o funcionamento dos meios de comunicação;

▶ Art. 41 da LCP.

IV – praticando qualquer outro ato de que possa resultar desastre:

Pena – reclusão, de dois a cinco anos.

Desastre efetivo

§ 1º Se do fato resulta desastre:

Pena – reclusão, de quatro a doze anos.

§ 2º Se o agente quis causar o desastre ou assumiu o risco de produzi-lo:

Pena – reclusão, de quatro a quinze anos.

Modalidade culposa

§ 3º No caso de culpa, ocorrendo desastre:

Pena – detenção, de seis meses a dois anos.

Conceito de "estrada de ferro"

§ 4º Para os efeitos deste artigo, entende-se por "estrada de ferro" qualquer via de comunicação em que circulem veículos de tração mecânica, em trilhos ou por meio de cabo aéreo.

Atentado contra transporte

Art. 283. Expor a perigo aeronave, ou navio próprio ou alheio, sob guarda, proteção ou requisição militar emanada de ordem legal, ou em lugar sujeito à administração militar, bem como praticar qualquer ato tendente a impedir ou dificultar navegação aérea, marítima, fluvial ou lacustre sob administração, guarda ou proteção militar:

- Arts. 261 e 359-R do CP.
- Art. 35 da LCP.

Pena – reclusão, de dois a cinco anos.

Superveniência de sinistro

§ 1º Se do fato resulta naufrágio, submersão ou encalhe do navio, ou a queda ou destruição da aeronave:

Pena – reclusão, de quatro a doze anos.

Modalidade culposa

§ 2º No caso de culpa, se ocorre o sinistro:

Pena – detenção, de seis meses a dois anos.

Atentado contra viatura ou outro meio de transporte

Art. 284. Expor a perigo viatura ou outro meio de transporte militar, ou sob guarda, proteção ou requisição militar emanada de ordem legal, impedir-lhe ou dificultar-lhe o funcionamento:

- Arts. 262 e 359-R do CP.

Pena – reclusão, até três anos.

Desastre efetivo

§ 1º Se do fato resulta desastre, a pena é reclusão de dois a cinco anos.

Modalidade culposa

§ 2º No caso de culpa, se ocorre desastre:

Pena – detenção, até um ano.

Formas qualificadas pelo resultado

Art. 285. Se de qualquer dos crimes previstos nos artigos 282 a 284, no caso de desastre ou sinistro, resulta morte de alguém, aplica-se o disposto no artigo 277.

- Art. 263 do CP.

Arremesso de projétil

Art. 286. Arremessar projétil contra veículo militar, em movimento, destinado a transporte por terra, por água ou pelo ar:

- Art. 264 do CP.
- Art. 37 da LCP.

Pena – detenção, até seis meses.

Forma qualificada pelo resultado

Parágrafo único. Se do fato resulta lesão corporal, a pena é de detenção, de seis meses a dois anos; se resulta morte, a pena é a do homicídio culposo, aumentada de um terço.

Atentado contra serviço de utilidade militar

Art. 287. Atentar contra a segurança ou o funcionamento de serviço de água, luz, força ou acesso, ou qualquer outro de utilidade, em edifício ou outro lugar sujeito à administração militar:

- Art. 265 do CP.

Pena – reclusão, até cinco anos.

Parágrafo único. Aumentar-se-á a pena de um terço até metade, se o dano ocorrer em virtude de subtração de material essencial ao funcionamento do serviço.

Interrupção ou perturbação de serviço ou meio de comunicação

Art. 288. Interromper, perturbar ou dificultar serviço telegráfico, telefônico, telemétrico, de televisão, telepercepção, sinalização, ou outro meio de comunicação militar; ou impedir ou dificultar a sua instalação em lugar sujeito à administração militar, ou desde que para esta seja de interesse qualquer daqueles serviços ou meios:

- Art. 266 do CP.
- Art. 41 da LCP.

Pena – detenção, de um a três anos.

Aumento de pena

Art. 289. Nos crimes previstos neste capítulo, a pena será agravada, se forem cometidos em ocasião de calamidade pública.

CAPÍTULO III
DOS CRIMES CONTRA A SAÚDE

Tráfico, posse ou uso de entorpecente ou substância de efeito similar

Art. 290. Receber, preparar, produzir, vender, fornecer, ainda que gratuitamente, ter em depósito, transportar, trazer consigo, ainda que para uso próprio, guardar, ministrar ou entregar de qualquer forma a consumo substância entorpecente, ou que determine dependência física ou psíquica, em lugar sujeito à administração militar, sem autorização ou em desacordo com determinação legal ou regulamentar:

Pena – reclusão, até cinco anos.

- Arts. 27 a 29 e 33 a 47 da Lei nº 11.343, de 23-8-2006 (Lei Antidrogas).

Casos assimilados

§ 1º Na mesma pena incorre, ainda que o fato incriminado ocorra em lugar não sujeito à administração militar:

I – o militar que fornece, de qualquer forma, substância entorpecente ou que determine dependência física ou psíquica a outro militar;

II – o militar que, em serviço ou em missão de natureza militar, no País ou no estrangeiro, pratica qualquer dos fatos especificados no artigo;

III – quem fornece, ministra ou entrega, de qualquer forma, substância entorpecente ou que determine dependência física ou psíquica a militar em serviço, ou em manobras ou exercício.

Forma qualificada

§ 2º Se o agente é farmacêutico, médico, dentista ou veterinário:

Pena – reclusão, de dois a oito anos.

- Art. 38 da Lei nº 11.343, de 23-8-2006 (Lei Antidrogas).

§ 3º Na mesma pena incorre o militar que se apresentar para o serviço sob o efeito de substância entorpecente.

§ 4º A pena é aumentada de metade se as condutas descritas no *caput* deste artigo são cometidas por militar em serviço.

§ 5º Tratando-se de tráfico de drogas, a pena será de reclusão de 5 (cinco) a 15 (quinze) anos.

- §§ 3º a 5º acrescidos pela Lei nº 14.688, de 20-9-2023.

Receita ilegal

Art. 291. Prescrever o médico ou dentista, ou aviar o farmacêutico receita, ou fornecer substância entorpecente ou que determine dependência física ou psíquica fora dos casos indicados pela terapêutica, ou em dose evidentemente maior que a necessária, ou com infração de preceito legal ou regulamentar, para uso de militar ou para entrega a este, ou para qualquer fim, a qualquer pessoa, em consultório, gabinete, farmácia, laboratório ou lugar sujeitos à administração militar:

- *Caput* com a redação dada pela Lei nº 14.688, de 20-9-2023.

Pena – detenção, de seis meses a dois anos.

- Art. 38 da Lei nº 11.343, de 23-8-2006 (Lei Antidrogas).

Casos assimilados

Parágrafo único. Na mesma pena incorre:

I – o militar ou o servidor público que, tendo sob sua guarda ou cuidado substância entorpecente ou que determine dependência física ou psíquica, em farmácia, laboratório, em consultório, em gabinete ou em depósito militar, dela lança mão para uso próprio ou de outrem, ou para destino que não seja lícito ou regular;

- Inciso I com a redação dada pela Lei nº 14.688, de 20-9-2023.

II – quem subtrai substância entorpecente ou que determine dependência física ou psíquica, ou dela se apropria, em lugar sujeito à administração militar, sem prejuízo da pena decorrente da subtração ou apropriação indébita;

III – quem induz ou instiga militar em serviço ou em manobras ou exercício a usar substância entorpecente ou que determine dependência física ou psíquica;

IV – quem contribui de qualquer forma, para incentivar ou difundir o uso de substância entorpecente ou que determine dependência física ou psíquica, em quartéis, navios, arsenais, estabelecimentos industriais, alojamentos, escolas, colégios ou outros quaisquer estabelecimentos ou lugares sujeitos à administração militar, bem como entre militares que estejam em serviço, ou o desempenhem em missão para a qual tenham recebido ordem superior ou tenham sido legalmente requisitados.

Epidemia

Art. 292. Causar epidemia, em lugar sujeito à administração militar, mediante propagação de germes patogênicos:

- Art. 267 do CP.

Pena – reclusão, de cinco a quinze anos.

Forma qualificada

§ 1º Se do fato resulta morte, a pena é aplicada em dobro.

- Art. 1º, III, *i*, da Lei nº 7.960, de 21-12-1989 (Lei da Prisão Temporária).
- Art. 1º, VII, da Lei nº 8.072, de 25-7-1990 (Lei dos Crimes Hediondos).

Modalidade culposa

§ 2º No caso de culpa, a pena é de detenção, de um a dois anos, ou, se resulta morte, de dois a quatro anos.

Envenenamento com perigo extensivo

Art. 293. Envenenar água potável ou substância alimentícia ou medicinal, expondo a perigo a saúde de militares em manobras ou exercício, ou de indefinido número de pessoas, em lugar sujeito à administração militar:

Pena – reclusão, de cinco a quinze anos.

- Art. 385 deste Código.
- Art. 270 do CP.
- Art. 1º da Lei nº 2.889, de 1º-10-1956 (Lei do Crime de Genocídio).

▶ Art. 1º, III, *j*, da Lei nº 7.960, de 21-12-1989 (Lei da Prisão Temporária).
▶ Art. 54 da Lei nº 9.605, de 12-2-1998 (Lei dos Crimes Ambientais).

Caso assimilado

§ 1º Está sujeito à mesma pena quem, em lugar sujeito à administração militar, entrega a consumo, ou tem em depósito, para o fim de ser distribuída, água ou substância envenenada.

▶ Art. 56 da Lei nº 9.605, de 12-2-1998 (Lei dos Crimes Ambientais).

Forma qualificada

§ 2º Se resulta a morte de alguém:

Pena – reclusão, de quinze a trinta anos.

Modalidade culposa

§ 3º Se o crime é culposo, a pena é de detenção, de seis meses a dois anos; ou, se resulta a morte, de dois a quatro anos.

Corrupção ou poluição de água potável

Art. 294. Corromper ou poluir água potável de uso de quartel, fortaleza, unidade, navio, aeronave ou estabelecimento militar, ou de tropa em manobras ou exercício, tornando-a imprópria para consumo ou nociva à saúde:

▶ Art. 385 deste Código.
▶ Art. 271 do CP.
▶ Art. 54 da Lei nº 9.605, de 12-2-1998 (Lei dos Crimes Ambientais).

Pena – reclusão, de dois a cinco anos.

Modalidade culposa

Parágrafo único. Se o crime é culposo:

Pena – detenção, de dois meses a um ano.

Fornecimento de substância nociva

Art. 295. Fornecer às Forças Armadas substância alimentícia ou medicinal corrompida, adulterada ou falsificada, tornada, assim, nociva à saúde:

Pena – reclusão, de dois a seis anos.

Modalidade culposa

Parágrafo único. Se o crime é culposo:

Pena – detenção, de seis meses a dois anos.

Fornecimento de substância alterada

Art. 296. Fornecer às Forças Armadas substância alimentícia ou medicinal alterada, reduzindo, assim, o seu valor nutritivo ou terapêutico:

Pena – detenção, de seis meses a dois anos.

Modalidade culposa

Parágrafo único. Se o crime é culposo:

Pena – detenção, até seis meses.

Omissão de notificação de doença

Art. 297. Deixar o médico militar, no exercício da função, de denunciar à autoridade pública doença cuja notificação é compulsória:

▶ Art. 269 do CP.

Pena – detenção, de seis meses a dois anos.

TÍTULO VII – DOS CRIMES CONTRA A ADMINISTRAÇÃO MILITAR

CAPÍTULO I
DO DESACATO E DA DESOBEDIÊNCIA

Desacato a superior

Art. 298. Desacatar superior, ofendendo-lhe a dignidade ou o decoro, ou procurando deprimir-lhe a autoridade:

▶ Art. 331 do CP.

Pena – reclusão até quatro anos, se o fato não constitui crime mais grave.

Agravação de pena

Parágrafo único. A pena é agravada, se o superior é oficial-general ou comandante da unidade a que pertence o agente.

Desacato a militar

Art. 299. Desacatar militar no exercício de função de natureza militar ou em razão dela:

▶ Art. 331 do CP.

Pena – detenção, de seis meses a dois anos, se o fato não constitui outro crime.

Desacato a servidor público

▶ Epígrafe com a redação dada pela Lei nº 14.688, de 20-9-2023.

Art. 300. Desacatar servidor público no exercício de função ou em razão dela, em lugar sujeito à administração militar:

▶ *Caput* com a redação dada pela Lei nº 14.688, de 20-9-2023.
▶ Art. 331 do CP.

Pena – detenção, de seis meses a dois anos, se o fato não constitui outro crime.

Desobediência

Art. 301. Desobedecer a ordem legal de autoridade militar:

▶ Art. 330 do CP.
▶ Art. 12 da Lei nº 1.079, de 10-4-1950 (Lei dos Crimes de Responsabilidade).

Pena – detenção, até seis meses.

Ingresso clandestino

Art. 302. Penetrar em fortaleza, quartel, estabelecimento militar, navio, aeronave, hangar ou em outro lugar sujeito a administração militar, por onde seja defeso ou não haja passagem regular, ou iludindo a vigilância da sentinela ou de vigia:

Pena – detenção, de seis meses a dois anos, se o fato não constitui crime mais grave.

CAPÍTULO II
DO PECULATO

Peculato

Art. 303. Apropriar-se de dinheiro, valor ou qualquer outro bem móvel, público ou particular, de que tem a posse ou detenção, em razão do cargo ou comissão, ou desviá-lo em proveito próprio ou alheio:

▶ Art. 312 do CP.
▶ Art. 1º, I, do Dec.-lei nº 201, de 27-2-1967 (Lei de Responsabilidade dos Prefeitos e Vereadores).
▶ Art. 5º da Lei nº 7.492, de 16-6-1986 (Lei dos Crimes Contra o Sistema Financeiro Nacional).
▶ Art. 173 da Lei nº 11.101, de 9-2-2005 (Lei de Recuperação de Empresas e Falências).

Pena – reclusão, de três a quinze anos.

§ 1º A pena aumenta-se de um terço, se o objeto da apropriação ou desvio é de valor superior a vinte vezes o salário mínimo.

Peculato-furto

§ 2º Aplica-se a mesma pena a quem, embora não tendo a posse ou detenção do dinheiro, valor ou bem, o subtrai, ou contribui para que seja subtraído, em proveito próprio ou alheio, valendo-se da facilidade que lhe proporciona a qualidade de militar ou de servidor público.

▶ § 2º com a redação dada pela Lei nº 14.688, de 20-9-2023.
▶ Art. 312, § 1º, do CP.

Peculato culposo

§ 3º Se o servidor público ou o militar contribui culposamente para que outrem subtraia ou desvie o dinheiro, valor ou bem, ou dele se aproprie:

▶ *Caput* do § 3º com a redação dada pela Lei nº 14.688, de 20-9-2023.
▶ Art. 312, § 2º, do CP.

Pena – detenção, de três meses a um ano.

Extinção ou minoração da pena

§ 4º No caso do parágrafo anterior, a reparação do dano, se precede a sentença irrecorrível, extingue a punibilidade; se lhe é posterior, reduz de metade a pena imposta.

▶ Art. 312, § 3º, do CP.

Peculato mediante aproveitamento do erro de outrem

Art. 304. Apropriar-se de dinheiro ou qualquer utilidade que, no exercício do cargo ou comissão, recebeu por erro de outrem:

▶ Art. 313 do CP.

Pena – reclusão, de dois a sete anos.

CAPÍTULO III
DA CONCUSSÃO, EXCESSO DE EXAÇÃO E DESVIO

Concussão

Art. 305. Exigir, para si ou para outrem, direta ou indiretamente, ainda que fora da função ou antes de assumi-la, mas em razão dela, vantagem indevida:

Pena – reclusão, de dois a oito anos.

▶ Art. 316 do CP.

Excesso de exação

Art. 306. Exigir imposto, taxa ou emolumento que sabe indevido, ou, quando devido, empregar na cobrança meio vexatório ou gravoso, que a lei não autoriza:

▶ Art. 316, § 1º, do CP.
▶ Art. 3º, II, da Lei nº 8.137, de 27-12-1990 (Lei dos Crimes Contra a Ordem Tributária, Econômica e Contra as Relações de Consumo).
▶ Lei nº 13.869, de 5-9-2019 (Lei do Abuso de Autoridade).

Pena – detenção, de seis meses a dois anos.

Desvio

Art. 307. Desviar, em proveito próprio ou de outrem, o que recebeu indevidamente, em razão do cargo ou função, para recolher aos cofres públicos:

Pena – reclusão, de dois a doze anos.

CAPÍTULO IV
DA CORRUPÇÃO

Corrupção passiva

Art. 308. Solicitar ou receber, para si ou para outrem, direta ou indiretamente, ainda que fora da função ou antes de assumi-la, mas em razão dela, vantagem indevida, ou aceitar promessa de tal vantagem:

Pena – reclusão, de 2 (dois) a 12 (doze) anos.

▶ *Caput* e pena com a redação dada pela Lei nº 14.688, de 20-9-2023.
▶ Art. 317 do CP.

Aumento de pena

§ 1º A pena é aumentada de um terço, se, em consequência da vantagem ou promessa, o agente retarda ou deixa de praticar qualquer ato de ofício ou o pratica infringindo dever funcional.

Diminuição de pena

§ 2º Se o agente pratica, deixa de praticar ou retarda o ato de ofício com infração de dever funcional, cedendo a pedido ou influência de outrem:

Pena – detenção, de três meses a um ano.

Corrupção ativa

Art. 309. Dar, oferecer ou prometer dinheiro ou vantagem indevida para a prática, omissão ou retardamento de ato funcional:

- Art. 333 do CP.
- Art. 299 do CE.
- Art. 6º, item 2, da Lei nº 1.079, de 10-4-1950 (Lei dos Crimes de Responsabilidade).
- Art. 1º, V, da Lei nº 4.729, de 14-7-1965 (Lei do Crime de Sonegação Fiscal).

Pena – reclusão, até oito anos.

Aumento de pena

Parágrafo único. A pena é aumentada de um terço, se, em razão da vantagem, dádiva ou promessa, é retardado ou omitido o ato, ou praticado com infração de dever funcional.

Participação ilícita

Art. 310. Participar, de modo ostensivo ou simulado, diretamente ou por interposta pessoa, em contrato, fornecimento, ou concessão de qualquer serviço concernente à administração militar, sobre que deva informar ou exercer fiscalização em razão do ofício:

Pena – reclusão, de dois a quatro anos.

Parágrafo único. Na mesma pena incorre quem adquire para si, direta ou indiretamente, ou por ato simulado, no todo ou em parte, bens ou efeitos em cuja administração, depósito, guarda, fiscalização ou exame, deve intervir em razão de seu emprego ou função, ou entra em especulação de lucro ou interesse, relativamente a esses bens ou efeitos.

CAPÍTULO V
DA FALSIDADE

- Súmulas nºs 17, 48, 62, 73, 104, 107, 165 e 200 do STJ.

Falsificação de documento

Art. 311. Falsificar, no todo ou em parte, documento público ou particular, ou alterar documento verdadeiro, desde que o fato atente contra a administração ou o serviço militar:

- Arts. 297 e 298 do CP.
- Arts. 348 e 349 do CE.
- Art. 1º, III e IV, da Lei nº 8.137, de 27-12-1990 (Lei dos Crimes Contra a Ordem Tributária, Econômica e Contra as Relações de Consumo).
- Súm. Vinc. nº 36 do STF.

Pena – sendo documento público, reclusão, de dois a seis anos; sendo documento particular, reclusão, até cinco anos.

Agravação da pena

§ 1º A pena é agravada se o agente é oficial ou exerce função em repartição militar.

Documento por equiparação

§ 2º Equipara-se a documento, para os efeitos penais, o disco fonográfico ou a fita ou fio de aparelho eletromagnético a que se incorpore declaração destinada à prova de fato juridicamente relevante.

Falsidade ideológica

Art. 312. Omitir, em documento público ou particular, declaração que dele devia constar, ou nele inserir ou fazer inserir declaração falsa ou diversa da que devia ser escrita, com o fim de prejudicar direito, criar obrigação ou alterar a verdade sobre fato juridicamente relevante, desde que o fato atente contra a administração ou o serviço militar:

- Art. 299 do CP.
- Art. 315 do CE.
- Arts. 9º e 10 da Lei nº 7.492, de 16-6-1986 (Lei dos Crimes Contra o Sistema Financeiro Nacional).
- Art. 100, § 1º, da Lei nº 11.101, de 9-2-2005 (Lei de Recuperação de Empresas e Falências).

Pena – reclusão, até cinco anos, se o documento é público; reclusão, até três anos, se o documento é particular.

Cheque sem fundos

Art. 313. Emitir cheque sem suficiente provisão de fundos em poder do sacado, se a emissão é feita de militar em favor de militar, ou se o fato atenta contra a administração militar:

- Súm. nº 244 do STJ.

Pena – reclusão, até cinco anos.

Circunstância irrelevante

§ 1º Salvo o caso do artigo 245, é irrelevante ter sido o cheque emitido para servir como título ou garantia de dívida.

Atenuação de pena

§ 2º Ao crime previsto no artigo aplica-se o disposto nos §§ 1º e 2º do artigo 240.

Certidão ou atestado ideologicamente falso

Art. 314. Atestar ou certificar falsamente, em razão de função, ou profissão, fato ou circunstância que habilite alguém a obter cargo, posto ou função, ou isenção de ônus ou de serviço, ou qualquer outra vantagem, desde que o fato atente contra a administração ou serviço militar:

- Art. 301 do CP.

Pena – detenção, até dois anos.

Agravação de pena

Parágrafo único. A pena é agravada se o crime é praticado com o fim de lucro ou em prejuízo de terceiro.

Uso de documento falso

Art. 315. Fazer uso de qualquer dos documentos falsificados ou alterados por outrem, a que se referem os artigos anteriores:

- Art. 304 do CP.
- Art. 14 da Lei nº 7.492, de 16-6-1986 (Lei dos Crimes Contra o Sistema Financeiro Nacional).
- Súm. Vinc. nº 36 do STF.
- Súm. nº 546 do STJ.

Pena – a cominada à falsificação ou à alteração.

Supressão de documento

Art. 316. Destruir, suprimir ou ocultar, em benefício próprio ou de outrem, ou em prejuízo alheio, documento verdadeiro, de que não podia dispor, desde que o fato atente contra a administração ou o serviço militar:

- Art. 305 do CP.

Pena – reclusão, de dois a seis anos, se o documento é público; reclusão, até cinco anos, se o documento é particular.

Uso de documento pessoal alheio

Art. 317. Usar, como próprio, documento de identidade alheia, ou de qualquer licença ou privilégio em favor de outrem, ou ceder a outrem documento próprio da mesma natureza, para que dele se utilize, desde que o fato atente contra a administração ou o serviço militar:

- Art. 308 do CP.

Pena – detenção, até seis meses, se o fato não constitui elemento de crime mais grave.

Falsa identidade

Art. 318. Atribuir-se, ou a terceiro, perante a administração militar, falsa identidade, para obter vantagem em proveito próprio ou alheio, ou para causar dano a outrem:

- Art. 307 do CP.

Pena – detenção, de três meses a um ano, se o fato não constitui crime mais grave.

CAPÍTULO VI
DOS CRIMES CONTRA O DEVER FUNCIONAL

Prevaricação

Art. 319. Retardar ou deixar de praticar, indevidamente, ato de ofício, ou praticá-lo contra expressa disposição de lei, para satisfazer interesse ou sentimento pessoal:

- Art. 319 do CP.
- Art. 345 do CE.
- Art. 10, § 4º, da Lei nº 1.521, de 26-12-1951 (Lei dos Crimes Contra a Economia Popular).
- Art. 23 da Lei nº 7.492, de 16-6-1986 (Lei dos Crimes Contra o Sistema Financeiro Nacional).

Pena – detenção, de seis meses a dois anos.

Violação do dever funcional com o fim de lucro

Art. 320. Violar, em qualquer negócio de que tenha sido incumbido pela administração militar, seu dever funcional para obter especulativamente vantagem pessoal, para si ou para outrem:

Pena – reclusão, de dois a oito anos.

Extravio, sonegação ou inutilização de livro ou documento

Art. 321. Extraviar livro oficial, ou qualquer documento, de que tem a guarda em razão do cargo, sonegá-lo ou inutilizá-lo, total ou parcialmente:

- Art. 314 do CP.

Pena – reclusão, de dois a seis anos, se o fato não constitui crime mais grave.

Condescendência criminosa

Art. 322. Deixar de responsabilizar subordinado que comete infração no exercício do cargo, ou, quando lhe falte competência, não levar o fato ao conhecimento da autoridade competente:

- Art. 320 do CP.
- Art. 9º, item 3, da Lei nº 1.079, de 10-4-1950 (Lei dos Crimes de Responsabilidade).

Pena – se o fato foi praticado por indulgência, detenção até seis meses; se por negligência, detenção até três meses.

Não inclusão de nome em lista

Art. 323. Deixar, no exercício de função, de incluir, por negligência, qualquer nome em relação ou lista para o efeito de alistamento ou de convocação militar:

Pena – detenção, até seis meses.

Inobservância de lei, regulamento ou instrução

Art. 324. Deixar, no exercício de função, de observar lei, regulamento ou instrução, dando causa direta à prática de ato prejudicial à administração militar:

Pena – se o fato foi praticado por tolerância, detenção de 1 (um) a 3 (três) anos, e, se por negligência, detenção de 1 (um) a 2 (dois) anos.

▸ Pena com a redação dada pela Lei nº 14.688, de 20-9-2023.

Violação ou divulgação indevida de correspondência ou comunicação

Art. 325. Devassar indevidamente o conteúdo de correspondência dirigida à administração militar, ou por esta expedida:

Pena – detenção, de dois a seis meses, se o fato não constitui crime mais grave.

Parágrafo único. Na mesma pena incorre quem, ainda que não seja servidor público, mas desde que o fato atente contra a administração militar:

▸ *Caput* do parágrafo único com a redação dada pela Lei nº 14.688, de 20-9-2023.

I – indevidamente se aposse de correspondência, embora não fechada, e no todo ou em parte a sonega ou destrói;

II – indevidamente divulga, transmite a outrem, ou abusivamente utiliza comunicação de interesse militar;

III – impede a comunicação referida no número anterior.

▸ Art. 227 deste Código.

Violação de sigilo funcional

Art. 326. Revelar fato de que tem ciência em razão do cargo ou função e que deva permanecer em segredo, ou facilitar-lhe a revelação, em prejuízo da administração militar:

Pena – detenção, de seis meses a dois anos, se o fato não constitui crime mais grave.

▸ Art. 230 deste Código.

§ 1º Nas mesmas penas incorre quem:

I – permite ou facilita, mediante atribuição, fornecimento ou empréstimo de senha, ou de qualquer outra forma, o acesso de pessoas não autorizadas a sistemas de informações ou banco de dados da administração militar;

II – se utiliza indevidamente do acesso restrito.

§ 2º Se da ação ou omissão resulta dano à administração militar ou a outrem:

Pena – reclusão, de 2 (dois) a 6 (seis) anos.

▸ §§ 1º e 2º acrescidos pela Lei nº 14.688, de 20-9-2023.

Violação de sigilo de proposta de concorrência

Art. 327. Devassar o sigilo de proposta de concorrência de interesse da administração militar ou proporcionar a terceiro o ensejo de devassá-lo:

Pena – detenção, de três meses a um ano.

▸ Arts. 326 e 337-J do CP.

Obstáculo à hasta pública, concorrência ou tomada de preços

Art. 328. Impedir, perturbar ou fraudar a realização de hasta pública, concorrência ou tomada de preços, de interesse da administração militar:

Pena – detenção, de seis meses a dois anos.

Exercício funcional ilegal

Art. 329. Entrar no exercício de posto ou função militar, ou de cargo ou função em repartição militar, antes de satisfeitas as exigências legais, ou continuar o exercício, sem autorização, depois de saber que foi exonerado, ou afastado, legal e definitivamente, qualquer que seja o ato determinante do afastamento:

▸ Art. 324 do CP.

Pena – detenção, até quatro meses, se o fato não constitui crime mais grave.

Abandono de cargo

Art. 330. Abandonar cargo público, em repartição ou estabelecimento militar:

▸ Art. 323 do CP.

▸ Art. 344 do CE.

Pena – detenção, até dois meses.

Formas qualificadas

§ 1º Se do fato resulta prejuízo à administração militar:

Pena – detenção, de três meses a um ano.

§ 2º Se o fato ocorre em lugar compreendido na faixa de fronteira:

Pena – detenção, de um a três anos.

Aplicação ilegal de verba ou dinheiro

Art. 331. Dar às verbas ou ao dinheiro público aplicação diversa da estabelecida em lei:

▸ Art. 315 do CP.

▸ Art. 1º, II, do Dec.-lei nº 201, de 27-2-1967 (Lei de Responsabilidade dos Prefeitos e Vereadores).

Pena – detenção, até seis meses.

Abuso de confiança ou boa-fé

Art. 332. Abusar da confiança ou da boa-fé de militar ou de servidor público, em serviço ou em razão deste, apresentando-lhe ou remetendo-lhe, para aprovação, recebimento, anuência ou aposição de visto, relação, nota, empenho de despesa, ordem ou folha de pagamento, comunicação, ofício ou qualquer outro documento que sabe, ou deve saber, serem inexatos ou irregulares, desde que o fato atente contra a administração ou o serviço militar:

▸ *Caput* com a redação dada pela Lei nº 14.688, de 20-9-2023.

Pena – detenção, de seis meses a dois anos, se o fato não constitui crime mais grave.

Forma qualificada

§ 1º A pena é agravada, se do fato decorre prejuízo material ou processo penal militar para a pessoa de cuja confiança ou boa-fé se abusou.

Modalidade culposa

§ 2º Se a apresentação ou remessa decorre de culpa:

Pena – detenção, até seis meses.

Violência arbitrária

Art. 333. Praticar violência, em repartição ou estabelecimento militar, no exercício de função ou a pretexto de exercê-la:

▸ Art. 322 do CP.

▸ Art. 21 da LCP.

Pena – detenção, de seis meses a dois anos, além da correspondente à violência.

Patrocínio indébito

Art. 334. Patrocinar, direta ou indiretamente, interesse privado perante a administração militar, valendo-se da qualidade de servidor público ou de militar:

▸ *Caput* com a redação dada pela Lei nº 14.688, de 20-9-2023.

▸ Art. 321 do CP.

▸ Art. 3º, III, da Lei nº 8.137, de 27-12-1990 (Lei dos Crimes Contra a Ordem Tributária, Econômica e Contra as Relações de Consumo).

Pena – detenção, até três meses.

Parágrafo único. Se o interesse é ilegítimo:

Pena – detenção, de três meses a um ano.

CAPÍTULO VII
DOS CRIMES PRATICADOS POR PARTICULAR CONTRA A ADMINISTRAÇÃO MILITAR

Usurpação de função

Art. 335. Usurpar o exercício de função em repartição ou estabelecimento militar:

Pena – detenção, de três meses a dois anos.

▸ Art. 328 do CP.

▸ Arts. 45 a 47 da LCP.

Parágrafo único. Se do fato o agente aufere vantagem:

Pena – reclusão, de 2 (dois) a 5 (cinco) anos.

▸ Parágrafo único acrescido pela Lei nº 14.688, de 20-9-2023.

Tráfico de influência

Art. 336. Solicitar, exigir, cobrar ou obter, para si ou para outrem, vantagem ou promessa de vantagem, a pretexto de influir em ato praticado por militar ou por servidor público de local sujeito à administração militar no exercício da função:

▸ Art. 332 do CP.

Pena – reclusão, de 2 (dois) a 5 (cinco) anos.

▸ *Caput* e pena com a redação dada pela Lei nº 14.688, de 20-9-2023.

Aumento de pena

Parágrafo único. A pena é aumentada de metade se o agente alega ou insinua que a vantagem é também destinada ao militar ou ao servidor público.

▸ Parágrafo único com a redação dada pela Lei nº 14.688, de 20-9-2023.

Subtração ou inutilização de livro, processo ou documento

Art. 337. Subtrair ou inutilizar, total ou parcialmente, livro oficial, processo ou qualquer documento, desde que o fato atente contra a administração ou o serviço militar:

▸ Art. 314 do CP.

Pena – reclusão, de dois a cinco anos, se o fato não constitui crime mais grave.

Inutilização de edital ou sinal de oficial

Art. 338. Rasgar, ou de qualquer forma inutilizar ou conspurcar edital afixado por ordem da autoridade militar; violar ou inutilizar selo ou sinal empregado, por determinação legal ou ordem de autoridade militar, para identificar ou cerrar qualquer objeto:

▸ Art. 336 do CP.

Pena – detenção, até um ano.

Impedimento, perturbação ou fraude de concorrência

Art. 339. Impedir, perturbar ou fraudar em prejuízo da Fazenda Nacional, concorrência, hasta pública ou tomada de preços ou outro qualquer processo administrativo para aquisição ou venda de coisas ou mercadorias de uso das Forças Armadas, seja elevando arbitrariamente os preços, auferindo lucro excedente a um quinto do valor da transação, seja alterando substância, qualidade ou quantidade da coisa ou mercadoria fornecida, seja impedindo a livre concorrência de outros fornecedores, ou por qualquer modo, tornando mais onerosa a transação:

▸ Arts. 335 e 337-I do CP.

▶ Art. 193, I, da Lei nº 14.133, de 1º-4-2021 (Nova Lei de Licitações e Contratos Administrativos).

Pena – detenção, de um a três anos.

§ 1º Na mesma pena incorre o intermediário na transação.

§ 2º É aumentada a pena de um terço, se o crime ocorre em período de grave crise econômica.

TÍTULO VIII – DOS CRIMES CONTRA A ADMINISTRAÇÃO DA JUSTIÇA MILITAR

Recusa de função na Justiça Militar

Art. 340. Recusar-se o militar a exercer, sem motivo legal, função que lhe seja atribuída na administração da Justiça Militar:

Pena – detenção, de 1 (um) a 2 (dois) anos.

▶ Artigo com a redaçao dada pela Lei nº 14.688, de 20-9-2023.

Pena – suspensão do exercício do posto ou cargo, de dois a seis meses.

Desacato

Art. 341. Desacatar autoridade judiciária militar no exercício da função ou em razão dela:

▶ Arts. 298 a 300 deste Código.
▶ Art. 331 do CP.

Pena – reclusão, até quatro anos.

Coação

Art. 342. Usar de violência ou grave ameaça, com o fim de favorecer interesse próprio ou alheio, contra autoridade, parte, ou qualquer outra pessoa que funciona, ou é chamada a intervir em inquérito policial, processo administrativo ou judicial militar:

Pena – reclusão, até quatro anos, além da pena correspondente à violência.

▶ Art. 344 do CP.

Denunciação caluniosa

Art. 343. Dar causa à instauração de inquérito policial ou processo judicial militar contra alguém, imputando-lhe crime sujeito à jurisdição militar, de que o sabe inocente:

▶ Art. 339 do CP.
▶ Art. 19 da Lei nº 8.429, de 2-6-1992 (Lei da Improbidade Administrativa).

Pena – reclusão, de dois a oito anos.

Agravação de pena

Parágrafo único. A pena é agravada, se o agente se serve do anonimato ou de nome suposto.

Comunicação falsa de crime

Art. 344. Provocar a ação da autoridade, comunicando-lhe a ocorrência de crime sujeito à jurisdição militar, que sabe não se ter verificado:

▶ Art. 340 do CP.
▶ Art. 41 da LCP.

Pena – detenção, até seis meses.

Autoacusação falsa

Art. 345. Acusar-se, perante a autoridade, de crime sujeito à jurisdição militar, inexistente ou praticado por outrem:

▶ Art. 341 do CP.

Pena – detenção, de três meses a um ano.

Falso testemunho ou falsa perícia

Art. 346. Fazer afirmação falsa, ou negar ou calar a verdade, como testemunha, perito, tradutor ou intérprete, em inquérito policial, processo administrativo ou judicial militar:

Pena – reclusão, de dois a seis anos.

▶ Art. 342 do CP.
▶ Art. 364 do CPPM.
▶ Art. 4º, II, da Lei nº 1.579, de 18-3-1952 (Lei das Comissões Parlamentares de Inquérito).
▶ Art. 171 da Lei nº 11.101, de 9-2-2005 (Lei de Recuperação de Empresas e Falências).

Aumento de pena

§ 1º A pena aumenta-se de um terço, se o crime é praticado mediante suborno.

Retratação

§ 2º O fato deixa de ser punível, se, antes da sentença o agente se retrata ou declara a verdade.

Corrupção ativa de testemunha, perito ou intérprete

Art. 347. Dar, oferecer ou prometer dinheiro ou qualquer outra vantagem a testemunha, perito, tradutor ou intérprete, para fazer afirmação falsa, negar ou calar a verdade em depoimento, perícia, tradução ou interpretação, em inquérito policial, processo administrativo ou judicial, militar, ainda que a oferta não seja aceita:

▶ Art. 343 do CP.

Pena – reclusão, de dois a oito anos.

Publicidade opressiva

Art. 348. Fazer pela imprensa, rádio ou televisão, antes da intercorrência de decisão definitiva em processo penal militar, comentário tendente a exercer pressão sobre declaração de testemunha ou laudo de perito:

Pena – detenção, até seis meses.

Desobediência a decisão judicial

Art. 349. Deixar, sem justa causa, de cumprir decisão da Justiça Militar, ou retardar ou fraudar o seu cumprimento:

Pena – detenção, de três meses a um ano.

§ 1º No caso de transgressão dos artigos 116, 117 e 118, a pena será cumprida sem prejuízo da execução da medida de segurança.

§ 2º Nos casos do artigo 118 e seus §§ 1º e 2º, a pena pela desobediência é aplicada ao representante, ou representantes legais, do estabelecimento, sociedade ou associação.

Favorecimento pessoal

Art. 350. Auxiliar a subtrair-se à ação da autoridade autor de crime militar, a que é cominada pena de morte ou reclusão:

▶ Art. 348 do CP.

Pena – detenção, até seis meses.

Diminuição de pena

§ 1º Se ao crime é cominada pena de detenção ou de impedimento:

▶ *Caput* do § 1º com a redação dada pela Lei nº 14.688, de 20-9-2023.

Pena – detenção, até três meses.

Isenção de pena

§ 2º Se quem presta o auxílio é ascendente, descendente, cônjuge ou irmão do criminoso, fica isento da pena.

Favorecimento real

Art. 351. Prestar a criminoso, fora dos casos de coautoria ou de receptação, auxílio destinado a tornar seguro o proveito do crime:

▶ Art. 349 do CP.

Pena – detenção, de três meses a um ano.

Inutilização, sonegação ou descaminho de material probante

Art. 352. Inutilizar, total ou parcialmente, sonegar ou dar descaminho a autos, documento ou objeto de valor probante, que tem sob guarda ou recebe para exame:

▶ Art. 356 do CP.

Pena – detenção, de seis meses a três anos, se o fato não constitui crime mais grave.

Modalidade culposa

Parágrafo único. Se a inutilização ou o descaminho resulta de ação ou omissão culposa:

Pena – detenção, até seis meses.

Exploração de prestígio

Art. 353. Solicitar ou receber dinheiro ou qualquer outra utilidade, a pretexto de influir em juiz, órgão do Ministério Público, servidor público da Justiça, perito, tradutor, intérprete ou testemunha, na Justiça Militar:

▶ *Caput* com a redação dada pela Lei nº 14.688, de 20-9-2023.
▶ Art. 357 do CP.

Pena – reclusão, até cinco anos.

Aumento de pena

Parágrafo único. A pena é aumentada de um terço, se o agente alega ou insinua que o dinheiro ou utilidade também se destina a qualquer das pessoas referidas no artigo.

Desobediência a decisão sobre perda ou suspensão de atividade ou direito

Art. 354. Exercer função, atividade, direito, autoridade ou múnus, de que foi suspenso ou privado por decisão da Justiça Militar:

▶ Art. 359 do CP.

Pena – detenção, de três meses a dois anos.

LIVRO II – DOS CRIMES MILITARES EM TEMPO DE GUERRA

TÍTULO I – DO FAVORECIMENTO AO INIMIGO

CAPÍTULO I – DA TRAIÇÃO

Traição

Art. 355. Tomar o nacional armas contra o Brasil ou Estado aliado, ou prestar serviço nas Forças Armadas de nação em guerra contra o Brasil:

▶ Art. 4º, 2 a 6, do Pacto de São José da Costa Rica.

Pena – morte, grau máximo; reclusão, de vinte anos, grau mínimo.

Favor ao inimigo

Art. 356. Favorecer ou tentar o nacional favorecer o inimigo, prejudicar ou tentar prejudicar o bom êxito das operações militares, comprometer ou tentar comprometer a eficiência militar:

▶ Art. 4º, 2 a 6, do Pacto de São José da Costa Rica.

I – empreendendo ou deixando de empreender ação militar;

II – entregando ao inimigo ou expondo a perigo dessa consequência navio, aeronave, força ou posição, engenho de guerra motomecanizado, provisões ou qualquer outro elemento de ação militar;

III – perdendo, destruindo, inutilizando, deteriorando ou expondo a perigo de perda, destruição, inutilização ou deterioração, navio, aeronave, engenho de guerra motomecanizado, provisões ou qualquer outro elemento de ação militar;

IV – sacrificando ou expondo a perigo de sacrifício força militar;

V – abandonando posição ou deixando de cumprir missão ou ordem:

Pena – morte, grau máximo; reclusão, de vinte anos, grau mínimo.

Tentativa contra a soberania do Brasil

Art. 357. Praticar o nacional o crime definido no artigo 142:

► Art. 4º, 2 a 6, do Pacto de São José da Costa Rica.

Pena – morte, grau máximo; reclusão, de vinte anos, grau mínimo.

Coação a comandante

Art. 358. Entrar o nacional em conluio, usar de violência ou ameaça, provocar tumulto ou desordem com o fim de obrigar o comandante a não empreender ou a cessar ação militar, a recuar ou render-se:

► Art. 4º, 2 a 6, do Pacto de São José da Costa Rica.

Pena – morte, grau máximo; reclusão, de vinte anos, grau mínimo.

Informação ou auxílio ao inimigo

Art. 359. Prestar o nacional ao inimigo informação ou auxílio que lhe possa facilitar a ação militar:

► Art. 4º, 2 a 6, do Pacto de São José da Costa Rica.

Pena – morte, grau máximo; reclusão, de vinte anos, grau mínimo.

Aliciação de militar

Art. 360. Aliciar o nacional algum militar a passar-se para o inimigo ou prestar-lhe auxílio para esse fim:

► Art. 4º, 2 a 6, do Pacto de São José da Costa Rica.

Pena – morte, grau máximo; reclusão, de vinte anos, grau mínimo.

Ato prejudicial à eficiência da tropa

Art. 361. Provocar o nacional, em presença do inimigo, a debandada de tropa, ou guarnição, impedir a reunião de uma ou outra ou causar alarme, com o fim de nelas produzir confusão, desalento ou desordem:

► Art. 4º, 2 a 6, do Pacto de São José da Costa Rica.

Pena – morte, grau máximo; reclusão, de vinte anos, grau mínimo.

CAPÍTULO II
DA TRAIÇÃO IMPRÓPRIA

Traição imprópria

Art. 362. Praticar o estrangeiro os crimes previstos nos artigos 356, nºs I, primeira parte, II, III e IV, 357 a 361:

► Art. 4º, 2 a 6, do Pacto de São José da Costa Rica.

Pena – morte, grau máximo; reclusão, de dez anos, grau mínimo.

CAPÍTULO III
DA COBARDIA

Cobardia

Art. 363. Subtrair-se ou tentar subtrair-se o militar, por temor, em presença do inimigo, ao cumprimento do dever militar:

Pena – reclusão, de dois a oito anos.

Cobardia qualificada

Art. 364. Provocar o militar, por temor, em presença do inimigo, a debandada de tropa ou guarnição; impedir a reunião de uma ou outra, ou causar alarme com o fim de nelas produzir confusão, desalento ou desordem:

► Art. 4º, 2 a 6, do Pacto de São José da Costa Rica.

Pena – morte, grau máximo; reclusão, de vinte anos, grau mínimo.

Fuga em presença do inimigo

Art. 365. Fugir o militar, ou incitar à fuga, em presença do inimigo:

Pena – morte, grau máximo; reclusão, de vinte anos, grau mínimo.

► Art. 4º, nºs 2 a 6, do Pacto de São José da Costa Rica

CAPÍTULO IV
DA ESPIONAGEM

Espionagem

Art. 366. Praticar qualquer dos crimes previstos nos artigos 143 e seu § 1º, 144 e seus §§ 1º e 2º, e 146, em favor do inimigo ou comprometendo a preparação, a eficiência ou as operações militares:

► Art. 359-K do CP.

► Art. 4º, 2 a 6, do Pacto de São José da Costa Rica.

Pena – morte, grau máximo; reclusão, de vinte anos, grau mínimo.

Caso de concurso

Parágrafo único. No caso de concurso por culpa, para execução do crime previsto no artigo 143, § 2º, ou de revelação culposa (artigo 144, § 3º):

Pena – reclusão, de três a seis anos.

Penetração de estrangeiro

Art. 367. Entrar o estrangeiro em Território Nacional, ou insinuar-se em força ou unidade em operações de guerra, ainda que fora do Território Nacional, a fim de colher documento, notícia ou informação de caráter militar, em benefício do inimigo, ou em prejuízo daquelas operações:

Pena – reclusão, de dez a vinte anos, se o fato não constitui crime mais grave.

CAPÍTULO V
DO MOTIM E DA REVOLTA

Motim, revolta ou conspiração

Art. 368. Praticar qualquer dos crimes definidos nos artigos 149 e seu parágrafo único, e 152:

► Art. 4º, 2 a 6, do Pacto de São José da Costa Rica.

Pena – aos cabeças, morte, grau máximo; reclusão, de quinze anos, grau mínimo. Aos coautores, reclusão, de dez a trinta anos.

Forma qualificada

Parágrafo único. Se o fato é praticado em presença do inimigo:

► Art. 4º, 2 a 6, do Pacto de São José da Costa Rica.

Pena – aos cabeças, morte, grau máximo; reclusão, de vinte anos, grau mínimo. Aos coautores, morte, grau máximo; reclusão, de quinze anos, grau mínimo.

Omissão de lealdade militar

Art. 369. Praticar o crime previsto no artigo 151:

Pena – reclusão, de quatro a doze anos.

CAPÍTULO VI
DO INCITAMENTO

Incitamento

Art. 370. Incitar militar à desobediência, à indisciplina ou à prática de crime militar:

Pena – reclusão, de três a dez anos.

Parágrafo único. Na mesma pena incorre quem introduz, afixa ou distribui, em lugar sujeito à administração militar, impressos, manuscritos ou material mimeografado, fotocopiado ou gravado, em que se contenha incitamento à prática dos atos previstos no artigo.

Incitamento em presença do inimigo

Art. 371. Praticar qualquer dos crimes previstos no artigo 370 e seu parágrafo, em presença do inimigo:

► Art. 4º, 2 a 6, do Pacto de São José da Costa Rica.

Pena – morte, grau máximo; reclusão, de dez anos, grau mínimo.

CAPÍTULO VII
DA INOBSERVÂNCIA DO DEVER MILITAR

Rendição ou capitulação

Art. 372. Render-se o comandante, sem ter esgotado os recursos extremos de ação militar; ou, em caso de capitulação, não se conduzir de acordo com o dever militar:

► Art. 4º, 2 a 6, do Pacto de São José da Costa Rica.

Pena – morte, grau máximo; reclusão, de vinte anos, grau mínimo.

Omissão de vigilância

Art. 373. Deixar-se o comandante surpreender pelo inimigo:

Pena – detenção, de um a três anos, se o fato não constitui crime mais grave.

Resultado mais grave

Parágrafo único. Se o fato compromete as operações militares:

Pena – reclusão, de cinco a vinte anos, se o fato não constitui crime mais grave.

Descumprimento do dever militar

Art. 374. Deixar, em presença do inimigo, de conduzir-se de acordo com o dever militar:

Pena – reclusão, até cinco anos, se o fato não constitui crime mais grave.

Falta de cumprimento de ordem

Art. 375. Dar causa, por falta de cumprimento de ordem, à ação militar do inimigo:

Pena – reclusão, de dois a oito anos.

Resultado mais grave

Parágrafo único. Se o fato expõe a perigo força, posição ou outros elementos de ação militar:

► Art. 4º, 2 a 6, do Pacto de São José da Costa Rica.

Pena – morte, grau máximo; reclusão, de vinte anos, grau mínimo.

Entrega ou abandono culposo

Art. 376. Dar causa, por culpa, ao abandono ou à entrega ao inimigo de posição, navio, aeronave, engenho de guerra, provisões, ou qualquer outro elemento de ação militar:

Pena – reclusão, de dez a trinta anos.

Captura ou sacrifício culposo

Art. 377. Dar causa, por culpa, ao sacrifício ou captura de força sob o seu comando:

Pena – reclusão, de dez a trinta anos.

Separação reprovável

Art. 378. Separar o comandante, em caso de capitulação, a sorte própria da dos oficiais e praças:

▸ Art. 4º, 2 a 6, do Pacto de São José da Costa Rica.

Pena – morte, grau máximo; reclusão, de vinte anos, grau mínimo.

Abandono de comboio

Art. 379. Abandonar comboio, cuja escolta lhe tenha sido confiada:

Pena – reclusão, de dois a oito anos.

Resultado mais grave

§ 1º Se do fato resulta avaria grave, ou perda total ou parcial do comboio:

▸ Art. 4º, 2 a 6, do Pacto de São José da Costa Rica.

Pena – morte, grau máximo; reclusão, de vinte anos, grau mínimo.

Modalidade culposa

§ 2º Separar-se, por culpa, do comboio ou da escolta:

Pena – reclusão, até quatro anos, se o fato não constitui crime mais grave.

Caso assimilado

§ 3º Nas mesmas penas incorre quem, de igual forma, abandona material de guerra, cuja guarda lhe tenha sido confiada.

Separação culposa de comando

Art. 380. Permanecer o oficial, por culpa, separado do comando superior:

Pena – reclusão, até quatro anos, se o fato não constitui crime mais grave.

Tolerância culposa

Art. 381. Deixar, por culpa, evadir-se prisioneiro:

Pena – reclusão, até quatro anos.

Entendimento com o inimigo

Art. 382. Entrar o militar, sem autorização, em entendimento com outro militar ou emissário de país inimigo, ou servir, para esse fim, de intermediário:

Pena – reclusão, até três anos, se o fato não constitui crime mais grave.

CAPÍTULO VIII
DO DANO

Dano especial

Art. 383. Praticar ou tentar praticar qualquer dos crimes definidos nos artigos 262, 263, §§ 1º e 2º, e 264, em benefício do inimigo, ou comprometendo ou podendo comprometer a preparação, a eficiência ou as operações militares:

▸ Art. 4º, 2 a 6, do Pacto de São José da Costa Rica.

Pena – morte, grau máximo; reclusão, de vinte anos, grau mínimo.

Modalidade culposa

Parágrafo único. Se o crime é culposo:

Pena – detenção, de quatro a dez anos.

Dano em bens de interesse militar

Art. 384. Danificar serviço de abastecimento de água, luz ou força, estrada, meio de transporte, instalação telegráfica ou outro meio de comunicação, depósito de combustível, inflamáveis, matérias-primas necessárias à produção, depósito de víveres ou forragem, mina, fábrica, usina ou qualquer estabelecimento de produção de artigo necessário à defesa nacional ou ao bem-estar da população e, bem assim, rebanho, lavoura ou plantação, se o fato compromete ou pode comprometer a preparação, a eficiência ou as operações militares, ou de qualquer forma atenta contra a segurança externa do País:

▸ Art. 4º, 2 a 6, do Pacto de São José da Costa Rica.

Pena – morte, grau máximo; reclusão, de vinte anos, grau mínimo.

Envenenamento, corrupção ou epidemia

Art. 385. Envenenar ou corromper água potável, víveres ou forragens, ou causar epidemia mediante a propagação de germes patogênicos, se o fato compromete ou pode comprometer a preparação, a eficiência ou as operações militares, ou de qualquer forma atenta contra a segurança externa do País:

▸ Art. 4º, 2 a 6, do Pacto de São José da Costa Rica.

Pena – morte, grau máximo; reclusão, de vinte anos, grau mínimo.

Modalidade culposa

Parágrafo único. Se o crime é culposo:

Pena – detenção, de dois a oito anos.

CAPÍTULO IX
DOS CRIMES CONTRA A INCOLUMIDADE PÚBLICA

Crimes de perigo comum

Art. 386. Praticar crime de perigo comum definido nos artigos 268 a 276 e 278, na modalidade dolosa:

▸ Art. 4º, 2 a 6, do Pacto de São José da Costa Rica.

I – se o fato compromete ou pode comprometer a preparação, a eficiência ou as operações militares;

II – se o fato é praticado em zona de efetivas operações militares e dele resulta morte:

Pena – morte, grau máximo; reclusão, de vinte anos, grau mínimo.

CAPÍTULO X
DA INSUBORDINAÇÃO E DA VIOLÊNCIA

Recusa de obediência ou oposição

Art. 387. Praticar, em presença do inimigo, qualquer dos crimes definidos nos artigos 163 e 164:

▸ Art. 4º, 2 a 6, do Pacto de São José da Costa Rica.

Pena – morte, grau máximo; reclusão, de dez anos, grau mínimo.

Coação contra oficial-general ou comandante

Art. 388. Exercer coação contra oficial-general ou comandante da unidade, mesmo que não seja superior, com o fim de impedir-lhe o cumprimento do dever militar:

Pena – reclusão, de cinco a quinze anos, se o fato não constitui crime mais grave.

Violência contra superior ou militar de serviço

Art. 389. Praticar qualquer dos crimes definidos nos artigos 157 e 158, a que esteja cominada, no máximo, reclusão, de trinta anos:

▸ Art. 4º, 2 a 6, do Pacto de São José da Costa Rica.

Pena – morte, grau máximo; reclusão, de vinte anos, grau mínimo.

Parágrafo único. Se ao crime não é cominada, no máximo, reclusão de trinta anos, mas é praticado com arma e em presença do inimigo:

▸ Art. 4º, 2 a 6, do Pacto de São José da Costa Rica.

Pena – morte, grau máximo; reclusão, de quinze anos, grau mínimo.

CAPÍTULO XI
DO ABANDONO DE POSTO

Abandono de posto

Art. 390. Praticar, em presença do inimigo, crime de abandono de posto, definido no artigo 195:

▸ Art. 4º, 2 a 6, do Pacto de São José da Costa Rica.

Pena – morte, grau máximo; reclusão, de vinte anos, grau mínimo.

CAPÍTULO XII
DA DESERÇÃO E DA FALTA DE APRESENTAÇÃO

Deserção

Art. 391. Praticar crime de deserção definido no Capítulo II, do Título III, do Livro I, da Parte Especial:

Pena – a cominada ao mesmo crime, com aumento da metade, se o fato não constitui crime mais grave.

Parágrafo único. Os prazos para a consumação do crime são reduzidos de metade.

▸ Art. 693 do CPPM.

Deserção em presença do inimigo

Art. 392. Desertar em presença do inimigo:

▸ Art. 4º, 2 a 6, do Pacto de São José da Costa Rica.

Pena – morte, grau máximo; reclusão, de vinte anos, grau mínimo.

Falta de apresentação

Art. 393. Deixar o convocado, no caso de mobilização total ou parcial, de apresentar-se, dentro do prazo marcado, no centro de mobilização ou ponto de concentração:

Pena – detenção, de um a seis anos.

Parágrafo único. Se o agente é oficial da reserva, aplica-se a pena com aumento de um terço.

CAPÍTULO XIII
DA LIBERTAÇÃO, DA EVASÃO E DO AMOTINAMENTO DE PRISIONEIROS

Libertação de prisioneiro

Art. 394. Promover ou facilitar a libertação de prisioneiro de guerra sob guarda ou custódia de força nacional ou aliada:

▸ Art. 4º, 2 a 6, do Pacto de São José da Costa Rica.

Pena – morte, grau máximo; reclusão, de quinze anos, grau mínimo.

Evasão de prisioneiro

Art. 395. Evadir-se prisioneiro de guerra e voltar a tomar armas contra o Brasil ou Estado aliado:

▸ Art. 4º, 2 a 6, do Pacto de São José da Costa Rica.

Pena – morte, grau máximo; reclusão, de vinte anos, grau mínimo.

Parágrafo único. Na aplicação deste artigo, serão considerados os tratados e as convenções internacionais, aceitos pelo Brasil relativamente ao tratamento dos prisioneiros de guerra.

Amotinamento de prisioneiros

Art. 396. Amotinarem-se prisioneiros em presença do inimigo:

▸ Art. 4º, 2 a 6, do Pacto de São José da Costa Rica.

Pena – morte, grau máximo; reclusão, de vinte anos, grau mínimo.

CAPÍTULO XIV
DO FAVORECIMENTO CULPOSO AO INIMIGO

Favorecimento culposo

Art. 397. Contribuir culposamente para que alguém pratique crime que favoreça o inimigo:

Pena – reclusão, de dois a quatro anos, se o fato não constitui crime mais grave.

TÍTULO II – DA HOSTILIDADE E DA ORDEM ARBITRÁRIA

Prolongamento de hostilidades

Art. 398. Prolongar o comandante as hostilidades, depois de oficialmente saber celebrada a paz ou ajustado o armistício:

Pena – reclusão, de dois a dez anos.

► Art. 84, XX, da CF.

Ordem arbitrária

Art. 399. Ordenar o comandante contribuição de guerra, sem autorização, ou excedendo os limites desta:

Pena – reclusão, até três anos.

TÍTULO III – DOS CRIMES CONTRA A PESSOA

CAPÍTULO I
DO HOMICÍDIO

Homicídio simples

Art. 400. Praticar homicídio, em presença do inimigo:

I – no caso do artigo 205:

Pena – reclusão, de doze a trinta anos;

II – no caso do § 1º do artigo 205, o juiz pode reduzir a pena de um sexto a um terço;

Homicídio qualificado

III – no caso do § 2º do artigo 205:

► Art. 4º, 2 a 6, do Pacto de São José da Costa Rica.

Pena – morte, grau máximo; reclusão, de vinte anos, grau mínimo.

CAPÍTULO II
DO GENOCÍDIO

Genocídio

Art. 401. Praticar, em zona militarmente ocupada, o crime previsto no artigo 208:

► Art. 4º, 2 a 6, do Pacto de São José da Costa Rica.

Pena – morte, grau máximo; reclusão, de vinte anos, grau mínimo.

Casos assimilados

Art. 402. Praticar, com o mesmo fim e na zona referida no artigo anterior, qualquer dos atos previstos nos nºs I, II, III, IV ou V, do parágrafo único, do artigo 208:

Pena – reclusão, de seis a vinte e quatro anos.

CAPÍTULO III
DA LESÃO CORPORAL

Lesão leve

Art. 403. Praticar, em presença do inimigo, o crime definido no artigo 209:

Pena – detenção, de seis meses a dois anos.

Lesão grave

§ 1º No caso do § 1º do artigo 209:

Pena – reclusão, de quatro a dez anos.

§ 2º No caso do § 2º do artigo 209:

Pena – reclusão, de seis a quinze anos.

Lesões qualificadas pelo resultado

§ 3º No caso do § 3º do artigo 209:

Pena – reclusão, de oito a vinte anos no caso de lesão grave; reclusão, de dez a vinte e quatro anos, no caso de morte.

Minoração facultativa da pena

§ 4º No caso do § 4º do artigo 209, o juiz pode reduzir a pena de um sexto a um terço.

§ 5º No caso do § 5º do artigo 209, o juiz pode diminuir a pena de um terço.

TÍTULO IV – DOS CRIMES CONTRA O PATRIMÔNIO

Furto

Art. 404. Praticar crime de furto definido nos artigos 240 e 241 e seus parágrafos, em zona de operações militares ou em território militarmente ocupado:

Pena – reclusão, no dobro da pena cominada para o tempo de paz.

Roubo ou extorsão

Art. 405. Praticar crime de roubo, ou de extorsão definidos nos artigos 242, 243 e 244, em zona de operações militares ou em território militarmente ocupado:

► Art. 4º, 2 a 6, do Pacto de São José da Costa Rica.

Pena – morte, grau máximo, se cominada pena de reclusão de trinta anos; reclusão pelo dobro da pena para o tempo de paz, nos outros casos.

Saque

Art. 406. Praticar o saque em zona de operações militares ou em território militarmente ocupado:

► Art. 4º, 2 a 6, do Pacto de São José da Costa Rica.

Pena – morte, grau máximo; reclusão, de vinte anos, grau mínimo.

TÍTULO V – DO RAPTO E DA VIOLÊNCIA CARNAL

Rapto

► A Lei nº 11.106, de 28-3-2005, revogou o art. 219 do CP, que previa o crime de rapto.

Art. 407. Raptar mulher honesta, mediante violência ou grave ameaça, para fim libidinoso, em lugar de efetivas operações militares:

Pena – reclusão, de dois a quatro anos.

Resultado mais grave

§ 1º Se da violência resulta lesão grave:

Pena – reclusão, de seis a dez anos.

§ 2º Se resulta morte:

Pena – reclusão, de doze a trinta anos.

Cumulação de pena

§ 3º Se o autor, ao efetuar o rapto, ou em seguida a este, pratica outro crime contra a raptada, aplicam-se, cumulativamente, a pena correspondente ao rapto e a cominada ao outro crime.

Violência carnal

Art. 408. Praticar qualquer dos crimes de violência carnal definidos nos artigos 232 e 233, em lugar de efetivas operações militares:

Pena – reclusão, de quatro a doze anos.

Resultado mais grave

Parágrafo único. Se da violência resulta:

a) lesão grave:

Pena – reclusão, de oito a vinte anos;

b) morte:

► Art. 4º, 2 a 6, do Pacto de São José da Costa Rica.

Pena – morte, grau máximo; reclusão, de quinze anos, grau mínimo.

DISPOSIÇÕES FINAIS

Art. 409. São revogados o Decreto-Lei nº 6.227, de 24 de janeiro de 1944, e demais disposições contrárias a este Código, salvo as leis especiais que definem os crimes contra a segurança nacional e a ordem política e social.

► O Dec.-lei nº 6.227, de 24-1-1944, dispunha sobre o CPM.

Art. 410. Este Código entrará em vigor no dia 1º de janeiro de 1970.

Brasília, 21 de outubro de 1969;
148º da Independência e
81º da República.

Augusto Hamann Rademaker Grunewald
Aurélio de Lyra Tavares
Márcio de Souza e Mello
Luís Antônio da Gama e Silva

CÓDIGO DE PROCESSO PENAL MILITAR

ÍNDICE SISTEMÁTICO DO CÓDIGO DE PROCESSO PENAL MILITAR

(DECRETO-LEI Nº 1.002, DE 21-10-1969)

ÍNDICE ALFABÉTICO-REMISSIVO DO CÓDIGO DE PROCESSO PENAL MILITAR

(DECRETO-LEI Nº 1.002, DE 21-10-1969)

H

I

CÓDIGO DE PROCESSO PENAL MILITAR

DECRETO-LEI Nº 1.002, DE 21 DE OUTUBRO DE 1969

Código de Processo Penal Militar.

▸ Publicado no *DOU* de 21-10-1969 e retificado nos *DOU* de 23-1-1970 e 28-1-1970.

Os Ministros da Marinha de Guerra, do Exército e da Aeronáutica Militar, usando das atribuições que lhes confere o artigo 3º do Ato Institucional nº 16, de 14 de outubro de 1969, combinado com o § 1º do artigo 2º do Ato Institucional nº 5, de 13 de dezembro de 1968, decretam:

CÓDIGO DE PROCESSO PENAL MILITAR

LIVRO I

TÍTULO I

CAPÍTULO ÚNICO

DA LEI DE PROCESSO PENAL MILITAR E DA SUA APLICAÇÃO

Fontes de Direito Judiciário Militar

Art. 1º O processo penal militar reger-se-á pelas normas contidas neste Código, assim em tempo de paz como em tempo de guerra, salvo legislação especial que lhe for estritamente aplicável.

▸ Arts. 1º a 3º do CPP.

Divergência de normas

§ 1º Nos casos concretos, se houver divergência entre essas normas e as de convenção ou tratado de que o Brasil seja signatário, prevalecerão as últimas.

Aplicação subsidiária

§ 2º Aplicam-se, subsidiariamente, as normas deste Código aos processos regulados em leis especiais.

Interpretação literal

Art. 2º A lei de processo penal militar deve ser interpretada no sentido literal de suas expressões. Os termos técnicos hão de ser entendidos em sua acepção especial, salvo se evidentemente empregados com outra significação.

Interpretação extensiva ou restritiva

§ 1º Admitir-se-á a interpretação extensiva ou a interpretação restritiva, quando for manifesto, no primeiro caso, que a expressão da lei é mais estrita e, no segundo, que é mais ampla, do que sua intenção.

Casos de inadmissibilidade de interpretação não literal

§ 2º Não é, porém, admissível qualquer dessas interpretações, quando:

a) cercear a defesa pessoal do acusado;
b) prejudicar ou alterar o curso normal do processo, ou lhe desvirtuar a natureza;
c) desfigurar de plano os fundamentos da acusação que deram origem ao processo.

Suprimento dos casos omissos

Art. 3º Os casos omissos neste Código serão supridos:

a) pela legislação de processo penal comum, quando aplicável ao caso concreto e sem prejuízo da índole do processo penal militar;
b) pela jurisprudência;
c) pelos usos e costumes militares;
d) pelos princípios gerais de Direito;
e) pela analogia.

▸ Art. 140 do CPC/2015.

Aplicação no espaço e no tempo

Art. 4º Sem prejuízo de convenções, tratados e regras de direito internacional, aplicam-se as normas deste Código:

Tempo de paz

I – em tempo de paz:

a) em todo o Território Nacional;
b) fora do Território Nacional ou em lugar de extraterritorialidade brasileira, quando se tratar de crime que atente contra as instituições militares ou a segurança nacional, ainda que seja o agente processado ou tenha sido julgado pela justiça estrangeira;
c) fora do Território Nacional, em zona ou lugar sob administração ou vigilância da força militar brasileira, ou em ligação com esta, de força militar estrangeira no cumprimento de missão de caráter internacional ou extraterritorial;
d) a bordo de navios, ou quaisquer outras embarcações, e de aeronaves, onde quer que se encontrem, ainda que de propriedade privada, desde que estejam sob comando militar ou militarmente utilizados ou ocupados por ordem de autoridade militar competente;
e) a bordo de aeronaves e navios estrangeiros desde que em lugar sujeito à administração militar, e a infração atente contra as instituições militares ou a segurança nacional.

Tempo de guerra

II – em tempo de guerra:

▸ Art. 355 e segs. do CPM.

a) aos mesmos casos previstos para o tempo de paz;
b) em zona, espaço ou lugar onde se realizem operações de força militar brasileira, ou estrangeira que lhe seja aliada, ou cuja defesa, proteção ou vigilância interesse à segurança nacional, ou ao bom êxito daquelas operações;
c) em território estrangeiro militarmente ocupado.

Aplicação intertemporal

Art. 5º As normas deste Código aplicar-se-ão a partir da sua vigência, inclusive nos processos pendentes, ressalvados os casos previstos no artigo 711, e sem prejuízo da validade dos atos realizados sob a vigência da lei anterior.

Aplicação à Justiça Militar Estadual

Art. 6º Obedecerão às normas processuais previstas neste Código, no que forem aplicáveis, salvo quanto à organização de Justiça, aos recursos e à execução de sentença, os processos da Justiça Militar Estadual, nos crimes previstos na Lei Penal Militar a que responderem os oficiais e praças das Polícias e dos Corpos de Bombeiros, Militares.

TÍTULO II

CAPÍTULO ÚNICO

DA POLÍCIA JUDICIÁRIA MILITAR

Exercício da polícia judiciária militar

Art. 7º A polícia judiciária militar é exercida nos termos do artigo 8º, pelas seguintes autoridades, conforme as respectivas jurisdições:

▸ Art. 144, § 1º, IV, da CF.
▸ Art. 4º do CPP.

a) pelos ministros da Marinha, do Exército e da Aeronáutica, em todo o Território Nacional e fora dele, em relação às forças e órgãos que constituem seus Ministérios, bem como a militares que, neste caráter, desempenhem missão oficial, permanente ou transitória, em país estrangeiro;
b) pelo chefe do Estado-Maior das Forças Armadas, em relação a entidades que, por disposição legal, estejam sob sua jurisdição;
c) pelos chefes de Estado-Maior e pelo secretário-geral da Marinha, nos órgãos, forças e unidades que lhes são subordinados;
d) pelos comandantes de Exército e pelo comandante-chefe da Esquadra, nos órgãos, forças e unidades compreendidos no âmbito da respectiva ação de comando;
e) pelos comandantes de Região Militar, Distrito Naval ou Zona Aérea, nos órgãos e unidades dos respectivos territórios;
f) pelo secretário do Ministério do Exército e pelo chefe de Gabinete do Ministério da Aeronáutica, nos órgãos e serviços que lhes são subordinados;
g) pelos diretores e chefes de órgãos, repartições, estabelecimentos ou serviços previstos nas leis de organização básica da Marinha, do Exército e da Aeronáutica;
h) pelos comandantes de forças, unidades ou navios.

Delegação do exercício

§ 1º Obedecidas as normas regulamentares de jurisdição, hierarquia e comando, as atribuições enumeradas neste artigo poderão ser delegadas a oficiais da ativa, para fins especificados e por tempo limitado.

§ 2º Em se tratando de delegação para instauração de inquérito policial militar, deverá aquela recair em oficial de posto superior ao do indiciado, seja este oficial da ativa, da reserva, remunerada ou não, ou reformado.

§ 3º Não sendo possível a designação de oficial de posto superior ao do indiciado, poderá ser feita a de oficial do mesmo posto, desde que mais antigo.

§ 4º Se o indiciado é oficial da reserva ou reformado, não prevalece, para a delegação, a antiguidade de posto.

Designação de delegado e avocamento de inquérito pelo ministro

§ 5º Se o posto e a antiguidade de oficial da ativa excluírem, de modo absoluto, a existência de outro oficial da ativa, nas condições do § 3º, caberá ao ministro competente a designação de oficial da reserva de posto mais elevado para a instauração do inquérito policial militar; e, se este estiver iniciado, avocá-lo, para tomar essa providência.

Competência da polícia judiciária militar

Art. 8º Compete à polícia judiciária militar:

a) apurar os crimes militares, bem como os que, por lei especial, estão sujeitos à jurisdição militar, e sua autoria;

b) prestar aos órgãos e juízes da Justiça Militar e aos membros do Ministério Público as informações necessárias à instrução e julgamento dos processos, bem como realizar as diligências que por eles lhe forem requisitadas;

c) cumprir os mandados de prisão expedidos pela Justiça Militar;

d) representar a autoridades judiciárias militares acerca da prisão preventiva e da insanidade mental do indiciado;

e) cumprir as determinações da Justiça Militar relativas aos presos sob sua guarda e responsabilidade, bem como as demais prescrições deste Código, nesse sentido;

f) solicitar das autoridades civis as informações e medidas que julgar úteis à elucidação das infrações penais, que esteja a seu cargo;

g) requisitar da polícia civil e das repartições técnicas civis as pesquisas e exames necessários ao complemento e subsídio de inquérito policial militar;

h) atender, com observância dos regulamentos militares, a pedido de apresentação de militar ou funcionário de repartição militar à autoridade civil competente, desde que legal e fundamentado o pedido.

TÍTULO III

CAPÍTULO ÚNICO

DO INQUÉRITO POLICIAL MILITAR

Finalidade do inquérito

Art. 9º O inquérito policial militar é a apuração sumária de fato, que, nos termos legais, configure crime militar, e de sua autoria. Tem o caráter de instrução provisória, cuja finalidade precípua é a de ministrar elementos necessários à propositura da ação penal.

▸ Arts. 29 e 30 deste Código.

Parágrafo único. São, porém, efetivamente instrutórios da ação penal os exames, perícias e avaliações realizados regularmente no curso do inquérito, por peritos idôneos e com obediência às formalidades previstas neste Código.

Modos por que pode ser iniciado

Art. 10. O inquérito é iniciado mediante portaria:

▸ Art. 5º do CPP.

▸ Súm. nº 397 do STF.

a) de ofício, pela autoridade militar em cujo âmbito de jurisdição ou comando haja ocorrido a infração penal, atendida a hierarquia do infrator;

b) por determinação ou delegação da autoridade militar superior, que, em caso de urgência, poderá ser feita por via telegráfica ou radiotelefônica e confirmada, posteriormente, por ofício;

c) em virtude de requisição do Ministério Público;

d) por decisão do Superior Tribunal Militar, nos termos do artigo 25;

e) a requerimento da parte ofendida ou de quem legalmente a represente, ou em virtude de representação devidamente autorizada de quem tenha conhecimento de infração penal, cuja repressão caiba à Justiça Militar;

f) quando, de sindicância feita em âmbito de jurisdição militar, resulte indício da existência de infração penal militar.

Superioridade ou igualdade de posto do infrator

§ 1º Tendo o infrator posto superior ou igual ao do comandante, diretor ou chefe de órgão ou serviço, em cujo âmbito de jurisdição militar haja ocorrido a infração penal, será feita a comunicação do fato à autoridade superior competente, para que esta torne efetiva a delegação, nos termos do § 2º do artigo 7º.

Providências antes do inquérito

§ 2º O aguardamento da delegação não obsta que o oficial responsável por comando, direção ou chefia, ou aquele que o substitua ou esteja de dia, de serviço ou de quarto, tome ou determine que sejam tomadas imediatamente as providências cabíveis, previstas no artigo 12, uma vez que tenha conhecimento de infração penal que lhe incumba reprimir ou evitar.

Infração de natureza não militar

§ 3º Se a infração penal não for, evidentemente, de natureza militar, comunicará o fato à autoridade policial competente, a quem fará apresentar o infrator. Em se tratando de civil, menor de dezoito anos, a apresentação será feita ao Juiz de Menores.

Oficial-general como infrator

§ 4º Se o infrator for oficial-general, será sempre comunicado o fato ao ministro e ao chefe de Estado-Maior competente, obedecidos os trâmites regulamentares.

Indícios contra oficial de posto superior ou mais antigo no curso do inquérito

§ 5º Se, no curso do inquérito, o seu encarregado verificar a existência de indícios contra oficial de posto superior ao seu, ou mais antigo, tomará as providências necessárias para que as suas funções sejam delegadas a outro oficial, nos termos do § 2º do artigo 7º.

Escrivão do inquérito

Art. 11. A designação de escrivão para o inquérito caberá ao respectivo encarregado, se não tiver sido feita pela autoridade que lhe deu delegação para aquele fim, recaindo em segundo ou primeiro-tenente, se o indiciado for oficial, e em sargento, subtenente ou suboficial, nos demais casos.

Compromisso legal

Parágrafo único. O escrivão prestará compromisso de manter o sigilo do inquérito e de cumprir fielmente as determinações deste Código, no exercício da função.

Medidas preliminares ao inquérito

Art. 12. Logo que tiver conhecimento da prática de infração penal militar, verificável na ocasião, a autoridade a que se refere o § 2º do artigo 10 deverá, se possível:

▸ Art. 6º do CPP.

▸ Art. 69 da Lei nº 9.099, de 26-9-1995 (Lei dos Juizados Especiais).

a) dirigir-se ao local, providenciando para que se não alterem o estado e a situação das coisas, enquanto necessário;

b) apreender os instrumentos e todos os objetos que tenham relação com o fato;

c) efetuar a prisão do infrator, observado o disposto no artigo 244;

d) colher todas as provas que sirvam para o esclarecimento do fato e suas circunstâncias.

Formação do inquérito

Art. 13. O encarregado do inquérito deverá, para a formação deste:

Atribuição do seu encarregado

a) tomar as medidas previstas no artigo 12, se ainda não o tiverem sido;

b) ouvir o ofendido;

c) ouvir o indiciado;

d) ouvir testemunhas;

e) proceder a reconhecimento de pessoas e coisas, e acareações;

f) determinar, se for o caso, que se proceda a exame de corpo de delito e a quaisquer outros exames e perícias;

g) determinar a avaliação e identificação da coisa subtraída, desviada, destruída ou danificada, ou da qual houve indébita apropriação;

▸ Art. 342 deste Código.

h) proceder a buscas e apreensões, nos termos dos artigos 172 a 184 e 185 a 189;

i) tomar as medidas necessárias destinadas à proteção de testemunhas, peritos ou do ofendido, quando coactos ou ameaçados de coação que lhes tolha a liberdade de depor, ou a independência para a realização de perícias ou exames.

Reconstituição dos fatos

Parágrafo único. Para verificar a possibilidade de haver sido a infração praticada de determinado modo, o encarregado do inquérito poderá proceder à reprodução simulada dos fatos, desde que esta não contrarie a moralidade ou a ordem pública, nem atente contra a hierarquia ou a disciplina militar.

▸ Art. 5º, LXIII, da CF.

▸ Art. 7º do CPP.

Assistência de procurador

Art. 14. Em se tratando da apuração de fato delituoso de excepcional importância ou de difícil elucidação, o encarregado do inquérito poderá solicitar do procurador-geral a indicação de procurador que lhe dê assistência.

Encarregado de inquérito. Requisitos

Art. 15. Será encarregado do inquérito, sempre que possível, oficial de posto não inferior ao de capitão ou capitão-tenente; e, em se tratando de infração penal contra a segurança nacional, sê-lo-á, sempre que possível, oficial superior, atendida, em cada caso, a sua hierarquia, se oficial o indiciado.

Sigilo do inquérito

Art. 16. O inquérito é sigiloso, mas seu encarregado pode permitir que dele tome conhecimento o advogado do indiciado.

▸ Art. 5º, XXXIII, da CF.

▸ Arts. 20 e 745 do CPP.

▸ Art. 7º, XIII a XV, e § 1º, da Lei nº 8.906, de 4-7-1994 (Estatuto da Advocacia e da OAB).

▸ Art. 32 da Lei nº 13.869, de 5-9-2019 (Lei do Abuso de Autoridade).

▸ Súm. Vinc. nº 14 do STF.

Art. 16-A. Nos casos em que servidores das polícias militares e dos corpos de bombeiros militares figurarem como investigados em inquéritos policiais militares e demais procedimentos extrajudiciais, cujo objeto for a investigação de fatos relacionados ao uso da força letal praticados no exercício profissional, de forma consumada ou tentada, incluindo as situações dispostas nos arts. 42 a 47 do Decreto-Lei nº 1.001, de 21 de outubro de 1969 (Código Penal Militar), o indiciado poderá constituir defensor.

§ 1º Para os casos previstos no *caput* deste artigo, o investigado deverá ser citado da instauração do procedimento investigatório, podendo constituir defensor no prazo de até 48 (quarenta e oito) horas a contar do recebimento da citação.

§ 2º Esgotado o prazo disposto no § 1º com ausência de nomeação de defensor pelo investigado, a autoridade responsável pela investigação deverá intimar a instituição a que estava vinculado o investigado à época da ocorrência dos fatos, para que esta, no prazo de 48 (quarenta e oito) horas, indique defensor para a representação do investigado.

§ 3º Havendo necessidade de indicação de defensor nos termos do § 2º deste artigo, a defesa caberá preferencialmente à Defensoria Pública e, nos locais em que ela não estiver instalada, a União ou a Unidade da Federação correspondente à respectiva competência territorial do procedimento instaurado deverá disponibilizar profissional para acompanhamento e realização de todos os atos relacionados à defesa administrativa do investigado.

§ 4º A indicação do profissional a que se refere o § 3º deste artigo deverá ser precedida de manifestação de que não existe defensor público lotado na área territorial onde tramita o inquérito e com atribuição para nele atuar, hipótese em que poderá ser indicado profissional que não integre os quadros próprios da Administração.

§ 5º Na hipótese de não atuação da Defensoria Pública, os custos com o patrocínio dos interesses do investigado nos procedimentos de que trata esse artigo correrão por conta do orçamento próprio da instituição a que este esteja vinculado à época da ocorrência dos fatos investigados.

- §§ 3º a 5º acrescidos pela Lei nº 13.964, de 24-12-2019, promulgados nos termos do art. 66, § 5º, da CF (*DOU* de 30-4-2021).

§ 6º As disposições constantes deste artigo aplicam-se aos servidores militares vinculados às instituições dispostas no art. 142 da Constituição Federal, desde que os fatos investigados digam respeito a missões para a Garantia da Lei e da Ordem.

- Art. 16-A acrescido pela Lei nº 13.964, de 24-12-2019.

Incomunicabilidade do indiciado. Prazo

Art. 17. O encarregado do inquérito poderá manter incomunicável o indiciado, que estiver legalmente preso, por três dias no máximo.

- Arts. 5º, LXII, e 136, § 3º, IV, da CF.
- Art. 21 do CPP.
- Lei nº 13.869, de 5-9-2019 (Lei do Abuso de Autoridade).

Detenção de indiciado

Art. 18. Independentemente de flagrante delito, o indiciado poderá ficar detido, durante as investigações policiais, até trinta dias, comunicando-se a detenção à autoridade judiciária competente. Esse prazo poderá ser prorrogado, por mais vinte dias, pelo comandante da Região, Distrito Naval ou Zona Aérea, mediante solicitação fundamentada do encarregado do inquérito e por via hierárquica.

Prisão preventiva e menagem. Solicitação

Parágrafo único. Se entender necessário, o encarregado do inquérito solicitará, dentro do mesmo prazo ou sua prorrogação, justificando-a, a decretação da prisão preventiva ou de menagem, do indiciado.

Inquirição durante o dia

Art. 19. As testemunhas e o indiciado, exceto caso de urgência inadiável, que constará da respectiva assentada, devem ser ouvidas durante o dia, em período que medeie entre as sete e as dezoito horas.

Inquirição. Assentada de início, interrupção e encerramento

§ 1º O escrivão lavrará assentada do dia e hora do início das inquirições ou depoimentos; e, da mesma forma, do seu encerramento ou interrupções, no final daquele período.

Inquirição. Limite de tempo

§ 2º A testemunha não será inquirida por mais de quatro horas consecutivas, sendo-lhe facultado o descanso de meia hora, sempre que tiver de prestar declarações além daquele termo. O depoimento que não ficar concluído às dezoito horas será encerrado, para prosseguir no dia seguinte, em hora determinada pelo encarregado do inquérito.

§ 3º Não sendo útil o dia seguinte, a inquirição poderá ser adiada para o primeiro dia que o for, salvo caso de urgência.

Prazos para terminação do inquérito

Art. 20. O inquérito deverá terminar dentro em vinte dias, se o indiciado estiver preso, contado esse prazo a partir do dia em que se executar a ordem de prisão; ou no prazo de quarenta dias, quando o indiciado estiver solto, contados a partir da data em que se instaurar o inquérito.

- Art. 10 do CPP.
- Art. 66 da Lei nº 5.010, de 30-5-1966 (Lei de Organização da Justiça Federal).

Prorrogação de prazo

§ 1º Este último prazo poderá ser prorrogado por mais vinte dias pela autoridade militar superior, desde que não estejam concluídos exames ou perícias já iniciados, ou haja necessidade de diligência, indispensáveis à elucidação do fato. O pedido de prorrogação deve ser feito em tempo oportuno, de modo a ser atendido antes da terminação do prazo.

Diligências não concluídas até o inquérito

§ 2º Não haverá mais prorrogação, além da prevista no § 1º, salvo dificuldade insuperável, a juízo do ministro de Estado competente. Os laudos de perícias ou exames não concluídos nessa prorrogação, bem como os documentos colhidos depois dela, serão posteriormente remetidos ao juiz, para a juntada ao processo. Ainda, no seu relatório, poderá o encarregado do inquérito indicar, mencionando, se possível, o lugar onde se encontram as testemunhas que deixaram de ser ouvidas, por qualquer impedimento.

- Art. 22 deste Código.

Dedução em favor dos prazos

§ 3º São deduzidas dos prazos referidos neste artigo as interrupções pelo motivo previsto no § 5º do artigo 10.

Reunião e ordem das peças de inquérito

Art. 21. Todas as peças do inquérito serão, por ordem cronológica, reunidas num só processado e datilografadas, em espaço dois, com as folhas numeradas e rubricadas, pelo escrivão.

- Art. 9º do CPP.

Juntada de documento

Parágrafo único. De cada documento junto, a que precederá despacho do encarregado do inquérito, o escrivão lavrará o respectivo termo, mencionando a data.

Relatório

Art. 22. O inquérito será encerrado com minucioso relatório, em que o seu encarregado mencionará as diligências feitas, as pessoas ouvidas e os resultados obtidos, com indicação do dia, hora e lugar onde ocorreu o fato delituoso. Em conclusão, dirá se há infração disciplinar a punir ou indício de crime, pronunciando-se, neste último caso, justificadamente, sobre a conveniência da prisão preventiva do indiciado, nos termos legais.

- Arts. 254 e 255 deste Código.

Solução

§ 1º No caso de ter sido delegada a atribuição para a abertura do inquérito, o seu encarregado enviá-lo-á à autoridade de que recebeu a delegação, para que lhe homologue ou não a solução, aplique penalidades, no caso de ter sido apurada infração disciplinar, ou determine novas diligências, se as julgar necessárias.

Advocação

§ 2º Discordando da solução dada ao inquérito, a autoridade que o delegou poderá avocá-lo e dar solução diferente.

Remessa do inquérito à Auditoria da Circunscrição

Art. 23. Os autos do inquérito serão remetidos ao auditor da Circunscrição Judiciária Militar onde ocorreu a infração penal, acompanhados dos instrumentos desta, bem como dos objetos que interessem à sua prova.

Remessa a Auditorias Especializadas

§ 1º Na Circunscrição onde houver Auditorias Especializadas da Marinha, do Exército e da Aeronáutica, atender-se-á, para a remessa, à especialização de cada uma. Onde houver mais de uma na mesma sede, especializada ou não, a remessa será feita à primeira Auditoria, para a respectiva distribuição. Os incidentes ocorridos no curso do inquérito serão resolvidos pelo juiz a que couber tomar conhecimento do inquérito, por distribuição.

§ 2º Os autos de inquérito instaurado fora do Território Nacional serão remetidos à 1ª Auditoria da Circunscrição com sede na Capital da União, atendida, contudo, a especialização referida no § 1º.

Arquivamento de inquérito. Proibição

Art. 24. A autoridade militar não poderá mandar arquivar autos de inquérito, embora conclusivo da inexistência de crime ou de inimputabilidade do indiciado.

- Art. 17 do CPP.

Instauração de novo inquérito

Art. 25. O arquivamento de inquérito não obsta a instauração de outro, se novas provas aparecerem em relação ao fato, ao indiciado ou a terceira pessoa, ressalvados o caso julgado e os casos de extinção da punibilidade.

▸ Arts. 18, 67, I, e 414, parágrafo único, do CPP.
▸ Art. 7º da Lei nº 1.521, de 26-12-1951 (Lei dos Crimes Contra a Economia Popular).
▸ Súm. nº 524 do STF.

§ 1º Verificando a hipótese contida neste artigo, o juiz remeterá os autos ao Ministério Público, para os fins do disposto no artigo 10, letra c.

§ 2º O Ministério Público poderá requerer o arquivamento dos autos, se entender inadequada a instauração do inquérito.

Devolução de autos de inquérito

Art. 26. Os autos de inquérito não poderão ser devolvidos a autoridade policial militar, a não ser:

▸ Art. 129, VIII, da CF.
▸ Art. 16 do CPP.

I – mediante requisição do Ministério Público, para diligências por ele consideradas imprescindíveis ao oferecimento da denúncia;

II – por determinação do juiz, antes da denúncia, para o preenchimento de formalidades previstas neste Código, ou para complemento de prova que julgue necessária.

Parágrafo único. Em qualquer dos casos, o juiz marcará prazo, não excedente de vinte dias, para a restituição dos autos.

Suficiência do auto de flagrante delito

Art. 27. Se, por si só, for suficiente para a elucidação do fato e sua autoria, o auto de flagrante delito constituirá o inquérito, dispensando outras diligências, salvo o exame de corpo de delito no crime que deixe vestígios, a identificação da coisa e a sua avaliação, quando o seu valor influir na aplicação da pena. A remessa dos autos, com breve relatório da autoridade policial militar, far-se-á sem demora ao juiz competente, nos termos do artigo 20.

Dispensa de inquérito

Art. 28. O inquérito poderá ser dispensado, sem prejuízo de diligência requisitada pelo Ministério Público:

▸ Art. 12 do CPP.

a) quando o fato e sua autoria já estiverem esclarecidos por documentos ou outras provas materiais;

b) nos crimes contra a honra, quando decorrerem de escrito ou publicação, cujo autor esteja identificado;

c) nos crimes previstos nos artigos 341 e 349 do Código Penal Militar.

TÍTULO IV

CAPÍTULO ÚNICO – DA AÇÃO PENAL MILITAR E DO SEU EXERCÍCIO

Promoção da ação penal

Art. 29. A ação penal é pública e somente pode ser promovida por denúncia do Ministério Público Militar.

▸ Arts. 5º, LIX, e 129, I, da CF.
▸ Art. 24 do CPP.
▸ Arts. 121 e 122 do CPM.

Obrigatoriedade

Art. 30. A denúncia deve ser apresentada sempre que houver:

a) prova de fato que, em tese, constitua crime;

b) indícios de autoria.

Dependência de requisição do Governo

Art. 31. Nos crimes previstos nos artigos 136 a 141 do Código Penal Militar, a ação penal, quando o agente for militar ou assemelhado, depende de requisição, que será feita ao procurador-geral da Justiça Militar, pelo Ministério a que o agente estiver subordinado; no caso do artigo 141 do mesmo Código, quando o agente for civil e não houver coautor militar, a requisição será do Ministério da Justiça.

Comunicação ao Procurador-Geral da República

Parágrafo único. Sem prejuízo dessa disposição, o procurador-geral da Justiça Militar dará conhecimento ao Procurador-Geral da República de fato apurado em inquérito que tenha relação com qualquer dos crimes referidos neste artigo.

Proibição de existência da denúncia

▸ Onde se lê "existência" entendemos ser "desistência".

Art. 32. Apresentada a denúncia, o Ministério Público não poderá desistir da ação penal.

▸ Art. 42 do CPP.

Exercício do direito de representação

Art. 33. Qualquer pessoa, no exercício do direito de representação, poderá provocar a iniciativa do Ministério Público, dando-lhe informações sobre fato que constitua crime militar e sua autoria, e indicando-lhe os elementos de convicção.

▸ Art. 27 do CPP.

Informações

§ 1º As informações, se escritas, deverão estar devidamente autenticadas; se verbais, serão tomadas por termo perante o juiz, a pedido do órgão do Ministério Público, e na presença deste.

Requisição de diligências

§ 2º Se o Ministério Público as considerar procedentes, dirigir-se-á à autoridade policial militar para que esta proceda às diligências necessárias ao esclarecimento do fato, instaurando inquérito, se houver motivo para esse fim.

TÍTULO V – DO PROCESSO PENAL MILITAR EM GERAL

CAPÍTULO ÚNICO – DO PROCESSO

Direito de ação e defesa. Poder de jurisdição

Art. 34. O direito de ação é exercido pelo Ministério Público, como representante da lei e fiscal da sua execução, e o de defesa pelo acusado, cabendo ao juiz exercer o poder de jurisdição, em nome do Estado.

Relação processual. Início e extinção

Art. 35. O processo inicia-se com o recebimento da denúncia pelo juiz, efetiva-se com a citação do acusado e extingue-se no momento em que a sentença definitiva se torna irrecorrível, quer resolva o mérito, quer não.

Casos de suspensão

Parágrafo único. O processo suspende-se ou extingue-se nos casos previstos neste Código.

TÍTULO VI – DO JUIZ, AUXILIARES E PARTES DO PROCESSO

CAPÍTULO I – DO JUIZ E SEUS AUXILIARES

Seção I – DO JUIZ

Função do juiz

Art. 36. O juiz proverá a regularidade do processo e a execução da lei, e manterá a ordem no curso dos respectivos atos, podendo, para tal fim, requisitar a força militar.

▸ Arts. 251, 497, 794 e 795 do CPP.
▸ Art. 139 do CPC/2015.
▸ Arts. 60 e 80 da Lei nº 9.099, de 26-9-1995 (Lei dos Juizados Especiais).
▸ Art. 8º, 1, do Pacto de São José da Costa Rica.

§ 1º Sempre que este Código se refere a juiz abrange, nesta denominação, quaisquer autoridades judiciárias, singulares ou colegiadas, no exercício das respectivas competências atributivas ou processuais.

Independência da função

§ 2º No exercício das suas atribuições, o juiz não deverá obediência senão, nos termos legais, à autoridade judiciária que lhe é superior.

Impedimento para exercer a jurisdição

Art. 37. O juiz não poderá exercer jurisdição no processo em que:

▸ Art. 500, I, deste Código.
▸ Arts. 112, 252, 267 e 564, I, do CPP.
▸ Art. 144 do CPC/2015.

a) como advogado ou defensor, órgão do Ministério Público, autoridade policial, auxiliar de justiça ou perito, tiver funcionado seu cônjuge, ou parente consanguíneo ou afim até o terceiro grau inclusive;

b) ele próprio houver desempenhado qualquer dessas funções ou servido como testemunha;

c) tiver funcionado como juiz de outra instância, pronunciando-se, de fato ou de direito, sobre a questão;

▸ Súm. nº 206 do STF.

d) ele próprio ou seu cônjuge, ou parente consanguíneo ou afim, até o terceiro grau inclusive, for parte ou diretamente interessado.

Inexistência de atos

Parágrafo único. Serão considerados inexistentes os atos praticados por juiz impedido, nos termos deste artigo.

Casos de suspeição do juiz

Art. 38. O juiz dar-se-á por suspeito e, se o não fizer, poderá ser recusado por qualquer das partes:

▸ Art. 500, I, deste Código.
▸ Arts. 97, 254, 564, I, do CP.
▸ Art. 145 do CPC/2015.

a) se for amigo íntimo ou inimigo de qualquer delas;

b) se ele, seu cônjuge, ascendente ou descendente, de um ou de outro, estiver respondendo a processo por fato análogo, sobre cujo caráter criminoso haja controvérsia;

c) se ele, seu cônjuge, ou parente, consanguíneo ou afim até o segundo grau inclusive, sustentar demanda ou responder a processo que tenha de ser julgado por qualquer das partes;

d) se ele, seu cônjuge, ou parente, a que alude a alínea anterior, sustentar demanda contra qualquer das partes ou tiver sido procurador de qualquer delas;
e) se tiver dado parte oficial do crime;
f) se tiver aconselhado qualquer das partes;
g) se ele ou seu cônjuge for herdeiro presuntivo, donatário ou usufrutuário de bens ou empregador de qualquer das partes;
h) se for presidente, diretor ou administrador de sociedade interessada no processo;
i) se for credor ou devedor, tutor ou curador, de qualquer das partes.

Suspeição entre adotante e adotado

Art. 39. A suspeição entre adotante e adotado será considerada nos mesmos termos da resultante entre ascendente e descendente, mas não se estenderá aos respectivos parentes e cessará no caso de se dissolver o vínculo da adoção.

Suspeição por afinidade

Art. 40. A suspeição ou impedimento decorrente de parentesco por afinidade cessará pela dissolução do casamento que lhe deu causa, salvo sobrevindo descendentes. Mas, ainda que dissolvido o casamento, sem descendentes, não funcionará como juiz o parente afim em primeiro grau na linha ascendente ou descendente ou em segundo grau na linha colateral, de quem for parte do processo.

▸ Art. 255 do CPP.

Suspeição provocada

Art. 41. A suspeição não poderá ser declarada nem reconhecida, quando a parte injuriar o juiz, ou de propósito der motivo para criá-la.

▸ Art. 256 do CPP.

Seção II
DOS AUXILIARES DO JUIZ

Funcionários e serventuários da Justiça

Art. 42. Os funcionários ou serventuários da Justiça Militar são, nos processos em que funcionam, auxiliares do juiz, a cujas determinações devem obedecer.

▸ Art. 274 do CPP.
▸ Art. 149 do CPC/2015.

Escrivão

Art. 43. O escrivão providenciará para que estejam em ordem e em dia as peças e termos dos processos.

Oficial de Justiça

Art. 44. O Oficial de Justiça realizará as diligências que lhe atribuir a lei de organização judiciária militar e as que lhe forem ordenadas por despacho do juiz, certificando o ocorrido, no respectivo instrumento, com designação de lugar, dia e hora.

▸ Art. 154 do CPC/2015.

Diligências

§ 1º As diligências serão feitas durante o dia, em período que medeie entre as seis e as dezoito horas e, sempre que possível, na presença de duas testemunhas.

Mandados

§ 2º Os mandados serão entregues em cartório, logo depois de cumpridos, salvo motivo de força maior.

Convocação de substituto. Nomeação *ad hoc*

Art. 45. Nos impedimentos do funcionário ou serventuário de justiça, o juiz convocará o substituto; e, na falta deste, nomeará um *ad hoc*, que prestará compromisso de bem desempenhar a função, tendo em atenção as ordens do juiz e as determinações de ordem legal.

Suspeição de funcionário ou serventuário

Art. 46. O funcionário ou serventuário de justiça fica sujeito, no que for aplicável, às mesmas normas referentes a impedimento ou suspeição do juiz, inclusive o disposto no artigo 41.

▸ Art. 148 do CPC/2015.

Seção III
DOS PERITOS E INTÉRPRETES

Nomeação de peritos

Art. 47. Os peritos e intérpretes serão de nomeação do juiz, sem intervenção das partes.

▸ Arts. 177 e 276 do CPP.
▸ Arts. 156 e 162 do CPC/2015.
▸ Art. 8º, 2, *a*, do Pacto de São José da Costa Rica.
▸ Súm. nº 361 do STF.

Preferência

Art. 48. Os peritos ou intérpretes serão nomeados de preferência dentre oficiais da ativa, atendida a especialidade.

Compromisso legal

Parágrafo único. O perito ou intérprete prestará compromisso de desempenhar a função com obediência à disciplina judiciária e de responder fielmente aos quesitos propostos pelo juiz e pelas partes.

Encargo obrigatório

Art. 49. O encargo de perito ou intérprete não pode ser recusado, salvo motivo relevante que o nomeado justificará, para apreciação do juiz.

▸ Art. 277 do CPP.

Penalidade em caso de recusa

Art. 50. No caso de recusa irrelevante, o juiz poderá aplicar multa correspondente até três dias de vencimentos, se o nomeado os tiver fixos por exercício de função; ou, se isto não acontecer, arbitrá-lo em quantia que irá de um décimo à metade do maior salário mínimo do País.

▸ Art. 277 do CPP.

Casos extensivos

Parágrafo único. Incorrerá na mesma pena o perito ou o intérprete que, sem justa causa:
a) deixar de acudir ao chamado da autoridade;
b) não comparecer no dia e local designados para o exame;
c) não apresentar o laudo, ou concorrer para que a perícia não seja feita, nos prazos estabelecidos.

Não comparecimento do perito

Art. 51. No caso de não comparecimento do perito, sem justa causa, o juiz poderá determinar sua apresentação, oficiando, para esse fim, à autoridade militar ou civil competente, quando se tratar de oficial ou de funcionário público.

▸ Art. 278 do CPP.

Impedimentos dos peritos

Art. 52. Não poderão ser peritos ou intérpretes:

▸ Art. 279 do CPP.

a) os que estiverem sujeitos a interdição que os inabilite para o exercício de função pública;
b) os que tiverem prestado depoimento no processo ou opinado anteriormente sobre o objeto da perícia;
c) os que não tiverem habilitação ou idoneidade para o seu desempenho;
d) os menores de vinte e um anos.

Suspeição de peritos e intérpretes

Art. 53. É extensivo aos peritos e intérpretes, no que lhes for aplicável, o disposto sobre suspeição de juízes.

▸ Art. 280 do CPP.

CAPÍTULO II
DAS PARTES

Seção I
DO ACUSADOR

Ministério Público

Art. 54. O Ministério Público é o órgão de acusação no processo penal militar, cabendo ao procurador-geral exercê-la nas ações de competência originária no Superior Tribunal Militar e aos procuradores nas ações perante os órgãos judiciários de primeira instância.

▸ Arts. 127 a 130 da CF.
▸ Arts. 257 e 258 do CPP.
▸ Art. 177 e segs. do CPC/2015.
▸ Lei nº 8.625, de 12-2-1993 (Lei Orgânica Nacional do Ministério Público).
▸ Arts. 76 e 89 da Lei nº 9.099, de 26-9-1995 (Lei dos Juizados Especiais).

Pedido de absolvição

Parágrafo único. A função de órgão de acusação não impede o Ministério Público de opinar pela absolvição do acusado, quando entender que, para aquele efeito, existem fundadas razões de fato ou de direito.

Fiscalização e função especial do Ministério Público

Art. 55. Cabe ao Ministério Público fiscalizar o cumprimento da lei penal militar, tendo em atenção especial o resguardo das normas de hierarquia e disciplina, como bases da organização das Forças Armadas.

Independência do Ministério Público

Art. 56. O Ministério Público desempenhará as suas funções de natureza processual sem dependência a quaisquer determinações que não emanem de decisão ou despacho da autoridade judiciária competente, no uso de atribuição prevista neste Código e regularmente exercida, havendo no exercício das funções recíproca independência entre os órgãos do Ministério Público e os da ordem judiciária.

Subordinação direta ao Procurador-Geral

Parágrafo único. Os procuradores são diretamente subordinados ao Procurador-Geral.

Impedimentos

Art. 57. Não pode funcionar no processo o membro do Ministério Público:

▸ Súm. nº 234 do STJ.

a) se nele já houver intervindo seu cônjuge ou parente consanguíneo ou afim, até o terceiro grau inclusive, como juiz, defensor do acusado, autoridade policial ou auxiliar de justiça;
b) se ele próprio houver desempenhado qualquer dessas funções;

c) se ele próprio ou seu cônjuge ou parente consanguíneo ou afim, até o terceiro grau inclusive, for parte ou diretamente interessado no feito.

Suspeição

Art. 58. Ocorrerá a suspeição do membro do Ministério Público:

▶ Súm. nº 234 do STJ.

a) se for amigo íntimo ou inimigo do acusado ou ofendido;
b) se ele próprio, seu cônjuge ou parente consanguíneo ou afim, até o terceiro grau inclusive, sustentar demanda ou responder a processo que tenha de ser julgado pelo acusado ou pelo ofendido;
c) se houver aconselhado o acusado;
d) se for tutor ou curador, credor ou devedor do acusado;
e) se for herdeiro presuntivo, ou donatário ou usufrutuário de bens, do acusado ou seu empregador;
f) se for presidente, diretor ou administrador de sociedade ligada de qualquer modo ao acusado.

Aplicação extensiva de disposição

Art. 59. Aplica-se aos membros do Ministério Público o disposto nos artigos 39, 40 e 41.

Seção II

DO ASSISTENTE

Habilitação do ofendido como assistente

Art. 60. O ofendido, seu representante legal e seu sucessor podem habilitar-se a intervir no processo como assistentes do Ministério Público.

▶ Arts. 268 e 598 do CPP.

▶ Art. 26, parágrafo único, da Lei nº 7.492, de 16-6-1986 (Lei dos Crimes Contra o Sistema Financeiro Nacional).

▶ Súmulas nºs 208, 210 e 448 do STF.

Representante e sucessor do ofendido

Parágrafo único. Para os efeitos deste artigo, considera-se representante legal o ascendente ou descendente, tutor ou curador do ofendido, se menor de dezoito anos ou incapaz; e sucessor, o seu ascendente, descendente ou irmão, podendo qualquer deles, com exclusão dos demais, exercer o encargo, ou constituir advogado para esse fim, em atenção à ordem estabelecida neste parágrafo, cabendo ao juiz a designação se entre eles não houver acordo.

Competência para admissão do assistente

Art. 61. Cabe ao juiz do processo, ouvido o Ministério Público, conceder ou negar a admissão de assistente de acusação.

▶ Art. 272 do CPP.

Oportunidade da admissão

Art. 62. O assistente será admitido enquanto não passar em julgado a sentença e receberá a causa no Estado em que se achar.

▶ Art. 269 do CPP.

Advogado de ofício como assistente

Art. 63. Pode ser assistente o advogado da Justiça Militar, desde que não funcione no processo naquela qualidade ou como procurador de qualquer acusado.

Ofendido que for também acusado

Art. 64. O ofendido que for também acusado no mesmo processo não poderá intervir como assistente, salvo se absolvido por sentença passada em julgado, e daí em diante.

▶ Art. 270 do CPP.

Intervenção do assistente no processo

Art. 65. Ao assistente será permitido, com aquiescência do juiz e ouvido o Ministério Público:

▶ Art. 271 do CPP.

▶ Súmulas nºs 208, 210 e 448 do STF.

a) propor meios de prova;
b) requerer perguntas às testemunhas, fazendo-o depois do procurador;
c) apresentar quesitos em perícia determinada pelo juiz ou requerida pelo Ministério Público;
d) juntar documentos;
e) arrazoar os recursos interpostos pelo Ministério Público;
f) participar do debate oral.

Arrolamento de testemunhas e interposição de recursos

§ 1º Não poderá arrolar testemunhas, exceto requerer o depoimento das que forem referidas, nem requerer a expedição de precatória ou rogatória, ou diligência que retarde o curso do processo, salvo, a critério do juiz e com audiência do Ministério Público, em se tratando de apuração de fato do qual dependa o esclarecimento do crime. Não poderá, igualmente impetrar recursos, salvo de despacho que indeferir o pedido de assistência.

Efeito do recurso

§ 2º O recurso do despacho que indeferir a assistência não terá efeito suspensivo, processando-se em autos apartados. Se provido, o assistente será admitido ao processo no Estado em que este se encontrar.

Assistente em processo perante o Superior Tribunal Militar

§ 3º Caberá ao relator do feito, em despacho irrecorrível, após audiência do procurador-geral, admitir ou não o assistente, em processo da competência originária do Superior Tribunal Militar. Nos julgamentos perante esse Tribunal, se o seu presidente consentir, o assistente poderá falar após o Procurador-Geral, por tempo não superior a dez minutos. Não poderá opor embargos, mas lhe será consentido impugná-los, se oferecidos pela defesa, e depois de o ter feito o Procurador-Geral.

Notificação do assistente

Art. 66. O processo prosseguirá independentemente de qualquer aviso ao assistente, salvo notificação para assistir ao julgamento.

Cassação de assistência

Art. 67. O juiz poderá cassar a admissão do assistente, desde que este tumultue o processo ou infrinja a disciplina judiciária.

Não decorrência de impedimento

Art. 68. Da assistência não poderá decorrer impedimento do juiz, do membro do Ministério Público ou do escrivão, ainda que supervenientes na causa. Neste caso, o juiz cassará a admissão do assistente, sem prejuízo da nomeação de outro, que não tenha impedimento, nos termos do artigo 60.

Seção III

DO ACUSADO, SEUS DEFENSORES E CURADORES

Personalidade do acusado

Art. 69. Considera-se acusado aquele a quem é imputada a prática de infração penal em denúncia recebida.

▶ Arts. 35 e 396 deste Código.

Identificação do acusado

Art. 70. A impossibilidade de identificação do acusado com o seu verdadeiro nome ou outros qualificativos não retardará o processo, quando certa sua identidade física. A qualquer tempo, no curso do processo ou da execução da sentença, far-se-á a retificação, por termo, nos autos, sem prejuízo da validade dos atos precedentes.

▶ Arts. 6º, VIII, 41 e 259 do CPP.

Nomeação obrigatória de defensor

Art. 71. Nenhum acusado, ainda que ausente ou foragido, será processado ou julgado sem defensor.

▶ Arts. 5º, LV, e 133, da CF.

▶ Arts. 261, 532 e 564, III, *c*, do CPP.

▶ Art. 103 do CPC/2015.

▶ Art. 8º, 2, *d* e *e*, do Pacto de São José da Costa Rica.

▶ Súmulas nºs 523 e 708 do STF.

Constituição de defensor

§ 1º A constituição de defensor independerá de instrumento de mandado, se o acusado o indicar por ocasião do interrogatório ou em qualquer outra fase do processo por termo nos autos.

▶ Art. 266 deste Código.

▶ Art. 104 do CPC/2015.

Defensor dativo

§ 2º O juiz nomeará defensor ao acusado que o não tiver, ficando a este ressalvado o direito de, a todo o tempo, constituir outro, de sua confiança.

Defesa própria do acusado

§ 3º A nomeação de defensor não obsta ao acusado o direito de a si mesmo defender-se, caso tenha habilitação; mas o juiz manterá a nomeação, salvo recusa expressa do acusado, a qual constará dos autos.

Nomeação preferente de advogado

§ 4º É, salvo motivo relevante, obrigatória a aceitação do patrocínio da causa, se a nomeação recair em advogado.

Defesa de praças

§ 5º *Revogado*. Lei nº 14.752, de 12-12-2023.

Abandono do processo

§ 6º O defensor não poderá abandonar o processo sem justo motivo, previamente comunicado ao juiz, sob pena de responder por infração disciplinar perante o órgão correicional competente.

▶ § 6º com a redação dada pela Lei nº 14.752, de 12-12-2023.

▶ Art. 265, *caput*, deste Código.

Sanções no caso de abandono do processo

§ 7º *Revogado*. Lei nº 14.752, de 12-12-2023.

§ 8º Em caso de abandono do processo pelo defensor, o acusado será intimado para constituir novo defensor, se assim o quiser, e, na hipótese de não ser localizado, deverá ser nomeado defensor público ou advogado dativo para a sua defesa.

► § 8º acrescido pela Lei nº 14.752, de 12-12-2023.

Nomeação de curador

Art. 72. O juiz dará curador ao acusado incapaz.

► Arts. 15, 262 e 564, III, *c*, do CPP.

► Súm. nº 352 do STF.

Prerrogativa do posto ou graduação

Art. 73. O acusado que for oficial ou graduado não perderá, embora sujeito à disciplina judiciária, as prerrogativas do posto ou graduação. Se preso ou compelido a apresentar-se em juízo, por ordem da autoridade judiciária, será acompanhado por militar de hierarquia superior a sua.

Parágrafo único. Em se tratando de praça que não tiver graduação, será escoltada por graduado ou por praça mais antiga.

Não comparecimento de defensor

Art. 74. A falta de comparecimento do defensor, se motivada, adiará o ato do processo, desde que nele seja indispensável a sua presença. Mas, em se repetindo a falta, o juiz lhe dará substituto para efeito do ato, ou, se a ausência perdurar, para prosseguir no processo.

► Art. 265, §§ 1º e 2º, deste Código.

Direitos e deveres do advogado

Art. 75. No exercício da sua função no processo, o advogado terá os direitos que lhe são assegurados e os deveres que lhe são impostos pelo Estatuto da Ordem dos Advogados do Brasil, salvo disposição em contrário, expressamente prevista neste Código.

► Arts. 77 e 107 do CPC/2015.

► Art. 7º da Lei nº 8.906, de 4-7-1994 (Estatuto da Advocacia e da OAB).

Impedimentos do defensor

Art. 76. Não poderá funcionar como defensor o cônjuge ou o parente consanguíneo ou afim, até o terceiro grau inclusive, do juiz, do membro do Ministério Público ou do escrivão. Mas, se em idênticas condições, qualquer destes for superveniente no processo, tocar-lhe-á o impedimento, e não ao defensor, salvo se dativo, caso em que será substituído por outro.

► Art. 267 do CPP.

TÍTULO VII

CAPÍTULO ÚNICO

DA DENÚNCIA

Requisitos da denúncia

Art. 77. A denúncia conterá:

► Art. 41 do CPP.

► Art. 8º, 2, *b*, do Pacto de São José da Costa Rica.

a) a designação do juiz a que se dirigir;

b) o nome, idade, profissão e residência do acusado, ou esclarecimentos pelos quais possa ser qualificado;

c) o tempo e o lugar do crime;

d) a qualificação do ofendido e a designação da pessoa jurídica ou instituição prejudicada ou atingida, sempre que possível;

e) a exposição do fato criminoso, com todas as suas circunstâncias;

f) as razões de convicção ou presunção da delinquência;

g) a classificação do crime;

h) o rol das testemunhas, em número não superior a seis, com a indicação da sua profissão e residência; e o das informantes com a mesma indicação.

Dispensa de testemunhas

Parágrafo único. O rol de testemunhas poderá ser dispensado, se o Ministério Público dispuser de prova documental suficiente para oferecer a denúncia.

Rejeição da denúncia

Art. 78. A denúncia não será recebida pelo juiz:

► Arts. 395 e 581, I, do CPP.

► Art. 516, *d*, deste Código.

► Art. 82 da Lei nº 9.099, de 26-9-1995 (Lei dos Juizados Especiais).

► Súm. nº 707 do STF.

a) se não contiver os requisitos expressos no artigo anterior;

b) se o fato narrado não constituir evidentemente crime da competência da Justiça Militar;

c) se já estiver extinta a punibilidade;

► Art. 123 do CPM.

d) se for manifesta a incompetência do juiz ou a ilegitimidade do acusador.

► Art. 516, *d*, deste Código.

Preenchimento de requisitos

§ 1º No caso da alínea *a*, o juiz, antes de rejeitar a denúncia, mandará, em despacho fundamentado, remeter o processo ao órgão do Ministério Público para que, dentro do prazo de três dias, contados da data do recebimento dos autos, sejam preenchidos os requisitos que não o tenham sido.

Ilegitimidade do acusador

§ 2º No caso de ilegitimidade do acusador, a rejeição da denúncia não obstará o exercício da ação penal, desde que promovida depois por acusador legítimo, a quem o juiz determinará a apresentação dos autos.

Incompetência do juiz. Declaração

§ 3º No caso de incompetência do juiz, este a declarará em despacho fundamentado, determinando a remessa do processo ao juiz competente.

► Art. 508 deste Código.

► Art. 8º, nº 1, do Pacto de São José da Costa Rica.

Prazo para oferecimento da denúncia

Art. 79. A denúncia deverá ser oferecida, se o acusado estiver preso, dentro do prazo de cinco dias, contados da data do recebimento dos autos para aquele fim; e, dentro do prazo de quinze dias, se o acusado estiver solto. O auditor deverá manifestar-se sobre a denúncia, dentro do prazo de quinze dias.

► Art. 46 do CPP.

Prorrogação de prazo

§ 1º O prazo para o oferecimento da denúncia poderá, por despacho do juiz, ser prorrogado ao dobro; ou ao triplo, em caso excepcional e se o acusado não estiver preso.

§ 2º Se o Ministério Público não oferecer a denúncia dentro deste último prazo, ficará sujeito à pena disciplinar que no caso couber, sem prejuízo da responsabilidade penal em que incorrer, competindo ao juiz providenciar no sentido de ser a denúncia oferecida pelo substituto legal, dirigindo-se, para este fim, ao Procurador-Geral, que, na falta ou impedimento do substituto, designará outro procurador.

Complementação de esclarecimentos

Art. 80. Sempre que, no curso do processo, o Ministério Público necessitar de maiores esclarecimentos, de documentos complementares ou de novos elementos de convicção, poderá requisitá-los, diretamente, de qualquer autoridade militar ou civil, em condições de os fornecer, ou requerer ao juiz que os requisite.

► Art. 47 do CPP.

Extinção da punibilidade. Declaração

Art. 81. A extinção da punibilidade poderá ser reconhecida e declarada em qualquer fase do processo, de ofício ou a requerimento de qualquer das partes, ouvido o Ministério Público, se deste não for o pedido.

► Art. 123 do CPM.

Morte do acusado

Parágrafo único. No caso de morte, não se declarará a extinção sem a certidão de óbito do acusado.

► Súm. nº 74 do STJ.

TÍTULO VIII

CAPÍTULO ÚNICO

DO FORO MILITAR

Foro militar em tempo de paz

Art. 82. O foro militar é especial, e, exceto nos crimes dolosos contra a vida praticados contra civil, a ele estão sujeitos, em tempo de paz:

► *Caput* com a redação dada pela Lei nº 9.299, de 7-8-1996.

Pessoas sujeitas ao foro militar

I – nos crimes definidos em lei contra as instituições militares ou a segurança nacional:

a) os militares em situação de atividade e os assemelhados na mesma situação;

b) os militares da reserva, quando convocados para o serviço ativo;

c) os reservistas, quando convocados e mobilizados, em manobras, ou no desempenho de funções militares;

d) os oficiais e praças das Polícias e Corpos de Bombeiros, Militares, quando incorporados às Forças Armadas;

Crimes funcionais

II – nos crimes funcionais contra a administração militar ou contra a administração da Justiça Militar, os auditores, os membros do Ministério Público, os advogados de ofício e os funcionários da Justiça Militar.

Extensão do foro militar

§ 1º O foro militar se estenderá aos militares da reserva, aos reformados e aos civis, nos crimes contra a segurança nacional ou contra as instituições militares, como tais definidos em lei.

► Parágrafo único transformado em § 1º pela Lei nº 9.299, de 7-8-1996.

Crimes dolosos

§ 2º Nos crimes dolosos contra a vida, praticados contra civil, a Justiça Militar encaminhará os autos do inquérito policial militar à justiça comum.

► § 2º acrescido pela Lei nº 9.299, de 7-8-1996.

Foro militar em tempo de guerra

Art. 83. O foro militar, em tempo de guerra, poderá, por lei especial, abranger outros casos, além dos previstos no artigo anterior e seu parágrafo.

Assemelhado

Art. 84. Considera-se assemelhado o funcionário efetivo, ou não, dos Ministérios da Marinha, do Exército ou da Aeronáutica, submetidos a preceito de disciplina militar, em virtude de lei ou regulamento.

▶ A figura do assemelhado também era prevista no art. 21 do CPM, atualmente revogado pelo art. 1º da Lei nº 14.688, de 20-9-2023.

TÍTULO IX

CAPÍTULO I
DA COMPETÊNCIA EM GERAL

Determinação da competência

Art. 85. A competência do foro militar será determinada:

▶ Art. 5º, LIII, da CF.
▶ Arts. 69 e 564, I, do CPP.

I – de modo geral:

a) pelo lugar da infração;

▶ Art. 6º do CPM.

b) pela residência ou domicílio do acusado;
c) pela prevenção.

II – de modo especial, pela sede do lugar de serviço.

Na circunscrição judiciária

Art. 86. Dentro de cada Circunscrição Judiciária Militar, a competência será determinada:

a) pela especialização das Auditorias;
b) pela distribuição;
c) por disposição especial deste Código.

Modificação da competência

Art. 87. Não prevalecem os critérios de competência indicados nos artigos anteriores, em caso de:

a) conexão ou continência;

▶ Arts. 99 a 107 deste Código.

b) prerrogativa de posto ou função;
c) desaforamento.

CAPÍTULO II
DA COMPETÊNCIA PELO LUGAR DA INFRAÇÃO

Lugar da infração

Art. 88. A competência será, de regra, determinada pelo lugar da infração; e, no caso de tentativa, pelo lugar em que for praticado o último ato de execução.

▶ Arts. 70 e 71 do CPP.
▶ Art. 63 da Lei nº 9.099, de 26-9-1995 (Lei dos Juizados Especiais).

A bordo de navio

Art. 89. Os crimes cometidos a bordo de navio ou embarcação sob comando militar ou militarmente ocupado em porto nacional, nos lagos e rios fronteiriços ou em águas territoriais brasileiras, serão, nos dois primeiros casos, processados na Auditoria da Circunscrição Judiciária correspondente a cada um daqueles lugares; e no último caso, na 1ª Auditoria da Marinha, com sede na Capital do Estado da Guanabara.

▶ Art. 109, IX, da CF.

A bordo de aeronave

Art. 90. Os crimes cometidos a bordo de aeronave militar ou militarmente ocupada, dentro do espaço aéreo correspondente ao Território Nacional, serão processados pela Auditoria da Circunscrição em cujo território se verificar o pouso após o crime; e se este se efetuar em lugar remoto ou em tal distância que torne difíceis as diligências, a competência será da Auditoria da Circunscrição de onde houver partido a aeronave, salvo se ocorrerem os mesmos óbices, caso em que a competência será da Auditoria mais próxima da 1ª, se na Circunscrição houver mais de uma.

▶ Art. 109, IX, da CF.

Crimes fora do Território Nacional

Art. 91. Os crimes militares cometidos fora do Território Nacional serão, de regra, processados em Auditoria da Capital da União, observado, entretanto, o disposto no artigo seguinte.

Crimes praticados em parte no Território Nacional

Art. 92. No caso de crime militar somente em parte cometido no Território Nacional, a competência do foro militar se determina de acordo com as seguintes regras:

a) se, iniciada a execução em território estrangeiro, o crime se consumar no Brasil, será competente a Auditoria da Circunscrição em que o crime tenha produzido ou devia produzir o resultado;

b) se, iniciada a execução no Território Nacional, o crime se consumar fora dele, será competente a Auditoria da Circunscrição em que se houver praticado o último ato ou execução.

Diversidade de Auditorias ou de sedes

Parágrafo único. Na Circunscrição onde houver mais de uma Auditoria na mesma sede, obedecer-se-á à distribuição e, se for o caso, à especialização de cada uma. Se as sedes forem diferentes, atender-se-á ao lugar da infração.

CAPÍTULO III
DA COMPETÊNCIA PELO LUGAR DA RESIDÊNCIA OU DOMICÍLIO DO ACUSADO

Residência ou domicílio do acusado

Art. 93. Se não for conhecido o lugar da infração, a competência regular-se-á pela residência ou domicílio do acusado, salvo o disposto no artigo 96.

▶ Arts. 72 e 73 do CPP.

CAPÍTULO IV
DA COMPETÊNCIA POR PREVENÇÃO

Prevenção. Regra

Art. 94. A competência firmar-se-á por prevenção, sempre que, concorrendo dois ou mais juízes igualmente competentes ou com competência cumulativa, um deles tiver antecedido aos outros na prática de algum ato do processo ou de medida a este relativa, ainda que anterior ao oferecimento da denúncia.

▶ Art. 83 do CPP.
▶ Súm. nº 706 do STF.

Casos em que pode ocorrer

Art. 95. A competência pela prevenção pode ocorrer:

a) quando incerto o lugar da infração, por ter sido praticado na divisa de duas ou mais jurisdições;
b) quando incerto o limite territorial entre duas ou mais jurisdições;
c) quando se tratar de infração continuada ou permanente, praticada em território de duas ou mais jurisdições;

▶ Art. 80 do CPM.

d) quando o acusado tiver mais de uma residência ou não tiver nenhuma, ou forem vários os acusados e com diferentes residências.

CAPÍTULO V
DA COMPETÊNCIA PELA SEDE DO LUGAR DE SERVIÇO

Lugar de serviço

Art. 96. Para o militar em situação de atividade ou assemelhado na mesma situação, ou para o funcionário lotado em repartição militar, o lugar da infração, quando este não puder ser determinado, será o da unidade, navio, força ou órgão onde estiver servindo, não lhe sendo aplicável o critério da prevenção, salvo entre Auditorias da mesma sede e atendida a respectiva especialização.

CAPÍTULO VI
DA COMPETÊNCIA PELA ESPECIALIZAÇÃO DAS AUDITORIAS

Auditorias Especializadas

Art. 97. Nas Circunscrições onde existirem Auditorias Especializadas, a competência de cada uma decorre de pertencerem os oficiais e praças sujeitos a processo perante elas aos quadros da Marinha, do Exército ou da Aeronáutica. Como oficiais, para os efeitos deste artigo, se compreendem os da ativa, os da reserva, remunerada ou não, e os reformados.

Militares de corporações diferentes

Parágrafo único. No processo em que forem acusados militares de corporações diferentes, a competência da Auditoria especializada se regulará pela prevenção. Mas esta não poderá prevalecer em detrimento de oficial da ativa, se os corréus forem praças ou oficiais da reserva ou reformados, ainda que superiores, nem em detrimento destes, se os corréus forem praças.

CAPÍTULO VII
DA COMPETÊNCIA POR DISTRIBUIÇÃO

Distribuição

Art. 98. Quando, na sede de Circunscrição, houver mais de uma Auditoria com a mesma competência, esta se fixará pela distribuição.

▶ Art. 75 do CPP.

Juízo prevento pela distribuição

Parágrafo único. A distribuição realizada em virtude de ato anterior à fase judicial do processo prevenirá o juízo.

CAPÍTULO VIII
DA CONEXÃO OU CONTINÊNCIA

Casos de conexão

Art. 99. Haverá conexão:

▶ Art. 76 do CPP.

a) se, ocorridas duas ou mais infrações, tiverem sido praticadas, ao mesmo tempo, por várias pessoas reunidas ou por várias pessoas em concurso, embora diverso o tempo e o lugar, ou por várias pessoas, umas contra as outras;
b) se, no mesmo caso, umas infrações tiverem sido praticadas para facilitar ou ocultar as outras, ou para conseguir impunidade ou vantagem em relação a qualquer delas;
c) quando a prova de uma infração ou de qualquer de suas circunstâncias elementares influir na prova de outra infração.

Casos de continência

Art. 100. Haverá continência:

▸ Art. 77 do CPP.

a) quando duas ou mais pessoas forem acusadas da mesma infração;

▸ Art. 53 do CPM.

b) na hipótese de uma única pessoa praticar várias infrações em concurso.

Regras para determinação

Art. 101. Na determinação da competência por conexão ou continência, serão observadas as seguintes regras:

▸ Art. 78 do CPP.

Concurso e prevalência

I – no concurso entre a jurisdição especializada e a cumulativa, preponderá aquela;

II – no concurso de jurisdições cumulativas:

a) prevalecerá a do lugar da infração, para a qual é cominada pena mais grave;

b) prevalecerá a do lugar onde houver ocorrido o maior número de infrações, se as respectivas penas forem de igual gravidade;

Prevenção

c) firmar-se-á a competência pela prevenção, nos demais casos, salvo disposição especial deste Código;

Categorias

III – no concurso de jurisdição de diversas categorias, predominará a de maior graduação.

Unidade do processo

Art. 102. A conexão e a continência determinarão a unidade do processo, salvo:

▸ Art. 79 do CPP.

Casos especiais

a) no concurso entre a jurisdição militar e a comum;

b) no concurso entre a jurisdição militar e a do Juízo de Menores.

Jurisdição militar e civil no mesmo processo

Parágrafo único. A separação do processo, no concurso entre a jurisdição militar e a civil, não quebra a conexão para o processo e julgamento, no seu foro, do militar da ativa, quando este, no mesmo processo, praticar em concurso crime militar e crime comum.

Prorrogação de competência

Art. 103. Em caso de conexão ou continência, o juízo prevalente, na conformidade do artigo 101, terá a sua competência prorrogada para processar as infrações cujo conhecimento, de outro modo, não lhe competiria.

Reunião de processos

Art. 104. Verificada a reunião dos processos, em virtude de conexão ou continência, ainda que no processo da sua competência própria venha o juiz ou tribunal a proferir sentença absolutória ou que desclassifique a infração para outra que não se inclua na sua competência, continuará ele competente em relação às demais infrações.

▸ Art. 81 do CPP.

Separação de julgamento

Art. 105. Separar-se-ão somente os julgamentos:

a) se, de vários acusados, algum estiver foragido e não puder ser julgado à revelia;

b) se os defensores de dois ou mais acusados não acordarem na suspeição de juiz de Conselho de Justiça, superveniente para compô-lo, por ocasião do julgamento.

Separação de processos

Art. 106. O juiz poderá separar os processos:

a) quando as infrações houverem sido praticadas em situações de tempo e lugar diferentes;

b) quando for excessivo o número de acusados, para não lhes prolongar a prisão;

c) quando ocorrer qualquer outro motivo que ele próprio repute relevante.

Recurso de ofício

§ 1º Da decisão de auditor ou de Conselho de Justiça em qualquer desses casos, haverá recurso de ofício para o Superior Tribunal Militar.

§ 2º O recurso a que se refere o parágrafo anterior subirá em traslado com as cópias autênticas das peças necessárias, e não terá efeito suspensivo, prosseguindo-se a ação penal em todos os seus termos.

Avocação de processo

Art. 107. Se, não obstante a conexão ou a continência, forem instaurados processos diferentes, a autoridade de jurisdição prevalente deverá avocar os processos que corram perante os juízes, salvo se já estiverem com sentença definitiva. Neste caso, a unidade do processo só se dará ulteriormente, para efeito de soma ou de unificação de penas.

CAPÍTULO IX
DA COMPETÊNCIA PELA PRERROGATIVA DO POSTO OU DA FUNÇÃO

Natureza do posto ou função

Art. 108. A competência por prerrogativa do posto ou da função decorre da sua própria natureza e não da natureza da infração, e regula-se estritamente pelas normas expressas neste Código.

▸ Arts. 84 a 87 do CPP.

▸ Súm. nº 704 do STF.

CAPÍTULO X
DO DESAFORAMENTO

Caso de desaforamento

Art. 109. O desaforamento do processo poderá ocorrer:

▸ Arts. 427 e 428 do CPP.

a) no interesse da ordem pública, da Justiça ou da disciplina militar;

b) em benefício da segurança pessoal do acusado;

c) pela impossibilidade de se constituir o Conselho de Justiça ou quando a dificuldade de constituí-lo ou mantê-lo retarde demasiadamente o curso do processo.

Competência do Superior Tribunal Militar

§ 1º O pedido de desaforamento poderá ser feito ao Superior Tribunal Militar:

Autoridades que podem pedir

a) pelos Ministros da Marinha, do Exército ou da Aeronáutica;

b) pelos comandantes de Região Militar, Distrito Naval ou Zona Aérea, ou autoridades que lhe forem superiores, conforme a respectiva jurisdição;

c) pelos Conselhos de Justiça ou pelo auditor;

d) mediante representação do Ministério Público ou do acusado.

Justificação do pedido e audiência do Procurador-Geral

§ 2º Em qualquer dos casos, o pedido deverá ser justificado e sobre ele ouvido o Procurador-Geral, se não provier de representação deste.

Audiência a autoridades

§ 3º Nos casos das alíneas *c* e *d*, o Superior Tribunal Militar, antes da audiência ao Procurador-Geral ou a pedido deste poderá ouvir as autoridades a que se refere a alínea *b*.

Auditoria onde correrá o processo

§ 4º Se deferir o pedido, o Superior Tribunal Militar designará a Auditoria onde deva ter curso o processo.

Renovação do pedido

Art. 110. O pedido de desaforamento, embora denegado, poderá ser renovado se o justificar motivo superveniente.

TÍTULO X

CAPÍTULO ÚNICO
DOS CONFLITOS DE COMPETÊNCIA

Questões atinentes à competência

Art. 111. As questões atinentes à competência resolver-se-ão assim pela exceção própria como pelo conflito positivo ou negativo.

▸ Arts. 95, II, e 113 do CPP.

▸ Súm. nº 59 do STJ.

Conflito de competência

Art. 112. Haverá conflito:

▸ Art. 114 do CPP.

I – em razão da competência:

Positivo

a) positivo, quando duas ou mais autoridades judiciárias entenderem, ao mesmo tempo, que lhes cabe conhecer do processo;

Negativo

b) negativo, quando cada uma de duas ou mais autoridades judiciárias entender, ao mesmo tempo, que cabe a outra conhecer do mesmo processo;

Controvérsia sobre função ou separação de processo

II – em razão da unidade de juízo, função ou separação de processos, quando, a esse respeito, houver controvérsia entre duas ou mais autoridades judiciárias.

Suscitantes do conflito

Art. 113. O conflito poderá ser suscitado:

▸ Art. 115 do CPP.

a) pelo acusado;

b) pelo órgão do Ministério Público;

c) pela autoridade judiciária.

▸ Súm. nº 59 do STJ.

Órgão suscitado

Art. 114. O conflito será suscitado perante o Superior Tribunal Militar pelos auditores ou os Conselhos de Justiça, sob a forma de representação, e pelas partes interessadas, sob a de requerimento, fundamentados e acompanhados dos documentos comprobatórios. Quando negativo o conflito, poderá ser suscitado nos próprios autos do processo.

▸ Arts. 102, I, *o*, e 105, I, *d*, da CF.

▸ Art. 116 do CPP.

Parágrafo único. O conflito suscitado pelo Superior Tribunal Militar será regulado no seu Regimento Interno.

Suspensão da marcha do processo

Art. 115. Tratando-se de conflito positivo, o relator do feito poderá ordenar, desde logo, que se suspenda o andamento do processo, até a decisão final.

Pedido de informações. Prazo, requisição de autos

Art. 116. Expedida, ou não, a ordem de suspensão, o relator requisitará informações às autoridades em conflito, remetendo-lhes cópia da representação ou requerimento, e, marcando-lhes prazo para as informações, requisitará, se necessário, os autos em original.

Audiência do Procurador-Geral e decisão

Art. 117. Ouvido o Procurador-Geral, que dará parecer no prazo de cinco dias, contados da data da vista, o Tribunal decidirá o conflito na primeira sessão, salvo se a instrução do feito depender de diligência.

Remessa de cópias do acórdão

Art. 118. Proferida a decisão, serão remetidas cópias do acórdão, para execução, às autoridades contra as quais tiver sido levantado o conflito ou que o houverem suscitado.

Inexistência do recurso

Art. 119. Da decisão final do conflito não caberá recurso.

Avocatória do Tribunal

Art. 120. O Superior Tribunal Militar, mediante avocatória, restabelecerá sua competência sempre que invadida por juiz inferior.

▸ Art. 117 do CPP.

Atribuição ao Supremo Tribunal Federal

Art. 121. A decisão de conflito entre a autoridade judiciária da Justiça Militar e a da Justiça comum será atribuída ao Supremo Tribunal Federal.

TÍTULO XI

CAPÍTULO ÚNICO – DAS QUESTÕES PREJUDICIAIS

Decisão prejudicial

Art. 122. Sempre que o julgamento da questão de mérito depender de decisão anterior de questão de direito material, a segunda será prejudicial da primeira.

▸ Arts. 92 a 94 do CPP.

Estado civil da pessoa

Art. 123. Se a questão prejudicial versar sobre estado civil de pessoa envolvida no processo, o juiz:

a) decidirá se a arguição é séria e se está fundada em lei;

Alegação irrelevante

b) se entender que a alegação é irrelevante ou que não tem fundamento legal, prosseguirá no feito;

Alegação séria e fundada

c) se reputar a alegação séria e fundada, colherá as provas inadiáveis e, em seguida, suspenderá o processo, até que, no juízo cível, seja a questão prejudicial dirimida por sentença transitada em julgado, sem prejuízo, entretando, da inquirição de testemunhas e de outras provas que independam da solução no outro juízo.

Suspensão do processo. Condições

Art. 124. O juiz poderá suspender o processo e aguardar a solução, pelo juízo cível, de questão prejudicial que se não relacione com o estado civil das pessoas, desde que:

a) tenha sido proposta ação civil para dirimi-la;
b) seja ela de difícil solução;
c) não envolva direito ou fato cuja prova a lei civil limite.

Prazo da suspensão

Parágrafo único. O juiz marcará o prazo da suspensão, que poderá ser razoavelmente prorrogado, se a demora não for imputável à parte. Expirado o prazo sem que o juiz do cível tenha proferido decisão, o juiz criminal fará prosseguir o processo, retomando sua competência para resolver de fato e de direito toda a matéria da acusação ou da defesa.

Autoridades competentes

Art. 125. A competência para resolver a questão prejudicial caberá:

a) ao auditor, se arguida antes de instalado o Conselho de Justiça;
b) ao Conselho de Justiça, em qualquer fase do processo, em primeira instância;
c) ao relator do processo, no Superior Tribunal Militar, se arguida pelo Procurador-Geral ou pelo acusado;
d) a esse Tribunal, se iniciado o julgamento.

Promoção de ação no juízo cível

Art. 126. Ao juiz ou órgão a que competir a apreciação da questão prejudicial, caberá dirigir-se ao órgão competente do juízo cível, para a promoção da ação civil ou prosseguimento da que tiver sido iniciada, bem como de quaisquer outras providências que interessem ao julgamento do feito.

Providências de ofício

Art. 127. Ainda que sem arguição de qualquer das partes, o julgador poderá, de ofício, tomar as providências referidas nos artigos anteriores.

TÍTULO XII – DOS INCIDENTES

CAPÍTULO I – DAS EXCEÇÕES EM GERAL

Exceções admitidas

Art. 128. Poderão ser opostas as exceções de:

▸ Art. 95 do CPP.

a) suspeição ou impedimento;
b) incompetência de juízo;
c) litispendência;
d) coisa julgada.

SEÇÃO I – DA EXCEÇÃO DE SUSPEIÇÃO OU IMPEDIMENTO

Precedência da arguição de suspeição

Art. 129. A arguição de suspeição ou impedimento precederá a qualquer outra, salvo quando fundada em motivo superveniente.

▸ Arts. 37 a 41, 53, 58, 59, 500, I, e 509 deste Código.

Motivação do despacho

Art. 130. O juiz que se declarar suspeito ou impedido motivará o despacho.

Suspeição de natureza íntima

Parágrafo único. Se a suspeição for de natureza íntima, comunicará os motivos ao auditor corregedor, podendo fazê-lo sigilosamente.

Recusa do juiz

Art. 131. Quando qualquer das partes pretender recusar o juiz, fá-lo-á em petição assinada por ela própria ou seu representante legal, ou por procurador com poderes especiais, aduzindo as razões, acompanhadas de prova documental ou do rol de testemunhas, que não poderão exceder a duas.

Reconhecimento da suspeição alegada

Art. 132. Se reconhecer a suspeição ou impedimento, o juiz sustará a marcha do processo, mandará juntar aos autos o requerimento do recusante com os documentos que o instruam e, por despacho, se declarará suspeito, ordenando a remessa dos autos ao substituto.

Arguição de suspeição não aceita pelo juiz

Art. 133. Não aceitando a suspeição ou impedimento, o juiz mandará autuar em separado o requerimento, dará a sua resposta dentro em três dias, podendo instruí-la e oferecer testemunhas. Em seguida, determinará a remessa dos autos apartados, dentro em vinte e quatro horas, ao Superior Tribunal Militar, que processará e decidirá a arguição.

Juiz do Conselho de Justiça

§ 1º Proceder-se-á, da mesma forma, se o juiz arguido de suspeito for membro de Conselho de Justiça.

Manifesta improcedência da arguição

§ 2º Se a arguição for de manifesta improcedência, o juiz ou relator a rejeitará liminarmente.

Reconhecimento preliminar da arguição do Superior Tribunal Militar

§ 3º Reconhecida, preliminarmente, a relevância da arguição, o relator, com intimação das partes, marcará dia e hora para inquirição das testemunhas, seguindo-se o julgamento, independentemente de mais alegações.

Nulidade dos atos praticados pelo juiz suspeito

Art. 134. Julgada procedente a arguição de suspeição ou impedimento, ficarão nulos os atos do processo principal.

Suspeição declarada de ministro do Superior Tribunal Militar

Art. 135. No Superior Tribunal Militar, o ministro que se julgar suspeito ou impedido declará-lo-á em sessão. Se relator ou revisor, a declaração será feita nos autos, para nova distribuição.

Arguição de suspeição de ministro ou do Procurador-Geral. Processo

Parágrafo único. Arguida a suspeição ou o impedimento de ministro ou do Procurador-Geral, o processo, se a alegação for aceita, obedecerá às normas previstas no Regimento do Tribunal.

Suspeição declarada do Procurador-Geral

Art. 136. Se o Procurador-Geral se der por suspeito ou impedido, delegará a sua função, no processo, ao seu substituto legal.

Suspeição declarada de procurador, perito, intérprete ou auxiliar de Justiça

Art. 137. Os procuradores, os peritos, os intérpretes e os auxiliares da Justiça Militar poderão, motivadamente, dar-se por suspeitos ou impedidos, nos casos previstos neste Código; os primeiros e os últimos, antes da prática de qualquer ato no processo, e os peritos e intérpretes, logo que nomeados. O juiz apreciará de plano os motivos da suspeição ou impedimento; e, se os considerar em termos legais, providenciará imediatamente a substituição.

Arguição de suspeição de procurador

Art. 138. Se arguida a suspeição ou impedimento de procurador o auditor, depois de ouvi-lo, decidirá, sem recurso, podendo, antes, admitir a produção de provas no prazo de três dias.

Arguição de suspeição de perito e intérprete

Art. 139. Os peritos e os intérpretes poderão ser, pelas partes, arguidos de suspeitos ou impedidos; e os primeiros, por elas impugnados, se não preencherem os requisitos de capacidade técnico-profissional para as perícias que, pela sua natureza, os exijam, nos termos dos artigos 52, letra c, e 318.

Decisão de plano irrecorrível

Art. 140. A suspeição ou impedimento, ou a impugnação a que se refere o artigo anterior, bem como a suspeição ou impedimento arguidos, de serventuário ou funcionário da Justiça Militar serão decididas pelo auditor, de plano e sem recurso, à vista da matéria alegada e prova imediata.

Declaração de suspeição quando evidente

Art. 141. A suspeição ou impedimento poderá ser declarada pelo juiz ou Tribunal, se evidente nos autos.

Suspeição do encarregado de inquérito

Art. 142. Não se poderá opor suspeição ao encarregado do inquérito, mas deverá este declarar-se suspeito quando ocorrer motivo legal, que lhe seja aplicável.

▸ Art. 107 do CPP.

Seção II — *Da exceção de incompetência*

Oposição da exceção de incompetência

Art. 143. A exceção de incompetência poderá ser oposta verbalmente ou por escrito, logo após a qualificação do acusado. No primeiro caso, será tomada por termo nos autos.

▸ Arts. 85 a 87 e 516, *e*, deste Código.

▸ Art. 8º, 1, do Pacto de São José da Costa Rica.

Vista à parte contrária

Art. 144. Alegada a incompetência do juízo, será dada vista dos autos à parte contrária, para que diga sobre a arguição, no prazo de quarenta e oito horas.

Aceitação ou rejeição da exceção. Recurso em autos apartados. Nulidade de autos

Art. 145. Se aceita a alegação, os autos serão remetidos ao juízo competente. Se rejeitada, o juiz continuará no feito. Mas, neste caso, caberá recurso, em autos apartados, para o Superior Tribunal Militar, que, se lhe der provimento, tornará nulos os atos praticados pelo juiz declarado incompetente, devendo os autos do recurso ser anexados aos do processo principal.

Alegação antes do oferecimento da denúncia. Recurso nos próprios autos

Art. 146. O órgão do Ministério Público poderá alegar a incompetência do juízo, antes de oferecer a denúncia. A arguição será apreciada pelo auditor, em primeira instância; e, no Superior Tribunal Militar, pelo relator, em se tratando de processo originário. Em ambos os casos, se rejeitada a arguição, poderá, pelo órgão do Ministério Público, ser impetrado recurso, nos próprios autos, para aquele Tribunal.

Declaração de incompetência de ofício

Art. 147. Em qualquer fase do processo, se o juiz reconhecer a existência de causa que o torne incompetente, declará-lo-á nos autos e os remeterá ao juízo competente.

Seção III — *Da exceção da litispendência*

Litispendência, quando existe. Reconhecimento e processo

Art. 148. Cada feito somente pode ser objeto de um processo. Se o auditor ou o Conselho de Justiça reconhecer que o litígio proposto a seu julgamento já pende de decisão em outro processo, na mesma Auditoria, mandará juntar os novos autos aos anteriores. Se o primeiro processo correr em outra Auditoria, para ela serão remetidos os novos autos, tendo-se, porém, em vista, a especialização da Auditoria e a Categoria do Conselho de Justiça.

▸ Art. 516, *f*, deste Código.

Arguição de litispendência

Art. 149. Qualquer das partes poderá arguir, por escrito, a existência de anterior processo sobre o mesmo feito.

Instrução do pedido

Art. 150. A arguição de litispendência será instruída com certidão passada pelo cartório do juízo ou pela Secretaria do Superior Tribunal Militar, perante o qual esteja em curso o outro processo.

Prazo para a prova da alegação

Art. 151. Se o arguente não puder apresentar a prova da alegação, o juiz poderá conceder-lhe prazo para que o faça, ficando-lhe, nesse caso, à discrição, suspender ou não o curso do processo.

Decisão de plano irrecorrível

Art. 152. O juiz ouvirá a parte contrária a respeito da arguição, e decidirá de plano, irrecorrivelmente.

Seção IV — *Da exceção de coisa julgada*

Existência de coisa julgada. Arquivamento de denúncia

Art. 153. Se o juiz reconhecer que o feito sob seu julgamento já foi, quanto ao fato principal, definitivamente julgado por sentença irrecorrível, mandará arquivar a nova denúncia, declarando a razão por que o faz.

▸ Art. 516, *f*, deste Código.

▸ Art. 8º, 4, do Pacto de São José da Costa Rica.

Arguição de coisa julgada

Art. 154. Qualquer das partes poderá arguir, por escrito, a existência de anterior sentença passada em julgado, juntando-lhe certidão.

Arguição do acusado. Decisão de plano. Recurso de ofício

Parágrafo único. Se a arguição for do acusado, o juiz ouvirá o Ministério Público e decidirá de plano, recorrendo de ofício para o Superior Tribunal Militar, se reconhecer a existência da coisa julgada.

Limite de efeito da coisa julgada

Art. 155. A coisa julgada opera somente em relação às partes, não alcançando quem não foi parte no processo.

Capítulo II — Do incidente de insanidade mental do acusado

Dúvida a respeito de imputabilidade

Art. 156. Quando, em virtude de doença ou deficiência mental, houver dúvida a respeito da imputabilidade penal do acusado, será ele submetido a perícia médica.

▸ Art. 149 do CPP.

▸ Art. 48 do CPM.

Ordenação de perícia

§ 1º A perícia poderá ser ordenada pelo juiz, de ofício, ou a requerimento do Ministério Público, do defensor, do curador, ou do cônjuge, ascendente, descendente ou irmão do acusado, em qualquer fase do processo.

Na fase do inquérito

§ 2º A perícia poderá ser também ordenada na fase do inquérito policial militar, por iniciativa do seu encarregado ou em atenção a requerimento de qualquer das pessoas referidas no parágrafo anterior.

Internação para a perícia

Art. 157. Para efeito da perícia, o acusado, se estiver preso, será internado em manicômio judiciário, onde houver; ou, se estiver solto e o requererem os peritos, em estabelecimento adequado, que o juiz designará.

▸ Art. 150 do CPP.

Apresentação do laudo

§ 1º O laudo pericial deverá ser apresentado dentro do prazo de quarenta e cinco dias, que o juiz poderá prorrogar, se os peritos demonstrarem a necessidade de maior lapso de tempo.

Entrega dos autos a perito

§ 2º Se não houver prejuízo para a marcha do processo, o juiz poderá autorizar a entrega dos autos aos peritos, para lhes facilitar a tarefa. A mesma autorização poderá ser dada pelo encarregado do inquérito, no curso deste.

Não sustentação do processo e caso excepcional

Art. 158. A determinação da perícia, quer na fase policial militar quer na fase judicial, não sustará a prática de diligências que possam ficar prejudicadas com o adiamento, mas sustará o processo quanto à produção de prova em que seja indispensável a presença do acusado submetido ao exame pericial.

Quesitos pertinentes

Art. 159. Além de outros quesitos que, pertinentes ao fato, lhes forem oferecidos, e dos esclarecimentos que julgarem necessários, os peritos deverão responder aos seguintes:

Quesitos obrigatórios

a) se o indiciado, ou acusado, sofre de doença mental de desenvolvimento mental incompleto ou retardado;

b) se no momento da ação ou omissão, o indiciado, ou acusado, se achava em algum dos estados referidos na alínea anterior;

c) se, em virtude das circunstâncias referidas nas alíneas antecedentes, possuía o indiciado, ou acusado, capacidade de entender o caráter ilícito do fato ou de se determinar de acordo com esse entendimento;

d) se a doença ou deficiência mental do indiciado, ou acusado, não lhe suprimindo, diminuiu-lhe, entretanto, consideravelmente, a capacidade de entendimento da ilicitude do fato ou a de autodeterminação, quando o praticou.

Parágrafo único. No caso de embriaguez proveniente de caso fortuito ou força maior, formular-se-ão quesitos congêneres, pertinentes ao caso.

Inimputabilidade. Nomeação de curador. Medida de segurança

Art. 160. Se os peritos concluírem pela inimputabilidade penal do acusado, nos termos do artigo 48 (preâmbulo) do Código Penal Militar, o juiz, desde que concorde com a conclusão do laudo, nomear-lhe-á curador e lhe declarará, por sentença, a inimputabilidade, com aplicação da medida de segurança correspondente.

▶ Art. 151 do CPP.

Inimputabilidade relativa. Prosseguimento do inquérito ou de processo. Medida de segurança

Parágrafo único. Concluindo os peritos pela inimputabilidade relativa do indiciado, ou acusado, nos termos do parágrafo único do artigo 48 do Código Penal Militar, o inquérito ou o processo prosseguirá, com a presença de defensor neste último caso. Sendo condenatória a sentença, será aplicada a medida de segurança prevista no artigo 113 do mesmo Código.

Doença mental superveniente

Art. 161. Se a doença mental sobrevier ao crime, o inquérito ou o processo ficará suspenso, se já iniciado, até que o indiciado ou acusado se restabeleça, sem prejuízo das diligências que possam ser prejudicadas com o adiamento.

▶ Art. 152 do CPP.

Internação em manicômio

§ 1º O acusado poderá, nesse caso, ser internado em manicômio judiciário ou em outro estabelecimento congênere.

Restabelecimento do acusado

§ 2º O inquérito ou o processo retomará o seu curso, desde que o acusado se restabeleça, ficando-lhe assegurada a faculdade de reinquirir as testemunhas que houverem prestado depoimento sem a sua presença ou a repetição de diligência em que a mesma presença teria sido indispensável.

Verificação em autos apartados

Art. 162. A verificação de insanidade mental correrá em autos apartados, que serão apensos ao processo principal somente após a apresentação do laudo.

▶ Art. 153 do CPP.

§ 1º O exame de sanidade mental requerido pela defesa, de algum ou alguns dos acusados, não obstará sejam julgados os demais, se o laudo correspondente não houver sido remetido ao Conselho, até a data marcada para o julgamento. Neste caso, aqueles acusados serão julgados oportunamente.

Procedimento no inquérito

§ 2º Da mesma forma se procederá no curso do inquérito, mas este poderá ser encerrado sem a apresentação do laudo, que será remetido pelo encarregado do inquérito ao juiz, nos termos do § 2º do artigo 20.

CAPÍTULO III — DO INCIDENTE DE FALSIDADE DE DOCUMENTO

Arguição de falsidade

Art. 163. Arguida a falsidade de documento constante dos autos, o juiz, se o reputar necessário à decisão da causa:

▶ Art. 371 deste Código.
▶ Arts. 293 a 311 do CP.
▶ Art. 145 do CPP.
▶ Arts. 311 a 318 do CPM.
▶ Arts. 430 a 433 do CPC/2015.

Autuação em apartado

a) mandará autuar em apartado a impugnação e, em seguida, ouvirá a parte contrária, que, no prazo de quarenta e oito horas, oferecerá a resposta;

Prazo para a prova

b) abrirá dilação probatória num tríduo, dentro do qual as partes aduzirão a prova de suas alegações;

Diligências

c) conclusos os autos, poderá ordenar as diligências que entender necessárias, decidindo a final;

Reconhecimento. Decisão irrecorrível. Desanexação do documento

d) reconhecida a falsidade, por decisão que é irrecorrível, mandará desentranhar o documento e remetê-lo, com os autos do processo incidente, ao Ministério Público.

Arguição oral

Art. 164. Quando a arguição de falsidade se fizer oralmente, o juiz mandará tomá-la por termo, que será autuado em processo incidente.

Por procurador

Art. 165. A arguição de falsidade, feita por procurador, exigirá poderes especiais.

▶ Art. 146 do CPP.

Verificação de ofício

Art. 166. A verificação de falsidade poderá proceder-se de ofício.

▶ Art. 147 do CPP.

Documento oriundo de outro juízo

Art. 167. Se o documento reputado falso for oriundo de repartição ou órgão com sede em lugar sob jurisdição de outro juízo, nele se procederá à verificação da falsidade, salvo se esta for evidente, ou puder ser apurada por perícia no juízo do feito criminal.

Providências do juiz do feito

Parágrafo único. Caso a verificação deva ser feita em outro juízo, o juiz do feito criminal dará, para aquele fim, as providências necessárias.

Sustação do feito

Art. 168. O juiz poderá sustar o feito até a apuração da falsidade, se imprescindível para a condenação ou absolvição do acusado, sem prejuízo, entretanto, de outras diligências que não dependam daquela apuração.

Limite da decisão

Art. 169. Qualquer que seja a decisão, não fará coisa julgada em prejuízo de ulterior processo penal.

▶ Art. 148 do CPP.

TÍTULO XIII – DAS MEDIDAS PREVENTIVAS E ASSECURATÓRIAS

CAPÍTULO I — DAS PROVIDÊNCIAS QUE RECAEM SOBRE COISAS OU PESSOAS

Seção I — DA BUSCA

Espécies de busca

Art. 170. A busca poderá ser domiciliar ou pessoal.

▶ Art. 5º, XI, da CF.
▶ Art. 240 do CPP.
▶ Art. 11 do Pacto de São José da Costa Rica.

Busca domiciliar

Art. 171. A busca domiciliar consistirá na procura material portas adentro da casa.

Finalidade

Art. 172. Proceder-se-á à busca domiciliar, quando fundadas razões a autorizarem, para:

a) prender criminosos;

b) apreender coisas obtidas por meios criminosos ou guardadas ilicitamente;

c) apreender instrumentos de falsificação ou contrafação;

d) apreender armas e munições e instrumentos utilizados na prática de crime ou destinados a fim delituoso;

e) descobrir objetos necessários à prova da infração ou à defesa do acusado;

f) apreender correspondência destinada ao acusado ou em seu poder, quando haja fundada suspeita de que o conhecimento do seu conteúdo possa ser útil à elucidação do fato;

g) apreender pessoas vítimas de crime;

h) colher elemento de convicção.

Compreensão do termo "casa"

Art. 173. O termo casa compreende:

▶ Art. 5º, XI, da CF.
▶ Art. 246 do CPP.
▶ Art. 226, § 4º, do CPM.

a) qualquer compartimento habitado;

b) aposento ocupado de habitação coletiva;

c) compartimento não aberto ao público, onde alguém exerce profissão ou atividade.

Não compreensão

Art. 174. Não se compreende no termo casa:

▶ Art. 226, § 5º, do CPM.

a) hotel, hospedaria ou qualquer outra habitação coletiva, enquanto abertas, salvo a restrição da alínea *b* do artigo anterior;

b) taverna, boate, casa de jogo e outras do mesmo gênero;

c) a habitação usada como local para a prática de infrações penais.

Oportunidade da busca domiciliar

Art. 175. A busca domiciliar será executada de dia, salvo para acudir vítimas de crime ou desastre.

Parágrafo único. Se houver consentimento expresso do morador, poderá ser realizada à noite.

Ordem da busca

Art. 176. A busca domiciliar poderá ser ordenada pelo juiz, de ofício ou a requerimento das partes, ou determinada pela autoridade policial militar.

- Art. 242 do CPP.
- Art. 11 do Pacto de São José da Costa Rica.

Parágrafo único. O representante do Ministério Público, quando assessor no inquérito, ou deste tomar conhecimento, poderá solicitar do seu encarregado a realização da busca.

Precedência de mandado

Art. 177. Deverá ser precedida de mandado a busca domiciliar que não for realizada pela própria autoridade judiciária ou pela autoridade que presidir o inquérito.

- Art. 241 do CPP.
- Art. 226 do CPM.

Conteúdo do mandado

Art. 178. O mandado de busca deverá:

- Art. 243 do CPP.

a) indicar, o mais precisamente possível, a casa em que será realizada a diligência e o nome do seu morador ou proprietário; ou, no caso de busca pessoal, o nome da pessoa que a sofrerá ou os sinais que a identifiquem;

b) mencionar o motivo e os fins da diligência;

c) ser subscrito pelo escrivão e assinado pela autoridade que o fizer expedir.

Parágrafo único. Se houver ordem de prisão, constará do próprio texto do mandado.

Procedimento

Art. 179. O executor da busca domiciliar procederá da seguinte maneira:

Presença do morador

I – se o morador estiver presente:

a) ler-lhe-á o mandado, ou, se for o próprio autor da ordem, identificar-se-á e dirá o que pretende;

b) convidá-lo-á a franquear a entrada, sob pena de a forçar se não for atendido;

c) uma vez dentro da casa, se estiver à procura de pessoa ou coisa, convidará o morador a apresentá-la ou exibi-la;

d) se não for atendido ou se se tratar de pessoa ou coisa incerta, procederá à busca;

e) se o morador ou qualquer outra pessoa recalcitrar ou criar obstáculo usará da força necessária para vencer a resistência ou remover o empecilho e arrombará, se necessário, quaisquer móveis ou compartimentos em que, presumivelmente, possam estar as coisas ou pessoas procuradas;

Ausência do morador

II – se o morador estiver ausente:

a) tentará localizá-lo para lhe dar ciência da diligência e aguardará a sua chegada, se puder ser imediata;

b) no caso de não ser encontrado o morador ou não comparecer com a necessária presteza, convidará pessoa capaz, que identificará para que conste do respectivo auto, a fim de testemunhar a diligência;

c) entrará na casa, arrombando-a, se necessário;

d) fará a busca, rompendo, se preciso, todos os obstáculos em móveis ou compartimentos onde, presumivelmente, possam estar as coisas ou pessoas procuradas;

Casa desabitada

III – se a casa estiver desabitada, tentará localizar o proprietário, procedendo da mesma forma como no caso de ausência do morador.

Rompimento de obstáculo

§ 1º O rompimento de obstáculos deve ser feito com o menor dano possível à coisa ou compartimento passível da busca, providenciando-se, sempre que possível, a intervenção de serralheiro ou outro profissional habilitado, quando se tratar de remover ou desmontar fechadura, ferrolho, peça de segredo ou qualquer outro aparelhamento que impeça a finalidade da diligência.

Reposição

§ 2º Os livros, documentos, papéis e objetos que não tenham sido apreendidos devem ser repostos nos seus lugares.

§ 3º Em casa habitada, a busca será feita de modo que não moleste os moradores mais do que o indispensável ao bom êxito da diligência.

Busca pessoal

Art. 180. A busca pessoal consistirá na procura material feita nas vestes, pastas, malas e outros objetos que estejam com a pessoa revistada e, quando necessário, no próprio corpo.

Revista pessoal

Art. 181. Proceder-se-á à revista, quando houver fundada suspeita de que alguém oculte consigo:

a) instrumento ou produto do crime;

b) elementos de prova.

Revista independentemente de mandado

Art. 182. A revista independe de mandado:

- Art. 244 do CPP.

a) quando feita no ato da captura de pessoa que deve ser presa;

b) quando determinada no curso da busca domiciliar;

c) quando ocorrer o caso previsto na alínea a do artigo anterior;

d) quando houver fundada suspeita de que o revistando traz consigo objetos ou papéis que constituam corpo de delito;

e) quando feita na presença da autoridade judiciária ou do presidente do inquérito.

Busca em mulher

Art. 183. A busca em mulher será feita por outra mulher, se não importar retardamento ou prejuízo da diligência.

- Art. 249 do CPP.
- Lei nº 13.869, de 5-9-2019 (Lei do Abuso de Autoridade).

Busca no curso do processo ou do inquérito

Art. 184. A busca domiciliar ou pessoal por mandado será, no curso do processo, executada por oficial de justiça; e, no curso do inquérito, por oficial, designado pelo encarregado do inquérito, atendida a hierarquia do posto ou graduação de quem a sofrer, se militar.

Requisição a autoridade civil

Parágrafo único. A autoridade militar poderá requisitar da autoridade policial civil a realização da busca.

Seção II

DA APREENSÃO

Apreensão de pessoas ou coisas

- Art. 11 do Pacto de São José da Costa Rica.

Art. 185. Se o executor da busca encontrar as pessoas ou coisas a que se referem os artigos 172 e 181, deverá apreendê-las. Fá-lo-á, igualmente, de armas ou objetos pertencentes às Forças Armadas ou de uso exclusivo de militares, quando estejam em posse indevida, ou seja incerta a sua propriedade.

Correspondência aberta

§ 1º A correspondência aberta ou não, destinada ao indiciado ou ao acusado, ou em seu poder, será apreendida se houver fundadas razões para suspeitar que pode ser útil à elucidação do fato.

- Art. 5º, XII e LVI, da CF.

Documento em poder do defensor

§ 2º Não será permitida a apreensão de documentos em poder do defensor do acusado, salvo quando constituir elemento do corpo de delito.

Território de outra jurisdição

Art. 186. Quando, para apreensão, o executor for em seguimento de pessoa ou coisa, poderá penetrar em território sujeito a outra jurisdição.

Parágrafo único. Entender-se-á que a autoridade ou seus agentes vão em seguimento de pessoa ou coisa, quando:

a) tendo conhecimento de sua remoção ou transporte, a seguirem sem interrupção, embora depois a percam de vista;

b) ainda que não a tenham avistado, mas forem em seu encalço, sabendo, por informações fidedignas ou circunstâncias judiciárias, que está sendo removida ou transportada em determinada direção.

Apresentação à autoridade local

Art. 187. O executor que entrar em território de jurisdição diversa deverá, conforme o caso, apresentar-se à respectiva autoridade civil ou militar, perante a qual se identificará. A apresentação poderá ser feita após a diligência, se a urgência desta não permitir solução de continuidade.

Pessoa sob custódia

Art. 188. Descoberta a pessoa ou coisa que se procura, será imediatamente apreendida e posta sob custódia da autoridade ou de seus agentes.

Requisitos do auto

Art. 189. Finda a diligência, lavrar-se-á auto circunstanciado da busca e apreensão, assinado por duas testemunhas, com declaração do lugar, dia e hora em que se realizou, com citação das pessoas que a sofreram e das que nelas tomaram parte ou as tenham assistido, com as respectivas identidades, bem como de todos os incidentes ocorridos durante a sua execução.

Conteúdo do auto

Parágrafo único. Constarão do auto, ou dele farão parte em anexo devidamente rubricado pelo executor da diligência, a relação e descrição das coisas apreendidas, com a especificação:

a) se máquinas, veículos, instrumentos ou armas, da sua marca e tipo e, se possível, da sua origem, número e data da fabricação;

b) se livros, o respectivo título e o nome do autor;
c) se documentos, a sua natureza.

▸ Art. 371 deste Código.

Seção III
DA RESTITUIÇÃO

Restituição de coisas

Art. 190. As coisas apreendidas não poderão ser restituídas enquanto interessarem ao processo.

▸ Art. 118 do CPP.

§ 1º As coisas a que se referem o artigo 109, nº II, letra *a*, e o artigo 119, nos I e II, do Código Penal Militar, não poderão ser restituídas em tempo algum.

§ 2º As coisas a que se refere o artigo 109, nº II, letra *b*, do Código Penal Militar, poderão ser restituídas somente ao lesado ou a terceiro de boa-fé.

Ordem de restituição

Art. 191. A restituição poderá ser ordenada pela autoridade policial militar ou pelo juiz, mediante termo nos autos, desde que:

▸ Art. 120 do CPP.

a) a coisa apreendida não seja irrestituível, na conformidade do artigo anterior;
b) não interesse mais ao processo;
c) não exista dúvida quanto ao direito do reclamante.

Direito duvidoso

Art. 192. Se duvidoso o direito do reclamante, somente em juízo poderá ser decidido, autuando-se o pedido em apartado e assinando-se o prazo de cinco dias para a prova, findo o qual o juiz decidirá, cabendo da decisão recurso para o Superior Tribunal Militar.

Questão de alta indagação

Parágrafo único. Se a autoridade judiciária militar entender que a matéria é de alta indagação, remeterá o reclamante para o juízo cível, continuando as coisas apreendidas até que se resolva a controvérsia.

Coisa em poder de terceiro

Art. 193. Se a coisa houver sido apreendida em poder de terceiro de boa-fé, proceder-se-á da seguinte maneira:

a) se a restituição for pedida pelo próprio terceiro, o juiz do processo poderá ordená-la, se estiverem preenchidos os requisitos do artigo 191;
b) se pedida pelo acusado ou pelo lesado e, também, pelo terceiro, o incidente autuar-se-á em apartado e os reclamantes terão, em conjunto, o prazo de cinco dias para apresentar provas e o de três dias para arrazoar, findos os quais o juiz decidirá, cabendo da decisão recurso para o Superior Tribunal Militar.

Persistência de dúvida

§ 1º Se persistir dúvida quanto à propriedade da coisa, os reclamantes serão remetidos para o juízo cível, onde se decidirá aquela dúvida, com efeito sobre a restituição no juízo militar, salvo se motivo superveniente não tornar a coisa irrestituível.

Nomeação de depósito

§ 2º A autoridade judiciária militar poderá, se assim julgar conveniente, nomear depositário idôneo, para a guarda da coisa, até que se resolva a controvérsia.

Audiência do Ministério Público

Art. 194. O Ministério Público será sempre ouvido em pedido ou incidente de restituição.

Parágrafo único. Salvo o caso previsto no artigo 195, caberá recurso, com efeito suspensivo, para o Superior Tribunal Militar, do despacho do juiz que ordenar a restituição da coisa.

Coisa deteriorável

Art. 195. Tratando-se de coisa facilmente deteriorável, será avaliada e levada a leilão público, depositando-se o dinheiro apurado em estabelecimento oficial de crédito determinado em lei.

Sentença condenatória

Art. 196. Decorrido o prazo de noventa dias, após o trânsito em julgado de sentença condenatória, proceder-se-á da seguinte maneira em relação aos bens apreendidos:

Destino das coisas

a) os referidos no artigo 109, nº II, letra *a*, do Código Penal Militar, serão inutilizados ou recolhidos a Museu Criminal ou entregues às Forças Armadas, se lhes interessarem;
b) quaisquer outros bens serão avaliados e vendidos em leilão público, recolhendo-se ao fundo da organização militar correspondente ao Conselho de Justiça o que não couber ao lesado ou terceiro de boa-fé.

Destino em caso de sentença absolutória

Art. 197. Transitando em julgado sentença absolutória, proceder-se-á da seguinte maneira:

a) se houver sido decretado o confisco (Código Penal Militar, artigo 119), observar-se-á o disposto na letra *a* do artigo anterior;
b) nos demais casos, as coisas serão restituídas àquele de quem houverem sido apreendidas.

Venda em leilão

Art. 198. Fora dos casos previstos nos artigos anteriores, se, dentro do prazo de noventa dias, a contar da data em que transitar em julgado a sentença final, condenatória ou absolutória, os objetos apreendidos não forem reclamados por quem de direito, serão vendidos em leilão, depositando-se o saldo à disposição do juiz de ausentes.

▸ Art. 123 do CPP.

CAPÍTULO II
DAS PROVIDÊNCIAS QUE RECAEM SOBRE COISAS

Seção I
DO SEQUESTRO

Bens sujeitos a sequestro

Art. 199. Estão sujeitos a sequestro os bens adquiridos com os proventos da infração penal, quando desta haja resultado, de qualquer modo, lesão a patrimônio sob administração militar, ainda que já tenham sido transferidos a terceiros por qualquer forma de alienação, ou por abandono ou renúncia.

▸ Art. 5º, XLV, da CF.
▸ Art. 125 do CPP.

§ 1º Estão, igualmente, sujeitos a sequestro os bens de responsáveis por contrabando, ou outro ato ilícito, em aeronave ou embarcação militar, em proporção aos prejuízos e riscos por estes sofridos, bem como os dos seus tripulantes, que não tenham participado da prática do ato ilícito.

Bens insusceptíveis de sequestro

§ 2º Não poderão ser sequestrados bens, a respeito dos quais haja decreto de desapropriação da União, do Estado ou do Município, se anterior à data em que foi praticada a infração penal.

Requisitos para o sequestro

Art. 200. Para decretação do sequestro é necessária a existência de indícios veementes da proveniência ilícita dos bens.

▸ Art. 126 do CPP.

Fases da sua determinação

Art. 201. A autoridade judiciária militar, de ofício ou a requerimento do Ministério Público, poderá ordenar o sequestro, em qualquer fase do processo; e, antes da denúncia, se o solicitar, com fundado motivo, o encarregado do inquérito.

▸ Art. 127 do CPP.

Providências a respeito

Art. 202. Realizado o sequestro, a autoridade judiciária militar providenciará:

▸ Art. 128 do CPP.

a) se de imóvel, a sua inscrição no Registro de Imóveis;
b) se de coisa móvel, o seu depósito, sob a guarda de depositário nomeado para esse fim.

Autuação em embargos

Art. 203. O sequestro autuar-se-á em apartado e admitirá embargos, assim do indiciado ou acusado como de terceiro, sob os fundamentos de:

▸ Art. 129 do CPP.

I – se forem do indiciado ou acusado:
a) não ter ele adquirido a coisa com os proventos da infração penal;
b) não ter havido lesão a patrimônio sob administração militar.

II – se de terceiro:
a) haver adquirido a coisa em data anterior à da infração penal praticada pelo indiciado ou acusado;
b) havê-la, em qualquer tempo, adquirido de boa-fé.

Prova. Decisão. Recurso

§ 1º Apresentada a prova da alegação dentro em dez dias e ouvido o Ministério Público, a autoridade judiciária militar decidirá de plano, aceitando ou rejeitando os embargos, cabendo da decisão recurso para o Superior Tribunal Militar.

Remessa ao juízo cível

§ 2º Se a autoridade judiciária militar entender que se trata de matéria de alta indagação, remeterá o embargante para o juízo cível e manterá o sequestro até que seja dirimida a controvérsia.

§ 3º Da mesma forma procederá, desde logo, se não se tratar de lesão ao patrimônio sob administração militar.

Levantamento do sequestro

Art. 204. O sequestro será levantado no juízo penal militar:

▸ Art. 131 do CPP.

a) se forem aceitos os embargos, ou negado provimento ao recurso da decisão que os aceitou;

b) se a ação penal não for promovida no prazo de sessenta dias, contado da data em que foi instaurado o inquérito;

c) se o terceiro, a quem tiverem sido transferidos os bens, prestar caução real ou fidejussória que assegure a aplicação do disposto no artigo 109, nos I e II, letra *b*, do Código Penal Militar;

d) se for julgada extinta a ação penal ou absolvido o acusado por sentença irrecorrível.

► Art. 123 do CPM.

Sentença condenatória. Avaliação da venda

Art. 205. Transitada em julgado a sentença condenatória, a autoridade judiciária militar, de ofício ou a requerimento do Ministério Público, determinará a avaliação e a venda dos bens em leilão público.

► Art. 133 do CPP.

Recolhimento de dinheiro

§ 1º Do dinheiro apurado, recolher-se-á ao Tesouro Nacional o que se destinar a ressarcir prejuízo ao patrimônio sob administração militar.

§ 2º O que não se destinar a esse fim será restituído a quem de direito, se não houver controvérsia; se esta existir, os autos de sequestro serão remetidos ao juízo cível, a cuja disposição passará o saldo apurado.

Seção II

DA HIPOTECA LEGAL

Bens sujeitos a hipoteca legal

Art. 206. Estão sujeitos a hipoteca legal os bens imóveis do acusado, para satisfação do dano causado pela infração penal ao patrimônio sob administração militar.

Inscrição e especialização da hipoteca

Art. 207. A inscrição e a especialização da hipoteca legal serão requeridas à autoridade judiciária militar, pelo Ministério Público, em qualquer fase do processo, desde que haja certeza da infração penal e indícios suficientes de autoria.

► Art. 134 do CPP.

Estimação do valor da obrigação e do imóvel

Art. 208. O requerimento estimará o valor da obrigação resultante do crime, bem como indicará e estimará o imóvel ou imóveis, que ficarão especialmente hipotecados; será instruído com os dados em que se fundarem as estimativas e com os documentos comprobatórios do domínio.

► Art. 135 do CPP.

Arbitramento

Art. 209. Pedida a especialização, a autoridade judiciária militar mandará arbitrar o montante da obrigação resultante do crime e avaliar o imóvel ou imóveis indicados, nomeando perito idôneo para esse fim.

► Art. 135 do CPP.

§ 1º Ouvidos o acusado e o Ministério Público, no prazo de três dias, cada um, a autoridade judiciária militar poderá corrigir o arbitramento do valor da obrigação, se lhe parecer excessivo ou deficiente.

Liquidação após a condenação

§ 2º O valor da obrigação será liquidado definitivamente após a condenação, podendo ser requerido novo arbitramento se o acusado ou o Ministério Público não se conformar com o anterior à sentença condenatória.

Oferecimento de caução

§ 3º Se o acusado oferecer caução suficiente, real ou fidejussória, a autoridade judiciária militar poderá deixar de mandar proceder à inscrição da hipoteca.

Limite da inscrição

§ 4º Somente deverá ser autorizada a inscrição da hipoteca dos imóveis necessários à garantia da obrigação.

Processos em autos apartados

Art. 210. O processo da inscrição e especialização correrá em autos apartados.

► Art. 138 do CPP.

Recurso

§ 1º Da decisão que a determinar, caberá recurso para o Superior Tribunal Militar.

§ 2º Se o caso comportar questão de alta indagação, o processo será remetido ao juízo cível, para a decisão.

Imóvel clausulado de inalienabilidade

Art. 211. A hipoteca legal não poderá recair em imóvel com cláusula de inalienabilidade.

Caso de hipoteca anterior

Art. 212. No caso de hipoteca anterior ao fato delituoso, não ficará prejudicado o direito do patrimônio sob administração militar à constituição da hipoteca legal, que se considerará segunda hipoteca, nos termos da lei civil.

Renda dos bens hipotecados

Art. 213. Das rendas dos bens sob hipoteca legal, poderão ser fornecidos recursos, arbitrados pela autoridade judiciária militar, para a manutenção do acusado e sua família.

► Art. 137, § 2º, do CPP.

Cancelamento da inscrição

Art. 214. A inscrição será cancelada:

a) se, depois de feita, o acusado oferecer caução suficiente, real ou fidejussória;

b) se for julgada extinta a ação penal ou absolvido o acusado por sentença irrecorrível.

Seção III

DO ARRESTO

Bens sujeitos a arresto

Art. 215. O arresto de bens do acusado poderá ser decretado pela autoridade judiciária militar, para satisfação do dano causado pela infração penal ao patrimônio sob a administração militar:

a) se imóveis, para evitar artifício fraudulento que os transfira ou grave, antes da inscrição e especialização da hipoteca legal;

b) se móveis e representarem valor apreciável, tentar ocultá-los ou deles tentar realizar tradição que burle a possibilidade da satisfação do dano, referida no preâmbulo deste artigo.

Revogação do arresto

§ 1º Em se tratando de imóvel, o arresto será revogado, se, dentro em quinze dias, contados da sua decretação, não for requerida a inscrição e especialização da hipoteca legal.

Na fase do inquérito

§ 2º O arresto poderá ser pedido ainda na fase do inquérito.

Preferência

Art. 216. O arresto recairá de preferência sobre imóvel, e somente se estenderá a bem móvel se aquele não tiver valor suficiente para assegurar a satisfação do dano; em qualquer caso, o arresto somente será decretado quando houver certeza da infração e fundada suspeita da sua autoria.

Bens insuscetíveis de arresto

Art. 217. Não é permitido arrestar bens que, de acordo com a lei civil, sejam insuscetíveis de penhora, ou, de qualquer modo, signifiquem conforto indispensável ao acusado e à sua família.

Coisas deterioráveis

Art. 218. Se os bens móveis arrestados forem coisas facilmente deterioráveis, serão levadas a leilão público, depositando-se o dinheiro apurado em conta-corrente de estabelecimento de crédito oficial.

Processo em autos apartados

Art. 219. O processo de arresto correrá em autos apartados, admitindo embargos, se se tratar de coisa móvel, com recurso para o Superior Tribunal Militar da decisão que os aceitar ou negar.

Disposições de sequestro

Parágrafo único. No processo de arresto seguir-se-ão as disposições a respeito do sequestro, no que forem aplicáveis.

CAPÍTULO III

DAS PROVIDÊNCIAS QUE RECAEM SOBRE PESSOAS

Seção I

DA PRISÃO PROVISÓRIA

DISPOSIÇÕES GERAIS

Definição

Art. 220. Prisão provisória é a que ocorre durante o inquérito, ou no curso do processo, antes da condenação definitiva.

► Arts. 243 a 261, 263 a 269, 453 e 464 deste Código.

► Art. 7º do Pacto de São José da Costa Rica.

Legalidade da prisão

Art. 221. Ninguém será preso senão em flagrante delito ou por ordem escrita de autoridade competente.

► Art. 5º, LXI a LXVII, da CF.

► Arts. 254 a 261 deste Código.

► Arts. 283, *caput*, 427 e 428 do CPP.

► Art. 74 da Lei nº 6.880, de 9-12-1980 (Estatuto dos Militares).

► Lei nº 13.869, de 5-9-2019 (Lei do Abuso de Autoridade).

► Art. 7º, 2 a 6, do Pacto de São José da Costa Rica.

Comunicação ao juiz

Art. 222. A prisão ou detenção de qualquer pessoa será imediatamente levada ao conhecimento da autoridade judiciária competente, com a declaração do local onde a mesma se acha sob custódia e se está, ou não, incomunicável.

► Art. 5º, LXII, da CF.

► Art. 7º, 2 a 6, do Pacto de São José da Costa Rica.

Prisão de militar

Art. 223. A prisão de militar deverá ser feita por outro militar de posto ou graduação superior; ou, se igual, mais antigo.

▶ Arts. 17 a 19 da Lei nº 6.880, de 9-12-1980 (Estatuto dos Militares).

Relaxamento da prisão

Art. 224. Se, ao tomar conhecimento da comunicação, a autoridade judiciária verificar que a prisão não é legal, deverá relaxá-la imediatamente.

▶ Art. 5º, LXV, da CF.

▶ Art. 7º, 6, do Pacto de São José da Costa Rica.

Expedição de mandado

Art. 225. A autoridade judiciária ou o encarregado do inquérito que ordenar a prisão fará expedir em duas vias o respectivo mandado, com os seguintes requisitos:

▶ Art. 286 do CPP.

Requisitos

a) será lavrado pelo escrivão do processo ou do inquérito, ou *ad hoc*, e assinado pela autoridade que ordenar a expedição;

b) designará a pessoa sujeita a prisão com a respectiva identificação e moradia, se possível;

c) mencionará o motivo da prisão;

d) designará o executor da prisão.

Assinatura do mandado

Parágrafo único. Uma das vias ficará em poder do preso, que assinará a outra; e, se não quiser ou não puder fazê-lo, certificá-lo-á o executor do mandado, na própria via deste.

Tempo e lugar da captura

Art. 226. A prisão poderá ser efetuada em qualquer dia e a qualquer hora, respeitadas as garantias relativas à inviolabilidade do domicílio.

▶ Art. 150 do CP.

▶ Art. 283, § 2º, do CPP.

▶ Art. 226 do CPM.

▶ Art. 236 do CE.

Desdobramento do mandado

Art. 227. Para cumprimento do mandado, a autoridade policial militar, ou a judiciária poderá expedir tantos outros quantos necessários às diligências, devendo em cada um deles ser fielmente reproduzido o teor do original.

▶ Arts. 13, III, e 297 do CPP.

▶ Art. 13, *h*, deste Código.

Expedição de precatória ou ofício

Art. 228. Se o capturando estiver em lugar estranho à jurisdição do juiz que ordenar a prisão, mas em Território Nacional, a captura será pedida por precatória, da qual constará o mesmo que se contém nos mandados de prisão; no curso do inquérito policial militar a providência será solicitada pelo seu encarregado, com os mesmos requisitos, mas por meio de ofício, ao comandante da Região Militar, Distrito Naval ou Zona Aérea, respectivamente.

▶ Arts. 289 e 299 do CPP.

Via telegráfica ou radiográfica

Parágrafo único. Havendo urgência, a captura poderá ser requisitada por via telegráfica ou radiográfica, autenticada a firma da autoridade requisitante, o que se mencionará no despacho.

Captura no estrangeiro

Art. 229. Se o capturando estiver no estrangeiro, a autoridade judiciária se dirigirá ao Ministro da Justiça para que, por via diplomática, sejam tomadas as providências que no caso couberem.

Art. 230. A captura se fará:

Caso de flagrante

a) em caso de flagrante, pela simples voz de prisão;

Caso de mandado

b) em caso de mandado, pela entrega ao capturando de uma das vias e consequente voz de prisão dada pelo executor, que se identificará.

Recaptura

Parágrafo único. A recaptura de indiciado ou acusado evadido independe de prévia ordem da autoridade, e poderá ser feita por qualquer pessoa.

Captura em domicílio

Art. 231. Se o executor verificar que o capturando se encontra em alguma casa, ordenará ao dono dela que o entregue, exibindo-lhe o mandado de prisão.

▶ Art. 5º, XI, da CF.

▶ Art. 150 do CP.

▶ Art. 293 do CPP.

▶ Art. 226 do CPM.

▶ Art. 11 do Pacto de São José da Costa Rica.

Caso de busca

Parágrafo único. Se o executor não tiver certeza da presença do capturando na casa, poderá proceder à busca, para a qual, entretanto, será necessária a expedição do respectivo mandado, a menos que o executor seja a própria autoridade competente para expedi-lo.

Recusa da entrega do capturando

Art. 232. Se não for atendido, o executor convocará duas testemunhas e procederá da seguinte forma:

▶ Art. 293 do CPP.

a) sendo dia, entrará à força na casa, arrombando-lhe a porta, se necessário;

b) sendo noite, fará guardar todas as saídas, tornando a casa incomunicável, e, logo que amanheça, arrombar-lhe-á a porta e efetuará a prisão.

Parágrafo único. O morador que se recusar à entrega do capturando será levado à presença da autoridade, para que contra ele se proceda, como de direito, se sua ação configurar infração penal.

Flagrante no interior de casa

Art. 233. No caso de prisão em flagrante que se deva efetuar no interior de casa, observar-se-á o disposto no artigo anterior, no que for aplicável.

▶ Art. 244 deste Código.

Emprego de força

Art. 234. O emprego de força só é permitido quando indispensável, no caso de desobediência, resistência ou tentativa de fuga. Se houver resistência da parte de terceiros, poderão ser usados os meios necessários para vencê-la ou para defesa do executor e auxiliares seus, inclusive a prisão do ofensor. De tudo se lavrará auto subscrito pelo executor e por duas testemunhas.

▶ Arts. 23, III, 329 a 331 e 352 do CP.

▶ Arts. 284 e 292 do CPP.

▶ Art. 199 da LEP.

Emprego de algemas

§ 1º O emprego de algemas deve ser evitado, desde que não haja perigo de fuga ou de agressão da parte do preso, e de modo algum será permitido, nos presos a que se refere o artigo 242.

▶ Súm. Vinc. nº 11 do STF.

Uso de armas

§ 2º O recurso ao uso de armas só se justifica quando absolutamente necessário para vencer a resistência ou proteger a incolumidade do executor da prisão ou a de auxiliar seu.

Captura fora da jurisdição

Art. 235. Se o indiciado ou acusado, sendo perseguido, passar a território de outra jurisdição, observar-se-á, no que for aplicável, o disposto nos artigos 186, 187 e 188.

▶ Arts. 250 e 290 do CPP.

Cumprimento de precatória

Art. 236. Ao receber precatória para a captura de alguém, cabe ao auditor deprecado:

a) verificar a autenticidade e a legalidade do documento;

b) se o reputar perfeito, apor-lhe o cumpra-se e expedir mandado de prisão;

c) cumprida a ordem, remeter a precatória e providenciar a entrega do preso ao juiz deprecante.

Remessa dos autos a outro juiz

Parágrafo único. Se o juiz deprecado verificar que o capturando se encontra em território sujeito à jurisdição de outro juiz militar, remeter-lhe-á os autos da precatória. Se não tiver notícia do paradeiro do capturando, devolverá os autos ao juiz deprecante.

Entrega de preso. Formalidades

Art. 237. Ninguém será recolhido à prisão sem que ao responsável pela custódia seja entregue cópia do respectivo mandado, assinada pelo executor, ou apresentada guia expedida pela autoridade competente, devendo ser passado recibo da entrega do preso, com declaração do dia, hora e lugar da prisão.

▶ Art. 288 do CPP.

▶ Art. 107 da LEP.

▶ Art. 12 da Lei nº 13.869, de 5-9-2019 (Lei do Abuso de Autoridade).

Recibo

Parágrafo único. O recibo será passado no próprio exemplar do mandado, se este for o documento exibido.

Transferência de prisão

Art. 238. Nenhum preso será transferido de prisão sem que o responsável pela transferência faça a devida comunicação à autoridade judiciária que ordenou a prisão, nos termos do artigo 18.

Recolhimento a nova prisão

Parágrafo único. O preso transferido deverá ser recolhido à nova prisão com as mesmas formalidades previstas no artigo 237 e seu parágrafo único.

Separação de prisão

Art. 239. As pessoas sujeitas a prisão provisória deverão ficar separadas das que estiverem definitivamente condenadas.

- Art. 300 do CPP.
- Art. 84 da LEP.
- Art. 5º, 4, do Pacto de São José da Costa Rica.

Local da prisão

Art. 240. A prisão deve ser em local limpo e arejado, onde o detento possa repousar durante a noite, sendo proibido o seu recolhimento a masmorra, solitária ou cela onde não penetre a luz do dia.

- Art. 5º, XLIX, da CF.
- Art. 88 da LEP.
- Lei nº 13.869, de 5-9-2019 (Lei do Abuso de Autoridade).
- Art. 5º, 2, do Pacto de São José da Costa Rica.

Respeito à integridade do preso e assistência

Art. 241. Impõe-se à autoridade responsável pela custódia o respeito à integridade física e moral do detento, que terá direito a presença de pessoa da sua família e a assistência religiosa, pelo menos uma vez por semana, em dia previamente marcado, salvo durante o período de incomunicabilidade, bem como à assistência de advogado que indicar, nos termos do artigo 71, ou, se estiver impedido de fazê-lo, à do que for indicado por seu cônjuge, ascendente ou descendente.

- Arts. 5º, 2, e 8º, 2, *d*, do Pacto de São José da Costa Rica.

Parágrafo único. Se o detento necessitar de assistência para tratamento de saúde, ser-lhe-á prestada por médico militar.

Prisão especial

Art. 242. Serão recolhidos a quartel ou a prisão especial, à disposição da autoridade competente, quando sujeitos a prisão, antes de condenação irrecorrível:

- Art. 295 do CPP.
- Súm. nº 717 do STF.

a) os ministros de Estado;

b) os governadores ou interventores de Estados, ou Territórios, o prefeito do Distrito Federal, seus respectivos secretários e chefes de Polícia;

c) os membros do Congresso Nacional, dos Conselhos da União e das Assembleias Legislativas dos Estados;

d) os cidadãos inscritos no Livro de Mérito das ordens militares ou civis reconhecidas em lei;

e) os magistrados;

f) os oficiais das Forças Armadas, das Polícias e dos Corpos de Bombeiros, Militares, inclusive os da reserva, remunerada ou não, e os reformados;

g) os oficiais da Marinha Mercante Nacional;

h) os diplomados por faculdade ou instituto superior de ensino nacional;

i) os ministros do Tribunal de Contas;

j) os ministros de confissão religiosa.

Prisão de praças

Parágrafo único. A prisão de praças especiais e a de graduados atenderá aos respectivos graus de hierarquia.

- Art. 296 do CPP.

Seção II

DA PRISÃO EM FLAGRANTE

Pessoas que efetuam prisão em flagrante

Art. 243. Qualquer pessoa poderá e os militares deverão prender quem for insubmisso ou desertor, ou seja encontrado em flagrante delito.

- Art. 5º, LXI a LXVI, da CF.
- Art. 301 do CPP.
- Arts. 183 a 194 e 391 a 393 do CPM.
- Art. 301 do CTB.
- Art. 69, parágrafo único, da Lei nº 9.099, de 26-9-1995 (Lei dos Juizados Especiais).
- Súmulas nºs 145 e 397 do STF.

Sujeição a flagrante delito

Art. 244. Considera-se em flagrante delito aquele que:

- Art. 302 do CPP.

a) está cometendo o crime;

b) acaba de cometê-lo;

c) é perseguido logo após o fato delituoso em situação que faça acreditar ser ele o seu autor;

- Art. 290, § 1º, do CPP.

d) é encontrado, logo depois, com instrumentos, objetos, material ou papéis que façam presumir a sua participação no fato delituoso.

Infração permanente

Parágrafo único. Nas infrações permanentes, considera-se o agente em flagrante delito enquanto não cessar a permanência.

- Arts. 71 e 303 do CPP.
- Súm. nº 711 do STF.

Lavratura do auto

Art. 245. Apresentado o preso ao comandante ou ao oficial de dia, de serviço ou de quarto, ou autoridade correspondente, ou à autoridade judiciária, será, por qualquer deles, ouvido o condutor e as testemunhas que o acompanharem, bem como inquirido o indiciado sobre a imputação que lhe é feita, e especialmente sobre o lugar e hora em que o fato aconteceu, lavrando-se de tudo auto, que será por todos assinado.

- Art. 5º, LXII a LXV, da CF.
- Arts. 6º, V, 185, 304, 564, IV, e 572 do CPP.
- Arts. 13, *c*, 302, 500, IV, e 504 deste Código.
- Art. 8º, 2, *d* e *g*, e 3, do Pacto de São José da Costa Rica.

§ 1º Em se tratando de menor inimputável, será apresentado, imediatamente, ao juiz de menores.

Ausência de testemunhas

§ 2º A falta de testemunhas não impedirá o auto de prisão em flagrante, que será assinado por duas pessoas, pelo menos, que hajam testemunhado a apresentação do preso.

Recusa ou impossibilidade de assinatura do auto

§ 3º Quando a pessoa conduzida se recusar a assinar, não souber ou não puder fazê-lo, o auto será assinado por duas testemunhas, que lhe tenham ouvido a leitura na presença do indiciado, do condutor e das testemunhas do fato delituoso.

Designação de escrivão

§ 4º Sendo o auto presidido por autoridade militar, designará esta, para exercer as funções de escrivão, um capitão, capitão-tenente, primeiro ou segundo-tenente, se o indiciado for oficial. Nos demais casos, poderá designar um subtenente, suboficial ou sargento.

Falta ou impedimento de escrivão

§ 5º Na falta ou impedimento de escrivão ou das pessoas referidas no parágrafo anterior, a autoridade designará, para lavrar o auto, qualquer pessoa idônea, que, para esse fim, prestará o compromisso legal.

Recolhimento a prisão. Diligências

Art. 246. Se das respostas resultarem fundadas suspeitas contra a pessoa conduzida, a autoridade mandará recolhê-la à prisão, procedendo-se, imediatamente, se for o caso, a exame de corpo de delito, à busca e apreensão dos instrumentos do crime e a qualquer outra diligência necessária ao seu esclarecimento.

- Art. 251 deste Código.
- Art. 8º, 3, do Pacto de São José da Costa Rica.

Nota de culpa

Art. 247. Dentro em vinte e quatro horas após a prisão, será dada ao preso nota de culpa assinada pela autoridade, com o motivo da prisão, o nome do condutor e os das testemunhas.

- Art. 5º, LXIV, da CF.
- Arts. 306, § 2º, e 648, II, do CPP.
- Art. 467, *f*, deste Código.
- Art. 8º, 2, *b*, do Pacto de São José da Costa Rica.

Recibo da nota de culpa

§ 1º Da nota de culpa o preso passará recibo que será assinado por duas testemunhas, quando ele não souber, não puder ou não quiser assinar.

Relaxamento da prisão

§ 2º Se, ao contrário da hipótese prevista no artigo 246, a autoridade militar ou judiciária verificar a manifesta inexistência de infração penal militar ou a não participação da pessoa conduzida, relaxará a prisão. Em se tratando de infração penal comum, remeterá o preso à autoridade civil competente.

- Art. 5º, LXV, da CF.
- Art. 7º, 6, do Pacto de São José da Costa Rica.

Registro das ocorrências

Art. 248. Em qualquer hipótese, de tudo quanto ocorrer será lavrado auto ou termo, para remessa à autoridade judiciária competente, a fim de que esta confirme ou infirme os atos praticados.

Fato praticado em presença da autoridade

Art. 249. Quando o fato for praticado em presença da autoridade, ou contra ela, no exercício de suas funções, deverá ela própria prender e autuar em flagrante o infrator, mencionando a circunstância.

- Arts. 252, II, e 307 do CPP.

Prisão em lugar não sujeito à administração militar

Art. 250. Quando a prisão em flagrante for efetuada em lugar não sujeito à administração militar, o auto poderá ser lavrado por autoridade civil, ou pela autoridade militar do lugar mais próximo daquele em que ocorrer a prisão.

- Art. 308 do CPP.
- Art. 231 do ECA.
- Lei nº 13.869, de 5-9-2019 (Lei do Abuso de Autoridade).

Remessa do auto de flagrante ao juiz

Art. 251. O auto de prisão em flagrante deve ser remetido imediatamente ao juiz competente, se não tiver sido lavrado por autoridade judiciária; e, no máximo, dentro em cinco dias, se depender de diligência prevista no artigo 246.

- Art. 5º, LXII e LXV, da CF.
- Art. 27 deste Código.
- Art. 306 do CPP.
- Art. 7º, 6, do Pacto de São José da Costa Rica.

Passagem do preso à disposição do juiz

Parágrafo único. Lavrado o auto de flagrante delito, o preso passará imediatamente à disposição da autoridade judiciária competente para conhecer do processo.

Devolução do auto

Art. 252. O auto poderá ser mandado ou devolvido à autoridade militar, pelo juiz ou a requerimento do Ministério Público, se novas diligências forem julgadas necessárias ao esclarecimento do fato.

- Art. 26 deste Código.

Concessão de liberdade provisória

Art. 253. Quando o juiz verificar pelo auto de prisão em flagrante que o agente praticou o fato nas condições dos artigos 35, 38, observado o disposto no artigo 40, e dos artigos 39 e 42, do Código Penal Militar, poderá conceder ao indiciado liberdade provisória, mediante termo de comparecimento a todos os atos do processo, sob pena de revogar a concessão.

- Arts. 310, III, e parágrafo único, 581, V, e 648, I, do CPP.

Seção III

DA PRISÃO PREVENTIVA

Competência e requisitos para a decretação

Art. 254. A prisão preventiva pode ser decretada pelo auditor ou pelo Conselho de Justiça, de ofício, a requerimento do Ministério Público ou mediante representação da autoridade encarregada do inquérito policial militar, em qualquer fase deste ou do processo, concorrendo os requisitos seguintes:

- Art. 5º, LXI e LXII, da CF.
- Arts. 13, IV, 311, 581, V, e 648, I, do CPP.
- Art. 7º, 2, do Pacto de São José da Costa Rica.

a) prova do fato delituoso;
b) indícios suficientes de autoria.

No Superior Tribunal Militar

Parágrafo único. Durante a instrução de processo originário do Superior Tribunal Militar, a decretação compete ao relator.

Casos de decretação

Art. 255. A prisão preventiva, além dos requisitos do artigo anterior, deverá fundar-se em um dos seguintes casos:

- Art. 86, § 3º, da CF.
- Arts. 312 e 324, IV, do CPP.

a) garantia da ordem pública;
b) conveniência da instrução criminal;
c) periculosidade do indiciado ou acusado;
d) segurança da aplicação da lei penal militar;
e) exigência da manutenção das normas ou princípios de hierarquia e disciplina militares, quando ficarem ameaçados ou atingidos com a liberdade do indiciado ou acusado.

Fundamentação do despacho

Art. 256. O despacho que decretar ou denegar a prisão preventiva será sempre fundamentado; e, da mesma forma, o seu pedido ou requisição, que deverá preencher as condições previstas nas letras *a* e *b*, do artigo 254.

- Arts. 5º, LXI, e 93, IX, da CF.
- Arts. 315 e 581, V, do CPP.

Desnecessidade da prisão

Art. 257. O juiz deixará de decretar a prisão preventiva, quando, por qualquer circunstância evidente dos autos, ou pela profissão, condições de vida ou interesse do indiciado ou acusado, presumir que este não fuja, nem exerça influência em testemunha ou perito, nem impeça ou perturbe, de qualquer modo, a ação da justiça.

Modificação de condições

Parágrafo único. Essa decisão poderá ser revogada a todo o tempo, desde que se modifique qualquer das condições previstas neste artigo.

Proibição

Art. 258. A prisão preventiva em nenhum caso será decretada se o juiz verificar, pelas provas constantes dos autos, ter o agente praticado o fato nas condições dos artigos 35, 38, observado o disposto no artigo 40, e dos artigos 39 e 42, do Código Penal Militar.

- Arts. 314, 415, IV, e 648, I, do CPP.

Revogação e nova decretação

Art. 259. O juiz poderá revogar a prisão preventiva se, no curso do processo, verificar a falta de motivos para que subsista, bem como de novo decretá-la, se sobrevierem razões que a justifiquem.

- Arts. 80, 316 e 492, II, *a*, do CPP.

Parágrafo único. A prorrogação da prisão preventiva dependerá de prévia audiência do Ministério Público.

Execução da prisão preventiva

Art. 260. A prisão preventiva executar-se-á por mandado, com os requisitos do artigo 225. Se o indiciado ou acusado já se achar detido, será notificado do despacho que a decretar pelo escrivão do inquérito, ou do processo, que o certificará nos autos.

Passagem à disposição do juiz

Art. 261. Decretada a prisão preventiva, o preso passará à disposição da autoridade judiciária, observando-se o disposto no artigo 237.

CAPÍTULO IV

DO COMPARECIMENTO ESPONTÂNEO

Tomada de declarações

Art. 262. Comparecendo espontaneamente o indiciado ou acusado, tomar-se-ão por termo as declarações que fizer. Se o comparecimento não se der perante a autoridade judiciária, a esta serão apresentados o termo e o indiciado ou acusado, para que delibere acerca da prisão preventiva ou de outra medida que entender cabível.

Parágrafo único. O termo será assinado por duas testemunhas presenciais do ocorrido; e, se o indiciado ou acusado não souber ou não puder assinar, sê-lo-á por uma pessoa a seu rogo, além das testemunhas mencionadas.

CAPÍTULO V

DA MENAGEM

Competência e requisitos para a concessão

Art. 263. A menagem poderá ser concedida pelo juiz, nos crimes cujo máximo da pena privativa da liberdade não exceda a quatro anos, tendo-se, porém, em atenção a natureza do crime e os antecedentes do acusado.

- Art. 7º, 2, do Pacto de São José da Costa Rica.

Lugar da menagem

Art. 264. A menagem a militar poderá efetuar-se no lugar em que residia quando ocorreu o crime ou seja sede do juízo que o estiver apurando, ou, atendido o seu posto ou graduação, em quartel, navio, acampamento, ou em estabelecimento ou sede de órgão militar. A menagem a civil será no lugar da sede do juízo, ou em lugar sujeito à administração militar, se assim o entender necessário a autoridade que a conceder.

Audiência do Ministério Público

§ 1º O Ministério Público será ouvido, previamente, sobre a concessão da menagem, devendo emitir parecer dentro do prazo de três dias.

Pedido de informação

§ 2º Para a menagem em lugar sujeito à administração militar, será pedida informação, a respeito da sua conveniência, à autoridade responsável pelo respectivo comando ou direção.

Cassação da menagem

Art. 265. Será cassada a menagem àquele que se retirar do lugar para o qual foi ela concedida, ou faltar, sem causa justificada, a qualquer ato judicial para que tenha sido intimado ou a que deva comparecer independentemente de intimação especial.

- Art. 288 deste Código.

Menagem do insubmisso

Art. 266. O insubmisso terá o quartel por menagem, independentemente de decisão judicial, podendo, entretanto, ser cassada pela autoridade militar, por conveniência de disciplina.

- Art. 183 do CPM.

Cessação da menagem

Art. 267. A menagem cessa com a sentença condenatória, ainda que não tenha passado em julgado.

Parágrafo único. Salvo o caso do artigo anterior, o juiz poderá ordenar a cessação da menagem, em qualquer tempo, com a liberação das obrigações dela decorrentes, desde que não a julgue mais necessária ao interesse da Justiça.

Contagem para a pena

Art. 268. A menagem concedida em residência ou cidade não será levada em conta no cumprimento da pena.

Reincidência

Art. 269. Ao reincidente não se concederá menagem.

- Art. 71 do CPM.

CAPÍTULO VI

DA LIBERDADE PROVISÓRIA

Casos de liberdade provisória

Art. 270. O indiciado ou acusado livrar-se-á solto no caso de infração a que não for cominada pena privativa de liberdade.

- Arts. 321 a 350 do CPP.

Parágrafo único. Poderá livrar-se solto:

a) no caso de infração culposa, salvo se compreendida entre as previstas no Livro I, Título I, da Parte Especial do Código Penal Militar;

b) no caso de infração punida com pena de detenção não superior a dois anos, salvo as previstas nos artigos 157, 160, 161, 162, 163, 164, 166, 173, 176, 177, 178, 187, 192, 235, 299 e 302, do Código Penal Militar.

Suspensão

Art. 271. A superveniência de qualquer dos motivos referidos no artigo 255 poderá determinar a suspensão da liberdade provisória, por despacho da autoridade que a concedeu, de ofício ou a requerimento do Ministério Público.

CAPÍTULO VII
DA APLICAÇÃO PROVISÓRIA DE MEDIDAS DE SEGURANÇA

Casos de aplicação

Art. 272. No curso do inquérito, mediante representação do encarregado, ou no curso do processo, de ofício ou a requerimento do Ministério Público, enquanto não for proferida sentença irrecorrível, o juiz poderá, observado o disposto no artigo 111, do Código Penal Militar, submeter às medidas de segurança que lhes forem aplicáveis:

► Art. 373 do CPP.

a) os que sofram de doença mental, de desenvolvimento mental incompleto ou retardado, ou outra grave perturbação de consciência;

b) os ébrios habituais;

c) os toxicômanos;

d) os que estejam no caso do artigo 115, do Código Penal Militar.

Interdição de estabelecimento ou sociedade

§ 1º O juiz poderá, da mesma forma, decretar a interdição, por tempo não superior a cinco dias, de estabelecimento industrial ou comercial, bem como de sociedade ou associação, que esteja no caso do artigo 118, do Código Penal Militar, a fim de ser nela realizada busca ou apreensão ou qualquer outra diligência permitida neste Código, para elucidação de fato delituoso.

Fundamentação

§ 2º Será fundamentado o despacho que aplicar qualquer das medidas previstas neste artigo.

Irrecorribilidade de despacho

Art. 273. Não caberá recurso do despacho que decretar ou denegar a aplicação provisória da medida de segurança, mas esta poderá ser revogada, substituída ou modificada, a critério do juiz, mediante requerimento do Ministério Público, do indiciado ou acusado, ou de representante legal de qualquer destes, nos casos das letras *a* e *c* do artigo anterior.

► Art. 374 do CPP.

Necessidade da perícia médica

Art. 274. A aplicação provisória da medida de segurança, no caso da letra *a* do artigo 272, não dispensa nem supre a realização da perícia médica, nos termos dos artigos 156 e 160.

Normas supletivas

Art. 275. Decretada a medida, atender-se-á, no que for aplicável, às disposições relativas à execução da sentença definitiva.

► Arts. 659 a 674 deste Código.

Suspensão do pátrio poder, tutela ou curatela

Art. 276. A suspensão provisória do exercício do pátrio poder, da tutela ou da curatela, para efeito no juízo penal militar, deverá ser processada no juízo civil.

TÍTULO XIV

CAPÍTULO ÚNICO
DA CITAÇÃO, DA INTIMAÇÃO E DA NOTIFICAÇÃO

Formas de citação

Art. 277. A citação far-se-á por oficial de justiça:

► Arts. 351, 564, III, *e*, 570 e 572 do CPP.
► Art. 238 e segs. do CPC/2015.
► Art. 164 da LEP.
► Arts. 66, 68 e 78 da Lei nº 9.099, de 26-9-1995 (Lei dos Juizados Especiais).
► Súm. nº 351 do STF.

I – mediante mandado, quando o acusado estiver servindo ou residindo na sede do juízo em que se promove a ação penal;

II – mediante precatória, quando o acusado estiver servindo ou residindo fora dessa sede, mas no País;

III – mediante requisição, nos casos dos artigos 280 e 282;

IV – pelo correio, mediante expedição de carta;

V – por edital:

► Arts. 286 e 287 deste Código.

a) quando o acusado se ocultar ou opuser obstáculo para não ser citado;

b) quando estiver asilado em lugar que goze de extraterritorialidade de país estrangeiro;

c) quando não for encontrado;

d) quando estiver em lugar incerto ou não sabido;

e) quando incerta a pessoa que tiver de ser citada.

Parágrafo único. Nos casos das letras *a*, *c* e *d*, o oficial de justiça, depois de procurar o acusado por duas vezes, em dias diferentes, certificará, cada vez, a impossibilidade da citação pessoal e o motivo. No caso da letra *b*, o oficial de justiça certificará qual o lugar em que o acusado está asilado.

Requisitos do mandado

Art. 278. O mandado, do qual se extrairão tantas duplicatas quantos forem os acusados, para servirem de contrafé, conterá:

► Art. 352 do CPP.

a) o nome da autoridade judiciária que o expedir;

b) o nome do acusado, seu posto ou graduação, se militar; seu cargo, se assemelhado ou funcionário de repartição militar, ou, se for desconhecido, os seus sinais característicos;

c) a transcrição da denúncia, com o rol das testemunhas;

► Art. 8º, 2, *b*, do Pacto de São José da Costa Rica.

d) o lugar, dia e hora em que o acusado deverá comparecer a juízo;

e) a assinatura do escrivão e a rubrica da autoridade judiciária.

Assinatura do mandado

Parágrafo único. Em primeira instância a assinatura do mandado compete ao auditor, e, em ação originária do Superior Tribunal Militar, ao relator do feito.

► Arts. 490 a 492 deste Código.

Requisitos da citação por mandado

Art. 279. São requisitos da citação por mandado:

► Art. 357 do CPP.

a) a sua leitura ao citando pelo oficial de justiça, e entrega da contrafé;

b) declaração do recebimento da contrafé pelo citando, a qual poderá ser feita na primeira via do mandado;

c) declaração do oficial de justiça, na certidão, da leitura do mandado.

Recusa ou impossibilidade da parte do citando

Parágrafo único. Se o citando se recusar a ouvir a leitura do mandado, a receber a contrafé ou a declarar o seu recebimento, o oficial de justiça certificá-lo-á no próprio mandado. Do mesmo modo procederá, se o citando, embora recebendo a contrafé, estiver impossibilitado de o declarar por escrito.

Citação a militar

Art. 280. A citação a militar em situação de atividade ou assemelhado far-se-á mediante requisição à autoridade sob cujo comando ou chefia estiver, a fim de que o citando se apresente para ouvir a leitura do mandado e receber a contrafé.

► Arts. 221, § 2º, e 358 do CPP.

Citação a funcionário

Art. 281. A citação a funcionário que servir em repartição militar deverá, para se realizar dentro desta, ser precedida de licença do seu diretor ou chefe, a quem se dirigirá o oficial de justiça, antes de cumprir o mandado, na forma do artigo 279.

► Arts. 221, § 3º, e 359 do CPP.

Citação a preso

Art. 282. A citação de acusado preso por ordem de outro juízo ou por motivo de outro processo, far-se-á nos termos do artigo 279, requisitando-se, por ofício, a apresentação do citando ao oficial de justiça, no recinto da prisão, para o cumprimento do mandado.

► Art. 360 do CPP.
► Súm. nº 351 do STF.

Requisitos da precatória

Art. 283. A precatória de citação indicará:

► Art. 354 do CPP.

a) o juiz deprecado e o juiz deprecante;

b) a sede das respectivas jurisdições;

c) o fim para que é feita a citação, com todas as especificações;

d) o lugar, dia e hora de comparecimento do acusado.

Urgência

Parágrafo único. Se houver urgência, a precatória, que conterá em resumo os requisitos deste artigo, poderá ser expedida por via telegráfica, depois de reconhecida a firma do juiz, o que a estação expedidora mencionará.

► Art. 356 do CPP.

Cumprimento da precatória

Art. 284. A precatória será devolvida ao juiz deprecante, independentemente de traslado, depois de lançado o *"cumpra-se"* e de feita a citação por mandado do juiz deprecado, com os requisitos do artigo 279.

▶ Art. 355 do CPP.

§ 1º Verificado que o citando se encontra em território sujeito à jurisdição de outro juiz, a este o juiz deprecado remeterá os autos, para efetivação da diligência, desde que haja tempo para se fazer a citação.

§ 2º Certificada pelo oficial de justiça a existência de qualquer dos casos referidos no nº V, do artigo 277, a precatória será imediatamente devolvida, para o fim previsto naquele artigo.

Carta citatória

Art. 285. Estando o acusado no estrangeiro, mas em lugar sabido, a citação far-se-á por meio de carta citatória, cuja remessa a autoridade judiciária solicitará ao Ministério das Relações Exteriores, para ser entregue ao citando, por intermédio de representante diplomático ou consular do Brasil, ou preposto de qualquer deles, com jurisdição no lugar onde aquele estiver. A carta citatória conterá o nome do juiz que a expedir e as indicações a que se referem as alíneas *b*, *c* e *d*, do artigo 283.

▶ Arts. 369 e 783 a 786 do CPP.

Caso especial de militar

§ 1º Em se tratando de militar em situação de atividade, a remessa, para o mesmo fim, será solicitada ao Ministério em que servir.

Carta citatória considerada cumprida

§ 2º A citação considerar-se-á cumprida desde que, por qualquer daqueles Ministérios, seja comunicada ao juiz a entrega ao citando da carta citatória.

Ausência do citando

§ 3º Se o citando não for encontrado no lugar, ou se ocultar ou opuser obstáculo à citação, publicar-se-á edital para este fim, pelo prazo de vinte dias, de acordo com o artigo 286, após a comunicação, naquele sentido, à autoridade judiciária.

Exilado ou foragido em país estrangeiro

§ 4º O exilado ou foragido em país estrangeiro, salvo se internado em lugar certo e determinado pelo Governo desse país, será citado por edital, conforme o parágrafo anterior.

§ 5º A publicação do edital a que se refere o parágrafo anterior somente será feita após certidão do oficial de justiça, afirmativa de estar o citando exilado ou foragido em lugar incerto e não sabido.

Requisitos do edital

Art. 286. O edital de citação conterá, além dos requisitos referidos no artigo 278, a declaração do prazo, que será contado do dia da respectiva publicação na imprensa, ou da sua afixação.

▶ Art. 365 do CPP.
▶ Súm. nº 366 do STF.

§ 1º Além da publicação por três vezes em jornal oficial do lugar ou, na falta deste, em jornal que tenha ali circulação diária, será o edital afixado em lugar ostensivo, na portaria do edifício onde funciona o juízo. A afixação será certificada pelo oficial de justiça que a houver feito e a publicação provada com a página do jornal de que conste a respectiva data.

Edital resumido

§ 2º Sendo por demais longa a denúncia, dispensar-se-á a sua transcrição, resumindo-se o edital às indicações previstas nas alíneas *a*, *b*, *d* e *e*, do artigo 278 e à declaração do prazo a que se refere o preâmbulo deste artigo. Da mesma forma se procederá, quando o número de acusados exceder a cinco.

Prazo do edital

Art. 287. O prazo do edital será conforme o artigo 277, nº V:

a) de cinco dias, nos casos das alíneas *a* e *b*;
b) de quinze dias, no caso da alínea *c*;
c) de vinte dias, no caso da alínea *d*;
d) de vinte a noventa dias, no caso da alínea *e*.

Parágrafo único. No caso da alínea *a*, deste artigo, bastará publicar o edital uma só vez.

Intimação e notificação pelo escrivão

Art. 288. As intimações e notificações, para a prática de atos ou seu conhecimento no curso do processo, poderão, salvo determinação especial do juiz, ser feitas pelo escrivão às partes, testemunhas e peritos, por meio de carta, telegrama ou comunicação telefônica, bem como pessoalmente, se estiverem presentes em juízo, o que será certificado nos autos.

▶ Arts. 370, 392 e 570 do CPP.

Residente fora da sede do juízo

§ 1º A intimação ou notificação a pessoa que residir fora da sede do juízo poderá ser feita por carta ou telegrama, com assinatura da autoridade judiciária.

Intimação ou notificação a advogado ou curador

§ 2º A intimação ou notificação ao advogado constituído nos autos com poderes *ad juditia*, ou de ofício, ao defensor dativo ou ao curador judicial, supre a do acusado, salvo se este estiver preso, caso em que deverá ser intimado ou notificado pessoalmente, com conhecimento do responsável pela sua guarda, que o fará apresentar em juízo, no dia e hora designados, salvo motivo de força maior, que comunicará ao juiz.

▶ Art. 370, § 1º, do CPP.
▶ Art. 67 da Lei nº 9.099, de 26-9-1995 (Lei dos Juizados Especiais).

Intimação ou notificação a militar

§ 3º A intimação ou notificação de militar em situação de atividade, ou assemelhado, ou de funcionário lotado em repartição militar, será feita por intermédio da autoridade a que estiver subordinado. Estando preso, o oficial deverá ser apresentado, atendida a sua hierarquia, sob a guarda de outro oficial, e a praça sob escolta, de acordo com os regulamentos militares.

Dispensa de comparecimento

§ 4º O juiz poderá dispensar a presença do acusado, desde que, sem dependência dela, possa realizar-se o ato processual.

Agregação de oficial processado

Art. 289. Estando solto, o oficial sob processo será agregado em unidade, força ou órgão, cuja distância da sede do juízo lhe permita comparecimento imediato aos atos processuais. A sua transferência, em cada caso, deverá ser comunicada à autoridade judiciária processante.

Mudança de residência de acusado civil

Art. 290. O acusado civil, solto, não poderá mudar de residência ou dela ausentar-se por mais de oito dias, sem comunicar à autoridade judiciária processante o lugar onde pode ser encontrado.

Antecedência da citação

Art. 291. As citações, intimações ou notificações serão sempre feitas de dia e com a antecedência de vinte e quatro horas, pelo menos, do ato a que se referirem.

Revelia do acusado

Art. 292. O processo seguirá à revelia do acusado que, citado, intimado ou notificado para qualquer ato do processo, deixar de comparecer sem motivo justificado.

▶ Art. 367 do CPP.

Citação inicial do acusado

Art. 293. A citação feita no início do processo é pessoal, bastando, para os demais termos, a intimação ou notificação do seu defensor, salvo se o acusado estiver preso, caso em que será, da mesma forma, intimado ou notificado.

▶ Art. 500, III, *c*, deste Código.

TÍTULO XV – DOS ATOS PROBATÓRIOS

CAPÍTULO I

DISPOSIÇÕES GERAIS

Irrestrição da prova

Art. 294. A prova no juízo penal militar, salvo quanto ao estado das pessoas, não está sujeita às restrições estabelecidas na lei civil.

▶ Art. 5º, LVI, da CF.
▶ Arts. 92 e 155 do CPP.
▶ Súm. nº 74 do STJ.

Admissibilidade do tipo de prova

Art. 295. É admissível, nos termos deste Código, qualquer espécie de prova, desde que não atente contra a moral, a saúde ou a segurança individual ou coletiva, ou contra a hierarquia ou a disciplina militares.

▶ Art. 157 do CPP.

Ônus da prova. Determinação de diligência

Art. 296. O ônus da prova compete a quem alegar o fato, mas o juiz poderá, no curso da instrução criminal ou antes de proferir sentença, determinar, de ofício, diligências para dirimir dúvida sobre ponto relevante. Realizada a diligência, sobre ela serão ouvidas as partes, para dizerem nos autos, dentro em quarenta e oito horas, contadas da intimação, por despacho do juiz.

▶ Art. 156 do CPP.
▶ Arts. 370 e 371 do CPC/2015.
▶ Art. 81, § 1º, da Lei nº 9.099, de 26-9-1995 (Lei dos Juizados Especiais).

Inversão do ônus da prova

§ 1º Inverte-se o ônus de provar se a lei presume o fato até prova em contrário.

Isenção

§ 2º Ninguém está obrigado a produzir prova que o incrimine, ou ao seu cônjuge, descendente, ascendente ou irmão.

▶ Art. 5º, LXIII, da CF.

Avaliação de prova

Art. 297. O juiz formará convicção pela livre apreciação do conjunto das provas colhidas em juízo. Na consideração de cada prova, o juiz deverá confrontá-la com as demais, verificando se entre elas há compatibilidade e concordância.

▶ Arts. 157, 182, 184, 200 e 381, III, do CPP.
▶ Arts. 370 e 371 do CPC/2015.

Prova na língua nacional

Art. 298. Os atos do processo serão expressos na língua nacional.

- Art. 192 do CPC/2015.

Intérprete

§ 1º Será ouvido por meio de intérprete o acusado, a testemunha ou quem quer que tenha de prestar esclarecimento oral no processo, desde que não saiba falar a língua nacional ou nela não consiga, com exatidão, enunciar o que pretende ou compreender o que lhe é perguntado.

Tradutor

§ 2º Os documentos em língua estrangeira serão traduzidos para a nacional, por tradutor público ou por tradutor nomeado pelo juiz, sob compromisso.

- Art. 192, parágrafo único, do CPC/2015.

Interrogatório ou inquirição do mudo, do surdo e do surdo-mudo

Art. 299. O interrogatório ou inquirição do mudo, do surdo, ou do surdo-mudo será feito pela forma seguinte:

- Art. 192 do CPP.

a) ao surdo, serão apresentados por escrito as perguntas, que ele responderá oralmente;
b) ao mudo, as perguntas serão feitas oralmente, respondendo-as ele por escrito;
c) ao surdo-mudo, as perguntas serão formuladas por escrito, e por escrito dará ele as respostas.

§ 1º Caso o interrogado ou inquirido não saiba ler ou escrever, intervirá no ato, como intérprete, pessoa habilitada a entendê-lo.

§ 2º Aplica-se ao ofendido o disposto neste artigo e § 1º.

Consignação das perguntas e respostas

Art. 300. Sem prejuízo da exposição que o ofendido, o acusado ou a testemunha quiser fazer, a respeito do fato delituoso ou circunstâncias que tenham com este relação direta, serão consignadas as perguntas que lhes forem dirigidas, bem como, imediatamente, as respectivas respostas, devendo estas obedecer, com a possível exatidão, aos termos em que foram dadas.

Oralidade e formalidades das declarações

§ 1º As perguntas e respostas serão orais, podendo estas, entretanto, ser dadas por escrito, se o declarante, embora não seja mudo, estiver impedido de enunciá-las. Obedecida esta condição, o mesmo poderá ser admitido a respeito da exposição referida neste artigo, desde que escrita no ato da inquirição e sem intervenção de outra pessoa.

§ 2º Nos processos de primeira instância compete ao auditor e nos originários do Superior Tribunal Militar ao relator fazer as perguntas ao declarante e ditar as respostas ao escrivão. Qualquer dos membros do Conselho de Justiça poderá, todavia, fazer as perguntas que julgar necessárias e que serão consignadas com as respectivas respostas.

§ 3º As declarações do ofendido, do acusado e das testemunhas, bem como os demais incidentes que lhes tenham relação, serão reduzidos a termo pelo escrivão, assinado pelo juiz, pelo declarante e pelo defensor do acusado, se o quiser. Se o declarante não souber escrever ou se recusar a assiná-lo, o escrivão o declarará à fé do seu cargo, encerrando o termo.

Observância no inquérito

Art. 301. Serão observadas no inquérito as disposições referentes às testemunhas e sua acareação, ao reconhecimento de pessoas e coisas, aos atos periciais e a documentos, previstas neste Título, bem como quaisquer outras que tenham pertinência com a apuração do fato delituoso e sua autoria.

- Arts. 9º a 28 deste Código.

CAPÍTULO II

DA QUALIFICAÇÃO E DO INTERROGATÓRIO DO ACUSADO

Tempo e lugar do interrogatório

Art. 302. O acusado será qualificado e interrogado num só ato, no lugar, dia e hora designados pelo juiz, após o recebimento da denúncia; e, se presente à instrução criminal ou preso, antes de ouvidas as testemunhas.

- Art. 404 deste Código.
- Art. 5º, LIII, LIV, LV, LVI e LVII, da CF.
- Arts. 6º, V, 185 e 304 do CPP.
- Art. 8º, 1, do Pacto de São José da Costa Rica.
- Súm. nº 15 do STM.

Comparecimento no curso do processo

Parágrafo único. A qualificação e o interrogatório do acusado que se apresentar ou for preso no curso do processo, serão feitos logo que ele comparecer perante o juiz.

Interrogatório pelo juiz

Art. 303. O interrogatório será feito, obrigatoriamente, pelo juiz, não sendo nele permitida a intervenção de qualquer outra pessoa.

- Art. 188 do CPP.

Questões de ordem

Parágrafo único. Findo o interrogatório, poderão as partes levantar questões de ordem, que o juiz resolverá de plano, fazendo-as consignar em ata com a respectiva solução, se assim lhe for requerido.

Interrogatório em separado

Art. 304. Se houver mais de um acusado, será cada um deles interrogado separadamente.

- Art. 191 do CPP.

Observações ao acusado

Art. 305. Antes de iniciar o interrogatório, o juiz observará ao acusado que, embora não esteja obrigado a responder às perguntas que lhe forem formuladas, o seu silêncio poderá ser interpretado em prejuízo da própria defesa.

- Art. 5º, LXIII, da CF.
- Art. 186 do CPP.
- Art. 8º, 2, *g*, e 3, do Pacto de São José da Costa Rica.

Perguntas não respondidas

Parágrafo único. Consignar-se-ão as perguntas que o acusado deixar de responder e as razões que invocar para não fazê-lo.

Forma e requisitos do interrogatório

Art. 306. O acusado será perguntado sobre o seu nome, naturalidade, estado, idade, filiação, residência, profissão ou meios de vida e lugar onde exerce a sua atividade, se sabe ler e escrever e se tem defensor. Respondidas essas perguntas, será cientificado da acusação pela leitura da denúncia e estritamente interrogado da seguinte forma:

- Art. 187 do CPP.
- Art. 68 da LCP.

a) onde estava ao tempo em que foi cometida a infração e se teve notícia desta e de que forma;
b) se conhece a pessoa ofendida e as testemunhas arroladas na denúncia, desde quando e se tem alguma coisa a alegar contra elas;
c) se conhece as provas contra ele apuradas e se tem alguma coisa a alegar a respeito das mesmas;
d) se conhece o instrumento com que foi praticada a infração, ou qualquer dos objetos com ela relacionados e que tenham sido apreendidos;
e) se é verdadeira a imputação que lhe é feita;
f) se, não sendo verdadeira a imputação, sabe de algum motivo particular a que deva atribuí-la ou conhece a pessoa ou pessoas a que deva ser imputada a prática do crime e se com elas esteve antes ou depois desse fato;
g) se está sendo ou já foi processado pela prática de outra infração e, em caso afirmativo, em que juízo, se foi condenado, qual a pena imposta e se a cumpriu;
h) se tem quaisquer outras declarações a fazer.

Nomeação de defensor ou curador

§ 1º Se o acusado declarar que não tem defensor, o juiz dar-lhe-á um, para assistir ao interrogatório. Se menor de vinte e um anos, nomear-lhe-á curador, que poderá ser o próprio defensor.

- Art. 431 deste Código.

Caso de confissão

§ 2º Se o acusado confessar a infração, será especialmente interrogado:

a) sobre quais os motivos e as circunstâncias da infração;
b) sobre se outras pessoas concorreram para ela, quais foram e de que modo agiram.

Negativa da imputação

§ 3º Se o acusado negar a imputação no todo ou em parte, será convidado a indicar as provas da verdade de suas declarações.

CAPÍTULO III

DA CONFISSÃO

Validade da confissão

Art. 307. Para que tenha valor de prova, a confissão deve:

- Arts. 59 e 65, III, *d*, do CP.
- Arts. 197 e 630, § 2º, *a*, do CPP.
- Art. 72, III, *d*, do CPM.
- Art. 8º, 3, do Pacto de São José da Costa Rica.

a) ser feita perante autoridade competente;
b) ser livre, espontânea e expressa;
c) versar sobre o fato principal;
d) ser verossímil;
e) ter compatibilidade e concordância com as demais provas do processo.

Silêncio do acusado

Art. 308. O silêncio do acusado não importará confissão, mas poderá constituir elemento para a formação do convencimento do juiz.

- Art. 5º, LXIII, da CF.
- Art. 198 do CPP.
- Art. 8º, 2, *g*, do Pacto de São José da Costa Rica.

Retratabilidade e divisibilidade

Art. 309. A confissão é retratável e divisível, sem prejuízo do livre convencimento do juiz, fundado no exame das provas em conjunto.

▶ Art. 200 do CPP.

Confissão fora do interrogatório

Art. 310. A confissão, quando feita fora do interrogatório, será tomada por termo nos autos, observado o disposto no artigo 304.

▶ Art. 199 do CPP.

CAPÍTULO IV

DAS PERGUNTAS AO OFENDIDO

Qualificação do ofendido. Perguntas

Art. 311. Sempre que possível, o ofendido será qualificado e perguntado sobre as circunstâncias da infração, quem seja ou presuma ser seu autor, as provas que possa indicar, tomando-se por termo as suas declarações.

▶ Art. 410 deste Código.

▶ Art. 201 do CPP.

▶ Art. 339 do CP.

▶ Art. 81 da Lei nº 9.099, de 26-9-1995 (Lei dos Juizados Especiais).

Falta de comparecimento

Parágrafo único. Se, notificado para esse fim, deixar de comparecer sem motivo justo, poderá ser conduzido à presença da autoridade, sem ficar sujeito, entretanto, a qualquer sanção.

Presença do acusado

Art. 312. As declarações do ofendido serão feitas na presença do acusado, que poderá contraditá-las no todo ou em parte, após a sua conclusão, bem como requerer ao juiz que o ofendido esclareça ou torne mais precisa qualquer das suas declarações, não podendo, entretanto, reperguntá-lo.

Isenção de resposta

Art. 313. O ofendido não está obrigado a responder pergunta que possa incriminá-lo, ou seja estranha ao processo.

▶ Art. 8º, 2, *g*, do Pacto de São José da Costa Rica.

CAPÍTULO V

DAS PERÍCIAS E EXAMES

Objeto da perícia

Art. 314. A perícia pode ter por objeto os vestígios materiais deixados pelo crime ou as pessoas e coisas, que, por sua ligação com o crime, possam servir-lhe de prova.

Determinação

Art. 315. A perícia pode ser determinada pela autoridade policial militar ou pela judiciária, ou requerida por qualquer das partes.

▶ Art. 8º, 2, *f*, do Pacto de São José da Costa Rica.

Negação

Parágrafo único. Salvo no caso de exame de corpo de delito, o juiz poderá negar a perícia, se a reputar desnecessária ao esclarecimento da verdade.

▶ Arts. 14, 158 e 184 do CPP.

Formulação de quesitos

Art. 316. A autoridade que determinar a perícia formulará os quesitos que entender necessários. Poderão, igualmente, fazê-lo: no inquérito, o indiciado; e, durante a instrução criminal, o Ministério Público e o acusado, em prazo que lhes for marcado para aquele fim, pelo auditor.

▶ Arts. 14 e 176 do CPP.

Quesitos

Art. 317. Os quesitos devem ser específicos, simples e de sentido inequívoco, não podendo ser sugestivos nem conter implícita a resposta.

Exigência de especificação e esclarecimento

§ 1º O juiz, de ofício ou a pedido de qualquer dos peritos, poderá mandar que as partes especifiquem os quesitos genéricos, dividam os complexos ou esclareçam os duvidosos, devendo indeferir os que não sejam pertinentes ao objeto da perícia, bem como os que sejam sugestivos ou contenham implícita a resposta.

Esclarecimento de ordem técnica

§ 2º Ainda que o quesito não permita resposta decisiva do perito, poderá ser formulado, desde que tenha por fim esclarecimento indispensável de ordem técnica, a respeito de fato que é objeto da perícia.

Número dos peritos e habilitação

Art. 318. As perícias serão, sempre que possível, feitas por dois peritos, especializados no assunto ou com habilitação técnica, observado o disposto no artigo 48.

▶ Arts. 159 e 178 do CPP.

▶ Súm. nº 361 do STF.

Resposta aos quesitos

Art. 319. Os peritos descreverão minuciosamente o que examinarem e responderão com clareza e de modo positivo aos quesitos formulados, que serão transcritos no laudo.

▶ Art. 160 do CPP.

Fundamentação

Parágrafo único. As respostas poderão ser fundamentadas, em sequência a cada quesito.

Apresentação de pessoas e objetos

Art. 320. Os peritos poderão solicitar da autoridade competente a apresentação de pessoas, instrumentos ou objetos que tenham relação com o crime, assim como os esclarecimentos que se tornem necessários à orientação da perícia.

Requisição de perícia ou exame

Art. 321. A autoridade policial militar e a judiciária poderão requisitar dos institutos médico-legais, dos laboratórios oficiais e de quaisquer repartições técnicas, militares ou civis, as perícias e exames que se tornem necessários ao processo, bem como, para o mesmo fim, homologar os que neles tenham sido regularmente realizados.

Divergência entre os peritos

Art. 322. Se houver divergência entre os peritos, serão consignadas no auto de exame as declarações e respostas de um e de outro, ou cada um redigirá separadamente o seu laudo, e a autoridade nomeará um terceiro. Se este divergir de ambos, a autoridade poderá mandar proceder a novo exame por outros peritos.

▶ Art. 180 do CPP.

Suprimento do laudo

Art. 323. No caso de inobservância de formalidade ou no caso de omissão, obscuridade ou contradição, a autoridade policial militar ou judiciária mandará suprir a formalidade, ou completar ou esclarecer o laudo. Poderá igualmente, sempre que entender necessário, ouvir os peritos, para qualquer esclarecimento.

▶ Arts. 181, 563, 564, IV, 566 e 572 do CPP.

Procedimento de novo exame

Parágrafo único. A autoridade poderá, também, ordenar que se proceda a novo exame, por outros peritos, se julgar conveniente.

Ilustração dos laudos

Art. 324. Sempre que conveniente e possível, os laudos de perícias ou exames serão ilustrados com fotografias, microfotografias, desenhos ou esquemas, devidamente rubricados.

Prazo para apresentação do laudo

Art. 325. A autoridade policial militar ou a judiciária, tendo em atenção a natureza do exame, marcará prazo razoável, que poderá ser prorrogado, para a apresentação dos laudos.

Vista do laudo

Parágrafo único. Do laudo será dada vista às partes, pelo prazo de três dias, para requererem quaisquer esclarecimentos dos peritos ou apresentarem quesitos suplementares para esse fim, que o juiz poderá admitir, desde que pertinentes e não infrinjam o artigo 137 e seu § 1º.

Liberdade de apreciação

Art. 326. O juiz não ficará adstrito ao laudo, podendo aceitá-lo ou rejeitá-lo, no todo ou em parte.

▶ Arts. 155 e 182 do CPP.

Perícias em lugar sujeito à administração militar ou repartição

Art. 327. As perícias, exames ou outras diligências que, para fins probatórios, tenham que ser feitos em quartéis, navios, aeronaves, estabelecimentos ou repartições, militares ou civis, devem ser precedidos de comunicações aos respectivos comandantes, diretores ou chefes, pela autoridade competente.

Infração que deixa vestígios

Art. 328. Quando a infração deixar vestígios, será indispensável o exame de corpo de delito, direto ou indireto, não podendo supri-lo a confissão do acusado.

▶ Art. 307 deste Código.

▶ Arts. 158, 167, 525 e 564, III, *b*, do CPP.

▶ Arts. 69 e 77, § 1º, da Lei nº 9.099, de 26-9-1995 (Lei dos Juizados Especiais).

Corpo de delito indireto

Parágrafo único. Não sendo possível o exame de corpo de delito direto, por haverem desaparecido os vestígios da infração, supri-lo-á a prova testemunhal.

Oportunidade do exame

Art. 329. O exame de corpo de delito poderá ser feito em qualquer dia e a qualquer hora.

▶ Arts. 6º, VII, e 161 do CPP.

Exame nos crimes contra a pessoa

Art. 330. Os exames que tiverem por fim comprovar a existência de crime contra a pessoa abrangerão:

a) exames de lesões corporais;
b) exames de sanidade física;
c) exames de sanidade mental;
d) exames cadavéricos, precedidos ou não de exumação;
e) exames de identidade de pessoa;
f) exames de laboratório;

g) exames de instrumentos que tenham servido à prática do crime.

Exame pericial incompleto

Art. 331. Em caso de lesões corporais, se o primeiro exame pericial tiver sido incompleto, proceder-se-á a exame complementar, por determinação da autoridade policial militar ou judiciária, de ofício ou a requerimento do indiciado, do Ministério Público, do ofendido ou do acusado.

▶ Art. 168 do CPP.

Suprimento de deficiência

§ 1º No exame complementar, os peritos terão presente o auto de corpo de delito, a fim de suprir-lhe a deficiência ou retificá-lo.

Exame de sanidade física

§ 2º Se o exame complementar tiver por fim verificar a sanidade física do ofendido, para efeito da classificação do delito, deverá ser feito logo que decorra o prazo de trinta dias, contado da data do fato delituoso.

Suprimento do exame complementar

§ 3º A falta de exame complementar poderá ser suprida pela prova testemunhal.

Realização pelos mesmos peritos

§ 4º O exame complementar pode ser feito pelos mesmos peritos que procederam ao de corpo de delito.

Exame de sanidade mental

Art. 332. Os exames de sanidade mental obedecerão, em cada caso, no que for aplicável, às normas prescritas no Capítulo II, do Título XII.

▶ Arts. 156 a 162 deste Código.

Autópsia

Art. 333. Haverá autópsia:

a) quando, por ocasião de ser feito o corpo de delito, os peritos a julgarem necessária;

b) quando existirem fundados indícios de que a morte resultou, não da ofensa, mas de causas mórbidas anteriores ou posteriores à infração;

c) nos casos de envenenamento.

Ocasião da autópsia

Art. 334. A autópsia será feita pelo menos seis horas depois do óbito, salvo se os peritos, pela evidência dos sinais da morte, julgarem que possa ser feita antes daquele prazo, o que declararão no auto.

▶ Art. 162 do CPP.

Impedimento de médico

Parágrafo único. A autópsia não poderá ser feita por médico que haja tratado o morto em sua última doença.

Casos de morte violenta

Art. 335. Nos casos de morte violenta, bastará o simples exame externo do cadáver, quando não houver infração penal que apurar, ou quando as lesões externas permitirem precisar a causa da morte e não houver necessidade de exame interno, para a verificação de alguma circunstância relevante.

▶ Art. 162, parágrafo único, do CPP.

Fotografia de cadáver

Art. 336. Os cadáveres serão, sempre que possível, fotografados na posição em que forem encontrados.

▶ Arts. 6º, I, e 164 do CPP.

Identidade do cadáver

Art. 337. Havendo dúvida sobre a identidade do cadáver, proceder-se-á ao reconhecimento pelo Instituto de Identificação e Estatística, ou repartição congênere, pela inquirição de testemunhas ou outro meio de direito, lavrando-se o auto de reconhecimento e identidade, no qual se descreverá o cadáver, com todos os sinais e indicações.

▶ Art. 166 do CPP.

Arrecadação de objetos

Parágrafo único. Em qualquer caso, serão arrecadados e autenticados todos os objetos que possam ser úteis para a identificação do cadáver.

Exumação

Art. 338. Haverá exumação, sempre que esta for necessária ao esclarecimento do processo.

▶ Art. 163 do CPP.

Designação de dia e hora

§ 1º A autoridade providenciará para que, em dia e hora previamente marcados, se realize a diligência e o exame cadavérico, dos quais se lavrará auto circunstanciado.

Indicação de lugar

§ 2º O administrador do cemitério ou por ele responsável indicará o lugar da sepultura, sob pena de desobediência.

Pesquisas

§ 3º No caso de recusa ou de falta de quem indique a sepultura, ou o lugar onde esteja o cadáver, a autoridade mandará proceder às pesquisas necessárias, o que tudo constará do auto.

Conservação do local do crime

Art. 339. Para o efeito de exame do local onde houver sido praticado o crime, a autoridade providenciará imediatamente para que não se altere o estado das coisas, até a chegada dos peritos.

▶ Arts. 6º, I, e 169 do CPP.

Perícias de laboratório

Art. 340. Nas perícias de laboratório, os peritos guardarão material suficiente para a eventualidade de nova perícia.

▶ Art. 170 do CPP.

Danificação da coisa

Art. 341. Nos crimes em que haja destruição, danificação ou violação da coisa, ou rompimento de obstáculo ou escalada para fim criminoso, os peritos, além de descrever os vestígios, indicarão com que instrumentos, por que meios e em que época presumem ter sido o fato praticado.

▶ Art. 155, § 4º, I e II, do CP.
▶ Art. 171 do CPP.
▶ Art. 240, § 6º, I e II, do CPM.

Avaliação direta

Art. 342. Proceder-se-á à avaliação de coisas destruídas, deterioradas ou que constituam produto de crime.

▶ Art. 172 do CPP.

Avaliação indireta

Parágrafo único. Se impossível a avaliação direta, os peritos procederão à avaliação por meio dos elementos existentes nos autos e dos que resultem de pesquisas ou diligências.

Caso de incêndio

Art. 343. No caso de incêndio, os peritos verificarão a causa e o lugar em que houver começado, o perigo que dele tiver resultado para a vida e para o patrimônio alheio, e, especialmente, a extensão do dano e o seu valor, quando atingido o patrimônio sob administração militar, bem como quaisquer outras circunstâncias que interessem à elucidação do fato. Será recolhido no local o material que os peritos julgarem necessário para qualquer exame, por eles ou outros peritos especializados, que o juiz nomeará, se entender indispensáveis.

▶ Art. 250 do CP.
▶ Art. 173 do CPP.
▶ Art. 268 do CPM.

Reconhecimento de escritos

Art. 344. No exame para o reconhecimento de escritos, por comparação de letra, observar-se-á o seguinte:

▶ Art. 174 do CPP.

a) a pessoa, a que se atribua ou se possa atribuir o escrito, será intimada para o ato, se for encontrada;

b) para a comparação, poderão servir quaisquer documentos que ela reconhecer ou já tiverem sido judicialmente reconhecidos como de seu punho, ou sobre cuja autenticidade não houver dúvida;

Requisição de documentos

c) a autoridade, quando necessário, requisitará, para o exame, os documentos que existirem em arquivos ou repartições públicas, ou neles realizará a diligência, se dali não puderem ser retirados;

d) quando não houver escritos para a comparação ou forem insuficientes os exibidos, a autoridade mandará que a pessoa escreva o que lhe for ditado;

Ausência da pessoa

e) se estiver ausente a pessoa, mas em lugar certo, esta última diligência poderá ser feita por precatória, em que se consignarão as palavras a que a pessoa será intimada a responder.

Exame de instrumentos do crime

Art. 345. São sujeitos a exame os instrumentos empregados para a prática de crime, a fim de se lhes verificar a natureza e a eficiência e, sempre que possível, a origem e propriedade.

▶ Arts. 6º, II, e 175 do CPP.

Precatória

Art. 346. Se a perícia ou exame tiver de ser feito em outra jurisdição, policial militar ou judiciária, expedir-se-á precatória, que obedecerá, no que lhe for aplicável, às prescrições dos artigos 283, 359, 360 e 361.

▶ Art. 177 do CPP.

Parágrafo único. Os quesitos da autoridade deprecante e os das partes serão transcritos na precatória.

CAPÍTULO VI
DAS TESTEMUNHAS

Notificação de testemunhas

Art. 347. As testemunhas serão notificadas em decorrência de despacho do auditor ou deliberação do Conselho de Justiça, em que será declarado o fim da notificação e o lugar, dia e hora em que devem comparecer.

Comparecimento obrigatório

§ 1º O comparecimento é obrigatório, nos termos da notificação, não podendo dele eximir-se a testemunha, salvo motivo de força maior, devidamente justificado.

Falta de comparecimento

§ 2º A testemunha que, notificada regularmente, deixar de comparecer sem justo motivo, será conduzida por oficial de justiça e multada pela autoridade notificante na quantia de um vigésimo a um décimo do salário mínimo vigente no lugar. Havendo recusa ou resistência à condução, o juiz poderá impor-lhe prisão até quinze dias, sem prejuízo do processo penal por crime de desobediência.

▶ Art. 301 do CPM.
▶ Art. 330 do CP.
▶ Art. 219 do CPP.

Oferecimento de testemunhas

Art. 348. A defesa poderá indicar testemunhas, que deverão ser apresentadas independentemente de intimação, no dia e hora designados pelo juiz para inquirição, ressalvado o disposto no artigo 349.

▶ Art. 8º, 2, *f*, do Pacto de São José da Costa Rica.

Requisição de militar ou funcionário

Art. 349. O comparecimento de militar, assemelhado, ou funcionário público será requisitado ao respectivo chefe, pela autoridade que ordenar a notificação.

Militar de patente superior

Parágrafo único. Se a testemunha for militar de patente superior à da autoridade notificante, será compelida a comparecer, sob as penas do § 2º do artigo 347, por intermédio da autoridade militar a que estiver imediatamente subordinada.

Dispensa de comparecimento

Art. 350. Estão dispensados de comparecer para depor:

a) o Presidente e o Vice-Presidente da República, os governadores e interventores dos Estados, os ministros de Estado, os senadores, os deputados federais e estaduais, os membros do Poder Judiciário e do Ministério Público, o prefeito do Distrito Federal, e dos Municípios, os secretários dos Estados, os membros dos Tribunais de Contas da União e dos Estados, o presidente do Instituto dos Advogados Brasileiros e os presidentes do Conselho Federal e dos Conselhos Seccionais da Ordem dos Advogados do Brasil, os quais serão inquiridos em local, dia e hora previamente ajustados entre eles e o juiz;

▶ Art. 221 do CPP.

b) as pessoas impossibilitadas por enfermidade ou por velhice, que serão inquiridas onde estiverem.

▶ Arts. 220 e 792, § 2º, do CPP.

Capacidade para ser testemunha

Art. 351. Qualquer pessoa poderá ser testemunha.

▶ Art. 53, § 6º, da CF.
▶ Arts. 342 e 343 do CP.
▶ Art. 202 do CPP.
▶ Arts. 346 e 347 do CPM.
▶ Art. 81 da Lei nº 9.099, de 26-9-1995 (Lei dos Juizados Especiais).

Declaração da testemunha

Art. 352. A testemunha deve declarar seu nome, idade, estado civil, residência, profissão e lugar onde exerce atividade, se é parente, e em que grau, do acusado e do ofendido, quais as suas relações com qualquer deles, e relatar o que sabe ou tem razão de saber, a respeito do fato delituoso narrado na denúncia e circunstâncias que com o mesmo tenham pertinência, não podendo limitar o seu depoimento à simples declaração de que confirma o que prestou no inquérito. Sendo numerária ou referida, prestará o compromisso de dizer a verdade sobre o que souber e lhe for perguntado.

▶ Art. 203 do CPP.
▶ Art. 68 da LCP.

Dúvida sobre a identidade da testemunha

§ 1º Se ocorrer dúvida sobre a identidade da testemunha, o juiz procederá à verificação pelos meios ao seu alcance, podendo, entretanto, tomar-lhe o depoimento desde logo.

▶ Art. 205 do CPP.

Não deferimento de compromisso

§ 2º Não se deferirá o compromisso aos doentes e deficientes mentais, aos menores de quatorze anos, nem às pessoas a que se refere o artigo 354.

▶ Art. 208 do CPP.

Contradita de testemunha antes do depoimento

§ 3º Antes de iniciado o depoimento, as partes poderão contraditar a testemunha ou arguir circunstâncias ou defeitos que a tornem suspeita de parcialidade ou indigna de fé. O juiz fará consignar a contradita ou arguição e a resposta da testemunha, mas só não lhe deferirá compromisso ou a excluirá, nos casos previstos no parágrafo anterior e no artigo 355.

Após o depoimento

§ 4º Após a prestação do depoimento, as partes poderão contestá-lo, no todo ou em parte, por intermédio do juiz, que mandará consignar a arguição e a resposta da testemunha, não permitindo, porém, réplica a essa resposta.

Inquirição separada

Art. 353. As testemunhas serão inquiridas cada uma de *per si*, de modo que uma não possa ouvir o depoimento da outra.

▶ Art. 210 do CPP.

Obrigação e recusa de depor

Art. 354. A testemunha não poderá eximir-se da obrigação de depor. Excetuam-se o ascendente, o descendente, o afim em linha reta, o cônjuge, ainda que desquitado, e o irmão do acusado, bem como pessoa que, com ele, tenha vínculo de adoção, salvo quando não for possível, por outro modo, obter-se ou integrar-se a prova do fato e de suas circunstâncias.

▶ Art. 206 do CPP.

Proibição de depor

Art. 355. São proibidas de depor as pessoas que, em razão de função, ministério, ofício ou profissão, devam guardar segredo, salvo se, desobrigadas pela parte interessada, quiserem dar o seu testemunho.

▶ Art. 154 do CP.
▶ Art. 207 do CPP.
▶ Art. 34, VII, da Lei nº 8.906, de 4-7-1994 (Estatuto da Advocacia e da OAB).

Testemunhas suplementares

Art. 356. O juiz, quando julgar necessário, poderá ouvir outras testemunhas, além das indicadas pelas partes.

▶ Art. 209 do CPP.

Testemunhas referidas

§ 1º Se ao juiz parecer conveniente, ainda que não haja requerimento das partes, serão ouvidas as pessoas a que as testemunhas se referirem.

Testemunha não computada

§ 2º Não será computada como testemunha a pessoa que nada souber que interesse à decisão da causa.

Manifestação de opinião pessoal

Art. 357. O juiz não permitirá que a testemunha manifeste suas apreciações pessoais, salvo quando inseparáveis da narrativa do fato.

▶ Art. 213 do CPP.

Caso de constrangimento da testemunha

Art. 358. Se o juiz verificar que a presença do acusado, pela sua atitude, poderá influir no ânimo de testemunha, de modo que prejudique a verdade do depoimento, fará retirá-lo, prosseguindo na inquirição, com a presença do seu defensor. Neste caso, deverá constar da ata da sessão a ocorrência e os motivos que a determinaram.

▶ Arts. 217, 497, VI, e 796 do CPP.

Expedição de precatória

Art. 359. A testemunha que residir fora da jurisdição do juízo poderá ser inquirida pelo auditor do lugar da sua residência, expedindo-se, para esse fim, carta precatória, nos termos do artigo 283, com prazo razoável, intimadas as partes, que formularão quesitos, a fim de serem respondidos pela testemunha.

▶ Art. 222 do CPP.

Sem efeito suspensivo

§ 1º A expedição da precatória não suspenderá a instrução criminal.

Juntada posterior

§ 2º Findo o prazo marcado, e se não for prorrogado, poderá realizar-se o julgamento, mas, a todo tempo, a carta precatória, uma vez devolvida, será junta aos autos.

Precatória a juiz do foro comum

Art. 360. Caso não seja possível, por motivo relevante, o comparecimento da testemunha perante auditor, a carta precatória poderá ser expedida a juiz criminal de comarca onde resida a testemunha ou a esta seja acessível, observado o disposto no artigo anterior.

Precatória a autoridade militar

Art. 361. No curso do inquérito policial militar, o seu encarregado poderá expedir carta precatória à autoridade militar superior do local onde a testemunha estiver servindo ou residindo, a fim de notificá-la e inquiri-la, ou designar oficial que a inquira, tendo em atenção as normas de hierarquia, se a testemunha for militar. Com a precatória, enviará cópias da parte que deu origem ao inquérito e da portaria que lhe determinou a abertura, e os quesitos formulados, para serem respondidos pela testemunha, além de outros dados que julgar necessários ao esclarecimento do fato.

Inquirição deprecada do ofendido

Parágrafo único. Da mesma forma, poderá ser ouvido o ofendido, se o encarregado do inquérito julgar desnecessário solicitar-lhe a apresentação à autoridade competente.

Mudança de residência da testemunha

Art. 362. As testemunhas comunicarão ao juiz, dentro de um ano, qualquer mudança de residência, sujeitando-se, pela simples omissão, às penas do não comparecimento.

▸ Art. 224 do CPP.

Antecipação de depoimento

Art. 363. Se qualquer testemunha tiver de ausentar-se ou, por enfermidade ou idade avançada, inspirar receio de que, ao tempo da instrução criminal, esteja impossibilitado de depor, o juiz poderá, de ofício ou a requerimento de qualquer das partes, tomar-lhe antecipadamente o depoimento.

▸ Art. 225 do CPP.

Afirmação falsa de testemunha

Art. 364. Se o Conselho de Justiça ou o Superior Tribunal Militar, ao pronunciar sentença final, reconhecer que alguma testemunha fez afirmação falsa, calou ou negou a verdade, remeterá cópia do depoimento à autoridade policial competente, para a instauração de inquérito.

▸ Arts. 40 e 211 do CPP.

CAPÍTULO VII – DA ACAREAÇÃO

Admissão da acareação

Art. 365. A acareação é admitida, assim na instrução criminal como no inquérito, sempre que houver divergência em declarações sobre fatos ou circunstâncias relevantes:

▸ Arts. 390, § 5º, e 425 deste Código.

▸ Arts. 6º, IV, e 229 do CPP.

▸ Art. 461, II, do CPC/2015.

a) entre acusados;
b) entre testemunhas;
c) entre acusado e testemunha;
d) entre acusado ou testemunha e a pessoa ofendida;
e) entre as pessoas ofendidas.

Pontos de divergência

Art. 366. A autoridade que realizar a acareação explicará aos acusados quais os pontos em que divergem e, em seguida, os reinquirirá, a cada um de per si e em presença do outro.

▸ Art. 229, parágrafo único, do CPP.

§ 1º Da acareação será lavrado termo, com as perguntas e respostas, obediência às formalidades prescritas no § 3º do artigo 300 e menção na ata da audiência ou sessão.

§ 2º As partes poderão, por intermédio do juiz, reperguntar as testemunhas ou os ofendidos acareados.

Ausência de testemunha divergente

Art. 367. Se ausente alguma testemunha, cujas declarações divirjam das de outra, que esteja presente, a esta se darão a conhecer os pontos da divergência, consignando-se no respectivo termo o que explicar.

▸ Art. 230 do CPP.

CAPÍTULO VIII – DO RECONHECIMENTO DE PESSOA E DE COISA

Formas do procedimento

Art. 368. Quando houver necessidade de se fazer o reconhecimento de pessoa, proceder-se-á pela seguinte forma:

▸ Art. 226 do CPP.

▸ Art. 426 deste Código.

a) a pessoa que tiver de fazer o reconhecimento será convidada a descrever a pessoa que deva ser reconhecida;
b) a pessoa cujo reconhecimento se pretender, será colocada, se possível, ao lado de outras que com ela tiverem qualquer semelhança, convidando-se a apontá-la quem houver de fazer o reconhecimento;
c) se houver razão para recear que a pessoa chamada para o reconhecimento, por efeito de intimidação ou outra influência, não diga a verdade em face da pessoa que deve ser reconhecida, a autoridade providenciará para que esta não seja vista por aquela.

§ 1º O disposto na alínea c só terá aplicação no curso do inquérito.

§ 2º Do ato de reconhecimento lavrar-se-á termo pormenorizado, subscrito pela autoridade, pela pessoa chamada para proceder ao reconhecimento e por duas testemunhas presenciais.

Reconhecimento de coisa

Art. 369. No reconhecimento de coisa, proceder-se-á com as cautelas estabelecidas no artigo anterior, no que for aplicável.

▸ Art. 227 do CPP.

Variedade de pessoas ou coisas

Art. 370. Se várias forem as pessoas chamadas a efetuar o reconhecimento de pessoa ou coisa, cada uma o fará em separado, evitando-se qualquer comunicação entre elas. Se forem várias as pessoas ou coisas que tiverem de ser reconhecidas, cada uma o será por sua vez.

▸ Art. 228 do CPP.

CAPÍTULO IX – DOS DOCUMENTOS

Natureza

Art. 371. Consideram-se documentos quaisquer escritos, instrumentos ou papéis, públicos ou particulares.

▸ Art. 297, § 2º, do CP.

▸ Art. 232 do CPP.

▸ Arts. 405 a 429 do CPC/2015.

Presunção de veracidade

Art. 372. O documento público tem a presunção de veracidade, quer quanto à sua formação quer quanto aos fatos que o serventuário, com fé pública, declare que ocorreram na sua presença.

▸ Art. 237 do CPP.

Identidade de prova

Art. 373. Fazem a mesma prova que os respectivos originais:

a) as certidões textuais de qualquer peça do processo, do protocolo das audiências ou de outro qualquer livro a cargo do escrivão, sendo extraídas por ele, ou sob sua vigilância e por eles subscritas;
b) os traslados e as certidões extraídas por oficial público, de escritos lançados em suas notas;
c) as fotocópias de documentos, desde que autenticadas por oficial público.

Declaração em documento particular

Art. 374. As declarações constantes de documento particular escrito e assinado, ou somente assinado, presumem-se verdadeiras em relação ao signatário.

Parágrafo único. Quando, porém, contiver declaração de ciência, tendente a determinar o fato, o documento particular prova a declaração, mas não o fato declarado, competindo o ônus de provar o fato a quem interessar a sua veracidade.

Correspondência obtida por meios criminosos

Art. 375. A correspondência particular, interceptada ou obtida por meios criminosos, não será admitida em juízo, devendo ser desentranhada dos autos se a estes tiver sido junta, para a restituição a seus donos.

▸ Art. 5º, LVI, da CF.

▸ Arts. 151 e 152 do CP.

▸ Art. 233 do CPP.

Exibição de correspondência em juízo

Art. 376. A correspondência de qualquer natureza poderá ser exibida em juízo pelo respectivo destinatário, para a defesa do seu direito, ainda que não haja consentimento do signatário ou remetente.

▸ Art. 233, parágrafo único, do CPP.

Exame pericial de letra e firma

Art. 377. A letra e firma dos documentos particulares serão submetidas a exame pericial, quando contestada a sua autenticidade.

▸ Art. 344 deste Código.

▸ Arts. 174 e 235 do CPP.

Apresentação de documentos

Art. 378. Os documentos poderão ser apresentados em qualquer fase do processo, salvo se os autos deste estiverem conclusos para julgamento, observado o disposto no artigo 379.

▸ Art. 231 do CPP.

Providências do juiz

§ 1º Se o juiz tiver notícia da existência de documento relativo a ponto relevante da acusação ou da defesa, providenciará, independentemente de requerimento das partes, para a sua juntada aos autos, se possível.

Requisição de certidões ou cópias

§ 2º Poderá, igualmente, requisitar às repartições ou estabelecimentos públicos as certidões ou cópias autênticas necessárias à prova de alegações das partes. Se, dentro do prazo fixado, não for atendida a requisição nem justificada a impossibilidade do seu cumprimento, o juiz representará à autoridade competente contra o funcionário responsável.

Providências do curso do inquérito

§ 3º O encarregado de inquérito policial militar poderá, sempre que necessário ao esclarecimento do fato e sua autoria, tomar as providências referidas nos parágrafos anteriores.

Audiências das partes sobre documento

Art. 379. Sempre que, no curso do processo, um documento for apresentado por uma das partes, será ouvida, a respeito dele, a outra parte. Se junto por ordem do juiz, serão ouvidas ambas as partes, inclusive o assistente da acusação e o curador do acusado, se o requererem.

Conferência da pública-forma

Art. 380. O juiz, de ofício ou a requerimento das partes, poderá ordenar diligência para a conferência de pública-forma de documento que não puder ser exibido no original ou em certidão ou cópia autêntica revestida dos requisitos necessários à presunção de sua veracidade. A conferência será feita pelo escrivão do processo, em dia, hora e lugar previamente designados, com ciência das partes.

Devolução de documentos

Art. 381. Os documentos originais, juntos a processo findo, quando não exista motivo relevante que justifique a sua conservação, nos autos, poderão, mediante requerimento, e depois de ouvido o Ministério Público, ser entregues à parte que os produziu, ficando traslado nos autos; ou recibo, se se tratar de traslado ou certidão de escritura pública. Neste caso, do recibo deverão constar a natureza da escritura, a sua data, os nomes das pessoas que a assinaram e a indicação do livro e respectiva folha do cartório em que foi celebrada.

- ▶ Art. 238 do CPP.

CAPÍTULO X
DOS INDÍCIOS

Definição

Art. 382. Indício é a circunstância ou fato conhecido e provado, de que se induz a existência de outra circunstância ou fato, de que não se tem prova.

- ▶ Art. 239 do CPP.

Requisitos

Art. 383. Para que o indício constitua prova, é necessário:

a) que a circunstância ou fato indicante tenha relação de causalidade, próxima ou remota, com a circunstância ou o fato indicado;

b) que a circunstância ou fato coincida com a prova resultante de outro ou outros indícios, ou com as provas diretas colhidas no processo.

Livro II – Dos Processos em Espécie

TÍTULO I – DO PROCESSO ORDINÁRIO

CAPÍTULO ÚNICO
DA INSTRUÇÃO CRIMINAL

Seção I
DA PRIORIDADE DE INSTRUÇÃO DA POLÍCIA E ORDEM DAS SESSÕES

DISPOSIÇÕES GERAIS

Preferência para a instrução criminal

Art. 384. Terão preferência para a instrução criminal:

a) os processos, a que respondam os acusados presos;

b) dentre os presos, os de prisão mais antiga;

c) dentre os acusados soltos e os revéis, os de prioridade de processo.

Alteração da preferência

Parágrafo único. A ordem de preferência poderá ser alterada por conveniência da justiça ou da ordem militar.

Polícia das sessões

Art. 385. A polícia e a disciplina das sessões da instrução criminal serão, de acordo com o artigo 36 e seus §§ 1º e 2º, exercidas pelo presidente do Conselho de Justiça, e pelo auditor, nos demais casos.

- ▶ Art. 450 deste Código.

Conduta da assistência

Art. 386. As partes, os escrivães e os espectadores poderão estar sentados durante as sessões. Levantar-se-ão, porém, quando se dirigirem aos juízes ou quando estes se levantarem para qualquer ato do processo.

- ▶ Art. 795 do CPP.

Prerrogativas

Parágrafo único. O representante do Ministério Público e os advogados poderão falar sentados, e estes terão, no que for aplicável, as prerrogativas que lhes assegura o artigo 89 da Lei nº 4.215, de 27 de abril de 1963.

- ▶ A Lei nº 4.215, de 27-4-1963, foi revogada pela de nº 8.906, de 4-7-1994, Estatuto da Advocacia e a Ordem dos Advogados do Brasil, que em seu Capítulo II dispõe sobre os direitos dos advogados.

Publicidade da instrução criminal

Art. 387. A instrução criminal será sempre pública, podendo, excepcionalmente, a juízo do Conselho de Justiça, ser secreta a sessão, desde que o exija o interesse da ordem e disciplina militares, ou a segurança nacional.

- ▶ Art. 93, IX, da CF.
- ▶ Art. 792 do CPP.
- ▶ Art. 8º, 5, do Pacto de São José da Costa Rica.

Sessões fora da sede

Art. 388. As sessões e os atos processuais poderão, em caso de necessidade, realizar-se fora da sede da Auditoria, em local especialmente designado pelo auditor, intimadas as partes para esse fim.

- ▶ Art. 792, § 2º, do CPP.

Conduta inconveniente do acusado

Art. 389. Se o acusado, durante a sessão, se portar de modo inconveniente, será advertido pelo presidente do Conselho; e, se persistir, poderá ser mandado retirar da sessão, que prosseguirá sem a sua presença, perante, porém, o seu advogado ou curador. Se qualquer destes se recusar a permanecer no recinto, o presidente nomeará defensor ou curador *ad hoc* ao acusado, para funcionar até o fim da sessão. Da mesma forma procederá, o auditor, em se tratando de ato da sua competência.

- ▶ Art. 796 do CPP.

Caso de desacato

Parágrafo único. No caso de desacato a juiz, ao procurador ou ao escrivão, o presidente do Conselho ou o auditor determinará a lavratura do auto de flagrante delito, que será remetido à autoridade judiciária competente.

- ▶ Art. 331 do CP.
- ▶ Art. 341 do CPM.

Prazo para a instrução criminal

Art. 390. O prazo para a conclusão da instrução criminal é de cinquenta dias, estando o acusado preso, e de noventa, quando solto, contados do recebimento da denúncia.

- ▶ Art. 5º, LXXVIII, da CF.
- ▶ Art. 7º, nº 5, do Pacto de São José da Costa Rica.
- ▶ Súmulas nºs 52 e 64 do STJ.

Não computação de prazo

§ 1º Não será computada naqueles prazos a demora determinada por doença do acusado ou defensor, por questão prejudicial ou por outro motivo de força maior justificado pelo auditor, inclusive a inquirição de testemunhas por precatória ou a realização de exames periciais ou outras diligências necessárias à instrução criminal, dentro dos respectivos prazos.

Doença do acusado

§ 2º No caso de doença do acusado, ciente o seu advogado ou curador e o representante do Ministério Público, poderá o Conselho de Justiça ou o auditor, por delegação deste, transportar-se ao local onde aquele se encontrar, procedendo aí ao ato da instrução criminal.

Doença e ausência do defensor

§ 3º No caso de doença do defensor, que o impossibilite de comparecer à sede do juízo, comprovada por atestado médico, com a firma de seu signatário devidamente reconhecida, será adiado o ato a que aquele devia comparecer, salvo se a doença perdurar por mais de dez dias, caso em que lhe será nomeado substituto, se outro defensor não estiver ou não for constituído pelo acusado. No caso de ausência do defensor, por outro motivo ou sem justificativa, ser-lhe-á nomeado substituto, para assistência ao ato e funcionamento no processo, enquanto a ausência persistir, ressalvado ao acusado o direito de constituir outro defensor.

Prazo para devolução de precatória

§ 4º Para a devolução de precatória, o auditor marcará prazo razoável, findo o qual, salvo motivo de força maior, a instrução criminal prosseguirá, podendo a parte juntar, posteriormente, a precatória, como documento, nos termos dos artigos 378 e 379.

Atos procedidos perante o auditor

§ 5º Salvo o interrogatório do acusado, a acareação nos termos do artigo 365 e a inquirição de testemunhas, na sede da Auditoria, todos os demais atos da instrução criminal poderão ser procedidos perante o auditor, com ciência do advogado, ou curador, do acusado e do representante do Ministério Público.

§ 6º Para os atos probatórios em que é necessária a presença do Conselho de Justiça, bastará o comparecimento da sua maioria. Se ausente o presidente, será substituído, na ocasião, pelo oficial imediato em antiguidade ou em posto.

- ▶ Art. 25 da Lei nº 8.457, de 4-9-1992, organiza a Justiça Militar da União e regula o funcionamento de seus serviços auxiliares.

Juntada da fé de ofício ou antecedentes

Art. 391. Juntar-se-á aos autos do processo o extrato da fé de ofício ou dos assentamentos do acusado militar. Se o acusado for civil será junta a folha de antecedentes penais e, além desta, a de assentamentos, se servidor de repartição ou estabelecimento militar.

Individual datiloscópica

Parágrafo único. Sempre que possível, juntar-se-á individual datiloscópica do acusado.

Proibição de transferência ou remoção

Art. 392. O acusado ficará à disposição exclusiva da Justiça Militar, não podendo ser transferido ou removido para fora da sede da Auditoria, até a sentença final, salvo motivo relevante que será apreciado pelo auditor, após comunicação da autoridade militar, ou a requerimento do acusado, se civil.

Proibição de transferência para a reserva

Art. 393. O oficial processado, ou sujeito a inquérito policial militar, não poderá ser transferido para a reserva, salvo se atingir a idade limite de permanência no serviço ativo.

Dever do exercício de função ou serviço militar

Art. 394. O acusado solto não será dispensado do exercício das funções ou do serviço militar, exceto se, no primeiro caso, houver incompatibilidade com a infração cometida.

Lavratura de ata

Art. 395. De cada sessão será, pelo escrivão, lavrada ata, da qual se juntará cópia autêntica aos autos, dela constando os requerimentos, decisões e incidentes ocorridos na sessão.

- Art. 29, II, da Lei nº 8.457, de 4-9-1992, que organiza a Justiça Militar da União e regula o funcionamento de seus serviços auxiliares.

Retificação de ata

Parágrafo único. Na sessão seguinte, por determinação do Conselho ou a requerimento de qualquer das partes, a ata poderá ser retificada, quando omitir ou não houver declarado fielmente fato ocorrido na sessão.

Seção II

DO INÍCIO DO PROCESSO ORDINÁRIO

Início do processo ordinário

Art. 396. O processo ordinário inicia-se com o recebimento da denúncia.

Falta de elementos para a denúncia

Art. 397. Se o procurador, sem prejuízo da diligência a que se refere o artigo 26, nº I, entender que os autos do inquérito ou as peças de informação não ministram os elementos indispensáveis ao oferecimento da denúncia, requererá ao auditor que os mande arquivar. Se este concordar com o pedido, determinará o arquivamento; se dele discordar, remeterá os autos ao Procurador-Geral.

- Art. 28 do CPP.

Designação de outro procurador

§ 1º Se o Procurador-Geral entender que há elementos para a ação penal, designará outro procurador, a fim de promovê-la; em caso contrário, mandará arquivar o processo.

Avocamento do processo

§ 2º A mesma designação poderá fazer, avocando o processo, sempre que tiver conhecimento de que, existindo em determinado caso elementos para a ação penal, esta não foi promovida.

Alegação de incompetência do juízo

Art. 398. O procurador, antes de oferecer a denúncia, poderá alegar a incompetência do juízo, que será processada de acordo com o artigo 146.

Seção III

DA INSTALAÇÃO DO CONSELHO DE JUSTIÇA

Providências do auditor

Art. 399. Recebida a denúncia, o auditor:

- Arts. 110, § 2º, e 117, I, do CP.
- Art. 125, § 5º, I, do CPM.
- Arts. 77 a 83 da Lei nº 9.099, de 26-9-1995 (Lei dos Juizados Especiais).

Sorteio ou Conselho

a) providenciará, conforme o caso, o sorteio do Conselho Especial ou a convocação do Conselho Permanente de Justiça;

Instalação do Conselho

b) designará dia, lugar e hora para a instalação do Conselho de Justiça;

Citação do acusado e do procurador militar

c) determinará a citação do acusado, de acordo com o artigo 277, para assistir a todos os termos do processo até decisão final, nos dias, lugar e horas que forem designados, sob pena de revelia, bem como a intimação do representante do Ministério Público;

- Art. 8º, 2, *b*, do Pacto de São José da Costa Rica.

Intimação das testemunhas arroladas e do ofendido

d) determinará a intimação das testemunhas arroladas na denúncia, para comparecerem no lugar, dia e hora que lhes for designado, sob as penas de lei; e se couber, a notificação do ofendido, para os fins dos artigos 311 e 312.

Compromisso legal

Art. 400. Tendo à sua direita o auditor, à sua esquerda o oficial de posto mais elevado ou mais antigo e, nos outros lugares, alternadamente, os demais juízes, conforme os seus postos ou antiguidade, ficando o escrivão em mesa próxima ao auditor e o procurador em mesa que lhe é reservada – o presidente, na primeira reunião do Conselho de Justiça prestará em voz alta, de pé, descoberto, o seguinte compromisso: "Prometo apreciar com imparcial atenção os fatos que me forem submetidos e julgá-los de acordo com a lei e a prova dos autos". Esse compromisso será também prestado pelos demais juízes, sob a fórmula: "Assim o prometo".

- Art. 472 do CPP.

Parágrafo único. Desse ato, o escrivão lavrará certidão nos autos.

Assento dos advogados

Art. 401. Para o advogado será destinada mesa especial, no recinto, e, se houver mais de um, serão, ao lado da mesa, colocadas cadeiras para que todos possam assentar-se.

Designação para a qualificação e interrogatório

Art. 402. Prestado o compromisso pelo Conselho de Justiça, o auditor poderá, desde logo, se presentes as partes e cumprida a citação prevista no artigo 277, designar lugar, dia e hora para a qualificação e interrogatório do acusado, que se efetuará pelo menos sete dias após a designação.

Presença do acusado

Art. 403. O acusado preso assistirá a todos os termos do processo, inclusive ao sorteio do Conselho de Justiça, quando Especial.

- Art. 5º, LV, da CF.
- Art. 500, III, *h*, deste Código.
- Art. 8º, 2, do Pacto de São José da Costa Rica.

Seção IV

DA QUALIFICAÇÃO E DO INTERROGATÓRIO DO ACUSADO. DAS EXCEÇÕES QUE PODEM SER OPOSTAS. DO COMPARECIMENTO DO OFENDIDO

Normas da qualificação e interrogatório

Art. 404. No lugar, dia e hora marcados para a qualificação e interrogatório do acusado, que obedecerão às normas prescritas nos artigos 302 a 306, ser-lhe-ão lidos, antes, pelo escrivão, a denúncia e os nomes das testemunhas nela arroladas, com as respectivas identidades.

- Art. 302 deste Código.
- Art. 5º, LXIII, da CF.
- Arts. 196, 400 e 616 do CPP.
- Art. 8º do Pacto de São José da Costa Rica.
- Súm. nº 15 do STM.

Solicitação da leitura de peças do inquérito

§ 1º O acusado poderá solicitar, antes do interrogatório ou para esclarecer qualquer pergunta dele constante, que lhe seja lido determinado depoimento, ou trechos dele, prestado no inquérito, bem como as conclusões do relatório do seu encarregado.

Dispensa de perguntas

§ 2º Serão dispensadas as perguntas enumeradas no artigo 306 que não tenham relação com o crime.

Interrogatórios em separado

Art. 405. Presentes mais de um acusado, serão interrogados separadamente, pela ordem de autuação no processo, não podendo um ouvir o interrogatório do outro.

Postura do acusado

Art. 406. Durante o interrogatório o acusado ficará de pé, salvo se o seu estado de saúde não o permitir.

Exceções opostas pelo acusado

Art. 407. Após o interrogatório e dentro em quarenta e oito horas, o acusado poderá opor as exceções de suspeição do juiz, procurador ou escrivão, de incompetência do juízo, de litispendência ou de coisa julgada, as quais serão processadas de acordo com o Título XII, Capítulo I, Seções I a IV, do Livro I, no que for aplicável.

- Art. 411, parágrafo único, deste Código.

Matéria de defesa

Parágrafo único. Quaisquer outras exceções ou alegações serão recebidas como matéria de defesa para apreciação no julgamento.

Exceções opostas pelo procurador militar

Art. 408. O procurador, no mesmo prazo previsto no artigo anterior, poderá opor as mesmas exceções em relação ao juiz ou ao escrivão.

Presunção da menoridade

Art. 409. A declaração de menoridade do acusado valerá até prova em contrário. Se, no curso da instrução criminal, ficar provada a sua maioridade, cessarão as funções do curador, que poderá ser designado advogado de defesa. A verificação da maioridade não invalida os atos anteriormente praticados em relação ao acusado.

Comparecimento do ofendido

Art. 410. Na instrução criminal em que couber o comparecimento do ofendido, proceder-se-á na forma prescrita nos artigos 311, 312 e 313.

Seção V

DA REVELIA

Revelia do acusado preso

Art. 411. Se o acusado preso recusar-se a comparecer à instrução criminal, sem motivo justificado, ser-lhe-á designado o advogado de ofício para defendê-lo, ou outro advogado se este estiver impedido, e, independentemente da qualificação e interrogatório, o processo prosseguirá à sua revelia.

Qualificação e interrogatório posteriores

Parágrafo único. Comparecendo mais tarde, será qualificado e interrogado mas sem direito a opor qualquer das exceções previstas no artigo 407 e seu parágrafo único.

▸ Art. 5º, LXIII, da CF.

▸ Art. 8º, 2, *g*, do Pacto de São José da Costa Rica.

Revelia do acusado solto

Art. 412. Será considerado revel o acusado que, estando solto e tendo sido regularmente citado, não atender ao chamado judicial para o início da instrução criminal, ou que, sem justa causa, se previamente cientificado, deixar de comparecer a ato do processo em que sua presença seja indispensável.

Acompanhamento posterior do processo

Art. 413. O revel que comparecer após o início do processo acompanhá-lo-á nos termos em que este estiver, não tendo direito à repetição de qualquer ato.

Defesa do revel. Recursos que pode interpor

Art. 414. O curador do acusado revel se incumbirá da sua defesa até o julgamento, podendo interpor os recursos legais, excetuada a apelação de sentença condenatória.

Seção VI

DA INQUIRIÇÃO DE TESTEMUNHAS, DO RECONHECIMENTO DE PESSOA OU COISA E DAS DILIGÊNCIAS EM GERAL

Normas de inquirição

Art. 415. A inquirição das testemunhas obedecerá às normas prescritas nos artigos 347 a 364, além dos artigos seguintes.

Leitura da denúncia

Art. 416. Qualificada a testemunha, o escrivão far-lhe-á a leitura da denúncia, antes da prestação do depoimento. Se presentes várias testemunhas, ouvirão todas, ao mesmo tempo, aquela leitura, finda a qual se retirarão do recinto da sessão as que não forem depor em seguida, a fim de que uma não possa ouvir o depoimento da outra, que a preceder.

Leitura de peças do inquérito

Parágrafo único. As partes poderão requerer ou o auditor determinar que à testemunha seja lido depoimento seu prestado no inquérito, ou peça deste, a respeito da qual seja esclarecedor o depoimento prestado na instrução criminal.

Precedência na inquirição

Art. 417. Serão ouvidas, em primeiro lugar, as testemunhas arroladas na denúncia e as referidas por estas, além das que forem substituídas ou incluídas posteriormente pelo Ministério Público, de acordo com o § 4º deste artigo. Após estas, serão ouvidas as testemunhas indicadas pela defesa.

▸ Art. 8º, 2, *f*, do Pacto de São José da Costa Rica.

Inclusão de outras testemunhas

§ 1º Havendo mais de três acusados, o procurador poderá requerer a inquirição de mais três testemunhas numerárias, além das arroladas na denúncia.

Indicação das testemunhas de defesa

§ 2º As testemunhas de defesa poderão ser indicadas em qualquer fase da instrução criminal, desde que não seja excedido o prazo de cinco dias, após a inquirição da última testemunha de acusação. Cada acusado poderá indicar até três testemunhas, podendo ainda requerer sejam ouvidas testemunhas referidas ou informantes, nos termos do § 3º.

▸ Art. 8º, 2, *f*, do Pacto de São José da Costa Rica.

Testemunhas referidas e informantes

§ 3º As testemunhas referidas, assim como as informantes, não poderão exceder a três.

Substituição, desistência e inclusão

§ 4º Quer o Ministério Público quer a defesa poderá requerer a substituição ou desistência de testemunha arrolada ou indicada, bem como a inclusão de outras, até o número permitido.

Inquirição pelo auditor

Art. 418. As testemunhas serão inquiridas pelo auditor e, por intermédio deste, pelos juízes militares, procurador, assistente e advogados. Às testemunhas arroladas pelo procurador, o advogado formulará perguntas por último. Da mesma forma o procurador, às indicadas pela defesa.

Recusa de perguntas

Art. 419. Não poderão ser recusadas as perguntas das partes, salvo se ofensivas ou impertinentes ou sem relação com o fato descrito na denúncia, ou importarem repetição de outra pergunta já respondida.

Consignação em ata

Parágrafo único. As perguntas recusadas serão, a requerimento de qualquer das partes, consignadas na ata da sessão, salvo se ofensivas e sem relação com o fato descrito na denúncia.

Testemunha em lugar incerto. Caso de prisão

Art. 420. Se não for encontrada, por estar em lugar incerto, qualquer das testemunhas, o auditor poderá deferir o pedido de substituição. Se averiguar que a testemunha se esconde para não depor, determinará a sua prisão para esse fim.

Notificação prévia

Art. 421. Nenhuma testemunha será inquirida sem que, com três dias de antecedência pelo menos, sejam notificados o representante do Ministério Público, o advogado e o acusado, se estiver preso.

▸ Art. 403 deste Código.

Redução a termo, leitura e assinatura de depoimento

Art. 422. O depoimento será reduzido a termo pelo escrivão e lido à testemunha que, se não tiver objeção, assiná-lo-á após o presidente do Conselho e o auditor. Assinarão, em seguida, conforme se trate de testemunhas de acusação ou de defesa, o representante do Ministério Público e o assistente ou o advogado e o curador. Se a testemunha declarar que não sabe ler ou escrever, certificá-lo-á o escrivão e encerrará o termo, sem necessidade de assinatura a rogo da testemunha.

Pedido de retificação

§ 1º A testemunha poderá, após a leitura do depoimento, pedir a retificação de tópico que não tenha, em seu entender, traduzido fielmente declaração sua.

Recusa de assinatura

§ 2º Se a testemunha ou qualquer das partes se recusar a assinar o depoimento, o escrivão o certificará, bem como o motivo da recusa, se este for expresso e o interessado requerer que conste por escrito.

Termo de assinatura

Art. 423. Sempre que, em cada sessão, se realizar inquirição de testemunhas, o escrivão lavrará termo de assentada, do qual constarão lugar, dia e hora em que se iniciou a inquirição.

Período da inquirição

Art. 424. As testemunhas serão ouvidas durante o dia, das sete às dezoito horas, salvo prorrogação autorizada pelo Conselho de Justiça, por motivo relevante, que constará da ata da sessão.

Determinação de acareação

Art. 425. A acareação entre testemunhas poderá ser determinada pelo Conselho de Justiça, pelo auditor ou requerida por qualquer das partes, obedecendo ao disposto nos artigos 365, 366 e 367.

Determinação de reconhecimento de pessoa ou coisa

Art. 426. O reconhecimento de pessoa e de coisa, nos termos dos artigos 368, 369 e 370, poderá ser realizado por determinação do Conselho de Justiça, do auditor ou a requerimento de qualquer das partes.

Conclusão dos autos ao auditor

Art. 427. Após a inquirição da última testemunha de defesa, os autos irão conclusos ao auditor, que deles determinará vista em cartório às partes, por cinco dias, para requererem, se não o tiverem feito, o que for de direito, nos termos deste Código.

▸ Art. 500, III, *d*, deste Código.

Determinação de ofício e fixação de prazo

Parágrafo único. Ao auditor, que poderá determinar de ofício as medidas que julgar convenientes ao processo, caberá fixar os prazos necessários à respectiva execução, se, a esse respeito, não existir disposição especial.

Vista para as alegações escritas

Art. 428. Findo o prazo aludido no artigo 427 e se não tiver havido requerimento ou despacho para os fins nele previstos, o auditor determinará ao escrivão abertura de vista dos autos para alegações escritas, sucessivamente, por oito dias, ao representante do Ministério Público e ao advogado do acusado. Se houver assistente, constituído até o encerramento da instrução criminal, ser-lhe-á dada vista dos autos, se o requerer, por cinco dias, imediatamente após as alegações apresentadas pelo representante do Ministério Público.

Dilatação do prazo

§ 1º Se ao processo responderem mais de cinco acusados e diferentes forem os advogados, o prazo de vista será de doze dias, correndo em cartório e em comum para todos. O mesmo prazo terá o representante do Ministério Público.

Certidão do recebimento das alegações. Desentranhamento

§ 2º O escrivão certificará, com a declaração do dia e hora, o recebimento das alegações escritas, à medida da apresentação. Se recebidas fora do prazo, o auditor mandará desentranhá-las dos autos, salvo prova imediata de que a demora resultou do óbice irremovível materialmente.

Observância de linguagem decorosa nas alegações

Art. 429. As alegações escritas deverão ser feitas em termos convenientes ao decoro dos tribunais e à disciplina judiciária e sem ofensa à autoridade pública, às partes ou às demais pessoas que figuram no processo, sob pena de serem riscadas, de modo que não possam ser lidas, por determinação do presidente do Conselho ou do auditor, as expressões que infrinjam aquelas normas.

▶ Art. 78 do CPC/2015.

Sanção de nulidade ou falta. Designação de dia e hora do julgamento

Art. 430. Findo o prazo concedido para as alegações escritas, o escrivão fará os autos conclusos ao auditor, que poderá ordenar diligência para sanar qualquer nulidade ou suprir falta prejudicial ao esclarecimento da verdade. Se achar o processo devidamente preparado, designará dia e hora para o julgamento, cientes os demais juízes do Conselho de Justiça e as partes, e requisição do acusado preso à autoridade que o detenha, a fim de ser apresentado com as formalidades previstas neste Código.

Seção VII

DA SESSÃO DO JULGAMENTO E DA SENTENÇA

Abertura da sessão

Art. 431. No dia e hora designados para o julgamento reunido o Conselho de Justiça e presentes todos os seus juízes e o procurador, o presidente declarará aberta a sessão e mandará apresentar o acusado.

Comparecimento do revel

§ 1º Se o acusado revel comparecer nessa ocasião sem ter sido ainda qualificado e interrogado, proceder-se-á a estes atos, na conformidade dos artigos 404, 405 e 406, perguntando-lhe antes o auditor se tem advogado. Se declarar que não o tem, o auditor nomear-lhe-á um, cessando a função do curador, que poderá, entretanto, ser nomeado advogado.

▶ Arts. 411 e 412 deste Código.

Revel de menor idade

§ 2º Se o acusado revel for menor, e a sua menoridade só vier a ficar comprovada na fase de julgamento, o presidente do Conselho de Justiça nomear-lhe-á curador, que poderá ser o mesmo já nomeado pelo motivo da revelia.

Falta de apresentação de acusado preso

§ 3º Se o acusado, estando preso, deixar de ser apresentado na sessão de julgamento, o auditor providenciará quanto ao seu comparecimento à nova sessão que for designada para aquele fim.

Adiamento de julgamento no caso de acusado solto

§ 4º O julgamento poderá ser adiado por uma só vez, no caso de falta de comparecimento de acusado solto. Na segunda falta, o julgamento será feito à revelia, com curador nomeado pelo presidente do Conselho.

Falta de comparecimento de advogado

§ 5º Ausente o advogado, será adiado o julgamento uma vez. Na segunda ausência, salvo motivo de força maior devidamente comprovado, será o advogado substituído por outro.

Falta de comparecimento de assistente ou curador

§ 6º Não será adiado o julgamento, por falta de comparecimento do assistente ou seu advogado, ou de curador de menor ou revel, que será substituído por outro, de nomeação do presidente do Conselho de Justiça.

Saída do acusado por motivo de doença

§ 7º Se o estado de saúde do acusado não lhe permitir a permanência na sessão, durante todo o tempo em que durar o julgamento, este prosseguirá com a presença do defensor do acusado. Se o defensor se recusar a permanecer na sessão, a defesa será feita por outro, nomeado pelo presidente do Conselho de Justiça, desde que advogado.

Leitura de peças do processo

Art. 432. Iniciada a sessão de julgamento, o presidente do Conselho de Justiça ordenará que o escrivão proceda à leitura das seguintes peças do processo:

a) a denúncia e seu aditamento, se houver;
b) o exame de corpo de delito e a conclusão de outros exames ou perícias fundamentais à configuração ou classificação do crime;
c) o interrogatório do acusado;
d) qualquer outra peça dos autos, cuja leitura for proposta por algum dos juízes, ou requerida por qualquer das partes, sendo, neste caso, ordenada pelo presidente do Conselho de Justiça, se deferir o pedido.

Sustentação oral da acusação e defesa

Art. 433. Terminada a leitura, o presidente do Conselho de Justiça dará a palavra, para sustentação das alegações escritas ou de outras alegações, em primeiro lugar ao procurador, em seguida ao assistente ou seu procurador, se houver, e, finalmente, ao defensor ou defensores, pela ordem de autuação dos acusados que representam, salvo acordo manifestado entre eles.

Tempo para acusação e defesa

§ 1º O tempo, assim para a acusação como para a defesa, será de três horas para cada uma, no máximo.

▶ Art. 477 do CPP.

Réplica e tréplica

§ 2º O procurador e o defensor poderão, respectivamente, replicar e treplicar por tempo não excedente a uma hora, para cada um.

▶ Art. 477 do CPP.

Prazo para o assistente

§ 3º O assistente ou seu procurador terá a metade do prazo concedido ao procurador para a acusação e a réplica.

Defesa de vários acusados

§ 4º O advogado que tiver a seu cargo a defesa de mais de um acusado terá direito a mais uma hora, além do tempo previsto no § 1º, se fizer a defesa de todos em conjunto, com alteração, neste caso, da ordem prevista no preâmbulo do artigo.

Acusados excedentes a dez

§ 5º Se os acusados excederem a dez, cada advogado terá direito a uma hora para a defesa de cada um dos seus constituintes, pela ordem da respectiva autuação, se não usar da faculdade prevista no parágrafo anterior. Não poderá, entretanto, exceder a seis horas o tempo total, que o presidente do Conselho de Justiça marcará, e o advogado distribuirá, como entender, para a defesa de todos os seus constituintes.

Uso da tribuna

§ 6º O procurador, o assistente ou seu procurador, o advogado e o curador desenvolverão a acusação ou a defesa, da tribuna para esse fim destinada, na ordem que lhes tocar.

Disciplina dos debates

§ 7º A linguagem dos debates obedecerá às normas do artigo 429, podendo o presidente do Conselho de Justiça, após a segunda advertência, cassar a palavra de quem as transgredir, nomeando-lhe substituto *ad hoc*.

▶ Art. 497, III, deste Código.
▶ Art. 78, § 1º, do CPC/2015.

Permissão de apartes

§ 8º Durante os debates poderão ser dados apartes, desde que permitidos por quem esteja na tribuna, e não tumultuem a sessão.

▶ Art. 497, XII, deste Código.

Conclusão dos debates

Art. 434. Concluídos os debates e decidida qualquer questão de ordem levantada pelas partes, o Conselho de Justiça passará a deliberar em sessão secreta, podendo qualquer dos juízes militares pedir ao auditor esclarecimentos sobre questões de direito que se relacionem com o fato sujeito a julgamento.

Pronunciamento dos juízes

Art. 435. O presidente do Conselho de Justiça convidará os juízes a se pronunciarem sobre as questões preliminares e o mérito da causa, votando em primeiro lugar o auditor; depois, os juízes militares, por ordem inversa de hierarquia, e finalmente o presidente.

Diversidade de votos

Parágrafo único. Quando, pela diversidade de votos, não se puder constituir maioria para a aplicação da pena, entender-se-á que o juiz que tiver votado por pena maior, ou mais grave, terá virtualmente votado por pena imediatamente menor ou menos grave.

Interrupção da sessão na fase pública

Art. 436. A sessão de julgamento será permanente. Poderá, porém, ser interrompida na fase pública por tempo razoável, para descanso ou alimentação dos juízes, auxiliares das Justiça e partes. Na fase secreta não se interromperá por motivo estranho ao processo, salvo moléstia de algum dos juízes, caso em que será transferida para dia designado na ocasião.

Conselho Permanente. Prorrogação de jurisdição

Parágrafo único. Prorrogar-se-á a jurisdição do Conselho Permanente de Justiça, se o novo dia designado estiver incluído no trimestre seguinte àquele em que findar a sua jurisdição, fazendo-se constar o fato de ata.

Definição do fato pelo Conselho

Art. 437. O Conselho de Justiça poderá:

a) dar ao fato definição jurídica diversa da que constar na denúncia, ainda que, em consequência, tenha de aplicar pena mais grave, desde que aquela definição haja sido formulada pelo Ministério Público em alegações escritas e a outra parte tenha tido a oportunidade de respondê-la;

▸ Arts. 383, 384 e 617 do CPP.

▸ Súm. nº 5 do STM.

Condenação e reconhecimento de agravante não arguida

b) proferir sentença condenatória por fato articulado na denúncia, não obstante haver o Ministério Público opinado pela absolvição, bem como reconhecer agravante objetiva, ainda que nenhuma tenha sido arguida.

▸ Art. 385 do CPP.

Conteúdo da sentença

Art. 438. A sentença conterá:

▸ Art. 93, IX, da CF.

▸ Arts. 381, 564, III, *m*, e 800, I, do CPP.

▸ Arts. 489 a 490 do CPC/2015.

▸ Art. 81, § 3º, da Lei nº 9.099, de 26-9-1995 (Lei dos Juizados Especiais).

a) o nome do acusado e, conforme o caso, seu posto ou condição civil;

b) a exposição sucinta da acusação e da defesa;

c) a indicação dos motivos de fato e de direito em que se fundar a decisão;

d) a indicação, de modo expresso, do artigo ou artigos de lei em que se acha incurso o acusado;

e) a data e as assinaturas dos juízes do Conselho de Justiça, a começar pelo presidente e por ordem de hierarquia e declaração dos respectivos postos, encerrando-as o auditor.

Declaração de voto

§ 1º Se qualquer dos juízes deixar de assinar a sentença, será declarado, pelo auditor, o seu voto, como vencedor ou vencido.

Redação da sentença

§ 2º A sentença será redigida pelo auditor, ainda que discorde dos seus fundamentos ou da sua conclusão, podendo, entretanto, justificar o seu voto, se vencido, no todo ou em parte, após a assinatura. O mesmo poderá fazer cada um dos juízes militares.

Sentença datilografada e rubricada

§ 3º A sentença poderá ser datilografada, rubricando-a, neste caso, o auditor, folha por folha.

Sentença absolutória. Requisitos

Art. 439. O Conselho de Justiça absolverá o acusado, mencionando os motivos na parte expositiva da sentença, desde que reconheça:

▸ Arts. 386, 397 e 415 do CPP.

a) estar provada a inexistência do fato, ou não haver prova da sua existência;

b) não constituir o fato infração penal;

c) não existir prova de ter o acusado concorrido para a infração penal;

d) existir circunstância que exclua a ilicitude do fato ou a culpabilidade ou imputabilidade do agente (artigos 38, 39, 42, 48 e 52 do Código Penal Militar);

e) não existir prova suficiente para a condenação;

f) estar extinta a punibilidade.

▸ Art. 123 e segs. do CPM.

Especificação

§ 1º Se houver várias causas para a absolvição, serão todas mencionadas.

Providências

§ 2º Na sentença absolutória determinar-se-á:

a) pôr o acusado em liberdade, se for o caso;

b) a cessação de qualquer pena acessória e, se for o caso, de medida de segurança provisoriamente aplicada;

c) a aplicação de medida de segurança cabível.

▸ Art. 110 e segs. do CPM.

▸ Súmulas nºs 422 e 525 do STF.

Sentença condenatória. Requisitos

Art. 440. O Conselho de Justiça ao proferir sentença condenatória:

▸ Arts. 387 e 492, I, do CPP.

a) mencionará as circunstâncias apuradas e tudo o mais que deva ser levado em conta na fixação da pena, tendo em vista obrigatoriamente o disposto no artigo 69 e seus parágrafos do Código Penal Militar;

▸ Art. 5º, 6, do Pacto de São José da Costa Rica.

▸ Súmulas nºs 231, 241, 440 e 442 a 444 do STJ.

b) mencionará as circunstâncias agravantes ou atenuantes definidas no citado Código, e cuja existência reconhecer;

▸ Arts. 70 e 72 do CPM.

c) imporá as penas, de acordo com aqueles dados, fixando a quantidade das principais e, se for o caso, a espécie e o limite das acessórias;

d) aplicará as medidas de segurança que, no caso, couberem.

Proclamação do julgamento e prisão do réu

Art. 441. Reaberta a sessão pública e proclamado o resultado do julgamento pelo presidente do Conselho de Justiça, o auditor expedirá mandado de prisão contra o réu, se este for condenado a pena privativa de liberdade, ou alvará de soltura, se absolvido. Se presente o réu, ser-lhe-á dada voz de prisão pelo presidente do Conselho de Justiça, no caso de condenação. A aplicação de pena não privativa de liberdade será comunicada à autoridade competente, para os devidos efeitos.

Permanência do acusado absolvido na prisão

§ 1º Se a sentença for absolutória, por maioria de votos, e a acusação versar sobre crime a que a lei comina pena, no máximo por tempo igual ou superior a vinte anos, o acusado continuará preso, se interposta apelação pelo Ministério Público, salvo se se tiver apresentado espontaneamente à prisão para confessar crime, cuja autoria era ignorada ou imputada a outrem.

Cumprimento anterior do tempo de prisão

§ 2º No caso de sentença condenatória, o réu será posto em liberdade se, em virtude de prisão provisória, tiver cumprido a pena aplicada.

§ 3º A cópia da sentença, devidamente conferida e subscrita pelo escrivão e rubricada pelo auditor, ficará arquivada em cartório.

Indícios de outro crime

Art. 442. Se, em processo submetido a seu exame, o Conselho de Justiça, por ocasião do julgamento, verificar a existência de indícios de outro crime, determinará a remessa das respectivas peças, por cópia autêntica, ao órgão do Ministério Público competente, para os fins de direito.

Leitura da sentença em sessão pública e intimação

Art. 443. Se a sentença ou decisão não for lida na sessão em que se proclamar o resultado do julgamento, sê-lo-á pelo auditor em pública audiência, dentro do prazo de oito dias, e dela ficarão, desde logo, intimados o representante do Ministério Público, o réu e seu defensor, se presentes.

▸ Art. 30, VII, da Lei nº 8.457, de 4-9-1992, que organiza a Justiça Militar da União e regula o funcionamento de seus Serviços Auxiliares.

Intimação do representante do Ministério Público

Art. 444. Salvo o disposto no artigo anterior, o escrivão, dentro do prazo de três dias, após a leitura da sentença ou decisão, dará ciência dela ao representante do Ministério Público, para os efeitos legais.

Intimação de sentença condenatória

Art. 445. A intimação da sentença condenatória será feita, se não o tiver sido nos termos do artigo 443:

▸ Art. 392 do CPP.

▸ Art. 82, § 1º, da Lei nº 9.099, de 26-9-1995 (Lei dos Juizados Especiais).

a) ao defensor de ofício ou dativo;

b) ao réu, pessoalmente, se estiver preso;

c) ao defensor constituído pelo réu.

Intimação a réu solto ou revel

Art. 446. A intimação da sentença condenatória a réu solto ou revel far-se-á após a prisão, e bem assim ao seu defensor ou advogado que nomear por ocasião da intimação, e ao representante do Ministério Público.

Requisitos da certidão de intimação

Parágrafo único. Na certidão que lavrar da intimação, o oficial de justiça declarará se o réu nomeou advogado e, em caso afirmativo, intimá-lo-á também da sentença. Em caso negativo, dará ciência da sentença e da prisão do réu ao seu defensor de ofício ou dativo.

Certidões nos autos

Art. 447. O escrivão lavrará nos autos, em todos os casos, as respectivas certidões de intimação, com a indicação do lugar, dia e hora em que houver sido feita.

Lavratura de ata

Art. 448. O escrivão lavrará ata circunstanciada de todas as ocorrências na sessão de julgamento.

Anexação de cópia da ata

Parágrafo único. Da ata será anexada aos autos cópia autêntica datilografada e rubricada pelo escrivão.

Efeitos da sentença condenatória

Art. 449. São efeitos da sentença condenatória recorrível:

a) ser o réu preso ou conservado na prisão;

b) ser o seu nome lançado no rol dos culpados.

Aplicação de artigos

Art. 450. Aplicam-se à sessão de julgamento, no que couber, os artigos 385, 386 e seu parágrafo único, 389, 411, 412 e 413.

TÍTULO II – DOS PROCESSOS ESPECIAIS

CAPÍTULO I

DA DESERÇÃO EM GERAL

Termo de deserção. Formalidades

Art. 451. Consumado o crime de deserção, nos casos previstos na lei penal militar, o comandante da unidade, ou autoridade correspondente, ou ainda a autoridade superior, fará lavrar o respectivo termo imediatamente, que poderá ser impresso ou datilografado, sendo por ele assinado e por duas testemunhas idôneas, além do militar incumbido da lavratura.

▸ Súm. nº 3 do STM.

§ 1º A contagem dos dias de ausência, para efeito da lavratura do termo de deserção, iniciar-se-á à zero hora do dia seguinte àquele em que for verificada a falta injustificada do militar.

§ 2º No caso de deserção especial, prevista no artigo 190 do Código Penal Militar, a lavratura do termo será, também, imediata.

Efeitos do termo de deserção

Art. 452. O termo de deserção tem o caráter de instrução provisória e destina-se a fornecer os elementos necessários à propositura da ação penal, sujeitando, desde logo, o desertor à prisão.

Retardamento do processo

Art. 453. O desertor que não for julgado dentro de sessenta dias, a contar do dia de sua apresentação voluntária ou captura, será posto em liberdade, salvo se tiver dado causa ao retardamento do processo.

▸ Arts. 451 a 453 com a redação dada pela Lei nº 8.236, de 20-9-1991.

▸ Súmulas nºs 3 e 10 do STM.

CAPÍTULO II

DO PROCESSO DE DESERÇÃO DE OFICIAL

Lavratura do termo de deserção e sua publicação em Boletim

Art. 454. Transcorrido o prazo para consumar-se o crime de deserção, o comandante da unidade, ou autoridade correspondente, ou ainda a autoridade superior, fará lavrar o termo de deserção circunstanciadamente, inclusive com a qualificação do desertor, assinando-o com duas testemunhas idôneas, publicando-se em boletim ou documento equivalente, o termo de deserção, acompanhado da parte de ausência.

§ 1º O oficial desertor será agregado, permanecendo nessa situação ao apresentar-se ou ser capturado, até decisão transitada em julgado.

Remessa do termo de deserção e documentos à Auditoria

§ 2º Feita a publicação, a autoridade militar remeterá, em seguida, o termo de deserção à Auditoria competente, juntamente com a parte de ausência, o inventário do material permanente da Fazenda Nacional e as cópias do boletim ou documento equivalente e dos assentamentos do desertor.

Autuação e vista ao Ministério Público

§ 3º Recebido o termo de deserção e demais peças, o juiz auditor mandará autuá-los e dar vista do processo, por cinco dias ao procurador, podendo este requerer o arquivamento, ou o que for de direito, ou oferecer denúncia, se nenhuma formalidade tiver sido omitida, ou após o cumprimento das diligências requeridas.

§ 4º Recebida a denúncia, o juiz auditor determinará seja aguardada a captura ou apresentação voluntária do desertor.

Apresentação ou captura do desertor. Sorteio do Conselho

Art. 455. Apresentando-se ou sendo capturado o desertor, a autoridade militar fará a comunicação ao juiz auditor, com a informação sobre a data e o lugar onde o mesmo se apresentou ou foi capturado, além de quaisquer outras circunstâncias concernentes ao fato. Em seguida, procederá o juiz auditor ao sorteio e à convocação do Conselho Especial de Justiça, expedindo o mandado de citação do acusado, para ser processado e julgado. Nesse mandado, será transcrita a denúncia.

Rito processual

§ 1º Reunido o Conselho Especial de Justiça, presentes o procurador, o defensor e o acusado, o presidente ordenará a leitura da denúncia, seguindo-se o interrogatório do acusado, ouvindo-se, na ocasião, as testemunhas arroladas pelo Ministério Público. A defesa poderá oferecer prova documental e requerer a inquirição de testemunhas, até o número de três, que serão arroladas dentro do prazo de três dias e ouvidas dentro do prazo de cinco dias, prorrogável até o dobro pelo Conselho, ouvido o Ministério Público.

Julgamento

§ 2º Findo o interrogatório, e se nada for requerido ou determinado, ou finda a inquirição das testemunhas arroladas pelas partes e realizadas as diligências ordenadas, o presidente do Conselho dará a palavra às partes, para sustentação oral, pelo prazo máximo de trinta minutos, podendo haver réplica e tréplica por tempo não excedente a quinze minutos, para cada uma delas, passando o Conselho ao julgamento, observando-se o rito prescrito neste Código.

▸ Arts. 454 e 455 com a redação dada pela Lei nº 8.236, de 20-9-1991.

CAPÍTULO III

DO PROCESSO DE DESERÇÃO DE PRAÇA COM OU SEM GRADUAÇÃO E DE PRAÇA ESPECIAL

▸ Capítulo III renomeado pela Lei nº 8.236, de 20-9-1991.

Inventário dos bens deixados ou extraviados pelo ausente

Art. 456. Vinte e quatro horas depois de iniciada a contagem dos dias de ausência de uma praça, o comandante da respectiva subunidade, ou autoridade competente, encaminhará parte de ausência ao comandante ou chefe da respectiva organização, que mandará inventariar o material permanente da Fazenda Nacional, deixado ou extraviado pelo ausente, com a assistência de duas testemunhas idôneas.

§ 1º Quando a ausência se verificar em subunidade isolada ou em destacamento, o respectivo comandante, oficial ou não, providenciará o inventário, assinando-o com duas testemunhas idôneas.

Parte de deserção

§ 2º Decorrido o prazo para se configurar a deserção, o comandante da subunidade, ou autoridade correspondente, encaminhará ao comandante, ou chefe competente, uma parte acompanhada do inventário.

Lavratura do termo de deserção

§ 3º Recebida a parte de que trata o parágrafo anterior, fará o comandante, ou autoridade correspondente, lavrar o termo de deserção, onde se mencionarão todas as circunstâncias do fato. Esse termo poderá ser lavrado por uma praça, especial ou graduada, e será assinado pelo comandante e por duas testemunhas idôneas, de preferência oficiais.

Exclusão do serviço ativo, agregação e remessa à Auditoria

§ 4º Consumada a deserção de praça especial ou praça sem estabilidade, será ela imediatamente excluída do serviço ativo. Se praça estável, será agregada, fazendo-se, em ambos os casos, publicação, em boletim ou documento equivalente, do termo de deserção e remetendo-se, em seguida, os autos à Auditoria competente.

▸ Art. 456 com a redação dada pela Lei nº 8.236, de 20-9-1991.

▸ Art. 94, IX, da Lei nº 6.880, de 9-12-1980 (Estatuto dos Militares).

Vistas ao Ministério Público Militar

Art. 457. Recebidos do Comandante da unidade, ou da autoridade competente, o termo de deserção e a cópia do boletim, ou documento equivalente que o publicou, acompanhados dos demais atos lavrados e dos assentamentos, o juiz auditor mandará autuá-los e dar vista do processo, por cinco dias, ao procurador, que requererá o que for de direito, aguardando-se a captura ou apresentação voluntária do desertor, se nenhuma formalidade tiver sido omitida, ou após o cumprimento das diligências requeridas.

▸ *Caput* com a redação dada pela Lei nº 8.236, de 20-9-1991.

Inspeção de saúde, para fins de reinclusão

§ 1º O desertor sem estabilidade que se apresentar ou for capturado deverá ser submetido a inspeção de saúde e, quando julgado apto para o serviço militar, será reincluído.

Incapacidade para serviço ativo

§ 2º A ata de inspeção de saúde será remetida, com urgência, à Auditoria a que tiverem sido distribuídos os autos, para que, em caso de incapacidade definitiva, seja o desertor sem estabilidade isento da reinclusão e do processo, sendo os autos arquivados, após o pronunciamento do representante do Ministério Público Militar.

▸ Súm. nº 8 do STM.

Notícia de reinclusão ou reversão. Denúncia

§ 3º Reincluída que seja a praça especial ou a praça sem estabilidade, ou procedida à reversão da praça estável, o comandante da unidade providenciará, com urgência, sob pena de responsabilidade, a remessa à Auditoria de cópia do ato de reinclusão ou ato de reversão. O juiz auditor determinará sua juntada aos autos e deles dará vista, por cinco dias, ao procurador, que requererá o arquivamento, ou o que for de direito, ou oferecerá denúncia, se nenhuma formalidade tiver sido omitida, ou após o cumprimento das diligências requeridas.

Citação, interrogatório e inquirição de testemunha

§ 4º Recebida a denúncia, determinará o juiz auditor a citação do acusado, realizando-se em dia e hora previamente designados, perante o Conselho Permanente de Justiça, o interrogatório do acusado, ouvindo-se, na ocasião, as testemunhas arroladas pelo Ministério Público. A defesa poderá oferecer prova documental e requerer a inquirição de testemunhas, até o número de três que serão arroladas dentro do prazo de três dias e ouvidas dentro de cinco dias, prorrogáveis até o dobro pelo Conselho, ouvido o Ministério Público.

Julgamento

§ 5º Feita a leitura do processo, o presidente do Conselho dará a palavra às partes, para sustentação oral, pelo prazo máximo de trinta minutos, podendo haver réplica e tréplica por tempo não excedente a quinze minutos para cada uma delas, passando o Conselho ao julgamento, observando-se o rito prescrito neste Código.

Comunicação de sentença condenatória

§ 6º Em caso de condenação do acusado, o juiz auditor fará expedir, imediatamente, a devida comunicação à autoridade competente, para os devidos fins e efeitos legais.

Sentença absolutória. Alvará de soltura

§ 7º Sendo absolvido o acusado, ou se este já tiver cumprido a pena imposta na sentença, o juiz auditor providenciará, sem demora, para que seja posto em liberdade, mediante alvará de soltura, se por outro motivo não estiver preso.

▸ §§ 1º a 7º com a redação dada pela Lei nº 8.236, de 20-9-1991.

Vista dos autos

§ 8º O curador ou advogado do acusado terá vista dos autos para examinar suas peças e apresentar, dentro do prazo de três dias, as razões de defesa.

Dia e hora do julgamento

§ 9º Voltando os autos ao presidente, designará este dia e hora para o julgamento.

Interrogatório

§ 10. Reunido o Conselho, será o acusado interrogado, em presença do seu advogado, ou curador se for menor, assinando com o advogado ou curador, após os juízes, o auto de interrogatório, lavrado pelo escrivão.

Defesa oral

§ 11. Em seguida, feita a leitura do processo pelo escrivão, o presidente do Conselho dará a palavra ao advogado ou curador do acusado, para que, dentro do prazo máximo de trinta minutos, apresente defesa oral, passando o Conselho a funcionar, desde logo, em sessão secreta.

Comunicação de sentença condenatória ou alvará de soltura

§ 12. Terminado o julgamento, se o acusado for condenado, o presidente do Conselho fará expedir imediatamente a devida comunicação à autoridade competente; e, se for absolvido ou já tiver cumprido o tempo de prisão que na sentença lhe houver sido imposto, providenciará, sem demora, para que o acusado seja, mediante alvará de soltura, posto em liberdade, se por outro motivo não estiver preso. O relator, no prazo de quarenta e oito horas, redigirá a sentença, que será assinada por todos os juízes.

Arts. 458 e 459. *Revogados*. Lei nº 8.236, de 20-9-1991.

CAPÍTULO IV

DO PROCESSO DE DESERÇÃO DE PRAÇA, COM OU SEM GRADUAÇÃO, E DE PRAÇA ESPECIAL, NA MARINHA E NA AERONÁUTICA

Arts. 460 a 462. *Revogados*. Lei nº 8.236, de 20-9-1991.

CAPÍTULO V

DO PROCESSO DE CRIME DE INSUBMISSÃO

Lavratura de termo de insubmissão

Art. 463. Consumado o crime de insubmissão, o comandante, ou autoridade correspondente, da unidade para que fora designado o insubmisso, fará lavrar o termo de insubmissão, circunstanciadamente, com indicação de nome, filiação, naturalidade e classe a que pertencer o insubmisso e a data em que este deveria apresentar-se, sendo o termo assinado pelo referido comandante, ou autoridade correspondente, e por duas testemunhas idôneas, podendo ser impresso ou datilografado.

▸ Arts. 183 a 186 e 393 do CPM.

▸ Súm. nº 3 do STM.

Efeitos do termo de insubmissão

§ 1º O termo, juntamente com os demais documentos relativos à insubmissão, tem o caráter de instrução provisória, destina-se a fornecer os elementos necessários à propositura da ação penal e é o instrumento legal autorizador da captura do insubmisso, para efeito da incorporação.

Remessa do termo de insubmissão e documentos à Auditoria

§ 2º O comandante ou autoridade competente que tiver lavrado o termo de insubmissão remetê-lo-á à Auditoria, acompanhado de cópia autêntica do documento hábil que comprove o conhecimento pelo insubmisso da data e local de sua apresentação, e demais documentos.

§ 3º Recebido o termo de insubmissão e os documentos que o acompanham, o juiz auditor determinará sua autuação e dará vista do processo, por cinco dias, ao procurador, que requererá o que for de direito, aguardando-se a captura ou apresentação voluntária do insubmisso, se nenhuma formalidade tiver sido omitida ou após cumprimento das diligências requeridas.

Menagem e inspeção de saúde

Art. 464. O insubmisso que se apresentar ou for capturado terá o direito ao quartel por menagem e será submetido à inspeção de saúde. Se incapaz, ficará isento do processo e da inclusão.

▸ Arts. 263 a 269 deste Código.

▸ Súm. nº 8 do STM.

Incapacidade para o serviço militar

§ 1º A ata de inspeção de saúde será, pelo comandante da unidade, ou autoridade competente, remetida, com urgência, à Auditoria a que tiverem sido distribuídos os autos, para que, em caso de incapacidade para o serviço militar, sejam arquivados, após pronunciar-se o Ministério Público Militar.

Inclusão de insubmisso

§ 2º Incluído o insubmisso, o comandante da unidade, ou autoridade correspondente, providenciará, com urgência, a remessa à Auditoria de cópia do ato de inclusão. O juiz auditor determinará sua juntada aos autos e deles dará vista, por cinco dias, ao procurador, que poderá requerer o arquivamento, ou o que for de direito, ou oferecer denúncia, se nenhuma formalidade tiver sido omitida ou após o cumprimento das diligências requeridas.

Liberdade do insubmisso

§ 3º O insubmisso que não for julgado no prazo de sessenta dias, a contar do dia de sua apresentação voluntária ou captura, sem que para isso tenha dado causa, será posto em liberdade.

▸ Arts. 463 e 464 com a redação dada pela Lei nº 8.236, de 20-9-1991.

Equiparação ao processo de deserção

Art. 465. Aplica-se ao processo de insubmissão, para sua instrução e julgamento, o disposto para o processo de deserção, previsto nos §§ 4º, 5º, 6º e 7º do artigo 457 deste Código.

▸ *Caput* com a redação dada pela Lei nº 8.236, de 20-9-1991.

Remessa à Auditoria competente

Parágrafo único. Na Marinha e na Aeronáutica, o processo será enviado à Auditoria competente, observando-se o disposto no art. 461 e seus parágrafos, podendo o Conselho de Justiça, na mesma sessão, julgar mais de um processo.

CAPÍTULO VI

DO *HABEAS CORPUS*

Cabimento da medida

Art. 466. Dar-se-á *habeas corpus* sempre que alguém sofrer ou se achar ameaçado de sofrer violência ou coação em sua liberdade de locomoção, por ilegalidade ou abuso de poder.

▸ Art. 647 do CPP.

▸ Art. 7º do Pacto de São José da Costa Rica.

▸ Súmulas nºs 694 e 695 do STF.

Exceção

Parágrafo único. Excetuam-se, todavia, os casos em que a ameaça ou a coação resultar:

a) de punição aplicada de acordo com os Regulamentos Disciplinares das Forças Armadas;

b) de punição aplicada aos oficiais e praças das Polícias e dos Corpos de Bombeiros, Militares, de acordo com os respectivos Regulamentos Disciplinares;

c) da prisão administrativa, nos termos da legislação em vigor, de funcionário civil responsável para com a Fazenda Nacional, perante a administração militar;

d) da aplicação de medidas que a Constituição do Brasil autoriza durante o estado de sítio;

e) nos casos especiais previstos em disposição de caráter constitucional.

Abuso de poder e ilegalidade. Existência

Art. 467. Haverá ilegalidade ou abuso de poder:

▸ Art. 648 do CPP.

a) quando o cerceamento da liberdade for ordenado por quem não tinha competência para tal;

b) quando ordenado ou efetuado sem as formalidades legais;

c) quando não houver justa causa para a coação ou constrangimento;

d) quando a liberdade de ir e vir for cerceada fora dos casos previstos em lei;

e) quando cessado o motivo que autorizava o cerceamento;

f) quando alguém estiver preso por mais tempo do que determina a lei;

g) quando alguém estiver processado por fato que não constitua crime em tese;

h) quando estiver extinta a punibilidade;

i) quando o processo estiver evidentemente nulo.

Concessão após sentença condenatória

Art. 468. Poderá ser concedido *habeas corpus*, não obstante já ter havido sentença condenatória:

▸ Art. 648 do CPP.

a) quando o fato imputado, tal como estiver narrado na denúncia, não constituir infração penal;

b) quando a ação ou condenação já estiver prescrita;

c) quando o processo for manifestamente nulo;

d) quando for incompetente o juiz que proferiu a condenação.

Competência para a concessão

Art. 469. Compete ao Superior Tribunal Militar o conhecimento do pedido de *habeas corpus*.

▸ Art. 650 do CPP.

Pedido. Concessão de ofício

Art. 470. O *habeas corpus* pode ser impetrado por qualquer pessoa em seu favor ou de outrem, bem como pelo Ministério Público. O Superior Tribunal Militar pode concedê-lo de ofício, se, no curso do processo submetido à sua apreciação, verificar a existência de qualquer dos motivos previstos no artigo 467.

▸ Art. 5º, LXXVII, da CF.

▸ Art. 654 do CPP.

Rejeição do pedido

§ 1º O pedido será rejeitado se o paciente a ele se opuser.

Competência *ad referendum* do Superior Tribunal Militar

§ 2º *Revogado*. Lei nº 8.457, de 4-9-1992.

Petição. Requisitos

Art. 471. A petição de *habeas corpus* conterá:

a) o nome da pessoa que sofre ou está ameaçada de sofrer violência ou coação e o de quem é responsável pelo exercício da violência, coação ou ameaça;

b) a declaração da espécie de constrangimento ou, em caso de ameaça de coação, as razões em que o impetrante funda o seu temor;

c) a assinatura do impetrante, ou de alguém a seu rogo, quando não souber ou não puder escrever, e a designação das respectivas residências.

Forma do pedido

Parágrafo único. O pedido de *habeas corpus* pode ser feito por telegrama, com as indicações enumeradas neste artigo e a transcrição literal do reconhecimento da firma do impetrante, por tabelião.

Pedido de informações

Art. 472. Despachada a petição e distribuída, serão, pelo relator, requisitadas imediatamente informações ao detentor ou a quem fizer a ameaça, que deverá prestá-las dentro do prazo de cinco dias, contados da data do recebimento da requisição.

▸ Art. 480 deste Código.

Prisão por ordem de autoridade superior

§ 1º Se o detentor informar que o paciente está preso por determinação de autoridade superior, deverá indicá-la, para que a esta sejam requisitadas as informações, a fim de prestá-las na forma mencionada no preâmbulo deste artigo.

Soltura ou remoção do preso

§ 2º Se informar que não é mais detentor do paciente, deverá esclarecer se este já foi solto ou removido para outra prisão. No primeiro caso, dirá em que dia e hora; no segundo, qual o local da nova prisão.

Vista ao Procurador-Geral

§ 3º Imediatamente após as informações, o relator, se as julgar satisfatórias, dará vista do processo, por quarenta e oito horas, ao Procurador-Geral.

Julgamento do pedido

Art. 473. Recebido de volta o processo, o Relator apresentá-lo-á em mesa, sem demora, para o julgamento, que obedecerá ao disposto no Regimento Interno do Tribunal.

Determinação de diligências

Art. 474. O relator ou Tribunal poderá determinar as diligências que entender necessárias, inclusive a requisição do processo e a apresentação do paciente, em dia e hora que designar.

▸ Art. 656 do CPP.

Apresentação obrigatória do preso

Art. 475. Se o paciente estiver preso, nenhum motivo escusará o detentor de apresentá-lo, salvo:

▸ Art. 657 do CPP.

▸ Art. 7º, 5, do Pacto de São José da Costa Rica.

a) enfermidade que lhe impeça a locomoção ou a não aconselhe, por perigo de agravamento do seu estado mórbido;

b) não estar sob a guarda da pessoa a quem se atribui a detenção.

Diligência no local da prisão

Parágrafo único. Se o paciente não puder ser apresentado por motivo de enfermidade, o Relator poderá ir ao local em que ele se encontrar; ou, por proposta sua, o Tribunal, mediante ordem escrita, poderá determinar que ali compareça o seu secretário ou, fora da Circunscrição Judiciária de sua sede, o auditor que designar, os quais prestarão as informações necessárias, que constarão do processo.

Prosseguimento do processo

Art. 476. A concessão de *habeas corpus* não obstará o processo nem lhe porá termo, desde que não conflite com os fundamentos da concessão.

▸ Art. 651 do CPP.

Renovação do processo

Art. 477. Se o *habeas corpus* for concedido em virtude de nulidade do processo, será este renovado, salvo se do seu exame se tornar evidente a inexistência de crime.

▸ Arts. 499 a 509 deste Código.

▸ Art. 652 do CPP.

Forma da decisão

Art. 478. As decisões do Tribunal sobre *habeas corpus* serão lançadas em forma de sentença nos autos. As ordens necessárias ao seu cumprimento serão, pelo secretário do Tribunal, expedidas em nome do seu presidente.

Salvo-conduto

Art. 479. Se a ordem de *habeas corpus* for concedida para frustrar ameaça de violência ou coação ilegal, dar-se-á ao paciente salvo-conduto, assinado pelo presidente do Tribunal.

Sujeição a processo

Art. 480. O detentor do preso ou responsável pela sua detenção ou quem quer que, sem justa causa, embarace ou procrastine a expedição de ordem de *habeas corpus*, as informações sobre a causa da prisão, a condução e apresentação do paciente, ou desrespeite salvo-conduto expedido de acordo com o artigo anterior, ficará sujeito a processo pelo crime de desobediência a decisão judicial.

▸ Art. 330 do CP.

▸ Art. 655 do CPP.

▸ Art. 349 do CPM.

Promoção da ação penal

Parágrafo único. Para esse fim, o presidente do Tribunal oficiará ao Procurador-Geral para que este promova ou determine a ação penal, nos termos do artigo 28, letra c.

CAPÍTULO VII
DO PROCESSO PARA RESTAURAÇÃO DE AUTOS

Obrigatoriedade da restauração

Art. 481. Os autos originais de processo penal militar extraviados ou destruídos, em primeira ou segunda instância, serão restaurados.

▸ Arts. 314, 337 e 356 do CP.

▸ Art. 541 do CPP.

▸ Art. 352 do CPM.

Existência de certidão ou cópia autêntica

§ 1º Se existir e for exibida cópia autêntica ou certidão do processo, será uma ou outra considerada como original.

Falta de cópia autêntica ou certidão

§ 2º Na falta de cópia autêntica ou certidão do processo, o juiz mandará, de ofício ou a requerimento de qualquer das partes, que:

Certidão do escrivão

a) o escrivão certifique o estado do processo, segundo a sua lembrança, e reproduza o que houver a respeito em seus protocolos e registros;

Requisições

b) sejam requisitadas cópias do que constar a respeito do processo no Instituto Médico Legal, no Instituto de Identificação e Estatística, ou em estabelecimentos congêneres, repartições públicas, penitenciárias, presídios ou estabelecimentos militares;

Citação das partes

c) sejam citadas as partes pessoalmente ou, se não forem encontradas, por edital, com o prazo de dez dias, para o processo de restauração.

Restauração em primeira instância. Execução

§ 3º Proceder-se-á à restauração em primeira instância, ainda que os autos se tenham extraviado na segunda, salvo em se tratando de processo originário do Superior Tribunal Militar, ou que nele transite em grau de recurso.

Auditoria competente

§ 4º O processo de restauração correrá em primeira instância perante o auditor, na Auditoria onde se iniciou.

Audiência das partes

Art. 482. No dia designado, as partes serão ouvidas, mencionando-se em termo circunstanciado os pontos em que estiverem acordes e a exibição e a conferência das certidões e mais reproduções do processo, apresentadas e conferidas.

▶ Art. 542 do CPP.

Instrução

Art. 483. O juiz determinará as diligências necessárias para a restauração, observando-se o seguinte:

▶ Art. 543 do CPP.

a) caso ainda não tenha sido proferida a sentença, reinquirir-se-ão as testemunhas, podendo ser substituídas as que tiverem falecido ou se encontrarem em lugar não sabido;

b) os exames periciais, quando possível, serão repetidos, e de preferência pelos mesmos peritos;

c) a prova documental será reproduzida por meio de cópia autêntica ou, quando impossível, por meio de testemunhas;

d) poderão também ser inquiridas, sobre os autos do processo em restauração, as autoridades, os serventuários, os peritos e mais pessoas que tenham nele funcionado;

e) o Ministério Público e as partes poderão oferecer testemunhas e produzir documentos, para provar o teor do processo extraviado ou destruído.

Conclusão

Art. 484. Realizadas as diligências que, salvo motivo de força maior, deverão terminar dentro em quarenta dias, serão os autos conclusos para julgamento.

▶ Art. 544 do CPP.

Parágrafo único. No curso do processo e depois de subirem os autos conclusos para sentença, o juiz poderá, dentro em cinco dias, requisitar de autoridades ou repartições todos os esclarecimentos necessários à restauração.

Eficácia probatória

Art. 485. Julgada a restauração, os autos respectivos valerão pelos originais.

▶ Art. 547 do CPP.

Parágrafo único. Se no curso da restauração aparecerem o autos originais, nestes continuará o processo, sendo a eles apensos os da restauração.

Prosseguimento da execução

Art. 486. Até a decisão que julgue restaurados os autos, a sentença condenatória em execução continuará a produzir efeito, desde que conste da respectiva guia arquivada na prisão onde o réu estiver cumprido pena, ou de registro que torne inequívoca a sua existência.

▶ Arts. 594 a 596 deste Código.

▶ Art. 548 do CPP.

Restauração no Superior Tribunal Militar

Art. 487. A restauração perante o Superior Tribunal Militar caberá ao relator do processo em andamento, ou a ministro que for sorteado para aquele fim, no caso de não haver relator.

Responsabilidade criminal

Art. 488. O causador do extravio ou destruição responderá criminalmente pelo fato, nos termos do artigo 352 e seu parágrafo único, do Código Penal Militar.

▶ Arts. 314, 337 e 356 do CP.

▶ Art. 546 do CPP.

CAPÍTULO VIII
DO PROCESSO DE COMPETÊNCIA ORIGINÁRIO DO SUPERIOR TRIBUNAL MILITAR

Seção I
DA INSTRUÇÃO CRIMINAL

Denúncia. Oferecimento

Art. 489. No processo e julgamento dos crimes da competência do Superior Tribunal Militar, a denúncia será oferecida ao Tribunal e apresentada ao seu presidente para a designação de Relator.

Juiz instrutor

Art. 490. O Relator será um ministro togado, escolhido por sorteio, cabendo-lhe as atribuições de juiz instrutor do processo.

Recurso do despacho do Relator

Art. 491. Caberá recurso do despacho do Relator que:

a) rejeitar a denúncia;

b) decretar a prisão preventiva;

c) julgar extinta a ação penal;

d) concluir pela incompetência do foro militar;

e) conceder ou negar menagem.

Recebimento da denúncia

Art. 492. Recebida a denúncia, mandará o Relator citar o denunciado e intimar as testemunhas.

Função do Ministério Público, do escrivão e do oficial de Justiça

Art. 493. As funções do Ministério Público serão desempenhadas pelo Procurado-Geral. As de escrivão por um funcionário graduado da Secretaria, designado pelo presidente, e as de oficial de justiça, pelo chefe da portaria ou seu substituto legal.

Rito da instrução criminal

Art. 494. A instrução criminal seguirá o rito estabelecido para o processo dos crimes da competência do Conselho de Justiça, desempenhando o ministro instrutor as atribuições conferidas a esse Conselho.

Despacho saneador

Art. 495. Findo o prazo para as alegações escritas, o escrivão fará os autos conclusos ao Relator, o qual, se encontrar irregularidades sanáveis ou falta de diligências que julgar necessárias, mandará saná-las ou preenchê-las.

Seção II
DO JULGAMENTO

Julgamento

Art. 496. Concluída a instrução, o Tribunal procederá, em sessão plenária, ao julgamento do processo, observando-se o seguinte:

Designação de dia e hora

a) por despacho do Relator, os autos serão conclusos ao presidente, que designará dia e hora para o julgamento, cientificados o réu, seu advogado e o Ministério Público;

Resumo do processo

b) aberta a sessão, com a presença de todos os ministros em exercício, será apregoado o réu e, presente este, o presidente dará a palavra ao Relator, que fará o resumo das principais peças dos autos e da prova produzida;

c) se algum dos ministros solicitar a leitura integral dos autos ou de parte deles, poderá o Relator ordenar seja ela efetuada pelo escrivão;

Acusação e defesa

d) findo o relatório, o presidente dará, sucessivamente, a palavra ao Procurador-Geral e ao acusado, ou a seu defensor, para sustentarem oralmente as suas alegações finais;

Prazo para as alegações orais

e) o prazo tanto para a acusação como para a defesa será de duas horas, no máximo;

Réplica e tréplica

f) as partes poderão replicar e treplicar em prazo não excedente de uma hora;

Normas a serem observadas para o julgamento

g) encerrados os debates, passará o Tribunal a funcionar em sessão secreta, para proferir o julgamento, cujo resultado será anunciado em sessão pública;

h) o julgamento efetuar-se-á em uma ou mais sessões, a critério do Tribunal;

i) se for vencido o Relator, o acórdão será lavrado por um dos ministros vencedores, observada a escala.

Revelia

Parágrafo único. Se o réu solto deixar de comparecer, sem causa legítima ou justificada, será julgado à revelia, independentemente de publicação de edital.

Recurso admissível das decisões definitivas ou com força de definitivas

Art. 497. Das decisões definitivas ou com força de definitivas, unânimes ou não, proferidas pelo Tribunal, cabem embargos, que deverão ser oferecidos dentro em cinco dias, contados da intimação do acórdão. O réu revel não pode embargar, sem se apresentar à prisão.

▶ Arts. 538 a 549 deste Código.

CAPÍTULO IX
DA CORREIÇÃO PARCIAL

Casos de correição parcial

Art. 498. O Superior Tribunal Militar poderá proceder à correição parcial:

a) a requerimento das partes, para o fim de ser corrigido o erro ou omissão inescusáveis, abuso ou ato tumultuário, em processo, cometido ou consentido por juiz, desde que, para obviar tais fatos, não haja recurso previsto neste Código;

b) mediante representação do Ministro Corregedor-Geral, para corrigir arquivamento irregular em inquérito ou processo.

▶ Alínea *b* com a redação dada pela Lei nº 7.040, de 11-10-1982.

▶ A referida Lei nº 7.040, que dá nova redação a esta alínea, foi declarada inconstitucional e teve sua eficácia suspensa pela Res. do Senado Federal nº 27, de 7-5-1996.

§ 1º É de cinco dias o prazo para o requerimento ou a representação, devidamente fundamentados, contados da data do ato que os motivar.

Disposição regimental

§ 2º O Regimento do Superior Tribunal Militar disporá a respeito do processo e julgamento da correição parcial.

LIVRO III – DAS NULIDADES E RECURSOS EM GERAL

TÍTULO I

CAPÍTULO ÚNICO

DAS NULIDADES

Sem prejuízo não há nulidade

Art. 499. Nenhum ato judicial será declarado nulo se da nulidade não resultar prejuízo para a acusação ou para a defesa.

▸ Arts. 563 e 566 do CPP.
▸ Art. 65, § 1º, da Lei nº 9.099, de 26-9-1995 (Lei dos Juizados Especiais).
▸ Súm. nº 523 do STF.

Casos de nulidade

Art. 500. A nulidade ocorrerá nos seguintes casos:

▸ Art. 564 do CPP.

I – por incompetência, impedimento, suspeição ou suborno do juiz;

▸ Art. 567 do CPP.

II – por ilegitimidade de parte;

▸ Arts. 95, IV, 110, 395, II, e 568 do CPP.

III – por preterição das fórmulas ou termos seguintes:

a) a denúncia;

b) o exame de corpo de delito nos crimes que deixam vestígios, ressalvado o disposto no parágrafo único do artigo 328;

▸ Arts. 158 a 184 do CPP.
▸ Súm. nº 361 do STF.

c) a citação do acusado para ver-se processar e o seu interrogatório, quando presente;

▸ Art. 572 do CPP.
▸ Súm. nº 351 do STF.

d) os prazos concedidos à acusação e à defesa;

▸ Art. 572 do CPP.
▸ Súm. nº 351 do STF.

e) a intervenção do Ministério Público em todos os termos da ação penal;

▸ Arts. 24, 29 e 572 do CPP.

f) a nomeação de defensor ao réu presente que não o tiver, ou de curador ao ausente e ao menor de dezoito anos;

▸ Súmulas nºs 352, 523 e 708 do STF.

g) a intimação das testemunhas arroladas na denúncia;

▸ Art. 572 do CPP.

h) o sorteio dos juízes militares e seu compromisso;

▸ Art. 403 deste Código.
▸ Arts. 447, 467 e 495, XII, do CPP.

i) a acusação e a defesa nos termos estabelecidos por este Código;

j) a notificação do réu ou seu defensor para a sessão de julgamento;

l) a intimação das partes para a ciência da sentença ou decisão de que caiba recurso;

▸ Arts. 370 a 372, 392 e 420 do CPP.

IV – por omissão de formalidade que constitua elemento essencial do processo.

Impedimento para a arguição da nulidade

Art. 501. Nenhuma das partes poderá arguir a nulidade a que tenha dado causa ou para que tenha concorrido, ou referente a formalidade cuja observância só à parte contrária interessa.

▸ Art. 565 do CPP.

Nulidade não declarada

Art. 502. Não será declarada a nulidade de ato processual que não houver influído na apuração da verdade substancial ou na decisão da causa.

▸ Art. 566 do CPP.

Falta ou nulidade da citação, da intimação ou da notificação. Presença do interessado. Consequência

Art. 503. A falta ou a nulidade da citação, da intimação ou notificação ficará sanada com o comparecimento do interessado antes de o ato consumar-se, embora declare que o faz com o único fim de argui-la. O juiz ordenará, todavia, a suspensão ou adiamento do ato, quando reconhecer que a irregularidade poderá prejudicar o direito da parte.

▸ Arts. 564, III, e, g, e h, e 570 do CPP.
▸ Súm. nº 155 do STF.

Oportunidade para a arguição

Art. 504. As nulidades deverão ser arguidas:

▸ Art. 571 do CPP.

a) as da instrução do processo, no prazo para a apresentação das alegações escritas;

b) as ocorridas depois do prazo das alegações escritas, na fase do julgamento ou nas razões de recurso.

Parágrafo único. A nulidade proveniente de incompetência do juízo pode ser declarada a requerimento da parte ou de ofício, em qualquer fase do processo.

Silêncio das partes

Art. 505. O silêncio das partes sana os atos nulos, se se tratar de formalidade de seu exclusivo interesse.

Renovação e retificação

Art. 506. Os atos, cuja nulidade não houver sido sanada, serão renovados ou retificados.

▸ Art. 573 do CPP.
▸ Art. 282 do CPC/2015.

Nulidade de um ato e sua consequência

§ 1º A nulidade de um ato, uma vez declarada, envolverá a dos atos subsequentes.

Especificação

§ 2º A decisão que declarar a nulidade indicará os atos a que ela se estende.

Revalidação de atos

Art. 507. Os atos da instrução criminal, processados perante juízo incompetente, serão revalidados, por termo, no juízo competente.

Anulação dos atos decisórios

Art. 508. A incompetência do juízo anula somente os atos decisórios, devendo o processo, quando for declarada a nulidade, ser remetido ao juiz competente.

▸ Art. 567 do CPP.

Juiz irregularmente investido, impedido ou suspeito

Art. 509. A sentença proferida pelo Conselho de Justiça com juiz irregularmente investido, impedido ou suspeito, não anula o processo, salvo se a maioria se constituir com o seu voto.

TÍTULO II – DOS RECURSOS

CAPÍTULO I

REGRAS GERAIS

Cabimento dos recursos

Art. 510. Das decisões do Conselho de Justiça ou do auditor poderão as partes interpor os seguintes recursos:

▸ Arts. 8º, 2, h, e 25, 1, do Pacto de São José da Costa Rica.

a) recurso em sentido estrito;

b) apelação.

Os que podem recorrer

Art. 511. O recurso poderá ser interposto pelo Ministério Público, ou pelo réu, seu procurador, ou defensor.

▸ Arts. 271, 577 e 598 do CPP.
▸ Súmulas nºs 210, 448 e 715 do STF.

Inadmissibilidade por falta de interesse

Parágrafo único. Não se admitirá, entretanto, recurso da parte que não tiver interesse na reforma ou modificação da decisão.

Proibição da desistência

Art. 512. O Ministério Público não poderá desistir do recurso que haja interposto.

▸ Arts. 42 e 576 do CPP.

Interposição e prazo

Art. 513. O recurso será interposto por petição e esta, com o despacho do auditor, será, até o dia seguinte ao último do prazo, entregue ao escrivão, que certificará, no termo da juntada, a data da entrega; e, na mesma data, fará os autos conclusos ao auditor, sob pena de sanção disciplinar.

▸ Art. 578 do CPP.

Erro na interposição

Art. 514. Salvo a hipótese de má-fé, não será a parte prejudicada pela interposição de um recurso por outro.

▸ Art. 579 do CPP.

Propriedade do recurso

Parágrafo único. Se o auditor ou o Tribunal reconhecer a impropriedade do recurso, mandará processá-lo de acordo com o rito do recurso cabível.

Efeito extensivo

Art. 515. No caso de concurso de agentes, a decisão do recurso interposto por um dos réus, se fundada em motivos que não sejam de caráter exclusivamente pessoal, aproveitará aos outros.

▸ Art. 580 do CPP.
▸ Art. 53 do CPM.

CAPÍTULO II

DOS RECURSOS EM SENTIDO ESTRITO

Cabimento

Art. 516. Caberá recurso em sentido estrito da decisão ou sentença que:

▸ Arts. 581 e 593, § 4º, do CPP.
▸ Art. 8º, 2, h, do Pacto de São José da Costa Rica.

a) reconhecer a inexistência de crime militar, em tese;

▶ Arts. 9º e 10 do CPM.

b) indeferir o pedido de arquivamento, ou a devolução do inquérito à autoridade administrativa;

c) absolver o réu no caso do artigo 48 do Código Penal Militar;

d) não receber a denúncia no todo ou em parte, ou seu aditamento;

▶ Art. 78 deste Código.

▶ Art. 395 do CPP.

▶ Súmulas nºs 707 e 709 do STF.

e) concluir pela incompetência da Justiça Militar, do auditor ou do Conselho de Justiça;

▶ Art. 124 da CF.

▶ Arts. 108, 109, 564, I, e 567 do CPP.

f) julgar procedente a exceção, salvo de suspeição;

▶ Arts. 95 a 111 do CPP.

g) julgar improcedente o corpo de delito ou outros exames;

h) decretar, ou não, a prisão preventiva, ou revogá-la;

▶ Arts. 5º, LXV e LXVI, da CF.

▶ Arts. 310, parágrafo único, 311 a 316, e 321 a 350 do CPP.

▶ Súm. nº 697 do STF.

i) conceder ou negar a menagem;

j) decretar a prescrição, ou julgar, por outro modo, extinta a punibilidade;

▶ Art. 107 do CP.

▶ Art. 123 do CPM.

l) indeferir o pedido de reconhecimento da prescrição ou de outra causa extintiva da punibilidade;

▶ Art. 107 do CP.

▶ Art. 123 do CPM.

m) conceder, negar, ou revogar o livramento condicional ou a suspensão condicional da pena;

▶ Arts. 77 a 90 do CP.

▶ Arts. 131 a 146 e 156 a 163 da LEP.

n) anular, no todo ou em parte, o processo da instrução criminal;

▶ Arts. 563 a 573 do CPP.

o) decidir sobre a unificação das penas;

▶ Art. 66, III, *a*, da LEP.

p) decretar, ou não, a medida de segurança;

▶ Arts. 171 a 179, 183 e 184 da LEP.

q) não receber a apelação ou recurso.

▶ Art. 639, I, do CPP.

Recursos sem efeito suspensivo

Parágrafo único. Esses recursos não terão efeito suspensivo, salvo os interpostos das decisões sobre matéria de competência, das que julgarem extinta a ação penal, ou decidirem pela concessão do livramento condicional.

Recurso nos próprios autos

Art. 517. Subirão, sempre, nos próprios autos, os recursos a que se referem as letras *a, b, d, e, i, j, m, n* e *p* do artigo anterior.

▶ Art. 583 do CPP.

Prazo de interposição

Art. 518. Os recursos em sentido estrito serão interpostos no prazo de três dias, contados da data da intimação da decisão, ou da sua publicação ou leitura em pública audiência, na presença das partes ou seus procuradores, por meio de requerimento em que se especificarão, se for o caso, as peças dos autos de que se pretenda traslado para instruir o recurso.

▶ Art. 586 do CPP.

Prazo para extração de traslado

Parágrafo único. O traslado será extraído, conferido e concertado no prazo de dez dias, e dele constarão, sempre, a decisão recorrida e a certidão de sua intimação, se por outra forma não for possível verificar-se a oportunidade do recurso.

Prazo para as razões

Art. 519. Dentro em cinco dias, contados da vista dos autos, ou do dia em que, extraído o traslado, dele tiver vista o recorrente, oferecerá estes as razões do recurso, sendo, em seguida, aberta vista ao recorrido, em igual prazo.

▶ Art. 588 do CPP.

▶ Súm. nº 707 do STF.

Parágrafo único. Se o recorrido for o réu, será intimado na pessoa de seu defensor.

Reforma ou sustentação

Art. 520. Com a resposta do recorrido ou sem ela, o auditor ou o Conselho de Justiça, dentro em cinco dias, poderá reformar a decisão recorrida ou mandar juntar ao recurso o traslado das peças dos autos, que julgar convenientes para a sustentação dela.

▶ Art. 589 do CPP.

Recurso da parte prejudicada

Parágrafo único. Se reformada a decisão recorrida, poderá a parte prejudicada, por simples petição, recorrer da nova decisão, quando, por sua natureza, dela caiba recurso. Neste caso, os autos subirão imediatamente à instância superior, assinado o termo de recurso independentemente de novas razões.

Prorrogação de prazo

Art. 521. Não sendo possível ao escrivão extrair o translado no prazo legal, poderá o auditor prorrogá-lo até o dobro.

▶ Art. 590 do CPP.

Prazo para a sustentação

Art. 522. O recurso será remetido ao Tribunal dentro em cinco dias, contados da sustentação da decisão.

Julgamento na instância

Art. 523. Distribuído o recurso, irão os autos com vista ao procurador-geral, pelo prazo de oito dias, sendo, a seguir, conclusos ao relator que, no intervalo de duas sessões, o colocará em pauta para o julgamento.

▶ Súm. nº 709 do STF.

Decisão

Art. 524. Anunciado o julgamento, será feito o relatório, sendo facultado às partes usar da palavra pelo prazo de dez minutos. Discutida a matéria, proferirá o Tribunal a decisão final.

Devolução para cumprimento do acórdão

Art. 525. Publicada a decisão do Tribunal, os autos baixarão à instância inferior para o cumprimento do acórdão.

▶ Art. 592 do CPP.

CAPÍTULO III
DA APELAÇÃO

Admissibilidade da apelação

Art. 526. Cabe apelação:

▶ Art. 593 do CPP.

▶ Art. 82 da Lei nº 9.099, de 26-9-1995 (Lei dos Juizados Especiais).

▶ Art. 8º, 2, *h*, do Pacto de São José da Costa Rica.

a) da sentença definitiva de condenação ou de absolvição;

b) de sentença definitiva ou com força de definitiva, nos casos não previstos no capítulo anterior.

Parágrafo único. Quando cabível a apelação, não poderá ser usado o recurso em sentido estrito, ainda que somente de parte da decisão se recorra.

Recolhimento à prisão

Art. 527. O réu não poderá apelar sem recolher-se à prisão, salvo se primário e de bons antecedentes, reconhecidas tais circunstâncias na sentença condenatória.

▶ Artigo com a redação dada pela Lei nº 6.544, de 30-6-1978.

▶ Art. 5º, LVII, da CF.

▶ Arts. 533 e 549 deste Código.

▶ Súmulas nºs 9 e 347 do STJ.

Recurso sobrestado

Art. 528. Será sobrestado o recurso se, depois de haver apelado, fugir o réu da prisão.

▶ Súm. nº 347 do STJ.

Interposição e prazo

Art. 529. A apelação será interposta por petição escrita, dentro do prazo de cinco dias, contados da data da intimação da sentença ou da sua leitura em pública audiência, na presença das partes ou seus procuradores.

Revelia e intimação

§ 1º O mesmo prazo será observado para a interposição do recurso de sentença condenatória de réu solto ou revel. A intimação da sentença só se fará, entretanto, depois de seu recolhimento à prisão.

Apelação sustada

§ 2º Se revel, solto ou foragido o réu, ficará sustado o seguimento da apelação do Ministério Público, sem prejuízo de sua interposição no prazo legal.

Os que podem apelar

Art. 530. Só podem apelar o Ministério Público e o réu, ou seu defensor.

Razões. Prazo

Art. 531. Recebida a apelação, será aberta vista dos autos, sucessivamente, ao apelante e ao apelado pelo prazo de dez dias, a cada um, para oferecimento de razões.

▶ Art. 600 do CPP.

§ 1º Se houver assistente, poderá este arrazoar, no prazo de três dias, após o Ministério Público.

§ 2º Quando forem dois ou mais os apelantes, ou apelados, os prazos serão comuns.

Efeitos da sentença absolutória

Art. 532. A apelação da sentença absolutória não obstará que o réu seja imediatamente posto em liberdade, salvo se a acusação versar sobre crime a que a lei comina pena de reclusão, no máximo, por tempo igual ou superior a vinte anos, e não tiver sido unânime a sentença absolutória.

▶ Art. 596 do CPP.

Sentença condenatória. Efeito suspensivo

Art. 533. A apelação da sentença condenatória terá efeito suspensivo, salvo o disposto nos artigos 272, 527 e 606.

► Art. 597 do CPP.

Subida dos autos à instância superior

Art. 534. Findos os prazos para as razões, com ou sem elas, serão os autos remetidos ao Superior Tribunal Militar, no prazo de cinco dias, ainda que haja mais de um réu e não tenham sido, todos, julgados.

► Art. 601 do CPP.

Distribuição da apelação

Art. 535. Distribuída a apelação, irão os autos imediatamente com vista ao procurador-geral e, em seguida, passarão ao relator e ao revisor.

► Súm. nº 708 do STF.

Processo a julgamento

§ 1º O recurso será posto em pauta pelo relator, depois de restituídos os autos pelo revisor.

§ 2º Anunciado o julgamento pelo presidente, fará o relator a exposição do feito e, depois de ouvido o revisor, concederá o presidente, pelo prazo de vinte minutos, a palavra aos advogados ou às partes que a solicitarem, e ao procurador-geral.

§ 3º Discutida a matéria pelo Tribunal, se não for ordenada alguma diligência, proferirá ele sua decisão.

§ 4º A decisão será tomada por maioria de votos; no caso de empate, prevalecerá a decisão mais favorável ao réu.

§ 5º Se o Tribunal anular o processo, mandará submeter o réu a novo julgamento, reformados os termos invalidados.

Julgamento secreto

§ 6º Será secreto o julgamento da apelação, quando o réu estiver solto.

► Art. 5º, LX, da CF.

► Art. 8º, nº 5, do Pacto de São José da Costa Rica.

Comunicação de condenação

Art. 536. Se for condenatória a decisão do Tribunal, mandará o presidente comunicá-la imediatamente ao auditor respectivo, a fim de que seja expedido mandado de prisão ou tomadas as medidas que, no caso, couberem.

Parágrafo único. No caso de absolvição, a comunicação será feita pela via mais rápida, devendo o auditor providenciar imediatamente a soltura do réu.

Intimação

Art. 537. O diretor-geral da Secretaria do Tribunal remeterá ao auditor cópia do acórdão condenatório para que ao réu, seu advogado ou curador, conforme o caso, sejam feitas as devidas intimações.

§ 1º Feita a intimação ao réu e ao seu advogado ou curador, será enviada ao Diretor-Geral da Secretaria, para juntada aos autos, a certidão da intimação passada pelo oficial de justiça ou por quem tiver sido encarregado da diligência.

§ 2º O Procurador-Geral terá ciência nos próprios autos.

CAPÍTULO IV
DOS EMBARGOS

Cabimento e modalidade

Art. 538. O Ministério Público e o réu poderão opor embargos de nulidade, infringentes do julgado e de declaração, às sentenças finais proferidas pelo Superior Tribunal Militar.

► Arts. 382 e 619 do CPP.

Inadmissibilidade

Art. 539. Não caberão embargos de acórdão unânime ou quando proferido em grau de embargos, salvo os de declaração, nos termos do artigo 542.

Restrições

Parágrafo único. Se for unânime a condenação, mas houver divergência quanto à classificação do crime ou à quantidade ou natureza da pena, os embargos só serão admissíveis na parte em que não houve unanimidade.

Prazo

Art. 540. Os embargos serão oferecidos por petição dirigida ao presidente, dentro do prazo de cinco dias, contados da data da intimação do acórdão.

§ 1º Para os embargos será designado novo relator.

Dispensa de intimação

§ 2º É permitido às partes oferecerem embargos independentemente de intimação do acórdão.

Infringentes e de nulidade

Art. 541. Os embargos de nulidade ou infringentes do julgado serão oferecidos juntamente com a petição, quando articulados, podendo ser acompanhados de documentos.

De declaração

Art. 542. Nos embargos de declaração indicará a parte os pontos em que entende ser o acórdão ambíguo, obscuro, contraditório ou omisso.

Parágrafo único. O requerimento será apresentado ao Tribunal pelo relator e julgado na sessão seguinte à do seu recebimento.

► Art. 539 deste Código.

Apresentação dos embargos

Art. 543. Os embargos deverão ser apresentados na Secretaria do Tribunal ou no cartório da Auditoria onde foi feita a intimação.

Parágrafo único. Será em cartório a vista dos autos para oferecimento de embargos.

Remessa à Secretaria do Tribunal

Art. 544. O auditor remeterá à Secretaria do Tribunal os embargos oferecidos, com a declaração da data do recebimento, e a cópia do acórdão com a intimação do réu e seu defensor.

Medida contra o despacho de não recebimento

Art. 545. Do despacho do relator que não receber os embargos terá ciência a parte, que, dentro em três dias, poderá requerer serem os autos postos em mesa, para confirmação ou reforma do despacho. Não terá voto o relator.

Juntada aos autos

Art. 546. Recebidos os embargos, serão juntos, por termo, aos autos, e conclusos ao relator.

Prazo para impugnação ou sustentação

Art. 547. É de cinco dias o prazo para as partes impugnarem ou sustentarem os embargos.

Marcha do julgamento

Art. 548. O julgamento dos embargos obedecerá ao rito da apelação.

Recolhimento à prisão

Art. 549. O réu condenado a pena privativa da liberdade não poderá opor embargos infringentes ou de nulidade, sem se recolher à prisão, salvo se atendidos os pressupostos do art. 527.

► Artigo com a redação dada pela Lei nº 6.544, de 30-6-1978.

CAPÍTULO V
DA REVISÃO

Cabimento

Art. 550. Caberá revisão dos processos findos em que tenha havido erro quanto aos fatos, sua apreciação, avaliação ou enquadramento.

► Art. 10 do Pacto de São José da Costa Rica.

Casos de revisão

Art. 551. A revisão dos processos findos será admitida:

► Art. 621 do CPP.

a) quando a sentença condenatória for contrária à evidência dos autos;

b) quando a sentença condenatória se fundar em depoimentos, exames ou documentos comprovadamente falsos;

c) quando, após a sentença condenatória, se descobrirem novas provas que invalidem a condenação ou que determinem ou autorizem a diminuição da pena.

Não exigência de prazo

Art. 552. A revisão poderá ser requerida a qualquer tempo.

► Art. 622 do CPP.

► Súmulas nºs 393 e 611 do STF.

Reiteração do pedido. Condições

Parágrafo único. Não será admissível a reiteração do pedido, salvo se baseado em novas provas ou novo fundamento.

Os que podem requerer revisão

Art. 553. A revisão poderá ser requerida pelo próprio condenado ou por seu procurador; ou, no caso de morte, pelo cônjuge, ascendente, descendente ou irmão.

► Art. 623 do CPP.

Competência

Art. 554. A revisão será processada e julgada pelo Superior Tribunal Militar, nos processos findos na Justiça Militar.

► Art. 624 do CPP.

Processo de revisão

Art. 555. O pedido será dirigido ao presidente do Tribunal e, depois de autuado, distribuído a um relator e a um revisor, devendo funcionar como relator, de preferência, ministro que não tenha funcionado anteriormente como relator ou revisor.

► Art. 625 do CPP.

§ 1º O requerimento será instruído com certidão de haver transitado em julgado a sentença condenatória e com as peças necessárias à comprovação dos fatos arguidos.

§ 2º O relator poderá determinar que se apensem os autos originais, se dessa providência não houver dificuldade à execução normal da sentença.

Vista ao Procurador-Geral

Art. 556. O Procurador-Geral terá vista do pedido.

Julgamento

Art. 557. No julgamento da revisão serão observadas, no que for aplicável, as normas previstas para o julgamento da apelação.

Efeitos do julgamento

Art. 558. Julgando procedente a revisão, poderá o Tribunal absolver o réu, alterar a classificação do crime, modificar a pena ou anular o processo.

▸ Art. 626 do CPP.

Proibição de agravamento da pena

Parágrafo único. Em hipótese alguma poderá ser agravada a pena imposta pela sentença revista.

Efeitos da absolvição

Art. 559. A absolvição implicará no restabelecimento de todos os direitos perdidos em virtude da condenação, devendo o Tribunal, se for o caso, impor a medida de segurança cabível.

▸ Art. 627 do CPP.

Providência do auditor

Art. 560. À vista da certidão do acórdão que cassar ou modificar a decisão revista, o auditor providenciará o seu inteiro cumprimento.

▸ Art. 629 do CPP.

Curador nomeado em caso de morte

Art. 561. Quando, no curso da revisão, falecer a pessoa cuja condenação tiver de ser revista, o presidente nomeará curador para a defesa.

▸ Art. 631 do CPP.

Recurso. Inadmissibilidade

Art. 562. Não haverá recurso contra a decisão proferida em grau de revisão.

CAPÍTULO VI
DOS RECURSOS DA COMPETÊNCIA DO SUPREMO TRIBUNAL FEDERAL

Cabimento do recurso

Art. 563. Cabe recurso para o Supremo Tribunal Federal:

a) das sentenças proferidas pelo Superior Tribunal Militar, nos crimes contra a segurança nacional ou as instituições militares, praticados por civil ou governador de Estado e seus secretários;

b) das decisões denegatórias de *habeas corpus;*

c) quando extraordinário.

▸ Art. 564 deste Código.

CAPÍTULO VII
DO RECURSO NOS PROCESSOS CONTRA CIVIS E GOVERNADORES DE ESTADO E SEUS SECRETÁRIOS

Recurso ordinário

Art. 564. É ordinário o recurso a que se refere a letra a do artigo 563.

Prazo para a interposição

Art. 565. O recurso será interposto por petição dirigida ao relator, no prazo de três dias, contados da intimação ou publicação do acórdão, em pública audiência, na presença das partes.

Prazo para as razões

Art. 566. Recebido o recurso pelo relator, o recorrente e, depois dele, o recorrido, terão o prazo de cinco dias para oferecer razões.

Subida do recurso

Parágrafo único. Findo esse prazo, subirão os autos ao Supremo Tribunal Federal.

Normas complementares

Art. 567. O Regimento Interno do Superior Tribunal Militar estabelecerá normas complementares para o processo do recurso.

CAPÍTULO VIII
DO RECURSO DAS DECISÕES DENEGATÓRIAS DE *HABEAS CORPUS*

Recurso em caso de *habeas corpus*

Art. 568. O recurso da decisão denegatória de *habeas corpus* é ordinário e deverá ser interposto nos próprios autos em que houver sido lançada a decisão recorrida.

Subida ao Supremo Tribunal Federal

Art. 569. Os autos subirão ao Supremo Tribunal Federal logo depois de lavrado o termo de recurso, com os documentos que o recorrente juntar à sua petição, dentro do prazo de quinze dias, contado da intimação do despacho, e com os esclarecimentos que ao presidente do Superior Tribunal Militar ou ao Procurador-Geral parecerem convenientes.

CAPÍTULO IX
DO RECURSO EXTRAORDINÁRIO

▸ Art. 102, III, da CF.

Competência

Art. 570. Caberá recurso extraordinário para o Supremo Tribunal Federal das decisões proferidas em última ou única instância pelo Superior Tribunal Militar, nos casos previstos na Constituição.

Interposição

Art. 571. O recurso extraordinário será interposto dentro em dez dias, contados da intimação da decisão recorrida ou da publicação das suas conclusões no órgão oficial.

A quem deve ser dirigido

Art. 572. O recurso será dirigido ao presidente do Superior Tribunal Militar.

Aviso de seu recebimento e prazo para a impugnação

Art. 573. Recebida a petição do recurso, publicar-se-á aviso de seu recebimento. A petição ficará na Secretaria do Tribunal à disposição do recorrido, que poderá examiná-la e impugnar o cabimento do recurso, dentro em três dias, contados da publicação do aviso.

Decisão sobre o cabimento do recurso

Art. 574. Findo o prazo estabelecido no artigo anterior, os autos serão conclusos ao presidente do Tribunal, tenha ou não havido impugnação, para que decida, no prazo de cinco dias, do cabimento do recurso.

Motivação

Parágrafo único. A decisão que admitir, ou não, o recurso, será sempre motivada.

Prazo para a apresentação de razões

Art. 575. Admitido o recurso e intimado o recorrido, mandará o presidente do Tribunal abrir vista dos autos, sucessivamente, ao recorrente e ao recorrido, para que cada um, no prazo de dez dias, apresente razões, por escrito.

Traslado

Parágrafo único. Quando o recurso subir em traslado, deste constará cópia da denúncia, do acórdão, ou da sentença, assim como das demais peças indicadas pelo recorrente, devendo ficar concluído dentro em sessenta dias.

Deserção

Art. 576. O recurso considerar-se-á deserto se o recorrente não apresentar razões dentro do prazo.

Subida do recurso

Art. 577. Apresentadas as razões do recorrente, e findo o prazo para as do recorrido, os autos serão remetidos, dentro do prazo de quinze dias, à Secretaria do Supremo Tribunal Federal.

Efeito

Art. 578. O recurso extraordinário não tem efeito suspensivo.

Agravo da decisão denegatória

Art. 579. Se o recurso extraordinário não for admitido, cabe agravo de instrumentos da decisão denegatória.

Cabimento do mesmo recurso

Art. 580. Cabe, igualmente, agravo de instrumento da decisão que, apesar de admitir o recurso extraordinário, obste a sua expedição ou seguimento.

Requerimento das peças do agravo

Art. 581. As peças do agravo, que o recorrente indicará, serão requeridas ao diretor-geral da Secretaria do Superior Tribunal Militar, nas quarenta e oito horas seguintes à decisão que denegar o recurso extraordinário.

Prazo para a entrega

Art. 582. O diretor-geral dará recibo da petição à parte, e, no prazo máximo de sessenta dias, fará a entrega das peças, devidamente conferidas e concertadas.

Normas complementares

Art. 583. O Regimento Interno do Superior Tribunal Militar estabelecerá normas complementares para o processamento do agravo.

CAPÍTULO X
DA RECLAMAÇÃO

Admissão da reclamação

Art. 584. O Superior Tribunal Militar poderá admitir reclamação do Procurador-Geral ou da defesa, a fim de preservar a integridade de sua competência ou assegurar a autoridade do seu julgado.

Avocamento do processo

Art. 585. Ao Tribunal competirá, se necessário:

a) avocar o conhecimento do processo em que se verifique manifesta usurpação de sua competência, ou desrespeito de decisão que haja proferido;

b) determinar lhe sejam enviados os autos de recurso para ele interposto e cuja remessa esteja sendo indevidamente retardada.

Sustentação do pedido

Art. 586. A reclamação, em qualquer dos casos previstos no artigo anterior, deverá ser instruída com prova documental dos requisitos para a sua admissão.

Distribuição

§ 1º A reclamação, quando haja Relator do processo principal, será a este distribuída, incumbindo-lhe requisitar informações da autoridade, que as prestará dentro em quarenta e oito horas. Far-se-á a distribuição por sorteio, se não estiver em exercício o Relator do processo principal.

Suspensão ou remessa dos autos

§ 2º Em face da prova, poderá ser ordenada a suspensão do curso do processo, ou a imediata remessa dos autos ao Tribunal.

Impugnação pelo interessado

§ 3º Qualquer dos interessados poderá impugnar por escrito o pedido do reclamante.

Audiência do Procurador-Geral

§ 4º Salvo quando por ele requerida, o Procurador-Geral será ouvido, no prazo de três dias, sobre a reclamação.

Inclusão em pauta

Art. 587. A reclamação será incluída na pauta da primeira sessão do Tribunal que se realizar após a devolução dos autos, pelo Relator, à Secretaria.

Cumprimento imediato

Parágrafo único. O presidente do Tribunal determinará o imediato cumprimento da decisão, lavrando-se depois o respectivo acórdão.

LIVRO IV – DA EXECUÇÃO

TÍTULO I – DA EXECUÇÃO DA SENTENÇA

CAPÍTULO I
DISPOSIÇÕES GERAIS

Competência

Art. 588. A execução da sentença compete ao auditor da Auditoria por onde correu o processo, ou, nos casos de competência originária do Superior Tribunal Militar, ao seu presidente.

► Art. 668 do CPP.

Tempo de prisão

Art. 589. Será integralmente levado em conta, no cumprimento da pena, o tempo de prisão provisória, salvo o disposto no artigo 268.

Incidentes da execução

Art. 590. Todos os incidentes da execução serão decididos pelo auditor, ou pelo presidente do Superior Tribunal Militar, se for o caso.

Apelação de réu que já sofreu prisão

Art. 591. Verificando nos processos pendentes de apelação, unicamente interposta pelo réu, que este já sofreu prisão por tempo igual ao da pena a que foi condenado, mandará o Relator pô-lo imediatamente em liberdade.

Quando se torna exequível

Art. 592. Somente depois de passada em julgado, será exequível a sentença.

Comunicação

Art. 593. O presidente, no caso de sentença proferida originariamente pelo Tribunal, e o auditor, nos demais casos, comunicarão à autoridade, sob cujas ordens estiver o réu, a sentença definitiva, logo que transite em julgado.

CAPÍTULO II
DA EXECUÇÃO DAS PENAS EM ESPÉCIE

► Arts. 105 a 146 da LEP.

Carta de guia

Art. 594. Transitando em julgado a sentença que impuser pena privativa da liberdade, se o réu já estiver preso ou vier a ser preso, o auditor ordenará a expedição da carta de guia, para o cumprimento da pena.

Formalidades

Art. 595. A carta de guia, extraída pelo escrivão e assinada pelo auditor, que rubricará todas as folhas, será remetida para a execução da sentença:

a) ao comandante ou autoridade correspondente da unidade ou estabelecimento militar em que tenha de ser cumprida a pena, se esta não ultrapassar de dois anos, imposta a militar ou assemelhado;

► Arts. 59 e 60 do CPM.

b) ao diretor da penitenciária em que tenha de ser cumprida a pena, quando superior a dois anos, imposta a militar ou assemelhado ou a civil.

► Arts. 61 e 62 do CPM.

Conteúdo

Art. 596. A carta de guia deverá conter:

► Art. 676 do CPP.

a) o nome do condenado, naturalidade, filiação, idade, estado civil, profissão, posto ou graduação;

b) a data do início e da terminação da pena;

c) o teor da sentença condenatória.

Início do cumprimento

Art. 597. Expedida a carta de guia para o cumprimento da pena, se o réu estiver cumprindo outra, só depois de terminada a execução desta será aquela executada. Retificar-se-á a carta de guia sempre que sobrevenha modificação quanto ao início ou ao tempo de duração da pena.

► Art. 676, parágrafo único, do CPP.

Conselho Penitenciário

Art. 598. Remeter-se-ão ao Conselho Penitenciário cópia da carta de guia e de seus aditamentos, quando o réu tiver de cumprir pena em estabelecimento civil.

► Art. 677 do CPP.

Execução quando impostas penas de reclusão e de detenção

Art. 599. Se impostas cumulativamente penas privativas da liberdade, será executada primeiro a de reclusão e depois a de detenção.

► Art. 681 do CPP.

Internação por doença mental

Art. 600. O condenado a que sobrevier doença mental, verificada por perícia médica, será internado em manicômio judiciário ou, à falta, em outro estabelecimento adequado, onde lhe sejam assegurados tratamento e custódia.

► Art. 682 do CPP.

Parágrafo único. No caso de urgência, o comandante ou autoridade correspondente, ou o diretor do presídio, poderá determinar a remoção do sentenciado, comunicando imediatamente a providência ao auditor, que, tendo em vista o laudo médico, ratificará ou revogará a medida.

Fuga ou óbito do condenado

Art. 601. A autoridade militar ou o diretor do presídio comunicará imediatamente ao auditor a fuga, a soltura ou o óbito do condenado.

► Art. 683 do CPP.

Parágrafo único. A certidão de óbito acompanhará a comunicação.

Recaptura

Art. 602. A recaptura do condenado evadido não depende de ordem judicial, podendo ser efetuada por qualquer pessoa.

► Art. 684 do CPP.

Cumprimento da pena

Art. 603. Cumprida ou extinta a pena, o condenado será posto imediatamente em liberdade, mediante alvará do auditor, no qual se ressalvará a hipótese de dever o sentenciado continuar na prisão, caso haja outro motivo legal.

► Arts. 615 e 638 deste Código.

► Art. 685 do CPP.

Medida de segurança

Parágrafo único. Se houver sido imposta medida de segurança detentiva, irá o condenado para estabelecimento adequado.

CAPÍTULO III
DAS PENAS PRINCIPAIS NÃO PRIVATIVAS DA LIBERDADE E DAS ACESSÓRIAS

Comunicação

Art. 604. O auditor dará à autoridade administrativa competente conhecimento da sentença transitada em julgado, que impuser a pena de reforma ou suspensão do exercício do posto, graduação, cargo ou função, ou de que resultar a perda de posto, patente ou função, ou a exclusão das Forças Armadas.

► Art. 691 do CPP.

Inclusão na folha de antecedentes e rol dos culpados

Parágrafo único. As penas acessórias também serão comunicadas à autoridade administrativa militar ou civil, e figurarão na folha de antecedentes do condenado, sendo mencionadas, igualmente, no rol dos culpados.

Comunicação complementar

Art. 605. Iniciada a execução das interdições temporárias, o auditor, de ofício, ou a requerimento do Ministério Público ou do condenado, fará as devidas comunicações do seu termo final, em complemento às providências determinadas no artigo anterior.

► Art. 695 do CPP.

TÍTULO II – DOS INCIDENTES DA EXECUÇÃO

CAPÍTULO I
DA SUSPENSÃO CONDICIONAL DA PENA

► Arts. 77 a 82 do CP.

► Arts. 84 a 88 do CPM.

► Arts. 156 a 163 da LEP.

Competência e requisitos para a concessão do benefício

Art. 606. O Conselho de Justiça, o Auditor ou o Tribunal poderão suspender, por tempo não inferior a dois anos nem superior a seis anos, a execução da pena privativa da liberdade que não exceda a dois anos, desde que:

► *Caput* com a redação dada pela Lei nº 6.544, de 30-6-1978.

► Art. 696 do CPP.

a) não tenha o sentenciado sofrido, no País ou no estrangeiro, condenação irrecorrível por outro crime a pena privativa da liberdade, salvo o disposto no § 1º do artigo 71 do Código Penal Militar;

b) os antecedentes e a personalidade do sentenciado, os motivos e as circunstâncias do crime, bem como sua conduta posterior, autorizem a presunção de que não tornará a delinquir.

▶ Alíneas *a* e *b* com a redação dada pela Lei nº 6.544, de 30-6-1978.

Restrições

Parágrafo único. A suspensão não se estende às penas de reforma, suspensão do exercício do posto, graduação ou função, ou à pena acessória, nem exclui a medida de segurança não detentiva.

Pronunciamento

Art. 607. O Conselho de Justiça, o Auditor ou o Tribunal, na decisão que aplicar pena privativa da liberdade não superior a dois anos, deverão pronunciar-se, motivadamente, sobre a suspensão condicional, quer a concedam, quer a deneguem.

▶ Artigo com a redação dada pela Lei nº 6.544, de 30-6-1978.

▶ Art. 697 do CPP.

Condições e regras impostas ao beneficiário

Art. 608. No caso de concessão do benefício, a sentença estabelecerá as condições e regras a que ficará sujeito o condenado durante o prazo fixado, começando este a correr da audiência em que for dado conhecimento da sentença ao beneficiário.

▶ Art. 610 deste Código.

▶ Art. 698 do CPP.

§ 1º As condições serão adequadas ao delito, ao meio social e à personalidade do condenado.

§ 2º Poderão ser impostas, como normas de conduta e obrigações, além das previstas no artigo 626 deste Código, as seguintes condições:

I – frequentar curso de habilitação profissional ou de instrução escolar;

II – prestar serviços em favor da comunidade;

III – atender aos encargos de família;

IV – submeter-se a tratamento médico.

§ 3º Concedida a suspensão, será entregue ao beneficiário um documento similar ao descrito no artigo 641 ou no seu parágrafo único, deste Código, em que conste, também, o registro da pena acessória a que esteja sujeito, e haja espaço suficiente para consignar o cumprimento das condições e normas de conduta impostas.

§ 4º O Conselho de Justiça poderá fixar, a qualquer tempo, de ofício ou a requerimento do Ministério Público, outras condições além das especificadas na sentença e das referidas no parágrafo anterior, desde que as circunstâncias o aconselhem.

§ 5º A fiscalização do cumprimento das condições será feita pela entidade assistencial penal competente segundo a lei local, perante a qual o beneficiário deverá comparecer, periodicamente, para comprovar a observância das condições e normas de conduta a que está sujeito, comunicando, também, a sua ocupação, os salários ou proventos de que vive, as economias que conseguiu realizar e as dificuldades materiais ou sociais que enfrenta.

§ 6º A entidade fiscalizadora deverá comunicar imediatamente ao Auditor ou ao representante do Ministério Público Militar, qualquer fato capaz de acarretar a revogação do benefício, a prorrogação do prazo ou a modificação das condições.

§ 7º Se for permitido ao beneficiário mudar-se, será feita comunicação à autoridade judiciária competente e à entidade fiscalizadora do local da nova residência, aos quais deverá apresentar-se imediatamente.

▶ §§ 1º a 7º com a redação dada pela Lei nº 6.544, de 30-6-1978.

Coautoria

Art. 609. Em caso de coautoria, a suspensão poderá ser concedida a uns e negada a outros.

▶ Art. 702 do CPP.

Leitura da sentença

Art. 610. O auditor, em audiência previamente marcada, lerá ao réu a sentença que concedeu a suspensão da pena, advertindo-o das consequências de nova infração penal e da transgressão das obrigações impostas.

▶ Art. 703 do CPP.

Concessão pelo Tribunal

Art. 611. Quando for concedida a suspensão pela superior instância, a esta caberá estabelecer-lhe as condições, podendo a audiência ser presidida por qualquer membro do Tribunal ou por Auditor designado no acórdão.

▶ Artigo com a redação dada pela Lei nº 6.544, de 30-6-1978.

▶ Art. 704 do CPP.

Suspensão sem efeito por ausência do réu

Art. 612. Se, intimado pessoalmente ou por edital, com o prazo de dez dias, não comparecer o réu à audiência, a suspensão ficará sem efeito e será executada imediatamente a pena, salvo prova de justo impedimento, caso em que será marcada nova audiência.

▶ Art. 705 do CPP.

Suspensão sem efeito em virtude de recurso

Art. 613. A suspensão também ficará sem efeito se, em virtude de recurso interposto pelo Ministério Público, for aumentada a pena, de modo que exclua a concessão do benefício.

▶ Art. 706 do CPP.

Revogação obrigatória

Art. 614. A suspensão será revogada se, no curso do prazo, o beneficiário:

▶ Art. 707 do CPP.

▶ Art. 86 do CPM.

I – for condenado, na justiça militar ou na comum, por sentença irrecorrível, a pena privativa da liberdade;

II – não efetuar, sem motivo justificado, a reparação do dano;

III – sendo militar, for punido por crime próprio ou por transgressão disciplinar considerada grave.

Revogação facultativa

§ 1º A suspensão poderá ser revogada, se o beneficiário:

a) deixar de cumprir qualquer das obrigações constantes da sentença;

b) deixar de observar obrigações inerentes à pena acessória;

c) for irrecorrivelmente condenado a pena que não seja privativa da liberdade.

§ 2º Quando, em caso do parágrafo anterior, o juiz não revogar a suspensão, deverá:

a) advertir o beneficiário, ou

b) exacerbar as condições ou, ainda,

c) prorrogar o período de suspensão até o máximo, se esse limite não foi o fixado.

Declaração de prorrogação

§ 3º Se o beneficiário estiver respondendo a processo, que, no caso de condenação, poderá acarretar a revogação, o juiz declarará, por despacho, a prorrogação do prazo da suspensão até sentença passada em julgado, fazendo as comunicações necessárias nesse sentido.

▶ Art. 614 com a redação dada pela Lei nº 6.544, de 30-6-1978.

Extinção da pena

Art. 615. Expirado o prazo da suspensão, ou da prorrogação, sem que tenha havido motivo de revogação, a pena privativa da liberdade será declarada extinta.

▶ Art. 708 do CPP.

Averbação

Art. 616. A condenação será inscrita, com a nota de suspensão, em livro especial do Instituto de Identificação e Estatística ou repartição congênere, civil ou militar, averbando-se, mediante comunicação do auditor ou do Tribunal, a revogação da suspensão ou a extinção da pena. Em caso de revogação, será feita averbação definitiva no Registro Geral.

▶ Art. 709 do CPP.

§ 1º O registro será secreto, salvo para efeito de informações requisitadas por autoridade judiciária, em caso de novo processo.

§ 2º Não se aplicará o disposto no § 1º quando houver sido imposta, ou resultar de condenação, pena acessória consistente em interdição de direitos.

Crimes que impedem a medida

Art. 617. A suspensão condicional da pena não se aplica:

▶ Art. 88 do CPM.

I – em tempo de guerra;

II – em tempo de paz:

a) por crime contra a segurança nacional, de aliciação e incitamento, de violência contra superior, oficial de serviço, sentinela, vigia ou plantão, de desrespeito a superior e desacato de insubordinação, insubmissão ou de deserção;

b) pelos crimes previstos nos artigos 160, 161, 162, 235, 291 e parágrafo único, nos. I a IV, do Código Penal Militar.

CAPÍTULO II
DO LIVRAMENTO CONDICIONAL

▶ Arts. 83 a 90 do CP.

▶ Arts. 89 a 97 do CPM.

▶ Arts. 131 a 146 da LEP.

Condições para a obtenção do livramento condicional

Art. 618. O condenado a pena de reclusão ou detenção por tempo igual ou superior a dois anos pode ser liberado condicionalmente, desde que:

▶ Art. 710 do CPP.

▶ Súm. nº 441 do STJ.

I – tenha cumprido:

a) a metade da pena, se primário;

b) dois terços, se reincidente;

II – tenha reparado, salvo impossibilidade de fazê-lo, o dano causado pelo crime;

III – sua boa conduta durante a execução da pena, sua adaptação ao trabalho e às circunstâncias atinentes à sua personalidade, ao meio social e à sua vida pregressa permitam supor que não voltará a delinquir.

Atenção à pena unificada

§ 1º No caso de condenação por infrações penais em concurso, deve ter-se em conta a pena unificada.

Redução do tempo

§ 2º Se o condenado é primário e menor de vinte e um ou maior de setenta anos, o tempo de cumprimento da pena pode ser reduzido a um terço.

Os que podem requerer a medida

Art. 619. O livramento condicional poderá ser concedido mediante requerimento do sentenciado, de seu cônjuge ou parente em linha reta, ou por proposta do diretor do estabelecimento penal, ou por iniciativa do Conselho Penitenciário, ou órgão equivalente, incumbindo a decisão ao auditor, ou ao Tribunal se a sentença houver sido proferida em única instância.

▸ Art. 712 do CPP.

§ 1º A decisão será fundamentada.

§ 2º São indispensáveis a audiência prévia do Ministério Público e a do Conselho Penitenciário, ou órgão equivalente, se deste não for a iniciativa.

Verificação das condições

Art. 620. As condições de admissibilidade, conveniência e oportunidade da concessão da medida serão verificadas em cada caso pelo Conselho Penitenciário ou órgão equivalente, a cujo parecer não ficará, entretanto, adstrito o juiz ou Tribunal.

▸ Art. 713 do CPP.

Relatório do diretor do presídio

Art. 621. O diretor do estabelecimento penal remeterá ao Conselho Penitenciário minucioso relatório sobre:

▸ Art. 714 do CPP.

a) o caráter do sentenciado, tendo em vista os seus antecedentes e a sua conduta na prisão;

b) a sua aplicação ao trabalho, trato com os companheiros e grau de instrução e aptidão profissional;

c) a sua situação financeira e propósitos quanto ao futuro.

Prazo para a remessa do relatório

Parágrafo único. O relatório será remetido, dentro em vinte dias, com o prontuário do sentenciado. Na falta deste, o Conselho opinará livremente, comunicando à autoridade competente a omissão do diretor da prisão.

Medida de segurança detentiva. Exame para comprovar a cessação da periculosidade

Art. 622. Se tiver sido imposta medida de segurança detentiva, não poderá ser concedido o livramento, sem que se verifique, mediante exame das condições do sentenciado, a cessação da periculosidade.

▸ Art. 715 do CPP.

Exame mental no caso de medida de segurança detentiva

Parágrafo único. Se consistir a medida de segurança na internação em caso de custódia e tratamento, proceder-se-á a exame mental do sentenciado.

Petição ou proposta de livramento

Art. 623. A petição ou proposta de livramento será remetida ao auditor ou ao Tribunal pelo Conselho Penitenciário, com a cópia do respectivo parecer e do relatório do diretor da prisão.

▸ Art. 716 do CPP.

Remessa ao juiz do processo

§ 1º Para emitir parecer, poderá o Conselho Penitenciário requisitar os autos do processo.

§ 2º O juiz ou o Tribunal mandará juntar a petição ou a proposta com os documentos que acompanharem os autos do processo, e proferirá a decisão, depois de ouvido o Ministério Público.

Indeferimento *in limine*

Art. 624. Na ausência de qualquer das condições previstas no artigo 618, será liminarmente indeferido o pedido.

▸ Art. 717 do CPP.

Especificação das condições

Art. 625. Sendo deferido o pedido, a decisão especificará as condições a que ficará subordinado o livramento.

▸ Art. 718 do CPP.

Normas obrigatórias para obtenção do livramento

Art. 626. Serão normas obrigatórias impostas ao sentenciado que obtiver o livramento condicional:

a) tomar ocupação, dentro de prazo razoável, se for apto para o trabalho;

b) não se ausentar do território da jurisdição do juiz, sem prévia autorização;

c) não portar armas ofensivas ou instrumentos capazes de ofender;

d) não frequentar casas de bebidas alcoólicas ou de tavolagem;

e) não mudar de habitação, sem aviso prévio à autoridade competente.

Residência do liberado fora da jurisdição do juiz da execução

Art. 627. Se for permitido ao liberado residir fora da jurisdição do juiz da execução, será remetida cópia da sentença à autoridade judiciária do local para onde se houver transferido, ou ao patronato oficial, ou órgão equivalente.

▸ Art. 718, § 1º, do CPP.

Vigilância da autoridade policial

Parágrafo único. Na falta de patronato oficial ou órgão equivalente, ou de particular, dirigido ou inspecionado pelo Conselho Penitenciário, ficará o liberado sob observação cautelar realizada por serviço social penitenciário ou órgão similar.

Pagamento de custas e taxas

Art. 628. Salvo em caso de insolvência, o liberado ficará sujeito ao pagamento de custas e taxas penitenciárias.

▸ Art. 719 do CPP.

Carta de guia

Art. 629. Concedido o livramento, será expedida carta de guia com a cópia de sentença em duas vias, remetendo-se uma ao diretor da prisão e a outra ao Conselho Penitenciário, ou órgão equivalente.

▸ Art. 722 do CPP.

Finalidade da vigilância

Art. 630. A vigilância dos órgãos dela incumbidos, exercer-se-á para o fim de:

a) proibir ao liberado a residência, estada ou passagem nos locais indicados na sentença;

b) permitir visitas e buscas necessárias à verificação do procedimento do liberado;

c) deter o liberado que transgredir as condições estabelecidas na sentença, comunicando o fato não só ao Conselho Penitenciário, como também ao juiz da execução, que manterá, ou não, a detenção.

Transgressão das condições impostas ao liberado

Parágrafo único. Se o liberado transgredir as condições que lhe foram impostas na sentença, poderá o Conselho Penitenciário representar ao auditor, ou ao Conselho de Justiça, ou ao Tribunal, para o efeito de ser revogado o livramento.

Revogação da medida por condenação durante a sua vigência

Art. 631. Se por crime ou contravenção penal vier o liberado a ser condenado a pena privativa da liberdade, por sentença irrecorrível, será revogado o livramento condicional.

▸ Art. 726 do CPP.

Revogação por outros motivos

Art. 632. Poderá também ser revogado o livramento se o liberado:

▸ Art. 93 do CPM.

a) deixar de cumprir quaisquer das obrigações constantes da sentença;

b) for irrecorrivelmente condenado, por motivo de contravenção penal, embora a pena não seja privativa da liberdade;

c) sofrer, se militar, punição por transgressão disciplinar considerada grave.

Novo livramento. Soma do tempo de infrações

Art. 633. Se o livramento for revogado por motivo de infração penal anterior à sua vigência, computar-se-á no tempo da pena o período em que esteve solto, sendo permitida, para a concessão do novo livramento, a soma do tempo das duas penas.

▸ Art. 728 do CPP.

Tempo em que esteve solto o liberado

Art. 634. No caso de revogação por outro motivo, não se computará na pena o tempo em que esteve solto o liberado, e tampouco se concederá, em relação à mesma pena, novo livramento.

▸ Art. 729 do CPP.

Órgãos e autoridades que podem requerer a revogação

Art. 635. A revogação será decretada a requerimento do Ministério Público ou mediante representação do Conselho Penitenciário, ou dos patronatos oficiais, ou do órgão a que incumbir a vigilância, ou de ofício, podendo ser ouvido antes o liberado e feitas diligências, permitida a produção de provas, no prazo de cinco dias, sem prejuízo do disposto no artigo 630, letra c.

▸ Art. 730 do CPP.

Modificação das condições impostas

Art. 636. O auditor ou o Tribunal, a requerimento do Ministério Público ou do Conselho Penitenciário, dos patronatos ou órgão de vigilância, poderá modificar as normas de conduta impostas na sentença, devendo a respectiva decisão ser lida ao liberado por uma das autoridades ou um dos funcionários indicados no artigo 639, letra a, com a observância do disposto nas letras *b* e *c*, e §§ 1º e 2º do mesmo artigo.

▸ Art. 731 do CPP.

Processo no curso do livramento

Art. 637. Praticando o liberado nova infração, o auditor ou o Tribunal poderá ordenar a sua prisão, ouvido o Conselho Penitenciário, ficando suspenso o curso de livramento condicional, cuja revogação, entretanto, dependerá da decisão final do novo processo.

▸ Art. 631 deste Código.
▸ Art. 732 do CPP.

Extinção de pena

Art. 638. O juiz, de ofício ou a requerimento do interessado, do Ministério Público ou do Conselho Penitenciário, julgará extinta a pena privativa da liberdade, se expirar o prazo do livramento sem revogação ou, na hipótese do artigo anterior, for o liberado absolvido por sentença irrecorrível.

▸ Art. 733 do CPP.

Cerimônia do livramento

Art. 639. A cerimônia do livramento condicional será realizada solenemente, em dia marcado pela autoridade que deva presidi-la, observando-se o seguinte:

▸ Art. 723 do CPP.

a) a sentença será lida ao liberando, na presença dos demais presos, salvo motivo relevante, pelo presidente do Conselho Penitenciário, ou por quem o represente junto ao estabelecimento penal, ou na falta, pela autoridade judiciária local;

b) o diretor do estabelecimento penal chamará a atenção do liberando para as condições impostas na sentença que concedeu o livramento;

c) o preso deverá, a seguir, declarar se aceita as condições.

§ 1º De tudo se lavrará termo em livro próprio, subscrito por quem presidir a cerimônia, e pelo liberando, ou alguém a rogo, se não souber ou não puder escrever.

§ 2º Deste termo se enviará cópia à Auditoria por onde correu o processo, ou ao Tribunal.

Caderneta e conteúdo para o fim de a exibir às autoridades

Art. 640. Ao deixar a prisão, receberá o liberado, além do saldo do seu pecúlio e do que lhe pertencer, uma caderneta que exibirá à autoridade judiciária ou administrativa, sempre que lhe for exigido.

▸ Art. 724 do CPP.

Conteúdo da caderneta

Art. 641. A caderneta conterá:

▸ Art. 724 do CPP.

a) a reprodução da ficha de identidade, com o retrato do liberado, sua qualificação e sinais característicos;

b) o texto impresso ou datilografado dos artigos do presente capítulo;

c) as condições impostas ao liberado.

Salvo-conduto

Parágrafo único. Na falta da caderneta, será entregue ao liberado um salvo-conduto, de que constem as condições do livramento, podendo substituir-se a ficha de identidade e o retrato do liberado pela descrição dos sinais que o identifiquem.

Crimes que excluem o livramento condicional

Art. 642. Não se aplica o livramento condicional ao condenado por crime cometido em tempo de guerra.

▸ Art. 96 do CPM.

Casos especiais

Parágrafo único. Em tempo de paz, pelos crimes referidos no artigo 97 do Código Penal Militar, o livramento condicional só será concedido após o cumprimento de dois terços da pena, observado ainda o disposto no artigo 618, nos I, *c*, II e III, e §§ 1º e 2º.

▸ Mantivemos o texto com referência à alínea *c* do inciso I do art. 618 conforme publicação oficial. Contudo, entendemos que a menção correta deveria ser para a alínea *b* do mesmo dispositivo.

TÍTULO III – DO INDULTO, DA COMUTAÇÃO DA PENA, DA ANISTIA E DA REABILITAÇÃO

CAPÍTULO I
DO INDULTO, DA COMUTAÇÃO DA PENA E DA ANISTIA

▸ Art. 84, XII, da CF.
▸ Art. 123, II, do CPM.
▸ Arts. 187 a 193 da LEP.

Requerimento

Art. 643. O indulto e a comutação da pena são concedidos pelo Presidente da República e poderão ser requeridos pelo condenado ou, se não souber escrever, por procurador ou pessoa a seu rogo.

Caso de remessa ao Ministro da Justiça

Art. 644. A petição será remetida ao Ministro da Justiça, por intermédio do Conselho Penitenciário, se o condenado estiver cumprindo pena em penitenciária civil.

▸ Art. 735 do CPP.

Audiência do Conselho Penitenciário

Art. 645. O Conselho Penitenciário, à vista dos autos do processo, e depois de ouvir o diretor do estabelecimento penal a que estiver recolhido o condenado, fará, em relatório, a narração do fato criminoso, apreciará as provas, apontará qualquer formalidade ou circunstância omitida na petição e exporá os antecedentes do condenado, bem como seu procedimento durante a prisão, opinando, a final, sobre o mérito do pedido.

▸ Art. 736 do CPP.

Condenado militar. Encaminhamento do pedido

Art. 646. Em se tratando de condenado militar ou assemelhado, recolhido a presídio militar, a petição será encaminhada ao Ministério a que pertencer o condenado, por intermédio do comandante, ou autoridade equivalente, sob cuja administração estiver o presídio.

Relatório da autoridade militar

Parágrafo único. A autoridade militar que encaminhar o pedido fará o relatório de que trata o artigo 645.

Faculdade do Presidente da República de conceder espontaneamente o indulto e a comutação

Art. 647. Se o Presidente da República decidir, de iniciativa própria, conceder o indulto ou comutar a pena, ouvirá, antes, o Conselho Penitenciário ou a autoridade militar a que se refere o artigo 646.

Modificação da pena ou extinção da punibilidade

Art. 648. Concedido o indulto ou comutada a pena, o juiz de ofício, ou por iniciativa do interessado ou do Ministério Público, mandará juntar aos autos a cópia do decreto, a cujos termos ajustará a execução da pena, para modificá-la, ou declarar a extinção da punibilidade.

▸ Art. 738 do CPP.

Recusa

Art. 649. O condenado poderá recusar o indulto ou a comutação da pena.

▸ Art. 739 do CPP.

Extinção da punibilidade pela anistia

Art. 650. Concedida a anistia, após transitar em julgado a sentença condenatória, o auditor, de ofício, ou por iniciativa do interessado ou do Ministério Público, declarará extinta a punibilidade.

▸ Art. 742 do CPP.

CAPÍTULO II
DA REABILITAÇÃO

▸ Arts. 93 a 95 do CP.
▸ Arts. 123, V, 134 e 135 do CPM.
▸ Art. 202 da LEP.

Requerimentos e requisitos

Art. 651. A reabilitação poderá ser requerida ao Auditor da Auditoria por onde correu o processo, após cinco anos contados do dia em que for extinta, de qualquer modo, a pena principal ou terminar sua execução, ou do dia em que findar o prazo de suspensão condicional da pena ou do livramento condicional, desde que o condenado tenha tido, durante aquele prazo, domicílio no País.

▸ Art. 743 do CPP.

Parágrafo único. Os prazos para o pedido serão contados em dobro no caso de criminoso habitual ou por tendência.

▸ Art. 78, §§ 2º e 3º, do CPM.

Instrução do requerimento

Art. 652. O requerimento será instruído com:

▸ Art. 744 do CPP.

a) certidões comprobatórias de não ter o requerente respondido, nem estar respondendo a processo, em qualquer dos lugares em que houver residido durante o prazo a que se refere o artigo anterior;

b) atestados de autoridades policiais ou outros documentos que comprovem ter residido nos lugares indicados, e mantido, efetivamente, durante esse tempo, bom comportamento público e privado;

c) atestados de bom comportamento fornecidos por pessoas a cujo serviço tenha estado;

d) prova de haver ressarcido o dano causado pelo crime ou da absoluta impossibilidade de o fazer até o dia do pedido, ou documento que comprove a renúncia da vítima ou novação da dívida.

▸ Art. 360 do CC.

Ordenação de diligências

Art. 653. O auditor poderá ordenar as diligências necessárias para a apreciação do pedido, cercando-as do sigilo possível e ouvindo, antes da decisão, o Ministério Público.

▸ Art. 745 do CPP.

Recurso de ofício

Art. 654. Haverá recurso de ofício da decisão que conceder a reabilitação.

▸ Art. 746 do CPP.

Comunicação ao Instituto de Identificação e Estatística

Art. 655. A reabilitação, depois da sentença irrecorrível, será comunicada ao Instituto de Identificação e Estatística ou repartição congênere.

▸ Art. 747 do CPP.

Menção proibida de condenação

Art. 656. A condenação ou condenações anteriores não serão mencionadas na folha de antecedentes do reabilitado, nem em certidão extraída dos livros do juízo, salvo quando requisitadas por autoridade judiciária criminal.

▸ Art. 748 do CPP.

Renovação do pedido de reabilitação

Art. 657. Indeferido o pedido de reabilitação, não poderá o condenado renová-lo, senão após o decurso de dois anos, salvo se o indeferimento houver resultado de falta ou insuficiência de documentos.

▸ Art. 749 do CPP.

Revogação da reabilitação

Art. 658. A revogação da reabilitação será decretada pelo auditor, de ofício ou a requerimento do interessado, ou do Ministério Público, se a pessoa reabilitada for condenada, por decisão definitiva, ao cumprimento de pena privativa da liberdade.

▸ Art. 750 do CPP.

TÍTULO IV

CAPÍTULO ÚNICO

DA EXECUÇÃO DAS MEDIDAS DE SEGURANÇA

▸ Arts. 96 a 99 do CP.
▸ Arts. 110 a 120 do CPM.
▸ Arts. 171 a 179 da LEP.

Aplicação das medidas de segurança durante a execução da pena

Art. 659. Durante a execução da pena ou durante o tempo em que a ela se furtar o condenado, poderá ser imposta medida de segurança, se não a houver decretado a sentença, e fatos anteriores, não apreciados no julgamento, ou fatos subsequentes, demonstrarem a sua periculosidade.

▸ Art. 751 do CPP.

Imposição da medida ao agente isento da pena, ou perigoso

Art. 660. Ainda depois de transitar em julgado a sentença absolutória, poderá ser imposta medida de segurança, enquanto não decorrer tempo equivalente ao de sua duração mínima, ao agente absolvido no caso do artigo 48 do Código Penal Militar, ou a que a lei, por outro modo, presuma perigoso.

▸ Art. 753 do CPP.

Aplicação pelo juiz

Art. 661. A aplicação da medida de segurança, nos casos previstos neste capítulo, incumbirá ao juiz da execução e poderá ser decretada de ofício ou a requerimento do Ministério Público.

▸ Art. 665 deste Código.
▸ Art. 754 do CPP.

Fatos indicativos de periculosidade

Parágrafo único. O diretor do estabelecimento que tiver ciência de fatos indicativos de periculosidade do condenado a quem não tiver sido imposta medida de segurança, deverá logo comunicá-los ao juiz da execução.

Diligências

Art. 662. Depois de proceder às diligências que julgar necessárias, o juiz ouvirá o Ministério Público e o condenado, concedendo a cada um o prazo de três dias para alegações.

▸ Art. 757 do CPP.

§ 1º Será dado defensor ao condenado que o requerer.

§ 2º Se o condenado estiver foragido, o juiz ordenará as diligências que julgar convenientes, ouvido o Ministério Público, que poderá apresentar provas dentro do prazo que lhe for concedido.

§ 3º Findos os prazos concedidos ao condenado e ao Ministério Público, o juiz proferirá a sua decisão.

Tempo da internação

Art. 663. A internação, no caso previsto no artigo 112 do Código Penal Militar, é por tempo indeterminado, perdurando enquanto não for averiguada, mediante perícia médica, a cessação da periculosidade do internado.

Perícia médica

§ 1º A perícia médica é realizada no prazo mínimo fixado à internação e, não sendo esta revogada, deve ser repetida de ano em ano.

§ 2º A desinternação é sempre condicional, devendo ser restabelecida a situação anterior se o indivíduo, dentro do decurso de um ano, vier a praticar fato indicativo de persistência da periculosidade.

Internação de indivíduos em estabelecimentos adequados

Art. 664. Os condenados que se enquadrem no parágrafo único do artigo 48 do Código Penal Militar, bem como os que forem reconhecidos como ébrios habituais ou toxicômanos, recolhidos a qualquer dos estabelecimentos a que se refere o artigo 113 do referido Código, não serão transferidos para a prisão, se sobrevier a cura.

Novo exame mental

Art. 665. O juiz, no caso do artigo 661, ouvirá o curador já nomeado ou que venha a nomear, podendo mandar submeter o paciente a novo exame mental, internando-o, desde logo, em estabelecimento adequado.

▸ Art. 759 do CPP.

Regime dos internados

Art. 666. O trabalho nos estabelecimentos referidos no artigo 113 do Código Penal Militar será educativo e remunerado, de modo a assegurar ao internado meios de subsistência, quando cessar a internação.

Exílio local

Art. 667. O exílio local consiste na proibição ao condenado de residir ou permanecer, durante um ano, pelo menos, na comarca, município ou localidade em que o crime foi praticado.

▸ Art. 771 do CPP.

Comunicação

Parágrafo único. Para a execução dessa medida, o juiz comunicará sua decisão à autoridade policial do lugar ou dos lugares onde o exilado está proibido de permanecer ou residir.

Proibição de frequentar determinados lugares

Art. 668. A proibição de frequentar determinados lugares será também comunicada à autoridade policial, para a devida vigilância.

▸ Art. 772 do CPP.

Fechamento de estabelecimentos e interdição de associações

Art. 669. A medida de fechamento de estabelecimento ou interdição de associação será executada pela autoridade policial, mediante mandado judicial.

▸ Art. 773 do CPP.

Transgressão das medidas de segurança

Art. 670. O transgressor de qualquer das medidas de segurança a que se referem os artigos 667, 668 e 669, será responsabilizado por crime de desobediência contra a administração da Justiça Militar, devendo o juiz, logo que a autoridade policial lhe faça a devida comunicação, mandá-la juntar aos autos, e dar vista ao Ministério Público, para os fins de direito.

Cessação da periculosidade. Verificação

Art. 671. A cessação, ou não, da periculosidade é verificada ao fim do prazo mínimo da duração da medida de segurança, pelo exame das condições da pessoa a que tiver sido imposta, observando-se o seguinte:

▸ Art. 775 do CPP.

Relatório

a) o diretor do estabelecimento de internação ou a autoridade incumbida da vigilância, até um mês antes de expirado o prazo da duração mínima da medida, se não for inferior a um ano, ou a quinze dias, nos outros casos, remeterá ao juiz da execução minucioso relatório que o habilite a resolver sobre a cessação ou permanência da medida;

Acompanhamento do laudo

b) se o indivíduo estiver internado em manicômio judiciário ou em qualquer dos estabelecimentos a que se refere o artigo 113 do Código Penal Militar, o relatório será acompanhado do laudo de exame pericial, feito por dois médicos designados pelo diretor do estabelecimento;

Conveniência ou revogação da medida

c) o diretor do estabelecimento de internação, ou a autoridade policial, deverá, no relatório, concluir pela conveniência, ou não, da revogação da medida de segurança;

Ordenação de diligências

d) se a medida de segurança for de exílio local, ou proibição de frequentar determinados lugares, o juiz da execução, até um mês ou quinze dias antes de expirado o prazo mínimo de duração, ordenará as diligências necessárias, para verificar se desapareceram as causas da aplicação da medida;

Audiência das partes

e) junto aos autos o relatório, ou realizadas as diligências, serão ouvidos, sucessivamente, o Ministério Público e o curador ou defensor, no prazo de três dias;

Ordenação de novas diligências

f) o juiz, de ofício, ou a requerimento de qualquer das partes, poderá determinar novas diligências, ainda que expirado o prazo de duração mínima da medida de segurança;

Decisão e prazo

g) ouvidas as partes ou realizadas as diligências a que se refere o parágrafo anterior, será proferida a decisão no prazo de cinco dias.

Revogação da licença para direção de veículo

Art. 672. A interdição prevista no artigo 115 do Código Penal Militar poderá ser revogada antes de expirado o prazo estabelecido, se for averiguada a cessação do perigo condicionante da sua aplicação; se, porém, o perigo persiste ao término do prazo, será este prorrogado enquanto não cessar aquele.

Confisco

Art. 673. O confisco de instrumentos e produtos do crime, no caso previsto no artigo 119 do Código Penal Militar, será decretado no despacho de arquivamento do inquérito.

Restrições quanto aos militares

Art. 674. Aos militares ou assemelhados, que não hajam perdido essa qualidade, somente são aplicáveis as medidas de segurança previstas nos casos dos artigos 112 e 115 do Código Penal Militar.

LIVRO V

TÍTULO ÚNICO – DA JUSTIÇA MILITAR EM TEMPO DE GUERRA

CAPÍTULO I DO PROCESSO

▸ Arts. 89 a 97 da Lei nº 8.457, de 4-9-1992, que organiza a Justiça Militar da União e regula o funcionamento de seus Serviços Auxiliares.

Remessa do inquérito à Justiça

Art. 675. Os autos do inquérito, do flagrante, ou documentos relativos ao crime serão remetidos à Auditoria, pela autoridade militar competente.

▸ Arts. 10, 15, 20 e 355 a 408 do CPM.

§ 1º O prazo para a conclusão do inquérito é de cinco dias, podendo, por motivo excepcional, ser prorrogado por mais três dias.

§ 2º Nos casos de violência praticada contra inferior para compeli-lo ao cumprimento do dever legal ou em repulsa a agressão, os autos do inquérito serão remetidos diretamente ao Conselho Superior, que determinará o arquivamento, se o fato estiver justificado; ou, em caso contrário, a instauração de processo.

Oferecimento da denúncia e seu conteúdo e regras

Art. 676. Recebidos os autos do inquérito, do flagrante, ou documentos, o auditor dará vista imediata ao procurador que, dentro em vinte e quatro horas, oferecerá a denúncia, contendo:

a) o nome do acusado e sua qualificação;

b) a exposição sucinta dos fatos;

c) a classificação do crime;

d) a indicação das circunstâncias agravantes expressamente previstas na lei penal e a de todos os fatos e circunstâncias que devam influir na fixação da pena;

e) a indicação de duas a quatro testemunhas.

Parágrafo único. Será dispensado o rol de testemunhas, se a denúncia se fundar em prova documental.

Recebimento da denúncia e citação

Art. 677. Recebida a denúncia, mandará o auditor citar *incontinenti* o acusado e intimar as testemunhas, nomeando-lhe defensor o advogado de ofício, que terá vistas dos autos em cartório, pelo prazo de vinte e quatro horas, podendo, dentro desse prazo, oferecer defesa escrita e juntar documentos.

Parágrafo único. O acusado poderá dispensar a assistência de advogado, se estiver em condições de fazer sua defesa.

Julgamento à revelia

Art. 678. O réu preso será requisitado, devendo ser processado e julgado à revelia, independentemente de citação, se se ausentar sem permissão.

Instrução criminal

Art. 679. Na audiência de instrução criminal, que será iniciada vinte e quatro horas após a citação, qualificação e interrogatório do acusado, proceder-se-á à inquirição das testemunhas de acusação, pela forma prescrita neste Código.

§ 1º Em seguida, serão ouvidas até duas testemunhas de defesa, se apresentadas no ato.

§ 2º As testemunhas de defesa que forem militares poderão ser requisitadas, se o acusado o requerer, e for possível o seu comparecimento em juízo.

§ 3º Será na presença do escrivão a vista dos autos às partes, para alegações escritas.

Dispensa de comparecimento do réu

Art. 680. É dispensado o comparecimento do acusado à audiência de julgamento, se assim o desejar.

Questões preliminares

Art. 681. As questões preliminares ou incidentes, que forem suscitadas, serão resolvidas, conforme o caso, pelo auditor ou pelo Conselho de Justiça.

Rejeição da denúncia

Art. 682. Se o procurador não oferecer denúncia, ou se esta for rejeitada, os autos serão remetidos ao Conselho Superior de Justiça Militar, que decidirá de forma definitiva a respeito do oferecimento.

Julgamento de praça ou civil

Art. 683. Sendo praça ou civil o acusado, o auditor procederá ao julgamento em outra audiência, dentro em quarenta e oito horas. O procurador e o defensor terão, cada um, vinte minutos, para fazer oralmente suas alegações.

Parágrafo único. Após os debates orais, o auditor lavrará a sentença, dela mandando intimar o procurador e o réu, ou seu defensor.

Julgamento de oficiais

Art. 684. No processo a que responder oficial até o posto de tenente-coronel, inclusive, proceder-se-á ao julgamento pelo Conselho de Justiça, no mesmo dia da sua instalação.

Lavratura da sentença

Parágrafo único. Prestado o compromisso pelos juízes nomeados, serão lidas pelo escrivão as peças essenciais do processo e, após os debates orais, que não excederão o prazo fixado pelo artigo anterior, passará o Conselho a deliberar em sessão secreta, devendo a sentença ser lavrada dentro do prazo de vinte e quatro horas.

Certidão da nomeação dos juízes militares

Art. 685. A nomeação dos juízes do Conselho constará dos autos do processo, por certidão.

Parágrafo único. O procurador e o acusado, ou seu defensor, serão intimados da sentença no mesmo dia em que esta for assinada.

Suprimento do extrato da fé de ofício ou dos assentamentos

Art. 686. A falta do extrato da fé de ofício ou dos assentamentos do acusado poderá ser suprida por outros meios informativos.

Classificação do crime

Art. 687. Os órgãos da Justiça Militar, tanto em primeira como em segunda instância, poderão alterar a classificação do crime, sem todavia inovar a acusação.

▸ Art. 437 deste Código.

Parágrafo único. Havendo impossibilidade de alterar a classificação do crime, o processo será anulado, devendo ser oferecida nova denúncia.

Julgamento em grupos no mesmo processo

Art. 688. Quando, na denúncia, figurarem diversos acusados, poderão ser processados e julgados em grupos, se assim o aconselhar o interesse da Justiça.

Procurador em processo originário perante o Conselho Superior

Art. 689. Nos processos a que responderem oficiais-generais, coronéis ou capitães de mar e guerra, as funções do Ministério Público serão desempenhadas pelo procurador que servir junto ao Conselho Superior de Justiça Militar.

§ 1º A instrução criminal será presidida pelo auditor que funcionar naquele Conselho, cabendo-lhe ainda relatar os processos para julgamento.

§ 2º O oferecimento da denúncia, citação do acusado, intimação de testemunhas, nomeação de defensor, instrução criminal, julgamento e lavratura da sentença, reger-se-ão, no que lhes for aplicável, pelas normas estabelecidas para os processos da competência do auditor e do Conselho de Justiça.

Crimes de responsabilidade

Art. 690. Oferecida a denúncia, nos crimes de responsabilidade, o auditor mandará intimar o denunciado para apresentar defesa dentro do prazo de dois dias, findo o qual decidirá sobre o recebimento, ou não, da denúncia, submetendo o despacho, no caso de rejeição, à decisão do Conselho.

▸ Súm. Vinc. nº 46 do STF.

Recursos das decisões do Conselho Superior de Justiça

Art. 691. Das decisões proferidas pelo Conselho Superior de Justiça, nos processos de sua competência originária, somente caberá o recurso de embargos.

Desempenho da função de escrivão

Art. 692. As funções de escrivão serão desempenhadas pelo secretário do Conselho, e as de oficial de justiça por uma praça graduada.

Processo e julgamento de desertores

Art. 693. No processo de deserção observar-se-á o seguinte:

▶ Arts. 391 e 392 do CPM.

I – após o transcurso do prazo de graça, o comandante ou autoridade militar equivalente, sob cujas ordens servir o oficial ou praça, fará lavrar um termo com todas as circunstâncias, assinado por duas testemunhas, equivalendo esse termo à formação da culpa;

II – a publicação da ausência em boletim substituirá o edital;

III – os documentos relativos à deserção serão remetidos ao auditor, após a apresentação ou captura do acusado, e permanecerão em cartório pelo prazo de vinte e quatro horas, com vista ao advogado de ofício, para apresentar defesa escrita, seguindo-se o julgamento pelo Conselho de Justiça, conforme o caso.

CAPÍTULO II
DOS RECURSOS

Recurso das decisões do Conselho e do auditor

Art. 694. Das sentenças de primeira instância caberá recurso de apelação para o Conselho Superior de Justiça Militar.

Parágrafo único. Não caberá recurso de decisões sobre questões incidentes, que poderão, entretanto, ser renovadas na apelação.

Prazo para a apelação

Art. 695. A apelação será interposta dentro em vinte e quatro horas, a contar da intimação da sentença ao procurador e ao defensor do réu, revel ou não.

Recurso de ofício

Art. 696. Haverá recurso de ofício:

a) da sentença que impuser pena restritiva da liberdade superior a oito anos;

b) quando se tratar de crime a que a lei comina pena de morte e a sentença for absolutória, ou não aplicar a pena máxima.

Razões do recurso

Art. 697. As razões do recurso serão apresentadas, com a petição, em cartório. Conclusos os autos ao auditor, este os remeterá, *incontinenti*, à instância superior.

Processo de recurso e seu julgamento

Art. 698. Os autos serão logo conclusos ao Relator, que mandará abrir vista ao representante do Ministério Público, a fim de apresentar parecer, dentro em vinte e quatro horas.

Estudo dos autos pelo Relator

Art. 699. O Relator estudará os autos no intervalo de duas sessões.

Exposição pelo Relator

Art. 700. Anunciado o julgamento pelo presidente, o Relator fará a exposição dos fatos.

Alegações orais

Art. 701. Findo o relatório, poderão o defensor e o procurador fazer alegações orais por quinze minutos, cada um.

Decisão pelo Conselho

Art. 702. Discutida a matéria, o Conselho Superior proferirá sua decisão.

§ 1º O Relator será o primeiro a votar, sendo o presidente o último.

§ 2º O resultado do julgamento constará da ata que será junta ao processo. A decisão será lavrada dentro em dois dias, salvo motivo de força maior.

Não cabimento de embargos

Art. 703. As sentenças proferidas pelo Conselho Superior, como Tribunal de segunda instância, não são suscetíveis de embargos.

Efeitos da apelação

Art. 704. A apelação do Ministério Público devolve o pleno conhecimento do feito ao Conselho Superior.

Casos de embargos

Art. 705. O recurso de embargos, nos processos originários, seguirá as normas estabelecidas para a apelação.

Não cabimento de *habeas corpus* ou revisão

Art. 706. Não haverá *habeas corpus*, nem revisão.

CAPÍTULO III
DISPOSIÇÕES ESPECIAIS RELATIVAS À JUSTIÇA MILITAR EM TEMPO DE GUERRA

Execução da pena de morte

Art. 707. O militar que tiver de ser fuzilado sairá da prisão com uniforme comum e sem insígnias, e terá os olhos vendados, salvo se o recusar, no momento em que tiver de receber as descargas. As vozes de fogo serão substituídas por sinais.

▶ Arts. 56 e 57 do CPM.

▶ Art. 4º, 2 a 6, do Pacto de São José da Costa Rica.

§ 1º O civil ou assemelhado será executado nas mesmas condições, devendo deixar a prisão decentemente vestido.

Socorro espiritual

§ 2º Será permitido ao condenado receber socorro espiritual.

Data para a execução

§ 3º A pena de morte só será executada sete dias após a comunicação ao Presidente da República, salvo se imposta em zona de operações de guerra e o exigir o interesse da ordem e da disciplina.

Lavratura de ata

Art. 708. Da execução da pena de morte lavrar-se-á ata circunstanciada que, assinada pelo executor e duas testemunhas, será remetida ao comandante-chefe, para ser publicada em boletim.

Sentido da expressão "forças em operação de guerra"

Art. 709. A expressão "forças em operação de guerra" abrange qualquer força naval, terrestre ou aérea, desde o momento de seu deslocamento para o teatro das operações até o seu regresso, ainda que cessada as hostilidades.

Comissionamento em postos militares

Art. 710. Os auditores, procuradores, advogados de ofício e escrivães da Justiça Militar, que acompanharem as forças em operação de guerra, serão comissionados em postos militares, de acordo com as respectivas categorias funcionais.

DISPOSIÇÕES FINAIS E TRANSITÓRIAS

Art. 711. Nos processos pendentes na data da entrada em vigor deste Código, observar-se-á o seguinte:

▶ Art. 718 deste Código.

a) aplicar-se-ão à prisão provisória as disposições que forem mais favoráveis ao indiciado ou acusado;

b) o prazo já iniciado, inclusive o estabelecido para a interposição de recurso, será regulado pela lei anterior, se esta não estatuir prazo menor do que o fixado neste Código;

c) se a produção da prova testemunhal tiver sido iniciada, o interrogatório do acusado far-se-á de acordo com as normas da lei anterior;

d) as perícias já iniciadas, bem como os recursos já interpostos, continuarão a reger-se pela lei anterior.

Art. 712. Os processos da Justiça Militar não são sujeitos a custas, emolumentos, selos, ou portes de correio, terrestre, marítimo ou aéreo.

Art. 713. As certidões, em processos findos arquivados no Superior Tribunal Militar, serão requeridas ao diretor-geral da sua Secretaria, com a declaração da respectiva finalidade.

Art. 714. Os juízes e os membros do Ministério Público poderão requisitar certidões ou cópias autênticas de peças de processo arquivado, para instrução de processo em andamento, dirigindo-se, para aquele fim, ao serventuário ou funcionário responsável pela sua guarda. No superior Tribunal Militar, a requisição será feita por intermédio do diretor-geral da Secretaria daquele Tribunal.

Art. 715. As penas pecuniárias cominadas neste Código serão cobradas executivamente e, em seguida, recolhidas ao erário federal. Tratando-se de militares, funcionários da Justiça Militar ou dos respectivos Ministérios, a execução da pena pecuniária será feita mediante desconto na respectiva folha de pagamento. O desconto não excederá, em cada mês, a dez por cento dos respectivos vencimentos.

Art. 716. O presidente do Tribunal, o Procurador-Geral e o auditor requisitarão diretamente das companhias de transportes terrestres, marítimos ou aéreos, nos termos da lei e para fins exclusivos do serviço judiciário, que serão declarados na requisição, passagens para si, juízes dos Conselhos, procuradores e auxiliares da Justiça Militar. Terão, igualmente, bem como os procuradores, para os mesmos fins, franquia postal e telegráfica.

Art. 717. O serviço judicial pretere a qualquer outro, salvo os casos previstos neste Código.

Art. 718. Este Código entrará em vigor a 1º de janeiro de 1970, revogadas as disposições em contrário.

Brasília, 21 de outubro de 1969;
148º da Independência e
81º da República.

Augusto Hamann Rademaker Grunewald
Aurélio de Lyra Tavares
Márcio de Souza e Mello
Luís Antônio da Gama e Silva

CÓDIGO COMERCIAL

ÍNDICE SISTEMÁTICO DO CÓDIGO COMERCIAL

(LEI Nº 556, DE 25-6-1850)

ÍNDICE ALFABÉTICO-REMISSIVO DO CÓDIGO COMERCIAL

(LEI Nº 556, DE 25-6-1850)

A

B

C

CÓDIGO COMERCIAL

LEI Nº 556, DE 25 DE JUNHO DE 1850

Dom Pedro Segundo, por graça de Deus e unânime aclamação dos povos, Imperador Constitucional e defensor perpétuo do Brasil:

Fazemos saber a todos os súditos, que a Assembleia-Geral decretou, e nós queremos a Lei seguinte:

- Art. 170 da CF.
- Lei nº 2.180, de 5-2-1954, dispõe sobre o Tribunal Marítimo.
- Lei nº 7.573, de 23-12-1986, dispõe sobre o ensino profissional marítimo.
- Lei nº 7.652, de 3-2-1988, dispõe sobre o registro da propriedade marítima.
- Lei nº 8.078, de 11-9-1990 (CDC).
- Lei nº 8.935, de 18-11-1994 (Lei dos Serviços Notariais e de Registro).
- Lei nº 9.432, de 8-1-1997, dispõe sobre a ordenação do transporte aquaviário.
- Lei nº 9.966, de 28-4-2000, dispõe sobre a prevenção, o controle e a fiscalização da poluição causada por lançamento de óleo e outras substâncias nocivas ou perigosas em águas sob jurisdição nacional.
- Dec.-lei nº 666, de 2-7-1969, institui a obrigatoriedade de transporte em navio de bandeira brasileira.
- Dec. nº 94.536, de 29-6-1987, regulamenta a Lei nº 7.573, de 23-12-1986, que dispõe sobre o Ensino Profissional Marítimo.
- Dec. nº 2.256, de 17-6-1997, regulamenta o Registro Especial Brasileiro – REB, para embarcações de que trata a Lei nº 9.432, de 8-1-1997.

PARTE PRIMEIRA – DO COMÉRCIO EM GERAL

Revogada. Lei nº 10.406, de 10-1-2002 (Código Civil).

PARTE SEGUNDA – DO COMÉRCIO MARÍTIMO

TÍTULO I – DAS EMBARCAÇÕES

Art. 457. Somente podem gozar das prerrogativas e favores concedidos a embarcações brasileiras, as que verdadeiramente pertencerem a súditos do Império, sem que algum estrangeiro nelas possua parte ou interesse.

Provando-se que alguma embarcação, registrada debaixo do nome de brasileiro, pertence no todo ou em parte a estrangeiro, ou que este tem nela algum interesse, será apreendida como perdida; e metade do seu produto aplicado para o denunciante, havendo-o, e a outra metade a favor do cofre do Tribunal do Comércio respectivo.

Os súditos brasileiros domiciliados em país estrangeiro não podem possuir embarcação brasileira; salvo se nela for comparte alguma casa comercial brasileira estabelecida no Império.

Art. 458. Acontecendo que alguma embarcação brasileira passe por algum título a domínio de estrangeiro no todo ou em parte, não poderá navegar com a natureza de propriedade brasileira, enquanto não for alienada a súdito do Império.

Art. 459. É livre construir as embarcações pela forma e modo que mais conveniente parecer; nenhuma, porém, poderá aparelhar-se sem se reconhecer previamente, por vistoria feita na conformidade dos regulamentos do Governo, que se acha navegável.

O auto original da vistoria será depositado na secretaria do Tribunal do Comércio respectivo; e antes deste depósito nenhuma embarcação será admitida a registro.

Art. 460. Toda embarcação brasileira destinada à navegação do alto-mar, com exceção somente das que se empregarem exclusivamente nas pescarias das costas, deve ser registrada no Tribunal do Comércio do domicílio do seu proprietário ostensivo ou armador (artigo 484), e sem constar do registro não será admitida a despacho.

Art. 461. O registro deve conter:

1. a declaração do lugar onde a embarcação foi construída, o nome do construtor, e a qualidade das madeiras principais;
2. as dimensões da embarcação em palmos e polegadas, e a sua capacidade em toneladas, comprovadas por certidão de arqueação com referência à sua data;
3. a armação de que usa, e quantas cobertas tem;
4. o dia em que foi lançada ao mar;
5. o nome de cada um dos donos ou compartes, e os seus respectivos domicílios;
6. menção especificada do quinhão de cada comparte, se for de mais de um proprietário, e a época da sua respectiva aquisição, com referência à natureza e data do título, que deverá acompanhar a petição para o registro. O nome da embarcação registrada e do seu proprietário ostensivo ou armador serão publicados por anúncios nos periódicos do lugar.

Art. 462. Se a embarcação for de construção estrangeira, além das especificações sobreditas, deverá declarar-se no registro a nação a que pertencia, o nome que tinha e o que tomou, e o título por que passou a ser de propriedade brasileira; podendo omitir-se, quando não conste dos documentos, o nome do construtor.

Art. 463. O proprietário armador prestará juramento por si ou por seu procurador, nas mãos do presidente do tribunal, de que a sua declaração é verídica, e de que todos os proprietários da embarcação são verdadeiramente súditos brasileiros, obrigando-se por termo a não fazer uso ilegal do registro, e a entregá-lo dentro de um ano no mesmo tribunal, no caso da embarcação ser vendida, perdida ou julgada incapaz de navegar; pena de incorrer na multa no mesmo termo declarada, que o tribunal arbitrará.

Nos lugares onde não houver Tribunal do Comércio, todas as diligências sobreditas serão praticadas perante o juiz de direito do comércio, que enviará ao tribunal competente as devidas participações, acompanhadas dos documentos respectivos.

Art. 464. Todas as vezes que qualquer embarcação mudar de proprietário ou de nome, será o seu registro apresentado no Tribunal do Comércio respectivo para as competentes anotações.

Art. 465. Sempre que a embarcação mudar de capitão, será esta alteração anotada no registro, pela autoridade que tiver a seu cargo a matrícula dos navios, no porto onde a mudança tiver lugar.

Art. 466. Toda a embarcação brasileira em viagem é obrigada a ter a bordo:

1. o seu registro (artigo 460);
2. o passaporte do navio;
3. o rol da equipagem ou matrícula;
4. a guia ou manifesto da Alfândega do porto brasileiro donde houver saído, feito na conformidade das leis, regulamentos e instruções fiscais;
5. a carta de fretamento nos casos em que este tiver lugar, e os conhecimentos da carga existente a bordo, se alguma existir;
6. os recibos das despesas dos portos donde sair, compreendidas as de pilotagem, ancoragem e mais direitos ou impostos de navegação;
7. um exemplar do Código Comercial.

Art. 467. A matrícula deve ser feita no porto do armamento da embarcação, e conter:

1. os nomes do navio, capitão, oficiais e gente da tripulação, com declaração de suas idades, estado, naturalidade e domicílio, e o emprego de cada um a bordo;
2. o porto da partida e o do destino, e a torna-viagem, se esta for determinada;
3. as soldadas ajustadas, especificando-se, se são por viagem ou ao mês, por quantia certa ou a frete, quinhão ou lucro na viagem;
4. as quantias adiantadas, que se tiverem pago ou prometido pagar por conta das soldadas;
5. a assinatura do capitão, e de todos os oficiais do navio e mais indivíduos da tripulação que souberem escrever (artigos 511 e 512).

Art. 468. As alienações ou hipotecas de embarcações brasileiras destinadas à navegação do alto-mar, só podem fazer-se por escritura pública, na qual se deverá inserir o teor do seu registro, com todas as anotações que nele houver (artigos 472 e 474); pena de nulidade.

Todos os aprestos, aparelhos e mais pertences existentes a bordo de qualquer navio ao tempo da sua venda, deverão entender-se compreendidos nesta, ainda que deles se não faça expressa menção; salvo havendo no contrato convenção em contrário.

Art. 469. Vendendo-se algum navio em viagem, pertencem ao comprador os fretes que vencerem nesta viagem; mas se na data do contrato o navio tiver chegado ao lugar do seu destino, serão do vendedor; salvo convenção em contrário.

Art. 470. No caso de venda voluntária, a propriedade da embarcação passa para o comprador com todos os seus encargos; salvo os direitos dos credores privilegiados que nela tiverem hipoteca tácita. Tais são:

1. os salários devidos por serviços prestados ao navio, compreendidos os de salvados e pilotagem;
2. todos os direitos de porto e impostos de navegação;
3. os vencimentos de depositários e despesas necessárias feitas na guarda do navio, compreendido o aluguel dos armazéns de depósito dos aprestos e aparelhos do mesmo navio;
4. todas as despesas do custeio do navio e seus pertences, que houverem sido feitas para sua guarda e conservação depois da última viagem e durante a sua estadia no porto da venda;
5. as soldadas do capitão, oficiais e gente da tripulação, vencidas na última viagem;
6. o principal e prêmio das letras de risco tomadas pelo capitão sobre o casco e aparelho ou sobre os fretes (artigo 651) durante a última viagem, sendo o contrato celebrado e assinado antes do navio partir do porto onde tais obrigações forem contraídas;
7. o principal e prêmio de letras de risco, tomadas sobre o casco e aparelhos, ou fretes, antes de começar a última viagem, no porto da carga (artigo 515);
8. as quantias emprestadas ao capitão, ou dívidas por ele contraídas para o conserto e custeio do navio, durante a última viagem, com os respectivos prêmios de seguro, quando em virtude de tais empréstimos o capitão houver evitado firmar letras de risco (artigo 515);
9. faltas na entrega da carga, prêmios de seguro sobre o navio ou fretes, e avarias ordinárias, e tudo o que respeitar à última viagem somente.

▶ Arts. 472 a 476, 479 e 627 deste Código.

Art. 471. São igualmente privilegiadas, ainda que contraídas fossem anteriormente à última viagem:

1. as dívidas provenientes do contrato da construção do navio e juros respectivos, por tempo de três anos, a contar do dia em que a construção ficar acabada;
2. as despesas do conserto do navio e seus aparelhos, e juros respectivos, por tempo dos dois últimos anos, a contar do dia em que o conserto terminou.

Art. 472. Os créditos provenientes das dívidas especificadas no artigo precedente, e nos n°s 4, 6, 7 e 8 do artigo 470, só serão considerados como privilegiados quando tiverem sido lançados no Registro do Comércio em tempo útil (artigo 10, nº 2) e as suas importâncias se acharem anotadas no registro da embarcação (artigo 468).

As mesmas dívidas, sendo contraídas fora do Império, só serão atendidas achando-se autenticadas com o – "*Visto*" – do respectivo cônsul.

Art. 473. Os credores contemplados nos artigos 470 e 471 preferem entre si pela ordem dos números em que estão colocados; as dívidas, contempladas debaixo do mesmo número e contraídas no mesmo porto, precederão entre si pela ordem em que ficam classificadas, e entrarão em concurso sendo de idêntica natureza; porém, se dívidas idênticas se fizerem por necessidade em outros portos, ou no mesmo porto a que voltar o navio, as posteriores preferirão às anteriores.

Art. 474. Em seguimento dos créditos mencionados nos artigos 470 e 471, são também privilegiados o preço da compra do navio não pago, e os juros respectivos, por tempo de três anos, a contar da data do instrumento do contrato; contanto, porém, que tais créditos constem de documentos inscritos lançados no Registro do Comércio em tempo útil, e a sua importância se ache anotada no registro da embarcação.

Art. 475. No caso de quebra ou insolvência do armador do navio, todos os créditos a cargo da embarcação, que se acharem nas precisas circunstâncias dos artigos 470, 471 e 474, preferirão sobre o preço do navio a outros credores da massa.

Art. 476. O vendedor de embarcação é obrigado a dar ao comprador uma nota por ele assinada de todos os créditos privilegiados a que a mesma embarcação possa achar-se obrigada (artigos 470, 471 e 474), a qual deverá ser incorporada na escritura da venda em seguimento do registro da embarcação. A falta de declaração de algum crédito privilegiado induz presunção de má-fé da parte do vendedor, contra o qual o comprador poderá intentar a ação criminal que seja competente, se for obrigado ao pagamento de algum crédito não declarado.

Art. 477. Nas vendas judiciais extingue-se toda a responsabilidade da embarcação para com todos e quaisquer credores, desde a data do termo da arrematação, e fica subsistindo somente sobre o preço, enquanto este se não levanta.

Todavia, se do registro do navio constar que este está obrigado por algum crédito privilegiado, o preço da arrematação será conservado em depósito, em tanto quanto baste para solução dos créditos privilegiados constantes do registro; e não poderá levantar-se antes de expirar o prazo da prescrição dos créditos privilegiados, ou se mostrar que estão todos pagos, ainda mesmo que o exequente seja credor privilegiado, salvo prestando fiança idônea; pena de nulidade do levantamento do depósito; competindo ao credor prejudicado ação para haver de quem indevidamente houver recebido, e de perdas e danos solidariamente contra o juiz e escrivão que tiverem passado e assinado a ordem ou mandado.

Art. 478. Ainda que as embarcações sejam reputadas bens móveis, contudo, nas vendas judiciais, se guardarão as regras que as leis prescrevem para as arrematações dos bens de raiz; devendo as ditas vendas, além da afixação dos editais nos lugares públicos, e particularmente nas praças do comércio, ser publicadas por três anúncios insertos, com o intervalo de oito dias, nos jornais do lugar, que habitualmente publicarem anúncios, e, não os havendo, nos do lugar mais vizinho.

Nas mesmas vendas, as custas judiciais do processo da execução e arrematação preferem a todos os créditos privilegiados.

Art. 479. Enquanto durar a responsabilidade da embarcação por obrigações privilegiadas, pode esta ser embargada e detida, a requerimento de credores que apresentarem títulos legais (artigos 470, 471 e 474), em qualquer porto do Império onde se achar, estando sem carga ou não tendo recebido a bordo mais da quarta parte da que corresponder à sua lotação; o embargo, porém, não será admissível achando-se a embarcação com os despachos necessários para poder ser declarada desimpedida, qualquer que seja o estado da carga; salvo se a dívida proceder de fornecimentos feitos no mesmo porto, e para a mesma viagem.

Art. 480. Nenhuma embarcação pode ser embargada ou detida por dívida não privilegiada; salvo no porto da sua matrícula; e mesmo neste, unicamente nos casos em que os devedores são por direito obrigados a prestar caução em juízo, achando-se previamente intentadas as ações competentes.

Art. 481. Nenhuma embarcação, depois de ter recebido mais da quarta parte da carga correspondente à sua lotação, pode ser embargada ou detida por dívidas particulares do armador, exceto se estas tiverem sido contraídas para aprontar o navio para a mesma viagem, e o devedor não tiver outros bens com que possa pagar; mas, mesmo neste caso, se mandará levantar o embargo, dando os mais compartes fiança pelo valor de seus respectivos quinhões, assinando o capitão termo de voltar ao mesmo lugar finda a viagem, e prestando os interessados na expedição fiança idônea à satisfação da dívida, no caso da embarcação não voltar por qualquer incidente, ainda que seja de força maior. O capitão que deixar de cumprir o referido termo responderá pessoalmente pela dívida, salvo o caso de força maior, e a sua falta será qualificada de barataria.

Art. 482. Os navios estrangeiros surtos nos portos do Brasil não podem ser embargados nem detidos, ainda mesmo que se achem sem carga, por dívidas que não forem contraídas no território brasileiro em utilidade dos mesmos navios ou da sua carga; salvo provindo a dívida de letras de risco ou de câmbio sacadas em país estrangeiro no caso do artigo 651, e vencidas em algum lugar do Império.

Art. 483. Nenhum navio pode ser detido ou embargado, nem executado na sua totalidade por dívidas particulares de um comparte; poderá, porém, ter lugar a execução no valor do quinhão do devedor, sem prejuízo da livre navegação do mesmo navio, prestando os mais compartes fiança idônea.

TÍTULO II – DOS PROPRIETÁRIOS, COMPARTES E CAIXAS DE NAVIOS

Art. 484. Todos os cidadãos brasileiros podem adquirir e possuir embarcações brasileiras; mas a sua armação e expedição só pode girar debaixo do nome e responsabilidade de um proprietário ou comparte, armador ou caixa, que tenha as qualidades requeridas para ser comerciante (artigos 1º e 4º).

Art. 485. Quando os compartes de um navio fazem dele uso comum, esta sociedade ou parceria marítima regula-se pelas disposições das sociedades comerciais (Parte I, Título XV); salvo as determinações contidas no presente Título.

Art. 486. Nas parcerias ou sociedades de navios, o parecer da maioria no valor dos interesses prevalece contra o da minoria nos mesmos interesses, ainda que esta seja representada pelo maior número de sócios e aquela por um só. Os votos computam-se na proporção dos quinhões; o menor quinhão será contado por um voto; no caso de empate decidirá a sorte, se os sócios não preferirem cometer a decisão a um terceiro.

Art. 487. Achando-se um navio necessitado de conserto, e convindo neste a maioria, os sócios dissidentes, se não quiserem anuir, serão obrigados a vender os seus quinhões aos outros compartes, estimando-se o preço antes de principiar-se o conserto; se estes não quiserem comprar, proceder-se-á à venda em hasta pública.

▸ Art. 730 do CPC/2015.

Art. 488. Se o menor número entender que a embarcação necessita de conserto e a maioria se opuser, a minoria tem direito para requerer que se proceda a vistoria judicial; decidindo-se que o conserto é necessário, todos os compartes são obrigados a contribuir para ele.

Art. 489. Se algum comparte na embarcação quiser vender o seu quinhão, será obrigado a afrontar os outros parceiros; estes têm direito a preferir na compra em igualdade de condições, contanto que efetuem a entrega do preço à vista, ou o consignem em juízo no caso de contestação. Resolvendo-se a venda do navio por deliberação da maioria, a minoria pode exigir que se faça em hasta pública.

Art. 490. Todos os compartes têm direito de preferir no fretamento a qualquer terceiro, em igualdade de condições; concorrendo na preferência para a mesma viagem dois ou mais compartes, preferirá o que tiver maior parte de interesses na embarcação; no caso de igualdade de interesses decidirá a sorte; todavia, esta preferência não dá direito para exigir que se varie o destino da viagem acordada pela maioria.

Art. 491. Toda a parceria ou sociedade de navio é administrada por um ou mais caixas, que representa em juízo e fora dele a todos os interessados, e os responsabiliza; salvo as restrições contidas no instrumento social, ou nos poderes do seu mandato, competentemente registrados (artigo 10, nº 2).

Art. 492. O caixa deve ser nomeado dentre os compartes; salvo se todos convierem na nomeação de pessoa estranha à parceria; em todos os casos é necessário que o caixa tenha as qualidades exigidas no artigo 484.

Art. 493. Ao caixa, não havendo estipulação em contrário, pertence nomear, ajustar e despedir o capitão e mais oficiais do navio, dar todas as ordens, e fazer todos os contratos relativos à administração, fretamento e viagens da embarcação; obrando sempre em conformidade do acordo da maioria e do seu mandato, debaixo de sua responsabilidade pessoal para com os compartes pelo que obrar contra o mesmo acordo, ou mandato.

Art. 494. Todos os proprietários e compartes são solidariamente responsáveis pelas dívidas que o capitão contrair para consertar, habilitar e aprovisionar o navio; sem que esta responsabilidade possa ser ilidida, alegando-se que o capitão excedeu os limites das suas faculdades, ou instruções, se os credores provarem que a quantia pedida foi empregada a benefício do navio (artigo 517). Os mesmos proprietários e compartes são solidariamente responsáveis pelos prejuízos que o capitão causar a terceiro por falta da diligência que é obrigado a empregar para boa guarda, acondicionamento e conservação dos efeitos recebidos a bordo (artigo 519). Esta responsabilidade cessa, fazendo aqueles abandono do navio e fretes vencidos e a vencer na respectiva viagem. Não é permitido o abandono ao proprietário ou comparte que for ao mesmo tempo capitão do navio.

Art. 495. O caixa é obrigado a dar aos proprietários ou compartes, no fim de cada viagem, uma conta da sua gestão, tanto relativa ao estado do navio e parceria, como da viagem finda, acompanhada dos documentos competentes, e a pagar sem demora o saldo líquido que a cada um couber; os proprietários ou compartes são obrigados a examinar a conta do caixa logo que lhes for apresentada, e a pagar sem demora a quota respectiva aos seus quinhões. A aprovação das contas do caixa dada pela maioria dos compartes do navio não obsta a que a minoria dos sócios intente contra eles as ações que julgar competentes.

TÍTULO III – DOS CAPITÃES OU MESTRES DE NAVIO

Art. 496. Para ser capitão ou mestre de embarcação brasileira, palavras sinônimas neste Código para todos os efeitos de direito, requer-se ser cidadão brasileiro, domiciliado no Império, com capacidade civil para poder contratar validamente.

Art. 497. O capitão é o comandante da embarcação; toda a tripulação lhe está sujeita, e é obrigada a obedecer e cumprir as suas ordens em tudo quanto for relativo ao serviço do navio.

Art. 498. O capitão tem a faculdade de impor penas correcionais aos indivíduos da tripulação que perturbarem a ordem do navio, cometerem faltas de disciplina, ou deixarem de fazer o serviço que lhes competir; e até mesmo de proceder à prisão por motivo de insubordinação, ou de qualquer outro crime cometido a bordo, ainda mesmo que o delinquente seja passageiro; formando os necessários processos, os quais é obrigado a entregar com os presos às autoridades competentes no primeiro porto do Império aonde entrar.

Art. 499. Pertence ao capitão escolher e ajustar a gente da equipagem, e despedi-la, nos casos em que a despedida possa ter lugar (artigo 555), obrando de conserto com o dono ou armador, caixa, ou consignatário do navio, nos lugares onde estes se acharem presentes. O capitão não pode ser obrigado a receber na equipagem indivíduo algum contra a sua vontade.

Art. 500. O capitão que seduzir ou desencaminhar marinheiro matriculado em outra embarcação será punido com a multa de cem mil-réis por cada indivíduo que desencaminhar, e obrigado a entregar o marinheiro seduzido, existindo a bordo do seu navio; e se a embarcação por esta falta deixar de fazer-se à vela, será responsável pelas estadias da demora.

Art. 501. O capitão é obrigado a ter escrituração regular de tudo quanto diz respeito à administração do navio, e à sua navegação; tendo para este fim três livros distintos, encadernados e rubricados pela autoridade a cargo de quem estiver a matrícula dos navios; pena de responder por perdas e danos que resultarem da sua falta de escrituração regular.

Art. 502. No primeiro, que se denominará – *"Livro da Carga"* – assentará diariamente as entradas e saídas da carga, com declaração específica das marcas e números dos volumes, nomes dos carregadores e consignatários, portos da carga e descarga, fretes ajustados, e quaisquer outras circunstâncias ocorrentes que possam servir para futuros esclarecimentos. No mesmo livro se lançarão também os nomes dos passageiros, com declaração do lugar do seu destino, preço e condições da passagem, e a relação da sua bagagem.

Art. 503. O segundo livro será da — *"Receita e Despesa da Embarcação"* –; e nele, debaixo de competentes títulos, se lançará, em forma de contas-correntes, tudo quanto o capitão receber e despender respectivamente à embarcação; abrindo-se assento a cada um dos indivíduos da tripulação, com declaração de seus vencimentos, e de qualquer ônus a que se achem obrigados, e a cargo do que receberem por conta de suas soldadas.

Art. 504. No terceiro livro, que será denominado — *"Diário da Navegação"* — se assentarão diariamente, enquanto o navio se achar em algum porto, os trabalhos que tiverem lugar a bordo, e os consertos ou reparos do navio. No mesmo livro se assentará também toda a derrota da viagem, notando-se diariamente as observações que os capitães e os pilotos são obrigados a fazer, todas as ocorrências interessantes à navegação, acontecimentos extraordinários que possam ter lugar a bordo, e com especialidade os temporais, e os danos ou avarias que o navio ou a carga possam sofrer, as deliberações que se tomarem por acordo dos oficiais da embarcação, e os competentes protestos.

▸ Art. 539 deste Código.

Art. 505. Todos os processos testemunháveis e protestos formados a bordo, tendentes a comprovar sinistros, avarias, ou quaisquer perdas, devem ser ratificados com juramento do capitão perante a autoridade competente do primeiro lugar onde chegar; a qual deverá interrogar o mesmo capitão, oficiais, gente da equipagem (artigo 545, nº 7) e passageiros sobre a veracidade dos fatos e suas circunstâncias, tendo presente o Diário da Navegação, se houver sido salvo.

Art. 506. Na véspera da partida do porto da carga, fará o capitão inventariar, em presença do piloto e contramestre, as amarras, âncoras, velames e mastreação, com declaração do estado em que se acharem. Este inventário será assinado pelo capitão, piloto e contramestre. Todas as alterações que durante a viagem sofrer qualquer dos sobreditos artigos serão anotadas no Diário da Navegação, e com as mesmas assinaturas.

Art. 507. O capitão é obrigado a permanecer a bordo desde o momento em que começa a viagem de mar, até a chegada do navio a surgidouro seguro e bom porto; e a tomar os pilotos e práticos necessários em todos os lugares em que os regulamentos, o uso e prudência o exigirem; pena de responder por perdas e danos que da sua falta resultarem.

Art. 508. É proibido ao capitão abandonar a embarcação, por maior perigo que se ofereça, fora do caso de naufrágio; e julgando-se indispensável o abandono, é obrigado a empregar a maior diligência possível para salvar todos os efeitos do navio e carga, e com preferência os papéis e livros da embarcação, dinheiro e mercadorias de maior valor. Se apesar de toda a diligência os objetos tirados do navio, ou os que nele ficarem se perderem ou forem roubados sem culpa sua, o capitão não será responsável.

Art. 509. Nenhuma desculpa poderá desonerar o capitão que alterar a derrota que era obrigado a seguir, ou que praticar algum ato extraordinário de que possa provir dano ao navio ou à carga, sem ter precedido deliberação tomada em junta composta de todos os oficiais da embarcação, e na presença dos interessados do navio ou na carga, se algum se achar a bordo. Em tais deliberações, e em todas as mais que for obrigado a tomar com acordo dos oficiais do navio, o capitão tem voto de qualidade, e até mesmo poderá obrar contra o vencido, debaixo de sua responsabilidade pessoal, sempre que o julgar conveniente.

▸ Arts. 539 e 770 deste Código.

Art. 510. É proibido ao capitão entrar em porto estranho ao do seu destino; e, se ali for levado por força maior (artigo 740), é obrigado a sair no primeiro tempo oportuno que se oferecer; pena de responder pelas perdas e danos que da demora resultarem ao navio ou à carga (artigo 748).

▸ Art. 393 do CC.

Art. 511. O capitão que entrar em porto estrangeiro é obrigado a apresentar-se ao cônsul do Império nas primeiras vinte e quatro horas úteis, e a depositar nas suas mãos a guia ou manifesto da Alfândega, indo de algum porto do Brasil, e a matrícula; e a declarar, e fazer anotar nesta pelo mesmo cônsul, no ato da apresentação, toda e qualquer alteração que tenha ocorrido sobre o mar na tripulação do navio; e antes da saída as que ocorrerem durante a sua estada no mesmo porto.

Quando a entrada for em porto do Império, o depósito do manifesto terá lugar na Alfândega respectiva, havendo-a, e o da matrícula na repartição onde esta se costuma fazer com as sobreditas declarações.

Art. 512. Na volta da embarcação ao porto donde saiu, ou naquele onde largar o seu comando, é o capitão obrigado a apresentar a matrícula original na repartição encarregada da matrícula dos navios, dentro de vinte e quatro horas úteis depois que der fundo, e a fazer as mesmas declarações ordenadas no artigo precedente.

Passados oito dias depois do referido tempo, prescreve qualquer ação de procedimento, que possa ter lugar contra o capitão por faltas por ele cometidas na matrícula durante a viagem.

O capitão que não apresentar todos os indivíduos matriculados, ou não fizer constar devidamente a razão da falta, será multado, pela autoridade encarregada da matrícula dos navios, em cem mil-réis por cada pessoa que apresentar de menos, com recurso para o Tribunal do Comércio competente.

Art. 513. Não se achando presentes os proprietários, seus mandatários ou consignatários, incumbe ao capitão ajustar fretamentos, segundo as instruções que tiver recebido (artigo 569).

Art. 514. O capitão, nos portos onde residirem os donos, seus mandatários ou consignatários, não pode, sem autorização especial destes, fazer despesa alguma extraordinária com a embarcação.

Art. 515. É permitido ao capitão em falta de fundos, durante a viagem, não se achando presente algum dos proprietários da embarcação, seus mandatários ou consignatários, e na falta deles algum interessado na carga, ou mesmo se, achando-se presentes, não providenciarem, contrair dívidas, tomar dinheiro a risco sobre o casco e pertences do navio e remanescentes dos fretes depois de pagas as soldadas, e até mesmo, na falta absoluta de outro recurso, vender mercadorias da carga, para o reparo ou provisão da embarcação; declarando nos títulos das obrigações que assinar a causa de que estas procedem (artigo 517).

As mercadorias da carga que em tais casos se venderem serão pagas aos carregadores pelo preço que outras de igual qualidade obtiverem no porto da descarga, ou pelo que por arbitradores se estimar no caso da venda ter compreendido todas as da mesma qualidade (artigo 621).

Art. 516. Para poder ter lugar alguma das providências autorizadas no artigo precedente, é indispensável:

1. que o capitão prove falta absoluta de fundos em seu poder pertencentes à embarcação;
2. que não se ache presente o proprietário do navio, ou mandatário seu ou consignatário, e na sua falta algum dos interessados na carga; ou que, estando presentes, se dirigiu a eles e não providenciaram;
3. que a deliberação seja tomada de acordo com os oficiais da embarcação, lavrando-se no Diário da Navegação termo da necessidade da medida tomada (artigo 504).

A justificação destes requisitos será feita perante o juiz de direito do comércio do porto onde se tomar o dinheiro a risco ou se venderem as mercadorias, e por ele julgada procedente, e nos portos estrangeiros perante os cônsules do Império.

Art. 517. O capitão que, nos títulos ou instrumentos das obrigações procedentes de despesas por ele feitas para fabrico, habilitação ou abastecimento da embarcação, deixar de declarar a causa de que procedem, ficará pessoalmente obrigado para com as pessoas com quem contratar; sem prejuízo da ação que estas possam ter contra os donos do navio provando que as quantias devidas foram efetivamente aplicadas a benefício deste (artigo 494).

Art. 518. O capitão que tomar dinheiro sobre o casco do navio e seus pertences, empenhar ou vender mercadorias, fora dos casos em que por este Código lhe é permitido, e o que for convencido de fraude em suas contas, além das indenizações de perdas e danos, ficará sujeito à ação criminal que no caso couber.

Art. 519. O capitão é considerado verdadeiro depositário da carga e de quaisquer efeitos que receber a bordo, e como tal está obrigado à sua guarda, bom acondicionamento e conservação, e à sua pronta entrega à vista dos conhecimentos (artigos 586 e 587).

A responsabilidade do capitão a respeito da carga principia a correr desde o momento em que a recebe, e continua até o ato da sua entrega no lugar que se houver convencionado, ou que estiver em uso no porto da descarga.

Art. 520. O capitão tem direito para ser indenizado pelos donos de todas as despesas necessárias que fizer em utilidade da embarcação com fundos próprios ou alheios, contanto que não tenha excedido as suas instruções, nem as faculdades que por sua natureza são inerentes à sua qualidade de capitão.

Art. 521. É proibido ao capitão pôr carga alguma no convés da embarcação sem ordem ou consentimento por escrito dos carregadores; pena de responder pessoalmente por todo o prejuízo que daí possa resultar.

Art. 522. Estando a embarcação fretada por inteiro, se o capitão receber carga de terceiro, o afretador tem direito a fazê-la desembarcar.

Art. 523. O capitão, ou qualquer outro indivíduo da tripulação, que carregar na embarcação, ainda mesmo a pretexto de ser na sua câmara ou nos seus agasalhados, mercadorias de sua conta particular, sem consentimento por escrito do dono do navio ou dos afretadores, pode ser obrigado a pagar frete dobrado.

Art. 524. O capitão que navega em parceria a lucro comum sobre a carga não pode fazer comércio algum por sua conta particular a não haver convenção em contrário; pena de correrem por conta dele todos os riscos e perdas, e de pertencerem aos demais parceiros os lucros que houver.

Art. 525. É proibido ao capitão fazer com os carregadores ajustes públicos ou secretos que revertam em benefício seu particular, debaixo de qualquer título ou pretexto que seja; pena de correr por conta dele e dos carregadores todo o risco que acontecer, e de pertencer ao dono do navio todo o lucro que houver.

Art. 526. É obrigação do capitão resistir por todos os meios que lhe ditar a sua prudência a toda e qualquer violência que possa intentar-se contra a embarcação, seus pertences e carga; e se for obrigado a fazer entrega de tudo ou de parte, deverá munir-se com os competentes protestos e justificações no mesmo porto, ou no primeiro onde chegar (artigos 504 e 505).

Art. 527. O capitão não pode reter a bordo os efeitos da carga a título de segurança do frete; mas tem direito de exigir dos donos ou consignatários, no ato da entrega da carga, que depositem ou afiancem a importância do frete, avarias grossas e despesas a seu cargo; e na falta de pronto pagamento, depósito, ou fiança, poderá requerer embargo pelos fretes, avarias e despesas sobre as mercadorias da carga, enquanto estas se acharem em poder dos donos ou consignatários, ou estejam fora das estações públicas ou dentro delas; e mesmo para requerer a sua venda imediata, se forem de fácil deterioração, ou de guarda arriscada ou dispendiosa.

A ação de embargo prescreve passados trinta dias a contar da data do último dia da descarga.

Art. 528. Quando por ausência do consignatário, ou por se não apresentar o portador do conhecimento à ordem, o capitão ignorar a quem deva competentemente fazer a entrega, solicitará do juiz de direito do comércio, e onde o não houver da autoridade local a quem competir, que nomeie depositário para receber os gêneros, e pagar os fretes devidos por conta de quem pertencer.

Art. 529. O capitão é responsável por todas as perdas e danos que, por culpa sua, omissão ou imperícia, sobrevierem ao navio ou à carga; sem prejuízo das ações criminais a que a sua malversação ou dolo possa dar lugar (artigo 608).

O capitão é também civilmente responsável pelos furtos, ou quaisquer danos praticados a bordo pelos indivíduos da tripulação nos objetos da carga, enquanto esta se achar debaixo da sua responsabilidade.

Art. 530. Serão pagas pelo capitão todas as multas que forem impostas à embarcação por falta de exata observância das leis e regulamentos das Alfândegas e polícia dos portos; e igualmente os prejuízos que resultarem de discórdias entre os indivíduos da mesma tripulação no serviço desta, se não provar que empregou todos os meios convenientes para as evitar.

Art. 531. O capitão que, fora do caso de inavegabilidade legalmente provada, vender o navio sem autorização especial dos donos, ficará responsável por perdas e danos, além da nulidade da venda, e do procedimento criminal que possa ter lugar.

Art. 532. O capitão que, sendo contratado para uma viagem certa, deixar de a concluir sem causa justificada, responderá aos proprietários, afretadores e carregadores pelas perdas e danos que dessa falta resultarem.

Em reciprocidade, o capitão, que sem justa causa for despedido antes de finda a viagem, será pago da sua soldada por inteiro, posto à custa do proprietário ou afretador no lugar onde começou a viagem, e indenizado de quaisquer vantagens que possa ter perdido pela despedida.

Pode, porém, ser despedido antes da viagem começada, sem direito a indenização, não havendo ajuste em contrário.

Art. 533. Sendo a embarcação fretada para porto determinado, só pode o capitão negar-se a fazer a viagem, sobrevindo peste, guerra, bloqueio ou impedimento legítimo da embarcação sem limitação de tempo.

Art. 534. Acontecendo falecer algum passageiro ou indivíduo da tripulação durante a viagem, o capitão procederá a inventário de todos os bens que o falecido deixar, com assistência dos oficiais da embarcação e de duas testemunhas, que serão com preferência passageiros, pondo tudo em boa arrecadação, e logo que chegar ao porto da saída fará entrega do inventário e bens às autoridades competentes.

Art. 535. Finda a viagem, o capitão é obrigado a dar sem demora contas da sua gestão ao dono ou caixa do navio, com entrega do dinheiro que em si tiver, livros e todos os mais papéis. E o dono ou caixa é obrigado a ajustar as contas do capitão logo que as receber, e a pagar a soma que lhe for devida. Havendo contestação sobre a conta, o capitão tem direito para ser pago imediatamente das soldadas vencidas, prestando fiança de as repor, a haver lugar.

Art. 536. Sendo o capitão o único proprietário da embarcação, será simultaneamente responsável aos afretadores e carregadores por todas as obrigações impostas aos capitães e aos armadores.

Art. 537. Toda a obrigação pela qual o capitão, sendo comparte do navio, for responsável à parceria, tem privilégio sobre o quinhão e lucros que o mesmo tiver no navio e fretes.

TÍTULO IV – DO PILOTO E CONTRAMESTRE

Art. 538. A habilitação e deveres dos pilotos e contramestres são prescritos nos regulamentos de Marinha.

Art. 539. O piloto, quando julgar necessário mudar de rumo, comunicará ao capitão as razões que assim o exigem; e se este se opuser, desprezando as suas observações, que em tal caso deverá renovar-lhe na presença dos mais oficiais do navio, lançará o seu protesto no Diário da Navegação (artigo 504), o qual deverá ser por todos assinado, e obedecerá às ordens do capitão, sobre quem recairá toda a responsabilidade.

Art. 540. O piloto, que, por imperícia, omissão ou malícia, perder o navio ou lhe causar dano, será obrigado a ressarcir o prejuízo que sofrer o mesmo navio ou a carga; além de incorrer nas penas criminais que possam ter lugar; a responsabilidade do piloto não exclui a do capitão nos casos do artigo 529.

Art. 541. Por morte ou impedimento do capitão recai o comando do navio no piloto, e na falta ou impedimento deste no contramestre, com todas as prerrogativas, faculdades, obrigações e responsabilidades inerentes ao lugar de capitão.

Art. 542. O contramestre que, recebendo ou entregando fazendas, não exige e entrega ao capitão as ordens, recibos, ou outros quaisquer documentos justificativos do seu ato, responde por perdas e danos daí resultantes.

TÍTULO V – DO AJUSTE E SOLDADAS DOS OFICIAIS E GENTE DA TRIPULAÇÃO, SEUS DIREITOS E OBRIGAÇÕES

Art. 543. O capitão é obrigado a dar às pessoas da tripulação, que o exigirem, uma nota por ele assinada, em que se declare a natureza do ajuste e preço da soldada, e a lançar na mesma nota as quantias que se forem pagando por conta.

As condições do ajuste entre o capitão e a gente da tripulação, na falta de outro título do contrato, provam-se pelo rol da equipagem ou matrícula; subentendendo-se sempre compreendido no ajuste o sustento da tripulação.

Não constando pela matrícula, nem por outro escrito do contrato, o tempo determinado do ajuste, entende-se sempre que foi por viagem redonda ou de ida e volta ao lugar em que teve lugar a matrícula.

Art. 544. Achando-se o Livro da Receita e Despesa do navio conforme à matrícula (artigo 467), e escriturado com regularidade (artigo 503), fará inteira fé para solução de quaisquer dúvidas que possam suscitar-se sobre as condições do contrato das soldadas; quanto, porém, às quantias entregues por conta, prevalecerão, em caso de dúvida, os assentos lançados nas notas de que trata o artigo precedente.

Art. 545. São obrigações dos oficiais e gente da tripulação:

1. ir para bordo prontos para seguir viagem no tempo ajustado; pena de poderem ser despedidos;
2. não sair do navio nem passar a noite fora sem licença do capitão; pena de perdimento de um mês de soldada;
3. não retirar os seus efeitos de bordo sem serem visitados pelo capitão, ou pelo seu segundo, debaixo da mesma pena;
4. obedecer sem contradição ao capitão e mais oficiais nas suas respectivas qualidades, e abster-se de brigas; debaixo das penas declaradas nos artigos 498 e 555;
5. auxiliar o capitão, em caso de ataque do navio, ou desastre sobrevindo à embarcação ou à carga, seja qual for a natureza do sinistro; pena de perdimento das soldadas vencidas;
6. finda a viagem, fundear e desaparelhar o navio, conduzi-lo a surgidouro seguro, e amarrá-lo, sempre que o capitão o exigir; pena de perdimento das soldadas vencidas;
7. prestar os depoimentos necessários para ratificação dos processos testemunháveis, e protestos formados a bordo (artigo 505), recebendo pelos dias da demora uma indenização proporcional às soldadas que venciam; faltando a este dever não terão ação para demandar as soldadas vencidas.

Art. 546. Os oficiais e quaisquer outros indivíduos da tripulação, que, depois de matriculados, abandonarem a viagem antes de começada, ou se ausentarem antes de acabada, podem ser compelidos com prisão ao cumprimento do contrato, a repor o que se lhes houver pago adiantado, e a servir um mês sem receberem soldada.

Art. 547. Se depois de matriculada a equipagem se romper a viagem no porto da matrícula por fato do dono, capitão, ou afretador, a todos os indivíduos da tripulação justos ao mês se abonará a soldada de um mês, além da que tiverem vencido; aos que estiverem contratados por viagem abonar-se-á metade da soldada ajustada.

Se, porém, o rompimento da viagem tiver lugar depois da saída do porto da matrícula, os indivíduos justos ao mês têm direito a receber, não só pelo tempo vencido, mas também pelo que seria necessário para regressarem ao porto da saída, ou para chegarem ao do destino, fazendo-se a conta por aquele que se achar mais próximo; aos contratados por viagem redonda se pagará como se a viagem se achasse terminada.

Tanto os indivíduos da equipagem justos por viagem, como os justos ao mês, têm direito a que se lhes pague a despesa da passagem do porto da despedida para aquele onde ou para onde se ajustarem, que for mais próximo. Cessa esta obrigação sempre que os indivíduos da equipagem podem encontrar soldada no porto da despedida.

Art. 548. Rompendo-se a viagem por causa de força maior, a equipagem, se a embarcação se achar no porto do ajuste, só tem direito a exigir as soldadas vencidas.

São causas de força maior:

1. declaração de guerra, ou interdito de comércio entre o porto da saída e o porto do destino da viagem;
2. declaração de bloqueio do porto, ou peste declarada nele existente;
3. proibição de admissão no mesmo porto dos gêneros carregados na embarcação;
4. detenção ou embargo da embarcação (no caso de se não admitir fiança ou não ser possível dá-la), que exceda ao tempo de noventa dias;
5. inavegabilidade da embarcação acontecida por sinistro.

Art. 549. Se o rompimento da viagem por causa de força maior acontecer achando-se a embarcação em algum porto de arribada, a equipagem contratada ao mês só tem direito a ser paga pelo tempo vencido desde a saída do porto até o dia em que for despedida, e a equipagem justa por viagem não tem direito a soldada alguma se a viagem não se conclui.

Art. 550. No caso de embargo ou detenção, os indivíduos da tripulação justos ao mês vencerão metade de suas soldadas durante o impedimento, não excedendo este de noventa dias; findo este prazo caduca o ajuste. Aqueles, porém, que forem justos por viagem redonda são obrigados a cumprir seus contratos até o fim da viagem.

Todavia, se o proprietário da embarcação vier a receber indenização pelo embargo ou detenção, será obrigado a pagar as soldadas por inteiro aos que forem justos ao mês, e aos de viagem redonda na devida proporção.

Art. 551. Quando o proprietário, antes de começada a viagem, der à embarcação destino diferente daquele que tiver sido declarado no contrato, terá lugar novo ajuste; e os que se não ajustarem só terão direito a receber o vencido, ou a reter o que tiverem recebido adiantado.

Art. 552. Se depois da chegada da embarcação ao porto do seu destino, e ultimada a descarga, o capitão, em lugar de fazer o seu retorno, fretar ou carregar a embarcação para ir a outro destino, é livre aos indivíduos da tripulação ajustarem-se de novo ou retirarem-se, não havendo no contrato estipulação em contrário.

Todavia, se o capitão, fora do Império, achar a bem navegar para outro porto livre, e nele carregar ou descarregar, a tripulação não pode despedir-se, posto que a viagem se prolongue além do ajuste; recebendo os indivíduos justos por viagem um aumento de soldada na proporção da prolongação.

Art. 553. Sendo a tripulação justa a partes ou quinhão no frete, não lhe será devida indenização alguma pelo rompimento, retardação ou prolongação da viagem causada por força maior; mas se o rompimento, retardação ou prolongação provier de fato dos carregadores, terá parte nas indenizações que se concederem ao navio; fazendo-se a divisão entre os donos do navio e a gente da tripulação, na mesma proporção em que o frete deveria ser dividido.

Se o rompimento, retardação ou prolongação provier de fato do capitão ou proprietário do navio, estes serão obrigados às indenizações proporcionais respectivas.

Quando a viagem for mudada para porto mais vizinho, ou abreviada por outra qualquer causa, os indivíduos da tripulação justos por viagem serão pagos por inteiro.

Art. 554. Se alguém da tripulação depois de matriculado for despedido sem justa causa, terá direito de haver a soldada contratada por inteiro, sendo redonda, e se for ao mês far-se-á a conta pelo termo médio do tempo que costuma gastar-se nas viagens para o porto do ajuste. Em tais casos o capitão não tem direito para exigir do dono do navio as indenizações que for obrigado a pagar; salvo tendo obrado com sua autorização.

Art. 555. São causas justas para a despedida:

1. perpetração de algum crime, ou desordem grave que perturbe a ordem da embarcação, reincidência em insubordinação, falta de disciplina ou de cumprimento de deveres (artigo 498);
2. embriaguez habitual;
3. ignorância do mister para que o despedido se tiver ajustado;
4. qualquer ocorrência que o inabilite para desempenhar as suas obrigações, com exceção do caso prevenido no artigo 560.

Art. 556. Os oficiais e gente da tripulação podem despedir-se, antes de começada a viagem, nos casos seguintes:

1. quando o capitão muda do destino ajustado (artigo 551);
2. se depois do ajuste o Império é envolvido em guerra marítima, ou há notícias certas de peste no lugar do destino;
3. se assoldadados para ir em comboio, este não tem lugar;
4. morrendo o capitão, ou sendo despedido.

Art. 557. Nenhum indivíduo da tripulação pode intentar litígio contra o navio ou capitão, antes de terminada a viagem; todavia, achando-se o navio em bom porto, os indivíduos maltratados, ou a quem o capitão houver faltado com o devido sustento, poderão demandar a rescisão do contrato.

Art. 558. Sendo a embarcação apresada, ou naufragando, a tripulação não tem direito às soldadas vencidas na viagem do sinistro, nem o dono do navio a reclamar as que tiver pago adiantadas.

Art. 559. Se a embarcação aprisionada se recuperar achando-se ainda a tripulação a bordo, será esta paga de suas soldadas por inteiro.

Salvando-se do naufrágio alguma parte do navio ou da carga, a tripulação terá direito a ser paga das soldadas vencidas na última viagem, com preferência a outra qualquer dívida anterior, até onde chegar o valor da parte do navio que se puder salvar; e não chegando esta, ou se nenhuma parte se tiver salvado, pelos fretes da carga salva.

Entende-se última viagem, o tempo decorrido desde que a embarcação principiou a receber o lastro ou carga que tiver a bordo na ocasião do apresamento, ou naufrágio.

Se a tripulação estiver justa a partes, será paga somente pelos fretes dos salvados, e em devida proporção de rateio com o capitão.

Art. 560. Não deixará de vencer a soldada ajustada qualquer indivíduo da tripulação que adoecer durante a viagem em serviço do navio, e o curativo será por conta deste; se, porém, a doença for adquirida fora do serviço do navio, cessará o vencimento da soldada enquanto ela durar, e a despesa do curativo será por conta das soldadas vencidas; e se estas não chegarem, por seus bens ou pelas soldadas que possam vir a vencer.

Art. 561. Falecendo algum indivíduo da tripulação durante a viagem, a despesa do seu enterro será paga por conta do navio; e seus herdeiros têm direito à soldada devida até o dia do falecimento, estando justo ao mês; até o porto do destino se a morte acontecer em caminho para ele, sendo o ajuste por viagem; e à de ida e volta acontecendo em torna-viagem, se o ajuste for por viagem redonda.

Art. 562. Qualquer que tenha sido o ajuste, o indivíduo da tripulação que for morto em defesa da embarcação será considerado como vivo para todos os vencimentos e quaisquer interesses que possam vir aos da sua classe, até que a mesma embarcação chegue ao porto do seu destino.

O mesmo benefício gozará o que for aprisionado em ato de defesa da embarcação, se esta chegar a salvamento.

Art. 563. Acabada a viagem, a tripulação tem ação para exigir o seu pagamento dentro de três dias depois de ultimada a descarga, com os juros da lei no caso de mora (artigo 449, nº 4).

Ajustando-se os oficiais e gente da tripulação para diversas viagens, poderão, terminada cada viagem, exigir as soldadas vencidas.

Art. 564. Todos os indivíduos da equipagem têm hipoteca tácita no navio e fretes para serem pagos das soldadas vencidas na última viagem com preferência a outras dívidas menos privilegiadas; e em nenhum caso o réu será ouvido sem depositar a quantia pedida.

Entender-se-á por equipagem ou tripulação para o dito efeito, e para todos os mais dispostos neste Título, o capitão, oficiais, marinheiros e todas as mais pessoas empregadas no serviço do navio, menos os sobrecargas.

Art. 565. O navio e frete respondem para com os donos da carga pelos danos que sofrerem por delitos, culpa ou omissão culposa do capitão ou gente da tripulação, perpetrados em serviço do navio; salvas as ações dos proprietários da embarcação contra o capitão, e deste contra a gente da tripulação.

O salário do capitão e as soldadas da equipagem são hipoteca especial nestas ações.

TÍTULO VI – DOS FRETAMENTOS

CAPÍTULO I

DA NATUREZA E FORMA DO CONTRATO DE FRETAMENTO E DAS CARTAS-PARTIDAS

Art. 566. O contrato de fretamento de qualquer embarcação, quer seja na sua totalidade ou em parte, para uma ou mais viagens, quer seja à carga, colheita ou prancha, o que tem lugar quando o capitão recebe carga de quantos se apresentam, deve provar-se por escrito. No primeiro caso o instrumento, que se chama "*carta-partida*" ou "*carta de fretamento*", deve ser assinado pelo fretador e afretador, e por quaisquer outras pessoas que intervenham no contrato, do qual se dará a cada uma das partes um exemplar; e no segundo, o instrumento chama-se "*conhecimento*", e basta ser assinado pelo capitão e o carregador. Entende-se por fretador o que dá, e por afretador o que toma a embarcação a frete.

Art. 567. A carta-partida deve enunciar:

1. o nome do capitão e o do navio, o porte deste, a nação a que pertence, e o porto do seu registro (artigo 460);
2. o nome do fretador e o do afretador, e seus respectivos domicílios; se o fretamento for por conta de terceiro deverá também declarar-se o seu nome e domicílio;
3. a designação da viagem, se é redonda ou ao mês, para uma ou mais viagens, e se estas são de ida e volta ou somente para ida ou volta, e finalmente se a embarcação se freta no todo ou em parte;

4. o gênero e quantidade da carga que o navio deve receber, designada por toneladas, números, peso ou volume, e por conta de quem a mesma será conduzida para bordo, e deste para terra;
5. o tempo da carga e descarga, portos de escala quando a haja, as estadias e sobre-estadias ou demoras, e a forma por que estas se hão de vencer e contar;
6. o preço do frete, quanto há de pagar-se de primagem ou gratificação, e de estadias e sobre-estadias, e a forma, tempo e lugar do pagamento;
7. se há lugares reservados no navio, além dos necessários para uso e acomodação do pessoal e material do serviço da embarcação;
8. todas as mais estipulações em que as partes se acordarem.

Art. 568. As cartas de fretamento devem ser lançadas no Registro do Comércio, dentro de quinze dias a contar da saída da embarcação nos lugares da residência dos Tribunais do Comércio, e nos outros, dentro do prazo que estes designarem (artigo 31).

Art. 569. A carta de fretamento valerá como instrumento público tendo sido feita por intervenção e com assinatura de algum corretor de navios, ou na falta de corretor por tabelião que porte por fé ter sido passada na sua presença e de duas testemunhas com ele assinadas. A carta de fretamento que não for autenticada por alguma das duas referidas formas, obrigará as próprias partes mas não dará direito contra terceiro.

As cartas de fretamento assinadas pelo capitão valem ainda que este tenha excedido as faculdades das suas instruções; salvo o direito dos donos do navio por perdas e danos contra ele pelos abusos que cometer.

Art. 570. Fretando-se o navio por inteiro, entende-se que fica somente reservada a câmara do capitão, os agasalhados da equipagem, e as acomodações necessárias para o material da embarcação.

▸ Arts. 522 e 596 deste Código.

Art. 571. Dissolve-se o contrato de fretamento, sem que haja lugar a exigência alguma de parte a parte:

1. se a saída da embarcação for impelida, antes da partida, por força maior sem limitação de tempo;
2. sobrevindo, antes de principiada a viagem, declaração de guerra, ou interdito de comércio com o país para onde a embarcação é destinada, em consequência do qual o navio e a carga conjuntamente não sejam considerados como propriedade neutra;
3. proibição de exportação de todas ou da maior parte das fazendas compreendidas na carta de fretamento do lugar donde a embarcação deva partir, ou de importação no de seu destino;
4. declaração de bloqueio do porto da carga ou do seu destino, antes da partida do navio.

Em todos os referidos casos as despesas da descarga serão por conta do afretador ou carregadores.

▸ Art. 573 deste Código.
▸ Art. 393 do CC.

Art. 572. Se o interdito de comércio com o porto do destino do navio acontece durante a sua viagem, e se por este motivo o navio é obrigado a voltar com a carga, deve-se somente o frete pela ida, ainda que o navio tivesse sido fretado por ida e volta.

Art. 573. Achando-se um navio fretado em lastro para outro porto onde deva carregar, dissolve-se o contrato, se chegando a esse porto sobrevier algum dos impedimentos designados nos artigos 571 e 572, sem que possa ter lugar indenização alguma por nenhuma das partes, quer o impedimento venha só do navio, quer do navio e carga. Se, porém, o impedimento nascer da carga e não do navio, o afretador será obrigado a pagar metade do frete ajustado.

Art. 574. Poderá igualmente rescindir-se o contrato de fretamento a requerimento do afretador, se o capitão lhe tiver ocultado a verdadeira bandeira da embarcação; ficando este pessoalmente responsável ao mesmo afretador por todas as despesas da carga e descarga, e por perdas e danos, se o valor do navio não chegar para satisfazer o prejuízo.

CAPÍTULO II
DOS CONHECIMENTOS

Art. 575. O conhecimento deve ser datado, e declarar:

1. o nome do capitão, e o do carregador e consignatário (podendo omitir-se o nome deste se for à ordem), e o nome e porte do navio;
2. a qualidade e a quantidade dos objetos da carga, suas marcas e números, anotados à margem;
3. o lugar da partida e o do destino, com declaração das escalas, havendo-as;
4. o preço do frete e primagem, se esta for estipulada, e o lugar e forma do pagamento;
5. a assinatura do capitão (artigo 577), e a do carregador.

Art. 576. Sendo a carga tomada em virtude de carta de fretamento, o portador do conhecimento não fica responsável por alguma condição ou obrigação especial contida na mesma carta, se o conhecimento não tiver a cláusula – *"segundo a carta de fretamento"*.

Art. 577. O capitão é obrigado a assinar todas as vias de um mesmo conhecimento que o carregador exigir, devendo ser todas do mesmo teor e da mesma data, e conter o número da via. Uma via ficará em poder do capitão, as outras pertencem ao carregador.

Se o capitão for ao mesmo tempo o carregador, os conhecimentos respectivos serão assinados por duas pessoas da tripulação a ele imediatas no comando do navio, e uma via será depositada nas mãos do armador ou do consignatário.

Art. 578. Os conhecimentos serão assinados e entregues dentro de vinte e quatro horas, depois de ultimada a carga, em resgate dos recibos provisórios; pena de serem responsáveis por todos os danos que resultarem do retardamento da viagem, tanto o capitão como os carregadores que houverem sido remissos na entrega dos mesmos conhecimentos.

Art. 579. Seja qual for a natureza do conhecimento, não poderá o carregador variar a consignação por via de novos conhecimentos, sem que faça prévia entrega ao capitão de todas as vias que este houver assinado.

O capitão que assinar novos conhecimentos sem ter recolhido todas as vias do primeiro ficará responsável aos portadores legítimos que se apresentarem com alguma das mesmas vias.

Art. 580. Alegando-se extravio dos primeiros conhecimentos, o capitão não será obrigado a assinar segundos, sem que o carregador preste fiança à sua satisfação pelo valor da carga neles declarada.

Art. 581. Falecendo o capitão da embarcação antes de fazer-se à vela, ou deixando de exercer o seu ofício, os carregadores têm direito para exigir do sucessor que revalide com a sua assinatura os conhecimentos por aquele assinados, conferindo-se a carga com os mesmos conhecimentos; o capitão que os assinar sem esta conferência responderá pelas faltas; salvo se os carregadores convierem que ele declare nos conhecimentos que não conferiu a carga.

No caso de morte do capitão ou de ter sido despedido sem justa causa, serão pagas pelo dono do navio as despesas da conferência; mas se a despedida provier de fato do capitão, serão por conta deste.

Art. 582. Se as fazendas carregadas não tiverem sido entregues por número, peso ou medida, ou no caso de haver dúvida na contagem, o capitão pode declarar nos conhecimentos, que o mesmo número, peso ou medida lhe são desconhecidos; mas se o carregador não convier nesta declaração deverá proceder-se a nova contagem, correndo a despesa por conta de quem a tiver ocasionado.

Convindo o carregador na sobredita declaração, o capitão ficará somente obrigado a entregar no porto da descarga os efeitos que se acharem dentro da embarcação pertencentes ao mesmo carregador, sem que este tenha direito para exigir mais carga; salvo se provar que houve desvio da parte do capitão ou da tripulação.

Art. 583. Constando ao capitão que há diversos portadores das diferentes vias de um conhecimento das mesmas fazendas, ou tendo-se feito sequestro, arresto ou penhora nelas, é obrigado a pedir depósito judicial, por conta de quem pertencer.

Art. 584. Nenhuma penhora ou embargo de terceiro, que não for portador de alguma das vias de conhecimento, pode, fora do caso de reivindicação segundo as disposições deste Código (artigo 874, nº 2), privar o portador do mesmo conhecimento da faculdade de requerer o depósito ou venda judicial das fazendas no caso sobredito; salvo o direito do exequente ou de terceiro opoente sobre o preço da venda.

Art. 585. O capitão pode requerer o depósito judicial todas as vezes que os portadores de conhecimentos se não apresentarem para receber a carga imediatamente que ele der princípio à descarga, e nos casos em que o consignatário esteja ausente ou seja falecido.

Art. 586. O conhecimento concebido nos termos enunciados no artigo 575 faz inteira prova entre todas as partes interessadas na carga e frete, e entre elas e os seguradores; ficando salva a estes e aos donos do navio a prova em contrário.

Art. 587. O conhecimento feito em forma regular (artigo 575) tem força e é acionável como escritura pública.

Sendo passado "*à ordem*" é transferível e negociável por via de endosso.

Art. 588. Contra os conhecimentos só pode opor-se falsidade, quitação, embargo, arresto ou penhora e depósito judicial, ou perdimento dos efeitos carregados por causa justificada.

Art. 589. Nenhuma ação entre o capitão e os carregadores ou seguradores será admissível em juízo se não for logo acompanhada do conhecimento original. A falta deste não pode ser suprida pelos recibos provisórios da carga; salvo provando-se que o carregador fez diligência para obtê-lo e que, fazendo-se o navio à vela sem o capitão o haver passado, interpôs competente protesto dentro dos primeiros três dias úteis, contados da saída do navio, com intimação do armador, consignatário ou outro qualquer interessado, e na falta destes por editais; ou sendo a questão de seguros sobre sinistro acontecido no porto da carga, se provar que o mesmo sinistro aconteceu antes do conhecimento poder ser assinado.

CAPÍTULO III
DOS DIREITOS E OBRIGAÇÕES DO FRETADOR E AFRETADOR

Art. 590. O fretador é obrigado a ter o navio prestes para receber a carga, e o afretador a efetuá-la no tempo marcado no contrato.

▸ Art. 566 deste Código.

Art. 591. Não se tendo determinado na carta de fretamento o tempo em que deve começar a carregar-se, entende-se que principia a correr desde o dia em que o capitão declarar que está pronto para receber a carga; se o tempo que deve durar a carga e a descarga não estiver fixado, ou quanto se há de pagar de primagem e estadias e sobre-estadias, e o tempo e modo do pagamento, será tudo regulado pelo uso do porto onde uma ou outra deva efetuar-se.

Art. 592. Vencido o prazo, e o das estadias e sobre-estadias que se tiverem ajustado, e, na falta de ajuste, as do uso no porto da carga, sem que o afretador tenha carregado efeitos alguns, terá o capitão a escolha, ou de resilir do contrato e exigir do afretador metade do frete ajustado e primagem com estadias e sobre-estadias, ou de empreender a viagem sem carga, e finda ela exigir dele o frete por inteiro e primagem, com as avarias que forem devidas, estadias e sobre-estadias.

Art. 593. Quando o afretador carrega só parte da carga no tempo aprazado, o capitão, vencido o tempo das estadias e sobre-estadias, tem direito, ou de proceder a descarga por conta do mesmo afretador e pedir meio frete, ou de empreender a viagem com a parte da carga que tiver a bordo para haver o frete por inteiro no porto do seu destino, com as mais despesas declaradas no artigo antecedente.

Art. 594. Renunciando o afretador ao contrato antes de começarem a correr os dias suplementares da carga, será obrigado a pagar metade do frete e primagem.

Art. 595. Sendo o navio fretado por inteiro, o afretador pode obrigar o fretador a que faça sair o navio logo que tiver metido a bordo carga suficiente para pagamento do frete e primagem, estadias e sobre-estadias, ou prestado fiança ao pagamento. O capitão neste caso não pode tomar carga de terceiro sem consentimento por escrito do afretador, nem recusar-se à saída; salvo por falta de prontificação do navio, que, segundo as cláusulas do fretamento, não possa ser imputável ao fretador.

Art. 596. Tendo o fretador direito de fazer sair o navio sem carga ou só com parte dela (artigos 592 e 593), poderá, para segurança do frete e de outras indenizações a que haja lugar, completar a carga por outros carregadores, independente de consentimento do afretador; mas o benefício do novo frete pertencerá a este.

Art. 597. Se o fretador houver declarado na carta-partida maior capacidade daquela que o navio na realidade tiver, não excedendo da décima parte, o afretador terá opção para anular o contrato, ou exigir correspondente abatimento no frete, com indenização de perdas e danos; salvo se a declaração estiver conforme à lotação do navio.

Art. 598. O fretador pode fazer descarregar à custa do afretador os efeitos que este introduzir no navio além da carga ajustada na carta de fretamento; salvo prestando-se aquele a pagar o frete correspondente, se o navio os puder receber.

Art. 599. Os carregadores ou afretadores respondem pelos danos que resultarem, se, sem ciência e consentimento do capitão, introduzirem no navio fazendas, cuja saída ou entrada for proibida, e de qualquer outro fato ilícito que praticarem ao tempo da carga ou descarga; e, ainda que as fazendas sejam confiscadas, serão obrigados a pagar o frete e primagem por inteiro, e a avaria grossa.

▸ Art. 764 deste Código.

Art. 600. Provando-se que o capitão consentiu na introdução das fazendas proibidas, ou que, chegando ao seu conhecimento em tempo, as não fez descarregar, ou sendo informado depois da viagem começada as não denunciar no ato da primeira visita da Alfândega que receber a bordo no porto do seu destino, ficará solidariamente obrigado para com todos os interessados por perdas e danos que resultarem ao navio ou à carga, e sem ação para haver o frete, nem indenização alguma do carregador, ainda que esta se tenha estipulado.

Art. 601. Estando o navio a frete de carga geral, não pode o capitão, depois que tiver recebido alguma parte da carga, recusar-se a receber a mais que se lhe oferecer por frete igual, não achando outro mais vantajoso; pena de poder ser compelido pelos carregadores dos efeitos recebidos a que se faça à vela com o primeiro vento favorável, e de pagar as perdas e danos que da demora resultarem.

Art. 602. Se o capitão, quando tomar frete à colheita ou à prancha, fixar o tempo durante o qual a embarcação estará à carga, findo o tempo marcado será obrigado a partir com o primeiro vento favorável; pena de responder pelas perdas e danos que resultarem do retardamento da viagem; salvo convindo na demora a maioria dos carregadores em relação ao valor do frete.

Art. 603. Não tendo o capitão fixado o tempo da partida, é obrigado a sair com o primeiro vento favorável depois que tiver recebido mais de dois terços da carga correspondente à lotação do navio, se assim o exigir a maioria dos carregadores em relação ao valor do frete, sem que nenhum dos outros possa retirar as fazendas que tiver a bordo.

Art. 604. Se o capitão, no caso do artigo antecedente, não puder obter mais de dois terços da carga dentro de um mês depois que houver posto o navio a frete geral, poderá sub-rogar outra embarcação para transporte da carga que tiver a bordo, contanto que seja igualmente apta para fazer a viagem, pagando a despesa da baldeação da carga, e o aumento de frete e do prêmio do seguro; será, porém, lícito aos carregadores retirar de bordo as suas fazendas, sem pagar frete, sendo por conta deles a despesa de desarrumação e descarga, restituindo os recibos provisórios ou conhecimentos, e dando fiança pelos que tiverem remetido. Se o capitão não puder achar navio, e os carregadores não quiserem descarregar, será obrigado a sair sessenta dias depois que houver posto o navio à carga, com a que tiver a bordo.

Art. 605. Não tendo a embarcação capacidade para receber toda a carga contratada com diversos carregadores ou afretadores, terá preferência a que se achar a bordo, e depois a que tiver prioridade na data dos contratos; e se estes forem todos da mesma data haverá lugar a rateio, ficando o capitão responsável pela indenização dos danos causados.

Art. 606. Fretando-se a embarcação para ir receber carga em outro porto, logo que lá chegar, deverá o capitão apresentar-se sem demora ao consignatário, exigindo dele que lhe declare por escrito na carta de fretamento o dia, mês e ano de sua apresentação; pena de não principiar a correr o tempo do fretamento antes da sua apresentação.

Recusando o consignatário fazer na carta de fretamento a declaração requerida, deverá protestar e fazer-lhe intimar o protesto, e avisar o afretador. Se passado o tempo devido para a carga, e o da demora ou de estadias e sobre-estadias, o consignatário não tiver carregado o navio, o capitão, fazendo-o previamente intimar por via de novo protesto para efetuar a entrega da carga dentro do tempo ajustado, e não cumprindo ele, nem tendo recebido ordens do afretador, fará diligência para contratar carga por conta deste para o porto do seu destino; e com carga ou sem ela seguirá para ele, onde o afretador será obrigado a pagar-lhe o frete por inteiro com as demoras vencidas, fazendo encontro dos fretes da carga tomada por sua conta, se alguma houver tomado (artigo 596).

Art. 607. Sendo um navio embargado na partida, em viagem, ou no lugar da descarga, por fato ou negligência do afretador ou de algum dos carregadores, ficará o culpado obrigado, para com o fretador ou capitão e os mais carregadores, pelas perdas e danos que o navio ou as fazendas vierem a sofrer provenientes desse fato.

Art. 608. O capitão é responsável ao dono do navio e ao afretador e carregadores por perdas e danos, se por culpa sua o navio for embargado ou retardado na partida, durante a viagem, ou no lugar do seu destino.

Art. 609. Se antes de começada a viagem ou no curso dela, a saída da embarcação for impedida temporariamente por embargo ou força maior, subsistirá o contrato, sem haver lugar a indenizações de perdas e danos pelo retardamento. O carregador neste caso poderá descarregar os seus efeitos durante a demora, pagando a despesa, e prestando fiança de os tornar a carregar logo que cesse o impedimento, ou de pagar o frete por inteiro e estadias e sobre-estadias, não os reembarcando.

Art. 610. Se o navio não puder entrar no porto do seu destino por declaração de guerra, interdito de comércio, ou bloqueio, o capitão é obrigado a seguir imediatamente para aquele que tenha sido prevenido na sua carta de ordens. Não se achando prevenido, procurará o porto mais próximo que não estiver impedido; e daí fará os avisos competentes ao fretador e afretadores, cujas ordens deve esperar por tanto tempo quanto seja necessário para receber a resposta. Não recebendo esta, o capitão deve voltar para o porto da saída com a carga.

Art. 611. Sendo arrestado um navio no curso da viagem por ordem de uma potência, nenhum frete será devido pelo tempo da detenção sendo fretado ao mês, nem aumento de frete se for por viagem. Quando o navio for fretado para dois ou mais portos e acontecer que em um deles se saiba ter sido declarada guerra contra a potência a que pertence o navio ou a carga, o capitão, se nem esta nem aquele forem livres, quando não possa partir em comboio ou por algum outro modo seguro, deverá ficar no porto da notícia até receber ordens do dono do navio ou do afretador. Se só o navio não for livre, o fretador pode resilir do contrato, com direito ao frete vencido, estadias e sobre-estadias e avaria grossa, pagando as despesas da descarga. Se, pelo contrário, só a carga não for livre, o afretador tem direito para rescindir o contrato, pagando a despesa da descarga, e o capitão procederá na conformidade dos artigos 592 e 596.

Art. 612. Sendo o navio obrigado a voltar ao porto da saída, ou a arribar a outro qualquer por perigo de piratas ou de inimigos, podem os carregadores ou consignatários convir na sua total descarga, pagando as despesas desta e o frete da ida por inteiro, e prestando a fiança determinada no artigo 609. Se o fretamento for ao mês, o frete é devido somente pelo tempo que o navio tiver sido empregado.

Art. 613. Se o capitão for obrigado a consertar a embarcação durante a viagem, o afretador, carregadores, ou consignatários, não querendo esperar pelo conserto, podem retirar as suas fazendas pagando todo o frete, estadias e sobre-estadias e avaria grossa, havendo-a, as despesas da descarga e desarrumação.

▸ Art. 764 deste Código.

Art. 614. Não admitindo o navio conserto, o capitão é obrigado a fretar por sua conta, e sem poder exigir aumento algum do frete, uma ou mais embarcações para transportar a carga ao lugar do destino. Se o capitão não puder fretar outro ou outros navios dentro de sessenta dias depois que o navio for julgado inavegável, e quando o conserto for impraticável, deverá requerer depósito judicial da carga e interpor os competentes protestos para sua ressalva; neste caso o contrato ficará resciso, e somente se deverá o frete vencido. Se, porém, os afretadores ou carregadores provarem que o navio condenado por incapaz estava inavegável quando se fez à vela, não serão obrigados a frete algum, e terão ação de perdas e danos contra o fretador. Esta prova é admissível não obstante e contra os certificados da visita da saída.

Art. 615. Ajustando-se os fretes por peso, sem se designar se é líquido ou bruto, deverá entender-se que é peso bruto; compreendendo-se nele qualquer espécie de capa, caixa ou vasilha em que as fazendas se acharem acondicionadas.

Art. 616. Quando o frete for justo por número, peso ou medida, e houver condição de que a carga será entregue no portaló do navio, o capitão tem direito de requerer que os efeitos sejam contados, medidos ou pesados a bordo do mesmo navio antes da descarga; e procedendo-se a esta diligência não responderá por faltas que possam aparecer em terra; se, porém, as fazendas se descarregarem sem se contarem, medirem ou pesarem, o consignatário terá direito de verificar em terra a identidade, número, medição ou peso, e o capitão será obrigado a conformar-se com o resultado desta verificação.

Art. 617. Nos gêneros que por sua natureza são suscetíveis de aumento ou diminuição, independentemente de má arrumação ou falta de estiva, ou de defeito no vasilhame, como é, por exemplo, o sal, será por conta do dono qualquer diminuição ou aumento que os mesmos gêneros tiverem dentro do navio; e em um e outro caso deve-se frete do que se numerar, medir ou pesar no ato da descarga.

Art. 618. Havendo presunção de que as fazendas foram danificadas, roubadas ou diminuídas, o capitão é obrigado, e o consignatário e quaisquer outros interessados têm direito a requerer que sejam judicialmente visitadas e examinadas, e os danos estimados a bordo antes da descarga, ou dentro em vinte e quatro horas depois; e ainda que este procedimento seja requerido pelo capitão não prejudicará os seus meios de defesa.

Se as fazendas forem entregues sem o referido exame, os consignatários têm direito de fazer proceder a exame judicial no preciso termo de quarenta e oito horas depois da descarga; e passado este prazo não haverá mais lugar a reclamação alguma.

Todavia, não sendo a avaria ou diminuição visível por fora, o exame judicial poderá validamente fazer-se dentro de dez dias depois que as fazendas passarem às mãos dos consignatários, nos termos do artigo 211.

▸ Súm. nº 261 do STF.

Art. 619. O capitão ou fretador não pode reter fazendas no navio a pretexto de falta de pagamento de frete, avaria grossa ou despesas; poderá, porém, precedendo competente protesto, requerer o depósito de fazendas equivalentes, e pedir a venda delas, ficando-lhe direito salvo pelo resto contra o carregador, no caso de insuficiência do depósito.

A mesma disposição tem lugar quando o consignatário recusa receber a carga.

Nos dois referidos casos, se a avaria grossa não puder ser regulada imediatamente, é lícito ao capitão exigir o depósito judicial da soma que se arbitrar.

Art. 620. O capitão que entregar fazendas antes de receber o frete, avaria grossa e despesas, sem pôr em prática os meios do artigo precedente, ou os que lhe facultarem as leis ou usos do lugar da descarga, não terá ação para exigir o pagamento do carregador ou afretador, provando este que carregou as fazendas por conta de terceiro.

Art. 621. Pagam frete por inteiro as fazendas que se deteriorarem por avaria, ou diminuírem por mau acondicionamento das vasilhas, caixas, capas ou outra qualquer cobertura em que forem carregadas, provando o capitão que o dano não procedeu de falta de arrumação ou de estiva (artigo 624).

Pagam igualmente frete por inteiro as fazendas que o capitão é obrigado a vender nas circunstâncias previstas no artigo 515.

O frete das fazendas alijadas para salvação comum do navio e da carga abona-se por inteiro como avaria grossa (artigo 764).

Art. 622. Não se deve frete das mercadorias perdidas por naufrágio ou varação, roubo de piratas ou presa de inimigo, e, tendo-se pago adiantado, repete-se; salvo convenção em contrário.

Todavia, resgatando-se o navio e fazendas, ou salvando-se do naufrágio, deve-se o frete correspondente até o lugar da presa, ou naufrágio; e será pago por inteiro se o capitão conduzir as fazendas salvas até o lugar do destino, contribuindo este ao fretador por avaria grossa no dano, ou resgate.

Art. 623. Salvando-se no mar ou nas praias, sem cooperação da tripulação, fazendas que fizeram parte da carga, e sendo depois de salvas entregues por pessoas estranhas, não se deve por elas frete algum.

Art. 624. O carregador não pode abandonar as fazendas ao frete. Todavia pode ter lugar o abandono dos líquidos, cujas vasilhas se achem vazias ou quase vazias.

Art. 625. A viagem para todos os efeitos do vencimento de fretes, se outra coisa se não ajustar, começa a correr desde o momento em que a carga fica debaixo da responsabilidade do capitão.

Art. 626. Os fretes e avarias grossas têm hipoteca tácita e especial nos efeitos que fazem objeto da carga, durante trinta dias depois da entrega, se antes desse termo não houverem passado para o domínio de terceiro.

Art. 627. A dívida de fretes, primagem, estadias e sobre-estadias, avarias e despesas da carga prefere a todas as outras sobre o valor dos efeitos carregados; salvo os casos de que trata o artigo 470, nº 1.

Art. 628. O contrato de fretamento de um navio estrangeiro exequível no Brasil há de ser determinado e julgado pelas regras estabelecidas neste Código, quer tenha sido ajustado dentro do Império, quer em país estrangeiro.

CAPÍTULO IV
DOS PASSAGEIROS

Art. 629. O passageiro de um navio deve achar-se a bordo no dia e hora que o capitão designar, quer no porto da partida, quer em qualquer outro de escala ou arribada; pena de ser obrigado ao pagamento do preço da sua passagem por inteiro, se o navio se fizer de vela sem ele.

Art. 630. Nenhum passageiro pode transferir a terceiro, sem consentimento do capitão, o seu direito de passagem.

Resilindo o passageiro do contrato antes da viagem começada, o capitão tem direito à metade do preço da passagem; e ao pagamento por inteiro, se aquele a não quiser continuar depois de começada.

Se o passageiro falecer antes da viagem começada, deve-se só metade do preço da passagem.

Art. 631. Se a viagem for suspensa ou interrompida por causa de força maior, no porto da partida, rescinde-se o contrato, sem que nem o capitão nem o passageiro tenham direito a indenização alguma; tendo lugar a suspensão ou interrupção em outro qualquer porto de escala ou arribada, deve somente o preço correspondente à viagem feita.

Interrompendo-se a viagem depois de começada por demora de conserto do navio, o passageiro pode tomar passagem em outro, pagando o preço correspondente à viagem feita. Se quiser esperar pelo conserto, o capitão não é obrigado ao seu sustento; salvo se o passageiro não encontrar outro navio em que comodamente se possa transportar, ou o preço da nova passagem exceder o da primeira, na proporção da viagem andada.

Art. 632. O capitão tem hipoteca privilegiada para pagamento do preço da passagem em todos os efeitos que o passageiro tiver a bordo, e direito de os reter enquanto não for pago.

O capitão só responde pelo dano sobrevindo aos efeitos que o passageiro tiver a bordo debaixo da sua imediata guarda, quando o dano provier de fato seu ou da tripulação.

TÍTULO VII – DO CONTRATO DE DINHEIRO A RISCO OU CÂMBIO MARÍTIMO

- Arts. 754 e 755 do CPC/1939.
- Art. 32 do Dec. nº 2.044, de 31-12-1908 (Lei da Letra de Câmbio e da Nota Promissória).
- Arts. 28 e 43 a 54 do Dec. nº 57.663, de 24-1-1966 (Lei Uniforme em Matéria de Letras de Câmbio e Notas Promissórias).

Art. 633. O contrato de empréstimo a risco ou câmbio marítimo, pelo qual o dador estipula do tomador um prêmio certo e determinado por preço dos riscos de mar que toma sobre si, ficando com hipoteca especial no objeto sobre que recai o empréstimo, e sujeitando-se a perder o capital e prêmio se o dito objeto vier a perecer por efeito dos riscos tomados no tempo e lugar convencionados, só pode provar-se por instrumento público ou particular, o qual será registrado no Tribunal do Comércio dentro de oito dias da data da escritura ou letra. Se o contrato tiver lugar em país estrangeiro por súditos brasileiros, o instrumento deverá ser autenticado com o – "*visto*" – do cônsul do Império, se aí o houver, e em todo o caso anotado no verso do registro da embarcação, se versar sobre o navio ou fretes. Faltando no instrumento do contrato alguma das sobreditas formalidades, ficará este subsistindo entre as próprias partes, mas não estabelecerá direitos contra terceiro.

É permitido fazer empréstimo a risco não só em dinheiro, mas também em efeitos próprios para o serviço e consumo do navio, ou que possam ser objeto de comércio; mas em tais casos a coisa emprestada deve ser estimada em valor fixo para ser paga com dinheiro.

Art. 634. O instrumento do contrato de dinheiro a risco deve declarar:

1. a data e o lugar em que o empréstimo se faz;
2. o capital emprestado, e o preço do risco, aquele e este especificados separadamente;
3. o nome do dador e o do tomador, com o do navio e o do seu capitão;
4. o objeto ou efeito sobre que recai o empréstimo;
5. os riscos tomados, com menção específica de cada um;
6. se o empréstimo tem lugar por uma ou mais viagens, qual a viagem, e por que termo;
7. a época do pagamento por embolso, e o lugar onde deva efetuar-se;
8. qualquer outra cláusula em que as partes convenham, contanto que não seja oposta à natureza deste contrato, ou proibida por lei.

O instrumento em que faltar alguma das declarações enunciadas será considerado como simples crédito de dinheiro de empréstimo ao prêmio da lei, sem hipoteca nos efeitos sobre que tiver sido dada, nem privilégio algum.

Art. 635. A escritura ou letra de risco exarada à ordem tem força de letra de câmbio contra o tomador e garantes, e é transferível e exequível por via de endosso, com os mesmos direitos e pelas mesmas ações que as letras de câmbio.

O cessionário toma o lugar de endossador, tanto a respeito do capital como do prêmio e dos riscos, mas a garantia da solvabilidade do tomador é restrita ao capital; salvo condição em contrário quanto ao prêmio.

Art. 636. Não sendo a escritura ou letra de risco passada à ordem, só pode ser transferida por cessão, com as mesmas formalidades e efeitos das cessões civis, sem outra responsabilidade da parte do cedente, que não seja a de garantir a existência da dívida.

- Arts. 286 a 298 do CC.

Art. 637. Se no instrumento do contrato se não tiver feito menção específica dos riscos com reserva de algum, ou deixar de se estipular o tempo, entende-se que o dador do dinheiro tomará sobre si todos aqueles riscos marítimos, e pelo mesmo tempo que geralmente costumam receber os seguradores.

Art. 638. Não se declarando na escritura ou letra de risco que o empréstimo é só por ida ou só por volta, ou por uma e outra, o pagamento, recaindo o empréstimo sobre fazendas, é exequível no lugar do destino destas, declarado nos conhecimentos ou fretamento, e se recair sobre o navio, no fim de dois meses depois da chegada ao porto do destino, se não aparelhar de volta.

Art. 639. O empréstimo a risco pode recair:

1. sobre o casco, fretes e pertences do navio;
2. sobre a carga;
3. sobre a totalidade destes objetos, conjunta ou separadamente, ou sobre uma parte determinada de cada um deles.

Art. 640. Recaindo o empréstimo a risco sobre o casco e pertences do navio, abrange na sua responsabilidade o frete da viagem respectiva.

Quando o contrato é celebrado sobre o navio e carga, o privilégio do dador é solidário sobre uma e outra coisa.

Se o empréstimo for feito sobre a carga ou sobre um objeto determinado do navio ou da carga, os seus efeitos não se estendem além desse objeto ou da carga.

Art. 641. Para o contrato surtir o seu efeito legal, é necessário que exista dentro do navio no momento do sinistro a importância da soma dada de empréstimo a risco, em fazendas ou no seu equivalente.

Art. 642. Quando o objeto sobre que se toma dinheiro a risco não chega a pôr-se efetivamente em risco por não se efetuar a viagem, rescinde-se o contrato; e o dador neste caso tem direito para haver o capital com os juros da lei desde o dia da entrega do dinheiro ao tomador, sem outro algum prêmio, e goza do privilégio de preferência quanto ao capital somente.

Art. 643. O tomador que não carregar efeitos no valor total da soma tomada a risco é obrigado a restituir o remanescente ao dador antes da partida do navio, ou todo se nenhum empregar; e se não restituir, dá-se ação pessoal contra o tomador pela parte descoberta, ainda que a parte coberta ou empregada venha a perder-se (artigo 655).

O mesmo terá lugar quando o dinheiro a risco for tomado para habilitar o navio, se o tomador não chegar a fazer uso dele ou da coisa estimável, em todo ou em parte.

Art. 644. Quando no instrumento de risco sobre fazendas houver a faculdade de – "*tocar e fazer escala*" – ficam obrigados ao contrato, não só o dinheiro carregado em espécie para ser empregado na viagem, e as fazendas carregadas no lugar da partida, mas também as que forem carregadas em retorno por conta do tomador, sendo o contrato feito de ida e volta; e o tomador neste caso tem faculdade de trocá-las ou vendê-las e comprovar outras em todos os portos de escala.

Art. 645. Se ao tempo do sinistro parte dos efeitos objeto de risco já se achar em terra, a perda do dador será reduzida ao que tiver ficado dentro do navio; e se os efeitos salvos forem transportados em outro navio para o porto do destino originário (artigo 614), neste continuam os riscos do dador.

Art. 646. O dador a risco sobre efeitos carregados em navio nominativamente designado no contrato não responde pela perda desses efeitos, ainda mesmo que seja acontecida por perigo de mar, se forem transferidos ou baldeados para outro navio, salvo provando-se legalmente que a baldeação tivera lugar por força maior.

Art. 647. Em caso de sinistro, salvando-se alguns efeitos da carga objeto de risco, a obrigação do pagamento de dinheiro a risco fica reduzida ao valor dos mesmos objetos estimado pela forma determinada nos artigos 694 e seguintes. O dador neste caso tem direito para ser pago do principal e prêmio por esse mesmo valor até onde alcançar, deduzidas as despesas de salvados, e as soldadas vencidas nessa viagem.

Sendo o dinheiro dado sobre o navio, o privilégio do dador compreende não só os fragmentos náufragos do mesmo navio, mas também o frete adquirido pelas fazendas salvas, deduzidas as despesas de salvados, e as soldadas vencidas na viagem respectiva, não havendo dinheiro a risco ou seguro especial sobre esse frete.

Art. 648. Havendo sobre o mesmo navio ou sobre a mesma carga um contrato de risco e outro de seguro (artigo 650), o produto dos efeitos salvos será dividido entre o segurador e o dador a risco pelo seu capital somente na proporção de seus respectivos interesses.

Art. 649. Não precedendo ajuste em contrário, o dador conserva seus direitos íntegros contra o tomador, ainda mesmo que a perda ou dano da coisa objeto do risco provenha de alguma das causas enumeradas no artigo 711.

Art. 650. Quando alguns, mas não todos os riscos, ou uma parte somente do navio ou da carga se acham seguros, pode contrair-se empréstimo a risco pelos riscos ou parte não segura até à concorrência do seu valor por inteiro (artigo 682).

Art. 651. As letras mercantis provenientes de dinheiro recebido pelo capitão para despesas indispensáveis do navio ou da carga nos termos dos artigos 515 e 516, e os prêmios do seguro correspondente, quando a sua importância houver sido realmente segurada, têm o privilégio de letras de empréstimo a risco, se contiverem declaração expressa de que o importe foi destinado para as referidas despesas; e são exequíveis, ainda mesmo que tais objetos se percam por qualquer evento posterior, provando o dador que o dinheiro foi efetivamente empregado em benefício do navio ou da carga (artigos 515 e 517).

Art. 652. O empréstimo de dinheiro a risco sobre o navio tomado pelo capitão no lugar do domicílio do dono, sem autorização escrita deste, produz ação e privilégio somente na parte que o capitão possa ter no navio e frete; e não obriga o dono, ainda mesmo que se pretenda provar que o dinheiro foi aplicado em benefício da embarcação.

Art. 653. O empréstimo a risco sobre fazendas, contraído antes da viagem começada, deve ser mencionado nos conhecimentos e no manifesto da carga, com designação da pessoa a quem o capitão deve participar a chegada feliz no lugar do destino. Omitida aquela declaração, o consignatário, tendo aceitado letras de câmbio, ou feito adiantamento na fé dos conhecimentos, preferirá ao portador da letra de risco. Na falta de designação a quem deva participar a chegada, o capitão pode descarregar as fazendas, sem responsabilidade alguma pessoal para com o portador da letra de risco.

Art. 654. Se entre o dador a risco e o capitão se der algum conluio por cujo meio os armadores ou carregadores sofram prejuízo, será este indenizado solidariamente pelo dador e pelo capitão, contra os quais poderá intentar-se a ação criminal que competente seja.

▶ Arts. 275 a 285 do CC.

Art. 655. Incorre no crime de estelionato o tomador que receber dinheiro a risco por valor maior que o do objeto do risco, ou quando este não tenha sido efetivamente embarcado (artigo 643); e no mesmo crime incorre também o dador que, não podendo ignorar esta circunstância, a não declarar à pessoa a quem endossar a letra de risco. No primeiro caso o tomador, e no segundo o dador respondem solidariamente pela importância da letra, ainda quando tenha perecido o objeto do risco.

▶ Art. 171 do CP.

Art. 656. É nulo o contrato de câmbio marítimo:

1. sendo o empréstimo feito a gente da tripulação;
2. tendo o empréstimo somente por objeto o frete a vencer, ou o lucro esperado de alguma negociação, ou um e outro simultânea e exclusivamente;
3. quando o dador não corre algum risco dos objetos sobre os quais se deu o dinheiro;
4. quando recai sobre objetos, cujos riscos já têm sido tomados por outrem no seu inteiro valor (artigo 650);
5. faltando o registro, ou as formalidades exigidas no artigo 516 para o caso de que aí se trata.

Em todos os referidos casos, ainda que o contrato não surta os seus efeitos legais, o tomador responde pessoalmente pelo principal mutuado e juros legais, posto que a coisa objeto do contrato tenha perecido no tempo e no lugar dos riscos.

Art. 657. O privilégio do dador a risco sobre o navio compreende proporcionalmente, não só os fragmentos náufragos do mesmo navio, mas também o frete adquirido pelas fazendas salvas, deduzidas as despesas de salvados e as soldadas devidas por essa viagem, não havendo seguro ou risco especial sobre o mesmo frete.

Art. 658. Se o contrato a risco compreender navio e carga, as fazendas conservadas são hipoteca do dador, ainda que o navio pereça; o mesmo é, *"vice-versa"*, quando o navio se salva e as fazendas se perdem.

Art. 659. É livre aos contraentes estipular o prêmio na quantidade, e o modo de pagamento que bem lhes pareça; mas uma vez concordado, a superveniência de risco não dá direito à exigência de aumento ou diminuição de prêmio; salvo se outra coisa for acordada no contrato.

Art. 660. Não estando fixada a época do pagamento, será este reputado vencido apenas tiverem cessado os riscos. Desse dia em diante correm para o dador os juros da lei sobre o capital e prêmio no caso de mora; a qual só pode provar-se pelo protesto.

Art. 661. O portador, na falta de pagamento no termo devido, é obrigado a protestar e a praticar todos os deveres dos portadores de letras de câmbio para vencimento dos juros, e conservação do direito regressivo sobre os garantes do instrumento de risco.

Art. 662. O dador de dinheiro a risco adquire hipoteca no objeto sobre que recai o empréstimo, mas fica sujeito a perder todo o direito à soma mutuada, perecendo o objeto hipotecado no tempo e lugar, e pelos riscos convencionados; e só tem direito ao embolso do principal e prêmio por inteiro no caso de chegada a salvamento.

Art. 663. Incumbe ao tomador provar a perda, e justificar que os feitos, objeto do empréstimo, existiam na embarcação na ocasião do sinistro.

Art. 664. Acontecendo presa ou desastre de mar ao navio ou fazendas sobre que recaiu o empréstimo a risco, o tomador tem obrigação de noticiar o acontecimento ao dador, apenas tal nova chegar ao seu conhecimento. Achando-se o tomador a esse tempo no navio, ou próximo aos objetos sobre que recaiu o empréstimo, é obrigado a empregar na sua reclamação e salvação as diligências próprias de um administrador exato; pena de responder por perdas e danos que da sua falta resultarem.

Art. 665. Quando sobre contrato de dinheiro a risco ocorra caso que se não ache prevenido neste Título, procurar-se-á a sua decisão por analogia, quanto seja compatível, no Título – *"Dos seguros marítimos"* – e *"vice-versa"*.

TÍTULO VIII – DOS SEGUROS MARÍTIMOS

CAPÍTULO I

DA NATUREZA E FORMA DO CONTRATO DE SEGURO MARÍTIMO

▶ Arts. 757 e 802 do CC.

▶ Lei nº 9.307, de 23-9-1996 (Lei da Arbitragem).

▶ Dec.-lei nº 73, de 21-11-1966, dispõe sobre o Sistema Nacional de Seguros Privados, regula as operações de seguros e resseguros.

▶ Dec. nº 60.459, de 13-3-1967, regulamenta o Dec.-lei nº 73, de 21-11-1966, com as modificações introduzidas pelos Decretos-Leis nºs 168, de 14-2-1967, e 296, de 28-2-1967.

Art. 666. O contrato de seguro marítimo, pelo qual o segurador, tomando sobre si a fortuna e riscos do mar, se obriga a indenizar ao segurado da perda ou dano que possa sobrevir ao objeto do seguro, mediante um prêmio ou soma determinada, equivalente ao risco tomado, só pode provar-se por escrito, a cujo instrumento se chama *"apólice"*; contudo julga-se subsistente para obrigar reciprocamente ao segurador e ao segurado desde o momento em que as partes se convierem, assinando ambas a minuta, a qual deve conter todas as declarações, cláusulas e condições da apólice.

Art. 667. A apólice de seguro deve ser assinada pelos seguradores, e conter:

1. o nome e domicílio do segurador e o do segurado; declarando este se segura por sua conta ou por conta de terceiro, cujo nome pode omitir-se; omitindo-se o nome do segurado, o terceiro que faz o seguro em seu nome fica pessoal e solidariamente responsável.

   A apólice em nenhum caso pode ser concedida ao portador;
2. o nome, classe e bandeira do navio, e o nome do capitão; salvo não tendo o segurado certeza do navio (artigo 670);
3. a natureza e qualidade do objeto seguro e o seu valor fixo ou estimado;
4. o lugar onde as mercadorias foram, deviam ou devam ser carregadas;
5. os portos ou ancoradouros, onde o navio deve carregar ou descarregar, e aqueles onde deva tocar por escala;
6. o porto donde o navio partiu, devia ou deve partir; e a época da partida, quando esta houver sido positivamente ajustada;
7. menção especial de todos os riscos que o segurador toma sobre si;
8. o tempo e o lugar em que os riscos devem começar e acabar;
9. o prêmio do seguro, e o lugar, época e forma do pagamento;
10. o tempo, lugar e forma do pagamento no caso de sinistro;
11. declaração de que as partes se sujeitam à decisão arbitral, quando haja contestação, se elas assim o acordarem;
12. a data do dia em que se concluiu o contrato, com declaração, se antes, se depois do meio-dia;
13. e geralmente todas as outras condições em que as partes convenham.

Uma apólice pode conter dois ou mais seguros diferentes.

Art. 668. Sendo diversos os seguradores, cada um deve declarar a quantia por que se obriga, e esta declaração será datada e assinada. Na falta de declaração, a assinatura importa em responsabilidade solidária por todo o valor segurado.

Se um dos seguradores se obrigar por certa e determinada quantia, os seguradores que depois dele assinarem sem declaração da quantia por que se obrigam, ficarão responsáveis cada um por outra igual soma.

Art. 669. O seguro pode recair sobre a totalidade de um objeto ou sobre parte dele somente; e pode ser feito antes da viagem começada ou durante o curso dela, de ida e volta, ou só por ida ou só por volta, por viagem inteira ou por tempo limitado dela, e contra os riscos de viagem e transporte por mar somente, ou compreender também os riscos de transportes por canais e rios.

Art. 670. Ignorando o segurado a espécie de fazendas que hão de ser carregadas, ou não tendo certeza do navio em que o devam ser, pode efetuar validamente o seguro debaixo do nome genérico – *"fazendas"* – no primeiro caso, e – *"sobre um ou mais navios"* – no segundo; sem que o segurado seja obrigado a designar o nome do navio, uma vez que na apólice declare que o ignora, mencionando a data e assinatura da última carta de aviso ou ordens que tenha recebido.

Art. 671. Efetuando-se o seguro debaixo do nome genérico de – *"fazendas"* – o segurado é obrigado a provar, no caso de sinistro, que efetivamente se embarcaram as fazendas no valor declarado na apólice; e se o seguro se tiver feito – *"sobre um ou mais navios"* – incumbe-lhe provar que as fazendas seguras foram efetivamente embarcadas no navio que sofreu o sinistro (artigo 716).

Art. 672. A designação geral – *"fazendas"* – não compreende moeda de qualidade alguma, nem joias, ouro ou prata, pérolas ou pedras preciosas, nem munições de guerra; em seguros desta natureza é necessário que se declare a espécie do objeto sobre que recai o seguro.

Art. 673. Suscitando-se dúvida sobre a inteligência de alguma ou algumas das condições e cláusulas da apólice, a sua decisão será determinada pelas regras seguintes:

1. as cláusulas escritas terão mais força do que as impressas;
2. as que forem claras, e expuserem a natureza, objeto ou fim do seguro, servirão de regra para esclarecer as obscuras, e para fixar a intenção das partes na celebração do contrato;

► Art. 112 do CC.

3. o costume geral, observado em casos idênticos na praça onde se celebrou o contrato, prevalecerá a qualquer significação diversa que as palavras possam ter em uso vulgar;
4. em caso de ambiguidade que exija interpretação, será esta feita segundo as regras estabelecidas no artigo 131.

Art. 674. A cláusula de fazer escala compreende a faculdade de carregar e descarregar fazendas no lugar da escala, ainda que esta condição não seja expressa na apólice (artigo 667, nº 5).

Art. 675. A apólice de seguro é transferível e exequível por via de endosso, substituindo o endossado ao segurado em todas as suas obrigações, direitos e ações (artigo 363).

► Art. 760 do CC.

Art. 676. Mudando os efeitos segurados de proprietário durante o tempo do contrato, o seguro passa para o novo dono, independente de transferência da apólice; salvo condição em contrário.

Art. 677. O contrato de seguro é nulo:

1. sendo feito por pessoa que não tenha interesse no objeto segurado;
2. recaindo sobre algum dos objetos proibidos no artigo 686;
3. sempre que se provar fraude ou falsidade por alguma das partes;
4. quando o objeto do seguro não chega a pôr-se efetivamente em risco;
5. provando-se que o navio saiu antes da época designada na apólice, ou que se demorou além dela, sem ter sido obrigado por força maior;
6. recaindo o seguro sobre objetos já segurados no seu inteiro valor, e pelos mesmos riscos. Se, porém, o primeiro seguro não abranger o valor da coisa por inteiro, ou houver sido efetuado com exceção de algum ou alguns riscos, o seguro prevalecerá na parte, e pelos riscos executados;
7. o seguro de lucro esperado, que não fixar soma determinada sobre o valor do objeto do seguro;
8. sendo o seguro de mercadorias que se conduzirem em cima do convés, não se tendo feito na apólice declaração expressa desta circunstância;
9. sobre objetos que na data do contrato se achavam já perdidos ou salvos, havendo presunção fundada de que o segurado ou segurador podia ter notícia do evento ao tempo em que se efetuou o seguro. Existe esta presunção, provando-se por alguma forma que a notícia tinha chegado ao lugar em que se fez o seguro, ou àquele donde se expediu a ordem para ele se efetuar ao tempo da data da apólice ou da expedição da mesma ordem, e que o segurado ou o segurador a sabia.

Se, porém, a apólice contiver a cláusula – *"perdido ou não perdido"* – ou – *"sobre boa ou má nova"* – cessa a presunção; salvo provando-se fraude.

Art. 678. O seguro pode também anular-se:

1. quando o segurado oculta a verdade ou diz o que não é verdade;
2. quando faz declaração errônea, calando, falsificando ou alterando fatos ou circunstâncias, ou produzindo fatos ou circunstâncias não existentes, de tal natureza e importância que, a não se terem ocultado, falsificado ou produzido, os seguradores, ou não houveram admitido o seguro, ou o teriam efetuado debaixo de prêmio maior e mais restritas condições.

Art. 679. No caso de fraude da parte do segurado, além da nulidade do seguro, será este condenado a pagar ao segurador o prêmio estipulado em dobro. Quando a fraude estiver da parte do segurador, será este condenado a retornar o prêmio recebido, e a pagar ao segurado outra igual quantia.

Em um e outro caso pode-se intentar ação criminal contra o fraudulento.

► Arts. 766 e 773 do CC.

Art. 680. A desviação voluntária da derrota da viagem, e a alteração na ordem das escalas, que não for obrigada por urgente necessidade ou força maior, anulará o seguro pelo resto da viagem (artigo 509).

Art. 681. Se o navio tiver vários pontos de escala designados na apólice, é lícito ao segurado alterar a ordem das escalas; mas em tal caso só poderá escalar em um único porto dos especificados na mesma apólice.

Art. 682. Quando o seguro versar sobre dinheiro dado a risco, deve declarar-se na apólice, não só o nome do navio, do capitão, e do tomador do dinheiro, como outrossim fazer-se menção dos riscos que este quer segurar e o dador excetuara, ou qual o valor descoberto sobre que é permitido o seguro (artigo 650). Além desta declaração é necessário mencionar também na apólice a causa da dívida para que serviu o dinheiro.

Art. 683. Tendo-se efetuado sem fraude diversos seguros sobre o mesmo objeto, prevalecerá o mais antigo na data da apólice. Os seguradores cujas apólices forem posteriores são obrigados a restituir o prêmio recebido, retendo por indenização meio por cento do valor segurado.

Art. 684. Em todos os casos em que o seguro se anular por fato que não resulte diretamente de força maior, o segurador adquire o prêmio por inteiro, se o objeto do seguro se tiver posto em risco; e se não se tiver posto em risco, retém meio por cento do valor segurado.

Anulando-se, porém, algum seguro por viagem redonda com prêmio ligado, o segurador adquire metade (tão somente) do prêmio ajustado.

CAPÍTULO II
DAS COISAS QUE PODEM SER OBJETO DE SEGURO MARÍTIMO

Art. 685. Toda e qualquer coisa, todo e qualquer interesse apreciável a dinheiro, que tenha sido posto ou deva pôr-se a risco de mar, pode ser objeto de seguro marítimo, não havendo proibição em contrário.

Art. 686. É proibido o seguro:

1. sobre coisas, cujo comércio não seja lícito pelas leis do Império, e sobre os navios nacionais ou estrangeiros que nesse comércio se empregarem;
2. sobre a vida de alguma pessoa livre;
3. sobre soldadas a vencer de qualquer indivíduo da tripulação.

Art. 687. O segurador pode ressegurar por outros seguradores os mesmos objetos que ele tiver segurado, com as mesmas ou diferentes condições, e por igual, maior ou menor prêmio.

O segurado pode tornar a segurar, quando o segurador ficar insolvente, antes da notícia da terminação do risco, pedindo em juízo anulação da primeira apólice; e se a esse tempo existir risco pelo qual seja devida alguma indenização ao segurado, entrará este pela sua importância na massa do segurador falido.

Art. 688. Não se declarando na apólice de seguro de dinheiro a risco, se o seguro compreende o capital e o prêmio, entende-se que compreende só o capital, o qual, no caso de sinistro, será indenizado pela forma determinada no artigo 647.

Art. 689. Pode segurar-se o navio, seu frete e fazendas na mesma apólice, mas neste caso há de determinar-se o valor de cada objeto distintamente; faltando esta especificação, o seguro ficará reduzido ao objeto definido na apólice somente.

Art. 690. Declarando-se genericamente na apólice, que se segura o navio sem outra alguma especificação, entende-se que o seguro compreende o casco e todos os pertences da embarcação, aprestos, aparelhos, mastreação e velame, lanchas, escaleres, botes, utensílios e vitualhas ou provisões; mas em nenhum caso os fretes nem o carregamento, ainda que este seja por conta do capitão, dono, ou armador do navio.

Art. 691. As apólices de seguro por ida e volta cobrem os riscos seguros que sobrevierem durante as estadias intermédias, ainda que esta cláusula seja omissa na apólice.

CAPÍTULO III
DA AVALIAÇÃO DOS OBJETOS SEGUROS

Art. 692. O valor do objeto do seguro deve ser declarado na apólice em quantia certa, sempre que o segurado tiver dele conhecimento exato.

No seguro de navio, esta declaração é essencialmente necessária, e faltando ela o seguro julga-se improcedente.

Nos seguros sobre fazendas, não tendo o segurado conhecimento exato do seu verdadeiro importe, basta que o valor se declare por estimativa.

▶ Arts. 672, 700, 701 e 780 deste Código.

Art. 693. O valor declarado na apólice, quer tenha a cláusula – "valha mais ou valha menos" –, quer a não tenha, será considerado em juízo como ajustado e admitido entre as partes para todos os efeitos do seguro. Contudo, se o segurador alegar que a coisa segura valia ao tempo do contrato um quarto menos, ou daí para cima, do preço em que o segurado a estimou, será admitido a reclamar a avaliação; incumbindo-lhe justificar a reclamação pelos meios de prova admissíveis em comércio. Para este fim, e em ajuda de outras provas, poderá o segurador obrigar o segurado à exibição dos documentos ou das razões em que se fundara para o cálculo da avaliação que dera na apólice; e se presumirá ter havido dolo da parte do segurado se ele se negar a esta exibição.

Art. 694. Não se tendo declarado na apólice o valor certo do seguro sobre fazenda, será este determinado pelo preço da compra das mesmas fazendas, aumentado com as despesas que estas tiverem feito até o embarque, e mais o prêmio do seguro e a comissão de se efetuar, quando esta se tiver pago; por forma que, no caso de perda total, o segurado seja embolsado de todo o valor posto a risco. Na apólice de seguro sobre fretes sem valor fixo, será este determinado pela carta de fretamento, ou pelos conhecimentos, e pelo manifesto, ou livro da carga, cumulativamente em ambos os casos.

Art. 695. O valor do seguro sobre dinheiro a risco prova-se pelo contrato original, e o do seguro sobre despesas feitas com o navio ou carga durante a viagem (artigos 515 e 651) com as respectivas contas competentemente legalizadas.

▶ Art. 633 deste Código.

Art. 696. O valor de mercadorias provenientes de fábricas, lavras ou fazendas do segurado, que não for determinado na apólice, será avaliado pelo preço que outras tais mercadorias poderiam obter no lugar do desembarque, sendo aí vendidas, aumentado na forma do artigo 694.

Art. 697. As fazendas adquiridas por troca estimam-se pelo preço que poderiam obter no mercado do lugar da descarga aquelas que por elas se trocaram, aumentado na forma do artigo 694.

Art. 698. A avaliação em seguros feitos sobre moeda estrangeira faz-se, reduzindo-se esta ao valor da moeda corrente no Império pelo curso que o câmbio tinha na data da apólice.

Art. 699. O segurador em nenhum caso pode obrigar o segurado a vender os objetos do seguro para determinar o seu valor.

Art. 700. Sempre que se provar que o segurado procedeu com fraude na declaração do valor declarado na apólice, ou na que posteriormente se fizer no caso de se não ter feito no ato do contrato (artigos 692 e 694), o juiz, reduzindo a estimação do objeto segurado ao seu verdadeiro valor, condenará o segurado a pagar ao segurador o dobro do prêmio estipulado.

Art. 701. A cláusula inserta na apólice – "valha mais ou valha menos" – não releva o segurado da condenação por fraude; nem pode ser valiosa sempre que se provar que o objeto seguro valia menos de um quarto que o preço fixado na apólice (artigos 692 e 693).

CAPÍTULO IV
DO COMEÇO E FIM DOS RISCOS

Art. 702. Não constando da apólice do seguro o tempo em que os riscos devem começar e acabar, os riscos de seguro sobre navio principiam a correr por conta do segurador desde o momento em que a embarcação suspende a sua primeira âncora para velejar, e terminam depois que tem dado fundo e amarrado dentro do porto do seu destino, no lugar que aí for designado para descarregar, se levar carga, ou no lugar em que der fundo e amarrar, indo em lastro.

Art. 703. Segurando-se o navio por ida e volta, ou por mais de uma viagem, os riscos correm sem interrupção por conta do segurador, desde o começo da primeira viagem até o fim da última (artigo 691).

Art. 704. No seguro de navios por estadia em algum porto, os riscos começam a correr desde que o navio dá fundo e se amarra no mesmo porto, e findam desde o momento em que suspende a sua primeira âncora para seguir viagem.

Art. 705. Sendo o seguro sobre mercadorias, os riscos têm princípio desde o momento em que elas se começam a embarcar nos cais ou à borda d'água do lugar da carga, e só terminam depois que são postas a salvo no lugar da descarga; ainda mesmo no caso do capitão ser obrigado a descarregá-las em algum porto de escala, ou de arribada forçada.

Art. 706. Fazendo-se seguro sobre fazendas a transportar alternadamente por mar e terra, rios ou canais, em navios, barcos, carros ou animais, os riscos começam logo que os efeitos são entregues no lugar onde devem ser carregados, e só expiram quando são descarregados a salvamento no lugar do destino.

Art. 707. Os riscos de seguro sobre frete têm o seu começo desde o momento e à medida que são recebidas a bordo as fazendas que pagam frete; e acabam logo que saem para fora do portaló do navio, e à proporção que vão saindo; salvo se por ajuste ou por uso do porto o navio for obrigado a receber a carga à beira d'água, e pô-la em terra por sua conta.

O risco do frete, neste caso, acompanha o risco das mercadorias.

Art. 708. A fortuna das somas mutuadas a risco principia e acaba para os seguradores na mesma época, e pela mesma forma que corre para o dador do dinheiro a risco; no caso, porém, de se não ter feito no instrumento do contrato a risco menção específica dos riscos tomados, ou se não houver estipulado o tempo, entende-se que os seguradores tomaram sobre si todos os riscos, e pelo mesmo tempo que geralmente costumam receber os dadores de dinheiro a risco.

Art. 709. No seguro de lucro esperado, os riscos acompanham a sorte das fazendas respectivas.

CAPÍTULO V
DAS OBRIGAÇÕES RECÍPROCAS DO SEGURADOR E DO SEGURADO

Art. 710. São a cargo do segurador todas as perdas e danos que sobrevierem ao objeto seguro por algum dos riscos especificados na apólice.

Art. 711. O segurador não responde por dano ou avaria que aconteça por fato do segurado, ou por alguma das causas seguintes:

1. desviação voluntária da derrota ordinária e usual da viagem;
2. alteração voluntária na ordem das escalas designadas na apólice; salvo a exceção estabelecida no artigo 680;
3. prolongação voluntária da viagem, além do último porto atermado na apólice. Encurtando-se a viagem, o seguro surte pleno efeito, se o porto onde ela findar for de escala declarada na apólice; sem que o segurado tenha direito para exigir redução do prêmio estipulado;
4. separação espontânea de comboio, ou de outro navio armado, tendo-se estipulado na apólice de ir em conserva dele;
5. diminuição e derramamento de líquido (artigo 624);
6. falta de estiva, ou defeituosa arrumação da carga;
7. diminuição natural de gêneros, que por sua qualidade são suscetíveis de dissolução, diminuição ou quebra em peso ou medida entre o seu embarque e o desembarque; salvo tendo estado encalhado o navio, ou tendo sido descarregadas essas fazendas por ocasião de força maior; devendo-se, em tais casos, fazer dedução da diminuição ordinária que costuma haver em gêneros de semelhante natureza (artigo 617);
8. quando a mesma diminuição natural acontecer em cereais, açúcar, café, farinhas, tabaco, arroz, queijos, frutas secas ou verdes, livros ou papel e outros gêneros de semelhante natureza, se a avaria não exceder a dez por cento do valor seguro; salvo se a embarcação tiver estado encalhada, ou as mesmas fazendas tiverem sido descarregadas por motivo de força maior, ou o contrário se houver estipulado na apólice;
9. danificação de amarras, mastreação, velame ou outro qualquer pertence do

navio, procedida do uso ordinário do seu destino;
10. vício intrínseco, má qualidade, ou mau acondicionamento do objeto seguro;
11. avaria simples ou particular, que, incluída a despesa de documentos justificativos, não exceda de três por cento do valor segurado;
12. rebeldia do capitão ou da equipagem; salvo havendo estipulação em contrário declarada na apólice. Esta estipulação é nula sendo o seguro feito pelo capitão, por conta dele ou alheia, ou por terceiro por conta do capitão.

Art. 712. Todo e qualquer ato por sua natureza criminoso praticado pelo capitão no exercício do seu emprego, ou pela tripulação, ou por um e outra conjuntamente, do qual aconteça dano grave ao navio ou à carga, em oposição à presumida vontade legal do dono do navio, é rebeldia.

Art. 713. O segurador que toma o risco de rebeldia responde pela perda ou dano procedente do ato de rebeldia do capitão ou da equipagem, ou seja por consequência imediata, ou ainda casualmente, uma vez que a perda ou dano tenha acontecido dentro do tempo dos riscos tomados, e na viagem e portos da apólice.

Art. 714. A cláusula – *"livre de avaria"* – desobriga os seguradores das avarias simples ou particulares; a cláusula – *"livre de todas as avarias"* – desonera-os também das grossas. Nenhuma destas cláusulas, porém, os isenta nos casos em que tiver lugar o abandono.

▸ Arts. 753 a 760 deste Código.

Art. 715. Nos seguros feitos com a cláusula – *"livre de hostilidade"* – o segurador é livre, se os efeitos segurados perecem ou se deterioram por efeito de hostilidade. O seguro, neste caso, cessa desde que foi retardada a viagem, ou mudada a derrota por causa das hostilidades.

Art. 716. Contendo o seguro sobre fazendas a cláusula – *"carregadas em um ou mais navios"* –, o seguro surte todos os efeitos, provando-se que as fazendas seguras foram carregadas por inteiro em um só navio, ou por partes em diversas embarcações.

Art. 717. Sendo necessário baldear-se a carga, depois de começada a viagem, para embarcação diferente da que tiver sido designada na apólice, por inavegabilidade ou força maior, os riscos continuam a correr por conta do segurador até o navio substituído chegar ao porto do destino, ainda mesmo que tal navio seja de diversa bandeira, não sendo esta inimiga.

▸ Art. 393 do CC.

Art. 718. Ainda que o segurador não responda pelos danos que resultam ao navio por falta de exata observância das leis e regulamentos das Alfândegas e polícia dos portos (artigo 530), esta falta não o desonera de responder pelos que daí sobrevierem à carga.

Art. 719. O segurado deve sem demora participar ao segurador, e, havendo mais de um, somente ao primeiro na ordem da subscrição, todas as notícias que receber de qualquer sinistro acontecido ao navio ou à carga. A omissão culposa do segurado a este respeito, pode ser qualificada de presunção de má-fé.

▸ Art. 771 do CC.

Art. 720. Se passado um ano a datar da saída do navio nas viagens para qualquer porto da América, ou dois anos para outro qualquer porto do mundo, e, tendo expirado o tempo limitado na apólice, não houver notícia alguma do navio, presume-se este perdido, e o segurado pode fazer abandono ao segurador, e exigir o pagamento da apólice; o qual, todavia, será obrigado a restituir, se o navio se não houver perdido e se vier a provar que o sinistro aconteceu depois de ter expirado o termo dos riscos.

Art. 721. Nos casos de naufrágio ou varação, presa ou arresto de inimigo, o segurado é obrigado a empregar toda a diligência possível para salvar ou reclamar os objetos seguros, sem que para tais atos se faça necessária a procuração do segurador, do qual pode o segurado exigir o adiantamento do dinheiro preciso para a reclamação intentada ou que se possa intentar, sem que o mau sucesso desta prejudique ao embolso do segurado pelas despesas ocorridas.

Art. 722. Quando o segurado não pode fazer por si as devidas reclamações, por deverem ter lugar fora do Império, ou do seu domicílio, deve nomear para esse fim competente mandatário, avisando desta nomeação ao segurador (artigo 719). Feita a nomeação e o aviso, cessa toda a sua responsabilidade, nem responde pelos atos do seu mandatário; ficando unicamente obrigado a fazer cessão ao segurador das ações que competirem, sempre que este o exigir.

Art. 723. O segurado, no caso de presa ou arresto de inimigo, só está obrigado a seguir os termos da reclamação até a promulgação da sentença da primeira instância.

Art. 724. Nos casos dos três artigos precedentes, o segurado é obrigado a obrar de acordo com os seguradores. Não havendo tempo para os consultar, obrará como melhor entender, correndo as despesas por conta dos mesmos seguradores.

Em caso de abandono admitido pelos seguradores, ou destes tomarem sobre si as diligências dos salvados ou das reclamações, cessam todas as sobreditas obrigações do capitão e do segurado.

Art. 725. O julgamento de um tribunal estrangeiro, ainda que baseado pareça em fundamentos manifestamente injustos, ou fatos notoriamente falsos ou desfigurados, não desonera o segurador, mostrando o segurado que empregou os meios ao seu alcance, e produziu as provas que lhe era possível prestar para prevenir a injustiça do julgamento.

Art. 726. Os objetos segurados que forem restituídos gratuitamente pelos apresadores voltam ao domínio de seus donos, ainda que a restituição tenha sido feita a favor do capitão ou de qualquer outra pessoa.

Art. 727. Todo o ajuste que se fizer com os apresadores no alto-mar para resgatar a coisa segura é nulo; salvo havendo para isso autorização por escrito na apólice.

Art. 728. Pagando o segurador um dano acontecido à coisa segura, ficará sub-rogado em todos os direitos e ações que ao segurado competirem contra terceiro; e o segurado não pode praticar ato algum em prejuízo do direito adquirido dos seguradores.

▸ Súmulas nºs 188 e 257 do STF.

Art. 729. O prêmio do seguro é devido por inteiro, sempre que o segurado receber a indenização do sinistro.

Art. 730. O segurador é obrigado a pagar ao segurado as indenizações a que tiver direito, dentro de quinze dias da apresentação da conta, instruída com os documentos respectivos; salvo se o prazo do pagamento tiver sido estipulado na apólice.

TÍTULO IX – DO NAUFRÁGIO E SALVADOS

Arts. 731 a 739. *Revogados.* Lei nº 7.542, de 26-9-1986.

TÍTULO X – DAS ARRIBADAS FORÇADAS

▸ Arts. 772 a 775 do CPC/1939, mantidos em vigor pelo art. 1.218, XVI, do CPC/1973. Revogados a partir de 17-3-2016 pelo CPC/2015.

Art. 740. Quando um navio entra por necessidade em algum porto ou lugar distinto dos determinados na viagem a que se propusera, diz-se que fez arribada forçada (artigo 510).

Art. 741. São causas justas para arribada forçada:

1. falta de víveres ou aguada;
2. qualquer acidente acontecido à equipagem, carga ou navio, que impossibilite este de continuar a navegar;
3. temor fundado de inimigo ou pirata.

Art. 742. Todavia, não será justificada a arribada:

1. se a falta de víveres ou de aguada proceder de não haver-se feito a provisão necessária segundo o costume e uso da navegação, ou de haver-se perdido e estragado por má arrumação ou descuido, ou porque o capitão vendesse alguma parte dos mesmos víveres ou aguada;
2. nascendo a inavegabilidade do navio de mau conserto, de falta de apercebimento ou esquipação, ou de má arrumação da carga;
3. se o temor de inimigo ou pirata não for fundado em fatos positivos que não deixem dúvida.

Art. 743. Dentro das primeiras vinte e quatro horas úteis da entrada no porto de arribada, deve o capitão apresentar-se à autoridade competente para lhe tomar o protesto da arribada, que justificará perante a mesma autoridade (artigos 505 e 512).

Art. 744. As despesas ocasionadas pela arribada forçada correm por conta do fretador ou do afretador, ou de ambos, segundo for a causa que as motivou, com direito regressivo contra quem pertencer.

Art. 745. Sendo a arribada justificada, nem o dono do navio nem o capitão respondem pelos prejuízos que puderem resultar à carga; se, porém, não for justificada, um e outro serão responsáveis solidariamente até a concorrência do valor do navio e frete.

▸ Arts. 275 a 285 do CC.

Art. 746. Só pode autorizar-se descarga no porto de arribada, sendo indispensavelmente necessária para conserto no navio, ou reparo de avaria da carga (artigo 614). O capitão, neste caso, é responsável pela boa guarda e conservação dos efeitos descarregados; salvo unicamente os casos de força maior, ou de tal natureza que não possam ser prevenidos.

A descarga será reputada legal em juízo quando tiver sido autorizada pelo juiz de direito do comércio. Nos países estrangeiros compete aos cônsules do Império dar a autorização necessária, e onde os não houver será requerida à autoridade local competente.

Art. 747. A carga avariada será reparada ou vendida, como parecer mais conveniente; mas em todo o caso deve preceder autorização competente.

Art. 748. O capitão não pode, debaixo de pretexto algum, diferir a partida do porto da arribada desde que cessa o motivo dela; pena de responder por perdas e danos resultantes da dilação voluntária (artigo 510).

TÍTULO XI – DO DANO CAUSADO POR ABALROAÇÃO

Art. 749. Sendo um navio abalroado por outro, o dano inteiro causado ao navio abalroado e à sua carga será pago por aquele que tiver causado a abalroação, se esta tiver acontecido por falta de observância do regulamento do porto, imperícia, ou negligência do capitão ou da tripulação; fazendo-se a estimação por árbitros.

Art. 750. Todos os casos de abalroação serão decididos, na menor dilação possível, por peritos, que julgarão qual dos navios foi o causador do dano, conformando-se com as disposições do regulamento do porto, e os usos e prática do lugar. No caso dos árbitros declararem que não podem julgar com segurança qual navio foi culpado, sofrerá cada um o dano que tiver recebido.

Art. 751. Se, acontecendo a abalroação no alto-mar, o navio abalroado for obrigado a procurar porto de arribada para poder consertar, e se perder nessa derrota, a perda do navio presume-se causada pela abalroação.

Art. 752. Todas as perdas resultantes de abalroação pertencem à classe de avarias particulares ou simples; excetua-se o único caso em que o navio, para evitar dano maior de uma abalroação iminente, pica as suas amarras, e abalroa a outro para sua própria salvação (artigo 764). Os danos que o navio ou a carga, neste caso, sofre, são repartidos pelo navio, frete e carga por avaria grossa.

TÍTULO XII – DO ABANDONO

Art. 753. É lícito ao segurado fazer abandono dos objetos seguros, e pedir ao segurador a indenização de perda total nos seguintes casos:

1. presa ou arresto por ordem de potência estrangeira, seis meses depois de sua intimação, se o arresto durar por mais deste tempo;
2. naufrágio, varação, ou outro qualquer sinistro de mar compreendido na apólice, de que resulte não poder o navio navegar, ou cujo conserto importe em três quartos ou mais do valor por que o navio foi segurado;
3. perda total do objeto seguro, ou deterioração que importe pelo menos três quartos do valor da coisa segurada (artigos 759 e 777);
4. falta de notícia do navio sobre que se fez o seguro, ou em que se embarcaram os efeitos seguros (artigo 720).

Art. 754. O segurado não é obrigado a fazer abandono; mas se o não fizer nos casos em que este Código o permite, não poderá exigir do segurador indenização maior do que teria direito a pedir se houvera acontecido perda total; exceto nos casos de letra de câmbio passada pelo capitão (artigo 515), de naufrágio, reclamação de presa, ou arresto de inimigo, e de abalroação.

Art. 755. O abandono só é admissível quando as perdas acontecem depois de começada a viagem.

Não pode ser parcial, deve compreender todos os objetos contidos na apólice. Todavia, se na mesma apólice se tiver segurado o navio e a carga, pode ter lugar o abandono de cada um dos dois objetos separadamente (artigo 689).

Art. 756. Não é admissível o abandono por título de inavegabilidade, se o navio, sendo consertado, pode ser posto em estado de continuar a viagem até o lugar do destino; salvo se à vista das avaliações legais, a que se deve proceder, se vier no conhecimento de que as despesas do conserto excederiam pelo menos a três quartos do preço estimado na apólice.

Art. 757. No caso de inavegabilidade do navio, se o capitão, carregadores, ou pessoa que os represente não puderem fretar outro para transportar a carga ao seu destino dentro de sessenta dias depois de julgada a inavegabilidade (artigo 614), o segurado pode fazer abandono.

Art. 758. Quando nos casos de presa constar que o navio foi retomado antes de intimado o abandono, não é este admissível; salvo se o dano sofrido por causa da presa, e a despesa com o prêmio da retomada, ou salvagem importa em três quartos, pelo menos, do valor segurado, ou se em consequência da represa os efeitos seguros tiverem passado a domínio de terceiro.

Art. 759. O abandono do navio compreende os fretes das mercadorias que se puderem salvar, os quais serão considerados como pertencentes aos seguradores; salva a preferência que sobre os mesmos possa competir à equipagem por suas soldadas vencidas na viagem (artigo 564), e a outros quaisquer credores privilegiados (artigo 738).

Art. 760. Se os fretes se acharem seguros, os que forem devidos pelas mercadorias salvas, pertencerão aos seguradores dos mesmos fretes, deduzidas as despesas dos salvados, e as soldadas devidas à tripulação pela viagem (artigo 559).

TÍTULO XIII – DAS AVARIAS

▶ Arts. 765 a 768 do CPC/1939.

CAPÍTULO I – DA NATUREZA E CLASSIFICAÇÃO DAS AVARIAS

Art. 761. Todas as despesas extraordinárias feitas a bem do navio ou da carga, conjunta ou separadamente, e todos os danos acontecidos àquele ou a esta, desde o embarque e partida até a sua volta e desembarque, são reputadas avarias.

▶ Arts. 765 a 768 do CPC/1939 sobre avarias, mantidos pelo CPC/1973.

Art. 762. Não havendo entre as partes convenção especial exarada na carta-partida ou no conhecimento, as avarias hão de qualificar-se, e regular-se pelas disposições deste Código.

Art. 763. As avarias são de duas espécies: avarias grossas ou comuns, e avarias simples ou particulares. A importância das primeiras é repartida proporcionalmente entre o navio, seu frete e a carga; e a das segundas é suportada, ou só pelo navio, ou só pela coisa que sofreu o dano ou deu causa à despesa.

Art. 764. São avarias grossas:

1. tudo o que se dá ao inimigo, corsário ou pirata por composição ou a título de resgate do navio e fazendas, conjunta ou separadamente;
2. as coisas alijadas para salvação comum;
3. os cabos, mastros, velas e outros quaisquer aparelhos deliberadamente cortados, ou partidos por força de vela para salvação do navio e carga;
4. as âncoras, amarras e quaisquer outras coisas abandonadas para salvamento ou benefício comum;
5. os danos causados pelo alijamento às fazendas restantes a bordo;
6. os danos feitos deliberadamente ao navio para facilitar a evacuação d'água e os danos acontecidos por esta ocasião à carga;
7. o tratamento, curativo, sustento e indenizações da gente da tripulação ferida ou mutilada defendendo o navio;
8. a indenização ou resgate da gente da tripulação mandada ao mar ou à terra em serviço do navio e da carga, e nessa ocasião aprisionada ou retida;
9. as soldadas e sustento da tripulação durante arribada forçada;
10. os direitos de pilotagem, e outros de entrada e saída num porto de arribada forçada;
11. os aluguéis de armazéns em que se depositem, em porto de arribada forçada, as fazendas que não puderem continuar a bordo durante o conserto do navio;
12. as despesas da reclamação do navio e carga feitas conjuntamente pelo capitão numa só instância, e o sustento e soldadas da gente da tripulação durante a mesma reclamação, uma vez que o navio e carga sejam relaxados e restituídos;
13. os gastos de descarga, e salários para aliviar o navio e entrar numa barra ou porto, quando o navio é obrigado a fazê-lo por borrasca, ou perseguição de inimigo, e os danos acontecidos às fazendas pela descarga e recarga do navio em perigo;
14. os danos acontecidos ao corpo e quilha do navio, que premeditadamente se faz varar para prevenir perda total, ou presa do inimigo;
15. as despesas feitas para pôr a nado o navio encalhado, e toda a recompensa por serviços extraordinários feitos para prevenir a sua perda total, ou presa;
16. as perdas ou danos sobrevindos às fazendas carregadas em barcas ou lanchas, em consequência de perigo;
17. as soldadas e sustento da tripulação, se o navio depois da viagem começada é obrigado a suspendê-la por ordem de potência estrangeira, ou por superveniência de guerra; e isto por todo o tempo que o navio e carga forem impedidos;
18. o prêmio do empréstimo a risco, tomado para fazer face a despesas que devam entrar na regra de avaria grossa;
19. o prêmio do seguro das despesas de avaria grossa, e as perdas sofridas na venda da parte da carga no porto de arribada forçada para fazer face às mesmas despesas;
20. as custas judiciais para regular as avarias, e fazer a repartição das avarias grossas;

21. as despesas de uma quarentena extraordinária.

E, em geral, os danos causados deliberadamente em caso de perigo ou desastre imprevisto, e sofridos como consequência imediata destes eventos, bem como as despesas feitas em iguais circunstâncias, depois de deliberações motivadas (artigo 509), em bem e salvamento comum do navio e mercadorias, desde a sua carga e partida até o seu retorno e descarga.

Art. 765. Não serão reputadas avarias grossas, posto que feitas voluntariamente e por deliberações motivadas para o bem do navio e carga, as despesas causadas por vício interno do navio, ou por falta ou negligência do capitão ou da gente da tripulação. Todas estas despesas são a cargo do capitão ou do navio (artigo 565).

Art. 766. São avarias simples e particulares:

1. o dano acontecido às fazendas por borrasca, presa, naufrágio, ou encalhe fortuito, durante a viagem, e as despesas feitas para as salvar;
2. a perda de cabos, amarras, âncoras, velas e mastros, causada por borrasca ou outro acidente do mar;
3. as despesas de reclamação, sendo o navio e fazendas reclamadas separadamente;
4. o conserto particular de vasilhas, e as despesas feitas para conservar os efeitos avariados;
5. o aumento de frete e despesa de carga e descarga; quando declarado o navio inavegável, as fazendas são levadas ao lugar do destino por um ou mais navios (artigo 614).

Em geral, as despesas feitas e o dano sofrido só pelo navio, ou só pela carga, durante o tempo dos riscos.

Art. 767. Se em razão de baixios ou bancos de areia conhecidos o navio não puder dar à vela do lugar da partida com a carga inteira, nem chegar ao lugar do destino sem descarregar parte da carga em barcas, as despesas feitas para aligeirar o navio não são reputadas avarias, e correm por conta do navio somente, não havendo na carta-partida ou nos conhecimentos estipulação em contrário.

Art. 768. Não são igualmente reputadas avarias, mas simples despesas a cargo do navio, as despesas de pilotagem da costa e barras, e outras feitas por entrada e saída de abras ou rios; nem os direitos de licenças, visitas, tonelagem, marcas, ancoragem, e outros impostos de navegação.

Art. 769. Quando for indispensável lançar-se ao mar alguma parte da carga, deve começar-se pelas mercadorias e efeitos que estiverem em cima do convés; depois serão alijadas as mais pesadas e de menos valor, e dada igualdade, as que estiverem na coberta e mais à mão; fazendo-se toda a diligência possível para tomar nota das marcas e números dos volumes alijados.

Art. 770. Em seguimento da ata da deliberação que se houver tomado para o alijamento (artigo 509) se fará declaração bem especificada das fazendas lançadas ao mar; e se pelo ato do alijamento algum dano tiver resultado ao navio ou à carga remanescente, se fará também menção deste acidente.

Art. 771. As danificações que sofrerem as fazendas postas a bordo de barcos para a sua condução ordinária, ou para aligeirar o navio em caso de perigo, serão reguladas pelas disposições estabelecidas neste Capítulo que lhes forem aplicáveis, segundo as diversas causas de que o dano resultar.

CAPÍTULO II
DA LIQUIDAÇÃO, REPARTIÇÃO E CONTRIBUIÇÃO DA AVARIA GROSSA

Art. 772. Para que o dano sofrido pelo navio ou carga possa considerar-se avaria a cargo do segurador, é necessário que ele seja examinado por dois arbitradores peritos que declarem:

1. de que procedeu o dano;
2. a parte da carga que se acha avariada, e por que causa, indicando as suas marcas, números ou volumes;
3. tratando-se do navio ou dos seus pertences, quanto valem os objetos avariados, e em quanto poderá importar o seu conserto ou reposição.

Todas estas diligências, exames e vistorias serão determinadas pelo Juiz de Direito do respectivo distrito, e praticadas com citação dos interessados, por si ou seus procuradores; podendo o juiz, no caso de ausência das partes, nomear de ofício pessoa inteligente e idônea que as represente (artigo 618).

As diligências, exames e vistorias sobre o casco do navio e seus pertences devem ser praticadas antes de dar-se princípio ao seu conserto, nos casos em que este possa ter lugar.

Art. 773. Os efeitos avariados serão sempre vendidos em público leilão a quem mais der, e pagos no ato da arrematação; e o mesmo se praticará com o navio, quando ele tenha de ser vendido segundo as disposições deste Código; em tais casos o juiz, se assim lhe parecer conveniente, ou se algum interessado o requerer, poderá determinar que o casco e cada um dos seus pertences se venda separadamente.

Art. 774. A estimação do preço para o cálculo da avaria será feita sobre a diferença entre o respectivo rendimento bruto das fazendas sãs e o das avariadas, vendidas a dinheiro no tempo da entrega; e em nenhum caso pelo seu rendimento líquido, nem por aquele que, demorada a venda ou sendo a prazo, poderiam vir a obter.

Art. 775. Se o dono ou consignatário não quiser vender a parte das mercadorias sãs, não pode ser compelido; e o preço para o cálculo será em tal caso o corrente que as mesmas fazendas, se vendidas fossem ao tempo da entrega, poderiam obter no mercado, certificado pelos preços correntes do lugar, ou, na falta destes, atestado, debaixo de juramento por dois comerciantes acreditados de fazendas do mesmo gênero.

Art. 776. O segurador não é obrigado a pagar mais de dois terços do custo do conserto das avarias que tiverem acontecido ao navio segurado por fortuna do mar, contanto que o navio fosse estimado na apólice por seu verdadeiro valor, e os consertos não excedam de três quartos desse valor no dizer de arbitradores expertos. Julgando estes, porém, que pelos consertos o valor real do navio se aumentaria além do terço da soma que custariam, o segurador pagará as despesas, abatido o excedente valor do navio.

Art. 777. Excedendo as despesas a três quartos do valor do navio, julga-se este declarado inavegável a respeito dos seguradores; os quais, neste caso, serão obrigados, não tendo havido abandono, a pagar a soma segurada, abatendo-se nesta o valor do navio danificado ou dos seus fragmentos, segundo o dizer de arbitradores expertos.

Art. 778. Tratando-se de avaria particular das mercadorias, e achando-se estas estimadas na apólice por valor certo, o cálculo do dano será feito sobre o preço que as mercadorias avariadas alcançarem no porto da entrega e o da venda das não avariadas no mesmo lugar e tempo, sendo de igual espécie e qualidade, ou se todas chegaram avariadas, sobre o preço que outras semelhantes não avariadas alcançaram ou poderiam alcançar; e a diferença, tomada a proporção entre umas e outras, será a soma devida ao segurado.

Art. 779. Se o valor das mercadorias se não tiver fixado na apólice, a regra para achar-se a soma devida será a mesma do artigo precedente, contanto que primeiro se determine o valor das mercadorias não avariadas; o que se fará acrescentando às importâncias das faturas originais as despesas subsequentes (artigo 694). E tomada a diferença proporcional entre o preço por que se venderam as não avariadas e as avariadas, se aplicará a proporção relativa à parte das fazendas avariadas pelo seu primeiro custo e despesas.

Art. 780. Contendo a apólice a cláusula de pagar-se avaria por marcas, volumes, caixas, sacas ou espécies, cada uma das partes designadas será considerada como um seguro separado para a forma da liquidação das avarias, ainda que essa parte se ache englobada no valor total do seguro (artigos 689 e 692).

Art. 781. Qualquer parte da carga, sendo objeto suscetível de avaliação separada, que se perca totalmente, ou que por algum dos riscos cobertos pela respectiva apólice fique tão danificada que não valha coisa alguma, será indenizada pelo segurador com perda total, ainda que relativamente ao todo ou à carga segura seja parcial, e o valor da parte perdida ou destruída pelo dano se ache incluído, ainda que indistintamente, no total do seguro.

Art. 782. Se a apólice contiver a cláusula de pagar avarias como perda de salvados, a diferença para menos do valor fixado na apólice, que resultar da venda líquida que os gêneros avariados produzirem no lugar onde se venderam, sem atenção alguma ao produto bruto que tenham no mercado do porto do seu destino, será a estimação da avaria.

Art. 783. A regulação, repartição ou rateio das avarias grossas serão feitos por árbitros, nomeados por ambas as partes, a instâncias do capitão.

Não se querendo as partes louvar, a nomeação de árbitros será feita pelo Tribunal do Comércio respectivo, ou pelo juiz de direito do comércio a que pertencer, nos lugares distantes do domicílio do mesmo tribunal.

Se o capitão for omisso em fazer efetuar o rateio das avarias grossas, pode a diligência ser promovida por outra qualquer pessoa que seja interessada.

▸ Arts. 764 e 765 deste Código.

Art. 784. O capitão tem direito para exigir, antes de abrir as escotilhas do navio, que os consignatários da carga prestem fiança idônea ao pagamento da avaria grossa, a que suas respectivas mercadorias forem obrigadas no rateio da contribuição comum.

Art. 785. Recusando-se os consignatários a prestar a fiança exigida, pode o capitão requerer o depósito judicial dos efeitos obrigados à contribuição, até ser pago, ficando o preço da venda sub-rogado, para se efetuar por ele o pagamento da avaria grossa, logo que o rateio tiver lugar.

Art. 786. A regulação e repartição das avarias grossas deverá fazer-se no porto da entrega da carga. Todavia, quando, por dano acontecido depois da saída, o navio for obrigado a regressar ao porto da carga, as despesas necessárias para reparar os danos da avaria grossa podem ser neste ajustadas.

Art. 787. Liquidando-se as avarias grossas ou comuns no porto da entrega da carga, hão de contribuir para a sua composição:

1. a carga, incluindo o dinheiro, prata, ouro, pedras preciosas, e todos os mais valores que se acharem a bordo;
2. o navio e seus pertences, pela sua avaliação no porto da descarga, qualquer que seja o seu estado;
3. os fretes, por metade do seu valor também.

Não entram para a contribuição o valor dos víveres que existirem a bordo para mantimento do navio, a bagagem do capitão, tripulação e passageiros, que for do seu uso pessoal, nem os objetos tirados do mar por mergulhadores à custa do dono.

Art. 788. Quando a liquidação se fizer no porto da carga, o valor da mesma será estimado pelas respectivas faturas, aumentando-se ao preço da compra as despesas até o embarque; e quanto ao navio e frete se observarão as regras estabelecidas no artigo antecedente.

Art. 789. Quer a liquidação se faça no porto da carga, quer no da descarga, contribuirão para as avarias grossas as importâncias que forem ressarcidas por via da respectiva contribuição.

Art. 790. Os objetos carregados sobre o convés (artigos 521 e 677, nº 8), e os que tiverem sido embarcados sem conhecimento assinado pelo capitão (artigo 599) e os que o proprietário ou seu representante, na ocasião do risco de mar, tiver mudado do lugar em que se achavam arrumados sem licença do capitão contribuem pelos respectivos valores, chegando a salvamento; mas o dono, no segundo caso, não tem direito para a indenização recíproca, ainda quando fiquem deteriorados, ou tenham sido alijados a benefício comum.

Art. 791. Salvando-se qualquer coisa em consequência de algum ato deliberado de que resultou avaria grossa, não pode quem sofreu o prejuízo causado por este ato exigir indenização alguma por contribuição dos objetos salvados, se estes por algum acidente não chegarem ao poder do dono ou consignatários, ou se, vindo ao seu poder, não tiverem valor algum; salvo os casos dos artigos 651 e 764, nºs 12 e 19.

Art. 792. No caso de alijamento, se o navio se tiver salvado do perigo que o motivou, mas, continuando a viagem, vier a perder-se depois, as fazendas salvas do segundo perigo são obrigadas a contribuir por avaria grossa para a perda das que foram alijadas na ocasião do primeiro.

Se o navio se perder no primeiro perigo e algumas fazendas se puderem salvar, estas não contribuem para a indenização das que foram alijadas na ocasião do desastre que causou o naufrágio.

Art. 793. A sentença que homologa a repartição das avarias grossas com condenação de cada um dos contribuintes tem força definitiva, e pode executar-se logo, ainda que dela se recorra.

Art. 794. Se, depois de pago o rateio, os donos recobrarem os efeitos indenizados por avaria grossa, serão obrigados a repor *pro rata* a todos os contribuintes o valor líquido dos efeitos recobrados. Não tendo sido contemplados no rateio para a indenização, não estão obrigados a entrar para a contribuição da avaria grossa com o valor dos gêneros recobrados depois da partilha em que deixaram de ser considerados.

Art. 795. Se o segurador tiver pago uma perda total, e depois vier a provar-se que ela foi só parcial, o segurado não é obrigado a restituir o dinheiro recebido; mas neste caso o segurador fica sub-rogado em todos os direitos e ações do segurado, e faz suas todas as vantagens que puderem resultar dos efeitos salvos.

Art. 796. Se, independente de qualquer liquidação ou exame, o segurador se ajustar em preço certo de indenização, obrigando-se por escrito na apólice, ou de outra qualquer forma, a pagar dentro de certo prazo, e depois se recusar ao pagamento, exigindo que o segurado prove satisfatoriamente o valor real do dano, não será este obrigado à prova, senão no único caso em que o segurador tenha em tempo reclamado o ajuste por fraude manifesta da parte do mesmo segurado.

PARTE TERCEIRA – DAS QUEBRAS

Arts. 797 a 913. *Revogados*. Dec.-lei nº 7.661, de 21-6-1945.

- Lei nº 11.101, de 9-2-2005 (Lei de Recuperação de Empresas e Falências).

TÍTULO ÚNICO – DA ADMINISTRAÇÃO DA JUSTIÇA NOS NEGÓCIOS E CAUSAS COMERCIAIS

Arts. 1º a 30. *Revogados*. Dec.-lei nº 1.608, de 18-9-1939.

Mandamos, portanto, a todas as autoridades, a quem o conhecimento e execução da referida Lei pertencer, que a cumpram e façam cumprir, e guardar tão inteiramente, como nela se contém. O Secretário de Estado dos Negócios da Justiça a faça imprimir, publicar e correr. Dada no Palácio do Rio de Janeiro, aos vinte e cinco de junho de mil oitocentos e cinquenta, vigésimo nono da Independência e do Império. Imperador, com rubrica e guarda. EUSÉBIO DE QUEIRÓS COUTINHO MATOSO CÂMARA.

Carta de Lei, pela qual V.M.I. manda executar o Decreto da Assembleia-Geral, que houve por bem sancionar, sobre o Código Comercial do Império do Brasil, na forma acima declarada.

Para Vossa Majestade Imperial ver.
Antônio Álvares de Miranda Varejão a fez.

Eusébio de Queirós
Coutinho Matoso Câmara.

Selada na Chancelaria do Império em 1º de julho de 1850.

Josino do Nascimento Silva.

Publicada na Secretaria de Estado dos Negócios da Justiça em 1º de julho de 1850.

Josino do Nascimento Silva.

Registrada a folha 8 do Livro 1º das Leis e Resoluções, Secretaria de Estado dos Negócios da Justiça, 1º de julho de 1850.

Manuel Antônio Ferreira da Silva.

CÓDIGO DE DEFESA DO CONSUMIDOR

ÍNDICE SISTEMÁTICO DO CÓDIGO DE DEFESA DO CONSUMIDOR

(LEI Nº 8.078, DE 11-9-1990)

TÍTULO I – DOS DIREITOS DO CONSUMIDOR

TÍTULO II – DAS INFRAÇÕES PENAIS

TÍTULO III – DA DEFESA DO CONSUMIDOR EM JUÍZO

TÍTULO IV – DO SISTEMA NACIONAL DE DEFESA DO CONSUMIDOR

TÍTULO V – DA CONVENÇÃO COLETIVA DE CONSUMO

TÍTULO VI – DISPOSIÇÕES FINAIS

ÍNDICE ALFABÉTICO-REMISSIVO DO CÓDIGO DE DEFESA DO CONSUMIDOR

(LEI Nº 8.078, DE 11-9-1990)

CÓDIGO DE DEFESA DO CONSUMIDOR

LEI Nº 8.078, DE 11 DE SETEMBRO DE 1990

Dispõe sobre a proteção do consumidor e dá outras providências.

- ▶ Publicada no *DOU* de 12-9-1990, edição extra, e retificada no *DOU* de 10-1-2007.
- ▶ Esta Lei é conhecida como Código de Defesa do Consumidor – CDC.
- ▶ Lei nº 12.291, de 20-7-2010, torna obrigatória a manutenção de exemplar deste Código nos estabelecimentos comerciais e de prestação de serviços.
- ▶ Lei nº 12.529, de 30-11-2011 (Lei do Sistema Brasileiro de Defesa da Concorrência).
- ▶ Lei nº 12.965, de 23-4-2014 (Marco Civil da Internet).
- ▶ Dec. nº 2.181, de 20-3-1997, dispõe sobre a organização do Sistema Nacional de Defesa do Consumidor – SNDC, e estabelece normas gerais de aplicação das sanções administrativas previstas nesta Lei.
- ▶ Dec. nº 5.903, de 20-9-2006, regulamenta este Código, no que se refere às formas de afixação de preços de produtos e serviços para o consumidor.
- ▶ Dec. nº 7.962, de 15-3-2013, regulamenta esta Lei para dispor sobre a contratação no comércio eletrônico.
- ▶ Dec. nº 11.034, de 5-4-2022, regulamenta este Código, para estabelecer diretrizes e normas sobre o Serviço de Atendimento ao Consumidor.
- ▶ Port. do MJ nº 2.014, de 13-10-2008, estabelece o tempo máximo para o contato direto com o atendente e o horário de funcionamento no Serviço de Atendimento ao Consumidor – SAC.
- ▶ Súm. nº 608 do STJ.
- ▶ Súm. nº 2/2011 do CFOAB.

TÍTULO I – DOS DIREITOS DO CONSUMIDOR

CAPÍTULO I

DISPOSIÇÕES GERAIS

Art. 1º O presente Código estabelece normas de proteção e defesa do consumidor, de ordem pública e interesse social, nos termos dos artigos 5º, inciso XXXII, 170, inciso V, da Constituição Federal e artigo 48 de suas Disposições Transitórias.

- ▶ Arts. 24, VIII, 150, § 5º, e 170, V, da CF.

Art. 2º Consumidor é toda pessoa física ou jurídica que adquire ou utiliza produto ou serviço como destinatário final.

- ▶ Arts. 17 e 29 deste Código.
- ▶ Súm. nº 563 do STJ.

Parágrafo único. Equipara-se a consumidor a coletividade de pessoas, ainda que indetermináveis, que haja intervindo nas relações de consumo.

- ▶ Art. 81, parágrafo único, deste Código.
- ▶ Súm. nº 643 do STF.

Art. 3º Fornecedor é toda pessoa física ou jurídica, pública ou privada, nacional ou estrangeira, bem como os entes despersonalizados, que desenvolvem atividades de produção, montagem, criação, construção, transformação, importação, exportação, distribuição ou comercialização de produtos ou prestações de serviços.

- ▶ Art. 28 deste Código.
- ▶ Art. 142, §§ 1º e 2º, da Lei nº 14.597, de 14-6-2023 (Lei Geral do Esporte).
- ▶ Súm. nº 297 do STJ.

§ 1º Produto é qualquer bem, móvel ou imóvel, material ou imaterial.

§ 2º Serviço é qualquer atividade fornecida no mercado de consumo, mediante remuneração, inclusive as de natureza bancária, financeira, de crédito e securitária, salvo as decorrentes das relações de caráter trabalhista.

- ▶ Súmulas nºs 297 e 563 do STJ.

CAPÍTULO II

DA POLÍTICA NACIONAL DE RELAÇÕES DE CONSUMO

Art. 4º A Política Nacional das Relações de Consumo tem por objetivo o atendimento das necessidades dos consumidores, o respeito à sua dignidade, saúde e segurança, a proteção de seus interesses econômicos, a melhoria da sua qualidade de vida, bem como a transparência e harmonia das relações de consumo, atendidos os seguintes princípios:

- ▶ *Caput* com a redação dada pela Lei nº 9.008, de 21-3-1995.

I – reconhecimento da vulnerabilidade do consumidor no mercado de consumo;

II – ação governamental no sentido de proteger efetivamente o consumidor:

a) por iniciativa direta;

b) por incentivos à criação e desenvolvimento de associações representativas;

c) pela presença do Estado no mercado de consumo;

d) pela garantia dos produtos e serviços com padrões adequados de qualidade, segurança, durabilidade e desempenho;

III – harmonização dos interesses dos participantes das relações de consumo e compatibilização da proteção do consumidor com a necessidade de desenvolvimento econômico e tecnológico, de modo a viabilizar os princípios nos quais se funda a ordem econômica (artigo 170, da Constituição Federal), sempre com base na boa-fé e equilíbrio nas relações entre consumidores e fornecedores;

IV – educação e informação de fornecedores e consumidores, quanto aos seus direitos e deveres, com vistas à melhoria do mercado de consumo;

V – incentivo à criação pelos fornecedores de meios eficientes de controle de qualidade e segurança de produtos e serviços, assim como de mecanismos alternativos de solução de conflitos de consumo;

VI – coibição e repressão eficientes de todos os abusos praticados no mercado de consumo, inclusive a concorrência desleal e utilização indevida de inventos e criações industriais, das marcas e nomes comerciais e signos distintivos, que possam causar prejuízos aos consumidores;

- ▶ Lei nº 9.279, de 14-5-1996 (Lei da Propriedade Industrial).
- ▶ Lei nº 12.529, de 30-11-2011 (Lei do Sistema Brasileiro de Defesa da Concorrência).

VII – racionalização e melhoria dos serviços públicos;

VIII – estudo constante das modificações do mercado de consumo;

IX – fomento de ações direcionadas à educação financeira e ambiental dos consumidores;

X – prevenção e tratamento do superendividamento como forma de evitar a exclusão social do consumidor.

- ▶ Incisos IX e X acrescidos pela Lei nº 14.181, de 1º-7-2021.

Art. 5º Para a execução da Política Nacional das Relações de Consumo, contará o Poder Público com os seguintes instrumentos, entre outros:

I – manutenção de assistência jurídica, integral e gratuita para o consumidor carente;

- ▶ Art. 5º, LXXIV, da CF.
- ▶ Lei nº 1.060, de 5-2-1950 (Lei de Assistência Judiciária).

II – instituição de Promotorias de Justiça de Defesa do Consumidor, no âmbito do Ministério Público;

III – criação de delegacias de polícia especializadas no atendimento de consumidores vítimas de infrações penais de consumo;

IV – criação de Juizados Especiais de Pequenas Causas e Varas Especializadas para a solução de litígios de consumo;

- ▶ Art. 98, I, da CF.
- ▶ Lei nº 9.099, de 26-9-1995 (Lei dos Juizados Especiais).

V – concessão de estímulos à criação e desenvolvimento das Associações de Defesa do Consumidor;

VI – instituição de mecanismos de prevenção e tratamento extrajudicial e judicial do superendividamento e de proteção do consumidor pessoa natural;

VII – instituição de núcleos de conciliação e mediação de conflitos oriundos de superendividamento.

- ▶ Incisos VI e VII acrescidos pela Lei nº 14.181, de 1º-7-2021.

§§ 1º e 2º VETADOS.

CAPÍTULO III

DOS DIREITOS BÁSICOS DO CONSUMIDOR

Art. 6º São direitos básicos do consumidor:

I – a proteção da vida, saúde e segurança contra os riscos provocados por práticas no fornecimento de produtos e serviços considerados perigosos ou nocivos;

II – a educação e divulgação sobre o consumo adequado dos produtos e serviços, asseguradas a liberdade de escolha e a igualdade nas contratações;

III – a informação adequada e clara sobre os diferentes produtos e serviços, com especificação correta de quantidade, características, composição, qualidade, tributos incidentes e preço, bem como sobre os riscos que apresentem;

- ▶ Inciso III com a redação dada pela Lei nº 12.741, de 8-12-2012.
- ▶ Arts. 31 e 66 deste Código.
- ▶ Lei nº 10.962, de 11-10-2004, dispõe sobre a oferta e as formas de afixação de preços de produtos e serviços para o consumidor.
- ▶ Dec. nº 4.680, de 24-4-2003, regulamenta o direito à informação quanto aos alimentos e ingredien-

tes alimentares destinados ao consumo humano ou animal que contenham ou sejam produzidos a partir de organismos geneticamente modificados.

- Dec. nº 5.903, de 20-9-2006, regulamenta a Lei nº 10.962, de 11-10-2004, e dispõe sobre as práticas infracionais que atentam contra o direito básico do consumidor de obter informação clara e adequada sobre produtos e serviços.
- Dec. nº 7.962, de 15-3-2013, regulamenta esta Lei para dispor sobre a contratação no comércio eletrônico.
- Dec. nº 8.264, de 5-6-2014, dispõe sobre as medidas de esclarecimento ao consumidor quanto à carga tributária incidente sobre mercadorias e serviços.

IV – a proteção contra a publicidade enganosa e abusiva, métodos comerciais coercitivos ou desleais, bem como contra práticas e cláusulas abusivas ou impostas no fornecimento de produtos e serviços;

- Arts. 37, 39 a 41, 51 a 53 e 67 deste Código.

V – a modificação das cláusulas contratuais que estabeleçam prestações desproporcionais ou sua revisão em razão de fatos supervenientes que as tornem excessivamente onerosas;

- Arts. 478 a 480 do CC.

VI – a efetiva prevenção e reparação de danos patrimoniais e morais, individuais, coletivos e difusos;

- Art. 25 deste Código.
- Súm. nº 37 do STJ.

VII – o acesso aos órgãos judiciários e administrativos, com vistas à prevenção ou reparação de danos patrimoniais e morais, individuais, coletivos ou difusos, assegurada a proteção jurídica, administrativa e técnica aos necessitados;

- Arts. 98 a 102 e 185 do CPC/2015.
- Lei nº 1.060, de 5-2-1950 (Lei da Assistência Judiciária).

VIII – a facilitação da defesa de seus direitos, inclusive com a inversão do ônus da prova, a seu favor, no processo civil, quando, a critério do juiz, for verossímil a alegação ou quando for ele hipossuficiente, segundo as regras ordinárias de experiências;

- Arts. 38 e 51, VI, deste Código.
- Art. 373, § 1º, do CPC/2015.

IX – VETADO;

X – a adequada e eficaz prestação dos serviços públicos em geral;

XI – a garantia de práticas de crédito responsável, de educação financeira e de prevenção e tratamento de situações de superendividamento, preservado o mínimo existencial, nos termos da regulamentação, por meio da revisão e da repactuação da dívida, entre outras medidas;

XII – a preservação do mínimo existencial, nos termos da regulamentação, na repactuação de dívidas e na concessão de crédito;

XIII – a informação acerca dos preços dos produtos por unidade de medida, tal como por quilo, por litro, por metro ou por outra unidade, conforme o caso.

- Incisos XI a XIII acrescidos pela Lei nº 14.181, de 1º-7-2021.

Parágrafo único. A informação de que trata o inciso III do *caput* deste artigo deve ser acessível à pessoa com deficiência, observado o disposto em regulamento.

- Parágrafo único acrescido pela Lei nº 13.146, de 6-7-2015.

Art. 7º Os direitos previstos neste Código não excluem outros decorrentes de tratados ou convenções internacionais de que o Brasil seja signatário, da legislação interna ordinária, de regulamentos expedidos pelas autoridades administrativas competentes, bem como dos que derivem dos princípios gerais do direito, analogia, costumes e equidade.

- Art. 4º do Dec.-lei nº 4.657, de 4-9-1942 (Lei de Introdução às normas do Direito Brasileiro).

Parágrafo único. Tendo mais de um autor a ofensa, todos responderão solidariamente pela reparação dos danos previstos nas normas de consumo.

- Arts. 12, 18, 19, 25, §§ 1º e 2º, 28, § 3º, e 34 deste Código.
- Arts. 275 a 285 do CC.
- Art. 113 do CPC/2015.

CAPÍTULO IV
DA QUALIDADE DE PRODUTOS E SERVIÇOS, DA PREVENÇÃO E DA REPARAÇÃO DOS DANOS

Seção I
DA PROTEÇÃO À SAÚDE E SEGURANÇA

Art. 8º Os produtos e serviços colocados no mercado de consumo não acarretarão riscos à saúde ou segurança dos consumidores, exceto os considerados normais e previsíveis em decorrência de sua natureza e fruição, obrigando-se os fornecedores, em qualquer hipótese, a dar as informações necessárias e adequadas a seu respeito.

§ 1º Em se tratando de produto industrial, ao fabricante cabe prestar as informações a que se refere este artigo, através de impressos apropriados que devam acompanhar o produto.

- Parágrafo único transformado em § 1º pela Lei nº 13.486, de 3-10-2017.

§ 2º O fornecedor deverá higienizar os equipamentos e utensílios utilizados no fornecimento de produtos ou serviços, ou colocados à disposição do consumidor, e informar, de maneira ostensiva e adequada, quando for o caso, sobre o risco de contaminação.

- § 2º acrescido pela Lei nº 13.486, de 3-10-2017.

Art. 9º O fornecedor de produtos e serviços potencialmente nocivos ou perigosos à saúde ou segurança deverá informar, de maneira ostensiva e adequada, a respeito da sua nocividade ou periculosidade, sem prejuízo da adoção de outras medidas cabíveis em cada caso concreto.

- Art. 63 deste Código.

Art. 10. O fornecedor não poderá colocar no mercado de consumo produto ou serviço que sabe ou deveria saber apresentar alto grau de nocividade ou periculosidade à saúde ou segurança.

- Art. 13, II e III, do Dec. nº 2.181, de 20-3-1997, que dispõe sobre a organização do Sistema Nacional de Defesa do Consumidor – SNDC, e estabelece normas gerais de aplicação das sanções administrativas previstas nesta Lei.

§ 1º O fornecedor de produtos e serviços que, posteriormente à sua introdução no mercado de consumo, tiver conhecimento da periculosidade que apresentem, deverá comunicar o fato imediatamente às autoridades competentes e aos consumidores, mediante anúncios publicitários.

- Art. 64 deste Código.
- Port. do MJ nº 487, de 15-3-2012, disciplina o procedimento de chamamento dos consumidores ou *recall* de produtos e serviços que, posteriormente à sua introdução no mercado de consumo, forem considerados nocivos ou perigosos.

§ 2º Os anúncios publicitários a que se refere o parágrafo anterior serão veiculados na imprensa, rádio e televisão, às expensas do fornecedor do produto ou serviço.

§ 3º Sempre que tiverem conhecimento de periculosidade de produtos ou serviços à saúde ou segurança dos consumidores, a União, os Estados, o Distrito Federal e os Municípios deverão informá-los a respeito.

Art. 11. VETADO.

Seção II
DA RESPONSABILIDADE PELO FATO DO PRODUTO E DO SERVIÇO

- Art. 149 da Lei nº 14.597, de 14-6-2023 (Lei Geral do Esporte).

Art. 12. O fabricante, o produtor, o construtor, nacional ou estrangeiro, e o importador respondem, independentemente da existência de culpa, pela reparação dos danos causados aos consumidores por defeitos decorrentes de projeto, fabricação, construção, montagem, fórmulas, manipulação, apresentação ou acondicionamento de seus produtos, bem como por informações insuficientes ou inadequadas sobre sua utilização e riscos.

- Arts. 7º, parágrafo único, 25, 27, 34 e 51, III, deste Código.
- Art. 13, IV, do Dec. nº 2.181, de 20-3-1997, que dispõe sobre a organização do Sistema Nacional de Defesa do Consumidor – SNDC, e estabelece normas gerais de aplicação das sanções administrativas previstas nesta Lei.

§ 1º O produto é defeituoso quando não oferece a segurança que dele legitimamente se espera, levando-se em consideração as circunstâncias relevantes, entre as quais:

I – sua apresentação;

II – o uso e os riscos que razoavelmente dele se esperam;

III – a época em que foi colocado em circulação.

§ 2º O produto não é considerado defeituoso pelo fato de outro de melhor qualidade ter sido colocado no mercado.

§ 3º O fabricante, o construtor, o produtor ou importador só não será responsabilizado quando provar:

I – que não colocou o produto no mercado;

II – que, embora haja colocado o produto no mercado, o defeito inexiste;

III – a culpa exclusiva do consumidor ou de terceiro.

Art. 13. O comerciante é igualmente responsável, nos termos do artigo anterior, quando:

I – o fabricante, o construtor, o produtor ou o importador não puderem ser identificados;

II – o produto for fornecido sem identificação clara do seu fabricante, produtor, construtor ou importador;

III – não conservar adequadamente os produtos perecíveis.

Parágrafo único. Aquele que efetivar o pagamento ao prejudicado poderá exercer o direito de regresso contra os demais responsáveis, segundo sua participação na causação do evento danoso.

- Art. 88 deste Código.
- Art. 283 do CC.

Art. 14. O fornecedor de serviços responde, independentemente da existência de culpa, pela reparação dos danos causados aos consumidores por defeitos relativos à prestação dos serviços, bem como por informações insuficientes ou inadequadas sobre sua fruição e riscos.

- Arts. 7º, parágrafo único, 25, 27, 34 e 51, III, deste Código.
- Art. 13, IV, do Dec. nº 2.181, de 20-3-1997, que dispõe sobre a organização do Sistema Nacional de Defesa do Consumidor – SNDC, e estabelece normas gerais de aplicação das sanções administrativas previstas nesta Lei.
- Súmulas nºs 130 e 387 do STJ.

§ 1º O serviço é defeituoso quando não fornece a segurança que o consumidor dele pode esperar, levando-se em consideração as circunstâncias relevantes, entre as quais:

I – o modo de seu fornecimento;

II – o resultado e os riscos que razoavelmente dele se esperam;

III – a época em que foi fornecido.

- Art. 63, § 1º, deste Código.

§ 2º O serviço não é considerado defeituoso pela adoção de novas técnicas.

§ 3º O fornecedor de serviços só não será responsabilizado quando provar:

I – que, tendo prestado o serviço, o defeito inexiste;

II – a culpa exclusiva do consumidor ou de terceiro.

- Súm. nº 479 do STJ.

§ 4º A responsabilidade pessoal dos profissionais liberais será apurada mediante a verificação de culpa.

Arts. 15 e 16. VETADOS.

Art. 17. Para os efeitos desta Seção, equiparam-se aos consumidores todas as vítimas do evento.

- Art. 2º deste Código.
- Súm. nº 479 do STJ.

Seção III

DA RESPONSABILIDADE POR VÍCIO DO PRODUTO E DO SERVIÇO

Art. 18. Os fornecedores de produtos de consumo duráveis ou não duráveis respondem solidariamente pelos vícios de qualidade ou quantidade que os tornem impróprios ou inadequados ao consumo a que se destinam ou lhes diminuam o valor, assim como por aqueles decorrentes da disparidade, com as indicações constantes do recipiente, da embalagem, rotulagem ou mensagem publicitária, respeitadas as variações decorrentes de sua natureza, podendo o consumidor exigir a substituição das partes viciadas.

- Arts. 7º, parágrafo único, 19, *caput*, 25, 26, 34 e 51, III, deste Código.
- Arts. 275 a 285 do CC.

§ 1º Não sendo o vício sanado no prazo máximo de trinta dias, pode o consumidor exigir, alternativamente e à sua escolha:

I – a substituição do produto por outro da mesma espécie, em perfeitas condições de uso;

II – a restituição imediata da quantia paga, monetariamente atualizada, sem prejuízo de eventuais perdas e danos;

III – o abatimento proporcional do preço.

- Arts. 13, XXIV, e 22, XXIII, do Dec. nº 2.181, de 20-3-1997, que dispõe sobre a organização do Sistema Nacional de Defesa do Consumidor – SNDC, e estabelece normas gerais de aplicação das sanções administrativas previstas nesta Lei.

§ 2º Poderão as partes convencionar a redução ou ampliação do prazo previsto no parágrafo anterior, não podendo ser inferior a sete nem superior a cento e oitenta dias. Nos contratos de adesão, a cláusula de prazo deverá ser convencionada em separado, por meio de manifestação expressa do consumidor.

§ 3º O consumidor poderá fazer uso imediato das alternativas do § 1º deste artigo sempre que, em razão da extensão do vício, a substituição das partes viciadas puder comprometer a qualidade ou características do produto, diminuir-lhe o valor ou se tratar de produto essencial.

§ 4º Tendo o consumidor optado pela alternativa do inciso I do § 1º deste artigo, e não sendo possível a substituição do bem, poderá haver substituição por outro de espécie, marca ou modelo diversos, mediante complementação ou restituição de eventual diferença de preço, sem prejuízo do disposto nos incisos II e III do § 1º deste artigo.

§ 5º No caso de fornecimento de produtos *in natura*, será responsável perante o consumidor o fornecedor imediato, exceto quando identificado claramente seu produtor.

§ 6º São impróprios ao uso e consumo:

I – os produtos cujos prazos de validade estejam vencidos;

II – os produtos deteriorados, alterados, adulterados, avariados, falsificados, corrompidos, fraudados, nocivos à vida ou à saúde, perigosos ou, ainda, aqueles em desacordo com as normas regulamentares de fabricação, distribuição ou apresentação;

III – os produtos que, por qualquer motivo, se revelem inadequados ao fim a que se destinam.

Art. 19. Os fornecedores respondem solidariamente pelos vícios de quantidade do produto sempre que, respeitadas as variações decorrentes de sua natureza, seu conteúdo líquido for inferior às indicações constantes do recipiente, da embalagem, rotulagem ou de mensagem publicitária, podendo o consumidor exigir, alternativamente e à sua escolha:

- Arts. 7º, parágrafo único, 25, § 1º, 26 e 58 deste Código.
- Arts. 275 a 285 do CC.

I – o abatimento proporcional do preço;

II – complementação do peso ou medida;

III – a substituição do produto por outro da mesma espécie, marca ou modelo, sem os aludidos vícios;

IV – a restituição imediata da quantia paga, monetariamente atualizada, sem prejuízo de eventuais perdas e danos.

§ 1º Aplica-se a este artigo o disposto no § 4º do artigo anterior.

§ 2º O fornecedor imediato será responsável quando fizer a pesagem ou a medição e o instrumento utilizado não estiver aferido segundo os padrões oficiais.

Art. 20. O fornecedor de serviços responde pelos vícios de qualidade que os tornem impróprios ao consumo ou lhes diminuam o valor, assim como por aqueles decorrentes da disparidade com as indicações constantes da oferta ou mensagem publicitária, podendo o consumidor exigir, alternativamente e à sua escolha:

- Arts. 7º, parágrafo único, 25, § 1º, 26 e 58 deste Código.

I – a reexecução dos serviços, sem custo adicional e quando cabível;

II – a restituição imediata da quantia paga, monetariamente atualizada, sem prejuízo de eventuais perdas e danos;

III – o abatimento proporcional do preço.

§ 1º A reexecução dos serviços poderá ser confiada a terceiros devidamente capacitados, por conta e risco do fornecedor.

§ 2º São impróprios os serviços que se mostrem inadequados para os fins que razoavelmente deles se esperam, bem como aqueles que não atendam as normas regulamentares de prestabilidade.

Art. 21. No fornecimento de serviços que tenham por objetivo a reparação de qualquer produto considerar-se-á implícita a obrigação do fornecedor de empregar componentes de reposição originais adequados e novos, ou que mantenham as especificações técnicas do fabricante, salvo, quanto a estes últimos, autorização em contrário do consumidor.

- Arts. 32 e 70 deste Código.
- Art. 13, V, do Dec. nº 2.181, de 20-3-1997, que dispõe sobre a organização do Sistema Nacional de Defesa do Consumidor – SNDC, e estabelece normas gerais de aplicação das sanções administrativas previstas nesta Lei.

Art. 22. Os órgãos públicos, por si ou suas empresas, concessionárias, permissionárias ou sob qualquer outra forma de empreendimento, são obrigados a fornecer serviços adequados, eficientes, seguros e, quanto aos essenciais, contínuos.

Parágrafo único. Nos casos de descumprimento, total ou parcial, das obrigações referidas neste artigo, serão as pessoas jurídicas compelidas a cumpri-las e a reparar os danos causados na forma prevista neste Código.

- Art. 44, § 2º, deste Código.
- Art. 20 do Dec. nº 2.181, de 20-3-1997, que dispõe sobre a organização do Sistema Nacional de Defesa do Consumidor – SNDC, e estabelece normas gerais de aplicação das sanções administrativas previstas nesta Lei.

Art. 23. A ignorância do fornecedor sobre os vícios de qualidade por inadequação dos produtos e serviços não o exime de responsabilidade.

Art. 24. A garantia legal de adequação do produto ou serviço independe de termo expresso, vedada a exoneração contratual do fornecedor.

- Arts. 50 e 74 deste Código.

Art. 25. É vedada a estipulação contratual de cláusula que impossibilite, exonere ou atenue a obrigação de indenizar prevista nesta e nas Seções anteriores.

§ 1º Havendo mais de um responsável pela causação do dano, todos responderão solidariamente pela reparação prevista nesta e nas Seções anteriores.

§ 2º Sendo o dano causado por componente ou peça incorporada ao produto ou serviço, são responsáveis solidários seu fabricante, construtor ou importador e o que realizou a incorporação.

- Art. 7º, parágrafo único, deste Código.

Seção IV

DA DECADÊNCIA E DA PRESCRIÇÃO

Art. 26. O direito de reclamar pelos vícios aparentes ou de fácil constatação caduca em:

▶ Arts. 310, 332, § 1º, e 487, II, do CPC/2015.

I – trinta dias, tratando-se de fornecimento de serviço e de produto não duráveis;

II – noventa dias, tratando-se de fornecimento de serviço e de produto duráveis.

▶ Arts. 18 a 20 deste Código.

§ 1º Inicia-se a contagem do prazo decadencial a partir da entrega efetiva do produto ou do término da execução dos serviços.

§ 2º Obstam a decadência:

I – a reclamação comprovadamente formulada pelo consumidor perante o fornecedor de produtos e serviços até a resposta negativa correspondente, que deve ser transmitida de forma inequívoca;

II – VETADO;

III – a instauração de inquérito civil, até seu encerramento.

▶ Art. 90 deste Código.

▶ Arts. 8º, § 1º, e 9º, da Lei nº 7.347, de 24-7-1985 (Lei da Ação Civil Pública).

▶ Súm. nº 477 do STJ.

§ 3º Tratando-se de vício oculto, o prazo decadencial inicia-se no momento em que ficar evidenciado o defeito.

Art. 27. Prescreve em cinco anos a pretensão à reparação pelos danos causados por fato do produto ou do serviço prevista na Seção II deste Capítulo, iniciando-se a contagem do prazo a partir do conhecimento do dano e de sua autoria.

▶ Arts. 101 e 102 deste Código.

▶ Art. 487, II, do CPC/2015.

▶ Art. 1º-C da Lei nº 9.494, de 10-9-1997, que disciplina a aplicação da tutela antecipada contra a Fazenda Pública.

Parágrafo único. VETADO.

Seção V

DA DESCONSIDERAÇÃO DA PERSONALIDADE JURÍDICA

Art. 28. O juiz poderá desconsiderar a personalidade jurídica da sociedade quando, em detrimento do consumidor, houver abuso de direito, excesso de poder, infração da lei, fato ou ato ilícito ou violação dos estatutos ou contrato social. A desconsideração também será efetivada quando houver falência, estado de insolvência, encerramento ou inatividade da pessoa jurídica provocados por má administração.

▶ Art. 50 do CC.

▶ Arts. 133 a 137 do CPC/2015

▶ Art. 34 da Lei nº 12.529, de 30-11-2011 (Lei do Sistema Brasileiro de Defesa da Concorrência).

§ 1º VETADO.

§ 2º As sociedades integrantes dos grupos societários e as sociedades controladas, são subsidiariamente responsáveis pelas obrigações decorrentes deste Código.

▶ Art. 1.098 do CC.

§ 3º As sociedades consorciadas são solidariamente responsáveis pelas obrigações decorrentes deste Código.

▶ Arts. 275 a 285 do CC.

§ 4º As sociedades coligadas só responderão por culpa.

▶ Art. 1.099 do CC.

§ 5º Também poderá ser desconsiderada a pessoa jurídica sempre que sua personalidade for, de alguma forma, obstáculo ao ressarcimento de prejuízos causados aos consumidores.

CAPÍTULO V

DAS PRÁTICAS COMERCIAIS

Seção I

DAS DISPOSIÇÕES GERAIS

Art. 29. Para os fins deste Capítulo e do seguinte, equiparam-se aos consumidores todas as pessoas determináveis ou não, expostas às práticas nele previstas.

▶ Art. 2º deste Código.

Seção II

DA OFERTA

Art. 30. Toda informação ou publicidade, suficientemente precisa, veiculada por qualquer forma ou meio de comunicação com relação a produtos e serviços oferecidos ou apresentados, obriga o fornecedor que a fizer veicular ou dela se utilizar e integra o contrato que vier a ser celebrado.

▶ Art. 427 do CC.

▶ Art. 13, VI, do Dec. nº 2.181, de 20-3-1997, que dispõe sobre a organização do Sistema Nacional de Defesa do Consumidor – SNDC, e estabelece normas gerais de aplicação das sanções administrativas previstas nesta Lei.

Art. 31. A oferta e apresentação de produtos ou serviços devem assegurar informações corretas, claras, precisas, ostensivas e em língua portuguesa sobre suas características, qualidades, quantidade, composição, preço, garantia, prazos de validade e origem, entre outros dados, bem como sobre os riscos que apresentam à saúde e segurança dos consumidores.

▶ Arts. 6º, III, e 66 deste Código.

▶ Lei nº 10.962, de 11-10-2004, dispõe sobre a oferta e as formas de afixação de preços de produtos e serviços para o consumidor.

▶ Art. 13, I, do Dec. nº 2.181, de 20-3-1997, que dispõe sobre a organização do Sistema Nacional de Defesa do Consumidor – SNDC, e estabelece normas gerais de aplicação das sanções administrativas previstas nesta Lei.

▶ Dec. nº 5.903, de 20-9-2006, regulamenta a Lei nº 10.962, de 11-10-2004, e dispõe sobre as práticas infracionais que atentam contra o direito básico do consumidor de obter informação clara e adequada sobre produtos e serviços.

Parágrafo único. As informações de que trata este artigo, nos produtos refrigerados oferecidos ao consumidor, serão gravadas de forma indelével.

▶ Parágrafo único acrescido pela Lei nº 11.989, de 27-7-2009.

Art. 32. Os fabricantes e importadores deverão assegurar a oferta de componentes e peças de reposição enquanto não cessar a fabricação ou importação do produto.

▶ Arts. 21 e 70 deste Código.

▶ Art. 13, V e XXI, do Dec. nº 2.181, de 20-3-1997, que dispõe sobre a organização do Sistema Nacional de Defesa do Consumidor – SNDC, e estabelece normas gerais de aplicação das sanções administrativas previstas nesta Lei.

Parágrafo único. Cessadas a produção ou importação, a oferta deverá ser mantida por período razoável de tempo, na forma da lei.

Art. 33. Em caso de oferta ou venda por telefone ou reembolso postal, deve constar o nome do fabricante e endereço na embalagem, publicidade e em todos os impressos utilizados na transação comercial.

▶ Art. 49 deste Código.

▶ Art. 13, VII, do Dec. nº 2.181, de 20-3-1997, que dispõe sobre a organização do Sistema Nacional de Defesa do Consumidor – SNDC, e estabelece normas gerais de aplicação das sanções administrativas previstas nesta Lei.

Parágrafo único. É proibida a publicidade de bens e serviços por telefone, quando a chamada for onerosa ao consumidor que a origina.

▶ Parágrafo único acrescido pela Lei nº 11.800, de 29-10-2008.

Art. 34. O fornecedor do produto ou serviço é solidariamente responsável pelos atos de seus prepostos ou representantes autônomos.

▶ Arts. 7º, parágrafo único, e 25, § 1º, deste Código.

Art. 35. Se o fornecedor de produtos ou serviços recusar cumprimento à oferta, apresentação ou publicidade, o consumidor poderá, alternativamente e à sua livre escolha:

▶ Arts. 497 a 500 do CPC/2015.

I – exigir o cumprimento forçado da obrigação, nos termos da oferta, apresentação ou publicidade;

▶ Arts. 48 e 84 deste Código.

II – aceitar outro produto ou prestação de serviço equivalente;

III – rescindir o contrato, com direito à restituição de quantia eventualmente antecipada, monetariamente atualizada, e a perdas e danos.

▶ Art. 13, VI, do Dec. nº 2.181, de 20-3-1997, que dispõe sobre a organização do Sistema Nacional de Defesa do Consumidor – SNDC, e estabelece normas gerais de aplicação das sanções administrativas previstas nesta Lei.

Seção III

DA PUBLICIDADE

Art. 36. A publicidade deve ser veiculada de tal forma que o consumidor, fácil e imediatamente, a identifique como tal.

Parágrafo único. O fornecedor, na publicidade de seus produtos ou serviços, manterá, em seu poder, para informação dos legítimos interessados, os dados fáticos, técnicos e científicos que dão sustentação à mensagem.

▶ Art. 69 deste Código.

▶ Art. 19, parágrafo único, do Dec. nº 2.181, de 20-3-1997, que dispõe sobre a organização do Sistema Nacional de Defesa do Consumidor – SNDC, e estabelece normas gerais de aplicação das sanções administrativas previstas nesta Lei.

Art. 37. É proibida toda publicidade enganosa ou abusiva.

▶ Arts. 60, 66 e 67 deste Código.

§ 1º É enganosa qualquer modalidade de informação ou comunicação de caráter publicitário, inteira ou parcialmente falsa, ou, por qualquer outro modo, mesmo por omissão, capaz de induzir em erro o consumidor a respeito da natureza, características, qualidade, quantidade, propriedades, origem, preço e quaisquer outros dados sobre produtos e serviços.

§ 2º É abusiva, dentre outras, a publicidade discriminatória de qualquer natureza, a que incite à violência, explore o medo ou a superstição, se aproveite da deficiência de julgamento e experiência da criança, desrespeite valores ambientais, ou que seja capaz de induzir o consumidor a se comportar de forma prejudicial ou perigosa à sua saúde ou segurança.

▶ Art. 39, IV, deste Código.

§ 3º Para os efeitos deste Código, a publicidade é enganosa por omissão quando deixar de informar sobre dado essencial do produto ou serviço.

▶ Art. 66 deste Código.

▶ Arts. 14 e 19 do Dec. nº 2.181, de 20-3-1997, que dispõe sobre a organização do Sistema Nacional de Defesa do Consumidor – SNDC, e estabelece normas gerais de aplicação das sanções administrativas previstas nesta Lei.

§ 4º VETADO.

Art. 38. O ônus da prova da veracidade e correção da informação ou comunicação publicitária cabe a quem as patrocina.

▶ Arts. 6º, VIII, 51, VI, e 69 deste Código.

▶ Art. 373, *caput*, I e II, § 3º, do CPC/2015.

▶ Art. 14, § 3º, do Dec. nº 2.181, de 20-3-1997, que dispõe sobre a organização do Sistema Nacional de Defesa do Consumidor – SNDC, e estabelece normas gerais de aplicação das sanções administrativas previstas nesta Lei.

Seção IV DAS PRÁTICAS ABUSIVAS

Art. 39. É vedado ao fornecedor de produtos ou serviços, dentre outras práticas abusivas:

▶ *Caput* com a redação dada pela Lei nº 8.884, de 11-6-1994.

▶ Art. 12 do Dec. nº 2.181, de 20-3-1997, que dispõe sobre a organização do Sistema Nacional de Defesa do Consumidor – SNDC, e estabelece normas gerais de aplicação das sanções administrativas previstas nesta Lei.

▶ Port. da SDE nº 49, de 12-3-2009, considera abusiva, no âmbito dos serviços regulados pelo Poder Público Federal, recusar ou dificultar a entrega da gravação das chamadas efetuadas para o SAC, no prazo de dez dias.

I – condicionar o fornecimento de produto ou de serviço ao fornecimento de outro produto ou serviço, bem como, sem justa causa, a limites quantitativos;

▶ Súm. nº 473 do STJ.

II – recusar atendimento às demandas dos consumidores, na exata medida de suas disponibilidades de estoque, e, ainda, de conformidade com os usos e costumes;

▶ Art. 2º, I, da Lei nº 1.521, de 26-12-1951 (Lei dos Crimes Contra a Economia Popular).

III – enviar ou entregar ao consumidor, sem solicitação prévia, qualquer produto ou fornecer qualquer serviço;

▶ Súm. nº 532 do STJ.

IV – prevalecer-se da fraqueza ou ignorância do consumidor, tendo em vista sua idade, saúde, conhecimento ou condição social, para impingir-lhe seus produtos ou serviços;

V – exigir do consumidor vantagem manifestamente excessiva;

▶ Port. da SDE nº 7, de 3-9-2003, considera abusiva, nos termos deste inciso V, para efeitos de fiscalização pelos órgãos públicos de defesa do consumidor, a interrupção da internação hospitalar em leito clínico, cirúrgico ou em centro de terapia intensiva ou similar, por motivos alheios às prescrições médicas.

VI – executar serviços sem a prévia elaboração de orçamento e autorização expressa do consumidor, ressalvadas as decorrentes de práticas anteriores entre as partes;

▶ Art. 40 deste Código.

VII – repassar informação depreciativa, referente a ato praticado pelo consumidor no exercício de seus direitos;

VIII – colocar, no mercado de consumo, qualquer produto ou serviço em desacordo com as normas expedidas pelos órgãos oficiais competentes ou, se normas específicas não existirem, pela Associação Brasileira de Normas Técnicas ou outra entidade credenciada pelo Conselho Nacional de Metrologia, Normalização e Qualidade Industrial — CONMETRO;

▶ Art. 2º, III, da Lei nº 1.521, de 26-12-1951 (Lei dos Crimes Contra a Economia Popular).

IX – recusar a venda de bens ou a prestação de serviços, diretamente a quem se disponha a adquiri-los mediante pronto pagamento, ressalvados os casos de intermediação regulados em leis especiais;

▶ Inciso IX com a redação dada pela Lei nº 8.884, de 11-6-1994.

▶ Art. 122 do CC.

▶ Art. 2º, I, da Lei nº 1.521, de 26-12-1951 (Lei dos Crimes Contra a Economia Popular).

▶ Art. 13, XXIII, do Dec. nº 2.181, de 20-3-1997, que dispõe sobre a organização do Sistema Nacional de Defesa do Consumidor – SNDC, e estabelece normas gerais de aplicação das sanções administrativas previstas nesta Lei.

X – elevar sem justa causa o preço de produtos ou serviços;

▶ Inciso X acrescido pela Lei nº 8.884, de 11-6-1994.

XI – aplicar fórmula ou índice de reajuste diverso do legal ou contratualmente estabelecido;

▶ Inciso XI acrescido pela MP nº 1.890-67, de 22-10-1999, convertida na Lei nº 9.870, de 23-11-1999, que dispõe sobre o valor total das anuidades escolares. Todavia, a referida Lei, em vez de convalidar a redação deste inciso, acrescentou o inciso XIII com a mesma redação. Como até o encerramento desta edição a falha ainda não havia sido corrigida, transcrevemos ambos os incisos.

▶ Art. 2º da Lei nº 10.192, de 14-2-2000, que dispõe sobre medidas complementares ao Plano Real.

▶ Art. 13, XXII, do Dec. nº 2.181, de 20-3-1997, que dispõe sobre a organização do Sistema Nacional de Defesa do Consumidor – SNDC, e estabelece normas gerais de aplicação das sanções administrativas previstas nesta Lei.

XII – deixar de estipular prazo para o cumprimento de sua obrigação ou deixar a fixação de seu termo inicial a seu exclusivo critério;

▶ Inciso XII acrescido pela Lei nº 9.008, de 21-3-1995.

XIII – aplicar fórmula ou índice de reajuste diverso do valor legal ou contratualmente estabelecido;

▶ Inciso XIII acrescido pela Lei nº 9.870, de 23-11-1999.

XIV – permitir o ingresso em estabelecimentos comerciais ou de serviços de um número maior de consumidores que o fixado pela autoridade administrativa como máximo.

▶ Inciso XIV acrescido pela Lei nº 13.425, de 30-3-2017.

Parágrafo único. Os serviços prestados e os produtos remetidos ou entregues ao consumidor, na hipótese prevista no inciso III, equiparam-se às amostras grátis, inexistindo obrigação de pagamento.

▶ Art. 23 do Dec. nº 2.181, de 20-3-1997, que dispõe sobre a organização do Sistema Nacional de Defesa do Consumidor – SNDC, e estabelece normas gerais de aplicação das sanções administrativas previstas nesta Lei.

Art. 40. O fornecedor de serviço será obrigado a entregar ao consumidor orçamento prévio discriminando o valor da mão de obra, dos materiais e equipamentos a serem empregados, as condições de pagamento, bem como as datas de início e término dos serviços.

▶ Art. 39, VI, deste Código.

▶ Art. 427 do CC.

§ 1º Salvo estipulação em contrário, o valor orçado terá validade pelo prazo de dez dias, contado de seu recebimento pelo consumidor.

§ 2º Uma vez aprovado pelo consumidor, o orçamento obriga os contraentes e somente pode ser alterado mediante livre negociação das partes.

§ 3º O consumidor não responde por quaisquer ônus ou acréscimos decorrentes da contratação de serviços de terceiros, não previstos no orçamento prévio.

Art. 41. No caso de fornecimento de produtos ou de serviços sujeitos ao regime de controle ou de tabelamento de preços, os fornecedores deverão respeitar os limites oficiais sob pena de, não o fazendo, responderem pela restituição da quantia recebida em excesso, monetariamente atualizada, podendo o consumidor exigir, à sua escolha, o desfazimento do negócio, sem prejuízo de outras sanções cabíveis.

▶ Art. 2º, VI, da Lei nº 1.521, de 26-12-1951 (Lei dos Crimes Contra a Economia Popular).

▶ Art. 13, VIII, do Dec. nº 2.181, de 20-3-1997, que dispõe sobre a organização do Sistema Nacional de Defesa do Consumidor – SNDC, e estabelece normas gerais de aplicação das sanções administrativas previstas nesta Lei.

Seção V DA COBRANÇA DE DÍVIDAS

Art. 42. Na cobrança de débitos, o consumidor inadimplente não será exposto a ridículo, nem será submetido a qualquer tipo de constrangimento ou ameaça.

▶ Art. 71 deste Código.

▶ Art. 13, IX, do Dec. nº 2.181, de 20-3-1997, que dispõe sobre a organização do Sistema Nacional de Defesa do Consumidor – SNDC, e estabelece normas gerais de aplicação das sanções administrativas previstas nesta Lei.

Parágrafo único. O consumidor cobrado em quantia indevida tem direito à repetição do indébito, por valor igual ao dobro do que pagou em excesso, acrescido de correção monetária e juros legais, salvo hipótese de engano justificável.

Art. 42-A. Em todos os documentos de cobrança de débitos apresentados ao consumidor, deverão constar o nome, o endereço e o número de inscrição no Cadastro de Pessoas Físicas – CPF ou no Cadastro Nacional de Pessoa Jurídica – CNPJ do fornecedor do produto ou serviço correspondente.

▶ Artigo acrescido pela Lei nº 12.039, de 1º-10-2009.

Seção VI DOS BANCOS DE DADOS E CADASTROS DE CONSUMIDORES

▶ Lei nº 12.414, de 9-6-2011 (Lei do Cadastro Positivo).

Art. 43. O consumidor, sem prejuízo do disposto no artigo 86, terá acesso às informações existentes em cadastros, fichas, registros e dados pessoais e de consumo arquivados sobre ele, bem como sobre as suas respectivas fontes.

▶ O referido art. 86 foi vetado.

▶ Art. 72 deste Código.

► Art. 13, X, do Dec. nº 2.181, de 20-3-1997, que dispõe sobre a organização do Sistema Nacional de Defesa do Consumidor – SNDC, e estabelece normas gerais de aplicação das sanções administrativas previstas nesta Lei.
► Súm. nº 550 do STJ.

§ 1º Os cadastros e dados de consumidores devem ser objetivos, claros, verdadeiros e em linguagem de fácil compreensão, não podendo conter informações negativas referentes a período superior a cinco anos.

► Súm. nº 323 do STJ.

§ 2º A abertura de cadastro, ficha, registro e dados pessoais e de consumo deverá ser comunicada por escrito ao consumidor, quando não solicitada por ele.

► Art. 13, XIII, do Dec. nº 2.181, de 20-3-1997, que dispõe sobre a organização do Sistema Nacional de Defesa do Consumidor – SNDC, e estabelece normas gerais de aplicação das sanções administrativas previstas nesta Lei.
► Súmulas nºs 359, 385 e 404 do STJ.

§ 3º O consumidor, sempre que encontrar inexatidão nos seus dados e cadastros, poderá exigir sua imediata correção, devendo o arquivista, no prazo de cinco dias úteis, comunicar a alteração aos eventuais destinatários das informações incorretas.

► Art. 73 deste Código.
► Art. 13, XIV e XV, do Dec. nº 2.181, de 20-3-1997, que dispõe sobre a organização do Sistema Nacional de Defesa do Consumidor – SNDC, e estabelece normas gerais de aplicação das sanções administrativas previstas nesta Lei.
► Súm. nº 548 do STJ.

§ 4º Os bancos de dados e cadastros relativos a consumidores, os serviços de proteção ao crédito e congêneres são considerados entidades de caráter público.

§ 5º Consumada a prescrição relativa à cobrança de débitos do consumidor, não serão fornecidas, pelos respectivos Sistemas de Proteção ao Crédito, quaisquer informações que possam impedir ou dificultar novo acesso ao crédito junto aos fornecedores.

► Art. 5º, LXXII, da CF.
► Lei nº 9.507, de 12-11-1997 (Lei do *Habeas Data*).
► Súm. nº 323 do STJ.

§ 6º Todas as informações de que trata o *caput* deste artigo devem ser disponibilizadas em formatos acessíveis, inclusive para a pessoa com deficiência, mediante solicitação do consumidor.

► § 6º acrescido pela Lei nº 13.146, de 6-7-2015.

Art. 44. Os órgãos públicos de defesa do consumidor manterão cadastros atualizados de reclamações fundamentadas contra fornecedores de produtos e serviços, devendo divulgá-lo pública e anualmente. A divulgação indicará se a reclamação foi atendida ou não pelo fornecedor.

► Arts. 3º, XIII, 4º, V, e 57 a 61 do Dec. nº 2.181, de 20-3-1997, que dispõe sobre a organização do Sistema Nacional de Defesa do Consumidor – SNDC, e estabelece normas gerais de aplicação das sanções administrativas previstas nesta Lei.

§ 1º É facultado o acesso às informações lá constantes para orientação e consulta por qualquer interessado.

§ 2º Aplicam-se a este artigo, no que couber, as mesmas regras enunciadas no artigo anterior e as do parágrafo único do artigo 22 deste Código.

Art. 45. VETADO.

CAPÍTULO VI
DA PROTEÇÃO CONTRATUAL

Seção I
DISPOSIÇÕES GERAIS

Art. 46. Os contratos que regulam as relações de consumo não obrigarão os consumidores, se não lhes for dada a oportunidade de tomar conhecimento prévio de seu conteúdo, ou se os respectivos instrumentos forem redigidos de modo a dificultar a compreensão de seu sentido e alcance.

Art. 47. As cláusulas contratuais serão interpretadas de maneira mais favorável ao consumidor.

► Art. 423 do CC.
► Súm. nº 181 do STJ.

Art. 48. As declarações de vontade constantes de escritos particulares, recibos e pré-contratos relativos às relações de consumo vinculam o fornecedor, ensejando inclusive execução específica, nos termos do artigo 84 e parágrafos.

► Art. 35, I, deste Código.
► Art. 13, XVI, do Dec. nº 2.181, de 20-3-1997, que dispõe sobre a organização do Sistema Nacional de Defesa do Consumidor – SNDC, e estabelece normas gerais de aplicação das sanções administrativas previstas nesta Lei.

Art. 49. O consumidor pode desistir do contrato, no prazo de sete dias a contar de sua assinatura ou do ato de recebimento do produto ou serviço, sempre que a contratação de fornecimento de produtos e serviços ocorrer fora do estabelecimento comercial, especialmente por telefone ou a domicílio.

► Art. 33 deste Código.
► Art. 8º da Lei nº 14.010, de 10-6-2020, que estabelece a suspensão deste artigo, até 30-10-2020, na hipótese de entrega domiciliar (*delivery*) de produtos perecíveis ou de consumo imediato e de medicamentos.
► Art. 5º do Dec. nº 7.962, de 15-3-2013, que regulamenta esta Lei para dispor sobre a contratação no comércio eletrônico.

Parágrafo único. Se o consumidor exercitar o direito de arrependimento previsto neste artigo, os valores eventualmente pagos, a qualquer título, durante o prazo de reflexão, serão devolvidos, de imediato, monetariamente atualizados.

► Art. 13, XVII e XVIII, do Dec. nº 2.181, de 20-3-1997, que dispõe sobre a organização do Sistema Nacional de Defesa do Consumidor – SNDC, e estabelece normas gerais de aplicação das sanções administrativas previstas nesta Lei.

Art. 50. A garantia contratual é complementar à legal e será conferida mediante termo escrito.

► Arts. 24, 66 e 74 deste Código.

Parágrafo único. O termo de garantia ou equivalente deve ser padronizado e esclarecer, de maneira adequada, em que consiste a mesma garantia, bem como a forma, o prazo e o lugar em que pode ser exercitada e os ônus a cargo do consumidor, devendo ser-lhe entregue, devidamente preenchido pelo fornecedor, no ato do fornecimento, acompanhado de manual de instrução, de instalação e uso de produto em linguagem didática, com ilustrações.

► Art. 13, XIX, do Dec. nº 2.181, de 20-3-1997, que dispõe sobre a organização do Sistema Nacional de Defesa do Consumidor – SNDC, e estabelece normas gerais de aplicação das sanções administrativas previstas nesta Lei.

Seção II
DAS CLÁUSULAS ABUSIVAS

Art. 51. São nulas de pleno direito, entre outras, as cláusulas contratuais relativas ao fornecimento de produtos e serviços que:

► Art. 6º, IV, deste Código.
► Art. 166 do CC.
► MP nº 2.172-32, de 23-8-2001, estabelece a nulidade das disposições contratuais que menciona e inverte, nas hipóteses que prevê, o ônus da prova nas ações intentadas para sua declaração.
► Arts. 22 e 56 do Dec. nº 2.181, de 20-3-1997, que dispõe sobre a organização do Sistema Nacional de Defesa do Consumidor – SNDC, e estabelece normas gerais de aplicação das sanções administrativas previstas nesta Lei.
► Este elenco de cláusulas consideradas abusivas foi complementado pelas Portarias da SDE nº 4, de 13-3-1998, nº 3, de 19-3-1999, nº 3, de 15-3-2001, e nº 5, de 27-8-2002.
► Súm. nº 381 do STJ.

I – impossibilitem, exonerem ou atenuem a responsabilidade do fornecedor por vícios de qualquer natureza dos produtos e serviços ou impliquem renúncia ou disposição de direitos. Nas relações de consumo entre o fornecedor e o consumidor-pessoa jurídica, a indenização poderá ser limitada, em situações justificáveis;

II – subtraiam ao consumidor a opção de reembolso da quantia já paga, nos casos previstos neste Código;

► Arts. 18, § 1º, II, 19, IV, 20, II, e 49, parágrafo único, deste Código.
► Súm. nº 543 do STJ.

III – transfiram responsabilidades a terceiros;

IV – estabeleçam obrigações consideradas iníquas, abusivas, que coloquem o consumidor em desvantagem exagerada, ou sejam incompatíveis com a boa-fé ou a equidade;

► Arts. 4º, III, e 53 deste Código.
► Arts. 22, IV, e 56 do Dec. nº 2.181, de 20-3-1997, que dispõe sobre a organização do Sistema Nacional de Defesa do Consumidor – SNDC, e estabelece normas gerais de aplicação das sanções administrativas previstas nesta Lei.
► Súmulas nºs 302, 381 e 543 do STJ.

V – VETADO;

VI – estabeleçam inversão do ônus da prova em prejuízo do consumidor;

► Arts. 6º, VIII, e 38 deste Código.

VII – determinem a utilização compulsória de arbitragem;

► Lei nº 9.307, de 23-9-1996 (Lei da Arbitragem).

VIII – imponham representante para concluir ou realizar outro negócio jurídico pelo consumidor;

► Súm. nº 60 do STJ.

IX – deixem ao fornecedor a opção de concluir ou não o contrato, embora obrigando o consumidor;

► Art. 122 do CC.

X – permitam ao fornecedor, direta ou indiretamente, variação do preço de maneira unilateral;

XI – autorizem o fornecedor a cancelar o contrato unilateralmente, sem que igual direito seja conferido ao consumidor;

XII – obriguem o consumidor a ressarcir os custos de cobrança de sua obrigação, sem que igual direito lhe seja conferido contra o fornecedor;

XIII – autorizem o fornecedor a modificar unilateralmente o conteúdo ou a qualidade do contrato, após sua celebração;

XIV – infrinjam ou possibilitem a violação de normas ambientais;

XV – estejam em desacordo com o sistema de proteção ao consumidor;

XVI – possibilitem a renúncia do direito de indenização por benfeitorias necessárias;

XVII – condicionem ou limitem de qualquer forma o acesso aos órgãos do Poder Judiciário;

XVIII – estabeleçam prazos de carência em caso de impontualidade das prestações mensais ou impeçam o restabelecimento integral dos direitos do consumidor e de seus meios de pagamento a partir da purgação da mora ou do acordo com os credores;

▶ Incisos XVII e XVIII acrescidos pela Lei nº 14.181, de 1º-7-2021.

XIX – VETADO. Lei nº 14.181, de 1º-7-2021.

§ 1º Presume-se exagerada, entre outros casos, a vantagem que:

I – ofende os princípios fundamentais do sistema jurídico a que pertence;

II – restringe direitos ou obrigações fundamentais inerentes à natureza do contrato, de tal modo a ameaçar seu objeto ou o equilíbrio contratual;

III – se mostra excessivamente onerosa para o consumidor, considerando-se a natureza e conteúdo do contrato, o interesse das partes e outras circunstâncias peculiares ao caso.

§ 2º A nulidade de uma cláusula contratual abusiva não invalida o contrato, exceto quando de sua ausência, apesar dos esforços de integração, decorrer ônus excessivo a qualquer das partes.

▶ Art. 184 do CC.

§ 3º VETADO.

§ 4º É facultado a qualquer consumidor ou entidade que o represente requerer ao Ministério Público que ajuíze a competente ação para ser declarada a nulidade de cláusula contratual que contrarie o disposto neste Código ou de qualquer forma não assegure o justo equilíbrio entre direitos e obrigações das partes.

▶ Art. 82, I, deste Código.

▶ Art. 3º, VI, do Dec. nº 2.181, de 20-3-1997, que dispõe sobre a organização do Sistema Nacional de Defesa do Consumidor – SNDC, e estabelece normas gerais de aplicação das sanções administrativas previstas nesta Lei.

Art. 52. No fornecimento de produtos ou serviços que envolva outorga de crédito ou concessão de financiamento ao consumidor, o fornecedor deverá, entre outros requisitos, informá-lo prévia e adequadamente sobre:

▶ Art. 66 deste Código.

▶ Lei nº 10.962, de 11-10-2004, dispõe sobre a oferta e as formas de afixação de preços de produtos e serviços para o consumidor.

▶ Art. 3º do Dec. nº 5.903, de 20-9-2006, que regulamenta a Lei nº 10.962, de 11-10-2004, e dispõe sobre as práticas infracionais que atentam contra o direito básico do consumidor de obter informação clara e adequada sobre produtos e serviços.

I – preço do produto ou serviço em moeda corrente nacional;

II – montante dos juros de mora e da taxa efetiva anual de juros;

III – acréscimos legalmente previstos;

IV – número e periodicidade das prestações;

V – soma total a pagar, com e sem financiamento.

▶ Art. 13, XX, do Dec. nº 2.181, de 20-3-1997, que dispõe sobre a organização do Sistema Nacional de Defesa do Consumidor – SNDC, e estabelece normas gerais de aplicação das sanções administrativas previstas nesta Lei.

§ 1º As multas de mora decorrentes do inadimplemento de obrigações no seu termo não poderão ser superiores a dois por cento do valor da prestação.

▶ § 1º com a redação dada pela Lei nº 9.298, de 1º-8-1996.

▶ Art. 22, XIX, do Dec. nº 2.181, de 20-3-1997, que dispõe sobre a organização do Sistema Nacional de Defesa do Consumidor – SNDC, e estabelece normas gerais de aplicação das sanções administrativas previstas nesta Lei.

▶ Súm. nº 285 do STJ.

§ 2º É assegurada ao consumidor a liquidação antecipada do débito, total ou parcialmente, mediante redução proporcional dos juros e demais acréscimos.

▶ Art. 7º do Dec. nº 22.626, de 7-4-1933 (Lei da Usura).

▶ Art. 22, XX, do Dec. nº 2.181, de 20-3-1997, que dispõe sobre a organização do Sistema Nacional de Defesa do Consumidor – SNDC, e estabelece normas gerais de aplicação das sanções administrativas previstas nesta Lei.

§ 3º VETADO.

Art. 53. Nos contratos de compra e venda de móveis ou imóveis mediante pagamento em prestações, bem como nas alienações fiduciárias em garantia, consideram-se nulas de pleno direito as cláusulas que estabeleçam a perda total das prestações pagas em benefício do credor que, em razão do inadimplemento, pleitear a resolução do contrato e a retomada do produto alienado.

▶ Art. 51, IV, deste Código.

▶ Art. 22, XVII, do Dec. nº 2.181, de 20-3-1997, que dispõe sobre a organização do Sistema Nacional de Defesa do Consumidor – SNDC, e estabelece normas gerais de aplicação das sanções administrativas previstas nesta Lei.

▶ Súm. nº 284 do STJ.

§ 1º VETADO.

§ 2º Nos contratos do sistema de consórcio de produtos duráveis, a compensação ou a restituição das parcelas quitadas, na forma deste artigo, terá descontada, além da vantagem econômica auferida com a fruição, os prejuízos que o desistente ou inadimplente causar ao grupo.

▶ Art. 54, § 2º, deste Código.

▶ Lei nº 11.795, de 8-10-2008 (Lei do Sistema de Consórcios).

▶ Súm. nº 35 do STJ.

§ 3º Os contratos de que trata o *caput* deste artigo serão expressos em moeda corrente nacional.

▶ Art. 1º da Lei nº 10.192, de 14-2-2001, que dispõe sobre medidas complementares ao Plano Real.

Seção III

DOS CONTRATOS DE ADESÃO

Art. 54. Contrato de adesão é aquele cujas cláusulas tenham sido aprovadas pela autoridade competente ou estabelecidas unilateralmente pelo fornecedor de produtos ou serviços, sem que o consumidor possa discutir ou modificar substancialmente seu conteúdo.

▶ Arts. 423 e 424 do CC.

▶ Art. 22, XXII, do Dec. nº 2.181, de 20-3-1997, que dispõe sobre a organização do Sistema Nacional de Defesa do Consumidor – SNDC, e estabelece normas gerais de aplicação das sanções administrativas previstas nesta Lei.

§ 1º A inserção de cláusula no formulário não desfigura a natureza de adesão do contrato.

§ 2º Nos contratos de adesão admite-se cláusula resolutória, desde que alternativa, cabendo a escolha ao consumidor, ressalvando-se o disposto no § 2º do artigo anterior.

▶ Lei nº 11.795, de 8-10-2008 (Lei do Sistema de Consórcios).

§ 3º Os contratos de adesão escritos serão redigidos em termos claros e com caracteres ostensivos e legíveis, cujo tamanho da fonte não será inferior ao corpo doze, de modo a facilitar sua compreensão pelo consumidor.

▶ § 3º com a redação dada pela Lei nº 11.785, de 22-9-2008.

▶ Art. 46 deste Código.

§ 4º As cláusulas que implicarem limitação de direito do consumidor deverão ser redigidas com destaque, permitindo sua imediata e fácil compreensão.

§ 5º VETADO.

CAPÍTULO VI-A

DA PREVENÇÃO E DO TRATAMENTO DO SUPERENDIVIDAMENTO

▶ Capítulo VI-A acrescido pela Lei nº 14.181, de 1º-7-2021.

Art. 54-A. Este Capítulo tem a finalidade de prevenir o superendividamento da pessoa natural e de dispor sobre o crédito responsável e sobre a educação financeira do consumidor.

§ 1º Entende-se por superendividamento a impossibilidade manifesta de o consumidor pessoa natural, de boa-fé, pagar a totalidade de suas dívidas de consumo, exigíveis e vincendas, sem comprometer seu mínimo existencial, nos termos da regulamentação.

§ 2º As dívidas de que trata o § 1º deste artigo englobam quaisquer compromissos financeiros assumidos decorrentes de relação de consumo, inclusive operações de crédito, compras a prazo e serviços de prestação continuada.

§ 3º O disposto neste Capítulo não se aplica ao consumidor cujas dívidas tenham sido contraídas mediante fraude ou má-fé, sejam oriundas de contratos celebrados dolosamente com o propósito de não realizar o pagamento ou decorram da aquisição ou contratação de bens e serviços de luxo de alto valor.

Art. 54-B. No fornecimento de crédito e na venda a prazo, além das informações obrigatórias previstas no art. 52 deste Código e na legislação aplicável à matéria, o fornecedor ou o intermediário deverá informar o consumidor, prévia e adequadamente, no momento da oferta, sobre:

I – o custo efetivo total e a descrição dos elementos que o compõem;

II – a taxa efetiva mensal de juros, bem como a taxa dos juros de mora e o total de encargos, de qualquer natureza, previstos para o atraso no pagamento;

III – o montante das prestações e o prazo de validade da oferta, que deve ser, no mínimo, de 2 (dois) dias;

IV – o nome e o endereço, inclusive o eletrônico, do fornecedor;

V – o direito do consumidor à liquidação antecipada e não onerosa do débito, nos termos do § 2º do art. 52 deste Código e da regulamentação em vigor.

§ 1º As informações referidas no art. 52 deste Código e no *caput* deste artigo devem constar de forma clara e resumida do próprio contrato, da fatura ou de instrumento apartado, de fácil acesso ao consumidor.

§ 2º Para efeitos deste Código, o custo efetivo total da operação de crédito ao consumidor consistirá em taxa percentual anual e compreenderá todos os valores cobrados do consumidor, sem prejuízo do cálculo padronizado pela autoridade reguladora do sistema financeiro.

§ 3º Sem prejuízo do disposto no art. 37 deste Código, a oferta de crédito ao consumidor e a oferta de venda a prazo, ou a fatura mensal, conforme o caso, devem indicar, no mínimo, o custo efetivo total, o agente financiador e a soma total a pagar, com e sem financiamento.

Art. 54-C. É vedado, expressa ou implicitamente, na oferta de crédito ao consumidor, publicitária ou não:

I – VETADO. Lei nº 14.181, de 1º-7-2021;

II – indicar que a operação de crédito poderá ser concluída sem consulta a serviços de proteção ao crédito ou sem avaliação da situação financeira do consumidor;

III – ocultar ou dificultar a compreensão sobre os ônus e os riscos da contratação do crédito ou da venda a prazo;

IV – assediar ou pressionar o consumidor para contratar o fornecimento de produto, serviço ou crédito, principalmente se se tratar de consumidor idoso, analfabeto, doente ou em estado de vulnerabilidade agravada ou se a contratação envolver prêmio;

V – condicionar o atendimento de pretensões do consumidor ou o início de tratativas à renúncia ou à desistência de demandas judiciais, ao pagamento de honorários advocatícios ou a depósitos judiciais.

Parágrafo único. VETADO. Lei nº 14.181, de 1º-7-2021.

Art. 54-D. Na oferta de crédito, previamente à contratação, o fornecedor ou o intermediário deve, entre outras condutas:

I – informar e esclarecer adequadamente o consumidor, considerada sua idade, sobre a natureza e a modalidade do crédito oferecido, sobre todos os custos incidentes, observado o disposto nos arts. 52 e 54-B deste Código, e sobre as consequências genéricas e específicas do inadimplemento;

II – avaliar, de forma responsável, as condições de crédito do consumidor, mediante análise das informações disponíveis em bancos de dados de proteção ao crédito, observado o disposto neste Código e na legislação sobre proteção de dados;

III – informar a identidade do agente financiador e entregar ao consumidor, ao garante e a outros coobrigados cópia do contrato de crédito.

Parágrafo único. O descumprimento de qualquer dos deveres previstos no *caput* deste artigo e nos arts. 52 e 54-C deste Código poderá acarretar judicialmente a redução dos juros, dos encargos ou de qualquer acréscimo ao principal e a dilação do prazo de pagamento previsto no contrato original, conforme a gravidade da conduta do fornecedor e as possibilidades financeiras do consumidor, sem prejuízo de outras sanções e de indenização por perdas e danos, patrimoniais e morais, ao consumidor.

Art. 54-E. VETADO. Lei nº 14.181, de 1º-7-2021.

Art. 54-F. São conexos, coligados ou interdependentes, entre outros, o contrato principal de fornecimento de produto ou serviço e os contratos acessórios de crédito que lhe garantam o financiamento, quando o fornecedor de crédito:

I – recorrer aos serviços do fornecedor de produto ou serviço para a preparação ou a conclusão do contrato de crédito;

II – oferecer o crédito no local da atividade empresarial do fornecedor de produto ou serviço financiado ou onde o contrato principal for celebrado.

§ 1º O exercício do direito de arrependimento nas hipóteses previstas neste Código, no contrato principal ou no contrato de crédito, implica a resolução de pleno direito do contrato que lhe seja conexo.

§ 2º Nos casos dos incisos I e II do *caput* deste artigo, se houver inexecução de qualquer das obrigações e deveres do fornecedor de produto ou serviço, o consumidor poderá requerer a rescisão do contrato não cumprido contra o fornecedor do crédito.

§ 3º O direito previsto no § 2º deste artigo caberá igualmente ao consumidor:

I – contra o portador de cheque pós-datado emitido para aquisição de produto ou serviço a prazo;

II – contra o administrador ou o emitente de cartão de crédito ou similar quando o cartão de crédito ou similar e o produto ou serviço forem fornecidos pelo mesmo fornecedor ou por entidades pertencentes a um mesmo grupo econômico.

§ 4º A invalidade ou a ineficácia do contrato principal implicará, de pleno direito, a do contrato de crédito que lhe seja conexo, nos termos do *caput* deste artigo, ressalvado ao fornecedor do crédito o direito de obter do fornecedor do produto ou serviço a devolução dos valores entregues, inclusive relativamente a tributos.

Art. 54-G. Sem prejuízo do disposto no art. 39 deste Código e na legislação aplicável à matéria, é vedado ao fornecedor de produto ou serviço que envolva crédito, entre outras condutas:

I – realizar ou proceder à cobrança ou ao débito em conta de qualquer quantia que houver sido contestada pelo consumidor em compra realizada com cartão de crédito ou similar, enquanto não for adequadamente solucionada a controvérsia, desde que o consumidor haja notificado a administradora do cartão com antecedência de pelo menos 10 (dez) dias contados da data de vencimento da fatura, vedada a manutenção do valor na fatura seguinte e assegurado ao consumidor o direito de deduzir do total da fatura o valor em disputa e efetuar o pagamento da parte não contestada, podendo o emissor lançar como crédito em confiança o valor idêntico ao da transação contestada que tenha sido cobrada, enquanto não encerrada a apuração da contestação;

II – recusar ou não entregar ao consumidor, ao garante e aos outros coobrigados cópia da minuta do contrato principal de consumo ou do contrato de crédito, em papel ou outro suporte duradouro, disponível e acessível, e, após a conclusão, cópia do contrato;

III – impedir ou dificultar, em caso de utilização fraudulenta do cartão de crédito ou similar, que o consumidor peça e obtenha, quando aplicável, a anulação ou o imediato bloqueio do pagamento, ou ainda a restituição dos valores indevidamente recebidos.

§ 1º Sem prejuízo do dever de informação e esclarecimento do consumidor e de entrega da minuta do contrato, no empréstimo cuja liquidação seja feita mediante consignação em folha de pagamento, a formalização e a entrega da cópia do contrato ou do instrumento de contratação ocorrerão após o fornecedor do crédito obter da fonte pagadora a indicação sobre a existência de margem consignável.

§ 2º Nos contratos de adesão, deve o fornecedor, previamente, prestar ao consumidor as informações de que tratam o art. 52 e o *caput* do art. 54-B deste Código, além de outras porventura determinadas na legislação em vigor, e fica obrigado a entregar ao consumidor cópia do contrato, após a sua conclusão.

▸ Arts. 54-A a 54-G acrescidos pela Lei nº 14.181, de 1º-7-2021.

CAPÍTULO VII
DAS SANÇÕES ADMINISTRATIVAS

▸ Dec. nº 2.181, de 20-3-1997, dispõe sobre a organização do Sistema Nacional de Defesa do Consumidor – SNDC, e estabelece normas gerais de aplicação das sanções administrativas previstas nesta Lei.

Art. 55. A União, os Estados e o Distrito Federal, em caráter concorrente e nas suas respectivas áreas de atuação administrativa, baixarão normas relativas à produção, industrialização, distribuição e consumo de produtos e serviços.

§ 1º A União, os Estados, o Distrito Federal e os Municípios fiscalizarão e controlarão a produção, industrialização, distribuição, a publicidade de produtos e serviços e o mercado de consumo, no interesse da preservação da vida, da saúde, da segurança, da informação e do bem-estar do consumidor, baixando as normas que se fizerem necessárias.

§ 2º VETADO.

§ 3º Os órgãos federais, estaduais, do Distrito Federal e municipais com atribuições para fiscalizar e controlar o mercado de consumo manterão comissões permanentes para elaboração, revisão e atualização das normas referidas no § 1º, sendo obrigatória a participação dos consumidores e fornecedores.

§ 4º Os órgãos oficiais poderão expedir notificações aos fornecedores para que, sob pena de desobediência, prestem informações sobre questões de interesse do consumidor, resguardado o segredo industrial.

▸ Art. 33, § 1º, do Dec. nº 2.181, de 20-3-1997, que dispõe sobre a organização do Sistema Nacional de Defesa do Consumidor – SNDC, e estabelece normas gerais de aplicação das sanções administrativas previstas nesta Lei.

Art. 56. As infrações das normas de defesa do consumidor ficam sujeitas, conforme o caso, às seguintes sanções administrativas, sem prejuízo das de natureza civil, penal e das definidas em normas específicas:

I – multa;

II – apreensão do produto;

III – inutilização do produto;

IV – cassação do registro do produto junto ao órgão competente;

V – proibição de fabricação do produto;

VI – suspensão de fornecimento de produtos ou serviço;

VII – suspensão temporária de atividade;
VIII – revogação de concessão ou permissão de uso;
IX – cassação de licença do estabelecimento ou de atividade;
X – interdição, total ou parcial, de estabelecimento, de obra ou de atividade;
XI – intervenção administrativa;
XII – imposição de contrapropaganda.

▶ Arts. 18 e 21 do Dec. nº 2.181, de 20-3-1997, que dispõe sobre a organização do Sistema Nacional de Defesa do Consumidor – SNDC, e estabelece normas gerais de aplicação das sanções administrativas previstas nesta Lei.

Parágrafo único. As sanções previstas neste artigo serão aplicadas pela autoridade administrativa, no âmbito de sua atribuição, podendo ser aplicadas cumulativamente, inclusive por medida cautelar antecedente ou incidente de procedimento administrativo.

Art. 57. A pena de multa, graduada de acordo com a gravidade da infração, a vantagem auferida e a condição econômica do fornecedor, será aplicada mediante procedimento administrativo, revertendo para o Fundo de que trata a Lei nº 7.347, de 24 de julho de 1985, os valores cabíveis à União, ou para os fundos estaduais ou municipais de proteção ao consumidor nos demais casos.

▶ *Caput* com a redação dada pela Lei nº 8.656, de 21-5-1993.

▶ Arts. 28 e 29 do Dec. nº 2.181, de 20-3-1997, que dispõe sobre a organização do Sistema Nacional de Defesa do Consumidor – SNDC, e estabelece normas gerais de aplicação das sanções administrativas previstas nesta Lei.

Parágrafo único. A multa será em montante nunca inferior a duzentas e não superior a três milhões de vezes o valor da Unidade Fiscal de Referência (UFIR), ou índice equivalente que venha substituí-lo.

▶ Parágrafo único acrescido pela Lei nº 8.703, de 6-9-1993.

▶ Art. 29, § 3º, da Lei nº 10.522, de 19-7-2002, que dispõe sobre o Cadastro Informativo dos créditos não quitados de órgãos e entidades federais, extinguiu a UFIR.

▶ Art. 2º, III, do Dec. nº 1.306, de 9-11-1994, que regulamenta o Fundo de Defesa de Direitos Difusos.

Art. 58. As penas de apreensão, de inutilização de produtos, de proibição de fabricação de produtos, de suspensão do fornecimento de produto ou serviço, de cassação do registro do produto e revogação da concessão ou permissão de uso serão aplicadas pela administração, mediante procedimento administrativo, assegurada ampla defesa, quando forem constatados vícios de quantidade ou de qualidade por inadequação ou insegurança do produto ou serviço.

Art. 59. As penas de cassação de alvará de licença, de interdição e de suspensão temporária da atividade, bem como a de intervenção administrativa serão aplicadas mediante procedimento administrativo, assegurada ampla defesa, quando o fornecedor reincidir na prática das infrações de maior gravidade previstas neste Código e na legislação de consumo.

§ 1º A pena de cassação da concessão será aplicada à concessionária de serviço público, quando violar obrigação legal ou contratual.

§ 2º A pena de intervenção administrativa será aplicada sempre que as circunstâncias de fato desaconselharem a cassação de licença, a interdição ou suspensão da atividade.

§ 3º Pendendo ação judicial na qual se discuta a imposição de penalidade administrativa, não haverá reincidência até o trânsito em julgado da sentença.

Art. 60. A imposição de contrapropaganda será cominada quando o fornecedor incorrer na prática de publicidade enganosa ou abusiva, nos termos do artigo 36 e seus parágrafos, sempre às expensas do infrator.

▶ A referência deste dispositivo ao art. 36 deve ser entendida como feita ao art. 37 e seus parágrafos, que tratam exatamente da publicidade enganosa, da publicidade abusiva e da publicidade enganosa por omissão, enquanto o art. 36 e seu parágrafo único tratam, respectivamente, da veiculação da publicidade e da disponibilidade dos dados que sustentam a mensagem publicitária.

§ 1º A contrapropaganda será divulgada pelo responsável da mesma forma, frequência e dimensão e, preferencialmente no mesmo veículo, local, espaço e horário, de forma capaz de desfazer o malefício da publicidade enganosa ou abusiva.

▶ Art. 47 do Dec. nº 2.181, de 20-3-1997, que dispõe sobre a organização do Sistema Nacional de Defesa do Consumidor – SNDC, e estabelece normas gerais de aplicação das sanções administrativas previstas nesta Lei.

§§ 2º e 3º VETADOS.

TÍTULO II – DAS INFRAÇÕES PENAIS

Art. 61. Constituem crimes contra as relações de consumo previstas neste Código, sem prejuízo do disposto no Código Penal e leis especiais, as condutas tipificadas nos artigos seguintes.

▶ Art. 7º da Lei nº 8.137, de 27-12-1990 (Lei dos Crimes Contra a Ordem Tributária, Econômica e Contra as Relações de Consumo).

Art. 62. VETADO.

Art. 63. Omitir dizeres ou sinais ostensivos sobre a nocividade ou periculosidade de produtos, nas embalagens, nos invólucros, recipientes ou publicidade:

Pena – Detenção de seis meses a dois anos e multa.

▶ Art. 9º deste Código.

§ 1º Incorrerá nas mesmas penas quem deixar de alertar, mediante recomendações escritas ostensivas, sobre a periculosidade do serviço a ser prestado.

§ 2º Se o crime é culposo:

Pena – Detenção de um a seis meses ou multa.

Art. 64. Deixar de comunicar à autoridade competente e aos consumidores a nocividade ou periculosidade de produtos cujo conhecimento seja posterior à sua colocação no mercado:

Pena – Detenção de seis meses a dois anos e multa.

▶ Art. 10, § 1º, deste Código.

▶ Art. 13, II e III, do Dec. nº 2.181, de 20-3-1997, que dispõe sobre a organização do Sistema Nacional de Defesa do Consumidor – SNDC, e estabelece normas gerais de aplicação das sanções administrativas previstas nesta Lei.

Parágrafo único. Incorrerá nas mesmas penas quem deixar de retirar do mercado, imediatamente quando determinado pela autoridade competente, os produtos nocivos ou perigosos, na forma deste artigo.

Art. 65. Executar serviço de alto grau de periculosidade, contrariando determinação de autoridade competente:

Pena – Detenção de seis meses a dois anos e multa.

▶ Art. 10 deste Código.

§ 1º As penas deste artigo são aplicáveis sem prejuízo das correspondentes à lesão corporal e à morte.

▶ Parágrafo único transformado em § 1º pela Lei nº 13.421, de 30-3-2017.

§ 2º A prática do disposto no inciso XIV do art. 39 desta Lei também caracteriza o crime previsto no *caput* deste artigo.

▶ § 2º acrescido pela Lei nº 13.425, de 30-3-2017.

Art. 66. Fazer afirmação falsa ou enganosa, ou omitir informação relevante sobre a natureza, característica, qualidade, quantidade, segurança, desempenho, durabilidade, preço ou garantia de produtos ou serviços:

Pena – Detenção de três meses a um ano e multa.

▶ Arts. 31, 37 e 52 deste Código.

▶ Art. 13, I, do Dec. nº 2.181, de 20-3-1997, que dispõe sobre a organização do Sistema Nacional de Defesa do Consumidor – SNDC, e estabelece normas gerais de aplicação das sanções administrativas previstas nesta Lei.

§ 1º Incorrerá nas mesmas penas quem patrocinar a oferta.

§ 2º Se o crime é culposo:

Pena – Detenção de um a seis meses ou multa.

Art. 67. Fazer ou promover publicidade que sabe ou deveria saber ser enganosa ou abusiva:

Pena – Detenção de três meses a um ano e multa.

▶ Arts. 6º, IV, e 37 deste Código.

▶ Arts. 14 e 19 do Dec. nº 2.181, de 20-3-1997, que dispõe sobre a organização do Sistema Nacional de Defesa do Consumidor – SNDC, e estabelece normas gerais de aplicação das sanções administrativas previstas nesta Lei.

Parágrafo único. VETADO.

Art. 68. Fazer ou promover publicidade que sabe ou deveria saber ser capaz de induzir o consumidor a se comportar de forma prejudicial ou perigosa a sua saúde ou segurança:

Pena – Detenção de seis meses a dois anos e multa.

▶ Art. 37, § 2º, deste Código.

▶ Arts. 14 e 19 do Dec. nº 2.181, de 20-3-1997, que dispõe sobre a organização do Sistema Nacional de Defesa do Consumidor – SNDC, e estabelece normas gerais de aplicação das sanções administrativas previstas nesta Lei.

Parágrafo único. VETADO.

Art. 69. Deixar de organizar dados fáticos, técnicos e científicos que dão base à publicidade:

Pena – Detenção de um a seis meses ou multa.

▶ Arts. 36, parágrafo único, e 38 deste Código.

Art. 70. Empregar, na reparação de produtos, peças ou componentes de reposição usados, sem autorização do consumidor:

Pena – Detenção de três meses a um ano e multa.

▶ Arts. 21 e 32 deste Código.

Art. 71. Utilizar, na cobrança de dívidas, de ameaça, coação, constrangimento físico ou moral, afirmações falsas, incorretas ou enganosas ou de qualquer outro procedimento que exponha o consumidor, injustificadamente, a ridículo ou interfira com seu trabalho, descanso ou lazer:

▶ Arts. 146 e 147 do CP.

Pena – Detenção de três meses a um ano e multa.

▶ Art. 42 deste Código.

Art. 72. Impedir ou dificultar o acesso do consumidor às informações que sobre ele constem em cadastros, banco de dados, fichas e registros:

Pena – Detenção de seis meses a um ano ou multa.

▶ Art. 43 deste Código.

▶ Lei nº 12.414, de 9-6-2011 (Lei do Cadastro Positivo).

Art. 73. Deixar de corrigir imediatamente informação sobre consumidor constante de cadastro, banco de dados, fichas ou registros que sabe ou deveria saber ser inexata:

Pena – Detenção de um a seis meses ou multa.

▶ Súm. nº 548 do STJ.

Art. 74. Deixar de entregar ao consumidor o termo de garantia adequadamente preenchido e com especificação clara de seu conteúdo:

Pena – Detenção de um a seis meses ou multa.

▶ Arts. 24 e 50 deste Código.

Art. 75. Quem, de qualquer forma, concorrer para os crimes referidos neste Código incide nas penas a esses cominadas na medida de sua culpabilidade, bem como o diretor, administrador ou gerente da pessoa jurídica que promover, permitir ou por qualquer modo aprovar o fornecimento, oferta, exposição à venda ou manutenção em depósito de produtos ou a oferta e prestação de serviços nas condições por ele proibidas.

▶ Art. 29 do CP.

Art. 76. São circunstâncias agravantes dos crimes tipificados neste Código:

▶ Art. 61 do CP.

I – serem cometidos em época de grave crise econômica ou por ocasião de calamidade;

II – ocasionarem grave dano individual ou coletivo;

III – dissimular-se a natureza ilícita do procedimento;

IV – quando cometidos:

a) por servidor público, ou por pessoa cuja condição econômico-social seja manifestamente superior à da vítima;

b) em detrimento de operário ou rurícola; de menor de dezoito ou maior de sessenta anos ou de pessoas portadoras de deficiência mental, interditadas ou não;

V – serem praticados em operações que envolvam alimentos, medicamentos ou quaisquer outros produtos ou serviços essenciais.

Art. 77. A pena pecuniária prevista nesta Seção será fixada em dias-multa, correspondente ao mínimo e ao máximo de dias de duração da pena privativa da liberdade cominada ao crime. Na individualização desta multa, o juiz observará o disposto no artigo 60, § 1º, do Código Penal.

Art. 78. Além das penas privativas de liberdade e de multa, podem ser impostas, cumulativa ou alternadamente, observado o disposto nos artigos 44 a 47, do Código Penal:

I – a interdição temporária de direitos;

II – a publicação em órgãos de comunicação de grande circulação ou audiência, às expensas do condenado, de notícia sobre os fatos e a condenação;

III – a prestação de serviços à comunidade.

Art. 79. O valor da fiança, nas infrações de que trata este Código, será fixado pelo juiz, ou pela autoridade que presidir o inquérito, entre cem e duzentas mil vezes o valor do Bônus do Tesouro Nacional – BTN, ou índice equivalente que venha substituí-lo.

Parágrafo único. Se assim recomendar a situação econômica do indiciado ou réu, a fiança poderá ser:

a) reduzida até a metade de seu valor mínimo;

b) aumentada pelo juiz até vinte vezes.

Art. 80. No processo penal atinente aos crimes previstos neste Código, bem como a outros crimes e contravenções que envolvam relações de consumo, poderão intervir, como assistentes do Ministério Público, os legitimados indicados no artigo 82, incisos III e IV, aos quais também é facultado propor ação penal subsidiária, se a denúncia não for oferecida no prazo legal.

▶ Art. 5º, LIX, da CF.

TÍTULO III – DA DEFESA DO CONSUMIDOR EM JUÍZO

CAPÍTULO I – DISPOSIÇÕES GERAIS

▶ Art. 22, II, do CPC/2015.

▶ Lei nº 7.347, de 24-7-1985 (Lei da Ação Civil Pública).

Art. 81. A defesa dos interesses e direitos dos consumidores e das vítimas poderá ser exercida em juízo individualmente, ou a título coletivo.

Parágrafo único. A defesa coletiva será exercida quando se tratar de:

I – interesses ou direitos difusos, assim entendidos, para efeitos deste Código, os transindividuais, de natureza indivisível, de que sejam titulares pessoas indeterminadas e ligadas por circunstâncias de fato;

▶ Arts. 103, I, § 1º, e 104 deste Código.

II – interesses ou direitos coletivos, assim entendidos, para efeitos deste Código, os transindividuais de natureza indivisível de que seja titular grupo, categoria ou classe de pessoas ligadas entre si ou com a parte contrária por uma relação jurídica base;

▶ Arts. 103, II, § 1º, e 104 deste Código.

III – interesses ou direitos individuais homogêneos, assim entendidos os decorrentes de origem comum.

▶ Art. 103, III, e § 2º, deste Código.

Art. 82. Para os fins do artigo 81, parágrafo único, são legitimados concorrentemente:

▶ *Caput* com a redação dada pela Lei nº 9.008, de 21-3-1995.

▶ Art. 139, X, do CPC/2015.

▶ Arts. 91 e 98 deste Código.

I – o Ministério Público;

▶ Art. 129, III, da CF.

▶ Arts. 51, § 4º, 80 e 92 deste Código.

▶ Art. 177 do CPC/2015.

▶ Arts. 3º, VI, e 56, § 3º, do Dec. nº 2.181, de 20-3-1997, que dispõe sobre a organização do Sistema Nacional de Defesa do Consumidor – SNDC, e estabelece normas gerais de aplicação das sanções administrativas previstas nesta Lei.

II – a União, os Estados, os Municípios e o Distrito Federal;

III – as entidades e órgãos da administração pública, direta ou indireta, ainda que sem personalidade jurídica, especificamente destinados à defesa dos interesses e direitos protegidos por este Código;

▶ Art. 80 deste Código.

IV – as associações legalmente constituídas há pelo menos um ano e que incluam entre seus fins institucionais a defesa dos interesses e direitos protegidos por este Código, dispensada a autorização assemblear.

▶ Art. 5º, XXI e LXX, da CF.

▶ Art. 80 deste Código.

▶ Arts. 45 e 53 do CC.

▶ Art. 5º da Lei nº 7.347, de 24-7-1985 (Lei da Ação Civil Pública).

▶ Art. 7º da Lei nº 9.870, de 23-11-1999, que dispõe sobre o valor total das anuidades escolares.

▶ Art. 8º do Dec. nº 2.181, de 20-3-1997, que dispõe sobre a organização do Sistema Nacional de Defesa do Consumidor – SNDC, e estabelece normas gerais de aplicação das sanções administrativas previstas nesta Lei.

§ 1º O requisito da pré-constituição pode ser dispensado pelo juiz, nas ações previstas no artigo 91 e seguintes, quando haja manifesto interesse social evidenciado pela dimensão ou característica do dano, ou pela relevância do bem jurídico a ser protegido.

§§ 2º e 3º VETADOS.

Art. 83. Para a defesa dos direitos e interesses protegidos por este Código são admissíveis todas as espécies de ações capazes de propiciar sua adequada e efetiva tutela.

Parágrafo único. VETADO.

Art. 84. Na ação que tenha por objeto o cumprimento da obrigação de fazer ou não fazer, o juiz concederá a tutela específica da obrigação ou determinará providências que assegurem o resultado prático equivalente ao do adimplemento.

▶ Arts 35, I, e 48 deste Código.

▶ Arts. 497, 499, 500, 536, § 1º e 537, *caput*, e § 1º, do CPC/2015.

§ 1º A conversão da obrigação em perdas e danos somente será admissível se por elas optar o autor ou se impossível a tutela específica ou a obtenção do resultado prático correspondente.

§ 2º A indenização por perdas e danos se fará sem prejuízo da multa (artigo 287 do Código de Processo Civil).

▶ Refere-se ao CPC/1973.

§ 3º Sendo relevante o fundamento da demanda e havendo justificado receio de ineficácia do provimento final, é lícito ao juiz conceder a tutela liminarmente ou após justificação prévia, citado o réu.

▶ Arts. 303 e 305 do CPC/2015.

§ 4º O juiz poderá, na hipótese do § 3º ou na sentença, impor multa diária ao réu, independentemente de pedido do autor, se for suficiente ou compatível com a obrigação, fixando prazo razoável para o cumprimento do preceito.

▶ Art. 537 do CPC/2015.

§ 5º Para a tutela específica ou para a obtenção do resultado prático equivalente, poderá o juiz determinar as medidas necessárias, tais como busca e apreensão, remoção de coisas e pessoas, desfazimento de obra, impedimento de atividade nociva, além de requisição de força policial.

Arts. 85 e 86. VETADOS.

Art. 87. Nas ações coletivas de que trata este Código não haverá adiantamento de custas, emolumentos, honorários periciais e quaisquer outras despesas, nem condenação da associação autora, salvo comprovada má-fé, em honorários de advogados, custas e despesas processuais.

▸ Art. 18 da Lei nº 7.347, de 24-7-1985 (Lei da Ação Civil Pública).

Parágrafo único. Em caso de litigância de má-fé, a associação autora e os diretores responsáveis pela propositura da ação serão solidariamente condenados em honorários advocatícios e ao décuplo das custas, sem prejuízo da responsabilidade por perdas e danos.

▸ Arts. 402 a 405 do CC.

▸ Arts. 79 a 81, 82, § 2º, 84 e 85 do CPC/2015.

Art. 88. Na hipótese do artigo 13, parágrafo único deste Código, a ação de regresso poderá ser ajuizada em processo autônomo, facultada a possibilidade de prosseguir-se nos mesmos autos, vedada a denunciação da lide.

▸ Arts. 125 a 128, e 131, parágrafo único, do CPC/2015.

Art. 89. VETADO.

Art. 90. Aplicam-se às ações previstas neste Título as normas do Código de Processo Civil e da Lei nº 7.347, de 24 de julho de 1985, inclusive no que respeita ao inquérito civil, naquilo que não contrariar suas disposições.

▸ Art. 26, § 2º, III, deste Código.

▸ Art. 1.046, § 4º, do CPC/2015.

▸ Arts. 8º, § 1º, e 9º da Lei nº 7.347, de 24-7-1985 (Lei da Ação Civil Pública).

CAPÍTULO II

DAS AÇÕES COLETIVAS PARA A DEFESA DE INTERESSES INDIVIDUAIS HOMOGÊNEOS

Art. 91. Os legitimados de que trata o artigo 82 poderão propor, em nome próprio e no interesse das vítimas ou seus sucessores, ação civil coletiva de responsabilidade pelos danos individualmente sofridos, de acordo com o disposto nos artigos seguintes.

▸ Artigo com a redação dada pela Lei nº 9.008, de 21-3-1995.

▸ Art. 82, § 1º, deste Código.

▸ Art. 18 do CPC/2015.

Art. 92. O Ministério Público, se não ajuizar a ação, atuará sempre como fiscal da lei.

▸ Art. 82, I, deste Código.

▸ Art. 178, III, do CPC/2015.

Parágrafo único. VETADO.

Art. 93. Ressalvada a competência da justiça federal, é competente para a causa a justiça local:

▸ Art. 109, I, e § 2º, da CF.

▸ Art. 51 do CPC/2015.

I – no foro do lugar onde ocorreu ou deva ocorrer o dano, quando de âmbito local;

▸ Art. 53, IV, *a*, do CPC/2015.

II – no foro da Capital do Estado ou no do Distrito Federal, para os danos de âmbito nacional ou regional, aplicando-se as regras do Código de Processo Civil aos casos de competência concorrente.

▸ Arts. 57 e 58 do CPC/2015.

▸ Art. 2º da Lei nº 7.347, de 24-7-1985 (Lei da Ação Civil Pública).

Art. 94. Proposta a ação, será publicado edital no órgão oficial, a fim de que os interessados possam intervir no processo como litisconsortes, sem prejuízo de ampla divulgação pelos meios de comunicação social por parte dos órgãos de defesa do consumidor.

▸ Arts. 113 a 118 do CPC/2015.

▸ Art. 5º, § 2º, da Lei nº 7.347, de 24-7-1985 (Lei da Ação Civil Pública).

Art. 95. Em caso de procedência do pedido, a condenação será genérica, fixando a responsabilidade do réu pelos danos causados.

▸ Arts. 491, 509, 511 e 512 do CPC/2015.

Art. 96. VETADO.

Art. 97. A liquidação e a execução de sentença poderão ser promovidas pela vítima e seus sucessores, assim como pelos legitimados de que trata o artigo 82.

▸ Art. 103, § 3º, deste Código.

▸ Arts. 491, 509, I, II, §§ 2º e 4º, 510 a 513, 515, 516, 520 a 522, 524, VII, §§ 2º e 5º, 525, §§ 1º, 4º, 6º, 10 e 12, 527 e 533 do CPC/2015.

Parágrafo único. VETADO.

Art. 98. A execução poderá ser coletiva, sendo promovida pelos legitimados de que trata o artigo 82, abrangendo as vítimas cujas indenizações já tiverem sido fixadas em sentença de liquidação, sem prejuízo do ajuizamento de outras execuções.

▸ *Caput* com a redação dada pela Lei nº 9.008, de 21-3-1995.

▸ Art. 103, § 3º, deste Código.

§ 1º A execução coletiva far-se-á com base em certidão das sentenças de liquidação, da qual deverá constar a ocorrência ou não do trânsito em julgado.

§ 2º É competente para a execução o juízo:

I – da liquidação da sentença ou da ação condenatória, no caso de execução individual;

II – da ação condenatória, quando coletiva a execução.

Art. 99. Em caso de concurso de créditos decorrentes de condenação prevista na Lei nº 7.347, de 24 de julho de 1985, e de indenizações pelos prejuízos individuais resultantes do mesmo evento danoso, estas terão preferência no pagamento.

▸ Art. 103, § 3º, deste Código.

▸ Lei nº 7.347, de 24-7-1985 (Lei da Ação Civil Pública).

Parágrafo único. Para efeito do disposto neste artigo, a destinação da importância recolhida ao Fundo criado pela Lei nº 7.347, de 24 de julho de 1985, ficará sustada enquanto pendentes de decisão de segundo grau as ações de indenização pelos danos individuais, salvo na hipótese de o patrimônio do devedor ser manifestamente suficiente para responder pela integralidade das dívidas.

▸ Art. 13 da Lei nº 7.347, de 24-7-1985 (Lei da Ação Civil Pública), regulamentado pelo Dec. nº 1.306, de 9-11-1994.

Art. 100. Decorrido o prazo de um ano sem habilitação de interessados em número compatível com a gravidade do dano, poderão os legitimados do artigo 82 promover a liquidação e execução da indenização devida.

Parágrafo único. O produto da indenização devida reverterá para o Fundo criado pela Lei nº 7.347, de 24 de julho de 1985.

▸ Art. 13 da Lei nº 7.347, de 24-7-1985 (Lei da Ação Civil Pública), regulamentado pelo Dec. nº 1.306, de 9-11-1994.

▸ Art. 2º, III, do Dec. nº 1.306, de 9-11-1994, que regulamenta o Fundo de Defesa de Direitos Difusos.

CAPÍTULO III

DAS AÇÕES DE RESPONSABILIDADE DO FORNECEDOR DE PRODUTOS E SERVIÇOS

Art. 101. Na ação de responsabilidade civil do fornecedor de produtos e serviços, sem prejuízo do disposto nos Capítulos I e II deste Título, serão observadas as seguintes normas:

▸ Arts. 27 e 81 a 100 deste Código.

I – a ação pode ser proposta no domicílio do autor;

▸ Art. 22, II, do CPC/2015.

II – o réu que houver contratado seguro de responsabilidade poderá chamar ao processo o segurador, vedada a integração do contraditório pelo Instituto de Resseguros do Brasil. Nesta hipótese, a sentença que julgar procedente o pedido condenará o réu nos termos do artigo 80 do Código de Processo Civil. Se o réu houver sido declarado falido, o síndico será intimado a informar a existência de seguro de responsabilidade, facultando-se, em caso afirmativo, o ajuizamento de ação de indenização diretamente contra o segurador, vedada a denunciação da lide ao Instituto de Resseguros do Brasil e dispensado o litisconsórcio obrigatório com este.

▸ Refere-se ao CPC/1973.

▸ Arts. 130 a 132 do CPC/2015.

▸ Arts. 21 a 25 da Lei nº 11.101, de 9-2-2005 (Lei de Recuperação de Empresas e Falências).

Art. 102. Os legitimados a agir na forma deste Código poderão propor ação visando compelir o Poder Público competente a proibir, em todo o território nacional, a produção, divulgação, distribuição ou venda, ou a determinar alteração na composição, estrutura, fórmula ou acondicionamento de produto, cujo uso ou consumo regular se revele nocivo ou perigoso à saúde pública e à incolumidade pessoal.

▸ Art. 82 deste Código.

§§ 1º e 2º VETADOS.

CAPÍTULO IV

DA COISA JULGADA

Art. 103. Nas ações coletivas de que trata este Código, a sentença fará coisa julgada:

▸ Arts. 502 a 508 do CPC/2015.

I – *erga omnes*, exceto se o pedido for julgado improcedente por insuficiência de provas, hipótese em que qualquer legitimado poderá intentar outra ação, com idêntico fundamento, valendo-se de nova prova, na hipótese do inciso I do parágrafo único do artigo 81;

II – *ultra partes*, mas limitadamente ao grupo, categoria ou classe, salvo improcedência por insuficiência de provas, nos termos do inciso anterior, quando se tratar da hipótese prevista no inciso II do parágrafo único do artigo 81;

▸ Art. 104 deste Código.

III – *erga omnes*, apenas no caso de procedência do pedido, para beneficiar todas as vítimas e seus sucessores, na hipótese do inciso III do parágrafo único do artigo 81.

▸ Art. 104 deste Código.

§ 1º Os efeitos da coisa julgada previstos nos incisos I e II não prejudicarão interesses e direitos individuais dos integrantes da coletividade, do grupo, categoria ou classe.

§ 2º Na hipótese prevista no inciso III, em caso de improcedência do pedido, os interessados que não tiverem intervindo no processo como litisconsortes poderão propor ação de indenização a título individual.

§ 3º Os efeitos da coisa julgada de que cuida o artigo 16, combinado com o artigo 13 da Lei nº 7.347, de 24 de julho de 1985, não prejudicarão as ações de indenização por danos pessoalmente sofridos, propostas individualmente ou na forma prevista neste Código, mas, se procedente o pedido, beneficiarão as vítimas e seus sucessores, que poderão proceder à liquidação e à execução, nos termos dos artigos 96 a 99.

- O referido art. 96 foi vetado.
- Lei nº 7.347, de 24-7-1985 (Lei da Ação Civil Pública).

§ 4º Aplica-se o disposto no parágrafo anterior à sentença penal condenatória.

Art. 104. As ações coletivas, previstas nos incisos I e II do parágrafo único do artigo 81, não induzem litispendência para as ações individuais, mas os efeitos da coisa julgada *erga omnes* ou *ultra partes* a que aludem os incisos II e III do artigo anterior não beneficiarão os autores das ações individuais, se não for requerida sua suspensão no prazo de 30 (trinta) dias, a contar da ciência nos autos do ajuizamento da ação coletiva.

- Arts. 64 e 337 do CPC/2015.

CAPÍTULO V – DA CONCILIAÇÃO NO SUPERENDIVIDAMENTO

- Capítulo V acrescido pela Lei nº 14.181, de 1º-7-2021.

Art. 104-A. A requerimento do consumidor superendividado pessoa natural, o juiz poderá instaurar processo de repactuação de dívidas, com vistas à realização de audiência conciliatória, presidida por ele ou por conciliador credenciado no juízo, com a presença de todos os credores de dívidas previstas no art. 54-A deste Código, na qual o consumidor apresentará proposta de plano de pagamento com prazo máximo de 5 (cinco) anos, preservados o mínimo existencial, nos termos da regulamentação, e as garantias e as formas de pagamento originalmente pactuadas.

§ 1º Excluem-se do processo de repactuação as dívidas, ainda que decorrentes de relações de consumo, oriundas de contratos celebrados dolosamente sem o propósito de realizar pagamento, bem como as dívidas provenientes de contratos de crédito com garantia real, de financiamentos imobiliários e de crédito rural.

§ 2º O não comparecimento injustificado de qualquer credor, ou de seu procurador com poderes especiais e plenos para transigir, à audiência de conciliação de que trata o *caput* deste artigo acarretará a suspensão da exigibilidade do débito e a interrupção dos encargos da mora, bem como a sujeição compulsória ao plano de pagamento da dívida se o montante devido ao credor ausente for certo e conhecido pelo consumidor, devendo o pagamento a esse credor ser estipulado para ocorrer apenas após o pagamento aos credores presentes à audiência conciliatória.

§ 3º No caso de conciliação, com qualquer credor, a sentença judicial que homologar o acordo descreverá o plano de pagamento da dívida e terá eficácia de título executivo e força de coisa julgada.

§ 4º Constarão do plano de pagamento referido no § 3º deste artigo:

I – medidas de dilação dos prazos de pagamento e de redução dos encargos da dívida ou da remuneração do fornecedor, entre outras destinadas a facilitar o pagamento da dívida;

II – referência à suspensão ou à extinção das ações judiciais em curso;

III – data a partir da qual será providenciada a exclusão do consumidor de bancos de dados e de cadastros de inadimplentes;

IV – condicionamento de seus efeitos à abstenção, pelo consumidor, de condutas que importem no agravamento de sua situação de superendividamento.

§ 5º O pedido do consumidor a que se refere o *caput* deste artigo não importará em declaração de insolvência civil e poderá ser repetido somente após decorrido o prazo de 2 (dois) anos, contado da liquidação das obrigações previstas no plano de pagamento homologado, sem prejuízo de eventual repactuação.

Art. 104-B. Se não houver êxito na conciliação em relação a quaisquer credores, o juiz, a pedido do consumidor, instaurará processo por superendividamento para revisão e integração dos contratos e repactuação das dívidas remanescentes mediante plano judicial compulsório e procederá à citação de todos os credores cujos créditos não tenham integrado o acordo porventura celebrado.

§ 1º Serão considerados no processo por superendividamento, se for o caso, os documentos e as informações prestadas em audiência.

§ 2º No prazo de 15 (quinze) dias, os credores citados juntarão documentos e as razões da negativa de aceder ao plano voluntário ou de renegociar.

§ 3º O juiz poderá nomear administrador, desde que isso não onere as partes, o qual, no prazo de até 30 (trinta) dias, após cumpridas as diligências eventualmente necessárias, apresentará plano de pagamento que contemple medidas de temporização ou de atenuação dos encargos.

§ 4º O plano judicial compulsório assegurará aos credores, no mínimo, o valor do principal devido, corrigido monetariamente por índices oficiais de preço, e preverá a liquidação total da dívida, após a quitação do plano de pagamento consensual previsto no art. 104-A deste Código, em, no máximo, 5 (cinco) anos, sendo que a primeira parcela será devida no prazo máximo de 180 (cento e oitenta) dias, contado de sua homologação judicial, e o restante do saldo será devido em parcelas mensais iguais e sucessivas.

Art. 104-C. Compete concorrente e facultativamente aos órgãos públicos integrantes do Sistema Nacional de Defesa do Consumidor a fase conciliatória e preventiva do processo de repactuação de dívidas, nos moldes do art. 104-A deste Código, no que couber, com possibilidade de o processo ser regulado por convênios específicos celebrados entre os referidos órgãos e as instituições credoras ou suas associações.

§ 1º Em caso de conciliação administrativa para prevenir o superendividamento do consumidor pessoa natural, os órgãos públicos poderão promover, nas reclamações individuais, audiência global de conciliação com todos os credores e, em todos os casos, facilitar a elaboração de plano de pagamento, preservado o mínimo existencial, nos termos da regulamentação, sob a supervisão desses órgãos, sem prejuízo das demais atividades de reeducação financeira cabíveis.

§ 2º O acordo firmado perante os órgãos públicos de defesa do consumidor, em caso de superendividamento do consumidor pessoa natural, incluirá a data a partir da qual será providenciada a exclusão do consumidor de bancos de dados e de cadastros de inadimplentes, bem como o condicionamento de seus efeitos à abstenção, pelo consumidor, de condutas que importem no agravamento de sua situação de superendividamento, especialmente a de contrair novas dívidas.

- Arts. 104-A a 104-C acrescidos pela Lei nº 14.181, de 1º-7-2021.

TÍTULO IV – DO SISTEMA NACIONAL DE DEFESA DO CONSUMIDOR

Art. 105. Integram o Sistema Nacional de Defesa do Consumidor – SNDC os órgãos federais, estaduais, do Distrito Federal e municipais e as entidades privadas de defesa do consumidor.

- Art. 2º do Dec. nº 2.181, de 20-3-1997, que dispõe sobre a organização do Sistema Nacional de Defesa do Consumidor – SNDC, e estabelece normas gerais de aplicação das sanções administrativas previstas nesta Lei.

Art. 106. O Departamento Nacional de Defesa do Consumidor, da Secretaria Nacional de Direito Econômico-MJ, ou órgão federal que venha substituí-lo, é organismo de coordenação da política do Sistema Nacional de Defesa do Consumidor, cabendo-lhe:

- Art. 3º do Dec. nº 2.181, de 20-3-1997, que dispõe sobre a organização do Sistema Nacional de Defesa do Consumidor – SNDC, e estabelece normas gerais de aplicação das sanções administrativas previstas nesta Lei.

I – planejar, elaborar, propor, coordenar e executar a política nacional de proteção ao consumidor;

II – receber, analisar, avaliar e encaminhar consultas, denúncias ou sugestões apresentadas por entidades representativas ou pessoas jurídicas de direito público ou privado;

III – prestar aos consumidores orientação permanente sobre seus direitos e garantias;

IV – informar, conscientizar e motivar o consumidor através dos diferentes meios de comunicação;

V – solicitar à polícia judiciária a instauração de inquérito policial para a apreciação de delito contra os consumidores, nos termos da legislação vigente;

VI – representar ao Ministério Público competente para fins de adoção de medidas processuais no âmbito de suas atribuições;

VII – levar ao conhecimento dos órgãos competentes as infrações de ordem administrativa que violarem os interesses difusos, coletivos, ou individuais dos consumidores;

VIII – solicitar o concurso de órgãos e entidades da União, Estados, do Distrito Federal e Municípios, bem como auxiliar a fiscalização de preços, abastecimento, quantidade e segurança de bens e serviços;

IX – incentivar, inclusive com recursos financeiros e outros programas especiais, a formação de entidades de defesa do consumidor pela população e pelos órgãos públicos estaduais e municipais;

X a XII – VETADOS;

XIII – desenvolver outras atividades compatíveis com suas finalidades.

Parágrafo único. Para a consecução de seus objetivos, o Departamento Nacional de Defesa do Consumidor poderá solicitar o concurso de órgãos e entidades de notória especialização técnico-científica.

TÍTULO V – DA CONVENÇÃO COLETIVA DE CONSUMO

Art. 107. As entidades civis de consumidores e as associações de fornecedores ou sindicatos de categoria econômica podem regular, por convenção escrita, relações de consumo que tenham por objeto estabelecer condições relativas ao preço, à qualidade, à quantidade, à garantia e características de produtos e serviços, bem como à reclamação e composição do conflito de consumo.

§ 1º A convenção tornar-se-á obrigatória a partir do registro do instrumento no cartório de títulos e documentos.

§ 2º A convenção somente obrigará os filiados às entidades signatárias.

§ 3º Não se exime de cumprir a convenção o fornecedor que se desligar da entidade em data posterior ao registro do instrumento.

Art. 108. VETADO.

TÍTULO VI – DISPOSIÇÕES FINAIS

Art. 109. VETADO.

Art. 110. Acrescente-se o seguinte inciso IV ao artigo 1º da Lei nº 7.347, de 24 de julho de 1985:

▸ Alteração inserida no texto da referida Lei.

Art. 111. O inciso II do artigo 5º da Lei nº 7.347, de 24 de julho de 1985, passa a ter a seguinte redação:

▸ Alteração inserida no texto da referida Lei.

Art. 112. O § 3º do artigo 5º da Lei nº 7.347, de 24 de julho de 1985, passa a ter a seguinte redação:

▸ Alteração inserida no texto da referida Lei.

Art. 113. Acrescente-se os seguintes §§ 4º, 5º e 6º ao artigo 5º da Lei nº 7.347, de 24 de julho de 1985:

▸ Alteração inserida no texto da referida Lei.

Art. 114. O artigo 15 da Lei nº 7.347, de 24 de julho de 1985, passa a ter a seguinte redação:

▸ Alteração inserida no texto da referida Lei.

Art. 115. Suprima-se o *caput* do artigo 17 da Lei nº 7.347, de 24 de julho de 1985, passando o parágrafo único a constituir o *caput*, com a seguinte redação:

▸ Alteração inserida no texto da referida Lei.

▸ Artigo com a redação retificada no *DOU* de 10-1-2007.

Art. 116. Dê-se a seguinte redação ao artigo 18 da Lei nº 7.347, de 24 de julho de 1985:

▸ Alteração inserida no texto da referida Lei.

Art. 117. Acrescente-se à Lei nº 7.347, de 24 de julho de 1985, o seguinte dispositivo, renumerando-se os seguintes:

▸ Alteração inserida no texto da referida Lei.

Art. 118. Este Código entrará em vigor dentro de cento e oitenta dias a contar de sua publicação.

Art. 119. Revogam-se as disposições em contrário.

Brasília, 11 de setembro de 1990;
169º da Independência e
102º da República.

Fernando Collor

CÓDIGO TRIBUTÁRIO NACIONAL

ÍNDICE SISTEMÁTICO DO CÓDIGO TRIBUTÁRIO NACIONAL

(LEI Nº 5.172, DE 25-10-1966)

ÍNDICE ALFABÉTICO-REMISSIVO DO CÓDIGO TRIBUTÁRIO NACIONAL

(LEI Nº 5.172, DE 25-10-1966)

CÓDIGO TRIBUTÁRIO NACIONAL

LEI Nº 5.172, DE 25 DE OUTUBRO DE 1966

Dispõe sobre o Sistema Tributário Nacional e institui normas gerais de direito tributário aplicáveis à União, Estados e Municípios.

- Publicada no *DOU* de 27-10-1966 e retificada no *DOU* de 31-10-1966.
- Por versar sobre matéria de competência de lei complementar, o art. 7º do Ato Complementar nº 36, de 13-3-1967, atribuiu à Lei nº 5.172, de 25-10-1966, a denominação de Código Tributário Nacional.

O Presidente da República:

Faço saber que o Congresso Nacional decreta e eu sanciono a seguinte Lei:

DISPOSIÇÃO PRELIMINAR

Art. 1º Esta Lei regula, com fundamento na Emenda Constitucional nº 18, de 1º de dezembro de 1965, o sistema tributário nacional e estabelece, com fundamento no artigo 5º, XV, *b*, da Constituição Federal, as normas gerais de direito tributário aplicáveis à União, aos Estados, ao Distrito Federal e aos Municípios, sem prejuízo da respectiva legislação complementar, supletiva ou regulamentar.

- Refere-se à CF/1946, correspondendo ao art. 146 e incisos da CF/1988.

LIVRO PRIMEIRO – SISTEMA TRIBUTÁRIO NACIONAL

- Arts. 145 a 162 da CF.

TÍTULO I – DISPOSIÇÕES GERAIS

Art. 2º O sistema tributário nacional é regido pelo disposto na Emenda Constitucional nº 18, de 1º de dezembro de 1965, em leis complementares, em resoluções do Senado Federal e, nos limites das respectivas competências, em leis federais, nas Constituições e em leis estaduais, e em leis municipais.

- Arts. 5º, § 2º, e 145 a 162 da CF.
- Art. 96 deste Código.

Art. 3º Tributo é toda prestação pecuniária compulsória, em moeda ou cujo valor nela se possa exprimir, que não constitua sanção de ato ilícito, instituída em lei e cobrada mediante atividade administrativa plenamente vinculada.

- Arts. 186 a 188 e 927 do CC.
- Súm. nº 545 do STF.

Art. 4º A natureza jurídica específica do tributo é determinada pelo fato gerador da respectiva obrigação, sendo irrelevantes para qualificá-la:

- Arts. 114 a 118 deste Código.

I – a denominação e demais características formais adotadas pela lei;

II – a destinação legal do produto da sua arrecadação.

Art. 5º Os tributos são impostos, taxas e contribuições de melhoria.

- Arts. 145, 148 a 149-A, 154, 177, § 4º, 195 e 212, § 5º, da CF.
- Art. 56 do ADCT.

TÍTULO II – COMPETÊNCIA TRIBUTÁRIA

CAPÍTULO I – DISPOSIÇÕES GERAIS

Art. 6º A atribuição constitucional de competência tributária compreende a competência legislativa plena, ressalvadas as limitações contidas na Constituição Federal, nas Constituições dos Estados e nas Leis Orgânicas do Distrito Federal e dos Municípios, e observado o disposto nesta Lei.

Parágrafo único. Os tributos cuja receita seja distribuída, no todo ou em parte, a outras pessoas jurídicas de direito público pertencem à competência legislativa daquela a que tenham sido atribuídos.

- Arts. 146, I e II, e 150 a 156 da CF.
- Súm. nº 69 do STF.

Art. 7º A competência tributária é indelegável, salvo atribuição das funções de arrecadar ou fiscalizar tributos, ou de executar leis, serviços, atos ou decisões administrativas em matéria tributária, conferida por uma pessoa jurídica de direito público a outra, nos termos do § 3º do artigo 18 da Constituição.

- Refere-se à CF/1946.
- Art. 37, XXII, da CF.
- Art. 33, § 1º, da LC nº 123, de 14-12-2006 (Estatuto Nacional da Microempresa e da Empresa de Pequeno Porte).

§ 1º A atribuição compreende as garantias e os privilégios processuais que competem à pessoa jurídica de direito público que a conferir.

- Arts. 183 a 193 deste Código.

§ 2º A atribuição pode ser revogada, a qualquer tempo, por ato unilateral da pessoa jurídica de direito público que a tenha conferido.

§ 3º Não constitui delegação de competência o cometimento, a pessoas de direito privado, do encargo ou da função de arrecadar tributos.

Art. 8º O não exercício da competência tributária não a defere a pessoa jurídica de direito público diversa daquela a que a Constituição a tenha atribuído.

- Art. 11 da LC nº 101, de 4-5-2000 (Lei da Responsabilidade Fiscal).

CAPÍTULO II – LIMITAÇÕES DA COMPETÊNCIA TRIBUTÁRIA

- Arts. 150 a 152 da CF.

SEÇÃO I – DISPOSIÇÕES GERAIS

Art. 9º É vedado à União, aos Estados, ao Distrito Federal e aos Municípios:

I – instituir ou majorar tributos sem que a lei o estabeleça, ressalvado, quanto à majoração, o disposto nos artigos 21, 26 e 65;

- Arts. 5º, II, 150, I, e 153, § 4º, da CF.

II – cobrar imposto sobre o patrimônio e a renda com base em lei posterior à data inicial do exercício financeiro a que corresponda;

- Art. 150, III, da CF.

III – estabelecer limitações ao tráfego, no Território Nacional, de pessoas ou mercadorias, por meio de tributos interestaduais ou intermunicipais;

- Art. 150, V, da CF.

IV – cobrar impostos e a contribuição de que trata o inciso V do art. 195 da Constituição Federal sobre:

- Inciso IV com a redação dada pela LC nº 214, de 16-1-2025.

a) o patrimônio, a renda ou os serviços uns dos outros;

- Art. 150, VI, §§ 2º e 3º, da CF.
- Arts. 12 e 13 deste Código.

b) entidades religiosas e templos de qualquer culto, inclusive suas organizações assistenciais e beneficentes;

- Alínea *b* com a redação dada pela LC nº 214, de 16-1-2025.
- Art. 150, VI, *b*, da CF.

c) o patrimônio, a renda ou serviços dos partidos políticos, inclusive suas fundações, das entidades sindicais dos trabalhadores, das instituições de educação e de assistência social, sem fins lucrativos, observados os requisitos fixados na Seção II deste Capítulo;

- Alínea *c* com a redação dada pela LC nº 104, de 10-1-2001.
- Arts. 150, VI, §§ 1º e 2º, e 195, § 7º, da CF.
- Art. 14, § 2º, deste Código.

d) papel destinado exclusivamente à impressão de jornais, periódicos e livros.

- Art. 150, VI, §§ 1º a 4º, da CF.
- Art. 1º da Lei nº 11.945, de 4-6-2009, que institui o Registro Especial na RFB para comercialização e importação de papel destinado à impressão.

§ 1º O disposto no inciso IV não exclui a atribuição, por lei, às entidades nele referidas, da condição de responsáveis pelos tributos que lhes caiba reter na fonte, e não as dispensa da prática de atos, previstos em lei, assecuratórios do cumprimento de obrigações tributárias por terceiros.

§ 2º O disposto na alínea *a* do inciso IV aplica-se, exclusivamente, aos serviços próprios das pessoas jurídicas de direito público a que se refere este artigo, e inerentes aos seus objetivos.

- Art. 12 deste Código.

Art. 10. É vedado à União instituir tributo que não seja uniforme em todo o Território Nacional, ou que importe distinção ou preferência em favor de determinado Estado ou Município.

- Arts. 150, II, e 151, I, da CF.

Art. 11. É vedado aos Estados, ao Distrito Federal e aos Municípios estabelecer diferença tributária entre bens de qualquer natureza, em razão da sua procedência ou do seu destino.

- Art. 152 da CF.

SEÇÃO II – DISPOSIÇÕES ESPECIAIS

Art. 12. O disposto na alínea *a* do inciso IV do artigo 9º, observado o disposto nos seus §§ 1º e 2º, é extensivo às autarquias criadas pela União, pelos Estados, pelo Distrito Federal, ou pelos Municípios, tão somente no que se refere ao patrimônio, à renda ou aos serviços vinculados às suas finalidades essenciais, ou delas decorrentes.

- Arts. 37, XIX, e 150, §§ 2º e 3º, da CF.
- Súmulas nºs 73, 75, 336 e 583 do STF.

Art. 13. O disposto na alínea *a* do inciso IV do artigo 9º não se aplica aos serviços públicos concedidos, cujo tratamento tributário é estabelecido pelo poder concedente, no que se refere aos tributos de sua competência, ressalvado o que dispõe o parágrafo único.

- Arts. 150, § 3º, e 173, § 1º, da CF.

Parágrafo único. Mediante lei especial e tendo em vista o interesse comum, a União pode instituir isenção de tributos federais, estaduais e municipais para os serviços públicos que conceder, observado o disposto no § 1º do artigo 9º.

- Arts. 150, § 6º, e 151, III, da CF.

Art. 14. O disposto na alínea *c* do inciso IV do artigo 9º é subordinado à observância dos seguintes requisitos pelas entidades nele referidas:

- Art. 32, § 1º, da Lei nº 9.430, de 27-12-1996, que dispõe sobre a legislação tributária federal, as contribuições para a seguridade social e o processo administrativo de consulta.

I – não distribuírem qualquer parcela de seu patrimônio ou de suas rendas, a qualquer título;

- Inciso I com a redação dada pela LC nº 104, de 10-1-2001.

II – aplicarem integralmente, no País, os seus recursos na manutenção dos seus objetivos institucionais;

III – manterem escrituração de suas receitas e despesas em livros revestidos de formalidades capazes de assegurar sua exatidão.

§ 1º Na falta de cumprimento do disposto neste artigo, ou no § 1º do artigo 9º, a autoridade competente pode suspender a aplicação do benefício.

§ 2º Os serviços a que se refere a alínea *c* do inciso IV do artigo 9º são exclusivamente os diretamente relacionados com os objetivos institucionais das entidades de que trata este artigo, previsto nos respectivos estatutos ou atos constitutivos.

- Art. 150, § 4º, da CF.

Art. 15. Somente a União, nos seguintes casos excepcionais, pode instituir empréstimos compulsórios:

I – guerra externa, ou sua iminência;

II – calamidade pública que exija auxílio federal impossível de atender com os recursos orçamentários disponíveis;

III – conjuntura que exija a absorção temporária de poder aquisitivo.

- Art. 148 da CF.
- Súm. nº 236 do TFR.

Parágrafo único. A lei fixará obrigatoriamente o prazo do empréstimo e as condições de seu resgate, observando, no que for aplicável, o disposto nesta Lei.

- Súm. nº 418 do STF.
- Súm. nº 236 do TFR.

TÍTULO III – IMPOSTOS

CAPÍTULO I
DISPOSIÇÕES GERAIS

Art. 16. Imposto é o tributo cuja obrigação tem por fato gerador uma situação independente de qualquer atividade estatal específica, relativa ao contribuinte.

Art. 17. Os impostos componentes do sistema tributário nacional são exclusivamente os que constam deste Título, com as competências e limitações nele previstas.

- Arts. 146, III, *a*, e 153 a 156 da CF.
- Art. 217 deste Código.

Art. 18. Compete:

I – à União instituir, nos Territórios Federais, os impostos atribuídos aos Estados e, se aqueles não forem divididos em Municípios, cumulativamente, os atribuídos a estes;

- O último território, o de Fernando de Noronha, já foi abolido.

II – ao Distrito Federal e aos Estados não divididos em Municípios instituir, cumulativamente, os impostos atribuídos aos Estados e aos Municípios.

- Arts. 147, 155 e 156 da CF.

Art. 18-A. Para fins da incidência do imposto de que trata o inciso II do *caput* do art. 155 da Constituição Federal, os combustíveis, o gás natural, a energia elétrica, as comunicações e o transporte coletivo são considerados bens e serviços essenciais e indispensáveis, que não podem ser tratados como supérfluos.

- *Caput* do art. 18-A acrescido pela LC nº 194, de 23-6-2022.

Parágrafo único. Para efeito do disposto neste artigo:

- *Caput* do parágrafo único acrescido pela LC nº 194, de 23-6-2022.

I – é vedada a fixação de alíquotas sobre as operações referidas no *caput* deste artigo em patamar superior ao das operações em geral, considerada a essencialidade dos bens e serviços;

II – é facultada ao ente federativo competente a aplicação de alíquotas reduzidas em relação aos bens referidos no *caput* deste artigo, como forma de beneficiar os consumidores em geral; e

- Incisos I e II acrescidos pela LC nº 194, de 23-6-2022.

III – *Revogado.* LC nº 201, de 24-10-2023.

CAPÍTULO II
IMPOSTOS SOBRE O COMÉRCIO EXTERIOR

Seção I
IMPOSTO SOBRE A IMPORTAÇÃO

- Lei nº 10.755, de 3-11-2003, estabelece multa em operações de importação.

Art. 19. O imposto, de competência da União, sobre a importação de produtos estrangeiros tem como fato gerador a entrada destes no Território Nacional.

- Arts. 150, § 1º, e 153, I, e § 1º, da CF.
- Art. 74, II, deste Código.
- Lei nº 5.314, de 11-9-1967, dispõe sobre a fiscalização de mercadorias estrangeiras.
- Lei nº 7.810, de 30-8-1989, dispõe sobre a redução de impostos na importação.
- Lei nº 8.010, de 29-3-1990, dispõe sobre importações de bens destinados à pesquisa científica e tecnológica.
- Lei nº 8.032, de 12-4-1990, dispõe sobre a isenção ou redução de impostos de importação.
- Lei nº 8.085, de 23-10-1990, dispõe sobre a isenção do Imposto de Importação.
- Lei nº 8.961, de 23-10-1990, dispõe sobre o Imposto de Importação.
- Lei nº 9.449, de 14-3-1997, reduz o Imposto de Importação para os produtos que especifica.
- Arts. 1º, 17, 20 e 23, parágrafo único, do Dec.-lei nº 37, de 18-11-1966 (Lei do Imposto de Importação).
- Dec.-lei nº 1.427, de 2-12-1975, estabelece condição para a emissão de guia de importação e cria o registro do importador.
- Súmulas nºs 89, 132, 142, 302, 308, 404, 534, 577 e 582 do STF.
- Súmulas nºs 4 a 6, 27, 80 e 165 do TFR.

Art. 20. A base de cálculo do imposto é:

I – quando a alíquota seja específica, a unidade de medida adotada pela lei tributária;

- Art. 2º, I, do Dec.-lei nº 37, de 18-11-1966 (Lei do Imposto de Importação).

II – quando a alíquota seja *ad valorem*, o preço normal que o produto, ou seu similar, alcançaria, ao tempo da importação, em uma venda em condições de livre concorrência, para entrega no porto ou lugar de entrada do produto no País;

- Arts. 2º, II, e 17 a 21 do Dec.-lei nº 37, de 18-11-1966 (Lei do Imposto de Importação).
- Súm. nº 97 do TFR.
- Súm. nº 124 do STJ.

III – quando se trate de produto apreendido ou abandonado, levado a leilão, o preço da arrematação.

- Arts. 1.204 e 1.263 do CC.
- Art. 2º do Dec.-lei nº 37, de 18-11-1966 (Lei do Imposto de Importação).

Art. 21. O Poder Executivo pode, nas condições e nos limites estabelecidos em lei, alterar as alíquotas ou as bases de cálculo do imposto, a fim de ajustá-lo aos objetivos da política cambial e do comércio exterior.

- Art. 153, § 1º, da CF, recepciona em parte este dispositivo.
- Arts. 9º, I, e 97, I, II e IV, deste Código.
- Dec.-lei nº 2.479, de 3-10-1988, dispõe sobre redução de impostos de importação de bens.

Art. 22. Contribuinte do imposto é:

I – o importador ou quem a lei a ele equiparar;

- Arts. 31, 32 e parágrafo único, do Dec.-lei nº 37, de 18-11-1966 (Lei do Imposto de Importação).
- Dec. nº 4.543, de 26-12-2002, regulamenta a administração das atividades aduaneiras, e a fiscalização, o controle e a tributação das operações de comércio exterior.

II – o arrematante de produtos apreendidos ou abandonados.

Seção II
IMPOSTO SOBRE A EXPORTAÇÃO

- Lei nº 9.818, de 23-8-1999, cria o Fundo de Garantia à Exportação – FGE.
- Lei nº 10.184, de 12-2-2001, dispõe sobre a concessão de financiamento vinculado à exportação de bens ou serviços nacionais.
- Dec.-lei nº 1.578, de 11-10-1977, dispõe sobre o imposto de exportação.

Art. 23. O imposto, de competência da União, sobre a exportação, para o estrangeiro, de produtos nacionais ou nacionalizados tem como fato gerador a saída destes do Território Nacional.

- Arts. 62, § 2º, e 153, II, § 1º, da CF.
- Art. 1º do Dec.-lei nº 1.578, de 11-10-1977, que dispõe sobre o Imposto de Exportação.
- Dec. nº 4.543, de 26-12-2002, regulamenta a administração das atividades aduaneiras, e a fiscalização, o controle e a tributação das operações de comércio exterior.
- Súm. nº 129 do STJ.

Art. 24. A base de cálculo do imposto é:

- Art. 1º do Dec.-lei nº 1.578, de 11-10-1977, que dispõe sobre o Imposto de Exportação.

I – quando a alíquota seja específica, a unidade de medida adotada pela lei tributária;

II – quando a alíquota seja *ad valorem*, o preço normal que o produto, ou seu similar, alcançaria, ao tempo da exportação, em uma venda em condições de livre concorrência.

Parágrafo único. Para os efeitos do inciso II, considera-se a entrega como efetuada no porto ou lugar da saída do produto, deduzidos os tributos diretamente incidentes sobre a operação de exportação e, nas vendas efetuadas a prazo superior aos correntes no mercado internacional, o custo do financiamento.

Art. 25. A lei pode adotar como base de cálculo a parcela do valor ou do preço, referidos no artigo anterior, excedente de valor básico, fixado de acordo com os critérios e dentro dos limites por ela estabelecidos.

- Art. 2º do Dec.-lei nº 1.578, de 11-10-1977, que dispõe sobre o imposto de exportação.

Art. 26. O Poder Executivo pode, nas condições e nos limites estabelecidos em lei, alterar as alíquotas ou as bases de cálculo do imposto, a fim de ajustá-lo aos objetivos da política cambial e do comércio exterior.

- Art. 153, § 1º, da CF.
- Arts. 9º, I, e 97, II e IV, deste Código.
- Arts. 2º e 3º, parágrafo único, do Dec.-lei nº 1.578, de 11-10-1977, que dispõe sobre o imposto de exportação.

Art. 27. Contribuinte do imposto é o exportador ou quem a lei a ele equiparar.

- Art. 5º do Dec.-lei nº 1.578, de 11-10-1977, que dispõe sobre o imposto de exportação.

Art. 28. A receita líquida do imposto destina-se à formação de reservas monetárias, na forma da lei.

- Art. 28 do Dec.-lei nº 1.578, de 11-10-1977, que dispõe sobre o imposto de exportação.

CAPÍTULO III
IMPOSTOS SOBRE O PATRIMÔNIO E A RENDA

SEÇÃO I
IMPOSTO SOBRE A PROPRIEDADE TERRITORIAL RURAL

Art. 29. O imposto, de competência da União, sobre a propriedade territorial rural tem como fato gerador a propriedade, o domínio útil ou a posse de imóvel por natureza, como definido na lei civil, localizado fora da zona urbana do Município.

- Arts. 153, VI, § 4º, 186 e 191 da CF.
- Art. 32, § 1º, deste Código.
- Arts. 1.196, 1.228, 1.245 e 1.473 do CC.
- Art. 47 e segs. da Lei nº 4.504, de 30-11-1964 (Estatuto da Terra).
- Arts. 5º e 7º da Lei nº 5.868, de 12-12-1972, que dispõe sobre o Sistema Nacional de Cadastro Rural.
- Lei nº 8.847, de 28-1-1994, dispõe sobre o ITR.
- Lei nº 9.393, de 19-12-1996, dispõe sobre o ITR e sobre o pagamento da dívida representada por TDA.
- Lei nº 12.651, de 25-5-2012 (Novo Código Florestal).
- Arts. 8º a 10 do Dec.-lei nº 57, de 18-11-1966, que altera dispositivos sobre lançamento e cobrança do ITR e institui normas sobre arrecadação da dívida ativa correspondente.
- Súm. nº 139 do STJ.

Art. 30. A base do cálculo do imposto é o valor fundiário.

- Art. 50 da Lei nº 4.504, de 30-11-1964 (Estatuto da Terra).
- Art. 1º da Lei nº 9.393, de 19-12-1996, que dispõe sobre o ITR e sobre o pagamento da dívida representada por TDA.

Art. 31. Contribuinte do imposto é o proprietário do imóvel, o titular de seu domínio útil, ou o seu possuidor a qualquer título.

SEÇÃO II
IMPOSTO SOBRE A PROPRIEDADE PREDIAL E TERRITORIAL URBANA

Art. 32. O imposto, de competência dos Municípios, sobre a propriedade predial e territorial urbana tem como fato gerador a propriedade, o domínio útil ou a posse de bem imóvel por natureza ou por acessão física, como definido na lei civil, localizado na zona urbana do Município.

- Arts. 156, I, e 182, § 4º, II, da CF.
- Arts. 79, 1.196, 1.228, 1.248 e 1.473 do CC.
- Art. 7º da Lei nº 10.257, de 10-7-2001 (Estatuto da Cidade).
- Súm. nº 724 do STF.
- Súm. nº 397 do STJ.

§ 1º Para os efeitos deste imposto, entende-se como zona urbana a definida em lei municipal, observado o requisito mínimo da existência de melhoramentos indicados em pelo menos dois dos incisos seguintes, construídos ou mantidos pelo Poder Público:

I – meio-fio ou calçamento, com canalização de águas pluviais;

II – abastecimento de água;

III – sistema de esgotos sanitários;

IV – rede de iluminação pública, com ou sem posteamento para distribuição domiciliar;

V – escola primária ou posto de saúde a uma distância máxima de três quilômetros do imóvel considerado.

§ 2º A lei municipal pode considerar urbanas as áreas urbanizáveis, ou de expansão urbana, constantes de loteamentos aprovados pelos órgãos competentes, destinados à habitação, à indústria ou ao comércio, mesmo que localizados fora das zonas definidas nos termos do parágrafo anterior.

- Lei nº 6.766, de 19-12-1979 (Lei do Parcelamento do Solo).

Art. 33. A base do cálculo do imposto é o valor venal do imóvel.

Parágrafo único. Na determinação da base de cálculo, não se considera o valor dos bens móveis mantidos, em caráter permanente ou temporário, no imóvel, para efeito de sua utilização, exploração, aformoseamento ou comodidade.

- Arts. 156, § 1º, e 182, §§ 2º e 4º, II, da CF.
- Súmulas nºs 539, 589 e 668 do STF.
- Súm. nº 160 do STJ.

Art. 34. Contribuinte do imposto é o proprietário do imóvel, o titular do seu domínio útil, ou o seu possuidor a qualquer título.

- Arts. 156, § 1º, e 182, § 4º, da CF.
- Súmulas nºs 74, 75, 539, 583, 668 e 724 do STF.
- Súm. nº 399 do STJ.

SEÇÃO III
IMPOSTO SOBRE A TRANSMISSÃO DE BENS IMÓVEIS E DE DIREITOS A ELES RELATIVOS

Art. 35. O imposto, de competência dos Estados, sobre a transmissão de bens imóveis e de direitos a eles relativos tem como fato gerador:

- Arts. 155, I, § 1º, e 156, II, § 2º, da CF.
- Súmulas nºs 75 e 656 do STF.

I – a transmissão, a qualquer título, da propriedade ou do domínio útil de bens imóveis, por natureza ou por acessão física, como definidos na lei civil;

- Art. 156, I, da CF.
- Arts. 79, 80, 1.196, 1.228, 1.248 e 1.473 do CC.
- Lei nº 6.766, de 19-12-1979 (Lei do Parcelamento do Solo).
- Súmulas nºs 328 e 329 do STF.

II – a transmissão, a qualquer título, de direitos reais sobre imóveis, exceto os direitos reais de garantia;

- Art. 156, II, da CF.
- Arts. 1.225, 1.245, 1.378, 1.410, III, 1.414 e 1.419 do CC.

III – a cessão de direitos relativos às transmissões referidas nos incisos I e II.

Parágrafo único. Nas transmissões *causa mortis*, ocorrem tantos fatos geradores distintos quantos sejam os herdeiros ou legatários.

- Arts. 79 a 81, 1.225, 1.228, 1.229, 1.231, 1.232, 1.245, 1.248, 1.282, 1.473 e 1.784 do CC.
- Súmulas nºs 108, 110 a 115, 326 a 331, 435, 470 e 590 do STF.

Art. 36. Ressalvado o disposto no artigo seguinte, o imposto não incide sobre a transmissão dos bens ou direitos referidos no artigo anterior:

I – quando efetuada para sua incorporação ao patrimônio de pessoa jurídica em pagamento de capital nela subscrito;

II – quando decorrente da incorporação ou da fusão de uma pessoa jurídica por outra ou com outra.

Parágrafo único. O imposto não incide sobre a transmissão aos mesmos alienantes, dos bens e direitos adquiridos na forma do inciso I deste artigo, em decorrência da sua desincorporação do patrimônio da pessoa jurídica a que foram conferidos.

- Art. 156, § 2º, I, da CF.
- Art. 1.245 do CC.
- Arts. 223, 227 e 228 da Lei nº 6.404, de 15-12-1976 (Lei das Sociedades por Ações).

Art. 37. O disposto no artigo anterior não se aplica quando a pessoa jurídica adquirente tenha como atividade preponderante a venda ou locação de propriedade imobiliária ou a cessão de direitos relativos à sua aquisição.

- Art. 156, § 2º, I, *in fine*, § 3º, da CF.

§ 1º Considera-se caracterizada a atividade preponderante referida neste artigo quando mais de cinquenta por cento da receita operacional da pessoa jurídica adquirente, nos dois anos anteriores e nos dois anos subsequentes à aquisição, decorrer de transações mencionadas neste artigo.

§ 2º Se a pessoa jurídica adquirente iniciar suas atividades após a aquisição, ou menos de dois anos antes dela, apurar-se-á a preponderância referida no parágrafo anterior, levando em conta os três primeiros anos seguintes à data da aquisição.

§ 3º Verificada a preponderância referida neste artigo, tornar-se-á devido o imposto, nos termos da lei vigente à data da aquisição, sobre o valor do bem ou direito nessa data.

§ 4º O disposto neste artigo não se aplica à transmissão de bens ou direitos, quando realizada em conjunto com a da totalidade do patrimônio da pessoa jurídica alienante.

- Arts. 481, 565 e 1.245 do CC.
- Lei nº 4.591, de 16-12-1964 (Lei do Condomínio e Incorporações).

- Lei nº 6.120, de 15-10-1974, dispõe sobre alienação de bens imóveis de instituições federais de ensino.
- Lei nº 9.636, de 15-5-1998, dispõe sobre a regularização, administração, aforamento e alienação de bens imóveis de domínio da União, regulamentada pelo Dec. nº 3.725, de 10-1-2001.
- Dec.-lei nº 9.760, de 5-9-1946 (Lei dos Bens Imóveis da União).
- Súmulas nºs 75, 108, 110, 111, 113, 326, 328, 329, 470 e 590 do STF.
- Súm. nº 132 do TFR.

Art. 38. A base de cálculo do imposto é o valor venal dos bens ou direitos transmitidos.

- Arts. 79 e 80 do CC.

Art. 39. A alíquota do imposto não excederá os limites fixados em resolução do Senado Federal, que distinguirá, para efeito de aplicação de alíquota mais baixa, as transmissões que atendam à política nacional de habitação.

- Artigo parcialmente recepcionado pelo art. 155, § 1º, IV, da CF.
- Art. 97, II e IV, deste Código.
- Súm. nº 656 do STF.

Art. 40. O montante do imposto é dedutível do devido à União, a título do imposto de que trata o artigo 43, sobre o provento decorrente da mesma transmissão.

Art. 41. O imposto compete ao Estado da situação do imóvel transmitido, ou sobre que versarem os direitos cedidos, mesmo que a mutação patrimonial decorra de sucessão aberta no estrangeiro.

- Art. 155, § 1º, III, *a* e *b*, da CF.
- Arts. 1.784 e 1.786 do CC.

Art. 42. Contribuinte do imposto é qualquer das partes na operação tributada, como dispuser a lei.

- Súmulas nºs 75 e 108 do STF.

Seção IV
IMPOSTO SOBRE A RENDA E PROVENTOS DE QUALQUER NATUREZA

Art. 43. O imposto, de competência da União, sobre a renda e proventos de qualquer natureza tem como fato gerador a aquisição da disponibilidade econômica ou jurídica:

- Art. 153, III, § 2º, I, da CF.
- Lei nº 4.506, de 30-11-1964, dispõe sobre o IR.
- Lei nº 9.249, de 26-12-1995, altera a legislação do IR das pessoas jurídicas, bem como da contribuição social sobre o lucro líquido.
- Lei nº 9.250, de 26-12-1995, altera a legislação do IR das pessoas físicas.
- Súmulas nºs 447 e 498 do STJ.

I – de renda, assim entendido o produto do capital, do trabalho ou da combinação de ambos;

- Súmulas nºs 125, 136, 184, 215, 262, 386 e 463 do STJ.

II – de proventos de qualquer natureza, assim entendidos os acréscimos patrimoniais não compreendidos no inciso anterior.

- Art. 153, § 2º, II, da CF.
- Súmulas nºs 93, 94, 96 a 99 e 587 do STF.
- Súmulas nºs 39, 76, 100, 101 e 174 do TFR.
- Súmulas nºs 125 e 136 do STJ.

§ 1º A incidência do imposto independe da denominação da receita ou do rendimento, da localização, condição jurídica ou nacionalidade da fonte, da origem e da forma de percepção.

§ 2º Na hipótese de receita ou de rendimento oriundos do exterior, a lei estabelecerá as condições e o momento em que se dará sua disponibilidade, para fins de incidência do imposto referido neste artigo.

- §§ 1º e 2º acrescidos pela LC nº 104, de 10-1-2001.

Art. 44. A base de cálculo do imposto é o montante, real, arbitrado ou presumido, da renda ou dos proventos tributáveis.

- Súm. nº 584 do STF.
- Súmulas nºs 130 e 182 do TFR.

Art. 45. Contribuinte do imposto é o titular da disponibilidade a que se refere o artigo 43, sem prejuízo de atribuir a lei essa condição ao possuidor, a qualquer título, dos bens produtores de renda ou dos proventos tributáveis.

Parágrafo único. A lei pode atribuir à fonte pagadora da renda ou dos proventos tributáveis a condição de responsável pelo imposto cuja retenção e recolhimento lhe caibam.

- Lei nº 7.751, de 14-4-1989, dispõe sobre incidência de IR na fonte, decorrentes de aplicações financeiras.
- Lei nº 7.782, de 27-6-1989, dispõe sobre incidência de IR na fonte.
- Art. 36 da Lei nº 8.541, de 23-12-1992, que altera a legislação do IR.
- Súm. nº 447 do STJ.

CAPÍTULO IV
IMPOSTOS SOBRE A PRODUÇÃO E A CIRCULAÇÃO

Seção I
IMPOSTO SOBRE PRODUTOS INDUSTRIALIZADOS

- Dec. nº 7.212, de 15-6-2010, regulamenta a cobrança, fiscalização, arrecadação e administração do Imposto sobre Produtos Industrializados – IPI.

Art. 46. O imposto, de competência da União, sobre produtos industrializados tem como fato gerador:

- Dec. 7.660, de 23-12-2011, aprova a Tabela de Incidência do Imposto sobre Produtos Industrializados – TIPI.

I – o seu desembaraço aduaneiro, quando de procedência estrangeira;

II – a sua saída dos estabelecimentos a que se refere o parágrafo único do artigo 51;

III – a sua arrematação, quando apreendido ou abandonado e levado a leilão.

Parágrafo único. Para os efeitos deste imposto, considera-se industrializado o produto que tenha sido submetido a qualquer operação que lhe modifique a natureza ou a finalidade, ou o aperfeiçoe para o consumo.

- Art. 153, IV, e §§ 1º e 3º, da CF.
- Arts. 74, I, e 83 e 86 deste Código.
- Lei nº 4.502, de 30-11-1964, dispõe sobre o Imposto de Consumo.
- Lei nº 7.798, de 10-7-1989, dispõe sobre o IPI.
- Lei nº 8.989, de 24-2-1995, dispõe sobre isenção na aquisição de automóveis destinados ao transporte autônomo de passageiros e ao uso de portadores de deficiência física, regulamentada pela Lei nº 10.182, de 12-2-2001.
- Art. 4º do Dec.-lei nº 1.199, de 27-12-1971, que altera a Nomenclatura Brasileira de Mercadorias (NBM), a Tarifa Aduaneira do Brasil (TAB) e a legislação do Imposto sobre Produtos Industrializados.
- Dec. nº 6.006, de 28-12-2006, aprova a Tabela de Incidência do Imposto sobre Produtos Industrializados – TIPI.
- Dec. nº 7.212, de 15-6-2010, regulamenta a cobrança, fiscalização, arrecadação e administração do Imposto sobre Produtos Industrializados – IPI.
- Súmulas nºs 536 e 591 do STF.
- Súmulas nºs 43, 81 e 103 do TFR.
- Súm. nº 95 do STJ.

Art. 47. A base de cálculo do imposto é:

I – no caso do inciso I do artigo anterior, o preço normal, como definido no inciso II do artigo 20, acrescido do montante:

a) do Imposto sobre a Importação;

b) das taxas exigidas para entrada do produto no País;

c) dos encargos cambiais efetivamente pagos pelo importador ou dele exigíveis;

II – no caso do inciso II do artigo anterior:

a) o valor da operação de que decorrer a saída da mercadoria;

b) na falta do valor a que se refere a alínea anterior, o preço corrente da mercadoria, ou sua similar, no mercado atacadista da praça do remetente;

III – no caso do inciso III do artigo anterior, o preço da arrematação.

Art. 48. O imposto é seletivo em função da essencialidade dos produtos.

- Art. 153, § 3º, I, da CF.
- Dec. 7.660, de 23-12-2011, aprova a Tabela de Incidência do Imposto sobre Produtos Industrializados – TIPI.

Art. 49. O imposto é não cumulativo, dispondo a lei de forma que o montante devido resulte da diferença a maior, em determinado período, entre o imposto referente aos produtos saídos do estabelecimento e o pago relativamente aos produtos nele entrados.

Parágrafo único. O saldo verificado, em determinado período, em favor do contribuinte, transfere-se para o período ou períodos seguintes.

- Art. 153, § 3º, II, da CF.

Art. 50. Os produtos sujeitos ao imposto, quando remetidos de um para outro Estado, ou do ou para o Distrito Federal, serão acompanhados de nota fiscal de modelo especial, emitida em séries próprias e contendo, além dos elementos necessários ao controle fiscal, os dados indispensáveis à elaboração da estatística do comércio por cabotagem e demais vias internas.

Art. 51. Contribuinte do imposto é:

I – o importador ou quem a lei a ele equiparar;

II – o industrial ou quem a lei a ele equiparar;

III – o comerciante de produtos sujeitos ao imposto, que os forneça aos contribuintes definidos no inciso anterior;

IV – o arrematante de produtos apreendidos ou abandonados, levados a leilão.

Parágrafo único. Para os efeitos deste imposto, considera-se contribuinte autônomo qualquer estabelecimento de importador, industrial, comerciante ou arrematante.

- Art. 46, II, deste Código.

Seção II
IMPOSTO ESTADUAL SOBRE OPERAÇÕES RELATIVAS À CIRCULAÇÃO DE MERCADORIAS

- Art. 155, II, § 2º, da CF.
- Dec.-lei nº 406, de 31-12-1968, estabelece normas gerais de direito financeiro, aplicáveis ao ICM e ISS.
- Súm. nº 536 do STF.

Art. 52. *Revogado.* Dec.-lei nº 406, de 31-12-1968.

- Embora expressamente revogado pelo Dec.-lei nº 406, de 31-12-1968, o art. 52 do CTN teve nova redação dada ao seu § 3º, II, pela Lei nº 5.589, de 3-7-1970, sem que houvesse revigoração expressa.

Arts. 53 a 58. *Revogados.* Dec.-lei nº 406, de 31-12-1968.

- ▶ LC nº 65, de 15-4-1991, define produtos semielaborados que podem ser tributados pelos Estados e Distrito Federal, quando de sua exportação.
- ▶ LC nº 87, de 13-9-1996 (Lei Kandir – ICMS).
- ▶ LC nº 102, de 11-7-2000, altera a LC nº 87, de 13-9-1996.
- ▶ LC nº 114, de 16-12-2002, altera a LC nº 87, de 13-9-1996.
- ▶ Súmulas nºs 536, 569, 571 a 574, 576 a 579 e 615 do STF.

Seção III

IMPOSTO MUNICIPAL SOBRE OPERAÇÕES RELATIVAS À CIRCULAÇÃO DE MERCADORIAS

Arts. 59 a 62. *Revogados.* Ato Complementar nº 31, de 28-12-1966.

Seção IV

IMPOSTO SOBRE OPERAÇÕES DE CRÉDITO, CÂMBIO E SEGURO, E SOBRE OPERAÇÕES RELATIVAS A TÍTULOS E VALORES MOBILIÁRIOS

- ▶ Art. 153, V, § 5º, da CF.
- ▶ Lei nº 5.143, de 20-10-1966, institui o IOF, regula a respectiva cobrança e dispõe sobre a aplicação das reservas monetárias oriundas da sua receita.
- ▶ Dec. nº 6.306, de 14-12-2007, regulamenta o imposto sobre Operações de Crédito, Câmbio e Seguro, ou relativas a Títulos e Valores Mobiliários – IOF.

Art. 63. O imposto, de competência da União, sobre operações de crédito, câmbio e seguro, e sobre operações relativas a títulos e valores mobiliários tem como fato gerador:

- ▶ Dec.-lei nº 1.783, de 18-4-1980, dispõe sobre o Imposto sobre Operações de Crédito, Câmbio e Seguro, e sobre Operações relativas a Títulos e Valores Mobiliários.
- ▶ Dec. nº 1.612, de 28-8-1995, reduz alíquota do Imposto sobre Operações de Crédito, Câmbio e Seguro, ou relativas a Títulos ou Valores Mobiliários – IOF, nas operações de crédito que menciona.

I – quanto às operações de crédito, a sua efetivação pela entrega total ou parcial do montante ou do valor que constitua o objeto da obrigação, ou sua colocação à disposição do interessado;

II – quanto às operações de câmbio, a sua efetivação pela entrega de moeda nacional ou estrangeira, ou de documento que a represente, ou sua colocação à disposição do interessado, em montante equivalente à moeda estrangeira ou nacional entregue ou posta à disposição por este;

III – quanto às operações de seguro, a sua efetivação pela emissão da apólice ou do documento equivalente, ou recebimento do prêmio, na forma da lei aplicável;

IV – quanto às operações relativas a títulos e valores mobiliários, a emissão, transmissão, pagamento ou resgate destes, na forma da lei aplicável.

Parágrafo único. A incidência definida no inciso I exclui a definida no inciso IV, e reciprocamente, quanto à emissão, ao pagamento ou resgate do título representativo de uma mesma operação de crédito.

- ▶ Lei nº 6.385, de 7-12-1976 (Lei do Mercado de Valores Mobiliários).
- ▶ Art. 8º da Lei nº 7.766, de 11-5-1989, que dispõe sobre o ouro, ativo financeiro e sobre seu tratamento financeiro.
- ▶ Lei nº 8.894, de 21-6-1994, dispõe sobre IOF.
- ▶ Lei nº 8.981, de 20-1-1995, altera a legislação tributária federal.

Art. 64. A base de cálculo do imposto é:

I – quanto às operações de crédito, o montante da obrigação, compreendendo o principal e os juros;

II – quanto às operações de câmbio, o respectivo montante em moeda nacional, recebido, entregue ou posto à disposição;

III – quanto às operações de seguro, o montante do prêmio;

IV – quanto às operações relativas a títulos e valores mobiliários:

a) na emissão, o valor nominal mais o ágio, se houver;

b) na transmissão, o preço ou o valor nominal ou o valor da cotação em Bolsa, como determinar a lei;

c) no pagamento ou resgate, o preço.

- ▶ Art. 2º da Lei nº 5.143, de 20-10-1966, que institui o Imposto sobre Operações Financeiras, regula a respectiva cobrança e dispõe sobre a aplicação das reservas monetárias oriundas de sua receita.
- ▶ Art. 1º do Dec.-lei nº 1.783, de 18-4-1980, que dispõe sobre o Imposto sobre Operações de Crédito, Câmbio e Seguro, e sobre Operações relativas a Títulos e Valores Mobiliários.

Art. 65. O Poder Executivo pode, nas condições e nos limites estabelecidos em lei, alterar as alíquotas ou as bases de cálculo do imposto, a fim de ajustá-lo aos objetivos da política monetária.

- ▶ Parcialmente recepcionado pelo § 1º do art. 153 da CF.
- ▶ Arts. 9º, I, e 97, II e IV, deste Código.
- ▶ Lei nº 8.894 de 21-6-1994, dispõe sobre o Imposto sobre Operações de Crédito, Câmbio e Seguro, ou relativas a Títulos e Valores Mobiliários.
- ▶ Art. 4º do Dec.-lei nº 1.199, de 27-12-1971, que regulamenta o art. 153, § 1º, da CF.
- ▶ Dec. nº 6.339, de 3-1-2008, altera as alíquotas do IOF, ou relativas a Títulos ou Valores Mobiliários.

Art. 66. Contribuinte do imposto é qualquer das partes na operação tributada, como dispuser a lei.

- ▶ Art. 3º do Dec.-lei nº 1.783, de 18-4-1980, que dispõe sobre o Imposto sobre Operações de Crédito, Câmbio e Seguro, e sobre Operações relativas a Títulos e Valores Mobiliários.
- ▶ Súmulas nºs 430 e 435 do STJ.

Art. 67. A receita líquida do imposto destina-se à formação de reservas monetária, na forma da lei.

Seção V

IMPOSTO SOBRE SERVIÇOS DE TRANSPORTES E COMUNICAÇÕES

Art. 68. O imposto, de competência da União, sobre serviços de transportes e comunicações tem como fato gerador:

- ▶ Art. 155, II, § 2º, da CF.

I – a prestação do serviço de transporte, por qualquer via, de pessoas, bens, mercadorias ou valores, salvo quando o trajeto se contenha inteiramente no território de um mesmo Município;

II – a prestação do serviço de comunicações, assim se entendendo a transmissão e o recebimento, por qualquer processo, de mensagens escritas, faladas ou visuais, salvo quando os pontos de transmissão e de recebimento se situem no território de um mesmo Município e a mensagem em curso não possa ser captada fora desse território.

Art. 69. A base de cálculo do imposto é o preço do serviço.

Art. 70. Contribuinte do imposto é o prestador do serviço.

Seção VI

IMPOSTO SOBRE SERVIÇOS DE QUALQUER NATUREZA

- ▶ LC nº 116, de 31-7-2003, dispõe sobre o Imposto Sobre Serviços de qualquer Natureza, de competência dos Municípios e do Distrito Federal.

Arts. 71 a 73. *Revogados.* Dec.-lei nº 406, de 31-12-1968.

CAPÍTULO V

IMPOSTOS ESPECIAIS

Seção I

IMPOSTO SOBRE OPERAÇÕES RELATIVAS A COMBUSTÍVEIS, LUBRIFICANTES, ENERGIA ELÉTRICA E MINERAIS DO PAÍS

Art. 74. O imposto, de competência da União, sobre operações relativas a combustíveis, lubrificantes, energia elétrica e minerais do País tem como fato gerador:

- ▶ A competência para instituição do imposto sobre vendas a varejo de combustíveis líquidos e gasosos, exceto óleo diesel, é dos Municípios (CF, art. 156, III).
- ▶ Art. 155, II, § 2º, XII, *h*, e §§ 3º e 5º, da CF.
- ▶ EC nº 3, de 17-3-1993.

I – a produção, como definida no artigo 46 e seu parágrafo único;

II – a importação, como definida no artigo 19;

III – a circulação, como definida no artigo 52;

- ▶ O referido artigo foi expressamente revogado pelo Dec.-lei nº 406, de 31-12-1968.

IV – a distribuição, assim entendida a colocação do produto no estabelecimento consumidor ou em local de venda ao público;

V – o consumo, assim entendida a venda do produto ao público.

§ 1º Para os efeitos deste imposto, a energia elétrica considera-se produto industrializado.

§ 2º O imposto incide, uma só vez, sobre uma das operações previstas em cada inciso deste artigo, como dispuser a lei, e exclui quaisquer outros tributos, sejam quais forem sua natureza ou competência, incidentes sobre aquelas operações.

- ▶ Art. 155, § 3º, da CF.
- ▶ Arts. 95 e 217 deste Código.

Art. 75. A lei observará o disposto neste Título relativamente:

I – ao Imposto sobre Produtos Industrializados, quando a incidência seja sobre a produção ou sobre o consumo;

II – ao Imposto sobre a Importação, quando a incidência seja sobre essa operação;

III – ao Imposto sobre Operações Relativas à Circulação de Mercadorias, quando a incidência seja sobre a distribuição.

Seção II

IMPOSTOS EXTRAORDINÁRIOS

- ▶ Art. 154, II, da CF.

Art. 76. Na iminência ou no caso de guerra externa, a União pode instituir, temporariamente, impostos extraordinários compreendidos ou não entre os referidos nesta Lei, suprimidos, gradativamente, no prazo máximo de cinco anos, contados da celebração da paz.

TÍTULO IV – TAXAS

▸ Art. 145, II, da CF.

Art. 77. As taxas cobradas pela União, pelos Estados, pelo Distrito Federal ou pelos Municípios, no âmbito de suas respectivas atribuições, têm como fato gerador o exercício regular do poder de polícia, ou a utilização, efetiva ou potencial, de serviço público específico e divisível, prestado ao contribuinte ou posto à sua disposição.

▸ Súmulas n°s 82, 128, 129, 132, 140, 141, 142, 302, 324, 348, 545, 550, 595 e 596 do STF.

Parágrafo único. A taxa não pode ter base de cálculo ou fato gerador idênticos aos que correspondam a imposto nem ser calculada em função do capital das empresas.

▸ Parágrafo único com a redação dada pelo Ato Complementar nº 34, de 30-1-1967.
▸ Art. 145, § 2º, da CF.
▸ Art. 79 deste Código.
▸ Súm. Vinc. nº 29 do STF.
▸ Súmulas n°s 80 e 124 do STJ.

Art. 78. Considera-se poder de polícia a atividade da administração pública que, limitando ou disciplinando direito, interesse ou liberdade, regula a prática de ato ou abstenção de fato, em razão de interesse público concernente à segurança, à higiene, à ordem, aos costumes, à disciplina da produção e do mercado, ao exercício de atividades econômicas dependentes de concessão ou autorização do Poder Público, à tranquilidade pública ou ao respeito à propriedade e aos direitos individuais ou coletivos.

▸ *Caput* com a redação dada pelo Ato Complementar nº 31, de 28-12-1966.

Parágrafo único. Considera-se regular o exercício do poder de polícia quando desempenhado pelo órgão competente nos limites da lei aplicável, com observância do processo legal e, tratando-se de atividade que a lei tenha como discricionária, sem abuso ou desvio de poder.

▸ Arts. 61, II, *g*, e 92, I, *a* do CP.
▸ Lei nº 13.869, de 5-9-2019 (Lei do Abuso de Autoridade).

Art. 79. Os serviços públicos a que se refere o artigo 77 consideram-se:

I – utilizados pelo contribuinte:

a) efetivamente, quando por ele usufruídos a qualquer título;

b) potencialmente, quando, sendo de utilização compulsória, sejam postos à sua disposição mediante atividade administrativa em efetivo funcionamento;

▸ Súm. nº 670 do STF.

II – específicos, quando possam ser destacados em unidades autônomas de intervenção, de utilidade ou de necessidade públicas;

III – divisíveis, quando suscetíveis de utilização, separadamente, por parte de cada um dos seus usuários.

Art. 80. Para efeito de instituição e cobrança de taxas, consideram-se compreendidas no âmbito das atribuições da União, dos Estados, do Distrito Federal ou dos Municípios aquelas que, segundo a Constituição Federal, as Constituições dos Estados, as Leis Orgânicas do Distrito Federal e dos Municípios e a legislação com elas compatível, competem a cada uma dessas pessoas de direito público.

TÍTULO V – CONTRIBUIÇÃO DE MELHORIA

Art. 81. A contribuição de melhoria cobrada pela União, pelos Estados, pelo Distrito Federal ou pelos Municípios, no âmbito de suas respectivas atribuições, é instituída para fazer face ao custo de obras públicas de que decorra valorização imobiliária, tendo como limite total a despesa realizada e como limite individual o acréscimo de valor que da obra resultar para cada imóvel beneficiado.

▸ Art. 145, III, da CF.
▸ Dec.-lei nº 195, de 24-2-1967 (Lei da Contribuição de Melhoria).

Art. 82. A lei relativa à contribuição de melhoria observará os seguintes requisitos mínimos:

I – publicação prévia dos seguintes elementos:

a) memorial descritivo do projeto;

b) orçamento do custo da obra;

c) determinação da parcela do custo da obra a ser financiada pela contribuição;

d) delimitação da zona beneficiada;

e) determinação do fator de absorção do benefício da valorização para toda a zona ou para cada uma das áreas diferenciadas, nela contidas;

II – fixação de prazo não inferior a trinta dias, para impugnação, pelos interessados, de qualquer dos elementos referidos no inciso anterior;

III – regulamentação do processo administrativo de instrução e julgamento da impugnação a que se refere o inciso anterior, sem prejuízo da sua apreciação judicial.

§ 1º A contribuição relativa a cada imóvel será determinada pelo rateio da parcela do custo da obra a que se refere a alínea *c*, do inciso I, pelos imóveis situados na zona beneficiada em função dos respectivos fatores individuais de valorização.

§ 2º Por ocasião do respectivo lançamento, cada contribuinte deverá ser notificado do montante da contribuição, da forma e dos prazos de seu pagamento e dos elementos que integraram o respectivo cálculo.

▸ Arts. 142 a 146 deste Código.

TÍTULO VI – DISTRIBUIÇÕES DE RECEITAS TRIBUTÁRIAS

CAPÍTULO I – DISPOSIÇÕES GERAIS

Art. 83. Sem prejuízo das demais disposições deste Título, os Estados e Municípios que celebrem com a União convênios destinados a assegurar ampla e eficiente coordenação dos respectivos programas de investimentos e serviços públicos, especialmente no campo da política tributária, poderão participar de até dez por cento da arrecadação efetuada, nos respectivos territórios, proveniente do imposto referido no artigo 43, incidente sobre o rendimento das pessoas físicas, e no artigo 46, excluído o incidente sobre o fumo e bebidas alcoólicas.

Parágrafo único. O processo das distribuições previstas neste artigo será regulado nos convênios nele referidos.

▸ Arts. 157 a 162 da CF.
▸ LC nº 61, de 26-12-1989, estabelece normas para a participação dos Estados e do Distrito Federal no produto da arrecadação do IPI, relativamente às exportações.
▸ LC nº 62, de 28-12-1989, estabelece normas para o cálculo, a entrega e controle das liberações dos recursos dos Fundos de Participação.
▸ LC nº 63, de 11-1-1990, dispõe sobre os critérios e prazos de crédito das parcelas do produto da arrecadação de impostos de competência dos Estados e de transferências por estes recebidas, pertencentes aos Municípios.

Art. 84. A lei federal pode cometer aos Estados, ao Distrito Federal ou aos Municípios o encargo de arrecadar os impostos de competência da União, cujo produto lhes seja distribuído no todo ou em parte.

Parágrafo único. O disposto neste artigo aplica-se à arrecadação dos impostos de competência dos Estados, cujo produto estes venham a distribuir, no todo ou em parte, aos respectivos Municípios.

▸ Art. 15, § 4º, III, da CF.
▸ Arts. 6º a 8º deste Código.

CAPÍTULO II – IMPOSTO SOBRE A PROPRIEDADE TERRITORIAL RURAL E SOBRE A RENDA E PROVENTOS DE QUALQUER NATUREZA

Art. 85. Serão distribuídos pela União:

I – aos Municípios da localização dos imóveis, o produto da arrecadação do imposto a que se refere o artigo 29;

▸ Art. 158, II, da CF.

II – aos Estados, ao Distrito Federal e aos Municípios, o produto da arrecadação, na fonte, do imposto a que se refere o artigo 43, incidente sobre a renda das obrigações de sua dívida pública e sobre os proventos dos seus servidores e dos de suas autarquias.

▸ Arts. 158, I, e 159, I, da CF.

§ 1º Independentemente de ordem das autoridades superiores e sob pena de demissão, as autoridades arrecadadoras dos impostos a que se refere este artigo farão entrega, aos Estados, ao Distrito Federal e aos Municípios, das importâncias recebidas, à medida que forem sendo arrecadadas, em prazo não superior a trinta dias, a contar da data de cada recolhimento.

§ 2º A lei poderá autorizar os Estados, o Distrito Federal e os Municípios a incorporar definitivamente à sua receita o produto da arrecadação do imposto a que se refere o inciso II, estipulando as obrigações acessórias a serem cumpridas por aqueles no interesse da arrecadação, pela União, do imposto a ela devido pelos titulares da renda ou dos proventos tributados.

§ 3º A lei poderá dispor que uma parcela, não superior a vinte por cento, do imposto de que trata o inciso I seja destinada ao custeio do respectivo serviço de lançamento e arrecadação.

▸ § 3º com execução suspensa, por inconstitucionalidade, conforme a Res. do Senado Federal nº 337, de 27-9-1983.

CAPÍTULO III – FUNDOS DE PARTICIPAÇÃO DOS ESTADOS E DOS MUNICÍPIOS

Seção I – *CONSTITUIÇÃO DOS FUNDOS*

Arts. 86 e 87. *Revogados.* LC nº 143, de 17-7-2013.

Seção II

CRITÉRIO DE DISTRIBUIÇÃO DO FUNDO DE PARTICIPAÇÃO DOS ESTADOS

Arts. 88 e 89. *Revogados*. LC nº 143, de 17-7-2013.

Art. 90. O fator representativo do inverso da renda *per capita*, a que se refere o inciso II do artigo 88, será estabelecido da seguinte forma:

Inverso do índice relativo à renda *per capita* da entidade participante:	Fator
Até 0,0045	0,4
Acima de 0,0045 até 0,0055	0,5
Acima de 0,0055 até 0,0065	0,6
Acima de 0,0065 até 0,0075	0,7
Acima de 0,0075 até 0,0085	0,8
Acima de 0,0085 até 0,0095	0,9
Acima de 0,0095 até 0,0110	1,0
Acima de 0,0110 até 0,0130	1,2
Acima de 0,0130 até 0,0150	1,4
Acima de 0,0150 até 0,0170	1,6
Acima de 0,0170 até 0,0190	1,8
Acima de 0,0190 até 0,0220	2,0
Acima de 0,0220	2,5

Parágrafo único. Para os efeitos deste artigo, determina-se o índice relativo à renda *per capita* de cada entidade participante, tomando-se como cem a renda *per capita* média do País.

▶ Art. 3º, parágrafo único, *b*, do Dec. nº 1.881, de 27-8-1981, que cria a Reserva do Fundo de Participação dos Municípios – FPM.

Seção III

CRITÉRIO DE DISTRIBUIÇÃO DO FUNDO DE PARTICIPAÇÃO DOS MUNICÍPIOS

▶ LC nº 62, de 28-12-1989, traça normas sobre cálculo, entrega e controle de liberações dos recursos dos Fundos de Participação.

Art. 91. Do Fundo de Participação dos Municípios a que se refere o artigo 86, serão atribuídos:

I – dez por cento aos Municípios das capitais dos Estados;

II – noventa por cento aos demais Municípios do País.

§ 1º A parcela de que trata o inciso I será distribuída proporcionalmente a um coeficiente individual de participação, resultante do produto dos seguintes fatores:

a) fator representativo da população, assim estabelecido:

Percentual da população de cada Município em relação à do conjunto das capitais:	Fator
Até 2%	2
Mais de 2% até 5%:	
Pelos primeiros 2%	2
Cada 0,5% ou fração excedente, mais	0,5
Mais de 5%	5

b) fator representativo do inverso da renda *per capita* do respectivo Estado, de conformidade com o disposto no artigo 90.

§ 2º A distribuição da parcela a que se refere o item II deste artigo, deduzido o percentual referido no artigo 3º do Decreto-Lei que estabelece a redação deste parágrafo, far-se-á atribuindo-se a cada Município um coeficiente individual de participação determinado na forma seguinte:

Categoria do Município, segundo seu número de habitantes	Coeficiente
a) Até 16.980	
Pelos primeiros 10.188	0,6
Para cada 3.396 ou fração excedente, mais	0,2
b) Acima de 16.980 até 50.940	
Pelos primeiros 16.980	1,0
Para cada 6.792 ou fração excedente, mais	0,2
c) Acima de 50.940 até 101.880	
Pelos primeiros 50.940	2,0
Para cada 10.188 ou fração excedente, mais	0,2
d) Acima de 101.880 até 156.216	
Pelos primeiros 101.880	3,0
Para cada 13.584 ou fração excedente, mais	0,2
e) Acima de 156.216	4,0

§ 3º Para os efeitos deste artigo, consideram-se os Municípios regularmente instalados, fazendo-se a revisão das quotas anualmente, a partir de 1989, com base em dados oficiais de população produzidos pela Fundação Instituto Brasileiro de Geografia e Estatística – IBGE.

▶ § 3º com a redação dada pela LC nº 59, de 22-12-1988.

§§ 4º e 5º *Revogados*. LC nº 91, de 22-12-1997.

▶ Art. 159, I, *b*, e § 3º, da CF.

Seção IV

CÁLCULO E PAGAMENTO DAS QUOTAS ESTADUAIS E MUNICIPAIS

Art. 92. O Tribunal de Contas da União comunicará ao Banco do Brasil S.A., conforme os prazos a seguir especificados, os coeficientes individuais de participação nos fundos previstos no art. 159, inciso I, alíneas *a*, *b* e *d*, da Constituição Federal que prevalecerão no exercício subsequente:

▶ Art. 3º da LC nº 143, de 17-7-2013, que altera o CTN.

I – até o último dia útil do mês de março de cada exercício financeiro, para cada Estado e para o Distrito Federal;

II – até o último dia útil de cada exercício financeiro, para cada Município.

Parágrafo único. Far-se-á nova comunicação sempre que houver, transcorrido o prazo fixado no inciso I do *caput*, a criação de novo Estado a ser implantado no exercício subsequente.

▶ Art. 92 com a redação dada pela LC nº 143, de 17-7-2013.

Art. 93. *Revogado*. LC nº 143, de 17-7-2013.

Seção V

COMPROVAÇÃO DA APLICAÇÃO DAS QUOTAS ESTADUAIS E MUNICIPAIS

Art. 94. *Revogado*. LC nº 143, de 17-7-2013.

Capítulo IV

IMPOSTO SOBRE OPERAÇÕES RELATIVAS A COMBUSTÍVEIS, LUBRIFICANTES, ENERGIA ELÉTRICA E MINERAIS DO PAÍS

Art. 95. *Revogado*. LC nº 143, de 17-7-2013.

LIVRO SEGUNDO – NORMAS GERAIS DE DIREITO TRIBUTÁRIO

TÍTULO I – LEGISLAÇÃO TRIBUTÁRIA

Capítulo I

DISPOSIÇÕES GERAIS

Seção I

DISPOSIÇÃO PRELIMINAR

Art. 96. A expressão "legislação tributária" compreende as leis, os tratados e as convenções internacionais, os decretos e as normas complementares que versem, no todo ou em parte, sobre tributos e relações jurídicas a eles pertinentes.

▶ Art. 2º deste Código.

Seção II

LEIS, TRATADOS E CONVENÇÕES INTERNACIONAIS E DECRETOS

Art. 97. Somente a lei pode estabelecer:

▶ Arts. 5º, II, e 150, I, III, *b*, da CF.

I – a instituição de tributos, ou a sua extinção;

▶ Súm. nº 185 do STJ.

II – a majoração de tributos, ou sua redução, ressalvado o disposto nos artigos 21, 26, 39, 57 e 65;

▶ O mencionado art. 57 foi revogado pelo Dec.-lei nº 406, de 31-12-1968.

▶ Súm. nº 95 do STJ.

III – a definição do fato gerador da obrigação tributária principal, ressalvado o disposto no inciso I do § 3º do artigo 52, e do seu sujeito passivo;

▶ O art. 52 referido foi revogado pelo Dec.-lei nº 406, de 31-12-1968.

IV – a fixação da alíquota do tributo e da sua base de cálculo, ressalvado o disposto nos artigos 21, 26, 39, 57 e 65;

▶ O art. 57 referido foi revogado pelo Dec.-lei nº 406, de 31-12-1968.

▶ Súm. nº 95 do STJ.

V – a cominação de penalidades para as ações ou omissões contrárias a seus dispositivos, ou para outras infrações nela definidas;

VI – as hipóteses de exclusão, suspensão e extinção de créditos tributários, ou de dispensa ou redução de penalidades.

§ 1º Equipara-se à majoração do tributo a modificação de sua base de cálculo, que importe em torná-lo mais oneroso.

§ 2º Não constitui majoração de tributo, para os fins do disposto no inciso II deste artigo, a atualização do valor monetário da respectiva base de cálculo.

▶ Súm. nº 160 do STJ.

Art. 98. Os tratados e as convenções internacionais revogam ou modificam a legislação tributária interna, e serão observados pela que lhes sobrevenha.

▶ Art. 5º, §§ 2º e 3º, da CF.

▶ Súmulas nºs 20 e 71 do STJ.

Art. 99. O conteúdo e o alcance dos decretos restringem-se aos das leis em função das quais sejam expedidos, determinados com observância das regras de interpretação estabelecidas nesta Lei.

Seção III

NORMAS COMPLEMENTARES

Art. 100. São normas complementares das leis, dos tratados e das convenções internacionais e dos decretos:

I – os atos normativos expedidos pelas autoridades administrativas;

II – as decisões dos órgãos singulares ou coletivos de jurisdição administrativa, a que a lei atribua eficácia normativa;

III – as práticas reiteradamente observadas pelas autoridades administrativas;

IV – os convênios que entre si celebrem a União, os Estados, o Distrito Federal e os Municípios.

- ▶ Art. 155, XII, *g*, da CF.
- ▶ Art. 96 deste Código.

Parágrafo único. A observância das normas referidas neste artigo exclui a imposição de penalidades, a cobrança de juros de mora e a atualização do valor monetário da base de cálculo do tributo.

- ▶ MP nº 2.200-2, de 24-8-2001, institui a Infraestrutura de Chaves Públicas Brasileira – ICP-Brasil, que até o encerramento desta edição não havia sido convertida em Lei.
- ▶ Dec. nº 3.996, de 31-10-2001, dispõe sobre a prestação de serviços de certificação digital no âmbito da Administração Pública Federal.

CAPÍTULO II
VIGÊNCIA DA LEGISLAÇÃO TRIBUTÁRIA

Art. 101. A vigência, no espaço e no tempo, da legislação tributária rege-se pelas disposições legais aplicáveis às normas jurídicas em geral, ressalvado o previsto neste Capítulo.

- ▶ Art. 2º deste Código.
- ▶ Arts. 1º a 6º do Dec.-lei nº 4.657, de 4-9-1942 (Lei de Introdução às normas do Direito Brasileiro).

Art. 102. A legislação tributária dos Estados, do Distrito Federal e dos Municípios vigora, no País, fora dos respectivos territórios, nos limites em que lhe reconheçam extraterritorialidade os convênios de que participem, ou do que disponham esta ou outras leis de normas gerais expedidas pela União.

- ▶ Art. 2º deste Código.
- ▶ Art. 3º da LC nº 116, de 31-7-2003 (Lei do ISS).

Art. 103. Salvo disposição em contrário, entram em vigor:

I – os atos administrativos a que se refere o inciso I do artigo 100, na data da sua publicação;

II – as decisões a que se refere o inciso II do artigo 100 quanto a seus efeitos normativos, trinta dias após a data da sua publicação;

III – os convênios a que se refere o inciso IV do artigo 100 na data neles prevista.

Art. 104. Entram em vigor no primeiro dia do exercício seguinte àquele em que ocorra a sua publicação os dispositivos de lei, referentes a impostos sobre o patrimônio ou a renda:

I – que instituem ou majoram tais impostos;

- ▶ Art. 150, III, *b*, da CF.

II – que definem novas hipóteses de incidência;

III – que extinguem ou reduzem isenções, salvo se a lei dispuser de maneira mais favorável ao contribuinte, e observado o disposto no artigo 178.

CAPÍTULO III
APLICAÇÃO DA LEGISLAÇÃO TRIBUTÁRIA

Art. 105. A legislação tributária aplica-se imediatamente aos fatos geradores futuros e aos pendentes, assim entendidos aqueles cuja ocorrência tenha tido início mas não esteja completa nos termos do artigo 116.

- ▶ Este dispositivo não foi recepcionado pelo art. 150, III, *a*, da CF.
- ▶ Art. 5º, XXXVI, da CF.
- ▶ Art. 2º deste Código.
- ▶ Arts. 1º, 2º e 3º do Dec.-lei nº 4.657, de 4-9-1942 (Lei de Introdução às normas do Direito Brasileiro).
- ▶ Súm. nº 669 do STF.

Art. 106. A lei aplica-se a ato ou fato pretérito:

- ▶ Súm. nº 448 do STJ.

I – em qualquer caso, quando seja expressamente interpretativa, excluída a aplicação de penalidade à infração dos dispositivos interpretados;

II – tratando-se de ato não definitivamente julgado:

a) quando deixe de defini-lo como infração;

b) quando deixe de tratá-lo como contrário a qualquer exigência de ação ou omissão, desde que não tenha sido fraudulento e não tenha implicado em falta de pagamento de tributo;

c) quando lhe comine penalidade menos severa que a prevista na lei vigente ao tempo da sua prática.

- ▶ Art. 5º, XL, da CF.
- ▶ Art. 2º, parágrafo único, do CP.
- ▶ Art. 66 da LEP.

CAPÍTULO IV
INTERPRETAÇÃO E INTEGRAÇÃO DA LEGISLAÇÃO TRIBUTÁRIA

Art. 107. A legislação tributária será interpretada conforme o disposto neste Capítulo.

- ▶ Art. 2º deste Código.

Art. 108. Na ausência de disposição expressa, a autoridade competente para aplicar a legislação tributária utilizará, sucessivamente, na ordem indicada:

I – a analogia;

- ▶ Art. 140, *caput*, do CPC/2015.
- ▶ Art. 4º do Dec.-lei nº 4.657, de 4-9-1942 (Lei de Introdução às normas do Direito Brasileiro).

II – os princípios gerais de direito tributário;

III – os princípios gerais de direito público;

IV – a equidade.

- ▶ Art. 140, parágrafo único, do CPC/2015.

§ 1º O emprego da analogia não poderá resultar na exigência de tributo não previsto em lei.

§ 2º O emprego da equidade não poderá resultar na dispensa do pagamento de tributo devido.

- ▶ Art. 172, IV, deste Código.
- ▶ Arts. 140, parágrafo único, e 966 do CPC/2015.
- ▶ Art. 5º do Dec.-lei nº 4.657, de 4-9-1942 (Lei de Introdução às normas do Direito Brasileiro).

Art. 109. Os princípios gerais de direito privado utilizam-se para pesquisa da definição, do conteúdo e do alcance de seus institutos, conceitos e formas, mas não para definição dos respectivos efeitos tributários.

- ▶ Art. 110 deste Código.

Art. 110. A lei tributária não pode alterar a definição, o conteúdo e o alcance de institutos, conceitos e formas de direito privado, utilizados, expressa ou implicitamente, pela Constituição Federal, pelas Constituições dos Estados, ou pelas Leis Orgânicas do Distrito Federal ou dos Municípios, para definir ou limitar competências tributárias.

- ▶ Art. 109 deste Código.

Art. 111. Interpreta-se literalmente a legislação tributária que disponha sobre:

- ▶ Arts. 2º, 151 a 155 e 175 a 182 deste Código.
- ▶ Súmulas nºs 95 e 100 do STJ.

I – suspensão ou exclusão do crédito tributário;

- ▶ Arts. 151 e 175 deste Código.

II – outorga de isenção;

- ▶ Art. 175, I, deste Código.

III – dispensa do cumprimento de obrigações tributárias acessórias.

Art. 112. A lei tributária que define infrações, ou lhe comina penalidades, interpreta-se da maneira mais favorável ao acusado, em caso de dúvida quanto:

- ▶ Art. 2º, parágrafo único, do CP.

I – à capitulação legal do fato;

II – à natureza ou às circunstâncias materiais do fato, ou à natureza ou extensão dos seus efeitos;

III – à autoria, imputabilidade, ou punibilidade;

IV – à natureza da penalidade aplicável, ou à sua graduação.

- ▶ Art. 386 do CPP.

TÍTULO II – OBRIGAÇÃO TRIBUTÁRIA

CAPÍTULO I
DISPOSIÇÕES GERAIS

Art. 113. A obrigação tributária é principal ou acessória.

§ 1º A obrigação principal surge com a ocorrência do fato gerador, tem por objeto o pagamento de tributo ou penalidade pecuniária e extingue-se juntamente com o crédito dela decorrente.

- ▶ Súm. nº 554 do STJ.

§ 2º A obrigação acessória decorre da legislação tributária e tem por objeto as prestações, positivas ou negativas, nela previstas no interesse da arrecadação ou da fiscalização dos tributos.

- ▶ Arts. 96 e 100 deste Código.

§ 3º A obrigação acessória, pelo simples fato da sua inobservância, converte-se em obrigação principal relativamente a penalidade pecuniária.

CAPÍTULO II
FATO GERADOR

Art. 114. Fato gerador da obrigação principal é a situação definida em lei como necessária e suficiente à sua ocorrência.

- ▶ Art. 150, III, *a* a *c*, e § 7º, da CF.
- ▶ Art. 2º, § 2º, da EC nº 3, de 17-3-1993.

Art. 115. Fato gerador da obrigação acessória é qualquer situação que, na forma da legislação aplicável, impõe a prática ou a abstenção de ato que não configure obrigação principal.

Art. 116. Salvo disposição de lei em contrário, considera-se ocorrido o fato gerador e existentes os seus efeitos:

I – tratando-se de situação de fato, desde o momento em que se verifiquem as circunstâncias materiais necessárias a que produza os efeitos que normalmente lhe são próprios;

II – tratando-se da situação jurídica, desde o momento em que esteja definitivamente constituída, nos termos de direito aplicável.

- Art. 150, § 7º, da CF.
- Arts. 105 e 146 deste Código.

Parágrafo único. A autoridade administrativa poderá desconsiderar atos ou negócios jurídicos praticados com a finalidade de dissimular a ocorrência do fato gerador do tributo ou a natureza dos elementos constitutivos da obrigação tributária, observados os procedimentos a serem estabelecidos em lei ordinária.

- Parágrafo único acrescido pela LC nº 104, de 10-1-2001.
- Art. 149, VII, desta Código.
- Arts. 71 a 73 da Lei nº 4.502, de 30-11-1964, que dispõe sobre o Imposto de Consumo.

Art. 117. Para os efeitos do inciso II do artigo anterior e salvo disposição de lei em contrário, os atos ou negócios jurídicos condicionais reputam-se perfeitos e acabados:

- Art. 121 do CC.

I – sendo suspensiva a condição, desde o momento de seu implemento;

- Art. 118 do CC.

II – sendo resolutória a condição, desde o momento da prática do ato ou da celebração do negócio.

- Arts. 127 a 128 do CC.

Art. 118. A definição legal do fato gerador é interpretada abstraindo-se:

I – da validade jurídica dos atos efetivamente praticados pelos contribuintes, responsáveis, ou terceiros, bem como da natureza do seu objeto ou dos seus efeitos;

II – dos efeitos dos fatos efetivamente ocorridos.

- Art. 2º, § 2º, da LC nº 87, de 13-9-1996 (Lei Kandir – ICMS).

CAPÍTULO III
SUJEITO ATIVO

Art. 119. Sujeito ativo da obrigação é a pessoa jurídica de direito público titular da competência para exigir o seu cumprimento.

- Arts. 153, 155 e 156 da CF.

Art. 120. Salvo disposição de lei em contrário, a pessoa jurídica de direito público, que se constituir pelo desmembramento territorial de outra, sub-roga-se nos direitos desta, cuja legislação tributária aplicará até que entre em vigor a sua própria.

CAPÍTULO IV
SUJEITO PASSIVO

Seção I
DISPOSIÇÕES GERAIS

Art. 121. Sujeito passivo da obrigação principal é a pessoa obrigada ao pagamento de tributo ou penalidade pecuniária.

Parágrafo único. O sujeito passivo da obrigação principal diz-se:

I – contribuinte, quando tenha relação pessoal e direta com a situação que constitua o respectivo fato gerador;

II – responsável, quando, sem revestir a condição de contribuinte, sua obrigação decorra de disposição expressa de lei.

- Art. 150, § 7º, da CF.
- Art. 128 deste Código.

Art. 122. Sujeito passivo da obrigação acessória é a pessoa obrigada às prestações que constituam o seu objeto.

Art. 123. Salvo disposições de lei em contrário, as convenções particulares, relativas à responsabilidade pelo pagamento de tributos, não podem ser opostas à Fazenda Pública, para modificar a definição legal do sujeito passivo das obrigações tributárias correspondentes.

- Art. 21, § 3º, da Lei nº 10.257, de 10-7-2001 (Estatuto da Cidade).
- Art. 1º, § 2º, do Dec. nº 93.240, de 9-9-1986, que regulamenta a Lei nº 7.433, de 18 de dezembro de 1985, que "dispõe sobre os requisitos para a lavratura de escrituras públicas, e dá outras providências".

Seção II
SOLIDARIEDADE

Art. 124. São solidariamente obrigadas:

- Arts. 264 a 266 do CC.

I – as pessoas que tenham interesse comum na situação que constitua o fato gerador da obrigação principal;

- Arts. 267 a 272 do CC.

II – as pessoas expressamente designadas por lei.

- Art. 135 deste Código.
- Art. 1º, § 16, da Lei nº 11.941, de 27-5-2009, que altera a legislação federal relativa ao parcelamento ordinário de débitos tributários.

Parágrafo único. A solidariedade referida neste artigo não comporta benefício de ordem.

Art. 125. Salvo disposição de lei em contrário, são os seguintes os efeitos da solidariedade:

I – o pagamento efetuado por um dos obrigados aproveita aos demais;

II – a isenção ou remissão de crédito exonera todos os obrigados, salvo se outorgada pessoalmente a um deles, subsistindo, nesse caso, a solidariedade quanto aos demais pelo saldo;

- Arts. 172 e 179 deste Código.

III – a interrupção da prescrição, em favor ou contra um dos obrigados, favorece ou prejudica aos demais.

- Art. 174, parágrafo único, deste Código.

Seção III
CAPACIDADE TRIBUTÁRIA

Art. 126. A capacidade tributária passiva independe:

I – da capacidade civil das pessoas naturais;

- Art. 145, § 1º, da CF.
- Arts. 1º, 3º a 5º do CC.

II – de achar-se a pessoa natural sujeita a medidas que importem privação ou limitação do exercício de atividades civis, comerciais ou profissionais, ou da administração direta de seus bens ou negócios;

- Arts. 1º a 5º do CC.

III – de estar a pessoa jurídica regularmente constituída, bastando que configure uma unidade econômica ou profissional.

- Arts. 1º, 3º a 5º, 40, 41, 43 e 44 do CC.
- Art. 75, VI, IX e § 2º, do CPC/2015.

Seção IV
DOMICÍLIO TRIBUTÁRIO

Art. 127. Na falta de eleição, pelo contribuinte ou responsável, de domicílio tributário, na forma da legislação aplicável, considera-se como tal:

I – quanto às pessoas naturais, a sua residência habitual, ou, sendo esta incerta ou desconhecida, o centro habitual de sua atividade;

- Arts. 70 e 71 do CC.

II – quanto às pessoas jurídicas de direito privado ou às firmas individuais, o lugar da sua sede, ou, em relação aos atos ou fatos que derem origem à obrigação, o de cada estabelecimento;

- Art. 75 do CC.
- Súm. nº 435 do STJ.

III – quanto às pessoas jurídicas de direito público, qualquer de suas repartições no território da entidade tributante.

- Art. 109, §§ 1º e 5º, da CF.
- Art. 74 do CC.

§ 1º Quando não couber a aplicação das regras fixadas em qualquer dos incisos deste artigo, considerar-se-á como domicílio tributário do contribuinte ou responsável o lugar da situação dos bens ou da ocorrência dos atos ou fatos que deram origem à obrigação.

§ 2º A autoridade administrativa pode recusar o domicílio eleito, quando impossibilite ou dificulte a arrecadação ou a fiscalização do tributo, aplicando-se então a regra do parágrafo anterior.

- Arts. 70, 71 e 75 do CC.

CAPÍTULO V
RESPONSABILIDADE TRIBUTÁRIA

Seção I
DISPOSIÇÃO GERAL

Art. 128. Sem prejuízo do disposto neste Capítulo, a lei pode atribuir de modo expresso a responsabilidade pelo crédito tributário a terceira pessoa, vinculada ao fato gerador da respectiva obrigação, excluindo a responsabilidade do contribuinte ou atribuindo-a a este em caráter supletivo do cumprimento total ou parcial da referida obrigação.

- Art. 150, § 7º, da CF.
- Arts. 121, parágrafo único, II, e 163 deste Código.
- Arts. 5º e 6º da LC nº 87, de 13-9-1996 (Lei Kandir – ICMS).

Seção II
RESPONSABILIDADE DOS SUCESSORES

Art. 129. O disposto nesta Seção aplica-se por igual aos créditos tributários definitivamente constituídos ou em curso de constituição à data dos atos nela referidos, e aos constituídos posteriormente aos mesmos atos, desde que relativos a obrigações tributárias surgidas até a referida data.

- Arts. 105, 130, 131, 132 e 133 deste Código.
- Art. 1.787 do CC.
- Art. 6º do Dec.-lei nº 4.657, de 4-9-1942 (Lei de Introdução às normas do Direito Brasileiro).
- Súm. nº 554 do STJ.

Art. 130. Os créditos tributários relativos a impostos cujo fato gerador seja a propriedade, o domínio útil ou a posse de bens imóveis, e bem assim os relativos a taxas pela prestação de serviços referentes a tais bens, ou a contribuições de melhoria, sub-rogam-se na pessoa dos respectivos adquirentes, salvo quando conste do título a prova de sua quitação.

Parágrafo único. No caso de arrematação em hasta pública, a sub-rogação ocorre sobre o respectivo preço.

- Art. 110 deste Código.

CÓDIGO TRIBUTÁRIO NACIONAL

▸ Arts. 79 e segs., 1.196 e segs., 1.228 e segs., 1.245 e 1.473 do CC.

Art. 131. São pessoalmente responsáveis:

▸ Art. 141, § 1º, da Lei nº 11.101, de 9-2-2005 (Lei de Recuperação de Empresas e Falências).

I – o adquirente ou remitente, pelos tributos relativos aos bens adquiridos ou remidos;

II – o sucessor a qualquer título e o cônjuge meeiro, pelos tributos devidos pelo *de cujus* até a data da partilha ou adjudicação, limitada esta responsabilidade ao montante do quinhão, do legado ou da meação;

▸ Arts. 1.796 e segs. e 1.845 e segs. do CC.

III – o espólio, pelos tributos devidos pelo *de cujus* até a data da abertura da sucessão.

Art. 132. A pessoa jurídica de direito privado que resultar de fusão, transformação ou incorporação de outra ou em outra é responsável pelos tributos devidos até a data do ato pelas pessoas jurídicas de direito privado fusionadas, transformadas ou incorporadas.

▸ Arts. 220, 227, 228 e 229 da Lei nº 6.404, de 15-12-1976 (Lei das Sociedades por Ações).

▸ Súm. nº 554 do STJ.

Parágrafo único. O disposto neste artigo aplica-se aos casos de extinção de pessoas jurídicas de direito privado, quando a exploração da respectiva atividade seja continuada por qualquer sócio remanescente, ou seu espólio, sob a mesma ou outra razão social, ou sob firma individual.

▸ Art. 219 da Lei nº 6.404, de 15-12-1976 (Lei das Sociedades por Ações).

Art. 133. A pessoa natural ou jurídica de direito privado que adquirir de outra, por qualquer título, fundo de comércio ou estabelecimento comercial, industrial ou profissional, e continuar a respectiva exploração, sob a mesma ou outra razão social ou sob firma ou nome individual, responde pelos tributos, relativos ao fundo ou estabelecimento adquirido, devidos até a data do ato:

▸ Arts. 111 e 166 da Lei nº 11.101, de 9-2-2005 (Lei de Recuperação de Empresas e Falências).

▸ Súm. nº 554 do STJ.

I – integralmente, se o alienante cessar a exploração do comércio, indústria ou atividade;

II – subsidiariamente com o alienante, se este prosseguir na exploração ou iniciar dentro de seis meses, a contar da data da alienação, nova atividade no mesmo ou em outro ramo de comércio, indústria ou profissão.

§ 1º O disposto no *caput* deste artigo não se aplica na hipótese de alienação judicial:

I – em processo de falência;

II – de filial ou unidade produtiva isolada, em processo de recuperação judicial.

▸ Art. 60 da Lei nº 11.101, de 9-2-2005 (Lei de Recuperação de Empresas e Falências).

§ 2º Não se aplica o disposto no § 1º deste artigo quando o adquirente for:

I – sócio da sociedade falida ou em recuperação judicial, ou sociedade controlada pelo devedor falido ou em recuperação judicial;

II – parente, em linha reta ou colateral até o quarto grau, consanguíneo ou afim, do devedor falido ou em recuperação judicial ou de qualquer de seus sócios; ou

III – identificado como agente do falido ou do devedor em recuperação judicial com o objetivo de fraudar a sucessão tributária.

§ 3º Em processo da falência, o produto da alienação judicial de empresa, filial ou unidade produtiva isolada permanecerá em conta de depósito à disposição do juízo de falência pelo prazo de um ano, contado da data de alienação, somente podendo ser utilizado para o pagamento de créditos extraconcursais ou de créditos que preferem ao tributário.

▸ §§ 1º a 3º acrescidos pela LC nº 118, de 9-2-2005.

Seção III

RESPONSABILIDADE DE TERCEIROS

Art. 134. Nos casos de impossibilidade de exigência do cumprimento da obrigação principal pelo contribuinte, respondem solidariamente com este nos atos em que intervierem ou pelas omissões de que forem responsáveis:

I – os pais, pelos tributos devidos por seus filhos menores;

▸ Arts. 3º e 4º do CC.

II – os tutores e curadores, pelos tributos devidos por seus tutelados ou curatelados;

▸ Arts. 3º e 4º do CC.

III – os administradores de bens de terceiros, pelos tributos devidos por estes;

IV – o inventariante, pelos tributos devidos pelo espólio;

V – o síndico e o comissário, pelos tributos devidos pela massa falida ou pelo concordatário;

▸ Art. 33 da Lei nº 11.101, de 9-2-2005 (Lei de Recuperação de Empresas e Falências).

VI – os tabeliães, escrivães e demais serventuários de ofício, pelos tributos devidos sobre os atos praticados por eles, ou perante eles, em razão do seu ofício;

▸ Art. 21, parágrafo único, da Lei nº 9.393, de 19-2-1996, que dispõe sobre o Imposto sobre a Propriedade Territorial Rural – ITR, sobre pagamento da dívida representada por Títulos da Dívida Agrária.

VII – os sócios, no caso de liquidação de sociedade de pessoas.

▸ Súmulas nºs 430 e 435 do STJ.

Parágrafo único. O disposto neste artigo só se aplica, em matéria de penalidades, às de caráter moratório.

▸ Art. 137, III, *a*, deste Código.

Art. 135. São pessoalmente responsáveis pelos créditos correspondentes a obrigações tributárias resultantes de atos praticados com excesso de poderes ou infração de lei, contrato social ou estatutos:

I – as pessoas referidas no artigo anterior;

II – os mandatários, prepostos e empregados;

III – os diretores, gerentes ou representantes de pessoas jurídicas de direito privado.

▸ Art. 137 deste Código

▸ Art. 158 da Lei nº 6.404, de 15-12-1976 (Lei das Sociedades por Ações).

▸ Súm. nº 430 do STJ.

Seção IV

RESPONSABILIDADE POR INFRAÇÕES

Art. 136. Salvo disposição de lei em contrário, a responsabilidade por infrações da legislação tributária independe da intenção do agente ou do responsável e da efetividade, natureza e extensão dos efeitos do ato.

▸ Súm. nº 509 do STJ.

Art. 137. A responsabilidade é pessoal ao agente:

I – quanto às infrações conceituadas por lei como crimes ou contravenções, salvo quando praticadas no exercício regular de administração, mandato, função, cargo ou emprego, ou no cumprimento de ordem expressa emitida por quem de direito;

II – quanto às infrações em cuja definição o dolo específico do agente seja elementar;

III – quanto às infrações que decorram direta e exclusivamente de dolo específico:

a) das pessoas referidas no artigo 134, contra aquelas por quem respondem;

b) dos mandatários, prepostos ou empregados, contra seus mandantes, preponentes ou empregadores;

c) dos diretores, gerentes ou representantes de pessoas jurídicas de direito privado, contra estas.

Art. 138. A responsabilidade é excluída pela denúncia espontânea da infração, acompanhada, se for o caso, do pagamento do tributo devido e dos juros de mora, ou do depósito da importância arbitrada pela autoridade administrativa, quando o montante do tributo dependa de apuração.

▸ Art. 34 da Lei nº 9.249, de 26-12-1995, que altera legislação do IR das pessoas jurídicas, bem como da contribuição social sobre o lucro líquido.

▸ Súmulas nºs 360 e 436 do STJ.

Parágrafo único. Não se considera espontânea a denúncia apresentada após o início de qualquer procedimento administrativo ou medida de fiscalização, relacionados com a infração.

▸ Súm. nº 208 do TFR.

TÍTULO III – CRÉDITO TRIBUTÁRIO

CAPÍTULO I

DISPOSIÇÕES GERAIS

Art. 139. O crédito tributário decorre da obrigação principal e tem a mesma natureza desta.

▸ Art. 113 deste Código.

▸ Súm. nº 554 do STJ.

Art. 140. As circunstâncias que modificam o crédito tributário, sua extensão ou seus efeitos, ou as garantias ou os privilégios a ele atribuídos, ou que excluem sua exigibilidade, não afetam a obrigação tributária que lhe deu origem.

▸ Arts. 113, § 1º, e 173, II, deste Código.

Art. 141. O crédito tributário regularmente constituído somente se modifica ou extingue, ou tem sua exigibilidade suspensa ou excluída, nos casos previstos nesta Lei, fora dos quais não podem ser dispensadas, sob pena de responsabilidade funcional na forma da lei, a sua efetivação ou as respectivas garantias.

▸ Arts. 145, 151, 156 e 175 deste Código.

▸ Súm. nº 437 do STJ.

CAPÍTULO II

CONSTITUIÇÃO DO CRÉDITO TRIBUTÁRIO

Seção I

LANÇAMENTO

Art. 142. Compete privativamente à autoridade administrativa constituir o crédito tributário pelo lançamento, assim entendido o procedimento administrativo tendente a verificar a ocorrência do fato gerador da obrigação correspondente, determinar a matéria tributável, calcular o montante do tributo devido, identificar o sujeito passivo e, sendo caso, propor a aplicação da penalidade cabível.

▸ Arts. 145, 146, 147 e 150 deste Código.

▶ Súm. Vinc. nº 24 do STF.
▶ Súmulas nºs 397 e 436 do STJ.

Parágrafo único. A atividade administrativa de lançamento é vinculada e obrigatória, sob pena de responsabilidade funcional.

▶ Art. 2º da Lei nº 6.830, de 22-9-1980 (Lei das Execuções Fiscais).

Art. 143. Salvo disposição de lei em contrário, quando o valor tributário esteja expresso em moeda estrangeira, no lançamento far-se-á sua conversão em moeda nacional ao câmbio do dia da ocorrência do fato gerador da obrigação.

▶ Dec. nº 96.915, de 3-10-1988, dispõe sobre a liquidação de obrigações em moeda estrangeira devidas por entidades da administração federal.

Art. 144. O lançamento reporta-se à data da ocorrência do fato gerador da obrigação e rege-se pela lei então vigente, ainda que posteriormente modificada ou revogada.

▶ Art. 5º, XL, da CF.
▶ Art. 145 deste Código.

§ 1º Aplica-se ao lançamento a legislação que, posteriormente à ocorrência do fato gerador da obrigação, tenha instituído novos critérios de apuração ou processos de fiscalização, ampliado os poderes de investigação das autoridades administrativas, ou outorgado ao crédito maiores garantias ou privilégios, exceto, neste último caso, para o efeito de atribuir responsabilidade tributária a terceiros.

▶ Art. 11, § 3º, da Lei nº 9.311, de 24-10-1996, que instituiu a Contribuição Provisória sobre Movimentação ou Transmissão de Valores e de Créditos e Direitos de Natureza Financeira – CPMF.

§ 2º O disposto neste artigo não se aplica aos impostos lançados por períodos certos de tempo, desde que a respectiva lei fixe expressamente a data em que o fato gerador se considera ocorrido.

▶ Súm. nº 577 do STF.

Art. 145. O lançamento regularmente notificado ao sujeito passivo só pode ser alterado em virtude de:

I – impugnação do sujeito passivo;
II – recurso de ofício;
III – iniciativa de ofício da autoridade administrativa, nos casos previstos no artigo 149.

▶ Arts. 142 e 149 deste Código.

Art. 146. A modificação introduzida, de ofício ou em consequência de decisão administrativa ou judicial, nos critérios jurídicos adotados pela autoridade administrativa no exercício do lançamento somente pode ser efetivada, em relação a um mesmo sujeito passivo, quanto a fato gerador ocorrido posteriormente à sua introdução.

Seção II

MODALIDADES DE LANÇAMENTO

Art. 147. O lançamento é efetuado com base na declaração do sujeito passivo ou de terceiro, quando um ou outro, na forma da legislação tributária, presta à autoridade administrativa informações sobre matéria de fato, indispensáveis à sua efetivação.

§ 1º A retificação da declaração por iniciativa do próprio declarante, quando vise a reduzir ou a excluir tributo, só é admissível mediante comprovação do erro em que se funde, e antes de notificado o lançamento.

§ 2º Os erros contidos na declaração e apuráveis pelo seu exame serão retificados de ofício pela autoridade administrativa a que competir a revisão daquela.

Art. 148. Quando o cálculo do tributo tenha por base, ou tome em consideração, o valor ou o preço de bens, direitos, serviços ou atos jurídicos, a autoridade lançadora, mediante processo regular, arbitrará aquele valor ou preço, sempre que sejam omissos ou não mereçam fé as declarações ou os esclarecimentos prestados, ou os documentos expedidos pelo sujeito passivo ou pelo terceiro legalmente obrigado, ressalvada, em caso de contestação, avaliação contraditória, administrativa ou judicial.

▶ Súm. nº 431 do STJ.

Art. 149. O lançamento é efetuado e revisto de ofício pela autoridade administrativa nos seguintes casos:

I – quando a lei assim o determine;
II – quando a declaração não seja prestada, por quem de direito, no prazo e na forma da legislação tributária;
III – quando a pessoa legalmente obrigada, embora tenha prestado declaração nos termos do inciso anterior, deixe de atender, no prazo e na forma da legislação tributária, a pedido de esclarecimento formulado pela autoridade administrativa, recuse-se a prestá-lo ou não o preste satisfatoriamente, a juízo daquela autoridade;
IV – quando se comprove falsidade, erro ou omissão quanto a qualquer elemento definido na legislação tributária como sendo de declaração obrigatória;
V – quando se comprove omissão ou inexatidão, por parte da pessoa legalmente obrigada, no exercício da atividade a que se refere o artigo seguinte;
VI – quando se comprove ação ou omissão do sujeito passivo, ou de terceiro legalmente obrigado, que dê lugar à aplicação de penalidade pecuniária;
VII – quando se comprove que o sujeito passivo, ou terceiro em benefício daquele, agiu com dolo, fraude ou simulação;

▶ Arts. 145 a 150, 158 e 167, *caput*, e § 2º, do CC.
▶ Arts. 71 a 73 da Lei nº 4.502, de 30-11-1964, que dispõe sobre o Imposto de Consumo e reorganiza a diretoria de rendas internas.

VIII – quando deva ser apreciado fato não conhecido ou não provado por ocasião do lançamento anterior;
IX – quando se comprove que, no lançamento anterior, ocorreu fraude ou falta funcional da autoridade que o efetuou, ou omissão, pela mesma autoridade, de ato ou formalidade especial.

Parágrafo único. A revisão do lançamento só pode ser iniciada enquanto não extinto o direito da Fazenda Pública.

Art. 150. O lançamento por homologação, que ocorre quanto aos tributos cuja legislação atribua ao sujeito passivo o dever de antecipar o pagamento sem prévio exame da autoridade administrativa, opera-se pelo ato em que a referida autoridade, tomando conhecimento da atividade assim exercida pelo obrigado, expressamente a homologa.

▶ Súm. nº 436 do STJ.

§ 1º O pagamento antecipado pelo obrigado nos termos deste artigo extingue o crédito, sob condição resolutória da ulterior homologação ao lançamento.

§ 2º Não influem sobre a obrigação tributária quaisquer atos anteriores à homologação, praticados pelo sujeito passivo ou por terceiro, visando à extinção total ou parcial do crédito.

▶ Art. 156, parágrafo único, deste Código.

§ 3º Os atos a que se refere o parágrafo anterior serão, porém, considerados na apuração do saldo porventura devido e, sendo o caso, na imposição de penalidade, ou sua graduação.

§ 4º Se a lei não fixar prazo à homologação, será ele de cinco anos, a contar da ocorrência do fato gerador; expirado esse prazo sem que a Fazenda Pública se tenha pronunciado, considera-se homologado o lançamento e definitivamente extinto o crédito, salvo se comprovada a ocorrência de dolo, fraude ou simulação.

▶ Art. 167 do CC.
▶ Arts. 71 a 73 da Lei nº 4.502, de 30-11-1964, que dispõe sobre o Imposto de Consumo.

CAPÍTULO III
SUSPENSÃO DO CRÉDITO TRIBUTÁRIO

Seção I

DISPOSIÇÕES GERAIS

Art. 151. Suspendem a exigibilidade do crédito tributário:

I – moratória;

▶ Art. 3º, § 2º, da Lei nº 13.988, de 14-4-2020 (Lei da Transação Tributária).

II – o depósito do seu montante integral;

▶ Súm. nº 112 do STJ.

III – as reclamações e os recursos, nos termos das leis reguladoras do processo tributário administrativo;

▶ Dec. nº 70.235, de 6-3-1972 (Lei do Processo Administrativo Fiscal).
▶ Súm. nº 373 do STJ.

IV – a concessão de medida liminar em mandado de segurança;

▶ Art. 5º, LXIX e LXX, da CF.
▶ Art. 63 da Lei nº 9.430, de 27-12-1996, que dispõe sobre a legislação tributária federal, as contribuições para a seguridade social e o processo administrativo de consulta.
▶ Lei nº 12.016, de 7-8-2009 (Lei do Mandado de Segurança Individual e Coletivo).
▶ Súmulas nºs 266 e 510 do STF.

V – a concessão de medida liminar ou de tutela antecipada, em outras espécies de ação judicial;
VI – o parcelamento.

▶ Incisos V e VI acrescidos pela LC nº 104, de 10-1-2001.
▶ Arts. 6º e 7º da Lei nº 11.101, de 9-2-2005 (Lei de Recuperação de Empresas e Falências).
▶ Art. 3º, § 2º, da Lei nº 13.988, de 14-4-2020 (Lei da Transação Tributária).
▶ Súm. nº 437 do STJ.

Parágrafo único. O disposto neste artigo não dispensa o cumprimento das obrigações acessórias dependentes da obrigação principal cujo crédito seja suspenso, ou dela consequentes.

▶ Art. 113 deste Código.

Seção II

MORATÓRIA

Art. 152. A moratória somente pode ser concedida:

I – em caráter geral:

a) pela pessoa jurídica de direito público competente para instituir o tributo a que se refira;

b) pela União, quanto a tributos de competência dos Estados, do Distrito Federal ou dos Municípios, quando simultaneamente concedida quanto aos tributos de competência federal e às obrigações de direito privado;

II – em caráter individual, por despacho da autoridade administrativa, desde que autorizada por lei nas condições do inciso anterior.

Parágrafo único. A lei concessiva de moratória pode circunscrever expressamente a sua aplicabilidade a determinada região do território da pessoa jurídica de direito público que a expedir, ou a determinada classe ou categoria de sujeitos passivos.

Art. 153. A lei que conceda moratória em caráter geral ou autorize sua concessão em caráter individual especificará, sem prejuízo de outros requisitos:

I – o prazo de duração do favor;

II – as condições da concessão do favor em caráter individual;

III – sendo caso:

a) os tributos a que se aplica;

b) o número de prestações e seus vencimentos, dentro do prazo a que se refere o inciso I, podendo atribuir a fixação de uns e de outros à autoridade administrativa, para cada caso de concessão em caráter individual;

c) as garantias que devem ser fornecidas pelo beneficiado no caso de concessão em caráter individual.

Art. 154. Salvo disposição de lei em contrário, a moratória somente abrange os créditos definitivamente constituídos à data da lei ou do despacho que a conceder, ou cujo lançamento já tenha sido iniciado àquela data por ato regularmente notificado ao sujeito passivo.

Parágrafo único. A moratória não aproveita aos casos de dolo, fraude ou simulação do sujeito passivo ou do terceiro em benefício daquele.

- Arts. 145 e 167 do CC.
- Arts. 71 a 73 da Lei nº 4.502, de 30-11-1964, que dispõe sobre o Imposto de Consumo e reorganiza a Diretoria de Rendas Internas.

Art. 155. A concessão da moratória em caráter individual não gera direito adquirido e será revogada de ofício, sempre que se apure que o beneficiado não satisfazia ou deixou de satisfazer as condições ou não cumpria ou deixou de cumprir os requisitos para a concessão do favor, cobrando-se o crédito acrescido de juros de mora:

I – com imposição da penalidade cabível, nos casos de dolo ou simulação do beneficiado, ou de terceiro em benefício daquele;

II – sem imposição de penalidade, nos demais casos.

Parágrafo único. No caso do inciso I deste artigo, o tempo decorrido entre a concessão da moratória e sua revogação não se computa para efeito da prescrição do direito à cobrança do crédito; no caso do inciso II deste artigo, a revogação só pode ocorrer antes de prescrito o referido direito.

Art. 155-A. O parcelamento será concedido na forma e condição estabelecidas em lei específica.

- Artigo acrescido pela LC nº 104, de 10-1-2001.
- Art. 174, parágrafo único, IV, deste Código.
- Lei nº 11.941, de 27-5-2009, altera a legislação tributária federal relativa ao parcelamento ordinário de débitos tributários.
- Súm. nº 355 do STJ.

§ 1º Salvo disposição de lei em contrário, o parcelamento do crédito tributário não exclui a incidência de juros e multas.

§ 2º Aplicam-se, subsidiariamente, ao parcelamento as disposições desta Lei, relativas à moratória.

- §§ 1º e 2º acrescidos pela LC nº 104, de 10-1-2001.

§ 3º Lei específica disporá sobre as condições de parcelamento dos créditos tributários do devedor em recuperação judicial.

- Art. 68 da Lei nº 11.101, de 9-2-2005 (Lei de Recuperação de Empresas e Falências).

§ 4º A inexistência da lei específica a que se refere o § 3º deste artigo importa na aplicação das leis gerais de parcelamento do ente da Federação ao devedor em recuperação judicial, não podendo, neste caso, ser o prazo de parcelamento inferior ao concedido pela lei federal específica.

- §§ 3º e 4º acrescidos pela LC nº 118, de 9-2-2005.

CAPÍTULO IV
EXTINÇÃO DO CRÉDITO TRIBUTÁRIO

Seção I
MODALIDADES DE EXTINÇÃO

Art. 156. Extinguem o crédito tributário:

- Art. 78, § 2º, do ADCT.
- Art. 6º da EC nº 62, de 9-12-2009.
- Arts. 360, 367, 381 e 384 do CC.

I – o pagamento;

II – a compensação;

- Arts. 170 e 170-A deste Código.
- Art. 66 da Lei nº 8.383, de 30-12-1991, que institui a UFIR e altera a legislação do IR.
- Arts. 73 e 74 da Lei nº 9.430, de 27-12-1996, que dispõe sobre a legislação tributária federal, as contribuições para a seguridade social e o processo administrativo de consulta.
- Art. 114 da Lei nº 11.196, de 21-11-2005, que, mediante alteração do art. 7º, do Dec.-lei nº 2.287, de 23-7-1986, introduziu a compensação de ofício pela RFB abrangendo os tributos da União e as contribuições sociais devidas ao INSS.

III – a transação;

IV – a remissão;

- Art. 150, § 6º, da CF.

V – a prescrição e a decadência;

- Arts. 150, § 4º, 173 e 174 deste Código.
- Art. 53 da Lei nº 11.941, de 27-5-2009, que altera a legislação tributária federal relativa ao parcelamento ordinário de débitos tributários.

VI – a conversão de depósito em renda;

VII – o pagamento antecipado e a homologação do lançamento nos termos do disposto no artigo 150 e seus §§ 1º e 4º;

VIII – a consignação em pagamento, nos termos do disposto no § 2º do artigo 164;

IX – a decisão administrativa irreformável, assim entendida a definitiva na órbita administrativa, que não mais possa ser objeto de ação anulatória;

X – a decisão judicial passada em julgado;

XI – a dação em pagamento em bens imóveis, na forma e condições estabelecidas em lei.

- Inciso XI acrescido pela LC nº 104, de 10-1-2001.
- Art. 2º da EC nº 30, de 13-9-2000.
- Art. 4º da Lei nº 13.259, de 16-3-2016 (*DOU* de 17-3-2016 – edição extra), que regulamenta este inciso.

Parágrafo único. A lei disporá quanto aos efeitos da extinção total ou parcial do crédito sobre a ulterior verificação da irregularidade da sua constituição, observado o disposto nos artigos 144 e 149.

- Arts. 374 e 381 a 384 do CC.

Seção II
PAGAMENTO

Art. 157. A imposição de penalidade não ilide o pagamento integral do crédito tributário.

- Embora conste da publicação oficial o termo "ilide", o correto é "elide".
- Súm. nº 560 do STF.

Art. 158. O pagamento de um crédito não importa em presunção de pagamento:

I – quando parcial, das prestações em que se decomponha;

- Art. 322 do CC.

II – quando total, de outros créditos referentes ao mesmo ou a outros tributos.

Art. 159. Quando a legislação tributária não dispuser a respeito, o pagamento é efetuado na repartição competente do domicílio do sujeito passivo.

- Art. 327 e segs. do CC.
- Art. 127 deste Código.

Art. 160. Quando a legislação tributária não fixar o tempo do pagamento, o vencimento do crédito ocorre trinta dias depois da data em que se considera o sujeito passivo notificado do lançamento.

- Arts. 331 a 333 do CC.

Parágrafo único. A legislação tributária pode conceder desconto pela antecipação do pagamento, nas condições que estabeleça.

Art. 161. O crédito não integralmente pago no vencimento é acrescido de juros de mora, seja qual for o motivo determinante da falta, sem prejuízo da imposição das penalidades cabíveis e da aplicação de quaisquer medidas de garantia previstas nesta Lei ou em lei tributária.

§ 1º Se a lei não dispuser de modo diverso, os juros de mora são calculados à taxa de um por cento ao mês.

- Art. 406 do CC.
- Arts. 84, § 3º, e 85 da Lei nº 8.981, de 29-1-1995, que altera a legislação tributária federal.
- Arts. 38, § 1º, e 40 da Lei nº 9.069, de 29-6-1995, que dispõe sobre o Plano Real.
- Art. 61 da Lei nº 9.430, de 27-12-1996, que dispõe sobre a legislação tributária federal, as contribuições para a seguridade social e o processo administrativo de consulta.
- Dec. nº 22.626, de 7-4-1933 (Lei da Usura).
- Súm. nº 596 do STF.
- Súm. nº 523 do STJ.

§ 2º O disposto neste artigo não se aplica na pendência de consulta formulada pelo devedor dentro do prazo legal para pagamento do crédito.

Art. 162. O pagamento é efetuado:

I – em moeda corrente, cheque ou vale postal;

II – nos casos previstos em lei, em estampilha, em papel selado, ou por processo mecânico.

§ 1º A legislação tributária pode determinar as garantias exigidas para o pagamento por cheque ou vale postal, desde que não o torne impossível ou mais oneroso que o pagamento em moeda corrente.

§ 2º O crédito pago por cheque somente se considera extinto com o resgate deste pelo sacado.

► Lei nº 7.357, de 2-9-1985 (Lei do Cheque).

§ 3º O crédito pagável em estampilha considera-se extinto com a inutilização regular daquela, ressalvado o disposto no artigo 150.

§ 4º A perda ou destruição da estampilha, ou o erro no pagamento por esta modalidade, não dão direito a restituição, salvo nos casos expressamente previstos na legislação tributária, ou naquelas em que o erro seja imputável à autoridade administrativa.

§ 5º O pagamento em papel selado ou por processo mecânico equipara-se ao pagamento em estampilha.

Art. 163. Existindo simultaneamente dois ou mais débitos vencidos do mesmo sujeito passivo para com a mesma pessoa jurídica de direito público, relativos ao mesmo ou a diferentes tributos ou provenientes de penalidade pecuniária ou juros de mora, a autoridade administrativa competente para receber o pagamento determinará a respectiva imputação, obedecidas as seguintes regras, na ordem em que enumeradas:

► Art. 352 do CC.

I – em primeiro lugar, aos débitos por obrigação própria, e em segundo lugar aos decorrentes de responsabilidade tributária;

► Art. 128 deste Código.

II – primeiramente, às contribuições de melhoria, depois às taxas e por fim aos impostos;

III – na ordem crescente dos prazos de prescrição;

IV – na ordem decrescente dos montantes.

Art. 164. A importância do crédito tributário pode ser consignada judicialmente pelo sujeito passivo, nos casos:

I – de recusa de recebimento, ou subordinação deste ao pagamento de outro tributo ou de penalidade, ou ao cumprimento de obrigação acessória;

II – de subordinação do recebimento ao cumprimento de exigências administrativas sem fundamento legal;

III – de exigência, por mais de uma pessoa jurídica de direito público, de tributo idêntico sobre um mesmo fato gerador.

► Arts. 304 e 334 do CC.
► Art. 539 do CPC/2015.

§ 1º A consignação só pode versar sobre o crédito que o consignante se propõe pagar.

§ 2º Julgada procedente a consignação, o pagamento se reputa efetuado e a importância consignada é convertida em renda; julgada improcedente a consignação no todo ou em parte, cobra-se o crédito acrescido de juros de mora, sem prejuízo das penalidades cabíveis.

Seção III — *PAGAMENTO INDEVIDO*

Art. 165. O sujeito passivo tem direito, independentemente de prévio protesto, à restituição total ou parcial do tributo, seja qual for a modalidade do seu pagamento, ressalvado o disposto no § 4º do artigo 162, nos seguintes casos:

► Súmulas nºs 162, 447 e 461 do STJ.

I – cobrança ou pagamento espontâneo de tributo indevido ou maior que o devido em face da legislação tributária aplicável, ou da natureza ou circunstâncias materiais do fato gerador efetivamente ocorrido;

II – erro na edificação do sujeito passivo, na determinação da alíquota aplicável, no cálculo do montante do débito ou na elaboração ou conferência de qualquer documento relativo ao pagamento;

► Mantivemos a expressão "edificação" conforme publicação; o correto seria "identificação".
► Súmulas nºs 71 e 546 do STF.

III – reforma, anulação, revogação ou rescisão de decisão condenatória.

Art. 166. A restituição de tributos que comportem, por sua natureza, transferência do respectivo encargo financeiro somente será feita a quem prove haver assumido referido encargo, ou, no caso de tê-lo transferido a terceiro, estar por este expressamente autorizado a recebê-la.

► Art. 2º, § 2º, do Dec.-lei nº 834, de 8-9-1969, que dispõe sobre a entrega das parcelas, pertencentes aos Municípios, do produto da arrecadação do imposto sobre circulação de mercadoria, estabelece normas gerais sobre conflito da competência tributaria e sobre o imposto de serviços.
► Súm. nº 546 do STF.

Art. 167. A restituição total ou parcial do tributo dá lugar à restituição, na mesma proporção, dos juros de mora e das penalidades pecuniárias, salvo as referentes a infrações de caráter formal não prejudicadas pela causa da restituição.

Parágrafo único. A restituição vence juros não capitalizáveis, a partir do trânsito em julgado da decisão definitiva que a determinar.

► Súm. nº 188 do STJ.

Art. 168. O direito de pleitear a restituição extingue-se com o decurso do prazo de cinco anos, contados:

I – nas hipóteses dos incisos I e II do artigo 165, da data da extinção do crédito tributário;

► Art. 106, I, deste Código.
► Art. 3º da LC nº 118, de 9-2-2005, que dispõe sobre a interpretação deste inciso.

II – na hipótese do inciso III do artigo 165, da data em que se tornar definitiva a decisão administrativa ou passar em julgado a decisão judicial que tenha reformado, anulado, revogado ou rescindido a decisão condenatória.

Art. 169. Prescreve em dois anos a ação anulatória da decisão administrativa que denegar a restituição.

Parágrafo único. O prazo de prescrição é interrompido pelo início da ação judicial, recomeçando o seu curso, por metade, a partir da data da intimação validamente feita ao representante judicial da Fazenda Pública interessada.

Seção IV — *DEMAIS MODALIDADES DE EXTINÇÃO*

Art. 170. A lei pode, nas condições e sob as garantias que estipular, ou cuja estipulação em cada caso atribuir à autoridade administrativa, autorizar a compensação de créditos tributários com créditos líquidos e certos, vencidos ou vincendos, do sujeito passivo contra a Fazenda Pública.

► A Secretaria da Receita Federal passou a ser denominada Secretaria da Receita Federal do Brasil, pelo art. 1º da Lei nº 11.457, de 16-3-2007 (Lei da Super-Receita).
► Art. 66 da Lei nº 8.383, de 30-12-1991, que institui a UFIR e altera a legislação tributária federal.
► Arts. 73 e 74 a Lei nº 9.430, de 27-12-1996, que dispõe sobre a legislação tributária federal, as contribuições para a seguridade social e o processo administrativo de consulta.
► Dec. nº 2.138, de 29-1-1997, dispõe sobre a compensação de créditos tributários com créditos do sujeito passivo decorrentes de restituição ou ressarcimento de tributos ou contribuições, a ser efetuada pela Secretaria da Receita Federal.
► Súmulas nºs 212, 213, 460, 461 e 464 do STJ.

Parágrafo único. Sendo vincendo o crédito do sujeito passivo, a lei determinará, para os efeitos deste artigo, a apuração do seu montante, não podendo, porém, cominar redução maior que a correspondente ao juro de um por cento ao mês pelo tempo a decorrer entre a data da compensação e a do vencimento.

Art. 170-A. É vedada a compensação mediante o aproveitamento de tributo, objeto de contestação judicial pelo sujeito passivo, antes do trânsito em julgado da respectiva decisão judicial.

► Artigo acrescido pela LC nº 104, de 10-1-2001.
► Art. 5º, XXV, da CF.

Art. 171. A lei pode facultar, nas condições que estabeleça, aos sujeitos ativo e passivo da obrigação tributária celebrar transação que, mediante concessões mútuas, importe em determinação de litígio e consequente extinção de crédito tributário.

► Mantivemos o termo "determinação" conforme publicação oficial; o correto seria "terminação".

Parágrafo único. A lei indicará a autoridade competente para autorizar a transação em cada caso.

► Art. 1º, § 5º, II, da Lei nº 13.988, de 14-4-2020 (Lei da Transação Tributária).

Art. 172. A lei pode autorizar a autoridade administrativa a conceder, por despacho fundamentado, remissão total ou parcial do crédito tributário, atendendo:

I – à situação econômica do sujeito passivo;

II – ao erro ou ignorância escusáveis do sujeito passivo, quanto a matéria de fato;

III – à diminuta importância do crédito tributário;

IV – a considerações de equidade, em relação com as características pessoais ou materiais do caso;

► Art. 108, IV, deste Código.

V – a condições peculiares a determinada região do território da entidade tributante.

Parágrafo único. O despacho referido neste artigo não gera direito adquirido, aplicando-se, quando cabível, o disposto no artigo 155.

► Art. 156, IV, deste Código.

Art. 173. O direito de a Fazenda Pública constituir o crédito tributário extingue-se após cinco anos, contados:

► Art. 45 da Lei nº 8.212, de 24-7-1991 (Lei Orgânica da Seguridade Social).
► Súm. Vinc. nº 8 do STF.
► Súmulas nºs 108 e 153 do TFR.

I – do primeiro dia do exercício seguinte àquele em que o lançamento poderia ter sido efetuado;

► Art. 150, § 4º, deste Código.
► Súm. nº 555 do STJ.

II – da data em que se tornar definitiva a decisão que houver anulado, por vício formal, o lançamento anteriormente efetuado.

Parágrafo único. O direito a que se refere este artigo extingue-se definitivamente com o decurso do prazo nele previsto, contado da data em que tenha sido iniciada a constituição do crédito tributário pela notificação, ao sujeito passivo, de qualquer medida preparatória indispensável ao lançamento.

Art. 174. A ação para a cobrança do crédito tributário prescreve em cinco anos, contados da data da sua constituição definitiva.

- ▶ Arts. 142 e 145 deste Código.
- ▶ Art. 40 da Lei nº 6.830, de 22-9-1980 (Lei das Execuções Fiscais).
- ▶ Art. 6º, § 7º, da Lei nº 11.101, de 9-2-2005 (Lei de Recuperação de Empresas e Falências).
- ▶ Art. 53 da Lei nº 11.941, de 27-5-2009, que altera a legislação tributária federal relativa ao parcelamento ordinário de débitos tributários.
- ▶ Súm. Vinc. nº 8 do STF.
- ▶ Súm. nº 107 do TFR.
- ▶ Súm. nº 409 do STJ.

Parágrafo único. A prescrição se interrompe:

I – pelo despacho do juiz que ordenar a citação em execução fiscal;

- ▶ Inciso I com a redação dada pela LC nº 118, de 9-2-2005.
- ▶ Arts. 59, 240, *caput* e §§ 1º e 3º e 4º, e 802, parágrafo único, do CPC/2015.
- ▶ Art. 8º, § 2º, da Lei nº 6.830, de 22-9-1980 (Lei das Execuções Fiscais).
- ▶ Súm. nº 78 do TFR.

II – *pelo protesto judicial ou extrajudicial;*

- ▶ Inciso II com a redação dada pela LC nº 208, de 2-7-2024.
- ▶ Art. 202, V, do CC.

III – por qualquer ato judicial que constitua em mora o devedor;

IV – por qualquer ato inequívoco ainda que extrajudicial, que importe em reconhecimento do débito pelo devedor.

- ▶ Art. 202, VI, do CC.
- ▶ Súm. nº 248 do TFR.

CAPÍTULO V
EXCLUSÃO DO CRÉDITO TRIBUTÁRIO

Seção I
DISPOSIÇÕES GERAIS

Art. 175. Excluem o crédito tributário:

I – a isenção;

- ▶ Art. 150, § 6º, da CF.
- ▶ Arts. 176 a 179 deste Código.
- ▶ Súm. nº 544 do STF.

II – a anistia.

- ▶ Arts. 111 e 180 a 182 deste Código.

Parágrafo único. A exclusão do crédito tributário não dispensa o cumprimento das obrigações acessórias, dependentes da obrigação principal cujo crédito seja excluído, ou dela consequente.

Seção II
ISENÇÃO

Art. 176. A isenção, ainda quando prevista em contrato, é sempre decorrente de lei que especifique as condições e requisitos exigidos para a sua concessão, os tributos a que se aplica e, sendo caso, o prazo de sua duração.

- ▶ Art. 151, I, da CF.
- ▶ Súm. nº 544 do STF.

Parágrafo único. A isenção pode ser restrita a determinada região do território da entidade tributante, em função de condições a ela peculiares.

Art. 177. Salvo disposição de lei em contrário, a isenção não é extensiva:

I – às taxas e às contribuições de melhoria;

II – aos tributos instituídos posteriormente à sua concessão.

Art. 178. A isenção, salvo se concedida por prazo certo e em função de determinadas condições, pode ser revogada ou modificada por lei, a qualquer tempo, observado o disposto no inciso III do artigo 104.

- ▶ Artigo com a redação dada pela LC nº 24, de 7-1-1975.

Art. 179. A isenção, quando não concedida em caráter geral, é efetivada, em cada caso, por despacho da autoridade administrativa, em requerimento com o qual o interessado faça prova do preenchimento das condições e do cumprimento dos requisitos previstos em lei ou contrato para sua concessão.

- ▶ Súmulas nºs 543 e 544 do STF.

§ 1º Tratando-se de tributo lançado por período certo de tempo, o despacho referido neste artigo será renovado antes da expiração de cada período, cessando automaticamente os seus efeitos a partir do primeiro dia do período para o qual o interessado deixar de promover a continuidade do reconhecimento da isenção.

§ 2º O despacho referido neste artigo não gera direito adquirido, aplicando-se, quando cabível, o disposto no artigo 155.

Seção III
ANISTIA

Art. 180. A anistia abrange exclusivamente as infrações cometidas anteriormente à vigência da lei que a concede, não se aplicando:

I – aos atos qualificados em lei como crimes ou contravenções e aos que, mesmo sem essa qualificação, sejam praticados com dolo, fraude ou simulação pelo sujeito passivo ou por terceiro em benefício daquele;

- ▶ Art. 72 da Lei nº 4.502, de 30-11-1964, dispõe sobre o Imposto de Consumo.
- ▶ Arts. 1º, I, e 2º, I, da Lei nº 8.137, de 27-12-1990 (Lei dos Crimes Contra a Ordem Tributária, Econômica e Contra as Relações de Consumo).

II – salvo disposição em contrário, às infrações resultantes de conluio entre duas ou mais pessoas naturais ou jurídicas.

Art. 181. A anistia pode ser concedida:

I – em caráter geral;

II – limitadamente:

a) às infrações da legislação relativa a determinado tributo;

b) às infrações punidas com penalidades pecuniárias até determinado montante, conjugadas ou não com penalidades de outra natureza;

c) a determinada região do território da entidade tributante, em função de condições a ela peculiares;

d) sob condição do pagamento de tributo no prazo fixado pela lei que a conceder, ou cuja fixação seja atribuída pela mesma lei à autoridade administrativa.

Art. 182. A anistia, quando não concedida em caráter geral, é efetivada, em cada caso, por despacho da autoridade administrativa, em requerimento com o qual o interessado faça prova do preenchimento das condições e do cumprimento dos requisitos previstos em lei para sua concessão.

Parágrafo único. O despacho referido neste artigo não gera direito adquirido, aplicando-se, quando cabível, o disposto no artigo 155.

CAPÍTULO VI
GARANTIAS E PRIVILÉGIOS DO CRÉDITO TRIBUTÁRIO

Seção I
DISPOSIÇÕES GERAIS

Art. 183. A enumeração das garantias atribuídas neste Capítulo ao crédito tributário não exclui outras que sejam expressamente previstas em lei, em função da natureza ou das características do tributo a que se refiram.

Parágrafo único. A natureza das garantias atribuídas ao crédito tributário não altera a natureza deste nem a da obrigação tributária a que corresponda.

Art. 184. Sem prejuízo dos privilégios especiais sobre determinados bens, que sejam previstos em lei, responde pelo pagamento do crédito tributário a totalidade dos bens e das rendas, de qualquer origem ou natureza, do sujeito passivo, seu espólio ou sua massa falida, inclusive os gravados por ônus real ou cláusula de inalienabilidade ou impenhorabilidade, seja qual for a data da constituição do ônus ou da cláusula, excetuados unicamente os bens e rendas que a lei declare absolutamente impenhoráveis.

- ▶ Art. 813 do CC.
- ▶ Arts. 832 e 833 do CPC/2015.
- ▶ Art. 30 da Lei nº 6.830, de 22-9-1980 (Lei das Execuções Fiscais).
- ▶ Art. 3º, IV, da Lei nº 8.009, de 29-3-1990 (Lei da Impenhorabilidade do Bem de Família).
- ▶ Art. 38 da Lei nº 9.610, de 19-2-1998 (Lei de Direitos Autorais).

Art. 185. Presume-se fraudulenta a alienação ou oneração de bens ou rendas, ou seu começo, por sujeito passivo em débito para com a Fazenda Pública, por crédito tributário regularmente inscrito como dívida ativa.

- ▶ Art. 792 do CPC/2015.

Parágrafo único. O disposto neste artigo não se aplica na hipótese de terem sido reservados, pelo devedor, bens ou rendas suficientes ao total pagamento da dívida inscrita.

- ▶ Art. 185 com a redação dada pela LC nº 118, de 9-2-2005.

Art. 185-A. Na hipótese de o devedor tributário, devidamente citado, não pagar nem apresentar bens à penhora no prazo legal e não forem encontrados bens penhoráveis, o juiz determinará a indisponibilidade de seus bens e direitos, comunicando a decisão, preferencialmente por meio eletrônico, aos órgãos e entidades que promovem registros de transferência de bens, especialmente ao registro público de imóveis e às autoridades supervisoras do mercado bancário e do mercado de capitais, a fim de que, no âmbito de suas atribuições, façam cumprir a ordem judicial.

- ▶ Súm. nº 560 do STJ.

§ 1º A indisponibilidade de que trata o *caput* deste artigo limitar-se-á ao valor total exigível, devendo o juiz determinar o imediato levantamento da indisponibilidade dos bens ou valores que excederem esse limite.

§ 2º Os órgãos e entidades aos quais se fizer a comunicação de que trata o *caput* deste artigo enviarão imediatamente ao juízo a relação discriminada dos bens e direitos cuja indisponibilidade houverem promovido.

- Art. 185-A acrescido pela LC nº 118, de 9-2-2005.

Seção II
PREFERÊNCIAS

Art. 186. O crédito tributário prefere a qualquer outro, seja qual for sua natureza ou o tempo de sua constituição, ressalvados os créditos decorrentes da legislação do trabalho ou do acidente de trabalho.

- *Caput* com a redação dada pela LC nº 118, de 19-2-2005.

Parágrafo único. Na falência:

I – o crédito tributário não prefere aos créditos extraconcursais ou às importâncias passíveis de restituição, nos termos da lei falimentar, nem aos créditos com garantia real, no limite do valor do bem gravado;

II – a lei poderá estabelecer limites e condições para a preferência dos créditos decorrentes da legislação do trabalho; e

III – a multa tributária prefere apenas aos créditos subordinados.

- Parágrafo único acrescido pela LC nº 118, de 9-2-2005.
- Arts. 148 e 449 da CLT.
- Art. 4º, § 4º, da Lei nº 6.830, de 22-9-1980 (Lei das Execuções Fiscais).
- Arts. 83 e 84 da Lei nº 11.101, de 9-2-2005 (Lei de Recuperação de Empresas e Falências).

Art. 187. A cobrança judicial do crédito tributário não é sujeita a concurso de credores ou habilitação em falência, recuperação judicial, concordata, inventário ou arrolamento.

- *Caput* com a redação dada pela LC nº 118, de 9-2-2005.
- Arts. 4º, § 4º, e 29, parágrafo único, da Lei nº 6.830, de 22-9-1980 (Lei das Execuções Fiscais).
- Arts. 76 e 87, VII, da Lei nº 11.101, de 9-2-2005 (Lei de Recuperação de Empresas e Falências).

Parágrafo único. O concurso de preferência somente se verifica entre pessoas jurídicas de direito público, na seguinte ordem:

- O STF, por maioria dos votos, julgou procedente o pedido formulado da ADPF nº 357, para declarar a não recepção pela Constituição Federal da norma prevista neste parágrafo único (*DOU* de 6-7-2021).

I – União;

II – Estados, Distrito Federal e Territórios, conjuntamente e *pro rata;*

III – Municípios, conjuntamente e *pro rata*.

- Art. 29, parágrafo único, da Lei nº 6.830, de 22-9-1980 (Lei das Execuções Fiscais).
- Súm. nº 563 do STF.
- Súm. nº 244 do TFR.
- Súm. nº 497 do STJ.

Art. 188. São extraconcursais os créditos tributários decorrentes de fatos geradores ocorridos no curso do processo de falência.

- *Caput* com a redação dada pela LC nº 118, de 9-2-2005.
- Art. 84 da Lei nº 11.101, de 9-2-2005 (Lei de Recuperação de Empresas e Falências).

§ 1º Contestado o crédito tributário, o juiz remeterá as partes ao processo competente, mandando reservar bens suficientes à extinção total do crédito e seus acrescidos, se a massa não puder efetuar a garantia da instância por outra forma, ouvido, quanto à natureza e valor dos bens reservados, o representante da Fazenda Pública interessada.

§ 2º O disposto neste artigo aplica-se aos processos de concordata.

- A concordata foi substituída pela recuperação judicial, conforme Lei nº 11.101, de 9-2-2005 (Lei de Recuperação de Empresas e Falências).

Art. 189. São pagos preferencialmente a quaisquer créditos habilitados em inventário ou arrolamento, ou a outros encargos do monte, os créditos tributários vencidos ou vincendos, a cargo do *de cujus* ou de seu espólio, exigíveis no decurso do processo de inventário ou arrolamento.

Parágrafo único. Contestado o crédito tributário, proceder-se-á na forma do disposto no § 1º do artigo anterior.

Art. 190. São pagos preferencialmente a quaisquer outros os créditos tributários vencidos ou vincendos, a cargo de pessoas jurídicas de direito privado em liquidação judicial ou voluntária, exigíveis no decurso da liquidação.

- Art. 186 deste Código.
- Art. 18, *b*, da Lei nº 6.024, de 13-3-1974 (Lei das Intervenções e Liquidações Extrajudiciais de Instituições Financeiras).
- Arts. 4º, § 4º, e 31 da Lei nº 6.830, de 22-9-1980 (Lei das Execuções Fiscais).

Art. 191. A extinção das obrigações do falido requer prova de quitação de todos os tributos.

- Artigo com a redação dada pela LC nº 118, de 9-2-2005.
- Art. 57 da Lei nº 11.101, de 9-2-2005 (Lei de Recuperação de Empresas e Falências).

Art. 191-A. A concessão de recuperação judicial depende da apresentação da prova de quitação de todos os tributos, observado o disposto nos arts. 151, 205 e 206 desta Lei.

- Artigo acrescido pela LC nº 118, de 9-2-2005.
- Art. 57 da Lei nº 11.101, de 9-2-2005 (Lei de Recuperação de Empresas e Falências).

Art. 192. Nenhuma sentença de julgamento de partilha ou adjudicação será proferida sem prova da quitação de todos os tributos relativos aos bens do espólio, ou às suas rendas.

- Arts. 276, 836, 943, 1.700, 1.792 e 1.997 do CC.

Art. 193. Salvo quando expressamente autorizado por lei, nenhum departamento da administração pública da União, dos Estados, do Distrito Federal ou dos Municípios, ou sua autarquia, celebrará contrato ou aceitará proposta em concorrência pública sem que contratante ou proponente faça prova da quitação de todos os tributos devidos à Fazenda Pública interessada, relativos à atividade em cujo exercício contrata ou concorre.

- Arts. 63, III, e 68 da Lei nº 14.133, de 1º-4-2021 (Nova Lei de Licitações e Contratos Administrativos).

TÍTULO IV – ADMINISTRAÇÃO TRIBUTÁRIA

CAPÍTULO I
FISCALIZAÇÃO

Art. 194. A legislação tributária, observado o disposto nesta Lei, regulará, em caráter geral, ou especificamente em função da natureza do tributo de que se tratar, a competência e os poderes das autoridades administrativas em matéria de fiscalização da sua aplicação.

- Art. 37, XXII, da CF.
- Art. 96 deste Código.

Parágrafo único. A legislação a que se refere este artigo aplica-se às pessoas naturais ou jurídicas, contribuintes ou não, inclusive às que gozem de imunidade tributária ou de isenção de caráter pessoal.

- Art. 9º, § 1º, deste Código.

Art. 195. Para os efeitos da legislação tributária, não têm aplicação quaisquer disposições legais excludentes ou limitativas do direito de examinar mercadorias, livros, arquivos, documentos, papéis e efeitos comerciais ou fiscais dos comerciantes, industriais ou produtores, ou da obrigação destes de exibi-los.

- Súmulas nºs 260 e 439 do STF.

Parágrafo único. Os livros obrigatórios de escrituração comercial e fiscal e os comprovantes dos lançamentos neles efetuados serão conservados até que ocorra a prescrição dos créditos tributários decorrentes das operações a que se refiram.

- Súm. nº 439 do STF.

Art. 196. A autoridade administrativa que proceder ou presidir a quaisquer diligências de fiscalização lavrará os termos necessários para que se documente o início do procedimento, na forma da legislação aplicável, que fixará prazo máximo para a conclusão daquelas.

- Arts. 138 e 173, parágrafo único, deste Código.

Parágrafo único. Os termos a que se refere este artigo serão lavrados, sempre que possível, em um dos livros fiscais exibidos; quando lavrados em separado deles se entregará, à pessoa sujeita à fiscalização, cópia autenticada pela autoridade a que se refere este artigo.

Art. 197. Mediante intimação escrita, são obrigados a prestar à autoridade administrativa todas as informações de que disponham com relação aos bens, negócios ou atividades de terceiros:

I – os tabeliães, escrivães e demais serventuários de ofício;

II – os bancos, casas bancárias, Caixas Econômicas e demais instituições financeiras;

- Art. 6º da LC nº 105, de 10-1-2001 (Lei do Sigilo Bancário).
- Dec. nº 3.724, de 10-1-2001, regulamenta o art. 6º da LC nº 105, de 10-1-2001 (Lei do Sigilo Bancário).

III – as empresas de administração de bens;

IV – os corretores, leiloeiros e despachantes oficiais;

V – os inventariantes;

VI – os síndicos, comissários e liquidatários;

- Arts. 21 a 25 da Lei nº 11.101, de 9-2-2005 (Lei de Recuperação de Empresas e Falências).

VII – quaisquer outras entidades ou pessoas que a lei designe, em razão de seu cargo, ofício, função, ministério, atividade ou profissão.

Parágrafo único. A obrigação prevista neste artigo não abrange a prestação de informações quanto a fatos sobre os quais o informante esteja legalmente obrigado a observar segredo em razão de cargo, ofício, função, ministério, atividade ou profissão.

- Arts. 5º, X e XII, e 133 da CF.
- Arts. 388, II, e 404, IV, do CPC/2015.
- Art. 154 do CP.
- Arts. 1º e 2º da LC nº 105, de 10-1-2001 (Lei do Sigilo Bancário).
- Art. 38 da Lei nº 4.595, de 31-12-1964 (Lei do Sistema Financeiro Nacional).
- Art. 7º, XIX, da Lei nº 8.906, de 4-7-1994 (Estatuto da Advocacia e da OAB).
- Lei nº 9.296, de 24-7-1996 (Lei das Interceptações Telefônicas).

Art. 198. Sem prejuízo do disposto na legislação criminal, é vedada a divulgação, por parte da Fazenda Pública ou de seus servidores, de informação obtida em razão do ofício sobre a situação econômica ou financeira do sujeito passivo ou de terceiros e sobre a natureza e o estado de seus negócios ou atividades.

- *Caput* com a redação dada pela LC nº 104, de 10-1-2001.
- Art. 58, § 3º, da CF.
- Art. 325 do CP.
- Art. 11 da LC nº 105, de 10-1-2001 (Lei do Sigilo Bancário).
- Art. 16, § 4º, da Lei nº 9.393, de 19-12-1996, que dispõe sobre o ITR e sobre o pagamento da dívida representada por TDA.
- Art. 6º, parágrafo único, da Lei nº 11.457, de 16-3-2007 (Lei da Super-Receita).
- Art. 9º do Dec. nº 3.724, de 10-1-2001, que regula o art. 6º da LC nº 105, de 10-1-2001 (Lei do Sigilo Bancário).
- Port. da SRF nº 2.344, de 24-3-2011, disciplina o acesso a informações protegidas por sigilo fiscal constantes de sistemas informatizados da Secretaria da Receita Federal do Brasil.

§ 1º Excetuam-se do disposto neste artigo, além dos casos previstos no artigo 199, os seguintes:

I – requisição de autoridade judiciária no interesse da justiça;

- Art. 438 do CPC/2015.

II – solicitações de autoridade administrativa no interesse da Administração Pública, desde que seja comprovada a instauração regular de processo administrativo, no órgão ou na entidade respectiva, com o objetivo de investigar o sujeito passivo a que se refere a informação, por prática de infração administrativa.

- Parágrafo único transformado em § 1º pela LC nº 104, de 10-1-2001.

§ 2º O intercâmbio de informação sigilosa, no âmbito da Administração Pública, será realizado mediante processo regularmente instaurado, e a entrega será feita pessoalmente à autoridade solicitante, mediante recibo, que formalize a transferência e assegure a preservação do sigilo.

- § 2º acrescido pela LC nº 104, de 10-1-2001.

§ 3º Não é vedada a divulgação de informações relativas a:

- *Caput* do § 3º acrescido pela LC nº 104, de 10-1-2001.

I – representações fiscais para fins penais;

- Art. 83 da Lei nº 9.430, de 27-12-1996, que dispõe sobre a legislação tributária federal, as contribuições para a seguridade social e o processo administrativo de consulta.

II – inscrições na Dívida Ativa da Fazenda Pública;

- Incisos I e II acrescidos pela LC nº 104, de 10-1-2001.
- Art. 202 deste Código.
- Art. 2º da Lei nº 6.830, de 22-9-1980 (Lei das Execuções Fiscais).

III – parcelamento ou moratória; e

- Inciso III com a redação dada pela LC nº 187, de 16-12-2021.
- Arts. 151, VI, e 152 a 155 deste Código.

IV – incentivo, renúncia, benefício ou imunidade de natureza tributária cujo beneficiário seja pessoa jurídica.

- Inciso IV acrescido pela LC nº 187, de 16-12-2021.

§ 4º Sem prejuízo do disposto no art. 197, a administração tributária poderá requisitar informações cadastrais e patrimoniais de sujeito passivo de crédito tributário a órgãos ou entidades, públicos ou privados, que, inclusive por obrigação legal, operem cadastros e registros ou controlem operações de bens e direitos.

§ 5º Independentemente da requisição prevista no § 4º deste artigo, os órgãos e as entidades da administração pública direta e indireta de qualquer dos Poderes colaborarão com a administração tributária visando ao compartilhamento de bases de dados de natureza cadastral e patrimonial de seus administrados e supervisionados.

- §§ 4º e 5º acrescidos pela LC nº 208, de 2-7-2024.

Art. 199. A Fazenda Pública da União e as dos Estados, do Distrito Federal e dos Municípios prestar-se-ão mutuamente assistência para a fiscalização dos tributos respectivos e permuta de informações, na forma estabelecida, em caráter geral ou específico, por lei ou convênio.

- Art. 37, XXII, da CF.
- Art. 198, § 2º, deste Código.

Parágrafo único. A Fazenda Pública da União, na forma estabelecida em tratados, acordos ou convênios, poderá permutar informações com Estados estrangeiros no interesse da arrecadação e da fiscalização de tributos.

- Parágrafo único acrescido pela LC nº 104, de 10-1-2001.

Art. 200. As autoridades administrativas federais poderão requisitar o auxílio da força pública federal, estadual ou municipal, e reciprocamente, quando vítimas de embaraço ou desacato no exercício de suas funções, ou quando necessário à efetivação de medida prevista na legislação tributária, ainda que não se configure fato definido em lei como crime ou contravenção.

- Arts. 316, § 1º, 322 e 329 a 331 do CP.
- Art. 29, II, da LC nº 123, de 14-12-2006 (Estatuto Nacional da Microempresa e da Empresa de Pequeno Porte).

CAPÍTULO II
DÍVIDA ATIVA

Art. 201. Constitui dívida ativa tributária a proveniente de crédito dessa natureza, regularmente inscrita na repartição administrativa competente, depois de esgotado o prazo fixado, para pagamento, pela lei ou por decisão final proferida em processo regular.

Parágrafo único. A fluência de juros de mora não exclui, para os efeitos deste artigo, a liquidez do crédito.

- Art. 185 deste Código.
- Art. 39, § 2º, da Lei nº 4.320, de 17-3-1964 que estatui normas gerais de direito financeiro para elaboração e controle dos orçamentos e balanços da União, dos Estados, dos Municípios e do Distrito Federal.
- Art. 2º da Lei nº 6.830, de 22-9-1980 (Lei das Execuções Fiscais).
- Lei nº 8.397, de 6-1-1992 (Lei da Medida Cautelar Fiscal).
- Lei nº 9.964, de 10-4-2000, institui o REFIS.
- Dec. nº 3.431, de 24-4-2000, regulamenta a Lei nº 9.964, de 10-4-2000.
- Súmulas nºs 40, 44, 45, 46, 47, 48 e 59 do TFR.

Art. 202. O termo de inscrição da dívida ativa, autenticado pela autoridade competente, indicará obrigatoriamente:

- Art. 2º, § 5º, da Lei nº 6.830, de 22-9-1980 (Lei das Execuções Fiscais).
- Súm. nº 392 do STJ.

I – o nome do devedor e, sendo caso, o dos corresponsáveis, bem como, sempre que possível, o domicílio ou a residência de um e de outros;

II – a quantia devida e a maneira de calcular os juros de mora acrescidos;

III – a origem e a natureza do crédito, mencionada especificamente a disposição da lei em que seja fundado;

IV – a data em que foi inscrita;

V – sendo caso, o número do processo administrativo de que se originar o crédito.

Parágrafo único. A certidão conterá, além dos requisitos deste artigo, a indicação do livro e da folha da inscrição.

Art. 203. A omissão de quaisquer dos requisitos previstos no artigo anterior ou o erro a eles relativo são causas de nulidade da inscrição e do processo de cobrança dela decorrente, mas a nulidade poderá ser sanada até a decisão de primeira instância, mediante substituição da certidão nula, devolvido ao sujeito passivo, acusado ou interessado, o prazo para defesa, que somente poderá versar sobre a parte modificada.

- Art. 26 da Lei nº 6.830, de 22-9-1980 (Lei das Execuções Fiscais).
- Súm. nº 392 do STJ.

Art. 204. A dívida regularmente inscrita goza da presunção de certeza e liquidez e tem o efeito de prova pré-constituída.

- Art. 185 deste Código.
- Art. 3º da Lei nº 6.830, de 22-9-1980 (Lei das Execuções Fiscais).

Parágrafo único. A presunção a que se refere este artigo é relativa e pode ser ilidida por prova inequívoca, a cargo do sujeito passivo ou do terceiro a que aproveite.

CAPÍTULO III
CERTIDÕES NEGATIVAS

- Súm. nº 446 do STJ.

Art. 205. A lei poderá exigir que a prova da quitação de determinado tributo, quando exigível, seja feita por certidão negativa, expedida à vista de requerimento do interessado, que contenha todas as informações necessárias à identificação de sua pessoa, domicílio fiscal e ramo de negócio ou atividade e indique o período a que se refere o pedido.

- Art. 5º, XXXIV, *b*, da CF.
- ADI nº 3.453/DF.
- Art. 123 deste Código.
- Art. 1º da Lei nº 7.711, de 22-12-1988, que dispõe sobre formas de melhoria da administração tributária.
- Art. 57 da Lei nº 11.101, de 9-2-2005 (Lei de Recuperação de Empresas e Falências).
- Art. 1º do Dec.-lei nº 1.715, de 22-11-1979, que regula a expedição de certidão de quitação de tributos federais e extingue a declaração de devedor remisso.
- Art. 1º, § 2º, do Dec. nº 93.240, de 9-9-1986, que regulamenta a Lei nº 7.433, de 18 de dezembro de 1985, que "dispõe sobre os requisitos para a lavratura de escrituras públicas, e dá outras providências".
- Súm. nº 547 do STF.
- Súm. nº 73 do TFR.
- Port. Conjunta RFB/PGFN nº 1.751, de 21-10-2014, que dispensa a prova de regularidade fiscal para registro de imóveis.

Parágrafo único. A certidão negativa será sempre expedida nos termos em que tenha sido requerida e será fornecida dentro de dez dias da data da entrada do requerimento na repartição.

Art. 206. Tem os mesmos efeitos previstos no artigo anterior a certidão de que conste a existência de créditos não vencidos, em curso de cobrança executiva em que tenha sido efetivada a penhora, ou cuja exigibilidade esteja suspensa.

- Art. 151 deste Código.
- Súm. nº 38 do TFR.
- Súm. nº 446 do STJ.

Art. 207. Independentemente de disposição legal permissiva, será dispensada a prova de quitação de tributos, ou o seu suprimento, quando se tratar de prática de ato indispensável para evitar a caducidade de direito, respondendo, porém, todos os participantes no ato pelo tributo porventura devido, juros de mora e penalidades cabíveis, exceto as relativas a infrações cuja responsabilidade seja pessoal ao infrator.

Art. 208. A certidão negativa expedida com dolo ou fraude, que contenha erro contra a Fazenda Pública, responsabiliza pessoalmente o funcionário que a expedir, pelo crédito tributário e juros de mora acrescidos.

Parágrafo único. O disposto neste artigo não exclui a responsabilidade criminal e funcional que no caso couber.

- Art. 301 do CP.

DISPOSIÇÕES FINAIS E TRANSITÓRIAS

Art. 209. A expressão "Fazenda Pública", quando empregada nesta Lei sem qualificação, abrange a Fazenda Pública da União, dos Estados, do Distrito Federal e dos Municípios.

Art. 210. Os prazos fixados nesta Lei ou na legislação tributária serão contínuos, excluindo-se na sua contagem o dia de início e incluindo-se o de vencimento.

Parágrafo único. Os prazos só se iniciam ou vencem em dia de expediente normal na repartição em que corra o processo ou deva ser praticado o ato.

- Arts. 212, § 2º, 224 e 230 do CPC/2015.
- Súm. nº 310 do STF.

Art. 211. Incumbe ao Conselho Técnico de Economia e Finanças, do Ministério da Fazenda, prestar assistência técnica aos governos estaduais e municipais, com o objetivo de assegurar a uniforme aplicação da presente Lei.

Art. 212. Os Poderes Executivos federal, estaduais e municipais expedirão, por decreto, dentro de noventa dias da entrada em vigor desta Lei, a consolidação, em texto único, da legislação vigente, relativa a cada um dos tributos, repetindo-se esta providência até o dia 31 de janeiro de cada ano.

Art. 213. Os Estados pertencentes a uma mesma região geoeconômica celebrarão entre si convênios para o estabelecimento de alíquota uniforme para o imposto a que se refere o artigo 52.

- O referido art. 52 foi revogado expressamente pelo Dec.-lei nº 406, de 31-12-1968.

Parágrafo único. Os Municípios de um mesmo Estado procederão igualmente, no que se refere à fixação da alíquota de que trata o artigo 60.

- O referido art. 60 foi revogado expressamente pelo Dec.-lei nº 406, de 31-12-1968.

Art. 214. O Poder Executivo promoverá a realização de convênios com os Estados, para excluir ou limitar a incidência do Imposto sobre Operações Relativas à Circulação de Mercadorias, no caso de exportação para o Exterior.

- Art. 155, § 2º, XII, *e*, da CF.
- LC nº 24, de 7-1-1975, dispõe sobre os convênios para a concessão de isenções do ICM.

Art. 215. A lei estadual pode autorizar o Poder Executivo a reajustar, no exercício de 1967, a alíquota de imposto a que se refere o artigo 52, dentro de limites e segundo critérios por ela estabelecidos.

- O art. 52 referido foi revogado pelo Dec.-lei nº 406, de 31-12-1968.

Art. 216. O Poder Executivo proporá as medidas legislativas adequadas a possibilitar, sem compressão dos investimentos previstos na proposta orçamentária de 1967, o cumprimento do disposto no artigo 21 da Emenda Constitucional nº 18, de 1965.

Art. 217. As disposições desta Lei, notadamente as dos artigos 17, 74, § 2º, e 77, parágrafo único, bem como a do artigo 54 da Lei nº 5.025, de 10 de junho de 1966, não excluem a incidência e a exigibilidade:

- Artigo acrescido pelo Dec.-lei nº 27, de 14-11-1966, que faz menção errada ao novo artigo acrescentado considerando-o como sendo o de número 218.

I – da "contribuição sindical", denominação que passa a ter o Imposto Sindical de que tratam os artigos 578 e seguintes da Consolidação das Leis do Trabalho, sem prejuízo do disposto no artigo 16 da Lei nº 4.589, de 11 de dezembro de 1964;

- Arts. 545, 578, 579 e 582 da CLT, com as redações dadas pela Lei nº 13.467, de 13-7-2017.

II – das denominadas "quotas de previdência" a que aludem os artigos 71 e 74 da Lei nº 3.807, de 26 de agosto de 1960, com as alterações determinadas pelo artigo 34 da Lei nº 4.863, de 29 de novembro de 1965, que integram a contribuição da União para a Previdência Social, de que trata o artigo 157, item XVI, da Constituição Federal;

- Refere-se à CF/1946, correspondendo aos arts. 194 e 195 da CF vigente.
- Art. 9º do Ato Complementar nº 27, de 8-12-1966.
- Art. 54 da Lei nº 5.025, de 10-6-1966.

III – da contribuição destinada a constituir "Fundo de Assistência" e "Previdência do Trabalhador Rural", de que trata o artigo 158 da Lei nº 4.214, de 2 de março de 1963;

- Arts. 19 e 21 da Lei nº 5.889, de 8-6-1973 (Lei do Trabalho Rural).

IV – da contribuição destinada ao Fundo de Garantia do Tempo de Serviço, criada pelo artigo 2º da Lei nº 5.107, de 13 de setembro de 1966;

- A Lei nº 5.107, de 13-9-1966, foi revogada pela Lei nº 7.839, de 12-10-1989, que foi posteriormente revogada pela Lei nº 8.036, de 11-5-1990 (Lei do FGTS).

V – das contribuições enumeradas no § 2º do artigo 34 da Lei nº 4.863, de 29 de novembro de 1965, com as alterações decorrentes do disposto nos artigos 22 e 23 da Lei nº 5.107, de 13 de setembro de 1966, e outras de fins sociais criadas por lei.

- A Lei nº 5.107, de 13-9-1966, foi revogada pela Lei nº 7.839, de 12-10-1989, que foi posteriormente revogada pela Lei nº 8.036, de 11-5-1990 (Lei do FGTS).

Art. 218. Esta Lei entrará em vigor, em todo o Território Nacional, no dia 1º de janeiro de 1967, revogadas as disposições em contrário, especialmente a Lei nº 854, de 10 de outubro de 1949.

- Antigo art. 217 renumerado pelo Dec.-lei nº 27, de 14-11-1966.

Brasília, 25 de outubro de 1966;
145º da Independência e
78º da República.

H. Castello Branco

CÓDIGO ELEITORAL

ÍNDICE SISTEMÁTICO DO CÓDIGO ELEITORAL

(LEI Nº 4.737, DE 15-7-1965)

ÍNDICE ALFABÉTICO-REMISSIVO DO CÓDIGO ELEITORAL

(LEI Nº 4.737, DE 15-7-1965)

CÓDIGO ELEITORAL

LEI Nº 4.737, DE 15 DE JULHO DE 1965

Institui o Código Eleitoral.

▶ Publicada no *DOU* de 19-7-1965 e retificada no *DOU* de 30-7-1965.

PARTE PRIMEIRA – INTRODUÇÃO

Art. 1º Este Código contém normas destinadas a assegurar a organização e o exercício de direitos políticos precipuamente os de votar e ser votado.

Parágrafo único. O Tribunal Superior Eleitoral expedirá Instruções para sua fiel execução.

▶ Arts. 118, 119 e 121 da CF.

Art. 2º Todo poder emana do povo e será exercido, em seu nome, por mandatários escolhidos, direta e secretamente, dentre candidatos indicados por partidos políticos nacionais, ressalvada a eleição indireta nos casos previstos na Constituição e leis específicas.

▶ Arts. 1º, 14, *caput*, 60, § 4º, II, 77, e 81, § 1º, da CF.

▶ LC nº 78, de 30-12-1993, disciplina a fixação do número de deputados, nos termos do art. 45, § 1º, da CF.

▶ Lei nº 9.709, de 18-11-1998, regulamenta a execução do disposto nos incisos I, II e III do art. 14 da CF.

Art. 3º Qualquer cidadão pode pretender investidura em cargo eletivo, respeitadas as condições constitucionais e legais de elegibilidade e incompatibilidade.

▶ Art. 14, §§ 3º, 4º e 6º a 8º, da CF.

▶ Art. 1º da LC nº 64, de 18-5-1990 (Lei dos Casos de Inelegibilidade).

▶ LC nº 86, de 14-5-1996, acrescenta dispositivo ao Código Eleitoral, a fim de permitir a ação rescisória em casos de inelegibilidade.

Art. 4º São eleitores os brasileiros maiores de dezoito anos que se alistarem na forma da lei.

▶ Art. 14, § 1º, II, *c*, da CF.

Art. 5º Não podem alistar-se eleitores:

▶ Arts. 14, § 2º, e 15 da CF.

I – os analfabetos;

▶ Inciso não recepcionado pelo art. 14, § 1º, II, *a*, da CF.

II – os que não saibam exprimir-se na língua nacional;

III – os que estejam privados, temporária ou definitivamente, dos direitos políticos.

▶ Art. 47, I, da LEP.

Parágrafo único. Os militares são alistáveis, desde que oficiais, aspirantes a oficiais, guardas-marinha, subtenentes ou suboficiais, sargentos ou alunos das escolas militares de ensino superior para formação de oficiais.

▶ Art. 14, §§ 2º e 8º, da CF.

Art. 6º O alistamento e o voto são obrigatórios para os brasileiros de um e outro sexo, salvo:

▶ Art. 14, § 1º, I, da CF.

▶ Lei nº 6.236, de 18-9-1975, determina providências para cumprimento da obrigatoriedade do alistamento eleitoral.

I – quanto ao alistamento:

a) os inválidos;

b) os maiores de setenta anos;

▶ Art. 14, § 1º, II, *b*, da CF.

c) os que se encontrem fora do País;

II – quanto ao voto:

a) os enfermos;

b) os que se encontrem fora do seu domicílio;

c) os funcionários civis e os militares, em serviço que os impossibilite de votar.

▶ Art. 38 da CF.

Art. 7º O eleitor que deixar de votar e não se justificar perante o Juiz Eleitoral até trinta dias após a realização da eleição incorrerá na multa de três a dez por cento sobre o salário mínimo da região, imposta pelo Juiz Eleitoral e cobrada na forma prevista no artigo 367.

▶ *Caput* com a redação dada pela Lei nº 4.961, de 4-5-1966.

▶ Art. 7º, IV, da CF.

▶ Art. 231 deste Código.

▶ Arts. 7º e 16 da Lei nº 6.091, de 15-8-1974, que dispõe sobre o fornecimento gratuito de transporte, em dias de eleição, a eleitores residentes nas zonas rurais.

▶ Lei nº 10.522, de 19-7-2002, dispõe sobre o cadastro informativo dos créditos não quitados de órgãos e entidades federais.

§ 1º Sem a prova de que votou na última eleição, pagou a respectiva multa ou de que se justificou devidamente, não poderá o eleitor:

I – inscrever-se em concurso ou prova para cargo ou função pública, investir-se ou empossar-se neles;

II – receber vencimentos, remuneração, salário ou proventos de função ou emprego público, autárquico ou paraestatal, bem como fundações governamentais, empresas, institutos e sociedades de qualquer natureza, mantidas ou subvencionadas pelo governo ou que exerçam serviço público delegado, correspondentes ao segundo mês subsequente ao da eleição;

III – participar de concorrência pública ou administrativa da União, dos Estados, dos Territórios, do Distrito Federal ou dos Municípios, ou das respectivas autarquias;

IV – *Revogado.* Lei nº 14.690, de 3-10-2023;

V – obter passaporte ou carteira de identidade;

VI – renovar matrícula em estabelecimento de ensino oficial ou fiscalizado pelo governo;

▶ Lei nº 6.236, de 18-9-1975, determina providências para cumprimento da obrigatoriedade do alistamento eleitoral.

VII – praticar qualquer ato para o qual se exija quitação do serviço militar ou imposto de renda.

§ 2º Os brasileiros natos ou naturalizados, maiores de dezoito anos, salvo os excetuados nos artigos 5º e 6º, nº I, sem prova de estarem alistados não poderão praticar os atos relacionados no parágrafo anterior.

▶ Arts. 12, I, e 14, § 1º, I, da CF.

▶ Lei nº 6.236, de 18-9-1975, determina providências para cumprimento da obrigatoriedade do alistamento eleitoral.

§ 3º Realizado o alistamento eleitoral pelo processo eletrônico de dados, será cancelada a inscrição do eleitor que não votar em três eleições consecutivas, não pagar a multa ou não se justificar no prazo de seis meses, a contar da data da última eleição a que deveria ter comparecido.

▶ § 3º acrescido pela Lei nº 7.663, de 27-5-1988.

▶ A lei de anistia alcança exclusivamente as multas, não anulando eleição a sua falta, sendo mantida, portanto, a regra dos arts. 7º, § 3º, e 71, V, deste Código.

§ 4º O disposto no inciso V do § 1º não se aplica ao eleitor no exterior que requeira novo passaporte para identificação e retorno ao Brasil.

▶ § 4º acrescido pela Lei nº 13.165, de 29-9-2015.

Art. 8º O brasileiro nato que não se alistar até os dezenove anos ou o naturalizado que não se alistar até um ano depois de adquirida a nacionalidade brasileira incorrerá na multa de três a dez por cento sobre o valor do salário mínimo da região, imposta pelo Juiz e cobrada no ato da inscrição eleitoral através de selo federal inutilizado no próprio requerimento.

▶ *Caput* com a redação dada pela Lei nº 4.961, de 4-5-1966.

▶ Art. 12 da CF.

▶ Art. 15 da Lei nº 5.143, de 20-10-1966, que aboliu o imposto do selo.

Parágrafo único. Não se aplicará a pena ao não alistado que requerer sua inscrição eleitoral até o centésimo primeiro dia anterior à eleição subsequente à data em que completar dezenove anos.

▶ Parágrafo único acrescido pela Lei nº 9.041, de 9-5-1995.

▶ Art. 91, *caput*, da Lei nº 9.504, de 30-9-1997 (Lei das Eleições).

Art. 9º Os responsáveis pela inobservância do disposto nos artigos 7º e 8º incorrerão na multa de um a três salários mínimos vigentes na zona eleitoral ou de suspensão disciplinar até trinta dias.

Art. 10. O Juiz Eleitoral fornecerá aos que não votarem por motivo justificado e aos não alistados nos termos dos artigos 5º e 6º, nº I, documento que os isente das sanções legais.

Art. 11. O eleitor que não votar e não pagar a multa, se se encontrar fora de sua zona e necessitar documento de quitação com a Justiça Eleitoral, poderá efetuar o pagamento perante o Juízo da zona em que estiver.

§ 1º A multa será cobrada no máximo previsto, salvo se o eleitor quiser aguardar que o Juiz da zona em que se encontrar solicite informações sobre o arbitramento ao Juízo da inscrição.

▶ Art. 367, I, deste Código.

§ 2º Em qualquer das hipóteses, efetuado o pagamento através de selos federais inutilizados no próprio requerimento, o Juiz que recolheu a multa comunicará o fato ao da zona de inscrição e fornecerá ao requerente comprovante do pagamento.

PARTE SEGUNDA – DOS ÓRGÃOS DA JUSTIÇA ELEITORAL

Art. 12. São órgãos da Justiça Eleitoral:

I – o Tribunal Superior Eleitoral, com sede na Capital da República e jurisdição em todo o País;

II – um Tribunal Regional, na Capital de cada Estado, no Distrito Federal e, mediante proposta do Tribunal Superior, na Capital de Território;

III – juntas eleitorais;

IV – juízes eleitorais.

▸ Art. 118 e segs., c/c os arts. 33, § 3º, e 96, II, *a*, da CF.

▸ Art. 25 deste Código.

Art. 13. O número de juízes dos Tribunais Regionais não será reduzido, mas poderá ser elevado até nove, mediante proposta do Tribunal Superior, e na forma por ele sugerida.

▸ Arts. 96, II, *a*, e 120, § 1º, da CF.

▸ Art. 25 deste Código.

Art. 14. Os juízes dos Tribunais Eleitorais, salvo motivo justificado, servirão obrigatoriamente por dois anos, e nunca por mais de dois biênios consecutivos.

▸ Art. 121, § 2º, da CF.

§ 1º Os biênios serão contados, ininterruptamente, sem o desconto de qualquer afastamento, nem mesmo o decorrente de licença, férias, ou licença especial, salvo no caso do § 3º.

§ 2º Os juízes afastados por motivo de licença, férias e licença especial, de suas funções na Justiça comum, ficarão automaticamente afastados da Justiça Eleitoral pelo tempo correspondente, exceto quando, com períodos de férias coletivas, coincidir a realização de eleição, apuração ou encerramento de alistamento.

▸ §§ 1º e 2º acrescidos pela Lei nº 4.961, de 4-5-1996.

§ 3º Da homologação da respectiva convenção partidária até a diplomação e nos feitos decorrentes do processo eleitoral, não poderão servir como juízes nos Tribunais Eleitorais, ou como juiz eleitoral, o cônjuge ou o parente consanguíneo ou afim, até o segundo grau, de candidato a cargo eletivo registrado na circunscrição.

▸ § 3º com a redação dada pela Lei nº 13.165, de 29-9-2015.

§ 4º No caso de recondução para o segundo biênio, observar-se-ão as mesmas formalidades indispensáveis à primeira investidura.

▸ § 4º acrescido pela Lei nº 4.961, de 4-5-1996.

Art. 15. Os substitutos dos membros efetivos dos Tribunais Eleitorais serão escolhidos, na mesma ocasião e pelo mesmo processo, em número igual para cada categoria.

▸ Art. 121, § 2º, da CF.

TÍTULO I – DO TRIBUNAL SUPERIOR

Art. 16. Compõe-se o Tribunal Superior Eleitoral:

▸ Arts. 96, II, *a*, 119, *caput*, e 120, § 1º, da CF.

I – mediante eleição, pelo voto secreto:

a) de três juízes, dentre os Ministros do Supremo Tribunal Federal; e

▸ Art. 119, I, *a*, da CF.

b) de dois juízes, dentre os membros do Tribunal Federal de Recursos;

▸ Art. 92 da CF.

▸ Art. 27, § 2º, I, do ADCT.

II – por nomeação do Presidente da República de dois dentre seis advogados de notável saber jurídico e idoneidade moral, indicados pelo Supremo Tribunal Federal.

▸ Art. 119, II, da CF.

§ 1º Não podem fazer parte do Tribunal Superior Eleitoral cidadãos que tenham entre si parentesco, ainda que por afinidade, até o quarto grau, seja o vínculo legítimo ou ilegítimo, excluindo-se neste caso o que tiver sido escolhido por último.

§ 2º A nomeação de que trata o inciso II deste artigo não poderá recair em cidadão que ocupe cargo público de que seja demissível *ad nutum*; que seja diretor, proprietário ou sócio de empresa beneficiada com subvenção, privilégio, isenção ou favor em virtude de contrato com a administração pública; ou que exerça mandato de caráter político, federal, estadual ou municipal.

▸ Art. 16 com a redação dada pela Lei nº 7.191, de 4-6-1984.

Art. 17. O Tribunal Superior Eleitoral elegerá para seu Presidente um dos ministros do Supremo Tribunal Federal, cabendo ao outro a Vice-Presidência, e para Corregedor-Geral da Justiça Eleitoral um dos seus membros.

▸ Art. 119, parágrafo único, da CF.

§ 1º As atribuições do Corregedor-Geral serão fixadas pelo Tribunal Superior Eleitoral.

§ 2º No desempenho de suas atribuições o Corregedor-Geral se locomoverá para os Estados e Territórios nos seguintes casos:

I – por determinação do Tribunal Superior Eleitoral;

II – a pedido dos Tribunais Regionais Eleitorais;

III – a requerimento de Partido deferido pelo Tribunal Superior Eleitoral;

IV – sempre que entender necessário.

§ 3º Os provimentos emanados da Corregedoria-Geral vinculam os Corregedores Regionais, que lhes devem dar imediato e preciso cumprimento.

Art. 18. Exercerá as funções de Procurador-Geral, junto ao Tribunal Superior Eleitoral, o Procurador-Geral da República, funcionando, em suas faltas e impedimentos, seu substituto legal.

▸ Arts. 73 a 75 da LC nº 75, de 20-5-1993 (Lei Orgânica do Ministério Público da União).

Parágrafo único. O Procurador-Geral poderá designar outros membros do Ministério Público da União, com exercício no Distrito Federal, e sem prejuízo das respectivas funções, para auxiliá-lo junto ao Tribunal Superior Eleitoral, onde não poderão ter assento.

Art. 19. O Tribunal Superior delibera por maioria de votos, em sessão pública, com a presença da maioria de seus membros.

Parágrafo único. As decisões do Tribunal Superior, assim na interpretação do Código Eleitoral em face da Constituição e cassação de registro de partidos políticos, como sobre quaisquer recursos que importem anulação geral de eleições ou perda de diplomas, só poderão ser tomadas com a presença de todos os seus membros. Se ocorrer impedimento de algum Juiz, será convocado o substituto ou o respectivo suplente.

Art. 20. Perante o Tribunal Superior, qualquer interessado poderá arguir a suspeição ou impedimento dos seus membros, do Procurador-Geral ou de funcionários de sua Secretaria, nos casos previstos na lei processual civil ou penal e por motivo de parcialidade partidária, mediante o processo previsto em regimento.

Parágrafo único. Será ilegítima a suspeição quando o excipiente a provocar ou, depois de manifestada a causa, praticar ato que importe aceitação do arguido.

Art. 21. Os Tribunais e juízes inferiores devem dar imediato cumprimento às decisões, mandados, instruções e outros atos emanados do Tribunal Superior Eleitoral.

Art. 22. Compete ao Tribunal Superior:

I – processar e julgar originariamente:

a) o registro e a cassação de registro de partidos políticos, dos seus diretórios nacionais e de candidatos à Presidência e Vice-Presidência da República;

▸ Art. 2º, parágrafo único, da LC nº 64, de 18-5-1990 (Lei dos Casos de Inelegibilidade).

▸ Arts. 7º a 9º, 28 e 37, da Lei nº 9.096 (Lei dos Partidos Políticos).

b) os conflitos de jurisdição entre Tribunais Regionais e juízes eleitorais de Estados diferentes;

c) a suspeição ou impedimento aos seus membros, ao Procurador-Geral e aos funcionários da sua Secretaria;

d) os crimes eleitorais e os comuns que lhes forem conexos cometidos pelos seus próprios juízes e pelos juízes dos Tribunais Regionais;

▸ Arts. 102, I, *c*, e 105, I, *a*, da CF.

e) o *habeas corpus* ou mandado de segurança, em matéria eleitoral, relativos a atos do Presidente da República, dos Ministros de Estado e dos Tribunais Regionais; ou, ainda, o *habeas corpus*, quando houver perigo de se consumar a violência antes que o juiz competente possa prover sobre a impetração;

▸ Art. 21, VI, da LC nº 35, de 14-3-1979 (Lei Orgânica da Magistratura Nacional).

▸ A Res. do SF nº 132, de 7-12-1984, suspendeu, por inconstitucionalidade, nos termos da decisão definitiva proferida pelo STF, a execução da locução "ou mandado de segurança", constante dessa alínea.

f) as reclamações relativas a obrigações impostas por lei aos partidos políticos, quanto à sua contabilidade e à apuração da origem dos seus recursos;

▸ Art. 35 da Lei nº 9.096, de 19-9-1995 (Lei dos Partidos Políticos).

g) as impugnações à apuração do resultado geral, proclamação dos eleitos e expedição de diploma na eleição de Presidente e Vice-Presidente da República;

h) os pedidos de desaforamento dos feitos não decididos nos Tribunais Regionais dentro de trinta dias da conclusão ao relator, formulados por partido, candidato, Ministério Público ou parte legitimamente interessada;

▸ Alínea *h* com a redação dada pela Lei nº 4.961, de 4-5-1966.

i) as reclamações contra os seus próprios juízes que, no prazo de trinta dias a contar da conclusão, não houverem julgado os feitos a eles distribuídos;

▸ Alínea *i* acrescida pela Lei nº 4.961, de 4-5-1966.

▸ Art. 94, §§ 1º e 2º, da Lei nº 9.504 (Lei das Eleições).

j) a ação rescisória, nos casos de inelegibilidade, desde que intentada dentro do prazo de cento e vinte dias de decisão irrecorrível, possibilitando-se o exercício do mandato eletivo até o seu trânsito em julgado;

▶ Alínea *j* acrescida pela LC nº 86, de 14-5-1996.

▶ O STF, por unanimidade de votos, julgou parcialmente procedente a ADI nº 1.459-5, para declarar a inconstitucionalidade da expressão "possibilitando-se o exercício do mandato eletivo até seu trânsito em julgado" contida nesta alínea, com a redação dada pela LC nº 86, de 14-5-1996 (*DJ* de 3-10-1997).

▶ Art. 94, §§ 1º e 2º, da Lei nº 9.504, de 30-9-1997 (Lei das Eleições).

II – julgar os recursos interpostos das decisões dos Tribunais Regionais nos termos do artigo 276, inclusive os que versarem matéria administrativa.

Parágrafo único. As decisões do Tribunal Superior são irrecorríveis, salvo nos casos do artigo 281.

Art. 23. Compete, ainda, privativamente, ao Tribunal Superior:

I – elaborar o seu regimento interno;

▶ Art. 96, I, *a*, da CF.

II – organizar a sua Secretaria e a Corregedoria-Geral, propondo ao Congresso Nacional a criação ou extinção dos cargos administrativos e a fixação dos respectivos vencimentos, provendo-os na forma da lei;

▶ Art. 96, I, *b*, da CF.

III – conceder aos seus membros licença e férias, assim como afastamento do exercício dos cargos efetivos;

▶ Art. 96, I, *f*, da CF.

IV – aprovar o afastamento do exercício dos cargos efetivos dos juízes dos Tribunais Regionais Eleitorais;

V – propor a criação de Tribunal Regional na sede de qualquer dos Territórios;

VI – propor ao Poder Legislativo o aumento do número dos juízes de qualquer Tribunal Eleitoral, indicando a forma desse aumento;

▶ Arts. 96, II, *a*, e 120, § 1º, da CF.

VII – fixar as datas para as eleições de Presidente e Vice-Presidente da República, Senadores e Deputados Federais, quando não o tiverem sido por lei;

▶ Arts. 28, *caput*, 29, I e II, 32, § 2º, e 77, *caput*, da CF.

▶ Arts. 1º, *caput*, e 2º, § 1º, da Lei nº 9.504 (Lei das Eleições).

VIII – aprovar a divisão dos Estados em zonas eleitorais ou a criação de novas zonas;

IX – expedir as instruções que julgar convenientes à execução deste Código;

X – fixar a diária do Corregedor-Geral, dos Corregedores Regionais e auxiliares em diligência fora da sede;

XI – enviar ao Presidente da República a lista tríplice organizada pelos Tribunais de Justiça nos termos do artigo 25;

XII – responder, sobre matéria eleitoral, às consultas que lhe forem feitas em tese por autoridade com jurisdição federal ou órgão nacional de partido político;

XIII – autorizar a contagem dos votos pelas mesas receptoras nos Estados em que essa providência for solicitada pelo Tribunal Regional respectivo;

▶ Art. 118 deste Código.

XIV – requisitar força federal necessária ao cumprimento da lei, de suas próprias decisões ou das decisões dos Tribunais Regionais que o solicitarem, e para garantir a votação e a apuração;

▶ Inciso XIV com a redação dada pela Lei nº 4.961, de 4-5-1966.

▶ Art. 15, § 1º, da LC nº 97, de 9-6-1999, que dispõe sobre as normas gerais para a organização, o preparo e o emprego das Forças Armadas.

▶ Art. 2º do Dec.-lei nº 1.064, de 24-10-1969, que altera a redação do art. 302 do CE.

XV – organizar e divulgar a Súmula de sua jurisprudência;

XVI – requisitar funcionário da União e do Distrito Federal quando o exigir o acúmulo ocasional do serviço de sua Secretaria;

▶ Lei nº 6.999, de 7-6-1982, dispõe sobre a requisição de servidores públicos pela Justiça Eleitoral.

XVII – publicar um boletim eleitoral;

XVIII – tomar quaisquer outras providências que julgar convenientes à execução da legislação eleitoral.

Art. 23-A. A competência normativa regulamentar prevista no parágrafo único do art. 1º e no inciso IX do *caput* do art. 23 deste Código restringe-se a matérias especificamente autorizadas em lei, sendo vedado ao Tribunal Superior Eleitoral tratar de matéria relativa à organização dos partidos políticos.

▶ Art. 23-A acrescido pela Lei nº 14.211, de 1º-10-2021.

Art. 24. Compete ao Procurador-Geral, como chefe do Ministério Público Eleitoral:

I – assistir às sessões do Tribunal Superior e tomar parte nas discussões;

II – exercer a ação pública e promovê-la até final, em todos os feitos de competência originária do Tribunal;

▶ Art. 129, III e § 1º, da CF.

III – oficiar em todos os recursos encaminhados ao Tribunal;

IV – manifestar-se, por escrito ou oralmente, em todos os assuntos submetidos à deliberação do Tribunal, quando solicitada sua audiência por qualquer dos juízes, ou por iniciativa sua, se entender necessário;

V – defender a jurisdição do Tribunal;

VI – representar ao Tribunal sobre a fiel observância das leis eleitorais, especialmente quanto à sua aplicação uniforme em todo o País;

▶ Art. 257 do CPP.

VII – requisitar diligências, certidões e esclarecimentos necessários ao desempenho de suas atribuições;

VIII – expedir instruções aos órgãos do Ministério Público junto aos Tribunais Regionais;

IX – acompanhar, quando solicitado, o Corregedor-Geral, pessoalmente ou por intermédio de Procurador que designe, nas diligências a serem realizadas.

TÍTULO II – DOS TRIBUNAIS REGIONAIS

Art. 25. Os Tribunais Regionais Eleitorais compor-se-ão:

▶ *Caput* com a redação dada pela Lei nº 7.191, de 4-6-1984.

▶ Art. 120, § 1º, II, da CF.

I – mediante eleição, pelo voto secreto:

a) de dois juízes, dentre os desembargadores do Tribunal de Justiça; e

b) de dois juízes de direito, escolhidos pelo Tribunal de Justiça;

II – do juiz federal e, havendo mais de um, do que for escolhido pelo Tribunal Federal de Recursos; e

III – por nomeação do Presidente da República de dois dentre seis cidadãos de notável saber jurídico e idoneidade moral, indicados pelo Tribunal de Justiça.

▶ Incisos I a III com a redação dada pela Lei nº 7.191, de 4-6-1984.

▶ Art. 120, § 1º, III, da CF.

§ 1º A lista tríplice organizada pelo Tribunal de Justiça será enviada ao Tribunal Superior Eleitoral.

§ 2º A lista não poderá conter nome de Magistrado aposentado ou de membro do Ministério Público.

▶ § 2º com a redação dada pela Lei nº 4.961, de 4-5-1966.

§ 3º Recebidas as indicações, o Tribunal Superior divulgará a lista através de edital, podendo os partidos, no prazo de cinco dias, impugná-la com fundamento em incompatibilidade.

§ 4º Se a impugnação for julgada procedente quanto a qualquer dos indicados, a lista será devolvida ao Tribunal de origem para complementação.

§ 5º Não havendo impugnação, ou desprezada esta, o Tribunal Superior encaminhará a lista ao Poder Executivo para a nomeação.

§ 6º Não podem fazer parte do Tribunal Regional pessoas que tenham entre si parentesco, ainda que por afinidade, até o quarto grau, seja o vínculo legítimo ou ilegítimo, excluindo-se neste caso a que tiver sido escolhida por último.

§ 7º A nomeação de que trata o inciso II deste artigo não poderá recair em cidadão que tenha qualquer das incompatibilidades mencionadas no art. 16, § 2º.

▶ Embora a Lei nº 7.191, de 4-6-1984, na redação dada a este art. 25, tenha suprimido os §§ 1º a 7º, o TSE entende que esses parágrafos permanecem vigentes.

Art. 26. O Presidente e o Vice-Presidente do Tribunal Regional serão eleitos por este, dentre os três desembargadores do Tribunal de Justiça; o terceiro desembargador será o Corregedor Regional da Justiça Eleitoral.

▶ Art. 120, § 2º c/c o § 1º, I, *a*, da CF.

§ 1º As atribuições do Corregedor Regional serão fixadas pelo Tribunal Superior Eleitoral e, em caráter supletivo ou complementar, pelo Tribunal Regional Eleitoral perante o qual servir.

§ 2º No desempenho de suas atribuições o Corregedor Regional se locomoverá para as zonas eleitorais nos seguintes casos:

I – por determinação do Tribunal Superior Eleitoral ou do Tribunal Regional Eleitoral;

II – a pedido dos juízes eleitorais;

III – a requerimento de Partido, deferido pelo Tribunal Regional;

IV – sempre que entender necessário.

Art. 27. Servirá como Procurador Regional junto a cada Tribunal Regional Eleitoral o Procurador da República no respectivo Estado e, onde houver mais de um, aquele que for designado pelo Procurador-Geral da República.

▶ Arts. 76 e 77 da LC nº 75, de 20-5-1993 (Lei Orgânica do Ministério Público da União).

§ 1º No Distrito Federal, serão as funções do Procurador Regional Eleitoral exercidas pelo Procurador-Geral da Justiça do Distrito Federal.

§ 2º Substituirá o Procurador Regional, em suas faltas ou impedimentos, o seu substituto legal.

§ 3º Compete aos Procuradores Regionais exercer, perante os Tribunais junto aos quais servirem, as atribuições do Procurador-Geral.

§ 4º Mediante prévia autorização do Procurador-Geral, podendo os Procuradores Regionais requisitar, para auxiliá-los nas suas funções, membros do Ministério Público local, não tendo estes, porém, assento nas sessões do Tribunal.

▶ Art. 77, parágrafo único, da LC nº 75, de 20-5-1993 (Lei Orgânica do Ministério Público da União).

Art. 28. Os Tribunais Regionais deliberam por maioria de votos, em sessão pública, com a presença da maioria de seus membros.

§ 1º No caso de impedimento e não existindo *quorum* será o membro do Tribunal substituído por outro da mesma categoria, designado na forma prevista na Constituição.

▶ Art. 19, parágrafo único, deste Código.

§ 2º Perante o Tribunal Regional, e com recurso voluntário para o Tribunal Superior qualquer interessado poderá arguir a suspeição dos seus membros, do Procurador Regional, ou de funcionários da sua Secretaria, assim como dos juízes e escrivães eleitorais, nos casos previstos na lei processual civil e por motivo de parcialidade partidária, mediante o processo previsto em regimento.

§ 3º No caso previsto no parágrafo anterior será observado o disposto no parágrafo único do artigo 20.

▶ § 3º acrescido pela Lei nº 4.961, de 4-5-1966.

§ 4º As decisões dos Tribunais Regionais sobre quaisquer ações que importem cassação de registro, anulação geral de eleições ou perda de diplomas somente poderão ser tomadas com a presença de todos os seus membros.

§ 5º No caso do § 4º, se ocorrer impedimento de algum juiz, será convocado o suplente da mesma classe.

▶ §§ 4º e 5º acrescidos pela Lei nº 13.165, de 29-9-2015.

Art. 29. Compete aos Tribunais Regionais:

I – processar e julgar originariamente:

a) o registro e o cancelamento do registro dos diretórios estaduais e municipais de partidos políticos, bem como de candidatos a Governador, Vice-Governador, e membro do Congresso Nacional e das Assembleias Legislativas;

▶ Art. 2º, parágrafo único, II, da LC nº 64, de 18-5-1990 (Lei dos Casos de Inelegibilidade).

b) os conflitos de jurisdição entre juízes eleitorais do respectivo Estado;

▶ Súm. nº 59 do STJ.

c) a suspeição ou impedimentos aos seus membros, ao Procurador Regional e aos funcionários da sua Secretaria, assim como aos juízes e escrivães eleitorais;

d) os crimes eleitorais cometidos pelos juízes eleitorais;

▶ Art. 96, III, da CF.

e) o *habeas corpus* ou mandado de segurança, em matéria eleitoral, contra ato de autoridades que respondam perante os Tribunais de Justiça por crime de responsabilidade e, em grau de recurso, os denegados ou concedidos pelos juízes eleitorais; ou, ainda, o *habeas corpus* quando houver perigo de se consumar a violência antes que o juiz competente possa prover sobre a impetração;

f) as reclamações relativas a obrigações impostas por lei aos partidos políticos, quanto à sua contabilidade e à apuração da origem dos seus recursos;

g) os pedidos de desaforamento dos feitos não decididos pelos juízes eleitorais em trinta dias da sua conclusão para julgamento, formulados por partido, candidato, Ministério Público ou parte legitimamente interessada, sem prejuízo das sanções decorrentes do excesso de prazo;

▶ Alínea *g* com a redação dada pela Lei nº 4.961, de 4-5-1966.

II – julgar os recursos interpostos:

a) dos atos e das decisões proferidas pelos juízes e juntas eleitorais;

b) das decisões dos juízes eleitorais que concederem ou denegarem *habeas corpus* ou mandado de segurança.

Parágrafo único. As decisões dos Tribunais Regionais são irrecorríveis, salvo nos casos do artigo 276.

Art. 30. Compete, ainda, privativamente, aos Tribunais Regionais:

I – elaborar o seu regimento interno;

▶ Art. 96, I, *a*, da CF.

II – organizar a sua Secretaria e a Corregedoria Regional, provendo-lhes os cargos na forma da lei, e propor ao Congresso Nacional, por intermédio do Tribunal Superior, a criação ou supressão de cargos e a fixação dos respectivos vencimentos;

▶ Art. 96, I, *b*, da CF.

III – conceder aos seus membros e aos juízes eleitorais licença e férias, assim como afastamento do exercício dos cargos efetivos, submetendo, quanto àqueles, a decisão à aprovação do Tribunal Superior Eleitoral;

▶ Art. 96, I, *f*, da CF.

IV – fixar a data das eleições de Governador e Vice-Governador, Deputados Estaduais, Prefeitos, Vice-Prefeitos, Vereadores e Juízes de Paz, quando não determinada por disposição constitucional ou legal;

▶ Arts. 14, § 3º, VI, *c*, 28, 29, II, 32, § 2º, e 98, II, da CF.

▶ Arts. 1º, *caput*, e 2º, §§ 1º a 3º, da Lei nº 9.504, de 30-9-1997 (Lei das Eleições).

V – constituir as juntas eleitorais e designar a respectiva sede e jurisdição;

VI – indicar ao Tribunal Superior as zonas eleitorais ou seções em que a contagem dos votos deva ser feita pela mesa receptora;

▶ Art. 188 deste Código.

VII – apurar, com os resultados parciais enviados pelas juntas eleitorais, os resultados finais das eleições de Governador e Vice-Governador, de membros do Congresso Nacional e expedir os respectivos diplomas, remetendo, dentro do prazo de dez dias após a diplomação, ao Tribunal Superior, cópia das atas de seus trabalhos;

VIII – responder, sobre matéria eleitoral, às consultas que lhe forem feitas, em tese, por autoridade pública ou partido político;

IX – dividir a respectiva circunscrição em zonas eleitorais, submetendo essa divisão, assim como a criação de novas zonas, à aprovação do Tribunal Superior;

X – aprovar a designação do Ofício de Justiça que deva responder pela escrivania eleitoral durante o biênio;

XI – *Revogado*. Lei nº 8.868, de 14-4-1994;

XII – requisitar a força necessária ao cumprimento de suas decisões e solicitar ao Tribunal Superior a requisição de força federal;

▶ Art. 15, § 1º, da LC nº 97, de 9-6-1999, que dispõe sobre as normas gerais para a organização, o preparo e o emprego das Forças Armadas.

▶ Art. 2º do Dec.-lei nº 1.064, de 24-10-1969, que altera a redação do art. 302 do CE.

XIII – autorizar, no Distrito Federal e nas capitais dos Estados, ao seu Presidente e, no interior, aos juízes eleitorais, a requisição de funcionários federais, estaduais ou municipais para auxiliarem os escrivães eleitorais, quando o exigir o acúmulo ocasional do serviço;

▶ Lei nº 6.999, de 7-6-1982, dispõe sobre a requisição de servidores públicos pela Justiça Eleitoral.

XIV – requisitar funcionários da União e, ainda, no Distrito Federal e em cada Estado ou Território, funcionários dos respectivos quadros administrativos, no caso de acúmulo ocasional de serviço de suas Secretarias;

▶ Lei nº 6.999, de 7-6-1982, dispõe sobre a requisição de servidores públicos pela Justiça Eleitoral.

XV – aplicar as penas disciplinares de advertência e de suspensão até trinta dias aos juízes eleitorais;

XVI – cumprir e fazer cumprir as decisões e instruções do Tribunal Superior;

XVII – determinar, em caso de urgência, providências para a execução da lei na respectiva circunscrição;

XVIII – organizar o fichário dos eleitores do Estado;

XIX – suprimir os mapas parciais de apuração, mandando utilizar apenas os boletins e os mapas totalizadores, desde que o menor número de candidatos às eleições proporcionais justifique a supressão, observadas as seguintes normas:

a) qualquer candidato ou partido poderá requerer ao Tribunal Regional que suprima a exigência dos mapas parciais de apuração;

b) da decisão do Tribunal Regional qualquer candidato ou partido poderá, no prazo de três dias, recorrer para o Tribunal Superior, que decidirá em cinco dias;

c) a supressão dos mapas parciais de apuração só será admitida até seis meses antes da data da eleição;

d) os boletins e mapas de apuração serão impressos pelos Tribunais Regionais, depois de aprovados pelo Tribunal Superior;

e) o Tribunal Regional ouvirá os partidos na elaboração dos modelos dos boletins e mapas de apuração a fim de que estes atendam às peculiaridades locais, encaminhando os modelos que aprovar, acompanhados das sugestões ou impugnações formuladas pelos partidos, à decisão do Tribunal Superior.

▶ Inciso XIX acrescido pela Lei nº 4.961, de 4-5-1966.

Art. 31. Faltando num Território o Tribunal Regional, ficará a respectiva circunscrição eleitoral sob a jurisdição do Tribunal Regional que o Tribunal Superior designar.

TÍTULO III – DOS JUÍZES ELEITORAIS

Art. 32. Cabe a jurisdição de cada uma das zonas eleitorais a um juiz de direito em efetivo exercício e, na falta deste, ao seu substituto legal que goze das prerrogativas do artigo 95 da Constituição.

▸ Refere-se à CF/1946. Art. 95 da CF vigente.

▸ Art. 11, *caput*, e § 1º, da LC nº 35, de 14-3-1979 (Lei Orgânica da Magistratura Nacional).

Parágrafo único. Onde houver mais de uma vara o Tribunal Regional designará aquela ou aquelas, a que incumbe o serviço eleitoral.

Art. 33. Nas zonas eleitorais onde houver mais de uma serventia de justiça, o juiz indicará ao Tribunal Regional a que deve ter o anexo da escrivania eleitoral pelo prazo de dois anos.

§ 1º Não poderá servir como escrivão eleitoral, sob pena de demissão, o membro de diretório de partido político, nem o candidato a cargo eletivo, seu cônjuge e parente consanguíneo ou afim até o segundo grau.

§ 2º O escrivão eleitoral, em suas faltas e impedimentos, será substituído na forma prevista pela lei de organização judiciária local.

Art. 34. Os juízes despacharão todos os dias na sede da sua zona eleitoral.

Art. 35. Compete aos juízes:

I – cumprir e fazer cumprir as decisões e determinações do Tribunal Superior e do Regional;

II – processar e julgar os crimes eleitorais e os comuns que lhe forem conexos, ressalvada a competência originária do Tribunal Superior e dos Tribunais Regionais;

III – decidir *habeas corpus* e mandado de segurança, em matéria eleitoral, desde que essa competência não esteja atribuída privativamente à instância superior;

IV – fazer as diligências que julgar necessárias à ordem e presteza do serviço eleitoral;

V – tomar conhecimento das reclamações que lhe forem feitas verbalmente ou por escrito, reduzindo-as a termo, e determinando as providências que cada caso exigir;

VI – indicar, para aprovação do Tribunal Regional, a serventia de justiça que deve ter o anexo da escrivania eleitoral;

VII – *Revogado*. Lei nº 8.868, de 14-4-1994;

VIII – dirigir os processos eleitorais e determinar a inscrição e a exclusão de eleitores;

IX – expedir títulos eleitorais e conceder transferência de eleitor;

X – dividir a zona em seções eleitorais;

XI – mandar organizar, em ordem alfabética, relação dos eleitores de cada seção, para remessa à mesa receptora, juntamente com a pasta das folhas individuais de votação;

▸ Art. 12 da Lei nº 6.996, de 7-6-1982, que dispõe sobre a utilização de processamento eletrônico de dados nos serviços eleitorais.

XII – ordenar o registro e cassação do registro dos candidatos aos cargos eletivos municipais e comunicá-los ao Tribunal Regional;

XIII – designar, até sessenta dias antes das eleições, os locais das seções;

XIV – nomear, sessenta dias antes da eleição, em audiência pública anunciada com pelo menos cinco dias de antecedência, os membros das mesas receptoras;

▸ Art. 63, § 2º, da Lei nº 9.504, de 30-9-1997 (Lei das Eleições).

XV – instruir os membros das mesas receptoras sobre as suas funções;

XVI – providenciar para a solução das ocorrências que se verificarem nas mesas receptoras;

XVII – tomar todas as providências ao seu alcance para evitar os atos viciosos das eleições;

XVIII – fornecer aos que não votaram por motivo justificado e aos não alistados, por dispensados do alistamento, um certificado que os isente das sanções legais;

XIX – comunicar, até às doze horas do dia seguinte à realização da eleição, ao Tribunal Regional e aos delegados de partidos credenciados, o número de eleitores que votaram em cada uma das seções da zona sob sua jurisdição, bem como o total de votantes da zona.

TÍTULO IV – DAS JUNTAS ELEITORAIS

Art. 36. Compor-se-ão as Juntas Eleitorais de um juiz de direito, que será o Presidente, e de dois ou quatro cidadãos de notória idoneidade.

▸ Art. 11, § 2º, da LC nº 35, de 14-3-1979 (Lei Orgânica da Magistratura Nacional).

▸ Art. 15 da Lei nº 8.868, de 14-4-1994, que dispõe sobre a criação, extinção e transformação de cargos efetivos e em comissão, nas secretarias do TSE e dos Tribunais Regionais Eleitorais.

▸ Art. 98 da Lei nº 9.504, de 30-9-1997 (Lei das Eleições).

§ 1º Os membros das Juntas Eleitorais serão nomeados sessenta dias antes da eleição, depois de aprovação do Tribunal Regional, pelo Presidente deste, a quem cumpre também designar-lhes a sede.

§ 2º Até dez dias antes da nomeação os nomes das pessoas indicadas para compor as Juntas serão publicados no órgão oficial do Estado, podendo qualquer partido, no prazo de três dias, em petição fundamentada, impugnar as indicações.

§ 3º Não podem ser nomeados membros das Juntas, escrutinadores ou auxiliares:

▸ Art. 64 da Lei nº 9.504, de 30-9-1997 (Lei das Eleições).

I – os candidatos e seus parentes, ainda que por afinidade, até o segundo grau, inclusive, e bem assim o cônjuge;

II – os membros de diretórios de partidos políticos devidamente registrados e cujos nomes tenham sido oficialmente publicados;

III – as autoridades e agentes policiais, bem como os funcionários no desempenho de cargos de confiança do Executivo;

IV – os que pertencerem ao serviço eleitoral.

Art. 37. Poderão ser organizadas tantas Juntas quantas permitir o número de juízes de direito que gozem das garantias do artigo 95 da Constituição, mesmo que não sejam juízes eleitorais.

▸ Refere-se à CF/1946. Art. 95 da CF vigente.

▸ Art. 23 da LC nº 35, de 14-3-1979 (Lei Orgânica da Magistratura Nacional).

Parágrafo único. Nas zonas em que houver de ser organizada mais de uma Junta, ou quando estiver vago o cargo de Juiz Eleitoral ou estiver este impedido, o Presidente do Tribunal Regional, com a aprovação deste, designará juízes de direito da mesma ou de outras comarcas para presidirem as juntas eleitorais.

Art. 38. Ao Presidente da Junta é facultado nomear, dentre cidadãos de notória idoneidade, escrutinadores e auxiliares em número capaz de atender à boa marcha dos trabalhos.

§ 1º É obrigatória essa nomeação sempre que houver mais de dez urnas a apurar.

§ 2º Na hipótese do desdobramento da Junta em turmas, o respectivo Presidente nomeará um escrutinador para servir como secretário em cada turma.

§ 3º Além dos secretários a que se refere o parágrafo anterior, será designado pelo Presidente da Junta um escrutinador para Secretário-Geral competindo-lhe:

I – lavrar as atas;

II – tomar por termo ou protocolar os recursos, neles funcionando como escrivão;

III – totalizar os votos apurados.

Art. 39. Até trinta dias antes da eleição o Presidente da Junta comunicará ao Presidente do Tribunal Regional as nomeações que houver feito e divulgará a composição do órgão por edital publicado ou afixado, podendo qualquer partido oferecer impugnação motivada no prazo de três dias.

Art. 40. Compete à junta eleitoral:

I – apurar, no prazo de dez dias, as eleições realizadas nas zonas eleitorais sob a sua jurisdição;

▸ Art. 159 deste Código.

▸ Art. 14 da Lei nº 6.996, de 7-6-1982, que dispõe sobre a utilização de processamento eletrônico de dados nos serviços eleitorais.

II – resolver as impugnações e demais incidentes verificados durante os trabalhos da contagem e da apuração;

III – expedir os boletins de apuração mencionados no artigo 179;

IV – expedir diploma aos eleitos para cargos municipais.

Parágrafo único. Nos Municípios onde houver mais de uma Junta Eleitoral a expedição dos diplomas será feita pela que for presidida pelo Juiz Eleitoral mais antigo, à qual as demais enviarão os documentos da eleição.

Art. 41. Nas zonas eleitorais em que for autorizada a contagem prévia dos votos pelas mesas receptoras, compete à Junta Eleitoral tomar as providências mencionadas no artigo 195.

PARTE TERCEIRA – DO ALISTAMENTO

TÍTULO I – DA QUALIFICAÇÃO E INSCRIÇÃO

Art. 42. O alistamento se faz mediante a qualificação e inscrição do eleitor.

▸ Lei nº 6.996, de 7-6-1982, dispõe sobre a utilização de processamento eletrônico de dados nos serviços eleitorais.

▸ Lei nº 7.444, de 20-12-1985, dispõe sobre a implantação do processamento eletrônico de dados no alistamento eleitoral e a revisão do eleitorado.

Parágrafo único. Para o efeito da inscrição, é domicílio eleitoral o lugar de residência ou moradia do requerente, e, verificado ter o alistando mais de uma, considerar-se-á domicílio qualquer delas.

▸ Art. 7º, II, do Dec.-lei nº 201, de 27-2-1967 (Lei de Responsabilidade dos Prefeitos e Vereadores).

Art. 43. O alistando apresentará em cartório ou local previamente designado, requerimento em fórmula que obedecerá ao modelo aprovado pelo Tribunal Superior.

▸ Lei nº 7.444, de 20-12-1985, dispõe sobre a implantação do processamento eletrônico de dados no alistamento eleitoral e a revisão do eleitorado.

Art. 44. O requerimento, acompanhado de três retratos, será instruído com um dos seguintes documentos, que não poderão ser supridos mediante justificação:

- Art. 5º, § 4º c/c o art. 1º, *caput*, da Lei nº 7.444, de 20-12-1985, que dispõe sobre a implantação do processamento eletrônico de dados no alistamento eleitoral e a revisão do eleitorado.

I – carteira de identidade expedida pelo órgão competente do Distrito Federal ou dos Estados;

- Art. 6º, I e II, da Lei nº 6.996, de 7-6-1982, que dispõe sobre a utilização de processamento eletrônico de dados nos serviços eleitorais.
- Art. 5º, § 2º, da Lei nº 7.444, de 20-12-1985, que dispõe sobre a implantação do processamento eletrônico de dados no alistamento eleitoral e a revisão do eleitorado.

II – certificado de quitação do serviço militar;

III – certidão de idade extraída do Registro Civil;

IV – instrumento público do qual se infira, por direito, ter o requerente idade superior a dezoito anos e do qual conste, também, os demais elementos necessários à sua qualificação;

- Art. 14, § 1º, II, *c*, da CF.

V – documento do qual se infira a nacionalidade brasileira, originária ou adquirida, do requerente.

- Arts. 12, § 2º, e 14, § 1º, da CF.
- Lei nº 6.192, de 19-12-1974, dispõe sobre restrições a brasileiros naturalizados.

Parágrafo único. Será devolvido o requerimento que não contenha os dados constantes do modelo oficial, na mesma ordem, e em caracteres inequívocos.

Art. 45. O escrivão, o funcionário ou o preparador, recebendo a fórmula e documentos, determinará que o alistando date e assine a petição em ato contínuo, atestará terem sido a data e a assinatura lançados na sua presença; em seguida, tomará a assinatura do requerente na "folha individual de votação" e nas duas vias do título eleitoral, dando recibo da petição e do documento.

- Art. 12 da Lei nº 6.996, de 7-6-1982, que dispõe sobre a utilização de processamento eletrônico de dados nos serviços eleitorais.
- Art. 5º, § 1º, da Lei nº 7.444, de 20-12-1985, que dispõe sobre a implantação do processamento eletrônico de dados no alistamento eleitoral e a revisão do eleitorado.
- Art. 14 da Lei nº 8.868, de 14-4-1994, que dispõe sobre a criação, extinção e transformação de cargos efetivos e em comissão, nas secretarias do TSE e dos Tribunais Regionais Eleitorais.

§ 1º O requerimento será submetido ao despacho do juiz nas quarenta e oito horas seguintes.

§ 2º Poderá o juiz, se tiver dúvida quanto à identidade do requerente ou sobre qualquer outro requisito para o alistamento, converter o julgamento em diligência para que o alistando esclareça ou complete a prova ou, se for necessário, compareça pessoalmente à sua presença.

§ 3º Se se tratar de qualquer omissão ou irregularidade que possa ser sanada, fixará o juiz para isso prazo razoável.

§ 4º Deferido o pedido, no prazo de cinco dias, o título e o documento que instruiu o pedido serão entregues pelo juiz, escrivão, funcionário ou preparador. A entrega far-se-á ao próprio eleitor, mediante recibo, ou a quem o eleitor autorizar por escrito o recebimento, cancelando-se o título cuja assinatura não for idêntica à do requerimento de inscrição e à do recibo. O recibo será obrigatoriamente anexado ao processo eleitoral, incorrendo o juiz que não o fizer na multa de um a cinco salários mínimos regionais, na qual incorrerão ainda o escrivão, funcionário ou preparador, se responsáveis, bem como qualquer deles, se entregarem ao eleitor o título cuja assinatura não for idêntica à do requerimento de inscrição e do recibo ou o fizerem a pessoa não autorizada por escrito.

- § 4º com a redação dada pela Lei nº 4.961, de 4-5-1966.

§ 5º A restituição de qualquer documento não poderá ser feita antes de despachado o pedido de alistamento pelo Juiz Eleitoral.

§ 6º Quinzenalmente o Juiz Eleitoral fará publicar pela imprensa, onde houver, ou por editais, a lista dos pedidos de inscrição, mencionando os deferidos, os indeferidos e os convertidos em diligência, contando-se dessa publicação o prazo para os recursos a que se refere o parágrafo seguinte.

§ 7º Do despacho que indeferir o requerimento de inscrição caberá recurso interposto pelo alistando e do que o deferir poderá recorrer qualquer delegado de partido.

- Art. 7º, § 1º, da Lei nº 6.996, de 7-6-1982, que dispõe sobre a utilização de processamento eletrônico de dados nos serviços eleitorais.

§ 8º Os recursos referidos no parágrafo anterior serão julgados pelo Tribunal Regional Eleitoral dentro de cinco dias.

§ 9º Findo esse prazo, sem que o alistando se manifeste, ou logo que seja desprovido o recurso em instância superior, o juiz inutilizará a folha individual de votação assinada pelo requerente, a qual ficará fazendo parte integrante do processo e não poderá, em qualquer tempo, ser substituída, nem dele retirada, sob pena de incorrer o responsável nas sanções previstas no artigo 293.

- Art. 12 da Lei nº 6.996, de 7-6-1982, que dispõe sobre a utilização de processamento eletrônico de dados nos serviços eleitorais.

§ 10. No caso de indeferimento do pedido, o Cartório devolverá ao requerente, mediante recibo, as fotografias e o documento com que houver instruído o seu requerimento.

- Art. 5º, § 4º c/c o art. 1º, *caput*, da Lei nº 7.444, de 20-12-1985, que dispõe sobre a implantação do processamento eletrônico de dados no alistamento eleitoral e a revisão do eleitorado.

§ 11. O título eleitoral e a folha individual de votação somente serão assinados pelo Juiz Eleitoral depois de preenchidos pelo cartório e de deferido o pedido, sob as penas do artigo 293.

- § 11 com a redação dada pela Lei nº 4.961, de 4-5-1966.

§ 12. É obrigatória a remessa ao Tribunal Regional da ficha do eleitor, após a expedição do seu título.

- § 12 acrescido pela Lei nº 4.961, de 4-5-1966.

Art. 46. As folhas individuais de votação e os títulos serão confeccionados de acordo com o modelo aprovado pelo Tribunal Superior Eleitoral.

- Art. 12 da Lei nº 6.996, de 7-6-1982, que dispõe sobre a utilização de processamento eletrônico de dados nos serviços eleitorais.

§ 1º Da folha individual de votação e do título eleitoral constará a indicação da seção em que o eleitor tiver sido inscrito a qual será localizada dentro do distrito judiciário ou administrativo de sua residência e o mais próximo dela, considerados a distância e os meios de transporte.

- Art. 12 da Lei nº 6.996, de 7-6-1982, que dispõe sobre a utilização de processamento eletrônico de dados nos serviços eleitorais.

§ 2º As folhas individuais de votação serão conservadas em pastas, uma para cada seção eleitoral; remetidas, por ocasião das eleições, às mesas receptoras, serão por estas encaminhadas com a urna e os demais documentos da eleição às Juntas Eleitorais, que as devolverão, findos os trabalhos da apuração, ao respectivo cartório, onde ficarão guardadas.

- Art. 12 c/c o art. 3º, I e II, da Lei nº 6.996, de 7-6-1982, que dispõe sobre a utilização de processamento eletrônico de dados nos serviços eleitorais.
- Art. 6º, *caput* e § 1º, da Lei nº 7.444, de 20-12-1985, que dispõe sobre a implantação do processamento eletrônico de dados no alistamento eleitoral e a revisão do eleitorado.

§ 3º O eleitor ficará vinculado permanentemente à seção eleitoral indicada no seu título, salvo:

I – se se transferir de zona ou Município, hipótese em que deverá requerer transferência;

II – se, até cem dias antes da eleição, provar, perante o Juiz Eleitoral, que mudou de residência dentro do mesmo Município, de um distrito para outro ou para lugar muito distante da seção em que se acha inscrito, caso em que serão feitas na folha de votação e no título eleitoral, para esse fim exibido, as alterações correspondentes, devidamente autenticadas pela autoridade judiciária.

- Art. 91, *caput*, da Lei nº 9.504, de 30-9-1997 (Lei das Eleições).

§ 4º O eleitor poderá, a qualquer tempo, requerer ao Juiz Eleitoral a retificação de seu título eleitoral ou de sua folha individual de votação, quando neles constar erro evidente, ou indicação de seção diferente daquela a que devesse corresponder a residência indicada no pedido de inscrição ou transferência.

- § 4º acrescido pela Lei nº 4.961, de 4-5-1966.
- Art. 12 da Lei nº 6.996, de 7-6-1982, que dispõe sobre a utilização de processamento eletrônico de dados nos serviços eleitorais.
- Súm. nº 368 do STJ.

§ 5º O título eleitoral servirá de prova de que o eleitor está inscrito na seção em que deve votar. E, uma vez datado e assinado pelo Presidente da mesa receptora, servirá também de prova de haver o eleitor votado.

- § 4º transformado em § 5º pela Lei nº 4.961, de 4-5-1966.
- Art. 146, XIV, deste Código.

Art. 47. As certidões de nascimento ou casamento, quando destinadas ao alistamento eleitoral, serão fornecidas gratuitamente, segundo a ordem dos pedidos apresentados em cartório pelos alistandos ou delegados de partido.

§ 1º Os cartórios de Registro Civil farão, ainda, gratuitamente, o registro de nascimento, visando o fornecimento de certidão aos alistandos, desde que provem carência de recursos, ou aos Delegados de Partido, para fins eleitorais.

- § 1º acrescido pela Lei nº 6.018, de 2-1-1974.
- Art. 5º, LXXVI, da CF.
- Art. 373 deste Código.
- Art. 30 da Lei nº 6.015, de 31-12-1973 (Lei dos Registros Públicos).

§ 2º Em cada Cartório de Registro Civil haverá um livro especial, aberto e rubricado pelo Juiz Eleitoral, onde o cidadão, ou o delegado de partido deixará expresso o pedido de certidão para fins eleitorais, datando-o.

§ 3º O escrivão, dentro de quinze dias da data do pedido, concederá a certidão, ou justificará, perante o Juiz Eleitoral, por que deixa de fazê-lo.

§ 4º A infração ao disposto neste artigo sujeitará o escrivão às penas do artigo 293.

▶ §§ 1º a 3º acrescidos pela Lei nº 4.961, de 4-5-1966, e posteriormente transformados em §§ 2º a 4º pela Lei nº 6.018, de 2-1-1974.

Art. 48. O empregado, mediante comunicação com quarenta e oito horas de antecedência, poderá deixar de comparecer ao serviço, sem prejuízo do salário e por tempo não excedente a dois dias, para o fim de se alistar eleitor ou requerer transferência.

▶ Art. 473 da CLT.

Art. 49. Os cegos alfabetizados pelo sistema "Braille", que reunirem as demais condições de alistamento, podem qualificar-se mediante o preenchimento da fórmula impressa e a aposição do nome com as letras do referido alfabeto.

§ 1º De forma idêntica serão assinadas a folha individual de votação e as vias do título.

▶ Art. 12 da Lei nº 6.996, de 7-6-1982, que dispõe sobre a utilização de processamento eletrônico de dados nos serviços eleitorais.

§ 2º Esses atos serão feitos na presença também de funcionário de estabelecimento especializado de amparo e proteção de cegos, conhecedor do sistema "Braille", que subscreverá, com o escrivão ou funcionário designado a seguinte declaração a ser lançada no modelo de requerimento: "Atestamos que a presente fórmula bem como a folha individual de votação e vias do título foram subscritas pelo próprio, em nossa presença".

▶ Art. 136 deste Código.

Art. 50. O Juiz Eleitoral providenciará para que se proceda ao alistamento nas próprias sedes dos estabelecimentos de proteção aos cegos, marcando, previamente, dia e hora para tal fim, podendo se inscrever na Zona Eleitoral correspondente todos os cegos do Município.

§ 1º Os eleitores inscritos em tais condições deverão ser localizados em uma mesma seção da respectiva zona.

§ 2º Se no alistamento realizado pela forma prevista nos artigos anteriores, o número de eleitores não alcançar o mínimo exigido, este se completará com a inclusão de outros ainda que não sejam cegos.

Art. 51. *Revogado.* Lei nº 7.914, de 7-12-1989.

CAPÍTULO I – DA SEGUNDA VIA

Art. 52. No caso de perda ou extravio de seu título, requererá o eleitor ao juiz do seu domicílio eleitoral, até dez dias antes da eleição, que lhe expeça segunda via.

§ 1º O pedido de segunda via será apresentado em cartório, pessoalmente, pelo eleitor, instruído o requerimento, no caso de inutilização ou dilaceração, com a primeira via do título.

§ 2º No caso de perda ou extravio do título, o juiz, após receber o requerimento de segunda via, fará publicar, pelo prazo de cinco dias, pela imprensa, onde houver, ou por editais, a notícia do extravio ou perda e do requerimento de segunda via, deferindo o pedido, findo este prazo, se não houver impugnação.

Art. 53. Se o eleitor estiver fora do seu domicílio eleitoral poderá requerer a segunda via ao juiz da zona em que se encontrar, esclarecendo se vai recebê-la na sua zona ou na em que requereu.

▶ Art. 69, parágrafo único, deste Código.

§ 1º O requerimento, acompanhado de um novo título assinado pelo eleitor na presença do escrivão ou de funcionário designado e de uma fotografia, será encaminhado ao juiz da zona do eleitor.

▶ Art. 5º, § 4º c/c o art. 1º, *caput*, da Lei nº 7.444, de 20-12-1985, que dispõe sobre a implantação do processamento eletrônico de dados no alistamento eleitoral e a revisão do eleitorado.

§ 2º Antes de processar o pedido, na forma prevista no artigo anterior, o juiz determinará que se confira a assinatura constante do novo título com a da folha individual de votação ou do requerimento de inscrição.

▶ Art. 12 da Lei nº 6.996, de 7-6-1982, que dispõe sobre a utilização de processamento eletrônico de dados nos serviços eleitorais.

§ 3º Deferido o pedido, o título será enviado ao Juiz da Zona que remeteu o requerimento, caso o eleitor haja solicitado essa providência, ou ficará em cartório aguardando que o interessado o procure.

§ 4º O pedido de segunda via formulado nos termos deste artigo só poderá ser recebido até sessenta dias antes do pleito.

Art. 54. O requerimento de segunda via, em qualquer das hipóteses, deverá ser assinado sobre selos federais, correspondentes a dois por cento do salário mínimo da zona eleitoral de inscrição.

▶ Art. 7º, IV, da CF.

▶ Art. 231 deste Código.

▶ Art. 15 da Lei nº 5.143, de 20-10-1966, que aboliu o imposto do selo.

▶ Arts. 7º e 16 da Lei nº 6.091, de 15-8-1974, que dispõe sobre o fornecimento gratuito de transporte, em dias de eleição, a eleitores residentes nas zonas rurais.

▶ Lei nº 10.522, de 19-7-2002, dispõe sobre o cadastro informativo dos créditos não quitados de órgãos e entidades federais.

Parágrafo único. Somente será expedida segunda via ao eleitor que estiver quite com a Justiça Eleitoral, exigindo-se, para o que foi multado e ainda não liquidou a dívida, o prévio pagamento, através de selo federal inutilizado nos autos.

▶ Art. 15 da Lei nº 5.143, de 20-10-1966, que aboliu o imposto do selo.

CAPÍTULO II – DA TRANSFERÊNCIA

Art. 55. Em caso de mudança de domicílio, cabe ao eleitor requerer ao juiz do novo domicílio sua transferência, juntando o título anterior.

§ 1º A transferência só será admitida satisfeitas as seguintes exigências:

I – entrada do requerimento no cartório eleitoral do novo domicílio até cem dias antes da data da eleição;

▶ Art. 91, *caput*, da Lei nº 9.504, de 30-9-1997 (Lei das Eleições).

II – transcorrência de pelo menos um ano da inscrição primitiva;

III – residência mínima de três meses no novo domicílio, atestada pela autoridade policial ou provada por outros meios convincentes.

§ 2º O disposto nos incisos II e III do parágrafo anterior não se aplica quando se tratar de transferência de título eleitoral de servidor público civil, militar, autárquico, ou de membro de sua família, por motivo de remoção ou transferência.

▶ § 2º com a redação dada pela Lei nº 4.961, de 4-5-1966.

Art. 56. No caso de perda ou extravio do título anterior declarado esse fato na petição de transferência, o juiz do novo domicílio, como ato preliminar, requisitará, por telegrama, a confirmação do alegado à Zona Eleitoral onde o requerente se achava inscrito.

§ 1º O juiz do antigo domicílio, no prazo de cinco dias, responderá por ofício ou telegrama, esclarecendo se o interessado é realmente eleitor, se a inscrição está em vigor, e, ainda, qual o número e a data da inscrição respectiva.

§ 2º A informação mencionada no parágrafo anterior suprirá a falta do título extraviado, ou perdido, para o efeito da transferência, devendo fazer parte integrante do processo.

Art. 57. O requerimento de transferência de domicílio eleitoral será imediatamente publicado na imprensa oficial na Capital, e em cartório nas demais localidades, podendo os interessados impugná-lo no prazo de dez dias.

▶ *Caput* com a redação dada pela Lei nº 4.961, de 4-5-1966.

§ 1º Certificado o cumprimento do disposto neste artigo, o pedido deverá ser desde logo decidido, devendo o despacho do juiz ser publicado pela mesma forma.

▶ § 1º com a redação dada pela Lei nº 4.961, de 4-5-1966.

§ 2º Poderá recorrer para o Tribunal Regional Eleitoral, no prazo de três dias, o eleitor que pediu a transferência, sendo-lhe a mesma negada, ou qualquer delegado de partido, quando o pedido for deferido.

▶ Art. 7º, § 1º, da Lei nº 6.996, de 7-6-1982, que dispõe sobre a utilização de processamento eletrônico de dados nos serviços eleitorais.

§ 3º Dentro de cinco dias, o Tribunal Regional Eleitoral decidirá do recurso interposto nos termos do parágrafo anterior.

§ 4º Só será expedido o novo título decorridos os prazos previstos neste artigo e respectivos parágrafos.

Art. 58. Expedido o novo título o juiz comunicará a transferência ao Tribunal Regional competente, no prazo de dez dias, enviando-lhe o título eleitoral, se houver, ou documento a que se refere o § 1º do artigo 56.

§ 1º Na mesma data comunicará ao juiz da zona de origem a concessão da transferência e requisitará a "folha individual de votação".

▶ Art. 12 da Lei nº 6.996, de 7-6-1982, que dispõe sobre a utilização de processamento eletrônico de dados nos serviços eleitorais.

§ 2º Na nova folha individual de votação ficará consignado, na coluna destinada a "anotações", que a inscrição foi obtida por transferência, e, de acordo com os elementos constantes do título primitivo, qual o último pleito em que o eleitor transferido votou. Essa anotação constará, também, de seu título.

- Art. 46 deste Código.
- Art. 12 da Lei nº 6.996, de 7-6-1982, que dispõe sobre a utilização de processamento eletrônico de dados nos serviços eleitorais.

§ 3º O processo de transferência só será arquivado após o recebimento da folha individual de votação da Zona de origem, que dele ficará constando, devidamente inutilizada, mediante aposição de carimbo a tinta vermelha.

- Art. 12 c/c o art. 3º, I e II, da Lei nº 6.996, de 7-6-1982, que dispõe sobre a utilização de processamento eletrônico de dados nos serviços eleitorais.
- Art. 6º, *caput* e § 1º, da Lei nº 7.444, de 20-12-1985, que dispõe sobre a implantação do processamento eletrônico de dados no alistamento eleitoral e a revisão do eleitorado.

§ 4º No caso de transferência de Município ou distrito dentro da mesma zona, deferido o pedido, o juiz determinará a transposição da folha individual de votação para a pasta correspondente ao novo domicílio, a anotação de mudança no título eleitoral e comunicará ao Tribunal Regional para a necessária averbação na ficha do eleitor.

- Art. 12 da Lei nº 6.996, de 7-6-1982, que dispõe sobre a utilização de processamento eletrônico de dados nos serviços eleitorais.

Art. 59. Na Zona de origem, recebida do juiz do novo domicílio a comunicação de transferência, o juiz tomará as seguintes providências:

I – determinará o cancelamento da inscrição do transferido e a remessa dentro de três dias, da folha individual de votação ao juiz requisitante;

- Art. 12 da Lei nº 6.996, de 7-6-1982, que dispõe sobre a utilização de processamento eletrônico de dados nos serviços eleitorais.

II – ordenará a retirada do fichário da segunda parte do título;

III – comunicará o cancelamento ao Tribunal Regional a que estiver subordinado, que fará a devida anotação na ficha de seus arquivos;

IV – se o eleitor havia assinado ficha de registro de partido, comunicará ao juiz do novo domicílio e, ainda, ao Tribunal Regional, se a transferência foi concedida para outro Estado.

Art. 60. O eleitor transferido não poderá votar no novo domicílio eleitoral em eleição suplementar à que tiver sido realizada antes de sua transferência.

Art. 61. Somente será concedida transferência ao eleitor que estiver quite com a Justiça Eleitoral.

§ 1º Se o requerente não instruir o pedido de transferência com o título anterior, o Juiz do novo domicílio, ao solicitar informação ao da Zona de origem, indagará se o eleitor está quite com a Justiça Eleitoral, ou, não estando, qual a importância da multa imposta e não paga.

§ 2º Instruído o pedido com o título, e verificado que o eleitor não votou em eleição anterior, o juiz do novo domicílio solicitará informações sobre o valor da multa arbitrada na zona de origem, salvo se o eleitor não quiser aguardar a resposta, hipótese em que pagará o máximo previsto.

§ 3º O pagamento da multa, em qualquer das hipóteses dos parágrafos anteriores, será comunicado ao juízo de origem para as necessárias anotações.

CAPÍTULO III
DOS PREPARADORES

Arts. 62 a 65. *Revogados.* Lei nº 8.868, de 14-4-1994.

CAPÍTULO IV
DOS DELEGADOS DE PARTIDO PERANTE O ALISTAMENTO

Art. 66. É lícito aos partidos políticos, por seus delegados:

I – acompanhar os processos de inscrição;

II – promover a exclusão de qualquer eleitor inscrito ilegalmente e assumir a defesa do eleitor cuja exclusão esteja sendo promovida;

III – examinar, sem perturbação do serviço e em presença dos servidores designados, os documentos relativos ao alistamento eleitoral, podendo deles tirar cópias ou fotocópias.

§ 1º Perante o Juízo Eleitoral, cada partido poderá nomear três delegados.

§ 2º Perante os preparadores, cada partido poderá nomear até dois delegados, que assistam e fiscalizem os seus atos.

- Art. 12 da Lei nº 6.996, de 7-6-1982, que dispõe sobre a utilização de processamento eletrônico de dados nos serviços eleitorais.
- Art. 5º, § 1º, da Lei nº 7.444, de 20-12-1985, que dispõe sobre a implantação do processamento eletrônico de dados no alistamento eleitoral e a revisão do eleitorado.
- Art. 14 da Lei nº 8.868, de 14-4-1994, que dispõe sobre a criação, extinção e transformação de cargos efetivos e em comissão, nas secretarias do TSE e dos Tribunais Regionais Eleitorais.

§ 3º Os delegados a que se refere este artigo serão registrados perante os Juízes Eleitorais, a requerimento do Presidente do Diretório Municipal.

§ 4º O delegado credenciado junto ao Tribunal Regional Eleitoral poderá representar o partido junto a qualquer juízo ou preparador do Estado, assim como o delegado credenciado perante o Tribunal Superior Eleitoral poderá representar o partido perante qualquer Tribunal Regional, juízo ou preparador.

- Art. 12 da Lei nº 6.996, de 7-6-1982, que dispõe sobre a utilização de processamento eletrônico de dados nos serviços eleitorais.
- Art. 5º, § 1º, da Lei nº 7.444, de 20-12-1985, que dispõe sobre a implantação do processamento eletrônico de dados no alistamento eleitoral e a revisão do eleitorado.
- Art. 14 da Lei nº 8.868, de 14-4-1994, que dispõe sobre a criação, extinção e transformação de cargos efetivos e em comissão, nas secretarias do TSE e dos Tribunais Regionais Eleitorais.
- Lei nº 9.096, de 19-9-1995 (Lei dos Partidos Políticos).

CAPÍTULO V
DO ENCERRAMENTO DO ALISTAMENTO

Art. 67. Nenhum requerimento de inscrição eleitoral ou de transferência será recebido dentro dos cem dias anteriores à data da eleição.

- Art. 91, *caput*, da Lei nº 9.504, de 30-9-1997 (Lei das Eleições).

Art. 68. Em audiência pública, que se realizará às quatorze horas do sexagésimo nono dia anterior à eleição, o Juiz Eleitoral declarará encerrada a inscrição de eleitores na respectiva zona e proclamará o número dos inscritos até às dezoito horas do dia anterior, o que comunicará *incontinenti* ao Tribunal Regional Eleitoral, por telegrama, e fará público em edital, imediatamente afixado no lugar próprio do juízo e divulgado pela imprensa, onde houver, declarando nele o nome do último eleitor inscrito e o número do respectivo título, fornecendo aos diretórios municipais dos partidos cópia autêntica desse edital.

§ 1º Na mesma data será encerrada a transferência de eleitores, devendo constar do telegrama do Juiz Eleitoral ao Tribunal Regional Eleitoral, do edital e da cópia deste fornecida aos diretórios municipais dos partidos e da publicação da imprensa, os nomes dos dez últimos eleitores, cujos processos de transferência estejam definitivamente ultimados e o número dos respectivos títulos eleitorais.

§ 2º O despacho de pedido de inscrição, transferência, ou segunda via, proferido após esgotado o prazo legal, sujeita o Juiz Eleitoral às penas do artigo 291.

Art. 69. Os títulos eleitorais resultantes dos pedidos de inscrição ou de transferência serão entregues até trinta dias antes da eleição.

Parágrafo único. A segunda via poderá ser entregue ao eleitor até a véspera do pleito.

Art. 70. O alistamento reabrir-se-á em cada zona, logo que estejam concluídos os trabalhos de sua Junta Eleitoral.

TÍTULO II – DO CANCELAMENTO E DA EXCLUSÃO

Art. 71. São causas do cancelamento:

I – a infração dos artigos 5º e 42;

II – a suspensão ou perda dos direitos políticos;

- Art. 15 da CF.

III – a pluralidade de inscrição;

IV – o falecimento do eleitor;

V – deixar de votar em três eleições consecutivas.

- Inciso V com a redação dada pela Lei nº 7.663, de 27-5-1988.
- Art. 7º, § 3º, deste Código.

§ 1º A ocorrência de qualquer das causas enumeradas neste artigo acarretará a exclusão do eleitor, que poderá ser promovida *ex officio*, a requerimento de delegado de partido ou de qualquer eleitor.

§ 2º No caso de ser algum cidadão maior de dezoito anos privado temporária ou definitivamente dos direitos políticos, a autoridade que impuser essa pena providenciará para que o fato seja comunicado ao Juiz Eleitoral ou ao Tribunal Regional da circunscrição em que residir o réu.

§ 3º Os oficiais de Registro Civil, sob as penas do artigo 293, enviarão, até o dia quinze de cada mês, ao Juiz Eleitoral da zona em que oficiarem, comunicação dos óbitos de cidadãos alistáveis, ocorridos no mês anterior, para cancelamento das inscrições.

§ 4º Quando houver denúncia fundamentada de fraude no alistamento de uma zona ou município, o Tribunal Regional poderá determinar a realização de correição e, provada a fraude em proporção comprometedora, ordenará a revisão do eleitorado, obedecidas as Instruções do Tribunal Superior e as recomendações que, subsidiariamente, baixar, com o cancelamento de ofício das inscrições correspondentes aos títulos que não forem apresentados à revisão.

- § 4º acrescido pela Lei nº 4.961, de 4-5-1966.
- Art. 92 da Lei nº 9.504, de 30-9-1997 (Lei das Eleições).

Art. 72. Durante o processo e até a exclusão pode o eleitor votar validamente.

Parágrafo único. Tratando-se de inscrições contra as quais hajam sido interpostos recursos das decisões que as deferiram, desde que tais recursos venham a ser providos pelo Tribunal Regional ou Tribunal Superior, serão nulos os votos se o seu número for suficiente para alterar qualquer representação partidária ou classificação de candidato eleito pelo princípio majoritário.

Art. 73. No caso de exclusão, a defesa pode ser feita pelo interessado, por outro eleitor ou por delegado de partido.

Art. 74. A exclusão será mandada processar *ex officio* pelo Juiz Eleitoral, sempre que tiver conhecimento de alguma das causas do cancelamento.

Art. 75. O Tribunal Regional, tomando conhecimento através de seu fichário, da inscrição do mesmo eleitor em mais de uma zona sob sua jurisdição, comunicará o fato ao juiz competente para o cancelamento, que de preferência deverá recair:

I – na inscrição que não corresponda ao domicílio eleitoral;

II – naquela cujo título não haja sido entregue ao eleitor;

III – naquela cujo título não haja sido utilizado para o exercício do voto na última eleição;

IV – na mais antiga.

Art. 76. Qualquer irregularidade determinante de exclusão será comunicada por escrito e por iniciativa de qualquer interessado ao Juiz Eleitoral, que observará o processo estabelecido no artigo seguinte.

Art. 77. O Juiz Eleitoral processará a exclusão pela forma seguinte:

I – mandará autuar a petição ou representação com os documentos que a instruírem;

II – fará publicar edital com prazo de dez dias para ciência dos interessados, que poderão contestar dentro de cinco dias;

III – concederá dilação probatória de cinco a dez dias, se requerida;

IV – decidirá no prazo de cinco dias.

Art. 78. Determinado, por sentença, o cancelamento, o cartório tomará as seguintes providências:

I – retirará, da respectiva pasta, a folha de votação, registrará a ocorrência no local próprio para "Anotações" e juntá-la-á ao processo de cancelamento;

II – registrará a ocorrência na coluna de "observações" do livro de inscrição;

III – excluirá dos fichários as respectivas fichas, colecionando-as à parte;

IV – anotará, de forma sistemática, os claros abertos na pasta de votação para o oportuno preenchimento dos mesmos;

V – comunicará o cancelamento ao Tribunal Regional para anotação no seu fichário.

Art. 79. No caso de exclusão por falecimento, tratando-se de caso notório, serão dispensadas as formalidades previstas nos n°s II e III do artigo 77.

Art. 80. Da decisão do Juiz Eleitoral caberá recurso no prazo de três dias, para o Tribunal Regional, interposto pelo excluendo ou por delegado de partido.

Art. 81. Cessada a causa do cancelamento, poderá o interessado requerer novamente a sua qualificação e inscrição.

PARTE QUARTA – DAS ELEIÇÕES

TÍTULO I – DO SISTEMA ELEITORAL

Art. 82. O sufrágio é universal e direto; o voto, obrigatório e secreto.

▸ Art. 14 da CF.

Art. 83. Na eleição direta para o Senado Federal, para Prefeito e Vice-Prefeito, adotar-se-á o princípio majoritário.

▸ Artigo com a redação dada pela Lei nº 6.534, de 26-5-1978.

▸ Arts. 28, 32, § 2º, e 77, § 2º, da CF.

Art. 84. A eleição para a Câmara dos Deputados, Assembleias Legislativas e Câmaras Municipais, obedecerá ao princípio da representação proporcional na forma desta Lei.

▸ Art. 32, §§ 2º e 3º, c/c os arts. 27 e 45, e 33, § 3º, da CF.

Art. 85. A eleição para Deputados Federais, Senadores e Suplentes, Presidente e Vice-Presidente da República, Governadores, Vice-Governadores e Deputados Estaduais far-se-á, simultaneamente, em todo o País.

▸ Arts. 14, § 3º, VI, *c*, 28, *caput*, 29, I e II, 32, §§ 2º e 3º c/c os arts. 27 e 45; 33, § 3º, 77, *caput*, e 98, II, da CF.

▸ Arts. 1º, *caput*, parágrafo único, I, e 2º, §§ 1º a 3º, da Lei nº 9.504, de 30-9-1997 (Lei das Eleições).

Art. 86. Nas eleições presidenciais a circunscrição será o País; nas eleições federais e estaduais, o Estado; e, nas municipais, o respectivo Município.

CAPÍTULO I – DO REGISTRO DOS CANDIDATOS

Art. 87. Somente podem concorrer às eleições candidatos registrados por partidos.

▸ Res. do TSE nº 23.571, de 29-5-2018, disciplina a criação, organização, fusão, incorporação e extinção de partidos políticos.

Parágrafo único. Nenhum registro será admitido fora do período de seis meses antes da eleição.

▸ Art. 93 deste Código.

▸ Arts. 8º e 11 da Lei nº 9.504, de 30-9-1997 (Lei das Eleições).

Art. 88. Não é permitido registro de candidato embora para cargos diferentes, por mais de uma circunscrição ou para mais de um cargo na mesma circunscrição.

Parágrafo único. Nas eleições realizadas pelo sistema proporcional o candidato deverá ser filiado ao partido, na circunscrição em que concorrer, pelo tempo que for fixado nos respectivos estatutos.

▸ Art. 20 da Lei nº 9.096, de 19-9-1995 (Lei dos Partidos Políticos).

▸ Art. 9º da Lei nº 9.504, de 30-9-1997 (Lei das Eleições).

▸ Ac. do TSE nº 11.314, j. 30-8-1990.

Art. 89. Serão registrados:

I – no Tribunal Superior Eleitoral os candidatos a presidente e vice-presidente da República;

II – nos Tribunais Regionais Eleitorais os candidatos a senador, deputado federal, governador e vice-governador e deputado estadual;

III – nos Juízos Eleitorais os candidatos a vereador, prefeito, vice-prefeito e juiz de paz.

Art. 90. Somente poderão inscrever candidatos os partidos que possuam diretório devidamente registrado na circunscrição em que se realizar a eleição.

▸ Art. 4º da Lei nº 9.504, de 30-9-1997 (Lei das Eleições).

Art. 91. O registro de candidatos a presidente e vice-presidente, governador e vice-governador, ou prefeito e vice-prefeito, far-se-á sempre em chapa única e indivisível, ainda que resulte a indicação de aliança de partidos.

§ 1º O registro de candidatos a senador far-se-á com o do suplente partidário.

▸ Art. 46, § 3º, da CF.

§ 2º Nos Territórios far-se-á o registro do candidato a deputado com o do suplente.

▸ Art. 178 deste Código.

§ 3º É facultado aos partidos políticos celebrar coligações no registro de candidatos às eleições majoritárias.

▸ § 3º acrescido pela Lei nº 14.211, de 1º-10-2021.

Art. 92. *Revogado*. Lei nº 9.504, de 30-9-1997.

Art. 93. O prazo de entrada em cartório ou na Secretaria do Tribunal, conforme o caso, de requerimento de registro de candidato a cargo eletivo terminará, improrrogavelmente, às dezenove horas do dia 15 de agosto do ano em que se realizarem as eleições.

▸ *Caput* com a redação dada pela Lei nº 13.165, de 29-9-2015.

§ 1º Até vinte dias antes da data das eleições, todos os requerimentos, inclusive os que tiverem sido impugnados, devem estar julgados pelas instâncias ordinárias, e publicadas as decisões a eles relativas.

§ 2º As convenções partidárias para a escolha dos candidatos serão realizadas, no máximo, até 5 de agosto do ano em que se realizarem as eleições.

▸ §§ 1º e 2º com a redação dada pela Lei nº 13.165, de 29-9-2015.

§ 3º Nesse caso, se se tratar de eleição municipal, o juiz eleitoral deverá apresentar a sentença no prazo de 2 (dois) dias, podendo o recorrente, nos 2 (dois) dias seguintes, aditar as razões do recurso; no caso de registro feito perante o Tribunal, se o relator não apresentar o acórdão no prazo de 2 (dois) dias, será designado outro relator, na ordem da votação, o qual deverá lavrar o acórdão do prazo de 3 (três) dias, podendo o recorrente, nesse mesmo prazo, aditar as suas razões.

Art. 94. O registro pode ser promovido por delegado de partido, autorizado em documento autêntico, inclusive telegrama de quem responda pela direção partidária e sempre com assinatura reconhecida por tabelião.

▸ Art. 11, § 4º, da Lei nº 9.504, de 30-9-1997 (Lei das Eleições).

§ 1º O requerimento de registro deverá ser instruído:

▸ Art. 11, § 1º, da Lei nº 9.504, de 30-9-1997 (Lei das Eleições).

I – com a cópia autêntica da ata da convenção que houver feito a escolha do candidato, a qual deverá ser conferida com o original na Secretaria do Tribunal ou no cartório eleitoral;

II – com autorização do candidato, em documento com a assinatura reconhecida por tabelião;

III – com certidão fornecida pelo cartório eleitoral da zona de inscrição, em que conste que o registrando é eleitor;

IV – com prova de filiação partidária, salvo para os candidatos a presidente e vice-presidente, senador e respectivo suplente, governador e vice-governador, prefeito e vice-prefeito;

- Art. 14, § 3º, V, da CF.
- Art. 88, parágrafo único, deste Código.
- Art. 17 da Lei nº 9.096, de 19-9-1995 (Lei dos Partidos Políticos).

V – com folha corrida fornecida pelos cartórios competentes, para que se verifique se o candidato está no gozo dos direitos políticos (artigos 132, III, e 135 da Constituição Federal);

- Inciso V com a redação dada pela Lei nº 4.961, de 4-5-1966.
- Refere-se à CF/1946. Arts. 14, § 3º, II, e 15 da CF vigente.

VI – com declaração de bens, de que constem a origem e as mutações patrimoniais.

§ 2º A autorização do candidato pode ser dirigida diretamente ao órgão ou juiz competente para o registro.

Art. 95. O candidato poderá ser registrado sem o prenome, ou com o nome abreviado, desde que a supressão não estabeleça dúvida quanto à sua identidade.

- Art. 12 da Lei nº 9.504, de 30-9-1997 (Lei das Eleições).

Art. 96. Será negado o registro a candidato que, pública ou ostensivamente, faça parte, ou seja adepto de partido político cujo registro tenha sido cassado com fundamento no artigo 141, § 13, da Constituição Federal.

- Refere-se à CF/1946. Art. 17 da CF vigente.
- Arts. 2º e 28 da Lei nº 9.096, de 19-9-1995 (Lei dos Partidos Políticos).

Art. 97. Protocolado o requerimento de registro, o Presidente do Tribunal ou o Juiz Eleitoral, no caso de eleição municipal ou distrital, fará publicar imediatamente edital para ciência dos interessados.

§ 1º O edital será publicado na Imprensa Oficial, nas capitais, e afixado em cartório, no local de costume, nas demais zonas.

§ 2º Do pedido de registro caberá, no prazo de dois dias, a contar da publicação ou afixação do edital, impugnação articulada por parte de candidato ou de partido político.

- Arts. 3º e 4º da LC nº 64, de 18-5-1990 (Lei dos Casos de Inelegibilidade).

§ 3º Poderá, também, qualquer eleitor, com fundamento em inelegibilidade ou incompatibilidade do candidato ou na incidência deste no artigo 96 impugnar o pedido de registro, dentro do mesmo prazo, oferecendo prova do alegado.

- Arts. 3º e 4º da LC nº 64, de 18-5-1990 (Lei dos Casos de Inelegibilidade).

§ 4º Havendo impugnação, o partido requerente do registro terá vista dos autos, por dois dias, para falar sobre a mesma, feita a respectiva intimação na forma do § 1º.

- Arts. 3º e 4º da LC nº 64, de 18-5-1990 (Lei dos Casos de Inelegibilidade).

Art. 98. Os militares alistáveis são elegíveis, atendidas as seguintes condições:

- Art. 14, §§ 2º e 8º, da CF.
- Art. 218 deste Código.

I – o militar que tiver menos de cinco anos de serviço será, ao se candidatar a cargo eletivo, excluído do serviço ativo;

- Art. 14, § 8º, I, da CF.

II – o militar em atividade com cinco ou mais anos de serviço, ao se candidatar a cargo eletivo será afastado, temporariamente, do serviço ativo, como agregado, para tratar de interesse particular;

- Art. 14, § 8º, II, da CF.
- Art. 82, XIV e § 4º, da Lei nº 6.880, de 9-12-1980 (Estatuto dos Militares).

III – o militar não excluído e que vier a ser eleito, será, no ato da diplomação, transferido para a reserva ou reformado (Emenda Constitucional nº 9, artigo 3º).

- Art. 14, §§ 2º e 3º, da CF.

Parágrafo único. O juízo ou Tribunal que deferir o registro de militar candidato a cargo eletivo, comunicará imediatamente a decisão à autoridade a que o mesmo estiver subordinado, cabendo igual obrigação ao Partido, quando lançar a candidatura.

Art. 99. Nas eleições majoritárias poderá qualquer partido registrar na mesma circunscrição candidato já por outro registrado, desde que o outro partido e o candidato o consintam por escrito até dez dias antes da eleição, observadas as formalidades do artigo 94.

- Art. 94, § 1º, IV, deste Código.
- Arts. 20 e 22, parágrafo único, da Lei nº 9.096, de 19-9-1995 (Lei dos Partidos Políticos).
- Art. 9º da Lei nº 9.504, de 30-9-1997 (Lei das Eleições).

Parágrafo único. A falta de consentimento expresso acarretará a anulação do registro promovido, podendo o partido prejudicado requerê-la ou recorrer da resolução que ordenar o registro.

- Art. 94, § 1º, IV, deste Código.
- Art. 20 da Lei nº 9.096, de 19-9-1995 (Lei dos Partidos Políticos).
- Art. 9º da Lei nº 9.504, de 30-9-1997 (Lei das Eleições).

Art. 100. Nas eleições realizadas pelo sistema proporcional, o Tribunal Superior Eleitoral, até seis meses antes do pleito, reservará para cada Partido, por sorteio, em sessão realizada com a presença dos Delegados de Partido, uma série de números a partir de cem.

§ 1º A sessão a que se refere o *caput* deste artigo será anunciada aos Partidos com antecedência mínima de cinco dias.

§ 2º As convenções partidárias para escolha dos candidatos sortearão, por sua vez, em cada Estado e Município, os números que devam corresponder a cada candidato.

- Art. 15, § 2º, da Lei nº 9.504, de 30-9-1997 (Lei das Eleições).

§ 3º Nas eleições para Deputado Federal, se o número de Partidos não for superior a nove, a cada um corresponderá obrigatoriamente uma centena, devendo a numeração dos candidatos ser sorteada a partir da unidade, para que ao primeiro candidato do primeiro Partido corresponda o número cento e um, ao do segundo Partido, duzentos e um, e assim sucessivamente.

§ 4º Concorrendo dez ou mais Partidos, a cada um corresponderá uma centena a partir de um mil, cento e um, de maneira que a todos os candidatos sejam atribuídos sempre quatro algarismos, suprimindo-se a numeração correspondente à série dois mil e um a dois mil e cem, para reiniciá-la em dois mil, cento e um, a partir do décimo Partido.

§ 5º Na mesma sessão, o Tribunal Superior Eleitoral sorteará as séries correspondentes aos Deputados Estaduais e Vereadores, observando, no que couber, as normas constantes dos parágrafos anteriores, e de maneira que a todos os candidatos, sejam atribuídos sempre número de quatro algarismos.

- Art. 100 com a redação dada pela Lei nº 7.015, de 16-7-1982.

Art. 101. Pode qualquer candidato requerer, em petição com firma reconhecida, o cancelamento do registro do seu nome.

- *Caput* com a redação dada pela Lei nº 6.553, de 19-8-1978.
- Art. 21 da Lei nº 9.096, de 19-9-1995 (Lei dos Partidos Políticos).
- Art. 14 da Lei nº 9.504, de 30-9-1997 (Lei das Eleições).

§ 1º Desse fato, o Presidente do Tribunal ou o juiz, conforme o caso, dará ciência imediata ao partido que tenha feito a inscrição, ao qual ficará ressalvado o direito de substituir por outro o nome cancelado, observadas todas as formalidades exigidas para o registro e desde que o novo pedido seja apresentado até sessenta dias antes do pleito.

- Art. 11, §§ 1º e 3º, da Lei nº 9.504, de 30-9-1997 (Lei das Eleições).

§ 2º Nas eleições majoritárias, se o candidato vier a falecer ou renunciar dentro do período de sessenta dias mencionados no parágrafo anterior, o partido poderá substituí-lo; se o registro do novo candidato estiver deferido até trinta dias antes do pleito serão confeccionadas novas cédulas, caso contrário serão utilizadas as já impressas, computando-se para o novo candidato os votos dados ao anteriormente registrado.

- Art. 13, §§ 2º e 3º, da Lei nº 9.504, de 30-9-1997 (Lei das Eleições).

§ 3º Considerar-se-á nulo o voto dado ao candidato que haja pedido o cancelamento de sua inscrição, salvo na hipótese prevista no parágrafo anterior, *in fine*.

§ 4º Nas eleições proporcionais, ocorrendo a hipótese prevista neste artigo, ao substituto será atribuído o número anteriormente dado ao candidato cujo registro foi cancelado.

§ 5º Em caso de morte, renúncia, inelegibilidade e preenchimento de vagas existentes nas respectivas chapas, tanto em eleições proporcionais quanto majoritárias, as substituições e indicações se processarão pelas Comissões Executivas.

- § 5º acrescido pela Lei nº 6.553, de 19-8-1978.
- Art. 17 da LC nº 64, de 18-5-1990 (Lei dos Casos de Inelegibilidade).
- Arts. 10, § 5º, e 13, *caput* e §§ 1º a 3º, da Lei nº 9.504, de 30-9-1997 (Lei das Eleições).

Art. 102. Os registros efetuados pelo Tribunal Superior serão imediatamente comunicados aos Tribunais Regionais e por estes aos Juízes Eleitorais.

Parágrafo único. Os Tribunais Regionais comunicarão também ao Tribunal Superior os registros efetuados por eles e pelos Juízes Eleitorais.

- Art. 16 da Lei nº 9.504, de 30-9-1997 (Lei das Eleições).

CAPÍTULO II

DO VOTO SECRETO

▶ Arts. 103 e 104 deste Código.

▶ Arts. 59 a 62, c/c os arts. 82 a 89 da Lei nº 9.504, de 30-9-1997 (Lei das Eleições).

Art. 103. O sigilo do voto é assegurado mediante as seguintes providências:

I – uso de cédulas oficiais em todas as eleições, de acordo com modelo aprovado pelo Tribunal Superior;

II – isolamento do eleitor em cabine indevassável para o só efeito de assinalar na cédula o candidato de sua escolha e, em seguida, fechá-la;

III – verificação da autenticidade da cédula oficial à vista das rubricas;

IV – emprego de urna que assegure a inviolabilidade do sufrágio e seja suficientemente ampla para que não se acumulem as cédulas na ordem em que forem introduzidas.

CAPÍTULO III

DA CÉDULA OFICIAL

▶ Art. 83 e parágrafos da Lei nº 9.504, de 30-9-1997 (Lei das Eleições).

Art. 104. As cédulas oficiais serão confeccionadas e distribuídas exclusivamente pela Justiça Eleitoral, devendo ser impressas em papel branco, opaco e pouco absorvente. A impressão será em tinta preta, com tipos uniformes de letra.

§ 1º Os nomes dos candidatos para as eleições majoritárias devem figurar na ordem determinada por sorteio.

§ 2º O sorteio será realizado após o deferimento do último pedido de registro, em audiência presidida pelo Juiz ou Presidente do Tribunal, na presença dos candidatos e delegados de partido.

§ 3º A realização da audiência será anunciada com três dias de antecedência, no mesmo dia em que for deferido o último pedido de registro, devendo os delegados de partido ser intimados por ofício sob protocolo.

§ 4º Havendo substituição de candidatos após o sorteio, o nome do novo candidato deverá figurar na cédula na seguinte ordem:

I – se forem apenas dois, em último lugar;

II – se forem três, em segundo lugar;

III – se forem mais de três, em penúltimo lugar;

IV – se permanecer apenas um candidato e forem substituídos dois ou mais, aquele ficará em primeiro lugar, sendo realizado novo sorteio em relação aos demais.

§ 5º Para as eleições realizadas pelo sistema proporcional a cédula conterá espaço para que o eleitor escreva o nome ou número do candidato de sua preferência e indique a sigla do partido.

§ 6º As cédulas oficiais serão confeccionadas de maneira tal que, dobradas, resguardem o sigilo do voto, sem que seja necessário o emprego de cola para fechá-las.

CAPÍTULO IV

DA REPRESENTAÇÃO PROPORCIONAL

Art. 105. *Revogado*. Lei nº 14.211, de 1º-10-2021.

Art. 106. Determina-se o quociente eleitoral dividindo-se o número de votos válidos apurados pelo de lugares a preencher em cada circunscrição eleitoral, desprezada a fração se igual ou inferior a meio, equivalente a um, se superior.

▶ Art. 5º da Lei nº 9.504, de 30-9-1997 (Lei das Eleições).

Parágrafo único. *Revogado*. Lei nº 9.504, de 30-9-1997.

Art. 107. Determina-se para cada partido o quociente partidário dividindo-se pelo quociente eleitoral o número de votos válidos dados sob a mesma legenda, desprezada a fração.

▶ Artigo com a redação dada pela Lei nº 14.211, de 1º-10-2021.

Art. 108. Estarão eleitos, entre os candidatos registrados por um partido que tenham obtido votos em número igual ou superior a 10% (dez por cento) do quociente eleitoral, tantos quantos o respectivo quociente partidário indicar, na ordem da votação nominal que cada um tenha recebido.

▶ *Caput* com a redação dada pela Lei nº 14.211, de 1º-10-2021.

Parágrafo único. Os lugares não preenchidos em razão da exigência de votação nominal mínima a que se refere o *caput* serão distribuídos de acordo com as regras do art. 109.

▶ Parágrafo único com a redação dada pela Lei nº 13.165, de 29-9-2015.

Art. 109. Os lugares não preenchidos com a aplicação dos quocientes partidários e em razão da exigência de votação nominal mínima a que se refere o art. 108 serão distribuídos de acordo com as seguintes regras:

▶ *Caput* com a redação dada pela Lei nº 13.165, de 29-9-2015.

I – dividir-se-á o número de votos válidos atribuídos a cada partido pelo número de lugares por ele obtido mais 1 (um), cabendo ao partido que apresentar a maior média um dos lugares a preencher, desde que tenha candidato que atenda à exigência de votação nominal mínima;

▶ Inciso I com a redação dada pela Lei nº 14.211, de 1º-10-2021.

II – repetir-se-á a operação para cada um dos lugares a preencher;

▶ Inciso II com a redação dada pela Lei nº 13.165, de 29-9-2015.

III – quando não houver mais partidos com candidatos que atendam às duas exigências do inciso I deste *caput*, as cadeiras serão distribuídas aos partidos que apresentarem as maiores médias.

▶ Inciso III com a redação dada pela Lei nº 14.211, de 1º-10-2021.

§ 1º O preenchimento dos lugares com que cada partido for contemplado far-se-á segundo a ordem de votação recebida por seus candidatos.

§ 2º Poderão concorrer à distribuição dos lugares todos os partidos que participaram do pleito, desde que tenham obtido pelo menos 80% (oitenta por cento) do quociente eleitoral, e os candidatos que tenham obtido votos em número igual ou superior a 20% (vinte por cento) desse quociente.

▶ §§ 1º e 2º com a redação dada pela Lei nº 14.211, de 1º-10-2021.

▶ O STF, por maioria, julgou parcialmente procedente as Ações Diretas de Inconstitucionalidade nºs 7.228, 7.263 e 7.325 para dar interpretação conforme à Constituição a este parágrafo (*DOU* de 7-6-2024).

Art. 110. Em caso de empate, haver-se-á por eleito o candidato mais idoso.

Art. 111. Se nenhum partido alcançar o quociente eleitoral, considerar-se-ão eleitos, até serem preenchidos todos os lugares, os candidatos mais votados.

▶ Artigo com a redação dada pela Lei nº 14.211, de 1º-10-2021.

▶ O STF, por maioria, julgou parcialmente procedente as Ações Diretas de Inconstitucionalidade nºs 7.228, 7.263 e 7.325 para declarar a inconstitucionalidade deste artigo (*DOU* de 7-6-2024).

Art. 112. Considerar-se-ão suplentes da representação partidária:

▶ Art. 4º, *in fine*, da Lei nº 7.454, de 30-12-1985, que altera dispositivos do CE.

I – os mais votados sob a mesma legenda e não eleitos efetivos das listas dos respectivos partidos;

II – em caso de empate na votação, na ordem decrescente da idade.

Parágrafo único. Na definição dos suplentes da representação partidária, não há exigência de votação nominal mínima prevista pelo art. 108.

▶ Parágrafo único acrescido pela Lei nº 13.165, de 29-9-2015.

Art. 113. Na ocorrência de vaga, não havendo suplente para preenchê-la, far-se-á eleição, salvo se faltarem menos de nove meses para findar o período de mandato.

▶ Arts. 56, § 2º, e 81, *caput* e § 1º, da CF.

TÍTULO II – DOS ATOS PREPARATÓRIOS DA VOTAÇÃO

Art. 114. Até setenta dias antes da data marcada para a eleição, todos os que requererem inscrição como eleitor, ou transferência, já devem estar devidamente qualificados e os respectivos títulos prontos para a entrega, se deferidos pelo Juiz Eleitoral.

Parágrafo único. Será punido nos termos do artigo 293 o Juiz Eleitoral, o escrivão eleitoral, o preparador ou funcionário responsável pela transgressão do preceituado neste artigo ou pela não entrega do título pronto ao eleitor que o procurar.

▶ Art. 12 da Lei nº 6.996, de 7-6-1982, que dispõe sobre a utilização de processamento eletrônico de dados nos serviços eleitorais.

▶ Art. 5º, § 1º, da Lei nº 7.444, de 20-12-1985, que dispõe sobre a implantação do processamento eletrônico de dados no alistamento eleitoral e a revisão do eleitorado.

▶ Art. 14 da Lei nº 8.868, de 14-4-1994, que dispõe sobre a criação, extinção e transformação de cargos efetivos e em comissão, nas secretarias do TSE e dos Tribunais Regionais Eleitorais.

Art. 115. Os Juízes Eleitorais, sob pena de responsabilidade, comunicarão ao Tribunal Regional, até trinta dias antes de cada eleição, o número de eleitores alistados.

Art. 116. A Justiça Eleitoral fará ampla divulgação, através dos comunicados transmitidos em obediência ao disposto no artigo 250, § 5º, pelo rádio e televisão, bem assim por meio de cartazes afixados em lugares públicos, dos nomes dos candidatos registrados, com indicação do partido a que pertençam, bem como do número sob que foram inscritos, no caso dos candidatos a Deputado e a Vereador.

▶ O art. 250, § 5º, após sucessivas renumerações, foi revogado pela Lei nº 9.504, de 30-9-1997 (Lei das Eleições).

► Art. 93 da Lei nº 9.504, de 30-9-1997 (Lei das Eleições).

CAPÍTULO I DAS SEÇÕES ELEITORAIS

Art. 117. As seções eleitorais, organizadas à medida em que forem sendo deferidos os pedidos de inscrição, não terão mais de quatrocentos eleitores nas capitais e de trezentos nas demais localidades, nem menos de cinquenta eleitores.

► Art. 11 da Lei nº 6.996, de 7-6-1982, que dispõe sobre a utilização de processamento eletrônico de dados nos serviços eleitorais.

► Art. 84 da Lei nº 9.504, de 30-9-1997 (Lei das Eleições).

§ 1º Em casos excepcionais, devidamente justificados, o Tribunal Regional poderá autorizar que sejam ultrapassados os índices previstos neste artigo, desde que essa providência venha facilitar o exercício do voto, aproximando o eleitor do local designado para a votação.

§ 2º Se em seção destinada aos cegos, o número de eleitores não alcançar o mínimo exigido, este se completará com outros, ainda que não sejam cegos.

Art. 118. Os Juízes Eleitorais organizarão relação de eleitores de cada seção, a qual será remetida aos Presidentes das mesas receptoras para facilitação do processo de votação.

► Art. 133, I, deste Código.

CAPÍTULO II DAS MESAS RECEPTORAS

Art. 119. A cada seção eleitoral corresponde uma mesa receptora de votos.

Art. 120. Constituem a mesa receptora um Presidente, um primeiro e um segundo mesários, dois secretários e um suplente, nomeados pelo Juiz Eleitoral sessenta dias antes da eleição, em audiência pública, anunciada pelo menos com cinco dias de antecedência.

► *Caput* com a redação dada pela Lei nº 4.961, de 4-5-1966.

► Art. 11, § 2º, da LC nº 35, de 14-3-1979 (Lei Orgânica da Magistratura Nacional).

► Art. 15 da Lei nº 8.868, de 14-4-1994, que dispõe sobre a criação, extinção e transformação de cargos efetivos e em comissão, nas secretarias do TSE e dos Tribunais Regionais Eleitorais.

► Art. 98 da Lei nº 9.504, de 30-9-1997 (Lei das Eleições).

§ 1º Não podem ser nomeados Presidentes e mesários:

► Arts. 63, § 2º, e 64 da Lei nº 9.504, de 30-9-1997 (Lei das Eleições).

I – os candidatos e seus parentes ainda que por afinidade, até o segundo grau, inclusive, e bem assim o cônjuge;

II – os membros de diretórios de partidos desde que exerçam função executiva;

III – as autoridades e agentes policiais, bem como os funcionários no desempenho de cargos de confiança do Executivo;

IV – os que pertencerem ao serviço eleitoral.

§ 2º Os mesários serão nomeados, de preferência entre os eleitores da própria seção, e, dentre estes, os diplomados em escola superior, os professores e os serventuários da Justiça.

§ 3º O Juiz Eleitoral mandará publicar no jornal oficial, onde houver, e, não havendo, em cartório, as nomeações que tiver feito, e intimará os mesários através dessa publicação, para constituírem as mesas no dia e lugares designados, às sete horas.

§ 4º Os motivos justos que tiverem os nomeados para recusar a nomeação, e que ficarão à livre apreciação do Juiz Eleitoral, somente poderão ser alegados até cinco dias a contar da nomeação, salvo se sobrevindos depois desse prazo.

§ 5º Os nomeados que não declararem a existência de qualquer dos impedimentos referidos no § 1º incorrem na pena estabelecida pelo artigo 310.

Art. 121. Da nomeação da mesa receptora qualquer partido poderá reclamar ao Juiz Eleitoral, no prazo de dois dias, a contar da audiência, devendo a decisão ser proferida em igual prazo.

► Art. 63, *caput*, da Lei nº 9.504, de 30-9-1997 (Lei das Eleições).

§ 1º Da decisão do Juiz Eleitoral caberá recurso para o Tribunal Regional, interposto dentro de três dias, devendo, dentro de igual prazo, ser resolvido.

§ 2º Se o vício da constituição da mesa resultar da incompatibilidade prevista no nº I, do § 1º, do artigo 120, e o registro do candidato for posterior à nomeação do mesário, o prazo para reclamação será contado da publicação dos nomes dos candidatos registrados. Se resultar de qualquer das proibições dos nºs II, III e IV, e em virtude de fato superveniente, o prazo se contará do ato da nomeação ou eleição.

§ 3º O partido que não houver reclamado contra a composição da mesa não poderá arguir, sob esse fundamento, a nulidade da seção respectiva.

Art. 122. Os juízes deverão instruir os mesários sobre o processo da eleição, em reuniões para esse fim convocadas com a necessária antecedência.

Art. 123. Os mesários substituirão o Presidente, de modo que haja sempre quem responda pessoalmente pela ordem e regularidade do processo eleitoral, e assinarão a ata da eleição.

§ 1º O Presidente deve estar presente ao ato de abertura e de encerramento da eleição, salvo força maior, comunicando o impedimento aos mesários e secretários, pelo menos vinte e quatro horas antes da abertura dos trabalhos, ou imediatamente, se o impedimento se der dentro desse prazo ou no curso da eleição.

§ 2º Não comparecendo o Presidente até as sete horas e trinta minutos, assumirá a presidência, o primeiro mesário e, na sua falta ou impedimento, o segundo mesário, um dos secretários ou o suplente.

§ 3º Poderá o Presidente, ou membro da mesa que assumir a presidência, nomear *ad hoc*, dentre os eleitores presentes e obedecidas as prescrições do § 1º, do artigo 120, os que forem necessários para completar a mesa.

Art. 124. O membro da mesa receptora que não comparecer no local, em dia e hora determinados para a realização de eleição, sem justa causa apresentada ao Juiz Eleitoral até trinta dias após, incorrerá na multa de cinquenta por cento a um salário mínimo vigente na zona eleitoral, cobrada mediante selo federal inutilizado no requerimento em que for solicitado o arbitramento ou através de executivo fiscal.

► Art. 7º, IV, da CF.

► Art. 231 deste Código.

► Art. 15 da Lei nº 5.143, de 20-10-1966, que aboliu o imposto do selo.

► Arts. 7º e 16 da Lei nº 6.091, de 15-8-1974, que dispõe sobre o fornecimento gratuito de transporte, em dias de eleição, a eleitores residentes nas zonas rurais.

► Lei nº 10.522, de 19-7-2002, dispõe sobre o cadastro informativo dos créditos não quitados de órgãos e entidades federais.

§ 1º Se o arbitramento e pagamento da multa não for requerido pelo mesário faltoso, a multa será arbitrada e cobrada na forma prevista no artigo 367.

§ 2º Se o faltoso for servidor público ou autárquico, a pena será de suspensão até quinze dias.

§ 3º As penas previstas neste artigo serão aplicadas em dobro se a mesa receptora deixar de funcionar por culpa dos faltosos.

§ 4º Será também aplicada em dobro, observado o disposto nos §§ 1º e 2º, a pena ao membro da mesa que abandonar os trabalhos no decurso da votação sem justa causa apresentada ao juiz até três dias após a ocorrência.

Art. 125. Não se reunindo, por qualquer motivo, a mesa receptora, poderão os eleitores pertencentes à respectiva seção votar na seção mais próxima, sob a jurisdição do mesmo juiz, recolhendo-se os seus votos à urna da seção em que deveriam votar, a qual será transportada para aquela em que tiverem de votar.

§ 1º As assinaturas dos eleitores serão recolhidas nas folhas de votação da seção a que pertencerem, as quais, juntamente com as cédulas oficiais e o material restante, acompanharão a urna.

§ 2º O transporte da urna e dos documentos da seção será providenciado pelo Presidente da mesa, mesário ou secretário que comparecer, ou pelo próprio juiz, ou pessoa que ele designar para esse fim acompanhando-a os fiscais que o desejarem.

Art. 126. Se no dia designado para o pleito deixarem de se reunir todas as mesas de um Município, o Presidente do Tribunal Regional determinará dia para se realizar o mesmo, instaurando-se inquérito para a apuração das causas da irregularidade e punição dos responsáveis.

Parágrafo único. Essa eleição deverá ser marcada dentro de quinze dias, pelo menos, para se realizar no prazo máximo de trinta dias.

Art. 127. Compete ao Presidente da mesa receptora, e, em sua falta, a quem o substituir:

I – receber os votos dos eleitores;

II – decidir imediatamente todas as dificuldades ou dúvidas que ocorrerem;

III – manter a ordem, para o que disporá de força pública necessária;

IV – comunicar ao Juiz Eleitoral, que providenciará imediatamente as ocorrências cuja solução deste dependerem;

V – remeter à Junta Eleitoral todos os papéis que tiverem sido utilizados durante a recepção dos votos;

VI – autenticar, com a sua rubrica, as cédulas oficiais e numerá-las nos termos das Instruções do Tribunal Superior Eleitoral;

VII – assinar as fórmulas de observações dos fiscais ou delegados de partido, sobre as votações;

VIII – fiscalizar a distribuição das senhas e, verificando que não estão sendo distribuídas segundo a sua ordem numérica, recolher as de numeração intercalada, acaso retidas, as quais não se poderão mais distribuir;

IX – anotar o não comparecimento do eleitor no verso da folha individual de votação.

▸ Inciso IX acrescido pela Lei nº 4.961, de 4-5-1966.

▸ Art. 12 da Lei nº 6.996, de 7-6-1982, que dispõe sobre a utilização de processamento eletrônico de dados nos serviços eleitorais.

Art. 128. Compete aos secretários:

I – distribuir aos eleitores as senhas de entrada previamente rubricadas ou carimbadas segundo a respectiva ordem numérica;

II – lavrar a ata da eleição;

III – cumprir as demais obrigações que lhes forem atribuídas em instruções.

Parágrafo único. As atribuições mencionadas no nº I serão exercidas por um dos secretários e os constantes dos nºs II e III pelo outro.

Art. 129. Nas eleições proporcionais os Presidentes das mesas receptoras deverão zelar pela preservação das listas de candidatos afixadas dentro das cabinas indevassáveis, tomando imediatas providências para a colocação de nova lista no caso de inutilização total ou parcial.

Parágrafo único. O eleitor que inutilizar ou arrebatar as listas afixadas nas cabinas indevassáveis ou nos edifícios onde funcionarem mesas receptoras, incorrerá nas penas do artigo 297.

Art. 130. Nos estabelecimentos de internação coletiva de hansenianos os membros das mesas receptoras serão escolhidos de preferência entre os médicos e funcionários sadios do próprio estabelecimento.

CAPÍTULO III – DA FISCALIZAÇÃO PERANTE AS MESAS RECEPTORAS

Art. 131. Cada partido poderá nomear dois delegados em cada Município e dois fiscais junto a cada mesa receptora, funcionando um de cada vez.

▸ Art. 65 da Lei nº 9.504, de 30-9-1997 (Lei das Eleições).

§ 1º Quando o Município abranger mais de uma zona eleitoral cada partido poderá nomear dois delegados junto a cada uma delas.

§ 2º A escolha de fiscal e delegado de partido não poderá recair em quem, por nomeação do Juiz Eleitoral, já faça parte da mesa receptora.

▸ Art. 65, *caput*, da Lei nº 9.504, de 30-9-1997 (Lei das Eleições).

§ 3º As credenciais expedidas pelos partidos, para os fiscais, deverão ser visadas pelo Juiz Eleitoral.

▸ Art. 65, § 2º, da Lei nº 9.504, de 30-9-1997 (Lei das Eleições).

§ 4º Para esse fim, o delegado do partido encaminhará as credenciais ao Cartório, juntamente com os títulos eleitorais dos fiscais credenciados, para que, verificado pelo escrivão que as inscrições correspondentes aos títulos estão em vigor e se referem aos nomeados, carimbe as credenciais e as apresente ao juiz para o visto.

▸ Art. 65, § 2º, da Lei nº 9.504, de 30-9-1997 (Lei das Eleições).

§ 5º As credenciais que não forem encaminhadas ao Cartório pelos delegados de partido, para os fins do parágrafo anterior, poderão ser apresentadas pelos próprios fiscais para a obtenção do visto do Juiz Eleitoral.

▸ Art. 65, § 2º, da Lei nº 9.504, de 30-9-1997 (Lei das Eleições).

§ 6º Se a credencial apresentada ao Presidente da mesa receptora não estiver autenticada na forma do § 4º, o fiscal poderá funcionar perante a mesa, mas o seu voto não será admitido, a não ser na seção em que o seu nome estiver incluído.

§ 7º O fiscal de cada partido poderá ser substituído por outro no curso dos trabalhos eleitorais.

Art. 132. Pelas mesas receptoras serão admitidos a fiscalizar a votação, formular protestos e fazer impugnações, inclusive sobre a identidade do eleitor, os candidatos registrados, os delegados e os fiscais dos partidos.

▸ Art. 66 da Lei nº 9.504, de 30-9-1997 (Lei das Eleições).

TÍTULO III – DO MATERIAL PARA A VOTAÇÃO

Art. 133. Os Juízes Eleitorais enviarão ao Presidente de cada mesa receptora, pelo menos setenta e duas horas antes da eleição, o seguinte material:

I – relação dos eleitores da seção que poderá ser dispensada, no todo ou em parte, pelo respectivo Tribunal Regional Eleitoral em decisão fundamentada e aprovada pelo Tribunal Superior Eleitoral;

▸ Inciso I com a redação dada pela Lei nº 6.055, de 17-6-1974.

▸ Art. 118 deste Código.

II – relações dos partidos e dos candidatos registrados, as quais deverão ser afixadas no recinto das seções eleitorais em lugar visível, e dentro das cabinas indevassáveis as relações de candidatos a eleições proporcionais;

▸ Art. 12, § 5º, I e II, da Lei nº 9.504, de 30-9-1997 (Lei das Eleições).

III – as folhas individuais de votação dos eleitores da seção, devidamente acondicionadas;

▸ Art. 12 da Lei nº 6.996, de 7-6-1982, que dispõe sobre a utilização de processamento eletrônico de dados nos serviços eleitorais.

IV – uma folha de votação para os eleitores de outras seções, devidamente rubricada;

V – uma urna vazia, vedada pelo Juiz Eleitoral, com tiras de papel ou pano forte;

VI – sobrecartas maiores para os votos impugnados ou sobre os quais haja dúvida;

▸ Antigo inciso VI revogado pela Lei nº 4.961, de 4-5-1966, renumerando-se os demais.

VII – cédulas oficiais;

VIII – sobrecartas especiais para remessa à Junta Eleitoral, dos documentos relativos à eleição;

IX – senhas para serem distribuídas aos eleitores;

X – tinta, canetas, penas, lápis e papel, necessários aos trabalhos;

XI – folhas apropriadas para impugnação e folhas para observação de fiscais de partidos;

XII – modelo da ata a ser lavrada pela mesa receptora;

XIII – material necessário para vedar, após a votação, a fenda da urna;

XIV – um exemplar das Instruções do Tribunal Superior Eleitoral;

XV – material necessário à contagem dos votos, quando autorizada;

XVI – outro qualquer material que o Tribunal Regional julgue necessário ao regular funcionamento da mesa.

§ 1º O material de que trata este artigo deverá ser remetido por protocolo ou pelo correio, acompanhado de uma relação ao pé da qual o destinatário declarará o que recebeu e como o recebeu, e aporá sua assinatura.

§ 2º Os presidentes da mesa que não tiverem recebido até quarenta e oito horas antes do pleito o referido material, deverão diligenciar para o seu recebimento.

§ 3º O Juiz Eleitoral, em dia e hora previamente designados, em presença dos fiscais e delegados dos partidos, verificará, antes de fechar e lacrar as urnas, se estas estão completamente vazias; fechadas, enviará uma das chaves, se houver, ao Presidente da Junta Eleitoral, e a da fenda, também se houver, ao Presidente da mesa receptora, juntamente com a urna.

Art. 134. Nos estabelecimentos de internação coletiva para hansenianos serão sempre utilizadas urnas de lona.

▸ Art. 130 deste Código.

TÍTULO IV – DA VOTAÇÃO

CAPÍTULO I – DOS LUGARES DA VOTAÇÃO

Art. 135. Funcionarão as mesas receptoras nos lugares designados pelos Juízes Eleitorais sessenta dias antes da eleição, publicando-se a designação.

▸ Lei nº 6.996, de 7-6-1982, dispõe sobre a utilização de processamento eletrônico de dados nos serviços eleitorais.

▸ Arts. 59 a 62 da Lei nº 9.504, de 30-9-1997 (Lei das Eleições).

§ 1º A publicação deverá conter a seção com a numeração ordinal e local em que deverá funcionar com a indicação da rua, número e qualquer outro elemento que facilite a localização pelo eleitor.

§ 2º Dar-se-á preferência aos edifícios públicos, recorrendo-se aos particulares se faltarem aqueles em número e condições adequadas.

§ 3º A propriedade particular será obrigatória e gratuitamente cedida para esse fim.

§ 4º É expressamente vedado o uso de propriedade pertencente a candidato, membro do diretório de partido, delegado de partido ou autoridade policial, bem como dos respectivos cônjuges e parentes, consanguíneos ou afins, até o segundo grau, inclusive.

§ 5º Não poderão ser localizadas seções eleitorais em fazenda, sítio ou qualquer propriedade rural privada, mesmo existindo no local prédio público, incorrendo o juiz nas penas do artigo 312, em caso de infringência.

▸ § 5º com a redação dada pela Lei nº 4.961, de 4-5-1966.

▸ Lei nº 6.091, de 15-8-1974, dispõe sobre o fornecimento gratuito de transporte, em dias de eleição, a eleitores residentes nas zonas rurais.

§ 6º Os Tribunais Regionais, nas capitais, e os Juízes Eleitorais, nas demais zonas, farão ampla divulgação da localização das seções.

§ 6º-A. Os Tribunais Regionais Eleitorais deverão, a cada eleição, expedir instruções aos Juízes Eleitorais para orientá-los na escolha dos locais de votação, de maneira a garantir acessibilidade para o eleitor com deficiência ou com mobilidade reduzida, inclusive em seu

CÓDIGO ELEITORAL

entorno e nos sistemas de transporte que lhe dão acesso.

▶ § 6º-A com a redação dada pela Lei nº 13.146, de 6-7-2015.

▶ Lei nº 10.098, de 19-12-2000, estabelece normas gerais e critérios básicos para a promoção da acessibilidade das pessoas portadoras de deficiência ou com mobilidade reduzida.

§ 6º-B. VETADO. Lei nº 10.226, de 15-5-2001.

§ 7º Da designação dos lugares de votação poderá qualquer partido reclamar ao Juiz Eleitoral, dentro de três dias a contar da publicação, devendo a decisão ser proferida dentro de quarenta e oito horas.

§ 8º Da decisão do Juiz Eleitoral caberá recurso para o Tribunal Regional, interposto dentro de três dias, devendo, no mesmo prazo, ser resolvido.

▶ §§ 7º e 8º acrescidos pela Lei nº 4.961, de 4-5-1966.

§ 9º Esgotados os prazos referidos nos §§ 7º e 8º deste artigo, não mais poderá ser alegada, no processo eleitoral, a proibição contida em seu § 5º.

▶ § 9º acrescido pela Lei nº 6.336, de 1º-6-1976.

Art. 136. Deverão ser instaladas seções nas vilas e povoados, assim como nos estabelecimentos de internação coletiva, inclusive para cegos, e nos leprosários, onde haja, pelo menos, cinquenta eleitores.

▶ Arts. 50 e 130 deste Código.

Parágrafo único. A mesa receptora designada para qualquer dos estabelecimentos de internação coletiva deverá funcionar em local indicado pelo respectivo diretor; o mesmo critério será adotado para os estabelecimentos especializados para proteção dos cegos.

Art. 137. Até dez dias antes da eleição, pelo menos, comunicarão os Juízes Eleitorais aos chefes das repartições públicas e aos proprietários, arrendatários ou administradores das propriedades particulares a resolução de que serão os respectivos edifícios, ou parte deles, utilizados para o funcionamento das mesas receptoras.

Art. 138. No local destinado à votação, a mesa ficará em recinto separado do público; ao lado haverá uma cabina indevassável onde os eleitores, à medida que comparecerem, possam assinalar a sua preferência na cédula.

▶ Art. 11 da Lei nº 6.996, de 7-6-1982, que dispõe sobre a utilização de processamento eletrônico de dados nos serviços eleitorais.

▶ Art. 84 da Lei nº 9.504, de 30-9-1997 (Lei das Eleições).

Parágrafo único. O Juiz Eleitoral providenciará para que nos edifícios escolhidos sejam feitas as necessárias adaptações.

CAPÍTULO II
DA POLÍCIA DOS TRABALHOS ELEITORAIS

Art. 139. Ao Presidente da mesa receptora e ao Juiz Eleitoral cabe a polícia dos trabalhos eleitorais.

Art. 140. Somente podem permanecer no recinto da mesa receptora os seus membros, os candidatos, um fiscal, um delegado de cada partido e, durante o tempo necessário à votação, o eleitor.

§ 1º O Presidente da mesa, que é, durante os trabalhos, a autoridade superior, fará retirar do recinto ou do edifício quem não guardar a ordem e compostura devidas e estiver praticando qualquer ato atentatório da liberdade eleitoral.

§ 2º Nenhuma autoridade estranha à mesa poderá intervir, sob pretexto algum, em seu funcionamento, salvo o Juiz Eleitoral.

Art. 141. A força armada conservar-se-á a cem metros da seção eleitoral e não poderá aproximar-se do lugar da votação, ou nele penetrar, sem ordem do Presidente da mesa.

CAPÍTULO III
DO INÍCIO DA VOTAÇÃO

Art. 142. No dia marcado para a eleição, às sete horas, o Presidente da mesa receptora, os mesários e os secretários verificarão se no lugar designado estão em ordem o material remetido pelo juiz e a urna destinada a recolher os votos, bem como se estão presentes os fiscais de partido.

Art. 143. Às oito horas, supridas as deficiências declarará o Presidente iniciados os trabalhos, procedendo-se em seguida à votação, que começará pelos candidatos e eleitores presentes.

§ 1º Os membros da mesa e os fiscais de partido deverão votar no correr da votação, depois que tiverem votado os eleitores que já se encontravam presentes no momento da abertura dos trabalhos, ou no encerramento da votação.

▶ Parágrafo único transformado em § 1º pela Lei nº 4.961, de 4-5-1966.

§ 2º Observada a prioridade assegurada aos candidatos, têm preferência para votar o Juiz Eleitoral da zona, seus auxiliares de serviço, os eleitores de idade avançada, os enfermos e as mulheres grávidas.

▶ § 2º acrescido pela Lei nº 4.961, de 4-5-1966.

Art. 144. O recebimento dos votos começará às oito e terminará, salvo o disposto no artigo 153, às dezessete horas.

Art. 145. O Presidente, mesários, secretários, suplentes e os delegados e fiscais de partido votarão perante as mesas em que servirem, sendo que os delegados e fiscais desde que a credencial esteja visada na forma do artigo 131, § 3º; quando eleitores de outras seções, seus votos serão tomados em separado.

▶ *Caput* com a redação dada pela Lei nº 4.961, de 4-5-1966.

▶ Art. 12, §§ 1º e 3º, da Lei nº 6.996, de 7-6-1982, que dispõe sobre a utilização de processamento eletrônico de dados nos serviços eleitorais.

▶ Art. 65, § 2º, da Lei nº 9.504, de 30-9-1997 (Lei das Eleições).

Parágrafo único. Com as cautelas constantes do artigo 147, § 2º, poderão ainda votar fora da respectiva seção:

▶ §§ 1º e 3º revogados pela Lei nº 4.961, de 4-5-1966, e § 2º transformado em parágrafo único.

▶ Art. 12, §§ 1º e 3º, da Lei nº 6.996, de 7-6-1982, que dispõe sobre a utilização de processamento eletrônico de dados nos serviços eleitorais.

▶ Art. 65, § 2º, da Lei nº 9.504, de 30-9-1997 (Lei das Eleições).

I – o Juiz Eleitoral, em qualquer seção da zona sob sua jurisdição, salvo em eleições municipais, nas quais poderá votar em qualquer seção do Município em que for eleitor;

II – o Presidente da República, o qual poderá votar em qualquer seção eleitoral do País, nas eleições presidenciais; em qualquer seção do Estado em que for eleitor nas eleições para Governador, Vice-Governador, Senador, Deputado Federal e Estadual; em qualquer seção do Município em que estiver inscrito, nas eleições para Prefeito, Vice-Prefeito e Vereador;

III – os candidatos à Presidência da República, em qualquer seção eleitoral do País, nas eleições presidenciais, e, em qualquer seção do Estado em que forem eleitores, nas eleições de âmbito estadual;

IV – os Governadores, Vice-Governadores, Senadores, Deputados Federais e Estaduais, em qualquer seção do Estado, nas eleições de âmbito nacional e estadual; em qualquer seção do Município de que sejam eleitores, nas eleições municipais;

V – os candidatos a Governador, Vice-Governador, Senador, Deputado Federal e Estadual, em qualquer seção do Estado de que sejam eleitores, nas eleições de âmbito nacional e estadual;

VI – os Prefeitos, Vice-Prefeitos e Vereadores, em qualquer seção de Município que representarem, desde que eleitores do Estado, sendo que, no caso de eleições municipais, nelas somente poderão votar se inscritos no Município;

VII – os candidatos a Prefeito, Vice-Prefeito e Vereador, em qualquer seção de Município, desde que dele sejam eleitores;

VIII – os militares, removidos ou transferidos dentro do período de seis meses antes do pleito, poderão votar nas eleições para Presidente e Vice-Presidente da República na localidade em que estiverem servindo;

IX – os policiais militares em serviço.

▶ Inciso IX acrescido pela Lei nº 9.504, de 30-9-1997.

CAPÍTULO IV
DO ATO DE VOTAR

Art. 146. Observar-se-á na votação o seguinte:

▶ Lei nº 6.996, de 7-6-1982, dispõe sobre a utilização de processamento eletrônico de dados nos serviços eleitorais.

I – o eleitor receberá, ao apresentar-se na seção, e antes de penetrar no recinto da mesa, uma senha numerada, que o secretário rubricará, no momento, depois de verificar pela relação dos eleitores da seção que o seu nome consta da respectiva pasta;

II – no verso da senha o secretário anotará o número de ordem da folha individual da pasta, número esse que constará da relação enviada pelo cartório à mesa receptora;

▶ Art. 12 da Lei nº 6.996, de 7-6-1982, que dispõe sobre a utilização de processamento eletrônico de dados nos serviços eleitorais.

III – admitido a penetrar no recinto da mesa, segundo a ordem numérica das senhas, o eleitor apresentará ao Presidente seu título, o qual poderá ser examinado por fiscal ou delegado de partido, entregando, no mesmo ato, a senha;

IV – pelo número anotado no verso da senha, o Presidente, ou mesário, localizará a folha individual de votação, que será confrontada com o título e poderá também ser examinada por fiscal ou delegado de partido;

▶ Art. 12 da Lei nº 6.996, de 7-6-1982, que dispõe sobre a utilização de processamento eletrônico de dados nos serviços eleitorais.

V – achando-se em ordem o título e a folha individual e não havendo dúvida sobre a identidade do eleitor, o Presidente da mesa o convidará a lançar sua assinatura no verso da folha individual de votação; em seguida entregar-lhe-á a cédula única rubricada no ato pelo Presidente e mesários e numerada de acordo com as Instruções do Tribunal Superior, instruindo-o sobre a forma de dobrá-la, fazendo-o passar à cabina indevassável, cuja porta ou cortina será encerrada em seguida;

- Art. 12 da Lei nº 6.996, de 7-6-1982, que dispõe sobre a utilização de processamento eletrônico de dados nos serviços eleitorais.
- Art. 18, parágrafo único, da Lei nº 7.332, de 1º-7-1985, que estabelece normas para a realização de eleições em 1985, dispõe sobre o alistamento eleitoral e o voto do analfabeto.
- Art. 83, § 1º, da Lei nº 9.504, de 30-9-1997 (Lei das Eleições).

VI – o eleitor será admitido a votar, ainda que deixe de exibir no ato da votação o seu título, desde que seja inscrito na seção e conste da respectiva pasta a sua folha individual de votação; nesse caso, a prova de ter votado será feita mediante certidão que obterá posteriormente, no juízo competente;

- Art. 12 da Lei nº 6.996, de 7-6-1982, que dispõe sobre a utilização de processamento eletrônico de dados nos serviços eleitorais.

VII – no caso da omissão da folha individual na respectiva pasta verificada no ato da votação, será o eleitor, ainda, admitido a votar, desde que exiba o seu título eleitoral e dele conste que o portador é inscrito na seção, sendo o seu voto, nesta hipótese, tomado em separado e colhida sua assinatura na folha de votação modelo dois. Como ato preliminar da apuração do voto, averiguar-se-á se se trata de eleitor em condições de votar, inclusive se realmente pertence à seção;

- Art. 12, § 4º, *in fine*, da Lei nº 6.996, de 7-6-1982, que dispõe sobre a utilização de processamento eletrônico de dados nos serviços eleitorais.
- Art. 18, parágrafo único, da Lei nº 7.332, de 1º-7-1985, que estabelece normas para a realização de eleições em 1985, dispõe sobre o alistamento eleitoral e o voto do analfabeto.
- Art. 83, § 1º, da Lei nº 9.504, de 30-9-1997 (Lei das Eleições).

VIII – verificada a ocorrência de que trata o número anterior, a Junta Eleitoral, antes de encerrar os seus trabalhos, apurará a causa da omissão. Se tiver havido culpa ou dolo, será aplicada ao responsável, na primeira hipótese, a multa de até dois salários mínimos, e, na segunda, a de suspensão até trinta dias;

- Art. 7º, IV, da CF.
- Art. 231 deste Código.
- Arts. 7º e 16 da Lei nº 6.091, de 15-8-1974, que dispõe sobre o fornecimento gratuito de transporte, em dias de eleição, a eleitores residentes nas zonas rurais.
- Lei nº 10.522, de 19-7-2002, dispõe sobre o cadastro informativo dos créditos não quitados de órgãos e entidades federais.

IX – na cabina indevassável, onde não poderá permanecer mais de um minuto, o eleitor indicará os candidatos de sua preferência e dobrará a cédula oficial, observadas as seguintes normas:

a) assinalando com uma cruz, ou de modo que torne expressa a sua intenção, o quadrilátero correspondente ao candidato majoritário de sua preferência;

b) escrevendo o nome, o prenome, ou o número do candidato de sua preferência nas eleições proporcionais;

- Alínea *b* com a redação dada pela Lei nº 7.434, de 19-12-1985.

c) escrevendo apenas a sigla do partido de sua preferência, e pretender votar só na legenda;

- A alínea *c* havia sido revogada pela Lei nº 6.989, de 5-5-1982, e foi restabelecida pela Lei nº 7.332, de 1º-7-1985.

X – ao sair da cabina o eleitor depositará na urna a cédula;

XI – ao depositar a cédula na urna, o eleitor deverá fazê-lo de maneira a mostrar a parte rubricada à mesa e aos fiscais de partido, para que verifiquem, sem nela tocar, se não foi substituída;

XII – se a cédula oficial não for a mesma, será o eleitor convidado a voltar à cabine indevassável e a trazer seu voto na cédula que recebeu; se não quiser tornar à cabina, ser-lhe-á recusado o direito de voto, anotando-se a ocorrência na ata e ficando o eleitor retido pela mesa, e à sua disposição, até o término da votação ou devolução da cédula oficial já rubricada e numerada;

XIII – se o eleitor, ao receber a cédula ou ao recolher-se à cabina de votação, verificar que a cédula se acha estragada ou, de qualquer modo, viciada ou assinalada ou se ele próprio, por imprudência, imprevidência ou ignorância, a inutilizar, estragar ou assinalar erradamente, poderá pedir uma outra ao Presidente da seção eleitoral, restituindo, porém, a primeira, a qual será imediatamente inutilizada à vista dos presentes e sem quebra do sigilo do que o eleitor haja nela assinalado;

XIV – introduzida a sobrecarta na urna, o Presidente da mesa devolverá o título ao eleitor, depois de datá-lo e assiná-lo; em seguida rubricará, no local próprio, a folha individual de votação.

- Art. 45, § 5º, deste Código.
- Art. 12 da Lei nº 6.996, de 7-6-1982, que dispõe sobre a utilização de processamento eletrônico de dados nos serviços eleitorais.
- Art. 5º, § 4º c/c o art. 1º, *caput*, da Lei nº 7.444, de 20-12-1985, que dispõe sobre a implantação do processamento eletrônico de dados no alistamento eleitoral e a revisão do eleitorado.

Art. 147. O Presidente da mesa dispensará especial atenção à identidade de cada eleitor admitido a votar. Existindo dúvida a respeito, deverá exigir-lhe a exibição da respectiva carteira, e, na falta desta, interrogá-lo sobre os dados constantes do título, ou da folha individual de votação, confrontando a assinatura do mesmo com a feita na sua presença pelo eleitor, e mencionando na ata a dúvida suscitada.

- Art. 12 da Lei nº 6.996, de 7-6-1982, que dispõe sobre a utilização de processamento eletrônico de dados nos serviços eleitorais.

§ 1º A impugnação à identidade do eleitor, formulada pelos membros da mesa, fiscais, delegados, candidatos ou qualquer eleitor, será apresentada verbalmente ou por escrito, antes de ser o mesmo admitido a votar.

§ 2º Se persistir a dúvida ou for mantida a impugnação, tomará o Presidente da mesa as seguintes providências:

- Art. 221, III, deste Código.

I – escreverá numa sobrecarta branca o seguinte: "Impugnado por 'F'";

II – entregará ao eleitor a sobrecarta branca, para que ele, na presença da mesa e dos fiscais, nela coloque a cédula oficial que assinalou, assim como o seu título, a folha de impugnação e qualquer outro documento oferecido pelo impugnante;

- Art. 12, § 4º, da Lei nº 6.996, de 7-6-1982, que dispõe sobre a utilização de processamento eletrônico de dados nos serviços eleitorais.

III – determinará ao eleitor que feche a sobrecarta branca e a deposite na urna;

IV – anotará a impugnação na ata.

§ 3º O voto em separado, por qualquer motivo, será sempre tomado na forma prevista no parágrafo anterior.

- Art. 12, § 4º, da Lei nº 6.996, de 7-6-1982, que dispõe sobre a utilização de processamento eletrônico de dados nos serviços eleitorais.

Art. 148. O eleitor somente poderá votar na seção eleitoral em que estiver incluído o seu nome.

- Art. 233-A deste Código.

§ 1º Essa exigência somente poderá ser dispensada nos casos previstos no artigo 145 e seus parágrafos.

- O art. 145 citado teve seus §§ 1º e 3º revogados pela Lei nº 4.961, de 4-5-1966, e o § 2º foi transformado em parágrafo único.
- Art. 12, §§ 1º e 3º, da Lei nº 6.996, de 7-6-1982, que dispõe sobre a utilização de processamento eletrônico de dados nos serviços eleitorais.
- Arts. 62 e 65, § 2º, da Lei nº 9.504, de 30-9-1997 (Lei das Eleições).

§ 2º Aos eleitores mencionados no artigo 145 não será permitido votar sem a exibição do título, e nas folhas de votação modelo dois, nas quais lançarão suas assinaturas, serão sempre anotadas na coluna própria as seções mencionadas nos títulos retidos.

§ 3º Quando se tratar de candidato, o Presidente da mesa receptora verificará, previamente, se o nome figura na relação enviada à seção, e quando se tratar de fiscal de partido, se a credencial está devidamente visada pelo Juiz Eleitoral.

§§ 4º e 5º *Revogados*. Lei nº 4.961, de 4-5-1966.

Art. 149. Não será admitido recurso contra a votação, se não tiver havido impugnação perante a mesa receptora, no ato da votação, contra as nulidades arguidas.

Art. 150. O eleitor cego poderá:

I – assinar a folha individual de votação em letras do alfabeto comum ou do sistema "Braille";

II – assinalar a cédula oficial, utilizando também qualquer sistema;

III – usar qualquer elemento mecânico que trouxer consigo, ou lhe for fornecido pela mesa, e que lhe possibilite exercer o direito de voto.

Art. 151. *Revogado*. Lei nº 7.914, de 7-12-1989.

§§ 1º e 2º *Revogados*. Lei nº 4.961, de 4-5-1966.

Art. 152. Poderão ser utilizadas máquinas de votar, a critério e mediante regulamentação do Tribunal Superior Eleitoral.

- Arts. 59 a 62 da Lei nº 9.504, de 30-9-1997 (Lei das Eleições).

CAPÍTULO V
DO ENCERRAMENTO DA VOTAÇÃO

Art. 153. As dezessete horas, o Presidente fará entregar as senhas a todos os eleitores presentes e, em seguida, os convidará, em voz alta, a entregar à mesa seus títulos, para que sejam admitidos a votar.

Parágrafo único. A votação continuará na ordem numérica das senhas e o título será devolvido ao eleitor, logo que tenha votado.

Art. 154. Terminada a votação e declarado o seu encerramento pelo Presidente, tomará este as seguintes providências:

I – vedará a fenda de introdução da cédula na urna, de modo a cobri-la inteiramente com tiras de papel ou pano forte, rubricadas pelo Presidente e mesários e, facultativamente, pelos fiscais presentes; separará todas as folhas de votação correspondentes aos eleitores faltosos e fará constar, no verso de cada uma delas, na parte destinada à assinatura do eleitor, a falta verificada, por meio de breve registro que autenticará com a sua assinatura;

▸ Inciso I com a redação dada pela Lei nº 4.961, de 4-5-1966.

II – encerrará, com a sua assinatura, a folha de votação modelo dois, que poderá ser também assinada pelos fiscais;

III – mandará lavrar, por um dos secretários, a ata da eleição, preenchendo o modelo fornecido pela Justiça Eleitoral, para que conste:

a) os nomes dos membros da mesa que hajam comparecido, inclusive o suplente;

b) as substituições e nomeações feitas;

c) os nomes dos fiscais que hajam comparecido e dos que se retiraram durante a votação;

d) a causa, se houver, do retardamento para o começo da votação;

e) o número, por extenso, dos eleitores da seção que compareceram e votaram e o número dos que deixaram de comparecer;

f) o número, por extenso, de eleitores de outras seções que hajam votado e cujos votos hajam sido recolhidos ao invólucro especial;

g) o motivo de não haverem votado alguns dos eleitores que compareceram;

h) os protestos e as impugnações apresentados pelos fiscais, assim como as decisões sobre eles proferidas, tudo em seu inteiro teor;

i) a razão de interrupção da votação, se tiver havido, e o tempo de interrupção;

j) a ressalva das rasuras, emendas e entrelinhas porventura existentes nas folhas de votação e na ata, ou a declaração de não existirem;

IV – mandará, em caso de insuficiência de espaço no modelo destinado ao preenchimento, prosseguir a ata em outra folha devidamente rubricada por ele, mesários e fiscais que o desejarem, mencionando esse fato na própria ata;

V – assinará a ata com os demais membros da mesa, secretários e fiscais que quiserem;

VI – entregará a urna e os documentos do ato eleitoral ao Presidente da Junta ou à agência do Correio mais próxima, ou a outra vizinha que ofereça melhores condições de segurança e expedição, sob recibo em triplicata com a indicação de hora, devendo aqueles documentos ser encerrados em sobrecartas rubricadas por ele e pelos fiscais que o quiserem;

VII – comunicará em ofício, ou impresso próprio, ao Juiz Eleitoral da zona a realização da eleição, o número de eleitores que votaram e a remessa da urna e dos documentos à Junta Eleitoral;

VIII – enviará em sobrecarta fechada uma das vias do recibo do Correio à Junta Eleitoral e a outra ao Tribunal Regional.

§ 1º Os Tribunais Regionais poderão prescrever outros meios de vedação das urnas.

§ 2º No Distrito Federal e nas capitais dos Estados poderão os Tribunais Regionais determinar normas diversas para a entrega de urnas e papéis eleitorais, com as cautelas destinadas a evitar violação ou extravio.

Art. 155. O Presidente da Junta Eleitoral e as agências do Correio tomarão as providências necessárias para o recebimento da urna e dos documentos referidos no artigo anterior.

§ 1º Os fiscais e delegados de partidos têm direito de vigiar e acompanhar a urna desde o momento da eleição, durante a permanência nas agências do Correio e até a entrega à Junta Eleitoral.

§ 2º A urna ficará permanentemente à vista dos interessados e sob a guarda de pessoa designada pelo Presidente da Junta Eleitoral.

▸ Lei nº 9.504, de 30-9-1997 (Lei das Eleições).

Art. 156. Até as doze horas do dia seguinte à realização da eleição, o Juiz Eleitoral é obrigado, sob pena de responsabilidade e multa de um a dois salários mínimos, a comunicar ao Tribunal Regional, e aos delegados de partido perante ele credenciados, o número de eleitores que votaram em cada uma das seções da zona sob sua jurisdição, bem como o total de votantes da zona.

▸ Art. 7º, IV, da CF.

▸ Art. 231 deste Código.

▸ Arts. 7º e 16 da Lei nº 6.091, de 15-8-1974, que dispõe sobre o fornecimento gratuito de transporte, em dias de eleição, a eleitores residentes nas zonas rurais.

▸ Lei nº 10.522, de 19-7-2002, dispõe sobre o cadastro informativo dos créditos não quitados de órgãos e entidades federais.

§ 1º Se houver retardamento nas medidas referidas no artigo 154, o Juiz Eleitoral, assim que receba o ofício constante desse dispositivo, nº VII, fará a comunicação constante deste artigo.

§ 2º Essa comunicação será feita por via postal, em ofícios registrados de que o Juiz Eleitoral guardará cópia no arquivo da zona, acompanhada do recibo do Correio.

§ 3º Qualquer candidato, delegado ou fiscal de partido poderá obter, por certidão, o teor da comunicação a que se refere este artigo, sendo defeso ao Juiz Eleitoral recusá-la ou procrastinar a sua entrega ao requerente.

Art. 157. *Revogado.* Lei nº 7.914, de 7-12-1989.

TÍTULO V – DA APURAÇÃO

CAPÍTULO I
DOS ÓRGÃOS APURADORES

Art. 158. A apuração compete:

I – às Juntas Eleitorais quanto às eleições realizadas na zona sob sua jurisdição;

▸ Art. 13 da Lei nº 6.996, de 7-6-1982, que dispõe sobre a utilização de processamento eletrônico de dados nos serviços eleitorais.

II – aos Tribunais Regionais a referente às eleições para Governador, Vice-Governador, Senador, Deputado Federal e Estadual, de acordo com os resultados parciais enviados pelas Juntas Eleitorais;

III – ao Tribunal Superior Eleitoral nas eleições para Presidente e Vice-Presidente da República, pelos resultados parciais remetidos pelos Tribunais Regionais.

CAPÍTULO II
DA APURAÇÃO NAS JUNTAS

SEÇÃO I
DISPOSIÇÕES PRELIMINARES

Art. 159. A apuração começará no dia seguinte ao das eleições e, salvo motivo justificado, deverá terminar dentro de dez dias.

▸ Art. 14 da Lei nº 6.996, de 7-6-1982, que dispõe sobre a utilização de processamento eletrônico de dados nos serviços eleitorais.

§ 1º Iniciada a apuração, os trabalhos não serão interrompidos aos sábados, domingos e dias feriados, devendo a Junta funcionar das oito às dezoito horas, pelo menos.

§ 2º Em caso de impossibilidade de observância do prazo previsto neste artigo, o fato deverá ser imediatamente justificado perante o Tribunal Regional, mencionando-se as horas ou dias necessários para o adiamento, que não poderá exceder a cinco dias.

▸ § 2º com a redação dada pela Lei nº 4.961, de 4-5-1966.

§ 3º Esgotado o prazo e a prorrogação estipulada neste artigo, ou não tendo havido em tempo hábil o pedido de prorrogação, a respectiva Junta Eleitoral perde a competência para prosseguir na apuração, devendo o seu Presidente remeter, imediatamente, ao Tribunal Regional, todo o material relativo à votação.

§ 4º Ocorrendo a hipótese prevista no parágrafo anterior, competirá ao Tribunal Regional fazer a apuração.

§ 5º Os membros da Junta Eleitoral responsáveis pela inobservância injustificada dos prazos fixados neste artigo estarão sujeitos à multa de dois a dez salários mínimos, aplicada pelo Tribunal Regional.

▸ §§ 3º a 5º acrescidos pela Lei nº 4.961, de 4-5-1966.

▸ Art. 7º, IV, da CF.

▸ Art. 231 deste Código.

▸ Arts. 7º e 16 da Lei nº 6.091, de 15-8-1974, que dispõe sobre o fornecimento gratuito de transporte, em dias de eleição, a eleitores residentes nas zonas rurais.

▸ Lei nº 10.522, de 19-7-2002, dispõe sobre o cadastro informativo dos créditos não quitados de órgãos e entidades federais.

Art. 160. Havendo conveniência, em razão do número de urnas a apurar, a Junta poderá subdividir-se em turmas, até o limite de cinco, todas presididas por algum dos seus componentes.

Parágrafo único. As dúvidas que forem levantadas em cada turma serão decididas por maioria de votos dos membros da Junta.

Art. 161. Cada partido poderá credenciar perante as Juntas até três fiscais, que se revezem na fiscalização dos trabalhos.

▸ Art. 132 deste Código.

§ 1º Em caso de divisão da Junta em turmas, cada partido poderá credenciar até três fiscais para cada turma.

§ 2º Não será permitida, na Junta ou turma, a atuação de mais de um fiscal de cada partido.

Art. 162. Cada partido poderá credenciar mais de um delegado perante a Junta, mas no decorrer da apuração só funcionará um de cada vez.

▶ Art. 87 da Lei nº 9.504, de 30-9-1997 (Lei das Eleições).

Art. 163. Iniciada a apuração da urna, não será a mesma interrompida, devendo ser concluída.

Parágrafo único. Em caso de interrupção por motivo de força maior, as cédulas e as folhas de apuração serão recolhidas à urna e esta fechada e lacrada, o que constará da ata.

Art. 164. É vedado às Juntas Eleitorais a divulgação, por qualquer meio, de expressões, frases ou desenhos estranhos ao pleito, apostos ou contidos nas cédulas.

§ 1º Aos membros, escrutinadores e auxiliares das Juntas que infringirem o disposto neste artigo será aplicada a multa de um a dois salários mínimos vigentes na Zona Eleitoral, cobrados através de executivo fiscal ou da inutilização de selos federais no processo em que for arbitrada a multa.

▶ Art. 7º, IV, da CF.

▶ Art. 231 deste Código.

▶ Art. 15 da Lei nº 5.143, de 20-10-1966, que aboliu o imposto do selo.

▶ Arts. 7º e 16 da Lei nº 6.091, de 15-8-1974, que dispõe sobre o fornecimento gratuito de transporte, em dias de eleição, a eleitores residentes nas zonas rurais.

▶ Lei nº 10.522, de 19-7-2002, dispõe sobre o cadastro informativo dos créditos não quitados de órgãos e entidades federais.

§ 2º Será considerada dívida líquida e certa, para efeito de cobrança, a que for arbitrada pelo Tribunal Regional e inscrita em livro próprio na Secretaria desse órgão.

Seção II

DA ABERTURA DA URNA

Art. 165. Antes de abrir cada urna a Junta verificará:

I – se há indício de violação da urna;

II – se a mesa receptora se constituiu legalmente;

III – se as folhas individuais de votação e as folhas modelo dois são autênticas;

▶ Art. 12 da Lei nº 6.996, de 7-6-1982, que dispõe sobre a utilização de processamento eletrônico de dados nos serviços eleitorais.

IV – se a eleição se realizou no dia, hora e local designados e se a votação não foi encerrada antes das dezessete horas;

V – se foram infringidas as condições que resguardam o sigilo do voto;

VI – se a seção eleitoral foi localizada com infração ao disposto nos §§ 4º e 5º do artigo 135;

VII – se foi recusada, sem fundamento legal, a fiscalização de partidos aos atos eleitorais;

VIII – se votou eleitor excluído do alistamento, sem ser o seu voto tomado em separado;

IX – se votou eleitor de outra seção, a não ser nos casos expressamente admitidos;

X – se houve demora na entrega da urna e dos documentos conforme determina o nº VI, do artigo 154;

XI – se consta nas folhas individuais de votação dos eleitores faltosos o devido registro de sua falta.

▶ Inciso XI acrescido pela Lei nº 4.961, de 4-5-1966.

§ 1º Se houver indício de violação da urna, proceder-se-á da seguinte forma:

I – antes da apuração, o Presidente da Junta indicará pessoa idônea para servir como perito e examinar a urna com assistência do representante do Ministério Público;

II – se o perito concluir pela existência de violação e o seu parecer for aceito pela Junta, o Presidente desta comunicará a ocorrência ao Tribunal Regional, para as providências de lei;

III – se o perito e o representante do Ministério Público concluírem pela inexistência de violação, far-se-á a apuração;

IV – se apenas o representante do Ministério Público entender que a urna foi violada, a Junta decidirá, podendo aquele, se a decisão não for unânime, recorrer imediatamente para o Tribunal Regional;

V – não poderão servir de peritos os referidos no artigo 36, § 3º, nºs I a IV.

§ 2º As impugnações fundadas em violação da urna somente poderão ser apresentadas até a abertura desta.

§ 3º Verificado qualquer dos casos dos nºs II, III, IV e V do artigo, a Junta anulará a votação, fará a apuração dos votos em separado e recorrerá de ofício para o Tribunal Regional.

§ 4º Nos casos dos nºs VI, VII, VIII, IX e X, a Junta decidirá se a votação é válida, procedendo à apuração definitiva em caso afirmativo, ou na forma do parágrafo anterior, se resolver pela nulidade da votação.

§ 5º A Junta deixará de apurar os votos de urna que não estiver acompanhada dos documentos legais e lavrará termo relativo ao fato, remetendo-a, com cópia da sua decisão, ao Tribunal Regional.

Art. 166. Aberta a urna, a Junta verificará se o número de cédulas oficiais corresponde ao de votantes.

▶ *Caput* com a redação dada pela Lei nº 4.961, de 4-5-1966.

§ 1º A incoincidência entre o número de votantes e o de cédulas oficiais encontradas na urna não constituirá motivo de nulidade da votação, desde que não resulte de fraude comprovada.

▶ § 1º com a redação dada pela Lei nº 4.961, de 4-5-1966.

§ 2º Se a Junta entender que a incoincidência resulta de fraude, anulará a votação, fará a apuração em separado e recorrerá de ofício para o Tribunal Regional.

Art. 167. Resolvida a apuração da urna, deverá a Junta inicialmente:

I – examinar as sobrecartas brancas contidas na urna, anulando os votos referentes aos eleitores que não podiam votar;

II – misturar as cédulas oficiais dos que podiam votar com as demais existentes na urna;

▶ Incisos I e II com a redação dada pela Lei nº 4.961, de 4-5-1966.

III e IV – *Revogados.* Lei nº 4.961, de 4-5-1966.

Art. 168. As questões relativas à existência de rasuras, emendas e entrelinhas nas folhas de votação e na ata da eleição, somente poderão ser suscitadas na fase correspondente à abertura das urnas.

Seção III

DAS IMPUGNAÇÕES E DOS RECURSOS

Art. 169. À medida que os votos forem sendo apurados, poderão os fiscais e delegados de partido, assim como os candidatos, apresentar impugnações que serão decididas de plano pela Junta.

▶ Art. 69 da Lei nº 9.504, de 30-9-1997 (Lei das Eleições).

§ 1º As Juntas decidirão por maioria de votos as impugnações.

▶ Art. 71, *caput*, da Lei nº 9.504, de 30-9-1997 (Lei das Eleições).

§ 2º De suas decisões cabe recurso imediato, interposto verbalmente ou por escrito, que deverá ser fundamentado no prazo de quarenta e oito horas para que tenha seguimento.

§ 3º O recurso, quando ocorrerem eleições simultâneas, indicará expressamente a eleição a que se refere.

§ 4º Os recursos serão instruídos de ofício, com certidão da decisão recorrida; se interpostos verbalmente, constará também da certidão o trecho correspondente do boletim.

▶ § 4º com a redação dada pela Lei nº 4.961, de 4-5-1966.

Art. 170. As impugnações quanto à identidade do eleitor, apresentadas no ato da votação, serão resolvidas pelo confronto da assinatura tomada no verso da folha individual de votação com a existente no anverso; se o eleitor votou em separado, no caso de omissão da folha individual na respectiva pasta, confrontando-se a assinatura da folha modelo dois com a do título eleitoral.

▶ Art. 12, § 5º, da Lei nº 6.996, de 7-6-1982, que dispõe sobre a utilização de processamento eletrônico de dados nos serviços eleitorais.

Art. 171. Não será admitido recurso contra a apuração, se não tiver havido impugnação perante a Junta, no ato da apuração, contra as nulidades arguidas.

▶ Art. 223 deste Código.

Art. 172. Sempre que houver recurso fundado em contagem errônea de votos, vícios de cédulas ou de sobrecartas para votos em separado, deverão as cédulas ser conservadas em invólucro lacrado, que acompanhará o recurso e deverá ser rubricado pelo Juiz Eleitoral, pelo recorrente e pelos delegados de partido que o desejarem.

▶ Artigo com a redação dada pela Lei nº 4.961, de 4-5-1966.

Seção IV

DA CONTAGEM DOS VOTOS

Art. 173. Resolvidas as impugnações a Junta passará a apurar os votos.

Parágrafo único. Na apuração, poderá ser utilizado sistema eletrônico, a critério do Tribunal Superior Eleitoral e na forma por ele estabelecida.

▶ Parágrafo único acrescido pela Lei nº 6.978, de 19-1-1982.

▶ Art. 14, parágrafo único, c/c o art. 1º da Lei nº 6.996, de 7-6-1982, que dispõe sobre a utilização de processamento eletrônico de dados nos serviços eleitorais.

▶ Art. 59 da Lei nº 9.504, de 30-9-1997 (Lei das Eleições).

Art. 174. As cédulas oficiais, à medida em que forem sendo abertas, serão examinadas e lidas em voz alta por um dos componentes da Junta.

§ 1º Após fazer a declaração dos votos em branco e antes de ser anunciado o seguinte, será aposto na cédula, no lugar correspondente à indicação do voto, um carimbo com a expressão "em branco", além da rubrica do Presidente da turma.

▶ § 1º com a redação dada pela Lei nº 6.055, de 17-6-1974.

§ 2º O mesmo processo será adaptado para o voto nulo.

▶ § 2º acrescido pela Lei nº 6.055, de 17-6-1974.

§ 3º Não poderá ser iniciada a apuração dos votos da urna subsequente, sob as penas do artigo 348, sem que os votos em branco da anterior estejam todos registrados pela forma referida no § 1º.

§ 4º As questões relativas às cédulas somente poderão ser suscitadas nessa oportunidade.

▶ §§ 2º e 3º renumerados pela Lei nº 6.055, de 17-6-1974.

▶ A Lei nº 4.961, de 4-5-1996, transformou o parágrafo único em § 3º e acresceu os §§ 1º e 2º. Posteriormente, a Lei nº 6.055, de 17-6-1974, deu nova redação ao § 1º, acresceu o § 2º e transformou os §§ 2º e 3º em §§ 3º e 4º.

Art. 175. Serão nulas as cédulas:

▶ A Lei nº 6.989, de 5-5-1982, havia alterado os arts. 175 a 177. Entretanto, a Lei nº 7.332, de 1º-7-1985, restabeleceu a redação anterior.

I – que não corresponderem ao modelo oficial;

II – que não estiverem devidamente autenticadas;

III – que contiverem expressões, frases ou sinais que possam identificar o voto.

§ 1º Serão nulos os votos, em cada eleição majoritária:

I – quando forem assinalados os nomes de dois ou mais candidatos para o mesmo cargo;

II – quando a assinalação estiver colocada fora do quadrilátero próprio, desde que torne duvidosa a manifestação da vontade do eleitor.

§ 2º Serão nulos os votos, em cada eleição pelo sistema proporcional:

I – quando o candidato não for indicado, através do nome ou do número, com clareza suficiente para distingui-lo de outro candidato ao mesmo cargo, mas de outro partido, e o eleitor não indicar a legenda;

II – se o eleitor escrever o nome de mais de um candidato ao mesmo cargo, pertencentes a partidos diversos ou, indicando apenas os números, o fizer também de candidatos de partidos diferentes;

III – se o eleitor, não manifestando preferência por candidato, ou o fazendo de modo que não se possa identificar o de sua preferência, escrever duas ou mais legendas diferentes no espaço relativo à mesma eleição.

§ 3º Serão nulos, para todos os efeitos, os votos dados a candidatos inelegíveis ou não registrados.

▶ § 2º revogado pela Lei nº 4.961, de 4-5-1966, renumerando os §§ 3º e 4º para §§ 2º e 3º, respectivamente.

▶ Art. 72, parágrafo único, deste Código.

§ 4º O disposto no parágrafo anterior não se aplica quando a decisão de inelegibilidade ou de cancelamento de registro for proferida após a realização da eleição a que concorreu o candidato alcançado pela sentença, caso em que os votos serão contados para o partido pelo qual tiver sido feito o seu registro.

▶ § 4º acrescido pela Lei nº 7.179, de 19-12-1983.

Art. 176. Contar-se-á o voto apenas para a legenda, nas eleições pelo sistema proporcional:

▶ Art. 59, § 2º, da Lei nº 9.504, de 30-9-1997 (Lei das Eleições).

I – se o eleitor escrever apenas a sigla partidária, não indicando o candidato de sua preferência;

II – se o eleitor escrever o nome de mais de um candidato do mesmo partido;

III – se o eleitor, escrevendo apenas os números, indicar mais de um candidato do mesmo partido;

IV – se o eleitor não indicar o candidato através do nome ou do número com clareza suficiente para distingui-lo de outro candidato do mesmo partido.

▶ Art. 176 com a redação dada pela Lei nº 8.037, de 25-5-1990.

Art. 177. Na contagem dos votos para as eleições realizadas pelo sistema proporcional observar-se-ão, ainda, as seguintes normas:

I – a inversão, omissão ou erro de grafia do nome ou prenome não invalidará o voto, desde que seja possível a identificação do candidato;

II – se o eleitor escrever o nome de um candidato e o número correspondente a outro da mesma legenda ou não, contar-se-á o voto para o candidato cujo nome foi escrito, bem como para a legenda a que pertence;

III – se o eleitor escrever o nome ou o número de um candidato e a legenda de outro partido, contar-se-á o voto para o candidato cujo nome ou número foi escrito;

IV – se o eleitor escrever o nome ou o número de um candidato a Deputado Federal na parte da cédula referente a Deputado Estadual ou vice-versa, o voto será contado para o candidato cujo nome ou número for escrito;

V – se o eleitor escrever o nome ou o número de candidatos em espaço da cédula que não seja o correspondente ao cargo para o qual o candidato foi registrado, será o voto computado para o candidato e respectiva legenda, conforme o registro.

▶ Art. 177 com a redação dada pela Lei nº 8.037, de 25-5-1990.

▶ Art. 85 da Lei nº 9.504, de 30-9-1997 (Lei das Eleições).

Art. 178. O voto dado ao candidato a Presidente da República entender-se-á dado também ao candidato a Vice-Presidente, assim como o dado aos candidatos a Governador, Senador, Deputado Federal nos Territórios, Prefeito e Juiz de Paz entender-se-á dado ao respectivo vice ou suplente.

▶ Arts. 14, § 3º, VI, *c*, e 98, II, da CF.

▶ Arts. 46, § 3º, e 91, § 2º, deste Código.

Art. 179. Concluída a contagem dos votos a Junta ou turma deverá:

I – transcrever nos mapas referentes à urna a votação apurada;

II – expedir boletim contendo o resultado da respectiva seção, no qual serão consignados o número de votantes, a votação individual de cada candidato, os votos de cada legenda partidária, os votos nulos e os em branco, bem como recursos, se houver.

▶ Arts. 68, *caput*, e 87, § 6º, da Lei nº 9.504, de 30-9-1997 (Lei das Eleições).

§ 1º Os mapas, em todas as suas folhas, e os boletins de apuração serão assinados pelo Presidente e membros da Junta e pelos fiscais de partido que o desejarem.

§ 2º O boletim a que se refere este artigo obedecerá a modelo aprovado pelo Tribunal Superior Eleitoral, podendo porém, na sua falta, ser substituído por qualquer outro expedido por Tribunal Regional ou pela própria Junta Eleitoral.

▶ Arts. 68, *caput*, e 87, § 6º, da Lei nº 9.504, de 30-9-1997 (Lei das Eleições).

§ 3º Um dos exemplares do boletim de apuração será imediatamente afixado na sede da Junta, em local que possa ser copiado por qualquer pessoa.

§ 4º Cópia autenticada do boletim de apuração será entregue a cada partido, por intermédio do delegado ou fiscal presente, mediante recibo.

▶ Arts. 68, §§ 1º e 2º, e 87, §§ 2º e 4º, da Lei nº 9.504, de 30-9-1997 (Lei das Eleições).

§ 5º O boletim de apuração ou sua cópia autenticada com a assinatura do juiz e pelo menos de um dos membros da Junta, fará nova prova do resultado apurado, podendo ser apresentado ao Tribunal Regional, nas eleições federais e estaduais, sempre que o número de votos constantes dos mapas recebidos pela Comissão Apuradora não coincidir com os nele consignados.

▶ Art. 87, § 5º, da Lei nº 9.504, de 30-9-1997 (Lei das Eleições).

§ 6º O partido ou candidato poderá apresentar o boletim na oportunidade concedida pelo artigo 200, quando terá vista do relatório da Comissão Apuradora, ou antes, se durante os trabalhos da Comissão tiver conhecimento da incoincidência de qualquer resultado.

§ 7º Apresentado o boletim, será aberta vista aos demais partidos, pelo prazo de dois dias, os quais somente poderão contestar o erro indicado com a apresentação de boletim da mesma urna, revestido das mesmas formalidades.

§ 8º Se o boletim apresentado na contestação consignar outro resultado, coincidente ou não com o que figurar no mapa enviado pela Junta, a urna será requisitada e recontada pelo próprio Tribunal Regional, em sessão.

▶ Art. 88 da Lei nº 9.504, de 30-9-1997 (Lei das Eleições).

§ 9º A não expedição do boletim imediatamente após a apuração de cada urna e antes de se passar à subsequente, sob qualquer pretexto, constitui o crime previsto no artigo 313.

Art. 180. O disposto no artigo anterior e em todos os seus parágrafos aplica-se às eleições municipais, observadas somente as seguintes alterações:

I – o boletim de apuração poderá ser apresentado à Junta até três dias depois de totalizados os resultados, devendo os partidos ser cientificados, através de seus delegados, da data em que começará a correr esse prazo;

II – apresentado o boletim será observado o disposto nos §§ 7º e 8º, do artigo anterior, devendo a recontagem ser procedida pela própria Junta.

Art. 181. Salvo nos casos mencionados nos artigos anteriores, a recontagem de votos só poderá ser deferida pelos Tribunais Regionais, em recurso interposto imediatamente após a apuração de cada urna.

Parágrafo único. Em nenhuma outra hipótese se poderá a Junta determinar a reabertura de urnas já apuradas para recontagem de votos.

Art. 182. Os títulos dos eleitores estranhos à seção serão separados, para remessa, depois de terminados os trabalhos da Junta, ao Juiz Eleitoral da zona neles mencionada, a fim de que seja anotado na folha individual de votação o voto dado em outra seção.

▸ Art. 12 da Lei nº 6.996, de 7-6-1982, que dispõe sobre a utilização de processamento eletrônico de dados nos serviços eleitorais.

Parágrafo único. Se, ao ser feita a anotação, no confronto do título com a folha individual, se verificar incoincidência ou outro indício de fraude, serão autuados tais documentos e o juiz determinará as providências necessárias para apuração do fato e consequentes medidas legais.

▸ Art. 12 da Lei nº 6.996, de 7-6-1982, que dispõe sobre a utilização de processamento eletrônico de dados nos serviços eleitorais.

Art. 183. Concluída a apuração, e antes de se passar à subsequente, as cédulas serão recolhidas à urna, sendo esta fechada e lacrada, não podendo ser aberta senão depois de transitada em julgado a diplomação, salvo nos casos de recontagem de votos.

▸ Art. 88 da Lei nº 9.504, de 30-9-1997 (Lei das Eleições).

Parágrafo único. O descumprimento do disposto no presente artigo, sob qualquer pretexto, constitui o crime eleitoral previsto no artigo 314.

Art. 184. Terminada a apuração, a Junta remeterá ao Tribunal Regional, no prazo de vinte e quatro horas, todos os papéis eleitorais referentes às eleições estaduais ou federais, acompanhados dos documentos referentes à apuração, juntamente com a ata geral dos seus trabalhos, na qual serão consignadas as votações apuradas para cada legenda e candidato, e os votos não apurados com a declaração dos motivos por que não o foram.

▸ *Caput* com a redação dada pela Lei nº 4.961, de 4-5-1966.

§ 1º Essa remessa será feita em invólucro fechado, lacrado e rubricado pelos membros da Junta, Delegados e Fiscais de Partido, por via postal ou sob protocolo, conforme for mais rápida e segura a chegada ao destino.

▸ Parágrafo único transformado em § 1º pela Lei nº 4.961, de 4-5-1966.

§ 2º Se a remessa dos papéis eleitorais de que trata este artigo não se verificar no prazo nele estabelecido, os membros da Junta serão sujeitos à multa correspondente à metade do salário mínimo regional por dia de retardamento.

▸ Art. 7º, IV, da CF.

▸ Art. 231 deste Código.

▸ Arts. 7º e 16 da Lei nº 6.091, de 15-8-1974, que dispõe sobre o fornecimento gratuito de transporte, em dias de eleição, a eleitores residentes nas zonas rurais.

▸ Lei nº 10.522, de 19-7-2002, dispõe sobre o cadastro informativo dos créditos não quitados de órgãos e entidades federais.

§ 3º Decorridos quinze dias sem que o Tribunal Regional tenha recebido os papéis referidos neste artigo ou comunicação de sua expedição, determinará ao Corregedor Regional ou Juiz Eleitoral mais próximo que os faça apreender e enviar imediatamente, transferindo-se para o Tribunal Regional a competência para decidir sobre os mesmos.

▸ §§ 2º e 3º acrescidos pela Lei nº 4.961, de 4-5-1966.

Art. 185. Sessenta dias após o trânsito em julgado da diplomação de todos os candidatos eleitos nos pleitos eleitorais realizados simultaneamente e prévia publicação de edital de convocação, as cédulas serão retiradas das urnas e imediatamente incineradas, na presença do Juiz Eleitoral e em ato público, vedado a qualquer pessoa, inclusive ao juiz, o seu exame na ocasião da incineração.

▸ *Caput* com a redação dada pela Lei nº 6.055, de 17-6-1974.

Parágrafo único. Poderá ainda a Justiça Eleitoral, tomadas as medidas necessárias à garantia do sigilo, autorizar a reciclagem industrial das cédulas, em proveito do ensino público de 1º Grau ou de instituições beneficentes.

▸ Parágrafo único acrescido pela Lei nº 7.977, de 27-12-1989.

Art. 186. Com relação às eleições municipais e distritais, uma vez terminada a apuração de todas as urnas, a Junta resolverá as dúvidas não decididas, verificará o total dos votos apurados, inclusive os votos em branco, determinará o quociente eleitoral e os quocientes partidários e proclamará os candidatos eleitos.

▸ Art. 29, II e III, da CF.

▸ Lei nº 9.504, de 30-9-1997 (Lei das Eleições).

§ 1º O Presidente da Junta fará lavrar, por um dos secretários, a ata geral concernente às eleições referidas neste artigo, da qual constará o seguinte:

I – as seções apuradas e o número de votos apurados em cada urna;

II – as seções anuladas, os motivos por que foram e o número de votos não apurados;

III – as seções onde não houve eleição e os motivos;

IV – as impugnações feitas, a solução que lhes foi dada e os recursos interpostos;

V – a votação de cada legenda na eleição para vereador;

VI – o quociente eleitoral e os quocientes partidários;

VII – a votação dos candidatos a vereador, incluídos em cada lista registrada, na ordem da votação recebida;

VIII – a votação dos candidatos a Prefeito, Vice-Prefeito e a Juiz de Paz na ordem da votação recebida.

§ 2º Cópia da ata geral da eleição municipal, devidamente autenticada pelo Juiz, será enviada ao Tribunal Regional e ao Tribunal Superior Eleitoral.

Art. 187. Verificando a Junta Apuradora que os votos das seções anuladas e daquelas cujos eleitores foram impedidos de votar, poderão alterar a representação de qualquer partido ou classificação de candidato eleito pelo princípio majoritário, nas eleições municipais, fará imediata comunicação do fato ao Tribunal Regional, que marcará, se for o caso, dia para a renovação da votação naquelas seções.

§ 1º Nas eleições suplementares municipais observar-se-á, no que couber, o disposto no artigo 201.

§ 2º Essas eleições serão realizadas perante novas mesas receptoras, nomeadas pelo Juiz Eleitoral, e apuradas pela própria Junta que, considerando os anteriores e os novos resultados, confirmará ou invalidará os diplomas que houver expedido.

§ 3º Havendo renovação de eleições para os cargos de Prefeito e Vice-Prefeito, os diplomas somente serão expedidos depois de apuradas as eleições suplementares.

§ 4º Nas eleições suplementares, quando se referirem a mandatos de representação proporcional, a votação e a apuração far-se-ão exclusivamente para as legendas registradas.

Seção V

DA CONTAGEM DOS VOTOS PELA MESA RECEPTORA

Art. 188. O Tribunal Superior Eleitoral poderá autorizar a contagem de votos pelas mesas receptoras, nos Estados em que o Tribunal Regional indicar as zonas ou seções em que esse sistema deva ser adotado.

▸ Arts. 23, XIII, e 30, VI, deste Código.

Art. 189. Os mesários das seções em que for efetuada a contagem dos votos serão nomeados escrutinadores da Junta.

Art. 190. Não será efetuada a contagem dos votos pela mesa se esta não se julgar suficientemente garantida, ou se qualquer eleitor houver votado sob impugnação, devendo a mesa, em um ou outro caso, proceder na forma determinada para as demais, das zonas em que a contagem não foi autorizada.

Art. 191. Terminada a votação, o Presidente da mesa tomará as providências mencionadas nas alíneas II, III, IV e V do artigo 154.

Art. 192. Lavrada e assinada a ata, o Presidente da mesa, na presença dos demais membros, fiscais e delegados do partido, abrirá a urna e o invólucro e verificará se o número de cédulas oficiais coincide com o de votantes.

§ 1º Se não houver coincidência entre o número de votantes e o de cédulas oficiais encontradas na urna e no invólucro, a mesa receptora não fará a contagem dos votos.

§ 2º Ocorrendo a hipótese prevista no parágrafo anterior, o Presidente da mesa determinará que as cédulas e as sobrecartas sejam novamente recolhidas à urna e ao invólucro, os quais serão fechados e lacrados, procedendo, em seguida, na forma recomendada pelas alíneas VI, VII e VIII do artigo 154.

Art. 193. Havendo coincidência entre o número de cédulas e o de votantes deverá a mesa, inicialmente, misturar as cédulas contidas nas sobrecartas brancas, da urna e do invólucro, com as demais.

§ 1º Em seguida proceder-se-á à abertura das cédulas e contagem dos votos, observando-se o disposto nos artigos 169 e seguintes, no que couber.

§ 2º Terminada a contagem dos votos será lavrada ata resumida, de acordo com modelo aprovado pelo Tribunal Superior e da qual constarão apenas as impugnações acaso apresentadas, figurando os resultados no boletim que se incorporará à ata e do qual se dará cópia aos fiscais dos partidos.

Art. 194. Após a lavratura da ata, que deverá ser assinada pelos membros da mesa e fiscais e delegados de partido, as cédulas e as sobrecartas serão recolhidas à urna, sendo esta fechada, lacrada e entregue ao Juiz Eleitoral pelo Presidente da mesa ou por um dos mesários, mediante recibo.

§ 1º O Juiz Eleitoral poderá, havendo possibilidade, designar funcionários para recolher as urnas e demais documentos nos próprios locais da votação ou instalar postos e locais diversos para o seu recebimento.

§ 2º Os fiscais e delegados de partido podem vigiar e acompanhar a urna desde o momento da eleição, durante a permanência nos postos arrecadadores e até a entrega à Junta.

Art. 195. Recebida a urna e documentos, a Junta deverá:

I – examinar a sua regularidade, inclusive quanto ao funcionamento normal da seção;

II – rever o boletim de contagem de votos da mesa receptora, a fim de verificar se está aritmeticamente certo, fazendo dele constar que, conferido, nenhum erro foi encontrado;

III – abrir a urna e conferir os votos sempre que a contagem da mesa receptora não permitir o fechamento dos resultados;

IV – proceder à apuração se da ata da eleição constar impugnação de fiscal, delegado, candidato ou membro da própria mesa em relação ao resultado de contagem dos votos;

V – resolver todas as impugnações constantes da ata da eleição;

VI – praticar todos os atos previstos na competência das Juntas Eleitorais.

Art. 196. De acordo com as instruções recebidas a Junta Apuradora poderá reunir os membros das mesas receptoras e demais componentes da Junta em local amplo e adequado no dia seguinte ao da eleição, em horário previamente fixado, e a proceder à apuração na forma estabelecida nos artigos 159 e seguintes, de uma só vez ou em duas ou mais etapas.

Parágrafo único. Nesse caso cada partido poderá credenciar um fiscal para acompanhar a apuração de cada urna, realizando-se esta sob a supervisão do juiz e dos demais membros da Junta, aos quais caberá decidir, em cada caso, as impugnações e demais incidentes verificados durante os trabalhos.

CAPÍTULO III

DA APURAÇÃO NOS TRIBUNAIS REGIONAIS

Art. 197. Na apuração, compete ao Tribunal Regional:

I – resolver as dúvidas não decididas e os recursos interpostos sobre as eleições federais e estaduais e apurar as votações que haja validado, em grau de recurso;

II – verificar o total dos votos apurados entre os quais se incluem os em branco;

▶ Art. 5º da Lei nº 9.504, de 30-9-1997 (Lei das Eleições).

III – determinar os quocientes, eleitoral e partidário, bem como a distribuição das sobras;

IV – proclamar os eleitos e expedir os respectivos diplomas;

V – fazer a apuração parcial das eleições para Presidente e Vice-Presidente da República.

Art. 198. A apuração pelo Tribunal Regional começará no dia seguinte ao em que receber os primeiros resultados parciais das Juntas e prosseguirá sem interrupção, inclusive nos sábados, domingos e feriados, de acordo com o horário previamente publicado, devendo terminar trinta dias depois da eleição.

§ 1º Ocorrendo motivos relevantes, expostos com a necessária antecedência, o Tribunal Superior poderá conceder prorrogação desse prazo, uma só vez e por quinze dias.

▶ Parágrafo único transformado em § 1º pela Lei nº 4.961, de 4-5-1966.

§ 2º Se o Tribunal Regional não terminar a apuração no prazo legal, seus membros estarão sujeitos à multa correspondente à metade do salário mínimo regional por dia de retardamento.

▶ § 2º acrescido pela Lei nº 4.961, de 4-5-1966.

▶ Art. 7º, IV, da CF.

▶ Art. 231 deste Código.

▶ Arts. 7º e 16 da Lei nº 6.091, de 15-8-1974, que dispõe sobre o fornecimento gratuito de transporte, em dias de eleição, a eleitores residentes nas zonas rurais.

▶ Lei nº 10.522, de 19-7-2002, dispõe sobre o cadastro informativo dos créditos não quitados de órgãos e entidades federais.

Art. 199. Antes de iniciar a apuração o Tribunal Regional constituirá, com três de seus membros, presidida por um destes, uma Comissão Apuradora.

§ 1º O Presidente da Comissão designará um funcionário do Tribunal para servir de secretário e para auxiliarem os seus trabalhos, tantos outros quantos julgar necessários.

§ 2º De cada sessão da Comissão Apuradora será lavrada ata resumida.

§ 3º A Comissão Apuradora fará publicar no órgão oficial, diariamente, um boletim com a indicação dos trabalhos realizados e do número de votos atribuídos a cada candidato.

§ 4º Os trabalhos da Comissão Apuradora poderão ser acompanhados por delegados dos partidos interessados, sem que, entretanto, neles intervenham com protestos, impugnações ou recursos.

§ 5º Ao final dos trabalhos, a Comissão Apuradora apresentará ao Tribunal Regional os mapas gerais da apuração e um relatório, que mencione:

I – o número de votos válidos e anulados em cada Junta Eleitoral, relativos a cada eleição;

II – as seções apuradas e os votos nulos e anulados de cada uma;

III – as seções anuladas, os motivos por que o foram e o número de votos anulados ou não apurados;

IV – as seções onde não houve eleição e os motivos;

V – as impugnações apresentadas às Juntas e como foram resolvidas por elas, assim como os recursos que tenham sido interpostos;

VI – a votação de cada partido;

VII – a votação de cada candidato;

VIII – o quociente eleitoral;

IX – os quocientes partidários;

X – a distribuição das sobras.

Art. 200. O relatório a que se refere o artigo anterior ficará na Secretaria do Tribunal, pelo prazo de três dias, para exame dos partidos e candidatos interessados, que poderão examinar também os documentos em que ele se baseou.

§ 1º Terminado o prazo supra, os partidos poderão apresentar as suas reclamações, dentro de dois dias, sendo estas submetidas a parecer da Comissão Apuradora que, no prazo de três dias, apresentará aditamento ao relatório com a proposta das modificações que julgar procedentes, ou com a justificação da improcedência das arguições.

▶ Parágrafo único transformado em § 1º pela Lei nº 4.961, de 4-5-1966.

§ 2º O Tribunal Regional, antes de aprovar o relatório da Comissão Apuradora e, em três dias improrrogáveis, julgará as impugnações e as reclamações não providas pela Comissão Apuradora, e, se as deferir, voltará o relatório à Comissão para que sejam feitas as alterações resultantes da decisão.

▶ § 2º acrescido pela Lei nº 4.961, de 4-5-1966.

Art. 201. De posse do relatório referido no artigo anterior, reunir-se-á o Tribunal, no dia seguinte, para o conhecimento do total dos votos apurados, e, em seguida, se verificar que os votos das seções anuladas e daquelas cujos eleitores foram impedidos de votar, poderão alterar a representação de qualquer partido ou classificação de candidato eleito pelo princípio majoritário, ordenará a realização de novas eleições.

Parágrafo único. As novas eleições obedecerão às seguintes normas:

I – o Presidente do Tribunal fixará, imediatamente, a data, para que se realizem dentro de quinze dias, no mínimo, e de trinta dias no máximo, a contar do despacho que a fixar, desde que não tenha havido recurso contra a anulação das seções;

II – somente serão admitidos a votar os eleitores da seção, que hajam comparecido à eleição anulada, e os de outras seções que ali houverem votado;

III – nos casos de coação que haja impedido o comparecimento dos eleitores às urnas, no de encerramento da votação antes da hora legal, e quando a votação tiver sido realizada em dia, hora e lugar diferentes dos designados, poderão votar todos os eleitores da seção e somente estes;

IV – nas zonas onde apenas uma seção for anulada, o Juiz Eleitoral respectivo presidirá a mesa receptora; se houver mais uma seção anulada, o Presidente do Tribunal Regional designará os juízes Presidentes das respectivas mesas receptoras;

V – as eleições realizar-se-ão nos mesmos locais anteriormente designados, servindo os mesários e secretários que pelo juiz forem nomeados, com a antecedência de, pelo menos, cinco dias, salvo se a anulação for decretada por infração dos §§ 4º e 5º do artigo 135;

VI – as eleições assim realizadas serão apuradas pelo Tribunal Regional.

Art. 202. Da reunião do Tribunal Regional será lavrada ata geral, assinada pelos seus membros e da qual constarão:

I – as seções apuradas e o número de votos apurados em cada uma;

II – as seções anuladas, as razões por que o foram e o número de votos não apurados;

III – as seções onde não tenha havido eleição e os motivos;

IV – as impugnações apresentadas às Juntas Eleitorais e como foram resolvidas;

V – as seções em que se vai realizar ou renovar a eleição;

VI – a votação obtida pelos partidos;

VII – o quociente eleitoral e o partidário;

VIII – os nomes dos votados na ordem decrescente dos votos;

IX – os nomes dos eleitos;

X – os nomes dos suplentes, na ordem em que devem substituir ou suceder.

§ 1º Na mesma sessão o Tribunal Regional proclamará os eleitos e os respectivos suplentes e marcará a data para a expedição solene dos diplomas em sessão pública, salvo quanto a Governador e Vice-Governador, se ocorrer a hipótese prevista na Emenda Constitucional nº 13, de 1965.

► A EC nº 13 refere-se à CF/1946. Art. 28, *in fine*, c/c o art. 77, § 3º, da CF vigente.

§ 2º O Vice-Governador e o suplente de Senador considerar-se-ão eleitos em virtude da eleição do Governador e do Senador com os quais se candidatarem.

► Art. 46, § 3º, da CF.

§ 3º Os candidatos a Governador e Vice-Governador somente serão diplomados depois de realizadas as eleições suplementares referentes a esses cargos.

► Art. 28, *in fine*, c/c o art. 77, § 3º, da CF.

§ 4º Um traslado da ata da sessão, autenticado com a assinatura de todos os membros do Tribunal que assinaram a ata original, será remetido ao Presidente do Tribunal Superior.

§ 5º O Tribunal Regional comunicará o resultado da eleição ao Senado Federal, Câmara dos Deputados e Assembleia Legislativa.

Art. 203. Sempre que forem realizadas eleições de âmbito Estadual juntamente com eleições para Presidente e Vice-Presidente da República, o Tribunal Regional desdobrará os seus trabalhos de apuração, fazendo tanto para aquelas como para esta, uma ata geral.

§ 1º A Comissão Apuradora deverá, também, apresentar relatórios distintos, um dos quais referente apenas às eleições presidenciais.

§ 2º Concluídos os trabalhos da apuração o Tribunal Regional remeterá ao Tribunal Superior os resultados parciais das eleições para Presidente e Vice-Presidente da República, acompanhados de todos os papéis que lhe digam respeito.

Art. 204. O Tribunal Regional, julgando conveniente, poderá determinar que a totalização dos resultados de cada urna seja realizada pela própria Comissão Apuradora.

Parágrafo único. Ocorrendo essa hipótese serão observadas as seguintes regras:

I – a decisão do Tribunal será comunicada, até trinta dias antes da eleição, aos Juízes Eleitorais, aos diretórios dos partidos e ao Tribunal Superior;

II – iniciada a apuração os Juízes Eleitorais remeterão ao Tribunal Regional, diariamente, sob registro postal ou por portador, os mapas de todas as urnas apuradas no dia;

III – os mapas serão acompanhados de ofício sucinto, que esclareça apenas a que seções correspondem e quantas ainda faltam para completar a apuração da zona;

IV – havendo sido interposto recurso em relação a urna correspondente aos mapas enviados, o juiz fará constar do ofício, em seguida à indicação da seção, entre parênteses, apenas esse esclarecimento – "houve recurso";

V – a ata final da Junta não mencionará, no seu texto, a votação obtida pelos partidos e candidatos, a qual ficará constando dos boletins de apuração do Juízo, que dela ficarão fazendo parte integrante;

VI – cópia autenticada da ata, assinada por todos os que assinaram o original, será enviada ao Tribunal Regional na forma prevista no artigo 184;

VII – a Comissão Apuradora, à medida que for recebendo os mapas, passará a totalizar os votos, aguardando, porém, a chegada da cópia autêntica da ata para encerrar a totalização referente a cada zona;

VIII – no caso de extravio de mapa o Juiz Eleitoral providenciará a remessa de 2ª via, preenchida à vista dos delegados de partido especialmente convocados para esse fim e pelos resultados constantes do boletim de apuração que deverá ficar arquivado no Juízo.

CAPÍTULO IV
DA APURAÇÃO NO TRIBUNAL SUPERIOR

Art. 205. O Tribunal Superior fará a apuração geral das eleições para Presidente e Vice-Presidente da República pelos resultados verificados pelos Tribunais Regionais em cada Estado.

Art. 206. Antes da realização da eleição o Presidente do Tribunal sorteará, dentre os juízes, o relator de cada grupo de Estados, ao qual serão distribuídos todos os recursos e documentos da eleição referentes ao respectivo grupo.

Art. 207. Recebidos os resultados de cada Estado, e julgados os recursos interpostos das decisões dos Tribunais Regionais, o relator terá o prazo de cinco dias para apresentar seu relatório, com as conclusões seguintes:

I – os totais dos votos válidos e nulos do Estado;

II – os votos apurados pelo Tribunal Regional que devem ser anulados;

III – os votos anulados pelo Tribunal Regional que devem ser computados como válidos;

IV – a votação de cada candidato;

V – o resumo das decisões do Tribunal Regional sobre as dúvidas e impugnações, bem como dos recursos que hajam sido interpostos para o Tribunal Superior, com as respectivas decisões e indicação das implicações sobre os resultados.

Art. 208. O relatório referente a cada Estado ficará na Secretaria do Tribunal, pelo prazo de dois dias, para exame dos partidos e candidatos interessados, que poderão examinar também os documentos em que ele se baseou e apresentar alegações ou documentos sobre o relatório, no prazo de dois dias.

Parágrafo único. Findo esse prazo serão os autos conclusos ao relator, que, dentro em dois dias, os apresentará a julgamento, que será previamente anunciado.

Art. 209. Na sessão designada será o feito chamado a julgamento de preferência a qualquer outro processo.

§ 1º Se o relatório tiver sido impugnado, os partidos interessados poderão, no prazo de quinze minutos, sustentar oralmente as suas conclusões.

§ 2º Se do julgamento resultarem alterações na apuração efetuada pelo Tribunal Regional, o acórdão determinará que a Secretaria, dentro em cinco dias, levante as folhas de apuração parcial das seções cujos resultados tiverem sido alterados, bem como o mapa geral da respectiva circunscrição, de acordo com as alterações decorrentes do julgado, devendo o mapa, após o visto do relator, ser publicado na Secretaria.

§ 3º A esse mapa admitir-se-á, dentro em quarenta e oito horas de sua publicação, impugnação fundada em erro de conta ou de cálculo, decorrente da própria sentença.

Art. 210. Os mapas gerais de todas as circunscrições com as impugnações, se houver, e a folha de apuração final levantada pela Secretaria, serão autuados e distribuídos a um relator geral, designado pelo Presidente.

Parágrafo único. Recebidos os autos, após a audiência do Procurador-Geral, o relator, dentro de quarenta e oito horas, resolverá as impugnações relativas aos erros de conta ou de cálculo, mandando fazer as correções, se for o caso, e apresentará, a seguir, o relatório final com os nomes dos candidatos que deverão ser proclamados eleitos e os dos demais candidatos, na ordem decrescente das votações.

Art. 211. Aprovada em sessão especial a apuração geral, o Presidente anunciará a votação dos candidatos proclamando a seguir eleito Presidente da República o candidato mais votado que tiver obtido maioria absoluta de votos, excluídos, para a apuração desta, os em branco e os nulos.

► Art. 77, § 2º, da CF.

► Art. 2º da Lei nº 9.504, de 30-9-1997 (Lei das Eleições).

§ 1º O Vice-Presidente considerar-se-á eleito em virtude da eleição do Presidente com o qual se candidatar.

► Art. 77, § 1º, da CF.

► Art. 2º, § 4º, da Lei nº 9.504, de 30-9-1997 (Lei das Eleições).

§ 2º Na mesma sessão o Presidente do Tribunal Superior designará a data para a expedição solene dos diplomas em sessão pública.

Art. 212. Verificando que os votos das seções anuladas e daquelas cujos eleitores foram impedidos de votar, em todo o País, poderão alterar a classificação de candidato, ordenará o Tribunal Superior a realização de novas eleições.

§ 1º Essas eleições serão marcadas desde logo pelo Presidente do Tribunal Superior e terão lugar no primeiro domingo ou feriado que ocorrer após o décimo quinto dia a contar da data do despacho, devendo ser observado o disposto nos nºs II a VI do parágrafo único do artigo 201.

§ 2º Os candidatos a Presidente e Vice-Presidente da República somente serão diplomados depois de realizadas as eleições suplementares referentes a esses cargos.

Art. 213. Não se verificando a maioria absoluta, o Congresso Nacional, dentro de quinze dias após haver recebido a respectiva comunicação do Presidente do Tribunal Superior Eleitoral, reunir-se-á em sessão pública para se manifestar sobre o candidato mais votado, que será considerado eleito se, em escrutínio secreto, obtiver metade mais um dos votos dos seus membros.

► Art. 77, *caput*, c/c o § 3º, da CF.

► Art. 2º, § 1º, da Lei nº 9.504, de 30-9-1997 (Lei das Eleições).

§ 1º Se não ocorrer a maioria absoluta referida no *caput* deste artigo, renovar-se-á, até trinta dias depois, a eleição em todo o País, à qual concorrerão os dois candidatos mais votados, cujos registros estarão automaticamente revalidados.

§ 2º No caso de renúncia ou morte, concorrerá à eleição prevista no parágrafo anterior o substituto registrado pelo mesmo partido político ou coligação partidária.

► Art. 77, § 4º, da CF.

► Art. 2º, § 2º, da Lei nº 9.504, de 30-9-1997 (Lei das Eleições).

Art. 214. O Presidente e o Vice-Presidente da República tomarão posse a quinze de março, em sessão do Congresso Nacional.

► Arts. 78 e 82 da CF.

Parágrafo único. No caso do § 1º do artigo anterior, a posse realizar-se-á dentro de quinze dias a contar da proclamação do resultado da segunda eleição, expirando, porém, o mandato a quinze de março do quarto ano.

▸ Este artigo e parágrafo único não foram recepcionados pelo art. 82 da CF, que determina o início do mandato em 1º de janeiro do ano seguinte ao da respectiva eleição.

▸ Arts. 78 e 82 da CF.

CAPÍTULO V
DOS DIPLOMAS

Art. 215. Os candidatos eleitos, assim como os suplentes, receberão diploma assinado pelo Presidente do Tribunal Superior, do Tribunal Regional ou da Junta Eleitoral, conforme o caso.

Parágrafo único. Do diploma deverá constar o nome do candidato, a indicação da legenda sob a qual concorreu, o cargo para o qual foi eleito ou a sua classificação como suplente, e, facultativamente, outros dados a critério do juiz ou do Tribunal.

Art. 216. Enquanto o Tribunal Superior não decidir o recurso interposto contra a expedição do diploma, poderá o diplomado exercer o mandato em toda a sua plenitude.

Art. 217. Apuradas as eleições suplementares o juiz ou o Tribunal reverá a apuração anterior, confirmando ou invalidando os diplomas que houver expedido.

Parágrafo único. No caso de provimento, após a diplomação, de recurso contra o registro de candidato ou de recurso parcial, será também revista a apuração anterior, para confirmação ou invalidação de diplomas, observado o disposto no § 3º do artigo 261.

Art. 218. O Presidente de Junta ou de Tribunal que diplomar militar candidato a cargo eletivo, comunicará imediatamente a diplomação à autoridade a que o mesmo estiver subordinado, para os fins do artigo 98.

CAPÍTULO VI
DAS NULIDADES DA VOTAÇÃO

Art. 219. Na aplicação da lei eleitoral o juiz atenderá sempre aos fins e resultados a que ela se dirige, abstendo-se de pronunciar nulidades sem demonstração de prejuízo.

▸ Art. 283 do CPC/2015.

Parágrafo único. A declaração de nulidade não poderá ser requerida pela parte que lhe deu causa nem a ela aproveitar.

▸ Art. 276 do CPC/2015.

Art. 220. É nula a votação:

I – quando feita perante mesa não nomeada pelo Juiz Eleitoral, ou constituída com ofensa à letra da lei;

II – quando efetuada em folhas de votação falsas;

III – quando realizada em dia, hora ou local diferentes do designado ou encerrada antes das dezessete horas;

IV – quando preterida formalidade essencial do sigilo dos sufrágios;

V – quando a seção eleitoral tiver sido localizada com infração do disposto nos §§ 4º e 5º do artigo 135.

▸ Inciso V acrescido pela Lei nº 4.961, de 4-5-1966.

Parágrafo único. A nulidade será pronunciada quando o órgão apurador conhecer do ato ou dos seus efeitos e a encontrar provada, não lhe sendo lícito supri-la, ainda que haja consenso das partes.

Art. 221. É anulável a votação:

I – quando houver extravio de documento reputado essencial;

II – quando for negado ou sofrer restrição o direito de fiscalizar, e o fato constar da ata ou de protesto interposto, por escrito, no momento;

▸ Antigo inciso I revogado pela Lei nº 4.961, de 4-5-1966, renumerando-se os demais.

III – quando votar, sem as cautelas do artigo 147, § 2º:

a) eleitor excluído por sentença não cumprida por ocasião da remessa das folhas individuais de votação à mesa, desde que haja oportuna reclamação de partido;

b) eleitor de outra seção, salvo a hipótese do artigo 145;

c) alguém com falsa identidade em lugar do eleitor chamado.

▸ Art. 72, parágrafo único, deste Código.

Art. 222. É também anulável a votação, quando viciada de falsidade, fraude, coação, uso de meios de que trata o artigo 237, ou emprego de processo de propaganda ou captação de sufrágios vedado por lei.

§§ 1º e 2º *Revogados.* Lei nº 4.961, de 4-5-1966.

Art. 223. A nulidade de qualquer ato, não decretada de ofício pela Junta, só poderá ser arguida quando de sua prática, não mais podendo ser alegada, salvo se a arguição se basear em motivo superveniente ou de ordem constitucional.

§ 1º Se a nulidade ocorrer em fase na qual não possa ser alegada no ato, poderá ser arguida na primeira oportunidade que para tanto se apresente.

§ 2º Se se basear em motivo superveniente deverá ser alegada imediatamente, assim que se tornar conhecida, podendo as razões do recurso ser aditadas no prazo de dois dias.

§ 3º A nulidade de qualquer ato, baseada em motivo de ordem constitucional, não poderá ser conhecida em recurso interposto fora de prazo. Perdido o prazo numa fase própria, só em outra que se apresentar poderá ser arguida.

▸ § 3º com a redação dada pela Lei nº 4.961, de 4-5-1966.

Art. 224. Se a nulidade atingir a mais de metade dos votos do País nas eleições presidenciais, do Estado nas eleições federais e estaduais ou do Município nas eleições municipais, julgar-se-ão prejudicadas as demais votações e o Tribunal marcará dia para nova eleição dentro do prazo de vinte a quarenta dias.

▸ Arts. 28, 29, II, e 77, §§ 2º e 3º, da CF.

§ 1º Se o Tribunal Regional, na área de sua competência, deixar de cumprir o disposto neste artigo, o Procurador Regional levará o fato ao conhecimento do Procurador-Geral, que providenciará junto ao Tribunal Superior para que seja marcada imediatamente nova eleição.

§ 2º Ocorrendo qualquer dos casos previstos neste capítulo, o Ministério Público promoverá, imediatamente, a punição dos culpados.

§ 3º A decisão da Justiça Eleitoral que importe o indeferimento do registro, a cassação do diploma ou a perda do mandato de candidato eleito em pleito majoritário acarreta, após o trânsito em julgado, a realização de novas eleições, independentemente do número de votos anulados.

▸ O STF, por maioria dos votos, julgou parcialmente procedente a ADI nº 5.525, para declarar a inconstitucionalidade da locução "após o trânsito em julgado", prevista neste parágrafo (*DOU* de 19-3-2018).

§ 4º A eleição a que se refere o § 3º correrá a expensas da Justiça Eleitoral e será:

I – indireta, se a vacância do cargo ocorrer a menos de seis meses do final do mandato;

II – direta, nos demais casos.

▸ §§ 3º e 4º acrescidos pela Lei nº 13.165, de 29-9-2015.

▸ O STF, por maioria dos votos, julgou parcialmente procedente a ADI nº 5.525, para conferir interpretação conforme a CF a este parágrafo (*DOU* de 19-3-2018).

CAPÍTULO VII
DO VOTO NO EXTERIOR

Art. 225. Nas eleições para Presidente e Vice-Presidente da República poderá votar o eleitor que se encontrar no exterior.

§ 1º Para esse fim serão organizadas seções eleitorais, nas sedes das Embaixadas e Consulados Gerais.

§ 2º Sendo necessário instalar duas ou mais seções poderá ser utilizado local em que funcione serviço do governo brasileiro.

Art. 226. Para que se organize uma seção eleitoral no exterior é necessário que na circunscrição sob a jurisdição da Missão Diplomática ou do Consulado Geral haja um mínimo de trinta eleitores inscritos.

Parágrafo único. Quando o número de eleitores não atingir o mínimo previsto no parágrafo anterior, os eleitores poderão votar na mesa receptora mais próxima, desde que localizada no mesmo país, de acordo com a comunicação que lhes for feita.

Art. 227. As mesas receptoras serão organizadas pelo Tribunal Regional do Distrito Federal mediante proposta dos chefes de Missão e cônsules gerais, que ficarão investidos, no que for aplicável, das funções administrativas de Juiz Eleitoral.

Parágrafo único. Será aplicável às mesas receptoras o processo de composição e fiscalização partidária vigente para as que funcionam no território nacional.

Art. 228. Até trinta dias antes da realização da eleição todos os brasileiros eleitores, residentes no estrangeiro, comunicarão à sede da Missão Diplomática, ou ao consulado geral, em carta, telegrama ou qualquer outra via, a sua condição de eleitor e sua residência.

§ 1º Com a relação dessas comunicações e com os dados do registro consular, serão organizadas as folhas de votação, e notificados os eleitores da hora e local da votação.

§ 2º No dia da eleição só serão admitidos a votar os que constem da folha de votação e os passageiros e tripulantes de navios e aviões de guerra e mercantes que, no dia, estejam na sede das sessões eleitorais.

▸ Consta do texto publicado no *DOU* a palavra "sessões", quando o correto seria "seções".

Art. 229. Encerrada a votação, as urnas serão enviadas pelos cônsules gerais às sedes das Missões Diplomáticas. Estas as remeterão, pela mala diplomática, ao Ministério das Relações Exteriores, que delas fará entrega ao Tribunal Regional Eleitoral do Distrito Federal, a quem competirá a apuração dos votos e julgamento das dúvidas e recursos que hajam sido interpostos.

Parágrafo único. Todo o serviço de transporte do material eleitoral será feito por via aérea.

Art. 230. Todos os eleitores que votarem no exterior terão os seus títulos apreendidos pela mesa receptora.

Parágrafo único. A todo eleitor que votar no exterior será concedido comprovante para a comunicação legal ao Juiz Eleitoral de sua zona.

Art. 231. Todo aquele que, estando obrigado a votar, não o fizer, fica sujeito, além das penalidades previstas para o eleitor que não vota no território nacional, à proibição de requerer qualquer documento perante a repartição diplomática a que estiver subordinado, enquanto não se justificar.

- Art 7º deste Código.
- Art. 16, § 2º, da Lei nº 6.091, de 15-8-1974, que dispõe sobre o fornecimento gratuito de transporte, em dias de eleição, a eleitores residentes nas zonas rurais.

Art. 232. Todo o processo eleitoral realizado no estrangeiro fica diretamente subordinado ao Tribunal Regional do Distrito Federal.

Art. 233. O Tribunal Superior Eleitoral e o Ministério das Relações Exteriores baixarão as instruções necessárias e adotarão as medidas adequadas para o voto no exterior.

Art. 233-A. Aos eleitores em trânsito no território nacional é assegurado o direito de votar para Presidente da República, Governador, Senador, Deputado Federal, Deputado Estadual e Deputado Distrital em urnas especialmente instaladas nas capitais e nos Municípios com mais de cem mil eleitores.

§ 1º O exercício do direito previsto neste artigo sujeita-se à observância das regras seguintes:

I – para votar em trânsito, o eleitor deverá habilitar-se perante a Justiça Eleitoral no período de até quarenta e cinco dias da data marcada para a eleição, indicando o local em que pretende votar;

II – aos eleitores que se encontrarem fora da unidade da Federação de seu domicílio eleitoral somente é assegurado o direito à habilitação para votar em trânsito nas eleições para Presidente da República;

III – os eleitores que se encontrarem em trânsito dentro da unidade da Federação de seu domicílio eleitoral poderão votar nas eleições para Presidente da República, Governador, Senador, Deputado Federal, Deputado Estadual e Deputado Distrital.

§ 2º Os membros das Forças Armadas, os integrantes dos órgãos de segurança pública a que se refere o art. 144 da Constituição Federal, bem como os integrantes das guardas municipais mencionados no § 8º do mesmo art. 144, poderão votar em trânsito se estiverem em serviço por ocasião das eleições.

§ 3º As chefias ou comandos dos órgãos a que estiverem subordinados os eleitores mencionados no § 2º enviarão obrigatoriamente à Justiça Eleitoral, em até quarenta e cinco dias da data das eleições, a listagem dos que estarão em serviço no dia da eleição com indicação das seções eleitorais de origem e destino.

§ 4º Os eleitores mencionados no § 2º, uma vez habilitados na forma do § 3º, serão cadastrados e votarão nas seções eleitorais indicadas nas listagens mencionadas no § 3º independentemente do número de eleitores do Município.

- Art. 233-A com a redação dada pela Lei nº 13.165, de 29-9-2015.

PARTE QUINTA – DISPOSIÇÕES VÁRIAS

TÍTULO I – DAS GARANTIAS ELEITORAIS

Art. 234. Ninguém poderá impedir ou embaraçar o exercício do sufrágio.

- Art. 297 deste Código.

Art. 235. O Juiz Eleitoral, ou o Presidente da mesa receptora, pode expedir salvo-conduto com a cominação de prisão por desobediência até cinco dias, em favor do eleitor que sofrer violência, moral ou física, na sua liberdade de votar, ou pelo fato de haver votado.

Parágrafo único. A medida será válida para o período compreendido entre setenta e duas horas antes até quarenta e oito horas depois do pleito.

Art. 236. Nenhuma autoridade poderá, desde cinco dias antes e até quarenta e oito horas depois do encerramento da eleição, prender ou deter qualquer eleitor, salvo em flagrante delito ou em virtude de sentença criminal condenatória por crime inafiançável, ou, ainda, por desrespeito a salvo-conduto.

§ 1º Os membros das mesas receptoras e os fiscais de partido, durante o exercício de suas funções, não poderão ser detidos ou presos, salvo o caso de flagrante delito; da mesma garantia gozarão os candidatos desde quinze dias antes da eleição.

- O STF, por unanimidade, no julgamento da ADPF nº 1.017, conferiu interpretação conforme a Constituição Federal a este inciso (*DOU* de 12-7-2023).

§ 2º Ocorrendo qualquer prisão o preso será imediatamente conduzido à presença do juiz competente que, se verificar a ilegalidade da detenção, a relaxará e promoverá a responsabilidade do coator.

Art. 237. A interferência do poder econômico e o desvio ou abuso do poder de autoridade, em desfavor da liberdade do voto, serão coibidos e punidos.

- Art 14, § 10, da CF.
- Art. 262, IV, deste Código.
- Arts. 19 e 25 da LC nº 64, de 18-5-1990 (Lei dos Casos de Inelegibilidade).
- Art. 41-A da Lei nº 9.504, de 30-9-1997 (Lei das Eleições).

§ 1º O eleitor é parte legítima para denunciar os culpados e promover-lhes a responsabilidade, e a nenhum servidor público, inclusive de autarquia, de entidade paraestatal e de sociedade de economia mista, será lícito negar ou retardar ato de ofício tendente a esse fim.

- Art. 22 da LC nº 64, de 18-5-1990 (Lei dos Casos de Inelegibilidade).

§ 2º Qualquer eleitor ou partido político poderá se dirigir ao Corregedor-Geral ou Regional, relatando fatos e indicando provas, e pedir abertura de investigação para apurar ato indevido do poder econômico, desvio ou abuso do poder de autoridade, em benefício de candidato ou de partido político.

§ 3º O Corregedor, verificada a seriedade da denúncia, procederá ou mandará proceder a investigações, regendo-se estas, no que lhes for aplicável, pela Lei nº 1.579, de 18 de março de 1952.

- Arts. 21 e 22 da LC nº 64, de 18-5-1990 (Lei dos Casos de Inelegibilidade).
- Lei nº 1.579, de 18-3-1952 (Lei das Comissões Parlamentares de Inquerito).

Art. 238. É proibida, durante o ato eleitoral, a presença de força pública no edifício em que funcionar mesa receptora, ou nas imediações, observado o disposto no artigo 141.

Art. 239. Aos partidos políticos é assegurada a prioridade postal durante os sessenta dias anteriores à realização das eleições, para remessa de material de propaganda de seus candidatos registrados.

- Art. 338 deste Código.

TÍTULO II – DA PROPAGANDA PARTIDÁRIA

Art. 240. A propaganda de candidatos a cargos eletivos somente é permitida após o dia 15 de agosto do ano da eleição.

- *Caput* com a redação dada pela Lei nº 13.165, de 29-9-2015.

Parágrafo único. É vedada, desde quarenta e oito horas antes até vinte e quatro horas depois da eleição, qualquer propaganda política mediante radiodifusão, televisão, comícios ou reuniões públicas.

- Arts. 36 e 39, §§ 4º e 5º, da Lei nº 9.504, de 30-9-1997 (Lei das Eleições).
- Art. 7º da Lei nº 12.034, de 29-9-2009, que estabelece normas para as eleições.

Art. 241. Toda propaganda eleitoral será realizada sob a responsabilidade dos partidos e por eles paga, imputando-se-lhes solidariedade nos excessos praticados pelos seus candidatos e adeptos.

- Art. 17 da Lei nº 9.504, de 30-9-1997 (Lei das Eleições).

Parágrafo único. A solidariedade prevista neste artigo é restrita aos candidatos e aos respectivos partidos, não alcançando outros partidos, mesmo quando integrantes de uma mesma coligação.

- Parágrafo único acrescido pela Lei nº 12.891, de 11-12-2013.

Art. 242. A propaganda, qualquer que seja a sua forma ou modalidade, mencionará sempre a legenda partidária e só poderá ser feita em língua nacional, não devendo empregar meios publicitários destinados a criar, artificialmente, na opinião pública, estados mentais, emocionais ou passionais.

- *Caput* com a redação dada pela Lei nº 7.476, de 15-5-1986.
- Art. 335 deste Código.
- Art. 6º, § 2º, Lei nº 9.504, de 30-9-1997 (Lei das Eleições).

Parágrafo único. Sem prejuízo do processo e das penas cominadas, a Justiça Eleitoral adotará medidas para fazer impedir ou cessar imediatamente a propaganda realizada com infração do disposto neste artigo.

Art. 243. Não será tolerada propaganda:

I – de guerra, de processos violentos para subverter o regime, a ordem política e social ou de preconceitos de raça ou de classes;

- Arts. 5º, XLII e XLIV, e 17, *caput*, I e IV, e § 4º, da CF.
- Lei nº 7.716, de 5-1-1989 (Lei do Racismo).

II – que provoque animosidade entre as forças armadas ou contra elas ou delas contra as classes e instituições civis;

III – de incitamento de atentado contra pessoa ou bens;

IV – de instigação à desobediência coletiva ao cumprimento da lei de ordem pública;

V – que implique em oferecimento, promessa ou solicitação de dinheiro, dádiva, rifa, sorteio ou vantagem de qualquer natureza;

VI – que perturbe o sossego público, com algazarra ou abusos de instrumentos sonoros ou sinais acústicos;

▶ Art. 42, I e III, da LCP.

VII – por meio de impressos ou de objeto que pessoa inexperiente ou rústica possa confundir com moeda;

VIII – que prejudique a higiene e a estética urbana ou contravenha a posturas municipais ou a outra qualquer restrição de direito;

IX – que caluniar, difamar ou injuriar quaisquer pessoas, bem como órgãos ou entidades que exerçam autoridade pública;

▶ Art. 138 do CP.

X – que deprecie a condição de mulher ou estimule sua discriminação em razão do sexo feminino, ou em relação à sua cor, raça ou etnia.

▶ Inciso X acrescido pela Lei nº 14.192, de 4-8-2021.

§ 1º O ofendido por calúnia, difamação ou injúria, sem prejuízo e independentemente da ação penal competente, poderá demandar, no Juízo Cível, a reparação do dano moral respondendo por este o ofensor e, solidariamente, o partido político deste, quando responsável por ação ou omissão, e quem quer que, favorecido pelo crime, haja de qualquer modo contribuído para ele.

▶ Arts. 138 a 140 do CP.

▶ Lei nº 4.117, de 24-8-1962 (Código Brasileiro de Telecomunicações).

▶ Lei nº 9.096, de 19-9-1995 (Lei dos Partidos Políticos).

▶ Art. 58 da Lei nº 9.504, de 30-9-1997 (Lei das Eleições).

▶ Dec.-lei nº 236, de 28-2-1967, complementa e modifica o Código Brasileiro de Telecomunicações.

§ 2º No que couber, aplicar-se-ão na reparação do dano moral, referido no parágrafo anterior, os artigos 81 a 88 da Lei nº 4.117, de 27 de agosto de 1962.

§ 3º É assegurado o direito de resposta a quem for injuriado, difamado ou caluniado através da imprensa, rádio, televisão, ou alto-falante, aplicando-se, no que couber, os artigos 90 e 96 da Lei nº 4.117, de 27 de agosto de 1962.

▶ §§ 1º a 3º acrescidos pela Lei nº 4.961, de 4-5-1966.

▶ Lei nº 4.117, de 24-8-1962 (Código Brasileiro de Telecomunicações).

▶ Art. 58 da Lei nº 9.504, de 30-9-1997 (Lei das Eleições).

▶ Dec.-lei nº 236, de 28-2-1967, complementa e modifica o Código Brasileiro de Telecomunicações.

Art. 244. É assegurado aos partidos políticos registrados o direito de, independentemente de licença da autoridade pública e do pagamento de qualquer contribuição:

I – fazer inscrever, na fachada de suas sedes e dependências, o nome que os designe, pela forma que melhor lhes parecer;

II – instalar e fazer funcionar, normalmente, das quatorze às vinte e duas horas, nos três meses que antecederem as eleições, alto-falantes, ou amplificadores de voz, nos locais referidos, assim como em veículos seus, ou à sua disposição, em território nacional, com observância da legislação comum.

▶ Art. 322 deste Código.

▶ Arts. 36 e 39, § 3º, da Lei nº 9.504, de 30-9-1997 (Lei das Eleições).

Parágrafo único. Os meios de propaganda a que se refere o nº II deste artigo não serão permitidos, a menos de 500 metros:

▶ Art. 39, § 3º, da Lei nº 9.504, de 30-9-1997 (Lei das Eleições).

I – das sedes do Executivo Federal, dos Estados, Territórios e respectivas Prefeituras Municipais;

II – das Câmaras Legislativas Federais, Estaduais e Municipais;

III – dos Tribunais Judiciais;

IV – dos hospitais e casas de saúde;

V – das escolas, bibliotecas públicas, igrejas e teatros, quando em funcionamento;

VI – dos quartéis e outros estabelecimentos militares.

Art. 245. A realização de qualquer ato de propaganda partidária ou eleitoral, em recinto aberto, não depende de licença da polícia.

▶ Art. 39 da Lei nº 9.504, de 30-9-1997 (Lei das Eleições).

§ 1º Quando o ato de propaganda tiver de realizar-se em lugar designado para a celebração de comício, na forma do disposto no artigo 3º da Lei nº 1.207, de 25 de outubro de 1950, deverá ser feita comunicação à autoridade policial, pelo menos vinte e quatro horas antes de sua realização.

▶ Art. 3º da Lei nº 1.207, de 25-10-1950, que dispõe sobre o direito de reunião.

▶ Art. 39, § 1º, da Lei nº 9.504, de 30-9-1997 (Lei das Eleições).

§ 2º Não havendo local anteriormente fixado para a celebração de comício, ou sendo impossível ou difícil nele realizar-se o ato de propaganda eleitoral, ou havendo pedido para designação de outro local, a comunicação a que se refere o parágrafo anterior será feita, no mínimo, com antecedência de setenta e duas horas, devendo a autoridade policial, em qualquer desses casos, nas vinte e quatro horas seguintes, designar local amplo e de fácil acesso, de modo que não impossibilite ou frustre a reunião.

§ 3º Aos órgãos da Justiça Eleitoral compete julgar das reclamações sobre a localização dos comícios e providências sobre a distribuição equitativa dos locais aos partidos.

Arts. 246 e 247. *Revogados.* Lei nº 9.504, de 30-9-1997.

Art. 248. Ninguém poderá impedir a propaganda eleitoral, nem inutilizar, alterar ou perturbar os meios lícitos nela empregados.

▶ Arts. 331 e 332 deste Código.

Art. 249. O direito de propaganda não importa restrição ao poder de polícia quando este deva ser exercido em benefício da ordem pública.

▶ Art. 41 da Lei nº 9.504, de 30-9-1997 (Lei das Eleições).

Art. 250. *Revogado.* Lei nº 9.504, de 30-9-1997.

Art. 251. No período destinado à propaganda eleitoral gratuita não prevalecerão quaisquer contratos ou ajustes firmados pelas empresas que possam burlar ou tornar inexequível qualquer dispositivo deste Código ou das instruções baixadas pelo Tribunal Superior Eleitoral.

Arts. 252 a 254. *Revogados.* Dec.-lei nº 1.538, de 14-4-1977.

Art. 255. Nos quinze dias anteriores ao pleito é proibida a divulgação, por qualquer forma, de resultados de prévias ou testes pré-eleitorais.

▶ Art. 220, § 1º, da CF.

▶ Art. 33 da Lei nº 9.504, de 30-9-1997 (Lei das Eleições).

Art. 256. As autoridades administrativas federais, estaduais e municipais proporcionarão aos partidos, em igualdade de condições, as facilidades permitidas para a respectiva propaganda.

§ 1º No período da campanha eleitoral, independentemente do critério de prioridade, os serviços telefônicos, oficiais ou concedidos, farão instalar, na sede dos diretórios devidamente registrados, telefones necessários, mediante requerimento do respectivo Presidente e pagamento das taxas devidas.

§ 2º O Tribunal Superior Eleitoral baixará as instruções necessárias ao cumprimento do disposto no parágrafo anterior fixando as condições a serem observadas.

▶ §§ 1º e 2º acrescidos pela Lei nº 4.961, de 4-5-1966.

TÍTULO III – DOS RECURSOS

CAPÍTULO I – DISPOSIÇÕES PRELIMINARES

Art. 257. Os recursos eleitorais não terão efeito suspensivo.

§ 1º A execução de qualquer acórdão será feita imediatamente, através de comunicação por ofício, telegrama, ou, em casos especiais, a critério do Presidente do Tribunal, através de cópia do acórdão.

▶ Parágrafo único renumerado para § 1º pela Lei nº 13.165, de 29-9-2015.

§ 2º O recurso ordinário interposto contra decisão proferida por juiz eleitoral ou por Tribunal Regional Eleitoral que resulte em cassação de registro, afastamento do titular ou perda de mandato eletivo será recebido pelo Tribunal competente com efeito suspensivo.

§ 3º O Tribunal dará preferência ao recurso sobre quaisquer outros processos, ressalvados os de *habeas corpus* e de mandado de segurança.

▶ §§ 2º e 3º acrescidos pela Lei nº 13.165, de 29-9-2015.

Art. 258. Sempre que a lei não fixar prazo especial, o recurso deverá ser interposto em três dias da publicação do ato, resolução ou despacho.

Art. 259. São preclusivos os prazos para interposição de recurso, salvo quando neste se discutir matéria constitucional.

Parágrafo único. O recurso em que se discutir matéria constitucional não poderá ser interposto fora do prazo. Perdido o prazo numa fase própria, só em outra que se apresentar poderá ser interposto.

Art. 260. A distribuição do primeiro recurso que chegar ao Tribunal Regional ou Tribunal Superior, prevenirá a competência do relator para todos os demais casos do mesmo Município ou Estado.

Art. 261. Os recursos parciais, entre os quais não se incluem os que versarem matéria referente ao registro de candidatos, interpostos para os Tribunais Regionais no caso de eleições municipais e para o Tribunal Superior no caso de eleições estaduais ou federais, serão julgados à medida que derem entrada nas respectivas Secretarias.

§ 1º Havendo dois ou mais recursos parciais de um mesmo Município ou Estado, ou se todos, inclusive os de diplomação já estiverem no Tribunal Regional ou no Tribunal Superior, serão eles julgados seguidamente, em uma ou mais sessões.

§ 2º As decisões com os esclarecimentos necessários ao cumprimento serão comunicadas de uma só vez ao Juiz Eleitoral ou ao Presidente do Tribunal Regional.

§ 3º Se os recursos de um mesmo Município ou Estado deram entrada em datas diversas, sendo julgados separadamente, o Juiz Eleitoral ou o Presidente do Tribunal Regional aguardará a comunicação de todas as decisões para cumpri-las, salvo se o julgamento dos demais importar em alteração do resultado do pleito que não tenha relação com o recurso já julgado.

§ 4º Em todos os recursos, no despacho que determinar a remessa dos autos à instância superior, o juízo *a quo* esclarecerá quais os ainda em fase de processamento e, no último, quais os anteriormente remetidos.

§ 5º Ao se realizar a diplomação, se ainda houver recurso pendente de decisão em outra instância, será consignado que os resultados poderão sofrer alterações decorrentes desse julgamento.

§ 6º Realizada a diplomação, e decorrido o prazo para recurso, o Juiz ou Presidente do Tribunal Regional comunicará à instância superior se foi ou não interposto recurso.

Art. 262. O recurso contra expedição de diploma caberá somente nos casos de inelegibilidade superveniente ou de natureza constitucional e de falta de condição de elegibilidade.

▸ *Caput* com a redação dada pela Lei nº 12.891, de 11-12-2013.

I a IV – *Revogados*. Lei nº 12.891, de 11-12-2013.

§ 1º A inelegibilidade superveniente que atrai restrição à candidatura, se formulada no âmbito do processo de registro, não poderá ser deduzida no recurso contra expedição de diploma.

§ 2º A inelegibilidade superveniente apta a viabilizar o recurso contra a expedição de diploma, decorrente de alterações fáticas ou jurídicas, deverá ocorrer até a data fixada para que os partidos políticos e as coligações apresentem os seus requerimentos de registros de candidatos.

§ 3º O recurso de que trata este artigo deverá ser interposto no prazo de 3 (três) dias após o último dia limite fixado para a diplomação e será suspenso no período compreendido entre os dias 20 de dezembro e 20 de janeiro, a partir do qual retomará seu cômputo.

▸ §§ 1º a 3º acrescidos pela Lei nº 13.877, de 27-9-2019, promulgado nos termos do art. 66, § 5º, da CF (*DOU* de 13-12-2019, edição extra – A)

Art. 263. No julgamento de um mesmo pleito eleitoral, as decisões anteriores sobre questões de direito constituem prejulgados para os demais casos, salvo se contra a tese votarem dois terços dos membros do Tribunal.

Art. 264. Para os Tribunais Regionais e para o Tribunal Superior caberá, dentro de três dias, recurso dos atos, resoluções ou despachos dos respectivos presidentes.

CAPÍTULO II
DOS RECURSOS PERANTE AS JUNTAS E JUÍZOS ELEITORAIS

Art. 265. Dos atos, resoluções ou despachos dos Juízes ou Juntas Eleitorais caberá recurso para o Tribunal Regional.

Parágrafo único. Os recursos das decisões das Juntas serão processados na forma estabelecida pelos artigos 169 e seguintes.

Art. 266. O recurso independerá de termo e será interposto por petição devidamente fundamentada, dirigida ao Juiz Eleitoral e acompanhada, se o entender o recorrente, de novos documentos.

Parágrafo único. Se o recorrente se reportar a coação, fraude, uso de meios de que trata o artigo 237 ou emprego de processo de propaganda ou captação de sufrágios vedada por lei, dependentes de prova a ser determinada pelo Tribunal, bastar-lhe-á indicar os meios a elas conducentes.

▸ Parágrafo único acrescido pela Lei nº 4.961, de 4-5-1966.

Art. 267. Recebida a petição, mandará o juiz intimar o recorrido para ciência do recurso, abrindo-se-lhe vista dos autos a fim de, em prazo igual ao estabelecido para a sua interposição, oferecer razões, acompanhadas ou não de novos documentos.

§ 1º A intimação se fará pela publicação da notícia da vista no jornal que publicar o expediente da Justiça Eleitoral, onde houver, e nos demais lugares, pessoalmente pelo escrivão, independente de iniciativa do recorrente.

§ 2º Onde houver jornal oficial, se a publicação não ocorrer no prazo de três dias, a intimação se fará pessoalmente ou na forma prevista no parágrafo seguinte.

§ 3º Nas zonas em que se fizer intimação pessoal, se não for encontrado o recorrido dentro de quarenta e oito horas, a intimação se fará por edital afixado no fórum, no local de costume.

§ 4º Todas as citações e intimações serão feitas na forma estabelecida neste artigo.

§ 5º Se o recorrido juntar novos documentos, terá o recorrente vista dos autos por quarenta e oito horas para falar sobre os mesmos, contado o prazo na forma deste artigo.

§ 6º Findos os prazos a que se referem os parágrafos anteriores, o Juiz Eleitoral fará, dentro de quarenta e oito horas, subir os autos ao Tribunal Regional com a sua resposta e os documentos em que se fundar, sujeito à multa de dez por cento do salário mínimo regional por dia de retardamento, salvo se entender de reformar a sua decisão.

▸ § 6º com a redação dada pela Lei nº 4.961, de 4-5-1966.

§ 7º Se o juiz reformar a decisão recorrida, poderá o recorrido, dentro de três dias, requerer suba o recurso como se por ele interposto.

CAPÍTULO III
DOS RECURSOS NOS TRIBUNAIS REGIONAIS

Art. 268. No Tribunal Regional nenhuma alegação escrita ou nenhum documento poderá ser oferecido por qualquer das partes, salvo o disposto no artigo 270.

▸ Artigo com a redação dada pela Lei nº 4.961, de 4-5-1966.

▸ Súm. nº 3 do TSE.

Art. 269. Os recursos serão distribuídos a um relator em vinte e quatro horas e na ordem rigorosa da antiguidade dos respectivos membros, esta última exigência sob pena de nulidade de qualquer ato ou decisão do relator ou do Tribunal.

§ 1º Feita a distribuição, a Secretaria do Tribunal abrirá vista dos autos à Procuradoria Regional, que deverá emitir parecer no prazo de cinco dias.

§ 2º Se a Procuradoria não emitir parecer no prazo fixado, poderá a parte interessada requerer a inclusão do processo na pauta, devendo o Procurador, nesse caso, proferir parecer oral na assentada do julgamento.

Art. 270. Se o recurso versar sobre coação, fraude, uso de meios de que trata o artigo 237, ou emprego de processo de propaganda ou captação de sufrágios vedado por lei dependente de prova indicada pelas partes ao interpô-lo ou ao impugná-lo, o relator no Tribunal Regional deferi-la-á em vinte e quatro horas da conclusão, realizando-se ela no prazo improrrogável de cinco dias.

▸ *Caput* com a redação dada pela Lei nº 4.961, de 4-5-1966.

§ 1º Admitir-se-ão como meios de prova para apreciação pelo Tribunal as justificações e as perícias processadas perante o Juiz Eleitoral da zona, com citação dos partidos que concorreram ao pleito e do representante do Ministério Público.

§ 2º Indeferindo o relator a prova, serão os autos, a requerimento do interessado, nas vinte e quatro horas seguintes, presentes à primeira sessão do Tribunal, que deliberará a respeito.

§ 3º Protocoladas as diligências probatórias, ou com a juntada das justificações ou diligências, a Secretaria do Tribunal abrirá, sem demora, vista dos autos, por vinte e quatro horas, seguidamente, ao recorrente e ao recorrido para dizerem a respeito.

§ 4º Findo o prazo acima, serão os autos conclusos ao relator.

▸ §§ 1º a 4º acrescidos pela Lei nº 4.961, de 4-5-1966.

Art. 271. O relator devolverá os autos à Secretaria no prazo improrrogável de oito dias para, nas vinte e quatro horas seguintes, ser o caso incluído na pauta de julgamento do Tribunal.

§ 1º Tratando-se de recurso contra a expedição de diploma, os autos, uma vez devolvidos pelo relator, serão conclusos ao juiz imediato em antiguidade como revisor, o qual deverá devolvê-los em quatro dias.

§ 2º As pautas serão organizadas com um número de processos que possam ser realmente julgados, obedecendo-se rigorosamente a ordem da devolução dos mesmos à Secretaria pelo relator, ou revisor, nos recursos contra a expedição de diploma, ressalvadas as preferências determinadas pelo regimento do Tribunal.

Art. 272. Na sessão do julgamento, uma vez feito o relatório pelo relator, cada uma das partes poderá, no prazo improrrogável de dez minutos, sustentar oralmente as suas conclusões.

Parágrafo único. Quando se tratar de julgamento de recursos contra a expedição de diploma, cada parte terá vinte minutos para sustentação oral.

Art. 273. Realizado o julgamento, o relator, se vitorioso, ou o relator designado para redigir o acórdão, apresentará a redação deste, o mais tardar, dentro em cinco dias.

§ 1º O acórdão conterá uma síntese das questões debatidas e decididas.

► Art. 943, § 1º, do CPC/2015.

§ 2º Sem prejuízo do disposto no parágrafo anterior, se o Tribunal dispuser de serviço taquigráfico, serão juntas ao processo as notas respectivas.

Art. 274. O acórdão, devidamente assinado, será publicado, valendo como tal a inserção da sua conclusão no órgão oficial.

§ 1º Se o órgão oficial não publicar o acórdão no prazo de três dias, as partes serão intimadas pessoalmente e, se não forem encontradas no prazo de quarenta e oito horas, a intimação se fará por edital afixado no Tribunal, no local de costume.

§ 2º O disposto no parágrafo anterior aplicar-se-á a todos os casos de citação ou intimação.

Art. 275. São admissíveis embargos de declaração nas hipóteses previstas no Código de Processo Civil.

► Art. 1.022 do CPC/2015.

§ 1º Os embargos de declaração serão opostos no prazo de 3 (três) dias, contado da data de publicação da decisão embargada, em petição dirigida ao juiz ou relator, com a indicação do ponto que lhes deu causa.

§ 2º Os embargos de declaração não estão sujeitos a preparo.

§ 3º O juiz julgará os embargos em 5 (cinco) dias.

§ 4º Nos tribunais:

I – o relator apresentará os embargos em mesa na sessão subsequente, proferindo voto;

II – não havendo julgamento na sessão referida no inciso I, será o recurso incluído em pauta;

III – vencido o relator, outro será designado para lavrar o acórdão.

§ 5º Os embargos de declaração interrompem o prazo para a interposição de recurso.

§ 6º Quando manifestamente protelatórios os embargos de declaração, o juiz ou o tribunal, em decisão fundamentada, condenará o embargante a pagar ao embargado multa não excedente a 2 (dois) salários mínimos.

§ 7º Na reiteração de embargos de declaração manifestamente protelatórios, a multa será elevada a até 10 (dez) salários mínimos.

► Art. 275 com a redação dada pela Lei nº 13.105, de 16-3-2015.

Art. 276. As decisões dos Tribunais Regionais são terminativas, salvo os casos seguintes em que cabe recurso para o Tribunal Superior:

► Art. 121, § 4º, I a V, da CF.

I – especial:

► Art. 22, II, deste Código.

a) quando forem proferidas contra expressa disposição de lei;

b) quando ocorrer divergência na interpretação de lei entre dois ou mais Tribunais Eleitorais;

II – ordinário:

a) quando versarem sobre expedição de diplomas nas eleições federais e estaduais;

► Art. 121, § 4º, I a V, da CF.

b) quando denegarem *habeas corpus* ou mandado de segurança.

§ 1º É de três dias o prazo para a interposição do recurso, contado da publicação da decisão nos casos dos nºs I, letras *a* e *b*, e II, letra *b*, e da sessão da diplomação no caso do nº II, letra *a*.

§ 2º Sempre que o Tribunal Regional determinar a realização de novas eleições, o prazo para a interposição dos recursos, no caso do nº II, *a*, contar-se-á da sessão em que, feita a apuração das sessões renovadas, for proclamado o resultado das eleições suplementares.

Art. 277. Interposto recurso ordinário contra decisão do Tribunal Regional, o Presidente poderá, na própria petição, mandar abrir vista ao recorrido para que, no mesmo prazo, ofereça as suas razões.

Parágrafo único. Juntadas as razões do recorrido, serão os autos remetidos ao Tribunal Superior.

Art. 278. Interposto recurso especial contra decisão do Tribunal Regional, a petição será juntada nas quarenta e oito horas seguintes e os autos conclusos ao Presidente dentro de vinte e quatro horas.

§ 1º O Presidente, dentro em quarenta e oito horas do recebimento dos autos conclusos, proferirá despacho fundamentado, admitindo ou não o recurso.

§ 2º Admitido o recurso, será aberta vista dos autos ao recorrido para que, no mesmo prazo, apresente as suas razões.

§ 3º Em seguida serão os autos conclusos ao Presidente, que mandará remetê-los ao Tribunal Superior.

Art. 279. Denegado o recurso especial, o recorrente poderá interpor, dentro em três dias, agravo de instrumento.

§ 1º O agravo de instrumento será interposto por petição que conterá:

I – a exposição do fato e do direito;

II – as razões do pedido de reforma da decisão;

III – a indicação das peças do processo que devem ser trasladadas.

§ 2º Serão obrigatoriamente trasladadas a decisão recorrida e a certidão da intimação.

§ 3º Deferida a formação do agravo, será intimado o recorrido para, no prazo de três dias, apresentar as suas razões e indicar as peças dos autos que serão também trasladadas.

§ 4º Concluída a formação do instrumento o Presidente do Tribunal determinará a remessa dos autos ao Tribunal Superior, podendo, ainda, ordenar a extração e a juntada de peças não indicadas pelas partes.

§ 5º O Presidente do Tribunal não poderá negar seguimento ao agravo, ainda que interposto fora do prazo legal.

§ 6º Se o agravo de instrumento não for conhecido, porque interposto fora do prazo legal, o Tribunal Superior imporá ao recorrente multa correspondente ao valor do maior salário mínimo vigente no País, multa essa que será inscrita e cobrada na forma prevista no artigo 367.

► Art. 7º, IV, da CF.

► Arts. 7º, *caput*, e 231 deste Código.

► Arts. 7º e 16 da Lei nº 6.091, de 15-8-1974, que dispõe sobre o fornecimento gratuito de transporte, em dias de eleição, a eleitores residentes nas zonas rurais.

► Lei nº 10.522, de 19-7-2002, dispõe sobre o cadastro informativo dos créditos não quitados de órgãos e entidades federais.

§ 7º Se o Tribunal Regional dispuser de aparelhamento próprio, o instrumento deverá ser formado com fotocópias ou processos semelhantes, pagas as despesas, pelo preço do custo, pelas partes, em relação às peças que indicarem.

CAPÍTULO IV
DOS RECURSOS NO TRIBUNAL SUPERIOR

Art. 280. Aplicam-se ao Tribunal Superior as disposições dos artigos 268, 269, 270, 271, *caput*, 272, 273, 274 e 275.

Art. 281. São irrecorríveis as decisões do Tribunal Superior, salvo as que declararem a invalidade de lei ou ato contrário à Constituição Federal e as denegatórias de *habeas corpus* ou mandado de segurança, das quais caberá recurso ordinário para o Supremo Tribunal Federal, interposto no prazo de três dias.

► Arts. 102, II, *a*, III, e 121, § 3º, da CF.

► Art. 12 da Lei nº 6.055, de 17-6-1974, que estabelece normas sobre a realização de eleições em 1974.

► Súm. nº 728 do STF.

§ 1º Juntada a petição nas quarenta e oito horas seguintes, os autos serão conclusos ao Presidente do Tribunal, que, no mesmo prazo, proferirá despacho fundamentado, admitindo ou não o recurso.

§ 2º Admitido o recurso será aberta vista dos autos ao recorrido para que, dentro de três dias, apresente as suas razões.

§ 3º Findo esse prazo os autos serão remetidos ao Supremo Tribunal Federal.

Art. 282. Denegado o recurso, o recorrente poderá interpor, dentro de três dias, agravo de instrumento, observado o disposto no artigo 279 e seus parágrafos, aplicada a multa a que se refere o § 6º pelo Supremo Tribunal Federal.

TÍTULO IV – DISPOSIÇÕES PENAIS

CAPÍTULO I
DISPOSIÇÕES PRELIMINARES

Art. 283. Para os efeitos penais são considerados membros e funcionários da Justiça Eleitoral:

I – os magistrados que, mesmo não exercendo funções eleitorais, estejam presidindo Juntas Apuradoras ou se encontrem no exercício de outra função por designação de Tribunal Eleitoral;

II – os cidadãos que temporariamente integram órgãos da Justiça Eleitoral;

III – os cidadãos que hajam sido nomeados para as mesas receptoras ou Juntas Apuradoras;

IV – os funcionários requisitados pela Justiça Eleitoral.

§ 1º Considera-se funcionário público, para os efeitos penais, além dos indicados no presente artigo, quem, embora transitoriamente ou sem remuneração, exerce cargo, emprego ou função pública.

► Art. 327, *caput*, do CP.

§ 2º Equipara-se a funcionário público quem exerce cargo, emprego ou função em entidade paraestatal ou em sociedade de economia mista.

► Art. 327, § 1º, do CP.

Art. 284. Sempre que este Código não indicar o grau mínimo, entende-se que será ele de quinze dias para a pena de detenção e de um ano para a de reclusão.

Art. 285. Quando a lei determina a agravação ou atenuação da pena sem mencionar o *quantum*, deve o juiz fixá-lo entre um quinto e um terço, guardados os limites da pena cominada ao crime.

▶ Art. 53 do CP.

Art. 286. A pena de multa consiste no pagamento ao Tesouro Nacional, de uma soma de dinheiro, que é fixada em dias-multa. Seu montante é, no mínimo, um dia-multa e, no máximo, trezentos dias-multa.

§ 1º O montante do dia-multa é fixado segundo o prudente arbítrio do juiz, devendo este ter em conta as condições pessoais e econômicas do condenado, mas não pode ser inferior ao salário mínimo diário da região, nem superior ao valor de um salário mínimo mensal.

▶ Art. 7º, IV, da CF.

▶ Arts. 7º, *caput*, e 231 deste Código.

▶ Arts. 7º e 16 da Lei nº 6.091, de 15-8-1974, que dispõe sobre o fornecimento gratuito de transporte, em dias de eleição, a eleitores residentes nas zonas rurais.

▶ Lei nº 10.522, de 19-7-2002, dispõe sobre o cadastro informativo dos créditos não quitados de órgãos e entidades federais.

§ 2º A multa pode ser aumentada até o triplo, embora não possa exceder o máximo genérico (*caput*), se o juiz considerar que, em virtude da situação econômica do condenado, é ineficaz a cominada, ainda que no máximo, ao crime de que se trate.

Art. 287. Aplicam-se aos fatos incriminados nesta Lei as regras gerais do Código Penal.

Art. 288. Nos crimes eleitorais cometidos por meio da imprensa, do rádio ou da televisão, aplicam-se exclusivamente as normas deste Código e as remissões a outra lei nele contempladas.

CAPÍTULO II
DOS CRIMES ELEITORAIS

Art. 289. Inscrever-se fraudulentamente eleitor:

Pena – reclusão até cinco anos e pagamento de cinco a quinze dias-multa.

Art. 290. Induzir alguém a se inscrever eleitor com infração de qualquer dispositivo deste Código:

Pena – reclusão até dois anos e pagamento de quinze a trinta dias-multa.

Art. 291. Efetuar o juiz, fraudulentamente, a inscrição de alistando:

Pena – reclusão até cinco anos e pagamento de cinco a quinze dias-multa.

Art. 292. Negar ou retardar a autoridade judiciária, sem fundamento legal, a inscrição requerida:

Pena – pagamento de trinta a sessenta dias-multa.

Art. 293. Perturbar ou impedir de qualquer forma o alistamento:

Pena – detenção de quinze dias a seis meses ou pagamento de trinta a sessenta dias-multa.

Art. 294. *Revogado*. Lei nº 8.868, de 14-4-1994.

Art. 295. Reter título eleitoral contra a vontade do eleitor:

▶ Art. 91, parágrafo único, da Lei nº 9.504, de 30-9-1997 (Lei das Eleições).

Pena – detenção até dois meses ou pagamento de trinta a sessenta dias-multa.

Art. 296. Promover desordem que prejudique os trabalhos eleitorais:

Pena – detenção até dois meses e pagamento de sessenta a noventa dias-multa.

Art. 297. Impedir ou embaraçar o exercício do sufrágio:

Pena – detenção até seis meses e pagamento de sessenta a cem dias-multa.

Art. 298. Prender ou deter eleitor, membro de mesa receptora, fiscal, delegado de partido ou candidato, com violação do disposto no artigo 236:

Pena – reclusão até quatro anos.

Art. 299. Dar, oferecer, prometer, solicitar ou receber, para si ou para outrem, dinheiro, dádiva ou qualquer outra vantagem, para obter ou dar voto e para conseguir ou prometer abstenção, ainda que a oferta não seja aceita:

Pena – reclusão até quatro anos e pagamento de cinco a quinze dias-multa.

▶ Arts. 317 e 333 do CP.

Art. 300. Valer-se o servidor público da sua autoridade para coagir alguém a votar ou não votar em determinado candidato ou partido:

Pena – detenção até seis meses e pagamento de sessenta a cem dias-multa.

▶ Art. 147 do CP.

Parágrafo único. Se o agente é membro ou funcionário da Justiça Eleitoral e comete o crime prevalecendo-se do cargo, a pena é agravada.

Art. 301. Usar de violência ou grave ameaça para coagir alguém a votar, ou não votar, em determinado candidato ou partido, ainda que os fins visados não sejam conseguidos:

Pena – reclusão até quatro anos e pagamento de cinco a quinze dias-multa.

▶ Art. 146 do CP.

Art. 302. Promover, no dia da eleição, com o fim de impedir, embaraçar ou fraudar o exercício do voto a concentração de eleitores, sob qualquer forma, inclusive o fornecimento gratuito de alimento e transporte coletivo:

Pena – reclusão de quatro a seis anos e pagamento de duzentos a trezentos dias-multa.

▶ Artigo com a redação dada pelo Dec.-lei nº 1.064, de 24-10-1969.

Art. 303. Majorar os preços de utilidades e serviços necessários à realização de eleições, tais como transporte e alimentação de eleitores, impressão, publicidade e divulgação de matéria eleitoral:

Pena – pagamento de duzentos e cinquenta a trezentos dias-multa.

▶ Art. 11 da Lei nº 6.091, de 15-8-1974, que dispõe sobre o fornecimento gratuito de transporte, em dias de eleição, a eleitores residentes nas zonas rurais.

Art. 304. Ocultar, sonegar, açambarcar ou recusar no dia da eleição, o fornecimento, normalmente a todos, de utilidades, alimentação e meios de transporte, ou conceder exclusividade dos mesmos a determinado partido ou candidato:

Pena – pagamento de duzentos e cinquenta a trezentos dias-multa.

▶ Art. 11 da Lei nº 6.091, de 15-8-1974, que dispõe sobre o fornecimento gratuito de transporte, em dias de eleição, a eleitores residentes nas zonas rurais.

Art. 305. Intervir autoridade estranha à mesa receptora, salvo o Juiz Eleitoral, no seu funcionamento sob qualquer pretexto:

Pena – detenção até seis meses e pagamento de sessenta a noventa dias-multa.

Art. 306. Não observar a ordem em que os eleitores devem ser chamados a votar:

Pena – pagamento de quinze a trinta dias-multa.

Art. 307. Fornecer ao eleitor cédula oficial já assinalada ou por qualquer forma marcada:

Pena – reclusão até cinco anos e pagamento de cinco a quinze dias-multa.

Art. 308. Rubricar e fornecer a cédula oficial em outra oportunidade que não a de entrega da mesma ao eleitor:

Pena – reclusão até cinco anos e pagamento de sessenta a noventa dias-multa.

Art. 309. Votar ou tentar votar mais de uma vez, ou em lugar de outrem:

Pena – reclusão até três anos.

Art. 310. Praticar, ou permitir o membro da mesa receptora que seja praticada, qualquer irregularidade que determine a anulação de votação, salvo no caso do artigo 311:

Pena – detenção até seis meses ou pagamento de noventa a cento e vinte dias-multa.

Art. 311. Votar em seção eleitoral em que não está inscrito, salvo nos casos expressamente previstos, e permitir, o Presidente da mesa receptora, que o voto seja admitido:

Pena – detenção até um mês ou pagamento de cinco a quinze dias-multa para o eleitor e de vinte a trinta dias-multa para o Presidente da mesa.

Art. 312. Violar ou tentar violar o sigilo do voto:

Pena – detenção até dois anos.

Art. 313. Deixar o juiz e os membros da Junta de expedir o boletim de apuração imediatamente após a apuração de cada urna e antes de passar à subsequente, sob qualquer pretexto e ainda que dispensada a expedição pelos fiscais, delegados ou candidatos presentes:

Pena – pagamento de noventa a cento e vinte dias-multa.

Parágrafo único. Nas seções eleitorais em que a contagem for procedida pela mesa receptora incorrerão na mesma pena o Presidente e os mesários que não expedirem imediatamente o respectivo boletim.

▶ Art. 68, § 1º, da Lei nº 9.504, de 30-9-1997 (Lei das Eleições).

Art. 314. Deixar o juiz e os membros da Junta de recolher as cédulas apuradas na respectiva urna, fechá-la e lacrá-la, assim que terminar a apuração de cada seção e antes de passar à subsequente, sob qualquer pretexto e ainda que dispensada a providência pelos fiscais, delegados ou candidatos presentes:

Pena – detenção até dois meses ou pagamento de noventa a cento e vinte dias-multa.

Parágrafo único. Nas seções eleitorais em que a contagem dos votos for procedida pela mesa receptora incorrerão na mesma pena o Presidente e os mesários que não fecharem e lacrarem a urna após a contagem.

Art. 315. Alterar nos mapas ou boletins de apuração a votação obtida por qualquer candidato ou lançar nesses documentos votação que não corresponda às cédulas apuradas:

Pena – reclusão até cinco anos e pagamento de cinco a quinze dias-multa.

▸ Arts. 297 e 299 do CP.

▸ Art. 15 da Lei nº 6.996, de 7-6-1982, que dispõe sobre a utilização de processamento eletrônico de dados nos serviços eleitorais.

▸ Art. 72 da Lei nº 9.504, de 30-9-1997 (Lei das Eleições).

Art. 316. Não receber ou não mencionar nas atas da eleição ou da apuração os protestos devidamente formulados ou deixar de remetê-los à instância superior:

Pena – reclusão até cinco anos e pagamento de cinco a quinze dias-multa.

Art. 317. Violar ou tentar violar o sigilo da urna ou dos invólucros:

Pena – reclusão de três a cinco anos.

Art. 318. Efetuar a mesa receptora a contagem dos votos da urna quando qualquer eleitor houver votado sob impugnação (artigo 190):

Pena – detenção até um mês ou pagamento de trinta a sessenta dias-multa.

Art. 319. Subscrever o eleitor mais de uma ficha de registro de um ou mais partidos:

Pena – detenção até um mês ou pagamento de dez a trinta dias-multa.

Art. 320. Inscrever-se o eleitor, simultaneamente, em dois ou mais partidos:

Pena – pagamento de dez a vinte dias-multa.

▸ Art. 22, parágrafo único, da Lei nº 9.096, de 19-9-1995 (Lei dos Partidos Políticos).

Art. 321. Colher a assinatura do eleitor em mais de uma ficha de registro de partido:

Pena – detenção até dois meses ou pagamento de vinte a quarenta dias-multa.

Art. 322. *Revogado.* Lei nº 9.504, de 30-9-1997.

Art. 323. Divulgar, na propaganda eleitoral ou durante período de campanha eleitoral, fatos que sabe inverídicos em relação a partidos ou a candidatos e capazes de exercer influência perante o eleitorado:

▸ *Caput* com a redação dada pela Lei nº 14.192, de 4-8-2021.

Pena – detenção de dois meses a um ano, ou pagamento de cento e vinte a cento e cinquenta dias-multa.

§ 1º Nas mesmas penas incorre quem produz, oferece ou vende vídeo com conteúdo inverídico acerca de partidos ou candidatos.

▸ Parágrafo único transformado em § 1º e com a redação dada pela Lei nº 14.192, de 4-8-2021.

§ 2º Aumenta-se a pena de 1/3 (um terço) até metade se o crime:

I – é cometido por meio da imprensa, rádio ou televisão, ou por meio da internet ou de rede social, ou é transmitido em tempo real;

II – envolve menosprezo ou discriminação à condição de mulher ou à sua cor, raça ou etnia.

▸ § 2º acrescido pela Lei nº 14.192, de 4-8-2021.

Art. 324. Caluniar alguém, na propaganda eleitoral, ou visando fins de propaganda, imputando-lhe falsamente fato definido como crime:

Pena – detenção de seis meses a dois anos, e pagamento de dez a quarenta dias-multa.

§ 1º Nas mesmas penas incorre quem, sabendo falsa a imputação, a propala ou divulga.

§ 2º A prova da verdade do fato imputado exclui o crime, mas não é admitida:

I – se, constituindo o fato imputado crime de ação privada, o ofendido não foi condenado por sentença irrecorrível;

II – se o fato é imputado ao Presidente da República ou chefe de governo estrangeiro;

III – se do crime imputado, embora de ação pública, o ofendido foi absolvido por sentença irrecorrível.

Art. 325. Difamar alguém, na propaganda eleitoral, ou visando a fins de propaganda, imputando-lhe fato ofensivo à sua reputação:

Pena – detenção de três meses a um ano, e pagamento de cinco a trinta dias-multa.

Parágrafo único. A exceção da verdade somente se admite se o ofendido é funcionário público e a ofensa é relativa ao exercício de suas funções.

Art. 326. Injuriar alguém, na propaganda eleitoral, ou visando a fins de propaganda, ofendendo-lhe a dignidade ou o decoro:

Pena – detenção até seis meses, ou pagamento de trinta a sessenta dias-multa.

§ 1º O juiz pode deixar de aplicar a pena:

I – se o ofendido, de forma reprovável, provocou diretamente a injúria;

II – no caso de retorsão imediata, que consista em outra injúria.

§ 2º Se a injúria consiste em violência ou vias de fato, que, por sua natureza ou meio empregado, se considerem aviltantes:

Pena – detenção de três meses a um ano e pagamento de cinco a vinte dias-multa, além das penas correspondentes à violência prevista no Código Penal.

▸ Art. 140 do CP.

Art. 326-A. Dar causa à instauração de investigação policial, de processo judicial, de investigação administrativa, de inquérito civil ou ação de improbidade administrativa, atribuindo a alguém a prática de crime ou ato infracional de que o sabe inocente, com finalidade eleitoral:

Pena – reclusão, de 2 (dois) a 8 (oito) anos, e multa.

▸ *Caput* acrescido pela Lei nº 13.834, de 4-6-2019.

§ 1º A pena é aumentada de sexta parte, se o agente se serve do anonimato ou de nome suposto.

§ 2º A pena é diminuída de metade, se a imputação é de prática de contravenção.

▸ §§ 1º e 2º acrescidos pela Lei nº 13.834, de 4-6-2019.

§ 3º Incorrerá nas mesmas penas deste artigo quem, comprovadamente ciente da inocência do denunciado e com finalidade eleitoral, divulga ou propala, por qualquer meio ou forma, o ato ou fato que lhe foi falsamente atribuído.

▸ § 3º acrescido pela Lei nº 13.834, de 4-6-2019, promulgado nos termos do art. 66, § 5º, da CF (*DOU* de 11-11-2019).

Art. 326-B. Assediar, constranger, humilhar, perseguir ou ameaçar, por qualquer meio, candidata a cargo eletivo ou detentora de mandato eletivo, utilizando-se de menosprezo ou discriminação à condição de mulher ou à sua cor, raça ou etnia, com a finalidade de impedir ou de dificultar a sua campanha eleitoral ou o desempenho de seu mandato eletivo.

Pena – reclusão, de 1 (um) a 4 (quatro) anos, e multa.

Parágrafo único. Aumenta-se a pena em 1/3 (um terço), se o crime é cometido contra mulher:

I – gestante;

II – maior de 60 (sessenta) anos;

III – com deficiência.

▸ Art. 326-B acrescido pela Lei nº 14.192, de 4-8-2021.

Art. 327. As penas cominadas nos arts. 324, 325 e 326 aumentam-se de 1/3 (um terço) até metade, se qualquer dos crimes é cometido:

▸ *Caput* com a redação dada pela Lei nº 14.192, de 4-8-2021.

I – contra o Presidente da República ou chefe de governo estrangeiro;

II – contra funcionário público, em razão de suas funções;

III – na presença de várias pessoas, ou por meio que facilite a divulgação da ofensa;

IV – com menosprezo ou discriminação à condição de mulher ou à sua cor, raça ou etnia;

V – por meio da internet ou de rede social ou com transmissão em tempo real.

▸ Incisos IV e V acrescidos pela Lei nº 14.192, de 4-8-2021.

Arts. 328 e 329. *Revogados.* Lei nº 9.504, de 30-9-1997.

Art. 330. Nos casos dos artigos 328 e 329 se o agente repara o dano antes da sentença final, o juiz pode reduzir a pena.

▸ Os arts. 328 e 329 foram revogados pela Lei nº 9.504, de 30-9-1997.

Art. 331. Inutilizar, alterar ou perturbar meio de propaganda devidamente empregado:

Pena – detenção até seis meses ou pagamento de noventa a cento e vinte dias-multa.

Art. 332. Impedir o exercício de propaganda:

Pena – detenção até seis meses e pagamento de trinta a sessenta dias-multa.

Art. 333. *Revogado.* Lei nº 9.504, de 30-9-1997.

Art. 334. Utilizar organização comercial de vendas, distribuição de mercadorias, prêmios e sorteios para propaganda ou aliciamento de eleitores:

Pena – detenção de seis meses a um ano e cassação do registro se o responsável for candidato.

Art. 335. Fazer propaganda, qualquer que seja a sua forma, em língua estrangeira:

Pena – detenção de três a seis meses e pagamento de trinta a sessenta dias-multa.

Parágrafo único. Além da pena cominada, a infração ao presente artigo importa na apreensão e perda do material utilizado na propaganda.

Art. 336. Na sentença que julgar ação penal pela infração de qualquer dos artigos 322, 323, 324, 325, 326, 328, 329, 331, 332, 333, 334 e 335, deve o juiz verificar, de acordo com seu livre convencimento, se o diretório local do partido, por qualquer dos seus membros, concorreu para a prática de delito, ou dela se beneficiou conscientemente.

▸ Os arts. 322, 328, 329 e 333 foram revogados pela Lei nº 9.504, de 30-9-1997.

Parágrafo único. Nesse caso, imporá o juiz ao diretório responsável pena de suspensão de sua atividade eleitoral por prazo de seis a doze meses, agravada até o dobro nas reincidências.

Art. 337. Participar, estrangeiro ou brasileiro que não estiver no gozo dos seus direitos políticos, de atividades partidárias, inclusive comícios e atos de propaganda em recintos fechados ou abertos:

Pena – detenção até seis meses e pagamento de noventa a cento e vinte dias-multa.

Parágrafo único. Na mesma pena incorrerá o responsável pelas emissoras de rádio ou televisão que autorizar transmissões de que participem os mencionados neste artigo, bem como o diretor de jornal que lhes divulgar os pronunciamentos.

Art. 338. Não assegurar o funcionário postal a prioridade prevista no artigo 239:

Pena – pagamento de trinta a sessenta dias-multa.

Art. 339. Destruir, suprimir ou ocultar urna contendo votos, ou documentos relativos à eleição:

Pena – reclusão de dois a seis anos e pagamento de cinco a quinze dias-multa.

Parágrafo único. Se o agente é membro ou funcionário da Justiça Eleitoral e comete o crime prevalecendo-se do cargo, a pena é agravada.

Art. 340. Fabricar, mandar fabricar, adquirir, fornecer, ainda que gratuitamente, subtrair ou guardar urnas, objetos, mapas, cédulas ou papéis de uso exclusivo da Justiça Eleitoral:

Pena – reclusão até três anos e pagamento de três a quinze dias-multa.

Parágrafo único. Se o agente é membro ou funcionário da Justiça Eleitoral e comete o crime prevalecendo-se do cargo, a pena é agravada.

Art. 341. Retardar a publicação ou não publicar, o diretor ou qualquer outro funcionário de órgão oficial federal, estadual, ou municipal, as decisões, citações ou intimações da Justiça Eleitoral:

Pena – detenção até um mês ou pagamento de trinta a sessenta dias-multa.

Art. 342. Não apresentar o órgão do Ministério Público, no prazo legal, denúncia ou deixar de promover a execução de sentença condenatória:

Pena – detenção até dois meses ou pagamento de sessenta a noventa dias-multa.

Art. 343. Não cumprir o juiz o disposto no § 3º do artigo 357:

Pena – detenção até dois meses ou pagamento de sessenta a noventa dias-multa.

Art. 344. Recusar ou abandonar o serviço eleitoral sem justa causa:

Pena – detenção até dois meses ou pagamento de noventa a cento e vinte dias-multa.

▸ Lei nº 9.274, de 7-5-1996, dispõe sobre anistia relativamente às eleições de 3 de outubro e de 15 de novembro dos anos de 1992 e 1994.

Art. 345. Não cumprir a autoridade judiciária, ou qualquer funcionário dos órgãos da Justiça Eleitoral, nos prazos legais, os deveres impostos por este Código, se a infração não estiver sujeita a outra penalidade:

Pena – pagamento de trinta a noventa dias-multa.

▸ Artigo com a redação dada pela Lei nº 4.961, de 4-5-1966.

▸ Art. 2º da Lei nº 4.410, de 24-9-1964, que institui prioridade para os feitos eleitorais.

▸ Arts. 58, § 7º, e 94, *caput*, § 2º, da Lei nº 9.504, de 30-9-1997 (Lei das Eleições).

Art. 346. Violar o disposto no artigo 377:

Pena – detenção até seis meses e pagamento de trinta a sessenta dias-multa.

Parágrafo único. Incorrerão na pena, além da autoridade responsável, os servidores que prestarem serviços e os candidatos, membros ou diretores de partido que derem causa à infração.

Art. 347. Recusar alguém cumprimento ou obediência a diligências, ordens ou instruções da Justiça Eleitoral ou opor embaraços à sua execução:

Pena – detenção de três meses a um ano e pagamento de dez a vinte dias-multa.

Art. 348. Falsificar, no todo ou em parte, documento público, ou alterar documento público verdadeiro, para fins eleitorais:

Pena – reclusão de dois a seis anos e pagamento de quinze a trinta dias-multa.

§ 1º Se o agente é funcionário público e comete o crime prevalecendo-se do cargo, a pena é agravada.

§ 2º Para os efeitos penais, equipara-se a documento público o emanado de entidade paraestatal inclusive Fundação do Estado.

Art. 349. Falsificar, no todo ou em parte, documento particular ou alterar documento particular verdadeiro, para fins eleitorais:

Pena – reclusão até cinco anos e pagamento de três a dez dias-multa.

Art. 350. Omitir, em documento público ou particular, declaração que dele devia constar, ou nele inserir ou fazer inserir declaração falsa ou diversa da que devia ser escrita, para fins eleitorais:

Pena – reclusão até cinco anos e pagamento de cinco a quinze dias-multa, se o documento é público, e reclusão até três anos e pagamento de três a dez dias-multa se o documento é particular.

Parágrafo único. Se o agente da falsidade documental é funcionário público e comete o crime prevalecendo-se do cargo, ou se a falsificação ou alteração é de assentamentos de registro civil, a pena é agravada.

Art. 351. Equipara-se a documento (artigos 348, 349 e 350) para os efeitos penais, a fotografia, o filme cinematográfico, o disco fonográfico ou fita de ditafone a que se incorpore declaração ou imagem destinada a prova de fato juridicamente relevante.

Art. 352. Reconhecer, como verdadeira, no exercício da função pública, firma ou letra que o não seja, para fins eleitorais:

Pena – reclusão até cinco anos e pagamento de cinco a quinze dias-multa se o documento é público, e reclusão até três anos e pagamento de três a dez dias-multa se o documento é particular.

Art. 353. Fazer uso de qualquer dos documentos falsificados ou alterados, a que se referem os artigos 348 a 352:

Pena – a cominada à falsificação ou à alteração.

Art. 354. Obter, para uso próprio ou de outrem, documento público ou particular, material ou ideologicamente falso para fins eleitorais:

Pena – a cominada à falsificação ou à alteração.

Art. 354-A. Apropriar-se o candidato, o administrador financeiro da campanha, ou quem de fato exerça essa função, de bens, recursos ou valores destinados ao financiamento eleitoral, em proveito próprio ou alheio:

Pena – reclusão, de dois a seis anos, e multa.

▸ Art. 354-A acrescido pela Lei nº 13.488, de 6-10-2017.

CAPÍTULO III
DO PROCESSO DAS INFRAÇÕES

Art. 355. As infrações penais definidas neste Código são de ação pública.

▸ Art. 129, I, da CF.

▸ Art. 24 do CPP.

Art. 356. Todo cidadão que tiver conhecimento de infração penal deste Código deverá comunicá-la ao Juiz Eleitoral da zona onde a mesma se verificou.

▸ Art. 27 do CPP.

§ 1º Quando a comunicação for verbal, mandará a autoridade judicial reduzi-la a termo, assinado pelo apresentante e por duas testemunhas, e a remeterá ao órgão do Ministério Público local, que procederá na forma deste Código.

§ 2º Se o Ministério Público julgar necessários maiores esclarecimentos e documentos complementares ou outros elementos de convicção, deverá requisitá-los diretamente de quaisquer autoridades ou funcionários que possam fornecê-los.

▸ Art. 47 do CPP.

Art. 357. Verificada a infração penal, o Ministério Público oferecerá a denúncia dentro do prazo de dez dias.

▸ Art. 46 do CPP.

§ 1º Se o órgão do Ministério Público, ao invés de apresentar a denúncia, requerer o arquivamento da comunicação, o juiz, no caso de considerar improcedentes as razões invocadas, fará remessa da comunicação ao Procurador Regional, e este oferecerá a denúncia, designará outro promotor para oferecê-la, ou insistirá no pedido de arquivamento, ao qual só então estará o juiz obrigado a atender.

▸ Art. 28 do CPP.

§ 2º A denúncia conterá a exposição do fato criminoso com todas as suas circunstâncias, a qualificação do acusado ou esclarecimentos pelos quais se possa identificá-lo, a classificação do crime e, quando necessário, o rol das testemunhas.

▸ Art. 41 do CPP.

§ 3º Se o órgão do Ministério Público não oferecer a denúncia no prazo legal representará contra ele a autoridade judiciária, sem prejuízo da apuração da responsabilidade penal.

§ 4º Ocorrendo a hipótese prevista no parágrafo anterior o juiz solicitará ao Procurador Regional a designação de outro promotor, que, no mesmo prazo, oferecerá a denúncia.

§ 5º Qualquer eleitor poderá provocar a representação contra o órgão do Ministério Público se o juiz, no prazo de dez dias, não agir de ofício.

Art. 358. A denúncia será rejeitada quando:

▸ Art. 395 do CPP.

I – o fato narrado evidentemente não constituir crime;

II – já estiver extinta a punibilidade, pela prescrição ou outra causa;

III – for manifesta a ilegitimidade da parte ou faltar condição exigida pela lei para o exercício da ação penal.

Parágrafo único. Nos casos do número III, a rejeição da denúncia não obstará ao exercício da ação penal, desde que promovida por parte legítima ou satisfeita a condição.

Art. 359. Recebida a denúncia, o juiz designará dia e hora para o depoimento pessoal do acusado, ordenando a citação deste e a notificação do Ministério Público.

▸ *Caput* com a redação dada pela Lei nº 10.732, de 5-9-2003.

Parágrafo único. O réu ou seu defensor terá o prazo de dez dias para oferecer alegações escritas e arrolar testemunhas.

▸ Parágrafo único acrescido pela Lei nº 10.732, de 5-9-2003.

Art. 360. Ouvidas as testemunhas da acusação e da defesa e praticadas as diligências requeridas pelo Ministério Público e deferidas ou ordenadas pelo juiz, abrir-se-á o prazo de cinco dias a cada uma das partes – acusação e defesa – para alegações finais.

Art. 361. Decorrido esse prazo, e conclusos os autos ao juiz dentro de quarenta e oito horas, terá o mesmo dez dias para proferir a sentença.

Art. 362. Das decisões finais de condenação ou absolvição cabe recurso para o Tribunal Regional, a ser interposto no prazo de dez dias.

Art. 363. Se a decisão do Tribunal Regional for condenatória, baixarão imediatamente os autos à instância inferior para a execução da sentença, que será feita no prazo de cinco dias, contados da data da vista ao Ministério Público.

Parágrafo único. Se o órgão do Ministério Público deixar de promover a execução da sentença serão aplicadas as normas constantes dos §§ 3º, 4º e 5º do artigo 357.

Art. 364. No processo e julgamento dos crimes eleitorais e dos comuns que lhes forem conexos, assim como nos recursos e na execução, que lhes digam respeito, aplicar-se-á, como lei subsidiária ou supletiva, o Código de Processo Penal.

TÍTULO V – DISPOSIÇÕES GERAIS E TRANSITÓRIAS

Art. 365. O serviço eleitoral prefere a qualquer outro, é obrigatório e não interrompe o interstício de promoção dos funcionários para ele requisitados.

▸ Art. 36, *caput*, deste Código.

▸ Lei nº 6.999, de 7-6-1982, dispõe sobre a requisição de servidores públicos pela Justiça Eleitoral.

Art. 366. Os funcionários de qualquer órgão da Justiça Eleitoral não poderão pertencer a diretório de partido político ou exercer qualquer atividade partidária, sob pena de demissão.

Art. 367. A imposição e a cobrança de qualquer multa, salvo no caso das condenações criminais, obedecerão às seguintes normas:

I – no arbitramento será levada em conta a condição econômica do eleitor;

II – arbitrada a multa, de ofício ou a requerimento do eleitor, o pagamento será feito através de selo federal inutilizado no próprio requerimento ou no respectivo processo;

▸ Art. 8º, *caput*, deste Código.

III – se o eleitor não satisfizer o pagamento no prazo de trinta dias, será considerada dívida líquida e certa, para efeito de cobrança mediante executivo fiscal, a que for inscrita em livro próprio no Cartório Eleitoral;

IV – a cobrança judicial da dívida será feita por ação executiva, na forma prevista para a cobrança da dívida ativa da Fazenda Pública, correndo a ação perante os juízos eleitorais;

▸ Súm. nº 374 do STJ.

V – nas Capitais e nas comarcas onde houver mais de um Promotor de Justiça, a cobrança da dívida far-se-á por intermédio do que for designado pelo Procurador Regional eleitoral;

VI – os recursos cabíveis, nos processos para cobrança da dívida decorrente de multa, serão interpostos para a instância superior da Justiça Eleitoral;

VII – em nenhum caso haverá recurso de ofício;

VIII – as custas, nos Estados, Distrito Federal e Territórios serão cobradas nos termos dos respectivos Regimentos de Custas;

IX – os Juízes Eleitorais comunicarão aos Tribunais Regionais, trimestralmente, a importância total das multas impostas nesse período e quanto foi arrecadado através de pagamentos feitos na forma dos nºs II e III;

X – idêntica comunicação será feita pelos Tribunais Regionais ao Tribunal Superior.

§ 1º As multas aplicadas pelos Tribunais Eleitorais serão consideradas líquidas e certas, para efeito de cobrança mediante executivo fiscal, desde que inscritas em livro próprio na Secretaria do Tribunal competente.

§ 2º A multa pode ser aumentada até dez vezes se o Juiz, ou Tribunal considerar que, em virtude da situação econômica do infrator, é ineficaz, embora aplicada no máximo.

§ 3º O alistando, ou o eleitor, que comprovar devidamente o seu estado de pobreza, ficará isento do pagamento de multa.

▸ Art. 1º da Lei nº 7.115, de 29-8-1983, que dispõe sobre prova documental nos casos que indica.

§ 4º Fica autorizado o Tesouro Nacional a emitir selos, sob a designação "Selo Eleitoral" destinados ao pagamento de emolumentos, custas, despesas e multas, tanto as administrativas como as penais, devidas à Justiça Eleitoral.

▸ Art. 8º, *caput*, deste Código.

§ 5º Os pagamentos de multas poderão ser feitos através de guias de recolhimento, se a Justiça Eleitoral não dispuser de selo eleitoral em quantidade suficiente para atender aos interessados.

▸ §§ 1º a 5º acrescidos pela Lei nº 4.961, de 4-5-1966.

▸ Art. 8º, *caput*, deste Código.

Art. 368. Os atos requeridos ou propostos em tempo oportuno, mesmo que não sejam apreciados no prazo legal, não prejudicarão aos interessados.

Art. 368-A. A prova testemunhal singular, quando exclusiva, não será aceita nos processos que possam levar à perda do mandato.

▸ Artigo acrescido pela Lei nº 13.165, de 29-9-2015.

Art. 369. O Governo da União fornecerá, para ser distribuído por intermédio dos Tribunais Regionais, todo o material destinado ao alistamento eleitoral e às eleições.

Art. 370. As transmissões de natureza eleitoral, feitas por autoridades e repartições competentes, gozam de franquia postal, telegráfica, telefônica, radiotelegráfica ou radiotelefônica, em linhas oficiais ou nas que sejam obrigadas a serviço oficial.

▸ Arts. 32 e 34 da Lei nº 6.538, de 22-6-1978, que dispõe sobre os serviços postais.

Art. 371. As repartições públicas são obrigadas, no prazo máximo de dez dias, a fornecer às autoridades, aos representantes de partidos ou a qualquer alistando as informações e certidões que solicitarem relativas à matéria eleitoral, desde que os interessados manifestem especificamente as razões e os fins do pedido.

▸ Art. 16 da Lei nº 6.015, de 31-12-1973 (Lei dos Registros Públicos).

Art. 372. Os tabeliães não poderão deixar de reconhecer nos documentos necessários à instrução dos requerimentos e recursos eleitorais, as firmas de pessoas do seu conhecimento, ou das que se apresentarem com dois abonadores conhecidos.

Art. 373. São isentos de selo os requerimentos e todos os papéis destinados a fins eleitorais e é gratuito o reconhecimento de firma pelos tabeliães, para os mesmos fins.

▸ Art. 5º, XXXIV, *b*, e LXXVII, da CF.

Parágrafo único. Nos processos crimes e nos executivos fiscais referentes à cobrança de multas serão pagas custas nos termos do Regimento de Custas de cada Estado, sendo as devidas à União pagas através de selos federais inutilizados nos autos.

▸ Art. 8º, *caput*, deste Código.

Art. 374. Os membros dos tribunais eleitorais, os Juízes Eleitorais e os servidores públicos requisitados para os órgãos da Justiça Eleitoral que, em virtude de suas funções nos mencionados órgãos, não tiverem as férias que lhes couberem, poderão gozá-las no ano seguinte, acumuladas ou não.

▸ *Caput* com a redação dada pela Lei nº 4.961, de 4-5-1966.

Parágrafo único. *Revogado*. Lei nº 4.961, de 4-5-1966.

Art. 375. Nas áreas contestadas, enquanto não forem fixados definitivamente os limites interestaduais, far-se-ão as eleições sob a jurisdição do Tribunal Regional da circunscrição eleitoral em que, do ponto de vista da administração judiciária estadual, estejam elas incluídas.

Art. 376. A proposta orçamentária da Justiça Eleitoral será anualmente elaborada pelo Tribunal Superior, de acordo com as propostas parciais que lhe forem remetidas pelos Tribunais Regionais, e dentro das normas legais vigentes.

▸ Art. 99, §§ 1º e 2º, I, da CF.

Parágrafo único. Os pedidos de créditos adicionais que se fizerem necessários ao bom andamento dos serviços eleitorais, durante o exercício, serão encaminhados em relação trimestral à Câmara dos Deputados, por intermédio do Tribunal Superior.

Art. 377. O serviço de qualquer repartição, federal, estadual, municipal, autarquia, fundação do Estado, sociedade de economia mista, entidade mantida ou subvencionada pelo poder público, ou que realiza contrato com este, inclusive o respectivo prédio e suas dependências não poderá ser utilizado para beneficiar partido ou organização de caráter político.

- ▶ Art. 346 deste Código.
- ▶ Art. 51 da Lei nº 9.096, de 19-9-1995 (Lei dos Partidos Políticos).
- ▶ Art. 8º, § 2º, da Lei nº 9.504, de 30-9-1997 (Lei das Eleições).

Parágrafo único. O disposto neste artigo será tornado efetivo, a qualquer tempo, pelo órgão competente da Justiça Eleitoral, conforme o âmbito nacional, regional ou municipal do órgão infrator, mediante representação fundamentada de autoridade pública, representante partidário, ou de qualquer eleitor.

Art. 378. O Tribunal Superior organizará, mediante proposta do Corregedor-Geral, os serviços da Corregedoria, designando para desempenhá-los funcionários efetivos do seu quadro e transformando o cargo de um deles, diplomado em direito e de conduta moral irrepreensível, no de Escrivão da Corregedoria, símbolo PJ-1, a cuja nomeação serão inerentes, assim na Secretaria como nas diligências, as atribuições de titular de ofício de Justiça.

Art. 379. Serão considerados de relevância os serviços prestados pelos mesários e componentes das Juntas Apuradoras.

- ▶ Art. 36, *caput*, deste Código.

§ 1º Tratando-se de servidor público, em caso de promoção, a prova de haver prestado tais serviços será levada em consideração para efeito de desempate, depois de observados os critérios já previstos em leis ou regulamentos.

§ 2º Persistindo o empate de que trata o parágrafo anterior, terá preferência, para a promoção, o funcionário que tenha servido maior número de vezes.

§ 3º O disposto neste artigo não se aplica aos membros ou servidores da Justiça Eleitoral.

Art. 380. Será feriado nacional o dia em que se realizarem eleições de data fixada pela Constituição Federal; nos demais casos, serão as eleições marcadas para um domingo ou dia já considerado feriado por lei anterior.

- ▶ Arts. 28, 29, II, 32, § 2º, e 77 da CF.
- ▶ Arts. 1º, *caput*, e 2º, § 1º, e 3º, § 2º, da Lei nº 9.504, de 30-9-1997 (Lei das Eleições).

Art. 381. Esta Lei não altera a situação das candidaturas a Presidente ou Vice-Presidente da República e a Governador ou Vice-Governador de Estado, desde que resultantes de convenções partidárias regulares e já registradas ou em processo de registro, salvo a ocorrência de outros motivos de ordem legal ou constitucional que as prejudiquem.

Parágrafo único. Se o registro requerido se referir isoladamente a Presidente ou a Vice-Presidente da República e a Governador ou Vice-Governador de Estado, a validade respectiva dependerá de complementação da chapa conjunta na forma e nos prazos previstos neste Código (Constituição, artigo 81, com a redação dada pela Emenda Constitucional nº 9).

- ▶ O dispositivo é transitório. Refere-se à CF/1946.

Art. 382. Este Código entrará em vigor trinta dias após a sua publicação.

Art. 383. Revogam-se as disposições em contrário.

Brasília, 15 de julho de 1965;
144º da Independência e
77º da República.

H. Castello Branco

CÓDIGO DE TRÂNSITO BRASILEIRO

ÍNDICE SISTEMÁTICO DO CÓDIGO DE TRÂNSITO BRASILEIRO

(LEI Nº 9.503, DE 23-9-1997)

ÍNDICE ALFABÉTICO-REMISSIVO DO CÓDIGO DE TRÂNSITO BRASILEIRO

(LEI Nº 9.503, DE 23-9-1997)

A

B

C

D

E

F

H

I

ÍNDICES • CTB

P

R

S

T

U

V

CÓDIGO DE TRÂNSITO BRASILEIRO

LEI Nº 9.503, DE 23 DE SETEMBRO DE 1997

Institui o Código de Trânsito Brasileiro.

► Publicada no *DOU* de 24-9-1997 e retificada no *DOU* de 25-9-1997.

O Presidente da República:

Faço saber que o Congresso Nacional decreta e eu sanciono a seguinte Lei:

CAPÍTULO I
DISPOSIÇÕES PRELIMINARES

Art. 1º O trânsito de qualquer natureza nas vias terrestres do território nacional, abertas à circulação, rege-se por este Código.

§ 1º Considera-se trânsito a utilização das vias por pessoas, veículos e animais, isolados ou em grupos, conduzidos ou não, para fins de circulação, parada, estacionamento e operação de carga ou descarga.

§ 2º O trânsito, em condições seguras, é um direito de todos e dever dos órgãos e entidades componentes do Sistema Nacional de Trânsito, a estes cabendo, no âmbito das respectivas competências, adotar as medidas destinadas a assegurar esse direito.

§ 3º Os órgãos e entidades componentes do Sistema Nacional de Trânsito respondem, no âmbito das respectivas competências, objetivamente, por danos causados aos cidadãos em virtude de ação, omissão ou erro na execução e manutenção de programas, projetos e serviços que garantam o exercício do direito do trânsito seguro.

► Art. 37, § 6º, da CF.

§ 4º VETADO.

§ 5º Os órgãos e entidades de trânsito pertencentes ao Sistema Nacional de Trânsito darão prioridade em suas ações à defesa da vida, nela incluída a preservação da saúde e do meio ambiente.

Art. 2º São vias terrestres urbanas e rurais as ruas, as avenidas, os logradouros, os caminhos, as passagens, as estradas e as rodovias, que terão seu uso regulamentado pelo órgão ou entidade com circunscrição sobre elas, de acordo com as peculiaridades locais e as circunstâncias especiais.

Parágrafo único. Para os efeitos deste Código, são consideradas vias terrestres as praias abertas à circulação pública, as vias internas pertencentes aos condomínios constituídos por unidades autônomas e as vias e áreas de estacionamento de estabelecimentos privados de uso coletivo.

► Parágrafo único com a redação dada pela Lei nº 13.146, de 6-7-2015.

Art. 3º As disposições deste Código são aplicáveis a qualquer veículo, bem como aos proprietários, condutores dos veículos nacionais ou estrangeiros e às pessoas nele expressamente mencionadas.

Art. 4º Os conceitos e definições estabelecidos para os efeitos deste Código são os constantes do Anexo I.

CAPÍTULO II
DO SISTEMA NACIONAL DE TRÂNSITO

Seção I
DISPOSIÇÕES GERAIS

Art. 5º O Sistema Nacional de Trânsito é o conjunto de órgãos e entidades da União, dos Estados, do Distrito Federal e dos Municípios que tem por finalidade o exercício das atividades de planejamento, administração, normatização, pesquisa, registro e licenciamento de veículos, formação, habilitação e reciclagem de condutores, educação, engenharia, operação do sistema viário, policiamento, fiscalização, julgamento de infrações e de recursos e aplicação de penalidades.

► Res. do CONTRAN nº 314, de 8-5-2009, estabelece procedimentos para a execução das campanhas educativas de trânsito a serem promovidas pelos órgãos e entidades do Sistema Nacional de Trânsito.

► Res. do CONTRAN nº 351, de 14-6-2010, estabelece procedimentos para veiculação de mensagens educativas de trânsito em toda peça publicitária destinada à divulgação ou promoção, nos meios de comunicação social, de produtos oriundos da indústria automobilística ou afins.

► Res. do CONTRAN nº 576, de 24-2-2016, Dispõe sobre o intercâmbio de informações, entre órgãos e entidades executivos de trânsito dos Estados e do Distrito Federal e os demais órgãos e entidades executivos de trânsito e executivos rodoviários da União, dos Estados, Distrito Federal e dos Municípios que compõem o Sistema Nacional de Trânsito.

Art. 6º São objetivos básicos do Sistema Nacional de Trânsito:

I – estabelecer diretrizes da Política Nacional de Trânsito, com vistas à segurança, à fluidez, ao conforto, à defesa ambiental e à educação para o trânsito, e fiscalizar seu cumprimento;

II – fixar, mediante normas e procedimentos, a padronização de critérios técnicos, financeiros e administrativos para a execução das atividades de trânsito;

III – estabelecer a sistemática de fluxos permanentes de informações entre os seus diversos órgãos e entidades, a fim de facilitar o processo decisório e a integração do Sistema.

► Res. do CONTRAN nº 820, de 17-3-2021, aprova o Regimento Interno do Conselho Nacional de Trânsito (CONTRAN).

Seção II
DA COMPOSIÇÃO E DA COMPETÊNCIA DO SISTEMA NACIONAL DE TRÂNSITO

Art. 7º Compõem o Sistema Nacional de Trânsito os seguintes órgãos e entidades:

I – o Conselho Nacional de Trânsito – CONTRAN, coordenador do Sistema e órgão máximo normativo e consultivo;

► Res. do CONTRAN nº 820, de 17-3-2021, aprova o Regimento Interno do Conselho Nacional de Trânsito (CONTRAN).

II – os Conselhos Estaduais de Trânsito – CETRAN e o Conselho de Trânsito do Distrito Federal – CONTRANDIFE, órgãos normativos, consultivos e coordenadores;

► Res. do CONTRAN nº 901, de 9-3-2022, consolida as normas sobre as diretrizes para a elaboração do Regimento Interno, gestão e operacionalização das atividades dos Conselhos Estaduais de Trânsito (CETRAN) e do Conselho de Trânsito do Distrito Federal (CONTRANDIFE).

III – os órgãos e entidades executivos de trânsito da União, dos Estados, do Distrito Federal e dos Municípios;

IV – os órgãos e entidades executivos rodoviários da União, dos Estados, do Distrito Federal e dos Municípios;

► Lei nº 10.233, de 5-6-2001, dispõe sobre a reestruturação dos transportes aquaviário e terrestre, cria o Conselho Nacional de Integração de Políticas de Transporte, a Agência Nacional de Transportes Terrestres, a Agência Nacional de Transportes Aquaviários e o Departamento Nacional de Infraestrutura de Transportes.

V – a Polícia Rodoviária Federal;

VI – as Polícias Militares dos Estados e do Distrito Federal; e

VII – as Juntas Administrativas de Recursos de Infrações – JARI.

► Res. do CONTRAN nº 357, de 2-8-2010, estabelece diretrizes para a elaboração do Regimento Interno das Juntas Administrativas de Recursos de Infrações – JARI.

Art. 7º-A. A autoridade portuária ou a entidade concessionária de porto organizado poderá celebrar convênios com os órgãos previstos no art. 7º, com a interveniência dos Municípios e Estados, juridicamente interessados, para o fim específico de facilitar a autuação por descumprimento da legislação de trânsito.

§ 1º O convênio valerá para toda a área física do porto organizado, inclusive, nas áreas dos terminais alfandegados, nas estações de transbordo, nas instalações portuárias públicas de pequeno porte e nos respectivos estacionamentos ou vias de trânsito internas.

§§ 2º e 3º VETADOS. Lei nº 12.058, de 13-10-2009.

► Art. 7º-A acrescido pela Lei nº 12.058, de 13-10-2009.

Art. 8º Os Estados, o Distrito Federal e os Municípios organizarão os respectivos órgãos e entidades executivos de trânsito e executivos rodoviários, estabelecendo os limites circunscricionais de suas atuações.

Art. 9º O Presidente da República designará o ministério ou órgão da Presidência responsável pela coordenação máxima do Sistema Nacional de Trânsito, ao qual estará vinculado o CONTRAN e subordinado o órgão máximo executivo de trânsito da União.

► Dec. nº 4.711, de 29-5-2003, dispõe sobre a coordenação do Sistema Nacional de Trânsito.

Art. 10. O CONTRAN, com sede no Distrito Federal, é composto dos Ministros de Estado responsáveis pelas seguintes áreas de competência:

► *Caput* com a redação dada pela Lei nº 14.599, de 19-6-2023.

I e II – VETADOS;

II-A – *Revogado.* Lei nº 14.599, de 19-6-2023;

III – ciência, tecnologia e inovações;

IV – educação;

V – defesa;

VI – meio ambiente;

- Incisos III a VI com a redação dada pela Lei nº 14.599, de 19-6-2023.

VII – *Revogado*. Lei nº 14.071, de 13-10-2020;
VIII a XIX – VETADOS;
XX – *Revogado*. Lei nº 14.071, de 13-10-2020;
XXI – VETADO;
XXII – saúde;
XXIII – justiça;
XXIV – relações exteriores;

- Incisos XXII a XXIV com a redação dada pela Lei nº 14.599, de 19-6-2023.

XXV – *Revogado*. Lei nº 14.071, de 13-10-2020;
XXVI – indústria e comércio;
XXVII – agropecuária;

- Incisos XXVI e XXVII com a redação dada pela Lei nº 14.599, de 19-6-2023.

XXVIII – transportes terrestres;
XXIX – segurança pública; e
XXX – mobilidade urbana.

- Incisos XXVIII a XXX acrescidos pela Lei nº 14.599, de 19-6-2023.

§§ 1º a 3º VETADOS.

§ 3º-A. O CONTRAN será presidido pelo Ministro de Estado ao qual estiver subordinado o órgão máximo executivo de trânsito da União.

- § 3º-A acrescido pela Lei nº 14.599, de 19-6-2023.

§ 4º Os Ministros de Estado poderão fazer-se representar por servidores de nível hierárquico igual ou superior ao Cargo Comissionado Executivo (CCE) nível 17, ou por oficial-general, na hipótese de tratar-se de militar.

- § 4º com a redação dada pela Lei nº 14.599, de 19-6-2023.

§ 5º Compete ao dirigente do órgão máximo executivo de trânsito da União atuar como Secretário-Executivo do CONTRAN.

§ 6º O quórum de votação e de aprovação no CONTRAN é o de maioria absoluta.

- §§ 5º e 6º acrescidos pela Lei nº 14.071, de 13-10-2020.

Art. 10-A. Poderão ser convidados a participar de reuniões do CONTRAN, sem direito a voto, representantes de órgãos e entidades setoriais responsáveis ou impactados pelas propostas ou matérias em exame.

- Art. 10-A acrescido pela Lei nº 14.071, de 13-10-2020.

Art. 11. VETADO.

Art. 12. Compete ao CONTRAN:

I – estabelecer as normas regulamentares referidas neste Código e as diretrizes da Política Nacional de Trânsito;

II – coordenar os órgãos do Sistema Nacional de Trânsito, objetivando a integração de suas atividades;

III – VETADO;

IV – criar Câmaras Temáticas;

- Art. 13 deste Código.
- Res. do CONTRAN nº 883, de 13-12-2021, dispõe sobre a criação e o Regimento Interno das Câmaras Temáticas vinculadas ao Conselho Nacional de Trânsito (CONTRAN).

V – estabelecer seu regimento interno e as diretrizes para o funcionamento dos CETRAN e CONTRANDIFE;

- Res. do CONTRAN nº 820, de 17-3-2021, aprova o Regimento Interno do Conselho Nacional de Trânsito (CONTRAN).
- Res. do CONTRAN nº 901, de 9-3-2022, consolida as normas sobre as diretrizes para a elaboração do Regimento Interno, gestão e operacionalização das atividades dos Conselhos Estaduais de Trânsito (CETRAN) e do Conselho de Trânsito do Distrito Federal (CONTRANDIFE).

VI – estabelecer as diretrizes do regimento das JARI;

- Res. do CONTRAN nº 357, de 2-8-2010, estabelece diretrizes para a elaboração do Regimento Interno das Juntas Administrativas de Recursos de Infrações – JARI.

VII – zelar pela uniformidade e cumprimento das normas contidas neste Código e nas resoluções complementares;

VIII – estabelecer e normatizar os procedimentos para o enquadramento das condutas expressamente referidas neste Código, para a fiscalização e a aplicação das medidas administrativas e das penalidades por infrações e para a arrecadação das multas aplicadas e o repasse dos valores arrecadados;

- Inciso VIII com a redação dada pela Lei nº 14.071, de 13-10-2020.
- Res. do CONTRAN nº 918, de 28-3-2022, consolida as normas sobre procedimentos para a aplicação das multas por infrações, a arrecadação e o repasse dos valores arrecadados, nos termos do Código de Trânsito Brasileiro (CTB).

IX – responder às consultas que lhe forem formuladas, relativas à aplicação da legislação de trânsito;

X – normatizar os procedimentos sobre a aprendizagem, habilitação, expedição de documentos de condutores, e registro e licenciamento de veículos;

XI – aprovar, complementar ou alterar os dispositivos de sinalização e os dispositivos e equipamentos de trânsito;

XII – *Revogado*. Lei nº 14.071, de 13-10-2020;

XIII – avocar, para análise e soluções, processos sobre conflitos de competência ou circunscrição, ou, quando necessário, unificar as decisões administrativas; e

XIV – dirimir conflitos sobre circunscrição e competência de trânsito no âmbito da União, dos Estados e do Distrito Federal;

XV – normatizar o processo de formação do candidato à obtenção da Carteira Nacional de Habilitação, estabelecendo seu conteúdo didático-pedagógico, carga horária, avaliações, exames, execução e fiscalização.

- Inciso XV acrescido pela Lei nº 13.281, de 4-5-2016.

§ 1º As propostas de normas regulamentares de que trata o inciso I do *caput* deste artigo serão submetidas à prévia consulta pública, por meio da rede mundial de computadores, pelo período mínimo de 30 (trinta) dias, antes do exame da matéria pelo CONTRAN.

§ 2º As contribuições recebidas na consulta pública de que trata o § 1º deste artigo ficarão à disposição do público pelo prazo de 2 (dois) anos, contado da data de encerramento da consulta pública.

- §§ 1º e 2º acrescidos pela Lei nº 14.071, de 13-10-2020.

§ 3º Em caso de urgência e de relevante interesse público, o presidente do CONTRAN poderá editar deliberação, *ad referendum* do Plenário, para fins do disposto no inciso I do *caput* deste artigo.

§ 4º A deliberação de que trata o § 3º deste artigo:

I – na hipótese de não ser aprovada pelo Plenário do CONTRAN no prazo de 120 (cento e vinte) dias, perderá sua eficácia, com manutenção dos efeitos dela decorrentes; e

II – não está sujeita ao disposto nos §§ 1º e 2º deste artigo, vedada sua reedição.

§ 5º Norma do CONTRAN poderá dispor sobre o uso de sinalização horizontal ou vertical que utilize técnicas de estímulos comportamentais para a redução de sinistros de trânsito.

- §§ 3º a 5º com a redação dada pela Lei nº 14.599, de 19-6-2023.

Art. 13. As Câmaras Temáticas, órgãos técnicos vinculados ao CONTRAN, são integradas por especialistas e têm como objetivo estudar e oferecer sugestões e embasamento técnico sobre assuntos específicos para decisões daquele colegiado.

- Art. 12, IV, deste Código.
- Res. do CONTRAN nº 883, de 13-12-2021, dispõe sobre a criação e o Regimento Interno das Câmaras Temáticas vinculadas ao Conselho Nacional de Trânsito (CONTRAN).

§ 1º Cada Câmara é constituída por especialistas representantes de órgãos e entidades executivos da União, dos Estados, ou do Distrito Federal e dos Municípios, em igual número, pertencentes ao Sistema Nacional de Trânsito, além de especialistas representantes dos diversos segmentos da sociedade relacionados com o trânsito, todos indicados segundo regimento específico definido pelo CONTRAN e designados pelo ministro ou dirigente coordenador máximo do Sistema Nacional de Trânsito.

§ 2º Os segmentos da sociedade, relacionados no parágrafo anterior, serão representados por pessoa jurídica e devem atender aos requisitos estabelecidos pelo CONTRAN.

§ 3º A coordenação das Câmaras Temáticas será exercida por representantes do órgão máximo executivo de trânsito da União ou dos Ministérios representados no CONTRAN, conforme definido no ato de criação de cada Câmara Temática.

- § 3º com a redação dada pela Lei nº 14.071, de 13-10-2020.

§ 4º VETADO.

I a IV – VETADOS.

Art. 14. Compete aos Conselhos Estaduais de Trânsito – CETRAN e ao Conselho de Trânsito do Distrito Federal – CONTRANDIFE:

I – cumprir e fazer cumprir a legislação e as normas de trânsito, no âmbito das respectivas atribuições;

II – elaborar normas no âmbito das respectivas competências;

III – responder a consultas relativas à aplicação da legislação e dos procedimentos normativos de trânsito;

IV – estimular e orientar a execução de campanhas educativas de trânsito;

- Res. do CONTRAN nº 351, de 14-6-2010, estabelece procedimentos para veiculação de mensagens educativas de trânsito em toda peça publicitária destinada à divulgação ou promoção, nos meios de comunicação social, de produtos oriundos da indústria automobilística ou afins.

V – julgar os recursos interpostos contra decisões:

a) das JARI;

b) dos órgãos e entidades executivos estaduais, nos casos de inaptidão permanente constatados nos exames de aptidão física, mental ou psicológica;

VI – indicar um representante para compor a comissão examinadora de candidatos portadores de deficiência física à habilitação para conduzir veículos automotores;

VII – VETADO;

VIII – acompanhar e coordenar as atividades de administração, educação, engenharia, fiscalização, policiamento ostensivo de trânsito, formação de condutores, registro e licenciamento de veículos, articulando os órgãos do Sistema no Estado, reportando-se ao CONTRAN;

IX – dirimir conflitos sobre circunscrição e competência de trânsito no âmbito dos Municípios;

X – informar o CONTRAN sobre o cumprimento das exigências definidas nos §§ 1º e 2º do artigo 333; e

XI – designar, em caso de recursos deferidos e na hipótese de reavaliação dos exames, junta especial de saúde para examinar os candidatos à habilitação para conduzir veículos automotores.

▸ Inciso XI acrescido pela Lei nº 9.602, de 21-1-1998.

Parágrafo único. Dos casos previstos no inciso V, julgados pelo órgão, não cabe recurso na esfera administrativa.

Art. 15. Os presidentes dos CETRAN e do CONTRANDIFE são nomeados pelos Governadores dos Estados e do Distrito Federal, respectivamente, e deverão ter reconhecida experiência em matéria de trânsito.

§ 1º Os membros dos CETRAN e do CONTRANDIFE são nomeados pelos Governadores dos Estados e do Distrito Federal, respectivamente.

§ 2º Os membros do CETRAN e do CONTRANDIFE deverão ser pessoas de reconhecida experiência em trânsito.

§ 3º O mandato dos membros do CETRAN e do CONTRANDIFE é de dois anos, admitida a recondução.

Art. 16. Junto a cada órgão ou entidade executivos de trânsito ou rodoviário funcionarão Juntas Administrativas de Recursos de Infrações – JARIs, órgãos colegiados responsáveis pelo julgamento dos recursos interpostos contra penalidades por eles impostas.

Parágrafo único. As JARIs têm regimento próprio, observado o disposto no inciso VI do artigo 12, e apoio administrativo e financeiro do órgão ou entidade junto ao qual funcionem.

▸ Res. do CONTRAN nº 357, de 2-8-2010, estabelece diretrizes para a elaboração do Regimento Interno das Juntas Administrativas de Recursos de Infrações – JARI.

▸ Port. do MJ nº 123, de 14-2-2011, aprova o Regimento Interno das Juntas Administrativas de Recursos de Infrações e dos Colegiados Especiais do Departamento de Polícia Rodoviária Federal – JARI/DPRF.

Art. 17. Compete às JARIs:

I – julgar os recursos interpostos pelos infratores;

▸ Art. 5º, LV, da CF.

II – solicitar aos órgãos e entidades executivos de trânsito e executivos rodoviários informações complementares relativas aos recursos, objetivando uma melhor análise da situação recorrida;

III – encaminhar aos órgãos e entidades executivos de trânsito e executivos rodoviários informações sobre problemas observados nas autuações e apontados em recursos, e que se repitam sistematicamente.

Art. 18. VETADO.

Art. 19. Compete ao órgão máximo executivo de trânsito da União:

I – cumprir e fazer cumprir a legislação de trânsito e a execução das normas e diretrizes estabelecidas pelo CONTRAN, no âmbito de suas atribuições;

II – proceder à supervisão, à coordenação, à correição dos órgãos delegados, ao controle e à fiscalização da execução da Política Nacional de Trânsito e do Programa Nacional de Trânsito;

III – articular-se com os órgãos dos Sistemas Nacionais de Trânsito, de Transporte e de Segurança Pública, objetivando o combate à violência no trânsito, promovendo, coordenando e executando o controle de ações para a preservação do ordenamento e da segurança do trânsito;

IV – apurar, prevenir e reprimir a prática de atos de improbidade contra a fé pública, o patrimônio, ou a administração pública ou privada, referentes à segurança do trânsito;

V – supervisionar a implantação de projetos e programas relacionados com a engenharia, educação, administração, policiamento e fiscalização do trânsito e outros, visando à uniformidade de procedimento;

VI – estabelecer procedimentos sobre a aprendizagem e habilitação de condutores de veículos, a expedição de documentos de condutores, de registro e licenciamento de veículos;

VII – expedir a Permissão para Dirigir, a Carteira Nacional de Habilitação, os Certificados de Registro e o de Licenciamento Anual mediante delegação aos órgãos executivos dos Estados e do Distrito Federal;

VIII – organizar e manter o Registro Nacional de Carteiras de Habilitação – RENACH;

▸ Res. do CONTRAN nº 19, de 18-2-1998, estabelece a competência para nomeação e homologação dos coordenadores do RENAVAM – Registro Nacional de Veículos Automotores e do RENACH – Registro Nacional de Carteiras de Habilitação.

IX – organizar e manter o Registro Nacional de Veículos Automotores – RENAVAM;

▸ Res. do CONTRAN nº 339, de 25-2-2010, permite a anotação dos contratos de comodato e de aluguel ou arrendamento não vinculado ao financiamento do veículo, junto ao Registro Nacional de Veículos Automotores.

▸ Res. do CONTRAN nº 907, de 28-3-2022, estabelece atribuições e requisitos para nomeação dos coordenadores dos sistemas do Registro Nacional de Veículos Automotores (RENAVAM), do Registro Nacional de Carteiras de Habilitação (RENACH), do Registro Nacional de Infrações de Trânsito (RENAINF) e do Registro Nacional de Acidentes e Estatísticas de Trânsito (RENAEST), no âmbito dos órgãos e entidades executivos de trânsito dos Estados e do Distrito Federal.

▸ Res. do CONTRAN nº 930, de 28-3-2022, dispõe sobre a regulamentação do curso especializado obrigatório destinado aos profissionais em transporte de passageiros (mototaxista) e em entrega de mercadorias (motofretista) que exerçam atividades remuneradas na condução de motocicletas e motonetas.

X – organizar a estatística geral de trânsito no território nacional, definindo os dados a serem fornecidos pelos demais órgãos e promover sua divulgação;

▸ Res. do CONTRAN nº 808, de 15-12-2020, dispõe sobre o Registro Nacional de Acidentes e Estatísticas de Trânsito (RENAEST).

XI – estabelecer modelo padrão de coleta de informações sobre as ocorrências de sinistros de trânsito e as estatísticas de trânsito;

▸ Inciso XI com a redação dada pela Lei nº 14.599, de 19-6-2023.

XII – administrar fundo de âmbito nacional destinado à segurança e à educação de trânsito;

XIII – coordenar a administração do registro das infrações de trânsito, da pontuação e das penalidades aplicadas no prontuário do infrator, da arrecadação de multas e do repasse de que trata o § 1º do art. 320;

▸ Inciso XIII com a redação dada pela Lei nº 13.281, de 4-5-2016.

▸ Res. do CONTRAN nº 217, de 14-12-2006, delega competência ao órgão máximo executivo de trânsito da União para estabelecer os campos de preenchimento das informações que devem constar do Auto de Infração.

▸ Res. do CONTRAN nº 932, de 28-3-2022, dispõe sobre a organização e o funcionamento do Registro Nacional de Infrações de Trânsito (RENAINF), de que trata o inciso XXX do art. 19 deste Código.

XIV – fornecer aos órgãos e entidades do Sistema Nacional de Trânsito informações sobre registros de veículos e de condutores, mantendo o fluxo permanente de informações com os demais órgãos do Sistema;

XV – promover, em conjunto com os órgãos competentes do Ministério da Educação, de acordo com as diretrizes do CONTRAN, a elaboração e a implementação de programas de educação de trânsito nos estabelecimentos de ensino;

▸ Inciso XV com a redação dada pela Lei nº 14.599, de 19-6-2023.

XVI – elaborar e distribuir conteúdos programáticos para a educação de trânsito;

XVII – promover a divulgação de trabalhos técnicos sobre o trânsito;

XVIII – elaborar, juntamente com os demais órgãos e entidades do Sistema Nacional de Trânsito, e submeter à aprovação do CONTRAN, a complementação ou alteração da sinalização e dos dispositivos e equipamentos de trânsito;

XIX – organizar, elaborar, complementar e alterar os manuais e normas de projetos de implementação da sinalização, dos dispositivos e equipamentos de trânsito aprovados pelo CONTRAN;

XX – expedir a permissão internacional para conduzir veículo e o certificado de passagem nas alfândegas mediante delegação aos órgãos executivos dos Estados e do Distrito Federal ou a entidade habilitada para esse fim pelo poder público federal;

▸ Inciso XX com redação dada pela Lei nº 13.258, de 8-3-2016.

▸ Port. do DENATRAN nº 176, de 9-8-2017, estabelece o modelo da Permissão Internacional para Dirigir (PID) e os procedimentos para a homologação de entidades com a finalidade de expedição da PID.

XXI – promover a realização periódica de reuniões regionais e congressos nacionais de trânsito, bem como propor a representação do Brasil em congressos ou reuniões internacionais;

▸ Res. do CONTRAN nº 970, de 20-6-2022, dispõe sobre as características e especificações técnicas dos sistemas de sinalização, de iluminação e seus dispositivos, bem como sobre o uso de lanternas especiais em veículos.

XXII – propor acordos de cooperação com organismos internacionais, com vistas ao aperfeiçoamento das ações inerentes à segurança e educação de trânsito;

XXIII – elaborar projetos e programas de formação, treinamento e especialização do pessoal encarregado da execução das atividades de engenharia, educação, policiamento ostensivo, fiscalização, operação e administração de trânsito, propondo medidas que estimulem a pesquisa científica e o ensino técnico-profissional de interesse do trânsito, e promovendo a sua realização;

XXIV – opinar sobre assuntos relacionados ao trânsito interestadual e internacional;

XXV – elaborar e submeter à aprovação do CONTRAN as normas e requisitos de segurança veicular para fabricação e montagem de veículos, consoante sua destinação;

- Res. do CONTRAN nº 789, de 18-6-2020, consolida normas sobre o processo de formação de condutores de veículos automotores e elétricos.
- Res. do CONTRAN nº 807, de 15-12-2020, dispõe sobre os procedimentos para o registro de contratos de financiamento com garantia real de veículo nos órgãos ou entidades executivos de trânsito dos Estados e do Distrito Federal, para anotação no Certificado de Registro de Veículos(CRV) e no Certificado de Licenciamento Anual (CLA).
- Res. do CONTRAN nº 916, de 28-3-2022, dispõe sobre a concessão de código de marca/modelo/versão, bem como sobre a permissão de modificações em veículos previstas nos arts. 98 e 106 deste Código.
- Res. do CONTRAN nº 939, de 28-3-2022, estabelece os requisitos de segurança para veículos de transporte de passageiros tipo micro-ônibus, categoria M2, de fabricação nacional e importado.
- Res. do CONTRAN nº 993, de 15-6-2023, estabelece os equipamentos obrigatórios para a frota de veículos em circulação e relaciona o índice de regulamentações sobre segurança veicular aplicáveis.

XXVI – estabelecer procedimentos para a concessão do código marca-modelo dos veículos para efeito de registro, emplacamento e licenciamento;

- Res. do CONTRAN nº 916, de 28-3-2022, dispõe sobre a concessão de código de marca/modelo/versão, bem como sobre a permissão de modificações em veículos previstas nos arts. 98 e 106 deste Código.

XXVII – instruir os recursos interpostos das decisões do CONTRAN, ao ministro ou dirigente coordenador máximo do Sistema Nacional de Trânsito;

XXVIII – estudar os casos omissos na legislação de trânsito e submetê-los, com proposta de solução, ao Ministério ou órgão coordenador máximo do Sistema Nacional de Trânsito;

XXIX – prestar suporte técnico, jurídico, administrativo e financeiro ao CONTRAN;

XXX – organizar e manter o Registro Nacional de Infrações de Trânsito (RENAINF);

- Inciso XXX acrescido pela Lei nº 13.281, de 4-5-2016.
- Res. do CONTRAN nº 932, de 28-3-2022, dispõe sobre a organização e o funcionamento do Registro Nacional de Infrações de Trânsito (RENAINF), de que este inciso.

XXXI – organizar, manter e atualizar o Registro Nacional Positivo de Condutores (RNPC);

- Inciso XXXI acrescido pela Lei nº 14.071, de 13-10-2020.

XXXII – organizar e manter o Registro Nacional de Sinistros e Estatísticas de Trânsito (RENAEST).

- Inciso XXXII acrescido pela Lei nº 14.599, de 19-6-2023.

§ 1º Comprovada, por meio de sindicância, a deficiência técnica ou administrativa ou a prática constante de atos de improbidade contra a fé pública, contra o patrimônio ou contra a administração pública, o órgão executivo de trânsito da União, mediante aprovação do CONTRAN, assumirá diretamente ou por delegação, a execução total ou parcial das atividades do órgão executivo de trânsito estadual que tenha motivado a investigação, até que as irregularidades sejam sanadas.

- Lei nº 8.429, de 2-6-1992 (Lei da Improbidade Administrativa).

§ 2º O regimento interno do órgão executivo de trânsito da União disporá sobre sua estrutura organizacional e seu funcionamento.

§ 3º Os órgãos e entidades executivos de trânsito e executivos rodoviários da União, dos Estados, do Distrito Federal e dos Municípios fornecerão, obrigatoriamente, mês a mês, os dados estatísticos para os fins previstos no inciso X.

§ 4º VETADO. Lei nº 13.281, de 4-5-2016.

§ 5º *As informações constantes do RENACH e do RENAVAM deverão ser disponibilizadas na internet para consulta, pelo motorista habilitado, dos dados de sua habilitação, e, pelo proprietário de veículo, dos dados de veículo de sua propriedade.*

- § 5º acrescido pela Lei nº 14.861, de 27-5-2024.

Art. 20. Compete à Polícia Rodoviária Federal, no âmbito das rodovias e estradas federais:

I – cumprir e fazer cumprir a legislação e as normas de trânsito, no âmbito de suas atribuições;

II – realizar o patrulhamento ostensivo, executando operações relacionadas com a segurança pública, com o objetivo de preservar a ordem, incolumidade das pessoas, o patrimônio da União e o de terceiros;

III – executar a fiscalização de trânsito, aplicar as penalidades de advertência por escrito e multa e as medidas administrativas cabíveis, com a notificação dos infratores e a arrecadação das multas aplicadas e dos valores provenientes de estadia e remoção de veículos, objetos e animais e de escolta de veículos de cargas superdimensionadas ou perigosas;

- Inciso III com a redação dada pela Lei nº 14.071, de 13-10-2020.

IV – efetuar levantamento dos locais de sinistros de trânsito e dos serviços de atendimento, socorro e salvamento de vítimas;

- Inciso IV com a redação dada pela Lei nº 14.599, de 19-6-2023.

V – credenciar os serviços de escolta, fiscalizar e adotar medidas de segurança relativas aos serviços de remoção de veículos, escolta e transporte de carga indivisível;

VI – assegurar a livre circulação nas rodovias federais, podendo solicitar ao órgão rodoviário a adoção de medidas emergenciais, e zelar pelo cumprimento das normas legais relativas ao direito de vizinhança, promovendo a interdição de construções e instalações não autorizadas;

VII – coletar dados estatísticos e elaborar estudos sobre sinistros de trânsito e suas causas, adotando ou indicando medidas operacionais preventivas e encaminhando-os ao órgão rodoviário federal;

- Inciso VII com a redação dada pela Lei nº 14.599, de 19-6-2023.

VIII – implementar as medidas da Política Nacional de Segurança e Educação de Trânsito;

IX – promover e participar de projetos e programas de educação e segurança, de acordo com as diretrizes estabelecidas pelo CONTRAN;

X – integrar-se a outros órgãos e entidades do Sistema Nacional de Trânsito para fins de arrecadação e compensação de multas impostas na área de sua competência, com vistas à unificação do licenciamento, à simplificação e à celeridade das transferências de veículos e de prontuários de condutores de uma para outra unidade da Federação;

- Res. do CONTRAN nº 576, de 24-2-2016, dispõe sobre o intercâmbio de informações, entre órgãos e entidades executivos de trânsito dos Estados e do Distrito Federal e os demais órgãos e entidades executivos de trânsito e executivos rodoviários da União, dos Estados, Distrito Federal e dos Municípios que compõem o Sistema Nacional de Trânsito.

XI – fiscalizar o nível de emissão de poluentes e ruído produzidos pelos veículos automotores ou pela sua carga, de acordo com o estabelecido no artigo 66, além de dar apoio, quando solicitado, às ações específicas dos órgãos ambientais;

- Art. 225 da CF.
- Lei nº 8.723, de 28-10-1993, dispõe sobre a redução de emissão de poluentes por veículos automotores.
- Res. do CONTRAN nº 289, de 29-8-2008, dispõe sobre normas de atuação a serem adotadas pelo Departamento Nacional de Infraestrutura de Transportes – DNIT e o Departamento de Polícia Rodoviária Federal – DPRF na fiscalização do trânsito nas rodovias federais.

XII – aplicar a penalidade de suspensão do direito de dirigir, quando prevista de forma específica para a infração cometida, e comunicar a aplicação da penalidade ao órgão máximo executivo de trânsito da União;

- Inciso XII acrescido pela Lei nº 14.071, de 13-10-2020.

XIII – realizar perícia administrativa nos locais de sinistros de trânsito.

- Inciso XIII acrescido pela Lei nº 14.599, de 19-6-2023.

Art. 21. Compete aos órgãos e entidades executivos rodoviários da União, dos Estados, do Distrito Federal e dos Municípios, no âmbito de sua circunscrição:

I – cumprir e fazer cumprir a legislação e as normas de trânsito, no âmbito de suas atribuições;

II – planejar, projetar, regulamentar e operar o trânsito de veículos, de pedestres e de animais, e promover o desenvolvimento da circulação e da segurança de ciclistas;

III – implantar, manter e operar o sistema de sinalização, os dispositivos e os equipamentos de controle viário;

IV – coletar dados e elaborar estudos sobre os sinistros de trânsito e suas causas;

- Inciso IV com a redação dada pela Lei nº 14.599, de 19-6-2023.

V – estabelecer, em conjunto com os órgãos de policiamento ostensivo de trânsito, as respectivas diretrizes para o policiamento ostensivo de trânsito;

VI – executar a fiscalização de trânsito, autuar, aplicar as penalidades de advertência, por escrito, e ainda as multas e medidas administrativas cabíveis, notificando os infratores e arrecadando as multas que aplicar;

VII – arrecadar valores provenientes de estada e remoção de veículos e objetos, e escolta de veículos de cargas superdimensionadas ou perigosas;

VIII – fiscalizar, autuar, aplicar as penalidades e medidas administrativas cabíveis, relativas a infrações por excesso de peso, dimensões e lotação dos veículos, bem como notificar e arrecadar as multas que aplicar;

IX – fiscalizar o cumprimento da norma contida no artigo 95, aplicando as penalidades e arrecadando as multas nele previstas;

X – implementar as medidas da Política Nacional de Trânsito e do Programa Nacional de Trânsito;

XI – promover e participar de projetos e programas de educação e segurança, de acordo com as diretrizes estabelecidas pelo CONTRAN;

XII – integrar-se a outros órgãos e entidades do Sistema Nacional de Trânsito para fins de arrecadação e compensação de multas impostas na área de sua competência, com vistas à unificação do licenciamento, à simplificação e à celeridade das transferências de veículos e de prontuários de condutores de uma para outra unidade da Federação;

- Res. do CONTRAN nº 576, de 24-2-2016, dispõe sobre o intercâmbio de informações, entre órgãos e entidades executivos de trânsito dos Estados e do Distrito Federal e os demais órgãos e entidades executivos de trânsito e executivos rodoviários da União, dos Estados, Distrito Federal e dos Municípios que compõem o Sistema Nacional de Trânsito.

XIII – fiscalizar o nível de emissão de poluentes e ruído produzidos pelos veículos automotores ou pela sua carga, de acordo com o estabelecido no artigo 66, além de dar apoio às ações específicas dos órgãos ambientais locais, quando solicitado;

- Art. 225 da CF.
- Lei nº 8.723, de 28-10-1993, dispõe sobre a redução de emissão de poluentes por veículos automotores.
- Res. do CONTRAN nº 289, de 29-8-2008, dispõe sobre normas de atuação a serem adotadas pelo Departamento Nacional de Infraestrutura de Transportes – DNIT e o Departamento de Polícia Rodoviária Federal – DPRF na fiscalização do trânsito nas rodovias federais.

XIV – vistoriar veículos que necessitem de autorização especial para transitar e estabelecer os requisitos técnicos a serem observados para a circulação desses veículos;

XV – aplicar a penalidade de suspensão do direito de dirigir, quando prevista de forma específica para a infração cometida, e comunicar a aplicação da penalidade ao órgão máximo executivo de trânsito da União.

- Inciso XV acrescido pela Lei nº 14.071, de 13-10-2020.

Parágrafo único. VETADO.

Art. 22. Compete aos órgãos ou entidades executivos de trânsito dos Estados e do Distrito Federal, no âmbito de sua circunscrição:

I – cumprir e fazer cumprir a legislação e as normas de trânsito, no âmbito das respectivas atribuições;

II – realizar, fiscalizar e controlar o processo de formação, de aperfeiçoamento, de reciclagem e de suspensão de condutores e expedir e cassar Licença de Aprendizagem, Permissão para Dirigir e Carteira Nacional de Habilitação, mediante delegação do órgão máximo executivo de trânsito da União;

III – vistoriar, inspecionar as condições de segurança veicular, registrar, emplacar e licenciar veículos, com a expedição dos Certificados de Registro de Veículo e de Licenciamento Anual, mediante delegação do órgão máximo executivo de trânsito da União;

- Incisos II e III com a redação dada pela Lei nº 14.071, de 13-10-2020.

IV – estabelecer, em conjunto com as Polícias Militares, as diretrizes para o policiamento ostensivo de trânsito;

V – executar a fiscalização de trânsito, autuar e aplicar as medidas administrativas cabíveis pelas infrações previstas neste Código, excetuadas aquelas de competência privativa dos órgãos e entidades executivos de trânsito dos Municípios previstas no § 4º do art. 24 deste Código, no exercício regular do poder de polícia de trânsito;

VI – aplicar as penalidades por infrações previstas neste Código, excetuadas aquelas de competência privativa dos órgãos e entidades executivos de trânsito dos Municípios previstas no § 4º do art. 24 deste Código, notificando os infratores e arrecadando as multas que aplicar;

- Incisos V e VI com a redação dada pela Lei nº 14.599, de 19-6-2023.

VII – arrecadar valores provenientes de estada e remoção de veículos e objetos;

VIII – comunicar ao órgão executivo de trânsito da União a suspensão e a cassação do direito de dirigir e o recolhimento da Carteira Nacional de Habilitação;

IX – coletar dados estatísticos e elaborar estudos sobre sinistros de trânsito e suas causas;

- Inciso IX acrescido pela Lei nº 14.599, de 19-6-2023.

X – credenciar órgãos ou entidades para a execução de atividades previstas na legislação de trânsito, na forma estabelecida em norma do CONTRAN;

XI – implementar as medidas da Política Nacional de Trânsito e do Programa Nacional de Trânsito;

- Res. do CONTRAN nº 265, de 14-12-2007, dispõe sobre a formação teórico-técnica do processo de habilitação de condutores de veículos automotores elétricos como atividade extracurricular no ensino médio e define os procedimentos para implementação nas escolas interessadas.

XII – promover e participar de projetos e programas de educação e segurança de trânsito de acordo com as diretrizes estabelecidas pelo CONTRAN;

XIII – integrar-se a outros órgãos e entidades do Sistema Nacional de Trânsito para fins de arrecadação e compensação de multas impostas na área de sua competência, com vistas à unificação do licenciamento, à simplificação e à celeridade das transferências de veículos e de prontuários de condutores de uma para outra unidade da Federação;

- Res. do CONTRAN nº 576, de 24-2-2016, dispõe sobre o intercâmbio de informações, entre órgãos e entidades executivos de trânsito dos Estados e do Distrito Federal e os demais órgãos e entidades executivos de trânsito e executivos rodoviários da União, dos Estados, Distrito Federal e dos Municípios que compõem o Sistema Nacional de Trânsito.

XIV – fornecer, aos órgãos e entidades executivos de trânsito e executivos rodoviários municipais, os dados cadastrais dos veículos registrados e dos condutores habilitados, para fins de imposição e notificação de penalidades e de arrecadação de multas nas áreas de suas competências;

- Res. do CONTRAN nº 576, de 24-2-2016, dispõe sobre o intercâmbio de informações, entre órgãos e entidades executivos de trânsito dos Estados e do Distrito Federal e os demais órgãos e entidades executivos de trânsito e executivos rodoviários da União, dos Estados, Distrito Federal e dos Municípios que compõem o Sistema Nacional de Trânsito.

XV – fiscalizar o nível de emissão de poluentes e ruído produzidos pelos veículos automotores ou pela sua carga, de acordo com o estabelecido no artigo 66, além de dar apoio, quando solicitado, às ações específicas dos órgãos ambientais locais;

- Art. 225 da CF.
- Lei nº 8.723, de 28-10-1993, dispõe sobre a redução de emissão de poluentes por veículos automotores.

XVI – articular-se com os demais órgãos do Sistema Nacional de Trânsito no Estado, sob coordenação do respectivo CETRAN;

XVII – criar, implantar e manter escolas públicas de trânsito, destinadas à educação de crianças, adolescentes, jovens e adultos, por meio de aulas teóricas e práticas sobre legislação, sinalização e comportamento no trânsito.

- Inciso XVII com a redação dada pela Lei nº 14.440, de 2-9-2022.

§ 1º As competências descritas no inciso II do *caput* deste artigo relativas ao processo de suspensão de condutores serão exercidas quando:

I – o condutor atingir o limite de pontos estabelecido no inciso I do art. 261 deste Código;

II – a infração previr a penalidade de suspensão do direito de dirigir de forma específica e a autuação tiver sido efetuada pelo próprio órgão executivo estadual de trânsito.

- Parágrafo único transformado em § 1º pela Lei nº 14.599, de 19-6-2023.

§ 2º Compete privativamente aos órgãos ou entidades executivos de trânsito dos Estados e do Distrito Federal executar a fiscalização de trânsito, autuar e aplicar as medidas administrativas e penalidades previstas nos arts. 165-D, 233, 240, 241, 242 e 243 e no § 5º do art. 330 deste Código.

- § 2º acrescido pela Lei nº 14.599, de 19-6-2023.

Art. 23. Compete às Polícias Militares dos Estados e do Distrito Federal:

- Art. 144, § 5º, da CF.

I e II – VETADOS;

III – executar a fiscalização de trânsito, quando e conforme convênio firmado, como agente do órgão ou entidade executivos de trânsito ou executivos rodoviários, concomitantemente com os demais agentes credenciados;

IV a VII – VETADOS;

VIII – VETADO. Lei nº 14.599, de 19-6-2023.

Parágrafo único. VETADO.

Art. 24. Compete aos órgãos e entidades executivos de trânsito dos Municípios, no âmbito de sua circunscrição:

- *Caput* com a redação dada pela Lei nº 13.154, de 30-7-2015.
- Res. do CONTRAN nº 482, de 9-4-2014, estabelece a competência e circunscrição sobre as vias de acesso aos aeroportos, abertas à circulação, integrantes das áreas que compõem os sítios aeroportuários.

I – cumprir e fazer cumprir a legislação e as normas de trânsito, no âmbito de suas atribuições;

II – planejar, projetar, regulamentar e operar o trânsito de veículos, de pedestres e de animais e promover o desenvolvimento, temporário ou definitivo, da circulação, da segurança e das áreas de proteção de ciclistas;

▶ Inciso II com a redação dada pela Lei nº 14.071, de 13-10-2020.

III – implantar, manter e operar o sistema de sinalização, os dispositivos e os equipamentos de controle viário;

IV – coletar dados estatísticos e elaborar estudos sobre os sinistros de trânsito e suas causas;

▶ Inciso IV com a redação dada pela Lei nº 14.599, de 19-6-2023.

V – estabelecer, em conjunto com os órgãos de polícia ostensiva de trânsito, as diretrizes para o policiamento ostensivo de trânsito;

VI – executar a fiscalização de trânsito em vias terrestres, edificações de uso público e edificações privadas de uso coletivo, autuar e aplicar as penalidades de advertência por escrito e multa e as medidas administrativas cabíveis pelas infrações previstas neste Código, excetuadas aquelas de competência privativa dos órgãos ou entidades executivos de trânsito dos Estados e do Distrito Federal previstas no § 2º do art. 22 deste Código, notificando os infratores e arrecadando as multas que aplicar;

▶ Inciso VI com a redação dada pela Lei nº 14.599, de 19-6-2023.

VII e VIII – *Revogados*. Lei nº 14.599, de 19-6-2023;

IX – fiscalizar o cumprimento da norma contida no artigo 95, aplicando as penalidades e arrecadando as multas nele previstas;

X – implantar, manter e operar sistema de estacionamento rotativo pago nas vias;

XI – arrecadar valores provenientes de estada e remoção de veículos e objetos, e escolta de veículos de cargas superdimensionadas ou perigosas;

XII – credenciar os serviços de escolta, fiscalizar e adotar medidas de segurança relativas aos serviços de remoção de veículos, escolta e transporte de carga indivisível;

XIII – integrar-se a outros órgãos e entidades do Sistema Nacional de Trânsito para fins de arrecadação e compensação de multas impostas na área de sua competência, com vistas à unificação do licenciamento, à simplificação e à celeridade das transferências de veículos e de prontuários dos condutores de uma para outra unidade da Federação;

▶ Res. do CONTRAN nº 576, de 24-2-2016, dispõe sobre o intercâmbio de informações, entre órgãos e entidades executivos de trânsito dos Estados e do Distrito Federal e os demais órgãos e entidades executivos de trânsito e executivos rodoviários da União, dos Estados, Distrito Federal e dos Municípios que compõem o Sistema Nacional de Trânsito.

XIV – implantar as medidas da Política Nacional de Trânsito e do Programa Nacional de Trânsito;

XV – promover e participar de projetos e programas de educação e segurança de trânsito de acordo com as diretrizes estabelecidas pelo CONTRAN;

XVI – planejar e implantar medidas para redução da circulação de veículos e reorientação do tráfego, com o objetivo de diminuir a emissão global de poluentes;

XVII – registrar e licenciar, na forma da legislação, veículos de tração e propulsão humana e de tração animal, fiscalizando, autuando, aplicando penalidades e arrecadando multas decorrentes de infrações;

▶ Inciso XVII com a redação dada pela Lei nº 13.154, de 30-7-2015.

XVIII – conceder autorização para conduzir veículos de propulsão humana e de tração animal;

XIX – articular-se com os demais órgãos do Sistema Nacional de Trânsito no Estado, sob coordenação do respectivo CETRAN;

XX – fiscalizar o nível de emissão de poluentes e ruído produzidos pelos veículos automotores ou pela sua carga, de acordo com o estabelecido no artigo 66, além de dar apoio às ações específicas de órgão ambiental local, quando solicitado;

▶ Art. 225 da CF.

▶ Lei nº 8.723, de 28-10-1993, dispõe sobre a redução de emissão de poluentes por veículos automotores.

XXI – vistoriar veículos que necessitem de autorização especial para transitar e estabelecer os requisitos técnicos a serem observados para a circulação desses veículos;

XXII – aplicar a penalidade de suspensão do direito de dirigir, quando prevista de forma específica para a infração cometida, e comunicar a aplicação da penalidade ao órgão máximo executivo de trânsito da União;

▶ Inciso XXII acrescido pela Lei nº 14.071, de 13-10-2020.

XXIII – criar, implantar e manter escolas públicas de trânsito, destinadas à educação de crianças, adolescentes, jovens e adultos, por meio de aulas teóricas e práticas sobre legislação, sinalização e comportamento no trânsito.

▶ Inciso XXIII com a redação dada pela Lei nº 14.440, de 2-9-2022.

§ 1º As competências relativas a órgão ou entidade municipal serão exercidas no Distrito Federal por seu órgão ou entidade executivos de trânsito.

§ 2º Para exercer as competências estabelecidas neste artigo, os Municípios deverão integrar-se ao Sistema Nacional de Trânsito, por meio de órgão ou entidade executivos de trânsito ou diretamente por meio da prefeitura municipal, conforme previsto no art. 333 deste Código.

▶ § 2º com a redação dada pela Lei nº 14.071, de 13-10-2020.

§ 3º O exercício das atribuições previstas no inciso VI do *caput* deste artigo no âmbito de edificações privadas de uso coletivo somente se aplica para infrações de uso de vagas reservadas em estacionamentos.

§ 4º Compete privativamente aos órgãos e entidades executivos de trânsito dos Municípios, no âmbito de sua circunscrição, executar a fiscalização de trânsito, autuar e aplicar as medidas administrativas e penalidades previstas nos arts. 95, 181, 182, 183, 218 e 219, nos incisos V e X do *caput* do art. 231 e nos arts. 245, 246 e 279-A deste Código.

▶ §§ 3º e 4º acrescidos pela Lei nº 14.599, de 19-6-2023.

Art. 24-A. Compete concorrentemente aos órgãos e entidades executivos de trânsito dos Estados, do Distrito Federal e dos Municípios executar a fiscalização de trânsito, autuar e aplicar as medidas administrativas e penalidades previstas neste Código, observado o disposto no § 2º do art. 22 e no § 4º do art. 24 deste Código.

Parágrafo único. As competências privativas previstas no § 2º do art. 22 e no § 4º do art. 24 podem ser delegadas por meio do convênio de que trata o art. 25 deste Código.

▶ Art. 24-A acrescido pela Lei nº 14.599, de 19-6-2023.

Art. 25. Os órgãos e entidades executivos do Sistema Nacional de Trânsito poderão celebrar convênio delegando as atividades previstas neste Código, com vistas a maior eficiência e à segurança para os usuários da via.

§ 1º Os órgãos e entidades de trânsito poderão prestar serviços de capacitação técnica, assessoria e monitoramento das atividades relativas ao trânsito durante prazo a ser estabelecido entre as partes, com ressarcimento dos custos apropriados.

▶ Parágrafo único renumerado para § 1º pela Lei nº 14.071, de 13-10-2020.

§ 2º Quando não houver órgão ou entidade executivos de trânsito no respectivo Município, o convênio de que trata o *caput* deste artigo poderá ser celebrado diretamente pela prefeitura municipal com órgão ou entidade que integre o Sistema Nacional de Trânsito, permitido, inclusive, o consórcio com outro ente federativo.

▶ § 2º acrescido pela Lei nº 14.071, de 13-10-2020.

Art. 25-A. Os agentes dos órgãos policiais da Câmara dos Deputados e do Senado Federal, a que se referem o inciso IV do *caput* do art. 51 e o inciso XIII do *caput* do art. 52 da Constituição Federal, respectivamente, mediante convênio com o órgão ou entidade de trânsito com circunscrição sobre a via, poderão lavrar auto de infração de trânsito e remetê-lo ao órgão competente, nos casos em que a infração cometida nas adjacências do Congresso Nacional ou nos locais sob sua responsabilidade comprometer objetivamente os serviços ou colocar em risco a incolumidade das pessoas ou o patrimônio das respectivas Casas Legislativas.

Parágrafo único. Para atuarem na fiscalização de trânsito, os agentes mencionados no *caput* deste artigo deverão receber treinamento específico para o exercício das atividades, conforme regulamentação do CONTRAN.

▶ Art. 25-A acrescido pela Lei nº 14.071, de 13-10-2020.

CAPÍTULO III

DAS NORMAS GERAIS DE CIRCULAÇÃO E CONDUTA

Art. 26. Os usuários das vias terrestres devem:

I – abster-se de todo ato que possa constituir perigo ou obstáculo para o trânsito de veículos, de pessoas ou de animais, ou ainda causar danos a propriedades públicas ou privadas;

II – abster-se de obstruir o trânsito ou torná-lo perigoso, atirando, depositando ou abandonando na via objetos ou substâncias, ou nela criando qualquer outro obstáculo.

▶ Arts. 173 e 245 deste Código.

Art. 27. Antes de colocar o veículo em circulação nas vias públicas, o condutor deverá verificar a existência e as boas condições de funcionamento dos equipamentos de uso obrigatório, bem como assegurar-se da existência de combustível suficiente para chegar ao local de destino.

▶ Arts. 180 e 230, IX, deste Código.

Art. 28. O condutor deverá, a todo momento, ter domínio de seu veículo, dirigindo-o com atenção e cuidados indispensáveis à segurança do trânsito.

▶ Art. 169 deste Código.

▶ Art. 13, § 1º, da CTVV.

Art. 29. O trânsito de veículos nas vias terrestres abertas à circulação obedecerá às seguintes normas:

I – a circulação far-se-á pelo lado direito da via, admitindo-se as exceções devidamente sinalizadas;

▶ Arts. 184, 185 e 186 deste Código.

▶ Art. 10, § 1º, da CTVV.

II – o condutor deverá guardar distância de segurança lateral e frontal entre o seu e os demais veículos, bem como em relação ao bordo da pista, considerando-se, no momento, a velocidade e as condições do local, da circulação, do veículo e as condições climáticas;

▶ Arts. 192 e 201 deste Código.

▶ Art. 13, § 3º, da CTVV.

III – quando veículos, transitando por fluxos que se cruzem, se aproximarem de local não sinalizado, terá preferência de passagem:

a) no caso de apenas um fluxo ser proveniente de rodovia, aquele que estiver circulando por ela;

b) no caso de rotatória, aquele que estiver circulando por ela;

c) nos demais casos, o que vier pela direita do condutor;

▶ Art. 215, I, deste Código.

IV – quando uma pista de rolamento comportar várias faixas de circulação no mesmo sentido, são as da direita destinadas ao deslocamento dos veículos mais lentos e de maior porte, quando não houver faixa especial a eles destinada, e as da esquerda, destinadas à ultrapassagem e ao deslocamento dos veículos de maior velocidade;

▶ Art. 185 deste Código.

V – o trânsito de veículos sobre passeios, calçadas e nos acostamentos, só poderá ocorrer para que se adentre ou se saia dos imóveis ou áreas especiais de estacionamento;

▶ Art. 193 deste Código.

VI – os veículos precedidos de batedores terão prioridade de passagem, respeitadas as demais normas de circulação;

▶ Art. 189 deste Código.

VII – os veículos destinados a socorro de incêndio e salvamento, os de polícia, os de fiscalização e operação de trânsito e as ambulâncias, além de prioridade no trânsito, gozam de livre circulação, estacionamento e parada, quando em serviço de urgência, de policiamento ostensivo ou de preservação da ordem pública, observadas as seguintes disposições:

▶ *Caput* do inciso VII com a redação dada pela Lei nº 14.071, de 13-10-2020.

▶ Arts. 189, 190, 222 e 230, XII e XIII, deste Código.

▶ Res. do CONTRAN nº 970, de 20-6-2022, dispõe sobre as características e especificações técnicas dos sistemas de sinalização, de iluminação e seus dispositivos, bem como sobre o uso de lanternas especiais em veículos.

a) quando os dispositivos regulamentares de alarme sonoro e iluminação intermitente estiverem acionados, indicando a proximidade dos veículos, todos os condutores deverão deixar livre a passagem pela faixa da esquerda, indo para a direita da via e parando, se necessário;

b) os pedestres, ao ouvirem o alarme sonoro ou avistarem a luz intermitente, deverão aguardar no passeio e somente atravessar a via quando o veículo já tiver passado pelo local;

▶ Alíneas *a* e *b* com a redação dada pela Lei nº 14.071, de 13-10-2020.

c) o uso de dispositivos de alarme sonoro e de iluminação intermitente somente poderá ocorrer por ocasião da efetiva prestação de serviço de urgência;

▶ Alínea *c* com a redação dada pela Lei nº 14.440, de 2-9-2022.

d) a prioridade de passagem na via e no cruzamento deverá se dar com velocidade reduzida e com os devidos cuidados de segurança, obedecidas as demais normas deste Código;

e) as prerrogativas de livre circulação e de parada serão aplicadas somente quando os veículos estiverem identificados por dispositivos regulamentares de alarme sonoro e iluminação intermitente;

f) a prerrogativa de livre estacionamento será aplicada somente quando os veículos estiverem identificados por dispositivos regulamentares de iluminação intermitente;

▶ Alíneas *e* e *f* acrescidas pela Lei nº 14.071, de 13-10-2020.

VIII – os veículos prestadores de serviços de utilidade pública, quando em atendimento na via, gozam de livre parada e estacionamento no local da prestação de serviço, desde que devidamente sinalizados, devendo estar identificados na forma estabelecida pelo CONTRAN;

▶ Art. 230, XII e XIII, deste Código.

▶ Res. do CONTRAN nº 970, de 20-6-2022, dispõe sobre as características e especificações técnicas dos sistemas de sinalização, de iluminação e seus dispositivos, bem como sobre o uso de lanternas especiais em veículos.

IX – a ultrapassagem de outro veículo em movimento deverá ser feita pela esquerda, obedecida a sinalização regulamentar e as demais normas estabelecidas neste Código, exceto quando o veículo a ser ultrapassado estiver sinalizando o propósito de entrar à esquerda;

▶ Arts. 199, 200 e 202, I, deste Código.

▶ Art. 11, § 1º, *a* e *b*, da CTVV.

X – todo condutor deverá, antes de efetuar uma ultrapassagem, certificar-se de que:

a) nenhum condutor que venha atrás haja começado uma manobra para ultrapassá-lo;

b) quem o precede na mesma faixa de trânsito não haja indicado o propósito de ultrapassar um terceiro;

c) a faixa de trânsito que vai tomar esteja livre numa extensão suficiente para que sua manobra não ponha em perigo ou obstrua o trânsito que venha em sentido contrário;

▶ Art. 191 deste Código.

▶ Art. 11, § 2º, *a* a *c*, da CTVV.

XI – todo condutor ao efetuar a ultrapassagem deverá:

a) indicar com antecedência a manobra pretendida, acionando a luz indicadora de direção do veículo ou por meio de gesto convencional de braço;

▶ Art. 196 deste Código.

b) afastar-se do usuário ou usuários aos quais ultrapassa, de tal forma que deixe livre uma distância lateral de segurança;

▶ Arts. 192 e 201 deste Código.

▶ Art. 11, § 4º, da CTVV.

c) retomar, após a efetivação da manobra, a faixa de trânsito de origem, acionando a luz indicadora de direção do veículo ou fazendo gesto convencional de braço, adotando os cuidados necessários para não pôr em perigo ou obstruir o trânsito dos veículos que ultrapassou;

XII – os veículos que se deslocam sobre trilhos terão preferência de passagem sobre os demais, respeitadas as normas de circulação;

▶ Art. 212 deste Código.

XIII – VETADO. Lei nº 13.281, de 4-5-2016.

§ 1º As normas de ultrapassagem previstas nas alíneas *a* e *b* do inciso X e *a* e *b* do inciso XI aplicam-se à transposição de faixas, que pode ser realizada tanto pela faixa da esquerda como pela da direita.

§ 2º Respeitadas as normas de circulação e conduta estabelecidas neste artigo, em ordem decrescente, os veículos de maior porte serão sempre responsáveis pela segurança dos menores, os motorizados pelos não motorizados e, juntos, pela incolumidade dos pedestres.

§ 3º Compete ao CONTRAN regulamentar os dispositivos de alarme sonoro e iluminação intermitente previstos no inciso VII do *caput* deste artigo.

§ 4º Em situações especiais, ato da autoridade máxima federal de segurança pública poderá dispor sobre a aplicação das exceções tratadas no inciso VII do *caput* deste artigo aos veículos oficiais descaracterizados.

▶ §§ 3º e 4º acrescidos pela Lei nº 14.071, de 13-10-2020.

Art. 30. Todo condutor, ao perceber que outro que o segue tem o propósito de ultrapassá-lo, deverá:

I – se estiver circulando pela faixa da esquerda, deslocar-se para a faixa da direita, sem acelerar a marcha;

II – se estiver circulando pelas demais faixas, manter-se naquela na qual está circulando, sem acelerar a marcha.

▶ Art. 198 deste Código.

Parágrafo único. Os veículos mais lentos, quando em fila, deverão manter distância suficiente entre si para permitir que veículos que os ultrapassem possam se intercalar na fila com segurança.

Art. 31. O condutor que tenha o propósito de ultrapassar um veículo de transporte coletivo que esteja parado, efetuando embarque ou desembarque de passageiros, deverá reduzir a velocidade, dirigindo com atenção redobrada ou parar o veículo com vistas à segurança dos pedestres.

▶ Art. 200 deste Código.

Art. 32. O condutor não poderá ultrapassar veículos em vias com duplo sentido de direção e pista única, nos trechos em curvas e em aclives sem visibilidade suficiente, nas passagens de nível, nas pontes e viadutos e nas travessias de pedestres, exceto quando houver sinalização permitindo a ultrapassagem.

▶ Art. 203 deste Código.

Art. 33. Nas interseções e suas proximidades, o condutor não poderá efetuar ultrapassagem.

▶ Art. 202, II, deste Código.

Art. 34. O condutor que queira executar uma manobra deverá certificar-se de que pode executá-la sem perigo para os demais usuários da via que o seguem, precedem ou vão cruzar com ele, considerando sua posição, sua direção e sua velocidade.

Art. 35. Antes de iniciar qualquer manobra que implique um deslocamento lateral, o condutor deverá indicar seu propósito de forma clara e com a devida antecedência, por meio da luz indicadora de direção de seu veículo, ou fazendo gesto convencional de braço.

▶ Art. 196 deste Código.

Parágrafo único. Entende-se por deslocamento lateral a transposição de faixas, movimentos de conversão à direita, à esquerda e retornos.

Art. 36. O condutor que for ingressar numa via, procedente de um lote lindeiro a essa via, deverá dar preferência aos veículos e pedestres que por ela estejam transitando.

▶ Arts. 214, V, e 216 deste Código.

Art. 37. Nas vias providas de acostamento, a conversão à esquerda e a operação de retorno deverão ser feitas nos locais apropriados e, onde estes não existirem, o condutor deverá aguardar no acostamento, à direita, para cruzar a pista com segurança.

▶ Art. 204 deste Código.

Art. 38. Antes de entrar à direita ou à esquerda, em outra via ou em lotes lindeiros, o condutor deverá:

I – ao sair da via pelo lado direito, aproximar-se o máximo possível do bordo direito da pista e executar sua manobra no menor espaço possível;

II – ao sair da via pelo lado esquerdo, aproximar-se o máximo possível de seu eixo ou da linha divisória da pista, quando houver, caso se trate de uma pista com circulação nos dois sentidos, ou do bordo esquerdo, tratando-se de uma pista de um só sentido.

▶ Art. 197 deste Código.

Parágrafo único. Durante a manobra de mudança de direção, o condutor deverá ceder passagem aos pedestres e ciclistas, aos veículos que transitem em sentido contrário pela pista da via da qual vai sair, respeitadas as normas de preferência de passagem.

Art. 39. Nas vias urbanas, a operação de retorno deverá ser feita nos locais para isto determinados, quer por meio de sinalização, quer pela existência de locais apropriados, ou, ainda, em outros locais que ofereçam condições de segurança e fluidez, observadas as características da via, do veículo, das condições meteorológicas e da movimentação de pedestres e ciclistas.

▶ Art. 206 deste Código.

Art. 40. O uso de luzes em veículo obedecerá às seguintes determinações:

I – o condutor manterá acesos os faróis do veículo, por meio da utilização da luz baixa:

a) à noite;

b) mesmo durante o dia, em túneis e sob chuva, neblina ou cerração;

▶ Inciso I com a redação dada pela Lei nº 14.071, de 13-10-2020.

▶ Art. 250, I, *a* e *b*, deste Código.

II – nas vias não iluminadas o condutor deve usar luz alta, exceto ao cruzar com outro veículo ou ao segui-lo;

▶ Art. 223 deste Código.

III – a troca de luz baixa e alta, de forma intermitente e por curto período de tempo, com o objetivo de advertir outros motoristas, só poderá ser utilizada para indicar a intenção de ultrapassar o veículo que segue à frente ou para indicar a existência de risco à segurança para os veículos que circulam no sentido contrário;

▶ Art. 251, II, deste Código.

IV – *Revogado*. Lei nº 14.071, de 13-10-2020;

V – o condutor utilizará o pisca-alerta nas seguintes situações:

a) em imobilizações ou situações de emergência;

b) quando a regulamentação da via assim o determinar;

▶ Arts. 179 e 251, I, deste Código.

VI – durante a noite, em circulação, o condutor manterá acesa a luz de placa;

▶ Art. 250, III, deste Código.

VII – o condutor manterá acesas, à noite, as luzes de posição quando o veículo estiver parado para fins de embarque ou desembarque de passageiros e carga ou descarga de mercadorias.

▶ Art. 249 deste Código.

§ 1º Os veículos de transporte coletivo de passageiros, quando circularem em faixas ou pistas a eles destinadas, e as motocicletas, motonetas e ciclomotores deverão utilizar-se de farol de luz baixa durante o dia e a noite.

▶ Parágrafo único renumerado para § 1º e com a redação dada pela Lei nº 14.071, de 13-10-2020.

▶ Art. 250, I, *c* e *d*, deste Código.

§ 2º Os veículos que não dispuserem de luzes de rodagem diurna deverão manter acesos os faróis nas rodovias de pista simples situadas fora dos perímetros urbanos, mesmo durante o dia.

▶ § 2º acrescido pela Lei nº 14.071, de 13-10-2020.

Art. 41. O condutor de veículo só poderá fazer uso de buzina, desde que em toque breve, nas seguintes situações:

I – para fazer as advertências necessárias a fim de evitar sinistros;

▶ Inciso I com a redação dada pela Lei nº 14.599, de 19-6-2023.

II – fora das áreas urbanas, quando for conveniente advertir a um condutor que se tem o propósito de ultrapassá-lo.

▶ Art. 227 deste Código.

▶ Res. do CONTRAN nº 764, de 20-12-2018, estabelece método de ensaio para medição de pressão sonora por buzina ou equipamento similar de veículos automotores.

Art. 42. Nenhum condutor deverá frear bruscamente seu veículo, salvo por razões de segurança.

▶ Art. 17, § 2º, da CTVV.

Art. 43. Ao regular a velocidade, o condutor deverá observar constantemente as condições físicas da via, do veículo e da carga, as condições meteorológicas e a intensidade do trânsito, obedecendo aos limites máximos de velocidade estabelecidos para a via, além de:

I – não obstruir a marcha normal dos demais veículos em circulação sem causa justificada, transitando a uma velocidade anormalmente reduzida;

II – sempre que quiser diminuir a velocidade de seu veículo deverá antes certificar-se de que pode fazê-lo sem risco nem inconvenientes para os outros condutores, a não ser que haja perigo iminente;

III – indicar, de forma clara, com a antecedência necessária e a sinalização devida, a manobra de redução de velocidade.

Art. 44. Ao aproximar-se de qualquer tipo de cruzamento, o condutor do veículo deve demonstrar prudência especial, transitando em velocidade moderada, de forma que possa deter seu veículo com segurança para dar passagem a pedestre e a veículos que tenham o direito de preferência.

Art. 44-A. É livre o movimento de conversão à direita diante de sinal vermelho do semáforo onde houver sinalização indicativa que permita essa conversão, observados os arts. 44, 45 e 70 deste Código.

▶ Art. 44-A acrescido pela Lei nº 14.071, de 13-10-2020.

Art. 45. Mesmo que a indicação luminosa do semáforo lhe seja favorável, nenhum condutor pode entrar em uma interseção se houver possibilidade de ser obrigado a imobilizar o veículo na área do cruzamento, obstruindo ou impedindo a passagem do trânsito transversal.

▶ Art. 183 deste Código.

Art. 46. Sempre que for necessária a imobilização temporária de um veículo no leito viário, em situação de emergência, deverá ser providenciada a imediata sinalização de advertência, na forma estabelecida pelo CONTRAN.

▶ Arts. 179, 180, 225, I, e 226 deste Código.

▶ Res. do CONTRAN nº 36, de 22-5-1998, estabelece a forma de sinalização de advertência para os veículos que, em situação de emergência, estiverem imobilizados no leito viário.

Art. 47. Quando proibido o estacionamento na via, a parada deverá restringir-se ao tempo indispensável para embarque ou desembarque de passageiros, desde que não interrompa ou perturbe o fluxo de veículos ou a locomoção de pedestres.

Parágrafo único. A operação de carga ou descarga será regulamentada pelo órgão ou entidade com circunscrição sobre a via e é considerada estacionamento.

Art. 48. Nas paradas, operações de carga ou descarga e nos estacionamentos, o veículo deverá ser posicionado no sentido do fluxo, paralelo ao bordo da pista de rolamento e junto à guia da calçada (meio-fio), admitidas as exceções devidamente sinalizadas.

▶ Arts. 181, IV, e 182, IV, deste Código.

§ 1º Nas vias providas de acostamento, os veículos parados, estacionados ou em operação de carga ou descarga deverão estar situados fora da pista de rolamento.

§ 2º O estacionamento dos veículos motorizados de duas rodas será feito em posição perpendicular à guia da calçada (meio-fio) e junto a ela, salvo quando houver sinalização que determine outra condição.

§ 3º O estacionamento dos veículos sem abandono do condutor poderá ser feito somente nos locais previstos neste Código ou naqueles regulamentados por sinalização específica.

▶ Res. do CONTRAN nº 965, de 17-5-2022, define e regulamenta as áreas de segurança e de estacionamentos específicos de veículos.

Art. 49. O condutor e os passageiros não deverão abrir a porta do veículo, deixá-la aberta ou descer do veículo sem antes se certificarem de que isso não constitui perigo para eles e para outros usuários da via.

► Art. 24 da CTVV.

Parágrafo único. O embarque e o desembarque devem ocorrer sempre do lado da calçada, exceto para o condutor.

Art. 50. O uso de faixas laterais de domínio e das áreas adjacentes às estradas e rodovias obedecerá às condições de segurança do trânsito estabelecidas pelo órgão ou entidade com circunscrição sobre a via.

Art. 51. Nas vias internas pertencentes a condomínios constituídos por unidades autônomas, a sinalização de regulamentação da via será implantada e mantida às expensas do condomínio, após aprovação dos projetos pelo órgão ou entidade com circunscrição sobre a via.

► Arts. 2º, parágrafo único, 90, § 1º, e 95, § 1º, deste Código.

Art. 52. Os veículos de tração animal serão conduzidos pela direita da pista, junto à guia da calçada (meio-fio) ou acostamento, sempre que não houver faixa especial a eles destinada, devendo seus condutores obedecer, no que couber, às normas de circulação previstas neste Código e às que vierem a ser fixadas pelo órgão ou entidade com circunscrição sobre a via.

Art. 53. Os animais isolados ou em grupos só podem circular nas vias quando conduzidos por um guia, observando o seguinte:

I – para facilitar os deslocamentos, os rebanhos deverão ser divididos em grupos de tamanho moderado e separados uns dos outros por espaços suficientes para não obstruir o trânsito;

II – os animais que circularem pela pista de rolamento deverão ser mantidos junto ao bordo da pista.

► Art. 10, § 2º, da CTVV.

Art. 54. Os condutores de motocicletas, motonetas e ciclomotores só poderão circular nas vias:

► Res. do CONTRAN nº 996, de 15-6-2023, Dispõe sobre o trânsito, em via pública, de ciclomotores, bicicletas elétricas e equipamentos de mobilidade individual autopropelidos.

I – utilizando capacete de segurança, com viseira ou óculos protetores;

► Arts. 230, X, e 244, I, deste Código.

► Res. do CONTRAN nº 940, de 28-3-2022, Disciplina o uso de capacete para condutor e passageiro de motocicletas, motonetas, ciclomotores, triciclos motorizados e quadriciclos motorizados.

II – segurando o guidom com as duas mãos;

► Art. 244, VII, deste Código.

III – usando vestuário de proteção, de acordo com as especificações do CONTRAN.

► Art. 244, I, deste Código.

Art. 55. Os passageiros de motocicletas, motonetas e ciclomotores só poderão ser transportados:

I – utilizando capacete de segurança;

► Arts. 230, X, e 244, II, deste Código.

► Res. do CONTRAN nº 940, de 28-3-2022, disciplina o uso de capacete para condutor e passageiro de motocicletas, motonetas, ciclomotores, triciclos motorizados e quadriciclos motorizados.

II – em carro lateral acoplado aos veículos ou em assento suplementar atrás do condutor;

► Art. 244, II, deste Código.

III – usando vestuário de proteção, de acordo com as especificações do CONTRAN.

Art. 56. VETADO.

Art. 56-A. VETADO. Lei nº 14.071, de 13-10-2020.

Art. 57. Os ciclomotores devem ser conduzidos pela direita da pista de rolamento, preferencialmente no centro da faixa mais à direita ou no bordo direito da pista sempre que não houver acostamento ou faixa própria a eles destinada, proibida a sua circulação nas vias de trânsito rápido e sobre as calçadas das vias urbanas.

Parágrafo único. Quando uma via comportar duas ou mais faixas de trânsito e a da direita for destinada ao uso exclusivo de outro tipo de veículo, os ciclomotores deverão circular pela faixa adjacente à da direita.

► Arts. 185, I, 193 e 244, § 2º, deste Código.

Art. 58. Nas vias urbanas e nas rurais de pista dupla, a circulação de bicicletas deverá ocorrer, quando não houver ciclovia, ciclofaixa, ou acostamento, ou quando não for possível a utilização destes, nos bordos da pista de rolamento, no mesmo sentido de circulação regulamentado para a via, com preferência sobre os veículos automotores.

Parágrafo único. A autoridade de trânsito com circunscrição sobre a via poderá autorizar a circulação de bicicletas no sentido contrário ao fluxo dos veículos automotores, desde que dotado o trecho com ciclofaixa.

Art. 59. Desde que autorizado e devidamente sinalizado pelo órgão ou entidade com circunscrição sobre a via, será permitida a circulação de bicicletas nos passeios.

► Art. 255 deste Código.

Art. 60. As vias abertas à circulação, de acordo com sua utilização, classificam-se em:

I – vias urbanas:

a) via de trânsito rápido;
b) via arterial;
c) via coletora;
d) via local;

II – vias rurais:

a) rodovias;
b) estradas.

Art. 61. A velocidade máxima permitida para a via será indicada por meio de sinalização, obedecidas suas características técnicas e as condições de trânsito.

§ 1º Onde não existir sinalização regulamentadora, a velocidade máxima será de:

I – nas vias urbanas:

a) oitenta quilômetros por hora, nas vias de trânsito rápido;
b) sessenta quilômetros por hora, nas vias arteriais;
c) quarenta quilômetros por hora, nas vias coletoras;
d) trinta quilômetros por hora, nas vias locais;

II – nas vias rurais:

a) nas rodovias de pista dupla:

► *Caput* da alínea *a* com a redação dada pela Lei nº 13.281, de 4-5-2016.

1. 110 km/h (cento e dez quilômetros por hora) para automóveis, camionetas, caminhonetes e motocicletas;

► Item 1 com a redação dada pela Lei nº 14.440, de 2-9-2022.

2. 90 km/h (noventa quilômetros por hora) para os demais veículos;

► Item 2 com a redação dada pela Lei nº 13.281, de 4-5-2016.

3. *Revogado*. Lei nº 13.281, de 4-5-2016.

b) nas rodovias de pista simples:

► *Caput* da alínea *b* com a redação dada pela Lei nº 13.281, de 4-5-2016.

1. 100 km/h (cem quilômetros por hora) para automóveis, camionetas, caminhonetes e motocicletas;

► Item 1 com a redação dada pela Lei nº 14.440, de 2-9-2022.

2. 90 km/h (noventa quilômetros por hora) para os demais veículos;

► Item 2 com a redação dada pela Lei nº 13.281, de 4-5-2016.

► Art. 218 deste Código.

c) nas estradas: 60 km/h (sessenta quilômetros por hora).

► Alínea *c* acrescida pela Lei nº 13.281, de 4-5-2016.

§ 2º O órgão ou entidade de trânsito ou rodoviário com circunscrição sobre a via poderá regulamentar, por meio de sinalização, velocidades superiores ou inferiores àquelas estabelecidas no parágrafo anterior.

► Res. do CONTRAN nº 798, de 2-9-2020, dispõe sobre requisitos técnicos mínimos para a fiscalização da velocidade de veículos automotores, elétricos, reboques e semirreboques.

Art. 62. A velocidade mínima não poderá ser inferior à metade da velocidade máxima estabelecida, respeitadas as condições operacionais de trânsito e da via.

► Art. 219 deste Código.

Art. 63. VETADO.

Art. 64. As crianças com idade inferior a 10 (dez) anos que não tenham atingido 1,45 m (um metro e quarenta e cinco centímetros) de altura devem ser transportadas nos bancos traseiros, em dispositivo de retenção adequado para cada idade, peso e altura, salvo exceções relacionadas a tipos específicos de veículos regulamentadas pelo CONTRAN.

► *Caput* com a redação dada pela Lei nº 14.071, de 13-10-2020.

► Art. 168 deste Código.

► Res. do CONTRAN nº 819, de 17-3-2021, dispõe sobre o transporte de crianças com idade inferior a dez anos.

Parágrafo único. O CONTRAN disciplinará o uso excepcional de dispositivos de retenção no banco dianteiro do veículo e as especificações técnicas dos dispositivos de retenção a que se refere o *caput* deste artigo.

► Parágrafo único acrescido pela Lei nº 14.071, de 13-10-2020.

Art. 65. É obrigatório o uso do cinto de segurança para condutor e passageiros em todas as vias do território nacional, salvo em situações regulamentadas pelo CONTRAN.

► Arts. 167 e 230, IX, deste Código.

► Res. do CONTRAN nº 819, de 17-3-2021, dispõe sobre o transporte de crianças com idade inferior a dez anos.

► Res. do CONTRAN nº 951, de 28-3-2022, estabelece os requisitos de instalação e os procedimentos de ensaios de cintos de segurança, ancoragem e apoios de cabeça dos veículos automotores.

Art. 66. VETADO.

Art. 67. As provas ou competições desportivas, inclusive seus ensaios, em via aberta à circulação, só poderão ser realizadas mediante prévia permissão da autoridade de trânsito com circunscrição sobre a via e dependerão de:

I – autorização expressa da respectiva confederação desportiva ou de entidades estaduais a ela filiadas;

II – caução ou fiança para cobrir possíveis danos materiais à via;

III – contrato de seguro contra riscos e sinistros em favor de terceiros;

▶ Inciso III com a redação dada pela Lei nº 14.599, de 19-6-2023.

IV – prévio recolhimento do valor correspondente aos custos operacionais em que o órgão ou entidade permissionária incorrerá.

Parágrafo único. A autoridade com circunscrição sobre a via arbitrará os valores mínimos da caução ou fiança e do contrato de seguro.

▶ Arts. 173, 174 e 308 deste Código.

CAPÍTULO III-A

DA CONDUÇÃO DE VEÍCULOS POR MOTORISTAS PROFISSIONAIS

▶ Capítulo III-A acrescido pela Lei nº 12.619, de 30-4-2012.

▶ Lei nº 13.103, de 2-3-2015 (Lei do Motorista Profissional).

Art. 67-A. O disposto neste Capítulo aplica-se aos motoristas profissionais:

▶ *Caput* com a redação dada pela Lei nº 13.103, de 2-3-2015.

I – de transporte rodoviário coletivo de passageiros;

II – de transporte rodoviário de cargas.

▶ Incisos I e II acrescidos pela Lei nº 13.103, de 2-3-2015.

§§ 1º a 7º *Revogados.* Lei nº 13.103, de 2-3-2015.

§ 8º VETADO. Lei nº 12.619, de 30-4-2012.

▶ Art. 67-A acrescido pela Lei nº 12.619, de 30-4-2012.

Art. 67-B. VETADO. Lei nº 12.619, de 30-4-2012.

Art. 67-C. É vedado ao motorista profissional dirigir por mais de 5 (cinco) horas e meia ininterruptas veículos de transporte rodoviário coletivo de passageiros ou de transporte rodoviário de cargas.

▶ *Caput* com a redação dada pela Lei nº 13.103, de 2-3-2015.

▶ Art. 12 da Lei nº 13.103, de 2-3-2015 (Lei do Motorista Profissional).

§ 1º Serão observados 30 (trinta) minutos para descanso dentro de cada 6 (seis) horas na condução de veículo de transporte de carga, sendo facultado o seu fracionamento e o do tempo de direção desde que não ultrapassadas 5 (cinco) horas e meia contínuas no exercício da condução.

▶ Art. 12 da Lei nº 13.103, de 2-3-2015 (Lei do Motorista Profissional).

§ 1º-A. Serão observados 30 (trinta) minutos para descanso a cada 4 (quatro) horas na condução de veículo rodoviário de passageiros, sendo facultado o seu fracionamento e o do tempo de direção.

§ 2º Em situações excepcionais de inobservância justificada do tempo de direção, devidamente registradas, o tempo de direção poderá ser elevado pelo período necessário para que o condutor, o veículo e a carga cheguem a um lugar que ofereça a segurança e o atendimento demandados, desde que não haja comprometimento da segurança rodoviária.

§ 3º O condutor é obrigado, dentro do período de 24 (vinte e quatro) horas, a observar o mínimo de 11 (onze) horas de descanso, que podem ser fracionadas, usufruídas no veículo e coincidir com os intervalos mencionados no § 1º, observadas no primeiro período 8 (oito) horas ininterruptas de descanso.

▶ O STF, por maioria, no julgamento da ADI nº 5.322, declarou inconstitucional a expressão "que podem ser fracionadas, usufruídas no veículo e coincidir com os intervalos mencionados no § 1º, observadas no primeiro período 8 (oito) horas ininterruptas de descanso", constante neste parágrafo (*DOU* de 12-7-2023).

▶ Art. 12 da Lei nº 13.103, de 2-3-2015 (Lei do Motorista Profissional).

§ 4º Entende-se como tempo de direção ou de condução apenas o período em que o condutor estiver efetivamente ao volante, em curso entre a origem e o destino.

§ 5º Entende-se como início de viagem a partida do veículo na ida ou no retorno, com ou sem carga, considerando-se como sua continuação as partidas nos dias subsequentes até o destino.

§ 6º O condutor somente iniciará uma viagem após o cumprimento integral do intervalo de descanso previsto no § 3º deste artigo.

§ 7º Nenhum transportador de cargas ou coletivo de passageiros, embarcador, consignatário de cargas, operador de terminais de carga, operador de transporte multimodal de cargas ou agente de cargas ordenará a qualquer motorista a seu serviço, ainda que subcontratado, que conduza veículo referido no *caput* sem a observância do disposto no § 6º.

▶ §§ 1º a 7º acrescidos pela Lei nº 13.103, de 2-3-2015.

§ 8º Regulamentação do CONTRAN definirá as situações excepcionais de inobservância justificada do tempo de direção e de descanso pelos motoristas profissionais condutores de veículos ou composições de transporte rodoviário de cargas justificadas por indisponibilidade de pontos de parada e de descanso na rota programada para a viagem ou por exaurimento das vagas de estacionamento neles disponíveis.

▶ § 8º com a redação dada pela Lei nº 14.599, de 19-6-2023.

§ 9º O órgão competente da União ou, conforme o caso, a autoridade do ente da Federação com circunscrição sobre a via publicará e revisará, periodicamente, relação dos espaços destinados a pontos de parada e de descanso disponibilizados aos motoristas profissionais condutores de veículos ou composições de transporte rodoviário de cargas, especialmente entre os previstos no art. 10 da Lei nº 13.103, de 2 de março de 2015, indicando o número de vagas de estacionamento disponíveis em cada localidade.

▶ § 9º acrescido pela Lei nº 14.440, de 2-9-2022.

Art. 67-D. VETADO. Lei nº 12.619, de 30-4-2012.

Art. 67-E. O motorista profissional é responsável por controlar e registrar o tempo de condução estipulado no art. 67-C, com vistas à sua estrita observância.

▶ *Caput* acrescido pela Lei nº 13.103, de 2-3-2015.

§ 1º A não observância dos períodos de descanso estabelecidos no art. 67-C sujeitará o motorista profissional às penalidades daí decorrentes, previstas neste Código.

▶ § 1º acrescido pela Lei nº 13.103, de 2-3-2015.

§ 1º-A. Não estará sujeito às penalidades previstas neste Código o motorista profissional condutor de veículos ou composições de transporte rodoviário de cargas que não observar os períodos de direção e de descanso quando ocorrer a situação excepcional descrita no § 8º do art. 67-C deste Código.

▶ § 1º-A acrescido pela Lei nº 14.440, de 2-9-2022.

§ 2º O tempo de direção será controlado mediante registrador instantâneo inalterável de velocidade e tempo e, ou por meio de anotação em diário de bordo, ou papeleta ou ficha de trabalho externo, ou por meios eletrônicos instalados no veículo, conforme norma do CONTRAN.

§ 3º O equipamento eletrônico ou registrador deverá funcionar de forma independente de qualquer interferência do condutor, quanto aos dados registrados.

§ 4º A guarda, a preservação e a exatidão das informações contidas no equipamento registrador instantâneo inalterável de velocidade e de tempo são de responsabilidade do condutor.

▶ §§ 2º a 4º acrescidos pela Lei nº 13.103, de 2-3-2015.

CAPÍTULO IV

DOS PEDESTRES E CONDUTORES DE VEÍCULOS NÃO MOTORIZADOS

Art. 68. É assegurada ao pedestre a utilização dos passeios ou passagens apropriadas das vias urbanas e dos acostamentos das vias rurais para circulação, podendo a autoridade competente permitir a utilização de parte da calçada para outros fins, desde que não seja prejudicial ao fluxo de pedestres.

§ 1º O ciclista desmontado empurrando a bicicleta equipara-se ao pedestre em direitos e deveres.

§ 2º Nas áreas urbanas, quando não houver passeios ou quando não for possível a utilização destes, a circulação de pedestres na pista de rolamento será feita com prioridade sobre os veículos, pelos bordos da pista, em fila única, exceto em locais proibidos pela sinalização e nas situações em que a segurança ficar comprometida.

§ 3º Nas vias rurais, quando não houver acostamento ou quando não for possível a utilização dele, a circulação de pedestres, na pista de rolamento, será feita com prioridade sobre os veículos, pelos bordos da pista, em fila única, em sentido contrário ao deslocamento de veículos, exceto em locais proibidos pela sinalização e nas situações em que a segurança ficar comprometida.

§ 4º VETADO.

§ 5º Nos trechos urbanos de vias rurais e nas obras de arte a serem construídas, deverá ser previsto passeio destinado à circulação dos pedestres, que não deverão, nessas condições, usar o acostamento.

§ 6º Onde houver obstrução da calçada ou da passagem para pedestres, o órgão ou entidade com circunscrição sobre a via deverá assegurar a devida sinalização e proteção para circulação de pedestres.

Art. 69. Para cruzar a pista de rolamento o pedestre tomará precauções de segurança, levando em conta, principalmente, a visibilidade, a distância e a velocidade dos veículos, utilizando sempre as faixas ou passagens a ele destinadas sempre que estas existirem numa distância de até cinquenta metros dele, observadas as seguintes disposições:

▶ Art. 254, V, deste Código.

I – onde não houver faixa ou passagem, o cruzamento da via deverá ser feito em sentido perpendicular ao de seu eixo;

II – para atravessar uma passagem sinalizada para pedestres ou delimitada por marcas sobre a pista:

a) onde houver foco de pedestres, obedecer às indicações das luzes;

b) onde não houver foco de pedestres, aguardar que o semáforo ou o agente de trânsito interrompa o fluxo de veículos;

III – nas interseções e em suas proximidades, onde não existam faixas de travessia, os pedestres devem atravessar a via na continuação da calçada, observadas as seguintes normas:

a) não deverão adentrar na pista sem antes se certificar de que podem fazê-lo sem obstruir o trânsito de veículos;

b) uma vez iniciada a travessia de uma pista, os pedestres não deverão aumentar o seu percurso, demorar-se ou parar sobre ela sem necessidade.

Art. 70. Os pedestres que estiverem atravessando a via sobre as faixas delimitadas para esse fim terão prioridade de passagem, exceto nos locais com sinalização semafórica, onde deverão ser respeitadas as disposições deste Código.

Parágrafo único. Nos locais em que houver sinalização semafórica de controle de passagem será dada preferência aos pedestres que não tenham concluído a travessia, mesmo em caso de mudança do semáforo liberando a passagem dos veículos.

▶ Arts. 214, I e II, e 270 deste Código.

Art. 71. O órgão ou entidade com circunscrição sobre a via manterá, obrigatoriamente, as faixas e passagens de pedestres em boas condições de visibilidade, higiene, segurança e sinalização.

CAPÍTULO V

DO CIDADÃO

Art. 72. Todo cidadão ou entidade civil tem o direito de solicitar, por escrito, aos órgãos ou entidades do Sistema Nacional de Trânsito, sinalização, fiscalização e implantação de equipamentos de segurança, bem como sugerir alterações em normas, legislação e outros assuntos pertinentes a este Código.

Art. 73. Os órgãos ou entidades pertencentes ao Sistema Nacional de Trânsito têm o dever de analisar as solicitações e responder, por escrito, dentro de prazos mínimos, sobre a possibilidade ou não de atendimento, esclarecendo ou justificando a análise efetuada, e, se pertinente, informando ao solicitante quando tal evento ocorrerá.

Parágrafo único. As campanhas de trânsito devem esclarecer quais as atribuições dos órgãos e entidades pertencentes ao Sistema Nacional de Trânsito e como proceder a tais solicitações.

CAPÍTULO VI

DA EDUCAÇÃO PARA O TRÂNSITO

Art. 74. A educação para o trânsito é direito de todos e constitui dever prioritário para os componentes do Sistema Nacional de Trânsito.

▶ Res. do CONTRAN nº 314, de 8-5-2009, estabelece procedimentos para a execução das campanhas educativas de trânsito a serem promovidas pelos órgãos e entidades do Sistema Nacional de Trânsito.

§ 1º É obrigatória a existência de coordenação educacional em cada órgão ou entidade componente do Sistema Nacional de Trânsito.

§ 2º Os órgãos ou entidades executivos de trânsito deverão promover, dentro de sua estrutura organizacional ou mediante convênio, o funcionamento de Escolas Públicas de Trânsito, nos moldes e padrões estabelecidos pelo CONTRAN.

▶ Res. do CONTRAN nº 265, de 14-12-2007, dispõe sobre a formação teórico-técnica do processo de habilitação de condutores de veículos automotores elétricos como atividade extracurricular no ensino médio e define os procedimentos para implementação nas escolas interessadas.

Art. 75. O CONTRAN estabelecerá, anualmente, os temas e os cronogramas das campanhas de âmbito nacional que deverão ser promovidas por todos os órgãos ou entidades do Sistema Nacional de Trânsito, em especial nos períodos referentes às férias escolares, feriados prolongados e à Semana Nacional de Trânsito.

§ 1º Os órgãos ou entidades do Sistema Nacional de Trânsito deverão promover outras campanhas no âmbito de sua circunscrição e de acordo com as peculiaridades locais.

§ 2º As campanhas de que trata este artigo são de caráter permanente, e os serviços de rádio e difusão sonora de sons e imagens explorados pelo poder público são obrigados a difundi-las gratuitamente, com a frequência recomendada pelos órgãos competentes do Sistema Nacional de Trânsito.

▶ Res. do CONTRAN nº 30, de 22-5-1998, dispõe sobre campanhas permanentes de segurança no trânsito.

▶ Res. do CONTRAN nº 314, de 8-5-2009, estabelece procedimentos para a execução das campanhas educativas de trânsito a serem promovidas pelos órgãos e entidades do Sistema Nacional de Trânsito.

Art. 76. A educação para o trânsito será promovida na pré-escola e nas escolas de 1º, 2º e 3º graus, por meio de planejamento e ações coordenadas entre os órgãos e entidades do Sistema Nacional de Trânsito e de Educação, da União, dos Estados, do Distrito Federal e dos Municípios, nas respectivas áreas de atuação.

Parágrafo único. Para a finalidade prevista neste artigo, o Ministério da Educação, mediante proposta do CONTRAN e do Conselho de Reitores das Universidades Brasileiras, diretamente ou mediante convênio, promoverá:

▶ *Caput* do parágrafo único com a redação dada pela Lei nº 14.599, de 19-6-2023.

I – a adoção, em todos os níveis de ensino, de um currículo interdisciplinar com conteúdo programático sobre segurança de trânsito;

II – a adoção de conteúdos relativos à educação para o trânsito nas escolas de formação para o magistério e o treinamento de professores e multiplicadores;

▶ Res. do CONTRAN nº 265, de 14-12-2007, dispõe sobre a formação teórico-técnica do processo de habilitação de condutores de veículos automotores elétricos como atividade extracurricular no ensino médio e define os procedimentos para implementação nas escolas interessadas.

III – a criação de corpos técnicos interprofissionais para levantamento e análise de dados estatísticos relativos ao trânsito;

IV – a elaboração de planos de redução de sinistros de trânsito com os núcleos interdisciplinares universitários de trânsito, com vistas à integração universidades-sociedade na área de trânsito.

▶ Inciso IV com a redação dada pela Lei nº 14.599, de 19-6-2023.

Art. 77. No âmbito da educação para o trânsito, caberá ao Ministério da Saúde, mediante proposta do CONTRAN, estabelecer campanha nacional para esclarecer condutas a serem seguidas nos primeiros socorros em caso de sinistros de trânsito.

▶ *Caput* com a redação dada pela Lei nº 14.599, de 19-6-2023.

Parágrafo único. As campanhas terão caráter permanente por intermédio do Sistema Único de Saúde – SUS, sendo intensificadas nos períodos e na forma estabelecidos no artigo 76.

Art. 77-A. São assegurados aos órgãos ou entidades componentes do Sistema Nacional de Trânsito os mecanismos instituídos nos arts. 77-B a 77-E para a veiculação de mensagens educativas de trânsito em todo o território nacional, em caráter suplementar às campanhas previstas nos arts. 75 e 77.

Art. 77-B. Toda peça publicitária destinada à divulgação ou promoção, nos meios de comunicação social, de produto oriundo da indústria automobilística ou afim, incluirá, obrigatoriamente, mensagem educativa de trânsito a ser conjuntamente veiculada.

▶ Res. do CONTRAN nº 351, de 14-6-2010, estabelece procedimentos para veiculação de mensagens educativas de trânsito em toda peça publicitária destinada à divulgação ou promoção, nos meios de comunicação social, de produtos oriundos da indústria automobilística ou afins.

§ 1º Para os efeitos dos arts. 77-A a 77-E, consideram-se produtos oriundos da indústria automobilística ou afins:

I – os veículos rodoviários automotores de qualquer espécie, incluídos os de passageiros e os de carga;

II – os componentes, as peças e os acessórios utilizados nos veículos mencionados no inciso I.

§ 2º O disposto no *caput* deste artigo aplica-se à propaganda de natureza comercial, veiculada por iniciativa do fabricante do produto, em qualquer das seguintes modalidades:

I – rádio;

II – televisão;

III – jornal;

IV – revista;

V – *outdoor*.

§ 3º Para efeito do disposto no § 2º, equiparam-se ao fabricante o montador, o encarroçador, o importador e o revendedor autorizado dos veículos e demais produtos discriminados no § 1º deste artigo.

Art. 77-C. Quando se tratar de publicidade veiculada em *outdoor* instalado à margem de rodovia, dentro ou fora da respectiva faixa de domínio, a obrigação prevista no art. 77-B estende-se à propaganda de qualquer tipo de produto e anunciante, inclusive àquela de caráter institucional ou eleitoral.

▸ Res. do CONTRAN nº 351, de 14-6-2010, estabelece procedimentos para veiculação de mensagens educativas de trânsito em toda peça publicitária destinada à divulgação ou promoção, nos meios de comunicação social, de produtos oriundos da indústria automobilística ou afins.

Art. 77-D. O Conselho Nacional de Trânsito (CONTRAN) especificará o conteúdo e o padrão de apresentação das mensagens, bem como os procedimentos envolvidos na respectiva veiculação, em conformidade com as diretrizes fixadas para as campanhas educativas de trânsito a que se refere o art. 75.

▸ Arts. 77-A a 77-D acrescidos pela Lei nº 12.006, de 29-7-2009.

▸ Res. do CONTRAN nº 351, de 14-6-2010, estabelece procedimentos para veiculação de mensagens educativas de trânsito em toda peça publicitária destinada à divulgação ou promoção, nos meios de comunicação social, de produtos oriundos da indústria automobilística ou afins.

Art. 77-E. A veiculação de publicidade feita em desacordo com as condições fixadas nos arts. 77-A a 77-D constitui infração punível com as seguintes sanções:

▸ *Caput* acrescido pela Lei nº 12.006, de 29-7-2009.

I – advertência por escrito;

II – suspensão, nos veículos de divulgação da publicidade, de qualquer outra propaganda do produto, pelo prazo de até 60 (sessenta) dias;

▸ Incisos I e II acrescidos pela Lei nº 12.006, de 29-7-2009.

III – multa de R$ 1.627,00 (mil, seiscentos e vinte e sete reais) a R$ 8.135,00 (oito mil, cento e trinta e cinco reais), cobrada do dobro até o quíntuplo em caso de reincidência.

▸ Inciso III com a redação dada pela Lei nº 13.281, de 4-5-2016.

§ 1º As sanções serão aplicadas isolada ou cumulativamente, conforme dispuser o regulamento.

§ 2º Sem prejuízo do disposto no *caput* deste artigo, qualquer infração acarretará a imediata suspensão da veiculação da peça publicitária até que sejam cumpridas as exigências fixadas nos arts. 77-A a 77-D.

▸ §§ 1º e 2º acrescidos pela Lei nº 12.006, de 29-7-2009.

▸ Res. do CONTRAN nº 351, de 14-6-2010, estabelece procedimentos para veiculação de mensagens educativas de trânsito em toda peça publicitária destinada à divulgação ou promoção, nos meios de comunicação social, de produtos oriundos da indústria automobilística ou afins.

Art. 77-F. VETADO. Lei nº 14.304, de 23-2-2022.

Art. 78. Os Ministérios da Saúde, da Educação, do Trabalho e Emprego, dos Transportes e da Justiça e Segurança Pública, por intermédio do CONTRAN, desenvolverão e implementarão programas destinados à prevenção de sinistros.

▸ *Caput* com a redação dada pela Lei nº 14.599, de 19-6-2023.

Parágrafo único. *Será repassado, mensalmente, ao Coordenador do Sistema Nacional de Trânsito, para aplicação nos programas de que trata o caput deste artigo e na divulgação do SPVAT, o montante equivalente a até 5% (cinco por cento) do total dos valores arrecadados destinados à Seguridade Social dos prêmios do Seguro Obrigatório para Proteção de Vítimas de Acidentes de Trânsito (SPVAT).*

▸ Parágrafo único com a redação dada pela LC nº 207, de 16-5-2024.

▸ A Lei nº 6.194, de 19-12-1974, foi revogada pela LC nº 207, de 16-5-2024.

▸ Art. 320, § 1º, deste Código.

Art. 79. Os órgãos e entidades executivos de trânsito poderão firmar convênio com os órgãos de educação da União, dos Estados, do Distrito Federal e dos Municípios, objetivando o cumprimento das obrigações estabelecidas neste capítulo.

▸ Res. do CONTRAN nº 265, de 14-12-2007, dispõe sobre a formação teórico-técnica do processo de habilitação de condutores de veículos automotores elétricos como atividade extracurricular no ensino médio e define os procedimentos para implementação nas escolas interessadas.

CAPÍTULO VII
DA SINALIZAÇÃO DE TRÂNSITO

Art. 80. Sempre que necessário, será colocada ao longo da via, sinalização prevista neste Código e em legislação complementar, destinada a condutores e pedestres, vedada a utilização de qualquer outra.

§ 1º A sinalização será colocada em posição e condições que a tornem perfeitamente visível e legível durante o dia e a noite, em distância compatível com a segurança do trânsito, conforme normas e especificações do CONTRAN.

§ 2º O órgão máximo executivo de trânsito da União poderá autorizar, em caráter experimental e por período prefixado, a utilização de sinalização e equipamentos não previstos neste Código.

▸ § 2º com a redação dada pela Lei nº 14.599, de 19-6-2023.

▸ Res. do CONTRAN nº 973, de 18-7-2022, institui o Regulamento de Sinalização Viária.

§ 3º A responsabilidade pela instalação da sinalização nas vias internas pertencentes aos condomínios constituídos por unidades autônomas e nas vias e áreas de estacionamento de estabelecimentos privados de uso coletivo é de seu proprietário.

▸ § 3º acrescido pela Lei nº 13.281, de 4-5-2016.

Art. 81. Nas vias públicas e nos imóveis é proibido colocar luzes, publicidade, inscrições, vegetação e mobiliário que possam gerar confusão, interferir na visibilidade da sinalização e comprometer a segurança do trânsito.

Art. 82. É proibido afixar sobre a sinalização de trânsito e respectivos suportes, ou junto a ambos, qualquer tipo de publicidade, inscrições, legendas e símbolos que não se relacionem com a mensagem da sinalização.

Art. 83. A afixação de publicidade ou de quaisquer legendas ou símbolos ao longo das vias condiciona-se à prévia aprovação do órgão ou entidade com circunscrição sobre a via.

Art. 84. O órgão ou entidade de trânsito com circunscrição sobre a via poderá retirar ou determinar a imediata retirada de qualquer elemento que prejudique a visibilidade da sinalização viária e a segurança do trânsito, com ônus para quem o tenha colocado.

Art. 85. Os locais destinados pelo órgão ou entidade de trânsito com circunscrição sobre a via à travessia de pedestres deverão ser sinalizados com faixas pintadas ou demarcadas no leito da via.

Art. 86. Os locais destinados a postos de gasolina, oficinas, estacionamentos ou garagens de uso coletivo deverão ter suas entradas e saídas devidamente identificadas, na forma regulamentada pelo CONTRAN.

▸ Res. do CONTRAN nº 973, de 18-7-2022, institui o Regulamento de Sinalização Viária.

Art. 86-A. As vagas de estacionamento regulamentado de que trata o inciso XVII do art. 181 desta Lei deverão ser sinalizadas com as respectivas placas indicativas de destinação e com placas informando os dados sobre a infração por estacionamento indevido.

▸ Artigo acrescido pela Lei nº 13.146, de 6-7-2015.

Art. 87. Os sinais de trânsito classificam-se em:

I – verticais;

II – horizontais;

III – dispositivos de sinalização auxiliar;

IV – luminosos;

V – sonoros;

VI – gestos do agente de trânsito e do condutor.

Art. 88. Nenhuma via pavimentada poderá ser entregue após sua construção, ou reaberta ao trânsito após a realização de obras ou de manutenção, enquanto não estiver devidamente sinalizada, vertical e horizontalmente, de forma a garantir as condições adequadas de segurança na circulação.

Parágrafo único. Nas vias ou trechos de vias em obras deverá ser afixada sinalização específica e adequada.

Art. 89. A sinalização terá a seguinte ordem de prevalência:

I – as ordens do agente de trânsito sobre as normas de circulação e outros sinais;

▸ Art. 195 deste Código.

▸ Art. 6º, §§ 2º e 4º, da CTVV.

II – as indicações do semáforo sobre os demais sinais;

III – as indicações dos sinais sobre as demais normas de trânsito.

Art. 90. Não serão aplicadas as sanções previstas neste Código por inobservância à sinalização quando esta for insuficiente ou incorreta.

§ 1º O órgão ou entidade de trânsito com circunscrição sobre a via é responsável pela implantação da sinalização, respondendo pela sua falta, insuficiência ou incorreta colocação.

▸ Art. 51 deste Código.

§ 2º O CONTRAN editará normas complementares no que se refere à interpretação, colocação e uso da sinalização.

▸ Res. do CONTRAN nº 791, de 13-12-1994, acrescenta à sinalização de trânsito, placas de indicação de atrativos turísticos.

▸ Res. do CONTRAN nº 958, de 17-5-2022, dispõe sobre os limites de emissões de gases e partículas pelo escapamento de veículos automotores, sua fiscalização pelos agentes de trânsito, requisitos de controle de gases do cárter e sons produzidos por equipamentos utilizados em veículos.

▸ Res. do CONTRAN nº 973, de 18-7-2022, institui o Regulamento de Sinalização Viária.

CAPÍTULO VIII

DA ENGENHARIA DE TRÁFEGO, DA OPERAÇÃO, DA FISCALIZAÇÃO E DO POLICIAMENTO OSTENSIVO DE TRÂNSITO

Art. 91. O CONTRAN estabelecerá as normas e regulamentos a serem adotados em todo o território nacional quando da implementação das soluções adotadas pela Engenharia de Tráfego, assim como padrões a serem praticados por todos os órgãos e entidades do Sistema Nacional de Trânsito.

- Art. 333 deste Código.
- Res. do CONTRAN nº 738, de 6-9-2018, estabelece os padrões e critérios para a instalação de travessia elevada para pedestres em vias públicas.

Art. 92. VETADO.

Art. 93. Nenhum projeto de edificação que possa transformar-se em polo atrativo de trânsito poderá ser aprovado sem prévia anuência do órgão ou entidade com circunscrição sobre a via e sem que do projeto conste área para estacionamento e indicação das vias de acesso adequadas.

- Art. 95, § 4º, deste Código.
- Res. do CONTRAN nº 482, de 9-4-2014, estabelece a competência e circunscrição sobre as vias de acesso aos aeroportos, abertas à circulação, integrantes das áreas que compõem os sítios aeroportuários.
- Res. do CONTRAN nº 926, de 28-3-2022, dispõe sobre a padronização dos procedimentos administrativos na lavratura de Auto de Infração de Trânsito, na expedição de notificação de autuação e de notificação de penalidade por infrações de responsabilidade de pessoas físicas ou jurídicas, sem a utilização de veículos, expressamente mencionadas neste Código.
- Res. do CONTRAN nº 965, de 17-5-2022, define e regulamenta as áreas de segurança e de estacionamentos específicos de veículos.

Art. 94. Qualquer obstáculo à livre circulação e à segurança de veículos e pedestres, tanto na via quanto na calçada, caso não possa ser retirado, deve ser devida e imediatamente sinalizado.

- Art. 95, § 4º, deste Código.
- Res. do CONTRAN nº 482, de 9-4-2014, estabelece a competência e circunscrição sobre as vias de acesso aos aeroportos, abertas à circulação, integrantes das áreas que compõem os sítios aeroportuários.
- Res. do CONTRAN nº 926, de 28-3-2022, dispõe sobre a padronização dos procedimentos administrativos na lavratura de Auto de Infração de Trânsito, na expedição de notificação de autuação e de notificação de penalidade por infrações de responsabilidade de pessoas físicas ou jurídicas, sem a utilização de veículos, expressamente mencionadas neste Código.

Parágrafo único. É proibida a utilização das ondulações transversais e de sonorizadores como redutores de velocidade, salvo em casos especiais definidos pelo órgão ou entidade competente, nos padrões e critérios estabelecidos pelo CONTRAN.

- Art. 334 deste Código.
- Res. do CONTRAN nº 926, de 28-3-2022, dispõe sobre a padronização dos procedimentos administrativos na lavratura de Auto de Infração de Trânsito, na expedição de notificação de autuação e de notificação de penalidade por infrações de responsabilidade de pessoas físicas ou jurídicas, sem a utilização de veículos, expressamente mencionadas neste Código.
- Res. do CONTRAN nº 973, de 18-7-2022, institui o Regulamento de Sinalização Viária.

Art. 95. Nenhuma obra ou evento que possa perturbar ou interromper a livre circulação de veículos e pedestres, ou colocar em risco sua segurança, será iniciada sem permissão prévia do órgão ou entidade de trânsito com circunscrição sobre a via.

- Arts. 21, IX, e 24, IX, deste Código.
- Res. do CONTRAN nº 482, de 9-4-2014, estabelece a competência e circunscrição sobre as vias de acesso aos aeroportos, abertas à circulação, integrantes das áreas que compõem os sítios aeroportuários.
- Res. do CONTRAN nº 926, de 28-3-2022, dispõe sobre a padronização dos procedimentos administrativos na lavratura de Auto de Infração de Trânsito, na expedição de notificação de autuação e de notificação de penalidade por infrações de responsabilidade de pessoas físicas ou jurídicas, sem a utilização de veículos, expressamente mencionadas neste Código.
- Res. do CONTRAN nº 985, de 15-12-2022, aprova o Manual Brasileiro de Fiscalização de Trânsito.

§ 1º A obrigação de sinalizar é do responsável pela execução ou manutenção da obra ou do evento.

- Res. do CONTRAN nº 926, de 28-3-2022, dispõe sobre a padronização dos procedimentos administrativos na lavratura de Auto de Infração de Trânsito, na expedição de notificação de autuação e de notificação de penalidade por infrações de responsabilidade de pessoas físicas ou jurídicas, sem a utilização de veículos, expressamente mencionadas neste Código.

§ 2º Salvo em casos de emergência, a autoridade de trânsito com circunscrição sobre a via avisará a comunidade, por intermédio dos meios de comunicação social, com quarenta e oito horas de antecedência, de qualquer interdição da via, indicando-se os caminhos alternativos a serem utilizados.

- Res. do CONTRAN nº 926, de 28-3-2022, dispõe sobre a padronização dos procedimentos administrativos na lavratura de Auto de Infração de Trânsito, na expedição de notificação de autuação e de notificação de penalidade por infrações de responsabilidade de pessoas físicas ou jurídicas, sem a utilização de veículos, expressamente mencionadas neste Código.

§ 3º O descumprimento do disposto neste artigo será punido com multa de R$ 81,35 (oitenta e um reais e trinta e cinco centavos) a R$ 488,10 (quatrocentos e oitenta e oito reais e dez centavos), independentemente das cominações cíveis e penais cabíveis, além de multa diária no mesmo valor até a regularização da situação, a partir do prazo final concedido pela autoridade de trânsito, levando-se em consideração a dimensão da obra ou do evento e o prejuízo causado ao trânsito.

- § 3º com a redação dada pela Lei nº 13.281, de 4-5-2016.
- Res. do CONTRAN nº 738, de 6-9-2018, estabelece os padrões e critérios para a instalação de travessia elevada para pedestres em vias públicas.

§ 4º Ao servidor público responsável pela inobservância de qualquer das normas previstas neste e nos arts. 93 e 94, a autoridade de trânsito aplicará multa diária na base de cinquenta por cento do dia de vencimento ou remuneração devida enquanto permanecer a irregularidade.

CAPÍTULO IX

DOS VEÍCULOS

SEÇÃO I

DISPOSIÇÕES GERAIS

Art. 96. Os veículos classificam-se em:

I – quanto à tração:

a) automotor;

b) *Revogada.* Lei nº 14.599, de 19-6-2023;

c) de propulsão humana;

d) de tração animal;

e) reboque ou semirreboque;

II – quanto à espécie:

a) de passageiros:

1 – bicicleta;

2 – ciclomotor;

- Res. do CONTRAN nº 996, de 15-6-2023, Dispõe sobre o trânsito, em via pública, de ciclomotores, bicicletas elétricas e equipamentos de mobilidade individual autopropelidos.

3 – motoneta;

4 – motocicleta;

5 – triciclo;

6 – quadriciclo;

- Res. do CONTRAN nº 882, de 13-12-2021, estabelece os limites de pesos e dimensões para veículos que transitem por vias terrestres.

7 – automóvel;

8 – micro-ônibus;

9 – ônibus;

10 – bonde;

11 – reboque ou semirreboque;

12 – charrete;

b) de carga:

1 – motoneta;

2 – motocicleta;

3 – triciclo;

4 – quadriciclo;

- Res. do CONTRAN nº 882, de 13-12-2021, estabelece os limites de pesos e dimensões para veículos que transitem por vias terrestres.

5 – caminhonete;

6 – caminhão;

7 – reboque ou semirreboque;

8 – carroça;

9 – carro de mão;

c) misto:

1 – camioneta;

2 – utilitário;

3 – outros;

d) de competição;

e) de tração:

1 – caminhão trator;

2 – trator de rodas;

3 – trator de esteiras;

4 – trator misto;

f) especial:

1 – motocicleta;

2 – triciclo;

3 – automóvel;

4 – micro-ônibus;

5 – ônibus;

6 – reboque ou semirreboque;

7 – camioneta;

8 – caminhão;

9 – caminhão-trator;

10 – caminhonete;

11 – utilitário;

12 – motor-casa;

- Itens 1 a 12 acrescidos pela Lei nº 14.599, de 19-6-2023.

g) de coleção;

III – quanto à categoria:

a) oficial;

b) de representação diplomática, de repartições consulares de carreira ou organismos internacionais acreditados junto ao Governo brasileiro;

c) particular;
d) de aluguel;
e) de aprendizagem.

Art. 97. As características dos veículos, suas especificações básicas, configuração e condições essenciais para registro, licenciamento e circulação serão estabelecidas pelo CONTRAN, em função de suas aplicações.

- Res. do CONTRAN nº 215, de 14-12-2006, regulamenta a fabricação, instalação e uso de dispositivo denominado "quebra mato" em veículos automotores com peso bruto total de até 3.500 kg.
- Res. do CONTRAN nº 400, de 15-3-2012, define a cor predominante dos caminhões, caminhões tratores, reboques e semirreboques.
- Res. do CONTRAN nº 882, de 13-12-2021, estabelece os limites de pesos e dimensões para veículos que transitem por vias terrestres.
- Res. do CONTRAN nº 937, de 28-3-2022, dispõe sobre o dispositivo de acoplamento mecânico para reboque (engate) utilizado em veículos com peso bruto total de até 3.500 kg.

Art. 98. Nenhum proprietário ou responsável poderá, sem prévia autorização da autoridade competente, fazer ou ordenar que sejam feitas no veículo modificações de suas características de fábrica.

§ 1º Os veículos e motores novos ou usados que sofrerem alterações ou conversões são obrigados a atender aos mesmos limites e exigências de emissão de poluentes e ruído previstos pelos órgãos ambientais competentes e pelo CONTRAN, cabendo à entidade executora das modificações e ao proprietário do veículo a responsabilidade pelo cumprimento das exigências.

- Parágrafo único renumerado para § 1º pela Lei nº 14.071, de 13-10-2020.
- Art. 230, VII, deste Código.
- Res. do CONTRAN nº 819, de 17-3-2021, dispõe sobre o transporte de crianças com idade inferior a dez anos que não tenham atingido 1,45 m (um metro e quarenta e cinco centímetros) de altura no dispositivo de retenção adequado
- Res. do CONTRAN nº 916, de 28-3-2022, dispõe sobre a concessão de código de marca/modelo/versão, bem como sobre a permissão de modificações em veículos previstas nos arts. 98 e 106 deste Código.
- Res. do CONTRAN nº 921, de 28-3-2022, disciplina múltiplos tanques, a instalação de tanque suplementar e a alteração da capacidade do tanque original de combustível em veículos, dedicados à sua propulsão ou operação de seus equipamentos especializados.
- Res. do CONTRAN nº 922, de 28-3-2022, estabelece procedimentos para a prestação de serviços por Instituição Técnica Licenciada (ITL) e Entidade Técnica Pública ou Paraestatal (ETP), para emissão do Certificado de Segurança Veicular (CSV), de que trata o art. 106 deste Código.
- Res. do CONTRAN nº 932, de 28-3-2022, dispõe sobre a organização e o funcionamento do Registro Nacional de Infrações de Trânsito (RENAINF), de que trata o inciso XXX do art. 19 deste Código.
- Res. do CONTRAN nº 960, de 17-5-2022, dispõe sobre os requisitos de segurança de vidros, a visibilidade para fins de circulação, o uso de vidros em veículos blindados e o uso de medidores de transmitância luminosa.
- Res. do CONTRAN nº 963, de 17-5-2022, estabelece os requisitos mínimos de segurança para rodas especiais de veículos.

§ 2º Veículos classificados na espécie misto, tipo utilitário, carroçaria jipe poderão ter alterado o diâmetro externo do conjunto formado por roda e pneu, observadas restrições impostas pelo fabricante e exigências fixadas pelo CONTRAN.

- § 2º acrescido pela Lei nº 14.071, de 13-10-2020.

Art. 99. Somente poderá transitar pelas vias terrestres o veículo cujo peso e dimensões atenderem aos limites estabelecidos pelo CONTRAN.

- Art. 231, IV, deste Código.
- Res. do CONTRAN nº 882, de 13-12-2021, estabelece os limites de pesos e dimensões para veículos que transitem por vias terrestres.
- Res. do CONTRAN nº 902, de 9-3-2022, dispõe sobre o uso de sistemas automatizados integrados para a aferição de peso e dimensões de veículos com dispensa da presença física da autoridade de trânsito ou de seu agente no local da aferição e dá outras providências.

§ 1º O excesso de peso será aferido por equipamento de pesagem ou pela verificação do documento fiscal, na forma estabelecida pelo CONTRAN.

§ 2º Será tolerado um percentual sobre os limites de peso bruto total e peso bruto transmitido por eixo de veículos à superfície das vias, quando aferido por equipamento, na forma estabelecida pelo CONTRAN.

§ 3º Os equipamentos fixos ou móveis utilizados na pesagem de veículos serão aferidos de acordo com a metodologia e na periodicidade estabelecidas pelo CONTRAN, ouvido o órgão ou entidade de metrologia legal.

- Res. do CONTRAN nº 882, de 13-12-2021, estabelece os limites de pesos e dimensões para veículos que transitem por vias terrestres.

§ 4º Somente poderá haver autuação, por ocasião da pesagem do veículo, quando o veículo ou a combinação de veículos ultrapassar os limites de peso fixados, acrescidos da respectiva tolerância.

§ 5º O fabricante fará constar em lugar visível da estrutura do veículo e no RENAVAM o limite técnico de peso por eixo, na forma definida pelo CONTRAN.

- §§ 4º e 5º acrescidos pela Lei nº 14.229, de 21-10-2021.

Art. 100. Nenhum veículo ou combinação de veículos poderá transitar com lotação de passageiros, com peso bruto total, ou com peso bruto total combinado com peso por eixo, superior ao fixado pelo fabricante, nem ultrapassar a capacidade máxima de tração da unidade tratora.

- Res. do CONTRAN nº 882, de 13-12-2021, estabelece os limites de pesos e dimensões para veículos que transitem por vias terrestres.
- Res. do CONTRAN nº 902, de 9-3-2022, dispõe sobre o uso de sistemas automatizados integrados para a aferição de peso e dimensões de veículos com dispensa da presença física da autoridade de trânsito ou de seu agente no local da aferição e dá outras providências.

§ 1º Os veículos de transporte coletivo de passageiros poderão ser dotados de pneus extralargos.

- Parágrafo único transformado em § 1º pela Lei nº 13.281, de 4-5-2016.

§ 2º O CONTRAN regulamentará o uso de pneus extralargos para os demais veículos.

§ 3º É permitida a fabricação de veículos de transporte de passageiros de até 15 m (quinze metros) de comprimento na configuração de chassi 8x2.

- §§ 2º e 3º acrescidos pela Lei nº 13.281, de 4-5-2016.
- Art. 231, V, VII e X, deste Código.
- Res. do CONTRAN nº 913, de 28-3-2022, dispõe sobre o uso de pneus em veículos.

Art. 101. Ao veículo ou à combinação de veículos utilizados no transporte de carga que não se enquadre nos limites de peso e dimensões estabelecidos pelo CONTRAN, poderá ser concedida, pela autoridade com circunscrição sobre a via, autorização especial de trânsito, com prazo certo, válida para cada viagem ou por período, atendidas as medidas de segurança consideradas necessárias, conforme regulamentação do CONTRAN.

- *Caput* com a redação dada pela Lei nº 14.071, de 13-10-2020.
- Art. 231, IV e VI, deste Código.
- Res. do CONTRAN nº 735, de 5-6-2018, estabelece requisitos de segurança necessários à circulação de Combinações para Transporte de Veículos – CTV e Combinações de Transporte de Veículos e Cargas Paletizadas – CTVP
- Res. do CONTRAN nº 882, de 13-12-2021, estabelece os limites de pesos e dimensões para veículos que transitem por vias terrestres.
- Res. do CONTRAN nº 942, de 28-3-2022, estabelece as exigências sobre a análise, comparação e transporte de material siderúrgico para veículos rodoviários e de carga.

§ 1º A autorização será concedida mediante requerimento que especificará as características do veículo ou combinação de veículos e de carga, o percurso, a data e o horário do deslocamento inicial.

- A alteração que seria inserida neste parágrafo pela Lei nº 14.071, de 13-10-2020, foi vetada, razão pela qual mantivemos a sua redação.

§ 2º A autorização não exime o beneficiário da responsabilidade por eventuais danos que o veículo ou a combinação de veículos causar à via ou a terceiros.

§ 3º Aos guindastes autopropelidos ou sobre caminhões poderá ser concedida, pela autoridade com circunscrição sobre a via, autorização especial de trânsito, com prazo de seis meses, atendidas as medidas de segurança consideradas necessárias.

§ 4º O CONTRAN estabelecerá os requisitos mínimos e específicos a serem observados pela autoridade com circunscrição sobre a via para a concessão da autorização de que trata o *caput* deste artigo quando o veículo ou a combinação de veículos trafegar exclusivamente em via rural não pavimentada, os quais deverão contemplar o caráter diferenciado e regional dessas vias.

- § 4º acrescido pela Lei nº 14.229, de 21-10-2021.

Art. 102. O veículo de carga deverá estar devidamente equipado quando transitar, de modo a evitar o derramamento da carga sobre a via.

- Art. 231, II, *a*, deste Código.

Parágrafo único. O CONTRAN fixará os requisitos mínimos e a forma de proteção de cargas de que trata este artigo, de acordo com a sua natureza.

- Res. do CONTRAN nº 735, de 5-6-2018, estabelece requisitos de segurança necessários à circulação de Combinações para Transporte de Veículos – CTV e Combinações de Transporte de Veículos e Cargas Paletizadas – CTVP
- Res. do CONTRAN nº 789, de 18-6-2020, consolida normas sobre o processo de formação de condutores de veículos automotores e elétricos.
- Res. do CONTRAN nº 918, de 28-3-2022, fixa os requisitos técnicos de segurança para o transporte de toras e de madeira bruta por veículo rodoviário de carga.

- Res. do CONTRAN nº 935, de 28-3-2022, dispõe sobre os requisitos de segurança para o transporte de blocos e chapas serradas de rochas ornamentais.
- Res. do CONTRAN nº 942, de 28-3-2022, estabelece as exigências sobre a análise, comparação e transporte de material siderúrgico para veículos rodoviários e de carga.
- Res. do CONTRAN nº 946, de 28-3-2022, dispõe sobre o transporte de cargas de sólidos a granel nas vias abertas à circulação pública em todo o território.
- Res. do CONTRAN nº 955, de 28-3-2022, dispõe sobre o transporte de cargas ou bicicletas nas partes externas dos veículos dos tipos automóvel, caminhonete, camioneta e utilitário.

Seção II

DA SEGURANÇA DOS VEÍCULOS

Art. 103. O veículo só poderá transitar pela via quando atendidos os requisitos e condições de segurança estabelecidos neste Código e em normas do CONTRAN.

- Res. do CONTRAN nº 220, de 11-1-2007, estabelece requisitos para ensaios de resistência e ancoragem dos bancos e apoios de cabeça nos veículos.
- Res. do CONTRAN nº 224, de 9-2-2007, estabelece requisitos de desempenho dos sistemas limpador e lavador do para-brisa para fins de homologação de veículos automotores.
- Res. do CONTRAN nº 242, de 22-6-2007, dispõe sobre a instalação e utilização de equipamentos geradores de imagens nos veículos automotores.
- Res. do CONTRAN nº 498, de 29-7-2014, dispõe sobre requisitos aplicáveis aos materiais de revestimento interno do habitáculo de veículos automotores nacionais e importados.
- Res. do CONTRAN nº 758, de 20-12-2018, Estabelece requisitos de localização, identificação e iluminação dos controles indicadores e lâmpadas piloto dos veículos automotores e elétricos.
- Res. do CONTRAN nº 764, de 20-12-2018, estabelece método de ensaio para medição de pressão sonora por buzina ou equipamento similar de veículos automotores
- Res. do CONTRAN nº 789, de 18-6-2020, consolida normas sobre o processo de formação de condutores de veículos automotores e elétricos.
- Res. do CONTRAN nº 910, de 28-3-2022, estabelece requisitos de proteção aos ocupantes e integridade do sistema de combustível decorrente de impacto nos veículos.
- Res. do CONTRAN nº 913, de 28-3-2022, dispõe sobre o uso de pneus em veículos.
- Res. do CONTRAN nº 916, de 28-3-2022, dispõe sobre a concessão de código de marca/modelo/versão, bem como sobre a permissão de modificações em veículos previstas nos arts. 98 e 106 deste Código.
- Res. do CONTRAN nº 939, de 28-3-2022, estabelece os requisitos de segurança para veículos de transporte de passageiros tipo micro-ônibus, categoria M2, de fabricação nacional e importado.
- Res. do CONTRAN nº 993, de 15-6-2023, estabelece os equipamentos obrigatórios para a frota de veículos em circulação e relaciona o índice de regulamentações sobre segurança veicular aplicáveis.

§ 1º Os fabricantes, os importadores, os montadores e os encarroçadores de veículos deverão emitir certificado de segurança, indispensável ao cadastramento no RENAVAM, nas condições estabelecidas pelo CONTRAN.

§ 2º O CONTRAN deverá especificar os procedimentos e a periodicidade para que os fabricantes, os importadores, os montadores e os encarroçadores comprovem o atendimento aos requisitos de segurança veicular, devendo, para isso, manter disponíveis a qualquer tempo os resultados dos testes e ensaios dos sistemas e componentes abrangidos pela legislação de segurança veicular.

§ 3º O CONTRAN poderá autorizar, em caráter experimental e por período prefixado, a circulação de veículos ou combinação de veículos em condições não previstas no *caput* deste artigo.

- § 3º acrescido pela Lei nº 14.599, de 19-6-2023.

Art. 104. Os veículos em circulação terão suas condições de segurança, de controle de emissão de gases poluentes e de ruído avaliadas mediante inspeção, que será obrigatória, na forma e periodicidade estabelecidas pelo CONTRAN para os itens de segurança e pelo CONAMA para emissão de gases poluentes e ruído.

- Art. 230, VIII e XVIII, deste Código.

§§ 1º a 4º VETADOS.

§ 5º Será aplicada a medida administrativa de retenção aos veículos reprovados na inspeção de segurança e na de emissão de gases poluentes e ruído.

- Res. do CONTRAN nº 280, de 30-5-2008, dispõe sobre a inspeção periódica do Sistema de Gás Natural instalado originalmente de fábrica, em veículo automotor.
- Res. do CONTRAN nº 950, de 28-3-2022, dispõe sobre a atribuição de competência para a realização da inspeção técnica veicular nos veículos utilizados no transporte rodoviário internacional de cargas e passageiros.
- Res. do CONTRAN nº 958, de 17-5-2022, dispõe sobre os limites de emissões de gases e partículas pelo escapamento de veículos automotores, sua fiscalização pelos agentes de trânsito, requisitos de controle de gases do cárter e sons produzidos por equipamentos utilizados em veículos.
- Res. do CONTRAN nº 959, de 17-5-2022, estabelece os requisitos de segurança para veículos de transporte de passageiros tipos micro-ônibus e ônibus, categoria M3, de fabricação nacional e importados.

§ 6º Estarão isentos da inspeção de que trata o *caput* deste artigo, durante 3 (três) anos a partir do primeiro licenciamento, os veículos novos classificados na categoria particular, com capacidade para até 7 (sete) passageiros, desde que mantenham suas características originais de fábrica e não se envolvam em sinistro de trânsito com danos de média ou grande monta.

§ 7º Para os demais veículos novos, o período de que trata o § 6º deste artigo será de 2 (dois) anos, desde que mantenham suas características originais de fábrica e não se envolvam em sinistro de trânsito com danos de média ou grande monta.

- §§ 6º e 7º com a redação dada pela Lei nº 14.599, de 19-6-2023.

Art. 105. São equipamentos obrigatórios dos veículos, entre outros a serem estabelecidos pelo CONTRAN:

I – cinto de segurança, conforme regulamentação específica do CONTRAN, com exceção dos veículos destinados ao transporte de passageiros em percursos em que seja permitido viajar em pé;

II – para os veículos de transporte e de condução escolar, os de transporte de passageiros com mais de dez lugares e os de carga com peso bruto total superior a quatro mil, quinhentos e trinta e seis quilogramas, equipamento registrador instantâneo inalterável de velocidade e tempo;

- Res. do CONTRAN nº 938, de 28-3-2022, dispõe sobre requisitos técnicos mínimos do registrador instantâneo e inalterável de velocidade e tempo (cronotacógrafo).
- Res. do CONTRAN nº 993, de 15-6-2023, estabelece os equipamentos obrigatórios para a frota de veículos em circulação e relaciona o índice de regulamentações sobre segurança veicular aplicáveis.

III – encosto de cabeça, para todos os tipos de veículos automotores, segundo normas estabelecidas pelo CONTRAN;

- Res. do CONTRAN nº 220, de 11-1-2007, estabelece requisitos para ensaios de resistência e ancoragem dos bancos e apoios de cabeça nos veículos.
- Res. do CONTRAN nº 951, de 28-3-2022, estabelece os requisitos de instalação e os procedimentos de ensaios de cintos de segurança, ancoragem e apoios de cabeça dos veículos automotores.

IV – VETADO;

V – dispositivo destinado ao controle de emissão de gases poluentes e de ruído, segundo normas estabelecidas pelo CONTRAN;

- Res. do CONTRAN nº 958, de 17-5-2022, dispõe sobre os limites de emissões de gases e partículas pelo escapamento de veículos automotores, sua fiscalização pelos agentes de trânsito, requisitos de controle de gases do cárter e sons produzidos por equipamentos utilizados em veículos.

VI – para as bicicletas, a campainha, sinalização noturna dianteira, traseira, lateral e nos pedais, e espelho retrovisor do lado esquerdo;

- Res. do CONTRAN nº 993, de 15-6-2023, estabelece os equipamentos obrigatórios para a frota de veículos em circulação e relaciona o índice de regulamentações sobre segurança veicular aplicáveis.

VII – equipamento suplementar de retenção – *air bag* frontal para o condutor e o passageiro do banco dianteiro;

- Inciso VII acrescido pela Lei nº 11.910, de 18-3-2009.
- Res. do CONTRAN nº 964, de 17-5-2022, dispõe sobre a obrigatoriedade do uso do equipamento suplementar de segurança passiva – *Air Bag*, na parte frontal, para o condutor e o passageiro do assento dianteiro, dos veículos das categorias M1 e N1.

VIII – luzes de rodagem diurna.

- Inciso VIII acrescido pela Lei nº 14.071, de 13-10-2020.
- Art. 3º da Lei nº 14.071, de 13-10-2020, que altera a Lei nº 9.503, de 23 de setembro de 1997 (Código de Trânsito Brasileiro), para modificar a composição do Conselho Nacional de Trânsito e ampliar o prazo de validade das habilitações.

§ 1º O CONTRAN disciplinará o uso dos equipamentos obrigatórios dos veículos e determinará suas especificações técnicas.

§ 2º Nenhum veículo poderá transitar com equipamento ou acessório proibido, sendo o infrator sujeito às penalidades e medidas administrativas previstas neste Código.

- Res. do CONTRAN nº 242, de 22-6-2007, dispõe sobre a instalação e utilização de equipamentos geradores de imagens nos veículos automotores.

§ 3º Os fabricantes, os importadores, os montadores, os encarroçadores de veículos e os revendedores devem comercializar os seus veículos com os equipamentos obrigatórios definidos neste artigo, e com os demais estabelecidos pelo CONTRAN.

§ 4º O CONTRAN estabelecerá o prazo para o atendimento do disposto neste artigo.

§ 5º A exigência estabelecida no inciso VII do *caput* deste artigo será progressivamente incorporada aos novos projetos de automóveis e dos veículos deles derivados, fabricados, importados, montados ou encarroçados, a partir do 1º (primeiro) ano após a definição pelo CONTRAN das especificações técnicas pertinentes e do respectivo cronograma de implantação e a partir do 5º (quinto) ano, após esta definição, para os demais automóveis zero quilômetro de modelos ou projetos já existentes e veículos deles derivados.

- Res. do CONTRAN nº 964, de 17-5-2022, dispõe sobre a obrigatoriedade do uso do equipamento suplementar de segurança passiva – *Air Bag*, na parte frontal, para o condutor e o passageiro do assento dianteiro, dos veículos das categorias M1 e N1.

§ 6º A exigência estabelecida no inciso VII do *caput* deste artigo não se aplica aos veículos destinados à exportação.

- §§ 5º e 6º acrescidos pela Lei nº 11.910, de 18-3-2009.
- Art. 230, IX e X, deste Código.
- Res. do CONTRAN nº 762, de 4-2-1992, dispõe sobre janelas com acionador energizado de veículos automotores.
- Res. do CONTRAN nº 805, de 24-10-1995, estabelece os requisitos técnicos mínimos do para-choque traseiro dos veículos de carga.
- Res. do CONTRAN nº 827, de 18-12-1996, regulamenta o dispositivo de sinalização refletora de emergência.
- Res. do CONTRAN nº 129, de 6-8-2001, estabelece os requisitos de segurança e dispensa a obrigatoriedade do uso de capacete para o condutor e passageiros do triciclo automotor com cabine fechada, quando em circulação somente em vias urbanas.
- Res. do CONTRAN nº 330, de 14-8-2009, estabelece o cronograma para a instalação do equipamento obrigatório definido na Res. do CONTRAN nº 245, de 27-7-2007, denominado antifurto, nos veículos novos, nacionais e importados.
- Res. do CONTRAN nº 911, de 28-3-2022, dispõe sobre a permissão para o trânsito de veículos novos, nacionais ou importados, antes do registro e do licenciamento, sobre o trânsito de veículos usados incompletos, nacionais ou importados, antes da transferência e sobre a remonta de veículos novos.
- Res. do CONTRAN nº 913, de 28-3-2022, dispõe sobre o uso de pneus em veículos.
- Res. do CONTRAN nº 914, de 28-3-2022, regulamenta a utilização de semirreboques por motocicletas e motonetas, define características, estabelece critérios.
- Res. do CONTRAN nº 915, de 28-3-2022, dispõe sobre os procedimentos para avaliação dos sistemas de freios de veículos e sobre a obrigatoriedade do uso do sistema antitravamento das rodas (ABS) e/ou frenagem combinada das rodas (CBS).
- Res. do CONTRAN nº 919, de 28-3-2022, estabelece as especificações para os extintores de incêndio de instalação obrigatória ou facultativa nos veículos automotores.
- Res. do CONTRAN nº 939, de 28-3-2022, estabelece os requisitos de segurança para veículos de transporte de passageiros tipo micro-ônibus, categoria M2, de fabricação nacional e importado.
- Res. do CONTRAN nº 948, de 28-3-2022, estabelece os requisitos técnicos para o emprego de película retrorrefletiva em veículos.
- Res. do CONTRAN nº 952, de 28-3-2022, Estabelece as especificações técnicas para a fabricação e a instalação de para-choques traseiros nos veículos de fabricação nacional ou importados das categorias N2, N3, O3 e O4.
- Res. do CONTRAN nº 953, de 28-3-2022, estabelece os requisitos técnicos de fabricação e instalação do protetor lateral para veículos de carga.
- Res. do CONTRAN nº 961, de 17-5-2022, Estabelece requisitos técnicos de acessibilidade para os veículos de transporte coletivo de passageiros e os procedimentos para a indicação do nível de acessibilidade no Certificado de Registro e Licenciamento do Veículo em meio digital (CRLV-e).
- Res. do CONTRAN nº 963, de 17-5-2022, estabelece os requisitos mínimos de segurança para rodas especiais de veículos.
- Res. do CONTRAN nº 964, de 17-5-2022, dispõe sobre a obrigatoriedade do uso do equipamento suplementar de segurança passiva – *Air Bag*, na parte frontal, para o condutor e o passageiro do assento dianteiro, dos veículos das categorias M1 e N1.
- Res. do CONTRAN nº 970, de 20-6-2022, dispõe sobre as características e especificações técnicas dos sistemas de sinalização, de iluminação e seus dispositivos, bem como sobre o uso de lanternas especiais em veículos.
- Res. do CONTRAN nº 973, de 18-7-2022, institui o Regulamento de Sinalização Viária.
- Res. do CONTRAN nº 993, de 15-6-2023, estabelece os equipamentos obrigatórios para a frota de veículos em circulação e relaciona o índice de regulamentações sobre segurança veicular aplicáveis.
- Res. do CONTRAN nº 996, de 15-6-2023, Dispõe sobre o trânsito, em via pública, de ciclomotores, bicicletas elétricas e equipamentos de mobilidade individual autopropelidos.

Art. 106. No caso de fabricação artesanal ou de modificação de veículo ou, ainda, quando ocorrer substituição de equipamento de segurança especificado pelo fabricante, será exigido, para licenciamento e registro, certificado de segurança expedido por instituição técnica credenciada por órgão ou entidade de metrologia legal, conforme norma elaborada pelo CONTRAN.

- Res. do CONTRAN nº 63, de 21-5-1998, disciplina o registro e licenciamento de veículos de fabricação artesanal.
- Res. do CONTRAN nº 699, de 10-10-2017, disciplina o registro e licenciamento de veículos de fabricação artesanal, nos termos deste artigo.
- Res. do CONTRAN nº 916, de 28-3-2022, dispõe sobre a concessão de código de marca/modelo/versão, bem como sobre a permissão de modificações em veículos previstas nos arts. 98 e 106 deste Código.
- Res. do CONTRAN nº 922, de 28-3-2022, estabelece procedimentos para a prestação de serviços por Instituição Técnica Licenciada (ITL) e Entidade Técnica Pública ou Paraestatal (ETP), para emissão do Certificado de Segurança Veicular (CSV), de que trata este artigo.
- Res. do CONTRAN nº 959, de 17-5-2022, estabelece os requisitos de segurança para veículos de transporte de passageiros tipos micro-ônibus e ônibus, categoria M3, de fabricação nacional e importados.

Parágrafo único. Quando se tratar de blindagem de veículo, não será exigido qualquer outro documento ou autorização para o registro ou o licenciamento.

- Parágrafo único acrescido pela Lei nº 14.071, de 13-10-2020.

Art. 107. Os veículos de aluguel, destinados ao transporte individual ou coletivo de passageiros, deverão satisfazer, além das exigências previstas neste Código, às condições técnicas e aos requisitos de segurança, higiene e conforto estabelecidos pelo poder competente para autorizar, permitir ou conceder a exploração dessa atividade.

- Res. do CONTRAN nº 916, de 28-3-2022, dispõe sobre a concessão de código de marca/modelo/versão, bem como sobre a permissão de modificações em veículos previstas nos arts. 98 e 106 deste Código.
- Res. do CONTRAN nº 939, de 28-3-2022, estabelece os requisitos de segurança para veículos de transporte de passageiros tipo micro-ônibus, categoria M2, de fabricação nacional e importado.
- Res. do CONTRAN nº 993, de 15-6-2023, estabelece os equipamentos obrigatórios para a frota de veículos em circulação e relaciona o índice de regulamentações sobre segurança veicular aplicáveis.

Art. 108. Onde não houver linha regular de ônibus, a autoridade com circunscrição sobre a via poderá autorizar, a título precário, o transporte de passageiros em veículo de carga ou misto, desde que obedecidas as condições de segurança estabelecidas neste Código e pelo CONTRAN.

Parágrafo único. A autorização citada no *caput* não poderá exceder a 12 (doze) meses, prazo a partir do qual a autoridade pública responsável deverá implantar o serviço regular de transporte coletivo de passageiros, em conformidade com a legislação pertinente e com os dispositivos deste Código.

- Parágrafo único acrescido pela Lei nº 9.602, de 21-1-1998.
- Art. 230, II, deste Código.

Art. 109. O transporte de carga em veículos destinados ao transporte de passageiros só pode ser realizado de acordo com as normas estabelecidas pelo CONTRAN.

- Art. 248 deste Código.
- Res. do CONTRAN nº 26, de 22-5-1998, disciplina o transporte de cargas em veículos destinados ao transporte de passageiros.
- Res. do CONTRAN nº 955, de 28-3-2022, dispõe sobre o transporte de cargas ou bicicletas nas partes externas dos veículos dos tipos automóvel, caminhonete, camioneta e utilitário.

Art. 110. O veículo que tiver alterada qualquer de suas características para competição ou finalidade análoga só poderá circular nas vias públicas com licença especial da autoridade de trânsito, em itinerário e horário fixados.

Art. 111. É vedado, nas áreas envidraçadas do veículo:

I – VETADO;

II – o uso de cortinas, persianas fechadas ou similares nos veículos em movimento, salvo nos que possuam espelhos retrovisores em ambos os lados;

- Art. 230, XVII, deste Código.

III – aposição de inscrições, películas refletivas ou não, painéis decorativos ou pinturas, quando comprometer a segurança do veículo, na forma de regulamentação do CONTRAN.

- Inciso III acrescido pela Lei nº 9.602, de 21-1-1998.
- Art. 230, XVI, deste Código.
- Res. do CONTRAN nº 960, de 17-5-2022, dispõe sobre os requisitos de segurança de vidros, a visibilidade para fins de circulação, o uso de vidros em veículos blindados e o uso de medidores de transmitância luminosa.

Parágrafo único. É proibido o uso de inscrição de caráter publicitário ou qualquer outra que possa desviar a atenção dos condutores em toda a extensão do para-brisa e da traseira dos veículos, salvo se não colocar em risco a segurança do trânsito.

- Art. 230, XV, deste Código.

Art. 112. *Revogado.* Lei nº 9.792, de 14-4-1999.

Art. 113. Os importadores, as montadoras, as encarroçadoras e fabricantes de veículos e autopeças são responsáveis civil e criminalmente por danos causados aos usuários, a terceiros, e ao meio ambiente, decorrentes de falhas oriundas de projetos e da qualidade dos materiais e equipamentos utilizados na sua fabricação.

- Res. do CONTRAN nº 805, de 24-10-1995, estabelece os requisitos técnicos mínimos do para-choque traseiro dos veículos de carga.
- Res. do CONTRAN nº 916, de 28-3-2022, dispõe sobre a concessão de código de marca/modelo/versão, bem como sobre a permissão de modificações em veículos previstas nos arts. 98 e 106 deste Código.
- Res. do CONTRAN nº 939, de 28-3-2022, estabelece os requisitos de segurança para veículos de transporte de passageiros tipo micro-ônibus, categoria M2, de fabricação nacional e importado.
- Res. do CONTRAN nº 952, de 28-3-2022, Estabelece as especificações técnicas para a fabricação e a instalação de para-choques traseiros nos veículos de fabricação nacional ou importados das categorias N2, N3, O3 e O4.
- Res. do CONTRAN nº 993, de 15-6-2023, estabelece os equipamentos obrigatórios para a frota de veículos em circulação e relaciona o índice de regulamentações sobre segurança veicular aplicáveis.

Seção III
DA IDENTIFICAÇÃO DO VEÍCULO

Art. 114. O veículo será identificado obrigatoriamente por caracteres gravados no chassi ou no monobloco, reproduzidos em outras partes, conforme dispuser o CONTRAN.

- Res. do CONTRAN nº 332, de 28-9-2009, dispõe sobre identificações de veículos importados por detentores de privilégios e imunidades em todo o território nacional.
- Res. do CONTRAN nº 968, de 20-6-2022, estabelece critério de identificação de veículos, a que se refere este artigo.

§ 1º A gravação será realizada pelo fabricante ou montador, de modo a identificar o veículo, seu fabricante e as suas características, além do ano de fabricação, que não poderá ser alterado.

§ 2º As regravações, quando necessárias, dependerão de prévia autorização da autoridade executiva de trânsito e somente serão processadas por estabelecimento por ela credenciado, mediante a comprovação de propriedade do veículo, mantida a mesma identificação anterior, inclusive o ano de fabricação.

§ 3º Nenhum proprietário poderá, sem prévia permissão da autoridade executiva de trânsito, fazer, ou ordenar que se faça, modificações da identificação de seu veículo.

- Art. 311 do CP.

Art. 115. O veículo será identificado externamente por meio de placas dianteira e traseira, sendo esta lacrada em sua estrutura, obedecidas as especificações e modelos estabelecidos pelo CONTRAN.

- Art. 221 deste Código.
- Res. do CONTRAN nº 944, de 28-3-2022, dispõe sobre o dispositivo auxiliar de identificação veicular.
- Res. do CONTRAN nº 969, de 20-6-2022, dispõe sobre o sistema de Placas de Identificação de Veículos (PIV) registrados no território nacional.

§ 1º Os caracteres das placas serão individualizados para cada veículo e o acompanharão até a baixa do registro, sendo vedado seu reaproveitamento.

§ 2º As placas com as cores verde e amarela da Bandeira Nacional serão usadas somente pelos veículos de representação pessoal do Presidente e do Vice-Presidente da República, dos Presidentes do Senado Federal e da Câmara dos Deputados, do Presidente e dos Ministros do Supremo Tribunal Federal, dos Ministros de Estado, do Advogado-Geral da União e do Procurador-Geral da República.

§ 3º Os veículos de representação dos Presidentes dos Tribunais Federais, dos Governadores, Prefeitos, Secretários Estaduais e Municipais, dos Presidentes das Assembleias Legislativas, das Câmaras Municipais, dos Presidentes dos Tribunais Estaduais e do Distrito Federal, e do respectivo chefe do Ministério Público e ainda dos Oficiais Generais das Forças Armadas terão placas especiais, de acordo com os modelos estabelecidos pelo CONTRAN.

- Res. do CONTRAN nº 969, de 20-6-2022, dispõe sobre o sistema de Placas de Identificação de Veículos (PIV) registrados no território nacional.

§ 4º Os aparelhos automotores destinados a puxar ou a arrastar maquinaria de qualquer natureza ou a executar trabalhos de construção ou de pavimentação são sujeitos ao registro na repartição competente, se transitarem em via pública, dispensados o licenciamento e o emplacamento.

- § 4º com a redação dada pela Lei nº 13.154, de 30-7-2015.

§ 4º-A. Os tratores e demais aparelhos automotores destinados a puxar ou a arrastar maquinaria agrícola ou a executar trabalhos agrícolas, desde que facultados a transitar em via pública, são sujeitos ao registro único, sem ônus, em cadastro específico do Ministério da Agricultura e Pecuária, acessível aos componentes do Sistema Nacional de Trânsito.

- § 4º-A com a redação dada pela Lei nº 14.599, de 19-6-2023.
- Art. 2º da Lei nº 13.154, de 30-7-2015, que dispõe sobre o prazo para exigência do registro previsto neste parágrafo.

§ 5º O disposto neste artigo não se aplica aos veículos de uso bélico.

- Res. do CONTRAN nº 797, de 16-5-1995, define a abrangência do termo "viatura militar", para o Sistema Nacional de Trânsito.

§ 6º Os veículos de duas ou três rodas são dispensados de placa dianteira.

§ 7º Excepcionalmente, mediante autorização específica e fundamentada das respectivas corregedorias e com a devida comunicação aos órgãos de trânsito competentes, os veículos utilizados por membros do Poder Judiciário e do Ministério Público que exerçam competência ou atribuição criminal poderão temporariamente ter placas especiais, de forma a impedir a identificação de seus usuários específicos, na forma de regulamento a ser emitido, conjuntamente, pelo Conselho Nacional de Justiça – CNJ, pelo Conselho Nacional do Ministério Público – CNMP e pelo Conselho Nacional de Trânsito – CONTRAN.

- § 7º acrescido pela Lei nº 12.694, de 24-7-2012.

§ 8º Os veículos artesanais utilizados para trabalho agrícola (jericos), para efeito do registro de que trata o § 4º-A, ficam dispensados da exigência prevista no art. 106.

- § 8º acrescido pela Lei nº 13.154, de 30-7-2015.

§ 9º As placas que possuírem tecnologia que permita a identificação do veículo ao qual estão atreladas são dispensadas da utilização do lacre previsto no *caput*, na forma a ser regulamentada pelo CONTRAN.

- § 9º acrescido pela Lei nº 13.281, de 4-5-2016.

§ 10. O CONTRAN estabelecerá os meios técnicos, de uso obrigatório, para garantir a identificação dos veículos que transitarem por rodovias e vias urbanas com cobrança de uso pelo sistema de livre passagem.

- § 10 acrescido pela Lei nº 14.157, de 1º-6-2021.

Art. 116. Os veículos de propriedade da União, dos Estados e do Distrito Federal, devidamente registrados e licenciados, ou aqueles sob posse dos órgãos de segurança pública, somente quando estritamente usados em serviço reservado de caráter policial, poderão usar placas particulares, obedecidos os critérios e os limites estabelecidos pela legislação que regula o uso de veículo oficial.

- *Caput* com a redação dada pela Lei nº 14.599, de 19-6-2023.
- Res. do CONTRAN nº 969, de 20-6-2022, dispõe sobre o sistema de Placas de Identificação de Veículos (PIV) registrados no território nacional.

Parágrafo único. As placas a que se refere o *caput* deste artigo serão concedidas mediante solicitação aos órgãos executivos de trânsito dos Estados e do Distrito Federal e serão vinculadas ao órgão de segurança pública solicitante.

- Parágrafo único acrescido pela Lei nº 14.599, de 19-6-2023.

Art. 117. Os veículos de transporte de carga e os coletivos de passageiros deverão conter, em local facilmente visível, a inscrição indicativa de sua tara, do peso bruto total (PBT), do peso bruto total combinado (PBTC) ou capacidade máxima de tração (CMT) e de sua lotação, vedado o uso em desacordo com sua classificação.

- Art. 230, XXI, deste Código.
- Res. do CONTRAN nº 882, de 13-12-2021, estabelece os limites de pesos e dimensões para veículos que transitem por vias terrestres.

CAPÍTULO X
DOS VEÍCULOS EM CIRCULAÇÃO INTERNACIONAL

Art. 118. A circulação de veículo no território nacional, independentemente de sua origem, em trânsito entre o Brasil e os países com os quais exista acordo ou tratado internacional, reger-se-á pelas disposições deste Código, pelas convenções e acordos internacionais ratificados.

- Res. do CONTRAN nº 238, de 25-5-2007, dispõe sobre o porte obrigatório do Certificado de Apólice Única do Seguro de Responsabilidade Civil do proprietário e/ou condutor de automóvel particular ou de aluguel, não registrado no país de ingresso, em viagem internacional.
- Res. do CONTRAN nº 882, de 13-12-2021, estabelece os limites de pesos e dimensões para veículos que transitem por vias terrestres.
- Res. do CONTRAN nº 948, de 28-3-2022, estabelece os requisitos técnicos para o emprego de película retrorrefletiva em veículos.

Art. 119. As repartições aduaneiras e os órgãos de controle de fronteira comunicarão diretamente ao RENAVAM a entrada e saída temporária ou definitiva de veículos.

§ 1º Os veículos licenciados no exterior não poderão sair do território nacional sem o prévio pagamento ou o depósito, judicial ou administrativo, dos valores correspondentes às infrações de trânsito cometidas e ao ressarcimento de danos que tiverem causado ao patrimônio público ou de particulares, independentemente da fase do processo administrativo ou judicial envolvendo a questão.

- Parágrafo único transformado em § 1º pela Lei nº 13.281, de 4-5-2016.

§ 2º Os veículos que saírem do território nacional sem o cumprimento do disposto no § 1º e que posteriormente forem flagrados tentando ingressar ou já em circulação no território nacional serão retidos até a regularização da situação.

- § 2º acrescido pela Lei nº 13.281, de 4-5-2016.
- Res. do CONTRAN nº 382, de 2-6-2011, dispõe sobre notificação e cobrança de multa por infração de trânsito praticada com veículo licenciado no exterior em trânsito no território nacional.

CAPÍTULO XI
DO REGISTRO DE VEÍCULOS

Art. 120. Todo veículo automotor, articulado, reboque ou semirreboque, deve ser registrado perante o órgão executivo de trânsito do Estado ou do Distrito Federal, no Município de domicílio ou residência de seu proprietário, na forma da lei.

- *Caput* com a redação dada pela Lei nº 14.599, de 19-6-2023.
- Art. 230, V, deste Código.
- Res. do CONTRAN nº 339, de 25-2-2010, permite a anotação dos contratos de comodato e de aluguel ou arrendamento não vinculado ao financiamento do veículo, junto ao Registro Nacional de Veículos Automotores.
- Res. do CONTRAN nº 587, de 23-3-2016, Estabelece critérios para o registro de tratores destinados a puxar ou arrastar maquinaria de qualquer natureza ou a executar trabalhos agrícolas e de construção, de pavimentação ou guindastes (máquinas de elevação).
- Res. do CONTRAN nº 911, de 28-3-2022, dispõe sobre a permissão para o trânsito de veículos novos, nacionais ou importados, antes do registro e do licenciamento, sobre o trânsito de veículos usados incompletos, nacionais ou importados, antes da transferência e sobre a remonta de veículos novos.
- Res. do CONTRAN nº 935, de 28-3-2022, dispõe sobre os requisitos de segurança para o transporte de blocos e chapas serradas de rochas ornamentais.

§ 1º Os órgãos executivos de trânsito dos Estados e do Distrito Federal somente registrarão veículos oficiais de propriedade da administração direta, da União, dos Estados, do Distrito Federal e dos Municípios, de qualquer um dos poderes, com indicação expressa, por pintura nas portas, do nome, sigla ou logotipo do órgão ou entidade em cujo nome o veículo será registrado, excetuando-se os veículos de representação e os previstos no artigo 116.

- Art. 237 deste Código.

§ 2º O disposto neste artigo não se aplica ao veículo de uso bélico.

- Res. do CONTRAN nº 797, de 16-5-1995, define a abrangência do termo "viatura militar", para o Sistema Nacional de Trânsito.

Art. 121. Registrado o veículo, expedir-se-á o Certificado de Registro de Veículo (CRV), em meio físico e/ou digital, à escolha do proprietário, de acordo com os modelos e com as especificações estabelecidos pelo CONTRAN, com as características e as condições de invulnerabilidade à falsificação e à adulteração.

- Artigo com a redação dada pela Lei nº 14.071, de 13-10-2020.
- Art. 311 do CP.
- Res. do CONTRAN nº 209, de 26-10-2006, cria o código numérico de segurança para o Certificado de Registro de Veículo – CRV – e estabelece a sua configuração e utilização.
- Res. do CONTRAN nº 324, de 17-7-2009, dispõe sobre a expedição de Certificado Provisório de Registro e Licenciamento de Veículos.
- Res. do CONTRAN nº 807, de 15-12-2020, Dispõe sobre os procedimentos para o registro de contratos de financiamento com garantia real de veículo nos órgãos ou entidades executivos de trânsito dos Estados e do Distrito Federal, para anotação no Certificado de Registro de Veículos(CRV) e no Certificado de Licenciamento Anual (CLA).
- Res. do CONTRAN nº 946, de 28-3-2022, dispõe sobre o transporte de cargas de sólidos a granel nas vias abertas à circulação público em todo o território.

Art. 122. Para a expedição do Certificado de Registro de Veículo o órgão executivo de trânsito consultará o cadastro do RENAVAM e exigirá do proprietário os seguintes documentos:

I – nota fiscal fornecida pelo fabricante ou revendedor, ou documento equivalente expedido por autoridade competente;

II – documento fornecido pelo Ministério das Relações Exteriores, quando se tratar de veículo importado por membro de missões diplomáticas, de repartições consulares de carreira, de representações de organismos internacionais e de seus integrantes.

Art. 123. Será obrigatória a expedição de novo Certificado de Registro de Veículo quando:

I – for transferida a propriedade;

- Res. do CONTRAN nº 943, de 28-3-2022, estabelece requisitos mínimos de segurança para o transporte remunerado de passageiros (mototáxi) e de cargas (motofrete) em motocicleta e motoneta.

II – o proprietário mudar o Município de domicílio ou residência;

III – for alterada qualquer característica do veículo;

- Res. do CONTRAN nº 922, de 28-3-2022, estabelece procedimentos para a prestação de serviços por Instituição Técnica Licenciada (ITL) e Entidade Técnica Pública ou Paraestatal (ETP), para emissão do Certificado de Segurança Veicular (CSV), de que trata o art. 106 deste Código.

IV – houver mudança de categoria.

- Art. 233 deste Código.

§ 1º No caso de transferência de propriedade, o prazo para o proprietário adotar as providências necessárias à efetivação da expedição do novo Certificado de Registro de Veículo é de trinta dias; sendo que nos demais casos as providências deverão ser imediatas.

§ 2º No caso de transferência de domicílio ou residência no mesmo Município, o proprietário comunicará o novo endereço num prazo de trinta dias e aguardará o novo licenciamento para alterar o Certificado de Licenciamento Anual.

§ 3º A expedição do novo certificado será comunicada ao órgão executivo de trânsito que expediu o anterior e ao RENAVAM.

- Res. do CONTRAN nº 941, de 28-3-2022, estabelece procedimentos para o exercício da atividade de vistoria de identificação veicular a ser realizada pelos órgãos e entidades executivos de trânsito dos Estados e do Distrito Federal, ou por pessoa jurídica de direito público ou privado, habilitada para a prestação dos serviços de vistoria veicular.

§ 4º *A transferência de propriedade referida no inciso I do caput deste artigo poderá ser realizada integralmente por meio eletrônico pelo órgão máximo executivo de trânsito da União ou pelos órgãos executivos de trânsito dos Estados e do Distrito Federal, observadas as seguintes regras:*

I – *no caso de transferência de propriedade realizada em meio eletrônico, o contrato de compra e venda de veículo deverá conter as assinaturas eletrônicas qualificadas ou avançadas, na forma da Lei nº 14.063, de 23 de setembro de 2020, e das normas regulamentares do CONTRAN;*

II – *o contrato de compra e venda de veículo em meio digital, quando assinado eletronicamente pelo comprador e pelo vendedor do veículo perante o órgão máximo executivo de trânsito da União, terá validade em todo o território nacional e deverá ser obrigatoriamente acatado por todos os órgãos de trânsito dos Estados e do Distrito Federal;*

III e IV – *VETADOS. Lei nº 15.153, de 26-6-2025;*

V – *a vistoria de transferência da propriedade poderá ser realizada em formato eletrônico a critério do órgão executivo de trânsito dos Estados e do Distrito Federal.*

- § 4º acrescido pela Lei nº 15.153, de 26-6-2025.

Art. 124. Para a expedição do novo Certificado de Registro de Veículo serão exigidos os seguintes documentos:

I – Certificado de Registro de Veículo anterior;

II – Certificado de Licenciamento Anual;

III – comprovante de transferência de propriedade, quando for o caso, conforme modelo e normas estabelecidas pelo CONTRAN;

IV – Certificado de Segurança Veicular e de emissão de poluentes e ruído, quando houver adaptação ou alteração de características do veículo;

- Res. do CONTRAN nº 922, de 28-3-2022, estabelece procedimentos para a prestação de serviços por Instituição Técnica Licenciada (ITL) e Entidade Técnica Pública ou Paraestatal (ETP), para emissão do Certificado de Segurança Veicular (CSV), de que trata o art. 106 deste Código.

V – comprovante de procedência e justificativa da propriedade dos componentes e agregados adaptados ou montados no veículo, quando houver alteração das características originais de fábrica;

- Res. do CONTRAN nº 968, de 20-6-2022, estabelece o critério de identificação de veículos, a que se refere o art. 114 deste Código.

VI – autorização do Ministério das Relações Exteriores, no caso de veículo da categoria de missões diplomáticas, de repartições consulares de carreira, de representações de organismos internacionais e de seus integrantes;

VII – certidão negativa de roubo ou furto de veículo, expedida no Município do registro anterior, que poderá ser substituída por informação do RENAVAM;

VIII – comprovante de quitação de débitos relativos a tributos, encargos e multas de trânsito vinculados ao veículo, independentemente da responsabilidade pelas infrações cometidas;

IX – *Revogado*. Lei nº 9.602, de 21-1-1998;

X – comprovante relativo ao cumprimento do disposto no artigo 98, quando houver alteração nas características originais do veículo que afetem a emissão de poluentes e ruído;

XI – comprovante de aprovação de inspeção veicular e de poluentes e ruído, quando for o caso, conforme regulamentações do CONTRAN e do CONAMA.

Parágrafo único. Os veículos cuja transferência de propriedade seja resultado de apreensão ou de confisco por decisão judicial, leilão de veículo recolhido em depósito ou de doação a órgãos ou entidades da administração pública são dispensados do cumprimento do disposto no inciso VIII do *caput* deste artigo, e os débitos existentes devem ser cobrados do proprietário anterior.

▶ Parágrafo único com a redação dada pela Lei nº 14.440, de 2-9-2022.

Art. 125. As informações sobre o chassi, o monobloco, os agregados e as características originais do veículo deverão ser prestadas ao RENAVAM:

I – pelo fabricante ou montadora, antes da comercialização, no caso de veículo nacional;

II – pelo órgão alfandegário, no caso de veículo importado por pessoa física;

III – pelo importador, no caso de veículo importado por pessoa jurídica.

Parágrafo único. As informações recebidas pelo RENAVAM serão repassadas ao órgão executivo de trânsito responsável pelo registro, devendo este comunicar ao RENAVAM, tão logo seja o veículo registrado.

▶ Res. do CONTRAN nº 968, de 20-6-2022, estabelece o critério de identificação de veículos, a que se refere o art. 114 deste Código.

Art. 126. O proprietário de veículo irrecuperável, ou destinado à desmontagem, deverá requerer a baixa do registro, no prazo e forma estabelecidos pelo CONTRAN, vedada a remontagem do veículo sobre o mesmo chassi de forma a manter o registro anterior.

▶ *Caput* com a redação dada pela Lei nº 12.977, de 20-5-2014.

§ 1º A obrigação de que trata este artigo é da companhia seguradora ou do adquirente do veículo destinado à desmontagem, quando estes sucederem ao proprietário.

▶ Parágrafo único renumerado para § 1º pela Lei nº 14.440, de 2-9-2022.

▶ Art. 311 do CP.

§ 2º A existência de débitos fiscais ou de multas de trânsito e ambientais vinculadas ao veículo não impede a baixa do registro.

▶ § 2º acrescido pela Lei nº 14.440, de 2-9-2022.

Art. 127. O órgão executivo de trânsito competente só efetuará a baixa do registro após prévia consulta ao cadastro do RENAVAM.

Parágrafo único. Efetuada a baixa do registro, deverá ser esta comunicada, de imediato, ao RENAVAM.

Art. 128. Não será expedido novo Certificado de Registro de Veículo enquanto houver débitos fiscais e de multas de trânsito e ambientais, vinculadas ao veículo, independentemente da responsabilidade pelas infrações cometidas.

Art. 129. O registro e o licenciamento dos veículos de propulsão humana e dos veículos de tração animal obedecerão à regulamentação estabelecida em legislação municipal do domicílio ou residência de seus proprietários.

▶ Artigo com a redação dada pela Lei nº 13.154, de 30-7-2015.

Art. 129-A. O registro dos tratores e demais aparelhos automotores destinados a puxar ou a arrastar maquinaria agrícola ou a executar trabalhos agrícolas será efetuado, sem ônus, pelo Ministério da Agricultura e Pecuária, diretamente ou mediante convênio.

▶ Art. 129-A com a redação dada pela Lei nº 14.599, de 19-6-2023.

Art. 129-B. O registro de contratos de garantias de alienação fiduciária em operações financeiras, consórcio, arrendamento mercantil, reserva de domínio ou penhor será realizado nos órgãos ou entidades executivos de trânsito dos Estados e do Distrito Federal, em observância ao disposto no § 1º do art. 1.361 da Lei nº 10.406, de 10 de janeiro de 2002 (Código Civil), e na Lei nº 13.709, de 14 de agosto de 2018 (Lei Geral de Proteção de Dados Pessoais).

▶ *Caput* do art. 129-B acrescido pela Lei nº 14.071, de 13-10-2020.

Parágrafo único. O registro previsto no *caput* deste artigo será executado por empresas registradoras de contrato especializadas, na modalidade de credenciamento pelos órgãos executivos de trânsito dos Estados e do Distrito Federal, observado o disposto no inciso III do parágrafo único do art. 79 da Lei nº 14.133, de 1º de abril de 2021.

▶ Parágrafo único acrescido pela Lei nº 14.599, de 19-6-2023.

CAPÍTULO XII
DO LICENCIAMENTO

Art. 130. Todo veículo automotor, articulado, reboque ou semirreboque, para transitar na via, deverá ser licenciado anualmente pelo órgão executivo de trânsito do Estado, ou do Distrito Federal, onde estiver registrado o veículo.

▶ *Caput* com a redação dada pela Lei nº 14.599, de 19-6-2023.

▶ Art. 230, V, deste Código.

▶ Res. do CONTRAN nº 110, de 24-2-2000, fixa o calendário para renovação do Licenciamento Anual de Veículos.

▶ Res. do CONTRAN nº 944, de 28-3-2022, dispõe sobre o dispositivo auxiliar de identificação veicular.

§ 1º O disposto neste artigo não se aplica a veículo de uso bélico.

▶ Res. do CONTRAN nº 797, de 16-5-1995, define a abrangência do termo "viatura militar", para o Sistema Nacional de Trânsito.

§ 2º No caso de transferência de residência ou domicílio, é válido, durante o exercício, o licenciamento de origem.

Art. 131. O Certificado de Licenciamento Anual será expedido ao veículo licenciado, vinculado ao Certificado de Registro de Veículo, em meio físico e/ou digital, à escolha do proprietário, de acordo com o modelo e com as especificações estabelecidos pelo CONTRAN.

▶ *Caput* com a redação dada pela Lei nº 14.071, de 13-10-2020.

▶ Res. do CONTRAN nº 324, de 17-7-2009, dispõe sobre a expedição de Certificado Provisório de Registro e Licenciamento de Veículos.

▶ Res. do CONTRAN nº 809, de 15-12-2020, dispõe sobre os requisitos para emissão do Certificado de Registro de Veículo (CRV), do Certificado de Licenciamento Anual (CLA) e do comprovante de transferência de propriedade em meio digital.

▶ Res. do CONTRAN nº 946, de 28-3-2022, dispõe sobre o transporte de cargas de sólidos a granel nas vias abertas à circulação pública em todo o território.

§ 1º O primeiro licenciamento será feito simultaneamente ao registro.

§ 2º O veículo somente será considerado licenciado estando quitados os débitos relativos a tributos, encargos e multas de trânsito e ambientais, vinculados ao veículo, independentemente da responsabilidade pelas infrações cometidas.

▶ Súm. nº 127 do STJ.

§ 3º Ao licenciar o veículo, o proprietário deverá comprovar sua aprovação nas inspeções de segurança veicular e de controle de emissões de gases poluentes e de ruído, conforme disposto no artigo 104.

§ 4º As informações referentes às campanhas de chamamento de consumidores para substituição ou reparo de veículos realizadas a partir de 1º de outubro de 2019 e não atendidas no prazo de 1 (um) ano, contado da data de sua comunicação, deverão constar do Certificado de Licenciamento Anual.

▶ § 4º com a redação dada pela Lei nº 14.229, de 21-10-2021.

§ 5º Após a inclusão das informações de que trata o § 4º deste artigo no Certificado de Licenciamento Anual, o veículo somente será licenciado mediante comprovação do atendimento às campanhas de chamamento de consumidores para substituição ou reparo de veículos.

▶ § 5º acrescido pela Lei nº 14.071, de 13-10-2020.

§ 6º O CONTRAN regulamentará a inserção dos dados no Certificado de Licenciamento Anual referentes às campanhas de chamamento de consumidores para substituição ou reparo de veículos realizadas antes da data prevista no § 4º deste artigo.

▶ § 6º acrescido pela Lei nº 14.229, de 21-10-2021.

§ 7º O CONTRAN, excepcionalmente, poderá prorrogar a exigência do disposto no § 5º deste artigo diante da comprovada falta de peças ou da necessidade de escalonamento para o atendimento ao chamamento dos consumidores, avaliadas as questões de segurança viária.

▶ § 7º acrescido pela Lei nº 14.599, de 19-6-2023.

Art. 132. Os veículos novos não estão sujeitos ao licenciamento e terão sua circulação regulada pelo CONTRAN durante o trajeto entre a fábrica e o Município de destino.

§ 1º O disposto neste artigo aplica-se, igualmente, aos veículos importados, durante o trajeto entre a alfândega ou entreposto alfandegário e o Município de destino.

▶ Parágrafo único renumerado para § 1º pela Lei nº 13.103, de 2-3-2015.

▶ Res. do CONTRAN nº 911, de 28-3-2022, dispõe sobre a permissão para o trânsito de veículos novos, nacionais ou importados, antes do registro e do licenciamento, sobre o trânsito de veículos usados incompletos, nacionais ou importados, antes da transferência e sobre a remonta de veículos novos.

§ 2º *Revogado.* Lei nº 13.154, de 30-7-2015.

Art. 133. É obrigatório o porte do Certificado de Licenciamento Anual.

▶ Art. 232 deste Código.

▶ Res. do CONTRAN nº 324, de 17-7-2009, dispõe sobre a expedição de Certificado Provisório de Registro e Licenciamento de Veículos.

▶ Res. do CONTRAN nº 809, de 15-12-2020, dispõe sobre os requisitos para emissão do Certificado de Registro de Veículo (CRV), do Certificado de Licenciamento Anual (CLA) e do comprovante de transferência de propriedade em meio digital.

Parágrafo único. O porte será dispensado quando, no momento da fiscalização, for possível ter acesso ao devido sistema informatizado para verificar se o veículo está licenciado.

▶ Parágrafo único acrescido pela Lei nº 13.281, de 4-5-2016.

Art. 134. No caso de transferência de propriedade, expirado o prazo previsto no § 1º do art. 123 deste Código sem que o novo proprietário tenha tomado as providências necessárias à efetivação da expedição do novo Certificado de Registro de Veículo, o antigo proprietário deverá encaminhar ao órgão executivo de trânsito do Estado ou do Distrito Federal, no prazo de 60 (sessenta) dias, cópia autenticada do comprovante de transferência de propriedade, devidamente assinado e datado, sob pena de ter que se responsabilizar solidariamente pelas penalidades impostas e suas reincidências até a data da comunicação.

Parágrafo único. O comprovante de transferência de propriedade de que trata o *caput* deste artigo poderá ser substituído por documento eletrônico com assinatura eletrônica válida, na forma regulamentada pelo CONTRAN.

▸ Art. 134 com a redação dada pela Lei nº 14.071, de 13-10-2020.

Art. 134-A. O CONTRAN especificará as bicicletas motorizadas e equiparados não sujeitos ao registro, ao licenciamento e ao emplacamento para circulação nas vias.

▸ Art. 134-A acrescido pela Lei nº 14.071, de 13-10-2020.

Art. 135. Os veículos de aluguel, destinados ao transporte individual ou coletivo de passageiros de linhas regulares ou empregados em qualquer serviço remunerado, para registro, licenciamento e respectivo emplacamento de característica comercial, deverão estar devidamente autorizados pelo poder público concedente.

▸ Arts. 231, VIII, e 329 deste Código.

CAPÍTULO XIII
DA CONDUÇÃO DE ESCOLARES

Art. 136. Os veículos especialmente destinados à condução coletiva de escolares somente poderão circular nas vias com autorização emitida pelo órgão ou entidade executivos de trânsito dos Estados e do Distrito Federal, exigindo-se, para tanto:

▸ Arts. 230, XX, e 329 deste Código.

I – registro como veículo de passageiros;

II – inspeção semestral para verificação dos equipamentos obrigatórios e de segurança;

III – pintura de faixa horizontal na cor amarela, com quarenta centímetros de largura, à meia altura, em toda a extensão das partes laterais e traseira da carroçaria, com o dístico ESCOLAR, em preto, sendo que, em caso de veículo de carroçaria pintada na cor amarela, as cores aqui indicadas devem ser invertidas;

▸ Art. 237 deste Código.

IV – equipamento registrador instantâneo inalterável de velocidade e tempo;

▸ Res. do CONTRAN nº 938, de 28-3-2022, dispõe sobre requisitos técnicos mínimos do registrador instantâneo e inalterável de velocidade e tempo (cronotacógrafo).

V – lanternas de luz branca, fosca ou amarela dispostas nas extremidades da parte superior dianteira e lanternas de luz vermelha dispostas na extremidade superior da parte traseira;

VI – cintos de segurança em número igual à lotação;

VII – outros requisitos e equipamentos obrigatórios estabelecidos pelo CONTRAN.

Art. 137. A autorização a que se refere o artigo anterior deverá ser afixada na parte interna do veículo, em local visível, com inscrição da lotação permitida, sendo vedada a condução de escolares em número superior à capacidade estabelecida pelo fabricante.

Art. 138. O condutor de veículo destinado à condução de escolares deve satisfazer os seguintes requisitos:

I – ter idade superior a vinte e um anos;

II – ser habilitado na categoria D;

III – VETADO;

IV – não ter cometido mais de uma infração gravíssima nos 12 (doze) últimos meses;

▸ Inciso IV com a redação dada pela Lei nº 14.071, de 13-10-2020.

V – ser aprovado em curso especializado, nos termos da regulamentação do CONTRAN.

▸ Res. do CONTRAN nº 789, de 18-6-2020, consolida normas sobre o processo de formação de condutores de veículos automotores e elétricos.

Art. 139. O disposto neste Capítulo não exclui a competência municipal de aplicar as exigências previstas em seus regulamentos, para o transporte de escolares.

CAPÍTULO XIII-A
DA CONDUÇÃO DE MOTOFRETE

▸ Capítulo XIII-A acrescido pela Lei nº 12.009, de 29-7-2009, regulamenta o exercício das atividades de mototaxista, motoboy e motofrete.

Art. 139-A. As motocicletas e motonetas destinadas ao transporte remunerado de mercadorias – motofrete – somente poderão circular nas vias com autorização emitida pelo órgão ou entidade executivo de trânsito dos Estados e do Distrito Federal, exigindo-se, para tanto:

▸ Art. 244, VIII e IX, do CTB.

▸ Art. 6º da Lei nº 12.009, de 29-7-2009, que regulamenta o exercício das atividades de mototaxista, motoboy e motofrete.

I – registro como veículo da categoria de aluguel;

II – instalação de protetor de motor mata-cachorro, fixado no chassi do veículo, destinado a proteger o motor e a perna do condutor em caso de tombamento, nos termos de regulamentação do Conselho Nacional de Trânsito – CONTRAN;

III – instalação de aparador de linha antena corta-pipas, nos termos de regulamentação do CONTRAN;

IV – inspeção semestral para verificação dos equipamentos obrigatórios e de segurança.

§ 1º A instalação ou incorporação de dispositivos para transporte de cargas deve estar de acordo com a regulamentação do CONTRAN.

§ 2º É proibido o transporte de combustíveis, produtos inflamáveis ou tóxicos e de galões nos veículos de que trata este artigo, com exceção do gás de cozinha e de galões contendo água mineral, desde que com o auxílio de *side-car*, nos termos de regulamentação do CONTRAN.

Art. 139-B. O disposto neste Capítulo não exclui a competência municipal ou estadual de aplicar as exigências previstas em seus regulamentos para as atividades de motofrete no âmbito de suas circunscrições.

▸ Arts. 139-A e 139-B acrescidos pela Lei nº 12.009, de 29-7-2009.

▸ Art. 8º da Lei nº 12.009, de 29-7-2009, que regulamenta o exercício das atividades de mototaxista, motoboy e motofrete.

CAPÍTULO XIV
DA HABILITAÇÃO

Art. 140. A habilitação para conduzir veículo automotor será apurada por meio de exames que deverão ser realizados no órgão ou entidade executivos do Estado ou do Distrito Federal, do domicílio ou residência do candidato, ou na sede estadual ou distrital do próprio órgão, e o condutor deverá preencher os seguintes requisitos:

▸ *Caput* com a redação dada pela Lei nº 14.599, de 19-6-2023.

▸ Res. do CONTRAN nº 265, de 14-12-2007, dispõe sobre a formação teórico técnica do processo de habilitação de condutores de veículos automotores elétricos como atividade extracurricular no ensino médio.

I – ser penalmente imputável;

▸ Arts. 26 a 28 do CP.

II – saber ler e escrever;

III – possuir Carteira de Identidade ou equivalente.

Parágrafo único. As informações do candidato à habilitação serão cadastradas no RENACH.

▸ Res. do CONTRAN nº 886, de 13-12-2021, Regulamenta as especificações, a produção e a expedição da Carteira Nacional de Habilitação (CNH).

▸ Del. do CONTRAN nº 71, de 22-12-2008, suspende os efeitos da Resolução nº 276, de 25 de abril de 2008, que estabelece procedimentos necessários ao recadastramento dos registros de prontuários de condutores, anteriores ao Registro Nacional de Condutores Habilitados – RENACH – a serem incluídos na Base de Índice Nacional de Condutores – BINCO.

Art. 141. O processo de habilitação e as normas relativas à aprendizagem para conduzir veículos automotores e à autorização para conduzir ciclomotores serão regulamentados pelo CONTRAN.

▸ *Caput* com a redação dada pela Lei nº 14.599, de 19-6-2023.

▸ Res. do CONTRAN nº 789, de 18-6-2020, consolida normas sobre o processo de formação de condutores de veículos automotores e elétricos.

§ 1º A autorização para conduzir veículos de propulsão humana e de tração animal ficará a cargo dos Municípios.

§ 2º VETADO.

Art. 142. O reconhecimento de habilitação obtida em outro país está subordinado às condições estabelecidas em convenções e acordos internacionais e às normas do CONTRAN.

▸ Res. do CONTRAN nº 933, de 28-3-2022, dispõe sobre a habilitação do candidato ou condutor estrangeiro para direção de veículos em território nacional.

Art. 143. Os candidatos poderão habilitar-se nas categorias de A a E, obedecida a seguinte graduação:

I – Categoria A – condutor de veículo motorizado de duas ou três rodas, com ou sem carro lateral;

II – Categoria B – condutor de veículo motorizado, não abrangido pela categoria A, cujo peso bruto total não exceda a três mil e quinhentos quilogramas e cuja lotação não exceda a oito lugares, excluído o do motorista;

III – Categoria C – condutor de veículo abrangido pela categoria B e de veículo motorizado utilizado em transporte de carga cujo peso bruto total exceda a 3.500 kg (três mil e quinhentos quilogramas);

IV – Categoria D – condutor de veículo abrangido pelas categorias B e C e de veículo motorizado utilizado no transporte de passageiros cuja lotação exceda a 8 (oito) lugares, excluído o do motorista;

▸ Incisos III e IV com a redação dada pela Lei nº 14.440, de 2-9-2022.

V – Categoria E – condutor de combinação de veículos em que a unidade tratora se enquadre nas categorias B, C ou D e cuja unidade acoplada, reboque, semirreboque, *trailer* ou articulada tenha 6.000 kg (seis mil quilogramas) ou mais de peso bruto total, ou cuja lotação exceda a 8 (oito) lugares.

- Inciso V com a redação dada pela Lei nº 12.452, de 21-7-2011.

§ 1º Para habilitar-se na categoria C, o condutor deverá estar habilitado no mínimo há 1 (um) ano na categoria B e não ter cometido mais de uma infração gravíssima nos últimos 12 (doze) meses.

- § 1º com a redação dada pela Lei nº 14.440, de 2-9-2022.

§ 2º São os condutores da categoria B autorizados a conduzir veículo automotor da espécie motor-casa, definida nos termos do Anexo I deste Código, cujo peso não exceda a 6.000 kg (seis mil quilogramas), ou cuja lotação não exceda a 8 (oito) lugares, excluído o do motorista.

- § 2º acrescido pela Lei nº 12.452, de 21-7-2011.

§ 3º Aplica-se o disposto no inciso V ao condutor da combinação de veículos com mais de uma unidade tracionada, independentemente da capacidade de tração ou do peso bruto total.

- Antigo § 2º renumerado para § 3º pela Lei nº 12.452, de 21-7-2011.
- Art. 162, III, deste Código.
- Res. do CONTRAN nº 789, de 18-6-2020, consolida normas sobre o processo de formação de condutores de veículos automotores e elétricos.

§ 4º Respeitada a capacidade máxima de tração da unidade tratora, os condutores das categorias B, C e D podem conduzir combinação de veículos cuja unidade tratora se enquadre na respectiva categoria de habilitação e cuja unidade acoplada, reboque, semirreboque, *trailer* ou articulada tenha menos de 6.000 kg (seis mil quilogramas) de peso bruto total, e cuja lotação não exceda a 8 (oito) lugares.

- § 4º acrescido pela Lei nº 14.440, de 2-9-2022.

Art. 144. O trator de roda, o trator de esteira, o trator misto ou o equipamento automotor destinado à movimentação de cargas ou execução de trabalho agrícola, de terraplenagem, de construção ou de pavimentação só podem ser conduzidos na via pública por condutor habilitado nas categorias C, D ou E.

- Res. do CONTRAN nº 789, de 18-6-2020, consolida normas sobre o processo de formação de condutores de veículos automotores e elétricos.

Parágrafo único. O trator de roda e os equipamentos automotores destinados a executar trabalhos agrícolas poderão ser conduzidos em via pública também por condutor habilitado na categoria B.

- Parágrafo único acrescido pela Lei nº 13.097, de 19-1-2015.

Art. 145. Para habilitar-se nas categorias D e E ou para conduzir veículo de transporte coletivo de passageiros, de escolares, de emergência ou de produto perigoso, o candidato deverá preencher os seguintes requisitos:

I – ser maior de vinte e um anos;

II – estar habilitado:

a) no mínimo há dois anos na categoria B, ou no mínimo há um ano na categoria C, quando pretender habilitar-se na categoria D; e

b) no mínimo há um ano na categoria C, quando pretender habilitar-se na categoria E;

III – não ter cometido mais de uma infração gravíssima nos últimos 12 (doze) meses;

- Inciso III com a redação dada pela Lei nº 14.071, de 13-10-2020.

IV – ser aprovado em curso especializado e em curso de treinamento de prática veicular em situação de risco, nos termos da normatização do CONTRAN.

- Res. do CONTRAN nº 789, de 18-6-2020, consolida normas sobre o processo de formação de condutores de veículos automotores e elétricos.

§ 1º A participação em curso especializado previsto no inciso IV independe da observância do disposto no inciso III.

- *Parágrafo único renumerado para § 1º pela Lei nº 13.154, de 30-7-2015.*

§ 2º VETADO. Lei nº 13.154, de 30-7-2015.

Art. 145-A. Além do disposto no art. 145, para conduzir ambulâncias, o candidato deverá comprovar treinamento especializado e reciclagem em cursos específicos a cada 5 (cinco) anos, nos termos da normatização do CONTRAN.

- Art. 145-A acrescido pela Lei nº 12.998, de 18-6-2014.

Art. 146. Para conduzir veículos de outra categoria o condutor deverá realizar exames complementares exigidos para habilitação na categoria pretendida.

Art. 147. O candidato à habilitação deverá submeter-se a exames realizados pelo órgão executivo de trânsito, na ordem descrita a seguir, e os exames de aptidão física e mental e a avaliação psicológica deverão ser realizados por médicos e psicólogos peritos examinadores, respectivamente, com titulação de especialista em medicina do tráfego e em psicologia do trânsito, conferida pelo respectivo conselho profissional, conforme regulamentação do CONTRAN:

- *Caput* com a redação dada pela Lei nº 14.071, de 13-10-2020, promulgado nos termos do art. 66, § 5º, da CF (*DOU* de 26-3-2021 – edição extra D).
- Art. 5º da Lei nº 14.071, de 13-10-2020, que altera a Lei nº 9.503, de 23 de setembro de 1997 (Código de Trânsito Brasileiro), para modificar a composição do Conselho Nacional de Trânsito e ampliar o prazo de validade das habilitações.

I – de aptidão física e mental;

- Res. do CONTRAN nº 927, de 28-3-2022, dispõe sobre o exame de aptidão física e mental, a avaliação psicológica e o credenciamento das entidades públicas e privadas de que tratam o art. 147, I e §§ 1º a 4º e o art. 148 deste Código.

II – VETADO;

III – escrito, sobre legislação de trânsito;

IV – de noções de primeiros socorros, conforme regulamentação do CONTRAN;

V – de direção veicular, realizado na via pública, em veículo da categoria para a qual estiver habilitando-se.

§ 1º Os resultados dos exames e a identificação dos respectivos examinadores serão registrados no RENACH.

- Parágrafo único transformado em § 1º pela Lei nº 9.602, de 21-1-1998.

§ 2º O exame de aptidão física e mental, a ser realizado no local de residência ou domicílio do examinado, será preliminar e renovável com a seguinte periodicidade:

I – a cada 10 (dez) anos, para condutores com idade inferior a 50 (cinquenta) anos;

II – a cada 5 (cinco) anos, para condutores com idade igual ou superior a 50 (cinquenta) anos e inferior a 70 (setenta) anos;

III – a cada 3 (três) anos, para condutores com idade igual ou superior a 70 (setenta) anos.

- § 2º com a redação dada pela Lei nº 14.071, de 13-10-2020.

§ 3º O exame previsto no § 2º incluirá a avaliação psicológica preliminar e complementar sempre que a ele se submeter o condutor que exerce atividade remunerada ao veículo, incluindo-se esta avaliação para os demais candidatos apenas no exame referente à primeira habilitação.

- § 3º com a redação dada pela Lei nº 10.350, de 21-12-2001.
- Res. do CONTRAN nº 927, de 28-3-2022, dispõe sobre o exame de aptidão física e mental, a avaliação psicológica e o credenciamento das entidades públicas e privadas de que tratam o art. 147, I e §§ 1º a 4º e o art. 148 deste Código.

§ 4º Quando houver indícios de deficiência física ou mental, ou de progressividade de doença que possa diminuir a capacidade para conduzir o veículo, os prazos previstos nos incisos I, II e III do § 2º deste artigo poderão ser diminuídos por proposta do perito examinador.

- § 4º com a redação dada pela Lei nº 14.071, de 13-10-2020.
- Res. do CONTRAN nº 927, de 28-3-2022, dispõe sobre o exame de aptidão física e mental, a avaliação psicológica e o credenciamento das entidades públicas e privadas de que tratam o art. 147, I e §§ 1º a 4º e o art. 148 deste Código.

§ 5º O condutor que exerce atividade remunerada ao veículo terá essa informação incluída na Carteira Nacional de Habilitação, conforme especificações do Conselho Nacional de Trânsito – CONTRAN.

- § 5º acrescido pela Lei nº 10.350, de 21-12-2001.

§ 6º Os exames de aptidão física e mental e a avaliação psicológica deverão ser analisados objetivamente pelos examinados, limitados aos aspectos técnicos dos procedimentos realizados, conforme regulamentação do CONTRAN, e subsidiarão a fiscalização prevista no § 7º deste artigo.

§ 7º Os órgãos ou entidades executivos de trânsito dos Estados e do Distrito Federal, com a colaboração dos conselhos profissionais de medicina e psicologia, deverão fiscalizar as entidades e os profissionais responsáveis pelos exames de aptidão física e mental e pela avaliação psicológica no mínimo 1 (uma) vez por ano.

- §§ 6º e 7º acrescidos pela Lei nº 14.071, de 13-10-2020.

Art. 147-A. Ao candidato com deficiência auditiva é assegurada acessibilidade de comunicação, mediante emprego de tecnologias assistivas ou de ajudas técnicas em todas as etapas do processo de habilitação.

§ 1º O material didático audiovisual utilizado em aulas teóricas dos cursos que precedem os exames previstos no art. 147 desta Lei deve ser acessível, por meio de subtitulação com legenda oculta associada à tradução simultânea em Libras.

§ 2º É assegurado também ao candidato com deficiência auditiva requerer, no ato de sua inscrição, os serviços de intérprete da Libras, para acompanhamento em aulas práticas e teóricas.

▶ Art. 147-A acrescido pela Lei nº 13.146, de 6-7-2015.

Art. 148. Os exames de habilitação, exceto os de direção veicular, poderão ser aplicados por entidades públicas ou privadas credenciadas pelo órgão executivo de trânsito dos Estados e do Distrito Federal, de acordo com as normas estabelecidas pelo CONTRAN.

▶ Res. do CONTRAN nº 789, de 18-6-2020, consolida normas sobre o processo de formação de condutores de veículos automotores e elétricos.

▶ Res. do CONTRAN nº 927, de 28-3-2022, dispõe sobre o exame de aptidão física e mental, a avaliação psicológica e o credenciamento das entidades públicas e privadas de que tratam o art. 147, I e §§ 1º a 4º e o art. 148 deste Código.

§ 1º A formação de condutores deverá incluir, obrigatoriamente, curso de direção defensiva e de conceitos básicos de proteção ao meio ambiente relacionados com o trânsito.

§ 2º Ao candidato aprovado será conferida Permissão para Dirigir, com validade de um ano.

§ 3º A Carteira Nacional de Habilitação será conferida ao condutor no término de um ano, desde que o mesmo não tenha cometido nenhuma infração de natureza grave ou gravíssima, ou seja, reincidente em infração média.

§ 4º A não obtenção da Carteira Nacional de Habilitação, tendo em vista a incapacidade de atendimento do disposto no parágrafo anterior, obriga o candidato a reiniciar todo o processo de habilitação.

§ 5º O Conselho Nacional de Trânsito – CONTRAN poderá dispensar os tripulantes de aeronaves que apresentarem o cartão de saúde expedido pelas Forças Armadas ou pelo Departamento de Aeronáutica Civil, respectivamente, da prestação do exame de aptidão física e mental.

▶ § 5º acrescido pela Lei nº 9.602, de 21-1-1998.

Art. 148-A. Os condutores das categorias C, D e E deverão comprovar resultado negativo em exame toxicológico para a obtenção e a renovação da Carteira Nacional de Habilitação.

▶ *Caput* com a redação dada pela Lei nº 14.071, de 13-10-2020.

§ 1º O exame de que trata este artigo buscará aferir o consumo de substâncias psicoativas que, comprovadamente, comprometam a capacidade de direção e deverá ter janela de detecção mínima de 90 (noventa) dias, nos termos das normas do CONTRAN.

▶ § 1º acrescido pela Lei nº 13.103, de 2-3-2015.

▶ Art. 13 da Lei nº 13.103, de 2-3-2015 (Lei do Motorista Profissional), que dispõe sobre o prazo para exigência do exame toxicológico.

§ 2º Além da realização do exame previsto no *caput* deste artigo, os condutores das categorias C, D e E com idade inferior a 70 (setenta) anos serão submetidos a novo exame a cada período de 2 (dois) anos e 6 (seis) meses, a partir da obtenção ou renovação da Carteira Nacional de Habilitação, independentemente da validade dos demais exames de que trata o inciso I do *caput* do art. 147 deste Código.

▶ § 2º com a redação dada pela Lei nº 14.071, de 13-10-2020.

▶ Art. 13, III, da Lei nº 13.103, de 2-3-2015 (Lei do Motorista Profissional), que dispõe sobre o prazo para exigência do exame toxicológico.

§ 3º *Revogado*. Lei nº 14.071, de 13-10-2020.

§ 4º É garantido o direito de contraprova e de recurso administrativo, sem efeito suspensivo, no caso de resultado positivo para os exames de que trata este artigo, nos termos das normas do CONTRAN.

▶ § 4º com a redação dada pela Lei nº 14.071, de 13-10-2020.

§ 5º O resultado positivo no exame previsto no § 2º deste artigo acarretará ao condutor:

▶ *Caput* do § 5º com a redação dada pela Lei nº 14.599, de 19-6-2023.

I – VETADO. Lei nº 14.599, de 19-6-2023; e

II – a suspensão do direito de dirigir pelo período de 3 (três) meses, condicionado o levantamento da suspensão à inclusão no RENACH de resultado negativo em novo exame, vedada a aplicação de outras penalidades, ainda que acessórias.

▶ Inciso II acrescido pela Lei nº 14.599, de 19-6-2023.

§ 6º O resultado do exame somente será divulgado para o interessado e não poderá ser utilizado para fins estranhos ao disposto neste artigo ou no § 6º do art. 168 da Consolidação das Leis do Trabalho – CLT, aprovada pelo Decreto-Lei nº 5.452, de 1º de maio de 1943.

▶ § 6º acrescido pela Lei nº 13.103, de 2-3-2015.

§ 7º O exame será realizado, em regime de livre concorrência, pelos laboratórios credenciados pelo órgão máximo executivo de trânsito da União, nos termos das normas do CONTRAN, vedado aos entes públicos:

▶ *Caput* com a redação dada pela Lei nº 14.440, de 2-9-2022.

I – fixar preços para os exames;

II – limitar o número de empresas ou o número de locais em que a atividade pode ser exercida; e

III – estabelecer regras de exclusividade territorial.

▶ Incisos I a III acrescidos pela Lei nº 13.103, de 2-3-2015.

§ 8º A não realização do exame previsto neste artigo acarretará ao condutor:

I – nos casos de que trata o *caput* deste artigo, o impedimento de obter ou de renovar a Carteira Nacional de Habilitação até que seja realizado o exame com resultado negativo e a aplicação das sanções previstas no art. 165-B deste Código; e

II – no caso do § 2º, a aplicação das sanções previstas no § 5º deste artigo e nos arts. 165-B e 165-D deste Código, conforme a irregularidade verificada.

§ 9º Compete ao órgão máximo executivo de trânsito da União comunicar aos condutores, por meio do sistema de notificação eletrônica de que trata o art. 282-A deste Código, o vencimento do prazo para a realização do exame com 30 (trinta) dias de antecedência, bem como as penalidades decorrentes da sua não realização.

▶ §§ 8º e 9º acrescidos pela Lei nº 14.599, de 19-6-2023.

§§ 10 e 11. *VETADOS. Lei nº 15.153, de 26-6-2025.*

Art. 149. VETADO.

Art. 150. Ao renovar os exames previstos no artigo anterior, o condutor que não tenha curso de direção defensiva e primeiros socorros deverá a eles ser submetido, conforme normatização do CONTRAN.

Parágrafo único. A empresa que utiliza condutores contratados para operar a sua frota de veículos é obrigada a fornecer curso de direção defensiva, primeiros socorros e outros conforme normatização do CONTRAN.

▶ Res. do CONTRAN nº 789, de 18-6-2020, consolida normas sobre o processo de formação de condutores de veículos automotores e elétricos.

Art. 151. *Revogado*. Lei nº 14.071, de 13-10-2020.

Art. 152. O exame de direção veicular será realizado perante comissão integrada por 3 (três) membros designados pelo dirigente do órgão executivo local de trânsito.

▶ *Caput* com a redação dada pela Lei nº 13.281, de 4-5-2016.

§ 1º Na comissão de exame de direção veicular, pelo menos um membro deverá ser habilitado na categoria igual ou superior à pretendida pelo candidato.

§ 2º Os militares das Forças Armadas e os policiais e bombeiros dos órgãos de segurança pública da União, dos Estados e do Distrito Federal que possuírem curso de formação de condutor ministrado em suas corporações serão dispensados, para a concessão do documento de habilitação, dos exames aos quais se houverem submetido com aprovação naquele curso, desde que neles sejam observadas as normas estabelecidas pelo CONTRAN.

§ 3º O militar, o policial ou o bombeiro militar interessado na dispensa de que trata o § 2º instruirá seu requerimento com ofício do comandante, chefe ou diretor da unidade administrativa onde prestar serviço, do qual constarão o número do registro de identificação, naturalidade, nome, filiação, idade e categoria em que se habilitou a conduzir, acompanhado de cópia das atas dos exames prestados.

▶ §§ 2º e 3º com a redação dada pela Lei nº 13.281, de 4-5-2016.

§ 4º VETADO.

Art. 153. O candidato habilitado terá em seu prontuário a identificação de seus instrutores e examinadores, que serão passíveis de punição conforme regulamentação a ser estabelecida pelo CONTRAN.

Parágrafo único. As penalidades aplicadas aos instrutores e examinadores serão de advertência, suspensão e cancelamento da autorização para o exercício da atividade, conforme a falta cometida.

▶ Art. 8º da Lei nº 12.302, de 2-8-2010, que regulamenta o exercício da profissão de Instrutor de Trânsito.

Art. 154. Os veículos destinados à formação de condutores serão identificados por uma faixa amarela, de vinte centímetros de largura, pintada ao longo da carroçaria, à meia altura, com a inscrição AUTOESCOLA na cor preta.

§ 1º *No veículo eventualmente utilizado para aprendizagem, quando autorizado para servir a esse fim, deverá ser afixada ao longo de sua carroçaria, à meia altura, faixa branca removível, de vinte centímetros de largura, com a inscrição AUTOESCOLA na cor preta.*

▶ Parágrafo único transformado em § 1º pela Lei nº 14.921, de 10-7-2024.

▶ Art. 237 deste Código.

§ 2º *As idades máximas dos veículos destinados à formação de condutores nas categorias de habilitação de que trata o art. 143, não computado o ano de fabricação, serão de:*

I – 8 (oito) anos, para a categoria A;
II – 12 (doze) anos, para a categoria B;
III – 20 (vinte) anos, para as categorias C, D e E.

► § 2º acrescido pela Lei nº 14.921, de 10-7-2024.

Art. 155. A formação de condutor de veículo automotor será realizada por instrutor autorizado pelo órgão executivo de trânsito dos Estados ou do Distrito Federal, pertencente ou não à entidade credenciada.

► *Caput* com a redação dada pela Lei nº 14.599, de 19-6-2023.
► Lei nº 12.302, de 2-8-2010, regulamenta o exercício da profissão de instrutor de trânsito.

Parágrafo único. Ao aprendiz será expedida autorização para aprendizagem, de acordo com a regulamentação do CONTRAN, após aprovação nos exames de aptidão física, mental, de primeiros socorros e sobre legislação de trânsito.

► Parágrafo único acrescido pela Lei nº 9.602, de 21-1-1998.

Art. 156. O CONTRAN regulamentará o credenciamento para prestação de serviço pelas autoescolas e outras entidades destinadas à formação de condutores e às exigências necessárias para o exercício das atividades de instrutor e examinador.

► Res. do CONTRAN nº 321, de 17-7-2009, institui exame obrigatório para avaliação de instrutores e examinadores de trânsito no exercício da função em todo o território nacional.

Art. 157. VETADO.

Art. 158. A aprendizagem só poderá realizar-se:

I – nos termos, horários e locais estabelecidos pelo órgão executivo de trânsito;

II – acompanhado o aprendiz por instrutor autorizado.

§ 1º Além do aprendiz e do instrutor, o veículo utilizado na aprendizagem poderá conduzir apenas mais um acompanhante.

► Parágrafo único renumerado para § 1º pela Lei nº 12.217, de 17-3-2010.
► Lei nº 12.302, de 2-8-2010, regulamenta o exercício da profissão de instrutor de trânsito.

§ 2º *Revogado*. Lei nº 14.071, de 13-10-2020.

Art. 159. A Carteira Nacional de Habilitação, expedida em meio físico e digital, de acordo com as especificações do CONTRAN, atendidos os pré-requisitos estabelecidos neste Código, conterá fotografia, identificação e número de inscrição no Cadastro de Pessoas Físicas (CPF) do condutor, terá fé pública e equivalerá a documento de identidade em todo o território nacional.

► *Caput* com a redação dada pela Lei nº 14.440, de 2-9-2022.
► Art. 234 deste Código.
► Res. do CONTRAN nº 886, de 13-12-2021, regulamenta as especificações, a produção e a expedição da Carteira Nacional de Habilitação (CNH).

§ 1º É obrigatório o porte da Permissão para Dirigir ou da Carteira Nacional de Habilitação quando o condutor estiver à direção do veículo.

► Art. 232 deste Código.

§ 1º-A. O porte do documento de habilitação será dispensado quando, no momento da fiscalização, for possível ter acesso ao sistema informatizado para verificar se o condutor está habilitado.

► § 1º-A acrescido pela Lei nº 14.071, de 13-10-2020.

§ 2º VETADO.

§ 3º A emissão de nova via da Carteira Nacional de Habilitação será regulamentada pelo CONTRAN.

§ 4º VETADO.

§ 5º A Carteira Nacional de Habilitação e a Permissão para Dirigir somente terão validade para a condução de veículo quando apresentada em original.

§ 6º A identificação da Carteira Nacional de Habilitação expedida e a da autoridade expedidora serão registradas no RENACH.

§ 7º A cada condutor corresponderá um único registro no RENACH, agregando-se neste todas as informações.

§ 8º A renovação da validade da Carteira Nacional de Habilitação ou a emissão de uma nova via somente será realizada após quitação de débitos constantes do prontuário do condutor.

§ 9º VETADO.

§ 10. A validade da Carteira Nacional de Habilitação está condicionada ao prazo de vigência do exame de aptidão física e mental.

► § 10 acrescido pela Lei nº 9.602, de 21-1-1998.

§ 11. *Revogado*. Lei nº 14.071, de 13-10-2020.

§ 12. Os órgãos ou entidades executivos de trânsito dos Estados e do Distrito Federal enviarão por meio eletrônico, com 30 (trinta) dias de antecedência, aviso de vencimento da validade da Carteira Nacional de Habilitação a todos os condutores cadastrados no RENACH com endereço na respectiva unidade da Federação.

► § 12 acrescido pela Lei nº 14.071, de 13-10-2020.

Art. 160. O condutor condenado por delito de trânsito deverá ser submetido a novos exames para que possa voltar a dirigir, de acordo com as normas estabelecidas pelo CONTRAN, independentemente do reconhecimento da prescrição, em face da pena concretizada na sentença.

► Art. 263, III, deste Código.
► Res. do CONTRAN nº 300, de 4-12-2008, estabelece procedimento administrativo para submissão do condutor a novos exames para que possa voltar a dirigir quando condenado por crime de trânsito, ou quando envolvido em acidente grave.

§ 1º Em caso de sinistro grave, o condutor nele envolvido poderá ser submetido aos exames exigidos neste artigo, a juízo da autoridade executiva estadual de trânsito, assegurada ampla defesa ao condutor.

► § 1º com a redação dada pela Lei nº 14.599, de 19-6-2023.
► Res. do CONTRAN nº 300, de 4-12-2008, estabelece procedimento administrativo para submissão do condutor a novos exames para que possa voltar a dirigir quando condenado por crime de trânsito, ou quando envolvido em acidente grave.

§ 2º No caso do parágrafo anterior, a autoridade executiva estadual de trânsito poderá apreender o documento de habilitação do condutor até a sua aprovação nos exames realizados.

► Res. do CONTRAN nº 300, de 4-12-2008, estabelece procedimento administrativo para submissão do condutor a novos exames para que possa voltar a dirigir quando condenado por crime de trânsito, ou quando envolvido em acidente grave.

CAPÍTULO XV
DAS INFRAÇÕES

► Res. do CONTRAN nº 985, de 15-12-2022, aprova o Manual Brasileiro de Fiscalização de Trânsito.

Art. 161. Constitui infração de trânsito a inobservância de qualquer preceito deste Código ou da legislação complementar, e o infrator sujeita-se às penalidades e às medidas administrativas indicadas em cada artigo deste Capítulo e às punições previstas no Capítulo XIX deste Código.

► *Caput* com a redação dada pela Lei nº 14.071, de 13-10-2020.

Parágrafo único. *Revogado*. Lei nº 14.071, de 13-10-2020.

Art. 162. Dirigir veículo:

► Art. 164 deste Código.

I – sem possuir Carteira Nacional de Habilitação, Permissão para Dirigir ou Autorização para Conduzir Ciclomotor:

Infração – gravíssima;

Penalidade – multa (três vezes);

Medida administrativa – retenção do veículo até a apresentação de condutor habilitado;

► Art. 309 deste Código.

II – com Carteira Nacional de Habilitação, Permissão para Dirigir ou Autorização para Conduzir Ciclomotor cassada ou com suspensão do direito de dirigir:

Infração – gravíssima;

Penalidade – multa (três vezes);

Medida administrativa – recolhimento do documento de habilitação e retenção do veículo até a apresentação de condutor habilitado;

► Arts. 263, I, 307 e 309 deste Código.

III – com Carteira Nacional de Habilitação ou Permissão para Dirigir de categoria diferente da do veículo que esteja conduzindo:

Infração – gravíssima;

Penalidade – multa (duas vezes);

Medida administrativa – retenção do veículo até a apresentação de condutor habilitado;

► Incisos I a III com a redação dada pela Lei nº 13.281, de 4-5-2016.
► Arts. 263, II, e 309 deste Código.

IV – VETADO;

V – com Carteira Nacional de Habilitação vencida há mais de 30 (trinta) dias:

Infração – gravíssima;

Penalidade – multa;

Medida administrativa – retenção do veículo até a apresentação de condutor habilitado;

► Inciso V com a redação dada pela Lei nº 14.440, de 2-9-2022.
► Res. do CONTRAN nº 789, de 18-6-2020, consolida normas sobre o processo de formação de condutores de veículos automotores e elétricos.

VI – sem usar lentes corretoras de visão, aparelho auxiliar de audição, de prótese física ou as adaptações do veículo impostas por ocasião da concessão ou da renovação da licença para conduzir:

Infração – gravíssima;

Penalidade – multa;

Medida administrativa – retenção do veículo até o saneamento da irregularidade ou apresentação de condutor habilitado;

VII – sem possuir os cursos especializados ou específicos obrigatórios:

Infração – gravíssima;

Penalidade – multa;

Medida administrativa – retenção do veículo até a apresentação de condutor habilitado.

▶ Inciso VII acrescido pela Lei nº 14.440, de 2-9-2022.

Art. 163. Entregar a direção do veículo a pessoa nas condições previstas no artigo anterior:

Infração – as mesmas previstas no artigo anterior;

Penalidade – as mesmas previstas no artigo anterior;

Medida administrativa – a mesma prevista no inciso III do artigo anterior.

▶ Arts. 263, II, e 310 deste Código.

Art. 164. Permitir que pessoa nas condições referidas nos incisos do artigo 162 tome posse do veículo automotor e passe a conduzi-lo na via:

Infração – as mesmas previstas nos incisos do artigo 162;

Penalidade – as mesmas previstas no artigo 162;

Medida administrativa – a mesma prevista no inciso III do artigo 162.

▶ Arts. 263, II, e 310 deste Código.

Art. 165. Dirigir sob a influência de álcool ou de qualquer outra substância psicoativa que determine dependência:

▶ *Caput* com a redação dada pela Lei nº 11.705, de 19-6-2008.

Infração – gravíssima;

Penalidade – multa (dez vezes) e suspensão do direito de dirigir por 12 (doze) meses.

Medida administrativa – recolhimento do documento de habilitação e retenção do veículo, observado o disposto no § 4º do art. 270 da Lei nº 9.503, de 23 de setembro de 1997 – do Código de Trânsito Brasileiro.

▶ Penalidade e medida administrativa com a redação dada pela Lei nº 12.760, de 20-12-2012.

Parágrafo único. Aplica-se em dobro a multa prevista no *caput* em caso de reincidência no período de até 12 (doze) meses.

▶ Parágrafo único com a redação dada pela Lei nº 12.760, de 20-12-2012.

▶ Arts. 263, II, 276, 277 e 306 deste Código.

▶ Res. do CONTRAN nº 432, de 23-1-2013, dispõe sobre os procedimentos a serem adotados pelas autoridades de trânsito e seus agentes na fiscalização do consumo de álcool ou de outra substância psicoativa que determine dependência, para aplicação do disposto nos arts. 165, 276, 277 e 306 deste Código.

Art. 165-A. Recusar-se a ser submetido a teste, exame clínico, perícia ou outro procedimento que permita certificar influência de álcool ou outra substância psicoativa, na forma estabelecida pelo art. 277:

Infração – gravíssima;

Penalidade – multa (dez vezes) e suspensão do direito de dirigir por 12 (doze) meses;

Medida administrativa – recolhimento do documento de habilitação e retenção do veículo, observado o disposto no § 4º do art. 270.

Parágrafo único. Aplica-se em dobro a multa prevista no *caput* em caso de reincidência no período de até 12 (doze) meses.

▶ Art. 165-A acrescido pela Lei nº 13.281, de 4-5-2016.

▶ O STF, no julgamento das Ações Diretas de Inconstitucionalidade nºs 4.013 e 4.017, por maioria, declarou a constitucionalidade deste artigo (*DOU* de 5-10-2023).

Art. 165-B. Dirigir veículo sem realizar o exame toxicológico previsto no art. 148-A deste Código:

▶ *Caput* com a redação dada pela Lei nº 14.599, de 19-6-2023.

Infração – gravíssima;

▶ Infração acrescida pela Lei nº 14.071, de 13-10-2020.

Penalidade – multa (cinco vezes) e, em caso de reincidência no período de até 12 (doze) meses, multa (dez vezes) e suspensão do direito de dirigir.

▶ Pena com a redação dada pela Lei nº 14.599, de 19-6-2023.

Parágrafo único. No caso de não cumprimento do disposto no § 2º do art. 148-A deste Código, configurar-se-á a infração quando o condutor dirigir veículo após o trigésimo dia do vencimento do prazo estabelecido.

▶ Parágrafo único com redação dada pela Lei nº 14.599, de 19-6-2023.

▶ Art. 7º da Lei nº 14.599, de 19-6-2023, que posterga a exigência do exame toxicológico periódico para obtenção e renovação da Carteira Nacional de Habilitação.

Art. 165-C. Dirigir veículo tendo obtido resultado positivo no exame toxicológico previsto no *caput* do art. 148-A deste Código:

Infração – gravíssima;

Penalidade – multa (cinco vezes) e, em caso de reincidência no período de até 12 (doze) meses, multa (dez vezes) e suspensão do direito de dirigir.

▶ Art. 165-C acrescido pela Lei nº 14.599, de 19-6-2023.

▶ Art. 7º da Lei nº 14.599, de 19-6-2023, que posterga a exigência do exame toxicológico periódico para obtenção e renovação da Carteira Nacional de Habilitação.

Art. 165-D. Deixar de realizar o exame toxicológico previsto no § 2º do art. 148-A deste Código, após 30 (trinta) dias do vencimento do prazo estabelecido:

Infração – gravíssima;

Penalidade – multa (cinco vezes).

Parágrafo único. A competência para aplicação da penalidade de que trata este artigo será do órgão ou entidade executivos de trânsito de registro da Carteira Nacional de Habilitação do infrator.

▶ Art. 165-D acrescido pela Lei nº 14.599, de 19-6-2023, promulgado nos termos do art. 66, § 5º, da CF (*DOU* de 16-10-2023).

Art. 166. Confiar ou entregar a direção de veículo a pessoa que, mesmo habilitada, por seu estado físico ou psíquico, não estiver em condições de dirigi-lo com segurança:

▶ Art. 310 deste Código.

Infração – gravíssima;

Penalidade – multa.

Art. 167. Deixar o condutor ou passageiro de usar cinto de segurança, conforme previsto no artigo 65:

Infração – grave;

Penalidade – multa;

Medida administrativa – retenção do veículo até colocação do cinto pelo infrator.

▶ Res. do CONTRAN nº 951, de 29-3-2022, estabelece os requisitos de instalação e os procedimentos de ensaios de cintos de segurança, ancoragem e apoios de cabeça dos veículos automotores.

Art. 168. Transportar crianças em veículo automotor sem observância das normas de segurança especiais estabelecidas neste Código:

Infração – gravíssima;

Penalidade – multa;

Medida administrativa – retenção do veículo até que a irregularidade seja sanada.

▶ Art. 64 deste Código.

▶ Res. do CONTRAN nº 819, de 17-3-2021, dispõe sobre o transporte de crianças com idade inferior a dez anos.

Art. 169. Dirigir sem atenção ou sem os cuidados indispensáveis à segurança:

Infração – leve;

Penalidade – multa.

▶ Art. 28 deste Código.

▶ Res. do CONTRAN nº 939, de 28-3-2022, estabelece os requisitos de segurança para veículos de transporte de passageiros tipo micro-ônibus, categoria M2, de fabricação nacional e importado.

Art. 170. Dirigir ameaçando os pedestres que estejam atravessando a via pública, ou os demais veículos:

Infração – gravíssima;

Penalidade – multa e suspensão do direito de dirigir;

Medida administrativa – retenção do veículo e recolhimento do documento de habilitação.

▶ Art. 132 do CP.

Art. 171. Usar o veículo para arremessar, sobre os pedestres ou veículos, água ou detritos:

Infração – média;

Penalidade – multa.

Art. 172. Atirar do veículo ou abandonar na via objetos ou substâncias:

Infração – média;

Penalidade – multa.

▶ Art. 26 deste Código.

Art. 173. Disputar corrida:

▶ *Caput* com a redação dada pela Lei nº 12.971, de 9-5-2014.

Infração – gravíssima;

Penalidade – multa (dez vezes), suspensão do direito de dirigir e apreensão do veículo;

▶ Penalidade com a redação dada pela Lei nº 12.971, de 9-5-2014.

Medida administrativa – recolhimento do documento de habilitação e remoção do veículo.

Parágrafo único. Aplica-se em dobro a multa prevista no *caput* em caso de reincidência no período de 12 (doze) meses da infração anterior.

▶ Parágrafo único acrescido pela Lei nº 12.971, de 9-5-2014.

▶ Arts. 67, 263, II, e 308 deste Código.

Art. 174. Promover, na via, competição, eventos organizados, exibição e demonstração de perícia em manobra de veículo, ou deles participar, como condutor, sem permissão da autoridade de trânsito com circunscrição sobre a via:

- *Caput* com a redação dada pela Lei nº 12.971, de 9-5-2014.

Infração – gravíssima;

Penalidade – multa (dez vezes), suspensão do direito de dirigir e apreensão do veículo;

- Penalidade com a redação dada pela Lei nº 12.971, de 9-5-2014.

Medida administrativa – recolhimento do documento de habilitação e remoção do veículo.

§ 1º As penalidades são aplicáveis aos promotores e aos condutores participantes.

- Parágrafo único transformado em § 1º pela Lei nº 12.971, de 9-5-2014.

§ 2º Aplica-se em dobro a multa prevista no *caput* em caso de reincidência no período de 12 (doze) meses da infração anterior.

- § 2º acrescido pela Lei nº 12.971, de 9-5-2014.
- Arts. 67, 263, II, e 308 deste Código.
- Res. do CONTRAN nº 926, de 28-3-2022, dispõe sobre a padronização dos procedimentos administrativos na lavratura de Auto de Infração de Trânsito, na expedição de notificação de autuação e de notificação de penalidade por infrações de responsabilidade de pessoas físicas ou jurídicas, sem a utilização de veículos, expressamente mencionadas neste Código.

Art. 175. Utilizar-se de veículo para demonstrar ou exibir manobra perigosa, mediante arrancada brusca, derrapagem ou frenagem com deslizamento ou arrastamento de pneus:

- *Caput* com a redação dada pela Lei nº 12.971, de 9-5-2014.

Infração – gravíssima;

Penalidade – multa (dez vezes), suspensão do direito de dirigir e apreensão do veículo;

- Penalidade com a redação dada pela Lei nº 12.971, de 9-5-2014.

Medida administrativa – recolhimento do documento de habilitação e remoção do veículo.

Parágrafo único. Aplica-se em dobro a multa prevista no *caput* em caso de reincidência no período de 12 (doze) meses da infração anterior.

- Parágrafo único acrescido pela Lei nº 12.971, de 9-5-2014.
- Art. 263, II, deste Código.

Art. 176. Deixar o condutor envolvido em sinistro com vítima:

- *Caput* com a redação dada pela Lei nº 14.599, de 19-6-2023.

I – de prestar ou providenciar socorro à vítima, podendo fazê-lo;

- Art. 304 deste Código.
- Art. 31, § 1º, *d*, da CTVV.

II – de adotar providências, podendo fazê-lo, no sentido de evitar perigo para o trânsito no local;

- Art. 31, § 1º, *a*, da CTVV.

III – de preservar o local, de forma a facilitar os trabalhos da polícia e da perícia;

- Art. 31, § 1º, *b*, da CTVV.

IV – de adotar providências para remover o veículo do local, quando determinadas por policial ou agente da autoridade de trânsito;

V – de identificar-se ao policial e de lhe prestar informações necessárias à confecção do boletim de ocorrência:

Infração – gravíssima;

Penalidade – multa (cinco vezes) e suspensão do direito de dirigir;

Medida administrativa – recolhimento do documento de habilitação.

- Art. 31, § 1º, *c*, da CTVV.

Art. 177. Deixar o condutor de prestar socorro à vítima de sinistro de trânsito quando solicitado pela autoridade e seus agentes:

- *Caput* com a redação dada pela Lei nº 14.599, de 19-6-2023.

Infração – grave;

Penalidade – multa.

- Art. 135 do CP.

Art. 178. Deixar o condutor envolvido em sinistro sem vítima de adotar providências para remover o veículo do local, quando necessária tal medida para assegurar a segurança e a fluidez do trânsito:

- *Caput* com a redação dada pela Lei nº 14.599, de 19-6-2023.

Infração – média;

Penalidade – multa.

Art. 179. Fazer ou deixar que se faça reparo em veículo na via pública, salvo nos casos de impedimento absoluto de sua remoção e em que o veículo esteja devidamente sinalizado:

- Arts. 40, V, e 46 deste Código.

I – em pista de rolamento de rodovias e vias de trânsito rápido:

Infração – grave;

Penalidade – multa;

Medida administrativa – remoção do veículo;

II – nas demais vias:

Infração – leve;

Penalidade – multa.

Art. 180. Ter seu veículo imobilizado na via por falta de combustível:

Infração – média;

Penalidade – multa;

Medida administrativa – remoção do veículo.

- Arts. 27 e 46 deste Código.

Art. 181. Estacionar o veículo:

I – nas esquinas e a menos de cinco metros do bordo do alinhamento da via transversal:

Infração – média;

Penalidade – multa;

Medida administrativa – remoção do veículo;

II – afastado da guia da calçada (meio-fio) de cinquenta centímetros a um metro:

Infração – leve;

Penalidade – multa;

Medida administrativa – remoção do veículo;

III – afastado da guia da calçada (meio-fio) a mais de um metro:

Infração – grave;

Penalidade – multa;

Medida administrativa – remoção do veículo;

IV – em desacordo com as posições estabelecidas neste Código:

Infração – média;

Penalidade – multa;

Medida administrativa – remoção do veículo;

- Art. 48 deste Código.

V – na pista de rolamento das estradas, das rodovias, das vias de trânsito rápido e das vias dotadas de acostamento:

Infração – gravíssima;

Penalidade – multa;

Medida administrativa – remoção do veículo;

VI – junto ou sobre hidrantes de incêndio, registro de água ou tampas de poços de visita de galerias subterrâneas, desde que devidamente identificados, conforme especificação do CONTRAN:

Infração – média;

Penalidade – multa;

Medida administrativa – remoção do veículo;

- Res. do CONTRAN nº 973, de 18-7-2022, institui o Regulamento de Sinalização Viária.

VII – nos acostamentos, salvo motivo de força maior:

Infração – leve;

Penalidade – multa;

Medida administrativa – remoção do veículo;

VIII – no passeio ou sobre faixa destinada a pedestre, sobre ciclovia ou ciclofaixa, bem como nas ilhas, refúgios, ao lado ou sobre canteiros centrais, divisores de pista de rolamento, marcas de canalização, gramados ou jardim público:

Infração – grave;

Penalidade – multa;

Medida administrativa – remoção do veículo;

IX – onde houver guia de calçada (meio fio) rebaixada destinada à entrada ou saída de veículos:

Infração – média;

Penalidade – multa;

Medida administrativa – remoção do veículo;

X – impedindo a movimentação de outro veículo:

Infração – média;

Penalidade – multa;

Medida administrativa – remoção do veículo;

XI – ao lado de outro veículo em fila dupla:

Infração – grave;

Penalidade – multa;

Medida administrativa – remoção do veículo;

XII – na área de cruzamento de vias, prejudicando a circulação de veículos e pedestres:

Infração – grave;

Penalidade – multa;

Medida administrativa – remoção do veículo;

XIII – onde houver sinalização horizontal delimitadora de ponto de embarque ou desembarque de passageiros de transporte coletivo ou, na inexistência desta sinalização, no intervalo compreendido entre dez metros antes e depois do marco do ponto:

Infração – média;

Penalidade – multa;

Medida administrativa – remoção do veículo;

XIV – nos viadutos, pontes e túneis:

Infração – grave;

Penalidade – multa;

Medida administrativa – remoção do veículo;

XV – na contramão de direção:

Infração – média;

Penalidade – multa;

XVI – em aclive ou declive, não estando devidamente freado e sem calço de segurança, quando se tratar de veículo com peso bruto total superior a três mil e quinhentos quilogramas:

Infração – grave;

Penalidade – multa;

Medida administrativa – remoção do veículo;

XVII – em desacordo com as condições regulamentadas especificamente pela sinalização (placa – Estacionamento Regulamentado):

Infração – grave;

- Infração com a redação dada pela Lei nº 13.146, de 6-7-2015.

Penalidade – multa;

Medida administrativa – remoção do veículo;

- Res. do CONTRAN nº 965, de 17-5-2022, define e regulamenta as áreas de segurança e de estacionamentos específicos de veículos.

XVIII – em locais e horários proibidos especificamente pela sinalização (placa – Proibido Estacionar):

Infração – média;

Penalidade – multa;

Medida administrativa – remoção do veículo;

XIX – em locais e horários de estacionamento e parada proibidos pela sinalização (placa – Proibido Parar e Estacionar):

Infração – grave;

Penalidade – multa;

Medida administrativa – remoção do veículo;

XX – nas vagas reservadas às pessoas com deficiência ou idosos, sem credencial que comprove tal condição:

Infração – gravíssima;

Penalidade – multa;

Medida administrativa – remoção do veículo.

- Inciso XX acrescido pela Lei nº 13.281, de 4-5-2016.
- Art. 47, § 3º, da Lei nº 13.146, de 6-7-2015 (Estatuto da Pessoa com Deficiência).

§ 1º Nos casos previstos neste artigo, a autoridade de trânsito aplicará a penalidade preferencialmente após a remoção do veículo.

§ 2º No caso previsto no inciso XVI é proibido abandonar o calço de segurança na via.

- Art. 172 deste Código.

Art. 182. Parar o veículo:

I – nas esquinas a menos de cinco metros do bordo do alinhamento da via transversal:

Infração – média;

Penalidade – multa;

II – afastado da guia da calçada (meio-fio) de cinquenta centímetros a um metro:

Infração – leve;

Penalidade – multa;

III – afastado da guia da calçada (meio-fio) a mais de um metro:

Infração – média;

Penalidade – multa;

IV – em desacordo com as posições estabelecidas neste Código:

Infração – leve;

Penalidade – multa;

- Art. 48 deste Código.

V – na pista de rolamento das estradas, das rodovias, das vias de trânsito rápido e das demais vias dotadas de acostamento:

Infração – grave;

Penalidade – multa;

VI – no passeio ou sobre faixa destinada a pedestres, nas ilhas, refúgios, canteiros centrais e divisores de pista de rolamento e marcas de canalização:

Infração – leve;

Penalidade – multa;

VII – na área de cruzamento de vias, prejudicando a circulação de veículos e pedestres:

Infração – média;

Penalidade – multa;

VIII – nos viadutos, pontes e túneis:

Infração – média;

Penalidade – multa;

IX – na contramão de direção:

Infração – média;

Penalidade – multa;

X – em local e horário proibidos especificamente pela sinalização (placa – Proibido Parar):

Infração – média;

Penalidade – multa;

- Res. do CONTRAN nº 965, de 17-5-2022, define e regulamenta as áreas de segurança e de estacionamentos específicos de veículos.

XI – sobre ciclovia ou ciclofaixa:

Infração – grave;

Penalidade – multa.

- Inciso XI acrescido pela Lei nº 14.071, de 13-10-2020.

Art. 183. Parar o veículo sobre a faixa de pedestres na mudança de sinal luminoso:

Infração – média;

Penalidade – multa.

- Art. 45 deste Código.
- Res. do CONTRAN nº 920, de 28-3-2022, regulamenta a utilização de sistemas automáticos não metrológicos de fiscalização, nos termos do § 2º do artigo 280 do Código de Trânsito Brasileiro.

Art. 184. Transitar com o veículo:

I – na faixa ou pista da direita, regulamentada como de circulação exclusiva para determinado tipo de veículo, exceto para acesso a imóveis lindeiros ou conversões à direita:

Infração – leve;

Penalidade – multa;

II – na faixa ou pista da esquerda regulamentada como de circulação exclusiva para determinado tipo de veículo:

Infração – grave;

Penalidade – multa.

- Art. 29, I, deste Código.
- Res. do CONTRAN nº 920, de 28-3-2022, regulamenta a utilização de sistemas automáticos não metrológicos de fiscalização, nos termos do § 2º do artigo 280 do Código de Trânsito Brasileiro.

III – na faixa ou via de trânsito exclusivo, regulamentada com circulação destinada aos veículos de transporte público coletivo de passageiros, salvo casos de força maior e com autorização do poder público competente:

Infração – gravíssima;

Penalidade – multa e apreensão do veículo;

Medida Administrativa – remoção do veículo.

- Inciso III acrescido pela Lei nº 13.154, de 30-7-2015.

Art. 185. Quando o veículo estiver em movimento, deixar de conservá-lo:

I – na faixa a ele destinada pela sinalização de regulamentação, exceto em situações de emergência;

II – nas faixas da direita, os veículos lentos e de maior porte:

Infração – média;

Penalidade – multa.

- Arts. 29, I e IV, e 57 deste Código.
- Res. do CONTRAN nº 920, de 28-3-2022, regulamenta a utilização de sistemas automáticos não metrológicos de fiscalização, nos termos do § 2º do artigo 280 do Código de Trânsito Brasileiro.

Art. 186. Transitar pela contramão de direção em:

- Art. 29, I, deste Código.

I – vias com duplo sentido de circulação, exceto para ultrapassar outro veículo e apenas pelo tempo necessário, respeitada a preferência do veículo que transitar em sentido contrário:

Infração – grave;

Penalidade – multa;

II – vias com sinalização de regulamentação de sentido único de circulação:

Infração – gravíssima;

Penalidade – multa.

Art. 187. Transitar em locais e horários não permitidos pela regulamentação estabelecida pela autoridade competente:

I – para todos os tipos de veículos:

Infração – média;

Penalidade – multa;

II – *Revogado*. Lei nº 9.602, de 21-1-1998.

Art. 188. Transitar ao lado de outro veículo, interrompendo ou perturbando o trânsito:

Infração – média;

Penalidade – multa.

Art. 189. Deixar de dar passagem aos veículos precedidos de batedores, de socorro de incêndio e salvamento, de polícia, de operação e fiscalização de trânsito e às ambulâncias, quando em serviço de urgência e devidamente identificados por dispositivos regulamentados de alarme sonoro e iluminação intermitente:

- *Caput* com a redação dada pela Lei nº 14.440, de 2-9-2022.

Infração – gravíssima;

Penalidade – multa.

- Art. 29, VI e VII, deste Código.

Art. 190. Seguir veículo em serviço de urgência, estando este com prioridade de passagem devidamente identificada por dispositivos regulamentares de alarme sonoro e iluminação intermitente:

- *Caput* com a redação dada pela Lei nº 14.440, de 2-9-2022.

Infração – grave;

Penalidade – multa.

- Art. 29, VII, deste Código.

Art. 191. Forçar passagem entre veículos que, transitando em sentido oposto, estejam na iminência de passar um pelo outro ao realizar operação de ultrapassagem:

Infração – gravíssima;

Penalidade – multa (dez vezes) e suspensão do direito de dirigir.

▶ Penalidade com a redação dada pela Lei nº 12.971, de 9-5-2014.

Parágrafo único. Aplica-se em dobro a multa prevista no *caput* em caso de reincidência no período de até 12 (doze) meses da infração anterior.

▶ Parágrafo único acrescido pela Lei nº 12.971, de 9-5-2014.

▶ Art. 29, X, *c*, deste Código.

Art. 192. Deixar de guardar distância de segurança lateral e frontal entre o seu veículo e os demais, bem como em relação ao bordo da pista, considerando-se, no momento, a velocidade, as condições climáticas do local da circulação e do veículo:

Infração – grave;

Penalidade – multa.

▶ Art. 29, II e XI, *b*, deste Código.

Art. 193. Transitar com o veículo em calçadas, passeios, passarelas, ciclovias, ciclofaixas, ilhas, refúgios, ajardinamentos, canteiros centrais e divisores de pista de rolamento, acostamentos, marcas de canalização, gramados e jardins públicos:

Infração – gravíssima;

Penalidade – multa (três vezes).

▶ Art. 29, V, deste Código.

Art. 194. Transitar em marcha à ré, salvo na distância necessária a pequenas manobras e de forma a não causar riscos à segurança:

Infração – grave;

Penalidade – multa.

Art. 195. Desobedecer às ordens emanadas da autoridade competente de trânsito ou de seus agentes:

Infração – grave;

Penalidade – multa.

▶ Art. 89, I, deste Código.

Art. 196. Deixar de indicar com antecedência, mediante gesto regulamentar de braço ou luz indicadora de direção do veículo, o início da marcha, a realização da manobra de parar o veículo, a mudança de direção ou de faixa de circulação:

Infração – grave;

Penalidade – multa.

▶ Arts. 29, XI, e 35 deste Código.

Art. 197. Deixar de deslocar, com antecedência, o veículo para a faixa mais à esquerda ou mais à direita, dentro da respectiva mão de direção, quando for manobrar para um desses lados:

Infração – média;

Penalidade – multa.

▶ Art. 38 deste Código.

Art. 198. Deixar de dar passagem pela esquerda, quando solicitado:

Infração – média;

Penalidade – multa.

▶ Art. 30 deste Código.

Art. 199. Ultrapassar pela direita, salvo quando o veículo da frente estiver colocado na faixa apropriada e der sinal de que vai entrar à esquerda:

Infração – média;

Penalidade – multa.

▶ Art. 29, IX, deste Código.

Art. 200. Ultrapassar pela direita veículo de transporte coletivo ou de escolares, parado para embarque ou desembarque de passageiros, salvo quando houver refúgio de segurança para o pedestre:

Infração – gravíssima;

Penalidade – multa.

▶ Arts. 29, IX, e 31 deste Código.

Art. 201. Deixar de guardar a distância lateral de um metro e cinquenta centímetros ao passar ou ultrapassar bicicleta:

Infração – média;

Penalidade – multa.

▶ Art. 29, II e XI, *b*, deste Código.

Art. 202. Ultrapassar outro veículo:

I – pelo acostamento;

▶ Art. 29, IX deste Código.

II – em interseções e passagens de nível:

Infração – gravíssima;

▶ Infração com a redação dada pela Lei nº 12.971, de 9-5-2014.

Penalidade – multa (cinco vezes).

▶ Penalidade com a redação dada pela Lei nº 12.971, de 9-5-2014.

▶ Art. 33 deste Código.

Art. 203. Ultrapassar pela contramão outro veículo:

▶ Art. 32 deste Código.

I – nas curvas, aclives e declives, sem visibilidade suficiente;

II – nas faixas de pedestre;

III – nas pontes, viadutos ou túneis;

IV – parado em fila junto a sinais luminosos, porteiras, cancelas, cruzamentos ou qualquer outro impedimento à livre circulação;

V – onde houver marcação viária longitudinal de divisão de fluxos opostos do tipo linha dupla contínua ou simples contínua amarela:

Infração – gravíssima;

Penalidade – multa (cinco vezes).

▶ Penalidade com a redação dada pela Lei nº 12.971, de 9-5-2014.

Parágrafo único. Aplica-se em dobro a multa prevista no *caput* em caso de reincidência no período de até 12 (doze) meses da infração anterior.

▶ Parágrafo único acrescido pela Lei nº 12.971, de 9-5-2014.

Art. 204. Deixar de parar o veículo no acostamento à direita, para aguardar a oportunidade de cruzar a pista ou entrar à esquerda, onde não houver local apropriado para operação de retorno:

Infração – grave;

Penalidade – multa.

▶ Art. 37 deste Código.

Art. 205. Ultrapassar veículo em movimento que integre cortejo, préstito, desfile e formações militares, salvo com autorização da autoridade de trânsito ou de seus agentes:

Infração – leve;

Penalidade – multa.

Art. 206. Executar operação de retorno:

▶ Art. 39 deste Código.

I – em locais proibidos pela sinalização;

II – nas curvas, aclives, declives, pontes, viadutos e túneis;

III – passando por cima de calçada, passeio, ilhas, ajardinamento ou canteiros de divisões de pista de rolamento, refúgios e faixas de pedestres e nas de veículos não motorizados;

IV – nas interseções, entrando na contramão de direção da via transversal;

V – com prejuízo da livre circulação ou da segurança, ainda que em locais permitidos:

Infração – gravíssima;

Penalidade – multa.

Art. 207. Executar operação de conversão à direita ou à esquerda em locais proibidos pela sinalização:

Infração – grave;

Penalidade – multa.

Art. 208. Avançar o sinal vermelho do semáforo ou o de parada obrigatória, exceto onde houver sinalização que permita a livre conversão à direita prevista no art. 44-A deste Código:

▶ *Caput* com a redação dada pela Lei nº 14.071, de 13-10-2020.

Infração – gravíssima;

Penalidade – multa.

▶ Res. do CONTRAN nº 920, de 28-3-2022, regulamenta a utilização de sistemas automáticos não metrológicos de fiscalização, nos termos do § 2º do artigo 280 do Código de Trânsito Brasileiro.

Art. 209. Transpor, sem autorização, bloqueio viário com ou sem sinalização ou dispositivos auxiliares, ou deixar de adentrar as áreas destinadas à pesagem de veículos:

▶ *Caput* com a redação dada pela Lei nº 14.157, de 1º-6-2021.

Infração – grave;

Penalidade – multa.

▶ Art. 278 deste Código.

Art. 209-A. Evadir-se da cobrança pelo uso de rodovias e vias urbanas para não efetuar o seu pagamento, ou deixar de efetuá-lo na forma estabelecida:

Infração – grave;

Penalidade – multa.

▶ Art. 209-A acrescido pela Lei nº 14.157, de 1º-6-2021.

Art. 210. Transpor, sem autorização, bloqueio viário policial:

Infração – gravíssima;

Penalidade – multa, apreensão do veículo e suspensão do direito de dirigir;

Medida administrativa – remoção do veículo e recolhimento do documento de habilitação.

▶ Art. 278 deste Código.

Art. 211. Ultrapassar veículos em fila, parados em razão de sinal luminoso, cancela, bloqueio viário parcial ou qualquer outro obstáculo, com exceção dos veículos não motorizados:

Infração – grave;

Penalidade – multa.

Parágrafo único. VETADO. Lei nº 14.071, de 13-10-2020.

Art. 212. Deixar de parar o veículo antes de transpor linha férrea:

Infração – gravíssima;

Penalidade – multa.

▶ Art. 29, XII, deste Código.

Art. 213. Deixar de parar o veículo sempre que a respectiva marcha for interceptada:

I – por agrupamento de pessoas, como préstitos, passeatas, desfiles e outros:

Infração – gravíssima;

Penalidade – multa.

II – por grupamento de veículos, como cortejos, formações militares e outros:

Infração – grave;

Penalidade – multa.

Art. 214. Deixar de dar preferência de passagem a pedestre e a veículo não motorizado:

I – que se encontre na faixa a ele destinada;

▸ Art. 70 deste Código.

II – que não haja concluído a travessia mesmo que ocorra sinal verde para o veículo;

▸ Art. 70 deste Código.

III – portadores de deficiência física, crianças, idosos e gestantes:

Infração – gravíssima;

Penalidade – multa.

IV – quando houver iniciado a travessia mesmo que não haja sinalização a ele destinada;

V – que esteja atravessando a via transversal para onde se dirige o veículo:

Infração – grave;

Penalidade – multa.

▸ Art. 36 deste Código.

Art. 215. Deixar de dar preferência de passagem:

I – em interseção não sinalizada:

a) a veículo que estiver circulando por rodovia ou rotatória;

b) a veículo que vier da direita;

▸ Art. 29, III, deste Código.

II – nas interseções com sinalização de regulamentação de *Dê a Preferência*:

Infração – grave;

Penalidade – multa.

Art. 216. Entrar ou sair de áreas lindeiras sem estar adequadamente posicionado para ingresso na via e sem as precauções com a segurança de pedestres e de outros veículos:

Infração – média;

Penalidade – multa.

▸ Art. 36 deste Código.

Art. 217. Entrar ou sair de fila de veículos estacionados sem dar preferência de passagem a pedestres e a outros veículos:

Infração – média;

Penalidade – multa.

Art. 218. Transitar em velocidade superior à máxima permitida para o local, medida por instrumento ou equipamento hábil, em rodovias, vias de trânsito rápido, vias arteriais e demais vias:

▸ *Caput* com a redação dada pela Lei nº 11.334, de 25-7-2006.

▸ Art. 61 deste Código.

▸ Res. do CONTRAN nº 798, de 2-9-2020, dispõe sobre requisitos técnicos mínimos para a fiscalização da velocidade de veículos automotores, elétricos, reboques e semirreboques.

I – quando a velocidade for superior à máxima em até 20% (vinte por cento):

Infração – média;

Penalidade – multa;

II – quando a velocidade for superior à máxima em mais de 20% (vinte por cento) até 50% (cinquenta por cento):

Infração – grave;

Penalidade – multa;

▸ Incisos I e II com a redação dada pela Lei nº 11.334, de 25-7-2006.

III – quando a velocidade for superior à máxima em mais de 50% (cinquenta por cento):

▸ *Caput* do inciso III com a redação dada pela Lei nº 11.334, de 25-7-2006.

Infração – gravíssima;

Penalidade – multa (três vezes) e suspensão do direito de dirigir.

▸ Infração e penalidade com a redação dada pela Lei nº 14.071, de 13-10-2020.

Art. 219. Transitar com o veículo em velocidade inferior à metade da velocidade máxima estabelecida para a via, retardando ou obstruindo o trânsito, a menos que as condições de tráfego e meteorológicas não o permitam, salvo se estiver na faixa da direita:

Infração – média;

Penalidade – multa.

▸ Art. 62 deste Código.

Art. 220. Deixar de reduzir a velocidade do veículo de forma compatível com a segurança do trânsito:

I – quando se aproximar de passeatas, aglomerações, cortejos, préstitos e desfiles:

Infração – gravíssima;

Penalidade – multa;

II – nos locais onde o trânsito esteja sendo controlado pelo agente da autoridade de trânsito, mediante sinais sonoros ou gestos;

III – ao aproximar-se da guia da calçada (meio-fio) ou acostamento;

IV – ao aproximar-se de ou passar por interseção não sinalizada;

V – nas vias rurais cuja faixa de domínio não esteja cercada;

VI – nos trechos em curva de pequeno raio;

VII – ao aproximar-se de locais sinalizados com advertência de obras ou trabalhadores na pista;

VIII – sob chuva, neblina, cerração ou ventos fortes;

IX – quando houver má visibilidade;

X – quando o pavimento se apresentar escorregadio, defeituoso ou avariado;

XI – à aproximação de animais na pista;

XII – em declive;

Infração – grave;

Penalidade – multa;

▸ Infração e penalidade acrescidas pela Lei nº 14.071, de 13-10-2020.

XIII – ao ultrapassar ciclista:

Infração – gravíssima;

Penalidade – multa;

▸ Infração e penalidade com a redação dada pela Lei nº 14.071, de 13-10-2020.

XIV – nas proximidades de escolas, hospitais, estações de embarque e desembarque de passageiros ou onde haja intensa movimentação de pedestres:

Infração – gravíssima;

Penalidade – multa.

▸ Art. 311 deste Código.

Art. 221. Portar no veículo placas de identificação em desacordo com as especificações e modelos estabelecidos pelo CONTRAN:

Infração – média;

Penalidade – multa;

Medida administrativa – retenção do veículo para regularização e apreensão das placas irregulares.

Parágrafo único. Incide na mesma penalidade aquele que confecciona, distribui ou coloca, em veículo próprio ou de terceiros, placas de identificação não autorizadas pela regulamentação.

▸ Art. 115 deste Código.

▸ Res. do CONTRAN nº 926, de 28-3-2022, dispõe sobre a padronização dos procedimentos administrativos na lavratura de Auto de Infração de Trânsito, na expedição de notificação de autuação e de notificação de penalidade por infrações de responsabilidade de pessoas físicas ou jurídicas, sem a utilização de veículos, expressamente mencionadas neste Código.

▸ Res. do CONTRAN nº 969, de 20-6-2022, dispõe sobre o sistema de Placas de Identificação de Veículos (PIV) registrados no território nacional.

Art. 222. Deixar de manter ligado, nas situações de atendimento de emergência, o sistema de iluminação intermitente dos veículos de polícia, de socorro de incêndio e salvamento, de fiscalização de trânsito e das ambulâncias, ainda que parados:

▸ *Caput* com a redação dada pela Lei nº 14.440, de 2-9-2022.

Infração – média;

Penalidade – multa.

▸ Art. 29, VII, deste Código.

Art. 223. Transitar com o farol desregulado ou com o facho de luz alta de forma a perturbar a visão de outro condutor:

Infração – grave;

Penalidade – multa;

Medida administrativa – retenção do veículo para regularização.

▸ Art. 40, II, deste Código.

Art. 224. Fazer uso do facho de luz alta dos faróis em vias providas de iluminação pública:

Infração – leve;

Penalidade – multa.

Art. 225. Deixar de sinalizar a via, de forma a prevenir os demais condutores e, à noite, não manter acesas as luzes externas ou omitir-se quanto a providências necessárias para tornar visível o local, quando:

I – tiver de remover o veículo da pista de rolamento ou permanecer no acostamento;

▸ Art. 46 deste Código.

II – a carga for derramada sobre a via e não puder ser retirada imediatamente:

Infração – grave;

Penalidade – multa.

Art. 226. Deixar de retirar todo e qualquer objeto que tenha sido utilizado para sinalização temporária da via:

Infração – média;

Penalidade – multa.

▸ Art. 46 deste Código.

Art. 227. Usar buzina:

▸ Art. 41 deste Código.

I – em situação que não a de simples toque breve como advertência ao pedestre ou a condutores de outros veículos;

II – prolongada e sucessivamente a qualquer pretexto;

III – entre as vinte e duas e as seis horas;

IV – em locais e horários proibidos pela sinalização;

V – em desacordo com os padrões e frequências estabelecidas pelo CONTRAN:

Infração – leve;

Penalidade – multa.

Art. 228. Usar no veículo equipamento com som em volume ou frequência que não sejam autorizados pelo CONTRAN:

Infração – grave;

Penalidade – multa;

Medida administrativa – retenção do veículo para regularização.

- Res. do CONTRAN nº 958, de 17-5-2022, dispõe sobre os limites de emissões de gases e partículas pelo escapamento de veículos automotores, sua fiscalização pelos agentes de trânsito, requisitos de controle de gases do cárter e sons produzidos por equipamentos utilizados em veículos.

Art. 229. Usar indevidamente no veículo aparelho de alarme ou que produza sons e ruído que perturbem o sossego público, em desacordo com normas fixadas pelo CONTRAN:

Infração – média;

Penalidade – multa e apreensão do veículo;

Medida administrativa – remoção do veículo.

- Res. do CONTRAN nº 37, de 22-5-1998, fixa normas de utilização de alarmes sonoros e outros acessórios de segurança contra furto ou roubo para veículos automotores.
- Res. do CONTRAN nº 970, de 20-6-2022, dispõe sobre as características e especificações técnicas dos sistemas de sinalização, de iluminação e seus dispositivos, bem como sobre o uso de lanternas especiais em veículos.

Art. 230. Conduzir o veículo:

I – com o lacre, a inscrição do chassi, o selo, a placa ou qualquer outro elemento de identificação do veículo violado ou falsificado;

- Art. 311 do CP.

II – transportando passageiros em compartimento de carga, salvo por motivo de força maior, com permissão da autoridade competente e na forma estabelecida pelo CONTRAN;

- Art. 108 deste Código.

III – com dispositivo antirradar;

IV – sem qualquer uma das placas de identificação;

- Res. do CONTRAN nº 955, de 28-3-2022, dispõe sobre o transporte de cargas ou bicicletas nas partes externas dos veículos dos tipos automóvel, caminhonete, camioneta e utilitário.
- Res. do CONTRAN nº 958, de 17-5-2022, dispõe sobre os limites de emissões de gases e partículas pelo escapamento de veículos automotores, sua fiscalização pelos agentes de trânsito, requisitos de controle de gases do cárter e sons produzidos por equipamentos utilizados em veículos.

V – que não esteja registrado e devidamente licenciado;

- Art.130 deste Código.
- Res. do CONTRAN nº 110, de 24-2-2000, fixa o calendário para renovação do Licenciamento Anual de Veículos.
- Res. do CONTRAN nº 911, de 28-3-2022, dispõe sobre a permissão para o trânsito de veículos novos, nacionais ou importados, antes do registro e do licenciamento, sobre o trânsito de veículos usados incompletos, nacionais ou importados, antes da transferência e sobre a remonta de veículos novos.
- Res. do CONTRAN nº 943, de 28-3-2022, estabelece requisitos mínimos de segurança para o transporte remunerado de passageiros (mototáxi) e de cargas (motofrete) em motocicleta e motoneta.

VI – com qualquer uma das placas de identificação sem condições de legibilidade e visibilidade:

Infração – gravíssima;

Penalidade – multa e apreensão do veículo;

Medida administrativa – remoção do veículo;

VII – com a cor ou característica alterada;

- Art. 98 deste Código.
- Res. do CONTRAN nº 400, de 15-3-2012, define a cor predominante dos caminhões, caminhões tratores, reboques e semirreboques.
- Res. do CONTRAN nº 916, de 28-3-2022, dispõe sobre a concessão de código de marca/modelo/versão, bem como sobre a permissão de modificações em veículos previstas nos arts. 98 e 106 deste Código.
- Res. do CONTRAN nº 921, de 28-3-2022, disciplina múltiplos tanques, a instalação de tanque suplementar e a alteração da capacidade do tanque original de combustível em veículos, dedicados à sua propulsão ou operação de seus equipamentos especializados.
- Res. do CONTRAN nº 922, de 28-3-2022, estabelece procedimentos para a prestação de serviços por Instituição Técnica Licenciada (ITL) e Entidade Técnica Pública ou Paraestatal (ETP), para emissão do Certificado de Segurança Veicular (CSV), de que trata o art. 106 deste Código.
- Res. do CONTRAN nº 932, de 28-3-2022, dispõe sobre a organização e o funcionamento do Registro Nacional de Infrações de Trânsito (RENAINF), de que trata o inciso XXX do art. 19 deste Código.
- Res. do CONTRAN nº 960, de 17-5-2022, dispõe sobre os requisitos de segurança de vidros, a visibilidade para fins de circulação, o uso de vidros em veículos blindados e o uso de medidores de transmitância luminosa.
- Res. do CONTRAN nº 961, de 17-5-2022, Estabelece requisitos técnicos de acessibilidade para os veículos de transporte coletivo de passageiros e os procedimentos para a indicação do nível de acessibilidade no Certificado de Registro e Licenciamento do Veículo em meio digital (CRLV-e).
- Res. do CONTRAN nº 963, de 17-5-2022, estabelece os requisitos mínimos de segurança para rodas especiais de veículos.

VIII – sem ter sido submetido à inspeção de segurança veicular, quando obrigatória;

- Art. 104 deste Código.
- Res. do CONTRAN nº 280, de 30-5-2008, dispõe sobre a inspeção periódica do Sistema de Gás Natural instalado originalmente de fábrica, em veículo automotor.
- Res. do CONTRAN nº 950, de 28-3-2022, dispõe sobre a atribuição de competência para a realização da inspeção técnica veicular nos veículos utilizados no transporte rodoviário internacional de cargas e passageiros.

IX – sem equipamento obrigatório ou estando este ineficiente ou inoperante;

- Arts. 27 e 105 deste Código.
- Res. do CONTRAN nº 762, de 4-2-1992, dispõe sobre janelas com acionador energizado de veículos automotores.
- Res. do CONTRAN nº 805, de 24-10-1995, estabelece os requisitos técnicos mínimos do para-choque traseiro dos veículos de carga.
- Res. do CONTRAN nº 827, de 18-12-1996, regulamenta o dispositivo de sinalização refletora de emergência.
- Res. do CONTRAN nº 129, de 6-8-2001, estabelece os requisitos de segurança e dispensa a obrigatoriedade do uso de capacete para o condutor e passageiros do triciclo automotor com cabine fechada, quando em circulação somente em vias urbanas.
- Res. do CONTRAN nº 330, de 14-8-2009, estabelece o cronograma para a instalação do equipamento obrigatório definido na Res. do CONTRAN nº 245/2007, denominado antifurto, nos veículos novos, nacionais e importados.
- Res. do CONTRAN nº 911, de 28-3-2022, dispõe sobre a permissão para o trânsito de veículos novos, nacionais ou importados, antes do registro e do licenciamento, sobre o trânsito de veículos usados incompletos, nacionais ou importados, antes da transferência e sobre a remonta de veículos novos.
- Res. do CONTRAN nº 915, de 28-3-2022, dispõe sobre os procedimentos para avaliação dos sistemas de freios de veículos e sobre a obrigatoriedade do uso do sistema antitravamento das rodas (ABS) e/ou frenagem combinada das rodas (CBS).
- Res. do CONTRAN nº 917, de 28-3-2022, fixa os requisitos técnicos de segurança para o transporte de toras e de madeira bruta por veículo rodoviário de carga.
- Res. do CONTRAN nº 919, de 28-3-2022, estabelece as especificações para os extintores de incêndio de instalação obrigatória ou facultativa nos veículos automotores.
- Res. do CONTRAN nº 935, de 28-3-2022, dispõe sobre os requisitos de segurança para o transporte de blocos e chapas serradas de rochas ornamentais.
- Res. do CONTRAN nº 938, de 28-3-2022, dispõe sobre requisitos técnicos mínimos do registrador instantâneo e inalterável de velocidade e tempo (cronotacógrafo).
- Res. do CONTRAN nº 939, de 28-3-2022, estabelece os requisitos de segurança para veículos de transporte de passageiros tipo micro-ônibus, categoria M2, de fabricação nacional e importado.
- Res. do CONTRAN nº 943, de 28-3-2022, estabelece requisitos mínimos de segurança para o transporte remunerado de passageiros (mototáxi) e de cargas (motofrete) em motocicleta e motoneta.
- Res. do CONTRAN nº 946, de 28-3-2022, dispõe sobre o transporte de cargas de sólidos a granel nas vias abertas à circulação pública em todo o território.
- Res. do CONTRAN nº 951, estabelece os requisitos de instalação e os procedimentos de ensaios de cintos de segurança, ancoragem e apoios de cabeça dos veículos automotores.
- Res. do CONTRAN nº 953, de 28-3-2022, estabelece os requisitos técnicos de fabricação e instalação do protetor lateral para veículos de carga.
- Res. do CONTRAN nº 964, de 17-5-2022, dispõe sobre a obrigatoriedade do uso do equipamento suplementar de segurança passiva – *Air Bag*, na parte frontal, para o condutor e o passageiro do assento dianteiro, dos veículos das categorias M1 e N1.
- Res. do CONTRAN nº 996, de 15-6-2023, dispõe sobre o trânsito, em via pública, de ciclomotores, bicicletas elétricas e equipamentos de mobilidade individual autopropelidos.

X – com equipamento obrigatório em desacordo com o estabelecido pelo CONTRAN;

- Art. 105 deste Código.
- Res. do CONTRAN nº 805, de 24-10-1995, estabelece os requisitos técnicos mínimos do para-choque traseiro dos veículos de carga.
- Res.do CONTRAN nº 913, de 28-3-2022, dispõe sobre o uso de pneus em veículos.
- Res.do CONTRAN nº 914, de 28-3-2022, regulamenta a utilização de semirreboques por motocicletas e motonetas, define características, estabelece critérios.
- Res. do CONTRAN nº 917, de 28-3-2022, fixa os requisitos técnicos de segurança para o transporte de toras e de madeira bruta por veículo rodoviário de carga.
- Res. do CONTRAN nº 919, de 28-3-2022, estabelece as especificações para os extintores de incêndio de instalação obrigatória ou facultativa nos veículos automotores.

▸ Res. do CONTRAN nº 935, de 28-3-2022, dispõe sobre os requisitos de segurança para o transporte de blocos e chapas serradas de rochas ornamentais.

▸ Res. do CONTRAN nº 938, de 28-3-2022, dispõe sobre requisitos técnicos mínimos do registrador instantâneo e inalterável de velocidade e tempo (cronotacógrafo).

▸ Res. do CONTRAN nº 939, de 28-3-2022, estabelece os requisitos de segurança para veículos de transporte de passageiros tipo micro-ônibus, categoria M2, de fabricação nacional e importado.

▸ Res.do CONTRAN nº 943, de 28-3-2022, estabelece requisitos mínimos de segurança para o transporte remunerado de passageiros (mototáxi) e de cargas (motofrete) em motocicleta e motoneta.

▸ Res. do CONTRAN nº 946, de 28-3-2022, dispõe sobre o transporte de cargas de sólidos a granel nas vias abertas à circulação pública em todo o território.

▸ Res. do CONTRAN nº 953, de 28-3-2022, estabelece os requisitos técnicos de fabricação e instalação do protetor lateral para veículos de carga.

▸ Res. do CONTRAN nº 965, de 17-5-2022, define e regulamenta as áreas de segurança e de estacionamentos específicos de veículos.

▸ Res. do CONTRAN nº 993, de 15-6-2023, estabelece os equipamentos obrigatórios para a frota de veículos em circulação e relaciona o índice de regulamentações sobre segurança veicular aplicáveis.

▸ Res. do CONTRAN nº 996, de 15-6-2023, Dispõe sobre o trânsito, em via pública, de ciclomotores, bicicletas elétricas e equipamentos de mobilidade individual autopropelidos.

XI – com descarga livre ou silenciador de motor de explosão defeituoso, deficiente ou inoperante;

XII – com equipamento ou acessório proibido;

▸ Art. 105, § 2º, deste Código.

▸ Res. do CONTRAN nº 215, de 14-12-2006, regulamenta a fabricação, instalação e uso de dispositivo denominado "quebra mato" em veículos automotores com peso bruto total de até 3.500 kg.

▸ Res. do CONTRAN nº 242, de 22-6-2007, dispõe sobre a instalação e utilização de equipamentos geradores de imagens nos veículos automotores.

▸ Res. do CONTRAN nº 937, de 28-3-2022, dispõe sobre o dispositivo de acoplamento mecânico para reboque (engate) utilizado em veículos com peso bruto total de até 3.500 kg.

▸ Res. do CONTRAN nº 943, de 28-3-2022, estabelece requisitos mínimos de segurança para o transporte remunerado de passageiros (mototáxi) e de cargas (motofrete) em motocicleta e motoneta.

▸ Res. do CONTRAN nº 963, de 17-5-2022, estabelece os requisitos mínimos de segurança para rodas especiais de veículos.

▸ Res. do CONTRAN nº 970, de 20-6-2022, dispõe sobre as características e especificações técnicas dos sistemas de sinalização, de iluminação e seus dispositivos, bem como sobre o uso de lanternas especiais em veículos.

XIII – com o equipamento do sistema de iluminação e de sinalização alterados;

▸ Res. do CONTRAN nº 970, de 20-6-2022, dispõe sobre as características e especificações técnicas dos sistemas de sinalização, de iluminação e seus dispositivos, bem como sobre o uso de lanternas especiais em veículos.

XIV – com registrador instantâneo inalterável de velocidade e tempo viciado ou defeituoso, quando houver exigência desse aparelho;

▸ Res. do CONTRAN nº 938, de 28-3-2022, dispõe sobre requisitos técnicos mínimos do registrador instantâneo e inalterável de velocidade e tempo (cronotacógrafo).

XV – com inscrições, adesivos, legendas e símbolos de caráter publicitário afixados ou pintados no para-brisa e em toda a extensão da parte traseira do veículo, excetuadas as hipóteses previstas neste Código;

▸ Art. 111, parágrafo único, deste Código.

XVI – com vidros total ou parcialmente cobertos por películas refletivas ou não, painéis decorativos ou pinturas;

▸ Art. 111, III, deste Código.

▸ Res. do CONTRAN nº 960, de 17-5-2022, dispõe sobre os requisitos de segurança de vidros, a visibilidade para fins de circulação, o uso de vidros em veículos blindados e o uso de medidores de transmitância luminosa.

XVII – com cortinas ou persianas fechadas, não autorizadas pela legislação;

▸ Art. 111, II, deste Código.

XVIII – em mau estado de conservação, comprometendo a segurança, ou reprovado na avaliação de inspeção de segurança e de emissão de poluentes e ruído, prevista no artigo 104;

▸ Res. do CONTRAN nº 558, de 23-4-1980, dispõe sobra a fabricação e reforma de pneumático com indicadores de profundidade.

▸ Res. do CONTRAN nº 935, de 28-3-2022, dispõe sobre os requisitos de segurança para o transporte de blocos e chapas serradas de rochas ornamentais.

▸ Res. do CONTRAN nº 960, de 17-5-2022, dispõe sobre os requisitos de segurança de vidros, a visibilidade para fins de circulação, o uso de vidros em veículos blindados e o uso de medidores de transmitância luminosa.

XIX – sem acionar o limpador de para-brisa sob chuva:

Infração – grave;

Penalidade – multa;

Medida administrativa – retenção do veículo para regularização;

XX – sem portar a autorização para condução de escolares, na forma estabelecida no artigo 136:

Infração – gravíssima;

Penalidade – multa (cinco vezes);

Medida administrativa – remoção do veículo;

▸ Infração, penalidade e medida administrativa com a redação dada pela Lei nº 13.855, de 8-7-2019.

XXI – de carga, com falta de inscrição da tara e demais inscrições previstas neste Código;

▸ Art. 117 deste Código.

▸ Res. do CONTRAN nº 882, de 13-12-2021, estabelece os limites de pesos e dimensões para veículos que transitem por vias terrestres.

XXII – com defeito no sistema de iluminação, de sinalização ou com lâmpadas queimadas:

Infração – média;

Penalidade – multa.

XXIII – em desacordo com as condições estabelecidas no art. 67-C, relativamente ao tempo de permanência do condutor ao volante e aos intervalos para descanso, quando se tratar de veículo de transporte de carga ou coletivo de passageiros:

Infração – média;

Penalidade – multa;

Medida administrativa – retenção do veículo para cumprimento do tempo de descanso aplicável.

▸ Inciso XXIII com a redação dada pela Lei nº 13.103, de 2-3-2015.

XXIV – VETADO. Lei nº 12.619, de 30-4-2012.

§ 1º Se o condutor cometeu infração igual nos últimos 12 (doze) meses, será convertida, automaticamente, a penalidade disposta no inciso XXIII em infração grave.

§ 2º Em se tratando de condutor estrangeiro, a liberação do veículo fica condicionada ao pagamento ou ao depósito, judicial ou administrativo, da multa.

▸ §§ 1º e 2º acrescidos pela Lei nº 13.103, de 2-3-2015.

Art. 231. Transitar com o veículo:

I – danificando a via, suas instalações e equipamentos;

II – derramando, lançando ou arrastando sobre a via:

a) carga que esteja transportando;

▸ Art. 102 deste Código.

▸ Res. do CONTRAN nº 955, de 28-3-2022, dispõe sobre o transporte de cargas ou bicicletas nas partes externas dos veículos dos tipos automóvel, caminhonete, camioneta e utilitário.

b) combustível ou lubrificante que esteja utilizando;

c) qualquer objeto que possa acarretar risco de sinistro:

▸ Alínea *c* com a redação dada pela Lei nº 14.599, de 19-6-2023.

Infração – gravíssima;

Penalidade – multa;

Medida administrativa – retenção do veículo para regularização;

III – produzindo fumaça, gases ou partículas em níveis superiores aos fixados pelo CONTRAN;

▸ Res. do CONTRAN nº 958, de 17-5-2022, dispõe sobre os limites de emissões de gases e partículas pelo escapamento de veículos automotores, sua fiscalização pelos agentes de trânsito, requisitos de controle de gases do cárter e sons produzidos por equipamentos utilizados em veículos.

IV – com suas dimensões ou de sua carga superiores aos limites estabelecidos legalmente ou pela sinalização, sem autorização:

▸ Arts. 99 e 101 deste Código.

▸ Res. do CONTRAN nº 935, de 28-3-2022, dispõe sobre os requisitos de segurança para o transporte de blocos e chapas serradas de rochas ornamentais.

▸ Res. do CONTRAN nº 943, de 28-3-2022, estabelece requisitos mínimos de segurança para o transporte remunerado de passageiros (mototáxi) e de cargas (motofrete) em motocicleta e motoneta.

▸ Res. do CONTRAN nº 955, de 28-3-2022, dispõe sobre o transporte de cargas ou bicicletas nas partes externas dos veículos dos tipos automóvel, caminhonete, camioneta e utilitário.

Infração – grave;

Penalidade – multa;

Medida administrativa – retenção do veículo para regularização;

V – com excesso de peso, admitido percentual de tolerância quando aferido por equipamento, na forma a ser estabelecida pelo CONTRAN:

Infração – média;

Penalidade – multa acrescida a cada duzentos quilogramas ou fração de excesso de peso apurado, constante na seguinte tabela:

▸ Art. 22, II, da Lei nº 13.103, de 2-3-2015 (Lei do Motorista Profissional).

▸ Res. do CONTRAN nº 566, de 25-10-2015, estabelece o Regime de Infrações e Sanções Aplicáveis, por descumprimento dos limites de peso, aos veículos de transporte rodoviário internacional de cargas e coletivo de passageiros no âmbito do MERCOSUL.

- Res. do CONTRAN nº 882, de 13-12-2021, Estabelece os limites de pesos e dimensões para veículos que transitem por vias terrestres.

a) até 600 kg (seiscentos quilogramas) – R$ 5,32 (cinco reais e trinta e dois centavos);

b) de 601 (seiscentos e um) a 800 kg (oitocentos quilogramas) – R$ 10,64 (dez reais e sessenta e quatro centavos);

c) de 801 (oitocentos e um) a 1.000 kg (mil quilogramas) – R$ 21,28 (vinte e um reais e vinte e oito centavos);

d) de 1.001 (mil e um) a 3.000 kg (três mil quilogramas) – R$ 31,92 (trinta e um reais e noventa e dois centavos);

e) de 3.001 (três mil e um) a 5.000 kg (cinco mil quilogramas) – R$ 42,56 (quarenta e dois reais e cinquenta e seis centavos);

f) acima de 5.001 kg (cinco mil e um quilogramas) – R$ 53,20 (cinquenta e três reais e vinte centavos);

- Alíneas *a* a *f* com a redação dada pela Lei nº 13.281, de 4-5-2016.

Medida administrativa – retenção do veículo e transbordo da carga excedente;

- Art. 100 deste Código.
- Res. do CONTRAN nº 902, de 9-3-2022, dispõe sobre o uso de sistemas automatizados integrados para a aferição de peso e dimensões de veículos com dispensa da presença física da autoridade de trânsito ou de seu agente no local da aferição e dá outras providências.
- Res. do CONTRAN nº 955, de 28-3-2022, dispõe sobre o transporte de cargas ou bicicletas nas partes externas dos veículos dos tipos automóvel, caminhonete, camioneta e utilitário.

VI – em desacordo com a autorização especial, expedida pela autoridade competente para transitar com dimensões excedentes, ou quando a mesma estiver vencida:

Infração – grave;

Penalidade – multa e apreensão do veículo;

Medida administrativa – remoção do veículo;

- Art.101 deste Código.

VII – com lotação excedente;

- Art. 100 deste Código.

VIII – efetuando transporte remunerado de pessoas ou bens, quando não for licenciado para esse fim, salvo casos de força maior ou com permissão da autoridade competente:

Infração – gravíssima;

Penalidade – multa;

Medida administrativa – remoção do veículo;

- Infração, penalidade e medida administrativa com a redação dada pela Lei nº 13.855, de 8-7-2019.
- Art. 135 deste Código.
- Res. do CONTRAN nº 943, de 28-3-2022, estabelece requisitos mínimos de segurança para o transporte remunerado de passageiros (mototáxi) e de cargas (motofrete) em motocicleta e motoneta.
- Súm. nº 510 do STJ.

IX – desligado ou desengrenado, em declive:

Infração – média;

Penalidade – multa;

Medida administrativa – retenção do veículo;

X – excedendo a capacidade máxima de tração:

Infração – de média a gravíssima, a depender da relação entre o excesso de peso apurado e a capacidade máxima de tração, a ser regulamentada pelo CONTRAN;

Penalidade – multa;

Medida administrativa – retenção do veículo e transbordo de carga excedente.

- Res. do CONTRAN nº 902, de 9-3-2022, dispõe sobre o uso de sistemas automatizados integrados para a aferição de peso e dimensões de veículos com dispensa da presença física da autoridade de trânsito ou de seu agente no local da aferição e dá outras providências.
- Res. do CONTRAN nº 943, de 28-3-2022, estabelece requisitos mínimos de segurança para o transporte remunerado de passageiros (mototáxi) e de cargas (motofrete) em motocicleta e motoneta.

Parágrafo único. Sem prejuízo das multas previstas nos incisos V e X, o veículo que transitar com excesso de peso ou excedendo à capacidade máxima de tração, não computado o percentual tolerado na forma do disposto na legislação, somente poderá continuar viagem após descarregar o que exceder, segundo critérios estabelecidos na referida legislação complementar.

Art. 232. Conduzir veículo sem os documentos de porte obrigatório referidos neste Código:

Infração – leve;

Penalidade – multa;

Medida administrativa – retenção do veículo até a apresentação do documento.

- Arts. 133 e 159, § 1º, deste Código.
- LC nº 121, de 9-2-2006, cria o Sistema Nacional de Prevenção, Fiscalização e Repressão ao Furto e Roubo de Veículos e Cargas.
- Res. do CONTRAN nº 238, de 25-5-2007, dispõe sobre o porte obrigatório do Certificado de Apólice Única do Seguro de Responsabilidade Civil do proprietário e/ou condutor de automóvel particular ou de aluguel, não registrado no país de ingresso, em viagem internacional.
- Res. do CONTRAN nº 324, de 17-7-2009, dispõe sobre a expedição de Certificado Provisório de Registro e Licenciamento de Veículos.
- Res. do CONTRAN nº 943, de 28-3-2022, estabelece requisitos mínimos de segurança para o transporte remunerado de passageiros (mototáxi) e de cargas (motofrete) em motocicleta e motoneta.

Art. 233. Deixar de efetuar o registro de veículo no prazo de trinta dias, junto ao órgão executivo de trânsito, ocorridas as hipóteses previstas no artigo 123:

Infração – média;

Penalidade – multa;

Medida administrativa – remoção do veículo.

- Infração, penalidade e medida administrativa com a redação dada pela Lei nº 14.071, de 13-10-2020.

Art. 233-A. VETADO. Lei nº 14.071, de 13-10-2020.

Art. 234. Falsificar ou adulterar documento de habilitação e de identificação do veículo:

Infração – gravíssima;

Penalidade – multa e apreensão do veículo;

Medida administrativa – remoção do veículo.

- Art. 297 do CP.

Art. 235. Conduzir pessoas, animais ou carga nas partes externas do veículo, salvo nos casos devidamente autorizados:

Infração – grave;

Penalidade – multa;

Medida administrativa – retenção do veículo para transbordo.

- Res. do CONTRAN nº 955, de 28-3-2022, dispõe sobre o transporte de cargas ou bicicletas nas partes externas dos veículos dos tipos automóvel, caminhonete, camioneta e utilitário.

Art. 236. Rebocar outro veículo com cabo flexível ou corda, salvo em casos de emergência:

Infração – média;

Penalidade – multa.

Art. 237. Transitar com o veículo em desacordo com as especificações, e com falta de inscrição e simbologia necessárias à sua identificação, quando exigidas pela legislação:

Infração – grave;

Penalidade – multa;

Medida administrativa – retenção do veículo para regularização.

- Arts. 120, § 1º, 136, III, e 154, deste Código.
- Res. do CONTRAN nº 330, de 14-8-2009, estabelece o cronograma para a instalação do equipamento obrigatório definido na Res. do CONTRAN nº 245/2007, denominado antifurto, nos veículos novos, nacionais e importados.
- Res. do CONTRAN nº 944, de 28-3-2022, dispõe sobre o dispositivo auxiliar de identificação veicular.
- Res. do CONTRAN nº 968, de 20-6-2022, estabelece o critério de identificação de veículos, a que se refere o art. 114 deste Código.

Art. 238. Recusar-se a entregar à autoridade de trânsito ou a seus agentes, mediante recibo, os documentos de habilitação, de registro, de licenciamento de veículo e outros exigidos por lei, para averiguação de sua autenticidade:

Infração – gravíssima;

Penalidade – multa e apreensão do veículo;

Medida administrativa – remoção do veículo.

- Arts. 133 e 159, § 1º, deste Código.
- LC nº 121, de 9-2-2006, cria o Sistema Nacional de Prevenção, Fiscalização e Repressão ao Furto e Roubo de Veículos e Cargas.

Art. 239. Retirar do local veículo legalmente retido para regularização, sem permissão da autoridade competente ou de seus agentes:

Infração – gravíssima;

Penalidade – multa e apreensão do veículo;

Medida administrativa – remoção do veículo.

Art. 240. Deixar o responsável de promover a baixa do registro de veículo irrecuperável ou definitivamente desmontado:

Infração – grave;

Penalidade – multa;

Medida administrativa – recolhimento do Certificado de Registro e do Certificado de Licenciamento Anual.

Art. 241. Deixar de atualizar o cadastro de registro do veículo ou de habilitação do condutor:

Infração – leve;

Penalidade – multa.

Art. 242. Fazer falsa declaração de domicílio para fins de registro, licenciamento ou habilitação:

Infração – gravíssima;

Penalidade – multa.

- Art. 299 do CP.

Art. 242-A. VETADO. LC nº 207, de 16-5-2024.

Art. 243. Deixar a empresa seguradora de comunicar ao órgão executivo de trânsito competente a ocorrência de perda total do veículo e de lhe devolver as respectivas placas e documentos:

Infração – grave;

Penalidade – multa;

Medida administrativa – recolhimento das placas e dos documentos.

- Res. do CONTRAN nº 926, de 28-3-2022, dispõe sobre a padronização dos procedimentos administrativos na lavratura de Auto de Infração de Trânsito, na expedição de notificação de autuação e de notificação de penalidade por infrações de responsabilidade de pessoas físicas ou jurídicas, sem a utilização de veículos, expressamente mencionadas neste Código.

Art. 244. Conduzir motocicleta, motoneta ou ciclomotor:

- *Caput* com a redação dada pela Lei nº 14.071, de 13-10-2020.

I – sem usar capacete de segurança ou vestuário de acordo com as normas e as especificações aprovadas pelo CONTRAN;

- Inciso I com a redação dada pela Lei nº 14.071, de 13-10-2020.
- Art. 54, I e III, deste Código.
- Res. do CONTRAN nº 940, de 28-3-2022, Disciplina o uso de capacete para condutor e passageiro de motocicletas, motonetas, ciclomotores, triciclos motorizados e quadriciclos motorizados.
- Res. do CONTRAN nº 943, de 28-3-2022, estabelece requisitos mínimos de segurança para o transporte remunerado de passageiros (mototáxi) e de cargas (motofrete) em motocicleta e motoneta.

II – transportando passageiro sem o capacete de segurança, na forma estabelecida no inciso anterior, ou fora do assento suplementar colocado atrás do condutor ou em carro lateral;

- Art. 155, I e II, deste Código.
- Res. do CONTRAN nº 940, de 28-3-2022, Disciplina o uso de capacete para condutor e passageiro de motocicletas, motonetas, ciclomotores, triciclos motorizados e quadriciclos motorizados.
- Res. do CONTRAN nº 943, de 28-3-2022, estabelece requisitos mínimos de segurança para o transporte remunerado de passageiros (mototáxi) e de cargas (motofrete) em motocicleta e motoneta.

III – fazendo malabarismo ou equilibrando-se apenas em uma roda;

IV – *Revogado.* Lei nº 14.071, de 13-10-2020;

V – transportando criança menor de 10 (dez) anos de idade ou que não tenha, nas circunstâncias, condições de cuidar da própria segurança:

Infração – gravíssima;

Penalidade – multa e suspensão do direito de dirigir;

Medida administrativa – retenção do veículo até regularização e recolhimento do documento de habilitação;

- Inciso V com a redação dada pela Lei nº 14.071, de 13-10-2020.

VI – rebocando outro veículo;

- Art. 244, § 3º deste Código.
- Res. do CONTRAN nº 914, de 28-3-2022, regulamenta a utilização de semirreboques por motocicletas e motonetas, define características, estabelece critérios.

VII – sem segurar o guidom com ambas as mãos, salvo eventualmente para indicação de manobras;

- Art. 54, II, deste Código.

VIII – transportando carga incompatível com suas especificações ou em desacordo com o previsto no § 2º do art. 139-A desta Lei;

- Inciso VIII com a redação dada pela Lei nº 12.009, de 29-7-2009.
- Res. do CONTRAN nº 943, de 28-3-2022, estabelece requisitos mínimos de segurança para o transporte remunerado de passageiros (mototáxi) e de cargas (motofrete) em motocicleta e motoneta.

IX – efetuando transporte remunerado de mercadorias em desacordo com o previsto no art. 139-A desta Lei ou com as normas que regem a atividade profissional dos mototaxistas:

- Res. do CONTRAN nº 943, de 28-3-2022, estabelece requisitos mínimos de segurança para o transporte remunerado de passageiros (mototáxi) e de cargas (motofrete) em motocicleta e motoneta.

Infração – grave;

Penalidade – multa;

Medida administrativa – apreensão do veículo para regularização;

- Inciso IX acrescido pela Lei nº 12.009, de 29-7-2009.

X – com a utilização de capacete de segurança sem viseira ou óculos de proteção ou com viseira ou óculos de proteção em desacordo com a regulamentação do CONTRAN;

XI – transportando passageiro com o capacete de segurança utilizado na forma prevista no inciso X do *caput* deste artigo:

Infração – média;

Penalidade – multa;

Medida administrativa – retenção do veículo até regularização;

- Incisos X e XI acrescidos pela Lei nº 14.071, de 13-10-2020.

XII – VETADO. Lei nº 14.071, de 13-10-2020.

§ 1º Para ciclos aplica-se o disposto nos incisos III, VII e VIII, além de:

a) conduzir passageiro fora da garupa ou do assento especial a ele destinado;
b) transitar em vias de trânsito rápido ou rodovias, salvo onde houver acostamento ou faixas de rolamento próprias;
c) transportar crianças que não tenham, nas circunstâncias, condições de cuidar de sua própria segurança.

§ 2º Aplica-se aos ciclomotores o disposto na alínea *b* do parágrafo anterior:

Infração – média;

Penalidade – multa.

- Art. 57 deste Código.

§ 3º A restrição imposta pelo inciso VI do *caput* deste artigo não se aplica às motocicletas e motonetas que tracionem semirreboques especialmente projetados para esse fim e devidamente homologados pelo órgão competente.

- § 3º acrescido pela Lei nº 10.517, de 11-7-2002.
- Res. do CONTRAN nº 914, de 28-3-2022, regulamenta a utilização de semirreboques por motocicletas e motonetas, define características, estabelece critérios.

Art. 245. Utilizar a via para depósito de mercadorias, materiais ou equipamentos, sem autorização do órgão ou entidade de trânsito com circunscrição sobre a via:

Infração – grave;

Penalidade – multa;

Medida administrativa – remoção da mercadoria ou do material.

Parágrafo único. A penalidade e a medida administrativa incidirão sobre a pessoa física ou jurídica responsável.

- Art. 26 deste Código.
- Res. do CONTRAN nº 926, de 28-3-2022, dispõe sobre a padronização dos procedimentos administrativos na lavratura de Auto de Infração de Trânsito, na expedição de notificação de autuação e de notificação de penalidade por infrações de responsabilidade de pessoas físicas ou jurídicas, sem a utilização de veículos, expressamente mencionadas neste Código.

Art. 246. Deixar de sinalizar qualquer obstáculo à livre circulação, à segurança de veículo e pedestres, tanto no leito da via terrestre como na calçada, ou obstaculizar a via indevidamente:

Infração – gravíssima;

Penalidade – multa, agravada em até cinco vezes, a critério da autoridade de trânsito, conforme o risco à segurança.

Parágrafo único. A penalidade será aplicada à pessoa física ou jurídica responsável pela obstrução, devendo a autoridade com circunscrição sobre a via providenciar a sinalização de emergência, às expensas do responsável, ou, se possível, promover a desobstrução.

- Res. do CONTRAN nº 926, de 28-3-2022, dispõe sobre a padronização dos procedimentos administrativos na lavratura de Auto de Infração de Trânsito, na expedição de notificação de autuação e de notificação de penalidade por infrações de responsabilidade de pessoas físicas ou jurídicas, sem a utilização de veículos, expressamente mencionadas neste Código.

Art. 247. Deixar de conduzir pelo bordo da pista de rolamento, em fila única, os veículos de tração ou propulsão humana e os de tração animal, sempre que não houver acostamento ou faixa a eles destinados:

Infração – média;

Penalidade – multa.

Art. 248. Transportar em veículo destinado ao transporte de passageiros carga excedente em desacordo com o estabelecido no artigo 109:

Infração – grave;

Penalidade – multa;

Medida administrativa – retenção para o transbordo.

- Res. do CONTRAN nº 26, de 22-5-1998, disciplina o transporte de cargas em veículos destinados ao transporte de passageiros.
- Res. do CONTRAN nº 955, de 28-3-2022, dispõe sobre o transporte de cargas ou bicicletas nas partes externas dos veículos dos tipos automóvel, caminhonete, camioneta e utilitário.

Art. 249. Deixar de manter acesas, à noite, as luzes de posição, quando o veículo estiver parado, para fins de embarque ou desembarque de passageiros e carga ou descarga de mercadorias:

Infração – média;

Penalidade – multa.

- Art. 40, VII, deste Código.

Art. 250. Quando o veículo estiver em movimento:

I – deixar de manter acesa a luz baixa:

a) durante a noite;

- Art. 40, I, deste Código.

b) de dia, em túneis e sob chuva, neblina ou cerração;

- Art. 40, I, deste Código.

c) de dia, no caso de veículos de transporte coletivo de passageiros em circulação em faixas ou pistas a eles destinadas;

▶ Art. 40, parágrafo único, deste Código.

d) de dia, no caso de motocicletas, motonetas e ciclomotores;

▶ Alíneas *b* a *d* com a redação dada pela Lei nº 14.071, de 13-10-2020.

▶ Art. 40, parágrafo único, deste Código.

e) de dia, em rodovias de pista simples situadas fora dos perímetros urbanos, no caso de veículos desprovidos de luzes de rodagem diurna;

▶ Alínea *e* acrescida pela Lei nº 14.071, de 13-10-2020.

II – *Revogado*. Lei nº 14.071, de 13-10-2020;

III – deixar de manter a placa traseira iluminada, à noite:

▶ Art. 40, VI, deste Código.

Infração – média;

Penalidade – multa;

IV – deixar o veículo de transporte público coletivo de passageiros ou de escolares de manter a porta fechada:

Infração – gravíssima;

Penalidade – multa;

Medida administrativa – retenção do veículo até a regularização.

▶ Inciso IV acrescido pela Lei nº 14.440, de 2-9-2022.

Art. 251. Utilizar as luzes do veículo:

I – o pisca-alerta, exceto em imobilizações ou situações de emergência;

▶ Art. 40, V, deste Código.

II – baixa e alta de forma intermitente, exceto nas seguintes situações:

a) a curtos intervalos, quando for conveniente advertir a outro condutor que se tem o propósito de ultrapassá-lo;

b) em imobilizações ou situação de emergência, como advertência, utilizando pisca-alerta;

c) quando a sinalização de regulamentação da via determinar o uso do pisca-alerta:

▶ Art. 40, III, deste Código.

Infração – média;

Penalidade – multa.

Art. 252. Dirigir o veículo:

I – com o braço do lado de fora;

II – transportando pessoas, animais ou volume à sua esquerda ou entre os braços e pernas;

III – com incapacidade física ou mental temporária que comprometa a segurança do trânsito;

IV – usando calçado que não se firme nos pés ou que comprometa a utilização dos pedais;

V – com apenas uma das mãos, exceto quando deva fazer sinais regulamentares de braço, mudar a marcha do veículo, ou acionar equipamentos e acessórios do veículo;

VI – utilizando-se de fones nos ouvidos conectados a aparelhagem sonora ou de telefone celular:

Infração – média;

Penalidade – multa.

VII – realizando a cobrança de tarifa com o veículo em movimento:

Infração – média;

Penalidade – multa.

▶ Inciso VII acrescido pela Lei nº 13.154, de 30-7-2015.

Parágrafo único. A hipótese prevista no inciso V caracterizar-se-á como infração gravíssima no caso de o condutor estar segurando ou manuseando telefone celular.

▶ Parágrafo único acrescido pela Lei nº 13.281, de 4-5-2016.

Art. 253. Bloquear a via com veículo:

Infração – gravíssima;

Penalidade – multa e apreensão do veículo;

Medida administrativa – remoção do veículo.

Art. 253-A. Usar qualquer veículo para, deliberadamente, interromper, restringir ou perturbar a circulação na via sem autorização do órgão ou entidade de trânsito com circunscrição sobre ela:

Infração – gravíssima;

Penalidade – multa (vinte vezes) e suspensão do direito de dirigir por 12 (doze) meses;

Medida administrativa – remoção do veículo.

§ 1º Aplica-se a multa agravada em 60 (sessenta) vezes aos organizadores da conduta prevista no *caput*.

§ 2º Aplica-se em dobro a multa em caso de reincidência no período de 12 (doze) meses.

§ 3º As penalidades são aplicáveis a pessoas físicas ou jurídicas que incorram na infração, devendo a autoridade com circunscrição sobre a via restabelecer de imediato, se possível, as condições de normalidade para a circulação na via.

▶ Art. 253-A acrescido pela Lei nº 13.281, de 4-5-2016.

▶ Art. 4º da Lei nº 13.281, de 4-5-2016 (*DOU* 5-5-2016), que concede anistia às multas e sanções previstas neste artigo, aplicadas, até a data de entrada em vigor desta Lei, aos caminhoneiros participantes das manifestações iniciadas no dia 9 de novembro de 2015.

Art. 254. É proibido ao pedestre:

I – permanecer ou andar nas pistas de rolamento, exceto para cruzá-las onde for permitido;

II – cruzar pistas de rolamento nos viadutos, pontes, ou túneis, salvo onde exista permissão;

III – atravessar a via dentro das áreas de cruzamento, salvo quando houver sinalização para esse fim;

IV – utilizar-se da via em agrupamentos capazes de perturbar o trânsito, ou para a prática de qualquer folguedo, esporte, desfiles e similares, salvo em casos especiais e com a devida licença da autoridade competente;

V – andar fora da faixa própria, passarela, passagem aérea ou subterrânea;

▶ Art. 69 deste Código.

VI – desobedecer à sinalização de trânsito específica:

Infração – leve;

Penalidade – multa, em 50% (cinquenta por cento) do valor da infração de natureza leve;

VII – VETADO. Lei nº 13.281, de 4-5-2016.

§§ 1º a 3º VETADOS. Lei nº 13.281, de 4-5-2016.

Art. 255. Conduzir bicicleta em passeios onde não seja permitida a circulação desta, ou de forma agressiva, em desacordo com o disposto no parágrafo único do artigo 59:

Infração – média;

Penalidade – multa;

Medida administrativa – remoção da bicicleta, mediante recibo para o pagamento da multa.

CAPÍTULO XVI
DAS PENALIDADES

Art. 256. A autoridade de trânsito, na esfera das competências estabelecidas neste Código e dentro de sua circunscrição, deverá aplicar, às infrações nele previstas, as seguintes penalidades:

I – advertência por escrito;

II – multa;

III – suspensão do direito de dirigir;

IV – *Revogado*. Lei nº 13.281, de 4-5-2016.

V – cassação da Carteira Nacional de Habilitação;

VI – cassação da Permissão para Dirigir;

VII – frequência obrigatória em curso de reciclagem.

§ 1º A aplicação das penalidades previstas neste Código não elide as punições originárias de ilícitos penais decorrentes de crimes de trânsito, conforme disposições de lei.

§ 2º VETADO.

§ 3º A imposição da penalidade será comunicada aos órgãos ou entidades executivos de trânsito responsáveis pelo licenciamento do veículo e habilitação do condutor.

Art. 257. As penalidades serão impostas ao condutor, ao proprietário do veículo, ao embarcador e ao transportador, salvo os casos de descumprimento de obrigações e deveres impostos a pessoas físicas ou jurídicas expressamente mencionados neste Código.

▶ Res. do CONTRAN nº 351, de 14-6-2010, estabelece procedimentos para veiculação de mensagens educativas de trânsito em toda peça publicitária destinada à divulgação ou promoção, nos meios de comunicação social, de produtos oriundos da indústria automobilística ou afins.

▶ Res. do CONTRAN nº 900, de 9-3-2022, consolida as normas sobre a padronização dos procedimentos para apresentação de defesa prévia e de recurso, em 1ª e 2ª instâncias, contra a imposição de penalidades de advertência por escrito e de multa de trânsito.

§ 1º Aos proprietários e condutores de veículos serão impostas concomitantemente as penalidades de que trata este Código toda vez que houver responsabilidade solidária em infração dos preceitos que lhes couber observar, respondendo cada um de per si pela falta em comum que lhes for atribuída.

§ 2º Ao proprietário caberá sempre a responsabilidade pela infração referente à prévia regularização e preenchimento das formalidades e condições exigidas para o trânsito do veículo na via terrestre, conservação e inalterabilidade de suas características, componentes, agregados, habilitação legal e compatível de seus condutores, quando esta for exigida, e outras disposições que deva observar.

§ 3º Ao condutor caberá a responsabilidade pelas infrações decorrentes de atos praticados na direção do veículo.

§ 4º O embarcador é responsável pela infração relativa ao transporte de carga com excesso de peso nos eixos ou no peso bruto total, quando simultaneamente for o único remetente da carga e o peso declarado na nota fiscal, fatura ou manifesto for inferior àquele aferido.

▶ Res. do CONTRAN nº 900, de 9-3-2022, consolida as normas sobre a padronização dos procedimentos para apresentação de defesa prévia e de recurso, em 1ª e 2ª instâncias, contra a imposição de penalidades de advertência por escrito e de multa de trânsito.

§ 5º O transportador é o responsável pela infração relativa ao transporte de carga com excesso de peso nos eixos ou quando a carga proveniente de mais de um embarcador ultrapassar o peso bruto total.

§ 6º O transportador e o embarcador são solidariamente responsáveis pela infração relativa ao excesso de peso bruto total, se o peso declarado na nota fiscal, fatura ou manifesto for superior ao limite legal.

- Res. do CONTRAN nº 900, de 9-3-2022, consolida as normas sobre a padronização dos procedimentos para apresentação de defesa prévia e de recurso, em 1ª e 2ª instâncias, contra a imposição de penalidades de advertência por escrito e de multa de trânsito.

§ 7º Quando não for imediata a identificação do infrator, o principal condutor ou o proprietário do veículo terá o prazo de 30 (trinta) dias, contado da notificação da autuação, para apresentá-lo, na forma em que dispuser o CONTRAN, e, transcorrido o prazo, se não o fizer, será considerado responsável pela infração o principal condutor ou, em sua ausência, o proprietário do veículo.

- § 7º com a redação dada pela Lei nº 14.071, de 13-10-2020.
- Res. do CONTRAN nº 547, de 19-8-2015, dispõe sobre a padronização do procedimento administrativo para identificação do infrator responsável pela infração de excesso de peso e dimensões de veículos.
- Res. do CONTRAN nº 918, de 28-3-2022, consolida as normas sobre procedimentos para a aplicação das multas por infrações, a arrecadação e o repasse dos valores arrecadados, nos termos do Código de Trânsito Brasileiro (CTB).

§ 8º Após o prazo previsto no § 7º deste artigo, se o infrator não tiver sido identificado, e o veículo for de propriedade de pessoa jurídica, será lavrada nova multa ao proprietário do veículo, mantida a originada pela infração, cujo valor será igual a 2 (duas) vezes o da multa originária, garantidos o direito de defesa prévia e de interposição de recursos previstos neste Código, na forma estabelecida pelo CONTRAN.

- § 8º com a redação dada pela Lei nº 14.229, de 21-10-2021.
- Res. do CONTRAN nº 710, de 25-10-2017, regulamenta os procedimentos para a imposição da penalidade de multa à pessoa jurídica proprietária do veículo por não identificação do condutor infrator (multa NIC), nos termos deste parágrafo.

§ 9º O fato de o infrator ser pessoa jurídica não o exime do disposto no § 3º do artigo 258 e no artigo 259.

- Res. do CONTRAN nº 108, de 21-12-1999, dispõe sobre a responsabilidade pelo pagamento de multas.

§ 10. O proprietário poderá indicar ao órgão executivo de trânsito o principal condutor do veículo, o qual, após aceitar a indicação, terá seu nome inscrito em campo próprio do cadastro do veículo no RENAVAM.

§ 11. O principal condutor será excluído do RENAVAM:

I – quando houver transferência de propriedade do veículo;
II – mediante requerimento próprio ou do proprietário do veículo;
III – a partir da indicação de outro principal condutor.

- §§ 10 e 11 acrescidos pela Lei nº 13.495, de 24-10-2017.

Art. 258. As infrações punidas com multa classificam-se, de acordo com sua gravidade, em quatro categorias:

I – infração de natureza gravíssima, punida com multa no valor de R$ 293,47 (duzentos e noventa e três reais e quarenta e sete centavos);
II – infração de natureza grave, punida com multa no valor de R$ 195,23 (cento e noventa e cinco reais e vinte e três centavos);
III – infração de natureza média, punida com multa no valor de R$ 130,16 (cento e trinta reais e dezesseis centavos);
IV – infração de natureza leve, punida com multa no valor de R$ 88,38 (oitenta e oito reais e trinta e oito centavos).

- Incisos I a IV com a redação dada pela Lei nº 13.281, de 4-5-2016.

§ 1º *Revogado*. Lei nº 13.281, de 4-5-2016.

§ 2º Quando se tratar de multa agravada, o fator multiplicador ou índice adicional específico é o previsto neste Código.

§§ 3º e 4º VETADOS.

Art. 259. A cada infração cometida são computados os seguintes números de pontos:

I – gravíssima – sete pontos;
II – grave – cinco pontos;
III – média – quatro pontos;
IV – leve – três pontos.

§§ 1º e 2º VETADOS.

§ 3º VETADO. Lei nº 12.619, de 30-4-2012.

§ 4º Ao condutor identificado será atribuída pontuação pelas infrações de sua responsabilidade, nos termos previstos no § 3º do art. 257 deste Código, exceto aquelas:

I – praticadas por passageiros usuários do serviço de transporte rodoviário de passageiros em viagens de longa distância transitando em rodovias com a utilização de ônibus, em linhas regulares intermunicipal, interestadual, internacional e aquelas em viagem de longa distância por fretamento e turismo ou de qualquer modalidade, excluídas as situações regulamentadas pelo CONTRAN conforme disposto no art. 65 deste Código;
II – previstas no art. 221, nos incisos VII e XXI do art. 230 e nos arts. 232, 233, 233-A, 240 e 241 deste Código, sem prejuízo da aplicação das penalidades e medidas administrativas cabíveis;
III – puníveis de forma específica com suspensão do direito de dirigir.

- § 4º com a redação dada pela Lei nº 14.071, de 13-10-2020.

Art. 260. As multas serão impostas e arrecadadas pelo órgão ou entidade de trânsito com circunscrição sobre a via onde haja ocorrido a infração, de acordo com a competência estabelecida neste Código.

§ 1º As multas decorrentes de infração cometida em unidade da Federação diversa da do licenciamento do veículo serão arrecadadas e compensadas na forma estabelecida pelo CONTRAN.

- Res. do CONTRAN nº 932, de 28-3-2022, dispõe sobre a organização e o funcionamento do Registro Nacional de Infrações de Trânsito (RENAINF), de que trata o inciso XXX do art. 19 deste Código.

§ 2º As multas decorrentes de infração cometida em unidade da Federação diversa daquela do licenciamento do veículo poderão ser comunicadas ao órgão ou entidade responsável pelo seu licenciamento, que providenciará a notificação.

§ 3º *Revogado*. Lei nº 9.602, de 21-1-1998.

§ 4º Quando a infração for cometida com veículo licenciado no exterior, em trânsito no território nacional, a multa respectiva deverá ser paga antes de sua saída do País, respeitado o princípio de reciprocidade.

- Res. do CONTRAN nº 382, de 2-6-2011, dispõe sobre notificação e cobrança de multa por infração de trânsito praticada com veículo licenciado no exterior em trânsito no território nacional.

Art. 261. A penalidade de suspensão do direito de dirigir será imposta nos seguintes casos:

- *Caput* com a redação dada pela Lei nº 13.281, de 4-5-2016.
- Res. do CONTRAN nº 723, de 6-2-2018, dispõe sobre a uniformização dos procedimentos administrativos para imposição das penalidades de suspensão do direito de dirigir e de cassação do documento de habilitação, bem como do curso preventivo de reciclagem.

I – sempre que, conforme a pontuação prevista no art. 259 deste Código, o infrator atingir, no período de 12 (doze) meses, a seguinte contagem de pontos:

a) 20 (vinte) pontos, caso constem 2 (duas) ou mais infrações gravíssimas na pontuação;
b) 30 (trinta) pontos, caso conste 1 (uma) infração gravíssima na pontuação;
c) 40 (quarenta) pontos, caso não conste nenhuma infração gravíssima na pontuação;

- Inciso I com a redação dada pela Lei nº 14.071, de 13-10-2020.

II – por transgressão às normas estabelecidas neste Código, cujas infrações preveem, de forma específica, a penalidade de suspensão do direito de dirigir;

- Inciso II acrescido pela Lei nº 13.281, de 4-5-2016.

III – VETADO. Lei nº 14.304, de 23-2-2022.

§ 1º Os prazos para aplicação da penalidade de suspensão do direito de dirigir são os seguintes:

- § 1º com a redação dada pela Lei nº 13.281, de 4-5-2016.

I – no caso do inciso I do *caput*: de 6 (seis) meses a 1 (um) ano e, no caso de reincidência no período de 12 (doze) meses, de 8 (oito) meses a 2 (dois) anos;
II – no caso do inciso II do *caput*: de 2 (dois) a 8 (oito) meses, exceto para as infrações com prazo descrito no dispositivo infracional, e, no caso de reincidência no período de 12 (doze) meses, de 8 (oito) a 18 (dezoito) meses, respeitado o disposto no inciso II do art. 263;

- Incisos I e II acrescidos pela Lei nº 13.281, de 4-5-2016.

III – VETADO. Lei nº 14.304, de 23-2-2022.

§ 2º Quando ocorrer a suspensão do direito de dirigir, a Carteira Nacional de Habilitação será devolvida a seu titular imediatamente após cumprida a penalidade e o curso de reciclagem.

§ 3º A imposição da penalidade de suspensão do direito de dirigir elimina a quantidade de pontos computados, prevista no inciso I do *caput* ou no § 5º deste artigo, para fins de contagem subsequente.

- § 3º com a redação dada pela Lei nº 14.071, de 13-10-2020.

§ 4º VETADO. Lei nº 12.619, de 30-4-2012.

CÓDIGO DE TRÂNSITO BRASILEIRO

§ 5º No caso do condutor que exerce atividade remunerada ao veículo, a penalidade de suspensão do direito de dirigir de que trata o *caput* deste artigo será imposta quando o infrator atingir o limite de pontos previsto na alínea c do inciso I do *caput* deste artigo, independentemente da natureza das infrações cometidas, facultado a ele participar de curso preventivo de reciclagem sempre que, no período de 12 (doze) meses, atingir 30 (trinta) pontos, conforme regulamentação do CONTRAN.

- § 5º com a redação dada pela Lei nº 14.071, de 13-10-2020.
- Res. do CONTRAN nº 723, de 6-2-2018, dispõe sobre a uniformização dos procedimentos administrativos para imposição das penalidades de suspensão do direito de dirigir e de cassação do documento de habilitação, bem como do curso preventivo de reciclagem.

§ 6º Concluído o curso de reciclagem previsto no § 5º, o condutor terá eliminados os pontos que lhe tiverem sido atribuídos, para fins de contagem subsequente.

§ 7º O motorista que optar pelo curso previsto no § 5º não poderá fazer nova opção no período de 12 (doze) meses.

- § 7º com a redação dada pela Lei nº 13.281, de 4-5-2016.

§ 8º A pessoa jurídica concessionária ou permissionária de serviço público tem o direito de ser informada dos pontos atribuídos, na forma do art. 259, aos motoristas que integrem seu quadro funcional, exercendo atividade remunerada ao volante, na forma que dispuser o CONTRAN.

- § 8º acrescido pela Lei nº 13.154, de 30-7-2015.

§ 9º Incorrerá na infração prevista no inciso II do art. 162 o condutor que, notificado da penalidade de que trata este artigo, dirigir veículo automotor em via pública.

- § 9º acrescido pela Lei nº 13.281, de 4-5-2016.

§ 10. O processo de suspensão do direito de dirigir a que se refere o inciso II do *caput* deste artigo deverá ser instaurado concomitantemente ao processo de aplicação da penalidade de multa, e ambos serão de competência do órgão ou entidade responsável pela aplicação da multa, na forma definida pelo CONTRAN.

- § 10 com a redação dada pela Lei nº 14.071, de 13-10-2020.

§ 11. O CONTRAN regulamentará as disposições deste artigo.

- § 11 acrescido pela Lei nº 13.281, de 4-5-2016.

§§ 12 e 13. VETADOS. Lei nº 14.304, de 23-2-2022.

Art. 262. *Revogado*. Lei nº 13.281, de 4-5-2016.

Art. 263. A cassação do documento de habilitação dar-se-á:

I – quando, suspenso o direito de dirigir, o infrator conduzir qualquer veículo;

II – no caso de reincidência, no prazo de doze meses, das infrações previstas no inciso III do artigo 162 e nos artigos 163, 164, 165, 173, 174 e 175;

III – quando condenado judicialmente por delito de trânsito, observado o disposto no artigo 160;

IV – VETADO. Lei nº 14.304, de 23-2-2022.

§ 1º Constatada, em processo administrativo, a irregularidade na expedição do documento de habilitação, a autoridade expedidora promoverá o seu cancelamento.

§ 2º Decorridos dois anos da cassação da Carteira Nacional de Habilitação, o infrator poderá requerer sua reabilitação, submetendo-se a todos os exames necessários à habilitação, na forma estabelecida pelo CONTRAN.

- Res. do CONTRAN nº 723, de 6-2-2018, dispõe sobre a uniformização dos procedimentos administrativos para imposição das penalidades de suspensão do direito de dirigir e de cassação do documento de habilitação, bem como do curso preventivo de reciclagem.
- Res. do CONTRAN nº 789, de 18-6-2020, consolida normas sobre o processo de formação de condutores de veículos automotores e elétricos.

§ 3º VETADO. Lei nº 14.304, de 23-2-2022.

Art. 264. VETADO.

Art. 265. As penalidades de suspensão do direito de dirigir e de cassação do documento de habilitação serão aplicadas por decisão fundamentada da autoridade de trânsito competente, em processo administrativo, assegurado ao infrator amplo direito de defesa.

- Art. 5º, LV, da CF.
- Res. do CONTRAN nº 723, de 6-2-2018, dispõe sobre a uniformização dos procedimentos administrativos para imposição das penalidades de suspensão do direito de dirigir e de cassação do documento de habilitação, bem como do curso preventivo de reciclagem.

Art. 266. Quando o infrator cometer, simultaneamente, duas ou mais infrações, ser-lhe-ão aplicadas, cumulativamente, as respectivas penalidades.

Art. 267. Deverá ser imposta a penalidade de advertência por escrito à infração de natureza leve ou média, passível de ser punida com multa, caso o infrator não tenha cometido nenhuma outra infração nos últimos 12 (doze) meses.

- *Caput* com a redação dada pela Lei nº 14.071, de 13-10-2020.

§§ 1º e 2º *Revogados*. Lei nº 14.071, de 13-10-2020.

Art. 268. O infrator será submetido a curso de reciclagem, na forma estabelecida pelo CONTRAN:

- Res. do CONTRAN nº 789, de 18-6-2020, consolida normas sobre o processo de formação de condutores de veículos automotores e elétricos.

I – *Revogado*. Lei nº 14.071, de 13-10-2020;

II – quando suspenso do direito de dirigir;

III – quando se envolver em sinistro grave para o qual haja contribuído, independentemente de processo judicial;

- Inciso III com a redação dada pela Lei nº 14.599, de 19-6-2023.
- Res. do CONTRAN nº 300, de 4-12-2008, estabelece procedimento administrativo para submissão do condutor a novos exames para que possa voltar a dirigir quando condenado por crime de trânsito, ou quando envolvido em acidente grave.

IV – quando condenado judicialmente por delito de trânsito;

- Res. do CONTRAN nº 300, de 4-12-2008, estabelece procedimento administrativo para submissão do condutor a novos exames para que possa voltar a dirigir quando condenado por crime de trânsito, ou quando envolvido em acidente grave.

V – a qualquer tempo, se for constatado que o condutor está colocando em risco a segurança do trânsito;

VI – *Revogado*. Lei nº 14.071, de 13-10-2020.

Parágrafo único. Além do curso de reciclagem previsto no caput deste artigo, o infrator será submetido à avaliação psicológica nos casos dos incisos III, IV e V do *caput* deste artigo.

- Parágrafo único acrescido pela Lei nº 14.071, de 13-10-2020, promulgado nos termos do art. 66, § 5º, da CF (*DOU* de 26-3-2021 – edição extra D).

Art. 268-A. Fica criado o Registro Nacional Positivo de Condutores (RNPC), administrado pelo órgão máximo executivo de trânsito da União, com a finalidade de cadastrar os condutores que não cometeram infração de trânsito sujeita à pontuação prevista no art. 259 deste Código, nos últimos 12 (doze) meses, conforme regulamentação do CONTRAN.

§ 1º O RNPC deverá ser atualizado mensalmente.

§ 2º A abertura de cadastro requer autorização prévia e expressa do potencial cadastrado.

§ 3º Após a abertura do cadastro, a anotação de informação no RNPC independe de autorização e de comunicação ao cadastrado.

§ 4º A exclusão do RNPC dar-se-á:

I – por solicitação do cadastrado;

II – quando for atribuída ao cadastrado pontuação por infração;

III – quando o cadastrado tiver o direito de dirigir suspenso;

IV – quando a Carteira Nacional de Habilitação do cadastrado estiver cassada ou com validade vencida há mais de 30 (trinta) dias;

V – quando o cadastrado estiver cumprindo pena privativa de liberdade.

§ 5º A consulta ao RNPC é garantida a todos os cidadãos, nos termos da regulamentação do CONTRAN.

§ 6º A União, os Estados, o Distrito Federal e os Municípios poderão utilizar o RNPC para conceder benefícios fiscais ou tarifários aos condutores cadastrados, na forma da legislação específica de cada ente da Federação.

- Art. 268-A acrescido pela Lei nº 14.071, de 13-10-2020.

CAPÍTULO XVII
DAS MEDIDAS ADMINISTRATIVAS

Art. 269. A autoridade de trânsito ou seus agentes, na esfera das competências estabelecidas neste Código e dentro de sua circunscrição, deverá adotar as seguintes medidas administrativas:

I – retenção do veículo;

II – remoção do veículo;

III – recolhimento da Carteira Nacional de Habilitação;

IV – recolhimento da Permissão para Dirigir;

V – recolhimento do Certificado de Registro;

VI – recolhimento do Certificado de Licenciamento Anual;

VII – VETADO;

VIII – transbordo do excesso de carga;

IX – realização de teste de dosagem de alcoolemia ou perícia de substância entorpecente ou que determine dependência física ou psíquica;

X – recolhimento de animais que se encontrem soltos nas vias e na faixa de domínio das vias de circulação, restituindo-os aos seus proprietários, após o pagamento de multas e encargos devidos;

XI – realização de exames de aptidão física, mental, de legislação, de prática de primeiros socorros e de direção veicular.

- Inciso XI acrescido pela Lei nº 9.602, de 21-1-1998.

§ 1º A ordem, o consentimento, a fiscalização, as medidas administrativas e coercitivas adotadas pelas autoridades de trânsito e seus agentes terão por objetivo prioritário a proteção à vida e à incolumidade física da pessoa.

§ 2º As medidas administrativas previstas neste artigo não elidem a aplicação das penalidades impostas por infrações estabelecidas neste Código, possuindo caráter complementar a estas.

§ 3º São documentos de habilitação:

▸ *Caput* do § 3º com a redação dada pela Lei nº 14.599, de 19-6-2023.

I – a Carteira Nacional de Habilitação;

II – a Permissão para Dirigir; e

III – a Autorização para Conduzir Ciclomotor.

▸ Incisos I a III acrescidos pela Lei nº 14.599, de 19-6-2023.

§ 4º Aplica-se aos animais recolhidos na forma do inciso X o disposto nos artigos 271 e 328, no que couber.

§ 5º No caso de documentos em meio digital, as medidas administrativas previstas nos incisos III, IV, V e VI do *caput* deste artigo serão realizadas por meio de registro no RENACH ou RENAVAM, conforme o caso, na forma estabelecida pelo CONTRAN.

▸ § 5º acrescido pela Lei nº 14.071, de 13-10-2020.

Art. 270. O veículo poderá ser retido nos casos expressos neste Código.

§ 1º Quando a irregularidade puder ser sanada no local da infração, o veículo será liberado tão logo seja regularizada a situação.

§ 2º Quando não for possível sanar a falha no local da infração, o veículo, desde que ofereça condições de segurança para circulação, deverá ser liberado e entregue a condutor regularmente habilitado, mediante recolhimento do Certificado de Licenciamento Anual, contra apresentação de recibo, assinalando-se ao condutor prazo razoável, não superior a 30 (trinta) dias, para regularizar a situação, e será considerado notificado para essa finalidade na mesma ocasião.

▸ § 2º com a redação dada pela Lei nº 14.071, de 13-10-2020.

§ 3º O Certificado de Licenciamento Anual será devolvido ao condutor no órgão ou entidade aplicadores das medidas administrativas, tão logo o veículo seja apresentado à autoridade devidamente regularizado.

§ 4º Não se apresentando condutor habilitado no local da infração, o veículo será removido a depósito, aplicando-se neste caso o disposto no art. 271.

▸ § 4º com a redação dada pela Lei nº 13.281, de 4-5-2016.

§ 5º A critério do agente, não se dará a retenção imediata, quando se tratar de veículo de transporte coletivo transportando passageiros ou veículo transportando produto perigoso ou perecível, desde que ofereça condições de segurança para circulação em via pública.

§ 6º Não efetuada a regularização no prazo a que se refere o § 2º, será feito registro de restrição administrativa no RENAVAM por órgão ou entidade executivo de trânsito dos Estados e do Distrito Federal, que será retirada após comprovada a regularização.

§ 7º O descumprimento das obrigações estabelecidas no § 2º resultará em recolhimento do veículo ao depósito, aplicando-se, nesse caso, o disposto no art. 271.

▸ §§ 6º e 7º acrescidos pela Lei nº 13.160, de 25-8-2015.

Art. 271. O veículo será removido, nos casos previstos neste Código, para o depósito fixado pelo órgão ou entidade competente, com circunscrição sobre a via.

▸ Res. do CONTRAN nº 623, de 6-9-2016, dispõe sobre a uniformização dos procedimentos administrativos quanto à remoção, custódia e para a realização de leilão de veículos removidos ou recolhidos a qualquer título, por órgãos e entidades componentes do Sistema Nacional de Trânsito – SNT, nos termos deste artigo.

§ 1º A restituição do veículo removido só ocorrerá mediante prévio pagamento de multas, taxas e despesas com remoção e estada, além de outros encargos previstos na legislação específica.

▸ Parágrafo único renumerado para § 1º e com redação dada pela Lei nº 13.160, de 25-8-2015.

§ 2º A liberação do veículo removido é condicionada ao reparo de qualquer componente ou equipamento obrigatório que não esteja em perfeito estado de funcionamento.

▸ § 2º acrescido pela Lei nº 13.160, de 25-8-2015.

§ 3º Se o reparo referido no § 2º demandar providência que não possa ser tomada no depósito, a autoridade responsável pela remoção liberará o veículo para reparo, na forma transportada, mediante autorização, assinalando prazo para reapresentação.

§ 4º Os serviços de remoção, depósito e guarda de veículo poderão ser realizados por órgão público, diretamente, ou por particular contratado por licitação pública, sendo o proprietário do veículo o responsável pelo pagamento dos custos desses serviços.

▸ §§ 3º e 4º com a redação dada pela Lei nº 13.281, de 4-5-2016.

§ 5º O proprietário ou o condutor deverá ser notificado, no ato de remoção do veículo, sobre as providências necessárias à sua restituição e sobre o disposto no art. 328, conforme regulamentação do CONTRAN.

▸ § 5º acrescido pela Lei nº 13.160, de 25-8-2015.

§ 6º Caso o proprietário ou o condutor não esteja presente no momento da remoção do veículo, a autoridade de trânsito, no prazo de 10 (dez) dias contado da data da remoção, deverá expedir ao proprietário a notificação prevista no § 5º, por remessa postal ou por outro meio tecnológico hábil que assegure a sua ciência, e, caso reste frustrada, a notificação poderá ser feita por edital.

▸ § 6º com a redação dada pela Lei nº 13.281, de 4-5-2016.

§ 7º A notificação devolvida por desatualização do endereço do proprietário do veículo ou por recusa desse de recebê-la será considerada recebida para todos os efeitos.

§ 8º Em caso de veículo licenciado no exterior, a notificação será feita por edital.

▸ §§ 7º e 8º acrescidos pela Lei nº 13.160, de 25-8-2015.

§ 9º Não caberá remoção nos casos em que a irregularidade for sanada no local da infração.

▸ § 9º com a redação dada pela Lei nº 14.071, de 13-10-2020.

§ 9º-A. Quando não for possível sanar a irregularidade no local da infração, o veículo, desde que ofereça condições de segurança para circulação, será liberado e entregue a condutor regularmente habilitado, mediante recolhimento do Certificado de Licenciamento Anual, contra a apresentação de recibo, e prazo razoável, não superior a 15 (quinze) dias, será assinalado ao condutor para regularizar a situação, o qual será considerado notificado para essa finalidade na mesma ocasião.

§ 9º-B. O disposto no § 9º-A deste artigo não se aplica às infrações previstas no inciso V do *caput* do art. 230 e no inciso VIII do *caput* do art. 231 deste Código.

§ 9º-C. Não efetuada a regularização no prazo referido no § 9º-A deste artigo, será feito registro de restrição administrativa no RENAVAM por órgão ou entidade executivos de trânsito dos Estados ou do Distrito Federal, o qual será retirado após comprovada a regularização.

§ 9º-D. O descumprimento da obrigação estabelecida no § 9º-A deste artigo resultará em recolhimento do veículo ao depósito, aplicando-se, nesse caso, o disposto neste artigo.

▸ §§ 9º-A a 9º-D acrescidos pela Lei nº 14.229, de 21-10-2021.

§ 10. O pagamento das despesas de remoção e estada será correspondente ao período integral, contado em dias, em que efetivamente o veículo permanecer em depósito, limitado ao prazo de 6 (seis) meses.

§ 11. Os custos dos serviços de remoção e estada prestados por particulares poderão ser pagos pelo proprietário diretamente ao contratado.

§ 12. O disposto no § 11 não afasta a possibilidade de o respectivo ente da Federação estabelecer a cobrança por meio de taxa instituída em lei.

§ 13. No caso de o proprietário do veículo objeto do recolhimento comprovar, administrativa ou judicialmente, que o recolhimento foi indevido ou que houve abuso no período de retenção em depósito, é da responsabilidade do ente público a devolução das quantias pagas por força deste artigo, segundo os mesmos critérios da devolução de multas indevidas.

▸ §§ 10 a 13 acrescidos pela Lei nº 13.281, de 4-5-2016.

Art. 272. O recolhimento da Carteira Nacional de Habilitação e da Permissão para Dirigir dar-se-á mediante recibo, além dos casos previstos neste Código, quando houver suspeita de sua inautenticidade ou adulteração.

Art. 273. O recolhimento do Certificado de Registro dar-se-á mediante recibo, além dos casos previstos neste Código, quando:

I – houver suspeita de inautenticidade ou adulteração;

II – se, alienado o veículo, não for transferida sua propriedade no prazo de trinta dias.

Art. 274. O recolhimento do Certificado de Licenciamento Anual dar-se-á mediante recibo, além dos casos previstos neste Código, quando:

I – houver suspeita de inautenticidade ou adulteração;

II – se o prazo de licenciamento estiver vencido;

III – no caso de retenção do veículo, se a irregularidade não puder ser sanada no local.

Art. 275. O transbordo da carga com peso excedente é condição para que o veículo possa prosseguir viagem e será efetuado às expensas do proprietário do veículo, sem prejuízo da multa aplicável.

Parágrafo único. Não sendo possível desde logo atender ao disposto neste artigo, o veículo será recolhido ao depósito, sendo liberado após sanada a irregularidade e pagas as despesas de remoção e estada.

Art. 276. Qualquer concentração de álcool por litro de sangue ou por litro de ar alveolar sujeita o condutor às penalidades previstas no art. 165.

Parágrafo único. O CONTRAN disciplinará as margens de tolerância quando a infração for apurada por meio de aparelho de medição, observada a legislação metrológica.

- Art. 276 com a redação dada pela Lei nº 12.760, de 20-12-2012.
- Arts. 165 e 306 deste Código.
- Res. do CONTRAN nº 432, de 23-1-2013, dispõe sobre os procedimentos a serem adotados pelas autoridades de trânsito e seus agentes na fiscalização do consumo de álcool ou de outra substância psicoativa que determine dependência, para aplicação do disposto nos arts. 165, 276, 277 e 306 deste Código.

Art. 277. O condutor de veículo automotor envolvido em sinistro de trânsito ou que for alvo de fiscalização de trânsito poderá ser submetido a teste, exame clínico, perícia ou outro procedimento que, por meios técnicos ou científicos, na forma disciplinada pelo CONTRAN, permita certificar influência de álcool ou outra substância psicoativa que determine dependência.

- *Caput* com a redação dada pela Lei nº 14.599, de 19-6-2023.

§ 1º *Revogado*. Lei nº 12.760, de 20-12-2012.

§ 2º A infração prevista no art. 165 também poderá ser caracterizada mediante imagem, vídeo, constatação de sinais que indiquem, na forma disciplinada pelo CONTRAN, alteração da capacidade psicomotora ou produção de quaisquer outras provas em direito admitidas.

- § 2º com a redação dada pela Lei nº 12.760, de 20-12-2012.
- O STF, no julgamento das Ações Diretas de Inconstitucionalidade nºs 4.013 e 4.017, por maioria, declarou a constitucionalidade deste parágrafo (*DOU* de 5-10-2023).

§ 3º Serão aplicadas as penalidades e medidas administrativas estabelecidas no art. 165-A deste Código ao condutor que se recusar a se submeter a qualquer dos procedimentos previstos no *caput* deste artigo.

- § 3º com a redação dada pela Lei nº 13.281, de 4-5-2016.
- O STF, no julgamento das Ações Diretas de Inconstitucionalidade nºs 4.013 e 4.017, por maioria, declarou a constitucionalidade deste parágrafo (*DOU* de 5-10-2023).
- Art. 165 deste Código.
- Res. do CONTRAN nº 432, de 23-1-2013, dispõe sobre os procedimentos a serem adotados pelas autoridades de trânsito e seus agentes na fiscalização do consumo de álcool ou de outra substância psicoativa que determine dependência, para aplicação do disposto nos arts. 165, 276, 277 e 306 deste Código.

Art. 278. Ao condutor que se evadir da fiscalização, não submetendo veículo à pesagem obrigatória nos pontos de pesagem, fixos ou móveis, será aplicada a penalidade prevista no artigo 209, além da obrigação de retornar ao ponto de evasão para fim de pesagem obrigatória.

Parágrafo único. No caso de fuga do condutor à ação policial, a apreensão do veículo dar-se-á tão logo seja localizado, aplicando-se, além das penalidades em que incorre, as estabelecidas no artigo 210.

Art. 278-A. O condutor que se utilize de veículo para a prática do crime de receptação, descaminho, contrabando, previstos nos arts. 180, 334 e 334-A do Decreto-Lei nº 2.848, de 7 de dezembro de 1940 (Código Penal), condenado por um desses crimes em decisão judicial transitada em julgado, terá cassado seu documento de habilitação ou será proibido de obter a habilitação para dirigir veículo automotor pelo prazo de 5 (cinco) anos.

§ 1º O condutor condenado poderá requerer sua reabilitação, submetendo-se a todos os exames necessários à habilitação, na forma deste Código.

§ 2º No caso do condutor preso em flagrante na prática dos crimes de que trata o *caput* deste artigo, poderá o juiz, em qualquer fase da investigação ou da ação penal, se houver necessidade para a garantia da ordem pública, como medida cautelar, de ofício, ou a requerimento do Ministério Público ou ainda mediante representação da autoridade policial, decretar, em decisão motivada, a suspensão da permissão ou da habilitação para dirigir veículo automotor, ou a proibição de sua obtenção.

- Art. 278-A acrescido pela Lei nº 13.804, de 10-1-2019.

Art. 279. Em caso de sinistro com vítima envolvendo veículo equipado com registrador instantâneo de velocidade e tempo, somente o perito oficial encarregado do levantamento pericial poderá retirar o disco ou unidade armazenadora do registro.

- Artigo com a redação dada pela Lei nº 14.599, de 19-6-2023.
- Res. do CONTRAN nº 938, de 28-3-2022, dispõe sobre requisitos técnicos mínimos do registrador instantâneo e inalterável de velocidade e tempo (cronotacógrafo).

Art. 279-A. O veículo em estado de abandono ou sinistrado poderá ser removido para o depósito fixado pelo órgão ou entidade competente do Sistema Nacional de Trânsito independentemente da existência de infração à legislação de trânsito, nos termos da regulamentação do CONTRAN.

§ 1º A remoção do veículo sinistrado será realizada quando não houver responsável por ele no local do sinistro.

§ 2º Aplicam-se à remoção de veículo em estado de abandono ou sinistrado as disposições constantes do art. 328, sem prejuízo das demais disposições deste Código.

- Art. 279-A com a redação dada pela Lei nº 14.599, de 19-6-2023.

CAPÍTULO XVIII
DO PROCESSO ADMINISTRATIVO

Seção I
DA AUTUAÇÃO

Art. 280. Ocorrendo infração prevista na legislação de trânsito, lavrar-se-á auto de infração, do qual constará:

I – tipificação da infração;

II – local, data e hora do cometimento da infração;

III – caracteres da placa de identificação do veículo, sua marca e espécie, e outros elementos julgados necessários à sua identificação;

IV – o prontuário do condutor, sempre que possível;

V – identificação do órgão ou entidade e da autoridade ou agente autuador ou equipamento que comprovar a infração;

VI – assinatura do infrator, sempre que possível, valendo esta como notificação do cometimento da infração.

- Res. do CONTRAN nº 217, de 14-12-2006, delega competência ao órgão máximo executivo de trânsito da União para estabelecer os campos de preenchimento das informações que devem constar do Auto de Infração.
- Port. da SENATRAN nº 354, de 31-3-2022, estabelece os campos e informações mínimas que devem compor o Auto de Infração de Trânsito (AIT).
- Súmulas nºs 127 e 312 do STJ.

§ 1º VETADO.

§ 2º A infração deverá ser comprovada por declaração da autoridade ou do agente da autoridade de trânsito, por aparelho eletrônico ou por equipamento audiovisual, reações químicas ou qualquer outro meio tecnologicamente disponível, previamente regulamentado pelo CONTRAN.

- A alteração que seria inserida neste parágrafo pela Lei nº 14.304, de 23-2-2022, foi vetada, razão pela qual mantivemos a sua redação.
- Res. do CONTRAN nº 798, de 2-9-2020, dispõe sobre requisitos técnicos mínimos para a fiscalização da velocidade de veículos automotores, elétricos, reboques e semirreboques.
- Res. do CONTRAN nº 909, de 28-3-2022, consolida normas de fiscalização de trânsito por intermédio de videomonitoramento, nos termos deste parágrafo.
- Res. do CONTRAN nº 920, de 28-3-2022, regulamenta a utilização de sistemas automáticos não metrológicos de fiscalização, nos termos deste parágrafo.
- Res. do CONTRAN nº 960, de 17-5-2022, dispõe sobre os requisitos de segurança de vidros, a visibilidade para fins de circulação, o uso de vidros em veículos blindados e o uso de medidores de transmitância luminosa.

§ 3º Não sendo possível a autuação em flagrante, o agente de trânsito relatará o fato à autoridade no próprio auto de infração, informando os dados a respeito do veículo, além dos constantes nos incisos I, II e III, para o procedimento previsto no artigo seguinte.

§ 4º O agente da autoridade de trânsito competente para lavrar o auto de infração poderá ser servidor civil, estatutário ou celetista ou, ainda, policial militar designado pela autoridade de trânsito com jurisdição sobre a via no âmbito de sua competência.

- Art. 6º, § 1º, da CTVV.

§ 5º VETADO. Lei nº 14.599, de 19-6-2023.

§ 6º Não há infração de circulação, parada ou estacionamento relativa aos veículos destinados a socorro de incêndio e salvamento, aos de polícia, aos de fiscalização e operação de trânsito e às ambulâncias, ainda que não identificados ostensivamente.

- § 6º acrescido pela Lei nº 14.599, de 19-6-2023.

Seção II
DO JULGAMENTO DAS AUTUAÇÕES E PENALIDADES

Art. 281. A autoridade de trânsito, na esfera da competência estabelecida neste Código e dentro de sua circunscrição, julgará a consistência do auto de infração e aplicará a penalidade cabível.

- Art. 316 deste Código.
- Súm. nº 312 do STJ.

§ 1º O auto de infração será arquivado e seu registro julgado insubsistente:

I – se considerado inconsistente ou irregular;

▶ Res. do CONTRAN nº 900, de 9-3-2022, consolida as normas sobre a padronização dos procedimentos para apresentação de defesa prévia e de recurso, em 1ª e 2ª instâncias, contra a imposição de penalidades de advertência por escrito e de multa de trânsito.

II – se, no prazo máximo de 30 (trinta) dias, não for expedida a notificação da autuação.

▶ Parágrafo único transformado em § 1º pela Lei nº 14.304, de 23-2-2022.

§ 2º O prazo para expedição da notificação da autuação referente às penalidades de suspensão do direito de dirigir e de cassação do documento de habilitação será contado a partir da data da instauração do processo destinado à aplicação dessas penalidades.

▶ § 2º acrescido pela Lei nº 14.304, de 23-2-2022.

Art. 281-A. Na notificação de autuação e no auto de infração, quando valer como notificação de autuação, deverá constar o prazo para apresentação de defesa prévia, que não será inferior a 30 (trinta) dias, contado da data de expedição da notificação.

▶ Art. 281-A acrescido pela Lei nº 14.071, de 13-10-2020.

Art. 282. Caso a defesa prévia seja indeferida ou não seja apresentada no prazo estabelecido, será aplicada a penalidade e expedida notificação ao proprietário do veículo ou ao infrator, por remessa postal ou por qualquer outro meio tecnológico hábil que assegure a ciência da imposição da penalidade.

▶ *Caput* com a redação dada pela Lei nº 14.229, de 21-10-2021.

▶ Súmulas nºs 127 e 312 do STJ.

§ 1º A notificação devolvida por desatualização do endereço do proprietário do veículo ou por recusa em recebê-la será considerada válida para todos os efeitos.

▶ § 1º com a redação dada pela Lei nº 14.229, de 21-10-2021.

§ 2º A notificação a pessoal de missões diplomáticas, de repartições consulares de carreira e de representações de organismos internacionais e de seus integrantes será remetida ao Ministério das Relações Exteriores para as providências cabíveis e cobrança dos valores, no caso de multa.

§ 3º Sempre que a penalidade de multa for imposta a condutor, à exceção daquela de que trata o § 1º do artigo 259, a notificação será encaminhada ao proprietário do veículo, responsável pelo seu pagamento.

▶ Res. do CONTRAN nº 108, de 21-12-1999, dispõe sobre a responsabilidade pelo pagamento de multas.

§ 4º Da notificação deverá constar a data do término do prazo para apresentação de recurso pelo responsável pela infração, que não será inferior a 30 (trinta) dias contados da data da notificação da penalidade.

§ 5º No caso de penalidade de multa, a data estabelecida no parágrafo anterior será a data para o recolhimento de seu valor.

▶ §§ 4º e 5º acrescidos pela Lei nº 9.602, de 21-1-1998.

§ 6º O prazo para expedição das notificações das penalidades previstas no art. 256 deste Código é de 180 (cento e oitenta) dias ou, se houver interposição de defesa prévia, de 360 (trezentos e sessenta) dias, contado:

I – no caso das penalidades previstas nos incisos I e II do *caput* do art. 256 deste Código, da data do cometimento da infração;

II – no caso das demais penalidades previstas no art. 256 deste Código, da conclusão do processo administrativo da penalidade que lhe der causa.

▶ § 6º com a redação dada pela Lei nº 14.229, de 21-10-2021.

§ 6º-A. Para fins de aplicação do inciso I do § 6º deste artigo, no caso das autuações que não sejam em flagrante, o prazo será contado da data do conhecimento da infração pelo órgão de trânsito responsável pela aplicação da penalidade, na forma definida pelo CONTRAN.

▶ § 6º-A acrescido pela Lei nº 14.229, de 21-10-2021.

§ 7º O descumprimento dos prazos previstos no § 6º deste artigo implicará a decadência do direito de aplicar a respectiva penalidade.

▶ § 7º com a redação dada pela Lei nº 14.229, de 21-10-2021.

§ 8º VETADO. Lei nº 14.304, de 23-2-2022.

Art. 282-A. O órgão do Sistema Nacional de Trânsito responsável pela autuação deverá oferecer ao proprietário do veículo ou ao condutor autuado a opção de notificação por meio eletrônico, na forma definida pelo CONTRAN.

▶ *Caput* com a redação dada pela Lei nº 14.071, de 13-10-2020.

★ **Nova redação do dispositivo alterado:** "Art. 282-A. O órgão ou entidade do Sistema Nacional de Trânsito responsável pela autuação notificará o proprietário do veículo ou o condutor autuado por meio eletrônico, mediante sistema de notificação eletrônica definido pelo CONTRAN."

▶ *Caput* do art. 282-A com a redação dada pela Lei nº 14.440, de 2-9-2022, para vigorar a partir de 1º-1-2027.

§ 1º O proprietário e o condutor autuado deverão manter seu cadastro atualizado no órgão executivo de trânsito do Estado ou do Distrito Federal.

§ 2º Na hipótese de notificação prevista no *caput* deste artigo, o proprietário ou o condutor autuado será considerado notificado 30 (trinta) dias após a inclusão da informação no sistema eletrônico e do envio da respectiva mensagem.

▶ §§ 1º e 2º com a redação dada pela Lei nº 14.071, de 13-10-2020.

§ 3º O sistema previsto no *caput* será certificado digitalmente, atendidos os requisitos de autenticidade, integridade, validade jurídica e interoperabilidade da Infraestrutura de Chaves Públicas Brasileira (ICP-Brasil).

▶ § 3º acrescido pela Lei nº 13.281, de 4-5-2016.

§ 4º A coordenação do sistema de que trata o *caput* deste artigo é de responsabilidade do órgão máximo executivo de trânsito da União.

▶ § 4º acrescido pela Lei nº 14.440, de 2-9-2022.

§ 5º Excepcionalmente, mediante manifestação prévia e expressa da vontade do proprietário do veículo ou do condutor autuado e nos termos de regulamentação do CONTRAN, os órgãos e entidades de trânsito responsáveis pela autuação realizarão as notificações por meio de remessa postal.

▶ § 5º acrescido pela Lei nº 14.440, de 2-9-2022, para vigorar a partir de 1º-1-2027.

Art. 283. VETADO.

Art. 284. O pagamento da multa poderá ser efetuado até a data do vencimento expressa na notificação, por oitenta por cento do seu valor.

§ 1º Caso o infrator declare pelo sistema de notificação eletrônica de que trata o art. 282-A deste Código a opção por não apresentar defesa prévia nem recurso, reconhecendo o cometimento da infração, o pagamento da multa poderá ser efetuado por 60% (sessenta por cento) do seu valor, em qualquer fase do processo, até o vencimento do prazo de pagamento da multa, desde que a adesão ao sistema seja realizada antes do correspondente envio da notificação da autuação.

▶ § 1º com a redação dada pela Lei nº 14.599, de 19-6-2023.

§ 2º O recolhimento do valor da multa não implica renúncia ao questionamento administrativo, que pode ser realizado a qualquer momento, respeitado o disposto no § 1º.

§ 3º Não incidirá cobrança moratória e não poderá ser aplicada qualquer restrição, inclusive para fins de licenciamento e transferência, enquanto não for encerrada a instância administrativa de julgamento de infrações e penalidades.

§ 4º Encerrada a instância administrativa de julgamento de infrações e penalidades, a multa não paga até o vencimento será acrescida de juros de mora equivalentes à taxa referencial do Sistema Especial de Liquidação e de Custódia (SELIC) para títulos federais acumulada mensalmente, calculados a partir do mês subsequente ao da consolidação até o mês anterior ao do pagamento, e de 1% (um por cento) relativamente ao mês em que o pagamento estiver sendo efetuado.

▶ §§ 2º a 4º acrescidos pela Lei nº 13.281, de 4-5-2016.

§ 5º O sistema de notificação eletrônica de que trata o art. 282-A deste Código deve disponibilizar, na mesma plataforma, campo destinado à apresentação de defesa prévia e de recurso, quando o infrator não reconhecer o cometimento da infração, na forma regulamentada pelo CONTRAN.

▶ § 5º com a redação dada pela Lei nº 14.440, de 2-9-2022.

§ 6º O desconto previsto no § 1º deste artigo será concedido ainda que o órgão responsável pela aplicação da penalidade de multa não tiver aderido ao sistema de notificação eletrônica de que trata o art. 282-A deste Código, desde que o infrator tenha cumprido os requisitos nele descritos.

▶ § 6º acrescido pela Lei nº 14.599, de 19-6-2023.

Art. 285. O recurso contra a penalidade imposta nos termos do art. 282 deste Código será interposto perante a autoridade que imputou a penalidade e terá efeito suspensivo.

▶ *Caput* com a redação dada pela Lei nº 14.229, de 21-10-2021.

§ 1º O recurso intempestivo ou interposto por parte ilegítima não terá efeito suspensivo.

§ 2º Recebido o recurso tempestivo, a autoridade o remeterá à JARI, no prazo de 10 (dez) dias, contado da data de sua interposição.

▶ §§ 1º e 2º com a redação dada pela Lei nº 14.229, de 21-10-2021.

§ 3º *Revogado*. Lei nº 14.229, de 21-10-2021.

§ 4º Na apresentação de defesa ou recurso, em qualquer fase do processo, para efeitos de admissibilidade, não serão exigidos documentos ou cópia de documentos emitidos pelo órgão responsável pela autuação.

▸ § 4º acrescido pela Lei nº 14.071, de 13-10-2020.

§ 5º O recurso intempestivo será arquivado.

§ 6º O recurso de que trata o *caput* deste artigo deverá ser julgado no prazo de 24 (vinte e quatro) meses, contado do recebimento do recurso pelo órgão julgador.

▸ §§ 5º e 6º acrescido pela Lei nº 14.229, de 21-10-2021.

Art. 286. O recurso contra a imposição de multa poderá ser interposto no prazo legal, sem o recolhimento do seu valor.

§ 1º No caso de não provimento do recurso, aplicar-se-á o estabelecido no parágrafo único do artigo 284.

§ 2º Se o infrator recolher o valor da multa e apresentar recurso, se julgada improcedente a penalidade, ser-lhe-á devolvida a importância paga, atualizada em UFIR ou por índice legal de correção dos débitos fiscais.

▸ Súm. nº 434 do STJ.

Art. 287. Se a infração for cometida em localidade diversa daquela do licenciamento do veículo, o recurso poderá ser apresentado junto ao órgão ou entidade de trânsito da residência ou domicílio do infrator.

Parágrafo único. A autoridade de trânsito que receber o recurso deverá remetê-lo, de pronto, à autoridade que impôs a penalidade acompanhado das cópias dos prontuários necessários ao julgamento.

▸ Res. do CONTRAN nº 900, de 9-3-2022, consolida as normas sobre a padronização dos procedimentos para apresentação de defesa prévia e de recurso, em 1ª e 2ª instâncias, contra a imposição de penalidades de advertência por escrito e de multa de trânsito.

Art. 288. Das decisões da JARI cabe recurso a ser interposto, na forma do artigo seguinte, no prazo de trinta dias contado da publicação ou da notificação da decisão.

▸ Súm. nº 434 do STJ.

§ 1º O recurso será interposto, da decisão do não provimento, pelo responsável pela infração, e da decisão de provimento, pela autoridade que impôs a penalidade.

§ 2º *Revogado.* Lei nº 12.249, de 11-6-2010.

Art. 289. O recurso de que trata o art. 288 deste Código deverá ser julgado no prazo de 24 (vinte e quatro) meses, contado do recebimento do recurso pelo órgão julgador:

▸ *Caput* com a redação dada pela Lei nº 14.229, de 21-10-2021.

I – tratando-se de penalidade imposta por órgão ou entidade da União, por colegiado especial integrado pelo Coordenador-Geral da JARI, pelo Presidente da Junta que apreciou o recurso e por mais um Presidente de Junta;

▸ *Caput* do inciso I com a redação dada pela Lei nº 14.071, de 13-10-2020.

a e b) Revogadas. Lei nº 14.071, de 13-10-2020.

II – tratando-se de penalidade imposta por órgão ou entidade de trânsito estadual, municipal ou do Distrito Federal, pelos CETRAN e CONTRANDIFE, respectivamente.

Parágrafo único. No caso do inciso I do *caput* deste artigo:

I – quando houver apenas 1 (uma) JARI, o recurso será julgado por seus membros;

II – quando necessário, novos colegiados especiais poderão ser formados, compostos pelo Presidente da Junta que apreciou o recurso e por mais 2 (dois) Presidentes de Junta, na forma estabelecida pelo CONTRAN.

▸ Parágrafo único com a redação dada pela Lei nº 14.229, de 21-10-2021.

Art. 289-A. O não julgamento dos recursos nos prazos previstos no § 6º do art. 285 e no *caput* do art. 289 deste Código ensejará a prescrição da pretensão punitiva.

▸ Art. 289-A acrescido pela Lei nº 14.229, de 21-10-2021.

Art. 290. Implicam encerramento da instância administrativa de julgamento de infrações e penalidades:

▸ *Caput* com a redação dada pela Lei nº 13.281, de 4-5-2016.

I – o julgamento do recurso de que tratam os arts. 288 e 289;

II – a não interposição do recurso no prazo legal; e

III – o pagamento da multa, com reconhecimento da infração e requerimento de encerramento do processo na fase em que se encontra, sem apresentação de defesa ou recurso.

▸ Incisos I a III acrescidos pela Lei nº 13.281, de 4-5-2016.

Parágrafo único. Esgotados os recursos, as penalidades aplicadas nos termos deste Código serão cadastradas no RENACH.

▸ Art. 14, parágrafo único, deste Código.

Art. 290-A. Os prazos processuais de que trata este Código não se suspendem, salvo por motivo de força maior devidamente comprovado, nos termos de regulamento do CONTRAN.

▸ Art. 290-A acrescido pela Lei nº 14.229, de 21-10-2021.

CAPÍTULO XIX
DOS CRIMES DE TRÂNSITO

Seção I
DISPOSIÇÕES GERAIS

Art. 291. Aos crimes cometidos na direção de veículos automotores, previstos neste Código, aplicam-se as normas gerais do Código Penal e do Código de Processo Penal, se este Capítulo não dispuser de modo diverso, bem como a Lei nº 9.099, de 26 de setembro de 1995, no que couber.

§ 1º Aplica-se aos crimes de trânsito de lesão corporal culposa o disposto nos arts. 74, 76 e 88 da Lei nº 9.099, de 26 de setembro de 1995, exceto se o agente estiver:

I – sob a influência de álcool ou qualquer outra substância psicoativa que determine dependência;

II – participando, em via pública, de corrida, disputa ou competição automobilística, de exibição ou demonstração de perícia em manobra de veículo automotor, não autorizada pela autoridade competente;

III – transitando em velocidade superior à máxima permitida para a via em 50 km/h (cinquenta quilômetros por hora).

§ 2º Nas hipóteses previstas no § 1º deste artigo, deverá ser instaurado inquérito policial para a investigação da infração penal.

▸ §§ 1º e 2º acrescidos pela Lei nº 11.705, de 19-6-2008.

§ 3º VETADO. Lei nº 13.546, de 19-12-2017.

§ 4º O juiz fixará a pena-base segundo as diretrizes previstas no art. 59 do Decreto-Lei nº 2.848, de 7 de dezembro de 1940 (Código Penal), dando especial atenção à culpabilidade do agente e às circunstâncias e consequências do crime.

▸ § 4º acrescido pela Lei nº 13.546, de 19-12-2017.

Art. 292. A suspensão ou a proibição de se obter a permissão ou a habilitação para dirigir veículo automotor pode ser imposta isolada ou cumulativamente com outras penalidades.

▸ Artigo com a redação dada pela Lei nº 12.971, de 9-5-2014.

Art. 293. A penalidade de suspensão ou de proibição de se obter a permissão ou a habilitação, para dirigir veículo automotor, tem a duração de dois meses a cinco anos.

§ 1º Transitada em julgado a sentença condenatória, o réu será intimado a entregar à autoridade judiciária, em quarenta e oito horas, a Permissão para Dirigir ou a Carteira de Habilitação.

▸ Art. 307, parágrafo único, deste Código.

§ 2º A penalidade de suspensão ou de proibição de se obter a permissão ou a habilitação para dirigir veículo automotor não se inicia enquanto o sentenciado, por efeito de condenação penal, estiver recolhido a estabelecimento prisional.

Art. 294. Em qualquer fase da investigação ou da ação penal, havendo necessidade para a garantia da ordem pública, poderá o juiz, como medida cautelar, de ofício, ou a requerimento do Ministério Público ou ainda mediante representação da autoridade policial, decretar, em decisão motivada, a suspensão da permissão ou da habilitação para dirigir veículo automotor, ou a proibição de sua obtenção.

Parágrafo único. Da decisão que decretar a suspensão ou a medida cautelar, ou da que indeferir o requerimento do Ministério Público, caberá recurso em sentido estrito, sem efeito suspensivo.

▸ Art. 581 do CPP.

Art. 295. A suspensão para dirigir veículo automotor ou a proibição de se obter a permissão ou a habilitação será sempre comunicada pela autoridade judiciária ao Conselho Nacional de Trânsito – CONTRAN, e ao órgão de trânsito do Estado em que o indiciado ou réu for domiciliado ou residente.

Art. 296. Se o réu for reincidente na prática de crime previsto neste Código, o juiz aplicará a penalidade de suspensão da permissão ou habilitação para dirigir veículo automotor, sem prejuízo das demais sanções penais cabíveis.

▸ Artigo com a redação dada pela Lei nº 11.705, de 19-6-2008.

Art. 297. A penalidade de multa reparatória consiste no pagamento, mediante depósito judicial em favor da vítima, ou seus sucessores, de quantia calculada com base no disposto no § 1º do artigo 49 do Código Penal, sempre que houver prejuízo material resultante do crime.

▸ Art. 49, § 1º, do CP.

§ 1º A multa reparatória não poderá ser superior ao valor do prejuízo demonstrado no processo.

§ 2º Aplica-se à multa reparatória o disposto nos artigos 50 a 52 do Código Penal.

§ 3º Na indenização civil do dano, o valor da multa reparatória será descontado.

Art. 298. São circunstâncias que sempre agravam as penalidades dos crimes de trânsito ter o condutor do veículo cometido a infração:

I – com dano potencial para duas ou mais pessoas ou com grande risco de grave dano patrimonial a terceiros;

II – utilizando o veículo sem placas, com placas falsas ou adulteradas;

III – sem possuir Permissão para Dirigir ou Carteira de Habilitação;

IV – com Permissão para Dirigir ou Carteira de Habilitação de categoria diferente da do veículo;

V – quando a sua profissão ou atividade exigir cuidados especiais com o transporte de passageiros ou de carga;

VI – utilizando veículo em que tenham sido adulterados equipamentos ou características que afetem a sua segurança ou o seu funcionamento de acordo com os limites de velocidade prescritos nas especificações do fabricante;

VII – sobre faixa de trânsito temporária ou permanentemente destinada a pedestres.

Parágrafo único. VETADO. Lei nº 14.304, de 23-2-2022.

Arts. 299 e 300. VETADOS.

Art. 301. Ao condutor de veículo, nos casos de sinistros de trânsito que resultem em vítima, não se imporá a prisão em flagrante nem se exigirá fiança, se prestar pronto e integral socorro àquela.

▶ Artigo com a redação dada pela Lei nº 14.599, de 19-6-2023.

Seção II

DOS CRIMES EM ESPÉCIE

Art. 302. Praticar homicídio culposo na direção do veículo automotor:

▶ Art. 121, § 3º, do CP.

Penas – detenção, de dois a quatro anos, e suspensão ou proibição de se obter a permissão ou a habilitação para dirigir veículo automotor.

§ 1º No homicídio culposo cometido na direção de veículo automotor, a pena é aumentada de 1/3 (um terço) à metade, se o agente:

I – não possuir Permissão para Dirigir ou Carteira de Habilitação;

II – praticá-lo em faixa de pedestres ou na calçada;

III – deixar de prestar socorro, quando possível fazê-lo sem risco pessoal, à vítima do sinistro;

▶ Inciso III com a redação dada pela Lei nº 14.599, de 19-6-2023.

IV – no exercício de sua profissão ou atividade, estiver conduzindo veículo de transporte de passageiros;

V – *Revogado*. Lei nº 11.705, de 19-6-2008.

▶ Parágrafo único transformado em § 1º pela Lei nº 12.971, de 9-5-2014.

§ 2º *Revogado*. Lei nº 13.281, de 4-5-2016.

§ 3º Se o agente conduz veículo automotor sob a influência de álcool ou de qualquer outra substância psicoativa que determine dependência:

Penas – reclusão, de cinco a oito anos, e suspensão ou proibição do direito de se obter a permissão ou a habilitação para dirigir veículo automotor.

▶ § 3º acrescido pela Lei nº 13.546, de 19-12-2017.

Art. 303. Praticar lesão corporal culposa na direção de veículo automotor:

Penas – detenção, de seis meses a dois anos e suspensão ou proibição de se obter a permissão ou a habilitação para dirigir veículo automotor.

§ 1º Aumenta-se a pena de 1/3 (um terço) à metade, se ocorrer qualquer das hipóteses do § 1º do art. 302.

▶ Parágrafo único transformado em § 1º pela Lei nº 13.546, de 19-12-2017.

▶ Art. 129, § 6º, do CP.

§ 2º A pena privativa de liberdade é de reclusão de dois a cinco anos, sem prejuízo das outras penas previstas neste artigo, se o agente conduz o veículo com capacidade psicomotora alterada em razão da influência de álcool ou de outra substância psicoativa que determine dependência, e se do crime resultar lesão corporal de natureza grave ou gravíssima.

▶ § 2º acrescido pela Lei nº 13.546, de 19-12-2017.

Art. 304. Deixar o condutor do veículo, na ocasião do sinistro, de prestar imediato socorro à vítima, ou, não podendo fazê-lo diretamente, por justa causa, deixar de solicitar auxílio da autoridade pública:

▶ *Caput* com a redação dada pela Lei nº 14.599, de 19-6-2023.

Penas – detenção, de seis meses a um ano, ou multa, se o fato não constituir elemento de crime mais grave.

Parágrafo único. Incide nas penas previstas neste artigo o condutor do veículo, ainda que a sua omissão seja suprida por terceiros ou que se trate de vítima com morte instantânea ou com ferimentos leves.

▶ Art. 176, I, deste Código.

Art. 305. Afastar-se o condutor do veículo do local do sinistro, para fugir à responsabilidade penal ou civil que lhe possa ser atribuída:

▶ *Caput* com a redação dada pela Lei nº 14.599, de 19-6-2023.

Penas – detenção, de seis meses a um ano, ou multa.

Art. 306. Conduzir veículo automotor com capacidade psicomotora alterada em razão da influência de álcool ou de outra substância psicoativa que determine dependência:

▶ *Caput* com a redação dada pela Lei nº 12.760, de 20-12-2012.

Penas – detenção, de seis meses a três anos, multa e suspensão ou proibição de se obter a permissão ou a habilitação para dirigir veículo automotor.

§ 1º As condutas previstas no *caput* serão constatadas por:

I – concentração igual ou superior a 6 decigramas de álcool por litro de sangue ou igual ou superior a 0,3 miligrama de álcool por litro de ar alveolar; ou

II – sinais que indiquem, na forma disciplinada pelo CONTRAN, alteração da capacidade psicomotora.

▶ § 1º acrescido pela Lei nº 12.760, de 20-12-2012.

§ 2º A verificação do disposto neste artigo poderá ser obtida mediante teste de alcoolemia ou toxicológico, exame clínico, perícia, vídeo, prova testemunhal ou outros meios de prova em direito admitidos, observado o direito à contraprova.

▶ § 2º com a redação dada pela Lei nº 12.971, de 9-5-2014.

§ 3º O CONTRAN disporá sobre a equivalência entre os distintos testes de alcoolemia ou toxicológicos para efeito de caracterização do crime tipificado neste artigo.

▶ § 3º com a redação dada pela Lei nº 12.971, de 9-5-2014.

▶ Arts. 165, 276 e 277 deste Código.

▶ Dec. nº 6.488, de 19-6-2008, regulamenta este artigo.

▶ Res. do CONTRAN nº 432, de 23-1-2013, dispõe sobre os procedimentos a serem adotados pelas autoridades de trânsito e seus agentes na fiscalização do consumo de álcool ou de outra substância psicoativa que determine dependência, para aplicação do disposto nos arts. 165, 276, 277 e 306 deste Código.

§ 4º Poderá ser empregado qualquer aparelho homologado pelo Instituto Nacional de Metrologia, Qualidade e Tecnologia – INMETRO – para se determinar o previsto no *caput*.

▶ § 4º acrescido pela Lei nº 13.840, de 5-6-2019.

Art. 307. Violar a suspensão ou a proibição de se obter a permissão ou a habilitação para dirigir veículo automotor imposta com fundamento neste Código:

Penas – detenção, de seis meses a um ano e multa, com nova imposição adicional de idêntico prazo de suspensão ou de proibição.

Parágrafo único. Nas mesmas penas incorre o condenado que deixa de entregar, no prazo estabelecido no § 1º do artigo 293, a Permissão para Dirigir ou a Carteira de Habilitação.

Art. 308. Participar, na direção de veículo automotor, em via pública, de corrida, disputa ou competição automobilística ou ainda de exibição ou demonstração de perícia em manobra de veículo automotor, não autorizada pela autoridade competente, gerando situação de risco à incolumidade pública ou privada:

▶ *Caput* com a redação dada pela Lei nº 13.546, de 19-12-2017.

Penas – detenção, de 6 (seis) meses a 3 (três) anos, multa e suspensão ou proibição de se obter a permissão ou a habilitação para dirigir veículo automotor.

§ 1º Se da prática do crime previsto no *caput* resultar lesão corporal de natureza grave, e as circunstâncias demonstrarem que o agente não quis o resultado nem assumiu o risco de produzi-lo, a pena privativa de liberdade é de reclusão, de 3 (três) a 6 (seis) anos, sem prejuízo das outras penas previstas neste artigo.

§ 2º Se da prática do crime previsto no *caput* resultar morte, e as circunstâncias demonstrarem que o agente não quis o resultado nem assumiu o risco de produzi-lo, a pena privativa de liberdade é de reclusão de 5 (cinco) a 10 (dez) anos, sem prejuízo das outras penas previstas neste artigo.

▶ Art. 308 com a redação dada pela Lei nº 12.971, de 9-5-2014.

▶ Arts. 67, 173, e 174 deste Código.

Art. 309. Dirigir veículo automotor, em via pública, sem a devida Permissão para Dirigir ou Habilitação ou, ainda, se cassado o direito de dirigir, gerando perigo de dano:

Penas – detenção, de seis meses a um ano, ou multa.

▶ Art. 162, I, e II, deste Código.
▶ Súm. nº 720 do STF.

Art. 310. Permitir, confiar ou entregar a direção de veículo automotor a pessoa não habilitada, com habilitação cassada ou com o direito de dirigir suspenso, ou, ainda, a quem, por seu estado de saúde, física ou mental, ou por embriaguez, não esteja em condições de conduzi-lo com segurança:

▶ Arts. 163, 164 e 166 deste Código.

Penas – detenção, de seis meses a um ano, ou multa.

Art. 310-A. VETADO. Lei nº 12.619, de 30-4-2012.

Art. 311. Trafegar em velocidade incompatível com a segurança nas proximidades de escolas, hospitais, estações de embarque e desembarque de passageiros, logradouros estreitos, ou onde haja grande movimentação ou concentração de pessoas, gerando perigo de dano:

Penas – detenção, de seis meses a um ano, ou multa.

▶ Art. 220, XIV, deste Código.

Art. 312. Inovar artificiosamente, em caso de sinistro automobilístico com vítima, na pendência do respectivo procedimento policial preparatório, inquérito policial ou processo penal, o estado de lugar, de coisa ou de pessoa, a fim de induzir a erro o agente policial, o perito ou o juiz:

▶ *Caput* com a redação dada pela Lei nº 14.599, de 19-6-2023.

Penas – detenção, de seis meses a um ano, ou multa.

Parágrafo único. Aplica-se o disposto neste artigo, ainda que não iniciados, quando da inovação, o procedimento preparatório, o inquérito ou o processo aos quais se refere.

▶ Art. 176, III, deste Código.
▶ Art. 347 do CP.

Art. 312-A. Para os crimes relacionados nos arts. 302 a 312 deste Código, nas situações em que o juiz aplicar a substituição de pena privativa de liberdade por pena restritiva de direitos, esta deverá ser de prestação de serviço à comunidade ou a entidades públicas, em uma das seguintes atividades:

▶ *Caput* acrescido pela Lei nº 13.281, de 4-5-2016.

I – trabalho, aos fins de semana, em equipes de resgate dos corpos de bombeiros e em outras unidades móveis especializadas no atendimento a vítimas de trânsito;

▶ Inciso I acrescido pela Lei nº 13.281, de 4-5-2016.

II – trabalho em unidades de pronto-socorro de hospitais da rede pública que recebem vítimas de sinistro de trânsito e politraumatizados;

III – trabalho em clínicas ou instituições especializadas na recuperação de sinistrados de trânsito;

IV – outras atividades relacionadas a resgate, atendimento e recuperação de vítimas de sinistros de trânsito.

▶ Incisos II a IV com a redação dada pela Lei nº 14.599, de 19-6-2023.

Art. 312-B. Aos crimes previstos no § 3º do art. 302 e no § 2º do art. 303 deste Código não se aplica o disposto no inciso I do *caput* do art. 44 do Decreto-Lei nº 2.848, de 7 de dezembro de 1940 (Código Penal).

▶ Art. 312-B acrescido pela Lei nº 14.071, de 13-10-2020.

CAPÍTULO XX
DISPOSIÇÕES FINAIS E TRANSITÓRIAS

Art. 313. O Poder Executivo promoverá a nomeação dos membros do CONTRAN no prazo de sessenta dias da publicação deste Código.

Art. 314. O CONTRAN tem prazo de 240 (duzentos e quarenta) dias a partir da publicação deste Código para expedir as resoluções necessárias à sua melhor execução, bem como para revisar todas as resoluções anteriores à sua publicação, dando prioridade àquelas que visam a diminuir o número de sinistros e a assegurar a proteção de pedestres.

▶ *Caput* com a redação dada pela Lei nº 14.599, de 19-6-2023.

Parágrafo único. As resoluções do CONTRAN, existentes até a data de publicação deste Código, continuam em vigor naquilo em que não conflitem com ele.

Art. 315. O Ministério da Educação, mediante proposta do CONTRAN, deverá, no prazo de 240 (duzentos e quarenta) dias contado da publicação deste Código, estabelecer o currículo com conteúdo programático relativo à segurança e à educação de trânsito, a fim de atender ao disposto neste Código.

▶ Artigo com a redação dada pela Lei nº 14.599, de 19-6-2023.

Art. 316. O prazo de notificação previsto no inciso II do parágrafo único do artigo 281 só entrará em vigor após duzentos e quarenta dias contados da publicação desta Lei.

Art. 317. Os órgãos e entidades de trânsito concederão prazo de até um ano para a adaptação dos veículos de condução de escolares e de aprendizagem às normas do inciso III do artigo 136 e artigo 154, respectivamente.

Art. 318. VETADO.

Art. 319. Enquanto não forem baixadas novas normas pelo CONTRAN, continua em vigor o disposto no artigo 92 do Regulamento do Código Nacional de Trânsito – Decreto nº 62.127, de 16 de janeiro de 1968.

▶ O referido Dec. nº 62.127, de 16-1-1968, foi revogado pelo Dec. nº 10.086, de 5-11-2019.

Art. 319-A. Os valores de multas constantes deste Código poderão ser corrigidos monetariamente pelo CONTRAN, respeitado o limite da variação do Índice Nacional de Preços ao Consumidor Amplo (IPCA) no exercício anterior.

Parágrafo único. Os novos valores decorrentes do disposto no *caput* serão divulgados pelo CONTRAN com, no mínimo, 90 (noventa) dias de antecedência de sua aplicação.

▶ Art. 319-A acrescido pela Lei nº 13.281, de 4-5-2016.

***Art. 320.** A receita arrecadada com a cobrança das multas de trânsito será aplicada, exclusivamente, em sinalização, em engenharia de tráfego, em engenharia de campo, em policiamento, em fiscalização, em renovação de frota circulante, em educação de trânsito e em custeio do processo de habilitação de condutores de baixa renda.*

▶ *Caput* com a redação dada pela Lei nº 15.153, de 26-6-2025.

§ 1º O percentual de cinco por cento do valor das multas de trânsito arrecadadas será depositado, mensalmente, na conta de fundo de âmbito nacional destinado à segurança e educação de trânsito.

▶ Parágrafo único renumerado para § 1º pela Lei nº 13.281, de 4-5-2016.

§ 2º O órgão responsável deverá publicar, anualmente, na rede mundial de computadores (internet), dados sobre a receita arrecadada com a cobrança de multas de trânsito e sua destinação.

▶ § 2º acrescido pela Lei nº 13.281, de 4-5-2016.
▶ Art. 19, XII, deste Código.
▶ Art. 3º da Res. do CONTRAN nº 289, de 29-8-2008, que dispõe sobre normas de atuação a serem adotadas pelo Departamento Nacional de Infraestrutura de Transportes – DNIT e o Departamento de Polícia Rodoviária Federal – DPRF na fiscalização do trânsito nas rodovias federais.
▶ Res. do CONTRAN nº 875, de 13-9-2021, dispõe sobre as formas de aplicação da receita arrecadada com a cobrança das multas de trânsito, conforme previsto no *caput* deste artigo.

§ 3º O valor total destinado à recomposição das perdas de receita das concessionárias de rodovias e vias urbanas, em decorrência do não pagamento de pedágio por usuários da via, não poderá ultrapassar o montante total arrecadado por meio das multas aplicadas com fundamento no art. 209-A deste Código, ressalvado o previsto em regulamento do Poder Executivo.

▶ § 3º acrescido pela Lei nº 14.157, de 1º-6-2021.

§ 4º O custeio do processo de habilitação de condutores a que se refere o caput deste artigo contemplará as taxas e demais despesas relativas ao processo de formação de condutores e de concessão do documento de habilitação para candidatos de baixa renda.

§ 5º O candidato de baixa renda de que trata o § 4º deste artigo será caracterizado pela sua inclusão no Cadastro Único para Programas Sociais do Governo Federal (CadÚnico).

▶ §§ 4º e 5º acrescidos pela Lei nº 15.153, de 26-6-2025.

Art. 320-A. Os órgãos e as entidades do Sistema Nacional de Trânsito poderão integrar-se para a ampliação e o aprimoramento da fiscalização de trânsito, inclusive por meio do compartilhamento da receita arrecadada com a cobrança das multas de trânsito.

▶ Art. 320-A acrescido pela Lei nº 13.281, de 4-5-2016.

Arts. 321 e 322. VETADOS.

Art. 323. O CONTRAN, em cento e oitenta dias, fixará a metodologia de aferição de peso de veículos, estabelecendo percentuais de tolerância, sendo durante este período suspensa a vigência das penalidades previstas no inciso V do artigo 231, aplicando-se a penalidade de vinte UFIR por duzentos quilogramas ou fração de excesso.

Parágrafo único. *Revogado.* Lei nº 14.599, de 19-6-2023.

Art. 324. VETADO.

Art. 325. As repartições de trânsito conservarão por, no mínimo, 5 (cinco) anos os documentos relativos à habilitação de condutores, ao registro e ao licenciamento de veículos e aos autos de infração de trânsito.

▶ *Caput* com a redação dada pela Lei nº 13.281, de 4-5-2016.

§ 1º Os documentos previstos no *caput* poderão ser gerados e tramitados eletronicamente, bem como arquivados e armazenados em meio digital, desde que assegurada a autenticidade, a fidedignidade, a confiabilidade e a segurança das informações, e serão válidos para todos os efeitos legais, sendo dispensada, nesse caso, a sua guarda física.

§ 2º O CONTRAN regulamentará a geração, a tramitação, o arquivamento, o armazenamento e a eliminação de documentos eletrônicos e físicos gerados em decorrência da aplicação das disposições deste Código.

§ 3º Na hipótese prevista nos §§ 1º e 2º, o sistema deverá ser certificado digitalmente, atendidos os requisitos de autenticidade, integridade, validade jurídica e interoperabilidade da Infraestrutura de Chaves Públicas Brasileira (ICP-Brasil).

▸ §§ 1º a 3º acrescidos pela Lei nº 13.281, de 4-5-2016.

Art. 326. A Semana Nacional de Trânsito será comemorada anualmente no período compreendido entre 18 e 25 de setembro.

Art. 326-A. A atuação dos integrantes do Sistema Nacional de Trânsito, no que se refere ao Plano Nacional de Redução de Mortes e Lesões no Trânsito (PNATRANS), deverá ser direcionada prioritariamente para o cumprimento da meta anual de redução do índice de mortes por grupo de habitantes, apurado anualmente por Estado e pelo Distrito Federal, detalhando-se os dados levantados e as ações realizadas em vias federais, estaduais, distritais e municipais, na forma regulamentada pelo CONTRAN.

▸ *Caput* com a redação dada pela Lei nº 14.599, de 19-6-2023.

§ 1º O objetivo geral do estabelecimento de metas é, ao final de 2030, reduzir à metade, no mínimo, o índice de mortes por grupo de habitantes, relativamente ao índice apurado em 2020.

▸ § 1º com a redação dada pela Lei nº 14.599, de 19-6-2023.

§ 2º As metas expressam a diferença a menor, em base percentual, entre os índices mais recentes, oficialmente apurados, e os índices que se pretende alcançar.

§ 3º A decisão que fixar as metas anuais estabelecerá as respectivas margens de tolerância.

▸ §§ 2º e 3º acrescidos pela Lei nº 13.614, de 11-1-2018.

§ 4º As metas serão fixadas pelo CONTRAN para os Estados e para o Distrito Federal, mediante propostas fundamentadas dos CETRAN, do CONTRANDIFE e da Polícia Rodoviária Federal, no âmbito das respectivas circunscrições.

§ 5º Antes de submeterem as propostas ao CONTRAN, os CETRAN, o CONTRANDIFE e a Polícia Rodoviária Federal realizarão consulta ou audiência pública para manifestação da sociedade sobre as metas a serem propostas.

§ 6º As propostas dos CETRAN, do CONTRANDIFE e da Polícia Rodoviária Federal serão encaminhadas ao CONTRAN até o dia 1º de agosto de cada ano, conforme regulamentação do CONTRAN.

▸ §§ 4º a 6º com a redação dada pela Lei nº 14.599, de 19-6-2023.

§ 7º As metas fixadas serão divulgadas em setembro, durante a Semana Nacional de Trânsito, assim como o desempenho, absoluto e relativo, de cada Estado e do Distrito Federal no cumprimento das metas vigentes no ano anterior, detalhados os dados levantados e as ações realizadas por vias federais, estaduais e municipais, devendo tais informações permanecer à disposição do público na rede mundial de computadores, em sítio eletrônico do órgão máximo executivo de trânsito da União.

▸ § 7º acrescido pela Lei nº 13.614, de 11-1-2018.

§ 8º O CONTRAN, ouvidos os CETRAN, o CONTRANDIFE, a Polícia Rodoviária Federal e os demais órgãos do Sistema Nacional de Trânsito, definirá as fórmulas para apuração do índice de que trata este artigo, assim como a metodologia para a coleta e o tratamento dos dados estatísticos necessários para a composição dos termos das fórmulas.

§ 9º Os dados estatísticos coletados em cada Estado e no Distrito Federal serão tratados e consolidados pelos respectivos órgãos ou entidades executivos de trânsito, que os repassarão ao órgão máximo executivo de trânsito da União, conforme regulamentação do CONTRAN.

▸ §§ 8º e 9º com a redação dada pela Lei nº 14.599, de 19-6-2023.

§ 10. Os dados estatísticos sujeitos à consolidação pelo órgão ou entidade executivos de trânsito do Estado ou do Distrito Federal compreendem os coletados naquela circunscrição:

I – pela Polícia Rodoviária Federal e pelo órgão executivo rodoviário da União;

II – pela Polícia Militar e pelo órgão ou entidade executivos rodoviários do Estado ou do Distrito Federal;

III – pelos órgãos ou entidades executivos rodoviários e pelos órgãos ou entidades executivos de trânsito dos Municípios.

▸ § 10 acrescido pela Lei nº 13.614, de 11-1-2018.

§ 11. O cálculo do índice, para cada Estado e para o Distrito Federal, será feito pelo órgão máximo executivo de trânsito da União, ouvidos os CETRAN, o CONTRANDIFE, a Polícia Rodoviária Federal e os demais órgãos do Sistema Nacional de Trânsito.

§ 12. Os índices serão divulgados oficialmente até o dia 30 de abril de cada ano.

▸ §§ 11 e 12 com a redação dada pela Lei nº 14.599, de 19-6-2023.

§ 13. Com base em índices parciais, apurados no decorrer do ano, o CONTRAN, os CETRAN e o CONTRANDIFE poderão recomendar aos integrantes do Sistema Nacional de Trânsito alterações nas ações, projetos e programas em desenvolvimento ou previstos, com o fim de atingir as metas fixadas para cada um dos Estados e para o Distrito Federal.

§ 14. A partir da análise de desempenho a que se refere o § 7º deste artigo, o CONTRAN elaborará e divulgará, também durante a Semana Nacional de Trânsito:

I – duas classificações ordenadas dos Estados e do Distrito Federal, uma referente ao ano analisado e outra que considere a evolução do desempenho dos Estados e do Distrito Federal desde o início das análises;

II – relatório a respeito do cumprimento do objetivo geral do estabelecimento de metas previsto no § 1º deste artigo.

▸ § 14 acrescido pela Lei nº 13.614, de 11-1-2018.

Art. 326-B. *É instituída a Semana Nacional de Prevenção a Acidentes com Motociclistas, a ser realizada, anualmente, na semana que compreender o dia 27 do mês de julho, o qual é instituído como o Dia Nacional do Motociclista.*

▸ Art. 326-B acrescido pela Lei nº 15.006, de 17-10-2024.

Art. 327. A partir da publicação deste Código, somente poderão ser fabricados e licenciados veículos que obedeçam aos limites de peso e dimensões fixados na forma desta Lei, ressalvados os que vierem a ser regulamentados pelo CONTRAN.

Parágrafo único. VETADO.

Art. 328. O veículo apreendido ou removido a qualquer título e não reclamado por seu proprietário dentro do prazo de sessenta dias, contado da data de recolhimento, será avaliado e levado a leilão, a ser realizado preferencialmente por meio eletrônico.

▸ *Caput* com a redação dada pela Lei nº 13.160, de 25-8-2015.

▸ Res. do CONTRAN nº 623, de 6-9-2016, dispõe sobre a uniformização dos procedimentos administrativos quanto à remoção, custódia e para a realização de leilão de veículos removidos ou recolhidos a qualquer título, por órgãos e entidades componentes do Sistema Nacional de Trânsito – SNT, nos termos deste artigo.

§ 1º Publicado o edital do leilão, a preparação poderá ser iniciada após trinta dias, contados da data de recolhimento do veículo, o qual será classificado em duas categorias:

I – conservado, quando apresenta condições de segurança para trafegar; e

II – sucata, quando não está apto a trafegar.

§ 2º Se não houver oferta igual ou superior ao valor da avaliação, o lote será incluído no leilão seguinte, quando será arrematado pelo maior lance, desde que por valor não inferior a cinquenta por cento do avaliado.

§ 3º Mesmo classificado como conservado, o veículo que for levado a leilão por duas vezes e não for arrematado será leiloado como sucata.

§ 4º É vedado o retorno do veículo leiloado como sucata à circulação.

§ 5º A cobrança das despesas com estada no depósito será limitada ao prazo de seis meses.

§ 6º Os valores arrecadados em leilão deverão ser utilizados para custeio da realização do leilão, dividindo-se os custos entre os veículos arrematados, proporcionalmente ao valor da arrematação, e destinando-se os valores remanescentes, na seguinte ordem, para:

I – as despesas com remoção e estada;

II – os tributos vinculados ao veículo, na forma do § 10;

III – os credores trabalhistas, tributários e titulares de crédito com garantia real, segundo a ordem de preferência estabelecida no art. 186 da Lei nº 5.172, de 25 de outubro de 1966 (Código Tributário Nacional);

IV – as multas devidas ao órgão ou à entidade responsável pelo leilão;

V – as demais multas devidas aos órgãos integrantes do Sistema Nacional de Trânsito, segundo a ordem cronológica; e

VI – os demais créditos, segundo a ordem de preferência legal.

§ 7º Sendo insuficiente o valor arrecadado para quitar os débitos incidentes sobre o veículo, a situação será comunicada aos credores.

§ 8º Os órgãos públicos responsáveis serão comunicados do leilão previamente para que formalizem a desvinculação dos ônus incidentes sobre o veículo no prazo máximo de dez dias.

§ 9º Os débitos incidentes sobre o veículo antes da alienação administrativa ficam dele automaticamente desvinculados, sem prejuízo da cobrança contra o proprietário anterior.

§ 10. Aplica-se o disposto no § 9º inclusive ao débito relativo a tributo cujo fato gerador seja a propriedade, o domínio útil, a posse, a circulação ou o licenciamento de veículo.

§ 11. Na hipótese de o antigo proprietário reaver o veículo, por qualquer meio, os débitos serão novamente vinculados ao bem, aplicando-se, nesse caso, o disposto nos §§ 1º, 2º e 3º do art. 271.

§ 12. Quitados os débitos, o saldo remanescente será depositado em conta específica do órgão responsável pela realização do leilão e ficará à disposição do antigo proprietário, devendo ser expedida notificação a ele, no máximo em trinta dias após a realização do leilão, para o levantamento do valor no prazo de cinco anos, após os quais o valor será transferido, definitivamente, para o fundo a que se refere o parágrafo único do art. 320.

§ 13. Aplica-se o disposto neste artigo, no que couber, ao animal recolhido, a qualquer título, e não reclamado por seu proprietário no prazo de sessenta dias, a contar da data de recolhimento, conforme regulamentação do CONTRAN.

▸ §§ 1º a 13 com a redação dada pela Lei nº 13.160, de 25-8-2015.

§ 14. Se identificada a existência de restrição policial ou judicial sobre o prontuário do veículo, a autoridade responsável pela restrição será notificada para a retirada do bem do depósito, mediante a quitação das despesas com remoção e estada, ou para a autorização do leilão nos termos deste artigo.

▸ § 14 com a redação dada pela Lei nº 13.281, de 4-5-2016.

▸ Res. do CONTRAN nº 623, de 6-9-2016, dispõe sobre a uniformização dos procedimentos administrativos quanto à remoção, custódia e para a realização de leilão de veículos removidos ou recolhidos a qualquer título, por órgãos e entidades componentes do Sistema Nacional de Trânsito – SNT, nos termos deste artigo.

§ 15. Se no prazo de 60 (sessenta) dias, a contar da notificação de que trata o § 14, não houver manifestação da autoridade responsável pela restrição judicial ou policial, estará o órgão de trânsito autorizado a promover o leilão do veículo nos termos deste artigo.

§ 16. Os veículos, sucatas e materiais inservíveis de bens automotores que se encontrarem nos depósitos há mais de 1 (um) ano poderão ser destinados à reciclagem, independentemente da existência de restrições sobre o veículo.

§ 17. O procedimento de hasta pública na hipótese do § 16 será realizado por lote de tonelagem de material ferroso, observando-se, no que couber, o disposto neste artigo, condicionando-se a entrega do material arrematado aos procedimentos necessários à descaracterização total do bem e à destinação exclusiva, ambientalmente adequada, à reciclagem siderúrgica, vedado qualquer aproveitamento de peças e partes.

§ 18. Os veículos sinistrados irrecuperáveis queimados, adulterados ou estrangeiros, bem como aqueles sem possibilidade de regularização perante o órgão de trânsito, serão destinados à reciclagem, independentemente do período em que estejam em depósito, respeitado o prazo previsto no *caput* deste artigo, sempre que a autoridade responsável pelo leilão julgar ser essa a medida apropriada.

▸ §§ 15 a 18 acrescidos pela Lei nº 13.281, de 4-5-2016.

Art. 329. Os condutores dos veículos de que tratam os artigos 135 e 136, para exercerem suas atividades, deverão apresentar, previamente, certidão negativa do registro de distribuição criminal relativamente aos crimes de homicídio, roubo, estupro e corrupção de menores, renovável a cada cinco anos, junto ao órgão responsável pela respectiva concessão ou autorização.

Art. 330. Os estabelecimentos onde se executem reformas ou recuperação de veículos e os que comprem, vendam ou desmontem veículos, usados ou não, são obrigados a possuir livros de registro de seu movimento de entrada e saída e de uso de placas de experiência, conforme modelos aprovados e rubricados pelos órgãos de trânsito.

▸ Res. do CONTRAN nº 797, de 2-9-2020, institui o Registro Nacional de Veículos em Estoque (RENAVE) e dispõe sobre os procedimentos para registro e controle de compra e venda e de entrada e saída de veículos novos e usados, nos estabelecimentos de que trata este artigo.

▸ Res. do CONTRAN nº 969, de 20-6-2022, dispõe sobre o sistema de Placas de Identificação de Veículos (PIV) registrados no território nacional.

§ 1º Os livros indicarão:

I – data de entrada do veículo no estabelecimento;

II – nome, endereço e identidade do proprietário ou vendedor;

III – data da saída ou baixa, nos casos de desmontagem;

IV – nome, endereço e identidade do comprador;

V – características do veículo constantes do seu certificado de registro;

VI – número da placa de experiência.

§ 2º Os livros terão suas páginas numeradas tipograficamente e serão encadernados ou em folhas soltas, sendo que, no primeiro caso, conterão termo de abertura e encerramento lavrados pelo proprietário e rubricados pela repartição de trânsito, enquanto, no segundo, todas as folhas serão autenticadas pela repartição de trânsito.

§ 3º A entrada e a saída de veículos nos estabelecimentos referidos neste artigo registrar-se-ão no mesmo dia em que se verificarem assinaladas, inclusive, as horas a elas correspondentes, podendo os veículos irregulares lá encontrados ou suas sucatas ser apreendidos ou retidos para sua completa regularização.

§ 4º As autoridades de trânsito e as autoridades policiais terão acesso aos livros sempre que o solicitarem, não podendo, entretanto, retirá-los do estabelecimento.

§ 5º A falta de escrituração dos livros, o atraso, a fraude ao realizá-lo e a recusa de sua exibição serão punidas com a multa prevista para as infrações gravíssimas, independente das demais cominações legais cabíveis.

§ 6º Os livros previstos neste artigo poderão ser substituídos por sistema eletrônico, na forma regulamentada pelo CONTRAN.

▸ § 6º acrescido pela Lei nº 13.154, de 30-7-2015.

Art. 331. Até a nomeação e posse dos membros que passarão a integrar os colegiados destinados ao julgamento dos recursos administrativos previstos na Seção II do Capítulo XVIII deste Código, o julgamento dos recursos ficará a cargo dos órgãos ora existentes.

Art. 332. Os órgãos e entidades integrantes do Sistema Nacional de Trânsito proporcionarão aos membros do CONTRAN, CETRAN e CONTRANDIFE, em serviço, todas as facilidades para o cumprimento de sua missão, fornecendo-lhes as informações que solicitarem, permitindo-lhes inspecionar a execução de quaisquer serviços e deverão atender prontamente suas requisições.

Art. 333. O CONTRAN estabelecerá, em até cento e vinte dias após a nomeação de seus membros, as disposições previstas nos artigos 91 e 92, que terão de ser atendidas pelos órgãos e entidades executivos de trânsito e executivos rodoviários para exercerem suas competências.

§ 1º Os órgãos e entidades de trânsito já existentes terão prazo de um ano, após a edição das normas, para se adequarem às novas disposições estabelecidas pelo CONTRAN, conforme disposto neste artigo.

§ 2º Os órgãos e entidades de trânsito a serem criados exercerão as competências previstas neste Código em cumprimento às exigências estabelecidas pelo CONTRAN, conforme disposto neste artigo, acompanhados pelo respectivo CETRAN, se órgão ou entidade municipal, ou CONTRAN, se órgão ou entidade estadual, do Distrito Federal ou da União, passando a integrar o Sistema Nacional de Trânsito.

Art. 334. As ondulações transversais existentes deverão ser homologadas pelo órgão ou entidade competente no prazo de um ano, a partir da publicação deste Código, devendo ser retiradas em caso contrário.

▸ Art. 94, parágrafo único, deste Código.

▸ Res. do CONTRAN nº 973, de 18-7-2022, institui o Regulamento de Sinalização Viária.

Art. 335. VETADO.

Art. 336. Aplicam-se os sinais de trânsito previstos no Anexo II até a aprovação pelo CONTRAN, no prazo de trezentos e sessenta dias da publicação desta Lei, após a manifestação da Câmara Temática de Engenharia, de Vias e Veículos e obedecidos os padrões internacionais.

▸ Res. do CONTRAN nº 973, de 18-7-2022, institui o Regulamento de Sinalização Viária.

Art. 337. Os CETRAN terão suporte técnico e financeiro dos Estados e Municípios que os compõem e, o CONTRANDIFE, do Distrito Federal.

Art. 338. As montadoras, encarroçadoras, os importadores e fabricantes, ao comerciarem veículos automotores de qualquer categoria e ciclos, são obrigados a fornecer, no ato da comercialização do respectivo veículo, manual contendo normas de circulação, infrações, penalidades, direção defensiva, primeiros socorros e Anexos do Código de Trânsito Brasileiro.

Art. 338-A. As competências previstas no inciso XV do *caput* do art. 21 e no inciso XXII do *caput* do art. 24 deste Código serão atribuídas aos órgãos ou entidades descritos no *caput* dos referidos artigos a partir de 1º de janeiro de 2024.

Parágrafo único. Até 31 de dezembro de 2023, as competências a que se refere o ca-

put deste artigo serão exercidas pelos órgãos e entidades executivos de trânsito dos Estados e do Distrito Federal.

▸ Art. 338-A acrescido pela Lei nº 14.229, de 21-10-2021.

Art. 339. Fica o Poder Executivo autorizado a abrir crédito especial no valor de R$ 264.954,00 (duzentos e sessenta e quatro mil, novecentos e cinquenta e quatro reais), em favor do ministério ou órgão a que couber a coordenação máxima do Sistema Nacional de Trânsito, para atender as despesas decorrentes da implantação deste Código.

Art. 340. Este Código entra em vigor cento e vinte dias após a data de sua publicação.

Art. 341. Ficam revogadas as Leis n°s 5.108, de 21 de setembro de 1966, 5.693, de 16 de agosto de 1971, 5.820, de 10 de novembro de 1972, 6.124, de 25 de outubro de 1974, 6.308, de 15 de dezembro de 1975, 6.369, de 27 de outubro de 1976, 6.731, de 4 de dezembro de 1979, 7.031, de 20 de setembro de 1982, 7.052, de 2 de dezembro de 1982, 8.102, de 10 de dezembro de 1990, os artigos 1º a 6º e 11 do Decreto-lei nº 237, de 28 de fevereiro de 1967, e os Decretos-leis n°s 584, de 16 de maio de 1969, 912, de 2 de outubro de 1969, e 2.448, de 21 de julho de 1988.

Brasília, 23 de setembro de 1997;
176º da Independência e
109º da República.

Fernando Henrique Cardoso

ANEXO I

DOS CONCEITOS E DEFINIÇÕES

Para efeito deste Código, adotam-se as seguintes definições:

Acostamento – parte da via diferenciada da pista de rolamento destinada à parada ou estacionamento de veículos, em caso de emergência, e à circulação de pedestres e bicicletas, quando não houver local apropriado para esse fim.

Agente da autoridade de trânsito – agente de trânsito e policial rodoviário federal que atuam na fiscalização, no controle e na operação de trânsito e no patrulhamento, competentes para a lavratura do auto de infração e para os procedimentos dele decorrentes, incluídos o policial militar ou os agentes referidos no art. 25-A deste Código, quando designados pela autoridade de trânsito com circunscrição sobre a via, mediante convênio, na forma prevista neste Código.

▸ Item com a redação dada pela Lei nº 14.229, de 21-10-2021.

Agente de trânsito – servidor civil efetivo de carreira do órgão ou entidade executivos de trânsito ou rodoviário, com as atribuições de educação, operação e fiscalização de trânsito e de transporte no exercício regular do poder de polícia de trânsito para promover a segurança viária nos termos da Constituição Federal.

▸ Item acrescido pela Lei nº 14.229, de 21-10-2021.

Ar alveolar – ar expirado pela boca de um indivíduo, originário dos alvéolos pulmonares.

▸ Item acrescido pela Lei nº 12.760, de 20-12-2012.

Área de Espera – área delimitada por 2 (duas) linhas de retenção, destinada exclusivamente à espera de motocicletas, motonetas e ciclomotores, junto à aproximação semafórica, imediatamente à frente da linha de retenção dos demais veículos.

▸ Item acrescido pela Lei nº 14.071, de 13-10-2020.

Automóvel – veículo automotor destinado ao transporte de passageiros, com capacidade para até oito pessoas, exclusive o condutor.

Autoridade de trânsito – dirigente máximo de órgão ou entidade executivo integrante do Sistema Nacional de Trânsito ou pessoa por ele expressamente credenciada.

Balanço traseiro – distância entre o plano vertical passando pelos centros das rodas traseiras externas e o ponto mais recuado do veículo, considerando-se todos os elementos rigidamente fixados ao mesmo.

Bicicleta – veículo de propulsão humana, dotado de duas rodas, não sendo, para efeito deste Código, similar à motocicleta, motoneta e ciclomotor.

Bicicletário – local, na via ou fora dela, destinado ao estacionamento de bicicletas.

Bonde – veículo de propulsão elétrica que se move sobre trilhos.

Bordo da pista – margem da pista, podendo ser demarcada por linhas longitudinais de bordo que delineiam a parte da via destinada à circulação de veículos.

Calçada – parte da via, normalmente segregada e em nível diferente, não destinada à circulação de veículos, reservada ao trânsito de pedestres e, quando possível, à implantação de mobiliário urbano, sinalização, vegetação e outros fins.

Caminhão – veículo automotor destinado ao transporte de carga com peso bruto total superior a 3.500 kg (três mil e quinhentos quilogramas), podendo tracionar ou arrastar outro veículo, respeitada a capacidade máxima de tração.

▸ Item acrescido pela Lei nº 14.440, de 2-9-2022.

Caminhão-trator– veículo automotor destinado a tracionar ou arrastar outro.

Caminhonete – veículo destinado ao transporte de carga com peso bruto total de até três mil e quinhentos quilogramas.

Camioneta – veículo misto destinado ao transporte de passageiros e carga no mesmo compartimento.

Canteiro central – obstáculo físico construído como separador de duas pistas de rolamento, eventualmente substituído por marcas viárias (canteiro fictício).

Capacidade máxima de tração – máximo peso que a unidade de tração é capaz de tracionar, indicado pelo fabricante, baseado em condições sobre suas limitações de geração e multiplicação de momento de força e resistência dos elementos que compõem a transmissão.

Carreata – deslocamento em fila na via de veículos automotores em sinal de regozijo, de reivindicação, de protesto cívico ou de uma classe.

Carro de mão – veículo de propulsão humana utilizado no transporte de pequenas cargas.

Carroça – veículo de tração animal destinado ao transporte de carga.

Catadióptrico – dispositivo de reflexão e refração da luz utilizado na sinalização de vias e veículos (olho de gato).

Charrete – veículo de tração animal destinado ao transporte de pessoas.

Ciclo – veículo de pelo menos duas rodas à propulsão humana.

Ciclofaixa – parte da pista de rolamento destinada à circulação exclusiva de ciclos, delimitada por sinalização específica.

Ciclomotor – veículo de 2 (duas) ou 3 (três) rodas, provido de motor de combustão interna, cuja cilindrada não exceda a 50 cm3 (cinquenta centímetros cúbicos), equivalente a 3,05 pol3 (três polegadas cúbicas e cinco centésimos), ou de motor de propulsão elétrica com potência máxima de 4 kW (quatro quilowatts), e cuja velocidade máxima de fabricação não exceda a 50 Km/h (cinquenta quilômetros por hora).

▸ Item com a redação dada pela Lei nº 14.071, de 13-10-2020.

Ciclovia – pista própria destinada à circulação de ciclos, separada fisicamente do tráfego comum.

Circulação – movimentação de pessoas, animais e veículos em deslocamento, conduzidos ou não, em vias públicas ou privadas abertas ao público e de uso coletivo.

▸ Item acrescido pela Lei nº 14.229, de 21-10-2021.

Conversão – movimento em ângulo, à esquerda ou à direita, de mudança da direção original do veículo.

Cruzamento – interseção de duas vias em nível.

Dispositivo de segurança – qualquer elemento que tenha a função específica de proporcionar maior segurança ao usuário da via, alertando-o sobre situações de perigo que possam colocar em risco sua integridade física e dos demais usuários da via, ou danificar seriamente o veículo.

Estacionamento – imobilização de veículos por tempo superior ao necessário para embarque ou desembarque de passageiros.

Estrada – via rural não pavimentada.

Etilômetro – aparelho destinado à medição do teor alcoólico no ar alveolar.

▸ Item acrescido pela Lei nº 12.760, de 20-12-2012.

Faixas de domínio – superfície lindeira às vias rurais, delimitada por lei específica e sob responsabilidade do órgão ou entidade de trânsito competente com circunscrição sobre a via.

Faixas de trânsito – qualquer uma das áreas longitudinais em que a pista pode ser subdividida, sinalizada ou não por marcas viárias longitudinais, que tenham uma largura suficiente para permitir a circulação de veículos automotores.

Fiscalização – ato de controlar o cumprimento das normas estabelecidas na legislação de trânsito, por meio do poder de polícia administrativa de trânsito, no âmbito de circunscrição dos órgãos e entidades executivos de trânsito e de acordo com as competências definidas neste Código.

Focos de pedestres – indicação luminosa de permissão ou impedimento de locomoção na faixa apropriada.

Freio de estacionamento – dispositivo destinado a manter o veículo imóvel na ausência do condutor ou, no caso de um reboque, se este se encontra desengatado.

Freio de segurança ou motor – dispositivo destinado a diminuir a marcha do veículo no caso de falha do freio de serviço.

Freio de serviço – dispositivo destinado a provocar a diminuição da marcha do veículo ou pará-lo.

Gestos de agentes – movimentos convencionais de braço, adotados exclusivamente pelos agentes de autoridades de trânsito nas vias, para orientar, indicar o direito de passagem dos veículos ou pedestres ou emitir ordens, sobrepondo-se ou completando outra sinalização ou norma constante deste Código.

Gestos de condutores – movimentos convencionais de braço, adotados exclusivamente pelos condutores, para orientar ou indicar que vão efetuar uma manobra de mudança de direção, redução brusca de velocidade ou parada.

Ilha – obstáculo físico, colocado na pista de rolamento, destinado à ordenação dos fluxos de trânsito em uma interseção.

Infração – inobservância a qualquer preceito da legislação de trânsito, às normas emanadas do Código de Trânsito, do Conselho Nacional de Trânsito e a regulamentação estabelecida pelo órgão ou entidade executiva do trânsito.

Interseção – todo cruzamento em nível, entroncamento ou bifurcação, incluindo as áreas formadas por tais cruzamentos, entroncamentos ou bifurcações.

Interrupção de marcha – imobilização do veículo para atender circunstância momentânea do trânsito.

Licenciamento – procedimento anual, relativo a obrigações do proprietário de veículo, comprovado por meio de documento específico (Certificado de Licenciamento Anual).

Logradouro público – espaço livre destinado pela municipalidade à circulação, parada ou estacionamento de veículos, ou à circulação de pedestres, tais como calçada, parques, áreas de lazer, calçadões.

Lotação – carga útil máxima, incluindo condutor e passageiros, que o veículo transporta, expressa em quilogramas para os veículos de carga, ou número de pessoas, para os veículos de passageiros.

Lote lindeiro – aquele situado ao longo das vias urbanas ou rurais e que com elas se limita.

Luz alta – facho de luz do veículo destinado a iluminar a via até uma grande distância do veículo.

Luz baixa – facho de luz do veículo destinada a iluminar a via diante do veículo, sem ocasionar ofuscamento ou incômodo injustificáveis aos condutores e outros usuários da via que venham em sentido contrário.

Luz de freio – luz do veículo destinada a indicar aos demais usuários da via, que se encontram atrás do veículo, que o condutor está aplicando o freio de serviço.

Luz indicadora de direção (pisca-pisca) – luz do veículo destinada a indicar aos demais usuários da via que o condutor tem o propósito de mudar de direção para a direita ou para a esquerda.

Luz de marcha à ré – luz do veículo destinada a iluminar atrás do veículo e advertir aos demais usuários da via que o veículo está efetuando ou a ponto de efetuar uma manobra de marcha à ré.

Luz de neblina – luz do veículo destinada a aumentar a iluminação da via em caso de neblina, chuva forte ou nuvens de pó.

Luz de posição (lanterna) – luz do veículo destinada a indicar a presença e a largura do veículo.

Manobra – movimento executado pelo condutor para alterar a posição em que o veículo está no momento em relação à via.

Marcas viárias – conjunto de sinais constituídos de linhas, marcações, símbolos ou legendas, em tipos e cores diversas, apostos ao pavimento da via.

Micro-ônibus – veículo automotor de transporte coletivo com capacidade para até vinte passageiros.

Motocicleta – veículo automotor de duas rodas, com ou sem *side-car*, dirigido por condutor em posição montada.

Motoneta – veículo automotor de duas rodas, dirigido por condutor em posição sentada.

Motor-casa (*Motor-home*) – veículo automotor cuja carroçaria seja fechada e destinada a alojamento, escritório, comércio ou finalidades análogas.

Noite – período do dia compreendido entre o pôr do sol e o nascer do sol.

Ônibus – veículo automotor de transporte coletivo com capacidade para mais de vinte passageiros, ainda que, em virtude de adaptações com vista à maior comodidade destes, transporte número menor.

Operação carga e descarga – imobilização do veículo, pelo tempo estritamente necessário ao carregamento ou descarregamento de animais ou carga, na forma disciplinada pelo órgão ou entidade executivo de trânsito competente com circunscrição sobre a via.

Operação de trânsito – monitoramento técnico, baseado nos conceitos de engenharia de tráfego, das condições de fluidez, de estacionamento e de parada na via, de forma a reduzir as interferências, tais como veículos quebrados, sinistrados, estacionados irregularmente atrapalhando o trânsito, prestando socorros imediatos e informações aos pedestres e condutores.

▸ Item com a redação dada pela Lei nº 14.599, de 19-6-2023.

Parada – imobilização do veículo com a finalidade e pelo tempo estritamente necessário para efetuar embarque ou desembarque de passageiros.

Passagem de nível – todo cruzamento de nível entre uma via e uma linha férrea ou trilho de bonde com pista própria.

Passagem por outro veículo – movimento de passagem à frente de outro veículo que se desloca no mesmo sentido, em menor velocidade, mas em faixas distintas da via.

Passagem subterrânea – obra de arte destinada à transposição de vias, em desnível subterrâneo, e ao uso de pedestres ou veículos.

Passarela – obra de arte destinada à transposição de vias, em desnível aéreo, e ao uso de pedestres.

Passeio – parte da calçada ou da pista de rolamento, neste último caso, separada por pintura ou elemento físico separador, livre de interferências, destinada à circulação exclusiva de pedestres e, excepcionalmente, de ciclistas.

Patrulhamento – *Revogado*. Lei nº 14.599, de 19-6-2023.

Patrulhamento ostensivo – função exercida pela Polícia Rodoviária Federal com o objetivo de prevenir e reprimir infrações penais no âmbito de sua competência e de garantir obediência às normas relativas à segurança de trânsito, de forma a assegurar a livre circulação e a prevenir sinistros.

▸ Item com a redação dada pela Lei nº 14.599, de 19-6-2023.

Patrulhamento viário – função exercida pelos agentes de trânsito dos órgãos e entidades executivos de trânsito e rodoviário, no âmbito de suas competências, com o objetivo de garantir a segurança viária nos termos do § 10 do art. 144 da Constituição Federal.

▸ Item acrescido pela Lei nº 14.229, de 21-10-2021.

Perímetro urbano – limite entre área urbana e área rural.

Peso bruto total – peso máximo que o veículo transmite ao pavimento, constituído da soma da tara mais a lotação.

Peso bruto total combinado – peso máximo transmitido ao pavimento pela combinação de um caminhão trator mais seu semirreboque ou do caminhão mais o seu reboque ou reboques.

Pisca-alerta – luz intermitente do veículo, utilizada em caráter de advertência, destinada a indicar aos demais usuários da via que o veículo está imobilizado ou em situação de emergência.

Pista – parte da via normalmente utilizada para a circulação de veículos, identificada por elementos separadores ou por diferença de nível em relação às calçadas, ilhas ou aos canteiros centrais.

Placas – elementos colocados na posição vertical, fixados ao lado ou suspensos sobre a pista, transmitindo mensagens de caráter permanente e, eventualmente, variáveis, mediante símbolo ou legendas pré-reconhecidas e legalmente instituídas como sinais de trânsito.

Policiamento ostensivo de trânsito – função exercida pelas Polícias Militares com o objetivo de prevenir e reprimir atos relacionados com a segurança pública e de garantir obediência às normas relativas à segurança de trânsito, assegurando a livre circulação e evitando sinistros.

▸ Item com a redação dada pela Lei nº 14.599, de 19-6-2023.

Ponte – obra de construção civil destinada a ligar margens opostas de uma superfície líquida qualquer.

Quadriciclo – veículo automotor de 4 (quatro) rodas, com ou sem cabine, com massa em ordem de marcha não superior a 450 kg (quatrocentos e cinquenta quilogramas) para o transporte de passageiros, ou não superior a 600 kg (seiscentos quilogramas) para o transporte de cargas.

▸ Item acrescido pela Lei nº 14.599, de 19-6-2023.

Reboque – veículo destinado a ser engatado atrás de um veículo automotor.

Regulamentação da via – implantação de sinalização de regulamentação pelo órgão ou entidade competente com circunscrição sobre a via, definindo, entre outros, sentido de direção, tipo de estacionamento, horários e dias.

Refúgio – parte da via, devidamente sinalizada e protegida, destinada ao uso de pedestres durante a travessia da mesma.

RENACH – Registro Nacional de Carteiras de Habilitação.

▸ Item com a redação dada pela Lei nº 14.440, de 2-9-2022.

RENAVAM – Registro Nacional de Veículos Automotores.

Retorno – movimento de inversão total de sentido da direção original de veículos.

Rodovia – via rural pavimentada.

Semirreboque – veículo de um ou mais eixos que se apoia na sua unidade tratora ou é a ela ligado por meio de articulação.

Sinais de trânsito – elementos de sinalização viária que se utilizam de placas, marcas viárias, equipamentos de controle luminosos, dispositivos auxiliares, apitos e gestos, destinados exclusivamente a ordenar ou dirigir o trânsito dos veículos e pedestres.

Sinalização – conjunto de sinais de trânsito e dispositivos de segurança colocados na via pública com o objetivo de garantir sua utilização adequada, possibilitando melhor fluidez no trânsito e maior segurança dos veículos e pedestres que nela circulam.

Sinistro de trânsito – evento que resulta em dano ao veículo ou à sua carga e/ou em lesões a pessoas ou animais e que pode trazer dano material ou prejuízo ao trânsito, à via ou ao meio ambiente, em que pelo menos uma das partes está em movimento nas vias terrestres ou em áreas abertas ao público.

▶ Item acrescido pela Lei nº 14.599, de 19-6-2023.

Sons por apito – sinais sonoros, emitidos exclusivamente pelos agentes da autoridade de trânsito nas vias, para orientar ou indicar o direito de passagem dos veículos ou pedestres, sobrepondo-se ou completando sinalização existente no local ou norma estabelecida neste Código.

Tara – peso próprio do veículo, acrescido dos pesos da carroçaria e equipamento, do combustível, das ferramentas e acessórios, da roda sobressalente, do extintor de incêndio e do fluido de arrefecimento, expresso em quilogramas.

Trailler – reboque ou semirreboque tipo casa, com duas, quatro, ou seis rodas, acoplado ou adaptado à traseira de automóvel ou camioneta, utilizado em geral em atividades turísticas como alojamento, ou para atividades comerciais.

Trânsito – movimentação e imobilização de veículos, pessoas e animais nas vias terrestres.

Transposição de faixas – passagem de um veículo de uma faixa demarcada para outra.

Trator – veículo automotor construído para realizar trabalho agrícola, de construção e pavimentação e tracionar outros veículos e equipamentos.

Triciclo – veículo automotor de 3 (três) rodas, com ou sem cabine, dirigido por condutor em posição sentada ou montada, que não possui as características de ciclomotor.

▶ Item acrescido pela Lei nº 14.599, de 19-6-2023.

Ultrapassagem – movimento de passar à frente de outro veículo que se desloca no mesmo sentido, em menor velocidade e na mesma faixa de tráfego, necessitando sair e retornar à faixa de origem.

Utilitário – veículo misto caracterizado pela versatilidade do seu uso, inclusive fora de estrada.

Veículo articulado – combinação de veículos acoplados, sendo um deles automotor.

Veículo automotor – veículo a motor de propulsão a combustão, elétrica ou híbrida que circula por seus próprios meios e que serve normalmente para o transporte viário de pessoas e coisas ou para a tração viária de veículos utilizados para o transporte de pessoas e coisas, compreendidos na definição os veículos conectados a uma linha elétrica e que não circulam sobre trilhos (ônibus elétrico).

▶ Item com a redação dada pela Lei nº 14.599, de 19-6-2023.

Veículo conjugado – combinação de veículos, sendo o primeiro um veículo automotor e os demais reboques ou equipamentos de trabalho agrícola, construção, terraplenagem ou pavimentação.

Veículo de carga – veículo destinado ao transporte de carga, podendo transportar dois passageiros, exclusive o condutor.

Veículo de coleção – veículo fabricado há mais de 30 (trinta) anos, original ou modificado, que possui valor histórico próprio.

▶ Item com a redação dada pela Lei nº 14.071, de 13-10-2020.

Veículo de grande porte – veículo automotor destinado ao transporte de carga com peso bruto total máximo superior a dez mil quilogramas e de passageiros, superior a vinte passageiros.

Veículo de passageiros – veículo automotor destinado ao transporte de pessoas e suas bagagens.

Veículo em estado de abandono – veículo estacionado na via ou em estacionamento público, sem capacidade de locomoção por meios próprios e que, devido a seu estado de conservação e processo de deterioração, ofereça risco à saúde pública, à segurança pública ou ao meio ambiente, independentemente de encontrar-se estacionado em local permitido.

▶ Item acrescido pela Lei nº 14.440, de 2-9-2022.

Veículo especial – veículo de passageiro, de carga, de tração, de coleção ou misto que possui características diferenciadas para realização de função especial para a qual são necessários arranjos específicos da carroceria e/ou equipamento.

▶ Item acrescido pela Lei nº 14.599, de 19-6-2023.

Veículo misto – veículo automotor destinado ao transporte simultâneo de carga e passageiro.

Via – superfície por onde transitam veículos, pessoas e animais, compreendendo a pista, a calçada, o acostamento, ilha e canteiro central.

Via arterial – aquela caracterizada por interseções em nível, geralmente controlada por semáforo, com acessibilidade aos lotes lindeiros e às vias secundárias e locais, possibilitando o trânsito entre as regiões da cidade.

Via coletora – aquela destinada a coletar e distribuir o trânsito que tenha necessidade de entrar ou sair das vias de trânsito rápido ou arteriais, possibilitando o trânsito dentro das regiões da cidade.

Via de trânsito rápido – aquela caracterizada por acessos especiais com trânsito livre, sem interseções em nível, sem acessibilidade direta aos lotes lindeiros e sem travessia de pedestres em nível.

Via local – aquela caracterizada por interseções em nível não semaforizadas, destinadas apenas ao acesso local ou a áreas restritas.

Via rural – estradas e rodovias.

Via urbana – ruas, avenidas, vielas, ou caminhos e similares abertos à circulação pública, situados na área urbana, caracterizados principalmente por possuírem imóveis edificados ao longo de sua extensão.

Vias e área de pedestres – vias ou conjunto de vias destinadas à circulação prioritária de pedestres.

Viaduto – obra de construção civil destinada a transpor uma depressão de terreno ou servir de passagem superior.

▶ Anexo II – *Revogado*. Res. do CONTRAN nº 973, de 18-7-2022.

CONSOLIDAÇÃO DAS LEIS DO TRABALHO

ÍNDICE SISTEMÁTICO DA CONSOLIDAÇÃO DAS LEIS DO TRABALHO

(DECRETO-LEI Nº 5.452, DE 1º-5-1943)

TÍTULO I – INTRODUÇÃO

TÍTULO II – DAS NORMAS GERAIS DE TUTELA DO TRABALHO

TÍTULO II-A – DO DANO EXTRAPATRIMONIAL

TÍTULO III – DAS NORMAS ESPECIAIS DE TUTELA DO TRABALHO

TÍTULO IV – DO CONTRATO INDIVIDUAL DO TRABALHO

TÍTULO IV-A – DA REPRESENTAÇÃO DOS EMPREGADOS

TÍTULO V – DA ORGANIZAÇÃO SINDICAL

TÍTULO VI – DAS CONVENÇÕES COLETIVAS DE TRABALHO

TÍTULO VI-A – DAS COMISSÕES DE CONCILIAÇÃO PRÉVIA

TÍTULO VII – DO PROCESSO DE MULTAS ADMINISTRATIVAS

TÍTULO VII-A – DA PROVA DE INEXISTÊNCIA DE DÉBITOS TRABALHISTAS

TÍTULO VIII – DA JUSTIÇA DO TRABALHO

TÍTULO IX – DO MINISTÉRIO PÚBLICO DO TRABALHO

TÍTULO X – DO PROCESSO JUDICIÁRIO DO TRABALHO

TÍTULO XI – DISPOSIÇÕES FINAIS E TRANSITÓRIAS

ÍNDICE ALFABÉTICO-REMISSIVO DA CONSOLIDAÇÃO DAS LEIS DO TRABALHO

(DECRETO-LEI Nº 5.452, DE 1º-5-1943)

A

CONSOLIDAÇÃO DAS LEIS DO TRABALHO

DECRETO-LEI Nº 5.452, DE 1º DE MAIO DE 1943

Aprova a Consolidação das Leis do Trabalho.

- Publicado no *DOU* de 9-8-1943.
- Art. 57, I, da Lei nº 13.844, de 18-6-2019, que estabelece a organização básica dos órgãos da Presidência da República e transforma o Ministério do Trabalho no Ministério da Economia.

O Presidente da República, usando da atribuição que lhe confere o artigo 180 da Constituição, decreta:

- O art. 180 citado refere-se à CF/1937.
- Arts. 5º, XIII, 6º, 7º, XXVII, XXXIV, e 193 da CF.

Art. 1º Fica aprovada a Consolidação das Leis do Trabalho, que a este Decreto-Lei acompanha, com as alterações por ela introduzidas na legislação vigente.

Parágrafo único. Continuam em vigor as disposições legais transitórias ou de emergência, bem como as que não tenham aplicação em todo o território nacional.

Art. 2º O presente Decreto-Lei entrará em vigor em 10 de novembro de 1943.

Rio de Janeiro, 1º de maio de 1943;
122º da Independência e
55º da República.

Getúlio Vargas

CONSOLIDAÇÃO DAS LEIS DO TRABALHO

TÍTULO I – INTRODUÇÃO

Art. 1º Esta Consolidação estatui as normas que regulam as relações individuais e coletivas de trabalho, nela previstas.

- Lei nº 7.064, de 6-12-1982, dispõe sobre a situação dos trabalhadores contratados ou transferidos para prestar serviços no exterior.

Art. 2º Considera-se empregador a empresa, individual ou coletiva, que, assumindo os riscos da atividade econômica, admite, assalaria e dirige a prestação pessoal de serviços.

- Art. 3º da Lei nº 5.889, de 8-6-1973 (Lei do Trabalho Rural).

§ 1º Equiparam-se ao empregador, para os efeitos exclusivos da relação de emprego, os profissionais liberais, as instituições de beneficência, as associações recreativas ou outras instituições sem fins lucrativos, que admitirem trabalhadores como empregados.

§ 2º Sempre que uma ou mais empresas, tendo, embora, cada uma delas, personalidade jurídica própria, estiverem sob a direção, controle ou administração de outra, ou ainda quando, mesmo guardando cada uma sua autonomia, integrem grupo econômico, serão responsáveis solidariamente pelas obrigações decorrentes da relação de emprego.

- § 2º com a redação dada pela Lei nº 13.467, de 13-7-2017.

§ 3º Não caracteriza grupo econômico a mera identidade de sócios, sendo necessárias, para a configuração do grupo, a demonstração do interesse integrado, a efetiva comunhão de interesses e a atuação conjunta das empresas dele integrantes.

- § 3º acrescido pela Lei nº 13.467, de 13-7-2017.

Art. 3º Considera-se empregado toda pessoa física que prestar serviços de natureza não eventual a empregador, sob a dependência deste e mediante salário.

Parágrafo único. Não haverá distinções relativas à espécie de emprego e à condição de trabalhador, nem entre o trabalho intelectual, técnico e manual.

- Art. 7º, XXX a XXXII, da CF.
- LC nº 150, de 1º-6-2015 (Lei do Empregado Doméstico).
- Lei nº 3.207, de 18-7-1957 (Lei dos Vendedores, Viajantes e Pracistas).
- Art. 2º da Lei nº 5.889, de 8-6-1973 (Lei do Trabalho Rural).
- Súmulas nºs 6, VII, 363, 386 e 430 do TST.
- Orientações Jurisprudenciais da SBDI-I nºs 199, 321, 335, 338, 350, 362 e 366 do TST.

Art. 4º Considera-se como de serviço efetivo o período em que o empregado esteja à disposição do empregador, aguardando ou executando ordens, salvo disposição especial expressamente consignada.

- Súm. nº 463 do STF.
- Súmulas nºs 90, 118, 229, 320, 366, 428 e 429 do TST.
- OJ da SBDI-I nº 355 do TST.

§ 1º Computar-se-ão, na contagem de tempo de serviço, para efeito de indenização e estabilidade, os períodos em que o empregado estiver afastado do trabalho prestando serviço militar e por motivo de acidente do trabalho.

- Parágrafo único transformado em § 1º e com a redação dada pela Lei nº 13.467, de 13-7-2017.

§ 2º Por não se considerar tempo à disposição do empregador, não será computado como período extraordinário o que exceder a jornada normal, ainda que ultrapasse o limite de cinco minutos previsto no § 1º do art. 58 desta Consolidação, quando o empregado, por escolha própria, buscar proteção pessoal, em caso de insegurança nas vias públicas ou más condições climáticas, bem como adentrar ou permanecer nas dependências da empresa para exercer atividades particulares, entre outras:

I – práticas religiosas;

II – descanso;

III – lazer;

IV – estudo;

V – alimentação;

VI – atividades de relacionamento social;

VII – higiene pessoal;

VIII – troca de roupa ou uniforme, quando não houver obrigatoriedade de realizar a troca na empresa.

- § 2º acrescido pela Lei nº 13.467, de 13-7-2017.

Art. 5º A todo trabalho de igual valor corresponderá salário igual, sem distinção de sexo.

- Art. 7º, XXX, XXXI e XXXIV, da CF.
- Dec. nº 10.088, de 5-11-2019, consolida atos normativos editados pelo Poder Executivo Federal que dispõem sobre a promulgação de convenções e recomendações da Organização Internacional do Trabalho – OIT ratificadas pela República Federativa do Brasil.
- Súm. nº 202 do STF.
- Súm. nº 6 do TST.

Art. 6º Não se distingue entre o trabalho realizado no estabelecimento do empregador, o executado no domicílio do empregado e o realizado a distância, desde que estejam caracterizados os pressupostos da relação de emprego.

Parágrafo único. Os meios telemáticos e informatizados de comando, controle e supervisão se equiparam, para fins de subordinação jurídica, aos meios pessoais e diretos de comando, controle e supervisão do trabalho alheio.

- Art. 6º com a redação dada pela Lei nº 12.551, de 15-12-2011.
- Súm. nº 428 do TST.

Art. 7º Os preceitos constantes da presente Consolidação, salvo quando for, em cada caso, expressamente determinado em contrário, não se aplicam:

- *Caput* com a redação dada pelo Dec.-lei nº 8.079, de 11-10-1945.

a) aos empregados domésticos, assim considerados, de um modo geral, os que prestam serviços de natureza não econômica à pessoa ou à família, no âmbito residencial destas;

- Art. 7º, parágrafo único, da CF.
- LC nº 150, de 1º-6-2015 (Lei do Empregado Doméstico).

b) aos trabalhadores rurais, assim considerados aqueles que, exercendo funções diretamente ligadas à agricultura e à pecuária, não sejam empregados em atividades que, pelos métodos de execução dos respectivos trabalhos ou pela finalidade de suas operações, se classifiquem como industriais ou comerciais;

- Art. 7º da CF.
- Lei nº 5.889, de 8-3-1973 (Lei do Trabalho Rural).
- Arts. 83 a 105 do Dec. nº 10.854, de 10-11-2021, que regulamenta disposições relativas à legislação trabalhista.
- OJ da SBDI-I nº 38 do TST.

c) aos funcionários públicos da União, dos Estados e dos Municípios e aos respectivos extranumerários em serviço nas próprias repartições;

- Arts. 7º, 37, VI, e 39, § 2º, da CF.
- Súmulas nºs 56 e 212 do extinto TFR.
- Súmulas nºs 58, 178 e 243 do TST.
- OJ da SBDI-I nº 138 do TST.

d) aos servidores de autarquias paraestatais, desde que sujeitos a regime próprio de proteção ao trabalho, que lhes assegure situação análoga à dos funcionários públicos;

- Alíneas *c* e *d* com a redação dada pelo Dec.-lei nº 8.079, de 11-10-1945.
- Arts. 7º e 39, § 2º, da CF.
- Súm. nº 58 do TST.

e) aos empregados das empresas de propriedade da União Federal, quando por esta ou pelos Estados administradas, salvo em se tratando daquelas cuja propriedade ou administração resultem de circunstâncias transitórias.

- O Dec.-lei nº 8.079, de 11-10-1945, ao dar nova redação a dispositivos deste artigo não trouxe a redação da alínea *e*. Mantivemos conforme redação original.

f) às atividades de direção e assessoramento nos órgãos, institutos e fundações dos partidos, assim definidas em normas internas de organização partidária.

▸ Alínea *f* acrescida pela Lei nº 13.877, de 27-9-2019.

Parágrafo único. *Revogado*. Dec.-Lei nº 8.249, de 29-11-1945.

▸ O Dec.-lei nº 8.079, de 11-10-1945, teve seu art. 1º, parágrafo único, revogado pelo Dec. nº 8.249, de 29-11-1945, que foi revogado pela Lei nº 2.193, de 9-3-1954, dispõe sobre a execução dos serviços a cargo da Superintendência das Empresas Incorporadas ao Patrimônio Nacional.

Art. 8º As autoridades administrativas e a Justiça do Trabalho, na falta de disposições legais ou contratuais, decidirão, conforme o caso, pela jurisprudência, por analogia, por equidade e outros princípios e normas gerais de direito, principalmente do direito do trabalho, e, ainda, de acordo com os usos e costumes, o direito comparado, mas sempre de maneira que nenhum interesse de classe ou particular prevaleça sobre o interesse público.

▸ Art. 140 do CPC/2015.

▸ Arts. 4º e 5º do Dec.-lei nº 4.657, de 4-9-1942 (LINDB).

§ 1º O direito comum será fonte subsidiária do direito do trabalho.

▸ Parágrafo único transformado em § 1º e com a redação dada pela Lei nº 13.467, de 13-7-2017.

§ 2º Súmulas e outros enunciados de jurisprudência editados pelo Tribunal Superior do Trabalho e pelos Tribunais Regionais do Trabalho não poderão restringir direitos legalmente previstos nem criar obrigações que não estejam previstas em lei.

§ 3º No exame de convenção coletiva ou acordo coletivo de trabalho, a Justiça do Trabalho analisará exclusivamente a conformidade dos elementos essenciais do negócio jurídico, respeitado o disposto no art. 104 da Lei nº 10.406, de 10 de janeiro de 2002 (Código Civil), e balizará sua atuação pelo princípio da intervenção mínima na autonomia da vontade coletiva.

▸ §§ 2º e 3º acrescidos pela Lei nº 13.467, de 13-7-2017.

Art. 9º Serão nulos de pleno direito os atos praticados com o objetivo de desvirtuar, impedir ou fraudar a aplicação dos preceitos contidos na presente Consolidação.

▸ Arts. 197 a 207 do CP.

▸ OJ da SBDI-I nº 362 do TST.

▸ Súmulas nºs 91, 152, 230 e 331 do TST.

Art. 10. Qualquer alteração na estrutura jurídica da empresa não afetará os direitos adquiridos por seus empregados.

▸ Art. 5º, XXXVI, da CF.

▸ Art. 448 desta Consolidação.

▸ Art. 6º, *caput*, e § 2º, do Dec.-lei nº 4.657, de 4-9-1942 (LINDB).

▸ Arts. 6º, parágrafo único, 83, I e IV, *c*, e 141, II, da Lei nº 11.101, de 9-2-2005 (Lei de Recuperação de Empresas e Falências).

▸ Orientações Jurisprudenciais da SBDI-I nºs 92, 225, 261, 343, 408 e 411 do TST.

▸ Orientações Jurisprudenciais da SBDI-I Transitória nºs 28, 30, 37, 48 e 59 do TST.

Art. 10-A. O sócio retirante responde subsidiariamente pelas obrigações trabalhistas da sociedade relativas ao período em que figurou como sócio, somente em ações ajuizadas até dois anos depois de averbada a modificação do contrato, observada a seguinte ordem de preferência:

I – a empresa devedora;

II – os sócios atuais; e

III – os sócios retirantes.

Parágrafo único. O sócio retirante responderá solidariamente com os demais quando ficar comprovada fraude na alteração societária decorrente da modificação do contrato.

▸ Art. 10-A acrescido pela Lei nº 13.467, de 13-7-2017.

Art. 11. A pretensão quanto a créditos resultantes das relações de trabalho prescreve em cinco anos para os trabalhadores urbanos e rurais, até o limite de dois anos após a extinção do contrato de trabalho.

▸ *Caput* com a redação dada pela Lei nº 13.467, de 13-7-2017.

I e II – *Revogados*. Lei nº 13.467, de 13-7-2017.

§ 1º O disposto neste artigo não se aplica às ações que tenham por objeto anotações para fins de prova junto à Previdência Social.

▸ § 1º com a redação dada pela Lei nº 9.658, de 5-6-1998.

§ 2º Tratando-se de pretensão que envolva pedido de prestações sucessivas decorrente de alteração ou descumprimento do pactuado, a prescrição é total, exceto quando o direito à parcela esteja também assegurado por preceito de lei.

§ 3º A interrupção da prescrição somente ocorrerá pelo ajuizamento de reclamação trabalhista, mesmo que em juízo incompetente, ainda que venha a ser extinta sem resolução do mérito, produzindo efeitos apenas em relação aos pedidos idênticos.

▸ §§ 2º e 3º acrescidos pela Lei nº 13.467, de 13-7-2017.

Art. 11-A. Ocorre a prescrição intercorrente no processo do trabalho no prazo de dois anos.

§ 1º A fluência do prazo prescricional intercorrente inicia-se quando o exequente deixa de cumprir determinação judicial no curso da execução.

▸ Art. 2º da IN do TST nº 41, de 21-6-2018, que dispõe sobre a aplicação das normas processuais desta Consolidação alteradas pela Lei nº 13.467, de 13-7-2017.

§ 2º A declaração da prescrição intercorrente pode ser requerida ou declarada de ofício em qualquer grau de jurisdição.

▸ Art. 11-A acrescido pela Lei nº 13.467, de 13-7-2017.

Art. 12. Os preceitos concernentes ao regime de seguro social são objeto de lei especial.

▸ Arts. 194 a 204 da CF.

▸ Lei nº 8.212, de 24-7-1991 (Lei Orgânica da Seguridade Social).

▸ Lei nº 8.213, de 24-7-1991 (Lei dos Planos de Benefícios da Previdência Social).

▸ OJ da SDC nº 31 do TST.

TÍTULO II – DAS NORMAS GERAIS DE TUTELA DO TRABALHO

CAPÍTULO I – DA IDENTIFICAÇÃO PROFISSIONAL

SEÇÃO I – *DA CARTEIRA DE TRABALHO E PREVIDÊNCIA SOCIAL*

▸ Título da Seção I com a redação dada pelo Dec.-lei nº 926, de 10-10-1969.

▸ Art. 1º do Dec.-lei nº 926, de 10-10-1969, que determinou a substituição do termo "carteira profissional" por "carteira de trabalho e previdência social".

Art. 13. A Carteira de Trabalho e Previdência Social é obrigatória para o exercício de qualquer emprego, inclusive de natureza rural, ainda que em caráter temporário, e para o exercício por conta própria de atividade profissional remunerada.

▸ *Caput* com a redação dada pelo Dec.-lei nº 926, de 10-10-1969.

▸ Lei nº 6.019, de 3-1-1974 (Lei do Trabalho Temporário).

▸ Lei nº 9.465, de 7-7-1997, dispõe sobre o fornecimento gratuito de registro extemporâneo de nascimento, quando destinado à obtenção de Carteira de Trabalho e Previdência Social.

▸ Arts. 41 a 75 do Dec. nº 10.854, de 10-11-2021, que regulamenta disposições relativas à legislação trabalhista.

▸ Súm. nº 225 do STF.

▸ Súm. nº 12 do TST.

§ 1º O disposto neste artigo aplica-se, igualmente, a quem:

I – proprietário rural ou não, trabalhe individualmente ou em regime de economia familiar, assim entendido o trabalho dos membros da mesma família, indispensável à própria subsistência, e exercido em condições de mútua dependência e colaboração;

II – em regime de economia familiar e sem empregado, explore área não excedente do módulo rural ou de outro limite que venha a ser fixado, para cada região, pelo Ministério do Trabalho, Indústria e Comércio.

▸ § 1º com a redação dada pelo Dec.-lei nº 926, de 10-10-1969.

§ 2º A Carteira de Trabalho e Previdência Social (CTPS) obedecerá aos modelos que o Ministério da Economia adotar.

▸ § 2º com a redação dada pela Lei nº 13.874, de 20-9-2019.

§§ 3º e 4º *Revogados*. Lei nº 13.874, de 20-9-2019.

SEÇÃO II – *DA EMISSÃO DA CARTEIRA*

▸ Título da Seção II com a redação dada pelo Dec.-lei nº 926, de 10-10-1969.

Art. 14. A CTPS será emitida pelo Ministério da Economia preferencialmente em meio eletrônico.

▸ *Caput* com a redação dada pela Lei nº 13.874, de 20-9-2019.

▸ Dec.-lei nº 926, de 10-10-1969, institui a Carteira de Trabalho e Previdência Social – CTPS.

Parágrafo único. Excepcionalmente, a CTPS poderá ser emitida em meio físico, desde que:

I – nas unidades descentralizadas do Ministério da Economia que forem habilitadas para a emissão;

II – mediante convênio, por órgãos federais, estaduais e municipais da administração direta ou indireta;

III – mediante convênio com serviços notariais e de registro, sem custos para a administração, garantidas as condições de segurança das informações.

▸ Parágrafo único com a redação dada pela Lei nº 13.874, de 20-9-2019.

Art. 15. Os procedimentos para emissão da CTPS ao interessado serão estabelecidos pelo Ministério da Economia em regulamento próprio, privilegiada a emissão em formato eletrônico.

- Artigo com a redação dada pela Lei nº 13.874, de 20-9-2019.

Art. 16. A CTPS terá como identificação única do empregado o número de inscrição no Cadastro de Pessoas Físicas (CPF).

- *Caput* com a redação dada pela Lei nº 13.874, de 20-9-2019.

I a IV – *Revogados*. Lei nº 13.874, de 20-9-2019.

Parágrafo único. *Revogado*. Lei nº 13.874, de 20-9-2019.

Art. 17. *Revogado*. Lei nº 13.874, de 20-9-2019.

Arts. 18 e 19. *Revogados*. Lei nº 7.855, de 24-10-1989.

Arts. 20 e 21. *Revogados*. Lei nº 13.874, de 20-9-2019.

Arts. 22 a 24. *Revogados*. Dec.-lei nº 926, de 10-10-1969.

Seção III

DA ENTREGA DAS CARTEIRAS DE TRABALHO E PREVIDÊNCIA SOCIAL

Arts. 25 e 26. *Revogados*. Lei nº 13.874, de 20-9-2019.

Arts. 27 e 28. *Revogados*. Lei nº 7.855, de 24-10-1989.

Seção IV

DAS ANOTAÇÕES

Art. 29. O empregador terá o prazo de 5 (cinco) dias úteis para anotar na CTPS, em relação aos trabalhadores que admitir, a data de admissão, a remuneração e as condições especiais, se houver, facultada a adoção de sistema manual, mecânico ou eletrônico, conforme instruções a serem expedidas pelo Ministério da Economia.

- *Caput* com a redação dada pela Lei nº 13.874, de 20-9-2019.
- Art. 203, § 1º, II, do CP.
- Art. 14-A da Lei nº 5.889, de 8-6-1973 (Lei do Trabalho Rural).
- Port. do MTPrev nº 671, de 8-11-2021, regulamenta disposições relativas à legislação trabalhista, à inspeção do trabalho, às políticas públicas e às relações de trabalho.
- Súm. nº 225 do STF.
- Súm. nº 12 do TST.

§ 1º As anotações concernentes à remuneração devem especificar o salário, qualquer que seja sua forma de pagamento, seja ele em dinheiro ou em utilidades, bem como a estimativa da gorjeta.

- § 1º com a redação dada pelo Dec.-lei nº 229, de 28-2-1967.

§ 2º As anotações na Carteira de Trabalho e Previdência Social serão feitas:

a) na data-base;

b) a qualquer tempo, por solicitação do trabalhador;

c) no caso de rescisão contratual; ou

d) necessidade de comprovação perante a Previdência Social.

§ 3º A falta de cumprimento pelo empregador do disposto neste artigo acarretará a lavratura do auto de infração, pelo Fiscal do Trabalho, que deverá, de ofício, comunicar a falta de anotação ao órgão competente, para o fim de instaurar o processo de anotação.

- §§ 2º e 3º com a redação dada pela Lei nº 7.855, de 24-10-1989.

§ 4º É vedado ao empregador efetuar anotações desabonadoras à conduta do empregado em sua Carteira de Trabalho e Previdência Social.

§ 5º O descumprimento do disposto no § 4º deste artigo submeterá o empregador ao pagamento de multa prevista no art. 52 deste Capítulo.

- §§ 4º e 5º acrescidos pela Lei nº 10.270, de 29-8-2001.
- Súm. nº 12 do TST.

§ 6º A comunicação pelo trabalhador do número de inscrição no CPF ao empregador equivale à apresentação da CTPS em meio digital, dispensado o empregador da emissão de recibo.

§ 7º Os registros eletrônicos gerados pelo empregador nos sistemas informatizados da CTPS em meio digital equivalem às anotações a que se refere esta Lei.

§ 8º O trabalhador deverá ter acesso às informações da sua CTPS no prazo de até 48 (quarenta e oito) horas a partir de sua anotação.

- §§ 6º a 8º acrescidos pela Lei nº 13.874, de 20-9-2019.

Art. 29-A. O empregador que infringir o disposto no *caput* e no § 1º do art. 29 desta Consolidação ficará sujeito a multa no valor de R$ 3.000,00 (três mil reais) por empregado prejudicado, acrescido de igual valor em cada reincidência.

§ 1º No caso de microempresa ou de empresa de pequeno porte, o valor final da multa aplicada será de R$ 800,00 (oitocentos reais) por empregado prejudicado.

§ 2º A infração de que trata o *caput* deste artigo constitui exceção ao critério da dupla visita.

Art. 29-B. Na hipótese de não serem realizadas as anotações a que se refere o § 2º do art. 29 desta Consolidação, o empregador ficará sujeito a multa no valor de R$ 600,00 (seiscentos reais) por empregado prejudicado.

- Arts. 29-A e 29-B acrescidos pela Lei nº 14.438, de 24-8-2022.

Arts. 30 a 34. *Revogados*. Lei nº 13.874, de 20-9-2019.

Art. 35. *Revogado*. Lei nº 6.533, de 24-5-1978.

Seção V

DAS RECLAMAÇÕES POR FALTA OU RECUSA DE ANOTAÇÃO

Art. 36. Recusando-se a empresa a fazer as anotações a que se refere o artigo 29 ou a devolver a Carteira de Trabalho e Previdência Social recebida, poderá o empregado comparecer, pessoalmente ou por intermédio de seu sindicato, perante a Delegacia Regional ou órgão autorizado, para apresentar reclamação.

Art. 37. No caso do artigo 36, lavrado o termo de reclamação, determinar-se-á a realização de diligência para instrução do feito, observado, se for o caso, o disposto no § 2º do artigo 29, notificando-se posteriormente o reclamado por carta registrada, caso persista a recusa, para que, em dia e hora previamente designados, venha prestar esclarecimentos ou efetuar as devidas anotações na Carteira de Trabalho e Previdência Social ou sua entrega.

Parágrafo único. Não comparecendo o reclamado, lavrar-se-á termo de ausência, sendo considerado revel e confesso sobre os termos da reclamação feita, devendo as anotações ser efetuadas por despacho da autoridade que tenha processado a reclamação.

- Arts. 36 e 37 com a redação dada pelo Dec.-lei nº 229, de 28-2-1967.

Art. 38. Comparecendo o empregador e recusando-se a fazer as anotações reclamadas, será lavrado um termo de comparecimento, que deverá conter, entre outras indicações, o lugar, o dia e hora de sua lavratura, o nome e a residência do empregador, assegurando-se-lhe o prazo de quarenta e oito horas, a contar do termo, para apresentar defesa.

Parágrafo único. Findo o prazo para a defesa, subirá o processo à autoridade administrativa de primeira instância, para se ordenarem diligências, que completem a instrução do feito, ou para julgamento, se o caso estiver suficientemente esclarecido.

Art. 39. Verificando-se que as alegações feitas pelo reclamado versam sobre a não existência de relação de emprego, ou sendo impossível verificar essa condição pelos meios administrativos, será o processo encaminhado à Justiça do Trabalho, ficando, nesse caso, sobrestado o julgamento do auto de infração que houver sido lavrado.

§ 1º Se não houver acordo, a Junta de Conciliação e Julgamento, em sua sentença ordenará que a Secretaria efetue as devidas anotações uma vez transitada em julgado, e faça a comunicação à autoridade competente para o fim de aplicar a multa cabível.

- EC nº 24, de 9-12-1999, alterou a denominação das Juntas de Conciliação e Julgamento para Varas do Trabalho e extinguiu a representação classista na Justiça do Trabalho.

§ 2º Igual procedimento observar-se-á no caso de processo trabalhista de qualquer natureza, quando for verificada a falta de anotações na Carteira de Trabalho e Previdência Social, devendo o Juiz, nesta hipótese, mandar proceder, desde logo, àquelas sobre as quais não houver controvérsia.

- Art. 39 com a redação dada pelo Dec.-lei nº 229, de 28-2-1967.

Seção VI

DO VALOR DAS ANOTAÇÕES

Art. 40. A CTPS regularmente emitida e anotada servirá de prova:

- *Caput* com a redação dada pela Lei nº 13.874, de 20-9-2019.
- Súm. nº 225 do STF.

I – nos casos de dissídio na Justiça do Trabalho entre a empresa e o empregado por motivo de salário, férias ou tempo de serviço;

- Inciso I com a redação dada pelo Dec.-lei nº 229, de 28-2-1967.
- Súm. nº 12 do TST.

II – *Revogado*. Lei nº 13.874, de 20-9-2019;

III – para cálculo de indenização por acidente do trabalho ou moléstia profissional.

- Inciso III com a redação dada pelo Dec.-lei nº 229, de 28-2-1967.

Seção VII

DOS LIVROS DE REGISTRO DE EMPREGADOS

- Arts. 50 a 54 da LC nº 123, de 14-12-2006 (Lei do Super-Simples).

► Lei nº 6.868, de 3-12-1980, dispensa a apresentação dos documentos que especifica.
► Port. do MTPrev nº 671, de 8-11-2021, regulamenta disposições relativas à legislação trabalhista, à inspeção do trabalho, às políticas públicas e às relações de trabalho.
► IN da SEFIT nº 4, de 1º-8-1996, estabelece normas a serem desenvolvidas quando da lavratura de auto de infração por empregado sem registro e a respectiva comunicação para instauração do processo de anotações.
► IN da SIT nº 89, de 2-3-2011, estabelece procedimentos para apreensão e guarda de documentos, livros, materiais, equipamentos e assemelhados por Auditor Fiscal do Trabalho e aprova modelos de Auto de Apreensão, Termo de Guarda e Termo de Devolução.

Art. 41. Em todas as atividades será obrigatório para o empregador o registro dos respectivos trabalhadores, podendo ser adotados livros, fichas ou sistema eletrônico, conforme instruções a serem expedidas pelo Ministério do Trabalho.

Parágrafo único. Além da qualificação civil ou profissional de cada trabalhador, deverão ser anotados todos os dados relativos à sua admissão no emprego, duração e efetividade do trabalho, a férias, acidentes e demais circunstâncias que interessem à proteção do trabalhador.

► Art. 41 com a redação dada pela Lei nº 7.855, de 24-10-1989.
► Art. 43, § 2º, da Port. do MTPrev nº 671, de 8-11-2021, que regulamenta disposições relativas à legislação trabalhista, à inspeção do trabalho, às políticas públicas e às relações de trabalho.

Art. 42. *Revogado.* Lei nº 10.243, de 19-6-2001.

Arts. 43 e 44. *Revogados.* Lei nº 7.855, de 24-10-1989.

Arts. 45 e 46. *Revogados.* Dec.-lei nº 229, de 28-2-1967.

Art. 47. O empregador que mantiver empregado não registrado nos termos do art. 41 desta Consolidação ficará sujeito a multa no valor de R$ 3.000,00 (três mil reais) por empregado não registrado, acrescido de igual valor em cada reincidência.

§ 1º Especificamente quanto à infração a que se refere o *caput* deste artigo, o valor final da multa aplicada será de R$ 800,00 (oitocentos reais) por empregado não registrado, quando se tratar de microempresa ou empresa de pequeno porte.

§ 2º A infração de que trata o *caput* deste artigo constitui exceção ao critério da dupla visita.

► Art. 47 com a redação dada pela Lei nº 13.467, de 13-7-2017.

Art. 47-A. Na hipótese de não serem informados os dados a que se refere o parágrafo único do art. 41 desta Consolidação, o empregador ficará sujeito à multa de R$ 600,00 (seiscentos reais) por empregado prejudicado.

► Art. 47-A acrescido pela Lei nº 13.467, de 13-7-2017.

Art. 48. As multas previstas nesta Seção serão aplicadas pela autoridade de primeira instância no Distrito Federal, e pelas autoridades regionais do Ministério do Trabalho, Indústria e Comércio, nos Estados e no Território do Acre.

► As autoridades regionais do Ministério do Trabalho são, atualmente, as Superintendências Regionais do Trabalho e Emprego.
► Lei nº 4.070, de 15-6-1962, eleva o território do Acre à categoria de Estado.

► Port. do MTPrev nº 667, de 8-11-2021, regulamenta a imposição de multas administrativas previstas na legislação trabalhista.

Seção VIII

DAS PENALIDADES

Art. 49. Para os efeitos da emissão, substituição ou anotação de Carteiras de Trabalho e Previdência Social, considerar-se-á crime de falsidade, com as penalidades previstas no artigo 299 do Código Penal:

I – fazer, no todo ou em parte, qualquer documento falso ou alterar o verdadeiro;

II – afirmar falsamente a sua própria identidade, filiação, lugar de nascimento, residência, profissão ou estado civil e beneficiários, ou atestar os de outra pessoa;

III – servir-se de documentos, por qualquer forma falsificados;

IV – falsificar, fabricando ou alterando, ou vender, usar ou possuir Carteiras de Trabalho e Previdência Social assim alteradas;

V – anotar dolosamente em Carteira de Trabalho e Previdência Social ou registro de empregado, ou confessar ou declarar, em juízo ou fora dele, data de admissão em emprego diversa da verdadeira.

► Art. 49 com a redação dada pelo Dec.-lei nº 229, de 28-2-1967.
► Arts. 297, 299 e 304 do CP.
► Súmulas nºs 17, 62, 104 e 107 do STJ.

Art. 50. Comprovando-se falsidade, quer nas declarações para emissão de Carteira de Trabalho e Previdência Social, quer nas respectivas anotações, o fato será levado ao conhecimento da autoridade que houver emitido a carteira, para fins de direito.

► Súm. nº 62 do STJ.

Art. 51. Incorrerá em multa de valor igual a 3 (três) vezes o salário mínimo regional aquele que, comerciante ou não, vender ou expuser à venda qualquer tipo de carteira igual ou semelhante ao tipo oficialmente adotado.

► Artigo com a redação dada pelo Dec.-lei nº 229, de 28-2-1967.
► Art. 7º, IV, da CF.
► Lei nº 6.205, de 29-4-1975, c/c a Lei nº 6.986, de 13-4-1982, elevou as multas por infração aos preceitos da CLT em dez vezes o seu valor.
► Port. do MTPrev nº 667, de 8-11-2021, regulamenta a imposição de multas administrativas previstas na legislação trabalhista.

Art. 52. O extravio ou inutilização da Carteira de Trabalho e Previdência Social por culpa da empresa sujeitará esta à multa de valor igual à metade do salário mínimo regional.

► Artigo com a redação dada pelo Dec.-lei nº 926, de 10-10-1969.
► Art. 7º, IV, da CF.
► Lei nº 6.205, de 29-4-1975, c/c a Lei nº 6.986, de 13-4-1982, elevou as multas por infração aos preceitos da CLT em dez vezes o seu valor.
► Port. do MTPrev nº 667, de 8-11-2021, regulamenta a imposição de multas administrativas previstas na legislação trabalhista.

Arts. 53 e 54. *Revogados.* Lei nº 13.874, de 20-9-2019.

Art. 55. Incorrerá na multa de valor igual a 1 (um) salário mínimo regional a empresa que infringir o art. 13 e seus parágrafos.

► Artigo com a redação dada pelo Dec.-lei nº 229, de 28-2-1967.
► Art. 7º, IV, da CF.
► Lei nº 6.205, de 29-4-1975, c/c a Lei nº 6.986, de 13-4-1982, elevou as multas por infração aos preceitos da CLT em dez vezes o seu valor.

► Port. do MTPrev nº 667, de 8-11-2021, regulamenta a imposição de multas administrativas previstas na legislação trabalhista.

Art. 56. *Revogado.* Lei nº 13.874, de 20-9-2019.

CAPÍTULO II

DA DURAÇÃO DO TRABALHO

Seção I

DISPOSIÇÃO PRELIMINAR

Art. 57. Os preceitos deste Capítulo aplicam-se a todas as atividades, salvo as expressamente excluídas, constituindo exceções as disposições especiais, concernentes estritamente a peculiaridades profissionais constantes do Capítulo I do Título III.

► Art. 62 desta Consolidação.

Seção II

DA JORNADA DE TRABALHO

Art. 58. A duração normal do trabalho, para os empregados em qualquer atividade privada, não excederá de oito horas diárias, desde que não seja fixado expressamente outro limite.

► Art. 7º, XIII e XIV, da CF.
► Súm. nº 675 do STF.
► Súmulas nºs 110, 360 e 423 do TST.
► Orientações Jurisprudenciais da SBDI-I nºs 274, 275, 360, 395, 396 e 420 do TST.
► OJ da SBDI-I Transitória nº 72 do TST.

§ 1º Não serão descontadas nem computadas como jornada extraordinária as variações de horário no registro de ponto não excedentes de cinco minutos, observado o limite máximo de dez minutos diários.

► § 1º acrescido pela Lei nº 10.243, de 19-6-2001.
► Art. 74, § 2º, da CLT.
► Súmulas nºs 366, 429 e 449 do TST.

§ 2º O tempo despendido pelo empregado desde a sua residência até a efetiva ocupação do posto de trabalho e para o seu retorno, caminhando ou por qualquer meio de transporte, inclusive o fornecido pelo empregador, não será computado na jornada de trabalho, por não ser tempo à disposição do empregador.

► § 2º com a redação dada pela Lei nº 13.467, de 13-7-2017.

§ 3º *Revogado.* Lei nº 13.467, de 13-7-2017.

Art. 58-A. Considera-se trabalho em regime de tempo parcial aquele cuja duração não exceda a trinta horas semanais, sem a possibilidade de horas suplementares semanais, ou, ainda, aquele cuja duração não exceda a vinte e seis horas semanais, com a possibilidade de acréscimo de até seis horas suplementares semanais.

► *Caput* com a redação dada pela Lei nº 13.467, de 13-7-2017.

§ 1º O salário a ser pago aos empregados sob o regime de tempo parcial será proporcional à sua jornada, em relação aos empregados que cumprem, nas mesmas funções, tempo integral.

► OJ da SBDI-I nº 358 do TST.

§ 2º Para os atuais empregados, a adoção do regime de tempo parcial será feita mediante opção manifestada perante a empresa, na forma prevista em instrumento decorrente de negociação coletiva.

► §§ 1º e 2º acrescidos pela MP nº 2.164-41, de 24-8-2001, que até o encerramento desta edição não havia sido convertida em Lei.
► Art. 7º, XIII, da CF.

§ 3º As horas suplementares à duração do trabalho semanal normal serão pagas com o acréscimo de 50% (cinquenta por cento) sobre o salário-hora normal.

§ 4º Na hipótese de o contrato de trabalho em regime de tempo parcial ser estabelecido em número inferior a vinte e seis horas semanais, as horas suplementares a este quantitativo serão consideradas horas extras para fins do pagamento estipulado no § 3º, estando também limitadas a seis horas suplementares semanais.

§ 5º As horas suplementares da jornada de trabalho normal poderão ser compensadas diretamente até a semana imediatamente posterior à da sua execução, devendo ser feita a sua quitação na folha de pagamento do mês subsequente, caso não sejam compensadas.

§ 6º É facultado ao empregado contratado sob regime de tempo parcial converter um terço do período de férias a que tiver direito em abono pecuniário.

§ 7º As férias do regime de tempo parcial são regidas pelo disposto no art. 130 desta Consolidação.

- §§ 3º a 7º acrescidos pela Lei nº 13.467, de 13-7-2017.

Art. 59. A duração diária do trabalho poderá ser acrescida de horas extras, em número não excedente de duas, por acordo individual, convenção coletiva ou acordo coletivo de trabalho.

- *Caput* com a redação dada pela Lei nº 13.467, de 13-7-2017.

§ 1º A remuneração da hora extra será, pelo menos, 50% (cinquenta por cento) superior à da hora normal.

- § 1º com a redação dada pela Lei nº 13.467, de 13-7-2017.

§ 2º Poderá ser dispensado o acréscimo de salário se, por força de acordo ou convenção coletiva de trabalho, o excesso de horas em um dia for compensado pela correspondente diminuição em outro dia, de maneira que não exceda, no período máximo de um ano, à soma das jornadas semanais de trabalho previstas, nem seja ultrapassado o limite máximo de dez horas diárias.

- § 2º com a redação dada pela MP nº 2.164-41, de 24-8-2001, que até o encerramento desta edição não havia sido convertida em Lei.
- Súmulas nºs 85 e 444 do TST.
- OJ da SBDI-I nº 323 do TST.

§ 3º Na hipótese de rescisão do contrato de trabalho sem que tenha havido a compensação integral da jornada extraordinária, na forma dos §§ 2º e 5º deste artigo, o trabalhador terá direito ao pagamento das horas extras não compensadas, calculadas sobre o valor da remuneração na data da rescisão.

- § 3º com a redação dada pela Lei nº 13.467, de 13-7-2017.

§ 4º *Revogado*. Lei nº 13.467, de 13-7-2017.

§ 5º O banco de horas de que trata o § 2º deste artigo poderá ser pactuado por acordo individual escrito, desde que a compensação ocorra no período máximo de seis meses.

§ 6º É lícito o regime de compensação de jornada estabelecido por acordo individual, tácito ou escrito, para a compensação no mesmo mês.

- §§ 5º e 6º acrescidos pela Lei nº 13.467, de 13-7-2017.

Art. 59-A. Em exceção ao disposto no art. 59 desta Consolidação, é facultado às partes, mediante acordo individual escrito, convenção coletiva ou acordo coletivo de trabalho, estabelecer horário de trabalho de doze horas seguidas por trinta e seis horas ininterruptas de descanso, observados ou indenizados os intervalos para repouso e alimentação.

Parágrafo único. A remuneração mensal pactuada pelo horário previsto no *caput* deste artigo abrange os pagamentos devidos pelo descanso semanal remunerado e pelo descanso em feriados, e serão considerados compensados os feriados e as prorrogações de trabalho noturno, quando houver, de que tratam o art. 70 e o § 5º do art. 73 desta Consolidação.

Art. 59-B. O não atendimento das exigências legais para compensação de jornada, inclusive quando estabelecida mediante acordo tácito, não implica a repetição do pagamento das horas excedentes à jornada normal diária se não ultrapassada a duração máxima semanal, sendo devido apenas o respectivo adicional.

Parágrafo único. A prestação de horas extras habituais não descaracteriza o acordo de compensação de jornada e o banco de horas.

- Arts. 59-A e 59-B acrescidos pela Lei nº 13.467, de 13-7-2017.

Art. 60. Nas atividades insalubres, assim consideradas as constantes dos quadros mencionados no Capítulo "Da Higiene e Segurança do Trabalho", ou que neles venham a ser incluídas por ato do Ministro do Trabalho, Indústria e Comércio, quaisquer prorrogações só poderão ser acordadas mediante licença prévia das autoridades competentes em matéria de higiene do trabalho, as quais, para esse efeito, procederão aos necessários exames locais e à verificação dos métodos e processos de trabalho, quer diretamente, quer por intermédio de autoridades sanitárias federais, estaduais e municipais, com quem entrarão em entendimento para tal fim.

- Art. 7º, XIII, da CF.
- Súmula nº 85, VI, do TST.
- O Capítulo V do Título II desta Consolidação passou a ser denominado "Da Segurança e da Medicina do Trabalho" pela Lei nº 6.514, de 22-12-1977.

Parágrafo único. Excetuam-se da exigência de licença prévia as jornadas de doze horas de trabalho por trinta e seis horas ininterruptas de descanso.

- Parágrafo único acrescido pela Lei nº 13.467, de 13-7-2017.

Art. 61. Ocorrendo necessidade imperiosa, poderá a duração do trabalho exceder do limite legal ou convencionado, seja para fazer face a motivo de força maior, seja para atender à realização ou conclusão de serviços inadiáveis ou cuja inexecução possa acarretar prejuízo manifesto.

§ 1º O excesso, nos casos deste artigo, pode ser exigido independentemente de convenção coletiva ou acordo coletivo de trabalho.

- § 1º com a redação dada pela Lei nº 13.467, de 13-7-2017.

§ 2º Nos casos de excesso de horário por motivo de força maior, a remuneração da hora excedente não será inferior à da hora normal. Nos demais casos de excesso previstos neste artigo, a remuneração será, pelo menos, vinte e cinco por cento superior à da hora normal, e o trabalho não poderá exceder de doze horas, desde que a lei não fixe expressamente outro limite.

- Este parágrafo não foi recepcionado pelo art. 7º, XVI, da CF de 1988, que determina a remuneração do serviço extraordinário superior, no mínimo, em cinquenta por cento à do normal.

§ 3º Sempre que ocorrer interrupção do trabalho, resultante de causas acidentais, ou de força maior, que determinem a impossibilidade de sua realização, a duração do trabalho poderá ser prorrogada pelo tempo necessário até o máximo de duas horas, durante o número de dias indispensáveis à recuperação do tempo perdido, desde que não exceda de dez horas diárias, em período não superior a quarenta e cinco dias por ano, sujeita essa recuperação à prévia autorização da autoridade competente.

- Art. 501 desta Consolidação.

Art. 62. Não são abrangidos pelo regime previsto neste Capítulo:

I – os empregados que exercem atividade externa incompatível com a fixação de horário de trabalho, devendo tal condição ser anotada na Carteira de Trabalho e Previdência Social e no registro de empregados;

- Art. 235-A e seguintes desta Consolidação.
- OJ da SBDI-I nº 332 do TST.

II – os gerentes, assim considerados os exercentes de cargos de gestão, aos quais se equiparam, para efeito do disposto neste artigo, os diretores e chefes de departamento ou filial;

III – os empregados em regime de teletrabalho que prestam serviço por produção ou tarefa.

- Inciso III com a redação dada pela Lei nº 14.442, de 2-9-2022.

Parágrafo único. O regime previsto neste Capítulo será aplicável aos empregados mencionados no inciso II deste artigo, quando o salário do cargo de confiança, compreendendo a gratificação de função, se houver, for inferior ao valor do respectivo salário efetivo acrescido de quarenta por cento.

- Art. 62 com a redação dada pela Lei nº 8.966, de 27-12-1994.
- Súm. nº 201 do STF.
- Súmulas nºs 27, 65, 287 e 372 do TST.

Art. 63. Não haverá distinção entre empregados e interessados, e a participação em lucros e comissões, salvo em lucros de caráter social, não exclui o participante do regime deste Capítulo.

Art. 64. O salário-hora normal, no caso do empregado mensalista, será obtido dividindo-se o salário mensal correspondente à duração do trabalho, a que se refere o artigo 58, por trinta vezes o número de horas dessa duração.

- Súmulas nºs 264, 340, 347 e 431 do TST.
- Orientações Jurisprudenciais da SBDI-I nºs 235 e 397 do TST.

Parágrafo único. Sendo o número de dias inferior a trinta, adotar-se-á para o cálculo, em lugar desse número, o de dias de trabalho por mês.

Art. 65. No caso do empregado diarista, o salário-hora normal será obtido dividindo-se o salário diário correspondente à duração do trabalho, estabelecido no artigo 58, pelo número de horas de efetivo trabalho.

- Art. 7º, XIII a XV, da CF.
- Súm. nº 431 do TST.
- OJ da SBDI-I nº 396 do TST.

Seção III

DOS PERÍODOS DE DESCANSO

- Dec. nº 10.088, de 5-11-2019, consolida atos normativos editados pelo Poder Executivo Federal que dispõem sobre a promulgação de convenções e recomendações da Organização Internacional do Trabalho – OIT ratificadas pela República Federativa do Brasil.

Art. 66. Entre duas jornadas de trabalho haverá um período mínimo de onze horas consecutivas para descanso.

- Art. 7º, XV, da CF.
- Súmulas nºs 110 e 118 do TST.
- OJ da SBDI-I nº 355 do TST.

Art. 67. Será assegurado a todo empregado um descanso semanal de 24 (vinte e quatro) horas consecutivas, o qual, salvo motivo de conveniência pública ou necessidade imperiosa do serviço, deverá coincidir com o domingo, no todo ou em parte.

- Art. 7º, XV, da CF.

Parágrafo único. Nos serviços que exijam trabalho aos domingos, com exceção quanto aos elencos teatrais, será estabelecida escala de revezamento, mensalmente organizada e constando de quadro sujeito à fiscalização.

- Lei nº 605, de 5-1-1949 (Lei do Repouso Semanal Remunerado).
- Lei nº 662, de 6-4-1949, declara feriados nacionais os dias primeiro de janeiro, primeiro de maio, sete de setembro, quinze de novembro e vinte e cinco de dezembro.
- Art. 6º, parágrafo único, da Lei nº 10.101, de 19-12-2000 (Lei da Participação nos Lucros ou Resultados).
- Arts. 151 a 162 do Dec. nº 10.854, de 10-11-2021, que regulamenta disposições relativas à legislação trabalhista.
- Súmulas nºs 15, 27, 146, 172, 225, 351 e 354 do TST.
- Orientações Jurisprudenciais da SBDI-I nºs 103, 394 e 410 do TST.
- OJ da SBDI-I Transitória nº 72 do TST.

Art. 68. O trabalho em domingo, seja total ou parcial, na forma do art. 67, será sempre subordinado à permissão prévia da autoridade competente em matéria de trabalho.

- Art. 6º da Lei nº 10.101, de 19-12-2000 (Lei da Participação nos Lucros ou Resultados).
- Súmulas nºs 146 e 354 do TST.

Parágrafo único. A permissão será concedida a título permanente nas atividades que, por sua natureza ou pela conveniência pública, devem ser exercidas aos domingos, cabendo ao Ministro do Trabalho, Indústria e Comércio, expedir instruções em que sejam especificadas tais atividades. Nos demais casos, ela será dada sob forma transitória, com discriminação do período autorizado, o qual, de cada vez, não excederá de 60 (sessenta) dias.

- Súmulas nºs 15, 27, 146 e 172 do TST.

Art. 69. Na regulamentação do funcionamento de atividades sujeitas ao regime deste Capítulo, os municípios atenderão aos preceitos nele estabelecidos, e as regras que venham a fixar não poderão contrariar tais preceitos nem as instruções que, para seu cumprimento, forem expedidas pelas autoridades competentes em matéria de trabalho.

- Art. 7º da CF.

Art. 70. Salvo o disposto nos arts. 68 e 69, é vedado o trabalho em dias feriados nacionais e feriados religiosos, nos termos da legislação própria.

- Artigo com a redação dada pelo Dec.-lei nº 229, de 28-2-1967.

Art. 71. Em qualquer trabalho contínuo, cuja duração exceda de seis horas, é obrigatória a concessão de um intervalo para repouso ou alimentação, o qual será, no mínimo, de uma hora e, salvo acordo escrito ou contrato coletivo em contrário, não poderá exceder de duas horas.

- O art. 20 do Dec.-lei nº 229, de 28-2-1967, substituiu a expressão "Contratos coletivos de trabalho" por "Convenções coletivas de trabalho".
- Art. 7º, XXII, da CF.
- Súmulas nºs 118, 437 e 446 do TST.
- OJ da SBDI-I nº 355 do TST.

§ 1º Não excedendo de seis horas o trabalho, será, entretanto, obrigatório um intervalo de quinze minutos quando a duração ultrapassar quatro horas.

§ 2º Os intervalos de descanso não serão computados na duração do trabalho.

- Arts. 72, 253, 298, 383 e 396 desta Consolidação.

§ 3º O limite mínimo de uma hora para repouso ou refeição poderá ser reduzido por ato do Ministro do Trabalho, Indústria e Comércio quando, ouvido o Serviço de Alimentação de Previdência Social, se verificar que o estabelecimento atende integralmente às exigências concernentes à organização dos refeitórios e quando os respectivos empregados não estiverem sob regime de trabalho prorrogado a horas suplementares.

- Art. 383 desta Consolidação.
- Port. do MTPrev nº 671, de 8-11-2021, regulamenta disposições relativas à legislação trabalhista, à inspeção do trabalho, às políticas públicas e às relações de trabalho.

§ 4º A não concessão ou a concessão parcial do intervalo intrajornada mínimo, para repouso e alimentação, a empregados urbanos e rurais, implica o pagamento, de natureza indenizatória, apenas do período suprimido, com acréscimo de 50% (cinquenta por cento) sobre o valor da remuneração da hora normal de trabalho.

- § 4º com a redação dada pela Lei nº 13.467, de 13-7-2017.

§ 5º O intervalo expresso no *caput* poderá ser reduzido e/ou fracionado, e aquele estabelecido no § 1º poderá ser fracionado, quando compreendidos entre o término da primeira hora trabalhada e o início da última hora trabalhada, desde que previsto em convenção ou acordo coletivo de trabalho, ante a natureza do serviço e em virtude das condições especiais de trabalho a que são submetidos estritamente os motoristas, cobradores, fiscalização de campo e afins nos serviços de operação de veículos rodoviários, empregados no setor de transporte coletivo de passageiros, mantida a remuneração e concedidos intervalos para descanso menores ao final de cada viagem.

- § 5º com a redação dada pela Lei nº 13.103, de 2-3-2015.

Art. 72. Nos serviços permanentes de mecanografia (datilografia, escrituração ou cálculo), a cada período de noventa minutos de trabalho consecutivo corresponderá um repouso de dez minutos não deduzidos da duração normal do trabalho.

- Súm. nº 346 do TST.

Seção IV

DO TRABALHO NOTURNO

- Dec. nº 10.088, de 5-11-2019, consolida atos normativos editados pelo Poder Executivo Federal que dispõem sobre a promulgação de convenções e recomendações da Organização Internacional do Trabalho – OIT ratificadas pela República Federativa do Brasil.

Art. 73. Salvo nos casos de revezamento semanal ou quinzenal, o trabalho noturno terá remuneração superior à do diurno e, para esse efeito, sua remuneração terá um acréscimo de vinte por cento, pelo menos, sobre a hora diurna.

- Art. 7º, *caput*, IX e XXXIII, da CF.
- Dec. nº 10.088, de 5-11-2019, consolida atos normativos editados pelo Poder Executivo Federal que dispõem sobre a promulgação de convenções e recomendações da Organização Internacional do Trabalho – OIT ratificadas pela República Federativa do Brasil.
- Súmulas nºs 213, 214, 313 e 402 do STF.
- Súmulas nºs 60, 112, 140 e 265 do TST.
- Orientações Jurisprudenciais da SBDI-I nºs 60, 97 e 388 do TST.

§ 1º A hora do trabalho noturno será computada como de cinquenta e dois minutos e trinta segundos.

- Orientações Jurisprudenciais da SBDI-I nºs 127 e 395 do TST.

§ 2º Considera-se noturno, para os efeitos deste artigo, o trabalho executado entre as vinte e duas horas de um dia e as cinco horas do dia seguinte.

- Súmulas nºs 60 e 65 do TST.

§ 3º O acréscimo a que se refere o presente artigo, em se tratando de empresas que não mantêm, pela natureza de suas atividades, trabalho noturno habitual, será feito tendo em vista os quantitativos pagos por trabalhos diurnos de natureza semelhante. Em relação às empresas cujo trabalho noturno decorra da natureza de suas atividades, o aumento será calculado sobre o salário mínimo geral vigente na região, não sendo devido quando exceder desse limite, já acrescido da percentagem.

- Port. do MTPrev nº 671, de 8-11-2021, regulamenta disposições relativas à legislação trabalhista, à inspeção do trabalho, às políticas públicas e às relações de trabalho.
- Súm. nº 313 do STF.

§ 4º Nos horários mistos, assim entendidos os que abrangem períodos diurnos e noturnos, aplica-se às horas de trabalho noturno o disposto neste artigo e seus parágrafos.

- OJ da SBDI-I nº 388 do TST.

§ 5º Às prorrogações do trabalho noturno aplica-se o disposto neste Capítulo.

- Art. 73 com a redação dada pelo Dec.-lei nº 9.666, de 28-8-1946.

Seção V

DO QUADRO DE HORÁRIO

Art. 74. O horário de trabalho será anotado em registro de empregados.

- *Caput* com a redação dada pela Lei nº 13.874, de 20-9-2019.
- Art. 7º, XIII, da CF.
- Art. 51, I, da LC nº 123, de 14-12-2006 (Lei do Super-Simples).
- IN da SIT nº 72, de 5-12-2007, orienta os Auditores-Fiscais do Trabalho quanto a procedimentos a serem adotados na fiscalização, para que seja dispensado às microempresas e empresas de pequeno porte o tratamento diferenciado de que trata a LC nº 123, de 14-12-2006.

§ 1º *Revogado*. Lei nº 13.874, de 20-9-2019.

§ 2º Para os estabelecimentos com mais de 20 (vinte) trabalhadores será obrigatória a anotação da hora de entrada e de saída, em registro manual, mecânico ou eletrônico, conforme instruções expedidas pela Secretaria Especial de Previdência e Trabalho do Ministério da Economia, permitida a pré-assinalação do período de repouso.

- Port. do MTPrev nº 671, de 8-11-2021, regulamenta disposições relativas à legislação trabalhista, à inspeção do trabalho, às políticas públicas e às relações de trabalho.
- Súmulas nºs 338 e 340 do TST.
- OJ da SBDI-I nº 233 do TST.

§ 3º Se o trabalho for executado fora do estabelecimento, o horário dos empregados constará do registro manual, mecânico ou eletrônico em seu poder, sem prejuízo do que dispõe o *caput* deste artigo.

- §§ 2º e 3º com a redação dada pela Lei nº 13.874, de 20-9-2019.

§ 4º Fica permitida a utilização de registro de ponto por exceção à jornada regular de trabalho, mediante acordo individual escrito, convenção coletiva ou acordo coletivo de trabalho.

- § 4º acrescido pela Lei nº 13.874, de 20-9-2019.

Seção VI

DAS PENALIDADES

Art. 75. Os infratores dos dispositivos do presente Capítulo incorrerão na multa de três a trezentos valores de referência regionais, segundo a natureza da infração, sua extensão e a intenção de quem a praticou, aplicada em dobro no caso de reincidência e oposição à fiscalização ou desacato à autoridade.

- Lei nº 6.205, de 29-4-1975, c/c a Lei nº 6.986, de 13-4-1982, elevou as multas por infração aos preceitos da CLT em dez vezes o seu valor.
- Port. do MTPrev nº 667, de 8-11-2021, regulamenta a imposição de multas administrativas previstas na legislação trabalhista.

Parágrafo único. São competentes para impor penalidades, no Distrito Federal, a autoridade de 1ª instância do Departamento Nacional do Trabalho e, nos Estados e no Território do Acre, as autoridades regionais do Ministério do Trabalho, Indústria e Comércio.

- A competência para impor penalidades é atualmente atribuída às Superintendências Regionais do Trabalho.
- Lei nº 4.070, de 15-6-1962, eleva o território do Acre à categoria de Estado.
- Port. do MTPrev nº 667, de 8-11-2021, regulamenta a imposição de multas administrativas previstas na legislação trabalhista.

CAPÍTULO II-A

DO TELETRABALHO

- Capítulo II-A acrescido pela Lei nº 13.467, de 13-7-2017.

Art. 75-A. A prestação de serviços pelo empregado em regime de teletrabalho observará o disposto neste Capítulo.

- Art.75-A acrescido pela Lei nº 13.467, de 13-7-2017.

Art. 75-B. Considera-se teletrabalho ou trabalho remoto a prestação de serviços fora das dependências do empregador, de maneira preponderante ou não, com a utilização de tecnologias de informação e de comunicação, que, por sua natureza, não configure trabalho externo.

- *Caput* do art. 75-B com a redação dada pela Lei nº 14.442, de 2-9-2022.

§ 1º O comparecimento, ainda que de modo habitual, às dependências do empregador para a realização de atividades específicas que exijam a presença do empregado no estabelecimento não descaracteriza o regime de teletrabalho ou trabalho remoto.

- Parágrafo único transformado em § 1º e com a redação dada pela Lei nº 14.442, de 2-9-2022.

§ 2º O empregado submetido ao regime de teletrabalho ou trabalho remoto poderá prestar serviços por jornada ou por produção ou tarefa.

§ 3º Na hipótese da prestação de serviços em regime de teletrabalho ou trabalho remoto por produção ou tarefa, não se aplicará o disposto no Capítulo II do Título II desta Consolidação.

§ 4º O regime de teletrabalho ou trabalho remoto não se confunde nem se equipara à ocupação de operador de *telemarketing* ou de teleatendimento.

§ 5º O tempo de uso de equipamentos tecnológicos e de infraestrutura necessária, bem como de *softwares*, de ferramentas digitais ou de aplicações de internet utilizados para o teletrabalho, fora da jornada de trabalho normal do empregado não constitui tempo à disposição ou regime de prontidão ou de sobreaviso, exceto se houver previsão em acordo individual ou em acordo ou convenção coletiva de trabalho.

§ 6º Fica permitida a adoção do regime de teletrabalho ou trabalho remoto para estagiários e aprendizes.

§ 7º Aos empregados em regime de teletrabalho aplicam-se as disposições previstas na legislação local e nas convenções e nos acordos coletivos de trabalho relativas à base territorial do estabelecimento de lotação do empregado.

§ 8º Ao contrato de trabalho do empregado admitido no Brasil que optar pela realização de teletrabalho fora do território nacional aplica-se a legislação brasileira, excetuadas as disposições constantes da Lei nº 7.064, de 6 de dezembro de 1982, salvo disposição em contrário estipulada entre as partes.

§ 9º Acordo individual poderá dispor sobre os horários e os meios de comunicação entre empregado e empregador, desde que assegurados os repousos legais.

- §§ 2º a 9º acrescidos pela Lei nº 14.442, de 2-9-2022.

Art. 75-C. A prestação de serviços na modalidade de teletrabalho deverá constar expressamente do instrumento de contrato individual de trabalho.

- *Caput* do art. 75-C com a redação dada pela Lei nº 14.442, de 2-9-2022.

§ 1º Poderá ser realizada a alteração entre regime presencial e de teletrabalho desde que haja mútuo acordo entre as partes, registrado em aditivo contratual.

§ 2º Poderá ser realizada a alteração do regime de teletrabalho para o presencial por determinação do empregador, garantido prazo de transição mínimo de quinze dias, com correspondente registro em aditivo contratual.

- §§ 1º e 2º acrescidos pela Lei nº 13.467, de 13-7-2017.

§ 3º O empregador não será responsável pelas despesas resultantes do retorno ao trabalho presencial, na hipótese de o empregado optar pela realização do teletrabalho ou trabalho remoto fora da localidade prevista no contrato, salvo disposição em contrário estipulada entre as partes.

- § 3º acrescido pela Lei nº 14.442, de 2-9-2022.

Art. 75-D. As disposições relativas à responsabilidade pela aquisição, manutenção ou fornecimento dos equipamentos tecnológicos e da infraestrutura necessária e adequada à prestação do trabalho remoto, bem como ao reembolso de despesas arcadas pelo empregado, serão previstas em contrato escrito.

Parágrafo único. As utilidades mencionadas no *caput* deste artigo não integram a remuneração do empregado.

Art. 75-E. O empregador deverá instruir os empregados, de maneira expressa e ostensiva, quanto às precauções a tomar a fim de evitar doenças e acidentes de trabalho.

Parágrafo único. O empregado deverá assinar termo de responsabilidade comprometendo-se a seguir as instruções fornecidas pelo empregador.

- Arts. 75-D e 75-E acrescidos pela Lei nº 13.467, de 13-7-2017.

Art. 75-F. Os empregadores deverão dar prioridade aos empregados com deficiência e aos empregados com filhos ou criança sob guarda judicial até 4 (quatro) anos de idade na alocação em vagas para atividades que possam ser efetuadas por meio do teletrabalho ou trabalho remoto.

- Art. 75-F acrescido pela Lei nº 14.442, de 2-9-2022.

CAPÍTULO III

DO SALÁRIO MÍNIMO

Seção I

DO CONCEITO

Art. 76. Salário mínimo é a contraprestação mínima devida e paga diretamente pelo empregador a todo trabalhador, inclusive ao trabalhador rural, sem distinção de sexo, por dia normal de serviço, e capaz de satisfazer, em determinada época e região do País, as suas necessidades normais de alimentação, habitação, vestuário, higiene e transporte.

- Art. 7º, IV a VII e XII, da CF.
- Art. 6º, § 1º, da Lei nº 8.542, de 23-12-1992 (Lei da Política Nacional de Salários).
- LC nº 103, de 14-7-2000, autoriza os Estados e o Distrito Federal a instituir o piso salarial a que se refere o inciso V do art. 7º da CF, por aplicação do disposto no parágrafo único do seu art. 22.
- Dec. nº 10.088, de 5-11-2019, consolida atos normativos editados pelo Poder Executivo Federal que dispõem sobre a promulgação de convenções e recomendações da Organização Internacional do Trabalho – OIT ratificadas pela República Federativa do Brasil.
- Súm. Vinc. nº 4 do STF.
- Orientações Jurisprudenciais da SBDI-I nºs 272 e 358 do TST.

Art. 77. *Revogado*. Lei nº 4.589, de 11-12-1964.

Art. 78. Quando o salário for ajustado por empreitada, ou convencionado por tarefa ou peça, será garantida ao trabalhador uma remuneração diária nunca inferior à do salário mínimo por dia normal da região, zona ou subzona.

- Art. 7º, V, *a*, VII e XII, da CF.

Parágrafo único. Quando o salário mínimo mensal do empregado a comissão ou que tenha direito a percentagem for integrado por parte fixa e parte variável, ser-lhe-á sempre garantido o salário mínimo, vedado qualquer desconto em mês subsequente a título de compensação.

▶ Parágrafo único acrescido pelo Dec.-lei nº 229, de 28-2-1967.

Art. 79. *Revogado.* Lei nº 4.589, de 11-12-1964.

Art. 80. *Revogado.* Lei nº 10.097, de 19-12-2000.

Art. 81. O salário mínimo será determinado pela fórmula *Sm = a + b + c + d + e*, em que *a, b, c, d* e *e* representam, respectivamente, o valor das despesas diárias com alimentação, habitação, vestuário, higiene e transporte necessários à vida de um trabalhador adulto.

▶ Art. 7º, IV, da CF, que acrescentou "educação", "saúde", "lazer" e "previdência social".

§ 1º A parcela correspondente à alimentação terá um valor mínimo igual aos valores da lista de provisões, constantes dos quadros devidamente aprovados e necessários à alimentação diária do trabalhador adulto.

§ 2º Poderão ser substituídos pelos equivalentes de cada grupo, também mencionados nos quadros a que alude o parágrafo anterior, os alimentos, quando as condições da região, zona ou subzona o aconselharem, respeitados os valores nutritivos determinados nos mesmos quadros.

§ 3º O Ministério do Trabalho, Indústria e Comércio fará, periodicamente, a revisão dos quadros a que se refere o § 1º deste artigo.

Art. 82. Quando o empregador fornecer, *in natura*, uma ou mais das parcelas do salário mínimo, o salário em dinheiro será determinado pela fórmula *Sd = Sm – P*, em que *Sd* representa o salário em dinheiro, *Sm* o salário mínimo e *P* a soma dos valores daquelas parcelas na região, zona ou subzona.

▶ Art. 458 desta Consolidação.

▶ Súm. nº 258 do TST.

Parágrafo único. O salário mínimo pago em dinheiro não será inferior a trinta por cento do salário mínimo fixado para a região, zona ou subzona.

▶ Art. 7º, IV, da CF.

Art. 83. É devido o salário mínimo ao trabalhador em domicílio, considerado este como o executado na habitação do empregado ou em oficina de família, por conta de empregador que o remunere.

Seção II — *DAS REGIÕES, ZONAS E SUBZONAS*

Art. 84. *Revogado.* Lei nº 13.467, de 13-7-2017.

Arts. 85 e 86. *Revogados.* Lei nº 4.589, de 11-12-1964.

Seção III — *DA CONSTITUIÇÃO DAS COMISSÕES*

Arts. 87 a 100. *Revogados.* Lei nº 4.589, de 11-12-1964.

Seção IV — *DAS ATRIBUIÇÕES DAS COMISSÕES DE SALÁRIO MÍNIMO*

Arts. 101 a 111. *Revogados.* Lei nº 4.589, de 11-12-1964.

Seção V — *DA FIXAÇÃO DO SALÁRIO MÍNIMO*

Arts. 112 a 115. *Revogados.* Lei nº 4.589, de 11-12-1964.

Art. 116. O decreto fixando o salário mínimo, decorridos sessenta dias de sua publicação no *Diário Oficial*, obrigará a todos que utilizem o trabalho de outrem mediante remuneração.

▶ Art. 7º, IV, da CF.

▶ Lei nº 13.152, de 29-7-2015, sobre a política de valorização do salário mínimo.

▶ Súm. nº 203 do STF.

§§ 1º e 2º *Revogados.* Lei nº 4.589, de 11-12-1964.

Seção VI — *DISPOSIÇÕES GERAIS*

Art. 117. Será nulo de pleno direito, sujeitando o empregador às sanções do artigo 120, qualquer contrato ou convenção que estipule remuneração inferior ao salário mínimo estabelecido na região, zona ou subzona em que tiver de ser cumprido.

▶ Art. 7º, IV, da CF.

Art. 118. O trabalhador a quem for pago salário inferior ao mínimo terá direito, não obstante qualquer contrato, ou convenção em contrário, a reclamar do empregador o complemento de seu salário mínimo estabelecido na região, zona ou subzona em que tiver de ser cumprido.

▶ Art. 7º, IV, da CF.

▶ Súm. nº 363 do TST.

Art. 119. Prescreve em dois anos a ação para reaver a diferença, contados, para cada pagamento, da data em que o mesmo tenha sido efetuado.

▶ Art. 7º, XXIX, da CF, que estabelece o mesmo prazo prescricional de 5 anos, tanto para os trabalhadores urbanos como para os trabalhadores rurais, até o limite de 2 anos após a extinção do contrato de trabalho.

Art. 120. Aquele que infringir qualquer dispositivo concernente ao salário mínimo será passível de multa de três a cento e vinte valores de referência regionais, elevada ao dobro na reincidência.

▶ Lei nº 6.205, de 29-4-1975, c/c a Lei nº 6.986, de 13-4-1982, elevou as multas por infração aos preceitos da CLT em dez vezes o seu valor.

▶ Port. do MTPrev nº 667, de 8-11-2021, regulamenta a imposição de multas administrativas previstas na legislação trabalhista.

Art. 121. *Revogado.* Dec.-lei nº 229, de 28-2-1967.

Arts. 122 e 123. *Revogados.* Lei nº 4.589, de 11-12-1964.

Art. 124. A aplicação dos preceitos deste Capítulo não poderá, em caso algum, ser causa determinante da redução do salário.

▶ Art. 7º, *caput* e VI, da CF.

Art. 125. *Revogado.* Lei nº 4.589, de 11-12-1964.

Art. 126. O Ministro do Trabalho, Indústria e Comércio expedirá as instruções necessárias à fiscalização do salário mínimo, podendo cometer essa fiscalização a qualquer dos órgãos componentes do respectivo Ministério, e, bem assim, aos fiscais dos Institutos de Aposentadoria e Pensões, na forma da legislação em vigor.

▶ Dec. nº 99.350, de 27-6-1990, criou o Instituto Nacional do Seguro Social – INSS.

Arts. 127 e 128. *Revogados.* Dec.-lei nº 229, de 28-2-1967.

CAPÍTULO IV — DAS FÉRIAS ANUAIS

▶ Título do Capítulo IV com a redação dada pelo Dec.-lei nº 1.535, de 13-4-1977.

Seção I — *DO DIREITO A FÉRIAS E DA SUA DURAÇÃO*

▶ Título da Seção I com a redação dada pelo Dec.-lei nº 1.535, de 13-4-1977.

▶ LC nº 150, de 1º-6-2015 (Dispõe sobre o contrato de trabalho doméstico).

▶ Dec. nº 10.088, de 5-11-2019, consolida atos normativos editados pelo Poder Executivo Federal que dispõem sobre a promulgação de convenções e recomendações da Organização Internacional do Trabalho – OIT ratificadas pela República Federativa do Brasil.

Art. 129. Todo empregado terá direito anualmente ao gozo de um período de férias, sem prejuízo da remuneração.

▶ Art. 7º, XVII, da CF.

▶ Súmulas nºs 198, 199 e 200 do STF.

▶ Súmulas nºs 7, 10, 14, 81, 89, 149, 171, 253 e 261 do TST.

Art. 130. Após cada período de doze meses de vigência do contrato de trabalho, o empregado terá direito a férias, na seguinte proporção:

I – trinta dias corridos, quando não houver faltado ao serviço mais de cinco vezes;

II – vinte e quatro dias corridos, quando houver tido de seis a quatorze faltas;

III – dezoito dias corridos, quando houver tido de quinze a vinte e três faltas;

IV – doze dias corridos, quando houver tido de vinte e quatro a trinta e duas faltas.

§ 1º É vedado descontar, do período de férias, as faltas do empregado ao serviço.

§ 2º O período das férias será computado, para todos os efeitos, como tempo de serviço.

▶ Arts. 129 e 130 com a redação dada pelo Dec.-lei nº 1.535, de 13-4-1977.

▶ Súmulas nºs 46, 71, 89, 261 e 386 do TST.

Art. 130-A. *Revogado.* Lei nº 13.467, de 13-7-2017.

Art. 131. Não será considerada falta ao serviço, para os efeitos do artigo anterior, a ausência do empregado:

▶ *Caput* com a redação dada pelo Dec.-lei nº 1.535, de 13-4-1977.

▶ Súm. nº 198 do STF.

▶ Súmulas nºs 46 e 89 do TST.

I – nos casos referidos no artigo 473;

▶ Inciso I com a redação dada pelo Dec.-lei nº 1.535, de 13-4-1977.

II – durante o licenciamento compulsório da empregada por motivo de maternidade ou aborto, observados os requisitos para percepção do salário-maternidade custeado pela Previdência Social;

▶ Inciso II com a redação dada pela Lei nº 8.921, de 25-7-1994.

III – por motivo de acidente do trabalho ou enfermidade atestada pelo Instituto Nacional do Seguro Social – INSS, excetuada a hipótese do inciso IV do artigo 133;

▶ Inciso III com a redação dada pela Lei nº 8.726, de 5-11-1993.

▶ Súmulas nºs 81, 89 e 149 do TST.

IV – justificada pela empresa, entendendo-se como tal a que não tiver determinado o desconto do correspondente salário;

V – durante a suspensão preventiva para responder a inquérito administrativo ou de prisão preventiva, quando for impronunciado ou absolvido; e

VI – nos dias em que não tenha havido serviço, salvo na hipótese do inciso III do artigo 133.

▸ Incisos IV a VI com a redação dada pelo Dec.-lei nº 1.535, de 13-4-1977.

Art. 132. O tempo de trabalho anterior à apresentação do empregado para serviço militar obrigatório será computado no período aquisitivo, desde que ele compareça ao estabelecimento dentro de noventa dias da data em que se verificar a respectiva baixa.

▸ Artigo com a redação dada pelo Dec.-lei nº 1.535, de 13-4-1977.

Art. 133. Não terá direito a férias o empregado que, no curso do período aquisitivo:

▸ *Caput* com a redação dada pelo Dec.-lei nº 1.535, de 13-4-1977.

I – deixar o emprego e não for readmitido dentro dos sessenta dias subsequentes à sua saída;

II – permanecer em gozo de licença, com percepção de salários, por mais de trinta dias;

III – deixar de trabalhar, com percepção do salário, por mais de trinta dias em virtude de paralisação parcial ou total dos serviços da empresa; e

IV – tiver percebido da Previdência Social prestações de acidente de trabalho ou de auxílio-doença por mais de seis meses, embora descontínuos.

▸ Incisos I a IV com a redação dada pelo Dec.-lei nº 1.535, de 13-4-1977.

§ 1º A interrupção da prestação de serviços deverá ser anotada na Carteira de Trabalho e Previdência Social.

§ 2º Iniciar-se-á o decurso de novo período aquisitivo quando o empregado, após o implemento de qualquer das condições previstas neste artigo, retornar ao serviço.

▸ §§ 1º e 2º com a redação dada pelo Dec.-lei nº 1.535, de 13-4-1977.

§ 3º Para os fins previstos no inciso III deste artigo a empresa comunicará ao órgão local do Ministério do Trabalho, com antecedência mínima de quinze dias, as datas de início e fim da paralisação total ou parcial dos serviços da empresa, e, em igual prazo, comunicará, nos mesmos termos, ao sindicato representativo da categoria profissional, bem como afixará avisos nos respectivos locais de trabalho.

▸ § 3º acrescido pela Lei nº 9.016, de 30-3-1995.

§ 4º VETADO. Lei nº 9.016, de 30-3-1995.

Seção II

DA CONCESSÃO E DA ÉPOCA DAS FÉRIAS

Art. 134. As férias serão concedidas por ato do empregador, em um só período, nos doze meses subsequentes à data em que o empregado tiver adquirido o direito.

▸ *Caput* com a redação dada pelo Dec.-lei nº 1.535, de 13-4-1977.

§ 1º Desde que haja concordância do empregado, as férias poderão ser usufruídas em até três períodos, sendo que um deles não poderá ser inferior a quatorze dias corridos e os demais não poderão ser inferiores a cinco dias corridos, cada um.

▸ § 1º com a redação dada pela Lei nº 13.467, de 13-7-2017.

§ 2º *Revogado*. Lei nº 13.467, de 13-7-2017.

§ 3º É vedado o início das férias no período de dois dias que antecede feriado ou dia de repouso semanal remunerado.

▸ § 3º acrescido pela Lei nº 13.467, de 13-7-2017.

Art. 135. A concessão das férias será participada, por escrito, ao empregado, com antecedência de, no mínimo, trinta dias. Dessa participação o interessado dará recibo.

▸ *Caput* com a redação dada pela Lei nº 7.414, de 9-12-1985.

§ 1º O empregado não poderá entrar no gozo das férias sem que apresente ao empregador sua Carteira de Trabalho e Previdência Social, para que nela seja anotada a respectiva concessão.

§ 2º A concessão das férias será, igualmente, anotada no livro ou nas fichas de registro dos empregados.

▸ §§ 1º e 2º com a redação dada pelo Dec.-lei nº 1.535, de 13-4-1977.

▸ IN da SIT nº 72, de 5-12-2007, orienta os Auditores-Fiscais do Trabalho quanto a procedimentos a serem adotados na fiscalização, para que seja dispensado às microempresas e empresas de pequeno porte o tratamento diferenciado de que trata a LC nº 123, de 14-12-2006.

§ 3º Nos casos em que o empregado possua a CTPS em meio digital, a anotação será feita nos sistemas a que se refere o § 7º do art. 29 desta Consolidação, na forma do regulamento, dispensadas as anotações de que tratam os §§ 1º e 2º deste artigo.

▸ § 3º acrescido pela Lei nº 13.874, de 20-9-2019.

Art. 136. A época da concessão das férias será a que melhor consulte os interesses do empregador.

§ 1º Os membros de uma família, que trabalharem no mesmo estabelecimento ou empresa, terão direito a gozar férias no mesmo período, se assim o desejarem e se disto não resultar prejuízo para o serviço.

§ 2º O empregado estudante, menor de dezoito anos, terá direito a fazer coincidir suas férias com as férias escolares.

▸ Dec. nº 10.088, de 5-11-2019, consolida atos normativos editados pelo Poder Executivo Federal que dispõem sobre a promulgação de convenções e recomendações da Organização Internacional do Trabalho – OIT ratificadas pela República Federativa do Brasil.

Art. 137. Sempre que as férias forem concedidas após o prazo de que trata o artigo 134, o empregador pagará em dobro a respectiva remuneração.

▸ Súmulas nºs 181 e 450 do TST.

§ 1º Vencido o mencionado prazo sem que o empregador tenha concedido as férias, o empregado poderá ajuizar reclamação pedindo a fixação, por sentença, da época de gozo das mesmas.

§ 2º A sentença cominará pena diária de cinco por cento do salário mínimo da região, devida ao empregado até que seja cumprida.

▸ Art. 7º, IV, da CF.

§ 3º Cópia da decisão judicial transitada em julgado será remetida ao órgão local do Ministério do Trabalho, para fins de aplicação da multa de caráter administrativo.

▸ Súmulas nºs 7 e 81 do TST.

Art. 138. Durante as férias, o empregado não poderá prestar serviços a outro empregador, salvo se estiver obrigado a fazê-lo em virtude de contrato de trabalho regularmente mantido com aquele.

▸ Arts. 136 a 138 com a redação dada pelo Dec.-lei nº 1.535, de 13-4-1977.

Seção III

DAS FÉRIAS COLETIVAS

Art. 139. Poderão ser concedidas férias coletivas a todos os empregados de uma empresa ou de determinados estabelecimentos ou setores da empresa.

§ 1º As férias poderão ser gozadas em dois períodos anuais, desde que nenhum deles seja inferior a dez dias corridos.

§ 2º Para os fins previstos neste artigo, o empregador comunicará ao órgão local do Ministério do Trabalho, com a antecedência mínima de quinze dias, as datas de início e fim das férias, precisando quais os estabelecimentos ou setores abrangidos pela medida.

▸ IN da SIT nº 72, de 5-12-2007, orienta os Auditores-Fiscais do Trabalho quanto a procedimentos a serem adotados na fiscalização, para que seja dispensado às microempresas e empresas de pequeno porte o tratamento diferenciado de que trata a LC nº 123, de 14-12-2006.

§ 3º Em igual prazo o empregador enviará cópia da aludida comunicação aos sindicatos representativos da respectiva categoria profissional, e providenciará a afixação de aviso nos locais de trabalho.

Art. 140. Os empregados contratados há menos de doze meses gozarão, na oportunidade, férias proporcionais, iniciando-se, então, novo período aquisitivo.

▸ Arts. 139 e 140 com a redação dada pelo Dec.-lei nº 1.535, de 13-4-1977.

Art. 141. *Revogado*. Lei nº 13.874, de 20-9-2019.

Seção IV

DA REMUNERAÇÃO E DO ABONO DE FÉRIAS

Art. 142. O empregado perceberá, durante as férias, a remuneração que lhe for devida na data da sua concessão.

▸ Art. 7º, XVII, da CF.

▸ Súm. nº 328 do TST.

§ 1º Quando o salário for pago por hora, com jornadas variáveis, apurar-se-á a média do período aquisitivo, aplicando-se o valor do salário na data da concessão das férias.

§ 2º Quando o salário for pago por tarefa, tomar-se-á por base a média da produção no período aquisitivo do direito a férias, aplicando-se o valor da remuneração da tarefa na data da concessão das férias.

▸ Art. 7º, VII e XVI, da CF.

▸ Súm. nº 149 do TST.

§ 3º Quando o salário for pago por percentagem, comissão ou viagem, apurar-se-á a média percebida pelo empregado nos doze meses que precederem a concessão das férias.

▸ OJ da SBDI-I nº 181 do TST.

§ 4º A parte do salário paga em utilidades será computada de acordo com a anotação na Carteira de Trabalho e Previdência Social.

§ 5º Os adicionais por trabalho extraordinário, noturno, insalubre ou perigoso serão computados no salário que servirá de base ao cálculo da remuneração das férias.

§ 6º Se, no momento das férias, o empregado não estiver percebendo o mesmo adicional do período aquisitivo, ou quando o valor deste não tiver sido uniforme, será computada a média duodecimal recebida naquele período, após a atualização das importâncias pagas, mediante incidência dos percentuais dos reajustamentos salariais supervenientes.

- Art. 142 com a redação dada pelo Dec.-lei nº 1.535, de 13-4-1977.
- Art. 7º, *caput*, e XVII, da CF.
- Súmulas nºs 10 e 253 do TST.

Art. 143. É facultado ao empregado converter um terço do período de férias a que tiver direito em abono pecuniário, no valor da remuneração que lhe seria devida nos dias correspondentes.

- *Caput* com a redação dada pelo Dec.-lei nº 1.535, de 13-4-1977.

§ 1º O abono de férias deverá ser requerido até quinze dias antes do término do período aquisitivo.

§ 2º Tratando-se de férias coletivas, a conversão a que se refere este artigo deverá ser objeto de acordo coletivo entre o empregador e o sindicato representativo da respectiva categoria profissional, independendo de requerimento individual a concessão do abono.

- §§ 1º e 2º com a redação dada pelo Dec.-lei nº 1.535, de 13-4-1977.

§ 3º *Revogado.* Lei nº 13.467, de 13-7-2017.

Art. 144. O abono de férias de que trata o artigo anterior, bem como o concedido em virtude de cláusula do contrato de trabalho, do regulamento da empresa, de convenção ou acordo coletivo, desde que não excedente de vinte dias do salário, não integrarão a remuneração do empregado para os efeitos da legislação do trabalho.

- Artigo com a redação dada pela Lei nº 9.528, de 10-12-1997.
- Art. 7º, *caput*, e XVII, da CF.

Art. 145. O pagamento da remuneração das férias e, se for o caso, o do abono referido no artigo 143 serão efetuados até dois dias antes do início do respectivo período.

- Súm. nº 450 do TST.

Parágrafo único. O empregado dará quitação do pagamento, com indicação do início e do termo das férias.

- Art. 145 com a redação dada pelo Dec.-lei nº 1.535, de 13-4-1977.

Seção V
Dos Efeitos da Cessação do Contrato de Trabalho

Art. 146. Na cessação do contrato de trabalho, qualquer que seja a sua causa, será devida ao empregado a remuneração simples ou em dobro, conforme o caso, correspondente ao período de férias cujo direito tenha adquirido.

- Art. 7º, XVII, da CF.
- Art. 484 desta Consolidação.
- Súm. nº 386 do STJ.
- Súmulas nºs 14 e 328 do TST.
- OJ da SBDI-I nº 195 do TST.

Parágrafo único. Na cessação do contrato de trabalho, após doze meses de serviço, o empregado, desde que não haja sido demitido por justa causa, terá direito à remuneração relativa ao período incompleto de férias, de acordo com o artigo 130, na proporção de um doze avos por mês de serviço ou fração superior a quatorze dias.

- Art. 146 com a redação dada pelo Dec.-lei nº 1.535, de 13-4-1977.
- Súmulas nºs 7, 10, 14, 171 e 261 do TST.

Art. 147. O empregado que for despedido sem justa causa, ou cujo contrato de trabalho se extinguir em prazo predeterminado, antes de completar doze meses de serviço, terá direito à remuneração relativa ao período incompleto de férias, de conformidade com o disposto no artigo anterior.

- Artigo com a redação dada pelo Dec.-lei nº 1.535, de 13-4-1977.
- Art. 7º, XVII, da CF.
- Súm. nº 261 do TST.

Art. 148. A remuneração das férias, ainda quando devida após a cessação do contrato de trabalho, terá natureza salarial, para os efeitos do artigo 449.

- Artigo com a redação dada pelo Dec.-lei nº 1.535, de 13-4-1977.
- OJ da SBDI-I nº 195 do TST.

Seção VI
Do Início da Prescrição

Art. 149. A prescrição do direito de reclamar a concessão das férias ou o pagamento da respectiva remuneração é contada do término do prazo mencionado no artigo 134 ou, se for o caso, da cessação do contrato de trabalho.

- Artigo com a redação dada pelo Dec.-lei nº 1.535, de 13-4-1977.
- Art. 7º, XXIX, da CF.
- Arts. 11 e 440 desta Consolidação.

Seção VII
Disposições Especiais

Art. 150. O tripulante que, por determinação do armador, for transferido para o serviço de outro, terá computado, para o efeito de gozo de férias, o tempo de serviço prestado ao primeiro, ficando obrigado a concedê-las o armador em cujo serviço ele se encontra na época de gozá-las.

- Dec. nº 10.088, de 5-11-2019, consolida atos normativos editados pelo Poder Executivo Federal que dispõem sobre a promulgação de convenções e recomendações da Organização Internacional do Trabalho – OIT ratificadas pela República Federativa do Brasil.

§ 1º As férias poderão ser concedidas, a pedido dos interessados e com aquiescência do armador, parceladamente, nos portos de escala de grande estadia do navio, aos tripulantes ali residentes.

§ 2º Será considerada grande estadia a permanência no porto por prazo excedente de seis dias.

§ 3º Os embarcadiços, para gozarem férias nas condições deste artigo, deverão pedi-las, por escrito, ao armador, antes do início da viagem, no porto de registro ou armação.

§ 4º O tripulante, ao terminar as férias, apresentar-se-á ao armador, que deverá designá-lo para qualquer de suas embarcações ou o adir a algum dos seus serviços terrestres, respeitadas a condição pessoal e a remuneração.

§ 5º Em caso de necessidade, determinada pelo interesse público, e comprovada pela autoridade competente, poderá o armador ordenar a suspensão das férias já iniciadas ou a iniciar-se, ressalvado ao tripulante o direito ao respectivo gozo posteriormente.

§ 6º O Delegado do Trabalho Marítimo poderá autorizar a acumulação de dois períodos de férias do marítimo, mediante requerimento justificado:

- Art. 1º, III, *d*, que extinguiu o Conselho Superior do Trabalho Marítimo – CSTM e suas respectivas Delegacias.

I – do sindicato, quando se tratar de sindicalizado; e

II – da empresa, quando o empregado não for sindicalizado.

Art. 151. Enquanto não se criar um tipo especial de caderneta profissional para os marítimos, as férias serão anotadas pela Capitania do Porto na caderneta-matrícula do tripulante, na página das observações.

Art. 152. A remuneração do tripulante, no gozo de férias, será acrescida da importância correspondente à etapa que estiver vencendo.

- Arts. 150 a 152 com a redação dada pelo Dec.-lei nº 1.535, de 13-4-1977.

Seção VIII
Das Penalidades

Art. 153. As infrações ao disposto neste Capítulo serão punidas com multas de valor igual a 160 BTN por empregado em situação irregular.

- A partir de 1º-2-1991, foi extinto o BTN pelo art. 3º da Lei nº 8.177, de 1º-3-1991, que fixa, no seu parágrafo único, a conversão do BTN em cruzeiros no valor de CR$ 126,8621. Tal valor foi mantido pelo art. 21, I, da Lei nº 8.178, de 4-3-1991, tendo sido elevado em 70% pelo art. 10 da Lei nº 8.218, de 29-8-1991. Desde 1º-8-1993, o cruzeiro passou para cruzeiro real na paridade de mil por um, em função da MP nº 336, de 28-7-1993, convertida na Lei nº 8.697, de 27-8-1993. Desde 1º-7-1994, o cruzeiro real passou a real pela Lei nº 8.880, de 27-5-1994, fixada a paridade de R$ 1,00 para 2.750,00 URVs. Pelo art. 1º da Lei nº 8.383, de 30-12-1991, foi instituída a UFIR como medida de valor e parâmetro de atualização monetária de tributos e de multas e penalidades de qualquer natureza. O art. 29, § 3º, da Lei nº 10.522, de 19-7-2002, que dispõe sobre o Cadastro Informativo dos créditos não quitados de órgãos e entidades federais, extinguiu a UFIR.

Parágrafo único. Em caso de reincidência, embaraço ou resistência à fiscalização, emprego de artifício ou simulação com o objetivo de fraudar a lei, a multa será aplicada em dobro.

- Art. 153 com a redação dada pela Lei nº 7.855, de 24-10-1989.
- Lei nº 6.205, de 29-4-1975, c/c a Lei nº 6.986, de 13-4-1982, elevou as multas por infração aos preceitos da CLT em dez vezes o seu valor.
- Port. do MTPrev nº 667, de 8-11-2021, regulamenta a imposição de multas administrativas previstas na legislação trabalhista.

Capítulo V
Da Segurança e da Medicina do Trabalho

- Capítulo V com a redação dada pela Lei nº 6.514, de 22-12-1977.
- Dec. nº 10.088, de 5-11-2019, consolida atos normativos editados pelo Poder Executivo Federal que dispõem sobre a promulgação de convenções e recomendações da Organização Internacional do Trabalho – OIT ratificadas pela República Federativa do Brasil.
- Port. do MTE nº 3.214, de 8-6-1978, aprova as normas regulamentadoras – NR – do Capítulo V, Título II, desta CLT, relativas à segurança e medicina do trabalho.
- Port. do MTPrev nº 667, de 8-11-2021, regulamenta a imposição de multas administrativas previstas na legislação trabalhista.

Seção I

DISPOSIÇÕES GERAIS

▶ NR-1 (Disposições Gerais) instituída pela Port. do MTb nº 3.214, de 8-6-1978.

Art. 154. A observância, em todos os locais de trabalho, do disposto neste Capítulo, não desobriga as empresas do cumprimento de outras disposições que, com relação à matéria, sejam incluídas em códigos de obras ou regulamentos sanitários dos Estados ou Municípios em que se situem os respectivos estabelecimentos, bem como daquelas oriundas de convenções coletivas de trabalho.

▶ Artigo com a redação dada pela Lei nº 6.514, de 22-12-1977.

▶ Súmulas nºs 39, 47 e 228 do TST.

Art. 155. Incumbe ao órgão de âmbito nacional competente em matéria de segurança e medicina do trabalho:

I – estabelecer, nos limites de sua competência, normas sobre a aplicação dos preceitos deste Capítulo, especialmente os referidos no artigo 200;

II – coordenar, orientar, controlar e supervisionar a fiscalização e as demais atividades relacionadas com a segurança e a medicina do trabalho em todo o território nacional, inclusive a Campanha Nacional de Prevenção de Acidentes do Trabalho;

III – conhecer, em última instância, dos recursos, voluntários ou de ofício, das decisões proferidas pelos Delegados Regionais do Trabalho, em matéria de segurança e medicina do trabalho.

▶ Art. 7º, XXII e XXIII, da CF.

Art. 156. Compete especialmente às Delegacias Regionais do Trabalho, nos limites de sua jurisdição:

I – promover a fiscalização do cumprimento das normas de segurança e medicina do trabalho;

II – adotar as medidas que se tornem exigíveis, em virtude das disposições deste Capítulo, determinando as obras e reparos que, em qualquer local de trabalho, se façam necessárias;

III – impor as penalidades cabíveis por descumprimento das normas constantes deste Capítulo, nos termos do artigo 201.

Art. 157. Cabe às empresas:

I – cumprir e fazer cumprir as normas de segurança e medicina do trabalho;

II – instruir os empregados, através de ordens de serviço, quanto às precauções a tomar no sentido de evitar acidentes do trabalho ou doenças ocupacionais;

III – adotar as medidas que lhes sejam determinadas pelo órgão regional competente;

IV – facilitar o exercício da fiscalização pela autoridade competente.

Art. 158. Cabe aos empregados:

I – observar as normas de segurança e medicina do trabalho, inclusive as instruções de que trata o item II do artigo anterior;

II – colaborar com a empresa na aplicação dos dispositivos deste Capítulo.

Parágrafo único. Constitui ato faltoso do empregado a recusa injustificada:

a) à observância das instruções expedidas pelo empregador na forma do item II do artigo anterior;

b) ao uso dos equipamentos de proteção individual fornecidos pela empresa.

▶ Súm. nº 289 do TST.

Art. 159. Mediante convênio autorizado pelo Ministro do Trabalho, poderão ser delegadas a outros órgãos federais, estaduais ou municipais atribuições de fiscalização ou orientação às empresas quanto ao cumprimento das disposições constantes deste Capítulo.

▶ Arts. 154 a 159 com a redação dada pela Lei nº 6.514, de 22-12-1977.

Seção II

DA INSPEÇÃO PRÉVIA E DO EMBARGO OU INTERDIÇÃO

▶ NR-2 (Inspeção Prévia) instituída pela Port. do MTb nº 3.214, de 8-6-1978.

▶ NR-3 (Embargo e Interdição) instituída pela Port. do MTb nº 3.214, de 8-6-1978.

Art. 160. Nenhum estabelecimento poderá iniciar suas atividades sem prévia inspeção e aprovação das respectivas instalações pela autoridade regional competente em matéria de segurança e medicina do trabalho.

§ 1º Nova inspeção deverá ser feita quando ocorrer modificação substancial nas instalações, inclusive equipamentos, que a empresa fica obrigada a comunicar, prontamente, à Delegacia Regional do Trabalho.

§ 2º É facultado às empresas solicitar prévia aprovação, pela Delegacia Regional do Trabalho, dos projetos de construção e respectivas instalações.

Art. 161. O Delegado Regional do Trabalho, à vista do laudo técnico do serviço competente que demonstre grave e iminente risco para o trabalhador, poderá interditar estabelecimento, setor de serviço, máquina ou equipamento, ou embargar obra, indicando na decisão, tomada com a brevidade que a ocorrência exigir, as providências que deverão ser adotadas para prevenção de infortúnios de trabalho.

§ 1º As autoridades federais, estaduais e municipais darão imediato apoio às medidas determinadas pelo Delegado Regional do Trabalho.

§ 2º A interdição ou embargo poderão ser requeridos pelo serviço competente da Delegacia Regional do Trabalho e, ainda, por agente da inspeção do trabalho ou por entidade sindical.

§ 3º Da decisão do Delegado Regional do Trabalho poderão os interessados recorrer, no prazo de 10 (dez) dias, para o órgão de âmbito nacional competente em matéria de segurança e medicina do trabalho, ao qual será facultado dar efeito suspensivo ao recurso.

§ 4º Responderá por desobediência, além das medidas penais cabíveis, quem, após determinada a interdição ou embargo, ordenar ou permitir o funcionamento do estabelecimento ou de um dos seus setores, a utilização de máquina ou equipamento, ou o prosseguimento de obra, se, em consequência, resultarem danos a terceiros.

§ 5º O Delegado Regional do Trabalho, independente de recurso, e após laudo técnico do serviço competente, poderá levantar a interdição.

§ 6º Durante a paralisação dos serviços, em decorrência da interdição ou embargo, os empregados receberão os salários como se estivessem em efetivo exercício.

▶ Arts. 160 e 161 com a redação dada pela Lei nº 6.514, de 22-12-1977.

Seção III

DOS ÓRGÃOS DE SEGURANÇA E DE MEDICINA DO TRABALHO NAS EMPRESAS

▶ NR-4 (Serviço Especializado em Segurança e Medicina do Trabalho – SESMT) instituída pela Port. do MTb nº 3.214, de 8-6-1978.

▶ NR-5 (Comissão Interna de Prevenção de Acidentes – CIPA) instituída pela Port. do MTb nº 3.214, de 8-6-1978.

Art. 162. As empresas, de acordo com normas a serem expedidas pelo Ministério do Trabalho, estarão obrigadas a manter serviços especializados em segurança e em medicina do trabalho.

Parágrafo único. As normas a que se refere este artigo estabelecerão:

a) classificação das empresas segundo o número de empregados e a natureza do risco de suas atividades;

b) o número mínimo de profissionais especializados exigido de cada empresa, segundo o grupo em que se classifique, na forma da alínea anterior;

c) a qualificação exigida para os profissionais em questão e o seu regime de trabalho;

d) as demais características e atribuições dos serviços especializados em segurança e em medicina do trabalho, nas empresas.

▶ Art. 162 com a redação dada pela Lei nº 6.514, de 22-12-1977.

Art. 163. Será obrigatória a constituição de Comissão Interna de Prevenção de Acidentes e de Assédio (CIPA), em conformidade com instruções expedidas pelo Ministério do Trabalho e Previdência, nos estabelecimentos ou nos locais de obra nelas especificadas.

▶ *Caput* com a redação dada pela Lei nº 14.457, de 21-9-2022.

Parágrafo único. O Ministério do Trabalho regulamentará as atribuições, a composição e o funcionamento das CIPAs.

▶ Parágrafo único com a redação dada pela Lei nº 6.514, de 22-12-1977.

Art. 164. Cada CIPA será composta de representantes da empresa e dos empregados, de acordo com os critérios que vierem a ser adotados na regulamentação de que trata o parágrafo único do artigo anterior.

▶ Súm. nº 676 do STF.

§ 1º Os representantes dos empregadores, titulares e suplentes, serão por eles designados.

§ 2º Os representantes dos empregados, titulares e suplentes, serão eleitos em escrutínio secreto, do qual participem, independentemente de filiação sindical, exclusivamente os empregados interessados.

§ 3º O mandato dos membros eleitos da CIPA terá a duração de um ano, permitida uma reeleição.

§ 4º O disposto no parágrafo anterior não se aplicará ao membro suplente que, durante o seu mandato, tenha participado de menos da metade do número de reuniões da CIPA.

§ 5º O empregador designará, anualmente, dentre os seus representantes, o Presidente da CIPA, e os empregados elegerão, dentre eles, o Vice-Presidente.

Art. 165. Os titulares da representação dos empregados nas CIPAs não poderão sofrer despedida arbitrária, entendendo-se como tal a que não se fundar em motivo disciplinar, técnico, econômico ou financeiro.

- Art. 10, II, *a*, do ADCT.
- Súm. nº 339 do TST.
- OJ da SBDI-II nº 6 do TST.

Parágrafo único. Ocorrendo a despedida, caberá ao empregador, em caso de reclamação à Justiça do Trabalho, comprovar a existência de qualquer dos motivos mencionados neste artigo, sob pena de ser condenado a reintegrar o empregado.

- Arts. 164 e 165 com a redação dada pela Lei nº 6.514, de 22-12-1977.

Seção IV

DO EQUIPAMENTO DE PROTEÇÃO INDIVIDUAL

- NR-6 (Equipamento de Proteção Individual – EPI) instituída pela Port. do MTb nº 3.214, de 8-6-1978.
- Port. da SIT nº 125, de 12-11-2009, define o processo administrativo para suspensão e cancelamento de Certificado de Aprovação de EPI, cabendo ao DSST a apuração de eventuais irregularidades.

Art. 166. A empresa é obrigada a fornecer aos empregados, gratuitamente, equipamento de proteção individual adequado ao risco e em perfeito estado de conservação e funcionamento, sempre que as medidas de ordem geral não ofereçam completa proteção contra os riscos de acidentes e danos à saúde dos empregados.

- Súm. nº 289 do TST.

Art. 167. O equipamento de proteção só poderá ser posto à venda ou utilizado com a indicação do Certificado de Aprovação do Ministério do Trabalho.

- Arts. 166 e 167 com a redação dada pela Lei nº 6.514, de 22-12-1977.

Seção V

DAS MEDIDAS PREVENTIVAS DE MEDICINA DO TRABALHO

- NR-7 (Exames Médicos) instituída pela Port. do MTb nº 3.214, de 8-6-1978.

Art. 168. Será obrigatório exame médico, por conta do empregador, nas condições estabelecidas neste artigo e nas instruções complementares a serem expedidas pelo Ministério do Trabalho:

- *Caput* com a redação dada pela Lei nº 7.855, de 24-10-1989.

I – na admissão;

II – na demissão;

III – periodicamente.

§ 1º O Ministério do Trabalho baixará instruções relativas aos casos em que serão exigíveis exames:

a) por ocasião da demissão;

b) complementares.

§ 2º Outros exames complementares poderão ser exigidos, a critério médico, para apuração da capacidade ou aptidão física e mental do empregado para a função que deva exercer.

§ 3º O Ministério do Trabalho estabelecerá, de acordo com o risco da atividade e o tempo de exposição, a periodicidade dos exames médicos.

- Art. 3º, § 2º, da Lei nº 6.514, de 22-12-1977, que dispõe sobre Segurança e Medicina do Trabalho.

§ 4º O empregador manterá, no estabelecimento, o material necessário à prestação de primeiros socorros médicos, de acordo com o risco da atividade.

§ 5º O resultado dos exames médicos, inclusive o exame complementar, será comunicado ao trabalhador, observados os preceitos da ética médica.

- §§ 1º a 5º acrescidos pela Lei nº 7.855, de 24-10-1989.

§ 6º Serão exigidos exames toxicológicos, previamente à admissão e por ocasião do desligamento, quando se tratar de motorista profissional, assegurados o direito à contraprova em caso de resultado positivo e a confidencialidade dos resultados dos respectivos exames.

- Art. 13 da Lei nº 13.103, de 2-3-2015 (Lei do Motorista Profissional), que dispõe sobre o prazo para exigência do exame toxicológico.

§ 7º Para os fins do disposto no § 6º, será obrigatório exame toxicológico com janela de detecção mínima de 90 (noventa) dias, específico para substâncias psicoativas que causem dependência ou, comprovadamente, comprometam a capacidade de direção, podendo ser utilizado para essa finalidade o exame toxicológico previsto na Lei nº 9.503, de 23 de setembro de 1997 – Código de Trânsito Brasileiro, desde que realizado nos últimos 60 (sessenta) dias.

- §§ 6º e 7º acrescidos pela Lei nº 13.103, de 2-3-2015.
- Art. 13 da Lei nº 13.103, de 2-3-2015 (Lei do Motorista Profissional), que dispõe sobre o prazo para exigência do exame toxicológico.

Art. 169. Será obrigatória a notificação das doenças profissionais e das produzidas em virtude de condições especiais de trabalho, comprovadas ou objeto de suspeita, de conformidade com as instruções expedidas pelo Ministério do Trabalho.

- Artigo com a redação dada pela Lei nº 6.514, de 22-12-1977.

Seção VI

DAS EDIFICAÇÕES

- Dec. nº 10.088, de 5-11-2019, consolida atos normativos editados pelo Poder Executivo Federal que dispõem sobre a promulgação de convenções e recomendações da Organização Internacional do Trabalho – OIT ratificadas pela República Federativa do Brasil.
- NR-8 (Edificações) instituída pela Port. do MTb nº 3.214, de 8-6-1978.
- OJ da SBDI-I nº 385 do TST.

Art. 170. As edificações deverão obedecer aos requisitos técnicos que garantam perfeita segurança aos que nelas trabalhem.

Art. 171. Os locais de trabalho deverão ter, no mínimo, três metros de pé-direito, assim considerada a altura livre do piso ao teto.

Parágrafo único. Poderá ser reduzido esse mínimo desde que atendidas as condições de iluminação e conforto térmico compatíveis com a natureza do trabalho, sujeitando-se tal redução ao controle do órgão competente em matéria de segurança e medicina do trabalho.

Art. 172. Os pisos dos locais de trabalho não deverão apresentar saliências nem depressões que prejudiquem a circulação de pessoas ou a movimentação de materiais.

Art. 173. As aberturas nos pisos e paredes serão protegidas de forma que impeçam a queda de pessoas ou de objetos.

Art. 174. As paredes, escadas, rampas de acesso, passarelas, pisos, corredores, coberturas e passagens dos locais de trabalho deverão obedecer às condições de segurança e de higiene do trabalho estabelecidas pelo Ministério do Trabalho e manter-se em perfeito estado de conservação e limpeza.

- Arts. 170 a 174 com a redação dada pela Lei nº 6.514, de 22-12-1977.

Seção VII

DA ILUMINAÇÃO

Art. 175. Em todos os locais de trabalho deverá haver iluminação adequada, natural ou artificial, apropriada à natureza da atividade.

§ 1º A iluminação deverá ser uniformemente distribuída, geral e difusa, a fim de evitar ofuscamento, reflexos incômodos, sombras e contrastes excessivos.

§ 2º O Ministério do Trabalho estabelecerá os níveis mínimos de iluminamento a serem observados.

- Art. 175 com a redação dada pela Lei nº 6.514, de 22-12-1977.
- OJ da SBDI-I Transitória nº 57 do TST.

Seção VIII

DO CONFORTO TÉRMICO

- NR-9 (Riscos Ambientais) instituída pela Port. do MTb nº 3.214, de 8-6-1978.

Art. 176. Os locais de trabalho deverão ter ventilação natural, compatível com o serviço realizado.

Parágrafo único. A ventilação artificial será obrigatória sempre que a natural não preencha as condições de conforto térmico.

Art. 177. Se as condições de ambiente se tornarem desconfortáveis, em virtude de instalações geradoras de frio ou de calor, será obrigatório o uso de vestimenta adequada para o trabalho em tais condições ou de capelas, anteparos, paredes duplas, isolamento térmico e recursos similares, de forma que os empregados fiquem protegidos contra as radiações térmicas.

Art. 178. As condições de conforto térmico dos locais de trabalho devem ser mantidas dentro dos limites fixados pelo Ministério do Trabalho.

- Arts. 176 a 178 com a redação dada pela Lei nº 6.514, de 22-12-1977.

Seção IX

DAS INSTALAÇÕES ELÉTRICAS

- NR-10 (Instalações e Serviços de Eletricidade) instituída pela Port. do MTb nº 3.214, de 8-6-1978.

Art. 179. O Ministério do Trabalho disporá sobre as condições de segurança e as medidas especiais a serem observadas relativamente a instalações elétricas, em qualquer das fases de produção, transmissão, distribuição ou consumo de energia.

Art. 180. Somente profissional qualificado poderá instalar, operar, inspecionar ou reparar instalações elétricas.

Art. 181. Os que trabalharem em serviços de eletricidade ou instalações elétricas devem estar familiarizados com os métodos de socorro a acidentados por choque elétrico.

- Arts. 179 a 181 com a redação dada pela Lei nº 6.514, de 22-12-1977.

Seção X

DA MOVIMENTAÇÃO, ARMAZENAGEM E MANUSEIO DE MATERIAIS

- NR-11 (Transporte, Movimentação, Armazenagem e Manuseio de Materiais) instituída pela Port. do MTb nº 3.214, de 8-6-1978.

Art. 182. O Ministério do Trabalho estabelecerá normas sobre:

I – as precauções de segurança na movimentação de materiais nos locais de trabalho, os equipamentos a serem obrigatoriamente utilizados e as condições especiais a que estão sujeitas a operação e a manutenção desses equipamentos, inclusive exigências de pessoal habilitado;

II – as exigências similares relativas ao manuseio e à armazenagem de materiais, inclusive quanto às condições de segurança e higiene relativas aos recipientes e locais de armazenagem e os equipamentos de proteção individual;

III – a obrigatoriedade de indicação de carga máxima permitida nos equipamentos de transporte, dos avisos de proibição de fumar e de advertência quanto à natureza perigosa ou nociva à saúde das substâncias em movimentação ou em depósito, bem como das recomendações de primeiros socorros e de atendimento médico e símbolo de perigo, segundo padronização internacional, nos rótulos dos materiais ou substâncias armazenados ou transportados.

Parágrafo único. As disposições relativas ao transporte de materiais aplicam-se, também, no que couber, ao transporte de pessoas nos locais de trabalho.

- Art. 182 com a redação dada pela Lei nº 6.514, de 22-12-1977.

Art. 183. As pessoas que trabalharem na movimentação de materiais deverão estar familiarizadas com os métodos racionais de levantamento de cargas.

- Artigo com a redação dada pela Lei nº 6.514, de 22-12-1977.

Seção XI

DAS MÁQUINAS E EQUIPAMENTOS

- NR-12 (Máquinas e Equipamentos) instituída pela Port. do MTb nº 3.214, de 8-6-1978.

Art. 184. As máquinas e os equipamentos deverão ser dotados de dispositivos de partida e parada e outros que se fizerem necessários para a prevenção de acidentes do trabalho, especialmente quanto ao risco de acionamento acidental.

Parágrafo único. É proibida a fabricação, a importação, a venda, a locação e o uso de máquinas e equipamentos que não atendam ao disposto neste artigo.

Art. 185. Os reparos, limpeza e ajustes somente poderão ser executados com as máquinas paradas, salvo se o movimento for indispensável à realização do ajuste.

Art. 186. O Ministério do Trabalho estabelecerá normas adicionais sobre proteção e medidas de segurança na operação de máquinas e equipamentos, especialmente quanto à proteção das partes móveis, distância entre estas, vias de acesso às máquinas e equipamentos de grandes dimensões, emprego de ferramentas, sua adequação e medidas de proteção exigidas quando motorizadas ou elétricas.

- Arts. 184 a 186 com a redação dada pela Lei nº 6.514, de 22-12-1977.
- Lei nº 5.280, de 27-4-1967, proíbe a entrada no país de máquinas e maquinismos sem os dispositivos de proteção e segurança do trabalho exigidos por esta Consolidação.

Seção XII

DAS CALDEIRAS, FORNOS E RECIPIENTES SOB PRESSÃO

Art. 187. As caldeiras, equipamentos e recipientes em geral que operam sob pressão deverão dispor de válvulas e outros dispositivos de segurança, que evitem seja ultrapassada a pressão interna de trabalho compatível com a sua resistência.

Parágrafo único. O Ministério do Trabalho expedirá normas complementares quanto à segurança das caldeiras, fornos e recipientes sob pressão, especialmente quanto ao revestimento interno, à localização, à ventilação dos locais e outros meios de eliminação de gases ou vapores prejudiciais à saúde, e demais instalações ou equipamentos necessários à execução segura das tarefas de cada empregado.

Art. 188. As caldeiras serão periodicamente submetidas a inspeções de segurança, por engenheiro ou empresa especializada, inscritos no Ministério do Trabalho, de conformidade com as instruções que, para esse fim, forem expedidas.

§ 1º Toda caldeira será acompanhada de "Prontuário", com documentação original do fabricante, abrangendo, no mínimo: especificação técnica, desenhos, detalhes, provas e testes realizados durante a fabricação e a montagem, características funcionais e a pressão máxima de trabalho permitida (PMTP), esta última indicada, em local visível, na própria caldeira.

§ 2º O proprietário da caldeira deverá organizar, manter atualizado e apresentar, quando exigido pela autoridade competente, o Registro de Segurança, no qual serão anotadas, sistematicamente, as indicações das provas efetuadas, inspeções, reparos e quaisquer outras ocorrências.

§ 3º Os projetos de instalação de caldeiras, fornos e recipientes sob pressão deverão ser submetidos à aprovação prévia do órgão regional competente em matéria de segurança do trabalho.

- Arts. 187 e 188 com a redação dada pela Lei nº 6.514, de 22-12-1977.

Seção XIII

DAS ATIVIDADES INSALUBRES OU PERIGOSAS

- Art. 7º, XXIII, da CF.
- NR-15 (Atividades e Operações Insalubre) instituída pela Port. do MTb nº 3.214, de 8-6-1978.
- NR-16 (Atividades e Operações Perigosas) instituída pela Port. do MTb nº 3.214, de 8-6-1978.

Art. 189. Serão consideradas atividades ou operações insalubres aquelas que, por sua natureza, condições ou métodos de trabalho, exponham os empregados a agentes nocivos à saúde, acima dos limites de tolerância fixados em razão da natureza e da intensidade do agente e do tempo de exposição aos seus efeitos.

- Súmulas nºs 47, 80, 139, 289 e 293 do TST.

Art. 190. O Ministério do Trabalho aprovará o quadro das atividades e operações insalubres e adotará normas sobre os critérios de caracterização da insalubridade, os limites de tolerância aos agentes agressivos, meios de proteção e o tempo máximo de exposição do empregado a esses agentes.

- Súm. nº 248 do TST.

Parágrafo único. As normas referidas neste artigo incluirão medidas de proteção do organismo do trabalhador nas operações que produzem aerodispersoides tóxicos, irritantes, alergênicos ou incômodos.

Art. 191. A eliminação ou a neutralização da insalubridade ocorrerá:

I – com a adoção de medidas que conservem o ambiente de trabalho dentro dos limites de tolerância;

II – com a utilização de equipamentos de proteção individual ao trabalhador, que diminuam a intensidade do agente agressivo a limites de tolerância.

- Súmulas nºs 80 e 289 do TST.

Parágrafo único. Caberá às Delegacias Regionais do Trabalho, comprovada a insalubridade, notificar as empresas, estipulando prazos para sua eliminação ou neutralização, na forma deste artigo.

Art. 192. O exercício de trabalho em condições insalubres, acima dos limites de tolerância estabelecidos pelo Ministério do Trabalho, assegura a percepção de adicional respectivamente de quarenta por cento, vinte por cento e dez por cento do salário mínimo da região, segundo se classifiquem nos graus máximo, médio e mínimo.

- Art. 7º, IV e XXIII, da CF, que unificou o salário mínimo em todo o território nacional e dispõe sobre o adicional de remuneração para as atividades penosas, insalubres ou perigosas, na forma da lei, respectivamente.
- Súm. Vinc. nº 4 do STF.
- Súmulas nºs 47, 80, 139 e 448 do TST.
- Orientações Jurisprudenciais SBDI-I nºs 103, 172 e 173 do TST.
- OJ da SBDI-II nº 2 do TST.
- OJ da SBDI-I Transitória nº 12 do TST.

Art. 193. São consideradas atividades ou operações perigosas, na forma da regulamentação aprovada pelo Ministério do Trabalho e Emprego, aquelas que, por sua natureza ou métodos de trabalho, impliquem risco acentuado em virtude de exposição permanente do trabalhador a:

- *Caput* com a redação dada pela Lei nº 12.740, de 8-12-2012.
- Súm. nº 447 do TST.
- OJ SBDI-I nº 345 do TST.

I – inflamáveis, explosivos ou energia elétrica;

II – roubos ou outras espécies de violência física nas atividades profissionais de segurança pessoal ou patrimonial;

- Incisos I e II acrescidos pela Lei nº 12.740, de 8-12-2012.

III – colisões, atropelamentos ou outras espécies de acidentes ou violências nas atividades profissionais dos agentes das autoridades de trânsito.

- Inciso III acrescido pela Lei nº 14.684, de 20-9-2023.

§ 1º O trabalho em condições de periculosidade assegura ao empregado um adicional de trinta por cento sobre o salário sem os acréscimos resultantes de gratificações, prêmios ou participações nos lucros da empresa.

- Art. 7º, XXIII, da CF.
- Orientações Jurisprudenciais da SBDI-I nºs 172, 259, 279, 324, 347 e 385 do TST.

§ 2º O empregado poderá optar pelo adicional de insalubridade que porventura lhe seja devido.

- Art. 7º, *caput* e XXIII, da CF.
- Súmulas nºs 39, 70, 132, 191, 361 e 364 do TST.

§ 3º Serão descontados ou compensados do adicional outros da mesma natureza eventualmente já concedidos ao vigilante por meio de acordo coletivo.

- § 3º acrescido pela Lei nº 12.740, de 8-12-2012.

§ 4º São também consideradas perigosas as atividades de trabalhador em motocicleta.

- § 4º acrescido pela Lei nº 12.997, de 18-6-2014.

§ 5º O disposto no inciso I do *caput* deste artigo não se aplica às quantidades de inflamáveis contidas nos tanques de combustíveis originais de fábrica e suplementares, para consumo próprio de veículos de carga e de transporte coletivo de passageiros, de máquinas e de equipamentos, certificados pelo órgão competente, e nos equipamentos de refrigeração de carga.

- § 5º acrescido pela Lei nº 14.766, de 22-12-2023.

Art. 194. O direito do empregado ao adicional de insalubridade ou de periculosidade cessará com a eliminação do risco à sua saúde ou integridade física, nos termos desta Seção e das normas expedidas pelo Ministério do Trabalho.

- Súmulas nºs 80, 139, 248 e 289 do TST.
- OJ SBDI-I nº 47 do TST.

Art. 195. A caracterização e a classificação da insalubridade e da periculosidade, segundo as normas do Ministério do Trabalho, far-se-ão através de perícia a cargo de Médico do Trabalho ou Engenheiro do Trabalho, registrados no Ministério do Trabalho.

- Súm. nº 453 do TST.

§ 1º É facultado às empresas e aos sindicatos das categorias profissionais interessadas requererem ao Ministério do Trabalho a realização de perícia em estabelecimento ou setor deste, com o objetivo de caracterizar e classificar ou delimitar as atividades insalubres ou perigosas.

§ 2º Arguida em juízo insalubridade ou periculosidade, seja por empregado, seja por sindicato em favor de grupo de associados, o juiz designará perito habilitado na forma deste artigo, e, onde não houver, requisitará perícia ao órgão competente do Ministério do Trabalho.

- Súm. nº 293 do TST.
- Orientações Jurisprudenciais da SBDI-I nºs 121, 165, 278 e 406 do TST.

§ 3º O disposto nos parágrafos anteriores não prejudica a ação fiscalizadora do Ministério do Trabalho, nem a realização *ex officio* da perícia.

Art. 196. Os efeitos pecuniários decorrentes do trabalho em condições de insalubridade ou periculosidade serão devidos a contar da data da inclusão da respectiva atividade nos quadros aprovados pelo Ministério do Trabalho, respeitadas as normas do artigo 11.

- Art. 2º da Lei nº 6.514, de 22-12-1977, que dispõe sobre Segurança e Medicina do Trabalho.

Art. 197. Os materiais e substâncias empregados, manipulados ou transportados nos locais de trabalho, quando perigosos ou nocivos à saúde, devem conter, no rótulo, sua composição, recomendações de socorro imediato e o símbolo de perigo correspondente, segundo a padronização internacional.

Parágrafo único. Os estabelecimentos que mantenham as atividades previstas neste artigo afixarão, nos setores de trabalho atingidos, avisos ou cartazes, com advertência quanto aos materiais e substâncias perigosos ou nocivos à saúde.

- Arts. 189 a 197 com a redação dada pela Lei nº 6.514, de 22-12-1977.

SEÇÃO XIV

DA PREVENÇÃO DA FADIGA

- NR-17 (Ergonomia) instituída pela Port. do MTb nº 3.214, de 8-6-1978.

Art. 198. É de sessenta quilogramas o peso máximo que um empregado pode remover individualmente, ressalvadas as disposições especiais relativas ao trabalho do menor e da mulher.

- Dec. nº 10.088, de 5-11-2019, consolida atos normativos editados pelo Poder Executivo Federal que dispõem sobre a promulgação de convenções e recomendações da Organização Internacional do Trabalho – OIT ratificadas pela República Federativa do Brasil.

Parágrafo único. Não está compreendida na proibição deste artigo a remoção de material feita por impulsão ou tração de vagonetes sobre trilhos, carros de mão ou quaisquer outros aparelhos mecânicos, podendo o Ministério do Trabalho, em tais casos, fixar limites diversos, que evitem sejam exigidos do empregado serviços superiores às suas forças.

Art. 199. Será obrigatória a colocação de assentos que assegurem postura correta ao trabalhador, capazes de evitar posições incômodas ou forçadas, sempre que a execução da tarefa exija que trabalhe sentado.

Parágrafo único. Quando o trabalho deva ser executado de pé, os empregados terão à sua disposição assentos para serem utilizados nas pausas que o serviço permitir.

- Arts. 198 e 199 com a redação dada pela Lei nº 6.514, de 22-12-1977.

SEÇÃO XV

DAS OUTRAS MEDIDAS ESPECIAIS DE PROTEÇÃO

Art. 200. Cabe ao Ministério do Trabalho estabelecer disposições complementares às normas de que trata este Capítulo, tendo em vista as peculiaridades de cada atividade ou setor de trabalho, especialmente sobre:

- *Caput* do art. 200 com a redação dada pela Lei nº 6.514, de 22-12-1977.
- OJ da SBDI-I nº 345 do TST.

I – medidas de prevenção de acidentes e os equipamentos de proteção individual em obras de construção, demolição ou reparos;

II – depósitos, armazenagem e manuseio de combustíveis, inflamáveis e explosivos, bem como trânsito e permanência nas áreas respectivas;

III – trabalho em escavações, túneis, galerias, minas e pedreiras, sobretudo quanto à prevenção de explosões, incêndios, desmoronamentos e soterramentos, eliminação de poeiras, gases etc., e facilidades de rápida saída dos empregados;

IV – proteção contra incêndio em geral e as medidas preventivas adequadas, com exigências ao especial revestimento de portas e paredes, construção de paredes contra fogo, diques e outros anteparos, assim como garantia geral de fácil circulação, corredores de acesso e saídas amplas e protegidas, com suficiente sinalização;

V – proteção contra insolação, calor, frio, umidade e ventos, sobretudo no trabalho a céu aberto, com provisão, quanto a este, de água potável, alojamento e profilaxia de endemias;

VI – proteção do trabalhador exposto a substâncias químicas nocivas, radiações ionizantes e não ionizantes, ruídos, vibrações e trepidações ou pressões anormais ao ambiente de trabalho, com especificação das medidas cabíveis para eliminação ou atenuação desses efeitos, limites máximos quanto ao tempo de exposição, à intensidade da ação ou de seus efeitos sobre o organismo do trabalhador, exames médicos obrigatórios, limites de idade, controle permanente dos locais de trabalho e das demais exigências que se façam necessárias;

VII – higiene nos locais de trabalho, com discriminação das exigências, instalações sanitárias, com separação de sexos, chuveiros, lavatórios, vestiários e armários individuais, refeitórios ou condições de conforto por ocasião das refeições, fornecimento de água potável, condições de limpeza dos locais de trabalho e modo de sua execução, tratamento de resíduos industriais;

VIII – emprego das cores nos locais de trabalho, inclusive nas sinalizações de perigo;

- Incisos I a VIII com a redação dada pela Lei nº 6.514, de 22-12-1977.

IX – *trabalho realizado em arquivos, em bibliotecas, em museus e em centros de documentação e memória, exposto a agentes patogênicos.*

- Inciso IX acrescido pela Lei nº 14.846, de 24-4-2024.

Parágrafo único. Tratando-se de radiações ionizantes e explosivos, as normas a que se referem este artigo serão expedidas de acordo com as resoluções a respeito adotadas pelo órgão técnico.

- Parágrafo único com a redação dada pela Lei nº 6.514, de 22-12-1977.

SEÇÃO XVI

DAS PENALIDADES

- NR-28 (Fiscalização e Penalidades) instituída pela Port. do MTb nº 3.214, de 8-6-1978.

Art. 201. As infrações ao disposto neste Capítulo relativas à medicina do trabalho serão punidas com multa de 3 (três) a 30 (trinta) vezes o valor de referência previsto no art. 2º, parágrafo único, da Lei nº 6.205, de 29 de abril de 1975, e as concernentes à segurança do trabalho com multa de 5 (cinco) a 50 (cinquenta) vezes o mesmo valor.

- Lei nº 6.205, de 29-4-1975, c/c a Lei nº 6.986, de 13-4-1982, elevou as multas por infração aos preceitos da CLT em dez vezes o seu valor.
- Port. do MTPrev nº 667, de 8-11-2021, regulamenta a imposição de multas administrativas previstas na legislação trabalhista.

Parágrafo único. Em caso de reincidência, embaraço ou resistência à fiscalização, emprego de artifício ou simulação com o objetivo de fraudar a lei, a multa será aplicada em seu valor máximo.

- Art. 201 com a redação dada pela Lei nº 6.514, de 22-12-1977.
- Lei nº 6.205, de 29-4-1975, c/c a Lei nº 6.986, de 13-4-1982, elevou as multas por infração aos preceitos da CLT em dez vezes o seu valor.
- Port. do MTE nº 290, de 11-4-1997, aprova normas para a imposição de multas administrativas previstas na legislação trabalhista.

Arts. 202 a 223. *Revogados.* Lei nº 6.514, de 22-12-1977.

TÍTULO II-A – DO DANO EXTRAPATRIMONIAL

- Título II-A acrescido pela Lei nº 13.467, de 13-7-2017.

Art. 223-A. Aplicam-se à reparação de danos de natureza extrapatrimonial decorrentes da relação de trabalho apenas os dispositivos deste Título.

- O STF, por maioria, no julgamento das Ações Diretas de Inconstitucionalidade nºs 6.050, 6.069 e 6.082, conferiu interpretação conforme a Constituição Federal a este artigo (*DOU* de 29-8-2023).

Art. 223-B. Causa dano de natureza extrapatrimonial a ação ou omissão que ofenda a esfera moral ou existencial da pessoa física ou jurídica, as quais são as titulares exclusivas do direito à reparação.

- O STF, por maioria, no julgamento das Ações Diretas de Inconstitucionalidade nºs 6.050, 6.069 e 6.082, conferiu interpretação conforme a Constituição Federal a este artigo (*DOU* de 29-8-2023).

Art. 223-C. A honra, a imagem, a intimidade, a liberdade de ação, a autoestima, a sexualidade, a saúde, o lazer e a integridade física são os bens juridicamente tutelados inerentes à pessoa física.

Art. 223-D. A imagem, a marca, o nome, o segredo empresarial e o sigilo da correspondência são bens juridicamente tutelados inerentes à pessoa jurídica.

Art. 223-E. São responsáveis pelo dano extrapatrimonial todos os que tenham colaborado para a ofensa ao bem jurídico tutelado, na proporção da ação ou da omissão.

Art. 223-F. A reparação por danos extrapatrimoniais pode ser pedida cumulativamente com a indenização por danos materiais decorrentes do mesmo ato lesivo.

§ 1º Se houver cumulação de pedidos, o juízo, ao proferir a decisão, discriminará os valores das indenizações a título de danos patrimoniais e das reparações por danos de natureza extrapatrimonial.

§ 2º A composição das perdas e danos, assim compreendidos os lucros cessantes e os danos emergentes, não interfere na avaliação dos danos extrapatrimoniais.

Art. 223-G. Ao apreciar o pedido, o juízo considerará:

- O STF, por maioria, no julgamento das Ações Diretas de Inconstitucionalidade nºs 6.050, 6.069 e 6.082, conferiu interpretação conforme a Constituição Federal a este artigo (*DOU* de 29-8-2023).

I – a natureza do bem jurídico tutelado;

II – a intensidade do sofrimento ou da humilhação;

III – a possibilidade de superação física ou psicológica;

IV – os reflexos pessoais e sociais da ação ou da omissão;

V – a extensão e a duração dos efeitos da ofensa;

VI – as condições em que ocorreu a ofensa ou o prejuízo moral;

VII – o grau de dolo ou culpa;

VIII – a ocorrência de retratação espontânea;

IX – o esforço efetivo para minimizar a ofensa;

X – o perdão, tácito ou expresso;

XI – a situação social e econômica das partes envolvidas;

XII – o grau de publicidade da ofensa.

§ 1º Se julgar procedente o pedido, o juízo fixará a indenização a ser paga, a cada um dos ofendidos, em um dos seguintes parâmetros, vedada a acumulação:

I – ofensa de natureza leve, até três vezes o último salário contratual do ofendido;

II – ofensa de natureza média, até cinco vezes o último salário contratual do ofendido;

III – ofensa de natureza grave, até vinte vezes o último salário contratual do ofendido;

IV – ofensa de natureza gravíssima, até cinquenta vezes o último salário contratual do ofendido.

§ 2º Se o ofendido for pessoa jurídica, a indenização será fixada com observância dos mesmos parâmetros estabelecidos no § 1º deste artigo, mas em relação ao salário contratual do ofensor.

§ 3º Na reincidência entre partes idênticas, o juízo poderá elevar ao dobro o valor da indenização.

- Arts. 223-A a 223-G acrescidos pela Lei nº 13.467, de 13-7-2017.

TÍTULO III – DAS NORMAS ESPECIAIS DE TUTELA DO TRABALHO

CAPÍTULO I – DAS DISPOSIÇÕES ESPECIAIS SOBRE DURAÇÃO E CONDIÇÕES DE TRABALHO

Seção I – *DOS BANCÁRIOS*

- Art. 8º da Lei nº 10.556, de 13-11-2002, que dispõe sobre a não aplicabilidade do disposto nesta Seção aos empregados da Financiadora de Estudos e Projetos – FINEP.
- Súmulas nºs 55, 93, 102, 109, 113, 117, 119, 124, 199, 226, 239, 240 e 247 do TST.
- OJ da SBDI-I nº 123 do TST.
- Orientações Jurisprudenciais da SBDI-I Transitória nºs 34 e 77 do TST.

Art. 224. A duração normal do trabalho dos empregados em bancos, casas bancárias e Caixa Econômica Federal será de 6 (seis) horas contínuas nos dias úteis, com exceção dos sábados, perfazendo um total de 30 (trinta) horas de trabalho por semana.

- *Caput* com a redação dada pela Lei nº 7.430, de 17-12-1985.
- Súmulas nºs 55, 113, 117, 119, 124, 199 e 239 do TST.
- OJ da SBDI-I nº 379 do TST.

§ 1º A duração normal do trabalho estabelecida neste artigo ficará compreendida entre sete e vinte e duas horas, assegurando-se ao empregado, no horário diário, um intervalo de quinze minutos para alimentação.

- § 1º com a redação dada pelo Dec.-lei nº 229, de 28-2-1967.
- Súm. nº 437 do TST.
- OJ da SBDI-I nº 178 do TST.

§ 2º As disposições deste artigo não se aplicam aos que exercem funções de direção, gerência, fiscalização, chefia e equivalentes, ou que desempenhem outros cargos de confiança, desde que o valor da gratificação não seja inferior a um terço do salário do cargo efetivo.

- § 2º com a redação dada pelo Dec.-lei nº 754, de 11-8-1969.
- Dec.-lei nº 546, de 18-4-1969, dispõe sobre o trabalho noturno em estabelecimentos bancários, nas atividades que especifica.
- Súmulas nºs 102, 109 e 287 do TST.
- OJ da SBDI-I nº 17 do TST.
- OJ da SBDI-I Transitória nº 70 do TST.

Art. 225. A duração normal de trabalho dos bancários poderá ser excepcionalmente prorrogada até oito horas diárias, não excedendo de quarenta horas semanais, observados os preceitos gerais sobre a duração do trabalho.

- Artigo com a redação dada pela Lei nº 6.637, de 8-5-1979.
- Súmulas nºs 55, 102, 109, 113, 119, 124, 240, 247, 248 e 287 do TST.

Art. 226. O regime especial de seis horas de trabalho também se aplica aos empregados de portaria e de limpeza, tais como porteiros, telefonistas de mesa, contínuos e serventes, empregados em bancos e casas bancárias.

- Súmulas nºs 239 e 257 do TST.

Parágrafo único. A direção de cada banco organizará a escala de serviço do estabelecimento de maneira a haver empregados do quadro da portaria em função, meia hora antes e até meia hora após o encerramento dos trabalhos, respeitado o limite de seis horas diárias.

- Artigo com a redação dada pela Lei nº 3.488, de 12-12-1958.
- Súm. nº 117 do TST.

Seção II – *DOS EMPREGADOS NOS SERVIÇOS DE TELEFONIA, DE TELEGRAFIA SUBMARINA E SUBFLUVIAL, DE RADIOTELEGRAFIA E RADIOTELEFONIA*

Art. 227. Nas empresas que explorem o serviço de telefonia, telegrafia submarina ou subfluvial, de radiotelegrafia ou de radiotelefonia, fica estabelecida para os respectivos operadores a duração máxima de seis horas contínuas de trabalho por dia ou trinta e seis horas semanais.

- *Caput* com a redação retificada pelo Dec.-lei nº 6.353, de 20-3-1944.
- Súm. nº 178 do TST.
- OJ da SBDI-I nº 213 do TST.

§ 1º Quando, em caso de indeclinável necessidade, forem os operadores obrigados a permanecer em serviço além do período normal fixado neste artigo, a empresa pagar-lhes-á extraordinariamente o tempo excedente com acréscimo de cinquenta por cento sobre o seu salário-hora normal.

§ 2º O trabalho aos domingos, feriados e dias santos de guarda será considerado extraordinário e obedecerá, quanto à sua execução e remuneração, ao que dispuserem empregadores e empregados em acordo, ou os respectivos sindicatos em contrato coletivo de trabalho.

- § 2º com a redação retificada pelo Dec.-lei nº 6.353, de 20-3-1944.
- O art. 20 do Dec.-lei nº 229, de 28-2-1967, substituiu a expressão "Contratos coletivos de trabalho" por "Convenções coletivas de trabalho".
- Lei nº 605, de 5-1-1949 (Lei do Repouso Semanal Remunerado).
- Arts. 151 a 162 do Dec. nº 10.854, de 10-11-2021, que regulamenta disposições relativas à legislação trabalhista.

Art. 228. Os operadores não poderão trabalhar, de modo ininterrupto, na transmissão manual, bem como na recepção visual, auditiva, com escrita manual ou datilográfica, quando a velocidade for superior a vinte e cinco palavras por minuto.

Art. 229. Para os empregados sujeitos a horários variáveis, fica estabelecida a duração máxima de sete horas diárias de trabalho e dezessete horas de folga, deduzindo-se desse tempo vinte minutos para descanso, de cada um dos empregados, sempre que se verificar um esforço contínuo de mais de três horas.

§ 1º São considerados empregados sujeitos a horários variáveis, além dos operadores, cujas funções exijam classificação distinta, os que pertençam a seções de técnica, telefones, revisão, expedição, entrega e balcão.

§ 2º Quanto à execução e remuneração aos domingos, feriados e dias santos de guarda e às prorrogações de expediente, o trabalho dos empregados a que se refere o parágrafo anterior será regido pelo que se contém no § 1º do artigo 227 desta Seção.

▸ §§ 1º e 2º com a redação retificada pelo Dec.-lei nº 6.353, de 20-3-1944.

Art. 230. A direção das empresas deverá organizar as turmas de empregados, para a execução dos seus serviços, de maneira que prevaleça sempre o revezamento entre os que exercem a mesma função, quer em escalas diurnas, quer em noturnas.

§ 1º Aos empregados que exerçam a mesma função será permitida, entre si, a troca de turmas, desde que isso não importe em prejuízo dos serviços, cujo chefe ou encarregado resolverá sobre a oportunidade ou possibilidade dessa medida, dentro das prescrições desta Seção.

§ 2º As empresas não poderão organizar horários que obriguem os empregados a fazer a refeição do almoço antes das dez e depois das treze horas e a do jantar antes das dezesseis e depois das dezenove horas e trinta minutos.

Art. 231. As disposições desta Seção não abrangem o trabalho dos operadores de radiotelegrafia embarcados em navios ou aeronaves.

Seção III

DOS MÚSICOS PROFISSIONAIS

Art. 232. Será de seis horas a duração de trabalho dos músicos em teatro e congêneres.

Parágrafo único. Toda vez que o trabalho contínuo em espetáculo ultrapassar de seis horas, o tempo de duração excedente será pago com um acréscimo de 25 % (vinte e cinco por cento) sobre o salário da hora normal.

▸ Art. 232 revogado tacitamente pela Lei nº 3.857, de 22-12-1960, regulamento da profissão de músico.

▸ Este parágrafo único não foi recepcionado pelo art. 7º, XVI, da CF de 1988, que determina a remuneração do serviço extraordinário superior, no mínimo, em cinquenta por cento à do normal.

Art. 233. A duração normal de trabalho dos músicos profissionais poderá ser elevada até oito horas diárias, observados os preceitos gerais sobre duração do trabalho.

▸ Art. 233 revogado tacitamente pela Lei nº 3.857, de 22-12-1960, regulamento da profissão de músico.

Seção IV

DOS OPERADORES CINEMATOGRÁFICOS

Art. 234. A duração normal do trabalho dos operadores cinematográficos e seus ajudantes não excederá de seis horas diárias, assim distribuídas:

▸ *Caput* com a redação retificada pelo Dec.-lei nº 6.353, de 20-3-1944.

a) cinco horas consecutivas de trabalho em cabina, durante o funcionamento cinematográfico;

b) um período suplementar, até o máximo de uma hora para limpeza, lubrificação dos aparelhos de projeção, ou revisão de filmes.

Parágrafo único. Mediante remuneração adicional de vinte e cinco por cento sobre o salário da hora normal e observado um intervalo de duas horas para folga, entre o período a que se refere a alínea *b* deste artigo e o trabalho em cabina de que trata a alínea *a*, poderá o trabalho dos operadores cinematográficos e seus ajudantes ter a duração prorrogada por duas horas diárias, para exibições extraordinárias.

▸ Este parágrafo único não foi recepcionado pelo art. 7º, XVI, da CF, que estabelece remuneração do serviço extraordinário superior, no mínimo, em cinquenta por cento à do normal.

Art. 235. Nos estabelecimentos cujo funcionamento normal seja noturno, será facultado aos operadores cinematográficos e seus ajudantes, mediante acordo ou contrato coletivo de trabalho e com um acréscimo de vinte e cinco por cento sobre o salário de hora normal, executar o trabalho em sessões diurnas extraordinárias e, cumulativamente, nas noturnas, desde que isso se verifique até três vezes por semana e entre as sessões diurnas e as noturnas haja o intervalo de uma hora, no mínimo, de descanso.

▸ Este artigo não foi recepcionado pelo art. 7º, XVI, da CF, que estabelece remuneração do serviço extraordinário superior, no mínimo, em cinquenta por cento à do normal.

▸ O art. 20 do Dec.-lei nº 229, de 28-2-1967, substituiu a expressão "Contratos coletivos de trabalho" por "Convenções coletivas de trabalho".

§ 1º A duração de trabalho cumulativo a que alude o presente artigo não poderá exceder de dez horas.

§ 2º Em seguida a cada período de trabalho haverá um intervalo de repouso no mínimo de doze horas.

Seção IV-A

DO SERVIÇO DO MOTORISTA PROFISSIONAL EMPREGADO

▸ Seção IV-A com a denominação dada pela Lei nº 13.103, de 2-3-2015.

▸ Lei nº 13.103, de 2-3-2015 (Lei do Motorista Profissional).

Art. 235-A. Os preceitos especiais desta Seção aplicam-se ao motorista profissional empregado:

I – de transporte rodoviário coletivo de passageiros;

II – de transporte rodoviário de cargas.

▸ Art. 235-A com a redação dada pela Lei nº 13.103, de 2-3-2015.

Art. 235-B. São deveres do motorista profissional empregado:

▸ *Caput* com a redação dada pela Lei nº 13.103, de 2-3-2015.

I – estar atento às condições de segurança do veículo;

II – conduzir o veículo com perícia, prudência, zelo e com observância aos princípios de direção defensiva;

III – respeitar a legislação de trânsito e, em especial, as normas relativas ao tempo de direção e de descanso controlado e registrado na forma do previsto no art. 67-E da Lei nº 9.503, de 23 de setembro de 1997 – Código de Trânsito Brasileiro;

▸ Inciso III com a redação dada pela Lei nº 13.103, de 2-3-2015.

IV – zelar pela carga transportada e pelo veículo;

V – colocar-se à disposição dos órgãos públicos de fiscalização na via pública;

VI – VETADO; Lei nº 12.619, de 30-4-2012.

VII – submeter-se a exames toxicológicos com janela de detecção mínima de 90 (noventa) dias e a programa de controle de uso de droga e de bebida alcoólica, instituído pelo empregador, com sua ampla ciência, pelo menos uma vez a cada 2 (dois) anos e 6 (seis) meses, podendo ser utilizado para esse fim o exame obrigatório previsto na Lei nº 9.503, de 23 de setembro de 1997 – Código de Trânsito Brasileiro, desde que realizado nos últimos 60 (sessenta) dias.

▸ Inciso VII com a redação dada pela Lei nº 13.103, de 2-3-2015.

▸ Art. 13 da Lei nº 13.103, de 2-3-2015 (Lei do Motorista Profissional), que dispõe sobre o prazo para exigência do exame toxicológico.

Parágrafo único. A recusa do empregado em submeter-se ao teste ou ao programa de controle de uso de droga e de bebida alcoólica previstos no inciso VII será considerada infração disciplinar, passível de penalização nos termos da lei.

▸ Parágrafo único com a redação dada pela Lei nº 13.103, de 2-3-2015.

Art. 235-C. A jornada diária de trabalho do motorista profissional será de 8 (oito) horas, admitindo-se a sua prorrogação por até 2 (duas) horas extraordinárias ou, mediante previsão em convenção ou acordo coletivo, por até 4 (quatro) horas extraordinárias.

▸ *Caput* com a redação dada pela Lei nº 13.103, de 2-3-2015.

§ 1º Será considerado como trabalho efetivo o tempo em que o motorista empregado estiver à disposição do empregador, excluídos os intervalos para refeição, repouso e descanso e o tempo de espera.

▸ O STF, por unanimidade, no julgamento da ADI nº 5.322, declarou inconstitucional por arrastamento a expressão "e o tempo de espera", constante neste parágrafo (*DOU* de 12-7-2023).

§ 2º Será assegurado ao motorista profissional empregado intervalo mínimo de 1 (uma) hora para refeição, podendo esse período coincidir com o tempo de parada obrigatória na condução do veículo estabelecido pela Lei nº 9.503, de 23 de setembro de 1997 – Código de Trânsito Brasileiro, exceto quando se tratar do motorista profissional enquadrado no § 5º do art. 71 desta Consolidação.

▸ Art. 12 da Lei nº 13.103, de 2-3-2015 (Lei do Motorista Profissional).

§ 3º Dentro do período de 24 (vinte e quatro) horas, são asseguradas 11 (onze) horas de descanso, sendo facultados o seu fracionamento e a coincidência com os períodos de parada obrigatória na condução do veículo estabelecida pela Lei nº 9.503, de 23 de setembro de 1997 – Código de Trânsito Brasileiro, garantidos o mínimo de 8 (oito) horas ininterruptas no primeiro período e o gozo do remanescente dentro das 16 (dezesseis) horas seguintes ao fim do primeiro período.

▸ O STF, por maioria, no julgamento da ADI nº 5.322, declarou inconstitucional a expressão "sendo facultados o seu fracionamento e a coincidência com os períodos de parada obrigatória na condução do veículo estabelecida pela Lei nº 9.503, de 23 de setembro de 1997 – Código de Trânsito Brasileiro, garantidos o mínimo de 8 (oito) horas ininterruptas no primeiro período e o gozo do remanescente dentro das 16 (dezesseis) horas seguintes ao fim do primeiro período", constante neste parágrafo (*DOU* de 12-7-2023).

▶ Art. 12 da Lei nº 13.103, de 2-3-2015 (Lei do Motorista Profissional).

§ 4º Nas viagens de longa distância, assim consideradas aquelas em que o motorista profissional empregado permanece fora da base da empresa, matriz ou filial e de sua residência por mais de 24 (vinte e quatro) horas, o repouso diário pode ser feito no veículo ou em alojamento do empregador, do contratante do transporte, do embarcador ou do destinatário ou em outro local que ofereça condições adequadas.

§ 5º As horas consideradas extraordinárias serão pagas com o acréscimo estabelecido na Constituição Federal ou compensadas na forma do § 2º do art. 59 desta Consolidação.

§ 6º À hora de trabalho noturno aplica-se o disposto no art. 73 desta Consolidação.

▶ §§ 1º a 6º com a redação dada pela Lei nº 13.103, de 2-3-2015.

§ 7º VETADO. Lei nº 12.619, de 30-4-2012.

§ 8º São considerados tempo de espera as horas em que o motorista profissional empregado ficar aguardando carga ou descarga do veículo nas dependências do embarcador ou do destinatário e o período gasto com a fiscalização da mercadoria transportada em barreiras fiscais ou alfandegárias, não sendo computados como jornada de trabalho e nem como horas extraordinárias.

▶ O STF, por maioria, no julgamento da ADI nº 5.322, declarou inconstitucional a expressão "não sendo computadas como jornada de trabalho e nem como horas extraordinárias", constante neste parágrafo (*DOU* de 12-7-2023).

§ 9º As horas relativas ao tempo de espera serão indenizadas na proporção de 30% (trinta por cento) do salário-hora normal.

▶ §§ 8º e 9º com a redação dada pela Lei nº 13.103, de 2-3-2015.

▶ O STF, por unanimidade, no julgamento da ADI nº 5.322, declarou a inconstitucionalidade deste parágrafo, sem efeito repristinatório (*DOU* de 12-7-2023).

§ 10. Em nenhuma hipótese, o tempo de espera do motorista empregado prejudicará o direito ao recebimento da remuneração correspondente ao salário-base diário.

§ 11. Quando a espera de que trata o § 8º for superior a 2 (duas) horas ininterruptas e for exigida a permanência do motorista empregado junto ao veículo, caso o local ofereça condições adequadas, o tempo será considerado como de repouso para os fins do intervalo de que tratam os §§ 2º e 3º, sem prejuízo do disposto no § 9º.

§ 12. Durante o tempo de espera, o motorista poderá realizar movimentações necessárias do veículo, as quais não serão consideradas como parte da jornada de trabalho, ficando garantido, porém, o gozo do descanso de 8 (oito) horas ininterruptas aludido no § 3º.

▶ O STF, por maioria, no julgamento da ADI nº 5.322, declarou inconstitucional a expressão "as quais não serão consideradas como parte da jornada de trabalho, ficando garantido, porém, o gozo do descanso de 8 (oito) horas ininterruptas aludido no § 3º", constante neste parágrafo (*DOU* de 12-7-2023).

§ 13. Salvo previsão contratual, a jornada de trabalho do motorista empregado não tem horário fixo de início, de final ou de intervalos.

§ 14. O empregado é responsável pela guarda, preservação e exatidão das informações contidas nas anotações em diário de bordo, papeleta ou ficha de trabalho externo, ou no registrador instantâneo inalterável de velocidade e tempo, ou nos rastreadores ou sistemas e meios eletrônicos, instalados nos veículos, normatizados pelo CONTRAN, até que o veículo seja entregue à empresa.

§ 15. Os dados referidos no § 14 poderão ser enviados a distância, a critério do empregador, facultando-se a anexação do documento original posteriormente.

§ 16. Aplicam-se as disposições deste artigo ao ajudante empregado nas operações em que acompanhe o motorista.

▶ §§ 10 a 16 acrescidos pela Lei nº 13.103, de 2-3-2015.

§ 17. O disposto no *caput* deste artigo aplica-se também aos operadores de automotores destinados a puxar ou a arrastar maquinaria de qualquer natureza ou a executar trabalhos de construção ou pavimentação e aos operadores de tratores, colheitadeiras, autopropelidos e demais aparelhos automotores destinados a puxar ou a arrastar maquinaria agrícola ou a executar trabalhos agrícolas.

▶ § 17 acrescido pela Lei nº 13.154, de 30-7-2015.

Art. 235-D. Nas viagens de longa distância com duração superior a 7 (sete) dias, o repouso semanal será de 24 (vinte e quatro) horas por semana ou fração trabalhada, sem prejuízo do intervalo de repouso diário de 11 (onze) horas, totalizando 35 (trinta e cinco) horas, usufruído no retorno do motorista à base (matriz ou filial) ou ao seu domicílio, salvo se a empresa oferecer condições adequadas para o efetivo gozo do referido repouso.

▶ *Caput* com a redação dada pela Lei nº 13.103, de 2-3-2015.

▶ O STF, por maioria, no julgamento da ADI nº 5.322, declarou inconstitucional a expressão "usufruído no retorno do motorista à base (matriz ou filial) ou ao seu domicílio, salvo se a empresa oferecer condições adequadas para o efetivo gozo do referido repouso", constante neste *caput* (*DOU* de 12-7-2023).

I a III – *Revogados*. Lei nº 13.103, de 2-3-2015.

§ 1º É permitido o fracionamento do repouso semanal em 2 (dois) períodos, sendo um destes de, no mínimo, 30 (trinta) horas ininterruptas, a serem cumpridos na mesma semana e em continuidade a um período de repouso diário, que deverão ser usufruídos no retorno da viagem.

▶ O STF, por unanimidade, no julgamento da ADI nº 5.322, declarou a inconstitucionalidade deste parágrafo (*DOU* de 12-7-2023).

§ 2º A cumulatividade de descansos semanais em viagens de longa distância de que trata o *caput* fica limitada ao número de 3 (três) descansos consecutivos.

▶ O STF, por unanimidade, no julgamento da ADI nº 5.322, declarou a inconstitucionalidade deste parágrafo (*DOU* de 12-7-2023).

§ 3º O motorista empregado, em viagem de longa distância, que ficar com o veículo parado após o cumprimento da jornada normal ou das horas extraordinárias fica dispensado do serviço, exceto se for expressamente autorizada a sua permanência junto ao veículo pelo empregador, hipótese em que o tempo será considerado de espera.

§ 4º Não será considerado como jornada de trabalho, nem ensejará o pagamento de qualquer remuneração, o período em que o motorista empregado ou o ajudante ficarem espontaneamente no veículo usufruindo dos intervalos de repouso.

§ 5º Nos casos em que o empregador adotar 2 (dois) motoristas trabalhando no mesmo veículo, o tempo de repouso poderá ser feito com o veículo em movimento, assegurado o repouso mínimo de 6 (seis) horas consecutivas fora do veículo em alojamento externo ou, se na cabine leito, com o veículo estacionado, a cada 72 (setenta e duas) horas.

▶ O STF, por unanimidade, no julgamento da ADI nº 5.322, declarou a inconstitucionalidade deste parágrafo (*DOU* de 12-7-2023).

§ 6º Em situações excepcionais de inobservância justificada do limite de jornada de que trata o art. 235-C, devidamente registradas, e desde que não se comprometa a segurança rodoviária, a duração da jornada de trabalho do motorista profissional empregado poderá ser elevada pelo tempo necessário até o veículo chegar a um local seguro ou ao seu destino.

§ 7º Nos casos em que o motorista tenha que acompanhar o veículo transportado por qualquer meio onde ele siga embarcado e em que o veículo disponha de cabine leito ou a embarcação disponha de alojamento para gozo do intervalo de repouso diário previsto no § 3º do art. 235-C, esse tempo será considerado como tempo de descanso.

§ 8º Para o transporte de cargas vivas, perecíveis e especiais em longa distância ou em território estrangeiro poderão ser aplicadas regras conforme a especificidade da operação de transporte realizada, cujas condições de trabalho serão fixadas em convenção ou acordo coletivo de modo a assegurar as adequadas condições de viagem e entrega ao destino final.

▶ §§ 1º a 8º acrescidos pela Lei nº 13.103, de 2-3-2015.

Art. 235-E. Para o transporte de passageiros, serão observados os seguintes dispositivos:

▶ *Caput* com a redação dada pela Lei nº 13.103, de 2-3-2015.

I – é facultado o fracionamento do intervalo de condução do veículo previsto na Lei nº 9.503, de 23 de setembro de 1997 – Código de Trânsito Brasileiro, em períodos de no mínimo 5 (cinco) minutos;

II – será assegurado ao motorista intervalo mínimo de 1 (uma) hora para refeição, podendo ser fracionado em 2 (dois) períodos e coincidir com o tempo de parada obrigatória na condução do veículo estabelecido pela Lei nº 9.503, de 23 de setembro de 1997 – Código de Trânsito Brasileiro, exceto quando se tratar do motorista profissional enquadrado no § 5º do art. 71 desta Consolidação;

III – nos casos em que o empregador adotar 2 (dois) motoristas no curso da mesma viagem, o descanso poderá ser feito com o veículo em movimento, respeitando-se os horários de jornada de trabalho, assegurado, após 72 (setenta e duas) horas, o repouso em alojamento externo ou, se em poltrona correspondente ao serviço de leito, com o veículo estacionado.

▶ O STF, por unanimidade, no julgamento da ADI nº 5.322, declarou a inconstitucionalidade deste inciso (*DOU* de 12-7-2023).

§ 1º *Revogado*. Lei nº 13.103, de 2-3-2015.

§ 2º VETADO. Lei nº 12.619, de 30-4-2012.

§§ 3º a 7º *Revogados*. Lei nº 13.103, de 2-3-2015.

§ 8º VETADO. Lei nº 12.619, de 30-4-2012.

§§ 9º a 12. *Revogados*. Lei nº 13.103, de 2-3-2015.

Art. 235-F. Convenção e acordo coletivo poderão prever jornada especial de 12 (doze) horas de trabalho por 36 (trinta e seis) horas de descanso para o trabalho do motorista profissional empregado em regime de compensação.

▶ Artigo com a redação dada pela Lei nº 13.103, de 2-3-2015.

Art. 235-G. É permitida a remuneração do motorista em função da distância percorrida, do tempo de viagem ou da natureza e quantidade de produtos transportados, inclusive mediante oferta de comissão ou qualquer outro tipo de vantagem, desde que essa remuneração ou comissionamento não comprometa a segurança da rodovia e da coletividade ou possibilite a violação das normas previstas nesta Lei.

▶ Artigo com a redação dada pela Lei nº 13.103, de 2-3-2015.

Art. 235-H. *Revogado*. Lei nº 13.103, de 2-3-2015.

Seção V
DO SERVIÇO FERROVIÁRIO

▶ Súmulas nºs 52, 61, 67 e 229 do TST.

Art. 236. No serviço ferroviário – considerado este o de transporte em estradas de ferro abertas ao tráfego público, compreendendo a administração, construção, conservação e remoção das vias férreas e seus edifícios, obras de arte, material rodante, instalações complementares e acessórias, bem como o serviço de tráfego, de telegrafia, telefonia e funcionamento de todas as instalações ferroviárias – aplicam-se os preceitos especiais constantes desta Seção.

Art. 237. O pessoal a que se refere o artigo antecedente fica dividido nas seguintes categorias:

a) funcionários de alta administração, chefes e ajudantes de departamentos e seções, engenheiros residentes, chefes de depósitos, inspetores e demais empregados que exercem funções administrativas ou fiscalizadoras;

b) pessoal que trabalhe em lugares ou trechos determinados e cujas tarefas requeiram atenção constante; pessoal de escritório, turmas de conservação e construção da via permanente, oficinas e estações principais, inclusive os respectivos telegrafistas; pessoal de tração, lastro e revistadores;

c) das equipagens de trens em geral;

d) pessoal cujo serviço é de natureza intermitente ou de pouca intensidade, embora com permanência prolongada nos locais de trabalho; vigias e pessoal das estações do interior, inclusive os respectivos telegrafistas.

Art. 238. Será computado como de trabalho efetivo todo o tempo em que o empregado estiver à disposição da Estrada.

§ 1º Nos serviços efetuados pelo pessoal da categoria c, não será considerado como de trabalho efetivo o tempo gasto em viagens do local ou para o local de terminação e início dos mesmos serviços.

§ 2º Ao pessoal removido ou comissionado fora da sede será contado como de trabalho normal e efetivo o tempo gasto em viagens, sem direito à percepção de horas extraordinárias.

§ 3º No caso das turmas de conservação da via permanente, o tempo efetivo do trabalho será contado desde a hora da saída da casa da turma até a hora em que cessar o serviço em qualquer ponto compreendido dentro dos limites da respectiva turma. Quando o empregado trabalhar fora dos limites da sua turma, ser-lhe-á também computado como de trabalho efetivo o tempo gasto no percurso da volta a esses limites.

§ 4º Para o pessoal da equipagem de trens, só será considerado esse trabalho efetivo, depois de chegado ao destino, o tempo em que o ferroviário estiver ocupado ou retido à disposição da Estrada. Quando, entre dois períodos de trabalho, não mediar intervalo superior a uma hora, será esse intervalo computado como de trabalho efetivo.

§ 5º O tempo concedido para refeição não se computa como de trabalho efetivo, senão para o pessoal da categoria c, quando as refeições forem tomadas em viagem ou nas estações durante as paradas. Esse tempo não será inferior a uma hora, exceto para o pessoal da referida categoria em serviço de trens.

▶ Súm. nº 446 do TST.

§ 6º No trabalho das turmas encarregadas da conservação de obras de arte, linhas telegráficas ou telefônicas e edifícios, não será contado como de trabalho efetivo o tempo de viagem para o local do serviço, sempre que não exceder de uma hora, seja para ida ou para volta, e a Estrada fornecer os meios de locomoção, computando-se sempre o tempo excedente a esse limite.

▶ Art. 238 com a redação primitiva restaurada pelo art. 36 do Dec.-lei nº 5, de 4-4-1966.

Art. 239. Para o pessoal da categoria c, a prorrogação do trabalho independe de acordo ou contrato coletivo, não podendo, entretanto, exceder de doze horas, pelo que as empresas organizarão, sempre que possível, os serviços de equipagens de trens com destacamentos nos trechos das linhas de modo a ser observada a duração normal de oito horas de trabalho.

▶ O art. 20 do Dec.-lei nº 229, de 28-2-1967, substituiu a expressão "Contratos coletivos de trabalho" por "Convenções coletivas de trabalho".

§ 1º Para o pessoal sujeito ao regime do presente artigo, depois de cada jornada de trabalho haverá um repouso de dez horas contínuas, no mínimo, observando-se, outrossim, o descanso semanal.

▶ Lei nº 605, de 5-1-1949 (Lei do Repouso Semanal Remunerado).

▶ Arts. 151 a 162 do Dec. nº 10.854, de 10-11-2021, que regulamenta disposições relativas à legislação trabalhista.

§ 2º Para o pessoal da equipagem de trens, a que se refere o presente artigo, quando a empresa não fornecer alimentação, em viagem, e hospedagem, no destino, concederá uma ajuda de custo para atender a tais despesas.

▶ Art. 457, § 2º, desta Consolidação.

§ 3º As escalas do pessoal abrangido pelo presente artigo serão organizadas de modo que não caiba a qualquer empregado, quinzenalmente, um total de horas de serviço noturno superior às de serviço diurno.

§ 4º Os períodos de trabalho do pessoal a que alude o presente artigo serão registrados em cadernetas especiais, que ficarão sempre em poder do empregado, de acordo com o modelo aprovado pelo Ministro do Trabalho, Indústria e Comércio.

Art. 240. Nos casos de urgência ou de acidente, capazes de afetar a segurança ou regularidade do serviço, poderá a duração do trabalho ser excepcionalmente elevada a qualquer número de horas, incumbindo à Estrada zelar pela incolumidade dos seus empregados e pela possibilidade de revezamento de turmas, assegurando ao pessoal um repouso correspondente e comunicando a ocorrência ao Ministério do Trabalho, Indústria e Comércio dentro de dez dias da sua verificação.

Parágrafo único. Nos casos previstos neste artigo, a recusa, sem causa justificada, por parte de qualquer empregado, à execução de serviço extraordinário será considerada falta grave.

Art. 241. As horas excedentes das do horário normal de oito horas serão pagas como serviço extraordinário na seguinte base: as duas primeiras com o acréscimo de vinte e cinco por cento sobre o salário-hora normal; as duas subsequentes com um adicional de cinquenta por cento e as restantes com um adicional de setenta e cinco por cento.

▶ Este artigo não foi recepcionado pelo art. 7º, XVI, da CF, que estabelece remuneração do serviço extraordinário superior, no mínimo, em cinquenta por cento à do normal.

▶ OJ da SBDI-I nº 274 do TST.

Parágrafo único. Para o pessoal da categoria c, a primeira hora será majorada de vinte e cinco por cento, a segunda hora será paga com o acréscimo de cinquenta por cento e as duas subsequentes com o de sessenta por cento, salvo caso de negligência comprovada.

▶ Art. 7º, XVI, da CF.

Art. 242. As frações de meia hora superiores a dez minutos serão computadas como meia hora.

Art. 243. Para os empregados de estações do interior, cujo serviço for de natureza intermitente ou de pouca intensidade, não se aplicam os preceitos gerais sobre duração do trabalho, sendo-lhes, entretanto, assegurado o repouso contínuo de dez horas, no mínimo, entre dois períodos de trabalho e descanso semanal.

▶ Lei nº 605, de 5-1-1949 (Lei do Repouso Semanal Remunerado).

▶ Arts. 151 a 162 do Dec. nº 10.854, de 10-11-2021, que regulamenta disposições relativas à legislação trabalhista.

▶ Súmulas nºs 61, 67, e 106 do TST.

Art. 244. As estradas de ferro poderão ter empregados extranumerários, de sobreaviso e de prontidão, para executarem serviços imprevistos ou para substituições de outros empregados que faltem à escala organizada.

§ 1º Considera-se *"extranumerário"* o empregado não efetivo, candidato à efetivação, que se apresentar normalmente ao serviço, embora só trabalhe quando for necessário. O extranumerário só receberá os dias de trabalho efetivo.

§ 2º Considera-se de *"sobreaviso"* o empregado efetivo, que permanecer em sua própria casa, aguardando a qualquer momento o chamado para o serviço. Cada escala de *"sobreaviso"* será, no máximo, de vinte e quatro horas. As horas de *"sobreaviso"*, para todos os efeitos, serão contadas à razão de um terço do salário normal.

▸ Súmulas nºs 132 e 428 do TST.

§ 3º Considera-se de *"prontidão"* o empregado que ficar nas dependências da Estrada, aguardando ordens. A escala de prontidão será, no máximo, de doze horas. As horas de prontidão serão, para todos os efeitos, contadas à razão de dois terços do salário-hora normal.

§ 4º Quando, no estabelecimento ou dependência em que se achar o empregado, houver facilidade de alimentação, as doze horas de prontidão, a que se refere o parágrafo anterior, poderão ser contínuas. Quando não existir essa facilidade, depois de seis horas de prontidão, haverá sempre um intervalo de uma hora para cada refeição, que não será, nesse caso, computada como de serviço.

▸ Art. 244 com a redação primitiva restaurada pelo art. 36 do Dec.-lei nº 5, de 4-4-1966.

▸ Art. 7º, XIII, da CF.

Art. 245. O horário normal de trabalho dos cabineiros nas estações de tráfego intenso não excederá de oito horas e deverá ser dividido em dois turnos com intervalo não inferior a uma hora de repouso, não podendo nenhum turno ter duração superior a cinco horas, com um período de descanso entre duas jornadas de trabalho de quatorze horas consecutivas.

Art. 246. O horário de trabalho dos operadores telegrafistas nas estações de tráfego intenso não excederá de seis horas diárias.

Art. 247. As estações principais, estações de tráfego intenso e estações do interior serão classificadas para cada empresa pelo Departamento Nacional de Estradas de Ferro.

Seção VI

DAS EQUIPAGENS DAS EMBARCAÇÕES DA MARINHA MERCANTE NACIONAL, DE NAVEGAÇÃO FLUVIAL E LACUSTRE, DO TRÁFEGO NOS PORTOS E DA PESCA

▸ Dec. nº 10.088, de 5-11-2019, consolida atos normativos editados pelo Poder Executivo Federal que dispõem sobre a promulgação de convenções e recomendações da Organização Internacional do Trabalho – OIT ratificadas pela República Federativa do Brasil.

▸ Dec. Legislativo nº 892, de 21-11-2009, aprova o texto da Convenção nº 185 da OIT sobre os documentos de identidade do trabalhador marítimo.

Art. 248. Entre as horas zero e vinte e quatro de cada dia civil, o tripulante poderá ser conservado em seu posto durante oito horas, quer de modo contínuo, quer de modo intermitente.

▸ Súm. nº 96 do TST.

§ 1º A exigência do serviço contínuo ou intermitente ficará a critério do comandante e, neste último caso, nunca por período menor que uma hora.

§ 2º Os serviços de quarto nas máquinas, passadiço, vigilância e outros que, consoante parecer médico, possam prejudicar a saúde do tripulante serão executados por períodos não maiores e com intervalos não menores de quatro horas.

Art. 249. Todo o tempo de serviço efetivo, excedente de oito horas, ocupado na forma do artigo anterior, será considerado de trabalho extraordinário, sujeito à compensação a que se refere o artigo 250, exceto se se tratar de trabalho executado:

▸ Art. 7º, XVI, da CF.

a) em virtude de responsabilidade pessoal do tripulante e no desempenho de funções de direção, sendo consideradas como tais todas aquelas que a bordo se achem constituídas em um único indivíduo com responsabilidade exclusiva e pessoal;

b) na iminência de perigo, para salvaguarda ou defesa da embarcação, dos passageiros, ou da carga, a juízo exclusivo do comandante ou do responsável pela segurança a bordo;

c) por motivo de manobras ou fainas gerais que reclamem a presença, em seus postos, de todo o pessoal de bordo;

d) na navegação lacustre e fluvial, quando se destina ao abastecimento do navio ou embarcação de combustível e rancho, ou por efeito das contingências da natureza da navegação, na transposição de passos ou pontos difíceis, inclusive operações de alívio ou transbordo de carga, para obtenção de calado menor para essa transposição.

§ 1º O trabalho executado aos domingos e feriados será considerado extraordinário, salvo se se destinar:

a) ao serviço de quartos e vigilância, movimentação das máquinas e aparelhos de bordo, limpeza e higiene da embarcação, preparo de alimentação da equipagem e dos passageiros, serviço pessoal destes e, bem assim, aos socorros de urgência ao navio ou ao pessoal;

b) ao fim da navegação ou das manobras para a entrada ou saída de portos, atracação, desatracação, embarque ou desembarque de carga e passageiros.

§ 2º Não excederá de trinta horas semanais o serviço extraordinário prestado para o tráfego nos portos.

Art. 250. As horas de trabalho extraordinário serão compensadas, segundo a conveniência do serviço, por descanso em período equivalente, no dia seguinte ou no subsequente, dentro das do trabalho normal, ou no fim da viagem, ou pelo pagamento do salário correspondente.

▸ Súm. nº 96 do TST.

Parágrafo único. As horas extraordinárias de trabalho são indivisíveis, computando-se a fração de hora como hora inteira.

Art. 251. Em cada embarcação haverá um livro em que serão anotadas as horas extraordinárias de trabalho de cada tripulante, e outro, do qual constarão, devidamente circunstanciadas, as transgressões dos mesmos tripulantes.

Parágrafo único. Os livros de que trata este artigo obedecerão a modelos organizados pelo Ministério do Trabalho, Indústria e Comércio, serão escriturados em dia pelo comandante da embarcação e ficam sujeitos às formalidades instituídas para os livros de registro de empregados em geral.

▸ Arts. 41 a 48 desta Consolidação.

Art. 252. Qualquer tripulante que se julgue prejudicado por ordem emanada de superior hierárquico poderá interpor recurso, em termos, perante a Delegacia do Trabalho Marítimo, por intermédio do respectivo comandante, o qual deverá encaminhá-lo com a respectiva informação dentro de cinco dias, contados de sua chegada ao porto.

▸ Art. 1º, III, *d*, que extinguiu o Conselho Superior do Trabalho Marítimo – CSTM e suas respectivas Delegacias.

Seção VII

DOS SERVIÇOS FRIGORÍFICOS

Art. 253. Para os empregados que trabalham no interior das câmaras frigoríficas e para os que movimentam mercadorias do ambiente quente ou normal para o frio e vice-versa, depois de uma hora e quarenta minutos de trabalho contínuo, será assegurado um período de vinte minutos de repouso, computado esse intervalo como de trabalho efetivo.

Parágrafo único. Considera-se artificialmente frio, para os fins do presente artigo, o que for inferior, nas primeira, segunda e terceira zonas climáticas do mapa oficial do Ministério do Trabalho, Indústria e Comércio, a quinze graus, na quarta zona a doze graus, e nas quinta, sexta e sétima zonas a dez graus.

▸ Súm. nº 438 do TST.

Seção VIII

DOS SERVIÇOS DE ESTIVA

▸ NR-29 do Ministério do Trabalho e Emprego sobre segurança e saúde no trabalho portuário.

▸ Arts. 32 a 44 da Lei nº 12.815, de 5-6-2013 (Lei dos Portos).

▸ Dec. nº 10.088, de 5-11-2019, consolida atos normativos editados pelo Poder Executivo Federal que dispõem sobre a promulgação de convenções e recomendações da Organização Internacional do Trabalho – OIT ratificadas pela República Federativa do Brasil.

Arts. 254 a 284. *Revogados.* Lei nº 8.630, de 25-2-1993.

Seção IX

DOS SERVIÇOS DE CAPATAZIAS NOS PORTOS

▸ Arts. 32 a 44 da Lei nº 12.815, de 5-6-2013 (Lei dos Portos).

Arts. 285 a 292. *Revogados.* Lei nº 8.630, de 25-2-1993.

Seção X

DO TRABALHO EM MINAS DE SUBSOLO

▸ Dec. nº 10.088, de 5-11-2019, consolida atos normativos editados pelo Poder Executivo Federal que dispõem sobre a promulgação de convenções e recomendações da Organização Internacional do Trabalho – OIT ratificadas pela República Federativa do Brasil.

Art. 293. A duração normal do trabalho efetivo para os empregados em minas no subsolo não excederá de seis horas diárias ou de trinta e seis semanais.

Art. 294. O tempo despendido pelo empregado da boca da mina ao local do trabalho e vice-versa será computado para o efeito de pagamento do salário.

Art. 295. A duração normal do trabalho efetivo no subsolo poderá ser elevada até oito horas diárias ou quarenta e oito semanais, mediante acordo escrito entre empregado e empregador ou contrato coletivo de trabalho, sujeita essa prorrogação à prévia licença da autoridade competente em matéria de higiene do trabalho.

▸ Art. 7º, XIII, da CF, que determina a duração do trabalho normal não superior a oito horas diárias e quarenta e quatro semanais, facultada a compensação de horários e a redução da jornada, mediante acordo ou convenção coletiva de trabalho.

▸ O art. 20 do Dec.-lei nº 229, de 28-2-1967, substituiu a expressão "Contratos coletivos de trabalho" por "Convenções coletivas de trabalho".

Parágrafo único. A duração normal do trabalho efetivo no subsolo poderá ser inferior a seis horas diárias, por determinação da autoridade de que trata este artigo, tendo em vista condições locais de insalubridade e os métodos e processos do trabalho adotado.

Art. 296. A remuneração da hora prorrogada será no mínimo de vinte e cinco por cento superior à da hora normal e deverá constar do acordo ou contrato coletivo de trabalho.

▸ Este artigo não foi recepcionado pelo art. 7º, XVI, da CF, que estabelece remuneração do serviço extraordinário superior, no mínimo, em cinquenta por cento à do normal.

▸ O art. 20 do Dec.-lei nº 229, de 28-2-1967, substituiu a expressão "Contratos coletivos de trabalho" por "Convenções coletivas de trabalho".

Art. 297. Ao empregado no subsolo será fornecida, pelas empresas exploradoras de minas, alimentação adequada à natureza do trabalho, de acordo com as instruções estabelecidas pelo Serviço de Alimentação da Previdência Social, e aprovadas pelo Ministério do Trabalho, Indústria e Comércio.

Art. 298. Em cada período de três horas consecutivas de trabalho, será obrigatória uma pausa de quinze minutos para repouso, a qual será computada na duração normal de trabalho efetivo.

Art. 299. Quando nos trabalhos de subsolo ocorrerem acontecimentos que possam comprometer a vida ou saúde do empregado, deverá a empresa comunicar o fato imediatamente à autoridade regional do trabalho, do Ministério do Trabalho, Indústria e Comércio.

Art. 300. Sempre que, por motivo de saúde, for necessária a transferência do empregado, a juízo da autoridade competente em matéria de segurança e medicina do trabalho, dos serviços no subsolo para os de superfície, é a empresa obrigada a realizar essa transferência, assegurando ao transferido a remuneração atribuída ao trabalhador de superfície em serviço equivalente, respeitada a capacidade profissional do interessado.

Parágrafo único. No caso de recusa do empregado em atender a essa transferência, será ouvida a autoridade competente em matéria de higiene e segurança do trabalho, que decidirá a respeito.

▸ Art. 300 com a redação dada pela Lei nº 2.924, de 21-10-1956.

Art. 301. O trabalho no subsolo somente será permitido a homens, com idade compreendida entre vinte e um e cinquenta anos, assegurada a transferência para a superfície nos termos previstos no artigo anterior.

▸ Art. 7º, XXX, da CF.

Seção XI

DOS JORNALISTAS PROFISSIONAIS

▸ Dec.-lei nº 972, de 17-10-1969, dispõe sobre o exercício da profissão de jornalista.

Art. 302. Os dispositivos da presente Seção se aplicam aos que nas empresas jornalísticas prestem serviços como jornalistas, revisores, fotógrafos, ou na ilustração, com as exceções nela previstas.

§ 1º Entende-se como jornalista o trabalhador intelectual cuja função se estende desde a busca de informações até a redação de notícias e artigos e a organização, orientação e direção desse trabalho.

§ 2º Consideram-se empresas jornalísticas, para os fins desta Seção, aquelas que têm a seu cargo a edição de jornais, revistas, boletins e periódicos, ou a distribuição de noticiário, e, ainda, a radiodifusão em suas seções destinadas à transmissão de notícias e comentários.

▸ Arts. 5º, IX, XIV, e 219 a 224 da CF.

Art. 303. A duração normal do trabalho dos empregados compreendidos nesta Seção não deverá exceder de cinco horas, tanto de dia como à noite.

▸ OJ da SBDI-I nº 407 do TST.

Art. 304. Poderá a duração normal do trabalho ser elevada a sete horas, mediante acordo escrito, em que se estipule aumento de ordenado, correspondente ao excesso do tempo de trabalho, em que se fixe um intervalo destinado a repouso ou a refeição.

Parágrafo único. Para atender a motivos de força maior, poderá o empregado prestar serviços por mais tempo do que aquele permitido nesta Seção. Em tais casos, porém o excesso deve ser comunicado à Divisão de Fiscalização do Departamento Nacional do Trabalho ou às Delegacias Regionais do Ministério do Trabalho, Indústria e Comércio, dentro de 5 (cinco) dias, com a indicação expressa dos seus motivos.

▸ Arts. 501 a 504 desta Consolidação.

Art. 305. As horas de serviço extraordinário, quer as prestadas em virtude de acordo, quer as que derivam das causas previstas no parágrafo único do artigo anterior, não poderão ser remuneradas com quantia inferior à que resulta do quociente da divisão da importância do salário mensal por cento e cinquenta para os mensalistas, e do salário diário por cinco para os diaristas, acrescido de, pelo menos, vinte e cinco por cento.

▸ Este artigo não foi recepcionado pelo art. 7º, XVI, da CF, que estabelece remuneração do serviço extraordinário superior, no mínimo, em cinquenta por cento à do normal.

Art. 306. Os dispositivos dos artigos 303, 304 e 305 não se aplicam àqueles que exercem as funções de redator-chefe, secretário, subsecretário, chefe e subchefe de revisão, chefe de oficina, de ilustração e chefe de portaria.

Parágrafo único. Não se aplicam, do mesmo modo, os artigos acima referidos aos que se ocuparem unicamente em serviços externos.

▸ Art. 62, I, desta Consolidação.

Art. 307. A cada seis dias de trabalho efetivo corresponderá um dia de descanso obrigatório, que coincidirá com o domingo, salvo acordo escrito em contrário, no qual será expressamente estipulado o dia em que se deve verificar o descanso.

▸ Art. 7º, XV, da CF.

▸ Lei nº 605, de 5-1-1949 (Lei do Repouso Semanal Remunerado).

▸ Arts. 151 a 162 do Dec. nº 10.854, de 10-11-2021, que regulamenta disposições relativas à legislação trabalhista.

Art. 308. Em seguida a cada período diário de trabalho haverá um intervalo mínimo de dez horas, destinado ao repouso.

Art. 309. Será computado como de trabalho efetivo o tempo em que o empregado estiver à disposição do empregador.

▸ Art. 4º, *caput*, desta Consolidação.

Art. 310. *Revogado*. Dec.-lei nº 972, de 17-10-1969.

Art. 311. Para o registro de que trata o artigo anterior, deve o requerente exibir os seguintes documentos:

a) prova de nacionalidade brasileira;

b) folha corrida;

c) prova de que não responde a processo ou não sofreu condenação por crime contra a segurança nacional;

d) carteira de trabalho e previdência social.

§ 1º Aos profissionais devidamente registrados será feita a necessária declaração na carteira de trabalho e previdência social.

§ 2º Aos novos empregados será concedido o prazo de 60 dias para a apresentação da carteira de trabalho e previdência social, fazendo-se o registro condicionado a essa apresentação e expedindo-se um certificado provisório para aquele período.

▸ Art. 311 revogado tacitamente pelo Dec.-lei nº 972, de 17-10-1969, dispõe sobre o exercício da profissão de jornalista.

Art. 312. O registro dos diretores-proprietários de jornais será feito, no Distrito Federal e nos Estados, e independentemente da exigência constante do art. 311, letra *d*, da presente seção.

§ 1º A prova de profissão, apresentada pelo diretor-proprietário juntamente com os demais documentos exigidos, consistirá em uma certidão, fornecida nos Estados e Território do Acre, pelas Juntas Comerciais ou Cartórios, e, no Distrito Federal, pela seção competente do Departamento Nacional de Indústria e Comércio, do Ministério do Trabalho, Indústria e Comércio.

§ 2º Aos diretores-proprietários regularmente inscritos será fornecido um certificado do qual deverão constar o livro e a folha em que houver sido feito o registro.

▸ Art. 312 revogado tacitamente pelo Dec.-lei nº 972, de 17-10-1969, dispõe sobre o exercício da profissão de jornalista.

Art. 313. Aqueles que, sem caráter profissional, exercerem atividades jornalísticas, visando fins culturais, científicos ou religiosos, poderão promover sua inscrição como jornalistas, na forma desta seção.

§ 1º As repartições competentes do Ministério do Trabalho, Indústria e Comércio manterão, para os fins do artigo anterior, um registro especial, anexo ao dos jornalistas profissionais, nele inscrevendo os que satisfaçam os requisitos das alíneas *a*, *b* e *c* do art. 311 e apresentem prova do exercício de atividade jornalística não profissional, o que poderá ser feito por meio de atestado de associação cultural, científica ou religiosa idônea.

§ 2º O pedido de registro será submetido a despacho do ministro que, em cada caso, apreciará o valor da prova oferecida.

§ 3º O registro de que trata o presente artigo tem caráter puramente declaratório e não implica no reconhecimento de direitos que decorrem do exercício remunerado e profissional do jornalismo.

▶ Art. 313 revogado tacitamente pelo Dec.-lei nº 972, de 17-10-1969, que dispõe sobre o exercício da profissão de jornalista.

Art. 314. *Revogado.* Dec.-lei nº 972, de 17-10-1969.

Art. 315. O Governo Federal, de acordo com os governos estaduais, promoverá a criação de escolas de preparação ao jornalismo, destinadas à formação dos profissionais da imprensa.

Art. 316. A empresa jornalística que deixar de pagar pontualmente, e na forma acordada, os salários devidos a seus empregados, terá suspenso o seu funcionamento, até que se efetue o pagamento devido.

Parágrafo único. Para os efeitos do cumprimento deste artigo deverão os prejudicados reclamar contra a falta de pagamento perante a autoridade competente e, proferida a condenação, desde que a empresa não a cumpra, ou, em caso de recurso, não deposite o valor da indenização, a autoridade que proferir a condenação oficiará à autoridade competente, para a suspensão da circulação do jornal. Em igual pena de suspensão incorrerá a empresa que deixar de recolher as contribuições devidas às instituições de previdência social.

▶ Dec.-lei nº 368, de 19-12-1968, dispõe sobre os efeitos de débitos salariais.

Seção XII — DOS PROFESSORES

▶ Art. 37, XVI e XVII, da CF.
▶ OJ da SBDI-I nº 65 do TST.
▶ OJ da SBDI-II nº 38 do TST.

Art. 317. O exercício remunerado do magistério, em estabelecimentos particulares de ensino, exigirá apenas habilitação legal e registro no Ministério da Educação.

§ 1º Far-se-á o registro de que trata este artigo uma vez que o interessado apresente os documentos seguintes:

a) certificado de habilitação para o exercício do magistério, expedido pelo Ministério da Educação e do Desporto, ou pela competente autoridade estadual ou municipal;
b) carteira de identidade;
c) folha-corrida;
d) atestado, firmado por pessoa idônea, de que não responde a processo nem sofreu condenação por crime de natureza infamante;
e) atestado de que não sofre de doença contagiosa, passado por autoridade sanitária competente.

§ 2º Dos estrangeiros serão exigidos, além dos documentos indicados nas alíneas *a*, *c* e *e* do parágrafo anterior, estes outros:

a) carteira de identidade de estrangeiro;
b) atestado de bons antecedentes, passado por autoridade policial competente.

§ 3º Tratando-se de membros de congregação religiosa, será dispensada a apresentação de documentos indicados nas alíneas *c* e *d* do § 1º e, quando estrangeiros, será o documento referido na alínea *b* do § 1º substituído por atestado do bispo diocesano ou de autoridade equivalente.

▶ A Lei nº 7.855, de 24-10-1989, deu nova redação a este artigo, mas não revogou os seus parágrafos, razão pela qual mantivemos sua redação.
▶ Art. 37, XVI e XVII, da CF.

Art. 318. O professor poderá lecionar em um mesmo estabelecimento por mais de um turno, desde que não ultrapasse a jornada de trabalho semanal estabelecida legalmente, assegurado e não computado o intervalo para refeição.

▶ Artigo com a redação dada pela Lei nº 13.415, de 16-2-2017.
▶ Orientações Jurisprudenciais da SBDI-I nº 206 e 393 do TST.

Art. 319. Aos professores é vedado, aos domingos, a regência de aulas e o trabalho em exames.

Art. 320. A remuneração dos professores será fixada pelo número de aulas semanais, na conformidade dos horários.

§ 1º O pagamento far-se-á mensalmente, considerando-se para este efeito cada mês constituído de quatro semanas e meia.

▶ Súm. nº 351 do TST.

§ 2º Vencido cada mês, será descontada, na remuneração dos professores, a importância correspondente ao número de aulas a que tiverem faltado.

§ 3º Não serão descontadas, no decurso de nove dias, as faltas verificadas por motivo de gala ou de luto em consequência de falecimento do cônjuge, do pai ou mãe, ou de filho.

▶ Art. 473, I e II, desta Consolidação.

Art. 321. Sempre que o estabelecimento de ensino tiver necessidade de aumentar o número de aulas marcado nos horários, remunerará o professor, findo cada mês, com uma importância correspondente ao número de aulas excedentes.

▶ OJ da SBDI-I nº 244 do TST.

Art. 322. No período de exames e no de férias escolares, é assegurado aos professores o pagamento, na mesma periodicidade contratual, da remuneração por eles percebida, na conformidade dos horários, durante o período de aulas.

▶ *Caput* com a redação dada pela Lei nº 9.013, de 30-3-1995.

§ 1º Não se exigirá dos professores, no período de exames, a prestação de mais de oito horas de trabalho diário, salvo mediante o pagamento complementar de cada hora excedente pelo preço correspondente ao de uma aula.

§ 2º No período de férias, não se poderá exigir dos professores outro serviço senão o relacionado com a realização de exames.

§ 3º Na hipótese de dispensa sem justa causa, ao término do ano letivo ou no curso das férias escolares, é assegurado ao professor o pagamento a que se refere o *caput* deste artigo.

▶ § 3º acrescido pela Lei nº 9.013, de 30-3-1995.
▶ Súm. nº 10 do TST.

Art. 323. Não será permitido o funcionamento do estabelecimento particular de ensino que não remunere condignamente os seus professores, ou não lhes pague pontualmente a remuneração de cada mês.

Parágrafo único. Compete ao Ministério da Educação e Saúde fixar os critérios para a determinação da condigna remuneração devida aos professores bem como assegurar a execução do preceito estabelecido no presente artigo.

Art. 324. *Revogado.* Lei nº 7.855, de 24-10-1989.

Seção XIII — DOS QUÍMICOS

▶ Lei nº 2.800, de 18-6-1956, dispõe sobre o exercício profissional dos químicos.
▶ Dec. nº 85.877, de 7-4-1981, estabelece normas para execução da Lei nº 2.800, de 18-6-1956.

Art. 325. É livre o exercício da profissão de químico em todo o território da República, observadas as condições de capacidade técnica e outras exigências previstas na presente Seção:

a) aos possuidores de diploma de químico, químico industrial, químico industrial agrícola ou engenheiro químico, concedido, no Brasil, por escola oficial ou oficialmente reconhecida;
b) aos diplomados em química por instituto estrangeiro de ensino superior, que tenham, de acordo com a lei e a partir de 14 de julho de 1934, revalidado os seus diplomas;
c) aos que, ao tempo da publicação do Decreto nº 24.693, de 12 de julho de 1934, se achavam no exercício efetivo de função pública ou particular, para a qual seja exigida a qualidade de químico, e que tenham requerido o respectivo registro até a extinção do prazo fixado pelo Decreto-Lei nº 2.298, de 10 de junho de 1940.

§ 1º Aos profissionais incluídos na alínea *c* deste artigo, se dará, para os efeitos da presente Seção, a denominação de "*licenciados*".

§ 2º O livre exercício da profissão de que trata o presente artigo só é permitido a estrangeiros, quando compreendidos:

a) nas alíneas *a* e *b*, independentemente de revalidação do diploma, se exerciam, legitimamente, na República, a profissão de químico na data da promulgação da Constituição de 1934;
b) na alínea *b*, se a seu favor militar a existência de reciprocidade internacional, admitida em lei, para o reconhecimento dos respectivos diplomas;
c) na alínea *c*, satisfeitas as condições nela estabelecidas.

§ 3º O livre exercício da profissão a brasileiros naturalizados está subordinado à prévia prestação do Serviço Militar, no Brasil.

§ 4º Só aos brasileiros natos é permitida a revalidação dos diplomas de químicos, expedidos por institutos estrangeiros de ensino superior.

▶ Art. 12, § 2º, da CF.
▶ Lei nº 6.192, de 19-12-1974, veda qualquer distinção entre brasileiros natos e naturalizados.

Art. 326. Todo aquele que exercer ou pretender exercer as funções de químico é obrigado ao uso de Carteira de Trabalho e Previdência Social, devendo os profissionais que se encontrarem nas condições das alíneas *a* e *b* do art. 325, registrar os seus diplomas de acordo com a legislação vigente.

§ 1º A requisição de Carteira de Trabalho e Previdência Social para uso dos químicos, além do disposto no capítulo "Da Identificação Profissional", somente será processada mediante apresentação dos seguintes documentos que provem:

a) ser o requerente brasileiro, nato ou naturalizado, ou estrangeiro;

b) estar, se for brasileiro, de posse dos direitos civis e políticos;

c) ter diploma de químico, químico industrial, químico industrial agrícola ou engenheiro químico, expedido por escola superior oficial ou oficializada;

d) ter, se diplomado no estrangeiro, o respectivo diploma revalidado nos termos da lei;

e) haver, o que for brasileiro naturalizado, prestado serviço militar no Brasil;

f) achar-se o estrangeiro, ao ser promulgada a Constituição de 1934, exercendo legitimamente, na República, a profissão de químico, ou concorrer a seu favor a existência de reciprocidade internacional, admitida em lei, para o reconhecimento dos diplomas dessa especialidade.

▶ Art. 12, § 2º, da CF.

▶ Lei nº 6.192, de 19-12-1974, veda qualquer distinção entre brasileiros natos e naturalizados.

§ 2º A requisição de que trata o parágrafo anterior deve ser acompanhada:

a) do diploma devidamente autenticado no caso da alínea *b* do artigo precedente, e com as firmas reconhecidas no país de origem e na Secretaria de Estado das Relações Exteriores, ou da respectiva certidão, bem como do título de revalidação, ou certidão respectiva, de acordo com a legislação em vigor;

b) do certificado ou atestado comprobatório de se achar o requerente na hipótese da alínea *c* do referido artigo, ao tempo da publicação do Dec. nº 24.693 de 12 de julho de 1934, no exercício efetivo de função pública, ou particular, para a qual seja exigida a qualidade de químico, devendo esses documentos ser autenticados pelo Delegado Regional do Trabalho, quando se referirem a requerentes moradores nas capitais dos Estados, ou coletor federal, no caso de residirem os interessados nos municípios do interior;

c) de 3 (três) exemplares de fotografia exigida pelo art. 329 e de 1 (uma) folha com as declarações que devem ser lançadas na Carteira de Trabalho e Previdência Social de conformidade com o disposto nas alíneas do mesmo artigo e seu parágrafo único.

§ 3º Reconhecida a validade dos documentos apresentados, o Serviço de Identificação Profissional do Departamento Nacional do Trabalho, no Distrito Federal, ou os órgãos regionais do Ministério do Trabalho, Indústria e Comércio, nos Estados e no Território do Acre, registrarão, em livros próprios, os documentos a que se refere a alínea *c* do § 1º e, juntamente com a Carteira de Trabalho e Previdência Social emitida, os devolverão ao interessado.

▶ § 3º revogado tacitamente pelo art. 15 da Lei nº 2.800, de 18-6-1956, que cria os Conselhos Federal e Regionais de Química e dispõe sobre o exercício da profissão de químico.

Art. 327. Além dos emolumentos fixados no Capítulo "Da Identificação Profissional", o registro do diploma fica sujeito à taxa de CR$ 30,00 (trinta cruzeiros).

▶ Artigo revogado tacitamente pelo art. 26 da Lei nº 2.800, de 18-6-1956, que cria os Conselhos Federal e Regionais de Química e dispõe sobre o exercício da profissão de químico.

Art. 328. Só poderão ser admitidos a registro os diplomas, certificados de diplomas, cartas e outros títulos, bem como atestados e certificados que estiverem na devida forma e cujas firmas hajam sido regularmente reconhecidas por tabelião público e, sendo estrangeiros, pela Secretaria do Estado das Relações Exteriores, acompanhados estes últimos da respectiva tradução, feita por intérprete comercial brasileiro.

Parágrafo único. O Departamento Nacional do Trabalho e as Delegacias Regionais do Ministério do Trabalho, Indústria e Comércio, nos Estados, publicarão, periodicamente, a lista dos químicos registrados na forma desta Seção.

▶ Parágrafo único revogado tacitamente pelo art. 8º, *e*, c/c o art. 13, *d*, da Lei nº 2.800, de 18-6-1956, que cria os Conselhos Federal e Regionais de Química e dispõe sobre o exercício da profissão de químico.

Art. 329. A cada inscrito, e como documento comprobatório do registro, será fornecida pelo Departamento Nacional do Trabalho, no Distrito Federal, ou pelas Delegacias Regionais, nos Estados e no Território do Acre, uma Carteira de Trabalho e Previdência Social numerada, que, além da fotografia, medindo 3 (três) por 4 (quatro) centímetros, tirada de frente, com a cabeça descoberta, e das impressões do polegar, conterá as declarações seguintes:

▶ Arts. 13 e 15 da Lei nº 2.800, de 18-6-1956, que dispõe sobre o exercício profissional dos químicos.

a) o nome por extenso;

b) a nacionalidade e, se estrangeiro, a circunstância de ser ou não naturalizado;

▶ Art. 12, § 2º, da CF.

▶ Lei nº 6.192, de 19-12-1974, veda qualquer distinção entre brasileiros natos e naturalizados.

c) a data e lugar do nascimento;

d) a denominação da escola em que houver feito o curso;

e) a data da expedição do diploma e o número do registro no Ministério do Trabalho, Indústria e Comércio;

f) a data da revalidação do diploma, se de instituto estrangeiro;

g) a especificação, inclusive data, de outro título ou títulos de habilitação;

h) a assinatura do inscrito.

Parágrafo único. A carteira destinada aos profissionais a que se refere o § 1º do art. 325 deverá, em vez das declarações indicadas nas alíneas *d*, *e* e *f* deste artigo, e além do título – licenciado – posto em destaque, conter a menção do título de nomeação ou admissão e respectiva data, se funcionário público, ou do atestado relativo ao exercício, na qualidade de químico, de um cargo em empresa particular, com designação desta e da data inicial do exercício.

▶ Art. 329 tacitamente revogado pelos arts. 13 e 15 da Lei nº 2.800, de 18-6-1956, que cria os Conselhos Federal e Regionais de Química e dispõe sobre o exercício da profissão de químico.

Art. 330. A carteira profissional, expedida nos termos desta seção, é obrigatória para o exercício da profissão, substitui em todos os casos o diploma ou título e servirá de carteira de identidade.

▶ Artigo com a redação dada pelo Dec.-lei nº 5.922, de 25-10-1943.

Art. 331. Nenhuma autoridade poderá receber impostos relativos ao exercício profissional de químico, senão à vista da prova de que o interessado se acha registrado de acordo com a presente Seção, e essa prova será também exigida para a realização de concursos periciais e todos os outros atos oficiais que exijam capacidade técnica de químico.

Art. 332. Quem, mediante anúncios, placas, cartões comerciais ou outros meios capazes de ser identificados, se propuser ao exercício da química, em qualquer dos seus ramos, sem que esteja devidamente registrado, fica sujeito às penalidades aplicáveis ao exercício ilegal da profissão.

Art. 333. Os profissionais a que se referem os dispositivos anteriores só poderão exercer legalmente as funções de químicos depois de satisfazerem as obrigações constantes do art. 330 desta Seção.

Art. 334. O exercício da profissão de químico compreende:

a) a fabricação de produtos e subprodutos químicos em seus diversos graus de pureza;

b) a análise química, a elaboração de pareceres, atestados e projetos da especialidade e sua execução, perícia civil ou judiciária sobre essa matéria, a direção e a responsabilidade de laboratórios ou departamentos químicos, de indústria e empresas comerciais;

c) o magistério nas cadeiras de química dos cursos superiores especializados em química;

d) a engenharia química.

§ 1º Aos químicos, químicos industriais e químicos industriais agrícolas que estejam nas condições estabelecidas no artigo 325, alíneas *a* e *b*, compete o exercício das atividades definidas nos itens *a*, *b* e *c* deste artigo, sendo privativa dos engenheiros químicos a do item *d*.

§ 2º Aos que estiverem nas condições do artigo 325, alíneas *a* e *b*, compete, como aos diplomados em medicina ou farmácia, as atividades definidas no artigo 2º, alíneas *d*, *e* e *f* do Decreto nº 20.377, de 8 de setembro de 1931, cabendo aos agrônomos e engenheiros agrônomos as que se acham especificadas no artigo 6º, alínea *h*, do Decreto nº 23.196, de 12 de outubro de 1933.

Art. 335. É obrigatória a admissão de químicos nos seguintes tipos de indústria:

a) de fabricação de produtos químicos;

b) que mantenham laboratório de controle químico;

c) de fabricação de produtos industriais que são obtidos por meio de reações químicas dirigidas, tais como: cimento, açúcar e álcool, vidro, curtume, massas plásticas artificiais, explosivos, derivados de carvão ou de petróleo, refinação de óleos vegetais ou minerais, sabão, celulose e derivados.

Art. 336. No preenchimento de cargos públicos, para os quais se faz mister a qualidade de químico, ressalvadas as especificações referidas no § 2º do artigo 334, a partir da data da publicação do Decreto nº 24.693, de 12 de julho de 1934, requer-se, como condição essencial, que os candidatos previamente hajam satisfeito as exigências do artigo 333 desta Seção.

Art. 337. Fazem fé pública os certificados de análises químicas, pareceres, atestados, laudos de perícias e projetos relativos a essa especialidade, assinados por profissionais que satisfaçam as condições estabelecidas nas alíneas *a* e *b* do artigo 325.

▸ Res. do Conselho Federal de Química – CFQ nº 195, de 14-4-2004, regulamenta em caráter de exclusividade este artigo.

Art. 338. É facultado aos químicos que satisfizerem as condições constantes do artigo 325, alíneas *a* e *b*, o ensino da especialidade a que se dedicarem, nas escolas superiores, oficiais ou oficializadas.

Parágrafo único. Na hipótese de concurso para o provimento de cargo ou emprego público, os químicos a que este artigo se refere terão preferência, em igualdade de condições.

Art. 339. O nome do químico responsável pela fabricação dos produtos de uma fábrica, usina ou laboratório deverá figurar nos respectivos rótulos, faturas e anúncios, compreendida entre estes últimos a legenda impressa em cartas e sobrecartas.

Art. 340. Somente os químicos habilitados, nos termos do artigo 325, alíneas *a* e *b*, poderão ser nomeados *ex officio* para os exames periciais de fábricas, laboratórios e usinas e de produtos aí fabricados.

Parágrafo único. Não se acham compreendidos no artigo anterior os produtos farmacêuticos e os laboratórios de produtos farmacêuticos.

Art. 341. Cabe aos químicos habilitados, conforme estabelece o artigo 325, alíneas *a* e *b*, a execução de todos os serviços que, não especificados no presente regulamento, exijam por sua natureza o conhecimento de química.

▸ Res. do Conselho Federal de Química – CFQ nº 195, de 14-4-2004, regulamenta em caráter de exclusividade este artigo.

Art. 342. A fiscalização do exercício da profissão de químico incumbe ao Departamento Nacional do Trabalho no Distrito Federal e às autoridades regionais do Ministério do Trabalho, Indústria e Comércio, nos Estados e Território do Acre.

▸ Artigo revogado tacitamente pela Lei nº 2.800, de 18-6-1956, que cria os Conselhos Federal e Regionais de Química e dispõe sobre o exercício da profissão de químico.

Art. 343. São atribuições dos órgãos de fiscalização:

a) examinar os documentos exigidos para o registro profissional de que trata o artigo 326 e seus §§ 1º e 2º e o artigo 327, proceder à respectiva inscrição e indeferir o pedido dos interessados que não satisfizerem as exigências desta Seção;

b) registrar as comunicações e contratos, a que aludem o artigo 350 e seus parágrafos, e dar as respectivas baixas;

c) verificar o exato cumprimento das disposições desta Seção, realizando as investigações que forem necessárias, bem como o exame dos arquivos, livros de escrituração, folhas de pagamento, contratos e outros documentos de uso de firmas ou empresas industriais ou comerciais, em cujos serviços tome parte um ou mais profissionais que desempenhem função para a qual se deva exigir a qualidade de químico.

▸ Matéria de competência dos Conselhos Regionais de Química, nos termos do disposto nos arts. 1º, 13 e 15 da Lei nº 2.800, de 18-6-1956, que dispõe sobre o exercício profissional dos químicos.

Art. 344. Aos sindicatos de químicos devidamente reconhecidos é facultado auxiliar a fiscalização, no tocante à observação da alínea *c* do artigo anterior.

Art. 345. Verificando-se, pelo Ministério do Trabalho, Indústria e Comércio, serem falsos os diplomas ou outros títulos dessa natureza, atestados, certificados e quaisquer documentos exibidos para os fins de que trata esta Seção, incorrerão os seus autores e cúmplices nas penalidades estabelecidas em lei.

Parágrafo único. A falsificação de diploma ou outros quaisquer títulos, uma vez verificada, será imediatamente comunicada ao Serviço de Identificação Profissional, do Departamento Nacional do Trabalho, remetendo-se-lhe os documentos falsificados, para instauração do processo que no caso couber.

▸ Arts. 13 e 15 da Lei nº 2.800, de 18-6-1956, que dispõe sobre o exercício profissional dos químicos.

Art. 346. Será suspenso do exercício de suas funções, independentemente de outras penas em que possa incorrer, o químico, inclusive o licenciado, que incidir em alguma das seguintes faltas:

▸ Art. 346 atualizado pela Lei nº 2.800, de 18-6-1956, que dispõe sobre o exercício profissional dos químicos.

▸ Res. Norm. do Conselho Federal de Química nº 241, de 15-12-2011, regulamenta este artigo.

a) revelar improbidade profissional, dar falso testemunho, quebrar o sigilo profissional e promover falsificações referentes à prática de atos de que trata esta Seção;

b) concorrer com seus conhecimentos científicos para a prática de crime ou atentado contra a pátria, a ordem social ou a saúde pública;

c) deixar, no prazo marcado nesta Seção, de requerer a revalidação e registro do diploma estrangeiro, ou o seu registro profissional no Ministério do Trabalho, Indústria e Comércio.

Parágrafo único. O tempo de suspensão a que alude este artigo variará entre um mês e um ano, a critério do Departamento Nacional do Trabalho, após processo regular, ressalvada a ação da justiça pública.

▸ Lei nº 2.800, de 18-6-1956, dispõe sobre o exercício profissional dos químicos.

Art. 347. Aqueles que exercerem a profissão de químico sem ter preenchido as condições do art. 325 e suas alíneas, nem promovido o seu registro, nos termos do art. 326, incorrerão na multa de 2/5 (dois quintos) do salário mínimo a 10 (dez) salários mínimos regionais, que será elevada ao dobro, no caso de reincidência.

▸ Art. 7º, IV, da CF.

▸ Lei nº 6.205, de 29-4-1975, c/c a Lei nº 6.986, de 13-4-1982, elevou as multas por infração aos preceitos da CLT em dez vezes o seu valor.

▸ Lei nº 7.855, de 24-10-1989, dispõe sobre a atualização dos valores das multas.

▸ Port. do MTPrev nº 667, de 8-11-2021, regulamenta a imposição de multas administrativas previstas na legislação trabalhista.

Art. 348. Aos licenciados a que alude o § 1º do artigo 325 poderão, por ato do Departamento Nacional do Trabalho, sujeito à aprovação do Ministro, ser cassadas as garantias asseguradas por esta Seção, desde que interrompam, por motivo de falta prevista no artigo 346, a função pública ou particular em que se encontravam por ocasião da publicação do Decreto nº 24.693, de 12 de julho de 1934.

▸ Lei nº 2.800, de 18-6-1956, que dispõe sobre o exercício profissional dos químicos.

Art. 349. O número de químicos estrangeiros a serviço de particulares, empresas ou companhias não poderá exceder de um terço aos dos profissionais brasileiros compreendidos nos respectivos quadros.

▸ Arts. 352 a 358 desta Consolidação.

Art. 350. O químico que assumir a direção técnica ou cargo de químico de qualquer usina, fábrica, ou laboratório industrial ou de análise deverá, dentro de vinte e quatro horas e por escrito, comunicar essa ocorrência ao órgão fiscalizador, contraindo, desde essa data, a responsabilidade da parte técnica referente à sua profissão, assim como a responsabilidade técnica dos produtos manufaturados.

§ 1º Firmando-se contrato entre o químico e o proprietário da usina, fábrica ou laboratório, será esse documento apresentado, dentro do prazo de trinta dias, para registro, ao órgão fiscalizador.

§ 2º Comunicação idêntica à de que trata a primeira parte deste artigo fará o químico quando deixar a direção técnica ou o cargo de químico, em cujo exercício se encontrava, a fim de ressalvar a sua responsabilidade e fazer-se o cancelamento do contrato. Em caso de falência do estabelecimento, a comunicação será feita pela firma proprietária.

Seção XIV
DAS PENALIDADES

Art. 351. Os infratores dos dispositivos do presente Capítulo incorrerão na multa de três a trezentos valores de referência, segundo a natureza da infração, sua extensão e a intenção de quem a praticou, aplicada em dobro no caso de reincidência, oposição à fiscalização ou desacato à autoridade.

▸ *Caput* com a redação dada pela Lei nº 6.205, de 29-4-1975, c/c a Lei nº 6.986, de 13-4-1982.

▸ Lei nº 6.205, de 29-4-1975, c/c a Lei nº 6.986, de 13-4-1982, elevou as multas por infração aos preceitos da CLT em dez vezes o seu valor.

▸ Port. do MTPrev nº 667, de 8-11-2021, regulamenta a imposição de multas administrativas previstas na legislação trabalhista.

Parágrafo único. São competentes para impor penalidades as autoridades de primeira instância incumbidas da fiscalização dos preceitos constantes do presente Capítulo.

▸ Port. do MTPrev nº 667, de 8-11-2021, regulamenta a imposição de multas administrativas previstas na legislação trabalhista.

CAPÍTULO II
DA NACIONALIZAÇÃO DO TRABALHO

Seção I
DA PROPORCIONALIDADE DE EMPREGADOS BRASILEIROS

▸ Art. 12, § 2º, da CF.

▸ Lei nº 6.192, de 19-12-1974, veda qualquer distinção entre brasileiros natos e naturalizados.

▸ Dec. nº 10.088, de 5-11-2019, consolida atos normativos editados pelo Poder Executivo Federal que dispõem sobre a promulgação de convenções e recomendações da Organização Internacional do Trabalho – OIT ratificadas pela República Federativa do Brasil.

Art. 352. As empresas, individuais ou coletivas, que explorem serviços públicos dados em concessão, ou que exerçam atividades industriais ou comerciais, são obrigadas a manter, no quadro do seu pessoal, quando composto de três ou mais empregados, uma proporção de brasileiros não inferior à estabelecida no presente Capítulo.

▸ Arts. 12 e 175 da CF.

§ 1º Sob a denominação geral de atividades industriais e comerciais compreendem-se, além de outras que venham a ser determinadas em portaria do Ministro do Trabalho, Indústria e Comércio, as exercidas:

a) nos estabelecimentos industriais em geral;
b) nos serviços de comunicações, de transportes terrestres, marítimos, fluviais, lacustres e aéreos;
c) nas garagens, oficinas de reparos e postos de abastecimento de automóveis e nas cocheiras;
d) na indústria da pesca;
e) nos estabelecimentos comerciais em geral;
f) nos escritórios comerciais em geral;
g) nos estabelecimentos bancários, ou de economia coletiva, nas empresas de seguros e nas de capitalização;
h) nos estabelecimentos jornalísticos, de publicidade e de radiodifusão;
i) nos estabelecimentos de ensino remunerado, excluídos os que neles trabalhem por força de voto religioso;
j) nas drogarias e farmácias;
k) nos salões de barbeiro ou cabeleireiro e de beleza;
l) nos estabelecimentos de diversões públicas, excluídos os elencos teatrais, e nos clubes esportivos;
m) nos hotéis, restaurantes, bares e estabelecimentos congêneres;
n) nos estabelecimentos hospitalares e fisioterápicos cujos serviços sejam remunerados, excluídos os que neles trabalhem por força de voto religioso;
o) nas empresas de mineração;
p) nas autarquias, empresas públicas, sociedades de economia mista e demais órgãos da Administração Pública, direta ou indireta, que tenham em seus quadros de pessoal empregados regidos pela CLT.

§ 2º Não se acham sujeitas às obrigações da proporcionalidade as indústrias rurais, as que, em zona agrícola, se destinem ao beneficiamento ou transformação de produtos da região e as atividades industriais de natureza extrativa, salvo a mineração.

▸ Art. 12, § 1º, da CF.
▸ Lei nº 5.889, de 8-6-1973 (Lei do Trabalho Rural).

Art. 353. Equiparam-se aos brasileiros, para os fins deste Capítulo, ressalvado o exercício de profissões reservadas aos brasileiros natos ou aos brasileiros em geral, os estrangeiros que, residindo no País há mais de dez anos, tenham cônjuge ou filho brasileiro, e os portugueses.

▸ Artigo com a redação dada pela Lei nº 6.651, de 23-5-1979.
▸ Art. 12, § 3º, da CF.
▸ Lei nº 13.445, de 24-5-2017 (Lei da Migração).
▸ Nos termos da Lei nº 6.192, de 19-12-1974, a condição de brasileiro nato exigida em leis e decretos foi modificada para a de brasileiro.

Art. 354. A proporcionalidade será de dois terços de empregados brasileiros, podendo, entretanto, ser fixada proporcionalidade inferior, em atenção às circunstâncias especiais de cada atividade, mediante ato do Poder Executivo, e depois de devidamente apurada pelo Departamento Nacional do Trabalho e pelo Serviço de Estatística de Previdência e Trabalho a insuficiência do número de brasileiros na atividade de que se tratar.

▸ Art. 12, § 2º, da CF.
▸ Lei nº 6.192, de 19-12-1974, veda qualquer distinção entre brasileiros natos e naturalizados.

Parágrafo único. A proporcionalidade é obrigatória não só em relação à totalidade do quadro de empregados, com as exceções desta Lei, como ainda em relação à correspondente folha de salários.

Art. 355. Consideram-se como estabelecimentos autônomos, para os efeitos da proporcionalidade a ser observada, as sucursais, filiais e agências em que trabalhem três ou mais empregados.

Art. 356. Sempre que uma empresa ou indivíduo explore atividades sujeitas a proporcionalidades diferentes, observar-se-á, em relação a cada uma delas, a que lhe corresponder.

Art. 357. Não se compreendem na proporcionalidade os empregados que exerçam funções técnicas especializadas, desde que, a juízo do Ministério do Trabalho, Indústria e Comércio, haja falta de trabalhadores nacionais.

Art. 358. Nenhuma empresa, ainda que não sujeita à proporcionalidade, poderá pagar a brasileiro que exerça função análoga, a juízo do Ministério do Trabalho, Indústria e Comércio, à que é exercida por estrangeiro a seu serviço, salário inferior ao deste, excetuando-se os casos seguintes:

a) quando, nos estabelecimentos que não tenham quadros de empregados organizados em carreira, o brasileiro contar menos de dois anos de serviço, e o estrangeiro mais de dois anos;
b) quando, mediante aprovação do Ministério do Trabalho, Indústria e Comércio, houver quadro organizado em carreira em que seja garantido o acesso por antiguidade;
c) quando o brasileiro for aprendiz, ajudante ou servente, e não o for o estrangeiro;
d) quando a remuneração resultar de maior produção, para os que trabalham à comissão ou por tarefa.

Parágrafo único. Nos casos de falta ou cessação de serviço, a dispensa do empregado estrangeiro deve preceder à de brasileiro que exerça função análoga.

Seção II

DAS RELAÇÕES ANUAIS DE EMPREGADOS

Art. 359. Nenhuma empresa poderá admitir a seu serviço empregado estrangeiro sem que este exiba a carteira de identidade de estrangeiro devidamente anotada.

Parágrafo único. A empresa é obrigada a assentar no registro de empregados os dados referentes à nacionalidade de qualquer empregado estrangeiro e o número da respectiva carteira de identidade.

Art. 360. Toda empresa compreendida na enumeração do art. 352, § 1º, deste Capítulo, qualquer que seja o número de seus empregados, deve apresentar anualmente às repartições competentes do Ministério do Trabalho, Indústria e Comércio, de 2 de maio a 30 de junho, uma relação, em três vias, de todos os seus empregados, segundo o modelo que for expedido.

▸ *Caput* com a redação retificada pelo Dec.-lei nº 6.353, de 20-3-1944.

§ 1º As relações terão, na primeira via, o selo de três cruzeiros pela folha inicial e dois cruzeiros por folha excedente, além do selo do Fundo de Educação, e nelas será assinalada, em tinta vermelha, a modificação havida com referência à última relação apresentada. Se se tratar de nova empresa, a relação, encimada pelos dizeres – Primeira Relação – deverá ser feita dentro de 30 (trinta) dias de seu registro no Departamento Nacional da Indústria e Comércio ou repartições competentes.

§ 2º A entrega das relações far-se-á diretamente às repartições competentes do Ministério do Trabalho, Indústria e Comércio, ou, onde não as houver, às Coletorias Federais, que as remeterão desde logo àquelas repartições. A entrega operar-se-á contra recibo especial, cuja exibição é obrigatória, em caso de fiscalização, enquanto não for devolvida ao empregador a via autenticada da declaração.

§ 3º Quando não houver empregado far-se-á declaração negativa.

Art. 361. Apurando-se, das relações apresentadas, qualquer infração, será concedido ao infrator o prazo de 10 (dez) dias para defesa, seguindo-se o despacho pela autoridade competente.

Art. 362. As repartições às quais competir a fiscalização do disposto no presente Capítulo manterão fichário especial de empresas, do qual constem as anotações referentes ao respectivo cumprimento, e fornecerão aos interessados as certidões de quitação que se tornarem necessárias, no prazo de trinta dias, contados da data do pedido.

▸ *Caput* com a redação dada pelo Dec.-lei nº 229, de 28-2-1967.

§ 1º As certidões de quitação farão prova até 30 de setembro do ano seguinte àquele a que se referirem e estarão sujeitas à taxa correspondente a um décimo do valor de referência regional. Sem elas nenhum fornecimento ou contrato poderá ser feito com o Governo da União, dos Estados ou Municípios, ou com as instituições paraestatais a eles subordinadas, nem será renovada autorização à empresa estrangeira para funcionar no País.

▸ A Taxa referida neste parágrafo foi extinta pela Lei nº 8.522, de 11-12-1992.
▸ Art. 4º, I, da Lei nº 13.999, de 18-5-2020, que institui o Programa Nacional de Apoio às Microempresas e Empresas de Pequeno Porte (PRONAMPE), para o desenvolvimento e fortalecimento dos pequenos negócios.

§ 2º A primeira via da relação, depois de considerada pela repartição fiscalizadora, será remetida anualmente ao Departamento Nacional de Mão de Obra (DNMO), como subsídio ao estudo das condições de mercado de trabalho, de um modo geral, e, em particular, no que se refere à mão de obra qualificada.

§ 3º A segunda via da relação será remetida pela repartição competente ao Serviço de

Estatística da Previdência e Trabalho e a terceira via devolvida à empresa, devidamente autenticada.

- §§ 1º a 3º com a redação dada pelo Dec.-lei nº 229, de 28-2-1967.
- Arts. 163 a 165 do Dec. nº 10.854, de 10-11-2021, que regulamenta disposições relativas à legislação trabalhista.

§ 4º O disposto no § 1º deste artigo não se aplica às contratações de operações de crédito realizadas com instituições financeiras criadas por lei própria ou autorizadas a funcionar pelo Banco Central do Brasil.

- § 4º acrescido pela Lei nº 14.690, de 3-10-2023.

Seção III

DAS PENALIDADES

Art. 363. O processo das infrações do presente Capítulo obedecerá ao disposto no título "*Do Processo de Multas Administrativas*", no que lhe for aplicável, com observância dos modelos de auto a serem expedidos.

- Arts. 626 a 638 desta Consolidação.

Art. 364. As infrações do presente Capítulo serão punidas com a multa de seis a seiscentos valores de referência regionais.

- Lei nº 6.205, de 29-4-1975, c/c a Lei nº 6.986, de 13-4-1982, elevou as multas por infração aos preceitos da CLT em dez vezes o seu valor.
- Port. do MTPrev nº 667, de 8-11-2021, regulamenta a imposição de multas administrativas previstas na legislação trabalhista.

Parágrafo único. Em se tratando de empresa concessionária de serviço público, ou de sociedade estrangeira autorizada a funcionar no País, se a infratora, depois de multada, não atender afinal ao cumprimento do texto infringido, poderá ser-lhe cassada a concessão ou autorização.

Seção IV

DISPOSIÇÕES GERAIS

Art. 365. O presente Capítulo não derroga as restrições vigentes quanto às exigências de nacionalidade brasileira para o exercício de determinadas profissões nem as que vigoram para as faixas de fronteiras, na conformidade da respectiva legislação.

Art. 366. Enquanto não for expedida a carteira a que se refere o artigo 359 deste Capítulo, valerá, a título precatório, como documento hábil, uma certidão, passada pelo serviço competente do Registro de Estrangeiros, provando que o empregado requereu sua permanência no País.

Art. 367. A redução a que se refere o artigo 354, enquanto o Serviço de Estatística da Previdência e Trabalho não dispuser dos dados estatísticos necessários à fixação da proporcionalidade conveniente para cada atividade, poderá ser feita por ato do Ministro do Trabalho, Indústria e Comércio mediante representação fundamentada da associação sindical.

Parágrafo único. O Serviço de Estatística da Previdência e Trabalho deverá promover, e manter em dia, estudos necessários aos fins do presente Capítulo.

Seção V

DAS DISPOSIÇÕES ESPECIAIS SOBRE A NACIONALIZAÇÃO DA MARINHA MERCANTE

Art. 368. O comando de navio mercante nacional só poderá ser exercido por brasileiro nato.

- Art. 12, § 2º, da CF.
- Lei nº 6.192, de 19-12-1974, veda qualquer distinção entre brasileiros natos e naturalizados.

Art. 369. A tripulação de navio ou embarcação nacional será constituída, pelo menos, de dois terços de brasileiros natos.

- Art. 12, § 2º, da CF, que proíbe o estabelecimento de distinções entre brasileiros natos e naturalizados que não estejam no próprio texto constitucional.
- Lei nº 6.192, de 19-12-1974, veda qualquer distinção entre brasileiros natos e naturalizados.

Parágrafo único. O disposto neste artigo não se aplica aos navios nacionais de pesca, sujeitos a legislação específica.

- Art. 369 com a redação dada pela Lei nº 5.683, de 21-7-1971.
- Lei nº 10.233, de 5-6-2001, sobre a reestruturação dos transportes aquaviário e terrestre, cria o Conselho Nacional de Integração de Políticas de Transporte, a Agência Nacional de Transportes Terrestres, a Agência Nacional de Transportes Aquaviários e o Departamento Nacional de Infraestrutura de Transportes.

Art. 370. As empresas de navegação organizarão as relações dos tripulantes das respectivas embarcações, enviando-as no prazo a que se refere a Seção II deste Capítulo à Delegacia do Trabalho Marítimo onde as mesmas tiverem sede.

- Art. 1º, III, *d*, que extinguiu o Conselho Superior do Trabalho Marítimo – CSTM e suas respectivas Delegacias.

Parágrafo único. As relações a que alude o presente artigo obedecerão, na discriminação hierárquica e funcional do pessoal embarcadiço, ao quadro aprovado pelo regulamento das Capitanias dos Portos.

Art. 371. A presente Seção é também aplicável aos serviços de navegação fluvial e lacustre e à praticagem nas barras, portos, rios, lagos e canais.

CAPÍTULO III

DA PROTEÇÃO DO TRABALHO DA MULHER

- Lei nº 12.227, de 12-4-2010, cria o Relatório Anual Socioeconômico da Mulher.

Seção I

DA DURAÇÃO, CONDIÇÕES DO TRABALHO E DA DISCRIMINAÇÃO CONTRA A MULHER

- Denominação da Seção dada pela Lei nº 9.799, de 26-5-1999.

Art. 372. Os preceitos que regulam o trabalho masculino são aplicáveis ao trabalho feminino, naquilo em que não colidirem com a proteção especial instituída por este Capítulo.

- Lei nº 9.029, de 13-4-1995, proíbe a exigência de atestado de gravidez e esterilização, e outras práticas discriminatórias, para efeitos admissionais ou de permanência da relação jurídica de trabalho.
- Port. do MTE nº 1.246, de 28-5-2010, orienta as empresas e os trabalhadores em relação à testagem relacionada ao vírus da imunodeficiência adquirida – HIV.

Parágrafo único. *Revogado*. Lei nº 13.467, de 13-7-2017.

Art. 373. A duração normal de trabalho da mulher será de oito horas diárias, exceto nos casos para os quais for fixada duração inferior.

- Art. 7º, XIII, da CF.
- Arts. 3º e 9º da Lei nº 11.340, de 7-8-2006 (Lei que Coíbe a Violência Doméstica e Familiar Contra a Mulher).
- Súm. nº 85 do TST.

Art. 373-A. Ressalvadas as disposições legais destinadas a corrigir as distorções que afetam o acesso da mulher ao mercado de trabalho e certas especificidades estabelecidas nos acordos trabalhistas, é vedado:

I – publicar ou fazer publicar anúncio de emprego no qual haja referência ao sexo, à idade, à cor ou situação familiar, salvo quando a natureza da atividade a ser exercida, pública e notoriamente, assim o exigir;

II – recusar emprego, promoção ou motivar a dispensa do trabalho em razão de sexo, idade, cor, situação familiar ou estado de gravidez, salvo quando a natureza da atividade seja notória e publicamente incompatível;

III – considerar o sexo, a idade, a cor ou situação familiar como variável determinante para fins de remuneração, formação profissional e oportunidades de ascensão profissional;

- Dec. nº 10.088, de 5-11-2019, consolida atos normativos editados pelo Poder Executivo Federal que dispõem sobre a promulgação de convenções e recomendações da Organização Internacional do Trabalho – OIT ratificadas pela República Federativa do Brasil.

IV – exigir atestado ou exame, de qualquer natureza, para comprovação de esterilidade ou gravidez, na admissão ou permanência no emprego;

V – impedir o acesso ou adotar critérios subjetivos para deferimento de inscrição ou aprovação em concursos, em empresas privadas, em razão de sexo, idade, cor, situação familiar ou estado de gravidez;

VI – proceder o empregador ou preposto a revistas íntimas nas empregadas ou funcionárias.

- Lei nº 13.271, de 15-4-2016, dispõe sobre a proibição de revista íntima de funcionárias nos locais de trabalho.

Parágrafo único. O disposto neste artigo não obsta a adoção de medidas temporárias que visem ao estabelecimento das políticas de igualdade entre homens e mulheres, em particular as que se destinam a corrigir as distorções que afetam a formação profissional, o acesso ao emprego e as condições gerais de trabalho da mulher.

- Artigo acrescido pela Lei nº 9.799, de 26-5-1999.
- Art. 7º, XIII, da CF.
- Dec. nº 10.088, de 5-11-2019, consolida atos normativos editados pelo Poder Executivo Federal que dispõem sobre a promulgação de convenções e recomendações da Organização Internacional do Trabalho – OIT ratificadas pela República Federativa do Brasil.

Arts. 374 e 375. *Revogados*. Lei nº 7.855, de 24-10-1989.

Art. 376. *Revogado*. Lei nº 10.244, de 27-6-2001.

Art. 377. A adoção de medidas de proteção ao trabalho das mulheres é considerada de ordem pública, não justificando, em hipótese alguma, a redução de salário.

- Art. 7º, VI e XX, da CF.
- Art. 5º desta Consolidação.

Art. 378. *Revogado*. Lei nº 7.855, de 24-10-1989.

Seção II

DO TRABALHO NOTURNO

Arts. 379 e 380. *Revogados*. Lei nº 7.855, de 24-10-1989.

Art. 381. O trabalho noturno das mulheres terá salário superior ao diurno.

▶ Súmulas nºs 60 e 265 do TST.

§ 1º Para os fins desse artigo, os salários serão acrescidos duma percentagem adicional de vinte por cento no mínimo.

§ 2º Cada hora do período noturno de trabalho das mulheres terá cinquenta e dois minutos e trinta segundos.

▶ Art. 73 desta Consolidação.

Seção III

DOS PERÍODOS DE DESCANSO

Art. 382. Entre duas jornadas de trabalho, haverá um intervalo de onze horas consecutivas, no mínimo, destinado ao repouso.

▶ Art. 66 desta Consolidação.

Art. 383. Durante a jornada de trabalho, será concedido à empregada um período para refeição e repouso não inferior a uma hora nem superior a duas horas, salvo a hipótese prevista no artigo 71, § 3º.

Art. 384. *Revogado*. Lei nº 13.467, de 13-7-2017.

Art. 385. O descanso semanal será de 24 (vinte e quatro) horas consecutivas e coincidirá no todo ou em parte com o domingo, salvo motivo de conveniência pública ou necessidade imperiosa de serviço, a juízo da autoridade competente, na forma das disposições gerais, caso em que recairá em outro dia.

▶ Lei nº 605, de 5-1-1949 (Lei do Repouso Semanal Remunerado).

▶ Arts. 151 a 162 do Dec. nº 10.854, de 10-11-2021, que regulamenta disposições relativas à legislação trabalhista.

Parágrafo único. Observar-se-ão, igualmente, os preceitos da legislação geral sobre a proibição de trabalho nos feriados civis e religiosos.

Art. 386. Havendo trabalho aos domingos, será organizada uma escala de revezamento quinzenal, que favoreça o repouso dominical.

▶ Lei nº 605, de 5-1-1949 (Lei do Repouso Semanal Remunerado).

▶ Arts. 151 a 162 do Dec. nº 10.854, de 10-11-2021, que regulamenta disposições relativas à legislação trabalhista.

Seção IV

DOS MÉTODOS E LOCAIS DE TRABALHO

Art. 387. *Revogado*. Lei nº 7.855, de 24-10-1989.

Art. 388. Em virtude de exame e parecer da autoridade competente, o Ministro do Trabalho, Indústria e Comércio poderá estabelecer derrogações totais ou parciais às proibições a que alude o artigo anterior, quando tiver desaparecido, nos serviços considerados perigosos ou insalubres, todo e qualquer caráter perigoso ou prejudicial mediante a aplicação de novos métodos de trabalho ou pelo emprego de medidas de ordem preventiva.

▶ Artigo prejudicado face da revogação do artigo anterior.

Art. 389. Toda empresa é obrigada:

I – a prover os estabelecimentos de medidas concernentes à higienização dos métodos e locais de trabalho, tais como ventilação e iluminação e outros que se fizerem necessários à segurança e ao conforto das mulheres, a critério da autoridade competente;

II – a instalar bebedouros, lavatórios, aparelhos sanitários; dispor de cadeiras ou bancos, em número suficiente, que permitam às mulheres trabalhar sem grande esgotamento físico;

III – a instalar vestiários com armários individuais privativos das mulheres, exceto os estabelecimentos comerciais, escritórios, bancos e atividades afins, em que não seja exigida a troca de roupa, e outros, a critério da autoridade competente em matéria de segurança e higiene do trabalho, admitindo-se como suficientes as gavetas ou escaninhos, onde possam as empregadas guardar seus pertences;

IV – a fornecer, gratuitamente, a juízo da autoridade competente, os recursos de proteção individual, tais como óculos, máscaras, luvas e roupas especiais, para a defesa dos olhos, do aparelho respiratório e da pele, de acordo com a natureza do trabalho.

§ 1º Os estabelecimentos em que trabalharem pelo menos trinta mulheres com mais de dezesseis anos de idade terão local apropriado onde seja permitido às empregadas guardar sob vigilância e assistência os seus filhos no período da amamentação.

▶ Art. 7º, XXV, da CF.

§ 2º A exigência do § 1º poderá ser suprida por meio de creches distritais mantidas, diretamente ou mediante convênios, com outras entidades públicas ou privadas, pelas próprias empresas, em regime comunitário, ou a cargo do SESI, do SESC, da LBA ou de entidades sindicais.

▶ Art. 389 com a redação dada pelo Dec.-lei nº 229, de 28-2-1967.

Art. 390. Ao empregador é vedado empregar a mulher em serviço que demande o emprego de força muscular superior a vinte quilos para o trabalho contínuo, ou vinte e cinco quilos para o trabalho ocasional.

Parágrafo único. Não está compreendida na determinação deste artigo a remoção de material feita por impulsão ou tração de vagonetes sobre trilhos, de carros de mão ou quaisquer aparelhos mecânicos.

Art. 390-A. VETADO.

Art. 390-B. As vagas dos cursos de formação de mão de obra, ministrados por instituições governamentais, pelos próprios empregadores ou por qualquer órgão de ensino profissionalizante, serão oferecidas aos empregados de ambos os sexos.

Art. 390-C. As empresas com mais de cem empregados, de ambos os sexos, deverão manter programas especiais de incentivos e aperfeiçoamento profissional da mão de obra.

Art. 390-D. VETADO.

Art. 390-E. A pessoa jurídica poderá associar-se a entidade de formação profissional, sociedades civis, sociedades cooperativas, órgãos e entidades públicas ou entidades sindicais, bem como firmar convênios para o desenvolvimento de ações conjuntas, visando à execução de projetos relativos ao incentivo ao trabalho da mulher.

▶ Arts. 390-A a 390-E acrescidos pela Lei nº 9.799, de 26-5-1999.

Seção V

DA PROTEÇÃO À MATERNIDADE

▶ Dec. nº 10.088, de 5-11-2019, consolida atos normativos editados pelo Poder Executivo Federal que dispõem sobre a promulgação de convenções e recomendações da Organização Internacional do Trabalho – OIT ratificadas pela República Federativa do Brasil.

Art. 391. Não constitui justo motivo para a rescisão do contrato de trabalho da mulher o fato de haver contraído matrimônio ou de encontrar-se em estado de gravidez.

Parágrafo único. Não serão permitidos em regulamentos de qualquer natureza contratos coletivos ou individuais de trabalho, restrições ao direito da mulher ao seu emprego, por motivo de casamento ou de gravidez.

▶ Art. 7º, XXV e XXX, da CF.

▶ Lei nº 5.473, de 9-6-1968, proíbe a discriminação de sexo na admissão a emprego sujeito a seleção.

▶ OJ da SDC nº 30 do TST.

Art. 391-A. A confirmação do estado de gravidez advindo no curso do contrato de trabalho, ainda que durante o prazo do aviso prévio trabalhado ou indenizado, garante à empregada gestante a estabilidade provisória prevista na alínea *b* do inciso II do art. 10 do Ato das Disposições Constitucionais Transitórias.

▶ *Caput* acrescido pela Lei nº 12.812, de 16-5-2013.

Parágrafo único. O disposto no caput deste artigo aplica-se ao empregado adotante ao qual tenha sido concedida guarda provisória para fins de adoção.

▶ Parágrafo único acrescido pela Lei nº 13.509, de 22-11-2017.

Art. 392. A empregada gestante tem direito à licença-maternidade de 120 (cento e vinte) dias, sem prejuízo do emprego e do salário.

▶ *Caput* com a redação dada pela Lei nº 10.421, de 15-4-2002.

▶ Art. 7º, XVII a XIX, da CF.

▶ Art. 10, § 1º, do ADCT.

▶ Art. 313, IX, X, §§ 6º e 7º, do CPC/2015.

▶ Art. 7º-A da Lei nº 8.906, de 4-7-1994 (Estatuto da Advocacia e da OAB).

▶ Lei nº 11.770, de 9-9-2008 (Lei do Programa Empresa Cidadã).

▶ Art. 18, § 3º, da Lei nº 13.301, 27-6-2016, que estende o prazo da licença-maternidade previsto neste artigo para 180 (cento e oitenta dias) no caso das mães de crianças acometidas por sequelas neurológicas decorrentes de doenças transmitidas pelo *Aedes aegypti*, assegurado, nesse período, o recebimento de salário-maternidade previsto no art. 71 da Lei nº 8.213, de 24 de julho de 1991.

▶ Arts. 137 a 142 do Dec. nº 10.854, de 10-11-2021, que regulamenta disposições relativas à legislação trabalhista

▶ Súm. nº 244 do TST.

▶ OJ da SDC nº 30 do TST.

▶ Orientações Jurisprudenciais da SBDI-I nºs 44 e 399 do TST.

§ 1º A empregada deve, mediante atestado médico, notificar o seu empregador da data do início do afastamento do emprego, que poderá ocorrer entre o 28º (vigésimo oitavo) dia antes do parto e ocorrência deste.

▶ O STF, por unanimidade, conheceu a ADI nº 6.327 como arguição de descumprimento de preceito fundamental e, ratificando a medida cautelar, julgou procedente o pedido formulado para conferir interpretação conforme à Constituição a este § 1º, "de modo a se considerar como termo inicial da licença-maternidade e do respectivo salário-maternidade a alta hospitalar do recém-nascido e/ou de sua mãe, o que ocorrer por último, prorrogando-se em todo o período o benefício, quando o período de internação exceder as duas semanas previstas no art. 392, § 2º, da CLT, e no art. 93, § 3º, do Dec. nº 3.048/1999" (*DOU* de 26-10-2022).

§ 2º Os períodos de repouso, antes e depois do parto, poderão ser aumentados de 2 (duas) semanas cada um, mediante atestado médico.

§ 3º Em caso de parto antecipado, a mulher terá direito aos 120 (cento e vinte) dias previstos neste artigo.

- §§ 1º a 3º com a redação dada pela Lei nº 10.421, de 15-4-2002.
- Art. 7º, VIII, da CF.

§ 4º É garantido à empregada, durante a gravidez, sem prejuízo do salário e demais direitos:

I – transferência de função, quando as condições de saúde o exigirem, assegurada a retomada da função anteriormente exercida, logo após o retorno ao trabalho;

II – dispensa do horário de trabalho pelo tempo necessário para a realização de, no mínimo, seis consultas médicas e demais exames complementares.

- § 4º com a redação dada pela Lei nº 9.799, de 26-5-1999.
- A alteração que seria introduzida no § 4º pela Lei nº 10.421, de 15-4-2002, foi vetada, razão pela qual mantivemos a sua redação.

§ 5º VETADO. Lei nº 10.421, de 15-4-2002.

§ 6º *A licença-maternidade de que trata o caput deste artigo será prorrogada por 60 (sessenta) dias em razão de nascimento ou de adoção de criança com deficiência permanente decorrente de síndrome congênita associada à infecção pelo vírus Zika.*

- § 6º acrescido pela Lei nº 15.156, de 1º-7-2025, promulgado nos termos do art. 66, § 5º, da CF (*DOU* de 2-7-2025).

Art. 392-A. À empregada que adotar ou obtiver guarda judicial para fins de adoção de criança ou adolescente será concedida licença-maternidade nos termos do art. 392 desta Lei.

- *Caput* com a redação dada pela Lei nº 13.509, de 22-11-2017.

§§ 1º a 3º *Revogados*. Lei nº 12.010, de 3-8-2009.

§ 4º A licença-maternidade só será concedida mediante apresentação do termo judicial de guarda à adotante ou guardiã.

- § 4º acrescido pela Lei nº 10.421, de 15-4-2002.

§ 5º A adoção ou guarda judicial conjunta ensejará a concessão de licença-maternidade a apenas um dos adotantes ou guardiães empregado ou empregada.

- § 5º acrescido pela Lei nº 12.873, de 24-10-2013.

Art. 392-B. Em caso de morte da genitora, é assegurado ao cônjuge ou companheiro empregado o gozo de licença por todo o período da licença-maternidade ou pelo tempo restante a que teria direito a mãe, exceto no caso de falecimento do filho ou de seu abandono.

- Artigo acrescido pela Lei nº 12.873, de 24-10-2013.

Art. 392-C. Aplica-se, no que couber, o disposto no art. 392-A e 392-B ao empregado que adotar ou obtiver guarda judicial para fins de adoção.

- Artigo acrescido pela Lei nº 12.873, de 24-10-2013.

Art. 393. Durante o período a que se refere o artigo 392, a mulher terá direito ao salário integral e, quando variável, calculado de acordo com a média dos seis últimos meses de trabalho, bem como aos direitos e vantagens adquiridos, sendo-lhe ainda facultado reverter à função, que anteriormente ocupava.

- Artigo com a redação dada pelo Dec.-lei nº 229, de 28-2-1967.
- Lei nº 6.136, de 7-11-1974, dispõe sobre o salário-maternidade.
- Art. 72 da Lei nº 8.213, de 24-7-1991 (Lei dos Planos de Benefícios da Previdência Social).
- Art. 93 do Regulamento da Previdência Social, aprovado pelo Dec. nº 3.048, de 6-5-1999.

Art. 394. Mediante atestado médico, à mulher grávida é facultado romper o compromisso resultante de qualquer contrato de trabalho, desde que este seja prejudicial à gestação.

Art. 394-A. Sem prejuízo de sua remuneração, nesta incluído o valor do adicional de insalubridade, a empregada deverá ser afastada de:

- *Caput* com a redação dada pela Lei nº 13.467, de 13-7-2017.

I – atividades consideradas insalubres em grau máximo, enquanto durar a gestação;

II – atividades consideradas insalubres em grau médio ou mínimo, quando apresentar atestado de saúde, emitido por médico de confiança da mulher, que recomende o afastamento durante a gestação;

- O STF, por maioria de votos, julgou procedente a ADI nº 5.938, para declarar a inconstitucionalidade da expressão "quando apresentar atestado de saúde, emitido por médico de confiança da mulher, que recomende o afastamento" (*DOU* de 4-6-2019).

III – atividades consideradas insalubres em qualquer grau, quando apresentar atestado de saúde, emitido por médico de confiança da mulher, que recomende o afastamento durante a lactação.

- Incisos I a III acrescidos pela Lei nº 13.467, de 13-7-2017.
- O STF, por maioria de votos, julgou procedente a ADI nº 5.938, para declarar a inconstitucionalidade da expressão "quando apresentar atestado de saúde, emitido por médico de confiança da mulher, que recomende o afastamento" (*DOU* de 4-6-2019).

§ 1º VETADO. Lei nº 13.287, de 10-5-2016.

- Parágrafo único renumerado para § 1º pela Lei nº 13.467, de 13-7-2017.

§ 2º Cabe à empresa pagar o adicional de insalubridade à gestante ou à lactante, efetivando-se a compensação, observado o disposto no art. 248 da Constituição Federal, por ocasião do recolhimento das contribuições incidentes sobre a folha de salários e demais rendimentos pagos ou creditados, a qualquer título, à pessoa física que lhe preste serviço.

§ 3º Quando não for possível que a gestante ou a lactante afastada nos termos do *caput* deste artigo exerça suas atividades em local salubre na empresa, a hipótese será considerada como gravidez de risco e ensejará a percepção de salário-maternidade, nos termos da Lei nº 8.213, de 24 de julho de 1991, durante todo o período de afastamento.

- §§ 2º e 3º acrescidos pela Lei nº 13.467, de 13-7-2017.

Art. 395. Em caso de aborto não criminoso, comprovado por atestado médico oficial, a mulher terá um repouso remunerado de duas semanas, ficando-lhe assegurado o direito de retornar à função que ocupava antes de seu afastamento.

Art. 396. Para amamentar seu filho, inclusive se advindo de adoção, até que este complete 6 (seis) meses de idade, a mulher terá direito, durante a jornada de trabalho, a 2 (dois) descansos especiais de meia hora cada um.

- *Caput* com a redação dada pela Lei nº 13.509, de 22-11-2017.

§ 1º Quando o exigir a saúde do filho, o período de seis meses poderá ser dilatado, a critério da autoridade competente.

- Parágrafo único renumerado para § 1º pela Lei nº 13.467, de 13-7-2017.

§ 2º Os horários dos descansos previstos no *caput* deste artigo deverão ser definidos em acordo individual entre a mulher e o empregador.

- § 2º acrescido pela Lei nº 13.467, de 13-7-2017.

Art. 397. O SESI, o SESC, a LBA e outras entidades públicas destinadas à assistência à infância manterão ou subvencionarão, de acordo com suas possibilidades financeiras, escolas maternais e jardins de infância, distribuídos nas zonas de maior densidade de trabalhadores, destinados especialmente aos filhos das mulheres empregadas.

- Artigo com a redação dada pelo Dec.-lei nº 229, de 28-2-1967.
- Arts. 7º, XXV, e 206, IV, da CF.

Art. 398. *Revogado*. Dec.-lei nº 229, de 28-2-1967.

Art. 399. O Ministro do Trabalho, Indústria e Comércio conferirá diploma de benemerência aos empregadores que se distinguirem pela organização e manutenção de creches e de instituições de proteção aos menores em idade pré-escolar, desde que tais serviços se recomendem por sua generosidade e pela eficiência das respectivas instalações.

- Art. 7º, XXV, da CF.
- Dec. nº 10.088, de 5-11-2019, consolida atos normativos editados pelo Poder Executivo Federal que dispõem sobre a promulgação de convenções e recomendações da Organização Internacional do Trabalho – OIT ratificadas pela República Federativa do Brasil.

Art. 400. Os locais destinados à guarda dos filhos das operárias durante o período da amamentação deverão possuir, no mínimo, um berçário, uma saleta de amamentação, uma cozinha dietética e uma instalação sanitária.

- Art. 7º, XXV, da CF.

Seção VI

DAS PENALIDADES

Art. 401. Pela infração de qualquer dispositivo deste Capítulo, será imposta ao empregador a multa de dois a vinte valores de referência regionais, aplicada pelas Delegacias Regionais do Ministério do Trabalho, Indústria e Comércio ou por autoridades que exerçam funções delegadas.

- Lei nº 6.205, de 29-4-1975, c/c a Lei nº 6.986, de 13-4-1982, elevou as multas por infração aos preceitos da CLT em dez vezes o seu valor.
- Port. do MTPrev nº 667, de 8-11-2021, regulamenta a imposição de multas administrativas previstas na legislação trabalhista.

§ 1º A penalidade será sempre aplicada no grau máximo:

a) se ficar apurado o emprego de artifício ou simulação para fraudar a aplicação dos dispositivos deste Capítulo;

b) nos casos de reincidência.

§ 2º O processo na verificação das infrações, bem como na aplicação e cobrança das multas, será o previsto no título "Do Processo de

Multas Administrativas", observadas as disposições deste artigo.

- Arts. 626 a 642 desta Consolidação.
- Lei nº 6.205, de 29-4-1975, c/c a Lei nº 6.986, de 13-4-1982, elevou as multas por infração aos preceitos da CLT em dez vezes o seu valor.
- Port. do MTPrev nº 667, de 8-11-2021, regulamenta a imposição de multas administrativas previstas na legislação trabalhista.

Arts. 401-A e 401-B. VETADOS. Lei nº 9.799, de 26-5-1999.

CAPÍTULO IV
DA PROTEÇÃO DO TRABALHO DO MENOR

Seção I
DISPOSIÇÕES GERAIS

- Dec. nº 10.088, de 5-11-2019, consolida atos normativos editados pelo Poder Executivo Federal que dispõem sobre a promulgação de convenções e recomendações da Organização Internacional do Trabalho – OIT ratificadas pela República Federativa do Brasil.
- Res. do CONANDA nº 69, de 15-5-2001, dispõe sobre a idade mínima para admissão ao emprego e ao trabalho.
- OJ da SDC nº 25 do TST.

Art. 402. Considera-se menor para os efeitos desta Consolidação o trabalhador de quatorze até dezoito anos.

- *Caput* com a redação dada pela Lei nº 10.097, de 19-12-2000.
- Art. 7º, XXXIII, da CF.
- Dec. nº 10.088, de 5-11-2019, consolida atos normativos editados pelo Poder Executivo Federal que dispõem sobre a promulgação de convenções e recomendações da Organização Internacional do Trabalho – OIT ratificadas pela República Federativa do Brasil.

Parágrafo único. O trabalho do menor reger-se-á pelas disposições do presente Capítulo, exceto no serviço em oficinas em que trabalhem exclusivamente pessoas da família do menor e esteja sob a direção do pai, mãe ou tutor, observado, entretanto, o disposto nos artigos 404, 405 e na Seção II.

- Parágrafo único com a redação dada pelo Dec.-Lei nº 229, de 28-2-1967.
- Arts. 7º, XXXIII, e 227, § 3º, I e II, da CF.

Art. 403. É proibido qualquer trabalho a menores de dezesseis anos de idade, salvo na condição de aprendiz, a partir de quatorze anos.

- *Caput* com a redação dada pela Lei nº 10.097, de 19-12-2000.
- Art. 7º, XXXIII, da CF.
- Art. 60 do ECA.
- Dec. nº 10.088, de 5-11-2019, consolida atos normativos editados pelo Poder Executivo Federal que dispõem sobre a promulgação de convenções e recomendações da Organização Internacional do Trabalho – OIT ratificadas pela República Federativa do Brasil.

Parágrafo único. O trabalho do menor não poderá ser realizado em locais prejudiciais à sua formação, ao seu desenvolvimento físico, psíquico, moral e social e em horários e locais que não permitam a frequência à escola.

- Parágrafo único com a redação dada pela Lei nº 10.097, de 19-12-2000.

a e *b*) *Revogadas*. Lei nº 10.097, de 19-12-2000.

Art. 404. Ao menor de dezoito anos é vedado o trabalho noturno, considerado este o que for executado no período compreendido entre as vinte e duas e as cinco horas.

- Art. 7º, XXXIII, da CF.
- Art. 73 desta Consolidação.
- Dec. nº 10.088, de 5-11-2019, consolida atos normativos editados pelo Poder Executivo Federal que dispõem sobre a promulgação de convenções e recomendações da Organização Internacional do Trabalho – OIT ratificadas pela República Federativa do Brasil.

Art. 405. Ao menor não será permitido o trabalho:

- *Caput* com a redação dada pelo Dec.-lei nº 229, de 28-2-1967.
- Dec. nº 6.481, de 12-6-2008, com a lista das piores formas de trabalho infantil (Lista TIP – Trabalho Infantil Proibido).
- Dec. nº 10.088, de 5-11-2019, consolida atos normativos editados pelo Poder Executivo Federal que dispõem sobre a promulgação de convenções e recomendações da Organização Internacional do Trabalho – OIT ratificadas pela República Federativa do Brasil.

I – nos locais e serviços perigosos ou insalubres, constantes de quadro para esse fim aprovado pelo Diretor Geral do Departamento de Segurança e Higiene do Trabalho;

- Art. 7º, XXXIII, da CF.

II – em locais ou serviços prejudiciais à sua moralidade.

- Incisos I e II com a redação dada pelo Dec.-lei nº 229, de 28-2-1967.

§ 1º *Revogado*. Lei nº 10.097, de 19-12-2000.

§ 2º O trabalho exercido nas ruas, praças e outros logradouros dependerá de prévia autorização do Juiz de Menores, ao qual cabe verificar se a ocupação é indispensável à sua própria subsistência ou à de seus pais, avós ou irmãos e se dessa ocupação não poderá advir prejuízo à sua formação moral.

- Art. 146 do ECA.

§ 3º Considera-se prejudicial à moralidade do menor o trabalho:

a) prestado de qualquer modo em teatros de revista, cinemas, boates, cassinos, cabarés, *dancings* e estabelecimentos análogos;

b) em empresas circenses, em funções de acrobata, saltimbanco, ginasta e outras semelhantes;

c) de produção, composição, entrega ou venda de escritos, impressos, cartazes, desenhos, gravuras, pinturas, emblemas, imagens e quaisquer outros objetos que possam, a juízo da autoridade competente, prejudicar sua formação moral;

d) consistente na venda, a varejo, de bebidas alcoólicas.

§ 4º Nas localidades em que existirem, oficialmente reconhecidas, instituições destinadas ao amparo dos menores jornaleiros, só aos que se encontrem sob o patrocínio dessas entidades será outorgada a autorização do trabalho a que alude o § 2º.

§ 5º Aplica-se ao menor o disposto no artigo 390 e seu parágrafo único.

- §§ 2º a 5º com a redação dada pelo Dec.-lei nº 229, de 28-2-1967.

Art. 406. O Juiz de Menores poderá autorizar ao menor o trabalho a que se referem as letras *a* e *b* do § 3º do artigo 405:

- Dec. nº 10.088, de 5-11-2019, consolida atos normativos editados pelo Poder Executivo Federal que dispõem sobre a promulgação de convenções e recomendações da Organização Internacional do Trabalho – OIT ratificadas pela República Federativa do Brasil.

I – desde que a representação tenha fim educativo ou a peça de que participe não possa ser prejudicial à sua formação moral;

II – desde que se certifique ser a ocupação do menor indispensável à própria subsistência ou à de seus pais, avós ou irmãos e não advir nenhum prejuízo à sua formação moral.

Art. 407. Verificado pela autoridade competente que o trabalho executado pelo menor é prejudicial à sua saúde, ao seu desenvolvimento físico ou à sua moralidade, poderá ela obrigá-lo a abandonar o serviço, devendo a respectiva empresa, quando for o caso, proporcionar ao menor todas as facilidades para mudar de funções.

Parágrafo único. Quando a empresa não tomar as medidas possíveis e recomendadas pela autoridade competente para que o menor mude de função, configurar-se-á a rescisão do contrato de trabalho, na forma do artigo 483.

Art. 408. Ao responsável legal do menor é facultado pleitear a extinção do contrato de trabalho, desde que o serviço possa acarretar para ele prejuízos de ordem física ou moral.

- Arts. 406 a 408 com a redação dada pelo Dec.-lei nº 229, de 28-2-1967.
- Dec. nº 10.088, de 5-11-2019, consolida atos normativos editados pelo Poder Executivo Federal que dispõem sobre a promulgação de convenções e recomendações da Organização Internacional do Trabalho – OIT ratificadas pela República Federativa do Brasil.

Art. 409. Para maior segurança do trabalho e garantia da saúde dos menores, a autoridade fiscalizadora poderá proibir-lhes o gozo dos períodos de repouso nos locais de trabalho.

Art. 410. O Ministro do Trabalho, Indústria e Comércio poderá derrogar qualquer proibição decorrente do quadro a que se refere o inciso I do artigo 405 quando se certificar haver desaparecido, parcial ou totalmente, o caráter perigoso ou insalubre, que determinou a proibição.

Seção II
DA DURAÇÃO DO TRABALHO

Art. 411. A duração do trabalho do menor regular-se-á pelas disposições legais relativas à duração do trabalho em geral, com as restrições estabelecidas neste Capítulo.

- Arts. 57 a 75 desta Consolidação.
- Dec. nº 10.088, de 5-11-2019, consolida atos normativos editados pelo Poder Executivo Federal que dispõem sobre a promulgação de convenções e recomendações da Organização Internacional do Trabalho – OIT ratificadas pela República Federativa do Brasil.

Art. 412. Após cada período de trabalho efetivo, quer contínuo, quer dividido em dois turnos, haverá um intervalo de repouso, não inferior a onze horas.

- Art. 66 desta Consolidação.

Art. 413. É vedado prorrogar a duração normal diária do trabalho do menor, salvo:

I – até mais duas horas, independentemente de acréscimo salarial, mediante convenção ou acordo coletivo nos termos do Título VI desta Consolidação, desde que o excesso de horas em um dia seja compensado pela diminuição em outro, de modo a ser observado o limite máximo de quarenta e oito horas semanais ou outro inferior legalmente fixado;

- Art. 7º, XIII, da CF, que determina a duração do trabalho normal não superior a oito horas diárias e quarenta e quatro semanais, facultada a compensação de horários e a redução da jornada, mediante acordo ou convenção coletiva de trabalho.

II – excepcionalmente, por motivo de força maior, até o máximo de doze horas, com acréscimo salarial de pelo menos vinte e cinco por cento sobre a hora normal e desde que o trabalho do menor seja imprescindível ao funcionamento do estabelecimento.

▶ Este artigo não foi recepcionado pelo art. 7º, XVI, da CF, no que estabelece remuneração do serviço extraordinário superior, no mínimo, em cinquenta por cento à do normal.

▶ Arts. 501 a 504 desta Consolidação.

Parágrafo único. Aplica-se à prorrogação do trabalho do menor o disposto no artigo 375, no parágrafo único do artigo 376, no artigo 378 e no artigo 384 desta Consolidação.

▶ Art. 413 com a redação dada pelo Dec.-lei nº 229, de 28-2-1967.

▶ Os arts. 375 e 378 foram revogados pela Lei nº 7.855, de 24-10-1989, que atualiza os valores das multas trabalhistas, amplia sua aplicação e institui o Programa de Desenvolvimento do Sistema Federal de Inspeção do Trabalho.

▶ O art. 376 foi revogado pela Lei nº 10.244, de 27-6-2001, para permitir a realização de horas extras por mulheres.

▶ Art. 7º, XVI, da CF.

Art. 414. Quando o menor de dezoito anos for empregado em mais de um estabelecimento, as horas de trabalho em cada um serão totalizadas.

Seção III

DA ADMISSÃO EM EMPREGO E DA CARTEIRA DE TRABALHO E PREVIDÊNCIA SOCIAL

Art. 415. Haverá a Carteira de Trabalho e Previdência Social para todos os menores de 18 anos, sem distinção do sexo, empregados em empresas ou estabelecimentos de fins econômicos e daqueles que lhes forem equiparados.

Parágrafo único. *Revogado.* Lei nº 13.874, de 20-9-2019.

Art. 416. Os menores de 18 anos só poderão ser admitidos, como empregados, nas empresas ou estabelecimentos de fins econômicos e naqueles que lhes forem equiparados, quando possuidores da carteira a que se refere o artigo anterior, salvo a hipótese do art. 422.

Art. 417. *Revogado.* Lei nº 13.874, de 20-9-2019.

Art. 418. *Revogado.* Lei nº 7.855, de 24-10-1989.

Arts. 419 a 422. *Revogados.* Lei nº 13.874, de 20-9-2019.

Art. 423. O empregador não poderá fazer outras anotações na carteira de trabalho e previdência social além das referentes ao salário, data da admissão, férias e saída.

▶ Lei nº 5.686, de 3-8-1971, que dispõe sobre a CTPS.

Seção IV

DOS DEVERES DOS RESPONSÁVEIS LEGAIS DE MENORES E DOS EMPREGADORES. DA APRENDIZAGEM

Art. 424. É dever dos responsáveis legais de menores, pais, mães, ou tutores, afastá-los de empregos que diminuam consideravelmente o seu tempo de estudo, reduzam o tempo de repouso necessário à sua saúde e constituição física, ou prejudiquem a sua educação moral.

▶ Lei nº 8.069, de 13-7-1990 (Estatuto da Criança e do Adolescente).

Art. 425. Os empregadores de menores de dezoito anos são obrigados a velar pela observância, nos seus estabelecimentos ou empresas, dos bons costumes e da decência pública, bem como das regras de higiene e segurança do trabalho.

▶ Lei nº 6.514, de 22-12-1977, que altera a nomenclatura do Capítulo V do Título II ddesta Consolidação para segurança e medicina do trabalho.

Art. 426. É dever do empregador, na hipótese do artigo 407, proporcionar ao menor todas as facilidades para mudar de serviço.

Art. 427. O empregador, cuja empresa ou estabelecimento ocupar menores, será obrigado a conceder-lhes o tempo que for necessário para a frequência às aulas.

▶ Art. 227, § 3º, III, da CF.

Parágrafo único. Os estabelecimentos situados em lugar onde a escola estiver a maior distância que dois quilômetros, e que ocuparem, permanentemente, mais de trinta menores analfabetos, de quatorze a dezoito anos, serão obrigados a manter local apropriado em que lhes seja ministrada a instrução primária.

▶ Art. 16 da Lei nº 5.889, de 8-6-1973 (Lei do Trabalho Rural).

Art. 428. Contrato de aprendizagem é o contrato de trabalho especial, ajustado por escrito e por prazo determinado, em que o empregador se compromete a assegurar ao maior de quatorze e menor de vinte e quatro anos inscrito em programa de aprendizagem formação técnico-profissional metódica, compatível com o seu desenvolvimento físico, moral e psicológico, e o aprendiz, a executar com zelo e diligência as tarefas necessárias a essa formação.

▶ *Caput* com a redação dada pela Lei nº 11.180, de 23-9-2005.

§ 1º A validade do contrato de aprendizagem pressupõe anotação na Carteira de Trabalho e Previdência Social, matrícula e frequência do aprendiz na escola, caso não haja concluído o ensino médio, e inscrição em programa de aprendizagem desenvolvido sob orientação de entidade qualificada em formação técnico-profissional metódica.

▶ § 1º com a redação dada pela Lei nº 11.788, de 25-9-2008.

§ 2º Ao aprendiz, salvo condição mais favorável, será garantido o salário mínimo hora.

▶ § 2º com a redação dada pela Lei nº 13.420, de 13-3-2017.

§ 3º O contrato de aprendizagem não poderá ser estipulado por mais de 2 (dois) anos, exceto quando se tratar de aprendiz portador de deficiência.

▶ § 3º com a redação dada pela Lei nº 11.788, de 25-9-2008.

§ 4º A formação técnico-profissional a que se refere o *caput* deste artigo caracteriza-se por atividades teóricas e práticas, metodicamente organizadas em tarefas de complexidade progressiva desenvolvidas no ambiente de trabalho.

▶ § 4º acrescido pela Lei nº 10.097, de 19-12-2000.

§ 5º A idade máxima prevista no *caput* deste artigo não se aplica a aprendizes portadores de deficiência.

▶ § 5º acrescido pela Lei nº 11.180, de 23-9-2005.

§ 6º Para os fins do contrato de aprendizagem, a comprovação da escolaridade de aprendiz com deficiência deve considerar, sobretudo, as habilidades e competências relacionadas com a profissionalização.

▶ § 6º com a redação dada pela Lei nº 13.146, de 6-7-2015.

§ 7º Nas localidades onde não houver oferta de ensino médio para o cumprimento do disposto no § 1º deste artigo, a contratação do aprendiz poderá ocorrer sem a frequência à escola, desde que ele já tenha concluído o ensino fundamental.

▶ § 7º acrescido pela Lei nº 11.788, de 25-9-2008.

§ 8º Para o aprendiz com deficiência com 18 (dezoito) anos ou mais, a validade do contrato de aprendizagem pressupõe anotação na CTPS e matrícula e frequência em programa de aprendizagem desenvolvido sob orientação de entidade qualificada em formação técnico-profissional metódica.

▶ § 8º acrescido pela Lei nº 13.146, de 6-7-2015.

Art. 429. Os estabelecimentos de qualquer natureza são obrigados a empregar e matricular nos cursos dos Serviços Nacionais de Aprendizagem número de aprendizes equivalente a cinco por cento, no mínimo, e quinze por cento, no máximo, dos trabalhadores existentes em cada estabelecimento, cujas funções demandem formação profissional.

▶ *Caput* com a redação dada pela Lei nº 10.097, de 19-12-2000.

▶ IN da SIT nº 72, de 5-12-2007, orienta os Auditores-Fiscais do Trabalho quanto a procedimentos a serem adotados na fiscalização, para que seja dispensado às microempresas e empresas de pequeno porte o tratamento diferenciado de que trata a LC nº 123, de 14-12-2006.

a e b) *Revogadas.* Lei nº 10.097, de 19-12-2000.

§ 1º-A. O limite fixado neste artigo não se aplica quando o empregador for entidade sem fins lucrativos, que tenha por objetivo a educação profissional.

▶ § 1º-A acrescido pela Lei nº 10.097, de 19-12-2000.

§ 1º-B. Os estabelecimentos a que se refere o *caput* poderão destinar o equivalente a até 10% (dez por cento) de sua cota de aprendizes à formação técnico-profissional metódica em áreas relacionadas a práticas de atividades desportivas, à prestação de serviços relacionados à infraestrutura, incluindo as atividades de construção, ampliação, recuperação e manutenção de instalações esportivas e à organização e promoção de eventos esportivos.

▶ § 1º-B acrescido pela Lei nº 13.420, de 13-3-2017, promulgado nos termos do art. 66, § 5º, da CF (*DOU* de 1-9-2017).

§ 1º As frações de unidade, no cálculo da percentagem de que trata o *caput*, darão lugar à admissão de um aprendiz.

▶ Parágrafo único transformado em § 1º pela Lei nº 10.097, de 19-12-2000.

§ 2º Os estabelecimentos de que trata o *caput* ofertarão vagas de aprendizes a adolescentes usuários do Sistema Nacional de Atendimento Socioeducativo (SINASE) nas condições a serem dispostas em instrumentos de cooperação celebrados entre os estabelecimentos e os gestores dos Sistemas de Atendimento Socioeducativo locais.

▶ § 2º acrescido pela Lei nº 12.594, de 18-1-2012.

§ 3º Os estabelecimentos de que trata o *caput* poderão ofertar vagas de aprendizes a adolescentes usuários do Sistema Nacional de Políticas Públicas sobre Drogas – SISNAD nas condições a serem dispostas em instrumentos de cooperação celebrados entre os estabelecimentos e os gestores locais responsáveis pela prevenção do uso indevido, atenção e reinserção social de usuários e dependentes de drogas.

▶ § 3º acrescido pela Lei nº 13.840, de 5-6-2019.

Art. 430. Na hipótese de os Serviços Nacionais de Aprendizagem não oferecerem cursos ou vagas suficientes para atender à demanda dos estabelecimentos, esta poderá ser suprida por outras entidades qualificadas em formação técnico-profissional metódica, a saber:

▶ *Caput* com a redação dada pela Lei nº 10.097, de 19-12-2000.

I – Escolas Técnicas de Educação;

II – entidades sem fins lucrativos, que tenham por objetivo a assistência ao adolescente e à educação profissional, registradas no Conselho Municipal dos Direitos da Criança e do Adolescente;

▶ Incisos I e II acrescidos pela Lei nº 10.097, de 19-12-2000.

▶ Port. do MTE nº 723, de 23-4-2012, cria o Cadastro Nacional de Aprendizagem Profissional – CNAP, destinado ao cadastramento das entidades qualificadas em formação técnico-profissional.

III – entidades de prática desportiva das diversas modalidades filiadas ao Sistema Nacional do Desporto e aos Sistemas de Desporto dos Estados, do Distrito Federal e dos Municípios.

▶ Inciso III acrescido pela Lei nº 13.420, de 13-3-2017.

§ 1º As entidades mencionadas neste artigo deverão contar com estrutura adequada ao desenvolvimento dos programas de aprendizagem, de forma a manter a qualidade do processo de ensino, bem como acompanhar e avaliar os resultados.

§ 2º Aos aprendizes que concluírem os cursos de aprendizagem, com aproveitamento, será concedido certificado de qualificação profissional.

▶ §§ 1º e 2º acrescidos pela Lei nº 10.097, de 19-12-2000.

§ 3º O Ministério do Trabalho fixará normas para avaliação da competência das entidades mencionadas nos incisos II e III deste artigo.

▶ § 3º com a redação dada pela Lei nº 13.420, de 13-3-2017.

§ 4º As entidades mencionadas nos incisos II e III deste artigo deverão cadastrar seus cursos, turmas e aprendizes matriculados no Ministério do Trabalho.

§ 5º As entidades mencionadas neste artigo poderão firmar parcerias entre si para o desenvolvimento dos programas de aprendizagem, conforme regulamento.

▶ §§ 4º e 5º acrescidos pela Lei nº 13.420, de 13-3-2017.

Art. 431. A contratação do aprendiz poderá ser efetivada pela empresa onde se realizará a aprendizagem ou pelas entidades mencionadas nos incisos II e III do art. 430, caso em que não gera vínculo de emprego com a empresa tomadora dos serviços.

▶ *Caput* com a redação dada pela Lei nº 13.420, de 13-3-2017.

a a *c*) *Revogadas*. Lei nº 10.097, de 19-12-2000.

Parágrafo único. VETADO. Lei nº 10.097, de 19-12-2000.

Art. 432. A duração do trabalho do aprendiz não excederá de seis horas diárias, sendo vedadas a prorrogação e a compensação de jornada.

▶ *Caput* com a redação dada pela Lei nº 10.097, de 19-12-2000.

§ 1º O limite previsto neste artigo poderá ser de até oito horas diárias para os aprendizes que já tiverem completado o ensino fundamental, se nelas forem computadas as horas destinadas à aprendizagem teórica.

▶ § 1º com a redação dada pela Lei nº 10.097, de 19-12-2000.

§ 2º *Revogado*. Lei nº 10.097, de 19-12-2000.

Art. 433. O contrato de aprendizagem extinguir-se-á no seu termo ou quando o aprendiz completar 24 (vinte e quatro) anos, ressalvada a hipótese prevista no § 5º do art. 428 desta Consolidação, ou ainda antecipadamente nas seguintes hipóteses:

▶ *Caput* com a redação dada pela Lei nº 11.180, de 23-9-2005.

a e *b*) *Revogadas*. Lei nº 10.097, de 19-12-2000.

I – desempenho insuficiente ou inadaptação do aprendiz, salvo para o aprendiz com deficiência quando desprovido de recursos de acessibilidade, de tecnologias assistivas e de apoio necessário ao desempenho de suas atividades;

▶ Inciso I com a redação dada pela Lei nº 13.146, de 6-7-2015.

II – falta disciplinar grave;

III – ausência injustificada à escola que implique perda do ano letivo; ou

IV – a pedido do aprendiz.

▶ Incisos II a IV acrescidos pela Lei nº 10.097, de 19-12-2000.

Parágrafo único. *Revogado*. Lei nº 10.097, de 19-12-2000.

§ 2º Não se aplica o disposto nos artigos 479 e 480 desta Consolidação às hipóteses de extinção do contrato mencionadas neste artigo.

▶ § 2º acrescido pela Lei nº 10.097, de 19-12-2000.

▶ § 2º conforme publicação oficial.

Seção V

DAS PENALIDADES

Art. 434. Os infratores das disposições deste Capítulo ficam sujeitos à multa de valor igual a 1 (um) salário mínimo regional, aplicada tantas vezes quantos forem os menores empregados em desacordo com a lei, não podendo, todavia, a soma das multas exceder a 5 (cinco) vezes o salário mínimo, salvo no caso de reincidência em que esse total poderá ser elevado ao dobro.

▶ Art. 7º, IV, da CF, que unificou o salário mínimo em todo o território nacional.

▶ Port. do MTPrev nº 667, de 8-11-2021, regulamenta a imposição de multas administrativas previstas na legislação trabalhista.

Art. 435. Fica sujeita à multa de valor igual a 1 (um) salário mínimo regional e ao pagamento da emissão de nova via a empresa que fizer na Carteira de Trabalho e Previdência Social anotação não prevista em lei.

▶ Arts. 434 e 435 com a redação dada pelo Dec.-lei nº 229, de 28-2-1967.

▶ Art. 7º, IV, da CF.

▶ Dec.-lei nº 229, de 28-2-1967, altera dispositivos da Consolidação das Leis do Trabalho, aprovada pelo Dec.-lei nº 5.452, de 1º-5-1943.

Arts. 436 e 437. *Revogados*. Lei nº 10.097, de 19-12-2000.

Art. 438. São competentes para impor as penalidades previstas neste Capítulo:

▶ Art. 35, IV, do Dec.-lei nº 229, de 28-2-1967, que altera dispositivos desta Consolidação.

a) no Distrito Federal, a autoridade de 1ª instância do Departamento Nacional do Trabalho;

b) nos Estados e Território do Acre, os delegados regionais do Ministério do Trabalho, Indústria e Comércio ou os funcionários por eles designados para tal fim.

▶ Lei nº 4.070, de 15-6-1962, eleva o território do Acre à categoria de Estado.

Parágrafo único. O processo, na verificação das infrações, bem como na aplicação e cobrança das multas, será o previsto no título "Do Processo de Multas Administrativas", observadas as disposições deste artigo.

▶ Arts. 626 a 642 desta Consolidação.

Seção VI

DISPOSIÇÕES FINAIS

Art. 439. É lícito ao menor firmar recibo pelo pagamento dos salários. Tratando-se, porém, de rescisão do contrato de trabalho, é vedado ao menor de dezoito anos dar, sem assistência dos seus responsáveis legais, quitação ao empregador pelo recebimento da indenização que lhe for devida.

▶ Art. 477, §§ 1º a 4º, desta Consolidação.

Art. 440. Contra os menores de dezoito anos não corre nenhum prazo de prescrição.

▶ Art. 7º, XXIX, da CF.

▶ Arts. 11 e 149 desta Consolidação.

Art. 441. O quadro a que se refere o item I do artigo 405 será revisto bienalmente.

▶ Artigo com a redação dada pelo Dec.-lei nº 229, de 28-2-1967.

▶ Port. da SIT/DSST nº 20, de 13-9-2001, especifica as atividades proibidas ao trabalho do menor de 18 (dezoito) anos.

TÍTULO IV – DO CONTRATO INDIVIDUAL DO TRABALHO

CAPÍTULO I

DISPOSIÇÕES GERAIS

Art. 442. Contrato individual de trabalho é o acordo tácito ou expresso, correspondente à relação de emprego.

▶ Dec. nº 10.088, de 5-11-2019, consolida atos normativos editados pelo Poder Executivo Federal que dispõem sobre a promulgação de convenções e recomendações da Organização Internacional do Trabalho – OIT ratificadas pela República Federativa do Brasil.

▶ Súmulas nºs 58, 129 e 301 do TST.

§ 1º Qualquer que seja o ramo de atividade da sociedade cooperativa, não existe vínculo empregatício entre ela e seus associados, nem entre estes e os tomadores de serviços daquela.

▶ Parágrafo único transformado em § 1º pela Lei nº 14.647, de 4-8-2023.

▶ Arts. 1.093 a 1.096 do CC.

▶ Lei nº 5.764, de 16-12-1971 (Lei das Cooperativas).

§ 2º Não existe vínculo empregatício entre entidades religiosas de qualquer denominação ou natureza ou instituições de ensino vocacional e ministros de confissão religiosa, membros de instituto de vida consagrada, de congregação ou de ordem religiosa, ou quaisquer outros que a eles se equiparem, ainda que se dediquem parcial ou integralmente a atividades ligadas à administração da entidade ou instituição a que estejam vinculados ou estejam em formação ou treinamento.

§ 3º O disposto no § 2º não se aplica em caso de desvirtuamento da finalidade religiosa e voluntária.

▶ §§ 2º e 3º acrescidos pela Lei nº 14.647, de 4-8-2023.

Art. 442-A. Para fins de contratação, o empregador não exigirá do candidato a emprego comprovação de experiência prévia por tempo superior a 6 (seis) meses no mesmo tipo de atividade.

▶ Artigo acrescido pela Lei nº 11.644, de 10-3-2008.

Art. 442-B. A contratação do autônomo, cumpridas por este todas as formalidades legais, com ou sem exclusividade, de forma contínua ou não, afasta a qualidade de empregado prevista no art. 3º desta Consolidação.

▶ Artigo acrescido pela Lei nº 13.467, de 13-7-2017.

Art. 443. O contrato individual de trabalho poderá ser acordado tácita ou expressamente, verbalmente ou por escrito, por prazo determinado ou indeterminado, ou para prestação de trabalho intermitente.

▶ *Caput* com a redação dada pela Lei nº 13.467, de 13-7-2017.

§ 1º Considera-se como de prazo determinado o contrato de trabalho cuja vigência dependa de termo prefixado ou da execução de serviços especificados ou ainda da realização de certo acontecimento suscetível de previsão aproximada.

▶ Parágrafo único transformado em § 1º pelo Dec.-lei nº 229, de 28-2-1967.

§ 2º O contrato por prazo determinado só será válido em se tratando:

▶ Súmulas nºs 188, 244 e 331 do TST.

a) de serviço cuja natureza ou transitoriedade justifique a predeterminação do prazo;

b) de atividades empresariais de caráter transitório;

c) de contrato de experiência.

▶ § 2º acrescido pelo Dec.-lei nº 229, de 28-2-1967.

▶ Súmulas nºs 188 e 331 do TST.

§ 3º Considera-se como intermitente o contrato de trabalho no qual a prestação de serviços, com subordinação, não é contínua, ocorrendo com alternância de períodos de prestação de serviços e de inatividade, determinados em horas, dias ou meses, independentemente do tipo de atividade do empregado e do empregador, exceto para os aeronautas, regidos por legislação própria.

▶ § 3º acrescido pela Lei nº 13.467, de 13-7-2017.

▶ Arts. 6º, § 3º, e 18 da Lei nº 14.020, de 6-7-2020 (Programa Emergencial de Manutenção do Emprego e da Renda).

Art. 444. As relações contratuais de trabalho podem ser objeto de livre estipulação das partes interessadas em tudo quanto não contravenha às disposições de proteção ao trabalho, aos contratos coletivos que lhes sejam aplicáveis e às decisões das autoridades competentes.

▶ O art. 20 do Dec.-lei nº 229, de 28-2-1967, substituiu a expressão "Contratos coletivos de trabalho" por "Convenções coletivas de trabalho".

▶ Art. 5º, XIII, da CF.

▶ Dec. nº 10.088, de 5-11-2019, consolida atos normativos editados pelo Poder Executivo Federal que dispõem sobre a promulgação de convenções e recomendações da Organização Internacional do Trabalho – OIT ratificadas pela República Federativa do Brasil.

▶ Súmulas nºs 51 e 81 do TST.

Parágrafo único. A livre estipulação a que se refere o *caput* deste artigo aplica-se às hipóteses previstas no art. 611-A desta Consolidação, com a mesma eficácia legal e preponderância sobre os instrumentos coletivos, no caso de empregado portador de diploma de nível superior e que perceba salário mensal igual ou superior a duas vezes o limite máximo dos benefícios do Regime Geral de Previdência Social.

▶ Parágrafo único acrescido pela Lei nº 13.467, de 13-7-2017.

Art. 445. O contrato de trabalho por prazo determinado não poderá ser estipulado por mais de dois anos, observada a regra do artigo 451.

Parágrafo único. O contrato de experiência não poderá exceder de noventa dias.

▶ Art. 445 com a redação dada pelo Dec.-lei nº 229, de 28-2-1967.

▶ Art. 30 da Lei nº 9.615, de 24-3-1998 (Lei Pelé).

▶ Súmulas nºs 163 e 188 do TST.

Art. 446. *Revogado.* Lei nº 7.855, de 24-10-1989.

Art. 447. Na falta de acordo ou prova sobre condição essencial ao contrato verbal, esta se presume existente, como se a tivessem estatuído os interessados, na conformidade dos preceitos jurídicos adequados à sua legitimidade.

▶ Súm. nº 12 do TST.

Art. 448. A mudança na propriedade ou na estrutura jurídica da empresa não afetará os contratos de trabalho dos respectivos empregados.

▶ Art. 10 desta Consolidação.

▶ Orientações Jurisprudenciais da SBDI-I nºs 143, 343, 408 e 411 do TST.

Art. 448-A. Caracterizada a sucessão empresarial ou de empregadores prevista nos arts. 10 e 448 desta Consolidação, as obrigações trabalhistas, inclusive as contraídas à época em que os empregados trabalhavam para a empresa sucedida, são de responsabilidade do sucessor.

Parágrafo único. A empresa sucedida responderá solidariamente com a sucessora quando ficar comprovada fraude na transferência.

▶ Art. 448-A acrescido pela Lei nº 13.467, de 13-7-2017.

Art. 449. Os direitos oriundos da existência do contrato de trabalho subsistirão em caso de falência, concordata ou dissolução da empresa.

§ 1º Na falência, constituirão créditos privilegiados a totalidade dos salários devidos ao empregado e a totalidade das indenizações a que tiver direito.

▶ § 1º com a redação dada pela Lei nº 6.449, de 14-10-1977.

§ 2º Havendo concordata na falência, será facultado aos contratantes tornar sem efeito a rescisão do contrato de trabalho e consequente indenização, desde que o empregador pague, no mínimo, a metade dos salários que seriam devidos ao empregado durante o interregno.

▶ Lei nº 11.101, de 9-2-2005 (Lei de Recuperação de Empresas e Falências).

▶ Súm. nº 227 do STF.

▶ Súmulas nºs 86 e 173 do TST.

Art. 450. Ao empregado chamado a ocupar, em comissão, interinamente, ou em substituição eventual ou temporária, cargo diverso do que exercer na empresa, serão garantidas a contagem do tempo naquele serviço, bem como a volta ao cargo anterior.

▶ Súm. nº 159 do TST.

Art. 451. O contrato de trabalho por prazo determinado que, tácita ou expressamente, for prorrogado mais de uma vez passará a vigorar sem determinação de prazo.

▶ Súm. nº 188 do TST.

Art. 452. Considera-se por prazo indeterminado todo contrato que suceder, dentro de seis meses, a outro contrato por prazo determinado, salvo se a expiração deste dependeu da execução de serviços especializados ou da realização de certos acontecimentos.

Art. 452-A. O contrato de trabalho intermitente deve ser celebrado por escrito e deve conter especificamente o valor da hora de trabalho, que não pode ser inferior ao valor horário do salário mínimo ou àquele devido aos demais empregados do estabelecimento que exerçam a mesma função em contrato intermitente ou não.

§ 1º O empregador convocará, por qualquer meio de comunicação eficaz, para a prestação de serviços, informando qual será a jornada, com, pelo menos, três dias corridos de antecedência.

§ 2º Recebida a convocação, o empregado terá o prazo de um dia útil para responder ao chamado, presumindo-se, no silêncio, a recusa.

§ 3º A recusa da oferta não descaracteriza a subordinação para fins do contrato de trabalho intermitente.

§ 4º Aceita a oferta para o comparecimento ao trabalho, a parte que descumprir, sem justo motivo, pagará à outra parte, no prazo de trinta dias, multa de 50% (cinquenta por cento) da remuneração que seria devida, permitida a compensação em igual prazo.

§ 5º O período de inatividade não será considerado tempo à disposição do empregador, podendo o trabalhador prestar serviços a outros contratantes.

§ 6º Ao final de cada período de prestação de serviço, o empregado receberá o pagamento imediato das seguintes parcelas:

I – remuneração;

II – férias proporcionais com acréscimo de um terço;

III – décimo terceiro salário proporcional;

IV – repouso semanal remunerado; e

V – adicionais legais.

§ 7º O recibo de pagamento deverá conter a discriminação dos valores pagos relativos a cada uma das parcelas referidas no § 6º deste artigo.

§ 8º O empregador efetuará o recolhimento da contribuição previdenciária e o depósito do Fundo de Garantia do Tempo de Serviço, na forma da lei, com base nos valores pagos no período mensal e fornecerá ao empregado comprovante do cumprimento dessas obrigações.

§ 9º A cada doze meses, o empregado adquire direito a usufruir, nos doze meses subsequentes, um mês de férias, período no qual não poderá ser convocado para prestar serviços pelo mesmo empregador.

► Art. 452-A acrescido pela Lei nº 13.467, de 13-7-2017.

Art. 453. No tempo de serviço do empregado, quando readmitido, serão computados os períodos, ainda que não contínuos, em que tiver trabalhado anteriormente na empresa, salvo se houver sido despedido por falta grave, recebido indenização legal ou se aposentado espontaneamente.

► *Caput* com a redação dada pela Lei nº 6.204, de 29-4-1975.
► Súm. nº 215 do STF.
► Súmulas nºs 138 e 156 do TST.

§ 1º Na aposentadoria espontânea de empregados das empresas públicas e sociedades de economia mista é permitida sua readmissão desde que atendidos aos requisitos constantes do artigo 37, inciso XVI, da Constituição, e condicionada à prestação de concurso público.

► O STF, por maioria de votos, julgou parcialmente procedente a ADI nº 1.770-4, para declarar a inconstitucionalidade deste parágrafo (*DOU* e *DJU* de 20-10-2006).
► OJ da SBDI-I nº 361 do TST.

§ 2º O ato de concessão de benefício de aposentadoria a empregado que não tiver completado trinta e cinco anos de serviço, se homem, ou trinta, se mulher, importa em extinção de vínculo empregatício.

► §§ 1º e 2º acrescidos pela Lei nº 9.528, de 10-12-1997.
► O STF, por maioria de votos, julgou procedente a ADI nº 1.721-3, para declarar a inconstitucionalidade deste parágrafo (*DOU* de 20-10-2006).

Art. 454. Na vigência do contrato de trabalho, as invenções do empregado, quando decorrentes de sua contribuição pessoal e da instalação ou equipamento fornecidos pelo empregador, serão de propriedade comum, em partes iguais, salvo se o contrato de trabalho tiver por objeto, implícita ou explicitamente, pesquisa científica.

► Art. 454 revogado tacitamente pela Lei nº 5.772, de 21-12-1971, posteriormente revogada pela Lei nº 9.279, de 14-5-1996 (Lei da Propriedade Industrial).
► Art. 5º, XXIX, da CF.
► Art. 91 da Lei nº 9.279, de 14-5-1996 (Lei da Propriedade Industrial).

Parágrafo único. Ao empregador caberá a exploração do invento, ficando obrigado a promovê-la no prazo de um ano da data da concessão da patente, sob pena de reverter em favor do empregado da plena propriedade desse invento.

Art. 455. Nos contratos de subempreitada responderá o subempreiteiro pelas obrigações derivadas do contrato de trabalho que celebrar, cabendo, todavia, aos empregados, o direito de reclamação contra o empreiteiro principal pelo inadimplemento daquelas obrigações por parte do primeiro.

► Súm. nº 225 do STF.
► OJ da SBDI-I nº 191 do TST.

Parágrafo único. Ao empreiteiro principal fica ressalvada, nos termos da lei civil, ação regressiva contra o subempreiteiro e a retenção de importâncias a este devidas, para a garantia das obrigações previstas neste artigo.

Art. 456. A prova do contrato individual do trabalho será feita pelas anotações constantes da carteira profissional ou por instrumento escrito e suprida por todos os meios permitidos em direito.

► Art. 1º do Dec.-lei nº 926, de 10-10-1969, que determinou a substituição do termo "carteira profissional" por "carteira de trabalho e previdência social".
► Súm. nº 225 do STF.

Parágrafo único. À falta de prova ou inexistindo cláusula expressa a tal respeito, entender-se-á que o empregado se obrigou a todo e qualquer serviço compatível com a sua condição pessoal.

► Arts. 212 e 227 do CC.
► Súmulas nºs 12 e 331 do TST.

Art. 456-A. Cabe ao empregador definir o padrão de vestimenta no meio ambiente laboral, sendo lícita a inclusão no uniforme de logomarcas da própria empresa ou de empresas parceiras e de outros itens de identificação relacionados à atividade desempenhada.

Parágrafo único. A higienização do uniforme é de responsabilidade do trabalhador, salvo nas hipóteses em que forem necessários procedimentos ou produtos diferentes dos utilizados para a higienização das vestimentas de uso comum.

► Art. 456-A acrescido pela Lei nº 13.467, de 13-7-2017.

CAPÍTULO II
DA REMUNERAÇÃO

Art. 457. Compreendem-se na remuneração do empregado, para todos os efeitos legais, além do salário devido e pago diretamente pelo empregador, como contraprestação do serviço, as gorjetas que receber.

► *Caput* com a redação dada pela Lei nº 1.999, de 1º-10-1953.
► Arts. 7º, VII e VIII, X e XI, 201, § 6º, e 218, § 4º, da CF.
► Dec. nº 10.088, de 5-11-2019, consolida atos normativos editados pelo Poder Executivo Federal que dispõem sobre a promulgação de convenções e recomendações da Organização Internacional do Trabalho – OIT ratificadas pela República Federativa do Brasil.
► OJ da SBDI-I Transitória nº 60 do TST.
► Súmulas nºs 63, 148, 264 e 354 do TST.

§ 1º Integram o salário a importância fixa estipulada, as gratificações legais e as comissões pagas pelo empregador.

§ 2º As importâncias, ainda que habituais, pagas a título de ajuda de custo, auxílio-alimentação, vedado seu pagamento em dinheiro, diárias para viagem, prêmios e abonos não integram a remuneração do empregado, não se incorporam ao contrato de trabalho e não constituem base de incidência de qualquer encargo trabalhista e previdenciário.

► §§ 1º a 2º com a redação dada pela Lei nº 13.467, de 13-7-2017.

§ 3º Considera-se gorjeta não só a importância espontaneamente dada pelo cliente ao empregado, como também o valor cobrado pela empresa, como serviço ou adicional, a qualquer título, e destinado à distribuição aos empregados.

► § 3º com a redação dada pela Lei nº 13.419, de 13-3-2017.

§ 4º Consideram-se prêmios as liberalidades concedidas pelo empregador em forma de bens, serviços ou valor em dinheiro a empregado ou a grupo de empregados, em razão de desempenho superior ao ordinariamente esperado no exercício de suas atividades.

► § 4º com a redação dada pela Lei nº 13.467, de 13-7-2017.

§ 5º Inexistindo previsão em convenção ou acordo coletivo de trabalho, os critérios de rateio e distribuição da gorjeta e os percentuais de retenção previstos nos §§ 6º e 7º deste artigo serão definidos em assembleia geral dos trabalhadores, na forma do art. 612 desta Consolidação.

§ 6º As empresas que cobrarem a gorjeta de que trata o § 3º deverão:

I – para as empresas inscritas em regime de tributação federal diferenciado, lançá-la na respectiva nota de consumo, facultada a retenção de até 20% (vinte por cento) da arrecadação correspondente, mediante previsão em convenção ou acordo coletivo de trabalho, para custear os encargos sociais, previdenciários e trabalhistas derivados da sua integração à remuneração dos empregados, devendo o valor remanescente ser revertido integralmente em favor do trabalhador;

II – para as empresas não inscritas em regime de tributação federal diferenciado, lançá-la na respectiva nota de consumo, facultada a retenção de até 33% (trinta e três por cento) da arrecadação correspondente, mediante previsão em convenção ou acordo coletivo de trabalho, para custear os encargos sociais, previdenciários e trabalhistas derivados da sua integração à remuneração dos empregados, devendo o valor remanescente ser revertido integralmente em favor do trabalhador;

III – anotar na Carteira de Trabalho e Previdência Social e no contracheque de seus empregados o salário contratual fixo e o percentual percebido a título de gorjeta.

§ 7º A gorjeta, quando entregue pelo consumidor diretamente ao empregado, terá seus critérios definidos em convenção ou acordo coletivo de trabalho, facultada a retenção nos parâmetros do § 6º deste artigo.

§ 8º As empresas deverão anotar na Carteira de Trabalho e Previdência Social de seus empregados o salário fixo e a média dos valores das gorjetas referente aos últimos doze meses.

§ 9º Cessada pela empresa a cobrança da gorjeta de que trata o § 3º deste artigo, desde que cobrada por mais de doze meses, essa se incorporará ao salário do empregado, tendo como base a média dos últimos doze meses, salvo o estabelecido em convenção ou acordo coletivo de trabalho.

§ 10. Para empresas com mais de sessenta empregados, será constituída comissão de empregados, mediante previsão em convenção ou acordo coletivo de trabalho, para acompanhamento e fiscalização da regularidade da cobrança e distribuição da gorjeta de que trata o § 3º deste artigo, cujos representantes serão eleitos em assembleia geral convocada para esse fim pelo sindicato laboral e gozarão de garantia de emprego vinculada ao desempenho das funções para que foram eleitos, e, para as demais empresas, será constituída comissão intersindical para o referido fim.

§ 11. Comprovado o descumprimento do disposto nos §§ 4º, 6º, 7º e 9º deste artigo, o empregador pagará ao trabalhador prejudicado, a título de multa, o valor correspondente a 1/30 (um trinta avos) da média da gorjeta por dia de atraso, limitada ao piso da categoria, assegurados em qualquer hipótese o contraditório e a ampla defesa, observadas as seguintes regras:

I – a limitação prevista neste parágrafo será triplicada caso o empregador seja reincidente;

II – considera-se reincidente o empregador que, durante o período de doze meses, descumpre o disposto nos §§ 4º, 6º, 7º e 9º deste artigo por mais de sessenta dias.

▶ §§ 5º a 11 acrescidos pela Lei nº 13.419, de 13-3-2017.

Art. 458. Além do pagamento em dinheiro, compreende-se no salário, para todos os efeitos legais, a alimentação, habitação, vestuário ou outras prestações *in natura* que a empresa, por força do contrato ou do costume, fornecer habitualmente ao empregado. Em caso algum será permitido o pagamento com bebidas alcoólicas ou drogas nocivas.

▶ *Caput* com a redação dada pelo Dec.-lei nº 229, de 28-2-1967.

▶ Port. da SIT/DSST nº 66, de 19-12-2003, dispõe sobre o recadastramento das pessoas jurídicas beneficiárias, fornecedoras e prestadoras de serviços de alimentação coletiva do Programa de Alimentação do Trabalhador.

▶ IN da SIT nº 30, de 17-10-2002, dispõe sobre os procedimentos a serem adotados pelos Auditores Fiscais do Trabalho nas ações de divulgação e fiscalização do Programa de Alimentação do Trabalhador – PAT.

▶ Súm. nº 258 do TST.

▶ Orientações Jurisprudenciais da SBDI-I nºs 123, 133 e 413 do TST.

▶ OJ da SBDI-I Transitória nº 61 do TST.

§ 1º Os valores atribuídos às prestações *in natura* deverão ser justos e razoáveis, não podendo exceder, em cada caso, os dos percentuais das parcelas componentes do salário mínimo (artigos 81 e 82).

▶ § 1º com a redação dada pelo Dec.-lei nº 229, de 28-2-1967.

§ 2º Para os efeitos previstos neste artigo, não serão consideradas como salário as seguintes utilidades concedidas pelo empregador:

▶ *Caput* do § 2º com a redação dada pela Lei nº 10.243, de 19-6-2001.

I – vestuários, equipamentos e outros acessórios fornecidos aos empregados e utilizados no local de trabalho, para a prestação do serviço;

▶ Súm. nº 367 do TST.

II – educação, em estabelecimento de ensino próprio ou de terceiros, compreendendo os valores relativos a matrícula, mensalidade, anuidade, livros e material didático;

III – transporte destinado ao deslocamento para o trabalho e retorno, em percurso servido ou não por transporte público;

IV – assistência médica, hospitalar e odontológica, prestada diretamente ou mediante seguro-saúde;

V – seguros de vida e de acidentes pessoais;

VI – previdência privada;

▶ Incisos I a VI com a redação dada pela Lei nº 10.243, de 19-6-2001.

▶ Art. 202, § 2º, da CF.

▶ Art. 68 da LC nº 109, de 29-5-2001 (Lei do Regime de Previdência Complementar).

VII – VETADO; Lei nº 10.243, de 19-6-2001.

VIII – o valor correspondente ao vale-cultura.

▶ Inciso VIII acrescido pela Lei nº 12.761, de 27-12-2012.

§ 3º A habitação e a alimentação fornecidas como salário-utilidade deverão atender aos fins a que se destinam e não poderão exceder, respectivamente, a vinte e cinco por cento e vinte por cento do salário contratual.

§ 4º Tratando-se de habitação coletiva, o valor do salário-utilidade a ela correspondente será obtido mediante a divisão do justo valor da habitação pelo número de coocupantes, vedada, em qualquer hipótese, a utilização da mesma unidade residencial por mais de uma família.

▶ §§ 3º e 4º acrescidos pela Lei nº 8.860, de 24-3-1994.

▶ Art. 7º, IV e VII, da CF.

▶ Súmulas nºs 241 e 258 do TST.

§ 5º O valor relativo à assistência prestada por serviço médico ou odontológico, próprio ou não, inclusive o reembolso de despesas com medicamentos, óculos, aparelhos ortopédicos, próteses, órteses, despesas médico-hospitalares e outras similares, mesmo quando concedido em diferentes modalidades de planos e coberturas, não integram o salário do empregado para qualquer efeito nem o salário de contribuição, para efeitos do previsto na alínea *q* do § 9º do art. 28 da Lei nº 8.212, de 24 de julho de 1991.

▶ § 5º acrescido pela Lei nº 13.467, de 13-7-2017.

Art. 459. O pagamento do salário, qualquer que seja a modalidade do trabalho, não deve ser estipulado por período superior a um mês, salvo no que concerne a comissões, percentagens e gratificações.

▶ Art. 4º da Lei nº 3.207, de 18-7-1957 (Lei dos Vendedores, Viajantes e Pracistas).

▶ Lei nº 8.716, de 11-10-1993, dispõe sobre a garantia do salário mínimo e dá outras providências.

§ 1º Quando o pagamento houver sido estipulado por mês, deverá ser efetuado, o mais tardar, até o quinto dia útil do mês subsequente ao vencido.

▶ § 1º conforme determinou a Lei nº 7.855, de 24-10-1989.

▶ Art. 7º, X, da CF.

▶ Súm. nº 381 do TST.

▶ OJ da SBDI-I nº 159 do TST.

Art. 460. Na falta de estipulação do salário ou não havendo prova sobre a importância ajustada, o empregado terá direito a perceber salário igual ao daquele que, na mesma empresa, fizer serviço equivalente, ou do que for habitualmente pago para serviço semelhante.

▶ Art. 7º, IV e V, da CF.

Art. 461. Sendo idêntica a função, a todo trabalho de igual valor, prestado ao mesmo empregador, no mesmo estabelecimento empresarial, corresponderá igual salário, sem distinção de sexo, etnia, nacionalidade ou idade.

▶ *Caput* com a redação dada pela Lei nº 13.467, de 13-7-2017.

§ 1º Trabalho de igual valor, para os fins deste Capítulo, será o que for feito com igual produtividade e com a mesma perfeição técnica, entre pessoas cuja diferença de tempo de serviço para o mesmo empregador não seja superior a quatro anos e a diferença de tempo na função não seja superior a dois anos.

§ 2º Os dispositivos deste artigo não prevalecerão quando o empregador tiver pessoal organizado em quadro de carreira ou adotar, por meio de norma interna da empresa ou de negociação coletiva, plano de cargos e salários, dispensada qualquer forma de homologação ou registro em órgão público.

§ 3º No caso do § 2º deste artigo, as promoções poderão ser feitas por merecimento e por antiguidade, ou por apenas um destes critérios, dentro de cada categoria profissional.

▶ §§ 1º a 3º com a redação dada pela Lei nº 13.467, de 13-7-2017.

§ 4º O trabalhador readaptado em nova função por motivo de deficiência física ou mental atestada pelo órgão competente da Previdência Social não servirá de paradigma para fins de equiparação salarial.

▶ § 4º acrescido pela Lei nº 5.798, de 31-8-1972.

▶ Súm. nº 202 do STF.

▶ Súm. nº 275 do TST.

§ 5º A equiparação salarial só será possível entre empregados contemporâneos no cargo ou na função, ficando vedada a indicação de paradigmas remotos, ainda que o paradigma contemporâneo tenha obtido a vantagem em ação judicial própria.

▶ § 5º acrescido pela Lei nº 13.467, de 13-7-2017.

§ 6º Na hipótese de discriminação por motivo de sexo, raça, etnia, origem ou idade, o pagamento das diferenças salariais devidas ao empregado discriminado não afasta seu direito de ação de indenização por danos morais, consideradas as especificidades do caso concreto.

▶ § 6º com a redação dada pela Lei nº 14.611, de 3-7-2023.

§ 7º Sem prejuízo do disposto no § 6º, no caso de infração ao previsto neste artigo, a multa de que trata o art. 510 desta Consolidação corresponderá a 10 (dez) vezes o valor do novo salário devido pelo empregador ao empregado discriminado, elevada ao dobro, no caso de reincidência, sem prejuízo das demais cominações legais.

▶ § 7º acrescido pela Lei nº 14.611, de 3-7-2023.

Art. 462. Ao empregador é vedado efetuar qualquer desconto nos salários do empregado, salvo quando este resultar de adiantamentos, de dispositivos de lei ou de contrato coletivo.

▶ O art. 20 do Dec.-lei nº 229, de 28-2-1967, substituiu a expressão "Contratos coletivos de trabalho" por "Convenções coletivas de trabalho".

▶ Art. 7º, X, da CF.

▶ Lei nº 10.820, de 17-12-2003, dispõe sobre a autorização para desconto de prestações em folha de pagamento.

▶ Súmulas nºs 342, 368 e 401 do TST.

▶ OJ da SBDI-I nº 160 do TST.

§ 1º Em caso de dano causado pelo empregado, o desconto será lícito, desde que esta possibilidade tenha sido acordada ou na ocorrência de dolo do empregado.

▶ Parágrafo único transformado em § 1º pelo Dec.-lei nº 229, de 28-2-1967.

▶ Súm. nº 187 do TST.

▶ OJ da SBDI-I nº 251 do TST.

§ 2º É vedado à empresa que mantiver armazém para venda de mercadoria aos empregados ou serviços destinados a proporcionar-lhes prestações *in natura* exercer qualquer coação ou induzimento ao sentido de que os empregados se utilizem do armazém ou dos serviços.

§ 3º Sempre que não for possível o acesso dos empregados a armazéns ou serviços não mantidos pela empresa, é lícito à autoridade competente determinar a adoção de medidas adequadas, visando a que as mercadorias sejam vendidas e os serviços prestados a preços razoáveis, sem intuito de lucro e sempre em benefício dos empregados.

§ 4º Observado o disposto neste Capítulo, é vedado às empresas limitar, por qualquer forma, a liberdade dos empregados de dispor do seu salário.

- §§ 2º a 4º acrescidos pelo Dec.-lei nº 229, de 28-2-1967.

Art. 463. A prestação, em espécie, do salário será paga em moeda corrente do País.

Parágrafo único. O pagamento do salário realizado com inobservância deste artigo considera-se como não feito.

- Art. 315 do CC.

Art. 464. O pagamento do salário deverá ser efetuado contra recibo, assinado pelo empregado; em se tratando de analfabeto, mediante sua impressão digital, ou, não sendo esta possível, a seu rogo.

Parágrafo único. Terá força de recibo o comprovante de depósito em conta bancária, aberta para esse fim em nome de cada empregado, com o consentimento deste, em estabelecimento de crédito próximo ao local de trabalho.

- Parágrafo único acrescido pela Lei nº 9.528, de 10-12-1997.

Art. 465. O pagamento dos salários será efetuado em dia útil e no local do trabalho, dentro do horário do serviço ou imediatamente após o encerramento deste, salvo quando efetuado por depósito em conta bancária, observado o disposto no artigo anterior.

- Artigo com a redação dada pela Lei nº 9.528, de 10-12-1997.

Art. 466. O pagamento de comissões e percentagens só é exigível depois de ultimada a transação a que se referem.

- Orientações Jurisprudenciais da SBDI-I nºs 175 e 181 do TST.

§ 1º Nas transações realizadas por prestações sucessivas, é exigível o pagamento das percentagens e comissões que lhes disserem respeito proporcionalmente à respectiva liquidação.

§ 2º A cessação das relações de trabalho não prejudica a percepção das comissões e percentagens devidas na forma estabelecida por este artigo.

- Súm. nº 173 do TST.

Art. 467. Em caso de rescisão do contrato de trabalho, havendo controvérsia sobre o montante das verbas rescisórias, o empregador é obrigado a pagar ao trabalhador, à data do comparecimento à Justiça do Trabalho, a parte incontroversa dessas verbas, sob pena de pagá-las acrescidas de cinquenta por cento.

- *Caput* com a redação dada pela Lei nº 10.272, de 5-9-2001.
- Súmulas nºs 13, 69, 173 e 388 do TST.

Parágrafo único. O disposto no *caput* não se aplica à União, aos Estados, ao Distrito Federal, aos Municípios e as suas autarquias e fundações públicas.

- Parágrafo único acrescido pela MP nº 2.180-35, de 24-8-2001, que até o encerramento desta edição não havia sido convertida em Lei.
- A MP nº 2.180-35, de 24-8-2001, acrescentou o parágrafo único acima transcrito. No entanto, entendemos que a nova redação dada a este artigo pela Lei nº 10.272, de 5-9-2001, suprimiu seu parágrafo único.
- Súm. nº 173 do TST.

CAPÍTULO III
DA ALTERAÇÃO

Art. 468. Nos contratos individuais de trabalho só é lícita a alteração das respectivas condições por mútuo consentimento, e ainda assim, desde que não resultem, direta ou indiretamente, prejuízos ao empregado, sob pena de nulidade da cláusula infringente desta garantia.

- Arts. 7º, VI, XXVII, 37, XV, da CF.
- Art. 17 do ADCT.
- Súmulas nºs 51, 265, 291, 294 e 372 do TST.
- Orientações Jurisprudenciais da SBDI-I nºs 76, 159 e 175 do TST.
- OJ da SBDI-I Transitória nº 72 do TST.

§ 1º Não se considera alteração unilateral a determinação do empregador para que o respectivo empregado reverta ao cargo efetivo, anteriormente ocupado, deixando o exercício de função de confiança.

- Parágrafo único renumerado para § 1º pela Lei nº 13.467, de 13-7-2017.

§ 2º A alteração de que trata o § 1º deste artigo, com ou sem justo motivo, não assegura ao empregado o direito à manutenção do pagamento da gratificação correspondente, que não será incorporada, independentemente do tempo de exercício da respectiva função.

- § 2º acrescido pela Lei nº 13.467, de 13-7-2017.

Art. 469. Ao empregador é vedado transferir o empregado, sem a sua anuência, para localidade diversa da que resultar do contrato, não se considerando transferência a que não acarretar necessariamente a mudança do seu domicílio.

- Súm. nº 29 do TST.

§ 1º Não estão compreendidos na proibição deste artigo os empregados que exerçam cargos de confiança e aqueles cujos contratos tenham como condição, implícita ou explícita, a transferência, quando esta decorra de real necessidade de serviço.

- § 1º com a redação dada pela Lei nº 6.203, de 17-4-1975.
- Súm. nº 43 do TST.
- OJ da SBDI-I nº 113 do TST.

§ 2º É lícita a transferência quando ocorrer extinção do estabelecimento em que trabalhar o empregado.

- Súm. nº 221 do STF.

§ 3º Em caso de necessidade de serviço o empregador poderá transferir o empregado para localidade diversa da que resultar do contrato, não obstante as restrições do artigo anterior, mas, nesse caso, ficará obrigado a um pagamento suplementar, nunca inferior a vinte e cinco por cento dos salários que o empregado percebia naquela localidade, enquanto durar essa situação.

- § 3º acrescido pela Lei nº 6.203, de 17-4-1975.
- Súm. nº 43 do TST.

Art. 470. As despesas resultantes da transferência correrão por conta do empregador.

- Artigo com a redação dada pela Lei nº 6.203, de 17-4-1975.

CAPÍTULO IV
DA SUSPENSÃO E DA INTERRUPÇÃO

Art. 471. Ao empregado afastado do emprego, são asseguradas, por ocasião de sua volta, todas as vantagens que, em sua ausência, tenham sido atribuídas à categoria a que pertencia na empresa.

- Súm. nº 219 do STF.
- Súmulas nºs 186 e 269 do TST.

Art. 472. O afastamento do empregado em virtude das exigências do serviço militar, ou de outro encargo público, não constituirá motivo para alteração ou rescisão do contrato de trabalho por parte do empregador.

§ 1º Para que o empregado tenha direito a voltar a exercer o cargo do qual se afastou em virtude de exigências do serviço militar ou de encargo público, é indispensável que notifique o empregador dessa intenção, por telegrama ou carta registrada, dentro do prazo máximo de trinta dias, contados da data em que se verificar a respectiva baixa ou a terminação do encargo a que estava obrigado.

- Lei nº 4.375, de 17-8-1964 (Lei do Serviço Militar).

§ 2º Nos contratos por prazo determinado, o tempo de afastamento, se assim acordarem as partes interessadas, não será computado na contagem do prazo para a respectiva terminação.

§ 3º Ocorrendo motivo relevante de interesse para a segurança nacional, poderá a autoridade competente solicitar o afastamento do empregado do serviço ou do local de trabalho, sem que se configure a suspensão do contrato de trabalho.

§ 4º O afastamento a que se refere o parágrafo anterior será solicitado pela autoridade competente diretamente ao empregador, em representação fundamentada com audiência da Procuradoria Regional do Trabalho, que providenciará desde logo a instauração do competente inquérito administrativo.

§ 5º Durante os primeiros noventa dias desse afastamento, o empregado continuará percebendo sua remuneração.

- §§ 3º a 5º acrescidos pelo Dec.-lei nº 3, de 27-1-1966.
- Lei nº 12.815, de 5-6-2013 (Lei dos Portos).
- Art. 38 da CF.
- Súm. nº 269 do TST.

Art. 473. O empregado poderá deixar de comparecer ao serviço sem prejuízo do salário:

- *Caput* com a redação dada pelo Dec.-lei nº 229, de 28-2-1967.

I – até dois dias consecutivos, em caso de falecimento do cônjuge, ascendente, descendente, irmão ou pessoa que, declarada em sua Carteira de Trabalho e Previdência Social, viva sob sua dependência econômica;

- Dec.-lei nº 229, de 28-2-1967, altera dispositivos da Consolidação das Leis do Trabalho, aprovada pelo Decreto-lei nº 5.452, de 1º-5-1943.

II – até três dias consecutivos, em virtude de casamento;

- Incisos I e II acrescidos pelo Dec.-lei nº 229, de 28-2-1967.

III – por 5 (cinco) dias consecutivos, em caso de nascimento de filho, de adoção ou de guarda compartilhada;

- Inciso III com a redação dada pela Lei nº 14.457, de 21-9-2022.
- Art. 7º, XVIII e XIX, da CF.

▸ Art. 10, § 1º, do ADCT, que estabelece licença-paternidade de 5 dias.
▸ Art. 392 desta Consolidação.
▸ A Lei nº 13.257, de 8-3-2016, deu nova redação ao art. 1º da Lei nº 11.770, de 9-9-2008 (Programa Empresa Cidadã) para prever o acréscimo de 15 dias para a licença-paternidade dos empregados vinculados às empresas participantes.

IV – por um dia, em cada doze meses de trabalho, em caso de doação voluntária de sangue devidamente comprovada;

V – até dois dias consecutivos ou não, para o fim de se alistar eleitor, nos termos da lei respectiva;

▸ Incisos IV e V acrescidos pelo Dec.-lei nº 229, de 28-2-1967.

VI – no período de tempo em que tiver de cumprir as exigências do Serviço Militar referidas na letra *c* do artigo 65 da Lei nº 4.375, de 17 de agosto de 1964 (Lei do Serviço Militar);

▸ Inciso VI acrescido pelo Dec.-lei nº 757, de 12-8-1969.

VII – nos dias em que estiver comprovadamente realizando provas de exame vestibular para ingresso em estabelecimento de ensino superior;

▸ Inciso VII acrescido pela Lei nº 9.471, de 14-7-1997.

VIII – pelo tempo que se fizer necessário, quando tiver que comparecer a juízo;

▸ Inciso VIII acrescido pela Lei nº 9.853, de 27-10-1999.
▸ Súm. nº 155 do TST.

IX – pelo tempo que se fizer necessário, quando, na qualidade de representante de entidade sindical, estiver participando de reunião oficial de organismo internacional do qual o Brasil seja membro;

▸ Inciso IX acrescido pela Lei nº 11.304, de 11-5-2006.

X – pelo tempo necessário para acompanhar sua esposa ou companheira em até 6 (seis) consultas médicas, ou em exames complementares, durante o período de gravidez;

▸ Inciso X com a redação dada pela Lei nº 14.457, de 21-9-2022.

XI – por 1 (um) dia por ano para acompanhar filho de até 6 (seis) anos em consulta médica;

▸ Inciso XI acrescido pela Lei nº 13.257, de 8-3-2016.

XII – até 3 (três) dias, em cada 12 (doze) meses de trabalho, em caso de realização de exames preventivos de câncer devidamente comprovada.

▸ Inciso XII acrescido pela Lei nº 13.767, de 18-12-2018.

§ 1º *O prazo a que se refere o inciso III do caput deste artigo será contado a partir da data de nascimento do filho.*

▸ Parágrafo único renumerado para § 1º pela Lei nº 15.156, de 1º-7-2025.

§ 2º *Na hipótese de nascimento ou de adoção de criança com deficiência permanente decorrente de síndrome congênita associada à infecção pelo vírus Zika, o prazo a que se refere o inciso III do caput deste artigo será ampliado para 20 (vinte) dias.*

▸ § 2º acrescido pela Lei nº 15.156, de 1º-7-2025, promulgado nos termos do art. 66, § 5º, da CF (*DOU* de 2-7-2025).

Art. 474. A suspensão do empregado por mais de trinta dias consecutivos importa na rescisão injusta do contrato de trabalho.

▸ Súm. nº 77 do TST.

Art. 475. O empregado que for aposentado por invalidez terá suspenso o seu contrato de trabalho durante o prazo fixado pelas leis de previdência social para a efetivação do benefício.

▸ Súm. nº 217 do STF.
▸ Súm. nº 440 do TST.
▸ OJ da SBDI-I nº 375 do TST.

§ 1º Recuperando o empregado a capacidade de trabalho e sendo a aposentadoria cancelada, ser-lhe-á assegurado o direito à função que ocupava ao tempo da aposentadoria, facultado, porém, ao empregador, o direito de indenizá-lo por rescisão do contrato de trabalho, nos termos dos artigos 477 e 478, salvo na hipótese de ser ele portador de estabilidade, quando a indenização deverá ser paga na forma do artigo 497.

▸ § 1º com a redação dada pela Lei nº 4.824, de 5-11-1965.
▸ Dec. nº 10.088, de 5-11-2019, consolida atos normativos editados pelo Poder Executivo Federal que dispõem sobre a promulgação de convenções e recomendações da Organização Internacional do Trabalho – OIT ratificadas pela República Federativa do Brasil.
▸ Súmulas nºs 72, 97 e 160 do TST.

§ 2º Se o empregador houver admitido substituto para o aposentado, poderá rescindir, com este, o respectivo contrato de trabalho sem indenização, desde que tenha havido ciência inequívoca da interinidade ao ser celebrado o contrato.

Art. 476. Em caso de seguro-doença ou auxílio-enfermidade, o empregado é considerado em licença não remunerada, durante o prazo desse benefício.

▸ OJ da SBDI-I nº 375 do TST.
▸ Súmulas nºs 15, 282, 371 e 378 do TST.

Art. 476-A. O contrato de trabalho poderá ser suspenso, por um período de dois a cinco meses, para participação do empregado em curso ou programa de qualificação profissional oferecido pelo empregador, com duração equivalente à suspensão contratual, mediante previsão em convenção ou acordo coletivo de trabalho e aquiescência formal do empregado, observado o disposto no artigo 471 desta Consolidação.

▸ Art. 17, I, da Lei nº 14.020, de 6-7-2020 (Programa Emergencial de Manutenção do Emprego e da Renda).

§ 1º Após a autorização concedida por intermédio de convenção ou acordo coletivo, o empregador deverá notificar o respectivo sindicato, com antecedência mínima de quinze dias da suspensão contratual.

§ 2º O contrato de trabalho não poderá ser suspenso em conformidade com o disposto no *caput* deste artigo mais de uma vez no período de dezesseis meses.

§ 3º O empregador poderá conceder ao empregado ajuda compensatória mensal, sem natureza salarial, durante o período de suspensão contratual nos termos do *caput* deste artigo, com valor a ser definido em convenção ou acordo coletivo.

§ 4º Durante o período de suspensão contratual para participação em curso ou programa de qualificação profissional, o empregado fará jus aos benefícios voluntariamente concedidos pelo empregador.

§ 5º Se ocorrer a dispensa do empregado no transcurso do período de suspensão contratual ou nos três meses subsequentes ao seu retorno ao trabalho, o empregador pagará ao empregado, além das parcelas indenizatórias previstas na legislação em vigor, multa a ser estabelecida em convenção ou acordo coletivo, sendo de, no mínimo, cem por cento sobre o valor da última remuneração mensal anterior à suspensão do contrato.

§ 6º Se durante a suspensão do contrato não for ministrado o curso ou programa de qualificação profissional, ou o empregado permanecer trabalhando para o empregador, ficará descaracterizada a suspensão, sujeitando o empregador ao pagamento imediato dos salários e dos encargos sociais referentes ao período, às penalidades cabíveis previstas na legislação em vigor, bem como às sanções previstas em convenção ou acordo coletivo.

§ 7º O prazo limite fixado no *caput* poderá ser prorrogado mediante convenção ou acordo coletivo de trabalho e aquiescência formal do empregado, desde que o empregador arque com o ônus correspondente ao valor da bolsa de qualificação profissional, no respectivo período.

▸ Art. 476-A acrescido pela MP nº 2.164-41, de 24-8-2001, que até o encerramento desta edição não havia sido convertida em Lei.
▸ Dec. nº 1.298, de 29-9-1994, promulga a Convenção nº 140 da OIT sobre licença remunerada para estudos.

CAPÍTULO V
DA RESCISÃO

Art. 477. Na extinção do contrato de trabalho, o empregador deverá proceder à anotação na Carteira de Trabalho e Previdência Social, comunicar a dispensa aos órgãos competentes e realizar o pagamento das verbas rescisórias no prazo e na forma estabelecidos neste artigo.

▸ *Caput* com a redação dada pela Lei nº 13.467, de 13-7-2017.

§ 1º *Revogado.* Lei nº 13.467, de 13-7-2017.

§ 2º O instrumento de rescisão ou recibo de quitação, qualquer que seja a causa ou forma de dissolução do contrato, deve ter especificada a natureza de cada parcela paga ao empregado e discriminado o seu valor, sendo válida a quitação, apenas, relativamente às mesmas parcelas.

▸ § 2º com a redação dada pela Lei nº 5.584, de 26-6-1970.
▸ Súmulas nºs 54 e 330 do TST.
▸ Orientações Jurisprudenciais da SBDI-I nºs 207, 270 e 356 do TST.

§ 3º *Revogado.* Lei nº 13.467, de 13-7-2017.

§ 4º O pagamento a que fizer jus o empregado será efetuado:

I – em dinheiro, depósito bancário ou cheque visado, conforme acordem as partes; ou

II – em dinheiro ou depósito bancário quando o empregado for analfabeto.

▸ § 4º com a redação dada pela Lei nº 13.467, de 13-7-2017.

§ 5º Qualquer compensação no pagamento de que trata o parágrafo anterior não poderá exceder o equivalente a um mês de remuneração do empregado.

▸ § 5º com a redação dada pela Lei nº 5.584, de 26-6-1970.

§ 6º A entrega ao empregado de documentos que comprovem a comunicação da extinção contratual aos órgãos competentes bem como o pagamento dos valores constantes do instrumento de rescisão ou recibo de quitação deverão ser efetuados até dez dias contados a partir do término do contrato.

- *Caput* do § 6º com a redação dada pela Lei nº 13.467, de 13-7-2017.

a e *b*) *Revogadas*. Lei nº 13.467, de 13-7-2017.

§ 7º *Revogado*. Lei nº 13.467, de 13-7-2017.

§ 8º A inobservância do disposto no § 6º deste artigo sujeitará o infrator à multa de 160 BTN, por trabalhador, bem assim ao pagamento da multa a favor do empregado, em valor equivalente ao seu salário, devidamente corrigido pelo índice de variação do BTN, salvo quando, comprovadamente, o trabalhador der causa à mora.

- § 8º acrescido pela Lei nº 7.855, de 24-10-1989.
- A partir de 1º-2-1991, foi extinto o BTN pelo art. 3º da Lei nº 8.177, de 1º-3-1991, que fixa, no seu parágrafo único, a conversão do BTN em cruzeiros no valor de CR$ 126,8621. Tal valor foi mantido pelo art. 21, I, da Lei nº 8.178, de 4-3-1991, tendo sido elevado em 70% pelo art. 10 da Lei nº 8.218, de 29-8-1991. Desde 1º-8-1993, o cruzeiro passou para cruzeiro real na paridade de mil por um, em função da MP nº 336, de 28-7-1993, convertida na Lei nº 8.697, de 27-8-1993. Desde 1º-7-1994, o cruzeiro real passou a real pela Lei nº 8.880, de 27-5-1994, fixada a paridade de R$ 1,00 para 2.750,00 URVs. Pelo art. 1º da Lei nº 8.383, de 30-12-1991, foi instituída a UFIR como medida de valor e parâmetro de atualização monetária de tributos e de multas e penalidades de qualquer natureza. O art. 29, § 3º, da Lei nº 10.522, de 19-7-2002, que dispõe sobre o Cadastro Informativo dos créditos não quitados de órgãos e entidades federais, extinguiu a UFIR.
- Port. do MTPrev nº 667, de 8-11-2021, regulamenta a imposição de multas administrativas previstas na legislação trabalhista.
- Súmulas nºs 388 a 462 do TST.
- OJ da SBDI-I nº 238 do TST.

§ 9º VETADO. Lei nº 7.855, de 24-10-1989.

§ 10. A anotação da extinção do contrato na Carteira de Trabalho e Previdência Social é documento hábil para requerer o benefício do seguro-desemprego e a movimentação da conta vinculada no Fundo de Garantia do Tempo de Serviço, nas hipóteses legais, desde que a comunicação prevista no *caput* deste artigo tenha sido realizada.

- § 10 acrescido pela Lei nº 13.467, de 13-7-2017.

Art. 477-A. As dispensas imotivadas individuais, plúrimas ou coletivas equiparam-se para todos os fins, não havendo necessidade de autorização prévia de entidade sindical ou de celebração de convenção coletiva ou acordo coletivo de trabalho para sua efetivação.

Art. 477-B. Plano de Demissão Voluntária ou Incentivada, para dispensa individual, plúrima ou coletiva, previsto em convenção coletiva ou acordo coletivo de trabalho, enseja quitação plena e irrevogável dos direitos decorrentes da relação empregatícia, salvo disposição em contrário estipulada entre as partes.

- Arts. 477-A e 477-B acrescidos pela Lei nº 13.467, de 13-7-2017.

Art. 478. A indenização devida pela rescisão de contrato por prazo indeterminado será de um mês de remuneração por ano de serviço efetivo, ou por ano e fração igual ou superior a seis meses.

- Súmulas nºs 44, 132 e 138 do TST.
- OJ da SBDI-I nº 364 do TST.

§ 1º O primeiro ano de duração do contrato por prazo indeterminado é considerado como período de experiência, e, antes que se complete, nenhuma indenização será devida.

- Este parágrafo foi derrogado pelo parágrafo único, do art. 18 da Lei nº 5.107, de 13-9-1966.

§ 2º Se o salário for pago por dia, o cálculo da indenização terá por base trinta dias.

§ 3º Se pago por hora, a indenização apurar-se-á na base de duzentas horas por mês.

- Art. 7º, XIII, da CF, induz que a indenização apurar-se-á na base de 220 (duzentas e vinte) horas.
- Súm. nº 459 do STF.

§ 4º Para os empregados que trabalhem à comissão ou que tenham direito a percentagens, a indenização será calculada pela média das comissões ou percentagens percebidas nos últimos doze meses de serviço.

- § 4º com a redação dada pelo Dec.-lei nº 229, de 28-2-1967.

§ 5º Para os empregados que trabalhem por tarefa ou serviço feito, a indenização será calculada na base média do tempo costumeiramente gasto pelo interessado para realização de seu serviço, calculando-se o valor do que seria feito durante trinta dias.

- Lei nº 8.036, de 11-5-1990 (Lei do FGTS).
- Súmulas nºs 148 e 152 do TST.

Art. 479. Nos contratos que tenham termo estipulado, o empregador que, sem justa causa, despedir o empregado será obrigado a pagar-lhe, a título de indenização, e por metade, a remuneração a que teria direito até o termo do contrato.

- Súm. nº 125 do TST.

Parágrafo único. Para a execução do que dispõe o presente artigo, o cálculo da parte variável ou incerta dos salários será feito de acordo com o prescrito para o cálculo da indenização referente à rescisão dos contratos por prazo indeterminado.

Art. 480. Havendo termo estipulado, o empregado não se poderá desligar do contrato, sem justa causa, sob pena de ser obrigado a indenizar o empregador dos prejuízos que desse fato lhe resultarem.

§ 1º A indenização, porém, não poderá exceder àquela a que teria direito o empregado em idênticas condições.

- Parágrafo único transformado em § 1º pelo Dec.-lei nº 6.353, de 20-3-1944.
- Súm. nº 125 do TST.

§ 2º *Revogado*. Lei nº 6.533, de 24-5-1978.

Art. 481. Aos contratos por prazo determinado, que contiverem cláusula assecuratória do direito recíproco de rescisão, antes de expirado o termo ajustado, aplicam-se, caso seja exercido tal direito por qualquer das partes, os princípios que regem a rescisão dos contratos por prazo indeterminado.

- Súm. nº 163 do TST.

Art. 482. Constituem justa causa para rescisão do contrato de trabalho pelo empregador:

a) ato de improbidade;

- Art. 37, §§ 4º e 5º, da CF.

b) incontinência de conduta ou mau procedimento;

c) negociação habitual por conta própria ou alheia sem permissão do empregador, e quando constituir ato de concorrência à empresa para a qual trabalha o empregado, ou for prejudicial ao serviço;

d) condenação criminal do empregado, passada em julgado, caso não tenha havido suspensão da execução da pena;

e) desídia no desempenho das respectivas funções;

f) embriaguez habitual ou em serviço;

g) violação de segredo da empresa;

h) ato de indisciplina ou de insubordinação;

i) abandono de emprego;

- Súmulas nºs 32, 62 e 73 do TST.

j) ato lesivo da honra ou da boa fama praticado no serviço contra qualquer pessoa, ou ofensas físicas, nas mesmas condições, salvo em caso de legítima defesa, própria ou de outrem;

k) ato lesivo da honra ou da boa fama ou ofensas físicas praticadas contra o empregador e superiores hierárquicos, salvo em caso de legítima defesa, própria ou de outrem;

l) prática constante de jogos de azar;

m) perda da habilitação ou dos requisitos estabelecidos em lei para o exercício da profissão, em decorrência de conduta dolosa do empregado.

- Alínea *m* acrescida pela Lei nº 13.467, de 13-7-2017.

Parágrafo único. Constitui igualmente justa causa para dispensa de empregado a prática, devidamente comprovada em inquérito administrativo, de atos atentatórios contra a segurança nacional.

- Parágrafo único acrescido pelo Dec.-lei nº 3, de 27-1-1966.
- Art. 109, VI, da CF.
- Lei nº 12.815, de 5-6-2013 (Lei dos Portos).
- Súmulas nºs 77 e 212 do TST.

Art. 483. O empregado poderá considerar rescindido o contrato e pleitear a devida indenização quando:

a) forem exigidos serviços superiores às suas forças, defesos por lei, contrários aos bons costumes, ou alheios ao contrato;

b) for tratado pelo empregador ou por seus superiores hierárquicos com rigor excessivo;

c) correr perigo manifesto de mal considerável;

d) não cumprir o empregador as obrigações do contrato;

e) praticar o empregador ou seus prepostos, contra ele ou pessoas de sua família, ato lesivo da honra e boa fama;

f) o empregador ou seus prepostos ofenderem-no fisicamente, salvo em caso de legítima defesa, própria ou de outrem;

g) o empregador reduzir o seu trabalho, sendo este por peça ou tarefa, de forma a afetar sensivelmente a importância dos salários.

- OJ da SBDI-I nº 244 do TST.

§ 1º O empregado poderá suspender a prestação dos serviços ou rescindir o contrato, quando tiver de desempenhar obrigações legais, incompatíveis com a continuação do serviço.

§ 2º No caso de morte do empregador constituído em empresa individual, é facultado ao empregado rescindir o contrato de trabalho.

§ 3º Nas hipóteses das letras *d* e *g*, poderá o empregado pleitear a rescisão de seu contrato de trabalho e o pagamento das respectivas indenizações, permanecendo ou não no serviço até final decisão do processo.

- § 3º acrescido pela Lei nº 4.825, de 5-11-1965.
- Súm. nº 13 do TST.

Art. 484. Havendo culpa recíproca no ato que determinou a rescisão do contrato de trabalho, o tribunal de trabalho reduzirá a indenização à que seria devida em caso de culpa exclusiva do empregador, por metade.

- Súm. nº 14 do TST.

Art. 484-A. O contrato de trabalho poderá ser extinto por acordo entre empregado e empregador, caso em que serão devidas as seguintes verbas trabalhistas:

I – por metade:

a) o aviso prévio, se indenizado; e

b) a indenização sobre o saldo do Fundo de Garantia do Tempo de Serviço, prevista no § 1º do art. 18 da Lei nº 8.036, de 11 de maio de 1990;

II – na integralidade, as demais verbas trabalhistas.

§ 1º A extinção do contrato prevista no *caput* deste artigo permite a movimentação da conta vinculada do trabalhador no Fundo de Garantia do Tempo de Serviço na forma do inciso I-A do art. 20 da Lei nº 8.036, de 11 de maio de 1990, limitada até 80% (oitenta por cento) do valor dos depósitos.

§ 2º A extinção do contrato por acordo prevista no *caput* deste artigo não autoriza o ingresso no Programa de Seguro-Desemprego.

- Art. 484-A acrescido pela Lei nº 13.467, de 13-7-2017.

Art. 485. Quando cessar a atividade da empresa, por morte do empregador, os empregados terão direito, conforme o caso, à indenização a que se referem os artigos 477 e 497.

- Súmulas nºs 44, 163, 173, 182, 230 e 276 do TST.

Art. 486. No caso de paralisação temporária ou definitiva do trabalho, motivada por ato de autoridade municipal, estadual ou federal, ou pela promulgação de lei ou resolução que impossibilite a continuação da atividade, prevalecerá o pagamento da indenização, que ficará a cargo do Governo responsável.

- *Caput* com a redação dada pela Lei nº 1.530, de 26-12-1951.

§ 1º Sempre que o empregador invocar em sua defesa o preceito do presente artigo, o tribunal do trabalho competente notificará a pessoa de direito público apontada como responsável pela paralisação do trabalho, para que, no prazo de trinta dias, alegue o que entender devido, passando a figurar no processo como chamada à autoria.

- § 1º com a redação dada pelo Dec.-lei nº 6.110, de 16-12-1943.

§ 2º Sempre que a parte interessada, firmada em documento hábil, invocar defesa baseada na disposição deste artigo e indicar qual o juiz competente, será ouvida a parte contrária, para, dentro de três dias, falar sobre essa alegação.

§ 3º Verificada qual a autoridade responsável, a Junta de Conciliação ou Juiz dar-se-á por incompetente, remetendo os autos ao Juiz Privativo da Fazenda, perante o qual correrá o feito nos termos previstos no processo comum.

- §§ 2º e 3º com a redação dada pela Lei nº 1.530, de 26-12-1951.
- EC nº 24, de 9-12-1999, alterou a denominação das Juntas de Conciliação e Julgamento para Varas do Trabalho e extinguiu a representação classista na Justiça do Trabalho.

CAPÍTULO VI
DO AVISO PRÉVIO

- Art. 7º, XXI, da CF.
- Lei nº 12.506, de 11-10-2011 (Lei do Aviso Prévio).

Art. 487. Não havendo prazo estipulado, a parte que, sem justo motivo, quiser rescindir o contrato deverá avisar a outra da sua resolução com a antecedência mínima de:

I – oito dias, se o pagamento for efetuado por semana ou tempo inferior;

- Este inciso não foi recepcionado pelo art. 7º, XXI, da CF.
- Súm. nº 79 do extinto TFR.
- Súmulas nºs 10, 44, 73, 163, 182, 230, 276, 348, 363, 369, 371, 380 e 441 do TST.
- Orientações Jurisprudenciais da SBDI-I nºs 14, 42, 82, 83 e 268 do TST.

II – trinta dias aos que perceberem por quinzena ou mês, ou que tenham mais de doze meses de serviço na empresa.

- Incisos I e II com a redação dada pela Lei nº 1.530, de 26-12-1951.

§ 1º A falta do aviso prévio por parte do empregador dá ao empregado o direito aos salários correspondentes ao prazo do aviso, garantida sempre a integração desse período no seu tempo de serviço.

- Súmulas nºs 305 e 394 do TST.
- Orientações Jurisprudenciais da SBDI-I nºs 82, 83 e 268 e 367 do TST.

§ 2º A falta de aviso prévio por parte do empregado dá ao empregador o direito de descontar os salários correspondentes ao prazo respectivo.

§ 3º Em se tratando de salário pago na base de tarefa, o cálculo, para os efeitos dos parágrafos anteriores, será feito de acordo com a média dos últimos doze meses de serviço.

§ 4º É devido o aviso prévio na despedida indireta.

- § 4º acrescido pela Lei nº 7.108, de 5-7-1983.
- Súmulas nºs 44, 73 e 163 do TST.

§ 5º O valor das horas extraordinárias habituais integra o aviso prévio indenizado.

§ 6º O reajustamento salarial coletivo, determinado no curso do aviso prévio, beneficia o empregado pré-avisado da despedida, mesmo que tenha recebido antecipadamente os salários correspondentes ao período do aviso, que integra seu tempo de serviço para todos os efeitos legais.

- §§ 5º e 6º acrescidos pela Lei nº 10.218, de 11-4-2001.
- Súm. nº 230 do TST.

Art. 488. O horário normal de trabalho do empregado, durante o prazo do aviso, e se a rescisão tiver sido promovida pelo empregador, será reduzido de duas horas diárias, sem prejuízo do salário integral.

- Súm. nº 230 do TST.

Parágrafo único. É facultado ao empregado trabalhar sem a redução das duas horas diárias previstas neste artigo, caso em que poderá faltar ao serviço, sem prejuízo do salário integral, por um dia, na hipótese do inciso I, e por sete dias corridos, na hipótese do inciso II do artigo 487 desta Consolidação.

- Parágrafo único acrescido pela Lei nº 7.093, de 25-4-1983.

Art. 489. Dado o aviso prévio, a rescisão torna-se efetiva depois de expirado o respectivo prazo, mas, se a parte notificante reconsiderar o ato, antes de seu termo, à outra parte é facultado aceitar ou não a reconsideração.

Parágrafo único. Caso seja aceita a reconsideração ou continuando a prestação depois de expirado o prazo, o contrato continuará a vigorar, como se o aviso não tivesse sido dado.

Art. 490. O empregador que, durante o prazo do aviso prévio dado ao empregado, praticar ato que justifique a rescisão imediata do contrato, sujeita-se ao pagamento da remuneração correspondente ao prazo do referido aviso, sem prejuízo da indenização que for devida.

Art. 491. O empregado que, durante o prazo do aviso prévio, cometer qualquer das faltas consideradas pela lei como justas para a rescisão, perde o direito ao restante do respectivo prazo.

CAPÍTULO VII
DA ESTABILIDADE

Art. 492. O empregado que contar mais de dez anos de serviço na mesma empresa não poderá ser despedido senão por motivo de falta grave ou circunstância de força maior, devidamente comprovadas.

- Art. 7º, I a III, da CF.
- Art. 10, I, do ADCT.
- Lei nº 8.036, de 11-5-1990 (Lei do FGTS).
- Súmulas nºs 379 e 390 do TST.

Parágrafo único. Considera-se como de serviço todo o tempo em que o empregado esteja à disposição do empregador.

- Art. 4º desta Consolidação.

Art. 493. Constitui falta grave a prática de qualquer dos fatos a que se refere o artigo 482, quando por sua repetição ou natureza representem séria violação dos deveres e obrigações do empregado.

Art. 494. O empregado acusado de falta grave poderá ser suspenso de suas funções, mas a sua despedida só se tornará efetiva após o inquérito em que se verifique a procedência da acusação.

Parágrafo único. A suspensão, no caso deste artigo, perdurará até a decisão final do processo.

- Súm. nº 403 do STF.
- Súm. nº 62 do TST.
- OJ da SBDI-II nº 137 do TST.

Art. 495. Reconhecida a inexistência de falta grave praticada pelo empregado, fica o empregador obrigado a readmiti-lo no serviço e a pagar-lhe os salários a que teria direito no período da suspensão.

Art. 496. Quando a reintegração do empregado estável for desaconselhável, dado o grau de incompatibilidade resultante do dissídio, especialmente quando for o empregador pessoa física, o tribunal do trabalho poderá converter aquela obrigação em indenização devida nos termos do artigo seguinte.

- Súmulas nºs 28 e 396 do TST.

Art. 497. Extinguindo-se a empresa, sem a ocorrência de motivo de força maior, ao empregado estável despedido é garantida a indenização por rescisão do contrato por prazo indeterminado, paga em dobro.

► Súm. nº 221 do STF.

Art. 498. Em caso de fechamento do estabelecimento, filial ou agência, ou supressão necessária de atividade, sem ocorrência de motivo de força maior, é assegurado aos empregados estáveis, que ali exerçam suas funções, direito à indenização, na forma do artigo anterior.

► Súm. nº 221 do STF.
► Súm. nº 173 do TST.

Art. 499. Não haverá estabilidade no exercício dos cargos de diretoria, gerência ou outros de confiança imediata do empregador, ressalvado o cômputo do tempo de serviço para todos os efeitos legais.

§ 1º Ao empregado garantido pela estabilidade que deixar de exercer cargo de confiança, é assegurada, salvo no caso de falta grave, a reversão ao cargo efetivo que haja anteriormente ocupado.

§ 2º Ao empregado despedido sem justa causa, que só tenha exercido cargo de confiança e que contar mais de dez anos de serviço na mesma empresa, é garantida a indenização proporcional ao tempo de serviço nos termos dos artigos 477 e 478.

§ 3º A despedida que se verificar com o fim de obstar ao empregado a aquisição de estabilidade sujeitará o empregador a pagamento em dobro da indenização prescrita nos artigos 477 e 478.

Art. 500. O pedido de demissão do empregado estável só será válido quando feito com a assistência do respectivo Sindicato e, se não o houver, perante autoridade local competente do Ministério do Trabalho e Previdência Social ou da Justiça do Trabalho.

► Artigo com a redação dada pela Lei nº 5.584, de 26-6-1970.

CAPÍTULO VIII
DA FORÇA MAIOR

Art. 501. Entende-se como força maior todo acontecimento inevitável, em relação à vontade do empregador, e para a realização do qual este não concorreu, direta ou indiretamente.

§ 1º A imprevidência do empregador exclui a razão de força maior.

§ 2º À ocorrência do motivo de força maior que não afetar substancialmente, nem for suscetível de afetar, em tais condições, a situação econômica e financeira da empresa não se aplicam as restrições desta Lei referentes ao disposto neste Capítulo.

Art. 502. Ocorrendo motivo de força maior que determine a extinção da empresa, ou de um dos estabelecimentos em que trabalhe o empregado, é assegurada a este, quando despedido, uma indenização na forma seguinte:

I – sendo estável, nos termos dos artigos 477 e 478;

II – não tendo direito à estabilidade, metade da que seria devida em caso de rescisão sem justa causa;

III – havendo contrato por prazo determinado, aquela a que se refere o artigo 479 desta Lei, reduzida igualmente à metade.

Art. 503. É lícita, em caso de força maior ou prejuízos devidamente comprovados, a redução geral dos salários dos empregados da empresa, proporcionalmente aos salários de cada um, não podendo, entretanto, ser superior a vinte e cinco por cento, respeitado, em qualquer caso, o salário mínimo da região.

► Art. 7º, IV e VI, da CF, que unificou o salário mínimo em todo o território nacional e proíbe a redução salarial, salvo o disposto em convenção ou acordo coletivo, respectivamente.

Parágrafo único. Cessados os efeitos decorrentes do motivo de força maior, é garantido o restabelecimento dos salários reduzidos.

Art. 504. Comprovada a falsa alegação do motivo de força maior, é garantida a reintegração aos empregados estáveis, e aos não estáveis o complemento da indenização já percebida, assegurado a ambos o pagamento da remuneração atrasada.

CAPÍTULO IX
DISPOSIÇÕES ESPECIAIS

Art. 505. São aplicáveis aos trabalhadores rurais os dispositivos constantes dos Capítulos I, II e VI do presente Título.

► Lei nº 5.889, de 8-6-1973 (Lei do Trabalho Rural).

Art. 506. No contrato de trabalho agrícola é lícito o acordo que estabelecer a remuneração *in natura*, contanto que seja de produtos obtidos pela exploração do negócio e não exceda de 1/3 (um terço) do salário total do empregado.

► Artigo revogado tacitamente pela Lei nº 5.889, de 8-6-1973 (Lei do Trabalho Rural).

Art. 507. As disposições do Capítulo VII do presente Título não serão aplicáveis aos empregados em consultórios ou escritórios de profissionais liberais.

Parágrafo único. *Revogado*. Lei nº 6.533, de 24-5-1978.

Art. 507-A. Nos contratos individuais de trabalho cuja remuneração seja superior a duas vezes o limite máximo estabelecido para os benefícios do Regime Geral de Previdência Social, poderá ser pactuada cláusula compromissória de arbitragem, desde que por iniciativa do empregado ou mediante a sua concordância expressa, nos termos previstos na Lei nº 9.307, de 23 de setembro de 1996.

Art. 507-B. É facultado a empregados e empregadores, na vigência ou não do contrato de emprego, firmar o termo de quitação anual de obrigações trabalhistas, perante o sindicato dos empregados da categoria.

Parágrafo único. O termo discriminará as obrigações de dar e fazer cumpridas mensalmente e dele constará a quitação anual dada pelo empregado, com eficácia liberatória das parcelas nele especificadas.

► Arts. 507-A e 507-B acrescidos pela Lei nº 13.467, de 13-7-2017.

Art. 508. *Revogado*. Lei nº 12.347, de 10-12-2010.

Art. 509. *Revogado*. Lei nº 6.533, de 24-5-1978.

Art. 510. Pela infração das proibições constantes deste Título, será imposta à empresa a multa de valor igual a 1 (um) salário mínimo regional, elevada ao dobro, no caso de reincidência, sem prejuízo das demais cominações legais.

► Artigo com a redação dada pela Lei nº 5.562, de 12-12-1968.
► Port. do MTPrev nº 667, de 8-11-2021, regulamenta a imposição de multas administrativas previstas na legislação trabalhista.

TÍTULO IV-A – DA REPRESENTAÇÃO DOS EMPREGADOS

► Título IV-A acrescido pela Lei nº 13.467, de 13-7-2017.

Art. 510-A. Nas empresas com mais de duzentos empregados, é assegurada a eleição de uma comissão para representá-los, com a finalidade de promover-lhes o entendimento direto com os empregadores.

§ 1º A comissão será composta:

I – nas empresas com mais de duzentos e até três mil empregados, por três membros;

II – nas empresas com mais de três mil e até cinco mil empregados, por cinco membros;

III – nas empresas com mais de cinco mil empregados, por sete membros.

§ 2º No caso de a empresa possuir empregados em vários Estados da Federação e no Distrito Federal, será assegurada a eleição de uma comissão de representantes dos empregados por Estado ou no Distrito Federal, na mesma forma estabelecida no § 1º deste artigo.

Art. 510-B. A comissão de representantes dos empregados terá as seguintes atribuições:

I – representar os empregados perante a administração da empresa;

II – aprimorar o relacionamento entre a empresa e seus empregados com base nos princípios da boa-fé e do respeito mútuo;

III – promover o diálogo e o entendimento no ambiente de trabalho com o fim de prevenir conflitos;

IV – buscar soluções para os conflitos decorrentes da relação de trabalho, de forma rápida e eficaz, visando à efetiva aplicação das normas legais e contratuais;

V – assegurar tratamento justo e imparcial aos empregados, impedindo qualquer forma de discriminação por motivo de sexo, idade, religião, opinião política ou atuação sindical;

VI – encaminhar reivindicações específicas dos empregados de seu âmbito de representação;

VII – acompanhar o cumprimento das leis trabalhistas, previdenciárias e das convenções coletivas e acordos coletivos de trabalho.

§ 1º As decisões da comissão de representantes dos empregados serão sempre colegiadas, observada a maioria simples.

§ 2º A comissão organizará sua atuação de forma independente.

Art. 510-C. A eleição será convocada, com antecedência mínima de trinta dias, contados do término do mandato anterior, por meio de edital que deverá ser fixado na empresa, com ampla publicidade, para inscrição de candidatura.

§ 1º Será formada comissão eleitoral, integrada por cinco empregados, não candidatos, para a organização e o acompanhamento do processo eleitoral, vedada a interferência da empresa e do sindicato da categoria.

§ 2º Os empregados da empresa poderão candidatar-se, exceto aqueles com contrato de trabalho por prazo determinado, com contrato suspenso ou que estejam em período de aviso prévio, ainda que indenizado.

§ 3º Serão eleitos membros da comissão de representantes dos empregados os candidatos mais votados, em votação secreta, vedado o voto por representação.

§ 4º A comissão tomará posse no primeiro dia útil seguinte à eleição ou ao término do mandato anterior.

§ 5º Se não houver candidatos suficientes, a comissão de representantes dos empregados poderá ser formada com número de membros inferior ao previsto no art. 510-A desta Consolidação.

§ 6º Se não houver registro de candidatura, será lavrada ata e convocada nova eleição no prazo de um ano.

Art. 510-D. O mandato dos membros da comissão de representantes dos empregados será de um ano.

§ 1º O membro que houver exercido a função de representante dos empregados na comissão não poderá ser candidato nos dois períodos subsequentes.

§ 2º O mandato de membro de comissão de representantes dos empregados não implica suspensão ou interrupção do contrato de trabalho, devendo o empregado permanecer no exercício de suas funções.

§ 3º Desde o registro da candidatura até um ano após o fim do mandato, o membro da comissão de representantes dos empregados não poderá sofrer despedida arbitrária, entendendo-se como tal a que não se fundar em motivo disciplinar, técnico, econômico ou financeiro.

§ 4º Os documentos referentes ao processo eleitoral devem ser emitidos em duas vias, as quais permanecerão sob a guarda dos empregados e da empresa pelo prazo de cinco anos, à disposição para consulta de qualquer trabalhador interessado, do Ministério Público do Trabalho e do Ministério do Trabalho.

- Arts. 510-A a 510-D acrescidos pela Lei nº 13.467, de 13-7-2017.

TÍTULO V – DA ORGANIZAÇÃO SINDICAL

- Port. do MTE nº 186, de 10-4-2008, dispõe sobre os pedidos de registro sindical no MTE.

CAPÍTULO I – DA INSTITUIÇÃO SINDICAL

Seção I – DA ASSOCIAÇÃO EM SINDICATO

- Dec. nº 10.088, de 5-11-2019, consolida atos normativos editados pelo Poder Executivo Federal que dispõem sobre a promulgação de convenções e recomendações da Organização Internacional do Trabalho – OIT ratificadas pela República Federativa do Brasil.
- Dec. Legislativo nº 206, de 7-4-2010, do Congresso Nacional, aprovou a Convenção nº 151 da OIT.

Art. 511. É lícita a associação para fins de estudo, defesa e coordenação dos seus interesses econômicos ou profissionais de todos os que, como empregadores, empregados, agentes ou trabalhadores autônomos, ou profissionais liberais, exerçam, respectivamente, a mesma atividade ou profissão ou atividades ou profissões similares ou conexas.

- Arts. 5º, XVII e XVIII, e 8º, I e II, da CF.
- Súmulas nºs 629, 630 e 677 do STF.
- OJ da SDC nº 36 do TST.

§ 1º A solidariedade de interesses econômicos dos que empreendem atividades idênticas, similares ou conexas, constitui o vínculo social básico que se denomina categoria econômica.

§ 2º A similitude de condições de vida oriunda da profissão ou trabalho em comum, em situação de emprego na mesma atividade econômica ou em atividades econômicas similares ou conexas, compõe a expressão social elementar compreendida como categoria profissional.

§ 3º Categoria profissional diferenciada é a que se forma dos empregados que exerçam profissões ou funções diferenciadas por força de estatuto profissional especial ou em consequência de condições de vida singulares.

- Súmulas nºs 117 e 374 do TST.

§ 4º Os limites de identidade, similaridade ou conexidade fixam as dimensões dentro das quais a categoria econômica ou profissional é homogênea e a associação é natural.

- Orientações Jurisprudenciais da SDC nºs 9, 20 e 36 do TST.

Art. 512. Somente as associações profissionais constituídas para os fins e na forma do artigo anterior e registradas de acordo com o art. 558 poderão ser reconhecidas como sindicatos e investidas nas prerrogativas definidas nesta Lei.

- Art. 8º da CF.
- OJ da SDC nº 36 do TST.

Art. 513. São prerrogativas dos Sindicatos:

- Orientações Jurisprudenciais da SDC nºs 8 e 16 a 18 do TST.

a) representar, perante as autoridades administrativas e judiciárias, os interesses gerais da respectiva categoria ou profissão liberal ou os interesses individuais dos associados relativos à atividade ou profissão exercida;

- Arts. 5º, LXX, 8º, I, III e IV, 102, I, 103, IX, e 114, § 2º, da CF.
- Súm. nº 286 do TST.

b) celebrar contratos coletivos de trabalho;

- Art. 8º, VI, da CF.
- O art. 20 do Dec.-lei nº 229, de 28-2-1967, substituiu a expressão "Contratos coletivos de trabalho" por "Convenções coletivas de trabalho".

c) eleger ou designar os representantes da respectiva categoria ou profissão liberal;

d) colaborar com o Estado, como órgãos técnicos e consultivos, no estudo e solução dos problemas que se relacionam com a respectiva categoria ou profissão liberal;

- Art. 10 da CF.

e) impor contribuições a todos aqueles que participam das categorias econômicas ou profissionais ou das profissões liberais representadas.

- Súm. Vinc. nº 40 do STF.
- OJ da SBDC nº 17 do TST.
- PN nº 119 da SDC do TST.

Parágrafo único. Os Sindicatos de empregados terão, outrossim, a prerrogativa de fundar e manter agências de colocação.

- Arts. 8º, IV, e 150 da CF.
- Port. do MTE nº 160, de 13-4-2004, dispõe sobre o desconto em folha de pagamento de salário das contribuições instituídas pelos sindicatos.

Art. 514. São deveres dos Sindicatos:

- Art. 8º, I, da CF.

a) colaborar com os poderes públicos no desenvolvimento da solidariedade social;

b) manter serviços de assistência judiciária para os associados;

c) promover a conciliação nos dissídios de trabalho;

d) sempre que possível, e de acordo com as suas possibilidades, manter no seu Quadro de Pessoal, em convênio com entidades assistenciais ou por conta própria, um assistente social com as atribuições específicas de promover a cooperação operacional na empresa e a integração profissional na Classe.

- Alínea *d* acrescida pela Lei nº 6.200, de 16-4-1975.

Parágrafo único. Os Sindicatos de empregados terão, outrossim, o dever de:

a) promover a fundação de cooperativas de consumo e de crédito;

b) fundar e manter escolas de alfabetização e pré-vocacionais.

Seção II – DO RECONHECIMENTO E INVESTIDURA SINDICAL

Art. 515. As associações profissionais deverão satisfazer os seguintes requisitos para serem reconhecidas como sindicatos:

- Art. 8º, I, da CF.

a) reunião de um terço, no mínimo, de empresas legalmente constituídas, sob a forma individual ou de sociedade, se se tratar de associação de empregadores; ou de um terço dos que integrem a mesma categoria ou exerçam a mesma profissão liberal se se tratar de associação de empregados ou de trabalhadores ou agentes autônomos ou de profissão liberal;

b) duração de 3 (três) anos para o mandato da diretoria;

- Alínea *b* com a redação dada pelo Dec.-lei nº 771, de 19-8-1969.

c) exercício do cargo de presidente por brasileiro nato, e dos demais cargos de administração e representação por brasileiros.

- Esta alínea não foi recepcionada pelo art. 12, § 2º, da CF, que veda distinção entre brasileiros natos e naturalizados, salvo os casos previstos na Constituição.

Parágrafo único. O Ministro do Trabalho, Indústria e Comércio poderá, excepcionalmente, reconhecer como sindicato a associação cujo número de associados seja inferior ao terço a que se refere a alínea *a*.

Art. 516. Não será reconhecido mais de um Sindicato representativo da mesma categoria econômica ou profissional, ou profissão liberal, em uma dada base territorial.

- Art. 8º, I, da CF.

Art. 517. Os sindicatos poderão ser distritais, municipais, intermunicipais, estaduais e interestaduais. Excepcionalmente, e atendendo às peculiaridades de determinadas categorias ou profissões, o Ministro do Trabalho, Indústria e Comércio poderá autorizar o reconhecimento de sindicatos nacionais.

- Art. 8º, II, da CF.

§ 1º O Ministro do Trabalho, Indústria e Comércio outorgará e delimitará a base territorial do sindicato.

§ 2º Dentro da base territorial que lhe for determinada é facultado ao sindicato instituir delegacias ou seções para melhor proteção dos associados e da categoria econômica ou profissional ou profissão liberal representada.

Art. 518. O pedido de reconhecimento será dirigido ao Ministro do Trabalho, Indústria e Comércio instruído com exemplar ou cópia autenticada dos estatutos da associação.

- Art. 8º, I, da CF.
- Súm. nº 677 do STF.

§ 1º Os estatutos deverão conter:

a) a denominação e a sede da associação;

b) a categoria econômica ou profissional ou a profissão liberal cuja representação é requerida;

c) a afirmação de que a associação agirá como órgão de colaboração com os poderes públicos e as demais associações no sentido da solidariedade social e da subordinação dos interesses econômicos ou profissionais ao interesse nacional;

d) as atribuições, o processo eleitoral e das votações, os casos de perda de mandato e de substituição dos administradores;

e) o modo de constituição e administração do patrimônio social e o destino que lhe será dado no caso de dissolução;

f) as condições em que se dissolverá a associação.

§ 2º O processo de reconhecimento será regulado em instruções baixadas pelo Ministro do Trabalho, Indústria e Comércio.

Art. 519. A investidura sindical será conferida sempre à associação profissional mais representativa, a juízo do Ministro do Trabalho, constituindo elementos para essa apreciação, entre outros:

▸ Art. 8º, I, da CF.

a) o número de associados;

b) os serviços sociais fundados e mantidos;

c) o valor do patrimônio.

Art. 520. Reconhecida como sindicato a associação profissional, ser-lhe-á expedida carta de reconhecimento, assinada pelo Ministro do Trabalho, Indústria e Comércio, na qual será especificada a representação econômica ou profissional conferida e mencionada a base territorial outorgada.

▸ Art. 8º, I, da CF.

Parágrafo único. O reconhecimento investe a associação nas prerrogativas do art. 513 e a obriga aos deveres do art. 514, cujo inadimplemento a sujeitará às sanções desta Lei.

Art. 521. São condições para o funcionamento do Sindicato:

▸ Art. 8º, I, da CF.

a) proibição de qualquer propaganda de doutrinas incompatíveis com as instituições e os interesses da Nação, bem como de candidaturas a cargos eletivos estranhos ao sindicato;

▸ Alínea *a* com a redação dada pelo Dec.-lei nº 9.502, de 23-7-1946.

b) proibição de exercício de cargo eletivo cumulativamente com o de emprego remunerado pelo sindicato ou por entidade sindical de grau superior;

c) gratuidade do exercício dos cargos eletivos;

d) proibição de quaisquer atividades não compreendidas nas finalidades mencionadas no art. 511, inclusive as de caráter político-partidário;

e) proibição de cessão gratuita ou remunerada da respectiva sede a entidade de índole político-partidária.

▸ Alíneas *d* e *e* acrescidas pelo Dec.-lei nº 9.502, de 23-7-1946.

Parágrafo único. Quando, para o exercício de mandato, tiver o associado de sindicato de empregados, de trabalhadores autônomos ou de profissionais liberais de se afastar do seu trabalho, poderá ser-lhe arbitrada pela assembleia-geral uma gratificação nunca excedente da importância de sua remuneração na profissão respectiva.

Seção III
DA ADMINISTRAÇÃO DO SINDICATO

Art. 522. A administração do sindicato será exercida por uma diretoria constituída, no máximo, de sete e, no mínimo, de três membros e de um Conselho Fiscal composto de três membros, eleitos esses órgãos pela Assembleia-Geral.

▸ Art. 8º, I, da CF.

▸ Súm. nº 369 do TST.

§ 1º A diretoria elegerá, dentre os seus membros, o presidente do sindicato.

§ 2º A competência do Conselho Fiscal é limitada à fiscalização da gestão financeira do sindicato.

§ 3º Constituirá atribuição exclusiva da Diretoria do Sindicato e dos Delegados Sindicais, a que se refere o art. 523, a representação e a defesa dos interesses da entidade perante os poderes públicos e as empresas, salvo mandatário com poderes outorgados por procuração da Diretoria, ou associado investido em representação prevista em lei.

▸ § 3º acrescido pelo Dec.-lei nº 9.502, de 23-7-1946.

▸ Art. 8º, I, da CF.

▸ OJ da SBDI-I nº 365 do TST.

Art. 523. Os Delegados Sindicais destinados à direção das delegacias ou seções instituídas na forma estabelecida no § 2º do art. 517 serão designados pela diretoria dentre os associados radicados no território da correspondente delegacia.

▸ Art. 8º, I, da CF.

▸ OJ da SBDI-I nº 369 do TST.

Art. 524. Serão sempre tomadas por escrutínio secreto, na forma estatutária, as deliberações da assembleia-geral concernentes aos seguintes assuntos:

▸ *Caput* com a redação dada pela Lei nº 2.693, de 23-12-1955.

a) eleição de associado para representação da respectiva categoria prevista em lei;

b) tomada e aprovação de contas da diretoria;

c) aplicação do patrimônio;

d) julgamento dos atos da diretoria, relativos a penalidades impostas a associados;

▸ Alíneas *a* a *d* com a redação dada pelo Dec.-lei nº 9.502, de 23-7-1946.

e) pronunciamento sobre relações ou dissídios de trabalho. Neste caso, as deliberações da assembleia-geral só serão consideradas válidas quando ela tiver sido especialmente convocada para esse fim, de acordo com as disposições dos estatutos da entidade sindical. O *quorum* para validade da assembleia será de metade mais um dos associados quites; não obtido esse *quorum* em primeira convocação, reunir-se-á a assembleia em segunda convocação, com os presentes, considerando-se aprovadas as deliberações que obtiverem dois terços dos votos.

▸ Alínea *e* com a redação dada pela Lei nº 2.693, de 23-12-1955.

§ 1º A eleição para cargos de diretoria e conselho fiscal será realizada por escrutínio secreto, durante seis horas contínuas, pelo menos, na sede do sindicato, na de suas delegacias e seções e nos principais locais de trabalho, onde funcionarão as mesas coletoras designadas pelos Delegados Regionais do Trabalho.

§ 2º Concomitantemente ao término do prazo estipulado para a votação, instalar-se-á, em assembleia eleitoral pública e permanente, na sede do sindicato, a mesa apuradora para a qual serão enviadas, imediatamente, pelos presidentes das mesas coletoras, as urnas receptoras e as atas respectivas. Será facultada a designação de mesa apuradora supletiva sempre que as peculiaridades ou conveniências do pleito a exigirem.

§ 3º A mesa apuradora será presidida por membro do Ministério Público do Trabalho ou pessoa de notória idoneidade, designada pelo Procurador-Geral da Justiça do Trabalho ou procuradores regionais.

▸ §§ 1º a 3º com a redação dada pelo Dec.-lei nº 9.502, de 23-7-1946.

§ 4º O pleito só será válido na hipótese de participarem da votação mais de dois terços dos associados com capacidade para votar. Não obtido esse coeficiente, será realizada nova eleição dentro de quinze dias, a qual terá validade se nela tomarem parte mais de cinquenta por cento dos referidos associados. Na hipótese de não ter sido alcançado, na segunda votação, o coeficiente exigido, será realizado o terceiro e último pleito, cuja validade dependerá do voto de mais de quarenta por cento dos aludidos associados, proclamando o presidente da mesa apuradora em qualquer dessas hipóteses os eleitos, os quais serão empossados automaticamente na data do término do mandato expirante, não tendo efeito suspensivo os protestos ou recursos oferecidos na conformidade da lei.

▸ § 4º com a redação dada pela Lei nº 2.693, de 23-12-1955.

§ 5º Não sendo atingido o coeficiente legal para a eleição, o Ministério do Trabalho, Indústria e Comércio declarará a vacância da administração, a partir do término do mandato dos membros em exercício, e designará administrador para o sindicato, realizando-se novas eleições dentro de seis meses.

▸ § 5º com a redação dada pelo Dec.-lei nº 9.502, de 22-7-1946.

Art. 525. É vedada a pessoas físicas ou jurídicas, estranhas ao sindicato, qualquer interferência na sua administração ou nos seus serviços.

▸ *Caput* com a redação dada pelo Dec.-lei nº 9.502, de 23-7-1946.

Parágrafo único. Estão excluídos dessa proibição:

a) os Delegados do Ministério do Trabalho, Indústria e Comércio especialmente designados pelo Ministro ou por quem o represente;

▸ Art. 8º, I, da CF.

b) os que, como empregados, exerçam cargos no sindicato mediante autorização da assembleia-geral.

Art. 526. Os empregados do sindicato serão nomeados pela diretoria respectiva *ad referendum* da assembleia-geral, não podendo recair tal nomeação nos que estiverem nas condições previstas nos itens II, IV, V, VI, VII e VIII do artigo 530 e, na hipótese de o nomeado haver sido dirigente sindical, também nas do item I do mesmo artigo.

▸ *Caput* com a redação dada pelo Dec.-lei nº 925, de 10-10-1969.

Parágrafo único. *Revogado.* Lei nº 11.295, de 9-5-2006.

§ 2º Aplicam-se ao empregado de entidade sindical os preceitos das leis de proteção do trabalho e de previdência social, inclusive o direito de associação em sindicato.

- § 2º acrescido pela Lei nº 11.295, de 9-5-2006.
- Art. 8º, *caput*, da CF.

Art. 527. Na sede de cada sindicato haverá um livro de registro, autenticado pelo funcionário competente do Ministério do Trabalho, Indústria e Comércio, e do qual deverão constar:

- Art. 8º, I, da CF.

a) tratando-se de sindicato de empregadores, a firma, individual ou coletiva, ou a denominação das empresas e sua sede, o nome, idade, estado civil, nacionalidade e residência dos respectivos sócios, ou, em se tratando de sociedade por ações, dos diretores, bem como a indicação desses dados quanto ao sócio ou diretor que representar a empresa no sindicato;

b) tratando-se de sindicato de empregados, ou de agentes ou trabalhadores autônomos ou de profissionais liberais, além do nome, idade, estado civil, nacionalidade, profissão ou função e residência de cada associado, o estabelecimento ou lugar onde exerce a sua profissão ou função, o número e a série da respectiva carteira profissional e o número da inscrição na instituição de previdência a que pertencer.

- Art. 1º do Dec.-lei nº 926, de 10-10-1969, que determinou a substituição do termo "carteira profissional" por "carteira de trabalho e previdência social".

Art. 528. Ocorrendo dissídio ou circunstâncias que perturbem o funcionamento de entidade sindical ou motivos relevantes de segurança nacional, o Ministro do Trabalho e Previdência Social poderá nela intervir, por intermédio de Delegado ou de Junta Interventora, com atribuições para administrá-la e executar ou propor as medidas necessárias para normalizar-lhe o funcionamento.

- Artigo com a redação dada pelo Dec.-lei nº 3, de 27-1-1966.
- Artigo não recepcionado pela CF, diante do disposto em seu art. 8º, I.

Seção IV — *Das Eleições Sindicais*

Art. 529. São condições para o exercício do direito do voto como para a investidura em cargo de administração ou representação econômica ou profissional:

a) ter o associado mais de seis meses de inscrição no quadro social e mais de dois anos de exercício da atividade ou da profissão;

- Alínea *a* com a redação dada pelo Dec.-lei nº 8.080, de 11-10-1945.

b) ser maior de dezoito anos;

c) estar no gozo dos direitos sindicais.

Parágrafo único. É obrigatório aos associados o voto nas eleições sindicais.

- Parágrafo único acrescido pelo Dec.-lei nº 229, de 28-2-1967.
- Arts. 8º, VII, e 114, III, da CF.
- Súm. nº 4 do STJ.

Art. 530. Não podem ser eleitos para cargos administrativos ou de representação econômica ou profissional, nem permanecer no exercício desses cargos:

- *Caput* com a redação dada pelo Dec.-lei nº 229, de 28-2-1967.

I – os que não tiverem definitivamente aprovadas as suas contas de exercício em cargos de administração;

II – os que houverem lesado o patrimônio de qualquer entidade sindical;

III – os que não estiverem, desde dois anos antes, pelo menos, no exercício efetivo da atividade ou da profissão dentro da base territorial do Sindicato, ou no desempenho de representação econômica ou profissional;

IV – os que tiverem sido condenados por crime doloso enquanto persistirem os efeitos da pena;

V – os que não estiverem no gozo de seus direitos políticos;

- Incisos I a V com a redação dada pelo Dec.-lei nº 229, de 28-2-1967.

VI – *Revogado.* Lei nº 8.865, de 29-3-1994;

VII – má conduta, devidamente comprovada;

- Inciso VII acrescido pelo Dec.-lei nº 507, de 18-3-1969.

VIII – *Revogado.* Lei nº 8.865, de 29-3-1994.

Art. 531. Nas eleições para cargos de diretoria e do conselho fiscal serão considerados eleitos os candidatos que obtiverem maioria absoluta de votos em relação ao total dos associados eleitores.

§ 1º Não ocorrendo à primeira convocação maioria absoluta de eleitores, ou não obtendo nenhum dos candidatos essa maioria, proceder-se-á a nova convocação para dia posterior, sendo então considerados eleitos os candidatos que obtiverem maioria dos eleitores presentes.

§ 2º Havendo somente uma chapa registrada para as eleições, poderá a assembleia, em última convocação, ser realizada duas horas após a primeira convocação, desde que do edital respectivo conste essa advertência.

§ 3º Concorrendo mais de uma chapa, poderá o Ministro do Trabalho, Indústria e Comércio designar o presidente da sessão eleitoral, desde que o requeiram os associados que encabeçarem as respectivas chapas.

- § 3º com a redação dada pelo Dec.-lei nº 8.080, de 11-10-1945.

§ 4º O Ministro do Trabalho, Indústria e Comércio expedirá instruções regulando o processo das eleições.

- Art. 8º, I, da CF.

Art. 532. As eleições para a renovação da diretoria e do conselho fiscal deverão ser procedidas dentro do prazo máximo de sessenta dias e mínimo de trinta dias, antes do término do mandato dos dirigentes em exercício.

- *Caput* com a redação dada pelo Dec.-lei nº 8.080, de 11-10-1945.

§ 1º Não havendo protesto na ata da assembleia eleitoral ou recurso interposto por algum dos candidatos, dentro de quinze dias, a contar da data das eleições, a posse da diretoria eleita independerá da aprovação das eleições pelo Ministério do Trabalho, Indústria e Comércio.

§ 2º Competirá à diretoria em exercício, dentro de trinta dias da realização das eleições e não tendo havido recurso, dar publicidade ao resultado do pleito, fazendo comunicação ao órgão local do Ministério do Trabalho, Indústria e Comércio da relação dos eleitos, com os dados pessoais de cada um e a designação da função que vai exercer.

§ 3º Havendo protesto na ata da assembleia eleitoral ou recurso interposto dentro de quinze dias da realização das eleições, competirá à diretoria em exercício encaminhar, devidamente instruído, o processo eleitoral ao órgão local do Ministério do Trabalho, Indústria e Comércio, que o encaminhará para decisão do Ministro de Estado. Nesta hipótese, permanecerão na administração, até despacho final do processo, a diretoria e o conselho fiscal que se encontrarem em exercício.

- Art. 8º, I, da CF.

§ 4º Não se verificando as hipóteses previstas no parágrafo anterior, a posse da nova diretoria deverá se verificar dentro de trinta dias subsequentes ao término do mandato da anterior.

- §§ 1º a 4º com a redação dada pelo Dec.-lei nº 8.080, de 11-10-1945.

§ 5º Ao assumir o cargo, o eleito prestará, por escrito e solenemente, o compromisso de respeitar, no exercício do mandato, a Constituição, as leis vigentes e os estatutos da entidade.

- § 5º acrescido pelo Dec.-lei nº 229, de 28-2-1967.
- Súm. nº 255 do extinto TFR.

Seção V — *Das Associações Sindicais de Grau Superior*

Art. 533. Constituem associações sindicais de grau superior as federações e confederações organizadas nos termos desta Lei.

Art. 534. É facultado aos Sindicatos, quando em número não inferior a cinco, desde que representem a maioria absoluta de um grupo de atividades ou profissões idênticas, similares ou conexas, organizarem-se em federação.

- *Caput* com a redação dada pela Lei nº 3.265, de 22-9-1957.
- Súm. nº 156 do extinto TFR.

§ 1º Se já existir federação no grupo de atividades ou profissões em que deva ser constituída a nova entidade, a criação desta não poderá reduzir a menos de cinco o número de Sindicatos que àquela devam continuar filiados.

- § 1º acrescido pela Lei nº 3.265, de 22-9-1957.

§ 2º As federações serão constituídas por Estados, podendo o Ministro do Trabalho, Indústria e Comércio autorizar a constituição de federações interestaduais ou nacionais.

- § 1º transformado em § 2º pela Lei nº 3.265, de 22-9-1957.
- Art. 8º, I, da CF.

§ 3º É permitido a qualquer federação, para o fim de lhes coordenar os interesses, agrupar os Sindicatos de determinado município ou região a ela filiados, mas a União não terá direito de representação das atividades ou profissões agrupadas.

- § 2º transformado em § 3º pela Lei nº 3.265, de 22-9-1957.

Art. 535. As confederações organizar-se-ão com o mínimo de três federações e terão sede na Capital da República.

§ 1º As Confederações formadas por Federações de Sindicatos de empregadores denominar-se-ão: Confederação Nacional da Indústria, Confederação Nacional do Comércio, Confederação Nacional de Transportes Marítimos, Fluviais e Aéreos, Confederação Nacional de Transportes Terrestres, Confederação Nacional de Comunicações e Publicidade, Confederação Nacional das Empresas de Crédito e Confederação Nacional de Educação e Cultura.

§ 2º As Confederações formadas por Federações de Sindicatos de empregados terão a denominação de: Confederação Nacional dos Trabalhadores na Indústria, Confederação Nacional dos Trabalhadores no Comércio, Confederação Nacional dos Trabalhadores em Transportes Marítimos, Fluviais e Aéreos, Confederação Nacional dos Trabalhadores em Transportes Terrestres, Confederação Nacional dos Trabalhadores em Comunicações e Publicidade, Confederação Nacional dos Trabalhadores nas Empresas de Crédito e Confederação Nacional dos Trabalhadores em Estabelecimentos de Educação e Cultura.

§ 3º Denominar-se-á Confederação Nacional das Profissões Liberais a reunião das respectivas Federações.

§ 4º As associações sindicais de grau superior da Agricultura e Pecuária serão organizadas na conformidade do que dispuser a lei que regular a sindicalização dessas atividades ou profissões.

- Súm. nº 156 do extinto TFR.

Art. 536. *Revogado*. Dec.-lei nº 229, de 28-2-1967.

Art. 537. O pedido de reconhecimento de uma federação será dirigido ao Ministro do Trabalho, Indústria e Comércio acompanhado de um exemplar dos respectivos estatutos e das cópias autenticadas das atas da assembleia de cada sindicato ou federação que autorizar a filiação.

- Art. 8º, I, da CF.
- Súm. nº 677 do STF.

§ 1º A organização das federações e confederações obedecerá às exigências contidas nas alíneas *b* e *c* do artigo 515.

§ 2º A carta de reconhecimento das federações será expedida pelo Ministro do Trabalho, Indústria e Comércio, na qual será especificada a coordenação econômica ou profissional conferida e mencionada a base territorial outorgada.

- Art. 8º, I, da CF.

§ 3º O reconhecimento das confederações será feito por decreto do Presidente da República.

- Art. 8º, I, da CF.

Art. 538. A administração das federações e confederações será exercida pelos seguintes órgãos:

- *Caput* com a redação dada pela Lei nº 2.693, de 23-12-1955.

a) diretoria;
b) conselho de representantes;
c) conselho fiscal.

- Alíneas *a* a *c* com a redação dada pela Lei nº 2.693, de 23-12-1955.

§ 1º A diretoria será constituída no mínimo de três membros e de três membros se comporá o conselho fiscal, os quais serão eleitos pelo conselho de representantes com mandato por três anos.

- § 1º com a redação dada pelo Dec.-lei nº 771, de 19-8-1969.

§ 2º Só poderão ser eleitos os integrantes dos grupos das federações ou dos planos das confederações, respectivamente.

§ 3º O presidente da federação ou confederação será escolhido dentre os seus membros, pela diretoria.

- §§ 2º e 3º com a redação dada pela Lei nº 2.693, de 23-12-1955.

§ 4º O conselho de representantes será formado pelas delegações dos sindicatos ou das federações filiadas, constituída cada delegação de dois membros, com mandato por três anos, cabendo um voto a cada delegação.

- § 4º com a redação dada pelo Dec.-lei nº 771, de 19-8-1969.

§ 5º A competência do conselho fiscal é limitada à fiscalização da gestão financeira.

- § 5º com a redação dada pela Lei nº 2.693, de 23-12-1955.
- OJ da SBDI-I nº 365 do TST.

Art. 539. Para a constituição e administração das federações serão observadas, no que for aplicável, as disposições das Seções II e III do presente Capítulo.

Seção VI

DOS DIREITOS DOS EXERCENTES DE ATIVIDADES OU PROFISSÕES E DOS SINDICALIZADOS

Art. 540. A toda empresa ou indivíduo que exerçam, respectivamente, atividade ou profissão, desde que satisfaçam as exigências desta Lei, assiste o direito de ser admitido no Sindicato da respectiva categoria, salvo o caso de falta de idoneidade, devidamente comprovada, com recurso para o Ministério do Trabalho, Indústria e Comércio.

- Art. 8º, I, da CF.
- Súm. nº 114 do extinto TFR.

§ 1º Perderá os direitos de associado o sindicalizado que, por qualquer motivo, deixar o exercício de atividade ou de profissão.

§ 2º Os associados de Sindicatos de empregados, de agentes ou trabalhadores autônomos e de profissões liberais que forem aposentados, estiverem em desemprego ou falta de trabalho ou tiverem sido convocados para prestação de serviço militar não perderão os respectivos direitos sindicais e ficarão isentos de qualquer contribuição, não podendo, entretanto, exercer cargo de administração sindical ou de representação econômica ou profissional.

- Art. 8º, VII, da CF.

Art. 541. Os que exercerem determinada atividade ou profissão onde não haja Sindicato da respectiva categoria, ou de atividade ou profissão similar ou conexa, poderão filiar-se a Sindicato de profissão idêntica, similar ou conexa, existente na localidade mais próxima.

Parágrafo único. O disposto neste artigo se aplica aos Sindicatos em relação às respectivas Federações, na conformidade do Quadro de Atividades e Profissões a que se refere o artigo 577.

Art. 542. De todo ato lesivo de direitos ou contrário a esta Lei, emanado da Diretoria, do Conselho ou da Assembleia-Geral da entidade sindical, poderá qualquer exercente de atividade ou profissão recorrer, dentro de trinta dias, para a autoridade competente do Ministério do Trabalho, Indústria e Comércio.

Art. 543. O empregado eleito para cargo de administração sindical ou representação profissional, inclusive junto a órgão de deliberação coletiva, não poderá ser impedido do exercício de suas funções, nem transferido para lugar ou mister que lhe dificulte ou torne impossível o desempenho das suas atribuições sindicais.

- *Caput* com a redação dada pelo Dec.-lei nº 229, de 28-2-1967.

§ 1º O empregado perderá o mandato se a transferência for por ele solicitada ou voluntariamente aceita.

§ 2º Considera-se de licença não remunerada, salvo assentimento da empresa ou cláusula contratual, o tempo em que o empregado se ausentar do trabalho no desempenho das funções a que se refere este artigo.

- §§ 1º e 2º com a redação dada pelo Dec.-lei nº 229, de 28-2-1967.

§ 3º Fica vedada a dispensa do empregado sindicalizado ou associado, a partir do momento do registro de sua candidatura a cargo de direção ou representação de entidade sindical ou de associação profissional, até um ano após o final do seu mandato, caso seja eleito, inclusive como suplente, salvo se cometer falta grave devidamente apurada nos termos desta Consolidação.

- § 3º com a redação dada pela Lei nº 7.543, de 2-10-1986.
- Súm. nº 197 do STF.
- Súmulas nºs 369 e 379 do TST.
- OJ da SBDI-I nº 399 do TST.
- Orientações Jurisprudenciais da SBDI-II nºs 65, 137 e 142 do TST.

§ 4º Considera-se cargo de direção ou de representação sindical aquele cujo exercício ou indicação decorre de eleição prevista em lei.

- § 4º com a redação dada pela Lei nº 7.223, de 2-10-1984.

§ 5º Para os fins deste artigo, a entidade sindical comunicará por escrito à empresa, dentro de vinte e quatro horas, o dia e a hora do registro da candidatura do seu empregado e, em igual prazo, sua eleição e posse, fornecendo, outrossim, a este, comprovante no mesmo sentido. O Ministério do Trabalho e Previdência Social fará no mesmo prazo a comunicação no caso da designação referida no final do § 4º.

- Súm. nº 369, I, do TST.

§ 6º A empresa que, por qualquer modo, procurar impedir que o empregado se associe a Sindicato, organize associação profissional ou sindical ou exerça os direitos inerentes à condição de sindicalizado fica sujeita à penalidade prevista na letra *a* do art. 553, sem prejuízo da reparação a que tiver direito o empregado.

- §§ 5º e 6º acrescidos pelo Dec.-lei nº 229, de 28-2-1967.

Art. 544. É livre a associação profissional ou sindical, mas ao empregado sindicalizado é assegurada, em igualdade de condições, preferência:

- *Caput* com a redação dada pelo Dec.-lei nº 229, de 28-2-1967.
- Arts. 5º, XX, e 8º, I e V, da CF.
- OJ da SDC nº 20 do TST.

I – para a admissão nos trabalhos de empresa que explore serviços públicos ou mantenha contrato com os poderes públicos;

II – para ingresso em funções públicas ou assemelhadas, em caso de cessação coletiva de trabalho, por motivo de fechamento de estabelecimento;

III – nas concorrências para aquisição de casa própria, pelo Plano Nacional de Habitação ou por intermédio de quaisquer instituições públicas;

IV – nos loteamentos urbanos ou rurais, promovidos pela União, por seus órgãos de administração direta ou indireta ou sociedades de economia mista;

V – na locação ou compra de imóveis, de propriedade de pessoa de direito público ou sociedade de economia mista, quando sob ação de despejo em tramitação judicial;

VI – na concessão de empréstimos simples concedidos pelas agências financeiras do Governo ou a ele vinculadas;

VII – na aquisição de automóveis, outros veículos e instrumentos relativos ao exercício da profissão, quando financiados pelas autarquias, sociedades de economia mista ou agências financeiras do Governo;

▶ Incisos I a VII com a redação dada pelo Dec.-lei nº 229, de 28-2-1967.

VIII – *Revogado*. Lei nº 8.630, de 25-2-1993;

IX – na concessão de bolsas de estudo para si ou para seus filhos, obedecida a legislação que regule a matéria.

▶ Inciso IX com a redação dada pelo Dec.-lei nº 229, de 28-2-1967.

Art. 545. Os empregadores ficam obrigados a descontar da folha de pagamento dos seus empregados, desde que por eles devidamente autorizados, as contribuições devidas ao sindicato, quando por este notificados.

▶ *Caput* com a redação dada pela Lei nº 13.467, de 13-7-2017.

Parágrafo único. O recolhimento à entidade sindical beneficiária do importe descontado deverá ser feito até o décimo dia subsequente ao do desconto, sob pena de juros de mora no valor de 10% (dez por cento) sobre o montante retido, sem prejuízo da multa prevista no art. 553 e das cominações penais relativas à apropriação indébita.

▶ Parágrafo único acrescido pelo Dec.-lei nº 925, de 10-10-1969.

Art. 546. Às empresas sindicalizadas é assegurada preferência, em igualdade de condições, nas concorrências para exploração de serviços públicos, bem como nas concorrências para fornecimento às repartições federais, estaduais e municipais e às entidades paraestatais.

Art. 547. É exigida a qualidade de sindicalizado para o exercício de qualquer função representativa de categoria econômica ou profissional, em órgão oficial de deliberação coletiva, bem como para o gozo de favores ou isenções tributárias, salvo em se tratando de atividades não econômicas.

Parágrafo único. Antes da posse ou exercício das funções a que alude o artigo anterior ou de concessão dos favores será indispensável comprovar a sindicalização, ou oferecer prova, mediante certidão negativa no Departamento Nacional do Trabalho, no Distrito Federal, ou da autoridade regional do Ministério do Trabalho, Indústria e Comércio, nos Estados e no Território do Acre, de que não existe sindicato no local onde o interessado exerce a respectiva atividade ou profissão.

▶ Lei nº 4.070, de 15-6-1962, eleva o território do Acre à categoria de Estado.

Seção VII

DA GESTÃO FINANCEIRA DO SINDICATO E SUA FISCALIZAÇÃO

Art. 548. Constituem o patrimônio das associações sindicais:

a) as contribuições devidas aos Sindicatos pelos que participem das categorias econômicas ou profissionais ou das profissões liberais representadas pelas referidas entidades, sob a denominação de imposto sindical, pagas e arrecadadas na forma do Capítulo III deste Título;

▶ Art. 35, V, do Dec.-lei nº 229, de 28-2-1967, que determinou entender como "Contribuição Sindical" as referências a "Imposto Sindical" feitas nesta Consolidação.

b) as contribuições dos associados, na forma estabelecida nos estatutos ou pelas Assembleias-Gerais;

c) os bens e valores adquiridos e as rendas produzidas pelos mesmos;

d) as doações e legados;

e) as multas e outras rendas eventuais.

Art. 549. A receita dos Sindicatos, Federações e Confederações só poderá ter aplicação na forma prevista nos respectivos orçamentos anuais, obedecidas as disposições estabelecidas na lei e nos seus estatutos.

§ 1º Para alienação, locação ou aquisição de bens imóveis, ficam as entidades sindicais obrigadas a realizar avaliação prévia pela Caixa Econômica Federal ou pelo Banco Nacional da Habitação ou, ainda, por qualquer outra organização legalmente habilitada a tal fim.

§ 2º Os bens imóveis das entidades sindicais não serão alienados sem a prévia autorização das respectivas Assembleias-Gerais, reunidas com a presença da maioria absoluta dos associados com direito a voto ou dos Conselhos de Representantes com a maioria absoluta dos seus membros.

§ 3º Caso não seja obtido o *quorum* estabelecido no parágrafo anterior, a matéria poderá ser decidida em nova Assembleia-Geral, reunida com qualquer número de associados com direito a voto, após o transcurso de dez dias da primeira convocação.

§ 4º Nas hipóteses previstas nos §§ 2º e 3º a decisão somente terá validade se adotada pelo mínimo de dois terços dos presentes, em escrutínio secreto.

§ 5º Da deliberação da assembleia-geral, concernente à alienação de bens imóveis, caberá recurso voluntário, dentro do prazo de quinze dias, ao Ministro do Trabalho, com efeito suspensivo.

▶ Art. 8º, I, da CF.

§ 6º A venda do imóvel será efetuada pela diretoria da entidade, após a decisão da Assembleia-Geral ou do Conselho de Representantes, mediante concorrência pública, com edital publicado no *Diário Oficial da União* e na imprensa diária, com antecedência mínima de trinta dias da data de sua realização.

§ 7º Os recursos destinados ao pagamento total ou parcelado dos bens imóveis adquiridos serão consignados, obrigatoriamente, nos orçamentos anuais das entidades sindicais.

▶ Art. 549 com a redação dada pela Lei nº 6.386, de 9-12-1976.

Art. 550. Os orçamentos das entidades sindicais serão aprovados, em escrutínio secreto, pelas respectivas Assembleias-Gerais ou Conselho de Representantes, até trinta dias antes do início do exercício financeiro a que se referem, e conterão a discriminação da receita e da despesa, na forma das instruções e modelos expedidos pelo Ministério do Trabalho.

▶ Art. 8º, I, da CF.

§ 1º Os orçamentos, após a aprovação prevista no presente artigo, serão publicados, em resumo, no prazo de trinta dias, contados da data da realização da respectiva Assembleia-Geral ou da reunião do Conselho de Representantes, que os aprovou, observada a seguinte sistemática:

a) no *Diário Oficial da União* – Seção I – Parte II, os orçamentos das Confederações, Federações e Sindicatos de base interestadual ou nacional;

b) no órgão de Imprensa Oficial do Estado ou Território ou jornal de grande circulação local, os orçamentos das Federações estaduais e Sindicatos distritais municipais, intermunicipais e estaduais.

§ 2º As dotações orçamentárias que se apresentarem insuficientes para o atendimento das despesas, ou não incluídas nos orçamentos correntes, poderão ser ajustadas ao fluxo dos gastos, mediante a abertura de créditos adicionais solicitados pela diretoria da entidade às respectivas Assembleias-Gerais ou Conselhos de Representantes, cujos atos concessórios serão publicados até o último dia do exercício correspondente, obedecida a mesma sistemática prevista no parágrafo anterior.

§ 3º Os créditos adicionais classificam-se em:

a) suplementares, os destinados a reforçar dotações alocadas no orçamento; e

b) especiais, os destinados a incluir dotações no orçamento, a fim de fazer face às despesas para as quais não se tenha consignado crédito específico.

§ 4º A abertura dos créditos adicionais depende da existência de receita para sua compensação, considerando-se, para esse efeito, desde que não comprometidos:

a) o *superávit* financeiro apurado em balanço do exercício anterior;

b) o excesso de arrecadação, assim entendido o saldo positivo da diferença entre a renda prevista e a realizada, tendo-se em conta, ainda, a tendência do exercício; e

c) a resultante da anulação parcial ou total de dotações alocadas no orçamento ou de créditos adicionais abertos no exercício.

§ 5º Para efeito orçamentário e contábil sindical, o exercício financeiro coincidirá com o ano civil, a ele pertencendo todas as receitas arrecadadas e as despesas compromissadas.

▶ Art. 550 com a redação dada pela Lei nº 6.386, de 9-12-1976.

Art. 551. Todas as operações de ordem financeira e patrimonial serão evidenciadas pelos registros contábeis das entidades sindicais, executados sob a responsabilidade de contabilista legalmente habilitado, em conformidade com o plano de contas e as instruções baixadas pelo Ministério do Trabalho.

▶ Art. 8º, I, da CF.

§ 1º A escrituração contábil a que se refere este artigo será baseada em documentos de receita e despesa, que ficarão arquivados nos serviços de contabilidade, à disposição dos órgãos responsáveis pelo acompanhamento administrativo e da fiscalização financeira da própria entidade, ou do controle que poderá ser exercido pelos órgãos da União, em face da legislação específica.

§ 2º Os documentos comprobatórios dos atos de receita e despesa, a que se refere o parágrafo anterior, poderão ser incinerados, após decorridos cinco anos da data de quitação das contas, pelo órgão competente.

§ 3º É obrigatório o uso do livro Diário, encadernado, como folhas seguida e tipograficamente numeradas, para a escrituração, pelo método das partidas dobradas, diretamente ou por reprodução, dos atos ou operações que modifiquem ou venham a modificar a situação patrimonial da entidade, o qual conterá, respectivamente, na primeira e na última páginas, os termos de abertura e de encerramento.

§ 4º A entidade sindical que se utilizar de sistema mecânico ou eletrônico para sua escrituração contábil poderá substituir o Diário e os livros facultativos ou auxiliares por fichas ou formulários contínuos, cujos lançamentos deverão satisfazer a todos os requisitos e normas de escrituração exigidos com relação aos livros mercantis, inclusive no que respeita a termos de abertura e de encerramento e numeração sequencial e tipográfica.

§ 5º Na escrituração por processos de fichas ou formulários contínuos, a entidade adotará livro próprio para inscrição do balanço patrimonial e da demonstração do resultado do exercício, o qual conterá os mesmos requisitos exigidos para os livros de escrituração.

§ 6º Os livros e fichas ou formulários contínuos serão obrigatoriamente submetidos a registro e autenticação das Delegacias Regionais do Trabalho localizadas na base territorial da entidade.

§ 7º As entidades sindicais manterão registro específico dos bens de qualquer natureza, de sua propriedade, em livros ou fichas próprias, que atenderão às mesmas formalidades exigidas para o livro Diário, inclusive no que se refere ao registro e autenticação da Delegacia Regional do Trabalho local.

§ 8º As contas dos administradores das entidades sindicais serão aprovadas, em escrutínio secreto, pelas respectivas Assembleias-Gerais ou Conselhos de Representantes, com prévio parecer do Conselho Fiscal, cabendo ao Ministro do Trabalho estabelecer prazos e procedimentos para a sua elaboração e destinação.

- Art. 551 com a redação dada pela Lei nº 6.386, de 9-12-1976.
- Art. 8º, I, da CF.

Art. 552. Os atos que importem em malversação ou dilapidação do patrimônio das associações ou entidades sindicais ficam equiparados ao crime de peculato, julgado e punido na conformidade da legislação penal.

- Artigo com a redação dada pelo Dec.-lei nº 925, de 10-10-1969.

SEÇÃO VIII

DAS PENALIDADES

Art. 553. As infrações ao disposto neste Capítulo serão punidas, segundo o seu caráter e a sua gravidade, com as seguintes penalidades:

- Art. 8º, I, da CF.

a) multa de CR$ 100 (cem cruzeiros) e 5.000 (cinco mil cruzeiros), dobrada na reincidência;

b) suspensão de diretores por prazo não superior a 30 (trinta) dias;

c) destituição de diretores ou de membros de conselho;

d) fechamento de Sindicato, Federação ou Confederação por prazo nunca superior a 6 (seis) meses;

e) cassação da carta de reconhecimento;

f) multa de 1/30 (um trinta avos) do salário mínimo regional, aplicável ao associado que deixar de cumprir sem causa justificada, o disposto no parágrafo único do art. 529.

- Alínea *f* acrescida pelo Dec.-lei nº 229, de 28-2-1967.
- Art. 7º, IV, da CF.
- Port. do MTPrev nº 667, de 8-11-2021, regulamenta a imposição de multas administrativas previstas na legislação trabalhista.

§ 1º A imposição de penalidades aos administradores não exclui a aplicação das que este artigo prevê para a associação.

- Parágrafo único transformado em § 1º pelo Dec.-lei nº 925, de 10-10-1969.

§ 2º Poderá o Ministro do Trabalho e Previdência Social determinar o afastamento preventivo de cargo ou representação sindicais de seus exercentes, com fundamento em elementos constantes de denúncia formalizada que constituam indício veemente ou início de prova bastante do fato e da autoria denunciados.

- § 2º acrescido pelo Dec.-lei nº 925, de 10-10-1969.

Art. 554. Destituída a administração, na hipótese da alínea *c* do artigo anterior, o Ministro do Trabalho, Indústria e Comércio nomeará um delegado para dirigir a associação e proceder, dentro do prazo de 90 dias, em assembleia-geral por ele convocada e presidida, à eleição dos novos diretores e membros do Conselho Fiscal.

- Art. 5º, XXIX, da CF.

Art. 555. A pena de cassação da carta de reconhecimento será imposta à entidade sindical:

- Art. 8º, I, da CF.

a) que deixar de satisfazer as condições de constituição e funcionamento estabelecidas nesta Lei;

b) que se recusar ao cumprimento de ato do Presidente da República, no uso da faculdade conferida pelo art. 536;

c) que criar obstáculos à execução da política econômica adotada pelo Governo.

- Alínea *c* com a redação dada pelo Dec.-lei nº 8.080, de 11-10-1945.

Art. 556. A cassação da carta de reconhecimento da entidade sindical não importará no cancelamento de seu registro, nem, consequentemente, a sua dissolução, que se processará de acordo com as disposições da lei que regulam a dissolução das associações civis.

- Art. 8º, I, da CF.

Parágrafo único. No caso de dissolução, por se achar a associação incursa nas leis que definem crimes contra a personalidade internacional, a estrutura e a segurança do Estado e a ordem política e social, os seus bens, pagas as dívidas decorrentes das suas responsabilidades, serão incorporados ao patrimônio da União e aplicados em obras de assistência social.

- O processo de dissolução de sociedade com personalidade jurídica era regida pelo art. 670 do Código de Processo Civil de 1939 (Lei nº 1.608, de 18-9-1939), cuja vigência foi mantida pelo CPC de 1973 (Lei nº 5.869, de 11-1-1973), em seu art. 1.218, VII, em vigor até o fim da *vacatio legis* do Novo CPC (Lei nº 13.105, de 16-3-2015, publicada no *DOU* de 17-3-2015).
- Art. 670 do CPC/1939, cuja vigência foi mantida pelo art. 1.218, VII, do CPC/1973.
- Arts. 599 a 609 do CPC/2015.

Art. 557. As penalidades de que trata o art. 553 serão impostas:

- Art. 8º, I, da CF.

a) as das alíneas *a* e *b*, pelo diretor geral do Departamento Nacional do Trabalho, com recurso para o Ministro de Estado;

b) as demais, pelo Ministro de Estado.

§ 1º Quando se tratar de associações de grau superior, as penalidades serão impostas pelo Ministro de Estado, salvo se a pena for de cassação da carta de reconhecimento de confederação, caso em que a pena será imposta pelo Presidente da República.

§ 2º Nenhuma pena será imposta sem que seja assegurada defesa ao acusado.

SEÇÃO IX

DISPOSIÇÕES GERAIS

Art. 558. São obrigadas ao registro todas as associações profissionais constituídas por atividades ou profissões idênticas, similares ou conexas, de acordo com o art. 511 e na conformidade do Quadro de Atividades e Profissões a que alude o Capítulo II deste Título. As associações profissionais registradas nos termos deste artigo poderão representar, perante as autoridades administrativas e judiciárias, os interesses individuais dos associados relativos à sua atividade ou profissão, sendo-lhes também extensivas as prerrogativas contidas na alínea *d* e no parágrafo único do art. 513.

- Art. 8º, I, da CF.

§ 1º O registro a que se refere o presente artigo competirá às Delegacias Regionais do Ministério do Trabalho e Previdência Social ou às repartições autorizadas em virtude da lei.

- § 1º com a redação dada pelo Dec.-lei nº 925, de 10-10-1969.

§ 2º O registro das associações far-se-á mediante requerimento, acompanhado da cópia autêntica dos estatutos e da declaração do número de associados, do patrimônio e dos serviços sociais organizados.

§ 3º As alterações dos estatutos das associações profissionais não entrarão em vigor sem aprovação da autoridade que houver concedido o respectivo registro.

Art. 559. O Presidente da República, excepcionalmente e mediante proposta do Ministro do Trabalho, Indústria e Comércio, fundada em razões de utilidade pública, poderá conceder, por decreto, às associações civis constituídas para a defesa e coordenação de interesses econômicos e profissionais e não obrigadas ao registro previsto no artigo anterior, a prerrogativa da alínea *d* do art. 513 deste Capítulo.

- Art. 8º, I, da CF.
- Súm. nº 677 do STF.
- Orientações Jurisprudenciais da SDC nºs 15 e 23 do TST.

Art. 560. Não se reputará transmissão de bens, para efeitos fiscais, a incorporação do patrimônio de uma associação profissional ao da entidade sindical, ou das entidades aludidas entre si.

Art. 561. A denominação *"Sindicato"* é privativa das associações profissionais de primeiro grau, reconhecidas na forma desta Lei.

Art. 562. As expressões *"Federação"* e *"Confederação"*, seguidas da designação de uma atividade econômica ou profissional, constituem denominações privativas das entidades sindicais de grau superior.

Art. 563. *Revogado.* Dec.-lei nº 925, de 10-10-1969.

Art. 564. Às entidades sindicais, sendo-lhes peculiar e essencial a atribuição representativa e coordenadora das correspondentes categorias ou profissões, é vedado, direta ou indiretamente, o exercício de atividade econômica.

Art. 565. As entidades sindicais reconhecidas nos termos desta Lei não poderão filiar-se a organizações internacionais, nem com elas manter relações, sem prévia licença concedida por decreto do Presidente da República.

- Artigo com a redação dada pela Lei nº 2.802, de 18-8-1956.
- Art. 565 não foi recepcionado pelo art. 8º, I, da CF que determina que a lei não poderá exigir autorização do Estado para a fundação de sindicato, ressalvado o registro no órgão competente, vedadas ao Poder Público a interferência e a intervenção na organização sindical.
- Dec.-lei nº 1.149, de 28-1-1971, estabelece condições para a filiação de entidades sindicais brasileiras a organizações internacionais.

Art. 566. Não podem sindicalizar-se os servidores do Estado e os das instituições paraestatais.

- Art. 8º, I, da CF.

Parágrafo único. Excluem-se da proibição constante deste artigo os empregados das sociedades de economia mista, da Caixa Econômica Federal e das fundações criadas ou mantidas pelo Poder Público da União, dos Estados e Municípios.

- Parágrafo único com a redação dada pela Lei nº 7.449, de 20-12-1985.

Arts. 567 a 569. *Revogados.* Dec.-lei nº 229, de 28-2-1967.

CAPÍTULO II
DO ENQUADRAMENTO SINDICAL

Art. 570. Os Sindicatos constituir-se-ão, normalmente, por categorias econômicas ou profissionais específicas, na conformidade da discriminação do Quadro de Atividades e Profissões a que se refere o artigo 577, ou segundo as subdivisões que, sob proposta da Comissão do Enquadramento Sindical, de que trata o artigo 576, forem criadas pelo Ministro do Trabalho, Indústria e Comércio.

- Súm. nº 374 do TST.
- OJ da SDC nº 9 do TST.

Parágrafo único. Quando os exercentes de quaisquer atividades ou profissões se constituírem, seja pelo número reduzido, seja pela natureza mesma dessas atividades ou profissões, seja pelas afinidades existentes entre elas, em condições tais que não se possam sindicalizar eficientemente pelo critério de especificidade de categoria, é-lhes permitido sindicalizar-se pelo critério de categorias similares ou conexas, entendendo-se como tais as que se acham compreendidas nos limites de cada grupo constante do Quadro de Atividades e Profissões.

Art. 571. Qualquer das atividades ou profissões concentradas na forma do parágrafo único do artigo anterior poderá dissociar-se do Sindicato principal, formando um Sindicato específico, desde que o novo Sindicato, a juízo da Comissão do Enquadramento Sindical, ofereça possibilidade de vida associativa regular e de ação sindical eficiente.

- Art. 8º, I, da CF.

Art. 572. Os sindicatos que se constituírem por categorias similares ou conexas, nos termos do parágrafo único do artigo 570, adotarão denominação em que fiquem, tanto quanto possível, explicitamente mencionadas as atividades ou profissões concentradas, de conformidade com o Quadro de Atividades e Profissões, ou se se tratar de subdivisões, de acordo com o que determinar a Comissão do Enquadramento Sindical.

- Art. 8º, I, da CF.

Parágrafo único. Ocorrendo a hipótese do artigo anterior, o Sindicato principal terá a denominação alterada, eliminando-se-lhe a designação relativa à atividade ou profissão dissociada.

Art. 573. O agrupamento dos Sindicatos em Federações obedecerá às mesmas regras que as estabelecidas neste Capítulo para o agrupamento das atividades e profissões em Sindicatos.

Parágrafo único. As Federações de Sindicatos de profissões liberais poderão ser organizadas independentemente do grupo básico da Confederação, sempre que as respectivas profissões se acharem submetidas, por disposições de lei, a um único regulamento.

- § 1º transformado em parágrafo único pelo Dec.-lei nº 229, de 28-2-1967.

§ 2º *Revogado.* Dec.-lei nº 229, de 28-2-1967.

Art. 574. Dentro da mesma base territorial, as empresas industriais do tipo artesanal poderão constituir entidades sindicais, de primeiro e segundo graus, distintas das associações sindicais das empresas congêneres, de tipo diferente.

Parágrafo único. Compete à Comissão do Enquadramento Sindical definir, de modo genérico, com a aprovação do Ministro do Trabalho, Indústria e Comércio, a dimensão e os demais característicos das empresas industriais de tipo artesanal.

- Art. 8º, I, da CF.

Art. 575. O Quadro de Atividades e Profissões será revisto de dois em dois anos, por proposta da Comissão do Enquadramento Sindical, para o fim de ajustá-lo às condições da estrutura econômica e profissional do País.

- Art. 8º, I, da CF.

§ 1º Antes de proceder à revisão do Quadro, a Comissão deverá solicitar sugestões às entidades sindicais e às associações profissionais.

§ 2º A proposta de revisão será submetida à aprovação do Ministro do Trabalho, Indústria e Comércio.

Art. 576. A Comissão do Enquadramento Sindical será constituída pelo Diretor-Geral do Departamento Nacional do Trabalho, que a presidirá, e pelos seguintes membros:

- *Caput* com a redação dada pela Lei nº 5.819, de 6-11-1972.
- Art. 8º, I, da CF.

I – 2 (dois) representantes do Departamento Nacional do Trabalho;

II – 1 (um) representante do Departamento Nacional de Mão de Obra;

III – 1 (um) representante do Instituto Nacional de Tecnologia, do Ministério da Indústria e do Comércio;

IV – 1 (um) representante do Instituto Nacional de Colonização e Reforma Agrária, do Ministério da Agricultura;

V – 1 (um) representante do Ministério dos Transportes;

VI – 2 (dois) representantes das categorias econômicas; e

VII – 2 (dois) representantes das categorias profissionais.

- Incisos I a VII com a redação dada pela Lei nº 5.819, de 6-11-1972.

§ 1º Os membros da CES serão designados pelo Ministro do Trabalho do Trabalho e Previdência Social, mediante:

a) indicação dos titulares das Pastas, quanto aos representantes dos outros Ministérios;

b) indicação do respectivo Diretor-Geral, quanto ao do DNMO;

c) eleição pelas respectivas Confederações, em conjunto, quanto aos representantes das categorias econômicas e profissionais, de acordo com as instruções que forem expedidas pelo Ministro do Trabalho e Previdência Social.

§ 2º Cada Membro terá um suplente designado juntamente com o titular.

- §§ 1º e 2º com a redação dada pelo Dec.-lei nº 229, de 28-2-1967.

§ 3º Será de 3 (três) anos o mandato dos representantes das categorias econômica e profissional.

- § 3º com a redação dada pelo Dec.-lei nº 925, de 10-10-1969.

§ 4º Os integrantes da Comissão perceberão a gratificação de presença que for estabelecida por decreto executivo.

- § 4º com a redação dada pelo Dec.-lei nº 229, de 28-2-1967.

§ 5º Em suas faltas ou impedimentos o Diretor-Geral do DNT será substituído na presidência pelo Diretor substituto do Departamento ou pelo representante deste na Comissão, nesta ordem.

- § 5º com a redação dada pelo Dec.-lei 506, de 18-3-1969.

§ 6º Além das atribuições fixadas no presente Capítulo e concernentes ao enquadramento sindical, individual ou coletivo, e à classificação das atividades e profissões, competirá também à CES resolver, com recurso para o Ministro do Trabalho e Previdência Social, todas as dúvidas e controvérsias concernentes à organização sindical.

- § 6º com a redação dada pelo Dec.-lei nº 229, de 28-2-1967.

Art. 577. O Quadro de Atividades e Profissões em vigor fixará o plano básico do enquadramento sindical.

- Art. 8º, I, da CF.
- Súm. nº 196 do STF.
- OJ da SDC nº 9 do TST.

CAPÍTULO III

DO IMPOSTO SINDICAL

▶ Art. 35, V, do Dec.-lei nº 229, de 28-2-1967, que determinou entender como "Contribuição Sindical" as referências a "Imposto Sindical" feitas nesta Consolidação.

▶ Art. 217 do CTN.

▶ Art. 7º da Lei nº 11.648, de 31-3-2008 (Lei das Centrais Sindicais).

Seção I

DA FIXAÇÃO E DO RECOLHIMENTO DO IMPOSTO SINDICAL

Art. 578. As contribuições devidas aos sindicatos pelos participantes das categorias econômicas ou profissionais ou das profissões liberais representadas pelas referidas entidades serão, sob a denominação de contribuição sindical, pagas, recolhidas e aplicadas na forma estabelecida neste Capítulo, desde que prévia e expressamente autorizadas.

Art. 579. O desconto da contribuição sindical está condicionado à autorização prévia e expressa dos que participarem de uma determinada categoria econômica ou profissional, ou de uma profissão liberal, em favor do sindicato representativo da mesma categoria ou profissão ou, inexistindo este, na conformidade do disposto no art. 591 desta Consolidação.

▶ Arts. 578 e 579 com a redação dada pela Lei nº 13.467, de 13-7-2017.

Art. 580. A contribuição sindical será recolhida, de uma só vez, anualmente, e consistirá:

▶ *Caput* com a redação dada pela Lei nº 6.386, de 9-12-1976.

I – na importância correspondente à remuneração de um dia de trabalho, para os empregados, qualquer que seja a forma da referida remuneração;

▶ Inciso I com a redação dada pela Lei nº 6.386, de 9-12-1976.

II – para os agentes ou trabalhadores autônomos e para os profissionais liberais, numa importância correspondente a trinta por cento do maior valor de referência fixado pelo Poder Executivo, vigente à época em que é devida a contribuição sindical, arredondada para Cr$ 1,00 (um cruzeiro) a fração porventura existente;

▶ Port. do MTPrev nº 667, de 8-11-2021, regulamenta a imposição de multas administrativas previstas na legislação trabalhista.

III – para os empregadores, numa importância proporcional ao capital social da firma ou empresa, registrado nas respectivas Juntas Comerciais ou órgãos equivalentes, mediante a aplicação de alíquotas, conforme a seguinte Tabela progressiva:

▶ Incisos II e III com a redação dada pela Lei nº 7.047, de 1º-12-1982.

CLASSES DE CAPITAL	ALÍQUOTA %
1 – Até 150 vezes o maior valor de referência	0,8
2 – Acima de 150 até 1.500 vezes o maior valor de referência	0,2
3 – Acima de 1.500 até 150.000 vezes o maior valor de referência	0,1
4 – Acima de 150.000 até 800.000 vezes o maior valor de referência	0,02

▶ Port. do MTPrev nº 667, de 8-11-2021, regulamenta a imposição de multas administrativas previstas na legislação trabalhista.

§ 1º A contribuição sindical prevista na Tabela constante do item III deste artigo corresponderá à soma da aplicação das alíquotas sobre a porção do capital distribuído em cada classe, observados os respectivos limites.

§ 2º Para efeito do cálculo de que trata a Tabela progressiva inserta no item III deste artigo, considerar-se-á o valor de referência fixado pelo Poder Executivo, vigente à data de competência da contribuição, arredondando-se para Cr$ 1,00 (um cruzeiro) a fração porventura existente.

▶ §§ 1º e 2º com a redação dada pela Lei nº 6.386, de 9-12-1976.

▶ Port. do MTPrev nº 667, de 8-11-2021, regulamenta a imposição de multas administrativas previstas na legislação trabalhista.

§ 3º É fixada em sessenta por cento do maior valor de referência, a que alude o parágrafo anterior, a contribuição mínima devida pelos empregadores, independentemente do capital social da firma ou empresa, ficando, do mesmo modo, estabelecido o capital equivalente a oitocentas mil vezes o maior valor de referência, para efeito do cálculo da contribuição máxima, respeitada a Tabela progressiva constante do item III.

▶ § 3º com a redação dada pela Lei nº 7.047, de 1º-12-1982.

▶ Port. do MTPrev nº 667, de 8-11-2021, regulamenta a imposição de multas administrativas previstas na legislação trabalhista.

§ 4º Os agentes ou trabalhadores autônomos e os profissionais liberais, organizados em firma ou empresa, com capital social registrado, recolherão a contribuição sindical de acordo com a Tabela progressiva a que se refere o item III.

§ 5º As entidades ou instituições que não estejam obrigadas ao registro de capital social considerarão, como capital, para efeito do cálculo de que trata a Tabela progressiva constante do item III deste artigo, o valor resultante da aplicação do percentual de quarenta por cento sobre o movimento econômico registrado no exercício imediatamente anterior, do que darão conhecimento à respectiva entidade sindical ou à Delegacia Regional do Trabalho, observados os limites estabelecidos no § 3º deste artigo.

§ 6º Excluem-se da regra do § 5º as entidades ou instituições que comprovarem, através de requerimento dirigido ao Ministério do Trabalho, que não exercem atividade econômica com fins lucrativos.

▶ §§ 4º a 6º com a redação dada pela Lei nº 6.386, de 9-12-1976.

▶ Art. 8º, I, da CF.

Art. 581. Para os fins do item III do artigo anterior, as empresas atribuirão parte do respectivo capital às suas sucursais, filiais ou agências, desde que localizadas fora da base territorial da entidade sindical representativa da atividade econômica do estabelecimento principal, na proporção das correspondentes operações econômicas, fazendo a devida comunicação às Delegacias Regionais do Trabalho, conforme a localidade da sede da empresa, sucursais, filiais ou agências.

§ 1º Quando a empresa realizar diversas atividades econômicas, sem que nenhuma delas seja preponderante, cada uma dessas atividades será incorporada à respectiva categoria econômica, sendo a contribuição sindical devida à entidade sindical representativa da mesma categoria, procedendo-se, em relação às correspondentes sucursais, agências ou filiais, na forma do presente artigo.

§ 2º Entende-se por atividade preponderante a que caracterizar a unidade de produto, operação ou objetivo final, para cuja obtenção todas as demais atividades convirjam, exclusivamente, em regime de conexão funcional.

▶ Art. 581 com a redação dada pela Lei nº 6.386, de 9-12-1976.

Art. 582. Os empregadores são obrigados a descontar da folha de pagamento de seus empregados relativa ao mês de março de cada ano a contribuição sindical dos empregados que autorizaram prévia e expressamente o seu recolhimento aos respectivos sindicatos.

▶ *Caput* com a redação dada pela Lei nº 13.467, de 13-7-2017.

§ 1º Considera-se um dia de trabalho para efeito de determinação da importância a que alude o item I do artigo 580, o equivalente:

a) a uma jornada normal de trabalho, se o pagamento ao empregado for feito por unidade de tempo;

b) a um trinta avos da quantia percebida no mês anterior, se a remuneração for paga por tarefa, empreitada ou comissão.

§ 2º Quando o salário for pago em utilidades, ou nos casos em que o empregado receba, habitualmente, gorjetas, a contribuição sindical corresponderá a um trinta avos da importância que tiver servido de base, no mês de janeiro, para a contribuição do empregado à Previdência Social.

▶ §§ 1º e 2º com a redação dada pela Lei nº 6.386, de 9-12-1976.

Art. 583. O recolhimento da contribuição sindical referente aos empregados e trabalhadores avulsos será efetuado no mês de abril de cada ano, e o relativo aos agentes ou trabalhadores autônomos e profissionais liberais realizar-se-á no mês de fevereiro, observada a exigência de autorização prévia e expressa prevista no art. 579 desta Consolidação.

▶ *Caput* com a redação dada pela Lei nº 13.467, de 13-7-2017.

§ 1º O recolhimento obedecerá ao sistema de guias, de acordo com as instruções expedidas pelo Ministro do Trabalho.

▶ Port. do MTE nº 488, de 23-11-2005, aprova o modelo da Guia de Recolhimento de Contribuição Sindical Urbana – GRCSU.

§ 2º O comprovante de depósito da contribuição sindical será remetido ao respectivo Sindicato; na falta deste, à correspondente entidade sindical de grau superior, e, se for o caso, ao Ministério do Trabalho.

▶ §§ 1º e 2º com a redação dada pela Lei nº 6.386, de 9-12-1976.

Art. 584. Servirá de base para o pagamento da contribuição sindical, pelos agentes ou trabalhadores autônomos e profissionais liberais, a lista de contribuintes organizada pelos respectivos Sindicatos e, na falta destes, pelas Federações ou Confederações coordenadoras da categoria.

▶ Precedente Normativo nº 111 da SDC do TST.

Art. 585. Os profissionais liberais poderão optar pelo pagamento da contribuição sindical unicamente à entidade sindical representativa da respectiva profissão, desde que a exerça, efetivamente, na firma ou empresa e como tal sejam nelas registrados.

Parágrafo único. Na hipótese referida neste artigo, à vista da manifestação do contribuinte e da exibição da prova de quitação da contribuição, dada por Sindicato de profissionais liberais, o empregador deixará de efetuar, no salário do contribuinte, o desconto a que se refere o artigo 582.

Art. 586. A contribuição sindical será recolhida, nos meses fixados no presente Capítulo, à Caixa Econômica Federal, ao Banco do Brasil S.A., ou aos estabelecimentos bancários nacionais integrantes do sistema de arrecadação dos tributos federais, os quais, de acordo com instruções expedidas pelo Conselho Monetário Nacional, repassarão à Caixa Econômica Federal as importâncias arrecadadas.

§ 1º Integrarão a rede arrecadadora as Caixas Econômicas Estaduais, nas localidades onde inexistam os estabelecimentos previstos no *caput* deste artigo.

§ 2º Tratando-se de empregador, agentes ou trabalhadores autônomos ou profissionais liberais, o recolhimento será efetuado pelos próprios, diretamente ao estabelecimento arrecadador.

§ 3º A contribuição sindical devida pelos empregados e trabalhadores avulsos será recolhida pelo empregador e pelo Sindicato, respectivamente.

► Arts. 584 a 586 com a redação dada pela Lei nº 6.386, de 9-12-1976.

Art. 587. Os empregadores que optarem pelo recolhimento da contribuição sindical deverão fazê-lo no mês de janeiro de cada ano, ou, para os que venham a se estabelecer após o referido mês, na ocasião em que requererem às repartições o registro ou a licença para o exercício da respectiva atividade.

► Artigo com a redação dada pela Lei nº 13.467, de 13-7-2017.

Art. 588. A Caixa Econômica Federal manterá conta corrente intitulada "Depósitos da Arrecadação da Contribuição Sindical", em nome de cada uma das entidades sindicais beneficiadas, cabendo ao Ministério do Trabalho cientificá-la das ocorrências pertinentes à vida administrativa dessas entidades.

§ 1º Os saques na conta corrente referida no *caput* deste artigo far-se-ão mediante ordem bancária ou cheque com as assinaturas conjuntas do presidente e do tesoureiro da entidade sindical.

§ 2º A Caixa Econômica Federal remeterá, mensalmente, a cada entidade sindical, um extrato da respectiva conta corrente, e, quando solicitado, aos órgãos do Ministério do Trabalho.

► Art. 588 com a redação dada pela Lei nº 6.386, de 9-12-1976.

Art. 589. Da importância da arrecadação da contribuição sindical serão feitos os seguintes créditos pela Caixa Econômica Federal, na forma das instruções que forem expedidas pelo Ministro do Trabalho:

I – para os empregadores:

a) 5% (cinco por cento) para a confederação correspondente;

b) 15% (quinze por cento) para a federação;

c) 60% (sessenta por cento) para o sindicato respectivo; e

d) 20% (vinte por cento) para a "Conta Especial Emprego e Salário";

► Inciso I com a redação dada pela Lei nº 11.648, de 31-3-2008.

II – para os trabalhadores:

a) 5% (cinco por cento) para a confederação correspondente;

b) 10% (dez por cento) para a central sindical;

c) 15% (quinze por cento) para a federação;

d) 60% (sessenta por cento) para o sindicato respectivo; e

e) 10% (dez por cento) para a "Conta Especial Emprego e Salário";

► Inciso II com a redação dada pela Lei nº 11.648, de 31-3-2008.

III e IV – *Revogados.* Lei nº 11.648, de 31-3-2008.

§ 1º O sindicato de trabalhadores indicará ao Ministério do Trabalho e Emprego a central sindical a que estiver filiado como beneficiária da respectiva contribuição sindical, para fins de destinação dos créditos previstos neste artigo.

§ 2º A central sindical a que se refere a alínea *b* do inciso II do *caput* deste artigo deverá atender aos requisitos de representatividade previstos na legislação específica sobre a matéria.

► §§ 1º e 2º acrescidos pela Lei nº 11.648, de 31-3-2008.

Art. 590. Inexistindo confederação, o percentual previsto no art. 589 desta Consolidação caberá à federação representativa do grupo.

► *Caput* com a redação dada pela Lei nº 11.648, de 31-3-2008.

§§ 1º e 2º *Revogados.* Lei nº 11.648, de 31-3-2008.

§ 3º Não havendo sindicato, nem entidade sindical de grau superior ou central sindical, a contribuição sindical será creditada, integralmente, à "Conta Especial Emprego e Salário".

► § 3º com a redação dada pela Lei nº 11.648, de 31-3-2008.

§ 4º Não havendo indicação de central sindical, na forma do § 1º do art. 589 desta Consolidação, os percentuais que lhe caberiam serão destinados à "Conta Especial Emprego e Salário".

► § 4º acrescido pela Lei nº 11.648, de 31-3-2008.

Art. 591. Inexistindo sindicato, os percentuais previstos na alínea *c* do inciso I e na alínea *d* do inciso II do *caput* do art. 589 desta Consolidação serão creditados à federação correspondente à mesma categoria econômica ou profissional.

Parágrafo único. Na hipótese do *caput* deste artigo, os percentuais previstos nas alíneas *a* e *b* do inciso I e nas alíneas *a* e *c* do inciso II do *caput* do art. 589 desta Consolidação caberão à confederação.

► Art. 591 com a redação dada pela Lei nº 11.648, de 31-3-2008.

Seção II

DA APLICAÇÃO DO IMPOSTO SINDICAL

► Art. 35, V, do Dec.-lei nº 229, de 28-2-1967, que determinou entender como "Contribuição Sindical" as referências a "Imposto Sindical" feitas nesta Consolidação.

Art. 592. A contribuição sindical, além das despesas vinculadas à sua arrecadação, recolhimento e controle, será aplicada pelos Sindicatos, na conformidade dos respectivos estatutos, visando aos seguintes objetivos:

► Art. 8º, I, da CF.

I – Sindicatos de Empregadores e de Agentes Autônomos:

a) assistência técnica e jurídica;

b) assistência médica, dentária, hospitalar e farmacêutica;

c) realização de estudos econômicos e financeiros;

d) agências de colocação;

e) cooperativas;

f) bibliotecas;

g) creches;

h) congressos e conferências;

i) medidas de divulgação comercial e industrial do País, e no estrangeiro, bem como em outras tendentes a incentivar e aperfeiçoar a produção nacional;

j) feiras e exposições;

l) prevenção de acidentes do trabalho;

m) finalidades desportivas.

II – Sindicatos de Empregados:

a) assistência jurídica;

b) assistência médica, dentária, hospitalar e farmacêutica;

c) assistência à maternidade;

d) agências de colocação;

e) cooperativas;

f) bibliotecas;

g) creches;

h) congressos e conferências;

i) auxílio-funeral;

j) colônias de férias e centros de recreação;

l) prevenção de acidentes do trabalho;

m) finalidades desportivas e sociais;

n) educação e formação profissional;

o) bolsas de estudo.

III – Sindicatos de Profissionais Liberais:

a) assistência jurídica;

b) assistência médica, dentária, hospitalar e farmacêutica;

c) assistência à maternidade;

d) bolsas de estudo;

e) cooperativas;

f) bibliotecas;

g) creches;

h) congressos e conferências;

i) auxílio-funeral;

j) colônias de férias e centros de recreação;

l) estudos técnicos e científicos;

m) finalidades desportivas e sociais;

n) educação e formação profissional;

o) prêmios por trabalhos técnicos e científicos.

IV – Sindicatos de Trabalhadores Autônomos:

a) assistência técnica e jurídica;

b) assistência médica, dentária, hospitalar e farmacêutica;

c) assistência à maternidade;

d) bolsas de estudo;

e) cooperativas;

f) bibliotecas;

g) creches;

h) congressos e conferências;

i) auxílio-funeral;

j) colônias de férias e centros de recreação;

l) educação e formação profissional;

m) finalidades desportivas e sociais.

§ 1º A aplicação prevista neste artigo ficará a critério de cada entidade, que, para tal fim, obedecerá, sempre, às peculiaridades do respectivo grupo ou categoria, facultado ao Ministro do Trabalho permitir a inclusão de novos programas, desde que assegurados os serviços assistenciais fundamentais da entidade.

▶ Art. 8º, I, da CF.

§ 2º Os Sindicatos poderão destacar, em seus orçamentos anuais, até vinte por cento dos recursos da contribuição sindical para o custeio das suas atividades administrativas, independentemente de autorização ministerial.

§ 3º O uso da contribuição sindical prevista no § 2º não poderá exceder do valor total das mensalidades sociais consignadas nos orçamentos dos Sindicatos, salvo autorização expressa do Ministro do Trabalho.

▶ Art. 592 com a redação dada pela Lei nº 6.386, de 9-12-1976.

▶ Art. 8º, I, da CF.

Art. 593. As percentagens atribuídas às entidades sindicais de grau superior e às centrais sindicais serão aplicadas de conformidade com o que dispuserem os respectivos conselhos de representantes ou estatutos.

▶ *Caput* com a redação dada pela Lei nº 11.648, de 31-3-2008.

Parágrafo único. Os recursos destinados às centrais sindicais deverão ser utilizados no custeio das atividades de representação geral dos trabalhadores decorrentes de suas atribuições legais.

▶ Parágrafo único acrescido pela Lei nº 11.648, de 31-3-2008.

Art. 594. O "Fundo Social Sindical" será gerido e aplicado pela Comissão do Imposto Sindical em objetivos que atendam aos interesses gerais da organização sindical nacional ou à assistência social aos trabalhadores.

▶ Artigo tacitamente revogado pela Lei nº 4.589, de 11-12-1964, que extingue a Comissão do Imposto Sindical e a Comissão Técnica de orientação Sindical.

Seção III

DA COMISSÃO DO IMPOSTO SINDICAL

Arts. 595 a 597. *Revogados.* Lei nº 4.589, de 11-12-1964.

Seção IV

DAS PENALIDADES

Art. 598. Sem prejuízo da ação criminal e das penalidades previstas no art. 553, serão aplicadas multas de CR$ 10,00 (dez cruzeiros) a CR$ 10.000,00 (dez mil cruzeiros) pelas infrações deste Capítulo impostas no Distrito Federal pela autoridade competente de 1ª instância do Departamento Nacional do Trabalho e nos Estados e no Território do Acre pelas autoridades regionais do Ministério do Trabalho, Indústria e Comércio.

▶ Art. 8º da CF.

▶ Port. do MTPrev nº 667, de 8-11-2021, regulamenta a imposição de multas administrativas previstas na legislação trabalhista.

Parágrafo único. A gradação da multa atenderá à natureza da infração e às condições sociais e econômicas do infrator.

Art. 599. Para os profissionais liberais, a penalidade consistirá na suspensão do exercício profissional, até a necessária quitação, e será aplicada pelos órgãos públicos ou autárquicos disciplinadores das respectivas profissões mediante comunicação das autoridades fiscalizadoras.

Art. 600. O recolhimento da contribuição sindical efetuado fora do prazo referido neste Capítulo, quando espontâneo, será acrescido da multa de dez por cento, nos trinta primeiros dias, com o adicional de dois por cento por mês subsequente de atraso, além de juros de mora de um por cento ao mês e correção monetária, ficando, nesse caso, o infrator, isento de outra penalidade.

▶ Súm. nº 432 do TST.

§ 1º O montante das cominações previstas neste artigo reverterá sucessivamente:

a) ao Sindicato respectivo;

b) à Federação respectiva, na ausência de Sindicato;

c) à Confederação respectiva, inexistindo Federação.

§ 2º Na falta de Sindicato ou entidade de grau superior, o montante a que alude o parágrafo precedente reverterá à conta "*Emprego e Salário*".

▶ Art. 600 com a redação dada pela Lei nº 6.181, de 11-12-1974.

Seção V

DISPOSIÇÕES GERAIS

Art. 601. *Revogado.* Lei nº 13.467, de 13-7-2017.

Art. 602. Os empregados que não estiverem trabalhando no mês destinado ao desconto da contribuição sindical e que venham a autorizar prévia e expressamente o recolhimento serão descontados no primeiro mês subsequente ao do reinício do trabalho.

▶ *Caput* com a redação dada pela Lei nº 13.467, de 13-7-2017.

Parágrafo único. De igual forma se procederá com os empregados que forem admitidos depois daquela data e que não tenham trabalhado anteriormente nem apresentado a respectiva quitação.

Art. 603. Os empregadores são obrigados a prestar aos encarregados da fiscalização os esclarecimentos necessários ao desempenho de sua missão e a exibir-lhes, quando exigidos, na parte relativa ao pagamento de empregados, os seus livros, folhas de pagamento e outros documentos comprobatórios desses pagamentos, sob pena da multa cabível.

▶ Precedente Normativo da SDC nº 41 do TST.

Art. 604. *Revogado.* Lei nº 13.467, de 13-7-2017.

Art. 605. As entidades sindicais são obrigadas a promover a publicação de editais concernentes ao recolhimento do imposto sindical, durante três dias, nos jornais de maior circulação local e até dez dias da data fixada para depósito bancário.

▶ Art. 35, V, do Dec.-lei nº 229, de 28-2-1967, que determinou entender como "Contribuição Sindical" as referências a "Imposto Sindical" feitas nesta Consolidação.

Art. 606. Às entidades sindicais cabe, em caso de falta de pagamento da contribuição sindical, promover a respectiva cobrança judicial, mediante ação executiva, valendo como título de dívida a certidão expedida pelas autoridades regionais do Ministério do Trabalho e Previdência Social.

▶ *Caput* com a redação dada pelo Dec.-lei nº 925, de 10-10-1969.

§ 1º O Ministro do Trabalho, Indústria e Comércio baixará as instruções regulando a expedição das certidões a que se refere o presente artigo, das quais deverá constar a individualização do contribuinte, a indicação do débito e a designação da entidade a favor da qual é recolhida a importância de imposto, de acordo com o respectivo enquadramento sindical.

▶ Art. 35, V, do Dec.-lei nº 229, de 28-2-1967, que determinou entender como "Contribuição Sindical" as referências a "Imposto Sindical" feitas nesta Consolidação.

§ 2º Para os fins da cobrança judicial do imposto sindical, são extensivos às entidades sindicais, com exceção do foro especial, os privilégios da Fazenda Pública, para cobrança da dívida ativa.

▶ Art. 35, V, do Dec.-lei nº 229, de 28-2-1967, que determinou entender como "Contribuição Sindical" as referências a "Imposto Sindical" feitas nesta Consolidação.

▶ Súm. nº 87 do extinto TFR.

Art. 607. É considerado como documento essencial ao comparecimento às concorrências públicas ou administrativas e para o fornecimento às repartições paraestatais ou autárquicas a prova da quitação do respectivo imposto sindical e a de recolhimento do imposto sindical, descontado dos respectivos empregados.

▶ Art. 35, V, do Dec.-lei nº 229, de 28-2-1967, que determinou entender como "Contribuição Sindical" as referências a "Imposto Sindical" feitas nesta Consolidação.

Art. 608. As repartições federais, estaduais ou municipais não concederão registro ou licenças para funcionamento ou renovação de atividades aos estabelecimentos de empregadores e aos escritórios ou congêneres dos agentes ou trabalhadores autônomos e profissionais liberais, nem concederão alvarás de licença ou localização, sem que sejam exibidas as provas de quitação do imposto sindical, na forma do artigo anterior.

▶ Art. 35, V, do Dec.-lei nº 229, de 28-2-1967, que determinou entender como "Contribuição Sindical" as referências a "Imposto Sindical" feitas nesta Consolidação.

Parágrafo único. A não observância do disposto neste artigo acarretará, de pleno direito, a nulidade dos atos nele referidos, bem como dos mencionados no artigo 607.

▶ Parágrafo único acrescido pela Lei nº 6.386, de 9-12-1976.

Art. 609. O recolhimento da contribuição sindical e todos os lançamentos e movimentos nas contas respectivas são isentos de selos e taxas federais, estaduais ou municipais.

Art. 610. As dúvidas no cumprimento deste Capítulo serão resolvidas pelo Diretor-Geral do Departamento Nacional do Trabalho, que expedirá as instruções que se tornarem necessárias à sua execução.

▶ Artigo com a redação dada pela Lei nº 4.589, de 11-12-1964.

▶ Art. 8º, I, da CF.

TÍTULO VI – DAS CONVENÇÕES COLETIVAS DE TRABALHO

▶ Título com a redação dada pelo Dec.-lei nº 229, de 28-2-1967.

▶ Art. 7º, XXVI, da CF.

Art. 611. Convenção Coletiva de Trabalho é o acordo de caráter normativo, pelo qual dois ou mais Sindicatos representativos de categorias econômicas e profissionais estipulam condições de trabalho aplicáveis, no âmbito das respectivas representações, às relações individuais de trabalho.

▶ Súm. nº 349 do STF.

▶ Súmulas nºs 85, 277 e 444 do TST.
▶ OJ da SBDI-I nº 323 do TST.
▶ Orientações Jurisprudenciais da SDC nºs 22 e 23 do TST.

§ 1º É facultado aos Sindicatos representativos de categorias profissionais celebrar Acordos Coletivos com uma ou mais empresas da correspondente categoria econômica, que estipulem condições de trabalho, aplicáveis no âmbito da empresa ou das empresas acordantes às respectivas relações de trabalho.

§ 2º As Federações e, na falta destas, as Confederações representativas de categorias econômicas ou profissionais poderão celebrar Convenções Coletivas de Trabalho para reger as relações das categorias a elas vinculadas, inorganizadas em Sindicatos, no âmbito de suas representações.

▶ Art. 7º, XXVI, da CF.
▶ Súmulas nºs 286, 339 e 364 do TST.
▶ OJ da SBDI-I nº 323 do TST.

Art. 611-A. A convenção coletiva e o acordo coletivo de trabalho têm prevalência sobre a lei quando, entre outros, dispuserem sobre:

I – pacto quanto à jornada de trabalho, observados os limites constitucionais;
II – banco de horas anual;
III – intervalo intrajornada, respeitado o limite mínimo de trinta minutos para jornadas superiores a seis horas;
IV – adesão ao Programa Seguro-Emprego (PSE), de que trata a Lei nº 13.189, de 19 de novembro de 2015;
V – plano de cargos, salários e funções compatíveis com a condição pessoal do empregado, bem como identificação dos cargos que se enquadram como funções de confiança;
VI – regulamento empresarial;
VII – representante dos trabalhadores no local de trabalho;
VIII – teletrabalho, regime de sobreaviso, e trabalho intermitente;
IX – remuneração por produtividade, incluídas as gorjetas percebidas pelo empregado, e remuneração por desempenho individual;
X – modalidade de registro de jornada de trabalho;
XI – troca do dia de feriado;
XII – enquadramento do grau de insalubridade;
XIII – prorrogação de jornada em ambientes insalubres, sem licença prévia das autoridades competentes do Ministério do Trabalho;
XIV – prêmios de incentivo em bens ou serviços, eventualmente concedidos em programas de incentivo;
XV – participação nos lucros ou resultados da empresa.

§ 1º No exame da convenção coletiva ou do acordo coletivo de trabalho, a Justiça do Trabalho observará o disposto no § 3º do art. 8º desta Consolidação.

§ 2º A inexistência de expressa indicação de contrapartidas recíprocas em convenção coletiva ou acordo coletivo de trabalho não ensejará sua nulidade por não caracterizar um vício do negócio jurídico.

§ 3º Se for pactuada cláusula que reduza o salário ou a jornada, a convenção coletiva ou o acordo coletivo de trabalho deverão prever a proteção dos empregados contra dispensa imotivada durante o prazo de vigência do instrumento coletivo.

§ 4º Na hipótese de procedência de ação anulatória de cláusula de convenção coletiva ou de acordo coletivo de trabalho, quando houver a cláusula compensatória, esta deverá ser igualmente anulada, sem repetição do indébito.

§ 5º Os sindicatos subscritores de convenção coletiva ou de acordo coletivo de trabalho deverão participar, como litisconsortes necessários, em ação individual ou coletiva, que tenha como objeto a anulação de cláusulas desses instrumentos.

▶ Art. 3º da IN do TST nº 41, de 21-6-2018, que dispõe sobre a aplicação das normas processuais desta Consolidação alteradas pela Lei nº 13.467, de 13-7-2017.

Art. 611-B. Constituem objeto ilícito de convenção coletiva ou de acordo coletivo de trabalho, exclusivamente, a supressão ou a redução dos seguintes direitos:

I – normas de identificação profissional, inclusive as anotações na Carteira de Trabalho e Previdência Social;
II – seguro-desemprego, em caso de desemprego involuntário;
III – valor dos depósitos mensais e da indenização rescisória do Fundo de Garantia do Tempo de Serviço (FGTS);
IV – salário mínimo;
V – valor nominal do décimo terceiro salário;
VI – remuneração do trabalho noturno superior à do diurno;
VII – proteção do salário na forma da lei, constituindo crime sua retenção dolosa;
VIII – salário-família;
IX – repouso semanal remunerado;
X – remuneração do serviço extraordinário superior, no mínimo, em 50% (cinquenta por cento) à do normal;
XI – número de dias de férias devidas ao empregado;
XII – gozo de férias anuais remuneradas com, pelo menos, um terço a mais do que o salário normal;
XIII – licença-maternidade com a duração mínima de cento e vinte dias;
XIV – licença-paternidade nos termos fixados em lei;
XV – proteção do mercado de trabalho da mulher, mediante incentivos específicos, nos termos da lei;
XVI – aviso prévio proporcional ao tempo de serviço, sendo no mínimo de trinta dias, nos termos da lei;
XVII – normas de saúde, higiene e segurança do trabalho previstas em lei ou em normas regulamentadoras do Ministério do Trabalho;
XVIII – adicional de remuneração para as atividades penosas, insalubres ou perigosas;
XIX – aposentadoria;
XX – seguro contra acidentes de trabalho, a cargo do empregador;
XXI – ação, quanto aos créditos resultantes das relações de trabalho, com prazo prescricional de cinco anos para os trabalhadores urbanos e rurais, até o limite de dois anos após a extinção do contrato de trabalho;
XXII – proibição de qualquer discriminação no tocante a salário e critérios de admissão do trabalhador com deficiência;
XXIII – proibição de trabalho noturno, perigoso ou insalubre a menores de dezoito anos e de qualquer trabalho a menores de dezesseis anos, salvo na condição de aprendiz, a partir de quatorze anos;
XXIV – medidas de proteção legal de crianças e adolescentes;
XXV – igualdade de direitos entre o trabalhador com vínculo empregatício permanente e o trabalhador avulso;
XXVI – liberdade de associação profissional ou sindical do trabalhador, inclusive o direito de não sofrer, sem sua expressa e prévia anuência, qualquer cobrança ou desconto salarial estabelecidos em convenção coletiva ou acordo coletivo de trabalho;
XXVII – direito de greve, competindo aos trabalhadores decidir sobre a oportunidade de exercê-lo e sobre os interesses que devam por meio dele defender;
XXVIII – definição legal sobre os serviços ou atividades essenciais e disposições legais sobre o atendimento das necessidades inadiáveis da comunidade em caso de greve;
XXIX – tributos e outros créditos de terceiros;
XXX – as disposições previstas nos arts. 373-A, 390, 392, 392-A, 394, 394-A, 395, 396 e 400 desta Consolidação.

Parágrafo único. Regras sobre duração do trabalho e intervalos não são consideradas como normas de saúde, higiene e segurança do trabalho para os fins do disposto neste artigo.

▶ Arts. 611-A e 611-B acrescidos pela Lei nº 13.467, de 13-7-2017.

Art. 612. Os Sindicatos só poderão celebrar Convenções ou Acordos Coletivos de Trabalho, por deliberação de Assembleia-Geral especialmente convocada para esse fim, consoante o disposto nos respectivos Estatutos, dependendo a validade da mesma do comparecimento e votação, em primeira convocação, de 2/3 (dois terços) dos associados da entidade, se se tratar de Convenção, e dos interessados, no caso de Acordo e, em segunda, de 1/3 (um terço) dos mesmos.

▶ Orientações Jurisprudenciais da SDC nºs 8, 29 e 35 do TST.

Parágrafo único. O *quorum* de comparecimento e votação será de um oitavo dos associados em segunda convocação, nas entidades sindicais que tenham mais de cinco mil associados.

Art. 613. As Convenções e os Acordos deverão conter obrigatoriamente:

I – designação dos Sindicatos convenentes ou dos Sindicatos e empresas acordantes;

▶ Súm. nº 374 do TST.

II – prazo de vigência;

▶ Súm. nº 277 do TST.

III – categorias ou classes de trabalhadores abrangidas pelos respectivos dispositivos;
IV – condições ajustadas para reger as relações individuais de trabalho durante sua vigência;
V – normas para a conciliação das divergências surgidas entre os convenentes por motivos da aplicação de seus dispositivos;
VI – disposições sobre o processo de sua prorrogação e de revisão total ou parcial de seus dispositivos;
VII – direitos e deveres dos empregados e empresas;
VIII – penalidades para os Sindicatos convenentes, os empregados e as empresas em caso de violação de seus dispositivos.

▶ Súm. nº 384 do TST.

Parágrafo único. As Convenções e os Acordos serão celebrados por escrito, sem emendas nem rasuras, em tantas vias quantos forem os

Sindicatos convenentes ou as empresas acordantes, além de uma destinada a registro.

Art. 614. Os Sindicatos convenentes ou as empresas acordantes promoverão, conjunta ou separadamente, dentro de oito dias da assinatura da Convenção ou Acordo, o depósito de uma via do mesmo, para fins de registro e arquivo, no Departamento Nacional do Trabalho, em se tratando de instrumento de caráter nacional ou interestadual, ou nos órgãos regionais do Ministério do Trabalho e Previdência Social, nos demais casos.

§ 1º As Convenções e os Acordos entrarão em vigor três dias após a data da entrega dos mesmos no órgão referido neste artigo.

§ 2º Cópias autênticas das Convenções e dos Acordos deverão ser afixadas de modo visível, pelos Sindicatos convenentes, nas respectivas sedes e nos estabelecimentos das empresas compreendidas no seu campo de aplicação, dentro de cinco dias da data do depósito previsto neste artigo.

§ 3º Não será permitido estipular duração de convenção coletiva ou acordo coletivo de trabalho superior a dois anos, sendo vedada a ultratividade.

▸ § 3º com a redação dada pela Lei nº 13.467, de 13-7-2017.

Art. 615. O processo de prorrogação, revisão, denúncia ou revogação total ou parcial de Convenção ou Acordo ficará subordinado, em qualquer caso, à aprovação de Assembleia-Geral dos Sindicatos convenentes ou partes acordantes, com observância do disposto no artigo 612.

§ 1º O instrumento de prorrogação, revisão, denúncia ou revogação de Convenção ou Acordo será depositado, para fins de registro e arquivamento, na repartição em que o mesmo originariamente foi depositado, observado o disposto no artigo 614.

§ 2º As modificações introduzidas em Convenção ou Acordo, por força de revisão ou de revogação parcial de suas cláusulas, passarão a vigorar três dias após a realização do depósito previsto no § 1º.

▸ Arts. 611 a 615 com a redação dada pelo Dec.-lei nº 229, de 28-2-1967.

Art. 616. Os Sindicatos representativos de categorias econômicas ou profissionais e as empresas, inclusive as que não tenham representação sindical, quando provocados, não podem recusar-se à negociação coletiva.

▸ *Caput* com a redação dada pelo Dec.-lei nº 229, de 28-2-1967.

§ 1º Verificando-se recusa à negociação coletiva, cabe aos Sindicatos ou empresas interessadas dar ciência do fato, conforme o caso, ao Departamento Nacional do Trabalho ou aos órgãos regionais do Ministério do Trabalho e Previdência Social para convocação compulsória dos Sindicatos ou empresas recalcitrantes.

§ 2º No caso de persistir a recusa à negociação coletiva, pelo desatendimento às convocações feitas pelo ao Departamento Nacional do Trabalho ou órgãos regionais do Ministério do Trabalho e Previdência Social, ou se malograr a negociação entabulada, é facultada aos Sindicatos ou empresas interessadas a instauração de dissídio coletivo.

▸ §§ 1º e 2º com a redação dada pelo Dec.-lei nº 229, de 28-2-1967.

▸ Art. 114 da CF.

§ 3º Havendo Convenção, Acordo ou sentença normativa em vigor, o dissídio coletivo deverá ser instaurado dentro dos sessenta dias anteriores ao respectivo termo final, para que o novo instrumento possa ter vigência no dia imediato a esse termo.

▸ § 3º com a redação dada pelo Dec.-lei nº 424, de 21-1-1969.

§ 4º Nenhum processo de dissídio coletivo de natureza econômica será admitido sem antes se esgotarem as medidas relativas à formalização da Convenção ou Acordo correspondente.

▸ § 4º com a redação dada pelo Dec.-lei nº 229, de 28-2-1967.

Art. 617. Os empregados de uma ou mais empresas que decidirem celebrar Acordo Coletivo de Trabalho com as respectivas empresas darão ciência de sua resolução, por escrito, ao Sindicato representativo da categoria profissional, que terá o prazo de oito dias para assumir a direção dos entendimentos entre os interessados, devendo igual procedimento ser observado pelas empresas interessadas com relação ao Sindicato da respectiva categoria econômica.

§ 1º Expirado o prazo de oito dias sem que o Sindicato tenha se desincumbido do encargo recebido, poderão os interessados dar conhecimento do fato à Federação a que estiver vinculado o Sindicato e, em falta dessa, à correspondente Confederação, para que, no mesmo prazo, assuma a direção dos entendimentos. Esgotado esse prazo, poderão os interessados prosseguir diretamente na negociação coletiva até final.

▸ Art. 8º, VI, da CF.

§ 2º Para o fim de deliberar sobre o Acordo, a entidade sindical convocará Assembleia-Geral dos diretamente interessados, sindicalizados ou não, nos termos do artigo 612.

Art. 618. As empresas e instituições que não estiverem incluídas no enquadramento sindical a que se refere o artigo 577 desta Consolidação poderão celebrar Acordos Coletivos de Trabalho com os Sindicatos representativos dos respectivos empregados, nos termos deste Título.

Art. 619. Nenhuma disposição de contrato individual de trabalho que contrarie normas de Convenção ou Acordo Coletivo de Trabalho poderá prevalecer na execução do mesmo, sendo considerada nula de pleno direito.

▸ Art. 444 desta Consolidação.

▸ Súm. nº 437 do TST.

Art. 620. As condições estabelecidas em acordo coletivo de trabalho sempre prevalecerão sobre as estipuladas em convenção coletiva de trabalho.

▸ Artigo com a redação dada pela Lei nº 13.467, de 13-7-2017.

Art. 621. As Convenções e os Acordos poderão incluir, entre suas cláusulas, disposição sobre a constituição e funcionamento de comissões mistas de consulta e colaboração, no plano da empresa e sobre participação nos lucros. Estas disposições mencionarão a forma de constituição, o modo de funcionamento e as atribuições das comissões, assim como o plano de participação, quando for o caso.

Art. 622. Os empregados e as empresas que celebrarem contratos individuais de trabalho, estabelecendo condições contrárias ao que tiver sido ajustado em Convenção ou Acordo que lhes for aplicável, serão passíveis da multa neles fixada.

Parágrafo único. A multa a ser imposta ao empregado não poderá exceder da metade daquela que, nas mesmas condições, seja estipulada para a empresa.

Art. 623. Será nula de pleno direito disposição de Convenção ou Acordo que, direta ou indiretamente, contrarie proibição ou norma disciplinadora da política econômico-financeira do Governo ou concernente à política salarial vigente, não produzindo quaisquer efeitos perante autoridades e repartições públicas, inclusive para fins de revisão de preços e tarifas de mercadorias e serviços.

▸ Súm. nº 375 do TST.

Parágrafo único. Na hipótese deste artigo, a nulidade será declarada, de ofício ou mediante representação, pelo Ministro do Trabalho e Previdência Social, ou pela Justiça do Trabalho, em processo submetido ao seu julgamento.

Art. 624. A vigência de cláusula de aumento ou reajuste salarial, que implique elevação de tarifas ou de preços sujeitos à fixação por autoridade pública ou repartição governamental, dependerá de prévia audiência dessa autoridade ou repartição e sua expressa declaração no tocante à possibilidade de elevação da tarifa ou do preço e quanto ao valor dessa elevação.

Art. 625. As controvérsias resultantes da aplicação de Convenção ou de Acordo celebrado nos termos deste Título serão dirimidas pela Justiça do Trabalho.

▸ Arts. 617 a 625 com a redação dada pelo Dec.-Lei nº 229, de 28-2-1967.

▸ Lei nº 8.984, de 7-2-1995, estende a competência da Justiça do Trabalho.

▸ Súm. nº 57 do STJ.

TÍTULO VI-A – DAS COMISSÕES DE CONCILIAÇÃO PRÉVIA

▸ Título VI-A acrescido pela Lei nº 9.958, de 12-1-2000.

Art. 625-A. As empresas e os sindicatos podem instituir Comissões de Conciliação Prévia, de composição paritária, com representantes dos empregados e dos empregadores, com a atribuição de tentar conciliar os conflitos individuais do trabalho.

▸ Port. do MTE nº 329, de 14-8-2002, estabelece procedimentos para a instalação e o funcionamento das Comissões de Conciliação Prévia e Núcleos Intersindicais de Conciliação Trabalhista.

▸ Port. da SRT nº 2, de 12-7-2002, dispõe sobre a forma de produção de dados estatísticos, levantamentos e identificação de irregularidades no funcionamento das Comissões de Conciliação Prévia.

Parágrafo único. As Comissões referidas no *caput* deste artigo poderão ser constituídas por grupos de empresas ou ter caráter intersindical.

Art. 625-B. A Comissão instituída no âmbito da empresa será composta de, no mínimo, dois e, no máximo, dez membros, e observará as seguintes normas:

I – a metade de seus membros será indicada pelo empregador e a outra metade eleita pelos empregados, em escrutínio secreto, fiscalizado pelo sindicato da categoria profissional;

II – haverá na Comissão tantos suplentes quantos forem os representantes titulares;

III – o mandato dos seus membros, titulares e suplentes, é de um ano, permitida uma recondução.

§ 1º É vedada a dispensa dos representantes dos empregados membros da Comissão de Conciliação Prévia, titulares e suplentes, até um ano após o final do mandato, salvo se cometerem falta grave, nos termos da lei.

§ 2º O representante dos empregados desenvolverá seu trabalho normal na empresa, afastando-se de suas atividades apenas quando convocado para atuar como conciliador, sendo computado como tempo de trabalho efetivo o despendido nessa atividade.

Art. 625-C. A Comissão instituída no âmbito do sindicato terá sua constituição e normas de funcionamento definidas em convenção ou acordo coletivo.

Art. 625-D. Qualquer demanda de natureza trabalhista será submetida à Comissão de Conciliação Prévia se, na localidade da prestação de serviços, houver sido instituída a Comissão no âmbito da empresa ou do sindicato da categoria.

- O STF, por unanimidade, julgou parcialmente procedentes as Ações Diretas de Inconstitucionalidade nºs 2.139, 2.237 e 2.160, para dar interpretação conforme a Constituição a este artigo, no sentido de "assentar que a Comissão de Conciliação Prévia constitui meio não obrigatório de solução de conflitos, permanecendo o acesso à Justiça resguardado para todos os que venham a ajuizar demanda diretamente ao órgão judiciário competente" (*DJe* de 18 e 19-2-2019).
- Port. da SRT nº 2, de 12-7-2002, dispõe sobre a forma de produção de dados estatísticos, levantamentos e identificação de irregularidades no funcionamento das Comissões de Conciliação Prévia.
- OJ da SBDI-I nº 391 do TST.

§ 1º A demanda será formulada por escrito ou reduzida a termo por qualquer dos membros da Comissão, sendo entregue cópia datada e assinada pelo membro aos interessados.

§ 2º Não prosperando a conciliação, será fornecida ao empregado e ao empregador declaração da tentativa conciliatória frustrada com a descrição de seu objeto, firmada pelos membros da Comissão, que deverá ser juntada à eventual reclamação trabalhista.

§ 3º Em caso de motivo relevante que impossibilite a observância do procedimento previsto no *caput* deste artigo, será a circunstância declarada na petição inicial da ação intentada perante a Justiça do Trabalho.

§ 4º Caso exista, na mesma localidade e para a mesma categoria, Comissão de empresa e Comissão sindical, o interessado optará por uma delas para submeter a sua demanda, sendo competente aquela que primeiro conhecer do pedido.

Art. 625-E. Aceita a conciliação, será lavrado termo assinado pelo empregado, pelo empregador ou seu preposto e pelos membros da Comissão, fornecendo-se cópia às partes.

Parágrafo único. O termo de conciliação é título executivo extrajudicial e terá eficácia liberatória geral, exceto quanto às parcelas expressamente ressalvadas.

- Art. 878 desta Consolidação.

Art. 625-F. As Comissões de Conciliação Prévia têm prazo de dez dias para a realização da sessão de tentativa de conciliação a partir da provocação do interessado.

Parágrafo único. Esgotado o prazo sem a realização da sessão, será fornecida, no último dia do prazo, a declaração a que se refere o § 2º do artigo 625-D.

Art. 625-G. O prazo prescricional será suspenso a partir da provocação da Comissão de Conciliação Prévia, recomeçando a fluir, pelo que lhe resta, a partir da tentativa frustrada de conciliação ou do esgotamento do prazo previsto no artigo 625-F.

- Art. 7º, XXIX, da CF.
- Art. 11 desta Consolidação.

Art. 625-H. Aplicam-se aos Núcleos Intersindicais de Conciliação Trabalhista em funcionamento ou que vierem a ser criados, no que couber, as disposições previstas neste Título, desde que observados os princípios da paridade e da negociação coletiva na sua constituição.

- Arts. 625-A a 625-H acrescidos pela Lei nº 9.958, de 12-1-2000.
- Port. do MTE nº 329, de 14-8-2002, estabelece procedimentos para a instalação e o funcionamento das Comissões de Conciliação Prévia e Núcleos Intersindicais de Conciliação Trabalhista.

TÍTULO VII – DO PROCESSO DE MULTAS ADMINISTRATIVAS

CAPÍTULO I – DA FISCALIZAÇÃO, DA AUTUAÇÃO E DA IMPOSIÇÃO DE MULTAS

- Arts. 21, XXIV, e 114, VII, da CF.
- Lei nº 9.784, de 29-1-1999 (Lei do Processo Administrativo Federal).
- Lei nº 10.593, de 6-12-2002, dispõe sobre a reestruturação da Carreira Auditoria do Tesouro Nacional, que passa a denominar-se Carreira Auditoria da Receita Federal – ARF, e sobre a organização da Carreira Auditoria-Fiscal da Previdência Social e da Carreira Auditoria-Fiscal do Trabalho.
- Dec. nº 10.088, de 5-11-2019, consolida atos normativos editados pelo Poder Executivo Federal que dispõem sobre a promulgação de convenções e recomendações da Organização Internacional do Trabalho – OIT ratificadas pela República Federativa do Brasil.
- Port. do MTPrev nº 671, de 8-11-2021, regulamenta disposições relativas à legislação trabalhista, à inspeção do trabalho, às políticas públicas e às relações de trabalho.

Art. 626. Incumbe às autoridades competentes do Ministério do Trabalho, Indústria e Comércio, ou àquelas que exerçam funções delegadas, a fiscalização do fiel cumprimento das normas de proteção ao trabalho.

- Port. do MTPrev nº 667, de 8-11-2021, regulamenta a imposição de multas administrativas previstas na legislação trabalhista.

Parágrafo único. Os fiscais dos Institutos de Seguro Social e das entidades paraestatais em geral dependentes do Ministério do Trabalho, Indústria e Comércio serão competentes para a fiscalização a que se refere o presente artigo, na forma das instruções que forem expedidas pelo Ministro do Trabalho, Indústria e Comércio.

- Art. 21, XXIV, da CF.

Art. 627. A fim de promover a instrução dos responsáveis no cumprimento das leis de proteção do trabalho, a fiscalização deverá observar o critério de dupla visita nos seguintes casos:

- IN da SIT nº 84, de 13-7-2010, dispõe sobre a fiscalização do Fundo de Garantia do Tempo de Serviço – FGTS e das Contribuições Sociais instituídas pela LC nº 110, de 29-6-2001.

a) quando ocorrer promulgação ou expedição de novas leis, regulamentos ou instruções ministeriais, sendo que, com relação exclusivamente a esses atos, será feita apenas a instrução dos responsáveis;

b) em se realizando a primeira inspeção dos estabelecimentos ou dos locais de trabalho, recentemente inaugurados ou empreendidos.

Art. 627-A. Poderá ser instaurado procedimento especial para a ação fiscal, objetivando a orientação sobre o cumprimento das leis de proteção ao trabalho, bem como a prevenção e o saneamento de infrações à legislação mediante Termo de Compromisso, na forma a ser disciplinada no Regulamento da Inspeção do Trabalho.

- Artigo acrescido pela MP nº 2.164-41, de 24-8-2001, que até o encerramento desta edição não havia sido convertida em Lei.

Art. 628. Salvo o disposto nos arts. 627 e 627-A, a toda verificação em que o Auditor-Fiscal do Trabalho concluir pela existência de violação de preceito legal deve corresponder, sob pena de responsabilidade administrativa, a lavratura de auto de infração.

- *Caput* com a redação dada pela MP nº 2.164-41, de 24-8-2001, que até o encerramento desta edição não havia sido convertida em Lei.

§ 1º Ficam as empresas obrigadas a possuir o livro intitulado "Inspeção do Trabalho", cujo modelo será aprovado por Portaria Ministerial.

- IN da SIT nº 72, de 5-12-2007, orienta os Auditores-Fiscais do Trabalho quanto a procedimentos a serem adotados na fiscalização, para que seja dispensado às microempresas e empresas de pequeno porte o tratamento diferenciado de que trata a LC nº 123, de 14-12-2006.

§ 2º Nesse livro, registrará o agente da inspeção sua visita ao estabelecimento, declarando a data e a hora do início e término da mesma, bem como o resultado da inspeção, nele consignando, se for o caso, todas as irregularidades verificadas e as exigências feitas, com os respectivos prazos para seu atendimento, e, ainda, de modo legível, os elementos de sua identificação funcional.

§ 3º Comprovada má-fé do agente da inspeção, quanto à omissão ou lançamento de qualquer elemento no livro, responderá ele por falta grave no cumprimento do dever, ficando passível, desde logo, da pena de suspensão até 30 (trinta) dias, instaurando-se, obrigatoriamente, em caso de reincidência, inquérito administrativo.

§ 4º A lavratura de autos contra empresas fictícias e de endereços inexistentes, assim como a apresentação de falsos relatórios, constituem falta grave, punível na forma do § 3º.

- §§ 1º a 4º acrescidos pelo Dec.-lei nº 229, de 28-2-1967.

Art. 628-A. Fica instituído o Domicílio Eletrônico Trabalhista, regulamentado pelo Ministério do Trabalho e Previdência, destinado a:

I – cientificar o empregador de quaisquer atos administrativos, ações fiscais, intimações e avisos em geral; e

II – receber, por parte do empregador, documentação eletrônica exigida no curso das ações fiscais ou apresentação de defesa e recurso no âmbito de processos administrativos.

§ 1º As comunicações eletrônicas realizadas pelo Domicílio Eletrônico Trabalhista dispensam a sua publicação no *Diário Oficial da União* e o envio por via postal e são consideradas pessoais para todos os efeitos legais.

§ 2º A ciência por meio do sistema de comunicação eletrônica, com utilização de certificação digital ou de código de acesso, possuirá os requisitos de validade.

▸ Art. 628-A acrescido pela Lei nº 14.261, de 16-12-2021.

Art. 629. O auto de infração será lavrado em duplicata, nos termos dos modelos e instruções expedidos, sendo uma via entregue ao infrator, contra recibo, ou ao mesmo enviada, dentro de 10 (dez) dias da lavratura, sob pena de responsabilidade, em registro postal, com franquia e recibo de volta.

§ 1º O auto não terá o seu valor probante condicionado à assinatura do infrator ou de testemunhas, e será lavrado no local da inspeção, salvo havendo motivo justificado que será declarado no próprio auto, quando então deverá ser lavrado no prazo de 24 (vinte e quatro) horas, sob pena de responsabilidade.

§ 2º Lavrado o auto de infração, não poderá ele ser inutilizado, nem sustado o curso do respectivo processo, devendo o agente da inspeção apresentá-lo à autoridade competente, mesmo se incidir em erro.

§ 3º O infrator terá, para apresentar defesa, o prazo de 10 (dez) dias contados do recebimento do auto.

§ 4º O auto de infração será registrado com a indicação sumária de seus elementos característicos, em livro próprio que deverá existir em cada órgão fiscalizador, de modo a assegurar o controle do seu processamento.

Art. 630. Nenhum agente da inspeção poderá exercer as atribuições do seu cargo sem exibir a carteira de identidade fiscal, devidamente autenticada, fornecida pela autoridade competente.

§ 1º É proibida a outorga de identidade fiscal a quem não esteja autorizado, em razão do cargo ou função, a exercer ou praticar, no âmbito da legislação trabalhista, atos de fiscalização.

§ 2º A credencial a que se refere este artigo deverá ser devolvida para inutilização, sob as penas da lei, em casos de provimento em outro cargo público, exoneração ou demissão, bem como nos de licenciamento por prazo superior a sessenta dias e de suspensão do exercício do cargo.

§ 3º O agente da inspeção terá livre acesso a todas as dependências dos estabelecimentos sujeitos ao regime da legislação, sendo as empresas, por seus dirigentes ou prepostos, obrigados a prestar-lhes os esclarecimentos necessários ao desempenho de suas atribuições legais e a exibir-lhes, quando exigidos, quaisquer documentos que digam respeito ao fiel cumprimento das normas de proteção ao trabalho.

§ 4º Os documentos sujeitos à inspeção deverão permanecer, sob as penas da lei nos locais de trabalho, somente se admitindo, por exceção, a critério da autoridade competente, sejam os mesmos apresentados em dia hora previamente fixados pelo agente da inspeção.

§ 5º No território do exercício de sua função, o agente da inspeção gozará de passe livre nas empresas de transporte, públicas ou privadas, mediante a apresentação da carteira de identidade fiscal.

§ 6º A inobservância do disposto nos §§ 3º, 4º e 5º configurará resistência ou embaraço à fiscalização e justificará a lavratura do respectivo auto de infração, cominada a multa no valor igual a meio (1/2) salário mínimo regional até 5 (cinco) vezes esse salário, levando-se em conta, além das circunstâncias atenuantes ou agravantes, a situação econômico-financeira do infrator e os meios a seu alcance para cumprir a lei.

▸ Port. do MTPrev nº 667, de 8-11-2021, regulamenta a imposição de multas administrativas previstas na legislação trabalhista.

§ 7º Para o efeito do disposto no § 5º, a autoridade competente divulgará, em janeiro e julho de cada ano, a relação dos agentes da inspeção titulares da carteira de identidade fiscal.

§ 8º As autoridades policiais, quando solicitadas, deverão prestar aos agentes da inspeção a assistência de que necessitarem para o fiel cumprimento de suas atribuições legais.

▸ Arts. 629 e 630 com a redação dada pelo Dec.-lei nº 229, de 28-2-1967.

Art. 631. Qualquer funcionário público federal, estadual ou municipal, ou representante legal de associação sindical, poderá comunicar à autoridade competente do Ministério do Trabalho, Indústria e Comércio as infrações que verificar.

Parágrafo único. De posse dessa comunicação, a autoridade competente procederá desde logo às necessárias diligências, lavrando os autos de que haja mister.

Art. 632. Poderá o autuado requerer a audiência de testemunhas e as diligências que lhe parecerem necessárias à elucidação do processo, cabendo, porém, à autoridade, julgar da necessidade de tais provas.

Art. 633. *Revogado.* Lei nº 13.874, de 20-9-2019.

Art. 634. Na falta de disposição especial, a imposição das multas incumbe às autoridades regionais competentes em matéria de trabalho, na forma estabelecida por este Título.

§ 1º A aplicação da multa não eximirá o infrator da responsabilidade em que incorrer por infração das leis penais.

▸ Parágrafo único transformado em § 1º pela Lei nº 13.467, de 13-7-2017.

§ 2º Os valores das multas administrativas expressos em moeda corrente serão reajustados anualmente pela Taxa Referencial (TR), divulgada pelo Banco Central do Brasil, ou pelo índice que vier a substituí-lo.

▸ § 2º acrescido pela Lei nº 13.467, de 13-7-2017.

CAPÍTULO II
DOS RECURSOS

Art. 635. De toda decisão que impuser multa por infração das leis e disposições reguladoras do trabalho, e não havendo forma especial de processo caberá recurso para o Diretor-Geral Departamento ou Serviço do Ministério do Trabalho e Previdência Social, que for competente na matéria.

Parágrafo único. As decisões serão sempre fundamentadas.

Art. 636. Os recursos devem ser interpostos no prazo de 10 (dez) dias, contados do recebimento da notificação, perante autoridade que houver imposto a multa, a qual, depois de os informar encaminhá-los-á à autoridade de instância superior.

§ 1º O recurso só terá seguimento se o interessado o instruir com a prova do depósito da multa.

▸ O STF, por unanimidade de votos, julgou procedente a ADPF nº 156, para declarar a não recepção deste parágrafo pela CF/1988 (*DOU* de 26-8-2011).

▸ Súm. Vinc. nº 21 do STF.

▸ Súm. nº 424 do TST.

§ 2º A notificação somente será realizada por meio de edital, publicada no órgão oficial, quando o infrator estiver em lugar incerto e não sabido.

§ 3º A notificação de que trata este artigo fixará igualmente o prazo de 10 (dez) dias para que o infrator recolha o valor da multa, sob pena de cobrança executiva.

§ 4º As guias de depósito eu recolhimento serão emitidas em 3 (três) vias e o recolhimento da multa deverá preceder-se dentro de 5 (cinco) dias às repartições federais competentes, que escriturarão a receita a crédito do Ministério da Trabalho e Previdência Social.

§ 5º A segunda via da guia do recolhimento será devolvida pelo infrator à repartição que a emitiu, até o sexto dia depois de sua expedição, para a averbação no processo.

§ 6º A multa será reduzida de 50% (cinquenta por cento) se o infrator, renunciando ao recurso a recolher ao Tesouro Nacional dentro do prazo de 10 (dez) dias contados do recebimento da notificação ou da publicação do edital.

§ 7º Para a expedição da guia, no caso do § 6º, deverá o infrator juntar a notificação com a prova da data do seu recebimento, ou a folha do órgão oficial que publicou o edital.

Art. 637. De todas as decisões que proferirem em processos de infração das leis de proteção ao trabalho e que impliquem arquivamento destes, observado o disposto no parágrafo único do artigo 635, deverão as autoridades prolatoras recorrer de ofício para a autoridade competente de instância superior.

▸ Arts. 635 a 637 com a redação dada pelo Dec.-lei nº 229, de 28-2-1967.

Art. 638. Ao Ministro do Trabalho, Indústria e Comércio é facultado avocar ao seu exame e decisão, dentro de 90 (noventa) dias do despacho final do assunto, ou no curso do processo, as questões referentes à fiscalização dos preceitos estabelecidos nesta Consolidação.

CAPÍTULO III
DO DEPÓSITO, DA INSCRIÇÃO E DA COBRANÇA

Art. 639. Não sendo provido o recurso, o depósito se converterá em pagamento.

Art. 640. É facultado às Delegacias Regionais do Trabalho, na conformidade de instruções expedidas pelo Ministro de Estado, promover a cobrança amigável das multas antes encaminhamento dos processos à cobrança executiva.

▸ Artigo com a redação dada pelo Dec.-lei nº 229, de 28-2-1967.

Art. 641. Não comparecendo o infrator, ou não depositando a importância da multa ou penalidade, far-se-á a competente inscrição em livro especial, existente nas repartições das quais se tiver originado a multa ou penalidade, ou de onde tenha provindo a reclamação que a determinou, sendo extraída cópia autentica dessa inscrição e enviada às autoridades competentes para a respectiva cobrança judicial, valendo tal instrumento como título de dívida líquida e certa.

Art. 642. A cobrança judicial das multas impostas pelas autoridades administrativas do trabalho obedecerá ao disposto na legislação aplicável à cobrança da dívida ativa da União, sendo promovida, no Distrito Federal e nas capitais dos Estados em que funcionarem Tribunais Regionais do Trabalho, pela Procuradoria da Justiça do Trabalho, e nas demais localidades, pelo Ministério Público Estadual e do Território do Acre, nos termos do Dec.-lei nº 960, de 17 de dezembro de 1938.

- Art. 131 da CF.
- Art. 29, § 5º, do ADCT.

Parágrafo único. No Estado de São Paulo a cobrança continuará a cargo da Procuradoria do Departamento Estadual do Trabalho, na forma do convênio em vigor.

TÍTULO VII-A – DA PROVA DE INEXISTÊNCIA DE DÉBITOS TRABALHISTAS

- Título acrescido pela Lei nº 12.440, de 7-7-2011.
- Res. Adm. do TST nº 1.470, de 24-8-2011, regulamenta a expedição da Certidão Negativa de Débitos Trabalhistas – CNDT.

Art. 642-A. É instituída a Certidão Negativa de Débitos Trabalhistas (CNDT), expedida gratuita e eletronicamente, para comprovar a inexistência de débitos inadimplidos perante a Justiça do Trabalho.

§ 1º O interessado não obterá a certidão quando em seu nome constar:

I – o inadimplemento de obrigações estabelecidas em sentença condenatória transitada em julgado proferida pela Justiça do Trabalho ou em acordos judiciais trabalhistas, inclusive no concernente aos recolhimentos previdenciários, a honorários, a custas, a emolumentos ou a recolhimentos determinados em lei; ou

II – o inadimplemento de obrigações decorrentes de execução de acordos firmados perante o Ministério Público do Trabalho ou Comissão de Conciliação Prévia.

§ 2º Verificada a existência de débitos garantidos por penhora suficiente ou com exigibilidade suspensa, será expedida Certidão Positiva de Débitos Trabalhistas em nome do interessado com os mesmos efeitos da CNDT.

§ 3º A CNDT certificará a empresa em relação a todos os seus estabelecimentos, agências e filiais.

§ 4º O prazo de validade da CNDT é de 180 (cento e oitenta) dias, contado da data de sua emissão.

- Art. 642-A acrescido pela Lei nº 12.440, de 7-7-2011.

TÍTULO VIII – DA JUSTIÇA DO TRABALHO

CAPÍTULO I

INTRODUÇÃO

- Arts. 109, I, II, VI, e 114 da CF.
- Art. 46, I, II e IV, do ADCT.

Art. 643. Os dissídios, oriundos das relações entre empregados e empregadores, bem como de trabalhadores avulsos e seus tomadores de serviços, em atividades reguladas na legislação social, serão dirimidos pela Justiça do Trabalho, de acordo com o presente Título e na forma estabelecida pelo processo judiciário do trabalho.

- *Caput* com a redação dada pela Lei nº 7.494, de 17-6-1986.
- Arts. 7º, XXXIV, e 114 da CF.
- Lei nº 8.984, de 7-2-1995, estende a competência da Justiça do Trabalho.
- Súmulas Vinculantes nºs 22 e 23 do STF.
- Súm. nº 736 do STF.
- Súmulas nºs 61, 66, 67, 83, 87 a 89, 98, 114, 115, 150, 158 e 169 do extinto TFR.
- Súmulas nºs 300, 389 e 392 do TST.
- Orientações Jurisprudenciais da SDC nºs 5, 7 e 9 do TST.

§ 1º As questões concernentes à Previdência Social serão decididas pelos órgãos e autoridades previstas no Capítulo V deste Título e na legislação sobre seguro social.

- § 1º revogado tacitamente pela Lei nº 3.807, de 26-8-1960. Atualmente, tratam da matéria as Leis nºs 8.212, de 24-7-1991 (Lei Orgânica da Seguridade Social), e 8.213, de 24-7-1991 (Lei dos Planos de Benefícios da Previdência Social).

§ 2º As questões referentes a acidentes do trabalho continuam sujeitas à justiça ordinária, na forma do Decreto nº 24.637, de 10 de julho de 1934, e legislação subsequente.

- Arts. 5º, LXX, *b*, 92, 96, 111, 114 e 133 da CF.
- Súm. Vinc. nº 22 do STF.
- Súmulas nºs 235 e 501 do STF.
- Súmulas nºs 66, 82, 88, 150 e 158 do extinto TFR.
- Súm. nº 15 do STJ.
- Súmulas nºs 19, 106, 189 e 300 do TST.

§ 3º A Justiça do Trabalho é competente, ainda, para processar e julgar as ações entre trabalhadores portuários e os operadores portuários ou o Órgão Gestor de Mão de Obra – OGMO decorrentes da relação de trabalho.

- § 3º acrescido pela MP nº 2.164-41, de 24-8-2001, que até o encerramento desta edição não havia sido convertida em Lei.
- Arts. 32 a 44 da Lei nº 12.815, de 5-6-2013 (Lei dos Portos).

Art. 644. São órgãos da Justiça do Trabalho:

a) o Tribunal Superior do Trabalho;

b) os Tribunais Regionais do Trabalho;

c) as Juntas de Conciliação e Julgamento ou os Juízos de Direito.

- Art. 644 com a redação dada pelo Dec.-lei nº 9.797, de 9-9-1946.
- EC nº 24, de 9-12-1999, alterou a denominação das Juntas de Conciliação e Julgamento para Varas do Trabalho e extinguiu a representação classista na Justiça do Trabalho.
- Arts. 95, 111, III, e 112 a 116 da CF.

Art. 645. O serviço da Justiça do Trabalho é relevante e obrigatório, ninguém dele podendo eximir-se, salvo motivo justificado.

- Art. 462 do CPC/2015.

Art. 646. Os órgãos da Justiça do Trabalho funcionarão perfeitamente coordenados, em regime de mútua colaboração, sob a orientação do Presidente do Tribunal Superior do Trabalho.

- Arts. 10, 111, 113 e 116 da CF.
- Arts. 67 a 69 do CPC/2015.

CAPÍTULO II

DAS JUNTAS DE CONCILIAÇÃO E JULGAMENTO

- EC nº 24, de 9-12-1999, alterou a denominação das Juntas de Conciliação e Julgamento para Varas do Trabalho e extinguiu a representação classista na Justiça do Trabalho.

SEÇÃO I

DA COMPOSIÇÃO E FUNCIONAMENTO

Art. 647. Cada Junta de Conciliação e Julgamento terá a seguinte composição:

- EC nº 24, de 9-12-1999, alterou a denominação das Juntas de Conciliação e Julgamento para Varas do Trabalho e extinguiu a representação classista na Justiça do Trabalho.
- Lei nº 10.770, de 21-11-2003, criou 269 Varas do Trabalho em diversas regiões da Justiça do Trabalho.

a) um juiz do trabalho, que será seu Presidente;

b) dois vogais, sendo um representante dos empregadores e outro dos empregados.

Parágrafo único. Haverá um suplente para cada juiz classista.

- Artigo com a redação dada pelo Dec.-lei nº 9.797, de 9-9-1946.
- Art. 116 da CF.

Art. 648. São incompatíveis entre si, para os trabalhos da mesma Junta, os parentes consanguíneos e afins até o terceiro grau civil.

- EC nº 24, de 9-12-1999, alterou a denominação das Juntas de Conciliação e Julgamento para Varas do Trabalho e extinguiu a representação classista na Justiça do Trabalho.

Parágrafo único. A incompatibilidade resolve-se a favor do primeiro juiz classista designado ou empossado, ou por sorteio, se a designação ou posse for da mesma data.

Art. 649. As Juntas poderão conciliar, instruir ou julgar com qualquer número, sendo, porém, indispensável a presença do Presidente, cujo voto prevalecerá em caso de empate.

- EC nº 24, de 9-12-1999, alterou a denominação das Juntas de Conciliação e Julgamento para Varas do Trabalho e extinguiu a representação classista na Justiça do Trabalho.

§ 1º No julgamento de embargos deverão estar presentes todos os membros da Junta.

§ 2º Na execução e na liquidação das decisões funciona apenas o Presidente.

- Art. 649 com a redação dada pelo Dec.-lei nº 8.737, de 19-1-1946.
- Art. 116 da CF.
- Art. 787 desta Consolidação.

SEÇÃO II

DA JURISDIÇÃO E COMPETÊNCIA DAS JUNTAS

- EC nº 24, de 9-12-1999, alterou a denominação das Juntas de Conciliação e Julgamento para Varas do Trabalho e extinguiu a representação classista na Justiça do Trabalho.

Art. 650. A jurisdição de cada Junta de Conciliação e Julgamento abrange todo o território da Comarca em que tem sede, só podendo ser estendida ou restringida por lei federal.

- EC nº 24, de 9-12-1999, alterou a denominação das Juntas de Conciliação e Julgamento para Varas do Trabalho e extinguiu a representação classista na Justiça do Trabalho.
- Lei nº 10.770, de 21-9-2003, criou 269 Varas do Trabalho, fixou novas jurisdições e estabeleceu novos critérios de competência.
- Súm. nº 150 do extinto TFR.

Parágrafo único. As leis locais de Organização Judiciária não influirão sobre a competência de Juntas de Conciliação e Julgamento já criadas, até que lei federal assim determine.

- Art. 650 com a redação dada pela Lei nº 5.442, de 24-5-1968.

Art. 651. A competência das Juntas de Conciliação e Julgamento é determinada pela localidade onde o empregado, reclamante ou reclamado, prestar serviços ao empregador, ainda que tenha sido contratado noutro local ou no estrangeiro.

- EC nº 24, de 9-12-1999, alterou a denominação das Juntas de Conciliação e Julgamento para Varas do Trabalho e extinguiu a representação classista na Justiça do Trabalho.
- Súmulas nºs 214, 300, 368 e 389 do TST.
- Súm. nº 169 do extinto TFR.
- Orientações Jurisprudenciais da SBDI-I nºs 26 e 138 do TST.
- Orientações Jurisprudenciais da SBDI-II nºs 129, 130 e 149 do TST.

§ 1º Quando for parte no dissídio agente ou viajante comercial, a competência será da Junta da localidade em que a empresa tenha agência ou filial e a esta o empregado esteja subordinado e, na falta, será competente a Junta da localização em que o empregado tenha domicílio ou a localidade mais próxima.

- § 1º com a redação dada pela Lei nº 9.851, de 27-10-1999.

§ 2º A competência das Juntas de Conciliação e Julgamento, estabelecida neste artigo, estende-se aos dissídios ocorridos em agência ou filial no estrangeiro, desde que o empregado seja brasileiro e não haja convenção internacional dispondo em contrário.

- Lei nº 7.064, de 6-12-1982, dispõe sobre a situação de trabalhadores contratados ou transferidos para prestar serviços no exterior.
- Orientações Jurisprudenciais da SBDI-II nºs 130 e 232 do TST.

§ 3º Em se tratando de empregador que promova realização de atividades fora do lugar do contrato de trabalho, é assegurado ao empregado apresentar reclamação no foro da celebração do contrato ou no da prestação dos respectivos serviços.

- Súmulas nºs 18, 72 e 169 do extinto TFR.

Art. 652. Compete às Varas do Trabalho:

- *Caput* com a redação dada pela Lei nº 13.467, de 13-7-2017.

a) conciliar e julgar:

I – os dissídios em que se pretenda o reconhecimento da estabilidade de empregado;

II – os dissídios concernentes a remuneração, férias e indenizações por motivo de rescisão do contrato individual de trabalho;

III – os dissídios resultantes de contratos de empreitadas em que o empreiteiro seja operário ou artífice;

IV – os demais dissídios concernentes ao contrato individual de trabalho;

- Súm. nº 736 do STF.
- Súmulas nºs 300, 368, 389 e 392 do TST.
- Orientações Jurisprudenciais da SBDI-I nºs 26 e 138 do TST.

V – as ações entre trabalhadores portuários e os operadores portuários ou o Órgão Gestor de Mão de Obra – OGMO decorrentes da relação de trabalho.

- Inciso V acrescido pela MP nº 2.164-41, de 24-8-2001, que até o encerramento desta edição não havia sido convertida em Lei.
- Arts. 32 a 44 da Lei nº 12.815, de 5-6-2013 (Lei dos Portos).
- Orientações Jurisprudenciais da SBDI-I nºs 232 e 391 do TST.

b) processar e julgar os inquéritos para apuração de falta grave;

c) julgar os embargos opostos às suas próprias decisões;

d) impor multas e demais penalidades relativas aos atos de sua competência;

- Alínea *d* com a redação dada pelo Dec.-lei nº 6.353, de 20-3-1944.

e) *Suprimida*. Dec.-lei nº 6.353, de 20-3-1944;

f) decidir quanto à homologação de acordo extrajudicial em matéria de competência da Justiça do Trabalho.

- Alínea *f* acrescida pela Lei nº 13.467, de 13-7-2017.

Parágrafo único. Terão preferência para julgamento os dissídios sobre pagamento de salário e aqueles que derivarem da falência do empregador, podendo o Presidente da Junta, a pedido do interessado, constituir processo em separado, sempre que a reclamação também versar sobre outros assuntos.

Art. 653. Compete, ainda, às Juntas de Conciliação e Julgamento:

- EC nº 24, de 9-12-1999, alterou a denominação das Juntas de Conciliação e Julgamento para Varas do Trabalho e extinguiu a representação classista na Justiça do Trabalho.

a) requisitar às autoridades competentes a realização das diligências necessárias ao esclarecimento dos feitos sob sua apreciação, representando contra aquelas que não atenderem a tais requisições;

b) realizar as diligências e praticar os atos processuais ordenados pelos Tribunais Regionais do Trabalho ou pelo Tribunal Superior do Trabalho;

- Alínea *b* retificada pelo Dec.-lei nº 6.353, de 20-3-1944.

c) julgar as suspeições arguidas contra os seus membros;

d) julgar as exceções de incompetência que lhes forem opostas;

e) expedir precatórias e cumprir as que lhes forem deprecadas;

f) exercer, em geral, no interesse da Justiça do Trabalho, quaisquer outras atribuições que decorram da sua jurisdição.

Seção III

DOS PRESIDENTES DAS JUNTAS

- EC nº 24, de 9-12-1999, alterou a denominação das Juntas de Conciliação e Julgamento para Varas do Trabalho e extinguiu a representação classista na Justiça do Trabalho.

Art. 654. O ingresso na magistratura do trabalho far-se-á para o cargo de Juiz do Trabalho Substituto. As nomeações subsequentes por promoção, alternadamente, por antiguidade e merecimento.

- *Caput* com a redação dada pelo Dec.-lei nº 229, de 28-2-1967.
- EC nº 24, de 9-12-1999, alterou a denominação das Juntas de Conciliação e Julgamento para Varas do Trabalho e extinguiu a representação classista na Justiça do Trabalho.
- Res. do CSJT nº 104, de 25-5-2012, uniformiza os vocábulos de tratamento dispensados aos magistrados de 1ª e 2ª instância no âmbito da Justiça do Trabalho.

§ 1º Nas 7ª e 8ª Regiões da Justiça do Trabalho, nas localidades fora das respectivas sedes, haverá suplentes de juiz do trabalho presidente de Junta, sem direito a acesso, nomeados pelo Presidente da República, dentre brasileiros, bacharéis em direito, de reconhecida idoneidade moral, especializados em direito do trabalho, pelo período de 2 (dois) anos, podendo ser reconduzidos.

- § 1º com a redação dada pelo Dec.-lei nº 229, de 28-2-1967.
- EC nº 24, de 9-12-1999, alterou a denominação das Juntas de Conciliação e Julgamento para Varas do Trabalho e extinguiu a representação classista na Justiça do Trabalho.

§ 2º Os suplentes de juiz do trabalho receberão, quando em exercício, vencimentos iguais aos dos juízes que substituírem.

- § 2º com a redação dada pelo Dec.-lei nº 229, de 28-2-1967.
- EC nº 24, de 9-12-1999, alterou a denominação das Juntas de Conciliação e Julgamento para Varas do Trabalho e extinguiu a representação classista na Justiça do Trabalho.
- Lei nº 7.221, de 2-10-1984, dispõe sobre os cargos de Suplente de Juiz do Trabalho Presidente.

§ 3º Os Juízes Substitutos serão nomeados após aprovação em concurso público de provas e títulos realizado perante o Tribunal Regional do Trabalho da Região, válido por dois anos e prorrogável, a critério do mesmo órgão, por igual período, uma só vez, e organizado de acordo com as instruções expedidas pelo Tribunal Superior do Trabalho.

- § 3º com a redação dada pela Lei nº 6.087, de 16-7-1974.
- Arts. 93, I, e 96 da CF.

§ 4º Os candidatos inscritos só serão admitidos ao concurso após apreciação prévia, pelo Tribunal Regional do Trabalho da respectiva Região, dos seguintes requisitos:

a) idade maior de vinte e cinco anos e menor de quarenta e cinco anos;

b) idoneidade para o exercício das funções.

- § 4º com a redação dada pelo Dec.-lei nº 229, de 28-2-1967.

§ 5º O preenchimento dos cargos de Presidente de Junta, vagos ou criados por lei, será feito dentro de cada Região:

- *Caput* do § 5º com a redação dada pelo Dec.-lei nº 229, de 28-2-1967.
- EC nº 24, de 9-12-1999, alterou a denominação das Juntas de Conciliação e Julgamento para Varas do Trabalho e extinguiu a representação classista na Justiça do Trabalho.

a) pela remoção de outro Presidente, prevalecendo a antiguidade no cargo, caso haja mais de um pedido, desde que a remoção tenha sido requerida, dentro de quinze dias, contados da abertura da vaga, ao Presidente do Tribunal Regional, a quem caberá expedir o respectivo ato;

- Alínea *a* com a redação dada pela Lei nº 6.090, de 16-7-1974.

b) pela promoção do substituto, cuja aceitação será facultativa, obedecido o critério alternado de antiguidade e merecimento.

- Alínea *b* com a redação dada pelo Dec.-lei nº 229, de 28-2-1967.
- Art. 93, II, e VII, da CF.

§ 6º Os Juízes do Trabalho, Presidentes de Junta, Juízes Substitutos e suplentes de Juiz tomarão posse perante o Presidente do Tribunal da respectiva Região. Nos Estados que não forem sede de Tribunal Regional do Trabalho, a posse dar-se-á perante o Presidente do Tribunal de Justiça, que remeterá o termo ao Presidente do Tribunal Regional da jurisdição do empossado. Nos Territórios, a posse dar-se-á perante o Presidente do Tribunal Regional do Trabalho da respectiva Região.

- § 6º com a redação dada pelo Dec.-lei nº 229, de 28-2-1967.
- EC nº 24, de 9-12-1999, alterou a denominação das Juntas de Conciliação e Julgamento para Varas do Trabalho e extinguiu a representação classista na Justiça do Trabalho.

Art. 655. Os Presidentes e os Presidentes substitutos tomarão posse do cargo perante o presidente do Tribunal Regional da respectiva jurisdição.

§ 1º Nos Estados em que não houver sede de Tribunais a posse dar-se-á perante o presidente do Tribunal de Apelação, que remeterá o respectivo termo ao presidente do Tribunal Regional da Jurisdição do empossado.

§ 2º Nos Territórios a posse dar-se-á perante a Juiz de Direito da capital, que procederá na forma prevista no § 1º.

- Artigo prejudicado pela nova redação dada ao artigo anterior pelo Dec.-lei nº 229, de 28-2-1967.

Art. 656. O Juiz do Trabalho Substituto, sempre que não estiver substituindo o Juiz-Presidente de Junta, poderá ser designado para atuar nas Juntas de Conciliação e Julgamento.

- EC nº 24, de 9-12-1999, alterou a denominação das Juntas de Conciliação e Julgamento para Varas do Trabalho e extinguiu a representação classista na Justiça do Trabalho.
- Res. do CSJT nº 104, de 25-5-2012, uniformiza os vocábulos de tratamento dispensados aos magistrados de 1ª e 2ª instância no âmbito da Justiça do Trabalho.

§ 1º Para o fim mencionado no *caput* deste artigo, o território da Região poderá ser dividido em zonas, compreendendo a jurisdição de uma ou mais Juntas, a juízo do Tribunal Regional do Trabalho respectivo.

§ 2º A designação referida no *caput* deste artigo será de atribuição do Juiz-Presidente do Tribunal Regional do Trabalho ou, não havendo disposição regimental específica, de quem este indicar.

§ 3º Os Juízes do Trabalho Substitutos, quando designados ou estiverem substituindo os Juízes-Presidentes de Juntas, perceberão os vencimentos destes.

§ 4º O Juiz-Presidente do Tribunal Regional do Trabalho ou, não havendo disposição regimental específica, que este indicar, fará a lotação e a movimentação dos Juízes Substitutos entre as diferentes zonas da Região na hipótese de terem sido criadas na forma do § 1º deste artigo.

- Art.656 com a redação dada pela Lei nº 8.432, de 11-6-1992.

Art. 657. Os Presidentes de Juntas e os Presidentes Substitutos perceberão a remuneração ou os vencimentos fixados em lei.

- Artigo com a redação dada pelo Dec.-lei nº 8.737, de 19-1-1946.
- EC nº 24, de 9-12-1999, alterou a denominação das Juntas de Conciliação e Julgamento para Varas do Trabalho e extinguiu a representação classista na Justiça do Trabalho.
- Art. 93, V, da CF.
- Res. do CSJT nº 104, de 25-5-2012, uniformiza os vocábulos de tratamento dispensados aos magistrados de 1ª e 2ª instância no âmbito da Justiça do Trabalho.

Art. 658. São deveres precípuos dos Presidentes das Juntas, além dos que decorram do exercício de sua função:

- EC nº 24, de 9-12-1999, alterou a denominação das Juntas de Conciliação e Julgamento para Varas do Trabalho e extinguiu a representação classista na Justiça do Trabalho.
- Arts. 95 e 96 da CF.
- Res. do CSJT nº 104, de 25-5-2012, uniformiza os vocábulos de tratamento dispensados aos magistrados de 1ª e 2ª instância no âmbito da Justiça do Trabalho.

a) manter perfeita conduta pública e privada;

b) abster-se de atender a solicitações ou recomendações relativamente aos feitos que hajam sido ou tenham de ser submetidos à sua apreciação;

c) residir dentro dos limites de sua jurisdição, não podendo ausentar-se sem licença do Presidente do Tribunal Regional;

- O Dec.-lei nº 9.797, de 9-9-1946, determinou a substituição do termo "Conselho Regional" para "Tribunal Regional".

d) despachar e praticar todos os atos decorrentes de suas funções, dentro dos prazos estabelecidos, sujeitando-se ao desconto correspondente a um dia de vencimento para cada dia de retardamento.

- Art. 658 com a redação dada pelo Dec.-lei nº 8.737, de 19-1-1946.

Art. 659. Competem privativamente aos Presidentes das Juntas, além das que lhes forem conferidas neste Título e das decorrentes de seu cargo, as seguintes atribuições:

- EC nº 24, de 9-12-1999, alterou a denominação das Juntas de Conciliação e Julgamento para Varas do Trabalho e extinguiu a representação classista na Justiça do Trabalho.
- Súmulas nºs 262 e 263 do extinto TFR.
- Res. do CSJT nº 104, de 25-5-2012, uniformiza os vocábulos de tratamento dispensados aos magistrados de 1ª e 2ª instância no âmbito da Justiça do Trabalho.

I – presidir as audiências das Juntas;

II – executar as suas próprias decisões, as proferidas pela Junta e aquelas cuja execução lhes for deprecada;

- Súm. nº 89 do extinto TFR.

III – dar posse aos Juízes classistas nomeados para a Junta, ao chefe de Secretaria e aos demais funcionários da Secretaria;

IV – convocar os suplentes dos Juízes classistas, no impedimento destes;

V – representar ao Presidente do Tribunal Regional da respectiva jurisdição, no caso de falta de qualquer Juiz classista a três reuniões consecutivas, sem motivo justificado, para os fins do artigo 727;

- O Dec.-lei nº 9.797, de 9-9-1946, determinou a substituição do termo "Conselho Regional" para "Tribunal Regional".

VI – despachar os recursos interpostos pelas partes, fundamentando a decisão recorrida antes da remessa ao Tribunal Regional, ou submetendo-os à decisão da Junta, no caso do artigo 894;

- O Dec.-lei nº 9.797, de 9-9-1946, determinou a substituição do termo "Conselho Regional" para "Tribunal Regional".

VII – assinar as folhas de pagamento dos membros e funcionários da Junta;

VIII – apresentar ao Presidente do Tribunal Regional, até 15 de fevereiro de cada ano, o relatório dos trabalhos do ano anterior;

- O Dec.-lei nº 9.797, de 9-9-1946, determinou a substituição do termo "Conselho Regional" para "Tribunal Regional".

IX – conceder medida liminar, até decisão final do processo, em reclamações trabalhistas que visem a tornar sem efeito transferência disciplinada pelos parágrafos do artigo 469 desta Consolidação;

- Inciso IX com a redação dada pela Lei nº 6.203, de 17-4-1975.
- OJ da SBDI-II nº 68 do TST.

X – conceder medida liminar, até decisão final do processo, em reclamações trabalhistas que visem reintegrar no emprego dirigente sindical afastado, suspenso ou dispensado pelo empregador.

- Inciso X acrescido pela Lei nº 9.270, de 17-4-1996.
- Súm. nº 414 do TST.
- Orientações Jurisprudenciais da SBDI-II nºs 57, 63 a 65, 67, 68 e 142 do TST.

Seção IV

DOS JUÍZES CLASSISTAS DAS JUNTAS

Art. 660. Os juízes classistas das Juntas são designados pelo Presidente do Tribunal Regional da respectiva jurisdição.

- EC nº 24, de 9-12-1999, alterou a denominação das Juntas de Conciliação e Julgamento para Varas do Trabalho e extinguiu a representação classista na Justiça do Trabalho.

Art. 661. Para o exercício da função de juiz classista da Junta ou suplente deste são exigidos os seguintes requisitos:

- EC nº 24, de 9-12-1999, alterou a denominação das Juntas de Conciliação e Julgamento para Varas do Trabalho e extinguiu a representação classista na Justiça do Trabalho.

a) ser brasileiro;

- Alínea *a* com a redação dada pelo Dec.-lei nº 229, de 28-2-1967.

b) ter reconhecida idoneidade moral;

c) ser maior de 25 (vinte e cinco) anos e ter menos de 70 (setenta) anos;

- Alínea *c* com a redação dada pelo Dec.-lei nº 229, de 28-2-1967.

d) estar no gozo dos direitos civis e políticos;

e) estar quite com o serviço militar;

f) contar mais de 2 (dois) anos de efetivo exercício na profissão e ser sindicalizado.

Parágrafo único. A prova da qualidade profissional a que se refere a alínea *f* deste artigo é feita mediante declaração do respectivo Sindicato.

Art. 662. A escolha dos juízes classistas das Juntas e seus suplentes far-se-á dentre os nomes constantes das listas que, para esse efeito, forem encaminhadas pelas associações sindicais de primeiro grau ao presidente do Tribunal Regional.

- EC nº 24, de 9-12-1999, alterou a denominação das Juntas de Conciliação e Julgamento para Varas do Trabalho e extinguiu a representação classista na Justiça do Trabalho.

§ 1º Para esse fim, cada Sindicato de empregadores e de empregados, com base territorial extensiva à área de jurisdição da Junta, no todo ou em parte, procederá, na ocasião determinada pelo Presidente do Tribunal Regional, à escolha de 3 (três) nomes que comporão a lista, aplicando-se à eleição o disposto no art. 524 e seus §§ 1º a 3º.

▶ § 1º com a redação dada pela Lei nº 5.657, de 4-6-1971.

§ 2º Recebidas as listas pelo presidente do Tribunal Regional, designará este, dentro de cinco dias, os nomes dos juízes classistas e dos respectivos suplentes, expedindo para cada um deles um título, mediante a apresentação do qual será empossado.

§ 3º Dentro de quinze dias, contados da data da posse, pode ser contestada a investidura do juiz vogal ou do suplente, por qualquer interessado, sem efeito suspensivo, por meio de representação escrita, dirigida ao presidente do Tribunal Regional.

§ 4º Recebida a contestação, o Presidente do Tribunal designará imediatamente relator, o qual, se houver necessidade de ouvir testemunhas ou de proceder a quaisquer diligências, providenciará para que tudo se realize com a maior brevidade, submetendo, por fim, a contestação ao parecer do Tribunal, na primeira sessão.

▶ § 4º com a redação dada pela lei nº 2.244, de 23-6-1954.

§ 5º Se o Tribunal julgar procedente a contestação, o Presidente providenciará a designação de novo juiz vogal ou suplente.

▶ § 5º com a redação dada pelo Dec.-lei nº 229, de 28-2-1967.

§ 6º Em falta de indicação pelos Sindicatos, de nomes para representantes das respectivas categorias profissionais e econômicas nas Juntas de Conciliação e Julgamento, ou nas localidades onde não existirem Sindicatos, serão esses representantes livremente designados pelo Presidente do Tribunal Regional do Trabalho, observados os requisitos exigidos para o exercício da função.

▶ § 6º acrescido pelo Dec.-lei nº 229, de 28-2-1967.

Art. 663. A investidura dos vogais das Juntas e seus suplentes é de 3 (três) anos, podendo, entretanto, ser dispensado, a pedido, aquele que tiver servido, sem interrupção, durante metade desse período.

▶ *Caput* com a redação dada pela Lei nº 2.244, de 23-6-1954.

▶ EC nº 24, de 9-12-1999, alterou a denominação das Juntas de Conciliação e Julgamento para Varas do Trabalho e extinguiu a representação classista na Justiça do Trabalho.

§ 1º Na hipótese da dispensa do vogal a que alude este artigo, assim como nos casos de impedimento, morte ou renúncia, sua substituição far-se-á pelo suplente, mediante convocação do Presidente da Junta.

▶ § 1º com a redação dada pela Lei nº 2.244, de 23-6-1954.

§ 2º Na falta do suplente, por impedimento, morte ou renúncia serão designados novo vogal e o respectivo suplente, dentre os nomes constantes das listas a que se refere o art. 662, servindo os designados até o fim do período.

Art. 664. Os vogais das Juntas e seus suplentes tomam posse perante o Presidente da Junta em que têm de funcionar.

▶ EC nº 24, de 9-12-1999, alterou a denominação das Juntas de Conciliação e Julgamento para Varas do Trabalho e extinguiu a representação classista na Justiça do Trabalho.

Art. 665. Enquanto durar sua investidura, gozam os vogais das Juntas e seus suplentes das prerrogativas asseguradas aos jurados.

▶ EC nº 24, de 9-12-1999, alterou a denominação das Juntas de Conciliação e Julgamento para Varas do Trabalho e extinguiu a representação classista na Justiça do Trabalho.

Art. 666. Por audiência a que comparecerem, até o máximo de 20 (vinte) por mês, os vogais das Juntas e seus suplentes perceberão a gratificação fixada em lei.

▶ EC nº 24, de 9-12-1999, alterou a denominação das Juntas de Conciliação e Julgamento para Varas do Trabalho e extinguiu a representação classista na Justiça do Trabalho.

Art. 667. São prerrogativas dos vogais das Juntas, além das referidas no art. 665:

▶ EC nº 24, de 9-12-1999, alterou a denominação das Juntas de Conciliação e Julgamento para Varas do Trabalho e extinguiu a representação classista na Justiça do Trabalho.

a) tomar parte nas reuniões do Tribunal a que pertençam;

b) aconselhar às partes a conciliação;

c) votar no julgamento dos feitos e nas matérias de ordem interna do Tribunal, submetidas às suas deliberações;

d) pedir vista dos processos pelo prazo de 24 (vinte e quatro) horas;

e) formular, por intermédio do Presidente, aos litigantes, testemunhas e peritos, as perguntas que quiserem fazer, para esclarecimento do caso.

CAPÍTULO III

DOS JUÍZOS DE DIREITO

Art. 668. Nas localidades não compreendidas na jurisdição das Juntas de Conciliação e Julgamento, os Juízos de Direito são os órgãos de administração da Justiça do Trabalho, com a jurisdição que lhes for determinada pela lei de organização judiciária local.

▶ Arts. 111, 112 e 114, V, da CF.

▶ EC nº 24, de 9-12-1999, alterou a denominação das Juntas de Conciliação e Julgamento para Varas do Trabalho e extinguiu a representação classista na Justiça do Trabalho.

▶ Súmulas nºs 10 e 180 do STJ.

Art. 669. A competência dos Juízos de Direito, quando investidos na administração da Justiça do Trabalho, é a mesma das Juntas de Conciliação e Julgamento, na forma da Seção II do Capítulo II.

▶ EC nº 24, de 9-12-1999, alterou a denominação das Juntas de Conciliação e Julgamento para Varas do Trabalho e extinguiu a representação classista na Justiça do Trabalho.

§ 1º Nas localidades onde houver mais de um Juízo de Direito a competência é determinada, entre os Juízes do Cível, por distribuição ou pela divisão judiciária local, na conformidade da lei de organização respectiva.

§ 2º Quando o critério de competência da lei de organização judiciária for diverso do previsto no parágrafo anterior, será competente o Juiz do Cível mais antigo.

▶ Art. 112 da CF.

CAPÍTULO IV

DOS TRIBUNAIS REGIONAIS DO TRABALHO

▶ O Dec.-lei nº 9.797, de 9-9-1946, determinou a substituição do termo "Conselho Regional" para "Tribunal Regional".

Seção I

DA COMPOSIÇÃO E DO FUNCIONAMENTO

▶ EC nº 24, de 9-12-1999, alterou a denominação das Juntas de Conciliação e Julgamento para Varas do Trabalho e extinguiu a representação classista na Justiça do Trabalho.

▶ Res. Adm. do TST nº 757, de 12-12-2000, dispõe sobre a convocação de Juízes Titulares de Varas do Trabalho para atuarem nos Tribunais Regionais do Trabalho.

Art. 670. O Tribunal Regional da 1ª Região compor-se-á de cinquenta e quatro Juízes, sendo trinta e seis togados, vitalícios, e dezoito classistas, temporários; o da 2ª Região compor-se-á de sessenta e quatro Juízes, sendo quarenta e dois togados, vitalícios, e vinte e dois classistas, temporários; o Tribunal Regional da 3ª Região compor-se-á de trinta e seis Juízes, sendo vinte e quatro togados, vitalícios, e doze classistas, temporários; o Tribunal Regional da 4ª Região compor-se-á de trinta e seis Juízes, sendo vinte e quatro togados, vitalícios, e doze classistas, temporários; o Tribunal Regional da 5ª Região compor-se-á de vinte e nove Juízes, sendo dezenove togados, vitalícios, e dez classistas, temporários; o Tribunal Regional da 6ª Região compor-se-á de dezoito Juízes, sendo doze togados, vitalícios, e seis classistas, temporários; o Tribunal Regional da 7ª Região compor-se-á de oito Juízes, sendo seis togados, vitalícios, e dois classistas, temporários; o Tribunal Regional da 8ª Região compor-se-á de vinte e três Juízes, sendo quinze togados, vitalícios, e oito classistas, temporários; o Tribunal Regional da 9ª Região compor-se-á de vinte e oito Juízes, sendo dezoito togados, vitalícios, e dez classistas, temporários; o Tribunal Regional da 10ª Região compor-se-á de dezessete Juízes, sendo onze togados, vitalícios, e seis classistas, temporários; o Tribunal Regional da 11ª Região compor-se-á de oito Juízes, sendo seis togados, vitalícios, e dois classistas, temporários; o Tribunal Regional da 12ª Região compor-se-á de dezoito Juízes, sendo doze togados, vitalícios, e seis classistas, temporários; o Tribunal Regional da 13ª Região compor-se-á de oito Juízes, sendo seis togados, vitalícios, e dois classistas, temporários; o Tribunal Regional da 14ª Região compor-se-á de oito Juízes, sendo seis togados, de investidura vitalícia, e dois classistas, de investidura temporária; o Tribunal Regional da 15ª Região compor-se-á de trinta e seis Juízes, sendo vinte e quatro togados, vitalícios, e doze classistas, temporários; o Tribunal Regional da 16ª Região compor-se-á de oito Juízes, sendo seis togados, de investidura vitalícia, e dois classistas, de investidura temporária; o Tribunal Regional da 17ª Região compor-se-á de oito Juízes, sendo seis togados, de investidura vitalícia, e dois classistas, temporários; o Tribunal Regional da 18ª Região compor-se-á de oito Juízes, sendo seis togados, de investidura vitalícia, e dois classistas, de investidura temporária; o Tribunal Regional da 19ª Região compor-se-á de oito Juízes, sendo seis togados, de investidura vitalícia, e dois classistas, de investidura temporária; o Tribunal Regional da 20ª Região compor-se-á de oito Juízes, sendo seis togados, de investidura vitalícia, e dois classistas, de investidura temporária; o Tribunal Regional da 21ª Região compor-se-á de oito Juízes, sendo seis togados, de investidura vitalícia, e dois classistas, de investidura temporária; o Tribunal Regional da 22ª Região compor-se-á de oito Juízes, sendo seis togados, de investidura vitalícia, e dois classistas, de investidura temporária; o Tribunal Regional da 23ª Região compor-se-á de oito Juízes, sendo seis togados, de investidura vitalícia, e dois classistas, de investidura temporária; o Tribunal Regional da 24ª Região compor-se-á de oito Juízes, sendo seis togados, de investidura vitalícia e dois classistas, de investidura temporária; todos nomeados pelo Presidente da República.

- *Caput* com a redação dada pela Lei nº 5.442, de 24-5-1968, com as alterações das seguintes Leis nºs: 6.241, de 22-9-1975 (cria a 9ª Região); 6.915, de 1º-6-1981 (cria a 11ª Região); 6.927, de 7-7-1981 (cria a 10ª Região); 6.928, de 7-7-1981 (cria a 12ª Região); 7.119, de 30-8-1983 (altera a composição da 1ª, 2ª, 3ª e 6ª Regiões); 7.324, de 18-6-1985 (cria a 13ª Região); 7.325, de 18-6-1985 (altera a composição da 5ª, 6ª, 8ª, 9ª e 10ª Regiões); 7.520, de 15-7-1986 (cria a 15ª Região); 7.523, de 17-7-1986 (cria a 14ª Região); 7.617, de 8-9-1987 (altera a composição da 1ª Região); 7.671, de 21-9-1988 (cria a 16ª Região); 7.842, de 18-10-1989 (altera a composição da 12ª Região); 7.872, de 8-11-1989 (cria a 17ª Região); 7.873, de 9-11-1989 (cria a 18ª Região); 7.907, de 6-12-1989 (altera a composição da 9ª Região); 7.911, de 7-12-1989 (altera a composição da 4ª Região); 8.215, de 25-7-1991 (cria a 21ª Região); 8.190, de 7-6-1991 (altera a composição da 5ª Região); 8.217, de 27-8-1991 (altera a composição da 8ª Região); 8.219, de 29-8-1991 (cria a 19ª Região); 8.233, de 10-9-1991 (cria a 20ª Região); 8.221, de 5-9-1991 (cria a 22ª Região); 8.430, de 8-6-1992 (cria a 23ª Região); 8.431, de 9-6-1992 (cria a 24ª Região); 8.471, de 7-10-1992 (altera a composição da 6ª Região); 8.473, de 19-10-1992 (altera a composição da 15ª Região); 8.474, de 20-10-1992 (altera a composição da 10ª Região); 8.480, de 7-11-1992 (altera a composição da 2ª Região); 8.491, de 20-11-1992 (altera a composição da 4ª Região); 8.492, de 20-11-1992 (altera a composição da 9ª Região); 8.493, de 20-11-1992 (altera a composição da 5ª Região); 8.497, de 26-11-1992 (altera a composição da 3ª Região); 8.531, de 15-12-1992 (altera a composição da 1ª Região); 8.621, de 8-1-1993 (altera a composição da 12ª Região) e 8.947, de 8-12-1994 (altera a composição da 8ª Região); 11.964, de 3-7-2009 (altera a composição da 18ª Região); 11.986, de 27-7-2009 (altera a composição da 17ª Região); 11.987, de 27-7-2009 (altera a composição da 11ª Região); 11.999, de 29-7-2009 (altera a composição da 7ª Região); 12.001, de 29-7-2009 (altera a composição da 15ª Região); 12.098, de 24-11-2009 (altera a composição da 2ª Região); 12.421, de 16-6-2011 (altera a composição da 4ª Região); 12.422, de 16-6-2011 (altera a composição da 13ª Região); 12.476, de 2-9-2011 (altera a composição da 6ª Região); 12.481, de 2-9-2011 (altera a composição da 9ª Região); 12.478, de 2-9-2011 (altera a composição da 18ª Região); 12.482, de 2-9-2011 (altera a composição da 21ª Região); 12.616, de 30-4-2012 (altera a composição da 3ª Região).
- Res. do CSJT nº 104, de 25-5-2012, uniformiza os vocábulos de tratamento dispensados aos magistrados de 1ª e 2ª instância no âmbito da Justiça do Trabalho.
- EC nº 24, de 9-12-1999, alterou a denominação das Juntas de Conciliação e Julgamento para Varas do Trabalho e extinguiu a representação classista na Justiça do Trabalho.

§ 1º Haverá um suplente para cada juiz representante classista.

- § 1º com a redação dada pelo Dec.-lei nº 9.797, de 9-9-1946.
- A alteração que seria inserida neste § 1º pela Lei nº 5.442, de 24-5-1968 foi vetada, razão pela qual mantivemos a redação.

§ 2º Nos Tribunais Regionais constituídos por seis ou mais Juízes togados, e menos de onze, um deles será escolhido dentre advogados, um dentre membros do Ministério Público da União junto à Justiça do Trabalho e os demais dentre Juízes do Trabalho, Presidentes de Junta da respectiva Região, na forma prevista no parágrafo anterior.

- § 2º com a redação dada pela Lei nº 5.442, de 24-5-1968.
- Arts. 93, III, XI, 94 e 115 da CF.
- EC nº 24, de 9-12-1999, alterou a denominação das Juntas de Conciliação e Julgamento para Varas do Trabalho e extinguiu a representação classista na Justiça do Trabalho.
- Res. do CSJT nº 104, de 25-5-2012, (uniformiza os vocábulos de tratamento dispensados aos magistrados de 1ª e 2ª instância no âmbito da Justiça do Trabalho).

§ 3º Nos Tribunais do Trabalho das demais Regiões, terão assento três juízes alheios aos interesses profissionais.

- § 3º com a redação dada pelo Dec.-lei nº 9.797, de 9-9-1946.
- A alteração que seria inserida neste § 3º pela Lei nº 5.442, de 24-5-1968 foi vetada, razão pela qual mantivemos a redação.

§ 4º Os Juízes classistas referidos neste artigo representarão, paritariamente, empregadores e empregados.

- EC nº 24, de 9-12-1999, alterou a denominação das Juntas de Conciliação e Julgamento para Varas do Trabalho e extinguiu a representação classista na Justiça do Trabalho.
- Art. 116 da CF.

§ 5º Haverá um suplente para cada Juiz classista.

- EC nº 24, de 9-12-1999, alterou a denominação das Juntas de Conciliação e Julgamento para Varas do Trabalho e extinguiu a representação classista na Justiça do Trabalho.

§ 6º Os Tribunais Regionais, no respectivo regimento interno, disporão sobre a substituição de seus Juízes, observados, na convocação de Juízes inferiores, os critérios de livre escolha e antiguidade, alternadamente.

- Arts. 114 a 119 da LC nº 35, de 14-3-1979 (Lei Orgânica da Magistratura Nacional).

§ 7º Dentre os seus Juízes togados, os Tribunais Regionais elegerão os respectivos Presidente e Vice-Presidente, assim como os Presidentes de Turmas, onde as houver.

- Art. 96 da CF.

§ 8º Os Tribunais Regionais da 1ª e 2ª Regiões dividir-se-ão em Turmas, facultada essa divisão aos constituídos de, pelo menos, doze Juízes. Cada Turma se comporá de três Juízes togados e dois classistas, um representante dos empregados e outro dos empregadores.

- §§ 4º a 8º acrescidos pela Lei nº 5.442, de 24-5-1968.
- EC nº 24, de 9-12-1999, extinguiu a representação classista na Justiça do Trabalho.
- Arts. 112 a 115 da CF.

Art. 671. Para os trabalhos dos Tribunais Regionais existe a mesma incompatibilidade prevista no artigo 648, sendo idêntica a forma de sua resolução.

- Art. 128 da LC nº 35, de 14-3-1979 (Lei Orgânica da Magistratura Nacional).
- O Dec.-lei nº 9.797, de 9-9-1946, determinou a substituição do termo "Conselho Regional" para "Tribunal Regional".

Art. 672. Os Tribunais Regionais, em sua composição plena, deliberarão com a presença, além do Presidente, da metade e mais um do número de seus Juízes, dos quais, no mínimo, um representante dos empregados e outro dos empregadores.

- EC nº 24, de 9-12-1999, alterou a denominação das Juntas de Conciliação e Julgamento para Varas do Trabalho e extinguiu a representação classista na Justiça do Trabalho.

§ 1º As Turmas somente poderão deliberar presentes, pelo menos, três dos seus Juízes, entre eles os dois classistas. Para a integração desse *quorum*, poderá o Presidente de uma Turma convocar Juízes de outra, da classe a que pertencer o ausente ou impedido.

§ 2º Nos Tribunais Regionais, as decisões tomar-se-ão pelo voto da maioria dos Juízes presentes, ressalvada, no Tribunal Pleno, a hipótese de declaração de inconstitucionalidade de lei ou ato do poder público (artigo 111 da Constituição).

- Refere-se à CF/1967. Art. 97 da CF/1988.

§ 3º O Presidente do Tribunal Regional, excetuada a hipótese de declaração de inconstitucionalidade de lei ou ato do poder público, somente terá voto de desempate. Nas sessões administrativas, o Presidente votará como os demais Juízes, cabendo-lhe, ainda, o voto de qualidade.

§ 4º No julgamento de recursos contra decisão ou despacho do Presidente, do Vice-Presidente ou do Relator, ocorrendo empate, prevalecerá a decisão ou despacho recorrido.

- Art. 672 com a redação dada pela Lei nº 5.442, de 24-5-1968.

Art. 673. A ordem das sessões dos Tribunais Regionais será estabelecida no respectivo Regimento Interno.

- O Dec.-lei nº 9.797, de 9-9-1946, determinou a substituição do termo "Conselho Regional" para "Tribunal Regional".

Seção II
DA JURISDIÇÃO E COMPETÊNCIA

Art. 674. Para efeito da jurisdição dos Tribunais Regionais, o território nacional é dividido nas vinte e quatro Regiões seguintes:

1ª Região – Estado do Rio de Janeiro;

2ª Região – Estado de São Paulo;

- Art. 1º, § 1º, da Lei nº 7.520, de 15-7-1986, que cria a 15ª Região da Justiça do Trabalho e institui a correspondente Procuradoria Regional do Ministério Público da União junto à Justiça do Trabalho.
- Art. 12 da Lei 7.520, de 15-7-1986.

3ª Região – Estado de Minas Gerais;

4ª Região – Estado do Rio Grande do Sul;

5ª Região – Estado da Bahia;

6ª Região – Estado de Pernambuco;

7ª Região – Estado do Ceará;

8ª Região – Estados do Pará e do Amapá;

9ª Região – Estado do Paraná;

- Criada pela Lei nº 6.241, de 22-9-1975.

10ª Região – Distrito Federal e Tocantins;

- Criada pela Lei nº 6.927, de 7-7-1981.

11ª Região – Estados do Amazonas e de Roraima;

- Criada pela Lei nº 6.915, de 1º-6-1981.

12ª Região – Estado de Santa Catarina;

- Criada pela Lei nº 6.928, de 7-7-1981.

13ª Região – Estado da Paraíba;

- Criada pela Lei nº 7.324, de 18-6-1985.

14ª Região – Estados de Rondônia e Acre;

- Criada pela Lei nº 7.523, de 17-7-1986.

15ª Região – Estado de São Paulo (área não abrangida pela jurisdição estabelecida na 2ª Região);

- Arts. 1º, § 1º, e 12 da Lei nº 7.520, de 15-7-1986, que cria a 15ª Região da Justiça do Trabalho e institui a correspondente Procuradoria Regional do Ministério Público da União junto à Justiça do Trabalho.

16ª Região – Estado do Maranhão;

- Criada pela Lei nº 7.671, de 21-9-1988.

17ª Região – Estado do Espírito Santo;

- Criada pela Lei nº 7.872, de 8-11-1989.

18ª Região – Estado de Goiás;

- Criada pela Lei nº 7.873, de 9-9-1989.

19ª Região – Estado de Alagoas;

- Criada pela Lei nº 8.219, de 29-8-1991.

20ª Região – Estado de Sergipe;

- Criada pela Lei nº 8.233, de 10-9-1991.

21ª Região – Estado do Rio Grande do Norte;

- Criada pela Lei nº 8.215, de 25-6-1991.

22ª Região – Estado do Piauí;

- Criada pela Lei nº 8.221, de 5-9-1991.

23ª Região – Estado do Mato Grosso;

- Criada pela Lei nº 8.430, de 8-6-1992.

24ª Região – Estado do Mato Grosso do Sul.

- Criada pela Lei nº 8.431, de 9-6-1992.

Parágrafo único. Os Tribunais têm sede nas cidades: Rio de Janeiro (1ª Região), São Paulo (2ª Região), Belo Horizonte (3ª Região), Porto Alegre (4ª Região), Salvador (5ª Região), Recife (6ª Região), Fortaleza (7ª Região), Belém (8ª Região), Curitiba (9ª Região), Brasília (10ª Região), Manaus (11ª Região), Florianópolis (12ª Região), João Pessoa (13ª Região), Porto Velho (14ª Região), Campinas (15ª Região), São Luís (16ª Região), Vitória (17ª Região), Goiânia (18ª Região), Maceió (19ª Região), Aracaju (20ª Região), Natal (21ª Região), Teresina (22ª Região), Cuiabá (23ª Região) e Campo Grande (24ª Região).

Art. 675. *Revogado.* Lei nº 5.442, de 24-5-1968.

Art. 676. O número de regiões, a jurisdição e a categoria dos Tribunais Regionais, estabelecidos nos artigos anteriores, somente podem ser alterados pelo Presidente da República.

- Arts. 96, II, e 113 da CF.
- O Dec.-lei nº 9.797, de 9-9-1946, determinou a substituição do termo "Conselho Regional" para "Tribunal Regional".

Art. 677. A competência dos Tribunais Regionais determina-se pela forma indicada no artigo 651 e seus parágrafos e, nos casos de dissídio coletivo, pelo local onde este ocorrer.

- O Dec.-lei nº 9.797, de 9-9-1946, determinou a substituição do termo "Conselho Regional" para "Tribunal Regional".
- Súm. nº 236 do STJ.
- Súm. nº 420 do TST.

Art. 678. Aos Tribunais Regionais, quando divididos em Turmas, compete:

- O Dec.-lei nº 9.797, de 9-9-1946, determinou a substituição do termo "Conselho Regional" para "Tribunal Regional".

I – ao Tribunal Pleno, especialmente:

- Art. 97 da CF.
- Súm. Vinc. nº 10 do STF.

a) processar, conciliar e julgar originariamente os dissídios coletivos;

b) processar e julgar originariamente:

1) as revisões de sentenças normativas;

2) a extensão das decisões proferidas em dissídios coletivos;

3) os mandados de segurança;

- Súm. nº 433 do STF.
- Súmulas nºs 121 e 195 do extinto TFR.
- Súmulas nºs 397, 414 e 425 do TST.
- Orientações Jurisprudenciais da SBDI-II nºs 53, 54, 57, 63 e 64 do TST.

4) as impugnações à investidura de vogais e seus suplentes nas Juntas de Conciliação e Julgamento;

- EC nº 24, de 9-12-1999, alterou a denominação das Juntas de Conciliação e Julgamento para Varas do Trabalho e extinguiu a representação classista na Justiça do Trabalho.

c) processar e julgar em última instância:

1) os recursos das multas impostas pelas Turmas;

2) as ações rescisórias das decisões das Juntas de Conciliação e Julgamento, dos Juízes de Direito investidos na jurisdição trabalhista, das Turmas e de seus próprios acórdãos;

- EC nº 24, de 9-12-1999, alterou a denominação das Juntas de Conciliação e Julgamento para Varas do Trabalho e extinguiu a representação classista na Justiça do Trabalho.

3) os conflitos de jurisdição entre as suas Turmas, os Juízes de Direito investidos na jurisdição trabalhista, as Juntas de Conciliação e Julgamento, ou entre aqueles e estas;

- EC nº 24, de 9-12-1999, alterou a denominação das Juntas de Conciliação e Julgamento para Varas do Trabalho e extinguiu a representação classista na Justiça do Trabalho.

d) julgar em única ou última instância:

1) os processos e os recursos de natureza administrativa atinentes aos seus serviços auxiliares e respectivos servidores;

2) as reclamações contra atos administrativos de seu Presidente ou de qualquer de seus membros, assim como dos Juízes de primeira instância e de seus funcionários;

II – às Turmas:

a) julgar os recursos ordinários previstos no artigo 895, *a*;

b) julgar os agravos de petição e de instrumento, estes de decisões denegatórias de recursos de sua alçada;

c) impor multas e demais penalidades relativas a atos de sua competência jurisdicional, e julgar os recursos interpostos das decisões das Juntas e dos Juízes de Direito que as impuserem.

- EC nº 24, de 9-12-1999, alterou a denominação das Juntas de Conciliação e Julgamento para Varas do Trabalho e extinguiu a representação classista na Justiça do Trabalho.

Parágrafo único. Das decisões das Turmas não caberá recurso para o Tribunal Pleno, exceto no caso do item I, c, 1, deste artigo.

Art. 679. Aos Tribunais Regionais não divididos em Turmas compete o julgamento das matérias a que se refere o artigo anterior, exceto a de que trata o inciso 1 da alínea c do item I, como os conflitos de jurisdição entre Turmas.

- Arts. 678 e 679 com a redação dada pela Lei nº 5.442, de 24-5-1968.

Art. 680. Compete, ainda, aos Tribunais Regionais, ou suas Turmas:

a) determinar às Juntas e aos Juízes de Direito a realização dos atos processuais e diligências necessárias ao julgamento dos feitos sob sua apreciação;

- EC nº 24, de 9-12-1999, alterou a denominação das Juntas de Conciliação e Julgamento para Varas do Trabalho e extinguiu a representação classista na Justiça do Trabalho.

b) fiscalizar o cumprimento de suas próprias decisões;

c) declarar a nulidade dos atos praticados com infração de suas decisões;

d) julgar as suspeições arguidas contra seus membros;

e) julgar as exceções de incompetência que lhes forem opostas;

f) requisitar às autoridades competentes as diligências necessárias ao esclarecimento dos feitos sob apreciação, representando contra aquelas que não atenderem a tais requisições;

g) exercer, em geral, no interesse da Justiça do Trabalho, as demais atribuições que decorram de sua jurisdição.

- Art. 680 restabelecido e com a redação dada pela Lei nº 5.442, de 24-5-1968.
- Arts. 96 e 113 da CF.

Seção III

DOS PRESIDENTES DOS TRIBUNAIS REGIONAIS

- O Dec.-lei nº 9.797, de 9-9-1946, determinou a substituição do termo "Conselho Regional" para "Tribunal Regional".

Art. 681. Os Presidentes e Vice-Presidentes dos Tribunais Regionais do Trabalho tomarão posse perante os respectivos Tribunais.

- *Caput* com a redação dada pela Lei nº 6.320, de 5-4-1976.

Parágrafo único. *Revogado.* Lei nº 6.320, de 5-4-1976.

Art. 682. Competem privativamente aos Presidentes dos Tribunais Regionais, além das que forem conferidas neste e no título e das decorrentes do seu cargo, as seguintes atribuições:

- *Caput* com a redação dada pelo Dec.-lei nº 8.737, de 19-1-1946.
- O Dec.-lei nº 9.797, de 9-9-1946, determinou a substituição do termo "Conselho Regional" para "Tribunal Regional".
- OJ da SBDI-II nº 68 do TST.

I – *Revogado.* Lei nº 5.442, de 24-5-1968;

II – designar os Juízes classistas das Juntas e seus suplentes;

- EC nº 24, de 9-12-1999, alterou a denominação das Juntas de Conciliação e Julgamento para Varas do Trabalho e extinguiu a representação classista na Justiça do Trabalho.

III – dar posse aos Presidentes de Juntas e Presidentes Substitutos, aos Juízes classistas e suplentes e funcionários do próprio Tribunal e conceder férias e licenças aos mesmos e aos Juízes classistas e suplentes das Juntas;

- EC nº 24, de 9-12-1999, alterou a denominação das Juntas de Conciliação e Julgamento para Varas do Trabalho e extinguiu a representação classista na Justiça do Trabalho.

IV – presidir às sessões do Tribunal;

V – presidir às audiências de conciliação nos dissídios coletivos;

VI – executar suas próprias decisões e as proferidas pelo Tribunal;

VII – convocar suplentes dos Juízes do Tribunal, nos impedimentos destes;

▶ O Dec.-lei nº 9.797, de 9-9-1946, determinou a substituição do termo "dos vogais do Conselho" para "Juízes do Tribunal".

VIII – representar ao Presidente do Tribunal Superior do Trabalho contra os Presidentes, Juízes classistas e Juízes representantes classistas nos casos previstos no artigo 727 e seu parágrafo único;

▶ O Dec.-lei nº 9.797, de 9-9-1946, determinou a substituição do termo "Conselho Nacional" para "Tribunal Superior".

▶ EC nº 24, de 9-12-1999, alterou a denominação das Juntas de Conciliação e Julgamento para Varas do Trabalho e extinguiu a representação classista na Justiça do Trabalho.

IX – despachar os recursos interpostos pelas partes;

X – requisitar às autoridades competentes, nos casos de dissídio coletivo, a força necessária, sempre que houver ameaça de perturbação da ordem;

XI – exercer correição, pelo menos uma vez por ano, sobre as Juntas, ou parcialmente, sempre que se fizer necessário, e solicitá-la, quando julgar conveniente, ao Presidente do Tribunal de Justiça, relativamente aos Juízes de Direito investidos na administração da Justiça do Trabalho;

▶ EC nº 24, de 9-12-1999, alterou a denominação das Juntas de Conciliação e Julgamento para Varas do Trabalho e extinguiu a representação classista na Justiça do Trabalho.

XII – distribuir os feitos, designando os Juízes que os devem relatar;

XIII – designar, dentre os funcionários do Tribunal e das Juntas existentes em uma mesma localidade, o que deve exercer a função de distribuidor;

▶ EC nº 24, de 9-12-1999, alterou a denominação das Juntas de Conciliação e Julgamento para Varas do Trabalho e extinguiu a representação classista na Justiça do Trabalho.

XIV – assinar as folhas de pagamento dos Juízes e servidores do Tribunal.

▶ Incisos II a XIV com a redação dada pelo Dec.-lei nº 8.737, de 19-1-1946.

▶ EC nº 24, de 9-12-1999, alterou a denominação das Juntas de Conciliação e Julgamento para Varas do Trabalho e extinguiu a representação classista na Justiça do Trabalho.

§ 1º Na falta ou impedimento do Presidente da Junta e do substituto da mesma localidade, é facultado ao Presidente do Tribunal Regional designar substituto de outra localidade, observada a ordem de antiguidade entre os substitutos desimpedidos.

▶ O Dec.-lei nº 9.797, de 9-9-1946, determinou a substituição do termo "Conselho Regional" para "Tribunal Regional".

▶ EC nº 24, de 9-12-1999, alterou a denominação das Juntas de Conciliação e Julgamento para Varas do Trabalho e extinguiu a representação classista na Justiça do Trabalho.

§ 2º Na falta ou impedimento do Juiz classista da Junta e do respectivo suplente, é facultado ao Presidente do Tribunal Regional designar suplente de outra Junta, respeitada a categoria profissional ou econômica do representante e a ordem de antiguidade dos suplentes desimpedidos.

▶ §§ 1º e 2º com a redação dada pelo Dec.-lei nº 8.737, de 19-1-1946.

▶ O Dec.-lei nº 9.797, de 9-9-1946, determinou a substituição do termo "Conselho Regional" para "Tribunal Regional".

▶ EC nº 24, de 9-12-1999, alterou a denominação das Juntas de Conciliação e Julgamento para Varas do Trabalho e extinguiu a representação classista na Justiça do Trabalho.

§ 3º Na falta ou impedimento de qualquer Juiz representante classista e seu respectivo suplente, é facultado ao Presidente do Tribunal Regional designar um dos Juízes classistas de Junta de Conciliação e Julgamento para funcionar nas sessões do Tribunal, respeitada a categoria profissional ou econômica do representante.

▶ § 3º acrescido pela Lei nº 3.440, de 27-8-1958.

▶ EC nº 24, de 9-12-1999, alterou a denominação das Juntas de Conciliação e Julgamento para Varas do Trabalho e extinguiu a representação classista na Justiça do Trabalho.

Art. 683. Na falta ou impedimento dos Presidentes dos Tribunais Regionais, e como auxiliares destes, sempre que necessário, funcionarão seus substitutos.

▶ O Dec.-lei nº 9.797, de 9-9-1946, determinou a substituição do termo "Conselho Regional" para "Tribunal Regional".

§ 1º Nos casos de férias, por trinta dias, licença, morte ou renúncia, a convocação competirá diretamente ao Presidente do Tribunal Superior do Trabalho.

§ 2º Nos demais casos, mediante convocação do próprio Presidente do Tribunal ou comunicação do secretário deste, o Presidente Substituto assumirá imediatamente o exercício, ciente o Presidente do Tribunal Superior do Trabalho.

▶ Art. 683 com a redação dada pelo Dec.-lei nº 8.737, de 19-1-1946.

▶ Art. 116 da CF.

Seção IV

DOS JUÍZES REPRESENTANTES CLASSISTAS DOS TRIBUNAIS REGIONAIS

▶ O Dec.-lei nº 9.797, de 9-9-1946, determinou a substituição do termo "Conselho Regional" para "Tribunal Regional".

▶ EC nº 24, de 9-12-1999, alterou a denominação das Juntas de Conciliação e Julgamento para Varas do Trabalho e extinguiu a representação classista na Justiça do Trabalho.

Art. 684. Os Juízes representantes classistas dos Tribunais Regionais são designados pelo Presidente da República.

Parágrafo único. Aos Juízes representantes classistas dos empregados e dos empregadores, nos Tribunais Regionais, aplicam-se as disposições do art. 661.

▶ § 2º revogado e § 1º transformado em parágrafo único pela Lei nº 5.442, de 24-5-1968.

▶ EC nº 24, de 9-12-1999, alterou a denominação das Juntas de Conciliação e Julgamento para Varas do Trabalho e extinguiu a representação classista na Justiça do Trabalho.

Art. 685. A escolha dos juízes classistas e suplentes dos Tribunais Regionais, representantes dos empregadores e empregados, é feita dentre os nomes constantes das listas para esse fim encaminhadas ao Presidente do Tribunal Superior do Trabalho pelas associações sindicais de grau superior com sede nas respectivas Regiões.

▶ EC nº 24, de 9-12-1999, alterou a denominação das Juntas de Conciliação e Julgamento para Varas do Trabalho e extinguiu a representação classista na Justiça do Trabalho.

§ 1º Para o efeito deste artigo, o Conselho de Representantes de cada associação sindical de grau superior, na ocasião determinada pelo Presidente do Tribunal Superior do Trabalho, organizará, por maioria de votos, uma lista de 3 (três) nomes.

§ 2º O Presidente do Tribunal Superior do Trabalho submeterá os nomes constantes das listas ao Presidente da República, por intermédio do Ministro da Justiça e Negócios Interiores.

▶ § 2º com a redação dada pela Lei nº 2.244, de 23-6-1954.

Art. 686. *Suprimido.* Dec.-lei nº 9.797, de 9-9-1946.

Art. 687. Os juízes classistas dos Tribunais Regionais tomam posse perante o respectivo Presidente.

▶ EC nº 24, de 9-12-1999, alterou a denominação das Juntas de Conciliação e Julgamento para Varas do Trabalho e extinguiu a representação classista na Justiça do Trabalho.

Art. 688. Aos juízes representantes classistas dos Tribunais Regionais aplicam-se as disposições do art. 663, sendo a nova escolha feita dentre os nomes constantes das listas a que se refere o art. 685, ou na forma indicada no art. 686 e, bem assim, as dos arts. 665 e 667.

▶ EC nº 24, de 9-12-1999, alterou a denominação das Juntas de Conciliação e Julgamento para Varas do Trabalho e extinguiu a representação classista na Justiça do Trabalho.

Art. 689. Por sessão a que comparecerem, até o máximo de quinze por mês, perceberão os Juízes representantes classistas e suplentes dos Tribunais Regionais a gratificação fixada em lei.

▶ EC nº 24, de 9-12-1999, alterou a denominação das Juntas de Conciliação e Julgamento para Varas do Trabalho e extinguiu a representação classista na Justiça do Trabalho.

Parágrafo único. Os Juízes representantes classistas que retiverem processos além dos prazos estabelecidos no Regimento Interno dos Tribunais Regionais sofrerão automaticamente, na gratificação mensal a que teriam direito, desconto equivalente a 1/30 (um trinta avos) por processo retido.

▶ Art. 689 com a redação dada pelo Dec.-lei nº 8.737, de 19-1-1946.

CAPÍTULO V

DO TRIBUNAL SUPERIOR DO TRABALHO

▶ O Dec.-lei nº 9.797, de 9-9-1946, determinou a substituição do termo "Conselho Nacional" para "Tribunal Superior".

Seção I

DISPOSIÇÕES PRELIMINARES

Art. 690. O Tribunal Superior do Trabalho, com sede na Capital da República e jurisdição em todo o Território Nacional, é a instância superior da Justiça do Trabalho.

▶ Res. Adm. do TST nº 908, de 21-11-2002, aprova o Regimento Interno do TST.

Parágrafo único. O Tribunal funciona na plenitude de sua composição ou dividido em Turmas, com observância da paridade de representação de empregados e empregadores.

▶ Art. 690 com a redação dada pela Lei nº 2.244, de 23-6-1954.

▶ Lei nº 7.701, de 21-12-1988, dispõe sobre a especialização de turmas dos Tribunais do Trabalho.

Arts. 691 e 692. *Suprimidos.* Dec.-lei nº 8.737, de 19-1-1946.

Seção II

DA COMPOSIÇÃO E FUNCIONAMENTO DO TRIBUNAL SUPERIOR DO TRABALHO

▶ O Dec.-lei nº 9.797, de 9-9-1946, determinou a substituição do termo "Conselho Nacional" para "Tribunal Superior".

▶ Art. 111-A da CF que dispõe sobre a composição do TST.

Art. 693. O Tribunal Superior do Trabalho compõe-se de dezessete juízes com a denominação de Ministros, sendo:

▶ *Caput* com a redação dada pela Lei nº 5.442, de 24-5-1968.

▶ Art. 111-A da CF que dispõe sobre a composição do TST.

▶ EC nº 45, de 30-12-2004, alterou composição do TST de dezessete para vinte e sete ministros.

a) onze togados e vitalícios, nomeados pelo Presidente da República, depois de aprovada a escolha pelo Senado Federal, dentre brasileiros natos, maiores de trinta e cinco anos, de notável saber jurídico e reputação ilibada;

b) seis classistas, com mandato de três anos, em representação paritária dos empregadores e dos empregados, nomeados pelo Presidente da República de conformidade com o disposto nos §§ 2º e 3º deste artigo.

▶ Alíneas *a* e *b* com a redação dada pela Lei nº 5.442, de 24-5-1968.

▶ Arts. 52, III, 84, XIV, 111 e 113 da CF.

▶ EC nº 24, de 9-12-1999, alterou a denominação das Juntas de Conciliação e Julgamento para Varas do Trabalho e extinguiu a representação classista na Justiça do Trabalho.

§ 1º Dentre os juízes togados do Tribunal Superior do Trabalho, alheios aos interesses profissionais, serão eleitos o presidente, o vice-presidente e o corregedor, além dos presidentes das turmas na forma estabelecida em seu regimento interno.

▶ Res. Adm. do TST nº 908, de 21-12-2002, aprova o Regimento Interno do TST.

§ 2º Para nomeação trienal dos juízes classistas, o Presidente do Tribunal Superior do Trabalho publicará edital, com antecedência mínima de 15 (quinze) dias, convocando as associações sindicais de grau superior, para que cada uma, mediante maioria de votos do respectivo Conselho de Representantes, organize uma lista de três nomes, que será encaminhada, por intermédio daquele Tribunal, ao Ministro da Justiça e Negócios Interiores dentro do prazo que for fixado no edital.

▶ §§ 1º e 2º com a redação dada pela Lei nº 2.244, de 23-6-1954.

▶ Art. 111-A, §§ 1º e 2º, da CF.

▶ EC nº 24, de 9-12-1999, alterou a denominação das Juntas de Conciliação e Julgamento para Varas do Trabalho e extinguiu a representação classista na Justiça do Trabalho.

§ 3º Na lista de que trata o parágrafo anterior figurarão somente brasileiros natos, de reconhecida idoneidade, maiores de 25 anos, quites com o serviço militar, que estejam no gozo de seus direitos civis e políticos e contem mais de dois anos de efetivo exercício da profissão ou se encontrem no desempenho de representação profissional prevista em lei.

▶ § 3º com a redação dada pelo Dec.-lei nº 9.797, de 9-9-1946.

▶ Art. 111-A, §§ 1º e 2º, da CF.

§ 4º VETADO.

Art. 694. Os juízes togados escolher-se-ão: sete, dentre magistrados da Justiça do Trabalho, dois, dentre advogados no efetivo exercício da profissão, e dois, dentre membros do Ministério Público da União junto à Justiça do Trabalho.

▶ Artigo com a redação dada pela Lei nº 5.442, de 24-5-1968.

▶ Art. 111-A, § 1º, da CF.

Art. 695. *Suprimido.* Dec.-lei nº 9.797, de 9-9-1946.

Art. 696. Importará em renúncia o não comparecimento do membro do Tribunal, sem motivo justificado, a mais de três sessões ordinárias consecutivas.

▶ *Caput* com a redação dada pelo Dec.-lei nº 8.737, de 19-1-1946.

▶ Artigo revogado tacitamente pela LC nº 35, de 14-3-1979 (Lei Orgânica da Magistratura).

§ 1º Ocorrendo a hipótese prevista neste artigo, o Presidente do Tribunal comunicará, imediatamente, o fato ao Ministro da Justiça, a fim de que seja feita a substituição do juiz renunciante, sem prejuízo das sanções cabíveis.

§ 2º Para os efeitos do parágrafo anterior, a designação do substituto será feita dentre os nomes constantes das listas de que trata o § 2º do artigo 693.

▶ §§ 1º e 2º com a redação dada pela Lei nº 2.244, de 23-6-1954.

Art. 697. Em caso de licença superior a trinta dias, ou de vacância, enquanto não for preenchido o cargo, os Ministros do Tribunal poderão ser substituídos mediante convocação de Juízes, de igual categoria, de qualquer dos Tribunais Regionais do Trabalho, na forma que dispuser o Regimento do Tribunal Superior do Trabalho.

▶ Artigo com a redação dada pela Lei nº 6.289, de 11-12-1975.

Art. 698. *Suprimido.* Dec.-lei nº 8.737, de 19-1-1946.

Art. 699. O Tribunal Superior do Trabalho não poderá deliberar, na plenitude de sua composição senão com a presença de pelo menos nove de seus juízes, além do Presidente.

▶ Dispositivo tornado sem efeito pela Lei nº 7.701, de 21-12-1988, dispõe sobre a especialização das Turmas do TST.

Parágrafo único. As turmas do Tribunal, compostas de 5 (cinco) juízes, só poderão deliberar com a presença de pelo menos, três de seus membros, além do respectivo presidente, cabendo também a este funcionar como relator ou revisor nos feitos que lhe forem distribuídos conforme estabelecer o regimento interno.

▶ Art. 699 com a redação dada pela Lei nº 2.244, de 23-6-1954.

Art. 700. O Tribunal reunir-se-á em dias previamente fixados pelo Presidente, o qual poderá, sempre que for necessário, convocar sessões extraordinárias.

▶ Artigo com a redação dada pelo Dec.-lei nº 8.737, de 19-1-1946.

Art. 701. As sessões do Tribunal serão públicas e começarão às quatorze horas, terminando às dezessete horas, mas poderão ser prorrogadas pelo Presidente em caso de manifesta necessidade.

§ 1º As sessões extraordinárias do Tribunal só se realizarão quando forem comunicadas aos seus membros com vinte e quatro horas, no mínimo, de antecedência.

§ 2º Nas sessões do Tribunal, os debates poderão tornar-se secretos, desde que, por motivo de interesse público, assim resolver a maioria de seus membros.

▶ Art. 701 com a redação dada pelo Dec.-lei nº 8.737, de 19-1-1946.

▶ Arts. 93, XI, 96, I, e 111 a 116 da CF.

Seção III

DA COMPETÊNCIA DO TRIBUNAL PLENO

Art. 702. Ao Tribunal Pleno compete:

▶ *Caput* com a redação dada pela Lei nº 2.244, de 23-6-1954.

▶ Dispositivo tornado sem efeito pela Lei nº 7.701, de 21-12-1988, que dispõe sobre a especialização das Turmas do TST.

I – em única instância:

▶ *Caput* do inciso I com a redação dada pela Lei nº 2.244, de 23-6-1954.

a) decidir sobre matéria constitucional, quando arguido, para invalidar lei ou ato do poder público;

b) conciliar e julgar os dissídios coletivos que excedam a jurisdição dos Tribunais Regionais do Trabalho, bem como estender ou rever suas próprias decisões normativas, nos casos previstos em lei;

c) homologar os acordos celebrados em dissídios de que trata a alínea anterior;

d) julgar os agravos dos despachos do presidente, nos casos previstos em lei;

e) julgar as suspeições arguidas contra o presidente e demais juízes do Tribunal, nos feitos pendentes de sua decisão;

▶ Alíneas *a* a *e* com a redação dada pela Lei nº 2.244, de 23-6-1954.

f) estabelecer ou alterar súmulas e outros enunciados de jurisprudência uniforme, pelo voto de pelo menos dois terços de seus membros, caso a mesma matéria já tenha sido decidida de forma idêntica por unanimidade em, no mínimo, dois terços das turmas em pelo menos dez sessões diferentes em cada uma delas, podendo, ainda, por maioria de dois terços de seus membros, restringir os efeitos daquela declaração ou decidir que ela só tenha eficácia a partir de sua publicação no *Diário Oficial*;

▶ Alínea *f* com a redação dada pela Lei nº 13.467, de 13-7-2017.

▶ O STF, por maioria, no julgamento da ADI nº 6.188, declarou a inconstitucionalidade desta alínea (*DOU* de 6-11-2023).

g) aprovar tabelas de custas emolumentos, nos termos da lei;

h) elaborar o Regimento Interno do Tribunal e exercer as atribuições administrativas previstas em lei, ou decorrentes da Constituição Federal.

▶ Alíneas *g* a *h* com a redação dada pela Lei nº 2.244, de 23-6-1954.

II – em última instância:

▶ *Caput* do inciso II com a redação dada pela Lei nº 2.244, de 23-6-1954.

a) julgar os recursos ordinários das decisões proferidas pelos Tribunais Regionais em processos de sua competência originária;

b) julgar os embargos opostos às decisões de que tratam as alíneas *b* e *c* do inciso I deste artigo;

▶ Alíneas *a* e *b* com a redação dada pela Lei nº 2.244, de 23-6-1954.

c) julgar embargos das decisões das Turmas, quando esta divirjam entre si ou de decisão proferida pelo próprio Tribunal Pleno, ou que forem contrárias à letra de lei federal;

- Alínea *c* com a redação dada pelo Dec.-lei nº 229, de 28-2-1967.

d) julgar os agravos de despachos denegatórios dos presidentes de turmas, em matéria de embargos na forma estabelecida no regimento interno;

- Res. Adm. do TST nº 908, de 21-12-2002, aprova o Regimento Interno do TST.

e) julgar os embargos de declaração opostos aos seus acórdãos.

- Alíneas *d* e *e* com a redação dada pela Lei nº 2.244, de 23-6-1954.

§ 1º Quando adotada pela maioria de dois terços dos juízes do Tribunal Pleno, a decisão proferida nos embargos de que trata o inciso II, alínea *c*, deste artigo, terá força de prejulgado, nos termos dos §§ 2º e 3º do art. 902.

§ 2º É da competência de cada uma das turmas do Tribunal:

a) julgar, em única instância, os conflitos de jurisdição entre Tribunais Regionais do Trabalho e os que se suscitarem entre juízes de direito ou juntas de conciliação e julgamento de regiões diferentes;

- EC nº 24, de 9-12-1999, alterou a denominação das Juntas de Conciliação e Julgamento para Varas do Trabalho e extinguiu a representação classista na Justiça do Trabalho.

b) julgar, em última instância, os recursos de revista interpostos de decisões dos Tribunais Regionais e das Juntas de Conciliação e julgamento ou juízes de direito, nos casos previstos em lei;

- EC nº 24, de 9-12-1999, alterou a denominação das Juntas de Conciliação e Julgamento para Varas do Trabalho e extinguiu a representação classista na Justiça do Trabalho.

c) julgar os agravos de instrumento dos despachos que denegarem a interposição de recursos ordinários ou de revista;

d) julgar os embargos de declaração opostos aos seus acórdãos;

e) julgar as habilitações incidentes e arguições de falsidade, suspeição e outras nos casos pendentes de sua decisão.

- §§ 1º e 2º acrescidos pela Lei nº 2.244, de 23-6-1954.

§ 3º As sessões de julgamento sobre estabelecimento ou alteração de súmulas e outros enunciados de jurisprudência deverão ser públicas, divulgadas com, no mínimo, trinta dias de antecedência, e deverão possibilitar a sustentação oral pelo Procurador-Geral do Trabalho, pelo Conselho Federal da Ordem dos Advogados do Brasil, pelo Advogado-Geral da União e por confederações sindicais ou entidades de classe de âmbito nacional.

§ 4º O estabelecimento ou a alteração de súmulas e outros enunciados de jurisprudência pelos Tribunais Regionais do Trabalho deverão observar o disposto na alínea *f* do inciso I e no § 3º deste artigo, com rol equivalente de legitimados para sustentação oral, observada a abrangência de sua circunscrição judiciária.

- §§ 3º e 4º acrescidos pela Lei nº 13.467, de 13-7-2017.
- O STF, por maioria, no julgamento da ADI nº 6.188, declarou a inconstitucionalidade dos §§ 3º e 4º (*DOU* de 6-11-2023).

Seção IV

DA COMPETÊNCIA DA CÂMARA DE JUSTIÇA DO TRABALHO

Arts. 703 a 705. *Suprimidos.* Dec.-lei nº 8.737, de 19-1-1946.

Seção V

DA COMPETÊNCIA DA CÂMARA DE PREVIDÊNCIA SOCIAL

Art. 706. *Suprimido.* Dec.-lei nº 8.737, de 19-1-1946.

Seção VI

DAS ATRIBUIÇÕES DO PRESIDENTE DO TRIBUNAL SUPERIOR DO TRABALHO

- O Dec.-lei nº 9.797, de 9-9-1946, determinou a substituição do termo "Conselho Nacional" para "Tribunal Superior".
- Arts. 96, I, *a*, 111, § 3º, e 113 da CF.

Art. 707. Compete ao Presidente do Tribunal:

a) presidir às sessões do Tribunal, fixando os dias para a realização das sessões ordinárias e convocando as extraordinárias;

b) superintender todos os serviços do Tribunal;

c) expedir instruções e adotar as providências necessárias para o bom funcionamento do Tribunal e dos demais órgãos da Justiça do Trabalho;

d) fazer cumprir as decisões originárias do Tribunal, determinando aos Tribunais Regionais e aos demais órgãos da Justiça do Trabalho a realização dos atos processuais e das diligências necessárias;

e) submeter ao Tribunal os processos em que tenha de deliberar e designar, na forma do Regimento Interno, os respectivos relatores;

f) despachar os recursos interpostos pelas partes e os demais papéis em que deva deliberar;

g) determinar as alterações que se fizerem necessárias na lotação do pessoal da Justiça do Trabalho, fazendo remoções *ex officio* de servidores entre os Tribunais Regionais, Juntas de Conciliação e Julgamento e outros órgãos, bem como conceder as requeridas que julgar convenientes ao serviço, respeitada a lotação de cada órgão;

- EC nº 24, de 9-12-1999, alterou a denominação das Juntas de Conciliação e Julgamento para Varas do Trabalho e extinguiu a representação classista na Justiça do Trabalho.

h) conceder licenças e férias aos servidores do Tribunal, bem como impor-lhes as penas disciplinares que excederem da alçada das demais autoridades;

i) dar posse e conceder licença aos membros do Tribunal, bem como conceder licenças e férias aos Presidentes dos Tribunais Regionais;

j) apresentar ao Ministro da Justiça, até 31 de março de cada ano, o relatório das atividades do Tribunal e dos demais órgãos da Justiça do Trabalho.

- Entendemos que esta alínea está prejudicada pela incorporação da Justiça do Trabalho ao Poder Judiciário.

Parágrafo único. O Presidente terá um Secretário por ele designado dentre os funcionários lotados no Tribunal, e será auxiliado por servidores designados nas mesmas condições.

- Art. 707 com a redação dada pelo Dec.-lei nº 8.737, de 19-1-1946.

Seção VII

DAS ATRIBUIÇÕES DO VICE-PRESIDENTE

Art. 708. *Compete ao Vice-Presidente do Tribunal substituir o Presidente em suas faltas e impedimentos.*

- *Caput* com a redação dada pela Lei nº 14.824, de 20-3-2024.

a) Revogada. *Lei nº 14.824, de 20-3-2024;*

b) *Suprimida.* Lei nº 2.244, de 23-6-1954.

Parágrafo único. Na ausência do Presidente e do Vice-Presidente, será o Tribunal presidido pelo Juiz togado mais antigo, ou pelo mais idoso quando igual a antiguidade.

- Parágrafo único com a redação dada pela Lei nº 2.244, de 23-6-1954.

Seção VIII

DAS ATRIBUIÇÕES DO CORREGEDOR

Art. 709. Revogado. *Lei nº 14.824, de 20-3-2024.*

CAPÍTULO VI
DOS SERVIÇOS AUXILIARES DA JUSTIÇA DO TRABALHO

Seção I

DA SECRETARIA DAS JUNTAS DE CONCILIAÇÃO E JULGAMENTO

- EC nº 24, de 9-12-1999, alterou a denominação das Juntas de Conciliação e Julgamento para Varas do Trabalho e extinguiu a representação classista na Justiça do Trabalho.

Art. 710. Cada junta terá uma secretaria, sob a direção de funcionário que o Presidente designar, para exercer a função de chefe de secretaria, e que receberá, além dos vencimentos correspondentes ao seu padrão, a gratificação de função fixada em lei.

- Artigo com a redação dada pelo Dec.-lei nº 8.737, de 19-1-1946.
- Art. 96, I, *b*, da CF.
- EC nº 24, de 9-12-1999, alterou a denominação das Juntas de Conciliação e Julgamento para Varas do Trabalho e extinguiu a representação classista na Justiça do Trabalho.

Art. 711. Compete à secretaria das Juntas:

- EC nº 24, de 9-12-1999, alterou a denominação das Juntas de Conciliação e Julgamento para Varas do Trabalho e extinguiu a representação classista na Justiça do Trabalho.

a) o recebimento, a autuação, o andamento, a guarda e a conservação dos processos e outros papéis que lhe forem encaminhados;

b) a manutenção do protocolo de entrada e saída dos processos e demais papéis;

c) o registro das decisões;

d) a informação, às partes interessadas e seus procuradores, do andamento dos respectivos processos, cuja consulta lhes facilitará;

e) a abertura de vista dos processos às partes, na própria secretaria;

f) a contagem das custas devidas pelas partes, nos respectivos processos;

g) o fornecimento de certidões sobre o que constar dos livros ou do arquivamento da secretaria;

h) a realização das penhoras e demais diligências processuais;

i) o desempenho dos demais trabalhos que lhe forem cometidos pelo Presidente da Junta, para melhor execução dos serviços que lhe estão afetos.

Art. 712. Compete especialmente aos chefes de secretaria das Juntas de Conciliação e Julgamento:

► EC nº 24, de 9-12-1999, alterou a denominação das Juntas de Conciliação e Julgamento para Varas do Trabalho e extinguiu a representação classista na Justiça do Trabalho.

a) superintender os trabalhos da Secretaria, velando pela boa ordem do serviço;

b) cumprir e fazer cumprir as ordens emanadas do Presidente e das autoridades superiores;

c) submeter a despacho e assinatura do Presidente o expediente e os papéis que devam ser por ele despachados e assinados;

d) abrir a correspondência oficial dirigida à Junta e ao seu Presidente, a cuja deliberação será submetida;

e) tomar por termo as reclamações verbais nos casos de dissídios individuais;

f) promover o rápido andamento dos processos, especialmente na fase de execução, e a pronta realização dos atos e diligências deprecadas pelas autoridades superiores;

g) secretariar as audiências da Junta, lavrando as respectivas atas;

h) subscrever as certidões e os termos processuais;

i) dar aos litigantes ciência das reclamações e demais atos processuais de que devam ter conhecimento, assinando as respectivas notificações;

j) executar os demais trabalhos que lhe forem atribuídos pelo Presidente da Junta.

Parágrafo único. Os serventuários que, sem motivo justificado, não realizarem os atos, dentro dos prazos fixados, serão descontados em seus vencimentos, em tantos dias quanto os do excesso.

► Art. 712 com a redação dada pelo Dec.-lei nº 8.737, de 19-1-1946.

Seção II

DOS DISTRIBUIDORES

Art. 713. Nas localidades em que existir mais de uma Junta de Conciliação e Julgamento haverá um distribuidor.

► EC nº 24, de 9-12-1999, alterou a denominação das Juntas de Conciliação e Julgamento para Varas do Trabalho e extinguiu a representação classista na Justiça do Trabalho.

Art. 714. Compete ao distribuidor:

a) a distribuição, pela ordem rigorosa de entrada, e sucessivamente a cada Junta, dos feitos que, para esse fim, lhe forem apresentados pelos interessados;

b) o fornecimento, aos interessados, do recibo correspondente a cada feito distribuído;

c) a manutenção de dois fichários dos feitos distribuídos, sendo um organizado pelos nomes dos reclamantes e o outro dos reclamados, ambos por ordem alfabética;

d) o fornecimento a qualquer pessoa que o solicite, verbalmente ou por certidão, de informações sobre os feitos distribuídos;

► Art. 781 desta Consolidação.

e) a baixa na distribuição dos feitos, quando isto lhe for determinado pelos Presidentes das Juntas, formando, com as fichas correspondentes, fichários à parte, cujos dados poderão ser consultados pelos interessados, mas não serão mencionados em certidões.

► EC nº 24, de 9-12-1999, alterou a denominação das Juntas de Conciliação e Julgamento para Varas do Trabalho e extinguiu a representação classista na Justiça do Trabalho.

Art. 715. Os distribuidores são designados pelo Presidente do Tribunal Regional, dentre os funcionários das Juntas e do Tribunal Regional, existentes na mesma localidade, e ao mesmo Presidente diretamente subordinados.

► EC nº 24, de 9-12-1999, alterou a denominação das Juntas de Conciliação e Julgamento para Varas do Trabalho e extinguiu a representação classista na Justiça do Trabalho.

► O Dec.-lei nº 9.797, de 9-9-1946, determinou a substituição do termo "Conselho Regional" para "Tribunal Regional".

Seção III

DO CARTÓRIO DOS JUÍZOS DE DIREITO

Art. 716. Os cartórios dos Juízos de Direito, investidos na administração da Justiça do Trabalho, têm, para esse fim, as mesmas atribuições e obrigações conferidas na Seção I às secretarias das Juntas de Conciliação e Julgamento.

► EC nº 24, de 9-12-1999, alterou a denominação das Juntas de Conciliação e Julgamento para Varas do Trabalho e extinguiu a representação classista na Justiça do Trabalho.

Parágrafo único. Nos Juízos em que houver mais de um cartório, far-se-á entre eles a distribuição alternada e sucessiva das reclamações.

Art. 717. Aos escrivães dos Juízos de Direito, investidos na administração da Justiça do Trabalho, competem especialmente as atribuições e obrigações chefes das Juntas; e aos demais funcionários dos cartórios, as que couberem nas respectivas funções, dentre as que competem às secretarias das Juntas, enumeradas no artigo 711.

► EC nº 24, de 9-12-1999, alterou a denominação das Juntas de Conciliação e Julgamento para Varas do Trabalho e extinguiu a representação classista na Justiça do Trabalho.

Seção IV

DAS SECRETARIAS DOS TRIBUNAIS REGIONAIS

► O Dec.-lei nº 9.797, de 9-9-1946, determinou a substituição do termo "Conselho Regional" para "Tribunal Regional".

Art. 718. Cada Tribunal Regional tem uma secretaria, sob a direção do funcionário designado para exercer a função de secretário, com a gratificação de função fixada em lei.

► Artigo com a redação dada pelo Dec.-lei nº 8.737, de 19-1-1946.

► O Dec.-lei nº 9.797, de 9-9-1946, determinou a substituição do termo "Conselho Regional" para "Tribunal Regional".

Art. 719. Competem à secretaria dos Tribunais, além das atribuições estabelecidas no artigo 711, para a secretaria das Juntas, mais as seguintes:

► O Dec.-lei nº 9.797, de 9-9-1946, determinou a substituição do termo "Conselho Regional" para "Tribunal Regional".

► EC nº 24, de 9-12-1999, alterou a denominação das Juntas de Conciliação e Julgamento para Varas do Trabalho e extinguiu a representação classista na Justiça do Trabalho.

a) a conclusão dos processos ao Presidente e sua remessa, depois de despachados, aos respectivos relatores;

b) a organização e a manutenção de um fichário de jurisprudência do Tribunal para consulta dos interessados.

Parágrafo único. No regimento interno dos Tribunais Regionais serão estabelecidas as demais atribuições, o funcionamento e a ordem dos trabalhos de suas secretarias.

► O Dec.-lei nº 9.797, de 9-9-1946, determinou a substituição do termo "Conselho Regional" para "Tribunal Regional".

► Art. 96, I, *a*, da CF.

Art. 720. Competem aos secretários dos Tribunais Regionais as mesmas atribuições conferidas no artigo 712 aos chefes de secretaria das Juntas, além das que lhes forem fixadas no regimento interno dos Tribunais.

► EC nº 24, de 9-12-1999, alterou a denominação das Juntas de Conciliação e Julgamento para Varas do Trabalho e extinguiu a representação classista na Justiça do Trabalho.

Seção V

DOS OFICIAIS DE JUSTIÇA E OFICIAIS DE JUSTIÇA AVALIADORES

Art. 721. Incumbe aos Oficiais de Justiça e Oficiais de Justiça Avaliadores da Justiça do Trabalho a realização dos atos decorrentes da execução dos julgados das Juntas de Conciliação e Julgamento e dos Tribunais Regionais do Trabalho, que lhes forem cometidos pelos respectivos Presidentes.

► EC nº 24, de 9-12-1999, alterou a denominação das Juntas de Conciliação e Julgamento para Varas do Trabalho e extinguiu a representação classista na Justiça do Trabalho.

§ 1º Para efeito de distribuição dos referidos atos, cada Oficial de Justiça ou Oficial de Justiça Avaliador funcionará perante uma Junta de Conciliação e Julgamento, salvo quando da existência, nos Tribunais Regionais do Trabalho, de órgão específico, destinado à distribuição de mandados judiciais.

§ 2º Nas localidades onde houver mais de uma Junta, respeitado o disposto no parágrafo anterior, a atribuição para o cumprimento do ato deprecado ao Oficial de Justiça ou Oficial de Justiça Avaliador será transferida a outro Oficial, sempre que, após o decurso de nove dias, sem razões que o justifiquem, não tiver sido cumprido o ato, sujeitando-se o serventuário às penalidades da lei.

§ 3º No caso de avaliação, terá o Oficial de Justiça Avaliador, para cumprimento do ato, o prazo previsto no artigo 888.

§ 4º É facultado aos Presidentes dos Tribunais Regionais do Trabalho cometer a qualquer Oficial de Justiça ou Oficial de Justiça Avaliador a realização dos atos de execução das decisões desses Tribunais.

§ 5º Na falta ou impedimento do Oficial de Justiça ou Oficial de Justiça Avaliador, o Presidente da Junta poderá atribuir a realização do ato a qualquer serventuário.

► Art. 721 com a redação dada pela Lei nº 5.442, de 24-5-1968.

CAPÍTULO VII

DAS PENALIDADES

Seção I

DO LOCKOUT E DA GREVE

► Lei nº 7.783, de 28-6-1989 (Lei de Greve).

Art. 722. Os empregadores que, individual ou coletivamente, suspenderem os trabalhos dos seus estabelecimentos, sem prévia autorização do Tribunal competente, ou que violarem, ou se recusarem a cumprir decisão proferida em dissídio coletivo, incorrerão nas seguintes penalidades:

- Orientações Jurisprudenciais da SDC nºs 10 a 12 e 38. do TST.

a) multa de cinco mil cruzeiros a cinquenta mil cruzeiros;

- Lei nº 6.205, de 29-4-1975, estabelece a descaracterização do salário mínimo como fator de correção monetária.
- Lei nº 6.986, de 13-4-1982, altera a denominação da categoria funcional de Inspetor do Trabalho, dispõe sobre o pagamento de Gratificação de Produtividade nos casos que menciona, eleva as multas previstas nesta Consolidação.
- Port. do MTPrev nº 667, de 8-11-2021, regulamenta a imposição de multas administrativas previstas na legislação trabalhista.

b) perda do cargo de representação profissional em cujo desempenho estiverem;

c) suspensão, pelo prazo de dois a cinco anos, do direito de serem eleitos para cargos de representação profissional.

§ 1º Se o empregador for pessoa jurídica, as penas previstas nas alíneas *b* e *c* incidirão sobre os administradores responsáveis.

§ 2º Se o empregador for concessionário de serviço público, as penas serão aplicadas em dobro. Nesse caso, se o concessionário for pessoa jurídica, o Presidente do Tribunal que houver proferido a decisão poderá, sem prejuízo do cumprimento desta e da aplicação das penalidades cabíveis, ordenar o afastamento dos administradores responsáveis, sob pena de ser cassada a concessão.

§ 3º Sem prejuízo das sanções cominadas neste artigo, os empregadores ficarão obrigados a pagar os salários devidos aos seus empregados, durante o tempo de suspensão do trabalho.

Arts. 723 a 725. *Revogados.* Lei nº 9.842, de 7-10-1999.

Seção II

DAS PENALIDADES CONTRA OS MEMBROS DA JUSTIÇA DO TRABALHO

Art. 726. Aquele que recusar o exercício da função de vogal de Junta de Conciliação e Julgamento ou de Tribunal Regional, sem motivo justificado, incorrerá nas seguintes penas:

- EC nº 24, de 9-12-1999, alterou a denominação das Juntas de Conciliação e Julgamento para Varas do Trabalho e extinguiu a representação classista na Justiça do Trabalho.

a) sendo representante de empregadores, multa de CR$ 100,00 (cem cruzeiros) a CR$ 1.000,00 (mil cruzeiros) e suspensão do direito de representação profissional por 2 (dois) a 5 (cinco) anos;

b) sendo representante de empregados, multa de CR$ 100,00 (cem cruzeiros) e suspensão do direito de representação profissional por 2 (dois) a 5 (cinco) anos.

Art. 727. Os vogais das Juntas de Conciliação e Julgamento, ou dos Tribunais Regionais, que faltarem a 3 (três) reuniões ou sessões consecutivas, sem motivo justificado, perderão o cargo, além de incorrerem nas penas do artigo anterior.

- EC nº 24, de 9-12-1999, alterou a denominação das Juntas de Conciliação e Julgamento para Varas do Trabalho e extinguiu a representação classista na Justiça do Trabalho.

Parágrafo único. Se a falta for de presidente, incorrerá ele na pena de perda do cargo, além da perda dos vencimentos correspondentes aos dias em que tiver faltado às audiências ou sessões consecutivas.

Art. 728. Aos presidentes, membros, Juízes, Juízes classistas e funcionários auxiliares da Justiça do Trabalho, aplica-se o disposto no Título XI do Código Penal.

- EC nº 24, de 9-12-1999, alterou a denominação das Juntas de Conciliação e Julgamento para Varas do Trabalho e extinguiu a representação classista na Justiça do Trabalho.

Seção III

DE OUTRAS PENALIDADES

Art. 729. O empregador que deixar de cumprir decisão passada em julgado sobre a readmissão ou reintegração de empregado, além do pagamento dos salários deste, incorrerá na multa de CR$ 10,00 (dez cruzeiros) a CR$ 50,00 (cinquenta cruzeiros) por dia, até que seja cumprida a decisão.

- Lei nº 6.205, de 29-4-1975, estabelece a descaracterização do salário mínimo como fator de correção monetária.
- Lei nº 6.986, de 13-4-1982, altera a denominação da categoria funcional de Inspetor do Trabalho, dispõe sobre o pagamento de Gratificação de Produtividade nos casos que menciona, eleva as multas previstas nesta Consolidação.
- Port. do MTPrev nº 667, de 8-11-2021, regulamenta a imposição de multas administrativas previstas na legislação trabalhista.

§ 1º O empregador que impedir ou tentar impedir que empregado seu sirva como vogal em Tribunal de Trabalho, ou que perante este preste depoimento, incorrerá na multa de CR$ 500,00 (quinhentos cruzeiros) a CR$ 5.000,00 (cinco mil cruzeiros).

- EC nº 24, de 9-12-1999, alterou a denominação das Juntas de Conciliação e Julgamento para Varas do Trabalho e extinguiu a representação classista na Justiça do Trabalho.
- Lei nº 6.205, de 29-4-1975, estabelece a descaracterização do salário mínimo como fator de correção monetária.
- Lei nº 6.986, de 13-4-1982, altera a denominação da categoria funcional de Inspetor do Trabalho, dispõe sobre o pagamento de Gratificação de Produtividade nos casos que menciona, eleva as multas previstas nesta Consolidação.
- Port. do MTPrev nº 667, de 8-11-2021, regulamenta a imposição de multas administrativas previstas na legislação trabalhista.

§ 2º Na mesma pena do parágrafo anterior incorrerá o empregador que dispensar seu empregado pelo fato de haver servido como vogal ou prestado depoimento como testemunha, sem prejuízo da indenização que a lei estabeleça.

- EC nº 24, de 9-12-1999, alterou a denominação das Juntas de Conciliação e Julgamento para Varas do Trabalho e extinguiu a representação classista na Justiça do Trabalho.

Art. 730. Aqueles que se recusarem a depor como testemunhas, sem motivo justificado, incorrerão na multa de CR$ 50,00 (cinquenta cruzeiros) a CR$ 500,00 (quinhentos cruzeiros).

- EC nº 24, de 9-12-1999, alterou a denominação das Juntas de Conciliação e Julgamento para Varas do Trabalho e extinguiu a representação classista na Justiça do Trabalho.
- Art. 455, § 5º, do CPC/2015.
- Port. do MTPrev nº 667, de 8-11-2021, regulamenta a imposição de multas administrativas previstas na legislação trabalhista.

Art. 731. Aquele que, tendo apresentado ao distribuidor reclamação verbal, não se apresentar, no prazo estabelecido no parágrafo único do artigo 786, à Junta ou Juízo para fazê-la tomar por termo, incorrerá na pena de perda, pelo prazo de seis meses, do direito de reclamar perante a Justiça do Trabalho.

- Art. 133 da CF.
- EC nº 24, de 9-12-1999, alterou a denominação das Juntas de Conciliação e Julgamento para Varas do Trabalho e extinguiu a representação classista na Justiça do Trabalho.

Art. 732. Na mesma pena do artigo anterior incorrerá o reclamante que, por duas vezes seguidas, der causa ao arquivamento de que trata o artigo 844.

Art. 733. As infrações de disposições deste Título, para as quais não haja penalidades cominadas, serão punidas com a multa de CR$ 50,00 (cinquenta cruzeiros) a CR$ 5.000,00 (cinco mil cruzeiros), elevada ao dobro na reincidência.

- Lei nº 6.205, de 29-4-1975, estabelece a descaracterização do salário mínimo como fator de correção monetária.
- Lei nº 6.986, de 13-4-1982, altera a denominação da categoria funcional de Inspetor do Trabalho, dispõe sobre o pagamento de Gratificação de Produtividade nos casos que menciona, eleva as multas previstas nesta Consolidação.
- Port. do MTPrev nº 667, de 8-11-2021, regulamenta a imposição de multas administrativas previstas na legislação trabalhista.

CAPÍTULO VIII

DISPOSIÇÕES GERAIS

Art. 734. O Ministro do Trabalho, Indústria e Comércio, poderá rever, *ex officio*, dentro do prazo de 30 (trinta) dias, contados de sua publicação no órgão oficial, ou mediante representação apresentada dentro de igual prazo:

a) as decisões da Câmara da Previdência Social, quando proferidas pelo voto de desempate, ou que violarem disposições expressas de direito ou modificarem jurisprudência até então observada;

b) as decisões do presidente do Tribunal Nacional do Trabalho em matéria de previdência social.

Parágrafo único. O Ministro do Trabalho, Indústria e Comércio, poderá avocar ao seu conhecimento os assuntos de natureza administrativa referentes às instituições de previdência social, sempre que houver interesse público.

- Dispositivo prejudicado pelo Dec.-lei nº 72, de 21-11-1966, unifica os Institutos de Aposentadoria e Pensões e cria o Instituto Nacional de Previdência Social – INPS.
- Dec. nº 99.350, de 27-6-1990, criou o Instituto Nacional do Seguro Social – INSS.

Art. 735. As repartições públicas e as associações sindicais são obrigadas a fornecer aos Juízes e Tribunais do Trabalho e à Procuradoria da Justiça do Trabalho as informações e os dados necessários à instrução e ao julgamento dos feitos submetidos à sua apreciação.

Parágrafo único. A recusa de informações ou dados a que se refere este artigo, por parte de funcionários públicos, importa na aplicação das penalidades previstas pelo Estatuto dos Funcionários Públicos por desobediência.

- Arts. 127 a 130 da CF.
- Art. 29, § 4º, do ADCT.

TÍTULO IX – DO MINISTÉRIO PÚBLICO DO TRABALHO

CAPÍTULO I
DISPOSIÇÕES GERAIS

- LC nº 75, de 20-5-1993 (Lei Orgânica do Ministério Público da União).
- OJ da SBDI-I nº 130 do TST.

Art. 736. O Ministério Público do Trabalho é constituído por agentes diretos do Poder Executivo, tendo por função zelar pela exata observância da Constituição Federal, das leis e demais atos emanados dos poderes públicos, na esfera de suas atribuições.

- Art. 127, § 1º, da CF, que desvincula o Ministério Público do Poder Executivo.
- LC nº 75, de 20-5-1993 (Lei Orgânica do Ministério Público da União).

Parágrafo único. Para o exercício de suas funções, o Ministério Público do Trabalho reger-se-á pelo que estatui esta Consolidação e, na falta de disposição expressa, pelas normas que regem o Ministério Público Federal.

Art. 737. O Ministério Público do Trabalho compõe-se da Procuradoria da Justiça do Trabalho e da Procuradoria da Previdência Social, aquela funcionando como órgão de coordenação entre a Justiça do Trabalho e o Ministério do Trabalho, Indústria e Comércio, ambas diretamente subordinadas ao Ministro de Estado.

- Artigo com a redação dada pelo Dec.-lei nº 8.737, de 19-1-1946.
- Arts. 4º e 85 da LC nº 75, de 20-5-1993 (Lei Orgânica do Ministério Público da União).

Art. 738. Os procuradores além dos vencimentos fixados na tabela constante do decreto-lei nº 2.874, de 16 de dezembro de 1940, continuarão a perceber a percentagem de 8%, por motivo de cobrança da dívida ativa da União ou de multas impostas pelas autoridades administrativas e judiciárias do trabalho e da previdência social.

Parágrafo único. Essa percentagem será calculada sobre as somas efetivamente arrecadadas e rateada de acordo com as instruções expedidas pelos respectivos procuradores gerais.

- Dec.-Lei nº 8.024, de 1º-10-1945, torna sem efeito o Dec.-Lei nº 6.053, de 30-11-1943, que deu nova redação ao art. 738 da CLT.

Art. 739. Não estão sujeitos a ponto os procuradores-gerais e os procuradores.

- LC nº 75, de 20-5-1993 (Lei Orgânica do Ministério Público da União).

CAPÍTULO II
DA PROCURADORIA DA JUSTIÇA DO TRABALHO

SEÇÃO I
DA ORGANIZAÇÃO

- Art. 127, § 1º, da CF, que desvincula o Ministério Público do Poder Executivo.
- Arts. 176 a 181 do CPC/2015.
- LC nº 75, de 20-5-1993 (Lei Orgânica do Ministério Público da União).
- Súm. nº 407 do TST.
- Orientações Jurisprudenciais da SBDI-I nºs 130, 237, 338 e 350 do TST.

Art. 740. A Procuradoria da Justiça do Trabalho compreende:

a) uma Procuradoria-Geral, que funcionará junto ao Tribunal Superior do Trabalho;

b) vinte e quatro Procuradorias Regionais, que funcionarão junto aos Tribunais Regionais do Trabalho.

Art. 741. As Procuradorias Regionais são subordinadas diretamente ao procurador-geral.

Art. 742. A Procuradoria-Geral é constituída de um procurador-geral e de procuradores.

Parágrafo único. As Procuradorias Regionais compõem-se de um procurador regional, auxiliado, quando necessário, por procuradores adjuntos.

- Art. 127, § 2º, da CF.

Art. 743. Haverá, nas Procuradorias Regionais, substitutos de procurador adjunto ou, quando não houver este cargo, de procurador regional, designados previamente por decreto do Presidente da República, sem ônus para os cofres públicos.

§ 1º O substituto tomará posse perante o respectivo procurador regional, que será a autoridade competente para convocá-lo.

§ 2º O procurador regional será substituído em suas faltas e impedimentos pelo procurador adjunto, quando houver, e, havendo mais de um, pelo que for por ele designado.

§ 3º O procurador adjunto será substituído, em suas faltas e impedimentos, pelo respectivo procurador substituto.

§ 4º Será dispensado, automaticamente, o substituto que não atender à convocação, salvo motivo de doença, devidamente comprovada.

§ 5º Nenhum direito ou vantagem terá o substituto além do vencimento do cargo do substituído e somente durante o seu impedimento legal.

Art. 744. A nomeação do procurador-geral deverá recair em bacharel em ciências jurídicas e sociais, que tenha exercido, por cinco ou mais anos, cargo de magistratura ou de Ministério Público, ou a advocacia.

Art. 745. Para a nomeação dos demais procuradores, atender-se-á aos mesmos requisitos estabelecidos no artigo anterior, reduzido a dois anos, no mínimo, o tempo de exercício.

SEÇÃO II
DA COMPETÊNCIA DA PROCURADORIA-GERAL

Art. 746. Compete à Procuradoria-Geral da Justiça do Trabalho:

- Art. 91 da LC nº 75, de 20-5-1993 (Lei Orgânica do Ministério Público da União).

a) oficiar, por escrito, em todos os processos e questões de trabalho de competência do Tribunal Superior do Trabalho;

b) funcionar nas sessões do mesmo Tribunal, opinando verbalmente sobre a matéria em debate e solicitando as requisições e diligências que julgar convenientes, sendo-lhe assegurado o direito de vista do processo em julgamento sempre que for suscitada questão nova, não examinada no parecer exarado;

c) requerer prorrogação das sessões do Tribunal, quando essa medida for necessária para que se ultime o julgamento;

d) exarar, por intermédio do procurador-geral, o seu "ciente" nos acórdãos do Tribunal;

e) proceder às diligências e inquéritos solicitados pelo Tribunal;

f) recorrer das decisões do Tribunal, nos casos previstos em lei;

g) promover, perante o Juízo competente, a cobrança executiva das multas impostas pelas autoridades administrativas e judiciárias do trabalho;

h) representar às autoridades competentes contra os que não cumprirem as decisões do Tribunal;

i) prestar às autoridades do Ministério do Trabalho, Indústria e Comércio as informações que lhe forem solicitadas sobre os dissídios submetidos à apreciação do Tribunal e encaminhar aos órgãos competentes cópia autenticada das decisões que por eles devam ser atendidas ou cumpridas;

j) requisitar, de quaisquer autoridades, inquéritos, exames periciais, diligências, certidões e esclarecimentos que se tornem necessários no desempenho de suas atribuições;

l) defender a jurisdição dos órgãos da Justiça do Trabalho;

m) suscitar conflitos de jurisdição.

- Art. 746 com a redação dada pelo Dec.-lei nº 8.737, de 19-1-1946.

SEÇÃO III
DA COMPETÊNCIA DAS PROCURADORIAS REGIONAIS

Art. 747. Compete às Procuradorias Regionais exercer, dentro da jurisdição do Tribunal Regional respectivo, as atribuições indicadas na Seção anterior.

- Art. 127, § 1º, da CF.
- LC nº 75, de 20-5-1993 (Lei Orgânica do Ministério Público da União).
- O Dec.-lei nº 9.797, de 9-9-1946, determinou a substituição do termo "Conselho Regional" para "Tribunal Regional".

SEÇÃO IV
DAS ATRIBUIÇÕES DO PROCURADOR-GERAL

Art. 748. Como chefe da Procuradoria-Geral da Justiça do Trabalho, incumbe ao procurador-geral:

- Art. 127, 1º, da CF.
- LC nº 75, de 20-5-1993 (Lei Orgânica do Ministério Público da União).

a) dirigir os serviços da Procuradoria-Geral, orientar e fiscalizar as Procuradorias Regionais, expedindo as necessárias instruções;

b) funcionar nas sessões do Tribunal Superior do Trabalho, pessoalmente ou por intermédio do procurador que designar;

c) exarar o seu "ciente" nos acórdãos do Tribunal;

d) designar o procurador que o substitua nas faltas e impedimentos e o chefe da secretaria da Procuradoria;

e) apresentar até o dia 31 de março, ao Ministro do Trabalho, Indústria e Comércio, relatório dos trabalhos da Procuradoria-Geral no ano anterior, com as observações e sugestões que julgar convenientes;

f) conceder férias aos procuradores e demais funcionários que sirvam na Procuradoria e impor-lhes penas disciplinares, observada, quanto aos procuradores, a legislação em vigor para o Ministério Público Federal;

g) funcionar em juízo, em primeira instância, ou designar os procuradores que o devam fazer;

h) admitir e dispensar o pessoal extranumerário da secretaria e prorrogar o expediente remunerado dos funcionários e extranumerários.

- Art. 748 com a redação dada pelo Dec.-lei nº 8.737, de 19-1-1946.

Seção V

DAS ATRIBUIÇÕES DOS PROCURADORES

Art. 749. Incumbe aos procuradores com exercício na Procuradoria-Geral:

▶ Art. 127, § 1º, da CF.

▶ LC nº 75, de 20-5-1993 (Lei Orgânica do Ministério Público da União)

a) funcionar, por designação do procurador-geral, nas sessões do Tribunal Superior do Trabalho;

▶ O Dec.-lei nº 9.797, de 9-9-1946, determinou a substituição do termo "Conselho Nacional" para "Tribunal Superior".

b) desempenhar os demais encargos que lhes forem atribuídos pelo procurador-geral.

Parágrafo único. Aos procuradores é facultado, nos processos em que oficiarem, requerer ao procurador-geral as diligências e investigações necessárias.

▶ Art. 749 com a redação dada pelo Dec.-lei nº 8.737, de 19-1-1946.

Seção VI

DAS ATRIBUIÇÕES DOS PROCURADORES REGIONAIS

Art. 750. Incumbe aos procuradores regionais:

▶ Art. 127, § 1º, da CF.

▶ LC nº 75, de 20-5-1993 (Lei Orgânica do Ministério Público da União).

a) dirigir os serviços da respectiva Procuradoria;

b) funcionar nas sessões do Tribunal Regional, pessoalmente ou por intermédio do procurador adjunto que designar;

▶ O Dec.-lei nº 9.797, de 9-9-1946, determinou a substituição do termo "Conselho Regional" para "Tribunal Regional".

c) apresentar, semestralmente, ao procurador-geral, um relatório das atividades da respectiva Procuradoria, bem como dados e informações sobre a administração da Justiça do Trabalho na respectiva região;

d) requerer e acompanhar perante as autoridades administrativas ou judiciárias as diligências necessárias à execução das medidas e providências ordenadas pelo procurador-geral;

e) prestar ao procurador-geral as informações necessárias sobre os feitos em andamento e consultá-lo nos casos de dúvidas;

f) funcionar em juízo, na sede do respectivo Tribunal Regional;

▶ O Dec.-lei nº 9.797, de 9-9-1946, determinou a substituição do termo "Conselho Regional" para "Tribunal Regional".

g) exarar o seu "*ciente*" nos acórdãos do Tribunal;

h) designar o procurador que o substitua nas faltas e impedimentos e o secretário da Procuradoria.

▶ Art. 750 com a redação dada pelo Dec.-lei nº 8.737, de 19-1-1946.

Art. 751. Incumbe aos procuradores adjuntos das Procuradorias Regionais:

a) funcionar, por designação do procurador regional, nas sessões do Tribunal Regional;

▶ O Dec.-lei nº 9.797, de 9-9-1946, determinou a substituição do termo "Conselho Regional" para "Tribunal Regional".

b) desempenhar os demais encargos que lhes forem atribuídos pelo procurador regional.

▶ Art. 751 com a redação dada pelo Dec.-lei nº 8.737, de 19-1-1946.

Seção VII

DA SECRETARIA

Art. 752. A secretaria da Procuradoria-Geral funcionará sob a direção de um chefe designado pelo procurador-geral e terá o pessoal designado pelo Ministro do Trabalho, Indústria e Comércio.

▶ Art. 752 com a redação dada pelo Dec.-lei nº 8.737, de 19-1-1946.

Art. 753. Compete à secretaria:

a) receber, registrar e encaminhar os processos ou papéis entrados;

b) classificar e arquivar os pareceres e outros papéis;

c) prestar informações sobre os processos ou papéis sujeitos à apreciação da Procuradoria;

d) executar o expediente da Procuradoria;

e) providenciar sobre o suprimento do material necessário;

f) desempenhar os demais trabalhos que lhes forem cometidos pelo procurador-geral, para melhor execução dos serviços a seu cargo.

Art. 754. Nas Procuradorias Regionais, os trabalhos a que se refere o artigo anterior serão executados pelos funcionários para esse fim designados.

CAPÍTULO III

DA PROCURADORIA DE PREVIDÊNCIA SOCIAL

Seção I

DA ORGANIZAÇÃO

Art. 755. A Procuradoria de Previdência Social compõe-se de um procurador-geral e de procuradores.

▶ Art. 755 prejudicado pelo Dec.-lei nº 72, de 21-9-1996, cujo art. 37 transformou o Conselho Superior de Previdência Social em Conselho de Recursos da Previdência Social.

Art. 756. Para a nomeação do procurador-geral e dos demais procuradores atender-se-á ao disposto nos arts. 744 e 745.

▶ Art. 756 prejudicado pelo Dec.-lei nº 72, de 21-9-1996, cujo art. 37 transformou o Conselho Superior de Previdência Social em Conselho de Recursos da Previdência Social.

Seção II

DA COMPETÊNCIA DA PROCURADORIA

Art. 757. Compete à Procuradoria da Previdência Social:

▶ Art. 757 prejudicado pelo Dec.-lei nº 72, de 21-9-1996, cujo art. 37 transformou o Conselho Superior de Previdência Social em Conselho de Recursos da Previdência Social.

a) oficiar, por escrito, nos processos que tenham de ser sujeitos à decisão do Conselho Superior de Previdência Social;

b) oficiar, por escrito, nos pedidos de revisão das decisões do mesmo Conselho;

c) funcionar nas sessões do mesmo Conselho, opinando verbalmente sobre a matéria em debate e solicitando as requisições e diligências que julgar convenientes, sendo-lhe assegurado o direito de vista do processo em julgamento, sempre que for suscitada questão nova, não examinada no parecer exarado;

d) opinar, quando solicitada, nos processos sujeitos à deliberação do Ministro de Estado, do Conselho Técnico do Departamento Nacional de Previdência Social ou do Diretor do mesmo Departamento, em que houver matéria jurídica a examinar;

e) funcionar, em primeira instância, nas ações propostas contra a União, no Distrito Federal, para anulação de atos e decisões do Conselho Superior de Previdência Social ou do Departamento Nacional de Previdência Social, bem como do Ministro do Trabalho, Indústria e Comercio, em matéria de previdência social;

f) fornecer ao Ministério Público as informações por este solicitadas em virtude de ações propostas nos Estados e Territórios para execução ou anulação de atos e decisões dos órgãos ou da autoridade a que se refere a alínea anterior;

g) promover em juízo, no Distrito Federal, qualquer procedimento necessário ao cumprimento das decisões do Conselho Superior de Previdência Social e do Departamento Nacional de Previdência Social, bem como do Ministro do Trabalho, Indústria e Comércio, em matéria de previdência social;

h) recorrer das decisões dos órgãos e autoridades competentes em matéria de previdência social e requerer revisão das decisões do Conselho Superior de Previdência Social, que lhe pareçam contrárias à lei.

▶ Art. 757 com a redação dada pela Lei nº 8.737, de 19-1-1946.

Seção III

DAS ATRIBUIÇÕES DO PROCURADOR-GERAL

Art. 758. Como chefe da Procuradoria da Previdência Social, incumbe ao Procurador-Geral:

▶ Art. 758 prejudicado pelo Dec.-lei nº 72, de 21-9-1996, cujo art. 37 transformou o Conselho Superior de Previdência Social em Conselho de Recursos da Previdência Social.

a) dirigir os serviços da Procuradoria, expedindo as necessárias instruções;

b) funcionar nas sessões do Conselho Superior de Previdência Social, pessoalmente ou por intermédio do procurador que designar;

c) designar o procurador que o substitua nas faltas e impedimentos e o chefe da Secretaria da Procuradoria;

d) conceder férias aos procuradores e demais funcionários lotados na Procuradoria e impor-lhes penas disciplinares, observada, quanto aos procuradores, a legislação em vigor para o Ministério Público Federal;

e) funcionar em juízo, em primeira instância, ou designar os procuradores que devam fazê-lo;

f) admitir e dispensar o pessoal extranumerário da Secretária e prorrogar o expediente renumerado dos funcionários e extranumerários;

g) apresentar, até 31 de março de cada ano, ao Ministro do Trabalho, Indústria e Comercio, o relatório dos trabalhos da Procuradoria no ano anterior, com as observações e sugestões que julgar convenientes.

▶ Art. 758 com a redação dada pela Lei nº 8.737, de 19-1-1946.

Seção IV

DAS ATRIBUIÇÕES DOS PROCURADORES

Art. 759. Aos procuradores e demais funcionários incumbe desempenhar os encargos que lhes forem cometidos pelo procurador-geral.

► Art. 759 prejudicado pelo Dec.-lei nº 72, de 21-9-1996, cujo art. 37 transformou o Conselho Superior de Previdência Social em Conselho de Recursos da Previdência Social.

Parágrafo único. Aos procuradores é facultado, nos processos em que oficiarem, requerer ao procurador-geral as diligências e investigações necessárias.

Seção V

DA SECRETARIA

Art. 760. A Procuradoria da Previdência Social terá uma Secretaria dirigida por um chefe designado pelo Procurador-Geral.

► Artigo com a redação dada pela Lei nº 8.737, de 19-1-1946.

► Artigo prejudicado pelo Dec.-lei nº 72, de 21-9-1996, cujo art. 37 transformou o Conselho Superior de Previdência Social em Conselho de Recursos da Previdência Social.

Art. 761. A Secretaria terá o pessoal designado pelo Ministro do Trabalho, Indústria e Comércio.

► Artigo com a redação dada pela Lei nº 8.737, de 19-1-1946.

► Art. 761 prejudicado pelo Dec.-lei nº 72, de 21-9-1996, cujo art. 37 transformou o Conselho Superior de Previdência Social em Conselho de Recursos da Previdência Social.

Art. 762. À Secretaria da Procuradoria de Previdência Social compete executar serviços idênticos aos referidos no art. 753.

► Art. 762 prejudicado pelo Dec.-lei nº 72, de 21-9-1996, cujo art. 37 transformou o Conselho Superior de Previdência Social em Conselho de Recursos da Previdência Social.

TÍTULO X – DO PROCESSO JUDICIÁRIO DO TRABALHO

► Lei nº 5.584, de 26-6-1970, dispõe sobre normas de Direito Processual do Trabalho.

► Lei nº 11.419, de 19-12-2006 (Lei da Informatização do Processo Judicial).

► Res. do CSJT nº 104, de 25-5-2012, (uniformiza os vocábulos de tratamento dispensados aos magistrados de 1ª e 2ª instância no âmbito da Justiça do Trabalho).

► Provimento CGJT nº 5, de 9-10-2003, recomenda a identificação precisa das partes a fim de facilitar a obtenção de dados necessários à execução mais célere no âmbito da Justiça do Trabalho.

CAPÍTULO I

DISPOSIÇÕES PRELIMINARES

Art. 763. O processo da Justiça do Trabalho, no que concerne aos dissídios individuais e coletivos e à aplicação de penalidades, reger-se-á, em todo o território nacional, pelas normas estabelecidas neste Título.

► Arts. 5º, XXXV, XXXVI, 22, 24, XI, §§ 1º a 4º, e 114 da CF.

Art. 764. Os dissídios individuais ou coletivos submetidos à apreciação da Justiça do Trabalho serão sempre sujeitos à conciliação.

► Súmulas nºs 259 e 418 do TST.

§ 1º Para os efeitos deste artigo, os juízes e Tribunais do Trabalho empregarão sempre os seus bons ofícios e persuasão no sentido de uma solução conciliatória dos conflitos.

§ 2º Não havendo acordo, o juízo conciliatório converter-se-á obrigatoriamente em arbitral, proferindo decisão na forma prescrita neste Título.

§ 3º É lícito às partes celebrar acordo que ponha termo ao processo, ainda mesmo depois de encerrado o juízo conciliatório.

Art. 765. Os Juízos e Tribunais do Trabalho terão ampla liberdade na direção do processo e velarão pelo andamento rápido das causas, podendo determinar qualquer diligência necessária ao esclarecimento delas.

► Orientações Jurisprudenciais da SDC nºs 25 e 26 do TST.

Art. 766. Nos dissídios sobre estipulação de salários, serão estabelecidas condições que, assegurando justos salários aos trabalhadores, permitam também justa retribuição às empresas interessadas.

Art. 767. A compensação, ou retenção, só poderá ser arguida como matéria de defesa.

► Artigo com a redação retificada pelo Dec.-lei nº 6.353, de 20-3-1944.

► Súmulas nºs 18, 48 e 187 do TST.

► OJ da SBDI-I nº 356 do TST.

Art. 768. Terá preferência em todas as fases processuais o dissídio cuja decisão tiver de ser executada perante o Juízo da falência.

► Súm. nº 44 do extinto TFR.

Art. 769. Nos casos omissos, o direito processual comum será fonte subsidiária do direito processual do trabalho, exceto naquilo em que for incompatível com as normas deste Título.

► Arts. 5º, XXXV, XXXVII, 22 e 24 da CF.

► Art. 15 do CPC/2015.

► Súm. nº 195 do extinto TFR.

► OJ da SBDI-I nº 392 do TST.

CAPÍTULO II

DO PROCESSO EM GERAL

Seção I

DOS ATOS, TERMOS E PRAZOS PROCESSUAIS

Art. 770. Os atos processuais serão públicos, salvo quando o contrário determinar o interesse social, e realizar-se-ão nos dias úteis, das seis às vinte horas.

► Art. 5º, LX, da CF.

► Art. 189 do CPC/2015.

► Lei nº 11.419, de 19-12-2006 (Lei da Informatização do Processo Judicial).

Parágrafo único. A penhora poderá realizar-se em domingo ou dia feriado, mediante autorização expressa do juiz ou presidente.

Art. 771. Os atos e termos processuais poderão ser escritos a tinta, datilografados ou a carimbo.

► Arts. 193 a 199 do CPC/2015.

Art. 772. Os atos e termos processuais, que devam ser assinados pelas partes interessadas, quando estas, por motivo justificado, não possam fazê-lo, serão firmados a rogo, na presença de duas testemunhas, sempre que não houver procurador legalmente constituído.

Art. 773. Os termos relativos ao movimento dos processos constarão de simples notas, datadas e rubricadas pelos chefes de secretaria ou escrivães.

► Artigo com a redação dada pela Lei nº 409, de 25-9-1948.

Art. 774. Salvo disposição em contrário, os prazos previstos neste Título contam-se, conforme o caso, a partir da data em que for feita pessoalmente, ou recebida a notificação, daquela em que for publicado o edital no jornal oficial ou no que publicar o expediente da Justiça do Trabalho, ou, ainda, daquela em que for afixado o edital na sede da Junta, Juízo ou Tribunal.

► *Caput* com a redação dada pela Lei nº 2.244, de 23-6-1954.

► EC nº 24, de 9-12-1999, alterou a denominação das Juntas de Conciliação e Julgamento para Varas do Trabalho e extinguiu a representação classista na Justiça do Trabalho.

► Súm. nº 105 do extinto TFR.

► Súm. nºs 1, 385 e 387 do TST.

► OJ da SBDI-II nº 146 do TST.

Parágrafo único. Tratando-se de notificação postal, no caso de não ser encontrado o destinatário ou no de recusa de recebimento, o Correio ficará obrigado, sob pena de responsabilidade do servidor, a devolvê-la, no prazo de quarenta e oito horas, ao Tribunal de origem.

► Parágrafo único com a redação dada pelo Dec.-lei nº 8.737, de 19-1-1946.

► Súm. nº 310 do STF.

► Súmulas nºs 1, 16, 30, 53, 62, 100, 197, 262, 385 e 387 do TST.

Art. 775. Os prazos estabelecidos neste Título serão contados em dias úteis, com exclusão do dia do começo e inclusão do dia do vencimento.

► *Caput* com a redação dada pela Lei nº 13.467, de 13-7-2017.

§ 1º Os prazos podem ser prorrogados, pelo tempo estritamente necessário, nas seguintes hipóteses:

I – quando o juízo entender necessário;

II – em virtude de força maior, devidamente comprovada.

► Parágrafo único transformado em § 1º e com a redação dada pela Lei nº 13.467, de 13-7-2017.

§ 2º Ao juízo incumbe dilatar os prazos processuais e alterar a ordem de produção dos meios de prova, adequando-os às necessidades do conflito de modo a conferir maior efetividade à tutela do direito.

► § 2º acrescido pela Lei nº 13.467, de 13-7-2017.

Art. 775-A. Suspende-se o curso do prazo processual nos dias compreendidos entre 20 de dezembro e 20 de janeiro, inclusive.

§ 1º Ressalvadas as férias individuais e os feriados instituídos por lei, os juízes, os membros do Ministério Público, da Defensoria Pública e da Advocacia Pública e os auxiliares da Justiça exercerão suas atribuições durante o período previsto no *caput* deste artigo.

§ 2º Durante a suspensão do prazo, não se realizarão audiências nem sessões de julgamento.

► Art. 775-A acrescido pela Lei nº 13.545, de 19-12-2017.

Art. 776. O vencimento dos prazos será certificado nos processos pelos escrivães ou chefes de secretaria.

► Artigo com a redação dada pela Lei nº 409, de 25-9-1948.

Art. 777. Os requerimentos e documentos apresentados, os atos e termos processuais, as petições ou razões de recursos e quaisquer outros papéis referentes aos feitos formarão os autos dos processos, os quais ficarão sob a responsabilidade dos escrivães ou chefes de secretaria.

▸ Artigo com a redação dada pela Lei nº 409, de 25-9-1948.

Art. 778. Os autos dos processos da Justiça do Trabalho não poderão sair dos cartórios ou secretarias, salvo se solicitados por advogado regularmente constituído por qualquer das partes, ou quando tiverem de ser remetidos aos órgãos competentes, em caso de recurso ou requisição.

▸ Artigo com a redação dada pela Lei nº 6.598, de 1º-12-1978.

▸ Lei nº 8.906, de 4-7-1994 (Estatuto da Advocacia e da OAB).

Art. 779. As partes, ou seus procuradores, poderão consultar, com ampla liberdade, os processos nos cartórios ou secretarias.

▸ Art. 5º, LX, da CF.

Art. 780. Os documentos juntos aos autos poderão ser desentranhados somente depois de findo o processo, ficando traslado.

▸ Lei nº 11.419, de 19-12-2006 (Lei da Informatização do Processo Judicial).

Art. 781. As partes poderão requerer certidões dos processos em curso ou arquivados, as quais serão lavradas pelos escrivães ou chefes de secretaria.

▸ Art. 714, *d*, desta Consolidação.

▸ Lei nº 409, de 25-9-1948, cria os quadros de pessoal da Justiça do Trabalho.

Parágrafo único. As certidões dos processos que correrem em segredo de justiça dependerão de despacho do juiz ou presidente.

▸ Súm. nº 1 do TST.

Art. 782. São isentos de selo as reclamações, representações, requerimentos, atos e processos relativos à Justiça do Trabalho.

Seção II

DA DISTRIBUIÇÃO

Art. 783. A distribuição das reclamações será feita entre as Juntas de Conciliação e Julgamento, ou os Juízes de Direito do Cível, nos casos previstos no artigo 669, § 1º, pela ordem rigorosa de sua apresentação ao distribuidor, quando o houver.

▸ EC nº 24, de 9-12-1999, alterou a denominação das Juntas de Conciliação e Julgamento para Varas do Trabalho e extinguiu a representação classista na Justiça do Trabalho.

▸ Art. 59 do CPC/2015.

Art. 784. As reclamações serão registradas em livro próprio, rubricado em todas as folhas pela autoridade a que estiver subordinado o distribuidor.

Art. 785. O distribuidor fornecerá ao interessado um recibo, do qual constarão, essencialmente, o nome do reclamante e do reclamado, a data da distribuição, o objeto da reclamação e a Junta ou o Juízo a que coube a distribuição.

▸ EC nº 24, de 9-12-1999, alterou a denominação das Juntas de Conciliação e Julgamento para Varas do Trabalho e extinguiu a representação classista na Justiça do Trabalho.

Art. 786. A reclamação verbal será distribuída antes de sua redução a termo.

Parágrafo único. Distribuída a reclamação verbal, o reclamante deverá, salvo motivo de força maior, apresentar-se no prazo de cinco dias, ao cartório ou à secretaria, para reduzi-la a termo, sob a pena estabelecida no artigo 731.

▸ Súmulas nºs 25 e 36 do TST.

Art. 787. A reclamação escrita deverá ser formulada em duas vias e desde logo acompanhada dos documentos em que se fundar.

▸ Súmulas nºs 8, 263 e 415 do TST.

Art. 788. Feita a distribuição, a reclamação será remetida pelo distribuidor à Junta ou Juízo competente, acompanhada do bilhete de distribuição.

▸ EC nº 24, de 9-12-1999, alterou a denominação das Juntas de Conciliação e Julgamento para Varas do Trabalho e extinguiu a representação classista na Justiça do Trabalho.

Seção III

DAS CUSTAS E EMOLUMENTOS

▸ Denominação da Seção III dada pela Lei nº 10.537, de 27-8-2002.

▸ Arts. 5º, XXXIV, XXXVI, 24, IV, e 95, parágrafo único, da CF.

Art. 789. Nos dissídios individuais e nos dissídios coletivos do trabalho, nas ações e procedimentos de competência da Justiça do Trabalho, bem como nas demandas propostas perante a Justiça Estadual, no exercício da jurisdição trabalhista, as custas relativas ao processo de conhecimento incidirão à base de 2% (dois por cento), observado o mínimo de R$ 10,64 (dez reais e sessenta e quatro centavos) e o máximo de quatro vezes o limite máximo dos benefícios do Regime Geral de Previdência Social, e serão calculadas:

▸ *Caput* com a redação dada pela Lei nº 13.467, de 13-7-2017.

▸ Art. 4º da IN do TST nº 41, de 21-6-2018, que dispõe sobre a aplicação das normas processuais desta Consolidação alteradas pela Lei nº 13.467, de 13-7-2017.

I – quando houver acordo ou condenação, sobre o respectivo valor;

II – quando houver extinção do processo, sem julgamento do mérito, ou julgado totalmente improcedente o pedido, sobre o valor da causa;

▸ Art. 485 do CPC/2015.

III – no caso de procedência do pedido formulado em ação declaratória e em ação constitutiva, sobre o valor da causa;

IV – quando o valor for indeterminado, sobre o que o juiz fixar.

▸ Incisos I a IV com a redação dada pela Lei nº 10.537, de 27-8-2002.

▸ IN do TST nº 20, de 24-9-2002, dispõe sobre os procedimentos para o recolhimento de custas e emolumentos devidos à União no âmbito da Justiça do Trabalho.

▸ Súmulas nºs 25, 36, 53, 86 e 170 do TST.

§ 1º As custas serão pagas pelo vencido, após o trânsito em julgado da decisão. No caso de recurso, as custas serão pagas e comprovado o recolhimento dentro do prazo recursal.

§ 2º Não sendo líquida a condenação, o juízo arbitrar-lhe-á o valor e fixará o montante das custas processuais.

§ 3º Sempre que houver acordo, se de outra forma não for convencionado, o pagamento das custas caberá em partes iguais aos litigantes.

§ 4º Nos dissídios coletivos, as partes vencidas responderão solidariamente pelo pagamento das custas, calculadas sobre o valor arbitrado na decisão, ou pelo Presidente do Tribunal.

▸ §§ 1º a 4º com a redação dada pela Lei nº 10.537, de 27-8-2002.

▸ OJ da SDC nº 27 do TST.

Art. 789-A. No processo de execução são devidas custas, sempre de responsabilidade do executado e pagas ao final, de conformidade com a seguinte tabela:

▸ IN do TST nº 20, de 24-9-2002, dispõe sobre os procedimentos para o recolhimento de custas e emolumentos devidos à União no âmbito da Justiça do Trabalho.

I – autos de arrematação, de adjudicação e de remição: 5% (cinco por cento) sobre o respectivo valor, até o máximo de R$ 1.915,38 (um mil, novecentos e quinze reais e trinta e oito centavos);

II – atos dos oficiais de justiça, por diligência certificada:

a) em zona urbana: R$ 11,06 (onze reais e seis centavos);

b) em zona rural: R$ 22,13 (vinte e dois reais e treze centavos);

III – agravo de instrumento: R$ 44,26 (quarenta e quatro reais e vinte e seis centavos);

IV – agravo de petição: R$ 44,26 (quarenta e quatro reais e vinte e seis centavos);

V – embargos à execução, embargos de terceiro e embargos à arrematação: R$ 44,26 (quarenta e quatro reais e vinte e seis centavos);

VI – recurso de revista: R$ 55,35 (cinquenta e cinco reais e trinta e cinco centavos);

VII – impugnação à sentença de liquidação: R$ 55,35 (cinquenta e cinco reais e trinta e cinco centavos);

VIII – despesa de armazenagem em depósito judicial – por dia: 0,1% (um décimo por cento) do valor da avaliação;

IX – cálculos de liquidação realizados pelo contador do juízo – sobre o valor liquidado: 0,5% (cinco décimos por cento) até o limite de R$ 638,46 (seiscentos e trinta e oito reais e quarenta e seis centavos).

Art. 789-B. Os emolumentos serão suportados pelo Requerente, nos valores fixados na seguinte tabela:

I – autenticação de traslado de peças mediante cópia reprográfica apresentada pelas partes – por folha: R$ 0,55 (cinquenta e cinco centavos de real);

▸ Ato do TST nº 27, de 2-2-2004, dispõe sobre autenticação de cópias de documentos no âmbito do TST.

II – fotocópia de peças – por folha: R$ 0,28 (vinte e oito centavos de real);

III – autenticação de peças – por folha: R$ 0,55 (cinquenta e cinco centavos de real);

IV – cartas de sentença, de adjudicação, de remição e de arrematação – por folha: R$ 0,55 (cinquenta e cinco centavos de real);

V – certidões – por folha: R$ 5,53 (cinco reais e cinquenta e três centavos).

▸ Arts. 789-A e 789-B acrescidos pela Lei nº 10.537, de 27-8-2002.

▸ Súm. nº 170 do TST.

Art. 790. Nas Varas do Trabalho, nos Juízos de Direito, nos Tribunais e no Tribunal Superior do Trabalho, a forma de pagamento das custas e emolumentos obedecerá às instruções que serão expedidas pelo Tribunal Superior do Trabalho.

▸ *Caput* com a redação dada pela Lei nº 10.537, de 27-8-2002.

▸ IN do TST nº 20, de 24-9-2002, dispõe sobre os procedimentos para o recolhimento de custas e emolumentos devidos à União no âmbito da Justiça do Trabalho.

§ 1º Tratando-se de empregado que não tenha obtido o benefício da justiça gratuita, ou isenção de custas, o sindicato que houver intervindo no processo responderá solidariamente pelo pagamento das custas devidas.

▶ Súm. nº 223 do STF.

§ 2º No caso de não pagamento das custas, far-se-á execução da respectiva importância, segundo o procedimento estabelecido no Capítulo V deste Título.

▶ §§ 1º e 2º acrescidos pela Lei nº 10.537, de 27-8-2002.

§ 3º É facultado aos juízes, órgãos julgadores e presidentes dos tribunais do trabalho de qualquer instância conceder, a requerimento ou de ofício, o benefício da justiça gratuita, inclusive quanto a traslados e instrumentos, àqueles que perceberem salário igual ou inferior a 40% (quarenta por cento) do limite máximo dos benefícios do Regime Geral de Previdência Social.

▶ § 3º com a redação dada pela Lei nº 13.467, de 13-7-2017.

§ 4º O benefício da justiça gratuita será concedido à parte que comprovar insuficiência de recursos para o pagamento das custas do processo.

▶ § 4º acrescido pela Lei nº 13.467, de 13-7-2017.

Art. 790-A. São isentos do pagamento de custas, além dos beneficiários de justiça gratuita:

▶ IN do TST nº 20, de 24-9-2002, dispõe sobre os procedimentos para o recolhimento de custas e emolumentos devidos à União no âmbito da Justiça do Trabalho.

I – a União, os Estados, o Distrito Federal, os Municípios e respectivas autarquias e fundações públicas federais, estaduais ou municipais que não explorem atividade econômica;

II – o Ministério Público do Trabalho.

Parágrafo único. A isenção prevista neste artigo não alcança as entidades fiscalizadoras do exercício profissional, nem exime as pessoas jurídicas referidas no inciso I da obrigação de reembolsar as despesas judiciais realizadas pela parte vencedora.

▶ Art. 790-A acrescido pela Lei nº 10.537, de 27-8-2002.

Art. 790-B. A responsabilidade pelo pagamento dos honorários periciais é da parte sucumbente na pretensão objeto da perícia, ainda que beneficiária da justiça gratuita.

▶ *Caput* com a redação dada pela Lei nº 13.467, de 13-7-2017.

▶ O STF, por maioria dos votos, julgou parcialmente procedente a ADI nº 5.766 para declarar a inconstitucionalidade deste *caput* (*DOU* de 5-11-2021).

▶ Art. 5º da IN do TST nº 41, de 21-6-2018, que dispõe sobre a aplicação das normas processuais desta Consolidação alteradas pela Lei nº 13.467, de 13-7-2017.

§ 1º Ao fixar o valor dos honorários periciais, o juízo deverá respeitar o limite máximo estabelecido pelo Conselho Superior da Justiça do Trabalho.

§ 2º O juízo poderá deferir parcelamento dos honorários periciais.

§ 3º O juízo não poderá exigir adiantamento de valores para realização de perícias.

§ 4º Somente no caso em que o beneficiário da justiça gratuita não tenha obtido em juízo créditos capazes de suportar a despesa referida no *caput*, ainda que em outro processo, a União responderá pelo encargo.

▶ §§ 1º a 4º acrescidos pela Lei nº 13.467, de 13-7-2017.

▶ O STF, por maioria dos votos, julgou parcialmente procedente a ADI nº 5.766 para declarar a inconstitucionalidade deste parágrafo (*DOU* de 5-11-2021).

Seção IV

DAS PARTES E DOS PROCURADORES

Art. 791. Os empregados e os empregadores poderão reclamar pessoalmente perante a Justiça do Trabalho e acompanhar as suas reclamações até o final.

▶ A alteração que seria inserida neste artigo pela Lei nº 10.288, de 20-9-2001 foi vetada, razão pela qual mantivemos a redação.

▶ Art. 133 da CF.

§ 1º Nos dissídios individuais os empregados e empregadores poderão fazer-se representar por intermédio do sindicato, advogado, solicitador, ou provisionado, inscrito na Ordem dos Advogados do Brasil.

▶ Súm. nº 425 do TST.

▶ OJ da SBDI-I nº 374 do TST.

§ 2º Nos dissídios coletivos é facultada aos interessados a assistência por advogado.

▶ A alteração que seria introduzida no art. 791 pela Lei nº 10.288, de 20-9-2001, foi vetada, razão pela qual mantivemos a sua redação.

▶ Art. 5º, LXX, da CF.

▶ Súmulas nºs 164, 219 e 329 do TST.

§ 3º A constituição de procurador com poderes para o foro em geral poderá ser efetivada, mediante simples registro em ata de audiência, a requerimento verbal do advogado interessado, com anuência da parte representada.

▶ § 3º acrescido pela Lei nº 12.437, de 6-7-2011.

Art. 791-A. Ao advogado, ainda que atue em causa própria, serão devidos honorários de sucumbência, fixados entre o mínimo de 5% (cinco por cento) e o máximo de 15% (quinze por cento) sobre o valor que resultar da liquidação da sentença, do proveito econômico obtido ou, não sendo possível mensurá-lo, sobre o valor atualizado da causa.

▶ Art. 6º da IN do TST nº 41, de 21-6-2018, que dispõe sobre a aplicação das normas processuais desta Consolidação alteradas pela Lei nº 13.467, de 13-7-2017.

§ 1º Os honorários são devidos também nas ações contra a Fazenda Pública e nas ações em que a parte estiver assistida ou substituída pelo sindicato de sua categoria.

§ 2º Ao fixar os honorários, o juízo observará:

I – o grau de zelo do profissional;

II – o lugar de prestação do serviço;

III – a natureza e a importância da causa;

IV – o trabalho realizado pelo advogado e o tempo exigido para o seu serviço.

§ 3º Na hipótese de procedência parcial, o juízo arbitrará honorários de sucumbência recíproca, vedada a compensação entre os honorários.

§ 4º Vencido o beneficiário da justiça gratuita, desde que não tenha obtido em juízo, ainda que em outro processo, créditos capazes de suportar a despesa, as obrigações decorrentes de sua sucumbência ficarão sob condição suspensiva de exigibilidade e somente poderão ser executadas se, nos dois anos subsequentes ao trânsito em julgado da decisão que as certificou, o credor demonstrar que deixou de existir a situação de insuficiência de recursos que justificou a concessão de gratuidade, extinguindo-se, passado esse prazo, tais obrigações do beneficiário.

▶ O STF, por maioria dos votos, julgou parcialmente procedente a ADI nº 5.766 para declarar a inconstitucionalidade deste parágrafo (*DOU* de 5-11-2021).

§ 5º São devidos honorários de sucumbência na reconvenção.

▶ Art. 791-A acrescido pela Lei nº 13.467, de 13-7-2017.

Art. 792. *Revogado*. Lei nº 13.467, de 13-7-2017.

Art. 793. A reclamação trabalhista do menor de 18 anos será feita por seus representantes legais e, na falta destes, pela Procuradoria da Justiça do Trabalho, pelo sindicato, pelo Ministério Público estadual ou curador nomeado em juízo.

▶ Artigo com a redação dada pela Lei nº 10.288, de 20-9-2001.

▶ LC nº 75, de 20-5-1993 (Lei Orgânica do Ministério Público da União).

▶ Dec. nº 10.088, de 5-11-2019, consolida atos normativos editados pelo Poder Executivo Federal que dispõem sobre a promulgação de convenções e recomendações da Organização Internacional do Trabalho – OIT ratificadas pela República Federativa do Brasil.

Seção IV-A

DA RESPONSABILIDADE POR DANO PROCESSUAL

▶ Seção IV-A acrescida pela Lei nº 13.467, de 13-7-2017.

Art. 793-A. Responde por perdas e danos aquele que litigar de má-fé como reclamante, reclamado ou interveniente.

▶ Art. 7º da IN do TST nº 41, de 21-6-2018, que dispõe sobre a aplicação das normas processuais desta Consolidação alteradas pela Lei nº 13.467, de 13-7-2017.

Art. 793-B. Considera-se litigante de má-fé aquele que:

▶ Art. 7º da IN do TST nº 41, de 21-6-2018, que dispõe sobre a aplicação das normas processuais desta Consolidação alteradas pela Lei nº 13.467, de 13-7-2017.

I – deduzir pretensão ou defesa contra texto expresso de lei ou fato incontroverso;

II – alterar a verdade dos fatos;

III – usar do processo para conseguir objetivo ilegal;

IV – opuser resistência injustificada ao andamento do processo;

V – proceder de modo temerário em qualquer incidente ou ato do processo;

VI – provocar incidente manifestamente infundado;

VII – interpuser recurso com intuito manifestamente protelatório.

Art. 793-C. De ofício ou a requerimento, o juízo condenará o litigante de má-fé a pagar multa, que deverá ser superior a 1% (um por cento) e inferior a 10% (dez por cento) do valor corrigido da causa, a indenizar a parte contrária pelos prejuízos que esta sofreu e a arcar com os honorários advocatícios e com todas as despesas que efetuou.

▶ Art. 8º da IN do TST nº 41, de 21-6-2018, que dispõe sobre a aplicação das normas processuais desta Consolidação alteradas pela Lei nº 13.467, de 13-7-2017.

§ 1º Quando forem dois ou mais os litigantes de má-fé, o juízo condenará cada um na proporção de seu respectivo interesse na causa ou solidariamente aqueles que se coligaram para lesar a parte contrária.

▶ Art. 7º da IN do TST nº 41, de 21-6-2018, que dispõe sobre a aplicação das normas processuais desta Consolidação alteradas pela Lei nº 13.467, de 13-7-2017.

§ 2º Quando o valor da causa for irrisório ou inestimável, a multa poderá ser fixada em até duas vezes o limite máximo dos benefícios do Regime Geral de Previdência Social.

▶ Art. 9º da IN do TST nº 41, de 21-6-2018, que dispõe sobre a aplicação das normas processuais desta Consolidação alteradas pela Lei nº 13.467, de 13-7-2017.

§ 3º O valor da indenização será fixado pelo juízo ou, caso não seja possível mensurá-lo, liquidado por arbitramento ou pelo procedimento comum, nos próprios autos.

▶ Art. 9º da IN do TST nº 41, de 21-6-2018, que dispõe sobre a aplicação das normas processuais desta Consolidação alteradas pela Lei nº 13.467, de 13-7-2017.

Art. 793-D. Aplica-se a multa prevista no art. 793-C desta Consolidação à testemunha que intencionalmente alterar a verdade dos fatos ou omitir fatos essenciais ao julgamento da causa.

▶ Art. 10 da IN do TST nº 41, de 21-6-2018, que dispõe sobre a aplicação das normas processuais desta Consolidação alteradas pela Lei nº 13.467, de 13-7-2017.

Parágrafo único. A execução da multa prevista neste artigo dar-se-á nos mesmos autos.

▶ Arts. 793-A a 793-D acrescidos pela Lei nº 13.467, de 13-7-2017.

Seção V — *DAS NULIDADES*

Art. 794. Nos processos sujeitos à apreciação da Justiça do Trabalho só haverá nulidade quando resultar dos atos inquinados manifesto prejuízo às partes litigantes.

▶ Súm. nº 459 do TST.
▶ OJ da SBDI-I nº 142 do TST.

Art. 795. As nulidades não serão declaradas senão mediante provocação das partes, as quais deverão argui-las à primeira vez em que tiverem de falar em audiência ou nos autos.

§ 1º Deverá, entretanto, ser declarada *ex officio* a nulidade fundada em incompetência de foro. Nesse caso, serão considerados nulos os atos decisórios.

▶ Art. 277 do CPC/2015.
▶ OJ da SBDI-II nº 149 do TST.

§ 2º O juiz ou Tribunal que se julgar incompetente determinará, na mesma ocasião, que se faça remessa do processo, com urgência, à autoridade competente, fundamentando sua decisão.

▶ Súm. nº 214 do TST.

Art. 796. A nulidade não será pronunciada:

a) quando for possível suprir-se a falta ou repetir-se o ato;

b) quando arguida por quem lhe tiver dado causa.

Art. 797. O juiz ou Tribunal que pronunciar a nulidade declarará os atos a que ela se estende.

Art. 798. A nulidade do ato não prejudicará senão os posteriores que dele dependam ou sejam consequência.

Seção VI — *DAS EXCEÇÕES*

Art. 799. Nas causas da jurisdição da Justiça do Trabalho, somente podem ser opostas, com suspensão do feito, as exceções de suspeição ou incompetência.

▶ OJ da SBDI-II nº 70 do TST.

§ 1º As demais exceções serão alegadas como matéria de defesa.

§ 2º Das decisões sobre exceções de suspeição e incompetência, salvo, quanto a estas, se terminativas do feito, não caberá recurso, podendo, no entanto, as partes alegá-las novamente no recurso que couber da decisão final.

▶ Art. 799 com a redação dada pelo Dec.-lei nº 8.737, de 19-1-1946.
▶ Art. 5º, XXXVI, da CF.
▶ Súm. nº 214 do TST.

Art. 800. Apresentada exceção de incompetência territorial no prazo de cinco dias a contar da notificação, antes da audiência e em peça que sinalize a existência desta exceção, seguir-se-á o procedimento estabelecido neste artigo.

▶ *Caput* com a redação dada pela Lei nº 13.467, de 13-7-2017.
▶ Art. 11 da IN do TST nº 41, de 21-6-2018, que dispõe sobre a aplicação das normas processuais desta Consolidação alteradas pela Lei nº 13.467, de 13-7-2017.

§ 1º Protocolada a petição, será suspenso o processo e não se realizará a audiência a que se refere o art. 843 desta Consolidação até que se decida a exceção.

§ 2º Os autos serão imediatamente conclusos ao juiz, que intimará o reclamante e, se existentes, os litisconsortes, para manifestação no prazo comum de cinco dias.

§ 3º Se entender necessária a produção de prova oral, o juízo designará audiência, garantindo o direito de o excipiente e de suas testemunhas serem ouvidos, por carta precatória, no juízo que este houver indicado como competente.

§ 4º Decidida a exceção de incompetência territorial, o processo retomará seu curso, com a designação de audiência, a apresentação de defesa e a instrução processual perante o juízo competente.

▶ §§ 1º a 4º acrescidos pela Lei nº 13.467, de 13-7-2017.

Art. 801. O juiz, presidente ou Juiz classista, é obrigado a dar-se por suspeito, e pode ser recusado, por algum dos seguintes motivos, em relação à pessoa dos litigantes:

▶ EC nº 24, de 9-12-1999, alterou a denominação das Juntas de Conciliação e Julgamento para Varas do Trabalho e extinguiu a representação classista na Justiça do Trabalho.
▶ Arts. 144 e 145 do CPC/2015.

a) inimizade pessoal;

b) amizade íntima;

c) parentesco por consanguinidade ou afinidade até o terceiro grau civil;

d) interesse particular na causa.

Parágrafo único. Se o recusante houver praticado algum ato pelo qual haja consentido na pessoa do juiz, não mais poderá alegar exceção de suspeição, salvo sobrevindo novo motivo. A suspeição não será também admitida, se do processo constar que o recusante deixou de alegá-la anteriormente, quando já a conhecia, ou que, depois de conhecida, aceitou o juiz recusado ou, finalmente, se procurou de propósito o motivo de que ela se originou.

Art. 802. Apresentada a exceção de suspeição, o juiz ou Tribunal designará audiência dentro de quarenta e oito horas, para instrução e julgamento da exceção.

§ 1º Nas Juntas de Conciliação e Julgamento e nos Tribunais Regionais, julgada procedente a exceção de suspeição, será logo convocado para a mesma audiência ou sessão, ou para a seguinte, o suplente do membro suspeito, o qual continuará a funcionar no feito até decisão final. Proceder-se-á da mesma maneira quando algum dos membros se declarar suspeito.

▶ EC nº 24, de 9-12-1999, alterou a denominação das Juntas de Conciliação e Julgamento para Varas do Trabalho e extinguiu a representação classista na Justiça do Trabalho.
▶ O Dec.-lei nº 9.797, de 9-9-1946, determinou a substituição do termo "Conselho Regional" para "Tribunal Regional".

§ 2º Se se tratar de suspeição de Juiz de Direito, será este substituído na forma da organização judiciária local.

Seção VII — *DOS CONFLITOS DE JURISDIÇÃO*

Art. 803. Os conflitos de jurisdição podem ocorrer entre:

▶ Súm. nº 180 do STJ.
▶ Súm. nº 420 do TST.

a) Juntas de Conciliação e Julgamento e Juízes de Direito investidos na administração da Justiça do Trabalho;

▶ EC nº 24, de 9-12-1999, alterou a denominação das Juntas de Conciliação e Julgamento para Varas do Trabalho e extinguiu a representação classista na Justiça do Trabalho.

b) Tribunais Regionais do Trabalho;

▶ O Dec.-lei nº 9.797, de 9-9-1946, determinou a substituição do termo "Conselho Regional" para "Tribunal Regional".

c) Juízos e Tribunais do Trabalho e órgãos da Justiça Ordinária;

d) *Revogada*. Dec.-lei nº 8.737, de 19-1-1946.

Art. 804. Dar-se-á conflito de jurisdição:

a) quando ambas as autoridades se considerarem competentes;

b) quando ambas as autoridades se considerarem incompetentes.

▶ Arts. 102, I, 105, I, *d* e *g*, e 114, V, da CF.
▶ Art. 66 do CPC/2015.
▶ Súm. nº 180 do STJ.

Art. 805. Os conflitos de jurisdição podem ser suscitados:

a) pelos juízes e Tribunais do Trabalho;

b) pelo procurador-geral e pelos procuradores regionais da Justiça do Trabalho;

c) pela parte interessada, ou o seu representante.

Art. 806. É vedado à parte interessada suscitar conflitos de jurisdição quando já houver oposto na causa exceção de incompetência.

Art. 807. No ato de suscitar o conflito deverá a parte interessada produzir a prova de existência dele.

Art. 808. Os conflitos de jurisdição de que trata o artigo 803 serão resolvidos:

▶ *Caput* com a redação retificada pelo Dec.-lei nº 6.353, de 20-3-1944.
▶ Súm. nº 236 do STJ.

a) pelos Tribunais Regionais, os suscitados entre Juntas e entre Juízos de Direito, ou entre umas e outras, nas respectivas regiões;

▸ Art. 114, V, da CF.

▸ O Dec.-lei nº 9.797, de 9-9-1946, determinou a substituição do termo "Conselho Regional" para "Tribunal Regional".

▸ EC nº 24, de 9-12-1999, alterou a denominação das Juntas de Conciliação e Julgamento para Varas do Trabalho e extinguiu a representação classista na Justiça do Trabalho.

▸ Súm. nº 180 do STJ.

b) pelo Tribunal Superior do Trabalho, os suscitados entre Tribunais Regionais, ou entre Juntas e Juízos de Direito sujeitos à jurisdição de Tribunais Regionais diferentes;

▸ O Dec.-lei nº 9.797, de 9-9-1946, determinou a substituição do termo "Conselho Nacional" para "Tribunal Superior".

c) pelo Conselho Pleno, os suscitados entre as Câmaras de Justiça do Trabalho e de Previdência Social;

▸ Dec.-lei nº 9.797, de 9-9-1946, altera disposições desta Consolidação referentes à Justiça do Trabalho.

d) pelo Supremo Tribunal Federal, os suscitados entre as autoridades da Justiça do Trabalho e as da Justiça Ordinária.

▸ Arts. 102, I, *o*, 105, I, *d*, 108, I, *e*, e II, da CF.

Art. 809. Nos conflitos de jurisdição entre as Juntas e os Juízos de Direito observar-se-á o seguinte:

▸ EC nº 24, de 9-12-1999, alterou a denominação das Juntas de Conciliação e Julgamento para Varas do Trabalho e extinguiu a representação classista na Justiça do Trabalho.

▸ Arts. 102, I, *o*, 105, I, *d*, e 114, V, da CF.

I – o juiz ou presidente mandará extrair dos autos as provas do conflito e, com a sua informação, remeterá o processo assim formado, no mais breve prazo possível, ao Presidente do Tribunal Regional competente;

▸ O Dec.-lei nº 9.797, de 9-9-1946, determinou a substituição do termo "Conselho Regional" para "Tribunal Regional".

II – no Tribunal Regional, logo que der entrada o processo, o presidente determinará a distribuição do feito, podendo o relator ordenar imediatamente às Juntas e aos Juízos, nos casos de conflito positivo, que sobrestejam o andamento dos respectivos processos, e solicitar, ao mesmo tempo, quaisquer informações que julgue convenientes. Seguidamente, será ouvida a Procuradoria, após o que o relator submeterá o feito a julgamento na primeira sessão;

▸ O Dec.-lei nº 9.797, de 9-9-1946, determinou a substituição do termo "Conselho Regional" para "Tribunal Regional".

III – proferida a decisão, será a mesma comunicada, imediatamente, às autoridades em conflito, prosseguindo no foro julgado competente.

Art. 810. Aos conflitos de jurisdição entre os Tribunais Regionais aplicar-se-ão as normas estabelecidas no artigo anterior.

▸ O Dec.-lei nº 9.797, de 9-9-1946, determinou a substituição do termo "Conselho Regional" para "Tribunal Regional".

Art. 811. Nos conflitos suscitados na Justiça do Trabalho entre as autoridades desta e os órgãos da Justiça Ordinária, o processo do conflito, formado de acordo com o inciso I do artigo 809, será remetido diretamente ao presidente do Supremo Tribunal Federal.

▸ Arts. 102, I, *o*, 105, I, *d*, e 114 da CF.

Art. 812. *Revogado*. Dec.-lei nº 9.797, de 9-9-1946.

Seção VIII — DAS AUDIÊNCIAS

▸ Res. do CSJT nº 104, de 25-5-2012, uniformiza os vocábulos de tratamento dispensados aos magistrados de 1ª e 2ª instância no âmbito da Justiça do Trabalho.

Art. 813. As audiências dos órgãos da Justiça do Trabalho serão públicas e realizar-se-ão na sede do Juízo ou Tribunal em dias úteis previamente fixados, entre oito e dezoito horas, não podendo ultrapassar cinco horas seguidas, salvo quando houver matéria urgente.

§ 1º Em casos especiais, poderá ser designado outro local para a realização das audiências, mediante edital afixado na sede do Juízo ou Tribunal, com a antecedência mínima de vinte e quatro horas.

§ 2º Sempre que for necessário, poderão ser convocadas audiências extraordinárias, observado o prazo do parágrafo anterior.

Art. 814. Às audiências deverão estar presentes, comparecendo com a necessária antecedência, os escrivães ou chefes de secretaria.

▸ Art. 814 com a redação atualizada pela Lei nº 409, de 25-9-1948.

Art. 815. À hora marcada, o juiz ou presidente declarará aberta a audiência, sendo feita pelos chefes de secretaria ou escrivão a chamada das partes, testemunhas e demais pessoas que devam comparecer.

▸ Súmulas nºs 74, 122 e 197 do TST.

§ 1º Se, até quinze minutos após a hora marcada, o juiz ou presidente não houver comparecido, os presentes poderão retirar-se, devendo o ocorrido constar do livro de registro das audiências.

▸ Parágrafo único transformado em § 1º pela Lei nº 14.657, de 23-8-2023.

▸ OJ da SBDI-I nº 245 do TST.

§ 2º Se, até 30 (trinta) minutos após a hora marcada, a audiência, injustificadamente, não houver sido iniciada, as partes e os advogados poderão retirar-se, consignando seus nomes, devendo o ocorrido constar do livro de registro das audiências.

§ 3º Na hipótese do § 2º deste artigo, a audiência deverá ser remarcada pelo juiz ou presidente para a data mais próxima possível, vedada a aplicação de qualquer penalidade às partes.

▸ §§ 2º e 3º acrescidos pela Lei nº 14.657, de 23-8-2023.

Art. 816. O juiz ou presidente manterá a ordem nas audiências, podendo mandar retirar do recinto os assistentes que a perturbarem.

Art. 817. O registro das audiências será feito em livro próprio, constando de cada registro os processos apreciados e a respectiva solução, bem como as ocorrências eventuais.

Parágrafo único. Do registro das audiências poderão ser fornecidas certidões às pessoas que o requererem.

Seção IX — DAS PROVAS

▸ Res. do CSJT nº 104, de 25-5-2012, uniformiza os vocábulos de tratamento dispensados aos magistrados de 1ª e 2ª instância no âmbito da Justiça do Trabalho.

Art. 818. O ônus da prova incumbe:

▸ *Caput* com a redação dada pela Lei nº 13.467, de 13-7-2017.

I – ao reclamante, quanto ao fato constitutivo de seu direito;

II – ao reclamado, quanto à existência de fato impeditivo, modificativo ou extintivo do direito do reclamante.

▸ Incisos I e II acrescidos pela Lei nº 13.467, de 13-7-2017.

§ 1º Nos casos previstos em lei ou diante de peculiaridades da causa relacionadas à impossibilidade ou à excessiva dificuldade de cumprir o encargo nos termos deste artigo ou à maior facilidade de obtenção da prova do fato contrário, poderá o juízo atribuir o ônus da prova de modo diverso, desde que o faça por decisão fundamentada, caso em que deverá dar à parte a oportunidade de se desincumbir do ônus que lhe foi atribuído.

§ 2º A decisão referida no § 1º deste artigo deverá ser proferida antes da abertura da instrução e, a requerimento da parte, implicará o adiamento da audiência e possibilitará provar os fatos por qualquer meio em direito admitido.

§ 3º A decisão referida no § 1º deste artigo não pode gerar situação em que a desincumbência do encargo pela parte seja impossível ou excessivamente difícil.

▸ §§ 1º a 3º acrescidos pela Lei nº 13.467, de 13-7-2017.

Art. 819. O depoimento das partes e testemunhas que não souberem falar a língua nacional será feito por meio de intérprete nomeado pelo juiz ou presidente.

§ 1º Proceder-se-á da forma indicada neste artigo, quando se tratar de surdo-mudo, ou de mudo que não saiba escrever.

§ 2º As despesas decorrentes do disposto neste artigo correrão por conta da parte sucumbente, salvo se beneficiária de justiça gratuita.

▸ § 2º com a redação dada pela Lei nº 13.660, de 8-5-2018.

Art. 820. As partes e testemunhas serão inquiridas pelo juiz ou presidente, podendo ser reinquiridas, por seu intermédio, a requerimento dos Juízes classistas, das partes, seus representantes ou advogados.

▸ EC nº 24, de 9-12-1999, alterou a denominação das Juntas de Conciliação e Julgamento para Varas do Trabalho e extinguiu a representação classista na Justiça do Trabalho.

Art. 821. Cada uma das partes não poderá indicar mais de três testemunhas, salvo quando se tratar de inquérito, caso em que esse número poderá ser elevado a seis.

▸ Artigo com a redação dada pelo Dec.-lei nº 8.737, de 19-1-1946.

Art. 822. As testemunhas não poderão sofrer qualquer desconto pelas faltas ao serviço, ocasionadas pelo seu comparecimento para depor, quando devidamente arroladas ou convocadas.

▸ Art. 463 do CPC/2015.

▸ Súm. nº 155 do TST.

Art. 823. Se a testemunha for funcionário civil ou militar, e tiver de depor em hora de serviço, será requisitada ao chefe da repartição para comparecer à audiência marcada.

Art. 824. O juiz ou presidente providenciará para que o depoimento de uma testemunha não seja ouvido pelas demais que tenham de depor no processo.

Art. 825. As testemunhas comparecerão à audiência independentemente de notificação ou intimação.

Parágrafo único. As que não comparecerem serão intimadas, *ex officio* ou a requerimento da parte, ficando sujeitas a condução coercitiva, além das penalidades do artigo 730, caso, sem motivo justificado, não atendam à intimação.

Art. 826. É facultado a cada uma das partes apresentar um perito ou técnico.

- Art. 3º da Lei nº 5.584, de 26-6-1970, que dispõe sobre normas de direito processual do trabalho e disciplina a concessão e prestação de assistência judiciária na Justiça do Trabalho.

Art. 827. O juiz ou presidente poderá arguir os peritos compromissados ou os técnicos, e rubricará, para ser junto ao processo, o laudo que os primeiros tiverem apresentado.

- Arts. 156 a 158 do CPC/2015.

Art. 828. Toda testemunha, antes de prestar o compromisso legal, será qualificada, indicando o nome, nacionalidade, profissão, idade, residência e, quando empregada, o tempo de serviço prestado ao empregador, ficando sujeita, em caso de falsidade, às leis penais.

- Art. 228 da CF.

Parágrafo único. Os depoimentos das testemunhas serão resumidos, por ocasião da audiência, pelos chefes de secretaria da Junta ou funcionário para esse fim designado, devendo a súmula ser assinada pelo Presidente do Tribunal e pelos depoentes.

- Parágrafo único com a redação dada pela Lei nº 409, de 25-9-1948.
- EC nº 24, de 9-12-1999, alterou a denominação das Juntas de Conciliação e Julgamento para Varas do Trabalho e extinguiu a representação classista na Justiça do Trabalho.

Art. 829. A testemunha que for parente até o terceiro grau civil, amigo íntimo ou inimigo de qualquer das partes, não prestará compromisso, e seu depoimento valerá como simples informação.

- Art. 447 do CPC/2015.
- Súm. nº 357 do TST.

Art. 830. O documento em cópia oferecido para prova poderá ser declarado autêntico pelo próprio advogado, sob sua responsabilidade pessoal.

- *Caput* com a redação dada pela Lei nº 11.925, de 17-4-2009.
- Art. 845 desta Consolidação.
- Súm. nº 200 do extinto TFR.
- Súmulas nºs 8 e 337 do TST.

Parágrafo único. Impugnada a autenticidade da cópia, a parte que a produziu será intimada para apresentar cópias devidamente autenticadas ou o original, cabendo ao serventuário competente proceder à conferência e certificar a conformidade entre esses documentos.

- Parágrafo único acrescido pela Lei nº 11.925, de 17-4-2009.

Seção X — *DA DECISÃO E SUA EFICÁCIA*

Art. 831. A decisão será proferida depois de rejeitada pelas partes a proposta de conciliação.

Parágrafo único. No caso de conciliação, o termo que for lavrado valerá como decisão irrecorrível, salvo para a Previdência Social quanto às contribuições que lhe forem devidas.

- Parágrafo único com a redação dada pela Lei nº 10.035, de 25-10-2000.
- Art. 93, IX e X, da CF.
- Súm. nº 100, V, do TST.

Art. 832. Da decisão deverão constar o nome das partes, o resumo do pedido e da defesa, a apreciação das provas, os fundamentos da decisão e a respectiva conclusão.

- Art. 93, IX, da CF.
- Art. 489 do CPC/2015.

§ 1º Quando a decisão concluir pela procedência do pedido, determinará o prazo e as condições para o seu cumprimento.

- Súm. nº 246 do TST.

§ 2º A decisão mencionará sempre as custas que devam ser pagas pela parte vencida.

§ 3º As decisões cognitivas ou homologatórias deverão sempre indicar a natureza jurídica das parcelas constantes da condenação ou do acordo homologado, inclusive o limite de responsabilidade de cada parte pelo recolhimento da contribuição previdenciária, se for o caso.

- § 3º acrescido pela Lei nº 10.035, de 25-10-2000.
- Súm. Vinc. nº 8 do STF.
- Súm. nº 351 do STJ.
- Orientações Jurisprudenciais da SBDI-I nºs 363 e 376 do TST.

§ 3º-A. Para os fins do § 3º deste artigo, salvo na hipótese de o pedido da ação limitar-se expressamente ao reconhecimento de verbas de natureza exclusivamente indenizatória, a parcela referente às verbas de natureza remuneratória não poderá ter como base de cálculo valor inferior:

I – ao salário mínimo, para as competências que integram o vínculo empregatício reconhecido na decisão cognitiva ou homologatória; ou

II – à diferença entre a remuneração reconhecida como devida na decisão cognitiva ou homologatória e a efetivamente paga pelo empregador, cujo valor total referente a cada competência não será inferior ao salário mínimo.

§ 3º-B. Caso haja piso salarial da categoria definido por acordo ou convenção coletiva de trabalho, o seu valor deverá ser utilizado como base de cálculo para os fins do § 3º-A deste artigo.

- §§ 3º-A e 3º-B acrescidos pela Lei nº 13.876, de 20-9-2019.

§ 4º A União será intimada das decisões homologatórias de acordos que contenham parcela indenizatória, na forma do art. 20 da Lei nº 11.033, de 21 de dezembro de 2004, facultada a interposição de recurso relativo aos tributos que lhe forem devidos.

- § 4º com a redação dada pela Lei nº 11.457, de 16-3-2007.
- Súm. nº 368 do TST.

§ 5º Intimada da sentença, a União poderá interpor recurso relativo à discriminação de que trata o § 3º deste artigo.

§ 6º O acordo celebrado após o trânsito em julgado da sentença ou após a elaboração dos cálculos de liquidação de sentença não prejudicará os créditos da União.

- OJ da SBDI-I nº 376 do TST.

§ 7º O Ministro de Estado da Fazenda poderá, mediante ato fundamentado, dispensar a manifestação da União nas decisões homologatórias de acordos em que o montante da parcela indenizatória envolvida ocasionar perda de escala decorrente da atuação do órgão jurídico.

- §§ 5º a 7º acrescidos pela Lei nº 11.457, de 16-3-2007.

Art. 833. Existindo na decisão evidentes erros ou enganos de escrita, de datilografia ou de cálculo, poderão os mesmos, antes da execução, ser corrigidos *ex officio*, ou a requerimento dos interessados ou da Procuradoria da Justiça do Trabalho.

- Art. 93, IX, da CF.

Art. 834. Salvo nos casos previstos nesta Consolidação, a publicação das decisões e sua notificação aos litigantes, ou seus patronos, consideram-se realizadas nas próprias audiências em que forem as mesmas proferidas.

- Súmulas nºs 30 e 197 do TST.

Art. 835. O cumprimento do acordo ou da decisão far-se-á no prazo e condições estabelecidas.

Art. 836. É vedado aos órgãos da Justiça do Trabalho conhecer de questões já decididas, excetuados os casos expressamente previstos neste Título e a ação rescisória, que será admitida na forma do disposto no Capítulo IV do Título IX da Lei nº 5.869, de 11 de janeiro de 1973 – Código de Processo Civil, sujeita ao depósito prévio de 20% (vinte por cento) do valor da causa, salvo prova de miserabilidade jurídica do autor.

- *Caput* com a redação dada pela Lei nº 11.495, de 22-6-2007.
- Arts. 966 a 975 do CPC/2015.
- IN do TST nº 31, de 27-9-2007, regulamenta a forma de realização do depósito prévio em ação rescisória de que trata este artigo.
- Súmulas nºs 338, 343 e 514 do STF.
- Súmulas nºs 129, 134 e 234 do extinto TFR.
- Súmulas nºs 33, 83, 99, 100, 158, 187, 192, 211, 259, 299, 399 e 411 a 413 do TST.
- Orientações Jurisprudenciais da SBDI-II nºs 2, 6, 10, 21, 24, 25, 30, 35, 41, 69, 70, 71, 76, 78, 80, 84, 94, 97, 101, 103, 107, 112, 123, 124, 128, 131, 132, 134, 135, 136, 146, 150, 151, 152, 154, 155, 157 e 158 do TST.

Parágrafo único. A execução da decisão proferida em ação rescisória far-se-á nos próprios autos da ação que lhe deu origem, e será instruída com o acórdão da rescisória e a respectiva certidão de trânsito em julgado.

- Parágrafo único acrescido pela MP nº 2.180-35, de 24-8-2001, que até o encerramento desta edição não havia sido convertida em Lei.

CAPÍTULO III — DOS DISSÍDIOS INDIVIDUAIS

Seção I — *DA FORMA DE RECLAMAÇÃO E DA NOTIFICAÇÃO*

- EC nº 24, de 9-12-1999, alterou a denominação das Juntas de Conciliação e Julgamento para Varas do Trabalho e extinguiu a representação classista na Justiça do Trabalho.

Art. 837. Nas localidades em que houver apenas uma Junta de Conciliação e Julgamento, ou um escrivão do cível, a reclamação será apresentada diretamente à secretaria da Junta, ou ao cartório do Juízo.

- EC nº 24, de 9-12-1999, alterou a denominação das Juntas de Conciliação e Julgamento para Varas do

Trabalho e extinguiu a representação classista na Justiça do Trabalho.

Art. 838. Nas localidades em que houver mais de uma Junta ou mais de um Juízo, ou escrivão do cível, a reclamação será, preliminarmente, sujeita a distribuição, na forma do disposto no Capítulo II, Seção II, deste Título.

▸ EC nº 24, de 9-12-1999, alterou a denominação das Juntas de Conciliação e Julgamento para Varas do Trabalho e extinguiu a representação classista na Justiça do Trabalho.

Art. 839. A reclamação poderá ser apresentada:

▸ Súm. nº 425 do TST.

a) pelos empregados e empregadores, pessoalmente, ou por seus representantes, e pelos sindicatos de classe;

b) por intermédio das Procuradorias Regionais da Justiça do Trabalho.

▸ Arts. 5º, XXI, LXXIV, 8º, III, 133 e 134 da CF.

Art. 840. A reclamação poderá ser escrita ou verbal.

▸ Art. 12 da IN do TST nº 41, de 21-6-2018, que dispõe sobre a aplicação das normas processuais desta Consolidação alteradas pela Lei nº 13.467, de 13-7-2017.

§ 1º Sendo escrita, a reclamação deverá conter a designação do juízo, a qualificação das partes, a breve exposição dos fatos de que resulte o dissídio, o pedido, que deverá ser certo, determinado e com indicação de seu valor, a data e a assinatura do reclamante ou de seu representante.

▸ § 1º com a redação dada pela Lei nº 13.467, de 13-7-2017.

▸ Art. 12, § 2º, da IN do TST nº 41, de 21-6-2018, que dispõe sobre a aplicação das normas processuais desta Consolidação alteradas pela Lei nº 13.467, de 13-7-2017.

§ 2º Se verbal, a reclamação será reduzida a termo, em duas vias datadas e assinadas pelo escrivão ou secretário, observado, no que couber, o disposto no § 1º deste artigo.

▸ § 2º com a redação dada pela Lei nº 13.467, de 13-7-2017.

▸ Art. 12, § 2º, da IN do TST nº 41, de 21-6-2018, que dispõe sobre a aplicação das normas processuais desta Consolidação alteradas pela Lei nº 13.467, de 13-7-2017.

§ 3º Os pedidos que não atendam ao disposto no § 1º deste artigo serão julgados extintos sem resolução do mérito.

▸ § 3º acrescido pela Lei nº 13.467, de 13-7-2017.

Art. 841. Recebida e protocolada a reclamação, o escrivão ou chefes de secretaria, dentro de quarenta e oito horas, remeterá a segunda via da petição, ou do termo, ao reclamado, notificando-o ao mesmo tempo, para comparecer à audiência de julgamento, que será a primeira desimpedida, depois de cinco dias.

▸ Lei nº 409, de 25-9-1948, cria os quadros de pessoal da Justiça do Trabalho.

▸ Súm. nº 78 do extinto TFR.

▸ OJ da SBDI-I nº 392 do TST.

§ 1º A notificação será feita em registro postal com franquia. Se o reclamado criar embaraços ao seu recebimento ou não for encontrado, far-se-á a notificação por edital, inserto no jornal oficial ou no que publicar o expediente forense, ou, na falta, afixado na sede da Junta ou Juízo.

▸ EC nº 24, de 9-12-1999, alterou a denominação das Juntas de Conciliação e Julgamento para Varas do Trabalho e extinguiu a representação classista na Justiça do Trabalho.

▸ Súm. nº 16 do TST.

§ 2º O reclamante será notificado no ato da apresentação da reclamação ou na forma do parágrafo anterior.

▸ Art. 5º, LV, da CF.

§ 3º Oferecida a contestação, ainda que eletronicamente, o reclamante não poderá, sem o consentimento do reclamado, desistir da ação.

▸ § 3º acrescido pela Lei nº 13.467, de 13-7-2017

Art. 842. Sendo várias as reclamações e havendo identidade de matéria, poderão ser acumuladas num só processo, se se tratar de empregados da mesma empresa ou estabelecimento.

▸ Súm. nº 261 do extinto TFR.

▸ Súm. nº 36 do TST.

Seção II

DA AUDIÊNCIA DE JULGAMENTO

Art. 843. Na audiência de julgamento deverão estar presentes o reclamante e o reclamado, independentemente do comparecimento de seus representantes, salvo nos casos de Reclamatórias Plúrimas ou Ações de Cumprimento, quando os empregados poderão fazer-se representar pelo Sindicato de sua categoria.

▸ *Caput* com a redação dada pela Lei nº 6.667, de 3-7-1979.

▸ Art. 113, § 1º, do CPC/2015.

▸ Súm. nº 456 do TST.

▸ Súmulas nºs 82, 83 e 87 do extinto TFR.

§ 1º É facultado ao empregador fazer-se substituir pelo gerente, ou qualquer outro preposto que tenha conhecimento do fato, e cujas declarações obrigarão o proponente.

▸ Súm. nº 377 do TST.

§ 2º Se por doença ou qualquer outro motivo poderoso, devidamente comprovado, não for possível ao empregado comparecer pessoalmente, poderá fazer-se representar por outro empregado que pertença à mesma profissão, ou pelo seu Sindicato.

▸ Mantivemos "poderoso" conforme publicação oficial, no entanto, entendemos ser correto "ponderoso".

§ 3º O preposto a que se refere o § 1º deste artigo não precisa ser empregado da parte reclamada.

▸ § 3º acrescido pela Lei nº 13.467, de 13-7-2017.

▸ Art. 12, §§ 1º e 3º, da IN do TST nº 41, de 21-6-2018, que dispõe sobre a aplicação das normas processuais desta Consolidação alteradas pela Lei nº 13.467, de 13-7-2017.

Art. 844. O não comparecimento do reclamante à audiência importa o arquivamento da reclamação, e o não comparecimento do reclamado importa revelia, além de confissão quanto à matéria de fato.

▸ OJ da SBDI-I nº 152 do TST.

▸ Súmulas nºs 9, 69, 74, 122, 211 e 268 do TST.

§ 1º Ocorrendo motivo relevante, poderá o juiz suspender o julgamento, designando nova audiência.

▸ Parágrafo único transformado em § 1º e com a redação dada pela Lei nº 13.467, de 13-7-2017.

§ 2º Na hipótese de ausência do reclamante, este será condenado ao pagamento das custas calculadas na forma do art. 789 desta Consolidação, ainda que beneficiário da justiça gratuita, salvo se comprovar, no prazo de quinze dias, que a ausência ocorreu por motivo legalmente justificável.

▸ O STF, por maioria dos votos, julgou improcedente a ADI nº 5.766 para declarar a constitucionalidade deste parágrafo (*DOU* de 5-11-2021).

▸ Art. 12 da IN do TST nº 41, de 21-6-2018, que dispõe sobre a aplicação das normas processuais desta Consolidação alteradas pela Lei nº 13.467, de 13-7-2017.

§ 3º O pagamento das custas a que se refere o § 2º é condição para a propositura de nova demanda.

▸ Art. 12 da IN do TST nº 41, de 21-6-2018, que dispõe sobre a aplicação das normas processuais desta Consolidação alteradas pela Lei nº 13.467, de 13-7-2017.

§ 4º A revelia não produz o efeito mencionado no *caput* deste artigo se:

I – havendo pluralidade de reclamados, algum deles contestar a ação;

II – o litígio versar sobre direitos indisponíveis;

III – a petição inicial não estiver acompanhada de instrumento que a lei considere indispensável à prova do ato;

IV – as alegações de fato formuladas pelo reclamante forem inverossímeis ou estiverem em contradição com prova constante dos autos.

§ 5º Ainda que ausente o reclamado, presente o advogado na audiência, serão aceitos a contestação e os documentos eventualmente apresentados.

▸ §§ 2º a 5º acrescidos pela Lei nº 13.467, de 13-7-2017.

▸ Art. 12, *caput*, e § 3º, da IN do TST nº 41, de 21-6-2018, que dispõe sobre a aplicação das normas processuais desta Consolidação alteradas pela Lei nº 13.467, de 13-7-2017.

Art. 845. O reclamante e o reclamado comparecerão à audiência acompanhados das suas testemunhas, apresentando, nessa ocasião, as demais provas.

Art. 846. Aberta a audiência, o juiz ou presidente proporá a conciliação.

▸ Art. 10 da Lei nº 11.419, de 19-12-2006 (Lei da Informatização do Processo Judicial).

§ 1º Se houver acordo lavrar-se-á termo, assinado pelo presidente e pelos litigantes, consignando-se o prazo e demais condições para seu cumprimento.

§ 2º Entre as condições a que se refere o parágrafo anterior, poderá ser estabelecida a de ficar a parte que não cumprir o acordo obrigada a satisfazer integralmente o pedido ou pagar uma indenização convencionada, sem prejuízo do cumprimento do acordo.

▸ OJ da SBDI-I nº 54 do TST.

Art. 847. Não havendo acordo, o reclamado terá vinte minutos para aduzir sua defesa, após a leitura da reclamação, quando esta não for dispensada por ambas as partes.

▸ Arts. 846 e 847 com a redação dada pela Lei nº 9.022, de 5-4-1995.

▸ Art. 5º, LV, da CF.

▸ Arts. 336, 337 e 341 do CPC/2015.

Parágrafo único. A parte poderá apresentar defesa escrita pelo sistema de processo judicial eletrônico até a audiência.

▸ Parágrafo único acrescido pela Lei nº 13.467, de 13-7-2017.

Art. 848. Terminada a defesa, seguir-se-á a instrução do processo, podendo o presidente, *ex officio* ou a requerimento de qualquer juiz temporário, interrogar os litigantes.

- *Caput* com a redação dada pela Lei nº 9.022, de 5-4-1995.
- Súmulas nºs 262 e 263 do extinto TFR.

§ 1º Findo o interrogatório, poderá qualquer dos litigantes retirar-se, prosseguindo a instrução com o seu representante.

§ 2º Serão, a seguir, ouvidas as testemunhas, os peritos e os técnicos, se houver.

Art. 849. A audiência de julgamento será contínua; mas, se não for possível, por motivo de força maior, concluí-la no mesmo dia, o juiz ou presidente marcará a sua continuação para a primeira desimpedida, independentemente de nova notificação.

Art. 850. Terminada a instrução, poderão as partes aduzir razões finais, em prazo não excedente de dez minutos para cada uma. Em seguida, o juiz ou presidente renovará a proposta de conciliação, e não se realizando esta, será proferida a decisão.

- Art. 226, III, do CPC/2015.

Parágrafo único. O Presidente da Junta, após propor a solução do dissídio, tomará os votos dos Juízes classistas e, havendo divergência entre estes, poderá desempatar ou proferir decisão que melhor atenda ao cumprimento da lei e ao justo equilíbrio entre os votos divergentes e ao interesse social.

- EC nº 24, de 9-12-1999, alterou a denominação das Juntas de Conciliação e Julgamento para Varas do Trabalho e extinguiu a representação classista na Justiça do Trabalho.
- OJ da SBDI-II nº 41 do TST.

Art. 851. Os trâmites de instrução e julgamento da reclamação serão resumidos em ata, de que constará, na íntegra, a decisão.

- Súmulas nºs 30 e 197 do TST.

§ 1º Nos processos de exclusiva alçada das Juntas, será dispensável, a juízo do presidente, o resumo dos depoimentos, devendo constar da ata a conclusão do Tribunal quanto à matéria de fato.

- EC nº 24, de 9-12-1999, alterou a denominação das Juntas de Conciliação e Julgamento para Varas do Trabalho e extinguiu a representação classista na Justiça do Trabalho.

§ 2º A ata será, pelo presidente ou juiz, junta ao processo, devidamente assinada, no prazo improrrogável de quarenta e oito horas, contado da audiência de julgamento, e assinada pelos Juízes classistas presentes à mesma audiência.

- Art. 851 com a redação dada pelo Dec.-lei nº 8.737, de 19-1-1946.
- EC nº 24, de 9-12-1999, alterou a denominação das Juntas de Conciliação e Julgamento para Varas do Trabalho e extinguiu a representação classista na Justiça do Trabalho.
- Súmulas nºs 30 e 197 do TST.

Art. 852. Da decisão serão os litigantes notificados, pessoalmente, ou por seu representante, na própria audiência. No caso de revelia, a notificação far-se-á pela forma estabelecida no § 1º do artigo 841.

- Súm. nº 197 do TST.

Seção II-A

DO PROCEDIMENTO SUMARÍSSIMO

- Seção II-A acrescida pela Lei nº 9.957, de 12-1-2000.
- Súmulas nºs 71 e 442 do TST.
- OJ da SBDI-I nº 260 do TST.
- Ato do TST nº 174, de 9-5-2002, determina que os processos sujeitos ao procedimento sumaríssimo tenham identificação específica no TST.

Art. 852-A. Os dissídios individuais cujo valor não exceda a quarenta vezes o salário mínimo vigente na data do ajuizamento da reclamação ficam submetidos ao procedimento sumaríssimo.

Parágrafo único. Estão excluídas do procedimento sumaríssimo as demandas em que é parte a Administração Pública direta, autárquica e fundacional.

Art. 852-B. Nas reclamações enquadradas no procedimento sumaríssimo:

I – o pedido deverá ser certo ou determinado e indicará o valor correspondente;

II – não se fará citação por edital, incumbindo ao autor a correta indicação do nome e endereço do reclamado;

III – a apreciação da reclamação deverá ocorrer no prazo máximo de quinze dias do seu ajuizamento, podendo constar de pauta especial, se necessário, de acordo com o movimento judiciário da Junta de Conciliação e Julgamento.

- EC nº 24, de 9-12-1999, alterou a denominação das Juntas de Conciliação e Julgamento para Varas do Trabalho e extinguiu a representação classista na Justiça do Trabalho.

§ 1º O não atendimento, pelo reclamante, do disposto nos incisos I e II deste artigo importará no arquivamento da reclamação e condenação ao pagamento de custas sobre o valor da causa.

§ 2º As partes e advogados comunicarão ao juízo as mudanças de endereço ocorridas no curso do processo, reputando-se eficazes as intimações enviadas ao local anteriormente indicado, na ausência de comunicação.

Art. 852-C. As demandas sujeitas a rito sumaríssimo serão instruídas e julgadas em audiência única, sob a direção de juiz presidente ou substituto, que poderá ser convocado para atuar simultaneamente com o titular.

Art. 852-D. O juiz dirigirá o processo com liberdade para determinar as provas a serem produzidas, considerado o ônus probatório de cada litigante, podendo limitar ou excluir as que considerar excessivas, impertinentes ou protelatórias, bem como para apreciá-las e dar especial valor às regras de experiência comum ou técnica.

Art. 852-E. Aberta a sessão, o juiz esclarecerá as partes presentes sobre as vantagens da conciliação e usará os meios adequados de persuasão para a solução conciliatória do litígio, em qualquer fase da audiência.

Art. 852-F. Na ata de audiência serão registrados resumidamente os atos essenciais, as afirmações fundamentais das partes e as informações úteis à solução da causa trazidas pela prova testemunhal.

Art. 852-G. Serão decididos, de plano, todos os incidentes e exceções que possam interferir no prosseguimento da audiência e do processo. As demais questões serão decididas na sentença.

Art. 852-H. Todas as provas serão produzidas na audiência de instrução e julgamento, ainda que não requeridas previamente.

§ 1º Sobre os documentos apresentados por uma das partes manifestar-se-á imediatamente a parte contrária, sem interrupção da audiência, salvo absoluta impossibilidade, a critério do juiz.

§ 2º As testemunhas, até o máximo de duas para cada parte, comparecerão à audiência de instrução e julgamento independentemente de intimação.

§ 3º Só será deferida intimação de testemunha que, comprovadamente convidada, deixar de comparecer. Não comparecendo a testemunha intimada, o juiz poderá determinar sua imediata condução coercitiva.

§ 4º Somente quando a prova do fato o exigir, ou for legalmente imposta, será deferida prova técnica, incumbindo ao juiz, desde logo, fixar o prazo, o objeto da perícia e nomear perito.

§ 5º VETADO.

§ 6º As partes serão intimadas a manifestar-se sobre o laudo, no prazo comum de cinco dias.

§ 7º Interrompida a audiência, o seu prosseguimento e a solução do processo dar-se-ão no prazo máximo de trinta dias, salvo motivo relevante justificado nos autos pelo juiz da causa.

Art. 852-I. A sentença mencionará os elementos de convicção do juízo, com resumo dos fatos relevantes ocorridos em audiência, dispensado o relatório.

- Art. 93, IX, da CF.

§ 1º O juízo adotará em cada caso a decisão que reputar mais justa e equânime, atendendo aos fins sociais da lei e às exigências do bem comum.

§ 2º VETADO.

§ 3º As partes serão intimadas da sentença na própria audiência em que prolatada.

- Arts. 852-A a 852-I acrescidos pela Lei nº 9.957, de 12-1-2000.
- Súmulas nºs 30 e 197 do TST.

Seção III

DO INQUÉRITO PARA APURAÇÃO DE FALTA GRAVE

- EC nº 24, de 9-12-1999, alterou a denominação das Juntas de Conciliação e Julgamento para Varas do Trabalho e extinguiu a representação classista na Justiça do Trabalho.

Art. 853. Para a instauração do inquérito para apuração de falta grave contra empregado garantido com estabilidade, o empregador apresentará reclamação por escrito à Junta ou Juízo de Direito, dentro de trinta dias, contados da data da suspensão do empregado.

- EC nº 24, de 9-12-1999, alterou a denominação das Juntas de Conciliação e Julgamento para Varas do Trabalho e extinguiu a representação classista na Justiça do Trabalho.
- Súmulas nºs 197 e 403 do STF.
- Súm. nº 379 do TST.
- OJ da SBDI-II nº 137 do TST.

Art. 854. O processo do inquérito perante a Junta ou Juízo obedecerá às normas estabelecidas no presente Capítulo, observadas as disposições desta Seção.

- EC nº 24, de 9-12-1999, alterou a denominação das Juntas de Conciliação e Julgamento para Varas do Trabalho e extinguiu a representação classista na Justiça do Trabalho.

Art. 855. Se tiver havido prévio reconhecimento da estabilidade do empregado, o julgamento do inquérito pela Junta ou Juízo não prejudicará a execução para pagamento dos salários devidos ao empregado, até a data da instauração do mesmo inquérito.

▶ EC nº 24, de 9-12-1999, alterou a denominação das Juntas de Conciliação e Julgamento para Varas do Trabalho e extinguiu a representação classista na Justiça do Trabalho.

Seção IV

DO INCIDENTE DE DESCONSIDERAÇÃO DA PERSONALIDADE JURÍDICA

▶ Seção IV acrescida pela Lei nº 13.467, de 13-7-2017.

Art. 855-A. Aplica-se ao processo do trabalho o incidente de desconsideração da personalidade jurídica previsto nos arts. 133 a 137 da Lei nº 13.105, de 16 de março de 2015 – Código de Processo Civil.

§ 1º Da decisão interlocutória que acolher ou rejeitar o incidente:

I – na fase de cognição, não cabe recurso de imediato, na forma do § 1º do art. 893 desta Consolidação;

II – na fase de execução, cabe agravo de petição, independentemente de garantia do juízo;

III – cabe agravo interno se proferida pelo relator em incidente instaurado originariamente no tribunal.

§ 2º A instauração do incidente suspenderá o processo, sem prejuízo de concessão da tutela de urgência de natureza cautelar de que trata o art. 301 da Lei nº 13.105, de 16 de março de 2015 (Código de Processo Civil).

▶ Art. 855-A acrescido pela Lei nº 13.467, de 13-7-2017.

▶ Art. 13 da IN do TST nº 41, de 21-6-2018, que dispõe sobre a aplicação das normas processuais desta Consolidação alteradas pela Lei nº 13.467, de 13-7-2017.

CAPÍTULO III-A

DO PROCESSO DE JURISDIÇÃO VOLUNTÁRIA PARA HOMOLOGAÇÃO DE ACORDO EXTRAJUDICIAL

▶ Capítulo III-A acrescido pela Lei nº 13.467, de 13-7-2017.

Art. 855-B. O processo de homologação de acordo extrajudicial terá início por petição conjunta, sendo obrigatória a representação das partes por advogado.

§ 1º As partes não poderão ser representadas por advogado comum.

§ 2º Faculta-se ao trabalhador ser assistido pelo advogado do sindicato de sua categoria.

Art. 855-C. O disposto neste Capítulo não prejudica o prazo estabelecido no § 6º do art. 477 desta Consolidação e não afasta a aplicação da multa prevista no § 8º art. 477 desta Consolidação.

Art. 855-D. No prazo de quinze dias a contar da distribuição da petição, o juiz analisará o acordo, designará audiência se entender necessário e proferirá sentença.

Art. 855-E. A petição de homologação de acordo extrajudicial suspende o prazo prescricional da ação quanto aos direitos nela especificados.

Parágrafo único. O prazo prescricional voltará a fluir no dia útil seguinte ao do trânsito em julgado da decisão que negar a homologação do acordo.

▶ Arts. 855-B a 855-E acrescidos pela Lei nº 13.467, de 13-7-2017.

CAPÍTULO IV

DOS DISSÍDIOS COLETIVOS

Seção I

DA INSTAURAÇÃO DA INSTÂNCIA

Art. 856. A instância será instaurada mediante representação escrita ao Presidente do Tribunal. Poderá ser também instaurada por iniciativa do Presidente, ou, ainda, a requerimento da Procuradoria da Justiça do Trabalho, sempre que ocorrer suspensão do trabalho.

▶ Arts. 5º, XXXV, e 114 da CF.

▶ LC nº 75, de 20-5-1993 (Lei Orgânica do Ministério Público da União).

▶ OJ da SDC nº 3 do TST.

Art. 857. A representação para instaurar a instância em dissídio coletivo constitui prerrogativa das associações sindicais, excluídas as hipóteses aludidas no artigo 856, quando ocorrer suspensão do trabalho.

▶ *Caput* com a redação dada pelo Dec.-lei nº 7.321, de 14-2-1945.

Parágrafo único. Quando não houver Sindicato representativo da categoria econômica ou profissional, poderá a representação ser instaurada pelas Federações correspondentes e, na falta destas, pelas Confederações respectivas, no âmbito de sua representação.

▶ Parágrafo único com a redação dada pela Lei nº 2.693, de 23-12-1955.

Art. 858. A representação será apresentada em tantas vias quantos forem os reclamados e deverá conter:

a) designação e qualificação dos reclamantes e dos reclamados e a natureza do estabelecimento ou do serviço;

b) os motivos do dissídio e as bases da conciliação.

▶ OJ da SDC nº 32 do TST.

Art. 859. A representação dos Sindicatos para instauração da instância fica subordinada à aprovação da assembleia, da qual participem os associados interessados na solução do dissídio coletivo, em primeira convocação, por maioria de dois terços dos mesmos, ou, em segunda convocação, por dois terços dos presentes.

Parágrafo único. *Revogado.* Dec.-lei nº 7.321, de 14-2-1945.

▶ Arts. 7º, XXVI, 8º, III, IV, e 114 da CF.

▶ Súm. nº 369 do TST.

▶ Orientações Jurisprudenciais da SDC nºs 8, 19, 22 e 28 do TST.

▶ OJ da SBDI-II nº 148 do TST.

Seção II

DA CONCILIAÇÃO E DO JULGAMENTO

Art. 860. Recebida e protocolada a representação, e estando na devida forma, o Presidente do Tribunal designará a audiência de conciliação, dentro do prazo de dez dias, determinando a notificação dos dissidentes, com observância do disposto no artigo 841.

▶ Art. 114, §§ 2º e 3º, da CF.

Parágrafo único. Quando a instância for instaurada *ex officio*, a audiência deverá ser realizada dentro do prazo mais breve possível, após o reconhecimento do dissídio.

Art. 861. É facultado ao empregador fazer-se representar na audiência pelo gerente, ou por qualquer outro preposto que tenha conhecimento do dissídio, e por cujas declarações será sempre responsável.

▶ Súm. nº 377 do TST.

Art. 862. Na audiência designada, comparecendo ambas as partes ou seus representantes, o Presidente do Tribunal as convidará para se pronunciarem sobre as bases da conciliação. Caso não sejam aceitas as bases propostas, o Presidente submeterá aos interessados a solução que lhe pareça capaz de resolver o dissídio.

Art. 863. Havendo acordo, o Presidente o submeterá à homologação do Tribunal na primeira sessão.

▶ OJ da SDC nº 34 do TST.

Art. 864. Não havendo acordo, ou não comparecendo ambas as partes ou uma delas, o Presidente submeterá o processo a julgamento, depois de realizadas as diligências que entender necessárias e ouvida a Procuradoria.

▶ Artigo com a redação dada pelo Dec.-lei nº 8.737, de 19-1-1946.

Art. 865. Sempre que, no decorrer do dissídio, houver ameaça de perturbação da ordem, o presidente requisitará à autoridade competente as providências que se tornarem necessárias.

Art. 866. Quando o dissídio ocorrer fora da sede do Tribunal, poderá o Presidente, se julgar conveniente, delegar à autoridade local as atribuições de que tratam os artigos 860 e 862. Nesse caso, não havendo conciliação, a autoridade delegada encaminhará o processo ao Tribunal, fazendo exposição circunstanciada dos fatos e indicando a solução que lhe parecer conveniente.

Art. 867. Da decisão do Tribunal serão notificadas as partes, ou seus representantes, em registro postal, com franquia, fazendo-se, outrossim, a sua publicação no jornal oficial, para ciência dos demais interessados.

Parágrafo único. A sentença normativa vigorará:

a) a partir da data de sua publicação, quando ajuizado o dissídio após o prazo do artigo 616, § 3º, ou, quando não existir acordo, convenção ou sentença normativa em vigor, da data do ajuizamento;

b) a partir do dia imediato ao termo final de vigência do acordo, convenção ou sentença normativa, quando ajuizado o dissídio no prazo do artigo 616, § 3º.

▶ Parágrafo único acrescido pelo Dec.-lei nº 424, de 21-1-1969.

Seção III

DA EXTENSÃO DAS DECISÕES

Art. 868. Em caso de dissídio coletivo que tenha por motivo novas condições de trabalho e no qual figure como parte apenas uma fração de empregados de uma empresa, poderá o Tribunal competente, na própria decisão, estender tais condições de trabalho, se julgar justo e conveniente, aos demais empregados da empresa que forem da mesma profissão dos dissidentes.

▶ OJ da SDC nº 2 do TST.

Parágrafo único. O Tribunal fixará a data em que a decisão deve entrar em execução, bem como o prazo de sua vigência, o qual não poderá ser superior a quatro anos.

▶ OJ da SBDI-I nº 322 do TST.

Art. 869. A decisão sobre novas condições de trabalho poderá também ser estendida a todos os empregados da mesma categoria profissional compreendida na jurisdição do Tribunal:

- LC nº 75, de 20-5-1993 (Lei Orgânica do Ministério Público da União).

a) por solicitação de um ou mais empregadores, ou de qualquer Sindicato destes;

b) por solicitação de um ou mais Sindicatos de empregados;

c) *ex officio*, pelo Tribunal que houver proferido a decisão;

d) por solicitação da Procuradoria da Justiça do Trabalho.

Art. 870. Para que a decisão possa ser estendida, na forma do artigo anterior, torna-se preciso que três quartos dos empregadores e três quartos dos empregados, ou os respectivos Sindicatos, concordem com a extensão da decisão.

- LC nº 75, de 20-5-1993 (Lei Orgânica do Ministério Público da União).

§ 1º O Tribunal competente marcará prazo, não inferior a trinta nem superior a sessenta dias, a fim de que se manifestem os interessados.

§ 2º Ouvidos os interessados e a Procuradoria da Justiça do Trabalho, será o processo submetido ao julgamento do Tribunal.

Art. 871. Sempre que o Tribunal estender a decisão, marcará a data em que a extensão deva entrar em vigor.

Seção IV

DO CUMPRIMENTO DAS DECISÕES

Art. 872. Celebrado o acordo, ou transitada em julgado a decisão, seguir-se-á o seu cumprimento, sob as penas estabelecidas neste Título.

Parágrafo único. Quando os empregadores deixarem de satisfazer o pagamento de salários, na conformidade da decisão proferida, poderão os empregados ou seus Sindicatos, independentes de outorga de poderes de seus associados, juntando certidão de tal decisão, apresentar reclamação à Junta ou Juízo competente, observado o processo previsto no Capítulo II deste Título, sendo vedado, porém, questionar sobre a matéria de fato e de direito já apreciada na decisão.

- Parágrafo único com a redação dada pelo Dec.-lei nº 2.275, de 30-7-1954.
- EC nº 24, de 9-12-1999, alterou a denominação das Juntas de Conciliação e Julgamento para Varas do Trabalho e extinguiu a representação classista na Justiça do Trabalho.
- Art. 8º, III, da CF.
- OJ da SBDI-I nº 359 do TST.
- Súmulas nºs 246, 286 e 397 do TST.

Seção V

DA REVISÃO

Art. 873. Decorrido mais de um ano de sua vigência, caberá revisão das decisões que fixarem condições de trabalho, quando se tiverem modificado as circunstâncias que as ditaram, de modo que tais condições se hajam tornado injustas ou inaplicáveis.

Art. 874. A revisão poderá ser promovida por iniciativa do Tribunal prolator, da Procuradoria da Justiça do Trabalho, das associações sindicais ou de empregador ou empregadores interessados no cumprimento da decisão.

- LC nº 75, de 20-5-1993 (Lei Orgânica do Ministério Público da União).

Parágrafo único. Quando a revisão for promovida por iniciativa do Tribunal prolator ou da Procuradoria, as associações sindicais e o empregador ou empregadores interessados serão ouvidos no prazo de trinta dias. Quando promovida por uma das partes interessadas, serão as outras ouvidas também por igual prazo.

Art. 875. A revisão será julgada pelo Tribunal que tiver proferido a decisão, depois de ouvida a Procuradoria da Justiça do Trabalho.

- LC nº 75, de 20-5-1993 (Lei Orgânica do Ministério Público da União).

CAPÍTULO V

DA EXECUÇÃO

Seção I

DAS DISPOSIÇÕES PRELIMINARES

Art. 876. As decisões passadas em julgado ou das quais não tenha havido recurso com efeito suspensivo; os acordos, quando não cumpridos; os termos de ajuste de conduta firmados perante o Ministério Público do Trabalho e os termos de conciliação firmados perante as Comissões de Conciliação Prévia serão executados pela forma estabelecida neste Capítulo.

- *Caput* com a redação dada pela Lei nº 9.958, de 12-1-2000.
- Art. 625-E desta Consolidação.
- Súm. nº 228 do STF.
- Súm. nº 10 do STJ.

Parágrafo único. A Justiça do Trabalho executará, de ofício, as contribuições sociais previstas na alínea *a* do inciso I e no inciso II do *caput* do art. 195 da Constituição Federal, e seus acréscimos legais, relativas ao objeto da condenação constante das sentenças que proferir e dos acordos que homologar.

- Parágrafo único com a redação dada pela Lei nº 13.467, de 13-7-2017.

Art. 877. É competente para a execução das decisões o Juiz ou Presidente do Tribunal que tiver conciliado ou julgado originariamente o dissídio.

- Súmulas nºs 10 e 46 do STJ.
- Súm. nº 419 do TST.

Art. 877-A. É competente para a execução de título executivo extrajudicial o juiz que teria competência para o processo de conhecimento relativo à matéria.

- Artigo acrescido pela Lei nº 9.958, de 12-1-2000.

Art. 878. A execução será promovida pelas partes, permitida a execução de ofício pelo juiz ou pelo Presidente do Tribunal apenas nos casos em que as partes não estiverem representadas por advogado.

- *Caput* com a redação dada pela Lei nº 13.467, de 13-7-2017.
- Art. 13 da IN do TST nº 41, de 21-6-2018, que dispõe sobre a aplicação das normas processuais desta Consolidação alteradas pela Lei nº 13.467, de 13-7-2017.

Parágrafo único. *Revogado*. Lei nº 13.467, de 13-7-2017.

Art. 878-A. Faculta-se ao devedor o pagamento imediato da parte que entender devida à Previdência Social, sem prejuízo da cobrança de eventuais diferenças encontradas na execução *ex officio*.

- Artigo acrescido pela Lei nº 10.035, de 25-10-2000.

Art. 879. Sendo ilíquida a sentença exequenda, ordenar-se-á, previamente, a sua liquidação, que poderá ser feita por cálculo, por arbitramento ou por artigos.

- *Caput* com a redação dada pela Lei nº 2.244, de 23-6-1954.

§ 1º Na liquidação, não se poderá modificar, ou inovar, a sentença liquidanda, nem discutir matéria pertinente à causa principal.

- § 1º com a redação dada pela Lei nº 8.432, de 11-6-1992.

§ 1º-A. A liquidação abrangerá, também, o cálculo das contribuições previdenciárias devidas.

- Súm. Vinc. nº 8 do STF.
- Súm. nº 351 do STJ.
- OJ da SBDI-I nº 363 do TST.

§ 1º-B. As partes deverão ser previamente intimadas para a apresentação do cálculo de liquidação, inclusive da contribuição previdenciária incidente.

- §§ 1º-A e 1º-B acrescidos pela Lei nº 10.035, de 25-10-2000.
- Súm. nº 368 do TST.

§ 2º Elaborada a conta e tornada líquida, o juízo deverá abrir às partes prazo comum de oito dias para impugnação fundamentada com a indicação dos itens e valores objeto da discordância, sob pena de preclusão.

- § 2º com a redação dada pela Lei nº 13.467, de 13-7-2017.
- Art. 14 da IN do TST nº 41, de 21-6-2018, que dispõe sobre a aplicação das normas processuais desta Consolidação alteradas pela Lei nº 13.467, de 13-7-2017.

§ 3º Elaborada a conta pela parte ou pelos órgãos auxiliares da Justiça do Trabalho, o juiz procederá à intimação da União para manifestação, no prazo de 10 (dez) dias, sob pena de preclusão.

- § 3º com a redação dada pela Lei nº 11.457, de 16-3-2007.

§ 4º A atualização do crédito devido à Previdência Social observará os critérios estabelecidos na legislação previdenciária.

- § 4º acrescido pela Lei nº 10.035, de 25-10-2000.

§ 5º O Ministro de Estado da Fazenda poderá, mediante ato fundamentado, dispensar a manifestação da União quando o valor total das verbas que integram o salário de contribuição, na forma do art. 28 da Lei nº 8.212, de 24 de julho de 1991, ocasionar perda de escala decorrente da atuação do órgão jurídico.

- § 5º acrescido pela Lei nº 11.457, de 16-3-2007.

§ 6º Tratando-se de cálculos de liquidação complexos, o juiz poderá nomear perito para a elaboração e fixará, depois da conclusão do trabalho, o valor dos respectivos honorários com observância, entre outros, dos critérios de razoabilidade e proporcionalidade.

- § 6º acrescido pela Lei nº 12.405, de 16-5-2011.

§ 7º A atualização dos créditos decorrentes de condenação judicial será feita pela Taxa Referencial (TR), divulgada pelo Banco Central do Brasil, conforme a Lei nº 8.177, de 1º de março de 1991.

- § 7º acrescido pela Lei nº 13.467, de 13-7-2017.

Seção II

DO MANDADO E DA PENHORA

Art. 880. Requerida a execução, o juiz ou presidente do tribunal mandará expedir mandado de citação do executado, a fim de que cumpra a decisão ou o acordo no prazo, pelo modo e sob as cominações estabelecidas ou, quando se tratar de pagamento em dinheiro, inclusive de contribuições sociais devidas à União, para que o faça em 48 (quarenta e oito) horas ou garanta a execução, sob pena de penhora.

- *Caput* com a redação dada pela Lei nº 11.457, de 16-3-2007.
- Arts. 882 e 889 desta Consolidação.
- Art. 835 do CPC/2015.
- Lei nº 6.830, de 22-9-1980 (Lei das Execuções Fiscais).
- Port. do MPAS nº 516, de 7-5-2003, dispõe sobre os aspectos administrativos da determinação constitucional de cobrança da contribuição previdenciária por meio de execução de ofício, cuja iniciativa compete à Justiça do Trabalho.
- Súm. Vinc. nº 25 do STF.
- Súm. nº 417 do TST.
- OJ da SDC nº 3 do TST.

§ 1º O mandado de citação deverá conter a decisão exequenda ou o termo de acordo não cumprido.

§ 2º A citação será feita pelos oficiais de justiça.

§ 3º Se o executado, procurado por duas vezes no espaço de quarenta e oito horas, não for encontrado, far-se-á citação por edital, publicado no jornal oficial ou, na falta deste, afixado na sede da Junta ou Juízo, durante cinco dias.

- EC nº 24, de 9-12-1999, alterou a denominação das Juntas de Conciliação e Julgamento para Varas do Trabalho e extinguiu a representação classista na Justiça do Trabalho.

Art. 881. No caso de pagamento da importância reclamada, será este feito perante o escrivão ou chefe de secretaria, lavrando-se termo de quitação, em duas vias, assinadas pelo exequente, pelo executado e pelo mesmo escrivão ou chefe de secretaria, entregando-se a segunda via ao executado e juntando-se a outra ao processo.

- *Caput* com a redação dada pela Lei nº 409, de 25-9-1948.

Parágrafo único. Não estando presente o exequente, será depositada a importância, mediante guia, em estabelecimento oficial de crédito ou, em falta deste, em estabelecimento bancário idôneo.

- Parágrafo único com a redação dada pela Lei nº 7.305, de 2-4-1985.

Art. 882. O executado que não pagar a importância reclamada poderá garantir a execução mediante depósito da quantia correspondente, atualizada e acrescida das despesas processuais, apresentação de seguro-garantia judicial ou nomeação de bens à penhora, observada a ordem preferencial estabelecida no art. 835 da Lei nº 13.105, de 16 de março de 2015 – Código de Processo Civil.

- Artigo com a redação dada pela Lei nº 13.467, de 13-7-2017.

Art. 883. Não pagando o executado, nem garantindo a execução, seguir-se-á penhora dos bens, tantos quantos bastem ao pagamento da importância da condenação, acrescida de custas e juros de mora, sendo estes, em qualquer caso, devidos a partir da data em que for ajuizada a reclamação inicial.

- Artigo com a redação dada pela Lei nº 2.244, de 23-6-1954.
- Súm. nº 224 do STF.
- Súm. nº 44 do extinto TFR.
- Súmulas nºs 200, 211, 397, 417 e 439 do TST.

Art. 883-A. A decisão judicial transitada em julgado somente poderá ser levada a protesto, gerar inscrição do nome do executado em órgãos de proteção ao crédito ou no Banco Nacional de Devedores Trabalhistas (BNDT), nos termos da lei, depois de transcorrido o prazo de quarenta e cinco dias a contar da citação do executado, se não houver garantia do juízo.

- Artigo acrescido pela Lei nº 13.467, de 13-7-2017.
- Art. 15 da IN do TST nº 41, de 21-6-2018, que dispõe sobre a aplicação das normas processuais desta Consolidação alteradas pela Lei nº 13.467, de 13-7-2017.

Seção III

DOS EMBARGOS À EXECUÇÃO E DA SUA IMPUGNAÇÃO

Art. 884. Garantida a execução ou penhorados os bens, terá o executado cinco dias para apresentar embargos, cabendo igual prazo ao exequente para a impugnação.

- O STF, por unanimidade de votos, deferiu a medida cautelar na ADC nº 11, para suspender todos os processos em que se discuta a constitucionalidade do art. 1º-B da Lei nº 9.494, de 10-9-1997, acrescido pela MP nº 2.180-35, de 24-8-2001 (*DOU* de 10-4-2007).
- Nas execuções contra a Fazenda Pública o prazo deste artigo foi alterado para trinta dias pelo art. 1º-B da Lei nº 9.494, de 10-9-1997, acrescido pelo art. 4º da MP nº 2.180-35, de 24-8-2001, que até o encerramento desta edição não havia sido convertida em Lei.
- Súmulas nºs 32, 33 e 196 do extinto TFR.
- Súm. nº 134 do STJ.

§ 1º A matéria de defesa será restrita às alegações de cumprimento da decisão ou do acordo, quitação ou prescrição da dívida.

- Súm. nº 327 do STF.
- Súm. nº 114 do TST.

§ 2º Se na defesa tiverem sido arroladas testemunhas, poderá o Juiz ou o Presidente do Tribunal, caso julgue necessários seus depoimentos, marcar audiência para a produção das provas, a qual deverá realizar-se dentro de cinco dias.

§ 3º Somente nos embargos à penhora poderá o executado impugnar a sentença de liquidação, cabendo ao exequente igual direito e no mesmo prazo.

- § 3º com a redação dada pela Lei nº 2.244, de 23-6-1954.

§ 4º Julgar-se-ão na mesma sentença os embargos e as impugnações à liquidação apresentadas pelos credores trabalhista e previdenciário.

- § 4º com a redação dada pela Lei nº 10.035, de 25-10-2000.
- Súmulas nºs 126 e 368 do TST.

§ 5º Considera-se inexigível o título judicial fundado em lei ou ato normativo declarados inconstitucionais pelo Supremo Tribunal Federal ou em aplicação ou interpretação tidas por incompatíveis com a Constituição Federal.

- § 5º acrescido pela MP nº 2.180-35, de 24-8-2001, que até o encerramento desta edição não havia sido convertida em Lei.
- OJ do Tribunal Pleno nº 12 do TST.

§ 6º A exigência da garantia ou penhora não se aplica às entidades filantrópicas e/ou àqueles que compõem ou compuseram a diretoria dessas instituições.

- § 6º acrescido pela Lei nº 13.467, de 13-7-2017.
- Art. 16 da IN do TST nº 41, de 21-6-2018, que dispõe sobre a aplicação das normas processuais desta Consolidação alteradas pela Lei nº 13.467, de 13-7-2017.

Seção IV

DO JULGAMENTO E DOS TRÂMITES FINAIS DA EXECUÇÃO

Art. 885. Não tendo sido arroladas testemunhas na defesa, o Juiz ou Presidente, conclusos os autos, proferirá sua decisão, dentro de cinco dias, julgando subsistente ou insubsistente a penhora.

Art. 886. Se tiverem sido arroladas testemunhas, finda a sua inquirição em audiência, o escrivão ou secretário fará, dentro de quarenta e oito horas, conclusos os autos ao Juiz ou Presidente, que proferirá sua decisão, na forma prevista no artigo anterior.

§ 1º Proferida a decisão, serão da mesma notificadas as partes interessadas, em registrado postal, com franquia.

- Art. 841, § 1º, desta Consolidação.

§ 2º Julgada subsistente a penhora, o Juiz ou Presidente mandará proceder logo à avaliação dos bens penhorados.

Art. 887. A avaliação dos bens penhorados em virtude da execução de decisão condenatória será feita por avaliador escolhido de comum acordo pelas partes, que perceberá as custas arbitradas pelo juiz, ou presidente do tribunal trabalhista, de conformidade com a tabela a ser expedida pelo Tribunal Superior do Trabalho.

§ 1º Não acordando as partes quanto à designação de avaliador, dentro de cinco dias após o despacho que o determinou a avaliação, será o avaliador designado livremente pelo juiz ou presidente do tribunal.

§ 2º Os servidores da Justiça do Trabalho não poderão ser escolhidos ou designados para servir de avaliador.

- Art. 887 prejudicado pela Lei nº 5.442, de 24-5-1968, que dispõe sobre normas de Direito Processual do Trabalho, altera dispositivos da CLT, disciplina a concessão e prestação de assistência judiciária na Justiça do Trabalho.

Art. 888. Concluída a avaliação, dentro de dez dias, contados da data da nomeação do avaliador, seguir-se-á a arrematação, que será anunciada por edital afixado na sede do Juízo ou Tribunal e publicado no jornal local, se houver, com a antecedência de vinte dias.

- Súm. nº 458 do STF.
- Súm. nº 331 do STJ.

§ 1º A arrematação far-se-á em dia, hora e lugar anunciados e os bens serão vendidos pelo maior lance, tendo o exequente preferência para a adjudicação.

- OJ da SBDI-II nº 68 do TST.

§ 2º O arrematante deverá garantir o lance com o sinal correspondente a vinte por cento do seu valor.

§ 3º Não havendo licitante, e não requerendo o exequente a adjudicação dos bens penhorados, poderão os mesmos ser vendidos por leiloeiro nomeado pelo Juiz ou Presidente.

- Súm. nº 224 do extinto TFR.

§ 4º Se o arrematante, ou seu fiador, não pagar dentro de vinte e quatro horas o preço da arrematação, perderá, em benefício da execução, o sinal de que trata o § 2º deste artigo, voltando à praça os bens executados.

- Art. 888 com a redação dada pela Lei nº 5.584, de 26-6-1970.
- Súm. nº 399 do TST.

Art. 889. Aos trâmites e incidentes do processo da execução são aplicáveis, naquilo em que não contravierem ao presente Título, os preceitos que regem o processo dos executivos fiscais para a cobrança judicial da dívida ativa da Fazenda Pública Federal.

▶ Lei nº 6.830, de 22-9-1980 (Lei das Execuções Fiscais).

▶ Súm. nº 458 do STF.

▶ Súm. nº 44 do extinto TFR.

Art. 889-A. Os recolhimentos das importâncias devidas, referentes às contribuições sociais, serão efetuados nas agências locais da Caixa Econômica Federal ou do Banco do Brasil S.A., por intermédio de documento de arrecadação da Previdência Social, dele se fazendo constar o número do processo.

▶ *Caput* acrescido pela Lei nº 10.035, de 25-10-2000.

§ 1º Concedido parcelamento pela Secretaria da Receita Federal do Brasil, o devedor juntará aos autos a comprovação do ajuste, ficando a execução da contribuição social correspondente suspensa até a quitação de todas as parcelas.

§ 2º As Varas do Trabalho encaminharão mensalmente à Secretaria da Receita Federal do Brasil informações sobre os recolhimentos efetivados nos autos, salvo se outro prazo for estabelecido em regulamento.

▶ §§ 1º e 2º com a redação dada pela Lei nº 11.457, de 16-3-2007.

Seção V

DA EXECUÇÃO POR PRESTAÇÕES SUCESSIVAS

Art. 890. A execução para pagamento de prestações sucessivas far-se-á com observância das normas constantes desta Seção, sem prejuízo das demais estabelecidas neste Capítulo.

Art. 891. Nas prestações sucessivas por tempo determinado, a execução pelo não pagamento de uma prestação compreenderá as que lhe sucederem.

Art. 892. Tratando-se de prestações sucessivas por tempo indeterminado, a execução compreenderá inicialmente as prestações devidas até a data do ingresso na execução.

CAPÍTULO VI

DOS RECURSOS

▶ Ato do TST nº 491, de 23-9-2014, fixa parâmetros procedimentais mínimos para dar efetividade à Lei nº 13.015, de 21-7-2014.

▶ OJ da SBDI-I nº 389 do TST.

Art. 893. Das decisões são admissíveis os seguintes recursos:

▶ *Caput* com a redação dada pela Lei nº 861, de 13-10-1949.

▶ Súmulas nºs 8, 197, 283, 297 e 435 do TST.

▶ Orientações Jurisprudenciais da SBDI-I nºs 120, 389 e 401 do TST.

I – embargos;

II – recurso ordinário;

III – recurso de revista;

▶ Res. do TST nº 118, de 5-8-2003, dispõe sobre petições de recurso de revista.

▶ Súm. nº 34 do extinto TFR.

▶ Súm. nº 333 do TST.

IV – agravo.

▶ A tais recursos acrescente-se o pedido de revisão do valor da causa, fixado pelo juiz, como prevê o art. 2º, *caput*, e §§ 1º e 2º, da Lei nº 5.584, de 26-6-1970, sobre normas de direito processual do trabalho.

▶ Ato do TST nº 491, de 18-7-2012, atualiza valores para depósito recursal na Justiça do Trabalho.

§ 1º Os incidentes do processo são resolvidos pelo próprio Juízo ou Tribunal, admitindo-se a apreciação do merecimento das decisões interlocutórias somente em recursos da decisão definitiva.

▶ Súm. nº 214 do TST.

§ 2º A interposição de recurso para o Supremo Tribunal Federal não prejudicará a execução do julgado.

▶ §§ 1º e 2º com a redação dada pelo Dec.-lei nº 8.737, de 19-1-1946.

▶ OJ da SBDI-II nº 56 do TST.

Art. 894. No Tribunal Superior do Trabalho cabem embargos, no prazo de 8 (oito) dias:

▶ *Caput* com a redação dada pela Lei nº 11.496, de 22-6-2007.

▶ Prazo de acordo com a Lei nº 5.584, de 26-6-1970.

▶ Súmulas nºs 126, 221, 333, 385 e 433 do TST.

▶ Orientações Jurisprudenciais da SBDI-I nºs 95, 219, 378 e 389 do TST.

▶ OJ da SBDI-I Transitória nºs 78 e 79 do TST.

I – de decisão não unânime de julgamento que:

▶ Inciso I acrescido pela Lei nº 11.496, de 22-6-2007.

a) conciliar, julgar ou homologar conciliação em dissídios coletivos que excedam a competência territorial dos Tribunais Regionais do Trabalho e estender ou rever as sentenças normativas do Tribunal Superior do Trabalho, nos casos previstos em lei; e

▶ Art. 4º da Lei nº 7.701, de 21-12-1988, que dispõe sobre a especialização de turmas dos Tribunais do Trabalho em processos coletivos.

▶ Art. 70 do Regimento Interno do TST, aprovado pela Res. Adm. do TST nº 908, de 21-12-2002.

b) VETADO.

II – das decisões das Turmas que divergirem entre si ou das decisões proferidas pela Seção de Dissídios Individuais, ou contrárias a súmula ou orientação jurisprudencial do Tribunal Superior do Trabalho ou súmula vinculante do Supremo Tribunal Federal.

▶ Inciso II com a redação dada pela Lei nº 13.015, de 21-7-2014.

▶ Súmulas nºs 433 e 458 do TST.

▶ OJ da SBDI-I nº 378 do TST.

Parágrafo único. *Revogado.* Lei nº 11.496, de 22-6-2007.

§ 2º A divergência apta a ensejar os embargos deve ser atual, não se considerando tal a ultrapassada por súmula do Tribunal Superior do Trabalho ou do Supremo Tribunal Federal, ou superada por iterativa e notória jurisprudência do Tribunal Superior do Trabalho.

▶ Mantivemos a numeração conforme publicação oficial.

§ 3º O Ministro Relator denegará seguimento aos embargos:

I – se a decisão recorrida estiver em consonância com súmula da jurisprudência do Tribunal Superior do Trabalho ou do Supremo Tribunal Federal, ou com iterativa, notória e atual jurisprudência do Tribunal Superior do Trabalho, cumprindo-lhe indicá-la;

II – nas hipóteses de intempestividade, deserção, irregularidade de representação ou de ausência de qualquer outro pressuposto extrínseco de admissibilidade.

§ 4º Da decisão denegatória dos embargos caberá agravo, no prazo de 8 (oito) dias.

▶ §§ 2º a 4º acrescidos pela Lei nº 13.015, de 21-7-2014.

Art. 895. Cabe recurso ordinário para a instância superior:

▶ Súm. nº 385 do TST.

▶ OJ da SBDI-I nº 389 do TST.

▶ OJ da SBDI-II nº 69 do TST.

I – das decisões definitivas ou terminativas das Varas e Juízos, no prazo de 8 (oito) dias; e

II – das decisões definitivas ou terminativas dos Tribunais Regionais, em processos de sua competência originária, no prazo de 8 (oito) dias, quer nos dissídios individuais, quer nos dissídios coletivos.

▶ Anteriores alíneas *a* e *b* renomeadas para incisos I e II e com a redação dada pela Lei nº 11.925, de 17-4-2009.

▶ Súmulas nºs 1, 23, 99, 100, 158, 192, 197, 201, 214, 296, 393, 411 e 414 do TST.

▶ Orientações Jurisprudenciais da SBDI-II nºs 43 e 156 do TST.

§ 1º Nas reclamações sujeitas ao procedimento sumaríssimo, o recurso ordinário:

I – VETADO;

II – será imediatamente distribuído, uma vez recebido no Tribunal, devendo o relator liberá-lo no prazo máximo de dez dias, e a Secretaria do Tribunal ou Turma colocá-lo imediatamente em pauta para julgamento, sem revisor;

III – terá parecer oral do representante do Ministério Público presente à sessão de julgamento, se este entender necessário o parecer, com registro na certidão;

IV – terá acórdão consistente unicamente na certidão de julgamento, com a indicação suficiente do processo e parte dispositiva, e das razões de decidir do voto prevalente. Se a sentença for confirmada pelos próprios fundamentos, a certidão de julgamento, registrando tal circunstância, servirá de acórdão.

§ 2º Os Tribunais Regionais, divididos em Turmas, poderão designar Turma para o julgamento dos recursos ordinários interpostos das sentenças prolatadas nas demandas sujeitas ao procedimento sumaríssimo.

▶ §§ 1º e 2º acrescidos pela Lei nº 9.957, de 12-1-2000.

▶ Arts. 96 e 102 da CF.

▶ Súm. nº 633 do STF.

▶ Súmulas nºs 114, 192, 201, 214, 217, 221, 245, 277 e 283 do TST.

Art. 896. Cabe Recurso de Revista para Turma do Tribunal Superior do Trabalho das decisões proferidas em grau de recurso ordinário, em dissídio individual, pelos Tribunais Regionais do Trabalho, quando:

▶ *Caput* com a redação dada pela Lei nº 9.756, de 17-12-1998.

▶ Súmulas nºs 385, 422 e 425 do TST.

▶ Orientações Jurisprudenciais da SBDI-I nºs 111, 118, 119, 147, 151, 219 e 257 do TST.

a) derem ao mesmo dispositivo de lei federal interpretação diversa da que lhe houver dado outro Tribunal Regional do Trabalho, no seu Pleno ou Turma, ou a Seção de Dissídios Individuais do Tribunal Superior do Trabalho, ou contrariarem súmula de jurisprudência uniforme dessa Corte ou súmula vinculante do Supremo Tribunal Federal;

▶ Alínea *a* com a redação dada pela Lei nº 13.015, de 21-7-2014.

▶ Súmulas nºs 296 e 333 do TST.

b) derem ao mesmo dispositivo de lei estadual, Convenção Coletiva de Trabalho, Acordo Coletivo, sentença normativa ou regulamento empresarial de observância obrigatória, em área territorial que exceda a jurisdição do Tribunal Regional prolator da decisão recorrida, interpretação divergente, na forma da alínea a;

c) proferidas com violação literal de disposição de lei federal ou afronta direta e literal à Constituição Federal.

▶ Alíneas *b* e *c* com a redação dada pela Lei nº 9.756, de 17-12-1998.

▶ IN do TST nº 23, de 5-8-2003, dispõe sobre petições de recurso de revista.

▶ Súmulas nºs 23, 126, 218, 266, 283, 285, 296, 297, 312, 333, 337, 353 e 442 do TST.

§ 1º O recurso de revista, dotado de efeito apenas devolutivo, será interposto perante o Presidente do Tribunal Regional do Trabalho, que, por decisão fundamentada, poderá recebê-lo ou denegá-lo.

▶ § 1º com a redação dada pela Lei nº 13.015, de 21-7-2014.

▶ OJ da SBDI-I nº 377 do TST.

§ 1º-A. Sob pena de não conhecimento, é ônus da parte:

▶ *Caput* do § 1º-A acrescido pela Lei nº 13.015, de 21-7-2014.

I – indicar o trecho da decisão recorrida que consubstancia o prequestionamento da controvérsia objeto do recurso de revista;

II – indicar, de forma explícita e fundamentada, contrariedade a dispositivo de lei, súmula ou orientação jurisprudencial do Tribunal Superior do Trabalho que conflite com a decisão regional;

III – expor as razões do pedido de reforma, impugnando todos os fundamentos jurídicos da decisão recorrida, inclusive mediante demonstração analítica de cada dispositivo de lei, da Constituição Federal, de súmula ou orientação jurisprudencial cuja contrariedade aponte;

▶ Incisos I a III acrescidos pela Lei nº 13.015, de 21-7-2014.

IV – transcrever na peça recursal, no caso de suscitar preliminar de nulidade de julgado por negativa de prestação jurisdicional, o trecho dos embargos declaratórios em que foi pedido o pronunciamento do tribunal sobre questão veiculada no recurso ordinário e o trecho da decisão regional que rejeitou os embargos quanto ao pedido, para cotejo e verificação, de plano, da ocorrência da omissão.

▶ Inciso IV acrescido pela Lei nº 13.467, de 13-7-2017.

§ 2º Das decisões proferidas pelos Tribunais Regionais do Trabalho ou por suas Turmas, em execução de sentença, inclusive em processo incidente de embargos de terceiro, não caberá Recurso de Revista, salvo na hipótese de ofensa direta e literal de norma de Constituição Federal.

▶ § 2º com a redação dada pela Lei nº 9.756, de 17-12-1998.

§§ 3º a 6º *Revogados*. Lei nº 13.467, de 13-7-2017.

▶ Art. 18, § 2º, da IN do TST nº 41, de 21-6-2018, que dispõe sobre a aplicação das normas processuais desta Consolidação alteradas pela Lei nº 13.467, de 13-7-2017.

§ 7º A divergência apta a ensejar o recurso de revista deve ser atual, não se considerando como tal a ultrapassada por súmula do Tribunal Superior do Trabalho ou do Supremo Tribunal Federal, ou superada por iterativa e notória jurisprudência do Tribunal Superior do Trabalho.

§ 8º Quando o recurso fundar-se em dissenso de julgados, incumbe ao recorrente o ônus de produzir prova da divergência jurisprudencial, mediante certidão, cópia ou citação do repositório de jurisprudência, oficial ou credenciado, inclusive em mídia eletrônica, em que houver sido publicada a decisão divergente, ou ainda pela reprodução de julgado disponível na internet, com indicação da respectiva fonte, mencionando, em qualquer caso, as circunstâncias que identifiquem ou assemelhem os casos confrontados.

§ 9º Nas causas sujeitas ao procedimento sumaríssimo, somente será admitido recurso de revista por contrariedade a súmula de jurisprudência uniforme do Tribunal Superior do Trabalho ou a súmula vinculante do Supremo Tribunal Federal e por violação direta da Constituição Federal.

▶ Súmulas nºs 442 e 458 do TST.

§ 10. Cabe recurso de revista por violação a lei federal, por divergência jurisprudencial e por ofensa à Constituição Federal nas execuções fiscais e nas controvérsias da fase de execução que envolvam a Certidão Negativa de Débitos Trabalhistas (CNDT), criada pela Lei nº 12.440, de 7 de julho de 2011.

§ 11. Quando o recurso tempestivo contiver defeito formal que não se repute grave, o Tribunal Superior do Trabalho poderá desconsiderar o vício ou mandar saná-lo, julgando o mérito.

§ 12. Da decisão denegatória caberá agravo, no prazo de 8 (oito) dias.

§ 13. Dada a relevância da matéria, por iniciativa de um dos membros da Seção Especializada em Dissídios Individuais do Tribunal Superior do Trabalho, aprovada pela maioria dos integrantes da Seção, o julgamento a que se refere o § 3º poderá ser afeto ao Tribunal Pleno.

▶ §§ 7º a 13 acrescidos pela Lei nº 13.015, de 21-7-2014.

§ 14. O relator do recurso de revista poderá denegar-lhe seguimento, em decisão monocrática, nas hipóteses de intempestividade, deserção, irregularidade de representação ou de ausência de qualquer outro pressuposto extrínseco ou intrínseco de admissibilidade.

▶ § 14 acrescido pela Lei nº 13.467, de 13-7-2017.

Art. 896-A. O Tribunal Superior do Trabalho, no recurso de revista, examinará previamente se a causa oferece transcendência com relação aos reflexos gerais de natureza econômica, política, social ou jurídica.

▶ *Caput* acrescido pela MP nº 2.226, de 4-9-2001, que até o encerramento desta edição não havia sido convertida em Lei.

§ 1º São indicadores de transcendência, entre outros:

I – econômica, o elevado valor da causa;

II – política, o desrespeito da instância recorrida à jurisprudência sumulada do Tribunal Superior do Trabalho ou do Supremo Tribunal Federal;

III – social, a postulação, por reclamante-recorrente, de direito social constitucionalmente assegurado;

IV – jurídica, a existência de questão nova em torno da interpretação da legislação trabalhista.

§ 2º Poderá o relator, monocraticamente, denegar seguimento ao recurso de revista que não demonstrar transcendência, cabendo agravo desta decisão para o colegiado.

§ 3º Em relação ao recurso que o relator considerou não ter transcendência, o recorrente poderá realizar sustentação oral sobre a questão da transcendência, durante cinco minutos em sessão.

§ 4º Mantido o voto do relator quanto à não transcendência do recurso, será lavrado acórdão com fundamentação sucinta, que constituirá decisão irrecorrível no âmbito do tribunal.

§ 5º É irrecorrível a decisão monocrática do relator que, em agravo de instrumento em recurso de revista, considerar ausente a transcendência da matéria.

§ 6º O juízo de admissibilidade do recurso de revista exercido pela Presidência dos Tribunais Regionais do Trabalho limita-se à análise dos pressupostos intrínsecos e extrínsecos do apelo, não abrangendo o critério da transcendência das questões nele veiculadas.

▶ §§ 1º a 6º acrescidos pela Lei nº 13.467, de 13-7-2017.

Art. 896-B. Aplicam-se ao recurso de revista, no que couber, as normas da Lei nº 5.869, de 11 de janeiro de 1973 (Código de Processo Civil), relativas ao julgamento dos recursos extraordinário e especial repetitivos.

▶ Arts. 1.036 a 1.041 do CPC/2015.

Art. 896-C. Quando houver multiplicidade de recursos de revista fundados em idêntica questão de direito, a questão poderá ser afetada à Seção Especializada em Dissídios Individuais ou ao Tribunal Pleno, por decisão da maioria simples de seus membros, mediante requerimento de um dos Ministros que compõem a Seção Especializada, considerando a relevância da matéria ou a existência de entendimentos divergentes entre os Ministros dessa Seção ou das Turmas do Tribunal.

§ 1º O Presidente da Turma ou da Seção Especializada, por indicação dos relatores, afetará um ou mais recursos representativos da controvérsia para julgamento pela Seção Especializada em Dissídios Individuais ou pelo Tribunal Pleno, sob o rito dos recursos repetitivos.

§ 2º O Presidente da Turma ou da Seção Especializada que afetar processo para julgamento sob o rito dos recursos repetitivos deverá expedir comunicação aos demais Presidentes de Turma ou de Seção Especializada, que poderão afetar outros processos sobre a questão para julgamento conjunto, a fim de conferir ao órgão julgador visão global da questão.

§ 3º O Presidente do Tribunal Superior do Trabalho oficiará os Presidentes dos Tribunais Regionais do Trabalho para que suspendam os recursos interpostos em casos idênticos aos afetados como recursos repetitivos, até o pronunciamento definitivo do Tribunal Superior do Trabalho.

§ 4º Caberá ao Presidente do Tribunal de origem admitir um ou mais recursos representativos da controvérsia, os quais serão encaminhados ao Tribunal Superior do Trabalho, ficando suspensos os demais recursos de revista até o pronunciamento definitivo do Tribunal Superior do Trabalho.

§ 5º O relator no Tribunal Superior do Trabalho poderá determinar a suspensão dos recursos de revista ou de embargos que tenham como objeto controvérsia idêntica à do recurso afetado como repetitivo.

§ 6º O recurso repetitivo será distribuído a um dos Ministros membros da Seção Especializada ou do Tribunal Pleno e a um Ministro revisor.

§ 7º O relator poderá solicitar, aos Tribunais Regionais do Trabalho, informações a respeito da controvérsia, a serem prestadas no prazo de 15 (quinze) dias.

§ 8º O relator poderá admitir manifestação de pessoa, órgão ou entidade com interesse na controvérsia, inclusive como assistente simples, na forma da Lei nº 5.869, de 11 de janeiro de 1973 (Código de Processo Civil).

▸ Arts. 119 a 124 e 138 do CPC/2015.

§ 9º Recebidas as informações e, se for o caso, após cumprido o disposto no § 7º deste artigo, terá vista o Ministério Público pelo prazo de 15 (quinze) dias.

§ 10. Transcorrido o prazo para o Ministério Público e remetida cópia do relatório aos demais Ministros, o processo será incluído em pauta na Seção Especializada ou no Tribunal Pleno, devendo ser julgado com preferência sobre os demais feitos.

§ 11. Publicado o acórdão do Tribunal Superior do Trabalho, os recursos de revista sobrestados na origem:

I – terão seguimento denegado na hipótese de o acórdão recorrido coincidir com a orientação a respeito da matéria no Tribunal Superior do Trabalho; ou

II – serão novamente examinados pelo Tribunal de origem na hipótese de o acórdão recorrido divergir da orientação do Tribunal Superior do Trabalho a respeito da matéria.

§ 12. Na hipótese prevista no inciso II do § 11 deste artigo, mantida a decisão divergente pelo Tribunal de origem, far-se-á o exame de admissibilidade do recurso de revista.

§ 13. Caso a questão afetada e julgada sob o rito dos recursos repetitivos também contenha questão constitucional, a decisão proferida pelo Tribunal Pleno não obstará o conhecimento de eventuais recursos extraordinários sobre a questão constitucional.

§ 14. Aos recursos extraordinários interpostos perante o Tribunal Superior do Trabalho será aplicado o procedimento previsto no art. 543-B da Lei nº 5.869, de 11 de janeiro de 1973 (Código de Processo Civil), cabendo ao Presidente do Tribunal Superior do Trabalho selecionar um ou mais recursos representativos da controvérsia e encaminhá-los ao Supremo Tribunal Federal, sobrestando os demais até o pronunciamento definitivo da Corte, na forma do § 1º do art. 543-B da Lei nº 5.869, de 11 de janeiro de 1973 (Código de Processo Civil).

▸ Arts. 1.035 e 1.036 do CPC/2015.

§ 15. O Presidente do Tribunal Superior do Trabalho poderá oficiar os Tribunais Regionais do Trabalho e os Presidentes das Turmas e da Seção Especializada do Tribunal para que suspendam os processos idênticos aos selecionados como recursos representativos da controvérsia e encaminhados ao Supremo Tribunal Federal, até o seu pronunciamento definitivo.

§ 16. A decisão firmada em recurso repetitivo não será aplicada aos casos em que se demonstrar que a situação de fato ou de direito é distinta das presentes no processo julgado sob o rito dos recursos repetitivos.

§ 17. Caberá revisão da decisão firmada em julgamento de recursos repetitivos quando se alterar a situação econômica, social ou jurídica, caso em que será respeitada a segurança jurídica das relações firmadas sob a égide da decisão anterior, podendo o Tribunal Superior do Trabalho modular os efeitos da decisão que a tenha alterado.

▸ Arts. 896-B e 896-C acrescidos pela Lei nº 13.015, de 21-7-2014.

Art. 897. Cabe agravo, no prazo de oito dias:

▸ *Caput* com a redação dada pela Lei nº 8.432, de 11-6-1992.
▸ Súmulas nºs 283 e 385 do TST.
▸ OJ da SBDI-I nº 374 do TST.

a) de petição, das decisões do Juiz ou Presidente, nas execuções;

▸ Súm. nº 196 do extinto TFR.

b) de instrumento, dos despachos que denegarem a interposição de recursos.

▸ Alíneas *a* e *b* com a redação dada pela Lei nº 8.432, de 11-6-1992.
▸ Súm. nº 259 do extinto TFR.
▸ Súm. nº 727 do STF.
▸ Súmulas nºs 218, 266 e 422 do TST.
▸ Orientações Jurisprudenciais da SBDI-I nºs 260, 282, 374 e 389 do TST.
▸ OJ da SBDI-II nº 56 do TST.

§ 1º O agravo de petição só será recebido quando o agravante delimitar, justificadamente, as matérias e os valores impugnados, permitida a execução imediata da parte remanescente até o final, nos próprios autos ou por carta de sentença.

▸ Súm. nº 416 do TST.

§ 2º O agravo de instrumento interposto contra o despacho que não receber agravo de petição não suspende a execução da sentença.

▸ §§ 1º e 2º com a redação dada pela Lei nº 8.432, de 11-6-1992.

§ 3º Na hipótese da alínea *a* deste artigo, o agravo será julgado pelo próprio tribunal, presidido pela autoridade recorrida, salvo se se tratar de decisão de Juiz do Trabalho de 1ª Instância ou de Juiz de Direito, quando o julgamento competirá a uma das Turmas do Tribunal Regional a que estiver subordinado o prolator da sentença, observado o disposto no artigo 679, a quem este remeterá as peças necessárias para o exame da matéria controvertida, em autos apartados, ou nos próprios autos, se tiver sido determinada a extração de carta de sentença.

▸ § 3º com a redação dada pela Lei nº 10.035, de 25-10-2000.

§ 4º Na hipótese da alínea *b* deste artigo, o agravo será julgado pelo Tribunal que seria competente para conhecer o recurso cuja interposição foi denegada.

▸ § 4º com a redação dada pela Lei nº 8.432, de 11-6-1992.

§ 5º Sob pena de não conhecimento, as partes promoverão a formação do instrumento do agravo de modo a possibilitar, caso provido, o imediato julgamento do recurso denegado, instruindo a petição de interposição:

▸ § 5º acrescido pela Lei nº 9.756, de 17-12-1998.

I – obrigatoriamente, com cópias da decisão agravada, da certidão da respectiva intimação, das procurações outorgadas aos advogados do agravante e do agravado, da petição inicial, da contestação, da decisão originária, do depósito recursal referente ao recurso que se pretende destrancar, da comprovação do recolhimento das custas e do depósito recursal a que se refere o § 7º do art. 899 desta Consolidação;

▸ Inciso I com a redação dada pela Lei nº 12.275, de 29-6-2010.
▸ Res. do TST nº 168, de 9-8-2010, atualiza a IN do TST nº 3, de 15-3-1993, que trata do depósito para recurso nas ações na Justiça do Trabalho.

II – facultativamente, com outras peças que o agravante reputar úteis ao deslinde da matéria de mérito controvertida.

▸ Inciso II acrescido pela Lei nº 9.756, de 17-12-1998.

§ 6º O agravado será intimado para oferecer resposta ao agravo e ao recurso principal, instruindo-a com as peças que considerar necessárias ao julgamento de ambos os recursos.

§ 7º Provido o agravo, a Turma deliberará sobre o julgamento do recurso principal, observando-se, se for o caso, daí em diante, o procedimento relativo a esse recurso.

▸ §§ 6º e 7º acrescidos pela Lei nº 9.756, de 17-12-1998.
▸ IN do TST nº 16, de 3-9-1999, uniformiza a interpretação da Lei nº 9.756, de 17-12-1998, com relação ao agravo de instrumento.

§ 8º Quando o agravo de petição versar apenas sobre as contribuições sociais, o juiz da execução determinará a extração de cópias das peças necessárias, que serão autuadas em apartado, conforme dispõe o § 3º, parte final, e remetidas à instância superior para apreciação, após contraminuta.

▸ § 8º acrescido pela Lei nº 10.035, de 25-10-2000.

Art. 897-A. Caberão embargos de declaração da sentença ou acórdão, no prazo de cinco dias, devendo seu julgamento ocorrer na primeira audiência ou sessão subsequente a sua apresentação, registrado na certidão, admitido efeito modificativo da decisão nos casos de omissão e contradição no julgado e manifesto equívoco no exame dos pressupostos extrínsecos do recurso.

▸ *Caput* acrescido pela Lei nº 9.957, de 12-1-2000.
▸ Arts. 1.022 a 1.026 do CPC/2015.
▸ Súmulas nºs 184, 278 e 421 do TST.
▸ Súm. nº 297 do TST.
▸ Orientações Jurisprudenciais da SBDI-I nºs 62, 142, 192, 256 e 377 do TST.

§ 1º Os erros materiais poderão ser corrigidos de ofício ou a requerimento de qualquer das partes.

▸ Parágrafo único transformado em § 1º pela Lei nº 13.015, de 21-7-2014.

§ 2º Eventual efeito modificativo dos embargos de declaração somente poderá ocorrer em virtude da correção de vício na decisão embargada e desde que ouvida a parte contrária, no prazo de 5 (cinco) dias.

§ 3º Os embargos de declaração interrompem o prazo para interposição de outros recursos, por qualquer das partes, salvo quando intempestivos, irregular a representação da parte ou ausente a sua assinatura.

▸ §§ 2º e 3º acrescidos pela Lei nº 13.015, de 21-7-2014.
▸ Súmulas nºs 421 e 435 do TST.

Art. 898. Das decisões proferidas em dissídio coletivo, que afete empresa de serviço público, ou, em qualquer caso, das proferidas em revisão, poderão recorrer, além dos interessados, o Presidente do Tribunal e a Procuradoria da Justiça do Trabalho.

- ▶ LC nº 75, de 20-5-1993 (Lei Orgânica do Ministério Público da União).
- ▶ Súmulas nºs 50, 90 e 303 do TST.

Art. 899. Os recursos serão interpostos por simples petição e terão efeito meramente devolutivo, salvo as exceções previstas neste Título, permitida a execução provisória até a penhora.

- ▶ *Caput* com a redação dada pela Lei nº 5.442, de 24-5-1968.
- ▶ Art. 13 da Lei nº 7.701, de 21-12-1988, que dispõe sobre a especialização de turmas dos tribunais do trabalho em processos coletivos e da outras providências.
- ▶ IN do TST nº 26, de 2-9-2004, dispõe sobre a guia de recolhimento do depósito recursal.
- ▶ Provimento CGJT nº 1, de 25.06.2003, determina instruções para utilização do Convênio com o Banco Central do Brasil – Sistema BACEN Jud.
- ▶ Súm. nº 261 do extinto TFR.
- ▶ Súmulas nºs 86, 217, 393, 426 e 417 do TST.
- ▶ OJ da SBDI-II nº 56 do TST.

§ 1º Sendo a condenação de valor até dez vezes o valor de referência regional, nos dissídios individuais, só será admitido o recurso, inclusive o extraordinário, mediante prévio depósito da respectiva importância. Transitada em julgado a decisão recorrida, ordenar-se-á o levantamento imediato da importância do depósito, em favor da parte vencedora, por simples despacho do juiz.

- ▶ Port. do MTPrev nº 667, de 8-11-2021, regulamenta a imposição de multas administrativas previstas na legislação trabalhista.
- ▶ Súmulas nºs 86, 128, 161, 217 e 245 do TST.
- ▶ Orientações Jurisprudenciais da SBDI-I nºs 140 e 264 do TST.

§ 2º Tratando-se de condenação de valor indeterminado, o depósito corresponderá ao que for arbitrado para efeito de custas, pela Junta ou Juízo de Direito, até o limite de dez vezes o valor de referência regional.

- ▶ §§ 1º e 2º com a redação dada pela Lei nº 5.442, de 24-5-1968.
- ▶ EC nº 24, de 9-12-1999, alterou a denominação das Juntas de Conciliação e Julgamento para Varas do Trabalho e extinguiu a representação classista na Justiça do Trabalho.
- ▶ Port. do MTPrev nº 667, de 8-11-2021, regulamenta a imposição de multas administrativas previstas na legislação trabalhista.
- ▶ Súmulas nºs 161 e 200 do TST.

§ 3º *Revogado.* Lei nº 7.033, de 5-10-1982.

§ 4º O depósito recursal será feito em conta vinculada ao juízo e corrigido com os mesmos índices da poupança.

- ▶ § 4º com a redação dada pela Lei nº 13.467, de 13-7-2017.
- ▶ Art. 20 da IN do TST nº 41, de 21-6-2018, que dispõe sobre a aplicação das normas processuais desta Consolidação alteradas pela Lei nº 13.467, de 13-7-2017.

§ 5º *Revogado.* Lei nº 13.467, de 13-7-2017.

§ 6º Quando o valor da condenação, ou o arbitrado para fins de custas, exceder o limite de dez vezes o valor de referência regional, o depósito para fins de recursos será limitado a este valor.

- ▶ §§ 4º a 6º com a redação dada pela Lei nº 5.442, de 24-5-1968.
- ▶ Lei nº 8.542, de 23-12-1992 (Lei da Política Nacional de Salários).
- ▶ Port. do MTPrev nº 667, de 8-11-2021, regulamenta a imposição de multas administrativas previstas na legislação trabalhista.

§ 7º No ato de interposição do agravo de instrumento, o depósito recursal corresponderá a 50% (cinquenta por cento) do valor do depósito do recurso ao qual se pretende destrancar.

- ▶ § 7º acrescido pela Lei nº 12.275, de 29-6-2010.
- ▶ Art. 897, § 5º, I, desta Consolidação.

§ 8º Quando o agravo de instrumento tem a finalidade de destrancar recurso de revista que se insurge contra decisão que contraria a jurisprudência uniforme do Tribunal Superior do Trabalho, consubstanciada nas suas súmulas ou em orientação jurisprudencial, não haverá obrigatoriedade de se efetuar o depósito referido no § 7º deste artigo.

- ▶ § 8º acrescido pela Lei nº 13.015, de 21-7-2014.

§ 9º O valor do depósito recursal será reduzido pela metade para entidades sem fins lucrativos, empregadores domésticos, microempreendedores individuais, microempresas e empresas de pequeno porte.

- ▶ Art. 20 da IN do TST nº 41, de 21-6-2018, que dispõe sobre a aplicação das normas processuais desta Consolidação alteradas pela Lei nº 13.467, de 13-7-2017.

§ 10. São isentos do depósito recursal os beneficiários da justiça gratuita, as entidades filantrópicas e as empresas em recuperação judicial.

- ▶ Art. 20 da IN do TST nº 41, de 21-6-2018, que dispõe sobre a aplicação das normas processuais desta Consolidação alteradas pela Lei nº 13.467, de 13-7-2017.

§ 11. O depósito recursal poderá ser substituído por fiança bancária ou seguro garantia judicial.

- ▶ §§ 9º a 11 acrescidos pela Lei nº 13.467, de 13-7-2017.
- ▶ Art. 20 da IN do TST nº 41, de 21-6-2018, que dispõe sobre a aplicação das normas processuais desta Consolidação alteradas pela Lei nº 13.467, de 13-7-2017.

Art. 900. Interposto o recurso, será notificado o recorrido para oferecer as suas razões, em prazo igual ao que tiver tido o recorrente.

- ▶ OJ da SBDI-I nº 142 do TST.

Art. 901. Sem prejuízo dos prazos previstos neste Capítulo, terão as partes vistas dos autos em cartório ou na secretaria.

Parágrafo único. Salvo quando estiver correndo prazo comum, aos procuradores das partes será permitido ter vista dos autos fora do cartório ou secretaria.

- ▶ Parágrafo único acrescido pela Lei nº 8.638, de 31-3-1993.

Art. 902. *Revogado.* Lei nº 7.033, de 5-10-1982.

CAPÍTULO VII

DA APLICAÇÃO DAS PENALIDADES

Art. 903. As penalidades estabelecidas no Título anterior serão aplicadas pelo Juiz, ou Tribunal, que tiver de conhecer da desobediência, violação, recusa, falta ou coação, *ex officio*, ou mediante representação de qualquer interessado ou da Procuradoria da Justiça do Trabalho.

- ▶ Artigo com a redação dada pela Lei nº 8.737, de 19-1-1946.
- ▶ Arts. 102, I, *c*, 105, I, *a*, e 108, I, *a*, da CF.
- ▶ LC nº 75, de 20-5-1993 (Lei Orgânica do Ministério Público da União).

Art. 904. As sanções em que incorrerem as autoridades da Justiça do Trabalho serão aplicadas pela autoridade ou Tribunal imediatamente superior, conforme o caso, *ex officio*, ou mediante representação de qualquer interessado ou da Procuradoria.

- ▶ *Caput* com a redação dada pela Lei nº 8.737, de 19-1-1946.
- ▶ LC nº 75, de 20-5-1993 (Lei Orgânica do Ministério Público da União).

Parágrafo único. Tratando-se de membro do Tribunal Superior do Trabalho será competente para a imposição de sanções o Senado Federal.

- ▶ § 2º revogado e § 1º transformado em parágrafo único pelo Dec.-lei nº 229, de 28-2-1967.
- ▶ Art. 105 da CF.

Art. 905. Tomando conhecimento do fato imputado, o Juiz, ou Tribunal competente, mandará notificar o acusado, para apresentar, no prazo de quinze dias, defesa por escrito.

- ▶ LC nº 35, de 14-3-1979 (Lei Orgânica da Magistratura Nacional).

§ 1º É facultado ao acusado, dentro do prazo estabelecido neste artigo, requerer a produção de testemunhas, até ao máximo de cinco. Nesse caso, será marcada audiência para a inquirição.

§ 2º Findo o prazo de defesa, o processo será imediatamente concluso para julgamento, que deverá ser proferido no prazo de dez dias.

Art. 906. Da imposição das penalidades a que se refere este Capítulo, caberá recurso ordinário para o Tribunal Superior, no prazo de dez dias, salvo se a imposição resultar de dissídio coletivo, caso em que o prazo será de vinte dias.

Art. 907. Sempre que o infrator incorrer em pena criminal, far-se-á remessa das peças necessárias à autoridade competente.

Art. 908. A cobrança das multas estabelecidas neste Título será feita mediante executivo fiscal, perante o Juiz competente para a cobrança de dívida ativa da Fazenda Pública Federal.

- ▶ O Dec.-lei nº 9.797, de 9-9-1946, determinou a substituição do termo "Conselho Regional" para "Tribunal Regional".
- ▶ Lei nº 6.830, de 22-9-1980 (Lei das Execuções Fiscais).
- ▶ Súm. nº 392 do STJ.

Parágrafo único. A cobrança das multas será promovida, no Distrito Federal e nos Estados em que funcionarem os Tribunais Regionais, pela Procuradoria da Justiça do Trabalho, e, nos demais Estados, de acordo com o disposto no Decreto-Lei nº 960, de 17 de dezembro de 1938.

- ▶ Lei nº 6.830, de 22-9-1982 (Lei de Execução Fiscal).

CAPÍTULO VIII

DISPOSIÇÕES FINAIS

Art. 909. A ordem dos processos no Tribunal Superior do Trabalho será regulada em seu regimento interno.

- ▶ O Dec.-lei nº 9.797, de 9-9-1946, determinou a substituição do termo "Conselho Nacional" para "Tribunal Superior".
- ▶ Lei nº 7.701, de 21-12-1988, dispõe sobre a especialização de turmas dos Tribunais do Trabalho.
- ▶ Res. Adm. do TST nº 908, de 21-12-2002, aprova o Regimento Interno do TST.

Art. 910. Para os efeitos deste Título, equiparam-se aos serviços públicos os de utilidade pública, bem como os que forem prestados em armazéns de gêneros alimentícios, açougues, padarias, leiterias, farmácias, hospitais, minas, empresas de transportes e comunicações, bancos e estabelecimentos que interessem à segurança nacional.

TÍTULO XI – DISPOSIÇÕES FINAIS E TRANSITÓRIAS

Art. 911. Esta Consolidação entrará em vigor em 10 de novembro de 1943.

Art. 912. Os dispositivos de caráter imperativo terão aplicação imediata às relações iniciadas, mas não consumadas, antes da vigência desta Consolidação.

- Súmulas nºs 288 e 328 do TST.

Art. 913. O Ministro do Trabalho, Indústria e Comércio expedirá instruções, quadros, tabelas e modelos que se tornarem necessários à execução desta Consolidação.

- Arts. 5º, § 1º, e 87, parágrafo único, II, da CF.

Parágrafo único. O Tribunal Superior do Trabalho adaptará o seu regimento interno e o dos Tribunais Regionais do Trabalho às normas contidas nesta Consolidação.

- O Dec.-lei nº 9.797, de 9-9-1946, determinou a substituição do termo "Conselho Nacional" para "Tribunal Superior".
- Art. 96, I, *a*, da CF.
- Res. Adm. do TST nº 908, de 21-12-2002, aprova o Regimento Interno do TST.

Art. 914. Continuarão em vigor os quadros, tabelas e modelos, aprovados em virtude de dispositivos não alterados pela presente Consolidação.

Art. 915. Não serão prejudicados os recursos interpostos com apoio em dispositivos alterados ou cujo prazo para interposição esteja em curso à data da vigência desta Consolidação.

Art. 916. Os prazos de prescrição fixados pela presente Consolidação começarão a correr da data da vigência desta, quando menores do que os previstos pela legislação anterior.

- Súm. nº 362 do TST.
- OJ da SBDI-I nº 417do TST.

Art. 917. O Ministro do Trabalho, Indústria e Comércio marcará prazo para adaptação dos atuais estabelecimentos às exigências contidas no Capítulo "Da Higiene e Segurança do Trabalho". Compete ainda àquela autoridade fixar os prazos dentro dos quais, em cada Estado, entrará em vigor a obrigatoriedade do uso da Carteira Profissional, para os atuais empregados.

- O Capítulo V do Título II desta Consolidação passou a ser denominado "Da Segurança e da Medicina do Trabalho" pela Lei nº 6.514, de 22-12-1977.
- Art. 1º do Decreto-lei nº 926, de 10-10-1969, que determinou a substituição do termo "carteira profissional" por "carteira de trabalho e previdência social".

Parágrafo único. O Ministro do Trabalho, Indústria e Comércio fixará, para cada Estado e quando julgar conveniente, o início da vigência de parte ou de todos os dispositivos contidos no Capítulo "*Da Higiene e Segurança do Trabalho*".

- O Capítulo V do Título II desta Consolidação passou a ser denominado "Da Segurança e da Medicina do Trabalho" pela Lei nº 6.514, de 22-12-1977.

Art. 918. Enquanto não for expedida a Lei Orgânica da Previdência Social, competirá ao presidente do Tribunal Superior do Trabalho julgar os recursos interpostos com apoio no art. 1º, alínea c, do Decreto-Lei nº 3.710, de 14 de outubro de 1941, cabendo recurso de suas decisões nos termos do disposto no art. 734, alínea *b*, desta Consolidação.

- Art. 918 prejudicado pelo Dec.-lei nº 72, de 21-9-1996, cujo art. 37 transformou o Conselho Superior de Previdência Social em Conselho de Recursos da Previdência Social.

Parágrafo único. Ao diretor do Departamento de Previdência Social incumbirá presidir as eleições para a constituição dos Conselhos Fiscais dos Institutos e Caixas de Aposentadoria e Pensões e julgar, com recurso para a instância superior, os recursos sobre matéria técnico-administrativa dessas instituições.

Art. 919. Ao empregado bancário, admitido até a data da vigência da presente Lei, fica assegurado o direito à aquisição da estabilidade nos termos do artigo 15 do Decreto nº 24.615, de 9 de julho de 1934.

Art. 920. Enquanto não forem constituídas as Confederações, ou, na falta destas, a representação de classes, econômicas ou profissionais, que derivar da indicação desses órgãos ou dos respectivos presidentes, será suprida por equivalente designação ou eleição realizada pelas correspondentes Federações.

Art. 921. As empresas que não estiverem incluídas no enquadramento sindical de que trata o artigo 577 poderão firmar contratos coletivos de trabalho com os Sindicatos representativos da respectiva categoria profissional.

Art. 922. O disposto no artigo 301 regerá somente as relações de emprego iniciadas depois da vigência desta Consolidação.

- Artigo acrescido pelo Dec.-lei nº 6.353, de 20-3-1944.
- Optamos por não publicar os anexos desta Consolidação.

LEGISLAÇÃO COMPLEMENTAR

ÍNDICE CRONOLÓGICO DA LEGISLAÇÃO COMPLEMENTAR

Leis Complementares

Decretos-Leis

Leis

Medida Provisória

Decretos

* Ementa Rideel – texto não oficial.

DECRETO Nº 2.044, DE 31 DE DEZEMBRO DE 1908

Define a letra de câmbio e a nota promissória e regula as operações cambiais.

TÍTULO I – DA LETRA DE CÂMBIO

CAPÍTULO I
DO SAQUE

Art. 1º A letra de câmbio é uma ordem de pagamento e deve conter estes requisitos, lançados, por extenso, no contexto:

I – a denominação "*letra de câmbio*" ou a denominação equivalente na língua em que for emitida;

II – a soma de dinheiro a pagar e a espécie de moeda;

III – o nome da pessoa que deve pagá-la. Esta indicação pode ser inserida abaixo do contexto;

IV – o nome da pessoa a quem deve ser paga. A letra pode ser ao portador e também pode ser emitida por ordem e conta de terceiro. O sacador pode designar-se como tomador;

V – a assinatura do próprio punho do sacador ou do mandatário especial. A assinatura deve ser firmada abaixo do contexto.

Art. 2º Não será letra de câmbio o escrito a que faltar qualquer dos requisitos acima enumerados.

▸ Súm. nº 387 do STF.

Art. 3º Esses requisitos são considerados lançados ao tempo da emissão da letra. A prova em contrário será admitida no caso de má-fé do portador.

Art. 4º Presume-se mandato ao portador para inserir a data e o lugar do saque, na letra que não os contiver.

Art. 5º Havendo diferença entre o valor lançado por algarismo e o que se achar por extenso no corpo da letra, este último será sempre considerado verdadeiro e a diferença não prejudicará a letra. Diversificando as indicações da soma de dinheiro no contexto, o título não será letra de câmbio.

Art. 6º A letra pode ser passada:

I – à vista;

II – a dia certo;

III – a tempo certo da data;

IV – a tempo certo da vista.

Art. 7º A época do pagamento deve ser precisa, uma e única para a totalidade da soma cambial.

CAPÍTULO II
DO ENDOSSO

Art. 8º O endosso transmite a propriedade da letra de câmbio.

Para a validade do endosso, é suficiente a simples assinatura do próprio punho do endossador ou do mandatário especial, no verso da letra. O endossatário pode completar este endosso.

§ 1º A cláusula "*por procuração*", lançada no endosso, indica o mandato com todos os poderes, salvo o caso de restrição, que deve ser expressa no mesmo endosso.

§ 2º O endosso posterior ao vencimento da letra tem o efeito de cessão civil.

§ 3º É vedado o endosso parcial.

CAPÍTULO III
DO ACEITE

Art. 9º A apresentação da letra ao aceite é facultativa quando certa a data do vencimento. A letra a tempo certo da vista deve ser apresentada ao aceite do sacado, dentro do prazo nela marcado; na falta de designação, dentro de seis meses contados da data da emissão do título, sob pena de perder o portador o direito regressivo contra o sacador, endossadores e avalistas.

Parágrafo único. O aceite da letra, a tempo certo da vista, deve ser datado, presumindo-se, na falta de data, o mandado ao portador para inseri-la.

Art. 10. Sendo dois ou mais os sacados, o portador deve apresentar a letra ao primeiro nomeado; na falta ou recusa do aceite, ao segundo, se estiver domiciliado na mesma praça; assim, sucessivamente, sem embargo da forma da indicação na letra dos nomes dos sacados.

Art. 11. Para a validade do aceite é suficiente a simples assinatura do próprio punho do sacado ou do mandatário especial, no anverso da letra.

Vale, como aceite puro, a declaração que não traduzir inequivocamente a recusa, limitação ou modificação.

Parágrafo único. Para os efeitos cambiais, a limitação ou modificação do aceite equivale à recusa, ficando, porém, o aceitante cambialmente vinculado, nos termos da limitação ou modificação.

Art. 12. O aceite, uma vez firmado, não pode ser cancelado nem retirado.

Art. 13. A falta ou recusa do aceite prova-se pelo protesto.

CAPÍTULO IV
DO AVAL

Art. 14. O pagamento de uma letra de câmbio, independente do aceite e do endosso, pode ser garantido por aval. Para a validade do aval, é suficiente a simples assinatura do próprio punho do avalista ou do mandatário especial, no verso ou no anverso da letra.

Art. 15. O avalista é equiparado àquele cujo nome indicar; na falta de indicação, àquele abaixo de cuja assinatura lançar a sua; fora destes casos, ao aceitante e, não estando aceita a letra, ao sacador.

CAPÍTULO V
DA MULTIPLICAÇÃO DA LETRA DE CÂMBIO

SEÇÃO ÚNICA
DAS DUPLICATAS

Art. 16. O sacador, sob pena de responder por perdas e interesses, é obrigado a dar, ao portador, as vias de letra que este reclamar antes do vencimento, diferençadas, no contexto, por números de ordem ou pela ressalva, das que se extraviaram. Na falta da diferenciação ou da ressalva, que torne inequívoca a unicidade da obrigação, cada exemplar valerá como letra distinta.

§ 1º O endossador e o avalista, sob pena de responderem por perdas e interesses, são obrigados a repetir, na duplicata, o endosso e o aval firmados no original.

§ 2º O sacado fica cambialmente obrigado por cada um dos exemplares em que firmar o aceite.

§ 3º O endossador de dois ou mais exemplares da mesma letra a pessoas diferentes, e os sucessivos endossadores e avalistas ficam cambialmente obrigados.

§ 4º O detentor da letra expedida para o aceite é obrigado a entregá-la ao legítimo portador da duplicata, sob pena de responder por perdas e interesses.

CAPÍTULO VI
DO VENCIMENTO

Art. 17. A letra à vista vence-se no ato da apresentação ao sacado.

A letra, a dia certo, vence-se nesse dia. A letra, a dias da data ou da vista, vence-se no último dia do prazo; não se conta, para a primeira, o dia do saque, e, para a segunda, o dia do aceite.

A letra a semanas, meses ou anos da data ou da vista vence no dia da semana, mês ou ano do pagamento, correspondente ao dia do saque ou dia do aceite. Na falta do dia correspondente, vence-se no último dia do mês do pagamento.

Art. 18. Sacada a letra em país onde vigorar outro calendário, sem a declaração do adotado, verifica-se o termo do vencimento contando-se do dia do calendário gregoriano, correspondente ao da emissão da letra pelo outro calendário.

Art. 19. A letra é considerada vencida, quando protestada:

I – pela falta ou recusa do aceite;

II – pela falência do aceitante.

O pagamento, nestes casos, continua diferido até o dia do vencimento ordinário da letra, ocorrendo o aceite de outro sacado nomeado ou, na falta, a aquiescência do portador expressa no ato do protesto, ao aceite na letra, pelo interveniente voluntário.

CAPÍTULO VII
DO PAGAMENTO

Art. 20. A letra deve ser apresentada ao sacado ou ao aceitante para o pagamento, no lugar designado e no dia do vencimento ou, sendo este dia feriado por lei, no primeiro dia útil imediato, sob pena de perder o portador o direito de regresso contra o sacador, endossadores e avalistas.

§ 1º Será pagável à vista a letra que não indicar a época do vencimento. Será pagável, no lugar mencionado ao pé do nome do sacado, a letra que não indicar o lugar do pagamento.

É facultada a indicação alternativa de lugares de pagamento, tendo o portador direito de opção. A letra pode ser sacada sobre uma pessoa, para ser paga no domicílio de outra, indicada pelo sacador ou pelo aceitante.

§ 2º No caso de recusa ou falta de pagamento pelo aceitante, sendo dois ou mais os sacados, o portador deve apresentar a letra ao primeiro nomeado, se estiver domiciliado na mesma praça; assim sucessivamente, sem embargo da forma da indicação na letra dos nomes dos sacados.

§ 3º Sobrevindo caso fortuito ou força maior, a apresentação deve ser feita, logo que cessar o impedimento.

Art. 21. A letra à vista deve ser apresentada ao pagamento dentro do prazo nela marcado; na falta desta designação, dentro de doze meses, contados da data da emissão do título, sob pena de perder o portador o direito de regresso contra o sacador, endossadores e avalistas.

Art. 22. O portador não é obrigado a receber o pagamento antes do vencimento da letra. Aquele que paga uma letra, antes do respectivo vencimento, fica responsável pela validade desse pagamento.

§ 1º O portador é obrigado a receber o pagamento parcial, ao tempo do vencimento.

§ 2º O portador é obrigado a entregar a letra com a quitação àquele que efetua o pagamento; no caso do pagamento parcial, em que se não opera a tradição do título, além da quitação em separado, outra deve ser firmada na própria letra.

Art. 23. Presume-se validamente desonerado aquele que paga a letra no vencimento, sem oposição.

Parágrafo único. A oposição ao pagamento é somente admissível no caso de extravio da letra, de falência ou incapacidade do portador para recebê-lo.

Art. 24. O pagamento feito pelo aceitante ou pelos respectivos avalistas desonera da responsabilidade cambial todos os coobrigados.

O pagamento feito pelo sacador, pelos endossadores ou respectivos avalistas desonera da responsabilidade cambial os coobrigados posteriores.

Parágrafo único. O endossador ou avalista, que paga ao endossatário ou ao avalista posterior, pode riscar o próprio endosso ou aval e os dos endossadores ou avalistas posteriores.

Art. 25. A letra de câmbio deve ser paga na moeda indicada. Designada moeda estrangeira, o pagamento, salvo determinação em contrário, expressa na letra, deve ser efetuado em moeda nacional, ao câmbio à vista do dia do vencimento e do lugar do pagamento; não havendo no lugar curso de câmbio, pelo da praça mais próxima.

Art. 26. Se o pagamento de uma letra de câmbio não for exigido no vencimento, o aceitante pode, depois de expirado o prazo para o protesto por falta de pagamento, depositar o valor da mesma, por conta e risco do portador, independente de qualquer citação.

Art. 27. A falta ou recusa, total ou parcial, de pagamento, prova-se pelo protesto.

CAPÍTULO VIII
DO PROTESTO

Art. 28. A letra que houver de ser protestada por falta de aceite ou de pagamento deve ser entregue ao oficial competente, no primeiro dia útil que se seguir ao da recusa do aceite ou ao do vencimento, e o respectivo protesto tirado dentro de três dias úteis.

Parágrafo único. O protesto deve ser tirado do lugar indicado na letra para o aceite ou para o pagamento. Sacada ou aceita a letra para ser paga em outro domicílio que não o do sacado, naquele domicílio deve ser tirado o protesto.

Art. 29. O instrumento de protesto deve conter:

I – a data;

II – a transcrição literal da letra e das declarações nela inseridas pela ordem respectiva;

III – a certidão da intimação ao sacado ou ao aceitante ou aos outros sacados, nomeados na letra para aceitar ou pagar, a resposta dada ou a declaração da falta da resposta.

A intimação é dispensada no caso do sacado ou aceitante firmar na letra a declaração da recusa do aceite ou do pagamento e, na hipótese de protesto, por causa da falência do aceitante;

IV – a certidão de não haver sido encontrada ou de ser desconhecida a pessoa indicada para aceitar ou para pagar. Nesta hipótese, o oficial afixará a intimação nos lugares do estilo e, se possível, a publicará pela imprensa;

V – a indicação dos intervenientes voluntários e das firmas por eles honradas;

VI – a aquiescência do portador ao aceite por honra;

VII – a assinatura, com o sinal público, do oficial do protesto.

Parágrafo único. Este instrumento, depois de registrado no livro de protesto, deverá ser entregue ao detentor ou portador da letra ou àquele que houver efetuado o pagamento.

Art. 30. O portador é obrigado a dar aviso do protesto ao último endossador, dentro de dois dias, contados da data do instrumento do protesto e cada endossatário, dentro de dois dias, contados do recebimento do aviso, deve transmiti-lo ao seu endossador, sob pena de responder por perdas e interesses.

Não constando do endosso o domicílio ou a residência do endossador, o aviso deve ser transmitido ao endossador anterior, que houver satisfeito aquela formalidade.

Parágrafo único. O aviso pode ser dado em carta registrada. Para esse fim, a carta será levada aberta ao Correio, onde, verificada a existência do aviso, se declarará o conteúdo da carta registrada no conhecimento e talão respectivo.

Art. 31. Recusada a entrega da letra por aquele que a recebeu para firmar o aceite ou para efetuar o pagamento, o protesto pode ser tirado por outro exemplar ou, na falta, pelas indicações do protestante.

Parágrafo único. Pela prova do fato, pode ser decretada a prisão do detentor da letra, salvo depositando este a soma cambial e a importância das despesas feitas.

Art. 32. O portador que não tira, em tempo útil e forma regular, o instrumento do protesto da letra, perde o direito de regresso contra o sacador, endossadores e avalistas.

Art. 33. O oficial que não lavra, em tempo útil e forma regular, o instrumento do protesto, além da pena em que incorrer, segundo o Código Penal, responde por perdas e interesses.

CAPÍTULO IX
DA INTERVENÇÃO

Art. 34. No ato do protesto pela falta ou recusa do aceite, a letra pode ser aceita por terceiro, mediante a aquiescência do detentor ou portador.

A responsabilidade cambial deste interveniente é equiparada à do sacado que aceita.

Art. 35. No ato do protesto, excetuada apenas a hipótese do artigo anterior, qualquer pessoa tem o direito de intervir para efetuar o pagamento da letra, por honra de qualquer das firmas.

§ 1º O pagamento, por honra da firma do aceitante ou dos respectivos avalistas, desonera da responsabilidade cambial todos os coobrigados.

O pagamento, por honra da firma do sacador, do endossador ou dos respectivos avalistas, desonera da responsabilidade cambial todos os coobrigados posteriores.

§ 2º Não indicada a firma, entende-se ter sido honrada a do sacador; quando aceita a letra, a do aceitante.

§ 3º Sendo múltiplas as intervenções, concorram ou não coobrigados, deve ser preferido o interveniente que desonera maior número de firmas.

Múltiplas as intervenções pela mesma firma, deve ser preferido o interveniente coobrigado; na falta deste, o sacado; na falta de ambos, o detentor ou portador tem a opção. É vedada a intervenção ao aceitante ou ao respectivo avalista.

CAPÍTULO X
DA ANULAÇÃO DA LETRA

Art. 36. Justificando a propriedade e o extravio ou a destruição total ou parcial da letra, descrita com clareza e precisão, o proprietário pode requerer ao juiz competente do lugar do pagamento, na hipótese de extravio, a intimação do sacado ou do aceitante e dos coobrigados, para não pagarem a aludida letra, e a citação do detentor para apresentá-la em juízo, dentro do prazo de três meses, e, nos casos de extravio e de destruição, a citação dos coobrigados para, dentro do referido prazo, oporem contestação firmada em defeito de forma do título ou, na falta de requisito essencial, ao exercício da ação cambial.

Estas citações e intimações devem ser feitas pela imprensa, publicadas no jornal oficial do Estado e no *Diário Oficial* para o Distrito Federal e nos periódicos indicados pelo juiz, além de afixadas nos lugares do estilo e na bolsa da praça do pagamento.

§ 1º O prazo de três meses corre da data do vencimento; estando vencida a letra, da data da publicação no jornal oficial.

§ 2º Durante o curso desse prazo, munido da certidão do requerimento e do despacho favorável do juiz, fica o proprietário autorizado a praticar todos os atos necessários à garantia do direito creditório, podendo, vencida a letra, reclamar do aceitante o depósito judicial da soma devida.

§ 3º Decorrido o prazo, sem se apresentar o portador legitimado (artigo 39) da letra, ou sem a contestação do coobrigado (artigo 36), o juiz decretará a nulidade do título extraviado ou destruído e ordenará, em benefício do proprietário, o levantamento do depósito da soma, caso tenha sido feito.

§ 4º Por esta sentença, fica o proprietário habilitado, para o exercício da ação executiva, contra o aceitante e os outros coobrigados.

§ 5º Apresentada a letra pelo portador legitimado (artigo 39) ou oferecida a contestação (artigo 36) pelo coobrigado, o juiz julgará prejudicado o pedido de anulação da letra, deixando, salvo à parte, o recurso aos meios ordinários.

§ 6º Da sentença proferida no processo cabe o recurso de agravo com efeito suspensivo.

§ 7º Este processo não impede o recurso à duplicata e nem para os efeitos da responsa-

LEGISLAÇÃO COMPLEMENTAR

bilidade civil do coobrigado dispensa o aviso imediato do extravio, por cartas registradas endereçadas ao sacado, ao aceitante e aos outros coobrigados, pela forma indicada no parágrafo único do artigo 30.

CAPÍTULO XI

DO RESSAQUE

Art. 37. O portador da letra protestada pode haver o embolso da soma devida, pelo ressaque de nova letra de câmbio, à vista, sobre qualquer dos obrigados.

O ressacado que paga pode, por seu turno, ressacar sobre qualquer dos coobrigados a ele anteriores.

Parágrafo único. O ressaque deve ser acompanhado da letra protestada, do instrumento do protesto e da conta de retorno.

Art. 38. A conta de retorno deve indicar:

I – a soma cambial e a dos juros legais, desde o dia do vencimento;

II – a soma das despesas legais: protesto, comissão, porte de cartas, selos, e dos juros legais, desde o dia em que foram feitas;

III – o nome do ressacado;

IV – o preço do câmbio, certificado por corretor ou, na falta, por dois comerciantes.

§ 1º O recâmbio é regulado pelo curso do câmbio da praça do pagamento, sobre a praça do domicílio ou da residência do ressacado; o recâmbio, devido ao endossador ou ao avalista que ressaca, é regulado pelo curso do câmbio da praça do ressaque, sobre a praça da residência ou do domicílio do ressacado.

Não havendo curso de câmbio na praça do ressaque, o recâmbio é regulado pelo curso do câmbio da praça mais próxima.

§ 2º É facultado o cúmulo dos recâmbios nos sucessivos ressaques.

CAPÍTULO XII

DOS DIREITOS E DAS OBRIGAÇÕES CAMBIAIS

Seção I

DOS DIREITOS

Art. 39. O possuidor é considerado legítimo proprietário da letra ao portador e da letra endossada em branco.

O último endossatário é considerado legítimo proprietário da letra endossada em preto, se o primeiro endosso estiver assinado pelo tomador e cada um dos outros, pelo endossatário do endosso, imediatamente anterior.

Seguindo-se ao endosso em branco outro endosso presume-se haver o endossador deste adquirido por aquele a propriedade da letra.

§ 1º No caso de pluralidade de tomadores ou de endossatários, conjuntos ou disjuntos, o tomador ou o endossatário possuidor da letra é considerado, para os efeitos cambiais, o credor único da obrigação.

§ 2º O possuidor, legitimado de acordo com este artigo, somente no caso de má-fé na aquisição, pode ser obrigado a abrir mão da letra de câmbio.

Art. 40. Quem paga não está obrigado a verificar a autenticidade dos endossos.

Parágrafo único. O interveniente voluntário que paga fica sub-rogado em todos os direitos daquele, cuja firma foi por ele honrada.

Art. 41. O detentor, embora sem título algum, está autorizado a praticar as diligências necessárias à garantia do crédito, a reclamar o aceite, a tirar os protestos, a exigir, ao tempo do vencimento, o depósito da soma cambial.

Seção II

DAS OBRIGAÇÕES

Art. 42. Pode obrigar-se, por letra de câmbio, quem tem a capacidade civil ou comercial.

Parágrafo único. Tendo a capacidade pela lei brasileira, o estrangeiro fica obrigado pela declaração que firmar, sem embargo da sua incapacidade, pela lei do Estado a que pertencer.

Art. 43. As obrigações cambiais são autônomas e independentes umas das outras. O signatário da declaração cambial fica, por ela, vinculado e solidariamente responsável pelo aceite e pelo pagamento da letra, sem embargo da falsidade, da falsificação ou da nulidade de qualquer outra assinatura.

▸ Súm. nº 60 do STJ.

Art. 44. Para os efeitos cambiais, são consideradas não escritas:

I – a cláusula de juros;

II – a cláusula proibitiva do endosso ou do protesto, a excludente da responsabilidade pelas despesas e qualquer outra, dispensando a observância dos termos ou das formalidades prescritas por esta Lei;

III – a cláusula proibitiva da apresentação da letra ao aceite do sacado;

IV – a cláusula excludente ou restritiva da responsabilidade e qualquer outra beneficiando o devedor ou o credor, além dos limites fixados por esta Lei.

§ 1º Para os efeitos cambiais, o endosso ou aval cancelado é considerado não escrito.

§ 2º Não é letra de câmbio o título em que o emitente exclui ou restringe a sua responsabilidade cambial.

Art. 45. Pelo aceite, o sacado fica cambialmente obrigado para com o sacador e respectivos avalistas.

§ 1º A letra endossada ao aceitante pode ser por este reendossada, antes do vencimento.

§ 2º Pelo reendosso da letra, endossada ao sacador, ao endossado ou ao avalista, continuam cambialmente obrigados os codevedores intermédios.

Art. 46. Aquele que assina a declaração cambial, como mandatário ou representante legal de outrem, sem estar devidamente autorizado, fica, por ela, pessoalmente obrigado.

Art. 47. A substância, os efeitos, a forma extrínseca e os meios de prova da obrigação cambial são regulados pela lei do lugar onde a obrigação foi firmada.

Art. 48. Sem embargo da desoneração da responsabilidade cambial, o sacador ou aceitante fica obrigado a restituir ao portador com os juros legais, a soma com a qual se locupletou à custa deste.

A ação do portador, para este fim, é ordinária.

CAPÍTULO XIII

DA AÇÃO CAMBIAL

Art. 49. A ação cambial é a executiva. Por ela tem também o credor o direito de reclamar a importância que receberia pelo ressaque (artigo 38).

Art. 50. A ação cambial pode ser proposta contra um, alguns ou todos os coobrigados, sem estar o credor adstrito à observância da ordem dos endossos.

Art. 51. Na ação cambial, somente é admissível defesa fundada no direito pessoal do réu contra o autor, em defeito de forma do título e na falta de requisito necessário ao exercício da ação.

CAPÍTULO XIV

DA PRESCRIÇÃO DA AÇÃO CAMBIAL

Art. 52. A ação cambial, contra o sacador, aceitante e respectivos avalistas, prescreve em cinco anos.

A ação cambial contra o endossador e respectivo avalista prescreve em doze meses.

Art. 53. O prazo da prescrição é contado do dia em que a ação pode ser proposta; para o endossador ou respectivo avalista que paga, do dia desse pagamento.

TÍTULO II – DA NOTA PROMISSÓRIA

CAPÍTULO I

DA EMISSÃO

Art. 54. A nota promissória é uma promessa de pagamento e deve conter estes requisitos essenciais, lançados, por extenso, no contexto:

I – a denominação de "nota promissória" ou termo correspondente, na língua em que for emitida;

II – a soma de dinheiro a pagar;

III – o nome da pessoa a quem deve ser paga;

IV – a assinatura do próprio punho do emitente ou do mandatário especial.

§ 1º Presume-se ter o portador o mandato para inserir a data e lugar da emissão da nota promissória, que não contiver estes requisitos.

§ 2º Será pagável à vista a nota promissória que não indicar a época do vencimento. Será pagável no domicílio do emitente a nota promissória que não indicar o lugar do pagamento.

É facultada a indicação alternativa de lugar de pagamento, tendo o portador direito de opção.

§ 3º Diversificando as indicações da soma do dinheiro, será considerada verdadeira a que se achar lançada por extenso no contexto.

Diversificando no contexto as indicações da soma de dinheiro, o título não será nota promissória.

§ 4º Não será nota promissória o escrito ao qual faltar qualquer dos requisitos acima enumerados. Os requisitos essenciais são considerados lançados ao tempo da emissão da nota promissória. No caso de má-fé do portador, será admitida prova em contrário.

Art. 55. A nota promissória pode ser passada:

I – à vista;

II – a dia certo;

III – a tempo certo da data.

Parágrafo único. A época do pagamento deve ser precisa e única para toda a soma devida.

CAPÍTULO II

DISPOSIÇÕES GERAIS

Art. 56. São aplicáveis à nota promissória, com as modificações necessárias, todos os dispositivos do Título I desta Lei, exceto os que se referem ao aceite e às duplicatas.

Para o efeito da aplicação de tais dispositivos, o emitente da nota promissória é equiparado ao aceitante da letra de câmbio.

Art. 57. Ficam revogados todos os artigos do Título XVI do Código Comercial e mais disposições em contrário.

Rio de Janeiro, 31 de dezembro de 1908; 20º da República.

Afonso Augusto Moreira Pena

DECRETO Nº 22.626, DE 7 DE ABRIL DE 1933

Dispõe sobre os juros nos contratos e dá outras providências.

- Publicado no *DOU* de 8-4-1933 e retificado no *DOU* de 17-4-1933.
- MP nº 2.172-32, de 23-8-2001, estabelece a nulidade das disposições contratuais que menciona e inverte, nas hipóteses que prevê, o ônus da prova nas ações intentadas para sua declaração.

Art. 1º É vedado, e será punido nos termos desta Lei, estipular em quaisquer contratos taxas de juros superiores ao dobro da taxa legal.

- Arts. 406, 591 e 890 do CC.
- Súm. nº 596 do STF.
- Súm. nº 283 do STJ.

§§ 1º e 2º *Revogados.* Dec.-lei nº 182, de 5-1-1938.

§ 3º A taxa de juros deve ser estipulada em escritura pública ou escrito particular, e, não o sendo, entender-se-á que as partes acordaram nos juros de seis por cento ao ano, a contar da data da propositura da respectiva ação ou do protesto cambial.

Art. 2º É vedado, a pretexto de comissão, receber taxas maiores do que as permitidas por esta Lei.

Art. 3º As taxas de juros estabelecidas nesta Lei entrarão em vigor com a sua publicação e a partir desta data serão aplicáveis aos contratos existentes ou já ajuizados.

Art. 4º É proibido contar juros dos juros; esta proibição não compreende a acumulação de juros vencidos aos saldos líquidos em conta-corrente de ano a ano.

- Art. 591 do CC.
- Súm. nº 121 do STF.
- Súmulas nºs 93, 539 e 541 do STJ.

Art. 5º Admite-se que pela mora dos juros contratados estes sejam elevados de um por cento e não mais.

Art. 6º Tratando-se de operações a prazo superior a seis meses, quando os juros ajustados forem pagos por antecipação, o cálculo deve ser feito de modo que a importância desses juros não exceda a que produziria a importância líquida da operação no prazo convencionado, às taxas máximas que esta Lei permite.

Art. 7º O devedor poderá sempre liquidar ou amortizar a dívida quando hipotecária ou pignoratícia antes do vencimento, sem sofrer imposição de multa, gravame ou encargo de qualquer natureza por motivo dessa antecipação.

- Art. 52, § 2º, do CDC.

§ 1º O credor poderá exigir que a amortização não seja inferior a vinte e cinco por cento do valor inicial da dívida.

§ 2º Em caso de amortização, os juros só serão devidos sobre o saldo devedor.

Art. 8º As multas ou cláusulas penais, quando convencionadas, reputam-se estabelecidas para atender a despesas judiciais e honorários de advogados, e não poderão ser exigidas quando não for intentada ação judicial para cobrança da respectiva obrigação.

- Arts. 408 a 416 do CC.

Parágrafo único. Quando se tratar de empréstimo até cem mil cruzeiros e com garantia hipotecária, as multas ou cláusulas penais convencionadas reputam-se estabelecidas para atender, apenas, a honorários de advogados, sendo as despesas judiciais pagas de acordo com a conta feita nos autos da ação judicial para cobrança da respectiva obrigação.

Art. 9º Não é válida cláusula penal superior à importância de dez por cento do valor da dívida.

- Art. 412 do CC.

Art. 10. As dívidas a que se refere o artigo 1º, §§ 1º, *in fine*, e 2º, se existentes ao tempo da publicação desta Lei, quando efetivamente cobertas, poderão ser pagas em dez prestações anuais iguais e continuadas, se assim entender o devedor.

Parágrafo único. A falta de pagamento de uma prestação, decorrido um ano da publicação desta Lei, determina o vencimento da dívida e dá ao credor o direito de excussão.

Art. 11. O contrato celebrado com infração desta Lei é nulo de pleno direito, ficando assegurada ao devedor a repetição do que houver pago a mais.

Art. 12. Os corretores e intermediários, que aceitarem negócios contrários ao texto da presente Lei, incorrerão em multa de cinco a vinte contos de réis, aplicada pelo Ministro da Fazenda e, em caso de reincidência, serão demitidos, sem prejuízo de outras penalidades aplicáveis.

Art. 13. É considerada delito de usura, toda a simulação ou prática tendente a ocultar a verdadeira taxa do juro ou a fraudar os dispositivos desta Lei, para o fim de sujeitar o devedor a maiores prestações ou encargos, além dos estabelecidos no respectivo título ou instrumento.

Penas: Prisão de seis meses a um ano e multas de cinco contos a cinquenta contos de réis.

No caso de reincidência, tais penas serão elevadas ao dobro.

Parágrafo único. Serão responsáveis como coautores o agente e o intermediário, e em se tratando de pessoa jurídica, os que tiverem qualidade para representá-la.

- Lei nº 1.521, de 26-12-1951 (Lei dos Crimes Contra a Economia Popular).

Art. 14. A tentativa deste crime é punível nos termos da lei penal vigente.

Art. 15. São consideradas circunstâncias agravantes o fato de, para conseguir aceitação de exigências contrárias a esta Lei, valer-se o credor da inexperiência ou das paixões do menor, ou da deficiência ou doença mental de alguém, ainda que não esteja interdito, ou de circunstâncias aflitivas em que se encontre o devedor.

Art. 16. Continuam em vigor os artigos 24, parágrafo único, nº 4, e 27 do Decreto nº 5.746, de 9 de dezembro de 1929, e artigo 44, nº 1, do Decreto nº 2.044, de 17 de dezembro de 1908, e as disposições do Código Comercial no que não contravierem com esta Lei.

Art. 17. O governo federal baixará uma lei especial, dispondo sobre as casas de empréstimos sobre penhores e congêneres.

Art. 18. O teor desta Lei será transmitido por telegrama a todos os interventores federais, para que a façam publicar incontinenti.

Art. 19. Revogam-se as disposições em contrário.

Rio de Janeiro, 7 de abril de 1933; 112º da Independência e 45º da República.

Getúlio Vargas

DECRETO-LEI Nº 58, DE 10 DE DEZEMBRO DE 1937

Dispõe sobre o loteamento e a venda de terrenos para pagamento em prestações.

- Publicado no *DOU* de 13-12-1937 e retificado no *DOU* de 17-12-1937.
- Lei nº 6.766, de 19-12-1979 (Lei do Parcelamento do Solo).
- Dec.-lei nº 271, de 28-2-1967, dispõe sobre loteamento urbano, responsabilidade do loteador, concessão de uso do espaço aéreo.
- Dec. nº 3.079, de 15-9-1938, regulamenta este Decreto-Lei.

Art. 1º Os proprietários ou coproprietários de terras rurais ou terrenos urbanos, que pretendam vendê-los, divididos em lotes e por oferta pública, mediante pagamento do preço a prazo em prestações sucessivas e periódicas, são obrigados, antes de anunciar a venda, a depositar no cartório do registro de imóveis da circunscrição respectiva:

- Art. 61 da Lei nº 4.504, de 30-11-1964 (Estatuto da Terra).
- Art. 167, I a XIX, da Lei nº 6.015, de 31-12-1973 (Lei dos Registros Públicos).
- Lei nº 6.766, de 19-12-1979 (Lei do Parcelamento do Solo).
- Dec.-lei nº 271, de 28-2-1967, dispõe sobre loteamento urbano, responsabilidade do loteador, concessão de uso e espaço aéreo.

I – um memorial por eles assinado ou por procuradores com poderes especiais, contendo:

a) denominação, área, limites, situação e outros característicos do imóvel;

b) relação cronológica dos títulos de domínio, desde trinta anos, com indicação da natureza e data de cada um, e do número e data das transcrições, ou cópia autêntica dos títulos e prova de que se acham devidamente transcritos;

- Lei nº 2.437, de 7-3-1955, reduziu o prazo mencionado neste artigo para vinte anos, e posteriormente o art. 1.238 do Código Civil reduziu esse prazo para quinze anos.

c) plano de loteamento de que conste o programa de desenvolvimento urbano, ou de aproveitamento industrial ou agrícola; nesta última hipótese, informações sobre a qualidade das terras, águas, servidões ativas e passivas, estradas e caminhos, distância da sede do município e das estações de transporte de acesso mais fácil;

II – planta do imóvel, assinada também pelo engenheiro que haja efetuado a medição e o loteamento e com todos os requisitos técnicos e legais; indicadas a situação, as dimensões e a numeração dos lotes, as dimensões e a nomenclatura das vias de comunicação e espaços livres, as construções e benfeitorias, e as vias públicas de comunicação;

III – exemplar de caderneta ou do contrato tipo de compromisso de venda dos lotes;

IV – certidão negativa de impostos e de ônus reais;

V – certidão dos documentos referidos na letra *b* do nº I.

§ 1º Tratando-se de propriedade urbana, o plano e a planta de loteamento devem ser previamente aprovados pela Prefeitura Municipal, ouvidas, quanto ao que lhes disser respeito, as autoridades sanitárias, militares e, desde que se trate de área total ou parcialmente florestada, as autoridades florestais.

- § 1º acrescido pela Lei nº 4.778, de 22-9-1965.
- Art. 25 da Lei nº 12.651, de 25-5-2012 (Novo Código Florestal).

§ 2º As certidões positivas da existência de ônus reais, de impostos e de qualquer ação real ou pessoal, bem como qualquer protesto de título de dívida civil ou comercial não impedem o registro.

§ 3º Se a propriedade estiver gravada de ônus real, o memorial será acompanhado da escritura pública em que o respectivo titular estipule as condições em que se obriga a liberar os lotes no ato do instrumento definitivo de compra e venda.

§ 4º O plano de loteamento poderá ser modificado quanto aos lotes não comprometidos e o de arruamento desde que a modificação não prejudique os lotes comprometidos ou definitivamente adquiridos, se a Prefeitura Municipal aprovar a modificação. A planta e o memorial assim aprovados serão depositados no cartório do registro para nova inscrição, observando o disposto no artigo 2º e parágrafos.

§ 5º O memorial, o plano de loteamento e os documentos depositados serão franqueados, pelo oficial do registro, ao exame de qualquer interessado, independentemente do pagamento de emolumentos, ainda que a título de busca.

O oficial, neste caso, receberá apenas as custas regimentais das certidões que fornecer.

§ 6º Sob pena de incorrerem em crime de fraude, os vendedores, se quiserem invocar, como argumento de propaganda, a proximidade do terreno com algum acidente geográfico, cidade, fonte hidromineral ou termal ou qualquer outro motivo de atração ou valorização, serão obrigados a declarar no memorial descritivo e a mencionar nas divulgações, anúncios e prospectos de propaganda, a distância métrica a que se situa o imóvel do ponto invocado ou tomado como referência.

- § 6º acrescido pela Lei nº 5.532, de 14-11-1968.

Art. 2º Recebidos o memorial e os documentos mencionados no artigo 1º, o oficial do registro dará recibo ao depositante, e, depois de autuá-los e verificar a sua conformidade com a lei, tornará público o depósito por edital afixado no lugar do costume e publicado três vezes, durante dez dias, no jornal oficial do Estado e em jornal da sede da comarca, ou que nesta circule.

- Arts. 167, I, nº 19, 198 e segs. da Lei nº 6.015, de 31-12-1973 (Lei dos Registros Públicos).

§ 1º Decorridos trinta dias da última publicação, e não havendo impugnação de terceiros, o oficial procederá ao registro se os documentos estiverem em ordem. Caso contrário, os autos serão desde logo conclusos ao juiz competente para conhecer da dúvida ou impugnação, publicada a sentença em cartório pelo oficial, que dela dará ciência aos interessados.

§ 2º Da sentença que negar ou conceder o registro caberá apelação.

- §§ 1º e 2º com a redação dada pela Lei nº 6.014, de 27-12-1973.

Art. 3º A inscrição torna inalienáveis, por qualquer título, as vias de comunicação e os espaços livres constantes do memorial e da planta.

- Art. 22 da Lei nº 6.766, de 19-12-1979 (Lei do Parcelamento do Solo).

Art. 4º Nos cartórios do registro imobiliário haverá um livro auxiliar na forma da lei respectiva e de acordo com o modelo anexo.

Nele se registrarão, resumidamente:

a) por inscrição, o memorial de propriedade loteada;

b) por averbação, os contratos de compromisso de venda e de financiamento, suas transferências e rescisões.

Parágrafo único. No livro de transcrição e à margem do registro da propriedade loteada, averbar-se-á a inscrição assim que efetuada.

Art. 5º A averbação atribui ao compromissário direito real oponível a terceiros, quanto à alienação ou oneração posterior, e far-se-á à vista do instrumento de compromisso de venda, em que o oficial lançará a nota indicativa do livro, página e data do assentamento.

- Arts. 1.225, VII, 1.417 e 1.418 do CC.

Art. 6º A inscrição não pode ser cancelada senão:

a) em cumprimento de sentença;

b) a requerimento do proprietário, enquanto nenhum lote for objeto de compromisso devidamente inscrito, ou mediante o consentimento de todos os compromissários ou seus cessionários, expresso em documento por eles assinado ou por procuradores com poderes especiais.

Art. 7º Cancela-se a averbação:

a) a requerimento das partes contratantes do compromisso de venda;

b) pela resolução do contrato;

c) pela transcrição do contrato definitivo de compra e venda;

d) por mandado judicial.

Art. 8º O registro instituído por esta Lei, tanto por inscrição quanto por averbação, não dispensa nem substitui o dos atos constitutivos ou translativos de direitos reais na forma e para os efeitos das leis e regulamentos dos registros públicos.

Art. 9º O adquirente por ato *inter vivos*, ainda que em hasta pública, ou por sucessão legítima ou testamentária, da propriedade loteada e inscrita, sub-roga-se nos direitos e obrigações dos alienantes, autores da herança ou testadores, sendo nula qualquer disposição em contrário.

- Arts. 346 a 351 do CC.

Art. 10. Nos anúncios e outras publicações de propaganda de venda de lotes a prestações, sempre se mencionará o número e data da inscrição do memorial e dos documentos no registro imobiliário.

Art. 11. Do compromisso de compra e venda a que se refere esta Lei, contratado por instrumento público ou particular, constarão sempre as seguintes especificações:

- Art. 26 da Lei nº 6.766, de 19-12-1979 (Lei do Parcelamento do Solo).
- Súm. nº 413 do STF.

a) nome, nacionalidade, estado e domicílio dos contratantes;

b) denominação e situação da propriedade, número e data da inscrição;

c) descrição do lote ou dos lotes que forem objeto do compromisso, confrontações, áreas e outros característicos, bem como os números correspondentes na planta arquivada;

d) prazo, preço e forma de pagamento, e importância do sinal;

e) juros devidos sobre o débito em aberto e sobre as prestações vencidas e não pagas;

f) cláusula penal não superior a dez por cento do débito, só exigível no caso de intervenção judicial;

g) declaração da existência ou inexistência de servidão ativa ou passiva e outros ônus reais ou quaisquer outras restrições ao direito de propriedade;

h) indicação do contratante a quem incumbe o pagamento das taxas e impostos.

§ 1º O contrato, que será manuscrito, datilografado ou impresso, com espaços em branco preenchíveis em cada caso, lavrar-se-á em duas vias, assinadas pelas partes, e por duas testemunhas, devidamente reconhecidas as firmas por tabelião.

Ambas as vias serão entregues dentro em dez dias ao oficial do registro, para averbá-las e restituí-las devidamente anotadas a cada uma das partes.

§ 2º É indispensável outorga uxória quando seja casado o vendedor.

§ 3º As procurações dos contratantes que não tiverem sido arquivadas anteriormente sê-lo-ão no cartório do registro, junto aos respectivos autos.

- Art. 1.647 do CC.
- Art. 194 da Lei nº 6.015, de 31-12-1973 (Lei dos Registros Públicos).

Art. 12. Subentende-se no contrato a condição resolutiva da legitimidade e validade do título de domínio.

- Arts. 127 e 128 do CC.

§ 1º Em caso de resolução, além de se devolverem as prestações recebidas, com juros convencionados ou os da lei desde a data do pagamento, haverá, quando provada a má-fé, direito a indenização de perdas e danos.

§ 2º O falecimento dos contratantes não resolve o contrato, que se transmitirá aos herdeiros.

Também não o resolve a sentença declaratória de falência; na dos proprietários, dar-lhe-ão cumprimento o síndico e o liquidatário; na dos compromissários, será ele arrecadado pelo síndico e vendido, em hasta pública, pelo liquidatário.

Art. 13. O contrato transfere-se por simples trespasse lançado no verso das duas vias, ou por instrumento separado, sempre com as formalidades dos parágrafos do artigo 11.

▸ Art. 31 da Lei nº 6.766, de 19-12-1979 (Lei do Parcelamento do Solo).

§ 1º No primeiro caso, presume-se a anuência do proprietário. A falta do consentimento não impede a transferência, mas torna os adquirentes e os alienantes solidários nos direitos e obrigações contratuais.

§ 2º Averbando a transferência para a qual não conste o assentimento do proprietário, o oficial dela lhe dará ciência por escrito.

Art. 14. Vencida e não paga a prestação, considera-se o contrato rescindido trinta dias depois de constituído em mora o devedor.

▸ Súm. nº 76 do STJ.

§ 1º Para este efeito será ele intimado, a requerimento do compromitente, pelo oficial do registro a satisfazer as prestações vencidas e as que se vencerem até a data do pagamento, juros convencionados e custas da intimação.

§ 2º Purgada a mora, convalescerá o compromisso.

§ 3º Com a certidão de não haver sido feito pagamento em cartório, os compromitentes requererão ao oficial do registro o cancelamento da averbação.

Art. 15. Os compromissários têm o direito de, antecipando ou ultimando o pagamento integral do preço, e estando quites com os impostos e taxas, exigir a outorga da escritura de compra e venda.

▸ Súmulas nos 166 e 412 do STF.

Art. 16. Recusando-se os compromitentes a outorgar a escritura definitiva no caso do artigo 15, o compromissário poderá propor, para o cumprimento da obrigação, ação de adjudicação compulsória, que tomará o rito sumaríssimo.

▸ O termo "sumaríssimo" foi alterado para "sumário" pela Lei nº 9.245, de 26-12-1995.

▸ Súmulas nos 167, 168, 412 e 413 do STF.

§ 1º A ação não será acolhida se a parte, que a intentou, não cumprir a sua prestação nem a oferecer nos casos e formas legais.

§ 2º Julgada procedente a ação, a sentença, uma vez transitada em julgado, adjudicará o imóvel ao compromissário, valendo como título para a transcrição.

§ 3º Das sentenças proferidas nos casos deste artigo, caberá apelação.

▸ Art. 16 com a redação dada pela Lei nº 6.014, de 27-12-1973.

Art. 17. Pagas todas as prestações do preço, é lícito ao compromitente requerer a intimação judicial do compromissário para, no prazo de trinta dias, que correrá em cartório, receber a escritura de compra e venda.

Parágrafo único. Não sendo assinada a escritura nesse prazo, depositar-se-á o lote comprometido por conta e risco do compromissário, respondendo este pelas despesas judiciais e custas do depósito.

Art. 18. Os proprietários ou coproprietários dos terrenos urbanos loteados a prestação, na forma desta Lei, que se dispuserem a fornecer aos compromissários, por empréstimo, recursos para a construção do prédio, nos lotes comprometidos, ou tomá-la por empreitada, por conta dos compromissários, depositarão no cartório do registro imobiliário um memorial indicando as condições gerais do empréstimo ou da empreitada e da amortização da dívida em prestações.

§ 1º O contrato, denominado de financiamento, será feito por instrumento público ou particular, com as especificações do artigo 11, que lhe forem aplicáveis. Esse contrato será registrado, por averbação, no livro a que alude o artigo 4º, fazendo-se-lhe resumida referência na coluna apropriada.

§ 2º Com o memorial também se depositará o contrato tipo de financiamento, contendo as cláusulas gerais para todos os casos, com os claros a serem preenchidos em cada caso.

Art. 19. O contrato de compromisso não poderá ser transferido sem o de financiamento, nem este sem aquele. A rescisão do compromisso de venda acarretará a do contrato de financiamento e vice-versa, na forma do artigo 14.

Art. 20. O adquirente, por qualquer título, do lote fica solidariamente responsável, com o compromissário, pelas obrigações constantes e decorrentes do contrato de financiamento, se devidamente averbado.

▸ Arts. 275 a 285 do CC.

Art. 21. Em caso de falência, os contratos de compromisso de venda e de financiamento serão vendidos conjuntamente em hasta pública, anunciada dentro de quinze dias, depois da primeira assembleia de credores, sob pena de destituição do liquidatário. Essa pena será aplicada pelo juiz a requerimento dos interessados, que poderão pedir designação de dia e hora para a hasta pública.

DISPOSIÇÕES GERAIS

Art. 22. Os contratos, sem cláusula de arrependimento, de compromisso de compra e venda e cessão de direitos de imóveis não loteados, cujo preço tenha sido pago no ato de sua constituição ou deva sê-lo em uma ou mais prestações, desde que inscritos a qualquer tempo, atribuem aos compromissários direito real oponível a terceiros, e lhes conferem o direito de adjudicação compulsória nos termos dos artigos 16 desta Lei, 640 e 641 do Código de Processo Civil.

▸ Artigo com a redação dada pela Lei nº 6.014, de 27-12-1973.

▸ Os arts. 640 e 641 do CPC foram revogados pela Lei nº 11.232, de 22-12-2005. Arts. 466-B e 466-C do CPC/1973.

▸ Arts. 733 e 735 a 737 do CPC/2015.

▸ Arts. 1.225, VII, 1.417 e 1.418 do CC.

▸ Art. 25 da Lei nº 6.766, de 19-12-1973 (Lei do Parcelamento do Solo).

▸ Art. 1º do Dec.-lei nº 745, de 7-8-1969, que dispõe que, nos contratos a que se refere este artigo, ainda que não tenham sido registrados junto ao Cartório de Registro de Imóveis competente, o inadimplemento absoluto do promissário comprador só se caracterizará se, interpelado por via judicial ou por intermédio de cartório de Registro de Títulos e Documentos, deixar de purgar a mora, no prazo de 15 (quinze) dias contados do recebimento da interpelação.

▸ Súmulas nos 167, 168, 412 e 413 do STF.

▸ Súm. nº 76 do STJ.

Art. 23. Nenhuma ação ou defesa se admitirá, fundada nos dispositivos desta Lei, sem apresentação de documento comprobatório do registro por ela instituído.

▸ Súm. nº 168 do STF.

Art. 24. Em todos os casos de procedimento judicial, o foro competente será o da situação do lote comprometido ou o a que se referir o contrato de financiamento, quando as partes não hajam contratado outro foro.

Art. 25. O oficial do registro perceberá:

a) pelo depósito e inscrição, a taxa fixa de cem mil-réis, além das custas que forem devidas pelos demais atos;

b) pela averbação, a de cinco mil-réis por via de compromisso de venda ou de financiamento;

c) pelo cancelamento de averbação, a de cinco mil-réis.

Art. 26. Todos os requerimentos e documentos atinentes ao registro se juntarão aos autos respectivos, independentemente de despacho judicial.

DISPOSIÇÕES TRANSITÓRIAS

Art. 1º Os proprietários de terras e terrenos loteados em curso de venda deverão, dentro de três meses, proceder ao depósito e registro nos termos desta Lei, indicando no memorial os lotes já comprometidos cujas prestações estejam em dia. Se até trinta dias depois de esgotado esse prazo não houverem cumprido o disposto na lei, incorrerão os vendedores em multas de dez contos de réis a vinte contos de réis, aplicadas no dobro, quando decorridos mais três meses.

Parágrafo único. Efetuada a inscrição da propriedade loteada, os compromissários apresentarão as suas cadernetas ou contratos para serem averbados, ainda que não tenham todos os requisitos do artigo 11, contanto que sejam anteriores a esta Lei.

▸ Art. 167, I, nº 19, da Lei nº 6.015, de 31-12-1973 (Lei dos Registros Públicos).

Art. 2º As penhoras, arrestos e sequestros de imóveis, para os efeitos da apreciação de fraude de alienações posteriores, serão inscritos obrigatoriamente, dependendo da prova desse procedimento o curso da ação.

▸ Arts. 158 a 165 do CC.

▸ Art. 167, I, nº 5, da Lei nº 6.015, de 31-12-1973 (Lei dos Registros Públicos).

Art. 3º A mudança de numeração, a construção, a reconstrução, a demolição, a adjudicação, o desmembramento, a alteração do nome por casamento ou desquite serão obrigatoriamente averbados nas transcrições dos imóveis a que se referirem, mediante prova, a critério do oficial do registro de imóveis.

▸ Art. 167, II, nº 5, da Lei nº 6.015, de 31-12-1973 (Lei dos Registros Públicos).

Art. 4º Esta Lei entrará em vigor na data da sua publicação, revogadas as disposições em contrário.

Rio de Janeiro, 10 de dezembro de 1937;
116º da Independência e
49º da República.

Getúlio Vargas

▸ Optamos por não publicar o Anexo deste Decreto-lei nesta edição.

DECRETO-LEI Nº 2.627, DE 26 DE SETEMBRO DE 1940

Dispõe sobre as sociedades por ações.

(EXCERTOS)

- Publicado no *DOU* de 1º-10-1940.
- Arts. 1.123 a 1.141 do CC.
- A Lei nº 6.404, de 15-12-1976 (Lei das Sociedades por Ações), manteve em vigor os arts. 59 a 73 do Dec.-lei nº 2.627, de 26-9-1940 (antiga Lei de Sociedades por Ações).

....

CAPÍTULO VIII

DA SOCIEDADE ANÔNIMA OU COMPANHIA CUJO FUNCIONAMENTO DEPENDE DE AUTORIZAÇÃO DO GOVERNO, SOCIEDADES ANÔNIMAS OU COMPANHIAS NACIONAIS E ESTRANGEIRAS

Art. 59. A sociedade anônima ou companhia, que dependa de autorização do Governo para funcionar, reger-se-á por esta Lei, sem prejuízo do que estabelecer a lei especial.

Parágrafo único. A competência para autorização é sempre do Governo Federal.

Art. 60. São nacionais as sociedades organizadas na conformidade da lei brasileira e que têm no país a sede de sua administração.

Parágrafo único. Quando a lei exigir que todos os acionistas ou certo número deles sejam brasileiros, as ações da companhia ou sociedade anônima revestirão a forma nominativa. Na sede da sociedade ficará arquivada uma cópia autêntica do documento comprobatório da nacionalidade.

Art. 61. O requerimento ou pedido de autorização das sociedades nacionais deve ser acompanhado:

a) do projeto dos estatutos;
b) da lista dos subscritores, organizada como se prescreve em o artigo 42;
c) do documento comprobatório do depósito, em dinheiro, da décima parte do capital, se maior percentagem não for exigida pela lei especial (artigo 38);
d) de cópia autêntica da ata da assembleia de constituição ou certidão da escritura pública, se por essa forma se houver constituído a sociedade.

§ 1º O Governo poderá determinar alterações ou aditamentos nos estatutos da sociedade. Verificada tal hipótese, os fundadores convocarão os subscritores, a fim de que deliberem, em assembleia, que funcionará na forma prevista no artigo 44, sobre as alterações ou aditamentos exigidos pelo Governo; aprovadas as alterações ou aditamentos, os fundadores juntarão ao processo de autorização cópia autêntica da ata.

§ 2º O Governo poderá ordenar que a sociedade, cumpridas as formalidades legais para o seu funcionamento, promova, na Bolsa de Valores da Capital da República, a cotação de seus títulos. Essa determinação é obrigatória para as sociedades que gozem, ou venham a gozar, de favores do Governo Federal.

§ 3º Concedida a autorização, o respectivo decreto e os demais atos a que alude este artigo deverão, mediante certidões passadas pela repartição competente e dentro de trinta dias, depois de pagos os emolumentos e impostos devidos, ser publicados no órgão oficial da União, do qual se arquivará um exemplar no Registro do Comércio da sede da sociedade.

§ 4º A certidão do arquivamento será publicada no referido órgão oficial.

§ 5º Qualquer alteração ou modificação dos estatutos sociais dependerá de aprovação do Governo Federal.

Art. 62. O Governo Federal poderá recusar a autorização pedida, se a sociedade anônima ou companhia não satisfizer as condições econômicas, financeiras ou jurídicas especificadas na lei, ou quando sua criação contrariar os interesses da economia nacional.

Art. 63. As sociedades anônimas ou companhias nacionais, que dependem de autorização do Governo para funcionar, não poderão constituir-se sem prévia autorização, quando seus fundadores pretenderem recorrer à subscrição pública para a formação do capital.

Parágrafo único. Os fundadores deverão juntar ao seu requerimento cópias autênticas do projeto dos estatutos e do prospecto (artigo 40, I e II), observando-se o disposto nos §§ 1º e 2º do artigo 61. Obtida a autorização e constituída a sociedade, serão os respectivos atos arquivados e publicados, como dispõem os artigos 51 a 54.

Art. 64. As sociedades anônimas ou companhias estrangeiras, qualquer que seja o seu objeto, não podem, sem autorização do Governo Federal, funcionar no País, por si mesmas, ou por filiais, sucursais, agências, ou estabelecimentos que as representem, podendo, todavia, ressalvados os casos expressos em lei, ser acionistas de sociedade anônima brasileira (artigo 60).

Parágrafo único. O pedido ou requerimento de autorização deve ser instruído com:

a) prova de achar-se a sociedade constituída conforme a lei de seu país;
b) o inteiro teor dos estatutos;
c) a lista dos acionistas, com os nomes, profissões, domicílios e número de ações de cada um, salvo quando, por serem as ações ao portador, for impossível cumprir tal exigência;
d) cópia da ata da assembleia-geral que autorizou o funcionamento no Brasil e fixou o capital destinado às operações no território nacional;
e) prova de nomeação do representante no Brasil, ao qual devem ser concedidos poderes para aceitar as condições em que é dada a autorização;
f) o último balanço.

Todos os documentos devem estar autenticados, na conformidade da lei nacional da sociedade anônima requerente, e legalizados no Consulado Brasileiro da sede respectiva.

Com os documentos originais, serão oferecidas as respectivas traduções em vernáculo, feitas por tradutor público juramentado.

Art. 65. O Governo Federal, na autorização, poderá estabelecer as condições que julgar convenientes à defesa dos interesses nacionais, além das exigidas por lei especial, inclusive a constante do artigo 61, § 2º.

Aceitas as condições pelo representante da sociedade anônima requerente, o Governo expedirá o decreto de autorização, observando-se, em seguida, as prescrições dos §§ 3º e 4º do artigo 61.

Parágrafo único. Será também arquivado o documento comprobatório do depósito, em dinheiro, da parte do capital destinado às operações no País, capital que o Governo fixará no decreto de autorização.

Art. 66. As sociedades anônimas estrangeiras funcionarão no território nacional com a mesma denominação que tiverem no seu país de origem, podendo, entretanto, acrescentar as palavras – "do Brasil" ou "para o Brasil".

Art. 67. As sociedades anônimas estrangeiras, autorizadas a funcionar, são obrigadas a ter, permanentemente, representante no Brasil, com plenos poderes para tratar de quaisquer questões e resolvê-las definitivamente, podendo ser demandado e receber citação inicial pela sociedade.

Parágrafo único. Só depois de arquivado no Registro do Comércio o instrumento de sua nomeação poderá o representante entrar em relação com terceiros.

Art. 68. As sociedades anônimas estrangeiras autorizadas a funcionar ficarão sujeitas às leis e aos tribunais brasileiros quanto aos atos ou operações que praticarem no Brasil.

Art. 69. Qualquer alteração que a sociedade anônima estrangeira fizer nos seus estatutos dependerá de aprovação do Governo Federal para produzir efeitos em território brasileiro.

Art. 70. As sociedades anônimas estrangeiras devem, sob pena de ser-lhes cassada a autorização para funcionar no País, reproduzir no órgão oficial da União, e do Estado, se for o caso (artigo 173), as publicações que, segundo a sua lei nacional ou de origem, sejam obrigadas a fazer relativamente ao balanço, conta de lucros e perdas e atos de sua administração.

Parágrafo único. Sob a mesma pena, deverão as referidas sociedades publicar o balanço anual e a conta de lucros e perdas das sucursais, filiais ou agências existentes no País.

Art. 71. A sociedade anônima estrangeira, autorizada a funcionar no País, pode, mediante autorização do Governo Federal, nacionalizar-se, transferindo sua sede para o Brasil.

§ 1º Para esse fim, deverá, por seus representantes habilitados, oferecer, com o requerimento, os documentos exigidos no artigo 64, parágrafo único, *a*, *b* e *c*, sem a exceção admitida nesta letra, e *f*, a prova de realização do capital, pela forma declarada nos estatutos, e a ata da assembleia-geral em que foi resolvida a nacionalização.

§ 2º O Governo Federal poderá impor as condições que julgar convenientes à defesa dos interesses nacionais.

§ 3º Aceitas pelo representante habilitado as condições, expedirá o Governo Federal o decreto de nacionalização, observando-se, em seguida, o disposto nos §§ 3º e 4º do artigo 61.

Art. 72. A sociedade anônima ou companhia brasileira somente poderá mudar de nacionalidade mediante o consentimento unânime dos acionistas.

Art. 73. O Governo Federal poderá, a qualquer tempo, e sem prejuízo da responsabilidade penal que couber, cassar a autorização concedida às sociedades anônimas, nacionais ou estrangeiras, quando infringirem disposições de ordem pública ou praticarem atos contrários aos fins declarados nos estatutos ou nocivos à economia nacional.

....

Rio de Janeiro, 26 de setembro de 1940; 119º da Independência e 52º da República.

Getúlio Vargas

DECRETO-LEI Nº 3.688, DE 3 DE OUTUBRO DE 1941

Lei das Contravenções Penais.

▶ Publicado no *DOU* de 13-10-1941.

PARTE GERAL

Aplicação das regras gerais do Código Penal

Art. 1º Aplicam-se às contravenções as regras gerais do Código Penal, sempre que a presente Lei não disponha de modo diverso.

▶ Art. 12 do CP.

Territorialidade

Art. 2º A lei brasileira só é aplicável à contravenção praticada no Território Nacional.

▶ Art. 5º do CP.

Voluntariedade. Dolo e culpa

Art. 3º Para a existência da contravenção, basta a ação ou a omissão voluntária. Deve-se, todavia, ter em conta o dolo ou a culpa, se a lei faz depender, de um ou de outra, qualquer efeito jurídico.

▶ Arts. 13 e 18 do CP.

Tentativa

Art. 4º Não é punível a tentativa de contravenção.

▶ Art. 14, II, do CP.

Penas principais

Art. 5º As penas principais são:

▶ Art. 32 do CP.

I – prisão simples;

II – multa.

Prisão simples

Art. 6º A pena de prisão simples deve ser cumprida, sem rigor penitenciário, em estabelecimento especial ou seção especial de prisão comum, em regime semiaberto ou aberto.

▶ *Caput* com a redação dada pela Lei nº 6.416, de 24-5-1977.

▶ Arts. 33 a 36 do CP.

§ 1º O condenado à pena de prisão simples fica sempre separado dos condenados à pena de reclusão ou de detenção.

▶ Art. 5º, XLVIII, da CF.

▶ Arts. 82 a 104 da LEP.

§ 2º O trabalho é facultativo, se a pena aplicada não excede a quinze dias.

▶ Arts. 28, 39, V, e 41, II, da LEP.

Reincidência

Art. 7º Verifica-se a reincidência quando o agente pratica uma contravenção depois de passar em julgado a sentença que o tenha condenado, no Brasil ou no estrangeiro, por qualquer crime, ou, no Brasil, por motivo de contravenção.

▶ Arts. 63 e 64 do CP.

Erro de direito

Art. 8º No caso de ignorância ou de errada compreensão da lei, quando escusáveis, a pena pode deixar de ser aplicada.

▶ Arts. 21 e 65, II, do CP.

Conversão da multa em prisão simples

Art. 9º A multa converte-se em prisão simples, de acordo com o que dispõe o Código Penal sobre a conversão de multa em detenção.

▶ Art. 51 do CP.

Parágrafo único. Se a multa é a única pena cominada, a conversão em prisão simples se faz entre os limites de quinze dias e três meses.

Limites das penas

Art. 10. A duração da pena de prisão simples não pode, em caso algum, ser superior a cinco anos, nem a importância das multas ultrapassar cinquenta contos de réis.

▶ Arts. 49, § 1º, 60, § 1º, e 75 do CP.

Suspensão condicional da pena de prisão simples

Art. 11. Desde que reunidas as condições legais, o juiz pode suspender, por tempo não inferior a um ano nem superior a três, a execução da pena de prisão simples, bem como conceder livramento condicional.

▶ Artigo com a redação dada pela Lei nº 6.416, de 24-5-1977.

▶ Arts. 77 a 90 do CP.

▶ Arts. 131 a 146 e 156 a 163 da LEP.

Penas acessórias

Art. 12. As penas acessórias são a publicação da sentença e as seguintes interdições de direitos:

I – a incapacidade temporária para profissão ou atividade, cujo exercício dependa de habilitação especial, licença ou autorização do poder público;

▶ Art. 47, II, do CP.

II – a suspensão dos direitos políticos.

Parágrafo único. Incorrem:

a) na interdição sob nº I, por um mês a dois anos, o condenado por motivo de contravenção cometida com abuso de profissão ou atividade ou com infração de dever a ela inerente;

b) na interdição sob nº II, o condenado à pena privativa de liberdade, enquanto dure a execução da pena ou a aplicação da medida de segurança detentiva.

Medidas de segurança

Art. 13. Aplicam-se, por motivo de contravenção, as medidas de segurança estabelecidas no Código Penal, à exceção do exílio local.

▶ Arts. 96 a 99 do CP.

▶ Arts. 171 a 179 da LEP.

Presunção de periculosidade

Art. 14. Presumem-se perigosos, além dos indivíduos a que se referem os nºs I e II do artigo 78 do Código Penal:

▶ Referência feita a dispositivo da antiga Parte Geral do CP, revogada pela Lei nº 7.209, de 11-7-1984, a qual não traz artigo correspondente.

I – o condenado por motivo de contravenção cometida em estado de embriaguez pelo álcool ou substância de efeitos análogos, quando habitual a embriaguez;

II – o condenado por vadiagem ou mendicância;

III e IV – *Revogados*. Lei nº 6.416, de 24-5-1977.

Internação em colônia agrícola ou em instituto de trabalho, de reeducação ou de ensino profissional

Art. 15. São internados em colônia agrícola ou instituto de trabalho, de reeducação ou de ensino profissional, pelo prazo mínimo de um ano:

I – o condenado por vadiagem (artigo 59);

II – o condenado por mendicância (artigo 60 e seu parágrafo);

III – *Revogado*. Lei nº 6.416, de 24-5-1977.

Internação em manicômio judiciário ou em casa de custódia e tratamento

Art. 16. O prazo mínimo de duração da internação em manicômio judiciário ou em casa de custódia e tratamento é de seis meses.

▶ Art. 97 do CP.

▶ Arts. 99 a 101 e 175 a 179 da LEP.

Parágrafo único. O juiz, entretanto, pode, ao invés de decretar a internação, submeter o indivíduo à liberdade vigiada.

▶ Art. 98 do CP.

Ação penal

Art. 17. A ação penal é pública, devendo a autoridade proceder de ofício.

▶ Art. 129, I, da CF.

PARTE ESPECIAL

CAPÍTULO I – DAS CONTRAVENÇÕES REFERENTES À PESSOA

Fabrico, comércio, ou detenção de armas ou munição

Art. 18. Fabricar, importar, exportar, ter em depósito ou vender, sem permissão da autoridade, arma ou munição:

Pena – prisão simples, de três meses a um ano, ou multa, ou ambas cumulativamente, se o fato não constitui crime contra a ordem política ou social.

▶ Arts. 91, II, *a*, 253 e 334 do CP.

▶ Art. 242 do ECA.

Porte de arma

Art. 19. Trazer consigo arma fora de casa ou de dependência desta, sem licença da autoridade:

Pena – prisão simples, de quinze dias a seis meses, ou multa, ou ambas cumulativamente.

▶ Art. 150, §§ 4º e 5º, do CP.

▶ Art. 12 da Lei nº 10.826, de 22-12-2003 (Estatuto do Desarmamento).

§ 1º A pena é aumentada de um terço até metade, se o agente já foi condenado, em sentença irrecorrível, por violência contra pessoa.

§ 2º Incorre na pena de prisão simples, de quinze dias a três meses, ou multa, quem, possuindo arma ou munição:

a) deixa de fazer comunicação ou entrega à autoridade, quando a lei o determina;

b) permite que alienado, menor de dezoito anos ou pessoa inexperiente no manejo de arma a tenha consigo;

c) omite as cautelas necessárias para impedir que dela se apodere facilmente alienado, menor de dezoito anos ou pessoa inexperiente em manejá-la.

Anúncio de meio abortivo

Art. 20. Anunciar processo, substância ou objeto destinado a provocar aborto:

Pena – multa.

▸ Arts. 124 a 128 do CP.

▸ Art. 68 do CDC.

Vias de fato

Art. 21. Praticar vias de fato contra alguém:

Pena – prisão simples, de quinze dias a três meses, ou multa, se o fato não constitui crime.

▸ Art. 140, § 2º, do CP.

§ 1º *Aumenta-se a pena de 1/3 (um terço) até a metade se a vítima é maior de 60 (sessenta) anos.*

▸ Parágrafo único transformado em § 1º pela Lei nº 14.994, de 9-10-2024.

§ 2º *Se a contravenção é praticada contra a mulher por razões da condição do sexo feminino, nos termos do § 1º do art. 121-A do Decreto-Lei nº 2.848, de 7 de dezembro de 1940 (Código Penal), aplica-se a pena em triplo.*

▸ § 2º acrescido pela Lei nº 14.994, de 9-10-2024.

Internação irregular em estabelecimento psiquiátrico

Art. 22. Receber em estabelecimento psiquiátrico, e nele internar, sem as formalidades legais, pessoa apresentada como doente mental:

Pena – multa.

▸ Art. 148, II, do CP.

§ 1º Aplica-se a mesma pena a quem deixa de comunicar à autoridade competente, no prazo legal, internação que tenha admitido, por motivo de urgência, sem as formalidades legais.

§ 2º Incorre na pena de prisão simples, de quinze dias a três meses, ou multa, aquele que, sem observar as prescrições legais, deixa retirar-se ou despede de estabelecimento psiquiátrico pessoa nele internada.

Indevida custódia de doente mental

Art. 23. Receber e ter sob custódia doente mental, fora do caso previsto no artigo anterior, sem autorização de quem de direito:

Pena – prisão simples, de quinze dias a três meses, ou multa.

CAPÍTULO II
DAS CONTRAVENÇÕES REFERENTES AO PATRIMÔNIO

Instrumento de emprego usual na prática de furto

Art. 24. Fabricar, ceder ou vender gazua ou instrumento empregado usualmente na prática de crime de furto:

Pena – prisão simples, de seis meses a dois anos, e multa.

▸ Arts. 91, II, *a*, e 155 do CP.

Posse não justificada de instrumento de emprego usual na prática de furto

Art. 25. Ter alguém em seu poder, depois de condenado por crime de furto ou roubo, ou enquanto sujeito à liberdade vigiada ou quando conhecido como vadio ou mendigo, gazuas, chaves falsas ou alteradas ou instrumentos empregados usualmente na prática de crime de furto, desde que não prove destinação legítima:

Pena – prisão simples, de dois meses a um ano, e multa.

▸ Arts. 155 e 157 do CP.

Violação de lugar ou objeto

Art. 26. Abrir, alguém, no exercício de profissão de serralheiro ou ofício análogo, a pedido ou por incumbência de pessoa de cuja legitimidade não se tenha certificado previamente, fechadura ou qualquer outro aparelho destinado à defesa de lugar ou objeto:

Pena – prisão simples, de quinze dias a três meses, ou multa.

Exploração da credulidade pública

Art. 27. *Revogado*. Lei nº 9.521, de 27-11-1997.

CAPÍTULO III
DAS CONTRAVENÇÕES REFERENTES À INCOLUMIDADE PÚBLICA

Disparo de arma de fogo

Art. 28. Disparar arma de fogo em lugar habitado ou em suas adjacências, em via pública ou em direção a ela:

Pena – prisão simples, de um a seis meses, ou multa.

▸ Art. 132 do CP.

▸ Art. 15 da Lei nº 10.826, de 22-12-2003 (Estatuto do Desarmamento).

Parágrafo único. Incorre na pena de prisão simples, de quinze dias a dois meses, ou multa, quem, em lugar habitado ou em suas adjacências, em via pública ou em direção a ela, sem licença da autoridade, causa deflagração perigosa, queima fogo de artifício ou solta balão aceso.

▸ Art. 42 da Lei nº 9.605, de 12-2-1998 (Lei dos Crimes Ambientais).

Desabamento de construção

Art. 29. Provocar o desabamento de construção ou, por erro no projeto ou na execução, dar-lhe causa:

Pena – multa, se o fato não constitui crime contra a incolumidade pública.

▸ Art. 256 do CP.

Perigo de desabamento

Art. 30. Omitir alguém a providência reclamada pelo estado ruinoso de construção que lhe pertence ou cuja conservação lhe incumbe:

Pena – multa.

▸ Art. 256 do CP.

Omissão de cautela na guarda ou condução de animais

Art. 31. Deixar em liberdade, confiar à guarda de pessoa inexperiente, ou não guardar com a devida cautela animal perigoso:

Pena – prisão simples, de dez dias a dois meses, ou multa.

Parágrafo único. Incorre na mesma pena quem:

a) na via pública, abandona animal de tiro, carga ou corrida, ou o confia a pessoa inexperiente;

b) excita ou irrita animal, expondo a perigo a segurança alheia;

c) conduz animal, na via pública, pondo em perigo a segurança alheia.

Falta de habilitação para dirigir veículo

Art. 32. Dirigir, sem a devida habilitação, veículo na via pública, ou embarcação a motor em águas públicas:

Pena – multa.

▸ Arts. 298, 302, parágrafo único, I, e 309 do CTB.

▸ Súm. nº 720 do STF.

Direção não licenciada de aeronave

Art. 33. Dirigir aeronave sem estar devidamente licenciado:

Pena – prisão simples, de quinze dias a três meses, e multa.

Direção perigosa de veículo na via pública

Art. 34. Dirigir veículos na via pública, ou embarcações em águas públicas, pondo em perigo a segurança alheia:

Pena – prisão simples, de quinze dias a três meses, ou multa.

▸ Art. 306 do CTB.

▸ Art. 132 do CP.

Abuso na prática da aviação

Art. 35. Entregar-se, na prática da aviação, a acrobacias ou a voos baixos, fora da zona em que a lei o permite, ou fazer descer a aeronave fora dos lugares destinados a esse fim:

Pena – prisão simples, de quinze dias a três meses, ou multa.

Sinais de perigo

Art. 36. Deixar de colocar na via pública sinal ou obstáculo, determinado em lei ou pela autoridade e destinado a evitar perigo a transeuntes:

Pena – prisão simples, de dez dias a dois meses, ou multa.

▸ Art. 257 do CP.

Parágrafo único. Incorre na mesma pena quem:

a) apaga sinal luminoso, destrói ou remove sinal de outra natureza ou obstáculo destinado a evitar perigo a transeuntes;

▸ Art. 262 do CP.

b) remove qualquer outro sinal de serviço público.

▸ Art. 265 do CP.

Arremesso ou colocação perigosa

Art. 37. Arremessar ou derramar em via pública, ou em lugar de uso comum, ou de uso alheio, coisa que possa ofender, sujar ou molestar alguém:

Pena – multa.

▸ Art. 264 do CP.

Parágrafo único. Na mesma pena incorre aquele que, sem as devidas cautelas, coloca ou deixa suspensa coisa que, caindo em via pública ou em lugar de uso comum ou de uso alheio, possa ofender, sujar ou molestar alguém.

Emissão de fumaça, vapor ou gás

Art. 38. Provocar, abusivamente, emissão de fumaça, vapor ou gás, que possa ofender ou molestar alguém:

Pena – multa.

▸ Arts. 252 e 253 do CP.

▸ Art. 54 da Lei nº 9.605, de 12-2-1998 (Lei dos Crimes Ambientais).

CAPÍTULO IV
DAS CONTRAVENÇÕES REFERENTES À PAZ PÚBLICA

Associação secreta

Art. 39. *Revogado*. Lei nº 14.197, de 1º-9-2021.

Provocação de tumulto. Conduta inconveniente

Art. 40. Provocar tumulto ou portar-se de modo inconveniente ou desrespeitoso, em solenidade ou ato oficial, em assembleia ou espetáculo público, se o fato não constitui infração penal mais grave:

▸ Arts. 208 e 209 do CP.

▸ Arts. 293, 296 e 297 do CE.

Pena – prisão simples, de quinze dias a seis meses, ou multa.

Falso alarma

Art. 41. Provocar alarma, anunciando desastre ou perigo inexistente, ou praticar qualquer ato capaz de produzir pânico ou tumulto:

Pena – prisão simples, de quinze dias a seis meses, ou multa.

▸ Art. 340 do CP.

Perturbação do trabalho ou do sossego alheios

Art. 42. Perturbar alguém, o trabalho ou o sossego alheios:

▸ Art. 65 deste Decreto-lei.

I – com gritaria ou algazarra;

▸ Art. 40 deste Decreto-lei.

II – exercendo profissão incômoda ou ruidosa, em desacordo com as prescrições legais;

▸ Art. 47 deste Decreto-lei.

III – abusando de instrumentos sonoros ou sinais acústicos;

IV – provocando ou não procurando impedir barulho produzido por animal de que tem guarda:

Pena – prisão simples, de quinze dias a três meses, ou multa.

CAPÍTULO V
DAS CONTRAVENÇÕES REFERENTES À FÉ PÚBLICA

Recusa de moeda de curso legal

Art. 43. Recusar-se a receber pelo seu valor, moeda de curso legal do País:

Pena – multa.

Imitação de moeda para propaganda

Art. 44. Usar, como propaganda, de impresso ou objeto que pessoa inexperiente ou rústica possa confundir com moeda:

Pena – multa.

▸ Arts. 67 e 68 do CDC.

Simulação da qualidade de funcionário

Art. 45. Fingir-se funcionário público:

Pena – prisão simples, de um a três meses, ou multa.

▸ Arts. 307, 324 e 328 do CP.

Uso ilegítimo de uniforme ou distintivo

Art. 46. Usar, publicamente, de uniforme, ou distintivo de função pública que não exercer; usar, indevidamente, de sinal, distintivo ou denominação cujo emprego seja regulado por lei:

Pena – multa, se o fato não constitui infração penal mais grave.

▸ Art. 304 do CP.

CAPÍTULO VI
DAS CONTRAVENÇÕES RELATIVAS À ORGANIZAÇÃO DO TRABALHO

Exercício ilegal de profissão ou atividade

Art. 47. Exercer profissão ou atividade econômica ou anunciar que a exerce, sem preencher as condições a que por lei está subordinado o seu exercício:

Pena – prisão simples, de quinze dias a três meses, ou multa.

▸ Art. 282 do CP.

Exercício ilegal do comércio de coisas antigas e obras de arte

Art. 48. Exercer, sem observância das prescrições legais, comércio de antiguidades, de obras de arte, ou de manuscritos e livros antigos ou raros:

Pena – prisão simples, de um a seis meses, ou multa.

Matrícula ou escrituração de indústria e profissão

Art. 49. Infringir determinação legal relativa à matrícula ou à escrituração de indústria, de comércio, ou de outra atividade:

Pena – multa.

▸ Arts. 197 a 207 do CP.

CAPÍTULO VII
DAS CONTRAVENÇÕES RELATIVAS À POLÍCIA DE COSTUMES

Jogo de azar

Art. 50. Estabelecer ou explorar jogo de azar em lugar público ou acessível ao público, mediante o pagamento de entrada ou sem ele:

▸ O Dec.-lei nº 9.215, de 30-4-1946, proibiu a prática ou exploração de jogos de azar em todo o Território Nacional e seu art. 1º restaurou a vigência do art. 50.

▸ Súm. nº 362 do STF.

Pena – prisão simples, de três meses a um ano, e multa, estendendo-se os efeitos da condenação à perda dos móveis e objetos de decoração do local.

§ 1º A pena é aumentada de um terço, se existe entre os empregados ou participa do jogo pessoa menor de dezoito anos.

§ 2º Incorre na pena de multa, de R$ 2.000,00 (dois mil reais) a R$ 200.000,00 (duzentos mil reais), quem é encontrado a participar do jogo, ainda que pela internet ou por qualquer outro meio de comunicação, como ponteiro ou apostador.

▸ § 2º com a redação dada pela Lei nº 13.155, de 4-8-2015.

§ 3º Consideram-se jogos de azar:

a) o jogo em que o ganho e a perda dependem exclusiva ou principalmente da sorte;

b) as apostas sobre corrida de cavalos fora de hipódromo ou de local onde sejam autorizadas;

c) as apostas sobre qualquer outra competição esportiva.

§ 4º Equiparam-se, para os efeitos penais, a lugar acessível ao público:

a) a casa particular em que se realizam jogos de azar, quando deles habitualmente participam pessoas que não sejam da família de quem a ocupa;

b) o hotel ou casa de habitação coletiva, a cujos hóspedes e moradores se proporciona jogo de azar;

c) a sede ou dependência de sociedade ou associação, em que se realiza jogo de azar;

d) o estabelecimento destinado à exploração de jogo de azar, ainda que se dissimule esse destino.

Loteria não autorizada

Art. 51. Promover ou fazer extrair loteria, sem autorização legal:

Pena – prisão simples, de seis meses a dois anos, e multa, estendendo-se os efeitos da condenação à perda dos móveis existentes no local.

§ 1º Incorre na mesma pena quem guarda, vende ou expõe à venda, tem sob sua guarda, para o fim de venda, introduz ou tenta introduzir na circulação bilhete de loteria não autorizada.

§ 2º Considera-se loteria toda ocupação que, mediante a distribuição de bilhete, listas, cupões, vales, sinais, símbolos ou meios análogos, faz depender de sorteio a obtenção de prêmio em dinheiro ou bens de outra natureza.

§ 3º Não se compreendem na definição do parágrafo anterior os sorteios autorizados na legislação especial.

Loteria estrangeira

Art. 52. Introduzir, no País, para o fim de comércio, bilhete de loteria, rifa ou tômbola estrangeiras:

Pena – prisão simples, de quatro meses a um ano, e multa.

Parágrafo único. Incorre na mesma pena quem vende, expõe à venda, tem sob sua guarda, para o fim de venda, introduz ou tenta introduzir na circulação, bilhete de loteria estrangeira.

Loteria estadual

Art. 53. Introduzir, para o fim de comércio, bilhete de loteria estadual em território onde não possa legalmente circular:

Pena – prisão simples, de dois a seis meses, e multa.

Parágrafo único. Incorre na mesma pena quem vende, expõe à venda, tem sob sua guarda, para o fim de venda, introduz ou tenta introduzir na circulação, bilhete de loteria estadual, em território onde não possa legalmente circular.

Exibição ou guarda de lista de sorteio

Art. 54. Exibir ou ter sob sua guarda lista de sorteio de loteria estrangeira:

Pena – prisão simples, de um a três meses, e multa.

Parágrafo único. Incorre na mesma pena quem exibe ou tem sob sua guarda lista de sorteio de loteria estadual, em território onde esta não possa legalmente circular.

Impressão de bilhetes, lista ou anúncios

Art. 55. Imprimir ou executar qualquer serviço de feitura de bilhetes, lista de sorteio, avisos ou cartazes relativos a loteria, em lugar onde ela não possa legalmente circular:

Pena – prisão simples, de um a seis meses, e multa.

Distribuição ou transporte de listas ou avisos

Art. 56. Distribuir ou transportar cartazes, listas de sorteio ou avisos de loteria, onde ela não possa legalmente circular:

Pena – prisão simples, de um a três meses, e multa.

Publicidade de sorteio

Art. 57. Divulgar, por meio de jornal ou outro impresso, de rádio, cinema, ou qualquer outra forma, ainda que disfarçadamente, anúncio, aviso ou resultado de extração de loteria, onde a circulação dos seus bilhetes não seja legal:

Pena – multa.

Jogo do bicho

Art. 58. Explorar ou realizar a loteria denominada jogo do bicho, ou praticar qualquer ato relativo à sua realização ou exploração:

Pena – prisão simples, de quatro meses a um ano, e multa.

Parágrafo único. Incorre na pena de multa aquele que participa da loteria, visando a obtenção de prêmio, para si ou para terceiro.

Vadiagem

Art. 59. Entregar-se alguém habitualmente à ociosidade, sendo válido para o trabalho, sem ter renda que lhe assegure meios bastantes de subsistência, ou prover a própria subsistência mediante ocupação ilícita:

Pena – prisão simples, de quinze dias a três meses.

Parágrafo único. A aquisição superveniente de renda, que assegure ao condenado meios bastantes de subsistência, extingue a pena.

Mendicância

Art. 60. *Revogado*. Lei nº 11.983, de 16-7-2009.

Importunação ofensiva ao pudor

Art. 61. *Revogado*. Lei nº 13.718, de 24-9-2018.

Embriaguez

Art. 62. Apresentar-se publicamente em estado de embriaguez, de modo que cause escândalo ou ponha em perigo a segurança própria ou alheia:

▶ Arts. 28, II, e 61, II, *l*, do CP.

Pena – prisão simples, de quinze dias a três meses, ou multa.

Parágrafo único. Se habitual a embriaguez, o contraventor é internado em casa de custódia e tratamento.

Bebidas alcoólicas

Art. 63. Servir bebidas alcoólicas:

I – *Revogado*. Lei nº 13.106, de 17-3-2015;

II – a quem se acha em estado de embriaguez;

III – a pessoa que o agente sabe sofrer das faculdades mentais;

IV – a pessoa que o agente sabe estar judicialmente proibida de frequentar lugares onde se consome bebida de tal natureza:

Pena – prisão simples, de dois meses a um ano, ou multa.

Crueldade contra animais

Art. 64. Tratar animal com crueldade ou submetê-lo a trabalho excessivo:

Pena – prisão simples, de dez dias a um mês, ou multa.

▶ Art. 32 da Lei nº 9.605, de 12-2-1998 (Lei dos Crimes Ambientais).

§ 1º Na mesma pena incorre aquele que, embora para fins didáticos ou científicos, realiza, em lugar público ou exposto ao público, experiência dolorosa ou cruel em animal vivo.

§ 2º Aplica-se a pena com aumento de metade, se o animal é submetido a trabalho excessivo ou tratado com crueldade, em exibição ou espetáculo público.

Perturbação da tranquilidade

Art. 65. *Revogado*. Lei nº 14.132, de 31-3-2021.

CAPÍTULO VIII
DAS CONTRAVENÇÕES REFERENTES À ADMINISTRAÇÃO PÚBLICA

Omissão de comunicação de crime

Art. 66. Deixar de comunicar à autoridade competente:

▶ Art. 320 do CP.

I – crime de ação pública, de que teve conhecimento no exercício de função pública, desde que a ação penal não dependa de representação;

II – crime de ação pública, de que teve conhecimento no exercício da medicina ou de outra profissão sanitária, desde que a ação penal não dependa de representação e a comunicação não exponha o cliente a procedimento criminal:

Pena – multa.

Inumação ou exumação de cadáver

Art. 67. Inumar ou exumar cadáver, com infração das disposições legais:

Pena – prisão simples, de um mês a um ano, ou multa.

▶ Arts. 210 a 212 do CP.

Recusa de dados sobre própria identidade ou qualificação

Art. 68. Recusar à autoridade, quando por esta justificadamente solicitados ou exigidos, dados ou indicações concernentes à própria identidade, estado, profissão, domicílio e residência:

Pena – multa.

▶ Arts. 299, 307, 330 e 331 do CP.

Parágrafo único. Incorre na pena de prisão simples, de um a seis meses, e multa, se o fato não constitui infração penal mais grave, quem, nas mesmas circunstâncias, faz declarações inverídicas a respeito de sua identidade pessoal, estado, profissão, domicílio e residência.

Proibição de atividade remunerada a estrangeiro

Art. 69. *Revogado*. Lei nº 6.815, de 19-8-1980.

Violação do privilégio postal da União

Art. 70. Praticar qualquer ato que importe violação do monopólio postal da União:

Pena – prisão simples, de três meses a um ano, ou multa, ou ambas cumulativamente.

DISPOSIÇÕES FINAIS

Art. 71. Ressalvada a legislação especial sobre florestas, caça e pesca, revogam-se as disposições em contrário.

▶ Lei nº 5.197, de 3-1-1967 (Lei de Proteção à Fauna).

▶ Lei nº 9.605, de 12-2-1998 (Lei dos Crimes Ambientais).

▶ Dec.-lei nº 221, de 28-2-1967 (Lei de Proteção e Estímulos à Pesca).

Art. 72. Esta Lei entrará em vigor no dia 1º de janeiro de 1942.

Rio de Janeiro, 3 de outubro de 1941;
120º da Independência e
53º da República.

Getúlio Vargas

LEI Nº 605, DE 5 DE JANEIRO DE 1949

Dispõe sobre o repouso semanal remunerado e o pagamento de salário nos dias feriados civis e religiosos.

▶ Publicada no *DOU* de 14-1-1949.

Art. 1º Todo empregado tem direito ao repouso semanal remunerado de vinte e quatro horas consecutivas, preferentemente aos domingos e, nos limites das exigências técnicas das empresas, nosx feriados civis e religiosos, de acordo com a tradição local.

▶ Art. 7º, XV, da CF.

▶ Súm. nº 462 do STF.

▶ Súmulas nºs 15, 27, 146, 155 e 225 do TST.

Art. 2º Entre os empregados a que se refere esta Lei, incluem-se os trabalhadores rurais, salvo os que operam em qualquer regime de parceria, meação, ou forma semelhante de participação na produção.

Art. 3º O regime desta Lei será extensivo àqueles que, sob forma autônoma, trabalhem agrupados, por intermédio de Sindicato, Caixa Portuária ou entidade congênere. A remuneração do repouso obrigatório, nesse caso, consistirá no acréscimo de um sexto calculado sobre os salários efetivamente percebidos pelo trabalhador e paga juntamente com os mesmos.

Art. 4º É devido o repouso semanal remunerado, nos termos desta Lei, aos trabalhadores das autarquias e de empresas industriais, ou sob administração da União, dos Estados e dos Municípios, ou incorporadas nos seus patrimônios, que não estejam subordinados ao regime do funcionalismo público.

Art. 5º Esta Lei não se aplica às seguintes pessoas:

a) *Revogada*. Lei nº 11.324, de 19-7-2006.

b) aos funcionários públicos da União, dos Estados e dos Municípios, e aos respectivos extranumerários em serviço nas próprias repartições;

c) aos servidores de autarquias paraestatais, desde que sujeitos a regime próprio de proteção ao trabalho que lhes assegure situação análoga à dos funcionários públicos.

Parágrafo único. São exigências técnicas, para os efeitos desta Lei, as que, pelas condições peculiares às atividades da empresa, ou em razão do interesse público, tornem indispensável a continuidade do serviço.

Art. 6º Não será devida a remuneração quando, sem motivo justificado, o empregado não tiver trabalhado durante toda a semana anterior, cumprindo integralmente o seu horário de trabalho.

§ 1º São motivos justificados:

a) os previstos no artigo 473 e seu parágrafo único da Consolidação das Leis do Trabalho;

b) a ausência do empregado, devidamente justificada, a critério da administração do estabelecimento;

c) a paralisação do serviço nos dias em que, por conveniência do empregador, não tenha havido trabalho;

d) a ausência do empregado, até três dias consecutivos, em virtude de seu casamento;

e) a falta ao serviço com fundamento na lei sobre acidente do trabalho;

f) a doença do empregado, devidamente comprovada.

§ 2º A doença será comprovada mediante atestado de médico da instituição de Previdência Social a que estiver filiado o empregado, e, na falta deste e sucessivamente, de médico do Serviço Social do Comércio ou da Indústria; de médico da empresa ou por ela designado; de médico a serviço de repartição federal, estadual ou municipal, incumbido de assuntos de higiene ou de saúde pública; ou, não existindo estes, na localidade em que trabalhar, de médico de sua escolha.

▶ § 2º com a redação dada pela Lei nº 2.761, de 26-4-1956.

§ 3º Nas empresas em que vigorar regime de trabalho reduzido, a frequência exigida corresponderá ao número de dias em que o empregado tiver de trabalhar.

§ 4º Durante período de emergência em saúde pública decorrente da COVID-19, a imposição de isolamento dispensará o empregado da comprovação de doença por 7 (sete) dias.

§ 5º No caso de imposição de isolamento em razão da COVID-19, o trabalhador poderá apresentar como justificativa válida, no oitavo dia de afastamento, além do disposto neste artigo, documento de unidade de saúde do Sistema Único de Saúde (SUS) ou documento eletrônico regulamentado pelo Ministério da Saúde.

▶ §§ 4º e 5º acrescidos pela Lei nº 14.128, de 26-3-2021, promulgados nos termos do art. 66, § 5º, da CF (*DOU* de 26-3-2021 – edição extra D).

Art. 7º A remuneração do repouso semanal corresponderá:

a) para os que trabalham por dia, semana, quinzena ou mês, à de um dia de serviço, computadas as horas extraordinárias habitualmente prestadas;

b) para os que trabalham por hora, à de sua jornada normal de trabalho, computadas as horas extraordinárias habitualmente prestadas;

▶ Alíneas *a* e *b* com a redação dada pela Lei nº 7.415, de 9-12-1985.

c) para os que trabalham por tarefa ou peça, o equivalente ao salário correspondente às tarefas ou peças feitas durante a semana, no horário normal de trabalho, dividido pelos dias de serviço efetivamente prestados ao empregador;

d) para o empregado em domicílio, o equivalente ao quociente da divisão por seis da importância total da sua produção na semana.

§ 1º Os empregados cujos salários não sofram descontos por motivos de feriados civis ou religiosos são considerados já remunerados nesses mesmos dias de repouso, conquanto tenham direito à remuneração dominical.

§ 2º Consideram-se já remunerados os dias de repouso semanal do empregado mensalista ou quinzenalista, cujo cálculo de salário mensal ou quinzenal, ou cujos descontos por falta sejam efetuados na base do número de dias do mês ou de trinta e quinze diárias, respectivamente.

Art. 8º Excetuados os casos em que a execução do serviço for imposta pelas exigências técnicas das empresas, é vedado o trabalho em dias feriados, civis e religiosos, garantida, entretanto, aos empregados a remuneração respectiva, observados os dispositivos dos arts. 6º e 7º desta lei.

Art. 9º Nas atividades em que não for possível, em virtude das exigências técnicas das empresas, a suspensão do trabalho, nos dias feriados civis e religiosos, a remuneração será paga em dobro, salvo se o empregador determinar outro dia de folga.

Art. 10. Na verificação das exigências técnicas a que se referem os artigos anteriores, ter-se-ão em vista as de ordem econômica, permanentes ou ocasionais, bem como as peculiaridades locais.

Parágrafo único. O Poder Executivo, em decreto especial ou no regulamento que expedir par fiel execução desta lei, definirá as mesmas exigências e especificará, tanto quanto possível, as empresas a elas sujeitas, ficando desde já incluídas entre elas as de serviços públicos e de transportes.

Art. 11. *Revogado*. Lei nº 9.093, de 12-9-1995.

Art. 12. As infrações ao disposto nesta Lei serão punidas, com multa de R$ 40,25 (quarenta reais e vinte e cinco centavos) a R$ 4.025,33 (quatro mil e vinte e cinco reais e trinta e três centavos), segundo a natureza da infração, sua extensão e a intenção de quem a praticou, aplicada em dobro no caso de reincidência e oposição à fiscalização ou desacato à autoridade.

▶ Artigo com a redação dada pela Lei nº 12.544, de 8-12-2011.

Art. 13. Serão originariamente competentes, para a imposição das multas de que trata a presente Lei, os delegados regionais do Ministério do Trabalho e, nos Estados, onde houver delegação de atribuições, a autoridade delegada.

Art. 14. A fiscalização da execução da presente Lei, o processo de autuação dos seus infratores, os recursos e a cobrança das multas reger-se-ão pelo disposto no Título VII da Consolidação das Leis do Trabalho.

Art. 15. A presente Lei entrará em vigor na data de sua publicação.

Art. 16. Revogam-se as disposições em contrário.

Rio de Janeiro, 5 de janeiro de 1949;
128º da Independência e
61º da República.

Eurico G. Dutra

LEI Nº 810, DE 6 DE SETEMBRO DE 1949

Define o ano civil.

▶ Publicada no *DOU* de 16-9-1949.

Art. 1º Considera-se ano o período de doze meses contados do dia do início ao dia e mês correspondentes do ano seguinte.

Art. 2º Considera-se mês o período de tempo contado do dia do início ao dia correspondente do mês seguinte.

Art. 3º Quando no ano ou mês do vencimento não houver o dia correspondente ao do início do prazo, este findará no primeiro dia subsequente.

Art. 4º Revogam-se as disposições em contrário.

Rio de Janeiro, 6 de setembro de 1949;
128º da Independência e
61º da República.

Eurico G. Dutra

LEI Nº 1.060, DE 5 DE FEVEREIRO DE 1950

Estabelece normas para a concessão de assistência judiciária aos necessitados.

▶ Publicada no *DOU* de 13-2-1950.

▶ Art. 51 da Lei nº 10.741, de 1º-10-2003 (Estatuto da Pessoa Idosa).

▶ Súm. nº 481 do STJ.

Art. 1º Os poderes públicos federal e estadual, independente da colaboração que possam receber dos municípios e da Ordem dos Advogados do Brasil – OAB, concederão assistência judiciária aos necessitados nos termos da presente Lei.

▶ Artigo com a redação dada pela Lei nº 7.510, de 4-7-1986.

▶ Arts. 5º, LXXIV, e 134 da CF.

▶ Art. 82 do CPC/2015.

Arts. 2º a 4º *Revogados*. Lei nº 13.105, de 16-3-2015.

Art. 5º O juiz, se não tiver fundadas razões para indeferir o pedido, deverá julgá-lo de plano, motivando ou não o deferimento, dentro do prazo de setenta e duas horas.

§ 1º Deferido o pedido, o juiz determinará que o serviço de assistência judiciária, organizado e mantido pelo Estado, onde houver, indique, no prazo de dois dias úteis, o advogado que patrocinará a causa do necessitado.

§ 2º Se no Estado não houver serviço de assistência judiciária, por ele mantido, caberá a indicação à Ordem dos Advogados, por suas Seções Estaduais, ou Subseções Municipais.

§ 3º Nos municípios em que não existirem subseções da Ordem dos Advogados do Brasil, o próprio juiz fará a nomeação do advogado que patrocinará a causa do necessitado.

§ 4º Será preferido para a defesa da causa o advogado que o interessado indicar e que declare aceitar o encargo.

§ 5º Nos Estados onde a Assistência Judiciária seja organizada e por eles mantida, o Defensor Público, ou quem exerça cargo equivalente, será intimado pessoalmente de todos os atos do processo, em ambas as instâncias, contando-se-lhes em dobro todos os prazos.

▶ § 5º acrescido pela Lei nº 7.871, de 8-11-1989.

Arts. 6º e 7º *Revogados*. Lei nº 13.105, de 16-3-2015.

Art. 8º Ocorrendo as circunstâncias mencionadas no artigo anterior, poderá o juiz, *ex officio*, decretar a revogação dos benefícios, ouvida a parte interessada dentro de quarenta e oito horas improrrogáveis.

Art. 9º Os benefícios da assistência judiciária compreendem todos os atos do processo até decisão final do litígio, em todas as instâncias.

Art. 10. São individuais e concedidos em cada caso ocorrente os benefícios de assistência judiciária, que se não transmitem ao cessionário de direito e se extinguem pela morte do beneficiário, podendo, entretanto, ser concedidos aos herdeiros que continuarem a demanda e que necessitarem de tais favores, na forma estabelecida nesta Lei.

Arts. 11 e 12. *Revogados*. Lei nº 13.105, de 16-3-2015.

Art. 13. Se o assistido puder atender, em parte, as despesas do processo, o juiz mandará pagar as custas, que serão rateadas entre os que tiverem direito ao seu recebimento.

Art. 14. Os profissionais liberais designados para o desempenho do encargo de defensor ou de perito, conforme o caso, salvo justo motivo previsto em lei ou, na sua omissão, a critério da autoridade judiciária competente, são obrigados ao respectivo cumprimento, sob pena de multa de CR$ 1.000,00 (mil cruzeiros) a CR$ 10.000,00 (dez mil cruzeiros), sujeita ao reajustamento estabelecido na Lei nº 6.205, de 29 de abril de 1975, sem prejuízo da sanção disciplinar cabível.

▶ *Caput* com a redação dada pela Lei nº 6.465, de 14-11-1977.

§ 1º Na falta de indicação pela assistência ou pela própria parte, o juiz solicitará a do órgão de classe respectivo.

▶ § 1º acrescido pela Lei nº 6.465, de 14-11-1977.

§ 2º A multa prevista neste artigo reverterá em benefício do profissional que assumir o encargo na causa.

▶ Parágrafo único transformado em § 2º e com a redação dada pela Lei nº 6.465, de 14-11-1977.

Art. 15. São motivos para a recusa do mandato pelo advogado designado ou nomeado:

1º) estar impedido de exercer a advocacia;

2º) ser procurador constituído pela parte contrária ou ter com ela relações profissionais de interesse atual;

3º) ter necessidade de se ausentar da sede do juízo para atender a outro mandato anteriormente outorgado ou para defender interesses próprios inadiáveis;

4º) já haver manifestado por escrito sua opinião contrária ao direito que o necessitado pretende pleitear;

5º) haver dado à parte contrária parecer escrito sobre a contenda.

Parágrafo único. A recusa será solicitada ao juiz, que, de plano, a concederá, temporária ou definitivamente, ou a denegará.

Art. 16. Se o advogado, ao comparecer em juízo, não exibir o instrumento do mandato outorgado pelo assistido, o juiz determinará que se exarem na ata da audiência os termos da referida outorga.

Parágrafo único. O instrumento de mandato não será exigido, quando a parte for representada em juízo por advogado integrante de entidade de direito público incumbido, na forma da lei, de prestação de assistência judiciária gratuita, ressalvados:

▶ Parágrafo único acrescido pela Lei nº 6.248, de 8-10-1975.

a) os atos previstos no artigo 38 do Código de Processo Civil;

▶ Refere-se ao CPC/1973.
▶ Art. 105 do CPC/2015.

b) o requerimento de abertura de inquérito por crime de ação privada, a proposição de ação penal privada ou o oferecimento de representação por crime de ação pública condicionada.

Art. 17. *Revogado.* Lei nº 13.105, de 16-3-2015.

Art. 18. Os acadêmicos de direito, a partir da 4ª serie, poderão ser indicados pela assistência judiciária, ou nomeados pelo juiz para auxiliar o patrocínio das causas dos necessitados, ficando sujeitos às mesmas obrigações impostas por esta Lei aos advogados.

Art. 19. Esta Lei entrará em vigor trinta dias depois da sua publicação no *Diário Oficial da União*, revogadas as disposições em contrário.

Rio de Janeiro, 5 de fevereiro de 1950; 129º da Independência e 62º da República.

Eurico G. Dutra

LEI Nº 1.408, DE 9 DE AGOSTO DE 1951

Prorroga vencimentos de prazos judiciais e dá outras providências.

▶ Publicada no *DOU* de 13-8-1951.

Art. 1º Sempre que, por motivo de ordem pública, se fizer necessário o fechamento do Foro, de edifícios anexos ou de quaisquer dependências do serviço judiciário ou o respectivo expediente tiver de ser encerrado antes da hora legal, observar-se-á o seguinte:

a) os prazos serão restituídos aos interessados na medida em que houverem sido atingidos pela providência tomada;

b) as audiências, que ficarem prejudicadas, serão realizadas em outro dia mediante designação da autoridade competente.

Art. 2º O fechamento extraordinário do Foro e dos edifícios anexos e as demais medidas, a que se refere o artigo 1º, poderão ser determinados pelo presidente dos Tribunais de Justiça, nas comarcas onde esses tribunais tiverem a sede e pelos juízes de direito nas respectivas comarcas.

Art. 3º Os prazos judiciais que se iniciarem ou vencerem a os sábados, serão prorrogados por um dia útil.

▶ Art. 798, § 3º, do CPP.

Art. 4º Se o jornal, que divulgar o expediente oficial do Foro, se publicar à tarde, serão dilatados de um dia os prazos que devam correr de sua inserção nessa folha e feitas, na véspera da realização do ato oficial, as publicações que devam ser efetuadas no dia fixado para esse ato.

Art. 5º Não haverá expediente do Foro e nos ofícios de justiça, no "Dia da Justiça", nos feriados nacionais, na terça-feira de Carnaval, na Sexta-feira Santa, e nos dias que a lei estadual designar.

Parágrafo único. Os casamentos e atos de registro civil serão realizados em qualquer dia.

Art. 6º Esta Lei entrará em vigor na data de sua publicação, revogadas as disposições em contrário.

Rio de Janeiro, 9 de agosto de 1951; 130º da Independência e 63º da República.

Getúlio Vargas

LEI Nº 1.521, DE 26 DE DEZEMBRO DE 1951

Altera dispositivos da legislação vigente sobre crimes contra a economia popular.

(EXCERTOS)

▶ Publicada no *DOU* de 27-12-1951.
▶ Art. 1º, V, da Lei nº 7.347, de 24-7-1985 (Lei da Ação Civil Pública).
▶ Lei nº 8.137, de 27-12-1990 (Lei dos Crimes Contra a Ordem Tributária, Econômica e Contra as Relações de Consumo).
▶ Art. 36 da Lei nº 12.529, de 30-11-2011 (Lei do Sistema Brasileiro de Defesa da Concorrência).

Art. 1º Serão punidos, na forma desta Lei, os crimes e as contravenções contra a economia popular. Esta Lei regulará o seu julgamento.

Art. 2º São crimes desta natureza:

I – recusar individualmente em estabelecimento comercial a prestação de serviços essenciais à subsistência; sonegar mercadoria ou recusar vendê-la a quem esteja em condições de comprar a pronto pagamento;

▶ Art. 39, II e IX, do CDC.
▶ Art. 7º, VI, da Lei nº 8.137, de 27-12-1990 (Lei dos Crimes Contra a Ordem Tributária, Econômica e Contra as Relações de Consumo).

II – favorecer ou preferir comprador ou freguês em detrimento de outro, ressalvados os sistemas de entrega ao consumo por intermédio de distribuidores ou revendedores;

▶ Art. 7º, I, da Lei nº 8.137, de 27-12-1990 (Lei dos Crimes Contra a Ordem Tributária, Econômica e Contra as Relações de Consumo).

III – expor à venda ou vender mercadoria ou produto alimentício, cujo fabrico haja desatendido a determinações oficiais, quanto ao peso e composição;

▶ Art. 273 do CP.
▶ Art. 39, VIII, do CDC.
▶ Art. 7º, II, da Lei nº 8.137, de 27-12-1990 (Lei dos Crimes Contra a Ordem Tributária, Econômica e Contra as Relações de Consumo).

IV – negar ou deixar o fornecedor de serviços essenciais de entregar ao freguês a nota relativa à prestação de serviço, desde que a importância exceda de quinze cruzeiros, e com a indicação do preço, do nome e endereço do estabelecimento, do nome da firma ou responsável, da data e local da transação e do nome e residência do freguês;

▶ Art. 1º, V, da Lei nº 8.137, de 27-12-1990 (Lei dos Crimes Contra a Ordem Tributária, Econômica e Contra as Relações de Consumo).

V – misturar gêneros e mercadorias de espécies diferentes, expô-los à venda ou vendê-los, como puros; misturar gêneros e mercadorias de qualidades desiguais para expô-los à venda ou vendê-los por preço marcado para os de mais alto custo;

▶ Art. 7º, III, da Lei nº 8.137, de 27-12-1990 (Lei dos Crimes Contra a Ordem Tributária, Econômica e Contra as Relações de Consumo).

VI – transgredir tabelas oficiais de gêneros e mercadorias, ou de serviços essenciais, bem como expor à venda ou oferecer ao público ou vender tais gêneros, mercadorias ou serviços, por preço superior ao tabelado, assim como não manter afixadas, em lugar visível e de fácil leitura, as tabelas de preços aprovadas pelos órgãos competentes;

▶ Art. 41 do CDC.
▶ Art. 6º, I e II, da Lei nº 8.137, de 27-12-1990 (Lei dos Crimes Contra a Ordem Tributária, Econômica e Contra as Relações de Consumo).

VII – negar ou deixar o vendedor de fornecer nota ou caderno de venda de gêneros de primeira necessidade, seja à vista ou a prazo, e cuja importância exceda de dez cruzeiros, ou de especificar na nota ou caderno – que serão isentos de selo – o preço da mercadoria vendida, o nome e o endereço do estabelecimento, a firma ou o responsável, a data e local da transação e o nome e residência do freguês;

VIII – celebrar ajuste para impor determinado preço de revenda ou exigir do comprador que não compre de outro vendedor;

▶ Art. 4º da Lei nº 8.137, de 27-12-1990 (Lei dos Crimes Contra a Ordem Tributária, Econômica e Contra as Relações de Consumo).

IX – obter ou tentar obter ganhos ilícitos em detrimento do povo ou de número indeterminado de pessoas mediante especulações ou processos fraudulentos ("bola de neve", "cadeias", "pichardismo" e quaisquer outros equivalentes);

X – violar contrato de venda a prestações, fraudando sorteios ou deixando de entregar a coisa vendida, sem devolução das prestações pagas, ou descontar destas, nas vendas com reserva de domínio, quando o contrato for rescindido por culpa do comprador, quantia maior do que a correspondente à depreciação do objeto;

▶ Art. 171 do CP.

XI – fraudar pesos ou medidas padronizados em lei ou regulamentos; possuí-los ou detê-los, para efeitos de comércio, sabendo estarem fraudados.

▶ Art. 171, § 2º, IV, do CP.

Pena – detenção, de seis meses a dois anos, e multa, de dois mil a cinquenta mil cruzeiros.

▶ Art. 49 do CP.

▶ Art. 2º da Lei nº 7.209, de 11-7-1984, que dispõe sobre a pena de multa.

Parágrafo único. Na configuração dos crimes previstos nesta Lei, bem como na de qualquer outro de defesa da economia popular, sua guarda e seu emprego considerar-se-ão como de primeira necessidade ou necessários ao consumo do povo, os gêneros, artigos, mercadorias e qualquer outra espécie de coisas ou bens indispensáveis à subsistência do indivíduo em condições higiênicas e ao exercício normal de suas atividades. Estão compreendidos nesta definição os artigos destinados à alimentação, ao vestuário e à iluminação, os terapêuticos ou sanitários, o combustível, a habitação e os materiais de construção.

Art. 3º São também crimes desta natureza:

▶ Art. 36 da Lei nº 12.529, de 30-11-2011 (Lei do Sistema Brasileiro de Defesa da Concorrência).

I – destruir ou inutilizar, intencionalmente e sem autorização legal, com o fim de determinar alta de preços, em proveito próprio ou de terceiro, matérias-primas ou produtos necessários ao consumo do povo;

▶ Art. 7º, VIII, da Lei nº 8.137, de 27-12-1990 (Lei dos Crimes Contra a Ordem Tributária, Econômica e Contra as Relações de Consumo).

II – abandonar ou fazer abandonar lavoura ou plantações, suspender ou fazer suspender a atividade de fábricas, usinas ou quaisquer estabelecimentos de produção, ou meios de transporte, mediante indenização paga pela desistência da competição;

III – promover ou participar de consórcio, convênio, ajuste, aliança ou fusão de capitais, com o fim de impedir ou dificultar, para o efeito de aumento arbitrário de lucros, a concorrência em matéria de produção, transportes ou comércio;

IV – reter ou açambarcar matérias-primas, meios de produção ou produtos necessários ao consumo do povo, com o fim de dominar o mercado em qualquer ponto do País e provocar a alta dos preços;

V – vender mercadorias abaixo do preço de custo com o fim de impedir a concorrência;

▶ Art. 7º, VI, da Lei nº 8.137, de 27-12-1990 (Lei dos Crimes Contra a Ordem Tributária, Econômica e Contra as Relações de Consumo).

VI – provocar a alta ou baixa de preços de mercadorias, títulos públicos, valores ou salários por meio de notícias falsas, operações fictícias ou qualquer outro artifício;

VII – dar indicações ou fazer afirmações falsas em prospectos ou anúncios, para fim de substituição, compra ou venda de títulos, ações ou quotas;

VIII – exercer funções de direção, administração ou gerência de mais de uma empresa ou sociedade do mesmo ramo de indústria ou comércio com o fim de impedir ou dificultar a concorrência;

IX – gerir fraudulenta ou temerariamente bancos ou estabelecimentos bancários, ou de capitalização; sociedades de seguros, pecúlios ou pensões vitalícias; sociedades para empréstimos ou financiamento de construções e de vendas de imóveis a prestações, com ou sem sorteio ou preferência por meio de pontos ou quotas; caixas econômicas; caixas Raiffeisen; caixas mútuas, de beneficência, socorros ou empréstimos; caixas de pecúlios, pensão e aposentadoria; caixas construtoras; cooperativas; sociedades de economia coletiva, levando-as à falência ou à insolvência, ou não cumprindo qualquer das cláusulas contratuais com prejuízo dos interessados;

▶ Art. 4º da Lei nº 7.492, de 16-6-1986 (Lei dos Crimes Contra o Sistema Financeiro Nacional).

X – fraudar de qualquer modo escriturações, lançamentos, registros, relatórios, pareceres e outras informações devidas a sócios de sociedades civis ou comerciais, em que o capital seja fracionado em ações ou quotas de valor nominativo igual ou inferior a um mil cruzeiros com o fim de sonegar lucros, dividendos, percentagens, rateios ou bonificações, ou de desfalcar ou desviar fundos de reserva ou reservas técnicas.

Pena – detenção, de dois anos a dez anos, e multa, de vinte mil a cem mil cruzeiros.

▶ Art. 2º da Lei nº 7.209, de 11-7-1984, que dispõe sobre a pena de multa.

Art. 4º Constitui crime da mesma natureza a usura pecuniária ou real, assim se considerando:

a) cobrar juros, comissões ou descontos percentuais, sobre dívidas em dinheiro, superiores à taxa permitida por lei; cobrar ágio superior à taxa oficial de câmbio, sobre quantia permutada por moeda estrangeira; ou, ainda, emprestar sob penhor que seja privativo de instituição oficial de crédito;

▶ Art. 192 da CF.

▶ Arts. 406, 591 e 890 do CC.

▶ Arts. 1º, § 3º, 2º, e 5º do Dec. nº 22.626, de 7-4-1933 (Lei da Usura).

▶ Art. 7º, V, da Lei nº 8.137, de 27-12-1990 (Lei dos Crimes Contra a Ordem Tributária, Econômica e Contra as Relações de Consumo).

▶ Súm. nº 596 do STF.

▶ Súm. nº 283 do STJ.

b) obter, ou estipular, em qualquer contrato, abusando da premente necessidade, inexperiência ou leviandade de outra parte, lucro patrimonial que exceda o quinto do valor corrente ou justo da prestação feita ou prometida.

Pena – detenção, de seis meses a dois anos, e multa, de cinco mil a vinte mil cruzeiros.

▶ Art. 2º da Lei nº 7.209, de 11-7-1984, que dispõe sobre a pena de multa.

§ 1º Nas mesmas penas incorrerão os procuradores, mandatários ou mediadores que intervierem na operação usurária, bem como os cessionários de crédito usurário que, cientes de sua natureza ilícita, o fizerem valer em sucessiva transmissão ou execução judicial.

§ 2º São circunstâncias agravantes do crime de usura:

I – ser cometido em época de grave crise econômica;

II – ocasionar grave dano individual;

III – dissimular-se a natureza usurária do contrato;

IV – quando cometido:

a) por militar, funcionário público, ministro de culto religioso; por pessoa cuja condição econômico-social seja manifestamente superior à da vítima;

b) em detrimento de operário ou de agricultor; de menor de dezoito anos ou de deficiente mental, interditado ou não.

§ 3º *Revogado.* MP nº 2.172-32, de 23-8-2001.

Art. 5º Nos crimes definidos nesta Lei, haverá suspensão da pena e livramento condicional em todos os casos permitidos pela legislação comum. Será a fiança concedida nos termos da legislação em vigor, devendo ser arbitrada dentro dos limites de cinco mil cruzeiros a cinquenta mil cruzeiros, nas hipóteses do artigo 2º, e dentro dos limites de dez mil a cem mil cruzeiros nos demais casos, reduzida a metade dentro desse limites, quando o infrator for empregado do estabelecimento comercial ou industrial, ou não ocupe cargo ou posto de direção dos negócios.

Art. 6º Verificado qualquer crime contra a economia popular ou contra a saúde pública (Capítulo III do Título VIII do Código Penal) e atendendo à gravidade do fato, sua repercussão e efeitos, o juiz, na sentença, declarará a interdição de direito, determinada no artigo 69, IV, do Código Penal, de seis meses a um ano, assim como, mediante representação da autoridade policial, poderá decretar, dentro de quarenta e oito horas, a suspensão provisória, pelo prazo de quinze dias, do exercício da profissão ou atividade do infrator.

▶ Referência a dispositivo da antiga Parte Geral do CP, revogada pela Lei nº 7.209, de 11-7-1984. Trata da matéria o art. 47, II, do CP vigente.

Art. 7º Os juízes recorrerão de ofício sempre que absolverem os acusados em processo por crime contra a economia popular ou contra a saúde pública, ou quando determinarem o arquivamento dos autos do respectivo inquérito policial.

Art. 8º Nos crimes contra a saúde pública, os exames periciais serão realizados, no Distrito Federal, pelas repartições da Secretaria-Geral da Saúde e Assistência e da Secretaria da Agricultura, Indústria e Comércio da Prefeitura ou pelo Gabinete de Exames Periciais do Departamento de Segurança Pública e nos Estados e Territórios pelos serviços congêneres, valendo qualquer dos laudos como corpo de delito.

Art. 9º *Revogado.* Lei nº 6.649, de 16-5-1979.

Art. 10. Terá forma sumária, nos termos do Capítulo V, Título II, Livro II, do Código de Processo Penal, o processo das contravenções e dos crimes contra a economia popular, não submetidos ao julgamento pelo júri.

§ 1º Os atos policiais (inquérito ou processo iniciado por portaria) deverão terminar no prazo de dez dias.

§ 2º O prazo para oferecimento da denúncia será de dois dias, esteja ou não o réu preso.

§ 3º A sentença do juiz será proferida dentro do prazo de trinta dias contados do recebimento dos autos da autoridade policial (artigo 536 do Código de Processo Penal).

§ 4º A retardação injustificada, pura e simples, dos prazos indicados nos parágrafos anteriores, importa em crime de prevaricação (artigo 319 do Código Penal).

Art. 11. No Distrito Federal, o processo das infrações penais relativas à economia popular caberá, indistintamente, a todas as varas criminais com exceção das 1ª e 20ª, observadas as disposições quanto aos crimes da competência do júri de que trata o artigo 12.

....

Art. 33. Esta Lei entrará em vigor sessenta dias depois de sua publicação, aplicando-se aos processos iniciados na sua vigência.

Art. 34. Revogam-se as disposições em contrário.

Rio de Janeiro, 26 de dezembro de 1951; 130º da Independência e 63º da República.

Getúlio Vargas

LEI Nº 2.889, DE 1º DE OUTUBRO DE 1956

Define e pune o crime de genocídio.

► Publicada no *DOU* de 2-10-1956.

Art. 1º Quem, com a intenção de destruir, no todo ou em parte, grupo nacional, étnico, racial ou religioso, como tal:

a) matar membros do grupo;

b) causar lesão grave à integridade física ou mental de membros do grupo;

c) submeter intencionalmente o grupo a condições de existência capazes de ocasionar-lhe a destruição física total ou parcial;

d) adotar medidas destinadas a impedir os nascimentos no seio do grupo;

e) efetuar a transferência forçada de crianças do grupo para outro grupo.

► Arts. 1º, parágrafo único, I, e 9º da Lei nº 8.072, de 25-7-1990 (Lei dos Crimes Hediondos).

Será punido:

com as penas do artigo 121, § 2º do Código Penal, no caso da letra *a*;

com as penas do artigo 129, § 2º, no caso da letra *b*;

com as penas do artigo 270, no caso da letra *c*;

com as penas do artigo 125, no caso da letra *d*;

com as penas do artigo 148, no caso da letra e.

Art. 2º Associarem-se mais de três pessoas para prática dos crimes mencionados no artigo anterior:

Pena – metade da cominada aos crimes ali previstos.

► Arts. 1º, parágrafo único, I, e 9º da Lei nº 8.072, de 25-7-1990 (Lei dos Crimes Hediondos).

Art. 3º Incitar, direta e publicamente, alguém a cometer qualquer dos crimes de que trata o artigo 1º:

Pena – metade das penas ali cominadas.

► Art. 1º, parágrafo único, I, da Lei nº 8.072, de 25-7-1990 (Lei dos Crimes Hediondos).

§ 1º A pena pelo crime de incitação será a mesma de crime incitado, se este se consumar.

§ 2º A pena será aumentada de um terço, quando a incitação for cometida pela imprensa.

Art. 4º A pena será agravada de um terço, no caso dos artigos 1º, 2º e 3º, quando cometido o crime por governante ou funcionário público.

► Art. 327 do CP.

Art. 5º Será punida com dois terços das respectivas penas a tentativa dos crimes definidos nesta Lei.

► Art. 14, II, do CP.

Art. 6º Os crimes de que trata esta Lei não serão considerados crimes políticos para efeitos de extradição.

► Art. 5º, LII, da CF.

Art. 7º Revogam-se as disposições em contrário.

Rio de Janeiro, em 1º de outubro de 1956; 135º da Independência e 68º da República.

Juscelino Kubitschek

LEI Nº 4.090, DE 13 DE JULHO DE 1962

Institui a gratificação de Natal para os trabalhadores.

► Publicada no *DOU* de 26-7-1962.
► Art. 7º da CF.
► Lei nº 4.749, de 12-8-1965, dispõe sobre o pagamento da gratificação natalina.
► Arts. 76 a 82 do Dec. nº 10.854, de 10-11-2021, que regulamenta disposições relativas à legislação trabalhista.
► Súmulas nºs 14, 46, 50, 148 e 242 do TST.

Art. 1º No mês de dezembro de cada ano, a todo empregado será paga, pelo empregador, uma gratificação salarial, independente da remuneração a que fizer jus.

§ 1º A gratificação corresponderá a um doze avos da remuneração devida em dezembro, por mês de serviço, do ano correspondente.

► Súm. nº 45 do TST.

§ 2º A fração igual ou superior a quinze dias de trabalho será havida como mês integral para os efeitos do parágrafo anterior.

§ 3º A gratificação será proporcional:

I – na extinção dos contratos a prazo, entre estes incluídos os de safra, ainda que a relação de emprego haja findado antes de dezembro; e

II – na cessação da relação de emprego resultante da aposentadoria do trabalhador, ainda que verificada antes de dezembro.

► § 3º acrescido pela Lei nº 9.011, de 30-3-1995.

Art. 2º As faltas legais ou justificadas ao serviço não serão deduzidas para os fins previstos no § 1º do artigo 1º, desta Lei.

Art. 3º Ocorrendo rescisão, sem justa causa, do contrato de trabalho, o empregado receberá a gratificação devida nos termos dos §§ 1º e 2º, do artigo 1º, desta Lei, calculada sobre a remuneração do mês da rescisão.

► Súm. nº 157 do TST.

Art. 4º Esta Lei entrará em vigor na data de sua publicação, revogadas as disposições em contrário.

Brasília, 13 de julho de 1962; 141º da Independência e 74º da República.

João Goulart

LEI Nº 4.375, DE 17 DE AGOSTO DE 1964

Lei do Serviço Militar.

► Publicada no *DOU* de 3-9-1964.
► Dec. nº 57.654, de 20-1-1966, regulamenta esta Lei.
► Dec. nº 8.585, de 8-12-2015.

TÍTULO I – DA NATUREZA, OBRIGATORIEDADE E DURAÇÃO DO SERVIÇO MILITAR

CAPÍTULO I – DA NATUREZA E OBRIGATORIEDADE DO SERVIÇO MILITAR

Art. 1º O Serviço Militar consiste no exercício de atividades específicas desempenhadas nas Forças Armadas – Exército, Marinha e Aeronáutica – e compreenderá, na mobilização, todos os encargos relacionados com a defesa nacional.

Parágrafo único. O serviço militar temporário não se destina ao ingresso na carreira militar de que trata o § 2º do art. 3º da Lei nº 6.880, de 9 de dezembro de 1980 (Estatuto dos Militares).

► Parágrafo único acrescido pela Lei nº 13.954, de 16-12-2019.

Art. 2º Todos os brasileiros são obrigados ao Serviço Militar, na forma da presente Lei e sua regulamentação.

► Art. 143 da CF.

§ 1º A obrigatoriedade do Serviço Militar dos brasileiros naturalizados ou por opção será definida na regulamentação da presente Lei.

§ 2º As mulheres ficam isentas do Serviço Militar em tempo de paz e, de acordo com suas aptidões, sujeitas aos encargos do interesse da mobilização.

Art. 3º O Serviço Militar inicial será prestado por classes constituídas de brasileiros nascidos entre 1º de janeiro a 31 de dezembro, no ano em que completarem 19 (dezenove) anos de idade.

§ 1º A classe será designada pelo ano de nascimento dos cidadãos que a constituem.

§ 2º A prestação do Serviço Militar dos brasileiros compreendidos no § 1º deste artigo será fixada na regulamentação da presente Lei.

Art. 4º Os brasileiros nas condições previstas nesta Lei prestarão o Serviço Militar incorporados em Organizações da Ativa das Forças Armadas ou matriculados em Órgãos de Formação de Reserva.

Parágrafo único. O Serviço prestado nas Polícias Militares, Corpos de Bombeiros e outras corporações encarregadas da segurança pública será considerado de interesse militar. O ingresso nessas corporações dependerá de autorização de autoridade militar competente e será fixado na regulamentação desta Lei.

CAPÍTULO II
DA DURAÇÃO DO SERVIÇO MILITAR

Art. 5º A obrigação para com o Serviço Militar, em tempo de paz, começa no 1º dia de janeiro do ano em que o cidadão completar 18 (dezoito) anos de idade e subsistirá até 31 de dezembro do ano em que completar 45 (quarenta e cinco) anos.

§ 1º Em tempo de guerra, esse período poderá ser ampliado, de acordo com os interesses da defesa nacional.

§ 2º Será permitida a prestação do Serviço Militar como voluntário, a partir dos 17 (dezessete) anos de idade.

Art. 6º O Serviço Militar inicial dos incorporados terá a duração normal de 12 (doze) meses.

§ 1º Os Ministros da Guerra, da Marinha e da Aeronáutica poderão reduzir até 2 (dois) meses ou dilatar até 6 (seis) meses a duração do tempo do Serviço Militar inicial dos cidadãos incorporados às respectivas Forças Armadas.

§ 2º Mediante autorização do Presidente da República, a duração do tempo do Serviço Militar inicial poderá:

▶ Art. 84, XIII, da CF.

a) ser dilatada por prazo superior a 18 (dezoito) meses, em caso de interesse nacional;

b) ser reduzida de período superior a 2 (dois) meses desde que solicitada, justificadamente, pelo Ministério Militar interessado.

▶ § 2º com a redação dada pelo Dec.-lei nº 549, de 24-4-1969.

§ 3º Durante o período de dilação do tempo de Serviço Militar, prevista nos parágrafos anteriores, as praças por ela abrangidas serão consideradas engajadas.

Art. 7º O Serviço Militar dos matriculados em Órgãos de Formação de Reserva terá a duração prevista nos respectivos regulamentos.

Art. 8º A contagem do tempo de Serviço Militar terá início no dia da incorporação.

Parágrafo único. Não será computado como tempo de serviço o período que o incorporado levar no cumprimento de sentença passada em julgado.

TÍTULO II – DA DIVISÃO TERRITORIAL E DOS ÓRGÃOS DE DIREÇÃO E EXECUÇÃO DO SERVIÇO MILITAR

CAPÍTULO I
DA DIVISÃO TERRITORIAL

Art. 9º O território nacional, para efeito do Serviço Militar compreende:

a) Juntas de Serviço Militar, correspondentes aos Municípios Administrativos;

b) Delegacias de Serviço Militar, abrangendo uma ou mais Juntas de Serviço Militar;

c) Circunscrições de Serviço Militar, abrangendo diversas Delegacias de Serviço Militar, situadas, tanto quanto possível, no mesmo Estado;

d) Zonas de Serviço Militar, abrangendo duas ou mais Circunscrições do Serviço Militar, que serão fixadas na regulamentação da presente Lei.

§ 1º O Distrito Federal e os Territórios Federais, exceto Fernando de Noronha são, para os efeitos desta Lei, equiparados a Estados, e as suas divisões administrativas, a Municípios. O Território de Fernando de Noronha, para o mesmo fim, fica equiparado a Município.

§ 2º Os Municípios serão considerados tributários ou não tributários, conforme sejam ou não designados contribuintes à convocação para o Serviço Militar inicial.

§ 3º Compete ao Estado-Maior das Forças Armadas (EMFA), mediante propostas dos Ministros Militares, planejar anualmente a tributação referida neste artigo.

CAPÍTULO II
DOS ÓRGÃOS DE DIREÇÃO E EXECUÇÃO DO SERVIÇO MILITAR

Art. 10. Ao Estado-Maior das Forças Armadas (EMFA), caberá a direção geral do Serviço Militar.

Art. 11. Os órgãos de direção e execução, no âmbito de cada Força, serão fixados pela regulamentação da presente Lei.

§ 1º Nos Municípios Administrativos, as Juntas de Serviço Militar, como órgãos de execução, serão presididas pelos prefeitos, tendo como secretários um funcionário municipal ou agente estatístico local, um e outro, de reconhecida idoneidade moral.

§ 2º Nos Municípios onde houver Tiro de Guerra, os prefeitos ficam dispensados da presidência das J.S.M. que, neste caso, caberá ao Diretor do TG, tendo como secretário o instrutor, designado na forma da regulamentação desta Lei.

§ 3º A responsabilidade de instalação e manutenção das J.S.M., em qualquer caso, é da alçada do Município Administrativo.

TÍTULO III – DO RECRUTAMENTO PARA O SERVIÇO MILITAR

CAPÍTULO I
DO RECRUTAMENTO

Art. 12. O recrutamento para o Serviço Militar compreende:

a) seleção;

b) convocação;

c) incorporação ou matrícula nos Órgãos de Formação de Reserva;

d) voluntariado.

CAPÍTULO II
DA SELEÇÃO

Art. 13. A seleção, quer da classe a ser convocada, quer dos voluntários, será realizada dentro dos seguintes aspectos:

a) físico;

b) cultural;

c) psicológico;

d) moral.

Parágrafo único. Para fins de seleção ou regularização de sua situação militar, todos os brasileiros deverão apresentar-se, no ano em que completarem 18 (dezoito) anos de idade, independentemente de Editais, Avisos ou Notificações, em local e época que forem fixados na regulamentação da presente Lei, quando serão alistados.

Art. 14. A seleção será realizada por Comissões de Seleção, para isso especialmente designadas pelas autoridades competentes. Essas Comissões serão constituídas por militares da ativa ou da reserva e, se necessário, completadas por civis devidamente qualificados.

Parágrafo único. O funcionamento dessas Comissões e as condições de execução da seleção obedecerão a normas fixadas na regulamentação da presente Lei.

Art. 15. Os critérios para a seleção serão fixados pelo Estado-Maior das Forças Armadas (EMFA), de acordo com os requisitos apresentados pelas Forças Armadas, de per si.

CAPÍTULO III
DA CONVOCAÇÃO

Art. 16. Serão convocados anualmente, para prestar o Serviço Militar inicial nas Forças Armadas, os brasileiros pertencentes a uma única classe.

Art. 17. A classe convocada será constituída dos brasileiros que completarem 19 (dezenove) anos de idade entre 1º de janeiro e 31 de dezembro do ano em que deverão ser incorporados em Organização Militar da Ativa ou matriculados em Órgãos de Formação de Reserva.

§ 1º Os brasileiros das classes anteriores ainda em débito com o serviço militar, bem como os médicos, farmacêuticos, dentistas e veterinários possuidores de Certificado de Dispensa de Incorporação, sujeitam-se às mesmas obrigações impostas aos da classe convocada, sem prejuízo das sanções que lhes forem aplicáveis na forma desta Lei e de seu regulamento.

▶ § 1º com a redação dada pela Lei nº 12.336, de 26-10-2010.

§ 2º Por Organização Militar da Ativa, entendem-se os Corpos de Tropa, Repartições, Estabelecimentos, Navios, Bases Navais ou Aéreas e qualquer outra unidade tática ou administrativa que faça parte do todo orgânico do Exército, da Marinha ou da Aeronáutica.

§ 3º Órgãos de Formação de Reserva é a denominação genérica dada aos órgãos de formação de oficiais, graduados e soldados para a reserva.

§ 4º As subunidades quadros com a finalidade de formar soldados especialistas e graduados de fileira e especialistas, destinados não só à ativa como à reserva, são consideradas, conforme o caso, como Organização Militar da Ativa ou Órgão de Formação de Reserva.

Art. 18. Será elaborado anualmente pelo Estado-Maior das Forças Armadas (EMFA), com participação dos Ministérios Militares, um Plano Geral de Convocação para o Serviço Militar inicial, que regulará as condições de recrutamento da classe a incorporar no ano seguinte, nas Forças Armadas.

Art. 19. Em qualquer época, tenham ou não prestado o Serviço Militar, poderão os brasileiros ser objeto de convocação de emergência, em condições determinadas pelo Presidente da República, para evitar a perturbação da ordem ou para sua manutenção, ou, ainda, em caso de calamidade pública.

▶ Arts. 22, III, e 84, XIII, da CF.

Parágrafo único. Os Ministros Militares poderão convocar pessoal da reserva para participação em exercícios, manobras e aperfeiçoamento de conhecimentos militares.

CAPÍTULO IV
DA INCORPORAÇÃO E DA MATRÍCULA NOS ÓRGÃOS DE FORMAÇÃO DE RESERVA

Art. 20. Incorporação é o ato de inclusão do convocado ou voluntário em uma Organização Militar da Ativa das Forças Armadas.

Art. 21. Tanto quanto possível, os convocados serão incorporados em Organização Militar da Ativa localizada no Município de sua residência.

Parágrafo único. Só nos casos de absoluta impossibilidade de preencher os seus próprios claros, será permitida a transferência de convocados de uma para outra Zona de Serviço Militar.

Art. 22. Matrícula é o ato de admissão do convocado ou voluntário em qualquer Escola, Centro, Curso de Formação de Militar da Ativa, ou Órgão de Formação de Reserva.

§ 1º Os brasileiros matriculados em Escolas Superiores ou no último ano do Ciclo Colegial do Ensino Médio, quando convocados para o Serviço Militar inicial, serão considerados com prioridade para matrícula ou incorporação nos Órgãos de Formação de Reservas, existentes na Guarnição Militar onde os mesmos estiverem frequentando Cursos, satisfeitas as demais condições de seleção previstas nos regulamentos desses Órgãos.

§ 2º Caberá ao EMFA, em ligação com os Ministros Militares, designar os municípios constitutivos de cada uma das guarnições militares, para os efeitos desta Lei.

Art. 23. Os convocados de que tratam os parágrafos do artigo anterior, embora não incorporados, ficam sujeitos, durante a prestação do Serviço Militar, às atividades correlatas à manutenção da ordem interna.

CAPÍTULO V
DOS REFRATÁRIOS, INSUBMISSOS E VOLUNTÁRIOS

Art. 24. O brasileiro que não se apresentar para a seleção durante a época de seleção do contingente de sua classe ou que, tendo-o feito, se ausentar sem a ter completado, será considerado refratário.

Art. 25. O convocado selecionado e designado para incorporação ou matrícula que não se apresentar à Organização Militar que lhe for designada, dentro do prazo marcado ou que, tendo-o feito, se ausentar antes do ato oficial de incorporação ou matrícula, será declarado insubmisso.

▸ Art. 183 do CPM.

Parágrafo único. A expressão "convocado à incorporação", constante do Código Penal Militar (art. 159), aplica-se ao selecionado para convocação e designado para a incorporação ou matrícula em Organização Militar, à qual deverá apresentar-se no prazo que lhe for fixado.

Art. 26. Aos refratários e insubmissos serão aplicadas as sanções previstas nesta Lei, sem prejuízo do que, sobre os últimos, estabelece o Código Penal Militar.

▸ Art. 183 do CPM.

§ 1º Os insubmissos, quando apresentados, serão submetidos à seleção e, se considerados aptos, obrigatoriamente incorporados.

▸ Art. 464 do CPPM.

§ 2º Em igualdade de condições, na Seleção a que forem submetidos, os refratários, ao se apresentarem, terão prioridade para incorporação.

Art. 27. Os Comandantes das Forças Armadas poderão, em qualquer época do ano, autorizar a aceitação para o serviço militar temporário de voluntários, reservistas ou não.

§ 1º Os voluntários inscritos serão submetidos a processo seletivo simplificado para incorporação no serviço ativo como oficial subalterno ou praça temporário, observados os seguintes requisitos:

I – a idade máxima para o ingresso será de 40 (quarenta) anos; e

II – a idade-limite para permanência será de 45 (quarenta e cinco) anos.

§ 2º Poderão voluntariar-se para o serviço temporário na qualidade de oficial superior temporário os cidadãos de reconhecida competência técnico-profissional ou notório saber científico, os quais serão nomeados oficiais, nos termos da Lei nº 6.880, de 9 de dezembro de 1980 (Estatuto dos Militares), conforme estabelecido em ato do Poder Executivo federal para cada Força Armada, observado o seguinte:

I – a idade máxima para o ingresso dos voluntários para a prestação do serviço militar como oficial superior temporário será de 62 (sessenta e dois) anos e a idade-limite de permanência será de 63 (sessenta e três) anos; e

II – aos médicos, aos dentistas, aos farmacêuticos e aos veterinários que ingressarem no serviço militar como oficial superior temporário não serão aplicadas as disposições da Lei nº 5.292, de 8 de junho de 1967.

§ 3º O serviço temporário terá o prazo determinado de 12 (doze) meses, prorrogável a critério da Administração Militar, e não poderá ultrapassar 96 (noventa e seis) meses, contínuos ou não, como militar, em qualquer Força Armada.

§ 4º Os demais requisitos a serem atendidos pelos voluntários para ingresso no serviço militar temporário são aqueles previstos para o ingresso na carreira militar, observados os seguintes requisitos específicos:

I – possuir diploma de conclusão do ensino fundamental devidamente registrado, emitido por instituição de ensino reconhecida pelo Ministério da Educação, e de qualificação profissional de interesse da Força Armada, para incorporação como Marinheiro na Marinha ou como Cabo temporário no Exército e na Aeronáutica;

II – possuir diploma de conclusão do ensino médio devidamente registrado, emitido por instituição de ensino reconhecida pelo Ministério da Educação, e de curso técnico de interesse da Força Armada, para incorporação como Cabo temporário da Marinha;

III – possuir diploma de conclusão do ensino médio devidamente registrado, emitido por instituição de ensino reconhecida pelo Ministério da Educação, e de curso técnico de interesse da Força Armada, para incorporação como Sargento temporário;

IV – possuir diploma de conclusão do ensino superior na área de interesse da Força Armada, para incorporação como oficial subalterno temporário;

V – possuir diploma de conclusão do ensino superior e ter concluído curso de mestrado ou doutorado na área de sua especialidade e de interesse da Força Armada, para incorporação como oficial superior temporário, permitida aos médicos a substituição da exigência de mestrado ou doutorado por residência ou pós-graduação médica em sua área de atuação; e

VI – não ter sido considerado isento do serviço militar por licenciamento ou exclusão a bem da disciplina ou por incapacidade física ou mental definitiva.

§ 5º Os processos seletivos simplificados deverão detalhar os requisitos estabelecidos para ingresso constantes desta Lei.

▸ Art. 27 com a redação dada pela Lei nº 13.954, de 16-12-2019.

Art. 27-A. Por ocasião do licenciamento do militar temporário das Forças Armadas, o tempo de atividade e as contribuições recolhidas para a pensão militar serão transferidos ao Regime Geral de Previdência Social, para fins de contagem de tempo de contribuição, na forma estabelecida em regulamento a ser editado pelo Poder Executivo federal.

▸ Art. 27-A acrescido pela Lei nº 13.954, de 16-12-2019.

TÍTULO IV – DAS ISENÇÕES, DO ADIAMENTO DE INCORPORAÇÃO E DA DISPENSA DE INCORPORAÇÃO

CAPÍTULO I
DAS ISENÇÕES

Art. 28. São isentos do Serviço Militar:

a) por incapacidade física ou mental definitiva, em qualquer tempo, os que forem julgados inaptos em seleção ou inspeção e considerados irrecuperáveis para o Serviço Militar nas Forças Armadas;

b) em tempo de paz, por incapacidade moral, os convocados que estiverem cumprindo sentença por crime doloso, os que depois de incorporados forem expulsos das fileiras e os que, quando da seleção, apresentarem indícios de incompatibilidade que, comprovados em exame ou sindicância, revelem incapacidade moral para integrarem as Forças Armadas.

Parágrafo único. A reabilitação dos incapazes poderá ser feita *ex officio* ou a requerimento do interessado, segundo normas fixadas na regulamentação desta Lei.

CAPÍTULO II
DO ADIAMENTO DE INCORPORAÇÃO

Art. 29. Poderão ter a incorporação adiada:

a) por 1 (um) ou 2 (dois) anos, os candidatos às Escolas de Formação de Oficiais da Ativa, ou Escola, Centro ou Curso de Formação de Oficiais da Reserva das Forças Armadas, desde que satisfaçam na época da seleção, ou possam vir a satisfazer, dentro desses prazos, as condições de escolaridade exigidas para o ingresso nos citados órgãos de formação de oficiais;

b) pelo tempo correspondente à duração do curso, os que estiverem matriculados em Institutos de Ensino destinados à formação de sacerdotes e ministros de qualquer religião ou de membros de ordens religiosas regulares;

c) os que se encontrarem no exterior e o comprovem, ao regressarem ao Brasil;

d) os matriculados em Cursos de Formação de Oficiais das Polícias Militares e Corpos de Bombeiros, até o término ou interrupção do curso;

e) os que estiverem matriculados ou que se candidatarem à matrícula em institutos de ensino (IEs) destinados à formação, residência médica ou pós-graduação de médicos, farmacêuticos, dentistas e veterinários até o término ou a interrupção do curso.

▸ Alínea *e* com a redação dada pela Lei nº 12.336, de 26-10-2010.

§ 1º Aqueles que tiverem sua incorporação adiada, nos termos da letra *a*, deste artigo, destinados à matrícula nas escolas de Formação de Oficiais da Ativa e que não se matricularem, terão prioridade para matrícula nas Escolas, Centros ou Cursos de Formação de Oficiais da Reserva; aqueles destinados a Escolas, Centros ou Cursos de Formação de Oficiais da Reserva terão prioridade, satisfeitas as condições, para matrícula nesses órgãos e, caso não se apresentem, findos os prazos concedidos, ou não satisfaçam as condições de matrícula, terão prioridade para a incorporação em unidades de tropa.

§ 2º Aqueles que tiverem a incorporação adiada, nos termos da letra *b*, se interromperem o curso eclesiástico, concorrerão à incorporação com a 1ª classe a ser convocada, e, se concluírem, serão dispensados do Serviço Militar obrigatório.

▸ Art. 143, § 2º, da CF.

§ 3º Aqueles compreendidos nos termos da letra *d*, em caso de interrupção do curso, deverão ser apresentados às Circunscrições de Serviço Militar, para regularizar a sua situação militar.

§ 4º Aqueles que tiverem a incorporação adiada, nos termos da letra *e*, deste artigo, e concluírem os respectivos cursos terão a situação militar regulada em lei especial. Os que não terminarem os cursos, e satisfeitas as demais condições, terão prioridade para matrícula nos órgãos de Formação de Reserva ou incorporação em unidade da ativa, conforme o caso.

§ 5º As normas de obtenção de adiamento serão fixadas na regulamentação da presente Lei.

CAPÍTULO III
DA DISPENSA DE INCORPORAÇÃO

Art. 30. São dispensados de incorporação os brasileiros da classe convocada:

a) residentes há mais de um ano, referido à data de início da época de seleção, em Município não tributário ou em zona rural de Município somente tributário de órgão de Formação de Reserva;

b) residentes em Municípios tributários, excedentes às necessidades das Forças Armadas;

c) matriculados em Órgãos de Formação de Reserva;

d) matriculados em Estabelecimentos de Ensino Militares, na forma estabelecida pela regulamentação desta Lei;

e) operários, funcionários ou empregados de estabelecimentos ou empresas industriais de interesse militar; de transporte e de comunicações, que forem, anualmente, declarados diretamente relacionados com a Segurança Nacional pelo Estado-Maior das Forças Armadas (EMFA).

f) arrimos de família, enquanto durar essa situação;

g) VETADO.

§ 1º Quando os convocados de que trata a letra *e* forem dispensados de incorporação, esta deverá ser solicitada pelos estabelecimentos ou empresas amparadas, até o início da seleção da classe respectiva, de acordo com a regulamentação da presente Lei.

§ 2º Os dispensados de incorporação de que trata a letra *c*, que, por motivo justo e na forma da regulamentação desta Lei, não tiverem aproveitamento ou forem desligados, serão rematriculados no ano seguinte; no caso de reincidência, ficarão obrigados a apresentar-se à seleção, para a incorporação no ano imediato.

§ 3º Os dispensados de incorporação de que trata a letra *c*, desligados por motivo de faltas não justificadass, serão incorporados na forma do parágrafo anterior.

§ 4º Os dispensados de incorporação de que tratam as letras *d* e *e*, que respectivamente interromperem o curso ou deixarem o emprego ou função, durante o período de serviço de sua classe, serão submetidos à seleção com a classe seguinte.

§ 5º Os cidadãos de que trata a letra *b* ficarão, durante o período de serviço da classe a que pertencem, à disposição da autoridade militar competente, para atender à chamada complementar destinada ao preenchimento dos claros das Organizações Militares já existentes ou daquelas que vierem a ser criadas.

§ 6º Aqueles que tiverem sido dispensados da incorporação e concluírem os cursos em IEs destinados à formação de médicos, farmacêuticos, dentistas e veterinários poderão ser convocados para a prestação do serviço militar.

▸ § 6º acrescido pela Lei nº 12.336, de 26-10-2010.

TÍTULO V – DAS INTERRUPÇÕES E DAS PRORROGAÇÕES DO SERVIÇO MILITAR

CAPÍTULO I
DA INTERRUPÇÃO

Art. 31. O serviço ativo das Forças Armadas será interrompido:

▸ *Caput* com a redação dada pela Lei nº 13.954, de 16-12-2019.

a) pela anulação da incorporação;

▸ Art. 124 da Lei nº 6.880, de 9-12-1980 (Estatuto dos Militares).

b) pela desincorporação;

▸ Art. 124 da Lei nº 6.880, de 9-12-1980 (Estatuto dos Militares).

c) pela expulsão;

▸ Art. 102 do CPM.

d) pela deserção.

▸ Art. 187 do CPM.

§ 1º A anulação da incorporação ocorrerá em qualquer época, nos casos em que tenham sido verificadas irregularidades no recrutamento, inclusive relacionadas com a seleção, em condições fixadas na regulamentação da presente Lei.

§ 2º A desincorporação ocorrerá:

a) por moléstia em consequência da qual o incorporado venha a faltar ao serviço durante 90 (noventa) dias, consecutivos ou não, hipótese em que será excluído e terá sua situação militar fixada na regulamentação da presente Lei;

b) por aquisição das condições de arrimo após a incorporação, obedecidas as disposições de regulamentação da presente Lei;

c) por moléstia ou acidente que torne o incorporado definitivamente incapaz para o Serviço Militar; o incorporado nessas condições será excluído e isento definitivamente do Serviço Militar;

d) por condenação irrecorrível, resultante de prática de crime comum de caráter culposo; o incorporado nessas condições será excluído, entregue à autoridade civil competente e terá sua situação militar fixada na regulamentação da presente Lei.

▸ Art. 102 do CPM.

§ 3º A expulsão ocorrerá:

a) por condenação irrecorrível resultante da prática de crime comum ou militar, de caráter doloso;

▸ Art. 102 do CPM.

b) pela prática de ato contra a moral pública, pundonor militar ou falta grave que, na forma da Lei ou de Regulamentos Militares, caracterize seu autor como indigno de pertencer às Forças Armadas;

c) pelo ingresso no mau comportamento contumaz, de forma a tornar-se inconveniente à disciplina e à permanência nas fileiras.

§ 4º O incorporado que responder a processo no Foro Comum será apresentado à autoridade competente que o requisitar e dela ficará à disposição, em xadrez de organização militar, no caso de prisão preventiva. Após passada em julgado a sentença condenatória, será entregue à autoridade competente.

▸ Art.61 do CPM.

▸ Art. 73, parágrafo único, *c*, da Lei nº 6.880, de 9-12-1980 (Estatuto dos Militares).

§ 5º O incorporado que responder a processo no Foro Militar permanecerá na sua unidade, mesmo como excedente.

§ 6º Os militares temporários licenciados por término de tempo de serviço ou desincorporados que estejam na condição de incapazes temporariamente para o serviço militar em decorrência de moléstia ou acidente deverão ser postos na situação de encostamento, nos termos da legislação aplicável e dos seus regulamentos.

§ 7º Não se aplica o disposto no § 6º deste artigo aos militares incapazes temporariamente em decorrência das hipóteses previstas nos incisos I e II do *caput* do art. 108 da Lei nº 6.880, de 9 de dezembro de 1980 (Estatuto dos Militares), ou que estejam temporariamente impossibilitados de exercer qualquer atividade laboral, pública ou privada.

§ 8º O encostamento a que se refere o § 6º deste artigo é o ato de manutenção do convocado, voluntário, reservista, desincorporado, insubmisso ou desertor na organização militar, para fins específicos declarados no ato e sem percepção de remuneração.

▸ §§ 6º a 8º acrescidos pela Lei nº 13.954, de 16-12-2019.

Art. 32. A interrupção do Serviço Militar dos convocados matriculados em órgãos de Formação de Reserva, atendido o disposto nos parágrafos 2º e 3º do art. 30, obedecerá às normas fixadas nos respectivos regulamentos.

CAPÍTULO II
DAS PRORROGAÇÕES DO SERVIÇO MILITAR

Art. 33. Aos incorporados que concluírem o tempo de serviço a que estiverem obrigados poderá, desde que o requeiram, ser concedida prorrogação desse tempo, uma ou mais vezes, de acordo com a conveniência da Força Armada interessada.

§ 1º As condições de prorrogação serão estabelecidas em ato dos Comandantes da Marinha, do Exército e da Aeronáutica.

§ 2º Não há direito subjetivo à prorrogação ao final de cada período.

► Art. 33 com a redação dada pela Lei nº 13.954, de 16-12-2019.

TÍTULO VI – DO LICENCIAMENTO, DA RESERVA, DOS CERTIFICADOS DE ALISTAMENTO, DE RESERVISTA, DE DISPENSA DE INCORPORAÇÃO E DE ISENÇÃO

CAPÍTULO I
DO LICENCIAMENTO

Art. 34. O licenciamento das praças que integram o contingente anual será processado de acordo com as normas estabelecidas pelos Comandos da Marinha, do Exército e da Aeronáutica em seus planos de licenciamento.

Parágrafo único. Os licenciados que cumprirem apenas o serviço militar obrigatório terão direito, dentro do prazo de 30 (trinta) dias após o licenciamento, ao transporte e à alimentação custeados pela União até o lugar, dentro do País, onde tinham sua residência ao serem convocados.

► Art. 34 com a redação dada pela Lei nº 13.954, de 16-12-2019.

Art. 34-A. Os militares temporários indiciados em inquérito policial comum ou militar ou que forem réus em ações penais de igual natureza, inclusive por crime de deserção, serão licenciados ao término do tempo de serviço, com a comunicação à autoridade policial ou judiciária competente e a indicação dos seus domicílios declarados.

► Art. 34-A acrescido pela Lei nº 13.954, de 16-12-2019.

CAPÍTULO II
DA RESERVA

Art. 35. A Reserva, no que concerne às praças, será constituída pelos reservistas de 1ª e 2ª categorias.

Parágrafo único. A inclusão na Reserva de 1ª e 2ª categorias obedecerá aos interesses de cada uma das Forças Armadas e será fixada na regulamentação da presente Lei.

Art. 36. Os dispensados de incorporação, para efeito do § 3º do art. 181 da Constituição da República, são considerados em dia com o Serviço Militar inicial.

CAPÍTULO III
DOS CERTIFICADOS DE ALISTAMENTO MILITAR, DE RESERVISTA, DE DISPENSA DE INCORPORAÇÃO E DE ISENÇÃO

Art. 37. O Certificado de Alistamento Militar é o documento comprovante da apresentação para a prestação do Serviço Militar inicial, fornecido gratuitamente, pelas autoridades indicadas em regulamentação da presente Lei.

Art. 38. O Certificado de Reservista é o documento comprovante da inclusão do cidadão na Reserva do Exército, da Marinha ou da Aeronáutica e será de formato único para as três Forças Armadas.

Parágrafo único. Todo brasileiro, ao ser incluído na Reserva, receberá gratuitamente, da autoridade militar competente, o Certificado de Reservista correspondente à respectiva categoria.

Art. 39. Aos brasileiros isentos do Serviço Militar será fornecido, pela autoridade militar competente, o Certificado de Isenção.

► Art. 28 desta Lei.

Parágrafo único. O Certificado de Isenção será fornecido gratuitamente.

Art. 40. Aos brasileiros dispensados de incorporação será fornecido, pela autoridade militar competente, um Certificado de Dispensa de Incorporação.

► Art. 30 desta Lei.

Parágrafo único. O fornecimento de Certificado de Dispensa de Incorporação será feito mediante pagamento da taxa militar respectiva.

Art. 40-A. O Certificado de Isenção e o Certificado de Dispensa de Incorporação dos brasileiros concluintes dos cursos de Medicina, Farmácia, Odontologia e Veterinária terão validade até a diplomação e deverão ser revalidados pela região militar competente para ratificar a dispensa ou recolhidos, no caso de incorporação, a depender da necessidade das Forças Armada.

► Artigo acrescido pela Lei nº 12.336, de 26-10-2010.

Art. 41. A entrega do Certificado às praças expulsas será feita no próprio ato de expulsão, na forma da legislação em vigor.

► Art. 31, § 3º, desta Lei.

Art. 42. É vedado, a quem quer que seja, reter Certificados de Alistamento, de Reservista, de Isenção ou de Dispensa de Incorporação, ou incluí-los em processo burocrático, ressalvados os casos de suspeita de fraude de pessoa ou da coisa e o que dispõe o art. 55 desta Lei.

Art. 43. Os modelos de Certificados, sua impressão, distribuição, escrituração, autenticidade e mais particularidades serão estabelecidos na regulamentação desta Lei.

TÍTULO VII – DAS INFRAÇÕES E PENALIDADES

CAPÍTULO ÚNICO

Art. 44. As infrações da presente Lei, caracterizadas como crime definido na legislação penal militar, implicarão em processos e julgamento dos infratores pela Justiça Militar, quer sejam militares, quer civis.

► Art. 124 da CF.

Art. 45. As multas estabelecidas nesta Lei serão aplicadas sem prejuízo da ação penal ou de punição disciplinar que couber em cada caso.

Parágrafo único. As multas serão calculadas em relação ao menor Valor de Referência, fixado com apoio no artigo 2º da Lei nº 6.205, de 29 de abril de 1975; a multa mínima terá o valor de 1/17 (um dezessete avos) deste Valor de Referência, arredondado para a unidade de cruzeiros imediatamente superior.

► Parágrafo único com a redação dada pelo Dec.-lei nº 1.786, de 20-5-1980.

Art. 46. Incorrerá na multa mínima quem:

a) não se apresentar nos prazos previstos no art. 13 e seu parágrafo único;

► Alínea *a* com a redação dada pela Lei nº 4.754, de 18-8-1965.

b) for considerado refratário;

c) na qualidade de reservista, deixar de cumprir a obrigação constante nas alíneas *c* e *d* do art. 65.

► Alínea *c* com a redação dada pela Lei nº 4.754, de 18-8-1965.

Art. 47. Incorrerá na multa correspondente a três vezes a multa mínima quem:

a) alterar ou inutilizar Certificado de Alistamento, de Reservista, de Dispensa de Incorporação ou de Isenção ou for responsável por qualquer destas ocorrências;

b) sendo civil e não exercendo função pública ou em entidade autárquica, deixar de cumprir qualquer obrigação imposta pela presente Lei ou sua regulamentação, para cuja infração não esteja prevista outra multa nesta Lei;

c) na qualidade de reservista, deixar de cumprir o disposto na letra *a* do art. 65;

► Alínea *c* com a redação dada pela Lei nº 4.754, de 18-8-1965.

d) sendo reservista, não comunicar a mudança de domicílio até 60 (sessenta) dias após sua realização, ou o fizer erradamente em qualquer ocasião.

Art. 48. Incorrerá na multa correspondente a cinco vezes a multa mínima, o refratário que se não apresentar à seleção:

a) pela segunda vez;

b) em cada uma das demais vezes.

Art. 49. Incorrerá na multa correspondente a dez vezes a multa mínima quem:

a) no exercício de função pública de qualquer natureza, seja autoridade civil ou militar, dificultar ou retardar, por prazo superior a 20 (vinte) dias, sem motivo justificado, qualquer informação ou diligência solicitada pelos órgãos do Serviço Militar;

b) fizer declarações falsas aos órgãos do Serviço Militar;

c) sendo militar ou escrivão de registro civil, ou em exercício de função pública, em autarquia ou em sociedade de economia mista, deixar de cumprir, nos prazos estabelecidos – qualquer obrigação imposta pela presente Lei ou sua regulamentação – para cuja infração não esteja prevista pena especial.

Parágrafo único. Em casos de reincidência, a multa será elevada ao dobro.

Art. 50. Incorrerá na multa correspondente a 25 (vinte e cinco) vezes a multa mínima quem:

a) o chefe de repartição pública, civil ou militar, chefe de repartição autárquica ou de economia mista, chefe de órgão com função prevista nesta Lei, ou quem legalmente for investido de encargos relacionados com o Serviço Militar, retiver, sem motivo justificado, documento de situação militar, ou recusar recebimento de petição e justificação;

b) os responsáveis pela inobservância de qualquer das prescrições do artigo 74 da presente Lei.

► Alínea *b* com a redação dada pela Lei nº 4.754, de 18-8-1965.

Art. 51. Incorrerá na multa correspondente a 50 (cinquenta) vezes a multa mínima a autoridade que prestar informações inverídicas ou fornecer documento que habilite o seu possuidor a obter indevidamente o Certificado de Alistamento, de Reservista, de Dispensa de Incorporação e de Isenção do Serviço Militar.

Parágrafo único. Em casos de reincidência, a multa será elevada ao dobro.

Art. 52. Os brasileiros, no exercício de função pública, quer em caráter efetivo ou interino, quer em estágio probatório ou em comissão, e extranumerários de qualquer modalidade, da União, dos Estados, dos Territórios, dos Municípios e da Prefeitura do Distrito Federal, quando insubmissos, ficarão suspensos do cargo, função ou emprego, e privados de qualquer remuneração enquanto não regularizarem sua situação militar.

Parágrafo único. O disposto neste artigo aplica-se aos servidores ou empregados das entidades autárquicas, das sociedades de economia mista e das empresas concessionárias de serviço público.

Art. 53. Os convocados que forem condenados ao pagamento de multa, e não possuírem recursos para atendê-lo, sofrerão o desconto do valor da mesma, quando forem incorporados.

Parágrafo único. Ficarão isentos de pagamento de taxas e de multas aqueles que provarem impossibilidade de pagá-las, na forma da regulamentação da presente Lei.

Art. 54. As multas de que trata este Capítulo serão aplicadas pelas autoridades competentes de qualquer das Forças Armadas.

§ 1º Da imposição administrativa da multa caberá recurso à autoridade militar imediatamente superior, dentro de 15 (quinze) dias a contar da data em que o infrator dela tiver ciência, se depositar, previamente, no órgão militar investido deste encargo, a quantia correspondente à multa, a qual será ulteriormente restituída, se for o caso.

§ 2º Se o infrator for militar, ou exercer função pública, a multa será descontada dos seus vencimentos, proventos ou ordenados e comunicado o desconto ao órgão que a aplicou observadas as prescrições de leis e regulamentos em vigor.

Art. 55. O Alistado, o Reservista, o Dispensado de Incorporação ou o isento de Serviço Militar, que incorrer em multa terá o respectivo certificado retido pelo órgão competente das Forças Armadas, enquanto não efetuar o pagamento.

TÍTULO VIII – DOS ÓRGÃOS DE FORMAÇÃO DE RESERVAS

CAPÍTULO ÚNICO

Art. 56. Os Ministros Militares poderão criar órgãos para formação de Oficiais, Graduados e Soldados a fim de satisfazer às necessidades da reserva.

Parágrafo único. A formação de Oficiais, Graduados e Soldados para a Reserva poderá ser feita em órgãos especialmente criados para este fim, em Escolas de Nível Superior e Médio inclusive técnico-profissionais, ou em Subunidades quadros.

Art. 57. As condições de matrícula e o funcionamento dos órgãos de formação de Oficiais, Graduados e Soldados para a Reserva serão fixadas na regulamentação desta Lei, de acordo com os interesses de cada uma das Forças Armadas.

Parágrafo único. Os Órgãos de Formação de Reserva terão organização e regulamento próprios, deles devendo constar, obrigatoriamente, a responsabilidade do emprego, na forma do art. 23 da presente Lei, orientação, funcionamento, fiscalização e eficiência da instrução.

Art. 58. A criação e localização dos Órgãos de Formação de Reserva obedecerá, em princípio, à disponibilidade de convocados habilitados às diferentes necessidades de Oficiais, Graduados e Soldados e às disponibilidades de meios de cada uma das Forças Armadas.

Art. 59. Os Órgãos de Formação de (VETADO) Reserva, Subunidades quadros, Tiros de Guerra e outros, se destinam, também, a atender à instrução militar dos convocados não incorporados em organizações militares da ativa das Forças Armadas. Estes Órgãos serão localizados de modo a satisfazer às exigências dos planos militares e, sempre que possível, às conveniências dos municípios, quando se tratar de Tiros de Guerra.

§ 1º Os Tiros de Guerra terão sede, material, móveis, utensílios e polígono de tiro provido pelas Prefeituras Municipais, sem no entanto ficarem subordinados ao executivo municipal. Tais sejam o interesse e as possibilidades dos Municípios, estes poderão assumir outros ônus do funcionamento daqueles Órgãos de Formação da Reserva, mediante convênios com os Ministérios Militares.

§ 2º Os instrutores, armamento, munição e outros artigos julgados necessários à instrução dos Tiros de Guerra serão fornecidos pelas Forças Armadas, cabendo aos instrutores a responsabilidade de conservação do material distribuído. As Forças Armadas poderão fornecer fardamento aos alunos, quando carentes de recursos.

► §§ 1º e 2º com a redação dada pelo Dec.-lei nº 899, de 29-9-1969.

§ 3º Quando, por qualquer motivo, não funcionar, o Tiro de Guerra, durante dois anos consecutivos, será extinto.

TÍTULO IX – DISPOSIÇÕES GERAIS

CAPÍTULO I – DOS DIREITOS DOS CONVOCADOS E RESERVISTAS

Art. 60. Os funcionários públicos federais, estaduais ou municipais, bem como os empregados, operários ou trabalhadores, qualquer que seja a natureza da entidade em que exerçam as suas atividades, quando incorporados ou matriculados em Órgão de Formação de Reserva, por motivo de convocação para prestação do Serviço Militar inicial estabelecido pelo art. 16, desde que para isso forçados a abandonarem o cargo ou emprego, terão assegurado o retorno ao cargo ou emprego respectivo, dentro dos 30 (trinta) dias que se seguirem ao licenciamento, ou término de curso, salvo se declararem, por ocasião da incorporação ou matrícula, não pretender a ele voltar.

§ 1º Esses convocados, durante o tempo em que estiverem incorporados a organizações militares da Ativa ou matriculados em órgãos de Formação de Reserva, nenhuma remuneração, vencimento ou salário perceberão das organizações a que pertenciam.

► § 1º com a redação dada pela Lei nº 4.754, de 18-8-1965.

§ 2º Perderá o direito de retorno ao emprego, cargo ou função que exercia ao ser incorporado, o convocado que engajar.

§ 3º Compete ao Comandante, Diretor ou Chefe de Organização Militar em que for incorporado ou matriculado o convocado, comunicar sua pretensão à entidade a que caiba reservar a função, cargo ou emprego e, bem assim, se for o caso, o engajamento concedido; essas comunicações deverão ser feitas dentro de 20 (vinte) dias que se seguirem à incorporação ou concessão do engajamento.

§ 4º Todo convocado matriculado em Órgão de Formação de Reserva que seja obrigado a faltar a suas atividades civis, por força de exercício ou manobras, ou reservista que seja chamado para fins de exercício de apresentação das reservas ou cerimônia cívica do Dia do Reservista, terá suas faltas abonadas para todos os efeitos.

► § 4º com a redação dada pelo Dec.-lei nº 715, de 30-7-1969.

Art. 61. Os brasileiros, quando incorporados, por motivo de convocação para manobras, exercícios, manutenção da ordem interna ou guerra, terão assegurado o retorno ao cargo, função ou emprego que exerciam ao serem convocados e garantido o direito à percepção de 2/3 (dois terços) da respectiva remuneração, durante o tempo em que permanecerem incorporados; vencerão pelo Exército, Marinha ou Aeronáutica apenas as gratificações regulamentares.

§ 1º Aos convocados fica assegurado o direito de optar pelos vencimentos, salários ou remuneração que mais lhes convenham.

§ 2º Perderá a garantia e o direito assegurado por este artigo o incorporado que obtiver engajamento.

§ 3º Compete ao Comandante, Diretor ou Chefe da Organização Militar em que for incorporado o convocado, comunicar, à entidade a que caiba reservar a função, cargo ou emprego, a sua pretensão, opção quanto aos vencimentos e, se for o caso, o engajamento concedido; a comunicação relativa ao retorno à função deverá ser feita dentro dos 30 (trinta) dias que seguirem à incorporação; as mais, tão logo venham a ocorrer.

Art. 62. Terão direito ao transporte por conta da União, dentro do território nacional:

a) os convocados selecionados e designados para incorporação, da sede do Município em que residem à da Organização Militar para que forem designados;

b) os convocados de que trata a alínea *a* do *caput* deste artigo que, por motivos alheios à sua vontade, devam retornar aos seus Municípios de residência; e

c) os convocados licenciados imediatamente após a conclusão do serviço militar obrigatório que, no prazo de até 30 (trinta) dias após o fim do licenciamento, desejarem retornar às localidades em que residiam ao serem incorporados.

► Alíneas *b* e *c* com a redação dada pela Lei nº 13.954, de 16-12-2019.

§ 1º Os convocados de que trata este artigo perceberão as etapas estabelecidas em legislação própria, correspondentes aos dias de viagem.

▸ Parágrafo único transformado em § 1º e com a redação dada pela Lei nº 13.954, de 16-12-2019.

§ 2º O disposto neste artigo não se aplica aos voluntários para o serviço militar a que se refere o art. 27 desta Lei.

▸ § 2º acrescido pela Lei nº 13.954, de 16-12-2019.

Art. 63. Os convocados contarão, de acordo com o estabelecido na Legislação Militar, para efeito de aposentadoria, o tempo de serviço ativo prestado nas Forças Armadas, quando a elas incorporados.

Parágrafo único. Igualmente será computado para efeito de aposentadoria o serviço prestado pelo convocado matriculado em Órgão de Formação de Reserva na base de 1 (um) dia para período de 8 (oito) horas de instrução, desde que concluam com aproveitamento a sua formação.

Art. 63-A. Os convocados, durante o tempo em que estiverem incorporados a organizações militares da ativa ou matriculados em órgãos de formação de reserva, inclusive para a prestação do serviço militar obrigatório, terão direito a férias.

▸ Art. 63-A acrescido pela Lei nº 13.954, de 16-12-2019.

Art. 64. Em caso de infração às disposições desta Lei, relativamente à exigência de estar em dia com as obrigações militares, poderá o interessado dirigir-se às autoridades militares fixadas na regulamentação desta Lei, tendo em vista sobreguardar seus direitos ou interesses.

CAPÍTULO II
DOS DEVERES DOS RESERVISTAS

Art. 65. Constituem deveres do Reservista:

a) apresentar-se, quando convocado, no local e prazo que lhe tiverem sido determinados;

b) comunicar, dentro de 60 (sessenta) dias, pessoalmente ou por escrito, à Organização Militar mais próxima, as mudanças de residência;

c) apresentar-se, anualmente, no local e data que forem fixados, para fins de exercício de apresentação das reservas ou cerimônia cívica do Dia do Reservista;

d) comunicar à Organização Militar a que estiver vinculado, a conclusão de qualquer curso técnico ou científico, comprovada pela apresentação do respectivo instrumento legal, e, bem assim, qualquer ocorrência que se relacione com o exercício de qualquer função de caráter técnico ou científico;

e) apresentar ou entregar à autoridade militar competente o documento de quitação com o Serviço Militar de que for possuidor, para fins de anotações, substituições ou arquivamento, de acordo com o prescrito nesta Lei e na sua regulamentação.

CAPÍTULO III
DAS AUTORIDADES PARTICIPANTES DA EXECUÇÃO DESTA LEI

Art. 66. Participarão da execução da presente Lei:

a) Estado-Maior das Forças Armadas, Ministérios Civis e Militares e as repartições que lhes são subordinadas;

b) os Estados, Territórios e Municípios e as repartições que lhes são subordinadas;

c) os titulares e serventuários da Justiça;

d) os cartórios de registro civil de pessoas naturais;

e) as entidades autárquicas e sociedades de economia mista;

f) os estabelecimentos de ensino, públicos ou particulares, de qualquer natureza;

g) as empresas, companhias e instituições de qualquer natureza.

Parágrafo único. Essa participação consistirá:

a) obrigatoriedade, na remessa de informações estabelecidas na regulamentação desta lei;

b) mediante anuência ou acordo, na instalação de postos de recrutamento e criação de outros serviços ou encargos nas repartições ou estabelecimentos civis, federais, estaduais ou municipais.

Art. 67. As autoridades ou os responsáveis pelas repartições incumbidas da fiscalização do exercício profissional não poderão conceder a carteira profissional nem registrar diplomas de profissões liberais a brasileiros, sem que esses apresentem, previamente, provas de que estão em dia com as obrigações militares, obedecido o disposto nos artigos 74 e 75 desta Lei.

▸ Artigo com a redação dada pela Lei nº 4.754, de 18-8-1965.

CAPÍTULO IV
DO FUNDO DO SERVIÇO MILITAR

Art. 68. É criado o Fundo do Serviço Militar, destinado a:

a) permitir a melhoria das instalações e o provimento de material de instrução para os Órgãos de Formação de Reserva das Forças Armadas, que não disponham de verbas próprias suficientes;

b) prover os órgãos do Serviço Militar de meios que melhor lhes permitam cumprir suas finalidades;

c) propiciar os recursos materiais para a criação de novos órgãos de formação de reservas;

d) proporcionar fundos adicionais como reforço às verbas previstas e para socorrer a outras despesas relacionadas com a execução do Serviço Militar.

Parágrafo único. O Fundo do Serviço Militar, constituído das receitas provenientes da arrecadação das multas prescritas na presente Lei e da Taxa Militar, será administrado pelos órgãos fixados na regulamentação da presente Lei.

Art. 69. A Taxa Militar será cobrada, pelo valor da multa mínima, aos convocados que obtiverem adiamento de incorporação, concedida na forma do regulamento desta Lei, ou àqueles a quem for concedido o certificado de Dispensa de Incorporação.

Parágrafo único. Não será cobrada a Taxa Militar aos cidadãos que provarem impossibilidade de pagá-la, na forma da regulamentação da presente Lei.

Art. 70. As multas e Taxa Militar serão pagas em selos próprios a serem emitidos pelo Ministério da Fazenda.

Art. 71. A receita proveniente do Fundo do Serviço Militar será escriturada pelo Tesouro Nacional, sob o título desse Fundo.

Parágrafo único. Esse Título constará do Orçamento Geral da União:

a) na Receita – como Renda Ordinária – Diversas Rendas – Estado-Maior das Forças Armadas (EMFA) – Fundo do Serviço Militar;

b) na Despesa – em dotação própria para o Estado-Maior das Forças Armadas (EMFA), que a distribuirá de acordo com os encargos próprios e de cada uma das Forças Armadas.

Art. 72. Independente dos recursos provenientes das multas e Taxa Militar, serão anualmente fixadas, no orçamento do Estado-Maior das Forças Armadas e dos Ministérios Militares, dotações destinadas às despesas para execução desta Lei, no que se relacionar com os trabalhos de recrutamento, publicidade do Serviço Militar e administração das Reservas.

CAPÍTULO V
DISPOSIÇÕES DIVERSAS

Art. 73. Para efeito do Serviço Militar, cessará a incapacidade civil do menor, na data em que completar 17 (dezessete) anos.

Art. 74. Nenhum brasileiro, entre 1º de janeiro do ano em que completar 19 (dezenove) e 31 de dezembro do ano em que completar 45 (quarenta e cinco) anos de idade, poderá, sem fazer prova de que está em dia com as suas obrigações militares:

a) obter passaporte ou prorrogação de sua validade;

b) ingressar como funcionário, empregado ou associado em instituição, empresa ou associação oficial ou oficializada ou subvencionada ou cuja existência ou funcionamento dependa de autorização ou reconhecimento do Governo Federal, Estadual, dos Territórios ou Municipal;

c) assinar contrato com o Governo Federal, Estadual, dos Territórios ou Municipal;

d) prestar exame ou matricular-se em qualquer estabelecimento de ensino;

e) obter carteira profissional, matrícula ou inscrição para o exercício de qualquer função e licença de indústria e profissão;

f) inscrever-se em concurso para provimento de cargo público;

g) exercer, a qualquer título, sem distinção de categoria, ou forma de pagamento, qualquer função ou cargo público:

I – estipendiado pelos cofres públicos federais, estaduais ou municipais;

II – de entidades paraestatais e das subvencionadas ou mantidas pelo poder público;

h) receber qualquer prêmio ou favor do Governo Federal, Estadual, dos Territórios ou Municipal.

Art. 75. Constituem prova de estar o brasileiro em dia com as suas obrigações militares:

a) o Certificado de Alistamento, nos limites da sua validade;

b) o Certificado de Reservista;

c) o Certificado de Isenção;

d) o Certificado de Dispensa de Incorporação.

§ 1º Outros documentos comprobatórios da situação militar do brasileiro, poderão ser estabelecidos na regulamentação desta Lei.

§ 2º A regulamentação da presente Lei poderá discriminar anotações periódicas ou não a serem feitas nos Certificados acima.

§ 3º Para os concluintes de curso de ensino superior de Medicina, Farmácia, Odontologia e Veterinária, o Certificado de Dispensa de Incorporação de que trata a alínea *d* do *caput* deste artigo deverá ser revalidado pela região militar respectiva, ratificando a dispensa, ou recolhido, no caso de incorporação, a depender da necessidade das Forças Armadas, nos termos da legislação em vigor.

▶ § 3º acrescido pela Lei nº 12.336, de 26-10-2010.

Art. 76. A transferência de reservista de uma Força Armada para outra será fixada na regulamentação da presente Lei.

Art. 77. Os Ministros Militares deverão, no dia 16 de dezembro, considerado Dia do Reservista, determinar a realização de solenidades nas corporações das respectivas Forças Armadas, visando a homenagem àquele que, civil, foi o maior propugnador pelo Serviço Militar – Olavo Bilac; a despertar os sentimentos cívicos e a consolidar os de solidariedade e camaradagem militar.

Art. 78. Ressalvados os casos de infração desta Lei, ficam isentos de selo, taxa, custas e emolumentos de qualquer natureza, as petições e, bem assim, certidões e outros documentos destinados a instruir processos concernentes ao Serviço Militar.

Art. 79. Os secretários das Juntas de Serviço Militar receberão uma gratificação *pro labore* por certificado entregue. O valor e o pagamento da gratificação serão objeto da regulamentação desta Lei.

Art. 80. O Estado-Maior das Forças Armadas (EMFA) designará uma Comissão Interministerial para, no prazo de 90 (noventa) dias, apresentar um anteprojeto de regulamentação desta Lei.

Art. 81. Esta Lei revoga as Leis nºs 1.200, de 1950, 1.585, de 1952, 4.027, de 1961, Decreto-Lei nº 9.500, de 1946, e demais disposições em contrário e só entra em vigor após a sua regulamentação.

Brasília, em 17 de agosto de 1964;
143º da Independência e
76º da República.

H. Castello Branco

LEI Nº 4.504, DE 30 DE NOVEMBRO DE 1964

Dispõe sobre o Estatuto da Terra, e dá outras providências.

▶ Publicada no *DOU* de 30-11-1964 e retificada no *DOU* de 17-12-1964 e 6-4-1965.

▶ Dec. nº 433, de 24-1-1992, dispõe sobre a aquisição de imóveis rurais, para fins de reforma agrária, por meio de compra e venda.

TÍTULO I – DISPOSIÇÕES PRELIMINARES

CAPÍTULO I

PRINCÍPIOS E DEFINIÇÕES

Art. 1º Esta Lei regula os direitos e obrigações concernentes aos bens imóveis rurais, para os fins de execução da Reforma Agrária e promoção da Política Agrícola.

§ 1º Considera-se Reforma Agrária o conjunto de medidas que visem a promover melhor distribuição da terra, mediante modificações no regime de sua posse e uso, a fim de atender aos princípios de justiça social e ao aumento de produtividade.

§ 2º Entende-se por Política Agrícola o conjunto de providências de amparo à propriedade da terra, que se destinem a orientar, no interesse da economia rural, as atividades agropecuárias, seja no sentido de garantir-lhes o pleno emprego, seja no de harmonizá-las com o processo de industrialização do país.

Art. 2º É assegurada a todos a oportunidade de acesso à propriedade da terra, condicionada pela sua função social, na forma prevista nesta Lei.

§ 1º A propriedade da terra desempenha integralmente a sua função social quando, simultaneamente:

a) favorece o bem-estar dos proprietários e dos trabalhadores que nela labutam, assim como de suas famílias;
b) mantém níveis satisfatórios de produtividade;
c) assegura a conservação dos recursos naturais;
d) observa as disposições legais que regulam as justas relações de trabalho entre os que a possuem e a cultivem.

§ 2º É dever do Poder Público:

a) promover e criar as condições de acesso do trabalhador rural à propriedade da terra economicamente útil, de preferência nas regiões onde habita, ou, quando as circunstâncias regionais, o aconselhem em zonas previamente ajustadas na forma do disposto na regulamentação desta Lei;
b) zelar para que a propriedade da terra desempenhe sua função social, estimulando planos para a sua racional utilização, promovendo a justa remuneração e o acesso do trabalhador aos benefícios do aumento da produtividade e ao bem-estar coletivo.

§ 3º A todo agricultor assiste o direito de permanecer na terra que cultive, dentro dos termos e limitações desta Lei, observadas sempre que for o caso, as normas dos contratos de trabalho.

§ 4º É assegurado às populações indígenas o direito à posse das terras que ocupam ou que lhes sejam atribuídas de acordo com a legislação especial que disciplina o regime tutelar a que estão sujeitas.

Art. 3º O Poder Público reconhece às entidades privadas, nacionais ou estrangeiras, o direito à propriedade da terra em condomínio, quer sob a forma de cooperativas quer como sociedades abertas constituídas na forma da legislação em vigor.

Parágrafo único. Os estatutos das cooperativas e demais sociedades, que se organizarem na forma prevista neste artigo, deverão ser aprovados pelo Instituto Brasileiro de Reforma Agrária (IBRA) que estabelecerá condições mínimas para a democratização dessas sociedades.

▶ Dec.-lei nº 1.110, de 9-7-1970, cria o Instituto Nacional de Colonização e Reforma Agrária (INCRA), extingue o Instituto Brasileiro de Reforma Agrária, o Instituto Nacional de Desenvolvimento Agrário e o Grupo Executivo da Reforma Agrária.

Art. 4º Para os efeitos desta Lei, definem-se:

I – "Imóvel Rural", o prédio rústico, de área contínua qualquer que seja a sua localização que se destina à exploração extrativa agrícola, pecuária ou agroindustrial, quer através de planos públicos de valorização, quer através de iniciativa privada;

II – "Propriedade Familiar", o imóvel rural que, direta e pessoalmente explorado pelo agricultor e sua família, lhes absorva toda a força de trabalho, garantindo-lhes a subsistência e o progresso social e econômico, com área máxima fixada para cada região e tipo de exploração, e eventualmente trabalho com a ajuda de terceiros;

III – "Módulo Rural", a área fixada nos termos do inciso anterior;

IV – "Minifúndio", o imóvel rural de área e possibilidades inferiores às da propriedade familiar;

V – "Latifúndio", o imóvel rural que:

a) exceda a dimensão máxima fixada na forma do artigo 46, § 1º, alínea *b*, desta Lei, tendo-se em vista as condições ecológicas, sistemas agrícolas regionais e o fim a que se destine;
b) não excedendo o limite referido na alínea anterior, e tendo área igual ou superior à dimensão do módulo de propriedade rural, seja mantido inexplorado em relação às possibilidades físicas, econômicas e sociais do meio, com fins especulativos, ou seja deficiente ou inadequadamente explorado, de modo a vedar-lhe a inclusão no conceito de empresa rural;

VI – "Empresa Rural" é o empreendimento de pessoa física ou jurídica, pública ou privada, que explore econômica e racionalmente imóvel rural, dentro de condição de rendimento econômico ... VETADO ... da região em que se situe e que explore área mínima agricultável do imóvel segundo padrões fixados, pública e previamente, pelo Poder Executivo. Para esse fim, equiparam-se às áreas cultivadas, as pastagens, as matas naturais e artificiais e as áreas ocupadas com benfeitorias;

VII – "Parceleiro", aquele que venha a adquirir lotes ou parcelas em área destinada à Reforma Agrária ou à colonização pública ou privada;

VIII – "Cooperativa Integral de Reforma Agrária (CIRA)", toda sociedade cooperativa mista, de natureza civil, ... VETADO ... criada nas áreas prioritárias de Reforma Agrária, contando temporariamente com a contribuição financeira e técnica do Poder Público, através do Instituto Brasileiro de Reforma Agrária, com a finalidade de industrializar, beneficiar, preparar e padronizar a produção agropecuária, bem como realizar os demais objetivos previstos na legislação vigente;

▶ Dec.-lei nº 1.110, de 9-7-1970, cria o Instituto Nacional de Colonização e Reforma Agrária (INCRA), extingue o Instituto Brasileiro de Reforma Agrária, o Instituto Nacional de Desenvolvimento Agrário e o Grupo Executivo da Reforma Agrária.

IX – "Colonização", toda a atividade oficial ou particular, que se destine a promover o aproveitamento econômico da terra, pela sua divisão em propriedade familiar ou através de Cooperativas ... VETADO ...

Parágrafo único. Não se considera latifúndio:

a) o imóvel rural, qualquer que seja a sua dimensão, cujas características recomendem, sob o ponto de vista técnico e econômico, a exploração florestal racionalmente realizada, mediante planejamento adequado;
b) o imóvel rural, ainda que de domínio particular, cujo objeto de preservação florestal ou de outros recursos naturais haja sido reconhecido para fins de tombamento, pelo órgão competente da administração pública.

Art. 5º A dimensão da área dos módulos de propriedade rural será fixada para cada zona de características econômicas e ecológicas homogêneas, distintamente, por tipos de exploração rural que nela possam ocorrer.

Parágrafo único. No caso de exploração mista, o módulo será fixado pela média ponderada das partes do imóvel destinadas a cada um dos tipos de exploração considerados.

CAPÍTULO II

DOS ACORDOS E CONVÊNIOS

Art. 6º A União, os Estados, o Distrito Federal e os Municípios poderão unir seus esforços e recursos, mediante acordos, convênios ou contratos para a solução de problemas de interesse rural, principalmente os relacionados com a aplicação da presente Lei, visando a implantação da Reforma Agrária e à unidade de critérios na execução desta.

§ 1º Para os efeitos da Reforma Agrária, o Instituto Nacional de Colonização e Reforma Agrária – INCRA representará a União nos acordos, convênios ou contratos multilaterais referidos neste artigo.

► Parágrafo único transformado em § 1º e com a redação dada pela MP nº 2.183-56, de 24-8-2001, que até o encerramento desta edição não havia sido convertida em lei.

§ 2º A União, mediante convênio, poderá delegar aos Estados, ao Distrito Federal e aos Municípios o cadastramento, as vistorias e avaliações de propriedades rurais situadas no seu território, bem como outras atribuições relativas à execução do Programa Nacional de Reforma Agrária, observados os parâmetros e critérios estabelecidos nas leis e nos atos normativos federais.

§ 3º O convênio de que trata o *caput* será celebrado com os Estados, com o Distrito Federal e com os Municípios que tenham instituído órgão colegiado, com a participação das organizações dos agricultores familiares e trabalhadores rurais sem terra, mantida a paridade de representação entre o poder público e a sociedade civil organizada, com a finalidade de formular propostas para a adequada implementação da política agrária.

§ 4º Para a realização da vistoria e avaliação do imóvel rural para fins de reforma agrária, poderá o Estado utilizar-se de força policial.

§ 5º O convênio de que trata o *caput* deverá prever que a União poderá utilizar servidores integrantes dos quadros de pessoal dos órgãos e das entidades da Administração Pública dos Estados, do Distrito Federal e dos Municípios, para a execução das atividades referidas neste artigo.

► §§ 2º a 5º acrescidos pela MP nº 2.183-56, de 24-8-2001, que até o encerramento desta edição não havia sido convertida em lei.

Art. 7º Mediante acordo com a União, os Estados poderão encarregar funcionários federais da execução de Leis e serviços estaduais ou de atos e decisões das suas autoridades, pertinentes aos problemas rurais, e, reciprocamente, a União poderá, em matéria de sua competência, cometer a funcionários estaduais, encargos análogos, provendo às necessárias despesas de conformidade com o disposto no parágrafo terceiro do artigo 18 da Constituição Federal.

Art. 8º Os acordos, convênios ou contratos poderão conter cláusula que permita expressamente a adesão de outras pessoas de direito público, interno ou externo, bem como de pessoas físicas nacionais ou estrangeiras, não participantes direta dos atos jurídicos celebrados.

Parágrafo único. A adesão efetivar-se-á com a só notificação oficial às partes contratantes, independentemente de condição ou termo.

CAPÍTULO III

DAS TERRAS PÚBLICAS E PARTICULARES

Seção I

DAS TERRAS PÚBLICAS

Art. 9º Dentre as terras públicas, terão prioridade, subordinando-se aos itens previstos nesta Lei, as seguintes:

I – as de propriedade da União, que não tenham outra destinação específica;

II – as reservadas pelo Poder Público para serviços ou obras de qualquer natureza, ressalvadas as pertinentes à segurança nacional, desde que o órgão competente considere sua utilização econômica compatível com a atividade principal, sob a forma de exploração agrícola;

III – as devolutas da União, dos Estados e dos Municípios.

Art. 10. O Poder Público poderá explorar direta ou indiretamente, qualquer imóvel rural de sua propriedade, unicamente para fins de pesquisa, experimentação, demonstração e fomento, visando ao desenvolvimento da agricultura, a programas de colonização ou fins educativos de assistência técnica e de readaptação.

§ 1º Somente se admitirá a existência de imóveis rurais de propriedade pública, com objetivos diversos dos previstos neste artigo, em caráter transitório, desde que não haja viabilidade de transferi-los para a propriedade privada.

§ 2º Executados os projetos de colonização nos imóveis rurais de propriedade pública, com objetivos diversos dos previstos neste artigo, em caráter transitório.

§ 3º Os imóveis rurais pertencentes à União, cuja utilização não se enquadre nos termos deste artigo, poderão ser transferidos ao Instituto Brasileiro de Reforma Agrária, ou com ele permutados por ato do Poder Executivo.

► Dec.-lei nº 1.110, de 9-7-1970, cria o Instituto Nacional de Colonização e Reforma Agrária (INCRA), extingue o Instituto Brasileiro de Reforma Agrária, o Instituto Nacional de Desenvolvimento Agrário e o Grupo Executivo da Reforma Agrária.

Art. 11. O Instituto Brasileiro de Reforma Agrária fica investido de poderes de representação da União, para promover a discriminação das terras devolutas federais, restabelecida a instância administrativa disciplinada pelo Decreto-Lei nº 9.760, de 5 de setembro de 1946, e com autoridade para reconhecer as posses legítimas manifestadas através de cultura efetiva e morada habitual, bem como para incorporar ao patrimônio público as terras devolutas federais ilegalmente ocupadas e as que se encontrarem desocupadas.

► Dec.-lei nº 1.110, de 9-7-1970, cria o Instituto Nacional de Colonização e Reforma Agrária (INCRA), extingue o Instituto Brasileiro de Reforma Agrária, o Instituto Nacional de Desenvolvimento Agrário e o Grupo Executivo da Reforma Agrária.

§ 1º Através de convênios, celebrados com os Estados e Municípios, iguais poderes poderão ser atribuídos ao Instituto Brasileiro de Reforma Agrária, quanto às terras devolutas estaduais e municipais, respeitada a legislação local, o regime jurídico próprio das terras situadas na faixa da fronteira nacional bem como a atividade dos órgãos de valorização regional.

§ 2º Tanto quanto possível, o Instituto Brasileiro de Reforma Agrária imprimirá ao instituto das terras devolutas orientação tendente a harmonizar as peculiaridades regionais com os altos interesses do desbravamento através da colonização racional visando a erradicar os males do minifúndio e do latifúndio.

Seção II

DAS TERRAS PARTICULARES

Art. 12. À propriedade privada da terra cabe intrinsecamente uma função social e seu uso é condicionado ao bem-estar coletivo previsto na Constituição Federal e caracterizado nesta Lei.

Art. 13. O Poder Público promoverá a gradativa extinção das formas de ocupação e de exploração da terra que contrariem sua função social.

Art. 14. O Poder Público facilitará e prestigiará a criação e a expansão de associações de pessoas físicas e jurídicas que tenham por finalidade o racional desenvolvimento extrativo agrícola, pecuário ou agroindustrial, e promoverá a ampliação do sistema cooperativo, bem como de outras modalidades associativas e societárias que objetivem a democratização do capital.

§ 1º Para a implementação dos objetivos referidos neste artigo, os agricultores e trabalhadores rurais poderão constituir entidades societárias por cotas, em forma consorcial ou condominial, com a denominação de "consórcio" ou "condomínio", nos termos dos arts. 3º e 6º desta Lei.

§ 2º Os atos constitutivos dessas sociedades deverão ser arquivados na Junta Comercial, quando elas praticarem atos de comércio, e no Cartório de Registro das Pessoas Jurídicas, quando não envolver essa atividade.

► Art. 14 com a redação dada pela MP nº 2.183-56, de 24-8-2001, que até o encerramento desta edição não havia sido convertida em lei.

Art. 15. A implantação da Reforma Agrária em terras particulares será feita em caráter prioritário, quando se tratar de zonas críticas ou de tensão social.

TÍTULO II – DA REFORMA AGRÁRIA

CAPÍTULO I

DOS OBJETIVOS E DOS MEIOS DE ACESSO À PROPRIEDADE RURAL

Art. 16. A Reforma Agrária visa a estabelecer um sistema de relações entre o homem, a propriedade rural e o uso da terra, capaz de promover a justiça social, o progresso e o bem-estar do trabalhador rural e o desenvolvimento econômico do país, com a gradual extinção do minifúndio e do latifúndio.

Parágrafo único. O Instituto Brasileiro de Reforma Agrária será o órgão competente para promover e coordenar a execução dessa reforma, observadas as normas gerais da presente Lei e do seu regulamento.

► Dec.-lei nº 1.110, de 9-7-1970, cria o Instituto Nacional de Colonização e Reforma Agrária (INCRA), extingue o Instituto Brasileiro de Reforma Agrária, o Instituto Nacional de Desenvolvimento Agrário e o Grupo Executivo da Reforma Agrária.

Art. 17. O acesso à propriedade rural será promovido mediante a distribuição ou a redistribuição de terras, pela execução de qualquer das seguintes medidas:

a) desapropriação por interesse social;
b) doação;
c) compra e venda;
d) arrecadação dos bens vagos;
e) reversão à posse ... VETADO ... do Poder Público de terras de sua propriedade, indevidamente ocupadas e exploradas, a qualquer título, por terceiros;
f) herança ou legado.

Art. 18. À desapropriação por interesse social tem por fim:

a) condicionar o uso da terra à sua função social;
b) promover a justa e adequada distribuição da propriedade;
c) obrigar a exploração racional da terra;
d) permitir a recuperação social e econômica de regiões;
e) estimular pesquisas pioneiras, experimentação, demonstração e assistência técnica;
f) efetuar obras de renovação, melhoria e valorização dos recursos naturais;
g) incrementar a eletrificação e a industrialização no meio rural;
h) facultar a criação de áreas de proteção à fauna, à flora ou a outros recursos naturais, a fim de preservá-los de atividades predatórias.

Art. 19. A desapropriação far-se-á na forma prevista na Constituição Federal, obedecidas as normas constantes da presente Lei.

§ 1º Se for intentada desapropriação parcial, o proprietário poderá optar pela desapropriação de todo o imóvel que lhe pertence, quando a área agricultável remanescente, inferior a cinquenta por cento da área original, ficar:

a) reduzida a superfície inferior a três vezes a dimensão do módulo de propriedade; ou
b) prejudicada substancialmente em suas condições de exploração econômica, caso seja o seu valor inferior ao da parte desapropriada.

§ 2º Para efeito de desapropriação observar-se-ão os seguintes princípios:

a) para a fixação da justa indenização, na forma do artigo 147, § 1º, da Constituição Federal, levar-se-ão em conta o valor declarado do imóvel para efeito do Imposto Territorial Rural, o valor constante do cadastro acrescido das benfeitorias com a correção monetária porventura cabível, apurada na forma da legislação específica, e o valor venal do mesmo;
b) o poder expropriante não será obrigado a consignar, para fins de imissão de posse dos bens, quantia superior à que lhes tiver sido atribuída pelo proprietário na sua última declaração, exigida pela Lei do Imposto de Renda, a partir de 1965, se se tratar de pessoa física ou o valor constante do ativo, se se tratar de pessoa jurídica, num e noutro caso com a correção monetária cabível;
c) efetuada a imissão de posse, fica assegurado ao expropriado o levantamento de oitenta por cento da quantia depositada para obtenção da medida possessória.

§ 3º Salvo por motivo de necessidade ou utilidade pública, estão isentos da desapropriação:

a) os imóveis rurais que, em cada zona, não excederem de três vezes o módulo de produto de propriedade, fixado nos termos do artigo 4º, inciso III;
b) os imóveis que satisfizerem os requisitos pertinentes à empresa rural, enunciados no artigo 4º, inciso VI;
c) os imóveis que, embora não classificados como empresas rurais, situados fora da área prioritária de Reforma Agrária, tiverem aprovados pelo Instituto Brasileiro de Reforma Agrária, e em execução projetos que em prazo determinado, os elevem àquela categoria.

▶ Dec.-lei nº 1.110, de 9-7-1970, cria o Instituto Nacional de Colonização e Reforma Agrária (INCRA), extingue o Instituto Brasileiro de Reforma Agrária, o Instituto Nacional de Desenvolvimento Agrário e o Grupo Executivo da Reforma Agrária.

§ 4º O foro competente para desapropriação é o da situação do imóvel.

§ 5º De toda decisão que fixar o preço em quantia superior à oferta formulada pelo órgão expropriante, haverá, obrigatoriamente, recurso de ofício para o Tribunal Federal de Recursos. Verificado, em ação expropriatório, ter o imóvel valor superior ao declarado pelo expropriado, e apurada a má-fé ou o dolo deste, poderá a sentença condená-lo à penalidade prevista no artigo 49, § 3º, desta Lei, deduzindo-se do valor da indenização o montante da penalidade.

Art. 20. As desapropriações a serem realizadas pelo Poder Público, nas áreas prioritárias, recairão sobre:

I – os minifúndios e latifúndios;
II – as áreas já beneficiadas ou a serem por obras públicas de vulto;
III – as áreas cujos proprietários desenvolverem atividades predatórias, recusando-se a pôr em prática normas de conservação dos recursos naturais;
IV – as áreas destinadas a empreendimentos de colonização, quando estes não tiverem logrado atingir seus objetivos;
V – as áreas que apresentem elevada incidência de arrendatários, parceiros e posseiros;
VI – as terras cujo uso atual, estudos levados a efeito pelo Instituto Brasileiro de Reforma Agrária comprovem não ser o adequado à sua vocação de uso econômico.

▶ Dec.-lei nº 1.110, de 9-7-1970, cria o Instituto Nacional de Colonização e Reforma Agrária (INCRA), extingue o Instituto Brasileiro de Reforma Agrária, o Instituto Nacional de Desenvolvimento Agrário e o Grupo Executivo da Reforma Agrária.

Art. 21. Em áreas de minifúndio, o Poder Público tomará as medidas necessárias à organização de unidades econômicas adequadas, desapropriando, aglutinando e redistribuindo as áreas.

Art. 22. É o Instituto Brasileiro de Reforma Agrária autorizado, para todos os efeitos legais, a promover as desapropriações necessárias ao cumprimento da presente Lei.

▶ Dec.-lei nº 1.110, de 9-7-1970, cria o Instituto Nacional de Colonização e Reforma Agrária (INCRA), extingue o Instituto Brasileiro de Reforma Agrária, o Instituto Nacional de Desenvolvimento Agrário e o Grupo Executivo da Reforma Agrária.

Parágrafo único. A União poderá desapropriar, por interesse social, bens do domínio dos Estados, Municípios, Distrito Federal e Territórios, precedido o ato, em qualquer caso, de autorização legislativa.

Art. 23. Os bens desapropriados por sentença definitiva, uma vez incorporados ao patrimônio público, não podem ser objeto de reivindicação, ainda que fundada em nulidade do processo de desapropriação. Qualquer ação julgada procedente, resolver-se-á em perdas e danos.

Parágrafo único. A regra deste artigo aplica se aos imóveis rurais incorporados ao domínio da União, em consequência de ações por motivo de enriquecimento ilícito em prejuízo do Patrimônio Federal, os quais transferidos ao Instituto Brasileiro de Reforma Agrária, serão aplicados aos objetivos desta Lei.

▶ Dec.-lei nº 1.110, de 9-7-1970, cria o Instituto Nacional de Colonização e Reforma Agrária (INCRA), extingue o Instituto Brasileiro de Reforma Agrária, o Instituto Nacional de Desenvolvimento Agrário e o Grupo Executivo da Reforma Agrária.

CAPÍTULO II
DA DISTRIBUIÇÃO DE TERRAS

Art. 24. As terras desapropriadas para os fins da Reforma Agrária que, a qualquer título, vierem a ser incorporadas ao patrimônio do Instituto Brasileiro de Reforma Agrária, respeitada a ocupação de terras devolutas federais manifestada em cultura efetiva e moradia habitual, só poderão ser distribuídas:

▶ Dec.-lei nº 1.110, de 9-7-1970, cria o Instituto Nacional de Colonização e Reforma Agrária (INCRA), extingue o Instituto Brasileiro de Reforma Agrária, o Instituto Nacional de Desenvolvimento Agrário e o Grupo Executivo da Reforma Agrária.

I – sob a forma de propriedade familiar, nos termos das normas aprovadas pelo Instituto Brasileiro de Reforma Agrária;
II – a agricultores cujos imóveis rurais sejam comprovadamente insuficientes para o sustento próprio e o de sua família;
III – para a formação de glebas destinadas à exploração extrativa, agrícola, pecuária ou agroindustrial, por associações de agricultores organizadas sob regime cooperativo;
IV – para fins de realização, a cargo do Poder Público, de atividades de demonstração educativa, de pesquisa, experimentação, assistência técnica e de organização de colônias-escolas;
V – para fins de reflorestamento ou de conservação de reservas florestais a cargo da União, dos Estados ou dos Municípios.

Art. 25. As terras adquiridas pelo Poder Público, nos termos desta Lei, deverão ser vendidas, atendidas as condições de maioridade, sanidade e de bons antecedentes, ou de reabilitação, de acordo com a seguinte ordem de preferência:

I – ao proprietário do imóvel desapropriado, desde que venha a explorar a parcela, diretamente ou por intermédio de sua família;
II – aos que trabalhem no imóvel desapropriado como posseiros, assalariados, parceiros ou arrendatários;
III – aos agricultores cujas propriedades não alcancem a dimensão da propriedade familiar da região;
IV – aos agricultores cujas propriedades sejam comprovadamente insuficientes para o sustento próprio e o de sua família;
V – aos tecnicamente habilitados na forma da legislação em vigor, ou que tenham comprovada competência para a prática das atividades agrícolas.

§ 1º Na ordem de preferência de que trata este artigo, terão prioridade os chefes de família

LEGISLAÇÃO COMPLEMENTAR

numerosas cujos membros se proponham a exercer atividade agrícola na área a ser distribuída.

§ 2º Só poderão adquirir lotes os trabalhadores sem terra, salvo as exceções previstas nesta Lei.

§ 3º Não poderá ser beneficiário da distribuição de terras a que se refere este artigo o proprietário rural, salvo nos casos dos incisos I, III e IV, nem quem exerça função pública, autárquica ou em órgão paraestatal, ou se ache investido de atribuições parafiscais.

§ 4º Sob pena de nulidade, qualquer alienação ou concessão de terras públicas, nas regiões prioritárias, definidas na forma do artigo 43, será precedida de consulta ao Instituto Brasileiro de Reforma Agrária, que se pronunciará obrigatoriamente no prazo de sessenta dias.

► Dec.-lei nº 1.110, de 9-7-1970, cria o Instituto Nacional de Colonização e Reforma Agrária (INCRA), extingue o Instituto Brasileiro de Reforma Agrária, o Instituto Nacional de Desenvolvimento Agrário e o Grupo Executivo da Reforma Agrária.

Art. 26. Na distribuição de terras regulada por este Capítulo, ressalvar-se-á sempre a prioridade pública dos terrenos de marinha e seus acrescidos na orla oceânica e na faixa marginal dos rios federais, até onde se faça sentir a influência das marés, bem como a reserva à margem dos rios navegáveis e dos que formam os navegáveis.

CAPÍTULO III
DO FINANCIAMENTO DA REFORMA AGRÁRIA

Seção I
DO FUNDO NACIONAL DE REFORMA AGRÁRIA

Art. 27. É criado o Fundo Nacional de Reforma Agrária, destinado a fornecer os meios necessários para o financiamento da Reforma Agrária e dos órgãos incumbidos da sua execução.

Art. 28. O Fundo Nacional de Reforma Agrária será constituído:

I – do produto da arrecadação da Contribuição de Melhoria cobrada pela União de acordo com a legislação vigente;

► Art. 16 do Dec.-lei nº 195, de 24-2-1967 (Lei da Contribuição de Melhoria).

II – da destinação específica de 3% (três por cento) da receita tributária da União;

III – dos recursos destinados em lei à Superintendência de Política Agrária (SUPRA), ressalvado o disposto no artigo 117;

IV – dos recursos oriundos das verbas de órgãos e de entidades vinculados por convênios ao Instituto Brasileiro de Reforma Agrária;

► Dec.-lei nº 1.110, de 9-7-1970, cria o Instituto Nacional de Colonização e Reforma Agrária (INCRA), extingue o Instituto Brasileiro de Reforma Agrária, o Instituto Nacional de Desenvolvimento Agrário e o Grupo Executivo da Reforma Agrária.

V – de doações recebidas;

VI – da receita do Instituto Brasileiro de Reforma Agrária.

► Dec.-lei nº 1.110, de 9-7-1970, cria o Instituto Nacional de Colonização e Reforma Agrária (INCRA), extingue o Instituto Brasileiro de Reforma Agrária, o Instituto Nacional de Desenvolvimento Agrário e o Grupo Executivo da Reforma Agrária.

§ 1º Os recursos de que tratam os incisos I e II, deste artigo, bem como os provenientes de quaisquer créditos adicionais destinados à execução dos planos nacional e regionais de Reforma Agrária, não poderão ser suprimidos, nem aplicados em outros fins.

§ 2º Os saldos dessas dotações em poder do Instituto Brasileiro de Reforma Agrária ou a seu favor, verificados no final de cada exercício, não prescrevem, e serão aplicados, na sua totalidade, em consonância com os objetivos da presente Lei.

► Dec.-lei nº 1.110, de 9-7-1970, cria o Instituto Nacional de Colonização e Reforma Agrária (INCRA), extingue o Instituto Brasileiro de Reforma Agrária, o Instituto Nacional de Desenvolvimento Agrário e o Grupo Executivo da Reforma Agrária.

§ 3º Os tributos, dotações e recursos referidos nos incisos deste artigo terão a destinação, durante vinte anos, vinculada à execução dos programas da Reforma Agrária.

§ 4º Os atos relativos à receita do Instituto Brasileiro de Reforma Agrária constituída pelos recursos previstos no inciso II, e pelos resultados apurados no exercício anterior, nas hipóteses dos incisos I, III e IV, considerar-se-ão registrados, pelo Tribunal de Contas, a 1º de janeiro, e os respectivos recursos distribuídos ao Tesouro Nacional, que os depositará no Banco do Brasil, à disposição do referido Instituto, em quatro parcelas, até 31 de janeiro, 30 de abril, 31 de julho e 31 de outubro, respectivamente.

► Dec.-lei nº 1.110, de 9-7-1970, cria o Instituto Nacional de Colonização e Reforma Agrária (INCRA), extingue o Instituto Brasileiro de Reforma Agrária, o Instituto Nacional de Desenvolvimento Agrário e o Grupo Executivo da Reforma Agrária.

Art. 29. Além dos recursos do Fundo Nacional de Reforma Agrária, a execução dos projetos regionais contará com as contribuições financeiras dos órgãos e entidades vinculadas por convênios ao Instituto Brasileiro de Reforma Agrária, notadamente os de valorização regional, como a Superintendência do Desenvolvimento Econômico do Nordeste (SUDENE), a Superintendência do Plano de Valorização Econômica da Amazônia (SPVEA) a Comissão do Vale do São Francisco (CVSF) e a Superintendência do Plano de Valorização Econômica da Região da Fronteira Sudoeste do País (SUDOESTE), os quais deverão destinar, para este fim, vinte por cento, no mínimo de suas dotações globais.

► Dec.-lei nº 1.110, de 9-7-1970, cria o Instituto Nacional de Colonização e Reforma Agrária (INCRA), extingue o Instituto Brasileiro de Reforma Agrária, o Instituto Nacional de Desenvolvimento Agrário e o Grupo Executivo da Reforma Agrária.

Parágrafo único. Os recursos referidos neste artigo, depois de aprovados os planos para as respectivas regiões, serão entregues ao Instituto Brasileiro de Reforma Agrária, que, para a execução destes, contribuirá com igual quantia.

Art. 30. Para fins da presente Lei, é o Poder Executivo autorizado a receber doações, bem como a contrair empréstimos no país e no exterior, até o limite fixado no artigo 105.

Art. 31. É o Instituto Brasileiro de Reforma Agrária autorizado a:

► Dec.-lei nº 1.110, de 9-7-1970, cria o Instituto Nacional de Colonização e Reforma Agrária (INCRA), extingue o Instituto Brasileiro de Reforma Agrária, o Instituto Nacional de Desenvolvimento Agrário e o Grupo Executivo da Reforma Agrária.

I – firmar convênios com os Estados, Municípios, entidades públicas e privadas, para financiamento, execução ou administração dos planos regionais de Reforma Agrária;

II – colocar os títulos da Dívida Agrária Nacional para os fins desta Lei;

III – realizar operações financeiras ou de compra e venda para os objetivos desta Lei;

IV – praticar atos, tanto no contencioso como no administrativo, inclusive os relativos à desapropriação por interesse social ou por utilidade ou necessidade públicas.

Seção II
DO PATRIMÔNIO DO ÓRGÃO DE REFORMA AGRÁRIA

Art. 32. O Patrimônio do Instituto Brasileiro de Reforma Agrária será constituído:

► Dec.-lei nº 1.110, de 9-7-1970, cria o Instituto Nacional de Colonização e Reforma Agrária (INCRA), extingue o Instituto Brasileiro de Reforma Agrária, o Instituto Nacional de Desenvolvimento Agrário e o Grupo Executivo da Reforma Agrária.

I – do Fundo Nacional de Reforma Agrária;

II – dos bens das entidades públicas incorporadas ao Instituto Brasileiro de Reforma Agrária;

III – das terras e demais bens adquiridos a qualquer título.

CAPÍTULO IV
DA EXECUÇÃO E DA ADMINISTRAÇÃO DA REFORMA AGRÁRIA

Seção I
DOS PLANOS NACIONAL E REGIONAIS DE REFORMA AGRÁRIA

Art. 33. A Reforma Agrária será realizada por meio de planos periódicos, nacionais e regionais, com prazos e objetivos determinados, de acordo com projetos específicos.

Art. 34. O Plano Nacional de Reforma Agrária, elaborado pelo Instituto Brasileiro de Reforma Agrária e aprovado pelo Presidente da República, consignará necessariamente:

► Dec.-lei nº 1.110, de 9-7-1970, cria o Instituto Nacional de Colonização e Reforma Agrária (INCRA), extingue o Instituto Brasileiro de Reforma Agrária, o Instituto Nacional de Desenvolvimento Agrário e o Grupo Executivo da Reforma Agrária.

I – a delimitação de áreas regionais prioritárias;

II – a especificação dos órgãos regionais, zonas e locais, que vierem a ser criados para a execução e a administração da Reforma Agrária;

III – a determinação dos objetivos que deverão condicionar a elaboração dos Planos Regionais;

IV – a hierarquização das medidas a serem programadas pelos órgãos públicos, nas áreas prioritárias, nos setores de obras de saneamento, educação e assistência técnica;

V – a fixação dos limites das dotações destinadas à execução do Plano Nacional e de cada um dos planos regionais.

§ 1º Uma vez aprovados, os Planos terão prioridade absoluta para atuação dos órgãos e serviços federais já existentes nas áreas escolhidas.

§ 2º As entidades públicas e privadas que firmarem acordos, convênios ou tratados com o Instituto Brasileiro de Reforma Agrária, nos termos desta Lei, assumirão, igualmente compromisso expresso, quanto à prioridade aludida no parágrafo anterior, relativamente aos assuntos e serviços de sua alçada nas respectivas áreas.

Art. 35. Os Planos Regionais de Reforma Agrária antecederão, sempre, qualquer desapropriação por interesse social, e serão elaborados pelas Delegacias Regionais do Instituto Brasileiro de Reforma Agrária (IBRA), obedecidos os seguintes requisitos mínimos:

▸ Dec.-lei nº 1.110, de 9-7-1970, cria o Instituto Nacional de Colonização e Reforma Agrária (INCRA), extingue o Instituto Brasileiro de Reforma Agrária, o Instituto Nacional de Desenvolvimento Agrário e o Grupo Executivo da Reforma Agrária.

I – delimitação da área de ação;

II – determinação dos objetivos específicos da Reforma Agrária na região respectiva;

III – fixação das prioridades regionais;

IV – extensão e localização das áreas desapropriáveis;

V – previsão das obras de melhoria;

VI – estimativa das inversões necessárias e dos custos.

Art. 36. Os projetos elaborados para regiões geoeconômicas ou grupos de imóveis rurais, que possam ser tratados em comum, deverão consignar:

I – o levantamento socioeconômico da área;

II – os tipos e as unidades de exploração econômica perfeitamente determinados e caracterizados;

III – as obras de infraestrutura e os órgãos de defesa econômica dos parceleiros necessários à implementação do projeto;

IV – o custo dos investimentos e o seu esquema de aplicação;

V – os serviços essenciais a serem instalados no centro da comunidade;

VI – a renda familiar que se pretende alcançar;

VII – a colaboração a ser recebida dos órgãos públicos ou privados que celebrarem convênios ou acordos para a execução do projeto.

Seção II
DOS ÓRGÃOS ESPECÍFICOS

Art. 37. São órgãos específicos para a execução da Reforma Agrária:

I – O Grupo Executivo da Reforma Agrária (GERA);

II – O Instituto Brasileiro de Reforma Agrária (IBRA), diretamente, ou através de suas Delegacias Regionais;

▸ Dec.-lei nº 1.110, de 9-7-1970, cria o Instituto Nacional de Colonização e Reforma Agrária (INCRA), extingue o Instituto Brasileiro de Reforma Agrária, o Instituto Nacional de Desenvolvimento Agrário e o Grupo Executivo da Reforma Agrária.

III – as Comissões Agrárias.

Art. 38. O IBRA será dirigido por um Presidente nomeado pelo Presidente da República.

§ 1º O Presidente do IBRA terá a remuneração correspondente a 75% (setenta e cinco por cento) do que percebem os Ministros de Estado.

§ 2º Integrarão, ainda, a Administração Superior do IBRA Diretores, até o máximo de seis, de nomeação do Presidente do IBRA, mediante aprovação do GERA.

▸ Arts. 37 e 38 com a redação dada pelo Dec.-lei nº 582, de 15-5-1969.

Art. 39. Ao Conselho Técnico competirá discutir e propor as diretrizes dos planos nacional e regionais de Reforma Agrária, estudar e sugerir medidas de caráter legislativo e administrativo, necessárias à boa execução da Reforma.

Art. 40. À Secretaria Executiva competirá elaborar e promover a execução do plano nacional de Reforma Agrária, assessorar as Delegacias Regionais, analisar os projetos regionais e dirigir a vida administrativa do Instituto Brasileiro de Reforma Agrária.

▸ Dec.-lei nº 1.110, de 9-7-1970, cria o Instituto Nacional de Colonização e Reforma Agrária (INCRA), extingue o Instituto Brasileiro de Reforma Agrária, o Instituto Nacional de Desenvolvimento Agrário e o Grupo Executivo da Reforma Agrária.

Art. 41. As Delegacias Regionais do Instituto Brasileiro de Reforma Agrária (IBRA), cada qual dirigida por um Delegado Regional, nomeado pelo Presidente do Instituto Brasileiro de Reforma Agrária dentre técnicos de comprovada experiência em problemas agrários e reconhecida idoneidade, são órgãos executores da Reforma nas regiões do país, com áreas de jurisdição, competência e funções que serão fixadas na regulamentação da presente Lei, compreendendo a elaboração do cadastro, classificação das terras, formas e condições de uso atual e potencial da propriedade, preparo das propostas de desapropriação, e seleção dos candidatos à aquisição das parcelas.

▸ Dec.-lei nº 1.110, de 9-7-1970, cria o Instituto Nacional de Colonização e Reforma Agrária (INCRA), extingue o Instituto Brasileiro de Reforma Agrária, o Instituto Nacional de Desenvolvimento Agrário e o Grupo Executivo da Reforma Agrária.

Parágrafo único. Dentro de cento e oitenta dias, após a publicação do decreto que a criar, a Delegacia Regional apresentará ao Presidente do Instituto Brasileiro de Reforma Agrária o plano regional de Reforma Agrária, na forma prevista nesta Lei.

Art. 42. A Comissão Agrária, constituída de um representante do Instituto Brasileiro de Reforma Agrária, que a presidirá, de três representantes dos trabalhadores rurais, eleitos ou indicados pelos órgãos de classe respectivos, de três representantes dos proprietários rurais eleitos ou indicados pelos órgãos de classe respectivos, um representante categorizado de entidade pública vinculada à agricultura e um representante dos estabelecimentos de ensino agrícola, é o órgão competente para:

▸ Dec.-lei nº 1.110, de 9-7-1970, cria o Instituto Nacional de Colonização e Reforma Agrária (INCRA), extingue o Instituto Brasileiro de Reforma Agrária, o Instituto Nacional de Desenvolvimento Agrário e o Grupo Executivo da Reforma Agrária.

I – instruir e encaminhar os pedidos de aquisição e de desapropriação de terras;

II – manifestar-se sobre a lista de candidatos selecionados para a adjudicação de lotes;

III – oferecer sugestões à Delegacia Regional na elaboração e execução dos programas regionais de Reforma Agrária;

IV – acompanhar, até sua implantação, os programas de reformas nas áreas escolhidas, mantendo a Delegacia Regional informada sobre o andamento dos trabalhos.

§ 1º A Comissão Agrária será constituída quando estiver definida a área prioritária regional de reforma agrária e terá vigência até a implantação dos respectivos projetos.

§ 2º VETADO.

Seção III
DO ZONEAMENTO E DOS CADASTROS

Art. 43. O Instituto Brasileiro de Reforma Agrária promoverá a realização de estudos para o zoneamento do país em regiões homogêneas do ponto de vista socioeconômico e das características da estrutura agrária, visando a definir:

▸ Dec.-lei nº 1.110, de 9-7-1970, cria o Instituto Nacional de Colonização e Reforma Agrária (INCRA), extingue o Instituto Brasileiro de Reforma Agrária, o Instituto Nacional de Desenvolvimento Agrário e o Grupo Executivo da Reforma Agrária.

I – as regiões críticas que estão exigindo reforma agrária com progressiva eliminação dos minifúndios e dos latifúndios;

II – as regiões em estágio mais avançado de desenvolvimento social e econômico, em que não ocorram tenções nas estruturas demográficas e agrárias;

III – as regiões já economicamente ocupadas em que predomine economia de subsistência e cujos lavradores e pecuaristas careçam de assistência adequada;

IV – as regiões ainda em fase de ocupação econômica, carentes de programa de desbravamento, povoamento e colonização de áreas pioneiras.

§ 1º Para a elaboração do zoneamento e caracterização das áreas prioritárias, serão levados em conta, essencialmente, os seguintes elementos:

a) a posição geográfica das áreas, em relação aos centros econômicos de várias ordens, existentes no país;

b) o grau de intensidade de ocorrência de áreas em imóveis rurais acima de mil hectares e abaixo de cinquenta hectares;

c) o número médio de hectares por pessoa ocupada;

d) as populações rurais, seu incremento anual e a densidade específica da população agrícola;

e) a relação entre o número de proprietários e o número de rendeiros, parceiros e assalariados em cada área.

§ 2º A declaração de áreas prioritárias será feita por decreto do Presidente da República, mencionando:

a) a criação da Delegacia Regional do Instituto Brasileiro de Reforma Agrária com a exata delimitação de sua área de jurisdição;

▸ Dec.-lei nº 1.110, de 9-7-1970, cria o Instituto Nacional de Colonização e Reforma Agrária (INCRA), extingue o Instituto Brasileiro de Reforma Agrária, o Instituto Nacional de Desenvolvimento Agrário e o Grupo Executivo da Reforma Agrária.

b) a duração do período de intervenção governamental na área;

c) os objetivos a alcançar, principalmente o número de unidades familiares e cooperativas a serem criadas;

d) outras medidas destinadas a atender a peculiaridades regionais.

Art. 44. São objetivos dos zoneamentos definidos no artigo anterior:

I – estabelecer as diretrizes da política agrária a ser adotada em cada tipo de região;

II – programar a ação dos órgãos governamentais, para desenvolvimento do setor rural, nas regiões delimitadas como de maior significação econômica e social.

Art. 45. A fim de completar os trabalhos de zoneamento serão elaborados pelo Instituto Brasileiro de Reforma Agrária levantamentos e análises para:

▸ Dec.-lei nº 1.110, de 9-7-1970, cria o Instituto Nacional de Colonização e Reforma Agrária (INCRA), extingue o Instituto Brasileiro de Reforma Agrária, o Instituto Nacional de Desenvolvimento Agrário e o Grupo Executivo da Reforma Agrária.

I – orientar as disponibilidades agropecuárias nas áreas sob o controle do Instituto Brasileiro de Reforma Agrária quanto à melhor destinação econômica das terras, adoção de práticas adequadas segundo as condições ecológicas, capacidade potencial de uso e mercados interno e externo;

II – recuperar, diretamente, mediante projetos especiais, as áreas degradadas em virtude de uso predatório e ausência de medidas de proteção dos recursos naturais renováveis e que se situem em regiões de elevado valor econômico.

Art. 46. O Instituto Brasileiro de Reforma Agrária promoverá levantamentos, com utilização, nos casos indicados, dos meios previstos no Capítulo II do Título I, para a elaboração do cadastro dos imóveis rurais em todo o país, mencionando:

▶ Dec.-lei nº 1.110, de 9-7-1970, cria o Instituto Nacional de Colonização e Reforma Agrária (INCRA), extingue o Instituto Brasileiro de Reforma Agrária, o Instituto Nacional de Desenvolvimento Agrário e o Grupo Executivo da Reforma Agrária.

I – dados para caracterização dos imóveis rurais com indicação:

a) do proprietário e de sua família;

b) dos títulos de domínio, da natureza da posse e da forma de administração;

c) da localização geográfica;

d) da área com descrição das linhas de divisas e nome dos respectivos confrontantes;

e) das dimensões das testadas para vias públicas;

f) do valor das terras, das benfeitorias, dos equipamentos e das instalações existentes discriminadamente;

II – natureza e condições das vias de acesso e respectivas distâncias dos centros demográficos mais próximos com população:

a) até 5.000 habitantes;

b) de mais de 5.000 a 10.000 habitantes;

c) de mais de 10.000 a 20.000 habitantes;

d) de mais de 20.000 a 50.000 habitantes;

e) de mais de 50.000 a 100.000 habitantes;

f) de mais de 100.000 habitantes;

III – condições da exploração e do uso da terra, indicando:

a) as percentagens da superfície total em cerrados, matas, pastagens, glebas de cultivo (especificadamente em exploração e inexplorados) e em áreas inaproveitáveis;

b) os tipos de cultivo e de criação, as formas de proteção e comercialização dos produtos;

c) os sistemas de contrato de trabalho, com discriminação de arrendatários, parceiros e trabalhadores rurais;

d) as práticas conservacionistas empregadas e o grau de mecanização;

e) os volumes e os índices médios relativos à produção obtida;

f) as condições para o beneficiamento dos produtos agropecuários.

§ 1º Nas áreas prioritárias de reforma agrária serão complementadas as fichas cadastrais elaboradas para atender às finalidades fiscais, com dados relativos ao relevo, às pendentes, à drenagem, aos solos e a outras características ecológicas que permitam avaliar a capacidade do uso atual e potencial, e fixar uma classificação das terras para os fins de realização de estudos microeconômicos, visando, essencialmente, à determinação por amostragem para cada zona e forma de exploração:

a) das áreas mínimas ou módulos de propriedade rural determinados de acordo com elementos enumerados neste parágrafo e, mais a força de trabalho do conjunto familiar médio, o nível tecnológico predominante e a renda familiar a ser obtida;

b) dos limites máximos permitidos de áreas dos imóveis rurais, os quais não excederão a seiscentas vezes o módulo médio da propriedade rural nem a seiscentas vezes a área média dos imóveis rurais, na respectiva zona;

c) das dimensões ótimas do imóvel rural do ponto de vista do rendimento econômico;

d) do valor das terras em função das características do imóvel rural, da classificação da capacidade potencial de uso e da vocação agrícola das terras;

e) dos limites mínimos de produtividade agrícola para confronto com os mesmos índices obtidos em cada imóvel nas áreas prioritárias de reforma agrária.

§ 2º Os cadastros serão organizados de acordo com normas e fichas aprovadas pelo Instituto Brasileiro de Reforma Agrária na forma indicada no regulamento, e poderão ser executados centralizadamente pelos órgãos de valorização regional, pelos Estados ou pelos Municípios, caso em que o Instituto Brasileiro de Reforma Agrária lhes prestará assistência técnica e financeira com o objetivo de acelerar sua realização em áreas prioritárias de Reforma Agrária.

▶ Dec.-lei nº 1.110, de 9-7-1970, cria o Instituto Nacional de Colonização e Reforma Agrária (INCRA), extingue o Instituto Brasileiro de Reforma Agrária, o Instituto Nacional de Desenvolvimento Agrário e o Grupo Executivo da Reforma Agrária.

§ 3º Os cadastros terão em vista a possibilidade de garantir a classificação, a identificação e o grupamento dos vários imóveis rurais que pertençam a um único proprietário, ainda que situados em municípios distintos, sendo fornecido ao proprietário o certificado de cadastro na forma indicada na regulamentação desta Lei.

§ 4º Os cadastros serão continuamente atualizados para inclusão das novas propriedades que forem sendo constituídas e, no mínimo, de cinco em cinco anos serão feitas revisões gerais para atualização das fichas já levantadas.

§ 5º Poderão os proprietários requerer a atualização de suas fichas, dentro de um ano da data das modificações substanciais relativas aos respectivos imóveis rurais, desde que comprovadas as alterações, a critério do Instituto Brasileiro de Reforma Agrária.

▶ Dec.-lei nº 1.110, de 9-7-1970, cria o Instituto Nacional de Colonização e Reforma Agrária (INCRA), extingue o Instituto Brasileiro de Reforma Agrária, o Instituto Nacional de Desenvolvimento Agrário e o Grupo Executivo da Reforma Agrária.

§ 6º No caso de imóvel rural em comum por força de herança, as partes ideais, para os fins desta Lei, serão consideradas como se divisão houvesse, devendo ser cadastrada a área que, na partilha, tocaria a cada herdeiro e admitidos os demais dados médios verificados na área total do imóvel rural.

§ 7º O cadastro inscreverá o valor de cada imóvel de acordo com os elementos enumerados neste artigo, com base na declaração do proprietário relativa ao valor da terra nua, quando não impugnado pelo Instituto Brasileiro de Reforma Agrária, ou o valor que resultar da avaliação cadastral.

▶ Dec.-lei nº 1.110, de 9-7-1970, cria o Instituto Nacional de Colonização e Reforma Agrária (INCRA), extingue o Instituto Brasileiro de Reforma Agrária, o Instituto Nacional de Desenvolvimento Agrário e o Grupo Executivo da Reforma Agrária.

TÍTULO III – DA POLÍTICA DE DESENVOLVIMENTO RURAL

CAPÍTULO I
DA TRIBUTAÇÃO DA TERRA

Seção I
CRITÉRIOS BÁSICOS

Art. 47. Para incentivar a política de desenvolvimento rural, o Poder Público se utilizará da tributação progressiva da terra, do Imposto de Renda, da colonização pública e particular, da assistência e proteção à economia rural e ao cooperativismo e, finalmente, da regulamentação do uso e posse temporários da terra, objetivando:

I – desestimular os que exercem o direito de propriedade sem observância da função social e econômica da terra;

II – estimular a racionalização da atividade agropecuária dentro dos princípios de conservação dos recursos naturais renováveis;

III – proporcionar recursos à União, aos Estados e Municípios para financiar os projetos de Reforma Agrária;

IV – aperfeiçoar os sistemas de controle da arrecadação dos impostos.

Seção II
DO IMPOSTO TERRITORIAL RURAL

Art. 48. Observar-se-ão, quanto ao Imposto Territorial Rural, os seguintes princípios:

I – a União poderá atribuir, por convênio, aos Estados e Municípios, o lançamento, tendo por base os levantamentos cadastrais executados e periodicamente atualizados;

II – a União também poderá atribuir, por convênio, aos Municípios, a arrecadação, ficando a eles garantida a utilização da importância arrecadada;

III – quando a arrecadação for atribuída, por convênio, ao Município, à União caberá o controle da cobrança;

▶ Lei nº 11.250, de 27-12-2005, dispõe sobre a celebração de convênios.

IV – as épocas de cobrança deverão ser fixadas em regulamento, de tal forma que, em cada região, se ajustem, o mais possível, aos períodos normais de comercialização da produção;

V – o imposto arrecadado será contabilizado diariamente como depósito à ordem, exclusivamente, do Município, a que pertencer e a ele entregue diretamente pelas repartições arrecadadoras, no último dia útil de cada mês;

VI – o imposto não incidirá sobre sítios de área não excedente a vinte hectares, quando os cultive só ou com sua família, o proprietário que não possua outro imóvel (artigo 29, parágrafo único, da Constituição Federal).

Art. 49. As normas gerais para a fixação do imposto sobre a propriedade territorial rural obedecerão a critérios de progressividade e regressividade, levando-se em conta os seguintes fatores:

I – o valor da terra nua;

II – a área do imóvel rural;

III – o grau de utilização da terra na exploração agrícola, pecuária e florestal;

IV – o grau de eficiência obtido nas diferentes explorações;

V – a área total, no País, do conjunto de imóveis rurais de um mesmo proprietário.

§ 1º Os fatores mencionados neste artigo serão estabelecidos com base nas informações apresentadas pelos proprietários, titulares do domínio útil ou possuidores, a qualquer título, de imóveis rurais, obrigados a prestar declaração para cadastro, nos prazos e segundo normas fixadas na regulamentação desta Lei.

§ 2º O órgão responsável pelo lançamento do imposto poderá efetuar o levantamento e a revisão das declarações prestadas pelos proprietários, titulares do domínio útil ou possuidores, a qualquer título, de imóveis rurais, procedendo-se a verificações *in loco* se necessário.

§ 3º As declarações previstas no parágrafo primeiro serão apresentadas sob inteira responsabilidade dos proprietários, titulares do domínio útil ou possuidores, a qualquer título, de imóvel rural, e, no caso de dolo ou má-fé, os obrigará ao pagamento em dobro dos tributos devidos, além das multas decorrentes e das despesas com as verificações necessárias.

§ 4º Fica facultado ao órgão responsável pelo lançamento, quando houver omissão dos proprietários, titulares do domínio útil ou possuidores, a qualquer título, de imóvel rural, na prestação da declaração para cadastro, proceder ao lançamento do imposto com a utilização de dados indiciários, além da cobrança de multas e despesas necessárias à apuração dos referidos dados.

Art. 50. Para cálculo do imposto, aplicar-se-á sobre o valor da terra nua, constante da declaração para cadastro, e não impugnado pelo órgão competente, ou resultante de avaliação, a alíquota correspondente ao número de módulos fiscais do imóvel, de acordo com a tabela adiante:

NÚMERO DE MÓDULOS FISCAIS	Alíquotas
Até 2	0,2%
Acima de 2 até 3	0,3%
Acima de 3 até 4	0,4%
Acima de 4 até 5	0,5%
Acima de 5 até 6	0,6%
Acima de 6 até 7	0,7%
Acima de 7 até 8	0,8%
Acima de 8 até 9	0,9%
Acima de 9 até 10	1,0%
Acima de 10 até 15	1,2%
Acima de 15 até 20	1,4%
Acima de 20 até 25	1,6%
Acima de 25 até 30	1,8%
Acima de 30 até 35	2,0%
Acima de 35 até 40	2,2%
Acima de 40 até 50	2,4%
Acima de 50 até 60	2,6%
Acima de 60 até 70	2,8%
Acima de 70 até 80	3,0%
Acima de 80 até 90	3,2%
Acima de 90 até 100	3,4%
Acima de 100	3,5%

§ 1º O imposto não incidirá sobre o imóvel rural, ou conjunto de imóveis rurais, de área igual ou inferior a um módulo fiscal, desde que seu proprietário, titular do domínio útil ou possuidor, a qualquer título, o cultive só ou com sua família, admitida a ajuda eventual de terceiros.

§ 2º O módulo fiscal de cada Município, expresso em hectares, será determinado levando-se em conta os seguintes fatores:

a) o tipo de exploração predominante no Município:

I – hortifrutigranjeira;

II – cultura permanente;

III – cultura temporária;

IV – pecuária;

V – florestal;

b) a renda obtida no tipo de exploração predominante;

c) outras explorações existentes no Município que, embora não predominantes, sejam expressivas em função da renda ou da área utilizada;

d) o conceito de "propriedade familiar", definido no item II do artigo 4º desta Lei.

§ 3º O número de módulos fiscais de um imóvel rural será obtido dividindo-se sua área aproveitável total pelo modulo fiscal do Município.

§ 4º Para os efeitos desta Lei; constitui área aproveitável do imóvel rural a que for passível de exploração agrícola, pecuária ou florestal. Não se considera aproveitável:

a) a área ocupada por benfeitoria;

b) a área ocupada por floresta ou mata de efetiva preservação permanente, ou reflorestada com essências nativas;

c) a área comprovadamente imprestável para qualquer exploração agrícola, pecuária ou florestal.

§ 5º O imposto calculado na forma do *caput* deste artigo poderá ser objeto de redução de até 90% (noventa por cento) a título de estímulo fiscal, segundo o grau de utilização econômica do imóvel rural, da forma seguinte:

a) redução de até 45% (quarenta e cinco por cento), pelo grau de utilização da terra, medido pela relação entre a área efetivamente utilizada e a área aproveitável total do imóvel rural;

b) redução de até 45% (quarenta e cinco por cento), pelo grau de eficiência na exploração, medido pela relação entre o rendimento obtido por hectare para cada produto explorado e os correspondentes índices regionais fixados pelo Poder Executivo e multiplicado pelo grau de utilização da terra, referido na alínea *a* deste parágrafo.

§ 6º A redução do imposto de que trata o § 5º deste artigo não se aplicará para o imóvel que, na data do lançamento, não esteja com o imposto de exercícios anteriores devidamente quitado, ressalvadas as hipóteses previstas no artigo 151 do Código Tributário Nacional.

§ 7º O Poder Executivo poderá, mantido o limite máximo de 90% (noventa por cento), alterar a distribuição percentual prevista nas alíneas a e b do § 5º deste artigo, ajustando-a à política agrícola adotada para as diversas regiões do País.

§ 8º Nos casos de intempérie ou calamidade de que resulte frustração de safras ou mesmo destruição de pastos, para o cálculo da redução prevista nas alíneas *a* e *b* do § 5º deste artigo, poderão ser utilizados os dados do período anterior ao da ocorrência, podendo ainda o Ministro da Agricultura fixar as percentagens de redução do imposto que serão utilizadas.

§ 9º Para os imóveis rurais que apresentarem grau de utilização da terra, calculado na forma da alínea *a* § 5º deste artigo, inferior aos limites fixados no § 11, a alíquota a ser aplicada será multiplicada pelos seguintes coeficientes.

a) no primeiro ano: 2,0 (dois);

b) no segundo ano: 3,0 (três);

c) no terceiro ano e seguintes: 4,0 (quatro).

§ 10. Em qualquer hipótese, a aplicação do disposto no § 9º não resultará em alíquotas inferiores a:

a) no primeiro ano: 2% (dois por cento);

b) no segundo ano: 3% (três por cento);

c) no terceiro ano e seguintes: 4% (quatro por cento).

§ 11. Os limites referidos no § 9º são fixados segundo o tamanho do módulo fiscal do Município de localização do imóvel rural, da seguinte forma:

ÁREA DO MÓDULO FISCAL	GRAU DE UTILIZAÇÃO DA TERRA
Até 25 hectares	30%
Acima de 25 hectares até 50 hectares	25%
Acima de 50 hectares até 80 hectares	18%
Acima de 80 hectares	10%

§ 12. Nos casos de projetos agropecuários, a suspensão da aplicação do disposto nos §§ 9º 10 e 11 deste artigo, poderá ser requerida por um período de até 3 (três) anos.

▶ Arts. 49 e 50 com a redação dada pela Lei nº 6.746, de 10-12-1979.

Art. 51. VETADO.

Parágrafo único. VETADO.

Art. 52. *Revogado*. Lei nº 6.746, de 10-12-1979.

SEÇÃO III

DO RENDIMENTO DA EXPLORAÇÃO AGRÍCOLA E PASTORIL E DAS INDÚSTRIAS EXTRATIVAS, VEGETAL E ANIMAL

Art. 53. Na determinação, para efeitos do Imposto de Renda, do rendimento líquido da exploração agrícola ou pastoril, das indústrias extrativas, vegetal e animal, e de transformação de produtos agrícolas e pecuários feita pelo próprio agricultor ou criador, com matéria-prima da propriedade explorada, aplicar-se-á o coeficiente de três por cento sobre o valor referido no inciso I do artigo 49 desta Lei, constante da declaração de bens ou do balanço patrimonial.

§ 1º As construções e benfeitorias serão deduzidas do valor do imposto, sobre elas não recaindo a tributação de que trata este artigo.

§ 2º No caso de não ser possível apurar o valor exato das construções e benfeitorias existentes, será ele arbitrado em trinta por cento do valor da terra nua, conforme declaração para efeito do pagamento do imposto territorial.

§ 3º Igualmente será deduzido o valor do gado, das máquinas agrícolas e das culturas permanentes, sobre ele aplicando-se o coeficiente da um por cento para a determinação da renda tributável.

§ 4º No caso de imóvel rural explorado por arrendatário, o valor anual do arrendamento poderá ser deduzido da importância tributável, calculado nos termos deste artigo e §§ 1º, 2º e 3º. Admitir-se-á essa dedução dentro do limite de cinquenta por cento do respectivo valor, desde que se comuniquem à repartição arrecadadora o nome e endereço do proprietário, e o valor do pagamento que lhe houver sido feito.

§ 5º Poderá também ser deduzida do valor tributável, referido no parágrafo anterior, a importância paga pelo contribuinte no último exercício, a título de Imposto Territorial Rural.

§ 6º Não serão permitidas quaisquer outras deduções do rendimento líquido calculado na forma deste artigo, ressalvado o disposto nos §§ 4º e 5º.

§ 7º Ao proprietário do imóvel rural, total ou parcialmente arrendado, conceder-se-á o direito de excluir o valor dos bens arrendados, desde que declarado e comprovado o valor do arrendamento e identificado o arrendatário.

§ 8º Às pessoas físicas é facultado reajustar o valor dos imóveis rurais em suas declarações de renda e de bens, a partir do exercício financeiro de 1965, independentemente de qualquer comprovação, sem que seja tributável o aumento de patrimônio resultante desse reajustamento. As empresas rurais, organizadas sob a forma de sociedade civil, serão outorgados idênticos benefícios quanto ao registro contábil e ao aumento do ativo líquido.

§ 9º A falta de integralização do capital das empresas rurais, referidas no parágrafo anterior, não impede a correção do ativo, prevista neste artigo. O aumento do ativo líquido e do capital resultante dessa correção não poderá ser aplicado na integralização de ações ou quotas.

§ 10. Os aumentos de capital das pessoas jurídicas resultantes da incorporação, a seu ativo, de ações distribuídas em virtude da correção monetária realizada por empresas rurais, de que sejam acionistas ou sócias nos termos deste artigo, não sofrerão qualquer tributação. Idêntica isenção vigorará relativamente às ações resultantes daquele aumento de capital.

§ 11. Os valores de que tratam os §§ 8º e 10, deste artigo, não poderão ser inferiores ao preço de aquisição do imóvel e das inversões em benfeitorias, atualizadas de acordo com os coeficientes de correção monetária, fixados pelo Conselho Nacional de Economia.

Art. 54. VETADO.

§§ 1º a 5º VETADOS.

CAPÍTULO II

DA COLONIZAÇÃO

SEÇÃO I

DA COLONIZAÇÃO OFICIAL

Art. 55. Na colonização oficial, o Poder Público tomará a iniciativa de recrutar e selecionar pessoas ou famílias, dentro ou fora do território nacional, reunindo-as em núcleos agrícolas ou agroindustriais, podendo encarregar-se de seu transporte, recepção, hospedagem e encaminhamento, até a sua colocação e integração nos respectivos núcleos.

Art. 56. A colonização oficial deverá ser realizada em terras já incorporadas ao Patrimônio Público ou que venham a sê-lo. Ela será efetuada, preferencialmente, nas áreas:

I – ociosas ou de aproveitamento inadequado;

II – próximas a grandes centros urbanos e de mercados de fácil acesso, tendo em vista os problemas de abastecimento;

III – de êxodo, em locais de fácil acesso e comunicação, de acordo com os planos nacionais e regionais de vias de transporte;

IV – de colonização predominantemente estrangeira, tendo em mira facilitar o processo de interculturação;

V – de desbravamento ao longo dos eixos viários, para ampliar a fronteira econômica do país.

Art. 57. Os programas de colonização têm em vista, além dos objetivos especificados no artigo 56:

I – a integração e o progresso social e econômico do parceleiro;

II – o levantamento do nível de vida do trabalhador rural;

III – a conservação dos recursos naturais e a recuperação social e econômica de determinadas áreas;

IV – o aumento da produção e da produtividade no setor primário.

Art. 58. Nas regiões prioritárias definidas pelo zoneamento e na fixação de suas populações em outras regiões, caberão ao Instituto Brasileiro de Reforma Agrária as atividades colonizadoras.

▸ Dec.-lei nº 1.110, de 9-7-1970, cria o Instituto Nacional de Colonização e Reforma Agrária (INCRA), extingue o Instituto Brasileiro de Reforma Agrária, o Instituto Nacional de Desenvolvimento Agrário e o Grupo Executivo da Reforma Agrária.

§ 1º Nas demais regiões, a colonização oficial obedecerá à metodologia observada nos projetos realizados nas áreas prioritárias, e será coordenada pelo Órgão do Ministério da Agricultura referido no artigo 74, e executada por este, pelos Governos Estaduais ou por entidades de valorização regional, mediante convênios.

§ 2º As atribuições referentes à seleção de imigrantes são da competência do Ministério das Relações Exteriores, conforme diretrizes fixadas pelo Ministério da Agricultura, em articulação com o Ministério do Trabalho e Previdência Social, cabendo ao órgão referido no artigo 74 a recepção e o encaminhamento dos imigrantes.

Art. 59. O órgão competente do Ministério da Agricultura referido no artigo 74, poderá criar núcleos de colonização, visando a fins especiais, e deverá igualmente entrar em entendimentos com o Ministério da Guerra para o estabelecimento de colônias, com assistência militar, na fronteira continental.

SEÇÃO II

DA COLONIZAÇÃO PARTICULAR

Art. 60. Para os efeitos desta Lei, consideram-se empresas particulares de colonização as pessoas físicas, nacionais ou estrangeiras, residentes ou domiciliadas no Brasil, ou jurídicas, constituídas e sediadas no País, que tiverem por finalidade executar programa de valorização de área ou distribuição de terras.

▸ *Caput* com a redação dada pela Lei nº 5.709, de 7-10-1971.

§ 1º É dever do Estado estimular, pelos meios enumerados no artigo 73, as iniciativas particulares de colonização.

§ 2º A empresa rural, definida no inciso VI do artigo 4º, desde que incluída em projeto de colonização, deverá permitir a livre participação em seu capital dos respectivos parceleiros.

Art. 61. Os projetos de colonização particular, quanto à metodologia, deverão ser previamente examinados pelo Instituto Brasileiro de Reforma Agrária, que inscreverá a entidade e o respectivo projeto em registro próprio. Tais projetos serão aprovados pelo Ministério da Agricultura, cujo órgão próprio coordenará a respectiva execução.

▸ Art. 17 da Lei nº 5.709, de 7-10-1971, que regula a aquisição de imóvel rural por estrangeiro residente no país ou pessoa jurídica estrangeira autorizada a funcionar no Brasil.

▸ Dec.-lei nº 1.110, de 9-7-1970, cria o Instituto Nacional de Colonização e Reforma Agrária (INCRA), extingue o Instituto Brasileiro de Reforma Agrária, o Instituto Nacional de Desenvolvimento Agrário e o Grupo Executivo da Reforma Agrária.

§ 1º Sem prévio registro da entidade colonizadora e do projeto e sem a aprovação deste, nenhuma parcela poderá ser vendida em programas particulares de colonização.

§ 2º O proprietário de terras próprias para a lavoura ou pecuária, interessados em loteá-las para fins de urbanização ou formação de sítios de recreio, deverá submeter o respectivo projeto à prévia aprovação e fiscalização do órgão competente do Ministério da Agricultura ou do Instituto Brasileiro de Reforma Agrária, conforme o caso.

▸ Dec.-lei nº 1.110, de 9-7-1970, cria o Instituto Nacional de Colonização e Reforma Agrária (INCRA), extingue o Instituto Brasileiro de Reforma Agrária, o Instituto Nacional de Desenvolvimento Agrário e o Grupo Executivo da Reforma Agrária.

§ 3º A fim de possibilitar o cadastro, o controle e a fiscalização dos loteamentos rurais, os Cartórios de Registro de Imóveis são obrigados a comunicar aos órgãos competentes, referidos no parágrafo anterior, os registros efetuados nas respectivas circunscrições, nos termos da legislação em vigor, informando o nome do proprietário, a denominação do imóvel e sua localização, bem como a área, o número de lotes, e a data do registro nos citados órgãos.

§ 4º Nenhum projeto de colonização particular será aprovado para gozar das vantagens desta Lei, se não consignar para a empresa colonizadora as seguintes obrigações mínimas:

a) abertura de estradas de acesso e de penetração à área a ser colonizada;

b) divisão dos lotes e respectivo piqueteamento, obedecendo a divisão, tanto quanto possível, ao critério de acompanhar as vertentes, partindo a sua orientação no sentido do espigão para as águas, de modo a todos os lotes possuírem água própria ou comum;

c) manutenção de uma reserva florestal nos vértices dos espigões e nas nascentes;

d) prestação de assistência médica e técnica aos adquirentes de lotes e aos membros de suas famílias;

e) fomento da produção de uma determinada cultura agrícola já predominante na região ou ecologicamente aconselhada pelos técnicos do Instituto Brasileiro de Reforma Agrária ou do Ministério da Agricultura;

▸ Dec.-lei nº 1.110, de 9-7-1970, cria o Instituto Nacional de Colonização e Reforma Agrária (INCRA), extingue o Instituto Brasileiro de Reforma Agrária, o Instituto Nacional de Desenvolvimento Agrário e o Grupo Executivo da Reforma Agrária.

f) entrega de documentação legalizada e em ordem aos adquirentes de lotes.

§§ 5º a 8º VETADOS.

Art. 62. Os interessados em projetos de colonização destinados à ocupação e valorização econômica da terra, em que predominem o trabalho assalariado ou contratos de arrendamento e parceria, não gozarão dos benefícios previstos nesta Lei.

Seção III

DA ORGANIZAÇÃO DA COLONIZAÇÃO

Art. 63. Para atender aos objetivos da presente Lei e garantir as melhores condições de fixação do homem à terra e seu progresso social e econômico, os programas de colonização serão elaborados prevendo-se os grupamentos de lotes em núcleos de colonização, e destes em distritos, e associação dos parceleiros em cooperativas.

Art. 64. Os lotes de colonização podem ser:

I – parcelas, quando se destinem ao trabalho agrícola do parceleiro e de sua família cuja moradia, quando não for no próprio local, há de ser no centro da comunidade a que elas correspondam;

II – urbanos, quando se destinem a constituir o centro da comunidade, incluindo as residências dos trabalhadores dos vários serviços implantados no núcleo ou distritos, eventualmente às dos próprios parceleiros, e as instalações necessárias à localização dos serviços administrativos assistenciais, bem como das atividades cooperativas, comerciais, artesanais e industriais.

§ 1º Sempre que o órgão competente do Ministério da Agricultura ou o Instituto Brasileiro de Reforma Agrária não manifestarem, dentro de noventa dias da consulta, a preferência a que terão direito, os lotes de colonização poderão ser alienados:

▸ Dec.-lei nº 1.110, de 9-7-1970, cria o Instituto Nacional de Colonização e Reforma Agrária (INCRA), extingue o Instituto Brasileiro de Reforma Agrária, o Instituto Nacional de Desenvolvimento Agrário e o Grupo Executivo da Reforma Agrária.

a) a pessoas que se enquadrem nas condições e ordem de preferência, previstas no artigo 25; ou

b) livremente, após cinco anos, contados da data de sua transcrição.

§ 2º No caso em que o adquirente ou seu sucessor venha a desistir da exploração direta, os imóveis rurais, vendidos nos termos desta Lei, reverterão ao patrimônio do alienante, podendo o regulamento prever as condições em que se dará essa reversão, resguardada a restituição da quantia já paga pelo adquirente, com a correção monetária de acordo com os índices do Conselho Nacional de Economia, apurados entre a data do pagamento e da restituição, se tal cláusula constar do contrato de venda respectivo.

§ 3º Se os adquirentes mantiverem inexploradas áreas suscetíveis de aproveitamento, desde que à sua disposição existam condições objetivas para explorá-las, perderão o direito a essas áreas, que reverterão ao patrimônio do alienante, com a simples devolução das despesas feitas.

§ 4º Na regulamentação das matérias de que trata este capítulo, com a observância das primazias já codificadas, se estipularão:

a) as exigências quanto aos títulos de domínio e à demarcação de divisas;

b) os critérios para fixação das áreas-limites de parcelas, lotes urbanos e glebas de uso comum, bem como dos preços, condições de financiamento e pagamento;

c) o sistema de seleção dos parceleiros e artesãos;

d) as limitações para distribuição, desmembramentos, alienação e transmissão dos lotes;

e) as sanções pelo inadimplemento das cláusulas contratuais;

f) os serviços que devam ser assegurados aos promitentes compradores, bem como os encargos e isenções tributárias que, nos termos da lei, lhes sejam conferidos.

Art. 65. O imóvel rural não é divisível em áreas de dimensão inferior à constitutiva do módulo de propriedade rural.

▸ Decretos nºs 62.504, de 8-4-1968, e 63.058, de 30-7-1968, regulamentam este artigo.

§ 1º Em caso de sucessão causa mortis e nas partilhas judiciais ou amigáveis, não se poderão dividir imóveis em áreas inferiores às da dimensão do módulo de propriedade rural.

§ 2º Os herdeiros ou os legatários, que adquirirem por sucessão o domínio de imóveis rurais, não poderão dividi-los em outros de dimensão inferior ao módulo de propriedade rural.

§ 3º No caso de um ou mais herdeiros ou legatários desejar explorar as terras assim havidas, o Instituto Brasileiro de Reforma Agrária poderá prover no sentido de o requerente ou requerentes obterem financiamentos que lhes facultem o numerário para indenizar os demais condôminos.

▸ Dec.-lei nº 1.110, de 9-7-1970, cria o Instituto Nacional de Colonização e Reforma Agrária (INCRA), extingue o Instituto Brasileiro de Reforma Agrária, o Instituto Nacional de Desenvolvimento Agrário e o Grupo Executivo da Reforma Agrária.

§ 4º O financiamento referido no parágrafo anterior só poderá ser concedido mediante prova de que o requerente não possui recursos para adquirir o respectivo lote.

§ 5º Não se aplica o disposto no *caput* deste artigo aos parcelamentos de imóveis rurais em dimensão inferior à do módulo, fixada pelo órgão fundiário federal, quando promovidos pelo Poder Público, em programas oficiais de apoio à atividade agrícola familiar, cujos beneficiários sejam agricultores que não possuam outro imóvel rural ou urbano.

§ 6º Nenhum imóvel rural adquirido na forma do § 5º deste artigo poderá ser desmembrado ou dividido.

▸ §§ 5º e 6º acrescidos pela Lei nº 11.446, de 5-1-2007.

Art. 66. Os compradores e promitentes compradores de parcelas resultantes de colonização oficial ou particular, ficam isentos do pagamento dos tributos federais que incidam diretamente sobre o imóvel durante o período de cinco anos, a contar da data da compra ou compromisso.

Parágrafo único. O órgão competente firmará convênios com o fim de obter, para os compradores e promitentes compradores, idênticas isenções de tributos estaduais e municipais.

Art. 67. O Núcleo de Colonização, como unidade básica, caracteriza-se por um conjunto de parcelas integradas por uma sede administrativa e serviços comunitários.

Parágrafo único. O número de parcelas de um núcleo será condicionado essencialmente pela possibilidade de conhecimento mútuo entre os parceleiros e de sua identificação pelo administrador, em função das dimensões adequadas a cada região.

Art. 68. A emancipação do núcleo ocorrerá quando este tiver condições de vida autônoma, e será declarada por ato do órgão competente, observados os preceitos legais e regulamentares.

Art. 69. O custo operacional do núcleo de colonização será progressivamente transferido aos proprietários das parcelas, através de cooperativas ou outras entidades que os congreguem. O prazo para essa transferência, nunca superior a cinco anos, contar-se-á:

a) a partir de sua emancipação;

b) desde quando a maioria dos parceleiros já tenha recebido os títulos definitivos, embora o núcleo não tenha adquirido condições de vida autônoma.

Art. 70. O Distrito de Colonização caracteriza-se como unidade constituída por três ou mais núcleos interligados, subordinados a uma única chefia, integrado por serviços gerais administrativos e comunitários.

Art. 71. Nos casos de regiões muito afastadas dos centros urbanos e dos mercados consumidores, só se permitirá a organização de Distrito de Colonização.

Art. 72. A regulamentação deste capítulo estabelecerá, para os projetos de colonização que venham a gozar dos benefícios desta Lei:

a) a forma de administração, a composição, a área de jurisdição e os critérios de vinculação, desmembramento e incorporação dos núcleos aos Distritos de Colonização;

b) os serviços gerais administrativos e comunitários indispensáveis para a implantação de núcleos e Distrito de Colonizações;

c) os serviços complementares de assistência educacional, sanitária, social, técnica e creditícia;

d) os serviços de produção, de beneficiamento e de industrialização e de eletrificação rural, de comercialização e transportes;

e) os serviços de planejamento e execução de obras que, em cada caso, sejam aconselháveis e devam ser considerados para a eficácia dos programas.

CAPÍTULO III

DA ASSISTÊNCIA E PROTEÇÃO À ECONOMIA RURAL

Art. 73. Dentro das diretrizes fixadas para a política de desenvolvimento rural, com o fim de prestar assistência social, técnica e fomentista e de estimular a produção agropecuária, de forma a que ela atenda não só ao consumo nacional, mas também à possibilidade de obtenção de excedentes exportáveis, serão mobilizados, entre outros, os seguintes meios:

I – assistência técnica;

II – produção e distribuição de sementes e mudas;
III – criação, venda e distribuição de reprodutores e uso da inseminação artificial;
IV – mecanização agrícola;
V – cooperativismo;
VI – assistência financeira e creditícia; (Vide Lei nº 13.001, de 2014)
VII – assistência à comercialização;
VIII – industrialização e beneficiamento dos produtos;
IX – eletrificação rural e obras de infraestrutura;
X – seguro agrícola;
XI – educação, através de estabelecimentos agrícolas de orientação profissional;
XII – garantia de preços mínimos à produção agrícola.

§ 1º Todos os meios enumerados neste artigo serão utilizados para dar plena capacitação ao agricultor e sua família e visam, especialmente, ao preparo educacional, à formação empresarial e técnico-profissional:

a) garantindo sua integração social e ativa participação no processo de desenvolvimento rural;
b) estabelecendo, no meio rural, clima de cooperação entre o homem e o Estado, no aproveitamento da terra.

§ 2º No que tange aos campos de ação dos órgãos incumbidos de orientar, normalizar ou executar a política de desenvolvimento rural, através dos meios enumerados neste artigo, observar-se-á o seguinte:

a) nas áreas abrangidas pelas regiões prioritárias e incluídas nos planos nacional e regionais de Reforma Agrária, a atuação competirá sempre ao Instituto Brasileiro de Reforma Agrária;

► Dec.-lei nº 1.110, de 9-7-1970, cria o Instituto Nacional de Colonização e Reforma Agrária (INCRA), extingue o Instituto Brasileiro de Reforma Agrária, o Instituto Nacional de Desenvolvimento Agrário e o Grupo Executivo da Reforma Agrária.

b) nas demais áreas do país, esses meios de assistência e proteção serão utilizados sob coordenação do Ministério da Agricultura; no âmbito de atuação dos órgãos federais, pelas repartições e entidades subordinadas ou vinculadas àquele Ministério; nas áreas de jurisdição dos Estados, pelas respectivas Secretarias de Agricultura e entidades de economia mista, criadas e adequadamente organizadas com a finalidade de promover o desenvolvimento rural;
c) nas regiões em que atuem órgãos de valorização econômica, tais como a Superintendência do Desenvolvimento Econômico do Nordeste (SUDENE), a Superintendência do Plano de Valorização Econômica da Amazônia (SPVEA), a Comissão do Vale do São Francisco (CVSF), a Fundação Brasil Central (FBC), a Superintendência do Plano de Valorização Econômica da Região Fronteira Sudoeste do País (SUDOESTE), a utilização desses meios poderá ser, no todo ou em parte, exercida Por esses órgãos.

§ 3º Os projetos de Reforma Agrária receberão assistência integral, assim compreendido o emprego de todos os meios enumerados neste artigo, ficando a cargo dos organismos criados pela presente Lei e daqueles já existentes, sob coordenação do Instituto Brasileiro de Reforma Agrária.

► Dec.-lei nº 1.110, de 9-7-1970, cria o Instituto Nacional de Colonização e Reforma Agrária (INCRA), extingue o Instituto Brasileiro de Reforma Agrária, o Instituto Nacional de Desenvolvimento Agrário e o Grupo Executivo da Reforma Agrária.

§ 4º Nas regiões prioritárias de Reforma Agrária, será essa assistência prestada, também, pelo Instituto Brasileiro de Reforma Agrária, em colaboração com os órgãos estaduais pertinentes, aos proprietários rurais aí existentes, desde que se constituam em cooperativas, requeiram os benefícios aqui mencionados e se comprometam a observar as normas estabelecidas.

► Dec.-lei nº 1.110, de 9-7-1970, cria o Instituto Nacional de Colonização e Reforma Agrária (INCRA), extingue o Instituto Brasileiro de Reforma Agrária, o Instituto Nacional de Desenvolvimento Agrário e o Grupo Executivo da Reforma Agrária.

Art. 74. É criado, para atender às atividades atribuídas por esta Lei ao Ministério da Agricultura, o Instituto Nacional do Desenvolvimento Agrário (INDA), entidade autárquica vinculada ao mesmo Ministério, com personalidade jurídica e autonomia financeira, de acordo com o prescrito nos dispositivos seguintes:

I – o Instituto Nacional do Desenvolvimento Agrário tem por finalidade promover o desenvolvimento rural nos setores da colonização, da extensão rural e do cooperativismo;
II – o Instituto Nacional do Desenvolvimento Agrário terá os recursos e o patrimônio definidos na presente Lei;
III – o Instituto Nacional do Desenvolvimento Agrário será dirigido por um Presidente e um Conselho Diretor, composto de três membros, de nomeação do Presidente da República, mediante indicação do Ministro da Agricultura;
IV – Presidente do Instituto Nacional do Desenvolvimento Agrário integrará a Comissão de Planejamento da Política Agrícola;
V – além das atribuições que esta Lei lhe confere, cabe ao Instituto Nacional do Desenvolvimento Agrário:

a) VETADO;
b) planejar, programar, orientar, promover e fiscalizar as atividades relativas ao cooperativismo e associativismo rural;
c) colaborar em programas de colonização e de recolonização;
d) planejar, programar, promover e controlar as atividades relativas à extensão rural e cooperar com outros órgãos ou entidades que a executem;
e) planejar, programar e promover medidas visando à implantação e desenvolvimento da eletrificação rural;
f) proceder à avaliação do desenvolvimento das atividades de extensão rural. VETADO;
g) realizar estudos e pesquisas sobre a organização rural e propor as medidas deles decorrentes;
h) VETADO;
i) atuar, em colaboração com os órgãos do Ministério do Trabalho incumbidos da sindicalização rural visando a harmonizar as atribuições legais com os propósitos sociais, econômicos e técnicos da agricultura;
j) estabelecer normas, proceder ao registro e promover a fiscalização do funcionamento das cooperativas e de outras entidades de associativismo rural;
k) planejar e promover a aquisição e revenda de materiais agropecuários, reprodutores, sementes e mudas;
l) controlar os estoques e as operações financeiras de revenda;
m) centralizar a movimentação de recursos financeiros destinados à aquisição e revenda de materiais agropecuários, de acordo com o plano geral aprovado pela Comissão de Planejamento da Política Agrícola;
n) exercer as atribuições de que trata o artigo 88, desta Lei, no âmbito federal;
o) desempenhar as atribuições constantes do artigo 162 da Constituição Federal, observado o disposto no § 2º do artigo 58, desta Lei, coordenadas as suas atividades com as do Banco Nacional de Crédito Cooperativo;
p) firmar convênios com os Estados, Municípios e entidades privadas para execução dos programas de desenvolvimento rural nos setores da colonização, extensão rural, cooperativismo e demais atividades de sua atribuição;

VI – a organização do Instituto Nacional do Desenvolvimento Agrário e de seus sistemas de funcionamento será estabelecida em regulamento, com competência idêntica à fixada para o Instituto Brasileiro de Reforma Agrária, no artigo 104 e seus parágrafos.

► Dec.-lei nº 1.110, de 9-7-1970, cria o Instituto Nacional de Colonização e Reforma Agrária (INCRA), extingue o Instituto Brasileiro de Reforma Agrária, o Instituto Nacional de Desenvolvimento Agrário e o Grupo Executivo da Reforma Agrária.

Seção I
DA ASSISTÊNCIA TÉCNICA

Art. 75. A assistência técnica, nas modalidades e com os objetivos definidos nos parágrafos seguintes, será prestada por todos os órgãos referidos no artigo 73, § 2º, alíneas *a*, *b* e *c*.

§ 1º Nas áreas dos projetos de reforma agrária, a prestação de assistência técnica será feita através do Administrador do Projeto, dos agentes de extensão rural e das equipes de especialistas. O Administrador residirá obrigatoriamente, na área do projeto. Os agentes de extensão rural e as equipes de especialistas atuarão ao nível da Delegacia Regional do Instituto Brasileiro de Reforma Agrária e deverão residir na sua área de jurisdição, e durante a fase da implantação, se necessário, na própria área do projeto.

► Dec.-lei nº 1.110, de 9-7-1970, cria o Instituto Nacional de Colonização e Reforma Agrária (INCRA), extingue o Instituto Brasileiro de Reforma Agrária, o Instituto Nacional de Desenvolvimento Agrário e o Grupo Executivo da Reforma Agrária.

§ 2º Nas demais áreas, fora das regiões prioritárias, este tipo de assistência técnica será prestado na forma indicada no artigo 73, parágrafo 2º, alínea *b*.

§ 3º Os estabelecimentos rurais isolados continuarão a ser atendidos pelos órgãos de assistência técnica do Ministério da Agricultura e das Secretarias Estaduais, na forma atual ou através de técnicos e sistemas que vierem a ser adotados por aqueles organismos.

§ 4º As atividades de assistência técnica tanto nas áreas prioritárias de Reforma Agrária como nas previstas no § 3º deste artigo, terão, entre outros, os seguintes objetivos:

a) a planificação de empreendimentos e atividades agrícolas;

b) a elevação do nível sanitário, através de serviços próprios de saúde e saneamento rural, melhoria de habitação e de capacitação de lavradores e criadores, bem como de suas famílias;

c) a criação do espírito empresarial e a formação adequada em economia doméstica, indispensável à gerência dos pequenos estabelecimentos rurais e à administração da própria vida familiar;

d) a transmissão de conhecimentos e acesso a meios técnicos concernentes a métodos e práticas agropecuárias e extrativas, visando a escolha econômica das culturas e criações, a racional implantação e desenvolvimento, e ao emprego de medidas de defesa sanitária, vegetal e animal;

e) o auxílio e a assistência para o uso racional do solo, a execução de planos de reflorestamento, a obtenção de crédito e financiamento, a defesa e preservação dos recursos naturais;

f) a promoção, entre os agricultores, do espírito de liderança e de associativismo.

Seção II

DA PRODUÇÃO E DISTRIBUIÇÃO DE SEMENTES E MUDAS

Art. 76. Os órgãos referidos no artigo 73, § 2º, alínea *b*, deverão expandir suas atividades no setor de produção e distribuição e de material de plantio, inclusive o básico, de modo a atender tanto aos parceleiros como aos agricultores em geral.

Parágrafo único. A produção e distribuição de sementes e mudas, inclusive de novas variedades, poderão também ser feitas por organizações particulares, dentro do sistema de certificação de material de plantio, sob a fiscalização, controle e amparo do Poder Público.

Seção III

DA CRIAÇÃO, VENDA, DISTRIBUIÇÃO DE REPRODUTORES E USO DA INSEMINAÇÃO ARTIFICIAL

Art. 77. A melhoria dos rebanhos e plantéis será feita através de criação, venda de reprodutores e uso da inseminação artificial, devendo os órgãos referidos no artigo 73, § 2º, alínea *b*, ampliar para esse fim, a sua rede de postos especializados.

Parágrafo único. A criação de reprodutores e o emprego da inseminação artificial poderão ser feitos por entidades privadas, sob fiscalização, controle e amparo do Poder Público.

Seção IV

DA MECANIZAÇÃO AGRÍCOLA

Art. 78. Os planos de mecanização agrícola, elaborados pelos órgãos referidos no artigo 73, § 2º, alínea *b*, levarão em conta o mercado de mão-de-obra regional, as necessidades de preparação e capacitação de pessoal, para utilização e manutenção de maquinaria.

§ 1º Esses planos serão dimensionados em função do grau de produtividade que se pretende alcançar em cada uma das áreas geoeconômica do país, e deverão ser condicionados ao nível tecnológico já existente e à composição da força de trabalho ocorrente.

§ 2º Nos mesmos planos poderão ser incluídos serviços adequados de manutenção e de orientação técnica para o uso econômico das máquinas e implementos, os quais, sempre que possível deverão ser realizados por entidades privadas especializadas.

Seção V

DO COOPERATIVISMO

Art. 79. A Cooperativa Integral de Reforma Agrária (CIRA) contará com a contribuição financeira do Poder Público, através do Instituto Brasileiro de Reforma Agrária, durante o período de implantação dos respectivos projetos.

▸ Dec.-lei nº 1.110, de 9-7-1970, cria o Instituto Nacional de Colonização e Reforma Agrária (INCRA), extingue o Instituto Brasileiro de Reforma Agrária, o Instituto Nacional de Desenvolvimento Agrário e o Grupo Executivo da Reforma Agrária.

§ 1º A contribuição financeira referida neste artigo será feita de acordo com o vulto do empreendimento, a possibilidade de obtenção de crédito, empréstimo ou financiamento externo e outras facilidades.

§ 2º A Cooperativa Integral de Reforma Agrária terá um Delegado indicado pelo Instituto Brasileiro de Reforma Agrária, integrante do Conselho de Administração, sem direito a voto, com a função de prestar assistência técnico-administrativa à Diretoria e de orientar e fiscalizar a aplicação de recursos que o Instituto Brasileiro de Reforma Agrária tiver destinado à entidade cooperativa.

§ 3º Às cooperativas assim constituídas será permitida a contratação de gerentes não-cooperados na forma de lei.

§ 4º A participação direta do Instituto Brasileiro de Reforma Agrária na constituição, instalação e desenvolvimento da Cooperativa Integral de Reforma Agrária, quando constituir contribuição financeira, será feita com recursos do Fundo Nacional de Reforma Agrária, na forma de investimentos sem recuperação direta, considerada a finalidade social e econômica desses investimentos. Quando se tratar de assistência creditícia, tal participação será feita por intermédio do Banco Nacional de Crédito Cooperativo, de acordo com normas traçadas pela entidade coordenadora do crédito rural.

§ 5º A Contribuição do Estado será feita pela Cooperativa Integral de Reforma Agrária, levada à conta de um Fundo de Implantação da própria cooperativa.

§ 6º Quando o empreendimento resultante do projeto de Reforma Agrária tiver condições de vida autônoma, sua emancipação será declarada pelo Instituto Brasileiro de Reforma Agrária, cessando as funções do Delegado de que trata o § 2º deste artigo e incorporando-se ao patrimônio da cooperativa o Fundo requerido no parágrafo anterior.

§ 7º O Estatuto da Cooperativa integral de Reforma Agrária deverá determinar a incorporação ao Banco Nacional de Crédito Cooperativo do remanescente patrimonial, no caso de dissolução da sociedade.

§ 8º Além da sua designação qualitativa, a Cooperativa Integral de Reforma Agrária adotará a denominação que o respectivo Estatuto estabelecer.

§ 9º As cooperativas já existentes nas áreas prioritárias poderão transformar-se em Cooperativas Integradas de Reforma Agrária, a critério do Instituto Brasileiro de Reforma Agrária.

§ 10. O disposto nesta seção aplica-se, no que couber, às demais cooperativas, inclusive às destinadas a atividades extrativas.

Art. 80. O órgão referido no artigo 74 deverá promover a expansão do sistema cooperativista, prestando, quando necessário, assistência técnica, financeira e comercial às cooperativas visando à capacidade e ao treinamento dos cooperados para garantir a implantação dos serviços administrativos, técnicos, comerciais e industriais.

Seção VI

DA ASSISTÊNCIA FINANCEIRA E CREDITÍCIA

Art. 81. Para aquisição de terra destinada a seu trabalho e de sua família, o trabalhador rural terá direito a um empréstimo correspondente ao valor do salário mínimo anual da região, pelo Fundo Nacional de Reforma Agrária, prazo de vinte anos, ao juro de seis por cento ao ano.

▸ Dec. nº 59.428, de 27-10-1966, regulamenta este artigo.

Parágrafo único. Poderão acumular o empréstimo de que trata este artigo, dois ou mais trabalhadores rurais que se entenderem para aquisição de propriedade de área superior à que estabelece o número 2 do artigo 4º, desta Lei, sob a administração comum ou em forma de cooperativa.

Art. 82. Nas áreas prioritárias de Reforma Agrária, a assistência creditícia aos parceleiros e demais cooperados será prestada, preferencialmente, através das cooperativas.

▸ Dec. nº 59.428, de 27-10-1966, regulamenta este artigo.

Parágrafo único. Nas demais regiões, sempre que possível, far-se-á o mesmo com referência aos pequenos e médios proprietários.

Art. 83. O Instituto Brasileiro de Reforma Agrária, em colaboração com o Ministério da Agricultura, a Superintendência da Moeda e do Crédito (SUMOC) e a Coordenação Nacional do Crédito Rural, promoverá as medidas legais necessárias para a institucionalização do crédito rural, tecnificado.

▸ Dec. nº 59.428, de 27-10-1966, regulamenta este artigo.

▸ Dec.-lei nº 1.110, de 9-7-1970, cria o Instituto Nacional de Colonização e Reforma Agrária (INCRA), extingue o Instituto Brasileiro de Reforma Agrária, o Instituto Nacional de Desenvolvimento Agrário e o Grupo Executivo da Reforma Agrária.

§ 1º A Coordenação Nacional do Crédito Rural fixará as normas do contrato padrão de financiamento que permita assegurar proteção ao agricultor, desde a fase do preparo da terra, até a venda de suas safras, ou entrega das mesmas à cooperativa para comercialização ou industrialização.

§ 2º O mesmo organismo deverá prover à forma de desconto de títulos oriundos de operações de financiamento a agricultores ou de venda de produtos, máquinas, implementos e utilidades agrícolas necessários ao custeio de safras, construção de benfeitorias e melhoramentos fundiários.

§ 3º A Superintendência da Moeda e do Crédito poderá determinar que dos depósitos compulsórios dos Bancos particulares, à sua ordem, sejam deduzidas as quantias a serem utilizadas em operações de crédito rural, na forma por ela regulamentada.

Seção VII

DA ASSISTÊNCIA À COMERCIALIZAÇÃO

Art. 84. Os planos de armazenamento e proteção dos produtos agropecuários levarão em conta o zoneamento de que trata o artigo 43, a fim de condicionar aos objetivos desta Lei, as atividades da Superintendência Nacional de Abastecimento (SUNAB) e de outros órgãos federais e estaduais com atividades que objetivem o desenvolvimento rural.

§ 1º Os órgãos referidos neste artigo, se necessário, deverão instalar em convênio com o Instituto Brasileiro de Reforma Agrária, armazéns, silos, frigoríficos, postos ou agências de compra, visando a dar segurança à produção agrícola.

- Dec.-lei nº 1.110, de 9-7-1970, cria o Instituto Nacional de Colonização e Reforma Agrária (INCRA), extingue o Instituto Brasileiro de Reforma Agrária, o Instituto Nacional de Desenvolvimento Agrário e o Grupo Executivo da Reforma Agrária.

§ 2º Os planos deverão também levar em conta a classificação dos produtos e o adequado e oportuno escoamento das safras.

Art. 85. A fixação dos preços mínimos, de acordo com a essencialidade dos produtos agropecuários, visando aos mercados interno e externo, deverá ser feita, no mínimo, sessenta dias antes da época do plantio em cada região e reajustados, na época da venda, de acordo com os índices de correção fixados pelo Conselho Nacional de Economia.

§ 1º Para fixação do preço mínimo se tomará por base o custo efetivo da produção, acrescido das despesas de transporte para o mercado mais próximo e da margem de lucro do produtor, que não poderá ser inferior a trinta por cento.

§ 2º As despesas do armazenamento, expurgo, conservação e embalagem dos produtos agrícolas correrão por conta do órgão executor da política de garantia de preços mínimos, não sendo dedutíveis do total a ser pago ao produtor.

Art. 86. Os órgãos referidos no artigo 73, § 2º, alínea *b*, deverão, se necessário e quando a rede comercial se mostrar insuficiente, promover a expansão desta ou expandir seus postos de revenda para atender aos interesses de lavradores e de criadores na obtenção de mercadorias e utilidades necessárias às suas atividades rurais, de forma oportuna e econômica, visando à melhoria da produção e ao aumento da produtividade, através, entre outros, de serviços locais, para distribuição de produção própria ou revenda de:

I – tratores, implementos agrícolas, conjuntos de irrigação e perfuração de poços, aparelhos e utensílios para pequenas indústrias de beneficiamento da produção;

II – arames, herbicidas, inseticidas, fungicidas, rações, misturas, soros, vacinas e medicamentos para animais;

III – corretivo de solo, fertilizantes e adubos, sementes e mudas.

Seção VIII

DA INDUSTRIALIZAÇÃO E BENEFICIAMENTO DOS PRODUTOS AGRÍCOLAS

Art. 87. Nas áreas prioritárias da Reforma Agrária, a industrialização e o beneficiamento dos produtos agrícolas serão promovidos pelas Cooperativas Integrais de Reforma Agrária.

Art. 88. O Poder Público, através dos órgãos referidos no artigo 73, § 2º, alínea *b*, exercerá atividades de orientação, planificação, execução e controle, com o objetivo de promover o incentivo da industrialização, do beneficiamento dos produtos agropecuários e dos meios indispensáveis ao aumento da produção e da produtividade agrícola, especialmente os referidos no artigo 86.

Parágrafo único. VETADO.

Seção IX

DA ELETRIFICAÇÃO RURAL E OBRAS DE INFRAESTRUTURA

Art. 89. Os planos nacional e regional de Reforma Agrária incluirão, obrigatoriamente, as providências de valorização, relativas a eletrificação rural e outras obras de melhoria de infraestrutura, tais como reflorestamento, regularização dos deflúvios dos cursos d'água, açudagem, barragens submersas, drenagem, irrigação, abertura de poços, saneamento, obras de conservação do solo, além do sistema viário indispensável à realização do projeto.

Art. 90. Os órgão públicos federais ou estaduais referidos no artigo 73, § 2º, alíneas a, b e c, bem como o Banco Nacional de Crédito Cooperativo, na medida de suas disponibilidades técnicas e financeiras, promoverão a difusão das atividades de reflorestamento e de eletrificação rural, estas essencialmente através de cooperativas de eletrificação e industrialização rural, organizadas pelos lavradores e pecuaristas da região.

§ 1º Os mesmos órgãos especialmente as entidades de economia mista destinadas a promover o desenvolvimento rural, deverão manter serviços para atender à orientação, planificação, execução e fiscalização das obras de melhoria e outras de infraestrutura, referidas neste artigo.

§ 2º Os consumidores rurais de energia elétrica distribuída através de cooperativa de eletrificação e industrialização rural ficarão isentos do respectivo empréstimo compulsório.

§ 3º Os projetos de eletrificação rural feitos pelas cooperativas rurais terão prioridade nos financiamentos e poderão receber auxílio do Governo federal, estadual e municipal.

Seção X

DO SEGURO AGRÍCOLA

Art. 91. A Companhia Nacional de Seguro Agrícola (CNSA), em convênio com o Instituto Brasileiro de Reforma Agrária, atuará nas áreas do projeto de Reforma Agrária, garantindo culturas, safras, colheitas, rebanhos e plantéis.

- Dec. nº 59.428, de 27-10-1966, regulamenta este artigo.
- Dec.-lei nº 1.110, de 9-7-1970, cria o Instituto Nacional de Colonização e Reforma Agrária (INCRA), extingue o Instituto Brasileiro de Reforma Agrária, o Instituto Nacional de Desenvolvimento Agrário e o Grupo Executivo da Reforma Agrária.

§ 1º O estabelecimento das tabelas dos prêmios de seguro para os vários tipos de atividade agropecuária nas diversas regiões do pais será feito tendo-se em vista a necessidade de sua aplicação, não somente nas áreas prioritárias de Reforma Agrária, como também nas outras regiões selecionadas pela Companhia Nacional de Seguro Agrícola, nas quais a produção agropecuária represente fator essencial de desenvolvimento.

§ 2º Os contratos de financiamento e empréstimo e os contratos agropecuários, de qualquer natureza, realizados através dos órgãos oficiais de crédito, deverão ser segurados na Companhia Nacional de Seguro Agrícola.

CAPÍTULO IV
DO USO OU DA POSSE TEMPORÁRIA DA TERRA

Seção I

DAS NORMAS GERAIS

Art. 92. A posse ou uso temporário da terra serão exercidos em virtude de contrato expresso ou tácito, estabelecido entre o proprietário e os que nela exercem atividade agrícola ou pecuária, sob forma de arrendamento rural, de parceria agrícola, pecuária, agroindustrial e extrativa, nos termos desta Lei.

§ 1º O proprietário garantirá ao arrendatário ou parceiro o uso e gozo do imóvel arrendado ou cedido em parceria.

§ 2º Os preços de arrendamento e de parceria fixados em contrato ... VETADO ... serão reajustados periodicamente, de acordo com os índices aprovados pelo Conselho Nacional de Economia. Nos casos em que ocorra exploração de produtos com preço oficialmente fixado, a relação entre os preços reajustados e os iniciais não pode ultrapassar a relação entre o novo preço fixado para os produtos e o respectivo preço na época do contrato, obedecidas as normas do Regulamento desta Lei.

§ 3º No caso de alienação do imóvel arrendado, o arrendatário terá preferência para adquiri-lo em igualdade de condições, devendo o proprietário dar-lhe conhecimento da venda, a fim de que possa exercitar o direito de perempção dentro de trinta dias, a contar da notificação judicial ou comprovadamente efetuada, mediante recibo.

§ 4º O arrendatário a quem não se notificar a venda poderá, depositando o preço, haver para si o imóvel arrendado, se o requerer no prazo de seis meses, a contar da transcrição do ato de alienação no Registro de Imóveis.

§ 5º A alienação ou a imposição de ônus real ao imóvel não interrompe a vigência dos contratos de arrendamento ou de parceria ficando o adquirente sub-rogado nos direitos e obrigações do alienante.

§ 6º O inadimplemento das obrigações assumidas por qualquer das partes dará lugar, facultativamente, à rescisão do contrato de arrendamento ou de parceria. observado o disposto em lei.

§ 7º Qualquer simulação ou fraude do proprietário nos contratos de arrendamento ou de parceria, em que o preço seja satisfeito em produtos agrícolas, dará ao arrendatário ou ao parceiro o direito de pagar pelas taxas mínimas vigorantes na região para cada tipo de contrato.

§ 8º Para prova dos contratos previstos neste artigo, será permitida a produção de testemunhas. A ausência de contrato não poderá elidir a aplicação dos princípios estabelecidos neste Capítulo e nas normas regulamentares.

§ 9º Para solução dos casos omissos na presente Lei, prevalecerá o disposto no Código Civil.

Art. 93. Ao proprietário é vedado exigir do arrendatário ou do parceiro:

I – prestação de serviço gratuito;

II – exclusividade da venda da colheita;
III – obrigatoriedade do beneficiamento da produção em seu estabelecimento;
IV – obrigatoriedade da aquisição de gêneros e utilidades em seus armazéns ou barracões;
V – aceitação de pagamento em "ordens", "vales", "borós" ou outras formas regionais substitutivas da moeda.

Parágrafo único. Ao proprietário que houver financiado o arrendatário ou parceiro, por inexistência de financiamento direto, será facultado exigir a venda da colheita até o limite do financiamento concedido, observados os níveis de preços do mercado local.

Art. 94. É vedado contrato de arrendamento ou parceria na exploração de terras de propriedade pública, ressalvado o disposto no parágrafo único deste artigo.

Parágrafo único. Excepcionalmente, poderão ser arrendadas ou dadas em parceria terras de propriedade púbica, quando:

a) razões de segurança nacional o determinarem;
b) áreas de núcleos de colonização pioneira, na sua fase de implantação, forem organizadas para fins de demonstração;
c) forem motivo de posse pacífica e a justo título, reconhecida pelo Poder Público, antes da vigência desta Lei.

Seção II
DO ARRENDAMENTO RURAL

Art. 95. Quanto ao arrendamento rural, observar-se-ão os seguintes princípios:

I – os prazos de arrendamento terminarão sempre depois de ultimada a colheita, inclusive a de plantas forrageiras temporárias cultiváveis. No caso de retardamento da colheita por motivo de força maior, considerar-se-ão esses prazos prorrogados nas mesmas condições, até sua ultimação;
II – presume-se feito, no prazo mínimo de três anos, o arrendamento por tempo indeterminado, observada a regra do item anterior;
III – o arrendatário, para iniciar qualquer cultura cujos frutos não possam ser recolhidos antes de terminado o prazo de arrendamento, deverá ajustar, previamente, com o arrendador a forma de pagamento do uso da terra por esse prazo excedente;
IV – em igualdade de condições com estranhos, o arrendatário terá preferência à renovação do arrendamento, devendo o proprietário, até 6 (seis) meses antes do vencimento do contrato, fazer-lhe a competente notificação extrajudicial das propostas existentes. Não se verificando a notificação extrajudicial, o contrato considera-se automaticamente renovado, desde que o arrendador, nos 30 (trinta) dias seguintes, não manifeste sua desistência ou formule nova proposta, tudo mediante simples registro de suas declarações no competente Registro de Títulos e Documentos;
V – os direitos assegurados no inciso IV do *caput* deste artigo não prevalecerão se, no prazo de 6 (seis) meses antes do vencimento do contrato, o proprietário, por via de notificação extrajudicial, declarar sua intenção de retomar o imóvel para explorá-lo diretamente ou por intermédio de descendente seu;

▸ Incisos III a V com a redação dada pela Lei nº 11.443, de 5-1-2007.

VI – sem expresso consentimento do proprietário é vedado o subarrendamento;
VII – poderá ser acertada, entre o proprietário e arrendatário, cláusula que permita a substituição de área arrendada por outra equivalente no mesmo imóvel rural, desde que respeitadas as condições de arrendamento e os direitos do arrendatário;
VIII – o arrendatário, ao termo do contrato, tem direito à indenização das benfeitorias necessárias e úteis; será indenizado das benfeitorias voluptuárias quando autorizadas pelo proprietário do solo; e, enquanto o arrendatário não for indenizado das benfeitorias necessárias e úteis, poderá permanecer no imóvel, no uso e gozo das vantagens por ele oferecidas, nos termos do contrato de arrendamento e das disposições do inciso I deste artigo;

▸ Inciso VIII com a redação dada pela Lei nº 11.443, de 5-1-2007.

IX – constando do contrato de arrendamento animais de cria, de corte ou de trabalho, cuja forma de restituição não tenha sido expressamente regulada, o arrendatário é obrigado, findo ou rescindido o contrato, a restituí-los em igual número, espécie e valor;
X – o arrendatário não responderá por qualquer deterioração ou prejuízo a que não tiver dado causa;
XI – na regulamentação desta Lei, serão complementadas as seguintes condições que, obrigatoriamente, constarão dos contratos de arrendamento:

a) limites da remuneração e formas de pagamento em dinheiro ou no seu equivalente em produtos;
b) prazos mínimos de arrendamento e limites de vigência para os vários tipos de atividades agrícolas;

▸ Alíneas *a* e *b* com a redação dada pela Lei nº 11.443, de 5-1-2007.

c) bases para as renovações convencionadas;
d) formas de extinção ou rescisão;
e) direito e formas de indenização ajustadas quanto às benfeitorias realizadas;

XII – a remuneração do arrendamento, sob qualquer forma de pagamento, não poderá ser superior a 15% (quinze por cento) do valor cadastral do imóvel, incluídas as benfeitorias que entrarem na composição do contrato, salvo se o arrendamento for parcial e recair apenas em glebas selecionadas para fins de exploração intensiva de alta rentabilidade, caso em que a remuneração poderá ir até o limite de 30% (trinta por cento)

▸ Inciso XII com a redação dada pela Lei nº 11.443, de 5-1-2007.

XIII – a todo aquele que ocupar, sob qualquer forma de arrendamento, por mais de cinco anos, um imóvel rural desapropriado, em área prioritária de Reforma Agrária, é assegurado o direito preferencial de acesso à terra ... VETADO ...

Art. 95-A. Fica instituído o Programa de Arrendamento Rural, destinado ao atendimento complementar de acesso à terra por parte dos trabalhadores rurais qualificados para participar do Programa Nacional de Reforma Agrária, na forma estabelecida em regulamento.

▸ Dec. nº 3.993, de 30-10-2001, regulamenta este artigo.

Parágrafo único. Os imóveis que integrarem o Programa de Arrendamento Rural não serão objeto de desapropriação para fins de reforma agrária enquanto se mantiverem arrendados, desde que atendam aos requisitos estabelecidos em regulamento.

▸ Art. 95-A acrescido pela MP nº 2.183-56, de 24-8-2001, que até o encerramento desta edição não havia sido convertida em lei.

Seção III
DA PARCERIA AGRÍCOLA, PECUÁRIA, AGROINDUSTRIAL E EXTRATIVA

Art. 96. Na parceria agrícola, pecuária, agroindustrial e extrativa, observar-se-ão os seguintes princípios:

I – o prazo dos contratos de parceria, desde que não convencionados pelas partes, será no mínimo de três anos, assegurado ao parceiro o direito à conclusão da colheita, pendente, observada a norma constante do inciso I, do artigo 95;
II – expirado o prazo, se o proprietário não quiser explorar diretamente a terra por conta própria, o parceiro em igualdade de condições com estranhos, terá preferência para firmar novo contrato de parceria;
III – as despesas com o tratamento e criação dos animais, não havendo acordo em contrário, correrão por conta do parceiro tratador e criador;
IV – o proprietário assegurará ao parceiro que residir no imóvel rural, e para atender ao uso exclusivo da família deste, casa de moradia higiênica e área suficiente para horta e criação de animais de pequeno porte;
V – no Regulamento desta Lei, serão complementadas, conforme o caso, as seguintes condições, que constarão, obrigatoriamente, dos contratos de parceria agrícola, pecuária, agroindustrial ou extrativa:

a) quota-limite do proprietário na participação dos frutos, segundo a natureza de atividade agropecuária e facilidades oferecidas ao parceiro;
b) prazos mínimos de duração e os limites de vigência segundo os vários tipos de atividade agrícola;
c) bases para as renovações convencionadas;
d) formas de extinção ou rescisão;
e) direitos e obrigações quanto às indenizações por benfeitorias levantadas com consentimento do proprietário e aos danos substanciais causados pelo parceiro, por práticas predatórias na área de exploração ou nas benfeitorias, nos equipamentos, ferramentas e implementos agrícolas a ele cedidos;
f) direito e oportunidade de dispor sobre os frutos repartidos;

VI – na participação dos frutos da parceria, a quota do proprietário não poderá ser superior a:

a) 20% (vinte por cento), quando concorrer apenas com a terra nua;
b) 25% (vinte e cinco por cento), quando concorrer com a terra preparada;
c) 30% (trinta por cento), quando concorrer com a terra preparada e moradia;
d) 40% (quarenta por cento), caso concorra com o conjunto básico de benfeitorias, constituído especialmente de casa de moradia, galpões, banheiro para gado, cercas, valas ou currais, conforme o caso;
e) 50% (cinquenta por cento), caso concorra com a terra preparada e o conjunto básico de benfeitorias enumeradas na alínea *d* deste inciso e mais o fornecimento de máquinas e implementos agrícolas, para

atender aos tratos culturais, bem como as sementes e animais de tração, e, no caso de parceria pecuária, com animais de cria em proporção superior a 50% (cinquenta por cento) do número total de cabeças objeto de parceria;

f) 75% (setenta e cinco por cento), nas zonas de pecuária ultra-extensiva em que forem os animais de cria em proporção superior a 25% (vinte e cinco por cento) do rebanho e onde se adotarem a meação do leite e a comissão mínima de 5% (cinco por cento) por animal vendido;

▸ Alíneas *a* a *f* com a redação dada pela Lei nº 11.443, de 5-1-2007.

g) nos casos não previstos nas alíneas anteriores, a quota adicional do proprietário será fixada com base em percentagem máxima de dez por cento do valor das benfeitorias ou dos bens postos à disposição do parceiro;

VII – aplicam-se à parceria agrícola, pecuária, agropecuária, agroindustrial ou extrativa as normas pertinentes ao arrendamento rural, no que couber, bem como as regras do contrato de sociedade, no que não estiver regulado pela presente Lei.

VIII – o proprietário poderá sempre cobrar do parceiro, pelo seu preço de custo, o valor de fertilizantes e inseticidas fornecidos no percentual que corresponder à participação deste, em qualquer das modalidades previstas nas alíneas do inciso VI do *caput* deste artigo;

IX – nos casos não previstos nas alíneas do inciso VI do *caput* deste artigo, a quota adicional do proprietário será fixada com base em percentagem máxima de 10% (dez por cento) do valor das benfeitorias ou dos bens postos à disposição do parceiro.

▸ Incisos VIII e IX acrescidos pela Lei nº 11.443, de 5-1-2007.

§ 1º Parceria rural é o contrato agrário pelo qual uma pessoa se obriga a ceder à outra, por tempo determinado ou não, o uso específico de imóvel rural, de parte ou partes dele, incluindo, ou não, benfeitorias, outros bens e/ou facilidades, com o objetivo de nele ser exercida atividade de exploração agrícola, pecuária, agroindustrial, extrativa vegetal ou mista; e/ou lhe entrega animais para cria, recria, invernagem, engorda ou extração de matérias-primas de origem animal, mediante partilha, isolada ou cumulativamente, dos seguintes riscos:

I – caso fortuito e de força maior do empreendimento rural;

II – dos frutos, produtos ou lucros havidos nas proporções que estipularem, observados os limites percentuais estabelecidos no inciso VI do *caput* deste artigo;

III – variações de preço dos frutos obtidos na exploração do empreendimento rural.

§ 2º As partes contratantes poderão estabelecer a prefixação, em quantidade ou volume, do montante da participação do proprietário, desde que, ao final do contrato, seja realizado o ajustamento do percentual pertencente ao proprietário, de acordo com a produção.

§ 3º Eventual adiantamento do montante prefixado não descaracteriza o contrato de parceria.

§ 4º Os contratos que prevejam o pagamento do trabalhador, parte em dinheiro e parte em percentual na lavoura cultivada ou em gado tratado, são considerados simples locação de serviço, regulada pela legislação trabalhista, sempre que a direção dos trabalhos seja de inteira e exclusiva responsabilidade do proprietário, locatário do serviço a quem cabe todo o risco, assegurando-se ao locador, pelo menos, a percepção do salário mínimo no cômputo das 2 (duas) parcelas.

§ 5º O disposto neste artigo não se aplica aos contratos de parceria agroindustrial, de aves e suínos, que serão regulados por lei específica.

▸ §§ 1º a 5º acrescidos pela Lei nº 11.443, de 5-1-2007.

Seção IV – DOS OCUPANTES DE TERRAS PÚBLICAS FEDERAIS

Art. 97. Quanto aos legítimos possuidores de terras devolutas federais, observar-se-á o seguinte:

I – o Instituto Brasileiro de Reforma Agrária promoverá a discriminação das áreas ocupadas por posseiros, para a progressiva regularização de suas condições de uso e posse da terra, providenciando, nos casos e condições previstos nesta Lei, a emissão dos títulos de domínio;

▸ Dec.-lei nº 1.110, de 9-7-1970, cria o Instituto Nacional de Colonização e Reforma Agrária (INCRA), extingue o Instituto Brasileiro de Reforma Agrária, o Instituto Nacional de Desenvolvimento Agrário e o Grupo Executivo da Reforma Agrária.

II – todo o trabalhador agrícola que, à data da presente Lei, tiver ocupado, por um ano, terras devolutas, terá preferência para adquirir um lote da dimensão do módulo de propriedade rural, que for estabelecido para a região, obedecidas as prescrições da lei.

Art. 98. Todo aquele que, não sendo proprietário rural nem urbano, ocupar por dez anos ininterruptos, sem oposição nem reconhecimento de domínio alheio, tornando-o produtivo por seu trabalho, e tendo nele sua morada, trecho de terra com área caracterizada como suficiente para, por seu cultivo direto pelo lavrador e sua família, garantir-lhes a subsistência, o progresso social e econômico, nas dimensões fixadas por esta Lei, para o módulo de propriedade, adquirir-lhe-á o domínio, mediante sentença declaratória devidamente transcrita.

Art. 99. A transferência do domínio ao posseiro de terras devolutas federais efetivar-se-á no competente processo administrativo de legitimação de posse, cujos atos e termos obedecerão às normas do Regulamento da presente Lei.

Art. 100. O título de domínio expedido pelo Instituto Brasileiro de Reforma Agrária será, dentro do prazo que o Regulamento estabelecer, transcrito no competente Registro Geral de Imóveis.

▸ Dec.-lei nº 1.110, de 9-7-1970, cria o Instituto Nacional de Colonização e Reforma Agrária (INCRA), extingue o Instituto Brasileiro de Reforma Agrária, o Instituto Nacional de Desenvolvimento Agrário e o Grupo Executivo da Reforma Agrária.

Art. 101. As taxas devidas pelo legitimante de posse em terras devolutas federais, constarão de tabela a ser periodicamente expedida pelo Instituto Brasileiro de Reforma Agrária, atendendo-se à ancianidade da posse, bem como às diversificações das regiões em que se verificar a respectiva discriminação.

▸ Dec.-lei nº 1.110, de 9-7-1970, cria o Instituto Nacional de Colonização e Reforma Agrária (INCRA), extingue o Instituto Brasileiro de Reforma Agrária, o Instituto Nacional de Desenvolvimento Agrário e o Grupo Executivo da Reforma Agrária.

Art. 102. Os direitos dos legítimos possuidores de terras devolutas federais estão condicionados ao implemento dos requisitos absolutamente indispensáveis da cultura efetiva e da morada habitual.

TÍTULO IV – DAS DISPOSIÇÕES GERAIS E TRANSITÓRIAS

Art. 103. A aplicação da presente Lei deverá objetivar, antes e acima de tudo, a perfeita ordenação do sistema agrário do país, de acordo com os princípios da justiça social, conciliando a liberdade de iniciativa com a valorização do trabalho humano.

§ 1º Para a plena execução do disposto neste artigo, o Poder Executivo, através dos órgãos da sua administração centralizada e descentralizada, deverá prover no sentido de facultar e garantir todas as atividades extrativas, agrícolas, pecuárias e agroindustriais, de modo a não prejudicar, direta ou indiretamente, o harmônico desenvolvimento da vida rural.

§ 2º Dentro dessa orientação, a implantação dos serviços e trabalhos previstos nesta Lei processar-se-á progressivamente, seguindo-se os critérios, as condições técnicas e as prioridades fixados pelas mesmas, a fim de que a política de desenvolvimento rural de nenhum modo tenha solução de continuidade.

§ 3º De acordo com os princípios normativos deste artigo e dos parágrafos anteriores, será dada prioridade à elaboração do zoneamento e do cadastro, previstos no Título II, Capítulo IV, Seção III, desta Lei.

Art. 104. O Quadro de servidores do Instituto Brasileiro de Reforma Agrária será constituído de pessoal dos órgãos e repartições a ele incorporados, ou para ele transferidos, e de pessoal admitido na forma da lei.

▸ Dec.-lei nº 1.110, de 9-7-1970, cria o Instituto Nacional de Colonização e Reforma Agrária (INCRA), extingue o Instituto Brasileiro de Reforma Agrária, o Instituto Nacional de Desenvolvimento Agrário e o Grupo Executivo da Reforma Agrária.

§ 1º O disposto neste artigo não se aplica aos cargos ou funções cujos ocupantes estejam em exercício como requisitados, nos mencionados órgãos incorporados ou transferidos, bem como aos funcionários públicos civis ou militares, assim definidos pela legislação especial.

§ 2º O Instituto Brasileiro de Reforma Agrária poderá admitir, mediante portaria ou contrato, em regime especial de trabalho e salário, dentro das dotações orçamentárias próprias, especialistas necessários ao desempenho de atividades técnicas e científicas para cuja execução não dispuser de servidores habilitados.

§ 3º O Instituto Brasileiro de Reforma Agrária poderá requisitar servidores da administração centralizada ou descentralizada, sem prejuízo dos seus vencimentos, direitos e vantagens.

§ 4º Nenhuma admissão de pessoal, com exceção do parágrafo segundo, poderá ser feita senão mediante prestação de concurso de provas ou de títulos e provas.

§ 5º Os servidores da Superintendência da Política Agrária (SUPRA), pertencentes aos quadros do extinto Instituto Nacional de Imigração e Colonização (INIC), e do Serviço Social Rural (SSR) poderão optar pela sua lotação em qualquer órgão onde existirem cargos ou funções por eles ocupados.

Art. 105. Fica o Poder Executivo autorizado a emitir títulos, denominados Títulos da Dívida Agrária, distribuídos em séries autônomas, respeitado o limite máximo de circulação equivalente a 500.000.000 de OTN (quinhentos milhões de Obrigações do Tesouro Nacional).

- *Caput* com a redação dada pela Lei nº 7.647, de 19-1-1988.
- A OTN (Obrigação do Tesouro Nacional) foi extinta pelo art. 15, II, da Lei nº 7.730, de 31-1-1989, sendo substituída pelo BTN (Bônus do Tesouro Nacional). A partir de 1º-2-1991, foi extinto o BTN pelo art. 3º da Lei nº 8.177, de 1º-3-1991, que fixa, no seu parágrafo único, a conversão do BTN em cruzeiros no valor de CR$ 126,8621. Tal valor foi mantido pelo art. 21, I, da Lei nº 8.178, de 4-3-1991, tendo sido elevado em 70% pelo art. 10 da Lei nº 8.218, de 29-8-1991. Desde 1º-8-1993, o cruzeiro passou para cruzeiro real na paridade de mil por um, em função da MP nº 336, de 28-7-1993, convertida na Lei nº 8.697, de 27-8-1993. Desde 1º-7-1994, o cruzeiro real passou a real pela Lei nº 8.880, de 27-5-1994, fixada a paridade de R$ 1,00 para 2.750,00 URVs. Pelo art. 1º da Lei nº 8.383, de 30-12-1991, foi instituída a UFIR como medida de valor e parâmetro de atualização monetária de tributos e de multas e penalidades de qualquer natureza. O art. 29, § 3º, da Lei nº 10.522, de 19-7-2002, que dispõe sobre o Cadastro Informativo dos créditos não quitados de órgãos e entidades federais, extinguiu a UFIR.
- Dec. nº 578, de 24-6-1992, regulamenta este artigo.

§ 1º Os títulos de que trata este artigo vencerão juros de seis por cento a doze por cento ao ano, terão cláusula de garantia contra eventual desvalorização da moeda, em função dos índices fixados pelo Conselho Nacional de Economia, e poderão ser utilizados:

a) em pagamento de até cinquenta por cento do Imposto Territorial Rural;
b) em pagamento de preço de terras públicas;
c) em caução para garantia de quaisquer contratos, obras e serviços celebrados com a União;
d) como fiança em geral;
e) em caução como garantia de empréstimos ou financiamentos em estabelecimentos da União, autarquias federais e sociedades de economia mista, em entidades ou fundos de aplicação às atividades rurais criadas para este fim;
f) em depósito, para assegurar a execução em ações judiciais ou administrativas.

§ 2º Esses títulos serão nominativos ou ao portador e de valor nominal de referência equivalente ao de 5 (cinco), 10 (dez), 20 (vinte), 50 (cinquenta) e 100 (cem) Obrigações do Tesouro Nacional, ou outra unidade de correção monetária plena que venha a substituí-las, de acordo com o que estabelecer a regulamentação desta Lei.

- § 2º com a redação dada pela Lei nº 7.647, de 19-1-1988.

§ 3º Os títulos de cada série autônoma serão resgatados a partir do segundo ano de sua efetiva colocação em prazos variáveis de cinco, dez, quinze e vinte anos, de conformidade com o que estabelecer a regulamentação desta Lei. Dentro de uma mesma série não se poderá fazer diferenciação de juros e de prazo.

§ 4º Os orçamentos da União, a partir do relativo ao exercício de 1966, consignarão verbas específicas destinadas ao serviço de juros e amortização decorrentes desta Lei, inclusive as dotações necessárias para cumprimento da cláusula de correção monetária, as quais serão distribuídas automaticamente ao Tesouro Nacional.

§ 5º O Poder Executivo, de acordo com autorização e as normas constantes deste artigo e dos parágrafos anteriores, regulamentará a expedição, condições e colocação dos Títulos da Dívida Agrária.

Art. 106. A lei que for baixada para institucionalização do crédito rural tecnificado nos termos do artigo 83 fixará as normas gerais a que devem satisfazer os fundos de garantia e as formas permitidas para aplicação dos recursos provenientes da colocação, relativamente aos Títulos da Dívida Agrária ou de Bônus Rurais, emitidos pelos Governos Estaduais, para que estes possam ter direito à coobrigação da União Federal.

Art. 107. Os litígios judiciais entre proprietários e arrendatários rurais obedecerão ao rito processual previsto pelo artigo 685, do Código do Processo Civil.

§ 1º Não terão efeito suspensivo os recursos interpostos contra as decisões proferidas nos processos de que trata o presente artigo.

§ 2º Os litígios relativos às relações de trabalho rural em geral, inclusive as reclamações de trabalhadores agrícolas, pecuários, agroindustriais ou extrativos, são de competência da Justiça do Trabalho, regendo-se o seu processo pelo rito processual trabalhista.

Art. 108. Para fins de enquadramento serão revistos, a partir da data da publicação desta Lei, os regulamentos, portarias, instruções, circulares e outras disposições administrativas ou técnicas expedidas pelos Ministérios e Repartições.

Art. 109. Observado o disposto nesta Lei, será permitido o reajustamento das prestações mensais de amortizações e juros e dos saldos devedores nos contratos de venda a prazo de:

- Dec. nº 59.428, de 27-10-1966, regulamenta este artigo.

I – lotes de terra com ou sem benfeitorias, em projetos de Reforma Agrária e em núcleos de colonização;
II – máquinas, equipamentos e implementos agrícolas, a cooperativas agrícolas ou entidades especializadas em prestação de serviço e assistência à mecanização;
III – instalação de indústrias de beneficiamento, para cooperativas agrícolas ou empresas rurais.

§ 1º O reajustamento de que trata este artigo será feito em intervalos não inferiores a um ano, proporcionalmente aos índices gerais de preços, fixados pelo Conselho Nacional de Economia.

§ 2º Os contratos relativos às operações referidas no inciso I, serão limitados ao prazo máximo de vinte anos; os relativos às do inciso II ao prazo máximo de cinco anos; e as referentes às do inciso III ao prazo máximo de quinze anos.

§ 3º A correção monetária ... VETADO ... não constituirá rendimento tributável dos seus beneficiários.

Art. 110. Será permitida a negociação nas Bolsas de Valores do País, warrants fornecidos pelos armazéns-gerais, silos e frigoríficos.

Art. 111. Os oficiais do Registro de Imóveis inscreverão obrigatoriamente os contratos de promessa de venda ou de hipoteca celebrados de acordo com a presente Lei, declarando expressamente que os valores deles constantes são meramente estimativos, estando sujeitos, como as prestações mensais, às correções de valor determinadas nesta Lei.

- Dec. nº 59.428, de 27-10-1966, regulamenta este artigo.

§ 1º Mediante simples requerimento, firmado por qualquer das partes contratantes, acompanhado da publicação oficial do índice de correção aplicado, os oficiais do Registro de Imóveis averbarão, à margem das respectivas instruções, as correções de valor determinadas por esta Lei, com indicação do novo valor do preço ou da dívida e do saldo respectivo, bem como da nova prestação contratual.

§ 2º Se o promitente comprador ou mutuário se recusar a assinar o requerimento de averbação das correções verificadas, ficará, não obstante, obrigado ao pagamento da nova prestação, podendo a entidade financiadora, se lhe convier, rescindir o contrato com notificação prévia no prazo de noventa dias.

Art. 112. Passa a ter a seguinte redação o artigo 38, alínea *b*, do Decreto nº 22.239, de 19 de dezembro de 1932, revigorado pelo Decreto-Lei nº 8.401, de 19 de dezembro de 1945:

"*b*) do beneficiamento, industrialização e venda em comum de produtos de origem extrativa, agrícola ou de criação de animais".

Art. 113. O Estabelecimento Rural do Tapajós, incorporado à Superintendência de Política Agrária pela Lei Delegada nº 11, de 11 de outubro de 1962, fica, para todos os efeitos legais e patrimoniais, transferido para o Ministério da Agricultura.

Art. 114. Para fins de regularização, os núcleos coloniais e as terras pertencentes ao antigo Instituto Nacional de Imigração e Colonização, incorporados à Superintendência de Política Agrária pela Lei Delegada referida no artigo anterior, serão transferidos:

- Dec. nº 59.428, de 27-10-1966, regulamenta este artigo.

a) ao Instituto Brasileiro de Reforma Agrária, os localizados nas áreas prioritárias de reforma agrária;

- Dec.-lei nº 1.110, de 9-7-1970, cria o Instituto Nacional de Colonização e Reforma Agrária (INCRA), extingue o Instituto Brasileiro de Reforma Agrária, o Instituto Nacional de Desenvolvimento Agrário e o Grupo Executivo da Reforma Agrária.

b) ao patrimônio do Instituto Nacional de Desenvolvimento Agrário, os situados nas demais áreas do país.

Art. 115. As atribuições conferidas à Superintendência de Política Agrária pela Lei Delegada nº 11, de 11 de outubro de 1962, e que não são transferidas para o Instituto Brasileiro de Reforma Agrária, ficam distribuídas pelos órgãos federais, na forma dos seguintes dispositivos:

I – para os órgãos próprios do Ministério da Agricultura, transferem-se as atribuições, de:

- Dec.-lei nº 1.110, de 9-7-1970, cria o Instituto Nacional de Colonização e Reforma Agrária (INCRA), extingue o Instituto Brasileiro de Reforma Agrária, o Instituto Nacional de Desenvolvimento Agrário e o Grupo Executivo da Reforma Agrária.

a) planejar e executar, direta ou indiretamente, programas de colonização visando à fixação e ao acesso à terra própria de agricultores e trabalhadores sem terra nacionais ou estrangeiros, radicados no país, mediante a formação de unidades familiares reunidas em cooperativas nas áreas de ocupação pioneira e, nos vazios demográficos e econômicos;

b) promover, supletivamente, a entrada de imigrantes necessários ao aperfeiçoamento e à difusão de métodos agrícolas mais avançados;

c) fixar diretrizes para o serviço de imigração e seleção de imigrantes, exercido pelo Ministério das Relações Exteriores, através de seus órgãos próprios de representação;

d) administrar, direta ou indiretamente, os núcleos de colonização fora das áreas prioritárias de Reforma Agrária;

II – para os órgãos próprios de representação do Ministério das Relações Exteriores, as atividades concernentes à seleção de imigrantes;

III – para os órgãos próprios do Ministério da Justiça e Negócios Interiores, os assuntos pertinentes à legalização de permanência, prorrogação e retificação de nacionalidade de estrangeiros, no território nacional;

IV – para a Divisão de Turismo e Certames, do Departamento Nacional de Comércio, do Ministério da Indústria e do Comércio, o registro e a fiscalização de empresas de turismo e venda de passagens;

V – para os órgãos próprios do Ministério do Trabalho e Previdência Social:

a) a assistência e o encaminhamento dos trabalhadores rurais migrantes de uma para outra região, à vista das necessidades do desenvolvimento harmônico do país;

b) a recepção dos imigrantes selecionados pelo Ministério das Relações Exteriores, encaminhando-os para áreas predeterminadas de acordo com as normas gerais convencionadas com o Ministério da Agricultura.

Art. 116. Fica revogada a Lei Delegada nº 11, de 11 de outubro de 1962, extinta a Superintendência de Política Agrária (SUPRA) e incorporados ao Instituto Brasileiro de Reforma Agrária, ao Ministério da Agricultura, ao Instituto Nacional do Desenvolvimento Agrário e aos demais Ministérios, na forma do artigo 115, para todos os efeitos legais, jurídicos e patrimoniais, os serviços, atribuições e bens patrimoniais, na forma do disposto nesta Lei.

► Dec.-lei nº 1.110, de 9-7-1970, cria o Instituto Nacional de Colonização e Reforma Agrária (INCRA), extingue o Instituto Brasileiro de Reforma Agrária, o Instituto Nacional de Desenvolvimento Agrário e o Grupo Executivo da Reforma Agrária.

Parágrafo único. São transferidos para o Instituto Brasileiro de Reforma Agrária e para o Instituto Nacional do Desenvolvimento Agrário, quando for o caso, os saldos das dotações orçamentárias e dos créditos especiais destinados à Superintendência de Política Agrária, inclusive os recursos financeiro arrecadados e os que forem a ela devidos até a data da promulgação da presente Lei.

Art. 117. As atividades do Serviço Social Rural, incorporados à Superintendência de Política Agrária pela Lei Delegada nº 11, de 11 de outubro de 1962, bem como o produto da arrecadação das contribuições criadas pela Lei nº 2.613, de 23 de setembro de 1955, serão transferidas, de acordo com o disposto nos seguintes incisos:

I – ao Instituto Nacional do Desenvolvimento Agrário caberão as atribuições relativas à extensão rural e cinquenta por cento da arrecadação;

II – ao órgão do Serviço Social da Previdência que atenderá aos trabalhos rurais, ... VETADO ... caberão as demais atribuições e cinquenta por cento da arrecadação. Enquanto não for criado esse órgão, suas atribuições e arrecadações serão da competência da autarquia referida no inciso I;

III – VETADO.

Art. 118. São extensivos ao Instituto Brasileiro de Reforma Agrária os privilégios da Fazenda Pública no tocante à cobrança dos seus créditos e processos em geral, custas, prazos de prescrição, imunidades tributárias e isenções fiscais.

► Dec.-lei nº 1.110, de 9-7-1970, cria o Instituto Nacional de Colonização e Reforma Agrária (INCRA), extingue o Instituto Brasileiro de Reforma Agrária, o Instituto Nacional de Desenvolvimento Agrário e o Grupo Executivo da Reforma Agrária.

Art. 119. Não poderão gozar dos benefícios desta Lei, inclusive a obtenção de financiamentos, empréstimos e outras facilidades financeiras, os proprietários de imóveis rurais, cujos certificados de cadastro os classifiquem na forma prevista no artigo 4º, inciso V.

§ 1º Os órgãos competentes do Instituto Brasileiro de Reforma Agrária e do Ministério da Agricultura, poderão acordar com o proprietário, a forma e o prazo de enquadramento do imóvel nos objetivos desta Lei, dando deste fato ciência aos estabelecimentos de crédito de economia mista.

► Dec.-lei nº 1.110, de 9-7-1970, cria o Instituto Nacional de Colonização e Reforma Agrária (INCRA), extingue o Instituto Brasileiro de Reforma Agrária, o Instituto Nacional de Desenvolvimento Agrário e o Grupo Executivo da Reforma Agrária.

§ 2º VETADO.

Art. 120. É instituído o Fundo Agroindustrial de Reconversão, com a finalidade de financiar projetos apresentados por proprietários cujos imóveis rurais tiverem sido desapropriados contra pagamento por meio de Títulos da Dívida Agrária.

► Dec. nº 56.798, de 27-8-1965, regulamenta este artigo.

§ 1º O Fundo, administrado pelo Banco Nacional do Desenvolvimento Econômico (BNDE), terá as seguintes fontes:

I – dez por cento do Fundo Nacional de Reforma Agrária;

II – recursos provenientes de empréstimos contraídos no país e no exterior;

III – resultado de suas operações;

IV – recursos próprios do Banco Nacional de Desenvolvimento Econômico ou de outras entidades governamentais que venham a ser atribuídos ao Fundo.

§ 2º O Fundo somente financiará projetos de desenvolvimento econômico agropecuário ou industrial, que satisfaçam as condições técnicas e econômicas estabelecidas pelo Banco Nacional de Desenvolvimento Econômico e que se enquadrem dentro dos critérios de propriedade fixados pelo Ministério Extraordinário para o Planejamento e Coordenação Econômica.

§ 3º Os encargos resultantes do financiamento, inclusive amortização e juros, serão liquidados em Títulos da Dívida Agrária.

§ 4º Dentro dos recursos do Fundo, o financiamento será concedido em total nunca superior a cinquenta por cento do montante dos Títulos da Dívida Agrária que tiverem entrado na composição do preço da desapropriação.

Art. 121. É o Poder Executivo autorizado a abrir, pelo Ministério da Agricultura, o crédito especial de CR$ 100.000.000,00 (cem milhões de cruzeiros) para atender às despesas de qualquer natureza com a instalação, organização e funcionamento do Instituto Brasileiro de Reforma Agrária, bem como as relativas ao cumprimento do disposto nesta Lei.

► Dec.-lei nº 1.110, de 9-7-1970, cria o Instituto Nacional de Colonização e Reforma Agrária (INCRA), extingue o Instituto Brasileiro de Reforma Agrária, o Instituto Nacional de Desenvolvimento Agrário e o Grupo Executivo da Reforma Agrária.

Art. 122. O Poder Executivo, dentro do prazo de cento e oitenta dias, a partir da publicação da presente Lei, deverá baixar a regulamentação necessária à sua execução.

Art. 123. O critério da tributação constante do Título III, Capítulo I, passará a vigorar a partir de 1º de janeiro de 1965.

Parágrafo único. Do Imposto Territorial Rural, calculado na forma do disposto no artigo 50 e seus parágrafos serão feitas, nos três primeiros anos de aplicação desta Lei, as seguintes deduções:

a) no primeiro ano, setenta e cinco por cento do acréscimo verificado entre o valor apurado e o imposto pago no último exercício anterior à aplicação da Lei;

b) no segundo ano, cinquenta por cento do acréscimo verificado entre o valor apurado naquele ano e o imposto pago no último exercício anterior à aplicação da Lei, com a correção monetária pelos índices do Conselho Nacional de Economia;

c) no terceiro ano, vinte e cinco por cento do acréscimo verificado para o respectivo ano, na forma do disposto na alínea anterior.

Art. 124. A aplicação do disposto no artigo 19, § 2º, *a* e *b*, só terá a vigência respectivamente a partir das datas de encerramento da inscrição do cadastro das propriedades agrícolas e da de declaração do Imposto de Renda relativa ao ano-base de 1964.

Art. 125. Dentro de dez anos contados da publicação da presente Lei ficam isentas do pagamento do imposto sobre lucro imobiliário as transmissões de imóveis rurais realizadas com o objetivo imediato de eliminar latifúndio ou efetuar reagrupamentos de glebas, no propósito de corrigir minifúndios, desde que tais objetivos sejam verificados pelo Instituto Brasileiro de Reforma Agrária.

► Dec. nº 59.428, de 27-10-1966, regulamenta este artigo.

► Dec.-lei nº 1.110, de 9-7-1970, cria o Instituto Nacional de Colonização e Reforma Agrária (INCRA), extingue o Instituto Brasileiro de Reforma Agrária, o Instituto Nacional de Desenvolvimento Agrário e o Grupo Executivo da Reforma Agrária.

Art. 126. A Carteira de Colonização do Banco do Brasil, sem prejuízo de suas atribuições legais, atuará como entidade financiadora nas operações de venda de lotes rurais ... VETADO ...

► Dec. nº 59.428, de 27-10-1966, regulamenta este artigo.

§ 1º As Letras Hipotecárias que o Banco do Brasil está autorizado a emitir, em provimento de recursos e em empréstimos da sua Carteira de Colonização, poderão conter cláusula de garantia contra eventual desvalorização de moeda, de acordo com índices que forem sugeridos pelo Conselho Nacional de Economia, assegurando ao mesmo Banco o ressarcimento de prejuízos já previstos no artigo 4º da Lei nº 2.237, de 19 de junho de 1954.

§ 2º Caberá à Diretoria do Banco do Brasil fixar o limite do valor dos empréstimos que o Banco fica autorizado a realizar no país ou no estrangeiro para aplicação, pela sua Carteira de Colonização, revogado, portanto o limite estabelecido no parágrafo único do artigo 8º da Lei nº 2.237, de 19 de junho de 1954, e as disposições em contrário.

Art. 127. VETADO.

Art. 128. Esta Lei entrará em vigor na data de sua publicação, revogadas as disposições em contrário.

Brasília, 30 de novembro de 1964;
143º da Independência e
76º da República.

H. Castello Branco

LEI Nº 4.591, DE 16 DE DEZEMBRO DE 1964

Dispõe sobre o condomínio em edificações e as incorporações imobiliárias.

▶ Publicada no *DOU* de 21-12-1964 e retificada no *DOU* de 1º-2-1965.

▶ Arts. 1.314 a 1.358 do CC.

TÍTULO I – DO CONDOMÍNIO

Art. 1º As edificações ou conjuntos de edificações, de um ou mais pavimentos, construídos sob a forma de unidades isoladas entre si, destinadas a fins residenciais ou não residenciais, poderão ser alienados, no todo ou em parte, objetivamente considerados, e constituirá, cada unidade, propriedade autônoma sujeita às limitações desta Lei.

§ 1º Cada unidade será assinalada por designação especial, numérica ou alfabética, para efeitos de identificação e discriminação.

§ 2º A cada unidade caberá, como parte inseparável, uma fração ideal do terreno e coisas comuns, expressa sob forma decimal ou ordinária.

Art. 2º Cada unidade com saída para a via pública, diretamente ou por processo de passagem comum, será sempre tratada como objeto de propriedade exclusiva, qualquer que seja o número de suas peças e sua destinação, inclusive (VETADO) edifício-garagem, com ressalva das restrições que se lhe imponham.

▶ Súm. nº 449 do STJ.

§ 1º O direito à guarda de veículos nas garagens ou locais a isso destinados nas edificações ou conjuntos de edificações será tratado como objeto de propriedade exclusiva, com ressalva das restrições que ao mesmo sejam impostas por instrumentos contratuais adequados, e será vinculada à unidade habitacional a que corresponder, no caso de não lhe ser atribuída fração ideal específica de terreno.

§ 2º O direito de que trata o § 1º deste artigo poderá ser transferido a outro condômino independentemente da alienação da unidade a que corresponder, vedada sua transferência a pessoas estranhas ao condomínio.

§ 3º Nos edifícios-garagem, às vagas serão atribuídas frações ideais de terreno específicas.

Art. 3º O terreno em que se levantam a edificação ou o conjunto de edificações e suas instalações, bem como as fundações, paredes externas, o teto, as áreas internas de ventilação, e tudo o mais que sirva a qualquer dependência de uso comum dos proprietários ou titulares de direito à aquisição de unidades ou ocupantes, constituirão condomínio de todos, e serão insuscetíveis de divisão, ou de alienação destacada da respectiva unidade. Serão, também, insuscetíveis de utilização exclusiva por qualquer condômino (VETADO).

Art. 4º A alienação de cada unidade, a transferência de direitos pertinentes à sua aquisição e a constituição de direitos reais sobre ela independerão do consentimento dos condôminos (VETADO).

Parágrafo único. A alienação ou transferência de direitos de que trata este artigo dependerá de prova de quitação das obrigações do alienante para com o respectivo condomínio.

Art. 5º O condomínio por meação de parede, soalhos e tetos das unidades isoladas regular-se-á pelo disposto no Código Civil, no que lhe for aplicável.

▶ Arts. 1.327 a 1.330 do CC.

Art. 6º Sem prejuízo do disposto nesta Lei, regular-se-á pelas disposições de direito comum o condomínio por quota ideal de mais de uma pessoa sobre a mesma unidade autônoma.

▶ Arts. 1.314 a 1.322 do CC.

Art. 7º O condomínio por unidades autônomas instituir-se-á por ato entre vivos ou por testamento, com inscrição obrigatória no registro de imóveis, dele constando: a individualização de cada unidade, sua identificação e discriminação, bem como a fração ideal sobre o terreno e partes comuns, atribuída a cada unidade, dispensando-se a descrição interna da unidade.

Art. 8º Quando, em terreno onde não houver edificação, o proprietário, o promitente comprador, o cessionário deste ou promitente cessionário sobre ele desejar erigir mais de uma edificação, observar-se-á também o seguinte:

a) em relação às unidades autônomas que se constituírem em casas térreas ou assobradadas, será discriminada a parte do terreno ocupada pela edificação e também aquela eventualmente reservada como de utilização exclusiva dessas casas, como jardim e quintal, bem assim a fração ideal do todo do terreno e de partes comuns, que corresponderá às unidades;

b) em relação às unidades autônomas que constituírem edifícios de dois ou mais pavimentos, será discriminada a parte do terreno ocupada pela edificação, aquela que eventualmente for reservada como de utilização exclusiva, correspondente às unidades do edifício, e ainda a fração ideal do todo do terreno e de partes comuns que corresponderá a cada uma das unidades;

c) serão discriminadas as partes do total do terreno que poderão ser utilizadas em comum pelos titulares de direito sobre os vários tipos de unidades autônomas;

d) serão discriminadas as áreas que se constituírem em passagem comum para as vias públicas ou para as unidades entre si.

CAPÍTULO II
DA CONVENÇÃO DE CONDOMÍNIO

Art. 9º Os proprietários, promitentes compradores, cessionários ou promitentes cessionários dos direitos pertinentes à aquisição de unidades autônomas, em edificações a serem construídas, em construção ou já construídas, elaborarão, por escrito, a convenção de condomínio, e deverão, também, por contrato ou por deliberação, em assembleia, aprovar o regimento interno da edificação ou conjunto de edificações.

§ 1º Far-se-á o registro da convenção no registro de imóveis, bem como a averbação das suas eventuais alterações.

▶ Súm. nº 260 do STJ.

§ 2º Considera-se aprovada, e obrigatória para os proprietários de unidades, promitentes compradores, cessionários e promitentes cessionários, atuais e futuros, como para qualquer ocupante, a convenção que reúna as assinaturas de titulares de direitos que representem, no mínimo, dois terços das frações ideais que compõem o condomínio.

§ 3º Além de outras normas aprovadas pelos interessados, a convenção deverá conter:

a) a discriminação das partes de propriedade exclusiva e as de condomínio, com especificações das diferentes áreas;

b) o destino das diferentes partes;

c) o modo de usar as coisas e serviços comuns;

d) encargos, forma e proporção das contribuições dos condôminos para as despesas de custeio e para as extraordinárias;

e) o modo de escolher o síndico e o conselho consultivo;

f) as atribuições do síndico, além das legais;

g) a definição da natureza gratuita ou remunerada de suas funções;

h) o modo e o prazo de convocação das assembleias-gerais dos condôminos;

i) o *quorum* para os diversos tipos de votações;

j) a forma de contribuição para constituição de fundo de reserva;

l) a forma e o *quorum* para as alterações de convenção;

m) a forma e o *quorum* para a aprovação do regimento interno quando não incluídos na própria convenção.

§ 4º No caso de conjunto de edificações, a que se refere o artigo 8º, a convenção de condomínio fixará os direitos e as relações de propriedade entre os condôminos das várias edificações, podendo estipular formas pelas quais se possam desmembrar e alienar porções do terreno, inclusive as edificadas.

Art. 10. É defeso a qualquer condômino:

I – alterar a forma externa da fachada;

II – decorar as partes e esquadrias externas com tonalidades ou cores diversas das empregadas no conjunto da edificação;

III – destinar a unidade a utilização diversa de finalidade do prédio, ou usá-la de forma nociva ou perigosa ao sossego, à salubridade e à segurança dos demais condôminos;

IV – embaraçar o uso das partes comuns.

§ 1º O transgressor ficará sujeito ao pagamento de multa prevista na convenção ou no regulamento do condomínio, além de ser compelido a desfazer a obra ou abster-se da prática do ato, cabendo, ao síndico, com autorização judicial, mandar desmanchá-la, à custa do transgressor, se este não a desfizer no prazo que lhe for estipulado.

§ 2º O proprietário ou titular de direito à aquisição de unidade poderá fazer obra que (VETADO) ou modifique sua fachada, se obtiver a aquiescência da unanimidade dos condôminos.

Art. 11. Para efeitos tributários, cada unidade autônoma será tratada como prédio isolado, contribuindo o respectivo condômino, diretamente, com as importâncias relativas aos impostos e taxas federais, estaduais e municipais, na forma dos respectivos lançamentos.

CAPÍTULO III
DAS DESPESAS DO CONDOMÍNIO

Art. 12. Cada condômino concorrerá nas despesas do condomínio, recolhendo, nos prazos previstos na convenção, a quota-parte que lhe couber em rateio.

§ 1º Salvo disposição em contrário na convenção, a fixação da quota do rateio corresponderá à fração ideal do terreno de cada unidade.

§ 2º Cabe ao síndico arrecadar as contribuições, competindo-lhe promover, por via executiva, a cobrança judicial das quotas atrasadas.

▸ Art. 784 do CPC/2015.

§ 3º O condômino que não pagar a sua contribuição no prazo fixado na convenção fica sujeito ao juro moratório de um por cento ao mês, e multa de até vinte por cento sobre o débito, que será atualizado, se o estipular a convenção, com a aplicação dos índices de correção monetária levantados pelo Conselho Nacional de Economia, no caso de mora por período igual ou superior a seis meses.

§ 4º As obras que interessarem à estrutura integral da edificação ou conjunto de edificações, ou ao serviço comum, serão feitas com o concurso pecuniário de todos os proprietários ou titulares de direito à aquisição de unidades, mediante orçamento prévio aprovado em assembleia-geral, podendo incumbir-se de sua execução o síndico, ou outra pessoa, com aprovação da assembleia.

§ 5º A renúncia de qualquer condômino aos seus direitos, em caso algum valerá como escusa para exonerá-lo de seus encargos.

CAPÍTULO IV
DO SEGURO, DO INCÊNDIO, DA DEMOLIÇÃO E DA RECONSTRUÇÃO OBRIGATÓRIA

Art. 13. Proceder-se-á ao seguro da edificação ou do conjunto de edificações, neste caso, discriminadamente, abrangendo todas as unidades autônomas e partes comuns, contra incêndio ou outro sinistro que cause destruição no todo ou em parte, computando-se o prêmio nas despesas ordinárias do condomínio.

Parágrafo único. O seguro de que trata este artigo será obrigatoriamente feito dentro de cento e vinte dias, contados da data da concessão do "habite-se", sob pena de ficar o condomínio sujeito à multa mensal equivalente a um doze avos do imposto predial, cobrável executivamente pela municipalidade.

Art. 14. Na ocorrência de sinistro total, ou que destrua mais de dois terços de uma edificação, seus condôminos reunir-se-ão em assembleia especial, e deliberarão sobre a sua reconstrução ou venda do terreno e materiais, por *quorum* mínimo de votos que representem metade mais uma das frações ideais do respectivo terreno.

§ 1º Rejeitada a proposta de reconstrução, a mesma assembleia, ou outra para este fim convocada, decidirá, pelo mesmo *quorum*, do destino a ser dado ao terreno, e aprovará a partilha do valor do seguro entre os condôminos, sem prejuízo do que receber cada um pelo seguro facultativo de sua unidade.

§ 2º Aprovada, a reconstrução será feita, guardados, obrigatoriamente, o mesmo destino, a mesma forma externa e a mesma disposição interna.

§ 3º Na hipótese do parágrafo anterior, a minoria não poderá ser obrigada a contribuir para a reedificação, caso em que a maioria poderá adquirir as partes dos dissidentes, mediante avaliação judicial, feita em vistoria.

▸ Arts. 381 a 383 do CPC/2015.

Art. 15. Na hipótese de que trata o § 3º do artigo antecedente, à maioria poderão ser adjudicadas, por sentença, as frações ideais da minoria.

§ 1º Como condição para o exercício da ação prevista neste artigo, com a inicial, a maioria oferecerá e depositará, à disposição do juízo, as importâncias arbitradas na vistoria para avaliação, prevalecendo as de eventual desempatador.

§ 2º Feito o depósito de que trata o parágrafo anterior, o juiz, liminarmente, poderá autorizar a adjudicação à maioria, e a minoria poderá levantar as importâncias depositadas; o oficial de registro de imóveis, nestes casos, fará constar do registro que a adjudicação foi resultante de medida liminar.

§ 3º Feito o depósito, será expedido o mandado de citação, com o prazo de dez dias para a contestação (VETADO).

§ 4º Se não contestado, o juiz, imediatamente, julgará o pedido.

§ 5º Se contestado o pedido, seguirá o processo o rito ordinário.

§ 6º Se a sentença fixar valor superior ao da avaliação feita na vistoria, o condomínio, em execução, restituirá à minoria a respectiva diferença, acrescida de juros de mora à razão de um por cento ao mês, desde a data da concessão de eventual liminar, ou pagará o total devido, com os juros da mora a contar da citação.

§ 7º Transitada em julgado a sentença, servirá ela de título definitivo para a maioria, que deverá registrá-la no registro de imóveis.

§ 8º A maioria poderá pagar e cobrar da minoria, em execução de sentença, encargos fiscais necessários à adjudicação definitiva a cujo pagamento se recusar a minoria.

Art. 16. Em caso de sinistro que destrua menos de dois terços da edificação, o síndico promoverá o recebimento do seguro e a reconstrução ou os reparos nas partes danificadas.

Art. 17. Os condôminos que representem, pelo menos, dois terços do total de unidades isoladas e frações ideais correspondentes a oitenta por cento do terreno e coisas comuns poderão decidir sobre a demolição e reconstrução do prédio, ou sua alienação, por motivos urbanísticos ou arquitetônicos, ou, ainda, no caso de condenação do edifício pela autoridade pública, em razão de sua insegurança ou insalubridade.

§ 1º A minoria não fica obrigada a contribuir para as obras, mas assegura-se à maioria o direito de adquirir as partes dos dissidentes, mediante avaliação judicial, aplicando-se o processo previsto no artigo 15.

§ 2º Ocorrendo desgaste, pela ação do tempo, das unidades habitacionais de uma edificação, que deprecie seu valor unitário em relação ao valor global do terreno onde se acha construída, os condôminos, pelo *quorum* mínimo de votos que representem dois terços das unidades isoladas e frações ideais correspondentes a oitenta por cento do terreno e coisas comuns, poderão decidir por sua alienação total, procedendo-se em relação à minoria na forma estabelecida no artigo 15, e seus parágrafos, desta Lei.

§ 3º Decidida por maioria a alienação do prédio, o valor atribuído à quota dos condôminos vencidos será correspondente ao preço efetivo e, no mínimo, à avaliação prevista no § 2º ou, a critério desses, a imóvel localizado em área próxima ou adjacente com a mesma área útil de construção.

Art. 18. A aquisição parcial de uma edificação, ou de um conjunto de edificações, ainda que por força de desapropriação, importará no ingresso do adquirente no condomínio, ficando sujeito às disposições desta Lei, bem assim às da convenção do condomínio e do regulamento interno.

CAPÍTULO V
UTILIZAÇÃO DA EDIFICAÇÃO OU DO CONJUNTO DE EDIFICAÇÕES

Art. 19. Cada condômino tem o direito de usar e fruir, com exclusividade, de sua unidade autônoma, segundo suas conveniências e interesses, condicionados, umas e outros, às normas de boa vizinhança, e poderá usar as partes e coisas comuns de maneira a não causar dano ou incômodo aos demais condôminos ou moradores, nem obstáculo ou embaraço ao bom uso das mesmas partes por todos.

Parágrafo único. VETADO.

Art. 20. Aplicam-se ao ocupante do imóvel, a qualquer título, todas as obrigações referentes ao uso, fruição e destino da unidade.

Art. 21. A violação de qualquer dos deveres estipulados na Convenção sujeitará o infrator à multa fixada na própria Convenção ou no Regimento Interno, sem prejuízo da responsabilidade civil ou criminal que, no caso, couber.

Parágrafo único. Compete ao síndico a iniciativa do processo e a cobrança da multa, por via executiva, em benefício do condomínio e, em caso de omitir-se ele, a qualquer condômino.

CAPÍTULO VI
DA ADMINISTRAÇÃO DO CONDOMÍNIO

Art. 22. Será eleito, na forma prevista pela Convenção, um síndico do condomínio, cujo mandato não poderá exceder a dois anos, permitida a reeleição.

§ 1º Compete ao síndico:

a) representar, ativa e passivamente, o condomínio, em juízo ou fora dele, e praticar os atos de defesa dos interesses comuns, nos limites das atribuições conferidas por esta Lei ou pela Convenção;

b) exercer a administração interna da edificação ou do conjunto de edificações, no que respeita à sua vigilância, moralidade e segurança, bem como aos serviços que interessam a todos os moradores;

c) praticar os atos que lhe atribuírem as leis, a Convenção e o Regimento Interno;

d) impor as multas estabelecidas na Lei, na convenção ou no Regimento Interno;

e) cumprir e fazer cumprir a Convenção e o Regimento Interno, bem como executar e fazer executar as deliberações da assembleia;

f) prestar contas à assembleia dos condôminos;

g) manter guardada durante o prazo de cinco anos, para eventuais necessidades de verificação contábil, toda a documentação relativa ao condomínio.

§ 2º As funções administrativas podem ser delegadas a pessoas de confiança do síndico, e sob a sua inteira responsabilidade, mediante aprovação da assembleia-geral dos condôminos.

§ 3º A Convenção poderá estipular que dos atos do síndico caiba recurso para a assembleia, convocada pelo interessado.

§ 4º Ao síndico, que poderá ser condômino ou pessoa física ou jurídica estranha ao condomínio, será fixada a remuneração pela mesma assembleia que o eleger, salvo se a Convenção dispuser diferentemente.

§ 5º O síndico poderá ser destituído, pela forma e sob as condições previstas na Convenção, ou, no silêncio desta, pelo voto de dois terços dos condôminos, presentes, em assembleia-geral especialmente convocada.

§ 6º A Convenção poderá prever a eleição de subsíndicos, definindo-lhes atribuições e fixando-lhes o mandato, que não poderá exceder de dois anos, permitida a reeleição.

Art. 23. Será eleito, na forma prevista na Convenção, um Conselho Consultivo, constituído de três condôminos, com mandatos que não poderão exceder de dois anos, permitida a reeleição.

Parágrafo único. Funcionará o conselho como órgão consultivo do síndico, para assessorá-lo na solução dos problemas que digam respeito ao condomínio, podendo a Convenção definir suas atribuições específicas.

CAPÍTULO VII – DA ASSEMBLEIA-GERAL

Art. 24. Haverá, anualmente, uma assembleia-geral ordinária dos condôminos, convocada pelo síndico na forma prevista na Convenção, à qual compete, além das demais matérias inscritas na ordem do dia, aprovar, por maioria dos presentes, as verbas para as despesas de condomínio, compreendendo as de conservação da edificação ou conjunto de edificações, manutenção de seus serviços e correlatas.

§ 1º As decisões da assembleia, tomadas, em cada caso, pelo *quorum* que a Convenção fixar, obrigam todos os condôminos.

§ 2º O síndico, nos oito dias subsequentes à assembleia, comunicará aos condôminos o que tiver sido deliberado, inclusive no tocante à previsão orçamentária, o rateio das despesas, e promoverá a arrecadação, tudo na forma que a Convenção previr.

§ 3º Nas assembleias-gerais, os votos serão proporcionais às frações ideais do terreno e partes comuns, pertencentes a cada condômino, salvo disposição diversa da Convenção.

§ 4º Nas decisões da assembleia que não envolvam despesas extraordinárias do condomínio, o locatário poderá votar, caso o condômino-locador a ela não compareça.

▸ § 4º com a redação dada pela Lei nº 9.267, de 25-3-1996.

Art. 25. Ressalvado o disposto no § 3º do artigo 22, poderá haver assembleias-gerais extraordinárias, convocadas pelo síndico ou por condôminos que representem um quarto, no mínimo, do condomínio, sempre que o exigirem os interesses gerais.

Parágrafo único. Salvo estipulação diversa da Convenção, esta só poderá ser modificada em assembleia-geral extraordinária, pelo voto mínimo de condôminos que representem dois terços do total das frações ideais.

Art. 26. VETADO.

Art. 27. Se a assembleia não se reunir para exercer qualquer dos poderes que lhe competem, quinze dias após o pedido de convocação, o juiz decidirá a respeito, mediante requerimento dos interessados.

TÍTULO II – DAS INCORPORAÇÕES

CAPÍTULO I – DISPOSIÇÕES GERAIS

Art. 28. As incorporações imobiliárias, em todo o território nacional, reger-se-ão pela presente Lei.

Parágrafo único. Para efeito desta Lei, considera-se incorporação imobiliária a atividade exercida com o intuito de promover e realizar a construção, para alienação total ou parcial, de edificações, ou conjunto de edificações compostas de unidades autônomas (VETADO).

▸ Art. 9º da Lei nº 4.864, de 29-11-1965, que estabelece que as disposições deste parágrafo não se aplicam às incorporações iniciadas antes de 10-3-1965, sobre medidas de estímulo à construção civil.

Art. 29. Considera-se incorporador a pessoa física ou jurídica, comerciante ou não, que, embora não efetuando a construção, compromisse ou efetive a venda de frações ideais de terreno objetivando a vinculação de tais frações a unidades autônomas (VETADO), em edificações a serem construídas ou em construção sob regime condominial, ou que meramente aceita propostas para efetivação de tais transações, coordenando e levando a termo a incorporação e responsabilizando-se, conforme o caso, pela entrega, a certo prazo, preço e determinadas condições, das obras concluídas.

Parágrafo único. Presume-se a vinculação entre a alienação das frações do terreno e o negócio de construção, se, ao ser contratada a venda, ou promessa de venda ou de cessão das frações de terreno, já houver sido aprovado e estiver em vigor, ou pender de aprovação de autoridade administrativa, o respectivo projeto de construção, respondendo o alienante como incorporador.

Art. 30. Estende-se a condição de incorporador aos proprietários e titulares de direitos aquisitivos que contratem a construção de edifícios que se destinem a constituição em condomínio, sempre que iniciarem as alienações antes da conclusão das obras.

Arts. 30-A a 30-G. *Revogados.* Lei nº 10.931, de 2-8-2004.

Art. 31. A iniciativa e a responsabilidade das incorporações imobiliárias caberão ao incorporador, que somente poderá ser:

a) o proprietário do terreno, o promitente comprador, o cessionário deste ou promitente cessionário com título que satisfaça os requisitos da alínea *a* do artigo 32;

b) o construtor (Decretos nºs 23.569, de 11-12-1933, e 3.995, de 31-12-1941, e Decreto-Lei nº 8.620, de 10-1-1946) ou corretor de imóveis (Lei nº 4.116, de 27-8-1962);

▸ Lei nº 6.530, de 12-5-1978, dá nova regulamentação à profissão de corretor de imóveis.

c) o ente da Federação imitido na posse a partir de decisão proferida em processo judicial de desapropriação em curso ou o cessionário deste, conforme comprovado mediante registro no registro de imóveis competente.

▸ Alínea *c* com a redação dada pela Lei nº 12.424, de 16-6-2011 (*DOU* de 17-6-2011 e republicada no *DOU* de 20-6-2011).

§ 1º No caso da alínea *b*, o incorporador será investido, pelo proprietário do terreno, o promitente comprador e cessionário deste ou o promitente cessionário, de mandato outorgado por instrumento público, onde se faça menção expressa desta Lei e se transcreva o disposto no § 4º do artigo 35, para concluir todos os negócios tendentes à alienação das frações ideais do terreno, mas se obrigará pessoalmente pelos atos que praticar na qualidade de incorporador.

§ 2º Nenhuma incorporação poderá ser proposta à venda sem a indicação expressa do incorporador, devendo também seu nome permanecer indicado ostensivamente no local da construção.

§ 3º Toda e qualquer incorporação, independentemente da forma por que seja constituída, terá um ou mais incorporadores solidariamente responsáveis, ainda que em fase subordinada a período de carência, referido no artigo 34.

▸ Arts. 275 a 285 do CC.

CAPÍTULO I-A – DO PATRIMÔNIO DE AFETAÇÃO

▸ Lei nº 10.931, de 2-8-2004, dispõe sobre o patrimônio de afetação de incorporações imobiliárias, Letra de Crédito Imobiliário, Cédula de Crédito Imobiliário e Cédula de Crédito Bancário.

Art. 31-A. A critério do incorporador, a incorporação poderá ser submetida ao regime da afetação, pelo qual o terreno e as acessões objeto de incorporação imobiliária, bem como os demais bens e direitos a ela vinculados, manter-se-ão apartados do patrimônio do incorporador e constituirão patrimônio de afetação, destinado à consecução da incorporação correspondente e à entrega das unidades imobiliárias aos respectivos adquirentes.

▸ *Caput* do art. 31-A acrescido pela Lei nº 10.931, de 2-8-2004.

§ 1º O patrimônio de afetação não se comunica com os demais bens, direitos e obrigações do patrimônio geral do incorporador ou de outros patrimônios de afetação por ele constituídos e só responde por dívidas e obrigações vinculadas à incorporação respectiva.

§ 2º O incorporador responde pelos prejuízos que causar ao patrimônio de afetação.

▸ §§ 1º e 2º acrescidos pela Lei nº 10.931, de 2-8-2004.

§ 3º Os bens e direitos integrantes do patrimônio de afetação somente poderão ser objeto de garantia real em operação de crédito cujo produto seja integralmente destinado à consecução da edificação correspondente e à entrega das unidades imobiliárias e de suas pertenças aos respectivos adquirentes.

▸ § 3º com a redação dada pela Lei nº 14.620, de 13-7-2023.

§ 4º No caso de cessão, plena ou fiduciária, de direitos creditórios oriundos da comercialização das unidades imobiliárias componentes da incorporação, o produto da cessão também passará a integrar o patrimônio de afetação, observado o disposto no § 6º.

§ 5º As quotas de construção correspondentes a acessões vinculadas a frações ideais serão pagas pelo incorporador até que a responsabilidade pela sua construção tenha sido assumida por terceiros, nos termos da parte final do § 6º do art. 35.

§ 6º Os recursos financeiros integrantes do patrimônio de afetação serão utilizados para pagamento ou reembolso das despesas inerentes à incorporação.

§ 7º O reembolso do preço de aquisição do terreno somente poderá ser feito quando da alienação das unidades autônomas, na proporção das respectivas frações ideais, considerando-se tão somente os valores efetivamente recebidos pela alienação.

§ 8º Excluem-se do patrimônio de afetação:

I – os recursos financeiros que excederem a importância necessária à conclusão da obra (art. 44), considerando-se os valores a receber até sua conclusão e, bem assim, os recursos necessários à quitação de financiamento para a construção, se houver; e

II – o valor referente ao preço de alienação da fração ideal de terreno de cada unidade vendida, no caso de incorporação em que a construção seja contratada sob o regime por empreitada (art. 55) ou por administração (art. 58).

§ 9º No caso de conjuntos de edificações de que trata o art. 8º, poderão ser constituídos patrimônios de afetação separados, tantos quantos forem os:

I – subconjuntos de casas para as quais esteja prevista a mesma data de conclusão (art. 8º, alínea *a*); e

II – edifícios de dois ou mais pavimentos (art. 8º, alínea *b*).

§ 10. A constituição de patrimônios de afetação separados de que trata o § 9º deverá estar declarada no memorial de incorporação.

§ 11. Nas incorporações objeto de financiamento, a comercialização das unidades deverá contar com a anuência da instituição financiadora ou deverá ser a ela cientificada, conforme vier a ser estabelecido no contrato de financiamento.

§ 12. A contratação de financiamento e constituição de garantias, inclusive mediante transmissão, para o credor, da propriedade fiduciária sobre as unidades imobiliárias integrantes da incorporação, bem como a cessão, plena ou fiduciária, de direitos creditórios decorrentes da comercialização dessas unidades, não implicam a transferência para o credor de nenhuma das obrigações ou responsabilidades do cedente, do incorporador ou do construtor, permanecendo estes como únicos responsáveis pelas obrigações e pelos deveres que lhes são imputáveis.

▸ §§ 4º a 12 acrescidos pela Lei nº 10.931, de 2-8-2004.

Art. 31-B. Considera-se constituído o patrimônio de afetação mediante averbação, a qualquer tempo, no Registro de Imóveis, de termo firmado pelo incorporador e, quando for o caso, também pelos titulares de direitos reais de aquisição sobre o terreno.

Parágrafo único. A averbação não será obstada pela existência de ônus reais que tenham sido constituídos sobre o imóvel objeto da incorporação para garantia do pagamento do preço de sua aquisição ou do cumprimento de obrigação de construir o empreendimento.

Art. 31-C. A Comissão de Representantes e a instituição financiadora da construção poderão nomear, às suas expensas, pessoa física ou jurídica para fiscalizar e acompanhar o patrimônio de afetação.

§ 1º A nomeação a que se refere o *caput* não transfere para o nomeante qualquer responsabilidade pela qualidade da obra, pelo prazo de entrega do imóvel ou por qualquer outra obrigação decorrente da responsabilidade do incorporador ou do construtor, seja legal ou a oriunda dos contratos de alienação das unidades imobiliárias, de construção e de outros contratos eventualmente vinculados à incorporação.

§ 2º A pessoa que, em decorrência do exercício da fiscalização de que trata o *caput* deste artigo, obtiver acesso às informações comerciais, tributárias e de qualquer outra natureza referentes ao patrimônio afetado responderá pela falta de zelo, dedicação e sigilo destas informações.

§ 3º A pessoa nomeada pela instituição financiadora deverá fornecer cópia de seu relatório ou parecer à Comissão de Representantes, a requerimento desta, não constituindo esse fornecimento quebra de sigilo de que trata o § 2º deste artigo.

Art. 31-D. Incumbe ao incorporador:

I – promover todos os atos necessários à boa administração e à preservação do patrimônio de afetação, inclusive mediante adoção de medidas judiciais;

II – manter apartados os bens e direitos objeto de cada incorporação;

III – diligenciar a captação dos recursos necessários à incorporação e aplicá-los na forma prevista nesta Lei, cuidando de preservar os recursos necessários à conclusão da obra;

IV – entregar à Comissão de Representantes, no mínimo a cada três meses, demonstrativo do estado da obra e de sua correspondência com o prazo pactuado ou com os recursos financeiros que integrem o patrimônio de afetação recebidos no período, firmados por profissionais habilitados, ressalvadas eventuais modificações sugeridas pelo incorporador e aprovadas pela Comissão de Representantes;

V – manter e movimentar os recursos financeiros do patrimônio de afetação em conta de depósito aberta especificamente para tal fim;

VI – entregar à Comissão de Representantes balancetes coincidentes com o trimestre civil, relativos a cada patrimônio de afetação;

VII – assegurar à pessoa nomeada nos termos do art. 31-C o livre acesso à obra, bem como aos livros, contratos, movimentação da conta de depósito exclusiva referida no inciso V deste artigo e quaisquer outros documentos relativos ao patrimônio de afetação; e

VIII – manter escrituração contábil completa, ainda que esteja desobrigado pela legislação tributária.

▸ Arts. 31-B a 31-D acrescidos pela Lei nº 10.931, de 2-8-2004.

Art. 31-E. O patrimônio de afetação extinguir-se-á pela:

▸ *Caput* acrescido pela Lei nº 10.931, de 2-8-2004.

I – averbação da construção, registro dos títulos de domínio ou de direito de aquisição em nome dos respectivos adquirentes e, quando for o caso, extinção das obrigações do incorporador perante a instituição financiadora do empreendimento;

II – revogação em razão de denúncia da incorporação, depois de restituídas aos adquirentes as quantias por eles pagas (art. 36), ou de outras hipóteses previstas em lei; e

III – liquidação deliberada pela assembleia-geral nos termos do art. 31-F, § 1º.

▸ Incisos I a III acrescidos pela Lei nº 10.931, de 2-8-2004.

§ 1º Na hipótese prevista no inciso I do *caput* deste artigo, uma vez averbada a construção, o registro de cada contrato de compra e venda ou de promessa de venda, acompanhado do respectivo termo de quitação da instituição financiadora da construção, importará a extinção automática do patrimônio de afetação em relação à respectiva unidade, sem necessidade de averbação específica.

▸ § 1º acrescido pela Lei nº 14.382, de 27-6-2022, promulgado nos termos do art. 66, § 5º, da CF (*DOU* de 6-1-2023).

§ 2º Por ocasião da extinção integral das obrigações do incorporador perante a instituição financiadora do empreendimento e após a averbação da construção, a afetação das unidades não negociadas será cancelada mediante averbação, sem conteúdo financeiro, do respectivo termo de quitação na matrícula matriz do empreendimento ou nas respectivas matrículas das unidades imobiliárias eventualmente abertas.

▸ § 2º acrescido pela Lei nº 14.382, de 27-6-2022.

§ 3º A extinção no patrimônio de afetação nas hipóteses do inciso I do *caput* e do § 1º deste artigo não implica a extinção do regime de tributação instituído pelo art. 1º da Lei nº 10.931, de 2 de agosto de 2004.

▸ § 3º acrescido pela Lei nº 14.382, de 27-6-2022, promulgado nos termos do art. 66, § 5º, da CF (*DOU* de 6-1-2023).

§ 4º Após a denúncia da incorporação, proceder-se-á ao cancelamento do patrimônio de afetação, mediante o cumprimento das obrigações previstas neste artigo, no art. 34 desta Lei e nas demais disposições legais.

▸ § 4º acrescido pela Lei nº 14.382, de 27-6-2022.

Art. 31-F. Os efeitos da decretação da falência ou da insolvência civil do incorporador não atingem os patrimônios de afetação constituídos, não integrando a massa concursal o terreno, as acessões e demais bens, direitos creditórios, obrigações e encargos objeto da incorporação.

§ 1º Nos sessenta dias que se seguirem à decretação da falência ou da insolvência civil do incorporador, o condomínio dos adquirentes, por convocação da sua Comissão de Representantes ou, na sua falta, de um sexto dos titulares de frações ideais, ou, ainda, por determinação do juiz prolator da decisão, realizará assembleia-geral, na qual, por maioria simples, ratificará o mandato da Comissão de Representantes ou elegerá novos membros, e, em primeira convocação, por dois terços dos votos dos adquirentes ou, em segunda convocação, pela maioria absoluta desses votos, instituirá o condomínio da construção, por instrumento público ou particular, e deliberará sobre os termos da continuação da obra ou da liquidação do patrimônio de afetação (art. 43, inciso III); havendo financiamento para construção, a convocação poderá ser feita pela instituição financiadora.

§ 2º O disposto no § 1º aplica-se também à hipótese de paralisação das obras prevista no art. 43, inciso VI.

§ 3º Na hipótese de que tratam os §§ 1º e 2º, a Comissão de Representantes ficará investida de mandato irrevogável para firmar com os adquirentes das unidades autônomas o contrato definitivo a que estiverem obrigados o incorporador, o titular do domínio e o titular dos direitos aquisitivos do imóvel objeto da incorporação em decorrência de contratos preliminares.

§ 4º O mandato a que se refere o § 3º será válido mesmo depois de concluída a obra.

§ 5º O mandato outorgado à Comissão de Representantes confere poderes para transmitir domínio, direito, posse e ação, manifestar a responsabilidade do alienante pela evicção e imitir os adquirentes na posse das unidades respectivas.

§ 6º Os contratos definitivos serão celebrados mesmo com os adquirentes que tenham obrigações a cumprir perante o incorporador ou a instituição financiadora, desde que comprovadamente adimplentes, situação em que a outorga do contrato fica condicionada à constituição de garantia real sobre o imóvel, para assegurar o pagamento do débito remanescente.

§ 7º Ainda na hipótese dos §§ 1º e 2º, a Comissão de Representantes ficará investida de mandato irrevogável para, em nome dos adquirentes, e em cumprimento da decisão da assembleia-geral que deliberar pela liquidação do patrimônio de afetação, efetivar a alienação do terreno e das acessões, transmitindo posse, direito, domínio e ação, manifestar a responsabilidade pela evicção, imitir os futuros adquirentes na posse do terreno e das acessões.

§ 8º Na hipótese do § 7º, será firmado o respectivo contrato de venda, promessa de venda ou outra modalidade de contrato compatível com os direitos objeto da transmissão.

§ 9º A Comissão de Representantes cumprirá o mandato nos termos e nos limites estabelecidos pela deliberação da assembleia-geral e prestará contas aos adquirentes, entregando-lhes o produto líquido da alienação, no prazo de cinco dias da data em que tiver recebido o preço ou cada parcela do preço.

§ 10. Os valores pertencentes aos adquirentes não localizados deverão ser depositados em Juízo pela Comissão de Representantes.

§ 11. Caso decidam pela continuação da obra, os adquirentes ficarão automaticamente sub-rogados nos direitos, nas obrigações e nos encargos relativos à incorporação, inclusive aqueles relativos ao contrato de financiamento da obra, se houver.

§ 12. Para os efeitos do § 11 deste artigo, cada adquirente responderá individualmente pelo saldo porventura existente entre as receitas do empreendimento e o custo da conclusão da incorporação na proporção dos coeficientes de construção atribuíveis às respectivas unidades, se outro critério de rateio não for deliberado em assembleia-geral por dois terços dos votos dos adquirentes, observado o seguinte:

I – os saldos dos preços das frações ideais e acessões integrantes da incorporação que não tenham sido pagos ao incorporador até a data da decretação da falência ou da insolvência civil passarão a ser pagos à Comissão de Representantes, permanecendo o somatório desses recursos submetido à afetação, nos termos do art. 31-A, até o limite necessário à conclusão da incorporação;

II – para cumprimento do seu encargo de administradora da incorporação, a Comissão de Representantes fica investida de mandato legal, em caráter irrevogável, para, em nome do incorporador ou do condomínio de construção, conforme o caso, receber as parcelas do saldo do preço e dar quitação, bem como promover as medidas extrajudiciais ou judiciais necessárias a esse recebimento, praticando todos os atos relativos ao leilão de que trata o art. 63 ou os atos relativos à consolidação da propriedade e ao leilão de que tratam os arts. 26 e 27 da Lei nº 9.514, de 20 de novembro de 1997, devendo realizar a garantia e aplicar na incorporação todo o produto do recebimento do saldo do preço e do leilão;

III – consideram-se receitas do empreendimento os valores das parcelas a receber, vincendas e vencidas e ainda não pagas, de cada adquirente, correspondentes ao preço de aquisição das respectivas unidades ou do preço de custeio de construção, bem como os recursos disponíveis afetados; e

IV – compreendem-se no custo de conclusão da incorporação todo o custeio da construção do edifício e a averbação da construção das edificações para efeito de individualização e discriminação das unidades, nos termos do art. 44.

§ 13. Havendo saldo positivo entre as receitas da incorporação e o custo da conclusão da incorporação, o valor correspondente a esse saldo deverá ser entregue à massa falida pela Comissão de Representantes.

§ 14. Para assegurar as medidas necessárias ao prosseguimento das obras ou à liquidação do patrimônio de afetação, a Comissão de Representantes, no prazo de sessenta dias, a contar da data de realização da assembleia-geral de que trata o § 1º, promoverá, em leilão público, com observância dos critérios estabelecidos pelo art. 63, a venda das frações ideais e respectivas acessões que, até a data da decretação da falência ou insolvência não tiverem sido alienadas pelo incorporador.

§ 15. Na hipótese de que trata o § 14, o arrematante ficará sub-rogado, na proporção atribuível à fração e acessões adquiridas, nos direitos e nas obrigações relativas ao empreendimento, inclusive nas obrigações de eventual financiamento, e, em se tratando da hipótese do art. 39 desta Lei, nas obrigações perante o proprietário do terreno.

§ 16. Dos documentos para anúncio da venda de que trata o § 14 e, bem assim, o inciso III do art. 43, constarão o valor das acessões não pagas pelo incorporador (art. 35, § 6º) e o preço da fração ideal do terreno e das acessões (arts. 40 e 41).

§ 17. No processo de venda de que trata o § 14, serão asseguradas, sucessivamente, em igualdade de condições com terceiros:

I – ao proprietário do terreno, nas hipóteses em que este seja pessoa distinta da pessoa do incorporador, a preferência para aquisição das acessões vinculadas à fração objeto da venda, a ser exercida nas vinte e quatro horas seguintes à data designada para a venda; e

II – ao condomínio, caso não exercida a preferência de que trata o inciso I, ou caso não haja licitantes, a preferência para aquisição da fração ideal e acessões, desde que deliberada em assembleia-geral, pelo voto da maioria simples dos adquirentes presentes, e exercida no prazo de quarenta e oito horas a contar da data designada para a venda.

§ 18. Realizada a venda prevista no § 14, incumbirá à Comissão de Representantes, sucessivamente, nos cinco dias que se seguirem ao recebimento do preço:

I – pagar as obrigações trabalhistas, previdenciárias e tributárias, vinculadas ao respectivo patrimônio de afetação, observada a ordem de preferência prevista na legislação, em especial o disposto no art. 186 do Código Tributário Nacional;

II – reembolsar aos adquirentes as quantias que tenham adiantado, com recursos próprios, para pagamento das obrigações referidas no inciso I;

III – reembolsar à instituição financiadora a quantia que esta tiver entregue para a construção, salvo se outra forma for convencionada entre as partes interessadas;

IV – entregar ao condomínio o valor que este tiver desembolsado para construção das acessões de responsabilidade do incorporador (§ 6º do art. 35 e § 5º do art. 31-A), na proporção do valor obtido na venda;

V – entregar ao proprietário do terreno, nas hipóteses em que este seja pessoa distinta da pessoa do incorporador, o valor apurado na venda, em proporção ao valor atribuído à fração ideal; e

VI – entregar à massa falida o saldo que porventura remanescer.

§ 19. O incorporador deve assegurar à pessoa nomeada nos termos do art. 31-C, o acesso a todas as informações necessárias à verificação do montante das obrigações referidas no § 12, inciso I, do art. 31-F vinculadas ao respectivo patrimônio de afetação.

§ 20. Ficam excluídas da responsabilidade dos adquirentes as obrigações relativas, de maneira direta ou indireta, ao imposto de renda e à contribuição social sobre o lucro, devidas pela pessoa jurídica do incorporador, inclusive por equiparação, bem como as obrigações oriundas de outras atividades do incorporador não relacionadas diretamente com as incorporações objeto de afetação.

▶ Art. 31-F acrescido pela Lei nº 10.931, de 2-8-2004.

CAPÍTULO II
DAS OBRIGAÇÕES E DIREITOS DO INCORPORADOR

Art. 32. O incorporador somente poderá alienar ou onerar as frações ideais de terrenos e acessões que corresponderão às futuras unidades autônomas após o registro, no registro de imóveis competente, do memorial de incorporação composto pelos seguintes documentos:

▶ *Caput* com a redação dada pela Lei nº 14.382, de 27-6-2022.

a) título de propriedade de terreno, ou de promessa, irrevogável e irretratável, de compra e venda ou de cessão de direitos ou de permuta, do qual conste cláusula de imissão na posse do imóvel, não haja estipulações impeditivas de sua alienação em frações ideais e inclua consentimento para demolição e construção, devidamente registrado;

b) certidões negativas de impostos federais, estaduais e municipais, de protesto de títulos, de ações cíveis e criminais e de ônus reais relativamente ao imóvel, aos alienantes do terreno e ao incorporador;

c) histórico dos títulos de propriedade do imóvel, abrangendo os últimos vinte anos, acompanhado de certidão dos respectivos registros;

d) projeto de construção devidamente aprovado pelas autoridades competentes;

e) cálculo das áreas das edificações, discriminando, além da global, a das partes comuns, e indicando, para cada tipo de unidade, a respectiva metragem de área construída;

f) certidão negativa de débito para com a Previdência Social, quando o titular de direitos sobre o terreno for responsável pela arrecadação das respectivas contribuições;

▶ Dec.-lei nº 821, de 5-9-1969, dispõe sobre casos de dispensa de apresentação de certificado de quitação.

g) memorial descritivo das especificações da obra projetada, segundo modelo a que se refere o inciso IV do artigo 53 desta Lei;

h) avaliação do custo global da obra, atualizada à data do arquivamento, calculada de acordo com a norma do inciso III do artigo 53, com base nos custos unitários referidos no artigo 54, discriminando-se, também, o custo de construção de cada unidade, devidamente autenticada pelo profissional responsável pela obra;

i) instrumento de divisão do terreno em frações ideais autônomas que contenham a sua discriminação e a descrição, a caracterização e a destinação das futuras unidades e partes comuns que a elas acederão;

j) minuta de convenção de condomínio que disciplinará o uso das futuras unidades e partes comuns do conjunto imobiliário;

▶ Alíneas *i* e *j* com a redação dada pela Lei nº 14.382, de 27-6-2022.

l) declaração em que se defina a parcela do preço de que trata o inciso II, do artigo 39;

m) certidão do instrumento público de mandato, referido no § 1º do artigo 31;

n) declaração expressa em que se fixe, se houver, o prazo de carência (artigo 34);

o) *Revogada*. Lei nº 14.382, de 27-6-2022;

p) declaração, acompanhada de plantas elucidativas, sobre o número de veículos que a garagem comporta e os locais destinados à guarda dos mesmos.

§ 1º A documentação referida neste artigo, após o exame do oficial de registro de imóveis, será arquivada em cartório, fazendo-se o competente registro.

§ 1º-A. O registro do memorial de incorporação sujeita as frações do terreno e as respectivas acessões a regime condominial especial, investe o incorporador e os futuros adquirentes na faculdade de sua livre disposição ou oneração e independe de anuência dos demais condôminos.

▶ § 1º-A acrescido pela Lei nº 14.382, de 27-6-2022.

§ 2º Os contratos de compra e venda, promessa de venda, cessão ou promessa de cessão de unidades autônomas são irretratáveis e, uma vez registrados, conferem direito real oponível a terceiros, atribuindo direito a adjudicação compulsória perante o incorporador ou a quem o suceder, inclusive na hipótese de insolvência posterior ao término da obra.

▶ § 2º com a redação dada pela Lei nº 10.931, de 2-8-2004.

§ 3º O número do registro referido no § 1º, bem como a indicação do cartório competente, constará, obrigatoriamente, dos anúncios, impressos, publicações, propostas, contratos, preliminares ou definitivos, referentes à incorporação, salvo dos anúncios "classificados".

§ 4º O registro de imóveis dará certidão ou fornecerá, a quem o solicitar, cópia fotostática, heliográfica, termofax, microfilmagem ou outra equivalente, dos documentos especificados neste artigo, ou autenticará cópia apresentada pela parte interessada.

§ 5º A existência de ônus fiscais ou reais, salvo os impeditivos de alienação, não impedem o registro, que será feito com as devidas ressalvas, mencionando-se, em todos os documentos, extraídos do registro, a existência e a extensão dos ônus.

§ 6º Os oficiais do registro de imóveis terão 10 (dez) dias úteis para apresentar, por escrito, todas as exigências que julgarem necessárias ao registro e, satisfeitas as referidas exigências, terão o prazo de 10 (dez) dias úteis para fornecer certidão e devolver a segunda via autenticada da documentação, quando apresentada por meio físico, com exceção dos documentos públicos, e caberá ao oficial, em caso de divergência, suscitar a dúvida, segundo as normas processuais aplicáveis.

▶ § 6º com a redação dada pela Lei nº 14.382, de 27-6-2022.

§ 7º O oficial do registro de imóveis responde, civil e criminalmente, se efetuar o arquivamento de documentação contraveniente à lei ou der certidão (VETADO) sem o arquivamento de todos os documentos exigidos.

§ 8º O oficial do registro de imóveis que não observar o prazo previsto no § 6º ficará sujeito a penalidade imposta pela autoridade judiciária competente em montante igual ao dos emolumentos devidos pelo registro de que trata este artigo, aplicável por quinzena ou fração de quinzena de superação de cada um daqueles prazos.

§ 9º O oficial do registro de imóveis não responde pela exatidão dos documentos que lhe forem apresentados para arquivamento em obediência ao disposto nas alíneas *e*, *g*, *h*, *l*, e *p* deste artigo, desde que assinados pelo profissional responsável pela obra.

§ 10. As plantas do projeto aprovado (alínea *d* deste artigo) poderão ser apresentadas em cópia autenticada pelo profissional responsável pela obra, acompanhada de cópia de licença de construção.

§ 11. Até 30 de junho de 1966, se, dentro de quinze dias da entrega ao cartório do registro de imóveis da documentação completa prevista neste artigo, feita por carta enviada pelo ofício de títulos e documentos, não tiver o cartório de imóveis entregue a certidão de arquivamento e registro, nem formulado, por escrito, as exigências previstas no § 6º, considerar-se-á de pleno direito completado o registro provisório.

§ 12. O registro provisório previsto no parágrafo anterior autoriza o incorporador a negociar as unidades da incorporação, indicando na sua publicação o número do registro de títulos e documentos referente à remessa dos documentos ao cartório de imóveis, sem prejuízo, todavia, da sua responsabilidade perante o adquirente da unidade e da obrigação de satisfazer as exigências posteriormente formuladas pelo cartório, bem como de completar o registro definitivo.

§ 13. Na incorporação sobre imóvel objeto de imissão na posse registrada conforme item 36 do inciso I do art. 167 da Lei nº 6.015, de 31 de dezembro de 1973, fica dispensada a apresentação, relativamente ao ente público, dos documentos mencionados nas alíneas a, *b*, *c*, *f* e *o* deste artigo, devendo o incorporador celebrar contrato de cessão de posse com os adquirentes das unidades autônomas, aplicando-se a regra prevista nos §§ 4º, 5º e 6º do art. 26 da Lei nº 6.766, de 19 de dezembro de 1979.

▶ § 13 com a redação dada pela Lei nº 12.424, de 16-6-2011 (*DOU* de 17-6-2011 e republicada no *DOU* de 20-6-2011).

§ 14. Quando demonstrar de modo suficiente o estado do processo e a repercussão econômica do litígio, a certidão esclarecedora de ação cível ou penal poderá ser substituída por impressão do andamento do processo digital.

§ 15. O registro do memorial de incorporação e da instituição do condomínio sobre as frações ideais constitui ato registral único.

▶ §§ 14 e 15 acrescidos pela Lei nº 14.382, de 27-6-2022.

Art. 33. Se, após 180 (cento e oitenta) dias da data do registro da incorporação, ela ainda não se houver concretizado, por meio da formalização da alienação ou da oneração de alguma unidade futura, da contratação de financiamento para a construção ou do início das obras do empreendimento, o incorporador somente poderá negociar unidades depois de averbar a atualização das certidões e de eventuais documentos com prazo de validade vencido a que se refere o art. 32 desta Lei.

▶ *Caput* com a redação dada pela Lei nº 14.382, de 27-6-2022.

Parágrafo único. Enquanto não concretizada a incorporação, o procedimento de que trata o *caput* deste artigo deverá ser realizado a cada 180 (cento e oitenta) dias.

▶ Parágrafo único acrescido pela Lei nº 14.382, de 27-6-2022.

Art. 34. O incorporador poderá fixar, para efetivação da incorporação, prazo de carência, dentro do qual lhe é lícito desistir do empreendimento.

§ 1º A fixação do prazo de carência será feita pela declaração a que se refere a alínea *n* do artigo 32, onde se fixem as condições que autorizarão o incorporador a desistir do empreendimento.

§ 2º Em caso algum poderá o prazo de carência ultrapassar o termo final do prazo da validade do registro ou, se for o caso, de sua revalidação.

§ 3º Os documentos preliminares de ajuste, se houver, mencionarão, obrigatoriamente, o prazo de carência, inclusive para efeitos do artigo 45.

§ 4º A desistência da incorporação será denunciada, por escrito, ao registro de imóveis (VETADO) e comunicada, por escrito, a cada um dos adquirentes ou candidatos à aquisição, sob pena de responsabilidade civil e criminal do incorporador.

§ 5º Será averbada no registro da incorporação a desistência de que trata o parágrafo anterior, arquivando-se em cartório o respectivo documento.

§ 6º O prazo de carência é improrrogável.

Art. 35. O incorporador terá o prazo máximo de 45 dias, a contar do termo final do prazo de carência, se houver, para promover a celebração do competente contrato relativo à fração ideal de terreno, e, bem assim, do contrato de construção e da convenção do condomínio, de acordo com discriminação constante da alínea *i* do artigo 32.

▸ O art. 13 da Lei nº 4.864, de 29-11-1965, elevou para 60 (sessenta) dias o prazo máximo concedido neste artigo.

§ 1º No caso de não haver prazo de carência, o prazo acima se contará da data de qualquer documento de ajuste preliminar.

§ 2º Quando houver prazo de carência, a obrigação somente deixará de existir se o incorporador tiver denunciado, dentro do mesmo prazo e nas condições previamente estabelecidas, por escrito, ao registro de imóveis, a não concretização do empreendimento.

§ 3º Se, dentro do prazo de carência, o incorporador não denunciar a incorporação, embora não se tenham reunido as condições a que se refere o § 1º, o outorgante do mandato, de que trata o § 1º, do artigo 31, poderá fazê-lo nos cinco dias subsequentes ao prazo de carência, e nesse caso ficará solidariamente responsável com o incorporador pela devolução das quantias que os adquirentes ou candidatos à aquisição houverem entregue ao incorporador, resguardado o direito de regresso sobre eles, dispensando-se, então, do cumprimento da obrigação fixada no *caput* deste artigo.

▸ Arts. 275 a 285 do CC.

§ 4º Descumprida pelo incorporador e pelo mandante de que trata o § 1º do artigo 31 a obrigação da outorga dos contratos referidos no *caput* deste artigo, nos prazos ora fixados, a carta proposta ou o documento de ajuste preliminar poderão ser averbados no registro de imóveis, averbação que conferirá direito real oponível a terceiros, com o consequente direito à obtenção compulsória do contrato correspondente.

§ 5º Na hipótese do parágrafo anterior, o incorporador incorrerá também na multa de cinquenta por cento sobre a quantia que efetivamente tiver recebido, cobrável por via executiva, em favor do adquirente ou candidato à aquisição.

§ 6º Ressalvado o disposto no artigo 43, do contrato de construção deverá constar expressamente a menção dos responsáveis pelo pagamento da construção de cada uma das unidades. O incorporador responde, em igualdade de condições, com os demais contratantes, pelo pagamento da construção das unidades que não tenham tido a responsabilidade pela sua construção assumida por terceiros e até que o tenham.

Art. 35-A. Os contratos de compra e venda, promessa de venda, cessão ou promessa de cessão de unidades autônomas integrantes de incorporação imobiliária serão iniciados por quadro-resumo, que deverá conter:

I – o preço total a ser pago pelo imóvel;

II – o valor da parcela do preço a ser tratada como entrada, a sua forma de pagamento, com destaque para o valor pago à vista, e os seus percentuais sobre o valor total do contrato;

III – o valor referente à corretagem, suas condições de pagamento e a identificação precisa de seu beneficiário;

IV – a forma de pagamento do preço, com indicação clara dos valores e vencimentos das parcelas;

V – os índices de correção monetária aplicáveis ao contrato e, quando houver pluralidade de índices, o período de aplicação de cada um;

VI – as consequências do desfazimento do contrato, seja por meio de distrato, seja por meio de resolução contratual motivada por inadimplemento de obrigação do adquirente ou do incorporador, com destaque negritado para as penalidades aplicáveis e para os prazos para devolução de valores ao adquirente;

VII – as taxas de juros eventualmente aplicadas, se mensais ou anuais, se nominais ou efetivas, o seu período de incidência e o sistema de amortização;

VIII – as informações acerca da possibilidade do exercício, por parte do adquirente do imóvel, do direito de arrependimento previsto no art. 49 da Lei nº 8.078, de 11 de setembro de 1990 (Código de Defesa do Consumidor), em todos os contratos firmados em estandes de vendas e fora da sede do incorporador ou do estabelecimento comercial;

IX – o prazo para quitação das obrigações pelo adquirente após a obtenção do auto de conclusão da obra pelo incorporador;

X – as informações acerca dos ônus que recaiam sobre o imóvel, em especial quando o vinculem como garantia real do financiamento destinado à construção do investimento;

XI – o número do registro do memorial de incorporação, a matrícula do imóvel e a identificação do cartório de registro de imóveis competente;

XII – o termo final para obtenção do auto de conclusão da obra (habite-se) e os efeitos contratuais da intempestividade prevista no art. 43-A desta Lei.

§ 1º Identificada a ausência de quaisquer das informações previstas no *caput* deste artigo, será concedido prazo de 30 (trinta) dias para aditamento do contrato e saneamento da omissão, findo o qual, essa omissão, se não sanada, caracterizará justa causa para rescisão contratual por parte do adquirente.

§ 2º A efetivação das consequências do desfazimento do contrato, referidas no inciso VI do *caput* deste artigo, dependerá de anuência prévia e específica do adquirente a seu respeito, mediante assinatura junto a essas cláusulas, que deverão ser redigidas conforme o disposto no § 4º do art. 54 da Lei nº 8.078, de 11 de setembro de 1990 (Código de Defesa do Consumidor).

▸ Art. 35-A acrescido pela Lei nº 13.786, de 27-12-2018.

Art. 36. No caso de denúncia de incorporação, nos termos do artigo 34, se o incorporador, até trinta dias a contar da denúncia, não restituir aos adquirentes as importâncias pagas, estes poderão cobrá-la por via executiva, reajustado o seu valor a contar da data do recebimento, em função do índice geral de preços mensalmente publicado pelo Conselho Nacional de Economia, que reflita as variações no poder aquisitivo da moeda nacional, e acrescido de juros de seis por cento ao ano, sobre o total corrigido.

Art. 37. Se o imóvel estiver gravado de ônus real ou fiscal ou se contra os alienantes houver qualquer ação que possa comprometê-lo, o fato será obrigatoriamente mencionado em todos os documentos de ajuste, com a indicação de sua natureza e das condições de liberação.

Art. 38. Também constará, obrigatoriamente, dos documentos de ajuste, se for o caso, o fato de encontrar-se ocupado o imóvel, esclarecendo-se a que título se deve esta ocupação e quais as condições de desocupação.

Art. 39. Nas incorporações em que a aquisição do terreno se der com pagamento total ou parcial em unidades a serem construídas, deverão ser discriminadas em todos os documentos de ajuste:

I – a parcela que, se houver, será paga em dinheiro;

II – a quota-parte da área das unidades a serem entregues em pagamento do terreno que corresponderá a cada uma das unidades, a qual deverá ser expressa em metros quadrados.

Parágrafo único. Deverá constar, também, de todos os documentos de ajuste, se o alienante do terreno ficou ou não sujeito a qualquer prestação ou encargo.

Art. 40. No caso de rescisão de contrato de alienação do terreno ou de fração ideal, ficarão rescindidas as cessões ou promessas de cessão de direitos correspondentes à aquisição do terreno.

§ 1º Nesta hipótese, consolidar-se-á, no alienante em cujo favor se opera a resolução, o direito sobre a construção porventura existente.

§ 2º No caso do parágrafo anterior, cada um dos ex-titulares de direito à aquisição de unidades autônomas haverá do mencionado alienante o valor da parcela de construção que haja adicionado à unidade, salvo se a rescisão houver sido causada pelo ex-titular.

§ 3º Na hipótese dos parágrafos anteriores, sob pena de nulidade, não poderá o alienante em cujo favor se operou a resolução voltar a negociar seus direitos sobre a unidade autônoma, sem a prévia indenização aos titulares, de que trata o § 2º.

§ 4º No caso do parágrafo anterior, se os ex-titulares tiverem de recorrer à cobrança judicial do que lhes for devido, somente poderão garantir o seu pagamento à unidade e respectiva fração de terreno objeto do presente artigo.

Art. 41. Quando as unidades imobiliárias forem contratadas pelo incorporador por preço global compreendendo quota de terreno e construção, inclusive com parte do pagamento após a entrega da unidade, discriminar-se-ão, no contrato, o preço da quota de terreno e o da construção.

§ 1º Poder-se-á estipular que, na hipótese de o adquirente atrasar o pagamento de parcela relativa a construção, os efeitos da mora recairão não apenas sobre a aquisição da parte construída, mas, também, sobre a fração ideal de terreno, ainda que esta tenha sido totalmente paga.

§ 2º Poder-se-á também estipular que, na hipótese de o adquirente atrasar o pagamento da parcela relativa à fração ideal de terreno, os efeitos da mora recairão não apenas sobre a aquisição da fração ideal, mas, também, sobre a parte construída, ainda que totalmente paga.

Art. 42. No caso de rescisão do contrato relativo à fração ideal de terreno e partes comuns, a pessoa em cujo favor se tenha operado a resolução sub-rogar-se-á nos direitos e obrigações contratualmente atribuídos ao inadimplente, com relação à construção.

Art. 43. Quando o incorporador contratar a entrega da unidade a prazo e preços certos, determinados ou determináveis, mesmo quando pessoa física, ser-lhe-ão impostas as seguintes normas:

I – encaminhar à comissão de representantes:

▸ *Caput* do inciso I com a redação dada pela Lei nº 14.382, de 27-6-2022.

a) a cada 3 (três) meses, o demonstrativo do estado da obra e de sua correspondência com o prazo pactuado para entrega do conjunto imobiliário; e

b) quando solicitada, a relação dos adquirentes com os seus endereços residenciais e eletrônicos, devendo os integrantes da comissão de representantes, no tratamento de tais dados, atender ao disposto na Lei nº 13.709, de 14 de agosto de 2018 (Lei Geral de Proteção de Dados Pessoais), no que for aplicável;

▸ Alíneas *a* e *b* acrescidas pela Lei nº 14.382, de 27-6-2022.

II – responder civilmente pela execução da incorporação, devendo indenizar os adquirentes ou compromissários, dos prejuízos que a estes advierem do fato de não se concluir a edificação ou de se retardar injustificadamente a conclusão das obras, cabendo-lhe ação regressiva contra o construtor, se for o caso e se a este couber a culpa;

▸ Súm. nº 194 do STJ.

III – em caso de falência do incorporador, pessoa física ou jurídica, e não ser possível à maioria prosseguir na construção das edificações, os subscritores ou candidatos à aquisição de unidades serão credores privilegiados pelas quantias que houverem pago ao incorporador, respondendo subsidiariamente os bens pessoais deste;

IV – é vedado ao incorporador alterar o projeto, especialmente no que se refere à unidade do adquirente e às partes comuns, modificar as especificações, ou desviar-se do plano da construção, salvo autorização unânime dos interessados ou exigência legal;

V – não poderá modificar as condições de pagamento nem reajustar o preço das unidades, ainda no caso de elevação dos preços dos materiais e da mão de obra, salvo se tiver sido expressamente ajustada a faculdade de reajustamento, procedendo-se, então, nas condições estipuladas;

VI – se o incorporador, sem justa causa devidamente comprovada, paralisar as obras por mais de trinta dias, ou retardar-lhes excessivamente o andamento, poderá o juiz notificá-lo para que no prazo mínimo de trinta dias as reinicie ou torne a dar-lhes o andamento normal. Desatendida a notificação, poderá o incorporador ser destituído pela maioria absoluta dos votos dos adquirentes, sem prejuízo da responsabilidade civil ou penal que couber, sujeito à cobrança executiva das importâncias comprovadamente devidas, facultando-se aos interessados prosseguir na obra (VETADO);

VII – em caso de insolvência do incorporador que tiver optado pelo regime da afetação e não sendo possível à maioria prosseguir na construção, a assembleia-geral poderá, pelo voto de 2/3 (dois terços) dos adquirentes, deliberar pela venda do terreno, das acessões e demais bens e direitos integrantes do patrimônio de afetação, mediante leilão ou outra forma que estabelecer, distribuindo entre si, na proporção dos recursos que comprovadamente tiverem aportado, o resultado líquido da venda, depois de pagas as dívidas do patrimônio de afetação e deduzido e entregue ao proprietário do terreno a quantia que lhe couber, nos termos do art. 40; não se obtendo, na venda, a reposição dos aportes efetivados pelos adquirentes, reajustada na forma da lei e de acordo com os critérios do contrato celebrado com o incorporador, os adquirentes serão credores privilegiados pelos valores da diferença não reembolsada, respondendo subsidiariamente os bens pessoais do incorporador.

▸ Inciso VII com a redação dada pela Lei nº 10.931, de 2-8-2004.

§ 1º Deliberada a destituição de que tratam os incisos VI e VII do *caput* deste artigo, o incorporador será notificado extrajudicialmente pelo oficial do registro de imóveis da circunscrição em que estiver localizado o empreendimento para que, no prazo de 15 (quinze) dias, contado da data da entrega da notificação na sede do incorporador ou no seu endereço eletrônico:

I – imita a comissão de representantes na posse do empreendimento e lhe entregue:

a) os documentos correspondentes à incorporação; e

b) os comprovantes de quitação das quotas de construção de sua responsabilidade a que se referem o § 5º do art. 31-A e o § 6º do art. 35 desta Lei; ou

II – efetive o pagamento das quotas que estiverem pendentes, de modo a viabilizar a realização da auditoria a que se refere o art. 31-C desta Lei.

§ 2º Da ata da assembleia-geral que deliberar a destituição do incorporador deverão constar os nomes dos adquirentes presentes e as seguintes informações:

I – a qualificação;

II – o documento de identidade;

III – as inscrições no Cadastro de Pessoas Físicas (CPF) ou no Cadastro Nacional da Pessoa Jurídica (CNPJ) da Secretaria Especial da Receita Federal do Brasil do Ministério da Economia;

IV – os endereços residenciais ou comerciais completos; e

V – as respectivas frações ideais e acessões a que se vincularão as suas futuras unidades imobiliárias, com a indicação dos correspondentes títulos aquisitivos, públicos ou particulares, ainda que não registrados no registro de imóveis.

§ 3º A ata de que trata o § 2º deste artigo, registrada no registro de títulos e documentos, constituirá documento hábil para:

I – averbação da destituição do incorporador na matrícula do registro de imóveis da circunscrição em que estiver registrado o memorial de incorporação; e

II – implementação das medidas judiciais ou extrajudiciais necessárias:

a) à imissão da comissão de representantes na posse do empreendimento;

b) à investidura da comissão de representantes na administração e nos poderes para a prática dos atos de disposição que lhe são conferidos pelos arts. 31-F e 63 desta Lei;

c) à inscrição do respectivo condomínio da construção no CNPJ; e

d) quaisquer outros atos necessários à efetividade da norma instituída no *caput* deste artigo, inclusive para prosseguimento da obra ou liquidação do patrimônio da incorporação.

§ 4º As unidades não negociadas pelo incorporador e vinculadas ao pagamento das correspondentes quotas de construção nos termos do § 6º do art. 35 desta Lei ficam indisponíveis e insuscetíveis de constrição por dívidas estranhas à respectiva incorporação até que o incorporador comprove a regularidade do pagamento.

§ 5º Fica autorizada a comissão de representantes a promover a venda, com fundamento no § 14 do art. 31-F e no art. 63 desta Lei, das unidades de que trata o § 4º, expirado o prazo da notificação a que se refere o § 1º deste artigo, com aplicação do produto obtido no pagamento do débito correspondente.

▸ §§ 1º a 5º acrescidos pela Lei nº 14.382, de 27-6-2022.

Art. 43-A. A entrega do imóvel em até 180 (cento e oitenta) dias corridos da data estipulada contratualmente como data prevista para conclusão do empreendimento, desde que expressamente pactuado, de forma clara e destacada, não dará causa à resolução do contrato por parte do adquirente nem ensejará o pagamento de qualquer penalidade pelo incorporador.

§ 1º Se a entrega do imóvel ultrapassar o prazo estabelecido no *caput* deste artigo, desde que o adquirente não tenha dado causa ao atraso, poderá ser promovida por este a resolução do contrato, sem prejuízo da devolução da integralidade de todos os valores pagos e da multa estabelecida, em até 60 (sessenta) dias corridos contados da resolução, corrigidos nos termos do § 8º do art. 67-A desta Lei.

§ 2º Na hipótese de a entrega do imóvel estender-se por prazo superior àquele previsto no *caput* deste artigo, e não se tratar de resolução do contrato, será devida ao adquirente adimplente, por ocasião da entrega da unidade, indenização de 1% (um por cento) do valor efetivamente pago à incorporadora, para cada mês de atraso, *pro rata die*, corrigido monetariamente conforme índice estipulado em contrato.

§ 3º A multa prevista no § 2º deste artigo, referente a mora no cumprimento da obrigação, em hipótese alguma poderá ser cumulada com a multa estabelecida no § 1º deste artigo, que trata da inexecução total da obrigação.

▸ Art. 43-A acrescido pela Lei nº 13.786, de 27-12-2018.

Art. 44. Após a concessão do habite-se pela autoridade administrativa, incumbe ao incorporador a averbação da construção em correspondência às frações ideais discriminadas na matrícula do terreno, respondendo perante os adquirentes pelas perdas e danos que resultem da demora no cumprimento dessa obrigação.

▸ *Caput* com a redação dada pela Lei nº 14.382, de 27-6-2022.

§ 1º Se o incorporador não requerer a averbação (VETADO) o construtor requerê-la-á (VETADO) sob pena de ficar solidariamente responsável com o incorporador perante os adquirentes.

§ 2º Na omissão do incorporador e do construtor, a averbação poderá ser requerida por qualquer dos adquirentes de unidade.

Art. 45. É lícito ao incorporador recolher o imposto do selo devido, mediante apresentação dos contratos preliminares, até dez dias a contar do vencimento do prazo de carência a que se refere o artigo 34, extinta a obrigação se, dentro deste prazo, for denunciada a incorporação.

Art. 46. Quando o pagamento do imposto sobre lucro imobiliário e respectivos acréscimos e adicionais for de responsabilidade do vendedor do terreno, será lícito ao adquirente reter o pagamento das últimas prestações anteriores à data limite em que é lícito pagar, sem reajuste, o referido imposto e os adicionais, caso o vendedor não apresente a quitação até dez dias antes do vencimento das prestações cujo pagamento torne inferior ao débito fiscal a parte do preço a ser ainda paga até a referida data limite.

Parágrafo único. No caso de retenção pelo adquirente, este ficará responsável, para todos os efeitos, perante o Fisco, pelo recolhimento do tributo, adicionais e acréscimos, inclusive pelos reajustamentos que vier a sofrer o débito fiscal (VETADO).

Art. 47. Quando se fixar no contrato que a obrigação do pagamento do imposto sobre lucro imobiliário, acréscimos e adicionais devidos pelo alienante é transferida ao adquirente, dever-se-á explicitar o montante que tal obrigação atingiria, se sua satisfação se desse na data da escritura.

§ 1º Neste caso, o adquirente será tido, para todos os efeitos, como responsável perante o Fisco.

§ 2º Havendo parcela restituível, a restituição será feita ao adquirente, e, se for o caso, em nome deste serão emitidas as obrigações do Tesouro Nacional a que se refere o artigo 4º da Lei nº 4.357, de 16 de julho de 1964.

§ 3º Para efeitos fiscais, não importará em aumento do preço de aquisição a circunstância de obrigar-se o adquirente ao pagamento do imposto sobre lucro imobiliário, seus acréscimos e adicionais.

CAPÍTULO III
DA CONSTRUÇÃO DE EDIFICAÇÕES EM CONDOMÍNIO

Seção I
DA CONSTRUÇÃO EM GERAL

Art. 48. A construção de imóveis, objeto de incorporação, nos moldes previstos nesta Lei, poderá ser contratada sob o regime da empreitada ou de administração, conforme adiante definidos, e poderá estar incluída no contrato com o incorporador (VETADO), ou ser contratada diretamente entre os adquirentes e o construtor.

§ 1º O projeto e o memorial descritivo das edificações farão parte integrante e complementar do contrato.

§ 2º Do contrato deverá constar o prazo da entrega das obras e as condições e formas de sua eventual prorrogação.

Art. 49. Os contratantes da construção, inclusive no caso do artigo 43, para tratar de seus interesses, com relação a ela, poderão reunir-se em assembleia, cujas deliberações, desde que aprovadas por maioria simples dos votos presentes, serão válidas e obrigatórias para todos eles, salvo no que afetar ao direito de propriedade previsto na legislação.

§ 1º As assembleias serão convocadas, pelo menos, por um terço dos votos dos contratantes, pelo incorporador ou pelo construtor, com menção expressa do assunto a tratar, sendo admitido comparecimento de procurador bastante.

§ 2º A convocação da assembleia será feita por carta registrada ou protocolo, com antecedência mínima de cinco dias para a primeira convocação, e mais três dias para a segunda, podendo ambas as convocações ser feitas no mesmo aviso.

§ 3º A assembleia instalar-se-á, no mínimo, com metade dos contratantes, em primeira convocação, e com qualquer número, em segunda, sendo, porém, obrigatória a presença, em qualquer caso, do incorporador ou do construtor, quando convocantes e, pelo menos, com metade dos contratantes que a tenham convocado, se for o caso.

§ 4º Na assembleia, os votos dos contratantes serão proporcionais às respectivas frações ideais de terreno.

Art. 50. Será designada no contrato de construção ou eleita em assembleia-geral a ser realizada por iniciativa do incorporador no prazo de até 6 (seis) meses, contado da data do registro do memorial de incorporação, uma comissão de representantes composta por, no mínimo, 3 (três) membros escolhidos entre os adquirentes para representá-los perante o construtor ou, no caso previsto no art. 43 desta Lei, o incorporador, em tudo o que interessar ao bom andamento da incorporação e, em especial, perante terceiros, para praticar os atos resultantes da aplicação do disposto nos art. 31-A a art. 31-F desta Lei.

▸ *Caput* com a redação dada pela Lei nº 14.382, de 27-6-2022.

§ 1º Uma vez eleita a Comissão, cuja constituição se comprovará com a ata da assembleia, devidamente inscrita no registro de títulos e documentos, esta ficará de pleno direito investida dos poderes necessários para exercer todas as atribuições e praticar todos os atos que esta Lei e o contrato de construção lhe deferirem, sem necessidade de instrumento especial outorgado pelos contratantes ou, se for o caso, pelos que se sub-rogarem nos direitos e obrigações destes.

§ 2º A assembleia-geral poderá, pela maioria absoluta dos votos dos adquirentes, alterar a composição da Comissão de Representantes e revogar qualquer de suas decisões, ressalvados os direitos de terceiros quanto aos efeitos já produzidos.

▸ § 2º com a redação dada pela Lei nº 10.931, de 2-8-2004.

§ 3º Respeitados os limites constantes desta Lei, o contrato poderá discriminar as atribuições da Comissão e deverá dispor sobre os mandatos de seus membros, sua destituição e a forma de preenchimento das vagas eventuais, sendo lícita a estipulação de que o mandato conferido a qualquer membro, no caso de sub-rogação de seu contrato a terceiros, se tenha por transferido, de pleno direito, ao sub-rogatário, salvo se este não o aceitar.

§ 4º Nas incorporações em que o número de contratantes de unidades for igual ou inferior a três, a totalidade deles exercerá, em conjunto, as atribuições que esta Lei confere à Comissão, aplicando-se, no que couber, o disposto nos parágrafos anteriores.

Art. 51. Nos contratos de construção, seja qual for seu regime, deverá constar expressamente a quem caberão as despesas com ligações de serviços públicos, devidas ao Poder Público, bem como as despesas indispensáveis à instalação, funcionamento e regulamentação do condomínio.

Parágrafo único. Quando o serviço público for explorado mediante concessão, os contratos de construção deverão também especificar a quem caberão as despesas com as ligações que incumbam às concessionárias, no caso de não estarem elas obrigadas a fazê-las, ou, em o estando, se a isto se recusarem ou alegarem impossibilidade.

Art. 52. Cada contratante da construção só será imitido na posse de sua unidade se estiver em dia com as obrigações assumidas, inclusive as relativas à construção, exercendo o construtor e o condomínio, até então, o direito de retenção sobre a respectiva unidade; no caso do artigo 43, este direito será exercido pelo incorporador.

Art. 53. O Poder Executivo, através do Banco Nacional da Habitação, promoverá a celebração de contratos, com a Associação Brasileira de Normas Técnicas (ABNT), no sentido de que esta, tendo em vista o disposto na Lei nº 4.150, de 21 de novembro de 1962, prepare, no prazo máximo de cento e vinte dias, normas que estabeleçam, para cada tipo de prédio que padronizar:

I – critérios e normas para cálculo de custos unitários de construção, para uso dos sindicatos, na forma do artigo 54;

II – critérios e normas para execução de orçamentos de custos de construção, para fins do disposto no artigo 59;

III – critérios e normas para a avaliação de custo global de obra, para fins da alínea *h*, do artigo 32;

IV – modelo de memorial descritivo dos acabamentos de edificação, para fins do disposto no artigo 32;

V – critério para entrosamento entre o cronograma das obras e o pagamento das prestações, que poderá ser introduzido nos contratos de incorporação inclusive para o efeito de aplicação do disposto no § 2º do artigo 48.

§ 1º O número de tipos padronizados deverá ser reduzido e na fixação se atenderá primordialmente:

a) o número de pavimentos e a existência de pavimentos especiais (subsolo, pilotis etc.);

b) o padrão da construção (baixo, normal, alto), tendo em conta as condições de acabamento, a qualidade dos materiais empregados, os equipamentos, o número de elevadores e as inovações de conforto;

c) as áreas de construção.

§ 2º Para custear o serviço a ser feito pela ABNT, definido neste artigo, fica autorizado o Poder Executivo a abrir um crédito especial no valor de dez milhões de cruzeiros, em favor do Banco Nacional da Habitação, vinculado a este fim, podendo o Banco adiantar a importância à ABNT, se necessário.

§ 3º No contrato a ser celebrado com a ABNT, estipular-se-á a atualização periódica das normas previstas neste artigo, mediante remuneração razoável.

Art. 54. Os sindicatos estaduais da indústria da construção civil ficam obrigados a divulgar mensalmente, até o dia 5 de cada mês, os custos unitários de construção a serem adotados nas respectivas regiões jurisdicionais, calculados com observância dos critérios e normas a que se refere o inciso I do artigo anterior.

§ 1º O sindicato estadual que deixar de cumprir a obrigação prevista neste artigo deixará de receber dos cofres públicos, enquanto perdurar a omissão, qualquer subvenção ou auxílio que pleiteie ou a que tenha direito.

§ 2º Na ocorrência de omissão de sindicato estadual, o construtor usará os índices fixados por outro sindicato estadual, em cuja região os custos de construção mais lhe pareçam aproximados dos da sua.

§ 3º Os orçamentos ou estimativas baseados nos custos unitários a que se refere este artigo só poderão ser considerados atualizados, em certo mês, para os efeitos desta Lei, se baseados em custos unitários relativos ao próprio mês ou a um dos dois meses anteriores.

Seção II — *DA CONSTRUÇÃO POR EMPREITADA*

Art. 55. Nas incorporações em que a construção seja feita pelo regime de empreitada, esta poderá ser a preço fixo, ou a preço reajustável por índices previamente determinados.

§ 1º Na empreitada a preço fixo, o preço da construção será irreajustável, independentemente das variações que sofrer o custo efetivo das obras e quaisquer que sejam suas causas.

§ 2º Na empreitada a preço reajustável, o preço fixado no contrato será reajustado na forma e nas épocas nele expressamente previstas, em função da variação dos índices adotados, também previstos obrigatoriamente no contrato.

§ 3º Nos contratos de construção por empreitada, a Comissão de Representantes fiscalizará o andamento da obra e a obediência ao projeto e às especificações exercendo as demais obrigações inerentes à sua função representativa dos contratantes e fiscalizadora da construção.

§ 4º Nos contratos de construção fixados sob regime de empreitada, reajustável, a Comissão de Representantes fiscalizará, também, o cálculo do reajustamento.

§ 5º No contrato deverá ser mencionado o montante do orçamento atualizado da obra, calculado de acordo com as normas do inciso III do artigo 53, com base nos custos unitários referidos no artigo 54, quando o preço estipulado for inferior ao mesmo.

§ 6º Na forma de expressa referência, os contratos de empreitada entendem-se como sendo a preço fixo.

Art. 56. Em toda a publicidade ou propaganda escrita, destinada a promover a venda de incorporação com construção pelo regime de empreitada reajustável, em que conste preço, serão discriminados explicitamente o preço da fração ideal do terreno e o preço da construção, com indicação expressa da reajustabilidade.

§ 1º As mesmas indicações deverão constar em todos os papéis utilizados para a realização da incorporação, tais como cartas, propostas, escrituras, contratos e documentos semelhantes.

§ 2º Esta exigência será dispensada nos anúncios "classificados" dos jornais.

Art. 57. Ao construtor que contratar, por empreitada a preço fixo, uma obra de incorporação, aplicar-se-á, no que couber, o disposto nos itens II, III, IV (VETADO) e VI do artigo 43.

Seção III — *DA CONSTRUÇÃO POR ADMINISTRAÇÃO*

Art. 58. Nas incorporações em que a construção for contratada pelo regime de administração, também chamado "a preço de custo", será de responsabilidade dos proprietários ou adquirentes o pagamento do custo integral de obra, observadas as seguintes disposições:

I – todas as faturas, duplicatas, recibos e quaisquer documentos referentes às transações ou aquisições para construção, serão emitidos em nome do condomínio dos contratantes da construção;

II – todas as contribuições dos condôminos, para qualquer fim relacionado com a construção, serão depositadas em contas abertas em nome do condomínio dos contratantes em estabelecimentos bancários, as quais serão movimentadas pela forma que for fixada no contrato.

Art. 59. No regime de construção por administração será obrigatório constar do respectivo contrato o montante do orçamento do custo da obra, elaborado com estrita observância dos critérios e normas referidos no inciso II do artigo 53, e a data em que se iniciará efetivamente a obra.

§ 1º Nos contratos lavrados até o término das fundações, este montante não poderá ser inferior ao da estimativa atualizada, a que se refere o § 3º do artigo 54.

§ 2º Nos contratos celebrados após o término das fundações, este montante não poderá ser inferior à última revisão efetivada na forma do artigo seguinte.

§ 3º Às transferências e sub-rogações do contrato, em qualquer fase da obra, aplicar-se-á o disposto neste artigo.

Art. 60. As revisões da estimativa de custo da obra serão efetuadas, pelo menos semestralmente, em comum entre a Comissão de Representantes e o construtor. O contrato poderá estipular que, em função das necessidades da obra, sejam alteráveis os esquemas de contribuições quanto ao total, ao número, ao valor e à distribuição no tempo das prestações.

Parágrafo único. Em caso de majoração de prestações, o novo esquema deverá ser comunicado aos contratantes, com antecedência mínima de quarenta e cinco dias da data em que deverão ser efetuados os depósitos das primeiras prestações alteradas.

Art. 61. A Comissão de Representantes terá poderes para, em nome de todos os contratantes e na forma prevista no contrato:

a) examinar os balancetes organizados pelos construtores, dos recebimentos e despesas do condomínio dos contratantes, aprová-los ou impugná-los, examinando a documentação respectiva;

b) fiscalizar concorrências relativas às compras dos materiais necessários à obra ou aos serviços a ela pertinentes;

c) contratar, em nome do condomínio, com qualquer condômino, modificações por ele solicitadas em sua respectiva unidade, a serem administradas pelo construtor, desde que não prejudiquem unidade de outro condômino e não estejam em desacordo com o parecer técnico do construtor;

d) fiscalizar a arrecadação das contribuições destinadas à construção;

e) exercer as demais obrigações inerentes a sua função representativa dos contratantes e fiscalizadora da construção, e praticar todos os atos necessários ao funcionamento regular do condomínio.

Art. 62. Em toda publicidade ou propaganda escrita destinada a promover a venda de incorporação com construção pelo regime de administração em que conste preço, serão discriminados explicitamente o preço da fração ideal de terreno e o montante do orçamento atualizado do custo da construção, na forma dos artigos 59 e 60, com a indicação do mês a que se refere o dito orçamento e do tipo padronizado a que se vincule o mesmo.

§ 1º As mesmas indicações deverão constar em todos os papéis utilizados para a realização da incorporação, tais como cartas, propostas, escrituras, contratos e documentos semelhantes.

§ 2º Esta exigência será dispensada nos anúncios "classificados" dos jornais.

CAPÍTULO IV — DAS INFRAÇÕES

Art. 63. É lícito estipular no contrato, sem prejuízo de outras sanções, que a falta de pagamento, por parte do adquirente ou contratante, de três prestações do preço da construção, quer estabelecidas inicialmente, quer alteradas ou criadas posteriormente, quando for o caso, depois de prévia notificação com o prazo de dez dias para purgação da mora, implique na rescisão do contrato, conforme nele se fixar, ou que, na falta de pagamento pelo débito respondem os direitos à respectiva fração ideal de terreno e à parte construída adicionada, na forma abaixo estabelecida, se outra forma não fixar o contrato.

§ 1º Se o débito não for liquidado no prazo de dez dias, após solicitação da Comissão de Representantes, esta ficará, desde logo, de pleno direito, autorizada a efetuar, no prazo que fixar, em público, leilão anunciado pela forma que o contrato previr, a venda, promessa de venda ou de cessão, ou a cessão da quota de terreno e correspondente parte construída e direitos, bem como a sub-rogação do contrato de construção.

§ 2º Se o maior lanço obtido for inferior ao desembolso efetuado pelo inadimplente, para a quota do terreno e a construção, despesas acarretadas e as percentagens expressas no parágrafo seguinte, será realizada nova praça no prazo estipulado no contrato. Nesta segunda praça, será aceito o maior lanço apurado, ainda que inferior àquele total (VETADO).

§ 3º No prazo de vinte e quatro horas após a realização do leilão final, o condomínio, por decisão unânime de assembleia-geral em condições de igualdade com terceiros, terá preferência na aquisição dos bens, caso em que serão adjudicados ao condomínio.

§ 4º Do preço que for apurado no leilão, serão deduzidas as quantias em débito, todas as despesas ocorridas, inclusive honorários de advogado e anúncios, e mais cinco por cento a título de comissão e dez por cento de multa compensatória, que reverterão em benefício do condomínio de todos os contratantes com exceção do faltoso, ao qual será entregue o saldo, se houver.

§ 5º Para os fins das medidas estipuladas neste artigo, a Comissão de Representantes ficará investida de mandato irrevogável, isento do imposto do selo, na vigência do contrato geral de construção da obra, com poderes necessários para, em nome do condômino inadimplente, efetuar as citadas transações, podendo para este fim fixar preços, ajustar condições, sub-rogar o arrematante nos direitos e obrigações decorrentes do contrato de construção e da quota de terreno e construção; outorgar as competentes escrituras e contratos, receber preços, dar quitações; imitir o arrematante na posse do imóvel; transmitir domínio, direito e ação; responder pela evicção; receber citação, propor e variar de ações; e também dos poderes *ad juditia*, a serem substabelecidos a advogado legalmente habilitado.

§ 6º A morte, falência ou concordata do condômino ou sua dissolução, se se tratar de sociedade, não revogará o mandato de que trata o parágrafo anterior, o qual poderá ser exercido pela Comissão de Representantes até a conclusão dos pagamentos devidos, ainda que a unidade pertença a menor de idade.

§ 7º Os eventuais débitos, fiscais ou para com a Previdência Social, não impedirão a alienação por leilão público. Neste caso, ao condômino somente será entregue o saldo, se houver, desde que prove estar quite com o Fisco e a Previdência Social, devendo a Comissão de Representantes, em caso contrário, consignar judicialmente a importância equivalente aos débitos existentes, dando ciência do fato à entidade credora.

§ 8º Independentemente das disposições deste artigo e seus parágrafos, e como penalidades preliminares, poderá o contrato de construção estabelecer a incidência de multas e juros de mora em caso de atraso no depósito de contribuições sem prejuízo do disposto no parágrafo seguinte.

§ 9º O contrato poderá dispor que o valor das prestações, pagas com atraso, seja corrigível em função da variação do índice geral de preços mensalmente publicado pelo Conselho Nacional de Economia, que reflita as oscilações do poder aquisitivo da moeda nacional.

§ 10. O membro da Comissão de Representantes que incorrer na falta prevista neste artigo estará sujeito à perda automática do mandato e deverá ser substituído segundo dispuser o contrato.

Art. 64. Os órgãos de informação e publicidade que divulgarem publicidade sem os requisitos exigidos pelo § 3º do artigo 32 e pelos artigos 56 e 62, desta Lei, sujeitar-se-ão à multa em importância correspondente ao dobro do preço pago pelo anunciante, a qual reverterá em favor da respectiva Municipalidade.

Art. 65. É crime contra a economia popular promover incorporação, fazendo, em proposta, contratos, prospectos ou comunicação ao público ou aos interessados, afirmação falsa sobre a constituição do condomínio, alienação das frações ideais do terreno ou sobre a construção das edificações.

Pena – reclusão de um a quatro anos e multa de cinco a cinquenta vezes o maior salário mínimo legal vigente no País.

▶ Art. 2º da Lei nº 7.209, de 11-7-1984, que dispõe sobre a pena de multa.

§ 1º Incorrem na mesma pena:

I – o incorporador, o corretor e o construtor, individuais, bem como os diretores ou gerentes de empresa coletiva, incorporadora, corretora ou construtora que, em proposta, contrato, publicidade, prospecto, relatório, parecer, balanço ou comunicação ao público ou aos condôminos, candidatos ou subscritores de unidades, fizerem afirmação falsa sobre a constituição do condomínio, alienação das frações ideais ou sobre a construção das edificações;

II – o incorporador, o corretor e o construtor individuais, bem como os diretores ou gerentes de empresa coletiva, incorporadora, corretora ou construtora que usar, ainda que a título de empréstimo, em proveito próprio ou de terceiro, bens ou haveres destinados a incorporação contratada por administração, sem prévia autorização dos interessados.

§ 2º O julgamento destes crimes será de competência de juízo singular, aplicando-se os artigos 5º, 6º e 7º da Lei nº 1.521, de 26 de dezembro de 1951.

§ 3º Em qualquer fase do procedimento criminal objeto deste artigo, a prisão do indiciado dependerá sempre de mandado do juízo referido no § 2º.

Art. 66. São contravenções relativas à economia popular, puníveis na forma do artigo 10 da Lei nº 1.521, de 26 de dezembro de 1951:

I – negociar o incorporador frações ideais de terreno, sem previamente satisfazer às exigências constantes desta Lei;

II – omitir o incorporador, em qualquer documento de ajuste, as indicações a que se referem os artigos 37 e 38, desta Lei;

III – deixar o incorporador, sem justa causa, no prazo do artigo 35 e ressalvada a hipótese de seus §§ 2º e 3º, de promover a celebração do contrato relativo à fração ideal de terreno, do contrato de construção ou da Convenção do Condomínio;

IV – VETADO;

V – omitir o incorporador, no contrato, a indicação a que se refere o § 5º do artigo 55 desta Lei;

VI – paralisar o incorporador a obra, por mais de trinta dias, ou retardar-lhe excessivamente o andamento sem justa causa.

Pena – multa de cinco a vinte vezes o maior salário mínimo legal vigente no País.

Parágrafo único. No caso de contratos relativos a incorporações, de que não participe o incorporador, responderão solidariamente pelas faltas capituladas neste artigo o construtor, o corretor, o proprietário ou titular de direitos aquisitivos do terreno, desde que figurem no contrato, com direito regressivo sobre o incorporador, se as faltas cometidas lhe forem imputáveis.

CAPÍTULO V

DAS DISPOSIÇÕES FINAIS E TRANSITÓRIAS

Art. 67. Os contratos poderão consignar exclusivamente as cláusulas, termos ou condições variáveis ou específicas.

§ 1º As cláusulas comuns a todos os adquirentes não precisarão figurar expressamente nos respectivos contratos.

§ 2º Os contratos, no entanto, consignarão obrigatoriamente que as partes contratantes adotem e se comprometam a cumprir as cláusulas, termos e condições contratuais a que se refere o parágrafo anterior, sempre transcritas, *verbo ad verbum*, no respectivo cartório ou ofício, mencionando, inclusive, o número do livro e das folhas do competente registro.

§ 3º Aos adquirentes, ao receberem os respectivos instrumentos, será obrigatoriamente entregue cópia, impressa ou mimeografada, autenticada, do contrato padrão contendo as cláusulas, termos e condições referidas no § 1º deste artigo.

§ 4º Os cartórios de registro de imóveis, para os devidos efeitos, receberão dos incorporadores, autenticadamente, o instrumento a que se refere o parágrafo anterior.

Art. 67-A. Em caso de desfazimento do contrato celebrado exclusivamente com o incorporador, mediante distrato ou resolução por inadimplemento absoluto de obrigação do adquirente, este fará jus à restituição das quantias que houver pago diretamente ao incorporador, atualizadas com base no índice contratualmente estabelecido para a correção monetária das parcelas do preço do imóvel, delas deduzidas, cumulativamente:

I – a integralidade da comissão de corretagem;

II – a pena convencional, que não poderá exceder a 25% (vinte e cinco por cento) da quantia paga.

§ 1º Para exigir a pena convencional, não é necessário que o incorporador alegue prejuízo.

§ 2º Em função do período em que teve disponibilizada a unidade imobiliária, responde ainda o adquirente, em caso de resolução ou de distrato, sem prejuízo do disposto no *caput* e no § 1º deste artigo, pelos seguintes valores:

I – quantias correspondentes aos impostos reais incidentes sobre o imóvel;

II – cotas de condomínio e contribuições devidas a associações de moradores;
III – valor correspondente à fruição do imóvel, equivalente à 0,5% (cinco décimos por cento) sobre o valor atualizado do contrato, *pro rata die*;
IV – demais encargos incidentes sobre o imóvel e despesas previstas no contrato.

§ 3º Os débitos do adquirente correspondentes às deduções de que trata o § 2º deste artigo poderão ser pagos mediante compensação com a quantia a ser restituída.

§ 4º Os descontos e as retenções de que trata este artigo, após o desfazimento do contrato, estão limitados aos valores efetivamente pagos pelo adquirente, salvo em relação às quantias relativas à fruição do imóvel.

§ 5º Quando a incorporação estiver submetida ao regime do patrimônio de afetação, de que tratam os arts. 31-A a 31-F desta Lei, o incorporador restituirá os valores pagos pelo adquirente, deduzidos os valores descritos neste artigo e atualizados com base no índice contratualmente estabelecido para a correção monetária das parcelas do preço do imóvel, no prazo máximo de 30 (trinta) dias após o habite-se ou documento equivalente expedido pelo órgão público municipal competente, admitindo-se, nessa hipótese, que a pena referida no inciso II do *caput* deste artigo seja estabelecida até o limite de 50% (cinquenta por cento) da quantia paga.

§ 6º Caso a incorporação não esteja submetida ao regime do patrimônio de afetação de que trata a Lei nº 10.931, de 2 de agosto de 2004, e após as deduções a que se referem os parágrafos anteriores, se houver remanescente a ser ressarcido ao adquirente, o pagamento será realizado em parcela única, após o prazo de 180 (cento e oitenta) dias, contado da data do desfazimento do contrato.

§ 7º Caso ocorra a revenda da unidade antes de transcorrido o prazo a que se referem os §§ 5º ou 6º deste artigo, o valor remanescente devido ao adquirente será pago em até 30 (trinta) dias da revenda.

§ 8º O valor remanescente a ser pago ao adquirente nos termos do § 7º deste artigo deve ser atualizado com base no índice contratualmente estabelecido para a correção monetária das parcelas do preço do imóvel.

§ 9º Não incidirá a cláusula penal contratualmente prevista na hipótese de o adquirente que der causa ao desfazimento do contrato encontrar comprador substituto que o sub-rogue nos direitos e obrigações originalmente assumidos, desde que haja a devida anuência do incorporador e a aprovação dos cadastros e da capacidade financeira e econômica do comprador substituto.

§ 10. Os contratos firmados em estandes de vendas e fora da sede do incorporador permitem ao adquirente o exercício do direito de arrependimento, durante o prazo improrrogável de 7 (sete) dias, com a devolução de todos os valores eventualmente antecipados, inclusive a comissão de corretagem.

§ 11. Caberá ao adquirente demonstrar o exercício tempestivo do direito de arrependimento por meio de carta registrada, com aviso de recebimento, considerada a data da postagem como data inicial da contagem do prazo a que se refere o § 10 deste artigo.

§ 12. Transcorrido o prazo de 7 (sete) dias a que se refere o § 10 deste artigo sem que tenha sido exercido o direito de arrependimento, será observada a irretratabilidade do contrato de incorporação imobiliária, conforme disposto no § 2º do art. 32 da Lei nº 4.591, de 16 de dezembro de 1964.

§ 13. Poderão as partes, em comum acordo, por meio de instrumento específico de distrato, definir condições diferenciadas das previstas nesta Lei.

§ 14. Nas hipóteses de leilão de imóvel objeto de contrato de compra e venda com pagamento parcelado, com ou sem garantia real, de promessa de compra e venda ou de cessão e de compra e venda com pacto adjeto de alienação fiduciária em garantia, realizado o leilão no contexto de execução judicial ou de procedimento extrajudicial de execução ou de resolução, a restituição far-se-á de acordo com os critérios estabelecidos na respectiva lei especial ou com as normas aplicáveis à execução em geral.

► Art. 67-A acrescido pela Lei nº 13.786, de 27-12-2018.

Art. 68. A atividade de alienação de lotes integrantes de desmembramento ou loteamento, quando vinculada à construção de casas isoladas ou geminadas, promovida por uma das pessoas indicadas no art. 31 desta Lei ou no art. 2º-A da Lei nº 6.766, de 19 de dezembro de 1979, caracteriza incorporação imobiliária sujeita ao regime jurídico instituído por esta Lei e às demais normas legais a ele aplicáveis.

► *Caput* com a redação dada pela Lei nº 14.382, de 27-6-2022.

§ 1º A modalidade de incorporação de que trata este artigo poderá abranger a totalidade ou apenas parte dos lotes integrantes do parcelamento, ainda que sem área comum, e não sujeita o conjunto imobiliário dela resultante ao regime do condomínio edilício, permanecendo as vias e as áreas por ele abrangidas sob domínio público.

§ 2º O memorial de incorporação do empreendimento indicará a metragem de cada lote e da área de construção de cada casa, dispensada a apresentação dos documentos referidos nas alíneas *e*, *i*, *j*, *l* e *n* do *caput* do art. 32 desta Lei.

§ 3º A incorporação será registrada na matrícula de origem em que tiver sido registrado o parcelamento, na qual serão também assentados o respectivo termo de afetação de que tratam o art. 31-B desta Lei e o art. 2º da Lei nº 10.931, de 2 de agosto de 2004, e os demais atos correspondentes à incorporação.

§ 4º Após o registro do memorial de incorporação, e até a emissão da carta de habite-se do conjunto imobiliário, as averbações e os registros correspondentes aos atos e negócios relativos ao empreendimento sujeitam-se às normas do art. 237-A da Lei nº 6.015, de 31 de dezembro de 1973 (Lei de Registros Públicos).

► §§ 1º a 4º acrescidos pela Lei nº 14.382, de 27-6-2022.

Art. 69. O Poder Executivo baixará, no prazo de noventa dias, regulamento sobre o registro no registro de imóveis (VETADO).

Art. 70. A presente Lei entrará em vigor na data de sua publicação, revogados o Decreto nº 5.481, de 25 de junho de 1928, e quaisquer disposições em contrário.

Brasília, 16 de dezembro de 1964;
143º da Independência e
76º da República.

H. Castello Branco

LEI Nº 4.595, DE 31 DE DEZEMBRO DE 1964

Dispõe sobre a Política e as Instituições monetárias, bancárias e creditícias, cria o Conselho Monetário Nacional e dá outras providências.

► Publicada no *DOU* de 31-12-1964, Edição Extra, e retificada no *DOU* de 3-2-1965.

CAPÍTULO I
DO SISTEMA FINANCEIRO NACIONAL

Art. 1º O Sistema Financeiro Nacional, estruturado e regulado pela presente Lei, será constituído:
I – do Conselho Monetário Nacional;
II – do Banco Central do Brasil;

► Dec.-lei nº 278, de 28-2-1967, alterou a denominação de Banco Central da República do Brasil para Banco Central do Brasil.

III – do Banco do Brasil S.A.;
IV – do Banco Nacional do Desenvolvimento Econômico;

► O Banco Nacional do Desenvolvimento Econômico teve sua denominação alterada para Banco Nacional do Desenvolvimento Econômico e Social (BNDES).

V – das demais instituições financeiras públicas e privadas.

CAPÍTULO II
DO CONSELHO MONETÁRIO NACIONAL

Art. 2º Fica extinto o Conselho da atual Superintendência da Moeda e do Crédito, e criado, em substituição, o Conselho Monetário Nacional, com a finalidade de formular a política da moeda e do crédito, como previsto nesta Lei, objetivando o progresso econômico e social do País.

Art. 3º A política do Conselho Monetário Nacional objetivará:
I a III – *Revogados*. LC nº 179, de 24-2-2021;
IV – orientar a aplicação dos recursos das instituições financeiras, quer públicas, quer privadas; tendo em vista propiciar, nas diferentes regiões do País, condições favoráveis ao desenvolvimento harmônico da economia nacional;
V – propiciar o aperfeiçoamento das instituições e dos instrumentos financeiros, com vistas à maior eficiência do sistema de pagamentos e de mobilização de recursos;
VI – zelar pela liquidez e solvência das instituições financeiras;
VII – coordenar as políticas monetária, creditícia, orçamentária, fiscal e da dívida pública, interna e externa.

Art. 4º Compete ao Conselho Monetário Nacional, segundo diretrizes estabelecidas pelo Presidente da República:

► *Caput* com a redação dada pela Lei nº 6.045, de 15-5-1974.

► Dec. nº 3.088, de 21-6-1999, estabelece a sistemática de "metas para a inflação" como diretriz para fixação do regime de política monetária.

I e II – *Revogados*. LC nº 179, de 24-2-2021;

III – Aprovar os orçamentos monetários, preparados pelo Banco Central do Brasil, por meio dos quais se estimarão as necessidades globais de moeda e crédito;
IV – Determinar as características gerais (VETADO) das cédulas e das moedas;
V – Fixar as diretrizes e normas da política cambial, inclusive quanto à compra e venda de ouro e quaisquer operações em Direitos Especiais de Saque e em moeda estrangeira;

▶ Inciso V com a redação dada pelo Dec.-lei nº 581, de 14-5-1969.

VI – Disciplinar o crédito em todas as suas modalidades e as operações creditícias em todas as suas formas, inclusive aceites, avais e prestações de quaisquer garantias por parte das instituições financeiras;
VII – Coordenar a política de que trata o artigo 3º desta Lei com a de investimentos do Governo Federal;
VIII – Regular a constituição, funcionamento e fiscalização dos que exercerem atividades subordinadas a esta Lei, bem como a aplicação das penalidades previstas;

▶ Súm. nº 19 do STJ.

IX – Limitar, sempre que necessário, as taxas de juros, descontos, comissões e qualquer outra forma de remuneração de operações e serviços bancários ou financeiros, inclusive os prestados pelo Banco Central do Brasil, assegurando taxas favorecidas aos financiamentos que se destinem a promover:
– recuperação e fertilização do solo;
– reflorestamento;
– combate a epizootias e pragas, nas atividades rurais;
– eletrificação rural;
– mecanização;
– irrigação;
– investimentos indispensáveis às atividades agropecuárias.

X – Determinar a percentagem máxima dos recursos que as instituições financeiras poderão emprestar a um mesmo cliente ou grupo de empresas;
XI – Estipular índices e outras condições técnicas sobre encaixes, mobilizações e outras relações patrimoniais, a serem observadas pelas instituições financeiras;
XII – Expedir normas gerais de contabilidade e estatística a serem observadas pelas instituições financeiras;
XIII – Delimitar, com periodicidade não inferior a dois anos, o capital mínimo das instituições financeiras privadas, levando em conta sua natureza, bem como a localização de suas sedes e agências ou filiais;
XIV – *Revogado*. LC nº 179, de 24-2-2021;
XV – Estabelecer para as instituições financeiras públicas a dedução dos depósitos de pessoas jurídicas de direito público que lhes detenham o controle acionário, bem como dos das respectivas autarquias e sociedades de economia mista, no cálculo a que se refere o inciso anterior;
XVI e XVII – *Revogados*. LC nº 179, de 24-2-2021;
XVIII – Outorgar ao Banco Central do Brasil o monopólio das operações de câmbio quando ocorrer grave desequilíbrio no balanço de pagamentos ou houver sérias razões para prever a iminência de tal situação;
XIX – *Revogado*. LC nº 179, de 24-2-2021;
XX – Autorizar o Banco Central do Brasil e as instituições financeiras públicas federais a efetuar a subscrição, compra e venda de ações e outros papéis emitidos ou de responsabilidade das sociedades de economia mista e empresas do Estado;
XXI – Disciplinar as atividades das bolsas de valores e dos corretores de fundos públicos;

▶ Art. 1º, III, da Lei nº 6.385, de 7-12-1976 (Lei do Mercado de Valores Mobiliários).

XXII – Estatuir normas para as operações das instituições financeiras públicas, para preservar sua solidez e adequar seu funcionamento aos objetivos desta Lei;
XXIII – Fixar, até quinze vezes a soma do capital realizado e reservas livres, o limite além do qual os excedentes dos depósitos das instituições financeiras serão recolhidos ao Banco Central do Brasil ou aplicados de acordo com as normas que o Conselho estabelecer;
XXIV – Decidir de sua própria organização, elaborando seu regimento interno no prazo máximo de trinta dias;
XXV – *Revogado*. LC nº 179, de 24-2-2021;
XXVI – Conhecer dos recursos de decisões do Banco Central do Brasil;
XXVII – Aprovar o regimento interno e as contas do Banco Central do Brasil e decidir sobre o seu orçamento e sobre seus sistemas de contabilidade, bem como sobre a forma e prazo de transferência de seus resultados para o Tesouro Nacional, sem prejuízo da competência do Tribunal de Contas da União;

▶ Inciso XXVII com a redação dada pelo Dec.-lei nº 2.376, de 25-11-1987.

XXVIII – Aplicar aos bancos estrangeiros que funcionem no País as mesmas vedações ou restrições equivalentes, que vigorem, nas praças de suas matrizes, em relação a bancos brasileiros ali instalados ou que nelas desejem estabelecer-se;
XXIX – Colaborar com o Senado Federal, na instrução dos processos de empréstimos externos dos Estados, do Distrito Federal e dos Municípios, para cumprimento do disposto no artigo 63, II, da Constituição Federal;

▶ Refere-se à CF/1946.

XXX – Expedir normas e regulamentação para as designações e demais efeitos do artigo 7º desta Lei;
XXXI – *Revogado*. Lei nº 14.286, de 29-12-2021;
XXXII – Regular os depósitos a prazo de instituições financeiras e demais sociedades autorizadas a funcionar pelo Banco Central do Brasil, inclusive entre aquelas sujeitas ao mesmo controle acionário ou coligadas.

▶ Inciso XXXII com a redação dada pelo Dec.-lei nº 2.290, de 21-11-1986.

§ 1º O Conselho Monetário Nacional, no exercício das atribuições previstas no inciso VIII deste artigo, poderá determinar que o Banco Central do Brasil recuse autorização para o funcionamento de novas instituições financeiras, em função de conveniências de ordem geral.

§ 2º Competirá ao Banco Central do Brasil acompanhar a execução dos orçamentos monetários e relatar a matéria ao Conselho Monetário Nacional, apresentando as sugestões que considerar convenientes.

§ 3º *Revogado*. LC nº 179, de 24-2-2021.

§ 4º O Conselho Monetário Nacional poderá convidar autoridades, pessoas ou entidades para prestar esclarecimentos considerados necessários.

§ 5º Nas hipóteses do artigo 4º, I, e do § 6º do artigo 49 desta Lei, se o Congresso Nacional negar homologação à emissão extraordinária efetuada, as autoridades responsáveis serão responsabilizadas nos termos da Lei nº 1.079, de 10 de abril de 1950.

§ 6º O Conselho Monetário Nacional encaminhará ao Congresso Nacional, até 31 de março de cada ano, relatório da evolução da situação monetária e creditícia do País no ano anterior, no qual descreverá, minudentemente, as providências adotadas para cumprimento dos objetivos estabelecidos nesta Lei, justificando, destacadamente, os montantes das emissões de papel-moeda que tenham sido feitas para atendimento das atividades produtivas.

§ 7º O Banco Nacional da Habitação é o principal instrumento de execução da política habitacional do Governo Federal e integra o sistema financeiro nacional, juntamente com as sociedades de crédito imobiliário, sob orientação, autorização, coordenação e fiscalização do Conselho Monetário Nacional e do Banco Central do Brasil, quanto à execução, nos termos desta Lei, revogadas as disposições especiais em contrário.

Art. 5º As deliberações do Conselho Monetário Nacional entendem-se de responsabilidade de seu presidente para os efeitos do artigo 104, I, *b*, da Constituição Federal e obrigarão também os órgãos oficiais, inclusive autarquias e sociedades de economia mista, nas atividades que afetem o mercado financeiro e o de capitais.

▶ Refere-se à CF/1946.

Arts. 6º e 7º *Revogados*. LC nº 179, de 24-2-2021.

CAPÍTULO III
DO BANCO CENTRAL DO BRASIL

Art. 8º A atual Superintendência da Moeda e do Crédito é transformada em autarquia federal, tendo sede e foro na Capital da República, sob a denominação de Banco Central do Brasil, com personalidade jurídica e patrimônio próprios, este constituído dos bens, direitos e valores que lhe são transferidos na forma desta Lei e ainda da apropriação dos juros e rendas resultantes, na data da vigência desta Lei, do disposto no artigo 9º do Decreto-Lei nº 8.495, de 28 de dezembro de 1945, dispositivo que ora é expressamente revogado.

Parágrafo único. Os resultados obtidos pelo Banco Central do Brasil, consideradas as receitas e despesas de todas as suas operações, serão, a partir de 1º de janeiro de 1988, apurados pelo regime de competência e transferidos para o Tesouro Nacional, após compensados eventuais prejuízos de exercícios anteriores.

▶ Parágrafo único com a redação dada pelo Dec.-lei nº 2.376, de 25-11-1987.

Art. 9º Compete ao Banco Central do Brasil cumprir e fazer cumprir as disposições que lhe são atribuídas pela legislação em vigor e as normas expedidas pelo Conselho Monetário Nacional.

▶ Súm. nº 23 do STJ.

Art. 10. Compete privativamente ao Banco Central do Brasil:

I – emitir moeda-papel e moeda metálica, nas condições e limites autorizados pelo Conselho Monetário Nacional (VETADO);

▶ Arts. 21, VII, 48, XIV, e 164 da CF.

II – executar os serviços do meio circulante;

III – determinar o recolhimento de até cem por cento do total dos depósitos à vista e de até sessenta por cento de outros títulos contábeis das instituições financeiras, seja na forma de subscrição de Letras ou Obrigações do Tesouro Nacional ou compra de títulos da Dívida Pública Federal, seja através de recolhimento em espécie, em ambos os casos entregues ao Banco Central do Brasil, a forma e condições por ele determinadas, podendo:

a) adotar percentagens diferentes em função:
1. das regiões geoeconômicas;
2. das prioridades que atribuir às aplicações;
3. da natureza das instituições financeiras;

b) determinar percentuais que não serão recolhidos, desde que tenham sido reaplicados em financiamentos à agricultura, sob juros favorecidos e outras condições por ele fixadas.

▶ Inciso III acrescido pela Lei nº 7.730, de 31-1-1989.

IV – receber os recolhimentos compulsórios de que trata o inciso anterior e, ainda, os depósitos voluntários à vista das instituições financeiras, nos termos do inciso III e § 2º do artigo 19;

V – realizar operações de redesconto e empréstimo com instituições financeiras públicas e privadas, consoante remuneração, limites, prazos, garantias, formas de negociação e outras condições estabelecidos em regulamentação por ele editada;

▶ Inciso V com a redação dada pela LC nº 179, de 24-2-2021.

VI – exercer o controle do crédito sob todas as suas formas;

VII – efetuar o controle dos capitais estrangeiros, nos termos da lei;

VIII – ser depositário das reservas oficiais de ouro de moeda estrangeira e de Direitos Especiais de Saque e fazer com estas últimas todas e quaisquer operações previstas no Convênio Constitutivo do Fundo Monetário Internacional;

IX – exercer a fiscalização das instituições financeiras e aplicar as penalidades previstas;

X – conceder autorização às instituições financeiras, a fim de que possam:

a) funcionar no País;

b) instalar ou transferir suas sedes, ou dependências, inclusive no Exterior;

c) ser transformadas, fundidas, incorporadas ou encampadas;

d) praticar operações de câmbio, crédito real e venda habitual de títulos da dívida pública federal, estadual ou municipal, ações, debêntures, letras hipotecárias e outros títulos de crédito ou imobiliários;

e) ter prorrogados os prazos concedidos para funcionamento;

f) alterar seus estatutos;

g) alienar ou, por qualquer outra forma, transferir o seu controle acionário;

XI – estabelecer condições para a posse e para o exercício de quaisquer cargos de administração de instituições financeiras privadas, assim como para o exercício de quaisquer funções em órgãos consultivos, fiscais e semelhantes, segundo normas que forem expedidas pelo Conselho Monetário Nacional;

XII – efetuar, como instrumento de política monetária, operações de compra e venda de títulos públicos federais, consoante remuneração, limites, prazos, formas de negociação e outras condições estabelecidos em regulamentação por ela editada, sem prejuízo do disposto no art. 39 da Lei Complementar nº 101, de 4 de maio de 2000;

▶ Inciso XII com a redação dada pela LC nº 179, de 24-2-2021.

XIII – determinar que as matrizes das instituições financeiras registrem os cadastros das firmas que operam com suas agências há mais de um ano;

XIV – aprovar seu regimento interno;

XV – efetuar, como instrumento de política cambial, operações de compra e venda de moeda estrangeira e operações com instrumentos derivativos no mercado interno, consoante remuneração, limites, prazos, formas de negociação e outras condições estabelecidos em regulamentação por ele editada.

▶ Incisos XIV e XV acrescidos pela LC nº 179, de 24-2-2021.

§ 1º No exercício das atribuições a que se refere o inciso IX deste artigo, com base nas normas estabelecidas pelo Conselho Monetário Nacional, o Banco Central do Brasil estudará os pedidos que lhe sejam formulados e resolverá conceder ou recusar a autorização pleiteada, podendo (VETADO) incluir as cláusulas que reputar convenientes ao interesse público.

§ 2º Observado o disposto no parágrafo anterior, as instituições financeiras estrangeiras dependem de autorização do Poder Executivo, mediante decreto, para que possam funcionar no País (VETADO).

§ 3º O Banco Central do Brasil informará previamente ao Conselho Monetário Nacional sobre o deferimento de operações na forma estabelecida no inciso V do *caput* deste artigo, sempre que identificar a possibilidade de impacto fiscal relevante.

▶ § 3º acrescido pela LC nº 179, de 24-2-2021.

Art. 11. Compete ao Banco Central do Brasil:

I – entender-se, em nome do Governo brasileiro, com as instituições financeiras estrangeiras e internacionais;

II – promover, como agente do Governo Federal, a colocação de empréstimos internos ou externos, podendo, também, encarregar-se dos respectivos serviços;

III – atuar no sentido de funcionamento regular do mercado cambial, da estabilidade relativa das taxas de câmbio e do equilíbrio no balanço de pagamentos, podendo para esse fim comprar e vender ouro e moeda estrangeira, bem como realizar operações de crédito no exterior, inclusive as referentes aos Direitos Especiais de Saque e separar os mercados de câmbio financeiro e comercial;

▶ Inciso III com a redação dada pelo Dec.-lei nº 581, de 14-5-1969.

IV – *Revogado*. LC nº 179, de 24-2-2021;

V – emitir títulos de responsabilidade própria, de acordo com as condições estabelecidas pelo Conselho Monetário Nacional;

VI – regular a execução dos serviços de compensação de cheques e outros papéis;

VII – exercer permanente vigilância nos mercados financeiros e de capitais sobre empresas que, direta, ou indiretamente, interfiram nesses mercados e em relação às modalidades ou processos operacionais que utilizem;

VIII – prover, sob controle do Conselho Monetário Nacional, os serviços de sua Secretaria.

§ 1º No exercício das atribuições a que se refere o inciso VIII do artigo 10 desta Lei, o Banco Central do Brasil poderá examinar os livros e documentos das pessoas naturais ou jurídicas que detenham o controle acionário de instituição financeira, ficando essas pessoas sujeitas ao disposto no artigo 44, § 8º, desta Lei.

▶ § 1º acrescido pelo Dec.-lei nº 2.321, de 25-2-1987.

§ 2º O Banco Central do Brasil instalará delegacias, com autorização do Conselho Monetário Nacional, nas diferentes regiões geoeconômicas do País, tendo em vista a descentralização administrativa para distribuição e recolhimento da moeda e o cumprimento das decisões adotadas pelo mesmo Conselho ou prescritas em lei.

▶ Antigo § 1º renumerado para § 2º pelo Dec.-lei nº 2.321, de 25-2-1987.

Art. 12. O Banco Central do Brasil operará exclusivamente com instituições financeiras públicas e privadas, vedadas operações bancárias de qualquer natureza com outras pessoas de direito público ou privado, salvo as expressamente autorizadas por lei.

Art. 13. Os encargos e serviços de competência do Banco Central, quando por ele não executados diretamente, serão contratados de preferência com o Banco do Brasil S.A., exceto nos casos especialmente autorizados pelo Conselho Monetário Nacional.

▶ Artigo com a redação dada pelo Dec.-lei nº 278, de 28-2-1967.

Art. 14. *Revogado*. LC nº 179, de 24-2-2021.

Art. 15. O regimento interno do Banco Central do Brasil, a que se refere o inciso XXVII do artigo 4º desta Lei, prescreverá as atribuições do presidente e dos diretores e especificará os casos que dependerão de deliberação da diretoria, a qual será tomada por maioria de votos, presentes no mínimo o presidente ou seu substituto eventual e dois outros diretores, cabendo ao presidente também o voto de qualidade.

Parágrafo único. A diretoria se reunirá, ordinariamente, uma vez por semana, e, extraordinariamente, sempre que necessário, por convocação do presidente ou a requerimento de, pelo menos, dois de seus membros.

Art. 16. Constituem receita do Banco Central do Brasil as rendas:

▶ *Caput* com a redação dada pelo Dec.-lei nº 2.376, de 25-11-1987.

I – de operações financeiras e de outras aplicações de seus recursos;

II – das suas operações de câmbio, da compra e venda de ouro e de quaisquer outras operações em moeda estrangeira;

III – eventuais, inclusive as derivadas de multas e de juros de mora aplicados por força do disposto na legislação em vigor.

▶ Incisos I a III com a redação dada pelo Dec.-lei nº 2.376, de 25-11-1987.

§ 1º Do resultado das operações de câmbio de que trata o inciso II deste artigo, ocorrido a partir da data de entrada em vigor desta Lei, setenta e cinco por cento da parte referente ao lucro realizado na compra e venda de moeda estrangeira destinar-se-á à formação de reserva monetária do Banco Central do Brasil, que registrará esses recursos em conta específica, na forma que for estabelecida pelo Conselho Monetário Nacional.

▸ § 1º com a redação dada pelo Dec.-lei nº 2.076, de 20-12-1983.

§ 2º A critério do Conselho Monetário Nacional, poderão também ser destinados à reserva monetária de que trata o § 1º os recursos provenientes de rendimentos gerados por:

a) suprimentos específicos do Banco Central do Brasil ao Banco do Brasil S.A., concedidos nos termos do § 1º, do artigo 19, desta Lei;

b) suprimentos especiais do Banco Central do Brasil aos fundos e programas que administra.

§ 3º O Conselho Monetário Nacional estabelecerá, observado o disposto no § 1º do artigo 19 desta Lei, a cada exercício, as bases da remuneração das operações referidas no § 2º e as condições para incorporação desses rendimentos à referida reserva monetária.

▸ §§ 2º e 3º acrescidos pelo Dec.-lei nº 2.076, de 20-12-1983.

CAPÍTULO IV

DAS INSTITUIÇÕES FINANCEIRAS

Seção I

DA CARACTERIZAÇÃO E SUBORDINAÇÃO

Art. 17. Consideram-se instituições financeiras, para os efeitos da legislação em vigor, as pessoas jurídicas públicas ou privadas, que tenham como atividade principal ou acessória a coleta, intermediação ou aplicação de recursos financeiros próprios ou de terceiros, em moeda nacional ou estrangeira, e a custódia de valor de propriedade de terceiros.

Parágrafo único. Para os efeitos desta Lei e da legislação em vigor, equiparam-se às instituições financeiras as pessoas físicas que exerçam qualquer das atividades referidas neste artigo, de forma permanente ou eventual.

▸ Art. 163, V, da CF.

▸ Lei nº 7.492, de 16-6-1986 (Lei dos Crimes Contra o Sistema Financeiro Nacional).

▸ Súm. nº 96 do TFR.

Art. 18. As instituições financeiras somente poderão funcionar no País mediante prévia autorização do Banco Central do Brasil ou decreto do Poder Executivo, quando forem estrangeiras.

§ 1º Além dos estabelecimentos bancários oficiais ou privados, das sociedades de crédito, financiamento e investimentos, das caixas econômicas e das cooperativas de crédito ou a seção de crédito das cooperativas que a tenham, também se subordinam às disposições e disciplinas desta Lei no que for aplicável, as bolsas de valores, companhias de seguros e de capitalização, as sociedades que efetuam distribuição de prêmios em imóveis, mercadoria ou dinheiro, mediante sorteio de títulos de sua emissão ou por qualquer forma, e as pessoas físicas ou jurídicas que exerçam, por conta própria ou de terceiros, atividade relacionada com a compra e venda de ações e outros quaisquer títulos, realizando, nos mercados financeiros e de capitais, operações ou serviços de natureza dos executados pelas instituições financeiras.

§ 2º O Banco Central do Brasil, no exercício da fiscalização que lhe compete, regulará as condições de concorrência entre instituições financeiras, coibindo-lhes os abusos com a aplicação da pena (VETADO) nos termos desta Lei.

§ 3º Dependerão de prévia autorização do Banco Central do Brasil as campanhas destinadas à coleta de recursos do público, praticadas por pessoas físicas ou jurídicas abrangidas neste artigo, salvo para subscrição pública de ações, nos termos da lei das sociedades por ações.

Seção II

DO BANCO DO BRASIL S.A.

Art. 19. Ao Banco do Brasil S.A. competirá, precipuamente, sob a supervisão do Conselho Monetário Nacional e como instrumento de execução da política creditícia e financeira do Governo Federal:

I – na qualidade de Agente Financeiro do Tesouro Nacional, sem prejuízo de outras funções que lhe venham a ser atribuídas e ressalvado o disposto no artigo 8º da Lei nº 1.628, de 20 de junho de 1952:

a) receber, a crédito do Tesouro Nacional, as importâncias provenientes da arrecadação de tributos ou rendas federais e ainda o produto das operações de que trata o artigo 49 desta Lei;

b) realizar os pagamentos e suprimentos necessários à execução do Orçamento Geral da União e leis complementares que lhe forem transmitidas pelo Ministério da Fazenda, as quais não poderão exceder o montante global dos recursos a que se refere a letra anterior, vedada a concessão, pelo Banco, de créditos de qualquer natureza ao Tesouro Nacional;

c) conceder aval, fiança e outras garantias, consoante expressa autorização legal;

d) adquirir e financiar estoques de produção exportável;

e) executar a política de preços mínimos dos produtos agropastoris;

f) ser agente pagador e receber fora do País;

g) executar o serviço da dívida pública consolidada;

II – como principal executor dos serviços bancários de interesse do Governo Federal, inclusive suas autarquias, receber em depósito, com exclusividade, as disponibilidades de quaisquer entidades federais, compreendendo as repartições de todos os ministérios civis e militares, instituições de previdência e outras autarquias, comissões, departamentos, entidades em regime especial de administração e quaisquer pessoas físicas ou jurídicas responsáveis por adiantamentos, ressalvados o disposto no § 5º deste artigo, as exceções previstas em lei ou casos especiais, expressamente autorizadas pelo Conselho Monetário Nacional, por proposta do Banco Central do Brasil;

III – arrecadar os depósitos voluntários, à vista, das instituições de que trata o inciso III, do artigo 10, desta Lei, escriturando as respectivas contas;

▸ Inciso III com a redação dada pelo Dec.-lei nº 2.284, de 10-3-1986.

IV – executar os serviços de compensação de cheques e outros papéis;

V – receber, com exclusividade, os depósitos de que tratam os artigos 38, item 3º, do Decreto-Lei nº 2.627, de 26 de setembro de 1940, e 1º do Decreto-Lei nº 5.956, de 1º de novembro de 1943, ressalvado o disposto no artigo 27 desta Lei;

▸ Art. 80, III, da Lei nº 6.404, de 15-12-1976 (Lei das Sociedades por Ações).

VI – realizar, por conta própria, operações de compra e venda de moeda estrangeira e, por conta do Banco Central do Brasil, nas condições estabelecidas pelo Conselho Monetário Nacional;

VII – realizar recebimentos ou pagamentos e outros serviços de interesse do Banco Central do Brasil, mediante contratação na forma do artigo 13 desta Lei;

VIII – dar execução à política de comércio exterior (VETADO);

IX – financiar a aquisição e instalação da pequena e média propriedade rural, nos termos da legislação que regular a matéria;

X – financiar as atividades industriais e rurais, estas com o favorecimento referido no artigo 4º, IX, e artigo 53 desta Lei;

XI – difundir e orientar o crédito, inclusive as atividades comerciais suplementando a ação da rede bancária:

a) no financiamento das atividades econômicas, atendendo às necessidades creditícias das diferentes regiões do País;

b) no financiamento das exportações e importações.

§ 1º O Conselho Monetário Nacional assegurará recursos específicos que possibilitem ao Banco do Brasil S.A., sob adequada remuneração, o atendimento dos encargos previstos nesta Lei.

§ 2º Do montante global dos depósitos arrecadados, na forma do inciso III deste artigo, o Banco do Brasil S.A. colocará à disposição do Banco Central do Brasil, observadas as normas que forem estabelecidas pelo Conselho Monetário Nacional, a parcela que exceder as necessidades normais de movimentação das contas respectivas, em função dos serviços aludidos no inciso IV deste artigo.

§ 3º Os encargos referidos no inciso I deste artigo serão objeto de contratação entre o Banco do Brasil S.A. e a União Federal, esta representada pelo Ministro da Fazenda.

§ 4º O Banco do Brasil S.A. prestará ao Banco Central do Brasil todas as informações por este julgadas necessárias para a exata execução desta Lei.

§ 5º Os depósitos de que trata o inciso II deste artigo também poderão ser feitos nas Caixas Econômicas Federais, nos limites e condições fixados pelo Conselho Monetário Nacional.

Art. 20. O Banco do Brasil S.A. e o Banco Central do Brasil elaborarão, em conjunto, o programa global de aplicações e recursos do primeiro, para fins de inclusão nos orçamentos monetários de que trata o inciso III do artigo 4º desta Lei.

Art. 21. O presidente e os diretores do Banco do Brasil S.A. deverão ser pessoas de reputação ilibada e notória capacidade.

§ 1º A nomeação do presidente do Banco do Brasil S.A. será feita pelo Presidente da República, após aprovação do Senado Federal.

§ 2º As substituições eventuais do presidente do Banco do Brasil S.A. não poderão exceder o prazo de trinta dias consecutivos, sem que o Presidente da República submeta ao Senado Federal o nome do substituto.

§§ 3º e 4º VETADOS.

Seção III

DAS INSTITUIÇÕES FINANCEIRAS PÚBLICAS

Art. 22. As instituições financeiras públicas são órgãos auxiliares da execução da política de crédito do Governo Federal.

§ 1º O Conselho Monetário Nacional regulará as atividades, capacidade e modalidade operacionais das instituições financeiras públicas federais, que deverão submeter à aprovação daquele órgão, com a prioridade por ele prescrita, seus programas de recursos e aplicações, de forma que se ajustem à política de crédito do Governo Federal.

§ 2º A escolha dos diretores ou administradores das instituições financeiras públicas federais e a nomeação dos respectivos presidentes e designação dos substitutos observarão o disposto no artigo 21, §§ 1º e 2º, desta Lei.

§ 3º A atuação das instituições financeiras públicas será coordenada nos termos do artigo 4º desta Lei.

Art. 23. O Banco Nacional do Desenvolvimento Econômico é o principal instrumento de execução de política de investimentos do Governo Federal, nos termos das Leis nºs 1.628, de 20 de junho de 1952, e 2.973, de 26 de novembro de 1956.

▸ O Banco Nacional do Desenvolvimento Econômico teve sua denominação alterada para Banco Nacional de Desenvolvimento Econômico e Social (BNDES).

Art. 24. As instituições financeiras públicas não federais ficam sujeitas às disposições relativas às instituições financeiras privadas, assegurada a forma de constituição das existentes na data da publicação desta Lei.

Parágrafo único. As Caixas Econômicas Estaduais equiparam-se, no que couber, às Caixas Econômicas Federais, para os efeitos da legislação em vigor, estando isentas do recolhimento a que se refere o artigo 4º, XIV, e à taxa de fiscalização, mencionada no artigo 16 desta Lei.

Seção IV

DAS INSTITUIÇÕES FINANCEIRAS PRIVADAS

Art. 25. As instituições financeiras privadas, exceto as cooperativas de crédito, constituir-se-ão unicamente sob a forma de sociedade anônima, devendo a totalidade de seu capital com direito a voto ser representada por ações nominativas.

▸ *Caput* com a redação dada pela Lei nº 5.710, de 7-10-1971.

§ 1º Observadas as normas fixadas pelo Conselho Monetário Nacional as instituições a que se refere este artigo poderão emitir até o limite de 50% de seu capital social em ações preferenciais, nas formas nominativas e ao portador, sem direito a voto, às quais não se aplicará o disposto no parágrafo único do art. 81 do Decreto-Lei nº 2.627, de 26 de setembro de 1940.

§ 2º A emissão de ações preferenciais ao portador, que poderá ser feita em virtude de aumento de capital, conversão de ações ordinárias ou de ações preferenciais nominativas, ficará sujeita a alterações prévias dos estatutos das sociedades, a fim de que sejam neles incluídas as declarações sobre:

I – as vantagens, preferenciais e restrições atribuídas a cada classe de ações preferenciais, de acordo com o Decreto-lei nº 2.627, de 26 de setembro de 1940;

II – as formas e prazos em que poderá ser autorizada a conversão das ações, vedada a conversão das ações preferenciais em outro tipo de ações com direito a voto.

§ 3º Os títulos e cautelas representativas das ações preferenciais, emitidos nos termos dos parágrafos anteriores, deverão conter expressamente as restrições ali especificadas.

▸ §§ 1º a 3º acrescidos pela Lei nº 5.710, de 7-10-1971.

Art. 26. O capital inicial das instituições financeiras públicas e privadas será sempre realizado em moeda corrente.

Art. 27. Na subscrição do capital inicial e na de seus aumentos em moeda corrente, será exigida no ato a realização de, pelo menos, cinquenta por cento do montante subscrito.

§ 1º As quantias recebidas dos subscritores de ações serão recolhidas no prazo de cinco dias, contados do recebimento, ao Banco Central do Brasil, permanecendo indisponíveis até a solução do respectivo processo.

§ 2º O remanescente do capital subscrito, inicial ou aumentado, em moeda corrente, deverá ser integralizado dentro de um ano da data da solução do respectivo processo.

Art. 28. Os aumentos de capital, que não forem realizados em moeda corrente, poderão decorrer da incorporação de reservas, segundo normas expedidas pelo Conselho Monetário Nacional, e da reavaliação da parcela dos bens do ativo imobilizado, representado por imóveis de uso e instalações, aplicados no caso, como limite máximo, os índices fixados pelo Conselho Nacional de Economia.

Art. 29. As instituições financeiras privadas deverão aplicar, de preferência, não menos de cinquenta por cento dos depósitos do público que recolherem, na respectiva Unidade Federada ou Território.

§ 1º O Conselho Monetário Nacional poderá, em casos especiais, admitir que o percentual referido neste artigo seja aplicado em cada Estado e Território isoladamente ou por grupos de Estados e Territórios componentes da mesma região geoeconômica.

§ 2º *Revogado*. Dec.-lei nº 48, de 18-11-1966.

Art. 30. As instituições financeiras de direito privado, exceto as de investimento, só poderão participar de capital de quaisquer sociedades com prévia autorização do Banco Central do Brasil, solicitada justificadamente e concedida expressamente, ressalvados os casos de garantia de subscrição, nas condições que forem estabelecidas, em caráter geral, pelo Conselho Monetário Nacional.

Parágrafo único. VETADO.

Art. 31. As instituições financeiras levantarão balanços gerais a 30 de junho e 31 de dezembro de cada ano, obrigatoriamente, com observância das regras contábeis estabelecidas pelo Conselho Monetário Nacional.

Art. 32. As instituições financeiras públicas deverão comunicar ao Banco Central do Brasil a nomeação ou a eleição de diretores e membros de órgãos consultivos, fiscais e semelhantes, no prazo de quinze dias da data de sua ocorrência.

Art. 33. As instituições financeiras privadas deverão comunicar ao Banco Central do Brasil os atos relativos à eleição de diretores e membros de órgãos consultivos, fiscais e semelhantes, no prazo de quinze dias de sua ocorrência, de acordo com o estabelecido no artigo 10, X, desta Lei.

§ 1º O Banco Central do Brasil, no prazo máximo de sessenta dias, decidirá aceitar ou recusar o nome do eleito, que não atender às condições a que se refere o artigo 10, X, desta Lei.

§ 2º A posse do eleito dependerá da aceitação a que se refere o parágrafo anterior.

§ 3º Oferecida integralmente a documentação prevista nas normas referidas no artigo 10, X, desta Lei, e decorrido, sem manifestações do Banco Central do Brasil, o prazo mencionado no § 1º deste artigo, entender-se-á não ter havido recusa à posse.

Art. 34. É vedado às instituições financeiras realizar operação de crédito com a parte relacionada.

▸ *Caput* com a redação dada pela Lei nº 13.506, de 13-11-2017.

I a V – *Revogados*. Lei nº 13.506, de 13-11-2017.

§§ 1º e 2º *Revogados*. Lei nº 13.506, de 13-11-2017.

§ 3º Considera-se parte relacionada à instituição financeira, para efeitos deste artigo:

I – seus controladores, pessoas físicas ou jurídicas, nos termos do art. 116 da Lei nº 6.404, de 15 de dezembro de 1976;

II – seus diretores e membros de órgãos estatutários ou contratuais;

III – o cônjuge, o companheiro e os parentes, consanguíneos ou afins, até o segundo grau, das pessoas mencionadas nos incisos I e II deste parágrafo;

IV – as pessoas físicas com participação societária qualificada em seu capital; e

V – as pessoas jurídicas:

a) com participação qualificada em seu capital;

b) em cujo capital, direta ou indiretamente, haja participação societária qualificada;

c) nas quais haja controle operacional efetivo ou preponderância nas deliberações, independentemente da participação societária; e

d) que possuírem diretor ou membro de conselho de administração em comum.

§ 4º Excetuam-se da vedação de que trata o *caput* deste artigo, respeitados os limites e as condições estabelecidos em regulamentação:

I – as operações realizadas em condições compatíveis com as de mercado, inclusive quanto a limites, taxas de juros, carência, prazos, garantias requeridas e critérios para classificação de risco para fins de constituição de provisão para perdas prováveis e baixa como prejuízo, sem benefícios adicionais ou diferenciados comparativamente às operações deferidas aos demais clientes de mesmo perfil das respectivas instituições;

II – as operações com empresas controladas pela União, no caso das instituições financeiras públicas federais;

III – as operações de crédito que tenham como contraparte instituição financeira integrante do mesmo conglomerado prudencial, desde que contenham cláusula contratual de subordinação, observado o disposto no inciso V do art. 10 desta Lei, no caso das instituições financeiras bancárias;

IV – os depósitos interfinanceiros regulados na forma do inciso XXXII do *caput* do art. 4º desta Lei;

V – as obrigações assumidas entre partes relacionadas em decorrência de responsabilidade imposta a membros de compensação e demais participantes de câmaras ou prestadores de serviços de compensação e de liquidação autorizados pelo Banco Central do Brasil ou pela Comissão de Valores Mobiliários e suas respectivas contrapartes em operações conduzidas no âmbito das referidas câmaras ou prestadores de serviços; e

VI – os demais casos autorizados pelo Conselho Monetário Nacional.

§ 5º Considera-se também realizada com parte relacionada qualquer operação que caracterize negócio indireto, simulado ou mediante interposição de terceiro, com o fim de realizar operação vedada nos termos deste artigo.

§ 6º O Conselho Monetário Nacional disciplinará o disposto neste artigo, inclusive a definição de operação de crédito, de limites e de participação qualificada.

▸ §§ 3º a 6º acrescidos pela Lei nº 13.506, de 13-11-2017.

Arts. 35 e 36. *Revogados*. Lei nº 13.506, de 13-11-2017.

Art. 37. As instituições financeiras, entidades e pessoas referidas nos artigos 17 e 18 desta Lei, bem como os corretores de fundos públicos, ficam obrigados a fornecer ao Banco Central do Brasil, na forma por ele determinada, os dados ou informes julgados necessários para o fiel desempenho de suas atribuições.

Art. 38. *Revogado*. LC nº 105, de 10-1-2001.

Art. 39. Aplicam-se às instituições financeiras estrangeiras, em funcionamento ou que venham a se instalar no País, as disposições da presente Lei, sem prejuízo das que se contêm na legislação vigente.

Arts. 40 e 41. *Revogados*. LC nº 130, de 17-4-2009.

CAPÍTULO V
DAS PENALIDADES

Arts. 42 a 44. *Revogados*. Lei nº 13.506, de 13-11-2017.

Art. 45. As instituições financeiras públicas não federais e as privadas estão sujeitas, nos termos da legislação vigente, à intervenção efetuada pelo Banco Central do Brasil ou à liquidação extrajudicial.

Parágrafo único. A partir da vigência desta Lei, as instituições de que trata este artigo não poderão impetrar concordata.

▸ Lei nº 7.492, de 16-6-1986 (Lei dos Crimes Contra o Sistema Financeiro Nacional).

CAPÍTULO VI
DISPOSIÇÕES GERAIS

Art. 46. Ficam transferidas as atribuições legais e regulamentares do Ministério da Fazenda relativamente ao meio circulante, inclusive as exercidas pela Caixa de Amortização para o Conselho Monetário Nacional, e (VETADO) para o Banco Central do Brasil.

Art. 47. Será transferido à responsabilidade do Tesouro Nacional, mediante encampação, sendo definitivamente incorporado ao meio circulante, o montante das emissões feitas por solicitação da Carteira de Redesconto do Banco do Brasil S.A., e da Caixa de Mobilização Bancária.

§ 1º O valor correspondente à encampação será destinado à liquidação das responsabilidades financeiras do Tesouro Nacional no Banco do Brasil S.A., inclusive as decorrentes de operações de câmbio concluídas até a data da vigência desta Lei, mediante aprovação específica do Poder Legislativo, ao qual será submetida a lista completa dos débitos assim amortizados.

§ 2º Para a liquidação do saldo remanescente das responsabilidades do Tesouro Nacional, após a encampação das emissões atuais por solicitação da Carteira de Redescontos do Banco do Brasil S.A., e da Caixa de Mobilização Bancária, o Poder Executivo submeterá ao Poder Legislativo proposta específica, indicando os recursos e os meios necessários a esse fim.

Art. 48. Concluídos os acertos financeiros previstos no artigo anterior, a responsabilidade da moeda em circulação passará a ser do Banco Central do Brasil.

Art. 49. As operações de crédito da União, por antecipação de receita orçamentária ou a qualquer outro título dentro dos limites legalmente autorizados, somente serão realizadas mediante colocação de obrigações, apólices ou letras do Tesouro Nacional.

§ 1º A lei de orçamento, nos termos do artigo 73, § 1º, II, da Constituição Federal, determinará, quando for o caso, a parcela do *deficit* que poderá ser coberta pela venda de títulos do Tesouro Nacional diretamente ao Banco Central do Brasil.

▸ Refere-se à CF/1946.

§ 2º O Banco Central do Brasil, mediante autorização do Conselho Monetário Nacional baseada na lei orçamentária do exercício, poderá adquirir diretamente letras do Tesouro Nacional, com emissão de papel-moeda.

§ 3º O Conselho Monetário Nacional decidirá, a seu exclusivo critério, a política de sustentação em bolsa da cotação dos títulos de emissão do Tesouro Nacional.

§ 4º No caso de despesas urgentes e inadiáveis do Governo Federal, a serem atendidas mediante créditos suplementares ou especiais, autorizados após a lei do orçamento, o Congresso Nacional determinará, especificamente, os recursos a serem utilizados na cobertura de tais despesas, estabelecendo, quando a situação do Tesouro Nacional for deficitária, a discriminação prevista neste artigo.

§ 5º Na ocorrência das hipóteses citadas no parágrafo único do artigo 75 da Constituição Federal, o Presidente da República poderá determinar que o Conselho Monetário Nacional, através do Banco Central do Brasil, faça aquisição de letras do Tesouro Nacional com a emissão de papel-moeda até o montante do crédito extraordinário que tiver sido decretado.

▸ Refere-se à CF/1946.

§ 6º O Presidente da República fará acompanhar a determinação ao Conselho Monetário Nacional, mencionada no parágrafo anterior, de cópia da mensagem que deverá dirigir ao Congresso Nacional, indicando os motivos que tornaram indispensável a emissão e solicitando a sua homologação.

§ 7º As letras do Tesouro Nacional, colocadas por antecipação de receita, não poderão ter vencimentos posteriores a cento e vinte dias do encerramento do exercício respectivo.

§ 8º Até 15 de março do ano seguinte, o Poder Executivo enviará mensagem ao Poder Legislativo, propondo a forma de liquidação das letras do Tesouro Nacional emitidas no exercício anterior e não resgatadas.

§ 9º É vedada a aquisição dos títulos mencionados neste artigo pelo Banco do Brasil S.A., e pelas instituições bancárias de que a União detenha a maioria das ações.

Art. 50. O Conselho Monetário Nacional, o Banco Central do Brasil, o Banco Nacional do Desenvolvimento Econômico, o Banco do Brasil S.A., o Banco do Nordeste do Brasil S.A. e o Banco de Crédito da Amazônia S.A. gozarão dos favores, isenções e privilégios, inclusive fiscais, que são próprios da Fazenda Nacional, ressalvado quanto aos três últimos o regime especial de tributação do Imposto de Renda a que estão sujeitos na forma da legislação em vigor.

Parágrafo único. São mantidos os favores, isenções e privilégios de que atualmente gozam as instituições financeiras.

Art. 51. Ficam abolidas, após três meses da data da vigência desta Lei, as exigências de "visto" em "pedidos de licença" para efeito de exportação, excetuadas as referentes às armas, munições, entorpecentes, materiais estratégicos, objetos e obras de valor artístico, cultural ou histórico.

Parágrafo único. Quando o interesse nacional exigir, o Conselho Monetário Nacional criará o "visto" ou exigência equivalente.

Art. 52. O quadro de pessoal do Banco Central do Brasil será constituído de:

I – pessoal próprio, admitido mediante concurso público de provas ou de títulos e provas, sujeita à pena de nulidade a admissão que se processar com inobservância destas exigências;

II – pessoal requisitado ao Banco do Brasil S.A. e a outras instituições financeiras federais, de comum acordo com as respectivas administrações;

III – pessoal requisitado a outras instituições e que venham prestando serviços à Superintendência da Moeda e do Crédito há mais de um ano, contado da data da publicação desta Lei.

§ 1º O Banco Central do Brasil baixará, dentro de noventa dias da vigência desta Lei, o estatuto de seus funcionários e servidores, no qual serão garantidos os direitos legalmente atribuídos a seus atuais servidores e mantidos deveres e obrigações que lhes são inerentes.

§ 2º Aos funcionários e servidores requisitados, na forma deste artigo, as instituições de origem lhes assegurarão os direitos e vantagens que lhes cabem ou lhes venham a ser atribuídos, como se em efetivo exercício nelas estivessem.

§ 3º Correrão por conta do Banco Central do Brasil todas as despesas decorrentes do cumprimento do disposto no parágrafo anterior, inclusive as de aposentadoria e pensão que sejam de responsabilidade das instituições de origem ali mencionadas, estas últimas rateadas proporcionalmente em função dos prazos de vigência da requisição.

LEGISLAÇÃO COMPLEMENTAR

§ 4º Os funcionários do quadro pessoal próprio permanecerão com seus direitos e garantias regidos pela legislação de proteção ao trabalho e de previdência social, incluídos na categoria profissional de bancários.

§ 5º Durante o prazo de dez anos, contados da data da vigência desta Lei, é facultado aos funcionários de que tratam os incisos II e III deste artigo, manifestarem opção para transferência para o quadro do pessoal próprio do Banco Central do Brasil, desde que:

a) tenham sido admitidos nas respectivas instituições de origem, consoante determina o inciso I deste artigo;

b) estejam em exercício (VETADO) há mais de dois anos;

c) seja a opção feita pela diretoria do Banco Central do Brasil, que sobre ela deverá pronunciar-se conclusivamente no prazo máximo de três meses, contados da entrega do respectivo requerimento.

Art. 53. *Revogado.* Lei nº 4.829, de 5-11-1965.

CAPÍTULO VII
DISPOSIÇÕES TRANSITÓRIAS

Art. 54. O Poder Executivo, com base em proposta do Conselho Monetário Nacional, que deverá ser apresentada dentro de noventa dias de sua instalação, submeterá ao Poder Legislativo projeto de lei que institucionalize o crédito rural, regule seu campo específico e caracterize as modalidades de aplicação, indicando as respectivas fontes de recursos.

Parágrafo único. A Comissão Consultiva do Crédito Rural dará assessoramento ao Conselho Monetário Nacional, na elaboração da proposta que estabelecerá a coordenação das instituições existentes ou que venham a ser criadas, com o objetivo de garantir sua melhor utilização e da rede bancária privada na difusão do crédito rural, inclusive com redução de seu custo.

Art. 55. Ficam transferidas ao Banco Central do Brasil as atribuições cometidas por lei ao Ministério da Agricultura, no que concerne à autorização de funcionamento e fiscalização de cooperativas de crédito de qualquer tipo, bem assim da seção de crédito das cooperativas que a tenham.

Art. 56. Ficam extintas a Carteira de Redescontos do Banco do Brasil S.A. e a Caixa de Mobilização Bancária, incorporando-se seus bens, direitos e obrigações ao Banco Central do Brasil.

Parágrafo único. As atribuições e prerrogativas legais da Caixa de Mobilização Bancária passam a ser exercidas pelo Banco Central do Brasil, sem solução de continuidade.

Art. 57. *Revogado.* Lei nº 14.286, de 29-12-2021.

Art. 58. Os prejuízos decorrentes das operações de câmbio concluídas e eventualmente não regularizadas nos termos desta Lei, bem como os das operações de câmbio contratadas e não concluídas até a data de vigência desta Lei, pelo Banco do Brasil S.A., como mandatário do Governo Federal, serão, na medida em que se efetivarem, transferidos ao Banco Central do Brasil, sendo neste registrados como responsabilidade do Tesouro Nacional.

§ 1º Os débitos do Tesouro Nacional perante o Banco Central do Brasil, provenientes das transferências de que trata este artigo, serão regularizados com recursos orçamentários da União.

§ 2º O disposto neste artigo se aplica também aos prejuízos decorrentes de operações de câmbio que outras instituições financeiras federais, de natureza bancária, tenham realizado como mandatárias do Governo Federal.

Art. 59. É mantida, no Banco do Brasil S.A., a Carteira de Comércio Exterior, criada nos termos da Lei nº 2.145, de 29 de dezembro de 1953, e regulamentada pelo Decreto nº 42.820, de 16 de dezembro de 1957, como órgão executor da política de comércio exterior (VETADO).

Art. 60. O valor equivalente aos recursos financeiros que, nos termos desta Lei, passarem à responsabilidade do Banco Central do Brasil, e estejam, na data de sua vigência, em poder do Banco do Brasil S.A., será neste escriturado em conta e em nome do primeiro, considerando-se como suprimento de recursos, nos termos do § 1º do artigo 19 desta Lei.

Art. 61. Para cumprir as disposições desta Lei, o Banco do Brasil S.A. tomará providências no sentido de que seja remodelada sua estrutura administrativa, a fim de que possa eficazmente exercer os encargos e executar os serviços que lhe estão reservados, como principal instrumento de execução da política de crédito do Governo Federal.

Art. 62. O Conselho Monetário Nacional determinará providências no sentido de que a transferência de atribuições dos órgãos existentes para o Banco Central do Brasil se processe sem solução de continuidade dos serviços atingidos por esta Lei.

Art. 63. Os mandatos dos primeiros membros do Conselho Monetário Nacional, a que alude o inciso IV do artigo 6º desta Lei, serão respectivamente de seis, cinco, quatro, três, dois e um anos.

Art. 64. O Conselho Monetário Nacional fixará prazo de até um ano de vigência desta Lei para a adaptação das instituições financeiras às disposições desta Lei.

§ 1º Em casos excepcionais o Conselho Monetário Nacional poderá prorrogar até mais de um ano o prazo para que seja complementada a adaptação a que se refere este artigo.

§ 2º Será de um ano, prorrogável, nos termos do parágrafo anterior, o prazo para cumprimento do estabelecido por força do artigo 30 desta Lei.

Art. 65. Esta Lei entrará em vigor noventa dias após a data de sua publicação, revogadas as disposições em contrário.

Brasília, 31 de dezembro de 1964;
143º da Independência e
76º da República.

H. Castello Branco

LEI Nº 4.717, DE 29 DE JUNHO DE 1965

Regula a ação popular.

▶ Publicada no *DOU* de 5-7-1965.
▶ Art. 5º, LXXIII, da CF.

DA AÇÃO POPULAR

Art. 1º Qualquer cidadão será parte legítima para pleitear a anulação ou a declaração de nulidade de atos lesivos ao patrimônio da União, do Distrito Federal, dos Estados e dos Municípios, de entidades autárquicas, de sociedades de economia mista (Constituição, artigo 141, § 38), de sociedades mútuas de seguro nas quais a União represente os segurados ausentes, de empresas públicas, de serviços sociais autônomos, de instituições ou fundações para cuja criação ou custeio o tesouro público haja concorrido ou concorra com mais de cinquenta por cento do patrimônio ou da receita ânua de empresas incorporadas ao patrimônio da União, do Distrito Federal, dos Estados e dos Municípios e de quaisquer pessoas jurídicas ou entidades subvencionadas pelos cofres públicos.

▶ Refere-se à CF/1946.
▶ Súm. nº 365 do STF.
▶ Súm. nº 329 do STJ.

§ 1º Consideram-se patrimônio público para os fins referidos neste artigo, os bens e direitos de valor econômico, artístico, estético, histórico ou turístico.

▶ § 1º com a redação dada pela Lei nº 6.513, de 20-12-1977.

§ 2º Em se tratando de instituições ou fundações, para cuja criação ou custeio o tesouro público concorra com menos de cinquenta por cento do patrimônio ou da receita ânua, bem como de pessoas jurídicas ou entidades subvencionadas, as consequências patrimoniais da invalidez dos atos lesivos terão por limite a repercussão deles sobre a contribuição dos cofres públicos.

§ 3º A prova da cidadania, para ingresso em juízo, será feita com o título eleitoral, ou com documento que a ele corresponda.

§ 4º Para instruir a inicial, o cidadão poderá requerer às entidades a que se refere este artigo, as certidões e informações que julgar necessárias, bastando para isso indicar a finalidade das mesmas.

§ 5º As certidões e informações, a que se refere o parágrafo anterior, deverão ser fornecidas dentro de quinze dias da entrega, sob recibo, dos respectivos requerimentos, e só poderão ser utilizadas para a instrução de ação popular.

§ 6º Somente nos casos em que o interesse público, devidamente justificado, impuser sigilo, poderá ser negada certidão ou informação.

§ 7º Ocorrendo a hipótese do parágrafo anterior, a ação poderá ser proposta desacompanhada das certidões ou informações negadas, cabendo ao juiz, após apreciar os motivos do indeferimento, e salvo em se tratando de razão de segurança nacional, requisitar umas e outras; feita a requisição, o processo correrá em segredo de justiça, que cessará com o trânsito em julgado de sentença condenatória.

Art. 2º São nulos os atos lesivos ao patrimônio das entidades mencionadas no artigo anterior, nos casos de:

a) incompetência;
b) vício de forma;
c) ilegalidade do objeto;
d) inexistência dos motivos;
e) desvio de finalidade.

Parágrafo único. Para a conceituação dos casos de nulidade observar-se-ão as seguintes normas:

a) a incompetência fica caracterizada quando o ato não se incluir nas atribuições legais do agente que o praticou;

b) o vício de forma consiste na omissão ou na observância incompleta ou irregular de formalidades indispensáveis à existência ou seriedade do ato;

c) a ilegalidade do objeto ocorre quando o resultado do ato importa em violação de lei, regulamento ou outro ato normativo;

d) a inexistência dos motivos se verifica quando a matéria de fato ou de direito, em que se fundamenta o ato, é materialmente inexistente ou juridicamente inadequada ao resultado obtido;

e) o desvio da finalidade se verifica quando o agente pratica o ato visando a fim diverso daquele previsto, explícita ou implicitamente, na regra de competência.

Art. 3º Os atos lesivos ao patrimônio das pessoas de direito público ou privado, ou das entidades mencionadas no artigo 1º, cujos vícios não se compreendam nas especificações do artigo anterior, serão anuláveis, segundo as prescrições legais, enquanto compatíveis com a natureza deles.

Art. 4º São também nulos os seguintes atos ou contratos, praticados ou celebrados por quaisquer das pessoas ou entidades referidas no artigo 1º:

I – a admissão ao serviço público remunerado, com desobediência, quanto às condições de habilitação das normas legais, regulamentares ou constantes de instruções gerais;

II – a operação bancária ou de crédito real, quando:

a) for realizada com desobediência a normas legais, regulamentares, estatutárias, regimentais ou internas;

b) o valor real do bem dado em hipoteca ou penhor for inferior ao constante de escritura, contrato ou avaliação;

III – a empreitada, a tarefa e a concessão do serviço público, quando:

a) o respectivo contrato houver sido celebrado sem prévia concorrência pública ou administrativa, sem que essa condição seja estabelecida em lei, regulamento ou norma geral;

b) no edital de concorrência forem incluídas cláusulas ou condições, que comprometam o seu caráter competitivo;

c) a concorrência administrativa for processada em condições que impliquem na limitação das possibilidades normais de competição;

IV – as modificações ou vantagens, inclusive prorrogações que forem admitidas, em favor do adjudicatário, durante a execução dos contratos de empreitada, tarefa e concessão de serviço público, sem que estejam previstas em lei ou nos respectivos instrumentos;

V – a compra e venda de bens móveis ou imóveis, nos casos em que não for cabível concorrência pública ou administrativa, quando:

a) for realizada com desobediência a normas legais regulamentares, ou constantes de instruções gerais;

b) o preço de compra dos bens for superior ao corrente no mercado, na época da operação;

c) o preço de venda dos bens for inferior ao corrente no mercado, na época da operação;

VI – a concessão de licença de exportação ou importação, qualquer que seja a sua modalidade, quando:

a) houver sido praticada com violação das normas legais e regulamentares ou de instruções e ordens de serviço;

b) resultar em exceção ou privilégio, em favor de exportador ou importador;

VII – a operação de redesconto quando, sob qualquer aspecto, inclusive o limite de valor, desobedecer a normas legais, regulamentares ou constantes de instruções gerais;

VIII – o empréstimo concedido pelo Banco Central da República, quando:

a) concedido com desobediência de quaisquer normas legais, regulamentares, regimentais ou constantes de instruções gerais;

b) o valor dos bens dados em garantia, na época da operação, for inferior ao da avaliação;

IX – a emissão, quando efetuada sem observância das normas constitucionais, legais e regulamentadoras que regem a espécie.

DA COMPETÊNCIA

Art. 5º Conforme a origem do ato impugnado, é competente para conhecer da ação, processá-la e julgá-la, o juiz que, de acordo com a organização judiciária de cada Estado, o for para as causas que interessem à União, ao Distrito Federal, ao Estado ou ao Município.

▸ Arts. 108, II, e 109, I, da CF.

§ 1º Para fins de competência, equiparam-se a atos da União, do Distrito Federal, do Estado ou dos Municípios os atos das pessoas criadas ou mantidas por essas pessoas jurídicas de direito público, bem como os atos das sociedades de que elas sejam acionistas e os das pessoas ou entidades por elas subvencionadas ou em relação às quais tenham interesse patrimonial.

§ 2º Quando o pleito interessar simultaneamente à União e a qualquer outra pessoa ou entidade, será competente o juiz das causas da União, se houver; quando interessar simultaneamente ao Estado e ao Município, será competente o juiz das causas do Estado, se houver.

§ 3º A propositura da ação prevenirá a jurisdição do juízo para todas as ações, que forem posteriormente intentadas contra as mesmas partes e sob os mesmos fundamentos.

§ 4º Na defesa do patrimônio público caberá a suspensão liminar do ato lesivo impugnado.

▸ § 4º acrescido pela Lei nº 6.513, de 20-12-1977.

DOS SUJEITOS PASSIVOS DA AÇÃO E DOS ASSISTENTES

Art. 6º A ação será proposta contra as pessoas públicas ou privadas e as entidades referidas no artigo 1º, contra as autoridades, funcionários ou administradores que houverem autorizado, aprovado, ratificado ou praticado o ato impugnado, ou que, por omissão, tiverem dado oportunidade à lesão, e contra os beneficiários diretos do mesmo.

▸ Arts. 113 a 120 do CPC/2015.

§ 1º Se não houver beneficiário direto do ato lesivo, ou se for ele indeterminado ou desconhecido, a ação será proposta somente contra as outras pessoas indicadas neste artigo.

§ 2º No caso de que trata o inciso II, *b*, do artigo 4º, quando o valor real do bem for inferior ao da avaliação, citar-se-ão como réus, além das pessoas públicas ou privadas e entidades referidas no artigo 1º, apenas os responsáveis pela avaliação inexata e os beneficiários da mesma.

§ 3º A pessoa jurídica de direito público ou de direito privado, cujo ato seja objeto de impugnação, poderá abster-se de contestar o pedido, ou poderá atuar ao lado do autor, desde que isso se afigure útil ao interesse público, a juízo do respectivo representante legal ou dirigente.

§ 4º O Ministério Público acompanhará a ação, cabendo-lhe apressar a produção da prova e promover a responsabilidade, civil ou criminal, dos que nela incidirem, sendo-lhe vedado, em qualquer hipótese, assumir a defesa do ato impugnado ou dos seus autores.

§ 5º É facultado a qualquer cidadão habilitar-se como litisconsorte ou assistente do autor da ação popular.

DO PROCESSO

Art. 7º A ação obedecerá ao procedimento ordinário, previsto no Código de Processo Civil, observadas as seguintes normas modificativas:

▸ Arts. 319 a 496 do CPC/2015.

I – ao despachar a inicial o juiz ordenará:

a) além da citação dos réus, a intimação do representante do Ministério Público;

b) a requisição às entidades indicadas na petição inicial, dos documentos que tiverem sido referidos pelo autor (artigo 1º, § 6º), bem como a de outros que se lhe afigurem necessários ao esclarecimento dos fatos, fixando o prazo de quinze a trinta dias para o atendimento.

§ 1º O representante do Ministério Público providenciará para que as requisições, a que se refere o inciso anterior, sejam atendidas dentro dos prazos fixados pelo juiz.

§ 2º Se os documentos e informações não puderem ser oferecidos nos prazos assinalados, o juiz poderá autorizar prorrogação dos mesmos, por prazo razoável.

II – quando o autor o preferir, a citação dos beneficiários far-se-á por edital com o prazo de trinta dias, afixado na sede do juízo e publicado três vezes no jornal oficial do Distrito Federal, ou da Capital do Estado ou Território em que seja ajuizada a ação. A publicação será gratuita e deverá iniciar-se no máximo três dias após a entrega, na repartição competente, sob protocolo, de uma via autenticada do mandado;

III – qualquer pessoa, beneficiada ou responsável pelo ato impugnado, cuja existência ou identidade se torne conhecida no curso do processo e antes de proferida a sentença final de primeira instância, deverá ser citada para a integração do contraditório, sendo-lhe restituído o prazo para contestação e produção de provas. Salvo, quanto a beneficiário, se a citação se houver feito na forma do inciso anterior;

IV – o prazo de contestação é de vinte dias prorrogáveis por mais vinte, a requerimento do interessado, se particularmente difícil a produção de prova documental, e será comum a todos os interessados, correndo da entrega em cartório do mandado cumprido, ou, quando for o caso, do decurso do prazo assinado em edital;

V – caso não requerida, até o despacho saneador, a produção de prova testemunhal ou pericial, o juiz ordenará vista às partes por dez dias, para alegações, sendo-lhe os autos conclusos, para sentença, quarenta e oito horas após a expiração desse prazo; havendo requerimento de prova, o processo tomará o rito ordinário;

VI – a sentença, quando não prolatada em audiência de instrução e julgamento, deverá ser proferida dentro de quinze dias do recebimento dos autos pelo juiz.

Parágrafo único. O proferimento da sentença além do prazo estabelecido privará o juiz da inclusão em lista de merecimento para promoção, durante dois anos, e acarretará a perda, para efeito de promoção por antiguidade, de tantos dias, quantos forem os do retardamento; salvo motivo justo, declinado nos autos e comprovado perante o órgão disciplinar competente.

▸ Arts. 319 a 496 do CPC/2015.

Art. 8º Ficará sujeita à pena de desobediência, salvo motivo justo devidamente comprovado, à autoridade, o administrador ou o dirigente, que deixar de fornecer, no prazo fixado no artigo 1º, § 5º, ou naquele que tiver sido estipulado pelo juiz (artigo 7º, I, *b*), informações e certidão ou fotocópia de documentos necessários à instrução da causa.

▸ Art. 330 do CP.

Parágrafo único. O prazo contar-se-á do dia em que entregue, sob recibo, o requerimento do interessado ou o ofício de requisição (artigo 1º, § 5º, e artigo 7º, I, *b*).

Art. 9º Se o autor desistir da ação ou der motivo à absolvição da instância, serão publicados os editais nos prazos e condições previstos no artigo 7º, II, ficando assegurado a qualquer cidadão, bem como ao representante do Ministério Público, dentro do prazo de noventa dias da última publicação feita, promover o prosseguimento da ação.

Art. 10. As partes só pagarão custas e preparo a final.

Art. 11. A sentença que julgando procedente a ação popular decretar a invalidade do ato impugnado, condenará ao pagamento de perdas e danos os responsáveis pela sua prática e os beneficiários dele, ressalvada a ação regressiva contra os funcionários causadores de dano, quando incorrerem em culpa.

Art. 12. A sentença incluirá sempre, na condenação dos réus, o pagamento, ao autor, das custas e demais despesas, judiciais e extrajudiciais, diretamente relacionadas com a ação e comprovadas, bem como o dos honorários de advogado.

▸ Arts. 5º, LXXIII, e 98, § 2º, da CF.

▸ Arts. 82 a 96 do CPC/2015.

Art. 13. A sentença que, apreciando o fundamento de direito do pedido, julgar a lide manifestamente temerária, condenará o autor ao pagamento do décuplo das custas.

▸ Arts. 5º, LXXIII, e 98, § 2º, da CF.

Art. 14. Se o valor da lesão ficar provado no curso da causa, será indicado na sentença; se depender da avaliação ou perícia, será apurado na execução.

§ 1º Quando a lesão resultar da falta ou isenção de qualquer pagamento, a condenação imporá o pagamento devido, com acréscimo de juros de mora e multa legal ou contratual, se houver.

▸ Arts. 405 e 407 do CC.

§ 2º Quando a lesão resultar da execução fraudulenta, simulada ou irreal de contratos, a condenação versará sobre a reposição do débito, com juros de mora.

§ 3º Quando o réu condenado perceber dos cofres públicos, a execução far-se-á por desconto em folha até o integral ressarcimento de dano causado, se assim mais convier ao interesse público.

§ 4º A parte condenada a restituir bens ou valores ficará sujeita a sequestro e penhora, desde a prolação da sentença condenatória.

▸ Arts. 831 a 864 do CPC/2015.

Art. 15. Se, no curso da ação, ficar provada a infringência da lei penal ou a prática de falta disciplinar a que a lei comine a pena de demissão ou a de rescisão de contrato de trabalho, o juiz, *ex officio*, determinará a remessa de cópia autenticada das peças necessárias às autoridades ou aos administradores a quem competir aplicar a sanção.

Art. 16. Caso decorridos sessenta dias de publicação da sentença condenatória de segunda instância, sem que o autor ou terceiro promova a respectiva execução, o representante do Ministério Público a promoverá nos trinta dias seguintes, sob pena de falta grave.

Art. 17. É sempre permitido às pessoas ou entidades referidas no artigo 1º, ainda que hajam contestado a ação, promover, em qualquer tempo, e no que as beneficiar, a execução da sentença contra os demais réus.

Art. 18. A sentença terá eficácia de coisa julgada oponível *erga omnes*, exceto no caso de haver sido a ação julgada improcedente por deficiência de prova; neste caso, qualquer cidadão poderá intentar outra ação com idêntico fundamento, valendo-se de nova prova.

Art. 19. A sentença que concluir pela carência ou pela improcedência da ação está sujeita ao duplo grau de jurisdição, não produzindo efeito senão depois de confirmada pelo tribunal; da que julgar a ação procedente, caberá apelação, com efeito suspensivo.

§ 1º Das decisões interlocutórias cabe agravo de instrumento.

▸ Arts. 994, II e III, e 1.015 a 1.020 do CPC/2015.

§ 2º Das sentenças e decisões proferidas contra o autor da ação e suscetíveis de recurso, poderá recorrer qualquer cidadão e também o Ministério Público.

▸ Art. 19 com a redação dada pela Lei nº 6.014, de 27-12-1973.

DISPOSIÇÕES GERAIS

Art. 20. Para os fins desta Lei, consideram-se entidades autárquicas:

a) o serviço estatal descentralizado com personalidade jurídica, custeado mediante orçamento próprio, independente do orçamento geral;

b) as pessoas jurídicas especialmente instituídas por lei, para a execução de serviços de interesse público ou social, custeados por tributos de qualquer natureza ou por outros recursos oriundos do Tesouro Público;

c) as entidades de direito público ou privado a que a lei tiver atribuído competência para receber e aplicar contribuições parafiscais.

Art. 21. A ação prevista nesta Lei prescreve em cinco anos.

Art. 22. Aplicam-se à ação popular as regras do Código de Processo Civil, naquilo em que não contrariem os dispositivos desta Lei, nem à natureza específica da ação.

Brasília, 29 de junho de 1965;
144º da Independência e
77º da República.

H. Castello Branco

LEI Nº 4.728, DE 14 DE JULHO DE 1965

Disciplina o mercado de capitais e estabelece medidas para o seu desenvolvimento.

▸ Publicada no *DOU* de 16-7-1965 e retificada no *DOU* de 16-8-1965.

▸ Arts. 1.361 a 1.368-A do CC.

▸ Lei nº 9.514, de 20-11-1997, dispõe sobre alienação fiduciária de coisa imóvel.

▸ Dec-lei nº 911, de 1º-10-1969 (Lei das Alienações Fiduciárias).

Seção I
ATRIBUIÇÕES DOS ÓRGÃOS ADMINISTRATIVOS

Art. 1º Os mercados financeiro e de capitais serão disciplinados pelo Conselho Monetário Nacional e fiscalizados pelo Banco Central da República do Brasil.

Art. 2º O Conselho Monetário Nacional e o Banco Central exercerão as suas atribuições legais relativas aos mercados financeiro e de capitais com a finalidade de:

I – facilitar o acesso do público a informações sobre os títulos ou valores mobiliários distribuídos no mercado e sobre as sociedades que os emitirem;

II – proteger os investidores contra emissões ilegais ou fraudulentas de títulos ou valores mobiliários;

III – evitar modalidades de fraude e manipulação destinadas a criar condições artificiais da demanda, oferta ou preço de títulos ou valores mobiliários distribuídos no mercado;

IV – assegurar a observância de práticas comerciais equitativas por todos aqueles que exerçam, profissionalmente, funções de intermediação na distribuição ou negociação de títulos ou valores mobiliários;

V – disciplinar a utilização do crédito no mercado de títulos ou valores mobiliários;

VI – *Revogado.* Lei nº 14.286, de 29-12-2021.

Art. 3º Compete ao Banco Central:

I – autorizar a constituição e fiscalizar o funcionamento das Bolsas de Valores;

II – autorizar o funcionamento e fiscalizar as operações das sociedades corretoras membros das Bolsas de Valores (artigos 8º e 9º) e das sociedades de investimento;

III – autorizar o funcionamento e fiscalizar as operações das instituições financeiras, sociedades ou firmas individuais que tenham por objeto a subscrição para revenda e a distribuição de títulos ou valores mobiliários;

IV – manter registro e fiscalizar as operações das sociedades e firmas individuais que exerçam as atividades de intermediação na distribuição de títulos ou valores mobiliários, ou que efetuem, com qualquer propósito, a captação de poupança popular no mercado de capitais;

V – registrar títulos e valores mobiliários para efeito de sua negociação nas Bolsas de Valores;

VI – registrar as emissões de títulos ou valores mobiliários a serem distribuídos no mercado de capitais;

VII – fiscalizar a observância, pelas sociedades emissoras de títulos ou valores mobiliários negociados na Bolsa, das disposições legais e regulamentares relativas a:

a) publicidade da situação econômica e financeira da sociedade, sua administração e aplicação dos seus resultados;

b) proteção dos interesses dos portadores de títulos e valores mobiliários distribuídos nos mercados financeiro e de capitais.

VIII – fiscalizar a observância das normas legais e regulamentares relativas à emissão, ao lançamento, à subscrição e à distribuição de títulos ou valores mobiliários colocados no mercado de capitais;

IX – manter e divulgar as estatísticas relativas ao mercado de capitais, em coordenação com o sistema estatístico nacional;

X – fiscalizar a utilização de informações não divulgadas ao público em benefício próprio ou de terceiros, por acionistas ou pessoas que, por força de cargos que exerçam, a elas tenham acesso.

Art. 4º No exercício de suas atribuições, o Banco Central poderá examinar os livros e documentos das instituições financeiras, sociedades, empresas e pessoas referidas no artigo anterior, as quais serão obrigadas a prestar as informações e os esclarecimentos solicitados pelo Banco Central.

§ 1º Nenhuma sanção será imposta pelo Banco Central, sem antes ter assinado prazo, não inferior a trinta dias, ao interessado, para se manifestar, ressalvado o disposto no § 3º do artigo 16 desta Lei.

§ 2º Quando, no exercício das suas atribuições, o Banco Central tomar conhecimento de crime definido em lei como de ação pública, oficiará ao Ministério Público para instalação de inquérito policial.

§ 3º Os pedidos de registro submetidos ao Banco Central, nos termos dos artigos 19 e 20 desta Lei, consideram-se deferidos dentro de trinta dias da sua apresentação, se nesse prazo não forem indeferidos.

§ 4º A fluência do prazo referido no parágrafo anterior poderá ser interrompida uma única vez, se o Banco Central pedir informações ou documentos suplementares, em cumprimento das normas legais ou regulamentares em vigor.

§ 5º Ressalvado o disposto no § 3º, o Conselho Monetário Nacional fixará os prazos em que o Banco Central deverá processar os pedidos de autorização, registro ou aprovação previstos nesta Lei.

§ 6º *Revogado*. Lei nº 13.506, de 13-11-2017.

Seção II

SISTEMA DE DISTRIBUIÇÃO NO MERCADO DE CAPITAIS

Art. 5º O sistema de distribuição de títulos ou valores mobiliários no mercado de capitais será constituído:

I – das Bolsas de Valores e das sociedades corretoras que sejam seus membros;

II – das instituições financeiras autorizadas a operar no mercado de capitais;

III – das sociedades ou empresas que tenham por objeto a subscrição de títulos para revenda, ou sua distribuição no mercado, e que sejam autorizadas a funcionar nos termos do artigo 11;

IV – das sociedades ou empresas que tenham por objeto atividades de intermediação na distribuição de títulos ou valores mobiliários, e que estejam registradas nos termos do artigo 12.

Art. 6º As Bolsas de Valores terão autonomia administrativa, financeira e patrimonial, e operarão sob a supervisão do Banco Central, de acordo com a regulamentação expedida pelo Conselho Monetário Nacional.

Art. 7º Compete ao Conselho Monetário Nacional fixar as normas gerais a serem observadas na constituição, organização e funcionamento das Bolsas de Valores, e relativas a:

I – condições de constituição e extinção; forma jurídica; órgãos de administração e seu preenchimento; exercício de poder disciplinar sobre os membros da Bolsa, imposição de penas e condições de exclusão;

II – número de sociedades corretoras membros da Bolsa, requisitos ou condições de admissão quanto à idoneidade, capacidade financeira, habilitação técnica dos seus administradores e forma de representação nas Bolsas;

III – espécies de operações admitidas nas Bolsas; normas, métodos e práticas a serem observados nessas operações; responsabilidade das sociedades corretoras nas operações;

IV – administração financeira das Bolsas; emolumentos, comissões e quaisquer outros custos cobrados pelas Bolsas ou seus membros;

V – normas destinadas a evitar ou reprimir manipulações de preços e operações fraudulentas; condições a serem observadas nas operações autorizadas de sustentação de preços;

VI – registro das operações a ser mantido pelas Bolsas e seus membros; dados estatísticos a serem apurados pelas Bolsas e fornecidos ao Banco Central;

VII – fiscalização do cumprimento de obrigações legais pelas sociedades cujos títulos sejam negociados na Bolsa;

VIII – percentagem mínima do preço dos títulos negociados a termo, que deverá ser obrigatoriamente liquidada à vista;

IX – crédito para aquisição de títulos e valores mobiliários no mercado de capitais.

§ 1º Exceto na matéria prevista no inciso VIII, as normas a que se refere este artigo somente poderão ser aprovadas pelo Conselho Monetário Nacional depois de publicadas para receber sugestões durante trinta dias.

§ 2º As sugestões referidas no parágrafo anterior serão feitas por escrito, por intermédio do Banco Central.

Art. 8º A intermediação dos negócios nas Bolsas de Valores será exercida por sociedades corretoras membros da Bolsa, cujo capital mínimo será fixado pelo Conselho Monetário Nacional.

§ 1º *Revogado*. Dec.-lei nº 2.313, de 23-12-1986.

§ 2º As sociedades referidas neste artigo somente poderão funcionar depois de autorizadas pelo Banco Central, e a investidura dos seus dirigentes estará sujeita às condições legais vigentes para os administradores de instituições financeiras.

§ 3º Nas condições fixadas pelo Conselho Monetário Nacional, a sociedade corretora poderá ser membro de mais de uma Bolsa de Valores.

§ 4º Os administradores das sociedades corretoras não poderão exercer qualquer cargo administrativo, consultivo, fiscal ou deliberativo em outras empresas cujos títulos ou valores mobiliários sejam negociados em Bolsa.

§ 5º As sociedades referidas neste artigo, ainda que não revistam a forma anônima, são obrigadas a observar as normas de que trata o artigo 20, § 1º, alíneas *a* e *b*.

§ 6º O Conselho Monetário Nacional assegurará aos atuais Corretores de Fundos Públicos a faculdade de se registrarem no Banco Central, para intermediar a negociação nas Bolsas de Valores, sob a forma da firma individual, observados os mesmos requisitos estabelecidos para as sociedades corretoras previstas neste artigo, e sob a condição de extinção da firma, por morte do respectivo titular, ou pela participação deste em sociedade corretora.

Art. 9º *Revogado*. Lei nº 14.286, de 29-12-2021.

Art. 9º-A. Compete ao Banco Central do Brasil, observadas as diretrizes do Conselho Monetário Nacional, sem prejuízo do disposto na Lei nº 6.385, de 7 de dezembro de 1976:

I – disciplinar as condições de constituição e de funcionamento das sociedades corretoras de títulos e valores mobiliários, das sociedades corretoras de câmbio e das sociedades distribuidoras de títulos e valores mobiliários;

II – autorizar a constituição e o funcionamento e supervisionar as atividades das sociedades corretoras de títulos e valores mobiliários, das sociedades corretoras de câmbio e das sociedades distribuidoras de títulos e valores mobiliários.

Parágrafo único. Para os fins deste artigo, aplica-se o disposto na Lei nº 4.595, de 31 de dezembro de 1964, na Lei nº 6.024, de 13 de março de 1974, no Decreto-Lei nº 2.321, de 25 de fevereiro de 1987, na Lei nº 9.447, de 14 de março de 1997, na Lei nº 13.506, de 13 de novembro de 2017, e nas demais disposições da legislação referentes às instituições financeiras:

I – às sociedades corretoras de títulos e valores mobiliários, às sociedades corretoras de câmbio e às sociedades distribuidoras de títulos e valores mobiliários;

II – aos administradores e aos membros da diretoria, do conselho de administração, do conselho fiscal, do comitê de auditoria e de outros órgãos previstos no estatuto social ou no contrato social das sociedades referidas no inciso I deste parágrafo;

III – às pessoas físicas e jurídicas e aos administradores e responsáveis técnicos de pessoas jurídicas que prestem serviço de auditoria independente às sociedades referidas no inciso I deste parágrafo.

▸ Art. 9º-A acrescido pela Lei nº 14.286, de 29-12-2021.

Art. 10. Compete ao Conselho Monetário Nacional fixar as normas gerais a serem observadas no exercício das atividades de subscrição para revenda, distribuição, ou intermediação na colocação, no mercado, de títulos ou valores mobiliários, e relativos a:

I – capital mínimo das sociedades que tenham por objeto a subscrição para revenda e a distribuição de títulos no mercado;

II – condições de registro das sociedades ou firmas individuais que tenham por objeto atividades de intermediação na distribuição de títulos no mercado;

III – condições de idoneidade, capacidade financeira e habilitação técnica a que deverão satisfazer os administradores ou responsáveis pelas sociedades ou firmas individuais referidas nos incisos anteriores;

IV – procedimento administrativo de autorização para funcionar das sociedades referidas no inciso I e do registro das sociedades e firmas individuais referidas no inciso II;

V – espécies de operações das sociedades referidas nos incisos anteriores; normas, métodos e práticas a serem observados nessas operações;

VI – comissões, ágios, descontos ou quaisquer outros custos cobrados pelas sociedades de empresas referidas nos incisos anteriores;

VII – normas destinadas a evitar manipulações de preço e operações fraudulentas;

VIII – registro das operações a serem mantidas pelas sociedades e empresas referidas nos incisos anteriores, e dados estatísticos a serem apurados e fornecidos ao Banco Central;

IX – condições de pagamento a prazo dos títulos negociados.

Art. 11. Depende de prévia autorização do Banco Central o funcionamento de sociedades ou firmas individuais que tenham por objeto a subscrição para revenda e a distribuição no mercado de títulos ou valores mobiliários.

Parágrafo único. Depende igualmente de aprovação pelo Banco Central:

a) a modificação de contratos ou estatutos sociais das sociedades referidas neste artigo;

b) a investidura de administradores, responsáveis ou prepostos das sociedades e empresas referidas neste artigo.

Art. 12. Depende de prévio registro no Banco Central o funcionamento de sociedades que tenham por objeto qualquer atividade de intermediação na distribuição, ou colocação no mercado, de títulos ou valores mobiliários.

Art. 13. A autorização para funcionar e o registro referidos nos artigos 11 e 12 observarão o disposto no § 1º do artigo 10 da Lei nº 4.595, de 31 de dezembro de 1964, e somente poderão ser cassados nos casos previstos em normas gerais aprovadas pelo Conselho Monetário Nacional.

Art. 14. Compete ao Conselho Monetário Nacional fixar as normas gerais a serem observadas nas operações das instituições financeiras autorizadas a operar em aceite ou coobrigação em títulos cambiais a serem distribuídos no mercado, e relativas a:

I – capital mínimo;

II – limites de riscos, prazo mínimo e máximo dos títulos, espécie das garantias recebidas; relação entre o valor das garantias e o valor dos títulos objeto do aceite ou coobrigação;

III – disciplina ou proibição de redesconto de papéis;

IV – fiscalização das operações pelo Banco Central;

V – organização e funcionamento de consórcios (art. 15).

Art. 15. As instituições financeiras autorizadas a operar no mercado financeiro e de capitais poderão organizar consórcio para o fim especial de colocar títulos ou valores mobiliários no mercado.

§ 1º Quando o consórcio tiver por objetivo aceite ou coobrigação em títulos cambiais, a responsabilidade poderá ser distribuída entre os membros do consórcio.

§ 2º O consórcio será regulado por contrato que só entrará em vigor depois de registrado no Banco Central e do qual constarão, obrigatoriamente, as condições e os limites de coobrigação de cada instituição participante, a designação da instituição líder do consórcio e a outorga, a esta, de poderes de representação das demais participantes.

§ 3º A responsabilidade de cada uma das instituições participantes do consórcio formado nos termos deste artigo será limitada ao montante do risco que assumir no instrumento de contrato de que trata o parágrafo anterior.

§ 4º Os contratos previstos no presente artigo são isentos do Imposto do Selo.

► O Imposto do Selo foi extinto pela reforma tributária de 1965, tendo sido substituído pelo Imposto sobre Operações de Crédito, Câmbio e Seguro ou relativas a Títulos ou Valores Mobiliários.

Seção III

ACESSO AOS MERCADOS FINANCEIRO E DE CAPITAIS

Art. 16. As emissões de títulos ou valores mobiliários somente poderão ser feitas nos mercados financeiro e de capitais através do sistema de distribuição previsto no artigo 5º.

§ 1º Para os efeitos deste artigo considera-se emissão a oferta ou negociação de títulos ou valores mobiliários:

a) pela sociedade emissora ou coobrigada;

b) por sociedades ou empresas que exerçam habitualmente as atividades de subscrição, distribuição ou intermediação na colocação no mercado de títulos ou valores mobiliários;

c) pela pessoa natural ou jurídica que mantém o controle da sociedade emissora dos títulos ou valores mobiliários oferecidos ou negociados.

§ 2º Entende-se por colocação ou distribuição de títulos ou valores mobiliários nos mercados financeiro e de capitais a negociação, oferta ou aceitação de oferta para negociação:

a) mediante qualquer modalidade de oferta pública;

b) mediante a utilização de serviços públicos de comunicação;

c) em lojas, escritórios ou quaisquer outros estabelecimentos acessíveis ao público;

d) através de corretores ou intermediários que procurem tomadores para os títulos.

§ 3º As sociedades que infringirem o disposto neste artigo ficarão sujeitas à cessação imediata de suas atividades de colocação de títulos ou valores mobiliários no mercado, mediante intimação do Banco Central, que requisitará, se necessário, a intervenção da autoridade policial.

Art. 17. Os títulos cambiais deverão ter a coobrigação de instituição financeira para sua colocação no mercado, salvo os casos regulamentados pelo Conselho Monetário Nacional em caráter geral e de modo a assegurar garantia adequada aos que os adquirirem.

§ 1º As empresas que, a partir da publicação desta Lei, colocarem papéis no mercado de capitais em desobediência ao disposto neste Capítulo, não terão acesso aos bancos oficiais e os títulos de sua emissão ou aceite não terão curso na Carteira de Redescontos, ressalvado o disposto no parágrafo seguinte.

§ 2º As empresas que, na data da publicação desta Lei, tiverem em circulação títulos cambiais com sua responsabilidade em condições proibidas por esta Lei, poderão ser autorizadas pelo Banco Central a continuar a colocação com a redução gradativa do total dos papéis em circulação, desde que dentro de sessenta dias o requeiram, com a indicação do valor total dos títulos em circulação e apresentação da proposta de sua liquidação no prazo de até doze meses, prorrogável, pelo Banco Central, no caso de comprovada necessidade, no máximo, por mais seis meses.

§ 3º As empresas que utilizarem a faculdade indicada no parágrafo anterior poderão realizar assembleia-geral ou alterar seus contratos sociais, no prazo de sessenta dias da vigência desta Lei, de modo a assegurar opção aos tomadores para converter seus créditos em ações ou cotas de capital da empresa devedora, opção válida até a data do vencimento dos respectivos títulos.

§ 4º A infração ao disposto neste artigo sujeitará os emitentes, coobrigados e tomadores de títulos de crédito à multa de até 50% (cinquenta por cento) do valor do título.

Art. 18. São isentas do Imposto do Selo quaisquer conversões, livremente pactuadas, em ações ou cotas do capital das empresas obrigadas em títulos de dívida em circulação na data da presente Lei, sem a coobrigação de instituições financeiras, concretizadas no prazo de cento e oitenta dias da vigência desta Lei.

► O Imposto do Selo foi extinto pela reforma tributária de 1965, tendo sido substituído pelo Imposto sobre Operações de Crédito, Câmbio e Seguro ou relativas a Títulos ou Valores Mobiliários.

Art. 19. Somente poderão ser negociados nas Bolsas de Valores os títulos ou valores mobiliários de emissão:

I – de pessoas jurídicas de direito público;

II – de pessoas jurídicas de direito privado registradas no Banco Central.

§ 1º O disposto neste artigo não se aplica aos títulos cambiais colocados no mercado de acordo com o artigo 17.

§ 2º Para as sociedades que já tenham requerido a cotação de suas ações nas Bolsas de Valores, o disposto neste artigo entrará em vigor a partir de 1º de janeiro de 1966, quando ficará revogado o Decreto-lei nº 9.783, de 6 de setembro de 1946.

Art. 20. Compete ao Conselho Monetário Nacional expedir normas gerais sobre o registro referido no inciso II do artigo anterior, e relativas a:

I – informações e documentos a serem apresentados para obtenção do registro inicial;

II – informações e documentos a serem apresentados periodicamente para a manutenção do registro;

III – casos em que o Banco Central poderá recusar, suspender ou cancelar o registro.

§ 1º Caberá ainda ao Conselho Monetário Nacional expedir normas a serem observadas pelas pessoas jurídicas referidas neste artigo, e relativas a:

a) natureza, detalhe e periodicidade da publicação de informações sobre a situação econômica e financeira da pessoa jurídica, suas operações, administração e acionistas que controlam a maioria do seu capital votante;

b) organização do balanço e das demonstrações de resultado, padrões de organização contábil, relatórios e pareceres de auditores independentes registrados no Banco Central;

c) manutenção de mandatários para a prática dos atos relativos ao registro de ações e obrigações nominativas, ou nominativas endossáveis.

§ 2º As normas referidas neste artigo não poderão ser aprovadas antes de decorridos trinta dias de sua publicação para receber sugestões.

Art. 21. Nenhuma emissão de títulos ou valores mobiliários poderá ser lançada, oferecida publicamente, ou ter iniciada a sua distribuição no mercado, sem estar registrada no Banco Central.

§ 1º Caberá ao Conselho Monetário Nacional estabelecer normas gerais relativas às informações que deverão ser prestadas no pedido de registro previsto neste artigo em matéria de:

a) pessoa jurídica emitente ou coobrigada, sua situação econômica e financeira, administração e acionistas que controlam a maioria de seu capital votante;

b) características e condições dos títulos ou valores mobiliários a serem distribuídos;

c) pessoas que participarão da distribuição.

§ 2º O pedido de registro será acompanhado dos prospectos e quaisquer outros documentos a serem publicados, ou distribuídos, para oferta, anúncio ou promoção de lançamento da emissão.

§ 3º O Banco Central poderá suspender ou proibir a distribuição de títulos ou valores:

a) cuja oferta, lançamento, promoção ou anúncio esteja sendo feito em condições diversas das constantes do registro da emissão, ou com a divulgação de informações falsas ou manifestamente tendenciosas ou imprecisas;

b) cuja emissão tenha sido julgada ilegal ou fraudulenta, ainda que em data posterior ao respectivo registro.

§ 4º O disposto neste artigo não se aplica aos títulos cambiais colocados no mercado com a coobrigação de instituições financeiras.

Seção IV

ACESSO DE EMPRESAS DE CAPITAL ESTRANGEIRO AO SISTEMA FINANCEIRO NACIONAL

Arts. 22 a 25. *Revogados.* Lei nº 14.286, de 29-12-2021.

Seção V

OBRIGAÇÕES COM CLÁUSULA DE CORREÇÃO MONETÁRIA

Art. 26. As sociedades por ações poderão emitir debêntures ou obrigações ao portador ou nominativas endossáveis, com cláusula de correção monetária, desde que observadas as seguintes condições:

I – prazo de vencimento igual ou superior a um ano;

II – correção efetuada em períodos não inferiores a três meses, em bases idênticas às aplicáveis às Obrigações do Tesouro Nacional;

► Inciso II com a redação dada pelo Dec.-lei nº 614, de 6-6-1969.

III – subscrição por instituições financeiras especialmente autorizadas pelo Banco Central, ou colocação no mercado de capitais com a intermediação dessas instituições.

§ 1º A emissão de debêntures nos termos deste artigo terá por limite máximo a importância do patrimônio líquido da companhia, apurado nos termos fixados pelo Conselho Monetário Nacional.

§ 2º O Conselho Monetário Nacional expedirá, para cada tipo de atividade, normas relativas a:

a) limite da emissão de debêntures observado o máximo estabelecido no parágrafo anterior;

b) análise técnica e econômico-financeira da empresa emissora e do projeto a ser financiado com os recursos da emissão, que deverá ser procedida pela instituição financeira que subscrever ou colocar a emissão;

c) coeficientes ou índices mínimos de rentabilidade, solvabilidade ou liquidez a que deverá satisfazer a empresa emissora;

d) sustentação das debêntures no mercado pelas instituições financeiras que participem da colocação.

§ 3º As diferenças nominais resultantes da correção do principal das debêntures emitidas nos termos deste artigo não constituem rendimento tributável para efeitos do Imposto de Renda, nem obrigarão a complementação do Imposto do Selo pago na emissão das debêntures.

§ 4º Será assegurado às instituições financeiras intermediárias no lançamento das debêntures a que se refere este artigo, enquanto obrigadas à sustentação prevista na alínea *d* do § 2º, o direito de indicar um representante como membro do Conselho Fiscal da empresa emissora, até o final resgate de todas as obrigações emitidas.

§ 5º A instituição financeira intermediária na colocação representa os portadores de debêntures ausentes das assembleias de debenturistas.

§ 6º As condições de correção monetária estabelecidas no inciso II deste artigo poderão ser aplicadas às operações previstas nos artigos 5º, 15 e 52, § 2º, da Lei nº 4.380, de 21 de agosto de 1964.

Art. 27. As sociedades de fins econômicos poderão sacar, emitir ou aceitar letras de câmbio ou notas promissórias cujo principal fique sujeito à correção monetária, desde que observadas as seguintes condições:

I – prazo de vencimento igual ou superior a um ano, e dentro do limite máximo fixado pelo Conselho Monetário Nacional;

II – correção segundo os coeficientes aprovados pelo Conselho Nacional de Economia para a correção atribuída às Obrigações do Tesouro;

III – sejam destinadas à colocação no mercado de capitais com o aceite ou coobrigação de instituições financeiras autorizadas pelo Banco Central.

§ 1º O disposto no artigo 26, § 3º, aplica-se à correção monetária dos títulos referidos neste artigo.

§ 2º As letras de câmbio e as promissórias a que se refere este artigo deverão conter, no seu contexto, a cláusula de correção monetária.

Art. 28. As instituições financeiras que satisfizerem as condições gerais fixadas pelo Banco Central, para esse tipo de operações, poderão assegurar a correção monetária a depósitos a prazo fixo não inferior a um ano e não movimentáveis durante todo seu prazo.

§ 1º Observadas as normas aprovadas pelo Conselho Monetário Nacional, as instituições financeiras a que se refere este artigo poderão contratar empréstimos com as mesmas condições de correção, desde que:

a) tenham prazo mínimo de um ano;

b) o total dos empréstimos corrigidos não exceda o montante dos depósitos corrigidos referidos neste artigo;

c) o total da remuneração da instituição financeira, nessas transações, não exceda os limites fixados pelo Conselho Monetário Nacional.

§ 2º Os depósitos e empréstimos referidos neste artigo não poderão ser corrigidos além dos coeficientes fixados pelo Conselho Nacional de Economia para a correção das Obrigações do Tesouro.

§ 3º As diferenças nominais resultantes da correção, nos termos deste artigo, do principal de depósitos, não constituem rendimento tributável para os efeitos do Imposto de Renda.

Art. 29. Compete ao Banco Central autorizar a constituição de bancos de investimento de natureza privada cujas operações e condições de funcionamento serão reguladas pelo Conselho Monetário Nacional, prevendo:

I – o capital mínimo;

II – a proibição de receber depósitos à vista ou movimentáveis por cheque;

III – a permissão para receber depósitos a prazo não inferior a um ano, não movimentáveis e com cláusula de correção monetária do seu valor;

IV – a permissão para conceder empréstimos a prazo não inferior a um ano, com cláusula de correção monetária;

V – a permissão para administração dos fundos em condomínio de que trata o artigo 50;

VI – os juros e taxas máximas admitidos nas operações indicadas nos incisos III e VI;

VII – as condições operacionais, de modo geral, inclusive garantias exigíveis, montantes e prazos máximos.

§ 1º O Conselho Monetário Nacional fixará ainda as normas a serem observadas pelos bancos de investimento e relativas a:

a) espécies de operações ativas e passivas, inclusive as condições para concessão de aval em moeda nacional ou estrangeira;

b) análise econômico-financeira e técnica do mutuário e do projeto a ser financiado; coeficientes ou índices mínimos de rentabilidade, solvabilidade e liquidez a que deverá satisfazer o mutuário;

c) condições de diversificação de riscos.

§ 2º Os bancos de investimentos adotarão em suas operações ativas e passivas sujeitas à correção monetária as mesmas regras ditadas no artigo 28.

LEGISLAÇÃO COMPLEMENTAR

§ 3º Os bancos de que trata este artigo ficarão sujeitos à disciplina ditada pela Lei nº 4.595, de 31 de dezembro de 1964, para as instituições financeiras privadas.

§ 4º Atendidas as exigências que forem estabelecidas em caráter geral pelo Conselho Monetário Nacional, o Banco Central autorizará a transformação, em bancos de investimentos, de instituições financeiras que pratiquem operações relacionadas com a concessão de crédito a médio e longo prazos, por conta própria ou de terceiros, a subscrição para revenda e a distribuição no mercado de títulos ou valores mobiliários.

Art. 30. *Revogado.* Lei nº 13.986, de 7-4-2020.

Art. 31. Os bancos referidos no artigo 29, quando previamente autorizados pelo Banco Central e nas condições estabelecidas pelo Conselho Monetário Nacional, poderão emitir "certificados de depósitos em garantia", relativos a ações preferenciais, obrigações, debêntures ou títulos cambiais emitidos por sociedades interessadas em negociá-las em mercados externos, ou no País.

§ 1º Os títulos depositados nestas condições permanecerão custodiados no estabelecimento emitente do certificado até a devolução deste.

§ 2º O certificado poderá ser desdobrado por conveniências do seu proprietário.

§ 3º *Revogado.* Lei nº 14.286, de 29-12-2021.

§ 4º A emissão de "certificados de depósitos em garantia" e respectivas inscrições, ou averbações, não estão sujeitas ao Imposto do Selo.

▸ O Imposto do Selo foi extinto pela reforma tributária de 1965, tendo sido substituído pelo Imposto sobre Operações de Crédito, Câmbio e Seguro ou relativas a Títulos ou Valores Mobiliários.

Seção VI

AÇÕES E OBRIGAÇÕES ENDOSSÁVEIS

Art. 32. As ações de sociedades anônimas, além das formas nominativas e ao portador, poderão ser endossáveis.

§ 1º As sociedades por ações, além do "Livro de Registro de Ações Nominativas" deverão ter o "Livro de Registro de Ações Endossáveis".

§ 2º No livro de registro de ações endossáveis será inscrita a propriedade das ações endossáveis e averbadas as transferências de propriedade e os direitos sobre elas constituídos.

§ 3º Os registros referidos neste artigo poderão ser mantidos em livros ou em diários copiativos, nos quais serão copiados cronologicamente os atos sujeitos a registro.

Art. 33. O certificado de ação endossável conterá, além dos demais requisitos da Lei:

I – a declaração de sua transferibilidade mediante endosso;

II – o nome e a qualificação do proprietário da ação inscrito no "Livro de Registro das Ações Endossáveis";

III – se a ação não estiver integralizada, o débito do acionista e a época e lugar de seu pagamento, de acordo com o estatuto ou as condições da subscrição.

Art. 34. A transferência das ações endossáveis opera-se:

I – pela averbação do nome do adquirente no livro de registro e no próprio certificado efetuado pela sociedade emitente ou pela emissão de novo certificado em nome do adquirente;

II – no caso de ação integralizada, mediante endosso no próprio certificado, datado e assinado pelo proprietário da ação, ou por mandatário especial, com a indicação do nome e a qualificação do endossatário;

III – no caso de ação não integralizada, mediante endosso nas condições do inciso anterior e assinatura do endossatário no próprio certificado.

§ 1º Aquele que pedir averbação da ação endossável em favor de terceiro, ou a emissão de novo certificado em nome de terceiro, deverá provar perante a sociedade emitente sua identidade e o poder de dispor da ação.

§ 2º O adquirente que pedir a averbação da transferência ou a emissão de novo certificado em seu nome deve apresentar à sociedade emitente o instrumento de aquisição, que será por esta arquivado.

§ 3º Se a ação não estiver integralizada, a sociedade somente procederá à averbação da transferência para terceiro, ou à emissão de novo certificado em nome de terceiro, se o adquirente assinar o certificado averbado ou cancelado.

§ 4º A transferência mediante endosso não terá eficácia perante a sociedade emitente, enquanto não for feita a averbação no livro de registro e no próprio certificado, mas o endossatário que demonstrar ser possuidor do título, com base em série contínua de endossos, tem direito a obter a averbação da transferência ou a emissão de novo certificado em seu nome, ou no nome que indicar.

§ 5º O adquirente da ação não integralizada responde pela sua integralização.

§ 6º Aqueles que transferirem ação endossável antes de sua integralização responderão subsidiariamente pelo pagamento devido à sociedade, se esta não conseguir receber o seu crédito em ação executiva contra o proprietário da ação, ou mediante a venda da ação.

§ 7º As sociedades por ações deverão completar, dentro de quinze dias do pedido do acionista ou interessado, os atos de registro, averbação, conversão ou transferência de ações.

§ 8º A falta de cumprimento, do disposto no parágrafo anterior, autorizará o acionista a exigir indenização correspondente a um por cento sobre o valor nominal das ações objeto do pedido de registro, averbação ou transferência.

§ 9º Se o estatuto social admite mais de uma forma de ação não poderá limitar a conversibilidade de uma forma em outra, ressalvada a cobrança do custo de substituição dos certificados.

§ 10. As sociedades cujas ações sejam admitidas à cotação das Bolsas de Valores deverão colocar à disposição dos acionistas, no prazo máximo de sessenta dias, a contar da data da publicação da Ata da Assembleia-Geral, os dividendos e as bonificações em dinheiro distribuídos, assim como as ações correspondentes ao aumento de capital mediante incorporação de reservas e correção monetária.

▸ § 10 com a redação dada pela Lei nº 5.589, de 3-7-1970.

§ 11. As sociedades por ações são obrigadas a comunicar, às Bolsas nas quais os seus títulos são negociados, a suspensão transitória de transferência de ações no livro competente, com quinze dias de antecedência, aceitando o registro das transferências que lhes forem apresentadas com data anterior.

§ 12. É facultado às sociedades por ações o direito de suspender os serviços de conversão, transferência e desdobramento de ações, para atender a determinações de assembleia-geral, não podendo fazê-lo, porém, por mais de noventa dias intercalados durante o ano, nem por mais de quinze dias consecutivos.

Art. 35. Os direitos constituídos sobre ações endossáveis somente produzem efeitos perante a sociedade emitente e terceiros, depois de anotada a sua constituição no livro de registro.

Parágrafo único. As ações endossáveis poderão, entretanto, ser dadas em penhor ou caução mediante endosso com a expressa indicação dessa finalidade e, a requerimento de credor pignoratício ou do proprietário da ação, a sociedade emitente averbará o penhor no "Livro de Registro".

Art. 36. A sociedade emitente fiscalizará, por ocasião da averbação ou emissão do novo certificado, a regularidade das transferências e dos direitos constituídos sobre a ação.

§ 1º As dúvidas suscitadas entre a sociedade emitente e o titular da ação ou qualquer interessado, a respeito das emissões ou averbações previstas nos artigos anteriores, serão dirimidas pelo juiz competente para solucionar as dúvidas levantadas pelos oficiais dos registros públicos, excetuadas as questões atinentes à substância do direito.

§ 2º A autenticidade do endosso não poderá ser posta em dúvida pela sociedade emitente da ação, quando atestada por sociedade corretora membro de Bolsa de Valores, reconhecida por cartório de ofício de notas, ou abonada por estabelecimento bancário.

§ 3º Nas transferências feitas por procurador ou representante legal do cedente, a sociedade emitente fiscalizará a regularidade da representação e arquivará o respectivo instrumento.

Art. 37. No caso de perda ou extravio do certificado das ações endossáveis, cabe ao respectivo titular, ou a seus sucessores, a ação de recuperação prevista nos artigos 336 e 341 do Código do Processo Civil, para obter a expedição de novo certificado em substituição ao extraviado.

▸ Refere-se ao CPC/1939. Sem correspondência no CPC/2015.

Parágrafo único. Até que os certificados sejam recuperados ou substituídos, as transferências serão averbadas sob condição e a sociedade emitente poderá exigir do titular ou cessionário, para o pagamento dos dividendos, garantia de sua eventual restituição, mediante fiança idônea.

Art. 38. A sociedade anônima somente poderá pagar dividendos, bonificações em dinheiro, amortizações, reembolso ou resgate às ações endossáveis, contra recibo da pessoa registrada como proprietária da ação, no Livro do Registro das Ações Endossáveis, ou mediante cheque nominativo a favor dessa pessoa.

§ 1º Se a ação tiver sido transferida desde a época do último pagamento do dividendo, bonificação ou amortização, a transferência deverá ser obrigatoriamente averbada no livro de registro e no certificado da ação antes do novo pagamento.

§ 2º O recibo do dividendo, bonificação, amortização, reembolso ou resgate poderá ser assinado por sociedade corretora de Bolsa de Valores, ou instituição financeira que tenha o título em custódia, depósito ou penhor, e que certifique continuar o mesmo de propriedade da pessoa em cujo nome se acha inscrito ou averbado no Livro do Registro das Ações Endossáveis.

Art. 39. O certificado, ação ou respectiva cautela, deverá conter a assinatura de um diretor ou de um procurador especialmente designado pela Diretoria para esse fim.

§ 1º A sociedade anônima poderá constituir instituição financeira, ou sociedade corretora membro de Bolsa de Valores, como mandatária para a prática dos atos relativos ao registro e averbação de transferência das ações endossáveis e a constituição de direitos sobre as mesmas.

§ 2º *Revogado.* Lei nº 5.589, de 3-7-1970.

Art. 40. As debêntures ou obrigações emitidas por sociedades anônimas poderão ser ao portador ou endossáveis.

Parágrafo único. As sociedades que emitirem obrigações nominativas endossáveis manterão um "Livro de Registro de Obrigações Endossáveis", ao qual se aplicarão, no que couber, os dispositivos relativos aos livros das ações endossáveis de sociedades anônimas.

Art. 41. Aplicam-se às obrigações endossáveis o disposto no § 3º do artigo 32 e nos artigos 33 a 37 e 39.

Art. 42. As sociedades anônimas somente poderão pagar juros amortização ou resgate de obrigações endossáveis, contra recibo da pessoa registrada como proprietária do respectivo título no Livro do Registro de Obrigações Endossáveis, ou mediante cheque nominativo a favor dessa pessoa.

§ 1º Se a obrigação tiver sido transferida desde a época do último pagamento de juros ou amortizações, a transferência deverá ser obrigatoriamente averbada no livro de registro e no certificado, antes do novo pagamento.

§ 2º Aplica-se às obrigações endossáveis o disposto no artigo 38, § 2º.

Art. 43. O Imposto do Selo não incide nos negócios de transferência, promessa de transferência, opção, ou constituição de direitos sobre ações, obrigações endossáveis, quotas de fundos em condomínios, e respectivos contratos, inscrições ou averbações.

► O Imposto do Selo foi extinto pela reforma tributária de 1965, tendo sido substituído pelo Imposto sobre Operações de Crédito, Câmbio e Seguro ou relativas a Títulos ou Valores Mobiliários.

Seção VII

DEBÊNTURES CONVERSÍVEIS EM AÇÕES

Art. 44. As sociedades anônimas poderão emitir debêntures ou obrigações, assegurando aos respectivos titulares o direito de convertê-las em ações do capital da sociedade emissora.

§ 1º Constarão obrigatoriamente da ata da assembleia-geral, que terá força de escritura autorizando a emissão de debêntures ou obrigações ao portador, as condições para conversão em ações relativas a:

a) prazo ou épocas para exercício do direito à conversão;

b) bases da conversão, com relação ao número de ações a serem emitidas por debêntures ou obrigações endossáveis ou entre o valor do principal das debêntures e das ações em que forem convertidas.

§ 2º As condições de conversão deverão constar também dos certificados ou cautelas das debêntures.

§ 3º As condições da emissão de debêntures ou obrigações conversíveis em ações deverão ser aprovadas pela assembleia de acionistas, observado o *quorum* previsto nos artigos 94 e 104 do Decreto-Lei nº 2.627, de 26 de setembro de 1940.

§ 4º A conversão de debêntures ou obrigações em ações, nas condições da emissão aprovada pela assembleia-geral independerá de nova assembleia de acionistas e será efetivada pela Diretoria da sociedade, à vista da quitação da obrigação o pedido escrito do seu titular, no caso de obrigações endossáveis ou mediante tradição do certificado da debênture, no caso de obrigação ao portador.

§ 5º Dentro de trinta dias de cada aumento de capital efetuado nos termos do parágrafo anterior a Diretoria da sociedade o registrará mediante requerimento ao registro do Comércio.

§ 6º Os acionistas da sociedade por ações do capital subscrito terão preferência para aquisição das debêntures e obrigações conversíveis em ações, nos termos do artigo 111, do Decreto-Lei nº 2.627, de 26 de setembro de 1940.

§ 7º Nas sociedades anônimas de capital autorizado, a preferência dos acionistas à aquisição das debêntures e das obrigações conversíveis em ação obedecerá às mesmas normas de preferência para subscrição das emissões de capital autorizado.

§ 8º O direito à subscrição de capital poderá ser negociado ou transferido separadamente da debênture conversível em ação, desde que seja objeto de cupão destacável ou sua transferência seja averbada pela sociedade emissora, no próprio título e no livro de registro, se for o caso.

§ 9º O Imposto do Selo não incide na conversão de debêntures ou obrigações em ações e, assim, no aumento do capital pela incorporação dos respectivos valores.

Seção VIII

SOCIEDADES ANÔNIMAS DE CAPITAL AUTORIZADO

Art. 45. As sociedades anônimas cujas ações sejam nominativas, ou endossáveis, poderão ser constituídas com capital subscrito inferior ao autorizado pelo estatuto social.

§ 1º As sociedades referidas neste artigo poderão, outrossim, aumentar o seu capital autorizado, independentemente de subscrição, ou com a subscrição imediata, de apenas parte do aumento.

§ 2º Em todas as publicações e documentos em que declarar o seu capital, a sociedade com capital autorizado deverá indicar o montante do seu capital subscrito e integralizado.

§ 3º A emissão de ações dentro dos limites do capital autorizado não importa modificação do estatuto social.

§ 4º Dentro de trinta dias de cada emissão de ações do capital autorizado, a Diretoria da sociedade registrará o aumento do capital subscrito, mediante requerimento ao Registro do Comércio.

§ 5º Na subscrição de ações de sociedade de capital autorizado, o mínimo de integralização inicial será fixado pelo Conselho Monetário Nacional, e as importâncias correspondentes poderão ser recebidas pela sociedade, independentemente de depósito bancário.

§ 6º As sociedades referidas neste artigo não poderão emitir ações (vetado) de gozo ou fruição, ou partes beneficiárias.

Art. 46. O estatuto da sociedade com capital autorizado regulará obrigatoriamente:

I – a emissão e colocação das ações com prévia aprovação da assembleia-geral ou por deliberação da diretoria;

II – as condições de subscrição e integralização a serem observadas pela assembleia-geral ou pela Diretoria, na emissão e colocação das ações de capital autorizado;

III – a emissão e colocação das ações, com ou sem preferência para os acionistas da sociedade, e as condições do exercício do direito de preferência, quando houver.

§ 1º As ações do capital autorizado não podem ser colocadas por valor inferior ao nominal.

§ 2º Salvo disposição expressa no estatuto social, a emissão de ações para integralização em bens ou créditos, dependerá de prévia aprovação pela assembleia-geral.

§ 3º Nem o estatuto social nem a assembleia-geral poderão negar a preferência dos acionistas à subscrição das ações emitidas que se destinem à colocação:

a) por valor inferior ao de sua cotação em Bolsa, se as ações da sociedade forem negociáveis nas Bolsas de Valores; ou

b) por valor inferior ao do patrimônio líquido, se as ações da sociedade não tiverem cotação nas Bolsas de Valores.

§ 4º Quando a emissão de ações se processar por deliberação da Diretoria, será obrigatória a prévia audiência do Conselho Fiscal.

Art. 47. As sociedades anônimas de capital autorizado somente poderão adquirir as próprias ações mediante a aplicação de lucros acumulados ou capital excedente, e sem redução do capital subscrito, ou por doação.

§ 1º O capital em circulação da sociedade corresponde ao subscrito menos as ações adquiridas e em tesouraria.

§ 2º As ações em tesouraria na sociedade não terão direito de voto enquanto não forem novamente colocadas no mercado.

Art. 48. Nas condições previstas no estatuto, ou aprovadas pela assembleia-geral, a sociedade poderá assegurar opções para a subscrição futura de ações do capital autorizado.

Seção IX

SOCIEDADES E FUNDOS DE INVESTIMENTO

Arts. 49 e 50. *Revogados.* Lei nº 14.754, de 12-12-2023.

Seção X

CONTAS-CORRENTES BANCÁRIAS

Art. 51. Os bancos e casas bancárias que devolvem aos seus depositantes os cheques por estes sacados, depois de liquidados, poderão fazer prova da movimentação das respectivas contas de depósito mediante cópia fotográfica ou microfotográfica dos cheques devolvidos, desde que mantenham esse serviço de acordo com as normas de segurança aprovadas pelo Banco Central.

Art. 52. O endosso no cheque nominativo, pago pelo banco contra o qual foi sacado, prova o recebimento da respectiva importância pela pessoa a favor da qual foi emitido, e pelos endossantes subsequentes.

Parágrafo único. Se o cheque indica a nota, fatura, conta, cambial, imposto lançado ou declarado a cujo pagamento se destina, ou outra causa da sua emissão, o endosso do cheque pela pessoa a favor da qual foi emitido e a sua liquidação pelo banco sacado provam o pagamento da obrigação indicada no cheque.

SEÇÃO XI

TRIBUTAÇÃO DE RENDIMENTOS DE TÍTULOS DE CRÉDITO E AÇÕES

Art. 53. Está sujeito ao desconto do Imposto de Renda na fonte, à razão de quinze por cento o deságio concedido na venda, ou colocação no mercado por pessoa jurídica a pessoa física, de debêntures ou obrigações ao portador, letras de câmbio ou outros quaisquer títulos de crédito.

§ 1º Considera-se deságio a diferença para menos entre o valor nominal do título e o preço de sua venda ou colocação no mercado.

§ 2º Na circulação dos títulos referidos no presente artigo, o imposto não incidirá na fonte nos deságios concedidos entre pessoas jurídicas, mas a primeira pessoa jurídica que vender ou revender o título a pessoa física deverá:

a) reter o imposto previsto neste artigo, calculado sobre o deságio referido ao valor nominal do título;

b) exigir a identificação do adquirente e o recibo correspondente ao deságio;

c) declarar no próprio título a retenção do imposto nos termos da alínea *a*, e o montante do deságio sobre o qual incidiu;

d) fornecer ao beneficiário do deságio declaração da retenção do imposto, da qual deverão constar a identificação do título e as datas de sua negociação e do seu vencimento.

§ 3º Os títulos dos quais constar a anotação de retenção do imposto previsto no § 2º, alínea c, deste artigo, poderão circular entre pessoas jurídicas e físicas sem nova incidência do imposto, salvo se uma pessoa jurídica revendê-lo a pessoa física com deságio superior ao que serviu de base à incidência do imposto pago, caso em que o imposto incidirá sobre a diferença entre o novo deságio e o já tributado, observado o disposto no § 2º.

§ 4º O deságio percebido por pessoas físicas na aquisição das obrigações ou títulos cambiais referidos neste artigo será obrigatoriamente incluído pelo beneficiário na sua declaração anual de rendimentos, classificado como juros compensando-se o imposto retido na fonte com o devido, de acordo com a declaração anual de rendimentos.

§ 5º Se o prazo entre a aquisição e o vencimento do título tiver sido superior a doze meses, a pessoa física beneficiária do primeiro deságio poderá deduzir do respectivo rendimento bruto, na sua declaração anual do Imposto de Renda, a importância correspondente à correção monetária do capital aplicado na obrigação ou letra de câmbio, observadas as seguintes normas:

a) a correção será procedida entre as datas de aquisição e liquidação do título, segundo os coeficientes de correção monetária fixados pelo Conselho Nacional de Economia, para a correção das Obrigações do Tesouro;

b) a data e o valor de aquisição serão comprovados através da declaração de retenção do imposto (§ 2º, alínea *d*) anexada à declaração.

§ 6º Os lucros obtidos por pessoas jurídicas na aquisição e revenda, ou liquidação de obrigações e títulos cambiais, integrarão o respectivo lucro real sem compensação de imposto na fonte referido neste artigo, se tiver sido pago, e com a dedução da correção monetária nos casos e nos termos previstos no § 5º.

§ 7º Para efeito da declaração anual de renda, o rendimento dos títulos, a que se refere o § 5º, considera-se percebido no ano da sua liquidação.

§ 8º O disposto no presente artigo entrará em vigor a 1º de janeiro de 1967, quando ficarão revogadas as disposições vigentes relativas à tributação de deságio, inclusive a opção pela não identificação do respectivo beneficiário; salvo em relação ao disposto nos §§ 5º e 7º, que será aplicável desde a publicação desta Lei, nos rasos em que o beneficiário do deságio optar pela sua identificação.

Art. 54. Os juros de debêntures ou obrigações ao portador e a remuneração das partes beneficiárias estão sujeitos à incidência do imposto de renda na fonte:

I – à razão de quinze por cento, no caso de identificação do beneficiário nos termos do artigo 3º, da Lei nº 4.154, de 28 de novembro de 1962;

II – à razão de sessenta por cento, se o beneficiário optar pela não identificação.

Parágrafo único. No caso do inciso I deste artigo o imposto retido na fonte será compensado com o imposto devido com base na declaração anual de renda, na qual serão obrigatoriamente incluídos os juros percebidos.

Art. 55. A incidência do Imposto de Renda na fonte, a que se refere o artigo 16 da Lei nº 4.357, de 16 de julho de 1964, sobre rendimentos de ações ao portador, quando o beneficiário não se identifica, fica reduzida para vinte e cinco por cento, quando se tratar de sociedade anônima de capital aberto definida nos termos do artigo 59 desta Lei, e quarenta por cento para as demais sociedades.

§ 1º O Imposto de Renda não incidirá na fonte sobre os rendimentos distribuídos por sociedades anônimas de capital aberto aos seus acionistas titulares de ações nominativas, endossáveis ou ao portador, se optarem pela identificação, bem como sobre os juros dos títulos da dívida pública federal, estadual ou municipal, subscritos voluntariamente.

§§ 2º e 3º *Revogados*. Dec.-lei nº 1.338, de 23-7-1974.

Art. 56. *Revogado*. Dec.-lei nº 1.338, de 23-7-1974.

§ 1º *Revogado*. Dec.-lei nº 1.338, de 23-7-1974.

§ 2º VETADO.

Art. 57. *Revogado*. Dec.-lei nº 1.338, de 23-7-1974.

Art. 58. Na emissão de ações, as importâncias recebidas dos subscritores a título de ágio não serão consideradas como rendimento tributável da pessoa jurídica, constituindo obrigatoriamente reserva específica, enquanto não forem incorporadas ao capital da sociedade.

§ 1º Não sofrerão nova tributação na declaração de pessoa física, ou na fonte, os aumentos de capital das pessoas jurídicas mediante a utilização das importâncias recebidas a título de ágio, quando realizados, nos termos deste artigo, por sociedades das quais sejam as referidas pessoas físicas acionistas, bem como as novas ações distribuídas em virtude daqueles aumentos de capital.

§ 2º As quantias relativas aos aumentos de capital das pessoas jurídicas, mediante a utilização de acréscimos do valor do ativo decorrentes de aumentos de capital realizados nos termos deste artigo por sociedades das quais sejam acionistas, não sofrerão nova tributação.

▶ Art. 58 com a redação dada pela Lei nº 4.862, de 29-11-1965.

Art. 59. Caberá ao Conselho Monetário Nacional fixar periodicamente as condições em que, para efeitos legais, a sociedade anônima é considerada de capital aberto.

§ 1º A deliberação do Conselho Monetário Nacional aumentando as exigências para a conceituação das sociedades de capital aberto somente entrará em vigor no exercício financeiro que se inicie, no mínimo, seis meses depois da data em que for publicada a deliberação.

§ 2º Para efeito do cálculo da percentagem mínima do capital com direito a voto, representado por ações efetivamente cotadas nas Bolsas de Valores, o Conselho Monetário Nacional levará em conta a participação acionária da União, dos Estados, dos Municípios, das autarquias, bem como das instituições de educação e de assistência social, das fundações e das ordens religiosas de qualquer culto.

SEÇÃO XII

DA ALIENAÇÃO DE AÇÕES DAS SOCIEDADES DE ECONOMIA MISTA

▶ Os arts. 60 e 61 têm a redação dada pela Lei nº 5.710, de 7-10-1971, que foi expressamente revogada pela Lei nº 7.565, de 19-12-1986, sem ressalvar a vigência destes artigos.

Art. 60. O Poder Executivo poderá promover a alienação de ações de propriedade da União, representativas do capital social de sociedades anônimas de economia mista, mantendo-se cinquenta e um por cento, no mínimo, das ações com direito a voto, das empresas, nas quais deva assegurar o controle estatal.

Parágrafo único. As transferências de ações de propriedade da União, representativas do capital social da Petróleo Brasileiro S.A. – PETROBRAS, e de suas subsidiárias em território nacional, reger-se-ão pelo disposto no artigo 11 da Lei nº 2.004, de 3 de outubro de 1953.

▶ Art. 60 com a redação dada pela Lei nº 5.710, de 7-10-1971.

Art. 61. O Conselho Monetário Nacional fixará a participação da União nas diferentes sociedades referidas no artigo anterior, ouvido o Conselho de Segurança Nacional, nos casos de sua competência e nos das empresas cujo controle estatal é determinada em lei especial.

▶ *Caput* com a redação dada Lei nº 5.710, de 7-10-1971.

§ 1º As ações de que tratam este artigo e o anterior, serão negociadas através do sistema de distribuição instituído no art. 5º desta Lei, com a participação do Banco Central do Brasil, na forma do inciso IV do artigo 11 da Lei nº 4.595, de 31 de dezembro de 1964.

§ 2º O Poder Executivo, através do Ministério da Fazenda, poderá manter no Banco Central do Brasil, em conta especial de depósitos, os recursos originários da alienação de ações de propriedade da União, representativas do capital social de sociedades referidas no artigo 60.

▶ §§ 1º e 2º acrescidos pela Lei nº 5.710, de 7-10-1971.

SEÇÃO XIII

DAS SOCIEDADES IMOBILIÁRIAS

Art. 62. As sociedades que tenham por objeto a compra e venda de imóveis construídos ou em construção, a construção e venda de unidades habitacionais, a incorporação de edificações ou conjunto de edificações em condomínio e a venda de terrenos loteados e construídos ou com a construção contratada, quando revestirem a forma anônima, poderão ter o seu capital dividido em ações nominativas ou nominativas endossáveis.

Art. 63. Na alienação, promessa de alienação ou transferência de direito à aquisição de imóveis, quando o adquirente for sociedade que tenha por objeto alguma das atividades referidas no artigo anterior, a pessoa física que alienar ou prometer alienar o imóvel, ceder ou prometer ceder o direito à sua aquisição, ficará sujeita ao Imposto sobre Lucro Imobiliário, à taxa de cinco por cento.

§ 1º Nos casos previstos neste artigo, o contribuinte poderá optar pela subscrição de Obrigações do Tesouro, nos termos do artigo 3º, § 8º, da Lei nº 4.357, de 16 de julho de 1964.

§ 2º Nos casos previstos neste artigo, se a sociedade adquirente vier, a qualquer tempo, a alienar o terreno ou transferir o direito à sua aquisição sem construí-lo ou sem a simultânea contratação de sua construção, responderá pela diferença do imposto da pessoa física, entre as taxas normais e a prevista neste artigo, diferença que será atualizada nos termos do artigo 7º, da Lei nº 4.357, de 16 de julho de 1964.

Art. 64. As sociedades que tenham por objeto alguma das atividades referidas no artigo 62 poderão corrigir, nos termos do artigo 3º da Lei nº 4.357, de 16 de julho de 1964, o custo do terreno e da construção objeto de suas transações.

§ 1º Para efeito de determinar o lucro auferido pelas sociedades mencionadas neste artigo, o custo do terreno e da construção poderá ser atualizado, em cada operação, com base nos coeficientes a que se refere o artigo 7º, § 1º, da Lei nº 4.357, de 16 de julho de 1964, e as diferenças nominais resultantes dessa atualização terão o mesmo tratamento fiscal previsto na lei para o resultado das correções a que se refere o artigo 3º da referida Lei (VETADO).

§ 2º Nas operações a prazo, das sociedades referidas neste artigo, a apuração do lucro obedecerá ao disposto no parágrafo anterior, até o final do pagamento.

Art. 65. Por proposta do Banco Nacional de Habitação, o Conselho Monetário Nacional poderá autorizar a emissão de Letras Imobiliárias, com prazo superior a um ano.

Parágrafo único. O Banco Nacional de Habitação deverá regulamentar, adaptando-as ao disposto nesta Lei, as condições e características das Letras Imobiliárias previstas no artigo 44 da Lei nº 4.380, de 21 de agosto de 1964.

▶ O referido art. 44 foi revogado pela Lei nº 13.137, de 19-6-2015.

SEÇÃO XIV

ALIENAÇÃO FIDUCIÁRIA EM GARANTIA NO ÂMBITO DO MERCADO FINANCEIRO E DE CAPITAIS

▶ Denominação da Seção com a redação dada pela Lei nº 10.931, de 2-8-2004.

▶ Art. 8º-A do Dec.-lei nº 911, de 1º-10-1969 (Lei das Alienações Fiduciárias).

Arts. 66 e 66-A. *Revogados.* Lei nº 10.931, de 2-8-2004.

Art. 66-B. O contrato de alienação fiduciária celebrado no âmbito do mercado financeiro e de capitais, bem como em garantia de créditos fiscais e previdenciários, deverá conter, além dos requisitos definidos na Lei nº 10.406, de 10 de janeiro de 2002 - Código Civil, a taxa de juros, a cláusula penal, o índice de atualização monetária, se houver, e as demais comissões e encargos.

§ 1º Se a coisa objeto de propriedade fiduciária não se identifica por números, marcas e sinais no contrato de alienação fiduciária, cabe ao proprietário fiduciário o ônus da prova, contra terceiros, da identificação dos bens do seu domínio que se encontram em poder do devedor.

§ 2º O devedor que alienar, ou der em garantia a terceiros, coisa que já alienara fiduciariamente em garantia, ficará sujeito à pena prevista no art. 171, § 2º, I, do Código Penal.

§ 3º É admitida a alienação fiduciária de coisa fungível e a cessão fiduciária de direitos sobre coisas móveis, bem como de títulos de crédito, hipóteses em que, salvo disposição em contrário, a posse direta e indireta do bem objeto da propriedade fiduciária ou do título representativo do direito ou do crédito é atribuída ao credor, que, em caso de inadimplemento ou mora da obrigação garantida, poderá vender a terceiros o bem objeto da propriedade fiduciária independente de leilão, hasta pública ou qualquer outra medida judicial ou extrajudicial, devendo aplicar o preço da venda no pagamento do seu crédito e das despesas decorrentes da realização da garantia, entregando ao devedor o saldo, se houver, acompanhado do demonstrativo da operação realizada.

§ 4º No tocante à cessão fiduciária de direitos sobre coisas móveis ou sobre títulos de crédito aplica-se, também, o disposto nos arts. 18 a 20 da Lei nº 9.514, de 20 de novembro de 1997.

▶ Lei nº 9.514, de 20-11-1997, dispõe sobre o Sistema de Financiamento Imobiliário e institui a alienação fiduciária de coisa imóvel.

§ 5º Aplicam-se à alienação fiduciária e à cessão fiduciária de que trata esta Lei os arts. 1.421, 1.425, 1.426, 1.435 e 1.436 da Lei nº 10.406, de 10 de janeiro de 2002.

§ 6º Não se aplica à alienação fiduciária e à cessão fiduciária de que trata esta Lei o disposto no art. 644 da Lei nº 10.406, de 10 de janeiro de 2002.

▶ Art. 66-B acrescido pela Lei nº 10.931, de 2-8-2004.

SEÇÃO XV

DISPOSIÇÕES DIVERSAS

Art. 67. O Conselho Monetário Nacional poderá autorizar emissões de Obrigações do Tesouro a que se refere a Lei nº 4.357, de 16 de julho de 1964, com prazos inferiores a três anos.

Art. 68. O resultado líquido das correções monetárias do ativo imobilizado e do capital de giro próprio, efetuadas nos termos da legislação em vigor, poderão, à opção da pessoa jurídica, ser incorporados ao capital social ou a reservas.

§ 1º No caso de correção monetária, do ativo imobilizado, o imposto devido, sem prejuízo do disposto no artigo 76 da Lei nº 4.506, de 30 de novembro de 1964, incidirá sobre o aumento líquido do ativo resultante da correção, independentemente da sua incorporação ao capital.

§§ 2º e 3º *Revogados.* Dec.-lei nº 1.283, de 20-8-1973.

§ 4º As sociedades que no corrente exercício, e em virtude de correção monetária, tenham aprovado aumento de capital ainda não registrado pelo Registro de Comércio, poderão usar da opção prevista neste artigo, desde que paguem imposto nos termos do § 1º.

Art. 69. Os fundos contábeis de natureza financeira, em estabelecimentos oficiais de crédito, para aplicação de doações, dotações ou financiamentos, obtidos de entidades nacionais ou estrangeiras, não incluídos no orçamento, dependem de decreto do Presidente da República.

§ 1º Os fundos contábeis consistirão de contas gráficas abertas e serão exclusivamente para os objetivos designados pelo decreto do Poder Executivo, admitidas apenas as deduções necessárias ao custeio das operações.

§ 2º O decreto executivo de constituição de fundo deverá indicar:

I – origem dos recursos que o constituirão;

II – objetivo das aplicações explicitando a natureza das operações, o setor de aplicação e demais condições;

III – mecanismo geral das operações;

IV – a gestão do fundo, podendo atribuí-la ao próprio estabelecimento de crédito no qual será aberta a conta, ou a um administrador ou órgão colegiado;

V – a representação ativa e passiva, do órgão gestor do fundo.

Art. 70. O Imposto de Consumo, relativo a produto industrializado saído do estabelecimento produtor diretamente para depósito em armazém geral, poderá ser recolhido, mediante guia especial, na quinzena imediatamente subsequente à sua saída do armazém geral.

§ 1º Para o transporte do produto até o armazém geral a que se destinar, o estabelecimento produtor remetente emitirá guia de trânsito, na forma do artigo 54 da Lei nº 4.502, de 30 de novembro de 1964.

§ 2º A empresa de armazém geral fica obrigada a manter escrituração que permita à repartição fiscal competente o controle da movimentação de produtos feita na forma supra, da qual constarão os tipos, quantidades, lotes, valores, destinos e notas fiscais respectivas.

§ 3º No verso do recibo de depósito, do *warrant* e da guia de trânsito emitidos para estes fins, constará expressa referência ao presente artigo de lei e seus parágrafos.

§ 4º Não terá aplicação este artigo de lei nos casos do artigo 26, incisos I e II, da Lei nº 4.502, de 30 de novembro de 1964.

§ 5º O Departamento de Rendas Internas do Ministério da Fazenda expedirá as instruções e promoverá os formulários necessários ao cumprimento do presente dispositivo.

Art. 71. Não se aplicam aos títulos da Dívida Pública Federal, Estadual ou Municipal, as disposições do artigo 1.509 e seu parágrafo único, do Código Civil ficando, consequentemente, a Fazenda Pública da União, dos Estados e dos Municípios, excluídas da formalidade de intimação prevista neste ou em quaisquer outros dispositivos legais reguladores do processo de recuperação de títulos ao portador, extraviados.

§ 1º Os juros e as amortizações ou resgates dos títulos a que se refere este artigo serão pagos, nas épocas próprias, pelas repartições competentes, à vista dos cupões respectivos, verificada a autenticidade destes e independentemente de outras formalidades.

§ 2º Fica dispensada, para a caução de títulos ao portador, a certidão a que se refere a primeira parte da alínea a do § 1º do artigo 860 do Regulamento Geral de Contabilidade Pública, ou outros documentos semelhantes.

Art. 72. Ninguém poderá gravar ou produzir clichês, compor tipograficamente, imprimir, fazer, reproduzir ou fabricar de qualquer forma, papéis representativos de ações ou cautelas, que os representem, ou títulos negociáveis de sociedades, sem autorização escrita e assinada pelos respectivos representantes legais, na quantidade autorizada.

Art. 73. Ninguém poderá fazer, imprimir ou fabricar ações de sociedades anônimas, ou cautelas que as representem, sem autorização escrita e assinada pela respectiva representação legal da sociedade, com firmas reconhecidas.

§ 1º Ninguém poderá fazer, imprimir ou fabricar prospectos ou qualquer material de propaganda para venda de ações de sociedade anônima, sem autorização dada pela respectiva representação legal da sociedade.

§ 2º A violação de qualquer dos dispositivos constituirá crime de ação pública, punido com pena de 1 a 3 anos de detenção, recaindo a responsabilidade, quando se tratar de pessoa jurídica, em todos os seus diretores.

Art. 74. Quem colocar no mercado ações de sociedade anônima, ou cautelas que a representem, falsas ou falsificadas, responderá por delito de ação pública, e será punido com pena de um a quatro anos de reclusão.

Parágrafo único. Incorrerá nas penas previstas neste artigo quem falsificar ou concorrer para a falsificação ou uso indevido de assinatura autenticada mediante chancela mecânica.

▶ Artigo com a redação dada pelo Lei nº 5.589, de 3-7-1970.

Art. 75. O contrato de câmbio, desde que protestado por oficial competente para o protesto de títulos, constitui instrumento bastante para requerer a ação executiva.

§ 1º Por esta via, o credor haverá a diferença entre a taxa de câmbio do contrato e a da data em que se efetuar o pagamento, conforme cotação fornecida pelo Banco Central, acrescida dos juros de mora.

§ 2º Pelo mesmo rito, serão processadas as ações para cobrança dos adiantamentos feitos pelas instituições financeiras aos exportadores, por conta do valor do contrato de câmbio, desde que as importâncias correspondentes estejam averbadas no contrato, com anuência do vendedor.

§ 3º No caso de falência ou concordata, o credor poderá pedir a restituição das importâncias adiantadas, a que se refere o parágrafo anterior.

§ 4º As importâncias adiantadas na forma do § 2º deste artigo serão destinadas, na hipótese de falência, liquidação extrajudicial ou intervenção em instituição financeira, ao pagamento das linhas de crédito comercial que lhes deram origem, nos termos e condições estabelecidas pelo Banco Central do Brasil.

▶ § 4º acrescido pela Lei nº 9.450, de 14-3-1997.

Art. 76. O Conselho Monetário Nacional, quando entender aconselhável, em face de situação conjuntural da economia, poderá autorizar as companhias de seguro a aplicarem, em percentagens por ele fixadas, parte de suas reservas técnicas em letras de câmbio, ações de sociedades anônimas de capital aberto, e em quotas de fundos em condomínio de títulos ou valores mobiliários.

Art. 77. Os contribuintes em débito para com a Fazenda Nacional, em decorrência do não pagamento do Imposto do Selo federal, incidente sobre contratos ou quaisquer outros atos jurídicos em que tenham sido parte ou interveniente a União, os Estados, os Municípios, o Distrito Federal, os Territórios, e suas autarquias, levados a efeito anteriormente à Lei nº 4.388, de 28 de agosto de 1964, poderão, dentro do prazo de trinta dias, a contar da publicação desta Lei, recolher aos cofres federais o imposto devido, isentos de qualquer penalidade ou correção monetária.

Art. 78. A alínea *i* do artigo 20 do Decreto-Lei nº 2.627, de 26 de setembro de 1940, passa a vigorar com a seguinte redação:

▶ O referido art. 20 foi revogado pela Lei nº 6.404, de 15-12-1976 (Lei das Sociedades por Ações).

Art. 79. O artigo 21 do Decreto-Lei nº 2.627, de 26 de setembro de 1940, é acrescido do seguinte parágrafo:

▶ O referido art. 21 foi revogado pela Lei nº 6.404, de 15-12-1976 (Lei das Sociedades por Ações).

Art. 80. É fixado o prazo máximo de doze meses, a contar da data da publicação desta Lei, para que as companhias ou sociedades anônimas cujas ações ou títulos que as representem tenham o valor nominal inferior a um mil cruzeiros providenciem o reajustamento delas para este valor, através da necessária modificação estatutária, sob pena de não terem os seus títulos admitidos à cotação nas Bolsas de Valores.

Art. 81. Os Membros dos Conselhos Administrativos das Caixas Econômicas Federais nos Estados serão nomeados pelo Presidente da República, escolhidos entre brasileiros de ilibada reputação e notória capacidade em assuntos administrativos ou econômico-financeiros, com o mandato de cinco anos, podendo ser reconduzidos.

Parágrafo único. As nomeações de que trata o artigo anterior, bem como as designações dos Presidentes dos respectivos Conselhos, também pelo Presidente da República, independerão da aprovação do Senado Federal, prevista no § 2º do artigo 22 da Lei nº 4.595, de 31 de dezembro de 1964.

Art. 82. Até que sejam expedidos os Títulos da Dívida Agrária, criados pelo artigo 105 da Lei nº 4.504, de 30 de novembro de 1964, poderá o Poder Executivo, para os fins previstos naquela Lei, se utilizar das Obrigações do Tesouro Nacional – Tipo Reajustável, criadas pela Lei nº 4.357, de 16 de julho de 1964.

Parágrafo único. As condições e vantagens asseguradas aos Títulos da Dívida Agrária serão atribuídas às Obrigações do Tesouro Nacional – Tipo Reajustável, emitidas na forma deste artigo, e constarão obrigatoriamente dos respectivos certificados.

Art. 83. A presente Lei entra em vigor na data de sua publicação.

Art. 84. Revogam-se as disposições em contrário.

Brasília, 14 de julho de 1965;
144º da Independência e
77º da República.

H. Castello Branco

LEI Nº 4.729, DE 14 DE JULHO DE 1965

Define o crime de sonegação fiscal e dá outras providências.

▶ Publicada no *DOU* de 19-7-1965.

▶ Art. 34 da Lei nº 9.249, de 26-12-1995, que altera a legislação do Imposto de Renda das pessoas jurídicas, bem como da Contribuição Social sobre o Lucro Líquido.

Art. 1º Constitui crime de sonegação fiscal:

▶ Dec. nº 325, de 1º-11-1991, dispõe sobre a comunicação, ao MPF, da prática de ilícitos penais previstos na legislação tributária.

▶ Súm. nº 609 do STF.

I – prestar declaração falsa ou omitir, total ou parcialmente, informação que deva ser produzida a agentes das pessoas jurídicas de direito público interno, com a intenção de eximir-se, total ou parcialmente, do pagamento de tributos, taxas e quaisquer adicionais devidos por lei;

II – inserir elementos inexatos ou omitir rendimentos ou operações de qualquer natureza em documentos ou livros exigidos pelas leis fiscais, com a intenção de exonerar-se do pagamento de tributos devidos à Fazenda Pública;

III – alterar faturas e quaisquer documentos relativos a operações mercantis com o propósito de fraudar a Fazenda Pública;

IV – fornecer ou emitir documentos graciosos ou alterar despesas, majorando-as, com o objetivo de obter dedução de tributos devidos à Fazenda Pública, sem prejuízo das sanções administrativas cabíveis;

V – exigir, pagar ou receber, para si ou para o contribuinte beneficiário da paga, qualquer percentagem sobre a parcela dedutível ou deduzida do Imposto sobre a Renda como incentivo fiscal.

▶ Inciso V com a redação dada pela Lei nº 5.569, de 25-11-1969.

Pena – detenção de seis meses a dois anos, e multa de duas a cinco vezes o valor do tributo.

▶ Art. 2º da Lei nº 7.209, de 11-7-1984, que dispõe sobre a pena de multa.

▸ Art. 2º da Lei nº 8.137, de 27-12-1990 (Lei dos Crimes Contra a Ordem Tributária, Econômica e Contra as Relações de Consumo).

§ 1º Quando se tratar de criminoso primário, a pena será reduzida à multa de dez vezes o valor do tributo.

▸ Art. 2º da Lei nº 7.209, de 11-7-1984, que dispõe sobre a pena de multa.

§ 2º Se o agente cometer o crime prevalecendo-se do cargo público que exerce, a pena será aumentada da sexta parte.

§ 3º O funcionário público com atribuições de verificação, lançamento ou fiscalização de tributos, que concorrer para a prática do crime de sonegação fiscal, será punido com a pena deste artigo, aumentada da terça parte, com a abertura obrigatória do competente processo administrativo.

Art. 2º *Revogado.* Lei nº 8.383, de 30-12-1991.

Art. 3º Somente os atos definidos nesta Lei poderão constituir crime de sonegação fiscal.

Art. 4º A multa aplicada nos termos desta Lei será computada e recolhida, integralmente, como receita pública extraordinária.

Art. 5º No artigo 334, do Código Penal, substituam-se os §§ 1º e 2º, pelos seguintes:

▸ Alterações inseridas no texto do referido Código.

Art. 6º Quando se tratar de pessoa jurídica, a responsabilidade penal pelas infrações previstas nesta Lei será de todos os que, direta ou indiretamente ligados à mesma, de modo permanente ou eventual, tenham praticado ou concorrido para a prática da sonegação fiscal.

▸ Art. 137 do CTN.

Art. 7º As autoridades administrativas que tiverem conhecimento de crime previsto nesta Lei, inclusive em autos e papéis que conhecerem, sob pena de responsabilidade, remeterão ao Ministério Público os elementos comprobatórios da infração, para instrução do procedimento criminal cabível.

▸ Art. 40 do CPP.

§ 1º Se os elementos comprobatórios forem suficientes, o Ministério Público oferecerá, desde logo, denúncia.

§ 2º Sendo necessários esclarecimentos, documentos ou diligências complementares, o Ministério Público os requisitará, na forma estabelecida no Código de Processo Penal.

Art. 8º Em tudo o mais em que couber e não contrariar os artigos 1º a 7º desta Lei, aplicar-se-ão o Código Penal e o Código de Processo Penal.

Art. 9º *Revogado.* Lei nº 8.021, de 12-4-1990.

Art. 10. O Poder Executivo procederá às alterações do Regulamento do Imposto de Renda decorrentes das modificações constantes desta Lei.

Art. 11. Esta Lei entrará em vigor sessenta dias após sua publicação.

Art. 12. Revogam-se as disposições em contrário.

Brasília, 14 de julho de 1965;
144º da Independência e
77º da República.

H. Castello Branco

LEI Nº 4.749, DE 12 DE AGOSTO DE 1965

Dispõe sobre o pagamento da gratificação prevista na Lei nº 4.090, de 13 de julho de 1962.

▸ Publicada no *DOU* de 13-8-1965.

▸ Lei nº 4.090, de 13-7-1962 (Lei do 13º salário).

▸ Arts. 76 a 82 do Dec. nº 10.854, de 10-11-2021, que regulamenta disposições relativas à legislação trabalhista.

Art. 1º A gratificação salarial instituída pela Lei nº 4.090, de 13 de julho de 1962, será paga pelo empregador até o dia 20 de dezembro de cada ano, compensada a importância que, a título de adiantamento, o empregado houver recebido na forma do artigo seguinte.

▸ Súm. nº 50 do TST.

Parágrafo único. VETADO.

Art. 2º Entre os meses de fevereiro e novembro de cada ano, o empregador pagará, como adiantamento da gratificação referida no artigo precedente, de uma só vez, metade do salário recebido pelo respectivo empregado no mês anterior.

§ 1º O empregador não estará obrigado a pagar o adiantamento, no mesmo mês, a todos os seus empregados.

§ 2º O adiantamento será pago ao ensejo das férias do empregado, sempre que este o requerer no mês de janeiro do correspondente ano.

Art. 3º Ocorrendo a extinção do contrato de trabalho antes do pagamento de que trata o artigo 1º desta Lei, o empregador poderá compensar o adiantamento mencionado com a gratificação devida nos termos do artigo 3º da Lei nº 4.090, de 13 de julho de 1962, e, se não bastar, com outro crédito de natureza trabalhista que possua o respectivo empregado.

▸ Súm. nº 157 do TST.

Art. 4º As contribuições devidas ao Instituto Nacional de Previdência Social, que incidem sobre a gratificação salarial referida nesta Lei, ficam sujeitas ao limite estabelecido na legislação de Previdência Social.

Art. 5º Aplica-se, no corrente ano, a regra estatuída no artigo 2º desta Lei, podendo o empregado usar da faculdade estatuída no seu § 2º, no curso dos primeiros trinta dias de vigência desta Lei.

Art. 6º O Poder Executivo, no prazo de trinta dias, adaptará o Regulamento aprovado pelo Decreto nº 1.881, de 14 de dezembro de 1962, aos preceitos desta Lei.

Art. 7º Esta Lei entra em vigor na data de sua publicação.

Art. 8º Revogam-se as disposições em contrário.

Brasília, 12 de agosto de 1965;
144º da Independência e
77º da República.

H. Castello Branco

LEI Nº 4.886, DE 9 DE DEZEMBRO DE 1965

Regula as atividades dos representantes comerciais autônomos.

▸ Publicada no *DOU* de 10-12-1965.

Art. 1º Exerce a representação comercial autônoma a pessoa jurídica ou a pessoa física, sem relação de emprego, que desempenha, em caráter não eventual por conta de uma ou mais pessoas, a mediação para a realização de negócios mercantis, agenciando propostas ou pedidos, para transmiti-los aos representados, praticando ou não atos relacionados com a execução dos negócios.

Parágrafo único. Quando a representação comercial incluir poderes atinentes ao mandato mercantil, serão aplicáveis, quanto ao exercício deste, os preceitos próprios da legislação comercial.

Art. 2º É obrigatório o registro dos que exerçam a representação comercial autônoma nos Conselhos Regionais criados pelo artigo 6º desta Lei.

Parágrafo único. As pessoas que, na data da publicação da presente Lei, estiverem no exercício da atividade, deverão registrar-se nos Conselhos Regionais, no prazo de noventa dias a contar da data em que estes forem instalados.

Art. 3º O candidato a registro, como representante comercial, deverá apresentar:

a) prova de identidade;
b) prova de quitação com o serviço militar, quando a ele obrigado;
c) prova de estar em dia com as exigências da legislação eleitoral;
d) folha corrida de antecedentes, expedida pelos cartórios criminais das comarcas em que o registrado houver sido domiciliado nos últimos dez anos;
e) quitação com o Imposto Sindical.

§ 1º O estrangeiro é desobrigado da apresentação dos documentos constantes das alíneas *b* e *c* deste artigo.

§ 2º Nos casos de transferência ou de exercício simultâneo da profissão, em mais de uma região, serão feitas as devidas anotações na carteira profissional do interessado, pelos respectivos Conselhos Regionais.

§ 3º As pessoas jurídicas deverão fazer prova de sua existência legal.

Art. 4º Não pode ser representante comercial:

a) o que não pode ser comerciante;
b) o falido não reabilitado;
c) o que tenha sido condenado por infração penal de natureza infamante, tais como falsidade, estelionato, apropriação indébita, contrabando, roubo, furto, lenocínio ou crimes também punidos com a perda de cargo público;
d) o que estiver com seu registro comercial cancelado como penalidade.

Art. 5º Somente será devida remuneração, como mediador de negócios comerciais, a representante comercial devidamente registrado.

Art. 6º São criados o Conselho Federal e os Conselhos Regionais dos Representantes Comerciais, aos quais incumbirá a fiscalização do exercício da profissão, na forma desta Lei.

Parágrafo único. É vedado, aos Conselhos Federal e Regionais dos Representantes Comerciais, desenvolverem quaisquer atividades não compreendidas em suas finalidades previstas nesta Lei, inclusive as de caráter político e partidárias.

Art. 7º O Conselho Federal instalar-se-á dentro de noventa dias, a contar da vigência da presente Lei, no Estado da Guanabara, onde funcionará provisoriamente, transferindo-se para a Capital da República, quando estiver em condições de fazê-lo, a juízo da maioria dos Conselhos Regionais.

§ 1º O Conselho Federal será presidido por um dos seus membros, na forma que dispuser o Regimento Interno do Conselho, cabendo-lhe, além do próprio voto, o de qualidade, no caso de empate.

§ 2º A renda do Conselho Federal será constituída de vinte por cento da renda bruta dos Conselhos Regionais.

Art. 8º O Conselho Federal será composto de representantes comerciais de cada Estado, eleitos pelos Conselhos Regionais, dentre seus membros, cabendo a cada Conselho Regional a escolha de dois delegados.

Art. 9º Compete ao Conselho Federal determinar o número dos Conselhos Regionais, o qual não poderá ser superior a um por Estado, Território Federal e Distrito Federal e estabelecer-lhes as bases territoriais.

Art. 10. Compete, privativamente, ao Conselho Federal:

I – elaborar o seu regimento interno;

II – dirimir as dúvidas suscitadas pelos Conselhos Regionais;

III – aprovar os regimentos internos dos Conselhos Regionais;

IV – julgar quaisquer recursos relativos às decisões dos Conselhos Regionais;

V – baixar instruções para a fiel observância da presente Lei;

VI – elaborar o Código de Ética Profissional;

VII – resolver os casos omissos.

▸ Antigas alíneas *a* a *g* renumeradas para incisos I a VII pela Lei nº 12.246, de 27-5-2010.

VIII – fixar, mediante resolução, os valores das anuidades e emolumentos devidos pelos representantes comerciais, pessoas físicas e jurídicas, aos Conselhos Regionais dos Representantes Comerciais nos quais estejam registrados, observadas as peculiaridades regionais e demais situações inerentes à capacidade contributiva da categoria profissional nos respectivos Estados e necessidades de cada entidade, e respeitados os seguintes limites máximos:

a) anuidade para pessoas físicas – até R$ 300,00 (trezentos reais);

b) VETADA. Lei nº 12.246, de 27-5-2010;

c) anuidade para pessoas jurídicas, de acordo com as seguintes classes de capital social:

1. de R$ 1,00 (um real) a R$ 10.000,00 (dez mil reais) – até R$ 350,00 (trezentos e cinquenta reais);
2. de R$ 10.000,01 (dez mil reais e um centavo) a R$ 50.000,00 (cinquenta mil reais) – até R$ 420,00 (quatrocentos e vinte reais);
3. de R$ 50.000,01 (cinquenta mil reais e um centavo) a R$ 100.000,00 (cem mil reais) – até R$ 504,00 (quinhentos e quatro reais);
4. de R$ 100.000,01 (cem mil reais e um centavo) a R$ 300.000,00 (trezentos mil reais) – até R$ 604,00 (seiscentos e quatro reais);
5. de R$ 300.000,01 (trezentos mil reais e um centavo) a R$ 500.000,00 (quinhentos mil reais) – até R$ 920,00 (novecentos e vinte reais);
6. acima de R$ 500.000,00 (quinhentos mil reais) – até R$ 1.370,00 (mil, trezentos e setenta reais);

d e *e*) VETADAS. Lei nº 12.246, de 27-5-2010.

▸ Inciso VIII acrescido pela Lei nº 12.246, de 27-5-2010.

§ 1º *Suprimido*. Lei nº 12.246, de 27-5-2010.

▸ Antigo parágrafo único renumerado para § 1º pela Lei nº 12.246, de 27-5-2010.

§ 2º Os valores correspondentes aos limites máximos estabelecidos neste artigo serão corrigidos anualmente pelo índice oficial de preços ao consumidor.

§ 3º O pagamento da anuidade será efetuado pelo representante comercial, pessoa física ou jurídica, até o dia 31 de março de cada ano, com desconto de 10% (dez por cento), ou em até 3 (três) parcelas, sem descontos, vencendo-se a primeira em 30 de abril, a segunda em 31 de agosto e a terceira em 31 de dezembro de cada ano.

§ 4º Ao pagamento antecipado será concedido desconto de 20% (vinte por cento) até 31 de janeiro e 15% (quinze por cento) até 28 de fevereiro de cada ano.

§ 5º As anuidades que forem pagas após o vencimento serão acrescidas de 2% (dois por cento) de multa, 1% (um por cento) de juros de mora por mês de atraso e atualização monetária pelo índice oficial de preços ao consumidor.

§ 6º A filial ou representação de pessoa jurídica instalada em jurisdição de outro Conselho Regional que não o da sua sede pagará anuidade em valor que não exceda a 50% (cinquenta por cento) do que for pago pela matriz.

▸ §§ 2º a 6º acrescidos pela Lei nº 12.246, de 27-5-2010.

§§ 7º e 8º VETADOS. Lei nº 12.246, de 27-5-2010.

§ 9º O representante comercial pessoa física, como responsável técnico de pessoa jurídica devidamente registrada no Conselho Regional dos Representantes Comerciais, pagará anuidade em valor correspondente a 50% (cinquenta por cento) da anuidade devida pelos demais profissionais autônomos registrados no mesmo Conselho.

▸ § 9º acrescido pela Lei nº 12.246, de 27-5-2010.

Parágrafo único. *Suprimido*. Lei nº 8.420, de 8-5-1992.

Art. 11. Dentro de sessenta dias, contados da vigência da presente Lei, serão instalados os Conselhos Regionais correspondentes aos Estados onde existirem órgãos sindicais de representação da classe dos representantes comerciais, atualmente reconhecidos pelo Ministério do Trabalho e Previdência Social.

Art. 12. Os Conselhos Regionais terão a seguinte composição:

a) dois terços de seus membros serão constituídos pelo presidente do mais antigo sindicato da classe do respectivo Estado e por diretores de sindicatos da classe, do mesmo Estado, eleitos estes em assembleia-geral;

b) um terço formado de representantes comerciais no exercício efetivo da profissão, eleitos em assembleia-geral realizada no sindicato da classe.

§ 1º A secretaria do sindicato incumbido da realização das eleições organizará cédula única, por ordem alfabética dos candidatos, destinada à votação.

§ 2º Se os órgãos sindicais de representação da classe não tomarem as providências previstas quanto à instalação dos Conselhos Regionais, o Conselho Federal determinará, imediatamente, a sua constituição, mediante eleições em assembleia-geral, com a participação dos representantes comerciais no exercício efetivo da profissão no respectivo Estado.

§ 3º Havendo, num mesmo Estado, mais de um sindicato de representantes comerciais, as eleições a que se refere este artigo se processarão na sede do sindicato da classe situado na Capital e, na sua falta, na sede do mais antigo.

§ 4º O Conselho Regional será presidido por um dos seus membros, na forma que dispuser o seu Regimento Interno, cabendo-lhe, além do próprio voto, o de qualidade, no caso de empate.

§ 5º Os Conselhos Regionais terão no máximo trinta membros, e no mínimo, o número que for fixado pelo Conselho Federal.

Art. 13. Os mandatos dos membros do Conselho Federal e dos Conselhos Regionais serão de três anos.

§ 1º Todos os mandatos serão exercidos gratuitamente.

§ 2º A aceitação do cargo de presidente, secretário ou tesoureiro importará na obrigação de residir na localidade em que estiver sediado o respectivo Conselho.

Art. 14. O Conselho Federal e os Conselhos Regionais serão administrados por uma diretoria que não poderá exceder a um terço dos seus integrantes.

Art. 15. Os presidentes dos Conselhos Federal e Regionais completarão o prazo do seu mandato, caso sejam substituídos na presidência do sindicato.

Art. 16. Constituem renda dos Conselhos Regionais as contribuições e multas devidas pelos representantes comerciais, pessoas físicas ou jurídicas, neles registrados.

Art. 17. Compete aos Conselhos Regionais:

a) elaborar o seu regimento interno, submetendo-o à apreciação do Conselho Federal;

b) decidir sobre os pedidos de registros de representantes comerciais, pessoas físicas ou jurídicas, na conformidade desta Lei;

c) manter o cadastro profissional;

d) expedir as carteiras profissionais e anotá-las, quando necessário;

e) impor as sanções disciplinares previstas nesta Lei, mediante a feitura de processo adequado, de acordo com o disposto no artigo 18;

f) arrecadar, cobrar e executar as anuidades e emolumentos devidos pelos representantes comerciais, pessoas físicas e jurídicas, registrados, servindo como título executivo extrajudicial a certidão relativa aos seus créditos.

▸ Alínea *f* com a redação dada pela Lei nº 12.246, de 27-5-2010.

Parágrafo único. *Suprimido*. Leis nºs 8.420, de 8-5-1992, e 12.246, de 27-5-2010.

Art. 18. Compete aos Conselhos Regionais aplicar, ao representante comercial faltoso, as seguintes penas disciplinares:

a) advertência, sempre sem publicidade;

b) multa até a importância equivalente ao maior salário mínimo vigente no País;

c) suspensão do exercício profissional, até um ano;

d) cancelamento do registro, com apreensão da carteira profissional.

§ 1º No caso de reincidência ou de falta manifestamente grave, o representante comercial poderá ser suspenso do exercício de sua atividade ou ter cancelado o seu registro.

§ 2º As penas disciplinares serão aplicadas após processo regular, sem prejuízo, quando couber, da responsabilidade civil ou criminal.

§ 3º O acusado deverá ser citado, inicialmente, dando-se-lhe ciência do inteiro teor da denúncia ou queixa, sendo-lhe assegurado, sempre, o amplo direito de defesa, por si ou por procurador regularmente constituído.

§ 4º O processo disciplinar será presidido por um dos membros do Conselho Regional, ao qual incumbirá coligir as provas necessárias.

§ 5º Encerradas as provas de iniciativa da autoridade processante, ao acusado será dado requerer e produzir as suas próprias provas, após o que lhe será assegurado o direito de apresentar, por escrito, defesa final e o de sustentar, oralmente, suas razões, na sessão do julgamento.

§ 6º Da decisão dos Conselhos Regionais caberá recurso voluntário, com efeito suspensivo, para o Conselho Federal.

Art. 19. Constituem faltas no exercício da profissão de representante comercial:

a) prejudicar, por dolo ou culpa, os interesses confiados aos seus cuidados;

b) auxiliar ou facilitar, por qualquer meio, o exercício da profissão aos que estiverem proibidos, impedidos ou não habilitados a exercê-la;

c) promover ou facilitar negócios ilícitos, bem como quaisquer transações que prejudiquem interesse da Fazenda Pública;

d) violar o sigilo profissional;

e) negar ao representado as competentes prestações de conta, recibos de quantias ou documentos que lhe tiverem sido entregues, para qualquer fim;

f) recusar a apresentação da carteira profissional, quando solicitada por quem de direito.

Art. 20. Observados os princípios desta Lei, o Conselho Federal dos Representantes Comerciais expedirá instruções relativas à aplicação das penalidades em geral e, em particular, aos casos em que couber imposições da pena de multa.

Art. 21. As repartições federais, estaduais e municipais, ao receberem tributos relativos à atividade do representante comercial, pessoa física ou jurídica, exigirão prova de seu registro no Conselho Regional da respectiva região.

Art. 22. Da propaganda deverá constar, obrigatoriamente, o número da carteira profissional.

Parágrafo único. As pessoas jurídicas farão constar, também, da propaganda, além do número da carteira do representante comercial responsável, o seu próprio número de registro no Conselho Regional.

Art. 23. O exercício financeiro dos Conselhos Federal e Regionais coincidirá com o ano civil.

Art. 24. As diretorias dos Conselhos Regionais prestarão contas da sua gestão ao próprio Conselho, até o dia 15 de fevereiro de cada ano.

Art. 25. Os Conselhos Regionais prestarão contas até o último dia do mês de fevereiro de cada ano ao Conselho Federal.

Parágrafo único. A diretoria do Conselho Federal prestará contas ao respectivo plenário até o último dia do mês de março de cada ano.

▸ Arts. 24 e 25 com a redação dada pela Lei nº 8.420, de 8-5-1992.

Art. 26. Os sindicatos incumbidos do processamento das eleições, a que se refere o artigo 12, deverão tomar, dentro do prazo de trinta dias, a contar da publicação desta Lei, as providências necessárias à instalação dos Conselhos Regionais dentro do prazo previsto no artigo 11.

Art. 27. Do contrato de representação comercial, além dos elementos comuns e outros, a juízo dos interessados, constarão, obrigatoriamente:

▸ *Caput* com a redação dada pela Lei nº 8.420, de 8-5-1992.

a) condições e requisitos gerais da representação;

b) indicação genérica ou específica dos produtos ou artigos objeto da representação;

c) prazo certo ou indeterminado da representação;

d) indicação da zona ou zonas em que será exercida a representação;

▸ Alínea *d* com a redação dada pela Lei nº 8.420, de 8-5-1992.

e) garantia ou não, parcial ou total, ou por certo prazo, da exclusividade de zona ou setor de zona;

f) retribuição e época do pagamento, pelo exercício da representação, dependente da efetiva realização dos negócios, e recebimento, ou não, pelo representado, dos valores respectivos;

g) os casos em que se justifique a restrição de zona concedida com exclusividade;

h) obrigações e responsabilidades das partes contratantes;

i) exercício exclusivo ou não da representação a favor do representado;

j) indenização devida ao representante, pela rescisão do contrato fora dos casos previstos no artigo 35, cujo montante não poderá ser inferior a um doze avos do total da retribuição auferida durante o tempo em que exerceu a representação.

▸ Alínea *j* com a redação dada pela Lei nº 8.420, de 8-5-1992.

§ 1º Na hipótese de contrato a prazo certo, a indenização corresponderá à importância equivalente à média mensal da retribuição auferida até a data da rescisão, multiplicada pela metade dos meses resultantes do prazo contratual.

§ 2º O contrato com prazo determinado, uma vez prorrogado o prazo inicial, tácita ou expressamente, torna-se a prazo indeterminado.

§ 3º Considera-se por prazo indeterminado todo contrato que suceder, dentro de seis meses, a outro contrato, com ou sem determinação de prazo.

▸ §§ 1º a 3º acrescidos pela Lei nº 8.420, de 8-5-1992.

Art. 28. O representante comercial fica obrigado a fornecer ao representado, segundo as disposições do contrato ou, sendo este omisso, quando lhe for solicitado, informações detalhadas sobre o andamento dos negócios a seu cargo, devendo dedicar-se à representação, de modo a expandir os negócios do representado e promover os seus produtos.

Art. 29. Salvo autorização expressa, não poderá o representante conceder abatimentos, descontos ou dilações, nem agir em desacordo com as instruções do representado.

Art. 30. Para que o representante possa exercer a representação em juízo, em nome do representado, requer-se mandato expresso. Incumbir-lhe-á, porém, tomar conhecimento das reclamações atinentes aos negócios, transmitindo-as ao representado e sugerindo as providências acauteladoras do interesse deste.

Parágrafo único. O representante, quanto aos atos que praticar, responde segundo as normas do contrato e, sendo este omisso, na conformidade do direito comum.

Art. 31. Prevendo o contrato de representação a exclusividade de zona ou zonas, ou quando este for omisso, fará jus o representante à comissão pelos negócios aí realizados, ainda que diretamente pelo representado ou por intermédio de terceiros.

Parágrafo único. A exclusividade de representação não se presume na ausência de ajustes expressos.

▸ Art. 31 com a redação dada pela Lei nº 8.420, de 8-5-1992.

▸ Arts. 711 e 714 do CC.

Art. 32. O representante comercial adquire o direito às comissões quando do pagamento dos pedidos ou propostas.

▸ *Caput* com a redação dada pela Lei nº 8.420, de 8-5-1992.

§ 1º O pagamento das comissões deverá ser efetuado até o dia quinze do mês subsequente ao da liquidação da fatura, acompanhada das respectivas cópias das notas fiscais.

§ 2º As comissões pagas fora do prazo previsto no parágrafo anterior deverão ser corrigidas monetariamente.

§ 3º É facultado ao representante comercial emitir títulos de créditos para cobrança de comissões.

§ 4º As comissões deverão ser calculadas pelo valor total das mercadorias.

§ 5º Em caso de rescisão injusta do contrato por parte do representando, a eventual retribuição pendente, gerada por pedidos em carteira ou em fase de execução e recebimento, terá vencimento na data da rescisão.

§ 6º VETADO.

§ 7º São vedadas na representação comercial alterações que impliquem, direta ou indiretamente, a diminuição da média dos resultados auferidos pelo representante nos últimos seis meses de vigência.

▸ §§ 1º a 7º acrescidos pela Lei nº 8.420, de 8-5-1992.

Art. 33. Não sendo previstos, no contrato de representação, os prazos para recusa das propostas ou pedidos, que hajam sido entregues pelo representante, acompanhados dos requisitos exigíveis, ficará o representado obrigado a creditar-lhe a respectiva comissão, se não manifestar a recusa, por escrito, nos prazos de quinze, trinta, sessenta ou cento e vinte dias, conforme se trate de comprador domiciliado, respectivamente, na mesma praça, em outra do mesmo Estado, em outro Estado ou no estrangeiro.

▶ Art. 42, § 4º, desta Lei.

§ 1º Nenhuma retribuição será devida ao representante comercial, se a falta de pagamento resultar de insolvência do comprador, bem como se o negócio vier a ser por ele desfeito ou for sustada a entrega de mercadorias devido à situação comercial do comprador, capaz de comprometer ou tornar duvidosa a liquidação.

§ 2º Salvo ajuste em contrário, as comissões devidas serão pagas mensalmente, expedindo o representado a conta respectiva, conforme cópias das faturas remetidas aos compradores, no respectivo período.

§ 3º Os valores das comissões para efeito tanto do pré-aviso como da indenização, prevista nesta Lei, deverão ser corrigidos monetariamente.

▶ § 3º acrescido pela Lei nº 8.420, de 8-5-1992.

Art. 34. A denúncia, por qualquer das partes, sem causa justificada, do contrato de representação, ajustado por tempo indeterminado e que haja vigorado por mais de seis meses, obriga o denunciante, salvo outra garantia prevista no contrato, à concessão de pré-aviso, com antecedência mínima de trinta dias, ou ao pagamento de importância igual a um terço das comissões auferidas pelo representante, nos três meses anteriores.

▶ Art. 720 do CC.

Art. 35. Constituem motivos justos para rescisão do contrato de representação comercial, pelo representado:

a) a desídia do representante no cumprimento das obrigações decorrentes do contrato;

b) a prática de atos que importem em descrédito comercial do representado;

c) a falta de cumprimento de quaisquer obrigações inerentes ao contrato de representação comercial;

d) a condenação definitiva por crime considerado infamante;

e) força maior.

Art. 36. Constituem motivos justos para rescisão do contrato de representação comercial, pelo representante:

a) redução de esfera de atividade do representante em desacordo com as cláusulas do contrato;

b) a quebra, direta ou indireta, da exclusividade, se prevista no contrato;

c) a fixação abusiva de preços em relação à zona do representante, com o exclusivo escopo de impossibilitar-lhe ação regular;

d) o não pagamento de sua retribuição na época devida;

e) força maior.

Art. 37. Somente ocorrendo motivo justo para rescisão do contrato, poderá o representado reter comissões devidas ao representante, com o fim de ressarcir-se de danos por este causados e, bem assim, nas hipóteses previstas no artigo 35, a título de compensação.

Art. 38. Não serão prejudicados os direitos dos representantes comerciais quando, a título de cooperação, desempenhem, temporariamente, a pedido do representado, encargos ou atribuições diversos dos previstos no contrato de representação.

Art. 39. Para julgamento das controvérsias que surgirem entre representante e representado é competente a Justiça Comum e o Foro do domicílio do representante, aplicando-se o procedimento sumário previsto no artigo 275 do Código de Processo Civil, ressalvada a competência do Juizado de Pequenas Causas.

▶ Artigo com a redação dada pela Lei nº 8.420, de 8-5-1992.

▶ Refere-se ao CPC/1973. Sem correspondência no CPC/2015.

Art. 40. Dentro de cento e oitenta dias da publicação da presente Lei, serão formalizadas, entre representado e representantes, em documento escrito, as condições das representações comerciais vigentes.

Parágrafo único. A indenização devida pela rescisão dos contratos de representação comercial vigentes na data desta Lei, fora dos casos previstos no artigo 35, e quando as partes não tenham usado da faculdade prevista neste artigo, será calculada, sobre a retribuição percebida, pelo representante, nos últimos cinco anos anteriores à vigência desta Lei.

Art. 41. Ressalvada expressa vedação contratual, o representante comercial poderá exercer sua atividade para mais de uma empresa e empregá-la em outros misteres ou ramos de negócios.

Art. 42. Observadas as disposições constantes do artigo anterior, é facultado ao representante contratar com outros representantes comerciais a execução dos serviços relacionados com a representação.

§ 1º Na hipótese deste artigo, o pagamento das comissões a representante comercial contratado dependerá da liquidação da conta de comissão devida pelo representando ao representante contratante.

§ 2º Ao representante contratado, no caso de rescisão de representação, será devida pelo representante contratante a participação no que houver recebido da representada a título de indenização e aviso prévio, proporcionalmente às retribuições auferidas pelo representante contratado na vigência do contrato.

§ 3º Se o contrato referido no *caput* deste artigo for rescindido sem motivo justo pelo representante contratante, o representante contratado fará jus ao aviso prévio e indenização na forma da lei.

§ 4º Os prazos de que trata o artigo 33 desta Lei são aumentados em dez dias quando se tratar de contrato realizado entre representantes comerciais.

Art. 43. É vedada no contrato de representação comercial a inclusão de cláusulas *del credere*.

▶ Arts. 41 a 43 acrescidos pela Lei nº 8.420, de 8-5-1992.

Art. 44. No caso de falência ou de recuperação judicial do representado, as importâncias por ele devidas ao representante comercial, relacionadas com a representação, inclusive comissões vencidas e vincendas, indenização e aviso prévio, e qualquer outra verba devida ao representante oriunda da relação estabelecida com base nesta Lei, serão consideradas créditos da mesma natureza dos créditos trabalhistas para fins de inclusão no pedido de falência ou plano de recuperação judicial.

Parágrafo único. Os créditos devidos ao representante comercial reconhecidos em título executivo judicial transitado em julgado após o deferimento do processamento da recuperação judicial, e a sua respectiva execução, inclusive quanto aos honorários advocatícios, não se sujeitarão à recuperação judicial, aos seus efeitos e à competência do juízo da recuperação, ainda que existentes na data do pedido, e prescreverá em 5 (cinco) anos a ação do representante comercial para pleitear a retribuição que lhe é devida e os demais direitos garantidos por esta Lei.

▶ Art. 44 com a redação dada pela Lei nº 14.198, de 26-8-2021.

Art. 45. Não constitui motivo justo para rescisão do contrato de representação comercial o impedimento temporário do representante comercial que estiver em gozo do benefício de auxílio-doença concedido pela Previdência Social.

Art. 46. Os valores a que se referem a alínea *j* do artigo 27, o § 5º do artigo 32 e o artigo 34 desta Lei serão corrigidos monetariamente com base na variação dos BTNs ou por outro indexador que venha a substituí-los e legislação ulterior aplicável à matéria.

Art. 47. Compete ao Conselho Federal dos Representantes Comerciais fiscalizar a execução da presente Lei.

Parágrafo único. Em caso de inobservância das prescrições legais, caberá intervenção do Conselho Federal nos Conselhos Regionais, por decisão da Diretoria do primeiro, *ad referendum* da reunião plenária, assegurado, em qualquer caso, o direito de defesa. A intervenção cessará quando do cumprimento da Lei.

▶ Arts. 45 a 47 acrescidos pela Lei nº 8.420, de 8-5-1992.

Art. 48. Esta Lei entra em vigor na data de sua publicação.

Art. 49. Revogam-se as disposições em contrário.

▶ Arts. 48 e 49 renumerados em virtude dos acréscimos determinados pela Lei nº 8.420, de 8-5-1992.

Brasília, 9 de dezembro de 1965;
144º da Independência e
77º da República.

H. Castello Branco

DECRETO Nº 57.595, DE 7 DE JANEIRO DE 1966

Promulga as Convenções para adoção de uma Lei Uniforme em matéria de cheques.

▶ Publicado no *DOU* de 17-1-1966.

▶ Lei nº 7.357, de 2-9-1985 (Lei do Cheque).

▶ Dec. nº 1.240, de 15-9-1994, aprova a Convenção Interamericana sobre conflitos de leis em matéria de cheques.

O Presidente da República:

Havendo o Governo brasileiro, por nota da Legação em Berna, datada de 26 de agosto de 1942, ao Secretário-Geral da Liga das Nações, aderido às seguintes Convenções assinadas em Genebra, a 19 de março de 1931:

1ª) Convenção para adoção de uma Lei Uniforme sobre cheques, Anexos e Protocolo, com reservas aos artigos 2, 3, 4, 5, 6, 7, 8, 9, 10, 11, 12, 14, 15, 16, 17, 18, 19, 20, 21, 23, 25, 26, 29 e 30 do Anexo II;

2º) Convenção destinada a regular certos conflitos de leis em matéria de cheques e Protocolo;

3º) Convenção relativa ao Imposto de Selo em matéria de cheques e Protocolo;

Havendo as referidas Convenções entrado em vigor para o Brasil noventa dias após a data do registro pela Secretaria-Geral da Liga das Nações, isto é, a 26 de novembro de 1942;

E havendo o Congresso Nacional aprovado pelo Decreto Legislativo nº 54, de 1964, as referidas Convenções:

Decreta que as mesmas, apensas por cópia ao presente Decreto, sejam executadas e cumpridas tão inteiramente como nelas se contém, observadas as reservas feitas à Convenção relativa à Lei Uniforme sobre cheques.

Brasília, 7 de janeiro de 1966;
145º da Independência e
78º da República.

H. Castello Branco

CONVENÇÃO PARA ADOÇÃO DE UMA LEI UNIFORME EM MATÉRIA DE CHEQUES

O Presidente do Reich Alemão; O Presidente Federal da República Austríaca; Sua Majestade o Rei dos Belgas; Sua Majestade o Rei da Dinamarca e da Islândia; O Presidente da República da Polônia pela Cidade Livre de Dantzig; O Presidente da República do Equador; Sua Majestade o Rei da Espanha; O Presidente da República da Finlândia; O Presidente da República Francesa; O Presidente da República Helênica; Sua Alteza Sereníssima o Regente do Reino da Hungria; Sua Majestade o Rei da Itália; Sua Majestade o Imperador do Japão; Sua Alteza Real a Grã-Duquesa do Luxemburgo; O Presidente dos Estados Unidos do México; Sua Alteza Sereníssima o Príncipe de Mônaco; Sua Majestade o Rei da Noruega; Sua Majestade a Rainha da Holanda; O Presidente da República da Polônia; O Presidente da República Portuguesa; Sua Majestade o Rei da Rumânia; Sua Majestade o Rei da Suécia; O Conselho Federal Suíço; O Presidente da República Tchecoslovaca; O Presidente da República Turca; Sua Majestade o Rei da Iugoslávia,

Desejando evitar as dificuldades originadas pela diversidade de legislação nos vários países em que os cheques circulam e aumentar assim a segurança e rapidez das relações do comércio internacional,

Designaram como seus plenipotenciários,

Os quais, depois de terem apresentado os seus plenos poderes, achados em boa e devida forma, acordaram nas disposições seguintes:

Artigo 1º

As Altas Partes Contratantes obrigam-se a adotar nos territórios respectivos, quer num dos textos originais, quer nas suas línguas nacionais, a Lei Uniforme que constitui o Anexo I da presente Convenção.

Esta obrigação poderá ficar subordinada a certas reservas, que deverão eventualmente ser formuladas por cada uma das Altas Partes Contratantes no momento da sua ratificação ou adesão. Estas reservas deverão ser escolhidas entre as mencionadas no Anexo II da presente Convenção.

Todavia, as reservas a que se referem os artigos 9º, 22, 27 e 30 do citado Anexo II poderão ser feitas posteriormente à ratificação ou adesão, desde que sejam notificadas ao Secretário-Geral da Sociedade das Nações, o qual imediatamente comunicará o seu texto aos membros da Sociedade das Nações e aos Estados não membros em cujo nome tenha sido ratificada a presente Convenção ou que a ela tenham aderido. Essas reservas só produzirão efeitos noventa dias depois de o Secretário-Geral ter recebido a referida notificação.

Qualquer das Altas Partes Contratantes poderá, em caso de urgência, fazer uso, depois da ratificação ou da adesão, das reservas indicadas nos artigos 17 e 28 do referido Anexo II. Neste caso deverá comunicar essas reservas direta e imediatamente a todas as outras Altas Partes Contratantes e ao Secretário-Geral da Sociedade das Nações. Esta notificação produzirá os seus efeitos dois dias depois de recebida a dita comunicação pelas Altas Partes Contratantes.

Artigo 2º

A Lei Uniforme não será aplicável no território de cada uma das Altas Partes Contratantes aos cheques já passados à data da entrada em vigor da presente Convenção.

Artigo 3º

A presente Convenção, cujos textos em francês e inglês farão ambos igualmente fé, terá a data de hoje.

Poderá ser ulteriormente assinada, até 15 de julho de 1931, em nome de qualquer membro da Sociedade das Nações e qualquer Estado não membro.

Artigo 4º

A presente Convenção será ratificada.

Os instrumentos de ratificação serão transmitidos, antes de 1º de setembro de 1933, ao Secretário-Geral da Sociedade das Nações, que notificará imediatamente do seu depósito todos os membros da Sociedade das Nações e os Estados não membros em nome dos quais a presente Convenção tenha sido assinada ou que a ela tenham aderido.

Artigo 5º

A partir de 15 de julho de 1931, qualquer membro da Sociedade das Nações e qualquer Estado não membro poderá aderir à presente Convenção.

Esta adesão efetuar-se-á por meio de notificação ao Secretário-Geral da Sociedade das Nações, que será depositada nos Arquivos do Secretariado.

O Secretário-Geral notificará imediatamente desse depósito todos os membros da Sociedade das Nações e os Estados não membros em nome dos quais a presente Convenção tenha sido assinada ou que a ela tenham aderido.

Artigo 6º

A presente Convenção somente entrará em vigor depois de ter sido ratificada ou de a ela terem aderido sete membros da Sociedade das Nações ou Estados não membros, entre os quais deverão figurar três dos membros da Sociedade das Nações com representação permanente no Conselho.

Começará a vigorar noventa dias depois de recebida pelo Secretário-Geral da Sociedade das Nações a sétima ratificação ou adesão, em conformidade com o disposto na alínea primeira do presente artigo.

O Secretário-Geral da Sociedade das Nações, nas notificações previstas nos artigos 4º e 5º, fará menção especial de terem sido recebidas as ratificações ou adesões a que se refere a alínea primeira do presente artigo.

Artigo 7º

As ratificações ou adesões, após a entrada em vigor da presente Convenção, em conformidade com o disposto no artigo 6º, produzirão os seus efeitos noventa dias depois da data da sua recepção pelo Secretário-Geral da Sociedade das Nações.

Artigo 8º

Exceto nos casos de urgência, a presente Convenção não poderá ser denunciada antes de decorrido um prazo de dois anos a contar da data em que tiver começado a vigorar para o membro da Sociedade das Nações ou para o Estado não membro que a denuncia; esta denúncia produzirá os seus efeitos noventa dias depois de recebida pelo Secretário-Geral a respectiva notificação.

Qualquer denúncia será imediatamente comunicada pelo Secretário-Geral da Sociedade das Nações a todas as Altas Partes Contratantes.

Nos casos de urgência a Alta Parte Contratante que efetuar a denúncia comunicará esse fato direta e imediatamente a todas as outras Altas Partes Contratantes, e a denúncia produzirá os seus efeitos dois dias depois de recebida a dita comunicação pelas respectivas Altas Partes Contratantes. A Alta Parte Contratante que fizer a denúncia nestas condições dará igualmente conhecimento da sua decisão ao Secretário-Geral da Sociedade das Nações.

Qualquer denúncia só produzirá efeitos em relação à Alta Parte Contratante em nome da qual ela tenha sido feita.

Artigo 9º

Decorrido um prazo de quatro anos da entrada em vigor da presente Convenção, qualquer membro da Sociedade das Nações ou Estado não membro a ela ligado poderá formular ao Secretário-Geral da Sociedade das Nações um pedido de revisão de algumas ou de todas as disposições da Convenção.

Se este pedido, comunicado aos outros membros ou Estados não membros para os quais a Convenção estiver então em vigor, for apoiado dentro do prazo de um ano por seis, pelo menos, dentre eles, o Conselho da Sociedade das Nações decidirá se deve ser convocada uma Conferência para aquele fim.

Artigo 10

Qualquer das Altas Partes Contratantes poderá declarar no momento da assinatura, da ratificação ou da adesão que, aceitando a presente Convenção, não assume nenhuma obrigação pelo que respeita a todas ou parte das suas colônias, protetorados ou territórios sob a sua soberania ou mandato, caso em que a presente Convenção se não aplicará aos territórios mencionados nessa declaração. Qualquer das Altas Partes Contratantes poderá, posteriormente, comunicar ao Secretário-Geral da Sociedade das Nações o seu desejo de que a presente Convenção se aplique a todos ou parte dos seus territórios que tenham sido objeto da declaração prevista na alínea precedente, e nesse caso a presente Convenção aplicar-se-á aos territórios mencionados nessa comunicação noventa dias depois desta ter sido recebida pelo Secretário-Geral da Sociedade das Nações.

As Altas Partes Contratantes reservam-se igualmente o direito, nos termos do artigo 8º, de denunciar a presente Convenção pelo que se refere a todas ou parte das suas colônias, protetorados ou territórios sob a sua soberania ou mandato.

Artigo 11

A presente Convenção será registrada pelo Secretário-Geral da Sociedade das Nações desde que entre em vigor.

Em fé do que os plenipotenciários acima designados assinaram a presente Convenção.

Feito em Genebra, aos dezenove de março de mil novecentos e trinta e um, num só exemplar, que será depositado nos arquivos do Secretariado da Sociedade das Nações. Será transmitida cópia autêntica a todos os membros da Sociedade das Nações e a todos os Estados não membros representados na Conferência.

Alemanha: *L. Quassowski, Doutor Albrecht, Erwin Patzold*; Áustria: *Dr. Guido Strobele*; Bélgica: *De La Vallée Poussin*; Dinamarca: *Helper, V. Efgtved*; Cidade Livre de Dantzig: Jósef Sulkowski; Equador: Alej. Gastelú; Espanha: *Francisco Bernis*; Finlândia: *F. Gruvall*; França: *Percerou*; Grécia: *R. Raphael, A. Contoumas*; Hungria: *Pelénvi*; Itália: *Amedeo, Giannini, Giovanni Zappala*; Japão: *N. Kawashima, Ukitsu Tanaka*; Luxemburgo: *Ch. G. Vermaire*; México: *Antonio Castro-Leal*; Mônaco: *C. Hentsch, Ad referendum*; Noruega: *Stub Holmboe*; Holanda: *J. Kosters*; Polônia: *Jósef Sulkowski*; Portugal: *José Caieiro da Mata*; Rumânia: *C. Antoniade*; Suécia: *E. Marks von Wurtemberg, Birger Ekeberg, K. Dahlberg*; Sob reserva de ratificação por S. M. o Rei da Suécia, com a aprovação do *Riksdag*; Suíça: *Vischer Hulftegger*; Tchecoslováquia: *Dr. Karel Hermann-Otavsky*; Turquia: *Cemal Husnu*; Iugoslávia: *I. Choumenkovitch*.

ANEXO I LEI UNIFORME RELATIVA AO CHEQUE

CAPÍTULO I – DA EMISSÃO E FORMA DO CHEQUE

Artigo 1º

O cheque contém:

1º) A palavra "cheque" inserta no próprio texto do título e expressa na língua empregada para a redação deste título;
2º) O mandato puro e simples de pagar uma quantia determinada;
3º) O nome de quem deve pagar (sacado);
4º) A indicação do lugar em que o pagamento se deve efetuar;
5º) A indicação da data em que e do lugar onde o cheque é passado;
6º) A assinatura de quem passa o cheque (sacador).

Artigo 2º

O título a que faltar qualquer dos requisitos enumerados no artigo precedente não produz efeito como cheque, salvo nos casos determinados nas alíneas seguintes:

Na falta de indicação especial, o lugar designado ao lado do nome do sacado considera-se como sendo o lugar de pagamento. Se forem indicados vários lugares ao lado do nome do sacado, o cheque é pagável no primeiro lugar indicado.

Na ausência destas indicações ou de qualquer outra indicação, o cheque é pagável no lugar em que o sacado tem o seu estabelecimento principal.

O cheque sem indicação do lugar da sua emissão considera-se passado no lugar designado ao lado do nome do sacador.

Artigo 3º

O cheque é sacado sobre um banqueiro que tenha fundos à disposição do sacador e em harmonia com uma convenção expressa ou tácita, segundo a qual o sacador tem o direito de dispor desses fundos por meio de cheque. A validade do título como cheque não fica, todavia, prejudicada no caso de inobservância destas prescrições.

Artigo 4º

O cheque não pode ser aceito. A menção de aceite lançada no cheque considera-se como não escrita.

Artigo 5º

O cheque pode ser feito pagável:

A uma determinada pessoa, com ou sem cláusula expressa "à ordem";

A uma determinada pessoa, com a cláusula "não à ordem" ou outra equivalente;

Ao portador.

O cheque passado a favor duma determinada pessoa, mas que contenha a menção "ou ao portador", ou outra equivalente, é considerado como cheque ao portador.

O cheque sem indicação do beneficiário é considerado como cheque ao portador.

Artigo 6º

O cheque pode ser passado à ordem do próprio sacador.

O cheque pode ser sacado por conta de terceiro.

O cheque não pode ser passado sobre o próprio sacador, salvo no caso em que se trate dum cheque sacado por um estabelecimento sobre outro estabelecimento, ambos pertencentes ao mesmo sacador.

Artigo 7º

Considera-se como não escrita qualquer estipulação de juros inserta no cheque.

Artigo 8º

O cheque pode ser pagável no domicílio de terceiro, quer na localidade onde o sacado tem o seu domicílio, quer numa outra localidade, sob a condição no entanto de que o terceiro seja banqueiro.

Artigo 9º

O cheque cuja importância for expressa por extenso e em algarismos vale, em caso de divergência, pela quantia designada por extenso.

O cheque cuja importância for expressa várias vezes, quer por extenso, quer em algarismos, vale, em caso de divergência, pela menor quantia indicada.

Artigo 10

Se o cheque contém assinaturas de pessoas incapazes de se obrigarem por cheque, assinaturas falsas, assinaturas de pessoas fictícias, ou assinaturas que por qualquer outra razão não poderiam obrigar as pessoas que assinarem o cheque, ou em nome das quais ele foi assinado, as obrigações dos outros signatários não deixam por esse fato de ser válidas.

Artigo 11

Todo aquele que apuser a sua assinatura num cheque, como representante duma pessoa, para representar a qual não tinha de fato poderes, fica obrigado em virtude do cheque e, se o pagar, tem os mesmos direitos que o pretendido representado. A mesma regra se aplica ao representante que tenha excedido os seus poderes.

Artigo 12

O sacador garante o pagamento. Considera-se como não escrita qualquer declaração pela qual o sacador se exima a esta garantia.

Artigo 13

Se um cheque incompleto no momento de ser passado tiver sido completado contrariamente aos acordos realizados, não pode a inobservância desses acordos ser motivo de oposição ao portador, salvo se este tiver adquirido o cheque de má-fé ou, adquirindo-o, tenha cometido uma falta grave.

CAPÍTULO II – DA TRANSMISSÃO

Artigo 14

O cheque estipulado pagável a favor duma determinada pessoa, com ou sem cláusula expressa "à ordem", é transmissível por via de endosso.

O cheque estipulado pagável a favor duma determinada pessoa, com a cláusula "não à ordem" ou outra equivalente, só é transmissível pela forma e com os efeitos duma cessão ordinária.

O endosso deve ser puro e simples, a favor do sacador ou de qualquer outro coobrigado. Essas pessoas podem endossar novamente o cheque.

Artigo 15

O endosso deve ser puro e simples. Considera-se como não escrita qualquer condição a que ele esteja subordinado.

É nulo o endosso parcial.

É nulo igualmente o endosso feito pelo sacado.

O endosso ao portador vale como endosso em branco.

O endosso ao sacado só vale como quitação, salvo no caso de o sacado ter vários estabelecimentos e de o endosso ser feito em benefício de um estabelecimento diferente daquele sobre o qual o cheque foi sacado.

Artigo 16

O endosso deve ser escrito no cheque ou numa folha ligada a este (Anexo). Deve ser assinado pelo endossante.

O endosso pode não designar o beneficiário ou consistir simplesmente na assinatura do endossante (endosso em branco). Neste último caso o endosso, para ser válido, deve ser escrito no verso do cheque ou na folha anexa.

Artigo 17

O endosso transmite todos os direitos resultantes do cheque.

Se o endosso é em branco, o portador pode:

1º) Preencher o espaço em branco, quer com o seu nome, quer com o nome de outra pessoa;
2º) Endossar o cheque de novo em branco ou a outra pessoa;

3º) Transferir o cheque a um terceiro sem preencher o espaço em branco nem o endossar.

Artigo 18

Salvo estipulação em contrário, o endossante garante o pagamento.

O endossante pode proibir um novo endosso, e neste caso não garante o pagamento às pessoas a quem o cheque for posteriormente endossado.

Artigo 19

O detentor de um cheque endossável é considerado portador legítimo se justifica o seu direito por uma série ininterrupta de endossos, mesmo se o último for em branco. Os endossos riscados são, para este efeito, considerados como não escritos. Quando o endosso em branco é seguido de um outro endosso, presume-se que o signatário deste adquiriu o cheque pelo endosso em branco.

Artigo 20

Um endosso num cheque passado ao portador torna o endossante responsável nos termos das disposições que regulam o direito de ação, mas nem por isso converte o título num cheque à ordem.

Artigo 21

Quando uma pessoa foi por qualquer maneira desapossada de um cheque, o detentor a cujas mãos ele foi parar – quer se trate de um cheque ao portador, quer se trate de um cheque endossável em relação ao qual o detentor justifique o seu direito pela forma indicada no artigo 19 – não é obrigado a restituí-lo, a não ser que o tenha adquirido de má-fé, ou que, adquirindo-o, tenha cometido uma falta grave.

Artigo 22

As pessoas acionadas em virtude de um cheque não podem opor ao portador as exceções fundadas sobre as relações pessoais delas com o sacador, ou com os portadores anteriores, salvo se o portador ao adquirir o cheque tiver procedido conscientemente em detrimento do devedor.

Artigo 23

Quando um endosso contém a menção "valor a cobrar" (*valeur en recouvrement*), "para cobrança" (*pour encaissement*), "por procuração" (*par procuration*), ou qualquer outra menção que implique um simples mandato, o portador pode exercer todos os direitos resultantes do cheque, mas só pode endossá-lo na qualidade de procurador.

Os coobrigados neste caso só podem invocar contra o portador as exceções que eram oponíveis ao endossante.

O mandato que resulta de um endosso por procuração não se extingue por morte ou pela superveniência de incapacidade legal do mandatário.

Artigo 24

O endosso feito depois de protesto ou uma declaração equivalente, ou depois de ter terminado o prazo para apresentação, produz apenas os efeitos de uma cessão ordinária.

Salvo prova em contrário, presume-se que um endosso sem data haja sido feito antes do protesto ou das declarações equivalentes ou antes de findo o prazo indicado na alínea precedente.

CAPÍTULO III
DO AVAL

Artigo 25

O pagamento de um cheque pode ser garantido no todo ou em parte do seu valor por um aval.

Esta garantia pode ser dada por um terceiro, excetuado o sacado, ou mesmo por um signatário do cheque.

Artigo 26

O aval é dado sobre o cheque ou sobre a folha anexa.

Exprime-se pelas palavras *"bom para aval"*, ou por qualquer outra fórmula equivalente; é assinado pelo avalista.

Considera-se como resultante da simples aposição da assinatura do avalista na face do cheque, exceto quando se trate da assinatura do sacador.

O aval deve indicar a quem é prestado. Na falta desta indicação considera-se prestado ao sacador.

Artigo 27

O avalista é obrigado da mesma forma que a pessoa que ele garante.

A sua responsabilidade subsiste ainda mesmo que a obrigação que ele garantiu fosse nula por qualquer razão que não seja um vício de forma.

Pagando o cheque, o avalista adquire os direitos resultantes dele contra o garantido e contra os obrigados para com este em virtude do cheque.

CAPÍTULO IV
DA APRESENTAÇÃO E DO PAGAMENTO

Artigo 28

O cheque é pagável à vista. Considera-se como não escrita qualquer menção em contrário.

O cheque apresentado a pagamento antes do dia indicado como data da emissão é pagável no dia da apresentação.

Artigo 29

O cheque pagável no país onde foi passado deve ser apresentado a pagamento no prazo de oito dias.

O cheque passado num país diferente daquele em que é pagável deve ser apresentado respectivamente num prazo de vinte dias ou de setenta dias, conforme o lugar de emissão e o lugar de pagamento se encontrem situados na mesma ou em diferentes partes do mundo.

Para este efeito os cheques passados num país europeu e pagáveis num país à beira do Mediterrâneo, ou vice-versa, são considerados como passados e pagáveis na mesma parte do mundo.

Os prazos acima indicados começam a contar-se do dia indicado no cheque como data da emissão.

Artigo 30

Quando o cheque for passado num lugar e pagável noutro em que se adote um calendário diferente, a data da emissão será o dia correspondente no calendário do lugar do pagamento.

Artigo 31

A apresentação do cheque a uma câmara de compensação equivale à apresentação a pagamento.

Artigo 32

A revogação do cheque só produz efeito depois de findo o prazo de apresentação.

Se o cheque não tiver sido revogado, o sacado pode pagá-lo mesmo depois de findo o prazo.

Artigo 33

A morte do sacador ou a sua incapacidade posterior à emissão do cheque não invalidam os efeitos deste.

Artigo 34

O sacador pode exigir, ao pagar o cheque, que este lhe seja entregue munido de recibo passado pelo portador.

O portador não pode recusar um pagamento parcial.

No caso de pagamento parcial, o sacado pode exigir que desse pagamento se faça menção no cheque e que lhe seja entregue o respectivo recibo.

Artigo 35

O sacado que paga um cheque endossável é obrigado a verificar a regularidade da sucessão dos endossos, mas não a assinatura dos endossantes.

Artigo 36

Quando um cheque é pagável numa moeda que não tem curso no lugar do pagamento, a sua importância pode ser paga, dentro do prazo da apresentação do cheque, na moeda do país em que é apresentado, segundo o seu valor no dia do pagamento. Se o pagamento não foi efetuado à apresentação, o portador pode, à sua escolha, pedir que o pagamento da importância do cheque na moeda do país em que é apresentado seja efetuado ao câmbio, quer do dia da apresentação, quer do dia do pagamento.

A determinação do valor da moeda estrangeira será feita segundo os usos do lugar de pagamento. O sacador pode, todavia, estipular que a soma a pagar seja calculada segundo uma taxa indicada no cheque.

As regras acima indicadas não se aplicam ao caso em que o sacador tenha estipulado que o pagamento deverá ser efetuado numa certa moeda especificada (cláusula de pagamento efetivo em moeda estrangeira).

Se a importância do cheque for indicada numa moeda que tenha a mesma denominação mas valor diferente no país de emissão e no de pagamento, presume-se que se fez referência à moeda do lugar de pagamento.

CAPÍTULO V
DOS CHEQUES CRUZADOS E CHEQUES A LEVAR EM CONTA

Artigo 37

O sacador ou o portador dum cheque pode cruzá-lo, produzindo assim os efeitos indicados no artigo seguinte.

O cruzamento efetua-se por meio de duas linhas paralelas traçadas na face do cheque e pode ser geral ou especial.

O cruzamento é geral quando consiste apenas nos dois traçados paralelos, ou se entre eles está escrita a palavra *"banqueiro"* ou outra equivalente; é especial quando tem escrito entre os dois traços o nome dum banqueiro.

O cruzamento geral pode ser convertido em cruzamento especial, mas este não pode ser convertido em cruzamento geral.

A inutilização do cruzamento ou do nome do banqueiro indicado considera-se como não feita.

Artigo 38

Um cheque com cruzamento geral só pode ser pago pelo sacado a um banqueiro ou a um cliente do sacado.

Um cheque com cruzamento especial só pode ser pago pelo sacado ao banqueiro designado, ou, se este é o sacado, ao seu cliente. O banqueiro designado pode, contudo, recorrer a outro banqueiro para liquidar o cheque.

Um banqueiro só pode adquirir um cheque cruzado a um dos seus clientes ou a outro banqueiro. Não pode cobrá-lo por conta doutras pessoas que não sejam as acima indicadas.

Um cheque que contenha vários cruzamentos especiais só poderá ser pago pelo sacado no caso de se tratar de dois cruzamentos, dos quais um para liquidação por uma câmara de compensação.

O sacado ou o banqueiro que deixar de observar as disposições acima referidas é responsável pelo prejuízo que daí possa resultar até uma importância igual ao valor do cheque.

Artigo 39

O sacador ou o portador dum cheque podem proibir o seu pagamento em numerário inserindo na face do cheque transversalmente a menção "*para levar em conta*", ou outra equivalente.

Neste caso o sacado só pode fazer a liquidação do cheque por lançamento de escrita (crédito em conta, transferência duma conta para outra ou compensação). A liquidação por lançamento de escrita vale como pagamento.

A inutilização da menção "*para levar em conta*" considera-se como não feita.

O sacado que deixar de observar as disposições acima referidas é responsável pelo prejuízo que daí possa resultar até uma importância igual ao valor do cheque.

CAPÍTULO VI
DA AÇÃO POR FALTA DE PAGAMENTO

Artigo 40

O portador pode exercer os seus direitos de ação contra os endossantes, sacador e outros coobrigados, se o cheque, apresentado em tempo útil, não for pago e se a recusa de pagamento for verificada:

1º) quer por um ato formal (protesto);
2º) quer por uma declaração do sacado, datada e escrita sobre o cheque, com a indicação do dia em que este foi apresentado;
3º) quer por uma declaração datada duma câmara de compensação, constatando que o cheque foi apresentado em tempo útil e não foi pago.

Artigo 41

O protesto ou declaração equivalente devem ser feitos antes de expirar o prazo para a apresentação.

Se o cheque for apresentado no último dia do prazo, o protesto ou a declaração equivalente podem ser feitos no primeiro dia útil seguinte.

Artigo 42

O portador deve avisar da falta de pagamento o seu endossante e o sacador, dentro dos quatro dias úteis que se seguirem ao dia do protesto, ou da declaração equivalente, ou que contiver a cláusula "*sem despesas*". Cada um dos endossantes deve por sua vez, dentro de dois dias úteis que se seguirem ao da recepção do aviso, informar o seu endossante do aviso que recebeu, indicando os nomes e endereços dos que enviaram os avisos precedentes, e assim contam-se a partir da recepção do aviso precedente.

Quando, em conformidade com o disposto na alínea anterior, se avisou um signatário do cheque, deve avisar-se igualmente o seu avalista dentro do mesmo prazo de tempo.

No caso de um endossante não ter indicado o seu endereço, ou de o ter feito de maneira ilegível, basta que o aviso seja enviado ao endossante que o precede.

A pessoa que tenha de enviar um aviso pode fazê-lo por qualquer forma, mesmo pela simples devolução do cheque.

Essa pessoa deverá provar que o aviso foi enviado dentro do prazo prescrito. O prazo considerar-se-á como tendo sido observado desde que a carta que contém o aviso tenha sido posta no correio dentro dele.

A pessoa que não der o aviso dentro do prazo acima indicado não perde os seus direitos. Será responsável pelo prejuízo, se o houver, motivado pela sua negligência, sem que a responsabilidade possa exceder o valor do cheque.

Artigo 43

O sacador, um endossante ou um avalista, pode, pela cláusula "sem despesas", "*sem protesto*", ou outra cláusula equivalente, dispensar o portador de estabelecer um protesto ou outra declaração equivalente para exercer os seus direitos de ação.

Essa cláusula não dispensa o portador da apresentação do cheque dentro do prazo prescrito nem tampouco dos avisos a dar. A prova da inobservância do prazo incumbe àquele que dela se prevaleça contra o portador.

Se a cláusula foi escrita pelo sacador, produz os seus efeitos em relação a todos os signatários do cheque; se for inserida por um endossante ou por um avalista, só produz efeito em relação a esse endossante ou avalista. Se, apesar da cláusula escrita pelo sacador, o portador faz o protesto ou a declaração equivalente, as respectivas despesas serão por conta dele. Quando a cláusula emanar de um endossante ou de um avalista, as despesas do protesto, ou da declaração equivalente, se for feito, podem ser cobradas de todos os signatários do cheque.

Artigo 44

Todas as pessoas obrigadas em virtude de um cheque são solidariamente responsáveis para com o portador.

O portador tem o direito de proceder contra essas pessoas, individual ou coletivamente, sem necessidade de observar a ordem segundo a qual elas se obrigaram.

O mesmo direito tem todo o signatário dum cheque que o tenha pago.

A ação intentada contra um dos coobrigados não obsta ao procedimento contra os outros, embora esses se tivessem obrigado posteriormente àquele que foi acionado em primeiro lugar.

Artigo 45

O portador pode reclamar daquele contra o qual exerceu o seu direito de ação:

1º) A importância do cheque não pago;
2º) Os juros à taxa de seis por cento desde o dia da apresentação;
3º) As despesas do protesto ou da declaração equivalente, as dos avisos feitos e as outras despesas.

Artigo 46

A pessoa que tenha pago o cheque pode reclamar daqueles que são responsáveis para com ele:

1º) A importância integral que pagou;
2º) Os juros da mesma importância, à taxa de seis por cento, desde o dia em que a pagou;
3º) As despesas por ela feitas.

Artigo 47

Qualquer dos coobrigados, contra o qual se intentou ou pode ser intentada uma ação, pode exigir, desde que reembolse o cheque, a sua entrega com o protesto ou declaração equivalente e um recibo.

Qualquer endossante que tenha pago o cheque pode inutilizar o seu endosso e os endossos dos endossantes subsequentes.

Artigo 48

Quando a apresentação do cheque, o seu protesto ou a declaração equivalente não puder efetuar-se dentro dos prazos indicados por motivo de obstáculo insuperável (prescrição legal declarada por um Estado qualquer ou caso de força maior), esses prazos serão prorrogados.

O portador deverá avisar imediatamente do caso de força maior o seu endossante e fazer menção datada e assinada desse aviso no cheque ou na folha anexa; para os demais aplicar-se-ão as disposições do artigo 42.

Desde que tenha cessado o caso de força maior, o portador deve apresentar imediatamente o cheque a pagamento, e, caso haja motivo para tal, fazer o protesto ou uma declaração equivalente.

Se o caso de força maior se prolongar além de quinze dias a contar da data em que o portador, mesmo antes de expirado o prazo para a apresentação, avisou o endossante do dito caso de força maior, podem promover-se ações sem que haja necessidade de apresentação, de protesto ou de declaração equivalente.

Não são considerados casos de força maior os fatos que sejam de interesse puramente pessoal do portador ou da pessoa por ele encarregada da apresentação do cheque ou de efetivar o protesto ou a declaração equivalente.

CAPÍTULO VII
DA PLURALIDADE DE EXEMPLARES

Artigo 49

Excetuado o cheque ao portador, qualquer outro cheque emitido num país e pagável noutro país ou numa possessão ultramarina desse país, e vice-versa, ou ainda emitido e pagável na mesma possessão ou em diversas possessões ultramarinas do mesmo país, pode ser passado em vários exemplares idênticos.

Quando um cheque é passado em vários exemplares, esses exemplares devem ser numerados no texto do próprio título, pois do contrário cada um será considerado como sendo um cheque distinto.

Artigo 50

O pagamento efetuado contra um dos exemplares é liberatório, mesmo quando não esteja estipulado que este pagamento anula o efeito dos outros.

O endossante que transmitiu os exemplares do cheque a várias pessoas, bem como os endossantes subsequentes, são responsáveis por todos os exemplares por eles assinados que não forem restituídos.

CAPÍTULO VIII
DAS ALTERAÇÕES

Artigo 51

No caso de alteração do texto dum cheque, os signatários posteriores a essa alteração ficam obrigados nos termos do texto alterado; os signatários anteriores são obrigados nos termos do original.

CAPÍTULO IX
DA PRESCRIÇÃO

Artigo 52

Toda a ação do portador contra os endossantes, contra o sacador ou contra os demais coobrigados prescreve decorridos que sejam seis meses, contados do termo do prazo de apresentação.

Toda a ação de um dos coobrigados no pagamento de um cheque contra os demais prescreve no prazo de seis meses, contados do dia em que ele tenha pago o cheque ou do dia em que ele próprio foi acionado.

Artigo 53

A interrupção da prescrição só produz efeito em relação à pessoa para a qual a interrupção foi feita.

CAPÍTULO X
DISPOSIÇÕES GERAIS

Artigo 54

Na presente Lei a palavra *"banqueiro"* compreende também as pessoas ou instituições assimiladas por lei aos banqueiros.

Artigo 55

A apresentação e o protesto dum cheque só podem efetuar-se em dia útil.

Quando o último dia do prazo prescrito na lei para a realização dos atos relativos ao cheque, e principalmente para a sua apresentação ou estabelecimento do protesto ou dum ato equivalente, for feriado legal, esse prazo é prorrogado até ao primeiro dia útil que se seguir ao termo do mesmo. Os dias feriados intermédios são compreendidos na contagem do prazo.

Artigo 56

Os prazos previstos na presente Lei não compreendem o dia que marca o seu início.

Artigo 57

Não são admitidos dias de perdão, quer legal quer judicial.

ANEXO II

Artigo 1º

Qualquer das Altas Partes Contratantes pode prescrever que a obrigação de inserir nos cheques passados no seu território a palavra *"cheque"* prevista no artigo 1º, nº 1, da Lei Uniforme, e bem assim a obrigação, a que se refere o nº 5 do mesmo artigo, de indicar o lugar onde o cheque é passado, só se aplicarão seis meses após a entrada em vigor da presente Convenção.

Artigo 2º

Qualquer das Altas Partes Contratantes tem, pelo que respeita às obrigações contraídas em matéria de cheques no seu território, a faculdade de determinar de que maneira pode ser suprida a falta da assinatura, desde que por uma declaração autêntica escrita no cheque se possa constatar a vontade daquele que deveria ter assinado.

Artigo 3º

Por derrogação da alínea 3 do artigo 2º da Lei Uniforme qualquer das Altas Partes Contratantes tem a faculdade de prescrever que um cheque sem indicação do lugar de pagamento é considerado pagável no lugar onde foi passado.

Artigo 4º

Qualquer das Altas Partes Contratantes reserva-se a faculdade, quanto aos cheques passados e pagáveis no seu território, de decidir que os cheques sacados sobre pessoas que não sejam banqueiros ou entidades ou instituições assimiladas por lei aos banqueiros não são válidos como cheques.

Qualquer das Altas Partes Contratantes reserva-se igualmente a faculdade de inserir na sua lei nacional o artigo 3º da Lei Uniforme na forma e termos que melhor se adaptem ao uso que ela fizer das disposições da alínea precedente.

Artigo 5º

Qualquer das Altas Partes Contratantes tem a faculdade de determinar em que momento deve o sacador ter fundos disponíveis em poder do sacado.

Artigo 6º

Qualquer das Altas Partes Contratantes tem a faculdade de admitir que o sacado inscreva sobre o cheque uma menção de certificação, confirmação, visto ou outra declaração equivalente e de regular os seus efeitos jurídicos; tal menção não deve ter, porém, o efeito dum aceite.

Artigo 7º

Por derrogação dos artigos 5º e 14 da Lei Uniforme, qualquer das Altas Partes Contratantes reserva-se a faculdade de determinar, no que respeita aos cheques pagáveis no seu território que contenham a cláusula *"não transmissível"*, que eles só podem ser pagos aos portadores que os tenham recebido com essa cláusula.

Artigo 8º

Qualquer das Altas Partes Contratantes reserva-se a faculdade de decidir se, fora dos casos previstos no artigo 6º da Lei Uniforme, um cheque pode ser sacado sobre o próprio sacador.

Artigo 9º

Por derrogação do artigo 6º da Lei Uniforme, qualquer das Altas Partes Contratantes, quer admita de uma maneira geral o cheque sacado sobre o próprio sacador (artigo 8º do presente Anexo), quer o admita somente no caso de múltiplos estabelecimentos (artigo 6º da Lei Uniforme), reserva-se o direito de proibir a emissão ao portador de cheques deste gênero.

Artigo 10

Qualquer das Altas Partes Contratantes, por derrogação do artigo 8º da Lei Uniforme, reserva-se a faculdade de admitir que um cheque possa ser pago no domicílio de terceiro que não seja banqueiro.

Artigo 11

Qualquer das Altas Partes Contratantes reserva-se a faculdade de não inserir na sua lei nacional o artigo 13 da Lei Uniforme.

Artigo 12

Qualquer das Altas Partes Contratantes reserva-se a faculdade de não aplicar o artigo 21 da Lei Uniforme pelo que respeita a cheques ao portador.

Artigo 13

Por derrogação do artigo 26 da Lei Uniforme qualquer das Altas Partes Contratantes tem a faculdade de admitir a possibilidade de ser dado um aval no seu território por ato separado em que se indique o lugar onde foi feito.

Artigo 14

Qualquer das Altas Partes Contratantes reserva-se a faculdade de prolongar o prazo fixado na alínea 1 do artigo 29 da Lei Uniforme e de determinar os prazos da apresentação pelo que respeita aos territórios submetidos à sua soberania ou autoridade.

Qualquer das Altas Partes Contratantes, por derrogação da alínea 2 do artigo 29 da Lei Uniforme, reserva-se a faculdade de prolongar os prazos previstos na referida alínea para os cheques emitidos e pagáveis em diferentes partes do mundo ou em diferentes países de outra parte do mundo que não seja a Europa.

Duas ou mais das Altas Partes Contratantes têm a faculdade, pelo que respeita aos cheques passados e pagáveis nos seus respectivos territórios, de acordarem entre si uma modificação dos prazos a que se refere a alínea 2 do artigo 29 da Lei Uniforme.

Artigo 15

Para os efeitos da aplicação do artigo 31 da Lei Uniforme, qualquer das Altas Partes Contratantes tem a faculdade de determinar as instituições que, segundo a lei nacional, devam ser consideradas câmaras de compensação.

Artigo 16

Qualquer das Altas Partes Contratantes, por derrogação do artigo 32 da Lei Uniforme, reserva-se a faculdade de, no que respeita aos cheques pagáveis no seu território:

a) Admitir a revogação do cheque mesmo antes de expirado o prazo de apresentação;
b) Proibir a revogação do cheque mesmo depois de expirado o prazo de apresentação.

Qualquer das Altas Partes Contratantes tem, além disso, a faculdade de determinar as medidas a tomar em caso de perda ou roubo dum cheque e de regular os seus efeitos jurídicos.

Artigo 17

Pelo que se refere aos cheques pagáveis no seu território, qualquer das Altas Partes Contratantes tem a faculdade de sustar, se o julgar necessário em circunstâncias excepcionais relacionadas com a taxa de câmbio da moeda nacional, os efeitos da cláusula prevista no artigo 36 da Lei Uniforme, relativa ao pagamento efetivo em moeda estrangeira. A mesma regra se aplica no que respeita à emissão no Território Nacional de cheques em moedas estrangeiras.

Artigo 18

Por derrogação dos artigos 37, 38 e 39 da Lei Uniforme, qualquer das Altas Partes Contratantes reserva-se a faculdade de só admitir na sua lei nacional os cheques cruzados ou os cheques para levar em conta. Todavia, os cheques cruzados e para levar em conta emitidos no estrangeiro e pagáveis no território de uma dessas Altas Partes Contratantes serão respectivamente considerados como cheques para levar em conta e como cheques cruzados.

Artigo 19

A Lei Uniforme não abrange a questão de saber se o portador tem direitos especiais sobre a provisão e quais são as consequências desses direitos.

O mesmo sucede relativamente a qualquer outra questão que diz respeito às relações jurídicas que serviram de base à emissão do cheque.

Artigo 20

Qualquer das Altas Partes Contratantes reserva-se a faculdade de não subordinar à apresentação do cheque e ao estabelecimento do protesto ou duma declaração equivalente em tempo útil a conservação do direito de ação contra o sacador, bem como a faculdade de determinar os efeitos dessa ação.

Artigo 21

Qualquer das Altas Partes Contratantes reserva-se a faculdade de determinar, pelo que respeita aos cheques pagáveis no seu território, que a verificação da recusa de pagamento prevista nos artigos 40 e 41 da Lei Uniforme, para a conservação do direito de ação deve ser obrigatoriamente feita por meio de protesto, com exclusão de qualquer outro ato equivalente.

Qualquer das Altas Partes Contratantes tem igualmente a faculdade de determinar que as declarações previstas nos nºs 2º e 3º do artigo 40 da Lei Uniforme sejam transcritas num registro público dentro do prazo fixado para o protesto.

Artigo 22

Por derrogação do artigo 42 da Lei Uniforme, qualquer das Altas Partes Contratantes tem a faculdade de manter ou de introduzir o sistema de aviso por intermédio de um agente público, que consiste no seguinte: ao fazer o protesto, o notário ou o funcionário incumbido desse serviço, em conformidade com a lei nacional, é obrigado a dar comunicação por escrito desse protesto às pessoas obrigadas pelo cheque, cujos endereços figurem nele, ou sejam conhecidos do agente que faz o protesto, ou sejam indicados pelas pessoas que exigiram o protesto. As despesas originadas por esses avisos serão adicionadas às despesas do protesto.

Artigo 23

Qualquer das Altas Partes Contratantes tem a faculdade de determinar, quanto aos cheques passados e pagáveis no seu território, que a taxa de juro a que se refere o artigo 45, nº 2º, e o artigo 46, nº 2º, da Lei Uniforme poderá ser substituída pela taxa legal em vigor no seu território.

Artigo 24

Por derrogação do artigo 45 da Lei Uniforme, qualquer das Altas Partes Contratantes reserva-se a faculdade de inserir na lei nacional uma disposição determinando que o portador pode reclamar daquele contra o qual exerce o seu direito de ação uma comissão cuja importância será fixada pela mesma lei nacional.

Por derrogação do artigo 46 da Lei Uniforme, a mesma regra é aplicável à pessoa que, tendo pago o cheque, reclama o seu valor aos que para com ele são responsáveis.

Artigo 25

Qualquer das Altas Partes Contratantes tem liberdade de decidir que, no caso de perda de direitos ou de prescrição, no seu território subsistirá o direito de procedimento contra o sacador que não constituir provisão ou contra um sacador ou endossante que tenha feito lucros ilegítimos.

Artigo 26

A cada uma das Altas Partes Contratantes compete determinar na sua legislação nacional as causas de interrupção e de suspensão da prescrição das ações relativas a cheques que os seus tribunais são chamados a conhecer.

As outras Altas Partes Contratantes têm a faculdade de determinar as condições a que subordinarão o conhecimento de tais causas. O mesmo sucede quanto ao efeito de uma ação como meio de indicação do início do prazo de prescrição, a que se refere a alínea 2 do artigo 52 da Lei Uniforme.

Artigo 27

Qualquer das Altas Partes Contratantes tem a faculdade de determinar que certos dias úteis sejam assimilados aos dias feriados legais, pelo que respeita ao prazo de apresentação e a todos os atos relativos a cheques.

Artigo 28

Qualquer das Altas Partes Contratantes tem a faculdade de tomar medidas excepcionais de ordem geral relativas ao adiantamento do pagamento e aos prazos de tempo que dizem respeito a atos tendentes à conservação de direitos.

Artigo 29

Compete a cada uma das Altas Partes Contratantes, para os efeitos da aplicação da Lei Uniforme, determinar as pessoas que devem ser consideradas banqueiros e as entidades ou instituições que, em virtude da natureza das suas funções, devem ser assimiladas a banqueiros.

Artigo 30

Qualquer das Altas Partes Contratantes reserva-se o direito de excluir, no todo ou em parte, da aplicação da Lei Uniforme os cheques postais e os cheques especiais, quer dos Bancos emissores, quer das caixas do Tesouro, quer das instituições públicas de crédito, na medida em que os instrumentos acima mencionados estejam submetidos a uma legislação especial.

Artigo 31

Qualquer das Altas Partes Contratantes compromete-se a reconhecer as disposições adotadas por outra das Altas Partes Contratantes em virtude dos artigos 1º a 13, 14, alíneas 1 e 2, 15 e 16, 18 a 25, 27, 29 e 30 do presente Anexo.

PROTOCOLO

Ao assinar a Convenção datada de hoje, estabelecendo uma Lei Uniforme em matéria de cheques, os abaixo-assinados, devidamente autorizados, acordaram nas disposições seguintes:

A

Os membros da Sociedade das Nações e os Estados não membros que não tenham podido efetuar, antes de 1º de setembro de 1933, o depósito da ratificação da referida Convenção obrigam-se a enviar, dentro de quinze dias, a contar daquela data, uma comunicação ao secretário-geral da Sociedade das Nações, dando-lhe a conhecer a situação em que se encontram no que diz respeito à ratificação.

B

Se em 1º de novembro de 1933 não se tiverem verificado as condições previstas na alínea 1 do artigo 6º para a entrada em vigor da Convenção, o secretário-geral da Sociedade das Nações convocará uma reunião dos membros da Sociedade das Nações e Estados não membros que tenham assinado a Convenção ou a ela tenham aderido, a fim de ser examinada a situação e as medidas que devam porventura ser tomadas para a resolver.

C

As Altas Partes Contratantes comunicar-se-ão, reciprocamente, a partir da sua entrada em vigor, as disposições legislativas promulgadas nos respectivos territórios para tornar efetiva a Convenção.

Em fé do que os plenipotenciários acima mencionados assinaram o presente Protocolo.

Feito em Genebra, aos dezenove de março de mil novecentos e trinta e um, num só exemplar que será depositado nos arquivos do Secretariado da Sociedade das Nações. Será transmitida cópia autêntica a todos os membros da Sociedade das Nações e a todos os Estados não membros representados na Conferência.

CONVENÇÃO DESTINADA A REGULAR CERTOS CONFLITOS DE LEIS EM MATÉRIA DE CHEQUES E PROTOCOLO

O Presidente do Reich Alemão; o Presidente Federal da República Austríaca; Sua Majestade o Rei dos Belgas; Sua Majestade o Rei da Dinamarca e da Islândia; o Presidente da República da Polônia, pela Cidade Livre de Dantzig; o Presidente da República do Equador; Sua Majestade o Rei da Espanha; o Presidente da República da Finlândia; o Presidente da República Francesa; o Presidente da República Helênica; Sua Alteza Sereníssima o Regente do Reino da Hungria; Sua Majestade o Rei da Itália; Sua Majestade o Imperador do Japão; Sua Alteza Real a Grã-Duquesa do Luxemburgo; o Presidente dos Estados Unidos do México; Sua Alteza Sereníssima o Príncipe de Mônaco; Sua Majestade o Rei da Noruega; Sua Majestade a Rainha da Holanda; o Presidente da República da Polônia; o Presidente da República Portuguesa; Sua Majestade o Rei da Rumânia; Sua Majestade o Rei da Suécia; o Conselho Federal Suíço; o Presidente da República Tchecoslovaca; o Presidente da República Turca; Sua Majestade o Rei da Iugoslávia.

Desejando adotar disposições para regular certos conflitos de leis em matéria de cheques, designaram seus plenipotenciários.

Os quais, depois de terem apresentado os seus plenos poderes, achados em boa e devida forma, acordaram nas disposições seguintes:

Artigo 1º

As Altas Partes Contratantes obrigam-se mutuamente a aplicar para a solução dos conflitos de leis em matéria de cheques, a seguir enumerados, as disposições constantes dos artigos seguintes:

Artigo 2º

A capacidade de uma pessoa para se obrigar por virtude de um cheque é regulada pela respectiva lei nacional. Se a lei nacional declarar competente a lei de um outro país, será aplicada esta última.

A pessoa incapaz, segundo a lei indicada na alínea precedente, é contudo havida como validamente obrigada se tiver aposto a sua assinatura em território de um país segundo cuja legislação teria sido considerada capaz.

Qualquer das Altas Partes Contratantes tem a faculdade de não reconhecer como válida a obrigação contraída em matéria de cheques por um dos seus nacionais, desde que para essa obrigação ser válida no território das outras Altas Partes Contratantes seja necessária a aplicação da alínea precedente deste artigo.

Artigo 3º

A lei do país em que o cheque é pagável determina quais as pessoas sobre as quais pode ser sacado um cheque.

Se, em conformidade com esta Lei, o título não for válido como cheque por causa da pessoa sobre quem é sacado, nem por isso deixam de ser válidas as assinaturas nele apostas em outros países cujas leis não contenham tal disposição.

Artigo 4º

A forma das obrigações contraídas em matéria de cheques é regulada pela lei do país em cujo território essas obrigações tenham sido assumidas. Será, todavia, suficiente o cumprimento das formas prescritas pela lei do lugar do pagamento.

No entanto, se as obrigações contraídas por virtude de um cheque não forem válidas nos termos da alínea precedente, mas o forem em face da legislação do país em que tenha posteriormente sido contraída uma outra obrigação, o fato de as primeiras obrigações serem irregulares quanto à forma não afeta a validade da obrigação posterior.

Qualquer das Altas Partes Contratantes tem a faculdade de determinar que as obrigações contraídas no estrangeiro por um dos seus nacionais, em matéria de cheques, serão válidas no seu próprio território em relação a qualquer outro dos seus nacionais desde que tenham sido contraídas na forma estabelecida na lei nacional.

Artigo 5º

A lei do país em cujo território as obrigações emergentes do cheque forem contraídas regula os efeitos dessas obrigações.

Artigo 6º

Os prazos para o exercício do direito de ação são regulados por todos os signatários pela lei do lugar da criação do título.

Artigo 7º

A lei do país em que o cheque é pagável regula:

1º) Se o cheque é necessariamente à vista ou se pode ser sacado a um determinado prazo de vista, e também quais os efeitos de o cheque ser pós-datado;

2º) O prazo da apresentação;

3º) Se o cheque pode ser aceito, certificado, confirmado ou visado, e quais os efeitos destas menções;

4º) Se o portador pode exigir e se é obrigado a receber um pagamento parcial;

5º) Se o cheque pode ser cruzado ou conter a cláusula *"para levar em conta"*, ou outra expressão equivalente, e quais os efeitos desse cruzamento, dessa cláusula ou da expressão equivalente;

6º) Se o portador tem direitos especiais sobre a provisão e qual a natureza desses direitos;

7º) Se o sacador pode revogar o cheque ou opor-se ao seu pagamento;

8º) As medidas a tomar em caso de perda ou roubo do cheque;

9º) Se é necessário um protesto, ou uma declaração equivalente para conservar o direito de ação contra o endossante, o sacador e os outros coobrigados.

Artigo 8º

A forma e os prazos do protesto, assim como a forma dos outros atos necessários ao exercício ou à conservação dos direitos em matéria de cheques são regulados pela lei do país em cujo território se deva fazer o protesto ou praticar os referidos atos.

Artigo 9º

Qualquer das Altas Partes Contratantes reserva-se a faculdade de não aplicar os princípios de direito internacional privado consignado na presente Convenção pelo que respeita:

1º) A uma obrigação contraída fora do território de uma das Altas Partes Contratantes;

2º) A uma lei que seria aplicável em conformidade com estes princípios, mas que não seja lei em vigor no território de uma das Altas Partes Contratantes.

Artigo 10

As disposições da presente Convenção não serão aplicáveis no território de cada uma das Altas Partes Contratantes, aos cheques já emitidos à data da entrada em vigor da Convenção.

Artigo 11

A presente Convenção, cujos textos francês e inglês farão, ambos, igualmente fé, terá a data de hoje.

Poderá ser ulteriormente assinada, até 15 de julho de 1931, em nome de qualquer membro da Liga das Nações e qualquer Estado não membro.

Artigo 12

A presente Convenção será ratificada.

Os instrumentos de ratificação serão transmitidos, antes de 1º de setembro de 1933, ao secretário-geral da Liga das Nações, que notificará imediatamente do seu depósito todos os membros da Liga das Nações e os Estados não membros em nome dos quais a presente Convenção tenha sido assinada ou que a ela tenham aderido.

Artigo 13

A partir de 15 de julho de 1931 qualquer membro da Liga das Nações e qualquer Estado não membro poderá aderir à presente Convenção.

Esta adesão efetuar-se-á por meio de notificação ao secretário-geral da Liga das Nações que será depositada nos arquivos do Secretariado.

O secretário-geral notificará imediatamente desse depósito todos os Membros da Liga das Nações e os Estados não membros em nome dos quais a presente Convenção tenha sido assinada ou que a ela tenham aderido.

Artigo 14

A presente Convenção somente entrará em vigor depois de ter sido ratificada ou de a ela terem aderido sete membros da Liga das Nações ou Estados não membros, entre os quais deverão figurar três dos membros da Liga das Nações com representação permanente no Conselho.

Começará vigorar noventa dias depois de recebida pelo secretário-geral da Liga das Nações a sétima ratificação ou adesão, em conformidade com o disposto na alínea 1ª do presente artigo.

O secretário-geral da Liga das Nações, nas notificações previstas nos artigos 12 e 13, fará menção especial de terem sido recebidas as ratificações ou adesões a que se refere a alínea 1ª do presente artigo.

Artigo 15

As ratificações ou adesões após a entrada em vigor da presente Convenção em conformidade com o disposto no artigo 14 produzirão os seus efeito noventa dias depois da data da sua recepção pelo secretário-geral da Liga das Nações.

Artigo 16

A presente Convenção não poderá ser denunciada antes de decorrido um prazo de dois anos a contar da data em que ela tiver começado a vigorar para o membro da Liga das Nações ou para o Estado não membro que a denuncia; esta denúncia produzirá os seus efeitos noventa dias depois de recebida pelo secretário-geral a respectiva notificação.

Qualquer denúncia será imediatamente comunicada pelo secretário-geral da Liga das Nações, a todos os membros da Liga das Nações e aos Estados não membros em nome dos quais a presente Convenção tenha sido assinada ou que a ela tenham aderido.

A denúncia só produzirá efeito em relação ao membro da Liga das Nações ou ao Estado não membro em nome do qual ela tenha sido feita.

Artigo 17

Decorrido um prazo de quatro anos da entrada em vigor da presente Convenção, qualquer membro da Ligadas Nações ou Estado não membro ligado à Convenção poderá formular ao secretário-geral da Liga das Nações um pedido de revisão de algumas ou de todas as suas disposições.

Se este pedido, comunicado aos outros membros ou Estados não membros para os quais a Convenção estiver então em vigor, for apoiado dentro do prazo de um ano por seis, pelo menos, dentre eles, o Conselho da Liga das Nações decidirá se deve ser convocada uma Conferência para aquele fim.

Artigo 18

Qualquer das Altas Partes Contratantes poderá declarar no momento da assinatura, da ratificação ou da adesão, que ao aceitar a presente Convenção não assume nenhuma obrigação pelo que respeita, a todas ou parte das suas colônias, protetorados ou territórios sob a sua soberania ou mandato, caso em que a presente Convenção se não aplicará aos territórios mencionados nessa declaração.

Qualquer das Altas Partes Contratantes poderá, posteriormente, comunicar ao secretário-geral da Liga das Nações o seu desejo de que a presente Convenção se aplique a todos ou parte dos seus territórios que tenham sido objeto da declaração prevista na alínea precedente, e nesse caso a presente Convenção aplicar-se-á aos territórios mencionados nessa comunicação noventa dias depois de esta ter sido recebida pelo secretário-geral da Liga das Nações.

Qualquer das Altas Partes Contratantes poderá, a todo o tempo, declarar que deseja que a presente Convenção cesse de se aplicar a todas ou parte das suas colônias, protetorados ou territórios sob a sua soberania ou mandato, caso em que a Convenção deixará de se aplicar aos territórios mencionados nessa declaração um ano após esta ter sido recebida pelo secretário-geral da Liga das Nações.

Artigo 19

A presente Convenção será registrada pelo secretário-geral da Liga das Nações desde que entre em vigor.

Em fé do que os plenipotenciários acima designados assinaram a presente Convenção.

Feito em Genebra, aos dezenove de março de mil novecentos e trinta e um, num só exemplar, que será depositado nos arquivos do Secretariado da Liga das Nações. Será transmitida cópia autêntica a todos os membros da Liga das Nações e a todos os Estados não membros representados na Conferência.

PROTOCOLO

Ao assinar a Convenção datada de hoje, destinada a regular certos conflitos de leis em matéria de cheques, os abaixo-assinados, devidamente autorizados, acordaram nas disposições seguintes:

A

Os membros da Liga das Nações e os Estados não membros que não tenham podido efetuar, antes de 1º de setembro de 1933, o depósito da ratificação da referida Convenção obrigam-se a enviar, dentro de quinze dias a partir daquela data, uma comunicação ao secretário-geral da Liga das Nações, dando-lhe a conhecer a situação em que se encontram no que diz respeito à ratificação.

B

Se, em 1º de novembro de 1933, não se tiverem verificado as condições previstas na alínea 1 do artigo 14 para a entrada em vigor da Convenção, o secretário-geral da Liga das Nações convocará uma reunião dos membros da Liga das Nações e Estados não membros que tenham assinado a Convenção ou a ela tenham aderido, a fim de ser examinada a situação e as medidas que devam porventura ser tomadas para a resolver.

C

As Altas Partes Contratantes comunicar-se-ão, reciprocamente a partir da sua entrada em vigor, as disposições legislativas promulgadas nos respectivos territórios para tornar efetiva a Convenção.

Em fé do que os plenipotenciários acima designados assinaram a presente Convenção.

Feito em Genebra, aos dezenove de março de mil novecentos e trinta e um, num só exemplar, que será depositado nos arquivos do Secretariado da Liga das Nações. Será transmitida cópia autêntica a todos os membros da Liga das Nações e a todos os Estados não membros representados na Conferência.

....

▸ Seguem-se as mesmas assinaturas colocadas após o art. 11 da Convenção para adoção de uma Lei Uniforme em matéria de cheques.

DECRETO Nº 57.663, DE 24 DE JANEIRO DE 1966

Promulga as Convenções para adoção de uma Lei Uniforme em matéria de letras de câmbio e notas promissórias.

▸ Publicado no *DOU* de 31-1-1966 e retificado no *DOU* de 2-3-1966.

O Presidente da República:

Havendo o Governo brasileiro, por nota da Legação em Berna, datada de 26 de agosto de 1942, ao secretário-geral da Liga das Nações, aderido às seguintes Convenções assinadas em Genebra, a 7 de junho de 1930:

1ª) Convenção para adoção de uma Lei Uniforme sobre letras de câmbio e notas promissórias, anexos e protocolo, com reservas aos artigos 2, 3, 5, 6, 7, 9, 10, 13, 15, 16, 17, 19 e 20 do Anexo II;

2ª) Convenção destinada a regular conflitos de leis em matéria de letras de câmbio e notas promissórias, com Protocolo;

3ª) Convenção relativa ao Imposto do Selo, em matéria de letras de câmbio e de notas promissórias, com Protocolo;

Havendo as referidas Convenções entrado em vigor para o Brasil noventa dias após a data do registro pela Secretaria-Geral da Liga das Nações, isto é, a 26 de novembro de 1942;

E havendo o Congresso Nacional aprovado pelo Decreto Legislativo nº 54, de 1964, as referidas Convenções;

Decreta que as mesmas, apensas por cópia ao presente Decreto, sejam executadas e cumpridas tão inteiramente como nelas se contém, observadas as reservas feitas à Convenção relativa à Lei Uniforme sobre letras de câmbio e notas promissórias.

Brasília, 24 de janeiro de 1966;
145º da Independência e
78º da República.

H. Castello Branco

CONVENÇÃO PARA A ADOÇÃO DE UMA LEI UNIFORME SOBRE LETRAS DE CÂMBIO E NOTAS PROMISSÓRIAS

O Presidente do Reich Alemão; o Presidente Federal da República Austríaca; Sua Majestade o Rei dos Belgas; o Presidente da República dos Estados Unidos do Brasil; o Presidente da República da Colômbia; Sua Majestade o Rei da Dinamarca; o Presidente da República da Polônia pela Cidade Livre de Dantzig; o Presidente da República do Equador; Sua Majestade o Rei da Espanha; o Presidente da República da Finlândia; o Presidente da República Francesa; o Presidente da República Helênica; Sua Alteza Sereníssima o Regente do Reino da Hungria; Sua Majestade o Rei da Itália; Sua Majestade o Imperador do Japão; Sua Alteza Real a Grã-Duquesa do Luxemburgo; Sua Majestade o Rei da Noruega; Sua Majestade a Rainha da Holanda; o Presidente da República da Polônia; o Presidente da República Portuguesa; Sua Majestade o Rei da Suécia; o Conselho Federal Suíço; o Presidente da República da Tchecoslováquia; o Presidente da República da Turquia; Sua Majestade o Rei da Iugoslávia.

Desejando evitar as dificuldades originadas pela diversidade de legislação nos vários países em que as letras circulam e aumentar assim a segurança e rapidez das relações do comércio internacional;

Designaram como seus plenipotenciários:

Os quais, depois de terem apresentado os seus plenos poderes, achados em boa e devida forma, acordaram nas disposições seguintes:

Artigo 1º

As Altas Partes Contratantes obrigam-se a adotar nos territórios respectivos, quer num dos textos originais, quer nas suas línguas nacionais, a Lei Uniforme que constitui o Anexo I da presente Convenção.

Esta obrigação poderá ficar subordinada a certas reservas que deverão eventualmente ser formuladas por cada uma das Altas Partes Contratantes no momento da sua ratificação ou adesão. Estas reservas deverão ser recolhidas entre as mencionadas no Anexo II da presente Convenção.

Todavia, as reservas a que se referem os artigos 8º, 12 e 18 do citado Anexo II poderão ser feitas posteriormente à ratificação ou adesão, desde que sejam notificadas ao secretário-geral da Sociedade das Nações, o qual imediatamente comunicará o seu texto aos membros da Sociedade das Nações e aos Estados não membros em cujo nome tenha sido ratificada a presente Convenção ou que a ela tenham aderido. Essas reservas só produzirão efeitos noventa dias depois de o secretário-geral ter recebido a referida notificação.

Qualquer das Altas Partes Contratantes poderá, em caso de urgência, fazer uso, depois da ratificação ou da adesão, das reservas indicadas nos artigos 7º e 22 do referido Anexo II. Neste caso deverá comunicar essas reservas direta e imediatamente a todas as outras Altas Partes Contratantes e ao secretário-geral da Sociedade das Nações. Esta notificação produzirá os seus efeitos dois dias depois de recebida a dita comunicação pelas Altas Partes Contratantes.

Artigo 2º

A Lei Uniforme não será aplicável no território de cada uma das Altas Partes Contratantes às letras e notas promissórias já passadas à data da entrada em vigor da presente Convenção.

Artigo 3º

A presente Convenção, cujos textos francês e inglês farão, ambos, igualmente fé, terá a data de hoje.

Poderá ser ulteriormente assinada, até 6 de setembro de 1930, em nome de qualquer membro da Sociedade das Nações e de qualquer Estado não membro.

Artigo 4º

A presente Convenção será ratificada.

Os instrumentos de ratificação serão transmitidos, antes de 1º de setembro de 1932, ao secretário-geral da Sociedade das Nações, que notificará imediatamente do seu depósito todos os membros da Sociedade das Nações e os Estados não membros que sejam Partes na presente Convenção.

Artigo 5º

A partir de 6 de setembro de 1930, qualquer membro da Sociedade das Nações e qualquer Estado não membro poderá aderir à presente Convenção.

Esta adesão efetuar-se-á por meio de notificação ao secretário-geral da Sociedade das Nações, que será depositada nos arquivos do Secretariado.

O secretário-geral notificará imediatamente desse depósito todos os Estados que tenham assinado ou aderido à presente Convenção.

Artigo 6º

A presente Convenção somente entrará em vigor depois de ter sido ratificada ou de a ela terem aderido sete membros da Sociedade das Nações ou Estados não membros, entre os quais deverão figurar três dos membros da Sociedade das Nações com representação permanente no Conselho.

Começará a vigorar noventa dias depois de recebida pelo secretário-geral da Sociedade das Nações a sétima ratificação ou adesão, em conformidade com o disposto na alínea primeira do presente artigo.

O secretário-geral da Sociedade das Nações, nas notificações previstas nos artigos 4º e 5º, fará menção especial de terem sido recebidas as ratificações ou adesões a que se refere a alínea primeira do presente artigo.

Artigo 7º

As ratificações ou adesões após a entrada em vigor da presente Convenção em conformidade com o disposto no artigo 6º produzirão os seus efeitos noventa dias depois da data da sua recepção pelo secretário-geral da Sociedade das Nações.

Artigo 8º

Exceto nos casos de urgência, a presente Convenção não poderá ser denunciada antes de decorrido um prazo de dois anos a contar da data em que tiver começado a vigorar para o membro da Sociedade das Nações ou para o Estado não membro que a denuncia; esta denúncia produzirá os seus efeitos noventa dias depois de recebida pelo secretário-geral a respectiva notificação.

Qualquer denúncia será imediatamente comunicada pelo secretário-geral da Sociedade das Nações a todas as outras Altas Partes Contratantes.

Nos casos de urgência, a Alta Parte Contratante que efetuar a denúncia comunicará esse fato direta e imediatamente a todas as outras Altas Partes Contratantes, e a denúncia produzirá os seus efeitos dois dias depois de recebida a dita comunicação pelas respectivas Altas Partes Contratantes. A Alta Parte Contratante que fizer a denúncia nestas condições dará igualmente conhecimento da sua decisão ao secretário-geral da Sociedade das Nações.

Qualquer denúncia só produzirá efeitos em relação à Alta Parte Contratante em nome da qual ela tenha sido feita.

Artigo 9º

Decorrido um prazo de quatro anos da entrada em vigor da presente Convenção, qualquer membro da Sociedade das Nações ou Estado não membro ligado à Convenção poderá formular ao secretário-geral da Sociedade das Nações um pedido de revisão de algumas ou de todas as suas disposições.

Se este pedido, comunicado aos outros membros ou Estados não membros para os quais a Convenção estiver em vigor, for apoiado dentro do prazo de um ano por seis, pelo menos, dentre eles, o Conselho da Sociedade das Nações decidirá se deve ser convocada uma conferência para aquele fim.

Artigo 10

As Altas Partes Contratantes poderão declarar no momento da assinatura da ratificação ou da adesão que, aceitando a presente Convenção, não assumem nenhuma obrigação pelo que respeita a todas ou partes das suas colônias, protetorados ou territórios sob a sua soberania ou mandato, caso em que a presente Convenção se não aplicará aos territórios mencionados nessa declaração.

As Altas Partes Contratantes poderão a todo o tempo mais tarde notificar o secretário-geral da Sociedade das Nações de que desejam que a presente Convenção se aplique a todos ou parte dos territórios que tenham sido objeto da declaração prevista na alínea precedente, e nesse caso a Convenção aplicar-se-á aos territórios mencionados na comunicação noventa dias depois de esta ter sido recebida pelo secretário-geral da Sociedade das Nações.

Da mesma forma, as Altas Partes Contratantes podem, nos termos do artigo 8º, denunciar a presente Convenção para todas ou parte das suas colônias, protetorados ou territórios sob a sua soberania ou mandato.

Artigo 11

A presente Convenção será registrada pelo secretário-geral da Sociedade das Nações desde que entre em vigor. Será publicada, logo que for possível, na *"Coleção de Tratados"* da Sociedade das Nações.

Em fé do que os plenipotenciários acima designados assinaram a presente Convenção.

Feito em Genebra, aos sete de junho de mil novecentos e trinta, num só exemplar, que será depositado nos arquivos do Secretariado da Sociedade das Nações. Será transmitida cópia autêntica a todos os membros da Sociedade das Nações e a todos os Estados não membros representados na Conferência.

Alemanha: *Leo Quassowski, Dr. Albrecht, Dr. Ullmann*; Áustria: *Dr. Strobele*; Bélgica: Vte. *P. Poullert de la Vallée Poussin*; Brasil: *Deoclécio de Campos*; Colômbia: *A. J. Restrepo*; Dinamarca: *A. Helper, V. Eigtved*; Cidade Livre de Dantzig: *Sulkowski*; Equador: *Alej. Gastolú*; Espanha: *Juan Gómez Monteio*; Finlândia: *F. Gronvall*; França: *J. Percerou*; Grécia: *R. Raphael*; Hungria: *Dr. Baranyai, Zoltán*; Itália: *Amedeo Giannini*; Japão: *M. Ohno, T. Shimada*; Luxemburgo: *Ch. G. Vermaire*; Noruega: *Stub Holmboe*; Holanda: *Molengraaff*; Peru: *J. M. Barreto*; Polônia: *Sulkowski*; Portugal: *José Caieiro da Matta*; Suécia: *E. Marks von Wurtemberg, Birger Ekeberg*; Suíça: *Vischer*; Tchecoslováquia: *Prof. Dr. Karel Hermann-Otavsky*; Turquia: *Ad referendum, Mehmed Munir*; Iugoslávia: *I. Choumenkovitch*.

ANEXO I LEI UNIFORME RELATIVA ÀS LETRAS DE CÂMBIO E NOTAS PROMISSÓRIAS

TÍTULO I – DAS LETRAS

CAPÍTULO I – DA EMISSÃO E FORMA DA LETRA

Artigo 1º

A letra contém:

1. a palavra *"letra"* inserta no próprio texto do título e expressa na língua empregada para a redação desse título;
2. o mandato puro e simples de pagar uma quantia determinada;
3. o nome daquele que deve pagar (sacado);
4. a época do pagamento;
5. a indicação do lugar em que se deve efetuar o pagamento;
6. o nome da pessoa a quem ou à ordem de quem deve ser paga;
7. a indicação da data em que, e do lugar onde a letra é passada;
8. a assinatura de quem passa a letra (sacador).

Artigo 2º

O escrito em que faltar algum dos requisitos indicados no artigo anterior não produzirá efeito como letra, salvo nos casos determinados nas alíneas seguintes:

A letra em que se não indique a época do pagamento entende-se pagável à vista.

Na falta de indicação especial, o lugar designado ao lado do nome do sacado considera-se como sendo o lugar do pagamento, e, ao mesmo tempo, o lugar do domicílio do sacado.

A letra sem indicação do lugar onde foi passada considera-se como tendo-o sido no lugar designado, ao lado do nome do sacador.

Artigo 3º

A letra pode ser à ordem do próprio sacador.

Pode ser sacada sobre o próprio sacador.

Pode ser sacada por ordem e conta de terceiro.

Artigo 4º

A letra pode ser pagável no domicílio de terceiro, quer na localidade onde o sacado tem o seu domicílio, quer noutra localidade.

Artigo 5º

Numa letra pagável à vista ou a um certo termo de vista, pode o sacador estipular que a sua importância vencerá juros. Em qualquer outra espécie de letra a estipulação de juros será considerada como não escrita.

A taxa de juros deve ser indicada na letra; na falta de indicação, a cláusula de juros é considerada como não escrita.

Os juros contam-se da data da letra, se outra data não for indicada.

Artigo 6º

Se na letra a indicação da quantia a satisfazer se achar feita por extenso e em algarismos, e houver divergência entre uma e outra, prevalece a que estiver feita por extenso.

Se na letra a indicação da quantia a satisfazer se achar feita por mais de uma vez, quer por extenso, quer em algarismos, e houver divergências entre as diversas indicações, prevalecerá a que se achar feita pela quantia inferior.

Artigo 7º

Se a letra contém assinaturas de pessoas incapazes de se obrigarem por letras, assinaturas falsas, assinaturas de pessoas fictícias, ou assinaturas que por qualquer outra razão não poderiam obrigar as pessoas que assinaram a letra, ou em nome das quais ela foi assinada, as obrigações dos outros signatários nem por isso deixam de ser válidas.

Artigo 8º

Todo aquele que apuser a sua assinatura numa letra, como representante de uma pessoa, para representar a qual não tinha de fato poderes, fica obrigado em virtude da letra e, se a pagar, tem os mesmos direitos que o pretendido representado. A mesma regra se aplica ao representante que tenha excedido os seus poderes.

Artigo 9º

O sacador é garante tanto da aceitação como do pagamento de letra.

O sacador pode exonerar-se da garantia da aceitação; toda e qualquer cláusula pela qual ele se exonere da garantia do pagamento considera-se como não escrita.

Artigo 10

Se uma letra incompleta no momento de ser passada tiver sido completada contrariamente aos acordos realizados, não pode a inobservância desses acordos ser motivo de oposição ao portador, salvo se este tiver adquirido a letra de má-fé ou, adquirindo-a, tenha cometido uma falta grave.

CAPÍTULO II
DO ENDOSSO

Artigo 11

Toda letra de câmbio, mesmo que não envolva expressamente a cláusula à ordem, é transmissível por via de endosso.

Quando o sacador tiver inserido na letra as palavras *"não à ordem"*, ou uma expressão equivalente, a letra só é transmissível pela forma e com os efeitos de uma cessão ordinária de créditos.

O endosso pode ser feito mesmo a favor do sacado, aceitando ou não, do sacador, ou de qualquer outro coobrigado. Estas pessoas podem endossar novamente a letra.

Artigo 12

O endosso deve ser puro e simples. Qualquer condição a que ele seja subordinado considera-se como não escrita.

O endosso parcial é nulo.

O endosso ao portador vale como endosso em branco.

Artigo 13

O endosso deve ser escrito na letra ou numa folha ligada a esta (anexo). Deve ser assinado pelo endossante.

O endosso pode não designar o benefício, ou consistir simplesmente na assinatura do endossante (endosso em branco). Neste último caso, o endosso para ser válido deve ser escrito no verso da letra ou na folha anexa.

Artigo 14

O endosso transmite todos os direitos emergentes da letra.

Se o endosso for em branco, o portador pode:

1º) preencher o espaço em branco, quer com o seu nome, quer com o nome de outra pessoa;

2º) endossar de novo a letra em branco ou a favor de outra pessoa;

3º) remeter a letra a um terceiro, sem preencher o espaço em branco e sem a endossar.

Artigo 15

O endossante, salvo cláusula em contrário, é garante tanto da aceitação como do pagamento da letra.

O endossante pode proibir um novo endosso, e, neste caso, não garante o pagamento às pessoas a quem a letra for posteriormente endossada.

Artigo 16

O detentor de uma letra é considerado portador legítimo se justifica o seu direito por uma série ininterrupta de endossos, mesmo se o último for em branco. Os endossos riscados consideram-se, para este efeito, como não escritos. Quando um endosso em branco é seguido de um outro endosso, presume-se que o signatário deste adquiriu a letra pelo endosso em branco.

Se uma pessoa foi por qualquer maneira desapossada de uma letra, o portador dela, desde que justifique o seu direito pela maneira indicada na alínea precedente, não é obrigado a restituí-la, salvo se a adquiriu de má-fé ou se, adquirindo-a, cometeu uma falta grave.

Artigo 17

As pessoas acionadas em virtude de uma letra não podem opor ao portador exceções fundadas sobre as relações pessoais delas com o sacador ou com os portadores anteriores, a menos que o portador ao adquirir a letra tenha procedido conscientemente em detrimento do devedor.

Artigo 18

Quando o endosso contém a menção "valor a cobrar" (*valeur en recouvrement*), "para cobrança" (*pour encaissement*), *"por procuração"* (*par procuration*), ou qualquer outra menção que implique um simples mandato, o portador pode exercer todos os direitos emergentes da letra, mas só pode endossá-la na qualidade de procurador.

Os coobrigados, neste caso, só podem invocar contra o portador as exceções que eram oponíveis ao endossante.

O mandato que resulta de um endosso por procuração não se extingue por morte ou sobrevinda incapacidade legal do mandatário.

▸ Súm. nº 476 do STJ.

Artigo 19

Quando o endosso contém a menção *"valor em garantia"*, *"valor em penhor"* ou qualquer outra menção que implique uma caução, o portador pode exercer todos os direitos emergentes da letra, mas um endosso feito por ele só vale como endosso a título de procuração.

Os coobrigados não podem invocar contra o portador as exceções fundadas sobre as relações pessoais deles com o endossante, a menos que o portador, ao receber a letra, tenha procedido conscientemente em detrimento do devedor.

Artigo 20

O endosso posterior ao vencimento tem os mesmos efeitos que o endosso anterior. Todavia, o endosso posterior ao protesto por falta de pagamento, ou feito depois de expirado o prazo fixado para se fazer o protesto, produz apenas os efeitos de uma cessão ordinária de créditos.

Salvo prova em contrário, presume-se que um endosso sem data foi feito antes de expirado o prazo fixado para se fazer o protesto.

CAPÍTULO III
DO ACEITE

Artigo 21

A letra pode ser apresentada, até o vencimento, ao aceite do sacado, no seu domicílio, pelo portador ou até por um simples detentor.

Artigo 22

O sacador pode, em qualquer letra, estipular que ela será apresentada ao aceite, com ou sem fixação de prazo.

Pode proibir na própria letra a sua apresentação ao aceite, salvo se se tratar de uma letra pagável em domicílio de terceiro, ou de uma letra pagável em localidade diferente da do domicílio do sacado, ou de uma letra sacada a certo termo de vista.

O sacador pode também estipular que a apresentação ao aceite não poderá efetuar-se antes de determinada data.

Todo endossante pode estipular que a letra deve ser apresentada ao aceite, com ou sem fixação de prazo, salvo se ela tiver sido declarada não aceitável pelo sacador.

Artigo 23

As letras a certo termo de vista devem ser apresentadas ao aceite dentro do prazo de um ano das suas datas.

O sacador pode reduzir este prazo ou estipular um prazo maior.

Esses prazos podem ser reduzidos pelos endossantes.

Artigo 24

O sacado pode pedir que a letra lhe seja apresentada uma segunda vez no dia seguinte ao da primeira apresentação. Os interessados somente podem ser admitidos a pretender que não foi dada satisfação a este pedido no caso de ele figurar no protesto.

O portador não é obrigado a deixar nas mãos do aceitante a letra apresentada ao aceite.

Artigo 25

O aceite é escrito na própria letra. Exprime-se pela palavra "aceite" ou qualquer outra palavra equivalente; o aceite é assinado pelo sacado. Vale como aceite a simples assinatura do sacado aposta na parte anterior da letra.

Quando se trate de uma letra pagável a certo termo de vista, ou que deva ser apresentada ao aceite dentro de um prazo determinado por estipulação especial, o aceite deve ser datado do dia em que foi dado, salvo se o portador exigir que a data seja a da apresentação. À falta de data, o portador, para conservar os seus direitos de recurso contra os endossantes e contra o sacador, deve fazer constar essa omissão por um protesto, feito em tempo útil.

Artigo 26

O aceite é puro e simples, mas o sacado pode limitá-lo a uma parte da importância sacada.

Qualquer outra modificação introduzida pelo aceite no enunciado da letra equivale a uma recusa de aceite. O aceitante fica, todavia, obrigado nos termos do seu aceite.

Artigo 27

Quando o sacador tiver indicado na letra um lugar de pagamento diverso do domicílio do sacado, sem designar um terceiro em cujo domicílio o pagamento se deva efetuar, o sacado pode designar no ato do aceite a pessoa que deve pagar a letra. Na falta dessa indicação, considera-se que o aceitante se obriga, ele próprio, a efetuar o pagamento no lugar indicado na letra.

Se a letra é pagável no domicílio do sacado, este pode, no ato do aceite, indicar, para ser efetuado o pagamento, um outro domicílio no mesmo lugar.

Artigo 28

O sacado obriga-se pelo aceite pagar a letra à data do vencimento.

Na falta de pagamento, o portador, mesmo no caso de ser ele o sacador, tem contra o aceitante um direito de ação resultante da letra, em relação a tudo que pode ser exigido nos termos dos artigos 48 e 49.

Artigo 29

Se o sacado, antes da restituição da letra, riscar o aceite que tiver dado, tal aceite é considerado como recusado. Salvo prova em contrário, a anulação do aceite considera-se feita antes da restituição da letra.

Se, porém, o sacado tiver informado por escrito o portador ou qualquer outro signatário da letra de que aceita, fica obrigado para com estes, nos termos do seu aceite.

CAPÍTULO IV
DO AVAL

Artigo 30

O pagamento de uma letra pode ser no todo ou em parte garantido por aval.

Esta garantia é dada por um terceiro ou mesmo por um signatário da letra.

Artigo 31

O aval é escrito na própria letra ou numa folha anexa.

Exprime-se pelas palavras "bom para aval" ou por qualquer fórmula equivalente; e assinado pelo dador do aval.

O aval considera-se como resultante da simples assinatura do dador aposta na face anterior da letra, salvo se se trata das assinaturas do sacado ou do sacador.

O aval deve indicar a pessoa por quem se dá. Na falta de indicação, entender-se-á pelo sacador.

Artigo 32

O dador de aval é responsável da mesma maneira que a pessoa por ele afiançada.

A sua obrigação mantém-se, mesmo no caso de a obrigação que ele garantiu ser nula por qualquer razão que não seja um vício de forma.

Se o dador de aval paga a letra, fica sub-rogado nos direitos emergentes da letra contra a pessoa a favor de quem foi dado o aval e contra os obrigados para com esta em virtude da letra.

CAPÍTULO V
DO VENCIMENTO

Artigo 33

Uma letra pode ser sacada:

à vista;

a um certo termo de vista;

a um certo termo de data;

pagável num dia fixado.

As letras, quer com vencimentos diferentes, quer com vencimentos sucessivos, são nulas.

Artigo 34

A letra à vista é pagável à apresentação. Deve ser apresentada a pagamento dentro do prazo de um ano, a contar da sua data. O sacador pode reduzir este prazo ou estipular um outro mais longo. Estes prazos podem ser encurtados pelos endossantes.

O sacador pode estipular que uma letra pagável à vista não deverá ser apresentada a pagamento antes de uma certa data. Nesse caso, o prazo para a apresentação conta-se dessa data.

Artigo 35

O vencimento de uma letra a certo termo de vista determina-se, quer pela data do aceite, quer pela do protesto. Na falta de protesto, o aceite não datado entende-se, no que respeita ao aceitante, como tendo sido dado no último dia do prazo para a apresentação ao aceite.

Artigo 36

O vencimento de uma letra sacada a um ou mais meses de data ou de vista será na data correspondente do mês em que o pagamento se deve efetuar. Na falta de data correspondente, o vencimento será no último dia desse mês.

Quando a letra é sacada a um ou mais meses e meio de data ou de vista, contam-se primeiro os meses inteiros.

Se o vencimento for fixado para o princípio, meado ou fim do mês, entende-se que a letra será vencível no primeiro, no dia quinze, ou no último dia desse mês.

As expressões "oito dias" ou "quinze dias" entendem-se não como uma ou duas semanas, mas como um prazo de oito ou quinze dias efetivos.

A expressão "meio mês" indica um prazo de quinze dias.

Artigo 37

Quando uma letra é pagável num dia fixo num lugar em que o calendário é diferente do do lugar de emissão, a data do vencimento é considerada como fixada segundo o calendário do lugar de pagamento.

Quando uma letra sacada entre duas praças que em calendários diferentes é pagável a certo termo de vista, o dia da emissão é referido ao dia correspondente do calendário do lugar de pagamento, para o efeito da determinação da data do vencimento.

Os prazos de apresentação das letras são calculados segundo as regras da alínea precedente.

Estas regras não se aplicam se uma cláusula da letra, ou até o simples enunciado do título, indicar que houve intenção de adotar regras diferentes.

CAPÍTULO VI
DO PAGAMENTO

Artigo 38

O portador de uma letra pagável em dia fixo ou a certo termo de data ou de vista deve apresentá-la a pagamento no dia em que ela é pagável ou num dos dois dias úteis seguintes.

A apresentação da letra a uma câmara de compensação equivale a apresentação a pagamento.

Artigo 39

O sacado que paga uma letra pode exigir que ela lhe seja entregue com a respectiva quitação.

O portador não pode recusar qualquer pagamento parcial.

No caso de pagamento parcial, o sacado pode exigir que desse pagamento se faça menção na letra e que dele lhe seja dada quitação.

Artigo 40

O portador de uma letra não pode ser obrigado a receber o pagamento dela antes do vencimento.

O sacado que paga uma letra antes do vencimento fá-lo sob sua responsabilidade.

Aquele que paga uma letra no vencimento fica validamente desobrigado, salvo se da sua parte tiver havido fraude ou falta grave. É obrigado a verificar a regularidade da sucessão dos endossos mas não a assinatura dos endossantes.

Artigo 41

Se numa letra se estipular o pagamento em moeda que não tenha curso legal no lugar do pagamento, pode a sua importância ser paga na moeda do país, segundo o seu valor no dia do vencimento. Se o devedor está em atraso, o portador pode, à sua escolha, pedir que o pagamento da importância da letra seja feito na moeda do país ao câmbio do dia do vencimento ou ao câmbio do dia do pagamento.

A determinação do valor da moeda estrangeira será feita segundo os usos do lugar de pagamento. O sacador pode, todavia, estipular que a soma a pagar seja calculada segundo um câmbio fixado na letra.

As regras acima indicadas não se aplicam ao caso em que o sacador tenha estipulado que o pagamento deverá ser efetuado numa certa moeda especificada (cláusula de pagamento efetivo numa moeda estrangeira).

Se a importância da letra for indicada numa moeda que tenha a mesma denominação mas o valor diferente no país de emissão e no de pagamento, presume-se que se fez referência à moeda do lugar de pagamento.

Artigo 42

Se a letra não for apresentada a pagamento dentro do prazo fixado no artigo 38, qualquer devedor tem a faculdade de depositar a sua importância junto da autoridade competente à custa do portador e sob a responsabilidade deste.

CAPÍTULO VII
DA AÇÃO POR FALTA DE ACEITE E FALTA DE PAGAMENTO

Artigo 43

O portador de uma letra pode exercer os seus direitos de ação contra os endossantes, sacador e outros coobrigados:

no vencimento;

se o pagamento não foi efetuado;

mesmo antes do vencimento:

1º) se houve recusa total ou parcial de aceite;

2º) nos casos de falência do sacado, quer ele tenha aceite, quer não, de suspensão de pagamentos do mesmo, ainda que não constatada por sentença, ou de ter sido promovida, sem resultado, execução dos seus bens;

3º) nos casos de falência do sacador de uma letra não aceitável.

Artigo 44

A recusa de aceite ou de pagamento deve ser comprovada por um ato formal (protesto por falta de aceite ou falta de pagamento).

O protesto por falta de aceite deve ser feito nos prazos fixados para a apresentação ao aceite. Se, no caso previsto na alínea 1ª do artigo 24, a primeira apresentação da letra tiver sido feita no último dia do prazo, pode fazer-se ainda o protesto no dia seguinte.

O protesto por falta de pagamento de uma letra pagável em dia fixo ou a certo termo de data ou de vista deve ser feito num dos dois dias úteis seguintes àquele em que a letra é pagável. Se se trata de uma letra pagável à vista, o protesto deve ser feito nas condições indicadas na alínea precedente para o protesto por falta de aceite.

O protesto por falta de aceite dispensa a apresentação a pagamento e o protesto por falta de pagamento.

No caso de suspensão de pagamentos do sacado, quer seja aceitante, quer não, ou no caso de lhe ter sido promovida, sem resultado, execução dos bens, o portador da letra só pode exercer o seu direito de ação após a apresentação da mesma ao sacado para pagamento e depois de feito o protesto.

No caso de falência declarada do sacado, quer seja aceitante, quer não, bem como no caso de falência declarada do sacador de uma letra não aceitável, a apresentação da sentença de declaração de falência é suficiente para que o portador da letra possa exercer o seu direito de ação.

▸ Súm. nº 27 do STJ.

Artigo 45

O portador deve avisar da falta de aceite ou de pagamento o seu endossante e o sacador dentro dos quatro dias úteis que se seguirem ao dia do protesto ou da apresentação, no caso de a letra conter a cláusula *"sem despesas"*. Cada um dos endossantes deve, por sua vez, dentro dos dois dias úteis que se seguirem ao da recepção do aviso, informar o seu endossante do aviso que recebeu, indicando os nomes e endereços dos que enviaram os avisos precedentes, e assim sucessivamente até se chegar ao sacador. Os prazos acima indicados contam-se a partir da recepção do aviso precedente.

Quando, em conformidade com o disposto na alínea anterior, se avisou um signatário da letra, deve avisar-se também o seu avalista dentro do mesmo prazo de tempo.

No caso de um endossante não ter indicado o seu endereço, ou de o ter feito de maneira ilegível, basta que o aviso seja enviado ao endossante que o precede.

A pessoa que tenha de enviar um aviso pode fazê-lo por qualquer forma, mesmo pela simples devolução da letra.

Essa pessoa deverá provar que o aviso foi enviado dentro do prazo prescrito. O prazo considerar-se-á como tendo sido observado desde que a carta contendo o aviso tenha sido posta no Correio dentro dele.

A pessoa que não der o aviso dentro do prazo acima indicado não perde os seus direitos; será responsável pelo prejuízo, se o houver, motivado pela sua negligência, sem que a responsabilidade possa exceder a importância da letra.

Artigo 46

O sacador, um endossante ou um avalista pode, pela cláusula *"sem despesas"*, *"sem protesto"*, ou outra cláusula equivalente, dispensar o portador de fazer um protesto por falta de aceite ou falta de pagamento, para poder exercer os seus direitos de ação.

Essa cláusula não dispensa o portador da apresentação da letra dentro do prazo prescrito nem tampouco dos avisos a dar. A prova da inobservância do prazo incumbe àquele que dela se prevaleça contra o portador.

Se a cláusula foi escrita pelo sacador produz os seus efeitos em relação a todos os signatários da letra; se for inserida por um endossante ou por avalista, só produz efeito em relação a esse endossante ou avalista. Se, apesar da cláusula escrita pelo sacador, o portador faz o protesto, as respectivas despesas serão de conta dele. Quando a cláusula emanar de um endossante ou de um avalista, as despesas do protesto, se for feito, podem ser cobradas de todos os signatários da letra.

Artigo 47

Os sacadores, aceitantes, endossantes ou avalistas de uma letra são todos solidariamente responsáveis para com o portador.

O portador tem o direito de acionar todas estas pessoas individualmente, sem estar adstrito a observar a ordem por que elas se obrigaram.

O mesmo direito possui qualquer dos signatários de uma letra quando a tenha pago.

A ação intentada contra um dos coobrigados não impede acionar os outros, mesmo os posteriores àquele que foi acionado em primeiro lugar.

Artigo 48

O portador pode reclamar daquele contra quem exerce o seu direito de ação:

1º) o pagamento da letra não aceita, não paga, com juros se assim foi estipulado;
2º) os juros à taxa de seis por cento desde a data do vencimento;
3º) as despesas do protesto, as dos avisos dados e as outras despesas.

Se a ação for interposta antes do vencimento da letra, a sua importância será reduzida de um desconto. Esse desconto será calculado de acordo com a taxa oficial de desconto (taxa de Banco) em vigor no lugar do domicílio do portador à data da ação.

Artigo 49

A pessoa que pagou uma letra pode reclamar dos seus garantes:

1º) a soma integral que pagou;
2º) os juros da dita soma, calculados à taxa de seis por cento, desde a data em que a pagou;
3º) as despesas que tiver feito.

Artigo 50

Qualquer dos coobrigados, contra o qual se intentou ou pode ser intentada uma ação, pode exigir, desde que pague a letra, que ela lhe seja entregue com o protesto e um recibo.

Qualquer dos endossantes que tenha pago uma letra pode riscar o seu endosso e os dos endossantes subsequentes.

Artigo 51

No caso de ação intentada depois de um aceite parcial, a pessoa que pagar a importância pela qual a letra não foi aceita pode exigir que esse pagamento seja mencionado na letra e que dele lhe seja dada quitação. O portador deve, além disso, entregar a essa pessoa uma cópia autêntica da letra e o protesto, de maneira a permitir o exercício de ulteriores direitos de ação.

Artigo 52

Qualquer pessoa que goze do direito de ação pode, salvo estipulação em contrário, embolsar-se por meio de uma nova letra (ressaque) à vista, sacada sobre um dos coobrigados e pagável no domicílio deste.

O ressaque inclui, além das importâncias indicadas nos artigos 48 e 49, um direito de corretagem e a importância do selo do ressaque.

Se o ressaque é sacado pelo portador, a sua importância é fixada segundo a taxa para uma letra à vista, sacada do lugar onde a primitiva letra era pagável sobre o lugar do domicílio do coobrigado. Se o ressaque é sacado por um endossante a sua importância é fixada segundo a taxa para uma letra à vista, sacada do lugar onde o sacador do ressaque tem o seu domicílio sobre o lugar do domicílio do coobrigado.

Artigo 53

Depois de expirados os prazos fixados:

– para a apresentação de uma letra à vista ou a certo termo de vista;
– para se fazer o protesto por falta de aceite ou por falta de pagamento;
– para a apresentação a pagamento no caso de cláusula *"sem despesas"*.

O portador perdeu os seus direitos de ação contra os endossantes, contra o sacador e contra os outros coobrigados, à exceção do aceitante.

Na falta de apresentação ao aceite no prazo estipulado pelo sacador, o portador perdeu os seus direitos de ação, tanto por falta de pagamento como por falta de aceite, a não ser que dos termos da estipulação se conclua que o sacador apenas teve em vista exonerar-se da garantia do aceite.

Se a estipulação de um prazo para a apresentação constar de um endosso, somente aproveita ao respectivo endossante.

Artigo 54

Quando a apresentação da letra ou o seu protesto não puder fazer-se dentro dos prazos indicados por motivo insuperável (prescrição legal declarada por um Estado qualquer ou outro caso de força maior), esses prazos serão prorrogados.

O portador deverá avisar imediatamente o seu endossante do caso de força maior e fazer menção desse aviso, datada e assinada, na letra ou numa folha anexa; para os demais são aplicáveis as disposições do artigo 45.

Desde que tenha cessado o caso de força maior, o portador deve apresentar sem demora a letra ao aceite ou a pagamento, e, caso haja motivo para tal, fazer o protesto.

Se o caso de força maior se prolongar além de trinta dias a contar da data do vencimento, podem promover-se ações sem que haja necessidade de apresentação ou protesto.

Para as letras à vista ou a certo termo de vista, o prazo de trinta dias conta-se da data em que o portador, mesmo antes de expirado o prazo para a apresentação, deu o aviso do caso de força maior ao seu endossante; para as letras a certo termo de vista, o prazo de trinta dias fica acrescido do prazo de vista indicado na letra.

Não são considerados casos de força maior os fatos que sejam de interesse puramente pessoal do portador ou da pessoa por ele encarregada da apresentação da letra ou de fazer o protesto.

CAPÍTULO VIII
DA INTERVENÇÃO

1 – Disposições Gerais

Artigo 55

O sacador, um endossante ou um avalista, podem indicar uma pessoa para em caso de necessidade aceitar ou pagar.

A letra pode, nas condições a seguir indicadas, ser aceita ou paga por uma pessoa que intervenha por um devedor qualquer contra quem existe direito de ação.

O interveniente pode ser um terceiro, ou mesmo o sacado, ou uma pessoa já obrigada em virtude da letra, exceto o aceitante.

O interveniente é obrigado a participar, no prazo de dois dias úteis, a sua intervenção à pessoa por quem interveio. Em caso de inobservância deste prazo, o interveniente é responsável pelo prejuízo, se o houver, resultante da sua negligência, sem que as perdas e danos possam exceder a importância da letra.

2 – Aceite por Intervenção

Artigo 56

O aceite por intervenção pode realizar-se em todos os casos em que o portador de uma letra aceitável tem direito de ação antes do vencimento.

Quando na letra se indica uma pessoa para em caso de necessidade a aceitar ou a pagar no lugar do pagamento, o portador não pode exercer o seu direito de ação antes do vencimento contra aquele que indicou essa pessoa e contra os signatários subsequentes a não ser que tenha apresentado a letra à pessoa designada e que, tendo esta recusado o aceite, se tenha feito o protesto.

Nos outros casos de intervenção, o portador pode recusar o aceite por intervenção. Se, porém, o admitir, perde o direito de ação antes do vencimento contra aquele por quem a aceitação foi dada e contra os signatários subsequentes.

Artigo 57

O aceite por intervenção será mencionado na letra e assinado pelo interveniente. Deverá indicar por honra de quem se fez a intervenção; na falta desta indicação, presume-se que interveio pelo sacador.

Artigo 58

O aceitante por intervenção fica obrigado para com o portador e para com os endossantes posteriores àquele por honra de quem interveio da mesma forma que este.

Não obstante o aceite por intervenção, aquele por honra de quem ele foi feito e os seus garantes podem exigir do portador, contra o pagamento da importância indicada, no artigo 48, a entrega da letra, do instrumento do protesto e, havendo lugar, de uma conta com a respectiva quitação.

3 – Pagamento por Intervenção

Artigo 59

O pagamento por intervenção pode realizar-se em todos os casos em que o portador de uma letra tem direito de ação à data do vencimento ou antes dessa data.

O pagamento deve abranger a totalidade da importância que teria a pagar àquele por honra de quem a intervenção se realizou.

O pagamento deve ser feito o mais tardar no dia seguinte ao último em que é permitido fazer o protesto por falta de pagamento.

Artigo 60

Se a letra foi aceita por intervenientes tendo o seu domicílio no lugar do pagamento, ou se foram indicadas pessoas tendo o seu domicílio no mesmo lugar para, em caso de necessidade, pagarem a letra, o portador deve apresentá-la a todas essas pessoas e, se houver lugar, fazer o protesto por falta de pagamento o mais tardar no dia seguinte e ao último em que era permitido fazer o protesto.

Na falta de protesto dentro deste prazo, aquele que tiver indicado pessoas para pagarem em caso de necessidade, ou por conta de quem a letra tiver sido aceita, bem como os endossantes posteriores, ficam desonerados.

Artigo 61

O portador que recusar o pagamento por intervenção perde o seu direito de ação contra aqueles que teriam ficado desonerados.

Artigo 62

O pagamento por intervenção deve ficar constatado por um recibo passado na letra, contendo a indicação da pessoa por honra de quem foi feito. Na falta desta indicação presume-se que o pa gamento foi feito por honra do sacador.

A letra e o instrumento do protesto, se o houve, devem ser entregues à pessoa que pagou por intervenção.

Artigo 63

O que paga por intervenção fica sub-rogado nos direitos emergentes da letra contra aquele por honra de quem pagou e contra os que são obrigados para com este em virtude da letra. Não pode, todavia, endossar de novo a letra.

Os endossantes posteriores ao signatário por honra de quem foi feito o pagamento ficam desonerados.

Quando se apresentarem várias pessoas para pagar uma letra por intervenção, será preferida aquela que desonerar maior número de obrigados. Aquele que, com conhecimento de causa, intervir contrariamente a esta regra, perde os seus direitos de ação contra os que teriam sido desonerados.

CAPÍTULO IX
DA PLURALIDADE DE EXEMPLARES E DAS CÓPIAS

1 – Pluralidade de Exemplares

Artigo 64

A letra pode ser sacada por várias vias.

Essas vias devem ser numeradas no próprio texto, na falta do que, cada via será considerada como uma letra distinta.

O portador de uma letra que não contenha a indicação de ter sido sacada numa única via pode exigir à sua custa a entrega de várias vias. Para este efeito o portador deve dirigir-se ao seu endossante imediato, para que este o auxilie a proceder contra o seu próprio endossante e assim sucessivamente até se chegar ao sacador. Os endossantes são obrigados a reproduzir os endossos nas novas vias.

Artigo 65

O pagamento de uma das vias é liberatório, mesmo que não esteja estipulado que esse pagamento anula o efeito das outras. O sacado fica, porém, responsável por cada uma das vias que tenham o seu aceite e lhe não hajam sido restituídas.

O endossante que transferiu vias da mesma letra a várias pessoas e os endossantes subsequentes são responsáveis por todas as vias que contenham as suas assinaturas e que não hajam sido restituídas.

Artigo 66

Aquele que enviar ao aceite uma das vias da letra deve indicar nas outras o nome da pessoa em cujas mãos aquela se encontra. Essa pessoa é obrigada a entregar essa via ao portador legítimo doutro exemplar.

Se se recusar a fazê-lo, o portador só pode exercer seu direito de ação depois de ter feito constatar por um protesto:

1º) que a via enviada ao aceite lhe não foi restituída a seu pedido;

2º) que não foi possível conseguir o aceite ou o pagamento de uma outra via.

2 – Cópias

Artigo 67

O portador de uma letra tem o direito de tirar cópias dela.

A cópia deve reproduzir exatamente o original, com os endossos e todas as outras menções que nela figurem. Deve mencionar onde acaba a cópia.

A cópia pode ser endossada e avalizada da mesma maneira e produzindo os mesmos efeitos que o original.

Artigo 68

A cópia deve indicar a pessoa em cuja posse se encontra o título original. Esta é obrigada a remeter o dito título ao portador legítimo da cópia.

Se se recusar a fazê-lo, o portador só pode exercer o seu direito de ação contra as pessoas que tenham endossado ou avalizado a cópia, depois de ter feito constatar por um protesto que o original lhe não foi entregue a seu pedido.

Se o título original, em seguida ao último endosso feito antes de tirada a cópia, contiver a cláusula *"daqui em diante só é válido o endosso na cópia"* ou qualquer outra fórmula equivalente, é nulo qualquer endosso assinado ulteriormente no original.

CAPÍTULO X
DAS ALTERAÇÕES

Artigo 69

No caso de alteração do texto de uma letra, os signatários posteriores a essa alteração ficam obrigados nos termos do texto alterado; os signatários anteriores são obrigados nos termos do texto original.

CAPÍTULO XI
DA PRESCRIÇÃO

Artigo 70

Todas as ações contra o aceitante relativas a letras prescrevem em três anos a contar do seu vencimento.

As ações do portador contra os endossantes e contra o sacador prescrevem num ano, a contar da data do protesto feito em tempo útil, ou da data do vencimento, se se trata de letra que contenha cláusula "sem despesas".

As ações dos endossantes uns contra os outros e contra o sacador prescrevem em seis meses a contar do dia em que o endossante pagou a letra ou em que ele próprio foi acionado.

Artigo 71

A interrupção da prescrição só produz efeito em relação à pessoa para quem a interrupção foi feita.

CAPÍTULO XII – DISPOSIÇÕES GERAIS

Artigo 72

O pagamento de uma letra cujo vencimento recai em dia feriado legal só pode ser exigido no primeiro dia útil seguinte. Da mesma maneira, todos os atos relativos a letras, especialmente a apresentação ao aceite e o protesto, somente podem ser feitos em dia útil.

Quando um desses atos tem de ser realizado num determinado prazo, e o último dia desse prazo é feriado legal, fica o dito prazo prorrogado até ao primeiro dia útil que se seguir ao seu termo.

Artigo 73

Os prazos legais ou convencionais não compreendem o dia que marca o seu início.

Artigo 74

Não são admitidos dias de perdão quer legal, quer judicial.

TÍTULO II – DA NOTA PROMISSÓRIA

Artigo 75

A nota promissória contém:

1. denominação "*nota promissória*" inserta no próprio texto do título e expressa na língua empregada para a redação desse título;
2. a promessa pura e simples de pagar uma quantia determinada;
3. a época do pagamento;
4. a indicação do lugar em que se efetuar o pagamento;
5. o nome da pessoa a quem ou à ordem de quem deve ser paga;
6. a indicação da data em que e do lugar onde a nota promissória é passada;
7. a assinatura de quem passa a nota promissória (subscritor).

Artigo 76

O título em que faltar algum dos requisitos indicados no artigo anterior não produzirá efeito como nota promissória, salvo nos casos determinados das alíneas seguintes.

A nota promissória em que se não indique a época do pagamento será considerada à vista.

Na falta de indicação especial, o lugar onde o título foi passado considera-se como sendo o lugar do pagamento e, ao mesmo tempo, o lugar do domicílio do subscritor da nota promissória.

A nota promissória que não contenha indicação do lugar onde foi passada considera-se como tendo-o sido no lugar designado ao lado do nome do subscritor.

Artigo 77

São aplicáveis às notas promissórias, na parte em que não sejam contrárias à natureza deste título, as disposições relativas às letras e concernentes:

Endosso (artigos 11 a 20);

Vencimento (artigos 33 a 37);

Pagamento (artigos 38 a 42);

Direito de ação por falta de pagamento (artigos 43 a 50 e 52 a 54);

Pagamento por intervenção (artigos 55 e 59 a 63);

Cópias (artigos 67 e 68);

Alterações (artigo 69);

Prescrição (artigos 70 e 71);

Dias feriados, contagem de prazos e interdição de dias de perdão (artigos 72 a 74).

São igualmente aplicáveis às notas promissórias as disposições relativas às letras pagáveis no domicílio de terceiro ou numa localidade diversa da do domicílio do sacado (artigos 4º e 27), a estipulação de juros (artigo 5º), as divergências das indicações da quantia a pagar (artigo 6º), as consequências da aposição de uma assinatura nas condições indicadas no artigo 7º, as da assinatura de uma pessoa que age sem poderes ou excedendo os seus poderes (artigo 8º) e a letra em branco (artigo 10).

São também aplicáveis às notas promissórias as disposições relativas ao aval (artigos 30 a 32); no caso previsto na última alínea do artigo 31, se o aval não indicar a pessoa por quem é dado, entender-se-á ser pelo subscritor da nota promissória.

Artigo 78

O subscritor de uma nota promissória é responsável da mesma forma que o aceitante de uma letra.

As notas promissórias pagáveis a certo termo de vista devem ser presentes ao visto dos subscritores nos prazos fixados no artigo 23. O termo de vista conta-se da data do visto dado pelo subscritor. A recusa do subscritor a dar o seu visto é comprovada por um protesto (artigo 25), cuja data serve de início ao termo de vista.

ANEXO II

Artigo 1º

Qualquer das Altas Partes Contratantes pode prescrever que a obrigação de inserir nas letras passadas no seu território a palavra "letra", prevista no artigo 1º, nº 1, da Lei Uniforme, só se aplicará seis meses após a entrada em vigor da presente Convenção.

Artigo 2º

Qualquer das Altas Partes Contratantes tem, pelo que respeita às obrigações contraídas em matéria de letras no seu território, a faculdade de determinar de que maneira pode ser suprida a falta de assinatura, desde que por uma declaração autêntica escrita na letra se possa constatar a vontade daquele que deveria ter assinado.

Artigo 3º

Qualquer das Altas Partes Contratantes reserva-se a faculdade de não inserir o artigo 10 da Lei Uniforme na sua lei nacional.

Artigo 4º

Por derrogação da alínea primeira do artigo 31 da Lei Uniforme, qualquer das Altas Partes Contratantes tem a faculdade de admitir a possibilidade de ser dado um aval no seu território por ato separado em que se indique o lugar onde foi feito.

Artigo 5º

Qualquer das Altas Partes Contratantes pode completar o artigo 38 da Lei Uniforme dispondo que, em relação às letras pagáveis no seu território, o portador deverá fazer a apresentação no próprio dia do vencimento; a inobservância desta obrigação só acarreta responsabilidade por perdas e danos.

As outras Altas Partes Contratantes terão a faculdade de fixar as condições em que reconhecerão uma tal obrigação.

Artigo 6º

A cada uma das Altas Partes Contratantes incumbe determinar, para os efeitos da aplicação da última alínea do artigo 38, quais as instituições que, segundo a lei nacional, devam ser consideradas câmaras de compensação.

Artigo 7º

Pelo que se refere às letras pagáveis no seu território, qualquer das Altas Partes Contratantes tem a faculdade de sustar, se o julgar necessário, em circunstâncias excepcionais relacionadas com a taxa de câmbio da moeda nacional, os efeitos da cláusula prevista no artigo 41 relativa ao pagamento efetivo em moeda estrangeira. A mesma regra se aplica no que respeita à emissão no território nacional de letras em moedas estrangeiras.

Artigo 8º

Qualquer das Altas Partes Contratantes tem a faculdade de determinar que os protestos a fazer no seu território possam ser substituídos por uma declaração datada, escrita na própria letra e assinada pelo sacado, exceto no caso de o sacador exigir no texto da letra que se faça um protesto com as formalidades devidas.

Qualquer das Altas Partes Contratantes tem igualmente a faculdade de determinar que a dita declaração seja transcrita num registro público no prazo fixado para os protestos.

No caso previsto nas alíneas precedentes o endosso sem data presume-se ter sido feito anteriormente ao protesto.

Artigo 9º

Por derrogação da alínea terceira do artigo 44 da Lei Uniforme, qualquer das Altas Partes Contratantes tem a faculdade de determinar que o protesto por falta de pagamento deve ser feito no dia em que a letra é pagável ou num dos dois dias úteis seguintes.

Artigo 10

Fica reservada para a legislação de cada uma das Altas Partes Contratantes a determinação precisa das situações jurídicas a que se referem os nºs 2 e 3 do artigo 43 e nºs 5 e 6 do artigo 44 da Lei Uniforme.

Artigo 11

Por derrogação dos nºs 2 e 3 do artigo 43 e do artigo 74 da Lei Uniforme, qualquer das Altas Partes Contratantes reserva-se a faculdade de admitir na sua legislação a possibilidade, para os garantes de uma letra que tenham sido acionados, de ser concedido um alongamento de prazos, os quais não poderão em caso algum ir além da data do vencimento da letra.

Artigo 12

Por derrogação do artigo 45 da Lei Uniforme, qualquer das Altas Partes Contratantes tem a faculdade de manter ou de introduzir o sistema de aviso por intermédio de um agente público, que consiste no seguinte: ao fazer o protesto por falta de aceite ou por falta de pagamento, o notário ou funcionário público incumbido desse serviço, segundo a lei nacional, é obrigado a dar comunicação por escrito desse protesto às pessoas obrigadas pela letra, cujos endereços figuram nela, ou que sejam conhecidos do agente que faz o protesto, ou sejam indicados pelas pessoas que exigiram o protesto. As despesas originadas por esses avisos serão adicionadas às despesas do protesto.

Artigo 13

Qualquer das Altas Partes Contratantes tem a faculdade de determinar, no que respeita às letras passadas e pagáveis no seu território, que a taxa de juro a que se referem os nºs 2 dos artigos 48 e 49 da Lei Uniforme poderá ser substituída pela taxa legal em vigor no território da respectiva Alta Parte Contratante.

Artigo 14

Por derrogação do artigo 48 da Lei Uniforme, qualquer das Altas Partes Contratantes reserva-se a faculdade de inserir na lei nacional uma disposição pela qual o portador pode reclamar daquele contra quem exerce o seu direito de ação uma comissão cujo quantitativo será fixado pela mesma lei nacional.

A mesma doutrina se aplica, por derrogação do artigo 49 da Lei Uniforme, no que se refere à pessoa que, tendo pago uma letra, reclama a sua importância aos seus garantes.

Artigo 15

Qualquer das Altas Partes Contratantes tem a liberdade de decidir que, no caso de perda de direitos ou de prescrição, no seu território subsistirá o direito de proceder contra o sacador que não constituir provisão ou contra um sacador ou endossante que tenha feito lucros ilegítimos. A mesma faculdade existe, em caso de prescrição, pelo que respeita ao aceitante que recebeu provisão ou tenha realizado lucros ilegítimos.

Artigo 16

A questão de saber se o sacador é obrigado a constituir provisão à data do vencimento e se o portador tem direitos especiais sobre essa provisão está fora do âmbito da Lei Uniforme.

O mesmo sucede relativamente a qualquer outra questão respeitante às relações jurídicas que serviram de base à emissão da letra.

Artigo 17

A cada uma das Altas Partes Contratantes compete determinar na sua legislação nacional as causas de interrupção e de suspensão da prescrição das ações relativas a letras que os seus tribunais são chamados a conhecer.

As outras Altas Partes Contratantes têm a faculdade de determinar as condições a que subordinarão o conhecimento de tais causas. O mesmo sucede quanto ao efeito de uma ação como meio de indicação do início do prazo de prescrição, a que se refere a alínea terceira do artigo 70 da Lei Uniforme.

Artigo 18

Qualquer das Altas Partes Contratantes tem a faculdade de determinar que certos dias úteis sejam assimilados aos dias feriados legais, pelo que respeita à apresentação ao aceite ou ao pagamento e demais atos relativos às letras.

Artigo 19

Qualquer das Altas Partes Contratantes pode determinar o nome a dar nas leis nacionais aos títulos a que se refere o artigo 75 da Lei Uniforme ou dispensar esses títulos de qualquer denominação especial, uma vez que contenham a indicação expressa de que são à ordem.

Artigo 20

As disposições dos artigos 1º a 18 do presente Anexo, relativas às letras, aplicam-se igualmente às notas promissórias.

Artigo 21

Qualquer das Altas Partes Contratantes reserva-se a faculdade de limitar a obrigação assumida, em virtude do artigo 1º da Convenção, exclusivamente às disposições relativas às letras, não introduzindo no seu território as disposições sobre notas promissórias constantes do Título II da Lei Uniforme. Neste caso, a Alta Parte Contratante que fizer uso desta reserva será considerada Parte Contratante apenas pelo que respeita às letras.

Qualquer das Altas Partes Contratantes reserva-se igualmente a faculdade de compilar num regulamento especial as disposições relativas às notas promissórias, regulamento que será inteiramente conforme com as estipulações do Título II da Lei Uniforme e que deverá reproduzir as disposições sobre letras referidas no mesmo título sujeitas apenas às modificações resultantes dos artigos 75, 76, 77 e 78 da Lei Uniforme e dos artigos 19 e 20 do presente Anexo.

Artigo 22

Qualquer das Altas Partes Contratantes tem a faculdade de tomar medidas excepcionais de ordem geral relativas à prorrogação dos prazos relativos a atos tendentes à conservação de direitos e à prorrogação do vencimento das letras.

Artigo 23

Cada uma das Altas Partes Contratantes obriga-se a reconhecer as disposições adotadas por qualquer das outras Altas Partes Contratantes em virtude dos artigos 1º a 4º, 6º, 8º a 16 e 18 a 21 do presente Anexo.

PROTOCOLO

Ao assinar a Convenção datada de hoje, estabelecendo uma Lei Uniforme em matéria de letras e notas promissórias, os abaixo-assinados, devidamente autorizados, acordaram nas disposições seguintes:

A

Os membros da Sociedade das Nações e os Estados não membros que não tenham podido efetuar antes de 1º de setembro de 1932 o depósito da ratificação da referida Convenção obrigam-se a enviar, dentro de quinze dias, a contar daquela data, uma comunicação ao secretário-geral da Sociedade das Nações, dando-lhe a conhecer a situação em que se encontram no que diz respeito à ratificação.

B

Se, em 1º de novembro de 1932, não se tiverem verificado as condições previstas na alínea primeira do artigo 6º para a entrada em vigor da Convenção, o secretário-geral da Sociedade das Nações convocará uma reunião dos membros da Sociedade das Nações e dos Estados não membros que tenham assinado a Convenção ou a ela tenham aderido, a fim de serem examinadas a situação e as medidas que porventura devam ser tomadas para a resolver.

C

As Altas Partes Contratantes comunicar-se-ão reciprocamente, a partir da sua entrada em vigor, as disposições legislativas promulgadas nos respectivos territórios para tornar efetiva a Convenção.

Em fé do que os plenipotenciários acima mencionados assinaram o presente Protocolo.

Feito em Genebra, aos sete de junho de mil novecentos e trinta, num só exemplar, que será depositado nos arquivos do Secretariado da Sociedade das Nações, será transmitida cópia autêntica a todos os membros da Sociedade das Nações e a todos os Estados não membros representados na Conferência.

CONVENÇÃO DESTINADA A REGULAR CERTOS CONFLITOS DE LEIS EM MATÉRIA DAS LETRAS DE CÂMBIO E NOTAS PROMISSÓRIAS E PROTOCOLO

O Presidente do Reich Alemão...

Desejando adotar disposições para resolver certos conflitos de leis em matéria de letras e de notas promissórias, designaram como seus plenipotenciários:

Os quais depois de terem apresentado os seus plenos poderes, achados em boa e devida forma, acordaram nas disposições seguintes:

Artigo 1º

As Altas Partes Contratantes obrigam-se mutuamente a aplicar para a solução dos conflitos de leis em matéria de letras e de notas promissórias, a seguir enumerados, as disposições constantes dos artigos seguintes:

Artigo 2º

A capacidade de uma pessoa para se obrigar por letra ou nota promissória é regulada pela respectiva lei nacional. Se a lei nacional declarar competente a lei de um outro país, será aplicada esta última.

A pessoa incapaz, segundo a lei indicada na alínea precedente, é contudo havida como validamente obrigada se tiver aposto a sua assinatura em território de um país segundo cuja legislação teria sido considerada capaz.

Qualquer das Altas Partes Contratantes tem a faculdade de não reconhecer a validade da obrigação contraída em matéria de letras ou notas promissórias por um dos seus nacionais, quando essa obrigação só seja válida no território das outras Altas Partes Contratantes pela aplicação da alínea anterior do presente artigo.

Artigo 3º

A forma das obrigações contraídas em matéria de letras e notas promissórias é regulada pela lei do país em cujo território essas obrigações tenham sido assumidas.

No entanto, se as obrigações assumidas em virtude de uma letra ou nota promissória não forem válidas nos termos da alínea precedente, mas o forem em face da legislação do país em que tenha posteriormente sido contraída uma outra obrigação, o fato de as primeiras obrigações serem irregulares quanto à forma não afeta a validade da obrigação posterior.

Qualquer das Altas Partes Contratantes tem a faculdade de determinar que as obrigações contraídas no estrangeiro por algum dos seus nacionais, em matéria de letras e notas promissórias, serão válidas no seu próprio território, em relação a qualquer outro dos seus nacionais, desde que tenham sido contraídas pela forma estabelecida na lei nacional.

Artigo 4º

Os efeitos das obrigações do aceitante de uma letra e do subscritor de uma nota promissória são determinados pela lei do lugar onde esses títulos sejam pagáveis.

Os efeitos provenientes das assinaturas dos outros coobrigados por letra ou nota promissória são determinados pela lei do país em cujo território as assinaturas forem apostas.

Artigo 5º

Os prazos para o exercício do direito de ação são determinados para todos os signatários pela lei do lugar de emissão do título.

Artigo 6º

A lei do lugar de emissão do título determina se o portador de uma letra adquire o crédito que originou a emissão do título.

Artigo 7º

A lei do país em que a letra é pagável determina se o aceite pode ser restrito a uma parte da importância a pagar ou se o portador é ou não obrigado a receber um pagamento parcial.

A mesma regra é aplicável a pagamento de notas promissórias.

Artigo 8º

A forma e os prazos do protesto, assim como a forma dos outros atos necessários ao exercício ou à conservação dos direitos em matéria de letras e notas promissórias, são regulados pelas leis do país em cujo território se deva fazer o protesto ou praticar os referidos atos.

Artigo 9º

As medidas a tomar em caso de perda ou de roubo de uma letra ou de uma nota promissória são determinadas pela lei do país em que esses títulos sejam pagáveis.

Artigo 10

Qualquer das Altas Partes Contratantes reserva-se a faculdade de não aplicar os princípios de Direito Internacional privado consignados na presente Convenção, pelo que respeita:

1º) uma obrigação contraída fora do território de uma das Altas Partes Contratantes;

2º) a uma lei que seria aplicável em conformidade com estes princípios, mas que não seja lei em vigor no território de uma das Altas Partes Contratantes.

Artigo 11

As disposições da presente Convenção não serão aplicáveis, no território de cada uma das Altas Partes Contratantes, às letras e notas promissórias já criadas à data de entrada em vigor da Convenção.

Artigo 12

A presente Convenção, cujos textos francês e inglês farão, ambos, igualmente fé, terá a data de hoje.

Poderá ser ulteriormente assinada até 6 de setembro de 1930 em nome de qualquer membro da Sociedade das Nações e de qualquer Estado não membro.

Artigo 13

A presente Convenção será ratificada.

Os instrumentos de ratificação serão transmitidos, antes de 1º de setembro de 1932, ao secretário-geral da Sociedade das Nações, que notificará imediatamente do seu depósito todos os membros da Sociedade das Nações e os Estados não membros que sejam partes na presente Convenção.

Artigo 14

A partir de 6 de setembro de 1930, qualquer membro da Sociedade das Nações e qualquer Estado não membro poderá aderir à presente Convenção.

Esta adesão efetuar-se-á por meio de notificação ao secretário-geral da Sociedade das Nações, que será depositada nos Arquivos do Secretariado.

O secretário-geral notificará imediatamente desse depósito todos os Estados que tenham assinado a presente Convenção ou a ela tenham aderido.

Artigo 15

A presente Convenção somente entrará em vigor depois de ter sido ratificada ou de a ela terem aderido sete membros da Sociedade das Nações ou Estados não membros, entre os quais deverão figurar três dos membros da Sociedade das Nações com representação no Conselho.

Começará a vigorar noventa dias depois de recebida pelo secretário-geral da Sociedade das Nações a sétima ratificação ou adesão, em conformidade com o disposto na alínea primeira do presente artigo.

O secretário-geral da Sociedade das Nações, nas notificações previstas nos artigos 13 e 14, fará menção especial de terem sido recebidas as ratificações ou adesões a que se refere a alínea primeira do presente artigo.

Artigo 16

As ratificações ou adesões após a entrada em vigor da presente Convenção, em conformidade com o disposto no artigo 15 produzirão os seus efeitos noventa dias depois da data da sua recepção pelo secretário-geral da Sociedade das Nações.

Artigo 17

A presente Convenção não poderá ser denunciada antes de decorrido um prazo de dois anos a contar da data em que ela tiver começado a vigorar para o membro da Sociedade das Nações ou para o Estado não membro que a denuncia; esta denúncia produzirá os seus efeitos noventa dias depois de recebida pelo secretário-geral a respectiva notificação.

Qualquer denúncia será imediatamente comunicada pelo secretário-geral da Sociedade das Nações a todas as outras Altas Partes Contratantes.

A denúncia só produzirá efeito em relação à Alta Parte Contratante em nome da qual ela tenha sido feita.

Artigo 18

Decorrido um prazo de quatro anos da entrada em vigor da presente Convenção, qualquer membro da Sociedade das Nações, ou Estado não membro ligado à Convenção poderá formular ao secretário-geral da Sociedade das Nações um pedido de revisão de algumas ou de todas as suas disposições.

Se este pedido, comunicado aos outros membros da Sociedade das Nações ou Estados não membros para os quais a Convenção estiver então em vigor, for apoiado dentro do prazo de um ano por seis, pelo menos, dentre eles, o Conselho da Sociedade das Nações decidirá se deve ser convocada uma conferência para aquele fim.

Artigo 19

As Altas Partes Contratantes podem declarar no momento da assinatura da ratificação ou da adesão que, aceitando a presente Convenção, não assumem nenhuma obrigação pelo que respeita a todas ou parte das suas colônias, protetorados ou territórios sob a sua soberania ou mandato, caso em que a presente Convenção se não aplicará aos territórios mencionados nessa declaração.

As Altas Partes Contratantes poderão mais tarde notificar o secretário-geral da Sociedade das Nações de que desejam que a presente Convenção se aplique a todos ou parte dos territórios que tenham sido objeto da declaração prevista na alínea precedente, e nesse caso a Convenção aplicar-se-á aos territórios mencionados na comunicação, noventa dias depois de esta ter sido recebida pelo secretário-geral da Sociedade das Nações.

As Altas Partes Contratantes podem a todo o tempo declarar que desejam que a presente Convenção cesse de se aplicar a todas ou parte das suas colônias, protetorados ou territórios sob a sua soberania ou mandato, caso em que a Convenção deixará de se aplicar aos territórios mencionados nessa declaração um ano após esta ter sido recebida pelo secretário-geral da Sociedade das Nações.

Artigo 20

A presente Convenção será registrada pelo secretário-geral da Sociedade das Nações desde que entre em vigor. Será publicada, logo que for possível, na *"Coleção de Tratados"* da Sociedade das Nações.

Em fé do que os plenipotenciários acima designados assinaram a presente Convenção.

Feito em Genebra, aos sete de junho de mil novecentos e trinta, num só exemplar, que será depositado nos arquivos do Secretariado da Sociedade das Nações. Será transmitida cópia autêntica a todos os membros da Sociedade das Nações e a todos os Estados não membros representados na Conferência.

▶ Seguem-se as mesmas assinaturas colocadas após o art. 11 da Convenção para a adoção de uma Lei Uniforme sobre letras de câmbio e notas promissórias.

PROTOCOLO

Ao assinar a Convenção datada de hoje, destinada a regular certos conflitos de leis em matéria de letras e de notas promissórias, os abaixo-assinados, devidamente autorizados, acordaram nas disposições seguintes:

A

Os membros da Sociedade das Nações e os Estados não membros que não tenham podido efetuar, antes de 1º de setembro de 1932, o depósito da ratificação da referida Convenção, obrigam-se a enviar, dentro de quinze dias a contar daquela data, uma comunicação ao secretário-geral da Sociedade das Nações dando-lhe a conhecer a situação em que se encontram no que diz respeito à ratificação.

B

Se, em 1º de novembro de 1932, não se tiverem verificado as condições previstas na alínea primeira do artigo 15 para a entrada em vigor da Convenção, o secretário-geral da

Sociedade das Nações convocará uma reunião dos membros da Sociedade das Nações e dos Estados não membros que tenham assinado a Convenção ou a ela tenham aderido, a fim de ser examinada a situação e as medidas que porventura devem ser tomadas para a resolver.

C

As Altas Partes Contratantes comunicar-se-ão, reciprocamente, a partir da sua entrada em vigor, as disposições legislativas promulgadas nos respectivos territórios para tornar efetiva a Convenção.

Em fé do que os plenipotenciários acima mencionados assinaram o presente Protocolo.

Feito em Genebra, aos sete de junho de mil novecentos e trinta, num só exemplar, que será depositado nos arquivos do Secretariado da Sociedade das Nações, será transmitida cópia autêntica a todos os membros da Sociedade das Nações e a todos os Estados não membros representados na Conferência.

DECRETO-LEI Nº 37, DE 18 DE NOVEMBRO DE 1966

Dispõe sobre o Imposto de Importação, reorganiza os serviços aduaneiros e dá outras providências.

(EXCERTOS)

► Publicado no *DOU* de 21-11-1966 e retificado no *DOU* de 1º-12-1966.

TÍTULO I – IMPOSTO DE IMPORTAÇÃO

CAPÍTULO I – INCIDÊNCIA

Art. 1º O Imposto de Importação incide sobre mercadoria estrangeira e tem como fato gerador sua entrada no Território Nacional.

► *Caput* com a redação dada pelo Dec.-lei nº 2.472, de 1º-9-1988.

§ 1º Para fins de incidência do imposto, considerar-se-á também estrangeira a mercadoria nacional ou nacionalizada exportada, que retornar ao País, salvo se:

a) enviada em consignação e não vendida no prazo autorizado;

b) devolvida por motivo de defeito técnico, para reparo ou substituição;

c) por motivo de modificações na sistemática de importação por parte do país importador;

d) por motivo de guerra ou calamidade pública;

e) por outros fatores alheios à vontade do exportador.

§ 2º Para efeito de ocorrência do fato gerador, considerar-se-á entrada no Território Nacional a mercadoria que constar como tendo sido importada e cuja falta venha a ser apurada pela autoridade aduaneira.

§ 3º Para fins de aplicação do disposto no § 2º deste artigo, o regulamento poderá estabelecer percentuais de tolerância para a falta apurada na importação de granéis que, por sua natureza ou condições de manuseio na descarga, estejam sujeitos a quebra ou decréscimo de quantidade ou peso.

► §§ 1º a 3º acrescidos pelo Dec.-lei nº 2.472, de 1º-9-1988.

§ 4º O imposto não incide sobre mercadoria estrangeira:

► *Caput* do § 4º acrescido pela Lei nº 10.833, de 29-12-2003.

I – destruída sob controle aduaneiro, sem ônus para a Fazenda Nacional, antes de desembaraçada;

► Inciso I com a redação dada pela Lei nº 12.350, de 20-12-2010.

II – em trânsito aduaneiro de passagem, acidentalmente destruída; ou

III – que tenha sido objeto de pena de perdimento, exceto na hipótese em que não seja localizada, tenha sido consumida ou revendida.

► Incisos II e III acrescidos pela Lei nº 10.833, de 29-12-2003.

CAPÍTULO II – BASE DE CÁLCULO

Art. 2º A base de cálculo do imposto é:

I – quando a alíquota for específica, a quantidade de mercadoria, expressa na unidade de medida indicada na tarifa;

II – quando a alíquota for *ad valorem*, o valor aduaneiro apurado segundo normas do artigo VII do Acordo Geral sobre Tarifas Aduaneiras e Comércio (GATT).

► Art. 2º com a redação dada pelo Dec.-lei nº 2.472, de 1º-9-1988.

Arts. 3º a 6º *Revogados*. Dec.-lei nº 2.472, de 1º-9-1988.

Art. 7º *Revogado*. Dec.-lei nº 730, de 5-8-1969.

...

SEÇÃO V – *SIMILARIDADE*

Art. 17. A isenção do Imposto de Importação somente beneficia produto sem similar nacional, em condições de substituir o importado.

Parágrafo único. Excluem-se do disposto neste artigo:

I – os casos previstos no artigo 13 e nos incisos IV a VIII do artigo 15 deste Decreto-Lei e no artigo 4º da Lei nº 3.244, de 14 de agosto de 1957;

II – as partes, peças, acessórios, ferramentas e utensílios:

a) que, em quantidade normal, acompanham o aparelho, instrumento, máquina ou equipamento;

b) destinados, exclusivamente, na forma do regulamento, ao reparo ou manutenção de aparelho, instrumento, máquina ou equipamento de procedência estrangeira, instalado ou em funcionamento no País;

III – os casos de importações resultando de concorrência com financiamento internacional superior a quinze anos, em que tiver sido assegurada a participação da indústria nacional com uma margem de proteção não inferior a quinze por cento sobre o preço do CIF, porto de desembarque brasileiro, de equipamento estrangeiro oferecido de acordo com as normas que regulam a matéria;

IV – *Revogado*. Dec.-lei nº 2.433, de 19-5-1988;

V – bens doados, destinados a fins culturais, científicos e assistenciais, desde que os beneficiários sejam entidades sem fins lucrativos.

► Inciso V com a redação dada pela Lei nº 10.833, de 29-12-2003.

Art. 18. O Conselho de Política Aduaneira formulará critérios, gerais ou específicos, para julgamento da similaridade, à vista das condições de oferta do produto nacional, e observadas as seguintes normas básicas:

I – preço não superior ao custo de importação em cruzeiros do similar estrangeiro, calculado com base no preço normal, acrescido dos tributos que incidem sobre a importação, e de outros encargos de efeito equivalente;

II – prazo de entrega normal ou corrente para o mesmo tipo de mercadoria;

III – qualidade equivalente e especificações adequadas.

§ 1º Ao formular critérios de similaridade, o Conselho de Política Aduaneira considerará a orientação de órgãos governamentais incumbidos da política relativa a produtos ou a setores de produção.

§ 2º Quando se tratar de projeto de interesse econômico fundamental, financiado por entidade internacional de crédito, poderão ser consideradas, para efeito de aplicação do disposto neste artigo, as condições especiais que regularem a participação da indústria nacional no fornecimento de bens.

§ 3º Não será aplicável o conceito de similaridade quando importar em fracionamento da peça ou máquina, com prejuízo da garantia em funcionamento ou com retardamento substancial no prazo de entrega ou montagem.

Art. 19. A apuração da similaridade deverá ser feita pelo Conselho de Política Aduaneira, diretamente ou em colaboração com outros órgãos governamentais ou entidades de classe, antes da importação.

Parágrafo único. Os critérios de similaridade fixados na forma estabelecida neste Decreto-Lei e seu regulamento serão observados pela Carteira de Comércio Exterior, quando do exame dos pedidos de importação.

Art. 20. Independem de apuração, para serem considerados similares, os produtos naturais ou com beneficiamento primário, as matérias-primas e os bens de consumo, de notória produção no País.

Art. 21. No caso das disposições da Tarifa Aduaneira que condicionam a incidência do imposto ou o nível de alíquota à exigência de similar, registrado, o Conselho de Política Aduaneira publicará a relação dos produtos com similar nacional.

CAPÍTULO IV – *CÁLCULO E RECOLHIMENTO DO IMPOSTO*

Art. 22. O imposto será calculado pela publicação das alíquotas previstas na Tarifa Aduaneira, sobre a base de cálculo definida no Capítulo II deste Título.

Art. 23. Quando se tratar de mercadoria despachada para consumo, considera-se ocorrido o fato gerador na data do registro, na repartição aduaneira, da declaração a que se refere o artigo 44.

► Art. 19 do CTN.

Parágrafo único. A mercadoria ficará sujeita aos tributos vigorantes na data em que a autoridade aduaneira efetuar o correspondente lançamento de ofício no caso de:

I – falta, na hipótese a que se refere o § 2º do art. 1º; e

LEGISLAÇÃO COMPLEMENTAR

II – introdução no País sem o registro de declaração de importação, a que se refere o inciso III do § 4º do art. 1º.

► Parágrafo único com a redação dada pela Lei nº 12.350, de 20-12-2010.

Art. 24. Para efeito de cálculo do imposto, os valores expressos em moeda estrangeira serão convertidos em moeda nacional à taxa de câmbio vigente no momento da ocorrência do fato gerador.

Parágrafo único. A taxa a que se refere este artigo será estabelecida para venda da moeda respectiva no último dia útil de cada semana, para vigência na semana subsequente.

► Parágrafo único com a redação dada pela Lei nº 7.683, de 2-12-1988.

Art. 25. Na ocorrência de dano casual ou de acidente, o valor aduaneiro da mercadoria será reduzido proporcionalmente ao prejuízo, para efeito de cálculo dos tributos devidos, observado o disposto no art. 60.

► Artigo com a redação dada pela Lei nº 12.350, de 20-12-2010.

Art. 26. Na transferência de propriedade ou uso de bens prevista no artigo 11, os tributos e gravames cambiais dispensados quando da importação, serão reajustados pela aplicação dos índices de correção monetária fixados pelo Conselho Nacional de Economia e das taxas de depreciação estabelecidas no regulamento.

Art. 27. O recolhimento do imposto será realizado na forma e momento indicados no regulamento.

CAPÍTULO V
RESTITUIÇÃO

Art. 28. Conceder-se-á restituição do imposto, na forma do regulamento:

I – quando apurado excesso no pagamento, decorrente de erro de cálculo ou de aplicação de alíquota;

II – quando houver dano ou avaria, perda ou extravio.

§ 1º A restituição de tributos independe da iniciativa do contribuinte, podendo processar-se de ofício, como estabelecer o regulamento sempre que se apurar excesso de pagamento na conformidade deste artigo.

§ 2º As reclamações do importador quanto a erro ou engano, nas declarações, sobre quantidade ou qualidade da mercadoria, ou no caso do inciso II deste artigo, deverão ser apresentadas antes de sua saída de recintos aduaneiros.

Art. 29. A restituição será efetuada, mediante anulação contábil da respectiva receita, pela autoridade incumbida de promover a cobrança originária a qual, ao reconhecer o direito creditório contra a Fazenda Nacional, autorizará a entrega da importância considerada indevida.

§ 1º Quando a importância a ser restituída for superior a cinco milhões de cruzeiros o chefe da repartição aduaneira recorrerá de ofício para o diretor do Departamento de Rendas Aduaneiras.

§ 2º Nos casos de que trata o parágrafo anterior, a importância da restituição será classificada em conta de responsáveis, a débito dos beneficiários, até que seja anotada a decisão do diretor do Departamento de Rendas Aduaneiras.

Art. 30. Na restituição de depósitos, que também poderá processar-se de ofício, a importância da correção monetária, de que trata o artigo 7º, § 3º, da Lei nº 4.357, de 16 de julho de 1964, obedecerá igualmente ao que dispõe o artigo anterior.

CAPÍTULO VI
CONTRIBUINTES E RESPONSÁVEIS

Art. 31. É contribuinte do imposto:

I – o importador, assim considerada qualquer pessoa que promova a entrada de mercadoria estrangeira no Território Nacional;

II – o destinatário de remessa postal internacional indicado pelo respectivo remetente;

III – o adquirente de mercadoria entrepostada.

► Art. 31 com a redação dada pelo Dec.-lei nº 2.472, de 1º-9-1988.

Art. 32. É responsável pelo imposto:

I – o transportador, quando transportar mercadoria procedente do exterior ou sob controle aduaneiro, inclusive em percurso interno;

II – o depositário, assim considerada qualquer pessoa incumbida da custódia de mercadoria sob controle aduaneiro.

► Incisos I e II acrescidos pelo Dec.-lei nº 2.472, de 1º-9-1988.

Parágrafo único. É responsável solidário:

► *Caput* do parágrafo único acrescido pelo Dec.-lei nº 2.472, de 1º-9-1988.

I – o adquirente ou cessionário da mercadoria beneficiada com isenção ou redução do imposto;

II – o representante, no País, do transportador estrangeiro;

► Incisos I e II com a redação dada pela MP nº 2.158-35, de 24-8-2004, que até o encerramento desta edição não havia sido convertida em Lei.

c) o adquirente de mercadoria de procedência estrangeira, no caso de importação realizada por sua conta e ordem, por intermédio de pessoa jurídica importadora;

► A Lei nº 11.281, de 20-2-2006, reproduziu a redação do antigo inciso III, sem alterações, transformando-o nesta alínea *c*.

d) o encomendante predeterminado que adquire mercadoria de procedência estrangeira de pessoa jurídica importadora.

► Alínea *d* acrescida pela Lei nº 11.281, de 20-2-2006.

....

TÍTULO V – PROCESSO FISCAL

CAPÍTULO I
DISPOSIÇÕES GERAIS

Art. 118. A infração será apurada mediante processo fiscal, que terá por base a representação ou auto lavrado pelo agente fiscal do imposto aduaneiro ou guarda aduaneiro, observadas, quanto a este, as restrições do regulamento.

Parágrafo único. O regulamento definirá os casos em que o processo fiscal terá por base a representação.

Art. 119. São anuláveis:

I – o auto, a representação ou o termo:

a) que não contenha elementos suficientes para determinar a infração e o infrator, ressalvados, quanto à identificação deste, os casos de abandono da mercadoria pelo próprio infrator;

b) lavrado por funcionário diferente do indicado no artigo 118;

II – a decisão ou o despacho proferido por autoridade incompetente, ou com preterição do direito de defesa.

Parágrafo único. A nulidade é sanável pela repetição do ato ou suprida pela sua retificação ou complementação, nos termos do regulamento.

Art. 120. A nulidade de qualquer ato não prejudicará senão os posteriores que dele dependam diretamente ou dele sejam consequência.

Art. 121. Nas fases de defesa, recurso e pedido de reconsideração, dar-se-á vista do processo ao sujeito passivo de procedimento fiscal.

Art. 122. Compete o preparo do processo fiscal à repartição aduaneira com jurisdição no local onde se formalizar o procedimento.

Art. 123. O responsável pela infração será intimado a apresentar defesa no prazo de trinta dias da ciência do procedimento fiscal, prorrogável por mais dez dias, por motivo imperioso, alegado pelo interessado.

Parágrafo único. Se o término do prazo cair em dia em que não haja expediente normal na repartição, considerar-se-á prorrogado o prazo até o primeiro dia útil seguinte.

Art. 124. A intimação a que se refere o artigo anterior, ou para satisfazer qualquer exigência, obedecerá a uma das seguintes formas, como estabelecer o regulamento:

I – pessoalmente;

II – através do Correio, pelo sistema denominado "AR" (Aviso de Recebimento);

III – mediante publicação no *Diário Oficial da União* ou do Estado em que estiver localizada a repartição ou em jornal local de grande circulação;

IV – por edital afixado na portaria da repartição.

§ 1º Omitida a data no recibo "AR" a que se refere o inciso II deste artigo, dar-se-á por feita a intimação quinze dias depois da entrada da carta de notificação no Correio.

§ 2º O regulamento estabelecerá os prazos não afixados neste Decreto-Lei, para qualquer diligência.

Art. 125. A competência para julgamento do processo fiscal será estabelecida no regulamento.

Art. 126. As inexatidões materiais, devidas a lapso manifesto, e os erros de escrita ou cálculo, existentes na decisão, poderão ser corrigidos por despacho de ofício ou por provocação do interessado ao funcionário.

Art. 127. Proferida a decisão, dela serão cientificadas as partes, na forma do artigo 124.

CAPÍTULO II
PEDIDO DE RECONSIDERAÇÃO E RECURSO

Art. 128. Da decisão caberá:

I – em primeira ou segunda instância, pedido de reconsideração apresentado no prazo de trinta dias, que fluirá simultaneamente com o da interposição do recurso, quando for o caso;

II – recurso:

a) voluntário, em igual prazo, mediante prévio depósito do valor em litígio ou prestação de fiança idônea, para o Conselho Superior de Tarifa;

b) de ofício, na própria decisão ou posteriormente em novo despacho, quando o litígio, de valor superior a quinhentos mil cruzeiros, for decidido a favor da parte, total ou parcialmente.

Parágrafo único. No caso de restituição de tributo, o recurso será interposto para o diretor do Departamento de Rendas Aduaneiras, impondo-se o de ofício quando o litígio for de valor superior a cinco milhões de cruzeiros.

Art. 129. O recurso terá efeito suspensivo se voluntário, ou sem ele no de ofício.

§ 1º No caso de apreensão julgada improcedente, a devolução da coisa de valor superior a quinhentos mil cruzeiros, antes do julgamento do recurso de ofício, dependerá de prévia observância da norma prevista no § 2º do artigo 71.

§ 2º Não interposto o recurso de ofício cabível, cumpre ao funcionário autor do procedimento fiscal representar à autoridade prolatora da decisão, propondo a medida.

Art. 130. Ressalvados os casos de ausência de depósito ou fiança, compete à instância superior julgar da perempção do recurso.

....

TÍTULO VI – DECADÊNCIA E PRESCRIÇÃO

CAPÍTULO ÚNICO

DISPOSIÇÕES GERAIS

Art. 137. *Revogado.* Lei nº 10.833, de 29-12-2003.

Art. 138. O direito de exigir o tributo extingue-se em cinco anos, a contar do primeiro dia do exercício seguinte àquele em que poderia ter sido lançado.

Parágrafo único. Tratando-se de exigência de diferença de tributo, contar-se-á o prazo a partir do pagamento efetuado.

▶ Art. 138 com a redação dada pelo Dec.-lei nº 2.472, de 1º-9-1988.

Art. 139. No mesmo prazo do artigo anterior se extingue o direito de impor penalidade, a contar da data da infração.

Art. 140. Prescreve em cinco anos, a contar de sua constituição definitiva, a cobrança do crédito tributário.

Art. 141. O prazo a que se refere o artigo anterior não corre:

I – enquanto o processo de cobrança depender de exigência a ser satisfeita pelo contribuinte;

II – até que a autoridade aduaneira seja diretamente informada pelo Juízo de Direito, Tribunal ou órgão do Ministério Público, da revogação de ordem ou decisão judicial que haja suspenso, anulado ou modificado exigência, inclusive no caso de sobrestamento do processo.

▶ Arts. 140 e 141 com a redação dada pelo Dec.-lei nº 2.472, de 1º-9-1988.

....

Art. 178. Este Decreto-Lei entrará em vigor em 1º de janeiro de 1967, salvo quanto às disposições que dependam de regulamentação, cuja vigência será fixada no regulamento.

Brasília, 18 de novembro de 1966; 145º da Independência e 78º da República.

H. Castello Branco

DECRETO-LEI Nº 70, DE 21 DE NOVEMBRO DE 1966

Autoriza o funcionamento de associações de poupança e empréstimo, institui a cédula hipotecária e dá outras providências.

(EXCERTOS)

▶ Publicado no *DOU* de 22-11-1966.
▶ Súm. nº 327 do STJ.

....

CAPÍTULO II

DA CÉDULA HIPOTECÁRIA

Art. 9º Os contratos de empréstimo com garantia hipotecária, com exceção das que consubstanciam operações de crédito rural, poderão prever o reajustamento das respectivas prestações de amortização e juros com a consequente correção monetária da dívida.

§ 1º Nas hipotecas não vinculadas ao Sistema Financeiro da Habitação, a correção monetária da dívida obedecerá ao que for disposto para o Sistema Financeiro da Habitação.

§ 2º A menção a Obrigações Reajustáveis do Tesouro Nacional nas operações mencionadas no § 2º do artigo 1º do Decreto-Lei nº 19, de 30 de agosto de 1966, e neste Decreto-Lei entende-se como equivalente a menção de Unidades padrão de Capital do Banco Nacional da Habitação e o valor destas será sempre corrigido monetariamente durante a vigência do contrato, segundo os critérios do artigo 7º, § 1º, da Lei nº 4.357/1964.

§ 3º A cláusula de correção monetária utilizável nas operações do Sistema Financeiro da Habitação poderá ser aplicada em todas as operações mencionadas no § 2º do artigo 1º do Decreto-Lei nº 19, de 30-8-1966, que vierem a ser pactuadas por pessoas não integrantes daquele Sistema, desde que os atos jurídicos se refiram a operações imobiliárias.

Art. 10. É instituída a cédula hipotecária para hipotecas inscritas no Registro Geral de Imóveis, como instrumento hábil para a representação dos respectivos créditos hipotecários, a qual poderá ser emitida pelo credor hipotecário nos casos de:

I – operações compreendidas no Sistema Financeiro da Habitação;

▶ Súmulas nºs 422 e 450 do STJ.

II – hipotecas de que sejam credores instituições financeiras em geral, e companhias de seguro;

III – hipotecas entre outras partes, desde que a cédula hipotecária seja originariamente emitida em favor das pessoas jurídicas a que se refere o inciso II supra.

§ 1º A cédula hipotecária poderá ser integral, quando representar a totalidade do crédito hipotecário, ou fracionária, quando representar parte dele, entendido que a soma do principal das cédulas hipotecárias fracionárias emitidas sobre uma determinada hipoteca e ainda em circulação não poderá exceder, em hipótese alguma, o valor total do respectivo crédito hipotecário em nenhum momento.

§ 2º Para os efeitos do valor total mencionado no parágrafo anterior, admite-se o cômputo das correções efetivamente realizadas, na forma do artigo 9º, do valor monetário da dívida envolvida.

§ 3º As cédulas hipotecárias fracionárias poderão ser emitidas em conjunto ou isoladamente a critério do credor, a qualquer momento antes do vencimento da correspondente dívida hipotecária.

....

CAPÍTULO III

Arts. 29 a 41. *Revogados.* Lei nº 14.711, de 30-10-2023.

....

Brasília, 21 de novembro de 1966, 145º da Independência e 78º da República.

H. Castello Branco

DECRETO-LEI Nº 195, DE 24 DE FEVEREIRO DE 1967

Dispõe sobre a cobrança da Contribuição de Melhoria.

▶ Publicado no *DOU* de 27-2-1967.
▶ Arts. 81 e 82 do CTN.

Art. 1º A Contribuição de Melhoria, prevista na Constituição Federal, tem como fato gerador o acréscimo do valor do imóvel localizado nas áreas beneficiadas direta ou indiretamente por obras públicas.

▶ Art. 145, III, da CF.
▶ Súm. nº 129 do STF.

Art. 2º Será devida a Contribuição de Melhoria, no caso de valorização de imóveis de propriedade privada, em virtude de qualquer das seguintes obras públicas:

I – abertura, alargamento, pavimentação, iluminação, arborização, esgotos pluviais e outros melhoramentos de praças e vias públicas;

II – construção e ampliação de parques, campos de desportos, pontes, túneis e viadutos;

III – construção ou ampliação de sistemas de trânsito rápido, inclusive todas as obras e edificações necessárias ao funcionamento do sistema;

IV – serviços e obras de abastecimento de água potável, esgotos, instalações de redes elétricas, telefônicas, transportes e comunicações em geral ou de suprimento de gás, funiculares, ascensores e instalações de comodidade pública;

V – proteção contra secas, inundações, erosão, ressacas, e de saneamento e drenagem em geral, diques, cais, desobstrução de barras, portos e canais, retificação e regularização de cursos d'água e irrigação;

VI – construção de estradas de ferro e construção, pavimentação e melhoramento de estradas de rodagem;

VII – construção de aeródromos e aeroportos e seus acessos;

VIII – aterros e realizações de embelezamento em geral, inclusive desapropriações em desenvolvimento de plano de aspecto paisagístico.

Art. 3º A Contribuição de Melhoria a ser exigida pela União, Estados, Distrito Federal e Municípios, para fazer face ao custo das obras públicas, será cobrada pela Unidade administrativa que as realizar, adotando-se como critério o benefício resultante da obra, calculado através de índices cadastrais das respectivas zonas de influência, a serem fixados em regulamentação deste Decreto-Lei.

§ 1º A apuração, dependendo da natureza das obras, far-se-á levando em conta a situação do imóvel na zona de influência, sua testada, área, finalidade de exploração econômica e outros elementos a serem considerados, isolada ou conjuntamente.

§ 2º A determinação da Contribuição de Melhoria far-se-á rateando, proporcionalmente, o custo parcial ou total das obras, entre todos os imóveis incluídos nas respectivas zonas de influência.

§ 3º A Contribuição de Melhoria será cobrada dos proprietários de imóveis do domínio privado, situados nas áreas direta e indiretamente beneficiadas pela obra.

§ 4º Reputam-se feitas pela União as obras executadas pelos Territórios.

Art. 4º A cobrança da Contribuição de Melhoria terá como limite o custo das obras, computadas as despesas de estudos, projetos, fiscalização, desapropriações, administração, execução e financiamento, inclusive prêmios de reembolso e outras de praxe em financiamento ou empréstimos e terá a sua expressão monetária atualizada na época do lançamento mediante aplicação de coeficientes de correção monetária.

§ 1º Serão incluídos, nos orçamentos de custo das obras, todos os investimentos necessários para que os benefícios delas decorrentes sejam integralmente alcançados pelos imóveis situados nas respectivas zonas de influência.

§ 2º A percentagem do custo real a ser cobrada mediante Contribuição de Melhoria será fixada tendo em vista a natureza da obra, os benefícios para os usuários, as atividades econômicas predominantes e o nível de desenvolvimento da região.

Art. 5º Para cobrança da Contribuição de Melhoria, a Administração competente deverá publicar edital, contendo, entre outros, os seguintes elementos:

I – delimitação das áreas direta e indiretamente beneficiadas e a relação dos imóveis nelas compreendidos;

II – memorial descritivo do projeto;

III – orçamento total ou parcial do custo das obras;

IV – determinação da parcela do custo das obras a ser ressarcida pela contribuição, com o correspondente plano de rateio entre os imóveis beneficiados.

Parágrafo único. O disposto neste artigo aplica-se, também, aos casos de cobrança da Contribuição de Melhoria por obras públicas em execução, constantes de projetos ainda não concluídos.

Art. 6º Os proprietários de imóveis situados nas zonas beneficiadas pelas obras públicas têm o prazo de trinta dias, a começar da data da publicação do edital referido no artigo 5º, para a impugnação de qualquer dos elementos dele constantes, cabendo ao impugnante o ônus da prova.

Art. 7º A impugnação deverá ser dirigida à Administração competente, através de petição, que servirá para o início do processo administrativo conforme venha a ser regulamentado por decreto federal.

Art. 8º Responde pelo pagamento da Contribuição de Melhoria o proprietário do imóvel ao tempo do seu lançamento, e esta responsabilidade se transmite aos adquirentes e sucessores, a qualquer título, do domínio do imóvel.

§ 1º No caso de enfiteuse, responde pela Contribuição de Melhoria o enfiteuta.

§ 2º No imóvel locado é lícito ao locador exigir aumento de aluguel correspondente a dez por cento ao ano da Contribuição de Melhoria efetivamente paga.

▸ Arts. 17, parágrafo único, e 18 da Lei nº 8.245, de 18-10-1991 (Lei das Locações).

§ 3º É nula a cláusula do contrato de locação que atribua ao locatário o pagamento, no todo ou em parte, da Contribuição de Melhoria lançada sobre o imóvel.

▸ Art. 45 da Lei nº 8.245, de 18-10-1991 (Lei das Locações).

§ 4º Os bens indivisos serão considerados como pertencentes a um só proprietário e aquele que for lançado terá direito de exigir dos condôminos as parcelas que lhes couberem.

Art. 9º Executada a obra de melhoramento na sua totalidade ou em parte suficiente para beneficiar determinados imóveis, de modo a justificar o início da cobrança da Contribuição de Melhoria, proceder-se-á ao lançamento referente a esses imóveis depois de publicado o respectivo demonstrativo de custos.

Art. 10. O órgão encarregado do lançamento deverá escriturar, em registro próprio, o débito da Contribuição de Melhoria correspondente a cada imóvel, notificando o proprietário, diretamente ou por edital, do:

I – valor da Contribuição de Melhoria lançada;

II – prazo para o seu pagamento, suas prestações e vencimentos;

III – prazo para a impugnação;

IV – local do pagamento.

Parágrafo único. Dentro do prazo que lhe for concedido na notificação do lançamento, que não será inferior a trinta dias, o contribuinte poderá reclamar, ao órgão lançador, contra:

I – o erro na localização e dimensões do imóvel;

II – o cálculo dos índices atribuídos;

III – o valor da contribuição;

IV – o número de prestações.

Art. 11. Os requerimentos de impugnação de reclamação, como também quaisquer recursos administrativos, não suspendem o início ou prosseguimento das obras e nem terão efeito de obstar a administração a prática dos atos necessários ao lançamento e cobrança da Contribuição de Melhoria.

Art. 12. A Contribuição de Melhoria será paga pelo contribuinte de forma que a sua parcela anual não exceda a três por cento do maior valor fiscal do seu imóvel, atualizado à época da cobrança.

§ 1º O ato da autoridade que determinar o lançamento poderá fixar descontos para o pagamento à vista, ou em prazos menores do que o lançado.

§ 2º As prestações da Contribuição de Melhoria serão corrigidas monetariamente, de acordo com os coeficientes aplicáveis na correção dos débitos fiscais.

§ 3º O atraso no pagamento das prestações fixadas no lançamento sujeitará o contribuinte à multa de mora de doze por cento ao ano.

§ 4º É lícito ao contribuinte liquidar a Contribuição de Melhoria com títulos da dívida pública, emitidos especialmente para financiamento da obra pela qual foi lançado; neste caso, o pagamento será feito pelo valor nominal do título, se o preço do mercado for inferior.

§ 5º No caso do serviço público concedido, o poder concedente poderá lançar e arrecadar a contribuição.

§ 6º Mediante convênio, a União poderá legar aos Estados e Municípios, ou ao Distrito Federal, o lançamento e a arrecadação da Contribuição de Melhoria devida por obra pública federal, fixando a percentagem da receita, que caberá ao Estado ou Município que arrecadar a contribuição.

§ 7º Nas obras federais, quando, por circunstâncias da área a ser lançada ou da natureza da obra, o montante previsto na arrecadação da Contribuição de Melhoria não compensar o lançamento pela União, ou por seus órgãos, o lançamento poderá ser delegado aos municípios interessados e neste caso:

a) caberão aos Municípios o lançamento, arrecadação e as receitas apuradas; e

b) o órgão federal delegante se limitará a fixar os índices e critérios para o lançamento.

Art. 13. A cobrança da Contribuição de Melhoria resultante de obras executadas pela União, situadas em áreas urbanas de um único Município, poderá ser efetuada pelo órgão arrecadador municipal, em convênio com o órgão federal que houver realizado as referidas obras.

Art. 14. A conservação, a operação e a manutenção das obras referidas no artigo anterior, depois de concluídas, constituem encargos do Município em que estiverem situadas.

Art. 15. Os encargos de conservação, operação e manutenção das obras de drenagem e irrigação, não abrangidas pelo artigo 13 e implantadas através da Contribuição de Melhoria, serão custeados pelos seus usuários.

Art. 16. Do produto de arrecadação de Contribuição de Melhoria, nas áreas prioritárias para a Reforma Agrária, cobrada pela União e prevista como integrante do Fundo Nacional da Reforma Agrária (artigo 28, I, da Lei nº 4.504, de 30 de novembro de 1964), o Instituto Brasileiro de Reforma Agrária destinará importância idêntica a recolhida, para ser aplicada em novas obras e projetos de Reforma Agrária pelo mesmo órgão que realizou as obras públicas do que decorreu a contribuição.

Art. 17. Para efeito do Imposto sobre a Renda, devido sobre a valorização imobiliária resultante de obra pública, deduzir-se-á a importância que o contribuinte houver pago, a título de Contribuição de Melhoria.

Art. 18. A dívida fiscal oriunda da Contribuição de Melhoria terá preferência sobre outras dívidas fiscais quanto ao imóvel beneficiado.

▸ Lei nº 6.830, de 22-9-1980 (Lei das Execuções Fiscais).

Art. 19. Fica revogada a Lei nº 854, de 10 de outubro de 1949, e demais disposições legais em contrário.

Art. 20. Dentro de noventa dias o Poder Executivo baixará decreto regulamentando o presente Decreto-Lei, que entra em vigor na data de sua publicação.

Brasília, 24 de fevereiro de 1967;
146º da Independência e
79º da República.

H. Castello Branco

LEI Nº 5.256, DE 6 DE ABRIL DE 1967

Dispõe sobre a prisão especial.

▶ Publicada no *DOU* de 7-4-1967 e retificada no *DOU* de 19-4-1967.

Art. 1º Nas localidades em que não houver estabelecimento adequado ao recolhimento dos que tenham direito a prisão especial, o juiz, considerando a gravidade das circunstâncias do crime, ouvido o representante do Ministério Público, poderá autorizar a prisão do réu ou indiciado na própria residência, de onde o mesmo não poderá afastar-se sem prévio consentimento judicial.

▶ Art. 295 do CPP.
▶ Art. 242 do CPPM.
▶ Art. 115 da LEP.

Art. 2º A prisão domiciliar não exonera o réu ou indiciado da obrigação de comparecer aos atos policiais ou judiciais para os quais for convocado, ficando ainda sujeito a outras limitações que o juiz considerar indispensáveis à investigação policial e à instrução criminal.

Art. 3º Por ato de ofício do juiz, a requerimento do Ministério Público ou da autoridade policial, o beneficiário da prisão domiciliar poderá ser submetido a vigilância policial, exercida sempre com discrição e sem constrangimento para o réu ou indiciado e sua família.

Art. 4º A violação de qualquer das condições impostas na conformidade da presente Lei implicará na perda do benefício da prisão domiciliar, devendo o réu ou indiciado ser recolhido a estabelecimento penal, onde permanecerá separado dos demais presos.

Parágrafo único. Neste caso, o diretor do estabelecimento poderá aproveitar o réu ou indiciado nas tarefas administrativas da prisão.

Art. 5º Esta Lei entra em vigor na data de sua publicação.

Art. 6º Revogam-se as disposições em contrário.

Brasília, 6 de abril de 1967;
146º da Independência e
79º da República.
A. Costa e Silva

LEI Nº 5.474, DE 18 DE JULHO DE 1968

Dispõe sobre as duplicatas e dá outras providências.

▶ Publicada no *DOU* de 19-7-1968 e retificada no *DOU* de 25-7-1968.

CAPÍTULO I
DA FATURA E DA DUPLICATA

Art. 1º Em todo o contrato de compra e venda mercantil entre partes domiciliadas no território brasileiro, com prazo não inferior a trinta dias, contado da data da entrega ou despacho das mercadorias, o vendedor extrairá a respectiva fatura para apresentação ao comprador.

§ 1º A fatura discriminará as mercadorias vendidas ou, quando convier ao vendedor, indicará somente os números e valores das notas parciais expedidas por ocasião das vendas, despachos ou entregas das mercadorias.

§ 2º *Revogado*. Dec.-lei nº 436, de 27-1-1969.

Art. 2º No ato da emissão da fatura, dela poderá ser extraída uma duplicata para circulação como efeito comercial, não sendo admitida qualquer outra espécie de título de crédito para documentar o saque do vendedor pela importância faturada ao comprador.

§ 1º A duplicata conterá:

I – a denominação "*duplicata*", a data de sua emissão e o número de ordem;
II – o número da fatura;
III – a data certa do vencimento ou a declaração de ser a duplicata à vista;
IV – o nome e domicílio do vendedor e do comprador;
V – a importância a pagar, em algarismos e por extenso;
VI – a praça de pagamento;
VII – a cláusula à ordem;
VIII – a declaração do reconhecimento de sua exatidão e da obrigação de pagá-la, a ser assinada pelo comprador, como aceite cambial;
IX – a assinatura do emitente.

§ 2º Uma só duplicata não pode corresponder a mais de uma fatura.

§ 3º Nos casos de venda para pagamento em parcelas, poderá ser emitida duplicata única, em que se discriminarão todas as prestações e seus vencimentos, ou série de duplicatas, uma para cada prestação, distinguindo-se a numeração a que se refere o item I do § 1º deste artigo, pelo acréscimo de letra do alfabeto, em sequência.

Art. 3º A duplicata indicará sempre o valor total da fatura, ainda que o comprador tenha direito a qualquer rebate, mencionando o vendedor o valor líquido que o comprador deverá reconhecer como obrigação de pagar.

§ 1º Não se incluirão no valor total da duplicata os abatimentos de preços das mercadorias feitos pelo vendedor até o ato do faturamento, desde que constem da fatura.

§ 2º A venda mercantil para pagamento contra a entrega da mercadoria ou do conhecimento de transporte, sejam ou não da mesma praça vendedor e comprador, ou para pagamento em prazo inferior a trinta dias, contado da entrega ou despacho das mercadorias, poderá representar-se, também, por duplicata, em que se declarará que o pagamento será feito nessas condições.

Art. 4º Nas vendas realizadas por consignatários ou comissários e faturadas em nome e por conta do consignante ou comitente, caberá àqueles cumprir os dispositivos desta Lei.

Art. 5º Quando a mercadoria for vendida por conta do consignatário, este é obrigado, na ocasião de expedir a fatura e a duplicata, a comunicar a venda ao consignante.

§ 1º Por sua vez, o consignante expedirá fatura e duplicata correspondente à mesma venda, a fim de ser esta assinada pelo consignatário, mencionando-se o prazo estipulado para a liquidação do saldo da conta.

§ 2º Fica o consignatário dispensado de emitir duplicata quando na comunicação a que se refere o § 1º declarar que o produto líquido apurado está à disposição do consignante.

CAPÍTULO II
DA REMESSA E DA DEVOLUÇÃO DA DUPLICATA

Art. 6º A remessa de duplicata poderá ser feita diretamente pelo vendedor ou por seus representantes, por intermédio de instituições financeiras, procuradores ou correspondentes que se incumbam de apresentá-la ao comprador na praça ou no lugar de seu estabelecimento, podendo os intermediários devolvê-la, depois de assinada, ou conservá-la em seu poder até o momento do resgate, segundo as instruções de quem lhes cometeu o encargo.

§ 1º O prazo para remessa da duplicata será de trinta dias, contado da data de sua emissão.

§ 2º Se a remessa for feita por intermédio de representantes, instituições financeiras, procuradores ou correspondentes, estes deverão apresentar o título ao comprador dentro de dez dias, contados da data de seu recebimento na praça de pagamento.

Art. 7º A duplicata, quando não for à vista, deverá ser devolvida pelo comprador ao apresentante dentro do prazo de dez dias, contados da data de sua apresentação, devidamente assinada ou acompanhada de declaração, por escrito, contendo as razões da falta do aceite.

§ 1º Havendo expressa concordância da instituição financeira cobradora, o sacado poderá reter a duplicata em seu poder até a data do vencimento, desde que comunique, por escrito, à apresentante, o aceite e a retenção.

§ 2º A comunicação de que trata o parágrafo anterior substituirá, quando necessário, no ato do protesto ou na execução judicial, a duplicata a que se refere.

▶ § 2º com a redação dada pela Lei nº 6.458, de 1º-11-1977.

Art. 8º O comprador só poderá deixar de aceitar a duplicata por motivo de:

I – avaria ou não recebimento das mercadorias, quando não expedidas ou não entregues por sua conta e risco;
II – vícios, defeitos e diferenças na qualidade ou na quantidade das mercadorias, devidamente comprovados;
III – divergência nos prazos ou nos preços ajustados.

CAPÍTULO III
DO PAGAMENTO DAS DUPLICATAS

Art. 9º É lícito ao comprador resgatar a duplicata antes de aceitá-la ou antes da data do vencimento.

§ 1º A prova do pagamento é o recibo, passado pelo legítimo portador ou por seu representante com poderes especiais, no verso do próprio título ou em documento, em separado, com referência expressa à duplicata.

§ 2º Constituirá, igualmente, prova de pagamento, total ou parcial, da duplicata, a liquidação de cheque, a favor do estabelecimento endossatário, no qual conste, no verso, que seu valor se destina à amortização ou liquidação da duplicata nele caracterizada.

Art. 10. No pagamento da duplicata poderão ser deduzidos quaisquer créditos a favor do devedor, resultantes de devolução de mercadorias, diferenças de preço, enganos verificados, pagamentos por conta e outros motivos assemelhados, desde que devidamente autorizados.

Art. 11. A duplicata admite reforma ou prorrogação do prazo de vencimento, mediante declaração em separado ou nela escrita, assinada pelo vendedor ou endossatário, ou por representante com poderes especiais.

Parágrafo único. A reforma ou prorrogação de que trata este artigo, para manter a coobrigação dos demais intervenientes por endosso ou aval, requer a anuência expressa destes.

Art. 12. O pagamento da duplicata poderá ser assegurado por aval, sendo o avalista equiparado àquele cujo nome indicar; na falta da indicação, àquele abaixo de cuja firma lançar a sua; fora desses casos, ao comprador.

Parágrafo único. O aval dado posteriormente ao vencimento do título produzirá os mesmos efeitos que o prestado anteriormente àquela ocorrência.

CAPÍTULO IV
DO PROTESTO

Art. 13. A duplicata é protestável por falta de aceite, de devolução ou de pagamento.

§ 1º Por falta de aceite, de devolução ou de pagamento, o protesto será tirado, conforme o caso, mediante apresentação da duplicata, da triplicata, ou, ainda, por simples indicações do portador, na falta de devolução do título.

§ 2º O fato de não ter sido exercida a faculdade de protestar o título, por falta de aceite ou de devolução, não elide a possibilidade de protesto por falta de pagamento.

§ 3º O protesto será tirado na praça de pagamento constante do título.

§ 4º O portador que não tirar o protesto da duplicata, em forma regular e dentro do prazo de trinta dias, contado da data de seu vencimento, perderá o direito de regresso contra os endossantes e respectivos avalistas.

▶ Súm. nº 475 do STJ.

Art. 14. Nos casos de protesto, por falta de aceite, de devolução ou de pagamento, ou feitos por indicações do portador o instrumento de protesto deverá conter os requisitos enumerados no artigo 29 do Decreto nº 2.044, de 31 de dezembro de 1908, exceto a transcrição mencionada no inciso II, que será substituída pela reprodução das indicações feitas pelo portador do título.

▶ Artigo com a redação dada pelo Dec.-lei nº 436, de 27-1-1969.

▶ Súm. nº 475 do STJ.

CAPÍTULO V
DO PROCESSO PARA COBRANÇA DA DUPLICATA

▶ Capítulo V com a redação dada pela Lei nº 6.458, de 1º-11-1977.

Art. 15. A cobrança judicial de duplicata ou triplicata será efetuada de conformidade com o processo aplicável aos títulos executivos extrajudiciais, de que cogita o Livro II do Código de Processo Civil, quando se tratar:

▶ Súm. nº 27 do STJ.

I – de duplicata ou triplicata aceita, protestada ou não;

II – de duplicata ou triplicata não aceita, contanto que, cumulativamente:

a) haja sido protestada;

b) esteja acompanhada de documento hábil comprobatório da entrega e do recebimento da mercadoria, permitida a sua comprovação por meio eletrônico;

▶ Alínea *b* com a redação dada pela Lei nº 14.301, de 7-1-2022.

c) o sacado não tenha, comprovadamente, recusado o aceite, no prazo, nas condições e pelos motivos previstos nos artigos 7º e 8º desta Lei.

§ 1º Contra o sacador, os endossantes e respectivos avalistas caberá o processo de execução referido neste artigo, quaisquer que sejam a forma e as condições do protesto.

§ 2º Processar-se-á também da mesma maneira a execução de duplicata ou triplicata não aceita e não devolvida, desde que haja sido protestada mediante indicações do credor ou do apresentante do título, nos termos do artigo 14, preenchidas as condições do inciso II deste artigo.

§ 3º A comprovação por meio eletrônico de que trata a alínea *b* do inciso II do *caput* deste artigo poderá ser disciplinada em ato do Poder Executivo federal.

▶ § 3º acrescido pela Lei nº 14.301, de 7-1-2022.

Art. 16. Aplica-se o procedimento ordinário previsto no Código de Processo Civil à ação do credor contra o devedor, por duplicata ou triplicata que não preencha os requisitos do artigo 15, I e II, e §§ 1º e 2º, bem como à ação para ilidir as razões invocadas pelo devedor para o não aceite do título, nos casos previstos no artigo 8º.

Art. 17. O foro competente para cobrança judicial da duplicata ou da triplicata é o da praça de pagamento constante do título, ou outra de domicílio do comprador e, no caso de ação regressiva, a dos sacadores, dos endossantes e respectivos avalistas.

Art. 18. A pretensão à execução da duplicata prescreve:

I – contra o sacado e respectivos avalistas, em três anos, contados da data do vencimento do título;

II – contra endossante e seus avalistas, em um ano, contado da data do protesto;

III – de qualquer dos coobrigados, contra os demais, em um ano, contado da data em que haja sido efetuado o pagamento do título.

§ 1º A cobrança judicial poderá ser proposta contra um ou contra todos os coobrigados, sem observância da ordem em que figurem no título.

§ 2º Os coobrigados da duplicata respondem solidariamente pelo aceite e pelo pagamento.

CAPÍTULO VI
DA ESCRITA ESPECIAL

Art. 19. A adoção do regime de vendas de que trata o artigo 2º desta Lei obriga o vendedor a ter e a escriturar o Livro de Registro de Duplicatas.

§ 1º No Registro de Duplicatas serão escrituradas, cronologicamente, todas as duplicatas emitidas, com o número de ordem, data e valor das faturas originárias e data de sua expedição; nome e domicílio do comprador; anotações das reformas; prorrogações e outras circunstâncias necessárias.

§ 2º Os Registros de Duplicatas, que não poderão conter emendas, borrões, rasuras ou entrelinhas, deverão ser conservados nos próprios estabelecimentos.

§ 3º O Registro de Duplicatas poderá ser substituído por qualquer sistema mecanizado, desde que os requisitos deste artigo sejam observados.

CAPÍTULO VII
DAS DUPLICATAS DE PRESTAÇÃO DE SERVIÇOS

Art. 20. Poderão emitir, na forma prevista nesta Lei, fatura e duplicata:

▶ *Caput* com a redação dada pela Lei nº 14.206, de 27-9-2021.

I – as empresas, individuais ou coletivas, fundações ou sociedades civis que se dediquem à prestação de serviços; e

II – o Transportador Autônomo de Cargas (TAC), de que trata o inciso I do *caput* do art. 2º da Lei nº 11.442, de 5 de janeiro de 2007.

▶ Incisos I e II acrescidos pela Lei nº 14.206, de 27-9-2021.

§ 1º A fatura deverá discriminar a natureza dos serviços prestados.

§ 2º A soma a pagar em dinheiro corresponderá ao preço dos serviços prestados.

§ 3º Aplicam-se à fatura e à duplicata ou triplicata de prestação de serviços, com as adaptações cabíveis, as disposições referentes à fatura e à duplicata ou triplicata de venda mercantil, constituindo documento hábil, para transcrição do instrumento de protesto, qualquer documento que comprove a efetiva prestação dos serviços e o vínculo contratual que a autorizou.

▶ § 3º acrescido pelo Dec.-lei nº 436, de 27-1-1969.

Art. 21. O sacado poderá deixar de aceitar a duplicata de prestação de serviços por motivo de:

I – não correspondência com os serviços efetivamente contratados;

II – vícios ou defeitos na qualidade dos serviços prestados, devidamente comprovados;

III – divergências nos prazos ou nos preços ajustados.

Art. 22. Equiparam-se às entidades constantes do artigo 20, para os efeitos da presente Lei, ressalvado o disposto no Capítulo VI, os profissionais liberais e os que prestam serviço de natureza eventual, desde que o valor do serviço ultrapasse a cem cruzeiros novos.

§ 1º Nos casos deste artigo, o credor enviará ao devedor fatura ou conta que mencione a natureza e valor dos serviços prestados, data e local do pagamento e o vínculo contratual que deu origem aos serviços executados.

§ 2º Registrada a fatura ou conta no Cartório de Títulos e Documentos, será ela remetida ao devedor, com as cautelas constantes do artigo 6º.

§ 3º O não pagamento da fatura ou conta no prazo nela fixado autorizará o credor a levá-la a protesto, valendo, na ausência do original, certidão do cartório competente.

§ 4º O instrumento do protesto, elaborado com as cautelas do artigo 14, discriminando a fatura ou conta original ou a certidão do Cartório de Títulos e Documentos, autorizará o ajuizamento do competente processo de execução na forma prescrita nesta Lei.

▶ § 4º com a redação dada redação dada pela Lei nº 6.458, de 1º-11-1977.

CAPÍTULO VIII
DAS DISPOSIÇÕES GERAIS

Art. 23. A perda ou extravio da duplicata obrigará o vendedor a extrair triplicata, que terá os mesmos efeitos e requisitos e obedecerá às mesmas formalidades daquela.

Art. 24. Da duplicata poderão constar outras indicações, desde que não alterem sua feição característica.

Art. 25. Aplicam-se à duplicata e à triplicata, no que couber, os dispositivos da legislação sobre emissão, circulação e pagamento das Letras de Câmbio.

Art. 26. O artigo 172 do Código Penal (Decreto-lei nº 2.848, de 7 de dezembro de 1940) passa a vigorar com a seguinte redação:

▸ Alteração inserida no texto do referido Código.

Art. 27. O Conselho Monetário Nacional, por proposta do Ministério da Indústria e do Comércio, baixará, dentro de cento e vinte dias da data da publicação desta Lei, normas para padronização formal dos títulos e documentos nela referidos fixando prazo para sua adoção obrigatória.

Art. 28. Esta Lei entrará em vigor trinta dias após a data de sua publicação, revogando-se a Lei nº 187, de 15 de janeiro de 1936, a Lei nº 4.068, de 9 de junho de 1962, os Decretos-lei nºs 265, de 28 de fevereiro de 1967; 320, de 29 de março de 1967; 331, de 21 de setembro de 1967 e 345, de 28 de dezembro de 1967, na parte referente às duplicatas e todas as demais disposições em contrário.

Brasília, 18 de julho de 1968;
147º da Independência e
80º da República.

A. Costa e Silva

LEI Nº 5.478, DE 25 DE JULHO DE 1968

Dispõe sobre ação de alimentos e dá outras providências.

▸ Publicada no *DOU* de 26-7-1968 e retificada no *DOU* de 14-8-1968.
▸ Arts. 1.694 a 1.710 do CC.
▸ Lei nº 11.804, de 5-11-2008 (Lei dos Alimentos Gravídicos).
▸ Súm. nº 358 do STJ.

•**Art. 1º** A ação de alimentos é de rito especial, independe de prévia distribuição e de anterior concessão do benefício de gratuidade.

▸ Arts. 53, II, 189, II, 292, VIII, 731, II e III, e 1.012, II, do CPC/2015.

§ 1º A distribuição será determinada posteriormente por ofício do juízo, inclusive para o fim de registro do feito.

§ 2º A parte que não estiver em condições de pagar as custas do processo, sem prejuízo do sustento próprio ou de sua família, gozará do benefício da gratuidade, por simples afirmativa dessas condições perante o juiz, sob pena de pagamento até o décuplo das custas judiciais.

§ 3º Presume-se pobre, até prova em contrário, quem afirmar essa condição, nos termos desta Lei.

§ 4º A impugnação do direito à gratuidade não suspende o curso do processo de alimentos e será feita em autos apartados.

Art. 2º O credor, pessoalmente, ou por intermédio de advogado, dirigir-se-á ao juiz competente, qualificando-se, e exporá suas necessidades, provando, apenas, o parentesco ou a obrigação de alimentar do devedor, indicando seu nome e sobrenome, residência ou local de trabalho, profissão e naturalidade, quanto ganha aproximadamente ou os recursos de que dispõe.

▸ Art. 53, II, do CPC/2015.

§ 1º Dispensar-se-á a produção inicial de documentos probatórios:

I – quando existente em notas, registros, repartições ou estabelecimentos públicos e ocorrer impedimento ou demora em extrair certidões;

II – quando estiverem em poder do obrigado, as prestações alimentícias ou de terceiro residente em lugar incerto ou não sabido.

§ 2º Os documentos públicos ficam isentos de reconhecimento de firma.

§ 3º Se o credor comparecer pessoalmente e não indicar profissional que haja concordado em assisti-lo, o juiz designará desde logo quem o deva fazer.

Art. 3º O pedido será apresentado por escrito, em três vias, e deverá conter a indicação do juiz a quem for dirigido, os elementos referidos no artigo anterior e um histórico sumário dos fatos.

▸ Arts. 292, VI, e 319 e segs., do CPC/2015.

§ 1º Se houver sido designado pelo juiz defensor para assistir o solicitante, na forma prevista no artigo 2º, formulará o designado, dentro de vinte e quatro horas da nomeação, o pedido, por escrito, podendo, se achar conveniente, indicar seja a solicitação verbal reduzida a termo.

§ 2º O termo previsto no parágrafo anterior será em três vias, datadas e assinadas pelo escrivão, observado, no que couber, o disposto no *caput* do presente artigo.

Art. 4º Ao despachar o pedido, o juiz fixará desde logo alimentos provisórios a serem pagos pelo devedor, salvo se o credor expressamente declarar que deles não necessita.

Parágrafo único. Se se tratar de alimentos provisórios pedidos pelo cônjuge, casado pelo regime da comunhão universal de bens, o juiz determinará igualmente que seja entregue ao credor, mensalmente, parte da renda líquida dos bens comuns, administrados pelo devedor.

Art. 5º O escrivão, dentro de quarenta e oito horas, remeterá ao devedor a segunda via da petição ou do termo, juntamente com a cópia do despacho do juiz, e a comunicação do dia e hora da realização da audiência de conciliação e julgamento.

§ 1º Na designação da audiência, o juiz fixará o prazo razoável que possibilite ao réu a contestação da ação proposta e a eventualidade de citação por edital.

§ 2º A comunicação, que será feita mediante registro postal isento de taxas e com aviso de recebimento, importa em citação, para todos os efeitos legais.

§ 3º Se o réu criar embaraços ao recebimento da citação, ou não for encontrado, repetir-se-á a diligência por intermédio do oficial de justiça, servindo de mandado a terceira via da petição ou do termo.

§ 4º Impossibilitada a citação do réu por qualquer dos modos acima previstos, será ele citado por edital afixado na sede do juízo e publicado três vezes consecutivas no órgão oficial do Estado, correndo a despesa por conta do vencido, a final, sendo previamente a conta juntada aos autos.

§ 5º O edital deverá conter um resumo do pedido inicial, a íntegra do despacho nele exarado, a data e a hora da audiência.

§ 6º O autor será notificado da data e hora da audiência no ato de recebimento da petição, ou da lavratura do termo.

§ 7º O juiz, ao marcar a audiência, oficiará ao empregador do réu, ou, se o mesmo for funcionário público, ao responsável por sua repartição, solicitando o envio, no máximo até a data marcada para a audiência, de informações sobre o salário ou os vencimentos do devedor, sob as penas previstas no artigo 22 desta Lei.

§ 8º A citação do réu, mesmo no caso dos artigos 200 e 201 do Código do Processo Civil, far-se-á na forma do § 2º, do artigo 5º desta Lei.

Art. 6º Na audiência de conciliação e julgamento deverão estar presentes autor e réu, independentemente de intimação e de comparecimento de seus representantes.

Art. 7º O não comparecimento do autor determina o arquivamento do pedido, e a ausência do réu importa em revelia, além de confissão quanto à matéria de fato.

▸ Arts. 344 a 346 do CPC/2015.

Art. 8º Autor e réu comparecerão à audiência acompanhados de suas testemunhas, três no máximo, apresentando, nessa ocasião, as demais provas.

Art. 9º Aberta a audiência, lida a petição, ou o termo, e a resposta, se houver, ou dispensada a leitura, o juiz ouvirá as partes litigantes e o representante do Ministério Público, propondo conciliação.

§ 1º Se houver acordo, lavrar-se-á o respectivo termo, que será assinado pelo juiz, escrivão, partes e representantes do Ministério Público.

§ 2º Não havendo acordo, o juiz tomará o depoimento pessoal das partes e das testemunhas, ouvidos os peritos se houver, podendo julgar o feito sem a mencionada produção de provas, se as partes concordarem.

Art. 10. A audiência de julgamento será contínua; mas, se não for possível, por motivo de força maior, concluí-la no mesmo dia, o juiz marcará a sua continuação para o primeiro dia desimpedido, independentemente de novas intimações.

Art. 11. Terminada a instrução, poderão as partes e o Ministério Público aduzir alegações finais, em prazo não excedente de dez minutos para cada um.

Parágrafo único. Em seguida, o juiz renovará a proposta de conciliação e, não sendo aceita, ditará sua sentença, que conterá sucinto relatório do ocorrido na audiência.

Art. 12. Da sentença serão as partes intimadas, pessoalmente ou através de seus representantes, na própria audiência, ainda quando ausentes, desde que intimadas de sua realização.

Art. 13. O disposto nesta Lei aplica-se igualmente, no que couber, às ações ordinárias de desquite, nulidade e anulação de casamento, à revisão de sentenças proferidas em pedidos de alimentos e respectivas execuções.

§ 1º Os alimentos provisórios fixados na inicial poderão ser revistos a qualquer tempo, se houver modificação na situação financeira das partes, mas o pedido será sempre processado em apartado.

§ 2º Em qualquer caso, os alimentos fixados retroagem à data da citação.

▸ Súm. nº 277 do STJ.

§ 3º Os alimentos provisórios serão devidos até a decisão final, inclusive o julgamento do recurso extraordinário.

▸ Súm. nº 226 do STF.

Art. 14. Da sentença caberá apelação no efeito devolutivo.

▸ Arts. 995 e 1.012 do CPC/2015.

Art. 15. A decisão judicial sobre alimentos não transita em julgado e pode a qualquer tempo ser revista, em face da modificação da situação financeira dos interessados.

Arts. 16 a 18. *Revogados*. Lei nº 13.105, de 16-3-2015.

Art. 19. O juiz, para instrução da causa ou na execução da sentença ou do acordo, poderá tomar todas as providências necessárias para seu esclarecimento ou para o cumprimento do julgado ou do acordo, inclusive a decretação de prisão do devedor até sessenta dias.

▸ Súm. nº 309 do STJ.

§ 1º O cumprimento integral da pena de prisão não eximirá o devedor do pagamento das prestações alimentícias, vincendas ou vencidas e não pagas.

§ 2º Da decisão que decretar a prisão do devedor, caberá agravo de instrumento.

§ 3º A interposição do agravo não suspende a execução da ordem de prisão.

Art. 20. As repartições públicas, civis ou militares, inclusive do Imposto de Renda, darão todas as informações necessárias à instrução dos processos previstos nesta Lei e à execução do que for decidido ou acordado em juízo.

Art. 21. O artigo 244 do Código Penal passa a vigorar com a seguinte redação:

▸ Alterações inseridas no referido Código.

Art. 22. Constitui crime contra a administração da justiça deixar o empregador ou funcionário público de prestar ao juízo competente as informações necessárias à instrução de processo ou execução de sentença ou acordo que fixe pensão alimentícia:

Pena – Detenção de seis meses a um ano, sem prejuízo da pena acessória de suspensão do emprego de trinta a noventa dias.

Parágrafo único. Nas mesmas penas incide quem, de qualquer modo, ajuda o devedor a eximir-se ao pagamento de pensão alimentícia judicialmente acordada, fixada ou majorada, ou se recusa, ou procrastina a executar ordem de descontos em folhas de pagamento, expedida pelo juiz competente.

Art. 23. A prescrição quinquenal referida no artigo 178, § 10, inciso I, do Código Civil só alcança as prestações mensais e não o direito a alimentos, que, embora irrenunciável, pode ser provisoriamente dispensado.

Art. 24. A parte responsável pelo sustento da família, e que deixar a residência comum por motivo, que não necessitará declarar, poderá tomar a iniciativa de comunicar ao juízo os rendimentos de que dispõe e de pedir a citação do credor, para comparecer à audiência de conciliação e julgamento destinada à fixação dos alimentos a que está obrigado.

Art. 25. A prestação não pecuniária estabelecida no artigo 403 do Código Civil, só pode ser autorizada pelo juiz se a ela anuir o alimentando capaz.

▸ Refere-se ao CC/1916. Art. 1.701 do CC/2002.

Art. 26. É competente para as ações de alimentos decorrentes da aplicação do Decreto Legislativo nº 10, de 13 de novembro de 1958, e Decreto nº 56.826, de 2 de setembro de 1965, o juízo federal da capital da Unidade Federativa Brasileira em que reside o devedor, sendo considerada instituição intermediária, para os fins dos referidos decretos, a Procuradoria-Geral da República.

Parágrafo único. Nos termos do inciso III, artigo 2º, da Convenção Internacional sobre ações de alimentos, o governo brasileiro comunicará, sem demora, ao Secretário Geral das Nações Unidas, o disposto neste artigo.

Art. 27. Aplicam-se supletivamente nos processos regulados por esta Lei as disposições do Código de Processo Civil.

Art. 28. Esta Lei entrará em vigor trinta dias depois de sua publicação.

Art. 29. Revogam-se as disposições em contrário.

Brasília, 25 de julho de 1968;
147º da Independência e
80º da República.

A. Costa e Silva

DECRETO-LEI Nº 406, DE 31 DE DEZEMBRO DE 1968

Estabelece normas gerais de direito financeiro, aplicáveis aos Impostos sobre Operações relativas à Circulação de Mercadorias e sobre Serviços de qualquer Natureza, e dá outras providências.

▸ Publicado no *DOU* de 31-12-1968.
▸ Este Decreto-Lei estará revogado pela LC nº 214, de 16-1-2025, a partir de 1º-1-2033.
▸ LC nº 87, de 13-9-1996 (Lei Kandir – ICMS).

Art. 1º O Imposto sobre Operações relativas à Circulação de Mercadorias tem como fato gerador:

I – a saída de mercadorias de estabelecimento comercial, industrial ou produtor;

▸ Súm. nº 166 do STJ.

II – a entrada em estabelecimento comercial, industrial ou produtor, de mercadoria importada do Exterior pelo titular do estabelecimento;

III – o fornecimento de alimentação, bebidas e outras mercadorias em restaurantes, bares, cafés e estabelecimentos similares.

§ 1º Equipara-se à saída a transmissão da propriedade de mercadoria, quando esta não transitar pelo estabelecimento do transmitente.

§ 2º Quando a mercadoria for remetida para armazém geral ou para depósito fechado do próprio contribuinte, no mesmo Estado, a saída considera-se ocorrida no lugar do estabelecimento remetente:

I – no momento da saída da mercadoria do armazém geral ou do depósito fechado, salvo se para retornar ao estabelecimento de origem;

II – no momento da transmissão de propriedade da mercadoria depositada em armazém geral ou em depósito fechado.

§ 3º O imposto não incide:

I – sobre a saída de produtos industrializados destinados ao Exterior;

II – sobre a alienação fiduciária em garantia;

III – sobre a saída de estabelecimento prestador dos serviços a que se refere o artigo 8º, de mercadorias a serem ou que tenham sido utilizadas na prestação de tais serviços, ressalvados os casos de incidência previstos na lista de serviços tributados;

▸ Inciso III com a redação dada pelo Dec.-lei nº 834, de 8-9-1969.

IV – sobre a saída de estabelecimento de empresa de transporte ou de depósito por conta e ordem desta, de mercadorias de terceiros.

§ 4º São isentas do imposto:

I – as saídas de vasilhame, recipientes e embalagens, inclusive sacaria, quando não cobrados do destinatário ou não computados no valor das mercadorias que acondicionam e desde que devam retornar ao estabelecimento remetente ou a outro do mesmo titular;

II – as saídas de vasilhame, recipiente e embalagens, inclusive sacaria, em retorno ao estabelecimento remetente ou a outro do mesmo titular ou a depósito em seu nome;

III – a saída de mercadorias destinadas ao mercado interno e produzidas em estabelecimentos industriais como resultado de concorrência internacional, com participação de indústrias do País, contra pagamento com recursos oriundos de divisas conversíveis provenientes de financiamento a longo prazo de instituições financeiras internacionais ou entidades governamentais estrangeiras;

IV – as entradas de mercadorias em estabelecimento do importador, quando importadas do Exterior e destinadas a fabricação de peças, máquinas e equipamentos para o mercado interno como resultado de concorrência internacional com participação da indústria do País, contra pagamento com recursos provenientes de divisas conversíveis provenientes de financiamento a longo prazo de instituições financeiras internacionais ou entidades governamentais estrangeiras;

V – a entrada de mercadorias importadas do Exterior quando destinadas à utilização como matéria-prima em processos de industrialização, em estabelecimento do importador, desde que a saída dos produtos industrializados resultantes fique efetivamente sujeita ao pagamento do imposto;

VI – a entrada de mercadorias cuja importação estiver isenta do imposto, de competência da União, sobre a importação de produtos estrangeiros;

VII – a entrada, em estabelecimento do importador, de mercadorias importadas do Exterior sob o regime de *drawback*;

VIII – a saída, de estabelecimento de empreiteiro de construção civil, obras hidráulicas e outras obras semelhantes, inclusive serviços auxiliares ou complementares, de mercadorias adquiridas de terceiros e destinadas às construções, obras ou serviços referidos a cargo do remetente;

▸ Inciso VIII com a redação dada pelo Dec.-lei nº 834, de 8-9-1969.

IX – as saídas de mercadorias de estabelecimento de produtor para estabelecimento de cooperativa de que faça parte, situado no mesmo Estado;

X – as saídas de mercadorias de estabelecimento de cooperativa de produtores para estabelecimentos, no mesmo Estado, da própria cooperativa, de cooperativa central ou de federação de cooperativas de que a cooperativa remetente faça parte.

§ 5º O disposto no § 3º, I, aplica-se também à saída de mercadorias de estabelecimentos, indústrias ou de seus depósitos com destino:

I – a empresas comerciais que operem exclusivamente no comércio de exportação;

II – a armazéns alfandegados e entrepostos aduaneiros.

§ 6º No caso do § 5º, a reintrodução da mercadoria no mercado interno tornará exigível o imposto devido pela saída com destino aos estabelecimentos ali referidos.

§ 7º Os Estados isentarão do Imposto de Circulação de Mercadorias a venda a varejo, diretamente ao consumidor, dos gêneros de primeira necessidade que especificarem, não podendo estabelecer diferença em função dos que participam da operação tributada.

▶ Súmulas nºs 536, 569, 571 a 579 e 615 do STF.

Art. 2º A base de cálculo do imposto é:

I – o valor da operação de que decorrer a saída da mercadoria;

▶ Súmulas nºs 395 e 431 do STJ.

II – na falta do valor a que se refere o inciso anterior, o preço corrente da mercadoria, ou sua similar, no mercado atacadista da praça remetente;

▶ Súm. nº 431 do STJ.

III – na falta do valor e na impossibilidade de determinar o preço aludido no inciso anterior:

a) se o remetente for industrial, o preço FOB estabelecimento industrial, à vista;

b) se o remetente for comerciante, o preço FOB estabelecimento comercial, à vista, em vendas a outros comerciantes ou industriais;

IV – no caso do inciso II do artigo 1º, a base de cálculo é o valor constante dos documentos de importação, convertido em cruzeiros à taxa cambial efetivamente aplicada em cada caso e acrescido do valor dos Impostos de Importação e sobre Produtos Industrializados e demais despesas aduaneiras efetivamente pagos.

§ 1º Nas saídas de mercadorias para estabelecimento em outro Estado, pertencente ao mesmo titular ou seu representante, quando as mercadorias não devam sofrer, no estabelecimento de destino, alteração de qualquer espécie, salvo reacondicionamento e quando a remessa for feita por preço de venda a não contribuinte, uniforme em todo o País, a base de cálculo será equivalente a setenta e cinco por cento deste preço.

§ 2º Na hipótese do inciso III, *b*, deste artigo, se o estabelecimento comercial remetente não efetuar vendas a outros comerciantes ou a industriais, a base de cálculo será equivalente a setenta e cinco por cento do preço de venda no estabelecimento remetente, observado o disposto no § 3º.

§ 3º Para aplicação do inciso III do *caput* deste artigo, adotar-se-á a média ponderada dos preços efetivamente cobrados pelo estabelecimento remetente, no segundo mês anterior ao da remessa.

§ 4º Nas operações interestaduais entre estabelecimentos de contribuintes diferentes, quando houver reajuste do valor da operação depois da remessa, a diferença ficará sujeita ao imposto no estabelecimento de origem.

§ 5º O montante do Imposto sobre Produtos Industrializados não integra a base de cálculo definida neste artigo:

I – quando a operação constitua fato gerador de ambos os tributos;

II – em relação a mercadorias sujeitas ao Imposto sobre Produtos Industrializados com base de cálculo relacionada com o preço máximo de vendas no varejo marcado pelo fabricante.

§ 6º Nas saídas de mercadorias decorrentes de operações de vendas aos encarregados da execução da política de preços mínimos, a base de cálculo é o preço mínimo fixado pela autoridade federal competente.

§ 7º O montante do Imposto de Circulação de Mercadorias integra a base de cálculo a que se refere este artigo, constituindo o respectivo destaque mera indicação para fins de controle.

▶ § 7º acrescido pela LC nº 44, de 7-12-1983.

▶ Súm. nº 258 do TFR.

▶ Súm. nº 68 do STJ.

§ 8º Na saída de mercadorias para o Exterior ou para os estabelecimentos a que se refere o § 5º do artigo 1º, a base de cálculo será o valor líquido faturado, a ele não se adicionando frete auferido por terceiro, seguro, ou despesas decorrentes do serviço de embarque por via aérea ou marítima.

▶ Súm. nº 49 do STJ.

§ 9º Quando for atribuída a condição de responsável, ao industrial, ao comerciante atacadista ou ao produtor, relativamente ao imposto devido pelo comerciante varejista, a base de cálculo do imposto será:

a) o valor da operação promovida pelo responsável acrescido da margem estimada de lucro do comerciante varejista obtida mediante aplicação de percentual fixado em lei sobre aquele valor;

b) o valor da operação promovida pelo responsável, acrescido da margem de lucro atribuída ao revendedor, no caso de mercadorias com preço de venda, máximo ou único, marcado pelo fabricante ou fixado pela autoridade competente.

§ 10. Caso a margem de lucro efetiva seja normalmente superior à estimada na forma da alínea *a* do parágrafo anterior, o percentual ali estabelecido será substituído pelo que for determinado em convênio celebrado na forma do disposto no § 6º do artigo 23 da Constituição Federal.

▶ §§ 9º e 10 acrescidos pela LC nº 44, de 7-12-1983.

Art. 3º O Imposto sobre Circulação de Mercadorias é não cumulativo, abatendo-se, em cada operação, o montante cobrado nas anteriores, pelo mesmo ou por outro Estado.

§ 1º A lei estadual disporá de forma que o montante devido resulte da diferença a maior, em determinado período, entre o imposto referente às mercadorias saídas do estabelecimento e o pago relativamente às mercadorias nele entradas. O saldo verificado em determinado período a favor do contribuinte transfere-se para o período ou períodos seguintes.

§ 2º Os Estados poderão facultar aos produtores a opção pelo abatimento de uma percentagem fixa, a título do montante do imposto pago relativamente às mercadorias entradas no respectivo estabelecimento.

§ 3º Não se exigirá o estorno do imposto relativo às mercadorias entradas para utilização, como matéria-prima ou material secundário, na fabricação e embalagem dos produtos de que tratam o § 3º, I, e o § 4º, III, do artigo 1º. O disposto neste parágrafo não se aplica, salvo disposição da legislação estadual em contrário, às matérias-primas de origem animal ou vegetal que representem, individualmente, mais de cinquenta por cento do valor do produto resultante de sua industrialização.

§ 4º As empresas produtoras de discos fonográficos e de outros materiais de gravação de som poderão abater, do montante do Imposto de Circulação de Mercadorias, o valor dos direitos autorais, artísticos e conexos, comprovadamente pagos pela empresa, no mesmo período, aos autores e artistas, nacionais ou domiciliados no País, assim como aos seus herdeiros e sucessores, mesmo através de entidades que os representem.

§ 5º Para efeito do cálculo a que se refere o § 1º deste artigo, os Estados podem determinar a exclusão de imposto referente a mercadorias entradas no estabelecimento quando este imposto tiver sido devolvido, no todo ou em parte, ao próprio ou a outros contribuintes, por qualquer entidade tributante, mesmo sob forma de prêmio ou estímulo.

§ 6º O disposto no parágrafo anterior não se aplica a mercadorias cuja industrialização for objeto de incentivo fiscal, prêmio ou estímulo, resultante de reconhecimento ou concessão por ato administrativo anterior a 31 de dezembro de 1968 e baseada em lei estadual promulgada até a mesma data.

▶ § 6º acrescido pelo Dec.-lei nº 834, de 8-9-1969.

§ 7º A lei estadual poderá estabelecer que o montante devido pelo contribuinte, em determinado período, seja calculado com base em valor fixado por estimativa, garantida, ao final do período, a complementação ou a restituição em moeda ou sob a forma de utilização como crédito fiscal, em relação, respectivamente, às quantias pagas com insuficiência ou em excesso.

Art. 4º Em substituição ao sistema de que trata o artigo anterior, os Estados poderão dispor que o imposto devido resulte da diferença a maior, entre o montante do imposto relativo à operação a tributar e o pago na incidência anterior sobre a mesma mercadoria, nas seguintes hipóteses:

I – saída, de estabelecimentos comerciais atacadistas ou de cooperativas de beneficiamento e venda em comum, de produtos agrícolas *in natura* ou simplesmente beneficiados;

II – operações de vendedores ambulantes e de estabelecimentos de existência transitória.

Art. 5º A alíquota do Imposto de Circulação de Mercadorias será uniforme para todas as mercadorias; o Senado Federal, através de resolução adotada por iniciativa do Presidente da República, fixará as alíquotas máximas para as operações internas, para as operações interestaduais e para as operações de exportação para o estrangeiro.

Parágrafo único. O limite a que se refere este artigo substituirá a alíquota estadual, quando esta for superior.

Art. 6º Contribuinte do imposto é o comerciante, industrial ou produtor que promove a saída da mercadoria, o que a importa do Exterior ou que arremata em leilão ou adquire, em

LEGISLAÇÃO COMPLEMENTAR

concorrência promovida pelo poder público, mercadoria importada e apreendida.

▶ Súm. nº 198 do STJ.

§ 1º Consideram-se também contribuintes:

I – as sociedades civis de fins econômicos, inclusive cooperativas que pratiquem com habitualidade operações relativas à circulação de mercadorias;

II – as sociedades civis de fins não econômicos que explorem estabelecimentos industriais ou que pratiquem, com habitualidade, venda de mercadorias que para esse fim adquirem;

III – os órgãos da administração pública direta, as autarquias e empresas públicas, federais, estaduais ou municipais, que vendam, ainda que apenas a compradores de determinada categoria profissional ou funcional, mercadorias que, para esse fim, adquirirem ou produzirem.

§ 2º Os Estados poderão considerar como contribuinte autônomo cada estabelecimento comercial, industrial ou produtor, permanente ou temporário, do contribuinte, inclusive veículos utilizados por este no comércio ambulante.

§ 3º A lei estadual poderá atribuir a condição de responsável:

a) ao industrial, comerciante ou outra categoria de contribuinte, quanto ao imposto devido na operação ou operações anteriores promovidas com a mercadoria ou seus insumos;

b) ao produtor industrial ou comerciante atacadista, quanto ao imposto devido pelo comerciante varejista;

c) ao produtor ou industrial, quanto ao imposto devido pelo comerciante atacadista e pelo comerciante varejista;

d) aos transportadores, depositários e demais encarregados da guarda ou comercialização de mercadorias.

§ 4º Caso o responsável e o contribuinte substituído estejam estabelecidos em Estados diversos, a substituição dependerá de convênio entre os Estados interessados.

▶ §§ 3º e 4º acrescidos pela LC nº 44, de 7-12-1983.

Art. 7º Nas remessas de mercadorias para fora do Estado será obrigatória a emissão de documento fiscal, segundo modelo estabelecido em decreto do Poder Executivo federal.

Art. 8º *Revogado.* LC nº 116, de 31-7-2003.

Art. 9º A base de cálculo do imposto é o preço do serviço.

▶ Súm. nº 663 do STF.

▶ Súm. nº 524 do STJ.

§ 1º Quando se tratar de prestação de serviços sob a forma de trabalho pessoal do próprio contribuinte, o imposto será calculado, por meio de alíquotas fixas ou variáveis, em função da natureza do serviço ou de outros fatores pertinentes, nestes não compreendida a importância paga a título de remuneração do próprio trabalho.

§ 2º Na prestação dos serviços a que se referem os itens 19 e 20 da lista anexa o imposto será calculado sobre o preço deduzido das parcelas correspondentes:

▶ § 2º com a redação dada pelo Dec.-lei nº 834, de 8-9-1969.

a) ao valor dos materiais fornecidos pelo prestador dos serviços;

b) ao valor das subempreitadas já tributadas pelo imposto.

§ 3º Quando os serviços a que se referem os itens 1, 4, 8, 25, 52, 88, 89, 90, 91 e 92 da lista anexa forem prestados por sociedades, estas ficarão sujeitas ao imposto na forma do § 1º, calculado em relação a cada profissional habilitado, sócio, empregado ou não, que preste serviços em nome da sociedade, embora assumindo responsabilidade pessoal, nos termos da lei aplicável.

▶ § 3º com a redação dada pela LC nº 56, de 15-12-1967.

▶ Art. 15 da Lei nº 13.701, de 24-12-2003, que altera a legislação do Imposto sobre Serviços de Qualquer Natureza – ISS.

§ 4º Na prestação do serviço a que se refere o item 101 da Lista Anexa, o imposto é calculado sobre a parcela do preço correspondente à proporção direta da parcela da extensão da rodovia explorada, no território do Município, ou da metade da extensão de ponte que una os dois Municípios.

▶ § 4º acrescido pela LC nº 100, de 21-12-1999.

§ 5º A base de cáculo apurado nos termos do parágrafo anterior:

I – é reduzida, nos Municípios onde não haja posto de cobrança de pedágio, para sessenta por cento do seu valor;

II – é acrescida, nos Municípios onde haja posto de cobrança de pedágio, do complemento necessário à sua integralidade em relação à rodovia explorada.

§ 6º Para efeito do disposto nos §§ 4º e 5º, considera-se rodovia explorada o trecho limitado pelos pontos equidistantes entre cada posto de cobrança de pedágio ou entre o mais próximo deles e o ponto inicial ou terminal da rodovia.

▶ §§ 5º e 6º acrescidos pela LC nº 100, de 21-12-1999.

Arts. 10 a 12. *Revogados.* LC nº 116, de 31-7-2003.

Art. 13. Revogam-se os artigos 52, 53, 54, 55, 56, 57, 58, 71, 72 e 73 da Lei nº 5.172, de 25 de outubro de 1966, com suas modificações posteriores, bem como todas as demais disposições em contrário.

Art. 14. Este Decreto-Lei entrará em vigor em 1º de janeiro de 1969.

Brasília, 31 de dezembro de 1968; 147º da Independência e 80º da República.

A. Costa e Silva

▶ Optamos por não publicar a Lista de serviços com a redação dada pela LC nº 116, de 31-7-2003, nesta edição.

DECRETO-LEI Nº 779, DE 21 DE AGOSTO DE 1969

Dispõe sobre a aplicação de normas processuais trabalhistas à União Federal, aos Estados, Municípios, Distrito Federal e autarquias ou fundações de direito público que não explorem atividades econômicas.

▶ Publicado no *DOU* de 25-8-1969.

▶ Orientações Jurisprudenciais da SBDI-I nºs 13 e 130 do TST.

Art. 1º Nos processos perante a Justiça do Trabalho, constituem privilégio da União, dos Estados, do Distrito Federal, dos Municípios e das autarquias ou fundações de direito público federais, estaduais ou municipais que não explorem atividades econômicas:

I – a presunção relativa de validade dos recibos de quitação ou pedidos de demissão de seus empregados ainda que não homologados nem submetidos à assistência mencionada nos §§ 1º, 2º e 3º do artigo 477 da Consolidação das Leis do Trabalho;

II – o quádruplo do prazo fixado no artigo 841, *in fine,* da Consolidação das Leis do Trabalho;

III – o prazo em dobro para recurso;

IV – a dispensa de depósito para interposição de recurso;

V – o recurso ordinário *ex officio* das decisões que lhe sejam total ou parcialmente contrárias;

▶ Art. 496, § 2º, do CPC/2015.

▶ Súm. nº 303 do TST.

VI – o pagamento de custas a final, salvo quanto à União Federal, que não as pagará.

▶ Art. 790-A CLT.

Art. 2º O disposto no artigo anterior aplica-se aos processos em curso, mas não acarretará a restituição de depósitos ou custas pagas para efeito de recurso, até decisão passada em julgado.

Art. 3º Este Decreto-Lei entra em vigor na data de sua publicação, revogadas as disposições em contrário.

Brasília, 21 de agosto de 1969; 148º da Independência e 81º da República.

A. Costa e Silva

DECRETO-LEI Nº 911, DE 1º DE OUTUBRO DE 1969

Altera a redação do artigo 66 da Lei nº 4.728, de 14 de julho de 1965, estabelece normas de processo sobre alienação fiduciária e dá outras providências.

▶ Publicado no *DOU* de 3-10-1969.

▶ Arts. 1.361 a 1.368-A do CC.

▶ Art. 66-B da Lei nº 4.728, de 14-7-1965 (Lei do Mercado de Capitais).

▶ Lei nº 9.514, de 20-11-1997, dispõe sobre alienação fiduciária de coisa imóvel.

Art. 1º O artigo 66, da Lei nº 4.728, de 14 de julho de 1965, passa a ter a seguinte redação:

▶ O art. 66 da Lei nº 4.728, de 14-7-1965, foi revogado pela Lei nº 10.931, de 2-8-2004.

Art. 2º No caso de inadimplemento ou mora nas obrigações contratuais garantidas mediante alienação fiduciária, o proprietário fiduciário ou credor poderá vender a coisa a terceiros, independentemente de leilão, hasta pública, avaliação prévia ou qualquer outra medida judicial ou extrajudicial, salvo disposição expressa em contrário prevista no contrato, devendo aplicar o preço da venda no pagamento de seu crédito e das despesas decorrentes e entregar ao devedor o saldo apurado, se houver, com a devida prestação de contas.

▶ *Caput* com a redação dada pela Lei nº 13.043, de 13-11-2014.

▶ Súmulas nºs 28, 72, 284 e 384 do STJ.

§ 1º O crédito a que se refere o presente artigo abrange o principal, juros e comissões, além das taxas, cláusula penal e correção monetária, quando expressamente convencionados pelas partes.

§ 2º A mora decorrerá do simples vencimento do prazo para pagamento e poderá ser comprovada por carta registrada com aviso de recebimento, não se exigindo que a assinatura constante do referido aviso seja a do próprio destinatário.

▸ § 2º com a redação dada pela Lei nº 13.043, de 13-11-2014.

▸ Súmulas nºs 72 e 245 do STJ.

§ 3º A mora e o inadimplemento de obrigações contratuais garantidas por alienação fiduciária, ou a ocorrência legal ou convencional de algum dos casos de antecipação de vencimento da dívida facultarão ao credor considerar, de pleno direito, vencidas todas as obrigações contratuais, independentemente de aviso ou notificação judicial ou extrajudicial.

▸ Súmulas nºs 72 e 245 do STJ.

§ 4º Os procedimentos previstos no *caput* e no seu § 2º aplicam-se às operações de arrendamento mercantil previstas na forma da Lei nº 6.099, de 12 de setembro de 1974.

▸ § 4º acrescido pela Lei nº 13.043, de 13-11-2014.

Art. 3º O proprietário fiduciário ou credor poderá, desde que comprovada a mora, na forma estabelecida pelo § 2º do art. 2º, ou o inadimplemento, requerer contra o devedor ou terceiro a busca e apreensão do bem alienado fiduciariamente, a qual será concedida liminarmente, podendo ser apreciada em plantão judiciário.

▸ *Caput* com a redação dada pela Lei nº 13.043, de 13-11-2014.

§ 1º Cinco dias após executada a liminar mencionada no *caput*, consolidar-se-ão a propriedade e a posse plena e exclusiva do bem no patrimônio do credor fiduciário, cabendo às repartições competentes, quando for o caso, expedir novo certificado de registro de propriedade em nome do credor, ou de terceiro por ele indicado, livre do ônus da propriedade fiduciária.

§ 2º No prazo do § 1º, o devedor fiduciante poderá pagar a integralidade da dívida pendente, segundo os valores apresentados pelo credor fiduciário na inicial, hipótese na qual o bem lhe será restituído livre do ônus.

▸ Súm. nº 284 do STJ.

§ 3º O devedor fiduciante apresentará resposta no prazo de quinze dias da execução da liminar.

§ 4º A resposta poderá ser apresentada ainda que o devedor tenha se utilizado da faculdade do § 2º, caso entenda ter havido pagamento a maior e desejar restituição.

§ 5º Da sentença cabe apelação apenas no efeito devolutivo.

§ 6º Na sentença que decretar a improcedência da ação de busca e apreensão, o juiz condenará o credor fiduciário ao pagamento de multa, em favor do devedor fiduciante, equivalente a cinquenta por cento do valor originalmente financiado, devidamente atualizado, caso o bem já tenha sido alienado.

▸ §§ 1º a 6º com a redação dada pela Lei nº 10.931, de 2-8-2004.

§ 7º A multa mencionada no § 6º não exclui a responsabilidade do credor fiduciário por perdas e danos.

▸ Arts. 85 a 93 da Lei nº 11.101, de 9-2-2005 (Lei de Recuperação de Empresas e Falências).

§ 8º A busca e apreensão prevista no presente artigo constitui processo autônomo e independente de qualquer procedimento posterior.

▸ §§ 7º e 8º acrescidos pela Lei nº 10.931, de 2-8-2004.

§ 9º Ao decretar a busca e apreensão de veículo, o juiz, caso tenha acesso à base de dados do Registro Nacional de Veículos Automotores – RENAVAM, inserirá diretamente a restrição judicial na base de dados do RENAVAM, bem como retirará tal restrição após a apreensão.

§ 10. Caso o juiz não tenha acesso à base de dados prevista no § 9º, deverá oficiar ao departamento de trânsito competente para que:

I – registre o gravame referente à decretação da busca e apreensão do veículo; e

II – retire o gravame após a apreensão do veículo.

§ 11. O juiz também determinará a inserção do mandado a que se refere o § 9º em banco próprio de mandados.

§ 12. A parte interessada poderá requerer diretamente ao juízo da comarca onde foi localizado o veículo com vistas à sua apreensão, sempre que o bem estiver em comarca distinta daquela da tramitação da ação, bastando que em tal requerimento conste a cópia da petição inicial da ação e, quando for o caso, a cópia do despacho que concedeu a busca e apreensão do veículo.

§ 13. A apreensão do veículo será imediatamente comunicada ao juízo, que intimará a instituição financeira para retirar o veículo do local depositado no prazo máximo de 48 (quarenta e oito) horas.

§ 14. O devedor, por ocasião do cumprimento do mandado de busca e apreensão, deverá entregar o bem e seus respectivos documentos.

§ 15. As disposições deste artigo aplicam-se no caso de reintegração de posse de veículos referente às operações de arrendamento mercantil previstas na Lei nº 6.099, de 12 de setembro de 1974.

▸ §§ 9º a 15 acrescidos pela Lei nº 13.043, de 13-11-2014.

Art. 4º Se o bem alienado fiduciariamente não for encontrado ou não se achar na posse do devedor, fica facultado ao credor requerer, nos mesmos autos, a conversão do pedido de busca e apreensão em ação executiva, na forma prevista no Capítulo II do Livro II da Lei nº 5.869, de 11 de janeiro de 1973 – Código de Processo Civil.

▸ Artigo com a redação dada pela Lei nº 13.043, de 13-11-2014.

▸ Arts. 781 e 782 do CPC/2015.

Art. 5º Se o credor preferir recorrer à ação executiva, direta ou a convertida na forma do art. 4º, ou, se for o caso ao executivo fiscal, serão penhorados, a critério do autor da ação, bens do devedor quantos bastem para assegurar a execução.

▸ *Caput* com a redação dada pela Lei nº 13.043, de 13-11-2014.

Parágrafo único. Não se aplica à alienação fiduciária o disposto nos incisos VI e VIII do artigo 649 do Código de Processo Civil.

▸ Parágrafo único com a redação dada pela Lei nº 6.071, de 3-7-1974.

▸ Refere-se ao CPC/1973.

▸ Art. 833 do CPC/2015.

Art. 6º O avalista, fiador ou terceiro interessado, que pagar a dívida do alienante ou devedor, se sub-rogará, de pleno direito, no crédito e na garantia constituída pela alienação fiduciária.

Art. 6º-A. O pedido de recuperação judicial ou extrajudicial pelo devedor nos termos da Lei nº 11.101, de 9 de fevereiro de 2005, não impede a distribuição e a busca e apreensão do bem.

▸ Art. 6º-A acrescido pela Lei nº 13.043, de 13-11-2014.

Art. 7º Na falência do devedor alienante, fica assegurado ao credor ou proprietário fiduciário o direito de pedir, na forma prevista na lei, a restituição do bem alienado fiduciariamente.

▸ Arts. 85 a 93 da Lei nº 11.101, de 9-2-2005 (Lei de Recuperação de Empresas e Falências).

Parágrafo único. Efetivada a restituição o proprietário fiduciário agirá na forma prevista neste Decreto-Lei.

Art. 7º-A. Não será aceito bloqueio judicial de bens constituídos por alienação fiduciária nos termos deste Decreto-Lei, sendo que, qualquer discussão sobre concursos de preferências deverá ser resolvida pelo valor da venda do bem, nos termos do art. 2º.

▸ Art. 7º-A acrescido pela Lei nº 13.043, de 13-11-2014.

Art. 8º O Conselho Nacional de Trânsito, no prazo máximo de sessenta dias, a contar da vigência do presente Decreto-Lei, expedirá normas regulamentares relativas à alienação fiduciária de veículos automotores.

Art. 8º-A. *Revogado.* Lei nº 14.711, de 30-10-2023.

Art. 8º-B. Desde que haja previsão expressa no contrato em cláusula em destaque e após comprovação da mora na forma do § 2º do art. 2º deste Decreto-Lei, é facultado ao credor promover a consolidação da propriedade perante o competente cartório de registro de títulos e documentos no lugar do procedimento judicial a que se referem os arts. 3º, 4º, 5º e 6º deste Decreto-Lei.

§ 1º É competente o cartório de registro de títulos e documentos do domicílio do devedor ou da localização do bem da celebração do contrato.

§ 2º Vencida e não paga a dívida, o oficial de registro de títulos e documentos, a requerimento do credor fiduciário acompanhado da comprovação da mora na forma do § 2º do art. 2º deste Decreto-Lei, notificará o devedor fiduciário para:

I – pagar voluntariamente a dívida no prazo de 20 (vinte) dias, sob pena de consolidação da propriedade;

II – apresentar, se for o caso, documentos comprobatórios de que a cobrança é total ou parcialmente indevida.

§ 3º O oficial avaliará os documentos apresentados na forma do inciso II do § 2º deste artigo e, na hipótese de constatar o direito do devedor, deverá abster-se de prosseguir no procedimento.

§ 4º Na hipótese de o devedor alegar que a cobrança é parcialmente indevida, caber-lhe-á declarar o valor que entender correto e pagá-lo dentro do prazo indicado no inciso I do § 2º deste artigo.

§ 5º É assegurado ao credor optar pelo procedimento judicial para cobrar a dívida ou o saldo remanescente na hipótese de frustração total ou parcial do procedimento extrajudicial.

§ 6º A notificação, a cargo do oficial de registro de títulos e documentos, será feita preferencialmente por meio eletrônico, a ser enviada ao endereço eletrônico indicado em contrato pelo devedor fiduciário.

§ 7º A ausência de confirmação do recebimento da notificação eletrônica em até 3 (três) dias úteis, contados do recebimento, implicará a realização da notificação postal, com aviso de recebimento, a cargo do oficial de registro de títulos e documentos, ao endereço indicado em contrato pelo devedor fiduciário, não exigido que a assinatura constante do aviso de recebimento seja a do próprio destinatário, desde que o endereço seja o indicado no cadastro.

§ 8º Paga a dívida, ficará convalescido o contrato de alienação fiduciária em garantia.

§ 9º Não paga a dívida, o oficial averbará a consolidação da propriedade fiduciária ou, no caso de bens cuja alienação fiduciária tenha sido registrada apenas em outro órgão, o oficial comunicará a este para a devida averbação.

§ 10. A comunicação de que trata o § 6º deste artigo deverá ocorrer conforme convênio das serventias, ainda que por meio de suas entidades representativas, com os competentes órgãos registrais.

§ 11. Na hipótese de não pagamento voluntário da dívida no prazo legal, é dever do devedor, no mesmo prazo e com a devida ciência do cartório de registro de títulos e documentos, entregar ou disponibilizar voluntariamente a coisa ao credor para a venda extrajudicial na forma do art. 8º-C deste Decreto-Lei, sob pena de sujeitar-se a multa de 5% (cinco por cento) do valor da dívida, respeitado o direito do devedor a recibo escrito por parte do credor.

§ 12. No valor total da dívida, poderão ser incluídos os valores dos emolumentos, das despesas postais e das despesas com remoção da coisa na hipótese de o devedor tê-la disponibilizado em vez de tê-la entregado voluntariamente.

§ 13. A notificação deverá conter, no mínimo, as seguintes informações:

I – cópia do contrato referente à dívida;
II – valor total da dívida de acordo com a possível data de pagamento;
III – planilha com detalhamento da evolução da dívida;
IV – boleto bancário, dados bancários ou outra indicação de meio de pagamento, inclusive a faculdade de pagamento direto no competente cartório de registro de títulos e documentos;
V – dados do credor, especialmente nome, número de inscrição no Cadastro de Pessoas Físicas (CPF) ou no Cadastro Nacional da Pessoa Jurídica (CNPJ), telefone e outros canais de contato;
VI – forma de entrega ou disponibilização voluntárias do bem no caso de inadimplemento;
VII – advertências referentes ao disposto nos §§ 2º, 4º, 8º e 10 deste artigo.

▸ Art. 8º-B acrescido pela Lei nº 14.711, de 30-10-2023.

Art. 8º-C. Consolidada a propriedade, o credor poderá vender o bem na forma do art. 2º deste Decreto-Lei.

▸ *Caput* acrescido pela Lei nº 14.711, de 30-10-2023.

§ 1º Caso o bem não tenha sido entregue ou disponibilizado voluntariamente no prazo legal, o credor poderá requerer ao oficial de registro de títulos e documentos a busca e apreensão extrajudicial, com apresentação do valor atualizado da dívida e da planilha prevista no inciso III do § 13 do art. 8º-B deste Decreto-Lei.

§ 2º Recebido o requerimento, como forma de viabilizar a busca e apreensão extrajudicial, o oficial adotará as seguintes providências:

I – lançará, no caso de veículos, restrição de circulação e de transferência do bem no sistema de que trata o § 9º do art. 3º deste Decreto-Lei;
II – comunicará, se for o caso, aos órgãos registrais competentes para averbação da indisponibilidade do bem e da busca e apreensão extrajudicial;
III – lançará a busca e apreensão extrajudicial na plataforma eletrônica mantida pelos cartórios de registro de títulos e documentos por meio de suas entidades representativas, com base no art. 37 da Lei nº 11.977, de 7 de julho de 2009; e
IV – expedirá certidão de busca e apreensão extrajudicial do bem.

§ 3º Para facilitar a realização das providências de que tratam os incisos I e II do § 2º deste artigo, os órgãos de trânsito e outros órgãos de registro poderão manter convênios com os cartórios de registro de títulos e documentos, ainda que por meio das suas entidades representativas incumbidas de promover o sistema de registro eletrônico de que trata o art. 37 da Lei nº 11.977, de 7 de julho de 2009.

§ 4º O credor, por si ou por terceiros mandatários, poderá realizar diligências para a localização dos bens.

§ 5º Os terceiros mandatários de que trata o § 4º deste artigo poderão ser empresas especializadas na localização de bens.

§ 6º Ato do Poder Executivo poderá definir requisitos mínimos para o funcionamento de empresas especializadas na localização de bens constituídas para os fins deste Decreto-Lei.

§ 7º Apreendido o bem pelo oficial da serventia extrajudicial, o credor poderá promover a venda de que trata o *caput* deste artigo e deverá comunicá-la ao oficial de cartório de registro de títulos e documentos, o qual adotará as seguintes providências:

I – cancelará os lançamentos e as comunicações de que trata o § 2º deste artigo;
II – averbará no registro pertinente ou, no caso de bens cuja alienação fiduciária tenha sido registrada apenas em outro órgão, comunicará a este para a devida averbação.

§ 8º O credor fiduciário somente será obrigado por encargos tributários ou administrativos vinculados ao bem a partir da aquisição da posse plena, o que se dará com a apreensão do bem ou com a sua entrega voluntária.

§ 9º No prazo de 5 (cinco) dias úteis após a apreensão do bem, o devedor fiduciante terá o direito de pagar a integralidade da dívida pendente, segundo os valores apresentados pelo credor fiduciário no seu requerimento, hipótese na qual será cancelada a consolidação da propriedade e restituída a posse plena do bem.

§ 10. No valor da dívida, o credor poderá incluir os valores com emolumentos e despesas com as providências do procedimento previsto neste artigo e no art. 8º-B deste Decreto-Lei, além dos tributos e demais encargos pactuados no contrato.

§ 11. O procedimento extrajudicial não impedirá o uso do processo judicial pelo devedor fiduciante.

▸ §§ 1º a 11 acrescidos pela Lei nº 14.711, de 30-10-2023, promulgados nos termos do art. 66, § 5º, da CF (*DOU* de 22-12-2023 – ed. extra C).

Art. 8º-D. No caso de a cobrança extrajudicial realizada na forma dos arts. 8º-B e 8º-C deste Decreto-Lei ser considerada indevida, o credor fiduciário sujeitar-se-á à multa e ao dever de indenizar de que tratam os §§ 6º e 7º do art. 3º deste Decreto-Lei.

▸ Art. 8º-D acrescido pela Lei nº 14.711, de 30-10-2023.

Art. 8º-E. Quando se tratar de veículos automotores, é facultado ao credor, alternativamente, promover os procedimentos de execução extrajudicial a que se referem os arts. 8º-B e 8º-C desta Lei perante os órgãos executivos de trânsito dos Estados, em observância às competências previstas no § 1º do art. 1.361 da Lei nº 10.406, de 10 de janeiro de 2002 (Código Civil).

▸ *Caput* acrescido pela Lei nº 14.711, de 30-10-2023.

Parágrafo único. Na hipótese de o credor exercer a faculdade de que trata o *caput* deste artigo, as empresas previstas no parágrafo único do art. 129-B da Lei nº 9.503, de 23 de setembro de 1997 (Código de Trânsito Brasileiro), praticarão os atos de processamento da execução, inclusive os atos de que trata o § 2º do art. 8º-C desta Lei.

▸ Parágrafo único acrescido pela Lei nº 14.711, de 30-10-2023, promulgado nos termos do art. 66, § 5º, da CF (*DOU* de 22-12-2023 – ed. extra C).

Art. 9º O presente Decreto-Lei entrará em vigor na data de sua publicação, aplicando-se, desde logo, aos processos em curso, revogadas as disposições em contrário.

Brasília, 1º de outubro de 1969;
148º da Independência e
81º da República.

Augusto Hamann Rademaker
Grunewald Aurélio de Lyra Tavares
Márcio de Souza Mello

LEI Nº 5.584, DE 26 DE JUNHO DE 1970

Dispõe sobre normas de Direito Processual do Trabalho, altera dispositivos da Consolidação das Leis do Trabalho, disciplina a concessão e prestação de assistência judiciária na Justiça do Trabalho e dá outras providências.

(EXCERTOS)

▸ Publicada no *DOU* de 29-6-1970.

Art. 1º Nos processos perante a Justiça do Trabalho, observar-se-ão os princípios estabelecidos nesta Lei.

Art. 2º Nos dissídios individuais, proposta a conciliação, e, não havendo acordo, o Presidente da Junta, ou o Juiz, antes de passar à instrução da causa, fixar-lhe-á o valor para a determinação da alçada, se este for indeterminado no pedido.

§ 1º Em audiência, ao aduzir razões finais, poderá qualquer das partes, impugnar o valor fixado, e, se o Juiz o mantiver, pedir revisão da decisão, no prazo de quarenta e oito horas, ao Presidente do Tribunal Regional.

§ 2º O pedido de revisão, que não terá efeito suspensivo, deverá ser instruído com a petição inicial e a Ata da Audiência, em cópia autenticada pela Secretaria da Junta, e será julgado em quarenta e oito horas, a partir do seu recebimento pelo Presidente do Tribunal Regional.

§ 3º Quando o valor fixado para a causa, na forma deste artigo, não exceder de duas vezes o salário mínimo vigente na sede do Juízo, será dispensável o resumo dos depoimentos, devendo constar da Ata a conclusão da Junta quanto à matéria de fato.

§ 4º Salvo se versarem sobre matéria constitucional, nenhum recurso caberá das sentenças proferidas nos dissídios da alçada a que se refere o parágrafo anterior, considerado, para esse fim, o valor do salário mínimo à data do ajuizamento da ação.

- § 4º com a redação dada pela Lei nº 7.402, de 5-11-1985.
- Súm. nº 259 do TFR.
- Súm. nº 71 do TST.

Art. 3º Os exames periciais serão realizados por perito único designado pelo Juiz, que fixará o prazo para entrega do laudo.

Parágrafo único. Permitir-se-á a cada parte a indicação de um assistente, cujo laudo terá que ser apresentado no mesmo prazo assinado para o perito, sob pena de ser desentranhado dos autos.

Art. 4º Nos dissídios de alçada exclusiva das Juntas e naqueles em que os empregados ou empregadores reclamarem pessoalmente, o processo poderá ser impulsionado de ofício pelo Juiz.

Art. 5º Para exarar parecer, terá o órgão do Ministério Público da União, junto à Justiça do Trabalho, o prazo de oito dias, contados da data em que lhe for distribuído o processo.

Art. 6º Será de oito dias o prazo para interpor e contra-arrazoar qualquer recurso (CLT, artigo 893).

- Súm. nº 434 do TST.

Art. 7º A comprovação do depósito da condenação (CLT, artigo 899, §§ 1º a 5º) terá que ser feita dentro do prazo para a interposição do recurso, sob pena de ser este considerado deserto.

- Súmulas nºs 86, 161, 217 e 245 do TST.

Art. 8º Das decisões proferidas nos dissídios coletivos poderá a União interpor recurso, o qual será sempre recebido no efeito suspensivo quanto à parte que exceder o índice fixado pela política salarial do Governo.

Art. 9º No Tribunal Superior do Trabalho, quando o pedido do recorrente contrariar súmula de jurisprudência uniforme deste Tribunal já compendiada, poderá o Relator negar prosseguimento ao recurso, indicando a correspondente súmula.

- *Caput* com a redação dada pela Lei nº 7.033, de 5-10-1982.

Parágrafo único. A parte prejudicada poderá interpor agravo desde que à espécie não se aplique o prejulgado ou a súmula citada pelo Relator.

- Súm. nº 401 do STF.
- Súmulas nºs 23, 218 e 296 do TST.

....

Art. 13. Em qualquer hipótese, a remição só será deferível ao executado se este oferecer preço igual ao valor da condenação.

- Súm. nº 458 do STF.

DA ASSISTÊNCIA JUDICIÁRIA

Art. 14. Na Justiça do Trabalho, a assistência judiciária a que se refere a Lei nº 1.060, de 5 de fevereiro de 1950, será prestada pelo Sindicato da categoria profissional a que pertencer o trabalhador.

- Art. 6º da IN do TST nº 41, de 21-6-2018, que dispõe sobre a aplicação das normas processuais da CLT alteradas pela Lei nº 13.467, de 13-7-2017.
- Súmulas nºs 82 e 219 do TST.

§ 1º A assistência é devida a todo aquele que perceber salário igual ao inferior ao dobro do mínimo legal, ficando assegurado igual benefício ao trabalhador de maior salário, uma vez provado que sua situação econômica não lhe permite demandar, sem prejuízo do sustento próprio ou da família.

§ 2º A situação econômica do trabalhador será comprovada em atestado fornecido pela autoridade local do Ministério do Trabalho mediante diligência sumária, que não poderá exceder de quarenta e oito horas.

§ 3º Não havendo no local a autoridade referida no parágrafo anterior, o atestado deverá ser expedido pelo Delegado de Polícia de circunscrição onde resida o empregado.

Art. 15. Para auxiliar no patrocínio das causas, observados os artigos 50 e 72 da Lei nº 4.215, de 27 de abril de 1963, poderão ser designados pelas Diretorias dos Sindicatos Acadêmicos de Direito, a partir da 4ª Série, comprovadamente matriculados em estabelecimento de ensino oficial ou sob fiscalização do Governo Federal.

Art. 16. *Revogado*. Lei nº 13.725, de 4-10-2018.

Art. 17. Quando, nas respectivas Comarcas, não houver Juntas de Conciliação e Julgamento ou não existir Sindicato da categoria profissional do trabalhador, é atribuído aos Promotores Públicos ou Defensores Públicos o encargo de prestar a assistência judiciária prevista nesta Lei.

- EC nº 24, de 9-12-1999, extinguiu a representação pelos juízes classistas na Justiça do Trabalho e criou as Varas do Trabalho, em substituição às Juntas de Conciliação e Julgamento.

Parágrafo único. Na hipótese prevista neste artigo, a importância proveniente da condenação nas despesas processuais será recolhida ao Tesouro do respectivo Estado.

Art. 18. A assistência judiciária, nos termos da presente Lei, será prestada ao trabalhador ainda que não seja associado do respectivo Sindicato.

Art. 19. Os diretores de Sindicatos que, sem comprovado motivo de ordem financeira, deixarem de dar cumprimento às disposições desta Lei ficarão sujeitos à penalidade prevista no artigo 553, *a*, da Consolidação das Leis do Trabalho.

Art. 20. Esta Lei entra em vigor na data de sua publicação, revogadas as disposições em contrário.

Brasília, 26 de junho de 1970;
149º da Independência e
82º da República.

Emílio G. Médici

LEI Nº 5.741, DE 1º DE DEZEMBRO DE 1971

Dispõe sobre a proteção do financiamento de bens imóveis vinculados ao Sistema Financeiro da Habitação.

- Publicada no *DOU* de 2-12-1971.
- Súmulas nºs 422, 450 e 454 do STJ.

Art. 1º Para a cobrança de crédito hipotecário vinculado ao Sistema Financeiro da Habitação, criado pela Lei nº 4.380, de 21 de agosto de 1964, é lícito ao credor promover a execução de que tratam os artigos 31 e 32 do Decreto-Lei nº 70, de 21 de novembro de 1966, ou ajuizar a ação executiva na forma da presente Lei.

- Conforme art. 21 da Lei nº 8.004, de 14-3-1990, que dispõe sobre transferência de financiamento no âmbito do Sistema Financeiro da Habitação, somente serão objeto da execução prevista nesta Lei os financiamentos em que se verificar atraso de pagamento de três ou mais prestações.

Art. 2º A execução terá início por petição escrita, com os requisitos do artigo 282 do Código de Processo Civil, apresentada em três vias, servindo a segunda e a terceira de mandado e contrafé, e sendo a primeira instruída com:

- Refere-se ao CPC/1973.
- Art. 319 do CPC/2015.

I – o título da dívida devidamente inscrita;

II – a indicação do valor das prestações e encargos cujo não pagamento deu lugar ao vencimento do contrato;

III – o saldo devedor, discriminadas as parcelas relativas a principal, juros, multa e outros encargos contratuais, fiscais e honorários advocatícios;

IV – cópia dos avisos regulamentares reclamando o pagamento da dívida, expedidos segundo instruções do Banco Nacional da Habitação.

- Art. 2º com a redação dada pela Lei nº 6.071, de 3-7-1974.
- Súm. nº 199 do STJ.

Art. 3º O devedor será citado para pagar o valor do crédito reclamado ou depositá-lo em juízo no prazo de 24 (vinte e quatro) horas, sob pena de lhe ser penhorado o imóvel hipotecado.

§ 1º A citação far-se-á na pessoa do réu e de seu cônjuge ou de seus representantes legais.

- § 1º com a redação dada pela Lei nº 8.004, de 14-3-1990.

§ 2º Se o executado e seu cônjuge se acharem fora da jurisdição da situação do imóvel, a citação far-se-á por meio de edital, pelo prazo de dez dias, publicado, uma vez no órgão oficial do Estado e, pelo menos, duas vezes em jornal local de grande circulação, onde houver.

Art. 4º Se o executado não pagar a dívida indicada no inciso II do artigo 2º, acrescida das custas e honorários de advogado ou não depositar o saldo devedor, efetuar-se-á a penhora do imóvel hipotecado, sendo nomeado depositário o exequente ou quem este indicar.

§ 1º Se o executado não estiver na posse direta do imóvel, o juiz ordenará a expedição de mandado de desocupação contra a pessoa que o estiver ocupando, para entregá-lo ao exequente no prazo de dez dias.

§ 2º Se o executado estiver na posse direta do imóvel, o juiz ordenará que o desocupe no prazo de trinta dias, entregando-o ao exequente.

Art. 5º O executado poderá opor embargos no prazo de dez dias contados da penhora e que serão recebidos com efeito suspensivo, desde que alegue e prove:

I – que depositou por inteiro a importância reclamada na inicial;

II – que resgatou a dívida, oferecendo desde logo a prova da quitação.

Parágrafo único. Os demais fundamentos de embargos, previstos no artigo 741 do Código de Processo Civil, não suspendem a execução.

- Art. 5º com a redação dada pela Lei nº 6.014, de 27-12-1973.
- Refere-se ao CPC/1973.
- Art. 535 do CPC/2015.

Art. 6º Rejeitados os embargos referidos no *caput* do artigo anterior, o juiz ordenará a venda do imóvel hipotecado em praça pública por preço não inferior ao saldo devedor, expedindo-se edital pelo prazo de dez dias.

Parágrafo único. O edital será afixado à porta do edifício onde tiver sede o juízo, e publicado três vezes, por extrato, em um dos jornais locais de maior circulação, onde houver.

Art. 7º Não havendo licitante na praça pública, o Juiz adjudicará, dentro de quarenta e oito horas, ao exequente o imóvel hipotecado, ficando exonerado o executado da obrigação de pagar o restante da dívida.

Art. 8º É lícito ao executado remir o imóvel penhorado, desde que deposite em juízo, até a assinatura do auto de arrematação, a importância que baste ao pagamento da dívida reclamada, mais custas e honorários advocatícios; caso em que convalescerá o contrato hipotecário.

Art. 9º Constitui crime de ação pública, punido com a pena de detenção de seis meses a dois anos e multa de cinco a vinte salários mínimos, invadir alguém ou ocupar, com o fim de esbulho possessório, terreno ou unidade residencial, construída ou em construção, objeto de financiamento do Sistema Financeiro da Habitação.

§ 1º Se o agente usa de violência, incorre também nas penas a esta cominadas.

§ 2º É isento da pena de esbulho o agente que, espontaneamente, desocupa o imóvel antes de qualquer medida coativa.

§ 3º O salário a que se refere este artigo é o maior mensal vigente no País, à época do fato.

Art. 10. A ação executiva, fundada em outra causa que não a falta de pagamento pelo executado das prestações vencidas, será processada na forma do Código de Processo Civil, que se aplicará, subsidiariamente, à ação executiva de que trata esta lei.

Art. 11. Ficam dispensadas de averbação no Registro de Imóveis as alterações contratuais de qualquer natureza, desde que não importem em novação objetiva da dívida, realizadas em operações do Sistema Financeiro da Habitação, criado pela Lei nº 4.380, de 21 de agosto de 1964, sejam as operações consubstanciadas em instrumentos públicos ou particulares, ou em cédulas hipotecárias.

Parágrafo único. O registro da cédula hipotecária limitar-se-á à averbação de suas características originais, a que se refere o artigo 13 do Decreto-Lei nº 70, de 21 de novembro de 1966, ficando dispensadas de averbação também as alterações que decorram da circulação do título.

Art. 12. As entidades credoras integrantes do Sistema Financeiro da Habitação ficam obrigadas a fornecer por escrito, no prazo de cinco dias, as informações sobre as alterações de que trata o artigo 11, quando requeridas por interessados.

Art. 13. Esta Lei entra em vigor na data de sua publicação.

Art. 14. Revogam-se as disposições em contrário.

Brasília, 1º de dezembro de 1971;
150º da Independência e
83º da República.

Emílio G. Medici

LEI Nº 5.764, DE 16 DE DEZEMBRO DE 1971

Define a Política Nacional de Cooperativismo, institui o regime jurídico das sociedades cooperativas, e dá outras providências.

- Publicada no *DOU* de 16-12-1971.
- Arts. 1.093 a 1.096 do CC.
- Lei nº 9.867, de 10-11-1999, dispõe sobre a criação e o funcionamento de Cooperativas Sociais, visando à integração social dos cidadãos, conforme especifica.

CAPÍTULO I
DA POLÍTICA NACIONAL DE COOPERATIVISMO

Art. 1º Compreende-se como Política Nacional de Cooperativismo a atividade decorrente das iniciativas ligadas ao sistema cooperativo, originárias de setor público ou privado, isoladas ou coordenadas entre si, desde que reconhecido seu interesse público.

Art. 2º As atribuições do Governo Federal na coordenação e no estímulo às atividades de cooperativismo no território nacional serão exercidas na forma desta Lei e das normas que surgirem em sua decorrência.

Parágrafo único. A ação do Poder Público se exercerá, principalmente, mediante prestação de assistência técnica e de incentivos financeiros e creditórios especiais, necessários à criação, desenvolvimento e integração das entidades cooperativas.

CAPÍTULO II
DAS SOCIEDADES COOPERATIVAS

Art. 3º Celebram contrato de sociedade cooperativa as pessoas que reciprocamente se obrigam a contribuir com bens ou serviços para o exercício de uma atividade econômica, de proveito comum, sem objetivo de lucro.

Art. 4º As cooperativas são sociedades de pessoas, com forma e natureza jurídica próprias, de natureza civil, não sujeitas a falência, constituídas para prestar serviços aos associados, distinguindo-se das demais sociedades pelas seguintes características:

I – adesão voluntária, com número ilimitado de associados, salvo impossibilidade técnica de prestação de serviços;

II – variabilidade do capital social representado por quotas-partes;

III – limitação do número de quotas-partes do capital para cada associado, facultado, porém, o estabelecimento de critérios de proporcionalidade, se assim for mais adequado para o cumprimento dos objetivos sociais;

IV – incessibilidade das quotas-partes do capital a terceiros, estranhos à sociedade;

V – singularidade de voto, podendo as cooperativas centrais, federações e confederações de cooperativas, com exceção das que exerçam atividade de crédito, optar pelo critério da proporcionalidade;

VI – *quorum* para o funcionamento e deliberação da Assembleia-Geral baseado no número de associados e não no capital;

VII – retorno das sobras líquidas do exercício, proporcionalmente às operações realizadas pelo associado, salvo deliberação em contrário da Assembleia-Geral;

VIII – indivisibilidade dos fundos de Reserva e de Assistência Técnica Educacional e Social;

IX – neutralidade política e indiscriminação religiosa, racial e social;

X – prestação de assistência aos associados, e, quando previsto nos estatutos, aos empregados da cooperativa;

XI – área de admissão de associados limitada às possibilidades de reunião, controle, operações e prestação de serviços.

CAPÍTULO III
DO OBJETIVO E CLASSIFICAÇÃO DAS SOCIEDADES COOPERATIVAS

Art. 5º As sociedades cooperativas poderão adotar por objeto qualquer gênero de serviço, operação ou atividade, assegurando-se-lhes o direito exclusivo e exigindo-se-lhes a obrigação do uso da expressão "cooperativa" em sua denominação.

Parágrafo único. É vedado às cooperativas o uso da expressão "Banco".

Art. 6º As sociedades cooperativas são consideradas:

I – singulares, as constituídas pelo número mínimo de vinte pessoas físicas, sendo excepcionalmente permitida a admissão de pessoas jurídicas que tenham por objeto as mesmas ou correlatas atividades econômicas das pessoas físicas ou, ainda, aquelas sem fins lucrativos;

II – cooperativas centrais ou federações de cooperativas, as constituídas de, no mínimo, três singulares, podendo, excepcionalmente, admitir associados individuais;

III – confederações de cooperativas, as constituídas, pelo menos, de três federações de cooperativas ou cooperativas centrais, da mesma ou de diferentes modalidades.

§ 1º Os associados individuais das cooperativas centrais e federações de cooperativas serão inscritos no Livro de Matrícula da sociedade e classificados em grupos visando à transformação, no futuro, em cooperativas singulares que a elas se filiarão.

§ 2º A exceção estabelecida no item II, *in fine*, do *caput* deste artigo não se aplica às centrais e federações que exerçam atividades de crédito.

Art. 7º As cooperativas singulares se caracterizam pela prestação direta de serviços aos associados.

Art. 8º As cooperativas centrais e federações de cooperativas objetivam organizar, em comum e em maior escala, os serviços econômicos e assistenciais de interesse das filiadas, integrando e orientando suas atividades, bem como facilitando a utilização recíproca dos serviços.

Parágrafo único. Para a prestação de serviços de interesse comum, é permitida a constituição de cooperativas centrais, às quais se associem outras cooperativas de objetivo e finalidades diversas.

Art. 9º As confederações de cooperativas têm por objetivo orientar e coordenar as atividades das filiadas, nos casos em que o vulto dos empreendimentos transcender o âmbito de capacidade ou conveniência de atuação das centrais e federações.

Art. 10. As cooperativas se classificam também de acordo com o objeto ou pela natureza das atividades desenvolvidas por elas ou por seus associados.

§ 1º Além das modalidades de cooperativas já consagradas, caberá ao respectivo órgão controlador apreciar e caracterizar outras que se apresentem.

§ 2º Serão consideradas mistas as cooperativas que apresentarem mais de um objeto de atividades.

§ 3º *Revogado.* LC nº 130, de 17-4-2009.

Art. 11. As sociedades cooperativas serão de responsabilidade limitada, quando a responsabilidade do associado pelos compromissos da sociedade se limitar ao valor do capital por ele subscrito.

Art. 12. As sociedades cooperativas serão de responsabilidade ilimitada, quando a responsabilidade do associado pelos compromissos da sociedade for pessoal, solidária e não tiver limite.

Art. 13. A responsabilidade do associado para com terceiros, como membro da sociedade, somente poderá ser invocada depois de judicialmente exigida da cooperativa.

CAPÍTULO IV
DA CONSTITUIÇÃO DAS SOCIEDADES COOPERATIVAS

Art. 14. A sociedade cooperativa constitui-se por deliberação da Assembleia-Geral dos fundadores, constantes da respectiva ata ou por instrumento público.

Art. 15. O ato constitutivo, sob pena de nulidade, deverá declarar:

I – a denominação da entidade, sede e objeto de funcionamento;

II – o nome, nacionalidade, idade, estado civil, profissão e residência dos associados, fundadores que o assinaram, bem como o valor e número da quota-parte de cada um;

III – aprovação do estatuto da sociedade;

IV – o nome, nacionalidade, estado civil, profissão e residência dos associados eleitos para os órgãos de administração, fiscalização e outros.

Art. 16. O ato constitutivo da sociedade e os estatutos, quando não transcritos naquele, serão assinados pelos fundadores.

SEÇÃO I
DA AUTORIZAÇÃO DE FUNCIONAMENTO

Art. 17. A cooperativa constituída na forma da legislação vigente apresentará ao respectivo órgão executivo federal de controle, no Distrito Federal, Estados ou Territórios, ou ao órgão local para isso credenciado, dentro de trinta dias da data da constituição, para fins de autorização, requerimento acompanhado de quatro vias do ato constitutivo, estatuto e lista nominativa, além de outros documentos considerados necessários.

Art. 18. Verificada, no prazo máximo de sessenta dias, a contar da data de entrada em seu protocolo, pelo respectivo órgão executivo federal de controle ou órgão local para isso credenciado, a existência de condições de funcionamento da cooperativa em constituição, bem como a regularidade da documentação apresentada, o órgão controlador devolverá, devidamente autenticadas, duas vias à cooperativa, acompanhadas de documento dirigido à Junta Comercial do Estado, onde a entidade estiver sediada, comunicando a aprovação do ato constitutivo da requerente.

§ 1º Dentro desse prazo, o órgão controlador, quando julgar conveniente, no interesse do fortalecimento do sistema, poderá ouvir o Conselho Nacional de Cooperativismo, caso em que não se verificará a aprovação automática prevista no parágrafo seguinte.

§ 2º A falta de manifestação do órgão controlador no prazo a que se refere este artigo implicará a aprovação do ato constitutivo e o seu subsequente arquivamento na Junta Comercial respectiva.

§ 3º Se qualquer das condições citadas neste artigo não for atendida satisfatoriamente, o órgão ao qual compete conceder a autorização dará ciência ao requerente, indicando as exigências a serem cumpridas no prazo de sessenta dias, findos os quais, se não atendidas, o pedido será automaticamente arquivado.

§ 4º À parte é facultado interpor da decisão proferida pelo órgão controlador, nos Estados, Distrito Federal ou Territórios, recurso para a respectiva administração central, dentro do prazo de trinta dias contado da data do recebimento da comunicação e, em segunda e última instância, ao Conselho Nacional de Cooperativismo, também no prazo de trinta dias, exceção feita às cooperativas de crédito, às seções de crédito das cooperativas agrícolas mistas, e às cooperativas habitacionais, hipótese em que o recurso será apreciado pelo Conselho Monetário Nacional, no tocante às duas primeiras, e pelo Banco Nacional de Habitação em relação às últimas.

§ 5º Cumpridas as exigências, deverá o despacho do deferimento ou indeferimento da autorização ser exarado dentro de sessenta dias, findos os quais, na ausência de decisão, o requerimento será considerado deferido. Quando a autorização depender de dois ou mais órgãos do Poder Público, cada um deles terá o prazo de sessenta dias para se manifestar.

§ 6º Arquivados os documentos na Junta Comercial e feita a respectiva publicação, a cooperativa adquire personalidade jurídica, tornando-se apta a funcionar.

§ 7º A autorização caducará, independentemente de qualquer despacho, se a cooperativa não entrar em atividade dentro do prazo de noventa dias contados da data em que forem arquivados os documentos na Junta Comercial.

§ 8º Cancelada a autorização, o órgão de controle expedirá comunicação à respectiva Junta Comercial, que dará baixa nos documentos arquivados.

§ 9º A autorização para funcionamento das cooperativas de habitação, das de crédito e das seções de crédito das cooperativas agrícolas mistas subordina-se ainda, à política dos respectivos órgãos normativos.

§ 10. *Revogado.* LC nº 130, de 17-4-2009.

Art. 19. A cooperativa escolar não estará sujeita ao arquivamento dos documentos de constituição, bastando remetê-los ao Instituto Nacional de Colonização e Reforma Agrária, ou respectivo órgão local de controle, devidamente autenticados pelo diretor do estabelecimento de ensino ou a maior autoridade escolar do município, quando a cooperativa congregar associações de mais de um estabelecimento de ensino.

Art. 20. A reforma de estatutos obedecerá, no que couber, ao disposto nos artigos anteriores, observadas as prescrições dos órgãos normativos.

SEÇÃO II
DO ESTATUTO SOCIAL

Art. 21. O estatuto da cooperativa, além de atender ao disposto no artigo 4º, deverá indicar:

I – a denominação, sede, prazo de duração, área de ação, objeto da sociedade, fixação do exercício social e da data do levantamento do balanço geral;

II – os direitos e deveres dos associados, natureza de suas responsabilidades e as condições de admissão, demissão, eliminação e exclusão e as normas para sua representação nas assembleias-gerais;

III – o capital mínimo, o valor da quota-parte, o mínimo de quotas-partes a ser subscrito pelo associado, o modo de integralização das quotas-partes, bem como as condições de sua retirada nos casos de demissão, eliminação ou de exclusão do associado;

IV – a forma de devolução das sobras registradas aos associados, ou do rateio das perdas apuradas por insuficiência de contribuição para cobertura das despesas da sociedade;

V – o modo de administração e fiscalização, estabelecendo os respectivos órgãos, com definição de suas atribuições, poderes e funcionamento, a representação ativa e passiva da sociedade em juízo ou fora dele, o prazo do mandato, bem como o processo de substituição dos administradores e conselheiros fiscais;

VI – as formalidades de convocação das assembleias-gerais e a maioria requerida para a sua instalação e validade de suas deliberações, vedado o direito de voto aos que nelas tiverem interesse particular sem privá-los da participação nos debates;

VII – os casos de dissolução voluntária da sociedade;

VIII – o modo e o processo de alienação ou oneração de bens imóveis da sociedade;

IX – o modo de reformar o estatuto;

X – o número mínimo de associados;

XI – se a cooperativa tem poder para agir como substituta processual de seus associados, na forma do art. 88-A desta Lei.

► Inciso XI acrescido pela Lei nº 13.806, de 10-1-2019.

CAPÍTULO V
DOS LIVROS

Art. 22. A sociedade cooperativa deverá possuir os seguintes livros:

I – de Matrícula;

II – de Atas das Assembleias-Gerais;

III – de Atas dos Órgãos de Administração;

IV – de Atas do Conselho Fiscal;

V – de presença dos Associados nas Assembleias-Gerais;

VI – outros, fiscais e contábeis, obrigatórios.

Parágrafo único. É facultada a adoção de livros de folhas soltas ou fichas ou em meio digital, nos termos de regulamento do órgão competente do Poder Executivo federal.

► Parágrafo único com a redação dada pela Lei nº 14.195, de 26-8-2021.

Art. 23. No Livro de Matrícula, os associados serão inscritos por ordem cronológica de admissão, dele constando:

I – o nome, idade, estado civil, nacionalidade, profissão e residência do associado;

II – a data de sua admissão e, quando for o caso, de sua demissão a pedido, eliminação ou exclusão;

III – a conta-corrente das respectivas quotas-partes do capital social.

CAPÍTULO VI
DO CAPITAL SOCIAL

Art. 24. O capital social será subdividido em quotas-partes, cujo valor unitário não poderá ser superior ao maior salário mínimo vigente no País.

§ 1º Nenhum associado poderá subscrever mais de um terço do total das quotas-partes, salvo nas sociedades em que a subscrição deva ser diretamente proporcional ao movimento financeiro do cooperado ou ao quantitativo dos produtos a serem comercializados, beneficiados ou transformados, ou ainda, em relação à área cultivada ou ao número de plantas e animais em exploração.

§ 2º Não estão sujeitas ao limite estabelecido no parágrafo anterior as pessoas jurídicas de direito público que participem de cooperativas de eletrificação, irrigação e telecomunicações.

§ 3º É vedado às cooperativas distribuírem qualquer espécie de benefício às quotas-partes do capital ou estabelecer outras vantagens ou privilégios, financeiros ou não, em favor de quaisquer associados ou terceiros excetuando-se os juros até o máximo de doze por cento ao ano que incidirão sobre a parte integralizada.

§ 4º As quotas de que trata o *caput* deixam de integrar o patrimônio líquido da cooperativa quando se tornar exigível, na forma prevista no estatuto social e na legislação vigente, a restituição do capital integralizado pelo associado, em razão do seu desligamento, por demissão, exclusão ou eliminação.

► § 4º acrescido pela Lei nº 13.097, de 19-1-2015.

Art. 25. Para a formação do capital social poder-se-á estipular que o pagamento das quotas-partes seja realizado mediante prestações periódicas, independentemente de chamada, por meio de contribuições ou outra forma estabelecida a critério dos respectivos órgãos executivos federais.

Art. 26. A transferência de quotas-partes será averbada no Livro de Matrícula, mediante termo que conterá as assinaturas do cedente, do cessionário e do diretor que o estatuto designar.

Art. 27. A integralização das quotas-partes e o aumento do capital social poderão ser feitos com bens avaliados previamente e após homologação em Assembleia-Geral ou mediante retenção de determinada porcentagem do valor do movimento financeiro de cada associado.

§ 1º O disposto neste artigo não se aplica às cooperativas de crédito, às agrícolas mistas com seção de crédito e às habitacionais.

§ 2º Nas sociedades cooperativas em que a subscrição de capital for diretamente proporcional ao movimento ou à expressão econômica de cada associado, o estatuto deverá prever sua revisão periódica para ajustamento às condições vigentes.

CAPÍTULO VII
DOS FUNDOS

Art. 28. As cooperativas são obrigadas a constituir:

I – Fundo de Reserva destinado a reparar perdas e atender ao desenvolvimento de suas atividades, constituído com dez por cento, pelo menos, das sobras líquidas do exercício;

II – Fundo de Assistência Técnica, Educacional e Social, destinado a prestação de assistência aos associados, seus familiares e, quando previsto nos estatutos, aos empregados da cooperativa, constituído de cinco por cento, pelo menos, das sobras líquidas apuradas no exercício.

§ 1º Além dos previstos neste artigo, a Assembleia-Geral poderá criar outros fundos, inclusive rotativos, com recursos destinados a fins específicos fixando o modo de formação, aplicação e liquidação.

§ 2º Os serviços a serem atendidos pelo Fundo de Assistência Técnica, Educacional e Social poderão ser executados mediante convênio com entidades públicas e privadas.

CAPÍTULO VIII
DOS ASSOCIADOS

Art. 29. O ingresso nas cooperativas é livre a todos que desejarem utilizar os serviços prestados pela sociedade, desde que adiram aos propósitos sociais e preencham as condições estabelecidas no estatuto, ressalvado o disposto no artigo 4º, item I, desta Lei.

§ 1º A admissão dos associados poderá ser restrita, a critério do órgão normativo respectivo, às pessoas que exerçam determinada atividade ou profissão, ou estejam vinculadas a determinada entidade.

§ 2º Poderão ingressar nas cooperativas de pesca e nas constituídas por produtores rurais ou extrativistas, as pessoas jurídicas que pratiquem as mesmas atividades econômicas das pessoas físicas associadas.

§ 3º Nas cooperativas de eletrificação, irrigação e telecomunicações, poderão ingressar as pessoas jurídicas que se localizem na respectiva área de operações.

§ 4º Não poderão ingressar no quadro das cooperativas os agentes de comércio e empresários que operem no mesmo campo econômico da sociedade.

Art. 30. À exceção das cooperativas de crédito e das agrícolas mistas com seção de crédito, a admissão de associados, que se efetive mediante aprovação de seu pedido de ingresso pelo órgão de administração, complementa-se com a subscrição das quotas-partes de capital social e a sua assinatura no Livro de Matrícula.

Art. 31. O associado que aceitar e estabelecer relação empregatícia com a cooperativa, perde o direito de votar e ser votado, até que sejam aprovadas as contas do exercício em que ele deixou o emprego.

Art. 32. A demissão do associado será unicamente a seu pedido.

Art. 33. A eliminação do associado é aplicada em virtude de infração legal ou estatutária, ou por fato especial previsto no estatuto, mediante termo firmado por quem de direito no Livro de Matrícula, com os motivos que a determinaram.

Art. 34. A diretoria da cooperativa tem o prazo de trinta dias para comunicar ao interessado a sua eliminação.

Parágrafo único. Da eliminação cabe recurso, com efeito suspensivo à primeira Assembleia-Geral.

Art. 35. A exclusão do associado será feita:

I – por dissolução da pessoa jurídica;

II – por morte da pessoa física;

III – por incapacidade civil não suprida;

IV – por deixar de atender aos requisitos estatutários de ingresso ou permanência na cooperativa.

Art. 36. A responsabilidade do associado perante terceiros, por compromissos da sociedade, perdura para os demitidos, eliminados ou excluídos até quando aprovadas as contas do exercício em que se deu o desligamento.

Parágrafo único. As obrigações dos associados falecidos, contraídas com a sociedade, e as oriundas de sua responsabilidade como associado em face de terceiros, passam aos herdeiros, prescrevendo, porém, após um ano contado do dia da abertura da sucessão, ressalvados os aspectos peculiares das cooperativas de eletrificação rural e habitacionais.

Art. 37. A cooperativa assegurará a igualdade de direitos dos associados sendo-lhe defeso:

I – remunerar a quem agencie novos associados;

II – cobrar prêmios ou ágio pela entrada de novos associados ainda a título de compensação das reservas;

III – estabelecer restrições de qualquer espécie ao livre exercício dos direitos sociais.

CAPÍTULO IX
DOS ÓRGÃOS SOCIAIS

Seção I
DAS ASSEMBLEIAS-GERAIS

Art. 38. A Assembleia-Geral dos associados é o órgão supremo da sociedade, dentro dos limites legais e estatutários, tendo poderes para decidir os negócios relativos ao objeto da sociedade e tomar as resoluções convenientes ao desenvolvimento e defesa desta, e suas deliberações vinculam a todos, ainda que ausentes ou discordantes.

§ 1º As Assembleias-Gerais serão convocadas com antecedência mínima de dez dias, em primeira convocação, mediante editais afixados em locais apropriados das dependências comumente mais frequentadas pelos associados, publicação em jornal e comunicação aos associados por intermédio de circulares. Não havendo no horário estabelecido, *quorum* de instalação, as assembleias poderão ser realizadas em segunda ou terceira convocações desde que assim permitam os estatutos e conste do respectivo edital, quando então será observado o intervalo mínimo de uma hora entre a realização por uma ou outra convocação.

§ 2º A convocação será feita pelo Presidente, ou por qualquer dos órgãos de administração, pelo Conselho Fiscal, ou após solicitação não atendida, por um quinto dos associados em pleno gozo dos seus direitos.

§ 3º As deliberações nas Assembleias-Gerais serão tomadas por maioria de votos dos associados presentes com direito de votar.

Art. 39. É da competência das Assembleias-Gerais, ordinárias ou extraordinárias, a destituição dos membros dos órgãos de administração ou fiscalização.

Parágrafo único. Ocorrendo destituição que possa afetar a regularidade da administração ou fiscalização da entidade, poderá a Assembleia designar administradores e conselheiros provisórios, até a posse dos novos, cuja eleição se efetuará no prazo máximo de trinta dias.

Art. 40. Nas Assembleias-Gerais o *quorum* de instalação será o seguinte:

I – dois terços do número de associados, em primeira convocação;

II – metade mais um dos associados em segunda convocação;

III – mínimo de dez associados na terceira convocação ressalvado o caso de cooperativas centrais e federações e confederações de cooperativas, que se instalarão com qualquer número.

Art. 41. Nas Assembleias-Gerais das cooperativas centrais, federações e confederações de cooperativas, a representação será feita por delegados indicados na forma dos seus estatutos e credenciados pela diretoria das respectivas filiadas.

Parágrafo único. Os grupos de associados individuais das cooperativas centrais e federações de cooperativas serão representados por um delegado, escolhida entre seus membros e credenciado pela respectiva administração.

Art. 42. Nas cooperativas singulares, cada associado presente não terá direito a mais de um voto, qualquer que seja o número de suas quotas-partes.

§ 1º Não será permitida a representação por meio de mandatário.

§ 2º Quando o número de associados, nas cooperativas singulares exceder a três mil, pode o estatuto estabelecer que os mesmos sejam representados nas Assembleias-Gerais por delegados que tenham a qualidade de associados no gozo de seus direitos sociais e não exerçam cargos eletivos na sociedade.

§ 3º O estatuto determinará o número de delegados, a época e forma de sua escolha por grupos seccionais de associados de igual número e o tempo de duração da delegação.

§ 4º Admitir-se-á, também, a delegação definida no parágrafo anterior nas cooperativas singulares cujo número de associados seja inferior a três mil, desde que haja filiados residindo a mais de cinquenta quilômetros da sede.

§ 5º Os associados, integrantes de grupos seccionais, que não sejam delegados, poderão comparecer às Assembleias-Gerais, privados, contudo, de voz e voto.

§ 6º As Assembleias-Gerais compostas por delegados decidem sobre todas as matérias que, nos termos da lei ou dos estatutos, constituem objeto de decisão da assembleia-geral dos associados.

▸ Art. 42 com a redação dada pela Lei nº 6.981, de 30-3-1982.

Art. 43. Prescreve em quatro anos, a ação para anular as deliberações da Assembleia-Geral viciadas de erro, dolo, fraude ou simulação, ou tomadas com violação da lei ou do estatuto, contado o prazo da data em que a Assembleia foi realizada.

Art. 43-A. O associado poderá participar e votar a distância em reunião ou em assembleia, que poderão ser realizadas em meio digital, nos termos do regulamento do órgão competente do Poder Executivo federal.

Parágrafo único. A assembleia geral poderá ser realizada de forma digital, respeitados os direitos legalmente previstos de participação e de manifestação dos associados e os demais requisitos regulamentares.

▸ Art. 43-A acrescido pela Lei nº 14.030, de 28-7-2020.

Seção II

DAS ASSEMBLEIAS-GERAIS ORDINÁRIAS

Art. 44. A Assembleia-Geral Ordinária, que se realizará anualmente nos três primeiros meses após o término do exercício social, deliberará sobre os seguintes assuntos que deverão constar da ordem do dia:

I – prestação de contas dos órgãos de administração acompanhada de parecer do Conselho Fiscal, compreendendo:

a) relatório da gestão;

b) balanço;

c) demonstrativo das sobras apuradas ou das perdas decorrentes da insuficiência das contribuições para cobertura das despesas da sociedade e o parecer do Conselho Fiscal;

II – destinação das sobras apuradas ou rateio das perdas decorrentes da insuficiência das contribuições para cobertura das despesas da sociedade, deduzindo-se, no primeiro caso as parcelas para os Fundos Obrigatórios;

III – eleição dos componentes dos órgãos de administração, do Conselho Fiscal e de outros, quando for o caso;

IV – quando previsto, a fixação do valor dos honorários, gratificações e cédula de presença dos membros do Conselho de Administração ou da Diretoria e do Conselho Fiscal;

V – quaisquer assuntos de interesse social, excluídos os enumerados no artigo 46.

§ 1º Os membros dos órgãos de administração e fiscalização não poderão participar da votação das matérias referidas nos itens I e IV deste artigo.

§ 2º À exceção das cooperativas de crédito e das agrícolas mistas com seção de crédito, a aprovação do relatório, balanço e contas dos órgãos de administração, desonera seus componentes de responsabilidade, ressalvados os casos de erro, dolo, fraude ou simulação, bem como a infração da lei ou do estatuto.

Seção III

DAS ASSEMBLEIAS-GERAIS EXTRAORDINÁRIAS

Art. 45. A Assembleia-Geral Extraordinária realizar-se-á sempre que necessário e poderá deliberar sobre qualquer assunto de interesse da sociedade, desde que mencionado no edital de convocação.

Art. 46. É da competência exclusiva da Assembleia-Geral Extraordinária deliberar sobre os seguintes assuntos:

I – reforma do estatuto;

II – fusão, incorporação ou desmembramento;

III – mudança do objeto da sociedade;

IV – dissolução voluntária da sociedade e nomeação de liquidantes;

V – contas do liquidante.

Parágrafo único. São necessários os votos de dois terços dos associados presentes, para tornar válidas as deliberações de que trata este artigo.

Seção IV

DOS ÓRGÃOS DE ADMINISTRAÇÃO

Art. 47. A sociedade será administrada por uma Diretoria ou Conselho de Administração, composto exclusivamente de associados eleitos pela Assembleia-Geral, com mandato nunca superior a quatro anos, sendo obrigatória a renovação de, no mínimo, um terço do Conselho de Administração.

§ 1º O estatuto poderá criar outros órgãos necessários à administração.

§ 2º A posse dos administradores e conselheiros fiscais das cooperativas de crédito e das agrícolas mistas com seção de crédito e habitacionais fica sujeita à prévia homologação dos respectivos órgãos normativos.

Art. 48. Os órgãos de administração podem contratar gerentes técnicos ou comerciais, que não pertençam ao quadro de associados, fixando-lhes as atribuições e salários.

Art. 49. Ressalvada a legislação específica que rege as cooperativas de crédito, as seções de crédito das cooperativas agrícolas mistas e as de habitação, os administradores eleitos ou contratados não serão pessoalmente responsáveis pelas obrigações que contraírem em nome da sociedade, mas responderão solidariamente pelos prejuízos resultantes de seus atos, se procederem com culpa ou dolo.

Parágrafo único. A sociedade responderá pelos atos a que se refere a última parte deste artigo se os houver ratificado ou deles logrado proveito.

Art. 50. Os participantes de ato ou operação social em que se oculte a natureza da sociedade podem ser declarados pessoalmente responsáveis pelas obrigações em nome dela contraídas, sem prejuízo das sanções penais cabíveis.

Art. 51. São inelegíveis, além das pessoas impedidas por lei, os condenados a pena que vede, ainda que temporariamente, o acesso a cargos públicos; ou por crime falimentar, de prevaricação, peita ou suborno, concussão, peculato, ou contra a economia popular, a fé pública ou a propriedade.

Parágrafo único. Não podem compor uma mesma Diretoria ou Conselho de Administração, os parentes entre si até segundo grau, em linha reta ou colateral.

Art. 52. O diretor ou associado que, em qualquer operação, tenha interesse oposto ao da sociedade, não pode participar das deliberações referentes a essa operação, cumprindo-lhe acusar o seu impedimento.

Art. 53. Os componentes da Administração e do Conselho fiscal, bem como os liquidantes, equiparam-se aos administradores das sociedades anônimas para efeito de responsabilidade criminal.

Art. 54. Sem prejuízo da ação que couber ao associado, a sociedade, por seus diretores, ou representada pelo associado escolhido em Assembleia-Geral, terá direito de ação contra os administradores, para promover sua responsabilidade.

Art. 55. Os empregados de empresas que sejam eleitos diretores de sociedades cooperativas pelos mesmos criadas, gozarão das garantias asseguradas aos dirigentes sindicais pelo artigo 543 da Consolidação das Leis do Trabalho (Decreto-Lei nº 5.452, de 1º de maio de 1943).

Seção V
DO CONSELHO FISCAL

Art. 56. A administração da sociedade será fiscalizada, assídua e minuciosamente, por um Conselho Fiscal, constituído de três membros efetivos e três suplentes, todos associados eleitos anualmente pela Assembleia-Geral, sendo permitida apenas a reeleição de um terço dos seus componentes.

§ 1º Não podem fazer parte do Conselho Fiscal, além dos inelegíveis enumerados no artigo 51, os parentes dos diretores até o segundo grau, em linha reta ou colateral, bem como os parentes entre si até esse grau.

§ 2º O associado não pode exercer cumulativamente cargos nos órgãos de administração e de fiscalização.

CAPÍTULO X
FUSÃO, INCORPORAÇÃO E DESMEMBRAMENTO

Art. 57. Pela fusão, duas ou mais cooperativas formam nova sociedade.

§ 1º Deliberada a fusão, cada cooperativa interessada indicará nomes para comporem comissão mista que procederá aos estudos necessários à constituição da nova sociedade, tais como o levantamento patrimonial, balanço geral, plano de distribuição de quotas-partes, destino dos fundos de reserva e outros e o projeto de estatuto.

§ 2º Aprovado o relatório da comissão mista e constituída a nova sociedade em Assembleia-Geral conjunta os respectivos documentos serão arquivados, para aquisição de personalidade jurídica, na Junta Comercial competente, e duas vias dos mesmos, com a publicação do arquivamento, serão encaminhadas ao órgão executivo de controle ou ao órgão local credenciado.

§ 3º Exclui-se do disposto no parágrafo anterior a fusão que envolver cooperativas que exerçam atividades de crédito. Nesse caso, aprovado o relatórios da comissão mista e constituída a nova sociedade em Assembleia-Geral conjunta, a autorização para funcionar e o registro dependerão de prévia anuência do Banco Central do Brasil.

Art. 58. A fusão determina a extinção das sociedades que se unem para formar a nova sociedade que lhe sucederá nos direitos e obrigações.

Art. 59. Pela incorporação, uma sociedade cooperativa absorve o patrimônio, recebe os associados, assume as obrigações e se investe nos direitos de outra ou outras cooperativas.

Parágrafo único. Na hipótese prevista neste artigo, serão obedecidas as mesmas formalidades estabelecidas para a fusão, limitadas as avaliações ao patrimônio da ou das sociedades incorporandas.

Art. 60. As sociedades cooperativas poderão desmembrar-se em tantas quantas forem necessárias para atender aos interesses dos seus associados, podendo uma das novas entidades ser constituída como cooperativa central ou federação de cooperativas, cujas autorizações de funcionamento e os arquivamentos serão requeridos conforme o disposto nos artigos 17 e seguintes.

Art. 61. Deliberado o desmembramento, a Assembleia designará uma comissão para estudar as providências necessárias à efetivação da medida.

§ 1º O relatório apresentado pela comissão, acompanhado dos projetos de estatutos das novas cooperativas, será apreciado em nova Assembleia especialmente convocada para esse fim.

§ 2º O plano de desmembramento preverá o rateio, entre as novas cooperativas, do ativo e passivo da sociedade desmembrada.

§ 3º No rateio previsto no parágrafo anterior, atribuir-se-á a cada nova cooperativa parte do capital social da sociedade desmembrada em quota correspondente à participação dos associados que passam a integrá-la.

§ 4º Quando uma das cooperativas for constituída como cooperativa central ou federação de cooperativas, prever-se-á o montante das quotas-partes que as associadas terão no capital social.

Art. 62. Constituídas as sociedades e observado o disposto nos artigos 17 e seguintes, proceder-se-á às transferências contábeis e patrimoniais necessárias à concretização das medidas adotadas.

CAPÍTULO XI
DA DISSOLUÇÃO E LIQUIDAÇÃO

Art. 63. As sociedades cooperativas se dissolvem de pleno direito:

I – quando assim deliberar a Assembleia-Geral, desde que os associados, totalizando o número mínimo exigido por esta Lei, não se disponham a assegurar a sua continuidade;

II – pelo decurso do prazo de duração;

III – pela consecução dos objetivos predeterminados;

IV – devido à alteração de sua forma jurídica;

V – pela redução do número mínimo de associados ou do capital social mínimo se, até a Assembleia-Geral subsequente, realizada em prazo não inferior a seis meses, eles não forem restabelecidos;

VI – pelo cancelamento da autorização para funcionar;

VII – pela paralisação de suas atividades por mais de cento e vinte dias.

Parágrafo único. A dissolução da sociedade importará no cancelamento da autorização para funcionar e do registro.

Art. 64. Quando a dissolução da sociedade não for promovida voluntariamente, nas hipóteses previstas no artigo anterior, a medida poderá ser tomada judicialmente a pedido de qualquer associado ou por iniciativa do órgão executivo federal.

Art. 65. Quando a dissolução for deliberada pela Assembleia-Geral, esta nomeará um liquidante ou mais, e um Conselho Fiscal de três membros para proceder à sua liquidação.

§ 1º O processo de liquidação só poderá ser iniciado após a audiência do respectivo órgão executivo federal.

§ 2º A Assembleia-Geral, nos limites de suas atribuições, poderá, em qualquer época, destituir os liquidantes e os membros do Conselho Fiscal, designando os seus substitutos.

Art. 66. Em todos os atos e operações, os liquidantes deverão usar a denominação da cooperativa, seguida da expressão: "Em liquidação".

Art. 67. Os liquidantes terão todos os poderes normais de administração podendo praticar atos e operações necessários à realização do ativo e pagamento do passivo.

Art. 68. São obrigações dos liquidantes:

I – providenciar o arquivamento, na junta Comercial, da Ata da Assembleia-Geral em que foi deliberada a liquidação;

II – comunicar à administração central do respectivo órgão executivo federal e ao Banco Nacional de Crédito Cooperativo S/A., a sua nomeação, fornecendo cópia da Ata da Assembleia-Geral que decidiu a matéria;

III – arrecadar os bens, livros e documentos da sociedade, onde quer que estejam;

IV – convocar os credores e devedores e promover o levantamento dos créditos e débitos da sociedade;

V – proceder nos quinze dias seguintes ao de sua investidura e com a assistência, sempre que possível, dos administradores, ao levantamento do inventário e balanço geral do ativo e passivo;

VI – realizar o ativo social para saldar o passivo e reembolsar os associados de suas quotas-partes, destinando o remanescente, inclusive o dos fundos indivisíveis, ao Banco Nacional de Crédito Cooperativo S/A;

VII – exigir dos associados a integralização das respectivas quotas-partes do capital social não realizadas, quando o ativo não bastar para solução do passivo;

VIII – fornecer aos credores a relação dos associados, se a sociedade for de responsabilidade ilimitada e se os recursos apurados forem insuficientes para o pagamento das dívidas;

IX – convocar a Assembleia-Geral, cada seis meses ou sempre que necessário, para apresentar relatório e balanço do estado da liquidação e prestar contas dos atos praticados durante o período anterior;

X – apresentar à Assembleia-Geral, finda a liquidação, o respectivo relatório e as contas finais;

XI – averbar, no órgão competente, a Ata da Assembleia-Geral que considerar encerrada a liquidação.

Art. 69. As obrigações e as responsabilidades dos liquidantes regem-se pelos preceitos peculiares aos dos administradores da sociedade liquidanda.

Art. 70. Sem autorização da Assembleia não poderá o liquidante gravar de ônus os móveis e imóveis, contrair empréstimos, salvo quando indispensáveis para o pagamento de obrigações inadiáveis, nem prosseguir, embora para facilitar a liquidação, na atividade social.

Art. 71. Respeitados os direitos dos credores preferenciais, pagará o liquidante as dívidas sociais proporcionalmente e sem distinção entre vencidas ou não.

Art. 72. A Assembleia-Geral poderá resolver, antes de ultimada a liquidação, mas depois de pagos os credores, que o liquidante faça rateios por antecipação da partilha, à medida em que se apurem os haveres sociais.

Art. 73. Solucionado o passivo, reembolsados os cooperados até o valor de suas quotas-partes e encaminhado o remanescente conforme o estatuído, convocará o liquidante Assembleia-Geral para prestação final de contas.

Art. 74. Aprovadas as contas, encerra-se a liquidação e a sociedade se extingue, devendo a ata da Assembleia ser arquivada na Junta Comercial e publicada.

Parágrafo único. O associado discordante terá o prazo de trinta dias, a contar da publicação da ata, para promover a ação que couber.

Art. 75. A liquidação extrajudicial das cooperativas poderá ser promovida por iniciativa do respectivo órgão executivo federal, que designará o liquidante, e será processada de acordo com a legislação específica e demais disposições regulamentares, desde que a sociedade deixe de oferecer condições operacionais, principalmente por constatada insolvência.

§ 1º A liquidação extrajudicial, tanto quanto possível, deverá ser precedida de intervenção na sociedade.

§ 2º Ao interventor, além dos poderes expressamente concedidos no ato de intervenção, são atribuídas funções, prerrogativas e obrigações dos órgãos de administração.

Art. 76. A publicação no *Diário Oficial*, da ata da Assembleia-Geral da sociedade, que deliberou sua liquidação, ou da decisão do órgão executivo federal quando a medida for de sua iniciativa, implicará a sustação de qualquer ação judicial contra a cooperativa, pelo prazo de um ano, sem prejuízo, entretanto, da fluência dos juros legais ou pactuados e seus acessórios.

Parágrafo único. Decorrido o prazo previsto neste artigo, sem que, por motivo relevante, esteja encerrada a liquidação, poderá ser o mesmo prorrogado, no máximo por mais um ano, mediante decisão do órgão citado no artigo, publicada, com os mesmos efeitos, no *Diário Oficial*.

Art. 77. Na realização do ativo da sociedade, o liquidante deverá:

I – mandar avaliar, por avaliadores judiciais ou de Instituições Financeiras Públicas, os bens de sociedade;

II – proceder à venda dos bens necessários ao pagamento do passivo da sociedade, observadas, no que couber, as normas constantes dos artigos 117 e 118 do Decreto-Lei nº 7.661, de 21 de junho de 1945.

Art. 78. A liquidação das cooperativas de crédito e da seção de crédito das cooperativas agrícolas mistas reger-se-á pelas normas próprias legais e regulamentares.

CAPÍTULO XII
DO SISTEMA OPERACIONAL DAS COOPERATIVAS

Seção I
DO ATO COOPERATIVO

Art. 79. Denominam-se atos cooperativos os praticados entre as cooperativas e seus associados, entre estes e aquelas e pelas cooperativas entre si quando associados, para a consecução dos objetivos sociais.

Parágrafo único. O ato cooperativo não implica operação de mercado, nem contrato de compra e venda de produto ou mercadoria.

Seção II
DAS DISTRIBUIÇÕES DE DESPESAS

Art. 80. As despesas da sociedade serão cobertas pelos associados mediante rateio na proporção direta da fruição de serviços.

Parágrafo único. A cooperativa poderá, para melhor atender à equanimidade de cobertura das despesas da sociedade, estabelecer:

I – rateio, em partes iguais, das despesas gerais da sociedade entre todos os associados, quer tenham ou não, no ano, usufruído dos serviços por ela prestados, conforme definidas no estatuto;

II – rateio, em razão diretamente proporcional, entre os associados que tenham usufruído dos serviços durante o ano, das sobras líquidas ou dos prejuízos verificados no balanço do exercício, excluídas as despesas gerais já atendidas na forma do item anterior.

Art. 81. A cooperativa que tiver adotado o critério de separar as despesas da sociedade e estabelecido o seu rateio na forma indicada no parágrafo único do artigo anterior deverá levantar separadamente as despesas gerais.

Seção III
DAS OPERAÇÕES DA COOPERATIVA

Art. 82. A cooperativa que se dedicar a vendas em comum poderá registrar-se como armazém geral, podendo também desenvolver as atividades previstas na Lei nº 9.973, de 29 de maio de 2000, e nessa condição expedir Conhecimento de Depósito, Warrant, Certificado de Depósito Agropecuário – CDA e Warrant Agropecuário – WA para os produtos de seus associados conservados em seus armazéns, próprios ou arrendados, sem prejuízo da emissão de outros títulos decorrentes de suas atividades normais, aplicando-se, no que couber, a legislação específica.

▸ *Caput* com a redação dada pela Lei nº 11.076, de 30-12-2004.

§ 1º Para efeito deste artigo, os armazéns da cooperativa se equiparam aos "Armazéns Gerais", com as prerrogativas e obrigações destes, ficando os componentes do Conselho de Administração ou Diretoria Executiva, emitente do título, responsáveis pessoal e solidariamente, pela boa guarda e conservação dos produtos vinculados, respondendo criminal e civilmente pelas declarações constantes do título, como também por qualquer ação ou omissão que acarrete o desvio, deterioração ou perda dos produtos.

§ 2º Observado o disposto no § 1º, as cooperativas poderão operar unidades de armazenagem, embalagem e frigorificação, bem como armazéns gerais alfandegários, nos termos do disposto no Capítulo IV da Lei nº 5.025, de 10 de junho de 1966.

Art. 83. A entrega da produção do associado à sua cooperativa significa a outorga a esta de plenos poderes para a sua livre disposição, inclusive para gravá-la e dá-la em garantia de operações de crédito realizadas pela sociedade, salvo se, tendo em vista os usos e costumes relativos à comercialização de determinados produtos, sendo de interesse do produtor, os estatutos dispuserem de outro modo.

Art. 84. *Revogado*. LC nº 130, de 17-4-2009.

Art. 85. As cooperativas agropecuárias e de pesca poderão adquirir produtos de não associados, agricultores, pecuaristas ou pescadores, para completar lotes destinados ao cumprimento de contratos ou suprir capacidade ociosa de instalações industriais das cooperativas que as possuem.

Art. 86. As cooperativas poderão fornecer bens e serviços a não associados, desde que tal faculdade atenda aos objetivos sociais e estejam de conformidade com a presente lei.

Parágrafo único. *Revogado*. LC nº 130, de 17-4-2009.

Art. 87. Os resultados das operações das cooperativas com não associados, mencionados nos artigos 85 e 86, serão levados à conta do "Fundo de Assistência Técnica, Educacional e Social" e serão contabilizados em separado, de molde a permitir cálculo para incidência de tributos.

Art. 88. Poderão as cooperativas participar de sociedades não cooperativas para melhor atendimento dos próprios objetivos e de outros de caráter acessório ou complementar.

▸ *Caput* com a redação dada pela MP nº 2.168-40, de 24-8-2001, que até o encerramento desta edição não havia sido convertida em Lei.

Parágrafo único. As inversões decorrentes dessa participação serão contabilizadas em títulos específicos e seus eventuais resultados positivos levados ao "Fundo de Assistência Técnica, Educacional e Social".

Art. 88-A. A cooperativa poderá ser dotada de legitimidade extraordinária autônoma concorrente para agir como substituta processual em defesa dos direitos coletivos de seus associados quando a causa de pedir versar sobre atos de interesse direto dos associados que tenham relação com as operações de mercado da cooperativa, desde que isso seja previsto em seu estatuto e haja, de forma expressa, autorização manifestada individualmente pelo associado ou por meio de assembleia geral que delibere sobre a propositura da medida judicial.

▸ Art. 88-A acrescido pela Lei nº 13.806, de 10-1-2019.

Seção IV
DOS PREJUÍZOS

Art. 89. Os prejuízos verificados no decorrer do exercício serão cobertos com recursos provenientes do Fundo de Reserva e, se insuficiente este, mediante rateio, entre os associados, na razão direta dos serviços usufruídos, ressalvada a opção prevista no parágrafo único do artigo 80.

Seção V

DO SISTEMA TRABALHISTA

Art. 90. Qualquer que seja o tipo de cooperativa, não existe vínculo empregatício entre ela e seus associados.

Art. 91. As cooperativas igualam-se às demais empresas em relação aos seus empregados para os fins da legislação trabalhista e previdenciária.

CAPÍTULO XIII
DA FISCALIZAÇÃO E CONTROLE

Art. 92. A fiscalização e o controle das sociedades cooperativas, nos termos desta lei e dispositivos legais específicos, serão exercidos, de acordo com o objeto de funcionamento, da seguinte forma:

I – as de crédito e as seções de crédito das agrícolas mistas pelo Banco Central do Brasil;

II – as de habitação pelo Banco Nacional de Habitação;

III – as demais pelo Instituto Nacional de Colonização e Reforma Agrária.

§ 1º Mediante autorização do Conselho Nacional de Cooperativismo, os órgãos controladores federais, poderão solicitar, quando julgarem necessário, a colaboração de outros órgãos administrativos, na execução das atribuições previstas neste artigo.

§ 2º As sociedades cooperativas permitirão quaisquer verificações determinadas pelos respectivos órgãos de controle, prestando os esclarecimentos que lhes forem solicitados, além de serem obrigadas a remeter-lhes anualmente a relação dos associados admitidos, demitidos, eliminados e excluídos no período, cópias de atas, de balanços e dos relatórios do exercício social e parecer do Conselho Fiscal.

Art. 93. O Poder Público, por intermédio da administração central dos órgãos executivos federais competentes, por iniciativa própria ou solicitação da Assembleia-Geral ou do Conselho Fiscal, intervirá nas cooperativas quando ocorrer um dos seguintes casos:

I – violação contumaz das disposições legais;

II – ameaça de insolvência em virtude de má administração da sociedade;

III – paralisação das atividades sociais por mais de cento e vinte dias consecutivos;

IV – inobservância do artigo 56, § 2º.

Parágrafo único. Aplica-se, no que couber, às cooperativas habitacionais, o disposto neste artigo.

Art. 94. Observar-se-á, no processo de intervenção, a disposição constante do § 2º do artigo 75.

CAPÍTULO XIV
DO CONSELHO NACIONAL DE COOPERATIVISMO

Art. 95. A orientação geral da política cooperativista nacional caberá ao Conselho Nacional de Cooperativismo – CNC, que passará a funcionar junto ao Instituto Nacional de Colonização e Reforma Agrária – INCRA, com plena autonomia administrativa e financeira, na forma do artigo 172 do Decreto-Lei nº 200, de 25 de fevereiro de 1967, sob a presidência do Ministro da Agricultura e composto de oito membros indicados pelos seguintes representados:

I – Ministério do Planejamento e Coordenação-Geral;

II – Ministério da Fazenda, por intermédio do Banco Central do Brasil;

III – Ministério do Interior, por intermédio do Banco Nacional da Habitação;

IV – Ministério da Agricultura, por intermédio do Instituto Nacional de Colonização e Reforma Agrária – INCRA, e do Banco Nacional de Crédito Cooperativo S/A.;

V – Organização das Cooperativas Brasileiras.

Parágrafo único. A entidade referida no inciso V deste artigo contará com três elementos para fazer-se representar no Conselho.

Art. 96. O Conselho, que deverá reunir-se ordinariamente uma vez por mês, será presidido pelo Ministro da Agricultura, a quem caberá o voto de qualidade, sendo suas resoluções votadas por maioria simples, com a presença, no mínimo de três representantes dos órgãos oficiais mencionados nos itens I a IV do artigo anterior.

Parágrafo único. Nos seus impedimentos eventuais, o substituto do Presidente será o Presidente do Instituto Nacional de Colonização e Reforma Agrária.

Art. 97. Ao Conselho Nacional de Cooperativismo compete:

I – editar atos normativos para a atividade cooperativista nacional;

II – baixar normas regulamentadoras, complementares e interpretativas, da legislação cooperativista;

III – organizar e manter atualizado o cadastro geral das cooperativas nacionais;

IV – decidir, em última instância, os recursos originários de decisões do respectivo órgão executivo federal;

V – apreciar os anteprojetos que objetivam a revisão da legislação cooperativista;

VI – estabelecer condições para o exercício de quaisquer cargos eletivos de administração ou fiscalização de cooperativas;

VII – definir as condições de funcionamento do empreendimento cooperativo, a que se refere o artigo 18;

VIII – votar o seu próprio regimento;

IX – autorizar, onde houver condições, a criação de Conselhos Regionais de Cooperativismo, definindo-lhes as atribuições;

X – decidir sobre a aplicação do Fundo Nacional de Cooperativismo, nos termos do artigo 102 desta Lei;

XI – estabelecer em ato normativo ou de caso a caso, conforme julgar necessário, o limite a ser observado nas operações com não associados a que se referem os artigos 85 e 86.

Parágrafo único. As atribuições do Conselho Nacional de Cooperativismo não se estendem às cooperativas de habitação, às de crédito e às seções de crédito das cooperativas agrícolas mistas, no que forem regidas por legislação própria.

Art. 98. O Conselho Nacional de Cooperativismo – CNC contará com uma Secretaria Executiva que se incumbirá de seus encargos administrativos, podendo seu Secretário Executivo requisitar funcionários de qualquer órgão da Administração Pública.

§ 1º O Secretário Executivo do Conselho Nacional de Cooperativismo será o Diretor do Departamento de Desenvolvimento Rural do Instituto Nacional de Colonização e Reforma Agrária – INCRA, devendo o Departamento referido incumbir-se dos encargos administrativos do Conselho Nacional de Cooperativismo.

§ 2º Para os impedimentos eventuais do Secretário Executivo, este indicará à apreciação do Conselho seu substituto.

Art. 99. Compete ao Presidente do Conselho Nacional de Cooperativismo:

I – presidir as reuniões;

II – convocar as reuniões extraordinárias;

III – proferir o voto de qualidade.

Art. 100. Compete à Secretaria Executiva do Conselho Nacional de Cooperativismo:

I – dar execução às resoluções do Conselho;

II – comunicar as decisões do Conselho ao respectivo órgão executivo federal;

III – manter relações com os órgãos executivos federais, bem assim com quaisquer outros órgãos públicos ou privados, nacionais ou estrangeiros, que possam influir no aperfeiçoamento do cooperativismo;

IV – transmitir aos órgãos executivos federais e entidade superior do movimento cooperativista nacional todas as informações relacionadas com a doutrina e práticas cooperativistas de seu interesse;

V – organizar e manter atualizado o cadastro geral das cooperativas nacionais e expedir as respectivas certidões;

VI – apresentar ao Conselho, em tempo hábil, a proposta orçamentária do órgão, bem como o relatório anual de suas atividades;

VII – providenciar todos os meios que assegurem o regular funcionamento do Conselho;

VIII – executar quaisquer outras atividades necessárias ao pleno exercício das atribuições do Conselho.

Art. 101. O Ministério da Agricultura incluirá, em sua proposta orçamentária anual, os recursos financeiros solicitados pelo Conselho Nacional de Cooperativismo – CNC, para custear seu funcionamento.

Parágrafo único. As contas do Conselho Nacional de Cooperativismo – CNC, serão prestadas por intermédio do Ministério da Agricultura, observada a legislação específica que regula a matéria.

Art. 102. Fica mantido, junto ao Banco Nacional de Crédito Cooperativo S/A., o "Fundo Nacional de Cooperativismo", criado pelo Decreto-Lei nº 59, de 21 de novembro de 1966, destinado a prover recursos de apoio ao movimento cooperativista nacional.

§ 1º O Fundo de que trata este artigo será, suprido por:

I – dotação incluída no orçamento do Ministério da Agricultura para o fim específico de incentivos às atividades cooperativas;

II – juros e amortizações dos financiamentos realizados com seus recursos;

III – doações, legados e outras rendas eventuais;

IV – dotações consignadas pelo Fundo Federal Agropecuário e pelo Instituto Nacional de Colonização e Reforma Agrária – INCRA.

§ 2º Os recursos do Fundo, deduzido o necessário ao custeio de sua administração, serão aplicados pelo Banco Nacional de Crédito Cooperativo S/A., obrigatoriamente, em financiamento de atividades que interessem de maneira relevante o abastecimento das populações, a critério do Conselho Nacional de Cooperativismo.

§ 3º O Conselho Nacional de Cooperativismo poderá, por conta do Fundo, autorizar a concessão de estímulos ou auxílios para execução de atividades que, pela sua relevância socioeconômica, concorram para o desenvolvimento do sistema cooperativista nacional.

CAPÍTULO XV
DOS ÓRGÃOS GOVERNAMENTAIS

Art. 103. As cooperativas permanecerão subordinadas, na parte normativa, ao Conselho Nacional de Cooperativismo, com exceção das de crédito, das seções de crédito das agrícolas mistas e das de habitação, cujas normas continuarão a ser baixadas pelo Conselho Monetário Nacional, relativamente às duas primeiras, e Banco Nacional de Habitação, com relação à última, observado o disposto no artigo 92 desta Lei.

Parágrafo único. Os órgãos executivos federais, visando à execução descentralizada de seus serviços, poderão delegar sua competência, total ou parcialmente, a órgãos e entidades da administração estadual e municipal, bem como, excepcionalmente, a outros órgãos e entidades da administração federal.

Art. 104. Os órgãos executivos federais comunicarão todas as alterações havidas nas cooperativas sob a sua jurisdição ao Conselho Nacional de Cooperativismo, para fins de atualização do cadastro geral das cooperativas nacionais.

CAPÍTULO XVI
DA REPRESENTAÇÃO DO SISTEMA COOPERATIVISTA

Art. 105. A representação do sistema cooperativista nacional cabe à Organização das Cooperativas Brasileiras – OCB, sociedade civil, com sede na Capital Federal, órgão técnico-consultivo do Governo, estruturada nos termos desta Lei, sem finalidade lucrativa, competindo-lhe precipuamente:

a) manter neutralidade política e indiscriminação racial, religiosa e social;

b) integrar todos os ramos das atividades cooperativistas;

c) manter registro de todas as sociedades cooperativas que, para todos os efeitos, integram a Organização das Cooperativas Brasileiras – OCB;

d) manter serviços de assistência geral ao sistema cooperativista, seja quanto à estrutura social, seja quanto aos métodos operacionais e orientação jurídica, mediante pareceres e recomendações, sujeitas, quando for o caso, à aprovação do Conselho Nacional de Cooperativismo – CNC;

e) denunciar ao Conselho Nacional de Cooperativismo práticas nocivas ao desenvolvimento cooperativista;

f) opinar nos processos que lhe sejam encaminhados pelo Conselho Nacional de Cooperativismo;

g) dispor de setores consultivos especializados, de acordo com os ramos de cooperativismo;

h) fixar a política da organização com base nas proposições emanadas de seus órgãos técnicos;

i) exercer outras atividades inerentes à sua condição de órgão de representação e defesa do sistema cooperativista;

j) manter relações de integração com as entidades congêneres do exterior e suas cooperativas.

§ 1º A Organização das Cooperativas Brasileiras – OCB, será constituída de entidades, uma para cada Estado, Território e Distrito Federal, criadas com as mesmas características da organização nacional.

§ 2º As Assembleias-Gerais do órgão central serão formadas pelos Representantes credenciados das filiadas, um por entidade, admitindo-se proporcionalidade de voto.

§ 3º A proporcionalidade de voto, estabelecida no parágrafo anterior, ficará a critério da OCB, baseando-se no número de associados – pessoas físicas e as exceções previstas nesta Lei – que compõem o quadro das cooperativas filiadas.

§ 4º A composição da Diretoria da Organização das Cooperativas Brasileiras – OCB será estabelecida em seus estatutos sociais.

§ 5º Para o exercício de cargos de Diretoria e Conselho Fiscal, as eleições se processarão por escrutínio secreto, permitida a reeleição para mais um mandato consecutivo.

Art. 106. A atual Organização das Cooperativas Brasileiras e as suas filiadas ficam investidas das atribuições e prerrogativas conferidas nesta Lei, devendo, no prazo de um ano, promover a adaptação de seus estatutos e a transferência da sede nacional.

Art. 107. As cooperativas são obrigadas, para seu funcionamento, a registrar-se na Organização das Cooperativas Brasileiras ou na entidade estadual, se houver, mediante apresentação dos estatutos sociais e suas alterações posteriores.

Parágrafo único. Por ocasião do registro, a cooperativa pagará dez por cento do maior salário mínimo vigente, se a soma do respectivo capital integralizado e fundos não exceder de duzentos e cinquenta salários mínimos, e cinquenta por cento se aquele montante for superior.

Art. 108. Fica instituída, além do pagamento previsto no parágrafo único do artigo anterior, a Contribuição Cooperativista, que será recolhida anualmente pela cooperativa após o encerramento de seu exercício social, a favor da Organização das Cooperativas Brasileiras de que trata o artigo 105 desta Lei.

§ 1º A Contribuição Cooperativista constituir-se-á de importância correspondente a dois décimos por cento do valor do capital integralizado e fundos da sociedade cooperativa, no exercício social do ano anterior, sendo o respectivo montante distribuído, por metade, a suas filiadas, quando constituídas.

§ 2º No caso das cooperativas centrais ou federações, a Contribuição de que trata o parágrafo anterior será calculada sobre os fundos e reservas existentes.

§ 3º A Organização das Cooperativas Brasileiras poderá estabelecer um teto à Contribuição Cooperativista, com base em estudos elaborados pelo seu corpo técnico.

CAPÍTULO XVII
DOS ESTÍMULOS CREDITÍCIOS

Art. 109. Caberá ao Banco Nacional de Crédito Cooperativo S/A, estimular e apoiar as cooperativas, mediante concessão de financiamentos necessários ao seu desenvolvimento.

§ 1º Poderá o Banco Nacional de Crédito Cooperativo S/A, receber depósitos das cooperativas de crédito e das seções de crédito das cooperativas agrícolas mistas.

§ 2º Poderá o Banco Nacional de Crédito Cooperativo S/A, operar com pessoas físicas ou jurídicas, estranhas ao quadro social cooperativo, desde que haja benefício para as cooperativas e estas figurem na operação bancária.

§ 3º O Banco Nacional de Crédito Cooperativo S/A, manterá linhas de crédito específicas para as cooperativas, de acordo com o objeto e a natureza de suas atividades, a juros módicos e prazos adequados inclusive com sistema de garantias ajustado às peculiaridades das cooperativas a que se destinam.

§ 4º O Banco Nacional de Crédito Cooperativo S/A, manterá linha especial de crédito para financiamento de quotas-partes de capital.

Art. 110. Fica extinta a contribuição de que trata o artigo 13 do Decreto-Lei nº 60, de 21 de novembro de 1966, com a redação dada pelo Decreto-Lei nº 668, de 3 de julho de 1969.

CAPÍTULO XVIII
DAS DISPOSIÇÕES GERAIS E TRANSITÓRIAS

Art. 111. Serão considerados como renda tributável os resultados positivos obtidos pelas cooperativas nas operações de que tratam os artigos 85, 86 e 88 desta Lei.

Art. 112. O Balanço Geral e o Relatório do exercício social que as cooperativas deverão encaminhar anualmente aos órgãos de controle serão acompanhados, a juízo destes, de parecer emitido por um serviço independente de auditoria credenciado pela Organização das Cooperativas Brasileiras.

Parágrafo único. Em casos especiais, tendo em vista a sede da Cooperativa, o volume de suas operações e outras circunstâncias dignas de consideração, a exigência da apresentação do parecer pode ser dispensada.

Art. 113. Atendidas as deduções determinadas pela legislação específica, às sociedades cooperativas ficará assegurada primeira prioridade para o recebimento de seus créditos de pessoas jurídicas que efetuem descontos na folha de pagamento de seus empregados, associados de cooperativas.

Art. 114. Fica estabelecido o prazo de trinta e seis meses para que as cooperativas atualmente registradas nos órgãos competentes reformulem os seus estatutos, no que for cabível, adaptando-os ao disposto na presente Lei.

Art. 115. As Cooperativas dos Estados, Territórios ou do Distrito Federal, enquanto não constituírem seus órgãos de representação, serão convocadas às Assembleias da OCB, como vogais, com sessenta dias de antecedência, mediante editais publicados três vezes em jornal de grande circulação local.

Art. 116. A presente Lei não altera o disposto nos sistemas próprios instituídos para as cooperativas de habitação e cooperativas de crédito, aplicando-se ainda, no que couber, o regime instituído para essas últimas às seções de crédito das agrícolas mistas.

Art. 117. Esta Lei entrará em vigor na data de sua publicação, revogadas as disposições em contrário e especificamente o Decreto-Lei nº 59, de 21 de novembro de 1966, bem como o Decreto nº 60.597, de 19 de abril de 1967.

Brasília, 16 de dezembro de 1971;
150º da Independência e
83º da República.

Emílio G. Médici

DECRETO Nº 70.235, DE 6 DE MARÇO DE 1972

Dispõe sobre o processo administrativo fiscal e dá outras providências.

- Publicado no *DOU* de 7-3-1972.
- Lei nº 9.784, de 29-1-1999, regula o processo administrativo no âmbito da Administração Pública Federal.
- Lei nº 11.457, de 16-3-2007 (Lei da Super-Receita).
- Lei nº 11.941, de 27-5-2009, altera a legislação tributária federal relativa ao parcelamento ordinário de débitos tributários.
- Dec. nº 6.103, de 30-4-2007, antecipa para 2-5-2007 a aplicação deste Decreto, relativamente aos prazos processuais e à competência para julgamento em primeira instância, de processos administrativos-fiscais relativos às contribuições de que tratam os arts. 2º e 3º da Lei nº 11.457, de 16-3-2007 (Lei da Super-Receita).
- Dec. nº 7.574, de 29-9-2011, regulamenta o processo de determinação e exigência de créditos tributários da União, o processo de consulta sobre a aplicação da legislação tributária federal e outros processos que especifica, sobre matérias administradas pela Secretaria da Receita Federal do Brasil.

DISPOSIÇÃO PRELIMINAR

Art. 1º Este Decreto rege o processo administrativo de determinação e exigência dos créditos tributários da União e o de consulta sobre a aplicação da legislação tributária federal.

CAPÍTULO I
DO PROCESSO FISCAL

Seção I
DOS ATOS E TERMOS PROCESSUAIS

Art. 2º Os atos e termos processuais, quando a lei não prescrever forma determinada, conterão somente o indispensável à sua finalidade, sem espaço em branco, e sem entrelinhas, rasuras ou emendas não ressalvadas.

Parágrafo único. Os atos e termos processuais poderão ser formalizados, tramitados, comunicados e transmitidos em formato digital, conforme disciplinado em ato da administração tributária.

- Parágrafo único com a redação dada pela Lei nº 12.865, de 9-10-2013.

Art. 3º A autoridade local fará realizar, no prazo de trinta dias, os atos processuais que devam ser praticados em sua jurisdição, por solicitação de outra autoridade preparadora ou julgadora.

Art. 4º Salvo disposição em contrário, o servidor executará os atos processuais no prazo de oito dias.

Seção II
DOS PRAZOS

Art. 5º Os prazos serão contínuos, excluindo-se na sua contagem o dia do início e incluindo-se o do vencimento.

Parágrafo único. Os prazos só se iniciam ou vencem no dia de expediente normal no órgão em que corra o processo ou deva ser praticado o ato.

Art. 6º *Revogado.* Lei nº 8.748, de 9-12-1993.

Seção III
DO PROCEDIMENTO

Art. 7º O procedimento fiscal tem início com:

I – o primeiro ato de ofício, escrito, praticado por servidor competente, cientificado o sujeito passivo da obrigação tributária ou seu preposto;

II – a apreensão de mercadorias, documentos ou livros;

III – o começo de despacho aduaneiro de mercadoria importada.

§ 1º O início do procedimento exclui a espontaneidade do sujeito passivo em relação aos atos anteriores e, independentemente de intimação, a dos demais envolvidos nas infrações verificadas.

§ 2º Para os efeitos do disposto no § 1º, os atos referidos nos incisos I e II valerão pelo prazo de sessenta dias, prorrogável, sucessivamente, por igual período com qualquer outro ato escrito que indique o prosseguimento dos trabalhos.

Art. 8º Os termos decorrentes de atividade fiscalizadora serão lavrados, sempre que possível, em livro fiscal, extraindo-se cópia para anexação ao processo; quando não lavrados em livro, entregar-se-á cópia autenticada à pessoa sob fiscalização.

Art. 9º A exigência do crédito tributário e a aplicação de penalidade isolada serão formalizados em autos de infração ou notificações de lançamento, distintos para cada tributo ou penalidade, os quais deverão estar instruídos com todos os termos, depoimentos, laudos e demais elementos de prova indispensáveis à comprovação do ilícito.

- *Caput* com a redação dada pela Lei nº 11.941, de 27-5-2009.

§ 1º Os autos de infração e as notificações de lançamento de que trata o *caput* deste artigo, formalizados em relação ao mesmo sujeito passivo, podem ser objeto de um único processo, quando a comprovação dos ilícitos depender dos mesmos elementos de prova.

- § 1º com a redação dada pela Lei nº 11.196, de 21-11-2005.

§ 2º Os procedimentos de que tratam este artigo e o artigo 7º serão válidos, mesmo que formalizados por servidor competente de jurisdição diversa da do domicílio tributário do sujeito passivo.

- § 2º com a redação dada pela Lei nº 8.748, de 9-12-1993.

§ 3º A formalização da exigência, nos termos do parágrafo anterior, previne a jurisdição e prorroga a competência da autoridade que dela primeiro conhecer.

- § 3º acrescido pela Lei nº 8.748, de 9-12-1993.

§ 4º O disposto no *caput* deste artigo aplica-se também nas hipóteses em que, constatada infração à legislação tributária, dela não resulte exigência de crédito tributário.

§ 5º Os autos de infração e as notificações de lançamento de que trata o *caput* deste artigo, formalizados em decorrência de fiscalização relacionada a regime especial unificado de arrecadação de tributos, poderão conter lançamento único para todos os tributos por eles abrangidos.

§ 6º O disposto no *caput* deste artigo não se aplica às contribuições de que trata o art. 3º da Lei nº 11.457, de 16 de março de 2007.

- §§ 4º a 6º com a redação dada pela Lei nº 11.941, de 27-5-2009.
- A Lei nº 11.941, de 27-5-2009, ao converter a MP nº 449, de 3-12-2008, não manteve o acréscimo do § 7º.

Art. 10. O auto de infração será lavrado por servidor competente, no local da verificação da falta, e conterá obrigatoriamente:

I – a qualificação do autuado;

II – o local, a data e a hora da lavratura;

III – a descrição do fato;

IV – a disposição legal infringida e a penalidade aplicável;

V – a determinação da exigência e a intimação para cumpri-la ou impugná-la no prazo de trinta dias;

VI – a assinatura do autuante e a indicação de seu cargo ou função e o número de matrícula.

- Art. 142 do CTN.

Art. 11. A notificação de lançamento será expedida pelo órgão que administra o tributo e conterá obrigatoriamente:

I – a qualificação do notificado;

II – o valor do crédito tributário e o prazo para recolhimento ou impugnação;

III – a disposição legal infringida, se for o caso;

IV – a assinatura do chefe do órgão expedidor ou de outro servidor autorizado e a indicação de seu cargo ou função e o número de matrícula.

- Art. 145 do CTN.

Parágrafo único. Prescinde de assinatura a notificação de lançamento emitida por processo eletrônico.

Art. 12. O servidor que verificar a ocorrência de infração à legislação tributária federal e não for competente para formalizar a exigência comunicará o fato, em representação circunstanciada, a seu chefe imediato, que adotará as providências necessárias.

Art. 13. A autoridade preparadora determinará que seja informado, no processo, se o infrator é reincidente, conforme definição da lei específica, se essa circunstância não tiver sido declarada na formalização da exigência.

Art. 14. A impugnação da exigência instaura a fase litigiosa do procedimento.

Art. 14-A. No caso de determinação e exigência de créditos tributários da União cujo sujeito passivo seja órgão ou entidade de direito público da administração pública federal, a submissão do litígio à composição extrajudicial pela Advocacia-Geral da União é considerada reclamação, para fins do disposto no inciso III do art. 151 da Lei nº 5.172, de 25 de outubro de 1966 – Código Tributário Nacional.

- Artigo acrescido pela Lei nº 13.140, de 26-6-2015.

Art. 14-B. VETADO. Lei nº 14.689, de 20-9-2023.

Art. 15. A impugnação, formalizada por escrito e instruída com os documentos em que se fundamentar, será apresentada ao órgão preparador no prazo de trinta dias, contados da data em que for feita a intimação da exigência.

Parágrafo único. *Revogado.* Lei nº 11.941, de 27-5-2009.

Art. 16. A impugnação mencionará:

I – a autoridade julgadora a quem é dirigida;

II – a qualificação do impugnante;

III – os motivos de fato e de direito em que se fundamenta, os pontos de discordância e as razões e provas que possuir;

IV – as diligências, ou perícias que o impugnante pretenda sejam efetuadas, expostos os motivos que a justifiquem, com a formulação dos quesitos referentes aos exames desejados, assim como, no caso de perícia, o nome, o endereço e a qualificação profissional do seu perito;

▸ Incisos III e IV com a redação dada pela Lei nº 8.748, de 1993.

V – se a matéria impugnada foi submetida à apreciação judicial, devendo ser juntada cópia da petição.

▸ Inciso V acrescido pela Lei nº 11.196, de 21-11-2005.

§ 1º Considerar-se-á não formulado o pedido de diligência ou perícia que deixar de atender aos requisitos previstos no inciso IV do artigo 16.

§ 2º É defeso ao impugnante, ou a seu representante legal, empregar expressões injuriosas nos escritos apresentados no processo, cabendo ao julgador, de ofício ou a requerimento do ofendido, mandar riscá-las.

§ 3º Quando o impugnante alegar direito municipal, estadual ou estrangeiro, provar-lhe-á o teor e a vigência, se assim o determinar o julgador.

▸ §§ 1º a 3º acrescidos pela Lei nº 8.748, de 9-12-1993.

§ 4º A prova documental será apresentada na impugnação, precluindo o direito de o impugnante fazê-lo em outro momento processual, a menos que:

a) fique demonstrada a impossibilidade de sua apresentação oportuna, por motivo de força maior;

b) refira-se a fato ou a direito superveniente;

c) destine-se a contrapor fatos ou razões posteriormente trazidas aos autos.

§ 5º A juntada de documentos após a impugnação deverá ser requerida à autoridade julgadora, mediante petição em que se demonstre, com fundamentos, a ocorrência de uma das condições previstas nas alíneas do parágrafo anterior.

§ 6º Caso já tenha sido proferida a decisão, os documentos apresentados permanecerão nos autos para, se for interposto recurso, serem apreciados pela autoridade julgadora de segunda instância.

▸ §§ 4º a 6º acrescidos pela Lei nº 9.532, de 10-12-1997.

Art. 17. Considerar-se-á não impugnada a matéria que não tenha sido expressamente contestada pelo impugnante.

▸ Artigo com a redação dada pela Lei nº 9.532, de 10-12-1997.

Art. 18. A autoridade julgadora de primeira instância determinará, de ofício ou a requerimento do impugnante, a realização de diligências ou perícias, quando entendê-las necessárias, indeferindo as que considerar prescindíveis ou impraticáveis, observando o disposto no artigo 28, *in fine*.

§ 1º Deferido o pedido de perícia, ou determinada de ofício sua realização, a autoridade designará servidor para, como perito da União, a ela proceder e intimará o perito do sujeito passivo a realizar o exame requerido, cabendo a ambos apresentar os respectivos laudos em prazo que será fixado segundo o grau de complexidade dos trabalhos a serem executados.

§ 2º Os prazos para realização de diligência ou perícia poderão ser prorrogados, a juízo da autoridade.

§ 3º Quando, em exames posteriores, diligências ou perícias, realizados no curso do processo, forem verificadas incorreções, omissões ou inexatidões de que resultem agravamento da exigência inicial, inovação ou alteração da fundamentação legal da exigência, será lavrado auto de infração ou emitida notificação de lançamento complementar, devolvendo-se, ao sujeito passivo, prazo para impugnação no concernente à matéria modificada.

▸ Art. 18 com a redação dada pela Lei nº 8.748, de 9-12-1993.

Art. 19. *Revogado*. Lei nº 8.748, de 9-12-1993.

Art. 20. No âmbito da Secretaria da Receita Federal, a designação de servidor para proceder aos exames relativos a diligências ou perícias recairá sobre Auditor Fiscal do Tesouro Nacional.

▸ Artigo com a redação dada pela Lei nº 8.748, de 9-12-1993.

▸ A Secretaria da Receita Federal passou a ser denominada Secretaria da Receita Federal do Brasil pelo art. 1º da Lei nº 11.457, de 16-3-2007 (Lei da Super-Receita).

Art. 21. Não sendo cumprida nem impugnada a exigência, a autoridade preparadora declarará a revelia, permanecendo o processo no órgão preparador, pelo prazo de trinta dias, para cobrança amigável.

▸ *Caput* com a redação dada pela Lei nº 8.748, de 9-12-1993.

§ 1º No caso de impugnação parcial, não cumprida a exigência relativa à parte não litigiosa do crédito, o órgão preparador, antes da remessa dos autos a julgamento, providenciará a formação de autos apartados para a imediata cobrança da parte não contestada, consignando essa circunstância no processo original.

§ 2º A autoridade preparadora, após a declaração de revelia e findo o prazo previsto no *caput* deste artigo, procederá, em relação às mercadorias e outros bens perdidos em razão de exigência não impugnada, na forma do artigo 63.

▸ §§ 1º e 2º com a redação dada pela Lei nº 8.748, de 9-12-1993.

§ 3º Esgotado o prazo de cobrança amigável sem que tenha sido pago o crédito tributário, o órgão preparador declarará o sujeito passivo devedor remisso e encaminhará o processo à autoridade competente para promover a cobrança executiva.

§ 4º O disposto no parágrafo anterior aplicar-se-á aos casos em que o sujeito passivo não cumprir as condições estabelecidas para a concessão de moratória.

§ 5º *Suprimido*. Lei nº 8.748, de 9-12-1993.

Art. 22. O processo será organizado em ordem cronológica e terá suas folhas numeradas e rubricadas.

Seção IV

DA INTIMAÇÃO

Art. 23. Far-se-á a intimação:

I – pessoal, pelo autor do procedimento ou por agente do órgão preparador, na repartição ou fora dela, provada com a assinatura do sujeito passivo, seu mandatário ou preposto, ou, no caso de recusa, com declaração escrita de quem o intimar;

II – por via postal, telegráfica ou por qualquer outro meio ou via, com prova de recebimento no domicílio tributário eleito pelo sujeito passivo;

▸ Incisos I e II com a redação dada pela Lei nº 9.532, de 10-12-1997.

▸ Art. 127 do CTN.

III – se por meio eletrônico, 15 (quinze) dias contados da data registrada:

▸ *Caput* do inciso III com a redação dada pela Lei nº 11.196, de 21-11-2005.

a) envio ao domicílio tributário do sujeito passivo; ou

b) registro em meio magnético ou equivalente utilizado pelo sujeito passivo.

▸ Alíneas *a* e *b* acrescidas pela Lei nº 11.196, de 21-11-2005.

§ 1º Quando resultar improfícuo um dos meios previstos no *caput* deste artigo ou quando o sujeito passivo tiver sua inscrição declarada inapta perante o cadastro fiscal, a intimação poderá ser feita por edital publicado:

▸ *Caput* do § 1º com a redação dada pela Lei nº 11.941, de 27-5-2009.

I – no endereço da administração tributária na *internet*;

II – em dependência, franqueada ao público, do órgão encarregado da intimação; ou

III – uma única vez, em órgão da imprensa oficial local.

▸ § 1º com a redação dada pela Lei nº 11.196, de 21-11-2005.

§ 2º Considera-se feita a intimação:

I – na data da ciência do intimado ou da declaração de quem fizer a intimação, se pessoal;

II – no caso do inciso II do *caput* deste artigo, na data do recebimento ou, se omitida, quinze dias após a data da expedição da intimação;

▸ Inciso II com a redação dada pela Lei nº 9.532, de 10-12-1997.

III – se por meio eletrônico:

a) 15 (quinze) dias contados da data registrada no comprovante de entrega no domicílio tributário do sujeito passivo;

b) na data em que o sujeito passivo efetuar consulta no endereço eletrônico a ele atribuído pela administração tributária, se ocorrida antes do prazo previsto na alínea *a*; ou

c) na data registrada no meio magnético ou equivalente utilizado pelo sujeito passivo;

▸ Inciso III com a redação dada pela Lei nº 12.844, de 19-7-2013.

IV – quinze dias após a publicação do edital, se este for o meio utilizado.

▸ Inciso IV com a redação dada pela Lei nº 11.196, de 21-11-2005.

§ 3º Os meios de intimação previstos nos incisos do *caput* deste artigo não estão sujeitos a ordem de preferência.

§ 4º Para fins de intimação, considera-se domicílio tributário do sujeito passivo:

I – o endereço postal por ele fornecido, para fins cadastrais, à administração tributária; e

II – o endereço eletrônico a ele atribuído pela administração tributária, desde que autorizado pelo sujeito passivo.

► §§ 3º e 4º com a redação dada pela Lei nº 11.196, de 21-11-2005.

§ 5º O endereço eletrônico de que trata este artigo somente será implementado com expresso consentimento do sujeito passivo, e a administração tributária informar-lhe-á as normas e condições de sua utilização e manutenção.

§ 6º As alterações efetuadas por este artigo serão disciplinadas em ato da administração tributária.

► §§ 5º e 6º acrescidos pela Lei nº 11.196, de 21-11-2005.

§ 7º Os Procuradores da Fazenda Nacional serão intimados pessoalmente das decisões do Conselho de Contribuintes e da Câmara Superior de Recursos Fiscais, do Ministério da Fazenda na sessão das respectivas câmaras subsequente à formalização do acórdão.

§ 8º Se os Procuradores da Fazenda Nacional não tiverem sido intimados pessoalmente em até 40 (quarenta) dias contados da formalização do acórdão do Conselho de Contribuintes ou da Câmara Superior de Recursos Fiscais, do Ministério da Fazenda, os respectivos autos serão remetidos e entregues, mediante protocolo, à Procuradoria da Fazenda Nacional, para fins de intimação.

§ 9º Os Procuradores da Fazenda Nacional serão considerados intimados pessoalmente das decisões do Conselho de Contribuintes e da Câmara Superior de Recursos Fiscais, do Ministério da Fazenda, com o término do prazo de 30 (trinta) dias contados da data em que os respectivos autos forem entregues à Procuradoria na forma do § 8º deste artigo.

► §§ 7º a 9º acrescidos pela Lei nº 11.457, de 16-3-2007.

Seção V
DA COMPETÊNCIA

Art. 24. O preparo do processo compete à autoridade local do órgão encarregado da administração do tributo.

Parágrafo único. Quando o ato for praticado por meio eletrônico, a administração tributária poderá atribuir o preparo do processo a unidade da administração tributária diversa da prevista no *caput* deste artigo.

► Parágrafo único com a redação dada pela Lei nº 11.941, de 27-5-2009.

Art. 25. O julgamento do processo de exigência de tributos ou contribuições administrados pela Secretaria da Receita Federal compete:

► *Caput* com a redação dada pela MP nº 2.158-35, de 24-8-2001, que até o encerramento desta edição não havia sido convertida em Lei.

► A Lei nº 11.941, de 27-5-2009, ao converter a MP nº 449, de 3-12-2008, não manteve as alterações deste *caput*.

I – em primeira instância, às Delegacias da Receita Federal de Julgamento, órgãos de deliberação interna e natureza colegiada da Secretaria da Receita Federal;

► Inciso I com a redação dada pela MP nº 2.158-35, de 24-8-2001, que até o encerramento desta edição não havia sido convertida em Lei.

► A Secretaria da Receita Federal passou a ser denominada Secretaria da Receita Federal do Brasil pelo art. 1º da Lei nº 11.457, de 16-3-2007 (Lei da Super-Receita).

II – em segunda instância, ao Conselho Administrativo de Recursos Fiscais, órgão colegiado, paritário, integrante da estrutura do Ministério da Fazenda, com atribuição de julgar recursos de ofício e voluntários de decisão de primeira instância, bem como recursos de natureza especial.

► Inciso II com a redação dada pela Lei nº 11.941, de 27-5-2009.

► Arts. 48 e 49 da Lei nº 11.941, de 27-5-2009, que altera a legislação tributária federal relativa ao parcelamento ordinário de débitos tributários.

§ 1º O Conselho Administrativo de Recursos Fiscais será constituído por seções e pela Câmara Superior de Recursos Fiscais.

► § 1º com a redação dada pela Lei nº 11.941, de 27-5-2009.

► Art. 49, § 1º, da Lei nº 11.941, de 27-5-2009, que altera a legislação tributária federal relativa ao parcelamento ordinário de débitos tributários.

► Port. do MF nº 256, de 22-6-2009, aprovou o Regimento Interno do Conselho Administrativo de Recursos Fiscais – CARF.

I a IV – *Revogados*. Lei nº 11.941, de 27-5-2009.

§ 2º As seções serão especializadas por matéria e constituídas por câmaras.

§ 3º A Câmara Superior de Recursos Fiscais será constituída por turmas, compostas pelos Presidentes e Vice-Presidentes das câmaras.

§ 4º As câmaras poderão ser divididas em turmas.

§ 5º O Ministro de Estado da Fazenda poderá criar, nas seções, turmas especiais, de caráter temporário, com competência para julgamento de processos que envolvam valores reduzidos, que poderão funcionar nas cidades onde estão localizadas as Superintendências Regionais da Receita Federal do Brasil.

► §§ 2º a 5º com a redação dada pela Lei nº 11.941, de 27-5-2009.

§ 6º VETADO. Lei nº 11.941, de 27-5-2009.

§ 7º As turmas da Câmara Superior de Recursos Fiscais serão constituídas pelo Presidente do Conselho Administrativo de Recursos Fiscais, pelo Vice-Presidente, pelos Presidentes e pelos Vice-Presidentes das câmaras, respeitada a paridade.

§ 8º A presidência das turmas da Câmara Superior de Recursos Fiscais será exercida pelo Presidente do Conselho Administrativo de Recursos Fiscais e a vice-presidência, por conselheiro representante dos contribuintes.

§ 9º Os cargos de Presidente das Turmas da Câmara Superior de Recursos Fiscais, das câmaras, das suas turmas e das turmas especiais serão ocupados por conselheiros representantes da Fazenda Nacional, que, em caso de empate, terão o voto de qualidade, e os cargos de Vice-Presidente, por representantes dos contribuintes.

► §§ 7º a 9º com a redação dada pela Lei nº 11.941, de 27-5-2009.

§ 9º-A. Ficam excluídas as multas e cancelada a representação fiscal para os fins penais de que trata o art. 83 da Lei nº 9.430, de 27 de dezembro de 1996, na hipótese de julgamento de processo administrativo fiscal resolvido favoravelmente à Fazenda Pública pelo voto de qualidade previsto no § 9º deste artigo.

► § 9º-A acrescido pela Lei nº 14.689, de 20-9-2023.

§ 10. Os conselheiros serão designados pelo Ministro de Estado da Fazenda para mandato, limitando-se as reconduções, na forma e no prazo estabelecidos no regimento interno.

§ 11. O Ministro de Estado da Fazenda, observado o devido processo legal, decidirá sobre a perda do mandato dos conselheiros que incorrerem em falta grave, definida no regimento interno.

► §§ 10 e 11 com a redação dada pela Lei nº 11.941, de 27-5-2009.

§ 12. Nos julgamentos realizados pelos órgãos colegiados referidos nos incisos I e II do *caput* deste artigo, é assegurada ao procurador do sujeito passivo a realização de sustentação oral, na forma do regulamento.

§ 13. Os órgãos julgadores referidos nos incisos I e II do *caput* deste artigo observarão as súmulas de jurisprudência publicadas pelo Conselho Administrativo de Recursos Fiscais.

► §§ 12 e 13 acrescidos pela Lei nº 14.689, de 20-9-2023.

Art. 25-A. Na hipótese de julgamento de processo administrativo fiscal resolvido definitivamente a favor da Fazenda Pública pelo voto de qualidade previsto no § 9º do art. 25 deste Decreto, e desde que haja a efetiva manifestação do contribuinte para pagamento no prazo de 90 (noventa) dias, serão excluídos, até a data do acordo para pagamento, os juros de mora de que trata o art. 13 da Lei nº 9.065, de 20 de junho de 1995.

§ 1º O pagamento referido no *caput* deste artigo poderá ser realizado em até 12 (doze) parcelas, mensais e sucessivas, corrigidas nos termos do art. 13 da Lei nº 9.065, de 20 de junho de 1995, e abrangerá o montante principal do crédito tributário.

§ 2º No caso de não pagamento nos termos do *caput* ou de inadimplemento de qualquer das parcelas previstas no § 1º deste artigo, serão retomados os juros de mora de que trata o art. 13 da Lei nº 9.065, de 20 de junho de 1995.

§ 3º Para efeito do disposto no § 1º deste artigo, admite-se a utilização de créditos de prejuízo fiscal e de base de cálculo negativa da Contribuição Social sobre o Lucro Líquido (CSLL) de titularidade do sujeito passivo, de pessoa jurídica controladora ou controlada, de forma direta ou indireta, ou de sociedades que sejam controladas direta ou indiretamente por uma mesma pessoa jurídica, apurados e declarados à Secretaria Especial da Receita Federal do Brasil, independentemente do ramo de atividade.

§ 4º O valor dos créditos a que se refere o § 3º deste artigo será determinado, na forma da regulamentação:

I – por meio da aplicação das alíquotas do imposto de renda previstas no art. 3º da Lei nº 9.249, de 26 de dezembro de 1995, sobre o montante do prejuízo fiscal; e

II – por meio da aplicação das alíquotas da CSLL previstas no art. 3º da Lei nº 7.689, de 15 de dezembro de 1988, sobre o montante da base de cálculo negativa da contribuição.

§ 5º A utilização dos créditos a que se refere o § 3º deste artigo extingue os débitos sob condição resolutória de sua ulterior homologação.

§ 6º A Secretaria Especial da Receita Federal do Brasil dispõe do prazo de 5 (cinco) anos para a análise dos créditos utilizados na forma do § 3º deste artigo.

§ 7º O disposto no *caput* deste artigo aplica-se exclusivamente à parcela controvertida, resolvida pelo voto de qualidade previsto no § 9º do art. 25 deste Decreto, no âmbito do Conselho Administrativo de Recursos Fiscais.

§ 8º Se não houver opção pelo pagamento na forma deste artigo, os créditos definitivamente constituídos serão encaminhados para inscrição em dívida ativa da União em até 90 (noventa) dias e:

I – não incidirá o encargo de que trata o art. 1º do Decreto-Lei nº 1.025, de 21 de outubro de 1969; e

II – será aplicado o disposto no § 9º-A do art. 25 deste Decreto.

§ 9º No curso do prazo previsto no *caput* deste artigo, os créditos tributários objeto de negociação não serão óbice à emissão de certidão de regularidade fiscal, nos termos do art. 206 da Lei nº 5.172, de 25 de outubro de 1966 (Código Tributário Nacional).

§ 10. O pagamento referido no § 1º deste artigo compreende o uso de precatórios para amortização ou liquidação do remanescente, na forma do § 11 do art. 100 da Constituição Federal.

▸ Art. 25-A acrescido pela Lei nº 14.689, de 20-9-2023.

Art. 26. Compete ao Ministro da Fazenda, em instância especial:

I – julgar recursos de decisões dos Conselhos de Contribuintes, interpostos pelos Procuradores Representantes da Fazenda junto aos mesmos Conselhos;

II – decidir sobre as propostas de aplicação de equidade apresentadas pelos Conselhos de Contribuintes.

▸ A Lei nº 11.941, de 27-5-2009, ao converter a MP nº 449, de 3-12-2008, não manteve as alterações do *caput* e o acréscimo do parágrafo único, deste artigo.

Art. 26-A. No âmbito do processo administrativo fiscal, fica vedado aos órgãos de julgamento afastar a aplicação ou deixar de observar tratado, acordo internacional, lei ou decreto, sob fundamento de inconstitucionalidade.

▸ *Caput* com a redação dada pela Lei nº 11.941, de 27-5-2009.

§§ 1º a 5º *Revogados*. Lei nº 11.941, de 27-5-2009.

§ 6º O disposto no *caput* deste artigo não se aplica aos casos de tratado, acordo internacional, lei ou ato normativo:

I – que já tenha sido declarado inconstitucional por decisão definitiva plenária do Supremo Tribunal Federal;

II – que fundamente crédito tributário objeto de:

a) dispensa legal de constituição ou de ato declaratório do Procurador-Geral da Fazenda Nacional, na forma dos arts. 18 e 19 da Lei nº 10.522, de 19 de julho de 2002;

b) súmula da Advocacia-Geral da União, na forma do art. 43 da Lei Complementar nº 73, de 10 de fevereiro de 1993; ou

c) pareceres do Advogado-Geral da União aprovados pelo Presidente da República, na forma do art. 40 da Lei Complementar nº 73, de 10 de fevereiro de 1993.

▸ § 6º acrescido pela Lei nº 11.941, de 27-5-2009.

Seção VI

DO JULGAMENTO EM PRIMEIRA INSTÂNCIA

Art. 27. Os processos remetidos para apreciação da autoridade julgadora de primeira instância deverão ser qualificados e identificados, tendo prioridade no julgamento aqueles em que estiverem presentes as circunstâncias de crime contra a ordem tributária ou de elevado valor, este definido em ato do Ministro de Estado da Fazenda.

▸ *Caput* com a redação dada pela Lei nº 9.532, de 10-12-1997.

Parágrafo único. Os processos serão julgados na ordem e nos prazos estabelecidos em ato do Secretário da Receita Federal, observada a prioridade de que trata o *caput* deste artigo.

▸ Parágrafo único acrescido pela Lei nº 9.532, de 10-12-1997.

Art. 28. Na decisão em que for julgada questão preliminar será também julgado o mérito, salvo quando incompatíveis, e dela constará o indeferimento fundamentado do pedido de diligência ou perícia, se for o caso.

▸ Artigo com a redação dada pela Lei nº 8.748, de 9-12-1993.

▸ Art. 18 deste Decreto.

Art. 29. Na apreciação da prova, a autoridade julgadora formará livremente sua convicção, podendo determinar as diligências que entender necessárias.

Art. 30. Os laudos ou pareceres do Laboratório Nacional de Análises, do Instituto Nacional de Tecnologia e de outros órgãos federais congêneres serão adotados nos aspectos técnicos de sua competência, salvo se comprovada a improcedência desses laudos ou pareceres.

§ 1º Não se considera como aspecto técnico a classificação fiscal de produtos.

§ 2º A existência no processo de laudos ou pareceres técnicos não impede a autoridade julgadora de solicitar outros a qualquer dos órgãos referidos neste artigo.

§ 3º Atribuir-se-á eficácia aos laudos e pareceres técnicos sobre produtos, exarados em outros processos administrativos fiscais e transladados mediante certidão de inteiro teor ou cópia fiel, nos seguintes casos:

a) quando tratarem de produtos originários do mesmo fabricante, com igual denominação, marca e especificação;

b) quando tratarem de máquinas, aparelhos, equipamentos, veículos e outros produtos complexos de fabricação em série, do mesmo fabricante, com iguais especificações, marca e modelo.

▸ § 3º acrescido pela Lei nº 9.532, de 10-12-1997.

Art. 31. A decisão conterá relatório resumido do processo, fundamentos legais, conclusão e ordem de intimação, devendo referir-se, expressamente, a todos os autos de infração e notificações de lançamento objeto do processo, bem como às razões de defesa suscitadas pelo impugnante contra todas as exigências.

▸ Artigo com a redação dada pela Lei nº 8.748, de 9-12-1993.

Art. 32. As inexatidões materiais devidas a lapso manifesto e os erros de escrita ou de cálculos existentes na decisão poderão ser corrigidos de ofício ou a requerimento do sujeito passivo.

Art. 33. Da decisão caberá recurso voluntário, total ou parcial, com efeito suspensivo, dentro de trinta dias seguintes à ciência da decisão.

§ 1º *Revogado*. Lei nº 12.096, de 24-11-2009.

§ 2º Em qualquer caso, o recurso voluntário somente terá seguimento se o recorrente arrolar bens e direitos de valor equivalente a 30% (trinta por cento) da exigência fiscal definida na decisão, limitado o arrolamento, sem prejuízo do seguimento do recurso, ao total do ativo permanente se pessoa jurídica ou ao patrimônio se pessoa física.

▸ Súm. Vinc. nº 21 do STF.

▸ O STF, por unanimidade de votos, julgou procedente a ADI nº 1.976-7, para declarar a inconstitucionalidade do art. 32 da MP nº 1.699-41, de 27-10-1998, convertida na Lei nº 10.522, de 19-7-2002, que deu nova redação a este parágrafo (*DJU* de 18-5-2007).

§ 3º O arrolamento de que trata o § 2º será realizado preferencialmente sobre bens imóveis.

▸ Dec. nº 4.523, de 17-12-2002, regulamenta o arrolamento de bens para interposição de recurso voluntário no processo administrativo de determinação e exigência de créditos tributários da União.

§ 4º O Poder Executivo editará as normas regulamentares necessárias à operacionalização do arrolamento previsto no § 2º.

▸ §§ 2º a 4º com a redação dada pela Lei nº 10.522, de 19-7-2002.

Art. 34. A autoridade de primeira instância recorrerá de ofício sempre que a decisão:

I – exonerar o sujeito passivo do pagamento de tributo e encargos de multa de valor total (lançamento principal e decorrentes) a ser fixado em ato do Ministro de Estado da Fazenda;

▸ Inciso I com a redação dada pela Lei nº 9.532, de 10-12-1997.

II – deixar de aplicar pena de perda de mercadorias ou outros bens cominada à infração denunciada na formalização da exigência.

§ 1º O recurso será interposto mediante declaração na própria decisão.

§ 2º Não sendo interposto o recurso, o servidor que verificar o fato representará à autoridade julgadora, por intermédio de seu chefe imediato, no sentido de que seja observada aquela formalidade.

Art. 35. O recurso, mesmo perempto, será encaminhado ao órgão de segunda instância, que julgará a perempção.

Art. 36. Da decisão de primeira instância não cabe pedido de reconsideração.

Seção VII

DO JULGAMENTO EM SEGUNDA INSTÂNCIA

Art. 37. O julgamento no Conselho Administrativo de Recursos Fiscais far-se-á conforme dispuser o regimento interno.

▸ *Caput* com a redação dada pela Lei nº 11.941, de 27-5-2009.

§ 1º *Revogado*. Dec. nº 83.304, de 28-3-1979.

§ 2º Caberá recurso especial à Câmara Superior de Recursos Fiscais, no prazo de 15 (quinze) dias da ciência do acórdão ao interessado:

▸ *Caput* do § 2º com a redação dada pela Lei nº 11.941, de 27-5-2009.

I – VETADO. Lei nº 11.941, de 27-5-2009;

II – de decisão que der à lei tributária interpretação divergente da que lhe tenha dado outra

Câmara, turma de Câmara, turma especial ou a própria Câmara Superior de Recursos Fiscais.

▶ Inciso II com a redação dada pela Lei nº 11.941, de 27-5-2009.

§ 3º Caberá pedido de reconsideração, com efeito suspensivo, no prazo de trinta dias, contados da ciência:

▶ A alteração que seria introduzida neste parágrafo pela Lei nº 11.941, de 27-5-2009, foi vetada, razão pela qual mantivemos a sua redação.

I e II – *Revogados*. Lei nº 11.941, de 27-5-2009.

▶ A Lei nº 11.941, de 27-5-2009, ao converter a MP nº 449, de 3-12-2008, não manteve o acréscimo do § 4º.

Art. 38. O julgamento em outros órgãos da administração federal far-se-á de acordo com a legislação própria, ou, na sua falta, conforme dispuser o órgão que administra o tributo.

Seção VIII

DO JULGAMENTO EM INSTÂNCIA ESPECIAL

Art. 39. Não cabe pedido de reconsideração de ato do Ministro da Fazenda que julgar ou decidir as matérias de sua competência.

Art. 40. As propostas de aplicação de equidade apresentadas pelos Conselhos de Contribuintes atenderão às características pessoais ou materiais da espécie julgada e serão restritas à dispensa total ou parcial de penalidade pecuniária, nos casos em que não houver reincidência nem sonegação, fraude ou conluio.

Art. 41. O órgão preparador dará ciência ao sujeito passivo da decisão do Ministro da Fazenda, intimando-o, quando for o caso, a cumpri-la, no prazo de trinta dias.

Seção IX

DA EFICÁCIA E EXECUÇÃO DAS DECISÕES

Art. 42. São definitivas as decisões:

I – de primeira instância, esgotado o prazo para recurso voluntário sem que este tenha sido interposto;

II – de segunda instância, de que não caiba recurso ou, se cabível, quando decorrido o prazo sem sua interposição;

III – de instância especial.

Parágrafo único. Serão também definitivas as decisões de primeira instância na parte que não for objeto de recurso voluntário ou não estiver sujeita a recurso de ofício.

Art. 43. A decisão definitiva contrária ao sujeito passivo será cumprida no prazo para cobrança amigável fixado no artigo 21, aplicando-se, no caso de descumprimento, o disposto no § 3º do mesmo artigo.

§ 1º A quantia depositada para evitar a correção monetária do crédito tributário ou para liberar mercadoria será convertida em renda se o sujeito passivo não comprovar, no prazo legal, a propositura de ação judicial.

§ 2º Se o valor depositado não for suficiente para cobrir o crédito tributário, aplicar-se-á à cobrança do restante o disposto no *caput* deste artigo; se exceder o exigido, a autoridade promoverá a restituição da quantia excedente, na forma da legislação específica.

Art. 44. A decisão que declarar a perda de mercadoria ou outros bens será executada pelo órgão preparador, findo o prazo previsto no artigo 21, segundo dispuser a legislação aplicável.

Art. 45. No caso de decisão definitiva favorável ao sujeito passivo, cumpre à autoridade preparadora exonerá-lo, de ofício, dos gravames decorrentes do litígio.

CAPÍTULO II

DO PROCESSO DA CONSULTA

Art. 46. O sujeito passivo poderá formular consulta sobre dispositivos da legislação tributária aplicáveis a fato determinado.

Parágrafo único. Os órgãos da administração pública e as entidades representativas de categorias econômicas ou profissionais também poderão formular consulta.

Art. 47. A consulta deverá ser apresentada por escrito, no domicílio tributário do consulente, ao órgão local da entidade incumbida de administrar o tributo sobre que versa.

Art. 48. Salvo o disposto no artigo seguinte, nenhum procedimento fiscal será instaurado contra o sujeito passivo relativamente à espécie consultada, a partir da apresentação da consulta até o trigésimo dia subsequente à data da ciência:

I – de decisão de primeira instância da qual não haja sido interposto recurso;

II – de decisão de segunda instância.

Art. 49. A consulta não suspende o prazo para recolhimento de tributo, retido na fonte ou autolançado antes ou depois de sua apresentação, nem o prazo para apresentação de declaração de rendimentos.

Art. 50. A decisão de segunda instância não obriga ao recolhimento de tributo que deixou de ser retido ou autolançado após a decisão reformada e de acordo com a orientação desta, no período compreendido entre as datas de ciência das duas decisões.

Art. 51. No caso de consulta formulada por entidade representativa de categoria econômica ou profissional, os efeitos referidos no artigo 48 só alcançam seus associados ou filiados depois de cientificado o consulente da decisão.

Art. 52. Não produzirá efeito a consulta formulada:

I – em desacordo com os artigos 46 e 47;

II – por quem tiver sido intimado a cumprir obrigação relativa ao fato objeto da consulta;

III – por quem estiver sob procedimento fiscal iniciado para apurar fatos que se relacionem com a matéria consultada;

IV – quando o fato já houver sido objeto de decisão anterior, ainda não modificada, proferida em consulta ou litígio em que tenha sido parte o consulente;

V – quando o fato estiver disciplinado em ato normativo, publicado antes de sua apresentação;

VI – quando o fato estiver definido ou declarado em disposição literal da lei;

VII – quando o fato for definido como crime ou contravenção penal;

VIII – quando não descrever, completa ou exatamente, a hipótese a que se referir, ou não contiver os elementos necessários à sua solução, salvo se a inexatidão ou omissão for escusável, a critério da autoridade julgadora.

Art. 53. O preparo do processo compete ao órgão local da entidade encarregada da administração do tributo.

Art. 54. O julgamento compete:

I – em primeira instância:

a) aos superintendentes regionais da Receita Federal, quanto aos tributos administrados pela Secretaria da Receita Federal, atendida, no julgamento, a orientação emanada dos atos normativos da Coordenação do Sistema de Tributação;

▶ A Secretaria da Receita Federal passou a ser denominada Secretaria da Receita Federal do Brasil pelo art. 1º da Lei nº 11.457, de 16-3-2007 (Lei da Super-Receita).

b) às autoridades referidas na alínea *b* do inciso I do artigo 25;

II – em segunda instância:

a) ao coordenador do Sistema de Tributação da Secretaria da Receita Federal, salvo quanto aos tributos incluídos na competência julgadora de outro órgão da administração federal;

▶ A Secretaria da Receita Federal passou a ser denominada Secretaria da Receita Federal do Brasil pelo art. 1º da Lei nº 11.457, de 16-3-2007 (Lei da Super-Receita).

b) à autoridade mencionada na legislação dos tributos ressalvados na alínea precedente ou, na falta dessa indicação, à que for designada pela entidade que administra o tributo;

III – em instância única, ao coordenador do Sistema de Tributação, quanto às consultas relativas aos tributos administrados pela Secretaria da Receita Federal e formuladas:

▶ A Secretaria da Receita Federal passou a ser denominada Secretaria da Receita Federal do Brasil pelo art. 1º da Lei nº 11.457, de 16-3-2007 (Lei da Super-Receita).

a) sobre classificação fiscal de mercadorias;

b) pelos órgãos centrais da administração pública;

c) por entidades representativas de categorias econômicas ou profissionais, de âmbito nacional.

Art. 55. Compete à autoridade julgadora declarar a ineficácia da consulta.

Art. 56. Cabe recurso voluntário, com efeito suspensivo, de decisão de primeira instância, dentro de trinta dias, contados da ciência.

Art. 57. A autoridade de primeira instância recorrerá de ofício de decisão favorável ao consulente.

Art. 58. Não cabe pedido de reconsideração de decisão proferida em processo de consulta, inclusive da que declarar a sua ineficácia.

CAPÍTULO III

DAS NULIDADES

Art. 59. São nulos:

I – os atos e termos lavrados por pessoa incompetente;

II – os despachos e decisões proferidos por autoridade incompetente ou com preterição do direito de defesa.

§ 1º A nulidade de qualquer ato só prejudica os posteriores que dele diretamente dependam ou sejam consequência.

§ 2º Na declaração de nulidade, a autoridade dirá os atos alcançados e determinará as providências necessárias ao prosseguimento ou solução do processo.

§ 3º Quando puder decidir do mérito a favor do sujeito passivo a quem aproveitaria a declaração de nulidade, a autoridade julgadora não a pronunciará nem mandará repetir o ato ou suprir-lhe a falta.

▶ § 3º acrescido pela Lei nº 8.748, de 9-12-1993.

Art. 60. As irregularidades, incorreções e omissões diferentes das referidas no artigo anterior não importarão em nulidade e serão sanadas quando resultarem em prejuízo para o sujeito passivo, salvo se este lhes houver dado causa, ou quando não influírem na solução do litígio.

Art. 61. A nulidade será declarada pela autoridade competente para praticar o ato ou julgar a sua legitimidade.

CAPÍTULO IV
DISPOSIÇÕES FINAIS E TRANSITÓRIAS

Art. 62. Durante a vigência de medida judicial que determinar a suspensão da cobrança do tributo não será instaurado procedimento fiscal contra o sujeito passivo favorecido pela decisão, relativamente à matéria sobre que versar a ordem de suspensão.

Parágrafo único. Se a medida referir-se a matéria objeto de processo fiscal, o curso deste não será suspenso, exceto quanto aos atos executórios.

Art. 63. A destinação de mercadorias ou outros bens apreendidos ou dados em garantia de pagamento do crédito tributário obedecerá às normas estabelecidas na legislação aplicável.

Art. 64. Os documentos que instruem o processo poderão ser restituídos, em qualquer fase, a requerimento do sujeito passivo, desde que a medida não prejudique a instrução e deles fique cópia autenticada no processo.

Art. 64-A. Os documentos que instruem o processo poderão ser objeto de digitalização, observado o disposto nos arts. 1º e 3º da Lei nº 12.682, de 9 de julho de 2012.

▸ Artigo acrescido pela Lei nº 12.865, de 9-10-2013.

Art. 64-B. No processo eletrônico, os atos, documentos e termos que o instruem poderão ser natos digitais ou produzidos por meio de digitalização, observado o disposto na Medida Provisória nº 2.200-2, de 24 de agosto de 2001.

▸ *Caput* acrescido pela Lei nº 12.865, de 9-10-2013.

§ 1º Os atos, termos e documentos submetidos a digitalização pela administração tributária e armazenados eletronicamente possuem o mesmo valor probante de seus originais.

§ 2º Os autos de processos eletrônicos, ou parte deles, que tiverem de ser remetidos a órgãos ou entidades que não disponham de sistema compatível de armazenagem e tramitação poderão ser encaminhados impressos em papel ou por meio digital, conforme disciplinado em ato da administração tributária.

▸ §§ 1º e 2 º acrescidos pela Lei nº 12.865, de 9-10-2013.

§ 3º As matrizes físicas dos atos, dos termos e dos documentos digitalizados e armazenados eletronicamente, nos termos do § 1º, poderão ser descartadas, conforme regulamento.

▸ § 3º acrescido pela Lei nº 13.097, de 19-1-2015.

Art. 65. O disposto neste Decreto não prejudicará a validade dos atos praticados na vigência da legislação anterior.

§ 1º O preparo dos processos em curso, até a decisão de primeira instância, continuará regido pela legislação precedente.

§ 2º Não se modificarão os prazos iniciados antes da entrada em vigor deste Decreto.

Art. 66. O Conselho Superior de Tarifa passa a denominar-se 4º Conselho de Contribuintes.

Art. 67. Os Conselhos de Contribuintes, no prazo de noventa dias, adaptarão seus regimentos internos às disposições deste Decreto.

Art. 68. Revogam-se as disposições em contrário.

Brasília, 6 de março de 1972;
151º da Independência e
84º da República.

Emílio G. Médici

LEI Nº 5.836, DE 5 DE DEZEMBRO DE 1972

Dispõe sobre o Conselho de Justificação, e dá outras providências.

▸ Publicada no *DOU* de 6-12-1972.

Art. 1º O Conselho de Justificação é destinado a julgar, através de processo especial, da incapacidade do oficial das Forças Armadas – militar de carreira – para permanecer na ativa, criando-lhe, ao mesmo tempo, condições para se justificar.

Parágrafo único. O Conselho de Justificação pode, também, ser aplicado ao oficial da reserva remunerada ou reformado, presumivelmente incapaz de permanecer na situação de inatividade em que se encontra.

Art. 2º É submetido a Conselho de Justificação, a pedido ou *ex officio* o oficial das Forças Armadas:

I – acusado oficialmente ou por qualquer meio lícito de comunicação social de ter:

a) procedido incorretamente no desempenho do cargo;

b) tido conduta irregular; ou

c) praticado ato que afete a honra pessoal, o pundonor militar ou o decoro da classe.

▸ Art. 6º do Dec. nº 4.346, de 26-8-2002 (Regulamento Disciplinar do Exército).

II – considerado não habilitado para o acesso, em caráter provisório, no momento em que venha a ser objeto de apreciação para ingresso em Quadros de Acesso ou Lista de Escolha;

III – afastado do cargo, na forma do Estatuto dos Militares, por se tornar incompatível com o mesmo ou demonstrar incapacidade no exercício de funções militares a ele inerentes, salvo se o afastamento é decorrência de fatos que motivem sua submissão a processo;

IV – condenado por crime de natureza dolosa, não previsto na legislação especial concernente a segurança do Estado, em Tribunal Civil ou Militar, a pena restritiva de liberdade individual até 2 (dois) anos, tão logo transite em julgado a sentença; ou

V – pertencente a partido político ou associação, suspensos ou dissolvidos por força de disposição legal ou decisão judicial, ou que exerçam atividades prejudiciais ou perigosas à segurança nacional.

Parágrafo único. É considerado, entre outros, para os efeitos desta Lei, pertencente a partido ou associação a que se refere este artigo o oficial das Forças Armadas que, ostensiva ou clandestinamente:

a) estiver inscrito como seu membro;

b) prestar serviços ou angariar valores em seu benefício;

c) realizar propaganda de suas doutrinas; ou

d) colaborar, por qualquer forma, mas sempre de modo inequívoco ou doloso, em suas atividades.

Art. 3º O oficial da ativa das Forças Armadas, ao ser submetido a Conselho de Justificação, é afastado do exercício de suas funções:

I – automaticamente, nos casos dos itens IV e V, do art. 2º; e

II – a critério do respectivo Ministro, no caso do item I, do art. 2º.

Art. 4º A nomeação do Conselho de Justificação é da competência:

I – do Ministro da Força Armada a que pertence o oficial a ser julgado; e

II – do Comandante do Teatro de Operações ou de Zona de Defesa ou dos mais altos comandantes das forças singulares isoladas, para os oficiais sob seu comando e no caso de fatos ocorridos na área de sua jurisdição, quando em campanha no país ou no exterior.

§ 1º As autoridades referidas neste artigo podem, com base nos antecedentes do oficial a ser julgado e na natureza ou falta de consistência dos fatos arguidos, considerar, desde logo, improcedente a acusação e indeferir, em consequência, o pedido de nomeação do Conselho de Justificação.

§ 2º O indeferimento do pedido de nomeação do Conselho de Justificação, devidamente fundamentado, deve ser publicado oficialmente e transcrito nos assentamentos do oficial, se este é da ativa.

Art. 5º O Conselho de Justificação é composto de 3 (três) oficiais, da ativa, da Força Armada do justificante, de posto superior ao seu.

§ 1º O membro mais antigo do Conselho de Justificação, no mínimo um oficial superior da ativa, e o presidente, o que lhe segue em antiguidade é o interrogante e relator, e o mais moderno, o escrivão.

§ 2º Não podem fazer parte do Conselho de Justificação:

a) o oficial que formulou a acusação;

b) os oficiais que tenham entre si, com o acusador ou com o acusado, parentesco consanguíneo ou afim, na linha reta ou até quarto grau de consanguinidade colateral ou de natureza civil; e

c) os oficiais subalternos.

§ 3º Quando o justificante é oficial-general, cujo posto não permita a nomeação de membros do Conselho de Justificação com posto superior, estes serão nomeados dentre os oficiais daquele posto, da ativa ou na inatividade, mais antigos que o justificante.

§ 4º Quando o justificante é oficial da reserva remunerada ou reformado, um dos membros do Conselho de Justificação pode ser da reserva remunerada.

Art. 6º O Conselho de Justificação funciona sempre com a totalidade de seus membros, em local onde a autoridade nomeante julgue melhor indicado para a apuração do fato.

Art. 7º Reunido o Conselho de Justificação, convocado previamente por seu presidente, em local, dia e hora designados com antecedência presente o justificante, o presidente manda proceder a leitura e a autuação dos documentos que constituíram o ato de nomeação do Conselho; em seguida, ordena a qualificação e o interrogatório do justificante, o que é reduzido a auto, assinado por todos

LEGISLAÇÃO COMPLEMENTAR

os membros do Conselho e pelo justificante, fazendo-se a juntada de todos os documentos por este oferecidos.

Parágrafo único. Quando o justificante é oficial da reserva remunerada ou reformado e não é localizado ou deixa de atender a intimação por escrito para comparecer perante o Conselho de Justificação:

a) a intimação é publicada em órgão de divulgação na área do domicílio do justificante; e

b) o processo corre à revelia, se não atender à publicação.

Art. 8º Aos membros do Conselho de Justificação é lícito reperguntar ao justificante e às testemunhas sobre o objeto da acusação e propor diligências para o esclarecimento dos fatos.

Art. 9º Ao justificante é assegurada ampla defesa, tendo ele, após o interrogatório, prazo de 5 (cinco) dias para oferecer suas razões por escrito, devendo o Conselho de Justificação fornecer-lhe o libelo acusatório, onde se contenham com minúcias o relato dos fatos e a descrição dos atos que lhe são imputados.

▸ Art. 5º, LV, da CF.

§ 1º O justificante deve estar presente a todas as sessões do Conselho de Justificação, exceto à sessão secreta de deliberação do relatório.

§ 2º Em sua defesa, pode o justificante requerer a produção, perante o Conselho de Justificação, de todas as provas permitidas no Código de Processo Penal Militar.

§ 3º As provas a serem realizadas mediante Carta Precatória são efetuadas por intermédio da autoridade militar ou, na falta desta, da autoridade judiciária local.

Art. 10. O Conselho de Justificação pode inquirir o acusador ou receber, por escrito, seus esclarecimentos, ouvindo, posteriormente, a respeito, o justificante.

Art. 11. O Conselho de Justificação dispõe de um prazo de 30 (trinta) dias, a contar da data de sua nomeação, para a conclusão de seus trabalhos, inclusive remessa do relatório.

Parágrafo único. A autoridade nomeante, por motivos excepcionais, pode prorrogar até 20 (vinte) dias o prazo de conclusão dos trabalhos.

Art. 12. Realizadas todas as diligências, o Conselho de Justificação passa a deliberar, em sessão secreta, sobre o relatório a ser redigido.

§ 1º O relatório, elaborado pelo escrivão e assinado por todos os membros do Conselho de Justificação, deve julgar se o justificante:

a) é, ou não, culpado da acusação que lhe foi feita; ou

b) no caso do item II, do art. 2º, está ou não, sem habilitação para o acesso, em caráter definitivo; ou

c) no caso do item IV, do art. 2º, levados em consideração os preceitos de aplicação da pena previstos no Código Penal Militar, está, ou não, incapaz de permanecer na ativa ou na situação em que se encontra na inatividade.

§ 2º A deliberação do Conselho de Justificação é tomada por maioria de votos de seus membros.

§ 3º Quando houver voto vencido é facultada sua justificação por escrito.

§ 4º Elaborado o relatório, com um termo de encerramento, o Conselho de Justificação remete o processo ao Ministro Militar respectivo, através da autoridade nomeante, se for o caso.

Art. 13. Recebidos os autos do processo do Conselho de Justificação, o Ministro Militar, dentro do prazo de 20 (vinte) dias, aceitando ou não seu julgamento e, neste último caso, justificando os motivos de seu despacho, determina:

I – o arquivamento do processo se considera procedente a justificação;

II – a aplicação de pena disciplinar, se considera contravenção ou transgressão disciplinar a razão pela qual o oficial foi julgado culpado;

III – na forma do Estatuto dos Militares, e conforme o caso, a transferência do acusado para a reserva remunerada ou os atos necessários à sua efetivação pelo Presidente da República, se o oficial foi considerado não habilitado para o acesso em caráter definitivo;

IV – a remessa do processo ao auditor competente, se considera crime a razão pela qual o oficial foi considerado culpado;

V – a remessa do processo ao Superior Tribunal Militar:

a) se a razão pela qual o oficial foi julgado culpado está prevista nos itens I, III e V do art. 2º; ou

b) se, pelo crime cometido, previsto no item IV do art. 2º, o oficial foi julgado incapaz de permanecer na ativa ou na inatividade.

Parágrafo único. O despacho que julgou procedente a justificação deve ser publicado oficialmente e transcrito nos assentamentos do oficial, se este é da ativa.

Art. 14. É da competência do Superior Tribunal Militar julgar, em instância única, os processos oriundos de Conselhos de Justificação, a ele remetidos por Ministro Militar.

▸ Art. 142, § 3º, VI, da CF.

Art. 15. No Superior Tribunal Militar, distribuído o processo, é o mesmo relatado por um dos Ministros que, antes, deve abrir prazo de 5 (cinco) dias para a defesa se manifestar por escrito sobre a decisão do Conselho de Justificação.

Parágrafo único. Concluída esta fase é o processo submetido a julgamento.

Art. 16. O Superior Tribunal Militar, caso julgue provado que o oficial é culpado de ato ou fato previsto nos itens I, III e V, do art. 2º, ou que, pelo crime cometido, previsto no item IV, do art. 2º, é incapaz de permanecer na ativa ou na inatividade, deve conforme o caso:

I – declará-lo indigno do oficialato ou com ele incompatível, determinando a perda de seu posto e patente; ou

II – determinar sua reforma.

▸ Art. 106, V, da Lei nº 6.880, de 9-12-1980 (Estatuto dos Militares).

§ 1º A reforma do oficial é efetuada no posto que possui na ativa, com proventos proporcionais ao tempo de serviço.

§ 2º A reforma do oficial, ou sua demissão *ex officio* consequente da perda de posto e patente, conforme o caso, é efetuada pelo Ministro Militar respectivo ou encaminhada ao Presidente da República, tão logo seja publicado o acórdão do Superior Tribunal Militar.

Art. 17. Aplicam-se a esta lei, subsidiariamente, as normas do Código de Processo Penal Militar.

Art. 18. Prescrevem em 6 (seis) anos, computados na data em que foram praticados, os casos previstos nesta Lei.

Parágrafo único. Os casos também previstos no Código Penal Militar como crime prescrevem nos prazos nele estabelecidos.

Art. 19. Esta Lei entra em vigor na data de sua publicação, revogada a Lei nº 5.300, de 29 de junho de 1967, e demais disposições em contrário.

Brasília, 5 de dezembro de 1972;
151º da Independência e
84º da República.

Emílio G. Médici

LEI Nº 5.889, DE 8 DE JUNHO DE 1973

Estatui normas reguladoras do trabalho rural e dá outras providências.

▸ Publicada no *DOU* de 11-6-1973.

Art. 1º As relações de trabalho rural serão reguladas por esta Lei e, no que com ela não colidirem, pelas normas da Consolidação das Leis do Trabalho, aprovada pelo Decreto-Lei nº 5.452, de 1º de maio de 1943.

▸ Art. 7º, XXIX, da CF.

Parágrafo único. Observadas as peculiaridades do trabalho rural, a ele também se aplicam as Leis nºs 605, de 5 de janeiro de 1949; 4.090, de 13 de julho de 1962; 4.725, de 13 de julho de 1965, com as alterações da Lei nº 4.903, de 16 de dezembro de 1965, e os Decretos-Leis nºs 15, de 29 de julho de 1966; 17, de 22 de agosto de 1966, e 368, de 19 de dezembro de 1968.

Art. 2º Empregado rural é toda pessoa física que em propriedade rural ou prédio rústico, presta serviços de natureza não eventual a empregador rural, sob a dependência deste e mediante salário.

Art. 3º Considera-se empregador rural, para os efeitos desta Lei, a pessoa física ou jurídica, proprietária ou não, que explore atividade agroeconômica, em caráter permanente ou temporário, diretamente ou através de prepostos e com auxílio de empregados.

§ 1º Inclui-se na atividade econômica referida no *caput* deste artigo, além da exploração industrial em estabelecimento agrário não compreendido na Consolidação das Leis do Trabalho – CLT, aprovada pelo Decreto-Lei nº 5.452, de 1º de maio de 1943, a exploração do turismo rural ancilar à exploração agroeconômica.

▸ § 1º com a redação dada pela Lei nº 13.171, de 21-10-2015.

§ 2º Sempre que uma ou mais empresas, embora tendo cada uma delas personalidade jurídica própria, estiverem sob direção, controle ou administração de outra, ou ainda quando, mesmo guardando cada uma sua autonomia, integrem grupo econômico ou financeiro rural, serão responsáveis solidariamente nas obrigações decorrentes da relação de emprego.

Art. 4º Equipara-se ao empregador rural a pessoa física ou jurídica que, habitualmente, em caráter profissional, e por conta de terceiros, execute serviços de natureza agrária mediante utilização do trabalho de outrem.

Art. 5º Em qualquer trabalho contínuo de duração superior a seis horas, será obrigatória a concessão de um intervalo para repouso ou alimentação, observados os usos e costumes da região, não se computando este intervalo na duração do trabalho. Entre duas jornadas de trabalho haverá um período mínimo de onze horas consecutivas para descanso.

▸ Art. 71 da CLT.

▸ Súm. nº 437 do TST.

Art. 6º Nos serviços caracteristicamente intermitentes, não serão computados como de efetivo exercício os intervalos entre uma e outra parte da execução da tarefa diária, desde que tal hipótese seja expressamente ressalvada na Carteira de Trabalho e Previdência Social.

Art. 7º Para os efeitos desta Lei, considera-se trabalho noturno o executado entre as vinte e uma horas de um dia e as cinco horas do dia seguinte, na lavoura, e entre as vinte horas de um dia e as quatro horas do dia seguinte, na atividade pecuária.

Parágrafo único. Todo trabalho noturno será acrescido de vinte e cinco por cento sobre a remuneração normal.

Art. 8º Ao menor de dezoito anos é vedado o trabalho noturno.

▸ Art. 7º, XXXIII, da CF.

Art. 9º Salvo as hipóteses de autorização legal ou decisão judiciária, só poderão ser descontadas do empregado rural as seguintes parcelas, calculadas sobre o salário mínimo:

a) até o limite de vinte por cento pela ocupação da morada;

b) até o limite de vinte e cinco por cento pelo fornecimento de alimentação sadia e farta, atendidos os preços vigentes na região;

c) adiantamentos em dinheiro.

§ 1º As deduções acima especificadas deverão ser previamente autorizadas, sem o que serão nulas de pleno direito.

§ 2º Sempre que mais de um empregado residir na mesma morada, o desconto previsto na letra *a* deste artigo, será dividido proporcionalmente ao número de empregados, vedada, em qualquer hipótese, a moradia coletiva de famílias.

§ 3º Rescindido ou findo o contrato de trabalho, o empregado será obrigado a desocupar a casa dentro de trinta dias.

§ 4º O Regulamento desta Lei especificará os tipos de morada para fins de dedução.

§ 5º A cessão pelo empregador, de moradia e de sua infraestrutura básica, assim como, bens destinados à produção para sua subsistência e de sua família, não integram o salário do trabalhador rural, desde que caracterizados como tais, em contrato escrito celebrado entre as partes, com testemunhas e notificação obrigatória ao respectivo sindicato de trabalhadores rurais.

▸ § 5º acrescido pela Lei nº 9.300, de 29-8-1996.

Art. 10. A prescrição dos direitos assegurados por esta Lei aos trabalhadores rurais só ocorrerá após dois anos de cessação do contrato de trabalho.

▸ OJ da SBDI-I nº 38 do TST.

Parágrafo único. Contra o menor de dezoito anos não corre qualquer prescrição.

Art. 11. Ao empregado rural maior de dezesseis anos é assegurado salário mínimo igual ao do empregado adulto.

Parágrafo único. Ao empregado menor de dezesseis anos é assegurado salário mínimo fixado em valor correspondente à metade do salário mínimo estabelecido para o adulto.

▸ Art. 7º, IV e XXX, da CF.

Art. 12. Nas regiões em que adota a plantação subsidiária ou intercalar (cultura secundária), a cargo do empregado rural, quando autorizada ou permitida, será objeto de contrato em separado.

Parágrafo único. Embora devendo integrar o resultado anual a que tiver direito o empregado rural, a plantação subsidiária ou intercalar não poderá compor a parte correspondente ao salário mínimo na remuneração geral do empregado, durante o ano agrícola.

Art. 13. Nos locais de trabalho rural serão observadas as normas de segurança e higiene estabelecidas em portaria do Ministro do Trabalho.

Art. 14. Expirado normalmente o contrato, a empresa pagará ao safrista, a título de indenização do tempo de serviço, importância correspondente a um doze avos do salário mensal, por mês de serviço ou fração superior a quatorze dias.

Parágrafo único. Considera-se contrato de safra o que tenha sua duração dependente de variações estacionais da atividade agrária.

Art. 14-A. O produtor rural pessoa física poderá realizar contratação de trabalhador rural por pequeno prazo para o exercício de atividades de natureza temporária.

§ 1º A contratação de trabalhador rural por pequeno prazo que, dentro do período de 1 (um) ano, superar 2 (dois) meses fica convertida em contrato de trabalho por prazo indeterminado, observando-se os termos da legislação aplicável.

§ 2º A filiação e a inscrição do trabalhador de que trata este artigo na Previdência Social decorrem, automaticamente, da sua inclusão pelo empregador na Guia de Recolhimento do Fundo de Garantia do Tempo de Serviço e Informações à Previdência Social – GFIP, cabendo à Previdência Social instituir mecanismo que permita a sua identificação.

§ 3º O contrato de trabalho por pequeno prazo deverá ser formalizado mediante a inclusão do trabalhador na GFIP, na forma do disposto no § 2º deste artigo, e:

I – mediante a anotação na Carteira de Trabalho e Previdência Social e em Livro ou Ficha de Registro de Empregados; ou

II – mediante contrato escrito, em 2 (duas) vias, uma para cada parte, onde conste, no mínimo:

a) expressa autorização em acordo coletivo ou convenção coletiva;

b) identificação do produtor rural e do imóvel rural onde o trabalho será realizado e indicação da respectiva matrícula;

c) identificação do trabalhador, com indicação do respectivo Número de Inscrição do Trabalhador – NIT.

§ 4º A contratação de trabalhador rural por pequeno prazo só poderá ser realizada por produtor rural pessoa física, proprietário ou não, que explore diretamente atividade agroeconômica.

§ 5º A contribuição do segurado trabalhador rural contratado para prestar serviço na forma deste artigo é de 8% (oito por cento) sobre o respectivo salário de contribuição definido no inciso I do *caput* do art. 28 da Lei nº 8.212, de 24 de julho de 1991.

§ 6º A não inclusão do trabalhador na GFIP pressupõe a inexistência de contratação na forma deste artigo, sem prejuízo de comprovação, por qualquer meio admitido em direito, da existência de relação jurídica diversa.

§ 7º Compete ao empregador fazer o recolhimento das contribuições previdenciárias nos termos da legislação vigente, cabendo à Previdência Social e à Receita Federal do Brasil instituir mecanismos que facilitem o acesso do trabalhador e da entidade sindical que o representa às informações sobre as contribuições recolhidas.

§ 8º São assegurados ao trabalhador rural contratado por pequeno prazo, além de remuneração equivalente à do trabalhador rural permanente, os demais direitos de natureza trabalhista.

§ 9º Todas as parcelas devidas ao trabalhador de que trata este artigo serão calculadas dia a dia e pagas diretamente a ele mediante recibo.

§ 10. O Fundo de Garantia do Tempo de Serviço – FGTS deverá ser recolhido e poderá ser levantado nos termos da Lei nº 8.036, de 11 de maio de 1990.

▸ Art. 14-A com a redação dada pela Lei nº 11.718, de 20-6-2008.

Art. 15. Durante o prazo do aviso prévio, se a rescisão tiver sido promovida pelo empregador, o empregado rural terá direito a um dia por semana, sem prejuízo do salário integral, para procurar outro trabalho.

▸ Art. 7º, XXI, da CF.

Art. 16. Toda propriedade rural, que mantenha a seu serviço ou trabalhando em seus limites mais de cinquenta famílias de trabalhadores de qualquer natureza, é obrigada a possuir e conservar em funcionamento escola primária, inteiramente gratuita, para os filhos destes, com tantas classes quantos sejam os grupos de quarenta crianças em idade escolar.

Parágrafo único. A matrícula da população em idade escolar será obrigatória, sem qualquer outra exigência, além da certidão de nascimento, para cuja obtenção o empregador proporcionará todas as facilidades aos responsáveis pelas crianças.

Art. 17. As normas da presente Lei são aplicáveis no que couber aos trabalhadores rurais não compreendidos na definição do artigo 2º, que prestem serviços a empregador rural.

Art. 18. As infrações aos dispositivos desta Lei serão punidas com multa de R$ 380,00 (trezentos e oitenta reais) por empregado em situação irregular.

§ 1º As infrações aos dispositivos da Consolidação das Leis do Trabalho – CLT e legislação esparsa, cometidas contra o trabalhador rural, serão punidas com as multas nelas previstas.

§ 2º As penalidades serão aplicadas pela autoridade competente do Ministério do Trabalho e Emprego, de acordo com o disposto no Título VII da CLT.

§ 3º A fiscalização do Ministério do Trabalho e Emprego exigirá dos empregadores rurais ou produtores equiparados a comprovação do recolhimento da Contribuição Sindical Rural das categorias econômica e profissional.

▶ Art. 18 com a redação dada pela MP nº 2.164-41, de 24-8-2001, que até o encerramento desta edição não havia sido convertida em Lei.

Art. 19. O enquadramento e a contribuição sindical rurais continuam regidos pela legislação ora em vigor; o seguro social e o seguro contra acidente do trabalho rurais serão regulados por lei especial.

Art. 20. Lei especial disporá sobre a aplicação ao trabalhador rural, no que couber, no regime do Fundo de Garantia do Tempo de Serviço.

▶ Art. 7º, III, da CF.

Art. 21. Esta Lei entra em vigor na data de sua publicação, revogadas as disposições em contrário, em especial a Lei nº 4.214, de 2 de março de 1963, e o Decreto-Lei nº 761, de 14 de agosto de 1969.

Brasília, 8 de junho de 1973;
152º da Independência e
85º da República.

Emílio G. Médici

LEI Nº 6.001, DE 19 DE DEZEMBRO DE 1973

Dispõe sobre o Estatuto do Índio.

▶ Publicada no *DOU* de 21-12-1973.

▶ Arts. 22, XIV, 231 e 232 da CF.

TÍTULO I – DOS PRINCÍPIOS E DEFINIÇÕES

Art. 1º Esta Lei regula a situação jurídica dos índios ou silvícolas e das comunidades indígenas, com o propósito de preservar a sua cultura e integrá-los, progressiva e harmoniosamente, à comunhão nacional.

Parágrafo único. Aos índios e às comunidades indígenas se estende a proteção das leis do País, nos mesmos termos em que se aplicam aos demais brasileiros, resguardados os usos, costumes e tradições indígenas, bem como as condições peculiares reconhecidas nesta Lei.

Art. 2º Cumpre à União, aos Estados e aos Municípios, bem como aos órgãos das respectivas administrações indiretas, nos limites de sua competência, para a proteção das comunidades indígenas e a preservação dos seus direitos:

I – estender aos índios os benefícios da legislação comum, sempre que possível a sua aplicação;

II – prestar assistência aos índios e às comunidades indígenas ainda não integrados à comunhão nacional;

III – respeitar, ao proporcionar aos índios meios para o seu desenvolvimento, as peculiaridades inerentes à sua condição;

IV – assegurar aos índios a possibilidade de livre escolha dos seus meios de vida e subsistência;

V – garantir aos índios a permanência voluntária no seu hábitat, proporcionando-lhes ali recursos para seu desenvolvimento e progresso;

VI – respeitar, no processo de integração do índio à comunhão nacional, a coesão das comunidades indígenas, os seus valores culturais, tradições, usos e costumes;

VII – executar, sempre que possível mediante a colaboração dos índios, os programas e projetos tendentes a beneficiar as comunidades indígenas;

VIII – utilizar a cooperação, o espírito de iniciativa e as qualidades pessoais do índio, tendo em vista a melhoria de suas condições de vida e a sua integração no processo de desenvolvimento;

IX – garantir aos índios e comunidades indígenas, nos termos da Constituição Federal, a posse permanente das terras tradicionalmente ocupadas em 5 de outubro de 1988, reconhecendo-lhes o direito ao usufruto exclusivo das riquezas naturais e de todas as utilidades naquelas terras existentes;

▶ Inciso IX com a redação dada pela Lei nº 14.701, de 20-10-2023, promulgado nos termos do art. 66, § 7º, da CF (*DOU* de 28-12-2023).

X – garantir aos índios o pleno exercício dos direitos civis e políticos que em face da legislação lhes couberem.

Parágrafo único. VETADO.

Art. 3º Para os efeitos de lei, ficam estabelecidas as definições a seguir discriminadas:

I – Índio ou Silvícola – É todo indivíduo de origem e ascendência pré-colombiana que se identifica e é identificado como pertencente a um grupo étnico cujas características culturais o distinguem da sociedade nacional;

II – Comunidade Indígena ou Grupo Tribal – É um conjunto de famílias ou comunidades índias, quer vivendo em estado de completo isolamento em relação aos outros setores da comunhão nacional, quer em contatos intermitentes ou permanentes, sem contudo estarem neles integrados.

Art. 4º Os índios são considerados:

I – Isolados – Quando vivem em grupos desconhecidos ou de que se possuem poucos e vagos informes através de contatos eventuais com elementos da comunhão nacional;

II – Em vias de integração – Quando, em contato intermitente ou permanente com grupos estranhos, conservam menor ou maior parte das condições de sua vida nativa, mas aceitam algumas práticas e modos de existência comuns aos demais setores da comunhão nacional, da qual vão necessitando cada vez mais para o próprio sustento;

III – Integrados – Quando incorporados à comunhão nacional e reconhecidos no pleno exercício dos direitos civis, ainda que conservem usos, costumes e tradições característicos da sua cultura.

TÍTULO II – DOS DIREITOS CIVIS E POLÍTICOS

CAPÍTULO I – DOS PRINCÍPIOS

Art. 5º Aplicam-se aos índios ou silvícolas as normas dos arts. 145 e 146, da Constituição Federal, relativas à nacionalidade e à cidadania.

Parágrafo único. O exercício dos direitos civis e políticos pelo índio depende da verificação das condições especiais estabelecidas nesta Lei e na legislação pertinente.

Art. 6º Serão respeitados os usos, costumes e tradições das comunidades indígenas e seus efeitos, nas relações de família, na ordem de sucessão, no regime de propriedade e nos atos ou negócios realizados entre índios, salvo se optarem pela aplicação do direito comum.

Parágrafo único. Aplicam-se as normas de direito comum às relações entre índios não integrados e pessoas estranhas à comunidade indígena, excetuados os que forem menos favoráveis a eles e ressalvado o disposto nesta Lei.

CAPÍTULO II – DA ASSISTÊNCIA OU TUTELA

Art. 7º Os índios e as comunidades indígenas ainda não integrados à comunhão nacional ficam sujeitos ao regime tutelar estabelecido nesta Lei.

§ 1º Ao regime tutelar estabelecido nesta Lei aplicam-se no que couber, os princípios e normas da tutela de direito comum, independendo, todavia, o exercício da tutela da especialização de bens imóveis em hipoteca legal, bem como da prestação de caução real ou fidejussória.

§ 2º Incumbe a tutela à União, que a exercerá através do competente órgão federal de assistência aos silvícolas.

Art. 8º São nulos os atos praticados entre o índio não integrado e qualquer pessoa estranha à comunidade indígena quando não tenha havido assistência do órgão tutelar competente.

Parágrafo único. Não se aplica a regra deste artigo no caso em que o índio revele consciência e conhecimento do ato praticado, desde que não lhe seja prejudicial, e da extensão dos seus efeitos.

Art. 9º Qualquer índio poderá requerer ao Juiz competente a sua liberação do regime tutelar previsto nesta Lei, investindo-se na plenitude da capacidade civil, desde que preencha os requisitos seguintes:

I – idade mínima de 21 anos;

II – conhecimento da língua portuguesa;

III – habilitação para o exercício de atividade útil, na comunhão nacional;

IV – razoável compreensão dos usos e costumes da comunhão nacional.

Parágrafo único. O Juiz decidirá após instrução sumária, ouvidos o órgão de assistência ao índio e o Ministério Público, transcrita a sentença concessiva no registro civil.

Art. 10. Satisfeitos os requisitos do artigo anterior e a pedido escrito do interessado, o órgão de assistência poderá reconhecer ao índio, mediante declaração formal, a condição de integrado, cessando toda restrição à capacidade, desde que, homologado judicialmente o ato, seja inscrito no registro civil.

Art. 11. Mediante decreto do Presidente da República, poderá ser declarada a emancipação da comunidade indígena e de seus membros, quanto ao regime tutelar estabelecido em lei, desde que requerida pela maioria dos membros do grupo e comprovada, em inquérito realizado pelo órgão federal competente, a sua plena integração na comunhão nacional.

Parágrafo único. Para os efeitos do disposto neste artigo, exigir-se-á o preenchimento, pelos requerentes, dos requisitos estabelecidos no art. 9º.

CAPÍTULO III – DO REGISTRO CIVIL

▶ Lei nº 6.015, de 31-12-1973 (Lei dos Registros Públicos).

Art. 12. Os nascimentos e óbitos, e os casamentos civis dos índios não integrados, serão registrados de acordo com a legislação comum, atendidas as peculiaridades de sua condição quanto à qualificação do nome, prenome e filiação.

Parágrafo único. O registro civil será feito a pedido do interessado ou da autoridade administrativa competente.

Art. 13. Haverá livros próprios, no órgão competente de assistência, para o registro administrativo de nascimentos e óbitos dos índios, da cessação de sua incapacidade e dos casamentos contraídos segundo os costumes tribais.

Parágrafo único. O registro administrativo constituirá, quando couber documento hábil para proceder ao registro civil do ato correspondente, admitido, na falta deste, como meio subsidiário de prova.

CAPÍTULO IV
DAS CONDIÇÕES DE TRABALHO

Art. 14. Não haverá discriminação entre trabalhadores indígenas e os demais trabalhadores, aplicando-se-lhes todos os direitos e garantias das leis trabalhistas e de previdência social.

Parágrafo único. É permitida a adaptação de condições de trabalho aos usos e costumes da comunidade a que pertencer o índio.

Art. 15. Será nulo o contrato de trabalho ou de locação de serviços realizado com os índios de que trata o art. 4º, I.

Art. 16. Os contratos de trabalho ou de locação de serviços realizados com indígenas em processo de integração ou habitantes de parques ou colônias agrícolas dependerão de prévia aprovação do órgão de proteção ao índio, obedecendo, quando necessário, a normas próprias.

§ 1º Será estimulada a realização de contratos por equipe, ou a domicílio, sob a orientação do órgão competente, de modo a favorecer a continuidade da via comunitária.

§ 2º Em qualquer caso de prestação de serviços por indígenas não integrados, o órgão de proteção ao índio exercerá permanente fiscalização das condições de trabalho, denunciando os abusos e providenciando a aplicação das sanções cabíveis.

§ 3º O órgão de assistência ao indígena propiciará o acesso, aos seus quadros, de índios integrados, estimulando a sua especialização indigenista.

TÍTULO III – DAS TERRAS DOS ÍNDIOS

CAPÍTULO I
DAS DISPOSIÇÕES GERAIS

Art. 17. Reputam-se terras indígenas:

I – as terras ocupadas ou habitadas pelos silvícolas, a que se referem os arts. 4º, IV, e 198, da Constituição;

II – as áreas reservadas de que trata o Capítulo III deste Título;

III – as terras de domínio das comunidades indígenas ou de silvícolas.

Art. 18. As terras indígenas não poderão ser objeto de arrendamento ou de qualquer ato ou negócio jurídico que restrinja o pleno exercício da posse direta pela comunidade indígena ou pelos silvícolas.

§ 1º Nessas áreas, é vedada a qualquer pessoa estranha aos grupos tribais ou comunidades indígenas a prática da caça, pesca ou coleta de frutos, assim como de atividade agropecuária ou extrativa.

§ 2º VETADO.

Art. 19. As terras indígenas, por iniciativa e sob orientação do órgão federal de assistência ao índio, serão administrativamente demarcadas, de acordo com o processo estabelecido em decreto do Poder Executivo.

§ 1º A demarcação promovida nos termos deste artigo, homologada pelo Presidente da República, será registrada em livro próprio do Serviço do Patrimônio da União (SPU) e do registro imobiliário da comarca da situação das terras.

§ 2º Contra a demarcação processada nos termos deste artigo não caberá a concessão de interdito possessório, facultado aos interessados contra ela recorrer à ação petitória ou à demarcatória.

Art. 20. Em caráter excepcional e por qualquer dos motivos adiante enumerados, poderá a União intervir, se não houver solução alternativa, em área indígena, determinada a providência por decreto do Presidente da República.

§ 1º A intervenção poderá ser decretada:

a) para pôr termo à luta entre grupos tribais;

b) para combater graves surtos epidêmicos, que possam acarretar o extermínio da comunidade indígena, ou qualquer mal que ponha em risco a integridade do silvícola ou do grupo tribal;

c) por imposição da segurança nacional;

d) para a realização de obras públicas que interessem ao desenvolvimento nacional;

e) para reprimir a turbação ou esbulho em larga escala;

f) para a exploração de riquezas do subsolo de relevante interesse para a segurança e o desenvolvimento nacional.

§ 2º A intervenção executar-se-á nas condições estipuladas no decreto e sempre por meios suasórios, dela podendo resultar, segundo a gravidade do fato, uma ou algumas das medidas seguintes:

a) contenção de hostilidades, evitando-se o emprego de força contra os índios;

b) deslocamento temporário de grupos tribais de uma para outra área;

c) remoção de grupos tribais de uma para outra área.

§ 3º Somente caberá a remoção de grupo tribal quando de todo impossível ou desaconselhável a sua permanência na área sob intervenção, destinando-se à comunidade indígena removida área equivalente à anterior, inclusive quanto às condições ecológicas.

§ 4º A comunidade indígena removida será integralmente ressarcida dos prejuízos decorrentes da remoção.

§ 5º O ato de intervenção terá a assistência direta do órgão federal que exercita a tutela do índio.

Art. 21. As terras espontânea e definitivamente abandonadas por comunidade indígena ou grupo tribal reverterão, por proposta do órgão federal de assistência ao índio e mediante ato declaratório do Poder Executivo, à posse e ao domínio pleno da União.

CAPÍTULO II
DAS TERRAS OCUPADAS

Art. 22. Cabe aos índios ou silvícolas a posse permanente das terras que habitam e o direito ao usufruto exclusivo das riquezas naturais e de todas as utilidades naquelas terras existentes.

Parágrafo único. As terras ocupadas pelos índios, nos termos deste artigo, serão bens inalienáveis da União (arts. 4º, IV, e 198, da Constituição Federal).

Art. 23. Considera-se posse do índio ou silvícola a ocupação efetiva da terra que, de acordo com os usos, costumes e tradições tribais, detém e onde habita ou exerce atividade indispensável à sua subsistência ou economicamente útil.

Art. 24. O usufruto assegurado aos índios ou silvícolas compreende o direito à posse, uso e percepção das riquezas naturais e de todas as utilidades existentes nas terras ocupadas, bem assim ao produto da exploração econômica de tais riquezas naturais e utilidades.

§ 1º Incluem-se, no usufruto, que se estende aos acessórios e seus acrescidos, o uso dos mananciais e das águas dos trechos das vias fluviais compreendidos nas terras ocupadas.

§ 2º É garantido ao índio o exclusivo exercício da caça e pesca nas áreas por ele ocupadas, devendo ser executadas por forma suasória as medidas de polícia que em relação a ele eventualmente tiverem de ser aplicadas.

Art. 25. O reconhecimento do direito dos índios e grupos tribais à posse permanente das terras por eles habitadas, nos termos do art. 198, da Constituição Federal, independerá de sua demarcação, e será assegurado pelo órgão federal de assistência aos silvícolas, atendendo à situação atual e ao consenso histórico sobre a antiguidade da ocupação, sem prejuízo das medidas cabíveis que, na omissão ou erro do referido órgão, tomar qualquer dos Poderes da República.

CAPÍTULO III
DAS ÁREAS RESERVADAS

Art. 26. A União poderá estabelecer, em qualquer parte do território nacional, áreas destinadas à posse e ocupação pelos índios, onde possam viver e obter meios de subsistência, com direito ao usufruto e utilização das riquezas naturais e dos bens nelas existentes, respeitadas as restrições legais.

Parágrafo único. As áreas reservadas na forma deste artigo não se confundem com as de posse imemorial das tribos indígenas, podendo organizar-se sob uma das seguintes modalidades:

a) reserva indígena;

b) parque indígena;

c) colônia agrícola indígena.

Art. 27. Reserva indígena é uma área destinada a servidor de hábitat a grupo indígena, com os meios suficientes à sua subsistência.

Art. 28. Parque indígena é a área contida em terra na posse de índios, cujo grau de integração permita assistência econômica, educacional e sanitária dos órgãos da União, em que se preservem as reservas de flora e fauna e as belezas naturais da região.

§ 1º Na administração dos parques serão respeitados a liberdade, usos, costumes e tradições dos índios.

§ 2º As medidas de polícia, necessárias à ordem interna e à preservação das riquezas existentes na área do parque, deverão ser tomadas por meios suasórios e de acordo com o interesse dos índios que nela habitem.

§ 3º O loteamento das terras dos parques indígenas obedecerá ao regime de propriedade, usos e costumes tribais, bem como às normas administrativas nacionais, que deverão ajustar-se aos interesses das comunidades indígenas.

Art. 29. Colônia agrícola indígena é a área destinada à exploração agropecuária, administrada pelo órgão de assistência ao índio, onde convivam tribos aculturadas e membros da comunidade nacional.

Art. 30. Território federal indígena é a unidade administrativa subordinada à União, instituída em região na qual pelo menos um terço da população seja formado por índios.

Art. 31. As disposições deste Capítulo serão aplicadas, no que couber, às áreas em que a posse decorra da aplicação do art. 198, da Constituição Federal.

CAPÍTULO IV
DAS TERRAS DE DOMÍNIO INDÍGENA

Art. 32. São de propriedade plena do índio ou da comunidade indígena, conforme o caso, as terras havidas por qualquer das formas de aquisição do domínio, nos termos da legislação civil.

Art. 33. O índio, integrado ou não, que ocupe como próprio, por dez anos consecutivos, trecho de terra inferior a cinquenta hectares, adquirir-lhe-á a propriedade plena.

Parágrafo único. O disposto neste artigo não se aplica às terras do domínio da União, ocupadas por grupos tribais, às áreas reservadas de que trata esta Lei, nem às terras de propriedade coletiva de grupo tribal.

CAPÍTULO V
DA DEFESA DAS TERRAS INDÍGENAS

Art. 34. O órgão federal de assistência ao índio poderá solicitar a colaboração das Forças Armadas e Auxiliares e da Polícia Federal, para assegurar a proteção das terras ocupadas pelos índios e pelas comunidades indígenas.

Art. 35. Cabe ao órgão federal de assistência ao índio a defesa judicial ou extrajudicial dos direitos dos silvícolas e das comunidades indígenas.

Art. 36. Sem prejuízo do disposto no artigo anterior, compete à União adotar as medidas administrativas ou propor, por intermédio do Ministério Público Federal, as medidas judiciais adequadas à proteção da posse dos silvícolas sobre as terras que habitem.

Parágrafo único. Quando as medidas judiciais previstas neste artigo forem propostas pelo órgão federal de assistência, ou contra ele, a União será litisconsorte ativa ou passiva.

Art. 37. Os grupos tribais ou comunidades indígenas são partes legítimas para a defesa dos seus direitos em juízo, cabendo-lhes, no caso, a assistência do Ministério Público Federal ou do órgão de proteção ao índio.

Art. 38. As terras indígenas são inusucapíveis e sobre elas não poderá recair desapropriação, salvo o previsto no art. 20.

TÍTULO IV – DOS BENS E RENDA DO PATRIMÔNIO INDÍGENA

Art. 39. Constituem bens do Patrimônio Indígena:

I – as terras pertencentes ao domínio dos grupos tribais ou comunidades indígenas;

II – o usufruto exclusivo das riquezas naturais e de todas as utilidades existentes nas terras ocupadas por grupos tribais ou comunidades indígenas e nas áreas a eles reservadas;

III – os bens móveis ou imóveis, adquiridos a qualquer título.

Art. 40. São titulares do Patrimônio Indígena:

I – a população indígena do País, no tocante a bens ou rendas pertencentes ou destinadas aos silvícolas, sem discriminação de pessoas ou grupos tribais;

II – o grupo tribal ou comunidade indígena determinada, quanto à posse e usufruto das terras por ele exclusivamente ocupadas, ou a ele reservadas;

III – a comunidade indígena ou grupo tribal nomeado no título aquisitivo da propriedade, em relação aos respectivos imóveis ou móveis.

Art. 41. Não integram o Patrimônio Indígena:

I – as terras de exclusiva posse ou domínio do índio ou silvícola, individualmente considerado, e o usufruto das respectivas riquezas naturais e utilidades;

II – a habitação, os móveis e utensílios domésticos, os objetos de uso pessoal, os instrumentos de trabalho e os produtos da lavoura, caça, pesca e coleta ou do trabalho em geral dos silvícolas.

Art. 42. Cabe ao órgão de assistência a gestão do Patrimônio Indígena, propiciando-se, porém, a participação dos silvícolas e dos grupos tribais na administração dos próprios bens, sendo-lhes totalmente confiado o encargo, quando demonstrem capacidade efetiva para o seu exercício.

Parágrafo único. O arrolamento dos bens do Patrimônio Indígena será permanentemente atualizado, procedendo-se à fiscalização rigorosa de sua gestão, mediante controle interno e externo, a fim de tornar efetiva a responsabilidade dos seus administradores.

Art. 43. A renda indígena é a resultante da aplicação de bens e utilidades integrantes do Patrimônio Indígena, sob a responsabilidade do órgão de assistência ao índio.

§ 1º A renda indígena será preferencialmente reaplicada em atividades rentáveis ou utilizada em programas de assistência ao índio.

§ 2º A reaplicação prevista no parágrafo anterior reverterá principalmente em benefício da comunidade que produziu os primeiros resultados econômicos.

Art. 44. As riquezas do solo, nas áreas indígenas, somente pelos silvícolas podem ser exploradas, cabendo-lhes com exclusividade o exercício da garimpagem, faiscação e cata das áreas referidas.

Art. 45. A exploração das riquezas do subsolo nas áreas pertencentes aos índios, ou do domínio da União, mas na posse de comunidades indígenas, far-se-á nos termos da legislação vigente, observado o disposto nesta Lei.

§ 1º O Ministério do Interior, através do órgão competente de assistência aos índios, representará os interesses da União, como proprietária do solo, mas a participação no resultado da exploração, as indenizações e a renda devida pela ocupação do terreno, reverterão em benefício dos índios e constituirão fontes de renda indígena.

§ 2º Na salvaguarda dos interesses do Patrimônio Indígena e do bem-estar dos silvícolas, a autorização de pesquisa ou lavra, a terceiros, nas posses tribais, estará condicionada a prévio entendimento com o órgão de assistência ao índio.

Art. 46. O corte de madeira nas florestas indígenas, consideradas em regime de preservação permanente, de acordo com a letra *g* e § 2º, do art. 3º, do Código Florestal, está condicionado à existência de programas ou projetos para o aproveitamento das terras respectivas na exploração agropecuária, na indústria ou no reflorestamento.

TÍTULO V – DA EDUCAÇÃO, CULTURA E SAÚDE

Art. 47. É assegurado o respeito ao patrimônio cultural das comunidades indígenas, seus valores artísticos e meios de expressão.

Art. 48. Estende-se à população indígena, com as necessárias adaptações, o sistema de ensino em vigor no País.

Art. 49. A alfabetização dos índios far-se-á na língua do grupo a que pertençam, e em português, salvaguardado o uso da primeira.

Art. 50. A educação do índio será orientada para a integração na comunhão nacional mediante processo de gradativa compreensão dos problemas gerais e valores da sociedade nacional, bem como do aproveitamento das suas aptidões individuais.

Art. 51. A assistência aos menores, para fins educacionais, será prestada, quanto possível, sem afastá-los do convívio familiar ou tribal.

Art. 52. Será proporcionada ao índio a formação profissional adequada, de acordo com o seu grau de aculturação.

Art. 53. O artesanato e as indústrias rurais serão estimulados, no sentido de elevar o padrão de vida do índio com a conveniente adaptação às condições técnicas modernas.

Art. 54. Os índios têm direito aos meios de proteção à saúde facultados à comunhão nacional.

Parágrafo único. Na infância, na maternidade, na doença e na velhice, deve ser assegurada ao silvícola, especial assistência dos poderes públicos, em estabelecimentos a esse fim destinados.

Art. 55. O regime geral da previdência social será extensivo aos índios, atendidas as condições sociais, econômicas e culturais das comunidades beneficiadas.

TÍTULO VI – DAS NORMAS PENAIS

CAPÍTULO I
DOS PRINCÍPIOS

Art. 56. No caso de condenação de índio por infração penal, a pena deverá ser atenuada e na sua aplicação o Juiz atenderá também ao grau de integração do silvícola.

Parágrafo único. As penas de reclusão e de detenção serão cumpridas, se possível, em regime especial de semiliberdade, no local de funcionamento do órgão federal de assistência aos índios mais próximos da habitação do condenado.

Art. 57. Será tolerada a aplicação, pelos grupos tribais, de acordo com as instituições próprias, de sanções penais ou disciplinares contra os seus membros, desde que não revistam caráter cruel ou infamante, proibida em qualquer caso a pena de morte.

CAPÍTULO II
DOS CRIMES CONTRA OS ÍNDIOS

Art. 58. Constituem crimes contra os índios e a cultura indígena:

I – escarnecer de cerimônia, rito, uso, costume ou tradição culturais indígenas, vilipendiá-los ou perturbar, de qualquer modo, a sua prática.

Pena – detenção de um a três meses;

▶ Art. 208 do CP.

II – utilizar o índio ou comunidade indígena como objeto de propaganda turística ou de exibição para fins lucrativos.

Pena – detenção de dois a seis meses;

III – propiciar, por qualquer meio, a aquisição, o uso e a disseminação de bebidas alcoólicas, nos grupos tribais ou entre índios não integrados.

Pena – detenção de seis meses a dois anos.

Parágrafo único. As penas estatuídas neste artigo são agravadas de um terço, quando o crime for praticado por funcionário ou empregado do órgão de assistência ao índio.

▶ Art. 327 do CP.

Art. 59. No caso de crime contra a pessoa, o patrimônio ou os costumes, em que o ofendido seja índio não integrado ou comunidade indígena, a pena será agravada de um terço.

TÍTULO VII – DISPOSIÇÕES GERAIS

Art. 60. Os bens e rendas do Patrimônio Indígena gozam de plena isenção tributária.

Art. 61. São extensivos aos interesses do Patrimônio Indígena os privilégios da Fazenda Pública, quanto à impenhorabilidade de bens, rendas e serviços, ações especiais, prazos processuais, juros e custas.

Art. 62. Ficam declaradas a nulidade e a extinção dos efeitos jurídicos dos atos de qualquer natureza que tenham por objeto o domínio, a posse ou a ocupação das terras habitadas pelos índios ou comunidades indígenas.

▶ Art. 231, § 6º, da CF.

§ 1º Aplica-se o disposto deste artigo às terras que tenham sido desocupadas pelos índios ou comunidades indígenas em virtude de ato ilegítimo de autoridade e particular.

§ 2º Ninguém terá direito a ação ou indenização contra a União, o órgão de assistência ao índio ou os silvícolas em virtude da nulidade e extinção de que trata este artigo, ou de suas consequências econômicas.

§ 3º Em caráter excepcional e a juízo exclusivo do dirigente do órgão de assistência ao índio, será permitida a continuação, por prazo razoável dos efeitos dos contratos de arrendamento em vigor na data desta Lei, desde que a sua extinção acarrete graves consequências sociais.

Art. 63. Nenhuma medida judicial será concedida liminarmente em causas que envolvam interesse de silvícolas ou do Patrimônio Indígena, sem prévia audiência da União e do órgão de proteção ao índio.

Art. 64. VETADO.

Parágrafo único. VETADO.

Art. 65. O Poder Executivo fará, no prazo de cinco anos, a demarcação das terras indígenas, ainda não demarcadas.

Art. 66. O órgão de proteção ao silvícola fará divulgar e respeitar as normas da Convenção 107, promulgada pelo Decreto nº 58.824, de 14 de julho de 1966.

Art. 67. É mantida a Lei nº 5.371, de 5 de dezembro de 1967.

Art. 68. Esta Lei entrará em vigor na data de sua publicação, revogadas as disposições em contrário.

Brasília, 19 de dezembro de 1973;
152º da Independência e
85º da República.

Emílio G. Médici

LEI Nº 6.015, DE 31 DE DEZEMBRO DE 1973

Dispõe sobre os Registros Públicos, e dá outras providências.

▶ Publicada no *DOU* de 31-12-1973, republicada no *DOU* de 16-9-1975 e retificada no *DOU* de 30-10-1975.

▶ Lei nº 7.433, de 18-12-1985, dispõe sobre os requisitos para a lavratura de escrituras públicas, regulamentada pelo Dec. nº 93.240, de 9-9-1986.

▶ Lei nº 8.935, de 18-11-1994 (Lei dos Serviços Notariais e de Registro).

▶ Lei nº 10.169, de 29-12-2000, regula o § 2º do artigo 236 da Constituição Federal, mediante o estabelecimento de normas gerais para a fixação de emolumentos relativos aos atos praticados pelos serviços notariais e de registro.

▶ Dec. nº 6.289, de 6-12-2007, estabelece o Compromisso Nacional pela Erradicação do Sub-registro Civil de Nascimento e Ampliação do Acesso à Documentação Básica, institui o Comitê Gestor Nacional do Plano Social Registro Civil de Nascimento e Documentação Básica e a Semana Nacional de Mobilização para o Registro Civil de Nascimento e a Documentação Básica.

TÍTULO I – DAS DISPOSIÇÕES GERAIS

CAPÍTULO I
DAS ATRIBUIÇÕES

Art. 1º Os serviços concernentes aos Registros Públicos, estabelecidos pela legislação civil para autenticidade, segurança e eficácia dos atos jurídicos, ficam sujeitos ao regime estabelecido nesta Lei.

§ 1º Os registros referidos neste artigo são os seguintes:

▶ Arts. 9º e 10 do CC.

I – o registro civil de pessoas naturais;
II – o registro civil de pessoas jurídicas;
III – o registro de títulos e documentos;
IV – o registro de imóveis.

§ 2º Os demais registros reger-se-ão por leis próprias.

§ 3º Os registros serão escriturados, publicizados e conservados em meio eletrônico, nos termos estabelecidos pela Corregedoria Nacional de Justiça do Conselho Nacional de Justiça, em especial quanto aos:

▶ *Caput* do § 3º com a redação dada pela Lei nº 14.382, de 27-6-2022.

I – padrões tecnológicos de escrituração, indexação, publicidade, segurança, redundância e conservação; e

II – prazos de implantação nos registros públicos de que trata este artigo.

▶ Incisos I e II acrescidos pela Lei nº 14.382, de 27-6-2022.

§ 4º É vedado às serventias dos registros públicos recusar a recepção, a conservação ou o registro de documentos em forma eletrônica produzidos nos termos estabelecidos pela Corregedoria Nacional de Justiça do Conselho Nacional de Justiça.

▶ § 4º acrescido pela Lei nº 14.382, de 27-6-2022.

Art. 2º Os registros indicados no § 1º do artigo anterior ficam a cargo dos serventuários privativos nomeados de acordo com o estabelecido na Lei de Organização Administrativa e Judiciária do Distrito Federal e dos Territórios e nas Resoluções sobre a Divisão e Organização Judiciária dos Estados, e serão feitos:

I – o do item I, nos ofícios privativos, ou nos cartórios de registro de nascimentos, casamentos e óbitos;

II – os dos itens II e III, nos ofícios privativos, ou nos cartórios de registro de títulos e documentos;

III – os do item IV, nos ofícios privativos, ou nos cartórios de registro de imóveis.

CAPÍTULO II
DA ESCRITURAÇÃO

Art. 3º A escrituração será feita em livros encadernados, que obedecerão aos modelos anexos a esta Lei, sujeitos à correição da autoridade judiciária competente.

§ 1º Os livros podem ter 0,22 m até 0,40 m de largura e de 0,33 m até 0,55 m de altura, cabendo ao oficial a escolha, dentro dessas dimensões, de acordo com a conveniência do serviço.

§ 2º Para facilidade do serviço podem os livros ser escriturados mecanicamente, em folhas soltas, obedecidos os modelos aprovados pela autoridade judiciária competente.

Art. 4º Os livros de escrituração serão abertos, numerados, autenticados e encerrados pelo oficial do registro, podendo ser utilizado, para tal fim, processo mecânico de autenticação previamente aprovado pela autoridade judiciária competente.

Parágrafo único. Os livros notariais, nos modelos existentes, em folhas fixas ou soltas, serão também abertos, numerados, autenticados e encerrados pelo tabelião, que determinará a respectiva quantidade a ser utilizada, de acordo com a necessidade do serviço.

▶ Parágrafo único acrescido pela Lei nº 9.955, de 6-1-2000.

Art. 5º Considerando a quantidade dos registros o juiz poderá autorizar a diminuição do número de páginas dos livros respectivos, até à terça parte do consignado nesta Lei.

Art. 6º Findando-se um livro, o imediato tomará o número seguinte, acrescido à respectiva letra, salvo no registro de imóveis, em que o número será conservado, com a adição sucessiva de letras, na ordem alfabética simples, e, depois, repetidas em combinações com a primeira, com a segunda, e assim indefinidamente. Exemplos: 2-A a 2-Z; 2-AA a 2-AZ; 2-BA a 2-BZ, etc.

Art. 7º Os números de ordem dos registros não serão interrompidos no fim de cada livro, mas continuarão, indefinidamente, nos seguintes da mesma espécie.

Art. 7º-A. O disposto nos arts. 3º, 4º, 5º, 6º e 7º não se aplica à escrituração por meio eletrônico de que trata o § 3º do art. 1º desta Lei.

▸ Art. 7º-A acrescido pela Lei nº 14.382, de 27-6-2022.

CAPÍTULO III
DA ORDEM DO SERVIÇO

Art. 8º O serviço começará e terminará às mesmas horas em todos os dias úteis.

Parágrafo único. O registro civil de pessoas naturais funcionará todos os dias, sem exceção.

Art. 9º Será nulo o registro lavrado fora das horas regulamentares ou em dias em que não houver expediente, sendo civil e criminalmente responsável o oficial que der causa à nulidade.

§ 1º Serão contados em dias e horas úteis os prazos estabelecidos para a vigência da prenotação, para os pagamentos de emolumentos e para a prática de atos pelos oficiais dos registros de imóveis, de títulos e documentos e civil de pessoas jurídicas, incluída a emissão de certidões, exceto nos casos previstos em lei e naqueles contados em meses e anos.

§ 2º Para fins do disposto no § 1º deste artigo, consideram-se:

I – dias úteis: aqueles em que houver expediente; e

II – horas úteis: as horas regulamentares do expediente.

§ 3º A contagem dos prazos nos registros públicos observará os critérios estabelecidos na legislação processual civil.

▸ §§ 1º a 3º acrescidos pela Lei nº 14.382, de 27-6-2022.

Art. 10. Todos os títulos, apresentados no horário regulamentar e que não forem registrados até a hora do encerramento do serviço, aguardarão o dia seguinte, no qual serão registrados, preferencialmente, aos apresentados nesse dia.

Parágrafo único. O registro civil de pessoas naturais não poderá, entretanto, ser adiado.

Art. 11. Os oficiais adotarão o melhor regime interno de modo a assegurar às partes a ordem de precedência na apresentação dos seus títulos, estabelecendo-se, sempre, o número de ordem geral.

Art. 12. Nenhuma exigência fiscal, ou dúvida, obstará a apresentação de um título e o seu lançamento do protocolo com o respectivo número de ordem, nos casos em que da precedência decorra prioridade de direitos para o apresentante.

Parágrafo único. Independem de apontamento no protocolo os títulos apresentados apenas para exame e cálculo dos respectivos emolumentos.

Art. 13. Salvo as anotações e as averbações obrigatórias, os atos do registro serão praticados:

I – por ordem judicial;

II – a requerimento verbal ou escrito dos interessados;

III – a requerimento do Ministério Público, quando a lei autorizar.

§ 1º O reconhecimento de firma nas comunicações ao registro civil pode ser exigido pelo respectivo oficial.

§ 2º A emancipação concedida por sentença judicial será anotada às expensas do interessado.

Art. 14. Os oficiais do registro, pelos atos que praticarem em decorrência do disposto nesta Lei, terão direito, a título de remuneração, aos emolumentos fixados nos Regimentos de Custas do Distrito Federal, dos Estados e dos Territórios, os quais serão pagos pelo interessado que os requerer.

▸ *Caput* com a redação dada pela Lei nº 14.382, de 27-6-2022.

Parágrafo único. O valor correspondente às custas de escrituras, certidões, buscas, averbações, registros de qualquer natureza, emolumentos e despesas legais constará, obrigatoriamente, do próprio documento, independentemente da expedição do recibo quando solicitado.

▸ Parágrafo único acrescido pela Lei nº 6.724, de 19-11-1979.

Art. 15. Quando o interessado no registro for o oficial encarregado de fazê-lo, ou algum parente seu, em grau que determine impedimento, o ato incumbe ao substituto legal do oficial.

CAPÍTULO IV
DA PUBLICIDADE

Art. 16. Os oficiais e os encarregados das repartições em que se façam os registros são obrigados:

1º) a lavrar certidão do que lhes for requerido;

2º) a fornecer às partes as informações solicitadas.

Art. 17. Qualquer pessoa pode requerer certidão do registro sem informar ao oficial ou ao funcionário o motivo ou interesse do pedido.

§ 1º O acesso ou o envio de informações aos registros públicos, quando realizados por meio da internet, deverão ser assinados com o uso de assinatura avançada ou qualificada de que trata o art. 4º da Lei nº 14.063, de 23 de setembro de 2020, nos termos estabelecidos pela Corregedoria Nacional de Justiça do Conselho Nacional de Justiça.

▸ Parágrafo único transformado em § 1º e com a redação dada pela Lei nº 14.382, de 27-6-2022.

§ 2º Ato da Corregedoria Nacional de Justiça do Conselho Nacional de Justiça poderá estabelecer hipóteses de uso de assinatura avançada em atos que envolvam imóveis.

▸ § 2º acrescido pela Lei nº 14.382, de 27-6-2022.

Art. 18. Ressalvado o disposto nos artigos 45, 57, § 7º, e 95, parágrafo único, a certidão será lavrada independentemente de despacho judicial, devendo mencionar o livro do registro ou o documento arquivado no cartório.

▸ Artigo com a redação dada pela Lei nº 9.807, de 13-7-1999.

Art. 19. A certidão será lavrada em inteiro teor, em resumo, ou em relatório, conforme quesitos, e devidamente autenticada pelo oficial ou seus substitutos legais, não podendo ser retardada por mais de cinco dias.

▸ Arts. 217 do CC.

▸ Art. 425, III, do CPC/2015.

§ 1º A certidão de inteiro teor será extraída por meio reprográfico ou eletrônico.

▸ Art. 217 do CC.

▸ Art. 425, III, do CPC/2015.

§ 2º As certidões do registro civil das pessoas naturais mencionarão a data em que foi lavrado o assento.

▸ §§ 1º e 2º com a redação dada pela Lei nº 14.382, de 27-6-2022.

§ 3º Nas certidões de registro civil, não se mencionará a circunstância de ser legítima ou não a filiação, salvo a requerimento do próprio interessado, ou em virtude de determinação judicial.

§ 4º As certidões de nascimento mencionarão a data em que foi feito o assento, a data, por extenso, do nascimento e, ainda, expressamente, a naturalidade.

▸ § 4º com a redação dada pela Lei nº 13.484, de 26-9-2017.

§ 5º As certidões extraídas dos registros públicos deverão, observado o disposto no § 1º deste artigo, ser fornecidas eletronicamente, com uso de tecnologia que permita a sua impressão pelo usuário e a identificação segura de sua autenticidade, conforme critérios estabelecidos pela Corregedoria Nacional de Justiça do Conselho Nacional de Justiça, dispensada a materialização das certidões pelo oficial de registro.

▸ § 5º com a redação dada pela Lei nº 14.382, de 27-6-2022.

§ 6º O interessado poderá solicitar a qualquer serventia certidões eletrônicas relativas a atos registrados em outra serventia, por meio do Sistema Eletrônico dos Registros Públicos (SERP), nos termos estabelecidos pela Corregedoria Nacional de Justiça do Conselho Nacional de Justiça.

§ 7º A certidão impressa nos termos do § 5º e a certidão eletrônica lavrada nos termos do § 6º deste artigo terão validade e fé pública.

§ 8º Os registros públicos de que trata esta Lei disponibilizarão, por meio do SERP, a visualização eletrônica dos atos neles transcritos, praticados, registrados ou averbados, na forma e nos prazos estabelecidos pela Corregedoria Nacional de Justiça do Conselho Nacional de Justiça.

§ 9º A certidão da situação jurídica atualizada do imóvel compreende as informações vigentes de sua descrição, número de contribuinte, proprietário, direitos, ônus e restrições, judiciais e administrativas, incidentes sobre o imóvel e o respectivo titular, além das demais informações necessárias à comprovação da propriedade e à transmissão e à constituição de outros direitos reais.

§ 10. As certidões do registro de imóveis, inclusive aquelas de que trata o § 6º deste artigo, serão emitidas nos seguintes prazos máximos, contados a partir do pagamento dos emolumentos:

I – 4 (quatro) horas, para a certidão de inteiro teor da matrícula ou do livro auxiliar, em meio eletrônico, requerida no horário de expediente, desde que fornecido pelo usuário o respectivo número;

II – 1 (um) dia, para a certidão da situação jurídica atualizada do imóvel; e

III – 5 (cinco) dias, para a certidão de transcrições e para os demais casos.

§ 11. No âmbito do registro de imóveis, a certidão de inteiro teor da matrícula conterá a reprodução de todo seu conteúdo e será suficiente para fins de comprovação de propriedade, direitos, ônus reais e restrições sobre o imóvel, independentemente de certificação específica pelo oficial.

§ 12. Na localidade em que haja dificuldade de comunicação eletrônica, a Corregedoria-Geral da Justiça Estadual poderá autorizar, de modo excepcional e com expressa comunicação ao público, a aplicação de prazos maiores para emissão das certidões do registro de imóveis de que trata o § 10 deste artigo.

▸ §§ 6º a 12 com a redação dada pela Lei nº 14.382, de 27-6-2022.

Art. 20. No caso de recusa ou retardamento na expedição da certidão, o interessado poderá reclamar à autoridade competente, que aplicará, se for o caso, a pena disciplinar cabível.

Parágrafo único. Para a verificação do retardamento, o oficial, logo que receber alguma petição, fornecerá à parte uma nota de entrega devidamente autenticada.

Art. 21. Sempre que houver qualquer alteração posterior ao ato cuja certidão é pedida, deve o oficial mencioná-la, obrigatoriamente, não obstante as especificações do pedido, sob pena de responsabilidade civil e penal, ressalvado o disposto nos artigos 45 e 95.

Parágrafo único. A alteração a que se refere este artigo deverá ser anotada na própria certidão, contendo a inscrição de que "a presente certidão envolve elementos de averbação à margem do termo".

CAPÍTULO V – DA CONSERVAÇÃO

Art. 22. Os livros de registro, bem como as fichas que os substituam, somente sairão do respectivo cartório mediante autorização judicial.

Art. 23. Todas as diligências judiciais e extrajudiciais que exigirem a apresentação de qualquer livro, ficha substitutiva de livro ou documento, efetuar-se-ão no próprio cartório.

Art. 24. Os oficiais devem manter, em segurança, permanentemente, os livros e documentos e respondem pela sua ordem e conservação.

Art. 25. Os papéis referentes ao serviço do registro serão arquivados em cartório mediante a utilização de processos racionais que facilitem as buscas, facultada a utilização de microfilmagem e de outros meios de reprodução autorizados em lei.

Art. 26. Os livros e papéis pertencentes ao arquivo do cartório ali permanecerão indefinidamente.

Art. 27. Quando a lei criar novo cartório, e enquanto este não for instalado, os registros continuarão a ser feitos no cartório que sofreu o desmembramento, não sendo necessário repeti-los no novo ofício.

Parágrafo único. O arquivo do antigo cartório continuará a pertencer-lhe.

CAPÍTULO VI – DA RESPONSABILIDADE

Art. 28. Além dos casos expressamente consignados, os oficiais são civilmente responsáveis por todos os prejuízos que, pessoalmente, ou pelos prepostos ou substitutos que indicarem, causarem, por culpa ou dolo, aos interessados no registro.

Parágrafo único. A responsabilidade civil independe da criminal pelos delitos que cometerem.

TÍTULO II – DO REGISTRO CIVIL DE PESSOAS NATURAIS

CAPÍTULO I – DISPOSIÇÕES GERAIS

Art. 29. Serão registrados no registro civil de pessoas naturais:

I – os nascimentos;

▸ Dec. nº 7.231, de 14-7-2010, regulamenta este inciso.

II – os casamentos;

▸ Dec. nº 7.231, de 14-7-2010, regulamenta este inciso.

III – os óbitos;

▸ Dec. nº 7.231, de 14-7-2010, regulamenta este inciso.

IV – as emancipações;

V – as interdições;

VI – as sentenças declaratórias de ausência;

VII – as opções de nacionalidade;

VIII – as sentenças que deferirem a legitimação adotiva.

§ 1º Serão averbados:

▸ Dec. nº 7.231, de 14-7-2010, regulamenta este parágrafo.

a) as sentenças que decidirem a nulidade ou anulação do casamento, o desquite e o restabelecimento da sociedade conjugal;

b) as sentenças que julgarem ilegítimos os filhos concebidos na constância do casamento e as que declararem a filiação legítima;

c) os casamentos de que resultar a legitimação de filhos havidos ou concebidos anteriormente;

d) os atos judiciais ou extrajudiciais de reconhecimento de filhos ilegítimos;

e) as escrituras de adoção e os atos que a dissolverem;

▸ Alínea tacitamente revogada pelos arts. 47 e 48 do ECA (Lei nº 8.069, de 13-7-1990).

▸ Art. 227, § 6º, da CF.

f) as alterações ou abreviaturas de nomes.

§ 2º É competente para a inscrição da opção de nacionalidade o cartório da residência do optante, ou de seus pais. Se forem residentes no estrangeiro, far-se-á o registro no Distrito Federal.

▸ Dec. nº 7.231, de 14-7-2010, regulamenta este parágrafo.

§ 3º Os ofícios do registro civil das pessoas naturais são considerados ofícios da cidadania e estão autorizados a prestar outros serviços remunerados, na forma prevista em convênio, em credenciamento ou em matrícula com órgãos públicos e entidades interessadas.

▸ O STF, por maioria de votos, julgou parcialmente procedente a ADI nº 5.855 para conceder interpretação conforme a Constituição a este parágrafo (*DOU* 24-4-2019).

§ 4º O convênio referido no § 3º deste artigo independe de homologação e será firmado pela entidade de classe dos registradores civis de pessoas naturais de mesma abrangência territorial do órgão ou da entidade interessada.

▸ §§ 3º e 4º acrescidos pela Lei nº 13.484, de 26-9-2017.

▸ O STF, por maioria de votos, julgou parcialmente procedente a ADI nº 5.855 para declarar a nulidade parcial com redução de texto da expressão "independe de homologação" deste parágrafo (*DOU* 24-4-2019).

§ 5º VETADO. Lei nº 14.382, de 27-6-2022.

§ 6º Os ofícios de registro civil das pessoas naturais poderão, ainda, emitir certificado de vida, de estado civil e de domicílio, físico e eletrônico, da pessoa natural, e deverá ser realizada comunicação imediata e eletrônica da prova de vida para a instituição interessada, se for o caso, a partir da celebração de convênio.

▸ § 6º acrescido pela Lei nº 14.711, de 30-10-2023.

Art. 30. Não serão cobrados emolumentos pelo registro civil de nascimento e pelo assento de óbito, bem como pela primeira certidão respectiva.

▸ *Caput* com a redação dada pela Lei nº 9.534, de 10-12-1997.

§ 1º Os reconhecidamente pobres estão isentos de pagamento de emolumentos pelas demais certidões extraídas pelo cartório de registro civil.

§ 2º O estado de pobreza será comprovado por declaração do próprio interessado ou a rogo, tratando-se de analfabeto, neste caso, acompanhada da assinatura de duas testemunhas.

§ 3º A falsidade da declaração ensejará a responsabilidade civil e criminal do interessado.

▸ §§ 1º a 3º com a redação dada pela Lei nº 9.534, de 10-12-1997.

§ 3º-A. Comprovado o descumprimento, pelos oficiais de Cartórios de Registro Civil, do disposto no *caput* deste artigo, aplicar-se-ão as penalidades previstas nos arts. 32 e 33 da Lei nº 8.935, de 18 de novembro de 1994.

§ 3º-B. Esgotadas as penalidades a que se refere o parágrafo anterior e verificando-se novo descumprimento, aplicar-se-á o disposto no art. 39 da Lei nº 8.935, de 18 de novembro de 1994.

▸ §§ 3º-A e 3º-B acrescidos pela Lei nº 9.812, de 10-8-1999.

§ 3º-C. Os cartórios de registros públicos deverão afixar, em local de grande visibilidade, que permita fácil leitura e acesso ao público, quadros contendo tabelas atualizadas das custas e emolumentos, além de informações claras sobre a gratuidade prevista no *caput* deste artigo.

▸ § 3º-C acrescido pela Lei nº 11.802, de 4-11-2008.

§ 4º É proibida a inserção nas certidões de que trata o § 1º deste artigo de expressões que indiquem condição de pobreza ou semelhantes.

▸ § 4º com a redação dada pela Lei nº 11.789, de 2-10-2008.

§§ 5º a 8º VETADOS. Lei nº 9.534, de 10-12-1997.

§ 9º VETADO. Lei nº 14.382, de 27-6-2022.

Art. 31. Os fatos concernentes ao registro civil, que se derem a bordo dos navios de guerra e mercantes, em viagem, e no Exército, em campanha, serão imediatamente registrados e comunicados em tempo oportuno, por cópia autêntica, aos respectivos ministérios, a fim de que, através do Ministério da Justiça, sejam ordenados os assentamentos, notas ou averbações nos livros competentes das circunscrições a que se referirem.

Art. 32. Os assentos de nascimento, óbito e de casamento de brasileiros em país estrangeiro serão considerados autênticos, nos termos da lei do lugar em que forem feitos, legalizadas as certidões pelos cônsules ou, quando por estes tomados, nos termos do regulamento consular.

§ 1º Os assentos de que trata este artigo serão, porém, trasladados nos cartórios do 1º Ofício do domicílio do registrado ou no 1º Ofício do Distrito Federal, em falta de domicílio conhecido, quando tiverem de produzir efeito no País, ou, antes, por meio de segunda via que os cônsules serão obrigados a remeter por intermédio do Ministério das Relações Exteriores.

§ 2º O filho de brasileiro ou brasileira, nascido no estrangeiro, e cujos pais não estejam ali a serviço do Brasil, desde que registrado em consulado brasileiro ou, não registrado, venha a residir no território nacional antes de atingir a maioridade, poderá requerer, no juízo de seu domicílio, se registre, no Livro "E" do 1º Ofício do Registro Civil, o termo de nascimento.

▸ Art. 12, I, *b* e *c*, da CF.

§ 3º Do termo e das respectivas certidões do nascimento registrado na forma do parágrafo antecedente constará que só valerão como prova de nacionalidade brasileira, até quatro anos depois de atingida a maioridade.

§ 4º Dentro do prazo de quatro anos, depois de atingida a maioridade pelo interessado referido no § 2º, deverá ele manifestar a sua opção pela nacionalidade brasileira perante o juízo federal. Deferido o pedido, proceder-se-á ao registro no Livro "E" do cartório do 1º Ofício do domicílio do optante.

§ 5º Não se verificando a hipótese prevista no parágrafo anterior, o oficial cancelará, de ofício, o registro provisório efetuado na forma do § 2º.

CAPÍTULO II
DA ESCRITURAÇÃO E ORDEM DE SERVIÇO

Art. 33. Haverá, em cada cartório, os seguintes livros:

▸ *Caput* com a redação dada pela Lei nº 14.382, de 27-6-2022.

I – "A" – de registro de nascimentos;
II – "B" – de registro de casamento;
III – "B Auxiliar" – de registro de casamento religioso para efeitos civis;
IV – "C" – de registro de óbitos;
V – "C Auxiliar" – de registro de natimortos;
VI – "D" – de registro de proclamas.

Parágrafo único. No Cartório do 1º Ofício ou da 1ª subdivisão judiciária haverá, em cada comarca, outro livro para inscrição dos demais atos relativos ao estado civil, designado sob a letra E.

▸ Parágrafo único com a redação dada pela Lei nº 14.382, de 27-6-2022.

Art. 34. O oficial juntará, a cada um dos livros, índice alfabético dos assentos lavrados pelos nomes das pessoas a quem se referirem.

Parágrafo único. O índice alfabético poderá, a critério do oficial, ser organizado pelo sistema de fichas, desde que preencham estas os requisitos de segurança, comodidade e pronta busca.

Art. 35. A escrituração será feita seguidamente, em ordem cronológica de declarações, sem abreviaturas, nem algarismos; no fim de cada assento e antes da subscrição e das assinaturas, serão ressalvadas as emendas, entrelinhas ou outras circunstâncias que puderem ocasionar dúvidas. Entre um assento e outro, será traçada uma linha de intervalo, tendo cada um o seu número de ordem.

Art. 36. Os livros de registro serão divididos em três partes, sendo na da esquerda lançado o número de ordem e na central o assento, ficando na da direita espaço para as notas, averbações e retificações.

Art. 37. As partes, ou seus procuradores, bem como as testemunhas, assinarão os assentos, inserindo-se neles as declarações feitas de acordo com a lei ou ordenadas por sentença. As procurações serão arquivadas, declarando-se no termo a data, o livro, a folha e o ofício em que foram lavradas, quando constarem de instrumento público.

§ 1º Se os declarantes, ou as testemunhas não puderem, por qualquer circunstância, assinar, far-se-á declaração no assento, assinando a rogo outra pessoa e tomando-se a impressão dactiloscópica da que não assinar, à margem do assento.

§ 2º As custas com o arquivamento das procurações ficarão a cargo dos interessados.

Art. 38. Antes da assinatura dos assentos, serão estes lidos às partes e às testemunhas, do que se fará menção.

Art. 39. Tendo havido omissão ou erro, de modo que seja necessário fazer adição ou emenda, estas serão feitas antes da assinatura ou ainda em seguida, mas antes de outro assento, sendo a ressalva novamente por todos assinada.

Art. 40. Fora da retificação feita no ato, qualquer outra só poderá ser efetuada nos termos dos arts. 109 a 112 desta Lei.

▸ Artigo com a redação dada pela Lei nº 12.100, de 27-11-2009.

Art. 41. Reputam-se inexistentes e sem efeitos jurídicos quaisquer emendas ou alterações posteriores, não ressalvadas ou não lançadas na forma indicada nos artigos 39 e 40.

Art. 42. A testemunha para os assentos de registro deve satisfazer às condições exigidas pela lei civil, sendo admitido o parente, em qualquer grau, do registrando.

Parágrafo único. Quando a testemunha não for conhecida do oficial do registro, deverá apresentar documento hábil da sua identidade, do qual se fará, no assento, expressa menção.

Art. 43. Os livros de proclamas serão escriturados cronologicamente com o resumo do que constar dos editais expedidos pelo próprio cartório, ou recebidos de outros, todos assinados pelo oficial.

Parágrafo único. As despesas de publicação do edital serão pagas pelo interessado.

Art. 44. O registro do edital de casamento conterá todas as indicações quanto à época de publicação e aos documentos apresentados, abrangendo também o edital remetido por outro oficial processante.

Art. 45. A certidão relativa ao nascimento de filho legitimado por subsequente matrimônio deverá ser fornecida sem o teor da declaração ou averbação a esse respeito, como se fosse legítimo; na certidão de casamento também será omitida a referência àquele filho, salvo havendo, em qualquer dos casos, determinação judicial, deferida em favor de quem demonstre legítimo interesse em obtê-la.

CAPÍTULO III
DAS PENALIDADES

Art. 46. As declarações de nascimento feitas após o decurso do prazo legal serão registradas no lugar de residência do interessado.

▸ *Caput* com a redação dada pela Lei nº 11.790, de 2-10-2008.

§ 1º O requerimento de registro será assinado por 2 (duas) testemunhas, sob as penas da lei.

▸ § 1º com a redação dada pela Lei nº 11.790, de 2-10-2008.

§ 2º *Revogado*. Lei nº 10.215, de 6-4-2001.

§ 3º O oficial do Registro Civil, se suspeitar da falsidade da declaração, poderá exigir prova suficiente.

§ 4º Persistindo a suspeita, o oficial encaminhará os autos ao juízo competente.

▸ §§ 3º e 4º com a redação dada pela Lei nº 11.790, de 2-10-2008.

§ 5º Se o juiz não fixar prazo menor, o oficial deverá lavrar o assento dentro em cinco dias, sob pena de pagar multa correspondente a um salário mínimo da região.

§ 6º Os órgãos do Poder Executivo e do Poder Judiciário detentores de bases biométricas poderão franquear ao oficial de registro civil de pessoas naturais acesso às bases para fins de conferência por ocasião do registro tardio de nascimento.

▸ § 6º acrescido pela Lei nº 14.382, de 27-6-2022.

Art. 47. Se o oficial do registro civil recusar fazer ou retardar qualquer registro, averbação ou anotação, bem como o fornecimento de certidão, as partes prejudicadas poderão queixar-se à autoridade judiciária, a qual, ouvindo o acusado, decidirá dentro de cinco dias.

§ 1º Se for injusta a recusa ou injustificada a demora, o juiz que tomar conhecimento do fato poderá impor ao oficial multa de um a dez salários mínimos da região, ordenando que, no prazo improrrogável de vinte e quatro horas, seja feito o registro, a averbação, a anotação ou fornecida certidão, sob pena de prisão de cinco a vinte dias.

§ 2º Os pedidos de certidão feitos por via postal, telegráfica ou bancária serão obrigatoriamente atendidos pelo oficial do registro civil, satisfeitos os emolumentos devidos, sob as penas previstas no parágrafo anterior.

Art. 48. Os juízes farão correição e fiscalização nos livros de registro, conforme as normas da organização judiciária.

Art. 49. Os oficiais de registro civil remeterão à Fundação Instituto Brasileiro de Geografia e Estatística, dentro dos primeiros oito dias dos meses de janeiro, abril, julho e outubro de cada ano, um mapa dos nascimentos, casamentos e óbitos ocorridos no trimestre anterior.

▸ *Caput* do art. 49 com a redação dada pela Lei nº 6.140, de 28-11-1974.

§ 1º A Fundação Instituto Brasileiro de Geografia e Estatística fornecerá mapas para a execução do disposto neste artigo, podendo requisitar aos oficiais do registro que façam as correções que forem necessárias.

§ 2º Os oficiais que, no prazo legal, não remeterem os mapas, incorrerão na multa de um a cinco salários mínimos da região, que será cobrada como dívida ativa da União, sem prejuízo da ação penal que no caso couber.

▸ §§ 1º e 2º com a redação dada pela Lei nº 6.140, de 28-11-1974.

§ 3º No mapa de que trata o *caput* deverá ser informado o número da identificação da Declaração de Nascido Vivo.

§ 4º Os mapas dos nascimentos deverão ser remetidos aos órgãos públicos interessados no cruzamento das informações do registro civil e da Declaração de Nascido Vivo conforme o regulamento, com o objetivo de integrar a informação e promover a busca ativa de nascimentos.

§ 5º Os mapas previstos no *caput* e no § 4º deverão ser remetidos por meio digital quando o registrador detenha capacidade de transmissão de dados.

▸ §§ 3º a 5º acrescidos pela Lei nº 12.662, de 5-6-2012.

CAPÍTULO IV
DO NASCIMENTO

Art. 50. Todo nascimento que ocorrer no território nacional deverá ser dado a registro, no lugar em que tiver ocorrido o parto ou no lugar da residência dos pais, dentro do prazo de quinze dias, que será ampliado em até três meses para os lugares distantes mais de trinta quilômetros da sede do cartório.

▸ *Caput* com a redação dada pela Lei nº 9.053, de 25-5-1995.

§ 1º Quando for diverso o lugar da residência dos pais, observa-se-á a ordem contida nos itens 1º e 2º do artigo 52.

▸ § 1º acrescido pela Lei nº 9.053, de 25-5-1995, renumerando-se os demais.

§ 2º Os índios, enquanto não integrados, não estão obrigados à inscrição do nascimento. Este poderá ser feito em livro próprio do órgão federal de assistência aos índios.

§ 3º Os menores de vinte e um anos e maiores de dezoito anos poderão, pessoalmente e isentos de multa, requerer o registro de seu nascimento.

§ 4º É facultado aos nascidos anteriormente à obrigatoriedade do registro civil requerer, isentos de multa, a inscrição de seu nascimento.

§ 5º Aos brasileiros nascidos no estrangeiro se aplicará o disposto neste artigo, ressalvadas as prescrições legais relativas aos consulados.

Art. 51. Os nascimentos ocorridos a bordo, quando não registrados nos termos do artigo 64, deverão ser declarados dentro de cinco dias, a contar da chegada do navio ou aeronave ao local do destino, no respectivo cartório ou consulado.

Art. 52. São obrigados a fazer a declaração de nascimento:

1º) o pai ou a mãe, isoladamente ou em conjunto, observado o disposto no § 2º do art. 54;

2º) no caso de falta ou de impedimento de um dos indicados no item 1º, outro indicado, que terá o prazo para declaração prorrogado por 45 (quarenta e cinco) dias;

▸ Itens 1 e 2 com a redação dada pela Lei nº 13.112, de 30-3-2015.

3º) no impedimento de ambos, o parente mais próximo, sendo maior e achando-se presente;

4º) em falta ou impedimento do parente referido no número anterior, os administradores de hospitais ou os médicos e parteiras, que tiverem assistido o parto;

5º) pessoa idônea da casa em que ocorrer, sendo fora da residência da mãe;

6º) finalmente, as pessoas (VETADO) encarregadas da guarda do menor.

§ 1º Quando o oficial tiver motivo para duvidar da declaração, poderá ir à casa do recém-nascido verificar a sua existência, ou exigir atestação do médico ou parteira que tiver assistido o parto, ou o testemunho de duas pessoas que não forem os pais e tiverem visto o recém-nascido.

§ 2º Tratando-se de registro fora do prazo legal o oficial, em caso de dúvida, poderá requerer ao juiz as providências que forem cabíveis para esclarecimento do fato.

§ 3º O oficial de registro civil comunicará o registro de nascimento ao Ministério da Economia e ao INSS pelo Sistema Nacional de Informações de Registro Civil (SIRC) ou por outro meio que venha a substituí-lo.

▸ § 3º acrescido pela Lei nº 13.846, de 18-6-2019.

Art. 53. No caso de ter a criança nascido morta ou no de ter morrido na ocasião do parto, será, não obstante, feito o assento com os elementos que couberem e com remissão ao do óbito.

§ 1º No caso de ter a criança nascido morta, será o registro feito no livro "C Auxiliar", com os elementos que couberem.

§ 2º No caso de a criança morrer na ocasião do parto, tendo, entretanto, respirado, serão feitos os dois assentos, o de nascimento e o de óbito, com os elementos cabíveis e com remissões recíprocas.

§ 3º *É direito dos pais atribuir nome ao natimorto.*

§ 4º *Aplicam-se à composição do nome do natimorto as disposições relativas ao registro de nascimento.*

▸ §§ 3º e 4º acrescidos pela Lei nº 15.139, de 23-5-2025, para vigorar após 90 dias de sua publicação.

Art. 54. O assento do nascimento deverá conter:

1º) o dia, mês, ano e lugar do nascimento e a hora certa, sendo possível determiná-la, ou aproximada;

2º) o sexo do registrando;

3º) o fato de ser gêmeo, quando assim tiver acontecido;

4º) o nome e o prenome, que forem postos à criança;

5º) a declaração de que nasceu morta, ou morreu no ato ou logo depois do parto;

6º) a ordem de filiação de outros irmãos do mesmo prenome que existirem ou tiverem existido;

7º) os nomes e prenomes, a naturalidade, a profissão dos pais, o lugar e cartório onde se casaram, a idade da genitora, do registrando em anos completos, na ocasião do parto, e o domicílio ou a residência do casal;

▸ Item 7º com a redação dada pela Lei nº 6.140, de 28-11-1974.

8º) os nomes e prenomes dos avós paternos e maternos;

9º) os nomes e prenomes, a profissão e a residência das duas testemunhas do assento, quando se tratar de parto ocorrido sem assistência médica em residência ou fora de unidade hospitalar ou casa de saúde;

10) o número de identificação da Declaração de Nascido Vivo, com controle do dígito verificador, exceto na hipótese de registro tardio previsto no art. 46 desta Lei; e

▸ Itens 9º e 10 com a redação dada pela Lei nº 13.484, de 26-9-2017.

11) a naturalidade do registrando.

▸ Item 11 acrescido pela Lei nº 13.484, de 26-9-2017.

§ 1º Não constituem motivo para recusa, devolução ou solicitação de retificação da Declaração de Nascido Vivo por parte do Registrador Civil das Pessoas Naturais:

I – equívocos ou divergências que não comprometam a identificação da mãe;

II – omissão do nome do recém-nascido ou do nome do pai;

III – divergência parcial ou total entre o nome do recém-nascido constante da declaração e o escolhido em manifestação perante o registrador no momento do registro de nascimento, prevalecendo este último;

IV – divergência parcial ou total entre o nome do pai constante da declaração e o verificado pelo registrador nos termos da legislação civil, prevalecendo este último;

V – demais equívocos, omissões ou divergências que não comprometam informações relevantes para o registro de nascimento.

§ 2º O nome do pai constante da Declaração de Nascido Vivo não constitui prova ou presunção da paternidade, somente podendo ser lançado no registro de nascimento quando verificado nos termos da legislação civil vigente.

§ 3º Nos nascimentos frutos de partos sem assistência de profissionais da saúde ou parteiras tradicionais, a Declaração de Nascido Vivo será emitida pelos Oficiais de Registro Civil que lavrarem o registro de nascimento, sempre que haja demanda das Secretarias Estaduais ou Municipais de Saúde para que realizem tais emissões.

▸ §§ 1º a 3º acrescidos pela Lei nº 12.662, de 5-6-2012.

§ 4º A naturalidade poderá ser do Município em que ocorreu o nascimento ou do Município de residência da mãe do registrando na data do nascimento, desde que localizado em território nacional, e a opção caberá ao declarante no ato de registro do nascimento.

▸ § 4º acrescido pela Lei nº 13.484, de 26-9-2017.

§ 5º O oficial de registro civil de pessoas naturais do Município poderá, mediante convênio e desde que não prejudique o regular funcionamento da serventia, instalar unidade interligada em estabelecimento público ou privado de saúde para recepção e remessa de dados, lavratura do registro de nascimento e emissão da respectiva certidão.

▸ § 5º acrescido pela Lei nº 14.382, de 27-6-2022.

Art. 55. Toda pessoa tem direito ao nome, nele compreendidos o prenome e o sobrenome, observado que ao prenome serão acrescidos os sobrenomes dos genitores ou de seus ascendentes, em qualquer ordem e, na hipótese de acréscimo de sobrenome de ascendente que não conste das certidões apresentadas, deverão ser apresentadas as certidões necessárias para comprovar a linha ascendente.

▸ *Caput* com a redação dada pela Lei nº 14.382, de 27-6-2022.

§ 1º O oficial de registro civil não registrará prenomes suscetíveis de expor ao ridículo os seus portadores, observado que, quando os genitores não se conformarem com a recusa do oficial, este submeterá por escrito o caso à decisão do juiz competente, independentemente da cobrança de quaisquer emolumentos.

▶ Parágrafo único transformado em § 1º e com a redação dada pela Lei nº 14.382, de 27-6-2022.

§ 2º Quando o declarante não indicar o nome completo, o oficial de registro lançará adiante do prenome escolhido ao menos um sobrenome de cada um dos genitores, na ordem que julgar mais conveniente para evitar homonímias.

§ 3º O oficial de registro orientará os pais acerca da conveniência de acrescer sobrenomes, a fim de se evitar prejuízos à pessoa em razão da homonímia.

§ 4º Em até 15 (quinze) dias após o registro, qualquer dos genitores poderá apresentar, perante o registro civil onde foi lavrado o assento de nascimento, oposição fundamentada ao prenome e sobrenomes indicados pelo declarante, observado que, se houver manifestação consensual dos genitores, será realizado o procedimento de retificação administrativa do registro, mas, se não houver consenso, a oposição será encaminhada ao juiz competente para decisão.

▶ §§ 2º a 4º acrescidos pela Lei nº 14.382, de 27-6-2022.

Art. 56. A pessoa registrada poderá, após ter atingido a maioridade civil, requerer pessoalmente e imotivadamente a alteração de seu prenome, independentemente de decisão judicial, e a alteração será averbada e publicada em meio eletrônico.

▶ *Caput* com a redação dada pela Lei nº 14.382, de 27-6-2022.

§ 1º A alteração imotivada de prenome poderá ser feita na via extrajudicial apenas 1 (uma) vez, e sua desconstituição dependerá de sentença judicial.

§ 2º A averbação de alteração de prenome conterá, obrigatoriamente, o prenome anterior, os números de documento de identidade, de inscrição no Cadastro de Pessoas Físicas (CPF) da Secretaria Especial da Receita Federal do Brasil, de passaporte e de título de eleitor do registrado, dados esses que deverão constar expressamente de todas as certidões solicitadas.

§ 3º Finalizado o procedimento de alteração no assento, o ofício de registro civil de pessoas naturais no qual se processou a alteração, a expensas do requerente, comunicará o ato oficialmente aos órgãos expedidores do documento de identidade, do CPF e do passaporte, bem como ao Tribunal Superior Eleitoral, preferencialmente por meio eletrônico.

§ 4º Se suspeitar de fraude, falsidade, má-fé, vício de vontade ou simulação quanto à real intenção da pessoa requerente, o oficial de registro civil fundamentadamente recusará a retificação.

▶ §§ 1º a 4º acrescidos pela Lei nº 14.382, de 27-6-2022.

Art. 57. A alteração posterior de sobrenomes poderá ser requerida pessoalmente perante o oficial de registro civil, com a apresentação de certidões e de documentos necessários, e será averbada nos assentos de nascimento e casamento, independentemente de autorização judicial, a fim de:

▶ *Caput* com a redação dada pela Lei nº 14.382, de 27-6-2022.

▶ Dec. nº 8.727, de 28-4-2016, dispõe sobre o uso do nome social e o reconhecimento da identidade de gênero de pessoas travestis e transexuais no âmbito da administração pública federal direta, autárquica e fundacional.

I – inclusão de sobrenomes familiares;

II – inclusão ou exclusão de sobrenome do cônjuge, na constância do casamento;

III – exclusão de sobrenome do ex-cônjuge, após a dissolução da sociedade conjugal, por qualquer de suas causas;

IV – inclusão e exclusão de sobrenomes em razão de alteração das relações de filiação, inclusive para os descendentes, cônjuge ou companheiro da pessoa que teve seu estado alterado.

▶ Incisos I a IV acrescidos pela Lei nº 14.382, de 27-6-2022.

§ 1º Poderá, também, ser averbado, nos mesmos termos, o nome abreviado, usado como firma comercial registrada ou em qualquer atividade profissional.

§ 2º Os conviventes em união estável devidamente registrada no registro civil de pessoas naturais poderão requerer a inclusão de sobrenome de seu companheiro, a qualquer tempo, bem como alterar seus sobrenomes nas mesmas hipóteses previstas para as pessoas casadas.

▶ § 2º com a redação dada pela Lei nº 14.382, de 27-6-2022.

§ 3º *Revogado*. Lei nº 14.382, de 27-6-2022.

§ 3º-A. O retorno ao nome de solteiro ou de solteira do companheiro ou da companheira será realizado por meio da averbação da extinção de união estável em seu registro.

▶ § 3º-A acrescido pela Lei nº 14.382, de 27-6-2022.

§§ 4º a 6º *Revogados*. Lei nº 14.382, de 27-6-2022.

§ 7º Quando a alteração de nome for concedida em razão de fundada coação ou ameaça decorrente de colaboração com a apuração de crime, o juiz competente determinará que haja a averbação no registro de origem de menção da existência de sentença concessiva da alteração, sem a averbação do nome alterado, que somente poderá ser procedida mediante determinação posterior, que levará em consideração a cessação da coação ou ameaça que deu causa à alteração.

▶ § 7º acrescido pela Lei nº 9.807, de 13-7-1999.

§ 8º O enteado ou a enteada, se houver motivo justificável, poderá requerer ao oficial de registro civil que, nos registros de nascimento e de casamento, seja averbado o nome de família de seu padrasto ou de sua madrasta, desde que haja expressa concordância destes, sem prejuízo de seus sobrenomes de família.

▶ § 8º com a redação dada pela Lei nº 14.382, de 27-6-2022.

Art. 58. O prenome será definitivo, admitindo-se, todavia, a sua substituição por apelidos públicos notórios.

▶ O STF, por maioria de votos, julgou procedente a ADI nº 4.275 para dar a este artigo interpretação conforme a CF e o Pacto de São José de Costa Rica, "de modo a reconhecer aos transgêneros que assim o desejarem, independentemente da cirurgia de transgenitalização, ou da realização de tratamentos hormonais ou patologizantes, o direito à substituição de prenome e sexo diretamente no registro civil" (*DJe* de 21-3-2019).

Parágrafo único. A substituição do prenome será ainda admitida em razão de fundada coação ou ameaça decorrente da colaboração com a apuração de crime, por determinação, em sentença, de juiz competente, ouvido o Ministério Público.

▶ Art. 58 com a redação dada pela Lei nº 9.807, de 13-7-1999.

Art. 59. Quando se tratar de filho ilegítimo, não será declarado o nome do pai sem que este expressamente o autorize e compareça, por si ou por procurador especial, para, reconhecendo-o, assinar, ou não sabendo ou não podendo, mandar assinar a seu rogo o respectivo assento com duas testemunhas.

▶ Arts. 1.607 a 1.617 do CC.

▶ Arts. 26 e 27 do ECA.

Art. 60. O registro conterá o nome do pai ou da mãe, ainda que ilegítimos, quando qualquer deles for o declarante.

Art. 61. Tratando-se de exposto, o registro será feito de acordo com as declarações que os estabelecimentos de caridade, as autoridades ou os particulares comunicarem ao oficial competente, nos prazos mencionados no artigo 50, a partir do achado ou entrega, sob a pena do artigo 46, apresentando ao oficial, salvo motivo de força maior comprovada, o exposto e os objetos a que se refere o parágrafo único deste artigo.

Parágrafo único. Declarar-se-á o dia, mês e ano, lugar em que foi exposto, a hora em que foi encontrado e a sua idade aparente. Nesse caso, o envoltório, roupas e quaisquer outros objetos e sinais que trouxer a criança e que possam a todo o tempo fazê-la reconhecer, serão numerados, alistados e fechados em caixa lacrada e selada, com o seguinte rótulo: "Pertence ao exposto tal, assento de fls. ... do livro..." e remetidos imediatamente, com uma guia em duplicata, ao juiz para serem recolhidos a lugar seguro. Recebida e arquivada a duplicata com o competente recibo do depósito, far-se-á à margem do assento a correspondente anotação.

Art. 62. O registro do nascimento do menor abandonado, sob jurisdição do Juiz de Menores, poderá fazer-se por iniciativa deste, à vista dos elementos de que dispuser e com observância, no que for aplicável, do que preceitua o artigo anterior.

Art. 63. No caso de gêmeos, será declarada no assento especial de cada um a ordem de nascimento. Os gêmeos que tiverem o prenome igual deverão ser inscritos com duplo prenome ou nome completo diverso, de modo que possam distinguir-se.

Parágrafo único. Também serão obrigados a duplo prenome, ou a nome completo diverso, os irmãos a que se pretender dar o mesmo prenome.

Art. 64. Os assentos de nascimentos em navio brasileiro mercante ou de guerra serão lavrados, logo que o fato se verificar, pelo modo estabelecido na legislação de marinha, devendo, porém, observar-se as disposições da presente Lei.

Art. 65. No primeiro porto a que se chegar, o comandante depositará imediatamente, na capitania do porto, ou em sua falta, na estação fiscal, ou ainda, no consulado, em se tratando de porto estrangeiro, duas cópias autenticadas dos assentos referidos no artigo anterior, uma das quais será remetida, por intermédio do Ministério da Justiça, ao oficial do registro para o registro, no lugar de residência dos pais ou, se não for possível descobri-lo, no 1º Ofício do Distrito Federal. Uma terceira cópia será entregue pelo comandante ao interessado que, após conferência na capitania do porto, por ela poderá, também, promover o registro no cartório competente.

Parágrafo único. Os nascimentos ocorridos a bordo de quaisquer aeronaves, ou de navio estrangeiro, poderão ser dados a registro pelos pais brasileiros no cartório ou consulado do local de desembarque.

Art. 66. Pode ser tomado assento de nascimento de filho de militar ou assemelhado em livro criado pela administração militar mediante declaração feita pelo interessado ou remetida pelo comandante da unidade, quando em campanha. Esse assento será publicado em boletim da unidade e, logo que possível, trasladado por cópia autenticada, *ex officio* ou a requerimento do interessado, para o cartório de registro civil a que competir ou para o do 1º Ofício do Distrito Federal, quando não puder ser conhecida a residência do pai.

Parágrafo único. A providência de que trata este artigo será extensiva ao assento de nascimento de filho de civil, quando, em consequência de operações de guerra, não funcionarem os cartórios locais.

CAPÍTULO V
DA HABILITAÇÃO PARA O CASAMENTO

Art. 67. Na habilitação para o casamento, os interessados, apresentando os documentos exigidos pela lei civil, requererão ao oficial do registro do distrito de residência de um dos nubentes, que lhes expeça certidão de que se acham habilitados para se casarem.

▸ Arts. 1.525 a 1.532 do CC.

§ 1º Se estiver em ordem a documentação, o oficial de registro dará publicidade, em meio eletrônico, à habilitação e extrairá, no prazo de até 5 (cinco) dias, o certificado de habilitação, podendo os nubentes contrair matrimônio perante qualquer serventia de registro civil de pessoas naturais, de sua livre escolha, observado o prazo de eficácia do art. 1.532 da Lei nº 10.406, de 10 de janeiro de 2002 (Código Civil).

▸ § 1º com a redação dada pela Lei nº 14.382, de 27-6-2022.

§§ 2º a 4º *Revogados*. Lei nº 14.382, de 27-6-2022.

§ 4º-A. A identificação das partes e a apresentação dos documentos exigidos pela lei civil para fins de habilitação poderão ser realizadas eletronicamente mediante recepção e comprovação da autoria e da integridade dos documentos.

▸ § 4º-A acrescido pela Lei nº 14.382, de 27-6-2022.

§ 5º Se houver impedimento ou arguição de causa suspensiva, o oficial de registro dará ciência do fato aos nubentes, para que indiquem, em 24 (vinte e quatro) horas, prova que pretendam produzir, e remeterá os autos a juízo, e, produzidas as provas pelo oponente e pelos nubentes, no prazo de 3 (três) dias, com ciência do Ministério Público, e ouvidos os interessados e o órgão do Ministério Público em 5 (cinco) dias, decidirá o juiz em igual prazo.

§ 6º Quando a celebração do casamento ocorrer perante oficial de registro civil de pessoas naturais diverso daquele da habilitação, deverá ser comunicado o oficial de registro em que foi realizada a habilitação, por meio eletrônico, para a devida anotação no procedimento de habilitação.

▸ §§ 5º e 6º com a redação dada pela Lei nº 14.382, de 27-6-2022.

§ 7º Expedido o certificado de habilitação, celebrar-se-á o casamento, no dia, hora e lugar solicitados pelos nubentes e designados pelo oficial de registro.

§ 8º A celebração do casamento poderá ser realizada, a requerimento dos nubentes, em meio eletrônico, por sistema de videoconferência em que se possa verificar a livre manifestação da vontade dos contraentes.

▸ §§ 7º e 8º acrescidos pela Lei nº 14.382, de 27-6-2022.

Art. 68. Se o interessado quiser justificar fato necessário à habilitação para o casamento, deduzirá sua intenção perante o juiz competente, em petição circunstanciada, indicando testemunhas e apresentando documentos que comprovem as alegações.

§ 1º Ouvidas as testemunhas, se houver, dentro do prazo de cinco dias, com a ciência do órgão do Ministério Público, este terá o prazo de vinte e quatro horas para manifestar-se, decidindo o juiz em igual prazo, sem recurso.

§ 2º Os autos da justificação serão encaminhados ao oficial do registro para serem anexados ao processo da habilitação matrimonial.

Art. 69. Para a dispensa da publicação eletrônica dos proclamas, nos casos previstos em lei, os contraentes, em petição dirigida ao oficial de registro, deduzirão os motivos de urgência do casamento, provando o alegado, no prazo de 24 (vinte e quatro) horas, com documentos.

§ 1º *Revogado*. Lei nº 14.382, de 27-6-2022.

§ 2º O oficial de registro, no prazo de 24 (vinte quatro) horas, com base nas provas apresentadas, poderá dispensar ou não a publicação eletrônica, e caberá recurso da decisão ao juiz corregedor.

▸ § 2º com a redação dada pela Lei nº 14.382, de 27-6-2022.

CAPÍTULO VI
DO CASAMENTO

Art. 70. Do matrimônio, logo depois de celebrado, será lavrado assento, assinado pelo presidente do ato, os cônjuges, as testemunhas e o oficial, sendo exarados:

1º) os nomes, prenomes, nacionalidade, naturalidade, data de nascimento, profissão, domicílio e residência atual dos cônjuges;

▸ Item 1º com a redação dada pela Lei nº 13.484, de 26-9-2017.

2º) os nomes, prenomes, nacionalidade, data de nascimento ou de morte, domicílio e residência atual dos pais;

3º) os nomes e prenomes do cônjuge precedente e a data da dissolução do casamento anterior, quando for o caso;

4º) a data da publicação dos proclamas e da celebração do casamento;

5º) a relação dos documentos apresentados ao oficial do registro;

6º) os nomes, prenomes, nacionalidade, profissão, domicílio e residência atual das testemunhas;

7º) o regime de casamento, com declaração da data e do cartório em cujas notas foi tomada a escritura antenupcial, quando o regime não for o da comunhão ou o legal que, sendo conhecido, será declarado expressamente;

▸ Arts. 1.640 e 1.653 a 1.657 do CC.

8º) o nome, que passa a ter a mulher, em virtude do casamento;

9º) os nomes e as idades dos filhos havidos de matrimônio anterior ou legitimados pelo casamento;

▸ Art. 227, § 6º, da CF.

10) à margem do termo, a impressão digital do contraente que não souber assinar o nome.

Parágrafo único. As testemunhas serão pelo menos duas, não dispondo a lei de modo diverso.

Art. 70-A. A conversão da união estável em casamento deverá ser requerida pelos companheiros perante o oficial de registro civil de pessoas naturais de sua residência.

§ 1º Recebido o requerimento, será iniciado o processo de habilitação sob o mesmo rito previsto para o casamento, e deverá constar dos proclamas que se trata de conversão de união estável em casamento.

§ 2º Em caso de requerimento de conversão de união estável por mandato, a procuração deverá ser pública e com prazo máximo de 30 (trinta) dias.

§ 3º Se estiver em termos o pedido, será lavrado o assento da conversão da união estável em casamento, independentemente de autorização judicial, prescindindo o ato da celebração do matrimônio.

§ 4º O assento da conversão da união estável em casamento será lavrado no Livro B, sem a indicação da data e das testemunhas da celebração, do nome do presidente do ato e das assinaturas dos companheiros e das testemunhas, anotando-se no respectivo termo que se trata de conversão de união estável em casamento.

§ 5º A conversão da união estável dependerá da superação dos impedimentos legais para o casamento, sujeitando-se à adoção do regime patrimonial de bens, na forma dos preceitos da lei civil.

§ 6º Não constará do assento de casamento convertido a partir da união estável a data do início ou o período de duração desta, salvo no caso de prévio procedimento de certificação eletrônica de união estável realizado perante oficial de registro civil.

§ 7º Se estiver em termos o pedido, o falecimento da parte no curso do processo de habilitação não impedirá a lavratura do assento de conversão de união estável em casamento.

▸ Art. 70-A acrescido pela Lei nº 14.382, de 27-6-2022.

CAPÍTULO VII
DO REGISTRO DO CASAMENTO RELIGIOSO PARA EFEITOS CIVIS

Art. 71. Os nubentes habilitados para o casamento poderão pedir ao oficial que lhes forneça a respectiva certidão, para se casarem perante a autoridade ou ministro religioso, nela mencionando o prazo legal de validade da habilitação.

Art. 72. O termo ou assento do casamento religioso, subscrito pela autoridade ou ministro que o celebrar, pelos nubentes e por duas testemunhas, conterá os requisitos do artigo 70, exceto o 5º.

Art. 73. No prazo de trinta dias a contar da realização, o celebrante ou qualquer interessado poderá, apresentando o assento ou termo de casamento religioso, requerer-lhe o registro ao oficial do cartório que expediu a certidão.

§ 1º O assento ou termo conterá a data da celebração, o lugar, o culto religioso, o nome do celebrante, sua qualidade, o cartório que expediu a habilitação, sua data, os nomes, profissões, residências, nacionalidades das testemunhas que o assinarem e os nomes dos contraentes.

§ 2º Anotada a entrada do requerimento, o oficial fará o registro no prazo de vinte e quatro horas.

§ 3º A autoridade ou ministro celebrante arquivará a certidão de habilitação que lhe foi apresentada, devendo, nela, anotar a data da celebração do casamento.

Art. 74. O casamento religioso, celebrado sem a prévia habilitação perante o oficial de registro público, poderá ser registrado desde que apresentados pelos nubentes, com o requerimento de registro, a prova do ato religioso e os documentos exigidos pelo Código Civil, suprindo eles eventual falta de requisitos no termo da celebração.

▸ Art. 1.525 do CC.

Parágrafo único. Processada a habilitação com a publicação dos editais e certificada a inexistência de impedimentos, o oficial fará o registro do casamento religioso, de acordo com a prova do ato e os dados constantes do processo, observado o disposto no artigo 70.

Art. 75. O registro produzirá efeitos jurídicos a contar da celebração do casamento.

▸ Art. 226, § 2º, da CF.

Parágrafo único. O oficial de registro civil comunicará o registro ao Ministério da Economia e ao INSS pelo Sistema Nacional de Informações de Registro Civil (SIRC) ou por outro meio que venha a substituí-lo.

▸ Parágrafo único acrescido pela Lei nº 13.846, de 18-6-2019.

CAPÍTULO VIII
DO CASAMENTO EM IMINENTE RISCO DE VIDA

Art. 76. Ocorrendo iminente risco de vida de algum dos contraentes, e não sendo possível a presença da autoridade competente para presidir o ato, o casamento poderá realizar-se na presença de seis testemunhas, que comparecerão, dentro de cinco dias, perante a autoridade judiciária mais próxima, a fim de que sejam reduzidas a termo suas declarações.

§ 1º Não comparecendo as testemunhas, espontaneamente, poderá qualquer interessado requerer a sua intimação.

§ 2º Autuadas as declarações e encaminhadas à autoridade judiciária competente, se outra for a que as tomou por termo, será ouvido o órgão do Ministério Público e se realizarão as diligências necessárias para verificar a inexistência de impedimento para o casamento.

§ 3º Ouvidos dentro de cinco dias os interessados que o requererem e o órgão do Ministério Público, o juiz decidirá em igual prazo.

§ 4º Da decisão caberá apelação com ambos os efeitos.

§ 5º Transitada em julgado a sentença, o juiz mandará registrá-la no Livro de Casamento.

CAPÍTULO IX
DO ÓBITO

Art. 77. Nenhum sepultamento será feito sem certidão do oficial de registro do lugar do falecimento ou do lugar de residência do *de cujus*, quando o falecimento ocorrer em local diverso do seu domicílio, extraída após a lavratura do assento de óbito, em vista do atestado de médico, se houver no lugar, ou em caso contrário, de duas pessoas qualificadas que tiverem presenciado ou verificado a morte.

▸ *Caput* com a redação dada pela Lei nº 13.484, de 26-9-2017.

§ 1º Antes de proceder ao assento de óbito de criança de menos de um ano, o oficial verificará se houve registro de nascimento, que, em caso de falta, será previamente feito.

§ 2º A cremação de cadáver somente será feita daquele que houver manifestado a vontade de ser incinerado ou no interesse da saúde pública e se o atestado de óbito houver sido firmado por dois médicos ou por um médico legista e, no caso de morte violenta, depois de autorizada pela autoridade judiciária.

Art. 78. Na impossibilidade de ser feito o registro dentro de vinte e quatro horas do falecimento pela distância ou qualquer outro motivo relevante, o assento será lavrado depois, com a maior urgência, e dentro dos prazos fixados no artigo 50.

Art. 79. São obrigados a fazer declaração de óbito:

1º) o chefe de família, a respeito de sua mulher, filhos, hóspedes, agregados e fâmulos;

2º) a viúva, a respeito de seu marido, e de cada uma das pessoas indicadas no número antecedente;

3º) o filho, a respeito do pai ou da mãe; o irmão, a respeito dos irmãos, e demais pessoas de casa, indicadas no nº 1; o parente mais próximo, maior e presente;

4º) o administrador, diretor ou gerente de qualquer estabelecimento público ou particular, a respeito dos que nele faleceram, salvo se estiver presente algum parente em grau acima indicado;

5º) na falta de pessoa competente, nos termos dos números anteriores, a que tiver assistido aos últimos momentos do finado, o médico, o sacerdote ou vizinho que do falecimento tiver notícia;

6º) a autoridade policial, a respeito de pessoas encontradas mortas.

Parágrafo único. A declaração poderá ser feita por meio de preposto, autorizando-o o declarante em escrito de que constem os elementos necessários ao assento de óbito.

Art. 80. O assento de óbito deverá conter:

1º) a hora, se possível, dia, mês e ano do falecimento;

2º) o lugar do falecimento, com indicação precisa;

3º) o prenome, nome, sexo, idade, cor, estado civil, profissão, naturalidade, domicílio e residência do morto;

4º) se era casado, o nome do cônjuge sobrevivente, mesmo quando desquitado; se viúvo, o do cônjuge predefunto; e o cartório de casamento em ambos os casos;

5º) os nomes, prenomes, profissão, naturalidade e residência dos pais;

6º) se faleceu com testamento conhecido;

7º) se deixou filhos, nome e idade de cada um;

8º) se a morte foi natural ou violenta e a causa conhecida, com o nome dos atestantes;

9º) o lugar do sepultamento;

10) se deixou bens e herdeiros menores ou interditos;

11) se era eleitor;

12) pelo menos uma das informações a seguir arroladas: número de inscrição do PIS/PASEP; número de inscrição do Instituto Nacional do Seguro Social – INSS, se contribuinte individual; número de benefício previdenciário – NB, se a pessoa falecida for titular de qualquer benefício pago pelo INSS; número do CPF; número de registro da Carteira de Identidade e respectivo órgão emissor; número do título de eleitor; número do registro de nascimento, com informação do livro, da folha e do termo; número e série da Carteira de Trabalho.

▸ Item 12 acrescido pela MP nº 2.187-13, de 24-8-2001, que até o encerramento desta edição não havia sido convertida em Lei.

Parágrafo único. O oficial de registro civil comunicará o óbito à Receita Federal e à Secretaria de Segurança Pública da unidade da Federação que tenha emitido a cédula de identidade, exceto se, em razão da idade do falecido, essa informação for manifestamente desnecessária.

▸ Parágrafo único acrescido pela Lei nº 13.114, de 16-4-2015.

Art. 81. Sendo o finado desconhecido, o assento deverá conter declaração de estatura ou medida, se for possível, cor, sinais aparentes, idade presumida, vestuário e qualquer outra indicação que possa auxiliar de futuro o seu reconhecimento; e, no caso de ter sido encontrado morto, serão mencionados esta circunstância e o lugar em que se achava e o da necropsia, se tiver havido.

Parágrafo único. Neste caso, será extraída a individual dactiloscópica, se no local existir esse serviço.

Art. 82. O assento deverá ser assinado pela pessoa que fizer a comunicação ou por alguém a seu rogo, se não souber ou não puder assinar.

Art. 83. Quando o assento for posterior ao enterro, faltando atestado de médico ou de duas pessoas qualificadas, assinarão, com a que fizer a declaração, duas testemunhas que tiverem assistido ao falecimento ou ao funeral e puderem atestar, por conhecimento próprio ou por informação que tiverem colhido, a identidade do cadáver.

Art. 84. Os assentos de óbitos de pessoas falecidas a bordo de navio brasileiro serão lavrados de acordo com as regras estabelecidas para os nascimentos, no que lhes for aplicável, com as referências constantes do artigo 80, salvo se o enterro for no porto, onde será tomado o assento.

Art. 85. Os óbitos, verificados em campanha, serão registrados em livro próprio, para esse fim designado, nas formações sanitárias e corpos de tropas, pelos oficiais da corporação militar correspondente, autenticado cada assento com a rubrica do respectivo médico-chefe, ficando a cargo da unidade que proceder ao sepultamento o registro, nas condições especificadas, dos óbitos que se derem no próprio local de combate.

Art. 86. Os óbitos, a que se refere o artigo anterior, serão publicados em boletim da corporação e registrados no registro civil, mediante relações autenticadas, remetidas ao Ministério da Justiça, contendo os nomes dos mortos, idade, naturalidade, estado civil, designação dos corpos a que pertenciam, lugar da residência ou de mobilização, dia, mês, ano e lugar do falecimento e do sepultamento para, à vista dessas relações, se fazerem os assentamentos de conformidade com o que a respeito está disposto no artigo 66.

Art. 87. O assentamento de óbito ocorrido em hospital, prisão ou outro qualquer estabelecimento público será feito, em falta de declaração de parentes, segundo a da respectiva administração, observadas as disposições dos artigos 80 a 83 e o relativo à pessoa encontrada acidental ou violentamente morta segundo a comunicação, *ex officio*, das autoridades policiais, às quais incumbe fazê-la logo que tenham conhecimento do fato.

Art. 88. Poderão os juízes togados admitir justificação para o assento de óbito de pessoas desaparecidas em naufrágio, inundação, incêndio, terremoto ou qualquer outra catástrofe, quando estiver provada a sua presença no local do desastre e não for possível encontrar-se o cadáver para exame.

Parágrafo único. Será também admitida a justificação no caso de desaparecimento em campanha, provados a impossibilidade de ter sido feito o registro nos termos do artigo 85 e os fatos que convençam da ocorrência do óbito.

CAPÍTULO X
DA EMANCIPAÇÃO, INTERDIÇÃO E AUSÊNCIA

Art. 89. No cartório do 1º Ofício ou da 1ª subdivisão judiciária de cada comarca serão registrados, em livro especial, as sentenças de emancipação, bem como os atos dos pais que a concederem, em relação aos menores nela domiciliados.

▶ Art. 5º, § 1º, I, do CC.

Art. 90. O registro será feito mediante trasladação da sentença oferecida em certidão ou do instrumento, limitando-se, se for de escritura pública, às referências da data, livro, folha e ofício em que for lavrada sem dependência, em qualquer dos casos, da presença de testemunhas, mas com a assinatura do apresentante. Dele sempre constarão:

1º) data do registro e da emancipação;
2º) nome, prenome, idade, filiação, profissão, naturalidade e residência do emancipado; data e cartório em que foi registrado o seu nascimento;
3º) nome, profissão, naturalidade e residência dos pais ou do tutor.

Art. 91. Quando o juiz conceder emancipação, deverá comunicá-la, de ofício, ao oficial de registro, se não constar dos autos haver sido efetuado este dentro de oito dias.

Parágrafo único. Antes do registro, a emancipação, em qualquer caso, não produzirá efeito.

Art. 92. As interdições serão registradas no mesmo cartório e no mesmo livro de que trata o artigo 89, salvo a hipótese prevista na parte final do parágrafo único do artigo 33, declarando-se:

1º) data do registro;
2º) nome, prenome, idade, estado civil, profissão, naturalidade, domicílio e residência do interdito, data e cartório em que forem registrados o nascimento e o casamento, bem como o nome do cônjuge, se for casado;
3º) data da sentença, nome e vara do juiz que a proferiu;
4º) nome, profissão, estado civil, domicílio e residência do curador;
5º) nome do requerente da interdição e causa desta;
6º) limites da curadoria, quando for parcial a interdição;
7º) lugar onde está internado o interdito.

Art. 93. A comunicação, com os dados necessários, acompanhados de certidão de sentença, será remetida pelo juiz ao cartório, para registro de ofício, se o curador ou promovente não o tiver feito dentro de oito dias.

Parágrafo único. Antes de registrada a sentença, não poderá o curador assinar o respectivo termo.

Art. 94. O registro das sentenças declaratórias de ausência, que nomearem curador, será feito no cartório do domicílio anterior do ausente, com as mesmas cautelas e efeitos do registro de interdição, declarando-se:

1º) data do registro;
2º) nome, idade, estado civil, profissão e domicílio anterior do ausente, data e cartório em que foram registrados o nascimento e o casamento, bem como o nome do cônjuge, se for casado;
3º) tempo de ausência até a data da sentença;
4º) nome do promotor do processo;
5º) data da sentença e nome e vara do juiz que a proferiu;
6º) nome, estado civil, profissão, domicílio e residência do curador e os limites da curatela.

Art. 94-A. Os registros das sentenças declaratórias de reconhecimento e dissolução, bem como dos termos declaratórios formalizados perante o oficial de registro civil e das escrituras públicas declaratórias e dos distratos que envolvam união estável, serão feitos no Livro E do registro civil de pessoas naturais em que os companheiros têm ou tiveram sua última residência, e dele deverão constar:

I – data do registro;
II – nome, estado civil, data de nascimento, profissão, CPF e residência dos companheiros;
III – nome dos pais dos companheiros;
IV – data e cartório em que foram registrados os nascimentos das partes, seus casamentos e uniões estáveis anteriores, bem como os óbitos de seus outros cônjuges ou companheiros, quando houver;
V – data da sentença, trânsito em julgado da sentença e vara e nome do juiz que a proferiu, quando for o caso;
VI – data da escritura pública, mencionados o livro, a página e o tabelionato onde foi lavrado o ato;
VII – regime de bens dos companheiros;
VIII – nome que os companheiros passam a ter em virtude da união estável.

§ 1º Não poderá ser promovido o registro, no Livro E, de união estável de pessoas casadas, ainda que separadas de fato, exceto se separadas judicialmente ou extrajudicialmente, ou se a declaração da união estável decorrer de sentença judicial transitada em julgado.

§ 2º As sentenças estrangeiras de reconhecimento de união estável, os termos extrajudiciais, os instrumentos particulares ou escrituras públicas declaratórias de união estável, bem como os respectivos distratos, lavrados no exterior, nos quais ao menos um dos companheiros seja brasileiro, poderão ser levados a registro no Livro E do registro civil de pessoas naturais em que qualquer dos companheiros tem ou tenha tido sua última residência no território nacional.

§ 3º Para fins de registro, as sentenças estrangeiras de reconhecimento de união estável, os termos extrajudiciais, os instrumentos particulares ou escrituras públicas declaratórias de união estável, bem como os respectivos distratos, lavrados no exterior, deverão ser devidamente legalizados ou apostilados e acompanhados de tradução juramentada.

▶ Art. 94-A acrescido pela Lei nº 14.382, de 27-6-2022.

CAPÍTULO XI
DA LEGITIMAÇÃO ADOTIVA

▶ Art. 47 do ECA.

Art. 95. Serão registradas no registro de nascimentos as sentenças de legitimação adotiva, consignando-se nele os nomes dos pais adotivos como pais legítimos e os dos ascendentes dos mesmos se já falecidos, ou sendo vivos, se houverem, em qualquer tempo, manifestada por escrito sua adesão ao ato (Lei nº 4.655, de 2 de junho de 1965, art. 6º).

▶ A Lei nº 4.655, de 2-6-1965, foi revogada pela Lei nº 6.697, de 10-10-1979, que foi revogada pela Lei nº 8.069, de 13-7-1990.

▶ Artigo tacitamente revogado pelo ECA, cujo art. 47 dispõe em contrário sobre a matéria. Arts. 39 a 52, sobre adoção, do referido Estatuto.

Parágrafo único. O mandado será arquivado, dele não podendo o oficial oferecer certidão, a não ser por determinação judicial e em segredo de justiça, para salvaguarda de direitos (Lei nº 4.655, de 2-6-1965, art. 8º, parágrafo único).

Art. 96. Feito o registro, será cancelado o assento do nascimento original do menor.

CAPÍTULO XII
DA AVERBAÇÃO

Art. 97. A averbação será feita pelo oficial do cartório em que constar o assento à vista da carta de sentença, de mandado ou de petição acompanhada de certidão ou documento legal e autêntico.

► *Caput* com a redação dada pela Lei nº 13.484, de 26-9-2017.

Parágrafo único. Nas hipóteses em que o oficial suspeitar de fraude, falsidade ou má-fé nas declarações ou na documentação apresentada para fins de averbação, não praticará o ato pretendido e submeterá o caso ao representante do Ministério Público para manifestação, com a indicação, por escrito, dos motivos da suspeita.

► Parágrafo único acrescido pela Lei nº 13.484, de 26-9-2017.

Art. 98. A averbação será feita à margem do assento, e, quando não houver espaço, no livro corrente, com as notas e remissões recíprocas, que facilitem a busca.

Art. 99. A averbação será feita mediante a indicação minuciosa da sentença ou ato que a determinar.

Art. 100. No livro de casamento, será feita averbação da sentença de nulidade e anulação de casamento, bem como de desquite, declarando-se a data em que o juiz a proferiu, a sua conclusão, os nomes das partes e o trânsito em julgado.

§ 1º Antes de averbadas, as sentenças não produzirão efeito contra terceiros.

§ 2º As sentenças de nulidade ou anulação de casamento não serão averbadas enquanto sujeitas a recurso, qualquer que seja o seu efeito.

§ 3º A averbação a que se refere o parágrafo anterior será feita à vista da carta de sentença, subscrita pelo presidente ou outro juiz do Tribunal que julgar a ação em grau de recurso, da qual constem os requisitos mencionados neste artigo e, ainda, certidão do trânsito em julgado do acórdão.

§ 4º O oficial do registro comunicará, dentro de quarenta e oito horas, o lançamento da averbação respectiva ao juiz que houver subscrito a carta de sentença mediante ofício sob registro postal.

§ 5º Ao oficial, que deixar de cumprir as obrigações consignadas nos parágrafos anteriores, será imposta a multa de cinco salários mínimos da região e a suspensão do cargo até seis meses; em caso de reincidência ser-lhe-á aplicada, em dobro, a pena pecuniária, ficando sujeito à perda do cargo.

Art. 101. Será também averbado, com as mesmas indicações e efeitos, o ato de restabelecimento de sociedade conjugal.

Art. 102. No livro de nascimento, serão averbados:

1º) as sentenças que julgarem ilegítimos os filhos concebidos na constância do casamento;

2º) as sentenças que declararem legítima a filiação;

3º) as escrituras de adoção e os atos que a dissolverem;

4º) o reconhecimento judicial ou voluntário dos filhos ilegítimos;

5º) a perda de nacionalidade brasileira, quando comunicada pelo Ministério da Justiça;

6º) a perda e a suspensão do pátrio poder.

► Item 6º com a redação dada pela Lei nº 8.069, de 13-7-1990.

► A Lei nº 10.406, de 10-1-2002 (Código Civil) substituiu a expressão "pátrio poder" por "poder familiar".

Art. 103. Será feita, ainda de ofício, diretamente quando no mesmo cartório, ou por comunicação do oficial que registrar o casamento, a averbação da legitimação dos filhos por subsequente matrimônio dos pais, quando tal circunstância constar do assento de casamento.

► Art. 227, § 6º, da CF.

Art. 104. No livro de emancipação, interdições e ausências, será feita a averbação das sentenças que puserem termo à interdição, das substituições dos curadores de interditos ou ausentes, das alterações dos limites de curatela, da cessação ou mudança de internação, bem como da cessação de ausência pelo aparecimento do ausente, de acordo com o disposto nos artigos anteriores.

Parágrafo único. Averbar-se-á, também, no assento de ausência, a sentença de abertura de sucessão provisória, após o trânsito em julgado, com referência especial ao testamento do ausente, se houver, e indicação de seus herdeiros habilitados.

Art. 105. Para a averbação de escritura de adoção de pessoa cujo registro de nascimento haja sido feito fora do país, será trasladado, sem ônus para os interessados, no Livro "A" do cartório do 1º Ofício ou da 1ª subdivisão judiciária da comarca em que for domiciliado o adotante, aquele registro, legalmente traduzido, se for o caso, para que se faça, à margem dele, a competente averbação.

CAPÍTULO XIII
DAS ANOTAÇÕES

Art. 106. Sempre que o oficial fizer algum registro ou averbação, deverá, no prazo de cinco dias, anotá-lo nos atos anteriores, com remissões recíprocas, se lançados em seu cartório, ou fará comunicação, com resumo do assento, ao oficial em cujo cartório estiverem os registros primitivos, obedecendo-se sempre à forma prescrita no artigo 98.

Parágrafo único. As comunicações serão feitas mediante cartas relacionadas em protocolo, anotando-se à margem ou sob o ato comunicado o número do protocolo e ficarão arquivadas no cartório que as receber.

Art. 107. O óbito deverá ser anotado, com as remissões recíprocas, nos assentos de casamento e nascimento, e o casamento no deste.

§ 1º A emancipação, a interdição e a ausência serão anotadas pela mesma forma, nos assentos de nascimento e casamento, bem como a mudança do nome da mulher, em virtude de casamento, ou sua dissolução, anulação ou desquite.

§ 2º A dissolução e a anulação do casamento e o restabelecimento da sociedade conjugal serão, também, anotadas nos assentos de nascimento dos cônjuges.

Art. 108. Os oficiais, além das penas disciplinares em que incorrerem, são responsáveis civil e criminalmente pela omissão ou atraso na remessa de comunicações a outros cartórios.

CAPÍTULO XIV
DAS RETIFICAÇÕES, RESTAURAÇÕES E SUPRIMENTOS

► Lei nº 3.764, de 25-4-1960, estabelece rito sumaríssimo para retificações no registro civil.

Art. 109. Quem pretender que se restaure, supra ou retifique assentamento no registro civil, requererá, em petição fundamentada e instruída com documentos ou com indicação de testemunhas, que o juiz o ordene, ouvido o órgão do Ministério Público e os interessados, no prazo de cinco dias, que correrá em cartório.

§ 1º Se qualquer interessado ou o órgão do Ministério Público impugnar o pedido, o juiz determinará a produção da prova, dentro do prazo de dez dias e ouvidos, sucessivamente, em três dias, os interessados e o órgão do Ministério Público, decidirá em cinco dias.

§ 2º Se não houver impugnação ou necessidade de mais provas, o juiz decidirá no prazo de cinco dias.

§ 3º Da decisão do juiz, caberá o recurso de apelação com ambos os efeitos.

► Súm. nº 120 do TFR.

§ 4º Julgado procedente o pedido, o juiz ordenará que se expeça mandado para que seja lavrado, restaurado ou retificado o assentamento, indicando, com precisão, os fatos ou circunstâncias que devam ser retificados, e em que sentido, ou os que devam ser objeto do novo assentamento.

§ 5º Se houver de ser cumprido em jurisdição diversa, o mandado será remetido, por ofício, ao juiz sob cuja jurisdição estiver o cartório do registro civil e, com o seu "cumpra-se", executar-se-á.

§ 6º As retificações serão feitas à margem do registro, com as indicações necessárias ou, quando for o caso, com a trasladação do mandado, que ficará arquivado. Se não houver espaço, far-se-á o transporte do assento, com as remissões à margem do registro original.

Art. 110. O oficial retificará o registro, a averbação ou a anotação, de ofício ou a requerimento do interessado, mediante petição assinada pelo interessado, representante legal ou procurador, independentemente de prévia autorização judicial ou manifestação do Ministério Público, nos casos de:

► *Caput* com a redação dada pela Lei nº 13.484, de 26-9-2017.

I – erros que não exijam qualquer indagação para a constatação imediata de necessidade de sua correção;

II – erro na transposição dos elementos constantes em ordens e mandados judiciais, termos ou requerimentos, bem como outros títulos a serem registrados, averbados ou anotados, e o documento utilizado para a referida averbação e/ou retificação ficará arquivado no registro no cartório;

III – inexatidão da ordem cronológica e sucessiva referente à numeração do livro, da folha, da página, do termo, bem como da data do registro;

IV – ausência de indicação do Município relativo ao nascimento ou naturalidade do registrado, nas hipóteses em que existir descrição precisa do endereço do local do nascimento;

V – elevação de Distrito a Município ou alteração de suas nomenclaturas por força de lei.

▶ Incisos I a V acrescidos pela Lei nº 13.484, de 26-9-2017.

§§ 1º a 4º *Revogados*. Lei nº 13.484, de 26-9-2017.

§ 5º Nos casos em que a retificação decorra de erro imputável ao oficial, por si ou por seus prepostos, não será devido pelos interessados o pagamento de selos e taxas.

▶ § 5º acrescido pela Lei nº 13.484, de 26-9-2017.

Art. 111. Nenhuma justificação em matéria de registro civil, para retificação, restauração ou abertura de assento, será entregue à parte.

Art. 112. Em qualquer tempo poderá ser apreciado o valor probante da justificação, em original ou por traslado, pela autoridade judiciária competente ao conhecer de ações que se relacionem com os fatos justificados.

Art. 113. As questões de filiação legítima ou ilegítima serão decididas em processo contencioso para anulação ou reforma de assento.

TÍTULO III – DO REGISTRO CIVIL DE PESSOAS JURÍDICAS

CAPÍTULO I

DA ESCRITURAÇÃO

Art. 114. No registro civil de pessoas jurídicas serão inscritos:

▶ Art. 1º, § 2º, da Lei nº 8.906, de 4-7-1994 (Estatuto da Advocacia e da OAB).

I – os contratos, os atos constitutivos, o estatuto ou compromissos das sociedades civis, religiosas, pias, morais, científicas ou literárias, bem como o das fundações e das associações de utilidade pública;

II – as sociedades civis que revestirem as formas estabelecidas nas leis comerciais, salvo as anônimas;

III – os atos constitutivos e os estatutos dos partidos políticos.

▶ Inciso III acrescido pela Lei nº 9.096, de 19-9-1995.

Parágrafo único. No mesmo cartório será feito o registro dos jornais, periódicos, oficinas impressoras, empresas de radiodifusão e agências de notícias a que se refere o artigo 8º da Lei nº 5.250, de 9 de fevereiro de 1967.

▶ O STF, por maioria de votos e nos termos do voto do Relator, julgou procedente a ADPF nº 130-7 (*DOU* de 12-5-2009), para declarar a incompatibilidade da Lei nº 5.250, de 9-2-1967, com a CF/1988.

Art. 115. Não poderão ser registrados os atos constitutivos de pessoas jurídicas, quando o seu objeto ou circunstâncias relevantes indiquem destino ou atividades ilícitos, ou contrários, nocivos ou perigosos ao bem público, à segurança do Estado e da coletividade, à ordem pública ou social, à moral e aos bons costumes.

▶ Art. 104 do CC.

Parágrafo único. Ocorrendo qualquer dos motivos previstos neste artigo, o oficial do registro, de ofício ou por provocação de qualquer autoridade, sobrestará no processo de registro e suscitará dúvida para o juiz, que a decidirá.

Art. 116. Haverá, para o fim previsto nos artigos anteriores, os seguintes livros:

I – Livro A, para os fins indicados nos incisos I e II do *caput* do art. 114 desta Lei; e

II – Livro B, para matrícula das oficinas impressoras, jornais, periódicos, empresas de radiodifusão e agências de notícias.

▶ Incisos I e II com a redação dada pela Lei nº 14.382, de 27-6-2022.

Art. 117. Todos os exemplares de contratos, de atos, de estatuto e de publicações, registrados e arquivados, serão encadernados por períodos certos, acompanhados de índice que facilite a busca e o exame.

Art. 118. Os oficiais farão índices, pela ordem cronológica e alfabética, de todos os registros e arquivamentos, podendo adotar o sistema de fichas, mas ficando sempre responsáveis por qualquer erro ou omissão.

Art. 119. A existência legal das pessoas jurídicas só começa com o registro de seus atos constitutivos.

Parágrafo único. Quando o funcionamento da sociedade depender de aprovação da autoridade, sem esta não poderá ser feito o registro.

CAPÍTULO II

DA PESSOA JURÍDICA

Art. 120. O registro das sociedades, fundações e partidos políticos consistirá na declaração, feita em livro, pelo oficial, do número de ordem, da data da apresentação e da espécie do ato constitutivo, com as seguintes indicações:

▶ *Caput* com a redação dada pela Lei nº 9.096, de 19-9-1995.

I – a denominação, o fundo social, quando houver, os fins e a sede da associação ou fundação, bem como o tempo de sua duração;

II – o modo por que se administra e representa a sociedade, ativa e passivamente, judicial e extrajudicialmente;

III – se o estatuto, o contrato ou o compromisso é reformável, no tocante à administração, e de que modo;

IV – se os membros respondem ou não, subsidiariamente, pelas obrigações sociais;

V – as condições de extinção da pessoa jurídica e nesse caso o destino do seu patrimônio;

▶ Art. 69 do CC.

VI – os nomes dos fundadores ou instituidores e dos membros da diretoria, provisória ou definitiva, com indicação da nacionalidade, estado civil e profissão de cada um, bem como o nome e residência do apresentante dos exemplares.

Parágrafo único. Para o registro dos partidos políticos, serão obedecidos, além dos requisitos deste artigo, os estabelecidos em lei específica.

▶ Parágrafo único acrescido pela Lei nº 9.096, de 19-9-1995.

Art. 121. O registro será feito com base em uma via do estatuto, compromisso ou contrato, apresentada em papel ou em meio eletrônico, a requerimento do representante legal da pessoa jurídica.

▶ *Caput* com a redação dada pela Lei nº 14.382, de 27-6-2022.

§ 1º É dispensado o requerimento de que trata o *caput* deste artigo caso o representante legal da pessoa jurídica tenha subscrito o estatuto, compromisso ou contrato.

§ 2º Os documentos apresentados em papel poderão ser retirados pelo apresentante nos 180 (cento e oitenta) dias após a data da certificação do registro ou da expedição de nota devolutiva.

§ 3º Decorrido o prazo de que trata o § 2º deste artigo, os documentos serão descartados.

▶ §§ 1º a 3º acrescidos pela Lei nº 14.382, de 27-6-2022.

CAPÍTULO III

DO REGISTRO DE JORNAIS, OFICINAS IMPRESSORAS, EMPRESAS DE RADIODIFUSÃO E AGÊNCIAS DE NOTÍCIAS

Art. 122. No registro civil das pessoas jurídicas serão matriculados:

I – os jornais e demais publicações periódicas;

II – as oficinas impressoras de qualquer natureza, pertencentes a pessoas naturais ou jurídicas;

III – as empresas de radiodifusão que mantenham serviços de notícias, reportagens, comentários, debates e entrevistas;

IV – as empresas que tenham por objeto o agenciamento de notícias.

Art. 123. O pedido de matrícula conterá as informações e será instruído com os documentos seguintes:

I – no caso de jornais ou outras publicações periódicas:

a) título do jornal ou periódico, sede de redação, administração e oficinas impressoras, esclarecendo, quanto a estas, se são próprias ou de terceiros, e indicando, neste caso, os respectivos proprietários;

▶ Art. 222 da CF.

b) nome, idade, residência e prova da nacionalidade do diretor ou redator chefe;

c) nome, idade, residência e prova da nacionalidade do proprietário;

d) se propriedade de pessoa jurídica, exemplar do respectivo estatuto ou contrato social e nome, idade, residência e prova de nacionalidade dos diretores, gerentes e sócios da pessoa jurídica proprietária;

II – nos casos de oficinas impressoras:

a) nome, nacionalidade, idade e residência do gerente e do proprietário, se pessoa natural;

b) sede da administração, lugar, rua e número onde funcionam as oficinas e denominação destas;

c) exemplar do contrato ou estatuto social, se pertencentes a pessoa jurídica;

III – no caso de empresas de radiodifusão:

a) designação da emissora, sede de sua administração e local das instalações do estúdio;

b) nome, idade, residência e prova de nacionalidade do diretor ou redator chefe responsável pelos serviços de notícias, reportagens, comentários, debates e entrevistas;

IV – no caso de empresas noticiosas:

a) nome, nacionalidade, idade e residência do gerente e do proprietário, se pessoa natural;

b) sede da administração;

c) exemplar do contrato ou estatuto social, se pessoa jurídica.

§ 1º As alterações em qualquer dessas declarações ou documentos deverão ser averbadas na matrícula no prazo de oito dias.

§ 2º A cada declaração a ser averbada deverá corresponder um requerimento.

Art. 124. A falta de matrícula das declarações, exigidas no artigo anterior, ou da averbação da alteração, será punida com multa que terá o valor de meio a dois salários mínimos da região.

§ 1º A sentença que impuser a multa fixará prazo, não inferior a vinte dias, para matrícula ou alteração das declarações.

§ 2º A multa será aplicada pela autoridade judiciária em representação feita pelo oficial, e cobrada por processo executivo, mediante ação do órgão competente.

§ 3º Se a matrícula ou alteração não for efetivada no prazo referido no § 1º deste artigo, o juiz poderá impor nova multa, agravando-a de cinquenta por cento toda vez que seja ultrapassado de dez dias o prazo assinalado na sentença.

Art. 125. Considera-se clandestino o jornal, ou outra publicação periódica, não matriculado nos termos do artigo 122 ou de cuja matrícula não constem os nomes e as qualificações do diretor ou redator e do proprietário.

Art. 126. O processo de matrícula será o mesmo do registro prescrito no artigo 121.

TÍTULO IV – DO REGISTRO DE TÍTULOS E DOCUMENTOS

CAPÍTULO I – DAS ATRIBUIÇÕES

Art. 127. No Registro de Títulos e Documentos será feita a transcrição:

I – dos instrumentos particulares, para a prova das obrigações convencionais de qualquer valor;

II – do penhor comum sobre coisas móveis;

III – da caução de títulos de crédito pessoal e da dívida pública federal, estadual ou municipal, ou de Bolsa ao portador;

IV – *Revogado.* Lei nº 14.382, de 27-6-2022;

V – do contrato de parceria agrícola ou pecuária;

VI – do mandado judicial de renovação do contrato de arrendamento para sua vigência, quer entre as partes contratantes, quer em face de terceiros (artigo 19, § 2º, do Decreto nº 24.150, de 20 de abril de 1934);

▸ O Dec. nº 24.150, de 20-4-1934, foi revogado pela Lei nº 8.245, de 18-10-1991 (Lei das Locações).

VII – facultativo, de quaisquer documentos, para sua conservação.

Parágrafo único. Caberá ao Registro de Títulos e Documentos a realização de quaisquer registros não atribuídos expressamente a outro ofício.

Art. 127-A. O registro facultativo para conservação de documentos ou conjunto de documentos de que trata o inciso VII do *caput* do art. 127 desta Lei terá a finalidade de arquivamento de conteúdo e data, não gerará efeitos em relação a terceiros e não poderá servir como instrumento para cobrança de dívidas, mesmo que de forma velada, nem para protesto, notificação extrajudicial, medida judicial ou negativação nos serviços de proteção ao crédito ou congêneres.

§ 1º O acesso ao conteúdo do registro efetuado na forma prevista no *caput* deste artigo é restrito ao requerente, vedada a utilização do registro para qualquer outra finalidade, ressalvadas:

I – requisição da autoridade tributária, em caso de negativa de autorização sem justificativa aceita; e

II – determinação judicial.

§ 2º Quando se tratar de registro para fins de conservação de documentos de interesse fiscal, administrativo ou judicial, o apresentante poderá autorizar, a qualquer momento, a sua disponibilização para os órgãos públicos pertinentes, que poderão acessá-los por meio do SERP, sem ônus, nos termos estabelecidos pela Corregedoria Nacional de Justiça do Conselho Nacional de Justiça, dispensada a guarda pelo apresentante.

§ 3º A certificação do registro será feita por termo, com indicação do número total de páginas registradas, dispensada a chancela ou rubrica em qualquer uma delas.

§ 4º VETADO. Lei nº 14.382, de 27-6-2022.

▸ Art. 127-A acrescido pela Lei nº 14.382, de 27-6-2022.

Art. 128. À margem dos respectivos registros, serão averbadas quaisquer ocorrências que os alterem, quer em relação às obrigações, quer em atinência às pessoas que nos atos figurem, inclusive quanto à prorrogação dos prazos.

Art. 129. Estão sujeitos a registro, no Registro de Títulos e Documentos, para surtir efeitos em relação a terceiros:

1º) os contratos de locação de prédios, sem prejuízo do disposto no artigo 167, I, nº 3;

2º) *Revogado.* Lei nº 14.382, de 27-6-2022;

3º) as cartas de fiança, em geral, feitas por instrumento particular, seja qual for a natureza do compromisso por elas abonado;

4º) os contratos de locação de serviços não atribuídos a outras repartições;

5º) os contratos de compra e venda em prestações, com reserva de domínio ou não, qualquer que seja a forma de que se revistam, e os contratos de alienação ou de promessas de venda referentes a bens móveis;

▸ Item 5º com a redação dada pela Lei nº 14.382, de 27-6-2022.

6º) todos os documentos de procedência estrangeira, acompanhados das respectivas traduções, para produzirem efeitos em repartições da União, dos Estados, do Distrito Federal, dos Territórios e dos Municípios ou em qualquer instância, juízo ou tribunal;

7º) as quitações, recibos e contratos de compra e venda de automóveis, bem como o penhor destes, qualquer que seja a forma que revistam;

8º) os atos administrativos expedidos para cumprimento de decisões judiciais, sem trânsito em julgado, pelas quais for determinada a entrega, pelas alfândegas e mesas de renda, de bens e mercadorias procedentes do exterior;

9º) os instrumentos de sub-rogação e de dação em pagamento;

▸ Item 9º com a redação dada pela Lei nº 14.382, de 27-6-2022.

10º) a cessão de direitos e de créditos, a reserva de domínio e a alienação fiduciária de bens móveis; e

11º) as constrições judiciais ou administrativas sobre bens móveis corpóreos e sobre direitos de crédito.

▸ Itens 10º e 11º acrescidos pela Lei nº 14.382, de 27-6-2022.

§ 1º A inscrição em dívida ativa da Fazenda Pública não se sujeita ao registro de que trata o *caput* deste artigo para efeito da presunção de fraude de que trata o art. 185 da Lei nº 5.172, de 25 de outubro de 1966 (Código Tributário Nacional).

§ 2º O disposto no *caput* deste artigo não se aplica ao registro e à constituição de ônus e de gravames previstos em legislação específica, inclusive o estabelecido:

I – na Lei nº 9.503, de 23 de setembro de 1997 (Código de Trânsito Brasileiro); e

II – no art. 26 da Lei nº 12.810, de 15 de maio de 2013.

▸ §§ 1º e 2º acrescidos pela Lei nº 14.382, de 27-6-2022.

Art. 130. Os atos enumerados nos arts. 127 e 129 desta Lei serão registrados no domicílio:

I – das partes, quando residirem na mesma circunscrição territorial;

II – de um dos devedores ou garantidores, quando as partes residirem em circunscrições territoriais diversas; ou

III – de uma das partes, quando não houver devedor ou garantidor.

§ 1º Os atos de que trata este artigo produzirão efeitos a partir da data do registro.

§ 2º O registro de títulos e documentos não exigirá reconhecimento de firma, e caberá exclusivamente ao apresentante a responsabilidade pela autenticidade das assinaturas constantes de documento particular.

§ 3º O documento de quitação ou de exoneração da obrigação constante do título registrado, quando apresentado em meio físico, deverá conter o reconhecimento de firma do credor.

▸ Art. 130 com a redação dada pela Lei nº 14.382, de 27-6-2022.

Art. 131. Os registros referidos nos artigos anteriores serão feitos independentemente de prévia distribuição.

CAPÍTULO II – DA ESCRITURAÇÃO

Art. 132. No registro de títulos e documentos, haverá os seguintes livros:

▸ *Caput* com a redação dada pela Lei nº 14.382, de 27-6-2022.

I – Livro A – protocolo para apontamentos de todos os títulos, documentos e papéis apresentados, diariamente, para serem registrados, ou averbados;

II – Livro B – para trasladação integral de títulos e documentos, sua conservação e validade contra terceiros, ainda que registrados por extratos em outros livros;

III – Livro C – para inscrição, por extração, de títulos e documentos, a fim de surtirem efeitos em relação a terceiros e autenticação de data;

IV – Livro D – indicador pessoal, substituível pelo sistema de fichas, a critério e sob a responsabilidade do oficial, o qual é obrigado a fornecer com presteza as certidões pedidas pelos nomes das partes que figurarem, por qualquer modo, nos livros de registros;

▸ Inciso IV com a redação dada pela Lei nº 14.382, de 27-6-2022.

V – Livro E – indicador real, para matrícula de todos os bens móveis que figurarem nos demais livros, devendo conter sua identificação, referência aos números de ordem dos outros livros e anotações necessárias, inclusive direitos e ônus incidentes sobre eles;

VI – Livro F – para registro facultativo de documentos ou conjunto de documentos para conservação de que tratam o inciso VII do *caput* do art. 127 e o art. 127-A desta Lei; e

VII – Livro G – indicador pessoal específico para repositório dos nomes dos apresentantes que figurarem no Livro F, do qual deverá constar o respectivo número do registro, o nome do apresentante e o seu número de inscrição no Cadastro de Pessoas Físicas da Secretaria Especial da Receita Federal do Brasil do Ministério da Economia ou, no caso de pessoa jurídica, a denominação do apresentante e o seu número de inscrição no Cadastro Nacional da Pessoa Jurídica da Secretaria Especial da Receita Federal do Brasil do Ministério da Economia.

▸ Incisos V a VII acrescidos pela Lei nº 14.382, de 27-6-2022.

Art. 133. Na parte superior de cada página do livro se escreverá o título, a letra com o número e o ano em que começar.

Art. 134. O juiz, em caso de afluência de serviço, poderá autorizar o desdobramento dos livros de registro para escrituração das várias espécies de atos, sem prejuízo da unidade do protocolo e de sua numeração em ordem rigorosa.

Parágrafo único. Esses livros desdobrados terão as indicações de E, F, G, H etc.

Art. 135. O protocolo deverá conter colunas para as seguintes anotações:

1º) número de ordem, continuando, indefinidamente, nos seguintes;
2º) dia e mês;
3º) natureza do título e qualidade do lançamento (integral, resumido, penhor, etc.);
4º) o nome do apresentante;
5º) anotações e averbações.

Parágrafo único. Em seguida ao registro, far-se-á, no protocolo, remissão ao número da página do livro em que foi ele lançado, mencionando-se, também, o número e a página de outros livros em que houver qualquer nota ou declaração concernente ao mesmo ato.

Art. 136. O livro de registro integral de títulos será escriturado nos termos do artigo 142, lançando-se, antes de cada registro, o número de ordem, a data do protocolo e o nome do apresentante, e conterá colunas para as seguintes declarações:

1º) número de ordem;
2º) dia e mês;
3º) transcrição;
4º) anotações e averbações.

Art. 137. O livro de registro, por extrato, conterá colunas para as seguintes declarações:

1º) número de ordem;
2º) dia e mês;
3º) espécie e resumo do título;
4º) anotações e averbações.

Art. 138. O indicador pessoal será dividido alfabeticamente para a indicação do nome de todas as pessoas que, ativa ou passivamente, individual ou coletivamente, figurarem nos livros de registro e deverá conter, além dos nomes das pessoas, referências aos números de ordem e páginas dos outros livros e anotações.

Art. 139. Se a mesma pessoa já estiver mencionada no indicador, somente se fará, na coluna das anotações, uma referência ao número de ordem, página e número do livro em que estiver lançado o novo registro ou averbação.

Art. 140. Se no mesmo registro, ou averbação, figurar mais de uma pessoa, ativa ou passivamente, o nome de cada uma será lançado distintamente, no indicador, com referência recíproca na coluna das anotações.

Art. 141. *Revogado*. Lei nº 14.382, de 27-6-2022.

CAPÍTULO III
DA TRANSCRIÇÃO E DA AVERBAÇÃO

Art. 142. O registro integral dos documentos consistirá na trasladação dos mesmos, com a mesma ortografia e pontuação, com referências às entrelinhas ou quaisquer acréscimos, alterações, defeitos ou vícios que tiver o original apresentado, e, bem assim, com menção precisa aos seus característicos exteriores e às formalidades legais, podendo a transcrição dos documentos mercantis, quando levados a registro, ser feita na mesma disposição gráfica em que estiverem escritos, se o interessado assim o desejar.

§ 1º Feita a trasladação, na última linha, de maneira a não ficar espaço em branco, será conferida e realizado o seu encerramento, depois do que o oficial, seu substituto legal ou escrevente designado pelo oficial e autorizado pelo juiz competente, ainda que o primeiro não esteja afastado, assinará o seu nome por inteiro.

§ 2º Tratando-se de documento impresso, idêntico a outro já anteriormente registrado na íntegra, no mesmo livro, poderá o registro limitar-se a consignar o nome das partes contratantes, as características do objeto e demais dados constantes dos claros preenchidos, fazendo-se remissão, quanto ao mais, àquele já registrado.

Art. 143. O registro resumido consistirá na declaração da natureza do título, do documento ou papel, valor, prazo, lugar em que tenha sido feito, nome e condição jurídica das partes, nomes das testemunhas, data da assinatura e do reconhecimento de firma por tabelião, se houver, o nome deste, o do apresentante, o número de ordem e a data do protocolo, e da averbação, a importância e a qualidade do imposto pago, depois do que será datado e rubricado pelo oficial ou servidores referidos no artigo 142, § 1º.

Arts. 144 e 145. *Revogados*. Lei nº 14.382, de 27-6-2022.

CAPÍTULO IV
DA ORDEM DO SERVIÇO

Art. 146. Apresentado o título ou documento para registro ou averbação, serão anotados, no protocolo, a data de sua apresentação, sob o número de ordem que se seguir imediatamente, a natureza do instrumento, a espécie de lançamento a fazer (registro integral ou resumido, ou averbação), o nome do apresentante, reproduzindo-se as declarações relativas ao número de ordem, à data, e à espécie de lançamento a fazer no corpo do título, do documento ou do papel.

Art. 147. Protocolizado o título ou documento, far-se-á, em seguida, no livro respectivo, o lançamento (registro integral ou resumido, ou averbação) e, concluído este, declarar-se-á no corpo do título, documento ou papel, o número de ordem e a data do procedimento no livro competente, rubricando o oficial ou os servidores referidos no artigo 142, § 1º, esta declaração e as demais folhas do título, do documento ou do papel.

Art. 148. Os títulos, documentos e papéis escritos em língua estrangeira, uma vez adotados os caracteres comuns, poderão ser registrados no original, para o efeito da sua conservação ou perpetuidade. Para produzirem efeitos legais no país e para valerem contra terceiros, deverão, entretanto, ser vertidos em vernáculo e registrada a tradução, o que, também, se observará em relação às procurações lavradas em língua estrangeira.

Parágrafo único. Para o registro resumido, os títulos, documentos ou papéis em língua estrangeira deverão ser sempre traduzidos.

Art. 149. Depois de concluídos os lançamentos nos livros respectivos, será feita, nas anotações do protocolo, referência ao número de ordem sob o qual tiver sido feito o registro, ou a averbação, no livro respectivo, datando e rubricando, em seguida, o oficial ou os servidores referidos no artigo 142, § 1º.

Art. 150. O apontamento do título, documento ou papel no protocolo será feito, seguida e imediatamente um depois do outro. Sem prejuízo da numeração individual de cada documento, se a mesma pessoa apresentar simultaneamente diversos documentos de idêntica natureza, para lançamento da mesma espécie, serão eles lançados no protocolo englobadamente.

Parágrafo único. Onde terminar cada apontamento, será traçada uma linha horizontal, separando-o do seguinte, sendo lavrado, no fim do expediente diário, o termo de encerramento do próprio punho do oficial, por ele datado e assinado.

Art. 151. O lançamento dos registros e das averbações nos livros respectivos será feito, também seguidamente, na ordem de prioridade do seu apontamento no protocolo, quando não for obstado por ordem de autoridade judiciária competente, ou por dúvida superveniente; neste caso, seguir-se-ão os registros ou averbações dos imediatos, sem prejuízo da data autenticada pelo competente apontamento.

Art. 152. Cada registro ou averbação será datado e assinado por inteiro, pelo oficial ou pelos servidores referidos no artigo 142, § 1º, separados, um do outro, por uma linha horizontal.

Art. 153. Os títulos terão sempre um número diferente, segundo a ordem de apresentação, ainda que se refiram à mesma pessoa. O registro e a averbação deverão ser imediatos, e, quando não o puderem ser, por acúmulo de serviço, o lançamento será feito no prazo estritamente necessário, e sem prejuízo da ordem da prenotação. Em qualquer desses casos, o oficial, depois de haver dado entrada no protocolo e lançado no corpo do título as declarações prescritas, fornecerá um recibo contendo a declaração da data da apresentação, o número de ordem desta no protocolo, e a indicação do dia em que deverá ser entregue, devidamente legalizado; o recibo será restituído pelo apresentante contra a devolução do documento.

Art. 154. Nos termos de encerramento diário do protocolo, lavrados ao findar a hora regulamentar, deverão ser mencionados, pelos respectivos números, os títulos apresentados cujos registros ficarem adiados, com a declaração dos motivos do adiamento.

Parágrafo único. Ainda que o expediente continue para ultimação do serviço, nenhuma nova apresentação será admitida depois da hora regulamentar.

Art. 155. Quando o título, já registrado por extrato, for levado a registro integral, ou for exigido simultaneamente pelo apresentante o duplo registro, mencionar-se-á essa circunstância no lançamento posterior e, nas anotações do protocolo, far-se-ão referências recíprocas para verificação das diversas espécies de lançamento do mesmo título.

Art. 156. O oficial deverá recusar registro a título e a documento que não se revistam das formalidades legais.

Parágrafo único. Se tiver suspeita de falsificação, poderá o oficial sobrestar no registro, depois de protocolado o documento, até notificar o apresentante dessa circunstância; se este insistir, o registro será feito com essa nota, podendo o oficial, entretanto, submeter a dúvida ao juiz competente, ou notificar o signatário para assistir ao registro, mencionando também as alegações pelo último aduzidas.

Art. 157. O oficial, salvo quando agir de má-fé, devidamente comprovada, não será responsável pelos danos decorrentes da anulação do registro, ou da averbação, por vício intrínseco ou extrínseco do documento, título ou papel, mas, tão somente, pelos erros ou vícios no processo do registro.

Art. 158. *Revogado*. Lei nº 14.382, de 27-6-2022.

Art. 159. As folhas do título, documento ou papel que tiver sido registrado e as das certidões serão rubricadas pelo oficial, antes de entregues aos apresentantes. As declarações no protocolo, bem como as dos registros e das averbações lançadas no título, documento ou papel e as respectivas datas poderão ser apostas por carimbo, sendo, porém, para autenticação de próprio punho do oficial, ou de quem suas vezes fizer, a assinatura ou a rubrica.

Art. 160. O oficial será obrigado, quando o apresentante o requerer, a notificar do registro ou da averbação os demais interessados que figurarem no título, documento ou papel apresentado, e a quaisquer terceiros que lhes sejam indicados, podendo requisitar dos oficiais do registro, em outros Municípios, as notificações necessárias. Por esse processo, também, poderão ser feitos avisos, denúncias e notificações, quando não for exigida a intervenção judicial.

§ 1º Os certificados de notificação ou da entrega de registros serão lavrados nas colunas das anotações, no livro competente, à margem dos respectivos registros.

§ 2º O serviço das notificações e demais diligências poderá ser realizado por escreventes designados pelo oficial e autorizados pelo juiz competente.

Art. 161. As certidões do registro de títulos e documentos terão a mesma eficácia e o mesmo valor probante dos documentos originais registrados, físicos ou nato-digitais, ressalvado o incidente de falsidade destes, oportunamente levantado em juízo.

▸ *Caput* com a redação dada pela Lei nº 14.382, de 27-6-2022.

§§ 1º e 2º *Revogados*. Lei nº 14.382, de 27-6-2022.

Art. 162. O fato da apresentação de um título, documento ou papel, para registro ou averbação, não constituirá, para o apresentante, direito sobre o mesmo, desde que não seja o próprio interessado.

Art. 163. Os tabeliães e escrivães, nos atos que praticarem, farão sempre referência ao livro e à folha do Registro de Títulos e Documentos em que tenham sido trasladados os mandatos de origem estrangeira, a que tenham de reportar-se.

CAPÍTULO V – DO CANCELAMENTO

Art. 164. O cancelamento poderá ser feito em virtude de sentença ou de documento autêntico de quitação ou de exoneração do título registrado.

Art. 165. Apresentado qualquer dos documentos referidos no artigo anterior, o oficial certificará, na coluna das averbações do livro respectivo, o cancelamento e a razão dele, mencionando-se o documento que o autorizou, datando e assinando a certidão, de tudo fazendo referência nas anotações do protocolo.

Parágrafo único. Quando não for suficiente o espaço da coluna das averbações, será feito novo registro, com referência recíproca, na coluna própria.

Art. 166. Os requerimentos de cancelamento serão arquivados com os documentos que os instruírem.

TÍTULO V – DO REGISTRO DE IMÓVEIS

CAPÍTULO I – DAS ATRIBUIÇÕES

Art. 167. No registro de imóveis, além da matrícula, serão feitos:

▸ Art. 21 da Lei nº 9.393, de 19-12-1996, que dispõe sobre o ITR, sobre o pagamento da dívida representada por TDA.

I – o registro:

▸ O art. 168 desta Lei fundiu, sob a denominação *"registro"*, as expressões *"inscrição"* e *"transcrição"*.

1) da instituição de bem de família;
2) das hipotecas legais, judiciais e convencionais;
3) dos contratos de locação de prédios, nos quais tenha sido consignada cláusula de vigência no caso de alienação da coisa locada;

▸ Art. 27, *caput*, da Lei nº 8.245, de 18-10-1991 (Lei das Locações).

4) do penhor de máquinas e de aparelhos utilizados na indústria, instalados e em funcionamento, com os respectivos pertences ou sem eles;
5) das penhoras, arrestos e sequestros de imóveis;
6) das servidões em geral;
7) do usufruto e do uso sobre imóveis e da habitação, quando não resultarem do direito de família;
8) das rendas constituídas sobre imóveis ou a eles vinculadas por disposição de última vontade;
9) dos contratos de compromisso de compra e venda, de cessão deste e de promessa de cessão, com ou sem cláusula de arrependimento, que tenham por objeto imóveis não loteados e cujo preço tenha sido pago no ato de sua celebração, ou deva sê-lo a prazo, de uma só vez ou em prestações;
10) da enfiteuse;
11) da anticrese;
12) das convenções antenupciais;
13) *Revogado*. Lei nº 13.986, de 7-4-2020;
14) das cédulas de crédito industrial;
15) dos contratos de penhor rural;

▸ Item 15 acrescido pela Lei nº 6.941, de 14-9-1981.

16) dos empréstimos por obrigações ao portador ou debêntures, inclusive as conversíveis em ações;
17) das incorporações, instituições e convenções de condomínio;
18) dos contratos de promessa de venda, cessão ou promessa de cessão de unidades autônomas condominiais e de promessa de permuta, a que se refere a Lei nº 4.591, de 16 de dezembro de 1964, quando a incorporação ou a instituição de condomínio se formalizar na vigência desta Lei;

▸ Item 18 com a redação dada pela Lei nº 14.382, de 27-6-2022.

19) dos loteamentos urbanos e rurais;
20) dos contratos de promessa de compra e venda de terrenos loteados em conformidade com o Decreto-Lei nº 58, de 10 de dezembro de 1937, e respectiva cessão e promessa de cessão, quando o loteamento se formalizar na vigência desta Lei;

▸ Itens 19 e 20 acrescidos pela Lei nº 10.257, de 10-7-2001.

21) das citações de ações reais ou pessoais reipersecutórias, relativas a imóveis;
22) *Revogado*. Lei nº 6.850, de 12-11-1980;
23) dos julgados e atos jurídicos entre vivos que dividirem imóveis ou os demarcarem inclusive nos casos de incorporação que resultarem em constituição de condomínio e atribuírem uma ou mais unidades aos incorporadores;
24) das sentenças que nos inventários, arrolamentos e partilhas adjudicarem bens de raiz em pagamento das dívidas da herança;
25) dos atos de entrega de legados de imóveis, dos formais de partilha e das sentenças de adjudicação em inventário ou arrolamento quando não houver partilha;
26) da arrematação e da adjudicação em hasta pública;
27) do dote;
28) das sentenças declaratórias de usucapião;

▸ Item 28 com a redação dada pela MP nº 2.220, de 4-9-2001, que até o encerramento desta edição não havia sido convertida em Lei.

29) da compra e venda pura e da condicional;
30) da permuta e da promessa de permuta;

▸ Item 30 com a redação dada pela Lei nº 14.382, de 27-6-2022.

31) da dação em pagamento;
32) da transferência de imóvel a sociedade, quando integrar quota social;
33) da doação entre vivos;
34) da desapropriação amigável e das sentenças que, em processo de desapropriação, fixarem o valor da indenização;
35) da alienação fiduciária em garantia de coisa imóvel;

▸ Item 35 acrescido pela Lei nº 9.514, de 20-11-1997.

36) da imissão provisória na posse, quando concedida à União, aos Estados, ao Dis-

trito Federal, aos Municípios ou às suas entidades delegadas, e respectiva cessão e promessa de cessão;

- Item 36 com a redação dada pela Lei nº 12.424, de 16-6-2011 (*DOU* de 17-6-2011 e republicada no *DOU* de 20-6-2011).

37) dos termos administrativos ou das sentenças declaratórias da concessão de uso especial para fins de moradia;

- Item 37 com a redação dada pela MP nº 2.220, de 4-9-2001, que até o encerramento desta edição não havia sido convertida em Lei.

38) VETADO. Lei nº 10.257, de 10-7-2001;
39) da constituição do direito de superfície de imóvel urbano;

- Item 39 acrescido pela Lei nº 10.257, de 10-7-2001.
- A alteração que seria introduzida no item 39 pela Lei nº 13.465, de 11-7-2017, foi vetada, razão pela qual mantivemos a sua redação.

40) do contrato de concessão de direito real de uso de imóvel público;

- Item 40 com a redação dada pela MP nº 2.220, de 4-9-2001, que até o encerramento desta edição não havia sido convertida em Lei.

41) da legitimação de posse;

- Item 41 acrescido pela Lei nº 11.977, de 7-7-2009.

42) da conversão da legitimação de posse em propriedade, prevista no art. 60 da Lei nº 11.977, de 7 de julho de 2009;

- Item 42 com a redação dada pela Lei nº 12.424, de 16-6-2011 (*DOU* de 17-6-2011 e republicada no *DOU* de 20-6-2011).

43) da Certidão de Regularização Fundiária (CRF);

- Item 43 acrescido pela Lei nº 13.465, de 11-7-2017.

44) da legitimação fundiária;
45) do contrato de pagamento por serviços ambientais, quando este estipular obrigações de natureza *propter rem*; e

- Itens 44 e 45 com a redação dada pela Lei nº 14.382, de 27-6-2022.

46) do ato de tombamento definitivo, sem conteúdo financeiro;

- Item 46 acrescido pela Lei nº 14.382, de 27-6-2022.

47) do patrimônio rural em afetação em garantia;

- Item acrescido pela Lei nº 14.421, de 20-7-2022.

48) de outros negócios jurídicos de transmissão do direito real de propriedade sobre imóveis ou de instituição de direitos reais sobre imóveis, ressalvadas as hipóteses de averbação previstas em lei e respeitada a forma exigida por lei para o negócio jurídico, a exemplo do art. 108 da Lei nº 10.406, de 10 de janeiro de 2002 (Código Civil).

- Item 48 acrescido pela Lei nº 14.711, de 30-10-2023.

II – a averbação:

1) das convenções antenupciais e do regime de bens diverso do legal, nos registros referentes a imóveis ou a direitos reais pertencentes a qualquer dos cônjuges, inclusive os adquiridos posteriormente ao casamento;
2) por cancelamento, da extinção dos ônus e direitos reais;
3) dos contratos de promessa de compra e venda, das cessões e das promessas de cessão a que alude o Decreto-Lei nº 58, de 10 de dezembro de 1937, quando o loteamento se tiver formalizado anteriormente à vigência desta Lei;
4) da mudança de denominação e de numeração dos prédios, da edificação, da reconstrução, da demolição, do desmembramento e do loteamento de imóveis;
5) da alteração do nome por casamento ou por desquite, ou, ainda, de outras circunstâncias que, de qualquer modo, tenham influência no registro ou nas pessoas nele interessadas;
6) dos atos pertinentes a unidades autônomas condominiais a que alude a Lei nº 4.591, de 16 de dezembro de 1964, quando a incorporação tiver sido formalizada anteriormente à vigência desta Lei;
7) das cédulas hipotecárias;
8) da caução e da cessão fiduciária de direitos reais relativos a imóveis;

- Item 8 com a redação dada pela Lei nº 14.382, de 27-6-2022.

9) das sentenças de separação de dote;
10) do restabelecimento da sociedade conjugal;
11) das cláusulas de inalienabilidade, impenhorabilidade e incomunicabilidade impostas a imóveis, bem como da constituição de fideicomisso;
12) das decisões, recursos e seus efeitos, que tenham por objeto atos ou títulos registrados ou averbados;
13) *ex officio*, dos nomes dos logradouros, decretados pelo Poder Público;
14) das sentenças de separação judicial, de divórcio e de nulidade ou anulação de casamento, quando nas respectivas partilhas existirem imóveis ou direitos reais sujeitos a registro;

- Item 14 acrescido pela Lei nº 6.850, de 12-11-1980.

15) da rerratificação do contrato de mútuo com pacto adjeto de hipoteca em favor de entidade integrante do Sistema Financeiro da Habitação, ainda que importando elevação da dívida, desde que mantidas as mesmas partes e que inexista outra hipoteca registrada em favor de terceiros;

- Item 15 acrescido pela Lei nº 6.941, de 14-9-1981.

16) do contrato de locação, para os fins de exercício do direito de preferência;

- Item 16 acrescido pela Lei nº 8.245, de 18-10-1991.
- Art. 27 da Lei nº 8.245, de 18-10-1991 (Lei das Locações).

17) do termo de securitização de créditos imobiliários, quando submetidos a regime fiduciário;

- Item 17 acrescido pela Lei nº 9.514, de 20-11-1997.

18) da notificação para parcelamento, edificação ou utilização compulsórios de imóvel urbano;
19) da extinção da concessão de uso especial para fins de moradia;
20) da extinção do direito de superfície do imóvel urbano;

- Itens 18 a 20 acrescidos pela Lei nº 10.257, de 10-7-2001.
- A alteração que seria introduzida no item 20 pela Lei nº 13.465, de 11-7-2017, foi vetada, razão pela qual mantivemos a sua redação.

21) da cessão do crédito com garantia real sobre imóvel, ressalvado o disposto no item 35 deste inciso;

- Item 21 com a redação dada pela Lei nº 14.382, de 27-6-2022.

22) da reserva legal;
23) da servidão ambiental.

- Itens 22 e 23 acrescidos pela Lei nº 11.284, de 2-3-2006.

24) do destaque de imóvel de gleba pública originária;

- Item 24 com a redação dada pela Lei nº 11.952, de 25-6-2009.
- A Lei nº 11.952, de 25-6-2009, ao converter a MP nº 458, de 3-12-2008, não manteve o acréscimo do item 25.

26) do auto de demarcação urbanística;

- Item 26 com a redação dada pela Lei nº 11.977, de 7-7-2009.

27) da extinção da legitimação de posse;
28) da extinção da concessão de uso especial para fins de moradia;
29) da extinção da concessão de direito real de uso;

- Itens 27 a 29 com a redação dada pela Lei nº 12.424, de 16-6-2011 (*DOU* de 17-6-2011 e republicada no *DOU* de 20-6-2011).

30) da sub-rogação de dívida, da respectiva garantia fiduciária ou hipotecária e da alteração das condições contratuais, em nome do credor que venha a assumir essa condição nos termos do art. 31 da Lei nº 9.514, de 20 de novembro de 1997, ou do art. 347 da Lei nº 10.406, de 10 de janeiro de 2002 (Código Civil), realizada em ato único, a requerimento do interessado, instruído com documento comprobatório firmado pelo credor original e pelo mutuário, ressalvado o disposto no item 35 deste inciso;

- Item 30 com a redação dada pela Lei nº 14.382, de 27-6-2022.

31) da certidão de liberação de condições resolutivas dos títulos de domínio resolúvel emitidos pelos órgãos fundiários;
32) do termo de quitação de contrato de compromisso de compra e venda registrado e do termo de quitação dos instrumentos públicos ou privados oriundos da implantação de empreendimentos ou de processo de regularização fundiária, firmado pelo empreendedor proprietário de imóvel ou pelo promotor do empreendimento ou da regularização fundiária objeto de loteamento, desmembramento, condomínio de qualquer modalidade ou de regularização fundiária, exclusivamente para fins de exoneração da sua responsabilidade sobre tributos municipais incidentes sobre o imóvel perante o Município, não implicando transferência de domínio ao compromissário comprador ou ao beneficiário da regularização;

- Itens 31 e 32 acrescidos pela Lei nº 13.465, de 11-7-2017.

34) da existência dos penhores previstos no art. 178 desta Lei, de ofício, sem conteúdo financeiro, por ocasião do registro no livro auxiliar em relação a imóveis de titularidade do devedor pignoratício ou a imóveis objeto de contratos registrados no Livro nº 2 – Registro Geral;
35) da cessão de crédito ou da sub-rogação de dívida decorrentes de transferência do financiamento com garantia real sobre imóvel, nos termos do Capítulo II-A da Lei nº 9.514, de 20 de novembro de 1997; e

36) do processo de tombamento de bens imóveis e de seu eventual cancelamento, sem conteúdo financeiro;

▸ Itens 34 a 36 acrescidos pela Lei nº 14.382, de 27-6-2022.

37) da extensão da garantia real à nova operação de crédito, nas hipóteses autorizadas por lei;

▸ Item 37 acrescido pela Lei nº 14.711, de 30-10-2023.

38) *do contrato entre gerador e desenvolvedor de projeto de crédito de carbono, quando cabível.*

▸ Item 38 acrescido pela Lei nº 15.042, de 11-12-2024.

▸ Mantivemos itens 34, 35, 36, 37 e 38 conforme publicação oficial, no entanto, entendemos que o correto seria: 33, 34, 35, 36 e 37.

Parágrafo único. O registro previsto no item 3 do inciso I do *caput* e a averbação prevista no item 16 do inciso II do *caput* deste artigo serão efetuados no registro de imóveis da circunscrição onde o imóvel estiver matriculado, mediante apresentação de uma via do contrato assinado pelas partes, admitida a forma eletrônica e bastando a coincidência entre o nome de um dos proprietários e o do locador.

▸ Parágrafo único acrescido pela Lei nº 14.382, de 27-6-2022.

Art. 168. Na designação genérica de registro, consideram-se englobadas a inscrição e a transcrição a que se referem as leis civis.

Art. 169. Todos os atos enumerados no art. 167 desta Lei são obrigatórios e serão efetuados na serventia da situação do imóvel, observado o seguinte:

▸ *Caput* com a redação dada pela Lei nº 14.382, de 27-6-2022.

I – as averbações serão efetuadas na matrícula ou à margem do registro a que se referirem, ainda que o imóvel tenha passado a pertencer a outra circunscrição, observado o disposto no inciso I do § 1º e no § 18 do art. 176 desta Lei;

II – para o imóvel situado em duas ou mais circunscrições, serão abertas matrículas em ambas as serventias dos registros públicos; e

▸ Incisos I e II com a redação dada pela Lei nº 14.382, de 27-6-2022.

III – *Revogado*. Lei nº 14.382, de 27-6-2022;

IV – aberta matrícula na serventia da situação do imóvel, o oficial comunicará o fato à serventia de origem, para o encerramento, de ofício, da matrícula anterior.

▸ Inciso IV com a redação dada pela Lei nº 14.382, de 27-6-2022.

§ 1º O registro do loteamento e do desmembramento que abranger imóvel localizado em mais de uma circunscrição imobiliária observará o disposto no inciso II do *caput* deste artigo, e as matrículas das unidades imobiliárias deverão ser abertas na serventia do registro de imóveis da circunscrição em que estiver situada a unidade imobiliária, procedendo-se às averbações remissivas.

§ 2º As informações relativas às alterações de denominação de logradouro e de numeração predial serão enviadas pelo Município à serventia do registro de imóveis da circunscrição onde estiver situado o imóvel, por meio do SERP, e as informações de alteração de numeração predial poderão ser arquivadas para uso oportuno e a pedido do interessado.

§ 3º Na hipótese prevista no inciso II do *caput* deste artigo, as matrículas serão abertas:

I – com remissões recíprocas;

II – com a prática dos atos de registro e de averbação apenas no registro de imóveis da circunscrição em que estiver situada a maior área, averbando-se, sem conteúdo financeiro, a circunstância na outra serventia; e

III – se a área for idêntica em ambas as circunscrições, adotar-se-á o mesmo procedimento e proceder-se-á aos registros e às averbações na serventia de escolha do interessado, averbada a circunstância na outra serventia, sem conteúdo financeiro.

▸ §§ 1º a 3º acrescidos pela Lei nº 14.382, de 27-6-2022.

Art. 170. O desmembramento territorial posterior ao registro não exige sua repetição no novo cartório.

Art. 171. Os atos relativos a vias férreas serão registrados na circunscrição imobiliária onde se situe o imóvel.

Parágrafo único. A requerimento do interessado, o oficial do cartório do registro de imóveis da circunscrição a que se refere o *caput* deste artigo abrirá a matrícula da área correspondente, com base em planta, memorial descritivo e certidão atualizada da matrícula ou da transcrição do imóvel, caso exista, podendo a apuração do remanescente ocorrer em momento posterior.

▸ Art. 171 com a redação dada pela Lei nº 13.465, de 11-7-2017.

CAPÍTULO II
DA ESCRITURAÇÃO

Art. 172. No registro de imóveis serão feitos, nos termos desta Lei, o registro e a averbação dos títulos ou atos constitutivos, declaratórios, translativos e extintivos de direitos reais sobre imóveis reconhecidos em lei, *inter vivos* ou *mortis causa*, quer para sua constituição, transferência e extinção, quer para sua validade em relação a terceiros, quer para a sua disponibilidade.

Art. 173. Haverá, no registro de imóveis, os seguintes livros:

I – Livro nº 1 – Protocolo;

II – Livro nº 2 – Registro Geral;

III – Livro nº 3 – Registro Auxiliar;

IV – Livro nº 4 – Indicador Real;

V – Livro nº 5 – Indicador Pessoal.

Parágrafo único. Observado o disposto no § 2º do artigo 3º desta Lei, os Livros nºs 2, 3, 4 e 5 poderão ser substituídos por fichas.

Art. 174. O Livro nº 1 – Protocolo – servirá para apontamento de todos os títulos apresentados diariamente, ressalvado o disposto no parágrafo único do artigo 12 desta Lei.

Art. 175. São requisitos da escrituração do Livro nº 1 – Protocolo:

I – o número de ordem que seguirá indefinidamente nos livros da mesma espécie;

II – a data da apresentação;

III – o nome do apresentante;

IV – a natureza formal do título;

V – os atos que formalizar, resumidamente mencionados.

Art. 176. O Livro nº 2 – Registro Geral – será destinado à matrícula dos imóveis e ao registro ou averbação dos atos relacionados no artigo 167 e não atribuídos ao Livro nº 3.

§ 1º A escrituração do Livro nº 2 obedecerá às seguintes normas:

I – cada imóvel terá matrícula própria, que será aberta por ocasião do primeiro ato de registro ou de averbação caso a transcrição possua todos os requisitos elencados para a abertura de matrícula;

▸ Inciso I com a redação dada pela Lei nº 14.382, de 27-6-2022.

II – são requisitos da matrícula:

1) o número de ordem, que seguirá ao infinito;

2) a data;

3) a identificação do imóvel, que será feita com indicação:

a) se rural, do código do imóvel, dos dados constantes do CCIR, da denominação e de suas características, confrontações, localização e área;

b) se urbano, de suas características e confrontações, localização, área, logradouro, número e de sua designação cadastral, se houver;

▸ Item 3 com a redação dada pela Lei nº 10.267, de 28-8-2001.

4) o nome, domicílio e nacionalidade do proprietário, bem como:

a) tratando-se de pessoa física, o estado civil, a profissão, o número de inscrição no Cadastro de Pessoas Físicas do Ministério da Fazenda ou do Registro Geral da cédula de identidade, ou, à falta deste, sua filiação;

b) tratando-se de pessoa jurídica, a sede social e o número de inscrição no Cadastro Geral de Contribuintes do Ministério da Fazenda;

5) o número do registro anterior;

6) tratando-se de imóvel em regime de multipropriedade, a indicação da existência de matrículas, nos termos do § 10 deste artigo;

▸ Item 6 acrescido pela Lei nº 13.777, de 20-12-2018.

III – são requisitos do registro no Livro nº 2:

1) a data;

2) o nome, domicílio e nacionalidade do transmitente, ou do devedor, e do adquirente, ou credor, bem como:

a) tratando-se de pessoa física, o estado civil, a profissão e o número de inscrição no Cadastro de Pessoas Físicas do Ministério da Fazenda ou do Registro Geral da cédula de identidade, ou, à falta deste, sua filiação;

b) tratando-se de pessoa jurídica, a sede social e o número de inscrição no Cadastro Geral de Contribuintes do Ministério da Fazenda;

3) o título da transmissão ou do ônus;

4) a forma do título, sua procedência e caracterização;

5) o valor do contrato, da coisa ou da dívida, prazo desta, condições e mais especificações, inclusive os juros, se houver.

§ 2º Para a matrícula e registro das escrituras e partilhas, lavradas ou homologadas na vigência do Decreto nº 4.857, de 9 de novembro de 1939, não serão observadas as exigências deste artigo, devendo tais atos obedecer ao disposto na legislação anterior.

▸ § 2º acrescido pela Lei nº 6.688, de 17-9-1979.

§ 3º Nos casos de desmembramento, parcelamento ou remembramento de imóveis rurais, a identificação prevista na alínea *a* do item

3 do inciso II do § 1º será obtida a partir de memorial descritivo, assinado por profissional habilitado e com a devida Anotação de Responsabilidade Técnica – ART, contendo as coordenadas dos vértices definidores dos limites dos imóveis rurais, georreferenciadas ao Sistema Geodésico Brasileiro e com precisão posicional a ser fixada pelo INCRA, garantida a isenção de custos financeiros aos proprietários de imóveis rurais cuja somatória da área não exceda a quatro módulos fiscais.

§ 4º A identificação de que trata o § 3º tornar-se-á obrigatória para efetivação de registro, em qualquer situação de transferência de imóvel rural, nos prazos fixados por ato do Poder Executivo.

▶ §§ 3º e 4º acrescidos pela Lei nº 10.267, de 28-8-2001.

§ 5º Nas hipóteses do § 3º, caberá ao INCRA certificar que a poligonal objeto do memorial descritivo não se sobrepõe a nenhuma outra constante de seu cadastro georreferenciado e que o memorial atende às exigências técnicas, conforme ato normativo próprio.

§ 6º A certificação do memorial descritivo de glebas públicas será referente apenas ao seu perímetro originário.

§ 7º Não se exigirá, por ocasião da efetivação do registro do imóvel destacado de glebas públicas, a retificação do memorial descritivo da área remanescente, que somente ocorrerá a cada 3 (três) anos, contados a partir do primeiro destaque, englobando todos os destaques realizados no período.

▶ §§ 5º a 7º acrescidos pela Lei nº 11.952, de 25-6-2009.

§ 8º O ente público proprietário ou imitido na posse a partir de decisão proferida em processo judicial de desapropriação em curso poderá requerer a abertura de matrícula de parte de imóvel situado em área urbana ou de expansão urbana, previamente matriculado ou não, com base em planta e memorial descritivo, podendo a apuração de remanescente ocorrer em momento posterior.

▶ § 8º com a redação dada pela Lei nº 12.424, de 16-6-2011 (*DOU* de 17-6-2011 e republicada no *DOU* de 20-6-2011).

§ 9º A instituição do direito real de laje ocorrerá por meio da abertura de uma matrícula própria no registro de imóveis e por meio da averbação desse fato na matrícula da construção-base e nas matrículas de lajes anteriores, com remissão recíproca.

▶ § 9º acrescido pela Lei nº 13.465, de 11-7-2017.

§ 10. Quando o imóvel se destinar ao regime da multipropriedade, além da matrícula do imóvel, haverá uma matrícula para cada fração de tempo, na qual se registrarão e averbarão os atos referentes à respectiva fração de tempo, ressalvado o disposto no § 11 deste artigo.

§ 11. Na hipótese prevista no § 10 deste artigo, cada fração de tempo poderá, em função de legislação tributária municipal, ser objeto de inscrição imobiliária individualizada.

§ 12. Na hipótese prevista no inciso II do § 1º do art. 1.358-N da Lei nº 10.406, de 10 de janeiro de 2002 (Código Civil), a fração de tempo adicional, destinada à realização de reparos, constará da matrícula referente à fração de tempo principal de cada multiproprietário e não será objeto de matrícula específica.

▶ §§ 10 a 12 acrescidos pela Lei nº 13.777, de 20-12-2018.

§ 13. Para a identificação de que tratam os §§ 3º e 4º deste artigo, é dispensada a anuência dos confrontantes, bastando para tanto a declaração do requerente de que respeitou os limites e as confrontações.

▶ § 13 acrescido pela Lei nº 13.838, de 4-6-2019.

§ 14. É facultada a abertura da matrícula na circunscrição onde estiver situado o imóvel, a requerimento do interessado ou de ofício, por conveniência do serviço.

§ 15. Ainda que ausentes alguns elementos de especialidade objetiva ou subjetiva, desde que haja segurança quanto à localização e à identificação do imóvel, a critério do oficial, e que constem os dados do registro anterior, a matrícula poderá ser aberta nos termos do § 14 deste artigo.

§ 16. Se não forem suficientes os elementos de especialidade objetiva ou subjetiva, será exigida a retificação, no caso de requerimento do interessado na forma prevista no § 14 deste artigo, perante a circunscrição de situação do imóvel.

§ 17. Os elementos de especialidade objetiva ou subjetiva que não alterarem elementos essenciais do ato ou negócio jurídico praticado, quando não constantes do título ou do acervo registral, poderão ser complementados por outros documentos ou, quando se tratar de manifestação de vontade, por declarações dos proprietários ou dos interessados, sob sua responsabilidade.

§ 18. Quando se tratar de transcrição que não possua todos os requisitos para a abertura de matrícula, admitir-se-á que se façam na circunscrição de origem, à margem do título, as averbações necessárias.

▶ §§ 14 a 18 acrescidos pela Lei nº 14.382, de 27-6-2022.

Art. 176-A. O registro de aquisição originária ensejará a abertura de matrícula relativa ao imóvel adquirido, se não houver, ou quando:

▶ *Caput* com a redação dada pela Lei nº 14.620, de 13-7-2023.

I – atingir parte de imóvel objeto de registro anterior; ou

II – atingir, total ou parcialmente, mais de um imóvel objeto de registro anterior.

▶ Incisos I e II acrescidos pela Lei nº 14.620, de 13-7-2023.

§ 1º A matrícula será aberta com base em planta e memorial descritivo do imóvel utilizados na instrução do procedimento administrativo ou judicial que ensejou a aquisição.

§ 2º As matrículas atingidas deverão, conforme o caso, ser encerradas ou receber averbação dos respectivos desfalques, dispensada, para esse fim, a retificação do memorial descritivo da área remanescente.

▶ §§ 1º e 2º com a redação dada pela Lei nº 14.620, de 13-7-2023.

§ 3º VETADO. Lei nº 14.273, de 23-12-2021.

§ 4º Se a área adquirida em caráter originário for maior do que a constante do registro existente, a informação sobre a diferença apurada será averbada na matrícula aberta.

▶ § 4º com a redação dada pela Lei nº 14.620, de 13-7-2023.

§ 4º-A. Eventuais divergências entre a descrição do imóvel constante do registro e aquela apresentada pelo requerente não obstarão o registro.

▶ § 4º-A acrescido pela Lei nº 14.620, de 13-7-2023.

§ 5º O disposto neste artigo aplica-se, sem prejuízo de outros, ao registro de:

▶ *Caput* do § 5º com a redação dada pela Lei nº 14.620, de 13-7-2023.

I – ato de imissão provisória na posse, em procedimento de desapropriação;

II – carta de adjudicação, em procedimento judicial de desapropriação;

III – escritura pública, termo ou contrato administrativo, em procedimento extrajudicial de desapropriação;

▶ Incisos I a III acrescidos pela Lei nº 14.273, de 23-12-2021.

IV – aquisição de área por usucapião ou por concessão de uso especial para fins de moradia;

V – sentença judicial de aquisição de imóvel, em procedimento expropriatório de que tratam os §§ 4º e 5º do art. 1.228 da Lei nº 10.406, de 10 de janeiro de 2002 (Código Civil).

▶ Incisos IV e V acrescidos pela Lei nº 14.620, de 13-7-2023.

Art. 177. O Livro nº 3 – Registro Auxiliar – será destinado ao registro dos atos que, sendo atribuídos ao registro de imóveis por disposição legal, não digam respeito diretamente a imóvel matriculado.

Art. 178. Registrar-se-ão no Livro nº 3 – Registro Auxiliar:

I – a emissão de debêntures, sem prejuízo do registro eventual e definitivo, na matrícula do imóvel, da hipoteca, anticrese ou penhor que abonarem especialmente tais emissões, firmando-se pela ordem do registro a prioridade entre as séries de obrigações emitidas pela sociedade;

II – as cédulas de crédito industrial, sem prejuízo do registro da hipoteca cedular;

▶ Inciso II com a redação dada pela Lei nº 13.986, de 7-4-2020.

III – as convenções de condomínio edilício, condomínio geral voluntário e condomínio em multipropriedade;

▶ Inciso III com a redação dada pela Lei nº 13.777, de 20-12-2018.

IV – o penhor de máquinas e de aparelhos utilizados na indústria, instalados e em funcionamento, com os respectivos pertences ou sem eles;

V – as convenções antenupciais;

VI – os contratos de penhor rural;

VII – os títulos que, a requerimento do interessado, forem registrados no seu inteiro teor, sem prejuízo do ato praticado no Livro nº 2.

Art. 179. O Livro nº 4 – Indicador Real – será o repositório de todos os imóveis que figurarem nos demais livros, devendo conter sua identificação, referência aos números de ordem dos outros livros e anotações necessárias.

§ 1º Se não for utilizado o sistema de fichas, o Livro nº 4 conterá, ainda, o número de ordem, que seguirá indefinidamente, nos livros da mesma espécie.

§ 2º Adotado o sistema previsto no parágrafo precedente, os oficiais deverão ter, para auxiliar a consulta, um livro índice ou fichas pelas

LEGISLAÇÃO COMPLEMENTAR

ruas, quando se tratar de imóveis urbanos, e pelos nomes e situações, quando rurais.

Art. 180. O Livro nº 5 – Indicador Pessoal – dividido alfabeticamente, será repositório dos nomes de todas as pessoas que, individual ou coletivamente, ativa ou passivamente, direta ou indiretamente, figurarem nos demais livros, fazendo-se referência aos respectivos números de ordem.

Parágrafo único. Se não for utilizado o sistema de fichas, o Livro nº 5 conterá, ainda, o número de ordem de cada letra do alfabeto, que seguirá, indefinidamente, nos livros da mesma espécie. Os oficiais poderão adotar, para auxiliar as buscas, um livro índice ou fichas em ordem alfabética.

Art. 181. Poderão ser abertos e escriturados, concomitantemente, até dez livros de "Registro Geral", obedecendo, neste caso, a sua escrituração ao algarismo final de matrícula, sendo as matrículas de número final um feitas no Livro 2-1, as de final dois no Livro 2-2 e as de final três no Livro 2-3, e assim, sucessivamente.

Parágrafo único. Também poderão ser desdobrados, a critério do oficial, os Livros nº 3 "Registro Auxiliar", nº 4 "Indicador Real" e nº 5 "Indicador Pessoal".

CAPÍTULO III
DO PROCESSO DE REGISTRO

Art. 182. Todos os títulos tomarão, no protocolo, o número de ordem que lhes competir em razão da sequência rigorosa de sua apresentação.

Art. 183. Reproduzir-se-á, em cada título, o número de ordem respectivo e a data de sua prenotação.

Art. 184. O protocolo será encerrado diariamente.

Art. 185. A escrituração do protocolo incumbirá tanto ao oficial titular como ao seu substituto legal, podendo ser feita, ainda, por escrevente auxiliar expressamente designado pelo oficial titular ou pelo seu substituto legal mediante autorização do juiz competente, ainda que os primeiros não estejam nem afastados nem impedidos.

Art. 186. O número de ordem determinará a prioridade do título, e esta a preferência dos direitos reais, ainda que apresentados pela mesma pessoa mais de um título simultaneamente.

Art. 187. Em caso de permuta, e pertencendo os imóveis à mesma circunscrição, serão feitos os registros nas matrículas correspondentes, sob um único número de ordem no protocolo.

Art. 188. Protocolizado o título, proceder-se-á ao registro ou à emissão de nota devolutiva, no prazo de 10 (dez) dias, contado da data do protocolo, salvo nos casos previstos no § 1º deste artigo e nos arts. 189, 190, 191 e 192 desta Lei.

▸ *Caput* com a redação dada pela Lei nº 14.382, de 27-6-2022.

§ 1º Se não houver exigências ou falta de pagamento de custas e emolumentos, deverão ser registrados, no prazo de 5 (cinco) dias:

I – as escrituras de compra e venda sem cláusulas especiais, os requerimentos de averbação de construção e de cancelamento de garantias;

II – os documentos eletrônicos apresentados por meio do SERP; e

III – os títulos que reingressarem na vigência da prenotação com o cumprimento integral das exigências formuladas anteriormente.

§ 2º A inobservância do disposto neste artigo ensejará a aplicação das penas previstas no art. 32 da Lei nº 8.935, de 18 de novembro de 1994, nos termos estabelecidos pela Corregedoria Nacional de Justiça do Conselho Nacional de Justiça.

▸ §§ 1º e 2º acrescidos pela Lei nº 14.382, de 27-6-2022.

Art. 189. Apresentado título de segunda hipoteca, com referência expressa à existência de outra anterior, o oficial, depois de prenotá-lo, aguardará durante trinta dias que os interessados na primeira promovam a inscrição. Esgotado esse prazo, que correrá da data da prenotação, sem que seja apresentado o título anterior, o segundo será inscrito e obterá preferência sobre aquele.

Art. 190. Não serão registrados, no mesmo dia, títulos pelos quais se constituam direitos reais contraditórios sobre o mesmo imóvel.

Art. 191. Prevalecerão, para efeito de prioridade de registro, quando apresentados no mesmo dia, os títulos prenotados no protocolo sob número de ordem mais baixo, protelando-se o registro dos apresentados posteriormente, pelo prazo correspondente a, pelo menos, um dia útil.

Art. 192. O disposto nos artigos 190 e 191 não se aplica às escrituras públicas, da mesma data e apresentadas no mesmo dia, que determinem, taxativamente, a hora da sua lavratura, prevalecendo, para efeito de prioridade, a que foi lavrada em primeiro lugar.

Art. 193. O registro será feito pela simples exibição do título, sem dependência de extratos.

Art. 194. Os títulos físicos serão digitalizados, devolvidos aos apresentantes e mantidos exclusivamente em arquivo digital, nos termos estabelecidos pela Corregedoria Nacional de Justiça do Conselho Nacional de Justiça.

▸ Artigo com a redação dada pela Lei nº 14.382, de 27-6-2022.

Art. 195. Se o imóvel não estiver matriculado ou registrado em nome do outorgante, o oficial exigirá a prévia matrícula e o registro do título anterior, qualquer que seja a sua natureza, para manter a continuidade do registro.

Art. 195-A. O Município poderá solicitar ao cartório de registro de imóveis competente a abertura de matrícula de parte ou da totalidade de imóveis públicos oriundos de parcelamento do solo urbano implantado, ainda que não inscrito ou registrado, por meio de requerimento acompanhado dos seguintes documentos:

▸ *Caput* com a redação dada pela Lei nº 13.465, de 11-7-2017.

I – planta e memorial descritivo do imóvel público a ser matriculado, dos quais constem a sua descrição, com medidas perimetrais, área total, localização, confrontantes e coordenadas preferencialmente georreferenciadas dos vértices definidores de seus limites;

II – comprovação de intimação dos confrontantes para que informem, no prazo de 15 (quinze) dias, se os limites definidos na planta e no memorial descritivo do imóvel público a ser matriculado se sobrepõem às suas respectivas áreas, se for o caso;

III – as respostas à intimação prevista no inciso II, quando houver; e

▸ Incisos I a III com a redação dada pela Lei nº 12.424, de 16-6-2011 (*DOU* de 17-6-2011 e republicada no *DOU* de 20-6-2011).

IV – planta de parcelamento ou do imóvel público a ser registrado, assinada pelo loteador ou elaborada e assinada por agente público da prefeitura, acompanhada de declaração de que o parcelamento encontra-se implantado, na hipótese de este não ter sido inscrito ou registrado.

▸ Inciso IV com a redação dada pela Lei nº 13.465, de 11-7-2017.

§ 1º Apresentados pelo Município os documentos relacionados no *caput*, o registro de imóveis deverá proceder ao registro dos imóveis públicos decorrentes do parcelamento do solo urbano na matrícula ou transcrição da gleba objeto de parcelamento.

§ 2º Na abertura de matrícula de imóvel público oriundo de parcelamento do solo urbano, havendo divergência nas medidas perimetrais de que resulte, ou não, alteração de área, a situação de fato implantada do bem deverá prevalecer sobre a situação constante do registro ou da planta de parcelamento, respeitados os limites dos particulares lindeiros.

§ 3º Não será exigido, para transferência de domínio, formalização da doação de áreas públicas pelo loteador nos casos de parcelamentos urbanos realizados na vigência do Decreto-Lei nº 58, de 10 de dezembro de 1937.

§ 4º Recebido o requerimento e verificado o atendimento aos requisitos previstos neste artigo, o oficial do registro de imóveis abrirá a matrícula em nome do Município.

§ 5º A abertura de matrícula de que trata o *caput* independe do regime jurídico do bem público.

▸ §§ 1º a 5º com a redação dada pela Lei nº 12.424, de 16-6-2011 (*DOU* de 17-6-2011 e republicada no *DOU* de 20-6-2011).

§ 6º Na hipótese de haver área remanescente, a sua apuração poderá ocorrer em momento posterior.

§ 7º O procedimento definido neste artigo poderá ser adotado para abertura de matrícula de glebas municipais adquiridas por lei ou por outros meios legalmente admitidos, inclusive para as terras devolutas transferidas ao Município em razão de legislação estadual ou federal, dispensado o procedimento discriminatório administrativo ou judicial.

§ 8º O disposto neste artigo aplica-se, em especial, às áreas de uso público utilizadas pelo sistema viário do parcelamento urbano irregular.

▸ §§ 6º a 8º acrescidos pela Lei nº 13.465, de 11-7-2017.

Art. 195-B. A União, os Estados, o Distrito Federal e os Municípios poderão solicitar ao registro de imóveis competente a abertura de matrícula de parte ou da totalidade de imóveis urbanos sem registro anterior, cujo domínio lhe tenha sido assegurado pela legislação, por meio de requerimento acompanhado dos documentos previstos nos incisos I, II e III do *caput* do art. 195-A.

▸ *Caput* do art. 195-B com a redação dada pela Lei nº 14.620, de 13-7-2023.

§ 1º Recebido o requerimento na forma prevista no *caput* deste artigo, o oficial do registro de imóveis abrirá a matrícula em nome do requerente, observado o disposto nos §§ 5º e 6º do art. 195-A.

▶ § 1º com a redação dada pela Lei nº 13.465, de 11-7-2017.

§ 2º Sem prejuízo da possibilidade de requerer a abertura de matrícula para seus bens, nos termos do *caput*, o Município poderá, em acordo com o Estado, requerer, em nome deste, a abertura de matrícula de imóveis urbanos estaduais situados nos limites do respectivo território municipal no registro de imóveis competente.

▶ § 2º com a redação dada pela Lei nº 14.620, de 13-7-2023.

§ 3º O procedimento de que trata este artigo poderá ser adotado pela União para o registro de imóveis rurais de sua propriedade, observado o disposto nos §§ 3º, 4º, 5º, 6º e 7º do art. 176 desta Lei.

§ 4º Para a abertura de matrícula em nome da União com base neste artigo, a comprovação de que trata o inciso II do *caput* do art. 195-A será realizada, no que couber, mediante o procedimento de notificação previsto nos arts. 12-A e 12-B do Decreto-Lei nº 9.760, de 5 de setembro de 1946, com ressalva quanto ao prazo para apresentação de eventuais impugnações, que será de quinze dias, na hipótese de notificação pessoal, e de trinta dias, na hipótese de notificação por edital.

▶ §§ 3º e 4º acrescidos pela Lei nº 13.465, de 11-7-2017.

Art. 196. A matrícula será feita à vista dos elementos constantes do título apresentado e do registro anterior que constar do próprio cartório.

Art. 197. Quando o título anterior estiver registrado em outro cartório, o novo título será apresentado juntamente com certidão atualizada, comprobatória do registro anterior, e da existência ou inexistência de ônus.

Art. 198. Se houver exigência a ser satisfeita, ela será indicada pelo oficial por escrito, dentro do prazo previsto no art. 188 desta Lei e de uma só vez, articuladamente, de forma clara e objetiva, com data, identificação e assinatura do oficial ou preposto responsável, para que:

▶ *Caput* com a redação dada pela Lei nº 14.382, de 27-6-2022.

I a IV – Revogados. Lei nº 14.382, de 27-6-2022;

V – o interessado possa satisfazê-la; ou

VI – caso não se conforme ou não seja possível cumprir a exigência, o interessado requeira que o título e a declaração de dúvida sejam remetidos ao juízo competente para dirimi-la.

▶ Incisos V e VI acrescidos pela Lei nº 14.382, de 27-6-2022.

§ 1º O procedimento da dúvida observará o seguinte:

I – no Protocolo, o oficial anotará, à margem da prenotação, a ocorrência da dúvida;

II – após certificar a prenotação e a suscitação da dúvida no título, o oficial rubricará todas as suas folhas;

III – em seguida, o oficial dará ciência dos termos da dúvida ao apresentante, fornecendo-lhe cópia da suscitação e notificando-o para impugná-la perante o juízo competente, no prazo de 15 (quinze) dias; e

IV – certificado o cumprimento do disposto no inciso III deste parágrafo, serão remetidos eletronicamente ao juízo competente as razões da dúvida e o título.

§ 2º A inobservância do disposto neste artigo ensejará a aplicação das penas previstas no art. 32 da Lei nº 8.935, de 18 de novembro de 1994, nos termos estabelecidos pela Corregedoria Nacional de Justiça do Conselho Nacional de Justiça.

▶ §§ 1º e 2º acrescidos pela Lei nº 14.382, de 27-6-2022.

Art. 199. Se o interessado não impugnar a dúvida no prazo referido no item III do artigo anterior, será ela, ainda assim, julgada por sentença.

Art. 200. Impugnada a dúvida com os documentos que o interessado apresentar, será ouvido o Ministério Público, no prazo de dez dias.

Art. 201. Se não forem requeridas diligências, o juiz proferirá decisão no prazo de quinze dias, com base nos elementos constantes dos autos.

Art. 202. Da sentença, poderão interpor apelação, com os efeitos devolutivo e suspensivo, o interessado, o Ministério Público e o terceiro prejudicado.

Art. 203. Transitada em julgado a decisão da dúvida, proceder-se-á do seguinte modo:

I – se for julgada procedente, os documentos serão restituídos à parte independentemente de traslado, dando-se ciência da decisão ao oficial, para que a consigne no protocolo e cancele a prenotação;

II – se for julgada improcedente o interessado apresentará, de novo, os seus documentos, com o respectivo mandado, ou certidão da sentença, que ficarão arquivados, para que, desde logo, se proceda ao registro, declarando o oficial o fato na coluna de anotações do protocolo.

Art. 204. A decisão da dúvida tem natureza administrativa e não impede o uso do processo contencioso competente.

Art. 205. Cessarão automaticamente os efeitos da prenotação se, decorridos 20 (vinte) dias da data do seu lançamento no Protocolo, o título não tiver sido registrado por omissão do interessado em atender às exigências legais.

Parágrafo único. Nos procedimentos de regularização fundiária de interesse social, os efeitos da prenotação cessarão decorridos 40 (quarenta) dias de seu lançamento no Protocolo.

▶ Art. 205 com a redação dada pela Lei nº 14.382, de 27-6-2022.

Art. 206. Se o documento, uma vez prenotado, não puder ser registrado ou o apresentante desistir de seu registro, a importância relativa às despesas previstas no artigo 14 será restituída, deduzida a quantia correspondente às buscas e à prenotação.

Art. 206-A. Quando o título for apresentado para prenotação, o usuário poderá optar:

I – pelo depósito do pagamento antecipado dos emolumentos e das custas; ou

II – pelo recolhimento do valor da prenotação e depósito posterior do pagamento do valor restante, no prazo de 5 (cinco) dias, contado da data da análise pelo oficial que concluir pela aptidão para registro.

§ 1º Os efeitos da prenotação serão mantidos durante o prazo de que trata o inciso II do *caput* deste artigo.

§ 2º Efetuado o depósito, os procedimentos registrais serão finalizados com a realização dos atos solicitados e a expedição da respectiva certidão.

§ 3º Fica autorizada a devolução do título apto para registro, em caso de não efetivação do pagamento no prazo previsto no *caput* deste artigo, caso em que o apresentante perderá o valor da prenotação.

§ 4º Os títulos apresentados por instituições financeiras e demais instituições autorizadas a funcionar pelo Banco Central do Brasil ou por entidades autorizadas pelo Banco Central do Brasil ou pela Comissão de Valores Mobiliários a exercer as atividades de depósito centralizado ou de registro de ativos financeiros e de valores mobiliários, nos termos dos arts. 22 e 28 da Lei nº 12.810, de 15 de maio de 2013, respectivamente, poderão efetuar o pagamento dos atos pertinentes à vista de fatura.

§ 5º O disposto neste artigo aplica-se às unidades federativas que adotem forma de pagamento por meio de documento de arrecadação.

§ 6º A reapresentação de título que tenha sido devolvido por falta de pagamento dos emolumentos, nos termos do § 3º deste artigo, dependerá do pagamento integral do depósito prévio.

§ 7º O prazo previsto no *caput* deste artigo não é computado dentro do prazo de registro de que trata o art. 188 desta Lei.

▶ Art. 206-A acrescido pela Lei nº 14.382, de 27-6-2022.

▶ Art. 19 da Lei nº 14.382, de 27-6-2022, que estabelece que o disposto neste artigo deverá ser implementado em todo o território nacional, no prazo de 150 dias contado da data de entrada em vigor da referida lei (*DOU* de 28-6-2022).

Art. 207. No processo de dúvida, somente serão devidas custas, a serem pagas pelo interessado, quando a dúvida for julgada procedente.

Art. 208. O registro começado dentro das horas fixadas não será interrompido, salvo motivo de força maior declarado, prorrogando-se o expediente até ser concluído.

Art. 209. Durante a prorrogação nenhuma nova apresentação será admitida, lavrando o termo de encerramento no protocolo.

Art. 210. Todos os atos serão assinados e encerrados pelo oficial, por seu substituto legal, ou por escrevente expressamente designado pelo oficial ou por seu substituto legal e autorizado pelo juiz competente ainda que os primeiros não estejam nem afastados nem impedidos.

Art. 211. Nas vias dos títulos restituídas aos apresentantes, serão declarados resumidamente, por carimbo, os atos praticados.

Art. 212. Se o registro ou a averbação for omissa, imprecisa ou não exprimir a verdade, a retificação será feita pelo Oficial do Registro de Imóveis competente, a requerimento do interessado, por meio do procedimento administrativo previsto no art. 213, facultado ao interessado requerer a retificação por meio de procedimento judicial.

▶ *Caput* com a redação dada pela Lei nº 10.931, de 2-8-2004.

Parágrafo único. A opção pelo procedimento administrativo previsto no art. 213 não exclui a prestação jurisdicional, a requerimento da parte prejudicada.

► Parágrafo único acrescido pela Lei nº 10.931, de 2-8-2004.

Art. 213. O oficial retificará o registro ou a averbação:

► *Caput* com a redação dada pela Lei nº 10.931, de 2-8-2004.

I – de ofício ou a requerimento do interessado nos casos de:

a) omissão ou erro cometido na transposição de qualquer elemento do título;

b) indicação ou atualização de confrontação;

c) alteração de denominação de logradouro público, comprovada por documento oficial;

d) retificação que vise a indicação de rumos, ângulos de deflexão ou inserção de coordenadas georeferenciadas, em que não haja alteração das medidas perimetrais;

e) alteração ou inserção que resulte de mero cálculo matemático feito a partir das medidas perimetrais constantes do registro;

f) reprodução de descrição de linha divisória de imóvel confrontante que já tenha sido objeto de retificação;

g) inserção ou modificação dos dados de qualificação pessoal das partes, comprovada por documentos oficiais, ou mediante despacho judicial quando houver necessidade de produção de outras provas;

II – a requerimento do interessado, no caso de inserção ou alteração de medida perimetral de que resulte, ou não, alteração de área, instruído com planta e memorial descritivo assinado por profissional legalmente habilitado, com prova de anotação de responsabilidade técnica no competente Conselho Regional de Engenharia e Arquitetura – CREA, bem assim pelos confrontantes.

► Incisos I e II acrescidos pela Lei nº 10.931, de 2-8-2004.

§ 1º Uma vez atendidos os requisitos de que trata o *caput* do art. 225, o oficial averbará a retificação.

§ 2º Se a planta não contiver a assinatura de algum confrontante, este será notificado pelo Oficial de Registro de Imóveis competente, a requerimento do interessado, para se manifestar em quinze dias, promovendo-se a notificação pessoalmente ou pelo correio, com aviso de recebimento, ou, ainda, por solicitação do Oficial de Registro de Imóveis, pelo Oficial de Registro de Títulos e Documentos da comarca da situação do imóvel ou do domicílio de quem deva recebê-la.

§ 3º A notificação será dirigida ao endereço do confrontante constante do Registro de Imóveis, podendo ser dirigida ao próprio imóvel contíguo ou àquele fornecido pelo requerente; não sendo encontrado o confrontante ou estando em lugar incerto e não sabido, tal fato será certificado pelo oficial encarregado da diligência, promovendo-se a notificação do confrontante mediante edital, com o mesmo prazo fixado no § 2º, publicado por duas vezes em jornal local de grande circulação.

§ 4º Presumir-se-á a anuência do confrontante que deixar de apresentar impugnação no prazo da notificação.

§ 5º Findo o prazo sem impugnação, o oficial averbará a retificação requerida; se houver impugnação fundamentada por parte de algum confrontante, o oficial intimará o requerente e o profissional que houver assinado a planta e o memorial a fim de que, no prazo de cinco dias, se manifestem sobre a impugnação.

► §§ 1º a 5º com a redação dada pela Lei nº 10.931, de 2-8-2004.

§ 6º Havendo impugnação e se as partes não tiverem formalizado transação amigável para solucioná-la, o oficial remeterá o processo ao juiz competente, que decidirá de plano ou após instrução sumária, salvo se a controvérsia versar sobre o direito de propriedade de alguma das partes, hipótese em que remeterá o interessado para as vias ordinárias.

§ 7º Pelo mesmo procedimento previsto neste artigo poderão ser apurados os remanescentes de áreas parcialmente alienadas, caso em que serão considerados como confrontantes tão somente os confinantes das áreas remanescentes.

§ 8º As áreas públicas poderão ser demarcadas ou ter seus registros retificados pelo mesmo procedimento previsto neste artigo, desde que constem do registro ou sejam logradouros devidamente averbados.

§ 9º Independentemente de retificação, dois ou mais confrontantes poderão, por meio de escritura pública, alterar ou estabelecer as divisas entre si e, se houver transferência de área, com o recolhimento do devido imposto de transmissão e desde que preservadas, se rural o imóvel, a fração mínima de parcelamento e, quando urbano, a legislação urbanística.

► §§ 6º a 9º acrescidos pela Lei nº 10.931, de 2-8-2004.

§ 10. Entendem-se como confrontantes os proprietários e titulares de outros direitos reais e aquisitivos sobre os imóveis contíguos, observado o seguinte:

I – o condomínio geral, de que trata o Capítulo VI do Título III do Livro III da Parte Especial da Lei nº 10.406, de 10 de janeiro de 2002 (Código Civil), será representado por qualquer um dos condôminos;

II – o condomínio edilício, de que tratam os arts. 1.331 a 1.358 da Lei nº 10.406, de 10 de janeiro de 2002 (Código Civil), será representado pelo síndico, e o condomínio por frações autônomas, de que trata o art. 32 da Lei nº 4.591, de 16 de dezembro de 1964, pela comissão de representantes; e

III – não se incluem como confrontantes:

a) os detentores de direitos reais de garantia hipotecária ou pignoratícia; ou

b) os titulares de crédito vincendo, cuja propriedade imobiliária esteja vinculada, temporariamente, à operação de crédito financeiro.

► § 10 com a redação dada pela Lei nº 14.382, de 27-6-2022.

§ 11. Independe de retificação:

► *Caput* do § 11 acrescido pela Lei nº 10.931, de 2-8-2004.

I – a regularização fundiária de interesse social realizada em Zonas Especiais de Interesse Social, promovida por Município ou pelo Distrito Federal, quando os lotes já estiverem cadastrados individualmente ou com lançamento fiscal há mais de 10 (dez) anos;

► Inciso I com a redação dada pela Lei nº 12.424, de 16-6-2011 (*DOU* de 17-6-2011 e republicada no *DOU* de 20-6-2011).

II – a adequação da descrição de imóvel rural às exigências dos arts. 176, §§ 3º e 4º, e 225, § 3º, desta Lei;

► Inciso II acrescido pela Lei nº 10.931, de 2-8-2004.

III – a adequação da descrição de imóvel urbano decorrente de transformação de coordenadas geodésicas entre os sistemas de georreferenciamento oficiais;

IV – a averbação do auto de demarcação urbanística e o registro do parcelamento decorrente de projeto de regularização fundiária de interesse social de que trata a Lei nº 11.977, de 7 de julho de 2009; e

V – o registro do parcelamento de glebas para fins urbanos anterior a 19 de dezembro de 1979, que esteja implantado e integrado à cidade, nos termos do artigo 71 da Lei nº 11.977, de 7 de julho de 2009.

► Incisos III a V com a redação dada pela Lei nº 12.424, de 16-6-2011 (*DOU* de 17-6-2011 e republicada no *DOU* de 20-6-2011).

§ 12. Poderá o oficial realizar diligências no imóvel para a constatação de sua situação em face dos confrontantes e localização na quadra.

► § 12 acrescido pela Lei nº 10.931, de 2-8-2004.

§ 13. Se não houver dúvida quanto à identificação do imóvel:

I – o título anterior à retificação poderá ser levado a registro desde que requerido pelo adquirente, promovendo-se o registro em conformidade com a nova descrição; e

II – a prenotação do título anterior à retificação será prorrogada durante a análise da retificação de registro.

► § 13 com a redação dada pela Lei nº 14.382, de 27-6-2022.

§ 14. Verificado a qualquer tempo não serem verdadeiros os fatos constantes do memorial descritivo, responderão os requerentes e o profissional que o elaborou pelos prejuízos causados, independentemente das sanções disciplinares e penais.

§ 15. Não são devidos custas ou emolumentos notariais ou de registro decorrentes de regularização fundiária de interesse social a cargo da administração pública.

► §§ 14 e 15 acrescidos pela Lei nº 10.931, de 2-8-2004.

§ 16. Na retificação de que trata o inciso II do *caput*, serão considerados confrontantes somente os confinantes de divisas que forem alcançadas pela inserção ou alteração de medidas perimetrais.

► § 16 com a redação dada pela Lei nº 12.424, de 16-6-2011 (*DOU* de 17-6-2011 e republicada no *DOU* de 20-6-2011).

§ 17. Se, realizadas buscas, não for possível identificar os titulares do domínio dos imóveis confrontantes do imóvel retificando, definidos no § 10, deverá ser colhida a anuência de eventual ocupante, devendo os interessados não identificados ser notificados por meio de edital eletrônico, publicado 1 (uma) vez na internet, para se manifestarem no prazo de 15 (quinze) dias úteis, com as implicações previstas no § 4º deste artigo.

► § 17 acrescido pela Lei nº 14.620, de 13-7-2023.

Art. 214. As nulidades de pleno direito do registro, uma vez provadas, invalidam-no, independentemente de ação direta.

§ 1º A nulidade será decretada depois de ouvidos os atingidos.

§ 2º Da decisão tomada no caso do § 1º caberá apelação ou agravo conforme o caso.

§ 3º Se o juiz entender que a superveniência de novos registros poderá causar danos de difícil reparação, poderá determinar de ofício, a qualquer momento, ainda que sem oitiva das partes, o bloqueio da matrícula do imóvel.

§ 4º Bloqueada a matrícula, o oficial não poderá mais nela praticar qualquer ato, salvo com autorização judicial, permitindo-se, todavia, aos interessados a prenotação de seus títulos, que ficarão com o prazo prorrogado até a solução do bloqueio.

§ 5º A nulidade não será decretada se atingir terceiro de boa-fé que já tiver preenchido as condições de usucapião do imóvel.

▸ §§ 1º a 5º acrescidos pela Lei nº 10.931, de 2-8-2004.

Art. 215. São nulos os registros efetuados após sentença de abertura de falência, ou do termo legal nele fixado, salvo se a apresentação tiver sido feita anteriormente.

Art. 216. O registro poderá também ser retificado ou anulado por sentença em processo contencioso, ou por efeito do julgado em ação de anulação ou de declaração de nulidade de ato jurídico, ou de julgado sobre fraude à execução.

▸ Art. 966, § 4º, do CPC/2015.

Art. 216-A. Sem prejuízo da via jurisdicional, é admitido o pedido de reconhecimento extrajudicial de usucapião, que será processado diretamente perante o cartório do registro de imóveis da comarca em que estiver situado o imóvel usucapiendo, a requerimento do interessado, representado por advogado, instruído com:

▸ *Caput* acrescido pela Lei nº 13.105, de 16-3-2015.

I – ata notarial lavrada pelo tabelião, atestando o tempo de posse do requerente e de seus antecessores, conforme o caso e suas circunstâncias, aplicando-se o disposto no art. 384 da Lei nº 13.105, de 16 de março de 2015 (Código de Processo Civil);

II – planta e memorial descritivo assinado por profissional legalmente habilitado, com prova de anotação de responsabilidade técnica no respectivo conselho de fiscalização profissional, e pelos titulares de direitos registrados ou averbados na matrícula do imóvel usucapiendo ou na matrícula dos imóveis confinantes;

▸ Incisos I e II com a redação dada pela Lei nº 13.465, de 11-7-2017.

III – certidões negativas dos distribuidores da comarca da situação do imóvel e do domicílio do requerente;

IV – justo título ou quaisquer outros documentos que demonstrem a origem, a continuidade, a natureza e o tempo da posse, tais como o pagamento dos impostos e das taxas que incidirem sobre o imóvel.

▸ Incisos III e IV acrescidos pela Lei nº 13.105, de 16-3-2015.

§ 1º O pedido será autuado pelo registrador, prorrogando-se o prazo da prenotação até o acolhimento ou a rejeição do pedido.

▸ § 1º acrescido pela Lei nº 13.105, de 16-3-2015.

§ 2º Se a planta não contiver a assinatura de qualquer um dos titulares de direitos registrados ou averbados na matrícula do imóvel usucapiendo ou na matrícula dos imóveis confinantes, o titular será notificado pelo registrador competente, pessoalmente ou pelo correio com aviso de recebimento, para manifestar consentimento expresso em quinze dias, interpretado o silêncio como concordância.

▸ § 2º com a redação dada pela Lei nº 13.465, de 11-7-2017.

§ 3º O oficial de registro de imóveis dará ciência à União, ao Estado, ao Distrito Federal e ao Município, pessoalmente, por intermédio do oficial de registro de títulos e documentos, ou pelo correio com aviso de recebimento, para que se manifestem, em 15 (quinze) dias, sobre o pedido.

§ 4º O oficial de registro de imóveis promoverá a publicação de edital em jornal de grande circulação, onde houver, para a ciência de terceiros eventualmente interessados, que poderão se manifestar em 15 (quinze) dias.

§ 5º Para a elucidação de qualquer ponto de dúvida, poderão ser solicitadas ou realizadas diligências pelo oficial de registro de imóveis.

▸ §§ 3º a 5º acrescidos pela Lei nº 13.105, de 16-3-2015.

§ 6º Transcorrido o prazo de que trata o § 4º deste artigo, sem pendência de diligências na forma do § 5º deste artigo e achando-se em ordem a documentação, o oficial de registro de imóveis registrará a aquisição do imóvel com as descrições apresentadas, sendo permitida a abertura de matrícula, se for o caso.

▸ § 6º com a redação dada pela Lei nº 13.465, de 11-7-2017.

§ 7º Em qualquer caso, é lícito ao interessado suscitar o procedimento de dúvida, nos termos desta Lei.

§ 8º Ao final das diligências, se a documentação não estiver em ordem, o oficial de registro de imóveis rejeitará o pedido.

§ 9º A rejeição do pedido extrajudicial não impede o ajuizamento de ação de usucapião.

▸ §§ 7º a 9º acrescidos pela Lei nº 13.105, de 16-3-2015.

§ 10. Em caso de impugnação justificada do pedido de reconhecimento extrajudicial de usucapião, o oficial de registro de imóveis remeterá os autos ao juízo competente da comarca da situação do imóvel, cabendo ao requerente emendar a petição inicial para adequá-la ao procedimento comum, porém, em caso de impugnação injustificada, esta não será admitida pelo registrador, cabendo ao interessado o manejo da suscitação de dúvida nos moldes do art. 198 desta Lei.

▸ § 10 com a redação dada pela Lei nº 14.382, de 27-6-2022.

§ 11. No caso de o imóvel usucapiendo ser unidade autônoma de condomínio edilício, fica dispensado consentimento dos titulares de direitos reais e outros direitos registrados ou averbados na matrícula dos imóveis confinantes e bastará a notificação do síndico para se manifestar na forma do § 2º deste artigo.

§ 12. Se o imóvel confinante contiver um condomínio edilício, bastará a notificação do síndico para o efeito do § 2º deste artigo, dispensada a notificação de todos os condôminos.

§ 13. Para efeito do § 2º deste artigo, caso não seja encontrado o notificando ou caso ele esteja em lugar incerto ou não sabido, tal fato será certificado pelo registrador, que deverá promover a sua notificação por edital mediante publicação, por duas vezes, em jornal local de grande circulação, pelo prazo de quinze dias cada um, interpretado o silêncio do notificando como concordância.

§ 14. Regulamento do órgão jurisdicional competente para a correição das serventias poderá autorizar a publicação do edital em meio eletrônico, caso em que ficará dispensada a publicação em jornais de grande circulação.

§ 15. No caso de ausência ou insuficiência dos documentos de que trata o inciso IV do *caput* deste artigo, a posse e os demais dados necessários poderão ser comprovados em procedimento de justificação administrativa perante a serventia extrajudicial, que obedecerá, no que couber, ao disposto no § 5º do art. 381 e ao rito previsto nos arts. 382 e 383 da Lei nº 13.105, de 16 março de 2015 (Código de Processo Civil).

▸ §§ 11 a 15 acrescidos pela Lei nº 13.465, de 11-7-2017.

Art. 216-B. Sem prejuízo da via jurisdicional, a adjudicação compulsória de imóvel objeto de promessa de venda ou de cessão poderá ser efetivada extrajudicialmente no serviço de registro de imóveis da situação do imóvel, nos termos deste artigo.

§ 1º São legitimados a requerer a adjudicação o promitente comprador ou qualquer dos seus cessionários ou promitentes cessionários, ou seus sucessores, bem como o promitente vendedor, representados por advogado, e o pedido deverá ser instruído com os seguintes documentos:

I – instrumento de promessa de compra e venda ou de cessão ou de sucessão, quando for o caso;

II – prova do inadimplemento, caracterizado pela não celebração do título de transmissão da propriedade plena no prazo de 15 (quinze) dias, contado da entrega de notificação extrajudicial pelo oficial do registro de imóveis da situação do imóvel, que poderá delegar a diligência ao oficial do registro de títulos e documentos;

III – ata notarial lavrada por tabelião de notas da qual constem a identificação do imóvel, o nome e a qualificação do promitente comprador ou de seus sucessores constantes do contrato de promessa, a prova do pagamento do respectivo preço e da caracterização do inadimplemento da obrigação de outorgar ou receber o título de propriedade;

▸ Inciso III acrescido pela Lei nº 14.382, de 27-6-2022, promulgado nos termos do art. 66, § 5º, da CF (*DOU* de 6-1-2023).

IV – certidões dos distribuidores forenses da comarca da situação do imóvel e do domicílio do requerente que demonstrem a inexistência de litígio envolvendo o contrato de promessa de compra e venda do imóvel objeto da adjudicação;

V – comprovante de pagamento do respectivo Imposto sobre a Transmissão de Bens Imóveis (ITBI);

VI – procuração com poderes específicos.

§ 2º O deferimento da adjudicação independe de prévio registro dos instrumentos de promessa de compra e venda ou de cessão e da com-

LEGISLAÇÃO COMPLEMENTAR

provação da regularidade fiscal do promitente vendedor.

► § 2º acrescido pela Lei nº 14.382, de 27-6-2022, promulgado nos termos do art. 66, § 5º, da CF (*DOU* de 6-1-2023).

§ 3º À vista dos documentos a que se refere o § 1º deste artigo, o oficial do registro de imóveis da circunscrição onde se situa o imóvel procederá ao registro do domínio em nome do promitente comprador, servindo de título a respectiva promessa de compra e venda ou de cessão ou o instrumento que comprove a sucessão.

► Art. 216-B acrescido pela Lei nº 14.382, de 27-6-2022.

CAPÍTULO IV
DAS PESSOAS

Art. 217. O registro e a averbação poderão ser provocados por qualquer pessoa, incumbindo-lhe as despesas respectivas.

Art. 218. Nos atos a título gratuito, o registro pode também ser promovido pelo transferente, acompanhado da prova de aceitação do beneficiado.

Art. 219. O registro do penhor rural independe do consentimento do credor hipotecário.

Art. 220. São considerados, para fins de escrituração, credores e devedores, respectivamente:

I – nas servidões, o dono do prédio dominante e dono do prédio serviente;

II – no uso, o usuário e o proprietário;

III – na habitação, o habitante e o proprietário;

IV – na anticrese, o mutuante e o mutuário;

V – no usufruto, o usufrutuário e o nu-proprietário;

VI – na enfiteuse, o senhorio e o enfiteuta;

VII – na constituição de renda, o beneficiário e o rendeiro censuário;

VIII – na locação, o locatário e o locador;

IX – nas promessas de compra e venda, o promitente comprador e o promitente vendedor;

X – nas penhoras e ações, o autor e o réu;

XI – nas cessões de direitos, o cessionário e o cedente;

XII – nas promessas de cessão de direitos, o promitente cessionário e o promitente cedente.

CAPÍTULO V
DOS TÍTULOS

Art. 221. Somente são admitidos a registro:

I – escrituras públicas, inclusive as lavradas em consulados brasileiros;

II – escritos particulares autorizados em lei, assinados pelas partes e pelas testemunhas, com as firmas reconhecidas;

► Inciso II com a redação dada pela Lei nº 14.620, de 13-7-2023.

III – atos autênticos de países estrangeiros, com força de instrumento público, legalizados e traduzidos na forma da lei, e registrados no cartório do registro de títulos e documentos, assim como sentenças proferidas por tribunais estrangeiros após homologação pelo Supremo Tribunal Federal;

IV – cartas de sentença, formais de partilha, certidões e mandados extraídos de autos de processo;

V – contratos ou termos administrativos, assinados com a União, Estados, Municípios ou o Distrito Federal, no âmbito de programas de regularização fundiária e de programas habitacionais de interesse social, dispensado o reconhecimento de firma;

► Inciso V com a redação dada pela Lei nº 12.424, de 16-6-2011.

VI – contratos ou termos administrativos, assinados com os legitimados a que se refere o art. 3º do Decreto-Lei nº 3.365, de 21 de junho de 1941 (Lei da Desapropriação), no âmbito das desapropriações extrajudiciais.

► Inciso VI acrescido pela Lei nº 14.620, de 13-7-2023.

§ 1º Serão registrados os contratos e termos mencionados no inciso V do *caput* assinados a rogo com a impressão dactiloscópica do beneficiário, quando este for analfabeto ou não puder assinar, acompanhados da assinatura de 2 (duas) testemunhas.

§ 2º Os contratos ou termos administrativos mencionados no inciso V do *caput* poderão ser celebrados constando apenas o nome e o número de documento oficial do beneficiário, podendo sua qualificação completa ser efetuada posteriormente, no momento do registro do termo ou contrato, mediante simples requerimento do interessado dirigido ao registro de imóveis.

► §§ 1º e 2º com a redação dada pela Lei nº 12.424, de 16-6-2011 (*DOU* de 17-6-2011 e republicada no *DOU* de 20-6-2011).

§ 3º Fica dispensada a apresentação dos títulos previstos nos incisos I a V do *caput* deste artigo quando se tratar de registro do projeto de regularização fundiária e da constituição de direito real, sendo o ente público promotor da regularização fundiária urbana responsável pelo fornecimento das informações necessárias ao registro, ficando dispensada a apresentação de título individualizado, nos termos da legislação específica.

► § 3º com a redação dada pela Lei nº 13.465, de 11-7-2017.

§ 4º Quando for requerida a prática de ato com base em título físico que tenha sido registrado, digitalizado ou armazenado, inclusive em outra serventia, será dispensada a reapresentação e bastará referência a ele ou a apresentação de certidão.

► § 4º acrescido pela Lei nº 14.382, de 27-6-2022.

§ 5º Os escritos particulares a que se refere o inciso II do *caput* deste artigo, quando relativos a atos praticados por instituições financeiras que atuem com crédito imobiliário autorizadas a celebrar instrumentos particulares com caráter de escritura pública, dispensam as testemunhas e o reconhecimento de firma.

§ 6º Os contratos e termos administrativos mencionados no inciso VI deverão ser submetidos à qualificação registral pelo oficial do registro de imóveis, previamente ao pagamento do valor devido ao expropriado.

► §§ 5º e 6º acrescidos pela Lei nº 14.620, de 13-7-2023.

Art. 222. Em todas as escrituras e em todos os atos relativos a imóveis, bem como nas cartas de sentença e formais de partilha, o tabelião ou escrivão deve fazer referência à matrícula ou ao registro anterior, seu número e cartório.

Art. 223. Ficam sujeitas à obrigação, a que alude o artigo anterior, as partes que, por instrumento particular, celebrarem atos relativos a imóveis.

Art. 224. Nas escrituras, lavradas em decorrência de autorização judicial, serão mencionados, por certidão, em breve relatório, com todas as minúcias que permitam identificá-los, os respectivos alvarás.

Art. 225. Os tabeliães, escrivães e juízes farão com que, nas escrituras e nos autos judiciais, as partes indiquem, com precisão, os característicos, as confrontações e as localizações dos imóveis, mencionando os nomes dos confrontantes e, ainda, quando se tratar só de terreno, se esse fica do lado par ou ímpar do logradouro, em que quadra e a que distância métrica da edificação ou da esquina mais próxima, exigindo dos interessados certidão do registro imobiliário.

§ 1º As mesmas minúcias, com relação à caracterização do imóvel, devem constar dos instrumentos particulares apresentados em cartório para registro.

§ 2º Consideram-se irregulares, para efeito de matrícula, os títulos nos quais a caracterização do imóvel não coincida com a que consta do registro anterior.

§ 3º Nos autos judiciais que versem sobre imóveis rurais, a localização, os limites e as confrontações serão obtidos a partir de memorial descritivo assinado por profissional habilitado e com a devida Anotação de Responsabilidade Técnica – ART, contendo as coordenadas dos vértices definidores dos limites dos imóveis rurais, georreferenciadas ao Sistema Geodésico Brasileiro e com precisão posicional a ser fixada pelo INCRA, garantida a isenção de custos financeiros aos proprietários de imóveis rurais cuja somatória da área não exceda a quatro módulos fiscais.

► § 3º acrescido pela Lei nº 10.267, de 28-8-2001.

Art. 226. Tratando-se de usucapião, os requisitos da matrícula devem constar do mandado judicial.

CAPÍTULO VI
DA MATRÍCULA

Art. 227. Todo imóvel objeto de título a ser registrado deve estar matriculado no Livro nº 2 – Registro Geral – obedecido o disposto no artigo 176.

Art. 228. A matrícula será efetuada por ocasião do primeiro registro a ser lançado na vigência desta Lei, mediante os elementos constantes do título apresentado e do registro anterior nele mencionado.

Art. 229. Se o registro anterior foi efetuado em outra circunscrição, a matrícula será aberta com os elementos constantes do título apresentado e da certidão atualizada daquele registro, a qual ficará arquivada em cartório.

Art. 230. Se na certidão constar ônus, o oficial fará a matrícula e, logo em seguida ao registro, averbará a existência do ônus, sua natureza e valor, certificando o fato no título que devolver à parte, o que ocorrerá, também, quando o ônus estiver lançado no próprio cartório.

Art. 231. No preenchimento dos livros, observar-se-ão as seguintes normas:

I – no alto da face de cada folha será lançada a matrícula do imóvel, com os requisitos constantes do artigo 176, e no espaço restante e no verso, serão lançados, por ordem cronológica e em forma narrativa, os registros e averbações dos atos pertinentes ao imóvel matriculado;

II – preenchida uma folha, será feito o transporte para a primeira folha em branco do mesmo livro ou do livro da mesma série que estiver em uso, onde continuarão os lançamentos, com remissões recíprocas.

Art. 232. Cada lançamento de registro será precedido pela letra "R" e o da averbação pelas letras "*AV*", seguindo-se o número de ordem do lançamento e o da matrícula (ex.: R-1-1, R-2-1, AV-3-1, R-4-1, AV-5-1 etc.).

Art. 233. A matrícula será cancelada:

I – por decisão judicial;

II – quando, em virtude de alienações parciais, o imóvel for inteiramente transferido a outros proprietários;

III – pela fusão, nos termos do artigo seguinte.

Art. 234. Quando dois ou mais imóveis contíguos, pertencentes ao mesmo proprietário, constarem de matrículas autônomas, pode ele requerer a fusão destas em uma só, de novo número, encerrando-se as primitivas.

Art. 235. Podem, ainda, ser unificados, com abertura de matrícula única:

I – dois ou mais imóveis constantes de transcrições anteriores a esta Lei, à margem das quais será averbada a abertura da matrícula que os unificar;

II – dois ou mais imóveis, registrados por ambos os sistemas, caso em que, nas transcrições, será feita a averbação prevista no item anterior, e as matrículas serão encerradas na forma do artigo anterior;

III – 2 (dois) ou mais imóveis contíguos objeto de imissão provisória registrada em nome da União, dos Estados, do Distrito Federal, dos Municípios ou de suas entidades delegadas ou contratadas e sua respectiva cessão e promessa de cessão.

▸ Inciso III com a redação dada pela Lei nº 14.620, de 13-7-2023.

§ 1º Os imóveis de que trata este artigo, bem como os oriundos de desmembramentos, partilha e glebas destacadas de maior porção, serão desdobrados em novas matrículas, juntamente com os ônus que sobre eles existirem, sempre que ocorrer a transferência de 1 (uma) ou mais unidades, procedendo-se, em seguida, ao que estipula o inciso II do art. 233.

§ 2º A hipótese de que trata o inciso III somente poderá ser utilizada nos casos de imóveis inseridos em área urbana ou de expansão urbana e com a finalidade de implementar programas habitacionais ou de regularização fundiária, o que deverá ser informado no requerimento de unificação.

▸ §§ 1º e 2º com a redação dada pela Lei nº 12.424, de 16-6-2011 (*DOU* de 17-6-2011 e republicada no *DOU* de 20-6-2011).

§ 3º Na hipótese de que trata o inciso III do *caput* deste artigo, a unificação poderá abranger matrículas ou transcrições relativas a imóveis contíguos àqueles que tenham sido objeto da imissão provisória na posse.

▸ § 3º com a redação dada pela Lei nº 14.273, de 23-12-2021.

Art. 235-A. Fica instituído o Código Nacional de Matrícula (CNM) que corresponde à numeração única de matrículas imobiliárias em âmbito nacional.

▸ Prov. do CNJ nº 143, de 25-4-2023, passa a regulamentar o Código Nacional de Matrícula – CNM, instituído por este artigo.

§ 1º O CNM referente a matrícula encerrada ou cancelada não poderá ser reutilizado.

§ 2º Ato da Corregedoria Nacional de Justiça do Conselho Nacional de Justiça regulamentará as características e a forma de implementação do CNM.

▸ Art. 235-A acrescido pela Lei nº 13.465, de 11-7-2017.

CAPÍTULO VII
DO REGISTRO

Art. 236. Nenhum registro poderá ser feito sem que o imóvel a que se referir esteja matriculado.

Art. 237. Ainda que o imóvel esteja matriculado, não se fará registro que dependa da apresentação de título anterior, a fim de que se preserve a continuidade do registro.

Art. 237-A. Após o registro do parcelamento do solo, na modalidade loteamento ou na modalidade desmembramento, e da incorporação imobiliária, de condomínio edilício ou de condomínio de lotes, até que tenha sido averbada a conclusão das obras de infraestrutura ou da construção, as averbações e os registros relativos à pessoa do loteador ou do incorporador ou referentes a quaisquer direitos reais, inclusive de garantias, cessões ou demais negócios jurídicos que envolvam o empreendimento e suas unidades, bem como a própria averbação da conclusão do empreendimento, serão realizados na matrícula de origem do imóvel a ele destinado e replicados, sem custo adicional, em cada uma das matrículas recipiendárias dos lotes ou das unidades autônomas eventualmente abertas.

▸ *Caput* do art. 237-A com a redação dada pela Lei nº 14.382, de 27-6-2022.

§ 1º Para efeito de cobrança de custas e emolumentos, as averbações e os registros relativos ao mesmo ato jurídico ou negócio jurídico e realizados com base no *caput* deste artigo serão considerados ato de registro único, não importando a quantidade de lotes ou de unidades autônomas envolvidas ou de atos intermediários existentes.

▸ § 1º com a redação dada pela Lei nº 14.382, de 27-6-2022.

§ 2º Nos registros decorrentes de processo de parcelamento do solo ou de incorporação imobiliária, o registrador deverá observar o prazo máximo de 15 (quinze) dias para o fornecimento do número do registro ao interessado ou a indicação das pendências a serem satisfeitas para sua efetivação.

▸ § 2º com a redação dada pela Lei nº 11.977, de 7-7-2009.

§ 3º O registro da instituição de condomínio ou da especificação do empreendimento constituirá ato único para fins de cobrança de custas e emolumentos.

▸ § 3º acrescido pela Lei nº 12.424, de 16-6-2011 (*DOU* de 17-6-2011 e republicada no *DOU* de 20-6-2011).

§ 4º É facultada a abertura de matrícula para cada lote ou fração ideal que corresponderá a determinada unidade autônoma, após o registro do loteamento ou da incorporação imobiliária.

§ 5º Na hipótese do § 4º deste artigo, se a abertura da matrícula ocorrer no interesse do serviço, fica vedado o repasse das despesas dela decorrentes ao interessado, mas se a abertura da matrícula ocorrer por requerimento do interessado, o emolumento pelo ato praticado será devido por ele.

▸ §§ 4º e 5º acrescidos pela Lei nº 14.382, de 27-6-2022.

Art. 238. O registro de hipoteca convencional valerá pelo prazo de trinta anos, findo o qual só será mantido o número anterior se reconstituída por novo título e novo registro.

Art. 239. As penhoras, arrestos e sequestros de imóveis serão registrados depois de pagas as custas do registro pela parte interessada, em cumprimento de mandado ou à vista de certidão do escrivão, de que constem, além dos requisitos exigidos para o registro, os nomes do juiz, do depositário, das partes e a natureza do processo.

Parágrafo único. A certidão será lavrada pelo escrivão do feito, com a declaração do fim especial a que se destina, após a entrega, em cartório, do mandado devidamente cumprido.

Art. 240. O registro da penhora faz prova quanto à fraude de qualquer transação posterior.

Art. 241. O registro da anticrese no Livro nº 2 declarará, também, o prazo, a época do pagamento e a forma de administração.

Art. 242. O contrato de locação, com cláusula expressa de vigência no caso de alienação do imóvel, registrado no Livro nº 2, consignará, também, o seu valor, a renda, o prazo, o tempo e o lugar do pagamento, bem como a pena convencional.

Art. 243. A matrícula do imóvel promovida pelo titular do domínio direto aproveita ao titular do domínio útil, e vice-versa.

Art. 244. As escrituras antenupciais serão registradas no Livro nº 3 do cartório do domicílio conjugal, sem prejuízo de sua averbação obrigatória no lugar da situação dos imóveis de propriedade do casal, ou dos que forem sendo adquiridos e sujeitos a regime de bens diversos do comum, com a declaração das respectivas cláusulas para ciência de terceiros.

Art. 245. Quando o regime de separação de bens for determinado por lei, far-se-á a respectiva averbação nos termos do artigo anterior, incumbindo ao Ministério Público zelar pela fiscalização e observância dessa providência.

CAPÍTULO VIII
DA AVERBAÇÃO E DO CANCELAMENTO

Art. 246. Além dos casos expressamente indicados no inciso II do *caput* do art. 167 desta Lei, serão averbadas na matrícula as sub-rogações e outras ocorrências que, por qualquer modo, alterem o registro ou repercutam nos direitos relativos ao imóvel.

▸ *Caput* com a redação dada pela Lei nº 14.382, de 27-6-2022.

§ 1º As averbações a que se referem os itens 4 e 5 do inciso II do artigo 167 serão as feitas a requerimento dos interessados, com firma reconhecida, instruído com documento dos interessados, com firma reconhecida, instruído com documento comprobatório fornecido pela autoridade competente. A alteração do nome só poderá ser averbada quando devidamente comprovada por certidão do Registro Civil.

▸ § 1º acrescido pela Lei nº 10.267, de 28-8-2001.

§ 1º-A. No caso das averbações de que trata o § 1º deste artigo, o oficial poderá providenciar, preferencialmente por meio eletrônico, a requerimento e às custas do interessado, os documentos comprobatórios necessários perante as autoridades competentes.

▶ § 1º-A acrescido pela Lei nº 14.382, de 27-6-2022.

§ 2º Tratando-se de terra indígena com demarcação homologada, a União promoverá o registro da área em seu nome.

§ 3º Constatada, durante o processo demarcatório, a existência de domínio privado nos limites da terra indígena, a União requererá ao Oficial de Registro a averbação, na respectiva matrícula, dessa circunstância.

§ 4º As providências a que se referem os §§ 2º e 3º deste artigo deverão ser efetivadas pelo cartório, no prazo de trinta dias, contado a partir do recebimento da solicitação de registro e averbação, sob pena de aplicação de multa diária no valor de R$ 1.000,00 (mil reais), sem prejuízo da responsabilidade civil e penal do Oficial de Registro.

▶ §§ 2º a 4º acrescidos pela Lei nº 10.267, de 28-8-2001.

Art. 247. Averbar-se-á, também, na matrícula, a declaração de indisponibilidade de bens, na forma prevista na lei.

Art. 247-A. É dispensado o habite-se expedido pela prefeitura municipal para a averbação de construção residencial urbana unifamiliar de um só pavimento finalizada há mais de 5 (cinco) anos em área ocupada predominantemente por população de baixa renda, inclusive para o fim de registro ou averbação decorrente de financiamento à moradia.

▶ Art. 247-A acrescido pela Lei nº 13.865, de 8-8-2019.

Art. 248. O cancelamento efetuar-se-á mediante averbação, assinada pelo oficial, seu substituto legal ou escrevente autorizado, e declarará o motivo que o determinou, bem como o título em virtude do qual foi feito.

Art. 249. O cancelamento poderá ser total ou parcial e referir-se a qualquer dos atos do registro.

Art. 250. Far-se-á o cancelamento:

I – em cumprimento de decisão judicial transitada em julgado;

II – a requerimento unânime das partes que tenham participado do ato registrado, se capazes, com as firmas reconhecidas por tabelião;

III – a requerimento do interessado, instruído com documento hábil;

IV – a requerimento da Fazenda Pública, instruído com certidão de conclusão de processo administrativo que declarou, na forma da lei, a rescisão do título de domínio ou de concessão de direito real de uso de imóvel rural, expedido para fins de regularização fundiária, e a reversão do imóvel ao patrimônio público.

▶ Inciso IV acrescido pela Lei nº 11.952, de 25-6-2009.

Art. 251. O cancelamento da hipoteca só pode ser feito:

I – à vista de autorização expressa ou quitação outorgada pelo credor ou seu sucessor, em instrumento público ou particular;

II – em razão de procedimento administrativo ou contencioso, no qual o credor tenha sido intimado (artigo 698 do Código de Processo Civil);

▶ Refere-se ao CPC/1973.

▶ Art. 889 do CPC/2015.

III – na conformidade da legislação referente às cédulas hipotecárias.

Art. 251-A. Em caso de falta de pagamento, o cancelamento do registro do compromisso de compra e venda de imóvel será efetuado em conformidade com o disposto neste artigo.

§ 1º A requerimento do promitente vendedor, o promitente comprador, ou seu representante legal ou procurador regularmente constituído, será intimado pessoalmente pelo oficial do competente registro de imóveis a satisfazer, no prazo de 30 (trinta) dias, a prestação ou as prestações vencidas e as que vencerem até a data de pagamento, os juros convencionais, a correção monetária, as penalidades e os demais encargos contratuais, os encargos legais, inclusive tributos, as contribuições condominiais ou despesas de conservação e manutenção em loteamentos de acesso controlado, imputáveis ao imóvel, além das despesas de cobrança, de intimação, bem como do registro do contrato, caso esse tenha sido efetuado a requerimento do promitente vendedor.

§ 2º O oficial do registro de imóveis poderá delegar a diligência de intimação ao oficial do registro de títulos e documentos da comarca da situação do imóvel ou do domicílio de quem deva recebê-la.

§ 3º Aos procedimentos de intimação ou notificação efetuados pelos oficiais de registros públicos, aplicam-se, no que couber, os dispositivos referentes à citação e à intimação previstos na Lei nº 13.105, de 16 de março de 2015 (Código de Processo Civil).

§ 4º A mora poderá ser purgada mediante pagamento ao oficial do registro de imóveis, que dará quitação ao promitente comprador ou ao seu cessionário das quantias recebidas no prazo de 3 (três) dias e depositará esse valor na conta bancária informada pelo promitente vendedor no próprio requerimento ou, na falta dessa informação, o cientificará de que o numerário está à sua disposição.

§ 5º Se não ocorrer o pagamento, o oficial certificará o ocorrido e intimará o promitente vendedor a promover o recolhimento dos emolumentos para efetuar o cancelamento do registro.

§ 6º A certidão do cancelamento do registro do compromisso de compra e venda reputa-se como prova relevante ou determinante para concessão da medida liminar de reintegração de posse.

▶ Art. 251-A acrescido pela Lei nº 14.382, de 27-6-2022.

Art. 252. O registro, enquanto não cancelado, produz todos os seus efeitos legais ainda que, por outra maneira, se prove que o título está desfeito, anulado, extinto ou rescindido.

Art. 253. Ao terceiro prejudicado é lícito, em juízo, fazer prova da extinção dos ônus reais, e promover o cancelamento do seu registro.

Art. 254. Se, cancelado o registro, subsistirem o título e os direitos dele decorrentes, poderá o credor promover novo registro, o qual só produzirá efeitos a partir da nova data.

Art. 255. Além dos casos previstos nesta Lei, a inscrição de incorporação ou loteamento só será cancelada a requerimento do incorporador ou loteador, enquanto nenhuma unidade ou lote for objeto de transação averbada, ou mediante o consentimento de todos os compromissários ou cessionários.

Art. 256. O cancelamento da servidão, quando o prédio dominante estiver hipotecado, só poderá ser feito com aquiescência do credor, expressamente manifestada.

Art. 257. O dono do prédio serviente terá, nos termos da lei, direito a cancelar a servidão.

Art. 258. O foreiro poderá, nos termos da lei, averbar a renúncia de seu direito, sem dependência do consentimento do senhorio direto.

Art. 259. O cancelamento não pode ser feito em virtude de sentença sujeita, ainda, a recurso.

CAPÍTULO IX
DO BEM DE FAMÍLIA

▶ Súm. nº 449 do STJ.

Art. 260. A instituição do bem de família far-se-á por escritura pública, declarando o instituidor que determinado prédio se destina a domicílio de sua família e ficará isento de execução por dívida.

▶ Arts. 1.711 a 1.722 do CC.

▶ Art. 3º da Lei nº 8.009, de 29-3-1990 (Lei da Impenhorabilidade do Bem de Família).

Art. 261. Para a inscrição do bem de família, o instituidor apresentará ao oficial do registro a escritura pública de instituição, para que mande publicá-la na imprensa local e, à falta, na da Capital do Estado ou do Território.

Art. 262. Se não ocorrer razão para dúvida, o oficial fará a publicação, em forma de edital, do qual constará:

I – o resumo da escritura, nome, naturalidade e profissão do instituidor, data do instrumento e nome do tabelião que o fez, situação e característicos do prédio;

II – o aviso de que, se alguém se julgar prejudicado deverá, dentro em trinta dias, contados da data da publicação, reclamar contra a instituição, por escrito e perante o oficial.

Art. 263. Findo o prazo do nº II do artigo anterior, sem que tenha havido reclamação, o oficial transcreverá a escritura integralmente no Livro nº 3 e fará a inscrição na competente matrícula, arquivando um exemplar do jornal em que a publicação houver sido feita e restituindo o instrumento ao apresentante, com a nota da inscrição.

Art. 264. Se for apresentada reclamação, dela fornecerá o oficial, ao instituidor, cópia autêntica e lhe restituirá a escritura, com a declaração de haver sido suspenso o registro, cancelando a prenotação.

§ 1º O instituidor poderá requerer ao juiz que ordene o registro, sem embargo da reclamação.

§ 2º Se o juiz determinar que se proceda ao registro, ressalvará ao reclamante o direito de recorrer à ação competente para anular a instituição ou de fazer execução sobre o prédio instituído, na hipótese de tratar-se de dívida anterior e cuja solução se tornou inexequível em virtude do ato da instituição.

§ 3º O despacho do juiz será irrecorrível e se deferir o pedido será transcrito integralmente, juntamente com o instrumento.

Art. 265. Quando o bem de família for instituído juntamente com a transmissão da propriedade (Decreto-Lei nº 3.200, de 14 de abril de 1941, artigo 8º, § 5º), a inscrição far-se-á imediatamente após o registro da transmissão ou, se for o caso, com a matrícula.

CAPÍTULO X
DA REMIÇÃO DO IMÓVEL HIPOTECADO

Art. 266. Para remir o imóvel hipotecado, o adquirente requererá, no prazo legal, a citação dos credores hipotecários propondo, para a remição, no mínimo, o preço por que adquiriu o imóvel.

Art. 267. Se o credor, citado, não se opuser à remição, ou não comparecer, lavrar-se-á termo de pagamento e quitação e o juiz ordenará, por sentença, o cancelamento da hipoteca.

Parágrafo único. No caso de revelia, consignar-se-á o preço à custa do credor.

Art. 268. Se o credor, citado, comparecer e impugnar o preço oferecido, o juiz mandará promover a licitação entre os credores hipotecários, os fiadores e o próprio adquirente, autorizando a venda judicial a quem oferecer maior preço.

§ 1º Na licitação, será preferido, em igualdade de condições, o lanço do adquirente.

§ 2º Na falta de arrematante, o valor será o proposto pelo adquirente.

Art. 269. Arrematado o imóvel e depositado, dentro de quarenta e oito horas, o respectivo preço, o juiz mandará cancelar a hipoteca, sub-rogando-se no produto da venda os direitos do credor hipotecário.

Art. 270. Se o credor de segunda hipoteca, embora não vencida a dívida, requerer a remição, juntará o título e certidão da inscrição da anterior e depositará a importância devida ao primeiro credor, pedindo a citação deste para levantar o depósito e a do devedor para dentro do prazo de cinco dias remir a hipoteca, sob pena de ficar o requerente sub-rogado nos direitos creditórios, sem prejuízo dos que lhe couberem em virtude da segunda hipoteca.

Art. 271. Se o devedor não comparecer ou não remir a hipoteca, os autos serão conclusos ao juiz para julgar por sentença a remição pedida pelo segundo credor.

Art. 272. Se o devedor comparecer e quiser efetuar a remição, notificar-se-á o credor para receber o preço, ficando sem efeito o depósito realizado pelo autor.

Art. 273. Se o primeiro credor estiver promovendo a execução da hipoteca, a remição, que abrangerá a importância das custas e despesas realizadas, não se efetuará antes da primeira praça, nem depois de assinado o auto de arrematação.

Art. 274. Na remição de hipoteca legal em que haja interesse de incapaz intervirá o Ministério Público.

Art. 275. Das sentenças que julgarem o pedido de remição caberá o recurso de apelação com ambos os efeitos.

Art. 276. Não é necessária a remição quando o credor assinar, com o vendedor, escritura de venda do imóvel gravado.

CAPÍTULO XI
DO REGISTRO TORRENS

Art. 277. Requerida a inscrição de imóvel rural no registro Torrens, o oficial protocolará e autuará o requerimento e documentos que o instruírem e verificará se o pedido se acha em termos de ser despachado.

Art. 278. O requerimento será instruído com:

I – os documentos comprobatórios do domínio do requerente;

II – a prova de quaisquer atos que modifiquem ou limitem a sua propriedade;

III – o memorial de que constem os encargos do imóvel, os nomes dos ocupantes, confrontantes, quaisquer interessados, e a indicação das respectivas residências;

IV – a planta do imóvel, cuja escala poderá variar entre os limites: 1:500 m (1/500) e 1:5.000 m (1/5.000).

§ 1º O levantamento da planta obedecerá às seguintes regras:

a) empregar-se-ão goniômetros ou outros instrumentos de maior precisão;

b) a planta será orientada segundo o mediano do lugar, determinada a declinação magnética;

c) fixação dos pontos de referência necessários a verificações ulteriores e de marcos especiais, ligados a pontos certos e estáveis nas sedes das propriedades, de maneira que a planta possa incorporar-se à carta geral cadastral.

§ 2º Às plantas serão anexadas o memorial e as cadernetas das operações de campo, autenticadas pelo agrimensor.

Art. 279. O imóvel sujeito a hipoteca ou ônus real não será admitido a registro sem consentimento expresso do credor hipotecário ou da pessoa em favor de quem se tenha instituído o ônus.

Art. 280. Se o oficial considerar irregular o pedido ou a documentação, poderá conceder o prazo de trinta dias para que o interessado os regularize. Se o requerente não estiver de acordo com a exigência do oficial, este suscitará dúvida.

Art. 281. Se o oficial considerar em termos o pedido, remetê-lo-á a juízo para ser despachado.

Art. 282. O juiz, distribuído o pedido a um dos cartórios judiciais, se entender que os documentos justificam a propriedade do requerente, mandará expedir edital que será afixado no lugar de costume e publicado uma vez no órgão oficial do Estado e três vezes na imprensa local, se houver, marcando prazo não menor de dois meses, nem maior de quatro meses para que se ofereça oposição.

Art. 283. O juiz ordenará, de ofício ou a requerimento da parte, que, à custa do peticionário, se notifiquem do requerimento as pessoas nele indicadas.

Art. 284. Em qualquer hipótese, será ouvido o órgão do Ministério Público, que poderá impugnar o registro por falta de prova completa do domínio ou preterição de outra formalidade legal.

Art. 285. Feita a publicação do edital, a pessoa que se julgar com direito sobre o imóvel, no todo ou em parte, poderá contestar o pedido no prazo de quinze dias.

§ 1º A contestação mencionará o nome e a residência do réu, fará a descrição exata do imóvel e indicará os direitos reclamados e os títulos em que se fundarem.

§ 2º Se não houver contestação, e se o Ministério Público não impugnar o pedido, o juiz ordenará que se inscreva o imóvel, que ficará, assim, submetido aos efeitos do registro Torrens.

Art. 286. Se houver contestação ou impugnação, o procedimento será ordinário, cancelando-se, mediante mandado, a prenotação.

Art. 287. Da sentença que deferir, ou não, o pedido, cabe o recurso de apelação, com ambos os efeitos.

Art. 288. Transitada em julgado a sentença que deferir o pedido, o oficial inscreverá, na matrícula, o julgado que determinou a submissão do imóvel aos efeitos do registro Torrens, arquivando em cartório a documentação autuada.

CAPÍTULO XII
DO REGISTRO DA REGULARIZAÇÃO FUNDIÁRIA URBANA

Art. 288-A. O procedimento de registro da regularização fundiária urbana observará o disposto em legislação específica.

▶ *Caput* com a redação dada pela Lei nº 13.465, de 11-7-2017.

I a III – *Revogados*. Lei nº 13.465, de 11-7-2017.

§§ 1º a 4º *Revogados*. Lei nº 13.465, de 11-7-2017.

Arts. 288-B a 288-G. *Revogados*. Lei nº 13.465, de 11-7-2017.

TÍTULO VI – DAS DISPOSIÇÕES FINAIS E TRANSITÓRIAS

Art. 289. No exercício de suas funções, cumpre aos oficiais de registro fazer rigorosa fiscalização do pagamento dos impostos devidos por força dos atos que lhes forem apresentados em razão do ofício.

Art. 290. Os emolumentos devidos pelos atos relacionados com a primeira aquisição imobiliária para fins residenciais, financiada pelo Sistema Financeiro da Habitação, serão reduzidos em cinquenta por cento.

▶ *Caput* com a redação dada pela Lei nº 6.941, de 14-9-1981.

§ 1º O registro e a averbação referentes à aquisição da casa própria, em que seja parte cooperativa habitacional ou entidade assemelhada, serão considerados, para efeito de cálculo de custas e emolumentos, como um ato apenas, não podendo a sua cobrança exceder o limite correspondente a quarenta por cento do maior valor de referência.

§ 2º Nos demais programas de interesse social, executados pelas Companhias de Habitação Popular – COHABs ou entidades assemelhadas, os emolumentos e as custas devidos pelos atos de aquisição de imóveis e pelos de averbação de construção estarão sujeitos às seguintes limitações:

a) imóvel de até sessenta metros quadrados de área construída: dez por cento do maior valor de referência;

b) de mais de sessenta metros quadrados até setenta metros quadrados de área construída: quinze por cento do maior valor de referência;

c) de mais de setenta metros quadrados e até oitenta metros quadrados de área construída: vinte por cento do maior valor de referência.

§ 3º Os emolumentos devidos pelos atos relativos a financiamento rural serão cobrados de acordo com a legislação federal.

▸ §§ 1º a 3º com a redação dada pela Lei nº 6.941, de 14-9-1981.

§ 4º As custas e emolumentos devidos aos Cartórios de Notas e de Registro de Imóveis, nos atos relacionados com a aquisição imobiliária para fins residenciais, oriundas de programas e convênios com a União, Estados, Distrito Federal e Municípios, para a construção de habitações populares destinadas a famílias de baixa renda, pelo sistema de mutirão e autoconstrução orientada, serão reduzidos para vinte por cento da tabela cartorária normal, considerando-se que o imóvel será limitado a até sessenta e nove metros quadrados de área construída, em terreno de até duzentos e cinquenta metros quadrados.

§ 5º Os cartórios que não cumprirem o disposto no § 4º ficarão sujeitos a multa de até R$ 1.120,00 (um mil, cento e vinte reais) a ser aplicada pelo juiz, com a anualização que se fizer necessária, em caso de desvalorização da moeda.

▸ §§ 4º e 5º acrescidos pela Lei nº 9.934, de 20-12-1999.

Art. 290-A. Devem ser realizados independentemente do recolhimento de custas e emolumentos:

▸ Artigo acrescido pela Lei nº 11.481, de 31-5-2007.

I – o primeiro registro de direito real constituído em favor de beneficiário de regularização fundiária de interesse social em áreas urbanas e em áreas rurais de agricultura familiar;

II – a primeira averbação de construção residencial de até 70 m² (setenta metros quadrados) de edificação em áreas urbanas objeto de regularização fundiária de interesse social;

▸ Incisos I e II acrescidos pela Lei nº 11.481, de 31-5-2007.

III – o registro de título de legitimação de posse, concedido pelo poder público, de que trata o art. 59 da Lei nº 11.977, de 7 de julho de 2009, e de sua conversão em propriedade;

▸ Inciso III acrescido pela Lei nº 12.424, de 16-6-2011 (*DOU* de 17-6-2011 e republicada no *DOU* de 20-6-2011).

IV – o registro do título de transferência do direito real de propriedade ou de outro direito ao beneficiário de projetos de assentamento rurais promovidos pelo Instituto Nacional de Colonização e Reforma Agrária (INCRA) com base nas Leis nºs 4.504, de 30 de novembro de 1964, e 8.629, de 25 de fevereiro de 1993, ou em outra lei posterior com finalidade similar.

▸ Inciso IV acrescido pela Lei nº 14.382, de 27-6-2022.

§ 1º O registro e a averbação de que tratam os incisos I, II e III do *caput* deste artigo independem da comprovação do pagamento de quaisquer tributos, inclusive previdenciários.

▸ § 1º com a redação dada pela Lei nº 12.424, de 16-6-2011 (*DOU* de 17-6-2011 e republicada no *DOU* de 20-6-2011).

§ 2º *Revogado.* Lei nº 12.424, de 16-6-2011 (*DOU* de 17-6-2011 e republicada no *DOU* de 20-6-2011).

Art. 291. A emissão ou averbação da cédula hipotecária, consolidando créditos hipotecários de um só credor, não implica modificação da ordem preferencial dessas hipotecas em relação a outras que lhes sejam posteriores e que garantam créditos não incluídos na consolidação.

Art. 292. É vedado aos tabeliães e aos oficiais de registro de imóveis, sob pena de responsabilidade, lavrar ou registrar escritura ou escritos particulares autorizados por lei, que tenham por objeto imóvel hipotecado a entidade do Sistema Financeiro da Habitação, ou direitos a eles relativos, sem que conste dos mesmos, expressamente, a menção ao ônus real e ao credor, bem como a comunicação ao credor, necessariamente feita pelo alienante, com antecedência de, no mínimo, trinta dias.

Art. 293. Se a escritura deixar de ser lavrada no prazo de sessenta dias a contar da data da comunicação do alienante, esta perderá a validade.

Parágrafo único. A ciência da comunicação não importará consentimento tácito do credor hipotecário.

Art. 294. Nos casos de incorporação de bens imóveis do patrimônio público, para a formação ou integralização do capital de sociedade por ações da administração indireta ou para a formação do patrimônio de empresa pública, o oficial do respectivo registro de imóveis fará o novo registro em nome da entidade a que os mesmos forem incorporados ou transferidos, valendo-se, para tanto, dos dados característicos e confrontações constantes do anterior.

§ 1º Servirá como título hábil para o novo registro o instrumento pelo qual a incorporação ou transferência se verificou, em cópia autêntica, ou exemplar do órgão oficial no qual foi aquele publicado.

§ 2º Na hipótese de não coincidência das características do imóvel com as constantes do registro existente, deverá a entidade, ao qual foi o mesmo incorporado ou transferido, promover a respectiva correção mediante termo aditivo ao instrumento de incorporação ou transferência e do qual deverão constar, entre outros elementos, seus limites ou confrontações, sua descrição e caracterização.

§ 3º Para fins do registro de que trata o presente artigo, considerar-se-á, como valor de transferência dos bens, o constante do instrumento a que alude o § 1º.

▸ Anterior art. 291 renumerado pela Lei nº 6.941, de 14-9-1981.

Art. 295. O encerramento dos livros em uso, antes da vigência da presente Lei, não exclui a validade dos atos neles registrados, nem impede que, neles, se façam as averbações e anotações posteriores.

Parágrafo único. Se a averbação ou anotação deve ser feita no Livro nº 2 do registro de imóvel, pela presente Lei, e não houver espaço nos anteriores Livros de Transcrição das Transmissões, será aberta a matrícula do imóvel.

▸ Anterior art. 292 renumerado pela Lei nº 6.941, de 14-9-1981.

Art. 296. Aplicam-se aos registros referidos no artigo 1º, § 1º, incisos I, II e III, desta Lei, as disposições relativas ao processo de dúvida no registro de imóveis.

▸ Anterior art. 293 renumerado pela Lei nº 6.941, de 14-9-1981.

Art. 297. Os oficiais, na data de vigência desta Lei, lavrarão termo de encerramento nos livros, e dele remeterão cópia ao juiz a que estiverem subordinados.

Parágrafo único. Sem prejuízo do cumprimento integral das disposições desta Lei, os livros antigos poderão ser aproveitados, até o seu esgotamento, mediante autorização judicial e adaptação aos novos modelos, iniciando-se nova numeração.

▸ Anterior art. 294 renumerado pela Lei nº 6.941, de 14-9-1981.

Art. 298. Esta Lei entrará em vigor no dia 1º de janeiro de 1976.

▸ Anterior art. 295 renumerado pela Lei nº 6.941, de 14-9-1981.

Art. 299. Revogam-se a Lei nº 4.827, de 7 de março de 1924, os Decretos nºs 4.857, de 9 de novembro de 1939, 5.318, de 29 de fevereiro de 1940, 5.553, de 6 de maio de 1940, e as demais disposições em contrário.

▸ Anterior art. 296 renumerado pela Lei nº 6.941, de 14-9-1981.

Brasília, 31 de dezembro de 1973;
152º da Independência e
85º da República.

Emílio G. Médici

LEI Nº 6.019, DE 3 DE JANEIRO DE 1974

Dispõe sobre o trabalho temporário nas empresas urbanas e dá outras providências.

▸ Publicada no *DOU* de 4-1-1974.

Art. 1º As relações de trabalho na empresa de trabalho temporário, na empresa de prestação de serviços e nas respectivas tomadoras de serviço e contratante regem-se por esta Lei.

Art. 2º Trabalho temporário é aquele prestado por pessoa física contratada por uma empresa de trabalho temporário que a coloca à disposição de uma empresa tomadora de serviços, para atender à necessidade de substituição transitória de pessoal permanente ou à demanda complementar de serviços.

§ 1º É proibida a contratação de trabalho temporário para a substituição de trabalhadores em greve, salvo nos casos previstos em lei.

§ 2º Considera-se complementar a demanda de serviços que seja oriunda de fatores imprevisíveis ou, quando decorrente de fatores previsíveis, tenha natureza intermitente, periódica ou sazonal.

▸ Arts. 1º e 2º com a redação dada pela Lei nº 13.429, de 31-3-2017.

Art. 3º É reconhecida a atividade da empresa de trabalho temporário que passa a integrar o plano básico do enquadramento sindical a que se refere o artigo 577, da Consolidação das Leis do Trabalho.

Art. 4º Empresa de trabalho temporário é a pessoa jurídica, devidamente registrada no Ministério do Trabalho, responsável pela colocação de trabalhadores à disposição de outras empresas temporariamente.

▸ Artigo com a redação dada pela Lei nº 13.429, de 31-3-2017.

Art. 4º-A. Considera-se prestação de serviços a terceiros a transferência feita pela contratante da execução de quaisquer de suas atividades, inclusive sua atividade principal, à pessoa jurídica de direito privado prestadora de serviços que possua capacidade econômica compatível com a sua execução.

► *Caput* com a redação dada pela Lei nº 13.467, de 13-7-2017.

§ 1º A empresa prestadora de serviços contrata, remunera e dirige o trabalho realizado por seus trabalhadores, ou subcontrata outras empresas para realização desses serviços.

§ 2º Não se configura vínculo empregatício entre os trabalhadores, ou sócios das empresas prestadoras de serviços, qualquer que seja o seu ramo, e a empresa contratante.

► §§ 1º e 2º acrescidos pela Lei nº 13.429, de 31-3-2017.

Art. 4º-B. São requisitos para o funcionamento da empresa de prestação de serviços a terceiros:

I – prova de inscrição no Cadastro Nacional da Pessoa Jurídica (CNPJ);

II – registro na Junta Comercial;

III – capital social compatível com o número de empregados, observando-se os seguintes parâmetros:

a) empresas com até dez empregados – capital mínimo de R$ 10.000,00 (dez mil reais);

b) empresas com mais de dez e até vinte empregados – capital mínimo de R$ 25.000,00 (vinte e cinco mil reais);

c) empresas com mais de vinte e até cinquenta empregados – capital mínimo de R$ 45.000,00 (quarenta e cinco mil reais);

d) empresas com mais de cinquenta e até cem empregados – capital mínimo de R$ 100.000,00 (cem mil reais); e

e) empresas com mais de cem empregados – capital mínimo de R$ 250.000,00 (duzentos e cinquenta mil reais).

► Art. 4º-B acrescido pela Lei nº 13.429, de 31-3-2017.

Art. 4º-C. São asseguradas aos empregados da empresa prestadora de serviços a que se refere o art. 4º-A desta Lei, quando e enquanto os serviços, que podem ser de qualquer uma das atividades da contratante, forem executados nas dependências da tomadora, as mesmas condições:

I – relativas a:

a) alimentação garantida aos empregados da contratante, quando oferecida em refeitórios;

b) direito de utilizar os serviços de transporte;

c) atendimento médico ou ambulatorial existente nas dependências da contratante ou local por ela designado;

d) treinamento adequado, fornecido pela contratada, quando a atividade o exigir.

II – sanitárias, de medidas de proteção à saúde e de segurança no trabalho e de instalações adequadas à prestação do serviço.

§ 1º Contratante e contratada poderão estabelecer, se assim entenderem, que os empregados da contratada farão jus a salário equivalente ao pago aos empregados da contratante, além de outros direitos não previstos neste artigo.

§ 2º Nos contratos que impliquem mobilização de empregados da contratada em número igual ou superior a 20% (vinte por cento) dos empregados da contratante, esta poderá disponibilizar aos empregados da contratada os serviços de alimentação e atendimento ambulatorial em outros locais apropriados e com igual padrão de atendimento, com vistas a manter o pleno funcionamento dos serviços existentes.

► Art. 4º-C acrescido pela Lei nº 13.467, de 13-7-2017.

Art. 5º Empresa tomadora de serviços é a pessoa jurídica ou entidade a ela equiparada que celebra contrato de prestação de trabalho temporário com a empresa definida no art. 4º desta Lei.

► Artigo com a redação dada pela Lei nº 13.429, de 31-3-2017.

Art. 5º-A Contratante é a pessoa física ou jurídica que celebra contrato com empresa de prestação de serviços relacionados a quaisquer de suas atividades, inclusive sua atividade principal.

► *Caput* com a redação dada pela Lei nº 13.467, de 13-7-2017.

§ 1º É vedada à contratante a utilização dos trabalhadores em atividades distintas daquelas que foram objeto do contrato com a empresa prestadora de serviços.

§ 2º Os serviços contratados poderão ser executados nas instalações físicas da empresa contratante ou em outro local, de comum acordo entre as partes.

§ 3º É responsabilidade da contratante garantir as condições de segurança, higiene e salubridade dos trabalhadores, quando o trabalho for realizado em suas dependências ou local previamente convencionado em contrato.

§ 4º A contratante poderá estender ao trabalhador da empresa de prestação de serviços o mesmo atendimento médico, ambulatorial e de refeição destinado aos seus empregados, existente nas dependências da contratante, ou local por ela designado.

§ 5º A empresa contratante é subsidiariamente responsável pelas obrigações trabalhistas referentes ao período em que ocorrer a prestação de serviços, e o recolhimento das contribuições previdenciárias observará o disposto no art. 31 da Lei nº 8.212, de 24 de julho de 1991.

► §§ 1º a 5º acrescidos pela Lei nº 13.429, de 31-3-2017.

Art. 5º-B. O contrato de prestação de serviços conterá:

I – qualificação das partes;

II – especificação do serviço a ser prestado;

III – prazo para realização do serviço, quando for o caso;

IV – valor.

► Art. 5º-B acrescido pela Lei nº 13.429, de 31-3-2017.

Art. 5º-C. Não pode figurar como contratada, nos termos do art. 4º-A desta Lei, a pessoa jurídica cujos titulares ou sócios tenham, nos últimos dezoito meses, prestado serviços à contratante na qualidade de empregado ou trabalhador sem vínculo empregatício, exceto se os referidos titulares ou sócios forem aposentados.

Art. 5º-D. O empregado que for demitido não poderá prestar serviços para esta mesma empresa na qualidade de empregado de empresa prestadora de serviços antes do decurso de prazo de dezoito meses, contados a partir da demissão do empregado.

► Arts. 5º-C e 5º-D acrescidos pela Lei nº 13.467, de 13-7-2017.

Art. 6º São requisitos para funcionamento e registro da empresa de trabalho temporário no Ministério do Trabalho:

► *Caput* com a redação dada pela Lei nº 13.429, de 31-3-2017.

a) a *f)* *Revogadas*. Lei nº 13.429, de 31-3-2017.

I – prova de inscrição no Cadastro Nacional da Pessoa Jurídica (CNPJ), do Ministério da Fazenda;

II – prova do competente registro na Junta Comercial da localidade em que tenha sede;

III – prova de possuir capital social de, no mínimo, R$ 100.000,00 (cem mil reais).

► Incisos I a III acrescidos pela Lei nº 13.429, de 31-3-2017.

Parágrafo único. *Revogado*. Lei nº 13.429, de 31-3-2017.

Art. 7º A empresa de trabalho temporário que estiver funcionando na data da vigência desta Lei terá o prazo de noventa dias para o atendimento das exigências contidas no artigo anterior.

Parágrafo único. A empresa infratora do presente artigo poderá ter o seu funcionamento suspenso, por ato do Diretor-Geral do Departamento Nacional de Mão de Obra, cabendo recurso ao Ministro de Estado, no prazo de dez dias, a contar da publicação do ato no *Diário Oficial da União*.

Art. 8º A empresa de trabalho temporário é obrigada a fornecer ao Departamento Nacional de Mão de Obra, quando solicitada, os elementos de informação julgados necessários ao estudo do mercado de trabalho.

Art. 9º O contrato celebrado pela empresa de trabalho temporário e a tomadora de serviços será por escrito, ficará à disposição da autoridade fiscalizadora no estabelecimento da tomadora de serviços e conterá:

I – qualificação das partes;

II – motivo justificador da demanda de trabalho temporário;

III – prazo da prestação de serviços;

IV – valor da prestação de serviços;

V – disposições sobre a segurança e a saúde do trabalhador, independentemente do local de realização do trabalho.

§ 1º É responsabilidade da empresa contratante garantir as condições de segurança, higiene e salubridade dos trabalhadores, quando o trabalho for realizado em suas dependências ou em local por ela designado.

§ 2º A contratante estenderá ao trabalhador da empresa de trabalho temporário o mesmo atendimento médico, ambulatorial e de refeição destinado aos seus empregados, existente nas dependências da contratante, ou local por ela designado.

§ 3º O contrato de trabalho temporário pode versar sobre o desenvolvimento de atividades-meio e atividades-fim a serem executadas na empresa tomadora de serviços.

Art. 10. Qualquer que seja o ramo da empresa tomadora de serviços, não existe vínculo de emprego entre ela e os trabalhadores contratados pelas empresas de trabalho temporário.

§ 1º O contrato de trabalho temporário, com relação ao mesmo empregador, não poderá exceder ao prazo de cento e oitenta dias, consecutivos ou não.

§ 2º O contrato poderá ser prorrogado por até noventa dias, consecutivos ou não, além do prazo estabelecido no § 1º deste artigo, quando comprovada a manutenção das condições que o ensejaram.

§ 3º VETADO. Lei nº 13.429, de 31-3-2017.

§ 4º Não se aplica ao trabalhador temporário, contratado pela tomadora de serviços, o contrato de experiência previsto no parágrafo único do art. 445 da Consolidação das Leis do Trabalho (CLT), aprovada pelo Decreto-Lei nº 5.452, de 1º de maio de 1943.

§ 5º O trabalhador temporário que cumprir o período estipulado nos §§ 1º e 2º deste artigo somente poderá ser colocado à disposição da mesma tomadora de serviços em novo contrato temporário, após noventa dias do término do contrato anterior.

§ 6º A contratação anterior ao prazo previsto no § 5º deste artigo caracteriza vínculo empregatício com a tomadora.

§ 7º A contratante é subsidiariamente responsável pelas obrigações trabalhistas referentes ao período em que ocorrer o trabalho temporário, e o recolhimento das contribuições previdenciárias observará o disposto no art. 31 da Lei nº 8.212, de 24 de julho de 1991.

▶ Arts. 9º e 10 com a redação dada pela Lei nº 13.429, de 31-3-2017.

Art. 11. O contrato de trabalho celebrado entre empresa de trabalho temporário e cada um dos assalariados colocados à disposição de uma empresa tomadora ou cliente será, obrigatoriamente, escrito e dele deverão constar, expressamente, os direitos conferidos aos trabalhadores por esta Lei.

Parágrafo único. Será nula de pleno direito qualquer cláusula de reserva, proibindo a contratação do trabalhador pela empresa tomadora ou cliente ao fim do prazo em que tenha sido colocado à sua disposição pela empresa de trabalho temporário.

▶ A alteração que seria introduzida neste parágrafo único, pela Lei nº 13.429, de 31-3-2017, foi vetada, razão pela qual mantivemos a sua redação.

Art. 12. Ficam assegurados ao trabalhador temporário os seguintes direitos:

▶ A alteração que seria introduzida neste artigo, pela Lei nº 13.429, de 31-3-2017, foi vetada, razão pela qual mantivemos a sua redação.

a) remuneração equivalente à percebida pelos empregados de mesma categoria da empresa tomadora ou cliente calculados à base horária, garantida, em qualquer hipótese, a percepção do salário mínimo regional;

▶ OJ da SBDI-I nº 383 do TST.

b) jornada de oito horas, remuneradas as horas extraordinárias não excedentes de duas, com acréscimo de vinte por cento;

▶ Art. 7º, XVI, da CF.

c) férias proporcionais, nos termos do artigo 25 da Lei nº 5.107, de 13 de setembro de 1966;

d) repouso semanal remunerado;

▶ Art. 7º, XV, da CF.

e) adicional por trabalho noturno;

▶ Art. 7º, IX, da CF.

f) indenização por dispensa sem justa causa ou término normal do contrato, correspondente a um doze avos do pagamento recebido;

g) seguro contra acidente do trabalho;

h) proteção previdenciária nos termos do disposto na Lei Orgânica da Previdência Social, com as alterações introduzidas pela Lei nº 5.890, de 8 de junho de 1973 (artigo 5º, III, *c*, do Decreto nº 72.771, de 6 de setembro de 1973).

§ 1º Registrar-se-á na Carteira de Trabalho e Previdência Social do trabalhador sua condição de temporário.

§ 2º A empresa tomadora ou cliente é obrigada a comunicar à empresa de trabalho temporário a ocorrência de todo acidente cuja vítima seja um assalariado posto à sua disposição, considerando-se local de trabalho, para efeito da legislação específica, tanto aquele onde se efetua a prestação do trabalho quanto a sede da empresa de trabalho temporário.

Art. 13. Constituem justa causa para rescisão do contrato do trabalhador temporário os atos e circunstâncias mencionados nos artigos 482 e 483, da Consolidação das Leis do Trabalho, ocorrentes entre o trabalhador e a empresa de trabalho temporário ou entre aquele e a empresa cliente onde estiver prestando serviço.

Art. 14. As empresas de trabalho temporário são obrigadas a fornecer às empresas tomadoras ou clientes, a seu pedido, comprovante da regularidade de sua situação com o Instituto Nacional de Previdência Social.

Art. 15. A fiscalização do trabalho poderá exigir da empresa tomadora ou cliente a apresentação do contrato firmado com a empresa de trabalho temporário, e, desta última, o contrato firmado com o trabalhador, bem como a comprovação do respectivo recolhimento das contribuições previdenciárias.

Art. 16. No caso de falência da empresa de trabalho temporário, a empresa tomadora ou cliente é solidariamente responsável pelo recolhimento das contribuições previdenciárias, no tocante ao tempo em que o trabalhador esteve sob suas ordens, assim como em referência ao mesmo período, pela remuneração e indenização previstas nesta Lei.

Art. 17. É defeso às empresas de prestação de serviço temporário a contratação de estrangeiros com visto provisório de permanência no País.

Art. 18. É vedado à empresa de trabalho temporário cobrar do trabalhador qualquer importância, mesmo a título de mediação, podendo apenas efetuar os descontos previstos em lei.

Parágrafo único. A infração deste artigo importa no cancelamento do registro para funcionamento da empresa de trabalho temporário, sem prejuízo das sanções administrativas e penais cabíveis.

Art. 19. Competirá à Justiça do Trabalho dirimir os litígios entre as empresas de serviço temporário e seus trabalhadores.

Art. 19-A. O descumprimento do disposto nesta Lei sujeita a empresa infratora ao pagamento de multa.

Parágrafo único. A fiscalização, a autuação e o processo de imposição das multas reger-se-ão pelo Título VII da Consolidação das Leis do Trabalho (CLT), aprovada pelo Decreto-Lei nº 5.452, de 1º de maio de 1943.

Art. 19-B. O disposto nesta Lei não se aplica às empresas de vigilância e transporte de valores, permanecendo as respectivas relações de trabalho reguladas por legislação especial, e subsidiariamente pela Consolidação das Leis do Trabalho (CLT), aprovada pelo Decreto-Lei nº 5.452, de 1º de maio de 1943.

Art. 19-C. Os contratos em vigência, se as partes assim acordarem, poderão ser adequados aos termos desta Lei.

▶ Arts. 19-A a 19-C acrescidos pela Lei nº 13.429, de 31-3-2017.

Art. 20. Esta Lei entrará em vigor sessenta dias após a sua publicação, revogadas as disposições em contrário.

Brasília, 3 de janeiro de 1974;
153º da Independência e
86º da República.

Emílio G. Médici

LEI Nº 6.024, DE 13 DE MARÇO DE 1974

Dispõe sobre a intervenção e a liquidação extrajudicial de instituições financeiras, e dá outras providências.

▶ Publicada no *DOU* de 14-3-1974.

▶ Lei nº 9.447, de 14-3-1997, dispõe sobre a responsabilidade solidária de controladores de instituições submetidas à intervenção, liquidação extrajudicial e regime de administração especial temporária.

▶ Dec.-lei nº 2.321, de 25-2-1987, institui, em defesa das finanças públicas, regime de administração especial temporária, nas instituições financeiras privadas e públicas não federais.

CAPÍTULO I
DISPOSIÇÃO PRELIMINAR

Art. 1º As instituições financeiras privadas e as públicas não federais, assim como as cooperativas de crédito, estão sujeitas, nos termos desta Lei, à intervenção ou à liquidação extrajudicial, em ambos os casos efetuada e decretada pelo Banco Central do Brasil, sem prejuízo do disposto nos artigos 137 e 138 do Decreto-Lei nº 2.627, de 26 de setembro de 1940, ou à falência, nos termos da legislação vigente.

CAPÍTULO II
DA INTERVENÇÃO E SEU PROCESSO

Seção I
DA INTERVENÇÃO

Art. 2º Far-se-á a intervenção quando se verificarem as seguintes anormalidades nos negócios sociais da instituição:

I – a entidade sofrer prejuízo, decorrente da má administração, que sujeite a riscos os seus credores;

II – forem verificadas reiteradas infrações a dispositivos da legislação bancária não regularizadas após as determinações do Banco Central do Brasil, no uso das suas atribuições de fiscalização;

III – na hipótese de ocorrer qualquer dos fatos mencionados nos artigos 1º e 2º, do Decreto-Lei nº 7.661, de 21 de junho de 1945 (Lei de Falências), houver possibilidade de evitar-se, a liquidação extrajudicial.

Art. 3º A intervenção será decretada *ex officio* pelo Banco Central do Brasil, ou por solicitação dos administradores da instituição – se o respectivo estatuto lhes conferir esta competência – com indicação das causas do pedido, sem prejuízo da responsabilidade civil e criminal em que incorrerem os mesmos administradores, pela indicação falsa ou dolosa.

Art. 4º O período da intervenção não excederá a 6 (seis) meses o qual, por decisão do Banco Central do Brasil, poderá ser prorrogado uma única vez, até o máximo de outros 6 (seis) meses.

Art. 5º A intervenção será executada por interventor nomeado pelo Banco Central do Brasil, com plenos poderes de gestão.

Parágrafo único. Dependerão de prévia e expressa autorização do Banco Central do Brasil os atos do interventor que impliquem em disposição ou oneração do patrimônio da sociedade, admissão e demissão de pessoal.

Art. 6º A intervenção produzirá, desde sua decretação, os seguintes efeitos:

a) suspensão da exigibilidade das obrigações vencidas;
b) suspensão da fluência do prazo das obrigações vincendas anteriormente contraídas;
c) inexigibilidade dos depósitos já existentes à data de sua decretação.

Art. 7º A intervenção cessará:

a) se os interessados, apresentando as necessárias condições de garantia, julgados a critério do Banco Central do Brasil, tomarem a si o prosseguimento das atividades econômicas da empresa;
b) quando, a critério do Banco Central do Brasil, a situação da entidade se houver normalizado;
c) se decretada a liquidação extrajudicial, ou a falência da entidade.

Seção II

DO PROCESSO DA INTERVENÇÃO

Art. 8º Independentemente da publicação do ato de sua nomeação, o interventor será investido, de imediato, em suas funções, mediante termo de posse lavrado no "Diário" da entidade, ou, na falta deste, no livro que o substituir, com a transcrição do ato que houver decretado a medida e que o tenha nomeado.

Art. 9º Ao assumir suas funções, o interventor:

a) arrecadará, mediante termo, todos os livros da entidade e os documentos de interesse da administração;
b) levantará o balanço geral e o inventário de todos os livros, documentos, dinheiro e demais bens da entidade, ainda que em poder de terceiros, a qualquer título.

Parágrafo único. O termo de arrecadação, o balanço geral e o inventário, deverão ser assinados também pelos administradores em exercício no dia anterior ao da posse do interventor, os quais poderão apresentar, em separado, as declarações e observações que julgarem a bem dos seus interesses.

Art. 10. Os ex-administradores da entidade deverão entregar ao interventor, dentro de cinco dias, contados da posse deste, declaração, assinada em conjunto por todos eles, de que conste a indicação:

a) do nome, nacionalidade, estado civil e endereço dos administradores e membros do Conselho Fiscal que estiverem em exercício nos últimos 12 meses anteriores à decretação da medida;
b) dos mandatos que, porventura, tenham outorgado em nome da instituição, indicando o seu objeto, nome e endereço do mandatário;
c) dos bens imóveis, assim como dos móveis, que não se encontrem no estabelecimento;
d) da participação que, porventura, cada administrador ou membro do Conselho Fiscal tenha em outras sociedades, com a respectiva indicação.

Art. 11. O interventor, dentro em sessenta dias, contados de sua posse, prorrogável se necessário, apresentará ao Banco Central do Brasil relatório, que conterá:

a) exame da escrituração, da aplicação dos fundos e disponibilidades, e da situação econômico-financeira da instituição;
b) indicação, devidamente comprovada, dos atos e omissões danosos que eventualmente tenha verificado;
c) proposta justificada da adoção das providências que lhe pareçam convenientes à instituição.

Parágrafo único. As disposições deste artigo não impedem que o interventor, antes da apresentação do relatório, proponha ao Banco Central do Brasil a adoção de qualquer providência que lhe pareça necessária e urgente.

Art. 12. À vista do relatório ou da proposta do interventor, o Banco Central do Brasil poderá:

a) determinar a cessação da intervenção, hipótese em que o interventor será autorizado a promover os atos que, nesse sentido, se tornarem necessários;
b) manter a instituição sob intervenção, até serem eliminadas as irregularidades que a motivaram, observado o disposto no artigo 4º;
c) decretar a liquidação extrajudicial da entidade;
d) autorizar o interventor a requerer a falência da entidade, quando o seu ativo não for suficiente para cobrir sequer metade do valor dos créditos quirografários, ou quando julgada inconveniente a liquidação extrajudicial, ou quando a complexidade dos negócios da instituição ou a gravidade dos fatos apurados aconselharem a medida.

Art. 13. Das decisões do interventor caberá recurso, sem efeito suspensivo, dentro de dez dias da respectiva ciência, para o Banco Central do Brasil, em única instância.

§ 1º Findo o prazo sem a interposição de recurso, a decisão assumirá caráter definitivo.

§ 2º O recurso será entregue, mediante protocolo, ao interventor que o informará e o encaminhará dentro em cinco dias, ao Banco Central do Brasil.

Art. 14. O interventor prestará contas ao Banco Central do Brasil, independentemente de qualquer exigência, no momento em que deixar suas funções, ou a qualquer tempo, quando solicitado, e responderá, civil e criminalmente, por seus atos.

CAPÍTULO III

DA LIQUIDAÇÃO EXTRAJUDICIAL

Seção I

DA APLICAÇÃO E DOS EFEITOS DA MEDIDA

Art. 15. Decretar-se-á a liquidação extrajudicial da instituição financeira:

I – *ex officio*:

a) em razão de ocorrências que comprometam sua situação econômica ou financeira especialmente quando deixar de satisfazer, com pontualidade, seus compromissos ou quando se caracterizar qualquer dos motivos que autorizem a declararão de falência;
b) quando a administração violar gravemente as normas legais e estatutárias que disciplinam a atividade da instituição bem como as determinações do Conselho Monetário Nacional ou do Banco Central do Brasil, no uso de suas atribuições legais;
c) quando a instituição sofrer prejuízo que sujeite a risco anormal seus credores quirografários;
d) quando, cassada a autorização para funcionar, a instituição não iniciar, nos 90 (noventa) dias seguintes, sua liquidação ordinária, ou quando, iniciada esta, verificar o Banco Central do Brasil que a morosidade de sua administração pode acarretar prejuízo para os credores;

II – a requerimento dos administradores da instituição – se o respectivo estatuto social lhes conferir esta competência – ou por proposta do interventor, expostos circunstanciadamente os motivos justificadores da medida.

§ 1º O Banco Central do Brasil decidirá sobre a gravidade dos fatos determinantes da liquidação extrajudicial, considerando as repercussões deste sobre os interesses dos mercados financeiro e de capitais, e, poderá, em lugar da liquidação, efetuar a intervenção, se julgar esta medida suficiente para a normalização dos negócios da instituição e preservação daqueles interesses.

§ 2º O ato do Banco Central do Brasil, que decretar a liquidação extrajudicial, indicará a data em que se tenha caracterizado o estado que a determinou, fixando o termo legal da liquidação que não poderá ser superior a 60 (sessenta) dias contados do primeiro protesto por falta de pagamento ou, na falta deste do ato que haja decretado a intervenção ou a liquidação.

Art. 16. A liquidação extrajudicial será executada por liquidante nomeado pelo Banco Central do Brasil, com amplos poderes de administração e liquidação, especialmente os de verificação e classificação dos créditos, podendo nomear e demitir funcionários, fixando-lhes os vencimentos, outorgar e cassar mandatos, propor ações e representar a massa em Juízo ou fora dele.

§ 1º Com prévia e expressa autorização do Banco Central do Brasil, poderá o liquidante, em benefício da massa, ultimar os negócios pendentes e, a qualquer tempo, onerar ou alienar seus bens, neste último caso através de licitações.

§ 2º Os honorários do liquidante, a serem pagos por conta da liquidanda, serão fixados pelo Banco Central do Brasil.

Art. 17. Em todos os atos, documentos e publicações de interesse da liquidação, será usada obrigatoriamente, a expressão "Em liquidação extrajudicial", em seguida à denominação da entidade.

Art. 18. A decretação da liquidação extrajudicial produzirá, de imediato, os seguintes efeitos:

a) suspensão das ações e execuções iniciadas sobre direitos e interesses relativos ao acervo da entidade liquidanda, não podendo ser intentadas quaisquer outras, enquanto durar a liquidação;
b) vencimento antecipado das obrigações da liquidanda;

c) não atendimento das cláusulas penais dos contratos unilaterais vencidos em virtude da decretação da liquidação extrajudicial;

d) não fluência de juros, mesmo que estipulados, contra a massa, enquanto não integralmente pago o passivo;

e) interrupção da prescrição relativa a obrigações de responsabilidade da instituição;

f) não reclamação de correção monetária de quaisquer dívidas passivas, nem de penas pecuniárias por infração de leis penais ou administrativas.

Art. 19. A liquidação extrajudicial será encerrada:

▸ *Caput* com a redação dada pela Lei nº 13.506, de 13-11-2017.

a a d) Revogadas. Lei nº 13.506, de 13-11-2017.

I – por decisão do Banco Central do Brasil, nas seguintes hipóteses:

a) pagamento integral dos credores quirografários;

b) mudança de objeto social da instituição para atividade econômica não integrante do Sistema Financeiro Nacional;

c) transferência do controle societário da instituição;

d) convolação em liquidação ordinária;

e) exaustão do ativo da instituição, mediante a sua realização total e a distribuição do produto entre os credores, ainda que não ocorra o pagamento integral dos créditos; ou

f) iliquidez ou difícil realização do ativo remanescente na instituição, reconhecidas pelo Banco Central do Brasil;

II – pela decretação da falência da instituição.

▸ Incisos I e II acrescidos pela Lei nº 13.506, de 13-11-2017.

§ 1º Encerrada a liquidação extrajudicial nas hipóteses previstas nas alíneas *a*, *b*, *d*, *e* e *f* do inciso I do *caput* deste artigo, o Banco Central do Brasil comunicará o encerramento ao órgão competente do registro do comércio, que deverá:

I – nas hipóteses das alíneas *b* e *d* do inciso I do *caput* deste artigo, promover as anotações pertinentes;

II – nas hipóteses das alíneas *a*, *e* e *f* do inciso I do *caput* deste artigo, proceder à anotação do encerramento da liquidação extrajudicial no registro correspondente e substituir, na denominação da sociedade, a expressão "Em liquidação extrajudicial" por "Liquidação extrajudicial encerrada".

§ 2º Encerrada a liquidação extrajudicial nas hipóteses previstas no inciso I do *caput* deste artigo, o prazo prescricional relativo às obrigações da instituição voltará a contar da data da publicação do ato de encerramento do regime.

§ 3º O encerramento da liquidação extrajudicial nas hipóteses previstas nas alíneas *b* e *d* do inciso I do *caput* deste artigo pode ser proposto ao Banco Central do Brasil, após a aprovação por maioria simples dos presentes à assembleia geral de credores, pelos:

I – cooperados ou associados, autorizados pela assembleia geral; ou

II – controladores.

§ 4º A assembleia geral de credores a que se refere o § 3º será presidida pelo liquidante e nela poderão votar os titulares de créditos inscritos no quadro geral de credores, computados os votos proporcionalmente ao valor dos créditos dos presentes.

§ 5º Encerrada a liquidação extrajudicial nas hipóteses previstas no inciso I do *caput* deste artigo, o acervo remanescente da instituição, se houver, será restituído:

I – ao último sócio controlador ou a qualquer sócio participante do grupo de controle ou, na impossibilidade de identificá-lo ou localizá-lo, ao maior acionista ou cotista da sociedade; ou

II – a qualquer cooperado, no caso de cooperativa de crédito.

§ 6º As pessoas referidas no § 5º deste artigo não poderão recusar o recebimento do acervo remanescente e serão consideradas depositárias dos bens recebidos.

§ 7º Na hipótese em que o lugar em que se encontrarem as pessoas referidas no § 5º deste artigo for ignorado, incerto ou inacessível, ou na hipótese de suspeita de ocultação, é o liquidante autorizado a depositar o acervo remanescente em favor delas, no juízo ao qual caberia decretar a falência.

▸ §§ 1º a 7º acrescidos pela Lei nº 13.506, de 13-11-2017.

Seção II

DO PROCESSO DA LIQUIDAÇÃO EXTRAJUDICIAL

Art. 20. Aplicam-se, ao processo da liquidação extrajudicial, as disposições relativas ao processo da intervenção, constantes dos artigos 8º, 9º, 10 e 11, desta Lei.

Art. 21. À vista do relatório ou da proposta previstos no artigo 11, apresentados pelo liquidante na conformidade do artigo anterior, o Banco Central do Brasil poderá autorizá-lo a:

a) prosseguir na liquidação extrajudicial;

b) requerer a falência da entidade, quando o seu ativo não for suficiente para cobrir pelo menos a metade do valor dos créditos quirografários, ou quando houver fundados indícios de crimes falimentares.

Parágrafo único. Sem prejuízo do disposto neste artigo, em qualquer tempo, o Banco Central do Brasil poderá estudar pedidos de cessação da liquidação extrajudicial, formulados pelos interessados, concedendo ou recusando a medida pleiteada, segundo as garantias oferecidas e as conveniências de ordem geral.

Art. 22. Se determinado o prosseguimento da liquidação extrajudicial o liquidante fará publicar, no *Diário Oficial da União* e em jornal de grande circulação do local da sede da entidade, aviso aos credores para que declarem os respectivos créditos, dispensados desta formalidade os credores por depósitos ou por letras de câmbio de aceite da instituição financeira liquidanda.

§ 1º No aviso de que trata este artigo, o liquidante fixará o prazo para a declaração dos créditos, o qual não será inferior a vinte, nem superior a quarenta dias, conforme a importância da liquidação e os interesses nela envolvidos.

§ 2º Relativamente aos créditos dispensados de habilitação, o liquidante manterá, na sede da liquidanda, relação nominal dos depositantes e respectivos saldos, bem como relação das letras de câmbio de seu aceite.

§ 3º Aos credores obrigados à declaração assegurar-se-á o direito de obterem do liquidante as informações, extratos de contas, saldos e outros elementos necessários à defesa dos seus interesses e à prova dos respectivos créditos.

§ 4º O liquidante dará sempre recibo das declarações de crédito e dos documentos recebidos.

Art. 23. O liquidante juntará a cada declaração a informação completa a respeito do resultado das averiguações a que procedeu nos livros, papéis e assentamentos da entidade, relativos ao crédito declarado, bem como sua decisão quanto à legitimidade, valor e classificação.

Parágrafo único. O liquidante poderá exigir dos ex-administradores da instituição que prestem informações sobre qualquer dos créditos declarados.

Art. 24. Os credores serão notificados, por escrito, da decisão do liquidante, os quais, a contar da data do recebimento da notificação, terão o prazo de dez dias para recorrer, ao Banco Central do Brasil, do ato que lhes pareça desfavorável.

Art. 25. Esgotado o prazo para a declaração de créditos e julgados estes, o liquidante organizará o quadro geral de credores e publicará, na forma prevista no artigo 22, aviso de que dito quadro, juntamente com o balanço geral, se acha fixado na sede e demais dependências da entidade, para conhecimento dos interessados.

Parágrafo único. Após a publicação mencionada neste artigo, qualquer interessado poderá impugnar a legitimidade, valor, ou a classificação dos créditos constantes do referido quadro.

Art. 26. A impugnação será apresentada por escrito, devidamente justificada com os documentos julgados convenientes, dentro de dez dias, contados da data da publicação de que trata o artigo anterior.

§ 1º A entrega da impugnação será feita contra recibo, passado pelo liquidante, com cópia que será juntada ao processo.

§ 2º O titular do crédito impugnado será notificado pelo liquidante e, a contar da data do recebimento da notificação, terá o prazo de cinco dias para oferecer as alegações e provas que julgar convenientes à defesa dos seus direitos.

§ 3º O liquidante encaminhará as impugnações com o seu parecer, juntando os elementos probatórios, à decisão do Banco Central do Brasil.

§ 4º Julgadas todas as impugnações, o liquidante fará publicar avisos na forma do artigo 22, sobre as eventuais modificações no quadro geral de credores que, a partir desse momento, será considerado definitivo.

Art. 27. Os credores que se julgarem prejudicados pelo não provimento do recurso interposto, ou pela decisão proferida na impugnação poderão prosseguir nas ações que tenham sido suspensas por força do artigo 18, ou propor as que couberem, dando ciência do fato ao liquidante para que este reserve fundos suficientes à eventual satisfação dos respectivos pedidos.

Parágrafo único. Decairão do direito assegurado neste artigo os interessados que não o exercitarem dentro do prazo de trinta dias, contados da data em que for considerado definitivo o quadro geral dos credores, com a publicação a que alude o § 4º do artigo anterior.

Art. 28. Nos casos de descoberta de falsidade, dolo, simulação, fraude, erro essencial, ou de documentos ignorados na época do julgamento dos créditos, o liquidante ou qualquer credor admitido pode pedir ao Banco Central do Brasil, até ao encerramento da liquidação, a exclusão, ou outra classificação, ou a simples retificação de qualquer crédito.

Parágrafo único. O titular desse crédito será notificado do pedido e, a contar da data do recebimento da notificação, terá o prazo de cinco dias para oferecer as alegações e provas que julgar convenientes, sendo-lhe assegurado o direito a que se refere o artigo anterior, se se julgar prejudicado pela decisão proferida, que lhe será notificada por escrito, contando-se da data do recebimento da notificação o prazo de decadência fixado no parágrafo único do mesmo artigo.

Art. 29. Incluem-se, entre os encargos da massa, as quantias a ela fornecidas pelos credores, pelo liquidante ou pelo Banco Central do Brasil.

Art. 30. Salvo expressa disposição em contrário desta Lei, das decisões do liquidante caberá recurso sem efeito suspensivo, dentro em dez dias da respectiva ciência, para o Banco Central do Brasil, em única instância.

§ 1º Findo o prazo, sem a interposição de recurso, a decisão assumirá caráter definitivo.

§ 2º O recurso será entregue, mediante protocolo, ao liquidante, que o informará e o encaminhará, dentro de cinco dias, ao Banco Central do Brasil.

Art. 31. No resguardo da economia pública, da poupança privada e da segurança nacional, sempre que a atividade da entidade liquidanda colidir com os interesses daquelas áreas, poderá o liquidante, prévia e expressamente autorizado pelo Banco Central do Brasil, adotar qualquer forma especial ou qualificada de realização do ativo e liquidação do passivo, ceder o ativo a terceiros, organizar ou reorganizar sociedade para continuação geral ou parcial do negócio ou atividade da liquidanda.

§ 1º Os atos referidos neste artigo produzem efeitos jurídicos imediatos, independentemente de formalidades e registros.

§ 2º Os registros correspondentes serão procedidos no prazo de quinze dias, pelos Oficiais dos Registros de Imóveis e pelos Registros do Comércio, bem como pelos demais órgãos da administração pública, quando for o caso, à vista da comunicação formal, que lhes tenha sido feita pelo liquidante.

Art. 32. Apurados, no curso da liquidação, seguros elementos de prova, mesmo indiciária, da prática de contravenções penais ou crimes por parte de qualquer dos antigos administradores e membros do Conselho Fiscal, o liquidante os encaminhará ao órgão do Ministério Público para que este promova a ação penal.

Art. 33. O liquidante prestará contas ao Banco Central do Brasil, independentemente de qualquer exigência, no momento em que deixar suas funções, ou a qualquer tempo, quando solicitado, e responderá, civil e criminalmente, por seus atos.

Art. 34. Aplicam-se à liquidação extrajudicial no que couberem e não colidirem com os preceitos desta Lei, as disposições da Lei de Falências (Decreto-Lei nº 7.661, de 21 de junho de 1945), equiparando-se ao síndico, o liquidante, ao juiz da falência, o Banco Central do Brasil, sendo competente para conhecer da ação revocatória prevista no artigo 55 daquele Decreto-lei, o juiz a quem caberia processar e julgar a falência da instituição liquidanda.

Art. 35. Os atos indicados nos artigos 52 e 53, da Lei de Falências (Decreto-Lei nº 7.661, de 1945) praticados pelos administradores da liquidanda poderão ser declarados nulos ou revogados, cumprindo o disposto nos artigos 54 e 58 da mesma Lei.

Parágrafo único. A ação revocatória será proposta pelo liquidante, observado o disposto nos artigos 55, 56 e 57, da Lei de Falências.

CAPÍTULO IV
DOS ADMINISTRADORES E MEMBROS DO CONSELHO FISCAL

Seção I
DA INDISPONIBILIDADE DOS BENS

Art. 36. Os administradores das instituições financeiras em intervenção, em liquidação extrajudicial ou em falência, ficarão com todos os seus bens indisponíveis não podendo, por qualquer forma, direta ou indireta, aliená-los ou onerá-los, até apuração e liquidação final de suas responsabilidades.

§ 1º A indisponibilidade prevista neste artigo decorre do ato que decretar a intervenção, a liquidação extrajudicial ou a falência, e atinge a todos aqueles que tenham estado no exercício das funções nos doze meses anteriores ao mesmo ato.

§ 2º Por proposta do Banco Central do Brasil, aprovada pelo Conselho Monetário Nacional, a indisponibilidade prevista neste artigo poderá ser estendida:

a) aos bens de gerentes, conselheiros fiscais e aos de todos aqueles que, até o limite da responsabilidade estimada de cada um, tenham concorrido, nos últimos doze meses, para a decretação da intervenção ou da liquidação extrajudicial;

b) aos bens de pessoas que, nos últimos doze meses, os tenham a qualquer título, adquirido de administradores da instituição, ou das pessoas referidas na alínea anterior desde que haja seguros elementos de convicção de que se trata de simulada transferência com o fim de evitar os efeitos desta Lei.

§ 3º Não se incluem nas disposições deste artigo os bens considerados inalienáveis ou impenhoráveis pela legislação em vigor.

§ 4º Não são igualmente atingidos pela indisponibilidade os bens objeto de contrato de alienação, de promessa de compra e venda, de cessão ou promessa de cessão de direitos, desde que os respectivos instrumentos tenham sido levados ao competente registro público, anteriormente à data da decretação da intervenção, da liquidação extrajudicial ou da falência.

Art. 37. Os abrangidos pela indisponibilidade de bens de que trata o artigo anterior, não poderão ausentar-se do foro, da intervenção, da liquidação extrajudicial ou da falência, sem prévia e expressa autorização do Banco Central do Brasil ou do juiz da falência.

Art. 38. Decretada a intervenção, a liquidação extrajudicial ou a falência, o interventor, o liquidante ou escrivão da falência comunicará ao registro público competente e às Bolsas de Valores a indisponibilidade de bens imposta no artigo 36.

Parágrafo único. Recebida a comunicação, a autoridade competente ficará relativamente a esses bens impedida de:

a) fazer transcrições, inscrições, ou averbações de documentos públicos ou particulares;

b) arquivar atos ou contratos que importem em transferência de cotas sociais, ações ou partes beneficiárias;

c) realizar ou registrar operações e títulos de qualquer natureza;

d) processar a transferência de propriedade de veículos automotores.

Seção II
DA RESPONSABILIDADE DOS ADMINISTRADORES E MEMBROS DO CONSELHO FISCAL

Art. 39. Os administradores e membros do Conselho Fiscal de instituições financeiras responderão, a qualquer tempo salvo prescrição extintiva, pelos que tiverem praticado ou omissões em que houverem incorrido.

Art. 40. Os administradores de instituições financeiras respondem solidariamente pelas obrigações por elas assumidas durante sua gestão até que se cumpram.

Parágrafo único. A responsabilidade solidária se circunscreverá ao montante dos prejuízos causados.

Art. 41. Decretada a intervenção, a liquidação extrajudicial ou a falência de instituição financeira, o Banco Central do Brasil procederá a inquérito, a fim de apurar as causas que levaram a sociedade àquela situação e a responsabilidade de seus administradores e membros do Conselho Fiscal.

§ 1º Para os efeitos deste artigo, decretada a falência, o escrivão do feito a comunicará, dentro em vinte e quatro horas, ao Banco Central do Brasil.

§ 2º O inquérito será aberto imediatamente à decretação da intervenção ou da liquidação extrajudicial, ou ao recebimento da comunicação da falência, e concluído dentro em cento e vinte dias, prorrogáveis, se absolutamente necessário, por igual prazo.

§ 3º No inquérito, o Banco Central do Brasil poderá:

a) examinar, quando e quantas vezes julgar necessário, a contabilidade, os arquivos, os documentos, os valores e mais elementos das instituições;

b) tomar depoimentos solicitando para isso, se necessário, o auxílio da polícia;

c) solicitar informações a qualquer autoridade ou repartição pública, ao juiz da falência, ao órgão do Ministério Público, ao síndico, ao liquidante ou ao interventor;

d) examinar, por pessoa que designar, os autos da falência e obter, mediante solicitação escrita, cópias ou certidões de peças desses autos;

e) examinar a contabilidade e os arquivos de terceiros com os quais a instituição financeira tiver negociado e no que entender com esses negócios, bem como a contabilidade e os arquivos dos ex-administradores, se comerciantes ou industriais sob firma individual, e as respectivas contas junto a outras instituições financeiras.

§ 4º Os ex-administradores poderão acompanhar o inquérito, oferecer documentos e indicar diligências.

Art. 42. Concluída a apuração, os ex-administradores serão convidados por carta, a apresentar, por escrito, suas alegações e explicações dentro em cinco dias comuns para todos.

Art. 43. Transcorrido o prazo do artigo anterior, com ou sem a defesa, será o inquérito encerrado com um relatório, do qual constarão, em síntese, a situação da entidade examinada, as causas de sua queda, o nome, a qualificação e a relação dos bens particulares dos que, nos últimos cinco anos, geriram a sociedade, bem como o montante ou a estimativa dos prejuízos apurados em cada gestão.

Art. 44. Se o inquérito concluir pela inexistência de prejuízo, será, no caso de intervenção e de liquidação extrajudicial, arquivado no próprio Banco Central do Brasil, ou, no caso de falência, será remetido ao competente juiz, que o mandará apensar aos respectivos autos.

Parágrafo único. Na hipótese prevista neste artigo, o Banco Central do Brasil, nos casos de intervenção e de liquidação extrajudicial ou o juiz, no caso de falência, de ofício ou a requerimento de qualquer interessado, determinará o levantamento da indisponibilidade de que trata o artigo 36.

Art. 45. Concluindo o inquérito pela existência de prejuízos será ele, com o respectivo relatório, remetido pelo Banco Central do Brasil ao juiz da falência, ou ao que for competente para decretá-la, o qual o fará com vista ao órgão do Ministério Público, que, em oito dias, sob pena de responsabilidade, requererá o sequestro dos bens dos ex-administradores, que não tinham sido atingidos pela indisponibilidade prevista no artigo 36, quantos bastem para a efetivação da responsabilidade.

§ 1º Em caso de intervenção ou liquidação extrajudicial, a distribuição do inquérito ao juízo competente na forma deste artigo, previne a jurisdição do mesmo juízo, na hipótese de vir a ser decretada a falência.

§ 2º Feito o arresto, os bens serão depositados em mãos do interventor, do liquidante ou do síndico, conforme a hipótese, cumprindo ao depositário administrá-los, receber os respectivos rendimentos e prestar contas a final.

Art. 46. A responsabilidade dos ex-administradores, definida nesta Lei, será apurada em ação própria, proposta no juízo da falência ou no que for para ela competente.

Parágrafo único. O órgão do Ministério Público, nos casos de intervenção e liquidação extrajudicial proporá a ação obrigatoriamente dentro em trinta dias, a contar da realização do arresto, sob pena de responsabilidade e preclusão da sua iniciativa. Findo esse prazo ficarão os autos em cartório, à disposição de qualquer credor, que poderá iniciar a ação, nos quinze dias seguintes. Se neste último prazo ninguém o fizer, levantar-se-ão o arresto e a indisponibilidade, apensando-se os autos aos da falência, se for o caso.

Art. 47. Se, decretado o arresto ou proposta a ação, sobrevier a falência da entidade, competirá ao síndico tomar, daí por diante as providências necessárias ao efetivo cumprimento das determinações desta Lei, cabendo-lhe promover a devida substituição processual, no prazo de trinta dias, contados da data do seu compromisso.

Art. 48. Independentemente do inquérito e do arresto, qualquer das partes, a que se refere o parágrafo único do artigo 46, no prazo nele previsto, poderá propor a ação de responsabilidade dos ex-administradores, na forma desta Lei.

Art. 49. Passada em julgado a sentença que declarar a responsabilidade dos ex-administradores, o arresto e a indisponibilidade de bens se convolarão em penhora, seguindo-se o processo de execução.

§ 1º Apurados os bens penhorados e pagas as custas judiciais, o líquido será entregue ao interventor, ao liquidante ou ao síndico, conforme o caso, para rateio entre os credores da instituição.

§ 2º Se, no curso da ação ou da execução, encerrar-se a intervenção ou a liquidação extrajudicial, o interventor ou o liquidante, por ofício, dará conhecimento da ocorrência ao juiz, solicitando sua substituição como depositário dos bens arrestados ou penhorados, e fornecendo a relação nominal e respectivos saldos dos credores a serem, nesta hipótese diretamente contemplados com o rateio previsto no parágrafo anterior.

CAPÍTULO V
DISPOSIÇÕES GERAIS

Art. 50. A intervenção determina a suspensão, e, a liquidação extrajudicial, a perda do mandato respectivamente, dos administradores e membros do Conselho Fiscal e de quaisquer outros órgãos criados pelo estatuto, competindo, exclusivamente, ao interventor e ao liquidante a convocação da assembleia-geral nos casos em que julgarem conveniente.

Art. 51. Com o objetivo de preservar os interesses da poupança popular e a integridade do acervo das entidades submetidas a intervenção ou a liquidação extrajudicial o Banco Central do Brasil poderá estabelecer idêntico regime para as pessoas jurídicas que com elas tenham integração de atividade ou vínculo de interesse, ficando os seus administradores sujeitos aos preceitos desta Lei.

Parágrafo único. Verifica-se integração de atividade ou vínculo de interesse, quando as pessoas jurídicas referidas neste artigo, forem devedoras da sociedade sob intervenção ou submetida a liquidação extrajudicial, ou quando seus sócios ou acionistas participarem do capital desta importância superior a 10% (dez por cento) ou sejam cônjuges, ou parentes até o segundo grau, consanguíneos ou afins, de seus diretores ou membros dos conselhos consultivo, administrativo, fiscal ou semelhantes.

Art. 52. Aplicam-se as disposições da presente Lei às sociedades ou empresas que integram o sistema de distribuição de títulos ou valores mobiliários no mercado de capitais (artigo 5º, da Lei nº 4.728, de 14 de julho de 1965), assim como às sociedades ou empresas corretoras de câmbio.

§ 1º A intervenção nessas sociedades ou empresas, ou sua liquidação extrajudicial, poderá ser decretada pelo Banco Central do Brasil por iniciativa própria ou por solicitação das Bolsas de Valores quanto às corretoras a elas associadas, mediante representação fundamentada.

§ 2º Por delegação de competência do Banco Central do Brasil e sem prejuízo de suas atribuições a intervenção ou a liquidação extrajudicial, das sociedades corretoras, membros das Bolsas de Valores, poderá ser processada por estas, sendo competente no caso, aquela da área em que a sociedade tiver sede.

Art. 53. As sociedades ou empresas que integram o sistema de distribuição de títulos ou valores mobiliários no mercado de capitais, assim como as sociedades ou empresas corretoras do câmbio, não poderão com as instituições financeiras, impetrar concordata.

Art. 54. As disposições da presente Lei estendem-se às intervenções e liquidações extrajudiciais em curso, no que couberem.

Art. 55. O Banco Central do Brasil é autorizado a prestar assistência financeira às Bolsas de Valores, nas condições fixadas pelo Conselho Nacional, quando, a seu critério, se fizer necessária para que elas se adaptem, inteiramente, às exigências do mercado de capitais.

Parágrafo único. A assistência financeira prevista neste artigo poderá ser estendida às Bolsas de Valores nos casos de intervenção ou liquidação extrajudicial em sociedades corretoras de valores mobiliários e de câmbio, com vistas a resguardar legítimos interesses de investidores.

Art. 56. Ao artigo 129, do Decreto-Lei nº 2.627, de 26 de setembro de 1940, é acrescentado o seguinte parágrafo, além do que já lhe fora aditado pela Lei nº 5.589, de 3 de junho de 1970:

▸ O Dec.-lei nº 2.627, de 26-9-1940, foi revogado pela Lei nº 6.404, de 15-12-1976 (Lei das Sociedades por Ações).

Art. 57. Esta Lei entrará em vigor na data de sua publicação, revogada a Lei nº 1.808, de 7 de janeiro de 1953, os Decretos-Leis nºs 9.228, de 3 de maio de 1946; 9.328, de 10 de junho de 1946; 9.346, de 10 de junho de 1946; 48, de 18 de novembro de 1966; 462, de 11 de fevereiro de 1969; e 685, de 17 de julho de 1969, e demais disposições gerais e especiais em contrário.

Brasília, 13 de março de 1974;
153º da Independência e
86º da República.

Emílio G. Médici

LEI Nº 6.091, DE 15 DE AGOSTO DE 1974

Dispõe sobre o fornecimento gratuito de transporte, em dias de eleição, a eleitores residentes nas zonas rurais, e dá outras providências.

▸ Publicada no *DOU* de 15-8-1974.

Art. 1º Os veículos e embarcações, devidamente abastecidos e tripulados, pertencentes à União, Estados, Territórios e Municípios e suas respectivas autarquias e sociedades de economia mista, excluídos os de uso militar, ficarão à disposição da Justiça Eleitoral para o transporte gratuito de eleitores em zonas rurais, em dias de eleição.

§ 1º Excetuam-se do disposto neste artigo os veículos e embarcações em número justificadamente indispensável ao funcionamento de serviço público insusceptível de interrupção.

§ 2º Até quinze dias antes das eleições, a Justiça Eleitoral requisitará dos órgãos da administração direta ou indireta da União, dos Estados, Territórios, Distrito Federal e Municípios os funcionários e as instalações de que necessitar para possibilitar a execução dos serviços de transporte e alimentação de eleitores previstos nesta Lei.

Art. 2º Se a utilização de veículos pertencentes às entidades previstas no artigo 1º não for suficiente para atender ao disposto nesta Lei, a Justiça Eleitoral requisitará veículos e embarcações a particulares, de preferência de aluguel.

Parágrafo único. Os serviços requisitados serão pagos, até trinta dias depois do pleito, a preços que correspondam aos critérios da localidade. A despesa correrá por conta do Fundo Partidário.

Art. 3º Até cinquenta dias antes da data do pleito, os responsáveis por todas as repartições, órgãos e unidades do serviço público federal, estadual e municipal oficiarão à Justiça Eleitoral, informando o número, a espécie e lotação dos veículos e embarcações de sua propriedade, e justificando, se for o caso, a ocorrência da exceção prevista no § 1º do artigo 1º desta Lei.

§ 1º Os veículos e embarcações à disposição da Justiça Eleitoral deverão, mediante comunicação expressa de seus proprietários, estar em condições de ser utilizados, pelo menos, vinte e quatro horas antes das eleições e circularão exibindo de modo bem visível, dístico em letras garrafais, com a frase: "A serviço da Justiça Eleitoral".

§ 2º A Justiça Eleitoral, à vista das informações recebidas, planejará a execução do serviço de transporte de eleitores e requisitará aos responsáveis pelas repartições, órgãos ou unidades, até trinta dias antes do pleito, os veículos e embarcações necessários.

Art. 4º Quinze dias antes do pleito, a Justiça Eleitoral divulgará, pelo órgão competente, o quadro geral de percursos e horários programados para o transporte de eleitores, dele fornecendo cópias aos partidos políticos.

§ 1º O transporte de eleitores somente será feito dentro dos limites territoriais do respectivo município e quando das zonas rurais para as mesas receptoras distar pelo menos dois quilômetros.

§ 2º Os partidos políticos, os candidatos, ou eleitores em número de vinte, pelo menos, poderão oferecer reclamações em três dias contados da divulgação do quadro.

§ 3º As reclamações serão apreciadas nos três dias subsequentes, delas cabendo recurso sem efeito suspensivo.

§ 4º Decididas as reclamações, a Justiça Eleitoral divulgará, pelos meios disponíveis, o quadro definitivo.

Art. 5º Nenhum veículo ou embarcação poderá fazer transporte de eleitores desde o dia anterior até o posterior à eleição, salvo:

I – a serviço da Justiça Eleitoral;

II – coletivos de linhas regulares e não fretados;

III – de uso individual do proprietário, para o exercício do próprio voto e dos membros da sua família;

IV – o serviço normal, sem finalidade eleitoral, de veículos de aluguel não atingidos pela requisição de que trata o artigo 2º.

Art. 6º A indisponibilidade ou as deficiências do transporte de que trata esta Lei não eximem o eleitor do dever de votar.

Parágrafo único. Verificada a inexistência ou deficiência de embarcações e veículos, poderão os órgãos partidários ou os candidatos indicar à Justiça Eleitoral onde há disponibilidade para que seja feita a competente requisição.

Art. 7º O eleitor que deixar de votar e não justificar perante o Juiz Eleitoral até sessenta dias após a realização da eleição incorrerá na multa de três a dez por cento sobre o salário mínimo da região, imposta pelo Juiz Eleitoral e cobrada na forma prevista no artigo 367, da Lei nº 4.737, de 15 de julho de 1965.

▸ Art. 7º do CE.

Art. 8º Somente a Justiça Eleitoral poderá, quando imprescindível, em face da absoluta carência de recursos de eleitores da zona rural, fornecer-lhes refeições, correndo, nesta hipótese, as despesas por conta do Fundo Partidário.

Art. 9º É facultado aos Partidos exercer fiscalização nos locais onde houver transporte e fornecimento de refeições a eleitores.

Art. 10. É vedado aos candidatos ou órgãos partidários, ou a qualquer pessoa, o fornecimento de transporte ou refeições aos eleitores da zona urbana.

Art. 11. Constitui crime eleitoral:

▸ Arts. 303 e 304 do CE.

I – descumprir, o responsável por órgão, repartição ou unidade do serviço público, o dever imposto no artigo 3º, ou prestar informações inexatas que visem a elidir, total ou parcialmente, a contribuição de que ele trata:

Pena – detenção de quinze dias a seis meses, e pagamento de sessenta a cem dias-multa;

II – desatender à requisição de que trata o artigo 2º:

Pena – pagamento de duzentos a trezentos dias-multa, além da apreensão do veículo para o fim previsto;

III – descumprir a proibição dos artigos 5º, 8º e 10:

Pena – reclusão de quatro a seis anos, e pagamento de duzentos a trezentos dias-multa (artigo 302 do Código Eleitoral);

IV – obstar, por qualquer forma, a prestação dos serviços previstos nos artigos 4º e 8º desta Lei, atribuídos à Justiça Eleitoral:

Pena – reclusão de dois a quatro anos;

V – utilizar em campanha eleitoral, no decurso dos noventa dias que antecedem o pleito, veículos e embarcações pertencentes à União, Estados, Territórios, Municípios e respectivas autarquias e sociedades de economia mista:

Pena – cancelamento do registro do candidato ou de seu diploma, se já houver sido proclamado eleito.

Parágrafo único. O responsável, pela guarda do veículo ou da embarcação, será punido com a pena de detenção, de quinze dias a seis meses, e pagamento de sessenta a cem dias-multa.

Art. 12. A propaganda eleitoral, no rádio e na televisão, circunscrever-se-á, única e exclusivamente, ao horário gratuito disciplinado pela Justiça Eleitoral, com a expressa proibição de qualquer propaganda paga.

Parágrafo único. Será permitida apenas a divulgação paga, pela imprensa escrita, do *curriculum vitae* do candidato e do número do seu registro na Justiça Eleitoral, bem como do partido a que pertence.

Art. 13. São vedados e considerados nulos de pleno direito, não gerando obrigação de espécie alguma para a pessoa jurídica interessada, nem qualquer direito para o beneficiário, os atos que, no período compreendido entre os noventa dias anteriores à data das eleições parlamentares e o término, respectivamente, do mandato do Governador do Estado importem em nomear, contratar, designar, readaptar ou proceder a quaisquer outras formas de provimento de funcionário ou servidor na administração direta e nas autarquias, empresas públicas e sociedades de economia mista dos Estados e Municípios, salvo os cargos em comissão, e da magistratura, do Ministério Público e, com aprovação do respectivo Órgão Legislativo, dos Tribunais de Contas e os aprovados em concursos públicos homologados até a data da publicação desta Lei.

§ 1º Excetuam-se do disposto no artigo:

I – nomeação ou contratação necessárias à instalação inadiável de serviços públicos essenciais, com prévia e expressa autorização do Governador ou Prefeito;

II – nomeação ou contratação de técnico indispensável ao funcionamento do serviço público essencial.

§ 2º O ato com a devida fundamentação será publicado no respectivo órgão oficial.

Art. 14. A Justiça Eleitoral instalará, trinta dias antes do pleito, na sede de cada Município, Comissão Especial de Transporte e Alimentação, composta de pessoas indicadas pelos Diretórios Regionais dos Partidos Políticos Nacionais, com a finalidade de colaborar na execução desta Lei.

§ 1º Para compor a Comissão, cada Partido indicará três pessoas, que não disputem cargo eletivo.

§ 2º É facultado a candidato, em Município de sua notória influência política, indicar ao Diretório do seu Partido, pessoa de sua confiança para integrar a Comissão.

Art. 15. Os Diretórios Regionais, até quarenta dias antes do pleito, farão as indicações de que trata o artigo 14 desta Lei.

Art. 16. O eleitor que deixar de votar por se encontrar ausente de seu domicílio eleitoral deverá justificar a falta, no prazo de sessenta dias, por meio de requerimento dirigido ao Juiz Eleitoral de sua zona de inscrição, que mandará anotar o fato, na respectiva folha individual de votação.

▸ Art. 16 do CE.

§ 1º O requerimento, em duas vias, será levado, em sobrecarta aberta, a agência postal, que, depois de dar andamento à 1ª via, aplicará carimbo de recepção na 2ª, devolvendo-a ao interessado, valendo esta como prova para todos os efeitos legais.

§ 2º Estando no exterior, no dia em que se realizarem eleições, o eleitor terá o prazo de trinta dias, a contar de sua volta ao País, para a justificação.

▸ Art. 231 do CE.

Arts. 17 a 25. *Revogados.* Lei nº 7.493, de 17-6-1986.

LEGISLAÇÃO COMPLEMENTAR

Art. 26. O Poder Executivo é autorizado a abrir o crédito especial de CR$ 20.000.000,00 (vinte milhões de cruzeiros) destinado ao Fundo Partidário, para atender às despesas decorrentes da aplicação desta Lei na eleição de 15 de novembro de 1974.

Parágrafo único. A abertura do crédito autorizado neste artigo será compensada mediante a anulação de dotações constantes no Orçamento para o corrente exercício, de que trata a Lei nº 5.964, de 10 de dezembro de 1973.

Art. 27. Sem prejuízo do disposto no inciso XVII do art. 30 do Código Eleitoral (Lei nº 4.737, de 15 de julho de 1965), o Tribunal Superior Eleitoral, expedirá, dentro de 15 dias da data da publicação desta Lei, as instruções necessárias à sua execução.

Art. 28. Esta Lei entrará em vigor na data da sua publicação, revogadas as disposições em contrário.

Brasília, 15 de agosto de 1974; 153º da Independência e 86º da República.

Ernesto Geisel

LEI Nº 6.099, DE 12 DE SETEMBRO DE 1974

Dispõe sobre o tratamento tributário das operações de arrendamento mercantil, e dá outras providências.

- Publicada no *DOU* de 13-9-1974.
- Lei nº 10.188, de 12-2-2001, cria o Programa de Arrendamento Residencial, institui o arrendamento residencial com opção de compra.
- Lei nº 11.649, de 4-4-2008, dispõe sobre procedimento na operação de arredamento mercantil de veículo automotivo (*leasing*).

Art. 1º O tratamento tributário das operações de arrendamento mercantil reger-se-á pelas disposições desta Lei.

Parágrafo único. Considera-se arrendamento mercantil, para os efeitos desta Lei, o negócio jurídico realizado entre pessoa jurídica, na qualidade de arrendadora, e pessoa física ou jurídica, na qualidade de arrendatária, e que tenha por objeto o arrendamento de bens adquiridos pela arrendadora, segundo especificações da arrendatária e para uso próprio desta.

- A Lei nº 11.941, de 27-5-2009, ao converter a MP nº 449, de 3-12-2008, não manteve o acréscimo do art. 1º-A.

Art. 2º Não terá o tratamento previsto nesta Lei o arrendamento de bens contratado entre pessoas jurídicas direta ou indiretamente coligadas ou interdependentes, assim como o contratado com o próprio fabricante.

§ 1º O Conselho Monetário Nacional especificará em regulamento os casos de coligação e interdependência.

§ 2º Somente farão jus ao tratamento previsto nesta Lei as operações realizadas ou por empresas arrendadoras que fizerem dessa operação o objeto principal de sua atividade ou que centralizarem tais operações em um departamento especializado com escrituração própria.

Art. 3º Serão escriturados em conta especial do ativo imobilizado da arrendadora os bens destinados a arrendamento mercantil.

Art. 4º A pessoa jurídica arrendadora manterá registro individualizado que permita a verificação do fator determinante da receita e do tempo efetivo de arrendamento.

Art. 5º Os contratos de arrendamento mercantil conterão as seguintes disposições:

a) prazo do contrato;
b) valor de cada contraprestação por períodos determinados, não superiores a um semestre;
c) opção de compra ou renovação de contrato, como faculdade do arrendatário;
d) preço para opção de compra ou critério para sua fixação, quando for estipulada esta cláusula.

Parágrafo único. Poderá o Conselho Monetário Nacional, nas operações que venha a definir, estabelecer que as contraprestações sejam estipuladas por períodos superiores aos previstos na alínea *b* deste artigo.

- Parágrafo único acrescido pela Lei nº 7.132, de 26-10-1983.

Art. 6º O Conselho Monetário Nacional poderá estabelecer índices máximos para a soma das contraprestações, acrescidas do preço para exercício da opção da compra nas operações de arrendamento mercantil.

§ 1º Ficam sujeitas à regra deste artigo as prorrogações do arrendamento nele referido.

§ 2º Os índices de que trata este artigo serão fixados, considerando o custo do arrendamento em relação ao do financiamento da compra e venda.

Art. 7º Todas as operações de arrendamento mercantil subordinam-se ao controle e fiscalização do Banco Central do Brasil, segundo normas estabelecidas pelo Conselho Monetário Nacional, a elas se aplicando, no que couber, as disposições da Lei nº 4.595, de 31 de dezembro de 1964, e legislação posterior relativa ao Sistema Financeiro Nacional.

Art. 8º O Conselho Monetário Nacional poderá baixar resolução disciplinando as condições segundo as quais as instituições financeiras poderão financiar suas controladas, coligadas ou interdependentes que se especializarem em operações de arrendamento mercantil.

Parágrafo único. A aquisição de debêntures emitidas por sociedades de arrendamento mercantil em mercado primário ou secundário constitui obrigação de natureza cambiária, não caracterizando operação de empréstimo ou adiantamento.

- Art. 8º com a redação dada pela Lei nº 11.882, de 23-12-2008.

Art. 9º As operações de arrendamento mercantil contratadas com o próprio vendedor do bem ou com pessoas jurídicas a ele vinculadas, mediante quaisquer das relações previstas no artigo 2º desta Lei, poderão também ser realizadas por instituições financeiras expressamente autorizadas pelo Conselho Monetário Nacional, que estabelecerá as condições para a realização das operações previstas neste artigo.

Parágrafo único. Nos casos deste artigo, o prejuízo decorrente da venda do bem não será dedutível na determinação do lucro real.

- Art. 9º com a redação dada pela Lei nº 7.132, de 26-10-1983.

Art. 10. Somente poderão ser objeto de arrendamento mercantil os bens de produção estrangeira que forem enumerados pelo Conselho Monetário Nacional, que poderá, também, estabelecer condições para seu arrendamento a empresas cujo controle acionário pertencer a pessoas residentes no Exterior.

Art. 11. Serão consideradas como custo ou despesa operacional da pessoa jurídica arrendatária as contraprestações pagas ou creditadas por força do contrato de arrendamento mercantil.

§ 1º A aquisição pelo arrendatário de bens arrendados em desacordo com as disposições desta Lei será considerada operação de compra e venda a prestação.

§ 2º O preço de compra e venda, no caso do parágrafo anterior, será o total das contraprestações pagas durante a vigência do arrendamento, acrescido da parcela paga a título de preço de aquisição.

§ 3º Na hipótese prevista no § 1º deste artigo, as importâncias já deduzidas, como custo ou despesa operacional pela adquirente, acrescerão ao lucro tributável pelo Imposto sobre a Renda, no exercício correspondente à respectiva dedução.

§ 4º O imposto não recolhido, na hipótese do parágrafo anterior, será devido com acréscimo de juros e correção monetária, multa e demais penalidades legais.

Art. 12. Serão admitidas como custos das pessoas jurídicas arrendadoras as quotas de depreciação do preço de aquisição de bem arrendado, calculadas de acordo com a vida útil do bem.

§ 1º Entende-se por vida útil do bem o prazo durante o qual se possa esperar a sua efetiva utilização econômica.

§ 2º A Secretaria da Receita Federal publicará periodicamente o prazo de vida útil admissível, em condições normais, para cada espécie de bem.

§ 3º Enquanto não forem publicados os prazos de vida útil de que trata o parágrafo anterior, a sua determinação se fará segundo as normas previstas pela legislação do Imposto sobre a Renda para fixação da taxa de depreciação.

Art. 13. Nos casos de operações de vendas de bens que tenham sido objeto de arrendamento mercantil, o saldo não depreciado será admitido como custo para efeito de apuração do lucro tributável pelo Imposto sobre a Renda.

Art. 14. Não será dedutível, para fins de apuração do lucro tributável pelo Imposto sobre a Renda, a diferença a menor entre o valor contábil residual do bem arrendado e o seu preço de venda, quando do exercício da opção de compra.

Art. 15. *Revogado.* Lei nº 12.973, de 13-5-2014.

Art. 16. *Revogado.* Lei nº 14.286, de 29-12-2021.

Art. 17. A entrada no Território Nacional dos bens objeto de arrendamento mercantil, contratado com entidades arrendadoras domiciliadas no Exterior, não se confunde com o regime de admissão temporária de que trata o Decreto-Lei nº 37, de 18 de novembro de 1966, e se sujeitará a todas as normas legais que regem a importação.

- Artigo com a redação dada pela Lei nº 7.132, de 26-10-1983.

Art. 18. A base de cálculo, para efeito do Imposto sobre Produtos Industrializados, do fato gerador que ocorrer por ocasião da remessa de bens importados ao estabelecimento da empresa arrendatária, corresponderá ao preço atacado desse bem na praça em que a empresa arrendadora estiver domiciliada.

▶ *Caput* com a redação dada pela Lei nº 7.132, de 26-10-1983.

§ 1º *Revogado*. Lei nº 9.532, de 10-12-1997.

§ 2º Nas hipóteses em que o preço dos bens importados para o fim de arrendamento for igual ou superior ao que seria pago pelo arrendatário se os importasse diretamente, a base de cálculo mencionada no *caput* deste artigo será o valor que servir de base para o recolhimento do Imposto sobre Produtos Industrializados, por ocasião do desembaraço alfandegário desses bens.

Art. 19. Fica equiparada à exportação a compra e venda de bens no mercado interno, para o fim específico de arrendamento pelo comprador a arrendatário domiciliado no Exterior.

Art. 20. São assegurados ao vendedor dos bens de que trata o artigo anterior todos os benefícios fiscais concedidos por lei para incentivo à exportação, observadas as condições de qualidade da pessoa do vendedor e outras exigidas para os casos de exportação direta ou indireta.

§ 1º Os benefícios fiscais de que trata este artigo serão concedidos sobre o equivalente em moeda nacional de garantia irrevogável do pagamento das contraprestações do arrendamento contratado, limitada a base de cálculo ao preço da compra e venda.

§ 2º Para os fins do disposto no § 1º, a equivalência em moeda nacional será determinada pela maior taxa de câmbio do dia da utilização dos benefícios fiscais, quando o pagamento das contraprestações do arrendamento contratado for efetivado em moeda estrangeira de livre conversibilidade.

▶ § 2º com a redação dada pela Lei nº 12.024, de 27-8-2009.

Art. 21. O Ministro da Fazenda poderá estender aos arrendatários de máquinas, aparelhos e equipamentos de produção nacional, objeto de arrendamento mercantil, os benefícios de que trata o Decreto-Lei nº 1.136, de 7 de dezembro de 1970.

Art. 22. As pessoas jurídicas que estiverem operando com arrendamento de bens, e que se ajustarem às disposições desta Lei dentro de cento e oitenta dias, a contar da sua vigência, terão as suas operações regidas por este Diploma legal, desde que ajustem convenientemente os seus contratos, mediante instrumentos de aditamento.

Art. 23. Fica o Conselho Monetário Nacional autorizado a:

a) expedir normas que visem a estabelecer mecanismos reguladores das atividades previstas nesta Lei, inclusive excluir modalidades de operações do tratamento nela previsto e limitar ou proibir sua prática por determinadas categorias de pessoas físicas ou jurídicas;

▶ Alínea *a* com a redação dada pela Lei nº 7.132, de 26-10-1983.

b) enumerar restritivamente os bens que não poderão ser objeto de arrendamento mercantil, tendo em vista a política econômico-financeira do País.

Art. 24. *Revogado*. Lei nº 14.286, de 29-12-2021.

Art. 25. Esta Lei entrará em vigor na data de sua publicação, revogadas as disposições em contrário.

▶ Anterior art. 24 renumerado pela Lei nº 7.132, de 26-10-1983.

Brasília, 12 de setembro de 1974;
153º da Independência e
86º da República.

Ernesto Geisel

LEI COMPLEMENTAR Nº 24, DE 7 DE JANEIRO DE 1975

Dispõe sobre os convênios para a concessão de isenções do imposto sobre operações relativas à circulação de mercadorias, e dá outras providências.

▶ Publicada no *DOU* de 9-1-1975.

▶ Art. 155, § 2º, XII, *g*, da CF.

Art. 1º As isenções do imposto sobre operações relativas à circulação de mercadorias serão concedidas ou revogadas nos termos de convênios celebrados e ratificados pelos Estados e pelo Distrito Federal, segundo esta Lei.

▶ Art. 15 desta Lei.

Parágrafo único. O disposto neste artigo também se aplica:

I – à redução da base de cálculo;

II – à devolução total ou parcial, direta ou indireta, condicionada ou não, do tributo, ao contribuinte, a responsável ou a terceiros;

III – à concessão de créditos presumidos;

IV – à quaisquer outros incentivos ou favores fiscais ou financeiro-fiscais, concedidos com base no Imposto de Circulação de Mercadorias, dos quais resulte redução ou eliminação, direta ou indireta, do respectivo ônus;

V – às prorrogações e às extensões das isenções vigentes nesta data.

Art. 2º Os convênios a que alude o artigo 1º, serão celebrados em reuniões para as quais tenham sido convocados representantes de todos os Estados e do Distrito Federal, sob a presidência de representantes do Governo Federal.

§ 1º As reuniões se realizarão com a presença de representantes da maioria das Unidades da Federação.

§ 2º A concessão de benefícios dependerá sempre de decisão unânime dos Estados representados; a sua revogação total ou parcial dependerá de aprovação de quatro quintos, pelo menos, dos representantes presentes.

§ 3º Dentro de dez dias, contados da data final da reunião a que se refere este artigo, a resolução nela adotada será publicada no *Diário Oficial da União*.

Art. 3º Os convênios podem dispor que a aplicação de qualquer de suas cláusulas seja limitada a uma ou a algumas Unidades da Federação.

Art. 4º Dentro do prazo de quinze dias contados da publicação dos convênios no *Diário Oficial da União*, e independentemente de qualquer outra comunicação, o Poder Executivo de cada Unidade da Federação publicará decreto ratificando ou não os convênios celebrados, considerando-se ratificação tácita dos convênios a falta de manifestação no prazo assinalado neste artigo.

§ 1º O disposto neste artigo aplica-se também às Unidades da Federação cujos representantes não tenham comparecido à reunião em que hajam sido celebrados os convênios.

§ 2º Considerar-se-á rejeitado o convênio que não for expressa ou tacitamente ratificado pelo Poder Executivo de todas as Unidades da Federação ou, nos casos de revogação a que se refere o artigo 2º, § 2º, desta Lei, pelo Poder Executivo de, no mínimo, quatro quintos das Unidades da Federação.

Art. 5º Até dez dias depois de findo o prazo de ratificação dos convênios, promover-se-á, segundo o disposto em Regimento, a publicação relativa à ratificação ou à rejeição no *Diário Oficial da União*.

Art. 6º Os convênios entrarão em vigor no trigésimo dia após a publicação a que se refere o artigo 5º, salvo disposição em contrário.

Art. 7º Os convênios ratificados obrigam todas as Unidades da Federação inclusive as que, regularmente convocadas, não se tenham feito representar na reunião.

Art. 8º A inobservância dos dispositivos desta Lei acarretará, cumulativamente:

I – a nulidade do ato e a ineficácia do crédito fiscal atribuído ao estabelecimento recebedor da mercadoria;

II – a exigibilidade do imposto não pago ou devolvido e a ineficácia da lei ou ato que conceda remissão do débito correspondente.

▶ Art. 5º da LC nº 160, de 7-8-2017, que dispõe sobre convênio que permite aos Estados e ao Distrito Federal deliberar sobre a remissão dos créditos tributários, constituídos ou não, decorrentes das isenções, dos incentivos e dos benefícios fiscais ou financeiro-fiscais instituídos em desacordo com o disposto no art. 155, § 2º, XII, *g* da CF e a reinstituição das respectivas isenções, incentivos e benefícios fiscais ou financeiro-fiscais.

Parágrafo único. As sanções previstas neste artigo poder-se-ão acrescer a presunção de irregularidade das contas correspondentes ao exercício, a juízo do Tribunal de Contas da União, e a suspensão do pagamento das quotas referentes ao Fundo de Participação, ao Fundo Especial e aos impostos referidos nos itens VIII e IX do artigo 21 da Constituição Federal.

Art. 9º É vedado aos Municípios, sob pena das sanções previstas no artigo anterior, concederem qualquer dos benefícios relacionados no artigo 1º no que se refere à sua parcela na receita do imposto de circulação de mercadorias.

Art. 10. Os convênios definirão as condições gerais em que se poderão conceder, unilateralmente, anistia, remissão, transação, moratória, parcelamento de débitos fiscais e ampliação do prazo de recolhimento do imposto de circulação de mercadorias.

Art. 11. O Regimento das reuniões de representantes das Unidades da Federação será aprovado em convênio.

Art. 12. São mantidos os benefícios fiscais decorrentes de convênios regionais e nacionais vigentes à data desta Lei, até que revogados ou alterados por outro.

▶ Arts. 1º a 12 estarão revogados pela LC nº 214, de 16-1-2025, a partir de 1º-1-2033.

§ 1º Continuam em vigor os benefícios fiscais ressalvados pelo § 6º do artigo 3º do Decreto-Lei nº 406, de 31 de dezembro de 1968, com a redação que lhe deu o artigo 5º do

LEGISLAÇÃO COMPLEMENTAR

Decreto-Lei nº 834, de 8 de setembro de 1969, até o vencimento do prazo ou cumprimento das condições correspondentes.

§ 2º Quaisquer outros benefícios fiscais concedidos pela legislação estadual considerar-se-ão revogados se não forem convalidados pelo primeiro convênio que se realizar na forma desta Lei, ressalvados os concedidos por prazo certo ou em função de determinadas condições que já tenham sido incorporadas ao patrimônio jurídico de contribuinte. O prazo para a celebração deste convênio será de noventa dias a contar da data da publicação desta Lei.

§ 3º A convalidação de que trata o parágrafo anterior se fará pela aprovação de dois terços dos representantes presentes, observando-se, na respectiva ratificação, este *quorum* e o mesmo processo do disposto no artigo 4º.

Art. 13. O artigo 178 do Código Tributário Nacional (Lei nº 5.172, de 25 de outubro de 1966), passa a vigorar com a seguinte redação:

▶ Alteração inserida no texto do referido Código.

Art. 14. Sairão com suspensão do Imposto de Circulação de Mercadorias:

I – as mercadorias remetidas pelo estabelecimento do produtor para estabelecimento de Cooperativa de que faça parte, situada no mesmo Estado;

II – as mercadorias remetidas pelo estabelecimento de Cooperativa de Produtores, para estabelecimento, no mesmo Estado, da própria Cooperativa, de Cooperativa Central ou de Federação de Cooperativas de que a Cooperativa remetente faça parte.

§ 1º O imposto devido pelas saídas mencionadas nos incisos I e II será recolhido pelo destinatário quando da saída subsequente, esteja esta sujeita ou não ao pagamento do tributo.

§ 2º Ficam revogados os incisos IX e X do artigo 1º da Lei Complementar nº 4, de 2 de dezembro de 1969.

Art. 15. O disposto nesta Lei não se aplica às indústrias instaladas ou que vierem a instalar-se na Zona Franca de Manaus, sendo vedado às demais Unidades da Federação determinar a exclusão de incentivo fiscal, prêmio ou estímulo concedido pelo Estado do Amazonas.

▶ Arts. 14 e 15 estarão revogados pela LC nº 214, de 16-1-2025, a partir de 1º-1-2033.

Art. 16. Esta Lei entrará em vigor na data de sua publicação, revogadas as disposições em contrário.

Brasília, 7 de janeiro de 1975; 154º da Independência e 87º da República.

Ernesto Geisel

LEI Nº 6.385, DE 7 DE DEZEMBRO DE 1976

Dispõe sobre o mercado de valores mobiliários e cria a Comissão de Valores Mobiliários.

▶ Publicada no *DOU* de 9-12-1976.

▶ Lei nº 10.198, de 14-2-2001, dispõe sobre a regulação, fiscalização e supervisão dos mercados de títulos ou contratos de investimentos coletivo, e dá outras providências.

CAPÍTULO I
DAS DISPOSIÇÕES GERAIS

Art. 1º Serão disciplinadas e fiscalizadas de acordo com esta Lei as seguintes atividades:

I – a emissão e distribuição de valores mobiliários no mercado;

II – a negociação e intermediação no mercado de valores mobiliários;

III – a negociação e intermediação no mercado de derivativos;

IV – a organização, o funcionamento e as operações das Bolsas de Valores;

V – a organização, o funcionamento e as operações das Bolsas de Mercadorias e Futuros;

VI – a administração de carteiras e a custódia de valores mobiliários;

▶ *Caput* e incisos I a VI com a redação dada pela Lei nº 10.303, de 31-10-2001.

VII – a auditoria das companhias abertas;

VIII – os serviços de consultor e analista de valores mobiliários.

▶ Incisos VII e VIII acrescidos pela Lei nº 10.303, de 31-10-2001.

Art. 2º São valores mobiliários sujeitos ao regime desta Lei:

▶ *Caput* com a redação dada pela Lei nº 10.303, de 31-10-2001.

I – as ações, debêntures e bônus de subscrição;

II – os cupons, direitos, recibos de subscrição e certificados de desdobramento relativos aos valores mobiliários referidos no inciso II;

III – os certificados de depósito de valores mobiliários;

▶ Incisos I a III com a redação dada pela Lei nº 10.303, de 31-10-2001.

IV – as cédulas de debêntures;

V – as cotas de fundos de investimento em valores mobiliários ou de clubes de investimento em quaisquer ativos;

▶ Instr. da CVM nº 494, de 20-4-2011, dispõe sobre a constituição, a administração, o funcionamento, a divulgação de informações e a distribuição de cotas dos Clubes de Investimento.

VI – as notas comerciais;

VII – os contratos futuros, de opções e outros derivativos, cujos ativos subjacentes sejam valores mobiliários;

VIII – outros contratos derivativos, independentemente dos ativos subjacentes; e

IX – quando ofertados publicamente, quaisquer outros títulos ou contratos de investimento coletivo, que gerem direito de participação, de parceria ou de remuneração, inclusive resultante de prestação de serviços, cujos rendimentos advêm do esforço do empreendedor ou de terceiros;

▶ Incisos IV a IX acrescidos pela Lei nº 10.303, de 31-10-2001.

X – os ativos integrantes do Sistema Brasileiro de Comércio de Emissões de Gases de Efeito Estufa (SBCE) e os créditos de carbono, quando negociados no mercado financeiro e de capitais.

▶ Inciso X acrescido pela Lei nº 15.042, de 11-12-2024.

§ 1º Excluem-se do regime desta Lei:

I – os títulos da dívida pública federal, estadual ou municipal;

II – os títulos cambiais de responsabilidade de instituição financeira, exceto as debêntures.

▶ Parágrafo único transformado em § 1º pela Lei nº 10.303, de 31-10-2001.

▶ Art. 1º, § 1º, da Lei nº 10.198, de 14-2-2001, que dispõe sobre a regulação, fiscalização e supervisão dos mercados de títulos ou contratos de investimentos coletivo, e dá outras providências.

§ 2º Os emissores dos valores mobiliários referidos neste artigo, bem como seus administradores e controladores, sujeitam-se à disciplina prevista nesta Lei, para as companhias abertas.

§ 3º Compete à Comissão de Valores Mobiliários expedir normas para a execução do disposto neste artigo, podendo:

I – exigir que os emissores se constituam sob a forma de sociedade anônima;

II – exigir que as demonstrações financeiras dos emissores, ou que as informações sobre o empreendimento ou projeto, sejam auditadas por auditor independente nela registrado;

III – dispensar, na distribuição pública dos valores mobiliários referidos neste artigo, a participação de sociedade integrante do sistema previsto no artigo 15 desta Lei;

IV – estabelecer padrões de cláusulas e condições que devam ser adotadas nos títulos ou contratos de investimento, destinados à negociação em bolsa ou balcão, organizado ou não, e recusar a admissão ao mercado da emissão que não satisfaça a esses padrões.

▶ §§ 2º e 3º acrescidos pela Lei nº 10.303, de 31-10-2001.

§ 4º É condição de validade dos contratos derivativos, de que tratam os incisos VII e VIII do *caput*, celebrados a partir da entrada em vigor da Medida Provisória nº 539, de 26 de julho de 2011, o registro em câmaras ou prestadores de serviço de compensação, de liquidação e de registro autorizados pelo Banco Central do Brasil ou pela Comissão de Valores Mobiliários.

▶ § 4º acrescido pela Lei nº 12.543, de 8-12-2011.

Art. 3º Compete ao Conselho Monetário Nacional:

I – definir a política a ser observada na organização e no funcionamento do mercado de valores mobiliários;

II – regular a utilização do crédito nesse mercado;

III – fixar, a orientação geral a ser observada pela Comissão de Valores Mobiliários no exercício de suas atribuições;

IV – definir as atividades da Comissão de Valores Mobiliários que devem ser exercidas em coordenação com o Banco Central do Brasil;

V – aprovar o Quadro e o Regulamento de Pessoal da Comissão de Valores Mobiliários, bem como fixar a retribuição do presidente, diretores, ocupantes de funções de confiança e demais servidores;

▶ Inciso V acrescido pela Lei nº 6.422, de 8-6-1977.

VI – estabelecer, para fins da política monetária e cambial, condições específicas para negociação de contratos derivativos, independentemente da natureza do investidor, podendo, inclusive:

a) determinar depósitos sobre os valores nocionais dos contratos; e

b) fixar limites, prazos e outras condições sobre as negociações dos contratos derivativos.

▶ Inciso VI acrescido pela Lei nº 12.543, de 8-12-2011.

§ 1º Ressalvado o disposto nesta Lei, a fiscalização do mercado financeiro e de capitais continuará a ser exercida, nos termos da legislação em vigor, pelo Banco Central do Brasil.

▸ Antigo parágrafo único transformado em § 1º pela Lei nº 12.543, de 8-12-2011.

§ 2º As condições específicas de que trata o inciso VI do *caput* deste artigo não poderão ser exigidas para as operações em aberto na data de publicação do ato que as estabelecer.

▸ § 2º acrescido pela Lei nº 12.543, de 8-12-2011.

Art. 4º O Conselho Monetário Nacional e a Comissão de Valores Mobiliários exercerão as atribuições previstas na Lei para o fim de:

I – estimular a formação de poupança e a sua aplicação em valores mobiliários;

II – promover a expansão e o funcionamento eficiente e regular do mercado de ações, e estimular as aplicações permanentes em ações do capital social de companhias abertas sob controle de capitais privados nacionais;

III – assegurar o funcionamento eficiente e regular dos mercados da Bolsa e do balcão;

IV – proteger os titulares de valores mobiliários e os investidores do mercado contra:

a) emissões irregulares de valores mobiliários;

b) atos ilegais de administradores e acionistas controladores das companhias abertas, ou de administradores de carteira de valores mobiliários;

c) o uso de informação relevante não divulgada no mercado de valores mobiliários.

▸ Alínea *c* acrescida pela Lei nº 10.303, de 31-10-2001.

V – evitar ou coibir modalidades de fraude ou manipulação destinada a criar condições artificiais de demanda, oferta ou preço dos valores mobiliários negociados no mercado;

VI – assegurar o acesso do público a informações sobre os valores mobiliários negociados e as companhias que os tenham emitido;

VII – assegurar a observância de práticas comerciais equitativas no mercado de valores mobiliários;

VIII – assegurar a observância, no mercado, das condições de utilização de crédito fixadas pelo Conselho Monetário Nacional.

CAPÍTULO II
DA COMISSÃO DE VALORES MOBILIÁRIOS

Art. 5º É instituída a Comissão de Valores Mobiliários, entidade autárquica em regime especial, vinculada ao Ministério da Fazenda, com personalidade jurídica e patrimônio próprios, dotada de autoridade administrativa independente, ausência de subordinação hierárquica, mandato fixo e estabilidade de seus dirigentes, e autonomia financeira e orçamentária.

▸ Artigo com a redação dada pela Lei nº 10.411, de 26-2-2002.

Art. 6º A Comissão de Valores Mobiliários será administrada por um Presidente e quatro Diretores, nomeados pelo Presidente da República, depois de aprovados pelo Senado Federal, dentre pessoas de ilibada reputação e reconhecida competência em matéria de mercado de capitais.

▸ *Caput* com a redação dada pela Lei nº 10.411, de 26-2-2002.

§ 1º O mandato dos dirigentes da Comissão será de cinco anos, vedada a recondução, devendo ser renovado a cada ano um quinto dos membros do Colegiado.

§ 2º Os dirigentes da Comissão somente perderão o mandato em virtude de renúncia, de condenação judicial transitada em julgado ou de processo administrativo disciplinar.

§ 3º Sem prejuízo do que preveem a lei penal e a lei de improbidade administrativa, será causa da perda do mandato a inobservância, pelo Presidente ou Diretor, dos deveres e das proibições inerentes ao cargo.

§ 4º Cabe ao Ministro de Estado da Fazenda instaurar o processo administrativo disciplinar, que será conduzido por comissão especial, competindo ao Presidente da República determinar o afastamento preventivo, quando for o caso, e proferir o julgamento.

§ 5º No caso de renúncia, morte ou perda de mandato do Presidente da Comissão de Valores Mobiliários, assumirá o Diretor mais antigo ou o mais idoso, nessa ordem, até nova nomeação, sem prejuízo de suas atribuições.

§ 6º No caso de renúncia, morte ou perda de mandato de Diretor, proceder-se-á à nova nomeação pela forma disposta nesta Lei, para completar o mandato do substituído.

▸ §§ 1º a 6º com a redação dada pela Lei nº 10.411, de 26-2-2002.

§ 7º A Comissão funcionará como órgão de deliberação colegiada de acordo com o seu regimento interno, e no qual serão fixadas as atribuições do Presidente, dos Diretores e do Colegiado.

▸ § 7º acrescido pelo Dec. nº 3.995, de 31-10-2001.

▸ Dec. nº 4.300, de 12-7-2002, regulamenta este artigo.

Art. 7º A Comissão custeará as despesas necessárias ao seu funcionamento com os recursos provenientes de:

▸ *Caput* com a redação dada pela Lei nº 10.303, de 31-10-2001.

I – dotações das reservas monetárias a que se refere o artigo 12 da Lei nº 5.143, de 20 de outubro de 1966, alterado pelo Decreto-Lei nº 1.342, de 28 de agosto de 1974, que lhe forem atribuídas pelo Conselho Monetário Nacional;

II – dotações que lhe forem consignadas no orçamento federal;

III – receitas provenientes da prestação de serviços pela Comissão, observada a tabela aprovada pelo Conselho Monetário Nacional;

IV – renda de bens patrimonais e receitas eventuais;

V – receitas de taxas decorrentes do exercício de seu poder de polícia, nos termos da lei.

▸ Inciso V acrescido pela Lei nº 10.303, de 31-10-2001.

Art. 8º Compete à Comissão de Valores Mobiliários:

▸ *Caput* com a redação dada pela Lei nº 10.303, de 31-10-2001.

I – regulamentar, com observância da política definida pelo Conselho Monetário Nacional, as matérias expressamente previstas nesta Lei e na Lei de Sociedades por Ações;

II – administrar os registros instituídos por esta Lei;

III – fiscalizar permanentemente as atividades e os serviços do mercado de valores mobiliários, de que trata o artigo 1º, bem como a veiculação de informações relativas ao mercado, às pessoas que dele participem, e aos valores nele negociados;

IV – propor ao Conselho Monetário Nacional a eventual fixação de limites máximos de preço, comissões, emolumentos e quaisquer outras vantagens cobradas pelos intermediários de mercado;

V – fiscalizar e inspecionar as companhias abertas, dada prioridade às que não apresentem lucro em balanço ou às que deixem de pagar o dividendo mínimo obrigatório.

§ 1º O disposto neste artigo não exclui a competência das Bolsas de Valores, das Bolsas de Mercadorias e Futuros, e das entidades de compensação e liquidação com relação aos seus membros e aos valores mobiliários nelas negociados.

§ 2º Serão de acesso público todos os documentos e autos de processos administrativos, ressalvados aqueles cujo sigilo seja imprescindível para a defesa da intimidade ou do interesse social, ou cujo sigilo esteja assegurado por expressa disposição legal.

▸ §§ 1º e 2º com a redação dada pelo Dec. nº 3.995, de 31-10-2001.

§ 3º Em conformidade com o que dispuser o seu Regimento, a Comissão de Valores Mobiliários poderá:

I – publicar projeto de ato normativo para receber sugestões de interessados;

II – convocar, a seu juízo, qualquer pessoa que possa contribuir com informações ou opiniões para o aperfeiçoamento das normas a serem promulgadas.

Art. 9º A Comissão de Valores Mobiliários, observado o disposto no § 2º do artigo 15, poderá:

▸ *Caput* com a redação dada pelo Dec. nº 3.995, de 31-10-2001.

I – examinar e extrair cópias de registros contábeis, livros ou documentos, inclusive programas eletrônicos e arquivos magnéticos, ópticos ou de qualquer outra natureza, bem como papéis de trabalho de auditores independentes, devendo tais documentos ser mantidos em perfeita ordem e estado de conservação pelo prazo mínimo de cinco anos:

▸ Inciso I com a redação dada pelo Dec. nº 3.995, de 31-10-2001.

a) das pessoas naturais e jurídicas que integram o sistema de distribuição de valores mobiliários (artigo 15);

b) das companhias abertas e demais emissoras de valores mobiliários e, quando houver suspeita fundada de atos ilegais, das respectivas sociedades controladoras, controladas, coligadas e sociedades sob controle comum;

▸ Alínea *b* com a redação dada pela Lei nº 10.303, de 31-10-2001.

c) dos fundos e sociedades de investimento;

d) das carteiras e depósitos de valores mobiliários (artigos 23 e 24);

e) dos auditores independentes;

f) dos consultores e analistas de valores mobiliários;

g) de outras pessoas quaisquer, naturais ou jurídicas, quando da ocorrência de qualquer irregularidade a ser apurada nos termos do inciso V deste artigo, para efeito de verificação de ocorrência de atos ilegais ou práticas não equitativas;

▸ Alínea *g* com a redação dada pelo Dec. nº 3.995, de 31-10-2001.

II – intimar as pessoas referidas no inciso I a prestar informações, ou esclarecimentos, sob

LEGISLAÇÃO COMPLEMENTAR

cominação de multa, sem prejuízo da aplicação das penalidades previstas no artigo 11;

▶ Inciso II com a redação dada pela Lei nº 10.303, de 31-10-2001.

III – requisitar informações de qualquer órgão público, autarquia ou empresa pública;

IV – determinar às companhias abertas que republiquem, com correções ou aditamentos, demonstrações financeiras, relatórios ou informações divulgadas;

V – apurar, mediante processo administrativo, atos ilegais e práticas não equitativas de administradores, membros do conselho fiscal e acionistas de companhias abertas, dos intermediários e dos demais participantes do mercado;

▶ Inciso V com a redação dada pela Lei nº 10.303, de 31-10-2001.

VI – aplicar aos autores das infrações indicadas no inciso anterior as penalidades previstas no artigo 11, sem prejuízo da responsabilidade civil ou penal.

§ 1º Com o fim de prevenir ou corrigir situações anormais do mercado, a Comissão poderá:

▶ § 1º com a redação dada pelo Dec. nº 3.995, de 31-10-2001.

I – suspender a negociação de determinado valor mobiliário ou decretar o recesso de Bolsa de Valores;

II – suspender ou cancelar os registros de que trata esta Lei;

III – divulgar informações ou recomendações com o fim de esclarecer ou orientar os participantes do mercado;

IV – proibir aos participantes do mercado, sob cominação de multa, a prática de atos que especificar, prejudiciais ao seu funcionamento regular.

§ 2º O processo, nos casos do inciso V deste artigo, poderá ser precedido de etapa investigativa, em que será assegurado o sigilo necessário à elucidação dos fatos ou exigido pelo interesse público, e observará o procedimento fixado pela Comissão.

§ 3º Quando o interesse público exigir, a Comissão poderá divulgar a instauração do procedimento investigativo a que se refere o § 2º.

▶ §§ 2º e 3º com a redação dada pelo Dec. nº 3.995, de 31-10-2001.

§ 4º Na apuração de infrações da legislação do mercado de valores mobiliários, a Comissão priorizará as infrações de natureza grave, cuja apenação proporcione maior efeito educativo e preventivo para os participantes do mercado, e poderá deixar de instaurar o processo administrativo sancionador, consideradas a pouca relevância da conduta, a baixa expressividade da lesão ao bem jurídico tutelado e a utilização de outros instrumentos e medidas de supervisão que julgar mais efetivos.

▶ § 4º com a redação dada pela Lei nº 13.506, de 13-11-2017.

§ 5º As sessões de julgamento do Colegiado, no processo administrativo de que trata o inciso V deste artigo, serão públicas, podendo ser restringido o acesso de terceiros em função do interesse público envolvido.

§ 6º A Comissão será competente para apurar e punir condutas fraudulentas no mercado de valores mobiliários sempre que:

I – seus efeitos ocasionem danos a pessoas residentes no território nacional, independentemente do local em que tenham ocorrido; e

II – os atos ou omissões relevantes tenham sido praticados em território nacional.

▶ §§ 5º e 6º com a redação dada pelo Dec. nº 3.995, de 31-10-2001.

Art. 10. A Comissão de Valores Mobiliários poderá celebrar convênios com órgãos similares de outros países, ou com entidades internacionais, para assistência e cooperação na condução de investigações para apurar transgressões às normas atinentes ao mercado de valores mobiliários ocorridas no País e no exterior.

▶ *Caput* com a redação dada pela Lei nº 10.303, de 31-10-2001.

§ 1º A Comissão de Valores Mobiliários poderá se recusar a prestar a assistência referida no *caput* deste artigo quando houver interesse público a ser resguardado.

§ 2º O disposto neste artigo aplica-se, inclusive, às informações que, por disposição legal, estejam submetidas a sigilo.

▶ §§ 1º e 2º acrescidos pela Lei nº 10.303, de 31-10-2001.

Art. 10-A. A Comissão de Valores Mobiliários, o Banco Central do Brasil e demais órgãos e agências reguladoras poderão celebrar convênio com entidade que tenha por objeto o estudo e a divulgação de princípios, normas e padrões de contabilidade e de auditoria, podendo, no exercício de suas atribuições regulamentares, adotar, no todo ou em parte, os pronunciamentos e demais orientações técnicas emitidas.

Parágrafo único. A entidade referida no *caput* deste artigo deverá ser majoritariamente composta por contadores, dela fazendo parte, paritariamente, representantes de entidades representativas de sociedades submetidas ao regime de elaboração de demonstrações financeiras previstas nesta Lei, de sociedades que auditam e analisam as demonstrações financeiras, do órgão federal de fiscalização do exercício da profissão contábil e de universidade ou instituto de pesquisa com reconhecida atuação na área contábil e de mercado de capitais.

▶ Art. 10-A acrescido pela Lei nº 11.638, de 28-12-2007.

Art. 11. A Comissão de Valores Mobiliários poderá impor aos infratores das normas desta Lei, da Lei nº 6.404, de 15 de dezembro de 1976 (Lei de Sociedades por Ações), de suas resoluções e de outras normas legais cujo cumprimento lhe caiba fiscalizar as seguintes penalidades, isoladas ou cumulativamente:

▶ *Caput* com a redação dada pela Lei nº 13.506, de 13-11-2017.

I – advertência;

II – multa;

III – *Revogado*. Lei nº 13.506, de 13-11-2017.

IV – inabilitação temporária, até o máximo de 20 (vinte) anos, para o exercício de cargo de administrador ou de conselheiro fiscal de companhia aberta, de entidade do sistema de distribuição ou de outras entidades que dependam de autorização ou registro na Comissão de Valores Mobiliários;

▶ Inciso IV com a redação dada pela Lei nº 13.506, de 13-11-2017.

V – suspensão da autorização ou registro para o exercício das atividades de que trata esta Lei;

VI – inabilitação temporária, até o máximo de 20 (vinte) anos, para o exercício das atividades de que trata esta Lei;

▶ Inciso VI com a redação dada pela Lei nº 13.506, de 13-11-2017.

VII – proibição temporária, até o máximo de vinte anos, de praticar determinadas atividades ou operações, para os integrantes do sistema de distribuição ou de outras entidades que dependam de autorização ou registro na Comissão de Valores Mobiliários;

VIII – proibição temporária, até o máximo de dez anos, de atuar, direta ou indiretamente, em uma ou mais modalidades de operação no mercado de valores mobiliários.

▶ Incisos VII e VIII acrescidos pela Lei nº 9.457, de 5-5-1997.

§ 1º A multa deverá observar, para fins de dosimetria, os princípios da proporcionalidade e da razoabilidade, a capacidade econômica do infrator e os motivos que justifiquem sua imposição, e não deverá exceder o maior destes valores:

I – R$ 50.000.000,00 (cinquenta milhões de reais);

II – o dobro do valor da emissão ou da operação irregular;

III – 3 (três) vezes o montante da vantagem econômica obtida ou da perda evitada em decorrência do ilícito; ou

IV – o dobro do prejuízo causado aos investidores em decorrência do ilícito.

§ 2º Nas hipóteses de reincidência, poderá ser aplicada multa de até o triplo dos valores fixados no § 1º deste artigo.

§ 3º As penalidades previstas nos incisos IV, V, VI, VII e VIII do *caput* deste artigo somente serão aplicadas nos casos de infração grave, assim definidas em normas da Comissão de Valores Mobiliários, ou nos casos de reincidência.

▶ §§ 1º a 3º com a redação dada pela Lei nº 13.506, de 13-11-2017.

▶ Instr. da CVM nº 491, de 22-2-2011, dispõe sobre hipóteses de infração grave nos termos deste parágrafo.

§ 4º As penalidades somente serão impostas com observância do procedimento previsto no § 2º do artigo 9º desta Lei, cabendo recurso para o Conselho de Recursos do Sistema Financeiro Nacional.

▶ § 4º com a redação dada pela Lei nº 9.457, de 5-5-1997.

▶ A alteração que seria introduzida no § 4º pela Lei nº 10.303, de 31-10-2001, foi vetada, razão pela qual mantivemos a sua redação.

§ 5º A Comissão de Valores Mobiliários, após análise de conveniência e oportunidade, com vistas a atender ao interesse público, poderá deixar de instaurar ou suspender, em qualquer fase que preceda a tomada da decisão de primeira instância, o procedimento administrativo destinado à apuração de infração prevista nas normas legais e regulamentares cujo cumprimento lhe caiba fiscalizar, se o investigado assinar termo de compromisso no qual se obrigue a:

▶ *Caput* do § 5º com a redação dada pela Lei nº 13.506, de 13-11-2017.

▶ Art. 3º da Lei nº 9.873, de 23-11-1999, que estabelece prazo de prescrição para o exercício da ação punitiva pela Administração Pública Federal.

I – cessar a prática de atividades ou atos considerados ilícitos pela Comissão de Valores Mobiliários; e

II – corrigir as irregularidades apontadas, inclusive indenizando os prejuízos.

▶ Incisos I e II acrescidos pela Lei nº 9.457, de 5-5-1997.

§ 6º O compromisso a que se refere o parágrafo anterior não importará confissão quanto à matéria de fato, nem reconhecimento de ilicitude da conduta analisada.

▶ § 6º acrescido pela Lei nº 9.457, de 5-5-1997.

§ 7º O termo de compromisso deverá ser publicado no sítio eletrônico da Comissão de Valores Mobiliários, com discriminação do prazo para cumprimento das obrigações eventualmente assumidas, e constituirá título executivo extrajudicial.

▶ § 7º com a redação dada pela Lei nº 13.506, de 13-11-2017.

§ 8º Não cumpridas as obrigações no prazo, a Comissão de Valores Mobiliários dará continuidade ao procedimento administrativo anteriormente suspenso, para a aplicação das penalidades cabíveis.

§ 9º Serão considerados, na aplicação de penalidades previstas na lei, o arrependimento posterior ou a circunstância de qualquer pessoa, espontaneamente, confessar ilícito ou prestar informações relativas à sua materialidade.

▶ §§ 8º e 9º acrescidos pela Lei nº 9.457, de 5-5-1997.

§ 10. A Comissão de Valores Mobiliários regulamentará a aplicação do disposto nos §§ 5º a 9º deste artigo aos procedimentos conduzidos pelas Bolsas de Valores, Bolsas de Mercadorias e Futuros, entidades do mercado de balcão organizado e entidades de compensação e liquidação de operações com valores mobiliários.

▶ § 10 com a redação dada pelo Dec. nº 3.995, de 31-10-2001.

§ 11. A multa aplicada pela inexecução de ordem da Comissão de Valores Mobiliários, nos termos do inciso II do *caput* e do inciso IV do § 1º do art. 9º desta Lei, independentemente do processo administrativo previsto no inciso V do *caput* do art. 9º desta Lei, não excederá, por dia de atraso no seu cumprimento, o maior destes valores:

I – 1/1.000 (um milésimo) do valor do faturamento total individual ou consolidado do grupo econômico, obtido no exercício anterior à aplicação da multa; ou

II – R$ 100.000,00 (cem mil reais).

▶ § 11 com a redação dada pela Lei nº 13.506, de 13-11-2017.

§ 12. Da decisão que aplicar a multa prevista no § 11 deste artigo caberá recurso na Comissão de Valores Mobiliários, em última instância e sem efeito suspensivo, no prazo de 10 (dez) dias, conforme estabelecido em regimento interno.

▶ § 12 com a redação dada pela Lei nº 14.317, de 29-3-2022.

§ 13. Adicionalmente às penalidades previstas no *caput* deste artigo, a Comissão de Valores Mobiliários poderá proibir os acusados de contratar, por até de 5 (cinco) anos, com instituições financeiras oficiais e de participar de licitação que tenha por objeto aquisições, alienações, realizações de obras e serviços e concessões de serviços públicos, no âmbito da administração pública federal, estadual, distrital e municipal e das entidades da administração pública indireta.

§ 14. Os créditos oriundos de condenação do apenado ao pagamento de indenização em ação civil pública movida em benefício de investidores e demais credores do apenado e os créditos do Fundo Garantidor de Crédito (FGC) ou de outros mecanismos de ressarcimento aprovados pelo Banco Central do Brasil ou pela Comissão de Valores Mobiliários, se houver, preferirão aos créditos oriundos da aplicação da penalidade de multa.

§ 15. Em caso de falência, liquidação extrajudicial ou qualquer outra forma de concurso de credores do apenado, os créditos da Comissão de Valores Mobiliários oriundos da aplicação da penalidade de multa de que trata o inciso II do *caput* deste artigo serão subordinados.

▶ §§ 13 a 15 acrescidos pela Lei nº 13.506, de 13-11-2017.

Art. 12. Quando o inquérito, instaurado de acordo com o § 2º do artigo 9º, concluir pela ocorrência de crime de ação pública, a Comissão de Valores Mobiliários oficiará ao Ministério Público, para a propositura da ação penal.

Art. 13. A Comissão de Valores Mobiliários manterá serviço para exercer atividade consultiva ou de orientação junto aos agentes do mercado de valores mobiliários ou a qualquer investidor.

Parágrafo único. Fica a critério da Comissão de Valores Mobiliários divulgar ou não as respostas às consultas ou aos critérios de orientação.

Art. 14. A Comissão de Valores Mobiliários poderá prever, em seu orçamento, dotações de verbas às Bolsas de Valores e às Bolsas de Mercadorias e Futuros.

▶ Artigo com a redação dada pela Lei nº 10.303, de 31-10-2001.

CAPÍTULO III
DO SISTEMA DE DISTRIBUIÇÃO

Art. 15. O sistema de distribuição de valores mobiliários compreende:

I – as instituições financeiras e demais sociedades que tenham por objeto distribuir emissão de valores mobiliários:

a) como agentes da companhia emissora;

b) por conta própria, subscrevendo ou comprando a emissão para a colocar no mercado;

II – as sociedades que tenham por objeto a compra de valores mobiliários em circulação no mercado, para os revender por conta própria;

III – as sociedades e os assessores de investimentos que exerçam atividades de mediação na negociação de valores mobiliários em bolsas de valores ou no mercado de balcão;

▶ Inciso III com a redação dada pela Lei nº 14.317, de 29-3-2022.

IV – as Bolsas de Valores;

V – entidades de mercado de balcão organizado;

▶ Inciso V acrescido pela Lei nº 9.457, de 5-5-1997.

VI – as corretoras de mercadorias, os operadores especiais e as Bolsas de Mercadorias e Futuros; e

▶ Inciso VI com a redação dada pela Lei nº 10.303, de 31-10-2001.

VII – as entidades de compensação e liquidação de operações com valores mobiliários.

▶ Inciso VII acrescido pela Lei nº 10.303, de 31-10-2001.

§ 1º Compete à Comissão de Valores Mobiliários definir:

▶ § 1º com a redação dada pelo Dec. nº 3.995, de 31-10-2001.

I – os tipos de instituição financeira que poderão exercer atividades no mercado de valores mobiliários, bem como as espécies de operação que poderão realizar e de serviços que poderão prestar nesse mercado;

II – a especialização de operações ou serviços a ser observada pelas sociedades do mercado, e as condições em que poderão cumular espécies de operação ou serviços.

§ 2º Em relação às instituições financeiras e demais sociedades autorizadas a explorar simultaneamente operações ou serviços no mercado de valores mobiliários e nos mercados sujeitos à fiscalização do Banco Central do Brasil, as atribuições da Comissão de Valores Mobiliários serão limitadas às atividades submetidas ao regime da presente Lei, e serão exercidas sem prejuízo das atribuições daquele.

§ 3º Compete ao Conselho Monetário Nacional regulamentar o disposto no parágrafo anterior, assegurando a coordenação de serviços entre o Banco Central do Brasil e a Comissão de Valores Mobiliários.

Art. 16. Depende de prévia autorização da Comissão de Valores Mobiliários o exercício das seguintes atividades:

▶ *Caput* com a redação dada pela Lei nº 10.303, de 31-10-2001.

I – distribuição de emissão no mercado (artigo 15, I);

II – compra de valores mobiliários para revendê-los por conta própria (artigo 15, II);

III – mediação ou corretagem de operações com valores mobiliários; e

IV – compensação e liquidação de operações com valores mobiliários.

▶ Incisos III e IV com a redação dada pela Lei nº 10.411, de 26-2-2002.

Parágrafo único. Somente os assessores de investimentos e as sociedades com registro na Comissão poderão exercer a atividade de mediação ou de corretagem de valores mobiliários fora da bolsa.

▶ Parágrafo único com a redação dada pela Lei nº 14.317, de 29-3-2022.

Art. 17. As Bolsas de Valores, as Bolsas de Mercadorias e Futuros, as entidades do mercado de balcão organizado e as entidades de compensação e liquidação de operações com valores mobiliários terão autonomia administrativa, financeira e patrimonial, operando sob a supervisão da Comissão de Valores Mobiliários.

▶ *Caput* com a redação dada pela Lei nº 10.303, de 31-10-2001.

§ 1º Às Bolsas de Valores, às Bolsas de Mercadorias e Futuros, às entidades do mercado de balcão organizado e às entidades de compensação e liquidação de operações com valores mobiliários incumbe, como órgãos auxiliares da Comissão de Valores Mobiliários, fiscalizar os respectivos membros e as operações com valores mobiliários nelas realizadas.

▶ Parágrafo único transformado em § 1º com a redação dada pela Lei nº 10.303, de 31-10-2001.

§ 2º VETADO. Lei nº 10.303, de 31-10-2001.

Art. 17-A. VETADO. Lei nº 10.303, de 31-10-2001.

Art. 18. Compete à Comissão de Valores Mobiliários:

▸ *Caput* com a redação dada pela Lei nº 10.411, de 26-2-2002.

I – editar normas gerais sobre:

▸ *Caput* do inciso I com a redação dada pela Lei nº 10.411, de 26-2-2002.

a) condições para obter autorização ou registro necessário ao exercício das atividades indicadas no artigo 16, e respectivos procedimentos administrativos;

b) requisitos de idoneidade, habilitação técnica e capacidade financeira a que deverão satisfazer os administradores de sociedades e demais pessoas que atuem no mercado de valores mobiliários;

c) condições de constituição e extinção das Bolsas de Valores, entidades do mercado de balcão organizado e das entidades de compensação e liquidação de operações com valores mobiliários, forma jurídica, órgãos de administração e seu preenchimento;

d) exercício do poder disciplinar pelas Bolsas e pelas entidades do mercado de balcão organizado, no que se refere às negociações com valores mobiliários, e pelas entidades de compensação e liquidação de operações com valores mobiliários, sobre os seus membros, imposição de penas e casos de exclusão;

▸ Alíneas *a* a *d* com a redação dada pela Lei nº 10.411, de 26-2-2002.

e) número de sociedades corretoras, membros da Bolsa; requisitos ou condições de admissão quanto à idoneidade, capacidade financeira e habilitação técnica dos seus administradores; e representação no recinto da Bolsa;

f) administração das Bolsas, das entidades do mercado de balcão organizado e das entidades de compensação e liquidação de operações com valores mobiliários; emolumentos, comissões e quaisquer outros custos cobrados pelas Bolsas e pelas entidades de compensação e liquidação de operações com valores mobiliários ou seus membros, quando for o caso;

▸ Alínea *f* com a redação dada pela Lei nº 10.411, de 26-2-2002.

g) condições de realização das operações a termo;

h) condições de constituição e extinção das Bolsas de Mercadorias e Futuros, forma jurídica, órgãos de administração e seu preenchimento.

▸ Alínea *h* com a redação dada pela Lei nº 10.411, de 26-2-2002.

II – definir:

a) as espécies de operação autorizadas na Bolsa e no mercado de balcão; métodos e práticas que devem ser observados no mercado; e responsabilidade dos intermediários nas operações;

b) a configuração de condições artificiais de demanda, oferta ou preço de valores mobiliários, ou de manipulação de preço; operações fraudulentas e práticas não equitativas na distribuição ou intermediação de valores;

c) normas aplicáveis ao registro de operações a ser mantido pelas entidades do sistema de distribuição (artigo 15).

CAPÍTULO IV
DA NEGOCIAÇÃO NO MERCADO

Seção I
EMISSÃO E DISTRIBUIÇÃO

Art. 19. Nenhuma emissão pública de valores mobiliários será distribuída no mercado sem prévio registro na Comissão.

§ 1º São atos de distribuição, sujeitos à norma deste artigo, a venda, promessa de venda, oferta à venda ou subscrição, assim como a aceitação de pedido de venda ou subscrição de valores mobiliários, quando os pratiquem a companhia emissora, seus fundadores ou as pessoas a ela equiparadas.

§ 2º Equiparam-se à companhia emissora para os fins deste artigo:

I – o seu acionista controlador e as pessoas por ela controladas;

II – o coobrigado nos títulos;

III – as instituições financeiras e demais sociedades a que se refere o artigo 15, inciso I;

IV – quem quer que tenha subscrito valores da emissão, ou os tenha adquirido à companhia emissora, com o fim de os colocar no mercado.

§ 3º Caracterizam a emissão pública:

I – a utilização de listas ou boletins de venda ou subscrição, folhetos, prospectos ou anúncios destinados ao público;

II – a procura de subscritores ou adquirentes para os títulos por meio de empregados, agentes ou corretores;

III – a negociação feita em loja, escritório ou estabelecimento aberto ao público, ou com a utilização dos serviços públicos de comunicação.

§ 4º A emissão pública só poderá ser colocada no mercado através do sistema previsto no artigo 15, podendo a Comissão exigir a participação de instituição financeira.

§ 5º Compete à Comissão expedir normas para a execução do disposto neste artigo, podendo:

I – definir outras situações que configurem emissão pública, para fins de registro, assim como os casos em que este poderá ser dispensado, tendo em vista o interesse do público investidor;

II – fixar o procedimento do registro e especificar as informações que devam instruir o seu pedido, inclusive sobre:

a) a companhia emissora, os empreendimentos ou atividades que explora ou pretende explorar, sua situação econômica e financeira, administração e principais acionistas;

b) as características da emissão e a aplicação a ser dada aos recursos dela provenientes;

c) o vendedor dos valores mobiliários, se for o caso;

d) os participantes na distribuição, sua remuneração e seu relacionamento com a companhia emissora ou com o vendedor.

§ 6º A Comissão poderá subordinar o registro a capital mínimo da companhia emissora e a valor mínimo da emissão, bem como a que sejam divulgadas as informações que julgar necessárias para proteger os interesses do público investidor.

§ 7º O pedido de registro será acompanhado dos prospectos e outros documentos quaisquer a serem publicados ou distribuídos, para oferta, anúncio ou promoção do lançamento.

Art. 20. A Comissão mandará suspender a emissão ou a distribuição que se esteja processando em desacordo com o artigo anterior, particularmente quando:

I – a emissão tenha sido julgada fraudulenta ou ilegal, ainda que após efetuado o registro;

II – a oferta, o lançamento, a promoção ou o anúncio dos valores se esteja fazendo em condições diversas das constantes do registro, ou com informações falsas, dolosas ou substancialmente imprecisas.

Seção II
NEGOCIAÇÃO NA BOLSA E NO MERCADO DE BALCÃO

Art. 21. A Comissão de Valores Mobiliários manterá, além do registro de que trata o artigo 19:

I – o registro para negociação na Bolsa;

II – o registro para negociação no mercado de balcão, organizado ou não.

▸ Inciso II com a redação dada pela Lei nº 9.457, de 5-5-1997.

§ 1º Somente os valores mobiliários emitidos por companhia registrada nos termos deste artigo podem ser negociados na Bolsa e no mercado de balcão.

§ 2º O registro do artigo 19 importa registro para o mercado de balcão, mas não para a Bolsa ou entidade de mercado de balcão organizado.

§ 3º São atividades do mercado de balcão não organizado as realizadas com a participação das empresas ou profissionais indicados no artigo 15, incisos I, II e III, ou nos seus estabelecimentos, excluídas as operações efetuadas em Bolsas ou em sistemas administrados por entidades de balcão organizado.

§ 4º Cada Bolsa de Valores ou entidade de mercado de balcão organizado poderá estabelecer requisitos próprios para que os valores sejam admitidos à negociação no seu recinto ou sistema, mediante prévia aprovação da Comissão de Valores Mobiliários.

§ 5º O mercado de balcão organizado será administrado por entidades cujo funcionamento dependerá de autorização da Comissão de Valores Mobiliários, que expedirá normas gerais sobre:

I – condições de constituição e extinção, forma jurídica, órgãos de administração e seu preenchimento;

II – exercício do poder disciplinar pelas entidades, sobre os seus participantes ou membros, imposição de penas e casos de exclusão;

III – requisitos ou condições de admissão quanto à idoneidade, capacidade financeira e habilitação técnica dos administradores e representantes das sociedades participantes ou membros;

IV – administração das entidades, emolumentos, comissões e quaisquer outros custos cobrados pelas entidades ou seus participantes ou membros, quando for o caso.

▸ §§ 2º a 5º com a redação dada pela Lei nº 9.457, de 5-5-1997.

§ 6º Compete à Comissão expedir normas para a execução do disposto neste artigo, especificando:

I – casos em que os registros podem ser dispensados, recusados, suspensos ou cancelados;

II – informações e documentos que devam ser apresentados pela companhia para a obtenção do registro, e seu procedimento;

III – casos em que os valores mobiliários poderão ser negociados simultaneamente nos mercados de bolsa e de balcão, organizado ou não.

▸ Inciso III acrescido pela Lei nº 9.457, de 5-5-1997.

Art. 21-A. A Comissão de Valores Mobiliários poderá expedir normas aplicáveis à natureza das informações mínimas e à periodicidade de sua apresentação por qualquer pessoa que tenha acesso à informação relevante.

▸ Artigo com a redação dada pelo Decreto nº 3.995, de 31-10-2001.

CAPÍTULO V
DAS COMPANHIAS ABERTAS

Art. 22. Considera-se aberta a companhia cujos valores mobiliários estejam admitidos à negociação na Bolsa ou no mercado de balcão.

▸ Art. 1º, § 2º, da Lei nº 10.198, de 14-2-2001, que dispõe sobre a regulação, fiscalização e supervisão dos mercados de títulos ou contratos de investimentos coletivo.

§ 1º Compete à Comissão de Valores Mobiliários expedir normas aplicáveis às companhias abertas sobre:

I – a natureza das informações que devam divulgar e a periodicidade da divulgação;

II – relatório da administração e demonstrações financeiras;

III – a compra de ações emitidas pela própria companhia e a alienação das ações em tesouraria;

IV – padrões de contabilidade, relatórios e pareceres de auditores independentes;

V – informações que devam ser prestadas por administradores, membros do conselho fiscal, acionistas controladores e minoritários, relativas à compra, permuta ou venda de valores mobiliários emitidas pela companhia e por sociedades controladas ou controladoras;

VI – a divulgação de deliberações da assembleia-geral e dos órgãos de administração da companhia, ou de fatos relevantes ocorridos nos seus negócios, que possam influir, de modo ponderável, na decisão dos investidores do mercado, de vender ou comprar valores mobiliários emitidos pela companhia;

VII – a realização, pelas companhias abertas com ações admitidas à negociação em bolsa ou no mercado de balcão organizado, de reuniões anuais com seus acionistas e agentes do mercado de valores mobiliários, no local de maior negociação dos títulos da companhia no ano anterior, para a divulgação de informações quanto à respectiva situação econômico-financeira, projeções de resultados e resposta aos esclarecimentos que lhes forem solicitados;

VIII – as demais matérias previstas em lei.

§ 2º As normas editadas pela Comissão de Valores Mobiliários em relação ao disposto nos incisos II e IV do § 1º aplicam-se às instituições financeiras e demais entidades autorizadas a funcionar pelo Banco Central do Brasil, no que não forem conflitantes com as normas por ele baixadas.

▸ §§ 1º e 2º com a redação dada pelo Dec. nº 3.995, de 31-10-2001.

CAPÍTULO VI
DA ADMINISTRAÇÃO DE CARTEIRAS E CUSTÓDIA DE VALORES MOBILIÁRIOS

Art. 23. O exercício profissional da administração de carteiras de valores mobiliários de outras pessoas está sujeito à autorização prévia da Comissão.

§ 1º O disposto neste artigo se aplica à gestão profissional e recursos ou valores mobiliários entregues ao administrador, com autorização para que este compre ou venda valores mobiliários por conta do comitente.

§ 2º Compete à Comissão estabelecer as normas a serem observadas pelos administradores na gestão de carteiras e sua remuneração, observado o disposto no artigo 8º, IV.

Art. 24. A prestação de serviços de custódia de valores mobiliários está sujeita à autorização prévia da Comissão de Valores Mobiliários.

▸ *Caput* com a redação dada pela Lei nº 14.430, de 3-8-2022.

Parágrafo único. Considera-se custódia de valores mobiliários o depósito para guarda, recebimento de dividendos e bonificações, resgate, amortização ou reembolso, e exercício de direitos de subscrição, sem que o depositário, tenha poderes, salvo autorização expressa do depositante em cada caso, para alienar os valores mobiliários depositados ou reaplicar as importâncias recebidas.

Art. 25. Salvo mandato expresso com prazo não superior a um ano, o administrador de carteira e o depositário de valores mobiliários não podem exercer o direito de voto que couber às ações sob sua administração ou custódia.

CAPÍTULO VII
DOS AUDITORES INDEPENDENTES, CONSULTORES E ANALISTAS DE VALORES MOBILIÁRIOS

Art. 26. Somente as empresas de auditoria contábil ou auditores contábeis independentes, registrados na Comissão de Valores Mobiliários, poderão auditar, para os efeitos desta Lei, as demonstrações financeiras de companhias abertas e das instituições, sociedades ou empresas que integram o sistema de distribuição e intermediação de valores mobiliários.

§ 1º A Comissão estabelecerá as condições para o registro e o seu procedimento, e definirá os casos em que poderá ser recusado, suspenso ou cancelado.

§ 2º As empresas de auditoria contábil ou auditores contábeis independentes responderão, civilmente, pelos prejuízos que causarem a terceiros em virtude de culpa ou dolo no exercício das funções previstas neste artigo.

§ 3º Sem prejuízo do disposto no parágrafo precedente, as empresas de auditoria contábil ou os auditores contábeis independentes responderão administrativamente, perante o Banco Central do Brasil, pelos atos praticados ou omissões em que houverem incorrido no desempenho das atividades de auditoria de instituições financeiras e demais instituições autorizadas a funcionar pelo Banco Central do Brasil.

▸ § 3º acrescido pela Lei nº 9.447, de 14-3-1997.

§ 4º *Revogado*. Lei nº 13.506, de 13-11-2017.

§ 5º VETADO. Lei nº 10.303, de 31-10-2001.

Art. 27. A Comissão poderá fixar normas sobre o exercício das atividades de consultor e analista de valores mobiliários.

CAPÍTULO VII-A
DO COMITÊ DE PADRÕES CONTÁBEIS

▸ Capítulo VII-A acrescido pela Lei nº 10.303, de 31-10-2001.

Arts. 27-A e 27-B. VETADOS. Lei nº 10.303, de 31-10-2001.

CAPÍTULO VII-B
DOS CRIMES CONTRA O MERCADO DE CAPITAIS

▸ Capítulo VII-B acrescido pela Lei nº 10.303, de 31-10-2001.

Manipulação do Mercado

Art. 27-C. Realizar operações simuladas ou executar outras manobras fraudulentas destinadas a elevar, manter ou baixar a cotação, o preço ou o volume negociado de um valor mobiliário, com o fim de obter vantagem indevida ou lucro, para si ou para outrem, ou causar dano a terceiros:

▸ *Caput* com a redação dada pela Lei nº 13.506, de 13-11-2017.

Pena – reclusão, de um a oito anos, e multa de até três vezes o montante da vantagem ilícita obtida em decorrência do crime.

▸ Pena acrescida pela Lei nº 10.303, de 31-10-2001.

Uso Indevido de Informação Privilegiada

Art. 27-D. Utilizar informação relevante de que tenha conhecimento, ainda não divulgada ao mercado, que seja capaz de propiciar, para si ou para outrem, vantagem indevida, mediante negociação, em nome próprio ou de terceiros, de valores mobiliários:

▸ *Caput* com a redação dada pela Lei nº 13.506, de 13-11-2017.

Pena – reclusão, de um a cinco anos, e multa de até três vezes o montante da vantagem ilícita obtida em decorrência do crime.

▸ Pena acrescida pela Lei nº 10.303, de 31-10-2001.

§ 1º Incorre na mesma pena quem repassa informação sigilosa relativa a fato relevante a que tenha tido acesso em razão de cargo ou posição que ocupe em emissor de valores mobiliários ou em razão de relação comercial, profissional ou de confiança com o emissor.

§ 2º A pena é aumentada em 1/3 (um terço) se o agente comete o crime previsto no *caput* deste artigo valendo-se de informação relevante de que tenha conhecimento e da qual deva manter sigilo.

▸ §§ 1º e 2º acrescidos pela Lei nº 13.506, de 13-11-2017.

Exercício Irregular de Cargo, Profissão, Atividade ou Função

Art. 27-E. Exercer, ainda que a título gratuito, no mercado de valores mobiliários, a atividade de administrador de carteira, de assessor de investimento, de auditor independente, de analista de valores mobiliários, de agente fiduciário ou qualquer outro cargo, profissão, atividade ou função, sem estar, para esse fim, autorizado ou registrado na autoridade administrativa competente, quando exigido por lei ou regulamento:

▸ *Caput* com a redação dada pela Lei nº 14.317, de 29-3-2022.

Pena – detenção de seis meses a dois anos, e multa.

▸ Pena acrescida pela Lei nº 10.303, de 31-10-2001.

Art. 27-F. As multas cominadas para os crimes previstos nos artigos 27-C e 27-D deverão ser aplicadas em razão do dano provocado ou da vantagem ilícita auferida pelo agente.

Parágrafo único. Nos casos de reincidência, a multa pode ser de até o triplo dos valores fixados neste artigo.

▸ Art. 27-F acrescido pela Lei nº 10.303, de 31-10-2001.

CAPÍTULO VIII

DAS DISPOSIÇÕES FINAIS E TRANSITÓRIAS

Art. 28. O Banco Central do Brasil, a Comissão de Valores Mobiliários, a Secretaria de Previdência Complementar, a Secretaria da Receita Federal e Superintendência de Seguros Privados manterão um sistema de intercâmbio de informações, relativas à fiscalização que exerçam, nas áreas de suas respectivas competências, no mercado de valores mobiliários.

- *Caput* com a redação dada pela Lei nº 10.303, de 31-10-2001.

Parágrafo único. O dever de guardar sigilo de informações obtidas através do exercício do poder de fiscalização pelas entidades referidas no *caput* não poderá ser invocado como impedimento para o intercâmbio de que trata este artigo.

- Parágrafo único acrescido pela Lei nº 10.303, de 31-10-2001.

Arts. 29 e 30. *Revogados*. Lei nº 10.303, de 31-10-2001.

Art. 31. Nos processos judiciários que tenham por objeto matéria incluída na competência da Comissão de Valores Mobiliários, será esta sempre intimada para, querendo, oferecer parecer ou prestar esclarecimentos, no prazo de quinze dias a contar da intimação.

§ 1º A intimação far-se-á, logo após a contestação, por mandado ou por carta com aviso de recebimento, conforme a Comissão tenha, ou não, sede ou representação na comarca em que tenha sido proposta a ação.

§ 2º Se a Comissão oferecer parecer ou prestar esclarecimentos, será intimada de todos os atos processuais subsequentes, pelo jornal oficial que publica expedientes forense ou por carta com aviso de recebimento, nos termos do parágrafo anterior.

§ 3º À Comissão é atribuída legitimidade para interpor recursos, quando as partes não o fizeram.

§ 4º O prazo para os efeitos do parágrafo anterior começará a correr, independentemente de nova intimação, no dia imediato àquele em que findar o das partes.

- Art. 31 com a redação dada pela Lei nº 6.616, de 16-12-1978.

Art. 32. As multas impostas pela Comissão de Valores Mobiliários, após a decisão final que as impôs na esfera administrativa, terão eficácia de título executivo e serão cobradas judicialmente, de acordo com o rito estabelecido pelo Código de Processo Civil para o processo de execução.

- Artigo acrescido pela Lei nº Lei nº 9.457, de 5-5-1997.

Art. 33. *Revogado*. Lei nº 9.873, de 23-11-1999.

Art. 34. Esta Lei entrará em vigor na data de sua publicação.

- Art. 31 renumerado para art. 33 pela Lei nº 6.616, de 16-12-1978, e posteriormente renumerado para art. 34 pela Lei nº 9.457, de 5-5-1997.

Art. 35. Revogam-se as disposições em contrário.

- Art. 32 renumerado para art. 34 Lei nº 6.616, de 16-12-1978, e posteriormente renumerado para art. 35 pela Lei nº 9.457, de 5-5-1997.

Brasília, 7 de dezembro de 1976;
155º da Independência e
88º da República.

Ernesto Geisel

LEI Nº 6.404, DE 15 DE DEZEMBRO DE 1976

Dispõe sobre as sociedades por ações.

- Publicada no *DOU* de 17-12-1976.
- Lei nº 12.353, de 28-12-2010, dispõe sobre a participação de empregados nos conselhos de administração das empresas públicas e sociedades de economia mista, suas subsidiárias e controladas e demais empresas em que a União, direta ou indiretamente, detenha a maioria do capital social com direito a voto.
- Art. 22, § 2º, da MP nº 2.192-70, de 24-8-2001, que até o encerramento desta edição não havia sido convertida em Lei.

CAPÍTULO I

CARACTERÍSTICAS E NATUREZA DA COMPANHIA OU SOCIEDADE ANÔNIMA

Características

Art. 1º A companhia ou sociedade anônima terá o capital dividido em ações, e a responsabilidade dos sócios ou acionistas será limitada ao preço de emissão das ações subscritas ou adquiridas.

- Arts. 1.088 e 1.089 do CC.

Objetivo Social

Art. 2º Pode ser objeto da companhia qualquer empresa de fim lucrativo, não contrário à lei, à ordem pública e aos bons costumes.

- Art. 237 desta Lei.

§ 1º Qualquer que seja o objeto, a companhia é mercantil e se rege pelas leis e usos do comércio.

- Art. 982, parágrafo único, do CC.

§ 2º O estatuto social definirá o objeto de modo preciso e completo.

- Arts. 5º, 11, 17, §§ 4º e 5º, 18, 19, 22, 35, § 3º, 47 e 48, § 2º, 51, 135 e 296 desta Lei.

§ 3º A companhia pode ter por objeto participar de outras sociedades; ainda que não prevista no estatuto, a participação é facultada como meio de realizar o objeto social, ou para beneficiar-se de incentivos fiscais.

Denominação

Art. 3º A sociedade será designada por denominação acompanhada das expressões "*companhia*" ou "*sociedade anônima*", expressas por extenso ou abreviadamente mas vedada a utilização da primeira ao final.

- Art. 281, parágrafo único, desta Lei.

§ 1º O nome do fundador, acionista, ou pessoa que, por qualquer outro modo, tenha concorrido para o êxito da empresa, poderá figurar na denominação.

§ 2º Se a denominação for idêntica ou semelhante a de companhia já existente assistirá à prejudicada o direito de requerer a modificação, por via administrativa (artigo 97) ou em juízo, e demandar as perdas e danos resultantes.

Companhia Aberta e Fechada

Art. 4º Para os efeitos desta Lei, a companhia é aberta ou fechada conforme os valores mobiliários de sua emissão estejam ou não admitidos à negociação no mercado de valores mobiliários.

- *Caput* com a redação dada pela Lei nº 10.303, de 31-10-2001.
- Art. 158, § 3º, desta Lei.
- Arts. 19 e 21 da Lei nº 6.385, de 7-12-1976 (Lei do Mercado de Valores Mobiliários).

§ 1º Somente os valores mobiliários de emissão de companhia registrada na Comissão de Valores Mobiliários podem ser negociados no mercado de valores mobiliários.

- Parágrafo único transformado em § 1º e com a redação dada pela Lei nº 10.303, de 31-10-2001.

§ 2º Nenhuma distribuição pública de valores mobiliários será efetivada no mercado sem prévio registro na Comissão de Valores Mobiliários.

§ 3º A Comissão de Valores Mobiliários poderá classificar as companhias abertas em categorias, segundo as espécies e classes dos valores mobiliários por ela emitidos negociados no mercado, e especificará as normas sobre companhias abertas aplicáveis a cada categoria.

§ 4º O registro de companhia aberta para negociação de ações no mercado somente poderá ser cancelado se a companhia emissora de ações, o acionista controlador ou a sociedade que a controle, direta ou indiretamente, formular oferta pública para adquirir a totalidade das ações em circulação no mercado, por preço justo, ao menos igual ao valor de avaliação da companhia, apurado com base nos critérios, adotados de forma isolada ou combinada, de patrimônio líquido contábil, de patrimônio líquido avaliado a preço de mercado, de fluxo de caixa descontado, de comparação por múltiplos, de cotação das ações no mercado de valores mobiliários, ou com base em outro critério aceito pela Comissão de Valores Mobiliários, assegurada a revisão do valor da oferta, em conformidade com o disposto no artigo 4º-A.

§ 5º Terminado o prazo da oferta pública fixado na regulamentação expedida pela Comissão de Valores Mobiliários, se remanescerem em circulação menos de cinco por cento do total das ações emitidas pela companhia, a assembleia-geral poderá deliberar o resgate dessas ações pelo valor da oferta de que trata o § 4º, desde que deposite em estabelecimento bancário autorizado pela Comissão de Valores Mobiliários, à disposição dos seus titulares, o valor de resgate, não se aplicando, nesse caso, o disposto no § 6º do artigo 44.

§ 6º O acionista controlador ou a sociedade controladora que adquirir ações da companhia aberta sob seu controle que elevem sua participação, direta ou indireta, em determinada espécie e classe de ações à porcentagem que, segundo normas gerais expedidas pela Comissão de Valores Mobiliários, impeça a liquidez de mercado das ações remanescentes, será obrigado a fazer oferta pública, por preço determinado nos termos do § 4º, para aquisição da totalidade das ações remanescentes no mercado.

- §§ 2º a 6º acrescidos pela Lei nº 10.303, de 31-10-2001.

Art. 4º-A. Na companhia aberta, os titulares de, no mínimo, dez por cento das ações em circulação no mercado poderão requerer aos administradores da companhia que convoquem assembleia especial dos acionistas titulares de ações em circulação no mercado, para deliberar sobre a realização de nova avaliação pelo mesmo ou por outro critério, para efeito de determinação do valor de avaliação da companhia, referido no § 4º do artigo 4º.

§ 1º O requerimento deverá ser apresentado no prazo de quinze dias da divulgação do valor da oferta pública, devidamente fundamentado e acompanhado de elementos de convicção que demonstrem a falha ou imprecisão no emprego da metodologia de cálculo ou no critério de avaliação adotado, podendo os acionistas referidos no *caput* convocar a assembleia quando os administradores não atenderem, no prazo de oito dias, ao pedido de convocação.

§ 2º Consideram-se ações em circulação no mercado todas as ações do capital da companhia aberta menos as de propriedade do acionista controlador, de diretores, de conselheiros de administração e as em tesouraria.

§ 3º Os acionistas que requererem a realização de nova avaliação e aqueles que votarem a seu favor deverão ressarcir a companhia pelos custos incorridos, caso o novo valor seja inferior ou igual ao valor inicial da oferta pública.

§ 4º Caberá à Comissão de Valores Mobiliários disciplinar o disposto no artigo 4º e neste artigo, e fixar prazos para a eficácia desta revisão.

▸ Art. 4º-A acrescido pela Lei nº 10.303, de 31-10-2001.

CAPÍTULO II
CAPITAL SOCIAL

Seção I
VALOR

Fixação no Estatuto e Moeda

Art. 5º O estatuto da companhia fixará o valor do capital social, expresso em moeda nacional.

▸ Art. 2º, § 2º, desta Lei.

Parágrafo único. A expressão monetária do valor do capital social realizado será corrigida anualmente (artigo 167).

▸ Art. 132, IV, desta Lei.

Alteração

Art. 6º O capital social somente poderá ser modificado com observância dos preceitos desta Lei e do estatuto social (artigos 166 a 174).

Seção II
FORMAÇÃO

Dinheiro e Bens

Art. 7º O capital social poderá ser formado com contribuições em dinheiro ou em qualquer espécie de bens suscetíveis de avaliação em dinheiro.

▸ Arts. 9º, 89, 106 a 108, 166 a 174 desta Lei.

Avaliação

Art. 8º A avaliação dos bens será feita por três peritos ou por empresa especializada, nomeados em assembleia-geral dos subscritores, convocada pela imprensa e presidida por um dos fundadores, instalando-se em primeira convocação com a presença de subscritores que representem metade, pelo menos, do capital social, e em segunda convocação com qualquer número.

▸ Arts. 86, I, 88, § 2º, *e*, 95, IV, 170, § 3º, e 182, § 3º, desta Lei.

§ 1º Os peritos ou a empresa avaliadora deverão apresentar laudo fundamentado, com a indicação dos critérios de avaliação e dos elementos de comparação adotados e instruído com os documentos relativos aos bens avaliados, e estarão presentes à assembleia que conhecer do laudo, a fim de prestarem as informações que lhes forem solicitadas.

§ 2º Se o subscritor aceitar o valor aprovado pela assembleia, os bens incorporar-se-ão ao patrimônio da companhia, competindo aos primeiros diretores cumprir as formalidades necessárias à respectiva transmissão.

▸ Art. 98, § 2º, desta Lei.

§ 3º Se a assembleia não aprovar a avaliação, ou o subscritor não aceitar a avaliação aprovada, ficará sem efeito o projeto de constituição da companhia.

§ 4º Os bens não poderão ser incorporados ao patrimônio da companhia por valor acima do que lhes tiver dado o subscritor.

§ 5º Aplica-se à assembleia referida neste artigo o disposto nos §§ 1º e 2º do artigo 115.

§ 6º Os avaliadores e o subscritor responderão perante a companhia, os acionistas e terceiros, pelos danos que lhes causarem por culpa ou dolo na avaliação dos bens, sem prejuízo da responsabilidade penal em que tenham incorrido. No caso de bens em condomínio, a responsabilidade dos subscritores é solidária.

▸ Art. 256, § 1º, desta Lei.

Transferência dos Bens

Art. 9º Na falta de declaração expressa em contrário, os bens transferem-se à companhia a título de propriedade.

▸ Arts. 7º e 89 desta Lei.

Responsabilidade do Subscritor

Art. 10. A responsabilidade civil dos subscritores ou acionistas que contribuírem com bens para a formação do capital social será idêntica à do vendedor.

▸ Art. 447 do CC.

Parágrafo único. Quando a entrada consistir em crédito, o subscritor ou acionista responderá pela solvência do devedor.

CAPÍTULO III
AÇÕES

Seção I
NÚMERO E VALOR NOMINAL

Fixação no Estatuto

Art. 11. O estatuto fixará o número das ações em que se divide o capital social e estabelecerá se as ações terão ou não valor nominal.

▸ Art. 1.088 do CC.

§ 1º Na companhia com ações sem valor nominal, o estatuto poderá criar uma ou mais classes de ações preferenciais com valor nominal.

§ 2º O valor nominal será o mesmo para todas as ações da companhia.

§ 3º O valor nominal das ações de companhia aberta não poderá ser inferior ao mínimo fixado pela Comissão de Valores Mobiliários.

▸ Lei nº 6.385, de 7-12-1976 (Lei do Mercado de Valores Mobiliários).

Alteração

Art. 12. O número e o valor nominal das ações somente poderão ser alterados nos casos de modificação do valor do capital social ou da sua expressão monetária, de desdobramento ou grupamento de ações, ou de cancelamento de ações autorizado nesta Lei.

▸ Art. 6º desta Lei.

Seção II
PREÇO DE EMISSÃO

Ações com Valor Nominal

Art. 13. É vedada a emissão de ações por preço inferior ao seu valor nominal.

§ 1º A infração do disposto neste artigo importará nulidade do ato ou operação e responsabilidade dos infratores, sem prejuízo da ação penal que no caso couber.

▸ Art. 177 do CP.

§ 2º A contribuição do subscritor que ultrapassar o valor nominal constituirá reserva de capital (artigo 182, § 1º).

Ações sem Valor Nominal

Art. 14. O preço de emissão das ações sem valor nominal será fixado, na constituição da companhia, pelos fundadores, e no aumento de capital, pela assembleia-geral ou pelo conselho de administração (artigos 166 e 170, § 2º).

Parágrafo único. O preço de emissão pode ser fixado com parte destinada à formação de reserva de capital; na emissão de ações preferenciais com prioridade no reembolso do capital, somente a parcela que ultrapassar o valor de reembolso poderá ter essa destinação.

Seção III
ESPÉCIES E CLASSES

Espécies

Art. 15. As ações, conforme a natureza dos direitos ou vantagens que confiram a seus titulares, são ordinárias, preferenciais ou de fruição.

▸ Arts. 17, 40, parágrafo único, 44, §§ 5º e 6º; 48, § 3º, e 57, § 2º, desta Lei.

§ 1º As ações ordinárias e preferenciais poderão ser de uma ou mais classes, observado, no caso das ordinárias, o disposto nos arts. 16, 16-A e 110-A desta Lei.

▸ § 1º com a redação dada pela Lei nº 14.195, de 26-8-2021.

§ 2º O número de ações preferenciais sem direito a voto, ou sujeitas a restrição no exercício desse direito, não pode ultrapassar cinquenta por cento do total das ações emitidas.

▸ § 2º com a redação dada pela Lei nº 10.303, de 31-10-2001.

▸ Art. 8º da Lei nº 10.303, de 31-10-2001, que dispõe sobre o direito de recesso.

Ações Ordinárias

Art. 16. As ações ordinárias de companhia fechada poderão ser de classes diversas, em função de:

I – conversibilidade em ações preferenciais;

II – exigência de nacionalidade brasileira do acionista; ou

III – direito de voto em separado para o preenchimento de determinados cargos de órgãos administrativos;

▸ Incisos I a III com a redação dada pela Lei nº 9.457, de 5-5-1997.

IV – atribuição de voto plural a uma ou mais classes de ações, observados o limite e as condições dispostos no art. 110-A desta Lei.

▶ Inciso IV acrescido pela Lei nº 14.195, de 26-8-2021.

Parágrafo único. A alteração do estatuto na parte em que regula a diversidade de classes, se não for expressamente prevista e regulada, requererá a concordância de todos os titulares das ações atingidas.

▶ Parágrafo único com a redação dada pela Lei nº 14.195, de 26-8-2021.

Art. 16-A. Na companhia aberta, é vedada a manutenção de mais de uma classe de ações ordinárias, ressalvada a adoção do voto plural nos termos e nas condições dispostos no art. 110-A desta Lei.

▶ Art. 16-A acrescido pela Lei nº 14.195, de 26-8-2021.

Ações Preferenciais

Art. 17. As preferências ou vantagens das ações preferenciais podem consistir:

▶ *Caput* com a redação dada pela Lei nº 10.303, de 31-10-2001.

I – em prioridade na distribuição de dividendo, fixo ou mínimo;

II – em prioridade no reembolso do capital, com prêmio ou sem ele; ou

III – na acumulação das preferências e vantagens de que tratam os incisos I e II.

▶ Incisos I a III com a redação dada pela Lei nº 10.303, de 31-10-2001.

§ 1º Independentemente do direito de receber ou não o valor de reembolso do capital com prêmio ou sem ele, as ações preferenciais sem direito de voto ou com restrição ao exercício deste direito, somente serão admitidas à negociação no mercado de valores mobiliários se a elas for atribuída pelo menos uma das seguintes preferências ou vantagens:

I – direito de participar do dividendo a ser distribuído, correspondente a, pelo menos, vinte e cinco por cento do lucro líquido do exercício, calculado na forma do artigo 202, de acordo com o seguinte critério:

a) prioridade no recebimento dos dividendos mencionados neste inciso correspondente a, no mínimo, três por cento do valor do patrimônio líquido da ação; e

b) direito de participar dos lucros distribuídos em igualdade de condições com as ordinárias, depois de a estas assegurado dividendo igual ao mínimo prioritário estabelecido em conformidade com a alínea a; ou

II – direito ao recebimento de dividendo, por ação preferencial, pelo menos dez por cento maior do que o atribuído a cada ação ordinária; ou

III – direito de serem incluídas na oferta pública de alienação de controle, nas condições previstas no artigo 254-A, assegurado o dividendo pelo menos igual ao das ações ordinárias.

§ 2º Deverão constar do estatuto, com precisão e minúcia, outras preferências ou vantagens que sejam atribuídas aos acionistas sem direito a voto, ou com voto restrito, além das previstas neste artigo.

§ 3º Os dividendos, ainda que fixos ou cumulativos, não poderão ser distribuídos em prejuízo do capital social, salvo quando, em caso de liquidação da companhia, essa vantagem tiver sido expressamente assegurada.

§ 4º Salvo disposição em contrário no estatuto, o dividendo prioritário não é cumulativo, a ação com dividendo fixo não participa dos lucros remanescentes e a ação com dividendo mínimo participa dos lucros distribuídos em igualdade de condições com as ordinárias, depois de a estas assegurado dividendo igual ao mínimo.

§ 5º Salvo no caso de ações com dividendo fixo, o estatuto não pode excluir ou restringir o direito das ações preferenciais de participar dos aumentos de capital decorrentes da capitalização de reservas ou lucros (artigo 169).

§ 6º O estatuto pode conferir às ações preferenciais com prioridade na distribuição de dividendo cumulativo, o direito de recebê-lo, no exercício em que o lucro for insuficiente, à conta das reservas de capital de que trata o § 1º do artigo 182.

▶ §§ 1º a 6º com a redação dada pela Lei nº 10.303, de 31-10-2001.

§ 7º Nas companhias objeto de desestatização poderá ser criada ação preferencial de classe especial, de propriedade exclusiva do ente desestatizante, à qual o estatuto social poderá conferir os poderes que especificar, inclusive o poder de veto às deliberações da assembleia-geral nas matérias que especificar.

▶ § 7º acrescido pela Lei nº 10.303, de 31-10-2001.

Vantagens Políticas

Art. 18. O estatuto pode assegurar a uma ou mais classes de ações preferenciais o direito de eleger, em votação em separado, um ou mais membros dos órgãos da administração.

▶ Art. 15 desta Lei.

Parágrafo único. O estatuto pode subordinar as alterações estatutárias que especificar à aprovação, em assembleia especial, dos titulares de uma ou mais classes de ações preferenciais.

Regulação no Estatuto

Art. 19. O estatuto da companhia com ações preferenciais declarará as vantagens ou preferências atribuídas a cada classe dessas ações e as restrições a que ficarão sujeitas, e poderá prever o resgate ou a amortização, a conversão de ações de uma classe em ações de outra e em ações ordinárias, e destas em preferenciais, fixando as respectivas condições.

Seção IV FORMA

Art. 20. As ações devem ser nominativas.

▶ Artigo com a redação dada pela Lei nº 8.021, de 12-4-1990.

▶ Arts. 34 e 36 desta Lei.

Ações não Integralizadas

Art. 21. Além dos casos regulados em lei especial, as ações terão obrigatoriamente forma nominativa ou endossável até o integral pagamento do preço de emissão.

Determinação no Estatuto

Art. 22. O estatuto determinará a forma das ações e a conversibilidade de uma em outra forma.

Parágrafo único. As ações ordinárias da companhia aberta e ao menos uma das classes de ações ordinárias da companhia fechada, quando tiverem a forma ao portador, serão obrigatoriamente conversíveis, à vontade do acionista, em nominativas ou endossáveis.

Seção V CERTIFICADOS

Emissão

Art. 23. A emissão de certificado de ação somente será permitida depois de cumpridas as formalidades necessárias ao funcionamento legal da companhia.

§ 1º A infração do disposto neste artigo importa nulidade do certificado e responsabilidade dos infratores.

§ 2º Os certificados das ações, cujas entradas não consistirem em dinheiro, só poderão ser emitidos depois de cumpridas as formalidades necessárias à transmissão de bens, ou de realizados os créditos.

§ 3º A companhia poderá cobrar o custo da substituição dos certificados, quando pedida pelo acionista.

Requisitos

Art. 24. Os certificados das ações serão escritos em vernáculo e conterão as seguintes declarações:

▶ Arts. 4º, parágrafo único, 25, 27 e 65 desta Lei.

I – denominação da companhia, sua sede e prazo de duração;

▶ Art. 79, I, desta Lei.

II – o valor do capital social, a data do ato que o tiver fixado, o número de ações em que se divide e o valor nominal das ações, ou a declaração de que não têm valor nominal;

▶ Art. 79, I, desta Lei.

III – nas companhias com capital autorizado, o limite da autorização, em número de ações ou valor do capital social;

▶ Arts. 79, I, e 142, VII, desta Lei.

IV – o número de ações ordinárias e preferenciais das diversas classes, se houver, as vantagens ou preferências conferidas a cada classe e as limitações ou restrições a que as ações estiverem sujeitas;

▶ Art. 79, I, desta Lei.

V – o número de ordem do certificado e da ação, e a espécie e classe a que pertence;

VI – os direitos conferidos às partes beneficiárias, se houver;

VII – a época e o lugar da reunião da assembleia-geral ordinária;

VIII – a data da constituição da companhia e do arquivamento e publicação de seus atos constitutivos;

IX – o nome do acionista;

X – o débito do acionista e a época e o lugar de seu pagamento, se a ação não estiver integralizada;

XI – a data da emissão do certificado e as assinaturas de dois diretores, ou do agente emissor de certificados (artigo 27).

▶ Incisos IX a XI com a redação dada pela Lei nº 9.457, de 5-5-1997.

§ 1º A omissão de qualquer dessas declarações dá ao acionista direito a indenização por perdas e danos contra a companhia e os diretores na gestão dos quais os certificados tenham sido emitidos.

§ 2º Os certificados de ações emitidas por companhias abertas podem ser assinados por dois mandatários com poderes especiais, ou autenticados por chancela mecânica, observadas as normas expedidas pela Comissão de Valores Mobiliários.

▸ § 2º com a redação dada pela Lei nº 10.303, de 31-10-2001.

Títulos Múltiplos e Cautelas

Art. 25. A companhia poderá, satisfeitos os requisitos do artigo 24, emitir certificados de múltiplos de ações e, provisoriamente, cautelas que as representem.

Parágrafo único. Os títulos múltiplos das companhias abertas obedecerão à padronização de número de ações fixada pela Comissão de Valores Mobiliários.

Cupões

Art. 26. Aos certificados das ações ao portador podem ser anexados cupões relativos a dividendos ou outros direitos.

Parágrafo único. Os cupões conterão a denominação da companhia, a indicação do lugar da sede, o número de ordem do certificado, a classe da ação e o número de ordem do cupão.

Agente Emissor de Certificados

Art. 27. A companhia pode contratar a escrituração e a guarda dos livros de registro e transferência de ações e a emissão dos certificados com instituição financeira autorizada pela Comissão de Valores Mobiliários a manter esse serviço.

▸ Arts. 24, XI, 43, 101, 103 e 293 desta Lei.

§ 1º Contratado o serviço, somente o agente emissor poderá praticar os atos relativos aos registros e emitir certificados.

§ 2º O nome do agente emissor constará das publicações e ofertas públicas de valores mobiliários feitas pela companhia.

§ 3º Os certificados de ações emitidos pelo agente emissor da companhia deverão ser numerados seguidamente, mas a numeração das ações será facultativa.

Seção VI

PROPRIEDADE E CIRCULAÇÃO

Indivisibilidade

Art. 28. A ação é indivisível em relação à companhia.

Parágrafo único. Quando a ação pertencer a mais de uma pessoa, os direitos por ela conferidos serão exercidos pelo representante do condomínio.

Negociabilidade

Art. 29. As ações da companhia aberta somente poderão ser negociadas depois de realizados trinta por cento do preço de emissão.

Parágrafo único. A infração do disposto neste artigo importa na nulidade do ato.

Negociação com as Próprias Ações

Art. 30. A companhia não poderá negociar com as próprias ações.

§ 1º Nessa proibição não se compreendem:

a) as operações de resgate, reembolso ou amortização previstas em lei;

b) a aquisição, para permanência em tesouraria ou cancelamento, desde que até o valor do saldo de lucros ou reservas, exceto a legal, e sem diminuição do capital social ou por doação;

▸ Art. 244, § 1º, desta Lei.

c) a alienação das ações adquiridas nos termos da alínea *b* e mantidas em tesouraria;

d) a compra quando, resolvida a redução do capital mediante restituição, em dinheiro, de parte do valor das ações, o preço destas em bolsa for inferior ou igual à importância que deve ser restituída.

▸ Art. 244, § 3º, desta Lei.

§ 2º A aquisição das próprias ações pela companhia aberta obedecerá, sob pena de nulidade, às normas expedidas pela Comissão de Valores Mobiliários, que poderá subordiná-la a prévia autorização em cada caso.

▸ Art. 244, § 3º, desta Lei.

§ 3º A companhia não poderá receber em garantia as próprias ações, salvo para assegurar a gestão dos seus administradores.

§ 4º As ações adquiridas nos termos da alínea *b* do § 1º, enquanto mantidas em tesouraria, não terão direito a dividendo nem a voto.

§ 5º No caso da alínea *d* do § 1º, as ações adquiridas serão retiradas definitivamente de circulação.

Ações Nominativas

Art. 31. A propriedade das ações nominativas presume-se pela inscrição do nome do acionista no livro de "Registro de Ações Nominativas" ou pelo extrato que seja fornecido pela instituição custodiante, na qualidade de proprietária fiduciária das ações.

▸ *Caput* com a redação dada pela Lei nº 10.303, de 31-10-2001.

§ 1º A transferência das ações nominativas opera-se por termo lavrado no livro de "*Transferência de Ações Nominativas*", datado e assinado pelo cedente e pelo cessionário, ou seus legítimos representantes.

§ 2º A transferência das ações nominativas em virtude de transmissão por sucessão universal ou legado, de arrematação, adjudicação ou outro ato judicial, ou por qualquer outro título, somente se fará mediante averbação no livro de "*Registro de Ações Nominativas*", à vista de documento hábil, que ficará em poder da companhia.

§ 3º Na transferência das ações nominativas adquiridas em Bolsa de Valores, o cessionário será representado, independentemente de instrumento de procuração, pela sociedade corretora, ou pela caixa de liquidação da Bolsa de Valores.

Ações Endossáveis

Art. 32. *Revogado.* Lei nº 8.021, de 12-4-1990.

Ações ao Portador

Art. 33. *Revogado.* Lei nº 8.021, de 12-4-1990.

Ações Escriturais

Art. 34. O estatuto da companhia pode autorizar ou estabelecer que todas as ações da companhia, ou uma ou mais classes delas, sejam mantidas em contas de depósito, em nome de seus titulares, na instituição que designar, sem emissão de certificados.

▸ Art. 103 desta Lei.

§ 1º No caso de alteração estatutária, a conversão em ação escritural depende da apresentação e do cancelamento do respectivo certificado em circulação.

§ 2º Somente as instituições financeiras autorizadas pela Comissão de Valores Mobiliários podem manter serviços de escrituração de ações e de outros valores mobiliários.

▸ § 2º com a redação dada pela Lei nº 12.810, de 15-5-2013.

▸ Art. 293 desta Lei.

§ 3º A companhia responde pelas perdas e danos causados aos interessados por erros ou irregularidades no serviço de ações escriturais, sem prejuízo do eventual direito de regresso contra a instituição depositária.

Art. 35. A propriedade da ação escritural presume-se pelo registro na conta de depósito das ações, aberta em nome do acionista nos livros da instituição depositária.

§ 1º A transferência da ação escritural opera-se pelo lançamento efetuado pela instituição depositária em seus livros, a débito da conta de ações do alienante e a crédito da conta de ações do adquirente, à vista de ordem escrita do alienante, ou de autorização ou ordem judicial, em documento hábil que ficará em poder da instituição.

§ 2º A instituição depositária fornecerá ao acionista extrato da conta de depósito das ações escriturais, sempre que solicitado, ao término de todo mês em que for movimentada e, ainda que não haja movimentação, ao menos uma vez por ano.

§ 3º O estatuto pode autorizar a instituição depositária a cobrar do acionista o custo do serviço de transferência da propriedade das ações escriturais, observados os limites máximos fixados pela Comissão de Valores Mobiliários.

Limitações à Circulação

Art. 36. O estatuto da companhia fechada pode impor limitações à circulação das ações nominativas, contanto que regule minuciosamente tais limitações e não impeça a negociação, nem sujeite o acionista ao arbítrio dos órgãos de administração da companhia ou da maioria dos acionistas.

Parágrafo único. A limitação à circulação criada por alteração estatutária somente se aplicará às ações cujos titulares com ela expressamente concordarem, mediante pedido de averbação no livro de "*Registro de Ações Nominativas*".

Suspensão dos Serviços de Certificados

Art. 37. A companhia aberta pode, mediante comunicação às Bolsas de Valores em que suas ações forem negociadas e publicação de anúncio, suspender, por períodos que não ultrapassem, cada um, quinze dias, nem o total de noventa dias durante o ano, os serviços de transferência, conversão e desdobramento de certificados.

Parágrafo único. O disposto neste artigo não prejudicará o registro da transferência das ações negociadas em bolsa anteriormente ao início do período de suspensão.

Perda ou Extravio

Art. 38. O titular de certificado perdido ou extraviado de ação ao portador ou endossável poderá, justificando a propriedade e a perda ou extravio, promover, na forma da lei processual, o procedimento de anulação e substituição para obter a expedição de novo certificado.

▸ Dec. nº 2.044, de 31-12-1908 (Lei da Letra de Câmbio e da Nota Promissória).

▸ Dec. nº 57.663, de 24-1-1966 (Lei Uniforme em Matéria de Letras de Câmbio e Notas Promissórias).

§ 1º Somente será admitida a anulação e substituição de certificado ao portador ou endossado em branco à vista da prova, produzida pelo titular, da destruição ou inutilização do certificado a ser substituído.

§ 2º Até que o certificado seja recuperado ou substituído, as transferências poderão ser averbadas sob condição, cabendo à companhia exigir do titular, para satisfazer dividendo e demais direitos, garantia idônea de sua eventual restituição.

Seção VII

CONSTITUIÇÃO DE DIREITOS REAIS E OUTROS ÔNUS

Penhor

Art. 39. O penhor ou caução de ações se constitui pela averbação do respectivo instrumento no livro de "*Registro de Ações Nominativas*".

▶ *Caput* com a redação dada pela Lei nº 9.457, de 5-5-1997.

§ 1º O penhor da ação escritural se constitui pela averbação do respectivo instrumento nos livros da instituição financeira, a qual será anotado no extrato da conta de depósito fornecido ao acionista.

▶ Art. 293 desta Lei.

§ 2º Em qualquer caso, a companhia, ou a instituição financeira, tem o direito de exigir, para seu arquivo, um exemplar do instrumento de penhor.

Outros Direitos e Ônus

Art. 40. O usufruto, o fideicomisso, a alienação fiduciária em garantia e quaisquer cláusulas ou ônus que gravarem a ação deverão ser averbados:

▶ Arts. 113, 114, 205 e 293 desta Lei.

I – se nominativa, no livro de "*Registro de Ações Nominativas*";

II – se escritural, nos livros da instituição financeira, que os anotará no extrato da conta de depósito fornecida ao acionista.

▶ Inciso II com a redação dada pela Lei nº 9.457, de 5-5-1997.

Parágrafo único. Mediante averbação nos termos deste artigo, a promessa de venda da ação e o direito de preferência à sua aquisição são oponíveis a terceiros.

Seção VIII

CUSTÓDIA DE AÇÕES FUNGÍVEIS

Art. 41. A instituição autorizada pela Comissão de Valores Mobiliários a prestar serviços de custódia de ações fungíveis pode contratar custódia em que as ações de cada espécie e classe da companhia sejam recebidas em depósito como valores fungíveis, adquirindo a instituição depositária a propriedade fiduciária das ações.

▶ *Caput* com a redação dada pela Lei nº 10.303, de 31-10-2001.

§ 1º A instituição depositária não pode dispor das ações e fica obrigada a devolver ao depositante a quantidade de ações recebidas, com as modificações resultantes de alterações no capital social ou no número de ações da companhia emissora, independentemente do número de ordem das ações ou dos certificados recebidos em depósito.

▶ Parágrafo único transformado em § 1º e com a redação dada pela Lei nº 10.303, de 31-10-2001.

§ 2º Aplica-se o disposto neste artigo, no que couber, aos demais valores mobiliários.

§ 3º A instituição depositária ficará obrigada a comunicar à companhia emissora:

I – imediatamente, o nome do proprietário efetivo quando houver qualquer evento societário que exija a sua identificação; e

II – no prazo de até dez dias, a contratação da custódia e a criação de ônus ou gravames sobre as ações.

§ 4º A propriedade das ações em custódia fungível será provada pelo contrato firmado entre o proprietário das ações e a instituição depositária.

§ 5º A instituição tem as obrigações de depositária e responde perante o acionista e terceiros pelo descumprimento de suas obrigações.

▶ §§ 2º a 5º acrescidos pela Lei nº 10.303, de 31-10-2001.

Representação e Responsabilidade

Art. 42. A instituição financeira representa, perante a companhia, os titulares das ações recebidas em custódia nos termos do artigo 41, para receber dividendos e ações bonificadas e exercer direito de preferência para subscrição de ações.

▶ Art. 293 desta Lei.

§ 1º Sempre que houver distribuição de dividendos ou bonificação de ações e, em qualquer caso, ao menos uma vez por ano, a instituição financeira fornecerá à companhia a lista dos depositantes de ações recebidas nos termos deste artigo, assim como a quantidade de ações de cada um.

▶ § 1º com a redação dada pela Lei nº 9.457, de 5-5-1997.

§ 2º O depositante pode, a qualquer tempo, extinguir a custódia e pedir a devolução dos certificados de suas ações.

§ 3º A companhia não responde perante o acionista nem terceiros pelos atos da instituição depositária das ações.

Seção IX

CERTIFICADO DE DEPÓSITO DE AÇÕES

Art. 43. A instituição financeira autorizada a funcionar como agente emissor de certificados (artigo 27) pode emitir título representativo das ações que receber em depósito, do qual constarão:

▶ *Caput* com a redação dada pela Lei nº 9.457, de 5-5-1997.

I – o local e a data da emissão;

II – o nome da instituição emitente e as assinaturas de seus representantes;

III – a denominação "*Certificado de Depósito de Ações*";

IV – a especificação das ações depositadas;

V – a declaração de que as ações depositadas, seus rendimentos e o valor recebido nos casos de resgate ou amortização somente serão entregues ao titular do certificado de depósito, contra apresentação deste;

VI – o nome e a qualificação do depositante;

VII – o preço do depósito cobrado pelo banco, se devido na entrega das ações depositadas;

VIII – o lugar da entrega do objeto do depósito.

§ 1º A instituição financeira responde pela origem e autenticidade dos certificados das ações depositadas.

§ 2º Emitido o certificado de depósito, as ações depositadas, seus rendimentos, o valor de resgate ou de amortização não poderão ser objeto de penhora, arresto, sequestro, busca ou apreensão, ou qualquer outro embaraço que impeça sua entrega ao titular do certificado, mas este poderá ser objeto de penhora ou de qualquer medida cautelar por obrigação do seu titular.

§ 3º Os certificados de depósito de ações serão nominativos, podendo ser mantidos sob o sistema escritural.

▶ § 3º com a redação dada pela Lei nº 9.457, de 5-5-1997.

§ 4º Os certificados de depósitos de ações poderão, a pedido do seu titular, e por sua conta, ser desdobrados ou grupados.

§ 5º Aplicam-se ao endosso do certificado, no que couber, as normas que regulam o endosso de títulos cambiários.

Seção X

RESGATE, AMORTIZAÇÃO E REEMBOLSO

Resgate e Amortização

Art. 44. O estatuto ou assembleia-geral extraordinária pode autorizar a aplicação de lucros ou reservas no resgate ou na amortização de ações, determinando as condições e o modo de proceder-se à operação.

▶ Art. 293 desta Lei.

§ 1º O resgate consiste no pagamento do valor das ações para retirá-las definitivamente de circulação, com redução ou não do capital social; mantido o mesmo capital, será atribuído, quando for o caso, novo valor nominal às ações remanescentes.

§ 2º A amortização consiste na distribuição aos acionistas, a título de antecipação e sem redução do capital social, de quantias que lhes poderiam tocar em caso de liquidação da companhia.

§ 3º A amortização pode ser integral ou parcial e abranger todas as classes de ações ou só uma delas.

§ 4º O resgate e a amortização que não abrangerem a totalidade das ações de uma mesma classe serão feitos mediante sorteio; sorteadas ações custodiadas nos termos do artigo 41, a instituição financeira especificará, mediante rateio, as resgatadas ou amortizadas, se outra forma não estiver prevista no contrato de custódia.

§ 5º As ações integralmente amortizadas poderão ser substituídas por ações de fruição, com as restrições fixadas pelo estatuto ou pela assembleia-geral que deliberar a amortização; em qualquer caso, ocorrendo liquidação da companhia, as ações amortizadas só concorrerão ao acervo líquido depois de assegurado às ações não amortizadas valor igual ao da amortização, corrigido monetariamente.

▶ Arts. 206 a 219 desta Lei.

§ 6º Salvo disposição em contrário do estatuto social, o resgate de ações de uma ou mais classes só será efetuado se, em assembleia especial convocada para deliberar essa matéria específica, for aprovado por acionistas que representem, no mínimo, a metade das ações da(s) classe(s) atingida(s).

▶ § 6º acrescido pela Lei nº 10.303, de 31-10-2001.

Reembolso

Art. 45. O reembolso é a operação pela qual, nos casos previstos em lei, a companhia paga aos acionistas dissidentes de deliberação da assembleia-geral o valor de suas ações.

▸ Arts. 137, 174, 264, § 3º, 296, § 4º, e 298, III, desta Lei.

§ 1º O Estatuto pode estabelecer normas para a determinação do valor de reembolso, que, entretanto, somente poderá ser inferior ao valor de patrimônio líquido constante do último balanço aprovado pela assembleia-geral, observado o disposto no § 2º, se estipulado com base no valor econômico da companhia, a ser apurado em avaliação (§§ 3º e 4º).

▸ § 1º com a redação dada pela Lei nº 9.457, de 5-5-1997.

▸ Art. 137 desta Lei.

§ 2º Se a deliberação da assembleia-geral ocorrer mais de sessenta dias depois da data do último balanço aprovado, será facultado ao acionista dissidente pedir, juntamente com o reembolso, levantamento de balanço especial em data que atenda àquele prazo. Nesse caso, a companhia pagará imediatamente oitenta por cento do valor de reembolso calculado com base no último balanço e, levantado o balanço especial, pagará o saldo no prazo de cento e vinte dias, a contar da data da deliberação da assembleia-geral.

§ 3º Se o Estatuto determinar a avaliação da ação para efeito de reembolso, o valor será o determinado por três peritos ou empresa especializada, mediante laudo que satisfaça os requisitos do § 1º, do artigo 8º e com a responsabilidade prevista no § 6º do mesmo artigo.

§ 4º Os peritos ou empresa especializada serão indicados em lista sêxtupla ou tríplice, respectivamente, pelo Conselho de Administração ou, se não houver, pela Diretoria, e escolhidos pela Assembleia-Geral em deliberação tomada por maioria absoluta de votos, não se computando os votos em branco, cabendo a cada ação, independentemente de sua espécie ou classe, o direito a um voto.

§ 5º O valor de reembolso poderá ser pago à conta de lucros ou reservas, exceto a legal, e nesse caso as ações reembolsadas ficarão em tesouraria.

§ 6º Se, no prazo de cento e vinte dias, a contar da data da publicação da ata da assembleia, não forem substituídos os acionistas cujas ações tenham sido reembolsadas à conta do capital social, este considerar-se-á reduzido no montante correspondente, cumprindo aos órgãos da administração convocar a assembleia-geral, dentro de cinco dias, para tomar conhecimento daquela redução.

§ 7º Se sobrevier a falência da sociedade, os acionistas dissidentes, credores pelo reembolso de suas ações, serão classificados como quirografários em quadro separado, e os rateios que lhes couberem serão imputados no pagamento dos créditos constituídos anteriormente à data da publicação da ata da assembleia. As quantias assim atribuídas aos créditos mais antigos não se deduzirão dos créditos dos ex-acionistas que subsistirão integralmente para serem satisfeitos pelos bens da massa, depois de pagos os primeiros.

§ 8º Se, quando ocorrer a falência, já se houver efetuado, à conta do capital social, o reembolso dos ex-acionistas, estes não tiverem sido substituídos, e a massa não bastar para o pagamento dos créditos mais antigos, caberá ação revocatória para restituição do reembolso pago com redução do capital social, até a concorrência do que remanescer dessa parte do passivo. A restituição será havida, na mesma proporção, de todos os acionistas cujas ações tenham sido reembolsadas.

▸ §§ 3º a 8º com a redação dada pela Lei nº 9.457, de 5-5-1997.

CAPÍTULO IV

PARTES BENEFICIÁRIAS

Características

Art. 46. A companhia pode criar, a qualquer tempo, títulos negociáveis, sem valor nominal e estranhos ao capital social, denominados "partes beneficiárias".

§ 1º As partes beneficiárias conferirão aos seus titulares direito de crédito eventual contra a companhia, consistente na participação nos lucros anuais (artigo 190).

§ 2º A participação atribuída às partes beneficiárias, inclusive para formação de reserva para resgate, se houver, não ultrapassará um décimo dos lucros.

§ 3º É vedado conferir às partes beneficiárias qualquer direito privativo de acionista, salvo o de fiscalizar, nos termos desta Lei, os atos dos administradores.

§ 4º É proibida a criação de mais de uma classe ou série de partes beneficiárias.

Emissão

Art. 47. As partes beneficiárias poderão ser alienadas pela companhia, nas condições determinadas pelo estatuto ou pela assembleia-geral, ou atribuídas a fundadores, acionistas ou terceiros, como remuneração de serviços prestados à companhia.

Parágrafo único. É vedado às companhias abertas emitir partes beneficiárias.

▸ Parágrafo único com a redação dada pela Lei nº 10.303, de 31-10-2001.

Resgate e Conversão

Art. 48. O estatuto fixará o prazo de duração das partes beneficiárias e, sempre que estipular resgate, deverá criar reserva especial para esse fim.

§ 1º O prazo de duração das partes beneficiárias atribuídas gratuitamente, salvo as destinadas a sociedades ou fundações beneficentes dos empregados da companhia, não poderá ultrapassar dez anos.

§ 2º O estatuto poderá prever a conversão das partes beneficiárias em ações, mediante capitalização de reserva criada para esse fim.

§ 3º No caso de liquidação da companhia, solvido o passivo exigível, os titulares das partes beneficiárias terão direito de preferência sobre o que restar do ativo até a importância da reserva para resgate ou conversão.

Certificados

Art. 49. Os certificados das partes beneficiárias conterão:

I – a denominação "*Parte Beneficiária*";

II – a denominação da companhia, sua sede e prazo de duração;

III – o valor do capital social, a data do ato que o fixou e o número de ações em que se divide;

IV – o número de partes beneficiárias criadas pela companhia e o respectivo número de ordem;

V – os direitos que lhes são atribuídos pelo estatuto, o prazo de duração e as condições de resgate, se houver;

VI – a data da constituição da companhia e do arquivamento e publicação dos seus atos constitutivos;

VII – o nome do beneficiário;

▸ Inciso VII com a redação dada pela Lei nº 9.457, de 5-5-1997.

VIII – a data da emissão do certificado e as assinaturas de dois diretores.

▸ Inciso VIII com a redação dada pela Lei nº 9.457, de 5-5-1997.

Forma, Propriedade, Circulação e Ônus

Art. 50. As partes beneficiárias serão nominativas e a elas se aplica, no que couber, o disposto nas Seções V a VII do Capítulo III.

▸ *Caput* com a redação dada pela Lei nº 9.457, de 5-5-1997.

§ 1º As partes beneficiárias serão registradas em livros próprios, mantidos pela companhia.

▸ § 1º com a redação dada pela Lei nº 9.457, de 5-5-1997.

§ 2º As partes beneficiárias podem ser objeto de depósito com emissão de certificado, nos termos do artigo 43.

Modificação dos Direitos

Art. 51. A reforma do estatuto que modificar ou reduzir as vantagens conferidas às partes beneficiárias só terá eficácia quando aprovada pela metade, no mínimo, dos seus titulares, reunidos em assembleia-geral especial.

▸ Art. 296, § 2º, desta Lei.

§ 1º A assembleia será convocada, através da imprensa, de acordo com as exigências para convocação das assembleias de acionistas, com um mês de antecedência, no mínimo. Se, após duas convocações, deixar de instalar-se por falta de número, somente seis meses depois outra poderá ser convocada.

▸ Arts. 123 e 124 desta Lei.

§ 2º Cada parte beneficiária dá direito a um voto, não podendo a companhia votar com os títulos que possuir em tesouraria.

§ 3º A emissão de partes beneficiárias poderá ser feita com a nomeação de agente fiduciário dos seus titulares, observado, no que couber, o disposto nos artigos 66 a 71.

CAPÍTULO V

DEBÊNTURES

Características

Art. 52. A companhia poderá emitir debêntures que conferirão aos seus titulares direito de crédito contra ela, nas condições constantes da escritura de emissão e, se houver, do certificado.

▸ Artigo com a redação dada pela Lei nº 10.303, de 31-10-2001.

Seção I

DIREITO DOS DEBENTURISTAS

Emissões e Séries

Art. 53. A companhia poderá efetuar mais de uma emissão de debêntures, e cada emissão pode ser dividida em séries.

Parágrafo único. As debêntures da mesma série terão igual valor nominal e conferirão a seus titulares os mesmos direitos.

Valor Nominal

Art. 54. A debênture terá valor nominal expresso em moeda nacional, salvo nos casos de obrigação que, nos termos da legislação em vigor, possa ter o pagamento estipulado em moeda estrangeira.

§ 1º A debênture poderá conter cláusula de correção monetária, com base nos coeficientes fixados para correção de títulos da dívida pública, na variação da taxa cambial ou em outros referenciais não expressamente vedados em lei.

▶ Parágrafo único transformado em § 1º e com a redação dada pela Lei nº 10.303, de 31-10-2001.

§ 2º A escritura de debênture poderá assegurar ao debenturista a opção de escolher receber o pagamento do principal e acessórios, quando do vencimento, amortização ou resgate, em moeda ou em bens avaliados nos termos do artigo 8º.

▶ § 2º acrescido pela Lei nº 10.303, de 31-10-2001.

Vencimento, Amortização e Resgate

Art. 55. A época do vencimento da debênture deverá constar da escritura de emissão e do certificado, podendo a companhia estipular amortizações parciais de cada série, criar fundos de amortização e reservar-se o direito de resgate antecipado, parcial ou total, dos títulos da mesma série.

§ 1º A amortização de debêntures da mesma série deve ser feita mediante rateio.

▶ § 1º com a redação dada pela Lei nº 12.431, de 24-6-2011.

§ 2º O resgate parcial de debêntures da mesma série deve ser feito:

▶ *Caput* do § 2º com a redação dada pela Lei nº 12.431, de 24-6-2011.

I – mediante sorteio; ou

II – se as debêntures estiverem cotadas por preço inferior ao valor nominal, por compra no mercado organizado de valores mobiliários, observadas as regras expedidas pela Comissão de Valores Mobiliários.

▶ Incisos I e II acrescidos pela Lei nº 12.431, de 24-6-2011.

§ 3º É facultado à companhia adquirir debêntures de sua emissão:

▶ *Caput* do § 2º com a redação dada pela Lei nº 12.431, de 24-6-2011.

I – por valor igual ou inferior ao nominal, devendo o fato constar do relatório da administração e das demonstrações financeiras; ou

II – por valor superior ao nominal, desde que observe as regras expedidas pela Comissão de Valores Mobiliários.

▶ Incisos I e II acrescidos pela Lei nº 12.431, de 24-6-2011.

§ 4º A companhia poderá emitir debêntures cujo vencimento somente ocorra nos casos de inadimplência da obrigação de pagar juros e dissolução da companhia, ou de outras condições previstas no título.

▶ § 4º acrescido pela Lei nº 12.431, de 24-6-2011.

Juros e Outros Direitos

Art. 56. A debênture poderá assegurar ao seu titular juros, fixos ou variáveis, participação no lucro da companhia e prêmio de reembolso.

Conversibilidade em Ações

Art. 57. A debênture poderá ser conversível em ações nas condições constantes da escritura de emissão, que especificará:

I – as bases da conversão, seja em número de ações em que poderá ser convertida cada debênture, seja como relação entre o valor nominal da debênture e o preço de emissão das ações;

II – a espécie e a classe das ações em que poderá ser convertida;

III – o prazo ou época para o exercício do direito à conversão;

IV – as demais condições a que a conversão acaso fique sujeita.

§ 1º Os acionistas terão direito de preferência para subscrever a emissão de debêntures com cláusula de conversibilidade em ações, observado o disposto nos artigos 171 e 172.

§ 2º Enquanto puder ser exercido o direito à conversão, dependerá de prévia aprovação dos debenturistas, em assembleia especial, ou de seu agente fiduciário, a alteração do estatuto para:

a) mudar o objeto da companhia;

b) criar ações preferenciais ou modificar as vantagens das existentes, em prejuízo das ações em que são conversíveis as debêntures.

Seção II

ESPÉCIES

Art. 58. A debênture poderá, conforme dispuser a escritura de emissão, ter garantia real ou garantia flutuante, não gozar de preferência ou ser subordinada aos demais credores da companhia.

▶ Art. 83, II, da Lei nº 11.101, de 9-2-2005 (Lei de Recuperação de Empresas e Falências).

§ 1º A garantia flutuante assegura à debênture privilégio geral sobre o ativo da companhia, mas não impede a negociação dos bens que compõem esse ativo.

▶ Art. 83, V, da Lei nº 11.101, de 9-2-2005 (Lei de Recuperação de Empresas e Falências).

§ 2º As garantias poderão ser constituídas cumulativamente.

▶ Art. 83, VIII, *a*, da Lei nº 11.101, de 9-2-2005 (Lei de Recuperação de Empresas e Falências).

§ 3º As debêntures com garantia flutuante de nova emissão são preferidas pelas de emissão ou de emissões anteriores, e a prioridade se estabelece pela data do arquivamento do ato societário que deliberou sobre a emissão, concorrendo as séries, dentro da mesma emissão, em igualdade.

▶ § 3º com a redação dada pela Lei nº 14.711, de 30-10-2023.

§ 4º A debênture que não gozar de garantia poderá conter cláusula de subordinação aos credores quirografários, preferindo apenas os acionistas no ativo remanescente, se houver, em caso de liquidação da companhia.

§ 5º A obrigação de não alienar ou onerar bem imóvel ou outro bem sujeito a registro de propriedade, assumida pela companhia na escritura de emissão, é oponível a terceiros, desde que averbada no competente registro.

§ 6º As debêntures emitidas por companhia integrante de grupo de sociedades (artigo 265) poderão ter garantia flutuante do ativo de duas ou mais sociedades do grupo.

Seção III

CRIAÇÃO E EMISSÃO

Competência

Art. 59. A deliberação sobre emissão de debêntures é da competência privativa da assembleia-geral, que deverá fixar, observado o que a respeito dispuser o estatuto:

I – o valor da emissão ou os critérios de determinação do seu limite, e a sua divisão em séries, se for o caso;

II – o número e o valor nominal das debêntures;

III – as garantias reais ou a garantia flutuante, se houver;

IV – as condições de correção monetária, se houver;

V – a conversibilidade ou não em ações e as condições a serem observadas na conversão;

VI – a época e as condições de vencimento, amortização ou resgate;

VII – a época e as condições do pagamento dos juros, da participação nos lucros e do prêmio de reembolso, se houver;

VIII – o modo de subscrição ou colocação e o tipo das debêntures; e

▶ Inciso VIII com a redação dada pela Lei nº 14.711, de 30-10-2023.

IX – o desmembramento, do seu valor nominal, dos juros e dos demais direitos conferidos aos titulares.

▶ Inciso IX acrescido pela Lei nº 14.711, de 30-10-2023.

§ 1º O conselho de administração ou a diretoria poderão deliberar sobre a emissão de debêntures não conversíveis em ações, exceto se houver disposição estatutária em contrário.

▶ § 1º com a redação dada pela Lei nº 14.711, de 30-10-2023.

§ 2º O estatuto da companhia aberta poderá autorizar o conselho de administração a, dentro dos limites do capital autorizado, deliberar sobre a emissão de debêntures conversíveis em ações, especificando o limite do aumento de capital decorrente da conversão das debêntures, em valor do capital social ou em número de ações, e as espécies e classes das ações que poderão ser emitidas.

▶ § 2º com a redação dada pela Lei nº 12.431, de 24-6-2011.

§ 3º O órgão competente da companhia poderá deliberar que a emissão terá valor e número de série indeterminados, dentro dos limites por ela fixados.

▶ § 3º com a redação dada pela Lei nº 14.711, de 30-10-2023.

§ 4º Nos casos não previstos nos §§ 1º e 2º, a assembleia-geral pode delegar ao conselho de administração a deliberação sobre as condições de que tratam os incisos VI a VIII do *caput* e sobre a oportunidade da emissão.

▶ § 4º acrescido pela Lei nº 12.431, de 24-6-2011.

§ 5º Caberá à Comissão de Valores Mobiliários disciplinar o disposto no inciso IX do *caput* deste artigo.

▶ § 5º acrescido pela Lei nº 14.711, de 30-10-2023.

Limite de Emissão

Art. 60. *Revogado.* Lei nº 12.431, de 24-6-2011.

Escritura de Emissão

Art. 61. A companhia fará constar da escritura de emissão os direitos conferidos pelas debêntures, suas garantias e demais cláusulas ou condições.

§ 1º A escritura de emissão, por instrumento público ou particular, de debêntures distribuídas ou admitidas à negociação no mercado, terá obrigatoriamente a intervenção de agente fiduciário dos debenturistas (artigos 66 a 70).

§ 2º Cada nova série da mesma emissão será objeto de aditamento à respectiva escritura.

§ 3º A Comissão de Valores Mobiliários poderá aprovar padrões de cláusulas e condições que devam ser adotados nas escrituras de emissão de debêntures destinadas à negociação em bolsa ou no mercado de balcão, e recusar a admissão ao mercado da emissão que não satisfaça a esses padrões.

Registro

Art. 62. Nenhuma emissão de debêntures será feita sem que tenham sido satisfeitos os seguintes requisitos:

▶ *Caput* com a redação dada pela Lei nº 10.303, de 31-10-2001.

I – arquivamento, no registro do comércio, do ato societário que deliberar sobre a emissão de que trata o art. 59 desta Lei e a sua publicação:

a) na forma prevista no § 5º deste artigo, para companhias abertas; e

b) na forma prevista no § 6º deste artigo, para companhias fechadas;

▶ Inciso I com a redação dada pela Lei nº 14.711, de 30-10-2023.

II – *Revogado*. Lei nº 14.711, de 30-10-2023;

III – constituição das garantias reais, se for o caso.

§ 1º Os administradores da companhia respondem pelas perdas e danos causados à companhia ou a terceiros por infração deste artigo.

§ 2º O agente fiduciário e o debenturista poderão promover os registros requeridos neste artigo e sanar as lacunas e as irregularidades existentes no arquivamento ou nos registros promovidos pelos administradores da companhia, hipótese em que o oficial do registro notificará a administração da companhia para que lhe forneça as indicações e os documentos necessários.

▶ § 2º com a redação dada pela Lei nº 14.711, de 30-10-2023.

§§ 3º e 4º *Revogados*. Lei nº 14.711, de 30-10-2023.

§ 5º A Comissão de Valores Mobiliários disciplinará o registro e a divulgação do ato societário de que trata a alínea *a* do inciso I do *caput* deste artigo e da escritura de emissão das debêntures objeto de oferta pública ou admitidas à negociação e os seus aditamentos.

§ 6º O Poder Executivo federal disciplinará o registro e a divulgação do ato societário de que trata a alínea *b* do inciso I do *caput* deste artigo e da escritura de emissão das debêntures de companhias fechadas e os seus aditamentos.

▶ §§ 5º e 6º acrescidos pela Lei nº 14.711, de 30-10-2023.

Seção IV
FORMA, PROPRIEDADE, CIRCULAÇÃO E ÔNUS

Art. 63. As debêntures serão nominativas, aplicando-se, no que couber, o disposto nas Seções V a VII do Capítulo III.

▶ *Caput* com a redação dada pela Lei nº 9.457, de 5-5-1997.

▶ Arts. 34 e 74 desta Lei.

§ 1º As debêntures podem ser objeto de depósito com emissão de certificado, nos termos do artigo 43.

▶ Parágrafo único transformado em § 1º pela Lei nº 10.303, de 31-10-2001.

§ 2º A escritura de emissão pode estabelecer que as debêntures sejam mantidas em contas de custódia, em nome de seus titulares, na instituição que designar, sem emissão de certificados, aplicando-se, no que couber, o disposto no artigo 41.

▶ § 2º acrescido pela Lei nº 10.303, de 31-10-2001.

Seção V
CERTIFICADOS

Requisitos

Art. 64. Os certificados das debêntures conterão:

I – a denominação, sede, prazo de duração e objeto da companhia;

II – a data da constituição da companhia e do arquivamento e publicação dos seus atos constitutivos;

III – a data de publicação da ata de deliberação sobre a emissão na forma prevista no art. 59 desta Lei;

▶ Inciso III com a redação dada pela Lei nº 14.711, de 30-10-2023.

IV – a data e ofício do registro de imóveis em que foi inscrita a emissão;

V – a denominação "Debênture" e a indicação da sua espécie, pelas palavras "com garantia real", "com garantia flutuante", "sem preferência" ou "subordinada";

VI – a designação da emissão e da série;

VII – o número de ordem;

VIII – o valor nominal e a cláusula de correção monetária, se houver, as condições de vencimento, amortização, resgate, juros, participação no lucro ou prêmio de reembolso, e a época em que serão devidos;

IX – as condições de conversibilidade em ações, se for o caso;

X – o nome do debenturista;

XI – o nome do agente fiduciário dos debenturistas, se houver;

XII – a data da emissão do certificado e a assinatura de dois diretores da companhia;

XIII – a autenticação do agente fiduciário, se for o caso.

▶ Incisos X a XIII com a redação dada pela Lei nº 9.457, de 5-5-1997.

Títulos Múltiplos e Cautelas

Art. 65. A companhia poderá emitir certificados de múltiplos de debêntures e, provisoriamente, cautelas que as representem, satisfeitos os requisitos do artigo 64.

§ 1º Os títulos múltiplos de debêntures das companhias abertas obedecerão à padronização de quantidade fixada pela Comissão de Valores Mobiliários.

§ 2º Nas condições previstas na escritura de emissão com nomeação de agente fiduciário, os certificados poderão ser substituídos, desdobrados ou grupados.

Seção VI
AGENTE FIDUCIÁRIO DOS DEBENTURISTAS

Requisitos e Incompatibilidades

Art. 66. O agente fiduciário será nomeado e deverá aceitar a função na escritura de emissão das debêntures.

▶ Arts. 51, § 3º, e 61, § 1º, desta Lei.

§ 1º Somente podem ser nomeados agentes fiduciários as pessoas naturais que satisfaçam aos requisitos para o exercício de cargo em órgão de administração da companhia e as instituições financeiras que, especialmente autorizadas pelo Banco Central do Brasil, tenham por objeto a administração ou a custódia de bens de terceiros.

§ 2º A Comissão de Valores Mobiliários poderá estabelecer que nas emissões de debêntures negociadas no mercado o agente fiduciário, ou um dos agentes fiduciários, seja instituição financeira.

§ 3º Não pode ser agente fiduciário:

a) pessoa que já exerça a função em outra emissão da mesma companhia, a menos que autorizado, nos termos das normas expedidas pela Comissão de Valores Mobiliários;

▶ Alínea *a* com a redação dada pela Lei nº 12.431, de 24-6-2011.

b) instituição financeira coligada à companhia emissora ou à entidade que subscreva a emissão para distribuí-la no mercado, e qualquer sociedade por elas controlada;

c) credor, por qualquer título, da sociedade emissora, ou sociedade por ele controlada;

d) instituição financeira cujos administradores tenham interesse na companhia emissora;

e) pessoa que, de qualquer outro modo, se coloque em situação de conflito de interesses pelo exercício da função.

§ 4º O agente fiduciário que, por circunstâncias posteriores à emissão, ficar impedido de continuar a exercer a função deverá comunicar imediatamente o fato aos debenturistas e pedir sua substituição.

Substituição, Remuneração e Fiscalização

Art. 67. A escritura de emissão estabelecerá as condições de substituição e remuneração do agente fiduciário, observadas as normas expedidas pela Comissão de Valores Mobiliários.

▶ Arts. 51, § 3º, e 61, § 1º, desta Lei.

Parágrafo único. A Comissão de Valores Mobiliários fiscalizará o exercício da função de agente fiduciário das emissões distribuídas no mercado, ou de debêntures negociadas em bolsa ou no mercado de balcão, podendo:

a) nomear substituto provisório, nos casos de vacância;

b) suspender o agente fiduciário de suas funções e dar-lhe substituto, se deixar de cumprir os seus deveres.

Deveres e Atribuições

Art. 68. O agente fiduciário representa, nos termos desta Lei e da escritura de emissão, a comunhão dos debenturistas perante a companhia emissora.

▶ Arts. 51, § 3º, e 61, § 1º, desta Lei.

§ 1º São deveres do agente fiduciário:

a) proteger os direitos e interesses dos debenturistas, empregando no exercício da função o cuidado e a diligência que todo

LEGISLAÇÃO COMPLEMENTAR

homem ativo e probo costuma empregar na administração de seus próprios bens;

b) elaborar relatório e colocá-lo anualmente à disposição dos debenturistas, dentro de quatro meses do encerramento do exercício social da companhia, informando os fatos relevantes ocorridos durante o exercício, relativos à execução das obrigações assumidas pela companhia, aos bens garantidores das debêntures e à constituição e aplicação do fundo de amortização, se houver; do relatório constará, ainda, declaração do agente sobre sua aptidão para continuar no exercício da função;

c) notificar os debenturistas, no prazo máximo de sessenta dias, de qualquer inadimplemento, pela companhia, de obrigações assumidas na escritura da emissão.

▸ Alínea *c* com a redação dada pela Lei nº 10.303, de 31-10-2001.

§ 2º A escritura de emissão disporá sobre o modo de cumprimento dos deveres de que tratam as alíneas *b* e *c* do parágrafo anterior.

§ 3º O agente fiduciário pode usar de qualquer ação para proteger direitos ou defender interesses dos debenturistas, sendo-lhe especialmente facultado, no caso de inadimplemento da companhia:

a) declarar, observadas as condições da escritura de emissão, antecipadamente vencidas as debêntures e cobrar o seu principal e acessórios;

b) executar garantias reais, receber o produto da cobrança e aplicá-lo no pagamento, integral ou proporcional, dos debenturistas;

c) requerer a falência da companhia emissora, se não existirem garantias reais;

d) representar os debenturistas em processos de falência, concordata, intervenção ou liquidação extrajudicial da companhia emissora, salvo deliberação em contrário da assembleia dos debenturistas;

▸ A concordata foi substituída pela recuperação judicial, conforme Lei nº 11.101, de 9-2-2005 (Lei de Recuperação de Empresas e Falências).

e) tomar qualquer providência necessária para que os debenturistas realizem os seus créditos.

§ 4º O agente fiduciário responde perante os debenturistas pelos prejuízos que lhes causar por culpa ou dolo no exercício das suas funções.

§ 5º O crédito do agente fiduciário por despesas que tenha feito para proteger direitos e interesses ou realizar créditos dos debenturistas será acrescido à dívida da companhia emissora, gozará das mesmas garantias das debêntures e preferirá a estas na ordem de pagamento.

§ 6º Serão reputadas não escritas as cláusulas da escritura de emissão que restringirem os deveres, atribuições e responsabilidade do agente fiduciário previstos neste artigo.

Outras Funções

Art. 69. A escritura de emissão poderá ainda atribuir ao agente fiduciário as funções de autenticar os certificados de debêntures, administrar o fundo de amortização, manter em custódia bens dados em garantia e efetuar os pagamentos de juros, amortização e resgate.

▸ Arts. 51, § 3º, e 61, § 1º, desta Lei.

Substituição de Garantias e Modificação da Escritura

Art. 70. A substituição de bens dados em garantia, quando autorizada na escritura de emissão, dependerá da concordância do agente fiduciário.

▸ Arts. 51, § 3º, e 61, §§ 1º e 3º, desta Lei.

Parágrafo único. O agente fiduciário não tem poderes para acordar na modificação das cláusulas e condições da emissão.

Seção VII

ASSEMBLEIA DE DEBENTURISTAS

Art. 71. Os titulares de debêntures da mesma emissão ou série podem, a qualquer tempo, reunir-se em assembleia a fim de deliberar sobre matéria de interesse da comunhão dos debenturistas.

▸ Arts. 51, § 3º, e 61, § 1º, e 231 desta Lei.

§ 1º A assembleia de debenturistas pode ser convocada pelo agente fiduciário, pela companhia emissora, por debenturistas que representem dez por cento, no mínimo, dos títulos em circulação, e pela Comissão de Valores Mobiliários.

§ 2º Aplica-se à assembleia de debenturistas, no que couber, o disposto nesta Lei sobre a assembleia-geral de acionistas.

§ 3º A assembleia se instalará, em primeira convocação, com a presença de debenturistas que representem metade, no mínimo, das debêntures em circulação, e, em segunda convocação, com qualquer número.

§ 4º O agente fiduciário deverá comparecer à assembleia e prestar aos debenturistas as informações que lhe forem solicitadas.

§ 5º A escritura de emissão estabelecerá a maioria necessária, que não será inferior à metade das debêntures em circulação, para aprovar modificação nas condições das debêntures.

▸ Art. 293, § 2º, desta Lei.

§ 6º Nas deliberações da assembleia, a cada debênture caberá um voto.

§ 7º Na hipótese prevista no inciso IX do *caput* do art. 59 desta Lei, o cômputo dos votos nas deliberações de assembleia ocorrerá pelo direito econômico proporcional possuído por titular.

§ 8º A Comissão de Valores Mobiliários poderá autorizar a redução do quórum previsto no § 5º deste artigo na hipótese de debêntures de companhia aberta, quando a propriedade das debêntures estiver dispersa no mercado.

§ 9º Na hipótese prevista no § 8º deste artigo, a autorização da Comissão de Valores Mobiliários será mencionada nos avisos de convocação, e a deliberação com quórum reduzido somente poderá ser adotada em terceira convocação.

§ 10. Para fins do disposto no § 8º deste artigo, considera-se que a propriedade das debêntures está dispersa quando nenhum debenturista detiver, direta ou indiretamente, mais de metade das debêntures.

▸ §§ 7º a 10 acrescidos pela Lei nº 14.711, de 30-10-2023.

Seção VIII

CÉDULA DE DEBÊNTURES

▸ Denominação da Seção com a redação dada pela Lei nº 9.457, de 5-5-1997.

Art. 72. As instituições financeiras autorizadas pelo Banco Central do Brasil a efetuar esse tipo de operação poderão emitir cédulas lastreadas em debêntures, com garantia própria, que conferirão a seus titulares direito de crédito contra o emitente, pelo valor nominal e os juros nela estipulados.

▸ *Caput* com a redação dada pela Lei nº 9.457, de 5-5-1997.

▸ Art. 293 desta Lei.

§ 1º A cédula será nominativa, escritural ou não.

▸ § 1º com a redação dada pela Lei nº 9.457, de 5-5-1997.

§ 2º O certificado da cédula conterá as seguintes declarações:

a) o nome da instituição financeira emitente e as assinaturas dos seus representantes;

b) o número de ordem, o local e a data da emissão;

c) a denominação Cédula de Debêntures;

▸ Alínea *c* com a redação dada pela Lei nº 9.457, de 5-5-1997.

d) o valor nominal e a data do vencimento;

e) os juros, que poderão ser fixos ou variáveis, e as épocas do seu pagamento;

f) o lugar do pagamento do principal e dos juros;

g) a identificação das debêntures lastro, do seu valor e da garantia constituída;

▸ Alínea *g* com a redação dada pela Lei nº 9.457, de 5-5-1997.

h) o nome do agente fiduciário dos debenturistas;

i) a cláusula de correção monetária, se houver;

j) o nome do titular.

▸ Alínea *j* com a redação dada pela Lei nº 9.457, de 5-5-1997.

Seção IX

EMISSÃO DE DEBÊNTURES NO ESTRANGEIRO

Art. 73. Somente com a prévia aprovação do Banco Central do Brasil as companhias brasileiras poderão emitir debêntures no Exterior com garantia real ou flutuante de bens situados no País.

§ 1º Os credores por obrigações contraídas no Brasil terão preferência sobre os créditos por debêntures emitidas no Exterior por companhias estrangeiras autorizadas a funcionar no país, salvo se a emissão tiver sido previamente autorizada pelo Banco Central do Brasil e o seu produto aplicado em estabelecimento situado no território nacional.

§ 2º Em qualquer caso, somente poderão ser remetidos para o exterior o principal e os encargos de debêntures registradas no Banco Central do Brasil.

§ 3º A emissão de debêntures no estrangeiro também observará os requisitos previstos no art. 62 desta Lei, com a divulgação no sítio eletrônico da companhia dos documentos exigidos pelas leis do país que as houver emitido, os quais deverão estar acompanhados de sua tradução simples, caso não tenham sido redigidos em língua portuguesa.

▸ § 3º com a redação dada pela Lei nº 14.711, de 30-10-2023.

§ 4º A negociação, no mercado de capitais do Brasil, de debêntures emitidas no estrangeiro, depende de prévia autorização da Comissão de Valores Mobiliários.

Seção X

EXTINÇÃO

Art. 74. A companhia emissora fará, nos livros próprios, as anotações referentes à extinção das debêntures, e manterá arquivados, pelo prazo de cinco anos, juntamente com os documentos relativos à extinção, os certificados cancelados ou os recibos dos titulares das contas das debêntures escriturais.

§ 1º Se a emissão tiver agente fiduciário, caberá a este fiscalizar o cancelamento dos certificados.

§ 2º Os administradores da companhia responderão solidariamente pelas perdas e danos decorrentes da infração do disposto neste artigo.

CAPÍTULO VI

BÔNUS DE SUBSCRIÇÃO

Características

Art. 75. A companhia poderá emitir, dentro do limite de aumento do capital autorizado no estatuto (artigo 168), títulos negociáveis denominados "bônus de subscrição".

Parágrafo único. Os bônus de subscrição conferirão aos seus titulares, nas condições constantes do certificado, direito de subscrever ações do capital social, que será exercido mediante apresentação do título à companhia e pagamento do preço de emissão das ações.

Competência

Art. 76. A deliberação sobre emissão de bônus de subscrição compete à assembleia-geral, se o estatuto não a atribuir ao Conselho de Administração.

Emissão

Art. 77. Os bônus de subscrição serão alienados pela companhia ou por ela atribuídos, como vantagem adicional, aos subscritores de emissões de suas ações ou debêntures.

Parágrafo único. Os acionistas da companhia gozarão, nos termos dos artigos 171 e 172, de preferência para subscrever a emissão de bônus.

Forma, Propriedade e Circulação

Art. 78. Os bônus de subscrição terão a forma nominativa.

► *Caput* com a redação dada pela Lei nº 9.457, de 5-5-1997.

Parágrafo único. Aplica-se aos bônus de subscrição, no que couber, o disposto nas Seções V a VII do Capítulo III.

Certificados

Art. 79. O certificado de bônus de subscrição conterá as seguintes declarações:

I – as previstas nos nºs I a IV do artigo 24;

II – a denominação "Bônus de Subscrição";

III – o número de ordem;

IV – o número, a espécie e a classe das ações que poderão ser subscritas, o preço de emissão ou os critérios para sua determinação;

V – a época em que o direito de subscrição poderá ser exercido e a data do término do prazo para esse exercício;

VI – o nome do titular;

► Inciso VI com a redação dada pela Lei nº 9.457, de 5-5-1997.

VII – a data da emissão do certificado e as assinaturas de dois diretores.

► Inciso VII com a redação dada pela Lei nº 9.457, de 5-5-1997.

CAPÍTULO VII

CONSTITUIÇÃO DA COMPANHIA

Seção I

REQUISITOS PRELIMINARES

Art. 80. A constituição da companhia depende do cumprimento dos seguintes requisitos preliminares:

► Art. 177 do CP.

I – subscrição, pelo menos por duas pessoas, de todas as ações em que se divide o capital social fixado no estatuto;

► Art. 27 da Lei nº 4.595, de 31-12-1964 (Lei do Sistema Financeiro Nacional).

II – realização, como entrada, de dez por cento, no mínimo, do preço de emissão das ações subscritas em dinheiro;

► Art. 95, III, desta Lei.

III – depósito, no Banco do Brasil S.A., ou em outro estabelecimento bancário autorizado pela Comissão de Valores Mobiliários, da parte do capital realizado em dinheiro.

► Arts. 87, § 1º, 88, § 2º, *d*, desta Lei.

Parágrafo único. O disposto no nº II não se aplica às companhias para as quais a lei exige realização inicial de parte maior do capital social.

Depósito da Entrada

Art. 81. O depósito referido no nº III do artigo 80 deverá ser feito pelo fundador no prazo de cinco dias contados do recebimento das quantias, em nome do subscritor e a favor da sociedade em organização, que só poderá levantá-lo após haver adquirido personalidade jurídica.

Parágrafo único. Caso a companhia não se constitua dentro de seis meses da data do depósito, o banco restituirá as quantias depositadas diretamente aos subscritores.

Seção II

CONSTITUIÇÃO POR SUBSCRIÇÃO PÚBLICA

Registro da Emissão

Art. 82. A constituição de companhia por subscrição pública depende do prévio registro da emissão na Comissão de Valores Mobiliários, e a subscrição somente poderá ser efetuada com a intermediação de instituição financeira.

► Art. 170, § 5º, desta Lei.

► Art. 19, § 3º, da Lei nº 6.385, de 7-12-1976 (Lei do Mercado de Valores Mobiliários).

§ 1º O pedido de registro de emissão obedecerá às normas expedidas pela Comissão de Valores Mobiliários e será instruído com:

a) o estudo de viabilidade econômica e financeira do empreendimento;

b) o projeto do estatuto social;

c) o prospecto, organizado e assinado pelos fundadores e pela instituição financeira intermediária.

§ 2º A Comissão de Valores Mobiliários poderá condicionar o registro a modificações no estatuto ou no prospecto e denegá-lo por inviabilidade ou temeridade do empreendimento, ou inidoneidade dos fundadores.

► Art. 170, § 6º, desta Lei.

Projeto do Estatuto

Art. 83. O projeto de estatuto deverá satisfazer a todos os requisitos exigidos para os contratos das sociedades mercantis em geral e aos peculiares às companhias, e conterá as normas pelas quais se regerá a companhia.

► Art. 997 do CC.

Prospecto

Art. 84. O prospecto deverá mencionar, com precisão e clareza, as bases da companhia e os motivos que justifiquem a expectativa de bom êxito do empreendimento, e em especial:

I – o valor do capital social a ser subscrito, o modo de sua realização e a existência ou não de autorização para aumento futuro;

II – a parte do capital a ser formada com bens, a discriminação desses bens e o valor a eles atribuído pelos fundadores;

III – o número, as espécies e classes de ações em que se dividirá o capital; o valor nominal das ações, e o preço da emissão das ações;

IV – a importância da entrada a ser realizada no ato da subscrição;

V – as obrigações assumidas pelos fundadores, os contratos assinados no interesse da futura companhia e as quantias já despendidas e por despender;

VI – as vantagens particulares, a que terão direito os fundadores ou terceiros, e o dispositivo do projeto do estatuto que as regula;

VII – a autorização governamental para constituir-se a companhia, se necessária;

VIII – as datas de início e término da subscrição e as instituições autorizadas a receber as entradas;

IX – a solução prevista para o caso de excesso de subscrição;

X – o prazo dentro do qual deverá realizar-se a assembleia de constituição da companhia, ou a preliminar para avaliação dos bens, se for o caso;

XI – o nome, nacionalidade, estado civil, profissão e residência dos fundadores, ou, se pessoa jurídica, a firma ou denominação, nacionalidade e sede, bem como o número e espécie de ações que cada um houver subscrito;

XII – a instituição financeira intermediária do lançamento, em cujo poder ficarão depositados os originais do prospecto e do projeto de estatuto, com os documentos a que fizerem menção, para exame de qualquer interessado.

Lista, Boletim de Entrada

Art. 85. No ato da subscrição das ações a serem realizadas em dinheiro, o subscritor pagará a entrada e assinará a lista ou o boletim individual autenticados pela instituição autorizada a receber as entradas, qualificando-se pelo nome, nacionalidade, residência, estado civil, profissão e documento de identidade, ou, se pessoa jurídica, pela firma ou denominação, nacionalidade e sede, devendo especificar o número das ações subscritas, a sua espécie e classe, se houver mais de uma, e o total da entrada.

► Arts. 88, § 2º, *a*, e 94, II, desta Lei.

§ 1º A subscrição poderá ser feita, nas condições previstas no prospecto, por carta à instituição, acompanhada das declarações a que se refere este artigo e do pagamento da entrada.

► Parágrafo único transformado em § 1º e com a redação dada pela Lei nº 13.874, de 20-9-2019.

► Art. 434 do CC.

§ 2º Será dispensada a assinatura de lista ou de boletim a que se refere o *caput* deste artigo na hipótese de oferta pública cuja liquidação ocorra por meio de sistema administrado por entidade administradora de mercados organizados de valores mobiliários.

▸ § 2º acrescido pela Lei nº 13.874, de 20-9-2019.

Convocação de Assembleia

Art. 86. Encerrada a subscrição e havendo sido subscrito todo o capital social, os fundadores convocarão a assembleia-geral, que deverá:

▸ Art. 124, § 1º, desta Lei.

I – promover a avaliação dos bens, se for o caso (artigo 8º);

II – deliberar sobre a constituição da companhia.

▸ Art. 88, § 1º, desta Lei.

Parágrafo único. Os anúncios de convocação mencionarão hora, dia e local da reunião e serão inseridos nos jornais em que houver sido feita a publicidade da oferta de subscrição.

Assembleia de Constituição

Art. 87. A assembleia de constituição instalar-se-á, em primeira convocação, com a presença de subscritores que representem, no mínimo, metade do capital social, e, em segunda convocação, com qualquer número.

▸ Arts. 88, § 1º, 95, V, e 97, § 1º, desta Lei.

§ 1º Na assembleia, presidida por um dos fundadores e secretariada por subscritor, será lido o recibo de depósito de que trata o nº III do artigo 80, bem como discutido e votado o projeto de estatuto.

§ 2º Cada ação, independentemente de sua espécie ou classe, dá direito a um voto; a maioria não tem poder para alterar o projeto de estatuto.

§ 3º Verificando-se que foram observadas as formalidades legais e não havendo oposição de subscritores que representem mais da metade do capital social, o presidente declarará constituída a companhia, procedendo-se, a seguir, à eleição dos administradores e fiscais.

§ 4º A ata da reunião, lavrada em duplicata, depois de lida e aprovada pela assembleia, será assinada por todos os subscritores presentes, ou por quantos bastem à validade das deliberações; um exemplar ficará em poder da companhia e o outro será destinado ao registro do comércio.

Seção III
CONSTITUIÇÃO POR SUBSCRIÇÃO PARTICULAR

Art. 88. A constituição da companhia por subscrição particular do capital pode fazer-se por deliberação dos subscritores em assembleia-geral ou por escritura pública, considerando-se fundadores todos os subscritores.

§ 1º Se a forma escolhida for a de assembleia-geral, observar-se-á o disposto nos artigos 86 e 87, devendo ser entregues à assembleia o projeto do estatuto, assinado em duplicata por todos os subscritores do capital, e as listas ou boletins de subscrição de todas as ações.

▸ Art. 95, I, desta Lei.

§ 2º Preferida a escritura pública, será ela assinada por todos os subscritores, e conterá:

a) a qualificação dos subscritores, nos termos do artigo 85;

b) o estatuto da companhia;

c) a relação das ações tomadas pelos subscritores e a importância das entradas pagas;

d) a transcrição do recibo do depósito referido no nº III do artigo 80;

e) a transcrição do laudo de avaliação dos peritos, caso tenha havido subscrição do capital social em bens (artigo 8º);

f) a nomeação dos primeiros administradores e, quando for o caso, dos fiscais.

Seção IV
DISPOSIÇÕES GERAIS

Art. 89. A incorporação de imóveis para formação do capital social não exige escritura pública.

Art. 90. O subscritor pode fazer-se representar na assembleia-geral ou na escritura pública por procurador com poderes especiais.

Art. 91. Nos atos e publicações referentes a companhia em constituição, sua denominação deverá ser aditada da cláusula "em organização".

Art. 92. Os fundadores e as instituições financeiras que participarem da constituição por subscrição pública responderão, no âmbito das respectivas atribuições, pelos prejuízos resultantes da inobservância de preceitos legais.

▸ Art. 97, § 1º, desta Lei.

Parágrafo único. Os fundadores responderão, solidariamente, pelo prejuízo decorrente de culpa ou dolo em atos ou operações anteriores à constituição.

Art. 93. Os fundadores entregarão aos primeiros administradores eleitos todos os documentos, livros ou papéis relativos à constituição da companhia ou a esta pertencentes.

CAPÍTULO VIII
FORMALIDADES COMPLEMENTARES DA CONSTITUIÇÃO

Arquivamento e Publicação

Art. 94. Nenhuma companhia poderá funcionar sem que sejam arquivados e publicados seus atos constitutivos.

Companhia Constituída por Assembleia

Art. 95. Se a companhia houver sido constituída por deliberação em assembleia-geral, deverão ser arquivados no Registro do Comércio do lugar da sede:

I – um exemplar do estatuto social, assinado por todos os subscritores (artigo 88, § 1º) ou, se a subscrição houver sido pública, os originais do estatuto e do prospecto, assinados pelos fundadores, bem como do jornal em que tiverem sido publicados;

II – a relação completa, autenticada pelos fundadores ou pelo presidente da assembleia, dos subscritores do capital social, com a qualificação, número das ações e o total da entrada de cada subscritor (artigo 85);

III – o recibo do depósito a que se refere o nº III do artigo 80;

IV – duplicata das atas das assembleias realizadas para a avaliação de bens, quando for o caso (artigo 8º);

V – duplicata da ata da assembleia-geral dos subscritores que houver deliberado a constituição da companhia (artigo 87).

Companhia Constituída por Escritura Pública

Art. 96. Se a companhia tiver sido constituída por escritura pública, bastará o arquivamento de certidão do instrumento.

Registro do Comércio

Art. 97. Cumpre ao Registro do Comércio examinar se as prescrições legais foram observadas na constituição da companhia, bem como se no estatuto existem cláusulas contrárias à lei, à ordem pública e aos bons costumes.

▸ Art. 3º, § 2º, desta Lei.

▸ Arts. 32, II, e 36 a 38 da Lei nº 8.934, de 18-11-1994 (Lei do Registro Público de Empresas Mercantis).

§ 1º Se o arquivamento for negado, por inobservância de prescrição ou exigência legal ou por irregularidade verificada na constituição da companhia, os primeiros administradores deverão convocar imediatamente a assembleia-geral para sanar a falta ou irregularidade, ou autorizar as providências que se fizerem necessárias. A instalação e funcionamento da assembleia obedecerão ao disposto no artigo 87, devendo a deliberação ser tomada por acionistas que representem, no mínimo, metade do capital social. Se a falta for do estatuto, poderá ser sanada na mesma assembleia, a qual deliberará, ainda, sobre se a companhia deve promover a responsabilidade civil dos fundadores (artigo 92).

▸ Art. 135, § 2º, desta Lei.

§ 2º Com a segunda via da ata da assembleia e a prova de ter sido sanada a falta ou irregularidade, o Registro do Comércio procederá ao arquivamento dos atos constitutivos da companhia.

▸ Art. 135, § 2º, desta Lei.

§ 3º A criação de sucursais, filiais ou agências, observado o disposto no estatuto, será arquivada no Registro do Comércio.

Publicação e Transferência de Bens

Art. 98. Arquivados os documentos relativos à constituição da companhia, os seus administradores providenciarão, nos trinta dias subsequentes, a publicação deles, bem como a de certidão do arquivamento, em órgão oficial do local de sua sede.

▸ Art. 135, § 2º, desta Lei.

§ 1º Um exemplar do órgão oficial deverá ser arquivado no Registro do Comércio.

▸ Art. 135, § 2º, desta Lei.

§ 2º A certidão dos atos constitutivos da companhia, passada pelo Registro do Comércio em que foram arquivados, será o documento hábil para a transferência, por transcrição no registro público competente, dos bens com que o subscritor tiver contribuído para a formação do capital social (artigo 8º, § 2º).

▸ Art. 170, § 3º, desta Lei.

§ 3º A ata da assembleia-geral que aprovar a incorporação deverá identificar o bem com precisão, mas poderá descrevê-lo sumariamente, desde que seja suplementada por declaração, assinada pelo subscritor, contendo todos os elementos necessários para a transcrição no registro público.

▸ Art. 170, § 3º, desta Lei.

Responsabilidade dos Primeiros Administradores

Art. 99. Os primeiros administradores são solidariamente responsáveis perante a companhia pelos prejuízos causados pela demora no cumprimento das formalidades complementares à sua constituição.

Parágrafo único. A companhia não responde pelos atos ou operações praticados pelos primeiros administradores antes de cumpridas as formalidades de constituição, mas a assembleia-geral poderá deliberar em contrário.

CAPÍTULO IX
LIVROS SOCIAIS

Art. 100. A companhia deve ter, além dos livros obrigatórios para qualquer comerciante, os seguintes, revestidos das mesmas formalidades legais:

- ▶ Arts. 101 a 104 desta Lei.
- ▶ Arts. 1.179 a 1.195 do CC.

I – o livro de *"Registro de Ações Nominativas"*, para inscrição, anotação ou averbação:

- ▶ Inciso I com a redação dada pela Lei nº 9.457, de 5-5-1997.
- ▶ Art. 101 desta Lei.

a) do nome do acionista e do número das suas ações;

b) das entradas ou prestações de capital realizado;

c) das conversões de ações, de uma em outra espécie ou classe;

- ▶ Alínea *c* com a redação dada pela Lei nº 9.457, de 5-5-1997.

d) do resgate, reembolso e amortização das ações, ou de sua aquisição pela companhia;

e) das mutações operadas pela alienação ou transferência de ações;

f) do penhor, usufruto, fideicomisso, da alienação fiduciária em garantia ou de qualquer ônus que grave as ações ou obste sua negociação;

II – o livro de "Transferência de Ações Nominativas", para lançamento dos termos de transferência, que deverão ser assinados pelo cedente e pelo cessionário ou seus legítimos representantes;

- ▶ Art. 101 desta Lei.

III – o livro de "Registro de Partes Beneficiárias Nominativas" e o de "Transferência de Partes Beneficiárias Nominativas", se tiverem sido emitidos, observando-se, em ambos, no que couber, o disposto nos nºs I e II deste artigo;

IV – o livro de "Atas das Assembleias-Gerais";

V – o livro de "Presença dos Acionistas";

VI – os livros de "Atas das Reuniões do Conselho de Administração", se houver, e de Ata das Reuniões da Diretoria;

VII – o livro de "Atas e Pareceres do Conselho Fiscal".

- ▶ Incisos IV a VII com a redação dada pela Lei nº 9.457, de 5-5-1997.

§ 1º A qualquer pessoa, desde que se destinem a defesa de direitos e esclarecimento de situações de interesse pessoal ou dos acionistas ou do mercado de valores mobiliários, serão dadas certidões dos assentamentos constantes dos livros mencionados nos incisos I a III, e por elas a companhia poderá cobrar o custo do serviço, cabendo, do indeferimento do pedido por parte da companhia, recurso à Comissão de Valores Mobiliários.

- ▶ § 1º com a redação dada pela Lei nº 9.457, de 5-5-1997.
- ▶ Súm. nº 389 do STJ.

§ 2º Nas companhias abertas, os livros referidos nos incisos I a V do *caput* deste artigo poderão ser substituídos, observadas as normas expedidas pela Comissão de Valores Mobiliários, por registros mecanizados ou eletrônicos.

- ▶ § 2º com a redação dada pela Lei nº 12.431, de 24-6-2011.

§ 3º Nas companhias fechadas, os livros referidos nos incisos I, II, III, IV e V do *caput* deste artigo poderão ser substituídos por registros mecanizados ou eletrônicos, nos termos do regulamento.

- ▶ § 3º acrescido pela Lei nº 14.195, de 26-8-2021.

Escrituração do Agente Emissor

Art. 101. O agente emissor de certificados (artigo 27) poderá substituir os livros referidos nos incisos I a III do artigo 100 pela sua escrituração e manter, mediante sistemas adequados, aprovados pela Comissão de Valores Mobiliários, os registros de propriedade das ações, partes beneficiárias, debêntures e bônus de subscrição, devendo uma vez por ano preparar lista dos seus titulares, com o número dos títulos de cada um, a qual será encadernada, autenticada no registro do comércio e arquivada na companhia.

- ▶ *Caput* com a redação dada pela Lei nº 9.457, de 5-5-1997.
- ▶ Art. 1.180 do CC.

§ 1º Os termos de transferência de ações nominativas perante o agente emissor poderão ser lavrados em folhas soltas, à vista do certificado da ação, no qual serão averbados a transferência e o nome e qualificação do adquirente.

§ 2º Os termos de transferência em folhas soltas serão encadernados em ordem cronológica, em livros autenticados no Registro do Comércio e arquivados no agente emissor.

Ações Escriturais

Art. 102. A instituição financeira depositária de ações escriturais deverá fornecer à companhia, ao menos uma vez por ano, cópia dos extratos das contas de depósito das ações e a lista dos acionistas com a quantidade das respectivas ações, que serão encadernadas em livros autenticados no Registro do Comércio e arquivados na instituição financeira.

- ▶ Art. 293 desta Lei.
- ▶ Art. 1.180 do CC.

Fiscalização e Dúvidas no Registro

Art. 103. Cabe à companhia verificar a regularidade das transferências e da constituição de direitos ou ônus sobre os valores mobiliários de sua emissão; nos casos dos artigos 27 e 34, essa atribuição compete, respectivamente, ao agente emissor de certificados e à instituição financeira depositária das ações escriturais.

- ▶ Arts. 291 e 293 desta Lei.
- ▶ Arts. 1.180 e 1.191 do CC.

Parágrafo único. As dúvidas suscitadas entre o acionista, ou qualquer interessado, e a companhia, o agente emissor de certificados ou a instituição financeira depositária das ações escriturais, a respeito das averbações ordenadas por esta Lei, ou sobre anotações, lançamentos ou transferências de ações, partes beneficiárias, debêntures, ou bônus de subscrição, nos livros de registro ou transferência, serão dirimidas pelo juiz competente para solucionar as dúvidas levantadas pelos oficiais dos registros públicos, excetuadas as questões atinentes à substância do direito.

Responsabilidade da Companhia

Art. 104. A companhia é responsável pelos prejuízos que causar aos interessados por vícios ou irregularidades verificadas nos livros de que tratam os incisos I a III do artigo 100.

- ▶ *Caput* com a redação dada pela Lei nº 9.457, de 5-5-1997.
- ▶ Art. 1.180 do CC.

Parágrafo único. A companhia deverá diligenciar para que os atos de emissão e substituição de certificados, e de transferências e averbações nos livros sociais, sejam praticados ao menor prazo possível, não excedente do fixado pela Comissão de Valores Mobiliários, respondendo perante acionistas e terceiros pelos prejuízos decorrentes de atrasos culposos.

Exibição dos Livros

Art. 105. A exibição por inteiro dos livros da companhia pode ser ordenada judicialmente sempre que, a requerimento de acionistas que representem, pelo menos, cinco por cento do capital social, sejam apontados atos violadores da lei ou do estatuto, ou haja fundada suspeita de graves irregularidades praticadas por qualquer dos órgãos da companhia.

- ▶ Art. 291 desta Lei.
- ▶ Arts. 1.180 e 1.191 do CC.
- ▶ Súm. nº 260 do STF.

CAPÍTULO X
ACIONISTAS

Seção I
OBRIGAÇÃO DE REALIZAR O CAPITAL

Condições e Mora

Art. 106. O acionista é obrigado a realizar, nas condições previstas no estatuto ou no boletim de subscrição, a prestação correspondente às ações subscritas ou adquiridas.

§ 1º Se o estatuto e o boletim forem omissos quanto ao montante da prestação e ao prazo ou data do pagamento, caberá aos órgãos da administração efetuar chamada, mediante avisos publicados na imprensa, por três vezes, no mínimo, fixando prazo, não inferior a trinta dias, para o pagamento.

§ 2º O acionista que não fizer o pagamento nas condições previstas no estatuto ou boletim, ou na chamada, ficará de pleno direito constituído em mora, sujeitando-se ao pagamento dos juros, da correção monetária e da multa que o estatuto determinar, esta não superior a dez por cento do valor da prestação.

Acionista Remisso

Art. 107. Verificada a mora do acionista, a companhia pode, à sua escolha:

- ▶ Arts. 120 e 174 desta Lei.

I – promover contra o acionista, e os que com ele forem solidariamente responsáveis (artigo 108), processo de execução para cobrar as importâncias devidas, servindo o boletim de subscrição e o aviso de chamada como título extrajudicial nos termos do Código de Processo Civil; ou

II – mandar vender as ações em Bolsa de Valores, por conta e risco do acionista.

§ 1º Será havida como não escrita, relativamente à companhia, qualquer estipulação do estatuto do boletim de subscrição que exclua ou limite o exercício da opção prevista neste artigo, mas o subscritor de boa-fé terá ação, contra os responsáveis pela estipulação, para haver perdas e danos sofridos, sem prejuízo da responsabilidade penal que no caso couber.

§ 2º A venda será feita em leilão especial na Bolsa de Valores do lugar da sede social, ou, se não houver, na mais próxima, depois de publicado aviso, por três vezes, com antecedência mínima de três dias. Do produto da venda serão deduzidos as despesas com a operação e, se previsto no estatuto, os juros, correção monetária e multa, ficando o saldo à disposição do ex-acionista, na sede da sociedade.

§ 3º É facultado à companhia, mesmo após iniciada a cobrança judicial, mandar vender a ação em bolsa de valores; a companhia poderá também promover a cobrança judicial se as ações oferecidas em bolsa não encontrarem tomador, ou se o preço apurado não bastar para pagar os débitos do acionista.

§ 4º Se a companhia não conseguir, por qualquer dos meios previstos neste artigo, a integralização das ações, poderá declará-las caducas e fazer suas as entradas realizadas, integralizando-as com lucros ou reservas, exceto a legal; se não tiver lucros e reservas suficientes, terá o prazo de um ano para colocar as ações caídas em comisso, findo o qual, não tendo sido encontrado comprador, a assembleia-geral deliberará sobre a redução do capital em importância correspondente.

Responsabilidade dos Alienantes

Art. 108. Ainda quando negociadas as ações, os alienantes continuarão responsáveis, solidariamente com os adquirentes, pelo pagamento das prestações que faltarem para integralizar as ações transferidas.

Parágrafo único. Tal responsabilidade cessará em relação a cada alienante, no fim de dois anos a contar da data da transferência das ações.

Seção II

DIREITOS ESSENCIAIS

Art. 109. Nem o estatuto social nem a assembleia-geral poderão privar o acionista dos direitos de:

I – participar dos lucros sociais;

▶ Art. 202 desta Lei.

II – participar do acervo da companhia, em caso de liquidação;

III – fiscalizar, na forma prevista nesta Lei, a gestão dos negócios sociais;

IV – preferência para subscrição de ações, partes beneficiárias conversíveis em ações, debêntures conversíveis em ações e bônus de subscrição, observado o disposto nos artigos 171 e 172;

V – retirar-se da sociedade nos casos previstos nesta Lei.

▶ Arts. 111, 136, I, II, IV, V e VII, 137, 221, 230, 236, parágrafo único, 252, § 2º, 256, § 2º, 264, § 3º, 270, parágrafo único, 296, § 4º, e 298, III, desta Lei.

§ 1º As ações de cada classe conferirão iguais direitos aos seus titulares.

§ 2º Os meios, processos ou ações que a lei confere ao acionista para assegurar os seus direitos não podem ser elididos pelo estatuto ou pela assembleia-geral.

§ 3º O estatuto da sociedade pode estabelecer que as divergências entre os acionistas e a companhia, ou entre os acionistas controladores e os acionistas minoritários, poderão ser solucionadas mediante arbitragem, nos termos em que especificar.

▶ § 3º acrescido pela Lei nº 10.303, de 31-10-2001.

Seção III

DIREITO DE VOTO

Disposições Gerais

Art. 110. A cada ação ordinária corresponde um voto nas deliberações da assembleia-geral.

§ 1º O estatuto pode estabelecer limitação ao número de votos de cada acionista.

▶ Art. 177, § 2º, do CP.

§ 2º *Revogado.* Lei nº 14.195, de 26-8-2021.

Art. 110-A. É admitida a criação de uma ou mais classes de ações ordinárias com atribuição de voto plural, não superior a 10 (dez) votos por ação ordinária:

I – na companhia fechada; e

II – na companhia aberta, desde que a criação da classe ocorra previamente à negociação de quaisquer ações ou valores mobiliários conversíveis em ações de sua emissão em mercados organizados de valores mobiliários.

§ 1º A criação de classe de ações ordinárias com atribuição do voto plural depende do voto favorável de acionistas que representem:

I – metade, no mínimo, do total de votos conferidos pelas ações com direito a voto; e

II – metade, no mínimo, das ações preferenciais sem direito a voto ou com voto restrito, se emitidas, reunidas em assembleia especial convocada e instalada com as formalidades desta Lei.

§ 2º Nas deliberações de que trata o § 1º deste artigo, será assegurado aos acionistas dissidentes o direito de se retirarem da companhia mediante reembolso do valor de suas ações nos termos do art. 45 desta Lei, salvo se a criação da classe de ações ordinárias com atribuição de voto plural já estiver prevista ou autorizada pelo estatuto.

§ 3º O estatuto social da companhia, aberta ou fechada, nos termos dos incisos I e II do *caput* deste artigo, poderá exigir quórum maior para as deliberações de que trata o § 1º deste artigo.

§ 4º A listagem de companhias que adotem voto plural e a admissão de valores mobiliários de sua emissão em segmento de listagem de mercados organizados sujeitar-se-ão à observância das regras editadas pelas respectivas entidades administradoras, que deverão dar transparência sobre a condição de tais companhias abertas.

§ 5º Após o início da negociação das ações ou dos valores mobiliários conversíveis em ações em mercados organizados de valores mobiliários, é vedada a alteração das características de classe de ações ordinárias com atribuição de voto plural, exceto para reduzir os respectivos direitos ou vantagens.

§ 6º É facultado aos acionistas estipular no estatuto social o fim da vigência do voto plural condicionado a um evento ou a termo, observado o disposto nos §§ 7º e 8º deste artigo.

§ 7º O voto plural atribuído às ações ordinárias terá prazo de vigência inicial de até 7 (sete) anos, prorrogável por qualquer prazo, desde que:

I – seja observado o disposto nos §§ 1º e 3º deste artigo para a aprovação da prorrogação;

II – sejam excluídos das votações os titulares de ações da classe cujo voto plural se pretende prorrogar; e

III – seja assegurado aos acionistas dissidentes, nas hipóteses de prorrogação, o direito previsto no § 2º deste artigo.

§ 8º As ações de classe com voto plural serão automaticamente convertidas em ações ordinárias sem voto plural na hipótese de:

I – transferência, a qualquer título, a terceiros, exceto nos casos em que:

a) o alienante permanecer indiretamente como único titular de tais ações e no controle dos direitos políticos por elas conferidos;

b) o terceiro for titular da mesma classe de ações com voto plural a ele alienadas; ou

c) a transferência ocorrer no regime de titularidade fiduciária para fins de constituição do depósito centralizado; ou

II – o contrato ou acordo de acionistas, entre titulares de ações com voto plural e acionistas que não sejam titulares de ações com voto plural, dispor sobre exercício conjunto do direito de voto.

§ 9º Quando a lei expressamente indicar quóruns com base em percentual de ações ou do capital social, sem menção ao número de votos conferidos pelas ações, o cálculo respectivo deverá desconsiderar a pluralidade de voto.

§ 10. VETADO. Lei nº 14.195, de 26-8-2021.

§ 11. São vedadas as operações:

I – de incorporação, de incorporação de ações e de fusão de companhia aberta que não adote voto plural, e cujas ações ou valores mobiliários conversíveis em ações sejam negociados em mercados organizados, em companhia que adote voto plural;

II – de cisão de companhia aberta que não adote voto plural, e cujas ações ou valores mobiliários conversíveis em ações sejam negociados em mercados organizados, para constituição de nova companhia com adoção do voto plural, ou incorporação da parcela cindida em companhia que o adote.

§ 12. Não será adotado o voto plural nas votações pela assembleia de acionistas que deliberarem sobre:

I – a remuneração dos administradores; e

II – a celebração de transações com partes relacionadas que atendam aos critérios de relevância a serem definidos pela Comissão de Valores Mobiliários.

§ 13. O estatuto social deverá estabelecer, além do número de ações de cada espécie e classe em que se divide o capital social, no mínimo:

I – o número de votos atribuído por ação de cada classe de ações ordinárias com direito a voto, respeitado o limite de que trata o *caput* deste artigo;

II – o prazo de duração do voto plural, observado o limite previsto no § 7º deste artigo, bem como eventual quórum qualificado para deliberar sobre as prorrogações, nos termos do § 3º deste artigo; e

III – se aplicável, outras hipóteses de fim de vigência do voto plural condicionadas a evento ou a termo, além daquelas previstas neste artigo, conforme autorizado pelo § 6º deste artigo.

§ 14. As disposições relativas ao voto plural não se aplicam às empresas públicas, às sociedades de economia mista, às suas subsidiárias e às sociedades controladas direta ou indiretamente pelo poder público.

▶ Art. 110-A acrescido pela Lei nº 14.195, de 26-8-2021.

Ações Preferenciais

Art. 111. O estatuto poderá deixar de conferir às ações preferenciais algum ou alguns dos direitos reconhecidos às ações ordinárias, inclusive o de voto, ou conferi-lo com restrições, observado o disposto no artigo 109.

§ 1º As ações preferenciais sem direito de voto adquirirão o exercício desse direito se a companhia, pelo prazo previsto no estatuto, não superior a três exercícios consecutivos, deixar de pagar os dividendos fixos ou mínimos a que fizerem jus, direito que conservarão até o pagamento, se tais dividendos não forem cumulativos, ou até que sejam pagos os cumulativos em atraso.

▶ Art. 112, parágrafo único, desta Lei.

§ 2º Na mesma hipótese e sob a mesma condição do § 1º, as ações preferenciais com direito de voto restrito terão suspensas as limitações ao exercício desse direito.

§ 3º O estatuto poderá estipular que o disposto nos §§ 1º e 2º vigorará a partir do término da implantação do empreendimento inicial da companhia.

Não Exercício de Voto pelas Ações ao Portador

Art. 112. Somente os titulares de ações nominativas, endossáveis e escriturais poderão exercer o direito de voto.

▶ Art. 295, § 3º, desta Lei.

Parágrafo único. Os titulares de ações preferenciais ao portador que adquirirem direito de voto de acordo com o disposto nos §§ 1º e 2º do artigo 111, e enquanto dele gozarem, poderão converter as ações em nominativas ou endossáveis, independentemente de autorização estatutária.

Voto das Ações Empenhadas e Alienadas Fiduciariamente

Art. 113. O penhor da ação não impede o acionista de exercer o direito de voto; será lícito, todavia, estabelecer, no contrato, que o acionista não poderá, sem consentimento do credor pignoratício, votar em certas deliberações.

Parágrafo único. O credor garantido por alienação fiduciária da ação não poderá exercer o direito de voto; o devedor somente poderá exercê-lo nos termos do contrato.

Voto das Ações Gravadas com Usufruto

Art. 114. O direito de voto da ação gravada com usufruto, se não for regulado no ato de constituição do gravame, somente poderá ser exercido mediante prévio acordo entre o proprietário e o usufrutuário.

Abuso do Direito de Voto e Conflito de Interesses

Art. 115. O acionista deve exercer o direito a voto no interesse da companhia; considerar-se-á abusivo o voto exercido com o fim de causar dano à companhia ou a outros acionistas, ou de obter, para si ou para outrem, vantagem a que não faz jus e de que resulte, ou possa resultar, prejuízo para a companhia ou para outros acionistas.

▶ *Caput* com a redação dada pela Lei nº 10.303, de 31-10-2001.

§ 1º O acionista não poderá votar nas deliberações da assembleia-geral relativas ao laudo de avaliação de bens com que concorrer para a formação do capital social e à aprovação de suas contas como administrador, nem em quaisquer outras que puderem beneficiá-lo de modo particular, ou em que tiver interesse conflitante com o da companhia.

§ 2º Se todos os subscritores forem condôminos de bem com que concorreram para a formação do capital social, poderão aprovar o laudo, sem prejuízo da responsabilidade de que trata o § 6º do artigo 8º.

▶ Art. 8º, § 5º, desta Lei.

§ 3º O acionista responde pelos danos causados pelo exercício abusivo do direito de voto, ainda que seu voto não haja prevalecido.

§ 4º A deliberação tomada em decorrência do voto de acionista que tem interesse conflitante com o da companhia é anulável; o acionista responderá pelos danos causados e será obrigado a transferir para a companhia as vantagens que tiver auferido.

§§ 5º a 10. VETADOS. Lei nº 10.303, de 31-10-2001.

Seção IV

ACIONISTA CONTROLADOR

Deveres

Art. 116. Entende-se por acionista controlador a pessoa, natural ou jurídica, ou o grupo de pessoas vinculadas por acordo de voto, ou sob controle comum, que:

▶ Arts. 118, § 2º, 238, 243, § 2º, e 246 desta Lei.

a) é titular de direitos de sócio que lhe assegurem, de modo permanente, a maioria dos votos nas deliberações da assembleia-geral e o poder de eleger a maioria dos administradores da companhia; e

b) usa efetivamente seu poder para dirigir as atividades sociais e orientar o funcionamento dos órgãos da companhia.

▶ Art. 118, § 2º, desta Lei.

Parágrafo único. O acionista controlador deve usar o poder com o fim de fazer a companhia realizar o seu objeto e cumprir sua função social, e tem deveres e responsabilidades para com os demais acionistas da empresa, os que nela trabalham e para com a comunidade em que atua, cujos direitos e interesses deve lealmente respeitar e atender.

▶ Art. 82 da Lei nº 9.069, de 29-6-1995, que dispõe sobre o Plano Real e o Sistema Monetário Nacional.

Art. 116-A. O acionista controlador da companhia aberta e os acionistas, ou grupo de acionistas, que elegerem membro do conselho de administração ou membro do conselho fiscal, deverão informar imediatamente as modificações em sua posição acionária na companhia à Comissão de Valores Mobiliários e às Bolsas de Valores ou entidades do mercado de balcão organizado nas quais os valores mobiliários de emissão da companhia estejam admitidos à negociação, nas condições e na forma determinadas pela Comissão de Valores Mobiliários.

▶ Art. 116-A acrescido pela Lei nº 10.303, de 31-10-2001.

Responsabilidade

Art. 117. O acionista controlador responde pelos danos causados por atos praticados com abuso de poder.

▶ Arts. 118, § 2º, 238 e 246 desta Lei.

§ 1º São modalidades de exercício abusivo de poder:

a) orientar a companhia para fim estranho ao objeto social ou lesivo ao interesse nacional, ou levá-la a favorecer outra sociedade, brasileira ou estrangeira, em prejuízo da participação dos acionistas minoritários nos lucros ou no acervo da companhia, ou da economia nacional;

b) promover a liquidação de companhia próspera, ou a transformação, incorporação, fusão ou cisão da companhia, com o fim de obter, para si ou para outrem, vantagem indevida, em prejuízo dos demais acionistas, dos que trabalham na empresa ou dos investidores em valores mobiliários emitidos pela companhia;

c) promover alteração estatutária, emissão de valores mobiliários ou adoção de políticas ou decisões que não tenham por fim o interesse da companhia e visem a causar prejuízo a acionistas minoritários, aos que trabalham na empresa ou aos investidores em valores mobiliários emitidos pela companhia;

d) eleger administrador ou fiscal que sabe inapto, moral ou tecnicamente;

e) induzir, ou tentar induzir, administrador ou fiscal a praticar ato ilegal, ou, descumprindo seus deveres definidos nesta Lei e no estatuto, promover, contra o interesse da companhia, sua ratificação pela assembleia-geral;

f) contratar com a companhia, diretamente ou através de outrem, ou de sociedade na qual tenha interesse, em condições de favorecimento ou não equitativas;

g) aprovar ou fazer aprovar contas irregulares de administradores, por favorecimento pessoal, ou deixar de apurar denúncia que saiba ou devesse saber procedente, ou que justifique fundada suspeita de irregularidade;

h) subscrever ações, para os fins do disposto no artigo 170, com a realização em bens estranhos ao objeto social da companhia.

▶ Alínea *h* acrescida pela Lei nº 9.457, de 5-5-1997.

§ 2º No caso da alínea e do § 1º, o administrador ou fiscal que praticar o ato ilegal responde solidariamente com o acionista controlador.

§ 3º O acionista controlador que exerce cargo de administrador ou fiscal tem também os deveres e responsabilidades próprios do cargo.

Seção V

ACORDO DE ACIONISTAS

Art. 118. Os acordos de acionistas, sobre a compra e venda de suas ações, preferência para adquiri-las, exercício do direito a voto, ou do poder de controle deverão ser observados pela companhia quando arquivados na sua sede.

▶ *Caput* com a redação dada pela Lei nº 10.303, de 31-10-2001.

§ 1º As obrigações ou ônus decorrentes desses acordos somente serão oponíveis a terceiros, depois de averbados nos livros de registro e nos certificados das ações, se emitidos.

§ 2º Esses acordos não poderão ser invocados para eximir o acionista de responsabilidade no exercício do direito de voto (artigo 115) ou do poder de controle (artigos 116 e 117).

§ 3º Nas condições previstas no acordo, os acionistas podem promover a execução específica das obrigações assumidas.

- A alteração que seria introduzida no § 3º pela Lei nº 10.303, de 31-10-2001, foi vetada, razão pela qual mantivemos a sua redação.

§ 4º As ações averbadas nos termos deste artigo não poderão ser negociadas em bolsa ou no mercado de balcão.

§ 5º No relatório anual, os órgãos da administração da companhia aberta informarão à assembleia-geral as disposições sobre política de reinvestimento de lucros e distribuição de dividendos, constantes de acordos de acionistas arquivados na companhia.

§ 6º O acordo de acionistas cujo prazo for fixado em função de termo ou condição resolutiva somente pode ser denunciado segundo suas estipulações.

§ 7º O mandato outorgado nos termos de acordo de acionistas para proferir, em assembleia-geral ou especial, voto contra ou a favor de determinada deliberação, poderá prever prazo superior ao constante do § 1º do artigo 126 desta Lei.

§ 8º O presidente da assembleia ou do órgão colegiado de deliberação da companhia não computará o voto proferido com infração de acordo de acionistas devidamente arquivado.

§ 9º O não comparecimento à assembleia ou às reuniões dos órgãos de administração da companhia, bem como as abstenções de voto de qualquer parte de acordo de acionistas ou de membros do conselho de administração eleitos nos termos de acordo de acionistas, assegura à parte prejudicada o direito de votar com as ações pertencentes ao acionista ausente ou omisso e, no caso de membro do conselho de administração, pelo conselheiro eleito com os votos da parte prejudicada.

§ 10. Os acionistas vinculados a acordo de acionistas deverão indicar, no ato de arquivamento, representante para comunicar-se com a companhia, para prestar ou receber informações, quando solicitadas.

§ 11. A companhia poderá solicitar aos membros do acordo esclarecimento sobre suas cláusulas.

- §§ 6º a 11 acrescidos pela Lei nº 10.303, de 31-10-2001.

Seção VI

REPRESENTAÇÃO DE ACIONISTA RESIDENTE OU DOMICILIADO NO EXTERIOR

Art. 119. O acionista residente ou domiciliado no Exterior deverá manter, no País, representante com poderes para receber citação em ações contra ele, propostas com fundamento nos preceitos desta Lei.

Parágrafo único. O exercício, no Brasil, de qualquer dos direitos de acionista, confere ao mandatário ou representante legal qualidade para receber citação judicial.

Seção VII

SUSPENSÃO DO EXERCÍCIO DE DIREITOS

Art. 120. A assembleia-geral poderá suspender o exercício dos direitos do acionista que deixar de cumprir obrigação imposta pela lei ou pelo estatuto, cessando a suspensão logo que cumprida a obrigação.

- Arts. 109 e 122, V, desta Lei.

CAPÍTULO XI
ASSEMBLEIA-GERAL

Seção I

DISPOSIÇÕES GERAIS

Art. 121. A assembleia-geral, convocada e instalada de acordo com a lei e o estatuto, tem poderes para decidir todos os negócios relativos ao objeto da companhia e tomar as resoluções que julgar convenientes à sua defesa e desenvolvimento.

- Art. 59 desta Lei.

Parágrafo único. Nas companhias, abertas e fechadas, o acionista poderá participar e votar a distância em assembleia-geral, nos termos do regulamento da Comissão de Valores Mobiliários e do órgão competente do Poder Executivo federal, respectivamente.

- Parágrafo único com a redação dada pela Lei nº 14.030, de 28-7-2020.

Competência Privativa

Art. 122. Compete privativamente à assembleia-geral:

- *Caput* com a redação dada pela Lei nº 12.431, de 24-6-2011.

I – reformar o estatuto social;

II – eleger ou destituir, a qualquer tempo, os administradores e fiscais da companhia, ressalvado o disposto no inciso II do artigo 142;

III – tomar, anualmente, as contas dos administradores e deliberar sobre as demonstrações financeiras por eles apresentadas;

- Incisos I a III com a redação dada pela Lei nº 10.303, de 31-10-2001.

IV – autorizar a emissão de debêntures, ressalvado o disposto nos §§ 1º, 2º e 4º do art. 59;

- Inciso IV com a redação dada pela Lei nº 12.431, de 24-6-2011.

V – suspender o exercício dos direitos do acionista (artigo 120);

VI – deliberar sobre a avaliação de bens com que o acionista concorrer para a formação do capital social;

VII – autorizar a emissão de partes beneficiárias;

VIII – deliberar sobre transformação, fusão, incorporação e cisão da companhia, sua dissolução e liquidação, eleger e destituir liquidantes e julgar as suas contas;

IX – autorizar os administradores a confessar falência e a pedir recuperação judicial; e

- Incisos VIII e IX com a redação dada pela Lei nº 14.195, de 26-8-2021.

X – deliberar, quando se tratar de companhias abertas, sobre a celebração de transações com partes relacionadas, a alienação ou a contribuição para outra empresa de ativos, caso o valor da operação corresponda a mais de 50% (cinquenta por cento) do valor dos ativos totais da companhia constantes do último balanço aprovado.

- Inciso X acrescido pela Lei nº 14.195, de 26-8-2021.

Parágrafo único. Em caso de urgência, a confissão de falência ou o pedido de recuperação judicial poderá ser formulado pelos administradores, com a concordância do acionista controlador, se houver, hipótese em que a assembleia-geral será convocada imediatamente para deliberar sobre a matéria.

- Parágrafo único com redação dada pela Lei nº 14.195, de 26-8-2021.

Competência para Convocação

Art. 123. Compete ao Conselho de Administração, se houver, ou aos diretores, observado o disposto no estatuto, convocar a assembleia-geral.

Parágrafo único. A assembleia-geral pode também ser convocada:

a) pelo Conselho Fiscal, nos casos previstos no nº V do artigo 163;

b) por qualquer acionista, quando os administradores retardarem, por mais de sessenta dias, a convocação, nos casos previstos em lei ou no estatuto;

c) por acionistas que representem cinco por cento, no mínimo, do capital social, quando os administradores não atenderem, no prazo de oito dias, a pedido de convocação que apresentarem, devidamente fundamentado, com indicação das matérias a serem tratadas;

- Alínea *c* com a redação dada pela Lei nº 9.457, de 5-5-1997.

d) por acionistas que representem cinco por cento, no mínimo, do capital votante, ou cinco por cento, no mínimo, dos acionistas sem direito a voto, quando os administradores não atenderem, no prazo de oito dias, a pedido de convocação de assembleia para instalação do Conselho Fiscal.

- Alínea *d* acrescida pela Lei nº 9.457, de 5-5-1997.

Modo de Convocação e Local

Art. 124. A convocação far-se-á mediante anúncio publicado por três vezes, no mínimo, contendo, além do local, data e hora da assembleia, a ordem do dia, e, no caso de reforma do estatuto, a indicação da matéria.

§ 1º A primeira convocação da assembleia-geral deverá ser feita:

- *Caput* do § 1º com a redação dada pela Lei nº 10.303, de 31-10-2001.

I – na companhia fechada, com oito dias de antecedência, no mínimo, contado o prazo da publicação do primeiro anúncio; não se realizando a assembleia, será publicado novo anúncio, de segunda convocação, com antecedência mínima de cinco dias;

- Inciso I com a redação dada pela Lei nº 10.303, de 31-10-2001.

II – na companhia aberta, com 21 (vinte e um) dias de antecedência, e a segunda convocação com 8 (oito) dias de antecedência.

- Inciso II com a redação dada pela Lei nº 14.195, de 26-8-2021.

§ 2º A assembleia-geral deverá ser realizada, preferencialmente, no edifício onde a companhia tiver sede ou, por motivo de força maior, em outro lugar, desde que seja no mesmo Município da sede e seja indicado com clareza nos anúncios.

- § 2º com a redação dada pela Lei nº 14.030, de 28-7-2020.

§ 2º-A. Sem prejuízo do disposto no § 2º deste artigo, as companhias, abertas e fechadas, poderão realizar assembleia digital, nos termos do regulamento da Comissão de Valores

Mobiliários e do órgão competente do Poder Executivo federal, respectivamente.

▸ § 2º-A com a redação dada pela Lei nº 14.030, de 28-7-2020.

§ 3º Nas companhias fechadas, o acionista que representar cinco por cento, ou mais, do capital social, será convocado por telegrama ou carta registrada, expedidos com a antecedência prevista no § 1º, desde que o tenha solicitado, por escrito, à companhia, com a indicação do endereço completo e do prazo de vigência do pedido, não superior a dois exercícios sociais, e renovável; essa convocação não dispensa a publicação do aviso previsto no § 1º, e sua inobservância dará ao acionista direito de haver, dos administradores da companhia, indenização pelos prejuízos sofridos.

§ 4º Independentemente das formalidades previstas neste artigo, será considerada regular a assembleia-geral a que comparecerem todos os acionistas.

§ 5º A Comissão de Valores Mobiliários poderá, a seu exclusivo critério, mediante decisão fundamentada de seu Colegiado, a pedido de qualquer acionista, e ouvida a companhia:

▸ *Caput* do § 5º acrescido pela Lei nº 10.303, de 31-10-2001.

I – determinar, fundamentadamente, o adiamento de assembleia-geral por até 30 (trinta) dias, em caso de insuficiência de informações necessárias para a deliberação, contado o prazo da data em que as informações completas forem colocadas à disposição dos acionistas; e

▸ Inciso I com a redação dada pela Lei nº 14.195, de 26-8-2021.

II – interromper, por até quinze dias, o curso do prazo de antecedência da convocação de assembleia-geral extraordinária de companhia aberta, a fim de conhecer e analisar as propostas a serem submetidas à assembleia e, se for o caso, informar à companhia, até o término da interrupção, as razões pelas quais entende que a deliberação proposta à assembleia viola dispositivos legais ou regulamentares.

▸ Inciso II acrescido pela Lei nº 10.303, de 31-10-2001.

§ 6º As companhias abertas com ações admitidas à negociação em bolsa de valores deverão remeter, na data da publicação do anúncio de convocação da assembleia, à bolsa de valores em que suas ações forem mais negociadas, os documentos postos à disposição dos acionistas para deliberação na assembleia-geral.

▸ § 6º acrescido pela Lei nº 10.303, de 31-10-2001.

Quorum de Instalação

Art. 125. Ressalvadas as exceções previstas em lei, a assembleia-geral instalar-se-á, em primeira convocação, com a presença de acionistas que representem, no mínimo, 1/4 (um quarto) do total de votos conferidos pelas ações com direito a voto e, em segunda convocação, instalar-se-á com qualquer número.

▸ *Caput* com a redação dada pela Lei nº 14.195, de 26-8-2021.

▸ Art. 1.074 do CC.

Parágrafo único. Os acionistas sem direito de voto podem comparecer à assembleia-geral e discutir a matéria submetida à deliberação.

Legitimação e Representação

Art. 126. As pessoas presentes à assembleia deverão provar a sua qualidade de acionista, observadas as seguintes normas:

I – os titulares de ações nominativas exibirão, se exigido, documento hábil de sua identidade;

II – os titulares de ações escriturais ou em custódia nos termos do artigo 41, além do documento de identidade, exibirão, ou depositarão na companhia, se o estatuto o exigir, comprovante expedido pela instituição financeira depositária.

▸ Inciso II com a redação dada pela Lei nº 9.457, de 5-5-1997.

III – os titulares de ações ao portador exibirão os respectivos certificados ou documento de depósito nos termos do nº II;

IV – os titulares de ações escriturais ou em custódia nos termos do artigo 41, além do documento de identidade, exibirão, ou depositarão na companhia, se o estatuto o exigir, comprovante expedido pela instituição financeira depositária.

§ 1º O acionista pode ser representado na assembleia-geral por procurador constituído há menos de um ano, que seja acionista, administrador da companhia ou advogado; na companhia aberta, o procurador pode, ainda, ser instituição financeira, cabendo ao administrador de fundos de investimento representar os condôminos.

▸ Arts. 133 e 134, § 1º, desta Lei.

▸ Art. 1.074, § 1º, do CC.

§ 2º O pedido de procuração mediante correspondência, ou anúncio publicado, sem prejuízo da regulamentação que sobre o assunto vier a baixar a Comissão de Valores Mobiliários, deverá satisfazer aos seguintes requisitos:

a) conter todos os elementos informativos necessários ao exercício do voto pedido;

b) facultar ao acionista o exercício de voto contrário à decisão com indicação de outro procurador para o exercício desse voto;

c) ser dirigido a todos os titulares de ações cujos endereços constem da companhia.

▸ Alínea *c* com a redação dada pela Lei nº 9.457, de 5-5-1997.

§ 3º É facultado a qualquer acionista, detentor de ações, com ou sem voto, que represente meio por cento, no mínimo, do capital social, solicitar relação de endereços dos acionistas, para os fins previstos no § 1º, obedecidos sempre os requisitos do parágrafo anterior.

▸ § 3º com a redação dada pela Lei nº 9.457, de 5-5-1997.

§ 4º Têm a qualidade para comparecer à assembleia os representantes legais dos acionistas.

Livro de Presença

Art. 127. Antes de abrir-se a assembleia, os acionistas assinarão o "Livro de Presença", indicando o seu nome, nacionalidade e residência, bem como a quantidade, espécie e classe das ações de que forem titulares.

Parágrafo único. Considera-se presente em assembleia-geral, para todos os efeitos desta Lei, o acionista que registrar a distância sua presença, na forma prevista em regulamento da Comissão de Valores Mobiliários.

▸ Parágrafo único acrescido pela Lei nº 12.431, de 24-6-2011.

Mesa

Art. 128. Os trabalhos da assembleia serão dirigidos por mesa composta, salvo disposição diversa do estatuto, de presidente e secretário, escolhidos pelos acionistas presentes.

Quorum das Deliberações

Art. 129. As deliberações da assembleia-geral, ressalvadas as exceções previstas em lei, serão tomadas por maioria absoluta de votos, não se computando os votos em branco.

§ 1º O estatuto da companhia fechada pode aumentar o *quorum* exigido para certas deliberações, desde que especifique as matérias.

§ 2º No caso de empate, se o estatuto não estabelecer procedimento de arbitragem e não contiver norma diversa, a assembleia será convocada, com intervalo mínimo de dois meses, para votar a deliberação; se permanecer o empate e os acionistas não concordarem em cometer a decisão a um terceiro, caberá ao Poder Judiciário decidir, no interesse da companhia.

Ata da Assembleia

Art. 130. Dos trabalhos e deliberações da assembleia será lavrada, em livro próprio, ata assinada pelos membros da mesa e pelos acionistas presentes. Para validade da ata é suficiente a assinatura de quantos bastem para constituir a maioria necessária para as deliberações tomadas na assembleia. Da ata tirar-se-ão certidões ou cópias autênticas para os fins legais.

▸ Art. 1.075 do CC.

§ 1º A ata poderá ser lavrada na forma de sumário dos fatos ocorridos, inclusive dissidências e protestos, e conter a transcrição apenas das deliberações tomadas, desde que:

a) os documentos ou propostas submetidos à assembleia, assim como as declarações de voto ou dissidência, referidos na ata, sejam numerados seguidamente, autenticados pela mesa e por qualquer acionista que o solicitar, e arquivados na companhia;

b) a mesa, a pedido de acionista interessado, autentique exemplar ou cópia de proposta, declaração de voto ou dissidência, ou protesto apresentado.

§ 2º A assembleia-geral da companhia aberta pode autorizar a publicação de ata com omissão das assinaturas dos acionistas.

§ 3º Se a ata não for lavrada na forma permitida pelo § 1º, poderá ser publicado apenas o seu extrato, com o sumário dos fatos ocorridos e a transcrição das deliberações tomadas.

Espécies de Assembleia

Art. 131. A assembleia-geral é ordinária quando tem por objeto as matérias previstas no artigo 132, e extraordinária nos demais casos.

Parágrafo único. A assembleia-geral ordinária e a assembleia-geral extraordinária poderão ser, cumulativamente, convocadas e realizadas no mesmo local, data e hora, instrumentadas em ata única.

Seção II
ASSEMBLEIA-GERAL ORDINÁRIA

Objeto

Art. 132. Anualmente, nos quatro primeiros meses seguintes ao término do exercício social, deverá haver uma assembleia-geral para:

▸ Arts. 131, 142, IV, 158, § 2º, e 165, § 2º, desta Lei.

▸ Art. 1.078, *caput*, do CC.

I – tomar as contas dos administradores, examinar, discutir e votar as demonstrações financeiras;

II – deliberar sobre a destinação do lucro líquido do exercício e a distribuição de dividendos;

III – eleger os administradores e os membros do Conselho Fiscal, quando for o caso;

IV – aprovar a correção da expressão monetária do capital social (artigo 167).

Documentos da Administração

Art. 133. Os administradores devem comunicar, até um mês antes da data marcada para a realização da assembleia-geral ordinária, por anúncios publicados na forma prevista no artigo 124, que se acham à disposição dos acionistas:

▸ Art. 1.078, § 1º, do CC.

▸ Art. 134 desta Lei.

I – o relatório da administração sobre os negócios sociais e os principais fatos administrativos do exercício findo;

II – a cópia das demonstrações financeiras;

III – o parecer dos auditores independentes, se houver;

IV – o parecer do conselho fiscal, inclusive votos dissidentes, se houver; e

V – demais documentos pertinentes a assuntos incluídos na ordem do dia.

▸ Incisos IV e V acrescidos pela Lei nº 10.303, de 31-10-2001.

§ 1º Os anúncios indicarão o local ou locais onde os acionistas poderão obter cópias desses documentos.

§ 2º A companhia remeterá cópia desses documentos aos acionistas que o pedirem por escrito, nas condições previstas no § 3º do artigo 124.

§ 3º Os documentos referidos neste artigo, à exceção dos constantes dos incisos IV e V, serão publicados até cinco dias, pelo menos, antes da data marcada para a realização da assembleia-geral.

▸ § 3º com a redação dada pela Lei nº 10.303, de 31-10-2001.

§ 4º A assembleia-geral que reunir a totalidade dos acionistas poderá considerar sanada a falta de publicação dos anúncios ou a inobservância dos prazos referidos neste artigo; mas é obrigatória a publicação dos documentos antes da realização da assembleia.

§ 5º A publicação dos anúncios é dispensada quando os documentos a que se refere este artigo são publicados até um mês antes da data marcada para a realização da assembleia-geral ordinária.

Procedimento

Art. 134. Instalada a assembleia-geral, proceder-se-á, se requerida por qualquer acionista, à leitura dos documentos referidos no artigo 133 e do parecer do Conselho Fiscal, se houver, os quais serão submetidos pela mesa à discussão e votação.

▸ Art. 1.078, § 2º, do CC.

§ 1º Os administradores da companhia, ou ao menos um deles, e o auditor independente, se houver, deverão estar presentes à assembleia para atender a pedidos de esclarecimentos de acionistas, mas os administradores não poderão votar, como acionistas ou procuradores, os documentos referidos neste artigo.

§ 2º Se a assembleia tiver necessidade de outros esclarecimentos, poderá adiar a deliberação e ordenar diligências; também será adiada a deliberação, salvo dispensa dos acionistas presentes, na hipótese de não comparecimento de administrador, membro do Conselho Fiscal ou auditor independente.

§ 3º A aprovação, sem reserva, das demonstrações financeiras e das contas, exonera de responsabilidade os administradores e fiscais, salvo erro, dolo, fraude ou simulação (artigo 286).

§ 4º Se a assembleia aprovar as demonstrações financeiras com modificação no montante do lucro do exercício ou no valor das obrigações da companhia, os administradores promoverão, dentro de trinta dias, a republicação das demonstrações, com as retificações deliberadas pela assembleia; se a destinação dos lucros proposta pelos órgãos de administração não lograr aprovação (artigo 176, § 3º), as modificações introduzidas constarão da ata da assembleia.

§ 5º A ata da assembleia-geral ordinária será arquivada no Registro do Comércio e publicada.

§ 6º As disposições do § 1º, segunda parte, não se aplicam quando, nas sociedades fechadas, os diretores forem os únicos acionistas.

Seção III

ASSEMBLEIA-GERAL EXTRAORDINÁRIA

Reforma do Estatuto

Art. 135. A assembleia-geral extraordinária que tiver por objeto a reforma do estatuto somente se instalará, em primeira convocação, com a presença de acionistas que representem, no mínimo, 2/3 (dois terços) do total de votos conferidos pelas ações com direito a voto, mas poderá instalar-se, em segunda convocação, com qualquer número.

▸ *Caput* com a redação dada pela Lei nº 14.195, de 26-8-2021.

▸ Art. 271, § 4º, desta Lei.

§ 1º Os atos relativos a reformas do estatuto, para valerem contra terceiros, ficam sujeitos às formalidades de arquivamento e publicação, não podendo, todavia, a falta de cumprimento dessas formalidades ser oposta, pela companhia ou por seus acionistas, a terceiros de boa-fé.

§ 2º Aplica-se aos atos de reforma do estatuto o disposto no artigo 97 e seus §§ 1º e 2º e no artigo 98 e seu § 1º.

§ 3º Os documentos pertinentes à matéria a ser debatida na assembleia-geral extraordinária deverão ser postos à disposição dos acionistas, na sede da companhia, por ocasião da publicação do primeiro anúncio de convocação da assembleia-geral.

▸ § 3º acrescido pela Lei nº 10.303, de 31-10-2001.

***Quorum* Qualificado**

Art. 136. É necessária a aprovação de acionistas que representem metade, no mínimo, do total de votos conferidos pelas ações com direito a voto, se maior quórum não for exigido pelo estatuto da companhia cujas ações não estejam admitidas à negociação em bolsa ou no mercado de balcão, para deliberação sobre:

▸ *Caput* com a redação dada pela Lei nº 14.195, de 26-8-2021.

I – criação de ações preferenciais ou aumento de classe de ações preferenciais existentes, sem guardar proporção com as demais classes de ações preferenciais, salvo se já previstos ou autorizados pelo estatuto;

▸ Inciso I com a redação dada pela Lei nº 10.303, de 31-10-2001.

II – alteração nas preferências, vantagens e condições de resgate ou amortização de uma ou mais classes de ações preferenciais, ou criação de nova classe mais favorecida;

III – redução do dividendo obrigatório;

IV – fusão da companhia, ou sua incorporação em outra;

V – participação em grupo de sociedades (artigo 265);

VI – mudança do objeto da companhia;

VII – cessação do estado de liquidação da companhia;

VIII – criação de partes beneficiárias;

▸ Incisos II a VIII com a redação dada pela Lei nº 9.457, de 5-5-1997.

IX – cisão de companhia;

X – dissolução da companhia.

▸ Incisos IX e X acrescidos pela Lei nº 9.457, de 5-5-1997.

§ 1º Nos casos dos incisos I e II, a eficácia da deliberação depende de prévia aprovação ou da ratificação, em prazo improrrogável de um ano, por titulares de mais da metade de cada classe de ações preferenciais prejudicadas, reunidos em assembleia especial convocada pelos administradores e instalada com as formalidades desta Lei.

▸ § 1º com a redação dada pela Lei nº 9.457, de 5-5-1997.

§ 2º A Comissão de Valores Mobiliários pode autorizar a redução do quórum previsto neste artigo no caso de companhia aberta com a propriedade das ações dispersa no mercado e cujas 3 (três) últimas assembleias tenham sido realizadas com a presença de acionistas que representem menos da metade do total de votos conferidos pelas ações com direito a voto.

▸ § 2º com a redação dada pela Lei nº 14.195, de 26-8-2021.

§ 2º-A Na hipótese do § 2º deste artigo, a autorização da Comissão de Valores Mobiliários será mencionada nos avisos de convocação e a deliberação com quórum reduzido somente poderá ser adotada em terceira convocação.

▸ § 2º-A acrescido pela Lei nº 14.195, de 26-8-2021.

§ 3º O disposto nos §§ 2º e 2º-A deste artigo aplica-se também às assembleias especiais de acionistas preferenciais de que trata o § 1º deste artigo.

▸ § 3º com a redação dada pela Lei nº 14.195, de 26-8-2021.

§ 4º Deverá constar da ata da assembleia-geral que deliberar sobre as matérias dos incisos I e II, se não houver prévia aprovação, que a deliberação só terá eficácia após a sua ratificação pela assembleia especial prevista no § 1º.

▸ § 4º acrescido pela Lei nº 9.457, de 5-5-1997.

Art. 136-A. A aprovação da inserção de convenção de arbitragem no estatuto social, observado o *quorum* do art. 136, obriga a todos os acionistas, assegurado ao acionista dissidente o direito de retirar-se da companhia mediante o reembolso do valor de suas ações, nos termos do art. 45.

§ 1º A convenção somente terá eficácia após o decurso do prazo de 30 (trinta) dias, contado da publicação da ata da assembleia-geral que a aprovou.

§ 2º O direito de retirada previsto no *caput* não será aplicável:

I – caso a inclusão da convenção de arbitragem no estatuto social represente condição para que os valores mobiliários de emissão da companhia sejam admitidos à negociação em segmento de listagem de bolsa de valores ou de mercado de balcão organizado que exija dispersão acionária mínima de 25% (vinte e cinco por cento) das ações de cada espécie ou classe;

II – caso a inclusão da convenção de arbitragem seja efetuada no estatuto social de companhia aberta cujas ações sejam dotadas de liquidez e dispersão no mercado, nos termos das alíneas *a* e *b* do inciso II do art. 137 desta Lei.

▶ Art. 136-A acrescido pela Lei nº 13.129, de 26-5-2015.

Direito de Retirada

Art. 137. A aprovação das matérias previstas nos incisos I a VI e IX do artigo 136 dá ao acionista dissidente o direito de retirar-se da companhia, mediante reembolso do valor das suas ações (artigo 45), observadas as seguintes normas:

▶ *Caput* com a redação dada pela Lei nº 10.303, de 31-10-2001.

▶ Art. 8º da Lei nº 10.303, de 31-10-2001, que dispõe sobre o direito de recesso de que trata este artigo.

I – nos casos dos incisos I e II do artigo 136, somente terá direito de retirada o titular de ações de espécie ou classe prejudicadas;

▶ Inciso I com a redação dada pela Lei nº 9.457, de 5-5-1997.

II – nos casos dos incisos IV e V do artigo 136, não terá direito de retirada o titular de ação de espécie ou classe que tenha liquidez e dispersão no mercado, considerando-se haver:

a) liquidez, quando a espécie ou classe de ação, ou certificado que a represente, integre índice geral representativo de carteira de valores mobiliários admitido à negociação no mercado de valores mobiliários, no Brasil ou no exterior, definido pela Comissão de Valores Mobiliários; e

b) dispersão, quando o acionista controlador, a sociedade controladora ou outras sociedades sob seu controle detiverem menos da metade da espécie ou classe de ação;

III – no caso do inciso IX do artigo 136, somente haverá direito de retirada se a cisão implicar:

a) mudança do objeto social, salvo quando o patrimônio cindido for vertido para sociedade cuja atividade preponderante coincida com a decorrente do objeto social da sociedade cindida;

b) redução do dividendo obrigatório; ou

c) participação em grupo de sociedades;

IV – o reembolso da ação deve ser reclamado à companhia no prazo de trinta dias contado da publicação da ata da assembleia-geral;

V – o prazo para o dissidente de deliberação de assembleia especial (artigo 136, § 1º) será contado da publicação da respectiva ata;

▶ Incisos II a V com a redação dada pela Lei nº 10.303, de 31-10-2001.

VI – o pagamento do reembolso somente poderá ser exigido após a observância do disposto no § 3º e, se for o caso, da ratificação da deliberação pela assembleia-geral.

▶ Inciso VI acrescido pela Lei nº 10.303, de 31-10-2001.

§ 1º O acionista dissidente de deliberação da assembleia, inclusive o titular de ações preferenciais sem direito de voto, poderá exercer o direito de reembolso das ações de que, comprovadamente, era titular na data da primeira publicação do edital de convocação da assembleia, ou na data da comunicação do fato relevante objeto da deliberação, se anterior.

▶ § 1º com a redação dada pela Lei nº 9.457, de 5-5-1997.

§ 2º O direito de reembolso poderá ser exercido no prazo previsto nos incisos IV ou V do *caput* deste artigo, conforme o caso, ainda que o titular das ações tenha se abstido de votar contra a deliberação ou não tenha comparecido à assembleia.

§ 3º Nos dez dias subsequentes ao término do prazo de que tratam os incisos IV e V do *caput* deste artigo, conforme o caso, contado da publicação da ata da assembleia-geral ou da assembleia especial que ratificar a deliberação, é facultado aos órgãos da administração convocar a assembleia-geral para ratificar ou reconsiderar a deliberação, se entenderem que o pagamento do preço do reembolso das ações aos acionistas dissidentes que exerceram o direito de retirada porá em risco a estabilidade financeira da empresa.

▶ §§ 2º e 3º com a redação dada pela Lei nº 10.303, de 31-10-2001.

§ 4º Decairá do direito de retirada o acionista que não o exercer no prazo fixado.

▶ § 4º acrescido pela Lei nº 9.457, de 5-5-1997.

CAPÍTULO XII
CONSELHO DE ADMINISTRAÇÃO E DIRETORIA

Administração da Companhia

Art. 138. A administração da companhia competirá, conforme dispuser o estatuto, ao Conselho de Administração e à diretoria, ou somente à diretoria.

§ 1º O Conselho de Administração é órgão de deliberação colegiada, sendo a representação da companhia privativa dos diretores.

§ 2º As companhias abertas e as de capital autorizado terão, obrigatoriamente, Conselho de Administração.

§ 3º É vedada, nas companhias abertas, a acumulação do cargo de presidente do conselho de administração e do cargo de diretor-presidente ou de principal executivo da companhia.

▶ Art. 58 da Lei nº 14.195, de 26-8-2021, que estabelece um prazo de 360 dias, contados de sua publicação, para a produção de efeitos da redação dada a este parágrafo.

§ 4º A Comissão de Valores Mobiliários poderá editar ato normativo que excepcione as companhias de menor porte previstas no art. 294-B desta Lei da vedação de que trata o § 3º deste artigo.

▶ §§ 3º e 4º acrescidos pela Lei nº 14.195, de 26-8-2021.

Art. 139. As atribuições e poderes conferidos por lei aos órgãos de administração não podem ser outorgados a outro órgão, criado por lei ou pelo estatuto.

Seção I
CONSELHO DE ADMINISTRAÇÃO

Composição

Art. 140. O Conselho de Administração será composto por, no mínimo, três membros, eleitos pela assembleia-geral e por ela destituíveis a qualquer tempo, devendo o estatuto estabelecer:

I – o número de conselheiros, ou o máximo e mínimo permitidos, e o processo de escolha e substituição do presidente do conselho pela assembleia ou pelo próprio conselho;

▶ Inciso I com a redação dada pela Lei nº 10.303, de 31-10-2001.

II – o modo de substituição dos conselheiros;

III – o prazo de gestão, que não poderá ser superior a três anos, permitida a reeleição;

IV – as normas sobre convocação, instalação e funcionamento do conselho, que deliberará por maioria de votos, podendo o estatuto estabelecer *quorum* qualificado para certas deliberações, desde que especifique as matérias.

▶ Inciso IV com a redação dada pela Lei nº 10.303, de 31-10-2001.

§ 1º O estatuto poderá prever a participação no conselho de representantes dos empregados, escolhidos pelo voto destes, em eleição direta, organizada pela empresa, em conjunto com as entidades sindicais que os representam.

▶ Parágrafo único transformado em § 1º e com a redação dada pela Lei nº 14.195, de 26-8-2021.

§ 2º Na composição do conselho de administração das companhias abertas, é obrigatória a participação de conselheiros independentes, nos termos e nos prazos definidos pela Comissão de Valores Mobiliários.

▶ § 2º acrescido pela Lei nº 14.195, de 26-8-2021.

Voto Múltiplo

Art. 141. Na eleição dos conselheiros, é facultado aos acionistas que representem, no mínimo, 10% (dez por cento) do capital social com direito a voto, esteja ou não previsto no estatuto, requerer a adoção do processo de voto múltiplo, por meio do qual o número de votos de cada ação será multiplicado pelo número de cargos a serem preenchidos, reconhecido ao acionista o direito de cumular os votos em um só candidato ou distribuí-los entre vários.

▶ *Caput* com a redação dada pela Lei nº 14.195, de 26-8-2021.

▶ Art. 291 desta Lei.

§ 1º A faculdade prevista neste artigo deverá ser exercida pelos acionistas até quarenta e oito horas antes da assembleia-geral, cabendo à mesa que dirigir os trabalhos da assembleia informar previamente aos acionistas, à vista do "Livro de Presença", o número de votos necessários para a eleição de cada membro do Conselho.

§ 2º Os cargos que, em virtude de empate, não forem preenchidos, serão objeto de nova votação, pelo mesmo processo, observado o disposto no § 1º, *in fine*.

§ 3º Sempre que a eleição tiver sido realizada por esse processo, a destituição de qualquer membro do Conselho de Administração pela assembleia-geral importará destituição dos demais membros, procedendo-se a nova eleição; nos demais casos de vaga, não havendo suplente, a primeira assembleia-geral procederá à nova eleição de todo o Conselho.

§ 4º Terão direito de eleger e destituir um membro e seu suplente do conselho de administração, em votação em separado na assem-

LEGISLAÇÃO COMPLEMENTAR

bleia-geral, excluído o acionista controlador, a maioria dos titulares, respectivamente:

I – de ações de emissão de companhia aberta com direito a voto, que representem, pelo menos, quinze por cento do total das ações com direito a voto; e

II – de ações preferenciais sem direito a voto ou com voto restrito de emissão de companhia aberta, que representem, no mínimo, dez por cento do capital social, que não houverem exercido o direito previsto no estatuto, em conformidade com o artigo 18.

▶ § 4º com a redação dada pela Lei nº 10.303, de 31-10-2001.

§ 5º Verificando-se que nem os titulares de ações com direito a voto e nem os titulares de ações preferenciais sem direito a voto ou com voto restrito perfizeram, respectivamente, o *quorum* exigido nos incisos I e II do § 4º, ser-lhes-á facultado agregar suas ações para elegerem em conjunto um membro e seu suplente para o conselho de administração, observando-se, nessa hipótese, o *quorum* exigido pelo inciso II do § 4º.

§ 6º Somente poderão exercer o direito previsto no § 4º os acionistas que comprovarem a titularidade ininterrupta da participação acionária ali exigida durante o período de três meses, no mínimo, imediatamente anterior à realização da assembleia-geral.

▶ §§ 5º e 6º acrescidos pela Lei nº 10.303, de 31-10-2001.

§ 7º Sempre que, cumulativamente, a eleição do conselho de administração ocorrer pelo sistema do voto múltiplo e os titulares de ações ordinárias ou preferenciais exercerem a prerrogativa de eleger conselheiro, será assegurado a acionista ou a grupo de acionistas vinculados por acordo de votos que detenham mais de 50% (cinquenta por cento) do total de votos conferidos pelas ações com direito a voto o direito de eleger conselheiros em número igual ao dos eleitos pelos demais acionistas, mais um, independentemente do número de conselheiros que, segundo o estatuto, componha o órgão.

▶ § 7º com a redação dada pela Lei nº 14.195, de 26-8-2021.

§ 8º A companhia deverá manter registro com a identificação dos acionistas que exercerem a prerrogativa a que se refere o § 4º.

▶ § 8º acrescido pela Lei nº 10.303, de 31-10-2001.

§ 9º VETADO. Lei nº 10.303, de 31-10-2001.

Competência

Art. 142. Compete ao conselho de administração:

▶ *Caput* com a redação dada pela Lei nº 10.303, de 31-10-2001.

I – fixar a orientação geral dos negócios da companhia;

II – eleger e destituir os diretores da companhia e fixar-lhes as atribuições, observado o que a respeito dispuser o estatuto;

III – fiscalizar a gestão dos diretores, examinar, a qualquer tempo, os livros e papéis da companhia, solicitar informações sobre contratos celebrados ou em via de celebração, e quaisquer outros atos;

IV – convocar a assembleia-geral quando julgar conveniente, ou no caso do artigo 132;

V – manifestar-se sobre o relatório da administração e as contas da diretoria;

VI – manifestar-se previamente sobre atos ou contratos, quando o estatuto assim o exigir;

VII – deliberar, quando autorizado pelo estatuto, sobre a emissão de ações ou de bônus de subscrição;

VIII – autorizar, se o estatuto não dispuser em contrário, a alienação de bens do ativo não circulante, a constituição de ônus reais e a prestação de garantias a obrigações de terceiros;

▶ Inciso VIII com a redação dada pela Lei nº 11.941, de 27-5-2009.

IX – escolher e destituir os auditores independentes, se houver.

§ 1º Serão arquivadas no registro do comércio e publicadas as atas das reuniões do conselho de administração que contiverem deliberação destinada a produzir efeitos perante terceiros.

▶ Parágrafo único transformado em § 1º pela Lei nº 10.303, de 31-10-2001.

§ 2º A escolha e a destituição do auditor independente ficará sujeita a veto, devidamente fundamentado, dos conselheiros eleitos na forma do artigo 141, § 4º, se houver.

▶ § 2º acrescido pela Lei nº 10.303, de 31-10-2001.

Seção II

DIRETORIA

Composição

Art. 143. A Diretoria será composta por 1 (um) ou mais membros eleitos e destituíveis a qualquer tempo pelo conselho de administração ou, se inexistente, pela assembleia-geral, e o estatuto estabelecerá:

▶ *Caput* com a redação dada pela LC nº 182, de 1º-6-2021.

I – o número de diretores, ou o máximo e o mínimo permitidos;

II – o modo de sua substituição;

III – o prazo de gestão, que não será superior a três anos, permitida a reeleição;

IV – as atribuições e poderes de cada diretor.

§ 1º Os membros do Conselho de Administração, até o máximo de um terço, poderão ser eleitos para cargos de diretores.

§ 2º O estatuto pode estabelecer que determinadas decisões, de competência dos diretores, sejam tomadas em reunião da diretoria.

▶ A alteração que seria introduzida no art. 143 pela Lei nº 10.303, de 31-10-2001, foi vetada, razão pela qual mantivemos a sua redação.

Representação

Art. 144. No silêncio do estatuto e inexistindo deliberação do Conselho de Administração (artigo 142, II e parágrafo único), competirão a qualquer diretor a representação da companhia e a prática dos atos necessários ao seu funcionamento regular.

Parágrafo único. Nos limites de suas atribuições e poderes, é lícito aos diretores constituir mandatários da companhia, devendo ser especificados no instrumento os atos ou operações que poderão praticar e a duração do mandato, que, no caso de mandato judicial, poderá ser por prazo indeterminado.

Seção III

ADMINISTRADORES

Normas Comuns

Art. 145. As normas relativas a requisitos, impedimentos, investidura, remuneração, deveres e responsabilidades dos administradores aplicam-se a conselheiros e diretores.

Requisitos e Impedimentos

Art. 146. Apenas pessoas naturais poderão ser eleitas para membros dos órgãos de administração.

▶ *Caput* com a redação dada pela Lei nº 14.195, de 26-8-2021.

§ 1º A ata da assembleia-geral ou da reunião do conselho de administração que eleger administradores deverá conter a qualificação e o prazo de gestão de cada um dos eleitos, devendo ser arquivada no registro do comércio e publicada.

▶ § 1º com a redação dada pela Lei nº 10.303, de 31-10-2001.

§ 2º A posse de administrador residente ou domiciliado no exterior fica condicionada à constituição de representante residente no País, com poderes para, até, no mínimo, 3 (três) anos após o término do prazo de gestão do administrador, receber:

I – citações em ações contra ele propostas com base na legislação societária; e

II – citações e intimações em processos administrativos instaurados pela Comissão de Valores Mobiliários, no caso de exercício de cargo de administração em companhia aberta.

▶ § 2º com a redação dada pela Lei nº 14.195, de 26-8-2021.

Art. 147. Quando a lei exigir certos requisitos para a investidura em cargo de administração da companhia, a assembleia-geral somente poderá eleger quem tenha exibido os necessários comprovantes, dos quais se arquivará cópia autêntica na sede social.

▶ Art. 162 desta Lei.

§ 1º São inelegíveis para os cargos de administração da companhia as pessoas impedidas por lei especial, ou condenadas por crime falimentar, de prevaricação, peita ou suborno, concussão, peculato, contra a economia popular, a fé pública ou a propriedade ou a pena criminal que vede, ainda que temporariamente, o acesso a cargos públicos.

▶ Art. 162, § 2º, desta Lei.

§ 2º São ainda inelegíveis para os cargos de administração de companhia aberta as pessoas declaradas inabilitadas por ato da Comissão de Valores Mobiliários.

▶ Art. 162, § 2º, desta Lei.

§ 3º O conselheiro deve ter reputação ilibada, não podendo ser eleito, salvo dispensa da assembleia-geral, aquele que:

I – ocupar cargos em sociedades que possam ser consideradas concorrentes no mercado, em especial, em conselhos consultivos, de administração ou fiscal; e

II – tiver interesse conflitante com a sociedade.

§ 4º A comprovação do cumprimento das condições previstas no § 3º será efetuada por meio de declaração firmada pelo conselheiro eleito nos termos definidos pela Comissão de Valores Mobiliários, com vistas ao disposto nos artigos 145 e 159, sob as penas da lei.

▶ §§ 3º e 4º acrescidos pela Lei nº 10.303, de 31-10-2001.

Garantia da Gestão

Art. 148. O estatuto pode estabelecer que o exercício do cargo de administrador deva ser assegurado, pelo titular ou por terceiro, mediante penhor de ações da companhia ou outra garantia.

Parágrafo único. A garantia só será levantada após aprovação das últimas contas apresentadas pelo administrador que houver deixado o cargo.

Investidura

Art. 149. Os conselheiros e diretores serão investidos nos seus cargos mediante assinatura de termo de posse no livro de atas do Conselho de Administração ou da diretoria, conforme o caso.

▶ Arts. 1.062 e 1.067 do CC.

§ 1º Se o termo não for assinado nos trinta dias seguintes à nomeação, esta tornar-se-á sem efeito, salvo justificação aceita pelo órgão da administração para o qual tiver sido eleito.

▶ Parágrafo único transformado em § 1º pela Lei nº 10.303, de 31-10-2001.

§ 2º O termo de posse deverá conter, sob pena de nulidade, a indicação de pelo menos um domicílio no qual o administrador receberá as citações e intimações em processos administrativos e judiciais relativos a atos de sua gestão, as quais reputar-se-ão cumpridas mediante entrega no domicílio indicado, o qual somente poderá ser alterado mediante comunicação por escrito à companhia.

▶ § 2º acrescido pela Lei nº 10.303, de 31-10-2001.

Substituição e Término da Gestão

Art. 150. No caso de vacância do cargo de conselheiro, salvo disposição em contrário do estatuto, o substituto será nomeado pelos conselheiros remanescentes e servirá até a primeira assembleia-geral. Se ocorrer vacância da maioria dos cargos, a assembleia-geral será convocada para proceder a nova eleição.

§ 1º No caso de vacância de todos os cargos do Conselho de Administração, compete à diretoria convocar a assembleia-geral.

§ 2º No caso de vacância de todos os cargos da diretoria, se a companhia não tiver Conselho de Administração, compete ao Conselho Fiscal, se em funcionamento, ou a qualquer acionista, convocar a assembleia-geral, devendo o representante de maior número de ações praticar, até a realização da assembleia, os atos urgentes de administração da companhia.

§ 3º O substituto eleito para preencher cargo vago completará o prazo de gestão do substituído.

§ 4º O prazo de gestão do Conselho de Administração ou da diretoria se estende até a investidura dos novos administradores eleitos.

Renúncia

Art. 151. A renúncia do administrador torna-se eficaz, em relação à companhia, desde o momento em que lhe for entregue a comunicação escrita do renunciante, e em relação a terceiros de boa-fé, após arquivamento no Registro do Comércio e publicação, que poderão ser promovidos pelo renunciante.

Remuneração

Art. 152. A assembleia-geral fixará o montante global ou individual da remuneração dos administradores, inclusive benefícios de qualquer natureza e verbas de representação, tendo em conta suas responsabilidades, o tempo dedicado às suas funções, sua competência e reputação profissional e o valor dos seus serviços no mercado.

▶ *Caput* com a redação dada pela Lei nº 9.457, de 5-5-1997.

§ 1º O estatuto da companhia que fixar o dividendo obrigatório em vinte e cinco por cento ou mais do lucro líquido, pode atribuir aos administradores participação no lucro da companhia, desde que o seu total não ultrapasse a remuneração anual dos administradores nem um décimo dos lucros (artigo 190), prevalecendo o limite que for menor.

§ 2º Os administradores somente farão jus à participação nos lucros do exercício social em relação ao qual for atribuído aos acionistas o dividendo obrigatório, de que trata o artigo 202.

Seção IV

DEVERES E RESPONSABILIDADES

Dever de Diligência

Art. 153. O administrador da companhia deve empregar, no exercício de suas funções, o cuidado e diligência que todo homem ativo e probo costuma empregar na administração dos seus próprios negócios.

▶ Art. 1.011, *caput*, do CC.

Finalidade das Atribuições e Desvio de Poder

Art. 154. O administrador deve exercer as atribuições que a lei e o estatuto lhe conferem para lograr os fins e no interesse da companhia, satisfeitas as exigências do bem público e da função social da empresa.

§ 1º O administrador eleito por grupo ou classe de acionistas tem, para com a companhia, os mesmos deveres que os demais, não podendo, ainda que para defesa do interesse dos que o elegeram, faltar a esses deveres.

§ 2º É vedado ao administrador:

a) praticar ato de liberalidade à custa da companhia;

b) sem prévia autorização da assembleia-geral ou do Conselho de Administração, tomar por empréstimo recursos ou bens da companhia, ou usar, em proveito próprio, de sociedade em que tenha interesse, ou de terceiros, os seus bens, serviços ou crédito;

c) receber de terceiros sem autorização estatutária ou da assembleia-geral, qualquer modalidade de vantagem pessoal, direta ou indireta, em razão do exercício de seu cargo.

§ 3º As importâncias recebidas com infração ao disposto na alínea c do § 2º pertencerão à companhia.

§ 4º O Conselho de Administração ou a diretoria podem autorizar a prática de atos gratuitos razoáveis em benefício dos empregados ou da comunidade de que participe a empresa, tendo em vista suas responsabilidades sociais.

Dever de Lealdade

Art. 155. O administrador deve servir com lealdade à companhia e manter reserva sobre os seus negócios, sendo-lhe vedado:

I – usar, em benefício próprio ou de outrem, com ou sem prejuízo para a companhia, as oportunidades comerciais de que tenha conhecimento em razão do exercício de seu cargo;

II – omitir-se no exercício ou proteção de direitos da companhia ou, visando à obtenção de vantagens, para si ou para outrem, deixar de aproveitar oportunidades de negócio de interesse da companhia;

III – adquirir, para revender com lucro, bem ou direito que sabe necessário à companhia, ou que esta tencione adquirir.

§ 1º Cumpre, ademais, ao administrador de companhia aberta, guardar sigilo sobre qualquer informação que ainda não tenha sido divulgada para conhecimento do mercado, obtida em razão do cargo e capaz de influir de modo ponderável na cotação de valores mobiliários, sendo-lhe vedado valer-se da informação para obter, para si ou para outrem, vantagem mediante compra ou venda de valores mobiliários.

§ 2º O administrador deve zelar para que a violação do disposto no § 1º não possa ocorrer através de subordinados ou terceiros de sua confiança.

§ 3º A pessoa prejudicada em compra e venda de valores mobiliários, contratada com infração do disposto nos §§ 1º e 2º, tem direito de haver do infrator indenização por perdas e danos, a menos que ao contratar já conhecesse a informação.

§ 4º É vedada a utilização de informação relevante ainda não divulgada, por qualquer pessoa que a ela tenha tido acesso, com a finalidade de auferir vantagem, para si ou para outrem, no mercado de valores mobiliários.

▶ § 4º acrescido pela Lei nº 10.303, de 31-10-2001.

Conflito de Interesses

Art. 156. É vedado ao administrador intervir em qualquer operação social em que tiver interesse conflitante com o da companhia, bem como na deliberação que a respeito tomarem os demais administradores, cumprindo-lhe cientificá-los do seu impedimento e fazer consignar, em ata de reunião do Conselho de Administração ou da diretoria, a natureza e extensão do seu interesse.

§ 1º Ainda que observado o disposto neste artigo, o administrador somente pode contratar com a companhia em condições razoáveis ou equitativas, idênticas às que prevalecem no mercado ou em que a companhia contrataria com terceiros.

§ 2º O negócio contratado com infração do disposto no § 1º é anulável, e o administrador interessado será obrigado a transferir para a companhia as vantagens que dele tiver auferido.

Dever de Informar

Art. 157. O administrador de companhia aberta deve declarar, ao firmar o termo de posse, o número de ações, bônus de subscrição, opções de compra de ações e debêntures conversíveis em ações, de emissão da companhia e de sociedades controladas ou do mesmo grupo, de que seja titular.

§ 1º O administrador de companhia aberta é obrigado a revelar à assembleia-geral ordinária, a pedido de acionistas que representem cinco por cento ou mais do capital social:

a) o número dos valores mobiliários de emissão da companhia ou de sociedades controladas, ou do mesmo grupo, que tiver adquirido ou alienado, diretamente ou através de outras pessoas, no exercício anterior;

b) as opções de compra de ações que tiver contratado ou exercido no exercício anterior;

c) os benefícios ou vantagens, indiretas ou complementares, que tenha recebido ou esteja recebendo da companhia e de sociedades coligadas, controladas ou do mesmo grupo;

d) as condições dos contratos de trabalho que tenham sido firmados pela companhia com os diretores e empregados de alto nível;

e) quaisquer atos ou fatos relevantes nas atividades da companhia.

§ 2º Os esclarecimentos prestados pelo administrador poderão, a pedido de qualquer acionista, ser reduzidos a escrito, autenticados pela mesa da assembleia, e fornecidos por cópia aos solicitantes.

§ 3º A revelação dos atos ou fatos de que trata este artigo só poderá ser utilizada no legítimo interesse da companhia ou do acionista, respondendo os solicitantes pelos abusos que praticarem.

§ 4º Os administradores da companhia aberta são obrigados a comunicar imediatamente à Bolsa de Valores e a divulgar pela imprensa qualquer deliberação da assembleia-geral ou dos órgãos de administração da companhia, ou fato relevante ocorrido nos seus negócios, que possa influir, de modo ponderável, na decisão dos investidores do mercado de vender ou comprar valores mobiliários emitidos pela companhia.

§ 5º Os administradores poderão recusar-se a prestar a informação (§ 1º, e), ou deixar de divulgá-la (§ 4º), se entenderem que sua revelação porá em risco interesse legítimo da companhia, cabendo à Comissão de Valores Mobiliários, a pedido dos administradores, de qualquer acionista, ou por iniciativa própria, decidir sobre a prestação de informação e responsabilizar os administradores, se for o caso.

§ 6º Os administradores da companhia aberta deverão informar imediatamente, nos termos e na forma determinados pela Comissão de Valores Mobiliários, a esta e às bolsas de valores ou entidades do mercado de balcão organizado nas quais os valores mobiliários de emissão da companhia estejam admitidos à negociação, as modificações em suas posições acionárias na companhia.

▸ § 6º acrescido pela Lei nº 10.303, de 31-10-2001.

Responsabilidade dos Administradores

▸ Arts. 1.010 e segs. e 1.060 e segs. do CC.

Art. 158. O administrador não é pessoalmente responsável pelas obrigações que contrair em nome da sociedade e em virtude de ato regular de gestão; responde, porém, civilmente, pelos prejuízos que causar, quando proceder:

▸ Súm. nº 430 do STJ.

I – dentro de suas atribuições ou poderes, com culpa ou dolo;

II – com violação da lei ou do estatuto.

§ 1º O administrador não é responsável por atos ilícitos de outros administradores, salvo se com eles for conivente, se negligenciar em descobri-los ou se, deles tendo conhecimento, deixar de agir para impedir a sua prática. Exime-se de responsabilidade o administrador dissidente que faça consignar sua divergência em ata de reunião do órgão de administração ou, não sendo possível, dela dê ciência imediata e por escrito ao órgão da administração, ao Conselho Fiscal, se em funcionamento, ou à assembleia-geral.

§ 2º Os administradores são solidariamente responsáveis pelos prejuízos causados em virtude do não cumprimento dos deveres impostos por lei para assegurar o funcionamento normal da companhia, ainda que, pelo estatuto, tais deveres não caibam a todos eles.

§ 3º Nas companhias abertas, a responsabilidade de que trata o § 2º ficará restrita, ressalvado o disposto no § 4º, aos administradores que, por disposição do estatuto, tenham atribuição específica de dar cumprimento àqueles deveres.

§ 4º O administrador que, tendo conhecimento do não cumprimento desses deveres por seu predecessor, ou pelo administrador competente nos termos do § 3º, deixar de comunicar o fato à assembleia-geral, tornar-se-á por ele solidariamente responsável.

§ 5º Responderá solidariamente com o administrador quem, com o fim de obter vantagem para si ou para outrem, concorrer para a prática de ato com violação da lei ou do estatuto.

Ação de Responsabilidade

Art. 159. Compete à companhia, mediante prévia deliberação da assembleia-geral, a ação de responsabilidade civil contra o administrador, pelos prejuízos causados ao seu patrimônio.

§ 1º A deliberação poderá ser tomada em assembleia-geral ordinária e, se prevista na ordem do dia, ou for consequência direta de assunto nela incluído, em assembleia-geral extraordinária.

§ 2º O administrador ou administradores contra os quais deva ser proposta a ação ficarão impedidos e deverão ser substituídos na mesma assembleia.

§ 3º Qualquer acionista poderá promover a ação, se não for proposta no prazo de três meses da deliberação da assembleia-geral.

§ 4º Se a assembleia deliberar não promover a ação, poderá ela ser proposta por acionistas que representem cinco por cento, pelo menos, do capital social.

§ 5º Os resultados da ação promovida por acionista deferem-se à companhia, mas esta deverá indenizá-lo, até o limite daqueles resultados, de todas as despesas em que tiver incorrido, inclusive correção monetária e juros dos dispêndios realizados.

§ 6º O juiz poderá reconhecer a exclusão da responsabilidade do administrador, se convencido de que este agiu de boa-fé e visando ao interesse da companhia.

§ 7º A ação prevista neste artigo não exclui a que couber ao acionista ou terceiro diretamente prejudicado por ato de administrador.

Órgãos Técnicos e Consultivos

Art. 160. As normas desta Seção aplicam-se aos membros de quaisquer órgãos, criados pelo estatuto, com funções técnicas ou destinados a aconselhar os administradores.

CAPÍTULO XIII
CONSELHO FISCAL

Composição e Funcionamento

Art. 161. A companhia terá um Conselho Fiscal e o estatuto disporá sobre seu funcionamento, de modo permanente ou nos exercícios sociais em que for instalado a pedido de acionistas.

§ 1º O Conselho Fiscal será composto de, no mínimo, três e no máximo, cinco membros, e suplentes em igual número, acionistas ou não, eleitos pela assembleia-geral.

§ 2º O Conselho Fiscal, quando o funcionamento não for permanente, será instalado pela assembleia-geral a pedido de acionistas que representem, no mínimo, um décimo das ações com direito a voto, ou cinco por cento das ações sem direito a voto, e cada período de seu funcionamento terminará na primeira assembleia-geral ordinária após a sua instalação.

§ 3º O pedido de funcionamento do Conselho Fiscal, ainda que a matéria não conste do anúncio de convocação, poderá ser formulado em qualquer assembleia-geral, que elegerá os seus membros.

§ 4º Na constituição do Conselho Fiscal serão observadas as seguintes normas:

a) os titulares de ações preferenciais sem direito a voto, ou com voto restrito, terão direito de eleger, em votação em separado, um membro e respectivo suplente; igual direito terão os acionistas minoritários, desde que representem, em conjunto, dez por cento ou mais das ações com direito a voto;

b) ressalvado o disposto na alínea anterior, os demais acionistas com direito a voto poderão eleger os membros efetivos e suplentes que, em qualquer caso, serão em número igual ao dos eleitos nos termos da alínea a, mais um.

§ 5º Os membros do Conselho Fiscal e seus suplentes exercerão seus cargos até a primeira assembleia-geral ordinária que se realizar após a sua eleição, e poderão ser reeleitos.

▸ A alteração que seria introduzida no § 5º pela Lei nº 10.303, de 31-10-2001, foi vetada, razão pela qual mantivemos a sua redação.

§ 6º Os membros do conselho fiscal e seus suplentes exercerão seus cargos até a primeira assembleia-geral ordinária que se realizar após a sua eleição, e poderão ser reeleitos.

▸ § 6º acrescido pela Lei nº 10.303, de 31-10-2001.

§ 7º A função de membro do conselho fiscal é indelegável.

▸ § 6º transformado em § 7º pela Lei nº 10.303, de 31-10-2001.

Requisitos, Impedimentos e Remuneração

Art. 162. Somente podem ser eleitas para o Conselho Fiscal pessoas naturais, residentes no País, diplomadas em curso de nível universitário, ou que tenham exercido, por prazo mínimo de três anos, cargo de administrador de empresa ou de conselheiro fiscal.

§ 1º Nas localidades em que não houver pessoas habilitadas, em número suficiente, para o exercício da função, caberá ao juiz dispensar a companhia da satisfação dos requisitos estabelecidos neste artigo.

§ 2º Não podem ser eleitos para o Conselho Fiscal, além das pessoas enumeradas nos parágrafos do artigo 147, membros de órgãos de administração e empregados da companhia ou de sociedade controlada ou do mesmo grupo, e o cônjuge ou parente, até terceiro grau, de administrador da companhia.

§ 3º A remuneração dos membros do Conselho Fiscal, além do reembolso, obrigatório, das despesas de locomoção e estada necessárias ao desempenho da função será fixada pela assembleia-geral que os eleger, e não poderá ser inferior, para cada membro em exercício, a dez por cento da que, em média, for atribuída a cada diretor, não computados benefícios, verbas da representação e participação nos lucros.

▸ § 3º com a redação dada pela Lei nº 9.457, de 5-5-1997.

Competência

Art. 163. Compete ao conselho fiscal:

▸ Arts. 47, 50 e 75 da Lei nº 11.101, de 9-2-2005 (Lei de Recuperação de Empresas e Falências).

I – fiscalizar, por qualquer de seus membros, os atos dos administradores e verificar o cumprimento dos seus deveres legais e estatutários;

▸ Inciso I com a redação dada pela Lei nº 10.303, de 31-10-2001.

II – opinar sobre o relatório anual da administração, fazendo constar do seu parecer as informações complementares que julgar necessárias ou úteis à deliberação da assembleia-geral;

III – opinar sobre as propostas dos órgãos da administração, a serem submetidas à assembleia-geral, relativas a modificação do capital social, emissão de debêntures ou bônus de subscrição, planos de investimento ou orçamentos de capital, distribuição de dividendos, transformação, incorporação, fusão ou cisão;

IV – denunciar, por qualquer de seus membros, aos órgãos de administração e, se estes não tomarem as providências necessárias para a proteção dos interesses da companhia, à assembleia-geral, os erros, fraudes ou crimes que descobrirem, e sugerir providências úteis à companhia;

▸ Inciso IV com a redação dada pela Lei nº 10.303, de 31-10-2001.

V – convocar a assembleia-geral ordinária, se os órgãos da administração retardarem por mais de um mês essa convocação, e a extraordinária, sempre que ocorrerem motivos graves ou urgentes, incluindo na agenda das assembleias as matérias que considerarem necessárias;

VI – analisar, ao menos trimestralmente, o balancete e demais demonstrações financeiras elaboradas periodicamente pela companhia;

VII – examinar as demonstrações financeiras de exercício social e sobre elas opinar;

VIII – exercer essas atribuições, durante a liquidação, tendo em vista as disposições especiais que a regulam.

§ 1º Os órgãos de administração são obrigados, através de comunicação por escrito, a colocar à disposição dos membros em exercício do Conselho Fiscal, dentro de dez dias, cópias das atas de suas reuniões e, dentro de quinze dias do seu recebimento, cópias dos balancetes e demais demonstrações financeiras elaboradas periodicamente e, quando houver, dos relatórios de execução de orçamentos.

§ 2º O conselho fiscal, a pedido de qualquer dos seus membros, solicitará aos órgãos de administração esclarecimentos ou informações, desde que relativas à sua função fiscalizadora, assim como a elaboração de demonstrações financeiras ou contábeis especiais.

▸ § 2º com a redação dada pela Lei nº 10.303, de 31-10-2001.

§ 3º Os membros do Conselho Fiscal assistirão às reuniões do Conselho de Administração, se houver, ou da diretoria, em que se deliberar sobre os assuntos em que devam opinar (nºs II, III e VII).

§ 4º Se a companhia tiver auditores independentes, o Conselho Fiscal, a pedido de qualquer de seus membros, poderá solicitar-lhes esclarecimentos ou informações, e a apuração de fatos específicos.

▸ § 4º com a redação dada pela Lei nº 9.457, de 5-5-1997.

§ 5º Se a companhia não tiver auditores independentes, o Conselho Fiscal poderá, para melhor desempenho das suas funções, escolher contador ou firma de auditoria e fixar-lhes os honorários, dentro de níveis razoáveis, vigentes na praça e compatíveis com a dimensão econômica da companhia, os quais serão pagos por esta.

§ 6º O Conselho Fiscal deverá fornecer ao acionista, ou grupo de acionistas que representem, no mínimo, cinco por cento do capital social, sempre que solicitadas, informações sobre matérias de sua competência.

§ 7º As atribuições e poderes conferidos pela lei ao Conselho Fiscal não podem ser outorgados a outro órgão da companhia.

§ 8º O conselho fiscal poderá, para apurar fato cujo esclarecimento seja necessário ao desempenho de suas funções, formular, com justificativa, questões a serem respondidas por perito e solicitar à diretoria que indique, para esse fim, no prazo máximo de trinta dias, três peritos, que podem ser pessoas físicas ou jurídicas, de notório conhecimento na área em questão, entre os quais o Conselho Fiscal escolherá um, cujos honorários serão pagos pela companhia.

▸ § 8º acrescido pela Lei nº 9.457, de 5-5-1997.

Pareceres e Representações

Art. 164. Os membros do Conselho Fiscal, ou ao menos um deles, deverão comparecer às reuniões da assembleia-geral e responder aos pedidos de informações formulados pelos acionistas.

Parágrafo único. Os pareceres e representações do conselho fiscal, ou de qualquer um de seus membros, poderão ser apresentados e lidos na assembleia-geral, independentemente de publicação e ainda que a matéria não conste da ordem do dia.

▸ Parágrafo único com a redação dada pela Lei nº 10.303, de 31-10-2001.

Deveres e Responsabilidades

Art. 165. Os membros do conselho fiscal têm os mesmos deveres dos administradores de que tratam os artigos 153 a 156 e respondem pelos danos resultantes de omissão no cumprimento de seus deveres e de atos praticados com culpa ou dolo, ou com violação da lei ou do estatuto.

▸ *Caput* com a redação dada pela Lei nº 10.303, de 31-10-2001.

▸ Arts. 22, II, *d*, e 72 da Lei nº 11.101, de 9-2-2005 (Lei de Recuperação de Empresas e Falências).

§ 1º Os membros do conselho fiscal deverão exercer suas funções no exclusivo interesse da companhia; considerar-se-á abusivo o exercício da função com o fim de causar dano à companhia, ou aos seus acionistas ou administradores, ou de obter, para si ou para outrem, vantagem a que não faz jus e de que resulte, ou possa resultar, prejuízo para a companhia, seus acionistas ou administradores.

§ 2º O membro do conselho fiscal não é responsável pelos atos ilícitos de outros membros, salvo se com eles foi conivente, ou se concorrer para a prática do ato.

▸ §§ 1º e 2º com a redação dada pela Lei nº 10.303, de 31-10-2001.

§ 3º A responsabilidade dos membros do conselho fiscal por omissão no cumprimento de seus deveres é solidária, mas dela se exime o membro dissidente que fizer consignar sua divergência em ata da reunião do órgão e a comunicar aos órgãos da administração e à assembleia-geral.

▸ § 3º acrescido pela Lei nº 10.303, de 31-10-2001.

Art. 165-A. Os membros do conselho fiscal da companhia aberta deverão informar imediatamente as modificações em suas posições acionárias na companhia à Comissão de Valores Mobiliários e às Bolsas de Valores ou entidades do mercado de balcão organizado nas quais os valores mobiliários de emissão da companhia estejam admitidos à negociação, nas condições e na forma determinadas pela Comissão de Valores Mobiliários.

▸ Artigo acrescido pela Lei nº 10.303, de 31-10-2001.

CAPÍTULO XIV
MODIFICAÇÃO DO CAPITAL SOCIAL

Seção I
AUMENTO

Competência

Art. 166. O capital social pode ser aumentado:

▸ Art. 1.081 do CC.

I – por deliberação da assembleia-geral ordinária, para correção da expressão monetária do seu valor (artigo 167);

▸ Arts. 6º e 14 desta Lei.

II – por deliberação da assembleia-geral ou do Conselho de Administração, observado o que a respeito dispuser o estatuto, nos casos de emissão de ações dentro do limite autorizado no estatuto (artigo 168);

III – por conversão, em ações, de debêntures ou partes beneficiárias e pelo exercício de direitos conferidos por bônus de subscrição, ou de opção de compra de ações;

IV – por deliberação da assembleia-geral extraordinária convocada para decidir sobre reforma do estatuto social, no caso de inexistir autorização de aumento, ou de estar a mesma esgotada.

▸ Art. 4º desta Lei.

§ 1º Dentro dos trinta dias subsequentes à efetivação do aumento, a companhia requererá ao Registro do Comércio a sua averbação, nos casos dos nºs I a III, ou o arquivamento da ata da assembleia de reforma do estatuto, no caso do nº IV.

§ 2º O Conselho Fiscal, se em funcionamento, deverá, salvo nos casos do nº III, ser obrigatoriamente ouvido antes da deliberação sobre o aumento de capital.

Correção Monetária Anual

Art. 167. A reserva de capital constituída por ocasião do balanço de encerramento do exercício social e resultante da correção monetária do capital realizado (artigo 182, § 2º) será capitalizada por deliberação da assembleia-geral ordinária que aprovar o balanço.

▸ Arts. 5º, parágrafo único, 6º, 17, § 4º, 132, 166, I e 297 desta Lei.

§ 1º Na companhia aberta, a capitalização prevista neste artigo será feita sem modificação do número de ações emitidas e com aumento do valor nominal das ações, se for o caso.

▶ Art. 297 desta Lei.

§ 2º A companhia poderá deixar de capitalizar o saldo da reserva correspondente às frações de centavo do valor nominal das ações, ou, se não tiverem valor nominal, à fração inferior a um por cento do capital social.

§ 3º Se a companhia tiver ações com e sem valor nominal, a correção do capital correspondente às ações com valor nominal será feita separadamente, sendo a reserva resultante capitalizada em benefício dessas ações.

Capital Autorizado

Art. 168. O estatuto pode conter autorização para aumento do capital social independentemente de reforma estatutária.

§ 1º A autorização deverá especificar:

a) o limite de aumento, em valor do capital ou em número de ações, e as espécies e classes das ações que poderão ser emitidas;

b) o órgão competente para deliberar sobre as emissões, que poderá ser a assembleia-geral ou o Conselho de Administração;

c) as condições a que estiverem sujeitas as emissões;

d) os casos ou as condições em que os acionistas terão direito de preferência para subscrição, ou de inexistência desse direito (artigo 172).

§ 2º O limite de autorização, quando fixado em valor do capital social, será anualmente corrigido pela assembleia-geral ordinária, com base nos mesmos índices adotados na correção do capital social.

§ 3º O estatuto pode prever que a companhia, dentro do limite de capital autorizado, e de acordo com plano aprovado pela assembleia-geral, outorgue opção de compra de ações a seus administradores ou empregados, ou a pessoas naturais que prestem serviços à companhia ou à sociedade sob seu controle.

Capitalização de Lucros e Reservas

Art. 169. O aumento mediante capitalização de lucros ou de reservas importará alteração do valor nominal das ações ou distribuição das ações novas, correspondentes ao aumento, entre acionistas, na proporção do número de ações que possuírem.

▶ Arts. 6º e 17, § 4º, desta Lei.

§ 1º Na companhia com ações sem valor nominal, a capitalização de lucros ou de reservas poderá ser efetivada sem modificação do número de ações.

§ 2º Às ações distribuídas de acordo com este artigo se estenderão, salvo cláusula em contrário dos instrumentos que os tenham constituído, o usufruto, o fideicomisso, a inalienabilidade e a incomunicabilidade que porventura gravarem as ações de que elas forem derivadas.

§ 3º As ações que não puderem ser atribuídas por inteiro a cada acionista serão vendidas em Bolsa, dividindo-se o produto da venda, proporcionalmente, pelos titulares das frações; antes da venda, a companhia fixará prazo, não inferior a trinta dias, durante o qual os acionistas poderão transferir as frações de ação.

Aumento Mediante Subscrição de Ações

Art. 170. Depois de realizados três quartos, no mínimo, do capital social, a companhia pode aumentá-lo mediante subscrição pública ou particular de ações.

▶ Art. 6º desta Lei.

§ 1º O preço de emissão deverá ser fixado, sem diluição injustificada da participação dos antigos acionistas, ainda que tenham direito de preferência para subscrevê-las, tendo em vista, alternativa ou conjuntamente:

I – a perspectiva de rentabilidade da companhia;

II – o valor do patrimônio líquido da ação;

▶ Súm. nº 371 do STJ.

III – a cotação de suas ações em Bolsa de Valores ou no mercado de balcão organizado, admitido ágio ou deságio em função das condições de mercado.

▶ § 1º com a redação dada pela Lei nº 9.457, de 5-5-1997.

▶ Súm. nº 371 do STJ.

§ 2º A assembleia-geral, quando for de sua competência deliberar sobre o aumento, poderá delegar ao Conselho de Administração a fixação do preço de emissão de ações a serem distribuídas no mercado.

▶ Art. 14 desta Lei.

§ 3º A subscrição de ações para realização em bens será sempre procedida com observância do disposto no artigo 8º, e a ela se aplicará o disposto nos §§ 2º e 3º do artigo 98.

§ 4º As entradas e as prestações da realização das ações poderão ser recebidas pela companhia independentemente de depósito bancário.

§ 5º No aumento de capital observar-se-á, se mediante subscrição pública, o disposto no artigo 82, e se mediante subscrição particular, o que a respeito for deliberado pela assembleia-geral ou pelo Conselho de Administração, conforme dispuser o estatuto.

§ 6º Ao aumento de capital aplica-se, no que couber, o disposto sobre a constituição da companhia, exceto na parte final do § 2º do artigo 82.

§ 7º A proposta de aumento do capital deverá esclarecer qual o critério adotado, nos termos do § 1º deste artigo, justificando pormenorizadamente os aspectos econômicos que determinaram a sua escolha.

▶ § 7º acrescido pela Lei nº 9.457, de 5-5-1997.

Direito de Preferência

Art. 171. Na proporção do número de ações que possuírem, os acionistas terão preferência para a subscrição do aumento de capital.

▶ Arts. 6º, 57, § 1º, 77, parágrafo único, 109, IV, e 253, parágrafo único, desta Lei.

▶ Art. 1.081, § 1º, do CC.

§ 1º Se o capital for dividido em ações de diversas espécies ou classes e o aumento for feito por emissão de mais de uma espécie ou classe, observar-se-ão as seguintes normas:

a) no caso de aumento, na mesma proporção, do número de ações de todas as espécies e classes existentes, cada acionista exercerá o direito de preferência sobre ações idênticas às de que for possuidor;

b) se as ações emitidas forem de espécies e classes existentes, mas importarem alteração das respectivas proporções no capital social, a preferência será exercida sobre ações de espécies e classes idênticas às de que forem possuidores os acionistas, somente se estendendo às demais se aquelas forem insuficientes para lhes assegurar, no capital aumentado, a mesma proporção que tinham no capital antes do aumento;

c) se houver emissão de ações de espécie ou classe diversa das existentes, cada acionista exercerá a preferência, na proporção do número de ações que possuir, sobre ações de todas as espécies e classes do aumento.

§ 2º No aumento mediante capitalização de créditos ou subscrição em bens, será sempre assegurado aos acionistas o direito de preferência e, se for o caso, as importâncias por eles pagas serão entregues ao titular do crédito a ser capitalizado ou do bem a ser incorporado.

§ 3º Os acionistas terão direito de preferência para subscrição das emissões de debêntures conversíveis em ações, bônus de subscrição e partes beneficiárias conversíveis em ações emitidas para alienação onerosa; mas na conversão desses títulos em ações, ou na outorga e no exercício de opção de compra de ações, não haverá direito de preferência.

§ 4º O estatuto ou a assembleia-geral fixará prazo de decadência, não inferior a trinta dias, para o exercício do direito de preferência.

§ 5º No usufruto e no fideicomisso, o direito de preferência, quando não exercido pelo acionista até dez dias antes do vencimento do prazo, poderá sê-lo pelo usufrutuário ou fideicomissário.

§ 6º O acionista poderá ceder seu direito de preferência.

§ 7º Na companhia aberta, o órgão que deliberar sobre a emissão mediante subscrição particular deverá dispor sobre as sobras de valores mobiliários não subscritos, podendo:

a) mandar vendê-las em Bolsa, em benefício da companhia; ou

b) rateá-las, na proporção dos valores subscritos, entre os acionistas que tiverem pedido, no boletim ou lista de subscrição, reserva de sobras; nesse caso, a condição constará dos boletins e listas de subscrição e o saldo não rateado será vendido em Bolsa, nos termos da alínea anterior.

§ 8º Na companhia fechada, será obrigatório o rateio previsto na alínea *b* do § 7º, podendo o saldo, se houver, ser subscrito por terceiros, de acordo com os critérios estabelecidos pela assembleia-geral ou pelos órgãos da administração.

Exclusão do Direito de Preferência

Art. 172. O estatuto da companhia aberta que contiver autorização para o aumento do capital pode prever a emissão, sem direito de preferência para os antigos acionistas, ou com redução do prazo de que trata o § 4º do artigo 171, de ações e debêntures conversíveis em ações, ou bônus de subscrição, cuja colocação seja feita mediante:

▶ *Caput* com a redação dada pela Lei nº 10.303, de 31-10-2001.

I – venda em Bolsa de Valores ou subscrição pública; ou

▶ A alteração que seria introduzida no inciso I pela Lei nº 10.303, de 31-10-2001, foi vetada, razão pela qual mantivemos a sua redação.

II – permuta por ações, em oferta pública de aquisição de controle, nos termos dos artigos 257 e 263.

▶ Inciso II com a redação dada pela Lei nº 10.303, de 31-10-2001.

Parágrafo único. O estatuto da companhia, ainda que fechada, pode excluir o direito de preferência para subscrição de ações nos termos de lei especial sobre incentivos fiscais.

Seção II

REDUÇÃO

Art. 173. A assembleia-geral poderá deliberar a redução do capital social se houver perda, até o montante dos prejuízos acumulados, ou se julgá-lo excessivo.

▶ Art. 6º desta Lei.

▶ Art. 1.082 do CC.

§ 1º A proposta de redução do capital social, quando de iniciativa dos administradores, não poderá ser submetida à deliberação da assembleia-geral sem o parecer do Conselho Fiscal, se em funcionamento.

§ 2º A partir da deliberação de redução ficarão suspensos os direitos correspondentes às ações cujos certificados tenham sido emitidos, até que sejam apresentados à companhia para substituição.

Oposição dos Credores

Art. 174. Ressalvado o disposto nos artigos 45 e 107, a redução do capital social com restituição aos acionistas de parte do valor das ações, ou pela diminuição do valor destas, quando não integralizadas, à importância das entradas, só se tornará efetiva sessenta dias após a publicação da ata da assembleia-geral que a tiver deliberado.

▶ Art. 6º desta Lei.

▶ Art. 1.084 do CC.

§ 1º Durante o prazo previsto neste artigo, os credores quirografários por títulos anteriores à data da publicação da ata poderão, mediante notificação, de que se dará ciência ao Registro do Comércio da sede da companhia, opor-se à redução do capital; decairão desse direito os credores que o não exercerem dentro do prazo.

§ 2º Findo o prazo, a ata da assembleia-geral que houver deliberado a redução poderá ser arquivada se não tiver havido oposição ou, se tiver havido oposição de algum credor, desde que feita a prova do pagamento do seu crédito ou do depósito judicial da importância respectiva.

§ 3º Se houver em circulação debêntures emitidas pela companhia, a redução do capital, nos casos previstos neste artigo, não poderá ser efetivada sem prévia aprovação pela maioria dos debenturistas, reunidos em assembleia especial.

CAPÍTULO XV

EXERCÍCIO SOCIAL E DEMONSTRAÇÕES FINANCEIRAS

Seção I

EXERCÍCIO SOCIAL

Art. 175. O exercício social terá duração de um ano e a data do término será fixada no estatuto.

Parágrafo único. Na constituição da companhia e nos casos de alteração estatutária o exercício social poderá ter duração diversa.

Seção II

DEMONSTRAÇÕES FINANCEIRAS

Disposições Gerais

Art. 176. Ao fim de cada exercício social, a diretoria fará elaborar, com base na escrituração mercantil da companhia, as seguintes demonstrações financeiras, que deverão exprimir com clareza a situação do patrimônio da companhia e as mutações ocorridas no exercício:

I – balanço patrimonial;

II – demonstração dos lucros ou prejuízos acumulados;

III – demonstração do resultado do exercício; e

IV – demonstração dos fluxos de caixa; e

▶ Inciso IV com a redação dada pela Lei nº 11.638, de 28-12-2007.

▶ Art. 188 desta Lei.

▶ Art. 7º da Lei nº 11.638, de 28-12-2007, que altera e revoga dispositivos da Lei nº 6.404, de 15-12-1976, e da Lei nº 6.385, de 7-12-1976, e estende às sociedades de grande porte disposições relativas à elaboração e divulgação de demonstrações financeiras.

V – se companhia aberta, demonstração do valor adicionado.

▶ Inciso V acrescido pela Lei nº 11.638, de 28-12-2007.

▶ Art. 188 desta Lei.

▶ Art. 7º da Lei nº 11.638, de 28-12-2007, que altera e revoga dispositivos da Lei nº 6.404, de 15-12-1976, e da Lei nº 6.385, de 7-12-1976, e estende às sociedades de grande porte disposições relativas à elaboração e divulgação de demonstrações financeiras.

§ 1º As demonstrações de cada exercício serão publicadas com a indicação dos valores correspondentes das demonstrações do exercício anterior.

▶ Art. 295, § 1º, *b*, desta Lei.

§ 2º Nas demonstrações, as contas semelhantes poderão ser agrupadas; os pequenos saldos poderão ser agregados, desde que indicada a sua natureza e não ultrapassem um décimo do valor do respectivo grupo de contas; mas é vedada a utilização de designações genéricas, como "*diversas contas*" ou "*contas-correntes*".

§ 3º As demonstrações financeiras registrarão a destinação dos lucros segundo a proposta dos órgãos da administração, no pressuposto de sua aprovação pela assembleia-geral.

▶ Art. 134, § 4º, desta Lei.

§ 4º As demonstrações serão complementadas por notas explicativas e outros quadros analíticos ou demonstrações contábeis necessários para esclarecimento da situação patrimonial e dos resultados do exercício.

§ 5º As notas explicativas devem:

I – apresentar informações sobre a base de preparação das demonstrações financeiras e das práticas contábeis específicas selecionadas e aplicadas para negócios e eventos significativos;

II – divulgar as informações exigidas pelas práticas contábeis adotadas no Brasil que não estejam apresentadas em nenhuma outra parte das demonstrações financeiras;

III – fornecer informações adicionais não indicadas nas próprias demonstrações financeiras e consideradas necessárias para uma apresentação adequada; e

IV – indicar:

a) os principais critérios de avaliação dos elementos patrimoniais, especialmente estoques, dos cálculos de depreciação, amortização e exaustão, de constituição de provisões para encargos ou riscos, e dos ajustes para atender a perdas prováveis na realização de elementos do ativo;

b) os investimentos em outras sociedades, quando relevantes (art. 247, parágrafo único);

c) o aumento de valor de elementos do ativo resultante de novas avaliações (art. 182, § 3º);

d) os ônus reais constituídos sobre elementos do ativo, as garantias prestadas a terceiros e outras responsabilidades eventuais ou contingentes;

e) a taxa de juros, as datas de vencimento e as garantias das obrigações a longo prazo;

f) o número, espécies e classes das ações do capital social;

g) as opções de compra de ações outorgadas e exercidas no exercício;

h) os ajustes de exercícios anteriores (art. 186, § 1º); e

i) os eventos subsequentes à data de encerramento do exercício que tenham, ou possam vir a ter, efeito relevante sobre a situação financeira e os resultados futuros da companhia.

▶ § 5º com a redação dada pela Lei nº 11.941, de 27-5-2009.

§ 6º A companhia fechada com patrimônio líquido, na data do balanço, inferior a R$ 2.000.000,00 (dois milhões de reais) não será obrigada à elaboração e publicação da demonstração dos fluxos de caixa.

▶ § 6º com a redação dada pela Lei nº 11.638, de 28-12-2007.

§ 7º A Comissão de Valores Mobiliários poderá, a seu critério, disciplinar de forma diversa o registro de que trata o § 3º deste artigo.

▶ § 7º com a redação dada pela Lei nº 11.941, de 27-5-2009.

Escrituração

Art. 177. A escrituração da companhia será mantida em registros permanentes, com obediência aos preceitos da legislação comercial e desta Lei e aos princípios de contabilidade geralmente aceitos, devendo observar métodos ou critérios contábeis uniformes no tempo e registrar as mutações patrimoniais segundo o regime de competência.

▶ Art. 61 da Lei nº 11.941, de 27-5-2009, que altera a legislação tributária federal relativa ao parcelamento ordinário de débitos tributários.

§ 1º As demonstrações financeiras do exercício em que houver modificação de métodos ou critérios contábeis, de efeitos relevantes, deverão indicá-la em nota e ressaltar esses efeitos.

§ 2º A companhia observará exclusivamente em livros ou registros auxiliares, sem qualquer modificação da escrituração mercantil e das demonstrações reguladas nesta Lei, as disposições da lei tributária, ou de legislação especial sobre a atividade que constitui seu objeto, que prescrevam, conduzam ou incentivem a utilização de métodos ou critérios contábeis diferentes ou determinem registros, lançamentos ou ajustes ou a elaboração de outras demonstrações financeiras.

▶ *Caput* do § 2º com a redação dada pela Lei nº 11.941, de 27-5-2009.

I e II – *Revogados*. Lei nº 11.941, de 27-5-2009.

§ 3º As demonstrações financeiras das companhias abertas observarão, ainda, as normas expedidas pela Comissão de Valores Mobiliários e serão obrigatoriamente submetidas a auditoria por auditores independentes nela registrados.

▶ § 3º com a redação dada pela Lei nº 11.941, de 27-5-2009.

▶ Art. 22, § 1º, II e IV, da Lei nº 6.385, de 7-12-1976 (Lei do Mercado de Valores Mobiliários).

§ 4º As demonstrações financeiras serão assinadas pelos administradores e por contabilistas legalmente habilitados.

§ 5º As normas expedidas pela Comissão de Valores Mobiliários a que se refere o § 3º deste artigo deverão ser elaboradas em consonância com os padrões internacionais de contabilidade adotados nos principais mercados de valores mobiliários.

§ 6º As companhias fechadas poderão optar por observar as normas sobre demonstrações financeiras expedidas pela Comissão de Valores Mobiliários para as companhias abertas.

▶ §§ 5º e 6º acrescidos pela Lei nº 11.638, de 28-12-2007.

§ 7º *Revogado*. Lei nº 11.941, de 27-5-2009.

Seção III

BALANÇO PATRIMONIAL

Grupo de Contas

Art. 178. No balanço, as contas serão classificadas segundo os elementos do patrimônio que registrem, e agrupadas de modo a facilitar o conhecimento e a análise da situação financeira da companhia.

▶ Art. 1.179 do CC.

§ 1º No ativo, as contas serão dispostas em ordem decrescente de grau de liquidez dos elementos nelas registrados, nos seguintes grupos:

I – ativo circulante; e

II – ativo não circulante, composto por ativo realizável a longo prazo, investimentos, imobilizado e intangível.

▶ Incisos I e II com a redação dada pela Lei nº 11.941, de 27-5-2009.

§ 2º No passivo, as contas serão classificadas nos seguintes grupos:

I – passivo circulante;

II – passivo não circulante; e

III – patrimônio líquido, dividido em capital social, reservas de capital, ajustes de avaliação patrimonial, reservas de lucros, ações em tesouraria e prejuízos acumulados.

▶ Incisos I a III com a redação dada pela Lei nº 11.941, de 27-5-2009.

§ 3º Os saldos devedores e credores que a companhia não tiver direito de compensar serão classificados separadamente.

Ativo

Art. 179. As contas serão classificadas do seguinte modo:

I – no ativo circulante: as disponibilidades, os direitos realizáveis no curso do exercício social subsequente e as aplicações de recursos em despesas do exercício seguinte;

II – no ativo realizável a longo prazo: os direitos realizáveis após o término do exercício seguinte, assim como os derivados de vendas, adiantamentos ou empréstimos a sociedades coligadas ou controladas (artigo 243), diretores, acionistas ou participantes no lucro da companhia, que não constituírem negócios usuais na exploração do objeto da companhia;

III – em investimentos: as participações permanentes em outras sociedades e os direitos de qualquer natureza, não classificáveis no ativo circulante, e que não se destinem à manutenção da atividade da companhia ou da empresa;

IV – no ativo imobilizado: os direitos que tenham por objeto bens corpóreos destinados à manutenção das atividades da companhia ou da empresa ou exercidos com essa finalidade, inclusive os decorrentes de operações que transfiram à companhia os benefícios, riscos e controle desses bens;

▶ Inciso IV com a redação dada pela Lei nº 11.638, de 28-12-2007.

V – *Revogado*. Lei nº 11.941, de 27-5-2009;

VI – no intangível: os direitos que tenham por objeto bens incorpóreos destinados à manutenção da companhia ou exercidos com essa finalidade, inclusive o fundo de comércio adquirido.

▶ Inciso VI acrescido pela Lei nº 11.638, de 28-12-2007.

Parágrafo único. Na companhia em que o ciclo operacional da empresa tiver duração maior que o exercício social, a classificação no circulante ou longo prazo terá por base o prazo desse ciclo.

Passivo Exigível

Art. 180. As obrigações da companhia, inclusive financiamentos para aquisição de direitos do ativo não circulante, serão classificadas no passivo circulante, quando se vencerem no exercício seguinte, e no passivo não circulante, se tiverem vencimento em prazo maior, observado o disposto no parágrafo único do art. 179 desta Lei.

▶ Artigo com a redação dada pela Lei nº 11.941, de 27-5-2009.

Resultados de Exercícios Futuros

Art. 181. *Revogado*. Lei nº 11.941, de 27-5-2009.

Patrimônio Líquido

Art. 182. A conta do capital social discriminará o montante subscrito e, por dedução, a parcela ainda não realizada.

▶ Arts. 13, § 2º, 17, § 5º, 193, § 1º, e 204, § 1º, desta Lei.

§ 1º Serão classificadas como reservas de capital as contas que registrarem:

a) a contribuição do subscritor de ações que ultrapassar o valor nominal e a parte do preço de emissão das ações, sem valor nominal, que ultrapassar a importância destinada à formação do capital social, inclusive nos casos de conversão em ações de debêntures ou partes beneficiárias;

b) o produto da alienação de partes beneficiárias e bônus de subscrição;

c e d) *Revogadas*. Lei nº 11.638, de 28-12-2007.

§ 2º Será ainda registrado como reserva de capital o resultado da correção monetária do capital realizado, enquanto não capitalizado.

▶ Art. 167 desta Lei.

§ 3º Serão classificadas como ajustes de avaliação patrimonial, enquanto não computadas no resultado do exercício em obediência ao regime de competência, as contrapartidas de aumentos ou diminuições de valor atribuídos a elementos do ativo e do passivo, em decorrência da sua avaliação a valor justo, nos casos previstos nesta Lei ou, em normas expedidas pela Comissão de Valores Mobiliários, com base na competência conferida pelo § 3º do art. 177 desta Lei.

▶ § 3º com a redação dada pela Lei nº 11.941, de 27-5-2009.

§ 4º Serão classificadas como reservas de lucros as contas constituídas pela apropriação de lucros da companhia.

§ 5º As ações em tesouraria deverão ser destacadas no balanço como dedução da conta do patrimônio líquido que registrar a origem dos recursos aplicados na sua aquisição.

Critérios de Avaliação do Ativo

Art. 183. No balanço, os elementos do ativo serão avaliados segundo os seguintes critérios:

I – as aplicações em instrumentos financeiros, inclusive derivativos, e em direitos e títulos de créditos, classificados no ativo circulante ou no realizável a longo prazo:

▶ *Caput* do inciso I com a redação dada pela Lei nº 11.638, de 28-12-2007.

a) pelo seu valor justo, quando se tratar de aplicações destinadas à negociação ou disponíveis para venda; e

▶ Alínea *a* com a redação dada pela Lei nº 11.941, de 27-5-2009.

b) pelo valor de custo de aquisição ou valor de emissão, atualizado conforme disposições legais ou contratuais, ajustado ao valor provável de realização, quando este for inferior, no caso das demais aplicações e os direitos e títulos de crédito;

▶ Alínea *b* acrescida pela Lei nº 11.638, de 28-12-2007.

II – os direitos que tiverem por objeto mercadorias e produtos do comércio da companhia, assim como matérias-primas, produtos em fabricação e bens em almoxarifado, pelo custo de aquisição ou produção, deduzido de provisão para ajustá-lo ao valor de mercado, quando este for inferior;

III – os investimentos em participação no capital social de outras sociedades, ressalvado o disposto nos artigos 248 a 250, pelo custo de aquisição, deduzido de provisão para perdas prováveis na realização do seu valor, quando essa perda estiver comprovada como permanente, e que não será modificado em razão do recebimento, sem custo para a companhia, de ações ou quotas bonificadas;

IV – os demais investimentos, pelo custo de aquisição, deduzido de provisão para atender às perdas prováveis na realização do seu valor, ou para redução do custo de aquisição ao valor de mercado, quando este for inferior;

V – os direitos classificados no imobilizado, pelo custo de aquisição, deduzido do saldo da respectiva conta de depreciação, amortização ou exaustão;

VI – *Revogado*. Lei nº 11.941, de 27-5-2009;

VII – os direitos classificados no intangível, pelo custo incorrido na aquisição deduzido do saldo da respectiva conta de amortização;

VIII – os elementos do ativo decorrentes de operações de longo prazo serão ajustados a valor presente, sendo os demais ajustados quando houver efeito relevante.

▶ Incisos VII e VIII acrescidos pela Lei nº 11.638, de 28-12-2007.

§ 1º Para efeitos do disposto neste artigo, considera-se valor justo:

▶ *Caput* do § 1º com a redação dada pela Lei nº 11.941, de 27-5-2009.

▶ Art. 256, II, *b*, desta Lei.

a) das matérias-primas e dos bens em almoxarifado, o preço pelo qual possam ser repostos, mediante compra no mercado;

b) dos bens ou direitos destinados à venda, o preço líquido de realização mediante venda no mercado, deduzidos os impostos e demais despesas necessárias para a venda, e a margem de lucro;

c) dos investimentos, o valor líquido pelo qual possam ser alienados a terceiros;

d) dos instrumentos financeiros, o valor que pode se obter em um mercado ativo, decorrente de transação não compulsória realizada entre partes independentes; e, na ausência de um mercado ativo para um determinado instrumento financeiro:

1) o valor que se pode obter em um mercado ativo com a negociação de outro instrumento financeiro de natureza, prazo e risco similares;

2) o valor presente líquido dos fluxos de caixa futuros para instrumentos financeiros de natureza, prazo e risco similares; ou

3) o valor obtido por meio de modelos matemático-estatísticos de precificação de instrumentos financeiros.

▶ Alínea *d* acrescida pela Lei nº 11.638, de 28-12-2007.

§ 2º A diminuição do valor dos elementos dos ativos imobilizado e intangível será registrada periodicamente nas contas de:

▶ *Caput* do § 2º com a redação dada pela Lei nº 11.941, de 27-5-2009.

a) depreciação, quando corresponder à perda do valor dos direitos que têm por objeto bens físicos sujeitos a desgaste ou perda de utilidade por uso, ação da natureza ou obsolescência;

b) amortização, quando corresponder à perda do valor do capital aplicado na aquisição de direitos da propriedade industrial ou comercial e quaisquer outros com existência ou exercício de duração limitada, ou cujo objeto sejam bens de utilização por prazo legal ou contratualmente limitado;

c) exaustão, quando corresponder à perda do valor, decorrente da sua exploração, de direitos cujo objeto sejam recursos minerais ou florestais, ou bens aplicados nessa exploração.

§ 3º A companhia deverá efetuar, periodicamente, análise sobre a recuperação dos valores registrados no imobilizado e no intangível, a fim de que sejam:

▶ *Caput* do § 3º com a redação dada pela Lei nº 11.941, de 27-5-2009.

I – registradas as perdas de valor do capital aplicado quando houver decisão de interromper os empreendimentos ou atividades a que se destinavam ou quando comprovado que não poderão produzir resultados suficientes para recuperação desse valor; ou

II – revisados e ajustados os critérios utilizados para determinação da vida útil econômica estimada e para cálculo da depreciação, exaustão e amortização.

▶ Incisos I e II acrescidos pela Lei nº 11.638, de 28-12-2007.

§ 4º Os estoques de mercadorias fungíveis destinadas à venda poderão ser avaliados pelo valor de mercado, quando esse for o costume mercantil aceito pela técnica contábil.

Critérios de Avaliação do Passivo

Art. 184. No balanço, os elementos do passivo serão avaliados de acordo com os seguintes critérios:

▶ Art. 1.179 do CC.

I – as obrigações, encargos e riscos, conhecidos ou calculáveis, inclusive Imposto de Renda a pagar com base no resultado do exercício, serão computados pelo valor atualizado até a data do balanço;

II – as obrigações em moeda estrangeira, com cláusula de paridade cambial, serão convertidas em moeda nacional à taxa de câmbio em vigor na data do balanço;

III – as obrigações, os encargos e os riscos classificados no passivo não circulante serão ajustados ao seu valor presente, sendo os demais ajustados quando houver efeito relevante.

▶ Inciso III com a redação dada pela Lei nº 11.941, de 27-5-2009.

Critérios de Avaliação em Operações Societárias

▶ Denominação com a redação dada pela Lei nº 11.941, de 27-5-2009.

Art. 184-A. A Comissão de Valores Mobiliários estabelecerá, com base na competência conferida pelo § 3º do art. 177 desta Lei, normas especiais de avaliação e contabilização aplicáveis à aquisição de controle, participações societárias ou negócios.

▶ Art. 184-A acrescido pela Lei nº 11.941, de 27-5-2009.

Correção Monetária

Art. 185. *Revogado*. Lei nº 7.730, de 31-1-1989.

Seção IV

DEMONSTRAÇÃO DE LUCROS OU PREJUÍZOS ACUMULADOS

Art. 186. A demonstração dos lucros ou prejuízos acumulados discriminará:

I – o saldo do início do período, os ajustes de exercícios anteriores e a correção monetária do saldo inicial;

II – as reversões de reservas e o lucro líquido do exercício;

III – as transferências para reservas, os dividendos, a parcela dos lucros incorporada ao capital e o saldo ao fim do período.

§ 1º Como ajustes de exercícios anteriores serão considerados apenas os decorrentes de efeitos da mudança de critério contábil, ou da retificação de erro imputável a determinado exercício anterior, e que não possam ser atribuídos a fatos subsequentes.

§ 2º A demonstração de lucros ou prejuízos acumulados deverá indicar o montante do dividendo por ação do capital social e poderá ser incluída na demonstração das mutações do patrimônio líquido, se elaborada e publicada pela companhia.

Seção V

DEMONSTRAÇÃO DO RESULTADO DO EXERCÍCIO

Art. 187. A demonstração do resultado do exercício discriminará:

I – a receita bruta das vendas e serviços, as deduções das vendas, os abatimentos e os impostos;

II – a receita líquida das vendas e serviços, o custo das mercadorias e serviços vendidos e o lucro bruto;

III – as despesas com as vendas, as despesas financeiras, deduzidas das receitas, as despesas gerais e administrativas, e outras despesas operacionais;

IV – o lucro ou prejuízo operacional, as outras receitas e as outras despesas;

▶ Inciso IV com a redação dada pela Lei nº 11.941, de 27-5-2009.

V – o resultado do exercício antes do Imposto de Renda e a provisão para o imposto;

VI – as participações de debêntures, empregados, administradores e partes beneficiárias, mesmo na forma de instrumentos financeiros, e de instituições ou fundos de assistência ou previdência de empregados, que não se caracterizem como despesa;

▶ Inciso VI com a redação dada pela Lei nº 11.941, de 27-5-2009.

VII – o lucro ou prejuízo líquido do exercício e o seu montante por ação do capital social.

▶ Art. 256, II, *c*, desta Lei.

§ 1º Na determinação do resultado do exercício serão computados:

a) as receitas e os rendimentos ganhos no período, independentemente da sua realização em moeda; e

b) os custos, despesas, encargos e perdas, pagos ou incorridos, correspondentes a essas receitas e rendimentos.

§ 2º *Revogado*. Lei nº 11.638, de 28-12-2007.

Seção VI

DEMONSTRAÇÃO DAS ORIGENS E APLICAÇÕES DE RECURSOS

▶ Denominação da Seção VI com a redação dada pela Lei nº 11.638, de 28-12-2007.

Demonstrações dos Fluxos de Caixa e do Valor Adicionado

Art. 188. As demonstrações referidas nos incisos IV e V do *caput* do art. 176 desta Lei indicarão, no mínimo:

▶ *Caput* com a redação dada pela Lei nº 11.638, de 28-12-2007.

I – demonstração dos fluxos de caixa – as alterações ocorridas, durante o exercício, no saldo de caixa e equivalentes de caixa, segregando-se essas alterações em, no mínimo, 3 (três) fluxos:

a) das operações;

b) dos financiamentos; e

c) dos investimentos;

II – demonstração do valor adicionado – o valor da riqueza gerada pela companhia, a sua distribuição entre os elementos que contribuíram para a geração dessa riqueza, tais como empregados, financiadores, acionistas, governo e outros, bem como a parcela da riqueza não distribuída.

▶ Incisos I e II com a redação dada pela Lei nº 11.638, de 28-12-2007.

III e IV – *Revogados*. Lei nº 11.941, de 27-5-2009.

CAPÍTULO XVI

LUCROS, RESERVAS E DIVIDENDOS

Seção I

LUCRO

Dedução de Prejuízos e Imposto sobre a Renda

Art. 189. Do resultado do exercício serão deduzidos, antes de qualquer participação, os prejuízos acumulados e a provisão para o Imposto sobre a Renda.

Parágrafo único. O prejuízo do exercício será obrigatoriamente absorvido pelos lucros acumulados, pelas reservas de lucros e pela reserva legal, nessa ordem.

Participações

Art. 190. As participações estatutárias de empregados, administradores e partes beneficiárias serão determinadas, sucessivamente e nessa ordem, com base nos lucros que remanescerem depois de deduzida a participação anteriormente calculada.

▶ Arts. 46, § 1º, 152 e 191 desta Lei.

Parágrafo único. Aplica-se ao pagamento das participações dos administradores e das partes beneficiárias o disposto nos parágrafos do artigo 201.

Lucro Líquido

Art. 191. Lucro líquido do exercício é o resultado do exercício que remanescer depois de deduzidas as participações de que trata o artigo 190.

Proposta de Destinação do Lucro

Art. 192. Juntamente com as demonstrações financeiras do exercício, os órgãos da administração da companhia apresentarão à assembleia-geral ordinária, observado o disposto nos artigos 193 a 203 e no estatuto, proposta sobre a destinação a ser dada ao lucro líquido do exercício.

Seção II RESERVAS E RETENÇÃO DE LUCROS

Reserva Legal

Art. 193. Do lucro líquido do exercício, cinco por cento serão aplicados, antes de qualquer outra destinação, na constituição da reserva legal, que não excederá de vinte por cento do capital social.

▶ Arts. 192, 197 e 202, I, desta Lei.

§ 1º A companhia poderá deixar de constituir a reserva legal no exercício em que o saldo dessa reserva, acrescido do montante das reservas de capital de que trata o § 1º do artigo 182, exceder de trinta por cento do capital social.

§ 2º A reserva legal tem por fim assegurar a integridade do capital social e somente poderá ser utilizada para compensar prejuízos ou aumentar o capital.

Reservas Estatutárias

Art. 194. O estatuto poderá criar reservas desde que, para cada uma:

▶ Arts. 192, 193, 197, 198 e 203 desta Lei.

I – indique, de modo preciso e completo, a sua finalidade;

II – fixe os critérios para determinar a parcela anual dos lucros líquidos que serão destinados à sua constituição; e

III – estabeleça o limite máximo da reserva.

Reservas para Contingências

Art. 195. A assembleia-geral poderá, por proposta dos órgãos da administração, destinar parte do lucro líquido à formação de reserva com a finalidade de compensar, em exercício futuro, a diminuição do lucro decorrente de perda julgada provável, cujo valor possa ser estimado.

▶ Arts. 192, 197, 202, II, e 203 desta Lei.

§ 1º A proposta dos órgãos da administração deverá indicar a causa da perda prevista e justificar, com as razões de prudência que a recomendem, a constituição da reserva.

§ 2º A reserva será revertida no exercício em que deixarem de existir as razões que justificaram a sua constituição ou em que ocorrer a perda.

Art. 195-A. A assembleia-geral poderá, por proposta dos órgãos de administração, destinar para a reserva de incentivos fiscais a parcela do lucro líquido decorrente de doações ou subvenções governamentais para investimentos, que poderá ser excluída da base de cálculo do dividendo obrigatório (inciso I do *caput* do art. 202 desta Lei).

▶ Artigo acrescido pela Lei nº 11.638, de 28-12-2007.

Retenção de Lucros

Art. 196. A assembleia-geral poderá, por proposta dos órgãos da administração, deliberar reter parcela do lucro líquido do exercício prevista em orçamento de capital por ela previamente aprovado.

▶ Arts. 192, 197, 198 e 203 desta Lei.

§ 1º O orçamento, submetido pelos órgãos da administração com a justificativa da retenção de lucros proposta, deverá compreender todas as fontes de recursos e aplicações de capital, fixo ou circulante, e poderá ter a duração de até cinco exercícios, salvo no caso de execução, por prazo maior, de projeto de investimento.

§ 2º O orçamento poderá ser aprovado pela assembleia-geral ordinária que deliberar sobre o balanço do exercício e revisado anualmente, quando tiver duração superior a um exercício social.

▶ § 2º com a redação dada pela Lei nº 10.303, de 31-10-2001.

Reservas de Lucros a Realizar

Art. 197. No exercício em que o montante do dividendo obrigatório, calculado nos termos do estatuto ou do artigo 202, ultrapassar a parcela realizada do lucro líquido do exercício, a assembleia-geral poderá, por proposta dos órgãos de administração, destinar o excesso à constituição de reserva de lucros a realizar.

▶ *Caput* com a redação dada pela Lei nº 10.303, de 31-10-2001.

§ 1º Para os efeitos deste artigo, considera-se realizada a parcela do lucro líquido do exercício que exceder da soma dos seguintes valores:

▶ *Caput* do § 1º acrescido pela Lei nº 10.303, de 31-10-2001.

I – o resultado líquido positivo da equivalência patrimonial (artigo 248); e

▶ Inciso I acrescido pela Lei nº 10.303, de 31-10-2001.

II – o lucro, rendimento ou ganho líquidos em operações ou contabilização de ativo e passivo pelo valor de mercado, cujo prazo de realização financeira ocorra após o término do exercício social seguinte.

▶ Inciso II com a redação dada pela Lei nº 11.638, de 28-12-2007.

§ 2º A reserva de lucros a realizar somente poderá ser utilizada para pagamento do dividendo obrigatório e, para efeito do inciso III do artigo 202, serão considerados como integrantes da reserva os lucros a realizar de cada exercício que forem os primeiros a serem realizados em dinheiro.

▶ § 2º acrescido pela Lei nº 10.303, de 31-10-2001.

Limite da Constituição de Reservas e Retenção de Lucros

Art. 198. A destinação dos lucros para constituição das reservas de que trata o artigo 194 e a retenção nos termos do artigo 196 não poderão ser aprovadas, em cada exercício, em prejuízo da distribuição do dividendo obrigatório (artigo 202).

Limite do Saldo das Reservas de Lucros

Art. 199. O saldo das reservas de lucros, exceto as para contingências, de incentivos fiscais e de lucros a realizar, não poderá ultrapassar o capital social. Atingindo esse limite, a assembleia deliberará sobre aplicação do excesso na integralização ou no aumento do capital social ou na distribuição de dividendos.

▶ Artigo com a redação dada pela Lei nº 11.638, de 28-12-2007.

▶ Arts. 192 e 296, § 5º, desta Lei.

Reservas de Capital

Art. 200. As reservas de capital somente poderão ser utilizadas para:

▶ Art. 192 desta Lei.

I – absorção de prejuízos que ultrapassarem os lucros acumulados e as reservas de lucros (artigo 189, parágrafo único);

II – resgate, reembolso ou compra de ações;

III – resgate de partes beneficiárias;

IV – incorporação ao capital social;

V – pagamento de dividendo a ações preferenciais, quando essa vantagem lhes for assegurada (artigo 17, § 5º).

Parágrafo único. A reserva constituída com o produto da venda de partes beneficiárias poderá ser destinada ao resgate desses títulos.

Seção III DIVIDENDOS

Origem

Art. 201. A companhia somente pode pagar dividendos à conta de lucro líquido do exercício, de lucros acumulados e de reserva de lucros; e à conta de reserva de capital, no caso das ações preferenciais de que trata o § 5º do artigo 17.

▶ Arts. 190, parágrafo único, e 192 desta Lei.

▶ Art. 177, § 1º, VI, do CP.

§ 1º A distribuição de dividendos com inobservância do disposto neste artigo implica responsabilidade solidária dos administradores e fiscais, que deverão repor à caixa social a importância distribuída, sem prejuízo da ação penal que no caso couber.

▶ Art. 1.107 do CC.

§ 2º Os acionistas não são obrigados a restituir os dividendos que em boa-fé tenham recebido. Presume-se a má-fé quando os dividendos forem distribuídos sem o levantamento do balanço ou em desacordo com os resultados deste.

Dividendo Obrigatório

Art. 202. Os acionistas têm direito de receber como dividendo obrigatório, em cada exercício, a parcela dos lucros estabelecida no estatuto ou, se este for omisso, a importância determinada de acordo com as seguintes normas:

▶ *Caput* com a redação dada pela Lei nº 10.303, de 31-10-2001.

I – metade do lucro líquido do exercício diminuído ou acrescido dos seguintes valores:

a) importância destinada à constituição da reserva legal (artigo 193); e *b)* importância destinada à formação da reserva para contingências (artigo 195) e reversão da mesma reserva formada em exercícios anteriores;

II – o pagamento do dividendo determinado nos termos do inciso I poderá ser limitado ao montante do lucro líquido do exercício que tiver sido realizado, desde que a diferença seja registrada como reserva de lucros a realizar (artigo 197);

III – os lucros registrados na reserva de lucros a realizar, quando realizados e se não tiverem sido absorvidos por prejuízos em exercícios subsequentes, deverão ser acrescidos ao primeiro dividendo declarado após a realização.

▶ Incisos I a III com a redação dada pela Lei nº 10.303, de 31-10-2001.

§ 1º O estatuto poderá estabelecer o dividendo como porcentagem do lucro ou do capital social, ou fixar outros critérios para determiná-lo, desde que sejam regulados com precisão e minúcia e não sujeitem os acionistas minoritários ao arbítrio dos órgãos de administração ou da maioria.

▶ Art. 296, § 4º, desta Lei.

§ 2º Quando o estatuto for omisso e a assembleia-geral deliberar alterá-lo para introduzir norma sobre a matéria, o dividendo obrigatório não poderá ser inferior a vinte e cinco por cento do lucro líquido ajustado nos termos do inciso I deste artigo.

§ 3º A assembleia-geral pode, desde que não haja oposição de qualquer acionista presente, deliberar a distribuição de dividendo inferior ao obrigatório, nos termos deste artigo, ou a retenção de todo o lucro líquido, nas seguintes sociedades:

I – companhias abertas exclusivamente para a captação de recursos por debêntures não conversíveis em ações;

II – companhias fechadas, exceto nas controladas por companhias abertas que não se enquadrem na condição prevista no inciso I.

▶ §§ 2º e 3º com a redação dada pela Lei nº 10.303, de 31-10-2001.

§ 4º O dividendo previsto neste artigo não será obrigatório no exercício social em que os órgãos da administração informarem à assembleia-geral ordinária ser ele incompatível com a situação financeira da companhia. O Conselho Fiscal, se em funcionamento, deverá dar parecer sobre essa informação e, na companhia aberta, seus administradores encaminharão à Comissão de Valores Mobiliários, dentro de cinco dias da realização da assembleia-geral, exposição justificativa da informação transmitida à assembleia.

§ 5º Os lucros que deixarem de ser distribuídos nos termos do § 4º serão registrados como reserva especial e, se não absorvidos por prejuízos em exercícios subsequentes, deverão ser pagos como dividendo assim que o permitir a situação financeira da companhia.

§ 6º Os lucros não destinados nos termos dos artigos 193 a 197 deverão ser distribuídos como dividendos.

▶ § 6º acrescido pela Lei nº 10.303, de 31-10-2001.

Dividendos de Ações Preferenciais

Art. 203. O disposto nos artigos 194 a 197, e 202, não prejudicará o direito dos acionistas preferenciais de receber os dividendos fixos ou mínimos a que tenham prioridade, inclusive os atrasados, se cumulativos.

▶ Art. 192 desta Lei.

▶ Art. 2º da Lei nº 8.920, de 20-7-1994, que veda o pagamento de dividendos e de participações nos lucros, com base em saldo credor da conta de correção monetária, apurado por empresas controladas pelo Poder Público.

Dividendos Intermediários

Art. 204. A companhia que, por força de lei ou de disposição estatutária, levantar balanço semestral, poderá declarar, por deliberação dos órgãos de administração, se autorizados pelo estatuto, dividendo à conta do lucro apurado nesse balanço.

▶ Art. 31 da Lei nº 4.595, de 31-12-1964 (Lei do Sistema Financeiro Nacional).

§ 1º A companhia poderá, nos termos de disposição estatutária, levantar balanço e distribuir dividendos em períodos menores, desde que o total dos dividendos pagos em cada semestre do exercício social não exceda o montante das reservas de capital de que trata o § 1º do artigo 182.

§ 2º O estatuto poderá autorizar os órgãos de administração a declarar dividendos intermediários, à conta de lucros acumulados ou de reservas de lucros existentes no último balanço anual ou semestral.

Pagamento de Dividendos

Art. 205. A companhia pagará o dividendo de ações nominativas à pessoa que, na data do ato de declaração do dividendo, estiver inscrita como proprietária ou usufrutuária da ação.

§ 1º Os dividendos poderão ser pagos por cheque nominativo remetido por via postal para o endereço comunicado pelo acionista à companhia, ou mediante crédito em conta-corrente bancária aberta em nome do acionista.

§ 2º Os dividendos das ações em custódia bancária ou em depósito nos termos dos artigos 41 e 43 serão pagos pela companhia à instituição financeira depositária, que será responsável pela sua entrega aos titulares das ações depositadas.

§ 3º O dividendo deverá ser pago, salvo deliberação em contrário da assembleia-geral, no prazo de sessenta dias da data em que for declarado e, em qualquer caso, dentro do exercício social.

CAPÍTULO XVII
DISSOLUÇÃO, LIQUIDAÇÃO E EXTINÇÃO

Seção I
DISSOLUÇÃO

Art. 206. Dissolve-se a companhia:

▶ Art. 209, I e II, desta Lei.

▶ Súm. nº 435 do STJ.

I – de pleno direito:

a) pelo término do prazo de duração;

b) nos casos previstos no estatuto;

c) por deliberação da assembleia-geral (artigo 136, X);

▶ Alínea *c* com a redação dada pela Lei nº 9.457, de 5-5-1997.

d) pela existência de um único acionista, verificada em assembleia-geral ordinária, se o mínimo de dois não for reconstituído até à do ano seguinte, ressalvado o disposto no artigo 251;

e) pela extinção, na forma da lei, da autorização para funcionar;

II – por decisão judicial:

▶ Art. 209 desta Lei.

a) quando anulada a sua constituição, em ação proposta por qualquer acionista;

b) quando provado que não pode preencher o seu fim, em ação proposta por acionistas que representem cinco por cento ou mais do capital social;

c) em caso de falência, na forma prevista na respectiva lei;

III – por decisão de autoridade administrativa competente, nos casos e na forma previstos em lei especial.

Efeitos

Art. 207. A companhia dissolvida conserva a personalidade jurídica, até a extinção, com o fim de proceder à liquidação.

Seção II
LIQUIDAÇÃO

Liquidação pelos Órgãos da Companhia

Art. 208. Silenciando o estatuto, compete à assembleia-geral, nos casos do nº I do artigo 206, determinar o modo de liquidação e nomear o liquidante e o Conselho Fiscal que devam funcionar durante o período de liquidação.

▶ Arts. 1.102 e 1.103 do CC.

§ 1º A companhia que tiver Conselho de Administração poderá mantê-lo, competindo-lhe nomear o liquidante; o funcionamento do Conselho Fiscal será permanente ou a pedido de acionistas, conforme dispuser o estatuto.

§ 2º O liquidante poderá ser destituído, a qualquer tempo, pelo órgão que o tiver nomeado.

Liquidação Judicial

Art. 209. Além dos casos previstos no nº II do artigo 206, a liquidação será processada judicialmente:

▶ Arts. 1.102 e 1.103 do CC.

I – a pedido de qualquer acionista, se os administradores ou a maioria de acionistas deixarem de promover a liquidação, ou a ela se opuserem, nos casos do nº I do artigo 206;

II – a requerimento do Ministério Público, à vista de comunicação da autoridade competente, se a companhia, nos trinta dias subsequentes à dissolução, não iniciar a liquidação ou se, após iniciá-la, interrompê-la por mais de quinze dias, no caso da alínea e do nº I do artigo 206.

Parágrafo único. Na liquidação judicial será observado o disposto na lei processual, devendo o liquidante ser nomeado pelo juiz.

▶ Art. 1.111 do CC.

Deveres do Liquidante

Art. 210. São deveres do liquidante:

▶ Arts. 1.102 e 1.103 do CC.

I – arquivar e publicar a ata da assembleia-geral, ou certidão de sentença, que tiver deliberado ou decidido a liquidação;

II – arrecadar os bens, livros e documentos da companhia, onde quer que estejam;

III – fazer levantar, de imediato, em prazo não superior ao fixado pela assembleia-geral ou pelo juiz, o balanço patrimonial da companhia;

IV – ultimar os negócios da companhia, realizar o ativo, pagar o passivo, e partilhar o remanescente entre os acionistas;

V – exigir dos acionistas, quando o ativo não bastar para a solução do passivo, a integralização de suas ações;

VI – convocar a assembleia-geral, nos casos previstos em lei ou quando julgar necessário;

VII – confessar a falência da companhia e pedir concordata, nos casos previstos em lei;

▶ A concordata foi substituída pela recuperação judicial, conforme Lei nº 11.101, de 9-2-2005 (Lei de Recuperação de Empresas e Falências).

VIII – finda a liquidação, submeter à assembleia-geral relatório dos atos e operações da liquidação e suas contas finais;

IX – arquivar e publicar a ata da assembleia-geral que houver encerrado a liquidação.

Poderes do Liquidante

▶ Lei nº 8.639, de 31-3-1993, disciplina o uso de caracteres nas publicações obrigatórias.

Art. 211. Compete ao liquidante representar a companhia e praticar todos os atos necessários à liquidação, inclusive alienar bens móveis ou imóveis, transigir, receber e dar quitação.

▶ Arts. 1.102, 1.103 e 1.105 do CC.

Parágrafo único. Sem expressa autorização da assembleia-geral o liquidante não poderá gravar bens e contrair empréstimos, salvo quando indispensáveis ao pagamento de obrigações inadiáveis, nem prosseguir, ainda que para facilitar a liquidação, na atividade social.

▶ Art. 1.105 do CC.

Denominação da Companhia

Art. 212. Em todos os atos ou operações, o liquidante deverá usar a denominação social seguida das palavras "em liquidação".

▶ Arts. 1.102 e 1.103 do CC.

Assembleia-Geral

Art. 213. O liquidante convocará a assembleia-geral cada seis meses, para prestar-lhe contas dos atos e operações praticados no semestre e apresentar-lhe o relatório e o balanço do estado da liquidação; a assembleia-geral pode fixar, para essas prestações de contas, períodos menores ou maiores que, em qualquer caso, não serão inferiores a três nem superiores a doze meses.

▶ Arts. 1.102 e 1.103 do CC.

§ 1º Nas assembleias-gerais da companhia em liquidação todas as ações gozam de igual direito de voto, tornando-se ineficazes as restrições ou limitações porventura existentes em relação às ações ordinárias ou preferenciais; cessando o estado de liquidação, restaura-se a eficácia das restrições ou limitações relativas ao direito de voto.

§ 2º No curso da liquidação judicial, as assembleias-gerais necessárias para deliberar sobre os interesses da liquidação serão convocadas por ordem do juiz, a quem compete presidi-las e resolver, sumariamente, as dúvidas e litígios que forem suscitados. As atas das assembleias-gerais serão, por cópias autênticas, apensadas ao processo judicial.

▶ Art. 1.112 do CC.

Pagamento do Passivo

Art. 214. Respeitados os direitos dos credores preferenciais, o liquidante pagará as dívidas sociais proporcionalmente e sem distinção entre vencidas e vincendas, mas, em relação a estas, com desconto às taxas bancárias.

▶ Arts. 1.102, 1.103 e 1.106 do CC.

Parágrafo único. Se o ativo for superior ao passivo, o liquidante poderá, sob sua responsabilidade pessoal, pagar integralmente as dívidas vencidas.

Partilha do Ativo

Art. 215. A assembleia-geral pode deliberar que antes de ultimada a liquidação, e depois de pagos todos os credores, se façam rateios entre os acionistas, à proporção que se forem apurando os haveres sociais.

▶ Arts. 1.102, 1.103 e 1.107 do CC.

§ 1º É facultado à assembleia-geral aprovar, pelo voto de acionistas que representem, no mínimo, 90% (noventa por cento) dos votos conferidos pelas ações com direito a voto, depois de pagos ou garantidos os credores, condições especiais para a partilha do ativo remanescente, com a atribuição de bens aos sócios, pelo valor contábil ou outro por ela fixado.

▶ § 1º com a redação dada pela Lei nº 14.195, de 26-8-2021.

§ 2º Provado pelo acionista dissidente (artigo 216, § 2º) que as condições especiais de partilha visaram a favorecer a maioria, em detrimento da parcela que lhe tocaria, se inexistissem tais condições, será a partilha suspensa, se não consumada, ou, se já consumada, os acionistas majoritários indenizarão os minoritários pelos prejuízos apurados.

Prestação de Contas

Art. 216. Pago o passivo e rateado o ativo remanescente, o liquidante convocará a assembleia-geral para a prestação final das contas.

▶ Arts. 1.102, 1.103, 1.108 e 1.109 do CC.

§ 1º Aprovadas as contas, encerra-se a liquidação e a companhia se extingue.

§ 2º O acionista dissidente terá o prazo de trinta dias, a contar da publicação da ata, para promover a ação que lhe couber.

▶ Art. 215, § 2º, desta Lei.

Responsabilidade na Liquidação

Art. 217. O liquidante terá as mesmas responsabilidades do administrador, e os deveres e responsabilidades dos administradores, fiscais e acionistas subsistirão até a extinção da companhia.

▶ Art. 1.104 do CC.

Direito do Credor não Satisfeito

Art. 218. Encerrada a liquidação, o credor não satisfeito só terá direito de exigir dos acionistas, individualmente, o pagamento de seu crédito, até o limite da soma, por eles recebida, e de propor contra o liquidante, se for o caso, ação de perdas e danos. O acionista executado terá direito de haver dos demais a parcela que lhes couber no crédito pago.

▶ Art. 1.110 do CC.

Seção III
EXTINÇÃO

Art. 219. Extingue-se a companhia:

I – pelo encerramento da liquidação;

II – pela incorporação ou fusão, e pela cisão com versão de todo o patrimônio em outras sociedades.

CAPÍTULO XVIII
TRANSFORMAÇÃO, INCORPORAÇÃO, FUSÃO E CISÃO

Seção I
TRANSFORMAÇÃO

Conceito e Forma

Art. 220. A transformação é a operação pela qual a sociedade passa, independentemente de dissolução e liquidação, de um tipo para outro.

▶ Arts. 80, I, 86, 87 e 124, § 4º, desta Lei.

▶ Art. 1.113 do CC.

Parágrafo único. A transformação obedecerá aos preceitos que regulam a constituição e o registro do tipo a ser adotado pela sociedade.

Deliberação

Art. 221. A transformação exige o consentimento unânime dos sócios ou acionistas, salvo se prevista no estatuto ou no contrato social, caso em que o sócio dissidente terá o direito de retirar-se da sociedade.

▶ Art. 1.114 do CC.

Parágrafo único. Os sócios podem renunciar, no contrato social, ao direito da retirada no caso de transformação em companhia.

Direito dos Credores

Art. 222. A transformação não prejudicará, em caso algum, os direitos dos credores, que continuarão, até o pagamento integral dos seus créditos, com as mesmas garantias que o tipo anterior de sociedade lhes oferecia.

▶ Art. 1.115 do CC.

Parágrafo único. A falência da sociedade transformada somente produzirá efeitos em relação aos sócios que, no tipo anterior, a eles estariam sujeitos, se o pedirem os titulares de créditos anteriores à transformação, e somente a estes beneficiará.

Seção II
INCORPORAÇÃO, FUSÃO E CISÃO

Competência e Processo

Art. 223. A incorporação, fusão e cisão podem ser operadas entre sociedades de tipos iguais ou diferentes e deverão ser deliberadas na forma prevista para a alteração dos respectivos estatutos ou contratos sociais.

§ 1º Nas operações em que houver criação de sociedade serão observadas as normas reguladoras da constituição das sociedades do seu tipo.

§ 2º Os sócios ou acionistas das sociedades incorporadas, fundidas ou cindidas receberão, diretamente da companhia emissora, as ações que lhes couberem.

§ 3º Se a incorporação, fusão ou cisão envolverem companhia aberta, as sociedades que a sucederem serão também abertas, devendo obter o respectivo registro e, se for o caso, promover a admissão de negociação das novas ações no mercado secundário, no prazo máximo de cento e vinte dias, contados da data da assembleia-geral que aprovou a operação, observando as normas pertinentes baixadas pela Comissão de Valores Mobiliários.

§ 4º O descumprimento do previsto no parágrafo anterior dará ao acionista direito de retirar-se da companhia, mediante reembolso do valor das suas ações (artigo 45), nos trinta dias seguintes ao término do prazo nele referido, observado o disposto nos §§ 1º e 4º do artigo 137.

▶ §§ 3º e 4º acrescidos pela Lei nº 9.457, de 5-5-1997.

Protocolo

Art. 224. As condições da incorporação, fusão ou cisão com incorporação em sociedade existente constarão de protocolo firmado pelos órgãos de administração ou sócios das sociedades interessadas, que incluirá:

▶ Arts. 229, § 2º, 252 e 264 desta Lei.

I – o número, espécie e classe das ações que serão atribuídas em substituição dos direitos de sócios que se extinguirão e os critérios utilizados para determinar as relações de substituição;

II – os elementos ativos e passivos que formarão cada parcela do patrimônio, no caso de cisão;

III – os critérios de avaliação do patrimônio líquido, a data a que será referida a avaliação, e o tratamento das variações patrimoniais posteriores;

IV – a solução a ser adotada quanto às ações ou quotas do capital de uma das sociedades possuídas por outra;

V – o valor do capital das sociedades a serem criadas ou do aumento ou redução do capital das sociedades que forem parte na operação;

VI – o projeto ou projetos de estatuto, ou de alterações estatutárias, que deverão ser aprovados para efetivar a operação;

VII – todas as demais condições a que estiver sujeita a operação.

▶ Art. 229, § 2º, desta Lei.

Parágrafo único. Os valores sujeitos a determinação serão indicados por estimativa.

Justificação

Art. 225. As operações de incorporação, fusão e cisão serão submetidas à deliberação da assembleia-geral das companhias interessadas mediante justificação, na qual serão expostos:

▶ Arts. 252 e 264 desta Lei.

I – os motivos ou fins da operação, e o interesse da companhia na sua realização;

II – as ações que os acionistas preferenciais receberão e as razões para a modificação dos seus direitos, se prevista;

III – a composição, após a operação, segundo espécies e classes das ações, do capital das companhias que deverão emitir ações em substituição às que se deverão extinguir;

IV – o valor de reembolso das ações a que terão direito os acionistas dissidentes.

Transformação, Incorporação, Fusão e Cisão

▶ Denominação do artigo com a redação dada pela Lei nº 11.638, de 28-12-2007.

Art. 226. As operações de incorporação, fusão e cisão somente poderão ser efetivadas nas condições aprovadas se os peritos nomeados determinarem que o valor do patrimônio ou patrimônios líquidos a serem vertidos para a formação de capital social é, ao menos, igual ao montante do capital a realizar.

§ 1º As ações ou quotas do capital da sociedade a ser incorporada que forem de propriedade da companhia incorporadora poderão, conforme dispuser o protocolo de incorporação, ser extintas, ou substituídas por ações em tesouraria da incorporadora, até o limite dos lucros acumulados e reservas, exceto a legal.

§ 2º O disposto no § 1º aplicar-se-á aos casos de fusão, quando uma das sociedades fundidas for proprietária de ações ou quotas de outra, e de cisão com incorporação, quando a companhia que incorporar parcela do patrimônio da cindida for proprietária de ações ou quotas do capital desta.

§ 3º A Comissão de Valores Mobiliários estabelecerá normas especiais de avaliação e contabilização aplicáveis às operações de fusão, incorporação e cisão que envolvam companhia aberta.

▶ § 3º com a redação dada pela Lei nº 11.941, de 27-5-2009.

Incorporação

Art. 227. A incorporação é a operação pela qual uma ou mais sociedades são absorvidas por outra, que lhes sucede em todos os direitos e obrigações.

▶ Arts. 135 e 229, § 3º, desta Lei.

▶ Art. 1.116 do CC.

§ 1º A assembleia-geral da companhia incorporadora, se aprovar o protocolo da operação, deverá autorizar o aumento de capital a ser subscrito e realizado pela incorporada mediante versão do seu patrimônio líquido, e nomear os peritos que o avaliarão.

▶ Art. 1.117 do CC.

§ 2º A sociedade que houver de ser incorporada, se aprovar o protocolo da operação, autorizará seus administradores a praticarem os atos necessários à incorporação, inclusive a subscrição do aumento de capital da incorporadora.

▶ Art. 1.117 do CC.

§ 3º Aprovados pela assembleia-geral da incorporadora o laudo de avaliação e a incorporação, extingue-se a incorporada, competindo à primeira promover o arquivamento e a publicação dos atos da incorporação.

▶ Art. 1.118 do CC.

Fusão

Art. 228. A fusão é a operação pela qual se unem duas ou mais sociedades para formar sociedade nova, que lhes sucederá em todos os direitos e obrigações.

▶ Art. 1.119 do CC.

§ 1º A assembleia-geral de cada companhia, se aprovar o protocolo de fusão, deverá nomear os peritos que avaliarão os patrimônios líquidos das demais sociedades.

▶ Art. 1.120 do CC.

§ 2º Apresentados os laudos, os administradores convocarão os sócios ou acionistas das sociedades para uma assembleia-geral, que deles tomará conhecimento e resolverá sobre a constituição definitiva da nova sociedade, vedado aos sócios ou acionistas votar o laudo de avaliação do patrimônio líquido da sociedade de que fazem parte.

▶ Art. 1.120 do CC.

§ 3º Constituída a nova companhia, incumbirá aos primeiros administradores promover o arquivamento e a publicação da fusão.

▶ Art. 1.121 do CC.

Cisão

Art. 229. A cisão é a operação pela qual a companhia transfere parcelas do seu patrimônio para uma ou mais sociedades, constituídas para esse fim ou já existentes, extinguindo-se a companhia cindida, se houver versão de todo o seu patrimônio, ou dividindo-se o seu capital, se parcial a versão.

§ 1º Sem prejuízo do disposto no artigo 233, a sociedade que absorver parcela do patrimônio da companhia cindida sucede a esta nos direitos e obrigações relacionados no ato da cisão; no caso de cisão com extinção, as sociedades que absorverem parcelas do patrimônio da companhia cindida sucederão a esta, na proporção dos patrimônios líquidos transferidos, nos direitos e obrigações não relacionados.

§ 2º Na cisão com versão de parcela do patrimônio em sociedade nova, a operação será deliberada pela assembleia-geral da companhia à vista de justificação que incluirá as informações de que tratam os números do artigo 224; a assembleia, se a aprovar, nomeará os peritos que avaliarão a parcela do patrimônio a ser transferida, e funcionará como assembleia de constituição da nova companhia.

§ 3º A cisão com versão de parcela de patrimônio em sociedade já existente obedecerá às disposições sobre incorporação (artigo 227).

§ 4º Efetivada a cisão com extinção da companhia cindida, caberá aos administradores das sociedades que tiverem absorvido parcelas do seu patrimônio promover o arquivamento e publicação dos atos da operação; na cisão com versão parcial do patrimônio, esse dever caberá aos administradores da companhia cindida e da que absorver parcela do seu patrimônio.

§ 5º As ações integralizadas com parcelas de patrimônio da companhia cindida serão atribuídas a seus titulares, em substituição às extintas, na proporção das que possuíam; a atribuição em proporção diferente requer aprovação de todos os titulares, inclusive das ações sem direito a voto.

▶ § 5º com a redação dada pela Lei nº 9.457, de 5-5-1997.

Direito da Retirada

Art. 230. Nos casos de incorporação ou fusão, o prazo para exercício do direito de retirada, previsto no artigo 137, inciso II, será contado a partir da publicação da ata que aprovar o protocolo ou justificação, mas o pagamento do preço de reembolso somente será devido se a operação vier a efetivar-se.

▶ Artigo com a redação dada pela Lei nº 9.457, de 5-5-1997.

▶ Arts. 252, §§ 1º e 2º, e 264, § 3º, desta Lei.

Direitos dos Debenturistas

Art. 231. A incorporação, fusão ou cisão da companhia emissora de debêntures em circulação dependerá da prévia aprovação dos debenturistas, reunidos em assembleia especialmente convocada com esse fim.

§ 1º Será dispensada a aprovação pela assembleia se for assegurado aos debenturistas que o desejarem, durante o prazo mínimo de seis meses a contar da data da publicação das atas das assembleias relativas à operação, o resgate das debêntures de que forem titulares.

§ 2º No caso do § 1º, a sociedade cindida e as sociedades que absorverem parcelas do seu patrimônio responderão solidariamente pelo resgate das debêntures.

Direitos dos Credores na Incorporação ou Fusão

Art. 232. Até sessenta dias depois de publicados os atos relativos à incorporação ou à fusão, o credor anterior por ela prejudicado poderá pleitear judicialmente a anulação da operação; findo o prazo, decairá do direito o credor que não o tiver exercido.

▶ Art. 1.122 do CC.

▶ Arts 10 e 448 da CLT.

§ 1º A consignação da importância em pagamento prejudicará a anulação pleiteada.

§ 2º Sendo ilíquida a dívida, a sociedade poderá garantir-lhe a execução, suspendendo-se o processo de anulação.

§ 3º Ocorrendo, no prazo deste artigo, a falência da sociedade incorporadora ou da sociedade nova, qualquer credor anterior terá o direito de pedir a separação dos patrimônios, para o fim de serem os créditos pagos pelos bens das respectivas massas.

Direitos dos Credores na Cisão

Art. 233. Na cisão com extinção da companhia cindida, as sociedades que absorverem parcelas do seu patrimônio responderão solidariamente pelas obrigações da companhia extinta. A companhia cindida que subsistir e as que absorverem parcelas do seu patrimônio responderão solidariamente pelas obrigações da primeira anteriores à cisão.

- Art. 229, § 1º, desta Lei.
- Arts. 10 e 448 da CLT.

Parágrafo único. O ato de cisão parcial poderá estipular que as sociedades que absorverem parcelas do patrimônio da companhia cindida serão responsáveis apenas pelas obrigações que lhes forem transferidas, sem solidariedade entre si ou com a companhia cindida, mas, nesse caso, qualquer credor anterior poderá se opor à estipulação, em relação ao seu crédito, desde que notifique a sociedade no prazo de noventa dias a contar da data da publicação dos atos da cisão.

Averbação da Sucessão

Art. 234. A certidão, passada pelo Registro do Comércio, da incorporação, fusão ou cisão, é documento hábil para averbação, nos registros públicos competentes, da sucessão, decorrente da operação, em bens, direitos e obrigações.

- Art. 88, § 8º, da Lei nº 12.529, de 30-11-2011 (Lei do Sistema Brasileiro de Defesa da Concorrência).

CAPÍTULO XIX
SOCIEDADES DE ECONOMIA MISTA

- Lei nº 12.353, de 28-12-2010, dispõe sobre a participação de empregados nos conselhos de administração das empresas públicas e sociedades de economia mista, suas subsidiárias e controladas e demais empresas em que a União, direta ou indiretamente, detenha a maioria do capital social com direito a voto.

Legislação Aplicável

Art. 235. As sociedades anônimas de economia mista estão sujeitas a esta Lei, sem prejuízo das disposições especiais de lei federal.

- Arts. 37, XIX, e 173, §§ 1º e 2º, da CF.
- Arts. 208 e 210 a 218 desta Lei.
- Art. 82 da Lei nº 9.069, de 29-6-1995, que dispõe sobre o Plano Real.
- Dec.-lei nº 2.023, de 18-5-1983, autoriza a conversão dos créditos que especifica em ações de sociedades de economia mista ou empresas públicas.
- Dec. nº 88.323, de 23-5-1983, dispõe sobre a representação do Tesouro Nacional em Assembleias-Gerais de empresas estatais.
- Dec. nº 89.309, de 18-1-1984, dispõe sobre a competência da Procuradoria-Geral da Fazenda Nacional para exercer a representação da União nas Assembleias-Gerais e promover a defesa e o controle dos interesses da Fazenda Nacional junto às empresas estatais.
- Súm. nº 517 do STF.
- Súm. nº 42 do STJ.

§ 1º As companhias abertas de economia mista estão também sujeitas às normas expedidas pela Comissão de Valores Mobiliários.

§ 2º As companhias de que participarem, majoritária ou minoritariamente, as sociedades de economia mista, estão sujeitas ao disposto nesta Lei, sem as exceções previstas neste Capítulo.

Constituição e Aquisição de Controle

Art. 236. A constituição de companhia de economia mista depende de prévia autorização legislativa.

- Súm. nº 476 do STF.

Parágrafo único. Sempre que pessoa jurídica de direito público adquirir, por desapropriação, o controle de companhia em funcionamento, os acionistas terão direito de pedir, dentro de sessenta dias da publicação da primeira ata da assembleia-geral, realizada após a aquisição do controle, o reembolso das suas ações, salvo se a companhia já se achava sob o controle, direto ou indireto, de outra pessoa jurídica de direito público, ou no caso de concessionária de serviço público.

Objeto

Art. 237. A companhia de economia mista somente poderá explorar os empreendimentos ou exercer as atividades previstas na lei que autorizou a sua constituição.

§ 1º A companhia de economia mista somente poderá participar de outras sociedades quando autorizada por lei ou no exercício de opção legal para aplicar Imposto de Renda em investimentos para o desenvolvimento regional ou setorial.

- Art. 296, § 6º, desta Lei.

§ 2º As instituições financeiras de economia mista poderão participar de outras sociedades, observadas as normas estabelecidas pelo Banco Central do Brasil.

- Art. 296, § 6º, desta Lei.

Acionista Controlador

Art. 238. A pessoa jurídica que controla a companhia de economia mista tem os deveres e responsabilidades do acionista controlador (artigos 116 e 117), mas poderá orientar as atividades da companhia de modo a atender ao interesse público que justificou a sua criação.

Administração

Art. 239. As companhias de economia mista terão obrigatoriamente Conselho de Administração, assegurado à minoria o direito de eleger um dos conselheiros, se maior número não lhes couber pelo processo de voto múltiplo.

- Art. 146, *caput*, desta Lei.
- Súm. nº 8 do STF.

Parágrafo único. Os deveres e responsabilidades dos administradores das companhias de economia mista são os mesmos dos administradores das companhias abertas.

Conselho Fiscal

Art. 240. O funcionamento do Conselho Fiscal será permanente nas companhias de economia mista; um dos seus membros, e respectivo suplente, será eleito pelas ações ordinárias minoritárias e outro pelas ações preferenciais, se houver.

Correção Monetária

Art. 241. *Revogado*. Dec.-lei nº 2.287, de 23-7-1986.

Falência e Responsabilidade Subsidiária

Art. 242. *Revogado*. Lei nº 10.303, de 31-10-2001.

CAPÍTULO XX
SOCIEDADES COLIGADAS, CONTROLADORAS E CONTROLADAS

SEÇÃO I
INFORMAÇÕES NO RELATÓRIO DA ADMINISTRAÇÃO

- Arts. 1.097 a 1.101 do CC.

Art. 243. O relatório anual da administração deve relacionar os investimentos da companhia em sociedades coligadas e controladas e mencionar as modificações ocorridas durante o exercício.

- Art. 179, III, desta Lei.

§ 1º São coligadas as sociedades nas quais a investidora tenha influência significativa.

- § 1º com a redação dada pela Lei nº 11.941, de 27-5-2009.
- Art. 1.097 do CC.
- Art. 46 da Lei nº 11.941, de 27-5-2009, que altera a legislação tributária federal.

§ 2º Considera-se controlada a sociedade na qual a controladora, diretamente ou através de outras controladas, é titular de direitos de sócio que lhe assegurem, de modo permanente, preponderância nas deliberações sociais e o poder de eleger a maioria dos administradores.

- Arts. 1.097 e 1.098 do CC.
- Art. 2º da Lei nº 9.779, de 19-1-1999, que altera a legislação do Imposto sobre a Renda, relativamente à tributação dos Fundos de Investimento Imobiliário e dos rendimentos auferidos em aplicação ou operação financeira de renda fixa ou variável, ao Sistema Integrado de Pagamento de Impostos e Contribuições das Microempresas e das Empresas de Pequeno Porte – SIMPLES, à incidência sobre rendimentos de beneficiários no exterior, bem assim a legislação do Imposto sobre Produtos Industrializados – IPI, relativamente ao aproveitamento de créditos e à equiparação de atacadista a estabelecimento industrial, do Imposto sobre Operações de Crédito, Câmbio e Seguros ou Relativas a Títulos e Valores Mobiliários – IOF, relativamente às operações de mútuo, e da Contribuição Social sobre o Lucro Líquido, relativamente às despesas financeiras.

§ 3º A companhia aberta divulgará as informações adicionais, sobre coligadas e controladas, que forem exigidas pela Comissão de Valores Mobiliários.

§ 4º Considera-se que há influência significativa quando a investidora detém ou exerce o poder de participar nas decisões das políticas financeira ou operacional da investida, sem controlá-la.

- § 4º com a redação dada pela Lei nº 11.941, de 27-5-2009.

§ 5º É presumida influência significativa quando a investidora for titular de 20% (vinte por cento) ou mais dos votos conferidos pelo capital da investida, sem controlá-la.

- § 5º com a redação dada pela Lei nº 14.195, de 26-8-2021.

SEÇÃO II
PARTICIPAÇÃO RECÍPROCA

Art. 244. É vedada a participação recíproca entre a companhia e suas coligadas ou controladas.

- Arts. 265, § 2º, e 296, § 3º, desta Lei.
- Art. 1.101 do CC.

§ 1º O disposto neste artigo não se aplica ao caso em que ao menos uma das sociedades participa de outra com observância das condições em que a lei autoriza a aquisição das próprias ações (artigo 30, § 1º, *b*).

▶ Art. 296, § 3º, desta Lei.

§ 2º As ações do capital da controladora, de propriedade da controlada, terão suspenso o direito de voto.

▶ Art. 296, § 3º, desta Lei.

§ 3º O disposto no § 2º do artigo 30 aplica-se à aquisição de ações da companhia aberta por suas coligadas e controladas.

▶ Art. 296, § 3º, desta Lei.

§ 4º No caso do § 1º, a sociedade deverá alienar, dentro de seis meses, as ações ou quotas que excederem do valor dos lucros ou reservas, sempre que esses sofrerem redução.

▶ Art. 296, § 3º, desta Lei.

§ 5º A participação recíproca, quando ocorrer em virtude de incorporação, fusão ou cisão, ou da aquisição, pela companhia, do controle de sociedade, deverá ser mencionada nos relatórios e demonstrações financeiras de ambas as sociedades e será eliminada no prazo máximo de um ano; no caso de coligada, salvo acordo em contrário, deverão ser alienadas as ações ou quotas de aquisição mais recente ou, se da mesma data, que representem menor porcentagem do capital social.

▶ Art. 296, § 3º, desta Lei.

§ 6º A aquisição de ações ou quotas de que resulte participação recíproca com violação ao disposto neste artigo importa responsabilidade civil solidária dos administradores da sociedade, equiparando-se, para efeitos penais, à compra ilegal das próprias ações.

▶ Art. 296, § 3º, desta Lei.

Seção III

RESPONSABILIDADE DOS ADMINISTRADORES E DAS SOCIEDADES CONTROLADORAS

Administradores

Art. 245. Os administradores não podem, em prejuízo da companhia, favorecer sociedade coligada, controladora ou controlada, cumprindo-lhes zelar para que as operações entre as sociedades, se houver, observem condições estritamente comutativas, ou com pagamento compensatório adequado; e respondem perante a companhia pelas perdas e danos resultantes de atos praticados com infração disposto neste artigo.

Sociedade Controladora

Art. 246. A sociedade controladora será obrigada a reparar os danos que causar à companhia por atos praticados com infração ao disposto nos artigos 116 e 117.

§ 1º A ação para haver reparação cabe:

▶ Art. 276, § 3º, desta Lei.

a) a acionistas que representem cinco por cento ou mais do capital social;

▶ Art. 291 desta Lei.

b) a qualquer acionista, desde que preste caução pelas custas e honorários de advogado devidos no caso de vir a ação ser julgada improcedente.

§ 2º A sociedade controladora, se condenada, além de reparar o dano e arcar com as custas, pagará honorários de advogado de vinte por cento e prêmio de cinco por cento ao autor da ação, calculados sobre o valor da indenização.

▶ Art. 276, § 3º, desta Lei.

Seção IV

DEMONSTRAÇÕES FINANCEIRAS

Notas Explicativas

Art. 247. As notas explicativas dos investimentos a que se refere o art. 248 desta Lei devem conter informações precisas sobre as sociedades coligadas e controladas e suas relações com a companhia, indicando:

▶ *Caput* com a redação dada pela Lei nº 11.941, de 27-5-2009.

I – a denominação da sociedade, seu capital social e patrimônio líquido;

II – o número, espécies e classes das ações ou quotas de propriedade da companhia, e o preço de mercado das ações, se houver;

III – o lucro líquido do exercício;

IV – os créditos e obrigações entre a companhia e as sociedades coligadas e controladas;

V – o montante das receitas e despesas em operações entre a companhia e as sociedades coligadas e controladas.

▶ Arts. 248 e 256, I, desta Lei.

Parágrafo único. Considera-se relevante o investimento:

a) em cada sociedade coligada ou controlada, se o valor contábil é igual ou superior a dez por cento do valor do patrimônio líquido da companhia;

b) no conjunto das sociedades coligadas e controladas, se o valor contábil é igual ou superior a quinze por cento do valor do patrimônio líquido da companhia.

Avaliação do Investimento em Coligadas e Controladas

Art. 248. No balanço patrimonial da companhia, os investimentos em coligadas ou em controladas e em outras sociedades que façam parte de um mesmo grupo ou estejam sob controle comum serão avaliados pelo método da equivalência patrimonial, de acordo com as seguintes normas:

▶ *Caput* com a redação dada pela Lei nº 11.941, de 27-5-2009.

▶ Arts. 183, III, 197, § 1º, I, e 256, II, *b*, desta Lei.

I – o valor do patrimônio líquido da coligada ou da controlada será determinado com base em balanço patrimonial ou balancete de verificação levantado, com observância das normas desta Lei, na mesma data, ou até sessenta dias, no máximo, antes da data do balanço da companhia; no valor de patrimônio líquido não serão computados os resultados não realizados decorrentes de negócios com a companhia, ou com outras sociedades coligadas à companhia, ou por ela controladas;

▶ Art. 248, § 2º, desta Lei.

II – o valor do investimento será determinado mediante a aplicação, sobre o valor de patrimônio líquido referido no número anterior, da porcentagem de participação no capital da coligada ou controlada;

III – a diferença entre o valor do investimento, de acordo com o nº II, e o custo de aquisição corrigido monetariamente, somente será registrada como resultado do exercício:

a) se decorrer de lucro ou prejuízo apurado na coligada ou controlada;

b) se corresponder, comprovadamente, a ganhos ou perdas efetivos;

c) no caso de companhia aberta, com observância das normas expedidas pela Comissão de Valores Mobiliários.

§ 1º Para efeito de determinar a relevância do investimento, nos casos deste artigo, serão computados como parte do custo de aquisição os saldos de créditos da companhia contra as coligadas e controladas.

§ 2º A sociedade coligada, sempre que solicitada pela companhia, deverá elaborar e fornecer o balanço ou balancete de verificação previsto no nº I.

Demonstrações Consolidadas

Art. 249. A companhia aberta que tiver mais de trinta por cento do valor do seu patrimônio líquido representado por investimentos em sociedades controladas deverá elaborar e divulgar, juntamente com suas demonstrações financeiras, demonstrações consolidadas nos termos do artigo 250.

▶ Arts. 183, III, e 291, parágrafo único, desta Lei.

Parágrafo único. A Comissão de Valores Mobiliários poderá expedir normas sobre as sociedades cujas demonstrações devam ser abrangidas na consolidação, e:

a) determinar a inclusão de sociedades que, embora não controladas, sejam financeira ou administrativamente dependentes da companhia;

b) autorizar, em casos especiais, a exclusão de uma ou mais sociedades controladas.

Normas sobre Consolidação

Art. 250. Das demonstrações financeiras consolidadas serão excluídas:

▶ Arts. 183, III, e 275 desta Lei.

I – as participações de uma sociedade em outra;

II – os saldos de quaisquer contas entre as sociedades;

III – as parcelas dos resultados do exercício, dos lucros ou prejuízos acumulados e do custo de estoques ou do ativo não circulante que corresponderem a resultados, ainda não realizados, de negócios entre as sociedades.

▶ Inciso III com a redação dada pela Lei nº 11.941, de 27-5-2009.

§ 1º A participação dos acionistas não controladores no patrimônio líquido e no lucro do exercício será destacada, respectivamente, no balanço patrimonial e na demonstração do resultado do exercício.

▶ § 1º com a redação dada pela Lei nº 9.457, de 5-5-1997.

§ 2º A parcela do custo de aquisição do investimento em controlada, que não for absorvida na consolidação, deverá ser mantida no ativo não circulante, com dedução da provisão adequada para perdas já comprovadas, e será objeto de nota explicativa.

▶ § 2º com a redação dada pela Lei nº 11.941, de 27-5-2009.

§ 3º O valor da participação que exceder do custo de aquisição constituirá parcela destacada dos resultados de exercícios futuros até que fique comprovada a existência de ganho efetivo.

§ 4º Para fins deste artigo, as sociedades controladas, cujo exercício social termine mais de sessenta dias antes da data do encerramento do exercício da companhia, elaborarão, com observância das normas desta Lei, demonstrações financeiras extraordinárias em data compreendida nesse prazo.

Seção V

SUBSIDIÁRIA INTEGRAL

Subsidiária Integral

Art. 251. A companhia pode ser constituída, mediante escritura pública, tendo como único acionista sociedade brasileira.

▸ Art. 206, I, *d*, desta Lei.

§ 1º A sociedade que subscrever em bens o capital de subsidiária integral deverá aprovar o laudo de avaliação de que trata o artigo 8º, respondendo nos termos do § 6º do artigo 8º e do artigo 10 e seu parágrafo único.

§ 2º A companhia pode ser convertida em subsidiária integral mediante aquisição, por sociedade brasileira, de todas as suas ações, ou nos termos do artigo 252.

Incorporação de Ações

Art. 252. A incorporação de todas as ações do capital social ao patrimônio de outra companhia brasileira, para convertê-la em subsidiária integral, será submetida à deliberação da assembleia-geral das duas companhias mediante protocolo e justificação, nos termos dos artigos 224 e 225.

§ 1º A assembleia-geral da companhia incorporadora, se aprovar a operação, deverá autorizar o aumento de capital, a ser realizado com as ações a serem incorporadas e nomear peritos que as avaliarão; os acionistas não terão direito de preferência para subscrever o aumento de capital, mas os dissidentes poderão retirar-se da companhia, observado o disposto no artigo 137, II, mediante o reembolso do valor de suas ações, nos termos do artigo 230.

▸ § 1º com a redação dada pela Lei nº 9.457, de 5-5-1997.

§ 2º A assembleia-geral da companhia cujas ações houverem de ser incorporadas somente poderá aprovar a operação por metade, no mínimo, do total de votos conferidos pelas ações com direito a voto e, se a aprovar, autorizará a diretoria a subscrever o aumento do capital da incorporadora, por conta dos seus acionistas, e os dissidentes da deliberação terão direito de se retirar da companhia, observado o disposto no inciso II do *caput* do art. 137 desta Lei, mediante o reembolso do valor de suas ações, nos termos do art. 230 desta Lei.

▸ § 2º com a redação dada pela Lei nº 14.195, de 26-8-2021.

§ 3º Aprovado o laudo de avaliação pela assembleia-geral da incorporadora, efetivar-se-á a incorporação e os titulares das ações incorporadas receberão diretamente da incorporadora as ações que lhes couberem.

§ 4º A Comissão de Valores Mobiliários estabelecerá normas especiais de avaliação e contabilização aplicáveis às operações de incorporação de ações que envolvam companhia aberta.

▸ § 4º com a redação dada pela Lei nº 11.941, de 27-5-2009.

Admissão de Acionistas em Subsidiária Integral

Art. 253. Na proporção das ações que possuírem no capital da companhia, os acionistas terão direito de preferência para:

I – adquirir ações do capital da subsidiária integral, se a companhia decidir aliená-las no todo ou em parte; e

II – subscrever aumento de capital da subsidiária integral, se a companhia decidir admitir outros acionistas.

Parágrafo único. As ações ou o aumento de capital de subsidiária integral serão oferecidos aos acionistas da companhia em assembleia-geral convocada para esse fim, aplicando-se à hipótese, no que couber, o disposto no artigo 171.

Seção VI

ALIENAÇÃO DE CONTROLE

Divulgação

Art. 254. *Revogado*. Lei nº 9.457, de 5-5-1997.

Art. 254-A. A alienação, direta ou indireta, do controle de companhia aberta somente poderá ser contratada sob a condição, suspensiva ou resolutiva, de que o adquirente se obrigue a fazer oferta pública de aquisição das ações com direito a voto de propriedade dos demais acionistas da companhia, de modo a lhes assegurar o preço no mínimo igual a oitenta por cento do valor pago por ação com direito a voto, integrante do bloco de controle.

▸ Art. 7º da Lei nº 10.303, de 31-10-2001, que dispõe sobre a aplicabilidade do disposto neste artigo.

§ 1º Entende-se como alienação de controle a transferência, de forma direta ou indireta, de ações integrantes do bloco de controle, de ações vinculadas a acordos de acionistas e de valores mobiliários conversíveis em ações com direito a voto, cessão de direitos de subscrição de ações e de outros títulos ou direitos relativos a valores mobiliários conversíveis em ações que venham a resultar na alienação de controle acionário da sociedade.

§ 2º A Comissão de Valores Mobiliários autorizará a alienação de controle de que trata o *caput*, desde que verificado que as condições da oferta pública atendem aos requisitos legais.

§ 3º Compete à Comissão de Valores Mobiliários estabelecer normas a serem observadas na oferta pública de que trata o *caput*.

§ 4º O adquirente do controle acionário de companhia aberta poderá oferecer aos acionistas minoritários a opção de permanecer na companhia, mediante o pagamento de um prêmio equivalente à diferença entre o valor de mercado das ações e o valor pago por ação integrante do bloco de controle.

§ 5º VETADO.

▸ Art. 254-A acrescido pela Lei nº 10.303, de 31-10-2001.

Companhia Aberta Sujeita à Autorização

Art. 255. A alienação do controle de companhia aberta que dependa de autorização do governo para funcionar está sujeita à prévia autorização do órgão competente para aprovar a alteração do seu Estatuto.

▸ *Caput* com a redação dada pela Lei nº 9.457, de 5-5-1997.

§§ 1º e 2º *Revogados*. Lei nº 9.457, de 5-5-1997.

Aprovação pela Assembleia-Geral da Compradora

Art. 256. A compra, por companhia aberta, do controle de qualquer sociedade mercantil, dependerá de deliberação da assembleia-geral da compradora, especialmente convocada para conhecer da operação, sempre que:

I – o preço de compra constituir, para a compradora, investimento relevante (artigo 247, parágrafo único); ou

II – o preço médio de cada ação ou quota ultrapassar uma vez e meia o maior dos três valores a seguir indicados:

a) cotação média das ações em bolsa ou no mercado de balcão organizado, durante os noventa dias anteriores à data da contratação;

▸ Alínea *a* com a redação dada pela Lei nº 9.457, de 5-5-1997.

b) valor de patrimônio líquido (artigo 248) da ação ou quota, avaliado o patrimônio a preços de mercado (artigo 183, § 1º);

c) valor do lucro líquido da ação ou quota, que não poderá ser superior a quinze vezes o lucro líquido anual por ação (artigo 187, VII) nos dois últimos exercícios sociais, atualizado monetariamente.

§ 1º A proposta ou o contrato de compra, acompanhado de laudo de avaliação, observado o disposto no artigo 8º, §§ 1º e 6º, será submetido à prévia autorização da assembleia-geral, ou à sua ratificação, sob pena de responsabilidade dos administradores, instruído com todos os elementos necessários à deliberação.

§ 2º Se o preço da aquisição ultrapassar uma vez e meia o maior dos três valores de que trata o inciso II do *caput*, o acionista dissidente da deliberação da assembleia que a aprovar terá o direito de retirar-se da companhia mediante reembolso do valor de suas ações, nos termos do artigo 137, observado o disposto em seu inciso II.

▸ §§ 1º e 2º com a redação dada pela Lei nº 9.457, de 5-5-1997.

Seção VII

AQUISIÇÃO DE CONTROLE MEDIANTE OFERTA PÚBLICA

Requisitos

Art. 257. A oferta pública para aquisição de controle de companhia aberta somente poderá ser feita com a participação de instituição financeira que garanta o cumprimento das obrigações assumidas pelo ofertante.

▸ Arts. 172, II, e 264, § 5º, desta Lei.

§ 1º Se a oferta contiver permuta, total ou parcial, dos valores mobiliários, somente poderá ser efetuada após prévio registro na Comissão de Valores Mobiliários.

§ 2º A oferta deverá ter por objeto ações com direito a voto em número suficiente para assegurar o controle da companhia e será irrevogável.

§ 3º Se o ofertante já for titular de ações votantes do capital da companhia, a oferta poderá ter por objeto o número de ações necessário para completar o controle, mas o ofertante deverá fazer prova, perante a Comissão de Valores Mobiliários, das ações de sua propriedade.

§ 4º A Comissão de Valores Mobiliários poderá expedir normas sobre oferta pública de aquisição de controle.

Instrumento da Oferta de Compra

Art. 258. O instrumento de oferta de compra, firmado pelo ofertante e pela instituição financeira que garante o pagamento, será publicado na imprensa e deverá indicar:

▸ Arts. 172, II, e 264, § 5º, desta Lei.

I – o número mínimo de ações que o ofertante se propõe a adquirir e, se for o caso, o número máximo;

II – o preço e as condições de pagamento;

III – a subordinação da oferta ao número mínimo de aceitantes e a forma de rateio entre os aceitantes, se o número deles ultrapassar o máximo fixado;

IV – o procedimento que deverá ser adotado pelos acionistas aceitantes para manifestar a sua aceitação e efetivar a transferência das ações;

V – o prazo de validade da oferta, que não poderá ser inferior a vinte dias;

VI – informações sobre o ofertante.

Parágrafo único. A oferta será comunicada à Comissão de Valores Mobiliários dentro de vinte e quatro horas da primeira publicação.

Instrumento de Oferta de Permuta

Art. 259. O projeto de instrumento de oferta de permuta será submetido à Comissão de Valores Mobiliários com o pedido de registro prévio da oferta e deverá conter, além das referidas no artigo 258, informações sobre os valores mobiliários oferecidos em permuta e as companhias emissoras desses valores.

▸ Arts. 172, II, e 264, § 5º, desta Lei.

Parágrafo único. A Comissão de Valores Mobiliários poderá fixar normas sobre o instrumento de oferta de permuta e o seu registro prévio.

Sigilo

Art. 260. Até a publicação da oferta, o ofertante, a instituição financeira intermediária e a Comissão de Valores Mobiliários devem manter sigilo sobre a oferta projetada, respondendo o infrator pelos danos que causar.

▸ Arts. 172, II, 255, 264, § 5º, e 287, II, *f*, desta Lei

Processamento da Oferta

Art. 261. A aceitação da oferta deverá ser feita nas instituições financeiras ou no mercado de valores mobiliários indicadas no instrumento de oferta e os aceitantes deverão firmar ordens irrevogáveis de venda ou permuta, nas condições ofertadas, ressalvado o disposto no § 1º do artigo 262.

▸ Arts. 172, II, e 264, § 5º, desta Lei.

§ 1º É facultado ao ofertante melhorar, uma vez, as condições de preço ou forma de pagamento, desde que em porcentagem igual ou superior a cinco por cento e até dez dias antes do término do prazo da oferta; as novas condições se estenderão aos acionistas que já tiverem aceito a oferta.

§ 2º Findo o prazo da oferta, a instituição financeira intermediária comunicará o resultado à Comissão de Valores Mobiliários e, mediante publicação pela imprensa, aos aceitantes.

§ 3º Se o número de aceitantes ultrapassar o máximo, será obrigatório o rateio, na forma prevista no instrumento da oferta.

Oferta Concorrente

Art. 262. A existência de oferta pública em curso não impede oferta concorrente, desde que observadas as normas desta Seção.

▸ Arts. 172, II, e 264, § 5º, desta Lei.

§ 1º A publicação de oferta concorrente torna nulas as ordens de venda que já tenham sido firmadas em aceitação de oferta anterior.

§ 2º É facultado ao primeiro ofertante prorrogar o prazo de sua oferta até fazê-lo coincidir com o da oferta concorrente.

Negociação Durante a Oferta

Art. 263. A Comissão de Valores Mobiliários poderá expedir normas que disciplinem a negociação das ações objeto da oferta durante o seu prazo.

▸ Arts. 172, II, e 264, § 5º, desta Lei.

SEÇÃO VIII
INCORPORAÇÃO DE COMPANHIA CONTROLADA

Art. 264. Na incorporação, pela controladora, de companhia controlada, a justificação, apresentada à assembleia-geral da controlada, deverá conter, além das informações previstas nos artigos 224 e 225, o cálculo das relações de substituição das ações dos acionistas não controladores da controlada com base no valor do patrimônio líquido das ações da controladora e da controlada, avaliados os dois patrimônios segundo os mesmos critérios e na mesma data, a preços de mercado, ou com base em outro critério aceito pela Comissão de Valores Mobiliários, no caso de companhias abertas.

▸ *Caput* com a redação dada pela Lei nº 10.303, de 31-10-2001.

§ 1º A avaliação dos dois patrimônios será feita por três peritos ou empresa especializada e, no caso de companhias abertas, por empresa especializada.

§ 2º Para efeito da comparação referida neste artigo, as ações do capital da controlada de propriedade da controladora serão avaliadas, no patrimônio desta, em conformidade com o disposto no *caput*.

§ 3º Se as relações de substituição das ações dos acionistas não controladores, previstas no protocolo da incorporação, forem menos vantajosas que as resultantes da comparação prevista neste artigo, os acionistas dissidentes da deliberação da assembleia-geral da controlada que aprovar a operação, poderão optar, no prazo previsto no artigo 230, entre o valor de reembolso fixado nos termos do artigo 45 e o valor apurado em conformidade com o disposto no *caput*, observado o disposto no artigo 137, inciso II.

§ 4º Aplicam-se as normas previstas neste artigo à incorporação de controladora por sua controlada, à fusão de companhia controladora com a controlada, à incorporação de ações de companhia controlada ou controladora, à incorporação, fusão e incorporação de ações de sociedades sob controle comum.

▸ §§ 1º a 4º com a redação dada pela Lei nº 10.303, de 31-10-2001.

§ 5º O disposto neste artigo não se aplica no caso de as ações do capital da controlada terem sido adquiridas no pregão da Bolsa de Valores ou mediante oferta pública nos termos dos artigos 257 e 263.

CAPÍTULO XXI
GRUPO DE SOCIEDADES

SEÇÃO I
CARACTERÍSTICAS E NATUREZA

Características

Art. 265. A sociedade controladora e suas controladas podem constituir, nos termos deste Capítulo, grupo de sociedades, mediante convenção pela qual se obriguem a combinar recursos ou esforços para a realização dos respectivos objetos, ou a participar de atividades ou empreendimentos comuns.

▸ Arts. 58, § 6º, e 136, VIII, desta Lei.

§ 1º A sociedade controladora, ou de comando do grupo, deve ser brasileira e exercer, direta ou indiretamente, e de modo permanente, o controle das sociedades filiadas, como titular de direitos de sócio ou acionista, ou mediante acordo com outros sócios ou acionistas.

§ 2º A participação recíproca das sociedades do grupo obedecerá ao disposto no artigo 244.

Natureza

Art. 266. As relações entre as sociedades, a estrutura administrativa do grupo e a coordenação ou subordinação dos administradores das sociedades filiadas serão estabelecidas na convenção do grupo, mas cada sociedade conservará personalidade e patrimônios distintos.

Designação

Art. 267. O grupo de sociedades terá designação de que constarão as palavras "grupo de sociedades" ou "grupo".

Parágrafo único. Somente os grupos organizados de acordo com este Capítulo poderão usar designação com as palavras "grupo" ou "grupo de sociedades".

Companhia Sujeita a Autorização para Funcionar

Art. 268. A companhia que, por seu objeto, depende de autorização para funcionar, somente poderá participar de grupo de sociedades após a aprovação da convenção do grupo pela autoridade competente para aprovar suas alterações estatutárias.

SEÇÃO II
CONSTITUIÇÃO, REGISTRO E PUBLICIDADE

Art. 269. O grupo de sociedades será constituído por convenção aprovada pelas sociedades que o componham, a qual deverá conter:

▸ Art. 32, II, *b*, da Lei nº 8.934, de 18-11-1994 (Lei do Registro Público de Empresas Mercantis).

I – a designação do grupo;

II – a indicação da sociedade de comando e das filiadas;

III – as condições de participação das diversas sociedades;

IV – o prazo de duração, se houver, e as condições de extinção;

V – as condições para admissão de outras sociedades e para a retirada das que o componham;

VI – os órgãos e cargos da administração do grupo, suas atribuições e as relações entre a estrutura administrativa do grupo e as das sociedades que o componham;

VII – a declaração da nacionalidade do controle do grupo;

VIII – as condições para alteração da convenção.

Parágrafo único. Para os efeitos do nº VII, o grupo de sociedades considera-se sob controle brasileiro se a sua sociedade de comando está sob o controle de:

a) pessoas naturais residentes ou domiciliadas no Brasil;

b) pessoas jurídicas de direito público interno; ou

c) sociedade ou sociedades brasileiras que, direta ou indiretamente, estejam sob controle das pessoas referidas nas alíneas *a* e *b*.

LEGISLAÇÃO COMPLEMENTAR

Aprovação pelos Sócios das Sociedades

Art. 270. A convenção de grupo deve ser aprovada com observância das normas para alteração do contrato social ou do estatuto (artigo 136, V).

▶ *Caput* com a redação dada pela Lei nº 9.457, de 5-5-1997.

▶ Art. 32, II, *b*, da Lei nº 8.934, de 18-11-1994 (Lei do Registro Público de Empresas Mercantis).

Parágrafo único. Os sócios ou acionistas dissidentes da deliberação de se associar a grupo têm direito, nos termos do artigo 137, ao reembolso de suas ações ou quotas.

Registro e Publicidade

Art. 271. Considera-se constituído o grupo a partir da data do arquivamento, no Registro do Comércio da sede da sociedade de comando, dos seguintes documentos:

▶ Art. 32, II, *b*, da Lei nº 8.934, de 18-11-1994 (Lei do Registro Público de Empresas Mercantis).

I – convenção de constituição do grupo;

II – atas das assembleias-gerais, ou instrumentos de alteração contratual, de todas as sociedades que tiverem aprovado a constituição do grupo;

III – declaração autenticada do número das ações ou quotas de que a sociedade de comando e as demais sociedades integrantes do grupo são titulares em cada sociedade filiada, ou exemplar de acordo de acionistas que assegura o controle da sociedade filiada.

§ 1º Quando as sociedades filiadas tiverem sede em locais diferentes, deverão ser arquivadas no Registro do Comércio das respectivas sedes as atas de assembleia ou alterações contratuais que tiverem aprovado a convenção, sem prejuízo do registro na sede da sociedade de comando.

§ 2º As certidões de arquivamento no Registro do Comércio serão publicadas.

§ 3º A partir da data do arquivamento, a sociedade de comando e as filiadas passarão a usar as respectivas denominações acrescidas da designação do grupo.

§ 4º As alterações da convenção do grupo serão arquivadas e publicadas nos termos deste artigo, observando-se o disposto no § 1º do artigo 135.

Seção III

ADMINISTRAÇÃO

Administradores do Grupo

Art. 272. A convenção deve definir a estrutura administrativa do grupo de sociedades, podendo criar órgãos de deliberação colegiada e cargos de direção-geral.

Parágrafo único. A representação das sociedades perante terceiros, salvo disposição expressa na convenção do grupo, arquivada no Registro do Comércio e publicada, caberá exclusivamente aos administradores de cada sociedade, de acordo com os respectivos estatutos ou contratos sociais.

Administradores das Sociedades Filiadas

Art. 273. Aos administradores das sociedades filiadas, sem prejuízo de suas atribuições, poderes e responsabilidades, de acordo com os respectivos estatutos ou contratos sociais, compete observar a orientação geral estabelecida e as instruções expedidas pelos administradores do grupo que não importem violação da lei ou da convenção do grupo.

Remuneração

Art. 274. Os administradores do grupo e os investidos em cargos de mais de uma sociedade poderão ter a sua remuneração rateada entre as diversas sociedades, e a gratificação dos administradores, se houver, poderá ser fixada, dentro dos limites do § 1º do artigo 152 com base nos resultados apurados nas demonstrações financeiras consolidadas do grupo.

Seção IV

DEMONSTRAÇÕES FINANCEIRAS

Art. 275. O grupo de sociedades publicará, além das demonstrações financeiras referentes a cada uma das companhias que o compõem, demonstrações consolidadas, compreendendo todas as sociedades do grupo, elaboradas com observância do disposto no artigo 250.

§ 1º As demonstrações consolidadas do grupo serão publicadas juntamente com as da sociedade de comando.

§ 2º A sociedade de comando deverá publicar demonstrações financeiras nos termos desta Lei, ainda que não tenha a forma de companhia.

§ 3º As companhias filiadas indicarão, em nota às suas demonstrações financeiras publicadas, o órgão que publicou a última demonstração consolidada do grupo a que pertencer.

§ 4º As demonstrações consolidadas de grupo de sociedades que inclua companhia aberta serão obrigatoriamente auditadas por auditores independentes registrados na Comissão de Valores Mobiliários, e observarão as normas expedidas por essa Comissão.

Seção V

PREJUÍZOS RESULTANTES DE ATOS CONTRÁRIOS À CONVENÇÃO

Art. 276. A combinação de recursos e esforços, a subordinação dos interesses de uma sociedade aos de outra, ou do grupo, e a participação em custos, receitas ou resultados de atividades ou empreendimentos, somente poderão ser opostos aos sócios minoritários das sociedades filiadas nos termos da convenção do grupo.

§ 1º Consideram-se minoritários, para os efeitos deste artigo, todos os sócios da filiada, com exceção da sociedade de comando e das demais filiadas do grupo.

§ 2º A distribuição de custos, receitas e resultados e as compensações entre sociedades, previstas na convenção do grupo, deverão ser determinadas e registradas no balanço de cada exercício social das sociedades interessadas.

§ 3º Os sócios minoritários da filiada terão ação contra os seus administradores e contra a sociedade de comando do grupo para haver reparação de prejuízos resultantes de atos praticados com infração das normas deste artigo, observado o disposto nos parágrafos do artigo 246.

Conselho Fiscal das Filiadas

Art. 277. O funcionamento do Conselho Fiscal da companhia filiada a grupo, quando não for permanente, poderá ser pedido por acionistas não controladores que representem, no mínimo, cinco por cento das ações ordinárias, ou das ações preferenciais sem direito de voto.

▶ Art. 291 desta Lei.

§ 1º Na constituição do Conselho Fiscal da filiada serão observadas as seguintes normas:

a) os acionistas não controladores votarão em separado, cabendo às ações com direito a voto o direito de eleger um membro e respectivo suplente e às ações sem direito a voto, ou com voto restrito, o de eleger outro;

b) a sociedade de comando e as filiadas poderão eleger número de membros, e respectivos suplentes, igual ao dos eleitos nos termos da alínea *a*, mais um.

§ 2º O Conselho Fiscal da sociedade filiada poderá solicitar aos órgãos de administração da sociedade de comando, ou de outras filiadas, os esclarecimentos ou informações que julgar necessários para fiscalizar a observância da convenção do grupo.

CAPÍTULO XXII

CONSÓRCIO

Art. 278. As companhias e quaisquer outras sociedades, sob o mesmo controle ou não, podem constituir consórcio para executar determinado empreendimento, observado o disposto neste Capítulo.

▶ Art. 2º, II, da Lei nº 11.101, de 9-2-2005 (Lei de Recuperação de Empresas e Falências).

§ 1º O consórcio não tem personalidade jurídica e as consorciadas somente se obrigam nas condições previstas no respectivo contrato, respondendo cada uma por suas obrigações, sem presunção de solidariedade.

§ 2º A falência de uma consorciada não se estende às demais, subsistindo o consórcio com as outras contratantes; os créditos que porventura tiver a falida serão apurados e pagos na forma prevista no contrato de consórcio.

Art. 279. O consórcio será constituído mediante contrato aprovado pelo órgão da sociedade competente para autorizar a alienação de bens do ativo não circulante, do qual constarão:

▶ *Caput* com a redação dada pela Lei nº 11.941, de 27-5-2009.

I – a designação do consórcio, se houver;

II – o empreendimento que constitua o objeto do consórcio;

III – a duração, endereço e foro;

IV – a definição das obrigações e responsabilidade de cada sociedade consorciada, e das prestações específicas;

V – normas sobre recebimento de receitas e partilha de resultados;

VI – normas sobre administração do consórcio, contabilização, representação das sociedades consorciadas e taxa de administração, se houver;

VII – forma de deliberação sobre assuntos de interesse comum, com o número de votos que cabe a cada consorciado;

VIII – contribuição de cada consorciado para as despesas comuns, se houver.

Parágrafo único. O contrato de consórcio e suas alterações serão arquivados no Registro do Comércio do lugar da sua sede, devendo a certidão do arquivamento ser publicada.

CAPÍTULO XXIII

SOCIEDADES EM COMANDITA POR AÇÕES

Art. 280. A sociedade em comandita por ações terá o capital dividido em ações e reger-se-á pelas normas relativas às companhias ou sociedades anônimas, sem prejuízo das modificações constantes deste Capítulo.

▸ Arts. 1.045 e 1090 do CC.

Art. 281. A sociedade poderá comerciar sob firma ou razão social, da qual só farão parte os nomes dos sócios diretores ou gerentes. Ficam ilimitada e solidariamente responsáveis, nos termos desta Lei, pelas obrigações sociais, os que, por seus nomes, figurarem na firma ou razão social.

▸ Arts. 1.045, 1.046 e 1.049 do CC.

▸ Arts. 20, 77 e 190 da Lei nº 11.101, de 9-2-2005 (Lei de Recuperação de Empresas e Falências).

Parágrafo único. A denominação ou a firma deve ser seguida das palavras "Comandita por Ações", por extenso ou abreviadamente.

Art. 282. Apenas o sócio ou acionista tem qualidade para administrar ou gerir a sociedade e, como diretor ou gerente, responder subsidiária, mas ilimitada e solidariamente, pelas obrigações da sociedade.

▸ Arts. 1.045, 1.046, 1.049 e 1.091 do CC.

§ 1º Os diretores ou gerentes serão nomeados, sem limitação de tempo, no estatuto da sociedade, e somente poderão ser destituídos por deliberação de acionistas que representem dois terços, no mínimo, do capital social.

§ 2º O diretor ou gerente que for destituído ou se exonerar continuará responsável pelas obrigações sociais contraídas sob sua administração.

Art. 283. A assembleia-geral não pode, sem o consentimento dos diretores ou gerentes, mudar o objeto essencial da sociedade, prorrogar-lhe o prazo de duração, aumentar ou diminuir o capital social, emitir debêntures ou criar partes beneficiárias nem aprovar a participação em grupo de sociedade.

▸ Artigo com a redação dada pela Lei nº 9.457, de 5-5-1997.

▸ Arts. 1.045 e 1.092 do CC.

Art. 284. Não se aplica à sociedade em comandita por ações o disposto nesta Lei sobre voto plural, sobre conselho de administração, sobre autorização estatutária de aumento de capital e sobre emissão de bônus de subscrição.

▸ Artigo com a redação dada pela Lei nº 14.195, de 26-8-2021.

▸ Art. 1.045 do CC.

CAPÍTULO XXIV
PRAZOS DE PRESCRIÇÃO

Art. 285. A ação para anular a constituição da companhia, por vício ou defeito, prescreve em um ano, contado da publicação dos atos constitutivos.

▸ Art. 1.179 do CC.

Parágrafo único. Ainda depois de proposta a ação, é lícito à companhia, por deliberação da assembleia-geral, providenciar para que seja sanado o vício ou defeito.

Art. 286. A ação para anular as deliberações tomadas em assembleia-geral ou especial, irregularmente convocada ou instalada, violadoras da lei ou do estatuto, ou eivadas de erro, dolo, fraude ou simulação prescreve em dois anos, contados da deliberação.

▸ Art. 134, § 3º, desta Lei.

▸ Art. 1.179 do CC.

Art. 287. Prescreve:

▸ Arts. 699, 700 e 1.179 do CC.

I – em um ano:

a) a ação contra peritos e subscritores do capital, para deles haver reparação civil pela avaliação de bens, contado o prazo da publicação da ata da assembleia-geral que aprovar o laudo;

b) a ação dos credores não pagos contra os acionistas e os liquidantes, contado o prazo da publicação da ata de encerramento da liquidação da companhia;

II – em três anos:

a) a ação para haver dividendos, contado o prazo da data em que tenham sido postos à disposição do acionista;

b) a ação contra os fundadores, acionistas, administradores, liquidantes, fiscais ou sociedade de comando, para deles haver reparação civil por atos culposos ou dolosos, no caso de violação da lei, do estatuto ou da convenção do grupo, contado o prazo:

1) para os fundadores, da data da publicação dos atos constitutivos da companhia;

2) para os acionistas, administradores, fiscais e sociedades de comando, da data da publicação da ata que aprovar o balanço referente ao exercício em que a violação tenha ocorrido;

3) para os liquidantes, da data da publicação da ata da primeira assembleia-geral posterior à violação;

c) a ação contra acionistas para restituição de dividendos recebidos de má-fé, contado o prazo da data da publicação da ata de assembleia-geral ordinária do exercício em que os dividendos tenham sido declarados;

d) a ação contra os administradores ou titulares de partes beneficiárias para restituição das participações no lucro recebidas de má-fé, contado o prazo da data da publicação da ata da assembleia-geral ordinária do exercício em que as participações tenham sido pagas;

e) a ação contra o agente fiduciário de debenturistas ou titulares de partes beneficiárias para dele haver reparação civil por atos culposos ou dolosos, no caso de violação da lei ou da escritura de emissão, a contar da publicação da ata da assembleia-geral em que tiver tomado conhecimento da violação;

f) a ação contra o violador do dever de sigilo de que trata o artigo 260 para dele haver reparação civil, a contar da data da publicação da oferta;

g) a ação movida pelo acionista contra a companhia, qualquer que seja o seu fundamento.

▸ Alínea *g* acrescida pela Lei nº 10.303, de 31-10-2001.

Art. 288. Quando a ação se originar de fato que deva ser apurado no juízo criminal, não ocorrerá a prescrição antes da respectiva sentença definitiva, ou da prescrição da ação penal.

▸ Art. 1.179 do CC.

CAPÍTULO XXV
DISPOSIÇÕES GERAIS

Art. 289. As publicações ordenadas por esta Lei obedecerão às seguintes condições:

▸ *Caput* com a redação dada pela Lei nº 13.818, de 24-4-2019.

I – deverão ser efetuadas em jornal de grande circulação editado na localidade em que esteja situada a sede da companhia, de forma resumida e com divulgação simultânea da íntegra dos documentos na página do mesmo jornal na internet, que deverá providenciar certificação digital da autenticidade dos documentos mantidos na página própria emitida por autoridade certificadora credenciada no âmbito da Infraestrutura de Chaves Públicas Brasileiras (ICP-Brasil);

II – no caso de demonstrações financeiras, a publicação de forma resumida deverá conter, no mínimo, em comparação com os dados do exercício social anterior, informações ou valores globais relativos a cada grupo e a respectiva classificação de contas ou registros, assim como extratos das informações relevantes contempladas nas notas explicativas e nos pareceres dos auditores independentes e do conselho fiscal, se houver.

▸ Incisos I e II acrescidos pela Lei nº 13.818, de 24-4-2019.

▸ Lei nº 8.639, de 31-3-1993, disciplina o uso de caracteres nas publicações obrigatórias.

§ 1º A Comissão de Valores Mobiliários poderá determinar que as publicações ordenadas por esta Lei sejam feitas, também, em jornal de grande circulação nas localidades em que os valores mobiliários da companhia sejam negociados em bolsa ou em mercado de balcão, ou disseminadas por algum outro meio que assegure sua ampla divulgação e imediato acesso às informações.

▸ § 1º com a redação dada pela Lei nº 9.457, de 5-5-1997.

§ 2º Se no lugar em que estiver situada a sede da companhia não for editado jornal, a publicação se fará em órgão de grande circulação local.

§ 3º A companhia deve fazer as publicações previstas nesta Lei sempre no mesmo jornal, e qualquer mudança deverá ser precedida de aviso aos acionistas no extrato da ata da assembleia-geral ordinária.

§ 4º O disposto no final do § 3º não se aplica à eventual publicação de atas ou balanços em outros jornais.

§ 5º Todas as publicações ordenadas nesta Lei deverão ser arquivadas no Registro do Comércio.

§ 6º As publicações do balanço e da demonstração de lucros e perdas poderão ser feitas adotando-se como expressão monetária o milhar de reais.

▸ § 6º com a redação dada pela Lei nº 9.457, de 5-5-1997.

§ 7º Sem prejuízo do disposto no *caput* deste artigo, as companhias abertas poderão, ainda, disponibilizar as referidas publicações pela rede mundial de computadores.

▸ § 7º acrescido pela Lei nº 10.303, de 31-10-2001.

Art. 290. A indenização por perdas e danos em ações com fundamento nesta Lei será corrigida monetariamente até o trimestre civil em que for efetivamente liquidada.

▸ Lei nº 6.899, de 8-4-1981, determina a aplicação da correção monetária nos débitos oriundos de decisão judicial.

Art. 291. A Comissão de Valores Mobiliários poderá reduzir, mediante fixação de escala em função do valor do capital social, a porcentagem mínima aplicável às companhias abertas, estabelecida no artigo 105; na alínea *c* do parágrafo único do artigo 123; no *caput* do artigo 141; no § 1º do artigo 157; no § 4º do artigo 159; no § 2º do artigo 161; no § 6º do artigo 163; na alínea *a* do § 1º do artigo 246; e no artigo 277.

► *Caput* com a redação dada pela Lei nº 10.303, de 31-10-2001.

► Art. 2º da Lei nº 8.021, de 12-4-1990, que dispõe sobre a identificação dos contribuintes para fins fiscais.

Parágrafo único. A Comissão de Valores Mobiliários poderá reduzir a porcentagem de que trata o artigo 249.

Art. 292. As sociedades de que trata o artigo 62 da Lei nº 4.728, de 14 de julho de 1965, podem ter suas ações ao portador.

Art. 293. A Comissão de Valores Mobiliários poderá autorizar as bolsas de valores e outras entidades, que sejam ou não instituições financeiras, a prestar os serviços previstos nos seguintes dispositivos desta Lei:

► *Caput* com a redação dada pela Lei nº 14.430, de 3-8-2022.

I – art. 27;

II – § 2º do art. 34;

III – § 1º do art. 39;

IV – arts. 40, 41, 42, 43 e 44;

V – art. 72; e

VI – arts. 102 e 103.

► Incisos I a VI acrescidos pela Lei nº 14.430, de 3-8-2022.

Parágrafo único. *Revogado.* Lei nº 12.810, de 15-5-2013.

Art. 294. A companhia fechada que tiver receita bruta anual de até R$ 78.000.000,00 (setenta e oito milhões de reais) poderá:

► *Caput* com a redação dada pela LC nº 182, de 1º-6-2021.

I e II – *Revogados.* LC nº 182, de 1º-6-2021;

III – realizar as publicações ordenadas por esta Lei de forma eletrônica, em exceção ao disposto no art. 289 desta Lei; e

IV – substituir os livros de que trata o art. 100 desta Lei por registros mecanizados ou eletrônicos.

► Incisos III e IV acrescidos pela LC nº 182, de 1º-6-2021.

§ 1º A companhia deverá guardar os recibos de entrega dos anúncios de convocação e arquivar no Registro do Comércio, juntamente com a ata da assembleia, cópia autenticada dos mesmos.

§ 2º Nas companhias de que trata este artigo, o pagamento da participação dos administradores poderá ser feito sem observância do disposto no § 2º do artigo 152, desde que aprovada pela unanimidade dos acionistas.

§ 3º O disposto neste artigo não se aplica à companhia controladora de grupo de sociedades, ou a ela filiadas.

§ 4º Na hipótese de omissão do estatuto quanto à distribuição de dividendos, estes serão estabelecidos livremente pela assembleia-geral, hipótese em que não se aplicará o disposto no art. 202 desta Lei, desde que não seja prejudicado o direito dos acionistas preferenciais de receber os dividendos fixos ou mínimos a que tenham prioridade.

§ 5º Ato do Ministro de Estado da Economia disciplinará o disposto neste artigo.

► §§ 4º e 5º acrescidos pela LC nº 182, de 1º-6-2021.

Art. 294-A. A Comissão de Valores Mobiliários regulamentará as condições facilitadas para o acesso de companhias de menor porte ao mercado de capitais, e será permitido dispensar ou modular a observância ao disposto:

I – no art. 161 desta Lei, quanto à obrigatoriedade de instalação do conselho fiscal a pedido de acionistas;

II – no § 5º do art. 170 desta Lei, quanto à obrigatoriedade de intermediação de instituição financeira em distribuições públicas de valores mobiliários, sem prejuízo da competência prevista no inciso III do § 3º do art. 2º da Lei nº 6.385, de 7 de dezembro de 1976;

III – no inciso I do *caput* do art. 109, nos §§ 1º e 2º do art. 111 e no art. 202 desta Lei, quanto ao recebimento de dividendo obrigatório;

IV – no art. 289 desta Lei, quanto à forma de realização das publicações ordenadas por esta Lei; e

V – VETADO.

Art. 294-B. Para fins do disposto nesta Lei, considera-se companhia de menor porte aquela que aufira receita bruta anual inferior a R$ 500.000.000,00 (quinhentos milhões de reais).

§ 1º A regulamentação editada não prejudica o estabelecimento de procedimentos simplificados aplicáveis às companhias de menor porte, pela Comissão de Valores Mobiliários, com base nas competências previstas na Lei nº 6.385, de 7 de dezembro de 1976, especialmente quanto:

I – à obtenção de registro de emissor;

II – às distribuições públicas de valores mobiliários de sua emissão; e

III – à elaboração e à prestação de informações periódicas e eventuais.

§ 2º A Comissão de Valores Mobiliários poderá:

I – estabelecer a forma de atualização do valor previsto no *caput* deste artigo e os critérios adicionais para a manutenção da condição de companhia de menor porte após seu acesso ao mercado de capitais; e

II – disciplinar o tratamento a ser empregado às companhias abertas que se caracterizem como de menor porte nos termos do *caput* deste artigo.

► Arts. 294-A e 294-B acrescidos pela LC nº 182, de 1º-6-2021.

CAPÍTULO XXVI
DISPOSIÇÕES TRANSITÓRIAS

Art. 295. A presente Lei entrará em vigor sessenta dias após a sua publicação, aplicando-se, todavia, a partir da data da publicação, às companhias que se constituírem.

§ 1º O disposto neste artigo não se aplica às disposições sobre:

a) elaboração das demonstrações financeiras, que serão observadas pelas companhias existentes a partir do exercício social que se iniciar após 1º de janeiro de 1978;

b) a apresentação, nas demonstrações financeiras, de valores do exercício anterior (artigo 176, § 1º), que será obrigatória a partir do balanço do exercício social subsequente ao referido na alínea anterior;

c) elaboração e publicação de demonstrações financeiras consolidadas, que somente serão obrigatórias para os exercícios iniciados a partir de 1º de janeiro de 1978.

§ 2º A participação dos administradores nos lucros sociais continuará a regular-se pelas disposições legais e estatutárias, em vigor, aplicando-se o disposto nos §§ 1º e 2º do artigo 152 a partir do exercício social que se iniciar no curso do ano de 1977.

§ 3º A restrição ao direito de voto das ações ao portador (artigo 112) só vigorará a partir de um ano a contar da data em que esta Lei entrar em vigor.

► Art. 2º da Lei nº 8.021, de 12-4-1990, que dispõe sobre a identificação dos contribuintes para fins fiscais.

Art. 296. As companhias existentes deverão proceder à adaptação do seu estatuto aos preceitos desta Lei no prazo de um ano a contar da data em que ela entrar em vigor, devendo para esse fim ser convocada assembleia-geral dos acionistas.

► Arts. 297 e 298 desta Lei.

§ 1º Os administradores e membros do Conselho Fiscal respondem pelos prejuízos que causarem pela inobservância do disposto neste artigo.

§ 2º O disposto neste artigo não prejudicará os direitos pecuniários conferidos por partes beneficiárias e debêntures em circulação na data da publicação desta Lei, que somente poderão ser modificados ou reduzidos com observância do disposto no artigo 51 e no § 5º do artigo 71.

§ 3º As companhias existentes deverão eliminar, no prazo de cinco anos, a contar da data da entrada em vigor desta Lei, as participações recíprocas vedadas pelo artigo 244 e seus parágrafos.

§ 4º As companhias existentes, cujo estatuto for omisso quanto à fixação do dividendo, ou que o estabelecer em condições que não satisfaçam aos requisitos do § 1º do artigo 202 poderão, dentro do prazo previsto neste artigo, fixá-lo em porcentagem inferior à prevista no § 2º do artigo 202, mas os acionistas dissidentes dessa deliberação terão direito de retirar-se da companhia, mediante reembolso do valor de suas ações, com observância do disposto nos artigos 45 e 137.

§ 5º O disposto no artigo 199 não se aplica às reservas constituídas e aos lucros acumulados em balanços levantados antes de 1º de janeiro de 1977.

§ 6º O disposto nos §§ 1º e 2º do artigo 237 não se aplica às participações existentes na data da publicação desta Lei.

Art. 297. As companhias existentes que tiverem ações preferenciais com prioridade na distribuição de dividendo fixo ou mínimo ficarão dispensadas do disposto no artigo 167 e seu § 1º, desde que no prazo de que trata o artigo 296 regulem no estatuto a participação das ações preferenciais na correção anual do capital social, com observância das seguintes normas:

► Art. 167 desta Lei.

I – o aumento de capital poderá ficar na dependência de deliberação da assembleia-geral, mas será obrigatório quando o saldo da conta de que trata o § 3º do artigo 182 ultrapassar cinquenta por cento do capital social;

II – a capitalização da reserva poderá ser procedida mediante aumento do valor nominal das ações ou emissões de novas ações bonificadas, cabendo à assembleia-geral escolher, em cada aumento de capital, o modo a ser adotado;

III – em qualquer caso, será observado o disposto no § 4º do artigo 17;

IV – as condições estatutárias de participação serão transcritas nos certificados das ações da companhia.

Art. 298. As companhias existentes, com capital inferior a cinco milhões de cruzeiros, poderão, no prazo de que trata o artigo 296, deliberar, pelo voto de acionistas que representem dois terços do capital social, a sua transformação em sociedade por quotas, de responsabilidade limitada, observadas as seguintes normas:

I – na deliberação da assembleia a cada ação caberá um voto, independentemente de espécie ou classe;

II – a sociedade por quotas resultante da transformação deverá ter o seu capital integralizado e o seu contrato social assegurará aos sócios a livre transferência das quotas, entre si ou para terceiros;

III – o acionista dissidente da deliberação da assembleia poderá pedir o reembolso das ações pelo valor de patrimônio líquido a preços de mercado, observado o disposto nos artigos 45 e 137;

IV – o prazo para o pedido de reembolso será de noventa dias a partir da data da publicação da ata da assembleia, salvo para os titulares de ações nominativas, que será contado da data do recebimento de aviso por escrito da companhia.

Art. 299. Ficam mantidas as disposições sobre sociedades por ações, constantes de legislação especial sobre a aplicação de incentivos fiscais nas áreas da SUDENE, SUDAM, SUDEPE, EMBRATUR, e REFLORESTAMENTO, bem como todos os dispositivos das Leis nºs 4.131, de 3 de setembro de 1962, e 4.390, de 29 de agosto de 1964.

▸ Dec. nº 55.762, de 17-2-1965, regulamenta a Lei nº 4.131, de 3-9-1952, modificada pela Lei nº 4.390, de 29-8-1964.

Art. 299-A. O saldo existente em 31 de dezembro de 2008 no ativo diferido que, pela sua natureza, não puder ser alocado a outro grupo de contas, poderá permanecer no ativo sob essa classificação até sua completa amortização, sujeito à análise sobre a recuperação de que trata o § 3º do art. 183 desta Lei.

Art. 299-B. O saldo existente no resultado de exercício futuro em 31 de dezembro de 2008 deverá ser reclassificado para o passivo não circulante em conta representativa de receita diferida.

Parágrafo único. O registro do saldo de que trata o *caput* deste artigo deverá evidenciar a receita diferida e o respectivo custo diferido.

▸ Arts. 299-A e 299-B com a redação dada pela Lei nº 11.941, de 27-5-2009.

Art. 300. Ficam revogados o Decreto-Lei nº 2.627, de 26 de setembro de 1940, com exceção dos artigos 59 a 73, e demais disposições em contrário.

Brasília, 15 de dezembro de 1976;
155º da Independência e
88º da República.

Ernesto Geisel

LEI Nº 6.515, DE 26 DE DEZEMBRO DE 1977

Regula os casos de dissolução da sociedade conjugal e do casamento, seus efeitos e respectivos processos, e dá outras providências.

▸ Publicada no *DOU* de 27-12-1977.

▸ Arts. 1.571 a 1.582 do CC.

Art. 1º A separação judicial, a dissolução do casamento, ou a cessação de seus efeitos civis, de que trata a Emenda Constitucional nº 9, de 28 de junho de 1977, ocorrerão nos casos e segundo a forma que esta Lei regula.

▸ EC nº 66, de 13-7-2010, suprimiu o requisito da prévia separação judicial para a dissolução do casamento civil pelo divórcio.

▸ Art. 226, § 6º, da CF.

CAPÍTULO I – DA DISSOLUÇÃO DA SOCIEDADE CONJUGAL

Art. 2º A sociedade conjugal termina:

I – pela morte de um dos cônjuges;

II – pela nulidade ou anulação do casamento;

III – pela separação judicial;

▸ EC nº 66, de 13-7-2010, suprimiu o requisito da prévia separação judicial para a dissolução do casamento civil pelo divórcio.

IV – pelo divórcio.

Parágrafo único. O casamento válido somente se dissolve pela morte de um dos cônjuges ou pelo divórcio.

▸ Art. 226, § 6º, da CF.

Seção I – DOS CASOS E EFEITOS DA SEPARAÇÃO JUDICIAL

▸ EC nº 66, de 13-7-2010, suprimiu o requisito da prévia separação judicial para a dissolução do casamento civil pelo divórcio.

Art. 3º A separação judicial põe termo aos deveres de coabitação, fidelidade recíproca e ao regime matrimonial de bens, como se o casamento fosse dissolvido.

▸ Arts. 1.566 e 1.639 a 1.688 do CC.

§ 1º O procedimento judicial da separação caberá somente aos cônjuges, e, no caso de incapacidade, serão representados por curador, ascendente ou irmão.

§ 2º O juiz deverá promover todos os meios para que as partes se reconciliem ou transijam, ouvindo pessoal e separadamente cada uma delas e, a seguir reunindo-as em sua presença, se assim considerar necessário.

§ 3º Após a fase prevista no parágrafo anterior, se os cônjuges pedirem, os advogados deverão ser chamados a assistir aos entendimentos e deles participar.

Art. 4º Dar-se-á a separação judicial por mútuo consentimento dos cônjuges, se forem casados há mais de dois anos, manifestado perante o juiz e devidamente homologado.

▸ Art. 1.574 do CC.

▸ Arts. 731 a 734 do CPC/2015.

Art. 5º A separação judicial pode ser pedida por um só dos cônjuges quando imputar ao outro conduta desonrosa ou qualquer ato que importe em grave violação dos deveres do casamento e torne insuportável a vida em comum.

§ 1º A separação judicial pode, também, ser pedida se um dos cônjuges provar a ruptura da vida em comum há mais de um ano consecutivo, e a impossibilidade de sua reconstituição.

▸ § 1º com a redação dada pela Lei nº 8.408, de 13-2-1992.

§ 2º O cônjuge pode ainda pedir a separação judicial quando o outro estiver acometido de grave doença mental, manifestada após o casamento, que torne impossível a continuação da vida em comum, desde que, após uma duração de cinco anos, a enfermidade tenha sido reconhecida de cura improvável.

§ 3º Nos casos dos parágrafos anteriores, reverterão, ao cônjuge que não houver pedido a separação judicial, os remanescentes dos bens que levou para o casamento, e, se o regime de bens adotado o permitir, também a meação nos adquiridos na constância da sociedade conjugal.

Art. 6º Nos casos dos §§ 1º e 2º do artigo anterior, a separação judicial poderá ser negada, se constituir, respectivamente, causa de agravamento das condições pessoais ou da doença do outro cônjuge, ou determinar, em qualquer caso, consequências morais de excepcional gravidade para os filhos menores.

Art. 7º A separação judicial importará na separação de corpos e na partilha de bens.

§ 1º A separação de corpos poderá ser determinada como medida cautelar (artigo 796 do Código de Processo Civil).

▸ Art. 1.562 do CC.

▸ Refere-se ao CPC/1973.

▸ Art. 294, parágrafo único, do CPC/2015.

§ 2º A partilha de bens poderá ser feita mediante proposta dos cônjuges e homologada pelo juiz ou por este decidida.

Art. 8º A sentença que julgar a separação judicial produz seus efeitos à data de seu trânsito em julgado, ou à da decisão que tiver concedido separação cautelar.

Seção II – DA PROTEÇÃO DA PESSOA DOS FILHOS

▸ EC nº 66, de 13-7-2010, suprimiu o requisito da prévia separação judicial para a dissolução do casamento civil pelo divórcio.

▸ Arts. 1.583 a 1.590 do CC.

Art. 9º No caso de dissolução da sociedade conjugal pela separação judicial consensual (artigo 4º), observar-se-á o que os cônjuges acordarem sobre a guarda dos filhos.

Art. 10. Na separação judicial fundada no *caput* do artigo 5º, os filhos menores ficarão com o cônjuge que a ela não houver dado causa.

§ 1º Se pela separação judicial forem responsáveis ambos os cônjuges, os filhos menores ficarão em poder da mãe, salvo se o juiz verificar que de tal solução possa advir prejuízo de ordem moral para eles.

§ 2º Verificado que não devem os filhos permanecer em poder da mãe nem do pai, deferirá o juiz a sua guarda à pessoa notoriamente idônea da família de qualquer dos cônjuges.

Art. 11. Quando a separação judicial ocorrer com fundamento no § 1º do artigo 5º, os filhos ficarão em poder do cônjuge em cuja companhia estavam durante o tempo de ruptura da vida em comum.

▸ Art. 40, *caput*, desta Lei.

Art. 12. Na separação judicial fundada no § 2º do artigo 5º, o juiz deferirá a entrega dos filhos ao cônjuge que estiver em condição de assumir, normalmente, a responsabilidade de sua guarda e educação.

Art. 13. Se houver motivos graves, poderá o juiz, em qualquer caso, a bem dos filhos, regular por maneira diferente da estabelecida nos artigos anteriores a situação deles com os pais.

Art. 14. No caso de anulação do casamento, havendo filhos comuns, observar-se-á o disposto nos artigos 10 e 13.

Parágrafo único. Ainda que nenhum dos cônjuges esteja de boa-fé ao contrair o casamento, seus efeitos civis aproveitarão aos filhos comuns.

▶ Art. 1.561 do CC.

Art. 15. Os pais, em cuja guarda não estejam os filhos, poderão visitá-los e tê-los em sua companhia, segundo fixar o juiz, bem como fiscalizar sua manutenção e educação.

Art. 16. As disposições relativas à guarda e à prestação de alimentos aos filhos menores estendem-se aos filhos maiores inválidos.

Seção III
DO USO DO NOME

▶ EC nº 66, de 13-7-2010, suprimiu o requisito da prévia separação judicial para a dissolução do casamento civil pelo divórcio.

Art. 17. Vencida na ação de separação judicial (artigo 5º, *caput*), voltará a mulher a usar o nome de solteira.

▶ Arts. 5º, I, e 226, § 5º, da CF.

▶ Art. 1.571, § 2º, do CC.

§ 1º Aplica-se ainda, o disposto neste artigo, quando é da mulher a iniciativa da separação judicial com fundamento nos §§ 1º e 2º do artigo 5º.

§ 2º Nos demais casos, caberá à mulher a opção pela conservação do nome de casada.

Art. 18. Vencedora na ação de separação judicial (artigo 5º, *caput*), poderá a mulher renunciar, a qualquer momento, ao direito de usar o nome do marido.

Seção IV
DOS ALIMENTOS

▶ EC nº 66, de 13-7-2010, suprimiu o requisito da prévia separação judicial para a dissolução do casamento civil pelo divórcio.

▶ Arts. 1.694 a 1.710 do CC.

▶ Lei nº 5.478, de 25-7-1968 (Lei da Ação de Alimentos).

Art. 19. O cônjuge responsável pela separação judicial prestará ao outro, se dela necessitar, a pensão que o juiz fixar.

▶ Súm. nº 337 do STJ.

Art. 20. Para manutenção dos filhos, os cônjuges, separados judicialmente, contribuirão na proporção de seus recursos.

Art. 21. Para assegurar o pagamento da pensão alimentícia, o juiz poderá determinar a constituição de garantia real ou fidejussória.

§ 1º Se o cônjuge credor preferir, o juiz poderá determinar que a pensão consista no usufruto de determinados bens do cônjuge devedor.

§ 2º Aplica-se, também, o disposto no parágrafo anterior, se o cônjuge credor justificar a possibilidade do não recebimento regular da pensão.

Art. 22. Salvo decisão judicial, as prestações alimentícias, de qualquer natureza, serão corrigidas monetariamente na forma dos índices de atualização das Obrigações do Tesouro Nacional – OTN.

Parágrafo único. No caso do não pagamento das referidas prestações no vencimento, o devedor responderá, ainda, por custas e honorários de advogado apurados simultaneamente.

Art. 23. A obrigação de prestar alimentos transmite-se aos herdeiros do devedor, na forma do artigo 1.796 do Código Civil.

CAPÍTULO II
DO DIVÓRCIO

▶ EC nº 66, de 13-7-2010, suprimiu o requisito da prévia separação judicial para a dissolução do casamento civil pelo divórcio.

Art. 24. O divórcio põe termo ao casamento e aos efeitos civis do matrimônio religioso.

Parágrafo único. O pedido somente competirá aos cônjuges, podendo, contudo, ser exercido, em caso de incapacidade, por curador, ascendente ou irmão.

Art. 25. A conversão em divórcio da separação judicial dos cônjuges existente há mais de um ano, contada da data da decisão ou da que concedeu a medida cautelar correspondente (artigo 8º), será decretada por sentença, da qual não constará referência à causa que a determinou.

▶ *Caput* com a redação dada pela Lei nº 8.408, de 13-2-1992.

Parágrafo único. A sentença de conversão determinará que a mulher volte a usar o nome que tinha antes de contrair matrimônio, só conservando o nome de família do ex-marido se a alteração prevista neste artigo acarretar:

I – evidente prejuízo para sua identificação;

II – manifesta distinção entre o seu nome de família e o dos filhos havidos da união dissolvida;

III – dano grave reconhecido em decisão judicial.

▶ Art. 1.571, § 2º, do CC.

Art. 26. No caso de divórcio resultante da separação prevista nos §§ 1º e 2º, do artigo 5º, o cônjuge que teve a iniciativa da separação continuará com o dever de assistência ao outro (Código Civil, artigo 231, III).

▶ Refere-se ao CC/1916.

▶ Art. 1.566, III, do CC.

Art. 27. O divórcio não modificará os direitos e deveres dos pais em relação aos filhos.

▶ Arts. 1.583 a 1.590, 1.630 a 1.638 e 1.696 do CC.

Parágrafo único. O novo casamento de qualquer dos pais ou de ambos também não importará restrição a esses direitos e deveres.

Art. 28. Os alimentos devidos pelos pais e fixados na sentença de separação poderão ser alterados a qualquer tempo.

Art. 29. O novo casamento do cônjuge credor da pensão extinguirá a obrigação do cônjuge devedor.

Art. 30. Se o cônjuge devedor da pensão vier a casar-se, o novo casamento não alterará sua obrigação.

Art. 31. Não se decretará o divórcio se ainda não houver sentença definitiva de separação judicial, ou se esta não tiver decidido sobre a partilha dos bens.

▶ Súm. nº 197 do STJ.

Art. 32. A sentença definitiva do divórcio produzirá efeitos depois de registrada no registro público competente.

Art. 33. Se os cônjuges divorciados quiserem restabelecer a união conjugal só poderão fazê-lo mediante novo casamento.

CAPÍTULO III
DO PROCESSO

▶ EC nº 66, de 13-7-2010, suprimiu o requisito da prévia separação judicial para a dissolução do casamento civil pelo divórcio.

Art. 34. A separação judicial consensual se fará pelo procedimento previsto nos artigos 1.120 e 1.124 do Código de Processo Civil, e as demais pelo procedimento ordinário.

▶ Refere-se ao CPC/1973.

▶ Art. 733 do CPC/2015.

§ 1º A petição será também assinada pelos advogados das partes ou pelo advogado escolhido de comum acordo.

§ 2º O juiz pode recusar a homologação e não decretar a separação judicial, se comprovar que a convenção não preserva suficientemente os interesses dos filhos ou de um dos cônjuges.

§ 3º Se os cônjuges não puderem ou não souberem assinar, é lícito que outrem o faça a rogo deles.

§ 4º As assinaturas, quando não lançadas na presença do juiz, serão, obrigatoriamente, reconhecidas por tabelião.

Art. 35. A conversão da separação judicial em divórcio será feita mediante pedido de qualquer dos cônjuges.

▶ Refere-se ao CPC/1973.

▶ Art. 733 do CPC/2015.

Parágrafo único. O pedido será apensado aos autos da separação judicial (artigo 48).

Art. 36. Do pedido referido no artigo anterior, será citado o outro cônjuge, em cuja resposta não caberá reconvenção.

Parágrafo único. A contestação só pode fundar-se em:

I – falta do decurso de um ano da separação judicial;

▶ Inciso I com a redação dada pela Lei nº 7.841, de 17-10-1989.

II – descumprimento das obrigações assumidas pelo requerente na separação.

Art. 37. O juiz conhecerá diretamente do pedido, quando não houver contestação ou necessidade de produzir prova em audiência, e proferirá sentença dentro em dez dias.

▶ Art. 104 do CPC/2015.

§ 1º A sentença limitar-se-á à conversão da separação em divórcio, que não poderá ser negada, salvo se provada qualquer das hipóteses previstas no parágrafo único do artigo anterior.

§ 2º A improcedência do pedido de conversão não impede que o mesmo cônjuge o renove, desde que satisfeita a condição anteriormente descumprida.

Art. 38. *Revogado.* Lei nº 7.841, de 17-10-1989.

Art. 39. No Capítulo III do Título II do Livro IV do Código de Processo Civil, as expressões "desquite por mútuo consentimento", "desquite" e "desquite litigioso" são substituídas por "separação consensual" e "separação judicial".

▶ Refere-se ao CPC/1973.

CAPÍTULO IV
DAS DISPOSIÇÕES FINAIS E TRANSITÓRIAS

▸ EC nº 66, de 13-7-2010, suprimiu o requisito da prévia separação judicial para a dissolução do casamento civil pelo divórcio.

Art. 40. No caso de separação de fato, e desde que completados dois anos consecutivos, poderá ser promovida ação de divórcio, na qual deverá ser comprovado decurso do tempo da separação.

§ 1º *Revogado*. Lei nº 7.841, de 17-10-1989.

§ 2º No divórcio consensual, o procedimento adotado será o previsto nos artigos 1.120 a 1.124 do Código de Processo Civil, observadas, ainda, as seguintes normas:

▸ Refere-se ao CPC/1973.
▸ Arts. 731 a 734 do CPC/2015.

I – a petição conterá a indicação dos meios probatórios da separação de fato, e será instruída com a prova documental já existente;
II – a petição fixará o valor da pensão do cônjuge que dela necessitar para sua manutenção, e indicará as garantias para o cumprimento da obrigação assumida;
III – se houver prova testemunhal, ela será produzida na audiência de ratificação do pedido de divórcio, a qual será obrigatoriamente realizada;
IV – a partilha dos bens deverá ser homologada pela sentença do divórcio.

§ 3º Nos demais casos, adotar-se-á o procedimento ordinário.

Art. 41. As causas de desquite em curso na data da vigência desta Lei, tanto as que se processam pelo procedimento especial quanto as de procedimento ordinário, passam automaticamente a visar à separação judicial.

Art. 42. As sentenças já proferidas em causas de desquite são equiparadas, para os efeitos desta Lei, às de separação judicial.

Art. 43. Se, na sentença do desquite, não tiver sido homologada ou decidida a partilha dos bens, ou quando esta não tenha sido feita posteriormente, a decisão de conversão disporá sobre ela.

Art. 44. Contar-se-á o prazo de separação judicial a partir da data em que, por decisão judicial proferida em qualquer processo, mesmo nos de jurisdição voluntária, for determinada ou presumida a separação dos cônjuges.

Art. 45. Quando o casamento se seguir a uma comunhão de vida entre os nubentes, existentes antes de 28 de junho de 1977, que haja perdurado por dez anos consecutivos ou da qual tenha resultado filhos, o regime matrimonial de bens será estabelecido livremente, não se lhe aplicando o disposto no artigo 258, parágrafo único, II, do Código Civil.

▸ Refere-se ao CC/1916.
▸ Art. 1.641, II, do CC.

Art. 46. Seja qual for a causa da separação judicial, e o modo como esta se faça, é permitido aos cônjuges restabelecer a todo o tempo a sociedade conjugal, nos termos em que fora constituída, contanto que o façam mediante requerimento nos autos da ação de separação.

Parágrafo único. A reconciliação em nada prejudicará os direitos de terceiros, adquiridos antes e durante a separação, seja qual for o regime de bens.

Art. 47. Se os autos do desquite ou os da separação judicial tiverem sido extraviados, ou se encontrarem em outra circunscrição judiciária, o pedido de conversão em divórcio será instruído com a certidão da sentença, ou da sua averbação no assento de casamento.

Art. 48. Aplica-se o disposto no artigo anterior, quando a mulher desquitada tiver domicílio diverso daquele em que se julgou o desquite.

Art. 49. Os §§ 5º e 6º do artigo 7º da Lei de Introdução ao Código Civil passam a vigorar com a seguinte redação:

▸ Alterações inseridas no texto do Decreto-Lei nº 4.657, de 4-9-1942, cuja ementa foi alterada para Lei de Introdução às normas do Direito Brasileiro pela Lei nº 12.376, de 30-12-2010.

Art. 50. São introduzidas no Código Civil as alterações seguintes:

▸ Refere-se ao CC/1916.

Art. 51. A Lei nº 883, de 21 de outubro de 1949, passa a vigorar com as seguintes alterações:

▸ A Lei nº 883, de 21-10-1949, foi revogada pela Lei nº 12.004, de 29-7-2009.

Art. 52. O nº I do artigo 100, o nº II do artigo 155 e o § 2º do artigo 733 do Código de Processo Civil passam a vigorar com a seguinte redação:

▸ Refere-se ao CPC/1973.

Art. 53. A presente Lei entra em vigor na data de sua publicação.

Art. 54. Revogam-se os artigos 315 a 328 e o § 1º do artigo 1.605 do Código Civil e as demais disposições em contrário.

▸ Refere-se ao CC/1916.

Brasília, 26 de dezembro de 1977;
156º da Independência e
89º da República.

Ernesto Geisel

LEI COMPLEMENTAR Nº 35, DE 14 DE MARÇO DE 1979

Dispõe sobre a Lei Orgânica da Magistratura Nacional.

(EXCERTOS)

▸ Publicada no *DOU* de 14-3-1979.

TÍTULO I – DO PODER JUDICIÁRIO

▸ Arts. 112 a 144 da CF.

CAPÍTULO I
DOS ÓRGÃOS DO PODER JUDICIÁRIO

Art. 1º O Poder Judiciário é exercido pelos seguintes órgãos:

I – Supremo Tribunal Federal;
II – Conselho Nacional da Magistratura;
III – Tribunal Federal de Recursos e juízes federais;

▸ A CF/1988 extinguiu o TFR, criou o STJ e os Tribunais Regionais Federais.

IV – tribunais e juízes militares;
V – tribunais e juízes eleitorais;
VI – tribunais e juízes do trabalho;
VII – tribunais e juízes estaduais;
VIII – tribunal e juízes do Distrito Federal e dos Territórios.

Art. 2º O Supremo Tribunal Federal, com sede na Capital da União e jurisdição em todo o território nacional, compõe-se de onze Ministros vitalícios, nomeados pelo Presidente da República, depois de aprovada a escolha pelo Senado Federal, dentre cidadãos maiores de trinta e cinco anos, de notável saber jurídico e reputação ilibada.

Art. 3º O Conselho Nacional da Magistratura, com sede na Capital da União e jurisdição em todo o território nacional, compõe-se de sete Ministros do Supremo Tribunal Federal, por este escolhidos, mediante votação nominal para um período de dois anos, inadmitida a recusa do encargo.

§ 1º A eleição far-se-á juntamente com a do presidente e vice-presidente do Supremo Tribunal Federal, os quais passam a integrar, automaticamente, o Conselho, nele exercendo as funções de Presidente e Vice-Presidente, respectivamente.

§ 2º Os Ministros não eleitos poderão ser convocados pelo Presidente, observada a ordem decrescente de antiguidade, para substituir os membros do Conselho, nos casos de impedimento ou afastamento temporário.

§ 3º Junto ao Conselho funcionará o Procurador-Geral da República.

Art. 4º O Tribunal Federal de Recursos, com sede na Capital da União e jurisdição em todo o território nacional, compõe-se de vinte e sete Ministros vitalícios, nomeados pelo Presidente da República, após aprovada a escolha pelo Senado Federal, salvo quanto à dos Juízes Federais, sendo quinze dentre Juízes Federais, indicados em lista tríplice pelo próprio Tribunal; quatro dentre membros do Ministério Público Federal; quatro dentre advogados maiores de trinta e cinco anos, de notável saber jurídico e de reputação ilibada; e quatro dentre magistrados ou membros do Ministério Público dos Estados e do Distrito Federal.

▸ O TFR foi extinto pela Constituição Federal de 1988.

Art. 5º Os juízes federais serão nomeados pelo Presidente da República, escolhidos, sempre que possível, em lista tríplice, organizada pelo Tribunal Federal de Recursos, dentre os candidatos com idade superior a vinte e cinco anos, de reconhecida idoneidade moral, aprovados em concurso público de provas e títulos, além da satisfação de outros requisitos especificados em lei.

§ 1º Cada Estado, bem como o Distrito Federal, constitui uma Seção Judiciária, que tem por sede a respectiva Capital, e varas localizadas segundo o estabelecido em lei.

§ 2º Nos Territórios do Amapá, Roraima e Rondônia, a jurisdição e as atribuições cometidas aos juízes federais caberão aos juízes da Justiça local, na forma que a lei dispuser. O Território de Fernando de Noronha está compreendido na Seção Judiciária do Estado de Pernambuco.

Art. 6º O Superior Tribunal Militar, com sede na Capital da União e jurisdição em todo o território nacional, compõe-se de quinze Ministros vitalícios, nomeados pelo Presidente da República, depois de aprovada a escolha pelo Senado Federal, sendo três dentre oficiais-generais da Marinha, quatro dentre Oficiais-Generais do Exército e três dentre oficiais-generais da Aeronáutica, todos da ativa, e cinco dentre civis, maiores de trinta e cinco anos, dos quais três cidadãos de notório saber jurídico e idoneidade moral, com mais de dez anos de prática forense, e dois juízes auditores

LEGISLAÇÃO COMPLEMENTAR

ou membros do Ministério Público da Justiça Militar, de comprovado saber jurídico.

Art. 7º São órgãos da Justiça Militar da União, além do Superior Tribunal Militar, os juízes auditores e os Conselhos de Justiça, cujos números, organização e competência são definidos em lei.

Art. 8º O Tribunal Superior Eleitoral, com sede na Capital da União e jurisdição em todo o território nacional, é composto de sete juízes, dos quais três Ministros do Supremo Tribunal Federal e dois Ministros do Tribunal Federal de Recursos, escolhidos pelo respectivo Tribunal, mediante eleição, pelo voto secreto, e dois nomeados pelo Presidente da República, dentre seis advogados de notável saber jurídico e idoneidade moral, indicados pelo Supremo Tribunal Federal.

Art. 9º Os Tribunais Regionais Eleitorais, com sede na Capital do Estado em que tenham jurisdição e no Distrito Federal, compõem-se de quatro juízes eleitos, pelo voto secreto, pelo respectivo Tribunal de Justiça, sendo dois dentre desembargadores e dois dentre juízes de direito; um juiz federal, escolhido pelo Tribunal Federal de Recursos, se na Seção Judiciária houver mais de um, e, por nomeação do Presidente da República, de dois dentre seis cidadãos de notável saber jurídico e idoneidade moral, indicados pelo Tribunal de Justiça.

Art. 10. Os juízes do Tribunal Superior Eleitoral e dos Tribunais Regionais Eleitorais, bem como os respectivos substitutos, escolhidos na mesma ocasião e por igual processo, salvo motivo justificado, servirão, obrigatoriamente, por dois anos, no mínimo, e nunca por mais de dois biênios consecutivos.

Art. 11. Os juízes de direito exercem as funções de juízes eleitorais, nos termos da lei.

§ 1º A lei pode outorgar a outros juízes competência para funções não decisórias.

§ 2º Para a apuração de eleições, constituir-se-ão Juntas Eleitorais, presididas por juiz de direito, e cujos membros, indicados conforme dispuser a legislação eleitoral, serão aprovados pelo Tribunal Regional Eleitoral e nomeados pelo seu presidente.

Art. 12. O Tribunal Superior do Trabalho, com sede na Capital da União e jurisdição em todo o território nacional, compõe-se de dezessete Ministros, nomeados pelo Presidente da República, onze dos quais, togados e vitalícios, depois de aprovada a escolha pelo Senado Federal, sendo sete dentre magistrados da Justiça do Trabalho, dois dentre advogados no exercício efetivo da profissão, e dois dentre membros do Ministério Público da Justiça do Trabalho, maiores de trinta e cinco anos, de notável saber jurídico e reputação ilibada, e seis classistas e temporários, em representação paritária dos empregadores e dos trabalhadores, de conformidade com a lei, e vedada a recondução por mais de dois períodos de três anos.

► EC nº 24, de 9-12-1999, altera dispositivos da CF pertinentes à representação classista na Justiça do Trabalho.

Art. 13. Os Tribunais Regionais do Trabalho, com sede, jurisdição e número definidos em lei, compõem-se de dois terços de juízes togados e vitalícios e um terço de juízes classistas e temporários, todos nomeados pelo Presidente da República, observada, quanto aos juízes togados, a proporcionalidade fixada no artigo 12 relativamente aos juízes de carreira, advogados e membros do Ministério Público da Justiça do Trabalho e, em relação aos juízes classistas, a proibição constante da parte final do artigo anterior.

► EC nº 24, de 9-12-1999, altera dispositivos da CF pertinentes à representação classista na Justiça do Trabalho.

Art. 14. As Juntas de Conciliação e Julgamento têm a sede, a jurisdição e a composição definidas em lei, assegurada a paridade de representação entre empregadores e trabalhadores, e inadmitida a recondução dos representantes classistas por mais de dois períodos de três anos.

► EC nº 24, de 9-12-1999, altera dispositivos da CF pertinentes à representação classista na Justiça do Trabalho.

§ 1º Nas comarcas onde não for instituída Junta de Conciliação e Julgamento, poderá a lei atribuir as suas funções aos juízes de direito.

► Arts. 668 e 669 da CLT.

§ 2º Poderão ser criados por lei outros órgãos da Justiça do Trabalho.

Art. 15. Os órgãos do Poder Judiciário da União (artigo 1º, I a VI) têm a organização e a competência definidas na Constituição, na lei e, quanto aos tribunais, ainda, no respectivo Regimento Interno.

Art. 16. Os Tribunais de Justiça dos Estados, com sede nas respectivas Capitais e jurisdição no território estadual, e os Tribunais de Alçada, onde forem criados, têm a composição, a organização e a competência estabelecidas na Constituição, nesta Lei, na legislação estadual e nos seus regimentos internos.

Parágrafo único. Nos Tribunais de Justiça com mais de vinte e cinco desembargadores, será constituído Órgão Especial, com o mínimo de onze e o máximo de vinte e cinco membros, para o exercício das atribuições administrativas e jurisdicionais, da competência do tribunal pleno, bem como para uniformização da jurisprudência no caso de divergência entre suas Seções.

Art. 17. Os juízes de direito, onde não houver juízes substitutos, e estes, onde os houver, serão nomeados mediante concurso público de provas e títulos.

§ 1º VETADO.

§ 2º Antes de decorrido o biênio do estágio, e desde que seja apresentada a proposta do tribunal ao Chefe do Poder Executivo, para o ato de exoneração, o juiz substituto ficará automaticamente afastado de suas funções e perderá o direito à vitaliciedade, ainda que o ato de exoneração seja assinado após o decurso daquele período.

§ 3º Os juízes de direito e os juízes substitutos têm a sede, a jurisdição e a competência fixadas em lei.

§ 4º Poderão os Estados instituir, mediante proposta do respectivo Tribunal de Justiça, ou Órgão Especial, juízes togados, com investidura limitada no tempo e competência para o julgamento de causas de pequeno valor e crimes a que não seja cominada pena de reclusão, bem como para a substituição dos juízes vitalícios.

§ 5º Podem, ainda, os Estados criar justiça de paz temporária, competente para o processo de habilitação e celebração de casamento.

Art. 18. São órgãos da Justiça Militar estadual os Tribunais de Justiça e os Conselhos de Justiça, cuja composição, organização e competência são definidas na Constituição e na lei.

Parágrafo único. Nos Estados de Minas Gerais, Paraná, Rio Grande do Sul e São Paulo, a segunda instância da Justiça Militar estadual é constituída pelo respectivo Tribunal Militar, integrado por oficiais do mais alto posto da Polícia Militar e por civis, sempre em número ímpar, excedendo os primeiros aos segundos em uma unidade.

Art. 19. O Tribunal de Justiça do Distrito Federal e dos Territórios, com sede na Capital da União, tem a composição, a organização e a competência estabelecidas em lei.

Art. 20. Os juízes de direito e os juízes substitutos da Justiça do Distrito Federal e dos Territórios, vitalícios após dois anos de exercício, investidos mediante concurso público de provas e títulos, e os juízes togados temporários, todos nomeados pelo Presidente da República, têm a sede, a jurisdição e a competência prescritas em lei.

CAPÍTULO II
DOS TRIBUNAIS

Art. 21. Compete aos tribunais, privativamente:

I – eleger seus presidentes e demais titulares de sua direção, observado o disposto na presente Lei;

II – organizar seus serviços auxiliares, provendo-lhes os cargos, na forma da lei; propor ao Poder Legislativo a criação ou a extinção de cargos e a fixação dos respectivos vencimentos;

III – elaborar seus regimentos internos e neles estabelecer, observada esta Lei, a competência de suas câmaras ou turmas isoladas, grupos, seções ou outros órgãos com funções jurisdicionais ou administrativas;

IV – conceder licença e férias, nos termos da lei, aos seus membros e aos juízes e serventuários que lhes são imediatamente subordinados;

V – exercer a direção e a disciplina dos órgãos e serviços que lhes forem subordinados;

VI – julgar, originariamente, os mandados de segurança contra seus atos, os dos respectivos Presidentes e os de suas Câmaras, Turmas ou Seções.

► Súm. nº 624 do STF.

► Súm. nº 376 do STJ.

CAPÍTULO III
DOS MAGISTRADOS

Art. 22. São vitalícios:

I – a partir da posse:

a) os Ministros do Supremo Tribunal Federal;

b) os Ministros do Tribunal Federal de Recursos;

c) os Ministros do Superior Tribunal Militar;

d) os Ministros e juízes togados do Tribunal Superior do Trabalho e dos Tribunais Regionais do Trabalho;

e) os desembargadores, os juízes dos Tribunais de Alçada e dos Tribunais de segunda instância da Justiça Militar dos Estados;

► Art. 4º da EC nº 45, de 8-12-2004, que determina a extinção dos Tribunais de Alçada.

II – após dois anos de exercício:

a) os juízes federais;

b) os juízes auditores e juízes auditores substitutos da Justiça Militar da União;

c) os juízes do Trabalho Presidentes de Junta de Conciliação e Julgamento e os juízes do Trabalho substitutos;

▸ EC nº 24, de 9-12-1999, altera dispositivos da CF pertinentes à representação classista na Justiça do Trabalho.

d) os juízes de direito e os juízes substitutos da Justiça dos Estados, do Distrito Federal e dos Territórios, bem assim os juízes auditores da Justiça Militar dos Estados.

§ 1º Os juízes mencionados no inciso II deste artigo, mesmo que não hajam adquirido a vitaliciedade, não poderão perder o cargo senão por proposta do Tribunal ou do Órgão Especial competente, adotada pelo voto de dois terços de seus membros efetivos.

§ 2º Os juízes a que se refere o inciso II deste artigo, mesmo que não hajam adquirido a vitaliciedade, poderão praticar todos os atos reservados por lei aos juízes vitalícios.

Art. 23. Os juízes e membros de tribunais e Juntas Eleitorais, no exercício de suas funções e no que lhes for aplicável, gozarão de plenas garantias e serão inamovíveis.

Art. 24. O juiz togado, de investidura temporária (artigo 17, § 4º), poderá ser demitido, em caso de falta grave, por proposta do tribunal ou do órgão especial, adotada pelo voto de dois terços de seus membros efetivos.

Parágrafo único. O *quorum* de dois terços de membros efetivos do Tribunal, ou de seu Órgão Especial, será apurado em relação ao número de desembargadores em condições legais de votar, como tal se considerando os não atingidos por impedimento ou suspeição e os não licenciados por motivo de saúde.

TÍTULO II – DAS GARANTIAS DA MAGISTRATURA E DAS PRERROGATIVAS DO MAGISTRADO

CAPÍTULO I – DAS GARANTIAS DA MAGISTRATURA

Seção I – DA VITALICIEDADE

Art. 25. Salvo as restrições expressas na Constituição, os magistrados gozam das garantias de vitaliciedade, inamovibilidade e irredutibilidade de vencimentos.

Art. 26. O magistrado vitalício somente perderá o cargo (VETADO):

I – em ação penal por crime comum ou de responsabilidade;

II – em procedimento administrativo para a perda do cargo nas hipóteses seguintes:

a) exercício, ainda que em disponibilidade, de qualquer outra função, salvo um cargo de magistério superior, público ou particular;

b) recebimento, a qualquer título e sob qualquer pretexto, de percentagens ou custas nos processos sujeitos a seu despacho e julgamento;

c) exercício de atividade político-partidária.

§ 1º O exercício de cargo de magistério superior, público ou particular, somente será permitido se houver correlação de matérias e compatibilidade de horários, vedado, em qualquer hipótese, o desempenho de função de direção administrativa ou técnica de estabelecimento de ensino.

§ 2º Não se considera exercício do cargo o desempenho de função docente em curso oficial de preparação para judicatura ou aperfeiçoamento de magistrados.

Art. 27. O procedimento para a decretação da perda do cargo terá início por determinação do tribunal, ou do seu Órgão Especial, a que pertença ou esteja subordinado o magistrado, de ofício ou mediante representação fundamentada do Poder Executivo ou Legislativo, do Ministério Público ou do Conselho Federal ou Secional da Ordem dos Advogados do Brasil.

§ 1º Em qualquer hipótese, a instauração do processo proceder-se-á da defesa prévia do magistrado, no prazo de quinze dias, contado da entrega da cópia do teor da acusação e das provas existentes, que lhe remeterá o Presidente do Tribunal, mediante ofício, nas quarenta e oito horas imediatamente seguintes à apresentação da acusação.

§ 2º Findo o prazo da defesa prévia, haja ou não sido apresentada, o Presidente, no dia útil imediato, convocará o tribunal ou o seu Órgão Especial para que, em sessão secreta, decida sobre a instauração do processo, e, caso determinada esta, no mesmo dia distribuirá o feito e fará entregá-lo ao relator.

§ 3º O tribunal ou o seu Órgão Especial, na sessão em que ordenar a instauração do processo, como no curso dele, poderá afastar o magistrado do exercício das suas funções, sem prejuízo dos vencimentos e das vantagens, até a decisão final.

§ 4º As provas requeridas e deferidas, bem como as que o Relator determinar de ofício, serão produzidas no prazo de vinte dias, cientes o Ministério Público, o magistrado ou o procurador por ele constituído, a fim de que possam delas participar.

§ 5º Finda a instrução, o Ministério Público e o magistrado ou seu Procurador terão, sucessivamente, vista dos autos por dez dias, para razões.

§ 6º O julgamento será realizado em sessão secreta do Tribunal ou de seu Órgão Especial, depois de relatório oral, e a decisão no sentido da penalização do magistrado só será tomada pelo voto de dois terços dos membros do colegiado, em escrutínio secreto.

§ 7º Da decisão publicar-se-á somente a conclusão.

§ 8º Se a decisão concluir pela perda do cargo, será comunicada, imediatamente, ao Poder Executivo, para a formalização do ato.

Art. 28. O magistrado vitalício poderá ser compulsoriamente aposentado ou posto em disponibilidade, nos termos da Constituição e da presente Lei.

Art. 29. Quando, pela natureza ou gravidade da infração penal, se torne aconselhável o recebimento de denúncia ou de queixa contra magistrado, o tribunal, ou seu Órgão Especial, poderá, em decisão tomada pelo voto de dois terços de seus membros, determinar o afastamento do cargo do magistrado denunciado.

Seção II – DA INAMOVIBILIDADE

Art. 30. O juiz não poderá ser removido ou promovido senão com seu assentimento, manifestado na forma da lei, ressalvado o disposto no artigo 45, I.

Art. 31. Em caso de mudança da sede do juízo será facultado ao juiz remover-se para ela ou para comarca de igual entrância, ou obter a disponibilidade com vencimentos integrais.

Seção III – DA IRREDUTIBILIDADE DE VENCIMENTOS

Art. 32. Os vencimentos dos magistrados são irredutíveis, sujeitos, entretanto, aos impostos gerais, inclusive o de renda, e aos impostos extraordinários.

Parágrafo único. A irredutibilidade dos vencimentos dos magistrados não impede os descontos fixados em lei, em base igual à estabelecida para os servidores públicos, para fins previdenciários.

CAPÍTULO II – DAS PRERROGATIVAS DO MAGISTRADO

Art. 33. São prerrogativas do magistrado:

I – ser ouvido como testemunha em dia, hora e local previamente ajustados com a autoridade ou juiz de instância igual ou inferior;

II – não ser preso senão por ordem escrita do Tribunal ou do Órgão Especial competente para o julgamento, salvo em flagrante de crime inafiançável, caso em que a autoridade fará imediata comunicação e apresentação do magistrado ao Presidente do Tribunal a que esteja vinculado (VETADO);

III – ser recolhido a prisão especial, ou a sala especial de Estado-Maior, por ordem e à disposição do Tribunal ou do Órgão Especial competente, quando sujeito a prisão antes do julgamento final;

IV – não estar sujeito a notificação ou a intimação para comparecimento, salvo se expedida por autoridade judicial;

V – portar arma de defesa pessoal.

▸ Dec. nº 10.030, de 30-9-2019 (Regulamento de Produtos Controlados).

Parágrafo único. Quando, no curso de investigação, houver indício da prática de crime por parte do magistrado, a autoridade policial, civil ou militar, remeterá os respectivos autos ao Tribunal ou Órgão Especial competente para o julgamento, a fim de que prossiga na investigação.

Art. 34. Os membros do Supremo Tribunal Federal, do Tribunal Federal de Recursos, do Superior Tribunal Militar, do Tribunal Superior Eleitoral e do Tribunal Superior do Trabalho têm o título de Ministro; os dos Tribunais de Justiça, o de desembargador; sendo o de juiz privativo dos integrantes dos outros Tribunais e da magistratura de primeira instância.

TÍTULO III – DA DISCIPLINA JUDICIÁRIA

CAPÍTULO I – DOS DEVERES DO MAGISTRADO

Art. 35. São deveres do magistrado:

I – cumprir e fazer cumprir, com independência, serenidade e exatidão, as disposições legais e os atos de ofício;

II – não exceder injustificadamente os prazos para sentenciar ou despachar;

III – determinar as providências necessárias para que os atos processuais se realizem nos prazos legais;

IV – tratar com urbanidade as partes, os membros do Ministério Público, os advogados, as testemunhas, os funcionários e auxiliares da justiça, e atender aos que o procurarem, a qualquer momento, quando se trate de providência que reclame e possibilite solução de urgência;

V – residir na sede da comarca, salvo autorização do órgão disciplinar a que estiver subordinado;

VI – comparecer pontualmente à hora de iniciar-se o expediente ou a sessão; e não se ausentar injustificadamente antes de seu término;

VII – exercer assídua fiscalização sobre os subordinados, especialmente no que se refere à cobrança de custas e emolumentos, embora não haja reclamação das partes;

VIII – manter conduta irrepreensível na vida pública e particular.

Art. 36. É vedado ao magistrado:

I – exercer o comércio ou participar de sociedade comercial, inclusive de economia mista, exceto como acionista ou quotista;

II – exercer cargo de direção ou técnico de sociedade civil, associação ou fundação, de qualquer natureza ou finalidade, salvo de associação de classe, e sem remuneração;

III – manifestar, por qualquer meio de comunicação, opinião sobre processo pendente de julgamento, seu ou de outrem, ou juízo depreciativo sobre despachos, votos ou sentenças, de órgãos judiciais, ressalvada a crítica nos autos e em obras técnicas ou no exercício do magistério.

Parágrafo único. VETADO.

Art. 37. Os tribunais farão publicar, mensalmente, no órgão oficial, dados estatísticos sobre seus trabalhos no mês anterior, entre os quais: o número de votos que cada um de seus membros, nominalmente indicado, proferiu como relator e revisor; o número de feitos que lhe foram distribuídos no mesmo período; o número de processos que recebeu em consequência de pedido de vista ou como revisor; a relação dos feitos que lhe foram conclusos para voto, despacho e lavratura de acórdão, ainda não devolvidos, embora decorridos os prazos legais, com as datas das respectivas conclusões.

Parágrafo único. Compete ao presidente do tribunal velar pela regularidade e pela exatidão das publicações.

Art. 38. Sempre que, encerrada a sessão, restarem em pauta ou em mesa mais de vinte feitos sem julgamento, o Presidente fará realizar uma ou mais sessões extraordinárias, destinadas ao julgamento daqueles processos.

Art. 39. Os juízes remeterão, até o dia 10 de cada mês, ao órgão corregedor competente de segunda instância, informação a respeito dos feitos em seu poder, cujos prazos para despacho ou decisão hajam sido excedidos, bem como indicação do número de sentenças proferidas no mês anterior.

CAPÍTULO II

DAS PENALIDADES

Art. 40. A atividade censória de Tribunais e Conselhos é exercida com o resguardo devido à dignidade e à independência do magistrado.

Art. 41. Salvo os casos de impropriedade ou excesso de linguagem, o magistrado não pode ser punido ou prejudicado pelas opiniões que manifestar ou pelo teor das decisões que proferir.

Art. 42. São penas disciplinares:

I – advertência;

II – censura;

III – remoção compulsória;

IV – disponibilidade com vencimentos proporcionais ao tempo de serviço;

V – aposentadoria compulsória com vencimentos proporcionais ao tempo de serviço;

VI – demissão.

Parágrafo único. As penas de advertência e de censura somente são aplicáveis aos juízes de primeira instância.

Art. 43. A pena de advertência aplicar-se-á reservadamente, por escrito, no caso de negligência no cumprimento dos deveres do cargo.

Art. 44. A pena de censura será aplicada reservadamente, por escrito, no caso de reiterada negligência no cumprimento dos deveres do cargo, ou no de procedimento incorreto, se a infração não justificar punição mais grave.

Parágrafo único. O juiz punido com a pena de censura não poderá figurar em lista de promoção por merecimento pelo prazo de um ano, contado da imposição da pena.

Art. 45. O Tribunal ou seu Órgão Especial poderá determinar, por motivo de interesse público, em escrutínio secreto e pelo voto de dois terços de seus membros efetivos:

I – a remoção de juiz de instância inferior;

II – a disponibilidade de membro do próprio Tribunal ou de juiz de instância inferior, com vencimentos proporcionais ao tempo de serviço.

Parágrafo único. Na determinação de *quorum* de decisão, aplicar-se-á o disposto no parágrafo único do artigo 24.

► A Res. nº 12, de 26-3-1990, do Senado Federal, suspende, de acordo com a decisão proferida pelo STF, em acórdão de 5-3-1986, a execução deste parágrafo único, nos termos do que dispõe o art. 52, X, da CF.

Art. 46. O procedimento para a decretação da remoção ou disponibilidade de magistrado obedecerá ao prescrito no artigo 27 desta Lei.

Art. 47. A pena de demissão será aplicada:

I – aos magistrados vitalícios, nos casos previstos no artigo 26, I e II;

II – aos juízes nomeados mediante concurso de provas e títulos, enquanto não adquirirem a vitaliciedade, e aos juízes togados temporários, em caso de falta grave, inclusive nas hipóteses previstas no artigo 56.

Art. 48. Os regimentos internos dos Tribunais estabelecerão o procedimento para a apuração de faltas puníveis com advertência ou censura.

CAPÍTULO III

DA RESPONSABILIDADE CIVIL DO MAGISTRADO

Art. 49. Responderá por perdas e danos o magistrado, quando:

I – no exercício de suas funções, proceder com dolo ou fraude;

II – recusar, omitir ou retardar, sem justo motivo, providência que deva ordenar de ofício, ou a requerimento das partes.

Parágrafo único. Reputar-se-ão verificadas as hipóteses previstas no inciso II somente depois que a parte, por intermédio do escrivão, requerer ao magistrado que determine a providência, e este não lhe atender o pedido dentro de dez dias.

CAPÍTULO IV

DO CONSELHO NACIONAL DA MAGISTRATURA

Art. 50. Ao Conselho Nacional da Magistratura cabe conhecer de reclamações contra membros de tribunais, podendo avocar processos disciplinares contra juízes de primeira instância e, em qualquer caso, determinar a disponibilidade ou a aposentadoria de uns e outros, com vencimentos proporcionais ao tempo de serviço.

Art. 51. Ressalvado o poder de avocação, a que se refere o artigo anterior, o exercício das atribuições específicas do Conselho Nacional da Magistratura não prejudica a competência disciplinar dos tribunais, estabelecida em lei, nem interfere nela.

Art. 52. A reclamação contra membro de tribunal será formulada em petição, devidamente fundamentada e acompanhada de elementos comprobatórios das alegações.

§ 1º A petição a que se refere este artigo deve ter firma reconhecida, sob pena de arquivamento liminar, salvo se assinada pelo Procurador-Geral da República, pelo presidente do Conselho Federal ou Seccional da Ordem dos Advogados do Brasil ou pelo Procurador-Geral da Justiça do Estado.

§ 2º Distribuída a reclamação, poderá o relator, desde logo, propor ao Conselho o arquivamento, se considerar manifesta a sua improcedência.

§ 3º Caso o relator não use da faculdade prevista no parágrafo anterior, mandará ouvir o reclamado, no prazo de quinze dias, a fim de que, por si ou por Procurador, alegue, querendo, o que entender conveniente a bem de seu direito.

§ 4º Com a resposta do reclamado, ou sem ela, deliberará o Conselho sobre o arquivamento ou a conveniência de melhor instrução do processo, fixando prazo para a produção de provas e para as diligências que determinar.

§ 5º Se desnecessárias outras provas ou diligências, e se o Conselho não concluir pelo arquivamento da reclamação, abrir-se-á vista para alegações, sucessivamente, pelo prazo de dez dias, ao reclamado, ou a seu advogado, e ao Procurador-Geral da República.

§ 6º O julgamento será realizado em sessão secreta do Conselho, com a presença de todos os seus membros, publicando-se somente a conclusão do acórdão.

§ 7º Em todos os atos e termos do processo, poderá o reclamado fazer-se acompanhar ou representar por advogado, devendo o Procurador-Geral da República oficiar neles como fiscal da lei.

Art. 53. A avocação de processo disciplinar contra juiz de instância inferior dar-se-á mediante representação fundamentada do Procurador-Geral da República, do presidente do Conselho Federal ou Seccional da Ordem dos Advogados do Brasil ou do Procurador-Geral da Justiça do Estado, oferecida dentro de sessenta dias da ciência da decisão disciplinar final do órgão a que estiver sujeito o juiz, ou, a qualquer tempo, se, decorridos mais de três meses do início do processo, não houver sido proferido o julgamento.

§ 1º Distribuída a representação, mandará o relator ouvir, em quinze dias, o juiz e o órgão disciplinar que proferiu a decisão ou que deveria havê-la proferido.

§ 2º Findo o prazo de quinze dias, com ou sem as informações, deliberará o Conselho Nacional da Magistratura sobre o arquivamento da representação ou a evocação do processo, procedendo-se, neste caso, na conformidade dos §§ 4º a 7º do artigo anterior.

Art. 54. O processo e o julgamento das representações e reclamações serão sigilosos, para resguardar a dignidade do magistrado, sem prejuízo de poder o relator delegar a instrução a juiz de posição funcional igual ou superior à do indiciado.

Art. 55. As reuniões do Conselho Nacional da Magistratura serão secretas, cabendo a um de seus membros, designado pelo presidente, lavrar-lhes as respectivas atas, das quais constarão os nomes dos juízes presentes e, em resumo, os processos apreciados e as decisões adotadas.

Art. 56. O Conselho Nacional da Magistratura poderá determinar a aposentadoria, com vencimentos proporcionais ao tempo de serviço, do magistrado:

I – manifestamente negligente no cumprimento dos deveres do cargo;

II – de procedimento incompatível com a dignidade, a honra e o decoro de suas funções;

III – de escassa ou insuficiente capacidade de trabalho, ou cujo proceder funcional seja incompatível com o bom desempenho das atividades do Poder Judiciário.

Art. 57. O Conselho Nacional da Magistratura poderá determinar a disponibilidade de magistrado, com vencimentos proporcionais ao tempo de serviço, no caso em que a gravidade das faltas a que se reporta o artigo anterior não justifique a decretação da aposentadoria.

§ 1º O magistrado, posto em disponibilidade por determinação do Conselho, somente poderá pleitear o seu aproveitamento, decorridos dois anos do afastamento.

§ 2º O pedido, devidamente instruído e justificado, acompanhado de parecer do tribunal competente, ou de seu Órgão Especial, será apreciado pelo Conselho Nacional da Magistratura, após parecer do Procurador-Geral da República. Deferido o pedido, o aproveitamento far-se-á a critério do tribunal ou seu Órgão Especial.

§ 3º Na hipótese deste artigo, o tempo de disponibilidade não será computado, senão para efeito de aposentadoria.

§ 4º O aproveitamento de magistrado, posto em disponibilidade nos termos do item IV do artigo 42 e do item II do artigo 45, observará as normas dos parágrafos deste artigo.

Art. 58. A aplicação da pena de disponibilidade ou aposentadoria será imediatamente comunicada ao presidente do tribunal a que pertencer ou a que estiver sujeito o magistrado, para imediato afastamento das suas funções. Igual comunicação far-se-á ao Chefe do Poder Executivo competente, a fim de que formalize o ato de declaração da disponibilidade ou aposentadoria do magistrado.

Art. 59. O Conselho Nacional da Magistratura, se considerar existente crime de ação pública, pelo que constar de reclamação ou representação, remeterá ao Ministério Público cópia das peças que entender necessárias ao oferecimento da denúncia ou à instauração de inquérito policial.

Art. 60. O Conselho Nacional da Magistratura estabelecerá, em seu regimento interno, disposições complementares das constantes deste Capítulo.

TÍTULO IV – DOS VENCIMENTOS, VANTAGENS E DIREITOS DOS MAGISTRADOS

CAPÍTULO I – DOS VENCIMENTOS E VANTAGENS PECUNIÁRIAS

Art. 61. Os vencimentos dos magistrados são fixados em lei, em valor certo, atendido o que estatui o artigo 32, parágrafo único.

Parágrafo único. À magistratura de primeira instância da União assegurar-se-ão vencimentos não inferiores a dois terços dos valores fixados para os membros de segunda instância respectiva, assegurados aos Ministros do Supremo Tribunal Federal vencimentos pelo menos iguais aos dos Ministros de Estado, e garantidos aos juízes vitalícios do mesmo grau de jurisdição iguais vencimentos.

Art. 62. Os Ministros militares e togados do Superior Tribunal Militar, bem como os Ministros do Tribunal Superior do Trabalho, têm vencimentos iguais aos dos Ministros do Tribunal Federal de Recursos.

Art. 63. Os vencimentos dos desembargadores dos Tribunais de Justiça dos Estados e do Tribunal de Justiça do Distrito Federal e dos Territórios não serão inferiores, no primeiro caso, aos dos secretários de Estado, e no segundo, aos dos secretários de Governo do Distrito Federal, não podendo ultrapassar, porém, os fixados para os Ministros do Supremo Tribunal Federal. Os juízes vitalícios dos Estados têm os seus vencimentos fixados com diferença não excedente a vinte por cento de uma para outra entrância, atribuindo-se aos da entrância mais elevada não menos de dois terços dos vencimentos dos desembargadores.

§ 1º Os juízes de direito da Justiça do Distrito Federal e dos Territórios têm seus vencimentos fixados em proporção não inferior a dois terços do que percebem os desembargadores e os juízes substitutos, da mesma justiça, em percentual não inferior a vinte por cento dos vencimentos daqueles.

§ 2º Para o efeito de equivalência e limite de vencimentos previstos neste artigo, são excluídas de cômputo apenas as vantagens de caráter pessoal ou de natureza transitória.

Art. 64. Os vencimentos dos magistrados estaduais serão pagos na mesma data fixada para o pagamento dos vencimentos dos secretários de Estado ou dos subsídios dos membros do Poder Legislativo, considerando-se que desatende às garantias do Poder Judiciário atraso que ultrapasse o décimo dia útil do mês seguinte ao vencimento.

Art. 65. Além dos vencimentos, poderão ser outorgados, aos magistrados, nos termos da lei, as seguintes vantagens:

I – ajuda de custo, para despesas de transporte e mudança;

II – ajuda de custo, para moradia, nas localidades em que não houver residência oficial à disposição do Magistrado;

III – salário-família;

IV – diárias;

V – representação;

VI – gratificação pela prestação de serviço à Justiça Eleitoral;

VII – gratificação pela prestação de serviço à Justiça do Trabalho, nas comarcas onde não forem instituídas Juntas de Conciliação e Julgamento;

VIII – gratificação adicional de cinco por cento por quinquênio de serviço, até o máximo de sete;

IX – gratificação de magistério, por aula proferida em curso oficial de preparação para a magistratura ou em Escola Oficial de Aperfeiçoamento de Magistrados (artigos 78, § 1º, e 87, § 1º), exceto quando receba remuneração específica para esta atividade;

X – gratificação pelo efetivo exercício em comarca de difícil provimento, assim definida e indicada em lei.

§ 1º A verba de representação, salvo quando concedida em razão do exercício de cargo em função temporária, integra os vencimentos para todos os efeitos legais.

§ 2º É vedada a concessão de adicionais ou vantagens pecuniárias não previstas na presente Lei, bem como em bases e limites superiores aos nela fixados.

§ 3º Caberá ao respectivo tribunal, para aplicação do disposto nos incisos I e II deste artigo, conceder ao magistrado auxílio-transporte em até vinte e cinco por cento, auxílio-moradia em até trinta por cento, calculados os respectivos percentuais sobre os vencimentos e cessando qualquer benefício indireto que, ao mesmo título, venha sendo recebido (VETADO).

▸ A Res. nº 31, de 27-4-1993, do Senado Federal, suspendeu por inconstitucionalidade a execução deste parágrafo.

CAPÍTULO II – DAS FÉRIAS

Art. 66. Os magistrados terão direito a férias anuais, por sessenta dias, coletivas ou individuais.

§ 1º Os membros dos Tribunais, salvo os dos Tribunais Regionais do Trabalho, que terão férias individuais, gozarão de férias coletivas, nos períodos de 2 a 31 de janeiro e de 2 a 31 de julho. Os juízes de primeiro grau gozarão de férias coletivas ou individuais, conforme dispuser a lei.

§ 2º Os tribunais iniciarão e encerrarão seus trabalhos, respectivamente, nos primeiro e último dias úteis de cada período, com a realização de sessão.

Art. 67. Se a necessidade do serviço judiciário lhes exigir a contínua presença nos Tribunais, gozarão de trinta dias consecutivos de férias individuais, por semestre:

I – os presidentes e vice-presidentes dos tribunais;

II – os corregedores;

III – os juízes das turmas ou câmaras de férias.

§ 1º As férias individuais não podem fracionar-se em períodos inferiores a trinta dias, e somente podem acumular-se, por imperiosa necessidade do serviço e pelo máximo de dois meses.

§ 2º É vedado o afastamento do Tribunal ou de qualquer de seus órgãos judicantes, em gozo de férias individuais, no mesmo período, de

LEGISLAÇÃO COMPLEMENTAR

juízes em número que possa comprometer o *quorum* de julgamento.

§ 3º As turmas ou câmaras de férias terão a composição e competência estabelecidas no regimento interno do tribunal.

Art. 68. Durante as férias coletivas, nos Tribunais em que não houver turma ou câmara de férias, poderá o presidente, ou seu substituto legal, decidir de pedidos de liminar em mandado de segurança, determinar liberdade provisória ou sustação de ordem de prisão, e demais medidas que reclamem urgência.

CAPÍTULO III
DAS LICENÇAS

Art. 69. Conceder-se-á licença:

I – para tratamento de saúde;
II – por motivo de doença em pessoa da família;
III – para repouso à gestante;
IV – VETADO.

Art. 70. A licença para tratamento de saúde por prazo superior a trinta dias, bem como as prorrogações que importem em licença por período ininterrupto, também superior a trinta dias, dependem de inspeção por junta médica.

Art. 71. O magistrado licenciado não pode exercer qualquer das suas funções jurisdicionais ou administrativas, nem exercitar qualquer função pública ou particular (VETADO).

§ 1º Os períodos de licenças concedidos aos magistrados não terão limites inferiores aos reconhecidos por lei ao funcionalismo da mesma pessoa de direito público.

§ 2º Salvo contraindicação médica, o magistrado licenciado poderá proferir decisões em processos que, antes da licença, lhe hajam sido conclusos para julgamento ou tenham recebido o seu visto como relator ou revisor.

CAPÍTULO IV
DAS CONCESSÕES

Art. 72. Sem prejuízo do vencimento, remuneração ou de qualquer direito ou vantagem legal, o magistrado poderá afastar-se de suas funções até oito dias consecutivos por motivo de:

I – casamento;
II – falecimento de cônjuge, ascendente, descendente ou irmão.

Art. 73. Conceder-se-á afastamento ao magistrado, sem prejuízo de seus vencimentos e vantagens:

I – para frequência a cursos ou seminários de aperfeiçoamento e estudos, a critério do tribunal ou de seu Órgão Especial, pelo prazo máximo de dois anos;
II – para a prestação de serviços, exclusivamente à Justiça Eleitoral;
III – para exercer a presidência de associação de classe.

CAPÍTULO V
DA APOSENTADORIA

Art. 74. A aposentadoria dos magistrados vitalícios será compulsória, aos setenta anos de idade ou por invalidez comprovada, e facultativa, após trinta anos de serviço público, com vencimentos integrais, ressalvado o disposto nos artigos 50 e 56.

Parágrafo único. Lei ordinária disporá sobre a aposentadoria dos juízes temporários de qualquer instância.

Art. 75. Os proventos da aposentadoria serão reajustados na mesma proporção dos aumentos de vencimentos concedidos, a qualquer título, aos magistrados em atividade.

Art. 76. Os tribunais disciplinarão, nos regimentos internos, o processo de verificação da invalidez do magistrado para o fim de aposentadoria, com a observância dos seguintes requisitos:

I – o processo terá início a requerimento do magistrado, por ordem do presidente do tribunal, de ofício, em cumprimento de deliberação do tribunal ou de seu Órgão Especial ou por provocação da Corregedoria de Justiça;
II – tratando-se de incapacidade mental, o presidente do tribunal nomeará curador ao paciente, sem prejuízo da defesa que este queira oferecer pessoalmente, ou por Procurador que constituir;
III – o paciente deverá ser afastado, desde logo, do exercício do cargo, até final decisão, devendo ficar concluído o processo no prazo de sessenta dias;
IV – a recusa do paciente em submeter-se a perícia médica permitirá o julgamento baseado em quaisquer outras provas;
V – o magistrado que, por dois anos consecutivos, afastar-se, ao todo, por seis meses ou mais, para tratamento de saúde, deverá submeter-se, ao requerer nova licença para igual fim, dentro de dois anos, a exame para verificação de invalidez;
VI – se o tribunal ou seu órgão especial concluir pela incapacidade do magistrado, comunicará imediatamente a decisão ao Poder Executivo, para os devidos fins.

Art. 77. Computar-se-á, para efeito de aposentadoria e disponibilidade, o tempo de exercício da advocacia, até o máximo de quinze anos, em favor dos Ministros do Supremo Tribunal Federal e dos membros dos demais tribunais que tenham sido nomeados para os lugares reservados a advogados, nos termos da Constituição Federal.

TÍTULO V – DA MAGISTRATURA DE CARREIRA

CAPÍTULO I
DO INGRESSO

Art. 78. O ingresso na magistratura de carreira dar-se-á mediante nomeação, após concurso público de provas e títulos, organizado e realizado com a participação do Conselho Seccional da Ordem dos Advogados do Brasil.

§ 1º A lei pode exigir dos candidatos, para a inscrição no concurso, título de habilitação em curso oficial de preparação para a magistratura.

§ 2º Os candidatos serão submetidos a investigação, relativa aos aspectos moral e social, e a exame de sanidade física e mental, conforme dispuser a lei.

§ 3º Serão indicados para nomeação, pela ordem de classificação, candidatos em número correspondente às vagas, mais dois, para cada vaga, sempre que possível.

Art. 79. O juiz, no ato da posse, deverá apresentar a declaração pública de seus bens, e prestará o compromisso de desempenhar com retidão as funções do cargo, cumprindo a Constituição e as leis.

CAPÍTULO II
DA PROMOÇÃO, DA REMOÇÃO E DO ACESSO

Art. 80. A lei regulará o processo de promoção, prescrevendo a observância dos critérios de antiguidade e de merecimento, alternadamente, e o da indicação dos candidatos à promoção por merecimento, em lista tríplice, sempre que possível.

§ 1º Na Justiça dos Estados:

I – apurar-se-ão na entrância a antiguidade e o merecimento, este em lista tríplice, sendo obrigatória a promoção do juiz que figurar pela quinta vez consecutiva em lista de merecimento; havendo empate na antiguidade, terá precedência o juiz mais antigo na carreira;
II – para efeito da composição da lista tríplice, o merecimento será apurado na entrância e aferido com prevalência de critérios de ordem objetiva, na forma do regulamento baixado pelo Tribunal de Justiça, tendo-se em conta a conduta do juiz, sua operosidade no exercício do cargo, número de vezes que tenha figurado na lista, tanto para entrância a prover, como para as anteriores, bem como o aproveitamento em cursos de aperfeiçoamento;
III – no caso de antiguidade, o Tribunal de Justiça, ou seu Órgão Especial, somente poderá recusar o juiz mais antigo pelo voto da maioria absoluta de seus membros, repetindo-se a votação até fixar-se a indicação;
IV – somente após dois anos de exercício na entrância, poderá o juiz ser promovido, salvo se não houver, com tal requisito, quem aceite o lugar vago, ou se forem recusados, pela maioria absoluta dos membros do Tribunal de Justiça, ou de seu Órgão Especial, candidatos que hajam completado o período.

§ 2º Aplica-se, no que couber, aos juízes togados da Justiça do Trabalho, o disposto no parágrafo anterior.

Art. 81. Na magistratura de carreira dos Estados, ao provimento inicial e à promoção por merecimento precederá a remoção.

§ 1º A remoção far-se-á mediante escolha pelo Poder Executivo, sempre que possível, de nome constante de lista tríplice organizada pelo Tribunal de Justiça e contendo os nomes dos candidatos com mais de dois anos de efetivo exercício na entrância.

§ 2º A juízo do Tribunal de Justiça, ou de seu Órgão Especial, poderá, ainda, ser provida, pelo mesmo critério fixado no parágrafo anterior, vaga decorrente de remoção, destinando-se a seguinte, obrigatoriamente, ao provimento por promoção.

Art. 82. Para cada vaga destinada ao preenchimento por promoção ou por remoção, abrir-se-á inscrição distinta, sucessivamente, com a indicação da comarca ou vara a ser provida.

Parágrafo único. Ultimado o preenchimento das vagas, se mais de uma deva ser provida por merecimento, a lista conterá número de juízes igual ao das vagas mais dois.

Art. 83. A notícia da ocorrência de vaga a ser preenchida, mediante promoção ou remoção, deve ser imediatamente veiculada pelo órgão oficial próprio, com a indicação, no caso de provimento através de promoção, das que devam ser preenchidas segundo o critério de antiguidade ou de merecimento.

Art. 84. O acesso de juízes federais ao Tribunal Federal de Recursos far-se-á por escolha do Presidente da República dentre os indicados em lista tríplice, elaborada pelo tribunal.

Art. 85. O acesso de juízes auditores e membros do Ministério Público da Justiça Militar ao Superior Tribunal Militar far-se-á por livre escolha do Presidente da República.

Art. 86. O acesso dos juízes do trabalho, presidentes de Juntas de Conciliação e Julgamento ao Tribunal Regional do Trabalho, e dos juízes do trabalho substitutos àqueles cargos, far-se-á, alternadamente, por antiguidade e por merecimento, este através de lista tríplice votada por juízes vitalícios do tribunal e encaminhada ao Presidente da República.

Art. 87. Na Justiça dos Estados e do Distrito Federal e dos Territórios, o acesso dos juízes de direito aos Tribunais de Justiça far-se-á, alternadamente, por antiguidade e merecimento.

§ 1º A lei poderá condicionar o acesso por merecimento aos tribunais, como a promoção por igual critério, à frequência, com aprovação, a curso ministrado por escola oficial de aperfeiçoamento de magistrados.

§ 2º O disposto no parágrafo anterior aplica-se ao acesso dos juízes federais ao Tribunal Federal de Recursos.

Art. 88. Nas promoções ou acessos, havendo mais de uma vaga a ser preenchida por merecimento, a lista conterá, se possível, número de magistrados igual ao das vagas mais dois para cada uma delas.

....

TÍTULO VII – DA JUSTIÇA DO TRABALHO

▸ Arts. 643 a 735 da CLT.

CAPÍTULO ÚNICO

Art. 91. Os cargos da magistratura do trabalho são os seguintes:

I – Ministro do Tribunal Superior do Trabalho;
II – Juiz do Tribunal Regional do Trabalho;
III – Juiz do trabalho presidente de Junta de Conciliação e Julgamento;
IV – Juiz do trabalho substituto.

Art. 92. O ingresso na magistratura do trabalho dar-se-á no cargo de juiz do trabalho substituto.

Art. 93. Aplica-se à Justiça do Trabalho, inclusive quanto à convocação de Juiz de Tribunal Regional do Trabalho para substituir Ministro do Tribunal Superior do Trabalho, o disposto no artigo 118 desta Lei.

Parágrafo único. O sorteio, para efeito de substituição nos Tribunais Regionais do Trabalho, será feito entre os juízes presidentes de Junta de Conciliação e Julgamento da sede da Região respectiva.

Art. 94. Aos cargos de direção do Tribunal Superior do Trabalho e dos Tribunais Regionais do Trabalho aplica-se o disposto no artigo 102 e seu parágrafo único.

TÍTULO VIII – DA JUSTIÇA DOS ESTADOS

CAPÍTULO I – DA ORGANIZAÇÃO JUDICIÁRIA

Art. 95. Os Estados organizarão a sua justiça com observância do disposto na Constituição Federal e na presente Lei.

Art. 96. Para a administração da justiça, a lei dividirá o território do Estado em comarcas, podendo agrupá-las em circunscrição e dividi-las em distritos.

Art. 97. Para a criação, extinção e classificação de comarcas, a legislação estadual estabelecerá critérios uniformes, levando em conta:

I – a extensão territorial;
II – o número de habitantes;
III – o número de eleitores;
IV – a receita tributária;
V – o movimento forense.

§ 1º Os critérios a serem fixados, conforme previsto no *caput* deste artigo, deverão orientar, conforme índices também estabelecidos em lei estadual, o desdobramento de juízos ou a criação de novas varas, nas comarcas de maior importância.

§ 2º Os índices mínimos estabelecidos em lei poderão ser dispensados, para efeito do disposto no *caput* deste artigo, em relação a município com precários meios de comunicação.

Art. 98. Quando o regular exercício das funções do Poder Judiciário for impedido por falta de recursos decorrentes de injustificada redução de sua proposta orçamentária, ou pela não satisfação oportuna das dotações que lhe correspondem, caberá ao Tribunal de Justiça, pela maioria absoluta de seus membros, solicitar ao Supremo Tribunal Federal a intervenção da União no Estado.

CAPÍTULO II – DOS TRIBUNAIS DE JUSTIÇA

Art. 99. Compõem o Órgão Especial a que se refere o parágrafo único do artigo 16 o Presidente, o Vice-Presidente do Tribunal de Justiça e o Corregedor da Justiça, que exercerão nele iguais funções, os desembargadores, de maior antiguidade no cargo, respeitada a representação de advogados e membros do Ministério Público, e inadmitida a recusa do encargo.

§ 1º Na composição do Órgão Especial observar-se-á, tanto quanto possível, a representação, em número paritário, de todas as Câmaras, Turmas ou Seções especializadas.

§ 2º Os desembargadores não integrantes do Órgão Especial, observada a ordem decrescente de antiguidade, poderão ser convocados pelo Presidente para substituir os que o componham, nos casos de afastamento ou impedimento.

Art. 100. Na composição de qualquer Tribunal, um quinto dos lugares será preenchido por advogados, em efetivo exercício da profissão, e membros do Ministério Público, todos de notório merecimento e idoneidade moral, com dez anos, pelo menos, de prática forense.

§ 1º Os lugares reservados a membros do Ministério Público ou advogados serão preenchidos, respectivamente, por membros do Ministério Público ou por advogados, indicados em lista tríplice pelo Tribunal de Justiça ou seu Órgão Especial.

§ 2º Nos tribunais em que for ímpar o número de vagas destinadas ao quinto constitucional, uma delas será, alternada e sucessivamente, preenchida por advogado e por membro do Ministério Público, de tal forma que, também sucessiva e alternadamente, os representantes de uma dessas classes superem os da outra em uma unidade.

§ 3º Nos Estados em que houver Tribunal de Alçada, constitui este, para efeito de acesso ao Tribunal de Justiça, a mais alta entrância da magistratura estadual.

▸ Art. 4º da EC nº 45, de 8-12-2004, que determina a extinção dos Tribunais de Alçada.

§ 4º Os juízes que integrem os Tribunais de Alçada somente concorrerão às vagas no Tribunal de Justiça correspondente à classe dos magistrados.

▸ Art. 4º da EC nº 45, de 8-12-2004, que determina a extinção dos Tribunais de Alçada.

§ 5º Não se consideram membros do Ministério Público, para preenchimento de vagas nos tribunais, os juristas estranhos à carreira, nomeados em comissão para o cargo de Procurador-Geral ou outro de chefia.

Art. 101. Os Tribunais compor-se-ão de Câmaras ou Turmas, especializadas ou agrupadas em Seções especializadas. A composição e competência das Câmaras ou Turmas serão fixadas na lei e no regimento interno.

§ 1º Salvo nos casos de embargos infringentes ou de divergência, do julgamento das Câmaras ou Turmas participarão apenas três dos seus membros, se maior o número de composição de umas ou outras.

§ 2º As seções especializadas serão integradas, conforme disposto no Regimento Interno, pelas Turmas ou Câmaras da respectiva área de especialização.

§ 3º A cada uma das Seções caberá processar e julgar:

a) os embargos infringentes ou de divergência das decisões das Turmas da respectiva área de especialização;
b) os conflitos de jurisdição relativamente às matérias das respectivas áreas de especialização;
c) a uniformização da jurisprudência, quando ocorrer divergência na interpretação do direito entre as Turmas que a integram;
d) os mandados de segurança contra ato de juiz de direito;
e) as revisões criminais e as ações rescisórias dos julgamentos de primeiro grau, da própria Seção ou das respectivas Turmas.

§ 4º Cada Câmara, Turma ou Seção especializada funcionará como Tribunal distinto das demais, cabendo ao Tribunal Pleno, ou ao seu Órgão Especial, onde houver, o julgamento dos feitos que, por lei, excedam a competência de Seção.

Art. 102. Os Tribunais, pela maioria dos seus membros efetivos, por votação secreta, elegerão dentre seus juízes mais antigos, em número correspondente ao dos cargos de direção, os titulares destes, com mandato por dois anos, proibida a reeleição. Quem tiver exercido quaisquer cargos de direção por quatro anos, ou o de Presidente, não figurará mais entre os elegíveis, até que se esgotem todos os nomes, na ordem de antiguidade. É obrigatória a aceitação do cargo, salvo recusa manifestada e aceita antes da eleição.

Parágrafo único. O disposto neste artigo não se aplica ao juiz eleito, para completar período de mandato inferior a um ano.

Art. 103. O Presidente e o Corregedor da Justiça não integrarão as Câmaras ou Turmas. A lei estadual poderá estender a mesma proibição também aos Vice-Presidentes.

§ 1º Nos Tribunais com mais de trinta desembargadores a lei de organização judiciária poderá prever a existência de mais de um vice-presidente, com as funções que a lei e o regimento interno determinarem, observado quanto a eles, inclusive, o disposto no *caput* deste artigo.

§ 2º Nos Estados com mais de cem comarcas e duzentas varas, poderá haver até dois Corregedores, com as funções que a lei e o Regimento Interno determinarem.

Art. 104. Haverá nos Tribunais de Justiça um Conselho de Magistratura, com função disciplinar, do qual serão membros natos o Presidente, o Vice-Presidente e o Corregedor, não devendo, tanto quanto possível, seus demais integrantes ser escolhidos dentre os outros do respectivo Órgão Especial, onde houver. A composição, a competência e o funcionamento desse Conselho, que terá como órgão superior o Tribunal Pleno ou o Órgão Especial, serão estabelecidos no regimento interno.

Art. 105. A lei estabelecerá o número mínimo de comarcas a serem visitadas, anualmente, pelo Corregedor, em correição geral ordinária, sem prejuízo das correições extraordinárias, gerais ou parciais, que entenda fazer, ou haja de realizar por determinação do Conselho da Magistratura.

Art. 106. Dependerá de proposta do Tribunal de Justiça, ou de seu Órgão Especial, a alteração numérica dos membros do próprio Tribunal ou dos Tribunais inferiores de segunda instância e dos juízes de direito de primeira instância.

§ 1º Somente será majorado o número de membros do Tribunal se o total de processos distribuídos e julgados, durante o ano anterior, superar o índice de trezentos feitos por juiz.

§ 2º Se o total de processos judiciais distribuídos no Tribunal de Justiça, durante o ano anterior, superar o índice de seiscentos feitos por juiz e não for proposto o aumento de número de desembargadores, o acúmulo de serviços não excluirá a aplicação das sanções previstas nos artigos 56 e 57 desta Lei.

§ 3º Para efeito do cálculo a que se referem os parágrafos anteriores, não serão computados os membros do Tribunal que, pelo exercício de cargos de direção, não integrarem as Câmaras, Turmas ou Seções, ou que, integrando-as, nelas não servirem como relator ou revisor.

§ 4º Elevado o número de membros do Tribunal de Justiça ou o dos Tribunais inferiores de segunda instância, ou neles ocorrendo vaga, serão previamente aproveitados os em disponibilidade, salvo o disposto no § 2º do artigo 202 da Constituição Federal e no § 1º do artigo 57 desta Lei, nas vagas reservadas aos magistrados.

§ 5º No caso do parágrafo anterior, havendo mais de um concorrente à mesma vaga, terá preferência o de maior tempo de disponibilidade, e, sendo este o mesmo, o de maior antiguidade, sucessivamente, na substituição e no cargo.

Art. 107. É vedada a convocação ou designação de juiz para exercer cargo ou função nos Tribunais, ressalvada a substituição ocasional de seus integrantes (artigo 118).

CAPÍTULO III
DOS TRIBUNAIS DE ALÇADA

▸ Art. 4º da EC nº 45, de 8-12-2004, que determina a extinção dos Tribunais de Alçada.

Art. 108. Poderão ser criados nos Estados, mediante proposta dos respectivos Tribunais de Justiça, Tribunais inferiores de segunda instância, denominados Tribunais de Alçada, observados os seguintes requisitos:

I – ter o Tribunal de Justiça número de desembargadores igual ou superior a trinta;

II – haver o número de processos distribuídos no Tribunal de Justiça, nos dois últimos anos, superado o índice de trezentos feitos por desembargador, em cada ano;

III – limitar-se a competência do Tribunal de Alçada, em matéria cível, a recursos:

a) em quaisquer ações relativas à locação de imóveis, bem assim nas possessórias;

b) nas ações relativas à matéria fiscal da competência dos municípios;

c) nas ações de acidentes do trabalho;

d) nas ações de procedimento sumaríssimo, em razão da matéria;

e) nas execuções por título extrajudicial, exceto as relativas à matéria fiscal da competência dos Estados;

IV – limitar-se a competência do Tribunal de Alçada, em matéria penal, a *habeas corpus* e recursos:

a) nos crimes contra o patrimônio, seja qual for a natureza da pena cominada;

b) nas demais infrações a que não seja cominada pena de reclusão, isolada, cumulativa ou alternativamente, excetuados os crimes ou contravenções relativas a tóxicos ou entorpecentes, e a falência.

Parágrafo único. Nos Estados em que houver mais de um Tribunal de Alçada, caberá privativamente a um deles, pelo menos, exercer a competência prevista no inciso IV deste artigo.

Art. 109. Nos casos de conexão ou continência entre ações de competência do Tribunal de Justiça e do Tribunal de Alçada, prorrogar-se-á a do primeiro, o mesmo ocorrendo quando, em matéria penal, houver desclassificação para crime de competência do último.

Art. 110. Os Tribunais de Alçada terão jurisdição na totalidade ou em parte do território do Estado, e sede na Capital ou em cidade localizada na área de sua jurisdição.

Parágrafo único. Aplica-se, no que couber, aos Tribunais de Alçada, o disposto nos artigos 100, *caput*, §§ 1º, 2º e 5º, 101 e 102.

Art. 111. Nos Estados com mais de um Tribunal de Alçada é assegurado aos seus juízes o direito de remoção de um para outro tribunal, mediante prévia aprovação do Tribunal de Justiça, observado o quinto constitucional.

CAPÍTULO IV
DA JUSTIÇA DE PAZ

Art. 112. A Justiça de Paz temporária, criada por lei, mediante proposta do Tribunal de Justiça, tem competência somente para o processo de habilitação e a celebração do casamento.

§ 1º O juiz de paz será nomeado pelo Governador, mediante escolha em lista tríplice, organizada pelo presidente do Tribunal de Justiça, ouvido o juiz de direito da comarca, e composta de eleitores residentes no distrito, não pertencentes a órgão de direção ou de ação de partido político. Os demais nomes constantes da lista tríplice serão nomeados primeiro e segundo suplentes.

§ 2º O exercício efetivo da função de juiz de paz constitui serviço público relevante e assegurará prisão especial, em caso de crime comum, até definitivo julgamento.

§ 3º Nos casos de falta, ausência ou impedimento do juiz de paz e de seus suplentes, caberá ao juiz de direito da comarca a nomeação de juiz de paz *ad hoc*.

Art. 113. A impugnação à regularidade do processo de habilitação matrimonial e a contestação a impedimento oposto serão decididas pelo juiz de direito.

TÍTULO IX – DA SUBSTITUIÇÃO NOS TRIBUNAIS

Art. 114. O Presidente do Tribunal é substituído pelo Vice-Presidente, e este e o Corregedor, pelos demais membros, na ordem decrescente de antiguidade.

Art. 115. *Revogado.* LC nº 54, de 22-12-1986.

Art. 116. Quando o afastamento for por período igual ou superior a três dias, serão redistribuídos, mediante oportuna compensação, os *habeas corpus*, os mandados de segurança e os feitos que, consoante fundada alegação do interessado, reclamem solução urgente. Em caso de vaga, ressalvados esses processos, os demais serão atribuídos ao nomeado para preenchê-la.

Art. 117. Para compor o *quorum* de julgamento, o magistrado, nos casos de ausência ou impedimento eventual, será substituído por outro da mesma Câmara ou Turma, na ordem de antiguidade, ou, se impossível, de outra, de preferência da mesma Seção especializada, na forma prevista no regimento interno. Na ausência de critérios objetivos, a convocação far-se-á mediante sorteio público, realizado pelo Presidente da Câmara, Turma ou Seção especializada.

Art. 118. Em caso de vaga ou afastamento, por prazo superior a trinta dias, de membro dos Tribunais Superiores, dos Tribunais Regionais, dos Tribunais de Justiça e dos Tribunais de Alçada, (VETADO) poderão ser convocados juízes, em substituição (VETADO) escolhidos (VETADO) por decisão da maioria absoluta do Tribunal respectivo, ou, se houver, de seu Órgão Especial.

▸ Art. 4º da EC nº 45, de 8-12-2004, que determina a extinção dos Tribunais de Alçada.

§ 1º A convocação far-se-á mediante sorteio público dentre:

I – os juízes federais, para o Tribunal Federal de Recursos;

II – o Corregedor e juízes auditores, para a substituição de Ministro togado do Superior Tribunal Militar;

III – os juízes da comarca da Capital, para os Tribunais de Justiça dos Estados onde não houver Tribunal de Alçada e, onde houver, dentre os membros deste, para os Tribunais de Justiça, e dentre os juízes da comarca da sede do Tribunal de Alçada, para o mesmo;

▸ Art. 4º da EC nº 45, de 8-12-2004, que determina a extinção dos Tribunais de Alçada.

IV – os juízes de direito do Distrito Federal, para o Tribunal de Justiça do Distrito Federal e dos Territórios;

V – os juízes Presidentes de Junta de Conciliação e Julgamento da sede da Região para os Tribunais Regionais do Trabalho.

§ 2º Não poderão ser convocados juízes punidos com as penas previstas no artigo 42, I, II, III e IV, nem os que estejam respondendo ao procedimento previsto no artigo 27.

§ 3º A convocação de Juiz de Tribunal do Trabalho, para substituir Ministro do Tribunal Superior do Trabalho, obedecerá ao disposto neste artigo.

§ 4º Em nenhuma hipótese, salvo vacância do cargo, haverá redistribuição de processos aos juízes convocados.

Art. 119. A redistribuição de feitos, a substituição nos casos de ausência ou impedimento eventual e a convocação para completar *quorum* de julgamento não autorizam a concessão de qualquer vantagem, salvo diárias e transporte, se for o caso.

TÍTULO X – DISPOSIÇÕES FINAIS E TRANSITÓRIAS

Art. 120. Os regimentos internos dos tribunais disporão sobre a devolução e julgamento dos feitos, no sentido de que, ressalvadas as preferências legais, se obedeça tanto quanto possível, na organização das pautas, a igualdade numérica entre os processos em que o juiz funcione como relator e revisor.

Art. 121. Nos julgamentos, o pedido de vista não impede votem os juízes que se tenham por habilitados a fazê-lo, e o juiz que o formular restituirá os autos ao Presidente dentro em dez dias, no máximo, contados do dia do pedido, devendo prosseguir o julgamento do feito na primeira sessão subsequente a este prazo.

Art. 122. Os Presidentes e Vice-Presidentes de Tribunal, assim como os Corregedores, não poderão participar de Tribunal Eleitoral.

Art. 123. Poderão ter seus mandatos prorrogados, por igual período, o Presidente, o Vice-Presidente e o Corregedor que, por força de disposição regimental, estejam, na data da publicação desta Lei, cumprindo mandato de um ano.

Art. 124. O Magistrado que for convocado para substituir, em primeira ou segunda instância, perceberá a diferença de vencimentos correspondentes ao cargo que passa a exercer, inclusive diárias e transporte, se for o caso.

▸ Artigo com a redação dada pela LC nº 54, de 22-12-1986.

Art. 125. O Presidente do Tribunal, de comum acordo com o Vice-Presidente, poderá delegar-lhe atribuições.

Art. 126. O Conselho da Justiça Federal compõe-se do Presidente e do Vice-Presidente do Tribunal Federal de Recursos, e de mais três ministros eleitos pelo Tribunal, com mandato de dois anos.

Parágrafo único. O Tribunal Federal de Recursos ao eleger os três ministros que integrarão o Conselho, indicará, dentre eles, o Corregedor Geral, bem como elegerá os respectivos suplentes.

Art. 127. Nas Justiças da União, dos Estados e do Distrito Federal e dos Territórios, poderão existir outros órgãos com funções disciplinares e de correição, nos termos da lei, ressalvadas as competências dos previstos nesta.

Art. 128. Nos tribunais, não poderão ter assento na mesma Turma, Câmara ou Seção, cônjuges e parentes consanguíneos ou afins em linha reta, bem como em linha colateral até o terceiro grau.

Parágrafo único. Nas sessões do Tribunal Pleno ou órgão que o substituir, onde houver, o primeiro dos membros mutuamente impedidos, que votar, excluirá a participação do outro no julgamento.

Art. 129. O magistrado, pelo exercício em órgão disciplinar ou de correição, nenhuma vantagem pecuniária perceberá, salvo transporte e diária para alimentação e pousada, quando se deslocar de sua sede.

Art. 130. *Revogado*. LC nº 37, de 13-11-1979.

Art. 131. Ao magistrado que responder a processo disciplinar, findo este, dar-se-á certidão de suas peças, se o requerer.

Art. 132. Aplicam-se à Justiça do Distrito Federal e dos Territórios, no que couber, as normas referentes à Justiça dos Estados.

Art. 133. O Presidente do Supremo Tribunal Federal adotará as providências necessárias à instalação do Conselho Nacional da Magistratura no prazo de trinta dias, contado da entrada em vigor desta Lei.

Art. 134. Concluídas as instalações que possam atender à nova composição do Tribunal Federal de Recursos, serão preenchidos oito cargos de Ministro, para completar o número de vinte e sete, nos termos do artigo 4º, devendo o Presidente do Tribunal, no prazo de trinta dias, tornar efetiva a reorganização determinada nesta Lei e promover a adaptação do regimento interno às regras nela estabelecidas.

Parágrafo único. As disposições dos artigos 115 e 118 da Lei Complementar nº 35, de 14-3-1979, não se aplicarão ao Tribunal Federal de Recursos, enquanto não forem preenchidos os oito cargos de ministro, para completar o número de vinte e sete, nos termos previstos neste artigo.

Art. 135. O mandato dos membros do Conselho Nacional da Magistratura eleitos no prazo do artigo anterior, com início na data de sua eleição, terminará juntamente com o do Presidente e do Vice-Presidente do Supremo Tribunal Federal eleitos em substituição aos atuais.

Art. 136. Para efeito do aumento do número de desembargadores, previsto no artigo 106, § 1º, poderá ser computado o número de processos distribuídos durante o ano anterior, e que, por força desta Lei, passaram à competência dos Tribunais de Justiça.

Art. 137. Os cargos de desembargadores criados após a promulgação da Emenda Constitucional nº 7, de 13 de abril de 1977, e ainda não providos à data da vigência desta Lei, somente o serão uma vez satisfeito o requisito constante no artigo 106, § 1º.

Art. 138. Aos juízes togados, nomeados mediante concurso de provas e ainda sujeitos a concurso de títulos consoante as legislações estaduais, computar-se-á, no período de dois anos de estágio para aquisição da vitaliciedade, o tempo de exercício anterior a 13 de abril de 1977.

Art. 139. Dentro de seis meses, contados da vigência desta Lei, os Estados adaptarão sua organização judiciária aos preceitos nela estabelecidos e aos constantes da Constituição Federal.

§ 1º Nos Estados em que houver Tribunal de Alçada, os Tribunais de Justiça observarão, quanto à competência, o disposto no artigo 108, III e IV.

▸ Art. 4º da EC nº 45, de 8-12-2004, que determina a extinção dos Tribunais de Alçada.

§ 2º Os Tribunais de Justiça e os de Alçada conservarão, residualmente, sua competência, para o processo e julgamento dos feitos e recursos que houverem sido entregues, nas respectivas Secretarias, até a data da entrada em vigor da lei estadual de adaptação prevista no artigo 202 da Constituição, ainda que não tenham sido registrados ou autuados.

▸ Art. 4º da EC nº 45, de 8-12-2004, que determina a extinção dos Tribunais de Alçada.

Art. 140. Vencido o prazo do artigo anterior, ficarão extintos os cargos de juiz substituto de segunda instância, qualquer que seja a sua denominação, e seus ocupantes, em disponibilidade, com vencimentos integrais até serem aproveitados.

§ 1º O aproveitamento far-se-á por promoção, ao Tribunal de Justiça ou ao Tribunal de Alçada, conforme o caso, respeitado o quinto constitucional, alternadamente, pelos critérios de antiguidade e merecimento, e, enquanto não for possível, nas varas da comarca da Capital, de entrância igual à dos ocupantes dos cargos extintos.

▸ Art. 4º da EC nº 45, de 8-12-2004, que determina a extinção dos Tribunais de Alçada.

§ 2º No Estado do Rio de Janeiro, nas primeiras vagas que ocorrerem ou vierem a ser criadas no Tribunal de Justiça, ressalvada a faculdade do Governador, de prévio aproveitamento dos atuais desembargadores em disponibilidade (Emenda Constitucional nº 7, art. 202, § 2º) e observado o quinto constitucional, serão aproveitados os atuais juízes de direito substitutos de desembargador, sem prejuízo da antiguidade que tiverem os demais juízes de direito de entrância especial, na oportunidade do acesso ao Tribunal.

§ 3º Os juízes substitutos dos Tribunais de Alçada do mesmo Estado serão aproveitados nas primeiras vagas que ocorrerem ou vierem a ser criadas em qualquer desses Tribunais, observados os mesmos critérios deste artigo.

▸ Art. 4º da EC nº 45, de 8-12-2004, que determina a extinção dos Tribunais de Alçada.

§ 4º Os juízes que, na data da entrada em vigor desta Lei, estejam no exercício de função substituinte, mediante convocação temporária, reassumirão o exercício das varas de que sejam titulares.

§ 5º É vedado o aproveitamento por forma diversa da prevista nos artigos anteriores, inclusive como assessor, assistente ou auxiliar de desembargador ou de juiz de Tribunal de Alçada.

▸ Art. 4º da EC nº 45, de 8-12-2004, que determina a extinção dos Tribunais de Alçada.

Art. 141. Independentemente do disposto no § 3º, do artigo 100, desta Lei, fica assegurado o acesso aos Tribunais de Justiça, pelo critério de antiguidade, de todos os juízes de direito que, à data da promulgação desta Lei, integrem a mais elevada entrância, desde que, segundo as disposições estaduais então vigentes, tenham igual ou maior antiguidade do que a daqueles que integram os Tribunais de Alçada, ressalvada a recusa prevista no inciso III, do artigo 144, da Constituição Federal.

► Art. 4º da EC nº 45, de 8-12-2004, que determina a extinção dos Tribunais de Alçada.

Art. 142. No Estado do Rio de Janeiro a aplicação do disposto no § 3º do artigo 100 não poderá afetar a antiguidade que tiverem, na data da entrada em vigor desta Lei, os juízes que atualmente compõem a entrância especial, entre os quais se incluem os juízes que integram os Tribunais de Alçada.

► Art. 4º da EC nº 45, de 8-12-2004, que determina a extinção dos Tribunais de Alçada.

Art. 143. O disposto no § 4º do artigo 100 não se aplica às vagas correntes antes da data da entrada em vigor desta Lei.

Art. 144. VETADO.

Parágrafo único. VETADO.

Art. 145. As gratificações e adicionais atualmente atribuídos a magistrados, não previstos no artigo 65, ou excedentes das percentagens e limites nele fixados, ficam extintos e seus valores atuais passam a ser percebidos como vantagem pessoal inalterável no seu *quantum*, a ser absorvida em futuros aumentos ou reajustes de vencimentos.

Parágrafo único. A absorção a que se refere este artigo não se aplica ao excesso decorrente do número de quinquênios e não excederá de vinte por cento em cada aumento ou reajuste de vencimento.

Art. 146. Esta Lei entrará em vigor sessenta dias após sua publicação.

Art. 147. Revogam-se as disposições em contrário.

Brasília, 14 de março de 1979;
158º da Independência e
91º da República.

Ernesto Geisel

LEI Nº 6.683, DE 28 DE AGOSTO DE 1979

Concede anistia e dá outras providências.

► Publicada no *DOU* de 28-8-1979.

Art. 1º É concedida anistia a todos quantos, no período compreendido entre 02 de setembro de 1961 e 15 de agosto de 1979, cometeram crimes políticos ou conexo com estes, crimes eleitorais, aos que tiveram seus direitos políticos suspensos e aos servidores da Administração Direta e Indireta, de fundações vinculadas ao poder público, aos Servidores dos Poderes Legislativo e Judiciário, aos Militares e aos dirigentes e representantes sindicais, punidos com fundamento em Atos Institucionais e Complementares (vetado).

§ 1º Consideram-se conexos, para efeito deste artigo, os crimes de qualquer natureza relacionados com crimes políticos ou praticados por motivação política.

§ 2º Excetuam-se dos benefícios da anistia os que foram condenados pela prática de crimes de terrorismo, assalto, sequestro e atentado pessoal.

§ 3º Terá direito à reversão ao Serviço Público a esposa do militar demitido por Ato Institucional, que foi obrigada a pedir exoneração do respectivo cargo, para poder habilitar-se ao montepio militar, obedecidas as exigências do art. 3º.

Art. 2º *Revogado*. Lei nº 10.559, de 13-11-2002.

Art. 3º O retorno ou a reversão ao serviço ativo somente será deferido para o mesmo cargo ou emprego, posto ou graduação que o servidor, civil ou militar, ocupava na data de seu afastamento, condicionado, necessariamente, à existência de vaga e ao interesse da Administração.

§ 1º Os requerimentos serão processados e instruídos por comissões especialmente designadas pela autoridade a qual caiba a apreciá-los.

§ 2º O despacho decisório será proferido nos centos e oitenta dias seguintes ao recebimento do pedido.

§ 3º No caso de deferimento, o servidor civil será incluído em Quadro Suplementar e o Militar de acordo com o que estabelecer o Decreto a que se refere o art. 13 desta Lei.

§ 4º O retorno e a reversão ao serviço ativo não serão permitidos se o afastamento tiver sido motivado por improbidade do servidor.

§ 5º *Revogado*. Lei nº 10.559, de 13-11-2002.

Arts. 4º e 5º *Revogados*. Lei nº 10.559, de 13-11-2002.

Art. 6º O cônjuge, qualquer parente, ou afim, na linha reta, ou na colateral, ou o Ministro Público, poderá requerer a declaração de ausência de pessoa que, envolvida em atividades políticas, esteja, até a data de vigência desta Lei, desaparecida do seu domicílio, sem que dela haja notícias por mais de 1 (um) ano.

§ 1º Na petição, o requerente, exibindo a prova de sua legitimidade, oferecerá rol de, no mínimo, 3 (três) testemunhas e os documentos relativos ao desaparecimento, se existentes.

§ 2º O juiz designará audiência, que, na presença do órgão do Ministério Público, será realizada nos 10 (dez) dias seguintes ao da apresentação do requerimento e proferirá, tanto que concluída a instrução, no prazo máximo de 5 (cinco) dias, sentença, da qual, se concessiva do pedido, não caberá recurso.

§ 3º Se os documentos apresentados pelo requerente constituirem prova suficiente do desaparecimento, o juiz, ouvido o Ministério Público em 24 (vinte e quatro) horas, proferirá, no prazo de 5 (cinco) dias e independentemente de audiência, sentença, da qual, se concessiva, não caberá recurso.

§ 4º Depois de averbada no registro civil, a sentença que declarar a ausência gera a presunção de morte do desaparecido, para os fins de dissolução do casamento e de abertura de sucessão definitiva.

Art. 7º É concedida anistia aos empregados das empresas privadas que, por motivo de participação em greve ou em quaisquer movimentos reivindicatórios ou de reclamação de direitos regidos pela legislação social, hajam sido despedidos do trabalho, ou destituídos de cargos administrativos ou de representação sindical.

Art. 8º Os anistiados, em relação às infrações e penalidades decorrentes do não cumprimento das obrigações do serviço militar, os que, à época do recrutamento, se encontravam, por motivos políticos, exilados ou impossibilitados de se apresentarem.

Parágrafo único. O disposto nesse artigo aplica-se aos dependentes do anistiado.

Art. 9º Terão os benefícios da anistia os dirigentes e representantes sindicais punidos pelos Atos a que se refere o art. 1º, ou que tenham sofrido punições disciplinares ou incorrido em faltas ao serviço naquele período, desde que não excedentes de 30 (trinta) dias, bem como os estudantes.

Art. 10. Os servidores civis e militares reaproveitados, nos termos do artigo 2º, será contado o tempo de afastamento do serviço ativo, respeitado o disposto no artigo 11.

Art. 11. Esta Lei, além dos direitos nela expressos, não gera quaisquer outros, inclusive aqueles relativos a vencimentos, soldos, salários, proventos, restituições, atrasados, indenizações, promoções ou ressarcimentos.

Art. 12. Os anistiados que se inscreveram em partido político legalmente constituído poderão voltar e ser votados nas convenções partidárias a se realizarem no prazo de 1 (um) ano a partir da vigência desta Lei.

Art. 13. O Poder Executivo, dentro de 30 (trinta) dias, baixará decreto regulamentando esta Lei.

Art. 14. Esta Lei entrará em vigor na data de sua publicação.

Art. 15. Revogam-se as disposições em contrário.

Brasília, 28 de agosto de 1979;
158º da Independência e
91º da República.

João Figueiredo

LEI Nº 6.766, DE 19 DE DEZEMBRO DE 1979

Dispõe sobre o parcelamento do solo urbano e dá outras providências.

► Publicada no *DOU* de 20-12-1979.

► Dec.-lei nº 58, de 10-12-1937, dispõe sobre o loteamento e a venda de terrenos para pagamento em prestações.

► Dec.-lei nº 271, de 28-2-1967, dispõe sobre loteamento urbano, responsabilidade do loteador, concessão de uso do espaço aéreo.

Art. 1º O parcelamento do solo para fins urbanos será regido por esta Lei.

Parágrafo único. Os Estados, o Distrito Federal e os Municípios poderão estabelecer normas complementares relativas ao parcelamento do solo municipal para adequar o previsto nesta Lei às peculiaridades regionais e locais.

► Dec.-lei nº 271, de 28-2-1967, dispõe sobre loteamento urbano, responsabilidade do loteador, concessão de uso e espaço aéreo.

CAPÍTULO I – DISPOSIÇÕES PRELIMINARES

Art. 2º O parcelamento do solo urbano poderá ser feito mediante loteamento ou desmembramento, observadas as disposições desta Lei e as das legislações estaduais e municipais pertinentes.

§ 1º Considera-se loteamento a subdivisão de gleba em lotes destinados a edificação, com abertura de novas vias de circulação, de logradouros públicos ou prolongamento, modificação ou ampliação das vias existentes.

§ 2º Considera-se desmembramento a subdivisão de gleba em lotes destinados a edificação, com aproveitamento do sistema viário existente, desde que não implique na abertura de novas vias e logradouros públicos, nem prolongamento, modificação ou aplicação dos já existentes.

§ 3º VETADO. Lei nº 9.785, de 29-1-1999.

§ 4º Considera-se lote o terreno servido de infraestrutura básica cujas dimensões atendam aos índices urbanísticos definidos pelo plano diretor ou lei municipal para a zona em que se situe.

▶ § 4º acrescido pela Lei nº 9.785, de 29-1-1999.

§ 5º A infraestrutura básica dos parcelamentos é constituída pelos equipamentos urbanos de escoamento das águas pluviais, iluminação pública, esgotamento sanitário, abastecimento de água potável, energia elétrica pública e domiciliar e vias de circulação.

▶ § 5º com a redação dada pela Lei nº 11.445, de 5-1-2007.

§ 6º A infraestrutura básica dos parcelamentos situados nas Zonas Habitacionais declaradas por lei como de Interesse Social (ZHIS) consistirá, no mínimo, de:

I – vias de circulação;

II – escoamento das águas pluviais;

III – rede para o abastecimento de água potável; e

IV – soluções para o esgotamento sanitário e para a energia elétrica domiciliar.

▶ § 6º acrescido pela Lei nº 9.785, de 29-1-1999.

§ 7º O lote poderá ser constituído sob a forma de imóvel autônomo ou de unidade imobiliária integrante de condomínio de lotes.

§ 8º Constitui loteamento de acesso controlado a modalidade de loteamento, definida nos termos do § 1º deste artigo, cujo controle de acesso será regulamentado por ato do poder público Municipal, sendo vedado o impedimento de acesso a pedestres ou a condutores de veículos, não residentes, devidamente identificados ou cadastrados.

▶ §§ 7º e 8º acrescidos pela Lei nº 13.465, de 11-7-2017.

Art. 2º-A. Considera-se empreendedor, para fins de parcelamento do solo urbano, o responsável pela implantação do parcelamento, o qual, além daqueles indicados em regulamento, poderá ser:

a) o proprietário do imóvel a ser parcelado;

b) o compromissário comprador, cessionário ou promitente cessionário, ou o foreiro, desde que o proprietário expresse sua anuência em relação ao empreendimento e sub-rogue-se nas obrigações do compromissário comprador, cessionário ou promitente cessionário, ou do foreiro, em caso de extinção do contrato;

c) o ente da administração pública direta ou indireta habilitado a promover a desapropriação com a finalidade de implantação de parcelamento habitacional ou de realização de regularização fundiária de interesse social, desde que tenha ocorrido a regular imissão na posse;

d) a pessoa física ou jurídica contratada pelo proprietário do imóvel a ser parcelado ou pelo poder público para executar o parcelamento ou a regularização fundiária, em forma de parceria, sob regime de obrigação solidária, devendo o contrato ser averbado na matrícula do imóvel no competente registro de imóveis;

e) a cooperativa habitacional ou associação de moradores, quando autorizada pelo titular do domínio, ou associação de proprietários ou compradores que assuma a responsabilidade pela implantação do parcelamento.

▶ Art. 2º-A acrescido pela Lei nº 14.118, de 12-1-2021.

Art. 3º Somente será admitido o parcelamento do solo para fins urbanos em zonas urbanas, de expansão urbana ou de urbanização específica, assim definidas pelo plano diretor ou aprovadas por lei municipal.

▶ *Caput* com a redação dada pela Lei nº 9.785, de 29-1-1999.

Parágrafo único. Não será permitido o parcelamento do solo:

I – em terrenos alagadiços e sujeitos a inundações, antes de tomadas as providências para assegurar o escoamento das águas;

II – em terrenos que tenham sido aterrados com material nocivo à saúde pública, sem que sejam previamente saneados;

III – em terrenos com declividade igual ou superior a trinta por cento, salvo se atendidas exigências específicas das autoridades competentes;

IV – em terrenos onde as condições geológicas não aconselham a edificação;

V – em áreas de preservação ecológica ou naquelas onde a poluição impeça condições sanitárias suportáveis, até a sua correção.

CAPÍTULO II
DOS REQUISITOS URBANÍSTICOS PARA LOTEAMENTO

Art. 4º Os loteamentos deverão atender, pelo menos, aos seguintes requisitos:

I – as áreas destinadas a sistema de circulação, a implantação de equipamento urbano e comunitário, bem como a espaços livres de uso público, serão proporcionais à densidade de ocupação prevista pelo plano diretor ou aprovada por lei municipal para a zona em que se situem.

▶ Inciso I com a redação dada pela Lei nº 9.785, de 29-1-1999.

II – os lotes terão área mínima de cento e vinte e cinco metros quadrados e frente mínima de cinco metros, salvo quando a legislação estadual ou municipal determinar maiores exigências, ou quando o loteamento se destinar a urbanização específica ou edificação de conjuntos habitacionais de interesse social, previamente aprovados pelos órgãos públicos competentes;

III – ao longo das faixas de domínio público das rodovias, a reserva de faixa não edificável de, no mínimo, 15 (quinze) metros de cada lado poderá ser reduzida por lei municipal ou distrital que aprovar o instrumento do planejamento territorial, até o limite mínimo de 5 (cinco) metros de cada lado;

▶ Inciso III com a redação dada pela Lei nº 13.913, de 25-11-2019.

III-A – ao longo da faixa de domínio das ferrovias, será obrigatória a reserva de uma faixa não edificável de, no mínimo, 15 (quinze) metros de cada lado;

▶ Inciso III-A com a redação dada pela Lei nº 14.285, de 29-12-2021.

III-B – ao longo das águas correntes e dormentes, as áreas de faixas não edificáveis deverão respeitar a lei municipal ou distrital que aprovar o instrumento de planejamento territorial e que definir e regulamentar a largura das faixas marginais de cursos d'água naturais em área urbana consolidada, nos termos da Lei nº 12.651, de 25 de maio de 2012, com obrigatoriedade de reserva de uma faixa não edificável para cada trecho de margem, indicada em diagnóstico socioambiental elaborado pelo Município;

▶ Inciso III-B acrescido pela Lei nº 14.285, de 29-12-2021.

IV – as vias de loteamento deverão articular-se com as vias adjacentes oficiais, existentes ou projetadas, e harmonizar-se com a topografia local.

§ 1º A legislação municipal definirá, para cada zona em que se divida o território do Município, os usos permitidos e os índices urbanísticos de parcelamento e ocupação do solo, que incluirão, obrigatoriamente, as áreas mínimas e máximas de lotes e os coeficientes máximos de aproveitamento.

▶ § 1º com a redação dada pela Lei nº 9.785, de 29-1-1999.

▶ Art. 11, parágrafo único, desta Lei.

§ 2º Consideram-se comunitários os equipamentos públicos de educação, cultura, saúde, lazer e similares.

§ 3º Se necessária, a reserva de faixa não edificável vinculada a dutovias será exigida no âmbito do respectivo licenciamento ambiental, observados critérios e parâmetros que garantam a segurança da população e a proteção do meio ambiente, conforme estabelecido nas normas técnicas pertinentes.

▶ § 3º acrescido pela Lei nº 10.932, de 3-8-2004.

§ 4º No caso de lotes integrantes de condomínio de lotes, poderão ser instituídas limitações administrativas e direitos reais sobre coisa alheia em benefício do poder público, da população em geral e da proteção da paisagem urbana, tais como servidões de passagem, usufrutos e restrições à construção de muros.

▶ § 4º acrescido pela Lei nº 13.465, de 11-7-2017.

§ 5º As edificações localizadas nas áreas contíguas às faixas de domínio público dos trechos de rodovia que atravessem perímetros urbanos ou áreas urbanizadas passíveis de serem incluídas em perímetro urbano, desde que construídas até a data de promulgação deste parágrafo, ficam dispensadas da observância da exigência prevista no inciso III do *caput* deste artigo, salvo por ato devidamente fundamentado do poder público municipal ou distrital.

▶ § 5º acrescido pela Lei nº 13.913, de 25-11-2019.

§§ 6º e 7º VETADOS. Lei nº 14.285, de 29-12-2021.

Art. 5º O Poder Público competente poderá complementarmente exigir, em cada loteamento, a reserva de faixa *non aedificandi* destinada a equipamentos urbanos.

▶ Art. 11 desta Lei.

Parágrafo único. Consideram-se urbanos os equipamentos públicos de abastecimento de água, serviços de esgotos, energia elétrica, coletas de águas pluviais, rede telefônica e gás canalizado.

CAPÍTULO III

DO PROJETO DE LOTEAMENTO

Art. 6º Antes da elaboração do projeto de loteamento, o interessado deverá solicitar à Prefeitura Municipal, ou ao Distrito Federal quando for o caso, que defina as diretrizes para o uso do solo, traçado dos lotes, do sistema viário, dos espaços livres e das áreas reservadas para equipamento urbano e comunitário, apresentando, para este fim, requerimento e planta do imóvel contendo, pelo menos:

I – as divisas da gleba a ser loteada;

II – as curvas de nível à distância adequada, quando exigidas por lei estadual ou municipal;

III – a localização dos cursos d'água, bosques e construções existentes;

IV – a indicação dos arruamentos contíguos a todo o perímetro, a localização das vias de comunicação, das áreas livres, dos equipamentos urbanos e comunitários existentes no local ou em suas adjacências, com as respectivas distâncias da área a ser loteada;

V – o tipo de uso predominante a que o loteamento se destina;

VI – as características, dimensões e localização das zonas de uso contíguas.

▶ Arts. 8º e 12 a 14 desta Lei.

Art. 7º A Prefeitura Municipal, ou o Distrito Federal quando for o caso, indicará, nas plantas apresentadas junto com o requerimento, de acordo com as diretrizes de planejamento estadual e municipal:

▶ Art. 12 desta Lei.

I – as ruas ou estradas existentes ou projetadas, que compõem o sistema viário da cidade e do Município relacionadas com o loteamento pretendido e a serem respeitadas;

II – o traçado básico do sistema viário principal;

III – a localização aproximada dos terrenos destinados a equipamento urbano e comunitário e das áreas livres de uso público;

IV – as faixas sanitárias do terreno necessárias ao escoamento das águas pluviais e as faixas não edificáveis;

V – a zona ou zonas de uso predominante da área, com indicação dos usos compatíveis.

Parágrafo único. As diretrizes expedidas vigorarão pelo prazo máximo de quatro anos.

▶ Parágrafo único com a redação dada pela Lei nº 9.785, de 29-1-1999.

Art. 8º Os Municípios com menos de cinquenta mil habitantes e aqueles cujo plano diretor contiver diretrizes de urbanização para a zona em que se situe o parcelamento poderão dispensar, por lei, a fase de fixação de diretrizes previstas nos arts. 6º e 7º desta Lei.

▶ Artigo com a redação dada pela Lei nº 9.785, de 29-1-1999.

Art. 9º Orientado pelo traçado e diretrizes oficiais, quando houver, o projeto, contendo desenhos, memorial descritivo e cronograma de execução das obras com duração máxima de quatro anos, será apresentado à Prefeitura Municipal, ou ao Distrito Federal quando for o caso, acompanhado de certidão atualizada da matrícula da gleba, expedida pelo Cartório de Registro de Imóveis competente, da certidão negativa de tributos municipais e do competente instrumento de garantia, ressalvado o disposto no § 4º do art. 18.

▶ *Caput* com a redação dada pela Lei nº 9.785, de 29-1-1999.

§ 1º Os desenhos conterão pelo menos:

I – a subdivisão das quadras em lotes, com as respectivas dimensões e numeração;

II – o sistema de vias com a respectiva hierarquia;

III – as dimensões lineares e angulares do projeto, com raios, cordas, arcos, ponto de tangência e ângulos centrais das vias;

IV – os perfis longitudinais e transversais de todas as vias de circulação e praças;

V – a indicação dos marcos de alinhamento e nivelamento localizados nos ângulos de curvas e vias projetadas;

VI – a indicação em planta e perfis de todas as linhas de escoamento das águas pluviais.

§ 2º O memorial descritivo deverá conter, obrigatoriamente, pelo menos:

I – a descrição sucinta do loteamento, com as suas características e a fixação da zona ou zonas de uso predominante;

II – as condições urbanísticas do loteamento e as limitações que incidem sobre os lotes e suas construções, além daquelas constantes das diretrizes fixadas;

III – a indicação das áreas públicas que passarão ao domínio do Município no ato de registro do loteamento;

IV – a enumeração dos equipamentos urbanos, comunitários e dos serviços públicos ou de utilidade pública, já existentes no loteamento e adjacências.

§ 3º Caso se constate, a qualquer tempo, que a certidão da matrícula apresentada como atual não tem mais correspondência com os registros e averbações cartorárias do tempo da sua apresentação, além das consequências penais cabíveis, serão consideradas insubsistentes tanto as diretrizes expedidas anteriormente, quanto as aprovações consequentes.

▶ § 3º acrescido pela Lei nº 9.785, de 29-1-1999.

CAPÍTULO IV

DO PROJETO DE DESMEMBRAMENTO

Art. 10. Para a aprovação de projeto de desmembramento, o interessado apresentará requerimento à Prefeitura Municipal, ou ao Distrito Federal quando for o caso, acompanhado de certidão atualizada da matrícula da gleba, expedida pelo Cartório de Registro de Imóveis competente, ressalvado o disposto no § 4º do art. 18, e de planta do imóvel a ser desmembrado contendo:

▶ *Caput* com a redação dada pela Lei nº 9.785, de 29-1-1999.

I – a indicação das vias existentes e dos loteamentos próximos;

II – a indicação do tipo de uso predominante no local;

III – a indicação da divisão de lotes pretendida na área.

Art. 11. Aplicam-se ao desmembramento, no que couber, as disposições urbanísticas vigentes para as regiões em que se situem ou, na ausência destas, as disposições urbanísticas para os loteamentos.

▶ *Caput* com a redação dada pela Lei nº 9.785, de 29-1-1999.

Parágrafo único. O Município, ou o Distrito Federal quando for o caso, fixará os requisitos exigíveis para a aprovação de desmembramento de lotes decorrentes de loteamento cuja destinação da área pública tenha sido inferior à mínima prevista no § 1º do artigo 4º desta Lei.

CAPÍTULO V

DA APROVAÇÃO DO PROJETO DE LOTEAMENTO E DESMEMBRAMENTO

Art. 12. O projeto de loteamento e desmembramento deverá ser aprovado pela Prefeitura Municipal, ou pelo Distrito Federal quando for o caso, a quem compete também a fixação das diretrizes a que aludem os artigos 6º e 7º desta Lei, salvo a exceção prevista no artigo seguinte.

§ 1º O projeto aprovado deverá ser executado no prazo constante do cronograma de execução, sob pena de caducidade da aprovação.

▶ § 1º com a redação dada pela Lei nº 12.608, de 10-4-2012.

§ 2º Nos Municípios inseridos no cadastro nacional de municípios com áreas suscetíveis à ocorrência de deslizamentos de grande impacto, inundações bruscas ou processos geológicos ou hidrológicos correlatos, a aprovação do projeto de que trata o *caput* ficará vinculada ao atendimento dos requisitos constantes da carta geotécnica de aptidão à urbanização.

▶ § 2º com a redação dada pela Lei nº 12.608, de 10-4-2012.

§ 3º É vedada a aprovação de projeto de loteamento e desmembramento em áreas de risco definidas como não edificáveis, no plano diretor ou em legislação dele derivada.

▶ § 3º acrescido pela Lei nº 12.608, de 10-4-2012.

Art. 13. Aos Estados caberá disciplinar a aprovação pelos Municípios de lotamentos e desmembramentos nas seguintes condições:

▶ *Caput* com a redação dada pela Lei nº 9.785, de 29-1-1999.

I – quando localizados em áreas de interesse especial, tais como as de proteção aos mananciais ou ao patrimônio cultural, histórico, paisagístico e arqueológico, assim definidas por legislação estadual ou federal;

II – quando o loteamento ou desmembramento localizar-se em área limítrofe do Município, ou que pertença a mais de um Município, nas regiões metropolitanas ou em aglomerações urbanas, definidas em lei estadual ou federal;

III – quando o loteamento abranger área superior a um milhão de metros quadrados.

Parágrafo único. No caso de loteamento ou desmembramento localizado em área de Município integrante de região metropolitana, o exame e a anuência prévia à aprovação do projeto caberão à autoridade metropolitana.

Art. 14. Os Estados definirão, por decreto, as áreas de proteção especial, previstas no inciso I do artigo anterior.

Art. 15. Os Estados estabelecerão, por decreto, as normas a que deverão submeter-se os projetos de loteamento e desmembramento nas áreas previstas no artigo 13, observadas as disposições desta Lei.

Parágrafo único. Na regulamentação das normas previstas neste artigo, o Estado procurará atender às exigências urbanísticas do planejamento municipal.

Art. 16. A lei municipal definirá os prazos para que um projeto de parcelamento apresentado seja aprovado ou rejeitado e para que as obras executadas sejam aceitas ou recusadas.

▶ *Caput* com a redação dada pela Lei nº 9.785, de 29-1-1999.

§ 1º Transcorridos os prazos sem a manifestação do Poder Público, o projeto será considerado rejeitado ou as obras recusadas, assegurada a indenização por eventuais danos derivados da omissão.

§ 2º Nos Municípios cuja legislação for omissa, os prazos serão de noventa dias para a aprovação ou rejeição e de sessenta dias para a aceitação ou recusa fundamentada das obras de urbanização.

▶ §§ 1º e 2º acrescidos pela Lei nº 9.785, de 29-1-1999.

Art. 17. Os espaços livres de uso comum, as vias e praças, as áreas destinadas a edifícios públicos e outros equipamentos urbanos, constantes do projeto e do memorial descritivo, não poderão ter sua destinação alterada pelo loteador, desde a aprovação do loteamento, salvo as hipóteses de caducidade da licença ou desistência do loteador, sendo, neste caso, observadas as exigências do artigo 23 desta Lei.

CAPÍTULO VI
DO REGISTRO DO LOTEAMENTO E DESMEMBRAMENTO

Art. 18. Aprovado o projeto de loteamento ou de desmembramento, o loteador deverá submetê-lo ao registro imobiliário dentro de cento e oitenta dias, sob pena de caducidade da aprovação, acompanhado dos seguintes documentos:

I – título de propriedade do imóvel ou certidão da matrícula, ressalvado o disposto nos §§ 4º e 5º;

▶ Inciso I com a redação dada pela Lei nº 9.785, de 29-1-1999.

II – histórico dos títulos de propriedade do imóvel, abrangendo os últimos vinte anos, acompanhado dos respectivos comprovantes;

III – certidões negativas:

a) de tributos federais, estaduais e municipais incidentes sobre o imóvel;

b) de ações reais referentes ao imóvel, pelo período de dez anos;

c) de ações penais com respeito ao crime contra o patrimônio e contra a Administração Pública;

IV – certidões:

a) dos cartórios de protestos de títulos, em nome do loteador, pelo período de 5 (cinco) anos;

b) de ações cíveis relativas ao loteador, pelo período de 10 (dez) anos;

c) da situação jurídica atualizada do imóvel; e

d) de ações penais contra o loteador, pelo período de 10 (dez) anos;

▶ Alíneas *a* a *d* com a redação dada pela Lei nº 14.382, de 27-6-2022.

V – cópia do ato de aprovação do loteamento e comprovante do termo de verificação, pelo Município ou pelo Distrito Federal, da execução das obras exigidas pela legislação municipal, que incluirão, no mínimo, a execução das vias de circulação do loteamento, demarcação dos lotes, quadras e logradouros e das obras de escoamento das águas pluviais ou da aprovação de um cronograma, com a duração máxima de 4 (quatro) anos, prorrogáveis por mais 4 (quatro) anos, acompanhado de competente instrumento de garantia para a execução das obras;

▶ Inciso V com a redação dada pela Lei nº 14.118, de 12-1-2021.

VI – exemplar do contrato padrão de promessa de venda, ou de cessão ou de promessa de cessão, do qual constarão obrigatoriamente as indicações previstas no artigo 26 desta Lei;

▶ Art. 25 desta Lei.

VII – declaração do cônjuge do requerente de que consente no registro do loteamento.

§ 1º Os períodos referidos nos incisos III, *b*, e IV, *a*, *b* e *d*, tomarão por base a data do pedido de registro do loteamento, devendo todas elas ser extraídas em nome daqueles que, nos mencionados períodos, tenham sido titulares de direitos reais sobre o imóvel.

§ 2º A existência de protestos, de ações pessoais ou de ações penais, exceto as referentes a crime contra o patrimônio e contra a administração, não impedirá o registro do loteamento se o requerente comprovar que esses protestos ou ações não poderão prejudicar os adquirentes dos lotes. Se o oficial do registro de imóveis julgar insuficiente a comprovação feita, suscitará a dúvida perante o juiz competente.

§ 3º A declaração a que se refere o inciso VII deste artigo não dispensará o consentimento do declarante para os atos de alienação ou promessa de alienação de lotes, ou de direitos a eles relativos, que venham a ser praticados pelo seu cônjuge.

▶ Art. 198 e segs. da Lei nº 6.015, de 31-12-1973 (Lei dos Registros Públicos).

§ 4º O título de propriedade será dispensado quando se tratar de parcelamento popular, destinado as classes de menor renda, em imóvel declaração de utilidade pública, com processo de desapropriação judicial em curso e imissão provisória na posse, desde que promovido pela União, Estados, Distrito Federal, Municípios ou suas entidades delegadas, autorizadas por lei a implantar projetos de habitação.

§ 5º No caso de que trata o § 4º, o pedido de registro do parcelamento, além dos documentos mencionados nos incisos V e VI deste artigo, será instruído com cópias autênticas da decisão que tenha concedido a imissão provisória na posse, do decreto de desapropriação, do comprovante de sua publicação na imprensa oficial e, quando formulado por entidades delegadas, da lei de criação e de seus atos constitutivos.

▶ §§ 4º e 5º acrescidos pela Lei nº 9.785, de 29-1-1999.

§ 6º Na hipótese de o loteador ser companhia aberta, as certidões referidas na alínea *c* do inciso III e nas alíneas *a*, *b* e *d* do inciso IV do *caput* deste artigo poderão ser substituídas por exibição das informações trimestrais e demonstrações financeiras anuais constantes do sítio eletrônico da Comissão de Valores Mobiliários.

§ 7º Quando demonstrar de modo suficiente o estado do processo e a repercussão econômica do litígio, a certidão esclarecedora de ação cível ou penal poderá ser substituída por impressão do andamento do processo digital.

▶ §§ 6º e 7º acrescidos pela Lei nº 14.382, de 27-6-2022.

§ 8º O mesmo imóvel poderá servir como garantia ao Município ou ao Distrito Federal na execução das obras de infraestrutura e a créditos constituídos em favor de credor em operações de financiamento a produção do lote urbanizado.

▶ § 8º acrescido pela Lei nº 14.711, de 30-10-2023.

Art. 18-A. A critério do loteador, o loteamento poderá ser submetido ao regime da afetação, pelo qual o terreno e a infraestrutura, bem como os demais bens e direitos a ele vinculados, manter-se-ão apartados do patrimônio do loteador e constituirão patrimônio de afetação, destinado à consecução do loteamento correspondente e à entrega dos lotes urbanizados aos respectivos adquirentes.

§ 1º O patrimônio de afetação não se comunica com os demais bens, direitos e obrigações do patrimônio geral do loteador ou de outros patrimônios de afetação por ele constituídos e só responde por dívidas e obrigações vinculadas ao loteamento respectivo e à entrega dos lotes urbanizados aos respectivos adquirentes.

§ 2º O loteador responde pelos prejuízos que causar ao patrimônio de afetação.

§ 3º Os bens e direitos integrantes do loteamento somente poderão ser objeto de garantia real em operação de crédito cujo produto seja integralmente destinado à implementação da infraestrutura correspondente e à entrega dos lotes urbanizados aos respectivos adquirentes.

§ 4º No caso de cessão, plena ou fiduciária, de direitos creditórios oriundos da comercialização dos lotes componentes do loteamento, o produto da cessão também passará a integrar o patrimônio de afetação.

§ 5º Os recursos financeiros integrantes do patrimônio de afetação serão administrados pelo loteador.

§ 6º Nos loteamentos objeto de financiamento, a comercialização dos lotes deverá contar com a anuência ou a ciência da instituição financiadora, conforme vier a ser estabelecido no contrato de financiamento.

§ 7º A contratação de financiamento e a constituição de garantias, inclusive mediante transmissão, para o credor, da propriedade fiduciária sobre os lotes integrantes do loteamento, bem como a cessão, plena ou fiduciária, de direitos creditórios decorrentes da comercialização desses lotes, não implicam a transferência para o credor de nenhuma das obrigações ou responsabilidades do cedente loteador, permanecendo este como único responsável pelas obrigações e pelos deveres que lhe são imputáveis.

Art. 18-B. Considera-se constituído o patrimônio de afetação mediante averbação, a qualquer tempo, no Registro de Imóveis, de termo firmado pelo loteador e, quando for o caso, também pelos titulares de direitos reais de aquisição de lotes objeto de loteamento.

Parágrafo único. A averbação não será obstada pela existência de ônus reais que tenham sido constituídos sobre o imóvel objeto do loteamento para garantia do pagamento do preço de sua aquisição ou do cumprimento de obrigação de implantar o empreendimento.

Art. 18-C. A Comissão de Representantes, a Prefeitura e a instituição financiadora da infraestrutura poderão nomear, às suas expensas, pessoa física ou jurídica para fiscalizar e acompanhar o patrimônio de afetação.

§ 1º A nomeação a que se refere o *caput* não transfere para o nomeante qualquer responsabilidade pela qualidade da implementação da infraestrutura, pelo prazo do termo de verificação da sua realização ou por qualquer outra obrigação decorrente da responsabilidade do loteador, seja legal ou oriunda dos contratos de alienação dos lotes, de obra e de outros contratos eventualmente vinculados ao loteamento.

§ 2º A pessoa que, em decorrência do exercício da fiscalização de que trata o *caput* deste artigo, obtiver acesso às informações comerciais, tributárias ou de qualquer outra natureza referentes ao patrimônio afetado responderá pela falta de zelo, de dedicação e de sigilo dessas informações.

§ 3º A pessoa nomeada pela instituição financiadora deverá fornecer cópia de seu relatório ou parecer à Comissão de Representantes, a requerimento desta, não constituindo esse fornecimento quebra do sigilo a que se refere o § 2º deste artigo.

Art. 18-D. Incumbe ao loteador:

I – promover todos os atos necessários à boa administração e à preservação do patrimônio de afetação, inclusive mediante adoção de medidas judiciais;

II – manter apartados os bens e direitos objeto de cada loteamento;

III – diligenciar a captação dos recursos necessários ao loteamento, cuidando de preservar os recursos necessários à conclusão da infraestrutura;

IV – entregar à Comissão de Representantes, no mínimo a cada 3 (três) meses, demonstrativo do estado da obra e de sua correspondência com o prazo pactuado ou com os recursos financeiros que integrem o patrimônio de afetação recebidos no período, firmado por profissionais habilitados, ressalvadas eventuais modificações sugeridas pelo loteador e aprovadas pela Comissão de Representantes;

V – manter e movimentar os recursos financeiros do patrimônio de afetação em pelo menos 1 (uma) conta de depósito aberta especificamente para tal fim;

VI – entregar à Comissão de Representantes balancetes coincidentes com o trimestre civil, relativos a cada patrimônio de afetação;

VII – assegurar à pessoa nomeada nos termos do art. 18-C o livre acesso à obra, bem como aos livros, aos contratos, à movimentação da conta de depósito exclusiva referida no inciso V deste artigo e a quaisquer outros documentos relativos ao patrimônio de afetação;

VIII – manter escrituração contábil completa, ainda que esteja desobrigado pela legislação tributária.

Art. 18-E. O patrimônio de afetação extinguir-se-á pela averbação do termo de verificação emitido pelo órgão público competente, pelo registro dos títulos de domínio ou de direito de aquisição em nome dos respectivos adquirentes e, quando for o caso, pela extinção das obrigações do loteador perante eventual instituição financiadora da obra.

Art. 18-F. Os efeitos da decretação da falência ou da insolvência civil do loteador não atingem os patrimônios de afetação constituídos, não integrando a massa concursal o terreno, a obra até então realizada e os demais bens, direitos creditórios, obrigações e encargos objeto do loteamento.

► Arts. 18-A a 18-F acrescidos pela Lei nº 14.620, de 13-7-2023.

Art. 19. O oficial do registro de imóveis, após examinar a documentação e se encontrá-la em ordem, deverá encaminhar comunicação à Prefeitura e fará publicar, em resumo e com pequeno desenho de localização da área, edital do pedido de registro em 3 (três) dias consecutivos, o qual poderá ser impugnado no prazo de 15 (quinze) dias corridos, contado da data da última publicação.

► *Caput* com a redação dada pela Lei nº 14.382, de 27-6-2022.

§ 1º Findo o prazo sem impugnação, será feito imediatamente o registro. Se houver impugnação de terceiros, o oficial do registro de imóveis intimará o requerente e a Prefeitura Municipal, ou o Distrito Federal quando for o caso, para que sobre ela se manifestem no prazo de cinco dias, sob pena de arquivamento do processo. Com tais manifestações o processo será enviado ao juiz competente para decisão.

§ 2º Ouvido o Ministério Público no prazo de cinco dias, o juiz decidirá de plano ou após instrução sumária, devendo remeter ao interessado as vias ordinárias caso a matéria exija maior indagação.

§ 3º Nas capitais, a publicação do edital se fará no *Diário Oficial* do Estado e num dos jornais de circulação diária. Nos demais Municípios, a publicação se fará apenas num dos jornais locais, se houver, ou, não havendo, em jornal da região.

§ 4º O oficial do registro de imóveis que efetuar o registro em desacordo com as exigências desta Lei ficará sujeito a multa equivalente a dez vezes os emolumentos regimentais fixados para o registro, na época em que for aplicada a penalidade pelo juiz corregedor do cartório, sem prejuízo das sanções penais e administrativas cabíveis.

§ 5º Registrado o loteamento, o oficial de registro comunicará, por certidão, o seu registro à Prefeitura.

Art. 20. O registro do loteamento será feito, por extrato, no livro próprio.

Parágrafo único. No registro de imóveis far-se-ão o registro do loteamento, com uma indicação para cada lote, a averbação das alterações, a abertura de ruas e praças e as áreas destinadas a espaços livres ou a equipamentos urbanos.

Art. 21. Quando a área loteada estiver situada em mais de uma circunscrição imobiliária, o registro será requerido primeiramente perante aquela em que estiver localizada a maior parte da área loteada. Procedido o registro nessa circunscrição, o interessado requererá, sucessivamente, o registro do loteamento em cada uma das demais, comprovando perante cada qual o registro efetuado na anterior, até que o loteamento seja registrado em todas. Denegado o registro em qualquer das circunscrições, essa decisão será comunicada, pelo oficial do registro de imóveis, às demais para efeito de cancelamento dos registros feitos, salvo se ocorrer a hipótese prevista no § 4º deste artigo.

§ 1º Nenhum lote poderá situar-se em mais de uma circunscrição.

§ 2º É defeso ao interessado processar simultaneamente, perante diferentes circunscrições, pedidos de registro do mesmo loteamento, sendo nulos os atos praticados com infração a esta norma.

§ 3º Enquanto não procedidos todos os registros de que trata este artigo, considerar-se-á o loteamento como não registrado para os efeitos desta Lei.

§ 4º O indeferimento do registro do loteamento em uma circunscrição não determinará o cancelamento do registro procedido em outra, se o motivo do indeferimento naquela não se estender à área situada sob a competência desta, e desde que o interessado requeira a manutenção do registro obtido, submetido o remanescente do loteamento a uma aprovação prévia perante a Prefeitura Municipal, ou o Distrito Federal quando for o caso.

Art. 22. Desde a data do registro do loteamento, passam a integrar o domínio do Município as vias e praças, os espaços livres e as áreas destinadas a edifícios públicos e outros equipamentos urbanos, constantes do projeto e do memorial descritivo.

§ 1º Na hipótese de parcelamento do solo implantado e não registrado, o Município poderá requerer, por meio da apresentação de planta de parcelamento elaborada pelo loteador ou aprovada pelo Município e de declaração de que o parcelamento se encontra implantado, o registro das áreas destinadas a uso público, que passarão dessa forma a integrar o seu domínio.

► Parágrafo único transformado em § 1º pela Lei nº 14.620, de 13-7-2023.

§ 2º A partir da data de registro do loteamento, o Município providenciará a atualização do cadastro imobiliário da gleba que serviu de base para a aprovação do loteamento e das áreas que passaram a integrar o seu domínio.

§ 3º Somente a partir da emissão do Termo de Verificação e Execução de Obras (TVEO), o Município promoverá a individualização dos lotes no cadastro imobiliário municipal em nome do adquirente ou compromissário comprador no caso dos lotes comercializados e, em nome do proprietário da gleba, no caso dos lotes não comercializados.

► §§ 2º e 3º acrescidos pela Lei nº 14.620, de 13-7-2023.

Art. 23. O registro do loteamento só poderá ser cancelado:

I – por decisão judicial;

II – a requerimento do loteador, com anuência da Prefeitura, ou do Distrito Federal quando for o caso, enquanto nenhum lote houver sido objeto de contrato;

III – a requerimento conjunto do loteador e de todos os adquirentes de lotes, com anuência da Prefeitura, ou do Distrito Federal quando for o caso, e do Estado.

§ 1º A Prefeitura e o Estado só poderão se opor ao cancelamento se disto resultar inconveniente comprovado para o desenvolvimento urbano ou se já se tiver realizado qualquer melhoramento na área loteada ou adjacências.

§ 2º Nas hipóteses dos incisos II e III, o oficial do registro de imóveis fará publicar, em resumo, edital do pedido de cancelamento, podendo este ser impugnado no prazo de trinta dias contados da data da última publicação. Findo esse prazo, com ou sem impugnação, o processo será remetido ao juiz competente para homologação do pedido de cancelamento, ouvido o Ministério Público.

► Arts. 19, § 3º, e 49, § 2º, desta Lei.

► Art. 1.009 do CPC/2015.

§ 3º A homologação de que trata o parágrafo anterior será precedida de vistoria destinada a comprovar a inexistência de adquirentes instalados na área loteada.

Art. 24. O processo do loteamento e os contratos depositados em cartório poderão ser examinados por qualquer pessoa, a qualquer tempo, independentemente do pagamento de custas ou emolumentos, ainda que a título de busca.

CAPÍTULO VII
DOS CONTRATOS

Art. 25. São irretratáveis os compromissos de compra e venda, cessões e promessas de cessão, os que atribuam direito a adjudicação compulsória e, estando registrados, confiram direito real oponível a terceiros.

▶ Arts. 29 e 30 desta Lei.

▶ Arts. 16 e 22 do Dec.-lei nº 58, de 10-12-1937, que dispõe sobre o loteamento e a venda de terrenos para pagamento em prestações.

▶ Súm. nº 239 do STJ.

Art. 26. Os compromissos de compra e venda, as cessões ou promessas de cessão poderão ser feitos por escritura pública ou por instrumento particular, de acordo com o modelo depositado na forma do inciso VI do artigo 18 e conterão, pelo menos, as seguintes indicações:

I – nome, registro civil, cadastro fiscal no Ministério da Fazenda, nacionalidade, estado civil e residência dos contratantes;

II – denominação e situação do loteamento, número e data da inscrição;

III – descrição do lote ou dos lotes que forem objeto de compromissos, confrontações, área e outras características;

IV – preço, prazo, forma e local de pagamento bem como a importância do sinal;

V – taxa de juros incidentes sobre o débito em aberto e sobre as prestações vencidas e não pagas, bem como a cláusula penal, nunca excedente a dez por cento do débito e só exigível nos casos de intervenção judicial ou de mora superior a três meses;

▶ Art. 32, § 1º, desta Lei.

VI – indicação sobre a quem incumbe o pagamento dos impostos e taxas incidentes sobre o lote compromissado;

VII – declaração das restrições urbanísticas convencionais do loteamento, supletivas da legislação pertinente.

§ 1º O contrato deverá ser firmado em três vias ou extraído em três traslados, sendo um para cada parte e o terceiro para arquivo no registro imobiliário, após o registro e anotações devidas.

§ 2º Quando o contrato houver sido firmado por procurador de qualquer das partes, será obrigatório o arquivamento da procuração no registro imobiliário.

▶ Art. 11, § 3º, do Dec.-lei nº 58, de 10-12-1937, que dispõe sobre o loteamento e a venda de terrenos para pagamento em prestações.

§ 3º Admite-se a cessão da posse em que estiverem provisoriamente imitidas a União, os Estados, o Distrito Federal, os Municípios e suas entidades delegadas, o que poderá ocorrer por instrumento particular, ao qual se atribui, no caso dos parcelamentos populares, para todos os fins de direito, caráter de escritura pública, não se aplicando a disposição do art. 108 da Lei nº 10.406, de 10 de janeiro de 2002 (Código Civil).

▶ § 3º com a redação dada pela Lei nº 14.620, de 13-7-2023.

§ 4º A cessão da posse referida no § 3º, cumpridas as obrigações do cessionário, constitui crédito contra o expropriante, de aceitação obrigatória em garantia de contratos de financiamentos habitacionais.

§ 5º Com o registro da sentença que, em processo de desapropriação, fixar o valor da indenização, a posse referida no § 3º converte-se-á em propriedade e a sua cessão, em compromisso de compra e venda ou venda e compra, conforme haja obrigações a cumprir ou estejam elas cumpridas, circunstância que, demonstradas ao Registro de Imóveis, serão averbadas na matrícula relativa ao lote.

§ 6º Os compromissos de compra e venda, as cessões e as promessas de cessão valerão como título para o registro da propriedade do lote adquirido, quando acompanhados da respectiva prova de quitação.

▶ §§ 4º a 6º acrescidos pela Lei nº 9.785, de 29-1-1999.

Art. 26-A. Os contratos de compra e venda, cessão ou promessa de cessão de loteamento devem ser iniciados por quadro-resumo, que deverá conter, além das indicações constantes do art. 26 desta Lei:

I – o preço total a ser pago pelo imóvel;

II – o valor referente à corretagem, suas condições de pagamento e a identificação precisa de seu beneficiário;

III – a forma de pagamento do preço, com indicação clara dos valores e vencimentos das parcelas;

IV – os índices de correção monetária aplicáveis ao contrato e, quando houver pluralidade de índices, o período de aplicação de cada um;

V – as consequências do desfazimento do contrato, seja mediante distrato, seja por meio de resolução contratual motivada por inadimplemento de obrigação do adquirente ou do loteador, com destaque negritado para as penalidades aplicáveis e para os prazos para devolução de valores ao adquirente;

VI – as taxas de juros eventualmente aplicadas, se mensais ou anuais, se nominais ou efetivas, o seu período de incidência e o sistema de amortização;

VII – as informações acerca da possibilidade do exercício, por parte do adquirente do imóvel, do direito de arrependimento previsto no art. 49 da Lei nº 8.078, de 11 de setembro de 1990 (Código de Defesa do Consumidor), em todos os contratos firmados em estandes de vendas e fora da sede do loteador ou do estabelecimento comercial;

VIII – o prazo para quitação das obrigações pelo adquirente após a obtenção do termo de vistoria de obras;

IX – informações acerca dos ônus que recaiam sobre o imóvel;

X – o número do registro do loteamento ou do desmembramento, a matrícula do imóvel e a identificação do cartório de registro de imóveis competente;

XI – o termo final para a execução do projeto referido no § 1º do art. 12 desta Lei e a data do protocolo do pedido de emissão do termo de vistoria de obras.

§ 1º Identificada a ausência de quaisquer das informações previstas no *caput* deste artigo, será concedido prazo de 30 (trinta) dias para aditamento do contrato e saneamento da omissão, findo o qual, essa omissão, se não sanada, caracterizará justa causa para rescisão contratual por parte do adquirente.

§ 2º A efetivação das consequências do desfazimento do contrato, mencionadas no inciso V do *caput* deste artigo, dependerá de anuência prévia e específica do adquirente a seu respeito, mediante assinatura junto a essas cláusulas, que deverão ser redigidas conforme o disposto no § 4º do art. 54 da Lei nº 8.078, de 11 de setembro de 1990 (Código de Defesa do Consumidor).

▶ Art. 26-A acrescido pela Lei nº 13.786, de 27-12-2018.

Art. 27. Se aquele que se obrigou a concluir contrato de promessa de venda ou de cessão não cumprir a obrigação, o credor poderá notificar o devedor para outorga do contrato ou oferecimento de impugnação no prazo de quinze dias, sob pena de proceder-se ao registro do pré-contrato, passando as relações entre as partes a serem regidas pelo contrato padrão.

▶ Art. 18, VI, desta Lei.

§ 1º Para fins deste artigo, terão o mesmo valor de pré-contrato a promessa de cessão, a proposta de compra, a reserva de lote ou qualquer outro instrumento, do qual conste a manifestação da vontade das partes, a indicação do lote, o preço e modo de pagamento, e a promessa de contratar.

§ 2º O registro de que trata este artigo não será procedido se a parte que o requereu não comprovar haver cumprido a sua prestação, nem a oferecer na forma devida, salvo se ainda não exigível.

§ 3º Havendo impugnação daquele que se comprometeu a concluir o contrato, observar-se-á o disposto nos artigos 639 e 640 do Código de Processo Civil.

▶ Art. 318, parágrafo único, do CPC/2015.

Art. 28. Qualquer alteração ou cancelamento parcial do loteamento registrado dependerá de acordo entre o loteador e os adquirentes de lotes atingidos pela alteração, bem como da aprovação pela Prefeitura Municipal, ou do Distrito Federal quando for o caso, devendo ser depositada no Registro de Imóveis, em complemento ao projeto original, com a devida averbação.

Art. 29. Aquele que adquirir a propriedade loteada mediante ato *inter vivos*, ou por sucessão *causa mortis*, sucederá o transmitente em todos os seus direitos e obrigações, ficando obrigado a respeitar os compromissos de compra e venda ou as promessas de cessão, em todas as suas cláusulas, sendo nula qualquer disposição em contrário, ressalvado o direito do herdeiro ou legatário de renunciar à herança ou ao legado.

Art. 30. A sentença declaratória de falência ou da insolvência de qualquer das partes não rescindirá os contratos de compromisso de compra e venda ou de promessa de cessão que tenham por objeto a área loteada ou lotes da mesma. Se a falência ou insolvência for do proprietário da área loteada ou do titular de direito sobre ela, incumbirá ao síndico ou ao administrador dar cumprimento aos referidos contratos; se do adquirente do lote, seus direitos serão levados à praça.

▶ Arts. 21 a 25 da Lei nº 11.101, de 9-2-2005 (Lei de Recuperação de Empresas e Falências), que dispõem sobre o administrador judicial.

Art. 31. O contrato particular pode ser transferido por simples trespasse, lançado no verso das vias em poder das partes, ou por instrumento em separado, declarando-se o número do registro do loteamento, o valor da cessão e a qualificação do cessionário para o devido registro.

§ 1º A cessão independe da anuência do loteador, mas, em relação a este, seus efeitos só se produzem depois de cientificado, por escrito, pelas partes ou quando registrada a cessão.

§ 2º Uma vez registrada a cessão, feita sem anuência do loteador, o oficial do registro dar-lhe-á ciência, por escrito, dentro de dez dias.

▶ Art. 13 do Dec.-lei nº 58, de 10-12-1937, que dispõe sobre o loteamento e a venda de terrenos para pagamento em prestações.

Art. 32. Vencida e não paga a prestação, o contrato será considerado rescindido trinta dias depois de constituído em mora o devedor.

▶ Dec.-lei nº 745, de 7-8-1969, dispõe sobre escrituras de compromisso de compra e venda de imóveis não loteados.

§ 1º Para os fins deste artigo o devedor adquirente será intimado, a requerimento do credor, pelo oficial do registro de imóveis, a satisfazer as prestações vencidas e as que se vencerem até a data do pagamento, os juros convencionados e as custas de intimação.

▶ Art. 49 desta Lei.

§ 2º Purgada a mora, convalescerá o contrato.

§ 3º Com a certidão de não haver sido feito o pagamento em cartório, o vendedor requererá ao oficial do registro o cancelamento da averbação.

▶ Art. 36, III, desta Lei.

Art. 32-A. Em caso de resolução contratual por fato imputado ao adquirente, respeitado o disposto no § 2º deste artigo, deverão ser restituídos os valores pagos por ele, atualizados com base no índice contratualmente estabelecido para a correção monetária das parcelas do preço do imóvel, podendo ser descontados dos valores pagos os seguintes itens:

I – os valores correspondentes à eventual fruição do imóvel, até o equivalente a 0,75% (setenta e cinco centésimos por cento) sobre o valor atualizado do contrato, cujo prazo será contado a partir da data da transmissão da posse do imóvel ao adquirente até sua restituição ao loteador;

II – o montante devido por cláusula penal e despesas administrativas, inclusive arras ou sinal, limitado a um desconto de 10% (dez por cento) do valor atualizado do contrato;

III – os encargos moratórios relativos às prestações pagas em atraso pelo adquirente;

IV – os débitos de impostos sobre a propriedade predial e territorial urbana, contribuições condominiais, associativas ou outras de igual natureza que sejam a estas equiparadas e tarifas vinculadas ao lote, bem como tributos, custas e emolumentos incidentes sobre a restituição e/ou rescisão;

V – a comissão de corretagem, desde que integrada ao preço do lote.

§ 1º O pagamento da restituição ocorrerá em até 12 (doze) parcelas mensais, com início após o seguinte prazo de carência:

I – em loteamentos com obras em andamento: no prazo máximo de 180 (cento e oitenta) dias após o prazo previsto em contrato para conclusão das obras;

II – em loteamentos com obras concluídas: no prazo máximo de 12 (doze) meses após a formalização da rescisão contratual.

§ 2º Somente será efetuado registro do contrato de nova venda se for comprovado o início da restituição do valor pago pelo vendedor ao titular do registro cancelado na forma e condições pactuadas no distrato, dispensada essa comprovação nos casos em que o adquirente não for localizado ou não tiver se manifestado, nos termos do art. 32 desta Lei.

§ 3º O procedimento previsto neste artigo não se aplica aos contratos e escrituras de compra e venda de lote sob a modalidade de alienação fiduciária nos termos da Lei nº 9.514, de 20 de novembro de 1997.

▶ Art. 32-A acrescido pela Lei nº 13.786, de 27-12-2018.

Art. 33. Se o credor das prestações se recusar a recebê-las ou furtar-se ao seu recebimento, será constituído em mora mediante notificação do oficial do registro de imóveis para vir receber as importâncias depositadas pelo devedor no próprio Registro de Imóveis. Decorridos quinze dias após o recebimento da intimação, considerar-se-á efetuado o pagamento, a menos que o credor impugne o depósito e, alegando inadimplemento do devedor, requeira a intimação deste para os fins do disposto no artigo 32 desta Lei.

▶ Art. 49 desta Lei.

Art. 34. Em qualquer caso de rescisão por inadimplemento do adquirente, as benfeitorias necessárias ou úteis por ele levadas a efeito no imóvel deverão ser indenizadas, sendo de nenhum efeito qualquer disposição contratual em contrário.

§ 1º Não serão indenizadas as benfeitorias feitas em desconformidade com o contrato ou com a lei.

▶ Parágrafo único transformado em § 1º pela Lei nº 13.786, de 27-12-2018.

▶ Arts. 96 e 97 do CC.

§ 2º No prazo de 60 (sessenta) dias, contado da constituição em mora, fica o loteador, na hipótese do *caput* deste artigo, obrigado a alienar o imóvel mediante leilão judicial ou extrajudicial, nos termos da Lei nº 9.514, de 20 de novembro de 1997.

▶ § 2º acrescido pela Lei nº 13.786, de 27-12-2018.

Art. 35. Se ocorrer o cancelamento do registro por inadimplemento do contrato, e tiver sido realizado o pagamento de mais de 1/3 (um terço) do preço ajustado, o oficial do registro de imóveis mencionará esse fato e a quantia paga no ato do cancelamento, e somente será efetuado novo registro relativo ao mesmo lote, mediante apresentação do distrato assinado pelas partes e a comprovação do pagamento da parcela única ou da primeira parcela do montante a ser restituído ao adquirente, na forma do art. 32-A desta Lei, ao titular do registro cancelado, ou mediante depósito em dinheiro à sua disposição no registro de imóveis.

▶ *Caput* com a redação dada pela Lei nº 13.786, de 27-12-2018.

§ 1º Ocorrendo o depósito a que se refere este artigo, o oficial do registro de imóveis intimará o interessado para vir recebê-lo no prazo de dez dias, sob pena de ser devolvido ao depositante.

§ 2º No caso de não ser encontrado o interessado, o oficial do registro de imóveis depositará a quantia em estabelecimento de crédito, segundo a ordem prevista no inciso I do artigo 666 do Código de Processo Civil, em conta com incidência de juros e correção monetária.

▶ Art. 38, § 1º, desta Lei.

▶ Refere-se ao CPC/1973.

▶ Art. 840 do CPC/2015.

§ 3º A obrigação de comprovação prévia de pagamento da parcela única ou da primeira parcela como condição para efetivação de novo registro, prevista no *caput* deste artigo, poderá ser dispensada se as partes convencionarem de modo diverso e de forma expressa no documento de distrato por elas assinado.

▶ § 3º acrescido pela Lei nº 13.786, de 27-12-2018.

Art. 36. O registro do compromisso, cessão ou promessa de cessão só poderá ser cancelado:

I – por decisão judicial;

II – a requerimento conjunto das partes contratantes;

III – quando houver rescisão comprovada do contrato.

Art. 36-A. As atividades desenvolvidas pelas associações de proprietários de imóveis, titulares de direitos ou moradores em loteamentos ou empreendimentos assemelhados, desde que não tenham fins lucrativos, bem como pelas entidades civis organizadas em função da solidariedade de interesses coletivos desse público com o objetivo de administração, conservação, manutenção, disciplina de utilização e convivência, visando à valorização dos imóveis que compõem o empreendimento, tendo em vista a sua natureza jurídica, vinculam-se, por critérios de afinidade, similitude e conexão, à atividade de administração de imóveis.

Parágrafo único. A administração de imóveis na forma do *caput* deste artigo sujeita seus titulares à normatização e à disciplina constantes de seus atos constitutivos, cotizando-se na forma desses atos para suportar a consecução dos seus objetivos.

▶ Art. 36-A acrescido pela Lei nº 13.465, de 11-7-2017.

CAPÍTULO VIII
DISPOSIÇÕES GERAIS

Art. 37. É vedado vender ou prometer vender parcela de loteamento ou desmembramento não registrado.

▶ Arts. 21, § 3º, 39, 46 e 50, parágrafo único, desta Lei.

Art. 38. Verificado que o loteamento ou desmembramento não se acha registrado ou regularmente executado ou notificado pela Prefeitura Municipal, ou pelo Distrito Federal quando for o caso, deverá o adquirente do lote suspender o pagamento das prestações restantes e notificar o loteador para suprir a falta.

§ 1º Ocorrendo a suspensão do pagamento das prestações restantes, na forma do *caput* deste artigo, o adquirente efetuará o depósito das prestações devidas junto ao Registro de Imóveis competente, que as depositará em estabelecimento de crédito, segundo a ordem prevista no inciso I do artigo 666 do Código de Processo Civil, em conta com incidência de juros e correção monetária, cuja movimentação dependerá de prévia autorização judicial.

▶ Refere-se ao CPC/1973.

▶ Art. 840 do CPC/2015.

§ 2º A Prefeitura Municipal, ou o Distrito Federal quando for o caso, ou o Ministério Público, poderá promover a notificação ao loteador prevista no *caput* deste artigo.

§ 3º Regularizado o loteamento pelo loteador, este promoverá judicialmente a autorização para levantar as prestações depositadas, com os acréscimos de correção monetária e juros, sendo necessária a citação da Prefeitura, ou do Distrito Federal quando for o caso, para integrar o processo judicial aqui previsto, bem como audiência do Ministério Público.

▸ Art. 318, parágrafo único, do CPC/2015.

§ 4º Após o reconhecimento judicial de regularidade do loteamento, o loteador notificará os adquirentes dos lotes, por intermédio do Registro de Imóveis competente, para que passem a pagar diretamente as prestações restantes, a contar da data da notificação.

§ 5º No caso de o loteador deixar de atender à notificação até o vencimento do prazo contratual, ou quando o loteamento ou desmembramento for regularizado pela Prefeitura Municipal, ou pelo Distrito Federal quando for o caso, nos termos do artigo 40 desta Lei, o loteador não poderá, a qualquer título, exigir o recebimento das prestações depositadas.

Art. 39. Será nula de pleno direito a cláusula de rescisão de contrato por inadimplemento do adquirente, quando o loteamento não estiver regularmente inscrito.

Art. 40. A Prefeitura Municipal, ou o Distrito Federal quando for o caso, se desatendida pelo loteador a notificação, poderá regularizar loteamento ou desmembramento não autorizado ou executado sem observância das determinações do ato administrativo de licença, para evitar lesão aos seus padrões de desenvolvimento urbano e na defesa dos direitos dos adquirentes de lotes.

§ 1º A Prefeitura Municipal, ou o Distrito Federal quando for o caso, que promover a regularização, na forma deste artigo, obterá judicialmente o levantamento das prestações depositadas, com os respectivos acréscimos de correção monetária e juros, nos termos do § 1º do artigo 38 desta Lei, a título de ressarcimento das importâncias despendidas com equipamentos urbanos ou expropriações necessárias para regularizar o loteamento ou desmembramento.

§ 2º As importâncias despendidas pela Prefeitura Municipal, ou pelo Distrito Federal quando for o caso, para regularizar o loteamento ou desmembramento, caso não sejam integralmente ressarcidas conforme o disposto no parágrafo anterior, serão exigidas na parte faltante do loteador, aplicando-se o disposto no artigo 47 desta Lei.

§ 3º No caso de o loteador não cumprir o estabelecido no parágrafo anterior, a Prefeitura Municipal, ou o Distrito Federal quando for o caso, poderá receber as prestações dos adquirentes, até o valor devido.

§ 4º A Prefeitura Municipal, ou o Distrito Federal quando for o caso, para assegurar a regularização do loteamento ou desmembramento, bem como o ressarcimento integral de importâncias despendidas, ou a despender, poderá promover judicialmente os procedimentos cautelares necessários aos fins colimados.

§ 5º A regularização de um parcelamento pela Prefeitura Municipal, ou Distrito Federal, quando for o caso, não poderá contrariar o disposto nos arts. 3º e 4º desta Lei, ressalvado o disposto no § 1º desse último.

▸ § 5º acrescido pela Lei nº 9.785, de 29-1-1999.

Art. 41. Regularizado o loteamento ou desmembramento pela Prefeitura Municipal, ou pelo Distrito Federal quando for o caso, o adquirente do lote, comprovando o depósito de todas as prestações do preço avençado, poderá obter o registro de propriedade do lote adquirido, valendo para tanto o compromisso de venda e compra devidamente firmado.

Art. 42. Nas desapropriações não serão considerados como loteados ou loteáveis, para fins de indenização, os terrenos ainda não vendidos ou compromissados, objeto de loteamento ou desmembramento não registrado.

Art. 43. Ocorrendo a execução de loteamento não aprovado, a destinação de áreas públicas exigidas no inciso I do artigo 4º desta Lei não se poderá alterar, sem prejuízo da aplicação das sanções administrativas, civis e criminais previstas.

▸ Art. 50, I e II, desta Lei.

Parágrafo único. Neste caso, o loteador ressarcirá a Prefeitura Municipal ou o Distrito Federal quando for o caso, em pecúnia ou em área equivalente, no dobro da diferença entre o total das áreas públicas exigidas e as efetivamente destinadas.

▸ Parágrafo único acrescido pela Lei nº 9.785, de 29-1-1999.

Art. 44. O Município, o Distrito Federal e o Estado poderão expropriar áreas urbanas ou de expansão urbana para reloteamento, demolição, reconstrução e incorporação, ressalvada a preferência dos expropriados para a aquisição de novas unidades.

Art. 45. O loteador, ainda que já tenha vendido todos os lotes, ou os vizinhos, são partes legítimas para promover ação destinada a impedir construção em desacordo com restrições legais ou contratuais.

Art. 46. O loteador não poderá fundamentar qualquer ação ou defesa na presente Lei sem apresentação dos registros e contratos a que ela se refere.

Art. 47. Se o loteador integrar grupo econômico ou financeiro, qualquer pessoa física ou jurídica desse grupo, beneficiária de qualquer forma do loteamento ou desmembramento irregular, será solidariamente responsável pelos prejuízos por ele causados aos compradores de lotes e ao Poder Público.

▸ Art. 40, §§ 2º e 3º, desta Lei.
▸ Arts. 275 a 285 do CC.

Art. 48. O foro competente para os procedimentos judiciais previstos nesta Lei será sempre o da comarca da situação do lote.

▸ Art. 47 do CPC/2015.

Art. 49. As intimações e notificações previstas nesta Lei deverão ser feitas pessoalmente ao intimado ou notificado, que assinará o comprovante do recebimento, e poderão igualmente ser promovidas por meio dos Cartórios de Registro de Títulos e Documentos da comarca da situação do imóvel ou do domicílio de quem deva recebê-las.

▸ Arts. 32, § 1º, e 33 desta Lei.

§ 1º Se o destinatário se recusar a dar recibo ou se furtar ao recebimento, ou se for desconhecido o seu paradeiro, o funcionário incumbido da diligência informará esta circunstância ao oficial competente que a certificará, sob sua responsabilidade.

§ 2º Certificada a ocorrência dos fatos mencionados no parágrafo anterior, a intimação ou notificação será feita por edital na forma desta Lei, começando o prazo a correr dez dias após a última publicação.

▸ Art. 19, § 3º, desta Lei.

CAPÍTULO IX
DISPOSIÇÕES PENAIS

Art. 50. Constitui crime contra a Administração Pública:

I – dar início, de qualquer modo, ou efetuar loteamento ou desmembramento do solo para fins urbanos sem autorização do órgão público competente, ou em desacordo com as disposições desta Lei ou das normas pertinentes do Distrito Federal, Estados e Municípios;

▸ Art. 6º desta Lei.

II – dar início, de qualquer modo, ou efetuar loteamento ou desmembramento do solo para fins urbanos sem observância das determinações constantes do ato administrativo de licença;

III – fazer, ou veicular em proposta, contrato, prospecto ou comunicação ao público ou a interessados, afirmação falsa sobre a legalidade de loteamento ou desmembramento do solo para fins urbanos, ou ocultar fraudulentamente fato a ele relativo.

Pena: Reclusão, de um a quatro anos, e multa de cinco a cinquenta vezes o maior salário mínimo vigente no País.

Parágrafo único. O crime definido neste artigo é qualificado, se cometido:

I – por meio de venda, promessa de venda, reserva de lote ou quaisquer outros instrumentos que manifestem a intenção de vender lote em loteamento ou desmembramento não registrado no registro de imóveis competente;

II – com inexistência de título legítimo de propriedade do imóvel loteado ou desmembrado, ressalvado o disposto no art. 18, §§ 4º e 5º, desta Lei, ou com omissão fraudulenta de fato a ele relativo, se o fato não constituir crime mais grave.

▸ Inciso II com a redação dada pela Lei nº 9.785, de 29-1-1999.

Pena: Reclusão, de um a cinco anos, e multa de dez a cem vezes o maior salário mínimo vigente no País.

Art. 51. Quem, de qualquer modo, concorra para a prática dos crimes previstos no artigo anterior desta Lei incide nas penas a estes cominadas, considerados em especial os atos praticados na qualidade de mandatário de loteador, diretor ou gerente de sociedade.

Parágrafo único. VETADO. Lei nº 9.785, de 29-1-1999.

Art. 52. Registrar loteamento ou desmembramento não aprovado pelos órgãos competentes, registrar o compromisso de compra e venda, a cessão ou promessa de cessão de direitos, ou efetuar registro de contrato de venda de loteamento ou desmembramento não registrado.

Pena: Detenção, de um a dois anos, e multa de cinco a cinquenta vezes o maior salário mínimo vigente no País, sem prejuízo das sanções administrativas cabíveis.

CAPÍTULO X
DISPOSIÇÕES FINAIS

Art. 53. Todas as alterações de uso do solo rural para fins urbanos dependerão de prévia audiência do Instituto Nacional de Colonização e Reforma Agrária – INCRA, do órgão metropolitano, se houver, onde se localiza o Município, e da aprovação da Prefeitura Municipal, ou do Distrito Federal quando for o caso, segundo as exigências da legislação pertinente.

Art. 53-A. São considerados de interesse público os parcelamentos vinculados a planos ou programas habitacionais de iniciativa das Prefeituras Municipais e do Distrito Federal, ou entidades autorizadas por lei, em especial as regularizações de parcelamentos e de assentamentos.

Parágrafo único. Às ações e intervenções de que trata este artigo não será exigível documentação que não seja a mínima necessária e indispensável aos registros no cartório competente, inclusive sob a forma de certidões, vedadas as exigências e as sanções pertinentes aos particulares, especialmente aquelas que visem garantir a realização de obras e serviços, ou que visem prevenir questões de domínio de glebas, que se presumirão asseguradas pelo Poder Público respectivo.

- Art. 53-A acrescido pela Lei nº 9.785, de 29-1-1999.

Art. 54. Esta Lei entrará em vigor na data de sua publicação.

Art. 55. Revogam-se as disposições em contrário.

Brasília, em 19 de dezembro de 1979;
158º da Independência e
91º da República.

João Figueiredo

LEI Nº 6.830, DE 22 DE SETEMBRO DE 1980

Dispõe sobre a cobrança judicial da Dívida Ativa da Fazenda Pública e dá outras providências.

- Publicada no *DOU* de 24-9-1980.

Art. 1º A execução judicial para cobrança da Dívida Ativa da União, dos Estados, do Distrito Federal, dos Municípios e respectivas autarquias será regida por esta Lei e, subsidiariamente, pelo Código de Processo Civil.

- Arts. 46, § 5º, e 782, § 2º, do CPC/2015.
- Súmulas nºs 8, 40, 44, 48, 99, 112, 117, 154 e 168 do TFR.
- Súmulas nºs 190 e 521 do STJ.

Art. 2º Constitui Dívida Ativa da Fazenda Pública aquela definida como tributária ou não tributária na Lei nº 4.320, de 17 de março de 1964, com as alterações posteriores, que estatui normas gerais de direito financeiro para elaboração e controle dos orçamentos e balanços da União, dos Estados, dos Municípios e do Distrito Federal.

- Art. 39 da Lei nº 4.320, de 17-3-1964, que estatui normas gerais de direito financeiro para elaboração e controle dos orçamentos e balanços da União, dos Estados, dos Municípios e do Distrito Federal.

§ 1º Qualquer valor, cuja cobrança seja atribuída por lei às entidades de que trata o artigo 1º, será considerado Dívida Ativa da Fazenda Pública.

§ 2º A Dívida Ativa da Fazenda Pública, compreendendo a tributária e a não tributária, abrange atualização monetária, juros e multa de mora e demais encargos previstos em lei ou contrato.

§ 3º A inscrição, que se constitui no ato de controle administrativo da legalidade, será feita pelo órgão competente para apurar a liquidez e certeza do crédito e suspenderá a prescrição, para todos os efeitos de direito, por cento e oitenta dias ou até a distribuição da execução fiscal, se esta ocorrer antes de findo aquele prazo.

- Art. 71 da CF.
- Arts. 174 e 201 do CTN.
- Art. 75, I, da Lei nº 4.320, de 17-3-1964, que estatui normas gerais de direito financeiro para elaboração e controle dos orçamentos e balanços da União, dos Estados, dos Municípios e do Distrito Federal.
- Súm. Vinc. nº 8 do STF.

§ 4º A Dívida Ativa da União será apurada e inscrita na Procuradoria da Fazenda Nacional.

- Art. 58 da Lei nº 11.941, de 27-5-2009, que altera a legislação tributária federal relativa ao parcelamento ordinário de débitos tributários.

§ 5º O Termo de Inscrição de Dívida Ativa deverá conter:

- Art. 202 do CTN.

I – o nome do devedor, dos corresponsáveis e, sempre que conhecido, o domicílio ou residência de um e de outros;

II – o valor originário da dívida, bem como o termo inicial e a forma de calcular os juros de mora e demais encargos previstos em lei ou contrato;

III – a origem, a natureza e o fundamento legal ou contratual da dívida;

IV – a indicação, se for o caso, de estar a dívida sujeita à atualização monetária, bem como o respectivo fundamento legal e o termo inicial para o cálculo;

V – a data e o número da inscrição, no Registro de Dívida Ativa; e

VI – o número do processo administrativo ou do auto de infração, se neles estiver apurado o valor da dívida.

§ 6º A Certidão de Dívida Ativa conterá os mesmos elementos do Termo de Inscrição e será autenticada pela autoridade competente.

§ 7º O Termo de Inscrição e a Certidão de Dívida Ativa poderão ser preparados e numerados por processo manual, mecânico ou eletrônico.

§ 8º Até a decisão de primeira instância, a Certidão de Dívida Ativa poderá ser emendada ou substituída, assegurada ao executado a devolução do prazo para embargos.

- Súm. nº 392 do STJ.

§ 9º O prazo para a cobrança das contribuições previdenciárias continua a ser o estabelecido no artigo 144 da Lei nº 3.807, de 26 de agosto de 1960.

- Arts. 173 e 174 do CTN.
- Arts. 45 e 46 da Lei nº 8.212, de 24-7-1991 (Lei Orgânica da Seguridade Social).

Art. 3º A Dívida Ativa regularmente inscrita goza da presunção de certeza e liquidez.

- Art. 204 do CTN.

Parágrafo único. A presunção a que se refere este artigo é relativa e pode ser ilidida por prova inequívoca, a cargo do executado ou de terceiro, a quem aproveite.

Art. 4º A execução fiscal poderá ser promovida contra:

I – o devedor;

II – o fiador;

III – o espólio;

IV – a massa;

V – o responsável, nos termos da lei, por dívidas, tributárias ou não, de pessoas físicas ou pessoas jurídicas de direito privado; e

- Súmulas nºs 430 e 435 do STJ.

VI – os sucessores a qualquer título.

§ 1º Ressalvado o disposto no artigo 31, o síndico, o comissário, o liquidante, o inventariante e o administrador, nos casos de falência, concordata, liquidação, inventário, insolvência ou concurso de credores, se, antes de garantidos os créditos da Fazenda Pública, alienarem ou derem em garantia quaisquer dos bens administrados, respondem, solidariamente, pelo valor desses bens.

- Arts. 21 a 25 da Lei nº 11.101, de 9-2-2005 (Lei de Recuperação de Empresas e Falências), que dispõem sobre o administrador judicial.
- Lei nº 11.101, de 9-2-2005 (Lei de Recuperação de Empresas e Falências).

§ 2º À Dívida Ativa da Fazenda Pública, de qualquer natureza, aplicam-se as normas relativas à responsabilidade prevista na legislação tributária, civil e comercial.

§ 3º Os responsáveis, inclusive as pessoas indicadas no § 1º deste artigo, poderão nomear bens livres e desembaraçados do devedor, tantos quantos bastem para pagar a dívida. Os bens dos responsáveis ficarão, porém, sujeitos à execução, se os do devedor forem insuficientes à satisfação da dívida.

§ 4º Aplica-se à Dívida Ativa da Fazenda Pública de natureza não tributária o disposto nos artigos 186 e 188 a 192 do Código Tributário Nacional.

Art. 5º A competência para processar e julgar a execução da Dívida Ativa da Fazenda Pública exclui a de qualquer outro juízo, inclusive o da falência, da concordata, da liquidação, da insolvência ou do inventário.

- Art. 114, VII e VIII, da CF.

Art. 6º A petição inicial indicará apenas:

- Súmulas nº 558 e 559 do STJ.

I – o juiz a quem é dirigida;

II – o pedido; e

III – o requerimento para a citação.

§ 1º A petição inicial será instruída com a Certidão da Dívida Ativa, que dela fará parte integrante, como se estivesse transcrita.

- Art. 783 do CPC/2015.
- Art. 151 do CTN.

§ 2º A petição inicial e a Certidão de Dívida Ativa poderão constituir um único documento, preparado inclusive por processo eletrônico.

§ 3º A produção de provas pela Fazenda Pública independe de requerimento na petição inicial.

§ 4º O valor da causa será o da dívida constante da certidão, com os encargos legais.

Art. 7º O despacho do juiz que deferir a inicial importa em ordem para:

I – citação, pelas sucessivas modalidades previstas no artigo 8º;

II – penhora, se não for paga a dívida, nem garantida a execução, por meio de depósito, fiança ou seguro garantia;

▶ Inciso II com a redação dada pela Lei nº 13.043, de 13-11-2014.

III – arresto, se o executado não tiver domicílio ou dele se ocultar;

IV – registro da penhora ou do arresto, independentemente do pagamento de custas ou outras despesas, observado o disposto no artigo 14; e

V – avaliação dos bens penhorados ou arrestados.

Art. 8º O executado será citado para, no prazo de cinco dias, pagar a dívida com os juros e multa de mora e encargos indicados na Certidão de Dívida Ativa, ou garantir a execução, observadas as seguintes normas:

▶ Arts. 247 a 249 do CPC/2015.
▶ Art. 185-A do CTN.
▶ Súm. nº 393 do STJ.

I – a citação será feita pelo correio, com aviso de recepção, se a Fazenda Pública não a requerer por outra forma;

▶ Súm. nº 429 do STJ.

II – a citação pelo correio considera-se feita na data da entrega da carta no endereço do executado; ou, se a data for omitida, no aviso de recepção, dez dias após a entrega da carta à agência postal;

III – se o aviso de recepção não retornar no prazo de quinze dias da entrega da carta à agência postal, a citação será feita por oficial de justiça ou por edital;

IV – o edital de citação será afixado na sede do juízo, publicado uma só vez no órgão oficial, gratuitamente, como expediente judiciário, com o prazo de trinta dias, e conterá, apenas, a indicação da exequente, o nome do devedor e dos corresponsáveis, a quantia devida, a natureza da dívida, a data e o número da inscrição no Registro da Dívida Ativa, o prazo e o endereço da sede do juízo.

▶ Súm. nº 210 do TFR.
▶ Súm. nº 414 do STJ.

§ 1º O executado ausente do País será citado por edital, com o prazo de sessenta dias.

§ 2º O despacho do juiz, que ordenar a citação, interrompe a prescrição.

▶ Art. 174, parágrafo único, I, do CTN.
▶ Arts. 59, 240, *caput*, §§ 1º a 3º, e 802, parágrafo único, do CPC/2015.

Art. 9º Em garantia da execução, pelo valor da dívida, juros e multa de mora e encargos indicados na Certidão da Dívida Ativa, o executado poderá:

I – efetuar depósito em dinheiro, à ordem do juízo em estabelecimento oficial de crédito, que assegure atualização monetária;

II – oferecer fiança bancária ou seguro garantia;

▶ Inciso II com a redação dada pela Lei nº 13.043, de 13-11-2014.

III – nomear bens à penhora, observada a ordem do artigo 11; ou

IV – indicar à penhora bens oferecidos por terceiros e aceitos pela Fazenda Pública.

§ 1º O executado só poderá indicar e o terceiro oferecer bem imóvel à penhora com o consentimento expresso do respectivo cônjuge.

§ 2º Juntar-se-á aos autos a prova do depósito, da fiança bancária, do seguro garantia ou da penhora dos bens do executado ou de terceiros.

§ 3º A garantia da execução, por meio de depósito em dinheiro, fiança bancária ou seguro garantia, produz os mesmos efeitos da penhora.

▶ §§ 2º e 3º com a redação dada pela Lei nº 13.043, de 13-11-2014.

§ 4º Somente o depósito em dinheiro, na forma do artigo 32, faz cessar a responsabilidade pela atualização monetária e juros de mora.

§ 5º A fiança bancária prevista no inciso II obedecerá às condições preestabelecidas pelo Conselho Monetário Nacional.

§ 6º O executado poderá pagar parcela da dívida, que julgar incontroversa, e garantir a execução do saldo devedor.

§ 7º As garantias apresentadas na forma do inciso II do *caput* deste artigo somente serão liquidadas, no todo ou parcialmente, após o trânsito em julgado de decisão de mérito em desfavor do contribuinte, vedada a sua liquidação antecipada.

▶ § 7º acrescido pela Lei nº 14.689, de 20-9-2023, promulgado nos termos do art. 66, § 5º, da CF (*DOU* de 22-12-2023 – ed. extra C).

Art. 10. Não ocorrendo o pagamento, nem a garantia da execução de que trata o artigo 9º, a penhora poderá recair em qualquer bem do executado, exceto os que a lei declare absolutamente impenhoráveis.

▶ Art. 833 do CPC/2015.
▶ Lei nº 8.009, de 29-3-1990 (Lei da Impenhorabilidade do Bem de Família).

Art. 11. A penhora ou arresto de bens obedecerá à seguinte ordem:

▶ Arts. 835 e 842 do CPC/2015.

I – dinheiro;

▶ Súm. nº 417 do STJ.

II – título da dívida pública, bem como título de crédito, que tenham cotação em Bolsa;

III – pedras e metais preciosos;

IV – imóveis;

V – navios e aeronaves;

VI – veículos;

▶ Arts. 855 a 859 do CPC/2015.

VII – móveis ou semoventes; e

VIII – direito e ações.

§ 1º Excepcionalmente, a penhora poderá recair sobre estabelecimento comercial, industrial ou agrícola, bem como em plantações ou edifícios em construção.

▶ Art. 862, §§ 1º e 2º, do CPC/2015.
▶ Súm. nº 451 do STJ.

§ 2º A penhora efetuada em dinheiro será convertida no depósito de que trata o inciso I do artigo 9º.

§ 3º O juiz ordenará a remoção do bem penhorado para depósito judicial, particular ou da Fazenda Pública exequente, sempre que esta o requerer, em qualquer fase do processo.

Art. 12. Na execução fiscal, far-se-á a intimação da penhora ao executado, mediante publicação, no órgão oficial, do ato de juntada do termo ou do auto de penhora.

▶ Súm. nº 190 do TFR.

§ 1º Nas comarcas do interior dos Estados, a intimação poderá ser feita pela remessa de cópia do termo ou do auto de penhora, pelo correio, na forma estabelecida no artigo 8º, I e II, para a citação.

§ 2º Se a penhora recair sobre o imóvel, far-se-á a intimação ao cônjuge, observadas as normas previstas para a citação.

§ 3º Far-se-á a intimação da penhora pessoalmente ao executado se, na citação feita pelo correio, o aviso de recepção não contiver a assinatura do próprio executado, ou de seu representante legal.

Art. 13. O termo ou auto de penhora conterá, também, a avaliação dos bens penhorados, efetuada por quem o lavrar.

§ 1º Impugnada a avaliação, pelo executado, ou pela Fazenda Pública, antes de publicado o edital de leilão, o juiz, ouvida a outra parte, nomeará avaliador oficial para proceder a nova avaliação dos bens penhorados.

§ 2º Se não houver, na comarca, avaliador oficial ou este não puder apresentar o laudo de avaliação no prazo de quinze dias, será nomeada pessoa ou entidade habilitada, a critério do juiz.

§ 3º Apresentado o laudo, o juiz decidirá de plano sobre a avaliação.

Art. 14. O oficial de justiça entregará contrafé e cópia do termo ou do auto de penhora ou arresto, com a ordem de registro de que trata o artigo 7º, IV:

▶ Art. 845, § 1º, do CPC/2015.

I – no ofício próprio, se o bem for imóvel ou a ele equiparado;

II – na repartição competente para emissão de certificado de registro, se for veículo;

III – na Junta Comercial, na Bolsa de Valores, e na sociedade comercial, se forem ações, debênture, parte beneficiária, quota ou qualquer outro título, crédito ou direito societário nominativo.

Art. 15. Em qualquer fase do processo, será deferida pelo juiz:

I – ao executado, a substituição da penhora por depósito em dinheiro, fiança bancária ou seguro garantia; e

▶ Inciso I com a redação dada pela Lei nº 13.043, de 13-11-2014.

II – à Fazenda Pública, a substituição dos bens penhorados por outros, independentemente da ordem enumerada no artigo 11, bem como o reforço da penhora insuficiente.

▶ Súm. nº 406 do STJ.

Art. 16. O executado oferecerá embargos, no prazo de trinta dias, contados:

I – do depósito;

II – da juntada da prova da fiança bancária ou do seguro garantia;

▶ Inciso II com a redação dada pela Lei nº 13.043, de 13-11-2014.

III – da intimação da penhora.

§ 1º Não são admissíveis embargos do executado antes de garantida a execução.

▶ Súm. nº 393 do STJ.

§ 2º No prazo dos embargos, o executado deverá alegar toda matéria útil à defesa, requerer provas e juntar aos autos os documentos e rol de testemunhas, até três, ou, a critério do juiz, até o dobro desse limite.

§ 3º Não será admitida reconvenção, nem compensação, e as exceções, salvo as de suspeição, incompetência e impedimento, serão arguidas como matéria preliminar e serão processadas e julgadas com os embargos.

Art. 17. Recebidos os embargos, o juiz mandará intimar a Fazenda, para impugná-los no prazo de trinta dias, designando, em seguida, audiência de instrução e julgamento.

► Art. 920 do CPC/2015.

► Súm. nº 277 do STF.

Parágrafo único. Não se realizará audiência, se os embargos versarem sobre matéria de direito ou, sendo de direito e de fato, a prova for exclusivamente documental, caso em que o juiz proferirá a sentença no prazo de trinta dias.

► Art. 355 do CPC/2015.

Art. 18. Caso não sejam oferecidos os embargos, a Fazenda Pública manifestar-se-á sobre a garantia da execução.

► Art. 355 do CPC/2015.

Art. 19. Não sendo embargada a execução ou sendo rejeitados os embargos, no caso de garantia prestada por terceiro, será este intimado, sob pena de contra ele prosseguir a execução nos próprios autos, para, no prazo de quinze dias:

I – remir o bem, se a garantia for real; ou

II – pagar o valor da dívida, juros e multa de mora e demais encargos, indicados na Certidão de Dívida Ativa, pelos quais se obrigou, se a garantia for fidejussória.

Art. 20. Na execução por carta, os embargos do executado serão oferecidos no juízo deprecado, que os remeterá ao juízo deprecante, para instrução e julgamento.

► Súm. nº 46 do STJ.

Parágrafo único. Quando os embargos tiverem por objeto vícios ou irregularidades de atos do próprio juízo deprecado, caber-lhe-á unicamente o julgamento dessa matéria.

Art. 21. Na hipótese de alienação antecipada dos bens penhorados, o produto será depositado em garantia da execução, nos termos previstos no artigo 9º, I.

► Art. 730 do CPC/2015.

Art. 22. A arrematação será precedida de edital, afixado no local do costume, na sede do juízo, e publicado em resumo, uma só vez, gratuitamente, como expediente judiciário, no órgão oficial.

► Arts. 881, 882, § 3º, 886, 887, §§ 3º a 6º, e 889, I, do CPC/2015.

§ 1º O prazo entre as datas de publicação do edital e do leilão não poderá ser superior a trinta, nem inferior a dez dias.

§ 2º O representante judicial da Fazenda Pública será intimado, pessoalmente, da realização do leilão, com a antecedência prevista no parágrafo anterior.

Art. 23. A alienação de quaisquer bens penhorados será feita em leilão público, no lugar designado pelo juiz.

► Arts. 883 e 884 do CPC/2015.

§ 1º A Fazenda Pública e o executado poderão requerer que os bens sejam leiloados englobadamente ou em lotes que indicarem.

§ 2º Cabe ao arrematante o pagamento da comissão do leiloeiro e demais despesas indicadas no edital.

Art. 24. A Fazenda Pública poderá adjudicar os bens penhorados:

I – antes do leilão, pelo preço da avaliação, se a execução não for embargada ou se rejeitados os embargos;

II – findo o leilão:

a) se não houver licitante, pelo preço da avaliação;

b) havendo licitantes, com preferência, em igualdade de condições com a melhor oferta, no prazo de trinta dias.

Parágrafo único. Se o preço da avaliação ou o valor da melhor oferta for superior ao dos créditos da Fazenda Pública, a adjudicação somente será deferida pelo juiz se a diferença for depositada, pela exequente, à ordem do juízo, no prazo de trinta dias.

► Art. 71 da Lei nº 11.941, de 27-5-2009, que altera a legislação tributária federal relativa ao parcelamento ordinário de débitos tributários.

Art. 25. Na execução fiscal, qualquer intimação ao representante judicial da Fazenda Pública será feita pessoalmente.

► Art. 139, I, do CPC/2015.

► Súmulas nºs 117 e 240 do TFR.

Parágrafo único. A intimação de que trata este artigo poderá ser feita mediante vista dos autos, com imediata remessa ao representante judicial da Fazenda Pública, pelo cartório ou secretaria.

Art. 26. Se, antes da decisão de primeira instância, a inscrição de Dívida Ativa for, a qualquer título, cancelada, a execução fiscal será extinta, sem qualquer ônus para as partes.

► Art. 90 do CPC/2015.

Art. 27. As publicações de atos processuais poderão ser feitas resumidamente ou reunir num só texto os de diferentes processos.

Parágrafo único. As publicações farão sempre referência ao número do processo no respectivo juízo e ao número da correspondente inscrição de Dívida Ativa, bem como ao nome das partes e de seus advogados, suficientes para a sua identificação.

Art. 28. O juiz, a requerimento das partes, poderá, por conveniência da unidade da garantia da execução, ordenar a reunião de processos contra o mesmo devedor.

Parágrafo único. Na hipótese deste artigo, os processos serão redistribuídos ao juízo da primeira distribuição.

► Súm. nº 515 do STJ.

Art. 29. A cobrança judicial da Dívida Ativa da Fazenda Pública não é sujeita a concurso de credores ou habilitação em falência, concordata, liquidação, inventário ou arrolamento.

► Art. 187 do CTN.

► Lei nº 11.101, de 9-2-2005 (Lei de Recuperação de Empresas e Falências).

Parágrafo único. O concurso de preferência somente se verifica entre pessoas jurídicas de direito público, na seguinte ordem:

► O STF, por maioria dos votos, julgou procedente o pedido formulado da ADPF nº 357, para declarar a não recepção pela Constituição Federal da norma prevista neste parágrafo único (*DOU* de 6-7-2021).

► Art. 19, II, da CF.

► Súm. nº 563 do STF.

► Súm. nº 244 do TFR.

► Súm. nº 497 do STJ.

I – União e suas autarquias;

II – Estados, Distrito Federal e Territórios e suas autarquias, conjuntamente e *pro rata*;

III – Municípios e suas autarquias, conjuntamente e *pro rata*.

Art. 30. Sem prejuízo dos privilégios especiais sobre determinados bens, que sejam previstos em lei, responde pelo pagamento da Dívida Ativa da Fazenda Pública a totalidade dos bens e das rendas, de qualquer origem ou natureza, do sujeito passivo, seu espólio ou sua massa, inclusive os gravados por ônus real ou cláusula de inalienabilidade ou impenhorabilidade, seja qual for a data da constituição do ônus ou da cláusula, excetuados unicamente os bens e rendas que a lei declara absolutamente impenhoráveis.

► Art. 833 do CPC/2015.

► Arts. 130 e 184 do CTN.

Art. 31. Nos processos de falência, concordata, liquidação, inventário, arrolamento ou concurso de credores, nenhuma alienação será judicialmente autorizada sem a prova de quitação da Dívida Ativa ou a concordância da Fazenda Pública.

► Art. 187 do CTN.

► Lei nº 11.101, de 9-2-2005 (Lei de Recuperação de Empresas e Falências).

Art. 32. Os depósitos judiciais em dinheiro serão obrigatoriamente feitos:

I – na Caixa Econômica Federal, de acordo com o Decreto-Lei nº 1.737, de 20 de dezembro de 1979, quando relacionados com a execução fiscal proposta pela União ou suas autarquias;

II – na Caixa Econômica ou no banco oficial da unidade federativa ou, à sua falta, na Caixa Econômica Federal, quando relacionados com execução fiscal proposta pelo Estado, Distrito Federal, Municípios e suas autarquias.

§ 1º Os depósitos de que trata este artigo estão sujeitos à atualização monetária, segundo os índices estabelecidos para os débitos tributários federais.

§ 2º Após o trânsito em julgado da decisão, o depósito, monetariamente atualizado, será devolvido ao depositante ou entregue à Fazenda Pública, mediante ordem do juízo competente.

Art. 33. O juízo, de ofício, comunicará à repartição competente da Fazenda Pública, para fins de averbação no Registro da Dívida Ativa, a decisão final, transitada em julgado, que der por improcedente a execução, total ou parcialmente.

Art. 34. Das sentenças de primeira instância proferidas em execuções de valor igual ou inferior a cinquenta Obrigações do Tesouro Nacional – OTN, só se admitirão embargos infringentes e de declaração.

► Arts. 5º, LV, e 108, II, da CF.

§ 1º Para os efeitos deste artigo, considerar-se-á o valor da dívida monetariamente atualizado e acrescido de multa e juros de mora e demais encargos legais, na data da distribuição.

§ 2º Os embargos infringentes, instruídos, ou não, com documentos novos, serão deduzidos, no prazo de dez dias perante o mesmo juízo, em petição fundamentada.

§ 3º Ouvido o embargado, no prazo de dez dias, serão os autos conclusos ao juiz, que, dentro de vinte dias, os rejeitará ou reformará a sentença.

Art. 35. Nos processos regulados por esta Lei, poderá ser dispensada a audiência de revisor, no julgamento das apelações.

▶ Arts. 102, III, e 105, III, da CF.

Art. 36. Compete à Fazenda Pública baixar normas sobre o recolhimento da Dívida Ativa respectiva, em juízo ou fora dele, e aprovar, inclusive, os modelos de documentos de arrecadação.

Art. 37. O auxiliar de justiça que, por ação ou omissão, culposa ou dolosa, prejudicar a execução, será responsabilizado, civil, penal e administrativamente.

Parágrafo único. O oficial de justiça deverá efetuar, em dez dias, as diligências que lhe forem ordenadas, salvo motivo de força maior devidamente justificado perante o juízo.

Art. 38. A discussão judicial da Dívida Ativa da Fazenda Pública só é admissível em execução, na forma desta Lei, salvo as hipóteses de mandado de segurança, ação de repetição do indébito ou ação anulatória do ato declarativo da dívida, esta precedida do depósito preparatório do valor do débito, monetariamente corrigido e acrescido dos juros e multa de mora e demais encargos.

▶ Art. 5º, XXXV, da CF.
▶ Súm. Vinc. nº 28 do STF.
▶ Súm. nº 247 do TFR.
▶ Súm. nº 112 do STJ.

Parágrafo único. A propositura, pelo contribuinte, da ação prevista neste artigo importa em renúncia ao poder de recorrer na esfera administrativa e desistência do recurso acaso interposto.

Art. 39. A Fazenda Pública não está sujeita ao pagamento de custas e emolumentos. A prática dos atos judiciais de seu interesse independerá de preparo ou de prévio depósito.

▶ Art. 91 do CPC/2015.
▶ Súm. nº 154 do TFR.

Parágrafo único. Se vencida, a Fazenda Pública ressarcirá o valor das despesas feitas pela parte contrária.

▶ Art. 85, § 3º, do CPC/2015.

Art. 40. O juiz suspenderá o curso da execução, enquanto não for localizado o devedor ou encontrados bens sobre os quais possa recair a penhora, e, nesses casos, não correrá o prazo de prescrição.

▶ Art. 921, III, do CPC/2015.
▶ Art. 174 do CTN.
▶ Súm. nº 210 do TFR.

§ 1º Suspenso o curso da execução, será aberta vista dos autos ao representante judicial da Fazenda Pública.

§ 2º Decorrido o prazo máximo de um ano, sem que seja localizado o devedor ou encontrados bens penhoráveis, o juiz ordenará o arquivamento dos autos.

§ 3º Encontrados que sejam, a qualquer tempo, o devedor ou os bens, serão desarquivados os autos para prosseguimento da execução.

§ 4º Se da decisão que ordenar o arquivamento tiver ocorrido o prazo prescricional, o juiz, depois de ouvida a Fazenda Pública, poderá, de ofício, reconhecer a prescrição intercorrente e decretá-la de imediato.

▶ § 4º acrescido pela Lei nº 11.051, de 29-12-2004.
▶ Arts. 156, V, e 174 do CTN.
▶ Súm. nº 409 do STJ.

§ 5º A manifestação prévia da Fazenda Pública prevista no § 4º deste artigo será dispensada no caso de cobranças judiciais cujo valor seja inferior ao mínimo fixado por ato do Ministro de Estado da Fazenda.

▶ § 5º acrescido pela Lei nº 11.960, de 29-6-2009.

Art. 41. O processo administrativo correspondente à inscrição de Dívida Ativa, à execução fiscal ou à ação proposta contra a Fazenda Pública será mantido na repartição competente, dele se extraindo as cópias autenticadas ou certidões, que forem requeridas pelas partes ou requisitadas pelo juiz ou pelo Ministério Público.

Parágrafo único. Mediante requisição do juiz à repartição competente, com dia e hora previamente marcados, poderá o processo administrativo ser exibido, na sede do juízo, pelo funcionário para esse fim designado, lavrando o serventuário termo da ocorrência, com indicação, se for o caso, das peças a serem trasladadas.

▶ Art. 438, II, § 1º, do CPC/2015.

Art. 42. Revogadas as disposições em contrário, esta Lei entrará em vigor noventa dias após a data de sua publicação.

▶ Art. 1º desta Lei.

Brasília, 22 de setembro de 1980;
159º da Independência e
92º da República.

João Figueiredo

LEI Nº 6.880, DE 9 DE DEZEMBRO DE 1980

Dispõe sobre o Estatuto dos Militares.

▶ Publicada no *DOU* de 11-12-1980 e republicada no *DOU* de 9-1-1981.

ESTATUTO DOS MILITARES

TÍTULO I – GENERALIDADES

CAPÍTULO I
DISPOSIÇÕES PRELIMINARES

Art. 1º O presente Estatuto regula a situação, obrigações, deveres, direitos e prerrogativas dos membros das Forças Armadas.

▶ EC nº 18, de 5-2-1998, dispõe sobre o regime constitucional dos militares.

Art. 2º As Forças Armadas, essenciais à execução da política de segurança nacional, são constituídas pela Marinha, pelo Exército e pela Aeronáutica, e destinam-se a defender a Pátria e a garantir os poderes constituídos, a lei e a ordem. São instituições nacionais, permanentes e regulares, organizadas com base na hierarquia e na disciplina, sob a autoridade suprema do Presidente da República e dentro dos limites da lei.

▶ Art. 142 da CF.

Art. 3º Os membros das Forças Armadas, em razão de sua destinação constitucional, formam uma categoria especial de servidores da Pátria e são denominados militares.

§ 1º Os militares encontram-se em uma das seguintes situações:

a) na ativa:

I – os de carreira;

II – os temporários, incorporados às Forças Armadas para prestação de serviço militar, obrigatório ou voluntário, durante os prazos previstos na legislação que trata do serviço militar ou durante as prorrogações desses prazos;

▶ Inciso II com a redação dada pela Lei nº 13.954, de 16-12-2019.

III – os componentes da reserva das Forças Armadas quando convocados, reincluídos, designados ou mobilizados;

IV – os alunos de órgão de formação de militares da ativa e da reserva; e

V – em tempo de guerra, todo cidadão brasileiro mobilizado para o serviço ativo nas Forças Armadas.

b) na inatividade:

I – os da reserva remunerada, quando pertençam à reserva das Forças Armadas e percebam remuneração da União, porém sujeitos, ainda, à prestação de serviço na ativa, mediante convocação ou mobilização; e

II – os reformados, quando, tendo passado por uma das situações anteriores estejam dispensados, definitivamente, da prestação de serviço na ativa, mas continuem a perceber remuneração da União;

III – os da reserva remunerada e, excepcionalmente, os reformados, que estejam executando tarefa por tempo certo, segundo regulamentação para cada Força Armada.

▶ Inciso III com a redação dada pela Lei nº 13.954, de 16-12-2019.

§ 2º Os militares de carreira são aqueles da ativa que, no desempenho voluntário e permanente do serviço militar, tenham vitaliciedade, assegurada ou presumida, ou estabilidade adquirida nos termos da alínea *a* do inciso IV do *caput* do art. 50 desta Lei.

▶ § 2º com a redação dada pela Lei nº 13.954, de 16-12-2019.

§ 3º Os militares temporários não adquirem estabilidade e passam a compor a reserva não remunerada das Forças Armadas após serem desligados do serviço ativo.

▶ § 3º acrescido pela Lei nº 13.954, de 16-12-2019.

Art. 4º São considerados reserva das Forças Armadas:

I – individualmente:

a) os militares da reserva remunerada; e

b) os demais cidadãos em condições de convocação ou de mobilização para a ativa;

II – no seu conjunto:

▶ Art. 144, § 6º, da CF.

a) as polícias militares; e

b) os corpos de bombeiros militares.

§ 1º A Marinha Mercante, a Aviação Civil e as empresas declaradas diretamente devotada às finalidades precípuas das Forças Armadas, denominada atividade efeitos de mobilização e de emprego, reserva das Forças Armadas.

§ 2º O pessoal componente da Marinha Mercante, da Aviação Civil e das empresas declaradas diretamente relacionadas com a segurança nacional, bem como os demais cidadãos em condições de convocação ou mobilização para a ativa, só serão considerados militares quando convocados ou mobilizados para o serviço nas Forças Armadas.

Art. 5º A carreira militar é caracterizada por atividade continuada e inteiramente devotada às finalidades precípuas das Forças Armadas, denominada atividade militar.

§ 1º A carreira militar é privativa do pessoal da ativa. Inicia-se com o ingresso nas Forças

Armadas e obedece às diversas sequências de graus hierárquicos.

§ 2º São privativas de brasileiro nato as carreiras de oficial da Marinha, do Exército e da Aeronáutica.

▸ Art. 12, § 3º, VI, da CF.

Art. 6º São equivalentes as expressões "na ativa", "da ativa", "em serviço ativo", "em serviço na ativa", "em serviço", "em atividade" ou "em atividade militar", conferidas aos militares no desempenho de cargo, comissão, encargo, incumbência ou missão, serviço ou atividade militar ou considerada de natureza militar nas organizações militares das Forças Armadas, bem como na Presidência da República, na Vice-Presidência da República, no Ministério da Defesa e nos demais órgãos quando previsto em lei, ou quando incorporados às Forças Armadas.

▸ Artigo com a redação dada pela MP nº 2.215-10, de 31-8-2001, que até o encerramento desta edição não havia sido convertida em Lei.

Art. 7º A condição jurídica dos militares é definida pelos dispositivos da Constituição que lhes sejam aplicáveis, por este Estatuto e pela legislação, que lhes outorgam direitos e prerrogativas e lhes impõem deveres e obrigações.

Art. 8º O disposto neste Estatuto aplica-se, no que couber:

I – aos militares da reserva remunerada e reformados;

II – aos alunos de órgão de formação da reserva;

III – aos membros do Magistério Militar; e

IV – aos Capelães Militares.

Art. 9º Os oficiais-generais nomeados Ministros do Superior Tribunal Militar, os membros do Magistério Militar e os Capelães Militares são regidos por legislação específica.

▸ Art. 2º, § 1º, do Dec. nº 4.346, de 26-8-2002 (Regulamento Disciplinar do Exército).

CAPÍTULO II
DO INGRESSO NAS FORÇAS ARMADAS

Art. 10. O ingresso nas Forças Armadas é facultado, mediante incorporação, matrícula ou nomeação, a todos os brasileiros que preencham os requisitos estabelecidos em lei e nos regulamentos da Marinha, do Exército e da Aeronáutica.

▸ Art. 6º, 3, *b*, do Pacto de São José da Costa Rica.

§ 1º Quando houver conveniência para o serviço de qualquer das Forças Armadas, o brasileiro possuidor de reconhecida competência técnico-profissional ou de notória cultura científica poderá, mediante sua aquiescência e proposta do Ministro da Força interessada, ser incluído nos Quadros ou Corpos da Reserva e convocado para o serviço na ativa em caráter transitório.

▸ Dec. nº 9.455, de 1º-8-2018, regulamenta, para o Exército, o disposto neste parágrafo.

§ 2º A inclusão nos termos do parágrafo anterior será feita em grau hierárquico compatível com sua idade, atividades civis e responsabilidades que lhe serão atribuídas, nas condições reguladas pelo Poder Executivo.

▸ Dec. nº 9.455, de 1º-8-2018, regulamenta, para o Exército, o disposto neste parágrafo.

Art. 11. Para a matrícula nos estabelecimentos de ensino militar destinados à formação de oficiais, da ativa e da reserva, e de graduados, além das condições relativas à nacionalidade, idade, aptidão intelectual, capacidade física e idoneidade moral, é necessário que o candidato não exerça ou não tenha exercido atividades prejudiciais ou perigosas à segurança nacional.

Parágrafo único. O disposto neste artigo e no anterior aplica-se, também, aos candidatos ao ingresso nos Corpos ou Quadros de Oficiais em que é exigido o diploma de estabelecimento de ensino superior reconhecido pelo Governo Federal.

Art. 12. A convocação em tempo de paz é regulada pela legislação que trata do serviço militar.

§ 1º Em tempo de paz e independentemente de convocação, os integrantes da reserva poderão ser designados para o serviço ativo, em caráter transitório e mediante aceitação voluntária.

§ 2º O disposto no parágrafo anterior será regulamentado pelo Poder Executivo.

Art. 13. A mobilização é regulada em legislação específica.

Parágrafo único. A incorporação às Forças Armadas de deputados federais e senadores, embora militares e ainda que em tempo de guerra, dependerá de licença da Câmara respectiva.

CAPÍTULO III
DA HIERARQUIA MILITAR E DA DISCIPLINA

Art. 14. A hierarquia e a disciplina são a base institucional das Forças Armadas. A autoridade e a responsabilidade crescem com o grau hierárquico.

▸ Art. 142 da CF.

§ 1º A hierarquia militar é a ordenação da autoridade, em níveis diferentes, dentro da estrutura das Forças Armadas. A ordenação se faz por postos ou graduações; dentro de um mesmo posto ou graduação se faz pela antiguidade no posto ou na graduação. O respeito à hierarquia é consubstanciado no espírito de acatamento à sequência de autoridade.

▸ Art. 3º do Dec. nº 88.545, de 26-7-1983, que aprova o Regulamento Disciplinar para a Marinha.

▸ Art. 7º do Dec. nº 4.346, de 26-8-2002 (Regulamento Disciplinar do Exército).

§ 2º Disciplina é a rigorosa observância e o acatamento integral das leis, regulamentos, normas e disposições que fundamentam o organismo militar e coordenam seu funcionamento regular e harmônico, traduzindo-se pelo perfeito cumprimento do dever por parte de todos e de cada um dos componentes desse organismo.

▸ Art. 2º do Dec. nº 88.545, de 26-7-1983, que aprova o Regulamento Disciplinar para a Marinha.

▸ Art. 8º do Dec. nº 4.346, de 26-8-2002 (Regulamento Disciplinar do Exército).

§ 3º A disciplina e o respeito à hierarquia devem ser mantidos em todas as circunstâncias da vida entre militares da ativa, da reserva remunerada e reformados.

▸ Art. 8º, § 2º, do Dec. nº 4.346, de 26-8-2002 (Regulamento Disciplinar do Exército).

Art. 15. Círculos hierárquicos são âmbito de convivência entre os militares da mesma categoria e têm a finalidade de desenvolver o espírito de camaradagem, em ambiente de estima e confiança, sem prejuízo do respeito mútuo.

Art. 16. Os círculos hierárquicos e a escala hierárquica nas Forças Armadas, bem como a correspondência entre os postos e as graduações da Marinha, do Exército e da Aeronáutica, são fixados nos parágrafos seguintes e no Quadro em anexo.

§ 1º Posto é o grau hierárquico do oficial, conferido por ato do Presidente da República ou do Ministro de Força Singular e confirmado em Carta Patente.

§ 2º Os postos de Almirante, Marechal e Marechal do Ar somente serão providos em tempo de guerra.

§ 3º Graduação é o grau hierárquico da praça, conferido pela autoridade militar competente.

§ 4º Os Guardas-Marinha, os Aspirantes a Oficial e os alunos de órgãos específicos de formação de militares são denominados praças especiais.

§ 5º Os graus hierárquicos inicial e final dos diversos Corpos, Quadros, Armas, Serviços, Especialidades ou Subespecialidades são fixados, separadamente, para cada caso, na Marinha, no Exército e na Aeronáutica.

§ 6º Os militares da Marinha, do Exército e da Aeronáutica, cujos graus hierárquicos tenham denominação comum, acrescentarão aos mesmos, quando julgado necessário, a indicação do respectivo Corpo, Quadro, Arma ou Serviço e, se ainda necessário, a Força Armada a que pertencerem, conforme os regulamentos ou normas em vigor.

§ 7º Sempre que o militar da reserva remunerada ou reformado fizer uso do posto ou graduação, deverá fazê-lo com as abreviaturas respectivas de sua situação.

Art. 17. A precedência entre militares da ativa do mesmo grau hierárquico, ou correspondente, é assegurada pela antiguidade no posto ou graduação, salvo nos casos de precedência funcional estabelecida em lei.

§ 1º A antiguidade em cada posto ou graduação é contada a partir da data da assinatura do ato da respectiva promoção, nomeação, declaração ou incorporação, salvo quando estiver taxativamente fixada outra data.

§ 2º No caso do parágrafo anterior, havendo empate, a antiguidade será estabelecida:

a) entre militares do mesmo Corpo, Quadro, Arma ou Serviço, pela posição nas respectivas escalas numéricas ou registros existentes em cada Força;

b) nos demais casos, pela antiguidade no posto ou graduação anterior; se, ainda assim, subsistir a igualdade, recorrer-se-á, sucessivamente, aos graus hierárquicos anteriores, à data de praça e à data de nascimento para definir a precedência, e, neste último caso, o de mais idade será considerado o mais antigo;

c) na existência de mais de uma data de praça, inclusive de outra Força Singular, prevalece a antiguidade do militar que tiver maior tempo de efetivo serviço na praça anterior ou nas praças anteriores; e

d) entre os alunos de um mesmo órgão de formação de militares, de acordo com o regulamento do respectivo órgão, se não estiverem especificamente enquadrados nas letras *a*, *b* e *c*.

§ 3º Em igualdade de posto ou de graduação, os militares da ativa têm precedência sobre os da inatividade.

§ 4º Em igualdade de posto ou de graduação, a precedência entre os militares de carreira na ativa e os da reserva remunerada ou não, que estejam convocados, é definida pelo tempo de efetivo serviço no posto ou graduação.

Art. 18. Em legislação especial, regular-se-á:

I – a precedência entre militares e civis, em missões diplomáticas, ou em comissão no País ou no estrangeiro; e

II – a precedência nas solenidades oficiais.

Art. 19. A precedência entre as praças especiais e as demais praças é assim regulada:

I – os Guardas-Marinha e os Aspirantes a Oficial são hierarquicamente superiores às demais praças;

II – os Aspirantes da Escola Naval, os Cadetes da Academia Militar das Agulhas Negras e da Academia da Força Aérea e os alunos do Instituto Tecnológico de Aeronáutica, do Instituto Militar de Engenharia e das demais instituições de graduação de oficiais da Marinha e do Exército são hierarquicamente superiores aos Suboficiais e aos Subtenentes;

▸ Inciso II com a redação dada pela Lei nº 13.954, de 16-12-2019.

III – os alunos de Escola Preparatória de Cadetes e do Colégio Naval têm precedência sobre os Terceiros-Sargentos, aos quais são equiparados;

IV – os alunos dos órgãos de formação de oficiais da reserva, quando fardados, têm precedência sobre os Cabos, aos quais são equiparados; e

V – os Cabos têm precedência sobre os alunos das escolas ou dos centros de formação de sargentos, que a eles são equiparados, respeitada, no caso de militares, a antiguidade relativa.

CAPÍTULO IV
DO CARGO E DA FUNÇÃO MILITARES

Art. 20. Cargo militar é um conjunto de atribuições, deveres e responsabilidades cometidos a um militar em serviço ativo.

§ 1º O cargo militar, a que se refere este artigo, é o que se encontra especificado nos Quadros de Efetivo ou Tabelas de Lotação das Forças Armadas ou previsto, caracterizado ou definido como tal em outras disposições legais.

§ 2º As obrigações inerentes ao cargo militar devem ser compatíveis com o correspondente grau hierárquico e definidas em legislação ou regulamentação específicas.

Art. 21. Os cargos militares são providos com pessoal que satisfaça aos requisitos de grau hierárquico e de qualificação exigidos para o seu desempenho.

Parágrafo único. O provimento de cargo militar far-se-á por ato de nomeação ou determinação expressa da autoridade competente.

Art. 22. O cargo militar é considerado vago a partir de sua criação e até que um militar nele tome posse, ou desde o momento em que o militar exonerado, ou que tenha recebido determinação expressa da autoridade competente, o deixe e até que outro militar nele tome posse de acordo com as normas de provimento previstas no parágrafo único do artigo anterior.

Parágrafo único. Consideram-se também vagos os cargos militares cujos ocupantes tenham:

a) falecido;

b) sido considerado extraviado;

c) sido feito prisioneiros; e

d) sido considerados desertores.

Art. 23. Função militar é o exercício das obrigações inerentes ao cargo militar.

Art. 24. Dentro de uma mesma organização militar, a sequência de substituições para assumir cargo ou responder por funções, bem como as normas, atribuições e responsabilidades relativas, são as estabelecidas na legislação ou regulamentação específicas, respeitadas a precedência e a qualificação exigidas para o cargo ou o exercício da função.

Art. 25. O militar ocupante de cargo da estrutura das Forças Armadas, provido em caráter efetivo ou interino, observado o disposto no parágrafo único do art. 21 desta Lei, faz jus aos direitos correspondentes ao cargo, conforme previsto em lei.

Parágrafo único. A remuneração do militar será calculada com base no soldo inerente ao seu posto ou à sua graduação, independentemente do cargo que ocupar.

▸ Art. 25 com a redação dada pela Lei nº 13.954, de 16-12-2019.

Art. 26. As obrigações que, pela generalidade, peculiaridade, duração, vulto ou natureza, não são catalogadas como posições tituladas em "Quadro de Efetivo", "Quadro de Organização", "Tabela de Lotação" ou dispositivo legal, são cumpridas como encargo, incumbência, comissão, serviço ou atividade, militar ou de natureza militar.

Parágrafo único. Aplica-se, no que couber, a encargo, incumbência, comissão, serviço ou atividade, militar ou de natureza militar, o disposto neste Capítulo para cargo militar.

TÍTULO II – DAS OBRIGAÇÕES E DOS DEVERES MILITARES

▸ EC nº 18, de 5-2-1998, dispõe sobre o regime constitucional dos militares.

CAPÍTULO I
DAS OBRIGAÇÕES MILITARES

Seção I
DO VALOR MILITAR

Art. 27. São manifestações essenciais do valor militar:

I – o patriotismo, traduzido pela vontade inabalável de cumprir o dever militar e pelo solene juramento de fidelidade à Pátria até com o sacrifício da própria vida;

II – o civismo e o culto das tradições históricas;

III – a fé na missão elevada das Forças Armadas;

IV – o espírito de corpo, orgulho do militar pela organização onde serve;

V – o amor à profissão das armas e o entusiasmo com que é exercida; e

VI – o aprimoramento técnico-profissional.

Seção II
DA ÉTICA MILITAR

Art. 28. O sentimento do dever, o pundonor militar e o decoro da classe impõem, a cada um dos integrantes das Forças Armadas, conduta moral e profissional irrepreensíveis, com a observância dos seguintes preceitos de ética militar:

▸ Art. 6º do Dec. nº 4.346, de 26-8-2002 (Regulamento Disciplinar do Exército).

I – amar a verdade e a responsabilidade como fundamento de dignidade pessoal;

II – exercer, com autoridade, eficiência e probidade, as funções que lhe couberem em decorrência do cargo;

III – respeitar a dignidade da pessoa humana;

IV – cumprir e fazer cumprir as leis, os regulamentos, as instruções e as ordens das autoridades competentes;

V – ser justo e imparcial no julgamento dos atos e na apreciação do mérito dos subordinados;

VI – zelar pelo preparo próprio, moral, intelectual e físico e, também, pelo dos subordinados, tendo em vista o cumprimento da missão comum;

VII – empregar todas as suas energias em benefício do serviço;

VIII – praticar a camaradagem e desenvolver, permanentemente, o espírito de cooperação;

IX – ser discreto em suas atitudes, maneiras e em sua linguagem escrita e falada;

X – abster-se de tratar, fora do âmbito apropriado, de matéria sigilosa de qualquer natureza;

XI – acatar as autoridades civis;

XII – cumprir seus deveres de cidadão;

XIII – proceder de maneira ilibada na vida pública e na particular;

XIV – observar as normas da boa educação;

XV – garantir assistência moral e material ao seu lar e conduzir-se como chefe de família modelar;

XVI – conduzir-se, mesmo fora do serviço ou quando já na inatividade, de modo que não sejam prejudicados os princípios da disciplina, do respeito e do decoro militar;

XVII – abster-se de fazer uso do posto ou da graduação para obter facilidades pessoais de qualquer natureza ou para encaminhar negócios particulares ou de terceiros;

XVIII – abster-se, na inatividade, do uso das designações hierárquicas:

a) em atividades político-partidárias;

b) em atividades comerciais;

c) em atividades industriais;

d) para discutir ou provocar discussões pela imprensa a respeito de assuntos políticos ou militares, excetuando-se os de natureza exclusivamente técnica, se devidamente autorizado; e

e) no exercício de cargo ou função de natureza civil, mesmo que seja da Administração Pública; e

XIX – zelar pelo bom nome das Forças Armadas e de cada um de seus integrantes, obedecendo e fazendo obedecer aos preceitos da ética militar.

Art. 29. Ao militar da ativa é vedado comerciar ou tomar parte na administração ou gerência de sociedade ou dela ser sócio ou participar, exceto como acionista ou quotista em sociedade anônima ou por quotas de responsabilidade limitada.

§ 1º Os integrantes da reserva, quando convocados, ficam proibidos de tratar, nas organizações militares e nas repartições públicas civis, de interesse de organizações ou empresas privadas de qualquer natureza.

§ 2º Os militares da ativa podem exercer, diretamente, a gestão de seus bens, desde que não infrinjam o disposto no presente artigo.

§ 3º No intuito de desenvolver a prática profissional, é permitido aos oficiais titulares dos Quadros ou Serviços de Saúde e de Veterinária o exercício de atividade técnico-profissional, no meio civil, desde que tal prática não prejudique o serviço e não infrinja o disposto neste artigo.

Art. 30. Os Ministros das Forças Singulares poderão determinar aos militares da ativa da respectiva Força que, no interesse da salvaguarda da dignidade dos mesmos, informem sobre a origem e natureza dos seus bens, sempre que houver razões que recomendem tal medida.

CAPÍTULO II
DOS DEVERES MILITARES

Seção I
CONCEITUAÇÃO

Art. 31. Os deveres militares emanam de um conjunto de vínculos racionais, bem como morais, que ligam o militar à Pátria e ao seu serviço, e compreendem, essencialmente:

I – a dedicação e a fidelidade à Pátria, cuja honra, integridade e instituições devem ser defendidas mesmo com o sacrifício da própria vida;
II – o culto aos Símbolos Nacionais;
III – a probidade e a lealdade em todas as circunstâncias;
IV – a disciplina e o respeito à hierarquia;
V – o rigoroso cumprimento das obrigações e das ordens; e
VI – a obrigação de tratar o subordinado dignamente e com urbanidade.

Seção II
DO COMPROMISSO MILITAR

Art. 32. Todo cidadão, após ingressar em uma das Forças Armadas mediante incorporação, matrícula ou nomeação, prestará compromisso de honra, no qual afirmará a sua aceitação consistente das obrigações e dos deveres militares e manifestará a sua firme disposição de bem cumpri-los.

Art. 33. O compromisso do incorporado, do matriculado e do nomeado a que se refere o artigo anterior, terá caráter solene e será sempre prestado sob a forma de juramento à Bandeira na presença de tropa ou guarnição formada, conforme os dizeres estabelecidos nos regulamentos específicos das Forças Armadas, e tão logo o militar tenha adquirido um grau de instrução compatível com o perfeito entendimento de seus deveres como integrante das Forças Armadas.

§ 1º O compromisso de Guarda-Marinha ou Aspirante a Oficial é prestado nos estabelecimentos de formação, obedecendo o cerimonial ao fixado nos respectivos regulamentos.

§ 2º O compromisso como oficial, quando houver, será regulado em cada Força Armada.

Seção III
DO COMANDO E DA SUBORDINAÇÃO

Art. 34. Comando é a soma de autoridade, deveres e responsabilidades de que o militar é investido legalmente quando conduz homens ou dirige uma organização militar. O comando é vinculado ao grau hierárquico e constitui uma prerrogativa impessoal, em cujo exercício o militar se define e se caracteriza como chefe.

Parágrafo único. Aplica-se à direção e à chefia de organização militar, no que couber, o estabelecido para comando.

Art. 35. A subordinação não afeta, de modo algum, a dignidade pessoal do militar e decorre, exclusivamente, da estrutura hierarquizada das Forças Armadas.

Art. 36. O oficial é preparado, ao longo da carreira, para o exercício de funções de comando, de chefia e de direção.

Art. 37. Os graduados auxiliam ou complementam as atividades dos oficiais, quer no adestramento e no emprego de meios, quer na instrução e na administração.

Parágrafo único. No exercício das atividades mencionadas neste artigo e no comando de elementos subordinados, os suboficiais, os subtenentes e os sargentos deverão impor-se pela lealdade, pelo exemplo e pela capacidade profissional e técnica, incumbindo-lhes assegurar a observância minuciosa e ininterrupta das ordens, das regras do serviço e das normas operativas pelas praças que lhes estiverem diretamente subordinados e a manutenção da coesão e do moral das mesmas praças em todas as circunstâncias.

Art. 38. Os Cabos, Taifeiros-Mores, Soldados de Primeira Classe, Taifeiros de Primeira Classe, Marinheiros, Soldados, Soldados de Segunda Classe e Taifeiros de Segunda Classe são, essencialmente, elementos de execução.

Art. 39. Os Marinheiros Recrutas, Recrutas, Soldados Recrutas e Soldados de Segunda Classe constituem os elementos incorporados às Forças Armadas para a prestação do serviço militar inicial.

Art. 40. Às praças especiais cabe a rigorosa observância das prescrições dos regulamentos que lhes são pertinentes, exigindo-se-lhes inteira dedicação ao estudo e ao aprendizado técnico-profissional.

Parágrafo único. Às praças especiais também se assegura a prestação do serviço militar inicial.

Art. 41. Cabe ao militar a responsabilidade integral pelas decisões que tomar, pelas ordens que emitir e pelos atos que praticar.

CAPÍTULO III
DA VIOLAÇÃO DAS OBRIGAÇÕES E DOS DEVERES MILITARES

Seção I
CONCEITUAÇÃO

Art. 42. A violação das obrigações ou dos deveres militares constituirá crime, contravenção ou transgressão disciplinar, conforme dispuser a legislação ou regulamentação específicas.

§ 1º A violação dos preceitos da ética militar será tão mais grave quanto mais elevado for o grau hierárquico de quem a cometer.

§ 2º No concurso de crime militar e de contravenção ou transgressão disciplinar, quando forem da mesma natureza, será aplicada somente a pena relativa ao crime.

Art. 43. A inobservância dos deveres especificados nas leis e regulamentos, ou a falta de exação no cumprimento dos mesmos, acarreta para o militar responsabilidade funcional, pecuniária, disciplinar ou penal, consoante a legislação específica.

Parágrafo único. A apuração da responsabilidade funcional, pecuniária, disciplinar ou penal poderá concluir pela incompatibilidade do militar com o cargo ou pela incapacidade para o exercício das funções militares a ele inerentes.

Art. 44. O militar que, por sua atuação, se tornar incompatível com o cargo, ou demonstrar incapacidade no exercício de funções militares a ele inerentes, será afastado do cargo.

§ 1º São competentes para determinar o imediato afastamento do cargo ou o impedimento do exercício da função:

a) o Presidente da República;
b) os titulares das respectivas pastas militares e o Chefe do Estado-Maior das Forças Armadas; e
c) os comandantes, os chefes e os diretores, na conformidade da legislação ou regulamentação específica de cada Força Armada.

§ 2º O militar afastado do cargo, nas condições mencionadas neste artigo, ficará privado do exercício de qualquer função militar até a solução do processo ou das providências legais cabíveis.

Art. 45. São proibidas quaisquer manifestações coletivas, tanto sobre atos de superiores quanto as de caráter reivindicatório ou político.

Seção II
DOS CRIMES MILITARES

Art. 46. O Código Penal Militar relaciona e classifica os crimes militares, em tempo de paz e em tempo de guerra, e dispõe sobre a aplicação aos militares das penas correspondentes aos crimes por eles cometidos.

▸ Arts. 9º e 10 do CPM.

Seção III
DAS CONTRAVENÇÕES OU TRANSGRESSÕES DISCIPLINARES

Art. 47. Os regulamentos disciplinares das Forças Armadas especificarão e classificarão as contravenções ou transgressões disciplinares e estabelecerão as normas relativas à amplitude e aplicação das penas disciplinares, à classificação do comportamento militar e à interposição de recursos contra as penas disciplinares.

▸ Dec. nº 76.322, de 22-9-1975 (Regulamento Disciplinar da Aeronáutica).
▸ Dec. nº 88.545, de 26-7-1983 (Regulamento Disciplinar para a Marinha).
▸ Dec. nº 4.346, de 26-8-2002 (Regulamento Disciplinar do Exército).

§ 1º As penas disciplinares de impedimento, detenção ou prisão não podem ultrapassar trinta dias.

§ 2º À praça especial aplicam-se, também, as disposições disciplinares previstas no regulamento do estabelecimento de ensino onde estiver matriculada.

Seção IV
DOS CONSELHOS DE JUSTIFICAÇÃO E DE DISCIPLINA

Art. 48. O oficial presumivelmente incapaz de permanecer como militar da ativa será, na forma da legislação específica, submetido a Conselho de Justificação.

▸ Lei nº 5.836, de 5-12-1972, dispõe sobre o Conselho de Justificação.
▸ Art. 6º do Dec. nº 4.346, de 26-8-2002 (Regulamento Disciplinar do Exército).

§ 1º O oficial, ao ser submetido a Conselho de Justificação, poderá ser afastado do exercício de suas funções, a critério do respectivo Ministro, conforme estabelecido em legislação específica.

§ 2º Compete ao Superior Tribunal Militar, em tempo de paz, ou a tribunal especial, em tempo de guerra, julgar, em instância única, os processos oriundos dos Conselhos de Justificação, nos casos previstos em lei específica.

§ 3º A Conselho de Justificação poderá, também, ser submetido o oficial da reserva remunerada ou reformado, presumivelmente incapaz de permanecer na situação de inatividade em que se encontra.

Art. 49. O Guarda-Marinha, o Aspirante a Oficial e as praças com estabilidade assegurada, presumivelmente incapazes de permanecer como militares da ativa, serão submetidos a Conselho de Disciplina e afastados das atividades que estiverem exercendo, na forma da regulamentação específica.

- Dec. nº 71.500, de 5-12-1972, dispõe sobre o Conselho de Disciplina.
- Art. 6º do Dec. nº 4.346, de 26-8-2002 (Regulamento Disciplinar do Exército).

§ 1º O Conselho de Disciplina obedecerá a normas comuns às três Forças Armadas.

§ 2º Compete aos Ministros das Forças Singulares julgar, em última instância, os processos oriundos dos Conselhos de Disciplina convocados no âmbito das respectivas Forças Armadas.

§ 3º A Conselho de Disciplina poderá, também, ser submetida a praça na reserva remunerada ou reformada, presumivelmente incapaz de permanecer na situação de inatividade em que se encontra.

TÍTULO III – DOS DIREITOS E DAS PRERROGATIVAS DOS MILITARES

CAPÍTULO I – DOS DIREITOS

Seção I – ENUMERAÇÃO

Art. 50. São direitos dos militares:

I – a garantia da patente em toda a sua plenitude, com as vantagens, prerrogativas e deveres a ela inerentes, quando oficial, nos termos da Constituição;

I-A – a proteção social, nos termos do art. 50-A desta Lei;

- Inciso I-A acrescido pela Lei nº 13.954, de 16-12-2019.

II – o provento calculado com base no soldo integral do posto ou da graduação que possuía por ocasião da transferência para a inatividade remunerada:

a) por contar mais de 35 (trinta e cinco) anos de serviço;

b) por atingir a idade-limite de permanência em atividade no posto ou na graduação;

c) por estar enquadrado em uma das hipóteses previstas nos incisos VIII ou IX do *caput* do art. 98 desta Lei; ou

d) por ter sido incluído em quota compulsória unicamente em razão do disposto na alínea *c* do inciso III do *caput* do art. 101 desta Lei;

III – o provento calculado com base em tantas quotas de soldo do posto ou da graduação quantos forem os anos de serviço, até o limite de 35 (trinta e cinco) anos, quando tiver sido abrangido pela quota compulsória, ressalvado o disposto na alínea *d* do inciso II do *caput* deste artigo;

- Incisos II e III com a redação dada pela Lei nº 13.954, de 16-12-2019.

IV – nas condições ou nas limitações impostas por legislação e regulamentação específicas, os seguintes:

- *Caput* do inciso IV com a redação dada pela Lei nº 13.954, de 16-12-2019.

a) a estabilidade, somente se praça de carreira com 10 (dez) anos ou mais de tempo de efetivo serviço;

- Alínea *a* com a redação dada pela Lei nº 13.954, de 16-12-2019.
- Súm. nº 346 do STJ.

b) o uso das designações hierárquicas;

c) a ocupação de cargo correspondente ao posto ou à graduação;

d) a percepção de remuneração;

e) a assistência médico-hospitalar para si e seus dependentes, assim entendida como o conjunto de atividades relacionadas com a prevenção, conservação ou recuperação da saúde, abrangendo serviços profissionais médicos, farmacêuticos e odontológicos, bem como o fornecimento, a aplicação de meios e os cuidados e demais atos médicos e paramédicos necessários;

f) o funeral para si e seus dependentes, constituindo-se no conjunto de medidas tomadas pelo Estado, quando solicitado, desde o óbito até o sepultamento condigno;

g) a alimentação, assim entendida como as refeições fornecidas aos militares em atividade;

h) o fardamento, constituindo-se no conjunto de uniformes, roupa branca e roupa de cama, fornecido ao militar na ativa de graduação inferior a Terceiro-Sargento e, em casos especiais, a outros militares;

i) a moradia para o militar em atividade, compreendendo:

1) alojamento em organização militar, quando aquartelado ou embarcado; e

2) habitação para si e seus dependentes, em imóveis sob a responsabilidade da União, de acordo com a disponibilidade existente;

j) *Revogada*. MP nº 2.215-10, de 31-8-2001;

l) a constituição de pensão militar;

m) a promoção;

n) a transferência a pedido para a reserva remunerada;

o) as férias, os afastamentos temporários do serviço e as licenças;

p) a demissão e o licenciamento voluntários;

q) o porte de arma quando oficial em serviço ativo ou em inatividade, salvo caso de inatividade por alienação mental ou condenação por crimes contra a segurança do Estado ou por atividades que desaconselhem aquele porte;

r) o porte de arma, pelas praças, com as restrições impostas pela respectiva Força Armada; e

s) outros direitos previstos em leis específicas.

§ 1º *Revogado*. MP nº 2.215-10, de 31-8-2001.

§ 2º São considerados dependentes do militar, desde que assim declarados por ele na organização militar competente:

- *Caput* do § 2º com a redação dada pela Lei nº 13.954, de 16-12-2019.

I – o cônjuge ou o companheiro com quem viva em união estável, na constância do vínculo;

II – o filho ou o enteado:

a) menor de 21 (vinte e um) anos de idade;

b) inválido;

- Incisos I e II com a redação dada pela Lei nº 13.954, de 16-12-2019.

III a VIII – *Revogados*. Lei nº 13.954, de 16-12-2019.

§ 3º Podem, ainda, ser considerados dependentes do militar, desde que não recebam rendimentos e sejam declarados por ele na organização militar competente:

- Dec. nº 10.651, de 18-3-2021, regulamenta este parágrafo.

a a j) Revogadas. Lei nº 13.954, de 16-12-2019.

I – o filho ou o enteado estudante menor de 24 (vinte e quatro) anos de idade;

II – o pai e a mãe;

III – o tutelado ou o curatelado inválido ou menor de 18 (dezoito) anos de idade que viva sob a sua guarda por decisão judicial.

- Incisos I a III acrescidos pela Lei nº 13.954, de 16-12-2019.

§ 4º *Revogado*. Lei nº 13.954, de 16-12-2019.

§ 5º Após o falecimento do militar, manterão os direitos previstos nas alíneas *e*, *f* e *s* do inciso IV do *caput* deste artigo, enquanto conservarem os requisitos de dependência, mediante participação nos custos e no pagamento das contribuições devidas, conforme estabelecidos em regulamento:

I – o viúvo, enquanto não contrair matrimônio ou constituir união estável;

II – o filho ou o enteado menor de 21 (vinte e um) anos de idade ou inválido;

III – o filho ou o enteado estudante menor de 24 (vinte e quatro) anos de idade;

IV – os dependentes a que se refere o § 3º deste artigo, por ocasião do óbito do militar.

- § 5º acrescido pela Lei nº 13.954, de 16-12-2019.

Art. 50-A. O Sistema de Proteção Social dos Militares das Forças Armadas é o conjunto integrado de direitos, serviços e ações, permanentes e interativas, de remuneração, pensão, saúde e assistência, nos termos desta Lei e das regulamentações específicas.

- Art. 50-A acrescido pela Lei nº 13.954, de 16-12-2019.

Art. 51. O militar que se julgar prejudicado ou ofendido por qualquer ato administrativo ou disciplinar de superior hierárquico poderá recorrer ou interpor pedido de reconsideração, queixa ou representação, segundo regulamentação específica de cada Força Armada.

§ 1º O direito de recorrer na esfera administrativa prescreverá:

a) em quinze dias corridos, a contar do recebimento da comunicação oficial, quanto a ato que decorra de inclusão em quota compulsória ou de composição de Quadro de Acesso; e

b) em 45 (quarenta e cinco) dias, nas demais hipóteses.

- Alínea *b* com a redação dada pela Lei nº 13.954, de 16-12-2019.

§ 2º O pedido de reconsideração, a queixa e a representação não podem ser feitos coletivamente.

§ 3º *Revogado*. Lei nº 13.954, de 16-12-2019.

Art. 52. Os militares são alistáveis, como eleitores, desde que oficiais, guardas-marinha ou aspirantes a oficial, suboficiais ou subtenentes, sargentos ou alunos das escolas militares de nível superior para formação de oficiais.

Parágrafo único. Os militares alistáveis são elegíveis, atendidas às seguintes condições:

a) se contar menos de cinco anos de serviços, será, ao se candidatar a cargo eletivo, excluído do serviço ativo mediante demissão ou licenciamento *ex officio*; e

b) se em atividade, com cinco ou mais anos de serviço, será, ao se candidatar a cargo eletivo, afastado, temporariamente, do serviço ativo e agregado, considerado em licença para tratar de interesse particular; se eleito, será, no ato da diplomação, transferido para a reserva remunerada, percebendo a remuneração a que fizer jus em função do seu tempo de serviço.

Seção II
DA REMUNERAÇÃO

Art. 53. A remuneração dos militares será estabelecida em legislação específica, comum às Forças Armadas.

▸ Artigo com a redação dada pela MP nº 2.215-10, de 31-8-2001, que até o encerramento desta edição não havia sido convertida em Lei.

Art. 53-A. A remuneração dos militares ativos e inativos é encargo financeiro do Tesouro Nacional.

▸ Art. 53-A acrescido pela Lei nº 13.954, de 16-12-2019.

Art. 54. O soldo é irredutível e não está sujeito à penhora, sequestro ou arresto, exceto nos casos previstos em lei.

Art. 55. O valor do soldo é igual para o militar da ativa, da reserva remunerada ou reformado, de um mesmo grau hierárquico, ressalvado o disposto no item II, do *caput do* artigo 50.

Art. 56. Por ocasião de sua passagem para a inatividade, o militar terá direito a tantas quotas de soldo quantos forem os anos de serviço computáveis para a inatividade, até o máximo de 35 (trinta e cinco) anos, ressalvado o disposto nas alíneas *b*, *c* e *d* do inciso II do *caput* do art. 50 desta Lei.

▸ *Caput* com a redação dada pela Lei nº 13.954, de 16-12-2019.

Parágrafo único. *Revogado*. Lei nº 13.954, de 16-12-2019.

Art. 57. Nos termos do § 9º, do artigo 93, da Constituição, a proibição de acumular proventos de inatividade não se aplica aos militares da reserva remunerada e aos reformados quanto ao exercício de mandato eletivo, quanto ao de função de magistério ou de cargo em comissão ou quanto ao contrato para prestação de serviços técnicos ou especializados.

Art. 58. Os proventos de inatividade serão revistos sempre que, por motivo de alteração do poder aquisitivo da moeda, se modificarem os vencimentos dos militares em serviço ativo.

Parágrafo único. Ressalvados os casos previstos em Lei, os proventos da inatividade não poderão exceder à remuneração percebida pelo militar da ativa no posto ou graduação correspondente aos dos seus proventos.

Seção III
DA PROMOÇÃO

Art. 59. O acesso na hierarquia militar, fundamentado principalmente no valor moral e profissional, é seletivo, gradual e sucessivo e será feito mediante promoções, de conformidade com a legislação e regulamentação de promoções de oficiais e de praças, de modo a obter-se um fluxo regular e equilibrado de carreira para os militares.

Parágrafo único. O planejamento da carreira dos oficiais e das praças é atribuição de cada um dos Ministérios das Forças Singulares.

Art. 60. As promoções serão efetuadas pelos critérios de antiguidade, merecimento ou escolha, ou, ainda, por bravura e *post mortem*.

§ 1º Em casos extraordinários e independentemente de vagas, poderá haver promoção em ressarcimento de preterição.

§ 2º A promoção de militar feita em ressarcimento de preterição será efetuada segundo os critério de antiguidade ou merecimento, recebendo ele o número que lhe competir na escala hierárquica, como se houvesse sido promovido, na época devida, pelo critério em que ora é feita sua promoção.

Art. 61. A fim de manter a renovação, o equilíbrio e a regularidade de acesso nos diferentes Corpos, Quadros, Armas ou Serviços, haverá anual e obrigatoriamente um número fixado de vagas à promoção, nas proporções abaixo indicadas:

I – Almirantes de Esquadra, Generais de Exército e Tenentes-Brigadeiros – 1/4 dos respectivos Corpos ou Quadros;

II – Vice-Almirantes, Generais de Divisão e Majores-Brigadeiros – 1/4 dos respectivos Corpos ou Quadros;

III – Contra-Almirantes, Generais de Brigada e Brigadeiros – 1/4 dos respectivos Corpos ou Quadros;

IV – Capitães de Mar e Guerra e Coronéis – no mínimo 1/8 dos respectivos Corpos, Quadros, Armas ou Serviços;

V – Capitães de Fragata e Tenentes-Coronéis – no mínimo 1/15 dos respectivos Corpos, Quadros, Armas ou Serviços;

VI – Capitães de Corveta e Majores – no mínimo 1/20 dos respectivos Corpos, Quadros, Armas ou Serviços; e

VII – Oficiais dos três últimos postos dos Quadros de que trata a alínea *b*, do inciso I do artigo 98, 1/4 para o último posto, no mínimo 1/10 para o penúltimo posto, e no mínimo 1/15 para o antepenúltimo posto, dos respectivos Quadros, exceto quando o último e o penúltimo postos forem Capitão-Tenente ou Capitão e Primeiro-Tenente, caso em que as proporções serão no mínimo 1/10 e 1/20, respectivamente.

▸ Inciso VII com a redação dada pela Lei nº 7.666, de 22-8-1988.

§ 1º O número de vagas para promoção obrigatória em cada ano base para os postos relativos aos itens IV, V, VI e VII deste artigo será fixado, para cada Força, em decretos separados, até o dia quinze de janeiro do ano seguinte.

§ 2º As frações que resultarem da aplicação das proporções estabelecidas neste artigo serão adicionadas, cumulativamente, aos cálculos correspondentes dos anos seguintes, até completar-se pelo menos um inteiro, que, então, será computado para obtenção de uma vaga para promoção obrigatória.

§ 3º As vagas serão consideradas abertas:

a) na data da assinatura do ato que promover, passar para a inatividade, transferir de Corpo ou Quadro, demitir ou agregar o militar;

b) na data fixada na Lei de Promoções de Oficiais da Ativa das Forças Armadas ou seus Regulamentos, em casos neles indicados; e

c) na data oficial do óbito do militar.

Art. 62. Não haverá promoção de militar por ocasião de sua transferência para a reserva remunerada ou reforma.

Seção IV
DAS FÉRIAS E DE OUTROS AFASTAMENTOS TEMPORÁRIOS DO SERVIÇO

Art. 63. Férias são afastamentos totais do serviço, anual e obrigatoriamente, concedidos aos militares para descanso, a partir do último mês do ano a que se referem e durante todo o ano seguinte.

§ 1º O Poder Executivo fixará a duração das férias, inclusive para os militares servindo em localidades especiais.

§ 2º Compete aos Ministros Militares regulamentar a concessão de férias.

§ 3º A concessão de férias não é prejudicada pelo gozo anterior de licença para tratamento de saúde, nem por punição anterior decorrente de contravenção ou transgressão disciplinar, ou pelo estado de guerra, ou para que sejam cumpridos atos em serviço, bem como não anula o direito àquela licença.

▸ § 3º com a redação dada pela MP nº 2.215-10, de 31-8-2001, que até o encerramento desta edição não havia sido convertida em Lei.

§ 4º Somente em casos de interesse da segurança nacional, de manutenção da ordem, de extrema necessidade do serviço, de transferência para a inatividade, ou para cumprimento de punição decorrente de contravenção ou de transgressão disciplinar de natureza grave e em caso de baixa a hospital, os militares terão interrompido ou deixarão de gozar na época prevista o período de férias a que tiverem direito, registrando-se, o fato em seus assentamentos.

§ 5º *Revogado*. MP nº 2.215-10, de 31-8-2001.

Art. 64. Os militares têm direito, ainda, aos seguintes períodos de afastamento total do serviço, obedecidas às disposições legais e regulamentares, por motivo de:

I – núpcias: oito dias;

II – luto: oito dias;

III – instalação: até dez dias; e

IV – trânsito: até trinta dias.

Art. 65. As férias e os afastamentos mencionadas no artigo anterior são concedidos com a remuneração prevista na Legislação específica e computados como tempo de efetivo serviço para todos os efeitos legais.

Art. 66. As férias, instalação e trânsito dos militares que se encontrem a serviço no estrangeiro devem ter regulamentação idêntica para as três Forças Armadas.

Seção V
DAS LICENÇAS

Art. 67. Licença é a autorização para afastamento total do serviço, em caráter temporário, concedida ao militar, obedecidas às disposições legais e regulamentares.

§ 1º A licença pode ser:

a) *Revogada*. MP nº 2.215-10, de 31-8-2001;

b) para tratar de interesse particular;

c) para tratamento de saúde de pessoa da família; e

d) para tratamento de saúde própria;

e) para acompanhar cônjuge ou companheiro;

▸ Alínea *e* com a redação dada pela Lei nº 13.954, de 16-12-2019.

f) para maternidade, paternidade ou adoção.

▸ Alínea *f* acrescida pela Lei nº 13.954, de 16-12-2019.

▸ Alínea *e* acrescida pela Lei nº 11.447, de 5-1-2007.

§ 2º A remuneração do militar licenciado será regulada em Legislação específica.

§ 3º A concessão da licença é regulada pelo Comandante da Força.

▸ § 3º com a redação dada pela MP nº 2.215-10, de 31-8-2001, que até o encerramento desta edição não havia sido convertida em Lei.

Art. 68. *Revogado.* MP nº 2.215-10, de 31-8-2001.

Art. 69. Licença para tratar de interesse particular é a autorização para o afastamento total do serviço, concedida ao militar, com mais de dez anos de efetivo serviço, que a requeira com aquela finalidade.

Parágrafo único. A licença de que trata este artigo será sempre concedida com prejuízo da remuneração e da contagem de tempo de efetivo serviço, exceto, quanto a este último, para fins de indicação para a quota compulsória.

Art. 69-A. A licença para acompanhar cônjuge ou companheiro é a autorização para o afastamento total do serviço concedida a militar de carreira que a requeira para acompanhar cônjuge ou companheiro servidor público da União ou militar das Forças Armadas que for, de ofício, exercer atividade em órgão da administração pública federal situado em outro ponto do território nacional ou no exterior, diverso da localização da organização militar do requerente.

▸ *Caput* com a redação dada pela Lei nº 13.954, de 16-12-2019.

§ 1º A licença será concedida sempre com prejuízo da remuneração e da contagem de tempo de efetivo serviço, exceto, quanto a este último, para fins de indicação para a quota compulsória.

§ 2º O prazo limite para a licença será de 36 (trinta e seis) meses, podendo ser concedido de forma contínua ou fracionada.

§ 3º Para a concessão da licença para acompanhar companheiro(a), há necessidade de que seja reconhecida a união estável entre o homem e a mulher como entidade familiar, de acordo com a legislação específica.

§ 4º Não será concedida a licença de que trata este artigo quando o militar acompanhante puder ser passado à disposição ou à situação de adido ou ser classificado/lotado em organização militar das Forças Armadas para o desempenho de funções compatíveis com o seu nível hierárquico.

§ 5º A passagem à disposição ou à situação de adido ou a classificação/lotação em organização militar, de que trata o § 4º deste artigo, será efetivada sem ônus para a União e sempre com a aquiescência das Forças Armadas envolvidas.

▸ Art. 69-A acrescido pela Lei nº 11.447, de 5-1-2007.

Art. 70. As licenças poderão ser interrompidas a pedido ou nas condições estabelecidas neste artigo.

§ 1º A interrupção da licença especial, da licença para tratar de interesse particular e da licença para acompanhar cônjuge ou companheiro(a) poderá ocorrer:

▸ *Caput* do § 1º com a redação dada pela Lei nº 11.447, de 5-1-2007.

a) em caso de mobilização e estado de guerra;

b) em caso de decretação de estado de emergência ou de estado de sítio;

c) para cumprimento de sentença que importe em restrição da liberdade individual;

d) para cumprimento de punição disciplinar, conforme regulamentação de cada Força;

▸ Alínea *d* com a redação dada pela MP nº 2.215-10, de 31-8-2001, que até o encerramento desta edição não havia sido convertida em Lei.

e) em caso de denúncia ou de pronúncia em processo criminal ou indiciação em inquérito militar, a juízo da autoridade que efetivou a denúncia, a pronúncia ou a indicação.

§ 2º A interrupção da licença para tratar de interesse particular e da licença para acompanhar cônjuge ou companheiro(a) será definitiva quando o militar for reformado ou transferido, de ofício, para a reserva remunerada.

▸ § 2º com a redação dada pela Lei nº 11.447, de 5-1-2007.

§ 3º A interrupção da licença para tratamento de saúde de pessoa da família, para cumprimento de pena disciplinar que importe em restrição da liberdade individual, será regulada em cada Força.

Seção VI — DA PENSÃO MILITAR

Art. 71. A pensão militar destina-se a amparar os beneficiários do militar falecido ou extraviado e será paga conforme o disposto em legislação específica.

§ 1º Para fins de aplicação da legislação específica, será considerado como posto ou graduação do militar o correspondente ao soldo sobre o qual forem calculadas as suas contribuições.

§ 2º Todos os militares são contribuintes obrigatórios da pensão militar correspondente ao seu posto ou graduação, com as exceções previstas em legislação específica.

§ 2º-A. As pensões militares são custeadas com recursos provenientes da contribuição dos militares das Forças Armadas, de seus pensionistas e do Tesouro Nacional.

▸ § 2º-A acrescido pela Lei nº 13.954, de 16-12-2019.

§ 3º Todo militar é obrigado a fazer sua declaração de beneficiários que, salvo prova em contrário, prevalecerá para a habilitação dos mesmos à pensão militar.

Art. 72. A pensão militar defere-se nas prioridades e condições estabelecidas em legislação específica.

CAPÍTULO II — DAS PRERROGATIVAS

Seção I — CONSTITUIÇÃO E ENUMERAÇÃO

Art. 73. As prerrogativas dos militares são constituídas pelas honras, dignidades e distinções devidas aos graus hierárquicos e cargos.

Parágrafo único. São prerrogativas dos militares:

a) uso de títulos, uniformes, distintivos, insígnias e emblemas militares das Forças Armadas, correspondentes ao posto ou graduação, Corpo, Quadro, Arma, Serviço ou Cargo;

b) honras, tratamento e sinais de respeito que lhes sejam assegurados em leis e regulamentos;

c) cumprimento de pena de prisão ou detenção somente em organização militar da respectiva Força cujo comandante, chefe ou diretor tenha precedência hierárquica sobre os presos ou, na impossibilidade de cumprir esta disposição, em organização militar de outra Força cujo comandante, chefe ou diretor tenha a necessária precedência; e

d) julgamento em foro especial, nos crimes militares.

▸ Art. 124 da CF.

Art. 74. Somente em caso de flagrante delito o militar poderá ser preso por autoridade policial, ficando esta obrigada a entregá-lo imediatamente à autoridade militar mais próxima, só podendo retê-lo, na delegacia ou posto policial, durante o tempo necessário à lavratura do flagrante.

§ 1º Cabe à autoridade militar competente a iniciativa de responsabilizar a autoridade policial que não cumprir o disposto neste artigo e que a maltratar ou consentir que seja maltratado qualquer preso militar ou não lhe der o tratamento devido ao seu posto ou graduação.

§ 2º Se, durante o processo e julgamento no foro civil, houver perigo de vida para qualquer preso militar, a autoridade militar competente, mediante requisição da autoridade judiciária, mandará guardar os pretórios ou tribunais por força federal.

Art. 75. Os militares da ativa, no exercício de funções militares, são dispensados do serviço na instituição do Júri e do serviço na Justiça Eleitoral.

▸ Art. 437, VIII, do CPP.

Seção II — DO USO DOS UNIFORMES

Art. 76. Os uniformes das Forças Armadas, com seus distintivos, insígnias e emblemas, são privativos dos militares e simbolizam a autoridade militar, com as prerrogativas que lhes são inerentes.

▸ Art. 172 do CPM.

Parágrafo único. Constituem crimes previstos na legislação específica o desrespeito aos uniformes, distintivos, insígnias e emblemas militares, bem como seu uso por quem a eles não tiver direito.

Art. 77. O uso dos uniformes com seus distintivos, insígnias e emblemas, bem como os modelos, descrição, composição, peças acessórias e outras disposições, são estabelecidos na regulamentação específica de cada Força Armada.

§ 1º É proibido ao militar o uso dos uniformes:

a) em manifestação de caráter político-partidária;

b) em atividade não militar no estrangeiro, salvo quando expressamente determinado ou autorizado; e

c) na inatividade, salvo para comparecer a solenidades militares, a cerimônias cívicas comemorativas de datas nacionais ou a atos sociais solenes de caráter particular, desde que autorizado.

§ 2º O oficial na inatividade, quando no cargo de Ministro de Estado da Marinha, do Exército ou da Aeronáutica, poderá usar os mesmos uniformes dos militares na ativa.

§ 3º Os militares na inatividade cuja conduta possa ser considerada como ofensiva à dignidade da classe poderão ser definitivamente proibidos de usar uniformes por decisão do Ministro da respectiva Força Singular.

Art. 78. O militar fardado tem as obrigações correspondentes ao uniforme que use e aos distintivos, emblemas ou às insígnias que ostente.

Art. 79. É vedado às Forças Auxiliares e a qualquer elemento civil ou organizações civis usar uniformes ou ostentar distintivos, insígnias ou emblemas que possam ser confundidos com os adotados nas Forças Armadas.

Parágrafo único. São responsáveis pela infração das disposições deste artigo, além dos indivíduos que a tenham cometido, os comandantes das Forças Auxiliares, diretores ou chefes de repartições, organizações de qualquer natureza, firmas ou empregadores, empresas, institutos ou departamentos que tenham adotado ou consentido sejam usados uniformes ou ostentados distintivos, insígnias ou emblemas que possam ser confundidos com os adotados nas Forças Armadas.

TÍTULO IV – DAS DISPOSIÇÕES DIVERSAS

► EC nº 18, de 5-2-1998, dispõe sobre o regime constitucional dos militares.

CAPÍTULO I – DAS SITUAÇÕES ESPECIAIS

Seção I – DA AGREGAÇÃO

Art. 80. A agregação é a situação na qual o militar da ativa deixa de ocupar vaga na escala hierárquica de seu Corpo, Quadro, Arma ou Serviço, nela permanecendo sem número.

Art. 81. O militar será agregado e considerado, para todos os efeitos legais, como em serviço ativo quando:

I – for nomeado para cargo, militar ou considerado de natureza militar, estabelecido em lei ou decreto, no País ou no estrangeiro, não previsto nos Quadros de Organização ou Tabelas de Lotação da respectiva Força Armada, exceção feita aos membros das comissões de estudo ou de aquisição de material, aos observadores de guerra e aos estagiários para aperfeiçoamento de conhecimentos militares em organizações militares ou industriais no estrangeiro;

II – for posto à disposição exclusiva do Ministério da Defesa ou de Força Armada diversa daquela a que pertença, para ocupar cargo militar ou considerado de natureza militar;

► Inciso II com a redação dada pela MP nº 2.215-10, de 31-8-2001, que até o encerramento desta edição não havia sido convertida em Lei.

III – aguardar transferência *ex officio* para a reserva, por ter sido enquadrado em qualquer dos requisitos que a motivaram;

IV – o órgão competente para formalizar o respectivo processo tiver conhecimento oficial do pedido de transferência do militar para a reserva; e

V – houver ultrapassado seis meses contínuos na situação de convocado para funcionar como Ministro do Supremo Tribunal Militar.

§ 1º A agregação de militar nos casos dos itens I e II é contada a partir da data da posse no novo cargo até o regresso à Força Armada a que pertence ou a transferência *ex officio* para a reserva.

§ 2º A agregação de militar no caso do item III é contada a partir da data indicada no ato que tornar público o respectivo evento.

§ 3º A agregação de militar no caso do item IV é contada a partir da data indicada no ato que tornar pública a comunicação oficial até a transferência para a reserva.

§ 4º A agregação de militar no caso do item V é contada a partir do primeiro dia após o respectivo prazo e enquanto durar o evento.

Art. 82. O militar será agregado quando for afastado temporariamente do serviço ativo por motivo de:

I – ter sido julgado incapaz temporariamente, após um ano contínuo de tratamento;

II – haver ultrapassado um ano contínuo em licença para tratamento de saúde própria;

III – haver ultrapassado 6 (seis) meses contínuos em licença para tratar de interesse particular ou em licença para acompanhar cônjuge ou companheiro(a);

► Inciso III com a redação dada pela Lei nº 11.447, de 5-1-2007.

IV – haver ultrapassado seis meses contínuos em licença para tratar de saúde de pessoa da família;

V – ter sido julgado incapaz definitivamente, enquanto tramita o processo de reforma;

VI – ter sido considerado oficialmente extraviado;

VII – ter-se esgotado o prazo que caracteriza o crime de deserção previsto no Código Penal Militar, se oficial ou praça com estabilidade assegurada;

VIII – como desertor, ter-se apresentado voluntariamente, ou ter sido capturado, e reincluído a fim de se ver processar;

IX – se ver processar, após ficar exclusivamente à disposição da Justiça Comum;

X – ter sido condenado à pena restritiva de liberdade superior a seis meses, em sentença transitada em julgado, enquanto durar a execução, excluído o período de sua suspensão condicional, se concedida esta, ou até ser declarado indigno de pertencer às Forças Armadas ou com elas incompatível;

XI – ter sido condenado à pena de suspensão do exercício do posto, graduação, cargo ou função prevista no Código Penal Militar;

XII – ter passado à disposição de Ministério Civil, de órgão do Governo Federal, de Governo Estadual, de Território ou Distrito Federal, para exercer função de natureza civil;

XIII – ter sido nomeado para qualquer cargo público civil temporário, não eleito, inclusive da administração indireta; e

XIV – ter se candidatado a cargo eletivo, desde que conte cinco ou mais anos de Serviço.

§ 1º A agregação de militar, nos casos dos itens I, II, III e IV é contada a partir do primeiro dia após os respectivos prazos e enquanto durar o evento.

§ 2º A agregação de militar, nos casos dos itens V, VI, VII, VIII, IX, X e XI é contada a partir da data indicada no ato que tornar público o respectivo evento.

§ 3º A agregação de militar, nos casos dos itens XII e XIII é contada a partir da data de posse no novo cargo até o regresso à Força Armada a que pertence ou transferência *ex officio* para a reserva.

§ 4º A agregação de militar, no caso do item XIV é contada a partir da data do registro como candidato até sua diplomação ou seu regresso à Força Armada a que pertence, se não houver sido eleito.

Art. 82-A. Considera-se incapaz para o serviço ativo o militar que, temporária ou definitivamente, se encontrar física ou mentalmente inapto para o exercício de cargos, funções e atividades militares.

► Art. 82-A acrescido pela Lei nº 13.954, de 16-12-2019.

Art. 83. O militar agregado fica sujeito às obrigações disciplinares concernentes às suas relações com outros militares e autoridades civis, salvo quando titular de cargo que lhe dê precedência funcional sobre outros militares mais graduados ou mais antigos.

Art. 84. O militar agregado ficará adido, para efeito de alterações e remuneração, à organização militar que lhe for designada, continuando a figurar no respectivo registro, sem número, no lugar que até então ocupava.

Art. 85. A agregação se faz por ato do Presidente da República ou da autoridade à qual tenha sido delegada a devida competência.

Seção II – DA REVERSÃO

Art. 86. Reversão é o ato pelo qual o militar agregado retorna ao respectivo Corpo, Quadro, Arma ou Serviço tão logo cesse o motivo que determinou sua agregação, voltando a ocupar o lugar que lhe competir na respectiva escala numérica, na primeira vaga que ocorrer, observado o disposto no § 3º do artigo 100.

Parágrafo único. Em qualquer tempo poderá ser determinada a reversão do militar agregado nos casos previstos nos itens IX, XII e XIII do artigo 82.

Art. 87. A reversão será efetuada mediante ato do Presidente da República ou da autoridade à qual tenha sido delegada a devida competência.

Seção III – DO EXCEDENTE

Art. 88. Excedente é a situação transitória a que, automaticamente, passa o militar que:

I – tendo cessado motivo que determinou sua agregação, reverta ao respectivo Corpo, Quadro, Arma ou Serviço, estando qualquer destes com seu efetivo completo;

II – aguarda a colocação a que faz jus na escala hierárquica, após haver sido transferido de Corpo ou Quadro, estando os mesmos com seu efetivo completo;

III – é promovido por bravura, sem haver vaga;

IV – é promovido indevidamente;

V – sendo o mais moderno da respectiva escala hierárquica, ultrapassa o efetivo de seu Corpo, Quadro, Arma ou Serviço, em virtude de promoção de outro militar em ressarcimento de preterição; e

VI – tendo cessado o motivo que determinou sua reforma por incapacidade definitiva, retorna ao respectivo Corpo, Quadro, Arma ou Serviço, estando qualquer destes com seu efetivo completo.

§ 1º O militar cuja situação é a de excedente, salvo o indevidamente promovido, ocupa a mesma posição relativa, em antiguidade, que lhe cabe na escala hierárquica e receberá o número que lhe competir, em consequência da primeira vaga que se verificar, observado o disposto no § 3º do artigo 100.

§ 2º O militar, cuja situação é de excedente, é considerado, para todos os efeitos, como em efetivo serviço e concorre, respeitados os requisitos legais, em igualdade de condições e sem nenhuma restrição, a qualquer cargo militar, bem como à promoção e à quota compulsória.

§ 3º O militar promovido por bravura sem haver vaga ocupará a primeira vaga aberta, observado o disposto no § 3º do artigo 100, deslocando o critério de promoção a ser seguido para a vaga seguinte.

§ 4º O militar promovido indevidamente só contará antiguidade e receberá o número que lhe competir na escala hierárquica quando a vaga que deverá preencher corresponder ao critério pelo qual deveria ter sido promovido, desde que satisfaça aos requisitos para promoção.

Seção IV

DO AUSENTE E DO DESERTOR

Art. 89. É considerado ausente o militar que, por mais de vinte e quatro horas consecutivas:

I – deixar de comparecer à sua organização militar sem comunicar qualquer motivo de impedimento; e

II – ausentar-se, sem licença, da organização militar onde serve ou local onde deve permanecer.

Parágrafo único. Decorrido o prazo mencionado neste artigo, serão observadas as formalidades previstas em legislação específica.

Art. 90. O militar é considerado desertor nos casos previstos na legislação penal militar.

▶ Arts. 187 a 194 do CPM.

Seção V

DO DESAPARECIDO E DO EXTRAVIADO

Art. 91. É considerado desaparecido o militar na ativa que, no desempenho de qualquer serviço, em viagem, em campanha ou em caso de calamidade pública, tiver paradeiro ignorado por mais de oito dias.

Parágrafo único. A situação de desaparecimento só será considerada quando não houver indício de deserção.

Art. 92. O militar que, na forma do artigo anterior, permanecer desaparecido por mais de trinta dias, será oficialmente considerado extraviado.

Seção VI

DO COMISSIONADO

Art. 93. Após a declaração de estado de guerra, os militares em serviço ativo poderão ser comissionados, temporariamente, em postos ou graduações superiores aos que efetivamente possuírem.

Parágrafo único. O comissionamento de que trata este artigo será regulado em legislação específica.

CAPÍTULO II

DA EXCLUSÃO DO SERVIÇO ATIVO

Seção I

DA OCORRÊNCIA

Art. 94. A exclusão do serviço ativo das Forças Armadas e o consequente desligamento da organização a que estiver vinculado o militar decorrem dos seguintes motivos:

I – transferência para a reserva remunerada;

II – reforma;

III – demissão;

IV – perda de posto e patente;

V – licenciamento;

VI – anulação de incorporação;

VII – desincorporação;

VIII – a bem da disciplina;

IX – deserção;

▶ Arts. 187 a 194 do CPM.

▶ Art. 456, § 4º, do CPPM.

X – falecimento; e

XI – extravio.

▶ Art. 92 desta Lei.

§ 1º O militar excluído do serviço ativo e desligado da organização a que estiver vinculado passará a integrar a reserva das Forças Armadas, exceto se incidir em qualquer dos itens II, IV, VI, VIII, IX, X e XI deste artigo ou for licenciado, *ex officio*, a bem da disciplina.

§ 2º Os atos referentes às situações de que trata o presente artigo são da alçada do Presidente da República, ou da autoridade competente para realizá-los, por delegação.

Art. 95. O militar na ativa, enquadrado em um dos itens I, II, V e VII do artigo anterior, ou demissionário a pedido, continuará no exercício de suas funções até ser desligado da organização militar em que serve.

§ 1º O desligamento do militar da organização em que serve deverá ser feito após a publicação em *Diário Oficial*, em Boletim ou em Ordem de Serviço de sua organização militar, do ato oficial correspondente, e não poderá exceder de quarenta e cinco dias da data da primeira publicação oficial.

§ 2º Ultrapassado o prazo a que se refere o parágrafo anterior, o militar será considerado desligado da organização a que estiver vinculado, deixando de contar tempo de serviço, para fins de transferência para a inatividade.

Seção II

DA TRANSFERÊNCIA PARA A RESERVA REMUNERADA

Art. 96. A passagem do militar à situação de inatividade, mediante transferência para a reserva remunerada, se efetua:

I – a pedido; e

II – *ex officio*.

Parágrafo único. A transferência do militar para a reserva remunerada pode ser suspensa na vigência do estado de guerra, estado de sítio, estado de emergência ou em caso de mobilização.

Art. 97. A transferência para a reserva remunerada, a pedido, será concedida, por meio de requerimento, ao militar de carreira que contar, no mínimo, 35 (trinta e cinco) anos de serviço, dos quais:

▶ *Caput* com a redação dada pela Lei nº 13.954, de 16-12-2019.

I – no mínimo, 30 (trinta) anos de exercício de atividade de natureza militar nas Forças Armadas, para os oficiais formados na Escola Naval, na Academia Militar das Agulhas Negras, na Academia da Força Aérea, no Instituto Militar de Engenharia, no Instituto Tecnológico de Aeronáutica e em escola ou centro de formação de oficiais oriundos de carreira de praça e para as praças; ou

II – no mínimo, 25 (vinte e cinco) anos de exercício de atividade de natureza militar nas Forças Armadas, para os oficiais não enquadrados na hipótese prevista no inciso I do *caput* deste artigo.

▶ Incisos I e II acrescidos pela Lei nº 13.954, de 16-12-2019.

§ 1º O oficial de carreira da ativa pode pleitear transferência para a reserva remunerada por meio de inclusão voluntária na quota compulsória, nos termos do art. 101 desta Lei.

§ 2º Na hipótese de o militar haver realizado qualquer curso ou estágio de duração superior a 6 (seis) meses custeado pela União, no exterior ou no País fora das instituições militares, sem que tenham decorridos 3 (três) anos de seu término, a transferência para a reserva será concedida após a indenização de todas as despesas correspondentes à realização do referido curso ou estágio, inclusive as diferenças de vencimentos, no caso de cursos no exterior, e o cálculo de indenização será efetuado pela respectiva Força Armada, conforme estabelecido em regulamento pelo Ministério da Defesa.

▶ §§ 1º e 2º com a redação dada pela Lei nº 13.954, de 16-12-2019.

§ 3º O disposto no parágrafo anterior não se aplica aos oficiais que deixem de ser incluídos em Lista de Escolha, quando nela tenha entrado oficial mais moderno do seu respectivo Corpo, Quadro, Arma ou Serviço.

§ 4º *Revogado*. Lei nº 13.954, de 16-12-2019.

§ 5º O valor correspondente à indenização referida no § 2º deste artigo poderá ser descontado diretamente da remuneração do militar.

▶ § 5º acrescido pela Lei nº 13.954, de 16-12-2019.

Art. 98. A transferência de ofício para a reserva remunerada ocorrerá sempre que o militar se enquadrar em uma das seguintes hipóteses:

▶ *Caput* com a redação dada pela Lei nº 13.954, de 16-12-2019.

I – atingir as seguintes idades-limites:

a) na Marinha, no Exército e na Aeronáutica, para todos os oficiais-generais e para os oficiais dos Corpos, Quadros, Armas e Serviços não incluídos na alínea *b* deste inciso:

1. 70 (setenta) anos, nos postos de Almirante de Esquadra, General de Exército e Tenente-Brigadeiro;
2. 69 (sessenta e nove) anos, nos postos de Vice-Almirante, General de Divisão e Major-Brigadeiro;
3. 68 (sessenta e oito) anos, nos postos de Contra-Almirante, General de Brigada e Brigadeiro;
4. 67 (sessenta e sete) anos, nos postos de Capitão de Mar e Guerra e Coronel;
5. 64 (sessenta e quatro) anos, nos postos de Capitão de Fragata e Tenente-Coronel;
6. 61 (sessenta e um) anos, nos postos de Capitão de Corveta e Major;
7. 55 (cinquenta e cinco) anos, nos postos de Capitão-Tenente, Capitão e oficiais subalternos;

LEGISLAÇÃO COMPLEMENTAR

b) na Marinha, para os oficiais do Quadro de Cirurgiões-Dentistas (CD) e do Quadro de Apoio à Saúde (S), integrantes do Corpo de Saúde da Marinha, e do Quadro Técnico (T), do Quadro Auxiliar da Armada (AA) e do Quadro Auxiliar de Fuzileiros Navais (AFN), integrantes do Corpo Auxiliar da Marinha; no Exército, para os oficiais do Quadro Complementar de Oficiais (QCO), do Quadro Auxiliar de Oficiais (QAO), do Quadro de Oficiais Médicos (QOM), do Quadro de Oficiais Farmacêuticos (QOF) e do Quadro de Oficiais Dentistas (QOD); na Aeronáutica, para os oficiais do Quadro de Oficiais Médicos (QOMed), do Quadro de Oficiais Farmacêuticos (QOFarm), do Quadro de Oficiais Dentistas (QODent), dos Quadros de Oficiais Especialistas em Aviões (QOEAv), em Comunicações (QOECom), em Armamento (QOEArm), em Fotografia (QOEFot), em Meteorologia (QOEMet), em Controle de Tráfego Aéreo (QOECTA), e em Suprimento Técnico (QOESup), do Quadro de Oficiais Especialistas da Aeronáutica (QOEA) e do Quadro de Oficiais de Apoio (QOAp):

1. 67 (sessenta e sete) anos, nos postos de Capitão de Mar e Guerra e Coronel;
2. 65 (sessenta e cinco) anos, nos postos de Capitão de Fragata e Tenente-Coronel;
3. 64 (sessenta e quatro) anos, nos postos de Capitão de Corveta e Major;
4. 63 (sessenta e três) anos, nos postos de Capitão-Tenente, Capitão e oficiais subalternos;

c) na Marinha, no Exército e na Aeronáutica, para praças:

1. 63 (sessenta e três) anos, nas graduações de Suboficial e Subtenente;
2. 57 (cinquenta e sete) anos, nas graduações de Primeiro-Sargento e Taifeiro-Mor;
3. 56 (cinquenta e seis) anos, nas graduações de Segundo-Sargento e Taifeiro de Primeira Classe;
4. 55 (cinquenta e cinco) anos, na graduação de Terceiro-Sargento;
5. 54 (cinquenta e quatro) anos, nas graduações de Cabo e Taifeiro de Segunda Classe;
6. 50 (cinquenta) anos, nas graduações de Marinheiro, Soldado e Soldado de Primeira Classe;

► Inciso I com a redação dada pela Lei nº 13.954, de 16-12-2019.

II – completar o Oficial-General quatro anos no último posto da hierarquia, em tempo de paz, prevista para cada Corpo ou Quadro da respectiva Força;

► Inciso II com a redação dada pela Lei nº 7.659, de 10-5-1988.

III – completar os seguintes tempos de serviço como oficial-general:

a) nos Corpos ou Quadros que possuírem até o posto de Almirante de Esquadra, General de Exército e Tenente-Brigadeiro, doze anos;

b) nos Corpos ou Quadros que possuírem até o posto de Vice-Almirante, General de Divisão e Major-Brigadeiro oito anos; e

c) nos Corpos ou Quadros que possuírem apenas o posto de Contra-Almirante, General de Brigada e Brigadeiro, quatro anos;

IV – ultrapassar o oficial 6 (seis) anos de permanência no último posto da hierarquia de paz de seu Corpo, Quadro, Arma ou Serviço, e, para o Capitão de Mar e Guerra ou Coronel, esse prazo será acrescido de 4 (quatro) anos se, ao completar os primeiros 6 (seis) anos no posto, já possuir os requisitos para a promoção ao primeiro posto de oficial-general;

► Inciso IV com a redação dada pela Lei nº 13.954, de 16-12-2019.

V – for o oficial abrangido pela quota compulsória;

VI – for a praça abrangida pela quota compulsória, na forma regulada em decreto, para cada Força Singular;

VII – for o militar considerado não habilitado para o acesso em caráter definitivo, no momento em que vier a ser objeto de apreciação para ingresso em quadro de acesso ou lista de escolha;

► Inciso VII com a redação dada pela Lei nº 13.954, de 16-12-2019.

VIII – deixar o oficial-general, o Capitão de Mar e Guerra ou o Coronel de integrar a Lista de Escolha a ser apresentada ao Presidente da República, pelo número de vezes fixado pela Lei de Promoções de Oficiais da Ativa das Forças Armadas, quando na referida Lista de Escolha tenha entrado oficial mais moderno do seu respectivo Corpo, Quadro, Arma ou Serviço;

IX – for o Capitão de Mar e Guerra ou o Coronel inabilitado para o acesso por não possuir os requisitos para a promoção ao primeiro posto de oficial-general, ultrapassado 2 (duas) vezes, consecutivas ou não, por oficial mais moderno do respectivo Corpo, Quadro, Arma ou Serviço que tenha sido incluído em lista de escolha;

X – deixar o oficial do penúltimo posto de Quadro, Arma ou Serviço, cujo último posto seja de oficial superior, de ingressar em Quadro de Acesso por Merecimento pelo número de vezes estabelecido pela Lei nº 5.821, de 10 de novembro de 1972, quando nele tenha entrado oficial mais moderno do respectivo Quadro, Arma ou Serviço;

► Incisos IX e X com a redação dada pela Lei nº 13.954, de 16-12-2019.

XI – *Revogado.* Lei nº 13.954, de 16-12-2019;

XII – ultrapassar dois anos, contínuos ou não, em licença para tratar de interesse particular;

XIII – ultrapassar dois anos contínuos em licença para tratamento de saúde de pessoa de sua família;

XIV – *Revogado.* Lei nº 9.297, de 25-7-1996;

XV – ultrapassar dois anos de afastamento, contínuos ou não, agregado em virtude de ter passado a exercer cargo ou emprego público civil temporário, não eletivo, inclusive da administração indireta; e

XVI – ser diplomado em cargo eletivo, na forma da letra *b*, do parágrafo único, do artigo 52.

§ 1º A transferência para a reserva será processada quando o militar for enquadrado em uma das hipóteses previstas neste artigo, exceto quanto ao disposto no inciso V do *caput* deste artigo, situação em que será processada na primeira quinzena de março, e quanto ao disposto no inciso VIII do *caput* deste artigo, situação em que será processada na data prevista para aquela promoção.

► § 1º com a redação dada pela Lei nº 13.954, de 16-12-2019.

§ 2º *Revogado.* Lei nº 9.297, de 25-7-1996.

§ 3º A nomeação ou admissão do militar para os cargos ou empregos públicos de que trata o inciso XV deste artigo somente poderá ser feita se:

► § 3º com a redação dada pela Lei nº 9.297, de 25-7-1996.

a) oficial, pelo Presidente da República ou mediante sua autorização quando a nomeação ou admissão for da alçada de qualquer outra autoridade federal, estadual ou municipal; e

b) praça, mediante autorização do respectivo Ministro.

§ 4º Enquanto o militar permanecer no cargo ou emprego de que trata o item XV:

a) é-lhe assegurada a opção entre a remuneração de cargo ou emprego e a do posto ou da graduação;

b) somente poderá ser promovido por antiguidade; e

c) o tempo de serviço é contado apenas para aquela promoção e para a transferência para a inatividade.

§ 5º Entende-se como Lista de Escolha aquela que como tal for definida na Lei que dispõe sobre as promoções dos oficiais da ativa das Forças Armadas.

Art. 99. A quota compulsória, a que se refere o item V do artigo anterior, é destinada a assegurar a renovação, o equilíbrio, a regularidade de acesso e a adequação dos efetivos de cada Força Singular.

Art. 100. Para assegurar o número fixado de vagas à promoção na forma estabelecida no artigo 61, quando este número não tenha sido alcançado com as vagas ocorridas durante o ano considerado ano base, aplicar-se-á quota compulsória a que se refere o artigo anterior.

§ 1º A quota compulsória é calculada deduzindo-se das vagas fixadas para o ano base para um determinado posto:

a) as vagas fixadas para o posto imediatamente superior no referido ano base; e

b) as vagas havidas durante o ano base e abertas a partir de primeiro de janeiro até trinta e um de dezembro, inclusive.

§ 2º Não estarão enquadradas na letra *b* do parágrafo anterior, as vagas que:

a) resultarem da fixação de quota compulsória para o ano anterior ao base; e

b) abertas durante o ano base, tiverem sido preenchidas por oficiais excedentes nos Corpos, Quadros, Armas ou Serviços ou que a eles houverem revertido em virtude de terem cessado as causas que deram motivo à agregação, observado o disposto no § 3º deste artigo.

§ 3º As vagas decorrentes da aplicação direta da quota compulsória e as resultantes das promoções efetivadas nos diversos postos, em face daquela aplicação inicial, não serão preenchidas por oficiais excedentes ou agregados que reverterem em virtude de haverem cessado as causas da agregação.

§ 4º As quotas compulsórias só serão aplicadas quando houver, no posto imediatamente abaixo, oficiais que satisfaçam às condições de acesso.

Art. 101. Para a indicação dos oficiais que integrarão a quota compulsória, será observado, sempre respeitada a conveniência da Administração Militar, o seguinte:

► *Caput* com a redação dada pela Lei nº 13.954, de 16-12-2019.

I – *Revogado*. Lei nº 13.954, de 16-12-2019;
II – em cada posto, a referida quota será composta pelos oficiais que:

▶ *Caput* do inciso II com a redação dada pela Lei nº 13.954, de 16-12-2019.

a) contarem, no mínimo, o seguinte tempo de efetivo serviço:

1. 30 (trinta) anos, se oficial-general;
2. 28 (vinte e oito) anos, se Capitão de Mar e Guerra ou Coronel;
3. 25 (vinte e cinco) anos, se Capitão de Fragata ou Tenente-Coronel;
4. 20 (vinte) anos, se Capitão de Corveta ou Major;

▶ Alínea *a* com a redação dada pela Lei nº 13.954, de 16-12-2019.

b) possuírem interstício para promoção, quando for o caso;
c) estiverem compreendidos nos limites quantitativos de antiguidade que definem a faixa daqueles que concorrem à composição dos Quadros de Acesso por Antiguidade, Merecimento ou Escolha;
d) estiverem compreendidos nos limites quantitativos de antiguidade estabelecidos para a organização dos referidos Quadros, ainda que não estejam concorrendo à composição dos Quadros de Acesso por Escolha;

▶ Alíneas *c* e *d* com a redação dada pela Lei nº 13.954, de 16-12-2019.

e) Revogada. Lei nº 13.954, de 16-12-2019.
III – a seguinte ordem entre os oficiais que satisfizerem as condições previstas no inciso II do *caput* deste artigo:

a) os de menor merecimento ou desempenho dentre aqueles que não revelarem suficiente proficiência no exercício dos cargos que lhes forem cometidos, conceito profissional ou conceito moral, conforme avaliação feita pelo órgão competente de cada Força Armada, hipótese em que os indicados serão submetidos a processo administrativo que lhes garanta os princípios do contraditório e da ampla defesa;
b) os requerentes de inclusão voluntária na quota compulsória, desde que contem mais de 25 (vinte e cinco) anos de efetivo serviço, observada, em todos os casos, a conveniência da Administração Militar;
c) os de mais idade e, no caso da mesma idade, os mais modernos.

▶ Inciso III acrescido pela Lei nº 13.954, de 16-12-2019.

§ 1º Aos oficiais excedentes, aos agregados e aos não numerados em decorrência de lei especial, aplicam-se as disposições deste artigo, e os que forem relacionados para a compulsória serão transferidos para a reserva juntamente com os demais componentes da quota, não sendo computados, entretanto, no total das vagas fixadas.

▶ § 1º com a redação dada pela Lei nº 13.954, de 16-12-2019.

§§ 2º e 3º *Revogados*. Lei nº 13.954, de 16-12-2019.

Art. 102. O órgão competente da Marinha, do Exército e da Aeronáutica organizará, até o dia trinta e um de janeiro de cada ano, a lista dos oficiais destinados a integrarem a quota compulsória, na forma do artigo anterior.

§ 1º Os oficiais indicados para integrarem a quota compulsória anual serão notificados imediatamente e terão, para apresentar recursos contra essa medida, o prazo previsto na letra *a*, do § 1º, do artigo 51.

§ 2º Não serão relacionados para integrarem a quota compulsória os oficiais que estiverem agregados por terem sido declarados extraviados ou desertores.

Art. 103. Para assegurar a adequação dos efetivos à necessidade de cada Corpo, Quadro, Arma ou Serviço, o Poder Executivo poderá aplicar também a quota compulsória aos Capitães de Mar e Guerra e Coronéis não numerados, por não possuírem o curso exigido para ascender ao primeiro posto de oficial-general.

§ 1º Para aplicação da quota compulsória na forma deste artigo, o Poder Executivo fixará percentual calculado sobre os efetivos de oficiais não remunerados existentes em cada Corpo, Quadro, Arma ou Serviço, em 31 de dezembro de cada ano.

§ 2º A indicação de oficiais não numerados para integrarem a quota compulsória, os quais deverão ter, ao mínimo, vinte e oito anos de efetivo serviço, obedecerá às seguintes prioridades:

1ª) os que requererem sua inclusão na quota compulsória;
2ª) os de menor merecimento a ser apreciado pelo órgão competente da Marinha, do Exército e da Aeronáutica; em igualdade de merecimento os de mais idade e, em caso de mesma idade, os mais modernos; e
3ª) forem os de mais idade e, no caso de mesma idade, os mais modernos.

§ 3º Observar-se-ão na aplicação da quota compulsória, referida no parágrafo anterior, as disposições estabelecidas no artigo 102.

Seção III
DA REFORMA

Art. 104. A passagem do militar à situação de inatividade por reforma será efetuada de ofício.

▶ *Caput* com a redação dada pela Lei nº 13.954, de 16-12-2019.

I e II – *Revogados*. Lei nº 13.954, de 16-12-2019.

Art. 105. *Revogado*. Lei nº 13.954, de 16-12-2019.

Art. 106. A reforma será aplicada ao militar que:

▶ *Caput* com a redação dada pela Lei nº 13.954, de 16-12-2019.

I – atingir as seguintes idades limite de permanência na reserva:

a) para oficial-general, 75 (setenta e cinco) anos;
b) para oficial superior, 72 (setenta e dois) anos;
c) para Capitão-Tenente, Capitão e oficial subalterno, 68 (sessenta e oito) anos;
d) para praças, 68 (sessenta e oito) anos;

▶ Alíneas *a* a *d* com a redação dada pela Lei nº 13.954, de 16-12-2019.

II – se de carreira, for julgado incapaz, definitivamente, para o serviço ativo das Forças Armadas;

▶ Inciso II com a redação dada pela Lei nº 13.954, de 16-12-2019.

II-A – se temporário:

a) for julgado inválido;
b) for julgado incapaz, definitivamente, para o serviço ativo das Forças Armadas, quando enquadrado no disposto nos incisos I e II do *caput* do art. 108 desta Lei;

▶ Inciso II-A acrescido pela Lei nº 13.954, de 16-12-2019.

III – estiver agregado por mais de dois anos por ter sido julgado incapaz, temporariamente, mediante homologação de junta superior de saúde, ainda que se trate de moléstia curável;
IV – for condenado à pena de reforma prevista no Código Penal Militar, por sentença transitada em julgado;
V – sendo oficial, a tiver determinada em julgado do Superior Tribunal Militar, efetuado em consequência de Conselho de Justificação a que foi submetido; e

▶ Lei nº 5.836, de 5-12-1972, dispõe sobre o Conselho de Justificação.

VI – se Guarda-Marinha, Aspirante a Oficial ou praça com estabilidade assegurada, for a ela indicado ao Comandante de Força Singular respectiva, em julgamento de Conselho de Disciplina.

▶ Inciso VI com a redação dada pela Lei nº 13.954, de 16-12-2019.
▶ Dec. nº 71.500, de 5-12-1972, dispõe sobre o Conselho de Disciplina.

§ 1º O militar reformado na forma prevista nos incisos V ou VI do *caput* deste artigo só poderá readquirir a situação militar anterior:

▶ Parágrafo único transformado em § 1º e com a redação dada pela Lei nº 13.954, de 16-12-2019.

a e *b*) Revogadas. Lei nº 13.954, de 16-12-2019.

I – na hipótese prevista no inciso V do *caput* deste artigo, por outra sentença do Superior Tribunal Militar, nas condições nela estabelecidas;
II – na hipótese prevista no inciso VI do *caput* deste artigo, por decisão do Comandante de Força Singular respectivo.

▶ Incisos I e II acrescidos pela Lei nº 13.954, de 16-12-2019.

§ 2º O disposto nos incisos III e IV do *caput* deste artigo não se aplica ao militar temporário.

▶ § 2º acrescido pela Lei nº 13.954, de 16-12-2019.

Art. 107. Anualmente, no mês de fevereiro, o órgão competente da Marinha, do Exército e da Aeronáutica organizará a relação dos militares, inclusive membros do Magistério Militar, que houverem atingido a idade limite de permanência na reserva, a fim de serem reformados.

Parágrafo único. A situação de inatividade do militar da reserva remunerada, quando reformado por limite de idade, não sofre solução de continuidade, exceto quanto às condições de mobilização.

Art. 108. A incapacidade definitiva pode sobrevir em consequência de:

I – ferimento recebido em campanha ou na manutenção da ordem pública;
II – enfermidade contraída em campanha ou na manutenção da ordem pública, ou enfermidade cuja causa eficiente decorra de uma dessas situações;
III – acidente em serviço;
IV – doença, moléstia ou enfermidade adquirida em tempo de paz, com relação de causa e efeito a condições inerentes ao serviço;
V – tuberculose ativa, alienação mental, esclerose múltipla, neoplasia maligna, cegueira,

LEGISLAÇÃO COMPLEMENTAR

lepra, paralisia irreversível e incapacitante, cardiopatia grave, mal de Parkinson, pênfigo, espondiloartrose anquilosante, nefropatia grave e outras moléstias que a lei indicar com base nas conclusões da medicina especializada; e

▸ Inciso V com a redação dada pela Lei nº 12.670, de 19-6-2012.

VI – acidente ou doença, moléstia ou enfermidade, sem relação de causa e efeito com o serviço.

§ 1º Os casos de que tratam os itens I, II, III e IV, serão provados por atestado de origem, inquérito sanitário de origem ou ficha de evacuação, sendo os termos do acidente, baixa ao hospital, papeleta de tratamento nas enfermarias e hospitais, e os registros de baixa utilizados como meios subsidiários para esclarecer a situação.

§ 2º Os militares julgados incapazes por um dos motivos constantes do item V deste artigo somente poderão ser reformados após a homologação, por junta superior de saúde, da inspeção de saúde que concluiu pela incapacidade definitiva, obedecida à regulamentação específica de cada Força Singular.

Art. 109. O militar de carreira julgado incapaz definitivamente para a atividade militar por uma das hipóteses previstas nos incisos I, II, III, IV e V do *caput* do art. 108 desta Lei será reformado com qualquer tempo de serviço.

§ 1º O disposto neste artigo aplica-se ao militar temporário enquadrado em uma das hipóteses previstas nos incisos I e II do *caput* do art. 108 desta Lei.

§ 2º O disposto neste artigo aplica-se ao militar temporário enquadrado em uma das hipóteses previstas nos incisos III, IV e V do *caput* do art. 108 desta Lei se, concomitantemente, for considerado inválido por estar impossibilitado total e permanentemente para qualquer atividade laboral, pública ou privada.

§ 3º O militar temporário que estiver enquadrado em uma das hipóteses previstas nos incisos III, IV e V do *caput* do art. 108 desta Lei, mas não for considerado inválido por não estar impossibilitado total e permanentemente para qualquer atividade laboral, pública ou privada, será licenciado ou desincorporado na forma prevista na legislação do serviço militar.

▸ Art. 109 com a redação dada pela Lei nº 13.954, de 16-12-2019.

Art. 110. O militar da ativa ou da reserva remunerada, julgado incapaz definitivamente por um dos motivos constantes dos incisos I e II do artigo 108, será reformado com a remuneração calculada com base no soldo correspondente ao grau hierárquico imediato ao que possuir ou que possuía na ativa, respectivamente.

▸ *Caput* com a redação dada pela Lei nº 7.580, de 23-12-1986.

§ 1º Aplica-se o disposto neste artigo aos casos previstos nos itens III, IV e V do artigo 108, quando, verificada a incapacidade definitiva, for o militar considerado inválido, isto é, impossibilitado total e permanentemente para qualquer trabalho.

§ 2º Considera-se, para efeito deste artigo, grau hierárquico imediato:

a) o de Primeiro-Tenente, para Guarda Marinha, Aspirante a Oficial e Suboficial ou Subtenente;

b) o de Segundo-Tenente, para Primeiro-Sargento, Segundo-Sargento e Terceiro-Sargento; e

c) o de Terceiro-Sargento, para Cabo e demais praças constantes do Quadro a que se refere o artigo 16.

§ 3º Aos benefícios previstos neste artigo e seus parágrafos poderão ser acrescidos outros relativos à remuneração, estabelecidos em leis especiais, desde que o militar, ao ser reformado, já satisfaça às condições por elas exigidas.

§§ 4º e 5º *Revogados*. MP nº 2.215-10, de 31-8-2001.

Art. 111. O militar da ativa julgado incapaz definitivamente por um dos motivos constantes do item VI do artigo 108, será reformado:

I – com remuneração proporcional ao tempo de serviço, se oficial ou praça com estabilidade assegurada; e

II – com remuneração calculada com base no soldo integral do posto ou graduação, desde que, com qualquer tempo de serviço seja considerado inválido, isto é, impossibilitado total e permanentemente para qualquer trabalho.

§ 1º O militar temporário, na hipótese prevista neste artigo, só fará jus à reforma se for considerado inválido por estar impossibilitado total e permanentemente para qualquer atividade laboral, pública ou privada.

§ 2º Será licenciado ou desincorporado, na forma prevista na legislação pertinente, o militar temporário que não for considerado inválido.

▸ §§ 1º e 2º com a redação dada pela Lei nº 13.954, de 16-12-2019.

Art. 112. O militar reformado por incapacidade definitiva que for julgado apto em inspeção de saúde por junta superior, em grau de recurso ou revisão, poderá retornar ao serviço ativo ou ser transferido para a reserva remunerada, conforme dispuser regulamentação específica.

§ 1º O retorno ao serviço ativo ocorrerá se o tempo decorrido na situação de reformado não ultrapassar dois anos e na forma do disposto no § 1º do artigo 88.

§ 2º A transferência para a reserva remunerada, observado o limite de idade para a permanência nessa reserva, ocorrerá se o tempo transcorrido na situação de reformado ultrapassar dois anos.

Art. 112-A. O militar reformado por incapacidade definitiva para o serviço ativo das Forças Armadas ou reformado por invalidez poderá ser convocado, por iniciativa da Administração Militar, a qualquer momento, para revisão das condições que ensejaram a reforma.

§ 1º O militar reformado por incapacidade definitiva para o serviço ativo das Forças Armadas ou reformado por invalidez é obrigado, sob pena de suspensão da remuneração, a submeter-se à inspeção de saúde a cargo da Administração Militar.

§ 2º Na hipótese da convocação referida no *caput* deste artigo, os prazos previstos no art. 112 desta Lei serão interrompidos.

▸ Art. 112-A acrescido pela Lei nº 13.954, de 16-12-2019.

Art. 113. A interdição judicial do militar reformado por alienação mental deverá ser providenciada junto ao Ministério Público, por iniciativa de beneficiários, parentes ou responsáveis, até sessenta dias a contar da data do ato da reforma.

§ 1º A integração judicial do militar e seu internamento em instituição apropriada, militar ou não, deverão ser providenciados pelo Ministério Militar, sob cuja responsabilidade houver sido preparado o processo de reforma, quando:

a) não existirem beneficiários, parentes ou responsáveis, ou estes não promoverem a interdição conforme previsto no parágrafo anterior; ou

b) não forem satisfeitas às condições de tratamento exigidas neste artigo.

§ 2º Os processos e os atos de registro de interdição do militar terão andamento sumário, serão instruídos com laudo proferido por junta militar de saúde e isentos de custas.

§ 3º O militar reformado por alienação mental, enquanto não ocorrer a designação judicial do curador, terá sua remuneração paga aos seus beneficiários, desde que estes o tenham sob sua guarda e responsabilidade e lhe dispensem tratamento humano e condigno.

Art. 114. Para fins de passagem à situação de inatividade, mediante reforma *ex officio, as* praças especiais, constantes do Quadro a que se refere o artigo 16, são consideradas como:

I – Segundo-Tenente: os Guardas-Marinha e os Aspirantes a Oficial;

II – Guarda-Marinha ou Aspirante a Oficial: os Aspirantes, os Cadetes e os alunos do Instituto Tecnológico de Aeronáutica, do Instituto Militar de Engenharia e das demais instituições de graduação de oficiais da Marinha e do Exército, conforme o caso específico;

III – Segundo-Sargento: os alunos do Colégio Naval e da Escola Preparatória de Cadetes;

▸ Incisos I a III com a redação dada pela Lei nº 13.954, de 16-12-2019.

IV – Terceiro-Sargento: os alunos de órgão de formação de oficiais da reserva e de escola ou centro de formação de sargento; e

V – Cabo: os Aprendizes-Marinheiros e os demais alunos de órgãos de formação de praças, da ativa e da reserva.

Parágrafo único. O disposto nos itens II, III e IV é aplicável às praças especiais em qualquer ano escolar.

SEÇÃO IV

DA DEMISSÃO

Art. 115. A demissão das Forças Armadas, aplicada exclusivamente aos oficiais, se efetua:

I – a pedido; e

II – *ex officio*.

Art. 116. A demissão a pedido será concedida mediante requerimento do interessado:

I – sem indenização das despesas efetuadas pela União com a sua preparação, formação ou adaptação, quando contar mais de 3 (três) anos de oficialato;

II – com indenização das despesas efetuadas pela União com a sua preparação, formação ou adaptação, quando contar menos de 3 (três) anos de oficialato.

▸ Incisos I e II com a redação dada pela Lei nº 13.954, de 16-12-2019.

§ 1º O oficial de carreira que requerer demissão deverá indenizar o erário pelas despesas que a União tiver realizado com os demais cursos ou estágios frequentados no País ou no exterior, acrescidas, se for o caso, daquelas previstas no inciso II do *caput* deste artigo, quando não decorridos:

▸ *Caput* com a redação dada pela Lei nº 13.954, de 16-12-2019.

a) dois anos, para curso ou estágio de duração igual ou superior a dois meses e inferior a seis meses;

b) 3 (três) anos, para curso ou estágio de duração igual ou superior a 6 (seis) meses;

▸ Alínea *b* com a redação dada pela Lei nº 13.954, de 16-12-2019.

c) *Revogada*. Lei nº 13.954, de 16-12-2019.

§ 2º A forma e o cálculo das indenizações a que se referem o inciso II do *caput* e o § 1º deste artigo serão estabelecidos em ato do Ministro de Estado da Defesa, cabendo o cálculo aos Comandos da Marinha, do Exército ou da Aeronáutica.

▸ § 2º com a redação dada pela Lei nº 13.954, de 16-12-2019.

§ 3º O oficial demissionário, a pedido, ingressará na reserva, onde permanecerá sem direito a qualquer remuneração. O ingresso na reserva será no mesmo posto que tinha no serviço ativo e sua situação, inclusive promoções, será regulada pelo Regulamento do Corpo de Oficiais da Reserva da respectiva Força.

§ 4º O direito a demissão a pedido pode ser suspenso na vigência de estado de guerra, estado de emergência, estado de sítio ou em caso de mobilização.

Art. 117. O oficial da ativa que passar a exercer cargo ou emprego público permanente, estranho à sua carreira, será imediatamente demitido *ex officio* e transferido para a reserva não remunerada, onde ingressará com o posto que possuía na ativa e com as obrigações estabelecidas na legislação do serviço militar, obedecidos os preceitos do artigo 116 no que se refere às indenizações.

▸ Artigo com a redação dada pela Lei nº 9.297, de 25-7-1996.

Seção V
DA PERDA DO POSTO E DA PATENTE

Art. 118. O oficial perderá o posto e a patente se for declarado indigno do oficialato, ou com ele incompatível, por decisão do Superior Tribunal Militar, em tempo de paz, ou de Tribunal Especial, em tempo de guerra, em decorrência de julgamento a que for submetido.

▸ Art. 6º do Dec. nº 4.346, de 26-8-2002 (Regulamento Disciplinar do Exército).

Parágrafo único. O oficial declarado indigno do oficialato, ou com ele incompatível, e condenado à perda de posto e patente só poderá readquirir a situação militar anterior por outra sentença dos tribunais referidos neste artigo e nas condições nela estabelecidas.

Art. 119. O oficial que houver perdido o posto e a patente será demitido *ex officio* sem direito a qualquer remuneração ou indenização e receberá a certidão de situação militar prevista na legislação que trata do serviço militar.

Art. 120. Ficará sujeito à declaração de indignidade para o oficialato, ou de incompatibilidade com o mesmo, o oficial que:

I – for condenado, por tribunal civil ou militar, em sentença transitada em julgado, à pena restritiva de liberdade individual superior a dois anos;

II – for condenado, em sentença transitada em julgado, por crimes para os quais o Código Penal Militar comina essas penas acessórias e por crimes previstos na legislação especial concernente à segurança do Estado;

III – incidir nos casos, previstos em lei específica, que motivam o julgamento por Conselho de Justificação e neste for considerado culpado; e

IV – houver perdido a nacionalidade brasileira.

Seção VI
DO LICENCIAMENTO

Art. 121. O licenciamento do serviço ativo se efetua:

I – a pedido; e

II – *ex officio*.

§ 1º No caso de militar temporário, o licenciamento a pedido poderá ser concedido, desde que não haja prejuízo para o serviço:

▸ *Caput* do § 1º com a redação dada pela Lei nº 13.954, de 16-12-2019.

a e b) *Revogadas*. Lei nº 13.954, de 16-12-2019.

I – ao oficial da reserva convocado, após prestação de serviço ativo durante 6 (seis) meses;

II – à praça engajada ou reengajada, desde que tenha cumprido, no mínimo, a metade do tempo de serviço a que estava obrigada.

▸ Incisos I e II acrescidos pela Lei nº 13.954, de 16-12-2019.

§ 1º-A. No caso de praça de carreira, o licenciamento a pedido será concedido por meio de requerimento do interessado:

I – sem indenização das despesas efetuadas pela União com a sua preparação, formação ou adaptação, quando contar mais de 3 (três) anos de formado como praça de carreira;

II – com indenização das despesas efetuadas pela União com a sua preparação, formação ou adaptação, quando contar menos de 3 (três) anos de formado como praça de carreira.

§ 1º-B. A praça de carreira que requerer licenciamento deverá indenizar o erário pelas despesas que a União tiver realizado com os demais cursos ou estágios frequentados no País ou no exterior, acrescidas, se for o caso, daquelas previstas no inciso II do § 1º-A deste artigo, quando não decorridos:

I – 2 (dois) anos, para curso ou estágio com duração igual ou superior a 2 (dois) meses e inferior a 6 (seis) meses;

II – 3 (três) anos, para curso ou estágio com duração igual ou superior a 6 (seis) meses.

§ 1º-C. A forma e o cálculo das indenizações a que se referem o inciso II do § 1º-A e o § 1º-B deste artigo serão estabelecidos em ato do Ministro de Estado da Defesa, cabendo o cálculo aos Comandos da Marinha, do Exército ou da Aeronáutica.

§ 1º-D. O disposto no § 1º-A e no § 1º-B deste artigo será aplicado às praças especiais, aos Guardas-Marinha e aos Aspirantes a Oficial após a conclusão do curso de formação.

▸ §§ 1º-A a 1º-D acrescidos pela Lei nº 13.954, de 16-12-2019.

§ 2º A praça com estabilidade assegurada, quando licenciada para fins de matrícula em estabelecimento de ensino de formação ou preparatório de outra Força Singular ou Auxiliar, caso não conclua o curso no qual tenha sido matriculada, poderá ser reincluída na Força de origem, por meio de requerimento ao Comandante da Força Singular correspondente.

▸ § 2º com a redação dada pela Lei nº 13.954, de 16-12-2019.

§ 3º O licenciamento *ex officio* será feito na forma da legislação que trata do serviço militar e dos regulamentos específicos de cada Força Armada:

a) por conclusão de tempo de serviço ou de estágio;

b) por conveniência do serviço;

c) a bem da disciplina;

▸ Alíneas *b* e *c* com a redação dada pela Lei nº 13.954, de 16-12-2019.

d) por outros casos previstos em lei.

▸ Alínea *d* acrescida pela Lei nº 13.954, de 16-12-2019.

§ 4º O militar licenciado não tem direito a qualquer remuneração e, exceto licenciado *ex officio* a bem da disciplina, deve ser incluído ou reincluído na reserva.

§ 5º O licenciado *ex officio* a bem da disciplina receberá o certificado de isenção do serviço militar, previsto na legislação que trata do serviço militar.

Art. 122. Os Guardas-Marinha, os Aspirantes a Oficial e as demais praças empossados em cargos ou empregos públicos permanentes estranhos à sua carreira serão imediatamente, por meio de licenciamento de ofício, transferidos para a reserva não remunerada, com as obrigações estabelecidas na legislação do serviço militar, observado o disposto no art. 121 desta Lei quanto às indenizações.

▸ Artigo com a redação dada pela Lei nº 13.954, de 16-12-2019.

Art. 123. O licenciamento poderá ser suspenso na vigência de estado de guerra, estado de emergência, estado de sítio ou em caso de mobilização.

Seção VII
DA ANULAÇÃO DE INCORPORAÇÃO E DA DESINCORPORAÇÃO DA PRAÇA

Art. 124. A anulação de incorporação e a desincorporação da praça resultam na interrupção do serviço militar com a consequente exclusão do serviço ativo.

▸ Art. 31 da Lei nº 4.375, de 17-8-1964 (Lei do Serviço Militar).

Parágrafo único. A legislação que trata do serviço militar estabelece os casos em que haverá anulação de incorporação e desincorporação da praça.

Seção VIII
DA EXCLUSÃO DA PRAÇA A BEM DA DISCIPLINA

Art. 125. A exclusão a bem da disciplina será aplicada *ex officio* ao Guarda-Marinha, ao Aspirante a Oficial ou às praças com estabilidade assegurada:

I – quando assim se pronunciar o Conselho Permanente de Justiça, em tempo de paz, ou Tribunal Especial, em tempo de guerra, ou tribunal civil após terem sido essas praças condenadas, em sentença transitada em julgado, à pena restritiva de liberdade individual superior a dois anos ou, nos crimes previstos na legislação especial concernente à segurança do Estado, a pena de qualquer duração;

II – quando assim se pronunciar o Conselho Permanente de Justiça, em tempo de paz, ou

Tribunal Especial, em tempo de guerra, por haverem perdido a nacionalidade brasileira; e

III – que incidirem nos casos que motivarem o julgamento pelo Conselho de Disciplina previsto no art. 49 e nele forem considerados culpados.

Parágrafo único. O Guarda-Marinha, o Aspirante a Oficial ou a praça com estabilidade assegurada que houver sido excluído a bem da disciplina só poderá readquirir a situação militar anterior:

a) por outra sentença do Conselho Permanente de Justiça, em tempo de paz, ou Tribunal Especial, em tempo de guerra, e nas condições nela estabelecidas, se a exclusão tiver sido consequência de sentença de um daqueles Tribunais; e

b) por decisão do Ministro respectivo, se a exclusão foi consequência de ter sido julgado culpado em Conselho de Disciplina.

Art. 126. É da competência dos Ministros das Forças Singulares, ou autoridades às quais tenha sido delegada competência para isso, o ato de exclusão a bem da disciplina do Guarda-Marinha e do Aspirante a Oficial, bem como das praças com estabilidade assegurada.

Art. 127. A exclusão da praça a bem da disciplina acarreta a perda de seu grau hierárquico e não a isenta das indenizações dos prejuízos causados à Fazenda nacional ou a terceiros nem das pensões decorrentes de sentença judicial.

Parágrafo único. A praça excluída a bem da disciplina receberá o certificado de isenção do serviço militar previsto na legislação que trata do serviço militar, sem direito a qualquer remuneração ou indenização.

Seção IX – DA DESERÇÃO

Art. 128. A deserção do militar acarreta interrupção do serviço militar, com a consequente demissão *ex officio* para o oficial, ou a exclusão do serviço ativo, para a praça.

§ 1º A demissão do oficial ou a exclusão da praça com estabilidade assegurada processar-se-á após um ano de agregação, se não houver captura ou apresentação voluntária antes desse prazo.

§ 2º A praça sem estabilidade assegurada será automaticamente excluída após oficialmente declarada desertora.

§ 3º O militar desertor que for capturado ou que se apresentar voluntariamente, depois de haver sido demitido ou excluído, será reincluído no serviço ativo e, a seguir, agregado para se ver processar.

§ 4º A reinclusão em definitivo do militar de que trata o parágrafo anterior dependerá de sentença de Conselho de Justiça.

Seção X – DO FALECIMENTO E DO EXTRAVIO

Art. 129. O Militar na ativa que vier a falecer será excluído do serviço ativo e desligado da organização a que estava vinculado, a partir da data da ocorrência do óbito.

Art. 130. O extravio do militar na ativa acarreta interrupção do serviço militar, com o consequente afastamento temporário do serviço ativo, a partir da data em que o mesmo for oficialmente considerado extraviado.

§ 1º A exclusão do serviço ativo será feita seis meses após a agregação por motivo de extravio.

§ 2º Em caso de naufrágio, sinistro aéreo, catástrofe, calamidade pública ou outros acidentes oficialmente reconhecidos, o extravio ou o desaparecimento de militar da ativa será considerado, para fins deste Estatuto, como falecimento, tão logo sejam esgotados os prazos máximos de possível sobrevivência ou quando se deem por encerradas as providências de salvamento.

Art. 131. O militar reaparecido será submetido a Conselho de Justificação ou a Conselho de Disciplina, por decisão do Ministro da respectiva Força, se assim for julgado necessário.

► Lei nº 5.836, de 5-12-1972, dispõe sobre o Conselho de Justificação.

► Dec. nº 71.500, de 5-12-1972, dispõe sobre o Conselho de Disciplina.

Parágrafo único. O reaparecimento de militar extraviado, já excluído do serviço ativo, resultará em sua reinclusão e nova agregação enquanto se apuram as causas que deram origem ao seu afastamento.

CAPÍTULO III – DA REABILITAÇÃO

Art. 132. A reabilitação do militar será efetuada:

I – de acordo com o Código Penal Militar e o Código de Processo Penal Militar, se tiver sido condenado, por sentença definitiva, a quaisquer penas previstas no Código Penal Militar;

II – de acordo com a legislação que trata do serviço militar, se tiver sido excluído ou licenciado a bem da disciplina.

Parágrafo único. Nos casos em que a condenação do militar acarretar sua exclusão a bem da disciplina, a reabilitação prevista na legislação que trata do serviço militar poderá anteceder a efetuada de acordo com o Código Penal Militar e o Código de Processo Penal Militar.

Art. 133. A concessão da reabilitação implica em que sejam cancelados, mediante averbação, os antecedentes criminais do militar e os registros constantes de seus assentamentos militares ou alterações, ou substituídos seus documentos comprobatórios de situação militar pelos adequados à nova situação.

CAPÍTULO IV – DO TEMPO DE SERVIÇO

Art. 134. Os militares começam a contar tempo de serviço nas Forças Armadas a partir da data de seu ingresso em qualquer organização militar da Marinha, do Exército ou da Aeronáutica.

§ 1º Considera-se como data de ingresso, para fins deste artigo:

a) a do ato em que o convocado ou voluntário é incorporado em uma organização militar;

b) a de matrícula como praça especial; e

c) a do ato de nomeação.

§ 2º O tempo de serviço como aluno de órgão de formação da reserva é computado, apenas, para fins de inatividade na base de um dia para cada período de oito horas de instrução, desde que concluída com aproveitamento a formação militar.

§ 3º O militar reincluído recomeça a contar tempo de serviço a partir da data de sua reinclusão.

§ 4º Quando, por motivo de força maior, oficialmente reconhecida, decorrente de incêndio, inundação, naufrágio, sinistro aéreo e outras calamidades, faltaram dados para contagem de tempo de serviço, caberá aos Ministros Militares arbitrar o tempo a ser computado para cada caso particular, de acordo com os elementos disponíveis.

Art. 135. Na apuração do tempo de serviço militar, será feita distinção entre:

I – tempo de efetivo serviço; e

II – anos de serviço.

Art. 136. Tempo de efetivo serviço é o espaço de tempo computado dia a dia entre a data de ingresso e a data limite estabelecida para a contagem ou a data do desligamento em consequência da exclusão do serviço ativo, mesmo que tal espaço de tempo seja parcelado.

§ 1º O tempo de serviço em campanha é computado pelo dobro como tempo de efetivo serviço, para todos os efeitos, exceto indicação para a quota compulsória.

§ 2º Será, também, computado como tempo de efetivo serviço o tempo passado dia a dia nas organizações militares, pelo militar da reserva convocado ou mobilizado, no exercício de funções militares.

§ 3º Não serão deduzidos do tempo de efetivo serviço, além dos afastamentos previstos no artigo 65, os períodos em que o militar estiver afastado do exercício de suas funções em gozo de licença especial.

§ 4º Ao tempo de efetivo serviço, de que trata este artigo, apurado e totalizado em dias, será aplicado o divisor trezentos e sessenta e cinco para a correspondente obtenção dos anos de efetivo serviço.

Art. 137. Anos de serviço é a expressão que designa o tempo de efetivo serviço a que se refere o artigo anterior, com os seguintes acréscimos:

I – tempo de serviço público federal, estadual ou municipal, prestado pelo militar anteriormente à sua incorporação, matrícula, nomeação ou reinclusão em qualquer organização militar;

II – *Revogado*. MP nº 2.215-10, de 31-8-2001;

III – tempo de serviço computável durante o período matriculado como aluno de órgão de formação da reserva;

IV e V – *Revogados*. MP nº 2.215-10, de 31-8-2001;

VI – 1/3 (um terço) para cada período consecutivo ou não de 2 (dois) anos de efetivo serviço passados pelo militar nas guarnições especiais da Categoria "A", a partir da vigência da Lei nº 5.774, de 23 de dezembro de 1971.

► Inciso VI com a redação dada pela Lei nº 7.698, de 20-12-1988.

§ 1º Os acréscimos a que se referem os itens I, III e VI serão computados somente no momento da passagem do militar à situação de inatividade e para esse fim.

§§ 2º e 3º *Revogados*. MP nº 2.215-10, de 31-8-2001.

§ 4º Não é compatível para efeito algum, salvo para fins de indicação para a quota compulsória, o tempo:

a) que ultrapassar de um ano, contínuo ou não, em licença para tratamento de saúde de pessoa da família;

b) passado em licença para tratar de interesse particular ou para acompanhar cônjuge ou companheiro(a);

▸ Alínea *b* com a redação dada pela Lei nº 11.447, de 5-1-2007.

c) passado como desertor;

d) decorrido em cumprimento de pena de suspensão do exercício do posto, graduação, cargo ou função por sentença transitada em julgado; e

e) decorrido em cumprimento de pena restritiva da liberdade, por sentença transitada em julgado, desde que não tenha sido concedida suspensão condicional da pena, quando, então, o tempo correspondente ao período da pena será computado apenas para fins de indicação para a quota compulsória e o que dele exceder, para todos os efeitos, caso as condições estipuladas na sentença não o impeçam.

Art. 138. *Revogado*. MP nº 2.215-10, de 31-8-2001.

Art. 139. O tempo que o militar passou ou vier a passar afastado do exercício de suas funções, em consequência de ferimentos recebidos em acidente quando em serviço, combate, na defesa da Pátria e na garantia dos poderes constituídos, da Lei e da ordem, ou de moléstia adquirida no exercício de qualquer função militar, será computado como se o tivesse passado no exercício efetivo daquelas funções.

Art. 140. Entende-se por tempo de serviço em campanha o período em que o militar estiver em operações de guerra.

Parágrafo único. A participação do militar em atividades dependentes ou decorrentes das operações de guerra será regulada em legislação específica.

Art. 141. O tempo de serviço dos militares beneficiados por anistia será contado como estabelecer o ato legal que a conceder.

Art. 142. A data limite estabelecida para final da contagem dos anos de serviço para fins de passagem para a inatividade será do desligamento em consequência da exclusão do serviço ativo.

Art. 143. Na contagem dos anos de serviço não poderá ser computado qualquer superposição dos tempos de serviço público federal, estadual e municipal ou passado em administração indireta, entre si, nem com os acréscimos de tempo, para os possuidores de curso universitário, e nem com o tempo de serviço computável após a incorporação em organização militar, matrícula em órgão de formação de militares ou nomeação para posto ou graduação nas Forças Armadas.

CAPÍTULO V
DO CASAMENTO

Art. 144. O militar da ativa pode contrair matrimônio, desde que observada a legislação civil específica.

§§ 1º a 3º *Revogados*. Lei nº 13.954, de 16-12-2019.

§ 4º O militar que contrair matrimônio ou constituir união estável com pessoa estrangeira deverá comunicar o fato ao Comandante da Força a que pertence, para fins de registro.

▸ § 4º acrescido pela Lei nº 13.954, de 16-12-2019.

Art. 144-A. Não ter filhos ou dependentes e não ser casado ou haver constituído união estável, por incompatibilidade com o regime exigido para formação ou graduação, constituem condições essenciais para ingresso e permanência nos órgãos de formação ou graduação de oficiais e de praças que os mantenham em regime de internato, de dedicação exclusiva e de disponibilidade permanente peculiar à carreira militar.

Parágrafo único. As praças especiais assumirão expressamente o compromisso de que atendem, no momento da matrícula, e de que continuarão a atender, ao longo de sua formação ou graduação, as condições essenciais de que trata o *caput* deste artigo, e o descumprimento desse compromisso ensejará o cancelamento da matrícula e o licenciamento do serviço ativo, conforme estabelecido no regulamento de cada Força Armada.

▸ Artigo 144-A acrescido pela Lei nº 13.954, de 16-12-2019.

Art. 145. As praças especiais que contraírem matrimônio serão excluídas do serviço ativo, sem direito a qualquer remuneração ou indenização.

▸ Artigo com a redação dada pela Lei nº 13.954, de 16-12-2019.

CAPÍTULO VI
DAS RECOMPENSAS E DAS DISPENSAS DO SERVIÇO

Art. 146. As recompensas constituem reconhecimento dos bons serviços prestados pelos militares.

§ 1º São recompensas:

a) os prêmios de Honra ao Mérito;

b) as condecorações por serviços prestados na paz e na guerra;

c) os elogios, louvores e referências elogiosas; e

d) as dispensas de serviços.

§ 2º As recompensas serão concedidas de acordo com as normas estabelecidas nos regulamentos da Marinha, do Exército e da Aeronáutica.

Art. 147. As dispensas de serviço são autorizações concedidas aos militares para afastamento total do serviço, em caráter temporário.

Art. 148. As dispensas de serviço podem ser concedidas aos militares:

I – como recompensa;

II – para desconto em férias; e

III – em decorrência de prescrição médica.

Parágrafo único. As dispensas de serviço serão concedidas com a remuneração integral e computadas como tempo de efetivo serviço.

TÍTULO V – DISPOSIÇÕES GERAIS, TRANSITÓRIAS E FINAIS

Art. 149. A transferência para a reserva remunerada ou a reforma não isentam o militar da indenização dos prejuízos causados à Fazenda Nacional ou a terceiros, nem do pagamento das pensões decorrentes de sentença judicial.

Art. 150. A Assistência Religiosa às Forças Armadas é regulada por lei específica.

Art. 151. É vedado o uso por organização civil de designações que possam sugerir sua vinculação às Forças Armadas.

Parágrafo único. Excetuam-se das prescrições deste artigo as associações, clubes, círculos e outras organizações que congreguem membros das Forças Armadas e que se destinem, exclusivamente, a promover intercâmbio social e assistencial entre os militares e suas famílias e entre esses e a sociedade civil.

Art. 152. Ao militar amparado por uma ou mais das Leis nºs 288, de 8 de junho de 1948, 616, de 2 de fevereiro de 1949, 1.156, de 12 de julho de 1950, e 1.267, de 9 de dezembro de 1950, e que em virtude do disposto no artigo 62 desta Lei não mais usufruirá as promoções previstas naquelas Leis, fica assegurada, por ocasião da transferência para a reserva ou da reforma, a remuneração da inatividade relativa ao posto ou graduação a que seria promovido em decorrência da aplicação das referidas Leis.

Parágrafo único. A remuneração de inatividade assegurada neste artigo não poderá exceder, em nenhum caso, a que caberia ao militar, se fosse ele promovido até dois graus hierárquico acima daquele que tiver por ocasião do processamento de sua transferência para a reserva ou reforma, incluindo-se nesta limitação a aplicação do disposto no § 1º do artigo 50 e no artigo 110 e seu § 1º.

Art. 153. Na passagem para a reserva remunerada, aos militares obrigados ao voo serão computados os acréscimos de tempo de efetivo serviço decorrentes das horas de voo realizadas até 20 de outubro de 1946, na forma da legislação então vigente.

Art. 154. Os militares da Aeronáutica que, por enfermidade, acidente ou deficiência psicofisiológica, verificada em inspeção de saúde, na forma regulamentar, forem considerados definitivamente incapacitados para o exercício da atividade aérea, exigida pelos regulamentos específicos, só passarão à inatividade se essa incapacidade o for também para todo o serviço militar.

Parágrafo único. A regulamentação própria da Aeronáutica estabelece a situação do pessoal enquadrado neste artigo.

▸ Dec. nº 94.507, de 23-6-1987, regulamenta este artigo.

Art. 155. Aos Cabos que, na data de vigência desta lei, tenham adquirido estabilidade será permitido permanecer no serviço ativo, em caráter excepcional, de acordo com o interesse da respectiva Força Singular, até completarem cinquenta anos de idade, ressalvadas outras disposições legais.

Art. 156. *Revogado*. MP nº 2.215-10, de 31-8-2001.

Art. 157. As disposições deste Estatuto não retroagem para alcançar situações definidas anteriormente à data de sua vigência.

Art. 158. Após a vigência do presente Estatuto serão a ele ajustadas todas as disposições legais e regulamentares que com ele tenham ou venham a ter pertinência.

Art. 159. O presente Estatuto entrará em vigor a partir de 1º de janeiro de 1981, salvo quanto ao disposto no item IV do artigo 98, que terá vigência um ano após a data da publicação desta Lei.

Parágrafo único. Até a entrada em vigor do disposto no item IV do artigo 98, permanecerão em vigor as disposições constantes dos itens IV e V do artigo 102 da Lei nº 5.774, de 23 de dezembro de 1971.

Art. 160. *Revogado.* MP nº 2.215-10, de 31-8-2001.

Brasília, 9 de dezembro de 1980;
159º da Independência e
92º da República.
João Figueiredo

▶ Optamos por não publicar os anexos nesta edição.

LEI Nº 6.899, DE 8 DE ABRIL DE 1981

Determina a aplicação da correção monetária nos débitos oriundos de decisão judicial e dá outras providências.

▶ Publicada no *DOU* de 9-4-1981.

Art. 1º A correção monetária incide sobre qualquer débito resultante de decisão judicial, inclusive sobre custas e honorários advocatícios.

▶ Súmulas nºs 14, 29, 36 e 67 do STJ.

§ 1º Nas execuções de títulos de dívida líquida e certa, a correção será calculada a contar do respectivo vencimento.

§ 2º Nos demais casos, o cálculo far-se-á a partir do ajuizamento da ação.

▶ Súm. nº 362 do STJ.

Art. 2º O Poder Executivo, no prazo de sessenta dias, regulamentará a forma pela qual será efetuado o cálculo da correção monetária.

Art. 3º O disposto nesta Lei aplica-se a todas as causas pendentes de julgamento.

Art. 4º Esta Lei entrará em vigor na data de sua publicação.

Art. 5º Revogam-se as disposições em contrário.

Brasília, 8 de abril de 1981;
160º da Independência e
93º da República.
João Figueiredo

LEI Nº 6.969, DE 10 DE DEZEMBRO DE 1981

Dispõe sobre a aquisição, por usucapião especial, de imóveis rurais, altera a redação do § 2º do art. 589 do Código Civil e dá outras providências.

▶ Publicada no *DOU* de 11-12-1981 e retificada no *DOU* de 14-12-1981.

▶ Refere-se ao CC/1916. Art. 1.276 do CC/2002.

▶ Arts. 1.238 a 1.244 e 1.260 a 1.262 do CC.

Art. 1º Todo aquele que, não sendo proprietário rural nem urbano, possuir como sua, por cinco anos ininterruptos, sem oposição, área rural contínua, não excedente de vinte e cinco hectares, e a houver tornado produtiva com seu trabalho e nela tiver sua morada, adquirir-lhe-á o domínio, independentemente de justo título e boa-fé, podendo requerer ao juiz que assim o declare por sentença, a qual servirá de título para transcrição no Registro de Imóveis.

▶ Art. 191 da CF.

▶ Art. 1.239 do CC.

Parágrafo único. Prevalecerá a área do módulo rural aplicável à espécie, na forma da legislação específica, se aquele for superior a vinte e cinco hectares.

Art. 2º A usucapião especial, a que se refere esta Lei, abrange as terras particulares e as terras devolutas, em geral, sem prejuízo de outros direitos conferidos ao posseiro, pelo Estatuto da Terra ou pelas leis que dispõem sobre processo discriminatório de terras devolutas.

Art. 3º A usucapião especial não ocorrerá nas áreas indispensáveis à segurança nacional, nas terras habitadas por silvícolas, nem nas áreas de interesse ecológico, consideradas como tais as reservas biológicas ou florestais e os parques nacionais, estaduais ou municipais, assim declarados pelo Poder Executivo, assegurada aos atuais ocupantes a preferência para assentamento em outras regiões, pelo órgão competente.

Parágrafo único. O Poder Executivo, ouvido o Conselho de Segurança Nacional, especificará, mediante decreto, no prazo de noventa dias, contados da publicação desta Lei, as áreas indispensáveis à segurança nacional, insuscetíveis de usucapião.

Art. 4º A ação de usucapião especial será processada e julgada na comarca da situação do imóvel.

§ 1º Observado o disposto no art. 126 da Constituição Federal, no caso de usucapião especial em terras devolutas federais, a ação será promovida na comarca da situação do imóvel, perante a Justiça do Estado, com recurso para o Tribunal Federal de Recursos, cabendo ao Ministério Público local, na primeira instância, a representação judicial da União.

▶ Refere-se à CF/1967. Art. 109 da CF vigente.

▶ Súm. nº 11 do STJ.

§ 2º No caso de terras devolutas, em geral, a usucapião especial poderá ser reconhecida administrativamente, com a consequente expedição do título definitivo de domínio, para transcrição no Registro de Imóveis.

§ 3º O Poder Executivo, dentro de noventa dias, contados da publicação desta Lei, estabelecerá, por decreto, a forma do procedimento administrativo a que se refere o parágrafo anterior.

§ 4º Se, decorridos noventa dias do pedido ao órgão administrativo, não houver a expedição do título de domínio, o interessado poderá ingressar com a ação de usucapião especial, na forma prevista nesta Lei, vedada a concomitância dos pedidos administrativo e judicial.

Art. 5º Adotar-se-á, na ação de usucapião especial, o procedimento sumaríssimo, assegurada a preferência à sua instrução e julgamento.

§ 1º O autor, expondo o fundamento do pedido e individualizando o imóvel, com dispensa da juntada da respectiva planta, poderá requerer, na petição inicial, designação de audiência preliminar, a fim de justificar a posse, e, se comprovada esta, será nela mantido, liminarmente, até a decisão final da causa.

§ 2º O autor requererá também a citação pessoal daquele em cujo nome esteja transcrito o imóvel usucapiendo, bem como dos confinantes e, por edital, dos réus ausentes, incertos e desconhecidos, na forma do art. 232 do Código de Processo Civil, valendo a citação para todos os atos do processo.

▶ Refere-se ao CPC/1973.

▶ Art. 257 do CPC/2015.

§ 3º Serão cientificados por carta, para que manifestem interesse na causa, os representantes da Fazenda Pública da União, dos Estados, do Distrito Federal, dos Territórios e dos Municípios, no prazo de quarenta e cinco dias.

§ 4º O prazo para contestar a ação correrá da intimação da decisão que declarar justificada a posse.

§ 5º Intervirá, obrigatoriamente, em todos os atos do processo, o Ministério Público.

Art. 6º O autor da ação de usucapião especial terá, se o pedir, o benefício da assistência judiciária gratuita, inclusive para o Registro de Imóveis.

▶ Lei nº 1.060, de 5-2-1950 (Lei de Assistência Judiciária).

Parágrafo único. Provado que o autor tinha situação econômica bastante para pagar as custas do processo e os honorários de advogado, sem prejuízo do sustento próprio e da família, o juiz lhe ordenará que pague, com correção monetária, o valor das isenções concedidas, ficando suspensa a transcrição da sentença até o pagamento devido.

Art. 7º A usucapião especial poderá ser invocada como matéria de defesa, valendo a sentença que a reconhecer como título para transcrição no Registro de Imóveis.

Art. 8º Observar-se-á, quanto ao imóvel usucapido, a imunidade específica, estabelecida no § 6º do art. 21 da Constituição Federal.

▶ Refere-se à CF/1967. Art. 153, § 4º, II, da CF vigente.

Parágrafo único. Quando prevalecer a área do módulo rural, de acordo com o previsto no parágrafo único do art. 1º desta Lei, o Imposto Territorial Rural não incidirá sobre o imóvel usucapido.

Art. 9º O juiz de causa, a requerimento do autor da ação de usucapião especial, determinará que a autoridade policial garanta a permanência no imóvel e a integridade física de seus ocupantes, sempre que necessário.

Art. 10. O § 2º do art. 589 do Código Civil passa a vigorar com a seguinte redação:

▶ Refere-se ao CC/1916. Art. 1.276 do CC/2002.

Art. 11. Esta Lei entrará em vigor quarenta e cinco dias após sua publicação.

Art. 12. Revogam-se as disposições em contrário.

Brasília, 10 de dezembro de 1981;
160º da Independência e
93º da República.
João Figueiredo

LEI Nº 6.996, DE 7 DE JUNHO DE 1982

Dispõe sobre a utilização de processamento eletrônico de dados nos serviços eleitorais, e dá outras providências.

▶ Publicada no *DOU* de 8-6-1982.

Art. 1º Os Tribunais Regionais Eleitorais, nos Estados em que for autorizado pelo Tribunal Superior Eleitoral, poderão utilizar processamento eletrônico de dados nos serviços eleitorais, na forma prevista nesta Lei.

§ 1º A autorização do Tribunal Superior Eleitoral será solicitada pelo Tribunal Regional Eleitoral interessado, que, previamente, ouvirá os Partidos Políticos.

§ 2º O pedido de autorização poderá referir-se ao alistamento eleitoral, à votação e à apuração, ou a apenas uma dessas fases, em todo o Estado, em determinadas Zonas Eleitorais ou em parte destas.

Art. 2º Concedida a autorização, o Tribunal Regional Eleitoral, em conformidade com as condições e peculiaridades locais, executará os serviços de processamento eletrônico de dados diretamente ou mediante convênio ou contrato.

§ 1º Os serviços de que trata este artigo deverão ser executados de acordo com definições e especificações fixadas pelo Tribunal Superior Eleitoral.

§ 2º *Revogado*. Lei nº 7.444, de 20-12-1985.

Art. 3º Ao setor da Secretaria do Tribunal Regional Eleitoral responsável pelos serviços de processamento eletrônico de dados compete:

I – preencher as fórmulas dos títulos e documentos eleitorais;

II – confeccionar relações de eleitores destinados aos Cartórios Eleitorais e aos Partidos Políticos;

III – manter atualizado o cadastro geral de eleitores do Estado;

IV – manter atualizado o cadastro de filiação partidária, expedindo relações destinadas aos Partidos Políticos e à Justiça Eleitoral;

V – expedir comunicações padronizadas e previamente programadas nos processos de alistamento, transferência ou cancelamento de inscrições;

VI – contar votos, ou totalizar resultados já apurados, expedindo relações ou boletins destinados à Justiça Eleitoral e aos Partidos Políticos;

VII – calcular quociente eleitoral, quociente partidário e distribuição de sobras, indicando os eleitos;

VIII – preencher diplomas e expedir relações com os resultados finais de cada pleito, destinados à Justiça Eleitoral e aos Partidos Políticos;

IX – executar outras tarefas que lhe forem atribuídas por instruções do Tribunal Superior Eleitoral.

Art. 4º O alistamento se faz mediante a inscrição do eleitor.

Parágrafo único. Para efeito de inscrição, domicílio eleitoral é o lugar de residência ou moradia do requerente, e, verificado ter o alistando mais de uma, considerar-se-á domicílio qualquer delas.

Art. 5º O alistando apresentará em cartório, ou em local previamente designado, requerimento em formulário que obedecerá a modelo aprovado pelo Tribunal Superior Eleitoral.

Parágrafo único. O escrivão, o funcionário ou o preparador, recebendo o formulário e documentos, determinará que o alistando date e assine o requerimento, e, ato contínuo, atestará terem sido a data e a assinatura lançadas na sua presença.

Art. 6º O pedido de inscrição do eleitor será instruído com um dos seguintes documentos:

▶ Art. 44 do CE.

I – carteira de identidade;

II – certificado de quitação do Serviço Militar;

III – carteira emitida pelos órgãos criados por lei federal, controladores do exercício profissional;

IV – certidão de idade extraída do Registro Civil;

V – instrumento público do qual se infira, por direito, ter o requerente idade superior a dezoito anos e do qual conste, também, os demais elementos necessários à sua qualificação;

VI – documento do qual se infira a nacionalidade brasileira, originária ou adquirida, do requerente.

§ 1º A restituição de qualquer documento não poderá ser feita antes de despachado o requerimento pelo Juiz Eleitoral.

§ 2º Sempre que, com o documento, for apresentada cópia, o original será devolvido no ato, feita a autenticação pelo próprio funcionário do Cartório Eleitoral, mediante aposição de sua assinatura no verso da cópia.

§ 3º O documento poderá ser apresentado em cópia autenticada por tabelião, dispensando-se, nessa hipótese, nova conferência com o documento original.

Art. 7º Despachado o requerimento de inscrição pelo Juiz Eleitoral, o setor da Secretaria do Tribunal Regional Eleitoral responsável pelos serviços de processamento eletrônico de dados enviará ao Cartório Eleitoral, que as fornecerá aos Partidos Políticos, relações dos eleitores inscritos originariamente ou por transferência, com os respectivos endereços, assim como dos pedidos indeferidos ou convertidos em diligência.

§ 1º Do despacho que indeferir o requerimento de inscrição, caberá recurso interposto pelo alistando no prazo de cinco dias e, do que o deferir, poderá recorrer qualquer delegado de Partido Político no prazo de dez dias.

▶ Arts. 45, § 7º, e 57, § 2º, do CE.

§ 2º As relações a que se refere o *caput* deste artigo serão fornecidas aos Partidos Políticos nos dias primeiro e quinze de cada mês, ou no primeiro dia útil seguinte, datas em que começarão a correr os prazos mencionados no parágrafo anterior, ainda que tenham sido exibidas ao alistando antes dessas datas e mesmo que os partidos não as retirem.

Art. 8º A transferência do eleitor só será admitida se satisfeitas as seguintes exigências:

I – entrada do requerimento no Cartório Eleitoral do novo domicílio até cem dias antes da data da eleição;

II – transcurso de, pelo menos, um ano da inscrição anterior;

III – residência mínima de três meses no novo domicílio, declarada, sob as penas da lei, pelo próprio eleitor.

Parágrafo único. O disposto nos incisos II e III deste artigo não se aplica à transferência de título eleitoral de servidor público civil, militar, autárquico, ou de membro de sua família, por motivo de remoção ou transferência.

Art. 9º *Revogado*. Lei nº 7.663, de 27-5-1988.

Art. 10. Na votação poderá ser utilizada cédula de acordo com modelo aprovado pelo Tribunal Superior Eleitoral.

Art. 11. O Tribunal Superior Eleitoral estabelecerá o número de eleitores das seções eleitorais em função do número de cabinas nelas existentes.

Parágrafo único. Cada seção eleitoral terá, no mínimo, duas cabinas.

▶ Art. 117 do CE.

Art. 12. Nas seções das Zonas Eleitorais em que o alistamento se fizer pelo processamento eletrônico de dados, as folhas individuais de votação serão substituídas por listas de eleitores, emitidas por computador, das quais constarão, além do nome do eleitor, os dados de qualificação indicados pelo Tribunal Superior Eleitoral.

▶ Arts. 35, XI, 45, § 9º, 46, § 2º, e 131, § 6º, do CE.

§ 1º Somente poderão votar fora da respectiva seção os mesários, os candidatos e os fiscais ou delegados de Partidos Políticos, desde que eleitores do Município e de posse do título eleitoral.

▶ Arts. 131, § 6º, e 145 do CE.

§ 2º Ainda que não esteja de posse do seu título, o eleitor será admitido a votar desde que seja inscrito na seção, conste da lista dos eleitores e exiba documento que comprove sua identidade.

§ 3º Os votos dos eleitores mencionados nos parágrafos anteriores não serão tomados em separado.

§ 4º O voto em separado será recolhido em invólucro especial e somente será admitido quando houver dúvida quanto à identidade ou inscrição do eleitor, ou quando da lista não constar nome de eleitor que apresentar título correspondente à seção.

▶ Arts. 146, VII, e 147, § 2º, II, do CE.

§ 5º A validade dos votos tomados em separado, das seções de um mesmo Município, será examinada em conjunto pela Junta Apuradora, independentemente da apuração dos votos contidos nas urnas.

▶ Art. 170 do CE.

Art. 13. O Tribunal Superior Eleitoral poderá autorizar a criação de Juntas Apuradoras Regionais, nos termos das instruções que baixar.

▶ Art. 158 do CE.

Art. 14. A apuração poderá ser iniciada a partir do recebimento da primeira urna, prolongando-se pelo tempo necessário, observado o prazo máximo de dez dias.

▶ Art. 40, I, do CE.

Parágrafo único. Ultrapassada a fase de abertura da urna, as cédulas programadas para a apuração através da computação serão eletronicamente processadas, caso em que os partidos poderão manter fiscais nos locais destinados a esse fim.

▶ Art. 173 do CE.

Art. 15. Incorrerá nas penas do artigo 315 do Código Eleitoral quem, no processamento eletrônico das cédulas, alterar resultados, qualquer que seja o método utilizado.

Art. 16. *Revogado*. Lei nº 9.096, de 19-9-1995.

Art. 17. Os artigos 6º e 8º e o parágrafo único, do artigo 9º, desta Lei, também serão aplicados nas Zonas Eleitorais em que o alistamento continuar a ser efetuado na forma prevista no Código Eleitoral.

Art. 18. O Tribunal Superior Eleitoral expedirá as instruções que se fizerem necessárias para o cumprimento desta Lei, inclusive divulgando entre os Partidos Políticos, os Juízes e os Cartórios Eleitorais manuais de procedimentos detalhando a nova sistemática.

Art. 19. Esta Lei entra em vigor na data de sua publicação.

Art. 20. Revogam-se as disposições em contrário.

Brasília, 7 de junho de 1982;
161º da Independência e
94º da República.
João Figueiredo

LEI Nº 7.106, DE 28 DE JUNHO DE 1983

Define os crimes de responsabilidade do Governador do Distrito Federal, dos Governadores dos Territórios Federais e de seus respectivos Secretários, e dá outras providências.

▸ Publicada no *DOU* de 29-6-1983.

Art. 1º São crimes de responsabilidade do Governador do Distrito Federal ou de seus Secretários, quando por eles praticados, os definidos na Lei nº 1.079, de 10 de abril de 1950, ou ainda quando simplesmente tentados.

Art. 2º É facultado a qualquer cidadão denunciar o Governador ou Secretário do Governo do Distrito Federal perante o Senado Federal.

Art. 3º Recebida pelo Presidente do Senado Federal, a denúncia, devidamente acompanhada dos elementos que a comprovem, ou da declaração de impossibilidade de apresentá-los, mas com a indicação do local em que possam ser encontrados, será remetida à Comissão de Constituição e Justiça e às que devam examinar-lhe o mérito, depois do que o Senado Federal, por maioria absoluta, poderá decretar a procedência da acusação e a consequente suspensão do Governador de suas funções.

Art. 4º Declarada a procedência da acusação e suspensão do Governador, a Comissão Especial, constituída por 5 (cinco) Senadores e 5 (cinco) Desembargadores do Tribunal de Justiça, presidida pelo Presidente do Tribunal de Justiça do Distrito Federal , no prazo improrrogável de 90 (noventa) dias, concluirá pela condenação, ou não, do Governador à perda do cargo, com inabilitação até 5 (circo) anos para o exercício de qualquer função política, sem prejuízo da ação da justiça comum.

Art. 5º O Governador do Distrito Federal e os Secretários do Governo, nos crimes conexos com os daquele, responderão, até 2 (dois) anos após haverem deixado o cargo, pelos atos que, consumados ou tentados, a lei considere crime de responsabilidade praticados no exercício da função pública.

§ 1º Aplica-se o disposto neste artigo aos dirigentes de autarquias, órgãos e entidades do complexo administrativo do Distrito Federal.

§ 2º Na hipótese do parágrafo anterior, a denúncia, a acusação e o julgamento se farão de acordo com a norma do processo administrativo, pelo órgão competente.

Art. 6º As disposições da presente Lei aplicam-se aos Governadores e Secretários dos Territórios Federais.

Art. 7º Esta Lei entra em vigor na data de sua publicação.

Art. 8º Revogam-se as disposições em contrário.

Brasília, em 28 de junho de 1983;
162º da Independência e
95º da República.
João Figueiredo

LEI Nº 7.209, DE 11 DE JULHO DE 1984

Altera dispositivos do Decreto-Lei nº 2.848, de 7 de dezembro de 1940 – Código Penal, e dá outras providências.

▸ Publicada no *DOU* de 13-7-1984.

Art 1º O Decreto-lei nº 2.848, de 7 de dezembro de 1940 – Código Penal, passa a vigorar com as seguintes alterações:

▸ Alterações inseridas no texto do CP.

Art 2º São canceladas, na Parte Especial do Código Penal e nas leis especiais alcançadas pelo art. 12 do Código Penal, quaisquer referências a valores de multas, substituindo-se a expressão multa de por multa.

Art 3º Dentro de um ano, a contar da vigência desta lei, a União, Estados, Distrito Federal e Territórios tomarão as providências necessárias para a efetiva execução das penas restritivas de direitos, sem prejuízo da imediata aplicação e do cumprimento dessas penas onde seja isso possível.

Parágrafo único. Nas comarcas onde ainda não for possível a execução das penas previstas nos incisos I e III do art. 43 do Código Penal, poderá o juiz, até o vencimento do prazo de que trata este artigo, optar pela concessão da suspensão condicional, observado, no que couber, o disposto nos arts. 77 a 82 do mesmo código.

Art 4º O Poder Executivo fará republicar o Código Penal com seu texto atualizado.

Art 5º Esta lei entra em vigor seis meses após a data de sua publicação.

Brasília, em 11 de julho de 1984;
163º da Independência e
96º da República.
João Figueiredo

LEI Nº 7.210, DE 11 DE JULHO DE 1984

Institui a Lei de Execução Penal.

▸ Publicada no *DOU* de 13-7-1984.
▸ Lei nº 11.671, de 8-5-2008, dispõe sobre a transferência e inclusão de presos em estabelecimentos penais federais de segurança máxima.
▸ Lei nº 12.106, de 7-12-2009, cria, no âmbito do Conselho Nacional de Justiça, o Departamento de Monitoramento e Fiscalização do Sistema Carcerário e do Sistema de Execução de Medidas Socioeducativas.
▸ Lei nº 12.714, de 14-9-2012, dispõe sobre o sistema de acompanhamento da execução das penas, da prisão cautelar e da medida de segurança.
▸ Dec. nº 6.049, de 27-2-2007, aprova o Regulamento Penitenciário Federal.

TÍTULO I – DO OBJETO E DA APLICAÇÃO DA LEI DE EXECUÇÃO PENAL

Art. 1º A execução penal tem por objetivo efetivar as disposições de sentença ou decisão criminal e proporcionar condições para a harmônica integração social do condenado e do internado.

▸ Súm. nº 611 do STF.

Art. 2º A jurisdição penal dos juízes ou tribunais da justiça ordinária, em todo o Território Nacional, será exercida, no processo de execução, na conformidade desta Lei e do Código de Processo Penal.

▸ Art. 194 desta Lei.
▸ Arts. 668 a 779 do CPP.
▸ Arts. 588 a 674 do CPPM.
▸ Súm. nº 192 do STJ.

Parágrafo único. Esta Lei aplicar-se-á igualmente ao preso provisório e ao condenado pela Justiça Eleitoral ou Militar, quando recolhido a estabelecimento sujeito à jurisdição ordinária.

Art. 3º Ao condenado e ao internado serão assegurados todos os direitos não atingidos pela sentença ou pela lei.

▸ Arts. 10 a 37, 40, 41, 120 a 130 e 200 desta Lei.

Parágrafo único. Não haverá qualquer distinção de natureza racial, social, religiosa ou política.

Art. 4º O Estado deverá recorrer à cooperação da comunidade nas atividades de execução da pena e da medida de segurança.

TÍTULO II – DO CONDENADO E DO INTERNADO

CAPÍTULO I – DA CLASSIFICAÇÃO

Art. 5º Os condenados serão classificados, segundo os seus antecedentes e personalidade, para orientar a individualização da execução penal.

▸ Art. 5º, XLVI, da CF.

Art. 6º A classificação será feita por Comissão Técnica de Classificação que elaborará o programa individualizador da pena privativa de liberdade adequada ao condenado ou preso provisório.

▸ Artigo com a redação dada pela Lei nº 10.792, de 1º-12-2003.

Art. 7º A Comissão Técnica de Classificação, existente em cada estabelecimento, será presidida pelo Diretor e composta, no mínimo, por dois chefes de serviço, um psiquiatra, um psicólogo e um assistente social, quando se tratar de condenado à pena privativa da liberdade.

Parágrafo único. Nos demais casos a Comissão atuará junto ao Juízo da Execução e será integrada por fiscais do Serviço Social.

Art. 8º O condenado ao cumprimento de pena privativa de liberdade, em regime fechado, será submetido a exame criminológico para a obtenção dos elementos necessários a uma adequada classificação e com vistas à individualização da execução.

▸ Art. 174 desta Lei.
▸ Art. 34 do CP.
▸ Súm. Vinc. nº 26 do STF.
▸ Súm. nº 439 do STJ.

Parágrafo único. Ao exame de que trata este artigo poderá ser submetido o condenado ao cumprimento da pena privativa de liberdade em regime semiaberto.

▸ Art. 35 do CP.

Art. 9º A Comissão, no exame para a obtenção de dados reveladores da personalidade, observando a ética profissional e tendo sempre presentes peças ou informações do processo, poderá:

- Art. 174 desta Lei.

I – entrevistar pessoas;
II – requisitar, de repartições ou estabelecimentos privados, dados e informações a respeito do condenado;
III – realizar outras diligências e exames necessários.

Art. 9º-A. O condenado por crime doloso praticado com violência grave contra a pessoa, bem como por crime contra a vida, contra a liberdade sexual ou por crime sexual contra vulnerável, será submetido, obrigatoriamente, à identificação do perfil genético, mediante extração de DNA (ácido desoxirribonucleico), por técnica adequada e indolor, por ocasião do ingresso no estabelecimento prisional.

- *Caput* com a redação dada pela Lei nº 13.964, de 24-12-2019, promulgado nos termos do art. 66, § 5º, da CF (*DOU* de 30-4-2021).

§ 1º A identificação do perfil genético será armazenada em banco de dados sigiloso, conforme regulamento a ser expedido pelo Poder Executivo.

- § 1º acrescido pela Lei nº 12.654, de 28-5-2012.

§ 1º-A. A regulamentação deverá fazer constar garantias mínimas de proteção de dados genéticos, observando as melhores práticas da genética forense.

- § 1º-A acrescido pela Lei nº 13.964, de 24-12-2019.

§ 2º A autoridade policial, federal ou estadual, poderá requerer ao juiz competente, no caso de inquérito instaurado, o acesso ao banco de dados de identificação de perfil genético.

- § 2º acrescido pela Lei nº 12.654, de 28-5-2012.
- Dec. nº 7.950, de 12-3-2013, institui o Banco Nacional de Perfis Genéticos e a Rede Integrada de Bancos de Perfis Genéticos.

§ 3º Deve ser viabilizado ao titular de dados genéticos o acesso aos seus dados constantes nos bancos de perfis genéticos, bem como a todos os documentos da cadeia de custódia que gerou esse dado, de maneira que possa ser contraditado pela defesa.

§ 4º O condenado pelos crimes previstos no *caput* deste artigo que não tiver sido submetido à identificação do perfil genético por ocasião do ingresso no estabelecimento prisional deverá ser submetido ao procedimento durante o cumprimento da pena.

- §§ 3º e 4º acrescidos pela Lei nº 13.964, de 24-12-2019.

§ 5º A amostra biológica coletada só poderá ser utilizada para o único e exclusivo fim de permitir a identificação pelo perfil genético, não estando autorizadas as práticas de fenotipagem genética ou de busca familiar.

§ 6º Uma vez identificado o perfil genético, a amostra biológica recolhida nos termos do *caput* deste artigo deverá ser correta e imediatamente descartada, de maneira a impedir a sua utilização para qualquer outro fim.

§ 7º A coleta da amostra biológica e a elaboração do respectivo laudo serão realizadas por perito oficial.

- §§ 5º a 7º acrescidos pela Lei nº 13.964, de 24-12-2019, promulgados nos termos do art. 66, § 5º, da CF (*DOU* de 30-4-2021).

§ 8º Constitui falta grave a recusa do condenado em submeter-se ao procedimento de identificação do perfil genético.

- § 8º acrescido pela Lei nº 13.964, de 24-12-2019.

CAPÍTULO II
DA ASSISTÊNCIA

Seção I
DISPOSIÇÕES GERAIS

- Arts. 20 a 30 do Dec. nº 6.049, de 27-2-2007 (Regulamento Penitenciário Federal).

Art. 10. A assistência ao preso e ao internado é dever do Estado, objetivando prevenir o crime e orientar o retorno à convivência em sociedade.

Parágrafo único. A assistência estende-se ao egresso.

- Art. 26 desta Lei.
- Dec. nº 11.843, de 21-12-2023, regulamenta este artigo.

Art. 11. A assistência será:

- Art. 41, VII, desta Lei.
- Dec. nº 11.843, de 21-12-2023, regulamenta este artigo.

I – material;
II – à saúde;
III – jurídica;
IV – educacional;
V – social;
VI – religiosa.

Seção II
DA ASSISTÊNCIA MATERIAL

Art. 12. A assistência material ao preso e ao internado consistirá no fornecimento de alimentação, vestuário e instalações higiênicas.

- Arts. 39, IX, e 41, I, desta Lei.

Art. 13. O estabelecimento disporá de instalações e serviços que atendam aos presos nas suas necessidades pessoais, além de locais destinados à venda de produtos e objetos permitidos e não fornecidos pela Administração.

Seção III
DA ASSISTÊNCIA À SAÚDE

Art. 14. A assistência à saúde do preso e do internado, de caráter preventivo e curativo, compreenderá atendimento médico, farmacêutico e odontológico.

- Arts. 41, VII, 43, 120, II, e 183, desta Lei.

§ 1º VETADO.

§ 2º Quando o estabelecimento penal não estiver aparelhado para prover a assistência médica necessária, esta será prestada em outro local, mediante autorização da direção do estabelecimento.

§ 3º Será assegurado acompanhamento médico à mulher, principalmente no pré-natal e no pós-parto, extensivo ao recém-nascido.

- § 3º acrescido pela Lei nº 11.942, de 28-5-2009.

§ 4º Será assegurado tratamento humanitário à mulher grávida durante os atos médico-hospitalares preparatórios para a realização do parto e durante o trabalho de parto, bem como à mulher no período de puerpério, cabendo ao poder público promover a assistência integral à sua saúde e à do recém-nascido.

- § 4º acrescido pela Lei nº 14.326, de 12-4-2022.

Seção IV
DA ASSISTÊNCIA JURÍDICA

Art. 15. A assistência jurídica é destinada aos presos e aos internados sem recursos financeiros para constituir advogado.

- Art. 5º, LXXIV, da CF.
- Lei nº 1.060, de 5-2-1950 (Lei de Assistência Judiciária).
- Art. 41, VII e IX, desta Lei.
- Súm. nº 533 do STJ.

Art. 16. As Unidades da Federação deverão ter serviços de assistência jurídica, integral e gratuita, pela Defensoria Pública, dentro e fora dos estabelecimentos penais.

- *Caput* com a redação dada pela Lei nº 12.313, de 19-8-2010.
- Arts. 5º, LXXIV, e 134 da CF.
- LC nº 80, de 12-1-1994 (Lei da Defensoria Pública).
- Súm. nº 533 do STJ.

§ 1º As Unidades da Federação deverão prestar auxílio estrutural, pessoal e material à Defensoria Pública, no exercício de suas funções, dentro e fora dos estabelecimentos penais.

§ 2º Em todos os estabelecimentos penais, haverá local apropriado destinado ao atendimento pelo Defensor Público.

§ 3º Fora dos estabelecimentos penais, serão implementados Núcleos Especializados da Defensoria Pública para a prestação de assistência jurídica integral e gratuita aos réus, sentenciados em liberdade, egressos e seus familiares, sem recursos financeiros para constituir advogado.

- §§ 1º a 3º acrescidos pela Lei nº 12.313, de 19-8-2010.

Seção V
DA ASSISTÊNCIA EDUCACIONAL

Art. 17. A assistência educacional compreenderá a instrução escolar e a formação profissional do preso e do internado.

- Arts. 205 e 208, § 1º, da CF.
- Art. 41, VI, desta Lei.

Art. 18. O ensino de primeiro grau será obrigatório, integrando-se no sistema escolar da unidade federativa.

Art. 18-A. O ensino médio, regular ou supletivo, com formação geral ou educação profissional de nível médio, será implantado nos presídios, em obediência ao preceito constitucional de sua universalização.

§ 1º O ensino ministrado aos presos e presas integrar-se-á ao sistema estadual e municipal de ensino e será mantido, administrativa e financeiramente, com o apoio da União, não só com os recursos destinados à educação, mas pelo sistema estadual de justiça ou administração penitenciária.

§ 2º Os sistemas de ensino oferecerão aos presos e às presas cursos supletivos de educação de jovens e adultos.

§ 3º A União, os Estados, os Municípios e o Distrito Federal incluirão em seus programas de educação à distância e de utilização de novas tecnologias de ensino, o atendimento aos presos e às presas.

- Art. 18-A acrescido pela Lei nº 13.163, de 9-9-2015.

Art. 19. O ensino profissional será ministrado em nível de iniciação ou de aperfeiçoamento técnico.

Parágrafo único. A mulher condenada terá ensino profissional adequado à sua condição.

Art. 20. As atividades educacionais podem ser objeto de convênio com entidades públicas ou particulares, que instalem escolas ou ofereçam cursos especializados.

Art. 21. Em atendimento às condições locais, dotar-se-á cada estabelecimento de uma biblioteca, para uso de todas as categorias de reclusos, provida de livros instrutivos, recreativos e didáticos.

Art. 21-A. O censo penitenciário deverá apurar:

I – o nível de escolaridade dos presos e das presas;

II – a existência de cursos nos níveis fundamental e médio e o número de presos e presas atendidos;

III – a implementação de cursos profissionais em nível de iniciação ou aperfeiçoamento técnico e o número de presos e presas atendidos;

IV – a existência de bibliotecas e as condições de seu acervo;

V – outros dados relevantes para o aprimoramento educacional de presos e presas.

▸ Art. 21-A acrescido pela Lei nº 13.163, de 9-9-2015.

Seção VI

DA ASSISTÊNCIA SOCIAL

Art. 22. A assistência social tem por finalidade amparar o preso e o internado e prepará-los para o retorno à liberdade.

▸ Art. 41, VII, desta Lei.

Art. 23. Incumbe ao serviço de assistência social:

I – conhecer os resultados dos diagnósticos e exames;

II – relatar, por escrito, ao diretor do estabelecimento, os problemas e as dificuldades enfrentados pelo assistido;

III – acompanhar o resultado das permissões de saídas e das saídas temporárias;

IV – promover, no estabelecimento, pelos meios disponíveis, a recreação;

V – promover a orientação do assistido, na fase final do cumprimento da pena, e do liberando, de modo a facilitar o seu retorno à liberdade;

VI – providenciar a obtenção de documentos, dos benefícios da previdência social e do seguro por acidente no trabalho;

VII – orientar e amparar, quando necessário, a família do preso, do internado e da vítima.

Seção VII

DA ASSISTÊNCIA RELIGIOSA

Art. 24. A assistência religiosa, com liberdade de culto, será prestada aos presos e aos internados, permitindo-se-lhes a participação nos serviços organizados no estabelecimento penal, bem como a posse de livros de instrução religiosa.

▸ Art. 5º, VI, da CF.

▸ Art. 41, VII, desta Lei.

§ 1º No estabelecimento haverá local apropriado para os cultos religiosos.

§ 2º Nenhum preso ou internado poderá ser obrigado a participar de atividade religiosa.

Seção VIII

DA ASSISTÊNCIA AO EGRESSO

Art. 25. A assistência ao egresso consiste:

▸ Art. 78 desta Lei.

▸ Dec. nº 11.843, de 21-12-2023, regulamenta este artigo.

I – na orientação e apoio para reintegrá-lo à vida em liberdade;

II – na concessão, se necessário, de alojamento e alimentação, em estabelecimento adequado, pelo prazo de dois meses.

Parágrafo único. O prazo estabelecido no inciso II poderá ser prorrogado uma única vez, comprovado, por declaração do assistente social, o empenho na obtenção de emprego.

Art. 26. Considera-se egresso para os efeitos desta Lei:

I – o liberado definitivo, pelo prazo de um ano a contar da saída do estabelecimento;

II – o liberado condicional, durante o período de prova.

▸ Dec. nº 11.843, de 21-12-2023, regulamenta este artigo.

Art. 27. O serviço de assistência social colaborará com o egresso para a obtenção de trabalho.

▸ Dec. nº 11.843, de 21-12-2023, regulamenta este artigo.

CAPÍTULO III

DO TRABALHO

Seção I

DISPOSIÇÕES GERAIS

▸ Arts. 98 a 100 do Dec. nº 6.049, de 27-2-2007 (Regulamento Penitenciário Federal).

Art. 28. O trabalho do condenado, como dever social e condição de dignidade humana, terá finalidade educativa e produtiva.

▸ Arts. 1º, III e 5º, XLVII, *c*, da CF.

▸ Arts. 126 a 130 desta Lei.

§ 1º Aplicam-se à organização e aos métodos de trabalho as precauções relativas à segurança e à higiene.

§ 2º O trabalho do preso não está sujeito ao regime da Consolidação das Leis do Trabalho.

Art. 29. O trabalho do preso será remunerado, mediante prévia tabela, não podendo ser inferior a três quartos do salário mínimo.

▸ Art. 39 do CP.

§ 1º O produto da remuneração pelo trabalho deverá atender:

a) à indenização dos danos causados pelo crime, desde que determinados judicialmente e não reparados por outros meios;

b) à assistência à família;

c) a pequenas despesas pessoais;

d) ao ressarcimento ao Estado das despesas realizadas com a manutenção do condenado, em proporção a ser fixada e sem prejuízo da destinação prevista nas letras anteriores.

§ 2º Ressalvadas outras aplicações legais, será depositada a parte restante para constituição do pecúlio, em cadernetas de poupança, que será entregue ao condenado quando posto em liberdade.

Art. 30. As tarefas executadas como prestação de serviço à comunidade não serão remuneradas.

▸ Arts. 43, IV, e 46 do CP.

Seção II

DO TRABALHO INTERNO

Art. 31. O condenado à pena privativa de liberdade está obrigado ao trabalho na medida de suas aptidões e capacidade.

▸ Arts. 1º, III, e 5º, XLVII, *c*, da CF.

▸ Arts. 34, § 1º, e 35, § 1º, do CP.

▸ Arts. 39, V, 41, II, 50, VI, e 126 a 130 desta Lei.

Parágrafo único. Para o preso provisório, o trabalho não é obrigatório e só poderá ser executado no interior do estabelecimento.

Art. 32. Na atribuição do trabalho deverão ser levadas em conta a habilitação, a condição pessoal e as necessidades futuras do preso, bem como as oportunidades oferecidas pelo mercado.

§ 1º Deverá ser limitado, tanto quanto possível, o artesanato sem expressão econômica, salvo nas regiões de turismo.

§ 2º Os maiores de sessenta anos poderão solicitar ocupação adequada à sua idade.

§ 3º Os doentes ou deficientes físicos somente exercerão atividades apropriadas ao seu estado.

Art. 33. A jornada normal de trabalho não será inferior a seis, nem superior a oito horas, com descanso nos domingos e feriados.

Parágrafo único. Poderá ser atribuído horário especial de trabalho aos presos designados para os serviços de conservação e manutenção do estabelecimento penal.

Art. 34. O trabalho poderá ser gerenciado por fundação, ou empresa pública, com autonomia administrativa, e terá por objetivo a formação profissional do condenado.

§ 1º Nessa hipótese, incumbirá à entidade gerenciadora promover e supervisionar a produção, com critérios e métodos empresariais, encarregar-se de sua comercialização, bem como suportar despesas, inclusive pagamento de remuneração adequada.

▸ Parágrafo único transformado em § 1º pela Lei nº 10.792, de 1º-12-2003.

§ 2º Os governos federal, estadual e municipal poderão celebrar convênio com a iniciativa privada, para implantação de oficinas de trabalho referentes a setores de apoio dos presídios.

▸ § 2º acrescido pela Lei nº 10.792, de 1º-12-2003.

Art. 35. Os órgãos da administração direta ou indireta da União, Estados, Territórios, Distrito Federal e dos Municípios adquirirão, com dispensa de concorrência pública, os bens ou produtos do trabalho prisional, sempre que não for possível ou recomendável realizar-se a venda a particulares.

Parágrafo único. Todas as importâncias arrecadadas com as vendas reverterão em favor da fundação ou empresa pública a que alude o artigo anterior ou, na sua falta, do estabelecimento penal.

Seção III

DO TRABALHO EXTERNO

Art. 36. O trabalho externo será admissível para os presos em regime fechado somente em serviço ou obras públicas realizadas por órgãos da administração direta ou indireta, ou entidades privadas, desde que tomadas as cautelas contra a fuga e em favor da disciplina.

▸ Art. 34, § 3º, do CP.

§ 1º O limite máximo do número de presos será de dez por cento do total de empregados na obra.

§ 2º Caberá ao órgão da administração, à entidade ou à empresa empreiteira a remuneração desse trabalho.

§ 3º A prestação de trabalho a entidade privada depende do consentimento expresso do preso.

Art. 37. A prestação de trabalho externo, a ser autorizada pela direção do estabelecimento, dependerá de aptidão, disciplina e responsabilidade, além do cumprimento mínimo de um sexto da pena.

▶ Súm. nº 40 do STJ.

Parágrafo único. Revogar-se-á a autorização de trabalho externo ao preso que vier a praticar fato definido como crime, for punido por falta grave, ou tiver comportamento contrário aos requisitos estabelecidos neste artigo.

CAPÍTULO IV
DOS DEVERES, DOS DIREITOS E DA DISCIPLINA

Seção I
DOS DEVERES

▶ Art. 38 do Dec. nº 6.049, de 27-2-2007 (Regulamento Penitenciário Federal).

Art. 38. Cumpre ao condenado, além das obrigações legais inerentes ao seu estado, submeter-se às normas de execução da pena.

Art. 39. Constituem deveres do condenado:

I – comportamento disciplinado e cumprimento fiel da sentença;

II – obediência ao servidor e respeito a qualquer pessoa com quem deva relacionar-se;

▶ Arts. 50, VI, e 51, III, desta Lei.

III – urbanidade e respeito no trato com os demais condenados;

IV – conduta oposta aos movimentos individuais ou coletivos de fuga ou de subversão à ordem ou à disciplina;

V – execução do trabalho, das tarefas e das ordens recebidas;

▶ Arts. 50, VI, e 51, III, desta Lei.

VI – submissão à sanção disciplinar imposta;

VII – indenização à vítima ou aos seus sucessores;

VIII – indenização ao Estado, quando possível, das despesas realizadas com a sua manutenção, mediante desconto proporcional da remuneração do trabalho;

IX – higiene pessoal e asseio da cela ou alojamento;

X – conservação dos objetos de uso pessoal.

Parágrafo único. Aplica-se ao preso provisório, no que couber, o disposto neste artigo.

▶ Art. 31, parágrafo único, desta Lei.

Seção II
DOS DIREITOS

▶ Arts. 36 e 37 do Dec. nº 6.049, de 27-2-2007 (Regulamento Penitenciário Federal).

Art. 40. Impõe-se a todas as autoridades o respeito à integridade física e moral dos condenados e dos presos provisórios.

▶ Art. 5º, III e XLIX, da CF.

▶ Art. 38 do CP.

▶ Art. 5º do Dec. nº 7.627, de 24-11-2011, que regulamenta a monitoração eletrônica.

Art. 41. Constituem direitos do preso:

I – alimentação suficiente e vestuário;

II – atribuição de trabalho e sua remuneração;

III – previdência social;

IV – constituição de pecúlio;

V – proporcionalidade na distribuição do tempo para o trabalho, o descanso e a recreação;

VI – exercício das atividades profissionais, intelectuais, artísticas e desportivas anteriores, desde que compatíveis com a execução da pena;

VII – assistência material, à saúde, jurídica, educacional, social e religiosa;

▶ Arts. 10 e 11 desta Lei.

VIII – proteção contra qualquer forma de sensacionalismo;

▶ Art. 198 desta Lei.

IX – entrevista pessoal e reservada com o advogado;

▶ Art. 7º, III, da Lei nº 8.906, de 4-7-1994 (Estatuto da Advocacia e a OAB).

X – visita do cônjuge, da companheira, de parentes e amigos em dias determinados;

▶ Port. Conj. da Defensoria Pública-Geral da União e do Departamento Penitenciário Nacional nº 500, de 30-9-2010, dispõe sobre a visita virtual do cônjuge ou companheira(o) de comprovada união estável, dos parentes e amigos aos presos inseridos no Sistema Penitenciário Federal.

XI – chamamento nominal;

XII – igualdade de tratamento salvo quanto às exigências da individualização da pena;

▶ Art. 5º, XLVI, da CF.

XIII – audiência especial com o diretor do estabelecimento;

XIV – representação e petição a qualquer autoridade, em defesa de direito;

XV – contato com o mundo exterior por meio de correspondência escrita, da leitura e de outros meios de informação que não comprometam a moral e os bons costumes;

XVI – atestado de pena a cumprir, emitido anualmente, sob pena da responsabilidade da autoridade judiciária competente.

▶ Inciso XVI acrescido pela Lei nº 10.713, de 13-8-2003.

§ 1º *Os direitos previstos nos incisos V, X e XV poderão ser suspensos ou restringidos mediante ato motivado do juiz da execução penal.*

▶ Parágrafo único transformado em § 1º e com a redação dada pela Lei nº 14.994, de 9-10-2024.

▶ Art. 53, III, desta Lei.

§ 2º *O preso condenado por crime contra a mulher por razões da condição do sexo feminino, nos termos do § 1º do art. 121-A do Decreto-Lei nº 2.848, de 7 de dezembro de 1940 (Código Penal), não poderá usufruir do direito previsto no inciso X em relação à visita íntima ou conjugal.*

▶ § 2º acrescido pela Lei nº 14.994, de 9-10-2024.

Art. 42. Aplica-se ao preso provisório e ao submetido à medida de segurança, no que couber, o disposto nesta Seção.

Art. 43. É garantida a liberdade de contratar médico de confiança pessoal do internado ou do submetido a tratamento ambulatorial, por seus familiares ou dependentes, a fim de orientar e acompanhar o tratamento.

Parágrafo único. As divergências entre o médico oficial e o particular serão resolvidas pelo juiz de execução.

Seção III
DA DISCIPLINA

Subseção I
DISPOSIÇÕES GERAIS

▶ Arts. 39 a 41 do Dec. nº 6.049, de 27-2-2007 (Regulamento Penitenciário Federal).

Art. 44. A disciplina consiste na colaboração com a ordem, na obediência às determinações das autoridades e seus agentes e no desempenho do trabalho.

Parágrafo único. Estão sujeitos à disciplina o condenado à pena privativa de liberdade ou restritiva de direitos e o preso provisório.

Art. 45. Não haverá falta nem sanção disciplinar sem expressa e anterior previsão legal ou regulamentar.

▶ Art. 5º, XXXIX, da CF.

▶ Art. 1º do CP.

▶ Art. 1º do CPM.

§ 1º As sanções não poderão colocar em perigo a integridade física e moral do condenado.

§ 2º É vedado o emprego de cela escura.

§ 3º São vedadas as sanções coletivas.

Art. 46. O condenado ou denunciado, no início da execução da pena ou da prisão, será cientificado das normas disciplinares.

Art. 47. O poder disciplinar, na execução da pena privativa de liberdade, será exercido pela autoridade administrativa conforme as disposições regulamentares.

▶ Art. 58, parágrafo único, desta Lei.

▶ Súm. nº 533 do STJ.

Art. 48. Na execução das penas restritivas de direitos, o poder disciplinar será exercido pela autoridade administrativa a que estiver sujeito o condenado.

▶ Art. 43 do CP.

Parágrafo único. Nas faltas graves, a autoridade representará o juiz da execução para os fins dos artigos 118, I, 125, 127, 181, §§ 1º, *d*, e 2º desta Lei.

Subseção II
DAS FALTAS DISCIPLINARES

▶ Arts. 43, 44 e 54 a 58 do Dec. nº 6.049, de 27-2-2007 (Regulamento Penitenciário Federal).

Art. 49. As faltas disciplinares classificam-se em leves, médias e graves. A legislação local especificará as leves e médias, bem assim as respectivas sanções.

▶ Art. 53 desta Lei.

Parágrafo único. Pune-se a tentativa com a sanção correspondente à falta consumada.

Art. 50. Comete falta grave o condenado à pena privativa de liberdade que:

▶ Art. 118, I, desta Lei.

▶ Súm. nº 534 do STJ.

I – incitar ou participar de movimento para subverter a ordem ou a disciplina;

▶ Art. 354 do CP.

II – fugir;

III – possuir, indevidamente, instrumento capaz de ofender a integridade física de outrem;

IV – provocar acidente de trabalho;

V – descumprir, no regime aberto, as condições impostas;

▶ Arts. 113, 115 e 116 desta Lei.

VI – inobservar os deveres previstos nos incisos II e V do artigo 39 desta Lei;

VII – tiver em sua posse, utilizar ou fornecer aparelho telefônico, de rádio ou similar, que permita a comunicação com outros presos ou com o ambiente externo;

▶ Inciso VII acrescido pela Lei nº 11.466, de 28-3-2007.

LEGISLAÇÃO COMPLEMENTAR

VIII – recusar submeter-se ao procedimento de identificação do perfil genético.

▶ Inciso VIII acrescido pela Lei nº 13.964, de 24-12-2019.

Parágrafo único. O disposto neste artigo aplica-se, no que couber, ao preso provisório.

Art. 51. Comete falta grave o condenado à pena restritiva de direitos que:

I – descumprir, injustificadamente, a restrição imposta;

II – retardar, injustificadamente, o cumprimento da obrigação imposta;

III – inobservar os deveres previstos nos incisos II e V do artigo 39 desta Lei.

▶ Súm. nº 534 do STJ.

Art. 52. A prática de fato previsto como crime doloso constitui falta grave e, quando ocasionar subversão da ordem ou disciplina internas, sujeitará o preso provisório, ou condenado, nacional ou estrangeiro, sem prejuízo da sanção penal, ao regime disciplinar diferenciado, com as seguintes características:

▶ *Caput* com a redação dada pela Lei nº 13.964, de 24-12-2019.

I – duração máxima de até 2 (dois) anos, sem prejuízo de repetição da sanção por nova falta grave de mesma espécie;

II – recolhimento em cela individual;

III – visitas quinzenais, de 2 (duas) pessoas por vez, a serem realizadas em instalações equipadas para impedir o contato físico e a passagem de objetos, por pessoa da família ou, no caso de terceiro, autorizado judicialmente, com duração de 2 (duas) horas;

IV – direito do preso à saída da cela por 2 (duas) horas diárias para banho de sol, em grupos de até 4 (quatro) presos, desde que não haja contato com presos do mesmo grupo criminoso;

▶ Incisos I a IV com a redação dada pela Lei nº 13.964, de 24-12-2019.

V – entrevistas sempre monitoradas, exceto aquelas com seu defensor, em instalações equipadas para impedir o contato físico e a passagem de objetos, salvo expressa autorização judicial em contrário;

VI – fiscalização do conteúdo da correspondência;

VII – participação em audiências judiciais preferencialmente por videoconferência, garantindo-se a participação do defensor no mesmo ambiente do preso.

▶ Incisos V a VII acrescidos pela Lei nº 13.964, de 24-12-2019.

§ 1º O regime disciplinar diferenciado também será aplicado aos presos provisórios ou condenados, nacionais ou estrangeiros:

I – que apresentem alto risco para a ordem e a segurança do estabelecimento penal ou da sociedade;

II – sob os quais recaiam fundadas suspeitas de envolvimento ou participação, a qualquer título, em organização criminosa, associação criminosa ou milícia privada, independentemente da prática de falta grave.

▶ § 1º com a redação dada pela Lei nº 13.964, de 24-12-2019.

§ 2º *Revogado.* Lei nº 13.964, de 24-12-2019.

§ 3º Existindo indícios de que o preso exerce liderança em organização criminosa, associação criminosa ou milícia privada, ou que tenha atuação criminosa em 2 (dois) ou mais Estados da Federação, o regime disciplinar diferenciado será obrigatoriamente cumprido em estabelecimento prisional federal.

§ 4º Na hipótese dos parágrafos anteriores, o regime disciplinar diferenciado poderá ser prorrogado sucessivamente, por períodos de 1 (um) ano, existindo indícios de que o preso:

I – continua apresentando alto risco para a ordem e a segurança do estabelecimento penal de origem ou da sociedade;

II – mantém os vínculos com organização criminosa, associação criminosa ou milícia privada, considerados também o perfil criminal e a função desempenhada por ele no grupo criminoso, a operação duradoura do grupo, a superveniência de novos processos criminais e os resultados do tratamento penitenciário.

§ 5º Na hipótese prevista no § 3º deste artigo, o regime disciplinar diferenciado deverá contar com alta segurança interna e externa, principalmente no que diz respeito à necessidade de se evitar contato do preso com membros de sua organização criminosa, associação criminosa ou milícia privada, ou de grupos rivais.

§ 6º A visita de que trata o inciso III do *caput* deste artigo será gravada em sistema de áudio ou de áudio e vídeo e, com autorização judicial, fiscalizada por agente penitenciário.

§ 7º Após os primeiros 6 (seis) meses de regime disciplinar diferenciado, o preso que não receber a visita de que trata o inciso III do *caput* deste artigo poderá, após prévio agendamento, ter contato telefônico, que será gravado, com uma pessoa da família, 2 (duas) vezes por mês e por 10 (dez) minutos.

▶ §§ 3º a 7º acrescidos pela Lei nº 13.964, de 24-12-2019.

Subseção III – DAS SANÇÕES E DAS RECOMPENSAS

▶ Arts. 31 a 35 e 46 a 53 do Dec. nº 6.049, de 27-2-2007 (Regulamento Penitenciário Federal).

Art. 53. Constituem sanções disciplinares:

▶ Súmulas nºs 533 e 534 do STJ.

I – advertência verbal;

II – repreensão;

III – suspensão ou restrição de direitos (artigo 41, parágrafo único);

▶ Art. 57, parágrafo único, desta Lei.

IV – isolamento na própria cela, ou em local adequado, nos estabelecimentos que possuam alojamento coletivo, observado o disposto no artigo 88 desta Lei;

▶ Art. 57, parágrafo único, desta Lei.

V – inclusão no regime disciplinar diferenciado.

▶ Inciso V acrescido pela Lei nº 10.792, de 1º-12-2003.

▶ Art. 57, parágrafo único, desta Lei.

Art. 54. As sanções dos incisos I a IV do art. 53 serão aplicadas por ato motivado do diretor do estabelecimento e a do inciso V, por prévio e fundamentado despacho do juiz competente.

▶ *Caput* com a redação dada pela Lei nº 10.792, de 1º-12-2003.

▶ Súm. nº 533 do STJ.

§ 1º A autorização para a inclusão do preso em regime disciplinar dependerá de requerimento circunstanciado elaborado pelo diretor do estabelecimento ou outra autoridade administrativa.

§ 2º A decisão judicial sobre inclusão de preso em regime disciplinar será precedida de manifestação do Ministério Público e da defesa e prolatada no prazo máximo de quinze dias.

▶ §§ 1º e 2º acrescidos pela Lei nº 10.792, de 1º-12-2003.

Art. 55. As recompensas têm em vista o bom comportamento reconhecido em favor do condenado, de sua colaboração com a disciplina e de sua dedicação ao trabalho.

Art. 56. São recompensas:

I – o elogio;

II – a concessão de regalias.

Parágrafo único. A legislação local e os regulamentos estabelecerão a natureza e a forma de concessão de regalias.

Subseção IV – DA APLICAÇÃO DAS SANÇÕES

Art. 57. Na aplicação das sanções disciplinares, levar-se-ão em conta a natureza, os motivos, as circunstâncias e as consequências do fato, bem como a pessoa do faltoso e seu tempo de prisão.

▶ Súm. nº 533 do STJ.

Parágrafo único. Nas faltas graves, aplicam-se as sanções previstas nos incisos III a V do art. 53 desta Lei.

▶ Art. 57 com a redação dada pela Lei nº 10.792, de 1º-12-2003.

▶ Art. 127 desta Lei.

▶ Súm. nº 534 do STJ.

Art. 58. O isolamento, a suspensão e a restrição de direitos não poderão exceder a trinta dias, ressalvada a hipótese do regime disciplinar diferenciado.

▶ *Caput* com a redação dada pela Lei nº 10.792, de 1º-12-2003.

▶ Súm. Vinc. nº 9 do STF.

Parágrafo único. O isolamento será sempre comunicado ao juiz da execução.

Subseção V – DO PROCEDIMENTO DISCIPLINAR

▶ Arts. 59 a 75 do Dec. nº 6.049, de 27-2-2007 (Regulamento Penitenciário Federal).

Art. 59. Praticada a falta disciplinar, deverá ser instaurado o procedimento para sua apuração, conforme regulamento, assegurado o direito de defesa.

▶ Súm. nº 533 do STJ.

Parágrafo único. A decisão será motivada.

Art. 60. A autoridade administrativa poderá decretar o isolamento preventivo do faltoso pelo prazo de até dez dias. A inclusão do preso no regime disciplinar diferenciado, no interesse da disciplina e da averiguação do fato, dependerá de despacho do juiz competente.

Parágrafo único. O tempo de isolamento ou inclusão preventiva no regime disciplinar diferenciado será computado no período de cumprimento da sanção disciplinar.

▶ Art. 60 com a redação dada pela Lei nº 10.792, de 1º-12-2003.

TÍTULO III – DOS ÓRGÃOS DA EXECUÇÃO PENAL

CAPÍTULO I – DISPOSIÇÕES GERAIS

Art. 61. São órgãos da execução penal:

I – o Conselho Nacional de Política Criminal e Penitenciária;

II – o Juízo da Execução;

III – o Ministério Público;
IV – o Conselho Penitenciário;
V – os Departamentos Penitenciários;
VI – o Patronato;
VII – o Conselho da Comunidade;
VIII – a Defensoria Pública.

- Inciso VIII acrescido pela Lei nº 12.313, de 19-8-2010.
- Art. 134 da CF.
- LC nº 80, de 12-1-1994 (Lei da Defensoria Pública).

CAPÍTULO II
DO CONSELHO NACIONAL DE POLÍTICA CRIMINAL E PENITENCIÁRIA

Art. 62. O Conselho Nacional de Política Criminal e Penitenciária, com sede na Capital da República, é subordinado ao Ministério da Justiça.

Art. 63. O Conselho Nacional de Política Criminal e Penitenciária será integrado por treze membros designados através de ato do Ministério da Justiça, dentre professores e profissionais da área do Direito Penal, Processual Penal, Penitenciário e ciências correlatas, bem como por representantes da comunidade e dos Ministérios da área social.

Parágrafo único. O mandato dos membros do Conselho terá duração de dois anos, renovado um terço em cada ano.

Art. 64. Ao Conselho Nacional de Política Criminal e Penitenciária, no exercício de suas atividades, em âmbito federal ou estadual, incumbe:

I – propor diretrizes da política criminal quanto a prevenção do delito, administração da justiça criminal e execução das penas e das medidas de segurança;

II – contribuir na elaboração de planos nacionais de desenvolvimento, sugerindo as metas e prioridades da política criminal e penitenciária;

III – promover a avaliação periódica do sistema criminal para a sua adequação às necessidades do País;

IV – estimular e promover a pesquisa criminológica;

V – elaborar programa nacional penitenciário de formação e aperfeiçoamento do servidor;

VI – estabelecer regras sobre a arquitetura e construção de estabelecimentos penais e casas de albergados;

VII – estabelecer os critérios para a elaboração da estatística criminal;

VIII – inspecionar e fiscalizar os estabelecimentos penais, bem assim informar-se, mediante relatórios do Conselho Penitenciário, requisições, visitas ou outros meios, acerca do desenvolvimento da execução penal nos Estados, Territórios e Distrito Federal, propondo às autoridades dela incumbidas as medidas necessárias ao seu aprimoramento;

IX – representar ao juiz da execução ou à autoridade administrativa para instauração de sindicância ou procedimento administrativo, em caso de violação das normas referentes à execução penal;

X – representar à autoridade competente para a interdição, no todo ou em parte, de estabelecimento penal.

CAPÍTULO III
DO JUÍZO DA EXECUÇÃO

Art. 65. A execução penal competirá ao juiz indicado na lei local de organização judiciária e, na sua ausência, ao da sentença.

- Art. 194 desta Lei.
- Art. 668 do CPP.
- Art. 588 do CPPM.
- Súm. nº 192 do STJ.

Art. 66. Compete ao juiz da execução:

- Súm. nº 192 do STJ.

I – aplicar aos casos julgados lei posterior que de qualquer modo favorecer o condenado;

- Art. 5º, XL, da CF.
- Art. 2º, parágrafo único, do CP.
- Art. 2º, § 1º, do CPM.
- Súm. nº 611 do STF.

II – declarar extinta a punibilidade;

- Art. 107 do CP.
- Art. 123 do CPM.

III – decidir sobre:

a) soma ou unificação de penas;

- Arts. 69, 75 e 76 do CP.
- Arts. 79 e 81 do CPM.
- Súm. nº 715 do STF.

b) progressão ou regressão nos regimes;

- Arts. 110 a 119 desta Lei.
- Súm. Vinc. nº 26 do STF.

c) detração e remição da pena;

- Arts. 126 a 130 desta Lei.
- Art. 42 do CP.
- Art. 67 do CPM.

d) suspensão condicional da pena;

- Arts. 156 a 163 desta Lei.
- Arts. 696 a 709 do CPP.
- Arts. 606 a 617 do CPPM.

e) livramento condicional;

- Arts. 131 a 146 desta Lei.
- Arts. 710 a 733 do CPP.
- Arts. 618 a 642 do CPPM.

f) incidentes da execução;

IV – autorizar saídas temporárias;

- Arts. 122 a 125 desta Lei.
- Súm. nº 520 do STJ.

V – determinar:

a) a forma de cumprimento da pena restritiva de direitos e fiscalizar sua execução;

- Arts. 147 a 155 desta Lei.

b) a conversão da pena restritiva de direitos e de multa em privativa de liberdade;

- Arts. 45 e 51 do CP.

c) a conversão da pena privativa de liberdade em restritiva de direitos;

- Art. 44 do CP.

d) a aplicação da medida de segurança, bem como a substituição da pena por medida de segurança;

- Art. 96 do CP.
- Art. 110 do CPM.

e) a revogação da medida de segurança;

- Arts. 171 a 179 desta Lei.

f) a desinternação e o restabelecimento da situação anterior;

g) o cumprimento de pena ou medida de segurança em outra comarca;

h) a remoção do condenado na hipótese prevista no § 1º do artigo 86 desta Lei;

i) VETADA. Lei nº 12.258, de 15-6-2010;

***j)* a utilização do equipamento de monitoração eletrônica pelo condenado nas hipóteses legais;**

- Alínea *j* acrescida pela Lei nº 14.843, de 11-4-2024.

VI – zelar pelo correto cumprimento da pena e da medida de segurança;

VII – inspecionar, mensalmente, os estabelecimentos penais, tomando providências para o adequado funcionamento e promovendo, quando for o caso, a apuração de responsabilidade;

- Art. 8º da Lei nº 11.671, de 8-5-2008, que dispõe sobre o registro em livro próprio das visitas feitas pelo juiz responsável ou por membro do Ministério Público.

VIII – interditar, no todo ou em parte, estabelecimento penal que estiver funcionando em condições inadequadas ou com infringência aos dispositivos desta Lei;

IX – compor e instalar o Conselho da Comunidade;

X – emitir anualmente atestado de pena a cumprir.

- Inciso X acrescido pela Lei nº 10.713, de 13-8-2003.

CAPÍTULO IV
DO MINISTÉRIO PÚBLICO

Art. 67. O Ministério Público fiscalizará a execução da pena e da medida de segurança, oficiando no processo executivo e nos incidentes da execução.

- Art. 129, II, da CF.
- Art. 196 desta Lei.
- Lei nº 8.625, de 12-2-1993 (Lei Orgânica Nacional do Ministério Público).

Art. 68. Incumbe, ainda, ao Ministério Público:

I – fiscalizar a regularidade formal das guias de recolhimento e de internamento;

II – requerer:

a) todas as providências necessárias ao desenvolvimento do processo executivo;

b) a instauração dos incidentes de excesso ou desvio de execução;

c) a aplicação de medida de segurança, bem como a substituição da pena por medida de segurança;

d) a revogação da medida de segurança;

e) a conversão de penas, a progressão ou regressão nos regimes e a revogação da suspensão condicional da pena e do livramento condicional;

f) a internação, a desinternação e o restabelecimento da situação anterior;

III – interpor recursos de decisões proferidas pela autoridade judiciária, durante a execução.

Parágrafo único. O órgão do Ministério Público visitará mensalmente os estabelecimentos penais, registrando a sua presença em livro próprio.

- Art. 8º da Lei nº 11.671, de 8-5-2008, que dispõe sobre o registro em livro próprio das visitas feitas pelo juiz responsável ou por membro do Ministério Público.

CAPÍTULO V
DO CONSELHO PENITENCIÁRIO

Art. 69. O Conselho Penitenciário é órgão consultivo e fiscalizador da execução da pena.

§ 1º O Conselho será integrado por membros nomeados pelo governador do Estado, do Distrito Federal e dos Territórios, dentre professores e profissionais da área de Direito Penal, Processual Penal, Penitenciário e ciências correlatas, bem como por representantes da comunidade. A legislação federal e estadual regulará o seu funcionamento.

§ 2º O mandato dos membros do Conselho Penitenciário terá a duração de quatro anos.

Art. 70. Incumbe ao Conselho Penitenciário:

▶ Arts. 143, 145, 186, II, e 187 desta Lei.

I – emitir parecer sobre indulto e comutação de pena, excetuada a hipótese de pedido de indulto com base no estado de saúde do preso;

▶ Inciso I com a redação dada pela Lei nº 10.792, de 1º-12-2003.

II – inspecionar os estabelecimentos e serviços penais;

III – apresentar, no primeiro trimestre de cada ano, ao Conselho Nacional de Política Criminal e Penitenciária, relatório dos trabalhos efetuados no exercício anterior;

IV – supervisionar os patronatos, bem como a assistência aos egressos.

CAPÍTULO VI
DOS DEPARTAMENTOS PENITENCIÁRIOS

SEÇÃO I
DO DEPARTAMENTO PENITENCIÁRIO NACIONAL

Art. 71. O Departamento Penitenciário Nacional, subordinado ao Ministério da Justiça, é órgão executivo da Política Penitenciária Nacional e de apoio administrativo e financeiro do Conselho Nacional de Política Criminal e Penitenciária.

▶ Art. 25 do Anexo I do Dec. nº 6.061, de 15-3-2007, que aprova a estrutura regimental e o quadro demonstrativo dos cargos em comissão e das funções gratificadas do Ministério da Justiça.

Art. 72. São atribuições do Departamento Penitenciário Nacional:

▶ Art. 25 do Anexo I do Dec. nº 6.061, de 15-3-2007, que aprova a estrutura regimental e o quadro demonstrativo dos cargos em comissão e das funções gratificadas do Ministério da Justiça.

I – acompanhar a fiel aplicação das normas de execução penal em todo o Território Nacional;

II – inspecionar e fiscalizar periodicamente os estabelecimentos e serviços penais;

III – assistir tecnicamente as unidades federativas na implementação dos princípios e regras estabelecidos nesta Lei;

IV – colaborar com as unidades federativas, mediante convênios, na implantação de estabelecimentos e serviços penais;

V – colaborar com as unidades federativas para a realização de cursos de formação de pessoal penitenciário e de ensino profissionalizante do condenado e do internado;

VI – estabelecer, mediante convênios com as unidades federativas, o cadastro nacional das vagas existentes em estabelecimentos locais destinadas ao cumprimento de penas privativas de liberdade aplicadas pela justiça de outra unidade federativa, em especial para presos sujeitos a regime disciplinar;

▶ Inciso VI acrescido pela Lei nº 10.792, de 1º-12-2003.

VII – acompanhar a execução da pena das mulheres beneficiadas pela progressão especial de que trata o § 3º do art. 112 desta Lei, monitorando sua integração social e a ocorrência de reincidência, específica ou não, mediante a realização de avaliações periódicas e de estatísticas criminais.

▶ Inciso VII acrescido pela Lei nº 13.769, de 19-12-2018.

§ 1º Incumbem também ao Departamento a coordenação e supervisão dos estabelecimentos penais e de internamento federais.

▶ Parágrafo único transformado em § 1º pela Lei nº 13.769, de 19-12-2018.

§ 2º Os resultados obtidos por meio do monitoramento e das avaliações periódicas previstas no inciso VII do *caput* deste artigo serão utilizados para, em função da efetividade da progressão especial para a ressocialização das mulheres de que trata o § 3º do art. 112 desta Lei, avaliar eventual desnecessidade do regime fechado de cumprimento de pena para essas mulheres nos casos de crimes cometidos sem violência ou grave ameaça.

▶ § 2º acrescido pela Lei nº 13.769, de 19-12-2018.

SEÇÃO II
DO DEPARTAMENTO PENITENCIÁRIO LOCAL

Art. 73. A legislação local poderá criar Departamento Penitenciário ou órgão similar, com as atribuições que estabelecer.

Art. 74. O Departamento Penitenciário local, ou órgão similar, tem por finalidade supervisionar e coordenar os estabelecimentos penais da unidade da Federação a que pertencer.

Parágrafo único. Os órgãos referidos no *caput* deste artigo realizarão o acompanhamento de que trata o inciso VII do *caput* do art. 72 desta Lei e encaminharão ao Departamento Penitenciário Nacional os resultados obtidos.

▶ Parágrafo único acrescido pela Lei nº 13.769, de 19-12-2018.

SEÇÃO III
DA DIREÇÃO E DO PESSOAL DOS ESTABELECIMENTOS PENAIS

Art. 75. O ocupante do cargo de diretor de estabelecimento deverá satisfazer os seguintes requisitos:

I – ser portador de diploma de nível superior de Direito, ou Psicologia, ou Ciências Sociais, ou Pedagogia, ou Serviços Sociais;

II – possuir experiência administrativa na área;

III – ter idoneidade moral e reconhecida aptidão para o desempenho da função.

Parágrafo único. O diretor deverá residir no estabelecimento, ou nas proximidades, e dedicará tempo integral à sua função.

Art. 76. O Quadro do Pessoal Penitenciário será organizado em diferentes categorias funcionais, segundo as necessidades do serviço, com especificação de atribuições relativas às funções de direção, chefia e assessoramento do estabelecimento e às demais funções.

Art. 77. A escolha do pessoal administrativo, especializado, de instrução técnica e de vigilância atenderá à vocação, preparação profissional e antecedentes pessoais do candidato.

§ 1º O ingresso do pessoal penitenciário, bem como a progressão ou a ascensão funcional dependerão de cursos específicos de formação, procedendo-se à reciclagem periódica dos servidores em exercício.

§ 2º No estabelecimento para mulheres somente se permitirá o trabalho de pessoal do sexo feminino, salvo quando se tratar de pessoal técnico especializado.

CAPÍTULO VII
DO PATRONATO

Art. 78. O Patronato público ou particular destina-se a prestar assistência aos albergados e aos egressos (artigo 26).

▶ Arts. 26 e 70, IV, desta Lei.

Art. 79. Incumbe também ao Patronato:

I – orientar os condenados à pena restritiva de direitos;

II – fiscalizar o cumprimento das penas de prestação de serviço à comunidade e de limitação de fim de semana;

III – colaborar na fiscalização do cumprimento das condições da suspensão e do livramento condicional.

CAPÍTULO VIII
DO CONSELHO DA COMUNIDADE

Art. 80. Haverá, em cada comarca, um Conselho da Comunidade composto, no mínimo, por 1 (um) representante de associação comercial ou industrial, 1 (um) advogado indicado pela Seção da Ordem dos Advogados do Brasil, 1 (um) Defensor Público indicado pelo Defensor Público Geral e 1 (um) assistente social escolhido pela Delegacia Seccional do Conselho Nacional de Assistentes Sociais.

▶ *Caput* com a redação dada pela Lei nº 12.313, de 19-8-2010.

Parágrafo único. Na falta da representação prevista neste artigo, ficará a critério do juiz da execução a escolha dos integrantes do Conselho.

Art. 81. Incumbe ao Conselho da Comunidade:

▶ Art. 139 desta Lei.

I – visitar, pelo menos mensalmente, os estabelecimentos penais existentes na comarca;

II – entrevistar presos;

III – apresentar relatórios mensais ao juiz da execução e ao Conselho Penitenciário;

IV – diligenciar a obtenção de recursos materiais e humanos para melhor assistência ao preso ou internado, em harmonia com a direção do estabelecimento.

CAPÍTULO IX
DA DEFENSORIA PÚBLICA

▶ Capítulo IX acrescido pela Lei nº 12.313, de 19-8-2010.

▶ Arts. 5º, LXXIV, e 134 da CF.

▶ LC nº 80, de 12-1-1994 (Lei da Defensoria Pública).

Art. 81-A. A Defensoria Pública velará pela regular execução da pena e da medida de segurança, oficiando, no processo executivo e nos incidentes da execução, para a defesa dos necessitados em todos os graus e instâncias, de forma individual e coletiva.

Art. 81-B. Incumbe, ainda, à Defensoria Pública:

I – requerer:

a) todas as providências necessárias ao desenvolvimento do processo executivo;

b) a aplicação aos casos julgados de lei posterior que de qualquer modo favorecer o condenado;

c) a declaração de extinção da punibilidade;

d) a unificação de penas;

e) a detração e remição da pena;

f) a instauração dos incidentes de excesso ou desvio de execução;

g) a aplicação de medida de segurança e sua revogação, bem como a substituição da pena por medida de segurança;

h) a conversão de penas, a progressão nos regimes, a suspensão condicional da pena, o livramento condicional, a comutação de pena e o indulto;
i) a autorização de saídas temporárias;
j) a internação, a desinternação e o restabelecimento da situação anterior;
k) o cumprimento de pena ou medida de segurança em outra comarca;
l) a remoção do condenado na hipótese prevista no § 1º do art. 86 desta Lei;

II – requerer a emissão anual do atestado de pena a cumprir;
III – interpor recursos de decisões proferidas pela autoridade judiciária ou administrativa durante a execução;
IV – representar ao Juiz da execução ou à autoridade administrativa para instauração de sindicância ou procedimento administrativo em caso de violação das normas referentes à execução penal;
V – visitar os estabelecimentos penais, tomando providências para o adequado funcionamento, e requerer, quando for o caso, a apuração de responsabilidade;
VI – requerer à autoridade competente a interdição, no todo ou em parte, de estabelecimento penal.

Parágrafo único. O órgão da Defensoria Pública visitará periodicamente os estabelecimentos penais, registrando a sua presença em livro próprio.

▶ Arts. 81-A e 81-B acrescidos pela Lei nº 12.313, de 19-8-2010.

TÍTULO IV – DOS ESTABELECIMENTOS PENAIS

CAPÍTULO I – DISPOSIÇÕES GERAIS

▶ Arts. 1º a 8º do Dec. nº 6.049, de 27-2-2007 (Regulamento Penitenciário Federal).

Art. 82. Os estabelecimentos penais destinam-se ao condenado, ao submetido à medida de segurança, ao preso provisório e ao egresso.

§ 1º A mulher e o maior de sessenta anos, separadamente, serão recolhidos a estabelecimento próprio e adequado à sua condição pessoal.

▶ § 1º com a redação dada pela Lei nº 9.460, de 4-6-1997.
▶ Art. 5º, XLVIII, da CF.

§ 2º O mesmo conjunto arquitetônico poderá abrigar estabelecimentos de destinação diversa desde que devidamente isolados.

Art. 83. O estabelecimento penal, conforme a sua natureza, deverá contar em suas dependências com áreas e serviços destinados a dar assistência, educação, trabalho, recreação e prática esportiva.

§ 1º Haverá instalação destinada a estágio de estudantes universitários.

▶ § 1º com a redação dada pela Lei nº 9.046, de 18-5-1995.

§ 2º Os estabelecimentos penais destinados a mulheres serão dotados de berçário, onde as condenadas possam cuidar de seus filhos, inclusive amamentá-los, no mínimo, até 6 (seis) meses de idade.

▶ § 2º com a redação dada pela Lei nº 11.942, de 28-5-2009.

§ 3º Os estabelecimentos de que trata o § 2º deste artigo deverão possuir, exclusivamente, agentes do sexo feminino na segurança de suas dependências internas.

▶ § 3º acrescido pela Lei nº 12.121, de 15-12-2009.

§ 4º Serão instaladas salas de aulas destinadas a cursos do ensino básico e profissionalizante.

▶ § 4º acrescido pela Lei nº 12.245, de 24-5-2010.

§ 5º Haverá instalação destinada à Defensoria Pública.

▶ § 5º acrescido pela Lei nº 12.313, de 19-8-2010.
▶ Art. 134 da CF.
▶ Art. 4º, XVII e § 11, da LC nº 80, de 12-1-1994 (Lei da Defensoria Pública).

Art. 83-A. Poderão ser objeto de execução indireta as atividades materiais acessórias, instrumentais ou complementares desenvolvidas em estabelecimentos penais, e notadamente:

I – serviços de conservação, limpeza, informática, copeiragem, portaria, recepção, reprografia, telecomunicações, lavanderia e manutenção de prédios, instalações e equipamentos internos e externos;
II – serviços relacionados à execução de trabalho pelo preso.

§ 1º A execução indireta será realizada sob supervisão e fiscalização do poder público.

§ 2º Os serviços relacionados neste artigo poderão compreender o fornecimento de materiais, equipamentos, máquinas e profissionais.

Art. 83-B. São indelegáveis as funções de direção, chefia e coordenação no âmbito do sistema penal, bem como todas as atividades que exijam o exercício do poder de polícia, e notadamente:

I – classificação de condenados;
II – aplicação de sanções disciplinares;
III – controle de rebeliões;
IV – transporte de presos para órgãos do Poder Judiciário, hospitais e outros locais externos aos estabelecimentos penais.

▶ Arts. 83-A e 83-B acrescidos pela Lei nº 13.190, de 19-11-2015.

Art. 84. O preso provisório ficará separado do condenado por sentença transitada em julgado.

§ 1º Os presos provisórios ficarão separados de acordo com os seguintes critérios:

I – acusados pela prática de crimes hediondos ou equiparados;
II – acusados pela prática de crimes cometidos com violência ou grave ameaça à pessoa;
III – acusados pela prática de outros crimes ou contravenções diversos dos apontados nos incisos I e II.

▶ § 1º com a redação dada pela Lei nº 13.167, de 6-10-2015.

§ 2º O preso que, ao tempo do fato, era funcionário da administração da justiça criminal ficará em dependência separada.

▶ Art. 106, § 3º, desta Lei.

§ 3º Os presos condenados ficarão separados de acordo com os seguintes critérios:

I – condenados pela prática de crimes hediondos ou equiparados;
II – reincidentes condenados pela prática de crimes cometidos com violência ou grave ameaça à pessoa;
III – primários condenados pela prática de crimes cometidos com violência ou grave ameaça à pessoa;
IV – demais condenados pela prática de outros crimes ou contravenções em situação diversa das previstas nos incisos I, II e III.

§ 4º O preso que tiver sua integridade física, moral ou psicológica ameaçada pela convivência com os demais presos ficará segregado em local próprio.

▶ §§ 3º e 4º acrescidos pela Lei nº 13.167, de 6-10-2015.

Art. 85. O estabelecimento penal deverá ter lotação compatível com a sua estrutura e finalidade.

Parágrafo único. O Conselho Nacional de Política Criminal e Penitenciária determinará o limite máximo de capacidade do estabelecimento, atendendo a sua natureza e peculiaridades.

Art. 86. As penas privativas de liberdade aplicadas pela Justiça de uma unidade federativa podem ser executadas em outra unidade, em estabelecimento local ou da União.

§ 1º A União Federal poderá construir estabelecimento penal em local distante da condenação para recolher os condenados, quando a medida se justifique no interesse da segurança pública ou do próprio condenado.

▶ § 1º com a redação dada pela Lei nº 10.792, de 1º-12-2003.
▶ Art. 66, V, alínea *h*, desta Lei.

§ 2º Conforme a natureza do estabelecimento, nele poderão trabalhar os liberados ou egressos que se dediquem a obras públicas ou ao aproveitamento de terras ociosas.

§ 3º Caberá ao juiz competente, a requerimento da autoridade administrativa definir o estabelecimento prisional adequado para abrigar o preso provisório ou condenado, em atenção ao regime e aos requisitos estabelecidos.

▶ § 3º acrescido pela Lei nº 10.792, de 1º-12-2003.

§ 4º ***Será transferido para estabelecimento penal distante do local de residência da vítima, ainda que localizado em outra unidade federativa, inclusive da União, o condenado ou preso provisório que, tendo cometido crime de violência doméstica e familiar contra a mulher, ameace ou pratique violência contra a vítima ou seus familiares durante o cumprimento da pena.***

▶ § 4º acrescido pela Lei nº 14.994, de 9-10-2024.

CAPÍTULO II – DA PENITENCIÁRIA

Art. 87. A Penitenciária destina-se ao condenado à pena de reclusão, em regime fechado.

▶ Art. 33, § 1º, *a*, do CP.

Parágrafo único. A União Federal, os Estados, o Distrito Federal e os Territórios poderão construir Penitenciárias destinadas, exclusivamente, aos presos provisórios e condenados que estejam em regime fechado, sujeitos ao regime disciplinar diferenciado, nos termos do art. 52 desta Lei.

▶ Parágrafo único acrescido pela Lei nº 10.792, de 1º-12-2003.

Art. 88. O condenado será alojado em cela individual que conterá dormitório, aparelho sanitário e lavatório.

Parágrafo único. São requisitos básicos da unidade celular:

a) salubridade do ambiente pela concorrência dos fatores de aeração, insolação e condicionamento térmico adequado à existência humana;

- Art. 92, *caput*, desta Lei.

b) área mínima de seis metros quadrados.

- Arts. 53, IV, 99, parágrafo único, e 104 desta Lei.

Art. 89. Além dos requisitos referidos no art. 88, a penitenciária de mulheres será dotada de seção para gestante e parturiente e de creche para abrigar crianças maiores de 6 (seis) meses e menores de 7 (sete) anos, com a finalidade de assistir a criança desamparada cuja responsável estiver presa.

- *Caput* com a redação dada pela Lei nº 11.942, de 28-5-2009.
- Art. 5º, XLVIII e L, da CF.
- Art. 37 do CP.

Parágrafo único. São requisitos básicos da seção e da creche referidas neste artigo:

I – atendimento por pessoal qualificado, de acordo com as diretrizes adotadas pela legislação educacional e em unidades autônomas; e

II – horário de funcionamento que garanta a melhor assistência à criança e à sua responsável.

- Parágrafo único acrescido pela Lei nº 11.942, de 28-5-2009.

Art. 90. A penitenciária de homens será construída em local afastado do centro urbano a distância que não restrinja a visitação.

CAPÍTULO III

DA COLÔNIA AGRÍCOLA, INDUSTRIAL OU SIMILAR

Art. 91. A Colônia Agrícola, Industrial ou similar destina-se ao cumprimento da pena em regime semiaberto.

- Art. 35 do CP.

Art. 92. O condenado poderá ser alojado em compartimento coletivo, observados os requisitos da letra *a* do parágrafo único do artigo 88 desta Lei.

Parágrafo único. São também requisitos básicos das dependências coletivas:

a) a seleção adequada dos presos;

b) o limite de capacidade máxima que atenda os objetivos de individualização da pena.

CAPÍTULO IV

DA CASA DO ALBERGADO

Art. 93. A Casa do Albergado destina-se ao cumprimento de pena privativa de liberdade, em regime aberto, e da pena de limitação de fim de semana.

- Art. 117 desta Lei.
- Arts. 36 e 48 do CP.

Art. 94. O prédio deverá situar-se em centro urbano, separado dos demais estabelecimentos, e caracterizar-se pela ausência de obstáculos físicos contra a fuga.

Art. 95. Em cada região haverá, pelo menos, uma Casa de Albergado, a qual deverá conter, além dos aposentos para acomodar os presos, local adequado para cursos e palestras.

- Art. 48, parágrafo único, do CP.

Parágrafo único. O estabelecimento terá instalações para os serviços de fiscalização e orientação dos condenados.

CAPÍTULO V

DO CENTRO DE OBSERVAÇÃO

Art. 96. No Centro de Observação realizar-se-ão os exames gerais e o criminológico, cujos resultados serão encaminhados à Comissão Técnica de Classificação.

- Art. 8º desta Lei.
- Arts. 34, *caput*, e 35 do CP.

Parágrafo único. No Centro poderão ser realizadas pesquisas criminológicas.

Art. 97. O Centro de Observação será instalado em unidade autônoma ou em anexo a estabelecimento penal.

Art. 98. Os exames poderão ser realizados pela Comissão Técnica de Classificação, na falta do Centro de Observação.

CAPÍTULO VI

DO HOSPITAL DE CUSTÓDIA E TRATAMENTO PSIQUIÁTRICO

Art. 99. O Hospital de Custódia e Tratamento Psiquiátrico destina-se aos inimputáveis e semi-imputáveis referidos no artigo 26 e seu parágrafo único do Código Penal.

- Art. 41 do CP.
- Arts. 154 e 682 do CPP.
- Art. 66 do CPM.
- Art. 600 do CPPM.

Parágrafo único. Aplica-se ao Hospital, no que couber, o disposto no parágrafo único do artigo 88 desta Lei.

Art. 100. O exame psiquiátrico e os demais exames necessários ao tratamento são obrigatórios para todos os internados.

Art. 101. O tratamento ambulatorial, previsto no artigo 97, segunda parte, do Código Penal, será realizado no Hospital de Custódia e Tratamento Psiquiátrico ou em outro local com dependência médica adequada.

CAPÍTULO VII

DA CADEIA PÚBLICA

Art. 102. A Cadeia Pública destina-se ao recolhimento de presos provisórios.

- Art. 84 desta Lei.

Art. 103. Cada Comarca terá, pelo menos, uma Cadeia Pública a fim de resguardar o interesse da Administração da Justiça Criminal e a permanência do preso em local próximo ao seu meio social e familiar.

Art. 104. O estabelecimento de que trata este Capítulo será instalado próximo de centro urbano, observando-se na construção as exigências mínimas referidas no artigo 88 e seu parágrafo único desta Lei.

TÍTULO V – DA EXECUÇÃO DAS PENAS EM ESPÉCIE

CAPÍTULO I

DAS PENAS PRIVATIVAS DE LIBERDADE

Seção I

DISPOSIÇÕES GERAIS

Art. 105. Transitando em julgado a sentença que aplicar pena privativa de liberdade, se o réu estiver ou vier a ser preso, o juiz ordenará a expedição de guia de recolhimento para a execução.

- Arts. 674 a 685 do CPP.
- Arts. 594 a 603 do CPPM.

Art. 106. A guia de recolhimento, extraída pelo escrivão, que a rubricará em todas as folhas e a assinará com o juiz, será remetida à autoridade administrativa incumbida da execução e conterá:

I – o nome do condenado;

II – a sua qualificação civil e o número do registro geral no órgão oficial de identificação;

III – o inteiro teor da denúncia e da sentença condenatória, bem como certidão do trânsito em julgado;

IV – a informação sobre os antecedentes e o grau de instrução;

V – a data da terminação da pena;

VI – outras peças do processo reputadas indispensáveis ao adequado tratamento penitenciário.

§ 1º Ao Ministério Público se dará ciência da guia de recolhimento.

- Art. 68, I, desta Lei.

§ 2º A guia de recolhimento será retificada sempre que sobrevier modificação quanto ao início da execução ou ao tempo de duração da pena.

§ 3º Se o condenado, ao tempo do fato, era funcionário da administração da justiça criminal, far-se-á, na guia, menção dessa circunstância, para fins do disposto no § 2º do artigo 84 desta Lei.

Art. 107. Ninguém será recolhido, para cumprimento de pena privativa de liberdade, sem a guia expedida pela autoridade judiciária.

- Lei nº 13.869, de 5-9-2019 (Lei do Abuso de Autoridade).

§ 1º A autoridade administrativa incumbida da execução passará recibo da guia de recolhimento, para juntá-la aos autos do processo, e dará ciência dos seus termos ao condenado.

§ 2º As guias de recolhimento serão registradas em livro especial, segundo a ordem cronológica do recebimento, e anexadas ao prontuário do condenado, aditando-se, no curso da execução, o cálculo das remições e de outras retificações posteriores.

Art. 108. O condenado a quem sobrevier doença mental será internado em Hospital de Custódia e Tratamento Psiquiátrico.

Art. 109. Cumprida ou extinta a pena, o condenado será posto em liberdade, mediante alvará do juiz, se por outro motivo não estiver preso.

Seção II

DOS REGIMES

Art. 110. O juiz, na sentença, estabelecerá o regime no qual o condenado iniciará o cumprimento da pena privativa de liberdade, observado o disposto no artigo 33 e seus parágrafos do Código Penal.

Art. 111. Quando houver condenação por mais de um crime, no mesmo processo ou em processos distintos, a determinação do regime de cumprimento será feita pelo resultado da soma ou unificação das penas, observada, quando for o caso, a detração ou remição.

- Arts. 118, II, e 126 desta Lei.
- Art. 42 do CP.
- Art. 67 do CPM.

Parágrafo único. Sobrevindo condenação no curso da execução, somar-se-á pena ao restante da que está sendo cumprida, para determinação do regime.

Art. 112. A pena privativa de liberdade será executada em forma progressiva com a transferência para regime menos rigoroso, a ser determinada pelo juiz, quando o preso tiver cumprido ao menos:

▸ *Caput* com a redação dada pela Lei nº 13.964, de 24-12-2019.

▸ Sum. nº 491 do STJ.

I – 16% (dezesseis por cento) da pena, se o apenado for primário e o crime tiver sido cometido sem violência à pessoa ou grave ameaça;

II – 20% (vinte por cento) da pena, se o apenado for reincidente em crime cometido sem violência à pessoa ou grave ameaça;

III – 25% (vinte e cinco por cento) da pena, se o apenado for primário e o crime tiver sido cometido com violência à pessoa ou grave ameaça;

IV – 30% (trinta por cento) da pena, se o apenado for reincidente em crime cometido com violência à pessoa ou grave ameaça;

V – 40% (quarenta por cento) da pena, se o apenado for condenado pela prática de crime hediondo ou equiparado, se for primário;

VI – 50% (cinquenta por cento) da pena, se o apenado for:

a) condenado pela prática de crime hediondo ou equiparado, com resultado morte, se for primário, vedado o livramento condicional;

b) condenado por exercer o comando, individual ou coletivo, de organização criminosa estruturada para a prática de crime hediondo ou equiparado; ou

c) condenado pela prática do crime de constituição de milícia privada;

VI-A – 55% (cinquenta e cinco por cento) da pena, se o apenado for condenado pela prática de feminicídio, se for primário, vedado o livramento condicional;

▸ VI-A acrescido pela Lei nº 14.994, de 9-10-2024.

VII – 60% (sessenta por cento) da pena, se o apenado for reincidente na prática de crime hediondo ou equiparado;

VIII – 70% (setenta por cento) da pena, se o apenado for reincidente em crime hediondo ou equiparado com resultado morte, vedado o livramento condicional.

▸ Incisos I a VIII acrescidos pela Lei nº 13.964, de 24-12-2019.

§ 1º Em todos os casos, o apenado somente terá direito à progressão de regime se ostentar boa conduta carcerária, comprovada pelo diretor do estabelecimento, e pelos resultados do exame criminológico, respeitadas as normas que vedam a progressão.

▸ § 1º com a redação dada pela Lei nº 14.843, de 11-4-2024.

§ 2º A decisão do juiz que determinar a progressão de regime será sempre motivada e precedida de manifestação do Ministério Público e do defensor, procedimento que também será adotado na concessão de livramento condicional, indulto e comutação de penas, respeitados os prazos previstos nas normas vigentes.

▸ § 2º com a redação dada pela Lei nº 13.964, de 24-12-2019.

§ 3º No caso de mulher gestante ou que for mãe ou responsável por crianças ou pessoas com deficiência, os requisitos para progressão de regime são, cumulativamente:

I – não ter cometido crime com violência ou grave ameaça a pessoa;

II – não ter cometido o crime contra seu filho ou dependente;

III – ter cumprido ao menos 1/8 (um oitavo) da pena no regime anterior;

IV – ser primária e ter bom comportamento carcerário, comprovado pelo diretor do estabelecimento;

V – não ter integrado organização criminosa.

§ 4º O cometimento de novo crime doloso ou falta grave implicará a revogação do benefício previsto no § 3º deste artigo.

▸ §§ 3º e 4º acrescidos pela Lei nº 13.769, de 19-12-2018.

§ 5º Não se considera hediondo ou equiparado, para os fins deste artigo, o crime de tráfico de drogas previsto no § 4º do art. 33 da Lei nº 11.343, de 23 de agosto de 2006.

§ 6º O cometimento de falta grave durante a execução da pena privativa de liberdade interrompe o prazo para a obtenção da progressão no regime de cumprimento da pena, caso em que o reinício da contagem do requisito objetivo terá como base a pena remanescente.

▸ §§ 5º e 6º acrescidos pela Lei nº 13.964, de 24-12-2019.

§ 7º O bom comportamento é readquirido após 1 (um) ano da ocorrência do fato, ou antes, após o cumprimento do requisito temporal exigível para a obtenção do direito.

▸ § 7º acrescido pela Lei nº 13.964, de 24-12-2019, promulgado nos termos do art. 66, § 5º, da CF (*DOU* de 30-4-2021).

Art. 113. O ingresso do condenado em regime aberto supõe a aceitação de seu programa e das condições impostas pelo juiz.

▸ Art. 115 desta Lei.

Art. 114. Somente poderá ingressar no regime aberto o condenado que:

I – estiver trabalhando ou comprovar a possibilidade de fazê-lo imediatamente;

II – apresentar, pelos seus antecedentes e pelos resultados do exame criminológico, fundados indícios de que irá ajustar-se, com autodisciplina, baixa periculosidade e senso de responsabilidade, ao novo regime.

▸ Inciso II com a redação dada pela Lei nº 14.843, de 11-4-2024.

Parágrafo único. Poderão ser dispensadas do trabalho as pessoas referidas no artigo 117 desta Lei.

***Art. 115.** O juiz poderá estabelecer condições especiais para a concessão de regime aberto, entre as quais, a fiscalização por monitoramento eletrônico, sem prejuízo das seguintes condições gerais e obrigatórias:*

▸ *Caput* com a redação dada pela Lei nº 14.843, de 11-4-2024.

▸ Súmulas nºs 491 e 493 do STJ.

I – permanecer no local que for designado, durante o repouso e nos dias de folga;

II – sair para o trabalho e retornar, nos horários fixados;

III – não se ausentar da cidade onde reside, sem autorização judicial;

IV – comparecer a juízo, para informar e justificar as suas atividades, quando for determinado.

Art. 116. O juiz poderá modificar as condições estabelecidas, de ofício, a requerimento do Ministério Público, da autoridade administrativa ou do condenado, desde que as circunstâncias assim o recomendem.

Art. 117. Somente se admitirá o recolhimento do beneficiário de regime aberto em residência particular quando se tratar de:

▸ Art. 114, parágrafo único, desta Lei.

I – condenado maior de setenta anos;

II – condenado acometido de doença grave;

III – condenada com filho menor ou deficiente físico ou mental;

IV – condenada gestante.

Art. 118. A execução da pena privativa de liberdade ficará sujeita à forma regressiva, com a transferência para qualquer dos regimes mais rigorosos, quando o condenado:

I – praticar fato definido como crime doloso ou falta grave;

▸ Arts. 48, parágrafo único, 50 e 52 desta Lei.

▸ Súm. nº 526 do STJ.

II – sofrer condenação, por crime anterior, cuja pena, somada ao restante da pena em execução, torne incabível o regime (artigo 111).

§ 1º O condenado será transferido do regime aberto se, além das hipóteses referidas nos incisos anteriores, frustrar os fins da execução ou não pagar, podendo, a multa cumulativamente imposta.

§ 2º Nas hipóteses do inciso I e do parágrafo anterior, deverá ser ouvido, previamente, o condenado.

Art. 119. A legislação local poderá estabelecer normas complementares para o cumprimento da pena privativa de liberdade em regime aberto (artigo 36, § 1º, do Código Penal).

Seção III
DAS AUTORIZAÇÕES DE SAÍDA

Subseção I
DA PERMISSÃO DE SAÍDA

Art. 120. Os condenados que cumprem pena em regime fechado ou semiaberto e os presos provisórios poderão obter permissão para sair do estabelecimento, mediante escolta, quando ocorrer um dos seguintes fatos:

I – falecimento ou doença grave do cônjuge, companheira, ascendente, descendente ou irmão;

II – necessidade de tratamento médico (parágrafo único do artigo 14).

▸ A menção "parágrafo único" do inciso II, acima transcrito, deve ser substituída por § 2º.

Parágrafo único. A permissão de saída será concedida pelo diretor do estabelecimento onde se encontra o preso.

▸ Art. 66, IV, desta Lei.

Art. 121. A permanência do preso fora do estabelecimento terá duração necessária à finalidade da saída.

Subseção II
DA SAÍDA TEMPORÁRIA

Art. 122. Os condenados que cumprem pena em regime semiaberto poderão obter autorização para saída temporária do estabelecimento, sem vigilância direta, nos seguintes casos:

I – *Revogado. Lei nº 14.843, de 11-4-2024, promulgado nos termos do art. 66, § 5º, da CF (DOU de 13-6-2024);*

II – frequência a curso supletivo profissionalizante, bem como de instrução do segundo grau ou superior, na Comarca do Juízo da Execução;

III – Revogado. *Lei nº 14.843, de 11-4-2024, promulgada nos termos do art. 66, § 5º, da CF (DOU de 13-6-2024);*

§ 1º A ausência de vigilância direta não impede a utilização de equipamento de monitoração eletrônica pelo condenado, quando assim determinar o juiz da execução.

▶ Parágrafo único transformado em § 1º pela Lei nº 13.964, de 24-12-2019.

§ 2º *Não terá direito à saída temporária de que trata o caput deste artigo ou a trabalho externo sem vigilância direta o condenado que cumpre pena por praticar crime hediondo ou com violência ou grave ameaça contra pessoa.*

▶ § 2º com a redação dada pela Lei nº 14.843, de 11-4-2024.

§ 3º *Quando se tratar de frequência a curso profissionalizante ou de instrução de ensino médio ou superior, o tempo de saída será o necessário para o cumprimento das atividades discentes.*

▶ § 3º acrescido pela Lei nº 14.843, de 11-4-2024.

Art. 123. A autorização será concedida por ato motivado do juiz da execução, ouvidos o Ministério Público e a administração penitenciária, e dependerá da satisfação dos seguintes requisitos:

▶ Art. 66, IV, desta Lei.
▶ Súm. nº 520 do STJ.

I – comportamento adequado;
II – cumprimento mínimo de um sexto da pena, se o condenado for primário, e um quarto, se reincidente;
III – compatibilidade do benefício com os objetivos da pena.

Art. 124. *Revogado. Lei nº 14.843, de 11-4-2024.*

Art. 125. O benefício será automaticamente revogado quando o condenado praticar fato definido como crime doloso, for punido por falta grave, desatender as condições impostas na autorização ou revelar baixo grau de aproveitamento do curso.

Parágrafo único. A recuperação do direito à saída temporária dependerá da absolvição no processo penal, do cancelamento da punição disciplinar ou da demonstração do merecimento do condenado.

SEÇÃO IV – DA REMIÇÃO

▶ Art. 66, III, *c*, desta Lei.

Art. 126. O condenado que cumpre a pena em regime fechado ou semiaberto poderá remir, por trabalho ou por estudo, parte do tempo de execução da pena.

▶ *Caput* com a redação dada pela Lei nº 12.433, de 29-6-2011.
▶ Art. 41, II e VII, da LEP.

§ 1º A contagem de tempo referida no *caput* será feita à razão de:

▶ *Caput* do § 1º com a redação dada pela Lei nº 12.433, de 29-6-2011.

I – 1 (um) dia de pena a cada 12 (doze) horas de frequência escolar – atividade de ensino fundamental, médio, inclusive profissionalizante, ou superior, ou ainda de requalificação profissional – divididas, no mínimo, em 3 (três) dias;

II – 1 (um) dia de pena a cada 3 (três) dias de trabalho.

▶ Incisos I e II acrescidos pela Lei nº 12.433, de 29-6-2011.

§ 2º As atividades de estudo a que se refere o § 1º deste artigo poderão ser desenvolvidas de forma presencial ou por metodologia de ensino a distância e deverão ser certificadas pelas autoridades educacionais competentes dos cursos frequentados.

§ 3º Para fins de cumulação dos casos de remição, as horas diárias de trabalho e de estudo serão definidas de forma a se compatibilizarem.

▶ §§ 2º e 3º com a redação dada pela Lei nº 12.433, de 29-6-2011.

§ 4º O preso impossibilitado, por acidente, de prosseguir no trabalho ou nos estudos continuará a beneficiar-se com a remição.

§ 5º O tempo a remir em função das horas de estudo será acrescido de 1/3 (um terço) no caso de conclusão do ensino fundamental, médio ou superior durante o cumprimento da pena, desde que certificada pelo órgão competente do sistema de educação.

§ 6º O condenado que cumpre pena em regime aberto ou semiaberto e o que usufrui liberdade condicional poderão remir, pela frequência a curso de ensino regular ou de educação profissional, parte do tempo de execução da pena ou do período de prova, observado o disposto no inciso I do § 1º deste artigo.

§ 7º O disposto neste artigo aplica-se às hipóteses de prisão cautelar.

§ 8º A remição será declarada pelo juiz da execução, ouvidos o Ministério Público e a defesa.

▶ §§ 4º a 8º acrescidos pela Lei nº 12.433, de 29-6-2011.

Art. 127. Em caso de falta grave, o juiz poderá revogar até 1/3 (um terço) do tempo remido, observado o disposto no art. 57, recomeçando a contagem a partir da data da infração disciplinar.

▶ Arts. 48, parágrafo único, e 50 a 52 desta Lei.
▶ Súm. Vinc. nº 9 do STF.
▶ Súmulas nºs 534 e 535 do STJ.

Art. 128. O tempo remido será computado como pena cumprida, para todos os efeitos.

▶ Arts. 127 e 128 com a redação dada pela Lei nº 12.433, de 29-6-2011.

Art. 129. A autoridade administrativa encaminhará mensalmente ao juízo da execução cópia do registro de todos os condenados que estejam trabalhando ou estudando, com informação dos dias de trabalho ou das horas de frequência escolar ou de atividades de ensino de cada um deles.

▶ *Caput* com a redação dada pela Lei nº 12.433, de 29-6-2011.

§ 1º O condenado autorizado a estudar fora do estabelecimento penal deverá comprovar mensalmente, por meio de declaração da respectiva unidade de ensino, a frequência e o aproveitamento escolar.

▶ § 1º acrescido pela Lei nº 12.433, de 29-6-2011.

§ 2º Ao condenado dar-se-á a relação de seus dias remidos.

▶ Antigo parágrafo único transformado em § 2º pela Lei nº 12.433, de 29-6-2011.

Art. 130. Constitui o crime do artigo 299 do Código Penal declarar ou atestar falsamente prestação de serviço para fim de instruir pedido de remição.

SEÇÃO V – DO LIVRAMENTO CONDICIONAL

Art. 131. O livramento condicional poderá ser concedido pelo juiz da execução, presentes os requisitos do artigo 83, incisos e parágrafo único, do Código Penal, ouvidos o Ministério Público e o Conselho Penitenciário.

▶ Arts. 83 a 90 do CP.
▶ Arts. 710 a 733 do CPP.
▶ Arts. 89 a 97 do CPM.
▶ Arts. 618 a 642 do CPPM.
▶ Arts. 49 a 52 da desta Lei.
▶ Súm. nº 441 do STJ.

Art. 132. Deferido o pedido, o juiz especificará as condições a que fica subordinado o livramento.

▶ Art. 178 desta Lei.

§ 1º Serão sempre impostas ao liberado condicional as obrigações seguintes:

a) obter ocupação lícita, dentro de prazo razoável se for apto para o trabalho;
b) comunicar periodicamente ao juiz sua ocupação;
c) não mudar do território da comarca do Juízo da Execução, sem prévia autorização deste.

§ 2º Poderão ainda ser impostas ao liberado condicional, entre outras obrigações, as seguintes:

a) não mudar de residência sem comunicação ao juiz e à autoridade incumbida da observação cautelar e de proteção;
b) recolher-se à habitação em hora fixada;
c) não frequentar determinados lugares;
d) VETADA. Lei nº 12.258, de 15-6-2010;
e) *utilizar equipamento de monitoração eletrônica.*

▶ Alínea *e* acrescida pela Lei nº 14.843, de 11-4-2024.

Art. 133. Se for permitido ao liberado residir fora da comarca do Juízo da Execução, remeter-se-á cópia da sentença do livramento ao juízo do lugar para onde ele se houver transferido e à autoridade incumbida da observação cautelar e de proteção.

▶ Art. 178 desta Lei.

Art. 134. O liberado será advertido da obrigação de apresentar-se imediatamente às autoridades referidas no artigo anterior.

Art. 135. Reformada a sentença denegatória do livramento, os autos baixarão ao Juízo da Execução, para as providências cabíveis.

Art. 136. Concedido o benefício, será expedida a carta de livramento com a cópia integral da sentença em duas vias, remetendo-se uma à autoridade administrativa incumbida da execução e outra ao Conselho Penitenciário.

Art. 137. A cerimônia do livramento condicional será realizada solenemente no dia marcado pelo presidente do Conselho Penitenciário, no estabelecimento onde está sendo cumprida a pena, observando-se o seguinte:

I – a sentença será lida ao liberando, na presença dos demais condenados, pelo presidente do Conselho Penitenciário ou membro por ele designado, ou, na falta, pelo juiz;
II – a autoridade administrativa chamará a atenção do liberando para as condições impostas na sentença de livramento;

III – o liberando declarará se aceita as condições.

§ 1º De tudo, em livro próprio, será lavrado termo subscrito por quem presidir a cerimônia e pelo liberando, ou alguém a seu rogo, se não souber ou não puder escrever.

§ 2º Cópia desse termo deverá ser remetida ao juiz da execução.

Art. 138. Ao sair o liberado do estabelecimento penal, ser-lhe-á entregue, além do saldo de seu pecúlio e do que lhe pertencer, uma caderneta, que exibirá à autoridade judiciária ou administrativa, sempre que lhe for exigida.

§ 1º A caderneta conterá:

a) a identificação do liberado;
b) o texto impresso do presente Capítulo;
c) as condições impostas.

§ 2º Na falta de caderneta, será entregue ao liberado um salvo-conduto, em que constem as condições do livramento, podendo substituir-se a ficha de identificação ou o seu retrato pela descrição dos sinais que possam identificá-lo.

§ 3º Na caderneta e no salvo-conduto deverá haver espaço para consignar-se o cumprimento das condições referidas no artigo 132 desta Lei.

Art. 139. A observação cautelar e a proteção realizadas por serviço social penitenciário, Patronato ou Conselho da Comunidade terão a finalidade de:

I – fazer observar o cumprimento das condições especificadas na sentença concessiva do benefício;

II – proteger o beneficiário, orientando-o na execução de suas obrigações e auxiliando-o na obtenção de atividade laborativa.

Parágrafo único. A entidade encarregada da observação cautelar e da proteção do liberado apresentará relatório ao Conselho Penitenciário, para efeito da representação prevista nos artigos 143 e 144 desta Lei.

Art. 140. A revogação do livramento condicional dar-se-á nas hipóteses previstas nos artigos 86 e 87 do Código Penal.

Parágrafo único. Mantido o livramento condicional, na hipótese da revogação facultativa, o juiz deverá advertir o liberado ou agravar as condições.

Art. 141. Se a revogação for motivada por infração penal anterior à vigência do livramento, computar-se-á como tempo de cumprimento da pena o período de prova, sendo permitida, para a concessão de novo livramento, a soma do tempo das duas penas.

Art. 142. No caso de revogação por outro motivo, não se computará na pena o tempo em que esteve solto o liberado, e tampouco se concederá, em relação à mesma pena, novo livramento.

Art. 143. A revogação será decretada a requerimento do Ministério Público, mediante representação do Conselho Penitenciário, ou, de ofício, pelo juiz, ouvido o liberado.

▸ Art. 139, parágrafo único, desta Lei.

Art. 144. O Juiz, de ofício, a requerimento do Ministério Público, da Defensoria Pública ou mediante representação do Conselho Penitenciário, e ouvido o liberado, poderá modificar as condições especificadas na sentença, devendo o respectivo ato decisório ser lido ao liberado por uma das autoridades ou funcionários indicados no inciso I do *caput* do art. 137 desta Lei, observado o disposto nos incisos II e III e §§ 1º e 2º do mesmo artigo.

▸ Artigo com a redação dada pela Lei nº 12.313, de 19-8-2010.

▸ Art. 139, parágrafo único, desta Lei.

Art. 145. Praticada pelo liberado outra infração penal, o juiz poderá ordenar a sua prisão, ouvidos o Conselho Penitenciário e o Ministério Público, suspendendo o curso do livramento condicional, cuja revogação, entretanto, ficará dependendo da decisão final.

Art. 146. O juiz, de ofício, a requerimento do interessado, do Ministério Público ou mediante representação do Conselho Penitenciário, julgará extinta a pena privativa de liberdade, se expirar o prazo do livramento sem revogação.

Seção VI

DA MONITORAÇÃO ELETRÔNICA

▸ Seção VI acrescida pela Lei nº 12.258, de 15-6-2010.

▸ Art. 319, IX, do CPP.

▸ Dec. nº 7.627, de 24-11-2011, regulamenta os arts. 146-B, 146-C e 146-D desta Lei.

Art. 146-A. VETADO. Lei nº 12.258, de 15-6-2010.

Art. 146-B. O juiz poderá definir a fiscalização por meio da monitoração eletrônica quando:

▸ *Caput* do art. 146-B acrescido pela Lei nº 12.258, de 15-6-2010.

I – VETADO. Lei nº 12.258, de 15-6-2010;

II – autorizar a saída temporária no regime semiaberto;

III – VETADO. Lei nº 12.258, de 15-6-2010;

IV – determinar a prisão domiciliar;

V – VETADO. Lei nº 12.258, de 15-6-2010;

▸ Incisos I a V acrescidos pela Lei nº 12.258, de 15-6-2010.

VI – aplicar pena privativa de liberdade a ser cumprida nos regimes aberto ou semiaberto, ou conceder progressão para tais regimes;

VII – aplicar pena restritiva de direitos que estabeleça limitação de frequência a lugares específicos;

VIII – conceder o livramento condicional.

▸ Incisos VI a VIII acrescidos pela Lei nº 14.843, de 11-4-2024.

Parágrafo único. VETADO. Lei nº 12.258, de 15-6-2010.

Art. 146-C. O condenado será instruído acerca dos cuidados que deverá adotar com o equipamento eletrônico e dos seguintes deveres:

▸ *Caput* do art. 146-C acrescido pela Lei nº 12.258, de 15-6-2010.

I – receber visitas do servidor responsável pela monitoração eletrônica, responder aos seus contatos e cumprir suas orientações;

II – abster-se de remover, de violar, de modificar, de danificar de qualquer forma o dispositivo de monitoração eletrônica ou de permitir que outrem o faça;

III – VETADO. Lei nº 12.258, de 15-6-2010.

▸ Incisos I a III acrescidos pela Lei nº 12.258, de 15-6-2010.

Parágrafo único. A violação comprovada dos deveres previstos neste artigo poderá acarretar, a critério do juiz da execução, ouvidos o Ministério Público e a defesa:

▸ *Caput* do parágrafo único acrescido pela Lei nº 12.258, de 15-6-2010.

I – a regressão do regime;

II – a revogação da autorização de saída temporária;

III a V – VETADOS. Lei nº 12.258, de 15-6-2010;

VI – a revogação da prisão domiciliar;

VII – advertência, por escrito, para todos os casos em que o juiz da execução decida não aplicar alguma das medidas previstas nos incisos de I a VI deste parágrafo;

▸ Incisos I a VII acrescidos pela Lei nº 12.258, de 15-6-2010.

VIII – a revogação do livramento condicional;

IX – a conversão da pena restritiva de direitos em pena privativa de liberdade.

▸ Incisos VIII e IX acrescidos pela Lei nº 14.843, de 11-4-2024.

Art. 146-D. A monitoração eletrônica poderá ser revogada:

I – quando se tornar desnecessária ou inadequada;

II – se o acusado ou condenado violar os deveres a que estiver sujeito durante a sua vigência ou cometer falta grave.

▸ Art. 146-D acrescido pela Lei nº 12.258, de 15-6-2010.

Art. 146-E. *O condenado por crime contra a mulher por razões da condição do sexo feminino, nos termos do § 1º do art. 121-A do Decreto-Lei nº 2.848, de 7 de dezembro de 1940 (Código Penal), ao usufruir de qualquer benefício em que ocorra a sua saída de estabelecimento penal, será fiscalizado por meio de monitoração eletrônica.*

▸ Art. 146-E acrescido pela Lei nº 14.994, de 9-10-2024.

CAPÍTULO II

DAS PENAS RESTRITIVAS DE DIREITO

Seção I

DISPOSIÇÕES GERAIS

Art. 147. Transitada em julgado a sentença que aplicou a pena restritiva de direitos, o juiz de execução, de ofício ou a requerimento do Ministério Público, promoverá a execução, podendo, para tanto, requisitar, quando necessário, a colaboração de entidades públicas ou solicitá-la a particulares.

▸ Arts. 43 a 48, 54 e 55 do CP.

Art. 148. Em qualquer fase da execução, poderá o juiz, motivadamente, alterar a forma de cumprimento das penas de prestação de serviços à comunidade e de limitação de fim de semana, ajustando-as às condições pessoais do condenado e às características do estabelecimento, da entidade ou do programa comunitário ou estatal.

Seção II

DA PRESTAÇÃO DE SERVIÇOS À COMUNIDADE

Art. 149. Caberá ao juiz da execução:

▸ Art. 46 do CP.

I – designar a entidade ou programa comunitário ou estatal, devidamente credenciado ou convencionado, junto ao qual o condenado deverá trabalhar gratuitamente, de acordo com as suas aptidões;

II – determinar a intimação do condenado, cientificando-o da entidade, dias e horário em que deverá cumprir a pena;

III – alterar a forma de execução, a fim de ajustá-la às modificações ocorridas na jornada de trabalho.

§ 1º O trabalho terá a duração de oito horas semanais e será realizado aos sábados, domingos e feriados, ou em dias úteis, de modo a não prejudicar a jornada normal de trabalho, nos horários estabelecidos pelo juiz.

§ 2º A execução terá início a partir da data do primeiro comparecimento.

Art. 150. A entidade beneficiada com a prestação de serviços encaminhará mensalmente, ao juiz da execução, relatório circunstanciado das atividades do condenado, bem como, a qualquer tempo, comunicação sobre ausência ou falta disciplinar.

Seção III

DA LIMITAÇÃO DE FIM DE SEMANA

Art. 151. Caberá ao juiz da execução determinar a intimação do condenado, cientificando-o do local, dias e horário em que deverá cumprir a pena.

▸ Art. 48 do CP.

Parágrafo único. A execução terá início a partir da data do primeiro comparecimento.

Art. 152. Poderão ser ministrados ao condenado, durante o tempo de permanência, cursos e palestras, ou atribuídas atividades educativas.

Parágrafo único. Nos casos de violência doméstica e familiar contra a criança, o adolescente e a mulher e de tratamento cruel ou degradante, ou de uso de formas violentas de educação, correção ou disciplina contra a criança e o adolescente, o juiz poderá determinar o comparecimento obrigatório do agressor a programas de recuperação e reeducação.

▸ Parágrafo único com a redação dada pela Lei nº 14.344, de 24-5-2022.

Art. 153. O estabelecimento designado encaminhará, mensalmente, ao juiz da execução, relatório, bem assim comunicará, a qualquer tempo, a ausência ou falta disciplinar do condenado.

Seção IV

DA INTERDIÇÃO TEMPORÁRIA DE DIREITOS

Art. 154. Caberá ao juiz da execução comunicar à autoridade competente a pena aplicada, determinada a intimação do condenado.

▸ Art. 47 do CP.

§ 1º Na hipótese de pena de interdição do artigo 47, inciso I, do Código Penal, a autoridade deverá, em vinte e quatro horas, contadas do recebimento do ofício, baixar ato, a partir do qual a execução terá seu início.

§ 2º Nas hipóteses do artigo 47, incisos II e III, do Código Penal, o Juízo da Execução determinará a apreensão dos documentos, que autorizam o exercício do direito interditado.

Art. 155. A autoridade deverá comunicar imediatamente ao juiz da execução o descumprimento da pena.

▸ Art. 181, § 3º, desta Lei.
▸ Art. 45 do CP.

Parágrafo único. A comunicação prevista neste artigo poderá ser feita por qualquer prejudicado.

CAPÍTULO III

DA SUSPENSÃO CONDICIONAL

Art. 156. O juiz poderá suspender, pelo período de dois a quatro anos, a execução da pena privativa de liberdade, não superior a dois anos, na forma prevista nos artigos 77 a 82 do Código Penal.

▸ Arts. 77 a 82 do CP.
▸ Arts. 696 a 709 do CPP.
▸ Arts. 84 a 88 do CPM.
▸ Arts. 606 a 617 do CPPM.

Art. 157. O juiz ou Tribunal, na sentença que aplicar pena privativa de liberdade, na situação determinada no artigo anterior, deverá pronunciar-se, motivadamente, sobre a suspensão condicional, quer a conceda, quer a denegue.

Art. 158. Concedida a suspensão, o juiz especificará as condições a que fica sujeito o condenado, pelo prazo fixado, começando este a correr da audiência prevista no artigo 160 desta Lei.

§ 1º As condições serão adequadas ao fato e à situação pessoal do condenado, devendo ser incluída entre as mesmas a de prestar serviços à comunidade, ou limitação de fim de semana, salvo hipótese do artigo 78, § 2º, do Código Penal.

§ 2º O juiz poderá, a qualquer tempo, de ofício, a requerimento do Ministério Público ou mediante proposta do Conselho Penitenciário, modificar as condições e regras estabelecidas na sentença, ouvido o condenado.

§ 3º A fiscalização do cumprimento das condições, regulada nos Estados, Territórios e Distrito Federal por normas supletivas, será atribuída a serviço social penitenciário, Patronato, Conselho da Comunidade ou instituição beneficiada com a prestação de serviços, inspecionados pelo Conselho Penitenciário, pelo Ministério Público, ou ambos, devendo o juiz da execução suprir, por ato, a falta das normas supletivas.

§ 4º O beneficiário, ao comparecer periodicamente à entidade fiscalizadora, para comprovar a observância das condições a que está sujeito, comunicará, também, a sua ocupação e os salários ou proventos de que vive.

§ 5º A entidade fiscalizadora deverá comunicar imediatamente ao órgão de inspeção, para os fins legais, qualquer fato capaz de acarretar a revogação do benefício, a prorrogação do prazo ou a modificação das condições.

§ 6º Se for permitido ao beneficiário mudar-se, será feita a comunicação ao juiz e à entidade fiscalizadora do local da nova residência, aos quais o primeiro deverá apresentar-se imediatamente.

Art. 159. Quando a suspensão condicional da pena for concedida por Tribunal, a este caberá estabelecer as condições do benefício.

§ 1º De igual modo proceder-se-á quando o tribunal modificar as condições estabelecidas na sentença recorrida.

§ 2º O Tribunal, ao conceder a suspensão condicional da pena, poderá, todavia, conferir ao Juízo da Execução a incumbência de estabelecer as condições do benefício, e, em qualquer caso, a de realizar a audiência admonitória.

Art. 160. Transitada em julgado a sentença condenatória, o juiz a lerá ao condenado, em audiência, advertindo-o das consequências de nova infração penal e do descumprimento das condições impostas.

Art. 161. Se, intimado pessoalmente ou por edital com prazo de vinte dias, o réu não comparecer injustificadamente à audiência admonitória, a suspensão ficará sem efeito e será executada imediatamente a pena.

Art. 162. A revogação da suspensão condicional da pena e a prorrogação do período de prova dar-se-ão na forma do artigo 81 e respectivos parágrafos do Código Penal.

Art. 163. A sentença condenatória será registrada, com a nota de suspensão, em livro especial do juízo a que couber a execução da pena.

§ 1º Revogada a suspensão ou extinta a pena, será o fato averbado à margem do registro.

§ 2º O registro e a averbação serão sigilosos, salvo para efeito de informações requisitadas por órgão judiciário ou pelo Ministério Público, para instruir processo penal.

CAPÍTULO IV

DA PENA DE MULTA

Art. 164. Extraída certidão da sentença condenatória com trânsito em julgado, que valerá como título executivo judicial, o Ministério Público requererá, em autos apartados, a citação do condenado para, no prazo de dez dias, pagar o valor da multa ou nomear bens à penhora.

▸ Arts. 49 a 52 e 60 do CP.
▸ Arts. 686 a 690 do CPP.

§ 1º Decorrido o prazo sem o pagamento da multa, ou o depósito da respectiva importância, proceder-se-á à penhora de tantos bens quantos bastem para garantir a execução.

§ 2º A nomeação de bens à penhora e a posterior execução seguirão o que dispuser a lei processual civil.

Art. 165. Se a penhora recair em bem imóvel, os autos apartados serão remetidos ao juízo cível para prosseguimento.

Art. 166. Recaindo a penhora em outros bens, dar-se-á prosseguimento nos termos do § 2º do artigo 164 desta Lei.

Art. 167. A execução da pena de multa será suspensa quando sobrevier ao condenado doença mental (artigo 52 do Código Penal).

Art. 168. O juiz poderá determinar que a cobrança da multa se efetue mediante desconto no vencimento ou salário do condenado, nas hipóteses do artigo 50, § 1º, do Código Penal, observando-se o seguinte:

I – o limite máximo do desconto mensal será o da quarta parte da remuneração e o mínimo o de um décimo;

II – o desconto será feito mediante ordem do juiz a quem de direito;

III – o responsável pelo desconto será intimado a recolher mensalmente, até o dia fixado pelo juiz, a importância determinada.

▸ Art. 50, § 1º, *a* a *c*, do CP.

Art. 169. Até o término do prazo a que se refere o artigo 164 desta Lei, poderá o condenado requerer ao juiz o pagamento da multa em prestações mensais, iguais e sucessivas.

§ 1º O juiz, antes de decidir, poderá determinar diligências para verificar a real situação econômica do condenado e, ouvido o Ministério Público, fixará o número de prestações.

§ 2º Se o condenado for impontual ou se melhorar de situação econômica, o juiz, de ofício ou a requerimento do Ministério Público, revogará o benefício executando-se a multa, na forma prevista neste Capítulo, ou prosseguindo-se na execução já iniciada.

Art. 170. Quando a pena de multa for aplicada cumulativamente com pena privativa da liberdade, enquanto esta estiver sendo executada, poderá aquela ser cobrada mediante desconto na remuneração do condenado (artigo 168).

§ 1º Se o condenado cumprir a pena privativa de liberdade ou obtiver livramento condicional, sem haver resgatado a multa, far-se-á a cobrança nos termos deste Capítulo.

§ 2º Aplicar-se-á o disposto no parágrafo anterior aos casos em que for concedida a suspensão condicional da pena.

TÍTULO VI – DA EXECUÇÃO DAS MEDIDAS DE SEGURANÇA

CAPÍTULO I
DISPOSIÇÕES GERAIS

Art. 171. Transitada em julgado a sentença que aplicar medida de segurança, será ordenada a expedição de guia para a execução.

- Arts. 96 a 99 do CP.
- Arts. 751 a 779 do CPP.
- Arts. 110 a 120 do CPM.
- Arts. 659 a 674 do CPPM.

Art. 172. Ninguém será internado em Hospital de Custódia e Tratamento Psiquiátrico, ou submetido a tratamento ambulatorial, para cumprimento de medida de segurança, sem a guia expedida pela autoridade judiciária.

Art. 173. A guia de internamento ou de tratamento ambulatorial, extraída pelo escrivão, que a rubricará em todas as folhas e a subscreverá com o juiz, será remetida à autoridade administrativa incumbida da execução e conterá:

I – a qualificação do agente e o número do registro geral do órgão oficial de identificação;

II – o inteiro teor da denúncia e da sentença que tiver aplicado a medida de segurança, bem como a certidão do trânsito em julgado;

III – a data em que terminará o prazo mínimo de internação, ou do tratamento ambulatorial;

IV – outras peças do processo reputadas indispensáveis ao adequado tratamento ou internamento.

§ 1º Ao Ministério Público será dada ciência da guia de recolhimento e de sujeição a tratamento.

§ 2º A guia será retificada sempre que sobrevier modificação quanto ao prazo de execução.

Art. 174. Aplicar-se-á, na execução da medida de segurança, naquilo que couber, o disposto nos artigos 8º e 9º desta Lei.

CAPÍTULO II
DA CESSAÇÃO DA PERICULOSIDADE

Art. 175. A cessação da periculosidade será averiguada no fim do prazo mínimo de duração da medida de segurança, pelo exame das condições pessoais do agente, observando-se o seguinte:

I – a autoridade administrativa, até um mês antes de expirar o prazo de duração mínima da medida, remeterá ao juiz minucioso relatório que o habilite a resolver sobre a revogação ou permanência da medida;

II – o relatório será instruído com o laudo psiquiátrico;

III – juntado aos autos o relatório ou realizadas as diligências, serão ouvidos, sucessivamente, o Ministério Público e o curador ou defensor, no prazo de três dias para cada um;

IV – o juiz nomeará curador ou defensor para o agente que não o tiver;

V – o juiz, de ofício ou a requerimento de qualquer das partes, poderá determinar novas diligências, ainda que expirado o prazo de duração mínima da medida de segurança;

VI – ouvidas as partes ou realizadas as diligências a que se refere o inciso anterior, o juiz proferirá a sua decisão, no prazo de cinco dias.

Art. 176. Em qualquer tempo, ainda no decorrer do prazo mínimo de duração da medida de segurança, poderá o juiz da execução, diante de requerimento fundamentado do Ministério Público ou do interessado, seu procurador ou defensor, ordenar o exame para que se verifique a cessação da periculosidade, procedendo-se nos termos do artigo anterior.

- Súm. nº 520 do STF.

Art. 177. Nos exames sucessivos para verificar-se a cessação da periculosidade, observar-se-á, no que lhes for aplicável, o disposto no artigo anterior.

Art. 178. Nas hipóteses de desinternação ou de liberação (artigo 97, § 3º, do Código Penal), aplicar-se-á o disposto nos artigos 132 e 133 desta Lei.

Art. 179. Transitada em julgado a sentença, o juiz expedirá ordem para a desinternação ou a liberação.

TÍTULO VII – DOS INCIDENTES DE EXECUÇÃO

CAPÍTULO I
DAS CONVERSÕES

Art. 180. A pena privativa de liberdade, não superior a dois anos, poderá ser convertida em restritiva de direitos, desde que:

I – o condenado a esteja cumprindo em regime aberto;

II – tenha sido cumprido pelo menos um quarto da pena;

III – os antecedentes e a personalidade do condenado indiquem ser a conversão recomendável.

Art. 181. A pena restritiva de direitos será convertida em privativa de liberdade nas hipóteses e na forma do artigo 45 e seus incisos do Código Penal.

§ 1º A pena de prestação de serviços à comunidade será convertida quando o condenado:

a) não for encontrado por estar em lugar incerto e não sabido, ou desatender a intimação por edital;

b) não comparecer, injustificadamente, à entidade ou programa em que deva prestar serviço;

c) recusar-se, injustificadamente, a prestar o serviço que lhe foi imposto;

d) praticar falta grave;

e) sofrer condenação por outro crime à pena privativa de liberdade, cuja execução não tenha sido suspensa.

§ 2º A pena de limitação de fim de semana será convertida quando o condenado não comparecer ao estabelecimento designado para o cumprimento da pena, recusar-se a exercer a atividade determinada pelo juiz ou se ocorrer qualquer das hipóteses das letras *a*, *d* e *e* do parágrafo anterior.

§ 3º A pena de interdição temporária de direitos será convertida quando o condenado exercer, injustificadamente, o direito interditado ou se ocorrer qualquer das hipóteses das letras *a* e *e* do § 1º deste artigo.

Art. 182. *Revogado*. Lei nº 9.268, de 1º-4-1996.

Art. 183. Quando, no curso da execução da pena privativa de liberdade, sobrevier doença mental ou perturbação da saúde mental, o Juiz, de ofício, a requerimento do Ministério Público, da Defensoria Pública ou da autoridade administrativa, poderá determinar a substituição da pena por medida de segurança.

- Artigo com a redação dada pela Lei nº 12.313, de 19-8-2010.
- Art. 41 do CP.
- Art. 154 do CPP.

Art. 184. O tratamento ambulatorial poderá ser convertido em internação se o agente revelar incompatibilidade com a medida.

Parágrafo único. Nesta hipótese, o prazo mínimo de internação será de um ano.

CAPÍTULO II
DO EXCESSO OU DESVIO

Art. 185. Haverá excesso ou desvio de execução sempre que algum ato for praticado além dos limites fixados na sentença, em normas legais ou regulamentares.

Art. 186. Podem suscitar o incidente de excesso ou desvio de execução:

I – o Ministério Público;

II – o Conselho Penitenciário;

III – o sentenciado;

IV – qualquer dos demais órgãos da execução penal.

CAPÍTULO III
DA ANISTIA E DO INDULTO

Art. 187. Concedida a anistia, o juiz, de ofício, a requerimento do interessado ou do Ministério Público, por proposta da autoridade administrativa ou do Conselho Penitenciário, declarará extinta a punibilidade.

- Arts. 21, XVII, 48, VIII, 84, XII, da CF.
- Art. 107, II, do CP.
- Arts. 734 a 742 do CPP.
- Art. 123, II, do CPM.
- Arts. 643 a 650 do CPPM.

Art. 188. O indulto individual poderá ser provocado por petição do condenado, por iniciativa do Ministério Público, do Conselho Penitenciário, ou da autoridade administrativa.

Art. 189. A petição do indulto, acompanhada dos documentos que a instruírem, será entregue ao Conselho Penitenciário, para a elaboração de parecer e posterior encaminhamento ao Ministério da Justiça.

Art. 190. O Conselho Penitenciário, à vista dos autos do processo e do prontuário, promoverá as diligências que entender necessárias e fará, em relatório, a narração do ilícito penal e dos fundamentos da sentença condenatória, a exposição dos antecedentes do condenado e do procedimento deste depois da prisão, emitindo seu parecer sobre o mérito do pedido e esclarecendo qualquer formalidade ou circunstâncias omitidas na petição.

Art. 191. Processada no Ministério da Justiça com documentos e o relatório do Conselho Penitenciário, a petição será submetida a despacho do Presidente da República, a quem serão presentes os autos do processo ou a certidão de qualquer de suas peças, se ele o determinar.

Art. 192. Concedido o indulto e anexada aos autos cópia do decreto, o juiz declarará extinta a pena ou ajustará a execução aos termos do decreto, no caso de comutação.

Art. 193. Se o sentenciado for beneficiado por indulto coletivo, o juiz, de ofício, a requerimento do interessado, do Ministério Público, ou por iniciativa do Conselho Penitenciário ou da autoridade administrativa, providenciará de acordo com o disposto no artigo anterior.

TÍTULO VIII – DO PROCEDIMENTO JUDICIAL

Art. 194. O procedimento correspondente às situações previstas nesta Lei será judicial, desenvolvendo-se perante o Juízo da Execução.

Art. 195. O procedimento judicial iniciar-se-á de ofício, a requerimento do Ministério Público, do interessado, de quem o represente, de seu cônjuge, parente ou descendente, mediante proposta do Conselho Penitenciário, ou, ainda, da autoridade administrativa.

Art. 196. A portaria ou petição será autuada ouvindo-se, em três dias, o condenado e o Ministério Público, quando não figurem como requerentes da medida.

§ 1º Sendo desnecessária a produção de prova, o juiz decidirá de plano, em igual prazo.

§ 2º Entendendo indispensável a realização de prova pericial ou oral, o juiz a ordenará, decidindo após a produção daquela ou na audiência designada.

Art. 197. Das decisões proferidas pelo juiz caberá recurso de agravo, sem efeito suspensivo.

TÍTULO IX – DAS DISPOSIÇÕES FINAIS E TRANSITÓRIAS

Art. 198. É defesa ao integrante dos órgãos da execução penal, e ao servidor, a divulgação de ocorrência que perturbe a segurança e a disciplina dos estabelecimentos, bem como exponha o preso a inconveniente notoriedade, durante o cumprimento da pena.

- Art. 41, VIII, desta Lei.

Art. 199. O emprego de algemas será disciplinado por decreto federal.

- Art. 5º, XLIX, da CF.
- Art. 40 desta Lei.
- Arts. 23, III, 329 a 331 e 352 do CP.
- Arts. 284 e 292 do CPP.
- Arts. 42, 177, 180, 298 a 301 do CPM.
- Arts. 234 e 242 do CPPM.
- Lei nº 13.869, de 5-9-2019 (Lei do Abuso de Autoridade).
- Dec. nº 8.858, de 26-9-2016, regulamenta o disposto neste artigo.
- Súm. Vinc. nº 11 do STF.

Art. 200. O condenado por crime político não está obrigado ao trabalho.

Art. 201. Na falta de estabelecimento adequado, o cumprimento da prisão civil e da prisão administrativa se efetivará em seção especial da Cadeia Pública.

Art. 202. Cumprida ou extinta a pena, não constarão da folha corrida, atestados ou certidões fornecidas por autoridade policial ou por auxiliares da Justiça, qualquer notícia ou referência à condenação, salvo para instruir processo pela prática de nova infração penal ou outros casos expressos em lei.

- Arts. 93 a 95 do CP.
- Arts. 123, V, 134 e 135 do CPM.
- Arts. 743 a 750 do CPP.
- Arts. 651 a 658 do CPPM.

Art. 203. No prazo de seis meses, a contar da publicação desta Lei, serão editadas as normas complementares ou regulamentares, necessárias à eficácia dos dispositivos não autoaplicáveis.

§ 1º Dentro do mesmo prazo deverão as unidades federativas, em convênio com o Ministério da Justiça, projetar a adaptação, construção e equipamento de estabelecimentos e serviços penais previstos nesta Lei.

§ 2º Também, no mesmo prazo, deverá ser providenciada a aquisição ou desapropriação de prédios para instalação de casas de albergados.

§ 3º O prazo a que se refere o *caput* deste artigo poderá ser ampliado, por ato do Conselho Nacional de Política Criminal e Penitenciária, mediante justificada solicitação, instruída com os projetos de reforma ou de construção de estabelecimentos.

§ 4º O descumprimento injustificado dos deveres estabelecidos para as unidades federativas implicará na suspensão de qualquer ajuda financeira a elas destinada pela União, para atender às despesas de execução das penas e medidas de segurança.

Art. 204. Esta Lei entra em vigor concomitantemente com a lei de reforma da Parte Geral do Código Penal, revogadas as disposições em contrário, especialmente a Lei nº 3.274, de 2 de outubro de 1957.

Brasília, em 11 de julho de 1984;
163º da Independência e
96º da República.

João Figueiredo

LEI Nº 7.347, DE 24 DE JULHO DE 1985

Disciplina a ação civil pública de responsabilidade por danos causados ao meio ambiente, ao consumidor, a bens e direitos de valor artístico, estético, histórico, turístico e paisagístico (VETADO), e dá outras providências.

- Publicada no *DOU* de 25-7-1985.
- Art. 129, III, da CF.
- Lei nº 4.717, de 29-6-1965 (Lei da Ação Popular).
- Lei nº 7.797, de 10-7-1989 (Lei do Fundo Nacional de Meio Ambiente).
- Lei nº 12.016, de 7-8-2009 (Lei do Mandado de Segurança Individual e Coletivo).
- Súm. nº 489 do STJ.

Art. 1º Regem-se pelas disposições desta Lei, sem prejuízo da ação popular, as ações de responsabilidade por danos morais e patrimoniais causados:

- *Caput* com a redação dada pela Lei nº 12.529, de 30-11-2011.
- Art. 5º, LXXIII, da CF.
- Lei nº 4.717, de 29-6-1965 (Lei da Ação Popular).
- Lei nº 7.853, de 24-10-1989 (Lei de Apoio às Pessoas Portadoras de Deficiência).
- Lei nº 7.913, de 7-12-1989, dispõe sobre a ação civil pública de responsabilidade por danos causados aos investidores no mercado de valores mobiliários.
- Súmulas nºs 37 e 329 do STJ.

I – ao meio ambiente;

- Arts. 200, VIII, e 225 da CF.
- Lei nº 9.605, de 12-2-1998 (Lei dos Crimes Ambientais).

II – ao consumidor;

- Arts. 81 e 90 do CDC.
- Súm. nº 643 do STF.

III – a bens e direitos de valor artístico, estético, histórico, turístico e paisagístico;

IV – a qualquer outro interesse difuso ou coletivo;

- Inciso IV acrescido pela Lei nº 8.078, de 11-9-1990.
- Arts. 208 a 224 do ECA.
- Lei nº 7.853, de 24-10-1989 (Lei de Apoio às Pessoas Portadoras de Deficiência), regulamentada pelo Dec. nº 3.298, de 20-12-1999.

V – por infração da ordem econômica;

- Inciso V com a redação dada pela Lei nº 12.529, de 30-11-2011.
- Lei nº 7.913, de 7-12-1989, dispõe sobre ação civil de responsabilidade por danos causados aos investidores no mercado de valores imobiliários.

VI – à ordem urbanística;

- Inciso VI com a redação dada pela MP nº 2.180-35, de 24-8-2001, que até o encerramento desta edição não havia sido convertida em Lei.
- Lei nº 10.257, de 10-7-2001 (Estatuto da Cidade).
- Súm. nº 329 do STJ.

VII – à honra e à dignidade de grupos raciais, étnicos ou religiosos;

- Inciso VII acrescido pela Lei nº 12.966, de 24-4-2014.

VIII – ao patrimônio público e social.

- Inciso VIII acrescido pela Lei nº 13.004, de 24-6-2014.

Parágrafo único. Não será cabível ação civil pública para veicular pretensões que envolvam tributos, contribuições previdenciárias, o Fundo de Garantia do Tempo de Serviço – FGTS ou outros fundos de natureza institucional cujos beneficiários podem ser individualmente determinados.

- Parágrafo único acrescido pela MP nº 2.180-35, de 24-8-2001, que até o encerramento desta edição não havia sido convertida em Lei.

Art. 2º As ações previstas nesta Lei serão propostas no foro do local onde ocorrer o dano, cujo juízo terá competência funcional para processar e julgar a causa.

- Art. 109, § 3º, da CF.
- Art. 53, IV, *a*, do CPC/2015.
- Art. 93 do CDC.

Parágrafo único. A propositura da ação prevenirá a jurisdição do juízo para todas as ações posteriormente intentadas que possuam a mesma causa de pedir ou o mesmo objeto.

- Parágrafo único acrescido pela MP nº 2.180-35, de 24-8-2001, que até o encerramento desta edição não havia sido convertida em Lei.

Art. 3º A ação civil poderá ter por objeto a condenação em dinheiro ou o cumprimento de obrigação de fazer ou não fazer.

- Art. 84 do CDC.

Art. 4º Poderá ser ajuizada ação cautelar para os fins desta Lei, objetivando, inclusive, evitar dano ao patrimônio público e social, ao meio ambiente, ao consumidor, à honra e à dignidade de grupos raciais, étnicos ou religiosos, à ordem urbanística ou aos bens e direitos de valor artístico, estético, histórico, turístico e paisagístico.

- Artigo com a redação dada pela Lei nº 13.004, de 24-6-2014.
- Arts. 294, 296, 297, parágrafo único, 298, 300, § 3º, 311, I, 356, I, 497 a 500, 536, § § 1º e 2º, 537, § 1º, e 538, § 3º, do CPC/2015.
- Art. 84, § 3º, do CDC.

Art. 5º Têm legitimidade para propor a ação principal e a ação cautelar:

▶ *Caput* com a redação dada pela Lei nº 11.448, de 15-1-2007.

▶ Art. 139, X, do CPC/2015.

I – o Ministério Público;

▶ Súm. nº 643 do STF.

▶ Súm. nº 329 do STJ.

II – a Defensoria Pública;

▶ Incisos I e II com a redação dada pela Lei nº 11.448, de 15-1-2007.

III – a União, os Estados, o Distrito Federal e os Municípios;

IV – a autarquia, empresa pública, fundação ou sociedade de economia mista;

▶ Incisos III e IV acrescidos pela Lei nº 11.488, de 15-1-2007.

V – a associação que, concomitantemente:

▶ *Caput* do inciso V acrescido pela Lei nº 11.488, de 15-1-2007.

a) esteja constituída há pelo menos 1 (um) ano nos termos da lei civil;

▶ Alínea *a* acrescida pela Lei nº 11.488, de 15-1-2007.

▶ Arts. 45 e 53 do CC.

b) inclua, entre suas finalidades institucionais, a proteção ao patrimônio público e social, ao meio ambiente, ao consumidor, à ordem econômica, à livre concorrência, aos direitos de grupos raciais, étnicos ou religiosos ou ao patrimônio artístico, estético, histórico, turístico e paisagístico.

▶ Alínea *b* com a redação dada pela Lei nº 13.004, de 24-6-2014.

▶ Art. 5º, XXI e LXX, da CF.

▶ Art. 82 do CDC.

§ 1º O Ministério Público, se não intervier no processo como parte, atuará obrigatoriamente como fiscal da lei.

▶ Art.178, III, do CPC/2015.

▶ Art. 92 do CDC.

§ 2º Fica facultado ao Poder Público e a outras associações legitimadas nos termos deste artigo habilitar-se como litisconsortes de qualquer das partes.

▶ Art.178, III, do CPC/2015.

§ 3º Em caso de desistência infundada ou abandono da ação por associação legitimada, o Ministério Público ou outro legitimado assumirá a titularidade ativa.

▶ § 3º com a redação dada pela Lei nº 8.078, de 11-9-1990.

§ 4º O requisito da pré-constituição poderá ser dispensado pelo juiz, quando haja manifesto interesse social evidenciado pela dimensão ou característica do dano, ou pela relevância do bem jurídico a ser protegido.

▶ Art. 82, § 1º, do CDC.

§ 5º Admitir-se-á o litisconsórcio facultativo entre os Ministérios Públicos da União, do Distrito Federal e dos Estados na defesa dos interesses e direitos de que cuida esta Lei.

§ 6º Os órgãos públicos legitimados poderão tomar dos interessados compromisso de ajustamento de sua conduta às exigências legais, mediante cominações, que terá eficácia de título executivo extrajudicial.

▶ §§ 4º a 6º acrescidos pela Lei nº 8.078, de 11-9-1990.

▶ Art. 6º do Dec. nº 2.181, de 20-3-1997, que dispõe sobre a organização do Sistema Nacional de Defesa do Consumidor – SNDC, e estabelece normas gerais de aplicação das sanções administrativas previstas no CDC.

Art. 6º Qualquer pessoa poderá e o servidor público deverá provocar a iniciativa do Ministério Público, ministrando-lhe informações sobre fatos que constituam objeto da ação civil e indicando-lhe os elementos de convicção.

▶ Art. 129, VI, da CF.

▶ Art. 26, I e IV, da Lei nº 8.625, de 12-2-1993 (Lei Orgânica Nacional do Ministério Público).

Art. 7º Se, no exercício de suas funções, os juízes e tribunais tiverem conhecimento de fatos que possam ensejar a propositura da ação civil, remeterão peças ao Ministério Público para as providências cabíveis.

Art. 8º Para instruir a inicial, o interessado poderá requerer às autoridades competentes as certidões e informações que julgar necessárias, a serem fornecidas no prazo de quinze dias.

▶ Arts. 319 e 320 do CPC/2015.

§ 1º O Ministério Público poderá instaurar, sob sua presidência, inquérito civil, ou requisitar, de qualquer organismo público ou particular, certidões, informações, exames ou perícias, no prazo que assinalar, o qual não poderá ser inferior a dez dias úteis.

§ 2º Somente nos casos em que a lei impuser sigilo, poderá ser negada certidão ou informação, hipótese em que a ação poderá ser proposta desacompanhada daqueles documentos, cabendo ao juiz requisitá-los.

Art. 9º Se o órgão do Ministério Público, esgotadas todas as diligências, se convencer da inexistência de fundamento para a propositura da ação civil, promoverá o arquivamento dos autos do inquérito civil ou das peças informativas, fazendo-o fundamentadamente.

▶ Art. 223 do ECA.

§ 1º Os autos do inquérito civil ou das peças de informação arquivadas serão remetidos, sob pena de se incorrer em falta grave, no prazo de três dias, ao Conselho Superior do Ministério Público.

§ 2º Até que, em sessão do Conselho Superior do Ministério Público, seja homologada ou rejeitada a promoção de arquivamento, poderão as associações legitimadas apresentar razões escritas ou documentos, que serão juntados aos autos do inquérito ou anexados às peças de informação.

§ 3º A promoção de arquivamento será submetida a exame e deliberação do Conselho Superior do Ministério Público, conforme dispuser o seu regimento.

§ 4º Deixando o Conselho Superior de homologar a promoção de arquivamento, designará, desde logo, outro órgão do Ministério Público para o ajuizamento da ação.

Art. 10. Constitui crime, punido com pena de reclusão de um a três anos, mais multa de dez a mil Obrigações do Tesouro Nacional – OTN, a recusa, o retardamento ou a omissão de dados técnicos indispensáveis à propositura da ação civil, quando requisitados pelo Ministério Público.

▶ Lei nº 7.730, de 31-1-1989, extinguiu a OTN.

Art. 11. Na ação que tenha por objeto o cumprimento de obrigação de fazer ou não fazer, o juiz determinará o cumprimento da prestação da atividade devida ou a cessação da atividade nociva, sob pena de execução específica, ou de cominação de multa diária, se esta for suficiente ou compatível, independentemente de requerimento do autor.

▶ Arts. 497, 499, 500, 536, § 1º e 537, § 1º, do CPC/2015.

▶ Art. 84 do CDC.

▶ Art. 2º, I, do Dec. nº 1.306, de 9-11-1994, que regulamenta o Fundo de Defesa de Direitos Difusos.

Art. 12. Poderá o juiz conceder mandado liminar, com ou sem justificação prévia, em decisão sujeita a agravo.

▶ Art. 14 desta Lei.

▶ Arts. 995, parágrafo único, e 1.019, I, do CPC/2015.

§ 1º A requerimento de pessoa jurídica de direito público interessada, e para evitar grave lesão à ordem, à saúde, à segurança e à economia pública, poderá o Presidente do Tribunal a que competir o conhecimento do respectivo recurso suspender a execução da liminar, em decisão fundamentada, da qual caberá agravo para uma das turmas julgadoras, no prazo de cinco dias a partir da publicação do ato.

▶ Arts. 995, parágrafo único, e 1.019, I, do CPC/2015.

§ 2º A multa cominada liminarmente só será exigível do réu após o trânsito em julgado da decisão favorável ao autor, mas será devida desde o dia em que se houver configurado o descumprimento.

Art. 13. Havendo condenação em dinheiro, a indenização pelo dano causado reverterá a um fundo gerido por um Conselho Federal ou por Conselhos Estaduais de que participarão necessariamente o Ministério Público e representantes da comunidade, sendo seus recursos destinados à reconstituição dos bens lesados.

§ 1º Enquanto o fundo não for regulamentado, o dinheiro ficará depositado em estabelecimento oficial de crédito, em conta com correção monetária.

▶ Antigo parágrafo único renumerado para § 1º pela Lei nº 12.288, de 20-7-2010.

▶ Lei nº 9.008, de 21-3-1995, cria, na estrutura organizacional do Ministério da Justiça, o Conselho Federal Gestor do Fundo de Defesa de Direitos Difusos.

▶ Dec. nº 1.306, de 9-11-1994, regulamenta o Fundo de Defesa de Direitos Difusos.

§ 2º Havendo acordo ou condenação com fundamento em dano causado por ato de discriminação étnica nos termos do disposto no art. 1º desta Lei, a prestação em dinheiro reverterá diretamente ao fundo de que trata o *caput* e será utilizada para ações de promoção da igualdade étnica, conforme definição do Conselho Nacional de Promoção da Igualdade Racial, na hipótese de extensão nacional, ou dos Conselhos de Promoção de Igualdade Racial estaduais ou locais, nas hipóteses de danos com extensão regional ou local, respectivamente.

▶ § 2º acrescido pela Lei nº 12.288, de 20-7-2010.

Art. 14. O juiz poderá conferir efeito suspensivo aos recursos, para evitar dano irreparável à parte.

▶ Arts. 995, parágrafo único, e 1.019, I, do CPC/2015.

Art. 15. Decorridos sessenta dias do trânsito em julgado da sentença condenatória, sem que a associação autora lhe promova a execução, deverá fazê-lo o Ministério Público, facultada igual iniciativa aos demais legitimados.

▸ Artigo com a redação dada pela Lei nº 8.078, de 11-9-1990.

Art. 16. A sentença civil fará coisa julgada *erga omnes*, nos limites da competência territorial do órgão prolator, exceto se o pedido for julgado improcedente por insuficiência de provas, hipótese em que qualquer legitimado poderá intentar outra ação com idêntico fundamento, valendo-se de nova prova.

▸ Artigo com a redação dada pela Lei nº 9.494, de 19-9-1997.

▸ Art. 103 do CDC.

▸ Art. 2º-A da Lei nº 9.494, de 10-9-1997, que disciplina a aplicação da tutela antecipada contra a Fazenda Pública.

Art. 17. Em caso de litigância de má-fé, a associação autora e os diretores responsáveis pela propositura da ação serão solidariamente condenados em honorários advocatícios e ao décuplo das custas, sem prejuízo da responsabilidade por perdas e danos.

▸ Artigo com a redação dada pela Lei nº 8.078, de 11-9-1990, retificada no *DOU* de 10-1-2007.

▸ Art. 87, parágrafo único, do CDC.

Art. 18. Nas ações de que trata esta Lei, não haverá adiantamento de custas, emolumentos, honorários periciais e quaisquer outras despesas, nem condenação da associação autora, salvo comprovada má-fé, em honorários de advogado, custas e despesas processuais.

▸ Artigo com a redação dada pela Lei nº 8.078, de 11-9-1990.

▸ Art. 87 do CDC.

Art. 19. Aplica-se à ação civil pública, prevista nesta Lei, o Código de Processo Civil, aprovado pela Lei nº 5.869, de 11 de janeiro de 1973, naquilo em que não contrarie suas disposições.

▸ A Lei nº 13.105, de 16-3-2015 (CPC/2015) revogou a Lei nº 5.869, de 11-1-1973 (CPC/1973) a partir de 1 (um) ano da data de sua publicação, *DOU* 17-3-2015.

Art. 20. O fundo de que trata o artigo 13 desta Lei será regulamentado pelo Poder Executivo no prazo de noventa dias.

▸ Dec. nº 1.306, de 9-11-1994, regulamenta o Fundo de Defesa de Direitos Difusos.

Art. 21. Aplicam-se à defesa dos direitos e interesses difusos, coletivos e individuais, no que for cabível, os dispositivos do Título III da Lei que instituiu o Código de Defesa do Consumidor.

▸ Artigo acrescido pela Lei nº 8.078, de 11-9-1990.

▸ Arts. 81 a 104 do CDC.

Art. 22. Esta Lei entra em vigor na data de sua publicação.

▸ Art. 21 renumerado para art. 22 pela Lei nº 8.078, de 11-9-1990.

Art. 23. Revogam-se as disposições em contrário.

▸ Art. 22 renumerado para art. 23 pela Lei nº 8.078, de 11-9-1990.

Brasília, 24 de julho de 1985;
164º da Independência e
97º da República.

José Sarney

LEI Nº 7.357, DE 2 DE SETEMBRO DE 1985

Dispõe sobre o cheque e dá outras providências.

▸ Publicada no *DOU* de 3-9-1985.

CAPÍTULO I
DA EMISSÃO E DA FORMA DO CHEQUE

Art. 1º O cheque contém:

I – a denominação "cheque" inscrita no contexto do título e expressa na língua em que este é redigido;

II – a ordem incondicional de pagar quantia determinada;

III – o nome do banco ou da instituição financeira que deve pagar (sacado);

IV – a indicação do lugar de pagamento;

V – a indicação da data e do lugar de emissão;

VI – a assinatura do emitente (sacador), ou de seu mandatário com poderes especiais.

▸ Dec. nº 1.240, de 15-9-1994, promulga a Convenção Interamericana sobre Conflitos de Leis em Matéria de Cheques.

Parágrafo único. A assinatura do emitente ou a de seu mandatário com poderes especiais pode ser constituída, na forma de legislação específica, por chancela mecânica ou processo equivalente.

Art. 2º O título a que falte qualquer dos requisitos enumerados no artigo precedente não vale como cheque, salvo nos casos determinados a seguir:

I – na falta de indicação especial, é considerado lugar de pagamento o lugar designado junto ao nome do sacado; se designados vários lugares, o cheque é pagável no primeiro deles; não existindo qualquer indicação, o cheque é pagável no lugar de sua emissão;

II – não indicado o lugar de emissão, considera-se emitido o cheque no lugar indicado junto ao nome do emitente.

Art. 3º O cheque é emitido contra banco, ou instituição financeira que lhe seja equiparada, sob pena de não valer como cheque.

Art. 4º O emitente deve ter fundos disponíveis em poder do sacado e estar autorizado a sobre eles emitir cheque, em virtude de contrato expresso ou tácito. A infração desses preceitos não prejudica a validade do título como cheque.

§ 1º A existência de fundos disponíveis é verificada no momento da apresentação do cheque para pagamento.

§ 2º Consideram-se fundos disponíveis:

a) os créditos constantes de conta-corrente bancária não subordinados a termo;

b) o saldo exigível de conta-corrente contratual;

c) a soma proveniente de abertura de crédito.

Art. 5º VETADO.

Art. 6º O cheque não admite aceite, considerando-se não escrita qualquer declaração com esse sentido.

Art. 7º Pode o sacado, a pedido do emitente ou do portador legitimado, lançar e assinar, no verso do cheque não ao portador e ainda não endossado, visto, certificação ou outra declaração equivalente, datada e por quantia igual à indicada no título.

§ 1º A aposição de visto, certificação ou outra declaração equivalente obriga o sacado a debitar à conta do emitente a quantia indicada no cheque e a reservá-la em benefício do portador legitimado, durante o prazo de apresentação, sem que fiquem exonerados o emitente, endossantes e demais coobrigados.

§ 2º O sacado creditará à conta do emitente a quantia reservada, uma vez vencido o prazo de apresentação; e, antes disso, se o cheque lhe for entregue para inutilização.

Art. 8º Pode-se estipular no cheque que seu pagamento seja feito:

I – a pessoa nomeada, com ou sem cláusula expressa "à ordem";

II – a pessoa nomeada, com a cláusula "não à ordem", ou outra equivalente;

III – ao portador.

Parágrafo único. Vale como cheque ao portador o que não contém indicação do beneficiário e o emitido em favor de pessoa nomeada com a cláusula "ou ao portador", ou expressão equivalente.

Art. 9º O cheque pode ser emitido:

I – à ordem do próprio sacador;

II – por conta de terceiro;

III – contra o próprio banco sacador, desde que não ao portador.

Art. 10. Considera-se não escrita a estipulação de juros inserida no cheque.

Art. 11. O cheque pode ser pagável no domicílio de terceiro, quer na localidade em que o sacado tenha domicílio, quer em outra, desde que o terceiro seja banco.

Art. 12. Feita a indicação da quantia em algarismos e por extenso, prevalece esta no caso de divergência. Indicada a quantia mais de uma vez, quer por extenso, quer por algarismos, prevalece, no caso de divergência, a indicação da menor quantia.

Art. 13. As obrigações contraídas no cheque são autônomas e independentes.

Parágrafo único. A assinatura de pessoa capaz cria obrigações para o signatário, mesmo que o cheque contenha assinatura de pessoas incapazes de se obrigar por cheque, ou assinaturas falsas, ou assinaturas de pessoas fictícias, ou assinaturas que, por qualquer outra razão, não poderiam obrigar as pessoas que assinaram o cheque, ou em nome das quais ele foi assinado.

Art. 14. Obriga-se pessoalmente quem assina cheque como mandatário ou representante, sem ter poderes para tal, ou excedendo os que foram conferidos. Pagando o cheque, tem os mesmos direitos daquele em cujo nome assinou.

Art. 15. O emitente garante o pagamento, considerando-se não escrita a declaração pela qual se exima dessa garantia.

Art. 16. Se o cheque, incompleto no ato da emissão, for completado com inobservância do convencionado com o emitente, tal fato não pode ser oposto ao portador, a não ser que este tenha adquirido o cheque de má-fé.

CAPÍTULO II
DA TRANSMISSÃO

Art. 17. O cheque pagável a pessoa nomeada, com ou sem cláusula expressa "à ordem", é transmissível por via de endosso.

§ 1º O cheque pagável a pessoa nomeada, com a cláusula "não à ordem", ou outra equivalente, só é transmissível pela forma e com os efeitos de cessão.

§ 2º O endosso pode ser feito ao emitente, ou a outro obrigado, que podem novamente endossar o cheque.

Art. 18. O endosso deve ser puro e simples, reputando-se não escrita qualquer condição a que seja subordinado.

§ 1º São nulos o endosso parcial e o do sacado.

§ 2º Vale como em branco o endosso ao portador. O endosso ao sacado vale apenas como quitação, salvo no caso de o sacado ter vários estabelecimentos e o endosso ser feito em favor de estabelecimento diverso daquele contra o qual o cheque foi emitido.

Art. 19. O endosso deve ser lançado no cheque ou na folha de alongamento e assinado pelo endossante, ou seu mandatário com poderes especiais.

§ 1º O endosso pode não designar o endossatário. Consistindo apenas na assinatura do endossante (endosso em branco), só é válido quando lançado no verso do cheque ou na folha de alongamento.

§ 2º A assinatura do endossante, ou a de seu mandatário com poderes especiais, pode ser constituída, na forma de legislação específica, por chancela mecânica, ou processo equivalente.

Art. 20. O endosso transmite todos os direitos resultantes do cheque. Se o endosso é em branco, pode o portador:

I – completá-lo com o seu nome ou com o de outra pessoa;

II – endossar novamente o cheque, em branco ou a outra pessoa;

III – transferir o cheque a um terceiro, sem completar o endosso e sem endossar.

Art. 21. Salvo estipulação em contrário, o endossante garante o pagamento.

Parágrafo único. Pode o endossante proibir novo endosso; neste caso, não garante o pagamento a quem seja o cheque posteriormente endossado.

Art. 22. O detentor de cheque "à ordem" é considerado portador legitimado, se provar seu direito por uma série ininterrupta de endossos, mesmo que o último seja em branco. Para esse efeito, os endossos cancelados são considerados não escritos.

Parágrafo único. Quando um endosso em branco for seguido de outro, entende-se que o signatário deste adquiriu o cheque pelo endosso em branco.

Art. 23. O endosso num cheque passado ao portador torna o endossante responsável, nos termos das disposições que regulam o direito de ação, mas nem por isso converte o título num cheque "à ordem".

Art. 24. Desapossado alguém de um cheque, em virtude de qualquer evento, novo portador legitimado não está obrigado a restituí-lo, se não o adquiriu de má-fé.

Parágrafo único. Sem prejuízo do disposto neste artigo, serão observadas, nos casos de perda, extravio, furto, roubo ou apropriação indébita do cheque, as disposições legais relativas à anulação e substituição de títulos ao portador, no que for aplicável.

Art. 25. Quem for demandado por obrigação resultante de cheque não pode opor ao portador exceções fundadas em relações pessoais com o emitente, ou com os portadores anteriores, salvo se o portador o adquiriu conscientemente em detrimento do devedor.

Art. 26. Quando o endosso contiver a cláusula "valor em cobrança", "para cobrança", "por procuração", ou qualquer outra que implique apenas mandato, o portador pode exercer todos os direitos resultantes do cheque, mas só pode lançar no cheque endosso-mandato. Neste caso, os obrigados somente podem invocar contra o portador as exceções oponíveis ao endossante.

Parágrafo único. O mandato contido no endosso não se extingue por morte do endossante ou por superveniência de sua incapacidade.

Art. 27. O endosso posterior ao protesto, ou declaração equivalente, ou à expiração do prazo de apresentação produz apenas os efeitos de cessão. Salvo prova em contrário, o endosso sem data presume-se anterior ao protesto, ou declaração equivalente, ou à expiração do prazo de apresentação.

Art. 28. O endosso no cheque nominativo, pago pelo banco contra o qual foi sacado, prova o recebimento da respectiva importância pela pessoa a favor da qual foi emitido, e pelos endossantes subsequentes.

Parágrafo único. Se o cheque indica a nota, fatura, conta cambial, imposto lançado ou declarado a cujo pagamento se destina, ou outra causa da sua emissão, o endosso pela pessoa a favor da qual foi emitido e a sua liquidação pelo banco sacado provam a extinção da obrigação indicada.

CAPÍTULO III
DO AVAL

Art. 29. O pagamento do cheque pode ser garantido, no todo ou em parte, por aval prestado por terceiro, exceto o sacado, ou mesmo por signatário do título.

Art. 30. O aval é lançado no cheque ou na folha de alongamento. Exprime-se pelas palavras "*por aval*", ou fórmula equivalente, com a assinatura do avalista. Considera-se como resultante da simples assinatura do avalista, aposta no anverso do cheque, salvo quando se tratar da assinatura do emitente.

Parágrafo único. O aval deve indicar o avalizado. Na falta de indicação, considera-se avalizado o emitente.

Art. 31. O avalista se obriga da mesma maneira que o avalizado. Subsiste sua obrigação, ainda que nula a por ele garantida, salvo se a nulidade resultar de vício de forma.

Parágrafo único. O avalista que paga o cheque adquire todos os direitos dele resultantes contra o avalizado e contra os obrigados para com este em virtude do cheque.

CAPÍTULO IV
DA APRESENTAÇÃO E DO PAGAMENTO

Art. 32. O cheque é pagável à vista. Considera-se não escrita qualquer menção em contrário.

Parágrafo único. O cheque apresentado para pagamento antes do dia indicado como data de emissão é pagável no dia da apresentação.

► Súm. nº 370 do STJ.

Art. 33. O cheque deve ser apresentado para pagamento, a contar do dia da emissão, no prazo de trinta dias, quando emitido no lugar onde houver de ser pago; e de sessenta dias, quando emitido em outro lugar do País ou no exterior.

Parágrafo único. Quando o cheque é emitido entre lugares com calendários diferentes, considera-se como de emissão o dia correspondente do calendário do lugar de pagamento.

Art. 34. A apresentação do cheque à câmara de compensação equivale à apresentação a pagamento.

Art. 35. O emitente do cheque pagável no Brasil pode revogá-lo, mercê de contraordem dada por aviso epistolar, ou por via judicial ou extrajudicial, com as razões motivadoras do ato.

Parágrafo único. A revogação ou contraordem só produz efeito depois de expirado o prazo de apresentação e, não sendo promovida, pode o sacado pagar o cheque até que decorra o prazo de prescrição, nos termos do artigo 59 desta Lei.

Art. 36. Mesmo durante o prazo de apresentação, o emitente e o portador legitimado podem fazer sustar o pagamento, manifestando ao sacado, por escrito, oposição fundada em relevante razão de direito.

§ 1º A oposição do emitente e a revogação ou contraordem se excluem reciprocamente.

§ 2º Não cabe ao sacado julgar da relevância da razão invocada pelo oponente.

Art. 37. A morte do emitente ou sua incapacidade superveniente à emissão não invalidam os efeitos do cheque.

Art. 38. O sacado pode exigir, ao pagar o cheque, que este lhe seja entregue quitado pelo portador.

Parágrafo único. O portador não pode recusar pagamento parcial, e, nesse caso, o sacado pode exigir que esse pagamento conste do cheque e que o portador lhe dê a respectiva quitação.

Art. 39. O sacado que paga cheque "*à ordem*" é obrigado a verificar a regularidade da série de endossos, mas não a autenticidade das assinaturas dos endossantes. A mesma obrigação incumbe ao banco apresentante do cheque a câmara de compensação.

Parágrafo único. Ressalvada a responsabilidade do apresentante, no caso da parte final deste artigo, o banco sacado responde pelo pagamento do cheque falso, falsificado ou alterado, salvo dolo ou culpa do correntista, do endossante ou do beneficiário, dos quais poderá o sacado, no todo ou em parte, reaver o que pagou.

► Súm. nº 28 do STF.

Art. 40. O pagamento se fará à medida em que forem apresentados os cheques e se dois ou mais forem apresentados simultaneamente, sem que os fundos disponíveis bastem para o pagamento de todos, terão preferência os de emissão mais antiga e, se da mesma data, os de número inferior.

Art. 41. O sacado pode pedir explicações ou garantia para pagar cheque mutilado, rasgado ou partido, ou que contenha borrões, emendas e dizeres que não pareçam formalmente normais.

Art. 42. O cheque em moeda estrangeira é pago, no prazo de apresentação, em moeda nacional ao câmbio do dia do pagamento, obedecida a legislação especial.

Parágrafo único. Se o cheque não for pago no ato da apresentação, pode o portador optar entre o câmbio do dia da apresentação e o do dia do pagamento para efeito de conversão em moeda nacional.

Art. 43. VETADO.

CAPÍTULO V
DO CHEQUE CRUZADO

Art. 44. O emitente ou o portador podem cruzar o cheque, mediante a aposição de dois traços paralelos no anverso do título.

§ 1º O cruzamento é geral se entre os dois traços não houver nenhuma indicação ou existir apenas a indicação "banco", ou outra equivalente. O cruzamento é especial se entre os dois traços existir a indicação do nome do banco.

§ 2º O cruzamento geral pode ser convertido em especial, mas este não pode converter-se naquele.

§ 3º A inutilização do cruzamento ou a do nome do banco é reputada como não existente.

Art. 45. O cheque com cruzamento geral só pode ser pago pelo sacado a banco ou a cliente do sacado, mediante crédito em conta. O cheque com cruzamento especial só pode ser pago pelo sacado ao banco indicado, ou, se este for o sacado, a cliente seu, mediante crédito em conta. Pode, entretanto, o banco designado incumbir outro da cobrança.

§ 1º O banco só pode adquirir cheque cruzado de cliente seu ou de outro banco. Só pode cobrá-lo por conta de tais pessoas.

§ 2º O cheque com vários cruzamentos especiais só pode ser pago pelo sacado no caso de dois cruzamentos, um dos quais para cobrança por câmara de compensação.

§ 3º Responde pelo dano, até a concorrência do montante do cheque, o sacado ou o banco portador que não observar as disposições precedentes.

CAPÍTULO VI
DO CHEQUE PARA SER CREDITADO EM CONTA

Art. 46. O emitente ou o portador podem proibir que o cheque seja pago em dinheiro mediante a inscrição transversal, no anverso do título, da cláusula "*para ser creditado em conta*", ou outra equivalente. Nesse caso, o sacado só pode proceder a lançamento contábil (crédito em conta, transferência ou compensação), que vale como pagamento. O depósito do cheque em conta de seu beneficiário dispensa o respectivo endosso.

§ 1º A inutilização da cláusula é considerada como não existente.

§ 2º Responde pelo dano, até a concorrência do montante do cheque, o sacado que não observar as disposições precedentes.

CAPÍTULO VII
DA AÇÃO POR FALTA DE PAGAMENTO

Art. 47. Pode o portador promover a execução do cheque:

- Art. 784, I, do CPC/2015.
- Súm. nº 600 do STF.
- Súm. nº 27 do STJ.

I – contra o emitente e seu avalista;

II – contra os endossantes e seus avalistas, se o cheque apresentado em tempo hábil e a recusa de pagamento é comprovada pelo protesto ou por declaração do sacado, escrita e datada sobre o cheque, com indicação do dia de apresentação, ou, ainda, por declaração escrita e datada por câmara de compensação.

§ 1º Qualquer das declarações previstas neste artigo dispensa o protesto e produz os efeitos deste.

§ 2º Os signatários respondem pelos danos causados por declarações inexatas.

§ 3º O portador que não apresentar o cheque em tempo hábil, ou não comprovar a recusa de pagamento pela forma indicada neste artigo, perde o direito de execução contra o emitente, se este tinha fundos disponíveis durante o prazo de apresentação e os deixou de ter, em razão de fato que não lhe seja imputável.

§ 4º A execução independe do protesto e das declarações previstas neste artigo, se a apresentação ou o pagamento do cheque são obstados pelo fato de o sacado ter sido submetido a intervenção, liquidação extrajudicial ou falência.

Art. 48. O protesto ou as declarações do artigo anterior devem fazer-se no lugar de pagamento ou do domicílio do emitente, antes da expiração do prazo de apresentação. Se esta ocorrer no último dia do prazo, o protesto ou as declarações podem fazer-se no primeiro dia útil seguinte.

§ 1º A entrega do cheque para protesto deve ser prenotada em livro especial e o protesto tirado no prazo de três dias úteis a contar do recebimento do título.

§ 2º O instrumento do protesto, datado e assinado pelo oficial público competente, contém:

a) a transcrição literal do cheque, com todas as declarações nele inseridas, na ordem em que se acham lançadas;

b) a certidão da intimação do emitente, de seu mandatário especial ou representante legal, e as demais pessoas obrigadas no cheque;

c) a resposta dada pelos intimados ou a declaração da falta de resposta;

d) a certidão de não haverem sido encontrados ou de serem desconhecidos o emitente ou os demais obrigados, realizada a intimação, nesse caso, pela imprensa.

§ 3º O instrumento de protesto, depois de registrado em livro próprio, será entregue ao portador legitimado ou àquele que houver efetuado o pagamento.

§ 4º Pago o cheque depois do protesto, pode este ser cancelado, a pedido de qualquer interessado, mediante arquivamento de cópia autenticada da quitação que contenha perfeita identificação do título.

Art. 49. O portador deve dar aviso da falta de pagamento a seu endossante e ao emitente, nos quatro dias úteis seguintes ao do protesto ou das declarações previstas no artigo 47 desta Lei ou, havendo cláusula "sem despesa", ao da apresentação.

§ 1º Cada endossante deve, nos dois dias úteis seguintes ao do recebimento do aviso, comunicar seu teor ao endossante precedente, indicando os nomes e endereços dos que deram os avisos anteriores, e assim por diante, até o emitente, contando-se os prazos do recebimento do aviso precedente.

§ 2º O aviso dado a um obrigado deve estender-se, no mesmo prazo, a seu avalista.

§ 3º Se o endossante não houver indicado seu endereço, ou o tiver feito de forma ilegível, basta o aviso ao endossante que o preceder.

§ 4º O aviso pode ser dado por qualquer forma, até pela simples devolução do cheque.

§ 5º Aquele que estiver obrigado a aviso deverá provar que o deu no prazo estipulado. Considera-se observado o prazo se, dentro dele, houver sido posta no correio a carta de aviso.

§ 6º Não decai do direito de regresso o que deixa de dar o aviso no prazo estabelecido. Responde, porém, pelo dano causado por sua negligência, sem que a indenização exceda o valor do cheque.

Art. 50. O emitente, o endossante e o avalista podem, pela cláusula "sem despesa", "sem protesto", ou outra equivalente, lançada no título e assinada, dispensar o portador, para promover a execução do título, do protesto ou da declaração equivalente.

§ 1º A cláusula não dispensa o portador da apresentação do cheque no prazo estabelecido, nem dos avisos. Incumbe a quem alega a inobservância de prazo a prova respectiva.

§ 2º A cláusula lançada pelo emitente produz efeito em relação a todos os obrigados; a lançada por endossante ou por avalista produz efeito somente em relação ao que lançar.

§ 3º Se, apesar da cláusula lançada pelo emitente, o portador promove o protesto, as despesas correm por sua conta. Por elas respondem todos os obrigados, se a cláusula é lançada por endossante ou avalista.

Art. 51. Todos os obrigados respondem solidariamente para com o portador do cheque.

§ 1º O portador tem o direito de demandar todos os obrigados, individual ou coletivamente, sem estar sujeito a observar a ordem em que se obrigaram. O mesmo direito cabe ao obrigado que pagar o cheque.

§ 2º A ação contra um dos obrigados não impede sejam os outros demandados, mesmo que se tenham obrigado posteriormente àquele.

§ 3º Regem-se pelas normas das obrigações solidárias as relações entre obrigados do mesmo grau.

Art. 52. O portador pode exigir do demandado:

I – a importância do cheque não pago;

II – os juros legais desde o dia da apresentação;

III – as despesas que fez;

IV – a compensação pela perda do valor aquisitivo da moeda, até o embolso das importâncias mencionadas nos itens antecedentes.

Art. 53. Quem paga o cheque pode exigir de seus garantes:

I – a importância integral que pagou;

II – os juros legais, a contar do dia do pagamento;

III – as despesas que fez;

IV – a compensação pela perda do valor aquisitivo da moeda, até o embolso das importâncias mencionadas nos itens antecedentes.

Art. 54. O obrigado contra o qual se promova execução, ou que a esta esteja sujeito, pode exigir, contra pagamento, a entrega do cheque, com o instrumento de protesto ou da declaração equivalente e a conta de juros e despesas quitada.

Parágrafo único. O endossante que pagou o cheque pode cancelar seu endosso e os dos endossantes posteriores.

Art. 55. Quando disposição legal ou caso de força maior impedir a apresentação do cheque, o protesto ou a declaração equivalente nos prazos estabelecidos, consideram-se estes prorrogados.

§ 1º O portador é obrigado a dar aviso imediato da ocorrência de força maior a seu endossante e a fazer menção do aviso dado mediante declaração datada e assinada por ele no cheque ou folha de alongamento. São aplicáveis, quanto ao mais, as disposições do artigo 49 e seus parágrafos desta Lei.

§ 2º Cessado o impedimento, deve o portador, imediatamente, apresentar o cheque para pagamento e, se couber, promover o protesto ou a declaração equivalente.

§ 3º Se o impedimento durar por mais de quinze dias, contados do dia em que o portador, mesmo antes de findo o prazo de apresentação, comunicou a ocorrência de força maior a seu endossante, poderá ser promovida a execução, sem necessidade da apresentação do protesto ou declaração equivalente.

§ 4º Não constituem casos de força maior os fatos puramente pessoais relativos ao portador ou à pessoa por ele incumbida da apresentação do cheque, do protesto ou da obtenção da declaração equivalente.

CAPÍTULO VIII
DA PLURALIDADE DE EXEMPLARES

Art. 56. Excetuado o cheque ao portador, qualquer cheque emitido em um país e pagável em outro pode ser feito em vários exemplares idênticos, que devem ser numerados no próprio texto do título, sob pena de cada exemplar ser considerado cheque distinto.

Art. 57. O pagamento feito contra a apresentação de um exemplar é liberatório, ainda que não estipulado que o pagamento torna sem efeito os outros exemplares.

Parágrafo único. O endossante que transferir os exemplares a diferentes pessoas e os endossantes posteriores respondem por todos os exemplares que assinarem e que não forem restituídos.

CAPÍTULO IX
DAS ALTERAÇÕES

Art. 58. No caso de alteração do texto do cheque, os signatários posteriores à alteração respondem nos termos do texto alterado e os signatários anteriores, nos do texto original.

Parágrafo único. Não sendo possível determinar se a firma foi aposta no título antes ou depois de sua alteração, presume-se que o tenha sido antes.

CAPÍTULO X
DA PRESCRIÇÃO

Art. 59. Prescreve em seis meses, contados da expiração do prazo de apresentação, a ação que o artigo 47 desta Lei assegura ao portador.

Parágrafo único. A ação de regresso de um obrigado ao pagamento do cheque contra outro prescreve em seis meses, contados do dia em que o obrigado pagou o cheque ou do dia em que foi demandado.

Art. 60. A interrupção da prescrição produz efeito somente contra o obrigado em relação ao qual foi promovido o ato interruptivo.

Art. 61. A ação de enriquecimento contra o emitente ou outros obrigados, que se locupletaram injustamente com o não pagamento do cheque, prescreve em dois anos, contados do dia em que se consumar a prescrição prevista no artigo 59 e seu parágrafo desta Lei.

Art. 62. Salvo prova de novação, a emissão ou a transferência do cheque não exclui a ação fundada na relação causal, feita a prova do não pagamento.

CAPÍTULO XI
DOS CONFLITOS DE LEIS EM MATÉRIA DE CHEQUES

Art. 63. Os conflitos de leis em matéria de cheques serão resolvidos de acordo com as normas constantes das Convenções aprovadas, promulgadas e mandadas aplicar no Brasil, na forma prevista pela Constituição Federal.

CAPÍTULO XII
DAS DISPOSIÇÕES GERAIS

Art. 64. A apresentação do cheque, o protesto ou a declaração equivalente só podem ser feitos ou exigidos em dia útil, durante o expediente dos estabelecimentos de crédito, câmaras de compensação e cartórios de protestos.

Parágrafo único. O cômputo dos prazos estabelecidos nesta Lei obedece às disposições do direito comum.

Art. 65. Os efeitos penais da emissão do cheque sem suficiente provisão de fundos, da frustração do pagamento do cheque, da falsidade, da falsificação e da alteração do cheque continuam regidos pela legislação criminal.

- ▸ Art. 171, *caput*, e VI, do CP.
- ▸ Súmulas nºs 246, 521 e 554 do STF.

Art. 66. Os vales ou cheques postais, os cheques de poupança ou assemelhados, e os cheques de viagem regem-se pelas disposições especiais a eles referentes.

Art. 67. A palavra "banco", para os fins desta Lei, designa também a instituição financeira contra a qual a lei admita a emissão de cheque.

Art. 68. Os bancos e casas bancárias poderão fazer prova aos seus depositantes dos cheques por estes sacados, mediante apresentação de cópia fotográfica ou microfotográfica.

Art. 69. Fica ressalvada a competência do Conselho Monetário Nacional, nos termos e nos limites da legislação específica, para expedir normas relativas à matéria bancária relacionada com o cheque.

Parágrafo único. É da competência do Conselho Monetário Nacional:

a) a determinação das normas a que devem obedecer as contas de depósito para que possam ser fornecidos os talões de cheques aos depositantes;

b) a determinação das consequências do uso indevido do cheque, relativamente à conta do depositante;

c) a disciplina das relações entre o sacado e o opoente, na hipótese do artigo 36 desta Lei.

Art. 70. Esta Lei entra em vigor na data de sua publicação.

Art. 71. Revogam-se as disposições em contrário.

Brasília, 2 de setembro de 1985;
164º da Independência e
97º da República.

José Sarney

LEI Nº 7.418, DE 16 DE DEZEMBRO DE 1985

Institui o Vale-Transporte e dá outras providências.

- ▸ Publicada no *DOU* de 17-12-1985.
- ▸ Arts. 106 a 136 do Dec. nº 10.854, de 10-11-2021, que regulamenta disposições relativas à legislação trabalhista.

Art. 1º Fica instituído o Vale-Transporte (VETADO) que o empregador, pessoa física ou jurídica, antecipará ao empregado para utilização efetiva em despesas de deslocamento residência-trabalho e vice-versa, através do sistema de transporte coletivo público, urbano ou intermunicipal e/ou interestadual com características semelhantes aos urbanos, geridos diretamente ou mediante concessão ou permissão de linhas regulares e com tarifas fixadas pela autoridade competente, excluídos os serviços seletivos e os especiais.

§ 1º *Revogado.* MP nº 2.165-36, de 23-8-2001.

§ 2º *Revogado.* Lei nº 7.619, de 30-9-1987.

- ▸ O art. 2º original foi revogado pela Lei nº 7.619, de 30-9-1987, que também determinou a renumeração dos demais artigos, na ordem que se segue.

Art. 2º O Vale-Transporte, concedido nas condições e limites definidos nesta Lei, no que se refere à contribuição do empregador:

a) não tem natureza salarial, nem se incorpora à remuneração para quaisquer efeitos;

b) não constitui base de incidência de contribuição previdenciária ou de Fundo de Garantia por Tempo de Serviço;

c) não se configura como rendimento tributável do trabalhador.

Art. 3º *Revogado.* Lei nº 9.532, de 10-12-1997.

Art. 4º A concessão do benefício ora instituído implica a aquisição pelo empregador dos Vales-Transporte necessários aos deslocamentos do trabalhador no percurso residência-trabalho e vice-versa, no serviço de transporte que melhor se adequar.

Parágrafo único. O empregador participará dos gastos de deslocamento do trabalhador com a ajuda de custo equivalente à parcela que exceder a seis por cento de seu salário básico.

- ▸ Os efeitos deste artigo foram restabelecidos pelo parágrafo único do art. 10 da MP nº 2.189-49, de 23-8-2001, que até o encerramento desta edição não havia sido convertida em Lei.

Art. 5º A empresa operadora do sistema de transporte coletivo público fica obrigada a emitir e a comercializar o Vale-Transporte, ao preço da tarifa vigente, colocando-o à disposição dos empregadores em geral e assumindo os custos dessa obrigação, sem repassá-los para a tarifa dos serviços.

§ 1º Nas regiões metropolitanas, aglomerações urbanas e microrregiões, será instalado, pelo menos, um posto de vendas para cada grupo de cem mil habitantes na localidade, que comercializarão todos os tipos de Vale-Transporte.

§ 2º Fica facultado à empresa operadora delegar a emissão e a comercialização do Vale-Transporte, bem como consorciar-se em central de vendas, para efeito de cumprimento do disposto nesta Lei.

§ 3º Para fins de cálculo do valor do Vale-Transporte, será adotada a tarifa integral do deslocamento do trabalhador, sem descontos, mesmo que previstos na legislação local.

Art. 6º O poder concedente fixará as sanções a serem aplicadas à empresa operadora que comercializar o vale diretamente ou através de delegação, no caso de falta ou insuficiência de estoque de Vales-Transporte necessários ao atendimento da demanda e ao funcionamento do sistema.

Art. 7º Ficam resguardados os direitos adquiridos do trabalhador, se superiores aos instituídos nesta Lei, vedada a cumulação de vantagens.

Art. 8º Asseguram-se os benefícios desta Lei ao empregador que proporcionar, por meios próprios ou contratados, em veículos adequados ao transporte coletivo, o deslocamento integral de seus trabalhadores.

Art. 9º Os Vales-Transporte anteriores perdem sua validade decorridos trinta dias da data de reajuste tarifário.

Art. 10. O Poder Executivo regulamentará a presente Lei no prazo de quarenta e cinco dias.

Art. 11. Esta Lei entra em vigor na data de sua publicação.

Art. 12. Revogam-se as disposições em contrário.

Brasília, 16 de dezembro de 1985;
164º da Independência e
97º da República.

José Sarney

LEI Nº 7.492, DE 16 DE JUNHO DE 1986

Define os crimes contra o sistema financeiro nacional e dá outras providências.

▸ Publicada no *DOU* de 18-6-1986.

▸ Art. 2º, § 4º, da Lei nº 8.072, de 25-7-1990 (Lei dos Crimes Hediondos).

Art. 1º Considera-se instituição financeira, para efeito desta Lei, a pessoa jurídica de direito público ou privado, que tenha como atividade principal ou acessória, cumulativamente ou não, a captação, intermediação ou aplicação de recursos financeiros (VETADO) de terceiros, em moeda nacional ou estrangeira, ou a custódia, emissão, distribuição, negociação, intermediação ou administração de valores mobiliários.

Parágrafo único. Equipara-se à instituição financeira:

I – a pessoa jurídica que capte ou administre seguros, câmbio, consórcio, capitalização ou qualquer tipo de poupança, ou recursos de terceiros;

I-A – a pessoa jurídica que ofereça serviços referentes a operações com ativos virtuais, inclusive intermediação, negociação ou custódia;

▸ Inciso I-A acrescido pela Lei nº 14.478, de 21-12-2022.

II – a pessoa natural que exerça quaisquer das atividades referidas neste artigo, ainda que de forma eventual.

Dos crimes contra o sistema financeiro nacional

Art. 2º Imprimir, reproduzir ou, de qualquer modo, fabricar ou pôr em circulação, sem autorização escrita da sociedade emissora, certificado, cautela ou outro documento representativo de título ou valor mobiliário:

▸ Art. 297, § 2º, do CP.

Pena – reclusão, de dois a oito anos, e multa.

Parágrafo único. Incorre na mesma pena quem imprime, fabrica, divulga, distribui ou faz distribuir prospecto ou material de propaganda relativo aos papéis referidos neste artigo.

Art. 3º Divulgar informação falsa ou prejudicialmente incompleta sobre instituição financeira:

▸ Art. 170 da Lei nº 11.101, de 9-2-2005 (Lei de Recuperação de Empresas e Falências).

Pena – reclusão, de dois a seis anos, e multa.

Art. 4º Gerir fraudulentamente instituição financeira:

▸ Art. 3º, IX, da Lei nº 1.521, de 26-12-1951 (Lei dos Crimes Contra a Economia Popular).

Pena – reclusão, de três a doze anos, e multa.

Parágrafo único. Se a gestão é temerária:

Pena – reclusão, de dois a oito anos, e multa.

Art. 5º Apropriar-se, quaisquer das pessoas mencionadas no artigo 25 desta Lei, de dinheiro, título, valor ou qualquer outro bem móvel de que tem a posse, ou desviá-lo em proveito próprio ou alheio:

▸ Arts. 168 e 312 do CP.

Pena – reclusão, de dois a seis anos, e multa.

Parágrafo único. Incorre na mesma pena qualquer das pessoas mencionadas no artigo 25 desta Lei, que negociar direito, título ou qualquer outro bem móvel ou imóvel de que tem a posse, sem autorização de quem de direito.

▸ Art. 171, § 2º, I, do CP.

Art. 6º Induzir ou manter em erro sócio, investidor ou repartição pública competente, relativamente a operação ou situação financeira, sonegando-lhe informação ou prestando-a falsamente:

▸ Art. 171 do CP.

Pena – reclusão, de dois a seis anos, e multa.

Art. 7º Emitir, oferecer ou negociar, de qualquer modo, títulos ou valores mobiliários:

I – falsos ou falsificados;

II – sem registro prévio de emissão junto à autoridade competente, em condições divergentes das constantes do registro ou irregularmente registrados;

III – sem lastro ou garantia suficientes, nos termos da legislação;

IV – sem autorização prévia da autoridade competente, quando legalmente exigida:

Pena – reclusão, de dois a oito anos, e multa.

Art. 8º Exigir, em desacordo com a legislação (VETADO), juro, comissão ou qualquer tipo de remuneração sobre operação de crédito ou de seguro, administração de fundo mútuo ou fiscal ou de consórcio, serviço de corretagem ou distribuição de títulos ou valores mobiliários:

Pena – reclusão, de um a quatro anos, e multa.

Art. 9º Fraudar a fiscalização ou o investidor, inserindo ou fazendo inserir, em documento comprobatório de investimento em títulos ou valores mobiliários, declaração falsa ou diversa da que dele deveria constar:

▸ Art. 299 do CP.

Pena – reclusão, de um a cinco anos, e multa.

Art. 10. Fazer inserir elemento falso ou omitir elemento exigido pela legislação, em demonstrativos contábeis de instituição financeira, seguradora ou instituição integrante do sistema de distribuição de títulos de valores mobiliários:

▸ Art. 299 do CP.

Pena – reclusão, de um a cinco anos, e multa.

Art. 11. Manter ou movimentar recurso ou valor paralelamente à contabilidade exigida pela legislação:

Pena – reclusão, de um a cinco anos, e multa.

Art. 12. Deixar, o ex-administrador de instituição financeira, de apresentar, ao interventor, liquidante, ou síndico, nos prazos e condições estabelecidas em Lei as informações, declarações ou documentos de sua responsabilidade:

Pena – reclusão, de um a quatro anos, e multa.

Art. 13. Desviar (VETADO) bem alcançado pela indisponibilidade legal resultante de intervenção, liquidação extrajudicial ou falência de instituição financeira.

Pena – reclusão, de dois a seis anos, e multa.

Parágrafo único. Na mesma pena incorre o interventor, o liquidante ou o síndico que se apropriar de bem abrangido pelo *caput* deste artigo, ou desviá-lo em proveito próprio ou alheio.

Art. 14. Apresentar, em liquidação extrajudicial, ou em falência de instituição financeira, declaração de crédito ou reclamação falsa, ou juntar a elas título falso ou simulado:

▸ Art. 304 do CP.

Pena – reclusão, de dois a oito anos, e multa.

Parágrafo único. Na mesma pena incorre o ex-administrador ou falido que reconhecer, como verdadeiro, crédito que não o seja.

Art. 15. Manifestar-se falsamente o interventor, o liquidante ou o síndico (VETADO) a respeito de assunto relativo a intervenção, liquidação extrajudicial ou falência de instituição financeira:

Pena – reclusão, de dois a oito anos, e multa.

Art. 16. Fazer operar, sem a devida autorização, ou com autorização obtida mediante declaração (VETADO) falsa, instituição financeira, inclusive de distribuição de valores mobiliários ou de câmbio:

Pena – reclusão, de um a quatro anos, e multa.

Art. 17. Tomar ou receber crédito, na qualidade de qualquer das pessoas mencionadas no art. 25, ou deferir operações de crédito vedadas, observado o disposto no art. 34 da Lei nº 4.595, de 31 de dezembro de 1964:

▸ *Caput* com a redação dada pela Lei nº 13.506, de 13-11-2017.

Pena – reclusão, de dois a seis anos, e multa.

Parágrafo único. Incorre na mesma pena quem:

I – em nome próprio, como controlador ou na condição de administrador da sociedade, conceder ou receber adiantamento de honorários, remuneração, salário ou qualquer outro pagamento, nas condições referidas neste artigo;

II – de forma disfarçada, promover a distribuição ou receber lucros de instituição financeira.

Art. 18. Violar sigilo de operação ou de serviço prestado por instituição financeira ou integrante do sistema de distribuição de títulos mobiliários de que tenha conhecimento, em razão de ofício:

▸ Art. 154 do CP.

Pena – reclusão, de um a quatro anos, e multa.

Art. 19. Obter, mediante fraude, financiamento em instituição financeira:

Pena – reclusão, de dois a seis anos, e multa.

Parágrafo único. A pena é aumentada de um terço se o crime é cometido em detrimento de instituição financeira oficial ou por ela credenciada para o repasse de financiamento.

Art. 20. Aplicar, em finalidade diversa da prevista em lei ou contrato, recursos provenientes de financiamento concedido por instituição financeira oficial ou por instituição credenciada para repassá-lo:

▸ Art. 315 do CP.

Pena – reclusão, de dois a seis anos, e multa.

Art. 21. Atribuir-se, ou atribuir a terceiro, falsa identidade, para realização de operação de câmbio:

▸ Art. 307 do CP.

Pena – detenção, de um a quatro anos, e multa.

Parágrafo único. Incorre na mesma pena quem, para o mesmo fim, sonega informação que devia prestar ou presta informação falsa.

Art. 22. Efetuar operação de câmbio não autorizada, com o fim de promover evasão de divisas do País:

Pena – reclusão, de dois a seis anos, e multa.

Parágrafo único. Incorre na mesma pena quem, a qualquer título, promove, sem autorização legal, a saída de moeda ou divisa para o exterior, ou nele mantiver depósitos não declarados à repartição federal competente.

Art. 23. Omitir, retardar ou praticar, o funcionário público, contra disposição expressa de Lei, ato de ofício necessário ou regular funcionamento do sistema financeiro nacional, bem como a preservação dos interesses e valores da ordem econômico-financeira:

▸ Art. 319 do CP.

Pena – reclusão, de um a quatro anos, e multa.

Art. 24. VETADO.

Da aplicação e do procedimento criminal

Art. 25. São penalmente responsáveis, nos termos desta Lei, o controlador e os administradores de instituição financeira, assim considerados os diretores, gerentes (VETADO).

§ 1º Equiparam-se aos administradores de instituição financeira (VETADO) o interventor, o liquidante ou o síndico.

▸ Parágrafo único transformado em § 1º pela Lei nº 9.080, de 19-7-1995.

▸ Arts. 21 a 25 da Lei nº 11.101, de 9-2-2005 (Lei de Recuperação de Empresas e Falências).

§ 2º Nos crimes previstos nesta Lei, cometidos em quadrilha ou coautoria, o coautor ou partícipe que através de confissão espontânea revelar à autoridade policial ou judicial toda a trama delituosa terá a sua pena reduzida de um a dois terços.

▸ § 2º acrescido pela Lei nº 9.080, de 19-7-1995.

Art. 26. A ação penal, nos crimes previstos nesta Lei, será promovida pelo Ministério Público Federal, perante a Justiça Federal.

▸ Arts. 109, VI, e 129, I, da CF.

Parágrafo único. Sem prejuízo do disposto no artigo 268 do Código de Processo Penal, aprovado pelo Decreto-Lei nº 3.689, de 3 de outubro de 1941, será admitida a assistência da Comissão de Valores Mobiliários – CVM, quando o crime tiver sido praticado no âmbito de atividade sujeita à disciplina e à fiscalização dessa Autarquia, e do Banco Central do Brasil quando, fora daquela hipótese, houver sido cometido na órbita de atividade sujeita à sua disciplina e fiscalização.

Art. 27. Quando a denúncia não for intentada no prazo legal, o ofendido poderá representar ao Procurador-Geral da República, para que este a ofereça, designe outro órgão do Ministério Público para oferecê-la ou determine o arquivamento das peças de informação recebidas.

Art. 28. Quando, no exercício de suas atribuições legais, o Banco Central do Brasil ou a Comissão de Valores Mobiliários – CVM, verificar a ocorrência de crime previsto nesta Lei, disso deverá informar ao Ministério Público Federal, enviando-lhe os documentos necessários à comprovação do fato.

Parágrafo único. A conduta de que trata este artigo será observada pelo interventor, liquidante ou síndico que, no curso de intervenção, liquidação extrajudicial ou falência, verificar a ocorrência de crime de que trata esta Lei.

Art. 29. O órgão do Ministério Público Federal, sempre que julgar necessário, poderá requisitar, a qualquer autoridade, informação, documento ou diligência relativa à prova dos crimes previstos nesta Lei.

▸ Art. 129, VIII, da CF.

Parágrafo único. O sigilo dos serviços e operações financeiras não pode ser invocado como óbice ao atendimento da requisição prevista no *caput* deste artigo.

Art. 30. Sem prejuízo do disposto no artigo 312 do Código de Processo Penal, aprovado pelo Decreto-Lei nº 3.689, de 3 de outubro de 1941, a prisão preventiva do acusado da prática de crime previsto nesta Lei poderá ser decretada em razão da magnitude da lesão causada (VETADO).

▸ Art. 26 desta Lei.

Art. 31. Nos crimes previstos nesta Lei e punidos com pena de reclusão, o réu não poderá prestar fiança, nem apelar antes de ser recolhido à prisão, ainda que primário e de bons antecedentes, se estiver configurada situação que autoriza a prisão preventiva.

▸ Arts. 311 a 316 do CPP.

Art. 32. VETADO.

§§ 1º a 3º VETADOS.

Art. 33. Na fixação da pena de multa relativa aos crimes previstos nesta Lei, o limite a que se refere o § 1º do artigo 49 do Código Penal, aprovado pelo Decreto-Lei nº 2.848, de 7 de dezembro de 1940, pode ser estendido até o décuplo, se verificada a situação nele cogitada.

Art. 34. Esta Lei entra em vigor na data de sua publicação.

Art. 35. Revogam-se as disposições em contrário.

Brasília, em 16 de junho de 1986;
165º da Independência e
98º da República.

José Sarney

DECRETO-LEI Nº 2.321, DE 25 DE FEVEREIRO DE 1987

Institui, em defesa das finanças públicas, regime de administração especial temporária, nas instituições financeiras privadas e públicas não federais, e dá outras providências.

▸ Publicado no *DOU* de 26-2-1987 e republicado no *DOU* de 27-4-1987.

▸ Lei nº 6.024, de 13-3-1974 (Lei das Intervenções e Liquidações Extrajudiciais de Instituições Financeiras).

▸ Lei nº 9.447, de 14-3-1997, dispõe sobre a responsabilidade solidária de controladores de instituições submetidas à intervenção, liquidação extrajudicial e regime de administração especial temporária.

Art. 1º O Banco Central do Brasil poderá decretar regime de administração especial temporária, na forma regulada por este Decreto-Lei, nas instituições financeiras privadas e públicas não federais, autorizadas a funcionar nos termos da Lei nº 4.595, de 31 de dezembro de 1964, quando nelas verificar:

a) prática reiterada de operações contrárias às diretrizes de política econômica ou financeira traçadas em lei federal;

b) existência de passivo a descoberto;

c) descumprimento das normas referentes à conta de Reservas Bancárias mantida no Banco Central do Brasil;

d) gestão temerária ou fraudulenta de seus administradores;

e) ocorrência de qualquer das situações descritas no artigo 2º da Lei nº 6.024, de 13 de março de 1974.

Parágrafo único. A duração da administração especial será fixada no ato que a decretar, podendo ser prorrogada, se absolutamente necessário, por período não superior ao primeiro.

Art. 2º A decretação da administração especial temporária não afetará o curso regular dos negócios da entidade nem seu normal funcionamento e produzirá, de imediato, a perda do mandato dos administradores e membros do Conselho Fiscal da instituição.

Art. 3º A administração especial temporária será executada por um conselho diretor, nomeado pelo Banco Central do Brasil, com plenos poderes de gestão, constituído de tantos membros quantos julgados necessários para a condução dos negócios sociais.

§ 1º Ao conselho diretor competirá, com exclusividade, a convocação da assembleia-geral.

§ 2º Os membros do conselho diretor poderão ser destituídos a qualquer tempo pelo Banco Central do Brasil.

§ 3º Dependerão de prévia e expressa autorização do Banco Central do Brasil os atos que, não caracterizados como de gestão ordinária, impliquem disposição ou oneração do patrimônio da sociedade.

Art. 4º Os membros do conselho diretor assumirão, de imediato, as respectivas funções, independentemente da publicação do ato de nomeação, mediante termo lavrado no livro de atas da Diretoria, com a transcrição do ato que houver decretado o regime de administração especial temporária e do que os tenha nomeado.

Art. 5º Ao assumir suas funções, incumbirá ao conselho diretor:

a) eleger, dentre seus membros, o Presidente;
b) estabelecer as atribuições e poderes de cada um de seus membros, bem como as matérias que serão objeto de deliberação colegiada; e
c) adotar as providências constantes dos artigos 9º, 10 e 11 da Lei nº 6.024, de 13 de março de 1974.

Art. 6º Das decisões do conselho diretor caberá recurso, sem efeito suspensivo, dentro de 10 (dez) dias da respectiva ciência, para o Banco Central do Brasil, em única instância.

Parágrafo único. O recurso, entregue mediante protocolo, será dirigido ao conselho diretor, que o informará e o encaminhará dentro de 5 (cinco) dias ao Banco Central do Brasil.

Art. 7º O conselho diretor prestará contas ao Banco Central do Brasil, independentemente de qualquer exigência, no momento em que cessar o regime especial, ou, a qualquer tempo, quando solicitado.

Art. 8º Poderá o Banco Central do Brasil atribuir, a pessoas jurídicas com especialização na área, a administração especial temporária de que trata este Decreto-Lei.

Art. 9º Uma vez decretado o regime de que trata este Decreto-Lei, fica o Banco Central do Brasil autorizado a utilizar recursos da Reserva Monetária visando ao saneamento econômico-financeiro da instituição.

Parágrafo único. Não havendo recursos suficientes na conta da Reserva Monetária, o Banco Central do Brasil os adiantará, devendo o valor de tais adiantamentos constar obrigatoriamente da proposta da lei orçamentária do exercício subsequente.

Art. 10. Os valores sacados à conta da Reserva Monetária serão aplicados no pagamento de obrigações das instituições submetidas ao regime deste Decreto-Lei, mediante cessão e transferência dos correspondentes créditos, direitos e ações, a serem efetivadas pelos respectivos titulares ao Banco Central do Brasil, e serão garantidos, nos termos de contrato a ser firmado, com a instituição beneficiária:

a) pela caução de notas promissórias, letras de câmbio, duplicatas, ações, debêntures, créditos hipotecários e pignoratícios, contratos de contas-correntes devedoras com saldo devidamente reconhecido e títulos da dívida pública federal;
b) pela hipoteca legal, independentemente de especialização, que este Decreto-Lei concede ao Banco Central do Brasil, dos imóveis pertencentes às instituições beneficiárias e por elas destinados à instalação de suas sedes e filiais;
c) pela hipoteca convencional de outros imóveis pertencentes às instituições beneficiárias ou a terceiros.

§ 1º Os títulos, documentos e valores dados em caução considerar-se-ão transferidos, por tradição simbólica, à posse do Banco Central do Brasil, desde que estejam relacionados e descritos em termo de tradição lavrado em instrumento avulso assinado pelas partes e copiado em livro especial para esse fim aberto e rubricado pela autoridade competente do Banco Central do Brasil.

§ 2º O Banco Central do Brasil, quando entender necessário, poderá exigir a entrega dos títulos, documentos e valores caucionados e, quando recusada, mediante simples petição, acompanhada de certidão do termo de tradição, promover judicialmente a sua apreensão total ou parcial.

Art. 11. À vista de relatório ou de proposta do conselho diretor, o Banco Central do Brasil poderá:

a) autorizar a transformação, a incorporação, a fusão, a cisão ou a transferência do controle acionário da instituição, em face das condições de garantia apresentadas pelos interessados;
b) propor a desapropriação, por necessidade ou utilidade pública ou por interesse social, das ações do capital social da instituição;
c) decretar a liquidação extrajudicial da instituição.

▶ Alínea *c* acrescida pelo Dec.-lei nº 2.327, de 24-4-1987.

Art. 12. Na hipótese da letra *b* do artigo anterior, fica o Poder Executivo autorizado a promover a desapropriação ali referida.

§ 1º A União Federal será, desde logo, imitida na posse das ações desapropriadas, mediante depósito de seu valor patrimonial, apurado em balanço levantado pelo conselho diretor, que terá por data base o dia da decretação da administração especial temporária.

§ 2º Na instituição em que o patrimônio líquido for negativo, o valor do depósito previsto no parágrafo anterior será simbólico e fixado no decreto expropriatório.

Art. 13. A União Federal, uma vez imitida na posse das ações, exercerá todos os direitos inerentes à condição de acionista, inclusive o de preferência, que poderá ceder, para subscrição de aumento de capital e o de votar, em assembleia-geral, a redução ou elevação do capital social, o agrupamento ou o desdobramento de ações, a transformação, incorporação, fusão ou cisão da sociedade, e quaisquer outras medidas julgadas necessárias ao saneamento financeiro da sociedade e ao seu regular funcionamento.

Art. 14. O regime de que trata este Decreto-Lei cessará:

a) se a União Federal assumir o controle acionário da instituição, na forma do artigo 11, letra *b*;
b) nos casos de transformação, incorporação, fusão, cisão ou de transferência do controle acionário da instituição;
c) quando, a critério do Banco Central do Brasil, a situação da instituição se houver normalizado;
d) pela decretação da liquidação extrajudicial da instituição.

▶ Alínea *d* acrescida pelo Dec.-lei nº 2.327, de 24-4-1987.

§ 1º Para os fins previstos neste Decreto-Lei, a União Federal será representada, nos atos que lhe competir, pelo Banco Central do Brasil.

§ 2º O Banco Central do Brasil adotará as medidas necessárias à recuperação integral dos recursos aplicados na instituição, com base no artigo 9º deste Decreto-Lei, e estabelecerá, se for o caso, a forma, prazo e demais condições para o seu resgate.

§ 3º Decretada a liquidação extrajudicial da instituição, tomar-se-á como data base, para todos os efeitos, inclusive a apuração da responsabilidade dos ex-administradores, a data de decretação do regime de administração especial temporária.

▶ § 3º acrescido pelo Dec.-lei nº 2.327, de 24-4-1987.

Art. 15. Decretado o regime de administração especial temporária, respondem solidariamente com os ex-administradores da instituição pelas obrigações por esta assumidas, as pessoas naturais ou jurídicas que com ela mantenham vínculo de controle, independentemente da apuração de dolo ou culpa.

§ 1º Há vínculo de controle quando, alternativa ou cumulativamente, a instituição e as pessoas jurídicas mencionadas neste artigo estão sob controle comum; quando sejam, entre si, controladoras ou controladas, ou quando qualquer delas, diretamente ou através de sociedades por ela controladas, é titular de direitos de sócio que lhe assegurem, de modo permanente, preponderância nas deliberações sociais e o poder de eleger a maioria dos administradores da instituição.

§ 2º A responsabilidade solidária decorrente do vínculo de controle se circunscreve ao montante do passivo a descoberto da instituição, apurado em balanço que terá por data base o dia da decretação do regime de que trata este Decreto-Lei.

Art. 16. O inciso IX, do artigo 10, da Lei nº 4.595, de 31 de dezembro de 1964, fica acrescido da alínea *g*, com a seguinte redação:

▶ Alterações inseridas no texto da referida Lei.

Art. 17. O artigo 11 da Lei nº 4.595, de 31 de dezembro de 1964, fica acrescido de § 1º com a seguinte redação, renumerado para 2º o atual parágrafo único.

▶ Alterações inseridas no texto da referida Lei.

Art. 18. O Banco Central promoverá a responsabilidade, com pena de demissão, do funcionário ou Diretor que permitir o descumprimento das normas referentes à conta de Reservas Bancárias.

Art. 19. Aplicam-se à administração especial temporária regulada por este Decreto-Lei as disposições da Lei nº 6.024, de 13 de março de 1974, que com ele não colidirem e, em especial, as medidas acautelatórias e promotoras da responsabilidade dos ex-administradores.

Art. 20. Este Decreto-Lei entra em vigor na data de sua publicação.

Art. 21. Revogam-se as disposições em contrário.

Brasília, 25 de fevereiro de 1987;
166º da Independência e
99º da República.

José Sarney

LEI Nº 7.689, DE 15 DE DEZEMBRO DE 1988

Institui contribuição social sobre o lucro das pessoas jurídicas, e dá outras providências.

▸ Publicada no *DOU* de 16-12-1988.

Art. 1º Fica instituída contribuição social sobre o lucro das pessoas jurídicas, destinada ao financiamento da seguridade social.

▸ Art. 195, I, *c*, da CF.

▸ Art. 18, I, da Lei nº 10.522, de 19-7-2002, que dispõe sobre o Cadastro Informativo dos créditos não quitados de órgãos e entidades federais.

▸ Art. 6º da MP nº 2.158-35, de 24-8-2001, que altera a legislação das contribuições para a COFINS e para o PIS/PASEP, e do IR, e até o encerramento desta edição não havia sido convertida em Lei.

Art. 2º A base de cálculo da contribuição é o valor do resultado do exercício, antes da provisão para o Imposto sobre a Renda.

§ 1º Para efeito do disposto neste artigo:

a) será considerado o resultado do período base encerrado em 31 de dezembro de cada ano;

b) no caso de incorporação, fusão, cisão ou encerramento de atividades, a base de cálculo é o resultado apurado no respectivo balanço;

c) o resultado do período base, apurado com observância da legislação comercial, será ajustado pela:

▸ Alínea *c* com a redação dada pela Lei nº 8.034, de 12-4-1990.

1 – adição do resultado negativo da avaliação de investimentos pelo valor de patrimônio líquido;

2 – adição do valor de reserva de reavaliação, baixado durante o período base, cuja contrapartida não tenha sido computada no resultado do período base;

3 – adição do valor das provisões não dedutíveis da determinação do lucro real, exceto a provisão para o imposto de renda;

4 – exclusão do resultado positivo da avaliação de investimentos pelo valor de patrimônio líquido;

5 – exclusão dos lucros e dividendos derivados de participações societárias em pessoas jurídicas domiciliadas no Brasil que tenham sido computados como receita;

▸ Item 5 com a redação dada pela Lei nº 12.973, de 13-5-2014.

6 – exclusão do valor, corrigido monetariamente, das provisões adicionadas na forma do item 3, que tenham sido baixadas no curso de período base.

§ 2º No caso de pessoa jurídica desobrigada de escrituração contábil, a base de cálculo da contribuição corresponderá a dez por cento da receita bruta auferida no período de 1º de janeiro a 31 de dezembro de cada ano, ressalvado o disposto na alínea *b* do parágrafo anterior.

Art. 3º A alíquota da contribuição é de:

▸ *Caput* com a redação dada pela Lei nº 11.727, de 23-6-2008.

I – *15% (quinze por cento), no caso das pessoas jurídicas de seguros privados, das instituições de pagamento, nos termos do disposto na Lei nº 12.865, de 9 de outubro de 2013, e das pessoas jurídicas referidas no art. 1º, § 1º, incisos II, III e V a XIII, da Lei Complementar nº 105, de 10 de janeiro de 2001;*

▸ Inciso I com a redação dada pela MP nº 1.303, de 11-6-2025, que até o encerramento desta edição não havia sido convertida em lei.

II – *Revogado*. Lei nº 14.183, de 14-7-2021;

II-A – *20% (vinte por cento), no caso das pessoas jurídicas referidas no art. 1º, § 1º, incisos I e IV, da Lei Complementar nº 105, de 10 de janeiro de 2001, e das pessoas jurídicas de capitalização; e*

▸ Inciso II-A com a redação dada pela MP nº 1.303, de 11-6-2025, que até o encerramento desta edição não havia sido convertida em lei.

III – 9% (nove por cento), no caso das demais pessoas jurídicas.

▸ Inciso III com a redação dada pela Lei nº 13.169, de 6-10-2015.

Parágrafo único. As alíquotas da contribuição de que tratam os incisos I e II-A do *caput* deste artigo serão de 16% (dezesseis por cento) e de 21% (vinte e um por cento), respectivamente, até 31 de dezembro de 2022.

▸ Parágrafo único acrescido pela Lei nº 14.446, de 2-9-2022.

Art. 4º São contribuintes as pessoas jurídicas estabelecidas no País e as que lhe são equiparadas pela legislação tributária, ressalvadas as vedadas na alínea *b* do inciso VI do *caput* do art. 150 da Constituição Federal, na forma restritiva prevista no § 4º do mesmo artigo.

▸ *Caput* com a redação dada pela Lei nº 14.057, de 11-9-2020, promulgado nos termos do art. 66, § 5º, da CF (*DOU* de 26-3-2021 – edição extra D).

Parágrafo único. Conforme previsto nos arts. 106 e 110 da Lei nº 5.172, de 25 de outubro de 1966 (Código Tributário Nacional), passam a ser consideradas nulas as autuações feitas em descumprimento do previsto no *caput* deste artigo, em desrespeito ao disposto na alínea *b* do inciso VI do *caput* do art. 150 da Constituição Federal, na forma restritiva prevista no § 4º do mesmo artigo.

▸ Parágrafo único acrescido pela Lei nº 14.057, de 11-9-2020, promulgado nos termos do art. 66, § 5º, da CF (*DOU* de 26-3-2021 – edição extra D).

Art. 5º A contribuição social será convertida em número de Obrigações do Tesouro Nacional – OTN, mediante a divisão de seu valor em cruzados pelo valor de uma OTN, vigente no mês de encerramento do período base de sua apuração.

§ 1º A contribuição será paga em seis prestações mensais iguais e consecutivas, expressas em número de OTN, vencíveis no último dia útil de abril a setembro de cada exercício financeiro.

§ 2º No caso do artigo 2º, § 1º, alínea *b*, a contribuição social deverá ser paga até o último dia útil do mês subsequente ao da incorporação, fusão, cisão ou encerramento de atividades.

§ 3º Os valores da contribuição social e de cada parcela serão expressos em número de OTN até a segunda casa decimal quando resultarem fracionários, abandonando-se as demais.

§ 4º Nenhuma parcela, exceto parcela única, será inferior ao valor de dez OTN.

§ 5º O valor em cruzados de cada parcela será determinado mediante a multiplicação de seu valor, expresso em número de OTN, pelo valor da OTN no mês de seu pagamento.

Art. 6º A administração e fiscalização da contribuição social de que trata esta Lei compete à Secretaria da Receita Federal.

Parágrafo único. Aplicam-se à contribuição social, no que couber, as disposições da legislação do Imposto sobre a Renda referentes à administração, ao lançamento, à consulta, à cobrança, às penalidades, às garantias e ao processo administrativo.

Art. 7º Os órgãos da Secretaria da Receita Federal enviarão às Procuradorias da Fazenda Nacional os demonstrativos de débitos da contribuição de que trata esta Lei, para fins de apuração e inscrição em Dívida Ativa da União.

§ 1º Os débitos de que trata este artigo poderão, sem prejuízo da respectiva liquidez e certeza, ser inscritos em Dívida Ativa pelo valor expresso em OTN.

§ 2º Far-se-á a conversão do débito na forma prevista no parágrafo anterior com base no valor da OTN no mês de seu vencimento.

Art. 8º A contribuição social será devida a partir do resultado apurado no período-base a ser encerrado em 31 de dezembro de 1988.

▸ Res. do Senado Federal nº 11, de 4-4-1995, suspende a execução deste artigo.

▸ O STF, por unanimidade de votos, julgou parcialmente procedente a ADI nº 15-2, para declarar a inconstitucionalidade deste artigo (*DOU* de 21-6-2007).

Art. 9º Ficam mantidas as contribuições previstas na legislação em vigor, incidentes sobre a folha de salários e a de que trata o Decreto-Lei nº 1.940, de 25 de maio de 1982, e alterações posteriores, incidente sobre o faturamento das empresas, com fundamento no artigo 195, I, da Constituição Federal.

▸ O STF, por unanimidade de votos, julgou parcialmente procedente a ADI nº 15-2, para declarar a inconstitucionalidade deste artigo (*DOU* de 21-6-2007).

▸ Art. 18, III, da Lei nº 10.522, de 19-7-2002, que dispõe sobre o Cadastro Informativo dos créditos não quitados de órgãos e entidades federais.

Art. 10. A partir do exercício financeiro de 1989, as pessoas jurídicas pagarão o Imposto sobre a Renda à alíquota de trinta por cento sobre o lucro real ou arbitrado, apurado em conformidade com a legislação tributária, sem prejuízo do adicional de que tratam os artigos 1º e 2º do Decreto-Lei nº 2.462, de 30 de agosto de 1988.

Art. 11. Em relação aos fatos geradores ocorridos entre 1º de janeiro e 31 de dezembro de 1989, fica alterada para trinta e cinco centésimos por cento a alíquota de que tratam os itens II, III e V do artigo 1º do Decreto-Lei nº 2.445, de 29 de junho de 1988, com a redação dada pelo Decreto-Lei nº 2.449, de 21 de julho de 1988.

Art. 12. Esta Lei entra em vigor na data de sua publicação.

Art. 13. Revogam-se as disposições em contrário.

Senado Federal, 15 de dezembro de 1998;
167º da Independência e
100º da República.

Humberto Lucena

LEI Nº 7.716, DE 5 DE JANEIRO DE 1989

Define os crimes resultantes de preconceitos de raça ou de cor.

- Publicada no *DOU* de 6-1-1989 e retificada no *DOU* de 9-1-1989.
- Art. 323, I, do CPP.
- Lei nº 12.288, de 20-7-2010 (Estatuto da Igualdade Racial).

Art. 1º Serão punidos, na forma desta Lei, os crimes resultantes de discriminação ou preconceito de raça, cor, etnia, religião ou procedência nacional.

- Artigo com a redação dada pela Lei nº 9.459, de 13-5-1997.
- Art. 5º, XLII, da CF.

Art. 2º VETADO.

Art. 2º-A. Injuriar alguém, ofendendo-lhe a dignidade ou o decoro, em razão de raça, cor, etnia ou procedência nacional.

Pena – reclusão, de 2 (dois) a 5 (cinco) anos, e multa.

Parágrafo único. A pena é aumentada de metade se o crime for cometido mediante concurso de 2 (duas) ou mais pessoas.

- Art. 2º-A acrescido pela Lei nº 14.532, de 11-1-2023.

Art. 3º Impedir ou obstar o acesso de alguém, devidamente habilitado, a qualquer cargo da Administração Direta ou Indireta, bem como das concessionárias de serviços públicos:

Pena – reclusão de dois a cinco anos.

Parágrafo único. Incorre na mesma pena quem, por motivo de discriminação de raça, cor, etnia, religião ou procedência nacional, obstar a promoção funcional.

- Parágrafo único acrescido pela Lei nº 12.288, de 20-7-2010.

Art. 4º Negar ou obstar emprego em empresa privada:

Pena – reclusão de dois a cinco anos.

§ 1º Incorre na mesma pena quem, por motivo de discriminação de raça ou de cor ou práticas resultantes do preconceito de descendência ou origem nacional ou étnica:

I – deixar de conceder os equipamentos necessários ao empregado em igualdade de condições com os demais trabalhadores;

II – impedir a ascensão funcional do empregado ou obstar outra forma de benefício profissional;

III – proporcionar ao empregado tratamento diferenciado no ambiente de trabalho, especialmente quanto ao salário.

§ 2º Ficará sujeito às penas de multa e de prestação de serviços à comunidade, incluindo atividades de promoção da igualdade racial, quem, em anúncios ou qualquer outra forma de recrutamento de trabalhadores, exigir aspectos de aparência próprios de raça ou etnia para emprego cujas atividades não justifiquem essas exigências.

- §§ 1º e 2º acrescidos pela Lei nº 12.288, de 20-7-2010.

Art. 5º Recusar ou impedir acesso a estabelecimento comercial, negando-se a servir, atender ou receber cliente ou comprador:

Pena – reclusão de um a três anos.

Art. 6º Recusar, negar ou impedir a inscrição ou ingresso de aluno em estabelecimento de ensino público ou privado de qualquer grau:

Pena – reclusão de três a cinco anos.

Parágrafo único. Se o crime for praticado contra menor de dezoito anos a pena é agravada de um terço.

Art. 7º Impedir o acesso ou recusar hospedagem em hotel, pensão, estalagem, ou qualquer estabelecimento similar:

Pena – reclusão de três a cinco anos.

Art. 8º Impedir o acesso ou recusar atendimento em restaurantes, bares, confeitarias, ou locais semelhantes abertos ao público:

Pena – reclusão de um a três anos.

Art. 9º Impedir o acesso ou recusar atendimento em estabelecimentos esportivos, casas de diversões, ou clubes sociais abertos ao público:

Pena – reclusão de um a três anos.

Art. 10. Impedir o acesso ou recusar atendimento em salões de cabeleireiros, barbearias, termas ou casas de massagem ou estabelecimentos com as mesmas finalidades:

Pena – reclusão de um a três anos.

Art. 11. Impedir o acesso às entradas sociais em edifícios públicos ou residenciais e elevadores ou escada de acesso aos mesmos:

Pena – reclusão de um a três anos.

Art. 12. Impedir o acesso ou uso de transportes públicos, como aviões, navios, barcas, barcos, ônibus, trens, metrô ou qualquer outro meio de transporte concedido:

Pena – reclusão de um a três anos.

Art. 13. Impedir ou obstar o acesso de alguém ao serviço em qualquer ramo das Forças Armadas:

Pena – reclusão de dois a quatro anos.

Art. 14. Impedir ou obstar, por qualquer meio ou forma, o casamento ou convivência familiar e social:

Pena – reclusão de dois a quatro anos.

Art. 15. VETADO.

Art. 16. Constitui efeito da condenação a perda do cargo ou função pública, para o servidor público, e a suspensão do funcionamento do estabelecimento particular por prazo não superior a três meses.

Art. 17. VETADO.

Art. 18. Os efeitos de que tratam os artigos 16 e 17 desta Lei não são automáticos, devendo ser motivadamente declarados na sentença.

Art. 19. VETADO.

Art. 20. Praticar, induzir ou incitar a discriminação ou preconceito de raça, cor, etnia, religião ou procedência nacional:

Pena – reclusão de um a três anos e multa.

- *Caput* e pena com a redação dada pela Lei nº 9.459, de 13-5-1997.

§ 1º Fabricar, comercializar, distribuir ou veicular símbolos, emblemas, ornamentos, distintivos ou propaganda que utilizem a cruz suástica ou gamada, para fins de divulgação do nazismo.

Pena – reclusão de dois a cinco anos e multa.

- § 1º com a redação dada pela Lei nº 9.459, de 13-5-1997.

§ 2º Se qualquer dos crimes previstos neste artigo for cometido por intermédio dos meios de comunicação social, de publicação em redes sociais, da rede mundial de computadores ou de publicação de qualquer natureza:

- *Caput* do § 2º com a redação dada pela Lei nº 14.532, de 11-1-2023.

Pena – reclusão de dois a cinco anos e multa.

§ 2º-A. Se qualquer dos crimes previstos neste artigo for cometido no contexto de atividades esportivas, religiosas, artísticas ou culturais destinadas ao público:

Pena – reclusão, de 2 (dois) a 5 (cinco) anos, e proibição de frequência, por 3 (três) anos, a locais destinados a práticas esportivas, artísticas ou culturais destinadas ao público, conforme o caso.

§ 2º-B. Sem prejuízo da pena correspondente à violência, incorre nas mesmas penas previstas no *caput* deste artigo quem obstar, impedir ou empregar violência contra quaisquer manifestações ou práticas religiosas.

- §§ 2º-A e 2º-B acrescidos pela Lei nº 14.532, de 11-1-2023.

§ 3º No caso do § 2º deste artigo, o juiz poderá determinar, ouvido o Ministério Público ou a pedido deste, ainda antes do inquérito policial, sob pena de desobediência:

- *Caput* do § 3º com a redação dada pela Lei nº 14.532, de 11-1-2023.

I – o recolhimento imediato ou a busca e apreensão dos exemplares do material respectivo;

- Inciso I com a redação dada pela Lei nº 9.459, de 13-5-1997.

II – a cessação das respectivas transmissões radiofônicas, televisivas, eletrônicas ou da publicação por qualquer meio;

- Inciso II com a redação dada pela Lei nº 12.735, de 30-11-2012.

III – a interdição das respectivas mensagens ou páginas de informação na rede mundial de computadores.

- Inciso III acrescido pela Lei nº 12.288, de 20-7-2010.

§ 4º Na hipótese do § 2º, constitui efeito da condenação, após o trânsito em julgado da decisão, a destruição do material apreendido.

- § 4º com a redação dada pela Lei nº 9.459, de 13-5-1997.

Art. 20-A. Os crimes previstos nesta Lei terão as penas aumentadas de 1/3 (um terço) até a metade, quando ocorrerem em contexto ou com intuito de descontração, diversão ou recreação.

Art. 20-B. Os crimes previstos nos arts. 2º-A e 20 desta Lei terão as penas aumentadas de 1/3 (um terço) até a metade, quando praticados por funcionário público, conforme definição prevista no Decreto-Lei nº 2.848, de 7 de dezembro de 1940 (Código Penal), no exercício de suas funções ou a pretexto de exercê-las.

Art. 20-C. Na interpretação desta Lei, o juiz deve considerar como discriminatória qualquer atitude ou tratamento dado à pessoa ou a grupos minoritários que cause constrangimento, humilhação, vergonha, medo ou exposição indevida, e que usualmente não se dispensaria a outros grupos em razão da cor, etnia, religião ou procedência.

Art. 20-D. Em todos os atos processuais, cíveis e criminais, a vítima dos crimes de racismo deverá estar acompanhada de advogado ou defensor público.

- Arts. 20-A a 20-D acrescidos pela Lei nº 14.532, de 11-1-2023.

Art. 21. Esta Lei entra em vigor na data de sua publicação.

Art. 22. Revogam-se as disposições em contrário.

Brasília, 5 de janeiro de 1989;
168º da Independência e
101º da República.

José Sarney

LEI Nº 7.783, DE 28 DE JUNHO DE 1989

Dispõe sobre o exercício do direito de greve, define as atividades essenciais, regula o atendimento das necessidades inadiáveis da comunidade, e dá outras providências.

- Publicada no *DOU* de 29-6-1989.
- Ao julgar o MI nº 708, o STF estabeleceu aplicação da Lei nº 7.783, de 28-6-1989 (Lei de Greve), aos servidores públicos, enquanto perdurar a omissão legislativa do Congresso Nacional em regulamentar o inciso VII do art. 37 da CF.

Art. 1º É assegurado o direito de greve, competindo aos trabalhadores decidir sobre a oportunidade de exercê-lo e sobre os interesses que devam por meio dele defender.

Parágrafo único. O direito de greve será exercido na forma estabelecida nesta Lei.

Art. 2º Para os fins desta Lei, considera-se legítimo exercício do direito de greve a suspensão coletiva, temporária e pacífica, total ou parcial, de prestação pessoal de serviços a empregador.

Art. 3º Frustrada a negociação ou verificada a impossibilidade de recurso via arbitral, é facultada a cessação coletiva do trabalho.

Parágrafo único. A entidade patronal correspondente ou os empregadores diretamente interessados serão notificados, com antecedência mínima de quarenta e oito horas, da paralisação.

Art. 4º Caberá à entidade sindical correspondente convocar, na forma do seu estatuto, assembleia-geral que definirá as reivindicações da categoria e deliberará sobre a paralisação coletiva da prestação de serviços.

§ 1º O estatuto da entidade sindical deverá prever as formalidades de convocação e o *quorum* para a deliberação, tanto da deflagração quanto da cessação da greve.

§ 2º Na falta de entidade sindical, a assembleia-geral dos trabalhadores interessados deliberará para os fins previstos no *caput*, constituindo comissão de negociação.

Art. 5º A entidade sindical ou comissão especialmente eleita representará os interesses dos trabalhadores nas negociações ou na Justiça do Trabalho.

Art. 6º São assegurados aos grevistas, dentre outros direitos:

I – o emprego de meios pacíficos tendentes a persuadir ou aliciar os trabalhadores a aderirem à greve;

II – a arrecadação de fundos e a livre divulgação do movimento.

§ 1º Em nenhuma hipótese, os meios adotados por empregados e empregadores poderão violar ou constranger os direitos e garantias fundamentais de outrem.

§ 2º É vedado às empresas adotar meios para constranger o empregado ao comparecimento ao trabalho, bem como capazes de frustrar a divulgação do movimento.

§ 3º As manifestações e atos de persuasão utilizados pelos grevistas não poderão impedir o acesso ao trabalho nem causar ameaça ou dano à propriedade ou pessoa.

Art. 7º Observadas as condições previstas nesta Lei, a participação em greve suspende o contrato de trabalho, devendo as relações obrigacionais durante o período ser regidas pelo acordo, convenção, laudo arbitral ou decisão da Justiça do Trabalho.

Parágrafo único. É vedada a rescisão de contrato de trabalho durante a greve, bem como a contratação de trabalhadores substitutos, exceto na ocorrência das hipóteses previstas nos artigos 9º e 14.

Art. 8º A Justiça do Trabalho, por iniciativa de qualquer das partes ou do Ministério Público do Trabalho, decidirá sobre a procedência, total ou parcial, ou improcedência das reivindicações, cumprindo ao Tribunal publicar, de imediato, o competente acórdão.

Art. 9º Durante a greve, o sindicato ou a comissão de negociação, mediante acordo com a entidade patronal ou diretamente com o empregador, manterá em atividade equipes de empregados com o propósito de assegurar os serviços cuja paralisação resulte em prejuízo irreparável, pela deterioração irreversível de bens, máquinas e equipamentos, bem como a manutenção daqueles essenciais à retomada das atividades da empresa quando da cessação do movimento.

Parágrafo único. Não havendo acordo, é assegurado ao empregador, enquanto perdurar a greve, o direito de contratar diretamente os serviços necessários a que se refere este artigo.

Art. 10. São considerados serviços ou atividades essenciais:

I – tratamento e abastecimento de água; produção e distribuição de energia elétrica, gás e combustíveis;

II – assistência médica e hospitalar;

III – distribuição e comercialização de medicamentos e alimentos;

IV – funerários;

V – transporte coletivo;

VI – captação e tratamento de esgoto e lixo;

VII – telecomunicações;

VIII – guarda, uso e controle de substâncias radioativas, equipamentos e materiais nucleares;

IX – processamento de dados ligados a serviços essenciais;

X – controle de tráfego aéreo e navegação aérea;

- Inciso X com a redação dada pela Lei nº 13.903, de 19-11-2019.

XI – compensação bancária;

XII – atividades médico-periciais relacionadas com o regime geral de previdência social e a assistência social;

XIII – atividades médico-periciais relacionadas com a caracterização do impedimento físico, mental, intelectual ou sensorial da pessoa com deficiência, por meio da integração de equipes multiprofissionais e interdisciplinares, para fins de reconhecimento de direitos previstos em lei, em especial na Lei nº 13.146, de 6 de julho de 2015 (Estatuto da Pessoa com Deficiência); e

XIV – outras prestações médico-periciais da carreira de Perito Médico Federal indispensáveis ao atendimento das necessidades inadiáveis da comunidade;

- Incisos XII a XIV acrescidos pela Lei nº 13.846, de 18-6-2019.

XV – atividades portuárias.

- Inciso XV acrescido pela Lei nº 14.047, de 24-8-2020.

Art. 11. Nos serviços ou atividades essenciais, os sindicatos, os empregadores e os trabalhadores ficam obrigados, de comum acordo, a garantir, durante a greve, a prestação dos serviços indispensáveis ao atendimento das necessidades inadiáveis da comunidade.

Parágrafo único. São necessidades inadiáveis da comunidade aquelas que, não atendidas, coloquem em perigo iminente a sobrevivência, a saúde ou a segurança da população.

Art. 12. No caso da inobservância do disposto no artigo anterior, o Poder Público assegurará a prestação dos serviços indispensáveis.

Art. 13. Na greve em serviços ou atividades essenciais, ficam as entidades sindicais ou os trabalhadores, conforme o caso, obrigados a comunicar a decisão aos empregadores e aos usuários com antecedência mínima de setenta e duas horas da paralisação.

Art. 14. Constitui abuso do direito de greve a inobservância das normas contidas na presente Lei, bem como a manutenção da paralisação após a celebração de acordo, convenção ou decisão da Justiça do Trabalho.

Parágrafo único. Na vigência de acordo, convenção ou sentença normativa não constitui abuso do exercício do direito de greve a paralisação que:

I – tenha por objetivo exigir o cumprimento de cláusula ou condição;

II – seja motivada pela superveniência de fato novo ou acontecimento imprevisto que modifique substancialmente a relação de trabalho.

Art. 15. A responsabilidade pelos atos praticados, ilícitos ou crimes cometidos, no curso da greve, será apurada, conforme o caso, segundo a legislação trabalhista, civil ou penal.

Parágrafo único. Deverá o Ministério Público, de ofício, requisitar a abertura do competente inquérito e oferecer denúncia quando houver indício da prática de delito.

Art. 16. Para os fins previstos no artigo 37, inciso VII, da Constituição, lei complementar definirá os termos e os limites em que o direito de greve poderá ser exercido.

Art. 17. Fica vedada a paralisação das atividades, por iniciativa do empregador, com o objetivo de frustrar negociação ou dificultar o atendimento de reivindicações dos respectivos empregados (*lockout*).

Parágrafo único. A prática referida no *caput* assegura aos trabalhadores o direito à percepção dos salários durante o período de paralisação.

Art. 18. Ficam revogados a Lei nº 4.330, de 1º de junho de 1964, o Decreto-Lei nº 1.632, de 4 de agosto de 1978, e demais disposições em contrário.

Art. 19. Esta Lei entra em vigor na data de sua publicação.

Brasília, 28 de junho de 1989;
168º da Independência e
101º da República.

José Sarney

LEI Nº 7.853, DE 24 DE OUTUBRO DE 1989

Dispõe sobre o apoio às pessoas portadoras de deficiência, sua integração social, sobre a Coordenadoria Nacional para Integração da Pessoa Portadora de Deficiência – CORDE, institui a tutela jurisdicional de interesses coletivos ou difusos dessas pessoas, disciplina a atuação do Ministério Público, define crimes, e dá outras providências.

▶ Publicada no *DOU* de 25-10-1989.

▶ Lei nº 10.098, de 19-12-2000, estabelece normas gerais e critérios básicos para a promoção da acessibilidade das pessoas portadoras de deficiência ou com mobilidade reduzida.

▶ Dec. nº 3.298, de 20-12-1999, regulamenta esta Lei.

▶ Dec. nº 3.956, de 8-10-2001, promulga a Convenção Interamericana para Eliminação de Todas as Formas de Discriminação contra as Pessoas Portadoras de Deficiência.

▶ Dec. nº 6.949, de 25-8-2009, promulga a Convenção Internacional sobre os Direitos das Pessoas com Deficiência.

▶ Dec. nº 7.611, de 17-11-2011, dispõe sobre a educação especial, o atendimento educacional especializado.

▶ Dec. nº 7.612, de 17-11-2011, institui o Plano Nacional dos Direitos da Pessoa com Deficiência – Plano Viver sem Limite.

▶ Súmulas nºs 337 e 552 do STJ.

Art. 1º Ficam estabelecidas normas gerais que asseguram o pleno exercício dos direitos individuais e sociais das pessoas portadoras de deficiências, e sua efetiva integração social, nos termos desta Lei.

▶ A alteração que seria inserida neste *caput* pela Lei nº 15.155, de 30-6-2025, foi vetada, razão pela qual mantivemos a sua redação.

§ 1º Na aplicação e interpretação desta Lei, serão considerados os valores básicos da igualdade de tratamento e oportunidade, da justiça social, do respeito à dignidade da pessoa humana, do bem-estar, e outros, indicados na Constituição ou justificados pelos princípios gerais de direito.

§ 2º *As normas desta Lei visam a garantir às pessoas com deficiência as ações governamentais necessárias ao seu cumprimento e das demais disposições constitucionais e legais que lhes concernem, afastadas as discriminações e os preconceitos de qualquer espécie, e entendida a matéria como obrigação nacional a cargo do poder público e da sociedade.*

▶ § 2º com a redação dada pela Lei nº 15.155, de 30-6-2025.

Art. 2º *Ao poder público e seus órgãos cabe assegurar às pessoas com deficiência o pleno exercício de seus direitos básicos, inclusive dos direitos à educação, à saúde, ao trabalho, ao lazer, à previdência social, ao amparo à infância e à maternidade e de outros que, decorrentes da Constituição e das leis propiciem seu bem-estar pessoal, social e econômico*

▶ *Caput* com a redação dada pela Lei nº 15.155, de 30-6-2025

Parágrafo único. Para o fim estabelecido no *caput* deste artigo, os órgãos e entidades da administração direta e indireta devem dispensar, no âmbito de sua competência e finalidade, aos assuntos objetos esta Lei, tratamento prioritário e adequado, tendente a viabilizar, sem prejuízo de outras, as seguintes medidas:

I – na área da educação:

a) a inclusão, no sistema educacional, da Educação Especial como modalidade educativa que abranja a educação precoce, a pré-escolar, as de 1º e 2º graus, a supletiva, a habilitação e reabilitação profissionais, com currículos, etapas e exigências de diplomação próprios;

b) a inserção, no referido sistema educacional, das escolas especiais, privadas e públicas;

c) a oferta, obrigatória e gratuita, da Educação Especial em estabelecimento público de ensino;

d) *o oferecimento obrigatório de programas de Educação Especial em nível pré-escolar, em unidades hospitalares e congêneres nas quais estejam internados, por prazo igual ou superior a 1 (um) ano, educandos com deficiência;*

e) *o acesso de alunos com deficiência aos benefícios conferidos aos demais educandos, inclusive material escolar, merenda escolar e bolsas de estudo;*

▶ Alíneas *d* e *e* com a redação dada pela Lei nº 15.155, de 30-6-2025.

f) a matrícula compulsória em cursos regulares de estabelecimentos públicos e particulares de pessoas portadoras de deficiência capazes de se integrarem no sistema regular de ensino;

▶ A alteração que seria inserida nesta alínea pela Lei nº 15.155, de 30-6-2025, foi vetada, razão pela qual mantivemos a sua redação.

II – na área da saúde:

a) a promoção de ações preventivas, como as referentes ao planejamento familiar, ao aconselhamento genético, ao acompanhamento da gravidez, do parto e do puerpério, à nutrição da mulher e da criança, à identificação e ao controle da gestante e do feto de alto risco, à imunização, às doenças do metabolismo e seu diagnóstico e ao encaminhamento precoce de outras doenças causadoras de deficiência;

b) o desenvolvimento de programas especiais de prevenção de acidente do trabalho e de trânsito, e de tratamento adequado a suas vítimas;

c) a criação de uma rede de serviços especializados em reabilitação e habilitação;

d) *a garantia de acesso das pessoas com deficiência aos estabelecimentos de saúde públicos e privados e de seu adequado tratamento neles, sob normas técnicas e padrões de conduta apropriados;*

e) *a garantia de atendimento domiciliar de saúde a pessoas com deficiência grave não internadas;*

▶ Alíneas *d* e *e* com a redação dada pela Lei nº 15.155, de 30-6-2025.

f) o desenvolvimento de programas de saúde voltados para as pessoas portadoras de deficiência, desenvolvidos com a participação da sociedade e que lhes ensejem a integração social;

▶ A alteração que seria inserida nesta alínea pela Lei nº 15.155, de 30-6-2025, foi vetada, razão pela qual mantivemos a sua redação.

III – na área da formação profissional e do trabalho:

a) o apoio governamental à formação profissional, e a garantia de acesso aos serviços concernentes, inclusive aos cursos regulares voltados à formação profissional;

b) *o empenho do poder público quanto ao surgimento e à manutenção de empregos, inclusive de tempo parcial, destinados às pessoas com deficiência que não tenham acesso aos empregos comuns;*

c) *a promoção de ações eficazes que propiciem a inserção, nos setores público e privado, de pessoas com deficiência;*

▶ Alíneas *b* e *c* com a redação dada pela Lei nº 15.155, de 30-6-2025.

d) a adoção de legislação específica que discipline a reserva de mercado de trabalho, em favor das pessoas portadoras de deficiência, nas entidades da Administração Pública e do setor privado, e que regulamente a organização de oficinas e congêneres integradas ao mercado de trabalho, e a situação, nelas, das pessoas portadoras de deficiência;

▶ A alteração que seria inserida nesta alínea pela Lei nº 15.155, de 30-6-2025, foi vetada, razão pela qual mantivemos a sua redação.

e) *o incentivo pelo poder público de ações para promover o empreendedorismo e estabelecer linhas de crédito orientadas especificamente a pessoas com deficiência;*

▶ Alínea *e* acrescida pela Lei nº 15.155, de 30-6-2025.

IV – na área de recursos humanos:

a) a formação de professores de nível médio para a Educação Especial, de técnicos de nível médio especializados na habilitação e reabilitação, e de instrutores para formação profissional;

b) *a formação e qualificação de recursos humanos que, nas diversas áreas de conhecimento, inclusive de nível superior, atendam à demanda e às necessidades reais das pessoas com deficiência;*

c) *o incentivo à pesquisa e ao desenvolvimento tecnológico em todas as áreas do conhecimento relacionadas às pessoas com deficiência;*

▶ Alíneas *b* e *c* com a redação dada pela Lei nº 15.155, de 30-6-2025.

V – *na área das edificações, a adoção e a efetiva execução de normas que garantam a funcionalidade das edificações e vias públicas, que evitem ou removam os óbices às pessoas com deficiência e que permitam o acesso dessas a edifícios, a logradouros e a meios de transporte.*

▶ *Caput* do inciso V com a redação dada pela Lei nº 15.155, de 30-6-2025.

a) Revogada. *Lei nº 15.155, de 30-6-2025.*

Art. 3º As medidas judiciais destinadas à proteção de interesses coletivos, difusos, individuais homogêneos e individuais indisponíveis da pessoa com deficiência poderão ser propostas pelo Ministério Público, pela Defensoria Pública, pela União, pelos Estados, pelos Municípios, pelo Distrito Federal, por associação constituída há mais de 1 (um) ano, nos termos da lei civil, por autarquia, por empresa pública e por fundação ou sociedade de economia mista que inclua, entre suas finalidades institucionais, a proteção dos interesses e a promoção de direitos da pessoa com deficiência.

▶ *Caput* com a redação dada pela Lei nº 13.146, de 6-7-2015.

§ 1º Para instruir a inicial, o interessado poderá requerer às autoridades competentes as certidões e informações que julgar necessárias.

§ 2º As certidões e informações a que se refere o parágrafo anterior deverão ser fornecidas dentro de quinze dias da entrega, sob recibo, dos respectivos requerimentos, e só poderão se utilizadas para a instrução da ação civil.

§ 3º Somente nos casos em que o interesse público, devidamente justificado, impuser sigilo, poderá ser negada certidão ou informação.

§ 4º Ocorrendo a hipótese do parágrafo anterior, a ação poderá ser proposta desacompanhada das certidões ou informações negadas, cabendo ao juiz, após apreciar os motivos do indeferimento, e, salvo quando se tratar de razão de segurança nacional, requisitar umas e outras; feita a requisição, o processo correrá em segredo de justiça, que cessará com o trânsito em julgado da sentença.

§ 5º Fica facultado aos demais legitimados ativos habilitarem-se como litisconsortes nas ações propostas por qualquer deles.

§ 6º Em caso de desistência ou abandono da ação, qualquer dos colegitimados pode assumir a titularidade ativa.

Art. 4º A sentença terá eficácia de coisa julgada oponível *erga omnes*, exceto no caso de haver sido a ação julgada improcedente por deficiência de prova, hipótese em que qualquer legitimado poderá intentar outra ação com idêntico fundamento, valendo-se de nova prova.

§ 1º A sentença que concluir pela carência ou pela improcedência da ação fica sujeita ao duplo grau de jurisdição, não produzindo efeito senão depois de confirmada pelo tribunal.

§ 2º Das sentenças e decisões proferidas contra o autor da ação e suscetíveis de recurso, poderá recorrer qualquer legitimado ativo, inclusive o Ministério Público.

Art. 5º O Ministério Público intervirá obrigatoriamente nas ações públicas, coletivas ou individuais, em que se discutam interesses relacionados à deficiência das pessoas.

Art. 6º O Ministério Público poderá instaurar, sob sua presidência, inquérito civil, ou requisitar, de qualquer pessoa física ou jurídica, pública ou particular, certidões, informações, exame ou perícias, no prazo que assinalar, não inferior a dez dias úteis.

§ 1º Esgotadas as diligências, caso se convença o órgão do Ministério Público da inexistência de elementos para a propositura de ação civil, promoverá fundamentadamente o arquivamento do inquérito civil, ou das peças informativas. Neste caso, deverá remeter a reexame os autos ou as respectivas peças, em três dias, ao Conselho Superior do Ministério Público, que os examinará, deliberando a respeito, conforme dispuser seu Regimento.

§ 2º Se a promoção do arquivamento for reformada, o Conselho Superior do Ministério Público designará desde logo outro órgão do Ministério Público para o ajuizamento da ação.

Art. 7º Aplicam-se à ação civil pública prevista nesta Lei, no que couber, os dispositivos da Lei nº 7.347, de 24 de julho de 1985.

Art. 8º Constitui crime punível com reclusão de 2 (dois) a 5 (cinco) anos e multa:

I – recusar, cobrar valores adicionais, suspender, procrastinar, cancelar ou fazer cessar inscrição de aluno em estabelecimento de ensino de qualquer curso ou grau, público ou privado, em razão de sua deficiência;

II – obstar inscrição em concurso público ou acesso de alguém a qualquer cargo ou emprego público, em razão de sua deficiência;

III – negar ou obstar emprego, trabalho ou promoção à pessoa em razão de sua deficiência;

IV – recusar, retardar ou dificultar internação ou deixar de prestar assistência médico-hospitalar e ambulatorial à pessoa com deficiência;

V – deixar de cumprir, retardar ou frustrar execução de ordem judicial expedida na ação civil a que alude esta Lei;

VI – recusar, retardar ou omitir dados técnicos indispensáveis à propositura da ação civil pública objeto desta Lei, quando requisitados.

§ 1º Se o crime for praticado contra pessoa com deficiência menor de 18 (dezoito) anos, a pena é agravada em 1/3 (um terço).

§ 2º A pena pela adoção deliberada de critérios subjetivos para indeferimento de inscrição, de aprovação e de cumprimento de estágio probatório em concursos públicos não exclui a responsabilidade patrimonial pessoal do administrador público pelos danos causados.

§ 3º Incorre nas mesmas penas quem impede ou dificulta o ingresso de pessoa com deficiência em planos privados de assistência à saúde, inclusive com cobrança de valores diferenciados.

§ 4º Se o crime for praticado em atendimento de urgência e emergência, a pena é agravada em 1/3 (um terço).

▸ Art. 8º com a redação dada pela Lei nº 13.146, de 6-7-2015.

Art. 9º A Administração Pública Federal conferirá aos assuntos relativos às pessoas portadoras de deficiência tratamento prioritário e apropriado, para que lhes seja efetivamente ensejado o pleno exercício de seus direitos individuais e sociais, bem como sua completa integração social.

▸ A alteração que seria inserida neste *caput* pela Lei nº 15.155, de 30-6-2025, foi vetada, razão pela qual mantivemos a sua redação.

§ 1º Os assuntos a que alude este artigo serão objeto de ação, coordenada e integrada, dos órgãos da Administração Pública Federal, e incluir-se-ão em Política Nacional para Integração da Pessoa Portadora de Deficiência, na qual estejam compreendidos planos, programas e projetos sujeitos a prazos e objetivos determinados.

§ 2º Ter-se-ão como integrantes da Administração Pública Federal, para os fins desta Lei, além dos órgãos públicos, das autarquias, das empresas públicas e sociedades de economia mista, as respectivas subsidiárias e as fundações públicas.

Art. 10. A coordenação superior de assuntos, ações governamentais e medidas referentes a pessoas com deficiência caberá ao Poder Executivo federal.

▸ *Caput* com a redação dada pela Lei nº 15.155, de 30-6-2025.

Parágrafo único. Ao órgão a que se refere este artigo caberá formular a Política Nacional para a Integração da Pessoa Portadora de Deficiência, seus planos, programas e projetos e cumprir as instruções superiores que lhes digam respeito, com a cooperação dos demais órgãos públicos.

▸ Parágrafo único com a redação dada pela Lei nº 8.028, de 12-4-1990.

Art. 11. *Revogado*. Lei nº 8.028, de 12-4-1990.

Art. 12. Compete à Corde:

I – coordenar as ações governamentais e medidas que se refiram às pessoas com deficiência;

▸ Inciso I com a redação dada pela Lei nº 15.155, de 30-6-2025.

II – elaborar os planos, programas e projetos subsumidos na Política Nacional para a Integração de Pessoa Portadora de Deficiência, bem como propor as providências necessárias a sua completa implantação e seu adequado desenvolvimento, inclusive as pertinentes a recursos e as de caráter legislativo;

III – acompanhar e orientar a execução, pela Administração Pública Federal, dos planos, programas e projetos mencionados no inciso anterior;

IV – manifestar-se sobre a adequação à Política Nacional para a Integração da Pessoa Portadora de Deficiência dos projetos federais a ela conexos, antes da liberação dos recursos respectivos;

V – manter, com os Estados, Municípios, Territórios, o Distrito Federal, e o Ministério Público, estreito relacionamento, objetivando a concorrência de ações destinadas à integração social das pessoas portadoras de deficiência;

▸ A alteração que seria inserida neste inciso pela Lei nº 15.155, de 30-6-2025, foi vetada, razão pela qual mantivemos a sua redação.

VI – provocar a iniciativa do Ministério Público, ministrando-lhe informações sobre fatos que constituam objeto da ação civil de que esta Lei, e indicando-lhe os elementos de convicção;

VII – emitir opinião sobre os acordos, contratos ou convênios firmados pelos demais órgãos da Administração Pública Federal, no âmbito da Política Nacional para a Integração da Pessoa Portadora de Deficiência;

VIII – promover e incentivar a divulgação e o debate das questões concernentes às pessoas com deficiência, visando à conscientização da sociedade.

▸ Inciso VIII com a redação dada pela Lei nº 15.155, de 30-6-2025.

Parágrafo único. Na elaboração dos planos, programas e projetos a seu cargo, deverá a Corde recolher, sempre que possível, a opinião das pessoas e entidades interessadas, bem como considerar a necessidade de efetivo apoio aos entes particulares voltados para a integração social das pessoas portadoras de deficiência.

▸ A alteração que seria inserida neste parágrafo único pela Lei nº 15.155, de 30-6-2025, foi vetada, razão pela qual mantivemos a sua redação.

Art. 13. *Revogado*. MP nº 2.216-37, de 31-8-2001.

Art. 14. VETADO.

Art. 15. Para atendimento e fiel cumprimento do que dispõe esta Lei, será reestruturada a Secretaria de Educação Especial do Ministério da Educação, e serão instituídos, no Ministério do Trabalho, no Ministério da Saúde e no Ministério da Previdência e Assistência Social, órgão encarregados da coordenação setorial dos assuntos concernentes às pessoas portadoras de deficiência.

▸ A alteração que seria inserida neste artigo pela Lei nº 15.155, de 30-6-2025, foi vetada, razão pela qual mantivemos a sua redação.

Art. 16. O Poder Executivo adotará, nos sessenta dias posteriores à vigência desta Lei, as providências necessárias à reestruturação e ao regular funcionamento da Corde, como aquelas decorrentes do artigo anterior.

Art. 17. Serão incluídas no censo demográfico de 1990, e nos subsequentes, questões concernentes à problemática das pessoas com deficiência, objetivando o conhecimento

LEGISLAÇÃO COMPLEMENTAR

atualizado do número de pessoas com deficiência no País.

▸ *Caput* com a redação dada pela Lei nº 15.155, de 30-6-2025.

Parágrafo único. Os censos demográficos realizados a partir de 2019 incluirão as especificidades inerentes ao transtorno do espectro autista, em consonância com o § 2º do art. 1º da Lei nº 12.764, de 27 de dezembro de 2012.

▸ Parágrafo único acrescido pela Lei nº 13.861, de 18-7-2019.

Art. 18. Os órgãos federais desenvolverão, no prazo de doze meses contado da publicação desta Lei, as ações necessárias à efetiva implantação das medidas indicadas no art. 2º desta Lei.

Art. 19. Esta Lei entra em vigor na data de sua publicação.

Art. 20. Revogam-se as disposições em contrário.

Brasília, 24 de outubro de 1989;
168º da Independência e
101º da República.

José Sarney

LEI Nº 7.913, DE 7 DE DEZEMBRO DE 1989

Dispõe sobre a ação civil pública de responsabilidade por danos causados aos investidores no mercado de valores mobiliários.

▸ Publicada no *DOU* de 11-12-1989 e republicada no *DOU* de 12-12-1989.

Art. 1º Sem prejuízo da ação de indenização do prejudicado, o Ministério Público ou a Comissão de Valores Mobiliários, pelo respectivo órgão de representação judicial, adotará as medidas judiciais necessárias para evitar prejuízos ou para obter ressarcimento de danos causados aos titulares de valores mobiliários e aos investidores do mercado, especialmente quando decorrerem de:

▸ *Caput* com a redação dada pela Lei nº 14.195, de 26-8-2021.

I – operação fraudulenta, prática não equitativa, manipulação de preços ou criação de condições artificiais de procura, oferta ou preço de valores mobiliários;

II – compra ou venda de valores mobiliários, por parte dos administradores e acionistas controladores de companhia aberta, utilizando-se de informação relevante, ainda não divulgada para conhecimento do mercado ou a mesma operação realizada por quem a detenha em razão de sua profissão ou função, ou por quem quer que a tenha obtido por intermédio dessas pessoas;

III – omissão de informação relevante por parte de quem estava obrigado a divulgá-la, bem como sua prestação de forma incompleta, falsa ou tendenciosa.

Art. 2º As importâncias decorrentes da condenação, na ação de que trata esta Lei, reverterão aos investidores lesados, na proporção de seu prejuízo.

§ 1º As importâncias a que se refere este artigo ficarão depositadas em conta remunerada, à disposição do juízo, até que o investidor, convocado mediante edital, habilite-se ao recebimento da parcela que lhe couber.

§ 2º Decairá do direito à habilitação o investidor que não o exercer no prazo de dois anos, contado da data da publicação do edital a que alude o parágrafo anterior, devendo a quantia correspondente ser recolhida ao Fundo a que se refere o art. 13 da Lei nº 7.347, de 24 de julho de 1985.

▸ § 2º com a redação dada pela Lei nº 9.008, de 21-3-1995.

Art. 3º À ação de que trata esta Lei aplica-se, no que couber, o disposto na Lei nº 7.347, de 24 de julho de 1985.

Art. 4º Esta Lei entra em vigor na data de sua publicação.

Art. 5º Revogam-se as disposições em contrário.

Brasília, 7 de dezembro de 1989;
168º a Independência e
101º da República.

José Sarney

LEI Nº 7.960, DE 21 DE DEZEMBRO DE 1989

Dispõe sobre prisão temporária.

▸ Publicada no *DOU* de 22-12-1989.

▸ Art. 2º, § 4º, da Lei nº 8.072, de 25-7-1990 (Lei dos Crimes Hediondos).

Art. 1º Caberá prisão temporária:

▸ O STF, por maioria dos votos, julgou parcialmente procedente os pedidos formulados nas Ações Diretas de Inconstitucionalidade nºs 3.360 e 4.109 para dar interpretação conforme a CF a este artigo (*DOU* de 17-2-2022).

▸ Lei nº 8.072, de 25-6-1990 (Lei dos Crimes Hediondos).

I – quando imprescindível para as investigações do inquérito policial;

II – quando o indiciado não tiver residência fixa ou não fornecer elementos necessários ao esclarecimento de sua identidade;

III – quando houver fundadas razões, de acordo com qualquer prova admitida na legislação penal, de autoria ou participação do indiciado nos seguintes crimes:

a) homicídio doloso (artigo 121, *caput*, e seu § 2º);

b) sequestro ou cárcere privado (artigo 148, *caput*, e seus §§ 1º e 2º);

c) roubo (artigo 157, *caput*, e seus §§ 1º, 2º e 3º);

d) extorsão (artigo 158, *caput*, e seus §§ 1º e 2º);

e) extorsão mediante sequestro (artigo 159, *caput*, e seus §§ 1º, 2º e 3º);

f) estupro (artigo 213, *caput*, e sua combinação com o artigo 223, *caput*, e parágrafo único);

g) atentado violento ao pudor (artigo 214, *caput*, e sua combinação com o artigo 223, *caput*, e parágrafo único);

▸ A Lei nº 12.015, de 7-8-2009, revogou os arts. 214 e 223, passando a matéria a ser tratada pelo art. 213 do CP.

h) rapto violento (artigo 219, e sua combinação com o artigo 223, *caput*, e parágrafo único);

▸ O crime de rapto foi expressamente revogado pela Lei nº 11.106, de 28-3-2005.

i) epidemia com resultado de morte (artigo 267, § 1º);

j) envenenamento de água potável ou substância alimentícia ou medicinal qualificado pela morte (artigo 270, *caput*, combinado com o artigo 285);

l) quadrilha ou bando (artigo 288), todos do Código Penal;

m) genocídio (artigos 1º, 2º e 3º da Lei nº 2.889, de 1º de outubro de 1956), em qualquer de suas formas típicas;

n) tráfico de drogas (artigo 12 da Lei nº 6.368, de 21 de outubro de 1976);

o) crimes contra o sistema financeiro (Lei nº 7.492, de 16 de junho de 1986);

p) crimes previstos na Lei de Terrorismo.

▸ Alínea *p* acrescida pela Lei nº 13.260, de 16-3-2016 (*DOU* de 17-3-2016 – edição extra).

▸ Lei nº 13.260, de 16-3-2016 (Lei de Terrorismo).

Art. 2º A prisão temporária será decretada pelo juiz, em face da representação da autoridade policial ou de requerimento do Ministério Público, e terá o prazo de cinco dias, prorrogável por igual período em caso de extrema e comprovada necessidade.

▸ Art. 2º, § 4º, da Lei nº 8.072, de 25-7-1990 (Lei dos Crimes Hediondos).

§ 1º Na hipótese de representação da autoridade policial, o juiz, antes de decidir, ouvirá o Ministério Público.

§ 2º O despacho que decretar a prisão temporária deverá ser fundamentado e prolatado dentro do prazo de vinte e quatro horas, contadas a partir do recebimento da representação ou do requerimento.

§ 3º O juiz poderá, de ofício, ou a requerimento do Ministério Público e do Advogado, determinar que o preso lhe seja apresentado, solicitar informações e esclarecimentos da autoridade policial e submetê-lo a exame de corpo de delito.

§ 4º Decretada a prisão temporária, expedir-se-á mandado de prisão, em duas vias, uma das quais será entregue ao indiciado e servirá como nota de culpa.

§ 4º-A. O mandado de prisão conterá necessariamente o período de duração da prisão temporária estabelecido no *caput* deste artigo, bem como o dia em que o preso deverá ser libertado.

▸ § 4º-A acrescido pela Lei nº 13.869, de 5-9-2019.

§ 5º A prisão somente poderá ser executada depois da expedição de mandado judicial.

§ 6º Efetuada a prisão, a autoridade policial informará o preso dos direitos previstos no artigo 5º da Constituição Federal.

▸ Art. 5º, LXIII e LXIV, da CF.

§ 7º Decorrido o prazo contido no mandado de prisão, a autoridade responsável pela custódia deverá, independentemente de nova ordem da autoridade judicial, pôr imediatamente o preso em liberdade, salvo se já tiver sido comunicada da prorrogação da prisão temporária ou da decretação da prisão preventiva.

▸ § 7º com a redação dada pela Lei nº 13.869, de 5-9-2019.

§ 8º Inclui-se o dia do cumprimento do mandado de prisão no cômputo do prazo de prisão temporária.

▸ § 8º acrescido pela Lei nº 13.869, de 5-9-2019.

Art. 3º Os presos temporários deverão permanecer, obrigatoriamente, separados dos demais detentos.

▸ Arts. 82 e 84 da LEP.

Art. 4º O artigo 4º da Lei nº 4.898, de 9 de dezembro de 1965, fica acrescido da alínea *i*, com a seguinte redação:

▸ Alteração inserida no texto da referida Lei.

Art. 5º Em todas as comarcas e seções judiciárias haverá um plantão permanente de 24 (vinte e quatro) horas do Poder Judiciário e do Ministério Público para apreciação dos pedidos de prisão temporária.

Art. 6º Esta Lei entra em vigor na data de sua publicação.

▶ Art. 5º, LXIII e LXIV, da CF.

Art. 7º Revogam-se as disposições em contrário.

Brasília, em 21 de dezembro de 1989; 168º da Independência e 101º da República.

José Sarney

LEI Nº 7.998, DE 11 DE JANEIRO DE 1990

Regula o Programa do Seguro-Desemprego, o Abono Salarial, institui o Fundo de Amparo ao Trabalhador – FAT, e dá outras providências.

▶ Publicada no *DOU* de 12-1-1990.

Art. 1º Esta Lei regula o Programa do Seguro-Desemprego e o abono de que tratam o inciso II do artigo 7º, o inciso IV do artigo 201 e o artigo 239, da Constituição Federal, bem como institui o Fundo de Amparo ao Trabalhador – FAT.

DO PROGRAMA DE SEGURO-DESEMPREGO

Art. 2º O Programa do Seguro-Desemprego tem por finalidade:

▶ *Caput* com a redação dada pela Lei nº 8.900, de 30-6-1994.

I – prover assistência financeira temporária ao trabalhador desempregado em virtude de dispensa sem justa causa, inclusive a indireta, e ao trabalhador comprovadamente resgatado de regime de trabalho forçado ou da condição análoga à de escravo;

▶ Inciso I com a redação dada pela Lei nº 10.608, de 20-12-2002.

II – auxiliar os trabalhadores na busca ou preservação do emprego, promovendo, para tanto, ações integradas de orientação, recolocação e qualificação profissional.

▶ Inciso II com a redação dada pela MP nº 2.164-41, de 24-8-2001, que até o encerramento desta edição não havia sido convertida em Lei.

Art. 2º-A. Para efeito do disposto no inciso II do artigo 2º, fica instituída a bolsa de qualificação profissional, a ser custeada pelo Fundo de Amparo ao Trabalhador – FAT, à qual fará jus o trabalhador que estiver com o contrato de trabalho suspenso em virtude de participação em curso ou programa de qualificação profissional oferecido pelo empregador, em conformidade com o disposto em convenção ou acordo coletivo celebrado para esse fim.

Art. 2º-B. *Revogado.* Lei nº 13.134, de 16-6-2015.

Art. 2º-C. O trabalhador que vier a ser identificado como submetido a regime de trabalho forçado ou reduzido a condição análoga à de escravo, em decorrência de ação de fiscalização do Ministério do Trabalho e Emprego, será dessa situação resgatado e terá direito à percepção de três parcelas de seguro-desemprego no valor de um salário mínimo cada, conforme o disposto no § 2º deste artigo.

§ 1º O trabalhador resgatado nos termos do *caput* deste artigo será encaminhado, pelo Ministério do Trabalho e Emprego, para qualificação profissional e recolocação no mercado de trabalho, por meio do Sistema Nacional de Emprego – SINE, na forma estabelecida pelo Conselho Deliberativo do Fundo de Amparo ao Trabalhador – CODEFAT.

§ 2º Caberá ao CODEFAT, por proposta do Ministro de Estado do Trabalho e Emprego, estabelecer os procedimentos necessários ao recebimento do benefício previsto no *caput* deste artigo, observados os respectivos limites de comprometimento dos recursos do FAT, ficando vedado ao mesmo trabalhador o recebimento do benefício, em circunstâncias similares, nos doze meses seguintes à percepção da última parcela.

▶ Art. 2º-C acrescido pela Lei nº 10.608, de 20-12-2002.

Art. 3º Terá direito à percepção do seguro-desemprego o trabalhador dispensado sem justa causa que comprove:

I – ter recebido salários de pessoa jurídica ou de pessoa física a ela equiparada, relativos a:

a) pelo menos 12 (doze) meses nos últimos 18 (dezoito) meses imediatamente anteriores à data de dispensa, quando da primeira solicitação;

b) pelo menos 9 (nove) meses nos últimos 12 (doze) meses imediatamente anteriores à data de dispensa, quando da segunda solicitação; e

c) cada um dos 6 (seis) meses imediatamente anteriores à data de dispensa, quando das demais solicitações;

▶ Inciso I com a redação dada pela Lei nº 13.134, de 16-6-2015.

II – *Revogado.* Lei nº 13.134, de 16-6-2015;

III – não estar em gozo de qualquer benefício previdenciário de prestação continuada, previsto no Regulamento dos Benefícios da Previdência Social, excetuado o auxílio-acidente e o auxílio suplementar previstos na Lei nº 6.367, de 19 de outubro de 1976, bem como o abono de permanência em serviço previsto na Lei nº 5.890, de 8 de junho de 1973;

IV – não estar em gozo do auxílio-desemprego; e

V – não possuir renda própria de qualquer natureza suficiente à sua manutenção e de sua família;

VI – matrícula e frequência, quando aplicável, nos termos do regulamento, em curso de formação inicial e continuada ou de qualificação profissional habilitado pelo Ministério da Educação, nos termos do art. 18 da Lei nº 12.513, de 26 de outubro de 2011, ofertado por meio da Bolsa-Formação Trabalhador concedida no âmbito do Programa Nacional de Acesso ao Ensino Técnico e Emprego (PRONATEC), instituído pela Lei nº 12.513, de 26 de outubro de 2011, ou de vagas gratuitas na rede de educação profissional e tecnológica.

▶ Inciso VI acrescido pela Lei nº 13.134, de 16-6-2015.

§ 1º A União poderá condicionar o recebimento da assistência financeira do Programa de Seguro-Desemprego à comprovação da matrícula e da frequência do trabalhador segurado em curso de formação inicial e continuada ou qualificação profissional, com carga horária mínima de 160 (cento e sessenta) horas.

§ 2º O Poder Executivo regulamentará os critérios e requisitos para a concessão da assistência financeira do Programa de Seguro-Desemprego nos casos previstos no § 1º, considerando a disponibilidade de bolsas-formação no âmbito do Pronatec ou de vagas gratuitas na rede de educação profissional e tecnológica para o cumprimento da condicionalidade pelos respectivos beneficiários.

§ 3º A oferta de bolsa para formação dos trabalhadores de que trata este artigo considerará, entre outros critérios, a capacidade de oferta, a reincidência no recebimento do benefício, o nível de escolaridade e a faixa etária do trabalhador.

▶ §§ 1º a 3º acrescidos pela Lei nº 12.513, de 26-10-2011.

§ 4º O registro como Microempreendedor Individual – MEI, de que trata o art. 18-A da Lei Complementar nº 123, de 14 de dezembro de 2006, não comprovará renda própria suficiente à manutenção da família, exceto se demonstrado na declaração anual simplificada da microempresa individual.

▶ § 4º acrescido pela LC nº 155, de 27-10-2016.

Art. 3º-A. A periodicidade, os valores, o cálculo do número de parcelas e os demais procedimentos operacionais de pagamento da bolsa de qualificação profissional, nos termos do artigo 2º-A desta Lei, bem como os pré-requisitos para habilitação serão os mesmos adotados em relação ao benefício do Seguro-Desemprego, exceto quanto à dispensa sem justa causa.

▶ Art. 3º-A acrescido pela MP nº 2.164-41, de 24-8-2001, que até o encerramento desta edição não havia sido convertida em Lei.

Art. 4º O benefício do seguro-desemprego será concedido ao trabalhador desempregado, por período máximo variável de 3 (três) a 5 (cinco) meses, de forma contínua ou alternada, a cada período aquisitivo, contados da data de dispensa que deu origem à última habilitação, cuja duração será definida pelo Conselho Deliberativo do Fundo de Amparo ao Trabalhador (CODEFAT).

§ 1º O benefício do seguro-desemprego poderá ser retomado a cada novo período aquisitivo, satisfeitas as condições arroladas nos incisos I, III, IV e V do *caput* do art. 3º.

§ 2º A determinação do período máximo mencionado no *caput* observará a seguinte relação entre o número de parcelas mensais do benefício do seguro-desemprego e o tempo de serviço do trabalhador nos 36 (trinta e seis) meses que antecederem a data de dispensa que originou o requerimento do seguro-desemprego, vedado o cômputo de vínculos empregatícios utilizados em períodos aquisitivos anteriores:

I – para a primeira solicitação:

a) 4 (quatro) parcelas, se o trabalhador comprovar vínculo empregatício com pessoa jurídica ou pessoa física a ela equiparada de, no mínimo, 12 (doze) meses e, no máximo, 23 (vinte e três) meses, no período de referência; ou

b) 5 (cinco) parcelas, se o trabalhador comprovar vínculo empregatício com pessoa jurídica ou pessoa física a ela equiparada de, no mínimo, 24 (vinte e quatro) meses, no período de referência;

II – para a segunda solicitação:

a) 3 (três) parcelas, se o trabalhador comprovar vínculo empregatício com pessoa jurídica ou pessoa física a ela equiparada de, no mínimo, 9 (nove) meses e, no máximo, 11 (onze) meses, no período de referência;

b) 4 (quatro) parcelas, se o trabalhador comprovar vínculo empregatício com pessoa jurídica ou pessoa física a ela equiparada de, no mínimo, 12 (doze) meses e, no máximo, 23 (vinte e três) meses, no período de referência; ou *c)* 5 (cinco) parcelas, se o trabalhador comprovar vínculo empregatício com pessoa jurídica ou pessoa física a ela equiparada de, no mínimo, 24 (vinte e quatro) meses, no período de referência;

III – a partir da terceira solicitação:

a) 3 (três) parcelas, se o trabalhador comprovar vínculo empregatício com pessoa jurídica ou pessoa física a ela equiparada de, no mínimo, 6 (seis) meses e, no máximo, 11 (onze) meses, no período de referência;

b) 4 (quatro) parcelas, se o trabalhador comprovar vínculo empregatício com pessoa jurídica ou pessoa física a ela equiparada de, no mínimo, 12 (doze) meses e, no máximo, 23 (vinte e três) meses, no período de referência; ou

c) 5 (cinco) parcelas, se o trabalhador comprovar vínculo empregatício com pessoa jurídica ou pessoa física a ela equiparada de, no mínimo, 24 (vinte e quatro) meses, no período de referência.

§ 3º A fração igual ou superior a 15 (quinze) dias de trabalho será havida como mês integral para os efeitos do § 2º.

§ 4º Nos casos em que o cálculo da parcela do seguro-desemprego resultar em valores decimais, o valor a ser pago deverá ser arredondado para a unidade inteira imediatamente superior.

§ 5º O período máximo de que trata o *caput* poderá ser excepcionalmente prolongado por até 2 (dois) meses, para grupos específicos de segurados, a critério do CODEFAT, desde que o gasto adicional representado por esse prolongamento não ultrapasse, em cada semestre, 10% (dez por cento) do montante da reserva mínima de liquidez de que trata o § 2º do art. 9º da Lei nº 8.019, de 11 de abril de 1990.

§ 6º Na hipótese de prolongamento do período máximo de percepção do benefício do seguro desemprego, o CODEFAT observará, entre outras variáveis, a evolução geográfica e setorial das taxas de desemprego no País e o tempo médio de desemprego de grupos específicos de trabalhadores.

§ 7º O CODEFAT observará as estatísticas do mercado de trabalho, inclusive o tempo médio de permanência no emprego, por setor, e recomendará ao Ministro de Estado do Trabalho e Emprego a adoção de políticas públicas que julgar adequadas à mitigação da alta rotatividade no emprego.

▸ Art. 4º com a redação dada pela Lei nº 13.134, de 16-6-2015.

Art. 4º-A. VETADO. Lei nº 13.134, de 16-6-2015.

Art. 5º O valor do benefício será fixado em Bônus do Tesouro Nacional – BTN, devendo ser calculado segundo três faixas salariais, observados os seguintes critérios:

▸ Art. 6º da Lei nº 14.020, de 6-7-2020 (Programa Emergencial de Manutenção do Emprego e da Renda).

I – até trezentos BTN, multiplicar-se-á o salário médio dos últimos três meses pelo fator oito décimos;

II – de trezentos a quinhentos BTN aplicar-se-á, até o limite do inciso anterior, a regra nele contida e, no que exceder o fator cinco décimos;

III – acima de quinhentos BTN, o valor do benefício será igual a trezentos e quarenta BTN.

§ 1º Para fins de apuração do benefício, será considerada a média dos salários dos últimos três meses anteriores à dispensa, devidamente convertidos em BTN pelo valor vigente nos respectivos meses trabalhados.

§ 2º O valor do benefício não poderá ser inferior ao valor do salário mínimo.

§ 3º No pagamento dos benefícios, considerar-se-á:

I – o valor do BTN ou do salário mínimo do mês imediatamente anterior, para benefícios colocados à disposição do beneficiário até o dia dez do mês;

II – o valor do BTN ou do salário mínimo do próprio mês, para benefícios colocados à disposição do beneficiário após o dia dez do mês.

Art. 6º O seguro-desemprego é direito pessoal e intransferível do trabalhador, podendo ser requerido a partir do sétimo dia subsequente à rescisão do contrato de trabalho.

Art. 7º O pagamento do benefício do Seguro-Desempregо será suspenso nas seguintes situações:

I – admissão do trabalhador em novo emprego;

II – início de percepção de benefício de prestação continuada da Previdência Social, exceto o auxílio-acidente, o auxílio suplementar e o abono de permanência em serviço;

III – início de percepção de auxílio-desemprego;

IV – recusa injustificada por parte do trabalhador desempregado em participar de ações de recolocação de emprego, conforme regulamentação do CODEFAT.

▸ Inciso IV acrescido pela Lei nº 13.134, de 16-6-2015.

Art. 7º-A. O pagamento da bolsa de qualificação profissional será suspenso se ocorrer a rescisão do contrato de trabalho.

▸ Artigo acrescido pela MP nº 2.164-41, de 24-8-2001, que até o encerramento desta edição não havia sido convertida em Lei.

Art. 8º O benefício do seguro-desemprego será cancelado:

▸ *Caput* com a redação dada pela Lei nº 12.513, de 26-10-2011.

I – pela recusa por parte do trabalhador desempregado de outro emprego condizente com sua qualificação registrada ou declarada e com sua remuneração anterior;

II – por comprovação de falsidade na prestação das informações necessárias à habilitação;

III – por comprovação de fraude visando à percepção indevida do benefício do seguro-desemprego; ou

IV – por morte do segurado.

▸ Incisos I a IV com a redação dada pela Lei nº 12.513, de 26-10-2011.

§ 1º Nos casos previstos nos incisos I a III deste artigo, será suspenso por um período de 2 (dois) anos, ressalvado o prazo de carência, o direito do trabalhador à percepção do seguro-desemprego, dobrando-se este período em caso de reincidência.

▸ Antigo parágrafo único transformado em § 1º pela Lei nº 12.513, de 26-10-2011.

§ 2º O benefício poderá ser cancelado na hipótese de o beneficiário deixar de cumprir a condicionalidade de que trata o § 1º do art. 3º desta Lei, na forma do regulamento.

▸ § 2º acrescido pela Lei nº 12.513, de 26-10-2011.

Art. 8º-A. O benefício da bolsa de qualificação profissional será cancelado nas seguintes situações:

I – fim da suspensão contratual e retorno ao trabalho;

II – por comprovação de falsidade na prestação das informações necessárias à habilitação;

III – por comprovação de fraude visando à percepção indevida da bolsa de qualificação profissional;

IV – por morte do beneficiário.

Art. 8º-B. Na hipótese prevista no § 5º do artigo 476-A da Consolidação das Leis do Trabalho – CLT, as parcelas da bolsa de qualificação profissional que o empregado tiver recebido serão descontadas das parcelas do benefício do Seguro-Desemprego a que fizer jus, sendo-lhe garantido, no mínimo, o recebimento de uma parcela do Seguro-Desemprego.

Art. 8º-C. Para efeito de habilitação ao Seguro-Desemprego, desconsiderar-se-á o período de suspensão contratual de que trata o artigo 476-A da CLT, para o cálculo dos períodos de que tratam os incisos I e II do artigo 3º desta Lei.

▸ Arts. 8º-A a 8º-C acrescidos pela MP nº 2.164-41, de 24-8-2001, que até o encerramento desta edição não havia sido convertida em Lei.

DO ABONO SALARIAL

Art. 9º É assegurado o recebimento de abono salarial anual, no valor máximo de 1 (um) salário mínimo vigente na data do respectivo pagamento, aos empregados que:

▸ *Caput* com a redação dada pela Lei nº 13.134, de 16-6-2015 (*DOU* de 17-6-2015), produzindo efeitos financeiros a partir do exercício de 2016.

I – tenham percebido, de empregadores que contribuem para o Programa de Integração Social – PIS ou para o Programa de Formação do Patrimônio do Servidor Público – PASEP, até dois salários mínimos médios de remuneração mensal no período trabalhado e que tenham exercido atividade remunerada pelo menos durante trinta dias no ano-base;

II – estejam cadastrados há pelo menos cinco anos no Fundo de Participação PIS-PASEP ou no Cadastro Nacional do Trabalhador.

§ 1º No caso de beneficiários integrantes do Fundo de Participação PIS-PASEP, serão computados no valor do abono salarial os rendimentos proporcionados pelas respectivas contas individuais.

▸ Parágrafo único renumerado para § 1º pela Lei nº 13.134, de 16-6-2015.

§ 2º O valor do abono salarial anual de que trata o *caput* será calculado na proporção de 1/12 (um doze avos) do valor do salário mínimo vigente na data do respectivo pagamento, multiplicado pelo número de meses trabalhados no ano correspondente.

▸ § 2º com a redação dada pela Lei nº 13.134, de 16-6-2015 (*DOU* de 17-6-2015), produzindo efeitos financeiros a partir do exercício de 2016.

§ 3º A fração igual ou superior a 15 (quinze) dias de trabalho será contada como mês integral para os efeitos do § 2º deste artigo.

§ 4º O valor do abono salarial será emitido em unidades inteiras de moeda corrente, com a suplementação das partes decimais até a unidade inteira imediatamente superior.

▸ §§ 3º e 4º acrescidos pela Lei nº 13.134, de 16-6-2015 (*DOU* de 17-6-2015), produzindo efeitos financeiros a partir do exercício de 2016.

Art. 9º-A. O abono será pago pelo Banco do Brasil S.A. e pela Caixa Econômica Federal mediante:

I – depósito em nome do trabalhador;

II – saque em espécie; ou

III – folha de salários.

§ 1º Ao Banco do Brasil S.A. caberá o pagamento aos servidores e empregados dos contribuintes mencionados no art. 14 do Decreto-Lei nº 2.052, de 3 de agosto de 1983, e à Caixa Econômica Federal, aos empregados dos contribuintes a que se refere o art. 15 desse Decreto-Lei.

§ 2º As instituições financeiras pagadoras manterão em seu poder, à disposição das autoridades fazendárias, por processo que possibilite sua imediata recuperação, os comprovantes de pagamentos efetuados.

▶ Art. 9º-A com a redação dada pela Lei nº 13.134, de 16-6-2015.

DO FUNDO DE AMPARO AO TRABALHADOR

Art. 10. É instituído o Fundo de Amparo ao Trabalhador (FAT), vinculado ao Ministério do Trabalho e Emprego, destinado ao custeio do Programa de Seguro-Desemprego, ao pagamento do abono salarial e ao financiamento de programas de educação profissional e tecnológica e de desenvolvimento econômico.

▶ *Caput* com a redação dada pela Lei nº 12.513, de 26-10-2011.

Parágrafo único. O FAT é um fundo contábil, de natureza financeira, subordinando-se, no que couber, à legislação vigente.

Art. 11. Constituem recursos do FAT:

I – o produto da arrecadação das contribuições devidas ao PIS e ao PASEP;

II – o produto dos encargos devidos pelos contribuintes, em decorrência da inobservância de suas obrigações;

III – a correção monetária e os juros devidos pelo agente aplicador dos recursos do Fundo, bem como pelos agentes pagadores, incidentes sobre o saldo dos repasses recebidos;

IV – o produto da arrecadação da contribuição adicional pelo índice de rotatividade, de que trata o § 4º do artigo 239 da Constituição Federal;

V – 18% (dezoito por cento) da Contribuição Social sobre Bens e Serviços – CBS; e

▶ Inciso V com a redação dada pela LC nº 214, de 16-1-2025.

VI – outros recursos que lhe sejam destinados.

▶ Inciso VI acrescido pela LC nº 214, de 16-1-2025.

Arts. 12 a 14. VETADOS.

Art. 15. Compete aos Bancos Oficiais Federais o pagamento das despesas relativas ao Programa do Seguro-Desemprego e ao abono salarial conforme normas a serem definidas pelos gestores do FAT.

Parágrafo único. Sobre o saldo de recursos não desembolsados, os agentes pagadores remunerarão o FAT, no mínimo com correção monetária.

Arts. 16 e 17. *Revogados.* Lei nº 8.019, de 11-4-1990.

GESTÃO

Art. 18. É instituído o Conselho Deliberativo do Fundo de Amparo ao Trabalhador – CODEFAT, composto por representação de trabalhadores, empregadores e órgãos e entidades governamentais, na forma estabelecida pelo Poder Executivo.

▶ *Caput* com a redação dada pela MP nº 2.216-37, de 31-8-2001, que até o encerramento desta edição não havia sido convertida em Lei.

§§ 1º e 2º *Revogados*. MP nº 2.216-37, de 31-8-2001.

§ 3º Os representantes dos trabalhadores serão indicados pelas centrais sindicais e confederações de trabalhadores; e os representantes dos empregadores, pelas respectivas confederações.

§ 4º Compete ao Ministério do Trabalho a nomeação dos membros do CODEFAT.

§ 5º *Revogado.* MP nº 2.216-37, de 31-8-2001.

§ 6º Pela atividade exercida no CODEFAT seus membros não serão remunerados.

Art. 19. Compete ao CODEFAT gerir o FAT e deliberar sobre as seguintes matérias:

▶ Art. 63 da LC nº 123, de 14-12-2006 (Estatuto Nacional da Microempresa e da Empresa de Pequeno Porte).

I – VETADO;

II – aprovar e acompanhar a execução do Plano de Trabalho Anual do Programa do Seguro-Desemprego e do Abono Salarial e os respectivos orçamentos;

III – deliberar sobre a prestação de contas e os relatórios de execução orçamentária e financeira do FAT;

IV – elaborar a proposta orçamentária do FAT, bem como suas alterações;

V – propor o aperfeiçoamento da legislação relativa ao seguro-desemprego e ao Abono Salarial e regulamentar os dispositivos desta Lei no âmbito de sua competência;

VI – decidir sobre sua própria organização, elaborando seu regimento interno;

VII – analisar relatórios do agente aplicador quanto à forma, prazo e natureza dos investimentos realizados;

VIII – fiscalizar a administração do Fundo, podendo solicitar informações sobre contratos celebrados ou em vias de celebração e quaisquer outros atos;

IX – definir indexadores sucedâneos no caso de extinção ou alteração daqueles referidos nesta Lei;

X – baixar instruções necessárias à devolução de parcelas do benefício do seguro-desemprego, indevidamente recebidas;

XI – propor alteração das alíquotas referentes às contribuições a que alude o artigo 239 da Constituição Federal, com vistas a assegurar a viabilidade econômico-financeira do FAT;

XII e XIII – VETADOS;

XIV – fixar prazos para processamento e envio ao trabalhador da requisição do benefício do seguro-desemprego, em função das possibilidades técnicas existentes, estabelecendo-se como objetivo o prazo de trinta dias;

XV e XVI – VETADOS;

XVII – deliberar sobre outros assuntos de interesse do FAT.

Art. 19-A. O CODEFAT poderá priorizar projetos das entidades integrantes do Sistema Nacional de Atendimento Socioeducativo (SINASE) desde que:

I – o ente federado de vinculação da entidade que solicita o recurso possua o respectivo Plano de Atendimento Socioeducativo aprovado;

II – as entidades governamentais e não governamentais integrantes do SINASE que solicitem recursos tenham se submetido à avaliação nacional do atendimento socioeducativo.

▶ Art. 19-A acrescido pela Lei nº 12.594, de 18-1-2012 (*DOU* de 19-1-2012).

Art. 20. A Secretaria-Executiva do Conselho Deliberativo será exercida pelo Ministério do Trabalho, e a ela caberão as tarefas técnico-administrativas relativas ao seguro-desemprego e ao abono salarial.

Art. 21. As despesas com a implantação, administração e operação do Programa do Seguro-Desemprego e de Abono Salarial, exceto as de pessoal, correrão por conta do FAT.

Art. 22. Os recursos do FAT integrarão o orçamento da seguridade social na forma da legislação pertinente.

DA FISCALIZAÇÃO E PENALIDADES

Art. 23. Compete ao Ministério do Trabalho e Previdência a fiscalização do cumprimento do Programa de Seguro-Desemprego e do abono salarial, bem como do pagamento, pelas empresas, da bolsa de qualificação profissional de que trata o art. 2º-A desta Lei, ou de benefícios de programas instituídos para promover a manutenção de empregos ou a qualificação de trabalhadores, custeados com recursos do FAT.

Art. 24. Os trabalhadores, os empregadores e os serviços nacionais de aprendizagem ou entidades qualificadas em formação técnico-profissional, bem como os trabalhadores de programas instituídos para promover a manutenção de empregos ou a qualificação de trabalhadores, prestarão as informações necessárias, bem como atenderão às exigências para a concessão do seguro-desemprego e o pagamento do abono salarial e da bolsa de qualificação profissional de que trata o art. 2º-A desta Lei, ou de benefícios de programas instituídos para promover a manutenção de empregos ou a qualificação de trabalhadores, nos termos e nos prazos fixados pelo Ministério do Trabalho e Previdência.

▶ Arts. 23 e 24 com a redação dada pela Lei nº 14.261, de 16-12-2021.

Art. 25. O empregador que infringir os dispositivos desta Lei estará sujeito a multas de 400 (quatrocentos) a 40.000 (quarenta mil) BTN, segundo a natureza da infração, sua extensão e intenção do infrator, a serem aplicadas em dobro, no caso de reincidência, oposição à fiscalização ou desacato à autoridade.

▶ Art. 14 da Lei nº 14.020, de 6-7-2020 (Programa Emergencial de Manutenção do Emprego e da Renda).

§ 1º Serão competentes para impor as penalidades as Delegacias Regionais do Trabalho, nos termos do Título VII da Consolidação das Leis do Trabalho – CLT.

§ 2º Além das penalidades administrativas já referidas, os responsáveis por meios fraudulentos na habilitação ou na percepção do seguro-desemprego serão punidos civil e criminalmente, nos termos desta Lei.

Art. 25-A. O trabalhador que infringir o disposto nesta Lei e houver percebido indevidamente parcela de seguro-desemprego sujeitar-se-á à compensação automática do débito com o novo benefício, na forma e no percentual definidos por resolução do CODEFAT.

§ 1º O ato administrativo de compensação automática poderá ser objeto de impugnação, no prazo de 10 (dez) dias, pelo trabalhador, por meio de requerimento de revisão simples, o qual seguirá o rito prescrito pela Lei nº 9.784, de 29 de janeiro de 1999.

§ 2º A restituição de valor devido pelo trabalhador de que trata o *caput* deste artigo será realizada mediante compensação do saldo de valores nas datas de liberação de cada parcela ou pagamento com Guia de Recolhimento da União (GRU), conforme regulamentação do CODEFAT.

▸ Art. 25-A acrescido pela Lei nº 13.134, de 16-6-2015.

DAS DISPOSIÇÕES FINAIS E TRANSITÓRIAS

Art. 26. VETADO.

Art. 27. A primeira investidura do CODEFAT dar-se-á no prazo de trinta dias da publicação desta Lei.

Art. 28. No prazo de trinta dias, as contribuições ao PIS e ao PASEP, arrecadadas a partir de 5 de outubro de 1988 e não utilizadas nas finalidades previstas no artigo 239 da Constituição Federal serão recolhidas como receitas do FAT.

▸ *Caput* com a redação dada pela Lei nº 8.019, de 11-4-1990.

Parágrafo único. VETADO.

Art. 29. *Revogado.* Lei nº 8.019, de 11-4-1990.

Art. 30. O Poder Executivo regulamentará esta Lei no prazo de noventa dias e apresentará projeto de lei regulamentando a contribuição adicional pelo índice de rotatividade, de que trata o § 4º do artigo 239 da Constituição Federal, no prazo de cento e oitenta dias.

Art. 31. Esta Lei entra em vigor na data de sua publicação.

Art. 32. Revogam-se as disposições em contrário.

Brasília, 11 de janeiro de 1990;
169º da Independência e
102º da República.
José Sarney

LEI Nº 8.009, DE 29 DE MARÇO DE 1990

Dispõe sobre a impenhorabilidade do bem de família.

▸ Publicada no *DOU* de 30-3-1990.
▸ Arts. 1.711 a 1.722 do CC.
▸ Arts. 832 e 833 do CPC/2015.
▸ Súmulas nºs 205, 364 e 449 do STJ.

Art. 1º O imóvel residencial próprio do casal, ou da entidade familiar, é impenhorável e não responderá por qualquer tipo de dívida civil, comercial, fiscal, previdenciária ou de outra natureza, contraída pelos cônjuges ou pelos pais ou filhos que sejam seus proprietários e nele residam, salvo nas hipóteses previstas nesta Lei.

▸ Súm. nº 486 do STJ.

Parágrafo único. A impenhorabilidade compreende o imóvel sobre o qual se assentam a construção, as plantações, as benfeitorias de qualquer natureza e todos os equipamentos, inclusive os de uso profissional, ou móveis que guarnecem a casa, desde que quitados.

Art. 2º Excluem-se da impenhorabilidade os veículos de transporte, obras de arte e adornos suntuosos.

Parágrafo único. No caso de imóvel locado, a impenhorabilidade aplica-se aos bens móveis quitados que guarneçam a residência e que sejam de propriedade do locatário, observado o disposto neste artigo.

Art. 3º A impenhorabilidade é oponível em qualquer processo de execução civil, fiscal, previdenciária, trabalhista ou de outra natureza, salvo se movido:

I – *Revogado.* LC nº 150, de 1º-6-2015;

II – pelo titular do crédito decorrente do financiamento destinado à construção ou à aquisição do imóvel, no limite dos créditos e acréscimos constituídos em função do respectivo contrato;

III – pelo credor da pensão alimentícia, resguardados os direitos, sobre o bem, do seu coproprietário que, com o devedor, integre união estável ou conjugal, observadas as hipóteses em que ambos responderão pela dívida;

▸ Inciso III com a redação dada pela Lei nº 13.144, de 6-7-2015.

IV – para cobrança de imposto, predial ou territorial, taxas e contribuições devidas em função do imóvel familiar;

V – para execução de hipoteca sobre o imóvel oferecido como garantia real pelo casal ou pela entidade familiar;

VI – por ter sido adquirido com produto de crime ou para execução de sentença penal condenatória a ressarcimento, indenização ou perdimento de bens;

VII – por obrigação decorrente de fiança concedida em contrato de locação.

▸ Inciso VII acrescido pela Lei nº 8.245, de 18-10-1991.
▸ Súm. nº 549 do STJ.

Art. 4º Não se beneficiará do disposto nesta Lei aquele que, sabendo-se insolvente, adquire de má-fé imóvel mais valioso para transferir a residência familiar, desfazendo-se ou não da moradia antiga.

§ 1º Neste caso poderá o juiz, na respectiva ação do credor, transferir a impenhorabilidade para a moradia familiar anterior, ou anular-lhe a venda, liberando a mais valiosa para execução ou concurso, conforme a hipótese.

§ 2º Quando a residência familiar constituir-se em imóvel rural, a impenhorabilidade restringir-se-á à sede de moradia, com os respectivos bens móveis, e, nos casos do artigo 5º, inciso XXVI, da Constituição, à área limitada como pequena propriedade rural.

▸ Art. 5º, XXVI, da CF.

Art. 5º Para os efeitos de impenhorabilidade, de que trata esta Lei, considera-se residência um único imóvel utilizado pelo casal ou pela entidade familiar para moradia permanente.

Parágrafo único. Na hipótese de o casal, ou entidade familiar, ser possuidor de vários imóveis utilizados como residência, a impenhorabilidade recairá sobre o de menor valor, salvo se outro tiver sido registrado, para esse fim, no Registro de Imóveis e na forma do artigo 70 do Código Civil.

▸ Refere-se ao CC/1916.
▸ Súm. nº 486 do STJ.

Art. 6º São canceladas as execuções suspensas pela Medida Provisória nº 143, de 8 de março de 1990, que deu origem a esta Lei.

Art. 7º Esta Lei entra em vigor na data de sua publicação.

Art. 8º Revogam-se as disposições em contrário.

Senado Federal, 29 de março de 1990;
169º da Independência e
102º da República.
Nelson Carneiro

LEI Nº 8.021, DE 12 DE ABRIL DE 1990

Dispõe sobre a identificação dos contribuintes para fins fiscais e dá outras providências.

▸ Publicada no *DOU* de 13-4-1990.

Art. 1º A partir da vigência desta Lei, fica vedado o pagamento ou resgate de qualquer título ou aplicação, bem como dos seus rendimentos ou ganhos, a beneficiário não identificado.

Parágrafo único. O descumprimento do disposto neste artigo sujeitará o responsável pelo pagamento ou resgate a multa igual ao valor da operação, corrigido monetariamente a partir da data da operação até o dia do seu efetivo pagamento.

Art. 2º A partir da data de publicação desta Lei fica vedada:

I – a emissão de quotas ao portador ou nominativas endossáveis, pelos fundos em condomínio;

II – a emissão de títulos e a captação de depósitos ou aplicações ao portador ou nominativos endossáveis;

III – *Revogado.* Lei nº 9.069, de 29-6-1995.

Parágrafo único. Os cheques emitidos em desacordo com o estabelecido no inciso III deste artigo não serão compensáveis por meio do Serviço de Compensação de Cheques e outros Papéis.

Art. 3º O contribuinte que receber o resgate de quotas de fundos ao portador e de títulos ou aplicações de renda fixa ao portador ou nominativos endossáveis, existentes em 16 de março de 1990, ficará sujeito à retenção de imposto de renda na fonte, à alíquota de vinte e cinco por cento, calculado sobre o valor do resgate recebido.

§ 1º O imposto será retido pela instituição que efetuar o pagamento dos títulos e aplicações e seu recolhimento deverá ser efetuado de conformidade com as normas aplicáveis ao imposto de renda retido na fonte.

§ 2º O valor sobre o qual for calculado o imposto, diminuído deste, será computado como rendimento líquido, para efeito de justificar acréscimo patrimonial na declaração de bens (Lei nº 4.069, de 11 de junho de 1962, artigo 51) a ser apresentada no exercício financeiro subsequente.

§ 3º A retenção do imposto, prevista neste artigo, não exclui a incidência do imposto de renda na fonte sobre os rendimentos produzidos pelos respectivos títulos ou aplicações.

§ 4º A retenção do imposto, prevista neste artigo, será dispensada caso o contribuinte comprove, perante o Departamento da Receita Federal, que o valor resgatado tem origem em rendimentos próprios, declarados na forma da legislação do imposto de renda.

§ 5º A liberação dos recursos sem a observância do disposto no parágrafo anterior sujeitará a instituição financeira à multa de vinte e cinco por cento sobre o valor do resgate dos títulos ou aplicações, corrigido monetariamente a partir da data do seu efetivo recolhimento.

Art. 4º O artigo 20 da Lei nº 6.404, de 15 de dezembro de 1976, passa a vigorar com a seguinte redação:

▶ Alteração inserida no texto da referida Lei.

Art. 5º As sociedades por ações terão um prazo de dois anos para adaptar seus estatutos ao disposto no artigo anterior.

§ 1º No prazo a que se refere este artigo, as operações com ações, ao portador ou endossáveis, existentes na data da publicação desta Lei, emitidas pelas sociedades por ações, somente poderão ser efetuadas quando atenderem, cumulativamente, às seguintes condições:

a) estiverem as ações sob custódia de instituição financeira ou de bolsa de valores, autorizada a operar por ato da Comissão de Valores Mobiliários – CVM ou do Banco Central do Brasil, no âmbito de sua competência;

b) houver a identificação do vendedor e do comprador.

§ 2º As ações mencionadas neste artigo somente poderão ser retiradas da custódia mediante a identificação do proprietário.

§ 3º A instituição financeira ou bolsa custodiante deverá enviar ao Departamento da Receita Federal, até o dia 15 de cada mês, comunicação que identifique o proprietário, a quantidade, a espécie e o valor de aquisição das ações que houverem sido retiradas de sua custódia no mês anterior.

§ 4º A inobservância do disposto no parágrafo anterior sujeitará a instituição financeira ou bolsa custodiante à multa de vinte e cinco por cento do valor das ações, corrigido monetariamente a partir do vencimento do prazo para a comunicação até a data do seu efetivo pagamento.

§ 5º Para efeito do disposto no parágrafo anterior, considera-se valor da ação o preço médio de negociação em pregão de Bolsa de Valores no dia da retirada da ação ou, na falta deste, o preço médio da ação da última negociação em pregão da Bolsa de Valores, corrigido pelo BTN Fiscal até o dia da retirada da ação.

§ 6º Para as ações não admitidas à negociação em Bolsas de Valores, considera-se o valor patrimonial da ação corrigido pelo BTN Fiscal desde a data do último balanço até a data de sua retirada da custódia.

Art. 6º O lançamento de ofício, além dos casos já especificados em lei, far-se-á arbitrando-se os rendimentos com base na renda presumida, mediante utilização dos sinais exteriores de riqueza.

§ 1º Considera-se sinal exterior de riqueza a realização de gastos incompatíveis com a renda disponível do contribuinte.

§ 2º Constitui renda disponível a receita auferida pelo contribuinte, diminuída dos abatimentos e deduções admitidos pela legislação do imposto de renda em vigor e do imposto de renda pago pelo contribuinte.

§ 3º Ocorrendo a hipótese prevista neste artigo, o contribuinte será notificado para o devido procedimento fiscal de arbitramento.

§ 4º No arbitramento tomar-se-ão como base os preços de mercado vigentes à época da ocorrência dos fatos ou eventos, podendo, para tanto, ser adotados índices ou indicadores econômicos oficiais ou publicações técnicas especializadas.

§ 5º *Revogado.* Lei nº 9.430, de 27-12-1996.

§ 6º Qualquer que seja a modalidade escolhida para o arbitramento, será sempre levada a efeito aquela que mais favorecer o contribuinte.

Art. 7º A autoridade fiscal do Ministério da Economia, Fazenda e Planejamento poderá proceder a exames de documentos, livros e registros das bolsas de valores, de mercadorias, de futuros e assemelhadas, bem como solicitar a prestação de esclarecimentos e informações a respeito de operações por elas praticadas, inclusive em relação a terceiros.

§ 1º As informações deverão ser prestadas no prazo máximo de dez dias úteis contados da data da solicitação. O não cumprimento desse prazo sujeitará a instituição a multa de valor equivalente a mil BTN Fiscais por dia útil de atraso.

§ 2º As informações obtidas com base neste artigo somente poderão ser utilizadas para efeito de verificação do cumprimento de obrigações tributárias.

§ 3º O servidor que revelar informações que tiver obtido na forma deste artigo estará sujeito às penas previstas no artigo 325 do Código Penal brasileiro.

Art. 8º Iniciado o procedimento fiscal, a autoridade fiscal poderá solicitar informações sobre operações realizadas pelo contribuinte em instituições financeiras, inclusive extratos de contas bancárias, não se aplicando, nesta hipótese, o disposto no artigo 38 da Lei nº 4.595, de 31 de dezembro de 1964.

Parágrafo único. As informações, que obedecerão às normas regulamentares expedidas pelo Ministério da Economia, Fazenda e Planejamento, deverão ser prestadas no prazo máximo de dez dias úteis contados da data da solicitação, aplicando-se, no caso de descumprimento desse prazo, a penalidade prevista no § 1º do artigo 7º.

Art. 9º *Revogado.* Lei nº 14.286, de 29-12-2021.

Art. 10. Fica o Poder Executivo autorizado a celebrar convênios com outros países para repatriar bens de qualquer natureza, inclusive financeiros e títulos de valores mobiliários, pertencentes a empresas brasileiras e pessoas físicas residentes e domiciliadas no País.

Parágrafo único. Os valores repatriados ficarão sujeitos ao imposto de renda à alíquota de vinte e cinco por cento.

Art. 11. O Poder Executivo regulamentará o disposto nesta Lei.

Art. 12. Esta Lei entra em vigor na data de sua publicação.

Art. 13. Revogam-se o artigo 9º da Lei nº 4.729, de 14 de julho de 1965, os artigos 32 e 33 da Lei nº 6.404, de 15 de dezembro de 1976, e demais disposições em contrário.

Brasília, 12 de abril de 1990;
169º da Independência e
102º da República.

Fernando Collor

LEI Nº 8.036, DE 11 DE MAIO DE 1990

Dispõe sobre o Fundo de Garantia do Tempo de Serviço e dá outras providências.

▶ Publicada no *DOU* de 14-5-1990.
▶ Dec. nº 99.684, de 8-11-1990, regulamenta esta Lei.
▶ LC nº 110, de 29-6-2001, institui contribuições sociais e autoriza créditos de complementos de atualização monetária em contas vinculadas do FGTS, regulamentada pelos Decretos nºs 3.913, de 11-9-2001, e 3.194, de 11-9-2001.
▶ IN da SIT nº 84, de 13-7-2010, dispõe sobre a fiscalização do Fundo de Garantia do Tempo de Serviço – FGTS e das Contribuições Sociais instituídas pela LC nº 110, de 29-6-2001.
▶ Súmulas nºs 249, 445 e 462 do STJ.
▶ Orientações Jurisprudenciais da SBDI-I nºs 341, 344 e 370 do TST.

Art. 1º O Fundo de Garantia do Tempo de Serviço – FGTS, instituído pela Lei nº 5.107, de 13 de setembro de 1966, passa a reger-se por esta Lei.

Art. 2º O FGTS é constituído pelos saldos das contas vinculadas a que se refere esta Lei e outros recursos a ele incorporados, devendo ser aplicados com atualização monetária e juros, de modo a assegurar a cobertura de suas obrigações.

§ 1º Constituem recursos incorporados ao FGTS, nos termos do *caput* deste artigo:

a) eventuais saldos apurados nos termos do artigo 12, § 4º;

b) dotações orçamentárias específicas;

c) resultados das aplicações dos recursos do FGTS;

d) multas, correção monetária e juros moratórios devidos;

e) demais receitas patrimoniais e financeiras.

§ 2º As contas vinculadas em nome dos trabalhadores são absolutamente impenhoráveis.

Art. 3º O FGTS será regido por normas e diretrizes estabelecidas por um Conselho Curador, composto por representação de trabalhadores, empregadores e órgãos e entidades governamentais, na forma estabelecida pelo Poder Executivo.

▶ *Caput* com a redação dada pela MP nº 2.216-37, de 31-8-2001, que até o encerramento desta edição não havia sido convertida em Lei.

§ 1º A Presidência do Conselho Curador será exercida pelo Ministro de Estado do Trabalho e Previdência ou representante por ele indicado.

▶ § 1º com a redação dada pela Lei nº 14.261, de 16-12-2021.

§ 2º *Revogado.* MP nº 2.216-37, de 31-8-2001.

§ 3º Os representantes dos trabalhadores e dos empregadores e seus suplentes serão indicados pelas respectivas centrais sindicais e confederações nacionais, serão nomeados pelo Poder Executivo, terão mandato de 2 (dois) anos e poderão ser reconduzidos uma única vez, vedada a permanência de uma mesma pessoa como membro titular, como suplente ou, de forma alternada, como titular e suplente, por período consecutivo superior a 4 (quatro) anos no Conselho.

▶ § 3º com a redação dada pela Lei nº 13.932, de 11-12-2019.

§ 4º O Conselho Curador reunir-se-á ordinariamente, a cada bimestre, por convocação de seu Presidente. Esgotado esse período, não tendo ocorrido convocação, qualquer de seus membros poderá fazê-la, no prazo de quinze dias. Havendo necessidade, qualquer membro poderá convocar reunião extraordinária, na forma que vier a ser regulamentada pelo Conselho Curador.

§ 4º-A. As reuniões do Conselho Curador serão públicas, bem como gravadas e transmitidas ao vivo por meio do sítio do FGTS na internet, o qual também possibilitará acesso a todas as gravações que tiverem sido efetuadas dessas reuniões, resguardada a possibilidade de tratamento sigiloso de matérias assim classificadas na forma da lei.

► § 4º-A acrescido pela Lei nº 13.932, de 11-12-2019.

§ 5º As decisões do Conselho serão tomadas com a presença da maioria simples de seus membros, tendo o Presidente voto de qualidade.

► § 5º com a redação dada pela MP nº 2.216-37, de 31-8-2001, que até o encerramento desta edição não havia sido convertida em Lei.

§ 6º As despesas porventura exigidas para o comparecimento às reuniões do Conselho constituirão ônus das respectivas entidades representadas.

§ 7º As ausências ao trabalho dos representantes dos trabalhadores no Conselho Curador, decorrentes das atividades desse órgão, serão abonadas, computando-se como jornada efetivamente trabalhada para todos os fins e efeitos legais.

§ 8º O Poder Executivo designará, entre os órgãos governamentais com representação no Conselho Curador do FGTS, aquele que lhe proporcionará estrutura administrativa de suporte para o exercício de sua competência e que atuará na função de Secretaria Executiva do colegiado, não permitido ao Presidente do Conselho Curador acumular a titularidade dessa Secretaria Executiva.

► § 8º com a redação dada pela Lei nº 13.932, de 11-12-2019.

§ 9º Aos membros do Conselho Curador, enquanto representantes dos trabalhadores, efetivos e suplentes, é assegurada a estabilidade no emprego, da nomeação até um ano após o término do mandato de representação, somente podendo ser demitidos por motivo de falta grave, regularmente comprovada através de processo sindical.

§ 10. Os membros do Conselho Curador do FGTS serão escolhidos dentre cidadãos de reputação ilibada e de notório conhecimento, e deverão ser atendidos os seguintes requisitos:

I – ter formação acadêmica superior; e

II – não se enquadrar nas hipóteses de inelegibilidade previstas nas alíneas *a* a *q* do inciso I do *caput* do art. 1º da Lei Complementar nº 64, de 18 de maio de 1990.

► § 10 acrescido pela Lei nº 13.932, de 11-12-2019.

Art. 4º O gestor da aplicação dos recursos do FGTS será o órgão do Poder Executivo responsável pela política de habitação, e caberá à Caixa Econômica Federal (CEF) o papel de agente operador.

► Artigo com a redação dada pela Lei nº 13.932, de 11-12-2019.

Art. 5º Ao Conselho Curador do FGTS compete:

I – estabelecer as diretrizes e os programas de alocação dos recursos do FGTS, de acordo com os critérios definidos nesta Lei, em conformidade com a política nacional de desenvolvimento urbano e as políticas setoriais de habitação popular, saneamento básico, microcrédito e infraestrutura urbana estabelecidas pelo governo federal;

► Inciso I com a redação dada pela Lei nº 14.438, de 24-8-2022.

II – acompanhar e avaliar a gestão econômica e financeira dos recursos, bem como os ganhos sociais e o desempenho dos programas aprovados;

III – apreciar e aprovar os programas anuais e plurianuais do FGTS;

IV – aprovar as demonstrações financeiras do FGTS, com base em parecer de auditoria externa independente, antes de sua publicação e encaminhamento aos órgãos de controle, bem como da distribuição de resultados;

V – adotar as providências cabíveis para a correção de atos e fatos do gestor da aplicação e da CEF que prejudiquem o desempenho e o cumprimento das finalidades no que concerne aos recursos do FGTS;

► Incisos IV e V com redação dada pela Lei nº 13.932, de 11-12-2019.

VI – dirimir dúvidas quanto à aplicação das normas regulamentares, relativas ao FGTS, nas matérias de sua competência;

VII – aprovar seu regimento interno;

VIII – fixar as normas e valores de remuneração do Agente Operador e dos Agentes Financeiros;

IX – fixar critérios para parcelamento de recolhimentos em atraso;

X – fixar critério e valor de remuneração para o exercício da fiscalização;

XI – divulgar, no *Diário Oficial da União*, todas as decisões proferidas pelo Conselho, bem como as contas do FGTS e os respectivos pareceres emitidos;

XII – fixar critérios e condições para compensação entre créditos do empregador, decorrentes de depósitos relativos a trabalhadores não optantes, com contratos extintos, e débitos resultantes de competências em atraso, inclusive aqueles que forem objeto de composição de dívida com o FGTS;

► Inciso XII com a redação dada pela Lei nº 9.711, de 20-11-1998.

XIII – em relação ao Fundo de Investimento do Fundo de Garantia do Tempo de Serviço – FI-FGTS:

a) aprovar a política de investimento do FI-FGTS por proposta do Comitê de Investimento;

b) decidir sobre o reinvestimento ou distribuição dos resultados positivos aos cotistas do FI-FGTS, em cada exercício;

c) definir a forma de deliberação, de funcionamento e a composição do Comitê de Investimento;

d) estabelecer o valor da remuneração da Caixa Econômica Federal pela administração e gestão do FI-FGTS, inclusive a taxa de risco;

e) definir a exposição máxima de risco dos investimentos do FI-FGTS;

f) estabelecer o limite máximo de participação dos recursos do FI-FGTS por setor, por empreendimento e por classe de ativo, observados os requisitos técnicos aplicáveis;

g) estabelecer o prazo mínimo de resgate das cotas e de retorno dos recursos à conta vinculada, observado o disposto no § 19 do art. 20 desta Lei;

h) aprovar o regulamento do FI-FGTS, elaborado pela Caixa Econômica Federal; e

i) autorizar a integralização de cotas do FI-FGTS pelos trabalhadores, estabelecendo previamente os limites globais e individuais, parâmetros e condições de aplicação e resgate.

► Inciso XIII acrescido pela Lei nº 11.491, de 20-6-2007.

XIV – *Revogado*. Lei nº 13.932, de 11-12-2019;

XV – autorizar a aplicação de recursos do FGTS em outros fundos de investimento, no mercado de capitais e em títulos públicos e privados, com base em proposta elaborada pelo agente operador, devendo o Conselho Curador regulamentar as formas e condições do investimento, vedado o aporte em fundos nos quais o FGTS seja o único cotista;

XVI – estipular limites às tarifas cobradas pelo agente operador ou pelos agentes financeiros na intermediação da movimentação dos recursos da conta vinculada do FGTS, inclusive nas hipóteses de que tratam os incisos V, VI e VII do *caput* do art. 20 desta Lei;

► Incisos XV e XVI acrescidos pela Lei nº 13.932, de 11-12-2019.

XVII – estabelecer, em relação à autorização de aplicação de recursos do FGTS em fundos garantidores de crédito e sua regulamentação quanto às formas e condições:

a) o valor da aplicação com fundamento em proposta elaborada pelo gestor da aplicação; e

b) a cada 3 (três) anos, percentual mínimo do valor proposto para aplicação na política setorial do microcrédito, respeitado o piso de 30% (trinta por cento).

► Inciso XVII acrescido pela Lei nº 14.438, de 24-8-2022.

§ 1º O Conselho Curador será assistido por um Comitê de Auditoria e Riscos, constituído na forma do Regimento Interno, cujas atribuições e condições abrangerão, no mínimo, aquelas estipuladas nos arts. 24 e 25, §§ 1º a 3º, da Lei nº 13.303, de 30 de junho de 2016, ao Comitê de Auditoria Estatutário das empresas públicas e sociedades de economia mista que forem aplicáveis, ainda que por similaridade, ao FGTS, e cujas despesas serão custeadas pelo Fundo, por meio de sua Secretaria Executiva, observado o disposto no § 3º deste artigo.

§ 2º O Conselho Curador poderá ser assistido regularmente por pessoas naturais ou jurídicas especializadas em planejamento, em gestão de investimentos, em avaliação de programas e políticas, em tecnologia da informação ou em qualquer outra especialização julgada necessária para subsidiá-lo no exercício de suas atribuições, e as despesas decorrentes ficarão a cargo do FGTS, observado o disposto no § 3º deste artigo.

§ 3º Os custos e despesas incorridos pelo FGTS não poderão superar limite a ser estabelecido pelo Conselho Curador, o qual observará, no mínimo, os custos por atividades, os ganhos de escala e produtividade, os avanços tecnológicos e a remuneração praticada por outros fundos no mercado de capitais, excluídos da base de cálculo aqueles cuja administradora receba remuneração específica, e incluirão:

I – os serviços de fiscalização, as atividades de arrecadação, de cobrança administrativa e de emissão de certidões;

II – os serviços de cobrança judicial dos créditos inscritos em dívida ativa;

III – os serviços contratados pela Secretaria Executiva para suporte às ações e decisões do Conselho Curador e do Comitê de Auditoria e Riscos, bem como os valores despendidos com terceiros;

IV – a capacitação dos gestores.

§ 4º O Conselho Curador especificará os serviços de suporte à gestão e à operação que poderão ser contratados pela Secretaria Executiva com recursos do FGTS, cabendo-lhe aprovar o montante destinado a tal finalidade no orçamento anual.

§ 5º As auditorias externas contratadas pelo Comitê a que se refere o § 1º deste artigo não poderão prestar serviços ao agente operador durante a execução dos contratos de auditoria com o FGTS.

§ 6º O limite de custos e despesas a que se refere o § 3º deste artigo não inclui taxas de risco de crédito e demais custos e despesas devidos ao agente operador e aos agentes financeiros.

▶ §§ 1º a 6º acrescidos pela Lei nº 13.932, de 11-12-2019.

§ 7º O limite de que trata o § 3º deste artigo será, em cada exercício, de até 0,06% (seis centésimos por cento) do valor dos ativos do FGTS ao final do exercício anterior e, até a publicação das demonstrações financeiras, esse limite será calculado a partir de estimativas divulgadas pelo Conselho Curador para o valor dos ativos do FGTS ao final daquele exercício.

▶ § 7º com a redação dada pela Lei nº 14.438, de 24-8-2022.

§ 8º A taxa de administração do FGTS devida ao agente operador não será superior a 0,5% (cinco décimos por cento) ao ano do valor total dos ativos do Fundo.

§ 9º A taxa de administração de que trata a alínea *d* do inciso XIII do *caput* deste artigo não será superior a 0,5% (cinco décimos por cento) ao ano do valor total dos ativos do FI-FGTS.

▶ §§ 8º e 9º acrescidos pela Lei nº 13.932, de 11-12-2019.

§ 10. O piso de que trata a alínea *b* do inciso XVII do *caput* deste artigo poderá ser revisto pelo Conselho Curador a cada 3 (três) anos.

▶ § 10 acrescido pela Lei nº 14.438, de 24-8-2022.

Art. 6º Ao gestor da aplicação compete:

▶ *Caput* com a redação dada pela Lei nº 13.932, de 11-12-2019.

I – praticar todos os atos necessários à gestão da aplicação do Fundo, de acordo com as diretrizes e programas estabelecidos pelo Conselho Curador;

II – expedir atos normativos relativos à alocação dos recursos para implementação dos programas aprovados pelo Conselho Curador;

III – elaborar orçamentos anuais e planos plurianuais de aplicação dos recursos, discriminados por região geográfica, e submetê-los até 31 de julho ao Conselho Curador do FGTS;

▶ Inciso III com a redação dada pela Lei nº 14.118, de 12-1-2021.

IV – acompanhar a execução dos programas de habitação popular, saneamento básico e infraestrutura urbana previstos no orçamento do FGTS e implementados pela CEF, no papel de agente operador;

▶ Inciso IV com a redação dada pela Lei nº 13.932, de 11-12-2019.

V – submeter à apreciação do Conselho Curador as contas do FGTS;

VI – subsidiar o Conselho Curador com estudos técnicos necessários ao aprimoramento operacional dos programas de habitação popular, saneamento básico e infraestrutura urbana;

VII – definir as metas a serem alcançadas nos programas de habitação popular, saneamento básico e infraestrutura urbana.

Art. 6º-A. Caberá ao Ministério da Saúde regulamentar, acompanhar a execução, subsidiar o Conselho Curador com estudos técnicos necessários ao seu aprimoramento operacional e definir as metas a serem alcançadas nas operações de crédito destinadas às entidades hospitalares filantrópicas, bem como a instituições que atuem no campo para pessoas com deficiência, sem fins lucrativos, que participem de forma complementar do Sistema Único de Saúde (SUS).

▶ Art. 6º-A acrescido pela Lei nº 13.832, de 4-6-2019.

Art. 6º-B. *Revogado.* Lei nº 14.620, de 13-7-2023.

Art. 7º À Caixa Econômica Federal, na qualidade de Agente Operador, cabe:

I – centralizar os recursos do FGTS, manter e controlar as contas vinculadas, e emitir regularmente os extratos individuais correspondentes às contas vinculadas e participar da rede arrecadadora dos recursos do FGTS;

II – expedir atos normativos referentes aos procedimentos administrativo-operacionais dos bancos depositários, dos agentes financeiros, dos empregadores e dos trabalhadores, integrantes do sistema do FGTS;

III – definir procedimentos operacionais necessários à execução dos programas estabelecidos pelo Conselho Curador, com base nas normas e diretrizes de aplicação elaboradas pelo gestor da aplicação;

▶ Inciso III com a redação dada pela Lei nº 13.932, de 11-12-2019.

IV – elaborar as análises jurídica e econômico-financeira dos projetos de habitação popular, infraestrutura urbana e saneamento básico a serem financiados com recursos do FGTS;

V – emitir Certificado de Regularidade do FGTS;

VI – elaborar as demonstrações financeiras do FGTS, incluídos o Balanço Patrimonial, a Demonstração do Resultado do Exercício e a Demonstração de Fluxo de Caixa, em conformidade com as Normas Contábeis Brasileiras, e encaminhá-las, até 30 de junho do exercício subsequente, ao gestor de aplicação;

▶ Inciso VI com a redação dada pela Lei nº 14.438, de 24-8-2022.

VII – implementar atos emanados do gestor da aplicação relativos à alocação e à aplicação dos recursos do FGTS, de acordo com as diretrizes estabelecidas pelo Conselho Curador;

▶ Inciso VII com a redação dada pela Lei nº 13.932, de 11-12-2019.

VIII – VETADO. Lei nº 9.491, de 9-9-1997;

IX – garantir aos recursos alocados ao FI-FGTS, em cotas de titularidade do FGTS, a remuneração aplicável às cotas vinculadas, na forma do *caput* do art. 13 desta Lei;

▶ Inciso IX acrescido pela Lei nº 11.491, de 20-6-2007 e com a redação retificada no *DOU* de 16-8-2007.

X – realizar todas as aplicações com recursos do FGTS por meio de sistemas informatizados e auditáveis;

XI – colocar à disposição do Conselho Curador, em formato digital, as informações gerenciais que estejam sob gestão do agente operador e que sejam necessárias ao desempenho das atribuições daquele colegiado.

▶ Incisos X e XI acrescidos pela Lei nº 13.932, de 11-12-2019.

Parágrafo único. O gestor da aplicação e o agente operador deverão dar pleno cumprimento aos programas anuais em andamento, aprovados pelo Conselho Curador, e eventuais alterações somente poderão ser processadas mediante prévia anuência daquele colegiado.

▶ Parágrafo único acrescido pela Lei nº 13.932, de 11-12-2019.

Art. 8º O gestor da aplicação, o agente operador e o Conselho Curador do FGTS serão responsáveis pelo fiel cumprimento e observância dos critérios estabelecidos nesta Lei.

▶ Artigo com a redação dada pela Lei nº 13.932, de 11-12-2019.

Art. 9º As aplicações com recursos do FGTS serão realizadas exclusivamente segundo critérios fixados pelo Conselho Curador do FGTS e em operações que preencham os seguintes requisitos:

▶ *Caput* com a redação dada pela Lei nº 13.932, de 11-12-2019.

▶ Súm. nº 422 do STJ.

I – garantias:

▶ *Caput* do inciso I com a redação dada pela Lei nº 9.467, de 10-7-1997.

a) hipotecária;

b) caução de créditos hipotecários próprios, relativos a financiamentos concedidos com recursos do agente financeiro;

c) caução de créditos hipotecários vinculados aos imóveis objeto do financiamento;

d) hipoteca sobre outros imóveis de propriedade do agente financeiro, desde que livres e desembaraçados de quaisquer ônus;

e) cessão de créditos do agente financeiro, derivados de financiamentos concedidos com recursos próprios, garantidos por penhor ou hipoteca;

f) hipoteca sobre imóvel de propriedade de terceiros;

g) seguro de crédito;

h) garantia real ou vinculação de receitas, inclusive tarifárias, nas aplicações contratadas com pessoa jurídica de direito público ou de direito privado a ela vinculada;

i) aval em nota promissória;

j) fiança pessoal;

l) alienação fiduciária de bens móveis em garantia;

m) fiança bancária;

▶ Alíneas *a* a *m* com a redação dada pela Lei nº 9.467, de 10-7-1997.

n) consignação de recebíveis, exclusivamente para operações de crédito destinadas às entidades hospitalares filantrópicas, bem como a instituições que atuam no campo para pessoas com deficiência, e sem fins lucrativos que participem de forma complementar do Sistema Único de Saúde (SUS), em percentual máximo a ser definido pelo Ministério da Saúde; e

o) outras, a critério do Conselho Curador do FGTS;

▶ Alíneas *n* e *o* com a redação dada pela Lei nº 13.778, de 26-12-2018.

II – correção monetária igual à das contas vinculadas;

▸ Súmulas nºs 450 e 454 do STJ.

III – taxa de juros média mínima, por projeto, de três por cento ao ano;

IV – prazo máximo de 35 (trinta e cinco) anos.

▸ Inciso IV com a redação dada pela Lei nº 14.438, de 24-8-2022.

§ 1º A rentabilidade média das aplicações deverá ser suficiente à cobertura de todos os custos incorridos pelo Fundo e ainda à formação de reserva técnica para o atendimento de gastos eventuais não previstos, e caberá ao agente operador o risco de crédito.

▸ § 1º com a redação dada pela Lei nº 13.932, de 11-12-2019.

▸ Art. 4º, II, da Lei nº 10.188, de 12-2-2001, que cria o Programa de Arrendamento Residencial, institui o arrendamento residencial com opção de compra.

§ 2º Os recursos do FGTS deverão ser aplicados em habitação, saneamento básico, infraestrutura urbana, operações de microcrédito e operações de crédito destinadas às entidades hospitalares filantrópicas, às instituições que atuem com pessoas com deficiência e às entidades sem fins lucrativos que participem do SUS de forma complementar, desde que as disponibilidades financeiras sejam mantidas em volume que satisfaça as condições de liquidez e de remuneração mínima necessárias à preservação do poder aquisitivo da moeda.

▸ § 2º com a redação dada pela Lei nº 14.438, de 24-8-2022.

§ 3º O programa de aplicações deverá destinar:

▸ *Caput* do § 3º com a redação dada pela Lei nº 13.778, de 26-12-2018.

I – no mínimo, 60% (sessenta por cento) para investimentos em habitação popular; e

II – 5% (cinco por cento) para operações de crédito destinadas às entidades hospitalares filantrópicas, bem como a instituições que atuam no campo para pessoas com deficiência, e sem fins lucrativos que participem de forma complementar do SUS;

▸ Incisos I e II com a redação dada pela Lei nº 13.778, de 26-12-2018.

▸ Lei nº 10.188, de 12-2-2001, que cria o Programa de Arrendamento Residencial, institui o arrendamento residencial com opção de compra.

III – *Revogado*. Lei nº 14.620, de 13-7-2023.

§ 3º-A. Os recursos previstos no inciso II do § 3º deste artigo não utilizados pelas entidades hospitalares filantrópicas, bem como pelas instituições que atuam no campo para pessoas com deficiência, e sem fins lucrativos que participem de forma complementar do SUS poderão ser destinados a aplicações em habitação, em saneamento básico e em infraestrutura urbana.

▸ § 3º-A acrescido pela Lei nº 13.778, de 26-12-2018.

§§ 3º-B e 3º-C. *Revogados*. Lei nº 14.620, de 13-7-2023.

§ 4º Os projetos de saneamento básico e infraestrutura urbana financiados com recursos do FGTS serão, preferencialmente, complementares aos programas habitacionais.

▸ § 4º com a redação dada pela Lei nº 14.438, de 24-8-2022.

§ 5º As garantias, nas diversas modalidades discriminadas no inciso I, do *caput*, deste artigo, serão admitidas singular ou supletivamente, considerada a suficiência de cobertura para os empréstimos e financiamentos concedidos.

▸ § 5º com a redação dada pela Lei nº 9.467, de 10-7-1997.

§ 6º Mantida a rentabilidade média de que trata o § 1º, as aplicações em habitação popular poderão contemplar sistemática de desconto, direcionada em função da renda familiar do beneficiário, onde o valor do benefício seja concedido mediante redução no valor das prestações a serem pagas pelo mutuário ou pagamento de parte da aquisição ou construção de imóvel, dentre outras, a critério do Conselho Curador do FGTS.

▸ § 6º acrescido pela MP nº 2.197-43, de 24-8-2001, que até o encerramento desta edição não havia sido convertida em Lei.

§§ 6º-A e 6º-B. VETADOS. Lei nº 13.932, de 11-12-2019.

§ 7º Os recursos necessários para a consecução da sistemática de desconto serão destacados, anualmente, do orçamento de aplicação de recursos do FGTS, constituindo reserva específica, com contabilização própria.

▸ § 7º acrescido pela MP nº 2.197-43, de 24-8-2001, que até o encerramento desta edição não havia sido convertida em Lei.

§ 8º É da União o risco de crédito nas aplicações efetuadas até 1º de junho de 2001 pelos demais órgãos integrantes do Sistema Financeiro da Habitação (SFH) e pelas entidades credenciadas pelo Banco Central do Brasil como agentes financeiros, sub-rogando-se nas garantias prestadas à Caixa Econômica Federal.

▸ § 8º acrescido pela MP nº 2.196-3, de 24-8-2001, que até o encerramento desta edição não havia sido convertida em Lei.

§ 9º A Caixa Econômica Federal, o Banco do Brasil S.A. e o Banco Nacional de Desenvolvimento Econômico e Social (BNDES) poderão atuar como agentes financeiros autorizados para aplicação dos recursos do FGTS em operações de crédito destinadas às entidades hospitalares filantrópicas, bem como a instituições que atuam no campo para pessoas com deficiência, e sem fins lucrativos que participem de forma complementar do SUS.

§ 10. Nas operações de crédito destinadas às entidades hospitalares filantrópicas, bem como a instituições que atuam no campo para pessoas com deficiência, e sem fins lucrativos que participem de forma complementar do SUS, serão observadas as seguintes condições:

I – a taxa de juros efetiva não será superior àquela cobrada para o financiamento habitacional na modalidade pró-cotista ou a outra que venha a substituí-la;

II – a tarifa operacional única não será superior a 0,5% (cinco décimos por cento) do valor da operação; e

III – o risco das operações de crédito ficará a cargo dos agentes financeiros de que trata o § 9º deste artigo.

▸ §§ 9º e 10 com a redação dada pela Lei nº 13.778, de 26-12-2018.

§ 11. As entidades hospitalares filantrópicas, bem como a instituições que atuam no campo para pessoas com deficiência, e sem fins lucrativos que participem de forma complementar do SUS deverão, para contratar operações de crédito com recursos do FGTS, atender ao disposto nos incisos II e III do *caput* do art. 4º da Lei nº 12.101, de 27 de novembro de 2009.

▸ § 11 acrescido pela Lei nº 13.778, de 26-12-2018.

§ 12. *Revogado*. Lei nº 14.620, de 13-7-2023.

§ 13. Para garantir o risco em operações de microcrédito e em operações de crédito de habitação popular para famílias com renda mensal de até 2 (dois) salários mínimos, o FGTS poderá destinar, na forma estabelecida por seu Conselho Curador, observado o disposto no inciso XVII do *caput* do art. 5º desta Lei, parte dos recursos de que trata o § 7º deste artigo para a aquisição de cotas de fundos garantidores que observem o seguinte:

I – tenham natureza privada e patrimônio segregado do patrimônio dos cotistas e da própria administradora do fundo garantidor e estejam sujeitos a direitos e obrigações próprios;

II – respondam por suas obrigações até o limite dos bens e direitos que integram o seu patrimônio, vedado qualquer tipo de garantia ou aval por parte do FGTS; e

III – não paguem rendimentos a seus cotistas, assegurado o direito de resgate total ou parcial das cotas com base na situação patrimonial dos fundos em valor não superior ao montante de recursos financeiros ainda não vinculados às garantias contratadas.

§ 14. Aos recursos do FGTS destinados à aquisição de cota de fundos garantidores de que trata o § 13 deste artigo não se aplicam os requisitos de correção monetária, taxa de juros mínima e prazo máximo previstos nos incisos II, III e IV do *caput* deste artigo e de rentabilidade prevista no § 1º deste artigo.

▸ §§ 13 e 14 acrescidos pela Lei nº 14.438, de 24-8-2022.

§§ 15 a 17. *Revogados*. Lei nº 14.620, de 13-7-2023.

Art. 9º-A. O risco das operações de crédito de que trata o § 10 do art. 9º desta Lei ficará a cargo dos agentes financeiros referidos no § 9º do art. 9º desta Lei, hipótese em que o Conselho Curador poderá definir o percentual da taxa de risco, limitado a 3% (três por cento), a ser acrescido à taxa de juros de que trata o inciso I do § 10 do art. 9º desta Lei.

Art. 9º-B. As garantias de que trata o inciso I do *caput* do art. 9º desta Lei podem ser exigidas isolada ou cumulativamente.

Art. 9º-C. As aplicações do FGTS em operações de crédito destinadas às entidades hospitalares filantrópicas, bem como a instituições que atuem no campo para pessoas com deficiência, sem fins lucrativos e que participem de forma complementar do SUS, ocorrerão até o final do exercício de 2022.

▸ Arts. 9º-A a 9º-C acrescidos pela Lei nº 13.832, de 4-6-2019.

Art. 10. O Conselho Curador fixará diretrizes e estabelecerá critérios técnicos para as aplicações dos recursos do FGTS, visando a:

I – exigir a participação dos contratantes de financiamentos nos investimentos a serem realizados;

II – assegurar o cumprimento, por parte dos contratantes inadimplentes, das obrigações decorrentes dos financiamentos obtidos;

III – evitar distorções na aplicação entre as regiões do País, considerando para tanto a demanda habitacional, a população e outros indicadores sociais.

Art. 11. Os recolhimentos efetuados na rede arrecadadora relativos ao FGTS serão transferidos à Caixa Econômica Federal até o primeiro dia útil subsequente à data do recolhimento, observada a regra do meio de pagamento utilizado, data em que os respectivos valores serão incorporados ao FGTS.

▶ Artigo com a redação dada pela Lei nº 14.438, de 24-8-2022.

Art. 12. No prazo de um ano, a contar da promulgação desta Lei, a Caixa Econômica Federal assumirá o controle de todas as contas vinculadas, nos termos do item I do artigo 7º, passando os demais estabelecimentos bancários, findo esse prazo, à condição de agentes recebedores e pagadores do FGTS, mediante recebimento de tarifa, a ser fixada pelo Conselho Curador.

§ 1º Enquanto não ocorrer a centralização prevista no *caput* deste artigo, o depósito efetuado no decorrer do mês será contabilizado no saldo da conta vinculada do trabalhador, no primeiro dia útil do mês subsequente.

§ 2º Até que a Caixa Econômica Federal implemente as disposições do *caput* deste artigo, as contas vinculadas continuarão sendo abertas em estabelecimento bancário escolhido pelo empregador, dentre os para tanto autorizados pelo Banco Central do Brasil, em nome do trabalhador.

§ 3º Verificando-se mudança de emprego, até que venha a ser implementada a centralização prevista no *caput* deste artigo, a conta vinculada será transferida para o estabelecimento bancário da escolha do novo empregador.

§ 4º Os resultados financeiros auferidos pela Caixa Econômica Federal no período entre o repasse dos bancos e o depósito nas contas vinculadas dos trabalhadores destinar-se-ão à cobertura das despesas de Administração do FGTS e ao pagamento da tarifa aos bancos depositários, devendo os eventuais saldos ser incorporados ao patrimônio do Fundo nos termos do artigo 2º, § 1º.

§ 5º *Revogado*. Lei nº 14.438, de 24-8-2022.

Art. 13. Os depósitos efetuados nas contas vinculadas serão corrigidos monetariamente com base nos parâmetros fixados para atualização dos saldos dos depósitos de poupança, e capitalizarão juros de três por cento ao ano.

§ 1º A atualização monetária e a capitalização de juros nas contas vinculadas correrão à conta do FGTS, e a Caixa Econômica Federal efetuará o crédito respectivo no vigésimo primeiro dia de cada mês, com base no saldo existente no vigésimo primeiro dia do mês anterior, deduzidos os débitos ocorridos no período.

▶ § 1º com a redação dada pela Lei nº 14.438, de 24-8-2022.

§ 1º-A. Para fins do disposto no § 1º deste artigo, o depósito realizado no prazo legal será contabilizado no saldo da conta vinculada no vigésimo primeiro dia do mês de sua ocorrência.

§ 1º-B. Na hipótese de depósito realizado intempestivamente, a atualização monetária e a parcela de juros devida ao empregado comporão o saldo-base no vigésimo primeiro dia do mês imediatamente anterior, ou comporão o saldo no vigésimo primeiro dia do mês do depósito, se o depósito ocorrer nesta data.

▶ §§ 1º-A e 1º-B acrescidos pela Lei nº 14.438, de 24-8-2022.

§ 2º No primeiro mês em que for exigível o recolhimento do FGTS no vigésimo dia, na forma prevista no art. 15 desta Lei, a atualização monetária e os juros correspondentes da conta vinculada serão realizados:

▶ *Caput* do § 2º com a redação dada pela Lei nº 14.438, de 24-8-2022.

I – no décimo dia, com base no saldo existente no décimo dia do mês anterior, deduzidos os débitos ocorridos no período; e

II – no vigésimo primeiro dia, com base no saldo existente no décimo dia do mesmo mês, atualizado na forma prevista no inciso I deste parágrafo, deduzidos os débitos ocorridos no período, com a atualização monetária *pro rata die* e os juros correspondentes.

▶ Incisos I e II acrescidos pela Lei nº 14.438, de 24-8-2022.

§ 3º Para as contas vinculadas dos trabalhadores optantes existentes à data de 22 de setembro de 1971, a capitalização dos juros dos depósitos continuará a ser feita na seguinte progressão, salvo no caso de mudança de empresa, quando a capitalização do juros passará a ser feita à taxa de três por cento ao ano:

I – três por cento, durante os dois primeiros anos de permanência na mesma empresa;

II – quatro por cento, do terceiro ao quinto ano de permanência na mesma empresa;

III – cinco por cento, do sexto ao décimo ano de permanência na mesma empresa;

IV – seis por cento, a partir do décimo primeiro ano de permanência na mesma empresa.

§ 4º O saldo das contas vinculadas é garantido pelo Governo Federal, podendo ser instituído seguro especial para esse fim.

§ 5º O Conselho Curador autorizará a distribuição de parte do resultado positivo auferido pelo FGTS, mediante crédito nas contas vinculadas de titularidade dos trabalhadores, observadas as seguintes condições, entre outras a seu critério:

▶ *Caput* do § 5º acrescido pela Lei nº 13.446, de 25-5-2017.

I – a distribuição alcançará todas as contas vinculadas que apresentarem saldo positivo em 31 de dezembro do exercício base do resultado auferido, inclusive as contas vinculadas de que trata o art. 21 desta Lei;

II – a distribuição será proporcional ao saldo de cada conta vinculada em 31 de dezembro do exercício-base e deverá ocorrer até 31 de agosto do ano seguinte ao exercício de apuração do resultado; e

▶ Incisos I e II acrescidos pela Lei nº 13.446, de 25-5-2017.

III – *Revogado*. Lei nº 13.932, de 11-12-2019.

§ 6º O valor de distribuição do resultado auferido será calculado posteriormente ao valor desembolsado com o desconto realizado no âmbito do Programa Minha Casa, Minha Vida (PMCMV), de que trata a Lei nº 11.977, de 7 de julho de 2009.

§ 7º O valor creditado nas contas vinculadas a título de distribuição de resultado, acrescido de juros e atualização monetária, não integrará a base de cálculo do depósito da multa rescisória de que tratam os §§ 1º e 2º do art. 18 desta Lei.

▶ §§ 6º e 7º acrescidos pela Lei nº 13.446, de 25-5-2017.

Art. 14. Fica ressalvado o direito adquirido dos trabalhadores que, à data da promulgação da Constituição Federal de 1988, já tinham o direito à estabilidade no emprego nos termos do Capítulo V do Título IV da CLT.

§ 1º O tempo do trabalhador não optante do FGTS, anterior a 5 de outubro de 1988, em caso de rescisão sem justa causa pelo empregador, reger-se-á pelos dispositivos constantes dos artigos 477, 478 e 497 da CLT.

§ 2º O tempo de serviço anterior à atual Constituição poderá ser transacionado entre empregador e empregado, respeitado o limite mínimo de sessenta por cento da indenização prevista.

§ 3º É facultado ao empregador desobrigar-se da responsabilidade da indenização relativa ao tempo de serviço anterior à opção, depositando na conta vinculada do trabalhador, até o último dia útil do mês previsto em lei para o pagamento de salário, o valor correspondente à indenização, aplicando-se ao depósito, no que couber, todas as disposições desta Lei.

§ 4º Os trabalhadores poderão, a qualquer momento, optar pelo FGTS com efeito retroativo a 1º de janeiro de 1967 ou à data de sua admissão, quando posterior àquela.

Art. 15. Para os fins previstos nesta Lei, todos os empregadores ficam obrigados a depositar, até o vigésimo dia de cada mês, em conta vinculada, a importância correspondente a 8% (oito por cento) da remuneração paga ou devida, no mês anterior, a cada trabalhador, incluídas na remuneração as parcelas de que tratam os arts. 457 e 458 da Consolidação das Leis do Trabalho (CLT), aprovada pelo Decreto-Lei nº 5.452, de 1º de maio de 1943, e a Gratificação de Natal de que trata a Lei nº 4.090, de 13 de julho de 1962.

▶ *Caput* com a redação dada pela Lei nº 14.438, de 24-8-2022.

§ 1º Entende-se por empregador a pessoa física ou a pessoa jurídica de direito privado ou de direito público, da administração pública direta, indireta ou fundacional de qualquer dos Poderes, da União, dos Estados, do Distrito Federal e dos Municípios, que admitir trabalhadores a seu serviço, bem assim aquele que, regido por legislação especial, encontrar-se nessa condição ou figurar como fornecedor ou tomador de mão de obra, independente da responsabilidade solidária e/ou subsidiária a que eventualmente venha obrigar-se.

§ 2º Considera-se trabalhador toda pessoa física que prestar serviços a empregador, a locador ou tomador de mão de obra, excluídos os eventuais, os autônomos e os servidores públicos civis e militares sujeitos a regime jurídico próprio.

§ 3º Os trabalhadores domésticos poderão ter acesso ao regime do FGTS, na forma que vier a ser prevista em lei.

▶ Art. 7º, parágrafo único, da CF.

▶ LC nº 150, de 1º-6-2015, dispõe sobre o contrato de trabalho doméstico.

§ 4º Considera-se remuneração as retiradas de diretores não empregados, quando haja deliberação da empresa, garantindo-lhes os direitos decorrentes do contrato de trabalho de que trata o artigo 16.

§ 5º O depósito de que trata o *caput* deste artigo é obrigatório nos casos de afastamento para prestação do serviço militar obrigatório e licença por acidente do trabalho.

§ 6º Não se incluem na remuneração, para os fins desta Lei, as parcelas elencadas no § 9º do artigo 28 da Lei nº 8.212, de 24-7-1991.

▶ §§ 4º a 6º acrescidos pela Lei nº 9.711, de 20-11-1998.

§ 7º Os contratos de aprendizagem terão a alíquota a que se refere o *caput* deste artigo reduzida para dois por cento.

▶ § 7º acrescido pela Lei nº 10.097, de 19-12-2000.

Art. 16. Para efeito desta Lei, as empresas sujeitas ao regime da legislação trabalhista poderão equiparar seus diretores não empregados aos demais trabalhadores sujeitos ao regime do FGTS. Considera-se diretor aquele que exerça cargo de administração previsto em lei, estatuto ou contrato social, independente da denominação do cargo.

Art. 17. O Poder Executivo assegurará a prestação de serviços digitais:

I – aos trabalhadores, que incluam a prestação de informações sobre seus créditos perante o Fundo e o acionamento imediato da inspeção do trabalho em caso de inadimplemento do empregador, de forma que seja possível acompanhar a evolução de eventuais cobranças administrativas e judiciais dos valores não recolhidos;

II – aos empregadores, que facilitem e desburocratizem o cumprimento de suas obrigações perante o Fundo, incluídos a geração de guias, o parcelamento de débitos, a emissão sem ônus do Certificado de Regularidade do FGTS e a realização de procedimentos de restituição e compensação.

Parágrafo único. O desenvolvimento, a manutenção e a evolução dos sistemas e ferramentas necessários à prestação dos serviços a que se refere o *caput* deste artigo serão custeados com recursos do FGTS.

▶ Art. 17 com a redação dada pela Lei nº 13.932, de 11-12-2019.

Art. 17-A. O empregador ou o responsável fica obrigado a elaborar folha de pagamento e a declarar os dados relacionados aos valores do FGTS e outras informações de interesse do poder público por meio de sistema de escrituração digital, na forma, no prazo e nas condições estabelecidos em ato do Ministro de Estado do Trabalho e Previdência.

▶ *Caput* do art. 17-A com a redação dada pela Lei nº 14.438, de 24-8-2022.

▶ A Port. do MTE nº 240, de 29-2-2024, regulamenta o Fundo de Garantia do Tempo de Serviço – FGTS Digital de que trata este artigo.

§ 1º As informações prestadas na forma do *caput* deste artigo constituem declaração e reconhecimento dos créditos delas decorrentes, caracterizam confissão de débito e constituem instrumento hábil e suficiente para a cobrança do crédito de FGTS.

§ 2º O lançamento da obrigação principal e das obrigações acessórias relativas ao FGTS será efetuado de ofício pela autoridade competente, no caso de o empregador não apresentar a declaração na forma do *caput* deste artigo, e será revisto de ofício, nas hipóteses de omissão, erro, fraude ou sonegação.

▶ Art. 17-A acrescido pela Lei nº 13.932, de 11-12-2019.

Art. 18. Ocorrendo rescisão do contrato de trabalho, por parte do empregador, ficará este obrigado a depositar na conta vinculada do trabalhador no FGTS os valores relativos aos depósitos referentes ao mês da rescisão e ao imediatamente anterior, que ainda não houver sido recolhido, sem prejuízo das cominações legais.

▶ *Caput* com a redação dada pela Lei nº 9.491, de 9-9-1997.

§ 1º Na hipótese de despedida pelo empregador sem justa causa, depositará este, na conta vinculada do trabalhador do FGTS, importância igual a quarenta por cento do montante de todos os depósitos realizados na conta vinculada durante a vigência do contrato de trabalho, atualizados monetariamente e acrescidos dos respectivos juros.

▶ § 1º com a redação dada pela Lei nº 9.491, de 9-9-1997.

§ 2º Quando ocorrer despedida por culpa recíproca ou força maior, reconhecida pela Justiça do Trabalho, o percentual de que trata o § 1º será de vinte por cento.

§ 3º As importâncias de que trata este artigo deverão constar da documentação comprobatória do recolhimento dos valores devidos a título de rescisão do contrato de trabalho, observado o disposto no artigo 477 da CLT, eximindo o empregador, exclusivamente, quanto aos valores discriminados.

▶ § 3º com a redação dada pela Lei nº 9.491, de 9-9-1997.

Art. 19. No caso de extinção do contrato de trabalho prevista no artigo 14 desta Lei, serão observados os seguintes critérios:

I – havendo indenização a ser paga, o empregador, mediante comprovação do pagamento daquela, poderá sacar o saldo dos valores por ele depositados na conta individualizada do trabalhador;

II – não havendo indenização a ser paga, ou decorrido o prazo prescricional para a reclamação de direitos por parte do trabalhador, o empregador poderá levantar em seu favor o saldo da respectiva conta individualizada, mediante comprovação perante o órgão competente do Ministério do Trabalho e da Previdência Social.

Art. 19-A. É devido o depósito do FGTS na conta vinculada do trabalhador cujo contrato de trabalho seja declarado nulo nas hipóteses previstas no artigo 37, § 2º, da Constituição Federal, quando mantido o direito ao salário.

▶ Súm. nº 466 do STJ.

Parágrafo único. O saldo existente em conta vinculada, oriundo de contrato declarado nulo até 28 de julho de 2001, nas condições do *caput*, que não tenha sido levantado até essa data, será liberado ao trabalhador a partir do mês de agosto de 2002.

▶ Art. 19-A acrescido pela MP nº 2.164-41, de 24-8-2001, que até o encerramento desta edição não havia sido convertida em Lei.

Art. 20. A conta vinculada do trabalhador no FGTS poderá ser movimentada nas seguintes situações:

I – despedida sem justa causa, inclusive a indireta, de culpa recíproca e de força maior;

▶ Inciso I com a redação dada pela MP nº 2.197-43, de 24-8-2001, que até o encerramento desta edição não havia sido convertida em Lei.

I-A – extinção do contrato de trabalho prevista no art. 484-A da Consolidação das Leis do Trabalho (CLT), aprovada pelo Decreto-Lei nº 5.452, de 1º de maio de 1943;

▶ Inciso I-A acrescido pela Lei nº 13.467, de 13-7-2017.

II – extinção total da empresa, fechamento de quaisquer de seus estabelecimentos, filiais ou agências, supressão de parte de suas atividades, declaração de nulidade do contrato de trabalho nas condições do artigo 19-A, ou ainda falecimento do empregador individual sempre que qualquer dessas ocorrências implique rescisão de contrato de trabalho, comprovada por declaração escrita da empresa, suprida, quando for o caso, por decisão judicial transitada em julgado;

▶ Inciso II com a redação dada pela MP nº 2.164-41, de 24-8-2001, que até o encerramento desta edição não havia sido convertida em Lei.

III – aposentadoria concedida pela Previdência Social;

IV – falecimento do trabalhador, sendo o saldo pago a seus dependentes, para esse fim habilitados perante a Previdência Social, segundo o critério adotado para a concessão de pensões por morte. Na falta de dependentes, farão jus ao recebimento do saldo da conta vinculada os seus sucessores previstos na lei civil, indicados em alvará judicial, expedido a requerimento do interessado, independente de inventário ou arrolamento;

V – pagamento de parte das prestações decorrentes de financiamento habitacional concedido no âmbito do Sistema Financeiro da Habitação – SFH, desde que:

a) o mutuário conte com o mínimo de três anos de trabalho sob o regime do FGTS, na mesma empresa ou em empresas diferentes;

b) o valor bloqueado seja utilizado, no mínimo, durante o prazo de doze meses;

c) o valor do abatimento atinja, no máximo, oitenta por cento do montante da prestação;

VI – liquidação ou amortização extraordinária do saldo devedor de financiamento imobiliário, observadas as condições estabelecidas pelo Conselho Curador, dentre elas a de que o financiamento seja concedido no âmbito do SFH e haja interstício mínimo de dois anos para cada movimentação;

VII – pagamento total ou parcial do preço de aquisição de moradia própria, ou lote urbanizado de interesse social não construído, observadas as seguintes condições:

▶ *Caput* do inciso VII com a redação dada pela Lei nº 11.977, de 7-7-2009.

a) o mutuário deverá contar com o mínimo de três anos de trabalho sob o regime do FGTS, na mesma empresa ou empresas diferentes;

b) seja a operação financiável nas condições vigentes para o SFH;

VIII – quando o trabalhador permanecer três anos ininterruptos fora do regime do FGTS;

▶ Inciso VIII com a redação dada pela Lei nº 13.932, de 11-12-2019.

IX – extinção normal do contrato a termo, inclusive o dos trabalhadores temporários regidos pela Lei nº 6.019, de 3 de janeiro de 1974;

X – suspensão total do trabalho avulso por período igual ou superior a noventa dias, comprovada por declaração do sindicato representativo da categoria profissional;

XI – quando o trabalhador ou qualquer de seus dependentes for acometido de neoplasia maligna;

▶ Inciso XI acrescido pela Lei nº 8.922, de 25-7-1994.

XII – aplicação em quotas de Fundos Mútuos de Privatização, regidos pela Lei nº 6.385, de 7 de dezembro de 1976, permitida a utilização máxima de cinquenta por cento do saldo existente e disponível em sua conta vinculada do Fundo de Garantia do Tempo de Serviço, na data em que exercer a opção;

▶ Inciso XII acrescido pela Lei nº 9.491, de 9-9-1997.

XIII – quando o trabalhador ou qualquer de seus dependentes for portador do vírus HIV;

XIV – quando o trabalhador ou qualquer de seus dependentes estiver em estágio terminal, em razão de doença grave, nos termos do regulamento;

XV – quando o trabalhador tiver idade igual ou superior a setenta anos.

▶ Incisos XIII a XV acrescidos pela MP nº 2.164-41, de 24-8-2001, que até o encerramento desta edição não havia sido convertida em Lei.

XVI – necessidade pessoal, cuja urgência e gravidade decorra de desastre natural, conforme disposto em regulamento, observadas as seguintes condições:

a) o trabalhador deverá ser residente em áreas comprovadamente atingidas de Município ou do Distrito Federal em situação de emergência ou em estado de calamidade pública, formalmente reconhecidos pelo Governo Federal;

b) a solicitação de movimentação da conta vinculada será admitida até 90 (noventa) dias após a publicação do ato de reconhecimento, pelo Governo Federal, da situação de emergência ou de estado de calamidade pública; e

c) o valor máximo do saque da conta vinculada será definido na forma do regulamento;

▶ Inciso XVI acrescido pela Lei nº 10.878, de 8-6-2004.

▶ Dec. nº 5.113, de 22-6-2004, regulamenta este inciso.

XVII – integralização de cotas do FI-FGTS, respeitado o disposto na alínea *i* do inciso XIII do art. 5º desta Lei, permitida a utilização máxima de 30% (trinta por cento) do saldo existente e disponível na data em que exercer a opção;

▶ Inciso XVII com a redação dada pela Lei nº 12.087, de 11-11-2009.

XVIII – quando o trabalhador com deficiência, por prescrição, necessite adquirir órtese ou prótese para promoção de acessibilidade e de inclusão social;

▶ Inciso XVIII acrescido pela Lei nº 13.146, de 6-7-2015.

XIX – pagamento total ou parcial do preço de aquisição de imóveis da União inscritos em regime de ocupação ou aforamento, a que se referem o art. 4º da Lei nº 13.240, de 30 de dezembro de 2015, e o art. 16-A da Lei nº 9.636, de 15 de maio de 1998, respectivamente, observadas as seguintes condições:

a) o mutuário deverá contar com o mínimo de três anos de trabalho sob o regime do FGTS, na mesma empresa ou em empresas diferentes;

b) seja a operação financiável nas condições vigentes para o Sistema Financeiro da Habitação (SFH) ou ainda por intermédio de parcelamento efetuado pela Secretaria do Patrimônio da União (SPU), mediante a contratação da Caixa Econômica Federal como agente financeiro dos contratos de parcelamento;

c) sejam observadas as demais regras e condições estabelecidas para uso do FGTS.

▶ Inciso XIX acrescido pela Lei nº 13.465, de 11-7-2017.

XX – anualmente, no mês de aniversário do trabalhador, por meio da aplicação dos valores constantes do Anexo desta Lei, observado o disposto no art. 20-D desta Lei;

▶ Inciso XX acrescido pela Lei nº 13.932, de 11-12-2019.

XXI – a qualquer tempo, quando seu saldo for inferior a R$ 80,00 (oitenta reais) e não houver ocorrido depósitos ou saques por, no mínimo, 1 (um) ano, exceto na hipótese prevista no inciso I do § 5º do art. 13 desta Lei;

XXII – quando o trabalhador ou qualquer de seus dependentes for, nos termos do regulamento, pessoa com doença rara, consideradas doenças raras aquelas assim reconhecidas pelo Ministério da Saúde, que apresentará, em seu sítio na internet, a relação atualizada dessas doenças.

▶ Incisos XXI e XXII acrescidos pela Lei nº 13.932, de 11-12-2019, em vigor após decorridos 180 (cento e oitenta) dias de sua publicação (*DOU* 12-11-2019).

§ 1º A regulamentação das situações previstas nos incisos I e II assegurará que a retirada a que faz jus o trabalhador corresponda aos depósitos efetuados na conta vinculada durante o período de vigência do último contrato de trabalho, acrescida de juros e atualização monetária, deduzidos os saques.

§ 2º O Conselho Curador disciplinará o disposto no inciso V, visando a beneficiar os trabalhadores de baixa renda e a preservar o equilíbrio financeiro do FGTS.

§ 3º O direito de adquirir moradia com recursos do FGTS, pelo trabalhador, só poderá ser exercido para um único imóvel.

§ 4º O imóvel objeto de utilização do FGTS somente poderá ser objeto de outra transação com recursos do Fundo, na forma que vier a ser regulamentada pelo Conselho Curador.

§ 5º O pagamento da retirada após o período previsto em regulamento, implicará atualização monetária dos valores devidos.

§ 6º Os recursos aplicados em quotas de fundos Mútuos de Privatização, referidos no inciso XII, serão destinados, nas condições aprovadas pelo CND, a aquisições de valores mobiliários, no âmbito do Programa Nacional de Desestatização, de que trata a Lei nº 9.491, de 1997, e de programas estaduais de desestatização, desde que, em ambos os casos, tais destinações sejam aprovadas pelo CND.

▶ § 6º com a redação dada pela Lei nº 9.635, de 15-5-1998.

§ 7º Ressalvadas as alienações decorrentes das hipóteses de que trata o § 8º, os valores mobiliários a que se refere o parágrafo anterior só poderão ser integralmente vendidos, pelos respectivos Fundos, seis meses após a sua aquisição, podendo ser alienada em prazo inferior parcela equivalente a dez por cento do valor adquirido, autorizada a livre aplicação do produto dessa alienação, nos termos da Lei nº 6.385, de 7 de dezembro de 1976.

▶ § 7º com a redação dada pela Lei nº 9.635, de 15-5-1998.

§ 8º As aplicações em Fundos Mútuos de Privatização e no FI-FGTS são nominativas, impenhoráveis e, salvo as hipóteses previstas nos incisos I a XI e XIII a XVI do *caput* deste artigo, indisponíveis por seus titulares.

▶ § 8º com a redação dada pela Lei nº 11.491, de 20-6-2007.

§ 9º Decorrido o prazo mínimo de doze meses, contados da efetiva transferência das quotas para os Fundos de Privatização, os titulares poderão optar pelo retorno para sua conta vinculada no Fundo de Garantia do Tempo de Serviço.

§ 10. A cada período de seis meses, os titulares das aplicações em Fundos Mútuos de Privatização poderão transferi-las para outro fundo da mesma natureza.

§ 11. O montante das aplicações de que trata o § 6º deste artigo ficará limitado ao valor dos critérios contra o Tesouro Nacional de que seja titular o Fundo de Garantia do Tempo de Serviço.

§ 12. Desde que preservada a participação individual dos quotistas, será permitida a constituição de clubes de investimento, visando a aplicação em quotas de Fundos Mútuos de Privatização.

▶ §§ 9º a 12 acrescidos pela Lei nº 9.491, de 9-9-1997.

§ 13. A garantia a que alude o § 4º do art. 13 desta Lei não compreende as aplicações a que se referem os incisos XII e XVII do *caput* deste artigo.

§ 14. Ficam isentos do imposto de renda:

I – a parcela dos ganhos nos Fundos Mútuos de Privatização até o limite da remuneração das contas vinculadas de que trata o art. 13 desta Lei, no mesmo período; e

II – os ganhos do FI-FGTS e do Fundo de Investimento em Cotas – FIC, de que trata o § 19 deste artigo.

§ 15. A transferência de recursos da conta do titular no Fundo de Garantia do Tempo de Serviço em razão da aquisição de ações, nos termos do inciso XII do *caput* deste artigo, ou de cotas do FI-FGTS não afetará a base de cálculo da multa rescisória de que tratam os §§ 1º e 2º do art. 18 desta Lei.

▶ §§ 13 a 15 com a redação dada pela Lei nº 11.491, de 20-6-2007.

§ 16. Os clubes de investimentos a que se refere o § 12 poderão resgatar, durante os seis primeiros meses de sua constituição, parcela equivalente a cinco por cento das cotas adquiridas, para atendimento de seus desembolsos, autorizada a livre aplicação do produto dessa venda, nos termos da Lei nº 6.385, de 7 de dezembro de 1976.

▶ § 16 acrescido pela Lei nº 9.635, de 15-5-1998.

§ 17. Fica vedada a movimentação da conta vinculada do FGTS nas modalidades previstas nos incisos V, VI e VII deste artigo, nas operações firmadas, a partir de 25 de junho de 1998, no caso em que o adquirente já seja proprietário ou promitente comprador de imóvel localizado no Município onde resida, bem como no caso em que o adquirente já detenha, em qualquer parte do País, pelo menos um financiamento nas condições do SFH.

§ 18. É indispensável o comparecimento pessoal do titular da conta vinculada para o pagamento da retirada nas hipóteses previstas nos incisos I, II, III, VIII, IX e X deste artigo, salvo em caso de grave moléstia comprovada por perícia médica, quando será paga a procurador especialmente constituído para esse fim.

▶ §§ 17 e 18 acrescidos pela MP nº 2.197-43, de 24-8-2001, que até o encerramento desta edição não havia sido convertida em Lei.

§ 19. A integralização das cotas previstas no inciso XVII do *caput* deste artigo será realizada por meio de Fundo de Investimento em Cotas – FIC, constituído pela Caixa Econômica Federal especificamente para essa finalidade.

§ 20. A Comissão de Valores Mobiliários estabelecerá os requisitos para a integralização das cotas referidas no § 19 deste artigo, devendo condicioná-la pelo menos ao atendimento das seguintes exigências:

I – elaboração e entrega de prospecto ao trabalhador; e

II – declaração por escrito, individual e específica, pelo trabalhador de sua ciência quanto aos riscos do investimento que está realizando.

▸ §§ 19 e 20 acrescidos pela Lei nº 11.491, de 20-6-2007.

§ 21. As movimentações autorizadas nos incisos V e VI do *caput* serão estendidas aos contratos de participação de grupo de consórcio para aquisição de imóvel residencial, cujo bem já tenha sido adquirido pelo consorciado, na forma a ser regulamentada pelo Conselho Curador do FGTS.

▸ § 21 acrescido pela Lei nº 12.058, de 13-10-2009.

§ 22. Na movimentação das contas vinculadas a contrato de trabalho extinto até 31 de dezembro de 2015, ficam isentas as exigências de que trata o inciso VIII do *caput* deste artigo, podendo o saque, nesta hipótese, ser efetuado segundo cronograma de atendimento estabelecido pelo agente operador do FGTS.

▸ § 22 acrescido pela Lei nº 13.446, de 25-5-2017.

§ 23. As movimentações das contas vinculadas nas situações previstas nos incisos V, VI e VII do *caput* deste artigo poderão ser realizadas fora do âmbito do SFH, observados os mesmos limites financeiros das operações realizadas no âmbito desse sistema, no que se refere ao valor máximo de movimentação da conta vinculada, e os limites, critérios e condições estabelecidos pelo Conselho Curador.

§ 24. O trabalhador poderá sacar os valores decorrentes da situação de movimentação de que trata o inciso XX do *caput* deste artigo até o último dia útil do segundo mês subsequente ao da aquisição do direito de saque.

§ 25. O agente operador deverá oferecer, nos termos do regulamento do Conselho Curador, em plataformas de interação com o titular da conta, inclusive por meio de dispositivos móveis, opções para consulta e transferência, a critério do trabalhador, para conta de depósitos de sua titularidade em qualquer instituição financeira do Sistema Financeiro Nacional, dos recursos disponíveis para movimentação em decorrência das situações previstas neste artigo, cabendo ao agente operador estabelecer os procedimentos operacionais a serem observados.

§ 26. As transferências de que trata o § 25 deste artigo não acarretarão a cobrança de tarifas pelo agente operador ou pelas demais instituições financeiras.

▸ §§ 23 a 26 acrescidos pela Lei nº 13.932, de 11-12-2019.

§ 27. A critério do titular da conta vinculada do FGTS, em ato formalizado no momento da contratação do financiamento habitacional, os direitos aos saques de que trata o *caput* deste artigo poderão ser objeto de alienação ou cessão fiduciária para liquidação, amortização ou pagamento de parte das prestações decorrentes de financiamento habitacional concedido no âmbito do SFH, dispensados os prazos mencionados na alínea *b* do inciso V e o interstício mínimo de 2 (dois) anos do inciso VI, ambos deste artigo, observadas as condições estabelecidas pelo Conselho Curador, mediante caucionamento dos depósitos a serem realizados na conta vinculada do trabalhador, exceto os previstos nos § 1º e § 2º do art. 18 desta Lei.

▸ § 27 com a redação dada pela Lei nº 14.620, de 13-7-2023.

§ 28. A vedação prevista no § 2º do art. 2º desta Lei não se aplica ao que dispõe o § 27.

▸ § 28 acrescido pela Lei nº 14.620, de 13-7-2023.

Art. 20-A. O titular de contas vinculadas do FGTS estará sujeito a somente uma das seguintes sistemáticas de saque:

I – saque-rescisão; ou

II – saque-aniversário.

§ 1º Todas as contas do mesmo titular estarão sujeitas à mesma sistemática de saque.

§ 2º São aplicáveis às sistemáticas de saque de que trata o *caput* deste artigo as seguintes situações de movimentação de conta:

I – para a sistemática de saque-rescisão, as previstas no art. 20 desta Lei, à exceção da estabelecida no inciso XX do *caput* do referido artigo; e

II – para a sistemática de saque-aniversário, as previstas no art. 20 desta Lei, à exceção das estabelecidas nos incisos I, I-A, II, IX e X do *caput* do referido artigo.

Art. 20-B. O titular de contas vinculadas do FGTS estará sujeito originalmente à sistemática de saque-rescisão e poderá optar por alterá-la, observado o disposto no art. 20-C desta Lei.

Art. 20-C. A primeira opção pela sistemática de saque-aniversário poderá ser feita a qualquer tempo e terá efeitos imediatos.

§ 1º Caso o titular solicite novas alterações de sistemática será observado o seguinte:

I – a alteração será efetivada no primeiro dia do vigésimo quinto mês subsequente ao da solicitação, desde que não haja cessão ou alienação de direitos futuros aos saques anuais de que trata o § 3º do art. 20-D desta Lei;

II – a solicitação poderá ser cancelada pelo titular antes da sua efetivação; e

III – na hipótese de cancelamento, a nova solicitação estará sujeita ao disposto no inciso I do *caput* deste artigo.

§ 2º Para fins do disposto no § 2º do art. 20-A desta Lei, as situações de movimentação obedecerão à sistemática a que o titular estiver sujeito no momento dos eventos que as ensejarem.

▸ Arts. 20-A a 20-C acrescidos pela Lei nº 13.932, de 11-12-2019.

Art. 20-D. Na situação de movimentação de que trata o inciso XX do *caput* do art. 20 desta Lei, o valor do saque será determinado:

▸ *Caput* do art. 20-D acrescido pela Lei nº 13.932, de 11-12-2019.

I – pela aplicação da alíquota correspondente, estabelecida no Anexo desta Lei, à soma de todos os saldos das contas vinculadas do titular, apurados na data do débito; e

II – pelo acréscimo da parcela adicional correspondente, estabelecida no Anexo desta Lei, ao valor apurado de acordo com o disposto no inciso I do *caput* deste artigo.

▸ Incisos I e II acrescidos pela Lei nº 13.932, de 11-12-2019.

§ 1º Na hipótese de o titular possuir mais de uma conta vinculada, o saque de que trata este artigo será feito na seguinte ordem:

I – contas vinculadas relativas a contratos de trabalho extintos, com início pela conta que tiver o menor saldo; e

II – demais contas vinculadas, com início pela conta que tiver o menor saldo.

§ 2º O Poder Executivo federal, respeitada a alíquota mínima de 5% (cinco por cento), poderá alterar, até o dia 30 de junho de cada ano, os valores das faixas, das alíquotas e das parcelas adicionais constantes do Anexo desta Lei para vigência no primeiro dia do ano subsequente.

§ 3º A critério do titular da conta vinculada do FGTS, os direitos aos saques anuais de que trata o *caput* deste artigo poderão ser objeto de alienação ou cessão fiduciária, nos termos do art. 66-B da Lei nº 4.728, de 14 de julho de 1965, em favor de qualquer instituição financeira do Sistema Financeiro Nacional, sujeitas as taxas de juros praticadas nessas operações aos limites estipulados pelo Conselho Curador, os quais serão inferiores aos limites de taxas de juros estipulados para os empréstimos consignados dos servidores públicos federais do Poder Executivo.

▸ §§ 1º a 3º acrescidos pela Lei nº 13.932, de 11-12-2019.

§ 3º-A. *Revogado*. Lei nº 14.620, de 13-7-2023.

§ 4º O Conselho Curador poderá regulamentar o disposto no § 3º deste artigo, com vistas ao cumprimento das obrigações financeiras de seu titular, inclusive quanto ao:

I – bloqueio de percentual do saldo total existente nas contas vinculadas;

II – impedimento da efetivação da opção pela sistemática de saque-rescisão prevista no inciso I do § 1º do art. 20-C desta Lei; e

III – saque em favor do credor.

§ 5º As situações de movimentação de que trata o § 2º do art. 20-A desta Lei serão efetuadas com observância ao limite decorrente do bloqueio referido no § 4º deste artigo.

§ 6º A vedação prevista no § 2º do art. 2º desta Lei não se aplica às disposições dos §§ 3º, 4º e 5º deste artigo.

§ 7º Na hipótese de despedida sem justa causa, o trabalhador que optar pela sistemática saque-aniversário também fará jus à movimentação da multa rescisória de que tratam os §§ 1º e 2º do art. 18 desta Lei.

▸ §§ 4º a 7º acrescidos pela Lei nº 13.932, de 11-12-2019.

Art. 21. Os saldos das contas não individualizadas e das contas vinculadas que se conservem ininterruptamente sem créditos de depósitos por mais de cinco anos, a partir de 1º de junho de 1990, em razão de o seu titular ter estado fora do regime do FGTS, serão incorporados ao patrimônio do Fundo, resguardado o direito do beneficiário reclamar, a qualquer tempo, a reposição do valor transferido.

Parágrafo único. O valor, quando reclamado, será pago ao trabalhador acrescido da remuneração prevista no § 2º do artigo 13 desta Lei.

▸ Art. 21 com a redação dada pela Lei nº 8.678, de 13-7-1993.

Art. 22. O empregador que não realizar os depósitos nos termos dos arts. 15 e 18 desta Lei responderá pela incidência da Taxa Referencial (TR) sobre a importância correspondente.

▸ *Caput* com a redação dada pela Lei nº 14.438, de 24-8-2022.

▸ Súm. nº 459 do STJ.

§ 1º Sobre o valor dos depósitos, acrescido da TR, incidirão, ainda, juros de mora de 0,5% a.m. (cinco décimos por cento ao mês) ou fração e multa, sujeitando-se, também, às obrigações e sanções previstas no Decreto-Lei nº 368, de 19 de dezembro de 1968.

§ 2º A incidência da TR de que trata o *caput* deste artigo será cobrada por dia de atraso, tomando-se por base o índice de atualização das contas vinculadas ao FGTS.

§ 2º-A. A multa referida no § 1º deste artigo será cobrada nas condições que se seguem:

I – cinco por cento, no mês de vencimento da obrigação;

II – dez por cento, a partir do mês seguinte ao do vencimento da obrigação.

§ 3º Para efeito de levantamento de débito para com o FGTS, o percentual de oito por cento incidirá sobre o valor acrescido da TR até a data da respectiva operação.

- §§ 1º a 3º com a redação dada pela Lei nº 9.964, de 10-4-2000.
- Dec. nº 3.431, de 24-4-2000, regulamenta a Lei nº 9.964, de 10-4-2000.

Art. 23. Compete ao Ministério do Trabalho e Previdência a verificação do cumprimento do disposto nesta Lei, especialmente quanto à apuração dos débitos e das infrações praticadas pelos empregadores ou tomadores de serviço, que serão notificados para efetuar e comprovar os depósitos correspondentes e cumprir as demais determinações legais.

- *Caput* com a redação dada pela Lei nº 14.438, de 24-8-2022.

§ 1º Constituem infrações para efeito desta Lei:

I – não depositar mesalmente o percentual referente ao FGTS, bem como os valores previstos no artigo 18 desta Lei, nos prazos de que trata o § 6º do artigo 477 da Consolidação das Leis do Trabalho – CLT;

- Inciso I com a redação dada pela MP nº 2.197-43, de 24-8-2001, que até o encerramento desta edição não havia sido convertida em Lei.

II e III – *Revogados*. Lei nº 14.438, de 24-8-2022;

IV – deixar de computar, para efeito de cálculo dos depósitos do FGTS, parcela componente da remuneração;

V – deixar de efetuar os depósitos e os acréscimos legais do FGTS constituído em notificação de débito, no prazo concedido pelo ato de notificação da decisão definitiva exarada no processo administrativo;

VI – deixar de apresentar, ou apresentar com erros ou omissões, as informações de que trata o art. 17-A desta Lei e as demais informações legalmente exigíveis; e

- Incisos V e VI com a redação dada pela Lei nº 14.438, de 24-8-2022.

VII – deixar de apresentar ou de promover a retificação das informações de que trata o art. 17-A desta Lei no prazo concedido na notificação da decisão definitiva exarada no processo administrativo que reconheceu a procedência da notificação de débito decorrente de omissão, de erro, de fraude ou de sonegação constatados.

- Inciso VII acrescido pela Lei nº 14.438, de 24-8-2022.

§ 1º-A. A formalização de parcelamento da integralidade do débito suspende a ação punitiva da infração prevista:

I – no inciso I do § 1º deste artigo, quando realizada anteriormente ao início de qualquer processo administrativo ou medida de fiscalização; e

II – no inciso V do § 1º deste artigo, quando realizada no prazo nele referido.

§ 1º-B. A suspensão da ação punitiva prevista no § 1º-A deste artigo será mantida durante a vigência do parcelamento, e a quitação integral dos valores parcelados extinguirá a infração.

- §§ 1º-A e 1º-B acrescidos pela Lei nº 14.438, de 24-8-2022.

§ 2º Pela infração ao disposto no § 1º deste artigo, o infrator estará sujeito às seguintes multas:

- *Caput* do § 2º com a redação dada pela Lei nº 14.438, de 24-8-2022.

a) *Revogada*. Lei nº 14.438, de 24-8-2022;

b) 30% (trinta por cento) sobre o débito atualizado apurado pela inspeção do trabalho, confessado pelo empregador ou lançado de ofício, nas hipóteses previstas nos incisos I, IV e V do § 1º deste artigo; e

c) de R$ 100,00 (cem reais) a R$ 300,00 (trezentos reais) por trabalhador prejudicado, nas hipóteses previstas nos incisos VI e VII do § 1º deste artigo.

- Alíneas *b* e *c* com a redação dada pela Lei nº 14.438, de 24-8-2022.

§ 3º Nos casos de fraude, simulação, artifício, ardil, resistência, embaraço ou desacato à fiscalização, assim como na reincidência, a multa especificada no parágrafo anterior será duplicada, sem prejuízo das demais cominações legais.

§ 3º-A. Estabelecidas a multa-base e a majoração na forma prevista nos §§ 2º e 3º deste artigo, o valor final será reduzido pela metade quando o infrator for empregador doméstico, microempresa ou empresa de pequeno porte.

- § 3º-A acrescido pela Lei nº 14.438, de 24-8-2022.

§ 4º Os valores das multas, quando não recolhidas no prazo legal, serão atualizados monetariamente até a data de seu efetivo pagamento, através de sua conversão pelo BTN Fiscal.

- A partir de 1º-2-1991, foi extinto o BTN pelo art. 3º da Lei nº 8.177, de 1º-3-1991, que fixa, no seu parágrafo único, a conversão do BTN em cruzeiros no valor de CR$ 126,8621. Tal valor foi mantido pelo art. 21, I, da Lei nº 8.178, de 4-3-1991, tendo sido elevado em 70% pelo art. 10, da Lei nº 8.218, de 29-8-1991. Desde 1º-8-1993, o cruzeiro passou para cruzeiro real na paridade de mil por um, em função da MP nº 336, de 28-7-1993, convertida na Lei nº 8.697, de 27-8-1993. Desde 1º-7-1994, o cruzeiro real passou a real pela Lei nº 8.880, de 27-5-1994, fixada a paridade de R$ 1,00 para 2.750,00 URVs. Pelo art. 1º da Lei nº 8.383, de 30-12-1991, foi instituída a UFIR como medida de valor e parâmetro de atualização monetária de tributos e de multas e penalidades de qualquer natureza. O art. 29, § 3º, da Lei nº 10.522, de 19-7-2002, que dispõe sobre o Cadastro Informativo dos créditos não quitados de órgãos e entidades federais, extinguiu a UFIR.

§ 5º O processo de fiscalização, de autuação e de imposição de multas reger-se-á pelo disposto no Título VII da CLT.

- § 5º com a redação dada pela Lei nº 13.932, de 11-12-2019.
- Art. 7º, XXIX, da CF.
- Lei nº 8.844, de 29-1-1994, dispõe sobre a fiscalização, apuração e cobrança judicial das contribuições e multas devidas ao FGTS.
- Súm. nº 362 do TST.

§ 6º Quando julgado procedente o recurso interposto na forma do Título VII da CLT, os depósitos efetuados para garantia da instância serão restituídos com os valores atualizados na forma da lei.

§ 7º A rede arrecadadora e a Caixa Econômica Federal deverão prestar ao Ministério do Trabalho e da Previdência Social as informações necessárias à fiscalização.

- A alteração que seria introduzida neste parágrafo pela Lei nº 13.932, de 11-12-2019, foi vetada, razão pela qual mantivemos a redação.

Art. 23-A. A notificação do empregador relativa aos débitos com o FGTS, o início de procedimento administrativo ou a medida de fiscalização interrompem o prazo prescricional.

§ 1º O contencioso administrativo é causa de suspensão do prazo prescricional.

§ 2º A data de publicação da liquidação do crédito será considerada como a data de sua constituição definitiva, a partir da qual será retomada a contagem do prazo prescricional.

§ 3º Todos os documentos relativos às obrigações perante o FGTS, referentes a todo o contrato de trabalho de cada trabalhador, devem ser mantidos à disposição da fiscalização por até 5 (cinco) anos após o fim de cada contrato.

- Art. 23-A acrescido pela Lei nº 13.932, de 11-12-2019.

Art. 24. Por descumprimento ou inobservância de quaisquer das obrigações que lhe compete como agente arrecadador, pagador e mantenedor do cadastro de contas vinculadas, na forma que vier a ser regulamentada pelo Conselho Curador, fica o banco depositário sujeito ao pagamento de multa equivalente a dez por cento do montante da conta do empregado, independentemente das demais cominações legais.

Art. 25. Poderá o próprio trabalhador, seus dependentes e sucessores, ou ainda o Sindicato a que estiver vinculado, acionar diretamente a empresa por intermédio da Justiça do Trabalho, para compeli-la a efetuar o depósito das importâncias devidas nos termos desta Lei.

Parágrafo único. A Caixa Econômica Federal e o Ministério do Trabalho e da Previdência Social deverão ser notificados da propositura da reclamação.

Art. 26. É competente a Justiça do Trabalho para julgar os dissídios entre os trabalhadores e os empregadores decorrentes da aplicação desta Lei, mesmo quando a Caixa Econômica Federal e o Ministério do Trabalho e da Previdência Social figurarem como litisconsortes.

Parágrafo único. Nas reclamatórias trabalhistas que objetivam o ressarcimento de parcelas relativas ao FGTS, ou que, direta ou indiretamente, impliquem essa obrigação de fazer, o juiz determinará que a empresa sucumbente proceda ao recolhimento imediato das importâncias devidas a tal título.

Art. 26-A. Para fins de apuração e lançamento, considera-se não quitado o valor relativo ao FGTS pago diretamente ao trabalhador, vedada a sua conversão em indenização compensatória.

§ 1º Os débitos reconhecidos e declarados por meio de sistema de escrituração digital serão recolhidos integralmente, acrescidos dos encargos devidos.

§ 2º Para a geração das guias de depósito, os valores devidos a título de FGTS e o período laboral a que se referem serão expressamente identificados.

▶ Art. 26-A acrescido pela Lei nº 13.932, de 11-12-2019.

Art. 27. A apresentação do Certificado de Regularidade do FGTS, fornecido na forma do regulamento, é obrigatória nas seguintes situações:

▶ *Caput* com a redação dada pela Lei nº 13.932, de 11-12-2019.

a) habilitação e licitação promovida por órgão da Administração Federal, Estadual e Municipal, Direta, Indireta ou Fundacional ou por entidade controlada direta ou indiretamente pela União, Estado e Município;

b) obtenção, por parte da União, dos Estados ou dos Municípios, ou por órgãos da Administração federal, estadual ou municipal, direta, indireta ou fundacional, ou indiretamente pela União, pelos Estados ou pelos Municípios, de empréstimos ou financiamentos realizados com lastro em recursos públicos ou oriundos do FGTS perante quaisquer instituições de crédito;

▶ Alínea *b* com a redação dada pela Lei nº 13.805, de 10-1-2019.

▶ Art. 5º da Lei nº 12.453, de 21-7-2011, que suspende, até 30-6-2012, as exigências de regularidade fiscal previstas nesta alínea.

▶ Art. 4º, III, da Lei nº 13.999, de 18-5-2020, que institui o Programa Nacional de Apoio às Microempresas e Empresas de Pequeno Porte (PRONAMPE), para o desenvolvimento e o fortalecimento dos pequenos negócios.

c) obtenção de favores creditícios, isenções, subsídios, auxílios, outorga ou concessão de serviços ou quaisquer outros benefícios concedidos por órgão da Administração Federal, Estadual e Municipal, salvo quando destinados a saldar débitos para com o FGTS;

▶ Art. 4º, III, da Lei nº 13.999, de 18-5-2020, que institui o Programa Nacional de Apoio às Microempresas e Empresas de Pequeno Porte (PRONAMPE), para o desenvolvimento e o fortalecimento dos pequenos negócios.

d) transferência de domicílio para o exterior;

e) registro ou arquivamento, nos órgãos competentes, de alteração ou distrato de contrato social, de estatuto, ou de qualquer documento que implique modificação na estrutura jurídica do empregador ou na sua extinção.

Art. 28. São isentos de tributos federais os atos e operações necessários à aplicação desta Lei, quando praticados pela Caixa Econômica Federal, pelos trabalhadores e seus dependentes ou sucessores, pelos empregadores e pelos estabelecimentos bancários.

Parágrafo único. Aplica-se o disposto neste artigo às importâncias devidas, nos termos desta Lei, aos trabalhadores e seus dependentes ou sucessores.

Art. 29. Os depósitos em conta vinculada, efetuados nos termos desta Lei, constituirão despesas dedutíveis do lucro operacional dos empregadores e as importâncias levantadas a seu favor implicarão receita tributável.

Art. 29-A. Quaisquer créditos relativos à correção dos saldos das contas vinculadas do FGTS serão liquidados mediante lançamento pelo agente operador na respectiva conta do trabalhador.

Art. 29-B. Não será cabível medida liminar em mandado de segurança, no procedimento cautelar ou em quaisquer outras ações de natureza cautelar ou preventiva, nem a tutela antecipada prevista nos artigos 273 e 461 do Código de Processo Civil que impliquem saque ou movimentação da conta vinculada do trabalhador no FGTS.

▶ Arts. 29-A e 29-B acrescidos pela MP nº 2.197-43, de 24-8-2001, que até o encerramento desta edição não havia sido convertida em Lei.

▶ Refere-se ao CPC/1973.

▶ Arts. 300 e 497 do CPC/2015.

Art. 29-C. Nas ações entre o FGTS e os titulares de contas vinculadas, bem como naquelas em que figurem os respectivos representantes ou substitutos processuais, não haverá condenação em honorários advocatícios.

▶ O STF, por unanimidade de votos, julgou procedente a ADI nº 2.736, para declarar a inconstitucionalidade deste artigo (*DOU* de 17-9-2010).

Art. 29-D. A penhora em dinheiro, na execução fundada em título judicial em que se determine crédito complementar de saldo de conta vinculada do FGTS, será feita mediante depósito de recursos do Fundo em conta vinculada em nome do exequente, à disposição do juízo.

Parágrafo único. O valor do depósito só poderá ser movimentado, após liberação judicial, nas hipóteses previstas no artigo 20 ou para reversão ao Fundo.

▶ Arts. 29-C e 29-D acrescidos pela MP nº 2.164-41, de 24-8-2001, que até o encerramento desta edição não havia sido convertida em Lei.

Art. 30. Fica reduzida para um e meio por cento a contribuição devida pelas empresas ao Serviço Social do Comércio e ao Serviço Social da Indústria e dispensadas estas entidades da subscrição compulsória a que alude o artigo 21 da Lei nº 4.380, de 21 de agosto de 1964.

Art. 31. O Poder Executivo expedirá o Regulamento desta Lei no prazo de sessenta dias a contar da data de sua promulgação.

Art. 32. Esta Lei entra em vigor na data de sua publicação, revogada a Lei nº 7.839, de 12 de outubro de 1989, e as demais disposições em contrário.

Brasília, 11 de maio de 1990;
169º da Independência e
102º da República.

Fernando Collor

ANEXO
(ANEXO À LEI Nº 8.036, DE 11 DE MAIO DE 1990)

LIMITE DAS FAIXAS DE SALDO (EM R$)		ALÍQUOTA	PARCELA ADICIONAL (EM R$)
de 00,01	até 500,00	50%	–
de 500,01	até 1.000,00	40%	50,00
de 1.000,01	até 5.000,00	30%	150,00
de 5.000,01	até 10.000,00	20%	650,00
de 10.000,01	até 15.000,00	15%	1.150,00
de 15.000,01	até 20.000,00	10%	1.900,00
Acima de 20.000,00	–	5%	2.900,00

▶ Anexo acrescido pela Lei nº 13.932, de 11-12-2019.

LEI COMPLEMENTAR Nº 64, DE 18 DE MAIO DE 1990

Estabelece, de acordo com o artigo 14, § 9º, da Constituição Federal, casos de inelegibilidade, prazos de cessação e determina outras providências.

▶ Publicada no *DOU* de 21-5-1990.

▶ O STF, por maioria de votos, julgou procedentes as Ações Declaratórias de Constitucionalidade nºs 29 e 30, para declarar a constitucionalidade da aplicação da Lei Complementar nº 135, de 4-6-2010, a atos e fatos que jurídicos que tenham ocorrido antes do advento do referido diploma legal (*DOU* de 27-2-2012).

Art. 1º São inelegíveis:

I – para qualquer cargo:

a) os inalistáveis e os analfabetos;

▶ Art. 14, § 4º, da CF.

b) os membros do Congresso Nacional, das Assembleias Legislativas, da Câmara Legislativa e das Câmaras Municipais que hajam perdido os respectivos mandatos por infringência do disposto nos incisos I e II do artigo 55, da Constituição Federal, dos dispositivos equivalentes sobre perda de mandato das Constituições Estaduais e Leis Orgânicas dos Municípios e do Distrito Federal, para as eleições que se realizarem durante o período remanescente do mandato para o qual foram eleitos e nos oito anos subsequentes ao término da legislatura;

▶ Alínea *b* com a redação dada pela LC nº 81, de 13-4-1994.

c) o Governador e o Vice-Governador de Estado e do Distrito Federal e o Prefeito e o Vice-Prefeito que perderem seus cargos eletivos por infringência a dispositivo da Constituição Estadual, da Lei Orgânica do Distrito Federal ou da Lei Orgânica do Município, para as eleições que se realizarem durante o período remanescente e nos 8 (oito) anos subsequentes ao término do mandato para o qual tenham sido eleitos;

d) os que tenham contra sua pessoa representação julgada procedente pela Justiça Eleitoral, em decisão transitada em julgado ou proferida por órgão colegiado, em processo de apuração de abuso do poder econômico ou político, para a eleição na qual concorrem ou tenham sido diplomados, bem como para as que se realizarem nos 8 (oito) anos seguintes;

▶ Alíneas *c* e *d* com a redação dada pela LC nº 135, de 4-6-2010.

e) os que forem condenados, em decisão transitada em julgado ou proferida por órgão judicial colegiado, desde a condenação até o transcurso do prazo de 8 (oito) anos após o cumprimento da pena, pelos crimes:

▶ *Caput* da alínea *e* com a redação dada pela LC nº 135, de 4-6-2010.

1. contra a economia popular, a fé pública, a administração pública e o patrimônio público;
2. contra o patrimônio privado, o sistema financeiro, o mercado de capitais e os previstos na lei que regula a falência;
3. contra o meio ambiente e a saúde pública;
4. eleitorais, para os quais a lei comine pena privativa de liberdade;
5. de abuso de autoridade, nos casos em que houver condenação à perda do cargo ou à inabilitação para o exercício de função pública;
6. de lavagem ou ocultação de bens, direitos e valores;
7. de tráfico de entorpecentes e drogas afins, racismo, tortura, terrorismo e hediondos;
8. de redução à condição análoga à de escravo;
9. contra a vida e a dignidade sexual; e
10. praticados por organização criminosa, quadrilha ou bando;

▶ Itens 1 a 10 acrescidos pela LC nº 135, de 4-6-2010.

f) os que forem declarados indignos do oficialato, ou com ele incompatíveis, pelo prazo de 8 (oito) anos;

g) os que tiverem suas contas relativas ao exercício de cargos ou funções públicas rejeitadas por irregularidade insanável que configure ato doloso de improbidade administrativa, e por decisão irrecorrível do órgão competente, salvo se esta houver sido suspensa ou anulada pelo Poder Judiciário, para as eleições que se realizarem nos 8 (oito) anos seguintes, contados a partir da data da decisão, aplicando-se o disposto no inciso II do art. 71 da Constituição Federal, a todos os ordenadores de despesa, sem exclusão de mandatários que houverem agido nessa condição;

▶ Súm. nº 1 do TSE.

h) os detentores de cargo na administração pública direta, indireta ou fundacional, que beneficiarem a si ou a terceiros, pelo abuso do poder econômico ou político, que forem condenados em decisão transitada em julgado ou proferida por órgão judicial colegiado, para a eleição na qual concorrem ou tenham sido diplomados, bem como para as que se realizarem nos 8 (oito) anos seguintes;

▶ Alíneas *f* a *h* com a redação dada pela LC nº 135, de 4-6-2010.

i) os que, em estabelecimentos de crédito, financiamento ou seguro, que tenham sido ou estejam sendo objeto de processo de liquidação judicial ou extrajudicial, hajam exercido, nos doze meses anteriores à respectiva decretação, cargo ou função de direção, administração ou representação, enquanto não forem exonerados de qualquer responsabilidade;

j) os que forem condenados, em decisão transitada em julgado ou proferida por órgão colegiado da Justiça Eleitoral, por corrupção eleitoral, por captação ilícita de sufrágio, por doação, captação ou gastos ilícitos de recursos de campanha ou por conduta vedada aos agentes públicos em campanhas eleitorais que impliquem cassação do registro ou do diploma, pelo prazo de 8 (oito) anos a contar da eleição;

k) o Presidente da República, o Governador de Estado e do Distrito Federal, o Prefeito, os membros do Congresso Nacional, das Assembleias Legislativas, da Câmara Legislativa, das Câmaras Municipais, que renunciarem a seus mandatos desde o oferecimento de representação ou petição capaz de autorizar a abertura de processo por infringência a dispositivo da Constituição Federal, da Constituição Estadual, da Lei Orgânica do Distrito Federal ou da Lei Orgânica do Município, para as eleições que se realizarem durante o período remanescente do mandato para o qual foram eleitos e nos 8 (oito) anos subsequentes ao término da legislatura;

l) os que forem condenados à suspensão dos direitos políticos, em decisão transitada em julgado ou proferida por órgão judicial colegiado, por ato doloso de improbidade administrativa que importe lesão ao patrimônio público e enriquecimento ilícito, desde a condenação ou o trânsito em julgado até o transcurso do prazo de 8 (oito) anos após o cumprimento da pena;

m) os que forem excluídos do exercício da profissão, por decisão sancionatória do órgão profissional competente, em decorrência de infração ético-profissional, pelo prazo de 8 (oito) anos, salvo se o ato houver sido anulado ou suspenso pelo Poder Judiciário;

n) os que forem condenados, em decisão transitada em julgado ou proferida por órgão judicial colegiado, em razão de terem desfeito ou simulado desfazer vínculo conjugal ou de união estável para evitar caracterização de inelegibilidade, pelo prazo de 8 (oito) anos após a decisão que reconhecer a fraude;

o) os que forem demitidos do serviço público em decorrência de processo administrativo ou judicial, pelo prazo de 8 (oito) anos, contado da decisão, salvo se o ato houver sido suspenso ou anulado pelo Poder Judiciário;

p) a pessoa física e os dirigentes de pessoas jurídicas responsáveis por doações eleitorais tidas por ilegais por decisão transitada em julgado ou proferida por órgão colegiado da Justiça Eleitoral, pelo prazo de 8 (oito) anos após a decisão, observando-se o procedimento previsto no art. 22;

q) os magistrados e os membros do Ministério Público que forem aposentados compulsoriamente por decisão sancionatória, que tenham perdido o cargo por sentença ou que tenham pedido exoneração ou aposentadoria voluntária na pendência de processo administrativo disciplinar, pelo prazo de 8 (oito) anos;

▶ Alíneas *j* a *q* acrescidas pela LC nº 135, de 4-6-2010.

▶ O STF, julgou procedentes as Ações Declaratórias de Constitucionalidade nºs 29 e 30, mediante a declaração de constitucionalidade das hipóteses de inelegibilidade instituídas pelas alíneas *c, d, f, g, h, j, m, n, o, p* e *q* deste inciso com a redação dada pela Lei Complementar nº 135, de 4-6-2010.

II – para Presidente e Vice-Presidente da República:

a) até seis meses depois de afastados definitivamente de seus cargos e funções:

1. os Ministros de Estado;
2. os Chefes dos órgãos de assessoramento direto, civil e militar, da Presidência da República;
3. o Chefe do órgão de assessoramento de informações da Presidência da República;
4. o Chefe do Estado-Maior das Forças Armadas;
5. o Advogado-Geral da União e o Consultor-Geral da República;
6. os Chefes do Estado-Maior da Marinha, do Exército e da Aeronáutica;
7. os Comandantes do Exército, Marinha e Aeronáutica;
8. os Magistrados;
9. os Presidentes, Diretores e Superintendentes de Autarquias, Empresas Públicas, Sociedades de Economia Mista e Fundações Públicas e as mantidas pelo poder público;
10. os Governadores de Estado, do Distrito Federal e de Territórios;
11. os Interventores Federais;
12. os Secretários de Estado;
13. os Prefeitos Municipais;
14. os membros do Tribunal de Contas da União, dos Estados e do Distrito Federal;
15. o Diretor-Geral do Departamento de Polícia Federal;
16. os Secretários-Gerais, os Secretários-Executivos, os Secretários Nacionais, os Secretários Federais dos Ministérios e as pessoas que ocupem cargos equivalentes;

b) os que tenham exercido, nos seis meses anteriores à eleição, nos Estados, no Distrito Federal, Territórios e em qualquer dos Poderes da União, cargo ou função, de nomeação pelo Presidente da República, sujeito à aprovação prévia do Senado Federal;

c) VETADA;

d) os que, até seis meses antes da eleição tiverem competência ou interesse, direta, indireta ou eventual, no lançamento, arrecadação ou fiscalização de impostos, taxas e contribuições de caráter obrigatório, inclusive parafiscais, ou para aplicar multas relacionadas com essas atividades;

e) os que, até seis meses antes da eleição tenham exercido cargo ou função de direção, administração ou representação nas empresas de que tratam os artigos 3º e 5º da

Lei nº 4.137, de 10 de setembro de 1962, quando, pelo âmbito e natureza de suas atividades, possam tais empresas influir na economia nacional;

f) os que, detendo o controle de empresas ou grupo de empresas que atuem no Brasil, nas condições monopolísticas previstas no parágrafo único do artigo 5º da Lei citada na alínea anterior, não apresentarem à Justiça Eleitoral, até seis meses antes do pleito, a prova de que fizeram cessar o abuso apurado, do poder econômico, ou de que transferiram, por força regular, o controle de referidas empresas ou grupo de empresas;

g) os que tenham, dentro dos quatro meses anteriores ao pleito, ocupado cargo ou função de direção, administração ou representação em entidades representativas de classe, mantidas, total ou parcialmente, por contribuições impostas pelo poder público ou com recursos arrecadados e repassados pela Previdência Social;

h) os que, até seis meses depois de afastados das funções, tenham exercido cargo de Presidente, Diretor ou Superintendente de sociedades com objetivos exclusivos de operações financeiras e façam publicamente apelo à poupança e ao crédito, inclusive através de cooperativas e da empresa ou estabelecimentos que gozem, sob qualquer forma, de vantagens asseguradas pelo Poder Público, salvo se decorrentes de contratos que obedeçam a cláusulas uniformes;

i) os que, dentro de seis meses anteriores ao pleito, hajam exercido cargo ou função de direção, administração ou representação em pessoa jurídica ou em empresa que mantenha contrato de execução de obras, de prestação de serviços ou de fornecimento de bens com órgão do Poder Público ou sob seu controle, salvo no caso de contrato que obedeça a cláusulas uniformes;

j) os que, membros do Ministério Público, não se tenham afastado das suas funções até seis meses anteriores ao pleito;

l) os que, servidores públicos, estatutários ou não, dos órgãos ou entidades da Administração direta ou indireta da União, dos Estados, do Distrito Federal, dos Municípios e dos Territórios, inclusive das fundações mantidas pelo Poder Público, não se afastarem até três meses anteriores ao pleito, garantido o direito à percepção dos seus vencimentos integrais;

▶ Súm. nº 5 do TSE.

III – para Governador e Vice-Governador de Estado e do Distrito Federal:

a) os inelegíveis para os cargos de Presidente e Vice-Presidente da República especificados na alínea *a* do inciso II deste artigo e, no tocante às demais alíneas, quando se tratar de repartição pública, associação ou empresas que operem no território do Estado ou do Distrito Federal, observados os mesmos prazos;

b) até seis meses depois de afastados definitivamente de seus cargos ou funções:

1. os Chefes dos Gabinetes Civil e Militar do Governador do Estado ou do Distrito Federal;
2. os Comandantes do Distrito Naval, Região Militar e Zona Aérea;
3. os diretores de órgãos estaduais ou sociedades de assistência aos Municípios;
4. os Secretários da administração municipal ou membros de órgãos congêneres;

IV – para Prefeito e Vice-Prefeito:

a) no que lhes for aplicável, por identidade de situações, os inelegíveis para os cargos de Presidente e Vice-Presidente da República, Governador e Vice-Governador de Estado e do Distrito Federal, observado o prazo de quatro meses para a desincompatibilização;

b) os membros do Ministério Público e Defensoria Pública em exercício na Comarca, nos quatro meses anteriores ao pleito, sem prejuízo dos vencimentos integrais;

c) as autoridades policiais, civis ou militares, com exercício no Município, nos quatro meses anteriores ao pleito;

V – para o Senado Federal:

a) os inelegíveis para os cargos de Presidente e Vice-Presidente da República especificados na alínea *a* do inciso II deste artigo e, no tocante às demais alíneas, quando se tratar de repartição pública, associação ou empresa que opere no território do Estado, observados os mesmos prazos;

b) em cada Estado e no Distrito Federal, os inelegíveis para os cargos de Governador e Vice-Governador, nas mesmas condições estabelecidas, observados os mesmos prazos;

VI – para a Câmara dos Deputados, Assembleia Legislativa e Câmara Legislativa, no que lhes for aplicável, por identidade de situações, os inelegíveis para o Senado Federal, nas mesmas condições estabelecidas, observados os mesmos prazos;

VII – para a Câmara Municipal:

a) no que lhes for aplicável, por identidade de situações, os inelegíveis para o Senado Federal e para a Câmara dos Deputados, observado o prazo de seis meses para a desincompatibilização;

b) em cada Município, os inelegíveis para os cargos de Prefeito e Vice-Prefeito, observado o prazo de seis meses para a desincompatibilização.

§ 1º Para concorrência a outros cargos, o Presidente da República, os Governadores de Estado e do Distrito Federal e os Prefeitos devem renunciar aos respectivos mandatos até seis meses antes do pleito.

§ 2º O Vice-Presidente, o Vice-Governador e o Vice-Prefeito poderão candidatar-se a outros cargos, preservando os seus mandatos respectivos, desde que, nos últimos seis meses anteriores ao pleito, não tenham sucedido ou substituído o titular.

§ 3º São inelegíveis, no território de jurisdição do titular, o cônjuge e os parentes consanguíneos ou afins, até o segundo grau ou por adoção, do Presidente da República, de Governador de Estado ou Território, do Distrito Federal, de Prefeito ou de quem os haja substituído dentro dos seis meses anteriores ao pleito, salvo se já titular de mandato eletivo e candidato à reeleição.

§ 4º A inelegibilidade prevista na alínea e do inciso I deste artigo não se aplica aos crimes culposos e àqueles definidos em lei como de menor potencial ofensivo, nem aos crimes de ação penal privada.

▶ § 4º acrescido pela LC nº 135, de 4-6-2010.

§ 4º-A. A inelegibilidade prevista na alínea *g* do inciso I do *caput* deste artigo não se aplica aos responsáveis que tenham tido suas contas julgadas irregulares sem imputação de débito e sancionados exclusivamente com o pagamento de multa.

▶ § 4º-A acrescido pela LC nº 184, de 29-9-2021.

§ 5º A renúncia para atender à desincompatibilização com vistas a candidatura a cargo eletivo ou para assunção de mandato não gerará a inelegibilidade prevista na alínea *k*, a menos que a Justiça Eleitoral reconheça fraude ao disposto nesta Lei Complementar.

▶ § 5º acrescido pela LC nº 135, de 4-6-2010.

Art. 2º Compete à Justiça Eleitoral conhecer e decidir as arguições de inelegibilidade.

Parágrafo único. A arguição de inelegibilidade será feita perante:

I – o Tribunal Superior Eleitoral, quando se tratar de candidato a Presidente ou Vice-Presidente da República;

II – os Tribunais Regionais Eleitorais, quando se tratar de candidato a Senador, Governador e Vice-Governador de Estado e do Distrito Federal, Deputado Federal, Deputado Estadual e Deputado Distrital;

III – os Juízes Eleitorais, quando se tratar de candidato a Prefeito, Vice-Prefeito e Vereador.

Art. 3º Caberá a qualquer candidato, a Partido político, coligação ou ao Ministério Público, no prazo de cinco dias, contados da publicação do pedido de registro do candidato, impugná-lo em petição fundamentada.

§ 1º A impugnação, por parte do candidato, Partido político ou coligação, não impede a ação do Ministério Público no mesmo sentido.

§ 2º Não poderá impugnar o registro de candidato o representante do Ministério Público que, nos quatro anos anteriores, tenha disputado cargo eletivo, integrado diretório de Partido ou exercido atividade político-partidária.

§ 3º O impugnante especificará, desde logo, os meios de prova com que pretende demonstrar a veracidade do alegado, arrolando testemunhas, se for o caso, no máximo de seis.

Art. 4º A partir da data em que terminar o prazo para impugnação, passará a correr, após devida notificação, o prazo de sete dias para que o candidato, Partido político ou coligação possa contestá-la, juntar documentos, indicar rol de testemunhas e requerer a produção de outras provas, inclusive documentais, que se encontrarem em poder de terceiros, de repartições públicas ou em procedimentos judiciais, ou administrativos, salvo os processos em tramitação em segredo de justiça.

Art. 5º Decorrido o prazo para contestação, se não se tratar apenas de matéria de direito e a prova protestada for relevante, serão designados os quatro dias seguintes para inquirição das testemunhas do impugnante e do impugnado, as quais comparecerão por iniciativa das partes que as tiverem arrolado, com notificação judicial.

§ 1º As testemunhas do impugnante e do impugnado serão ouvidas em uma só assentada.

§ 2º Nos cinco dias subsequentes, o juiz, ou o relator, procederá a todas as diligências que determinar, de ofício ou a requerimento das partes.

§ 3º No prazo do parágrafo anterior, o juiz, ou o relator, poderá ouvir terceiros, referidos pelas partes, ou testemunhas, como conhecedores dos fatos e circunstâncias que possam influir na decisão da causa.

§ 4º Quando qualquer documento necessário à formação da prova se achar em poder de terceiro, o juiz, ou o relator, poderá ainda, no mesmo prazo, ordenar o respectivo depósito.

§ 5º Se o terceiro, sem justa causa, não exibir o documento, ou não comparecer a juízo, poderá o juiz contra ele expedir mandado de prisão e instaurar processo por crime de desobediência.

Art. 6º Encerrado o prazo da dilação probatória, nos termos do artigo anterior, as partes, inclusive o Ministério Público, poderão apresentar alegações no prazo comum de cinco dias.

Art. 7º Encerrado o prazo para alegações, os autos serão conclusos ao juiz, ou ao relator, no dia imediato, para sentença ou julgamento pelo Tribunal.

Parágrafo único. O juiz, ou tribunal, formará sua convicção pela livre apreciação da prova, atendendo aos fatos e às circunstâncias constantes dos autos, ainda que não alegados pelas partes, mencionando, na decisão, os que motivaram seu convencimento.

Art. 8º Nos pedidos de registro de candidatos a eleições municipais, o Juiz Eleitoral apresentará a sentença em Cartório três dias após a conclusão dos autos, passando a correr deste momento o prazo de três dias para a interposição de recurso para o Tribunal Regional Eleitoral.

▸ Súm. nº 10 do TSE.

§ 1º A partir da data em que for protocolizada a petição de recurso, passará a correr o prazo de três dias para a apresentação de contrarrazões.

§ 2º Apresentadas as contrarrazões, serão os autos imediatamente remetidos ao Tribunal Regional Eleitoral, inclusive por portador, se houver necessidade, decorrente da exiguidade de prazo, correndo as despesas do transporte por conta do recorrente, se tiver condições de pagá-las.

Art. 9º Se o Juiz Eleitoral não apresentar a sentença no prazo do artigo anterior, o prazo para recurso só começará a correr após a publicação da mesma por edital, em Cartório.

Parágrafo único. Ocorrendo a hipótese prevista neste artigo, o Corregedor Regional, de ofício, apurará o motivo do retardamento e proporá ao Tribunal Regional Eleitoral, se for o caso, a aplicação da penalidade cabível.

Art. 10. Recebidos os autos na Secretaria do Tribunal Regional Eleitoral, estes serão autuados e apresentados no mesmo dia ao Presidente, que, também na mesma data, os distribuirá a um Relator e mandará abrir vistas ao Procurador Regional pelo prazo de dois dias.

Parágrafo único. Findo o prazo, com ou sem parecer, os autos serão enviados ao Relator, que os apresentará em mesa para julgamento em três dias, independentemente de publicação em pauta.

Art. 11. Na sessão do julgamento, que poderá se realizar em até duas reuniões seguidas, feito o relatório, facultada a palavra às partes e ouvido o Procurador Regional, proferirá o Relator o seu voto e serão tomados os dos demais juízes.

§ 1º Proclamado o resultado, o Tribunal se reunirá para lavratura do acórdão, no qual serão indicados o direito, os fatos e as circunstâncias com base nos fundamentos do Relator ou do voto vencedor.

§ 2º Terminada a sessão, far-se-á a leitura e a publicação do acórdão, passando a correr dessa data o prazo de três dias, para a interposição de recurso para o Tribunal Superior Eleitoral, em petição fundamentada.

Art. 12. Havendo recurso para o Tribunal Superior Eleitoral, a partir da data em que for protocolizada a petição passará a correr o prazo de três dias para a apresentação de contrarrazões, notificado por telegrama o recorrido.

Parágrafo único. Apresentadas as contrarrazões, serão os autos imediatamente remetidos ao Tribunal Superior Eleitoral.

Art. 13. Tratando-se de registro a ser julgado originariamente por Tribunal Regional Eleitoral, observado o disposto no artigo 6º desta Lei Complementar, o pedido de registro, com ou sem impugnação, será julgado em três dias, independentemente de publicação em pauta.

Parágrafo único. Proceder-se-á ao julgamento na forma estabelecida no artigo 11 desta Lei Complementar e, havendo recurso para o Tribunal Superior Eleitoral, observar-se-á o disposto no artigo anterior.

Art. 14. No Tribunal Superior Eleitoral, os recursos sobre registro de candidatos serão processados e julgados na forma prevista nos artigos 10 e 11 desta Lei Complementar.

Art. 15. Transitada em julgado ou publicada a decisão proferida por órgão colegiado que declarar a inelegibilidade do candidato, ser-lhe-á negado registro, ou cancelado, se já tiver sido feito, ou declarado nulo o diploma, se já expedido.

▸ *Caput* com a redação dada pela LC nº 135, de 4-6-2010.

Parágrafo único. A decisão a que se refere o *caput*, independentemente da apresentação de recurso, deverá ser comunicada, de imediato, ao Ministério Público Eleitoral e ao órgão da Justiça Eleitoral competente para o registro de candidatura e expedição de diploma do réu.

▸ Parágrafo único acrescido pela LC nº 135, de 4-6-2010.

Art. 16. Os prazos a que se referem os artigos 3º e seguintes desta Lei Complementar são peremptórios e contínuos e correm em Secretaria ou Cartório e, a partir da data do encerramento do prazo para registro de candidatos, não se suspendem aos sábados, domingos e feriados.

Art. 17. É facultado ao Partido político ou coligação que requerer o registro de candidato considerado inelegível dar-lhe substituto, mesmo que a decisão passada em julgado tenha sido proferida após o termo final do prazo de registro, caso em que a respectiva Comissão Executiva do Partido fará a escolha do candidato.

▸ Art. 101, § 5º, do CE.

Art. 18. A declaração de inelegibilidade do candidato à Presidência da República, Governador de Estado e do Distrito Federal e Prefeito Municipal não atingirá o candidato a Vice-Presidente, Vice-Governador ou Vice-Prefeito, assim como a destes não atingirá aqueles.

Art. 19. As transgressões pertinentes a origem de valores pecuniários, abuso do poder econômico ou político, em detrimento da liberdade de voto, serão apuradas mediante investigações jurisdicionais realizadas pelo Corregedor Geral e Corregedores Regionais Eleitorais.

Parágrafo único. A apuração e a punição das transgressões mencionadas no *caput* deste artigo terão o objetivo de proteger a normalidade e legitimidade das eleições contra a influência do poder econômico ou do abuso do exercício de função, cargo ou emprego na administração direta, indireta e fundacional da União, dos Estados, do Distrito Federal e dos Municípios.

Art. 20. O candidato, Partido político ou coligação são parte legítima para denunciar os culpados e promover-lhes a responsabilidade; a nenhum servidor público, inclusive de autarquias, de entidade paraestatal e de sociedade de economia mista será lícito negar ou retardar ato de ofício tendente a esse fim, sob pena de crime funcional.

Art. 21. As transgressões a que se refere o artigo 19 desta Lei Complementar serão apuradas mediante procedimento sumaríssimo de investigação judicial, realizada pelo Corregedor Geral e Corregedores Regionais Eleitorais, nos termos das Leis nºs 1.579, de 18 de março de 1952, 4.410, de 24 de setembro de 1964, com as modificações desta Lei Complementar.

Art. 22. Qualquer Partido político, coligação, candidato ou Ministério Público Eleitoral poderá representar à Justiça Eleitoral, diretamente ao Corregedor Geral ou Regional, relatando fatos e indicando provas, indícios e circunstâncias e pedir abertura de investigação judicial para apurar uso indevido, desvio ou abuso do poder econômico ou do poder de autoridade, ou utilização indevida de veículos ou meios de comunicação social, em benefício de candidato ou de Partido político, obedecido o seguinte rito:

I – o Corregedor, que terá as mesmas atribuições do Relator em processos judiciais, ao despachar a inicial, adotará as seguintes providências:

a) ordenará que se notifique o representado do conteúdo da petição, entregando-se-lhe a segunda via apresentada pelo representante com as cópias dos documentos, a fim de que, no prazo de cinco dias, ofereça ampla defesa, juntada de documentos e rol de testemunhas, se cabível;

b) determinará que se suspenda o ato que deu motivo à representação, quando for relevante o fundamento e do ato impugnado puder resultar a ineficiência da medida, caso seja julgada procedente;

c) indeferirá desde logo a inicial, quando não for caso de representação ou lhe faltar algum requisito desta Lei Complementar;

II – no caso do Corregedor indeferir a reclamação ou representação, ou retardar-lhe a solução, poderá o interessado renová-la perante o Tribunal, que resolverá dentro de vinte e quatro horas;

III – o interessado, quando não for atendido ou ocorrer demora, poderá levar o fato ao conhecimento do Tribunal Superior Eleitoral, a fim de que sejam tomadas as providências necessárias;

IV – feita a notificação, a Secretaria do Tribunal juntará aos autos cópia autêntica do ofício endereçado ao representado, bem como a prova da entrega ou da sua recusa em aceitá-la ou dar recibo;

V – findo o prazo da notificação, com ou sem defesa, abrir-se-á prazo de cinco dias para inquirição, em uma só assentada, de testemunhas arroladas pelo representante e pelo representado, até o máximo de seis para cada um, as quais comparecerão independentemente de intimação;

VI – nos três dias subsequentes, o Corregedor procederá a todas as diligências que determinar, *ex officio* ou a requerimento das partes;

VII – no prazo da alínea anterior, o Corregedor poderá ouvir terceiros, referidos pelas partes, ou testemunhas, como conhecedores dos fatos e circunstâncias que possam influir na decisão do feito;

VIII – quando qualquer documento necessário à formação da prova se achar em poder de terceiro, inclusive estabelecimento de crédito, oficial ou privado, o Corregedor poderá, ainda, no mesmo prazo, ordenar o respectivo depósito ou requisitar cópias;

IX – se o terceiro, sem justa causa, não exibir o documento, ou não comparecer a juízo, o juiz poderá expedir contra ele mandado de prisão e instaurar processo por crime de desobediência;

X – encerrado o prazo da dilação probatória, as partes, inclusive o Ministério Público, poderão apresentar alegações no prazo comum de dois dias;

XI – terminado o prazo para alegações, os autos serão conclusos ao Corregedor, no dia imediato, para apresentação de relatório conclusivo sobre o que houver sido apurado;

XII – o relatório do Corregedor, que será assentado em três dias, e os autos da representação serão encaminhados ao Tribunal competente, no dia imediato, com pedido de inclusão incontinenti do feito em pauta, para julgamento na primeira sessão subsequente;

XIII – no Tribunal, o Procurador-Geral ou Regional Eleitoral terá vista dos autos por quarenta e oito horas, para se pronunciar sobre as imputações e conclusões do Relatório;

XIV – julgada procedente a representação, ainda que após a proclamação dos eleitos, o Tribunal declarará a inelegibilidade do representado e de quantos hajam contribuído para a prática do ato, cominando-lhes sanção de inelegibilidade para as eleições a se realizarem nos 8 (oito) anos subsequentes à eleição em que se verificou, além da cassação do registro ou diploma do candidato diretamente beneficiado pela interferência do poder econômico ou pelo desvio ou abuso do poder de autoridade ou dos meios de comunicação, determinando a remessa dos autos ao Ministério Público Eleitoral, para instauração de processo disciplinar, se for o caso, e de ação penal, ordenando quaisquer outras providências que a espécie comportar;

- ► Inciso XIV com a redação dada pela LC nº 135, de 4-6-2010.
- ► Súm. nº 19 do TSE.

XV – *Revogado*. LC nº 135, de 4-6-2010;

XVI – para a configuração do ato abusivo, não será considerada a potencialidade de o fato alterar o resultado da eleição, mas apenas a gravidade das circunstâncias que o caracterizam.

- ► Inciso XVI acrescido pela LC nº 135, de 4-6-2010.

Parágrafo único. O recurso contra a diplomação, interposto pelo representante, não impede a atuação do Ministério Público no mesmo sentido.

Art. 23. O Tribunal formará sua convicção pela livre apreciação dos fatos públicos e notórios, dos indícios e presunções e prova produzida, atentando para circunstâncias ou fatos, ainda que não indicados ou alegados pelas partes, mas que preservem o interesse público de lisura eleitoral.

Art. 24. Nas eleições municipais, o Juiz Eleitoral será competente para conhecer e processar a representação prevista nesta Lei Complementar, exercendo todas as funções atribuídas ao Corregedor Geral ou Regional, constantes dos incisos I a XV do artigo 22 desta Lei Complementar, cabendo ao representante do Ministério Público Eleitoral em função da Zona Eleitoral as atribuições deferidas ao Procurador-Geral e Regional Eleitoral, observadas as normas do procedimento previstas nesta Lei Complementar.

Art. 25. Constitui crime eleitoral a arguição de inelegibilidade, ou a impugnação de registro de candidato feito por interferência do poder econômico, desvio ou abuso do poder de autoridade, deduzida de forma temerária ou de manifesta má-fé:

Pena: detenção de seis meses a dois anos, e multa de vinte a cinquenta vezes o valor do Bônus do Tesouro Nacional – BTN e, no caso de sua extinção, de título público que o substitua.

Art. 26. Os prazos de desincompatibilização previstos nesta Lei Complementar que já estiverem ultrapassados na data de sua vigência considerar-se-ão atendidos desde que a desincompatibilização ocorra até dois dias após a publicação desta Lei Complementar.

Art. 26-A. Afastada pelo órgão competente a inelegibilidade prevista nesta Lei Complementar, aplicar-se-á, quanto ao registro de candidatura, o disposto na lei que estabelece normas para as eleições.

Art. 26-B. O Ministério Público e a Justiça Eleitoral darão prioridade, sobre quaisquer outros, aos processos de desvio ou abuso do poder econômico ou do poder de autoridade até que sejam julgados, ressalvados os de *habeas corpus* e mandado de segurança.

§ 1º É defeso às autoridades mencionadas neste artigo deixar de cumprir qualquer prazo previsto nesta Lei Complementar sob alegação de acúmulo de serviço no exercício das funções regulares.

§ 2º Além das polícias judiciárias, os órgãos da receita federal, estadual e municipal, os tribunais e órgãos de contas, o Banco Central do Brasil e o Conselho de Controle de Atividade Financeira auxiliarão a Justiça Eleitoral e o Ministério Público Eleitoral na apuração dos delitos eleitorais, com prioridade sobre as suas atribuições regulares.

§ 3º O Conselho Nacional de Justiça, o Conselho Nacional do Ministério Público e as Corregedorias Eleitorais manterão acompanhamento dos relatórios mensais de atividades fornecidos pelas unidades da Justiça Eleitoral a fim de verificar eventuais descumprimentos injustificados de prazos, promovendo, quando for o caso, a devida responsabilização.

Art. 26-C. O órgão colegiado do tribunal ao qual couber a apreciação do recurso contra as decisões colegiadas a que se referem as alíneas *d*, *e*, *h*, *j*, *l* e *n* do inciso I do art. 1º poderá, em caráter cautelar, suspender a inelegibilidade sempre que existir plausibilidade da pretensão recursal e desde que a providência tenha sido expressamente requerida, sob pena de preclusão, por ocasião da interposição do recurso.

§ 1º Conferido efeito suspensivo, o julgamento do recurso terá prioridade sobre todos os demais, à exceção dos de mandado de segurança e de *habeas corpus*.

§ 2º Mantida a condenação de que derivou a inelegibilidade ou revogada a suspensão liminar mencionada no *caput*, serão desconstituídos o registro ou o diploma eventualmente concedidos ao recorrente.

§ 3º A prática de atos manifestamente protelatórios por parte da defesa, ao longo da tramitação do recurso, acarretará a revogação do efeito suspensivo.

- ► Arts. 26-A a 26-C acrescidos pela LC nº 135, de 4-6-2010.

Art. 27. Esta Lei Complementar entra em vigor na data de sua publicação.

Art. 28. Revogam-se a Lei Complementar nº 5, de 29 de abril de 1970, e as demais disposições em contrário.

Brasília, 18 de maio de 1990;
169º da Independência e
102º da República.

Fernando Collor

LEI Nº 8.038, DE 28 DE MAIO DE 1990

Institui normas procedimentais para os processos que especifica, perante o Superior Tribunal de Justiça e o Supremo Tribunal Federal.

- ► Publicada no *DOU* de 29-5-1990.
- ► Lei nº 8.658, de 26-5-1993, dispõe sobre a aplicação, nos Tribunais de Justiça e nos Tribunais Regionais Federais das normas previstas nesta lei.
- ► Lei nº 11.419, de 19-12-2006 (Lei da Informatização do Processo Judicial).
- ► Res. do STF nº 693, de 17-7-2020, regulamenta o processo eletrônico no âmbito do Supremo Tribunal Federal.
- ► Res. do STJ nº 1, de 10-2-2010, regulamenta o processo judicial eletrônico no âmbito do Superior Tribunal de Justiça.

TÍTULO I – PROCESSOS DE COMPETÊNCIA ORIGINÁRIA

CAPÍTULO I – AÇÃO PENAL ORIGINÁRIA

- ► Conforme o art. 1º da Lei nº 8.658, de 26-5-1993, os arts. 1º a 12 da Lei nº 8.038, de 28-5-1990, aplicam-se às ações penais de competência originária dos Tribunais de Justiça dos Estados e do Distrito Federal e dos Tribunais Regionais Federais.

Art. 1º Nos crimes de ação penal pública, o Ministério Público terá o prazo de quinze dias para oferecer denúncia ou pedir arquivamento do inquérito ou das peças informativas.

§ 1º Diligências complementares poderão ser deferidas pelo relator, com interrupção do prazo deste artigo.

§ 2º Se o indiciado estiver preso:

a) o prazo para oferecimento da denúncia será de cinco dias;

b) as diligências complementares não interromperão o prazo, salvo se o relator, ao deferi-las, determinar o relaxamento da prisão.

§ 3º Não sendo o caso de arquivamento e tendo o investigado confessado formal e circunstanciadamente a prática de infração penal sem violência ou grave ameaça e com pena mínima inferior a 4 (quatro) anos, o Ministério Público poderá propor acordo de não persecução penal, desde que necessário e suficiente para a reprovação e prevenção do crime, nos termos do art. 28-A do Decreto-Lei nº 3.689, de 3 de outubro de 1941 (Código de Processo Penal).

▸ § 3º acrescido pela Lei nº 13.964, de 24-12-2019.

Art. 2º O relator, escolhido na forma regimental, será o juiz da instrução, que se realizará segundo o disposto neste capítulo, no Código de Processo Penal, no que for aplicável, e no Regimento Interno do Tribunal.

Parágrafo único. O relator terá as atribuições que a legislação processual confere aos juízes singulares.

Art. 3º Compete ao relator:

I – determinar o arquivamento do inquérito ou de peças informativas, quando o requerer o Ministério Público, ou submeter o requerimento à decisão competente do Tribunal;

II – decretar a extinção da punibilidade, nos casos previstos em lei;

III – convocar desembargadores de Turmas Criminais dos Tribunais de Justiça ou dos Tribunais Regionais Federais, bem como juízes de varas criminais da Justiça dos Estados e da Justiça Federal, pelo prazo de 6 (seis) meses, prorrogável por igual período, até o máximo de 2 (dois) anos, para a realização do interrogatório e de outros atos da instrução, na sede do tribunal ou no local onde se deva produzir o ato.

▸ Inciso III acrescido pela Lei nº 12.019, de 21-8-2009.

Art. 4º Apresentada a denúncia ou a queixa ao Tribunal, far-se-á a notificação do acusado para oferecer resposta no prazo de quinze dias.

§ 1º Com a notificação, serão entregues ao acusado cópia da denúncia ou da queixa, do despacho do relator e dos documentos por este indicados.

§ 2º Se desconhecido o paradeiro do acusado, ou se este criar dificuldades para que o oficial cumpra a diligência, proceder-se-á a sua notificação por edital, contendo o teor resumido da acusação, para que compareça ao Tribunal, em cinco dias, onde terá vista dos autos pelo prazo de quinze dias, a fim de apresentar a resposta prevista neste artigo.

Art. 5º Se, com a resposta, forem apresentados novos documentos, será intimada a parte contrária para sobre eles se manifestar, no prazo de cinco dias.

Parágrafo único. Na ação de iniciativa privada, será ouvido, em igual prazo, o Ministério Público.

Art. 6º A seguir, o relator pedirá dia para que o Tribunal delibere sobre o recebimento, a rejeição da denúncia ou da queixa, ou a improcedência da acusação, se a decisão não depender de outras provas.

§ 1º No julgamento de que trata este artigo, será facultada sustentação oral pelo prazo de quinze minutos, primeiro à acusação, depois à defesa.

§ 2º Encerrados os debates, o Tribunal passará a deliberar, determinando o Presidente as pessoas que poderão permanecer no recinto, observado o disposto no inciso II do art. 12 desta lei.

Art. 7º Recebida a denúncia ou a queixa, o relator designará dia e hora para o interrogatório, mandando citar o acusado ou querelado e intimar o órgão do Ministério Público, bem como o querelante ou o assistente, se for o caso.

Art. 8º O prazo para defesa prévia será de cinco dias, contado do interrogatório ou da intimação do defensor dativo.

Art. 9º A instrução obedecerá, no que couber, ao procedimento comum do Código de Processo Penal.

§ 1º O relator poderá delegar a realização do interrogatório ou de outro ato da instrução ao juiz ou membro de tribunal com competência territorial no local de cumprimento da carta de ordem.

§ 2º Por expressa determinação do relator, as intimações poderão ser feitas por carta registrada com aviso de recebimento.

Art. 10. Concluída a inquirição de testemunhas, serão intimadas a acusação e a defesa, para requerimento de diligências no prazo de cinco dias.

Art. 11. Realizadas as diligências, ou não sendo estas requeridas nem determinadas pelo relator, serão intimadas a acusação e a defesa para, sucessivamente, apresentarem, no prazo de quinze dias, alegações escritas.

§ 1º Será comum o prazo do acusador e do assistente, bem como o dos corréus.

§ 2º Na ação penal de iniciativa privada, o Ministério Público terá vista, por igual prazo, após as alegações das partes.

§ 3º O relator poderá, após as alegações escritas, determinar de ofício a realização de provas reputadas imprescindíveis para o julgamento da causa.

Art. 12. Finda a instrução, o Tribunal procederá ao julgamento, na forma determinada pelo regimento interno, observando-se o seguinte:

I – a acusação e a defesa terão, sucessivamente, nessa ordem, prazo de uma hora para sustentação oral, assegurado ao assistente um quarto do tempo da acusação;

II – encerrados os debates, o Tribunal passará a proferir o julgamento, podendo o Presidente limitar a presença no recinto às partes e seus advogados, ou somente a estes, se o interesse público exigir.

CAPÍTULO II
RECLAMAÇÃO

Arts. 13 a 18. *Revogados.* Lei nº 13.105, de 16-3-2015.

CAPÍTULO III
INTERVENÇÃO FEDERAL

Art. 19. A requisição de intervenção federal prevista nos incisos II e IV do artigo 36 da Constituição Federal será promovida:

I – de ofício, ou mediante pedido de Presidente de Tribunal de Justiça do Estado, ou de Presidente de Tribunal Federal, quando se tratar de prover a execução de ordem ou decisão judicial, com ressalva, conforme a matéria, da competência do Supremo Tribunal Federal ou do Tribunal Superior Eleitoral;

II – de ofício, ou mediante pedido da parte interessada, quando se tratar de prover a execução de ordem ou decisão do Superior Tribunal de Justiça;

III – mediante representação do Procurador-Geral da República, quando se tratar de prover a execução de lei federal.

Art. 20. O Presidente, ao receber o pedido:

I – tomará as providências que lhe parecerem adequadas para remover, administrativamente, a causa do pedido;

II – mandará arquivá-lo, se for manifestamente infundado, cabendo do seu despacho agravo regimental.

Art. 21. Realizada a gestão prevista no inciso I do artigo anterior, solicitadas informações à autoridade estadual e ouvido o Procurador-Geral, o pedido será distribuído a um relator.

Parágrafo único. Tendo em vista o interesse público, poderá ser permitida a presença no recinto às partes e seus advogados, ou somente a estes.

Art. 22. Julgado procedente o pedido, o Presidente do Superior Tribunal de Justiça comunicará, imediatamente, a decisão aos órgãos do poder público interessados e requisitará a intervenção ao Presidente da República.

CAPÍTULO IV
HABEAS CORPUS

Art. 23. Aplicam-se ao *Habeas Corpus* perante o Superior Tribunal de Justiça as normas do Livro III, Título II, Capítulo X do Código de Processo Penal.

CAPÍTULO V
OUTROS PROCEDIMENTOS

Art. 24. Na ação rescisória, nos conflitos de competência, de jurisdição e de atribuições, na revisão criminal e no mandado de segurança, será aplicada a legislação processual em vigor.

Parágrafo único. No mandado de injunção e no *habeas data*, serão observadas, no que couber, as normas do mandado de segurança, enquanto não editada legislação específica.

▸ Art. 5º, LXXI e LXXII, da CF.
▸ Arts. 942 e 966 a 975 do CPC/2015.
▸ Lei nº 9.507, de 12-11-1997 (Lei do *Habeas Data*).
▸ Lei nº 12.016, de 7-8-2009 (Lei do Mandado de Segurança Individual e Coletivo).

Art. 25. Salvo quando a causa tiver por fundamento matéria constitucional, compete ao Presidente do Superior Tribunal de Justiça, a requerimento do Procurador-Geral da República ou da pessoa jurídica de direito público interessada, e para evitar grave lesão à ordem, à saúde, à segurança e à economia pública, suspender, em despacho fundamentado, a execução de liminar ou de decisão concessiva de mandado de segurança, proferida, em única ou última instância, pelos Tribunais Regionais Federais ou pelos Tribunais dos Estados e do Distrito Federal.

§ 1º O Presidente pode ouvir o impetrante, em cinco dias, e o Procurador-Geral quando não for o requerente, em igual prazo.

§ 2º Do despacho que conceder a suspensão caberá agravo regimental.

§ 3º A suspensão de segurança vigorará enquanto pender o recurso, ficando sem efeito, se a decisão concessiva for mantida pelo Superior Tribunal de Justiça ou transitar em julgado.

▸ Súm. nº 626 do STF.

TÍTULO II – RECURSOS

CAPÍTULO I
RECURSO EXTRAORDINÁRIO E RECURSO ESPECIAL

- ▶ Arts. 102, III, e 105, III, da CF.
- ▶ Arts. 1.029 a 1.043 do CPC/2015.
- ▶ Res. do STF nº 450, de 3-12-2010, institui o Recurso Extraordinário com Agravo para o processamento de agravo interposto contra decisão que não admite recurso extraordinário ao STF.
- ▶ Res. do STF nº 451, de 3-12-2010, dispõe sobre a aplicação da Lei nº 12.322/2010 para os recursos extraordinários e agravos sobre matéria penal e processual penal.
- ▶ Res. do STJ nº 7, de 9-12-2010, institui o Agravo em Recurso Especial para o processamento de agravo interposto contra decisão que inadmite Recurso Especial.
- ▶ Súmulas nºs 5, 7, 83, 86, 126, 203, 207, 211 e 320 do STJ.

Arts. 26 a 29. *Revogados.* Lei nº 13.105, de 16-3-2015.

CAPÍTULO II
RECURSO ORDINÁRIO EM *HABEAS CORPUS*

Art. 30. O recurso ordinário para o Superior Tribunal de Justiça, das decisões denegatórias de *Habeas Corpus*, proferidas pelos Tribunais Regionais Federais ou pelos Tribunais dos Estados e do Distrito Federal, será interposto no prazo de cinco dias, com as razões do pedido de reforma.

Art. 31. Distribuído o recurso, a Secretaria, imediatamente, fará os autos com vista ao Ministério Público, pelo prazo de dois dias.

Parágrafo único. Conclusos os autos ao relator, este submeterá o feito a julgamento independentemente de pauta.

Art. 32. Será aplicado, no que couber, ao processo e julgamento do recurso, o disposto com relação ao pedido originário de *Habeas Corpus*.

CAPÍTULO III
RECURSO ORDINÁRIO E MANDADO DE SEGURANÇA

- ▶ Arts. 1.027 e 1.028 do CPC/2015.

Art. 33. O recurso ordinário para o Superior Tribunal de Justiça, das decisões denegatórias de mandado de segurança, proferidas em única instância pelos Tribunais Regionais Federais ou pelos Tribunais de Estados e do Distrito Federal, será interposto no prazo de quinze dias, com as razões do pedido de reforma.

Art. 34. Serão aplicadas, quanto aos requisitos de admissibilidade e ao procedimento no Tribunal recorrido, as regras do Código de Processo Civil relativas à apelação.

- ▶ Arts. 1.009 a 1.014 do CPC/2015.

Art. 35. Distribuído o recurso, a Secretaria, imediatamente, fará os autos com vista ao Ministério Público, pelo prazo de cinco dias.

Parágrafo único. Conclusos os autos ao relator, este pedirá dia para julgamento.

CAPÍTULO IV
APELAÇÃO CÍVEL E AGRAVO DE INSTRUMENTO

Art. 36. Nas causas em que forem partes, de um lado, Estado estrangeiro ou organismo internacional e, de outro, município ou pessoa domiciliada ou residente no País, caberá:

I – apelação da sentença;

II – agravo de instrumento, das decisões interlocutórias.

Art. 37. Os recursos mencionados no artigo anterior serão interpostos para o Superior Tribunal de Justiça, aplicando-se-lhes, quanto aos requisitos de admissibilidade e ao procedimento, o disposto no Código de Processo Civil.

- ▶ Arts. 938, § 1º, 995 e 1.009 a 1.020 do CPC/2015.

TÍTULO III – DISPOSIÇÕES GERAIS

Art. 38. *Revogado.* Lei nº 13.105, de 16-3-2015.

Art. 39. Da decisão do Presidente do Tribunal, de Seção, de Turma ou de Relator que causar gravame à parte, caberá agravo para o órgão especial, Seção ou Turma, conforme o caso, no prazo de cinco dias.

- ▶ Súm. nº 116 do STJ.

Art. 40. Haverá revisão, no Superior Tribunal de Justiça, nos seguintes processos:

I – ação rescisória;

II – ação penal originária;

III – revisão criminal.

Art. 41. Em caso de vaga ou afastamento de Ministro do Superior Tribunal de Justiça, por prazo superior a trinta dias, poderá ser convocado Juiz de Tribunal Regional Federal ou Desembargador, para substituição, pelo voto da maioria absoluta dos seus membros.

Art. 41-A. *A decisão de Turma, no Supremo Tribunal Federal e no Superior Tribunal de Justiça, será tomada pelo voto da maioria absoluta de seus membros.*

Parágrafo único. *Em todos os julgamentos em matéria penal ou processual penal em órgãos colegiados, havendo empate, prevalecerá a decisão mais favorável ao indivíduo imputado, proclamando-se de imediato esse resultado, ainda que, nas hipóteses de vaga aberta a ser preenchida, de impedimento, de suspeição ou de ausência, tenha sido o julgamento tomado sem a totalidade dos integrantes do colegiado.*

- ▶ Art. 41-A com a redação dada pela Lei nº 14.836, de 8-4-2024.

Art. 41-B. As despesas do porte de remessa e retorno dos autos serão recolhidas mediante documento de arrecadação, de conformidade com instruções e tabela expedidas pelo Supremo Tribunal Federal e pelo Superior Tribunal de Justiça.

Parágrafo único. A secretaria do tribunal local zelará pelo recolhimento das despesas postais.

- ▶ Art. 41-B acrescido pela Lei nº 9.756, de 17-12-1998.

Art. 42. Os artigos 496, 497, 498, inciso II do artigo 500, e 508 da Lei nº 5.869, de 11 de janeiro de 1973 – Código de Processo Civil, passam a vigorar com a seguinte redação:

- ▶ Arts. 994, 995, 997 e 1.003, § 5º, do CPC/2015.

Art. 43. Esta Lei entra em vigor na data de sua publicação.

Art. 44. Revogam-se as disposições em contrário, especialmente os artigos 541 a 546 do Código de Processo Civil e a Lei nº 3.396, de 2 de junho de 1958.

- ▶ Refere-se ao CPC/1973.
- ▶ A Lei nº 3.396 foi revogada pela Lei nº 8.038, institui normas procedimentais.

Brasília, 28 de maio de 1990;
169º da Independência e
102º da República.

Fernando Collor

LEI Nº 8.069, DE 13 DE JULHO DE 1990

Dispõe sobre o Estatuto da Criança e do Adolescente, e dá outras providências.

- ▶ Publicada no *DOU* de 16-7-1990 e retificada no *DOU* de 27-9-1990.
- ▶ Lei nº 12.010, de 3-8-2009 (Lei da Adoção).
- ▶ Lei nº 12.318, de 26-8-2010 (Lei da Alienação Parental).
- ▶ Lei nº 12.594, de 18-1-2012, institui o Sistema Nacional de Atendimento Socioeducativo (SINASE) e regulamenta a execução das medidas socioeducativas destinadas a adolescente que pratique ato infracional.
- ▶ Lei nº 12.852, de 5-8-2013 (Estatuto da Juventude).
- ▶ Dec. nº 9.579, de 22-11-2018, consolida atos normativos editados pelo Poder Executivo federal que dispõem sobre a temática do lactente, da criança e do adolescente e do aprendiz, e sobre o Conselho Nacional dos Direitos da Criança e do Adolescente, o Fundo Nacional para a Criança e o Adolescente e os programas federais da criança e do adolescente, e dá outras providências.
- ▶ Res. do CNJ nº 94, de 27-10-2009, determina a criação de Coordenadorias da Infância e da Juventude no âmbito dos Tribunais de Justiça dos Estados e do Distrito Federal.

LIVRO I

PARTE GERAL

TÍTULO I – DAS DISPOSIÇÕES PRELIMINARES

Art. 1º Esta Lei dispõe sobre a proteção integral à criança e ao adolescente.

- ▶ Súm. nº 1 do STF.

Art. 2º Considera-se criança, para os efeitos desta Lei, a pessoa até doze anos de idade incompletos, e adolescente aquela entre doze e dezoito anos de idade.

- ▶ Art. 2º do CC.

Parágrafo único. Nos casos expressos em lei, aplica-se excepcionalmente este Estatuto às pessoas entre dezoito e vinte e um anos de idade.

Art. 3º A criança e o adolescente gozam de todos os direitos fundamentais inerentes à pessoa humana, sem prejuízo da proteção integral de que trata esta Lei, assegurando-se-lhes, por lei ou por outros meios, todas as oportunidades e facilidades, a fim de lhes facultar o desenvolvimento físico, mental, moral, espiritual e social, em condições de liberdade e de dignidade.

- ▶ Arts. 5º, 6º, 7º, XXV e XXXIII, e 227 a 229 da CF.

Parágrafo único. Os direitos enunciados nesta Lei aplicam-se a todas as crianças e adolescentes, sem discriminação de nascimento, situação familiar, idade, sexo, raça, etnia ou cor, religião ou crença, deficiência, condição pessoal de desenvolvimento e aprendizagem, condição econômica, ambiente social, região e local de moradia ou outra condição que diferencie as pessoas, as famílias ou a comunidade em que vivem.

▶ Parágrafo único acrescido pela Lei nº 13.257, de 8-3-2016.

Art. 4º É dever da família, da comunidade, da sociedade em geral e do Poder Público assegurar, com absoluta prioridade, a efetivação dos direitos referentes à vida, à saúde, à alimentação, à educação, ao esporte, ao lazer, à profissionalização, à cultura, à dignidade, ao respeito, à liberdade e à convivência familiar e comunitária.

▶ Arts. 5º, 6º, 7º, XXV e XXXIII, e 227 a 229 da CF.
▶ Arts. 61 e 62 da Lei nº 6.015, de 31-12-1973 (Lei dos Registros Públicos).

Parágrafo único. A garantia de prioridade compreende:

a) primazia de receber proteção e socorro em quaisquer circunstâncias;
b) precedência de atendimento nos serviços públicos ou de relevância pública;
c) preferência na formulação e na execução das políticas sociais públicas;
d) destinação privilegiada de recursos públicos nas áreas relacionadas com a proteção à infância e à juventude.

Art. 5º Nenhuma criança ou adolescente será objeto de qualquer forma de negligência, discriminação, exploração, violência, crueldade e opressão, punido na forma da lei qualquer atentado, por ação ou omissão, aos seus direitos fundamentais.

▶ Arts. 1º, III, 3º, III e IV, e 5º, III, XLIII e XLVII, *e*, da CF.

Art. 6º Na interpretação desta Lei levar-se-ão em conta os fins sociais a que ela se dirige, as exigências do bem comum, os direitos e deveres individuais e coletivos, e a condição peculiar da criança e do adolescente como pessoas em desenvolvimento.

▶ Art. 5º do Dec.-lei nº 4.657, de 4-9-1942 (Lei de Introdução às normas do Direito Brasileiro).

TÍTULO II – DOS DIREITOS FUNDAMENTAIS

CAPÍTULO I – DO DIREITO À VIDA E À SAÚDE

Art. 7º A criança e o adolescente têm direito a proteção à vida e à saúde, mediante a efetivação de políticas sociais públicas que permitam o nascimento e o desenvolvimento sadio e harmonioso, em condições dignas de existência.

Art. 8º É assegurado a todas as mulheres o acesso aos programas e às políticas de saúde da mulher e de planejamento reprodutivo e, às gestantes, nutrição adequada, atenção humanizada à gravidez, ao parto e ao puerpério e atendimento pré-natal, perinatal e pós-natal integral no âmbito do Sistema Único de Saúde.

▶ *Caput* com a redação dada pela Lei nº 13.257, de 8-3-2016.
▶ Art. 5º, L, da CF.

§ 1º O atendimento pré-natal será realizado por profissionais da atenção primária.

§ 2º Os profissionais de saúde de referência da gestante garantirão sua vinculação, no último trimestre da gestação, ao estabelecimento em que será realizado o parto, garantido o direito de opção da mulher.

§ 3º Os serviços de saúde onde o parto for realizado assegurarão às mulheres e aos seus filhos recém-nascidos alta hospitalar responsável e contrarreferência na atenção primária, bem como o acesso a outros serviços e a grupos de apoio à amamentação.

▶ §§ 1º a 3º com a redação dada pela Lei nº 13.257, de 8-3-2016.

§ 4º Incumbe ao poder público proporcionar assistência psicológica à gestante e à mãe, no período pré e pós-natal, inclusive como forma de prevenir ou minorar as consequências do estado puerperal.

▶ § 4º acrescido pela Lei nº 12.010, de 3-8-2009.

§ 5º A assistência referida no § 4º deste artigo deverá ser prestada também a gestantes e mães que manifestem interesse em entregar seus filhos para adoção, bem como a gestantes e mães que se encontrem em situação de privação de liberdade.

▶ § 5º com a redação dada pela Lei nº 13.257, de 8-3-2016.

§ 6º A gestante e a parturiente têm direito a 1 (um) acompanhante de sua preferência durante o período do pré-natal, do trabalho de parto e do pós-parto imediato.

§ 7º A gestante deverá receber orientação sobre aleitamento materno, alimentação complementar saudável e crescimento e desenvolvimento infantil, bem como sobre formas de favorecer a criação de vínculos afetivos e de estimular o desenvolvimento integral da criança.

§ 8º A gestante tem direito a acompanhamento saudável durante toda a gestação e a parto natural cuidadoso, estabelecendo se a aplicação de cesariana e outras intervenções cirúrgicas por motivos médicos.

§ 9º A atenção primária à saúde fará a busca ativa da gestante que não iniciar ou que abandonar as consultas de pré-natal, bem como da puérpera que não comparecer às consultas pós-parto.

§ 10. Incumbe ao poder público garantir, à gestante e à mulher com filho na primeira infância que se encontrem sob custódia em unidade de privação de liberdade, ambiência que atenda às normas sanitárias e assistenciais do Sistema Único de Saúde para o acolhimento do filho, em articulação com o sistema de ensino competente, visando ao desenvolvimento integral da criança.

▶ §§ 6º a 10 acrescidos pela Lei nº 13.257, de 8-3-2016.

§ 11. A assistência psicológica à gestante, à parturiente e à puérpera deve ser indicada após avaliação do profissional de saúde no pré-natal e no puerpério, com encaminhamento de acordo com o prognóstico.

▶ § 11 acrescido pela Lei nº 14.721, de 8-11-2023.

Art. 8º-A. Fica instituída a Semana Nacional de Prevenção da Gravidez na Adolescência, a ser realizada anualmente na semana que incluir o dia 1º de fevereiro, com o objetivo de disseminar informações sobre medidas preventivas e educativas que contribuam para a redução da incidência da gravidez na adolescência.

Parágrafo único. As ações destinadas a efetivar o disposto no *caput* deste artigo ficarão a cargo do poder público, em conjunto com organizações da sociedade civil, e serão dirigidas prioritariamente ao público adolescente.

▶ Art. 8º-A acrescido pela Lei nº 13.798, de 3-1-2019.

Art. 9º O Poder Público, as instituições e os empregadores propiciarão condições adequadas ao aleitamento materno, inclusive aos filhos de mães submetidas a medida privativa de liberdade.

§ 1º Os profissionais das unidades primárias de saúde desenvolverão ações sistemáticas, individuais ou coletivas, visando ao planejamento, à implementação e à avaliação de ações de promoção, proteção e apoio ao aleitamento materno e à alimentação complementar saudável, de forma contínua.

§ 2º Os serviços de unidades de terapia intensiva neonatal deverão dispor de banco de leite humano ou unidade de coleta de leite humano.

▶ §§ 1º e 2º acrescidos pela Lei nº 13.257, de 8-3-2016.

Art. 10. Os hospitais e demais estabelecimentos de atenção à saúde de gestantes, públicos e particulares, são obrigados a:

I – manter registro das atividades desenvolvidas, através de prontuários individuais, pelo prazo de dezoito anos;

II – identificar o recém-nascido mediante o registro de sua impressão plantar e digital e da impressão digital da mãe, sem prejuízo de outras formas normatizadas pela autoridade administrativa competente;

III – proceder a exames visando ao diagnóstico e terapêutica de anormalidades no metabolismo do recém-nascido, bem como prestar orientação aos pais;

IV – fornecer declaração de nascimento onde constem necessariamente as intercorrências do parto e do desenvolvimento do neonato;

V – manter alojamento conjunto, possibilitando ao neonato a permanência junto à mãe;

VI – acompanhar a prática do processo de amamentação, prestando orientações quanto à técnica adequada, enquanto a mãe permanecer na unidade hospitalar, utilizando o corpo técnico já existente;

▶ Inciso VI acrescido pela Lei nº 13.436, de 12-4-2017.

VII – desenvolver atividades de educação, de conscientização e de esclarecimentos a respeito da saúde mental da mulher no período da gravidez e do puerpério.

▶ Inciso VII acrescido pela Lei nº 14.721, de 8-11-2023.

§ 1º Os testes para o rastreamento de doenças no recém-nascido serão disponibilizados pelo Sistema Único de Saúde, no âmbito do Programa Nacional de Triagem Neonatal (PNTN), na forma da regulamentação elaborada pelo Ministério da Saúde, com implementação de forma escalonada, de acordo com a seguinte ordem de progressão:

I – etapa 1:
a) fenilcetonúria e outras hiperfenilalaninemias;
b) hipotireoidismo congênito;
c) doença falciforme e outras hemoglobinopatias;
d) fibrose cística;
e) hiperplasia adrenal congênita;
f) deficiência de biotinidase;
g) toxoplasmose congênita;

II – etapa 2:
a) galactosemias;
b) aminoacidopatias;
c) distúrbios do ciclo da ureia;
d) distúrbios da betaoxidação dos ácidos graxos;

III – etapa 3: doenças lisossômicas;
IV – etapa 4: imunodeficiências primárias;
V – etapa 5: atrofia muscular espinhal.

§ 2º A delimitação de doenças a serem rastreadas pelo teste do pezinho, no âmbito do PNTN, será revisada periodicamente, com base em evidências científicas, considerados os benefícios do rastreamento, do diagnóstico e do tratamento precoce, priorizando as doenças com maior prevalência no País, com protocolo de tratamento aprovado e com tratamento incorporado no Sistema Único de Saúde.

§ 3º O rol de doenças constante do § 1º deste artigo poderá ser expandido pelo poder público com base nos critérios estabelecidos no § 2º deste artigo.

§ 4º Durante os atendimentos de pré-natal e de puerpério imediato, os profissionais de saúde devem informar a gestante e os acompanhantes sobre a importância do teste do pezinho e sobre as eventuais diferenças existentes entre as modalidades oferecidas no Sistema Único de Saúde e na rede privada de saúde.

► §§ 1º a 4º acrescidos pela Lei nº 14.154, de 26-5-2021.

Art. 11. É assegurado acesso integral às linhas de cuidado voltadas à saúde da criança e do adolescente, por intermédio do Sistema Único de Saúde, observado o princípio da equidade no acesso a ações e serviços para promoção, proteção e recuperação da saúde.

§ 1º A criança e o adolescente com deficiência serão atendidos, sem discriminação ou segregação, em suas necessidades gerais de saúde e específicas de habilitação e reabilitação.

§ 2º Incumbe ao poder público fornecer gratuitamente, àqueles que necessitarem, medicamentos, órteses, próteses e outras tecnologias assistivas relativas ao tratamento, habilitação ou reabilitação para crianças e adolescentes, de acordo com as linhas de cuidado voltadas às suas necessidades específicas.

§ 3º Os profissionais que atuam no cuidado diário ou frequente de crianças na primeira infância receberão formação específica e permanente para a detecção de sinais de risco para o desenvolvimento psíquico, bem como para o acompanhamento que se fizer necessário.

► Art. 11 com a redação dada pela Lei nº 13.257, de 8-3-2016.

Art. 12. Os estabelecimentos de atendimento à saúde, inclusive as unidades neonatais, de terapia intensiva e de cuidados intermediários, deverão proporcionar condições para a permanência em tempo integral de um dos pais ou responsável, nos casos de internação de criança ou adolescente.

► *Caput* com a redação dada pela Lei nº 13.257, de 8-3-2016.

***Parágrafo único.** Será garantido à criança e ao adolescente o direito de visitação à mãe ou ao pai internados em instituição de saúde, nos termos das normas regulamentadoras.*

► Parágrafo único acrescido pela Lei nº 14.950, de 2-8-2024.

Art. 13. Os casos de suspeita ou confirmação de castigo físico, de tratamento cruel ou degradante e de maus-tratos contra criança ou adolescente serão obrigatoriamente comunicados ao Conselho Tutelar da respectiva localidade, sem prejuízo de outras providências legais.

► *Caput* com a redação dada pela Lei nº 13.010, de 26-6-2014.

§ 1º As gestantes ou mães que manifestem interesse em entregar seus filhos para adoção serão obrigatoriamente encaminhadas, sem constrangimento, à Justiça da Infância e da Juventude.

► Parágrafo único transformado em § 1º e com a redação dada pela Lei nº 13.257, de 8-3-2016.

§ 2º Os serviços de saúde em suas diferentes portas de entrada, os serviços de assistência social em seu componente especializado, o Centro de Referência Especializado de Assistência Social (Creas) e os demais órgãos do Sistema de Garantia de Direitos da Criança e do Adolescente deverão conferir máxima prioridade ao atendimento das crianças na faixa etária da primeira infância com suspeita ou confirmação de violência de qualquer natureza, formulando projeto terapêutico singular que inclua intervenção em rede e, se necessário, acompanhamento domiciliar.

► § 2º acrescido pela Lei nº 13.257, de 8-3-2016.

Art. 14. O Sistema Único de Saúde promoverá programas de assistência médica e odontológica para a prevenção das enfermidades que ordinariamente afetam a população infantil, e campanhas de educação sanitária para pais, educadores e alunos.

§ 1º É obrigatória a vacinação das crianças nos casos recomendados pelas autoridades sanitárias.

► Parágrafo único transformado em § 1º pela Lei nº 13.257, de 8-3-2016.

§ 2º O Sistema Único de Saúde promoverá a atenção à saúde bucal das crianças e das gestantes, de forma transversal, integral e intersetorial com as demais linhas de cuidado direcionadas à mulher e à criança.

§ 3º A atenção odontológica à criança terá função educativa protetiva e será prestada, inicialmente, antes de o bebê nascer, por meio de aconselhamento pré-natal, e, posteriormente, no sexto e no décimo segundo anos de vida, com orientações sobre saúde bucal.

§ 4º A criança com necessidade de cuidados odontológicos especiais será atendida pelo Sistema Único de Saúde.

► §§ 2º a 4º acrescidos pela Lei nº 13.257, de 8-3-2016.

§ 5º É obrigatória a aplicação a todas as crianças, nos seus primeiros dezoito meses de vida, de protocolo ou outro instrumento construído com a finalidade de facilitar a detecção, em consulta pediátrica de acompanhamento da criança, de risco para o seu desenvolvimento psíquico.

► § 5º acrescido pela Lei nº 13.438, de 26-4-2017.

CAPÍTULO II
DO DIREITO À LIBERDADE, AO RESPEITO E À DIGNIDADE

Art. 15. A criança e o adolescente têm direito à liberdade, ao respeito e à dignidade como pessoas humanas em processo de desenvolvimento e como sujeitos de direitos civis, humanos e sociais garantidos na Constituição e nas leis.

Art. 16. O direito à liberdade compreende os seguintes aspectos:

I – ir, vir e estar nos logradouros públicos e espaços comunitários, ressalvadas as restrições legais;

► Art. 5º, LXVIII, da CF.

II – opinião e expressão;
III – crença e culto religioso;
IV – brincar, praticar esportes e divertir-se;
V – participar da vida familiar e comunitária, sem discriminação;
VI – participar da vida política, na forma da lei;
VII – buscar refúgio, auxílio e orientação.

Art. 17. O direito ao respeito consiste na inviolabilidade da integridade física, psíquica e moral da criança e do adolescente, abrangendo a preservação da imagem, da identidade, da autonomia, dos valores, ideias e crenças, dos espaços e objetos pessoais.

► Art. 5º, X, da CF.

Art. 18. É dever de todos velar pela dignidade da criança e do adolescente, pondo-os a salvo de qualquer tratamento desumano, violento, aterrorizante, vexatório ou constrangedor.

Art. 18-A. A criança e o adolescente têm o direito de ser educados e cuidados sem o uso de castigo físico ou de tratamento cruel ou degradante, como formas de correção, disciplina, educação ou qualquer outro pretexto, pelos pais, pelos integrantes da família ampliada, pelos responsáveis, pelos agentes públicos executores de medidas socioeducativas ou por qualquer pessoa encarregada de cuidar deles, tratá-los, educá-los ou protegê-los.

Parágrafo único. Para os fins desta Lei, considera-se:

I – castigo físico: ação de natureza disciplinar ou punitiva aplicada com o uso da força física sobre a criança ou o adolescente que resulte em:

a) sofrimento físico; ou
b) lesão;

II – tratamento cruel ou degradante: conduta ou forma cruel de tratamento em relação à criança ou ao adolescente que:

a) humilhe; ou
b) ameace gravemente; ou
c) ridicularize.

► Art. 18-A acrescido pela Lei nº 13.010, de 26-6-2014.

Art. 18-B. Os pais, os integrantes da família ampliada, os responsáveis, os agentes públicos executores de medidas socioeducativas ou qualquer pessoa encarregada de cuidar de crianças e de adolescentes, tratá-los, educá-los ou protegê-los que utilizarem castigo físico ou tratamento cruel ou degradante como formas de correção, disciplina, educação ou qualquer outro pretexto estarão sujeitos, sem prejuízo de outras sanções cabíveis, às seguintes medidas, que serão aplicadas de acordo com a gravidade do caso:

► *Caput* do art. 18-B acrescido pela Lei nº 13.010, de 26-6-2014.

I – encaminhamento a programa oficial ou comunitário de proteção à família;
II – encaminhamento a tratamento psicológico ou psiquiátrico;
III – encaminhamento a cursos ou programas de orientação;
IV – obrigação de encaminhar a criança a tratamento especializado;

V – advertência;

▶ Incisos I a V acrescidos pela Lei nº 13.010, de 26-6-2014.

VI – garantia de tratamento de saúde especializado à vítima.

▶ Inciso VI acrescido pela Lei nº 14.344, de 24-5-2022.

Parágrafo único. As medidas previstas neste artigo serão aplicadas pelo Conselho Tutelar, sem prejuízo de outras providências legais.

▶ Parágrafo único acrescido pela Lei nº 13.010, de 26-6-2014.

CAPÍTULO III
DO DIREITO À CONVIVÊNCIA FAMILIAR E COMUNITÁRIA

Seção I
DISPOSIÇÕES GERAIS

▶ Lei nº 12.318, de 26-8-2010 (Lei da Alienação Parental).

Art. 19. É direito da criança e do adolescente ser criado e educado no seio de sua família e, excepcionalmente, em família substituta, assegurada a convivência familiar e comunitária, em ambiente que garanta seu desenvolvimento integral.

▶ *Caput* com a redação dada pela Lei nº 13.257, de 8-3-2016.

§ 1º Toda criança ou adolescente que estiver inserido em programa de acolhimento familiar ou institucional terá sua situação reavaliada, no máximo, a cada 3 (três) meses, devendo a autoridade judiciária competente, com base em relatório elaborado por equipe interprofissional ou multidisciplinar, decidir de forma fundamentada pela possibilidade de reintegração familiar ou pela colocação em família substituta, em quaisquer das modalidades previstas no art. 28 desta Lei.

▶ § 1º com a redação dada pela Lei nº 13.509, de 22-11-2017, promulgado nos termos do art. 66, § 5º, da CF (*DOU* de 23-2-2018 – edição extra A).

§ 2º A permanência da criança e do adolescente em programa de acolhimento institucional não se prolongará por mais de 18 (dezoito meses), salvo comprovada necessidade que atenda ao seu superior interesse, devidamente fundamentada pela autoridade judiciária.

▶ § 2º com a redação dada pela Lei nº 13.509, de 22-11-2017.

§ 3º A manutenção ou a reintegração de criança ou adolescente à sua família terá preferência em relação a qualquer outra providência, caso em que será esta incluída em serviços e programas de proteção, apoio e promoção, nos termos do § 1º do art. 23, dos incisos I e IV do *caput* do art. 101 e dos incisos I a IV do *caput* do art. 129 desta Lei.

▶ § 3º com a redação dada pela Lei nº 13.257, de 8-3-2016.

§ 4º Será garantida a convivência da criança e do adolescente com a mãe ou o pai privado de liberdade, por meio de visitas periódicas promovidas pelo responsável ou, nas hipóteses de acolhimento institucional, pela entidade responsável, independentemente de autorização judicial.

▶ § 4º acrescido pela Lei nº 12.962, de 8-4-2014.

§ 5º Será garantida a convivência integral da criança com a mãe adolescente que estiver em acolhimento institucional.

§ 6º A mãe adolescente será assistida por equipe especializada multidisciplinar.

▶ §§ 5º e 6º com a redação dada pela Lei nº 13.509, de 22-11-2017.

Art. 19-A. A gestante ou mãe que manifeste interesse em entregar seu filho para adoção, antes ou logo após o nascimento, será encaminhada à Justiça da Infância e da Juventude.

§ 1º A gestante ou mãe será ouvida pela equipe interprofissional da Justiça da Infância e da Juventude, que apresentará relatório à autoridade judiciária, considerando inclusive os eventuais efeitos do estado gestacional e puerperal.

§ 2º De posse do relatório, a autoridade judiciária poderá determinar o encaminhamento da gestante ou mãe, mediante sua expressa concordância, à rede pública de saúde e assistência social para atendimento especializado.

§ 3º A busca à família extensa, conforme definida nos termos do parágrafo único do art. 25 desta Lei, respeitará o prazo máximo de 90 (noventa) dias, prorrogável por igual período.

§ 4º Na hipótese de não haver a indicação do genitor e de não existir outro representante da família extensa apto a receber a guarda, a autoridade judiciária competente deverá decretar a extinção do poder familiar e determinar a colocação da criança sob a guarda provisória de quem estiver habilitado a adotá-la ou de entidade que desenvolva programa de acolhimento familiar ou institucional.

§ 5º Após o nascimento da criança, a vontade da mãe ou de ambos os genitores, se houver pai registral ou pai indicado, deve ser manifestada na audiência a que se refere o § 1º do art. 166 desta Lei, garantido o sigilo sobre a entrega.

§ 6º Na hipótese de não comparecerem à audiência nem o genitor nem representante da família extensa para confirmar a intenção de exercer o poder familiar ou a guarda, a autoridade judiciária suspenderá o poder familiar da mãe, e a criança será colocada sob a guarda provisória de quem esteja habilitado a adotá-la.

▶ § 6º acrescido pela Lei nº 13.509, de 22-11-2017, promulgado nos termos do art. 66, § 5º, da CF (*DOU* de 23-2-2018 – edição extra A).

§ 7º Os detentores da guarda possuem o prazo de 15 (quinze) dias para propor a ação de adoção, contado do dia seguinte à data do término do estágio de convivência.

§ 8º Na hipótese de desistência pelos genitores – manifestada em audiência ou perante a equipe interprofissional – da entrega da criança após o nascimento, a criança será mantida com os genitores, e será determinado pela Justiça da Infância e da Juventude o acompanhamento familiar pelo prazo de 180 (cento e oitenta) dias.

§ 9º É garantido à mãe o direito ao sigilo sobre o nascimento, respeitado o disposto no art. 48 desta Lei.

§ 10. Serão cadastrados para adoção recém-nascidos e crianças acolhidas não procuradas por suas famílias no prazo de 30 (trinta) dias, contado a partir do dia do acolhimento.

▶ § 10 acrescido pela Lei nº 13.509, de 22-11-2017, promulgado nos termos do art. 66, § 5º, da CF (*DOU* de 23-2-2018 – edição extra A).

Art. 19-B. A criança e o adolescente em programa de acolhimento institucional ou familiar poderão participar de programa de apadrinhamento.

§ 1º O apadrinhamento consiste em estabelecer e proporcionar à criança e ao adolescente vínculos externos à instituição para fins de convivência familiar e comunitária e colaboração com o seu desenvolvimento nos aspectos social, moral, físico, cognitivo, educacional e financeiro.

§ 2º Podem ser padrinhos ou madrinhas pessoas maiores de 18 (dezoito) anos não inscritas nos cadastros de adoção, desde que cumpram os requisitos exigidos pelo programa de apadrinhamento de que fazem parte.

▶ § 2º acrescido pela Lei nº 13.509, de 22-11-2017, promulgado nos termos do art. 66, § 5º, da CF (*DOU* de 23-2-2018 – edição extra A).

§ 3º Pessoas jurídicas podem apadrinhar criança ou adolescente a fim de colaborar para o seu desenvolvimento.

§ 4º O perfil da criança ou do adolescente a ser apadrinhado será definido no âmbito de cada programa de apadrinhamento, com prioridade para crianças ou adolescentes com remota possibilidade de reinserção familiar ou colocação em família adotiva.

§ 5º Os programas ou serviços de apadrinhamento apoiados pela Justiça da Infância e da Juventude poderão ser executados por órgãos públicos ou por organizações da sociedade civil.

§ 6º Se ocorrer violação das regras de apadrinhamento, os responsáveis pelo programa e pelos serviços de acolhimento deverão imediatamente notificar a autoridade judiciária competente.

▶ Arts. 19-A e 19-B acrescidos pela Lei nº 13.509, de 22-11-2017.

Art. 20. Os filhos, havidos ou não da relação do casamento, ou por adoção, terão os mesmos direitos e qualificações, proibidas quaisquer designações discriminatórias relativas à filiação.

▶ Arts. 226, § 5º, e 227, § 6º, da CF.

▶ Lei nº 12.010, de 3-8-2009 (Lei da Adoção).

Art. 21. O poder familiar será exercido, em igualdade de condições, pelo pai e pela mãe, na forma do que dispuser a legislação civil, assegurado a qualquer deles o direito de, em caso de discordância, recorrer à autoridade judiciária competente para a solução da divergência.

▶ Art. 3º da Lei nº 12.010, de 3-8-2009 (Lei da Adoção).

▶ Arts. 1.630 a 1.638 do CC/2002.

Art. 22. Aos pais incumbe o dever de sustento, guarda e educação dos filhos menores, cabendo-lhes ainda, no interesse destes, a obrigação de cumprir e fazer cumprir as determinações judiciais.

Parágrafo único. A mãe e o pai, ou os responsáveis, têm direitos iguais e deveres e responsabilidades compartilhados no cuidado e na educação da criança, devendo ser resguardado o direito de transmissão familiar de suas crenças e culturas, assegurados os direitos da criança estabelecidos nesta Lei.

▶ Parágrafo único acrescido pela Lei nº 13.257, de 8-3-2016.

LEGISLAÇÃO COMPLEMENTAR

Art. 23. A falta ou a carência de recursos materiais não constitui motivo suficiente para a perda ou a suspensão do poder familiar.

- ▶ Art. 3º da Lei nº 12.010, de 3-8-2009 (Lei da Adoção).
- ▶ Arts. 1.630 a 1.638 do CC/2002.

§ 1º Não existindo outro motivo que por si só autorize a decretação da medida, a criança ou o adolescente será mantido em sua família de origem, a qual deverá obrigatoriamente ser incluída em serviços e programas oficiais de proteção, apoio e promoção.

- ▶ § 1º com a redação dada pela Lei nº 13.257, de 8-3-2016.

§ 2º A condenação criminal do pai ou da mãe não implicará a destituição do poder familiar, exceto na hipótese de condenação por crime doloso sujeito à pena de reclusão contra outrem igualmente titular do mesmo poder familiar ou contra filho, filha ou outro descendente.

- ▶ § 2º com a redação dada pela Lei nº 13.715, de 24-9-2018.

Art. 24. A perda e a suspensão do poder familiar serão decretadas judicialmente, em procedimento contraditório, nos casos previstos na legislação civil, bem como na hipótese de descumprimento injustificado dos deveres e obrigações a que alude o artigo 22.

- ▶ Art. 3º da Lei nº 12.010, de 3-8-2009 (Lei da Adoção).
- ▶ Arts. 1.630 a 1.638 do CC/2002.

Seção II — DA FAMÍLIA NATURAL

Art. 25. Entende-se por família natural a comunidade formada pelos pais ou qualquer deles e seus descendentes.

- ▶ Art. 226, § 4º, da CF.

Parágrafo único. Entende-se por família extensa ou ampliada aquela que se estende para além da unidade pais e filhos ou da unidade do casal, formada por parentes próximos com os quais a criança ou adolescente convive e mantém vínculos de afinidade e afetividade.

- ▶ Parágrafo único acrescido pela Lei nº 12.010, de 3-8-2009.

Art. 26. Os filhos havidos fora do casamento poderão ser reconhecidos pelos pais, conjunta ou separadamente, no próprio termo de nascimento, por testamento, mediante escritura ou outro documento público, qualquer que seja a origem da filiação.

- ▶ Lei nº 8.560, de 29-12-1992 (Lei de Investigação de Paternidade).

Parágrafo único. O reconhecimento pode preceder o nascimento do filho ou suceder-lhe ao falecimento, se deixar descendentes.

Art. 27. O reconhecimento do estado de filiação é direito personalíssimo, indisponível e imprescritível, podendo ser exercitado contra os pais ou seus herdeiros, sem qualquer restrição, observado o segredo de justiça.

Seção III — DA FAMÍLIA SUBSTITUTA

Subseção I — DISPOSIÇÕES GERAIS

Art. 28. A colocação em família substituta far-se-á mediante guarda, tutela ou adoção, independentemente da situação jurídica da criança ou adolescente, nos termos desta Lei.

§ 1º Sempre que possível, a criança ou o adolescente será previamente ouvido por equipe interprofissional, respeitado seu estágio de desenvolvimento e grau de compreensão sobre as implicações da medida, e terá sua opinião devidamente considerada.

§ 2º Tratando-se de maior de 12 (doze) anos de idade, será necessário seu consentimento, colhido em audiência.

- ▶ §§ 1º e 2º com a redação dada pela Lei nº 12.010, de 3-8-2009.

§ 3º Na apreciação do pedido levar-se-á em conta o grau de parentesco e a relação de afinidade ou de afetividade, a fim de evitar ou minorar as consequências decorrentes da medida.

§ 4º Os grupos de irmãos serão colocados sob adoção, tutela ou guarda da mesma família substituta, ressalvada a comprovada existência de risco de abuso ou outra situação que justifique plenamente a excepcionalidade de solução diversa, procurando-se, em qualquer caso, evitar o rompimento definitivo dos vínculos fraternais.

§ 5º A colocação da criança ou adolescente em família substituta será precedida de sua preparação gradativa e acompanhamento posterior, realizados pela equipe interprofissional a serviço da Justiça da Infância e da Juventude, preferencialmente com o apoio dos técnicos responsáveis pela execução da política municipal de garantia do direito à convivência familiar.

§ 6º Em se tratando de criança ou adolescente indígena ou proveniente de comunidade remanescente de quilombo, é ainda obrigatório:

I – que sejam consideradas e respeitadas sua identidade social e cultural, os seus costumes e tradições, bem como suas instituições, desde que não sejam incompatíveis com os direitos fundamentais reconhecidos por esta Lei e pela Constituição Federal;

II – que a colocação familiar ocorra prioritariamente no seio de sua comunidade ou junto a membros da mesma etnia;

III – a intervenção e oitiva de representantes do órgão federal responsável pela política indigenista, no caso de crianças e adolescentes indígenas, e de antropólogos, perante a equipe interprofissional ou multidisciplinar que irá acompanhar o caso.

- ▶ §§ 3º a 6º acrescidos pela Lei nº 12.010, de 3-8-2009.

Art. 29. Não se deferirá colocação em família substituta a pessoa que revele, por qualquer modo, incompatibilidade com a natureza da medida ou não ofereça ambiente familiar adequado.

Art. 30. A colocação em família substituta não admitirá transferência da criança ou adolescente a terceiros ou a entidades governamentais ou não governamentais, sem autorização judicial.

Art. 31. A colocação em família substituta estrangeira constitui medida excepcional, somente admissível na modalidade de adoção.

- ▶ Dec. nº 3.174, de 16-9-1999, designa as Autoridades Centrais encarregadas de dar cumprimento às obrigações impostas pela Convenção Relativa de Proteção das Crianças e da Cooperação em Matéria de Adoção Internacional e cria o Conselho das Autoridades Centrais Administrativas Brasileiras.

Art. 32. Ao assumir a guarda ou a tutela, o responsável prestará compromisso de bem e fielmente desempenhar o encargo, mediante termo nos autos.

Subseção II — DA GUARDA

Art. 33. A guarda obriga à prestação de assistência material, moral e educacional à criança ou adolescente, conferindo a seu detentor o direito de opor-se a terceiros, inclusive aos pais.

§ 1º A guarda destina-se a regularizar a posse de fato, podendo ser deferida, liminar ou incidentalmente, nos procedimentos de tutela e adoção, exceto no de adoção por estrangeiros.

§ 2º Excepcionalmente, deferir-se-á a guarda, fora dos casos de tutela e adoção, para atender a situações peculiares ou suprir a falta eventual dos pais ou responsável, podendo ser deferido o direito de representação para a prática de atos determinados.

§ 3º A guarda confere à criança ou adolescente a condição de dependente, para todos os fins e efeitos de direito, inclusive previdenciários.

§ 4º Salvo expressa e fundamentada determinação em contrário, da autoridade judiciária competente, ou quando a medida for aplicada em preparação para adoção, o deferimento da guarda de criança ou adolescente a terceiros não impede o exercício do direito de visitas pelos pais, assim como o dever de prestar alimentos, que serão objeto de regulamentação específica, a pedido do interessado ou do Ministério Público.

- ▶ § 4º acrescido pela Lei nº 12.010, de 3-8-2009.

Art. 34. O poder público estimulará, por meio de assistência jurídica, incentivos fiscais e subsídios, o acolhimento, sob a forma de guarda, de criança ou adolescente afastado do convívio familiar.

- ▶ *Caput* com a redação dada pela Lei nº 12.010, de 3-8-2009.

§ 1º A inclusão da criança ou adolescente em programas de acolhimento familiar terá preferência a seu acolhimento institucional, observado, em qualquer caso, o caráter temporário e excepcional da medida, nos termos desta Lei.

§ 2º Na hipótese do § 1º deste artigo a pessoa ou casal cadastrado no programa de acolhimento familiar poderá receber a criança ou adolescente mediante guarda, observado o disposto nos arts. 28 a 33 desta Lei.

- ▶ §§ 1º e 2º acrescidos pela Lei nº 12.010, de 3-8-2009.

§ 3º A União apoiará a implementação de serviços de acolhimento em família acolhedora como política pública, os quais deverão dispor de equipe que organize o acolhimento temporário de crianças e de adolescentes em residências de famílias selecionadas, capacitadas e acompanhadas que não estejam no cadastro de adoção.

§ 4º Poderão ser utilizados recursos federais, estaduais, distritais e municipais para a manutenção dos serviços de acolhimento em família acolhedora, facultando-se o repasse de recursos para a própria família acolhedora.

- ▶ §§ 3º e 4º acrescidos pela Lei nº 13.257, de 8-3-2016.

Art. 35. A guarda poderá ser revogada a qualquer tempo, mediante ato judicial fundamentado, ouvido o Ministério Público.

Subseção III

DA TUTELA

Art. 36. A tutela será deferida, nos termos da lei civil, a pessoa de até 18 (dezoito) anos incompletos.

▶ *Caput* com a redação dada pela Lei nº 12.010, de 3-8-2009.

Parágrafo único. O deferimento da tutela pressupõe a prévia decretação da perda ou suspensão do poder familiar e implica necessariamente o dever de guarda.

▶ Art. 3º da Lei nº 12.010, de 3-8-2009 (Lei da Adoção).

▶ Arts. 1.630 a 1.638 do CC/2002.

Art. 37. O tutor nomeado por testamento ou qualquer documento autêntico, conforme previsto no parágrafo único do art. 1.729 da Lei nº 10.406, de 10 de janeiro de 2002 – Código Civil, deverá, no prazo de 30 (trinta) dias após a abertura da sucessão, ingressar com pedido destinado ao controle judicial do ato, observando o procedimento previsto nos arts. 165 a 170 desta Lei.

Parágrafo único. Na apreciação do pedido, serão observados os requisitos previstos nos arts. 28 e 29 desta Lei, somente sendo deferida a tutela à pessoa indicada na disposição de última vontade, se restar comprovado que a medida é vantajosa ao tutelando e que não existe outra pessoa em melhores condições de assumi-la.

▶ Art. 37 com a redação dada pela Lei nº 12.010, de 3-8-2009.

Art. 38. Aplica-se à destituição da tutela o disposto no artigo 24.

Subseção IV

DA ADOÇÃO

Art. 39. A adoção de criança e de adolescente reger-se-á segundo o disposto nesta Lei.

§ 1º A adoção é medida excepcional e irrevogável, à qual se deve recorrer apenas quando esgotados os recursos de manutenção da criança ou adolescente na família natural ou extensa, na forma do parágrafo único do art. 25 desta Lei.

▶ § 1º acrescido pela Lei nº 12.010, de 3-8-2009.

§ 2º É vedada a adoção por procuração.

▶ Parágrafo único transformado em § 2º com a redação dada pela Lei nº 12.010, de 3-8-2009.

▶ Art. 227, § 5º, da CF.

§ 3º Em caso de conflito entre direitos e interesses do adotando e de outras pessoas, inclusive seus pais biológicos, devem prevalecer os direitos e os interesses do adotando.

▶ § 3º acrescido pela Lei nº 13.509, de 22-11-2017.

Art. 40. O adotando deve contar com, no máximo, dezoito anos à data do pedido, salvo se já estiver sob a guarda ou tutela dos adotantes.

Art. 41. A adoção atribui a condição de filho ao adotado, com os mesmos direitos e deveres, inclusive sucessórios, desligando-o de qualquer vínculo com pais e parentes, salvo os impedimentos matrimoniais.

§ 1º Se um dos cônjuges ou concubinos adota o filho do outro, mantêm-se os vínculos de filiação entre o adotado e o cônjuge ou concubino do adotante e os respectivos parentes.

§ 2º É recíproco o direito sucessório entre o adotado, seus descendentes, o adotante, seus ascendentes, descendentes e colaterais até o 4º grau, observada a ordem de vocação hereditária.

Art. 42. Podem adotar os maiores de 18 (dezoito) anos, independentemente do estado civil.

▶ *Caput* com a redação dada pela Lei nº 12.010, de 3-8-2009.

§ 1º Não podem adotar os ascendentes e os irmãos do adotando.

§ 2º Para adoção conjunta, é indispensável que os adotantes sejam casados civilmente ou mantenham união estável, comprovada a estabilidade da família.

▶ § 2º com a redação dada pela Lei nº 12.010, de 3-8-2009.

§ 3º O adotante há de ser, pelo menos, dezesseis anos mais velho do que o adotando.

§ 4º Os divorciados, os judicialmente separados e os ex-companheiros podem adotar conjuntamente, contanto que acordem sobre a guarda e o regime de visitas e desde que o estágio de convivência tenha sido iniciado na constância do período de convivência e que seja comprovada a existência de vínculos de afinidade e afetividade com aquele não detentor da guarda, que justifiquem a excepcionalidade da concessão.

§ 5º Nos casos do § 4º deste artigo, desde que demonstrado efetivo benefício ao adotando, será assegurada a guarda compartilhada, conforme previsto no art. 1.584 da Lei nº 10.406, de 10 de janeiro de 2002 – Código Civil.

▶ §§ 4º e 5º com a redação dada pela Lei nº 12.010, de 3-8-2009.

§ 6º A adoção poderá ser deferida ao adotante que, após inequívoca manifestação de vontade, vier a falecer no curso do procedimento, antes de prolatada a sentença.

▶ § 6º acrescido pela Lei nº 12.010, de 3-8-2009.

Art. 43. A adoção será deferida quando apresentar reais vantagens para o adotando e fundar-se em motivos legítimos.

Art. 44. Enquanto não der conta de sua administração e saldar o seu alcance, não pode o tutor ou curador adotar o pupilo ou o curatelado.

Art. 45. A adoção depende do consentimento dos pais ou representante legal do adotando.

§ 1º O consentimento será dispensado em relação à criança ou adolescente cujos pais sejam desconhecidos ou tenham sido destituídos do poder familiar.

▶ Art. 3º da Lei nº 12.010, de 3-8-2009 (Lei da Adoção).

▶ Arts. 1.630 a 1.638 do CC/2002.

§ 2º Em se tratando de adotando maior de doze anos de idade, será também necessário o seu consentimento.

Art. 46. A adoção será precedida de estágio de convivência com a criança ou adolescente, pelo prazo máximo de 90 (noventa) dias, observadas a idade da criança ou adolescente e as peculiaridades do caso.

▶ *Caput* com a redação dada pela Lei nº 13.509, de 22-11-2017.

§ 1º O estágio de convivência poderá ser dispensado se o adotando já estiver sob a tutela ou guarda legal do adotante durante tempo suficiente para que seja possível avaliar a conveniência da constituição do vínculo.

§ 2º A simples guarda de fato não autoriza, por si só, a dispensa da realização do estágio de convivência.

▶ §§ 1º e 2º com a redação dada pela Lei nº 12.010, de 3-8-2009.

§ 2º-A. O prazo máximo estabelecido no *caput* deste artigo pode ser prorrogado por até igual período, mediante decisão fundamentada da autoridade judiciária.

▶ § 2º-A acrescido pela Lei nº 13.509, de 22-11-2017.

§ 3º Em caso de adoção por pessoa ou casal residente ou domiciliado fora do País, o estágio de convivência será de, no mínimo, 30 (trinta) dias e, no máximo, 45 (quarenta e cinco) dias, prorrogável por até igual período, uma única vez, mediante decisão fundamentada da autoridade judiciária.

▶ § 3º com a redação dada pela Lei nº 13.509, de 22-11-2017.

§ 3º-A. Ao final do prazo previsto no § 3º deste artigo, deverá ser apresentado laudo fundamentado pela equipe mencionada no § 4º deste artigo, que recomendará ou não o deferimento da adoção à autoridade judiciária.

▶ § 3º-A acrescido pela Lei nº 13.509, de 22-11-2017.

§ 4º O estágio de convivência será acompanhado pela equipe interprofissional a serviço da Justiça da Infância e da Juventude, preferencialmente com apoio dos técnicos responsáveis pela execução da política de garantia do direito à convivência familiar, que apresentarão relatório minucioso acerca da conveniência do deferimento da medida.

▶ § 4º acrescido pela Lei nº 12.010, de 3-8-2009.

§ 5º O estágio de convivência será cumprido no território nacional, preferencialmente na comarca de residência da criança ou adolescente, ou, a critério do juiz, em cidade limítrofe, respeitada, em qualquer hipótese, a competência do juízo da comarca de residência da criança.

▶ § 5º acrescido pela Lei nº 13.509, de 22-11-2017.

Art. 47. O vínculo da adoção constitui-se por sentença judicial, que será inscrita no registro civil mediante mandado do qual não se fornecerá certidão.

§ 1º A inscrição consignará o nome dos adotantes como pais, bem como o nome de seus ascendentes.

§ 2º O mandado judicial, que será arquivado, cancelará o registro original do adotado.

§ 3º A pedido do adotante, o novo registro poderá ser lavrado no Cartório do Registro Civil do Município de sua residência.

§ 4º Nenhuma observação sobre a origem do ato poderá constar nas certidões do registro.

§ 5º A sentença conferirá ao adotado o nome do adotante e, a pedido de qualquer deles, poderá determinar a modificação do prenome.

§ 6º Caso a modificação de prenome seja requerida pelo adotante, é obrigatória a oitiva do adotando, observado o disposto nos §§ 1º e 2º do art. 28 desta Lei.

▶ §§ 3º a 6º com a redação dada pela Lei nº 12.010, de 3-8-2009.

§ 7º A adoção produz seus efeitos a partir do trânsito em julgado da sentença constitutiva, exceto na hipótese prevista no § 6º do art. 42 desta Lei, caso em que terá força retroativa à data do óbito.

§ 8º O processo relativo à adoção assim como outros a ele relacionados serão mantidos em arquivo, admitindo-se seu armazenamento em microfilme ou por outros meios, garantida a sua conservação para consulta a qualquer tempo.

▸ §§ 7º e 8º acrescidos pela Lei nº 12.010, de 3-8-2009.

§ 9º Terão prioridade de tramitação os processos de adoção em que o adotando for criança ou adolescente com deficiência ou com doença crônica.

▸ § 9º acrescido pela Lei nº 12.955, de 5-2-2014.

§ 10. O prazo máximo para conclusão da ação de adoção será de 120 (cento e vinte) dias, prorrogável uma única vez por igual período, mediante decisão fundamentada da autoridade judiciária.

▸ § 10 acrescido pela Lei nº 13.509, de 22-11-2017.

Art. 48. O adotado tem direito de conhecer sua origem biológica, bem como de obter acesso irrestrito ao processo no qual a medida foi aplicada e seus eventuais incidentes, após completar 18 (dezoito) anos.

▸ *Caput* com a redação dada pela Lei nº 12.010, de 3-8-2009.

Parágrafo único. O acesso ao processo de adoção poderá ser também deferido ao adotado menor de 18 (dezoito) anos, a seu pedido, assegurada orientação e assistência jurídica e psicológica.

▸ Parágrafo único acrescido pela Lei nº 12.010, de 3-8-2009.

Art. 49. A morte dos adotantes não restabelece o poder familiar dos pais naturais.

▸ Art. 3º da Lei nº 12.010, de 3-8-2009 (Lei da Adoção).

▸ Arts. 1.630 a 1.638 do CC/2002.

Art. 50. A autoridade judiciária manterá, em cada comarca ou foro regional, um registro de crianças e adolescentes em condições de serem adotados e outro de pessoas interessadas na adoção.

§ 1º O deferimento da inscrição dar-se-á após prévia consulta aos órgãos técnicos do Juizado, ouvido o Ministério Público.

§ 2º Não será deferida a inscrição se o interessado não satisfizer os requisitos legais, ou verificada qualquer das hipóteses previstas no artigo 29.

§ 3º A inscrição de postulantes à adoção será precedida de um período de preparação psicossocial e jurídica, orientado pela equipe técnica da Justiça da Infância e da Juventude, preferencialmente com apoio dos técnicos responsáveis pela execução da política municipal de garantia do direito à convivência familiar.

▸ Art. 6º da Lei nº 12.010, de 3-8-2009 (Lei da Adoção).

§ 4º Sempre que possível e recomendável, a preparação referida no § 3º deste artigo incluirá o contato com crianças e adolescentes em acolhimento familiar ou institucional em condições de serem adotados, a ser realizado sob a orientação, supervisão e avaliação da equipe técnica da Justiça da Infância e da Juventude, com apoio dos técnicos responsáveis pelo programa de acolhimento e pela execução da política municipal de garantia do direito à convivência familiar.

▸ §§ 3º e 4º acrescidos pela Lei nº 12.010, de 3-8-2009.

▸ Art. 6º da Lei nº 12.010, de 3-8-2009 (Lei da Adoção).

§ 5º Serão criados e implementados cadastros estaduais, distrital e nacional de crianças e adolescentes em condições de serem adotados e de pessoas ou casais habilitados à adoção, que deverão obrigatoriamente ser consultados pela autoridade judiciária em qualquer procedimento de adoção, ressalvadas as hipóteses do § 13 deste artigo e as particularidades das crianças e adolescentes indígenas ou provenientes de comunidade remanescente de quilombo previstas no inciso II do § 6º do art. 28 desta Lei.

▸ § 5º com a redação dada pela Lei nº 14.979, de 18-9-2024.

§ 6º Haverá cadastros distintos para pessoas ou casais residentes fora do País, que somente serão consultados na inexistência de postulantes nacionais habilitados nos cadastros mencionados no § 5º deste artigo.

§ 7º As autoridades estaduais e federais em matéria de adoção terão acesso integral aos cadastros, incumbindo-lhes a troca de informações e a cooperação mútua, para melhoria do sistema.

§ 8º A autoridade judiciária providenciará, no prazo de 48 (quarenta e oito) horas, a inscrição das crianças e adolescentes em condições de serem adotados que não tiveram colocação familiar na comarca de origem, e das pessoas ou casais que tiveram deferida sua habilitação à adoção nos cadastros estadual e nacional referidos no § 5º deste artigo, sob pena de responsabilidade.

§ 9º Compete à Autoridade Central Estadual zelar pela manutenção e correta alimentação dos cadastros, com posterior comunicação à Autoridade Central Federal Brasileira.

▸ §§ 6º a 9º acrescidos pela Lei nº 12.010, de 3-8-2009.

§ 10. Consultados os cadastros e verificada a ausência de pretendentes habilitados residentes no País com perfil compatível e interesse manifesto pela adoção de criança ou adolescente inscrito nos cadastros existentes, será realizado o encaminhamento da criança ou adolescente à adoção internacional.

▸ § 10 com a redação dada pela Lei nº 13.509, de 22-11-2017.

§ 11. Enquanto não localizada pessoa ou casal interessado em sua adoção, a criança ou o adolescente, sempre que possível e recomendável, será colocado sob guarda de família cadastrada em programa de acolhimento familiar.

§ 12. A alimentação do cadastro e a convocação criteriosa dos postulantes à adoção serão fiscalizadas pelo Ministério Público.

§ 13. Somente poderá ser deferida adoção em favor de candidato domiciliado no Brasil não cadastrado previamente nos termos desta Lei quando:

I – se tratar de pedido de adoção unilateral;

II – for formulada por parente com o qual a criança ou adolescente mantenha vínculos de afinidade e afetividade;

III – oriundo o pedido de quem detém a tutela ou guarda legal de criança maior de 3 (três) anos ou adolescente, desde que o lapso de tempo de convivência comprove a fixação de laços de afinidade e afetividade, e não seja constatada a ocorrência de má-fé ou qualquer das situações previstas nos arts. 237 ou 238 desta Lei.

§ 14. Nas hipóteses previstas no § 13 deste artigo, o candidato deverá comprovar, no curso do procedimento, que preenche os requisitos necessários à adoção, conforme previsto nesta Lei.

▸ §§ 11 a 14 acrescidos pela Lei nº 12.010, de 3-8-2009.

§ 15. Será assegurada prioridade no cadastro a pessoas interessadas em adotar criança ou adolescente com deficiência, com doença crônica ou com necessidades específicas de saúde, além de grupo de irmãos.

▸ § 15 acrescido pela Lei nº 13.509, de 22-11-2017.

Art. 51. Considera-se adoção internacional aquela na qual o pretendente possui residência habitual em país-parte da Convenção de Haia, de 29 de maio de 1993, Relativa à Proteção das Crianças e à Cooperação em Matéria de Adoção Internacional, promulgada pelo Decreto nº 3.087, de 21 junho de 1999, e deseja adotar criança em outro país-parte da Convenção.

▸ *Caput* com a redação dada pela Lei nº 13.509, de 22-11-2017.

▸ Art. 277, § 5º, da CF.

§ 1º A adoção internacional de criança ou adolescente brasileiro ou domiciliado no Brasil somente terá lugar quando restar comprovado:

▸ *Caput* do § 1º com a redação dada pela Lei nº 12.010, de 3-8-2009.

I – que a colocação em família adotiva é a solução adequada ao caso concreto;

II – que foram esgotadas todas as possibilidades de colocação da criança ou adolescente em família adotiva brasileira, com a comprovação, certificada nos autos, da inexistência de adotantes habilitados residentes no Brasil com perfil compatível com a criança ou adolescente, após consulta aos cadastros mencionados nesta Lei;

▸ Incisos I e II com a redação dada pela Lei nº 13.509, de 22-11-2017.

III – que, em se tratando de adoção de adolescente, este foi consultado, por meios adequados ao seu estágio de desenvolvimento, e que se encontra preparado para a medida, mediante parecer elaborado por equipe interprofissional, observado o disposto nos §§ 1º e 2º do art. 28 desta Lei.

▸ Inciso III acrescido pela Lei nº 12.010, de 3-8-2009.

§ 2º Os brasileiros residentes no exterior terão preferência aos estrangeiros, nos casos de adoção internacional de criança ou adolescente brasileiro.

§ 3º A adoção internacional pressupõe a intervenção das Autoridades Centrais Estaduais e Federal em matéria de adoção internacional.

▸ §§ 2º e 3º com a redação dada pela Lei nº 12.010, de 3-8-2009.

§ 4º *Revogado*. Lei nº 12.010, de 3-8-2009.

Art. 52. A adoção internacional observará o procedimento previsto nos arts. 165 a 170 desta Lei, com as seguintes adaptações:

▸ *Caput* com a redação dada pela Lei nº 12.010, de 3-8-2009.

I – a pessoa ou casal estrangeiro, interessado em adotar criança ou adolescente brasileiro, deverá formular pedido de habilitação à adoção perante a Autoridade Central em matéria de adoção internacional no país de acolhida, assim entendido aquele onde está situada sua residência habitual;

II – se a Autoridade Central do país de acolhida considerar que os solicitantes estão habilitados e aptos para adotar, emitirá um relatório que contenha informações sobre a identidade, a capacidade jurídica e adequação dos solicitantes para adotar, sua situação pessoal, familiar e médica, seu meio social, os motivos que os animam e sua aptidão para assumir uma adoção internacional;

III – a Autoridade Central do país de acolhida enviará o relatório à Autoridade Central Estadual, com cópia para a Autoridade Central Federal Brasileira;

IV – o relatório será instruído com toda a documentação necessária, incluindo estudo psicossocial elaborado por equipe interprofissional habilitada e cópia autenticada da legislação pertinente, acompanhada da respectiva prova de vigência;

V – os documentos em língua estrangeira serão devidamente autenticados pela autoridade consular, observados os tratados e convenções internacionais, e acompanhados da respectiva tradução, por tradutor público juramentado;

VI – a Autoridade Central Estadual poderá fazer exigências e solicitar complementação sobre o estudo psicossocial do postulante estrangeiro à adoção, já realizado no país de acolhida;

VII – verificada, após estudo realizado pela Autoridade Central Estadual, a compatibilidade da legislação estrangeira com a nacional, além do preenchimento por parte dos postulantes à medida dos requisitos objetivos e subjetivos necessários ao seu deferimento, tanto à luz do que dispõe esta Lei como da legislação do país de acolhida, será expedido laudo de habilitação à adoção internacional, que terá validade por, no máximo, 1 (um) ano;

VIII – de posse do laudo de habilitação, o interessado será autorizado a formalizar pedido de adoção perante o Juízo da Infância e da Juventude do local em que se encontra a criança ou adolescente, conforme indicação efetuada pela Autoridade Central Estadual.

▶ Incisos I a VIII acrescidos pela Lei nº 12.010, de 3-8-2009.

§ 1º Se a legislação do país de acolhida assim o autorizar, admite-se que os pedidos de habilitação à adoção internacional sejam intermediados por organismos credenciados.

§ 2º Incumbe à Autoridade Central Federal Brasileira o credenciamento de organismos nacionais e estrangeiros encarregados de intermediar pedidos de habilitação à adoção internacional, com posterior comunicação às Autoridades Centrais Estaduais e publicação nos órgãos oficiais de imprensa e em sítio próprio da internet.

§ 3º Somente será admissível o credenciamento de organismos que:

I – sejam oriundos de países que ratificaram a Convenção de Haia e estejam devidamente credenciados pela Autoridade Central do país onde estiverem sediados e no país de acolhida do adotando para atuar em adoção internacional no Brasil;

II – satisfizerem as condições de integridade moral, competência profissional, experiência e responsabilidade exigidas pelos países respectivos e pela Autoridade Central Federal Brasileira;

III – forem qualificados por seus padrões éticos e sua formação e experiência para atuar na área de adoção internacional;

IV – cumprirem os requisitos exigidos pelo ordenamento jurídico brasileiro e pelas normas estabelecidas pela Autoridade Central Federal Brasileira.

§ 4º Os organismos credenciados deverão ainda:

I – perseguir unicamente fins não lucrativos, nas condições e dentro dos limites fixados pelas autoridades competentes do país onde estiverem sediados, do país de acolhida e pela Autoridade Central Federal Brasileira;

II – ser dirigidos e administrados por pessoas qualificadas e de reconhecida idoneidade moral, com comprovada formação ou experiência para atuar na área de adoção internacional, cadastradas pelo Departamento de Polícia Federal e aprovadas pela Autoridade Central Federal Brasileira, mediante publicação de portaria do órgão federal competente;

III – estar submetidos à supervisão das autoridades competentes do país onde estiverem sediados e no país de acolhida, inclusive quanto à sua composição, funcionamento e situação financeira;

IV – apresentar à Autoridade Central Federal Brasileira, a cada ano, relatório geral das atividades desenvolvidas, bem como relatório de acompanhamento das adoções internacionais efetuadas no período, cuja cópia será encaminhada ao Departamento de Polícia Federal;

V – enviar relatório pós-adotivo semestral para a Autoridade Central Estadual, com cópia para a Autoridade Central Federal Brasileira, pelo período mínimo de 2 (dois) anos. O envio do relatório será mantido até a juntada de cópia autenticada do registro civil, estabelecendo a cidadania do país de acolhida para o adotado;

VI – tomar as medidas necessárias para garantir que os adotantes encaminhem à Autoridade Central Federal Brasileira cópia da certidão de registro de nascimento estrangeira e do certificado de nacionalidade tão logo lhes sejam concedidos.

§ 5º A não apresentação dos relatórios referidos no § 4º deste artigo pelo organismo credenciado poderá acarretar a suspensão de seu credenciamento.

§ 6º O credenciamento de organismo nacional ou estrangeiro encarregado de intermediar pedidos de adoção internacional terá validade de 2 (dois) anos.

§ 7º A renovação do credenciamento poderá ser concedida mediante requerimento protocolado na Autoridade Central Federal Brasileira nos 60 (sessenta) dias anteriores ao término do respectivo prazo de validade.

§ 8º Antes de transitada em julgado a decisão que concedeu a adoção internacional, não será permitida a saída do adotando do território nacional.

§ 9º Transitada em julgado a decisão, a autoridade judiciária determinará a expedição de alvará com autorização de viagem, bem como para obtenção de passaporte, constando, obrigatoriamente, as características da criança ou adolescente adotado, como idade, cor, sexo, eventuais sinais ou traços peculiares, assim como foto recente e a aposição da impressão digital do seu polegar direito, instruindo o documento com cópia autenticada da decisão e certidão de trânsito em julgado.

§ 10. A Autoridade Central Federal Brasileira poderá, a qualquer momento, solicitar informações sobre a situação das crianças e adolescentes adotados.

§ 11. A cobrança de valores por parte dos organismos credenciados, que sejam considerados abusivos pela Autoridade Central Federal Brasileira e que não estejam devidamente comprovados, é causa de seu descredenciamento.

§ 12. Uma mesma pessoa ou seu cônjuge não podem ser representados por mais de uma entidade credenciada para atuar na cooperação em adoção internacional.

§ 13. A habilitação de postulante estrangeiro ou domiciliado fora do Brasil terá validade máxima de 1 (um) ano, podendo ser renovada.

§ 14. É vedado o contato direto de representantes de organismos de adoção, nacionais ou estrangeiros, com dirigentes de programas de acolhimento institucional ou familiar, assim como com crianças e adolescentes em condições de serem adotados, sem a devida autorização judicial.

§ 15. A Autoridade Central Federal Brasileira poderá limitar ou suspender a concessão de novos credenciamentos sempre que julgar necessário, mediante ato administrativo fundamentado.

▶ §§ 1º a 15 acrescidos pela Lei nº 12.010, de 3-8-2009.

Art. 52-A. É vedado, sob pena de responsabilidade e descredenciamento, o repasse de recursos provenientes de organismos estrangeiros encarregados de intermediar pedidos de adoção internacional a organismos nacionais ou a pessoas físicas.

Parágrafo único. Eventuais repasses somente poderão ser efetuados via Fundo dos Direitos da Criança e do Adolescente e estarão sujeitos às deliberações do respectivo Conselho de Direitos da Criança e do Adolescente.

Art. 52-B. A adoção por brasileiro residente no exterior em país ratificante da Convenção de Haia, cujo processo de adoção tenha sido processado em conformidade com a legislação vigente no país de residência e atendido o disposto na alínea *c* do artigo 17 da referida Convenção, será automaticamente recepcionada com o reingresso no Brasil.

§ 1º Caso não tenha sido atendido o disposto na alínea *c* do artigo 17 da Convenção de Haia, deverá a sentença ser homologada pelo Superior Tribunal de Justiça.

§ 2º O pretendente brasileiro residente no exterior em país não ratificante da Convenção de Haia, uma vez reingressado no Brasil, deverá requerer a homologação da sentença estrangeira pelo Superior Tribunal de Justiça.

Art. 52-C. Nas adoções internacionais, quando o Brasil for o país de acolhida, a decisão da autoridade competente do país de origem da criança ou do adolescente será conhecida pela Autoridade Central Estadual que tiver processado o pedido de habilitação dos pais adotivos, que comunicará o fato à Autoridade Central Federal e determinará as providências necessárias à expedição do Certificado de Naturalização Provisório.

§ 1º A Autoridade Central Estadual, ouvido o Ministério Público, somente deixará de reconhecer os efeitos daquela decisão se restar demonstrado que a adoção é manifestamente contrária à ordem pública ou não atende ao interesse superior da criança ou do adolescente.

§ 2º Na hipótese de não reconhecimento da adoção, prevista no § 1º deste artigo, o Ministério Público deverá imediatamente requerer o que for de direito para resguardar os interesses da criança ou do adolescente, comunicando-se as providências à Autoridade Central Estadual, que fará a comunicação à Autoridade Central Federal Brasileira e à Autoridade Central do país de origem.

Art. 52-D. Nas adoções internacionais, quando o Brasil for o país de acolhida e a adoção não tenha sido deferida no país de origem porque a sua legislação a delega ao país de acolhida, ou, ainda, na hipótese de, mesmo com decisão, a criança ou o adolescente ser oriundo de país que não tenha aderido à Convenção referida, o processo de adoção seguirá as regras da adoção nacional.

► Arts. 52-A a 52-D acrescidos pela Lei nº 12.010, de 3-8-2009.

CAPÍTULO IV
DO DIREITO À EDUCAÇÃO, À CULTURA, AO ESPORTE E AO LAZER

► Arts. 205 a 217 da CF.

Art. 53. A criança e o adolescente têm direito à educação, visando ao pleno desenvolvimento de sua pessoa, preparo para o exercício da cidadania e qualificação para o trabalho, assegurando-se-lhes:

I – igualdade de condições para o acesso e permanência na escola;

II – direito de ser respeitado por seus educadores;

III – direito de contestar critérios avaliativos, podendo recorrer às instâncias escolares superiores;

IV – direito de organização e participação em entidades estudantis;

V – acesso à escola pública e gratuita, próxima de sua residência, garantindo-se vagas no mesmo estabelecimento a irmãos que frequentem a mesma etapa ou ciclo de ensino da educação básica.

► Inciso V com a redação dada pela Lei nº 13.845, de 18-6-2019.

Parágrafo único. É direito dos pais ou responsáveis ter ciência do processo pedagógico, bem como participar da definição das propostas educacionais.

Art. 53-A. É dever da instituição de ensino, clubes e agremiações recreativas e de estabelecimentos congêneres assegurar medidas de conscientização, prevenção e enfrentamento ao uso ou dependência de drogas ilícitas.

► Art. 53-A acrescido pela Lei nº 13.840, de 5-6-2019.

Art. 54. É dever do Estado assegurar à criança e ao adolescente:

I – ensino fundamental, obrigatório e gratuito, inclusive para os que a ele não tiveram acesso na idade própria;

II – progressiva extensão da obrigatoriedade e gratuidade ao ensino médio;

III – atendimento educacional especializado aos portadores de deficiência, preferencialmente na rede regular de ensino;

IV – atendimento em creche e pré-escola às crianças de zero a cinco anos de idade;

► Inciso IV com a redação dada pela Lei nº 13.306, de 4-7-2016.

► Art. 7º, XXV, da CF.

V – acesso aos níveis mais elevados do ensino, da pesquisa e da criação artística, segundo a capacidade de cada um;

VI – oferta de ensino noturno regular, adequado às condições do adolescente trabalhador;

VII – atendimento no ensino fundamental, através de programas suplementares de material didático-escolar, transporte, alimentação e assistência à saúde.

§ 1º O acesso ao ensino obrigatório e gratuito é direito público subjetivo.

§ 2º O não oferecimento do ensino obrigatório pelo Poder Público ou sua oferta irregular importa responsabilidade da autoridade competente.

§ 3º Compete ao Poder Público recensear os educandos no ensino fundamental, fazer-lhes a chamada e zelar, junto aos pais ou responsável, pela frequência à escola.

Art. 55. Os pais ou responsável têm a obrigação de matricular seus filhos ou pupilos na rede regular de ensino.

Art. 56. Os dirigentes de estabelecimentos de ensino fundamental comunicarão ao Conselho Tutelar os casos de:

I – maus-tratos envolvendo seus alunos;

► Art. 136 do CP.

II – reiteração de faltas injustificadas e de evasão escolar, esgotados os recursos escolares;

III – elevados níveis de repetência.

Art. 57. O Poder Público estimulará pesquisas, experiências e novas propostas relativas a calendário, seriação, currículo, metodologia, didática e avaliação, com vistas à inserção de crianças e adolescentes excluídos do ensino fundamental obrigatório.

Art. 58. No processo educacional respeitar-se-ão os valores culturais, artísticos e históricos próprios do contexto social da criança e do adolescente, garantindo-se a estes a liberdade de criação e o acesso às fontes de cultura.

Art. 59. Os Municípios, com apoio dos Estados e da União, estimularão e facilitarão a destinação de recursos e espaços para programações culturais, esportivas e de lazer voltadas para a infância e a juventude.

Art. 59-A. *As instituições sociais públicas ou privadas que desenvolvam atividades com crianças e adolescentes e que recebam recursos públicos deverão exigir e manter certidões de antecedentes criminais de todos os seus colaboradores, as quais deverão ser atualizadas a cada 6 (seis) meses.*

Parágrafo único. *Os estabelecimentos educacionais e similares, públicos ou privados, que desenvolvem atividades com crianças e adolescentes, independentemente de recebimento de recursos públicos, deverão manter fichas cadastrais e certidões de antecedentes criminais atualizadas de todos os seus colaboradores.*

► Art. 59-A acrescido pela Lei nº 14.811, de 12-1-2024.

CAPÍTULO V
DO DIREITO À PROFISSIONALIZAÇÃO E À PROTEÇÃO NO TRABALHO

Art. 60. É proibido qualquer trabalho a menores de quatorze anos de idade, salvo na condição de aprendiz.

► Arts. 7º, XXXIII, e 227, § 3º, I, da CF.

Art. 61. A proteção ao trabalho dos adolescentes é regulada por legislação especial, sem prejuízo do disposto nesta Lei.

Art. 62. Considera-se aprendizagem a formação técnico-profissional ministrada segundo as diretrizes e bases da legislação de educação em vigor.

► Súm. nº 205 do STF.

Art. 63. A formação técnico-profissional obedecerá aos seguintes princípios:

I – garantia de acesso e frequência obrigatória ao ensino regular;

II – atividade compatível com o desenvolvimento do adolescente;

III – horário especial para o exercício das atividades.

Art. 64. Ao adolescente até quatorze anos de idade é assegurada bolsa de aprendizagem.

Art. 65. Ao adolescente aprendiz, maior de quatorze anos, são assegurados os direitos trabalhistas e previdenciários.

Art. 66. Ao adolescente portador de deficiência é assegurado trabalho protegido.

► Art. 227, § 1º, II, da CF.

Art. 67. Ao adolescente empregado, aprendiz, em regime familiar de trabalho, aluno de escola técnica, assistido em entidade governamental ou não governamental, é vedado trabalho:

I – noturno, realizado entre as vinte e duas horas de um dia e as cinco horas do dia seguinte;

II – perigoso, insalubre ou penoso;

III – realizado em locais prejudiciais à sua formação e ao seu desenvolvimento físico, psíquico, moral e social;

IV – realizado em horários e locais que não permitam a frequência à escola.

Art. 68. O programa social que tenha por base o trabalho educativo, sob responsabilidade de entidade governamental ou não governamental sem fins lucrativos, deverá assegurar ao adolescente que dele participe condições de capacitação para o exercício de atividade regular remunerada.

§ 1º Entende-se por trabalho educativo a atividade laboral em que as exigências pedagógicas relativas ao desenvolvimento pessoal e social do educando prevalecem sobre o aspecto produtivo.

§ 2º A remuneração que o adolescente recebe pelo trabalho efetuado ou a participação na venda dos produtos de seu trabalho não desfigura o caráter educativo.

Art. 69. O adolescente tem direito à profissionalização e à proteção no trabalho, observados os seguintes aspectos, entre outros:

I – respeito à condição peculiar de pessoa em desenvolvimento;

II – capacitação profissional adequada ao mercado de trabalho.

TÍTULO III – DA PREVENÇÃO

CAPÍTULO I
DISPOSIÇÕES GERAIS

Art. 70. É dever de todos prevenir a ocorrência de ameaça ou violação dos direitos da criança e do adolescente.

Art. 70-A. A União, os Estados, o Distrito Federal e os Municípios deverão atuar de forma articulada na elaboração de políticas públicas e na execução de ações destinadas a coibir o uso de castigo físico ou de tratamento cruel ou degradante e difundir formas não violentas de educação de crianças e de adolescentes, tendo como principais ações:

▸ *Caput* do art. 70-A acrescido pela Lei nº 13.010, de 26-6-2014.

I – a promoção de campanhas educativas permanentes para a divulgação do direito da criança e do adolescente de serem educados e cuidados sem o uso de castigo físico ou de tratamento cruel ou degradante e dos instrumentos de proteção aos direitos humanos;

II – a integração com os órgãos do Poder Judiciário, do Ministério Público e da Defensoria Pública, com o Conselho Tutelar, com os Conselhos de Direitos da Criança e do Adolescente e com as entidades não governamentais que atuam na promoção, proteção e defesa dos direitos da criança e do adolescente;

III – a formação continuada e a capacitação dos profissionais de saúde, educação e assistência social e dos demais agentes que atuam na promoção, proteção e defesa dos direitos da criança e do adolescente para o desenvolvimento das competências necessárias à prevenção, à identificação de evidências, ao diagnóstico e ao enfrentamento de todas as formas de violência contra a criança e o adolescente;

IV – o apoio e o incentivo às práticas de resolução pacífica de conflitos que envolvam violência contra a criança e o adolescente;

V – a inclusão, nas políticas públicas, de ações que visem a garantir os direitos da criança e do adolescente, desde a atenção pré-natal, e de atividades junto aos pais e responsáveis com o objetivo de promover a informação, a reflexão, o debate e a orientação sobre alternativas ao uso de castigo físico ou de tratamento cruel ou degradante no processo educativo;

VI – a promoção de espaços intersetoriais locais para a articulação de ações e a elaboração de planos de atuação conjunta focados nas famílias em situação de violência, com participação de profissionais de saúde, de assistência social e de educação e de órgãos de promoção, proteção e defesa dos direitos da criança e do adolescente;

▸ Incisos I a VI acrescidos pela Lei nº 13.010, de 26-6-2014.

VII – a promoção de estudos e pesquisas, de estatísticas e de outras informações relevantes às consequências e à frequência das formas de violência contra a criança e o adolescente para a sistematização de dados nacionalmente unificados e a avaliação periódica dos resultados das medidas adotadas;

VIII – o respeito aos valores da dignidade da pessoa humana, de forma a coibir a violência, o tratamento cruel ou degradante e as formas violentas de educação, correção ou disciplina;

IX – a promoção e a realização de campanhas educativas direcionadas ao público escolar e à sociedade em geral e a difusão desta Lei e dos instrumentos de proteção aos direitos humanos das crianças e dos adolescentes, incluídos os canais de denúncia existentes;

X – a celebração de convênios, de protocolos, de ajustes, de termos e de outros instrumentos de promoção de parceria entre órgãos governamentais ou entre estes e entidades não governamentais, com o objetivo de implementar programas de erradicação da violência, de tratamento cruel ou degradante e de formas violentas de educação, correção ou disciplina;

XI – a capacitação permanente das Polícias Civil e Militar, da Guarda Municipal, do Corpo de Bombeiros, dos profissionais nas escolas, dos Conselhos Tutelares e dos profissionais pertencentes aos órgãos e às áreas referidos no inciso II deste *caput*, para que identifiquem situações em que crianças e adolescentes vivenciam violência e agressões no âmbito familiar ou institucional;

XII – a promoção de programas educacionais que disseminem valores éticos de irrestrito respeito à dignidade da pessoa humana, bem como de programas de fortalecimento da parentalidade positiva, da educação sem castigos físicos e de ações de prevenção e enfrentamento da violência doméstica e familiar contra a criança e o adolescente;

XIII – o destaque, nos currículos escolares de todos os níveis de ensino, dos conteúdos relativos à prevenção, à identificação e à resposta à violência doméstica e familiar.

▸ Incisos VII a XIII acrescidos pela Lei nº 14.344, de 24-5-2022.

Parágrafo único. As famílias com crianças e adolescentes com deficiência terão prioridade de atendimento nas ações e políticas públicas de prevenção e proteção.

▸ Parágrafo único acrescido pela Lei nº 13.010, de 26-6-2014.

Art. 70-B. As entidades, públicas e privadas, que atuem nas áreas da saúde e da educação, além daquelas às quais se refere o art. 71 desta Lei, entre outras, devem contar, em seus quadros, com pessoas capacitadas a reconhecer e a comunicar ao Conselho Tutelar suspeitas ou casos de crimes praticados contra a criança e o adolescente.

▸ *Caput* do art. 70-B com a redação dada pela Lei nº 14.344, de 24-5-2022.

Parágrafo único. São igualmente responsáveis pela comunicação de que trata este artigo, as pessoas encarregadas, por razão de cargo, função, ofício, ministério, profissão ou ocupação, do cuidado, assistência ou guarda de crianças e adolescentes, punível, na forma deste Estatuto, o injustificado retardamento ou omissão, culposos ou dolosos.

▸ Parágrafo único acrescido pela Lei nº 13.046, de 1º-12-2014.

Art. 71. A criança e o adolescente têm direito a informação, cultura, lazer, esportes, diversões, espetáculos e produtos e serviços que respeitem sua condição peculiar de pessoa em desenvolvimento.

Art. 72. As obrigações previstas nesta lei não excluem da prevenção especial outras decorrentes dos princípios por ela adotados.

Art. 73. A inobservância das normas de prevenção importará em responsabilidade da pessoa física ou jurídica, nos termos desta Lei.

CAPÍTULO II
DA PREVENÇÃO ESPECIAL

Seção I
DA INFORMAÇÃO, CULTURA, LAZER, ESPORTES, DIVERSÕES E ESPETÁCULOS

Art. 74. O Poder Público, através do órgão competente, regulará as diversões e espetáculos públicos, informando sobre a natureza deles, as faixas etárias a que não se recomendem, locais e horários em que sua apresentação se mostre inadequada.

Parágrafo único. Os responsáveis pelas diversões e espetáculos públicos deverão afixar, em lugar visível e de fácil acesso, à entrada do local de exibição, informação destacada sobre a natureza do espetáculo e a faixa etária especificada no certificado de classificação.

Art. 75. Toda criança ou adolescente terá acesso às diversões e espetáculos públicos classificados como adequados à sua faixa etária.

Parágrafo único. As crianças menores de dez anos somente poderão ingressar e permanecer nos locais de apresentação ou exibição quando acompanhadas dos pais ou responsável.

Art. 76. As emissoras de rádio e televisão somente exibirão, no horário recomendado para o público infantojuvenil, programas com finalidades educativas, artísticas, culturais e informativas.

Parágrafo único. Nenhum espetáculo será apresentado ou anunciado sem aviso de sua classificação, antes de sua transmissão, apresentação ou exibição.

Art. 77. Os proprietários, diretores, gerentes e funcionários de empresas que explorem a venda ou aluguel de fitas de programação em vídeo cuidarão para que não haja venda ou locação em desacordo com a classificação atribuída pelo órgão competente.

Parágrafo único. As fitas a que alude este artigo deverão exibir, no invólucro, informação sobre a natureza da obra e a faixa etária a que se destinam.

Art. 78. As revistas e publicações contendo material impróprio ou inadequado a crianças e adolescentes deverão ser comercializadas em embalagem lacrada, com a advertência de seu conteúdo.

Parágrafo único. As editoras cuidarão para que as capas que contenham mensagens pornográficas ou obscenas sejam protegidas com embalagem opaca.

Art. 79. As revistas e publicações destinadas ao público infantojuvenil não poderão conter ilustrações, fotografias, legendas, crônicas ou anúncios de bebidas alcoólicas, tabaco, armas e munições, e deverão respeitar os valores éticos e sociais da pessoa e da família.

Art. 80. Os responsáveis por estabelecimentos que explorem comercialmente bilhar, sinuca ou congênere ou por casas de jogos, assim entendidas as que realizem apostas, ainda que eventualmente, cuidarão para que não seja permitida a entrada e a permanência de crianças e adolescentes no local, afixando aviso para orientação do público.

Seção II
DOS PRODUTOS E SERVIÇOS

Art. 81. É proibida a venda à criança ou ao adolescente de:

I – armas, munições e explosivos;

II – bebidas alcoólicas;

▸ Art. 63 da LCP.

III – produtos cujos componentes possam causar dependência física ou psíquica ainda que por utilização indevida;

IV – fogos de estampido e de artifício, exceto aqueles que pelo seu reduzido potencial sejam incapazes de provocar qualquer dano físico em caso de utilização indevida;

V – revistas e publicações a que alude o artigo 78;

VI – bilhetes lotéricos e equivalentes.

Art. 82. É proibida a hospedagem de criança ou adolescente em hotel, motel, pensão ou estabelecimento congênere, salvo se autorizado ou acompanhado pelos pais ou responsável.

▶ Art. 11 do Provimento do CNJ nº 103, de 4-6-2020, que dispõe sobre a Autorização Eletrônica de Viagem nacional e internacional de crianças e adolescentes até 16 anos desacompanhados de ambos ou um de seus pais.

Seção III

DA AUTORIZAÇÃO PARA VIAJAR

Art. 83. Nenhuma criança ou adolescente menor de 16 (dezesseis) anos poderá viajar para fora da comarca onde reside desacompanhado dos pais ou dos responsáveis sem expressa autorização judicial.

▶ *Caput* com a redação dada pela Lei nº 13.812, de 16-3-2019.

▶ Res. do CNJ nº 295, de 13-9-2019, dispõe sobre autorização de viagem nacional para crianças e adolescentes.

▶ Provimento do CNJ nº 103, de 4-6-2020, dispõe sobre a Autorização Eletrônica de Viagem nacional e internacional de crianças e adolescentes até 16 anos desacompanhados de ambos ou um de seus pais.

§ 1º A autorização não será exigida quando:

a) tratar-se de comarca contígua à da residência da criança ou do adolescente menor de 16 (dezesseis) anos, se na mesma unidade da Federação, ou incluída na mesma região metropolitana;

b) a criança ou o adolescente menor de 16 (dezesseis) anos estiver acompanhado:

▶ Alíneas *a* e *b* com a redação dada pela Lei nº 13.812, de 16-3-2019.

1 – de ascendente ou colateral maior, até o terceiro grau, comprovado documentalmente o parentesco;

2 – de pessoa maior, expressamente autorizada pelo pai, mãe ou responsável.

§ 2º A autoridade judiciária poderá, a pedido dos pais ou responsável, conceder autorização válida por dois anos.

Art. 84. Quando se tratar de viagem ao exterior, a autorização é dispensável, se a criança ou adolescente:

▶ Provimento do CNJ nº 103, de 4-6-2020, dispõe sobre a Autorização Eletrônica de Viagem nacional e internacional de crianças e adolescentes até 16 anos desacompanhados de ambos ou um de seus pais.

I – estiver acompanhado de ambos os pais ou responsável;

II – viajar na companhia de um dos pais, autorizado expressamente pelo outro através de documento com firma reconhecida.

Art. 85. Sem prévia e expressa autorização judicial, nenhuma criança ou adolescente nascido em território nacional poderá sair do País em companhia de estrangeiro residente ou domiciliado no exterior.

▶ Provimento do CNJ nº 103, de 4-6-2020, dispõe sobre a Autorização Eletrônica de Viagem nacional e internacional de crianças e adolescentes até 16 anos desacompanhados de ambos ou um de seus pais.

LIVRO II

PARTE ESPECIAL

TÍTULO I – DA POLÍTICA DE ATENDIMENTO

CAPÍTULO I

DISPOSIÇÕES GERAIS

Art. 86. A política de atendimento dos direitos da criança e do adolescente far-se-á através de um conjunto articulado de ações governamentais e não governamentais, da União, dos Estados, do Distrito Federal e dos Municípios.

Art. 87. São linhas de ação da política de atendimento:

I – políticas sociais básicas;

II – serviços, programas, projetos e benefícios de assistência social de garantia de proteção social e de prevenção e redução de violações de direitos, seus agravamentos ou reincidências;

▶ Inciso II com a redação dada pela Lei nº 13.257, de 8-3-2016.

III – serviços especiais de prevenção e atendimento médico e psicossocial às vítimas de negligência, maus-tratos, exploração, abuso, crueldade e opressão e às crianças e aos adolescentes que tiverem qualquer dos pais ou responsáveis vitimado por grave violência ou preso em regime fechado;

▶ Inciso III com a redação dada pela Lei nº 14.987, de 25-9-2024.

IV – serviço de identificação e localização de pais, responsável, crianças e adolescentes desaparecidos;

V – proteção jurídico-social por entidades de defesa dos direitos da criança e do adolescente;

VI – políticas e programas destinados a prevenir ou abreviar o período de afastamento do convívio familiar e a garantir o efetivo exercício do direito à convivência familiar de crianças e adolescentes;

VII – campanhas de estímulo ao acolhimento sob forma de guarda de crianças e adolescentes afastados do convívio familiar e à adoção, especificamente inter-racial, de crianças maiores ou de adolescentes, com necessidades específicas de saúde ou com deficiências e de grupos de irmãos.

▶ Incisos VI e VII acrescidos pela Lei nº 12.010, de 3-8-2009.

Parágrafo único. A linha de ação da política de atendimento a que se refere o inciso IV do *caput* deste artigo será executada em cooperação com o Cadastro Nacional de Pessoas Desaparecidas, criado pela Lei nº 13.812, de 16 de março de 2019, com o Cadastro Nacional de Crianças e Adolescentes Desaparecidos, criado pela Lei nº 12.127, de 17 de dezembro de 2009, e com os demais cadastros, sejam eles nacionais, estaduais ou municipais.

▶ Parágrafo único acrescido pela Lei nº 14.548, de 13-4-2023.

Art. 88. São diretrizes da política de atendimento:

I – municipalização do atendimento;

II – criação de conselhos municipais, estaduais e nacional dos direitos da criança e do adolescente, órgãos deliberativos e controladores das ações em todos os níveis, assegurada a participação popular paritária por meio de organizações representativas, segundo leis federal, estaduais e municipais;

III – criação e manutenção de programas específicos, observada a descentralização político-administrativa;

IV – manutenção de fundos nacional, estaduais e municipais vinculados aos respectivos conselhos dos direitos da criança e do adolescente;

V – integração operacional de órgãos do Judiciário, Ministério Público, Defensoria, Segurança Pública e Assistência Social, preferencialmente em um mesmo local, para efeito de agilização do atendimento inicial a adolescente a quem se atribua autoria de ato infracional;

VI – integração operacional de órgãos do Judiciário, Ministério Público, Defensoria, Conselho Tutelar e encarregados da execução das políticas sociais básicas e de assistência social, para efeito de agilização do atendimento de crianças e de adolescentes inseridos em programas de acolhimento familiar ou institucional, com vista na sua rápida reintegração à família de origem ou, se tal solução se mostrar comprovadamente inviável, sua colocação em família substituta, em quaisquer das modalidades previstas no art. 28 desta Lei;

▶ Inciso VI com a redação dada pela Lei nº 12.010, de 3-8-2009.

VII – mobilização da opinião pública para a indispensável participação dos diversos segmentos da sociedade;

▶ Inciso VII acrescido pela Lei nº 12.010, de 3-8-2009.

VIII – especialização e formação continuada dos profissionais que trabalham nas diferentes áreas da atenção à primeira infância, incluindo os conhecimentos sobre direitos da criança e sobre desenvolvimento infantil;

IX – formação profissional com abrangência dos diversos direitos da criança e do adolescente que favoreça a intersetorialidade no atendimento da criança e do adolescente e seu desenvolvimento integral;

X – realização e divulgação de pesquisas sobre desenvolvimento infantil e sobre prevenção da violência.

▶ Incisos VIII a X acrescidos pela Lei nº 13.257, de 8-3-2016.

Art. 89. A função de membro do Conselho Nacional e dos conselhos estaduais e municipais dos direitos da criança e do adolescente é considerada de interesse público relevante e não será remunerada.

CAPÍTULO II

DAS ENTIDADES DE ATENDIMENTO

Seção I

DISPOSIÇÕES GERAIS

Art. 90. As entidades de atendimento são responsáveis pela manutenção das próprias unidades, assim como pelo planejamento e execução de programas de proteção e socioeducativos destinados a crianças e adolescentes, em regime de:

I – orientação e apoio sociofamiliar;

II – apoio socioeducativo em meio aberto;

III – colocação familiar;

IV – acolhimento institucional;

▶ Inciso IV com a redação dada pela Lei nº 12.010, de 3-8-2009.

V – prestação de serviços à comunidade;

VI – liberdade assistida;

VII – semiliberdade; e

▶ Incisos V a VII com a redação dada pela Lei nº 12.594, de 18-1-2012.

VIII – internação.

▶ Inciso VIII acrescido pela Lei nº 12.594, de 18-1-2012.

§ 1º As entidades governamentais e não governamentais deverão proceder à inscrição de seus programas, especificando os regimes de atendimento, na forma definida neste artigo, no Conselho Municipal dos Direitos da Criança e do Adolescente, o qual manterá registro das inscrições e de suas alterações, do que fará comunicação ao Conselho Tutelar e à autoridade judiciária.

▶ Parágrafo único transformado em § 1º e com a redação dada pela Lei nº 12.010, de 3-8-2009.

§ 2º Os recursos destinados à implementação e manutenção dos programas relacionados neste artigo serão previstos nas dotações orçamentárias dos órgãos públicos encarregados das áreas de Educação, Saúde e Assistência Social, dentre outros, observando-se o princípio da prioridade absoluta à criança e ao adolescente preconizado pelo *caput* do art. 227 da Constituição Federal e pelo *caput* e parágrafo único do art. 4º desta Lei.

§ 3º Os programas em execução serão reavaliados pelo Conselho Municipal dos Direitos da Criança e do Adolescente, no máximo, a cada 2 (dois) anos, constituindo-se critérios para renovação da autorização de funcionamento:

I – o efetivo respeito às regras e princípios desta Lei, bem como às resoluções relativas à modalidade de atendimento prestado expedidas pelos Conselhos de Direitos da Criança e do Adolescente, em todos os níveis;

II – a qualidade e eficiência do trabalho desenvolvido, atestadas pelo Conselho Tutelar, pelo Ministério Público e pela Justiça da Infância e da Juventude;

III – em se tratando de programas de acolhimento institucional ou familiar, serão considerados os índices de sucesso na reintegração familiar ou de adaptação à família substituta, conforme o caso.

▶ §§ 2º e 3º acrescidos pela Lei nº 12.010, de 3-8-2009.

Art. 91. As entidades não governamentais somente poderão funcionar depois de registradas no Conselho Municipal dos Direitos da Criança e do Adolescente, o qual comunicará o registro ao Conselho Tutelar e à autoridade judiciária da respectiva localidade.

§ 1º Será negado o registro à entidade que:

▶ Parágrafo único transformado em § 1º pela Lei nº 12.010, de 3-8-2009.

a) não ofereça instalações físicas em condições adequadas de habitabilidade, higiene, salubridade e segurança;

b) não apresente plano de trabalho compatível com os princípios desta Lei;

c) esteja irregularmente constituída;

d) tenha em seus quadros pessoas inidôneas;

e) não se adequar ou deixar de cumprir as resoluções e deliberações relativas à modalidade de atendimento prestado expedidas pelos Conselhos de Direitos da Criança e do Adolescente, em todos os níveis.

▶ Alínea *e* acrescida pela Lei nº 12.010, de 3-8-2009.

§ 2º O registro terá validade máxima de 4 (quatro) anos, cabendo ao Conselho Municipal dos Direitos da Criança e do Adolescente, periodicamente, reavaliar o cabimento de sua renovação, observado o disposto no § 1º deste artigo.

▶ § 2º acrescido pela Lei nº 12.010, de 3-8-2009.

Art. 92. As entidades que desenvolvam programas de acolhimento familiar ou institucional deverão adotar os seguintes princípios:

▶ *Caput* com a redação dada pela Lei nº 12.010, de 3-8-2009.

I – preservação dos vínculos familiares e promoção da reintegração familiar;

II – integração em família substituta, quando esgotados os recursos de manutenção na família natural ou extensa;

▶ Incisos I e II com a redação dada pela Lei nº 12.010, de 3-8-2009.

III – atendimento personalizado e em pequenos grupos;

IV – desenvolvimento de atividades em regime de coeducação;

V – não desmembramento de grupos de irmãos;

VI – evitar, sempre que possível, a transferência para outras entidades de crianças e adolescentes abrigados;

VII – participação na vida da comunidade local;

VIII – preparação gradativa para o desligamento;

IX – participação de pessoas da comunidade no processo educativo.

§ 1º O dirigente de entidade que desenvolve programa de acolhimento institucional é equiparado ao guardião, para todos os efeitos de direito.

▶ Parágrafo único transformado em § 1º e com a redação dada pela Lei nº 12.010, de 3-8-2009.

§ 2º Os dirigentes de entidades que desenvolvem programas de acolhimento familiar ou institucional remeterão à autoridade judiciária, no máximo a cada 6 (seis) meses, relatório circunstanciado acerca da situação de cada criança ou adolescente acolhido e sua família, para fins da reavaliação prevista no § 1º do art. 19 desta Lei.

§ 3º Os entes federados, por intermédio dos Poderes Executivo e Judiciário, promoverão conjuntamente a permanente qualificação dos profissionais que atuam direta ou indiretamente em programas de acolhimento institucional e destinados à colocação familiar de crianças e adolescentes, incluindo membros do Poder Judiciário, Ministério Público e Conselho Tutelar.

§ 4º Salvo determinação em contrário da autoridade judiciária competente, as entidades que desenvolvem programas de acolhimento familiar ou institucional, se necessário com o auxílio do Conselho Tutelar e dos órgãos de assistência social, estimularão o contato da criança ou adolescente com seus pais e parentes, em cumprimento ao disposto nos incisos I e VIII do *caput* deste artigo.

§ 5º As entidades que desenvolvem programas de acolhimento familiar ou institucional somente poderão receber recursos públicos se comprovado o atendimento dos princípios, exigências e finalidades desta Lei.

§ 6º O descumprimento das disposições desta Lei pelo dirigente de entidade que desenvolva programas de acolhimento familiar ou institucional é causa de sua destituição, sem prejuízo da apuração de sua responsabilidade administrativa, civil e criminal.

▶ §§ 2º a 6º acrescidos pela Lei nº 12.010, de 3-8-2009.

§ 7º Quando se tratar de criança de 0 (zero) a 3 (três) anos em acolhimento institucional, dar-se-á especial atenção à atuação de educadores de referência estáveis e qualitativamente significativos, às rotinas específicas e ao atendimento das necessidades básicas, incluindo as de afeto como prioritárias.

▶ § 7º acrescido pela Lei nº 13.257, de 8-3-2016.

Art. 93. As entidades que mantenham programa de acolhimento institucional poderão, em caráter excepcional e de urgência, acolher crianças e adolescentes sem prévia determinação da autoridade competente, fazendo comunicação do fato em até 24 (vinte e quatro) horas ao Juiz da Infância e da Juventude, sob pena de responsabilidade.

▶ *Caput* com a redação dada pela Lei nº 12.010, de 3-8-2009.

Parágrafo único. Recebida a comunicação, a autoridade judiciária, ouvido o Ministério Público e se necessário com o apoio do Conselho Tutelar local, tomará as medidas necessárias para promover a imediata reintegração familiar da criança ou do adolescente ou, se por qualquer razão não for isso possível ou recomendável, para seu encaminhamento a programa de acolhimento familiar, institucional ou a família substituta, observado o disposto no § 2º do art. 101 desta Lei.

▶ Parágrafo único acrescido pela Lei nº 12.010, de 3-8-2009.

Art. 94. As entidades que desenvolvem programas de internação têm as seguintes obrigações, entre outras:

I – observar os direitos e garantias de que são titulares os adolescentes;

II – não restringir nenhum direito que não tenha sido objeto de restrição na decisão de internação;

III – oferecer atendimento personalizado, em pequenas unidades e grupos reduzidos;

IV – preservar a identidade e oferecer ambiente de respeito e dignidade ao adolescente;

V – diligenciar no sentido do restabelecimento e da preservação dos vínculos familiares;

VI – comunicar à autoridade judiciária, periodicamente, os casos em que se mostre inviável ou impossível o reatamento dos vínculos familiares;

VII – oferecer instalações físicas em condições adequadas de habitabilidade, higiene, salubridade e segurança e os objetos necessários à higiene pessoal;

VIII – oferecer vestuário e alimentação suficientes e adequados à faixa etária dos adolescentes atendidos;

IX – oferecer cuidados médicos, psicológicos, odontológicos e farmacêuticos;

X – propiciar escolarização e profissionalização;

XI – propiciar atividades culturais, esportivas e de lazer;

XII – propiciar assistência religiosa àqueles que desejarem, de acordo com suas crenças;

▶ Art. 5º, VI e VII, da CF.

XIII – proceder a estudo social e pessoal de cada caso;

XIV – reavaliar periodicamente cada caso, com intervalo máximo de seis meses, dando ciência dos resultados à autoridade competente;

XV – informar, periodicamente, o adolescente internado sobre sua situação processual;

XVI – comunicar às autoridades competentes todos os casos de adolescentes portadores de moléstias infectocontagiosas;

▶ Art. 269 do CP.

XVII – fornecer comprovante de depósito dos pertences dos adolescentes;

XVIII – manter programas destinados ao apoio e acompanhamento de egressos;

XIX – providenciar os documentos necessários ao exercício da cidadania àqueles que não os tiverem;

XX – manter arquivos de anotações onde constem data e circunstâncias do atendimento, nome do adolescente, seus pais ou responsável, parentes, endereços, sexo, idade, acompanhamento da sua formação, relação de seus pertences e demais dados que possibilitem sua identificação e a individualização do atendimento.

§ 1º Aplicam-se, no que couber, as obrigações constantes deste artigo às entidades que mantêm programas de acolhimento institucional e familiar.

▸ § 1º com a redação dada pela Lei nº 12.010, de 3-8-2009.

§ 2º No cumprimento das obrigações a que alude este artigo as entidades utilizarão preferencialmente os recursos da comunidade.

Art. 94-A. As entidades, públicas ou privadas, que abriguem ou recepcionem crianças e adolescentes, ainda que em caráter temporário, devem ter, em seus quadros, profissionais capacitados a reconhecer e reportar ao Conselho Tutelar suspeitas ou ocorrências de maus-tratos.

▸ Artigo acrescido pela Lei nº 13.046, de 1º-12-2014.

Seção II

DA FISCALIZAÇÃO DAS ENTIDADES

▸ Res. do CNJ nº 77, de 26-5-2009, dispõe sobre a inspeção nos estabelecimentos e entidades de atendimento ao adolescente e sobre a implantação do cadastro nacional de adolescentes em conflito com a lei.

Art. 95. As entidades governamentais e não governamentais, referidas no artigo 90, serão fiscalizadas pelo Judiciário, pelo Ministério Público e pelos Conselhos Tutelares.

Art. 96. Os planos de aplicação e as prestações de contas serão apresentados ao Estado ou ao Município, conforme a origem das dotações orçamentárias.

Art. 97. São medidas aplicáveis às entidades de atendimento que descumprirem obrigação constante do artigo 94, sem prejuízo da responsabilidade civil e criminal de seus dirigentes ou prepostos:

I – às entidades governamentais:

a) advertência;

b) afastamento provisório de seus dirigentes;

c) afastamento definitivo de seus dirigentes;

d) fechamento de unidade ou interdição de programa;

II – às entidades não governamentais:

a) advertência;

b) suspensão total ou parcial do repasse de verbas públicas;

c) interdição de unidades ou suspensão de programa;

d) cassação do registro.

§ 1º Em caso de reiteradas infrações cometidas por entidades de atendimento, que coloquem em risco os direitos assegurados nesta Lei, deverá ser o fato comunicado ao Ministério Público ou representado perante autoridade judiciária competente para as providências cabíveis, inclusive suspensão das atividades ou dissolução da entidade.

▸ Parágrafo único transformado em § 1º com a redação dada pela Lei nº 12.010, de 3-8-2009.

§ 2º As pessoas jurídicas de direito público e as organizações não governamentais responderão pelos danos que seus agentes causarem às crianças e aos adolescentes, caracterizado o descumprimento dos princípios norteadores das atividades de proteção específica.

▸ § 2º acrescido pela Lei nº 12.010, de 3-8-2009.

▸ A alteração que seria realizada neste artigo pela Lei nº 12.594, de 18-1-2012, foi vetada, razão pela qual mantivemos a sua redação.

TÍTULO II – DAS MEDIDAS DE PROTEÇÃO

CAPÍTULO I

DISPOSIÇÕES GERAIS

Art. 98. As medidas de proteção à criança e ao adolescente são aplicáveis sempre que os direitos reconhecidos nesta Lei forem ameaçados ou violados:

I – por ação ou omissão da sociedade ou do Estado;

▸ Arts. 4º, 8º, 11, 14, 54, 70, 86 a 88, 125 e 208 desta Lei.

II – por falta, omissão ou abuso dos pais ou responsável;

▸ Arts. 4º, 14, parágrafo único, 22, 55, 70, 103, 128 e 129 desta Lei.

III – em razão de sua conduta.

CAPÍTULO II

DAS MEDIDAS ESPECÍFICAS DE PROTEÇÃO

Art. 99. As medidas previstas neste Capítulo poderão ser aplicadas isolada ou cumulativamente, bem como substituídas a qualquer tempo.

▸ Art. 113 desta Lei.

Art. 100. Na aplicação das medidas levar-se-ão em conta as necessidades pedagógicas, preferindo-se aquelas que visem ao fortalecimento dos vínculos familiares e comunitários.

▸ Arts. 19 e 113 desta Lei.

Parágrafo único. São também princípios que regem a aplicação das medidas:

▸ *Caput* do parágrafo único acrescido pela Lei nº 12.010, de 3-8-2009.

I – condição da criança e do adolescente como sujeitos de direitos: crianças e adolescentes são os titulares dos direitos previstos nesta e em outras Leis, bem como na Constituição Federal;

II – proteção integral e prioritária: a interpretação e aplicação de toda e qualquer norma contida nesta Lei deve ser voltada à proteção integral e prioritária dos direitos de que crianças e adolescentes são titulares;

III – responsabilidade primária e solidária do poder público: a plena efetivação dos direitos assegurados a crianças e a adolescentes por esta Lei e pela Constituição Federal, salvo nos casos por esta expressamente ressalvados, é de responsabilidade primária e solidária das 3 (três) esferas de governo, sem prejuízo da municipalização do atendimento e da possibilidade da execução de programas por entidades não governamentais;

IV – interesse superior da criança e do adolescente: a intervenção deve atender prioritariamente aos interesses e direitos da criança e do adolescente, sem prejuízo da consideração que for devida a outros interesses legítimos no âmbito da pluralidade dos interesses presentes no caso concreto;

V – privacidade: a promoção dos direitos e proteção da criança e do adolescente deve ser efetuada no respeito pela intimidade, direito à imagem e reserva da sua vida privada;

VI – intervenção precoce: a intervenção das autoridades competentes deve ser efetuada logo que a situação de perigo seja conhecida;

VII – intervenção mínima: a intervenção deve ser exercida exclusivamente pelas autoridades e instituições cuja ação seja indispensável à efetiva promoção dos direitos e à proteção da criança e do adolescente;

VIII – proporcionalidade e atualidade: a intervenção deve ser a necessária e adequada à situação de perigo em que a criança ou o adolescente se encontram no momento em que a decisão é tomada;

IX – responsabilidade parental: a intervenção deve ser efetuada de modo que os pais assumam os seus deveres para com a criança e o adolescente;

▸ Incisos I a IX acrescidos pela Lei nº 12.010, de 3-8-2009.

X – prevalência da família: na promoção de direitos e na proteção da criança e do adolescente deve ser dada prevalência às medidas que os mantenham ou reintegrem na sua família natural ou extensa ou, se isso não for possível, que promovam a sua integração em família adotiva;

▸ Inciso X com a redação dada pela Lei nº 13.509, de 22-11-2017.

XI – obrigatoriedade da informação: a criança e o adolescente, respeitado seu estágio de desenvolvimento e capacidade de compreensão, seus pais ou responsável devem ser informados dos seus direitos, dos motivos que determinaram a intervenção e da forma como esta se processa;

XII – oitiva obrigatória e participação: a criança e o adolescente, em separado ou na companhia dos pais, de responsável ou de pessoa por si indicada, bem como os seus pais ou responsável, têm direito a ser ouvidos e a participar nos atos e na definição da medida de promoção dos direitos e de proteção, sendo sua opinião devidamente considerada pela autoridade judiciária competente, observado o disposto nos §§ 1º e 2º do art. 28 desta Lei.

▸ Incisos XI e XII acrescidos pela Lei nº 12.010, de 3-8-2009.

Art. 101. Verificada qualquer das hipóteses previstas no artigo 98, a autoridade competente poderá determinar, dentre outras, as seguintes medidas:

▸ Arts. 105, 112, VII, e 136, I e VI, desta Lei.

I – encaminhamento aos pais ou responsável, mediante termo de responsabilidade;

II – orientação, apoio e acompanhamento temporários;

▸ Art. 129, IV, desta Lei.

III – matrícula e frequência obrigatórias em estabelecimento oficial de ensino fundamental;

▸ Arts. 54, 55, 129, V, e 208, I, desta Lei.

IV – inclusão em serviços e programas oficiais ou comunitários de proteção, apoio e promoção da família, da criança e do adolescente;

▸ Inciso IV com a redação dada pela Lei nº 13.257, de 8-3-2016.

▸ Arts. 23, parágrafo único, e 129, I, desta Lei.

V – requisição de tratamento médico, psicológico ou psiquiátrico, em regime hospitalar ou ambulatorial;

▸ Art. 129, III e VI, desta Lei.

VI – inclusão em programa oficial ou comunitário de auxílio, orientação e tratamento a alcoólatras e toxicômanos;

▸ Art. 129, III e VI, desta Lei.

VII – acolhimento institucional;

▸ Art. 90, IV, desta Lei.

VIII – inclusão em programa de acolhimento familiar;

▸ Incisos VII e VIII com a redação dada pela Lei nº 12.010, de 3-8-2009.

IX – colocação em família substituta.

▸ Inciso IX acrescido pela Lei nº 12.010, de 3-8-2009.
▸ Arts. 28 a 52-D e 165 a 170 desta Lei.

§ 1º O acolhimento institucional e o acolhimento familiar são medidas provisórias e excepcionais, utilizáveis como forma de transição para reintegração familiar ou, não sendo esta possível, para colocação em família substituta, não implicando privação de liberdade.

▸ Parágrafo único transformado em § 1º e com a redação dada pela Lei nº 12.010, de 3-8-2009.

§ 2º Sem prejuízo da tomada de medidas emergenciais para proteção de vítimas de violência ou abuso sexual e das providências a que alude o art. 130 desta Lei, o afastamento da criança ou adolescente do convívio familiar é de competência exclusiva da autoridade judiciária e importará na deflagração, a pedido do Ministério Público ou de quem tenha legítimo interesse, de procedimento judicial contencioso, no qual se garanta aos pais ou ao responsável legal o exercício do contraditório e da ampla defesa.

▸ Lei nº 12.845, de 1º-8-2013, dispõe sobre o atendimento obrigatório e integral de pessoas em situação de violência sexual.

§ 3º Crianças e adolescentes somente poderão ser encaminhados às instituições que executam programas de acolhimento institucional, governamentais ou não, por meio de uma Guia de Acolhimento, expedida pela autoridade judiciária, na qual obrigatoriamente constará, dentre outros:

I – sua identificação e a qualificação completa de seus pais ou de seu responsável, se conhecidos;
II – o endereço de residência dos pais ou do responsável, com pontos de referência;
III – os nomes de parentes ou de terceiros interessados em tê-los sob sua guarda;
IV – os motivos da retirada ou da não reintegração ao convívio familiar.

§ 4º Imediatamente após o acolhimento da criança ou do adolescente, a entidade responsável pelo programa de acolhimento institucional ou familiar elaborará um plano individual de atendimento, visando à reintegração familiar, ressalvada a existência de ordem escrita e fundamentada em contrário de autoridade judiciária competente, caso em que também deverá contemplar sua colocação em família substituta, observadas as regras e princípios desta Lei.

§ 5º O plano individual será elaborado sob a responsabilidade da equipe técnica do respectivo programa de atendimento e levará em consideração a opinião da criança ou do adolescente e a oitiva dos pais ou do responsável.

§ 6º Constarão do plano individual, dentre outros:

I – os resultados da avaliação interdisciplinar;
II – os compromissos assumidos pelos pais ou responsável; e
III – a previsão das atividades a serem desenvolvidas com a criança ou com o adolescente acolhido e seus pais ou responsável, com vista na reintegração familiar ou, caso seja esta vedada por expressa e fundamentada determinação judicial, as providências a serem tomadas para sua colocação em família substituta, sob direta supervisão da autoridade judiciária.

§ 7º O acolhimento familiar ou institucional ocorrerá no local mais próximo à residência dos pais ou do responsável e, como parte do processo de reintegração familiar, sempre que identificada a necessidade, a família de origem será incluída em programas oficiais de orientação, de apoio e de promoção social, sendo facilitado e estimulado o contato com a criança ou com o adolescente acolhido.

§ 8º Verificada a possibilidade de reintegração familiar, o responsável pelo programa de acolhimento familiar ou institucional fará imediata comunicação à autoridade judiciária, que dará vista ao Ministério Público, pelo prazo de 5 (cinco) dias, decidindo em igual prazo.

§ 9º Em sendo constatada a impossibilidade de reintegração da criança ou do adolescente à família de origem, após seu encaminhamento a programas oficiais ou comunitários de orientação, apoio e promoção social, será enviado relatório fundamentado ao Ministério Público, no qual conste a descrição pormenorizada das providências tomadas e a expressa recomendação, subscrita pelos técnicos da entidade ou responsáveis pela execução da política municipal de garantia do direito à convivência familiar, para a destituição do poder familiar, ou destituição de tutela ou guarda.

▸ §§ 2º a 9º acrescidos pela Lei nº 12.010, de 3-8-2009.

§ 10. Recebido o relatório, o Ministério Público terá o prazo de 15 (quinze) dias para o ingresso com a ação de destituição do poder familiar, salvo se entender necessária a realização de estudos complementares ou de outras providências indispensáveis ao ajuizamento da demanda.

▸ § 10 com a redação dada pela Lei nº 13.509, de 22-11-2017.

§ 11. A autoridade judiciária manterá, em cada comarca ou foro regional, um cadastro contendo informações atualizadas sobre as crianças e adolescentes em regime de acolhimento familiar e institucional sob sua responsabilidade, com informações pormenorizadas sobre a situação jurídica de cada um, bem como as providências tomadas para sua reintegração familiar ou colocação em família substituta, em qualquer das modalidades previstas no art. 28 desta Lei.

§ 12. Terão acesso ao cadastro o Ministério Público, o Conselho Tutelar, o órgão gestor da Assistência Social e os Conselhos Municipais dos Direitos da Criança e do Adolescente e da Assistência Social, aos quais incumbe deliberar sobre a implementação de políticas públicas que permitam reduzir o número de crianças e adolescentes afastados do convívio familiar e abreviar o período de permanência em programa de acolhimento.

▸ §§ 11 e 12 acrescidos pela Lei nº 12.010, de 3-8-2009.

Art. 102. As medidas de proteção de que trata este Capítulo serão acompanhadas da regularização do registro civil.

§ 1º Verificada a inexistência de registro anterior, o assento de nascimento da criança ou adolescente será feito à vista dos elementos disponíveis, mediante requisição da autoridade judiciária.

§ 2º Os registros e certidões necessárias à regularização de que trata este artigo são isentos de multas, custas e emolumentos, gozando de absoluta prioridade.

§ 3º Caso ainda não definida a paternidade, será deflagrado procedimento específico destinado à sua averiguação, conforme previsto pela Lei nº 8.560, de 29 de dezembro de 1992.

§ 4º Nas hipóteses previstas no § 3º deste artigo, é dispensável o ajuizamento de ação de investigação de paternidade pelo Ministério Público se, após o não comparecimento ou a recusa do suposto pai em assumir a paternidade a ele atribuída, a criança for encaminhada para adoção.

▸ §§ 3º e 4º acrescidos pela Lei nº 12.010, de 3-8-2009.

§ 5º Os registros e certidões necessários à inclusão, a qualquer tempo, do nome do pai no assento de nascimento são isentos de multas, custas e emolumentos, gozando de absoluta prioridade.

§ 6º São gratuitas, a qualquer tempo, a averbação requerida do reconhecimento de paternidade no assento de nascimento e a certidão correspondente.

▸ §§ 5º e 6º acrescidos pela Lei nº 13.257, de 8-3-2016.

TÍTULO III – DA PRÁTICA DE ATO INFRACIONAL

CAPÍTULO I – DISPOSIÇÕES GERAIS

Art. 103. Considera-se ato infracional a conduta descrita como crime ou contravenção penal.

▸ Arts. 171 a 190 desta Lei.
▸ Súm. 108 do STJ.

Art. 104. São penalmente inimputáveis os menores de dezoito anos sujeitos às medidas previstas nesta Lei.

▸ Art. 228 da CF.
▸ Art. 27 do CP.
▸ Art. 50 do CPM.

Parágrafo único. Para os efeitos desta Lei, deve ser considerada a idade do adolescente à data do fato.

Art. 105. Ao ato infracional praticado por criança corresponderão as medidas previstas no artigo 101.

▸ Arts. 136, I, e 262 desta Lei.

CAPÍTULO II – DOS DIREITOS INDIVIDUAIS

Art. 106. Nenhum adolescente será privado de sua liberdade senão em flagrante de ato infracional ou por ordem escrita e fundamentada da autoridade judiciária competente.

▸ Art. 5º, LXI, da CF.

► Art. 302, I a IV, do CPP.

Parágrafo único. O adolescente tem direito à identificação dos responsáveis pela sua apreensão, devendo ser informado acerca de seus direitos.

► Art. 5º, LXIII e LXIV, da CF.

Art. 107. A apreensão de qualquer adolescente e o local onde se encontra recolhido serão incontinenti comunicados à autoridade judiciária competente e à família do apreendido ou à pessoa por ele indicada.

► Art. 5º, LXII, da CF.

► Arts. 171 e 172 desta Lei.

Parágrafo único. Examinar-se-á, desde logo e sob pena de responsabilidade, a possibilidade de liberação imediata.

► Art. 5º, LXV, da CF.

► Art. 174 desta Lei.

Art. 108. A internação, antes da sentença, pode ser determinada pelo prazo máximo de quarenta e cinco dias.

► Arts. 183 a 185 desta Lei.

Parágrafo único. A decisão deverá ser fundamentada e basear-se em indícios suficientes de autoria e materialidade, demonstrada a necessidade imperiosa da medida.

Art. 109. O adolescente civilmente identificado não será submetido a identificação compulsória pelos órgãos policiais, de proteção e judiciais, salvo para efeito de confrontação, havendo dúvida fundada.

► Art. 5º, LVIII, da CF.

CAPÍTULO III – DAS GARANTIAS PROCESSUAIS

Art. 110. Nenhum adolescente será privado de sua liberdade sem o devido processo legal.

► Art. 5º, LIV, da CF.

► Arts. 171 a 190 desta Lei.

► Súm. nº 342 do STJ.

Art. 111. São asseguradas ao adolescente, entre outras, as seguintes garantias:

I – pleno e formal conhecimento da atribuição de ato infracional, mediante citação ou meio equivalente;

► Art. 184, § 1º, desta Lei.

II – igualdade na relação processual, podendo confrontar-se com vítimas e testemunhas e produzir todas as provas necessárias à sua defesa;

► Arts. 5º, LV, e 227, § 3º, IV, da CF.

► Art. 139, I, do CPC/2015.

III – defesa técnica por advogado;

► Arts. 5º, LXIII, 133 e 227, § 3º, IV, da CF.

► Arts. 184, § 1º, 186, § 2º, 206 e 207 desta Lei.

IV – assistência judiciária gratuita e integral aos necessitados, na forma da lei;

► Arts. 5º, LXXIV, e 134 da CF.

► Art. 141, §§ 1º e 2º, desta Lei.

V – direito de ser ouvido pessoalmente pela autoridade competente;

► Arts. 28, § 1º, 45, § 2º, 124, I, 141, 179 e 186 desta Lei.

► Súm. nº 265 do STJ.

VI – direito de solicitar a presença de seus pais ou responsável em qualquer fase do procedimento.

CAPÍTULO IV – DAS MEDIDAS SOCIOEDUCATIVAS

► Lei nº 12.106, de 7-12-2009, cria, no âmbito do Conselho Nacional de Justiça, o Departamento de Monitoramento e Fiscalização do Sistema Carcerário e do Sistema de Execução de Medidas Socioeducativas.

► Lei nº 12.594, de 18-1-2012, institui o Sistema Nacional de Atendimento Socioeducativo (SINASE) e regulamenta a execução das medidas socioeducativas destinadas a adolescente que pratique ato infracional.

Seção I – DISPOSIÇÕES GERAIS

Art. 112. Verificada a prática de ato infracional, a autoridade competente poderá aplicar ao adolescente as seguintes medidas:

► Arts. 103, 126 a 128 desta Lei.

I – advertência;

► Arts. 114 e 115 desta Lei.

II – obrigação de reparar o dano;

► Art. 116 desta Lei.

► Art. 186 do CC.

III – prestação de serviços à comunidade;

► Art. 117 desta Lei.

IV – liberdade assistida;

► Arts. 118 e 119 desta Lei.

V – inserção em regime de semiliberdade;

► Art. 120 desta Lei.

VI – internação em estabelecimento educacional;

► Arts. 121 a 125 desta Lei.

VII – qualquer uma das previstas no artigo 101, I a VI.

► Art. 136, VI, desta Lei.

§ 1º A medida aplicada ao adolescente levará em conta a sua capacidade de cumpri-la, as circunstâncias e a gravidade da infração.

§ 2º Em hipótese alguma e sob pretexto algum, será admitida a prestação de trabalho forçado.

► Art. 5º, XLVII, *c*, da CF.

§ 3º Os adolescentes portadores de doença ou deficiência mental receberão tratamento individual e especializado, em local adequado às suas condições.

► Arts. 101, V, e 112, VII, desta Lei.

Art. 113. Aplica-se a este Capítulo o disposto nos artigos 99 e 100.

Art. 114. A imposição das medidas previstas nos incisos II a VI do artigo 112 pressupõe a existência de provas suficientes da autoria e da materialidade da infração, ressalvada a hipótese de remissão, nos termos do artigo 127.

► Arts. 98, III, e 112 desta Lei.

► Arts. 158 a 184 do CPP.

► Arts. 314 a 346 do CPPM.

Parágrafo único. A advertência poderá ser aplicada sempre que houver prova da materialidade e indícios suficientes da autoria.

Seção II – DA ADVERTÊNCIA

Art. 115. A advertência consistirá em admoestação verbal, que será reduzida a termo e assinada.

Seção III – DA OBRIGAÇÃO DE REPARAR O DANO

Art. 116. Em se tratando de ato infracional com reflexos patrimoniais, a autoridade poderá determinar, se for o caso, que o adolescente restitua a coisa, promova o ressarcimento do dano, ou, por outra forma, compense o prejuízo da vítima.

► Art. 112, § 2º, desta Lei.

Parágrafo único. Havendo manifesta impossibilidade, a medida poderá ser substituída por outra adequada.

Seção IV – DA PRESTAÇÃO DE SERVIÇOS À COMUNIDADE

Art. 117. A prestação de serviços comunitários consiste na realização de tarefas gratuitas de interesse geral, por período não excedente a seis meses, junto a entidades assistenciais, hospitais, escolas e outros estabelecimentos congêneres, bem como em programas comunitários ou governamentais.

► Art. 46 do CP.

Parágrafo único. As tarefas serão atribuídas conforme as aptidões do adolescente, devendo ser cumpridas durante jornada máxima de oito horas semanais, aos sábados, domingos e feriados ou em dias úteis, de modo a não prejudicar a frequência à escola ou à jornada normal de trabalho.

► Art. 46, § 3º, do CP.

Seção V – DA LIBERDADE ASSISTIDA

Art. 118. A liberdade assistida será adotada sempre que se afigurar a medida mais adequada para o fim de acompanhar, auxiliar e orientar o adolescente.

§ 1º A autoridade designará pessoa capacitada para acompanhar o caso, a qual poderá ser recomendada por entidade ou programa de atendimento.

► Arts. 127 e 181, § 1º, desta Lei.

§ 2º A liberdade assistida será fixada pelo prazo mínimo de seis meses, podendo a qualquer tempo ser prorrogada, revogada ou substituída por outra medida, ouvido o orientador, o Ministério Público e o defensor.

► Arts. 126, 127, 186, § 2º, e 207 desta Lei.

Art. 119. Incumbe ao orientador, com o apoio e a supervisão da autoridade competente, a realização dos seguintes encargos, entre outros:

► Arts. 118, § 2º, e 181, § 1º, desta Lei.

I – promover socialmente o adolescente e sua família, fornecendo-lhes orientação e inserindo-os, se necessário, em programa oficial ou comunitário de auxílio e assistência social;

II – supervisionar a frequência e o aproveitamento escolar do adolescente, promovendo, inclusive, sua matrícula;

III – diligenciar no sentido da profissionalização do adolescente e de sua inserção no mercado de trabalho;

IV – apresentar relatório do caso.

Seção VI – DO REGIME DE SEMILIBERDADE

Art. 120. O regime de semiliberdade pode ser determinado desde o início, ou como forma de transição para o meio aberto, possibilitada a realização de atividades externas, independentemente de autorização judicial.

§ 1º É obrigatória a escolarização e a profissionalização, devendo, sempre que possível, ser utilizados os recursos existentes na comunidade.

§ 2º A medida não comporta prazo determinado, aplicando-se, no que couber, as disposições relativas à internação.

▸ Arts. 121, § 2º, e 124 desta Lei.

Seção VII

DA INTERNAÇÃO

Art. 121. A internação constitui medida privativa da liberdade, sujeita aos princípios de brevidade, excepcionalidade e respeito à condição peculiar de pessoa em desenvolvimento.

▸ Art. 227, § 3º, V, da CF.

§ 1º Será permitida a realização de atividades externas, a critério da equipe técnica da entidade, salvo expressa determinação judicial em contrário.

▸ Arts. 94, § 2º, 100 e 113 desta Lei.

§ 2º A medida não comporta prazo determinado, devendo sua manutenção ser reavaliada, mediante decisão fundamentada, no máximo a cada seis meses.

▸ Art. 94, XIV, desta Lei.

§ 3º Em nenhuma hipótese o período máximo de internação excederá a três anos.

▸ Arts. 108 e 183 desta Lei.

§ 4º Atingido o limite estabelecido no parágrafo anterior, o adolescente deverá ser liberado, colocado em regime de semiliberdade ou de liberdade assistida.

▸ Art. 2º, parágrafo único, desta Lei.

§ 5º A liberação será compulsória aos vinte e um anos de idade.

§ 6º Em qualquer hipótese a desinternação será precedida de autorização judicial, ouvido o Ministério Público.

§ 7º A determinação judicial mencionada no § 1º poderá ser revista a qualquer tempo pela autoridade judiciária.

▸ § 7º acrescido pela Lei nº 12.594, de 18-1-2012.

Art. 122. A medida de internação só poderá ser aplicada quando:

▸ Súm. nº 492 do STJ.

I – tratar-se de ato infracional cometido mediante grave ameaça ou violência a pessoa;

II – por reiteração no cometimento de outras infrações graves;

III – por descumprimento reiterado e injustificável da medida anteriormente imposta.

▸ Arts. 110 e 111 desta Lei.

§ 1º O prazo de internação na hipótese do inciso III deste artigo não poderá ser superior a 3 (três) meses, devendo ser decretada judicialmente após o devido processo legal.

▸ § 1º com a redação dada pela Lei nº 12.594, de 18-1-2012.

§ 2º Em nenhuma hipótese será aplicada a internação, havendo outra medida adequada.

Art. 123. A internação deverá ser cumprida em entidade exclusiva para adolescentes, em local distinto daquele destinado ao abrigo, obedecida rigorosa separação por critérios de idade, compleição física e gravidade da infração.

▸ Arts. 101, § 1º, e 185 desta Lei.

Parágrafo único. Durante o período de internação, inclusive provisória, serão obrigatórias atividades pedagógicas.

▸ Arts. 94, X e XI, 124, XI e XII, e 208, VIII, desta Lei.

Art. 124. São direitos do adolescente privado de liberdade, entre outros, os seguintes:

I – entrevistar-se pessoalmente com o representante do Ministério Público;

▸ Art. 141 desta Lei.

II – peticionar diretamente a qualquer autoridade;

▸ Art. 5º, XXXIV, da CF.

III – avistar-se reservadamente com seu defensor;

▸ Art. 246 desta Lei.

▸ Art. 21, parágrafo único, do CPP.

▸ Art. 7º, III, da Lei nº 8.906, de 4-7-1994 (Estatuto da Advocacia e a OAB).

IV – ser informado de sua situação processual, sempre que solicitada;

▸ Art. 94, VII, desta Lei.

V – ser tratado com respeito e dignidade;

▸ Arts. 15, 17, 18 e 94, IV, desta Lei.

VI – permanecer internado na mesma localidade ou naquela mais próxima ao domicílio de seus pais ou responsável;

▸ Arts. 94, V, e 185, § 1º, desta Lei.

VII – receber visitas, ao menos semanalmente;

▸ Art. 94, VII, desta Lei.

VIII – corresponder-se com seus familiares e amigos;

IX – ter acesso aos objetos necessários à higiene e asseio pessoal;

▸ Art. 94, VII, desta Lei.

X – habitar alojamento em condições adequadas de higiene e salubridade;

▸ Art. 94, VII, desta Lei.

XI – receber escolarização e profissionalização;

▸ Arts. 94, X, 123, parágrafo único, e 208, VIII, desta Lei.

XII – realizar atividades culturais, esportivas e de lazer;

▸ Arts. 94, XII, e 123, parágrafo único, desta Lei.

XIII – ter acesso aos meios de comunicação social;

XIV – receber assistência religiosa, segundo a sua crença, e desde que assim o deseje;

▸ Art. 94, XII, desta Lei.

XV – manter a posse de seus objetos pessoais e dispor de local seguro para guardá-los, recebendo comprovante daqueles porventura depositados em poder da entidade;

▸ Arts. 17 e 94, XVII, desta Lei.

XVI – receber, quando de sua desinternação, os documentos pessoais indispensáveis à vida em sociedade.

§ 1º Em nenhum caso haverá incomunicabilidade.

§ 2º A autoridade judiciária poderá suspender temporariamente a visita, inclusive de pais ou responsável, se existirem motivos sérios e fundados de sua prejudicialidade aos interesses do adolescente.

Art. 125. É dever do Estado zelar pela integridade física e mental dos internos, cabendo-lhe adotar as medidas adequadas de contenção e segurança.

▸ Art. 37, § 6º, da CF.

CAPÍTULO V

DA REMISSÃO

Art. 126. Antes de iniciado o procedimento judicial para apuração de ato infracional, o representante do Ministério Público poderá conceder a remissão, como forma de exclusão do processo, atendendo às circunstâncias e consequências do fato, ao contexto social, bem como à personalidade do adolescente e sua maior ou menor participação no ato infracional.

▸ Arts. 180, II, 181 e 201 desta Lei.

Parágrafo único. Iniciado o procedimento, a concessão da remissão pela autoridade judiciária importará na suspensão ou extinção do processo.

▸ Arts. 126, *caput*, 127, 181, *caput*, 186, § 1º, e 188 desta Lei.

Art. 127. A remissão não implica necessariamente o reconhecimento ou comprovação da responsabilidade, nem prevalece para efeito de antecedentes, podendo incluir eventualmente a aplicação de qualquer das medidas previstas em lei, exceto a colocação em regime de semiliberdade e a internação.

▸ Arts. 101, 112, 114, *caput*, desta Lei.

Art. 128. A medida aplicada por força da remissão poderá ser revista judicialmente, a qualquer tempo, mediante pedido expresso do adolescente ou de seu representante legal, ou do Ministério Público.

▸ Arts. 110, 111 e 182 a 190 desta Lei.

TÍTULO IV – DAS MEDIDAS PERTINENTES AOS PAIS OU RESPONSÁVEL

Art. 129. São medidas aplicáveis aos pais ou responsável:

I – encaminhamento a serviços e programas oficiais ou comunitários de proteção, apoio e promoção da família;

▸ Inciso I com a redação dada pela Lei nº 13.257, de 8-3-2016.

▸ Arts. 136, I a VII, e 262 desta Lei.

II – inclusão em programa oficial ou comunitário de auxílio, orientação e tratamento a alcoólatras e toxicômanos;

III – encaminhamento a tratamento psicológico ou psiquiátrico;

IV – encaminhamento a cursos ou programas de orientação;

V – obrigação de matricular o filho ou pupilo e acompanhar sua frequência e aproveitamento escolar;

▸ Art. 55 desta Lei.

VI – obrigação de encaminhar a criança ou adolescente a tratamento especializado;

VII – advertência;

▸ Art. 115 desta Lei.

VIII – perda da guarda;

▸ Arts. 35 e 169, parágrafo único, desta Lei.

IX – destituição da tutela;

▸ Art. 164 desta Lei.

X – suspensão ou destituição do poder familiar.

▸ Art. 3º da Lei nº 12.010, de 3-8-2009 (Lei da Adoção).

▸ Arts. 1.630 a 1.638 do CC/2002.

Parágrafo único. Na aplicação das medidas previstas nos incisos IX e X deste artigo, observar-se-á o disposto nos artigos 23 e 24.

Art. 130. Verificada a hipótese de maus-tratos, opressão ou abuso sexual impostos pelos pais ou responsável, a autoridade judiciária poderá determinar, como medida cautelar, o afastamento do agressor da moradia comum.

Parágrafo único. Da medida cautelar constará, ainda, a fixação provisória dos alimentos de que necessitem a criança ou o adolescente dependentes do agressor.

▶ Parágrafo único acrescido pela Lei nº 12.415, de 9-6-2011.

TÍTULO V – DO CONSELHO TUTELAR

▶ Res. do CONANDA nº 139, de 17-3-2010, dispõe sobre os parâmetros para a criação e o funcionamento dos Conselhos Tutelares no Brasil.

CAPÍTULO I
DISPOSIÇÕES GERAIS

Art. 131. O Conselho Tutelar é órgão permanente e autônomo, não jurisdicional, encarregado pela sociedade de zelar pelo cumprimento dos direitos da criança e do adolescente, definidos nesta Lei.

▶ Arts. 259 e 262 desta Lei.

Art. 132. Em cada Município e em cada Região Administrativa do Distrito Federal haverá, no mínimo, 1 (um) Conselho Tutelar como órgão integrante da administração pública local, composto de 5 (cinco) membros, escolhidos pela população local para mandato de 4 (quatro) anos, permitida recondução por novos processos de escolha.

▶ Artigo com a redação dada pela Lei nº 13.824, de 9-5-2019.

Art. 133. Para a candidatura a membro do Conselho Tutelar, serão exigidos os seguintes requisitos:

I – reconhecida idoneidade moral;

II – idade superior a vinte e um anos;

III – residir no município.

Art. 134. Lei municipal ou distrital disporá sobre o local, dia e horário de funcionamento do Conselho Tutelar, inclusive quanto à remuneração dos respectivos membros, aos quais é assegurado o direito a:

▶ *Caput* com a redação dada pela Lei nº 12.696, de 25-7-2012.

▶ Art. 30, I e II, da CF.

I – cobertura previdenciária;

II – gozo de férias anuais remuneradas, acrescidas de 1/3 (um terço) do valor da remuneração mensal;

III – licença-maternidade;

IV – licença-paternidade;

V – gratificação natalina.

▶ Incisos I a V acrescidos pela Lei nº 12.696, de 25-7-2012.

Parágrafo único. Constará da lei orçamentária municipal e da do Distrito Federal previsão dos recursos necessários ao funcionamento do Conselho Tutelar e à remuneração e formação continuada dos conselheiros tutelares.

▶ Parágrafo único acrescido pela Lei nº 12.696, de 25-7-2012.

Art. 135. O exercício efetivo da função de conselheiro constituirá serviço público relevante e estabelecerá presunção de idoneidade moral.

▶ Artigo com a redação dada pela Lei nº 12.696, de 25-7-2012.

CAPÍTULO II
DAS ATRIBUIÇÕES DO CONSELHO

Art. 136. São atribuições do Conselho Tutelar:

▶ Arts. 13, 95 e 194 desta Lei.

I – atender as crianças e adolescentes nas hipóteses previstas nos artigos 98 e 105, aplicando as medidas previstas no artigo 101, I a VII;

II – atender e aconselhar os pais ou responsável, aplicando as medidas previstas no artigo 129, I a VII;

III – promover a execução de suas decisões, podendo para tanto:

a) requisitar serviços públicos nas áreas de saúde, educação, serviço social, previdência, trabalho e segurança;

b) representar junto à autoridade judiciária nos casos de descumprimento injustificado de suas deliberações.

▶ Art. 249 desta Lei.

IV – encaminhar ao Ministério Público notícia de fato que constitua infração administrativa ou penal contra os direitos da criança ou adolescente;

▶ Arts. 245 e 258 desta Lei.

V – encaminhar à autoridade judiciária os casos de sua competência;

▶ Art. 148 desta Lei.

VI – providenciar a medida estabelecida pela autoridade judiciária, dentre as previstas no artigo 101, de I a VI, para o adolescente autor de ato infracional;

▶ Art. 112, VII, desta Lei.

VII – expedir notificações;

VIII – requisitar certidões de nascimento e de óbito de criança ou adolescente quando necessário;

▶ Arts. 102 e 148, parágrafo único, desta Lei.

IX – assessorar o Poder Executivo local na elaboração da proposta orçamentária para planos e programas de atendimento dos direitos da criança e do adolescente;

X – representar, em nome da pessoa e da família, contra a violação dos direitos previstos no artigo 220, § 3º, inciso II, da Constituição Federal;

▶ Arts. 201, V, e 210 desta Lei.

XI – representar ao Ministério Público para efeito das ações de perda ou suspensão do poder familiar, após esgotadas as possibilidades de manutenção da criança ou do adolescente junto à família natural;

▶ Inciso XI com a redação dada pela Lei nº 12.010, de 3-8-2009.

▶ Arts. 1.630 a 1.638 do CC/2002, que dispõem sobre o poder familiar.

XII – promover e incentivar, na comunidade e nos grupos profissionais, ações de divulgação e treinamento para o reconhecimento de sintomas de maus-tratos em crianças e adolescentes;

▶ Inciso XII acrescido pela Lei nº 13.046, de 1º-12-2014.

XIII – adotar, na esfera de sua competência, ações articuladas e efetivas direcionadas à identificação da agressão, à agilidade no atendimento da criança e do adolescente vítima de violência doméstica e familiar e à responsabilização do agressor;

XIV – atender à criança e ao adolescente vítima ou testemunha de violência doméstica e familiar, ou submetido a tratamento cruel ou degradante ou a formas violentas de educação, correção ou disciplina, a seus familiares e a testemunhas, de forma a prover orientação e aconselhamento acerca de seus direitos e dos encaminhamentos necessários;

XV – representar à autoridade judicial ou policial para requerer o afastamento do agressor do lar, do domicílio ou do local de convivência com a vítima nos casos de violência doméstica e familiar contra a criança e o adolescente;

XVI – representar à autoridade judicial para requerer a concessão de medida protetiva de urgência à criança ou ao adolescente vítima ou testemunha de violência doméstica e familiar, bem como a revisão daquelas já concedidas;

XVII – representar ao Ministério Público para requerer a propositura de ação cautelar de antecipação de produção de prova nas causas que envolvam violência contra a criança e o adolescente;

XVIII – tomar as providências cabíveis, na esfera de sua competência, ao receber comunicação da ocorrência de ação ou omissão, praticada em local público ou privado, que constitua violência doméstica e familiar contra a criança e o adolescente;

XIX – receber e encaminhar, quando for o caso, as informações reveladas por noticiantes ou denunciantes relativas à prática de violência, ao uso de tratamento cruel ou degradante ou de formas violentas de educação, correção ou disciplina contra a criança e o adolescente;

XX – representar à autoridade judicial ou ao Ministério Público para requerer a concessão de medidas cautelares direta ou indiretamente relacionada à eficácia da proteção de noticiante ou denunciante de informações de crimes que envolvam violência doméstica e familiar contra a criança e o adolescente.

▶ Incisos XIII a XX acrescidos pela Lei nº 14.344, de 24-5-2022.

Parágrafo único. Se, no exercício de suas atribuições, o Conselho Tutelar entender necessário o afastamento do convívio familiar, comunicará incontinenti o fato ao Ministério Público, prestando-lhe informações sobre os motivos de tal entendimento e as providências tomadas para a orientação, o apoio e a promoção social da família.

▶ Parágrafo único acrescido pela Lei nº 12.010, de 3-8-2009.

Art. 137. As decisões do Conselho Tutelar somente poderão ser revistas pela autoridade judiciária a pedido de quem tenha legítimo interesse.

▶ Art. 5º, XXXV, da CF.

▶ Art. 249 desta Lei.

CAPÍTULO III
DA COMPETÊNCIA

Art. 138. Aplica-se ao Conselho Tutelar a regra de competência constante do artigo 147.

CAPÍTULO IV
DA ESCOLHA DOS CONSELHEIROS

Art. 139. O processo para a escolha dos membros do Conselho Tutelar será estabelecido em lei municipal e realizado sob a responsabilidade do Conselho Municipal dos Direitos da Criança e do Adolescente, e a fiscalização do Ministério Público.

▶ Artigo com a redação dada pela Lei nº 8.242, de 12-10-1991.

▶ Art. 30, I e II, da CF.

§ 1º O processo de escolha dos membros do Conselho Tutelar ocorrerá em data unificada em todo o território nacional a cada 4 (quatro) anos, no primeiro domingo do mês de outubro do ano subsequente ao da eleição presidencial.

§ 2º A posse dos conselheiros tutelares ocorrerá no dia 10 de janeiro do ano subsequente ao processo de escolha.

§ 3º No processo de escolha dos membros do Conselho Tutelar, é vedado ao candidato doar, oferecer, prometer ou entregar ao eleitor bem ou vantagem pessoal de qualquer natureza, inclusive brindes de pequeno valor.

▶ §§ 1º a 3º acrescidos pela Lei nº 12.696, de 25-7-2012.

CAPÍTULO V
DOS IMPEDIMENTOS

Art. 140. São impedidos de servir no mesmo Conselho marido e mulher, ascendentes e descendentes, sogro e genro ou nora, irmãos, cunhados, durante o cunhadio, tio e sobrinho, padrasto ou madrasta e enteado.

▶ Art. 226, § 3º, da CF.

Parágrafo único. Estende-se o impedimento do conselheiro, na forma deste artigo, em relação à autoridade judiciária e ao representante do Ministério Público com atuação na Justiça da Infância e da Juventude, em exercício na Comarca, Foro Regional ou Distrital.

TÍTULO VI – DO ACESSO À JUSTIÇA

CAPÍTULO I
DISPOSIÇÕES GERAIS

Art. 141. É garantido o acesso de toda criança ou adolescente à Defensoria Pública, ao Ministério Público e ao Poder Judiciário, por qualquer de seus órgãos.

▶ Arts. 5º, XXXV, e 134 da CF.
▶ Art. 4º, parágrafo único, *b*, desta Lei.

§ 1º A assistência judiciária gratuita será prestada aos que dela necessitarem, através de defensor público ou advogado nomeado.

▶ Art. 5º, LXXIV, da CF.
▶ Arts. 111, 159 e 206 desta Lei.
▶ Lei nº 1.060, de 5-2-1950 (Lei de Assistência Judiciária).

§ 2º As ações judiciais da competência da Justiça da Infância e da Juventude são isentas de custas e emolumentos, ressalvada a hipótese de litigância de má-fé.

▶ Art. 148, IV e V, desta Lei.

Art. 142. Os menores de dezesseis anos serão representados e os maiores de dezesseis e menores de vinte e um anos assistidos por seus pais, tutores ou curadores, na forma da legislação civil ou processual.

▶ Art. 5º, LX, da CF.
▶ Art. 2º desta Lei.
▶ Arts. 3º, I, 4º, I, 1.634, V, 1.690, 1.747, I, e 1.774 do CC.

Parágrafo único. A autoridade judiciária dará curador especial à criança ou adolescente, sempre que os interesses destes colidirem com os de seus pais ou responsável, ou quando carecer de representação ou assistência legal ainda que eventual.

▶ Art. 33 do CPP.

Art. 143. É vedada a divulgação de atos judiciais, policiais e administrativos que digam respeito a crianças e adolescentes a que se atribua autoria de ato infracional.

▶ Art. 5º, LX, da CF.
▶ Art. 247 desta Lei.

Parágrafo único. Qualquer notícia a respeito do fato não poderá identificar a criança ou adolescente, vedando-se fotografia, referência a nome, apelido, filiação, parentesco, residência e, inclusive, iniciais do nome e sobrenome.

▶ Parágrafo único com a redação dada pela Lei nº 10.764, de 12-11-2003.

Art. 144. A expedição de cópia ou certidão de atos a que se refere o artigo anterior somente será deferida pela autoridade judiciária competente, se demonstrado o interesse e justificada a finalidade.

CAPÍTULO II
DA JUSTIÇA DA INFÂNCIA E DA JUVENTUDE

Seção I
DISPOSIÇÕES GERAIS

Art. 145. Os Estados e o Distrito Federal poderão criar varas especializadas e exclusivas da infância e da juventude, cabendo ao Poder Judiciário estabelecer sua proporcionalidade por número de habitantes, dotá-las de infraestrutura e dispor sobre o atendimento, inclusive em plantões.

▶ Arts. 150 e 204 desta Lei.

Seção II
DO JUIZ

Art. 146. A autoridade a que se refere esta Lei é o Juiz da Infância e da Juventude, ou o juiz que exerce essa função, na forma da Lei de Organização Judiciária local.

▶ Arts. 92, VII, e 125, § 1º, da CF.
▶ Arts. 101, 130 e 262 desta Lei.

Art. 147. A competência será determinada:

▶ Art. 138 desta Lei.

I – pelo domicílio dos pais ou responsável;

▶ Súm. nº 383 do STJ.

II – pelo lugar onde se encontre a criança ou adolescente, à falta dos pais ou responsável.

§ 1º Nos casos de ato infracional, será competente a autoridade do lugar da ação ou omissão, observadas as regras de conexão, continência e prevenção.

▶ Art. 103 desta Lei.
▶ Arts. 76, 77 e 83 do CPP.

§ 2º A execução das medidas poderá ser delegada à autoridade competente da residência dos pais ou responsável, ou do local onde sediar-se a entidade que abrigar a criança ou adolescente.

▶ Art. 124, VI, desta Lei.

§ 3º Em caso de infração cometida através de transmissão simultânea de rádio ou televisão, que atinja mais de uma comarca, será competente, para aplicação da penalidade, a autoridade judiciária do local da sede estadual da emissora ou rede, tendo a sentença eficácia para todas as transmissoras ou retransmissoras do respectivo Estado.

▶ Arts. 247, § 2º, 253 e 254 desta Lei.

Art. 148. A Justiça da Infância e da Juventude é competente para:

▶ Arts. 141, §§ 1º e 2º, 149, 198 e 199 desta Lei

I – conhecer de representações promovidas pelo Ministério Público, para apuração de ato infracional atribuído a adolescente, aplicando as medidas cabíveis;

▶ Arts. 105, 112, 136, I, 182 e 262 desta Lei.

II – conceder a remissão, como forma de suspensão ou extinção do processo;

▶ Art. 126, parágrafo único, desta Lei.

III – conhecer de pedidos de adoção e seus incidentes;

▶ Arts. 33, § 1º, e 39 a 52-D desta Lei.

IV – conhecer de ações civis fundadas em interesses individuais, difusos ou coletivos afetos à criança e ao adolescente, observado o disposto no artigo 209;

▶ Arts. 208 a 224 desta Lei.

V – conhecer de ações decorrentes de irregularidades em entidades de atendimento, aplicando as medidas cabíveis;

▶ Arts. 97, 148 e 191 a 193 desta Lei.

VI – aplicar penalidades administrativas nos casos de infrações contra norma de proteção à criança ou adolescentes;

▶ Arts. 98 a 102, 194 a 197 e 245 a 258 desta Lei.

VII – conhecer de casos encaminhados pelo Conselho Tutelar, aplicando as medidas cabíveis.

▶ Art. 136, III, *b*, e V, desta Lei.

Parágrafo único. Quando se tratar de criança ou adolescente nas hipóteses do artigo 98, é também competente a Justiça da Infância e da Juventude para o fim de:

▶ Arts. 33 a 35 desta Lei.

a) conhecer de pedidos de guarda e tutela;

▶ Arts. 33 a 38 e 165 a 170 desta Lei.

b) conhecer de ações de destituição do poder familiar, perda ou modificação da tutela ou guarda;

▶ Art. 3º da Lei nº 12.010, de 3-8-2009 (Lei da Adoção).
▶ Arts. 1.630 a 1.638 do CC/2002.
▶ Arts. 24, 35, 38 e 155 a 164 desta Lei.

c) suprir a capacidade ou o consentimento para o casamento;

d) conhecer de pedidos baseados em discordância paterna ou materna, em relação ao exercício do poder familiar;

▶ Art. 3º da Lei nº 12.010, de 3-8-2009 (Lei da Adoção).
▶ Arts. 1.630 a 1.638 do CC/2002.
▶ Art. 21 desta Lei.

e) conceder a emancipação, nos termos da lei civil, quando faltarem os pais;

▶ Art. 2º, parágrafo único, desta Lei.
▶ Art. 5º, parágrafo único, I, do CC.

f) designar curador especial em casos de apresentação de queixa ou representação, ou de outros procedimentos judiciais ou extrajudiciais em que haja interesses de criança ou adolescente;

▶ Art. 142, parágrafo único, desta Lei.
▶ Art. 39 do CP.

g) conhecer de ações de alimentos;

▶ Art. 201, III, desta Lei.

h) determinar o cancelamento, a retificação e o suprimento dos registros de nascimento e óbito.

▶ Art. 102 desta Lei.

Art. 149. Compete à autoridade judiciária disciplinar, através de portaria, ou autorizar, mediante alvará:

▶ Art. 199 desta Lei.

I – a entrada e permanência de criança ou adolescente, desacompanhado dos pais ou responsável, em:

a) estádio, ginásio e campo desportivo;
b) bailes ou promoções dançantes;
c) boate ou congêneres;

LEGISLAÇÃO COMPLEMENTAR

d) casa que explore comercialmente diversões eletrônicas;
e) estúdios cinematográficos, de teatro, rádio e televisão;

II – a participação de criança e adolescente em:
a) espetáculos públicos e seus ensaios;
b) certames de beleza.

§ 1º Para os fins do disposto neste artigo, a autoridade judiciária levará em conta, dentre outros fatores:
a) os princípios desta Lei;
b) as peculiaridades locais;
c) a existência de instalações adequadas;
d) o tipo de frequência habitual ao local;
e) a adequação do ambiente a eventual participação ou frequência de crianças e adolescentes;
f) a natureza do espetáculo.

§ 2º As medidas adotadas na conformidade deste artigo deverão ser fundamentadas, caso a caso, vedadas as determinações de caráter geral.

SEÇÃO III – DOS SERVIÇOS AUXILIARES

Art. 150. Cabe ao Poder Judiciário, na elaboração de sua proposta orçamentária, prever recursos para manutenção de equipe interprofissional, destinada a assessorar a Justiça da Infância e da Juventude.

Art. 151. Compete à equipe interprofissional, dentre outras atribuições que lhe forem reservadas pela legislação local, fornecer subsídios por escrito, mediante laudos, ou verbalmente, na audiência, e bem assim desenvolver trabalhos de aconselhamento, orientação, encaminhamento, prevenção e outros, tudo sob a imediata subordinação à autoridade judiciária, assegurada a livre manifestação do ponto de vista técnico.

▶ Arts. 146, 161, § 1º, 162, § 1º, 167 e 186, § 4º, desta Lei.

Parágrafo único. Na ausência ou insuficiência de servidores públicos integrantes do Poder Judiciário responsáveis pela realização dos estudos psicossociais ou de quaisquer outras espécies de avaliações técnicas exigidas por esta Lei ou por determinação judicial, a autoridade judiciária poderá proceder à nomeação de perito, nos termos do art. 156 da Lei nº 13.105, de 16 de março de 2015 (Código de Processo Civil).

▶ Parágrafo único acrescido pela Lei nº 13.509, de 22-11-2017.

CAPÍTULO III – DOS PROCEDIMENTOS

SEÇÃO I – DISPOSIÇÕES GERAIS

Art. 152. Aos procedimentos regulados nesta Lei aplicam-se subsidiariamente as normas gerais previstas na legislação processual pertinente.

▶ Art. 206 desta Lei.

§ 1º É assegurada, sob pena de responsabilidade, prioridade absoluta na tramitação dos processos e procedimentos previstos nesta Lei, assim como na execução dos atos e diligências judiciais a eles referentes.

▶ Parágrafo único transformado em § 1º pela Lei nº 13.509, de 22-11-2017.

§ 2º Os prazos estabelecidos nesta Lei e aplicáveis aos seus procedimentos são contados em dias corridos, excluído o dia do começo e incluído o dia do vencimento, vedado o prazo em dobro para a Fazenda Pública e o Ministério Público.

▶ § 2º acrescido pela Lei nº 13.509, de 22-11-2017.

Art. 153. Se a medida judicial a ser adotada não corresponder a procedimento previsto nesta ou em outra lei, a autoridade judiciária poderá investigar os fatos e ordenar de ofício as providências necessárias, ouvido o Ministério Público.

▶ Arts. 35, 128 e 149 desta Lei.

Parágrafo único. O disposto neste artigo não se aplica para o fim de afastamento da criança ou do adolescente de sua família de origem e em outros procedimentos necessariamente contenciosos.

▶ Parágrafo único acrescido pela Lei nº 12.010, de 3-8-2009.

Art. 154. Aplica-se às multas o disposto no artigo 214.

▶ Arts. 194 a 197 e 245 a 258 desta Lei.

SEÇÃO II – DA PERDA E DA SUSPENSÃO DO PODER FAMILIAR

▶ Art. 3º da Lei nº 12.010, de 3-8-2009 (Lei da Adoção).

▶ Arts. 1.630 a 1.638 do CC/2002.

Art. 155. O procedimento para a perda ou a suspensão do poder familiar terá início por provocação do Ministério Público ou de quem tenha legítimo interesse.

▶ Art. 3º da Lei nº 12.010, de 3-8-2009 (Lei da Adoção).

Art. 156. A petição inicial indicará:

I – a autoridade judiciária a que for dirigida;

II – o nome, o estado civil, a profissão e a residência do requerente e do requerido, dispensada a qualificação em se tratando de pedido formulado por representante do Ministério Público;

III – a exposição sumária do fato e o pedido;

IV – as provas que serão produzidas, oferecendo, desde logo, o rol de testemunhas e documentos.

Art. 157. Havendo motivo grave, poderá a autoridade judiciária, ouvido o Ministério Público, decretar a suspensão do poder familiar, liminar ou incidentalmente, até o julgamento definitivo da causa, ficando a criança ou adolescente confiado a pessoa idônea, mediante termo de responsabilidade.

▶ Art. 3º da Lei nº 12.010, de 3-8-2009 (Lei da Adoção).

§ 1º Recebida a petição inicial, a autoridade judiciária determinará, concomitantemente ao despacho de citação e independentemente de requerimento do interessado, a realização de estudo social ou perícia por equipe interprofissional ou multidisciplinar para comprovar a presença de uma das causas de suspensão ou destituição do poder familiar, ressalvado o disposto no § 10 do art. 101 desta Lei, e observada a Lei nº 13.431, de 4 de abril de 2017.

§ 2º Em sendo os pais oriundos de comunidades indígenas, é ainda obrigatória a intervenção, junto à equipe interprofissional ou multidisciplinar referida no § 1º deste artigo, de representantes do órgão federal responsável pela política indigenista, observado o disposto no § 6º do art. 28 desta Lei.

▶ §§ 1º e 2º acrescidos pela Lei nº 13.509, de 22-11-2017.

§ 3º A concessão da liminar será, preferencialmente, precedida de entrevista da criança ou do adolescente perante equipe multidisciplinar e de oitiva da outra parte, nos termos da Lei nº 13.431, de 4 de abril de 2017.

§ 4º Se houver indícios de ato de violação de direitos de criança ou de adolescente, o juiz comunicará o fato ao Ministério Público e encaminhará os documentos pertinentes.

▶ §§ 3º e 4º acrescidos pela Lei nº 14.340, de 18-5-2022.

Art. 158. O requerido será citado para, no prazo de dez dias, oferecer resposta escrita, indicando as provas a serem produzidas e oferecendo desde logo o rol de testemunhas e documentos.

§ 1º A citação será pessoal, salvo se esgotados todos os meios para sua realização.

§ 2º O requerido privado de liberdade deverá ser citado pessoalmente.

▶ §§ 1º e 2º acrescidos pela Lei nº 12.962, de 8-4-2014.

§ 3º Quando, por 2 (duas) vezes, o oficial de justiça houver procurado o citando em seu domicílio ou residência sem o encontrar, deverá, havendo suspeita de ocultação, informar qualquer pessoa da família ou, em sua falta, qualquer vizinho do dia útil em que voltará a fim de efetuar a citação, na hora que designar, nos termos do art. 252 e seguintes da Lei nº 13.105, de 16 de março de 2015 (Código de Processo Civil).

§ 4º Na hipótese de os genitores encontrarem-se em local incerto ou não sabido, serão citados por edital no prazo de 10 (dez) dias, em publicação única, dispensado o envio de ofícios para a localização.

▶ §§ 3º e 4º acrescidos pela Lei nº 13.509, de 22-11-2017.

Art. 159. Se o requerido não tiver possibilidade de constituir advogado, sem prejuízo do próprio sustento e de sua família, poderá requerer, em cartório, que lhe seja nomeado dativo, ao qual incumbirá a apresentação de resposta, contando-se o prazo a partir da intimação do despacho de nomeação.

Parágrafo único. Na hipótese de requerido privado de liberdade, o oficial de justiça deverá perguntar, no momento da citação pessoal, se deseja que lhe seja nomeado defensor.

▶ Parágrafo único acrescido pela Lei nº 12.962, de 8-4-2014.

Art. 160. Sendo necessário, a autoridade judiciária requisitará de qualquer repartição ou órgão público a apresentação de documento que interesse à causa, de ofício ou a requerimento das partes ou do Ministério Público.

Art. 161. Se não for contestado o pedido e tiver sido concluído o estudo social ou a perícia realizada por equipe interprofissional ou multidisciplinar, a autoridade judiciária dará vista dos autos ao Ministério Público, por 5 (cinco) dias, salvo quando este for o requerente, e decidirá em igual prazo.

▶ *Caput* com a redação dada pela Lei nº 13.509, de 22-11-2017.

§ 1º A autoridade judiciária, de ofício ou a requerimento das partes ou do Ministério

Público, determinará a oitiva de testemunhas que comprovem a presença de uma das causas de suspensão ou destituição do poder familiar previstas nos arts. 1.637 e 1.638 da Lei nº 10.406, de 10 de janeiro de 2002 (Código Civil), ou no art. 24 desta Lei.

▸ § 1º com a redação dada pela Lei nº 13.509, de 22-11-2017.

§ 2º *Revogado*. Lei nº 13.509, de 22-11-2017.

§ 3º Se o pedido importar em modificação de guarda, será obrigatória, desde que possível e razoável, a oitiva da criança ou adolescente, respeitado seu estágio de desenvolvimento e grau de compreensão sobre as implicações da medida.

▸ § 3º acrescido pela Lei nº 12.010, de 3-8-2009.

§ 4º É obrigatória a oitiva dos pais sempre que eles forem identificados e estiverem em local conhecido, ressalvados os casos de não comparecimento perante a Justiça quando devidamente citados.

▸ § 4º com a redação dada pela Lei nº 13.509, de 22-11-2017.

§ 5º Se o pai ou a mãe estiverem privados de liberdade, a autoridade judicial requisitará sua apresentação para a oitiva.

▸ § 5º acrescido pela Lei nº 12.962, de 8-4-2014.

Art. 162. Apresentada a resposta, a autoridade judiciária dará vista dos autos ao Ministério Público, por cinco dias, salvo quando este for o requerente, designando, desde logo, audiência de instrução e julgamento.

§ 1º *Revogado*. Lei nº 13.509, de 22-11-2017.

§ 2º Na audiência, presentes as partes e o Ministério Público, serão ouvidas as testemunhas, colhendo-se oralmente o parecer técnico, salvo quando apresentado por escrito, manifestando-se sucessivamente o requerente, o requerido e o Ministério Público, pelo tempo de 20 (vinte) minutos cada um, prorrogável por mais 10 (dez) minutos.

▸ § 2º com a redação dada pela Lei nº 13.509, de 22-11-2017.

§ 3º A decisão será proferida na audiência, podendo a autoridade judiciária, excepcionalmente, designar data para sua leitura no prazo máximo de 5 (cinco) dias.

§ 4º Quando o procedimento de destituição de poder familiar for iniciado pelo Ministério Público, não haverá necessidade de nomeação de curador especial em favor da criança ou adolescente.

▸ §§ 3º e 4º acrescidos pela Lei nº 13.509, de 22-11-2017.

Art. 163. O prazo máximo para conclusão do procedimento será de 120 (cento e vinte) dias, e caberá ao juiz, no caso de notória inviabilidade de manutenção do poder familiar, dirigir esforços para preparar a criança ou o adolescente com vistas à colocação em família substituta.

▸ *Caput* com a redação dada pela Lei nº 13.509, de 22-11-2017.

Parágrafo único. A sentença que decretar a perda ou a suspensão do poder familiar será averbada à margem do registro de nascimento da criança ou do adolescente.

▸ Parágrafo único acrescido pela Lei nº 12.010, de 3-8-2009.

Seção III

DA DESTITUIÇÃO DA TUTELA

Art. 164. Na destituição da tutela, observar-se-á o procedimento para a remoção de tutor previsto na lei processual civil e, no que couber, o disposto na seção anterior.

Seção IV

DA COLOCAÇÃO EM FAMÍLIA SUBSTITUTA

Art. 165. São requisitos para a concessão de pedidos de colocação em família substituta:

I – qualificação completa do requerente e de seu eventual cônjuge, ou companheiro, com expressa anuência deste;

II – indicação de eventual parentesco do requerente e de seu cônjuge, ou companheiro, com a criança ou adolescente, especificando se tem ou não parente vivo;

III – qualificação completa da criança ou adolescente e de seus pais, se conhecidos;

IV – indicação do cartório onde foi inscrito nascimento, anexando, se possível, uma cópia da respectiva certidão;

V – declaração sobre a existência de bens, direitos ou rendimentos relativos à criança ou ao adolescente.

Parágrafo único. Em se tratando de adoção, observar-se-ão também os requisitos específicos.

Art. 166. Se os pais forem falecidos, tiverem sido destituídos ou suspensos do poder familiar, ou houverem aderido expressamente ao pedido de colocação em família substituta, este poderá ser formulado diretamente em cartório, em petição assinada pelos próprios requerentes, dispensada a assistência de advogado.

▸ *Caput* com a redação dada pela Lei nº 12.010, de 3-8-2009.

§ 1º Na hipótese de concordância dos pais, o juiz:

I – na presença do Ministério Público, ouvirá as partes, devidamente assistidas por advogado ou por defensor público, para verificar sua concordância com a adoção, no prazo máximo de 10 (dez) dias, contado da data do protocolo da petição ou da entrega da criança em juízo, tomando por termo as declarações; e

II – declarará a extinção do poder familiar.

▸ § 1º com a redação dada pela Lei nº 13.509, de 22-11-2017.

§ 2º O consentimento dos titulares do poder familiar será precedido de orientações e esclarecimentos prestados pela equipe interprofissional da Justiça da Infância e da Juventude, em especial, no caso de adoção, sobre a irrevogabilidade da medida.

▸ § 2º acrescido pela Lei nº 12.010, de 3-8-2009.

§ 3º São garantidos a livre manifestação de vontade dos detentores do poder familiar e o direito ao sigilo das informações.

§ 4º O consentimento prestado por escrito não terá validade se não for ratificado na audiência a que se refere o § 1º deste artigo.

§ 5º O consentimento é retratável até a data da realização da audiência especificada no § 1º deste artigo, e os pais podem exercer o arrependimento no prazo de 10 (dez) dias, contado da data de prolação da sentença de extinção do poder familiar.

▸ §§ 3º a 5º com a redação dada pela Lei nº 13.509, de 22-11-2017.

§ 6º O consentimento somente terá valor se for dado após o nascimento da criança.

▸ § 6º acrescido pela Lei nº 12.010, de 3-8-2009.

§ 7º A família natural e a família substituta receberão a devida orientação por intermédio de equipe técnica interprofissional a serviço da Justiça da Infância e da Juventude, preferencialmente com apoio dos técnicos responsáveis pela execução da política municipal de garantia do direito à convivência familiar.

▸ § 7º com a redação dada pela Lei nº 13.509, de 22-11-2017.

Art. 167. A autoridade judiciária, de ofício ou a requerimento das partes ou do Ministério Público, determinará a realização de estudo social ou, se possível, perícia por equipe interprofissional, decidindo sobre a concessão de guarda provisória, bem como, no caso de adoção, sobre o estágio de convivência.

Parágrafo único. Deferida a concessão da guarda provisória ou do estágio de convivência, a criança ou o adolescente será entregue ao interessado, mediante termo de responsabilidade.

▸ Parágrafo único acrescido pela Lei nº 12.010, de 3-8-2009.

Art. 168. Apresentado o relatório social ou o laudo pericial, e ouvida, sempre que possível, a criança ou o adolescente, dar-se-á vista dos autos ao Ministério Público, pelo prazo de cinco dias, decidindo a autoridade judiciária em igual prazo.

Art. 169. Nas hipóteses em que a destituição da tutela, a perda ou a suspensão do poder familiar constituir pressuposto lógico da medida principal de colocação em família substituta, será observado o procedimento contraditório previsto nas Seções II e III deste Capítulo.

▸ Art. 3º da Lei nº 12.010, de 3-8-2009 (Lei da Adoção).

Parágrafo único. A perda ou a modificação da guarda poderá ser decretada nos mesmos autos do procedimento, observado o disposto no artigo 35.

Art. 170. Concedida a guarda ou a tutela, observar-se-á o disposto no artigo 32, e, quanto à adoção, o contido no artigo 47.

Parágrafo único. A colocação de criança ou adolescente sob a guarda de pessoa inscrita em programa de acolhimento familiar será comunicada pela autoridade judiciária à entidade por este responsável no prazo máximo de 5 (cinco) dias.

▸ Parágrafo único acrescido pela Lei nº 12.010, de 3-8-2009.

Seção V

DA APURAÇÃO DE ATO INFRACIONAL ATRIBUÍDO A ADOLESCENTE

Art. 171. O adolescente apreendido por força de ordem judicial será, desde logo, encaminhado à autoridade judiciária.

▸ Art. 5º, LXI, da CF.

▸ Arts. 106 e 112 desta Lei.

Art. 172. O adolescente apreendido em flagrante de ato infracional será, desde logo, encaminhado à autoridade policial competente.

▸ Arts. 105, 136, I, 147, § 1º, e 262 desta Lei.

Parágrafo único. Havendo repartição policial especializada para atendimento de adolescente e em se tratando de ato infracional praticado em coautoria com maior, prevalecerá a

LEGISLAÇÃO COMPLEMENTAR

atribuição da repartição especializada, que, após as providências necessárias e conforme o caso, encaminhará o adulto à repartição policial própria.

Art. 173. Em caso de flagrante de ato infracional cometido mediante violência ou grave ameaça a pessoa, a autoridade policial, sem prejuízo do disposto nos artigos 106, parágrafo único, e 107, deverá:

▶ Arts. 158 a 184 do CPP.

I – lavrar auto de apreensão, ouvidos as testemunhas e o adolescente;

▶ Art. 152 desta Lei.

II – apreender o produto e os instrumentos da infração;

III – requisitar os exames ou perícias necessários à comprovação da materialidade e autoria da infração.

▶ Arts. 158 a 184 do CPP.

Parágrafo único. Nas demais hipóteses de flagrante, a lavratura do auto poderá ser substituída por boletim de ocorrência circunstanciada.

▶ Arts. 112 e 114 desta Lei.

Art. 174. Comparecendo qualquer dos pais ou responsável, o adolescente será prontamente liberado pela autoridade policial, sob termo de compromisso e responsabilidade de sua apresentação ao representante do Ministério Público, no mesmo dia ou, sendo impossível, no primeiro dia útil imediato, exceto quando, pela gravidade do ato infracional e sua repercussão social, deva o adolescente permanecer sob internação para garantia de sua segurança pessoal ou manutenção da ordem pública.

▶ Arts. 107, 173 e 179 desta Lei.

Art. 175. Em caso de não liberação, a autoridade policial encaminhará, desde logo, o adolescente ao representante do Ministério Público, juntamente com cópia do auto de apreensão ou boletim de ocorrência.

▶ Arts. 107, 173 e 179 desta Lei.

§ 1º Sendo impossível a apresentação imediata, a autoridade policial encaminhará o adolescente a entidade de atendimento, que fará a apresentação ao representante do Ministério Público no prazo de vinte e quatro horas.

▶ Art. 90, VII, desta Lei.

§ 2º Nas localidades onde não houver entidade de atendimento, a apresentação far-se-á pela autoridade policial. À falta de repartição policial especializada, o adolescente aguardará a apresentação em dependência separada da destinada a maiores, não podendo, em qualquer hipótese, exceder o prazo referido no parágrafo anterior.

▶ Art. 185, §§ 1º e 2º, desta Lei.

Art. 176. Sendo o adolescente liberado, a autoridade policial encaminhará imediatamente ao representante do Ministério Público cópia do auto de apreensão ou boletim de ocorrência.

▶ Arts. 173 e 179 desta Lei.

Art. 177. Se, afastada a hipótese de flagrante, houver indícios de participação de adolescente na prática de ato infracional, a autoridade policial encaminhará ao representante do Ministério Público relatório das investigações e demais documentos.

▶ Art. 179 desta Lei.

Art. 178. O adolescente a quem se atribua autoria de ato infracional não poderá ser conduzido ou transportado em compartimento fechado de veículo policial, em condições atentatórias à sua dignidade, ou que impliquem risco à sua integridade física ou mental, sob pena de responsabilidade.

Art. 179. Apresentado o adolescente, o representante do Ministério Público, no mesmo dia e à vista do auto de apreensão, boletim de ocorrência ou relatório policial, devidamente autuados pelo cartório judicial e com informação sobre os antecedentes do adolescente, procederá imediata e informalmente à sua oitiva e, em sendo possível, de seus pais ou responsável, vítima e testemunhas.

▶ Art. 147, § 1º, desta Lei.

Parágrafo único. Em caso de não apresentação, o representante do Ministério Público notificará os pais ou responsável para apresentação do adolescente, podendo requisitar o concurso das Polícias Civil e Militar.

Art. 180. Adotadas as providências a que alude o artigo anterior, o representante do Ministério Público poderá:

I – promover o arquivamento dos autos;

▶ Art. 126, *caput*, desta Lei.

II – conceder a remissão;

III – representar à autoridade judiciária para aplicação de medida socioeducativa.

▶ Arts. 112 a 125 desta Lei.

Art. 181. Promovido o arquivamento dos autos ou concedida a remissão pelo representante do Ministério Público, mediante termo fundamentado, que conterá o resumo dos fatos, os autos serão conclusos à autoridade judiciária para homologação.

§ 1º Homologado o arquivamento ou a remissão, a autoridade judiciária determinará, conforme o caso, o cumprimento da medida.

▶ Arts. 101 e 112 desta Lei.

§ 2º Discordando, a autoridade judiciária fará remessa dos autos ao Procurador-Geral de Justiça, mediante despacho fundamentado, e este oferecerá representação, designará outro membro do Ministério Público para apresentá-la, ou ratificará o arquivamento ou a remissão, que só então estará a autoridade judiciária obrigada a homologar.

▶ Art. 28 do CPP.

Art. 182. Se, por qualquer razão, o representante do Ministério Público não promover o arquivamento ou conceder a remissão, oferecerá representação à autoridade judiciária, propondo a instauração de procedimento para aplicação da medida socioeducativa que se afigurar a mais adequada.

▶ Arts. 112, § 1º, 185, §§ 1º e 2º, e 186, §§ 2º e 4º, desta Lei.

§ 1º A representação será oferecida por petição, que conterá o breve resumo dos fatos e a classificação do ato infracional e, quando necessário, o rol de testemunhas, podendo ser deduzida oralmente, em sessão diária instalada pela autoridade judiciária.

§ 2º A representação independe de prova pré-constituída da autoria e materialidade.

Art. 183. O prazo máximo e improrrogável para a conclusão do procedimento, estando o adolescente internado provisoriamente, será de quarenta e cinco dias.

▶ Arts. 106 a 108 desta Lei.

Art. 184. Oferecida a representação, a autoridade judiciária designará audiência de apresentação do adolescente, decidindo, desde logo, sobre a decretação ou manutenção da internação, observado o disposto no artigo 108 e parágrafo.

▶ Arts. 2º, parágrafo único, 121, § 5º, 171, 182, § 1º, e 190 desta Lei.

§ 1º O adolescente e seus pais ou responsável serão cientificados do teor da representação, e notificados a comparecer à audiência, acompanhados de advogado.

▶ Arts. 111, I, e 207 desta Lei.

§ 2º Se os pais ou responsável não forem localizados, a autoridade judiciária dará curador especial ao adolescente.

▶ Art. 152 desta Lei.

§ 3º Não sendo localizado o adolescente, a autoridade judiciária expedirá mandado de busca e apreensão, determinando o sobrestamento do feito, até a efetiva apresentação.

§ 4º Estando o adolescente internado, será requisitada a sua apresentação, sem prejuízo da notificação dos pais ou responsável.

▶ Art. 112, VI, desta Lei.

Art. 185. A internação, decretada ou mantida pela autoridade judiciária, não poderá ser cumprida em estabelecimento prisional.

▶ Arts. 112 e 123 desta Lei.

§ 1º Inexistindo na comarca entidade com as características definidas no artigo 123, o adolescente deverá ser imediatamente transferido para a localidade mais próxima.

▶ Art. 124, VI, desta Lei.

§ 2º Sendo impossível a pronta transferência, o adolescente aguardará sua remoção em repartição policial, desde que em seção isolada dos adultos e com instalações apropriadas, não podendo ultrapassar o prazo máximo de cinco dias, sob pena de responsabilidade.

Art. 186. Comparecendo o adolescente, seus pais ou responsável, a autoridade judiciária procederá à oitiva dos mesmos, podendo solicitar opinião de profissional qualificado.

▶ Arts. 101, V, e 112, VII, desta Lei.

§ 1º Se a autoridade judiciária entender adequada a remissão, ouvirá o representante do Ministério Público, proferindo decisão.

▶ Arts. 122, II, 126, parágrafo único, e 127 desta Lei.

§ 2º Sendo o fato grave, passível de aplicação de medida de internação ou colocação em regime de semiliberdade, a autoridade judiciária, verificando que o adolescente não possui advogado constituído, nomeará defensor, designando, desde logo, audiência em continuação, podendo determinar a realização de diligências e estudo do caso.

▶ Arts. 90 a 95, 111, III, 150, 151 e 207 desta Lei.

§ 3º O advogado constituído ou o defensor nomeado, no prazo de três dias contados da audiência de apresentação, oferecerá defesa prévia e rol de testemunhas.

§ 4º Na audiência em continuação, ouvidas as testemunhas arroladas na representação e na defesa prévia, cumpridas as diligências e juntado o relatório da equipe interprofissional, será dada a palavra ao representante do Ministério

Público e ao defensor, sucessivamente, pelo tempo de vinte minutos para cada um, prorrogável por mais dez, a critério da autoridade judiciária, que em seguida proferirá decisão.

▶ Arts. 151 e 198 desta Lei.

Art. 187. Se o adolescente, devidamente notificado, não comparecer, injustificadamente, à audiência de apresentação, a autoridade judiciária designará nova data, determinando sua condução coercitiva.

▶ Art. 184, § 3º, desta Lei.

Art. 188. A remissão, como forma de extinção ou suspensão do processo, poderá ser aplicada em qualquer fase do procedimento, antes da sentença.

Art. 189. A autoridade judiciária não aplicará qualquer medida, desde que reconheça na sentença:

▶ Arts. 98, 101, 112, VII, e 114, parágrafo único, desta Lei.

I – estar provada a inexistência do fato;

II – não haver prova da existência do fato;

III – não constituir o fato ato infracional;

IV – não existir prova de ter o adolescente concorrido para o ato infracional.

Parágrafo único. Na hipótese deste artigo, estando o adolescente internado, será imediatamente colocado em liberdade.

Art. 190. A intimação da sentença que aplicar medida de internação ou regime de semiliberdade será feita:

I – ao adolescente e ao seu defensor;

II – quando não for encontrado o adolescente, a seus pais ou responsável, sem prejuízo do defensor.

▶ Art. 184, § 2º, desta Lei.

§ 1º Sendo outra a medida aplicada, a intimação far-se-á unicamente na pessoa do defensor.

▶ Art. 152 desta Lei.

§ 2º Recaindo a intimação na pessoa do adolescente, deverá este manifestar se deseja ou não recorrer da sentença.

Seção V-A
DA INFILTRAÇÃO DE AGENTES DE POLÍCIA PARA A INVESTIGAÇÃO DE CRIMES CONTRA A DIGNIDADE SEXUAL DE CRIANÇA E DE ADOLESCENTE

▶ Seção V-A acrescida pela Lei nº 13.441, de 8-5-2017.

Art. 190-A. A infiltração de agentes de polícia na *internet* com o fim de investigar os crimes previstos nos arts. 240, 241, 241-A, 241-B, 241-C e 241-D desta Lei e nos arts. 154-A, 217-A, 218, 218-A e 218-B do Decreto-Lei nº 2.848, de 7 de dezembro de 1940 (Código Penal), obedecerá às seguintes regras:

I – será precedida de autorização judicial devidamente circunstanciada e fundamentada, que estabelecerá os limites da infiltração para obtenção de prova, ouvido o Ministério Público;

II – dar-se-á mediante requerimento do Ministério Público ou representação de delegado de polícia e conterá a demonstração de sua necessidade, o alcance das tarefas dos policiais, os nomes ou apelidos das pessoas investigadas e, quando possível, os dados de conexão ou cadastrais que permitam a identificação dessas pessoas;

III – não poderá exceder o prazo de 90 (noventa) dias, sem prejuízo de eventuais renovações, desde que o total não exceda a 720 (setecentos e vinte) dias e seja demonstrada sua efetiva necessidade, a critério da autoridade judicial.

§ 1º A autoridade judicial e o Ministério Público poderão requisitar relatórios parciais da operação de infiltração antes do término do prazo de que trata o inciso II do § 1º deste artigo.

§ 2º Para efeitos do disposto no inciso I do § 1º deste artigo, consideram-se:

I – dados de conexão: informações referentes a hora, data, início, término, duração, endereço de Protocolo de *Internet* (IP) utilizado e terminal de origem da conexão;

II – dados cadastrais: informações referentes a nome e endereço de assinante ou de usuário registrado ou autenticado para a conexão a quem endereço de IP, identificação de usuário ou código de acesso tenha sido atribuído no momento da conexão.

§ 3º A infiltração de agentes de polícia na *internet* não será admitida se a prova puder ser obtida por outros meios.

Art. 190-B. As informações da operação de infiltração serão encaminhadas diretamente ao juiz responsável pela autorização da medida, que zelará por seu sigilo.

Parágrafo único. Antes da conclusão da operação, o acesso aos autos será reservado ao juiz, ao Ministério Público e ao delegado de polícia responsável pela operação, com o objetivo de garantir o sigilo das investigações.

Art. 190-C. Não comete crime o policial que oculta a sua identidade para, por meio da *internet*, colher indícios de autoria e materialidade dos crimes previstos nos arts. 240, 241, 241-A, 241-B, 241-C e 241-D desta Lei e nos arts. 154-A, 217-A, 218, 218-A e 218-B do Decreto-Lei nº 2.848, de 7 de dezembro de 1940 (Código Penal).

Parágrafo único. O agente policial infiltrado que deixar de observar a estrita finalidade da investigação responderá pelos excessos praticados.

Art. 190-D. Os órgãos de registro e cadastro público poderão incluir nos bancos de dados próprios, mediante procedimento sigiloso e requisição da autoridade judicial, as informações necessárias à efetividade da identidade fictícia criada.

Parágrafo único. O procedimento sigiloso de que trata esta Seção será numerado e tombado em livro específico.

Art. 190-E. Concluída a investigação, todos os atos eletrônicos praticados durante a operação deverão ser registrados, gravados, armazenados e encaminhados ao juiz e ao Ministério Público, juntamente com relatório circunstanciado.

Parágrafo único. Os atos eletrônicos registrados citados no *caput* deste artigo serão reunidos em autos apartados e apensados ao processo criminal juntamente com o inquérito policial, assegurando-se a preservação da identidade do agente policial infiltrado e a intimidade das crianças e dos adolescentes envolvidos.

▶ Arts. 190-A a 190-E acrescidos pela Lei nº 13.441, de 8-5-2017.

Seção VI
DA APURAÇÃO DE IRREGULARIDADES EM ENTIDADE DE ATENDIMENTO

Art. 191. O procedimento de apuração de irregularidades em entidade governamental e não governamental terá início mediante portaria da autoridade judiciária ou representação do Ministério Público ou do Conselho Tutelar, onde conste, necessariamente, resumo dos fatos.

▶ Arts. 90 a 97 e 131 desta Lei.

Parágrafo único. Havendo motivo grave, poderá a autoridade judiciária, ouvido o Ministério Público, decretar liminarmente o afastamento provisório do dirigente da entidade, mediante decisão fundamentada.

Art. 192. O dirigente da entidade será citado para, no prazo de dez dias, oferecer resposta escrita, podendo juntar documentos e indicar as provas a produzir.

Art. 193. Apresentada ou não a resposta, e sendo necessário, a autoridade judiciária designará audiência de instrução e julgamento, intimando as partes.

▶ Art. 202 desta Lei.

§ 1º Salvo manifestação em audiência, as partes e o Ministério Público terão cinco dias para oferecer alegações finais, decidindo a autoridade judiciária em igual prazo.

▶ Art. 97 desta Lei.

§ 2º Em se tratando de afastamento provisório ou definitivo de dirigente de entidade governamental, a autoridade judiciária oficiará à autoridade administrativa imediatamente superior ao afastado, marcando prazo para a substituição.

▶ Art. 97, I, *b* e *c*, desta Lei.

§ 3º Antes de aplicar qualquer das medidas, a autoridade judiciária poderá fixar prazo para a remoção das irregularidades verificadas. Satisfeitas as exigências, o processo será extinto, sem julgamento de mérito.

§ 4º A multa e a advertência serão impostas ao dirigente da entidade ou programa de atendimento.

▶ Arts. 90 e 97, I, *a*, e II, *b*, desta Lei.

Seção VII
DA APURAÇÃO DE INFRAÇÃO ADMINISTRATIVA ÀS NORMAS DE PROTEÇÃO À CRIANÇA E AO ADOLESCENTE

Art. 194. O procedimento para imposição de penalidade administrativa por infração às normas de proteção à criança e ao adolescente terá início por representação do Ministério Público, ou do Conselho Tutelar, ou auto de infração elaborado por servidor efetivo ou voluntário credenciado, e assinado por duas testemunhas, se possível.

▶ Art. 131 desta Lei.

§ 1º No procedimento iniciado com o auto de infração, poderão ser usadas fórmulas impressas, especificando-se a natureza e as circunstâncias da infração.

§ 2º Sempre que possível, à verificação da infração seguir-se-á a lavratura do auto, certificando-se, em caso contrário, dos motivos do retardamento.

▶ Arts. 245 a 258 desta Lei.

Art. 195. O requerido terá prazo de dez dias para apresentação de defesa, contado da data da intimação, que será feita:

▸ Art. 5º, LV, da CF.

▸ Art. 197, parágrafo único, desta Lei.

I – pelo autuante, no próprio auto, quando este for lavrado na presença do requerido;

II – por oficial de justiça ou funcionário legalmente habilitado, que entregará cópia do auto ou da representação ao requerido, ou a seu representante legal, lavrando certidão;

▸ Art. 152 desta Lei.

III – por via postal, com aviso de recebimento, se não for encontrado o requerido ou seu representante legal;

IV – por edital, com prazo de trinta dias, se incerto ou não sabido o paradeiro do requerido ou de seu representante legal.

Art. 196. Não sendo apresentada a defesa no prazo legal, a autoridade judiciária dará vista dos autos ao Ministério Público, por cinco dias, decidindo em igual prazo.

▸ Art. 202 desta Lei.

Art. 197. Apresentada a defesa, a autoridade judiciária procederá na conformidade do artigo anterior, ou, sendo necessário, designará audiência de instrução e julgamento.

Parágrafo único. Colhida a prova oral, manifestar-se-ão sucessivamente o Ministério Público e o procurador do requerido, pelo tempo de vinte minutos para cada um, prorrogável por mais dez, a critério da autoridade judiciária, que em seguida proferirá sentença.

Seção VIII
DA HABILITAÇÃO DE PRETENDENTES À ADOÇÃO

▸ Seção VIII acrescida pela Lei nº 12.010, de 3-8-2009.

Art. 197-A. Os postulantes à adoção, domiciliados no Brasil, apresentarão petição inicial na qual conste:

I – qualificação completa;

II – dados familiares;

III – cópias autenticadas de certidão de nascimento ou casamento, ou declaração relativa ao período de união estável;

IV – cópias da cédula de identidade e inscrição no Cadastro de Pessoas Físicas;

V – comprovante de renda e domicílio;

VI – atestados de sanidade física e mental;

VII – certidão de antecedentes criminais;

VIII – certidão negativa de distribuição cível.

Art. 197-B. A autoridade judiciária, no prazo de 48 (quarenta e oito) horas, dará vista dos autos ao Ministério Público, que no prazo de 5 (cinco) dias poderá:

I – apresentar quesitos a serem respondidos pela equipe interprofissional encarregada de elaborar o estudo técnico a que se refere o art. 197-C desta Lei;

II – requerer a designação de audiência para oitiva dos postulantes em juízo e testemunhas;

III – requerer a juntada de documentos complementares e a realização de outras diligências que entender necessárias.

▸ Arts. 197-A e 197-B acrescidos pela Lei nº 12.010, de 3-8-2009.

Art. 197-C. Intervirá no feito, obrigatoriamente, equipe interprofissional a serviço da Justiça da Infância e da Juventude, que deverá elaborar estudo psicossocial, que conterá subsídios que permitam aferir a capacidade e o preparo dos postulantes para o exercício de uma paternidade ou maternidade responsável, à luz dos requisitos e princípios desta Lei.

▸ *Caput* acrescido pela Lei nº 12.010, de 3-8-2009.

§ 1º É obrigatória a participação dos postulantes em programa oferecido pela Justiça da Infância e da Juventude, preferencialmente com apoio dos técnicos responsáveis pela execução da política municipal de garantia do direito à convivência familiar e dos grupos de apoio à adoção devidamente habilitados perante a Justiça da Infância e da Juventude, que inclua preparação psicológica, orientação e estímulo à adoção inter-racial, de crianças ou de adolescentes com deficiência, com doenças crônicas ou com necessidades específicas de saúde, e de grupos de irmãos.

§ 2º Sempre que possível e recomendável, a etapa obrigatória da preparação referida no § 1º deste artigo incluirá o contato com crianças e adolescentes em regime de acolhimento familiar ou institucional, a ser realizado sob orientação, supervisão e avaliação da equipe técnica da Justiça da Infância e da Juventude e dos grupos de apoio à adoção, com apoio dos técnicos responsáveis pelo programa de acolhimento familiar e institucional e pela execução da política municipal de garantia do direito à convivência familiar.

▸ §§ 1º e 2º com a redação dada pela Lei nº 13.509, de 22-11-2017.

§ 3º É recomendável que as crianças e os adolescentes acolhidos institucionalmente ou por família acolhedora sejam preparados por equipe interprofissional antes da inclusão em família adotiva.

▸ § 3º acrescido pela Lei nº 13.509, de 22-11-2017.

Art. 197-D. Certificada nos autos a conclusão da participação no programa referido no art. 197-C desta Lei, a autoridade judiciária, no prazo de 48 (quarenta e oito) horas, decidirá acerca das diligências requeridas pelo Ministério Público e determinará a juntada do estudo psicossocial, designando, conforme o caso, audiência de instrução e julgamento.

Parágrafo único. Caso não sejam requeridas diligências, ou sendo essas indeferidas, a autoridade judiciária determinará a juntada do estudo psicossocial, abrindo a seguir vista dos autos ao Ministério Público, por 5 (cinco) dias, decidindo em igual prazo.

▸ Art. 197-D acrescido pela Lei nº 12.010, de 3-8-2009.

Art. 197-E. Deferida a habilitação, o postulante será inscrito nos cadastros referidos no art. 50 desta Lei, sendo a sua convocação para a adoção feita de acordo com ordem cronológica de habilitação e conforme a disponibilidade de crianças ou adolescentes adotáveis.

▸ *Caput* acrescido pela Lei nº 12.010, de 3-8-2009.

§ 1º A ordem cronológica das habilitações somente poderá deixar de ser observada pela autoridade judiciária nas hipóteses previstas no § 13 do art. 50 desta Lei, quando comprovado ser essa a melhor solução no interesse do adotando.

▸ § 1º acrescido pela Lei nº 12.010, de 3-8-2009.

§ 2º A habilitação à adoção deverá ser renovada no mínimo trienalmente mediante avaliação por equipe interprofissional.

▸ § 2º com a redação dada pela Lei nº 13.509, de 22-11-2017.

§ 3º Quando o adotante candidatar-se a uma nova adoção, será dispensável a renovação da habilitação, bastando a avaliação por equipe interprofissional.

§ 4º Após 3 (três) recusas injustificadas, pelo habilitado, à adoção de crianças ou adolescentes indicados dentro do perfil escolhido, haverá reavaliação da habilitação concedida.

§ 5º A desistência do pretendente em relação à guarda para fins de adoção ou a devolução da criança ou do adolescente depois do trânsito em julgado da sentença de adoção importará na sua exclusão dos cadastros de adoção e na vedação de renovação da habilitação, salvo decisão judicial fundamentada, sem prejuízo das demais sanções previstas na legislação vigente.

▸ §§ 3º a 5º acrescidos pela Lei nº 13.509, de 22-11-2017.

Art. 197-F. O prazo máximo para conclusão da habilitação à adoção será de 120 (cento e vinte) dias, prorrogável por igual período, mediante decisão fundamentada da autoridade judiciária.

▸ Artigo acrescido pela Lei nº 13.509, de 22-11-2017.

CAPÍTULO IV
DOS RECURSOS

Art. 198. Nos procedimentos afetos à Justiça da Infância e da Juventude, inclusive os relativos à execução das medidas socioeducativas, adotar-se-á o sistema recursal da Lei nº 5.869, de 11 de janeiro de 1973 (Código de Processo Civil), com as seguintes adaptações:

▸ *Caput* com a redação dada pela Lei nº 12.594, de 18-1-2012.

▸ Arts. 148 e 149 desta Lei.

▸ Arts. 994 a 1.044 do CPC/2015.

I – os recursos serão interpostos independentemente de preparo;

▸ Art. 141, § 2º, desta Lei.

II – em todos os recursos, salvo nos embargos de declaração, o prazo para o Ministério Público e para a defesa será sempre de 10 (dez) dias;

▸ Inciso II com a redação dada pela Lei nº 12.594, de 18-1-2012.

III – os recursos terão preferência de julgamento e dispensarão revisor;

IV a VI – *Revogados*. Lei nº 12.010, de 3-8-2009;

VII – antes de determinar a remessa dos autos à superior instância, no caso de apelação, ou do instrumento, no caso de agravo, a autoridade judiciária proferirá despacho fundamentado, mantendo ou reformando a decisão, no prazo de 5 (cinco) dias;

VIII – mantida a decisão apelada ou agravada, o escrivão remeterá os autos ou o instrumento à superior instância dentro de vinte e quatro horas, independentemente de novo pedido do recorrente; se a reformar, a remessa dos autos dependerá de pedido expresso da parte interessada ou do Ministério Público, no prazo de cinco dias, contados da intimação.

Art. 199. Contra as decisões proferidas com base no artigo 149 caberá recurso de apelação.

Art. 199-A. A sentença que deferir a adoção produz efeito desde logo, embora sujeita a apelação, que será recebida exclusivamente no efeito devolutivo, salvo se se tratar de adoção internacional ou se houver perigo de dano irreparável ou de difícil reparação ao adotando.

Art. 199-B. A sentença que destituir ambos ou qualquer dos genitores do poder familiar fica sujeita a apelação, que deverá ser recebida apenas no efeito devolutivo.

Art. 199-C. Os recursos nos procedimentos de adoção e de destituição de poder familiar, em face da relevância das questões, serão processados com prioridade absoluta, devendo ser imediatamente distribuídos, ficando vedado que aguardem, em qualquer situação, oportuna distribuição, e serão colocados em mesa para julgamento sem revisão e com parecer urgente do Ministério Público.

Art. 199-D. O relator deverá colocar o processo em mesa para julgamento no prazo máximo de 60 (sessenta) dias, contado da sua conclusão.

Parágrafo único. O Ministério Público será intimado da data do julgamento e poderá na sessão, se entender necessário, apresentar oralmente seu parecer.

Art. 199-E. O Ministério Público poderá requerer a instauração de procedimento para apuração de responsabilidades se constatar o descumprimento das providências e do prazo previstos nos artigos anteriores.

- Arts. 199-A a 199-E acrescidos pela Lei nº 12.010, de 3-8-2009.

CAPÍTULO V
DO MINISTÉRIO PÚBLICO

Art. 200. As funções do Ministério Público, previstas nesta Lei, serão exercidas nos termos da respectiva Lei Orgânica.

- Arts. 127 e 128, § 5º, da CF.
- Lei nº 8.625, de 12-2-1993 (Lei Orgânica Nacional do Ministério Público).

Art. 201. Compete ao Ministério Público:

I – conceder a remissão como forma de exclusão do processo;

- Arts. 126 a 128 e 180, II, desta Lei.

II – promover e acompanhar os procedimentos relativos às infrações atribuídas a adolescentes;

- Art. 180, III, desta Lei.

III – promover e acompanhar as ações de alimentos e os procedimentos de suspensão e destituição do poder familiar, nomeação e remoção de tutores, curadores e guardiães, bem como oficiar em todos os demais procedimentos da competência da Justiça da Infância e da Juventude;

- Art. 3º da Lei nº 12.010, de 3-8-2009 (Lei da Adoção).
- Arts. 1.630 a 1.638 do CC/2002.
- Arts. 33 a 38, 142, parágrafo único, 143, 148, 155 a 163 e 184, § 2º, desta Lei.

IV – promover, de ofício ou por solicitação dos interessados, a especialização e a inscrição de hipoteca legal e a prestação de contas dos tutores, curadores e quaisquer administradores de bens de crianças e adolescentes nas hipóteses do artigo 98;

V – promover o inquérito civil e a ação civil pública para a proteção dos interesses individuais, difusos ou coletivos relativos à infância e à adolescência, inclusive os definidos no artigo 220, § 3º, inciso II, da Constituição Federal;

- Arts. 129, III, e 220, § 3º, da CF
- Arts. 208, 223 e 224 desta Lei.

VI – instaurar procedimentos administrativos e, para instruí-los:

a) expedir notificações para colher depoimentos ou esclarecimentos e, em caso de não comparecimento injustificado, requisitar condução coercitiva, inclusive pela polícia civil ou militar;

b) requisitar informações, exames, perícias e documentos de autoridades municipais, estaduais e federais, da administração direta ou indireta, bem como promover inspeções e diligências investigatórias;

c) requisitar informações e documentos a particulares e instituições privadas;

VII – instaurar sindicâncias, requisitar diligências investigatórias e determinar a instauração de inquérito policial, para apuração de ilícitos ou infrações às normas de proteção à infância e à juventude;

VIII – zelar pelo efetivo respeito aos direitos e garantias legais assegurados às crianças e adolescentes, promovendo as medidas judiciais e extrajudiciais cabíveis;

- Art. 129, II, da CF.

IX – impetrar mandado de segurança, de injunção e *habeas corpus*, em qualquer juízo, instância ou tribunal, na defesa dos interesses sociais e individuais indisponíveis afetos à criança e ao adolescente;

- Art. 5º, LXVIII, LXIX e LXXI, da CF.

X – representar ao juízo visando à aplicação de penalidade por infrações cometidas contra as normas de proteção à infância e à juventude, sem prejuízo da promoção da responsabilidade civil e penal do infrator, quando cabível;

- Arts. 194 e 245 a 258 desta Lei.

XI – inspecionar as entidades públicas e particulares de atendimento e os programas de que trata esta Lei, adotando de pronto as medidas administrativas ou judiciais necessárias à remoção de irregularidades porventura verificadas;

- Arts. 90, 95 e 191 desta Lei.

XII – requisitar força policial, bem como a colaboração dos serviços médicos, hospitalares, educacionais e de assistência social, públicos ou privados, para o desempenho de suas atribuições;

- Art. 330 do CP.

XIII – intervir, quando não for parte, nas causas cíveis e criminais decorrentes de violência doméstica e familiar contra a criança e o adolescente.

- Inciso XIII acrescido pela Lei nº 14.344, de 24-5-2022.

§ 1º A legitimação do Ministério Público para as ações cíveis previstas neste artigo não impede a de terceiros, nas mesmas hipóteses, segundo dispuserem a Constituição e esta Lei.

- Art. 129, § 1º, da CF.

§ 2º As atribuições constantes deste artigo não excluem outras, desde que compatíveis com a finalidade do Ministério Público.

- Art. 129, IX, da CF.
- Art. 139 desta Lei.

§ 3º O representante do Ministério Público, no exercício de suas funções, terá livre acesso a todo local onde se encontre criança ou adolescente.

- Art. 5º, XI, da CF.
- Art. 150 do CP.
- Art. 226 do CPM;

§ 4º O representante do Ministério Público será responsável pelo uso indevido das informações e documentos que requisitar, nas hipóteses legais de sigilo.

- Art. 5º, XII, da CF.
- Arts. 151 e 152 do CP.

§ 5º Para o exercício da atribuição de que trata o inciso VIII deste artigo, poderá o representante do Ministério Público:

a) reduzir a termo as declarações do reclamante, instaurando o competente procedimento, sob sua presidência;

b) entender-se diretamente com a pessoa ou autoridade reclamada, em dia, local e horário previamente notificados ou acertados;

c) efetuar recomendações visando à melhoria dos serviços públicos e de relevância pública afetos à criança e ao adolescente, fixando prazo razoável para sua perfeita adequação.

Art. 202. Nos processos e procedimentos em que não for parte, atuará obrigatoriamente o Ministério Público na defesa dos direitos e interesses de que cuida esta Lei, hipótese em que terá vista dos autos depois das partes, podendo juntar documentos e requerer diligências, usando os recursos cabíveis.

- Art. 204 desta Lei.

Art. 203. A intimação do Ministério Público, em qualquer caso, será feita pessoalmente.

- Art. 41, IV, da Lei nº 8.625, de 12-2-1993 (Lei Orgânica Nacional do Ministério Público).

Art. 204. A falta de intervenção do Ministério Público acarreta a nulidade do feito, que será declarada de ofício pelo juiz ou a requerimento de qualquer interessado.

Art. 205. As manifestações processuais do representante do Ministério Público deverão ser fundamentadas.

- Art. 129, VIII, da CF.

CAPÍTULO VI
DO ADVOGADO

Art. 206. A criança ou o adolescente, seus pais ou responsável, e qualquer pessoa que tenha legítimo interesse na solução da lide poderão intervir nos procedimentos de que trata esta Lei, através de advogado, o qual será intimado para todos os atos, pessoalmente ou por publicação oficial, respeitado o segredo de justiça.

- Art. 5º, LV, da CF.
- Art. 143 desta Lei.
- Arts. 103 e 189, *caput*, I e II, do CPC/2015.

Parágrafo único. Será prestada assistência judiciária integral e gratuita àqueles que dela necessitarem.

- Art. 5º, LXXIV, da CF.
- Arts. 141, § 1º, e 159 desta Lei.

Art. 207. Nenhum adolescente a quem se atribua a prática de ato infracional, ainda que ausente ou foragido, será processado sem defensor.

- Art. 5º, LXIII, da CF.
- Arts. 111, I, e 182 desta Lei.
- Art. 261 do CPP.

§ 1º Se o adolescente não tiver defensor, ser-lhe-á nomeado pelo juiz, ressalvado o direito de, a todo tempo, constituir outro de sua preferência.

- Art. 186, § 2º, desta Lei.

§ 2º A ausência do defensor não determinará o adiamento de nenhum ato do processo, devendo o juiz nomear substituto, ainda que provisoriamente, ou para o só efeito do ato.

§ 3º Será dispensada a outorga de mandato, quando se tratar de defensor nomeado ou, sendo constituído, tiver sido indicado por ocasião de ato formal com a presença da autoridade judiciária.

CAPÍTULO VII
DA PROTEÇÃO JUDICIAL DOS INTERESSES INDIVIDUAIS, DIFUSOS E COLETIVOS

Art. 208. Regem-se pelas disposições desta Lei as ações de responsabilidade por ofensa aos direitos assegurados à criança e ao adolescente, referentes ao não oferecimento ou oferta irregular:

I – do ensino obrigatório;

II – de atendimento educacional especializado aos portadores de deficiência;

III – de atendimento em creche e pré-escola às crianças de zero a cinco anos de idade;

► Inciso III com a redação dada pela Lei nº 13.306, de 4-7-2016.

IV – de ensino noturno regular, adequado às condições do educando;

V – de programas suplementares de oferta de material didático-escolar, transporte e assistência à saúde do educando do ensino fundamental;

VI – do serviço de assistência social visando à proteção à família, à maternidade, à infância e à adolescência, bem como ao amparo às crianças e adolescentes que dele necessitem;

VII – de acesso às ações e serviços de saúde;

VIII – de escolarização e profissionalização dos adolescentes privados de liberdade;

IX – de ações, serviços e programas de orientação, apoio e promoção social de famílias e destinados ao pleno exercício do direito à convivência familiar por crianças e adolescentes;

► Inciso IX acrescido pela Lei nº 12.010, de 3-8-2009.

X – de programas de atendimento para a execução das medidas socioeducativas e aplicação de medidas de proteção;

► Inciso X acrescido pela Lei nº 12.594, de 18-1-2012.

XI – de políticas e programas integrados de atendimento à criança e ao adolescente vítima ou testemunha de violência.

► Inciso XI acrescido pela Lei nº 13.431, de 4-4-2017.

§ 1º As hipóteses previstas neste artigo não excluem da proteção judicial outros interesses individuais, difusos ou coletivos, próprios da infância e da adolescência, protegidos pela Constituição e pela Lei.

► Antigo parágrafo único renumerado para § 1º pela Lei nº 11.259, de 30-12-2005.

§ 2º A investigação do desaparecimento de crianças ou adolescentes será realizada imediatamente após notificação aos órgãos competentes, que deverão comunicar o fato aos portos, aeroportos, Polícia Rodoviária e companhias de transporte interestaduais e internacionais, fornecendo-lhes todos os dados necessários à identificação do desaparecido.

► § 2º acrescido pela Lei nº 11.259, de 30-12-2005.

§ 3º A notificação a que se refere o § 2º deste artigo será imediatamente comunicada ao Cadastro Nacional de Pessoas Desaparecidas e ao Cadastro Nacional de Crianças e Adolescentes Desaparecidos, que deverão ser prontamente atualizados a cada nova informação.

► § 3º acrescido pela Lei nº 14.548, de 13-4-2023.

Art. 209. As ações previstas neste capítulo serão propostas no foro do local onde ocorreu ou deva ocorrer a ação ou omissão, cujo juízo terá competência absoluta para processar a causa, ressalvadas a competência da Justiça Federal e a competência originária dos Tribunais Superiores.

Art. 210. Para as ações cíveis fundadas em interesses coletivos ou difusos, consideram-se legitimados concorrentemente:

I – o Ministério Público;

II – a União, os Estados, os Municípios, o Distrito Federal e os Territórios;

III – as associações legalmente constituídas há pelo menos um ano e que incluam entre seus fins institucionais a defesa dos interesses e direitos protegidos por esta Lei, dispensada a autorização da assembleia, se houver prévia autorização estatutária.

§ 1º Admitir-se-á litisconsórcio facultativo entre os Ministérios Públicos da União e dos Estados na defesa dos interesses e direitos de que cuida esta Lei.

► Arts. 113 a 118 do CPC/2015.

§ 2º Em caso de desistência ou abandono da ação por associação legitimada, o Ministério Público ou outro legitimado poderá assumir a titularidade ativa.

Art. 211. Os órgãos públicos legitimados poderão tomar dos interessados compromisso de ajustamento de sua conduta às exigências legais, o qual terá eficácia de título executivo extrajudicial.

Art. 212. Para defesa dos direitos e interesses protegidos por esta Lei, são admissíveis todas as espécies de ações pertinentes.

§ 1º Aplicam-se às ações previstas neste capítulo as normas do Código de Processo Civil.

§ 2º Contra atos ilegais ou abusivos de autoridade pública ou agente de pessoa jurídica no exercício de atribuições do Poder Público, que lesem direito líquido e certo previsto nesta Lei, caberá ação mandamental, que se regerá pelas normas da lei do mandado de segurança.

Art. 213. Na ação que tenha por objeto o cumprimento de obrigação de fazer ou não fazer, o juiz concederá a tutela específica da obrigação ou determinará providências que assegurem o resultado prático equivalente ao do adimplemento.

§ 1º Sendo relevante o fundamento da demanda e havendo justificado receio de ineficácia do provimento final, é lícito ao juiz conceder a tutela liminarmente ou após justificação prévia, citando o réu.

§ 2º O juiz poderá, na hipótese do parágrafo anterior ou na sentença, impor multa diária ao réu, independentemente de pedido do autor, se for suficiente ou compatível com a obrigação, fixando prazo razoável para o cumprimento do preceito.

§ 3º A multa só será exigível do réu após o trânsito em julgado da sentença favorável ao autor, mas será devida desde o dia em que se houver configurado o descumprimento.

Art. 214. Os valores das multas reverterão ao fundo gerido pelo Conselho dos Direitos da Criança e do Adolescente do respectivo município.

§ 1º As multas não recolhidas até trinta dias após o trânsito em julgado da decisão serão exigidas através de execução promovida pelo Ministério Público, nos mesmos autos, facultada igual iniciativa aos demais legitimados.

§ 2º Enquanto o fundo não for regulamentado, o dinheiro ficará depositado em estabelecimento oficial de crédito, em conta com correção monetária.

Art. 215. O juiz poderá conferir efeito suspensivo aos recursos, para evitar dano irreparável à parte.

Art. 216. Transitada em julgado a sentença que impuser condenação ao Poder Público, o juiz determinará a remessa de peças à autoridade competente, para apuração da responsabilidade civil e administrativa do agente a que se atribua a ação ou omissão.

Art. 217. Decorridos sessenta dias do trânsito em julgado da sentença condenatória sem que a associação autora lhe promova a execução, deverá fazê-lo o Ministério Público, facultada igual iniciativa aos demais legitimados.

Art. 218. O juiz condenará a associação autora a pagar ao réu os honorários advocatícios arbitrados na conformidade do § 4º do artigo 20 da Lei nº 5.869, de 11 de janeiro de 1973 – Código de Processo Civil, quando reconhecer que a pretensão é manifestamente infundada.

► Art. 85, §§ 3º e 8º, do CPC/2015.

Parágrafo único. Em caso de litigância de má-fé, a associação autora e os diretores responsáveis pela propositura da ação serão solidariamente condenados ao décuplo das custas, sem prejuízo de responsabilidade por perdas e danos.

Art. 219. Nas ações de que trata este Capítulo, não haverá adiantamento de custas, emolumentos, honorários periciais e quaisquer outras despesas.

Art. 220. Qualquer pessoa poderá e o servidor público deverá provocar a iniciativa do Ministério Público, prestando-lhe informações sobre fatos que constituam objeto de ação civil, e indicando-lhe os elementos de convicção.

Art. 221. Se, no exercício de suas funções, os juízes e tribunais tiverem conhecimento de fatos que possam ensejar a propositura de ação civil, remeterão peças ao Ministério Público para as providências cabíveis.

Art. 222. Para instruir a petição inicial, o interessado poderá requerer às autoridades competentes as certidões e informações que julgar necessárias, que serão fornecidas no prazo de quinze dias.

Art. 223. O Ministério Público poderá instaurar, sob sua presidência, inquérito civil, ou requisitar, de qualquer pessoa, organismo público ou particular, certidões, informações, exames ou perícias, no prazo que assinalar, o qual não poderá ser inferior a dez dias úteis.

§ 1º Se o órgão do Ministério Público, esgotadas todas as diligências, se convencer da inexistência de fundamento para a propositura da ação cível, promoverá o arquivamento dos autos do inquérito civil ou das peças informativas, fazendo-o fundamentadamente.

§ 2º Os autos do inquérito civil ou as peças de informação arquivados serão remetidos, sob pena de se incorrer em falta grave, no prazo de três dias, ao Conselho Superior do Ministério Público.

§ 3º Até que seja homologada ou rejeitada a promoção de arquivamento, em sessão do Conselho Superior do Ministério Público, poderão as associações legitimadas apresentar razões escritas ou documentos, que serão juntados aos autos do inquérito ou anexados às peças de informação.

§ 4º A promoção de arquivamento será submetida a exame e deliberação do Conselho Superior do Ministério Público, conforme dispuser o seu Regimento.

§ 5º Deixando o Conselho Superior de homologar a promoção de arquivamento, designará, desde logo, outro órgão do Ministério Público para o ajuizamento da ação.

Art. 224. Aplicam-se subsidiariamente, no que couber, as disposições da Lei nº 7.347, de 24 de julho de 1985.

▶ Lei nº 7.347, de 24-7-1985 (Lei da Ação Civil Pública).

TÍTULO VII – DOS CRIMES E DAS INFRAÇÕES ADMINISTRATIVAS

CAPÍTULO I – DOS CRIMES

▶ Art. 313, III, do CPP.

Seção I – *DISPOSIÇÕES GERAIS*

Art. 225. Este capítulo dispõe sobre crimes praticados contra a criança e o adolescente, por ação ou omissão, sem prejuízo do disposto na legislação penal.

Art. 226. Aplicam-se aos crimes definidos nesta Lei as normas da Parte Geral do Código Penal e, quanto ao processo, as pertinentes ao Código de Processo Penal.

§ 1º Aos crimes cometidos contra a criança e o adolescente, independentemente da pena prevista, não se aplica a Lei nº 9.099, de 26 de setembro de 1995.

§ 2º Nos casos de violência doméstica e familiar contra a criança e o adolescente, é vedada a aplicação de penas de cesta básica ou de outras de prestação pecuniária, bem como a substituição de pena que implique o pagamento isolado de multa.

▶ §§ 1º e 2º acrescidos pela Lei nº 14.344, de 24-5-2022.

Art. 227. Os crimes definidos nesta Lei são de ação pública incondicionada.

▶ Art. 118 desta Lei.
▶ Art. 129, I, da CF.
▶ Art. 100 do CP.

Art. 227-A. Os efeitos da condenação prevista no inciso I do *caput* do art. 92 do Decreto-Lei nº 2.848, de 7 de dezembro de 1940 (Código Penal), para os crimes previstos nesta Lei, praticados por servidores públicos com abuso de autoridade, são condicionados à ocorrência de reincidência.

Parágrafo único. A perda do cargo, do mandato ou da função, nesse caso, independerá da pena aplicada na reincidência.

▶ Art. 227-A acrescido pela Lei nº 13.869, de 5-9-2019.

Seção II – *DOS CRIMES EM ESPÉCIE*

Art. 228. Deixar o encarregado de serviço ou o dirigente de estabelecimento de atenção à saúde de gestante de manter registro das atividades desenvolvidas, na forma e prazo referidos no artigo 10 desta Lei, bem como de fornecer à parturiente ou a seu responsável, por ocasião da alta médica, declaração de nascimento, onde constem as intercorrências do parto e do desenvolvimento do neonato:

Pena – detenção de seis meses a dois anos.

Parágrafo único. Se o crime é culposo:

Pena – detenção de dois a seis meses, ou multa.

Art. 229. Deixar o médico, enfermeiro ou dirigente de estabelecimento de atenção à saúde de gestante de identificar corretamente o neonato e a parturiente, por ocasião do parto, bem como deixar de proceder aos exames referidos no artigo 10 desta Lei:

▶ Art. 268 do CP.

Pena – detenção de seis meses a dois anos.

Parágrafo único. Se o crime é culposo:

Pena – detenção de dois a seis meses, ou multa.

Art. 230. Privar a criança ou o adolescente de sua liberdade, procedendo à sua apreensão sem estar em flagrante de ato infracional ou inexistindo ordem escrita da autoridade judiciária competente:

▶ Art. 148 do CP.
▶ Arts. 301 a 310 do CPP.
▶ Arts. 243 a 253 do CPPM.

Pena – detenção de seis meses a dois anos.

§ 1º *Incide na mesma pena aquele que procede à apreensão sem observância das formalidades legais.*

▶ Parágrafo único renumerado para § 1º pela Lei nº 15.163, de 3-7-2025.
▶ Arts. 106, parágrafo único, e 109 desta Lei.

§ 2º *Ao crime previsto neste artigo não se aplica a Lei nº 9.099, de 26 de setembro de 1995.*

▶ § 2º acrescido pela Lei nº 15.163, de 3-7-2025.

Art. 231. Deixar a autoridade policial responsável pela apreensão de criança ou adolescente de fazer imediata comunicação à autoridade judiciária competente e à família do apreendido ou à pessoa por ele indicada:

▶ Art. 107 desta Lei.
▶ Art. 5º, LXII, da CF.

Pena – detenção de seis meses a dois anos.

Art. 232. Submeter criança ou adolescente sob sua autoridade, guarda ou vigilância a vexame ou a constrangimento:

▶ Arts. 109 a 178 desta Lei.
▶ Art. 146 do CP.

Pena – detenção de seis meses a dois anos.

Art. 233. *Revogado.* Lei nº 9.455, de 7-4-1997.

Art. 234. Deixar a autoridade competente, sem justa causa, de ordenar a imediata liberação de criança ou adolescente, tão logo tenha conhecimento da ilegalidade da apreensão:

▶ Art. 107 desta Lei.

Pena – detenção de seis meses a dois anos.

Art. 235. Descumprir, injustificadamente, prazo fixado nesta Lei em benefício de adolescente privado de liberdade:

▶ Arts. 108, 121, §§ 1º a 3º e 5º, 175, §§ 1º e 2º, 183 e 185, § 2º, desta Lei.

Pena – detenção de seis meses a dois anos.

Art. 236. Impedir ou embaraçar a ação de autoridade judiciária, membro do Conselho Tutelar ou representante do Ministério Público no exercício de função prevista nesta Lei:

▶ Art. 201 desta Lei.

Pena – detenção de seis meses a dois anos.

▶ O parágrafo único que seria acrescido pela Lei nº 12.318, de 26-8-2010 (Lei da Alienação Parental), teve seu texto vetado.

Art. 237. Subtrair criança ou adolescente ao poder de quem o tem sob sua guarda em virtude de lei ou ordem judicial, com o fim de colocação em lar substituto:

▶ Art. 249 do CP.

Pena – reclusão de dois a seis anos, e multa.

Art. 238. Prometer ou efetivar a entrega de filho ou pupilo a terceiro, mediante paga ou recompensa:

▶ Art. 245, *caput* e § 1º, do CP.

Pena – reclusão de um a quatro anos, e multa.

Parágrafo único. Incide nas mesmas penas quem oferece ou efetiva a paga ou recompensa.

Art. 239. Promover ou auxiliar a efetivação de ato destinado ao envio de criança ou adolescente para o exterior com inobservância das formalidades legais ou com o fito de obter lucro:

▶ Art. 245, § 2º, do CP.

Pena – reclusão de quatro a seis anos, e multa.

Parágrafo único. Se há emprego de violência, grave ameaça ou fraude:

Pena – reclusão, de seis a oito anos, além da pena correspondente à violência.

▶ Parágrafo único acrescido pela Lei nº 10.764, de 12-11-2003.

Art. 240. Produzir, reproduzir, dirigir, fotografar, filmar ou registrar, por qualquer meio, cena de sexo explícito ou pornográfica, envolvendo criança ou adolescente:

▶ Art. 234, parágrafo único, II, do CP.
▶ Arts. 190-A a 190-E deste estatuto.

Pena – reclusão, de 4 (quatro) a 8 (oito) anos, e multa.

▶ *Caput* e pena com a redação dada pela Lei nº 11.829, de 25-11-2008.

§ 1º *Incorre nas mesmas penas quem:*

▶ *Caput* do § 1º com a redação dada pela Lei nº 14.811, de 12-1-2024.

I – *agencia, facilita, recruta, coage ou de qualquer modo intermedeia a participação de criança ou adolescente nas cenas referidas no caput deste artigo, ou ainda quem com esses contracena;*

II – *exibe, transmite, auxilia ou facilita a exibição ou transmissão, em tempo real, pela internet, por aplicativos, por meio de dispositivo informático ou qualquer meio ou ambiente digital, de cena de sexo explícito ou pornográfica com a participação de criança ou adolescente.*

▶ Incisos I e II acrescidos pela Lei nº 14.811, de 12-1-2024.

§ 2º Aumenta-se a pena de 1/3 (um terço) se o agente comete o crime:

I – no exercício de cargo ou função pública ou a pretexto de exercê-la;

II – prevalecendo-se de relações domésticas, de coabitação ou de hospitalidade; ou

III – prevalecendo-se de relações de parentesco consanguíneo ou afim até o terceiro grau, ou por adoção, de tutor, curador, preceptor, empregador da vítima ou de quem, a qualquer outro título, tenha autoridade sobre ela, ou com seu consentimento.

- § 2º com a redação dada pela Lei nº 11.829, de 25-11-2008.

Art. 241. Vender ou expor à venda fotografia, vídeo ou outro registro que contenha cena de sexo explícito ou pornográfica envolvendo criança ou adolescente:

- Arts. 190-A a 190-E deste estatuto.

Pena – reclusão, de 4 (quatro) a 8 (oito) anos, e multa.

- Art. 241 com a redação dada pela Lei nº 11.829, de 25-11-2008.

Art. 241-A. Oferecer, trocar, disponibilizar, transmitir, distribuir, publicar ou divulgar por qualquer meio, inclusive por meio de sistema de informática ou telemático, fotografia, vídeo ou outro registro que contenha cena de sexo explícito ou pornográfica envolvendo criança ou adolescente:

Pena – reclusão, de 3 (três) a 6 (seis) anos, e multa.

- Arts. 190-A a 190-E deste estatuto.

§ 1º Nas mesmas penas incorre quem:

I – assegura os meios ou serviços para o armazenamento das fotografias, cenas ou imagens de que trata o *caput* deste artigo;

II – assegura, por qualquer meio, o acesso por rede de computadores às fotografias, cenas ou imagens de que trata o *caput* deste artigo.

§ 2º As condutas tipificadas nos incisos I e II do § 1º deste artigo são puníveis quando o responsável legal pela prestação do serviço, oficialmente notificado, deixa de desabilitar o acesso ao conteúdo ilícito de que trata o *caput* deste artigo.

Art. 241-B. Adquirir, possuir ou armazenar, por qualquer meio, fotografia, vídeo ou outra forma de registro que contenha cena de sexo explícito ou pornográfica envolvendo criança ou adolescente:

Pena – reclusão, de 1 (um) a 4 (quatro) anos, e multa.

- Arts. 190-A a 190-E deste estatuto.

§ 1º A pena é diminuída de 1 (um) a 2/3 (dois terços) se de pequena quantidade o material a que se refere o *caput* deste artigo.

§ 2º Não há crime se a posse ou o armazenamento tem a finalidade de comunicar às autoridades competentes a ocorrência das condutas descritas nos arts. 240, 241, 241-A e 241-C desta Lei, quando a comunicação for feita por:

I – agente público no exercício de suas funções;

II – membro de entidade, legalmente constituída, que inclua, entre suas finalidades institucionais, o recebimento, o processamento e o encaminhamento de notícia dos crimes referidos neste parágrafo;

III – representante legal e funcionários responsáveis de provedor de acesso ou serviço prestado por meio de rede de computadores, até o recebimento do material relativo à notícia feita à autoridade policial, ao Ministério Público ou ao Poder Judiciário.

§ 3º As pessoas referidas no § 2º deste artigo deverão manter sob sigilo o material ilícito referido.

Art. 241-C. Simular a participação de criança ou adolescente em cena de sexo explícito ou pornográfica por meio de adulteração, montagem ou modificação de fotografia, vídeo ou qualquer outra forma de representação visual:

Pena – reclusão, de 1 (um) a 3 (três) anos, e multa.

- Arts. 190-A a 190-E deste estatuto.

Parágrafo único. Incorre nas mesmas penas quem vende, expõe à venda, disponibiliza, distribui, publica ou divulga por qualquer meio, adquire, possui ou armazena o material produzido na forma do *caput* deste artigo.

Art. 241-D. Aliciar, assediar, instigar ou constranger, por qualquer meio de comunicação, criança, com o fim de com ela praticar ato libidinoso:

Pena – reclusão, de 1 (um) a 3 (três) anos, e multa.

- Arts. 190-A a 190-E deste estatuto.

Parágrafo único. Nas mesmas penas incorre quem:

I – facilita ou induz o acesso à criança de material contendo cena de sexo explícito ou pornográfica com o fim de com ela praticar ato libidinoso;

II – pratica as condutas descritas no *caput* deste artigo com o fim de induzir criança a se exibir de forma pornográfica ou sexualmente explícita.

Art. 241-E. Para efeito dos crimes previstos nesta Lei, a expressão "cena de sexo explícito ou pornográfica" compreende qualquer situação que envolva criança ou adolescente em atividades sexuais explícitas, reais ou simuladas, ou exibição dos órgãos genitais de uma criança ou adolescente para fins primordialmente sexuais.

- Arts. 241-A a 241-E acrescidos pela Lei nº 11.829, de 25-11-2008.

Art. 242. Vender, fornecer ainda que gratuitamente ou entregar, de qualquer forma, a criança ou adolescente arma, munição ou explosivo:

- Art. 16, parágrafo único, V, da Lei nº 10.826, de 22-12-2003 (Estatuto do Desarmamento).

Pena – reclusão, de três a seis anos.

- Pena com a redação dada pela Lei nº 10.764, de 12-11-2003.

Art. 243. Vender, fornecer, servir, ministrar ou entregar, ainda que gratuitamente, de qualquer forma, a criança ou a adolescente, bebida alcoólica ou, sem justa causa, outros produtos cujos componentes possam causar dependência física ou psíquica:

Pena – detenção, de 2 (dois) a 4 (quatro) anos, e multa, se o fato não constitui crime mais grave.

- Artigo com a redação dada pela Lei nº 13.106, de 17-3-2015.

Art. 244. Vender, fornecer ainda que gratuitamente ou entregar, de qualquer forma, a criança ou adolescente fogos de estampido ou de artifício, exceto aqueles que, pelo seu reduzido potencial, sejam incapazes de provocar qualquer dano físico em caso de utilização indevida:

Pena – detenção de seis meses a dois anos, e multa.

Art. 244-A. Submeter a criança ou adolescente, como tais definidos no *caput* do artigo 2º desta Lei, à prostituição ou à exploração sexual.

- *Caput* acrescido pela Lei nº 9.975, de 23-6-2000.

Pena – reclusão de quatro a dez anos e multa, além da perda de bens e valores utilizados na prática criminosa em favor do Fundo dos Direitos da Criança e do Adolescente da unidade da Federação (Estado ou Distrito Federal) em que foi cometido o crime, ressalvado o direito de terceiro de boa-fé.

- Pena com a redação dada pela Lei nº 13.440, de 8-5-2017.

§ 1º Incorrem nas mesmas penas o proprietário, o gerente ou o responsável pelo local em que se verifique a submissão de criança ou adolescente às práticas referidas no *caput* deste artigo.

§ 2º Constitui efeito obrigatório da condenação a cassação da licença de localização e de funcionamento do estabelecimento.

- §§ 1º e 2º acrescidos pela Lei nº 9.975, de 23-6-2000.

Art. 244-B. Corromper ou facilitar a corrupção de menor de 18 (dezoito) anos, com ele praticando infração penal ou induzindo-o a praticá-la:

Pena – reclusão, de 1 (um) a 4 (quatro) anos.

- Súm. nº 500 do STJ.

§ 1º Incorre nas penas previstas no *caput* deste artigo quem pratica as condutas ali tipificadas utilizando-se de quaisquer meios eletrônicos, inclusive salas de bate-papo da internet.

§ 2º As penas previstas no *caput* deste artigo são aumentadas de um terço no caso de a infração cometida ou induzida estar incluída no rol do art. 1º da Lei nº 8.072, de 25 de julho de 1990.

- Art. 244-B acrescido pela Lei nº 12.015, de 7-8-2009.

***Art. 244-C.** Deixar o pai, a mãe ou o responsável legal, de forma dolosa, de comunicar à autoridade pública o desaparecimento de criança ou adolescente:*

Pena – reclusão, de 2 (dois) a 4 (quatro) anos, e multa.

- Art. 244-C acrescido pela Lei nº 14.811, de 12-1-2024.

CAPÍTULO II
DAS INFRAÇÕES ADMINISTRATIVAS

Art. 245. Deixar o médico, professor ou responsável por estabelecimento de atenção à saúde e de ensino fundamental, pré-escola ou creche, de comunicar à autoridade competente os casos de que tenha conhecimento, envolvendo suspeita ou confirmação de maus-tratos contra criança ou adolescente:

- Arts. 13, 56 e 130 desta Lei.
- Art. 136 do CP.
- Art. 213 do CPM.

Pena – multa de três a vinte salários de referência, aplicando-se o dobro em caso de reincidência.

Art. 246. Impedir o responsável ou funcionário de entidade de atendimento o exercício dos direitos constantes nos incisos II, III, VII, VIII e XI do artigo 124 desta Lei:

Pena – multa de três a vinte salários de referência, aplicando-se o dobro em caso de reincidência.

Art. 247. Divulgar, total ou parcialmente, sem autorização devida, por qualquer meio de comunicação, nome, ato ou documento de procedimento policial, administrativo ou judicial relativo a criança ou adolescente a que se atribui ato infracional:

▶ Art. 143 desta Lei.

Pena – multa de três a vinte salários de referência, aplicando-se o dobro em caso de reincidência.

§ 1º *Incorre na mesma pena quem exibe ou transmite imagem, vídeo ou corrente de vídeo de criança ou adolescente envolvido em ato infracional ou em outro ato ilícito que lhe seja atribuído, de forma a permitir sua identificação.*

▶ § 1º com a redação dada pela Lei nº 14.811, de 12-1-2024

▶ Art. 143 desta Lei.

§ 2º Se o fato for praticado por órgão de imprensa ou emissora de rádio ou televisão, além da pena prevista neste artigo, a autoridade judiciária poderá determinar a apreensão da publicação ou a suspensão da programação da emissora até por dois dias, bem como da publicação do periódico até por dois números.

▶ O STF, por unanimidade de votos, julgou procedente a ADI nº 869-2, para declarar a inconstitucionalidade da expressão "ou a suspensão da programação da emissora até por dois dias, bem como da publicação do periódico até por dois números", contida neste parágrafo (*DJ* de 4-6-2004).

Art. 248. *Revogado*. Lei nº 13.431, de 4-4-2017.

Art. 249. Descumprir, dolosa ou culposamente, os deveres inerentes ao pátrio poder ou decorrente de tutela ou guarda, bem assim determinação da autoridade judiciária ou Conselho Tutelar:

▶ Art. 3º da Lei nº 12.010, de 3-8-2009 (Lei da Adoção).

▶ Arts. 1.630 a 1.638 do CC/2002.

▶ Arts. 22, 24, 32, 136, II, 137 e 262 desta Lei.

Pena – multa de três a vinte salários de referência, aplicando-se o dobro em caso de reincidência.

Art. 250. Hospedar criança ou adolescente desacompanhado dos pais ou responsável, ou sem autorização escrita desses ou da autoridade judiciária, em hotel, pensão, motel ou congênere:

▶ Art. 82 desta Lei.

Pena – multa.

▶ *Caput* e pena com a redação dada pela Lei nº 12.038, de 1º-10-2009.

§ 1º Em caso de reincidência, sem prejuízo da pena de multa, a autoridade judiciária poderá determinar o fechamento do estabelecimento por até 15 (quinze) dias.

§ 2º Se comprovada a reincidência em período inferior a 30 (trinta) dias, o estabelecimento será definitivamente fechado e terá sua licença cassada.

▶ §§ 1º e 2º acrescidos pela Lei nº 12.038, de 1º-10-2009.

Art. 251. Transportar criança ou adolescente, por qualquer meio, com inobservância do disposto nos artigos 83, 84 e 85 desta Lei:

Pena – multa de três a vinte salários de referência, aplicando-se o dobro em caso de reincidência.

Art. 252. Deixar o responsável por diversão ou espetáculo público de afixar, em lugar visível e de fácil acesso, à entrada do local de exibição, informação destacada sobre a natureza da diversão ou espetáculo e a faixa etária especificada no certificado de classificação:

▶ Art. 74 desta Lei.

Pena – multa de três a vinte salários de referência, aplicando-se o dobro em caso de reincidência.

Art. 253. Anunciar peças teatrais, filmes, ou quaisquer representações ou espetáculos, sem indicar os limites de idade a que não se recomendem:

▶ Art. 76, parágrafo único, desta Lei.

Pena – multa de três a vinte salários de referência, duplicada em caso de reincidência, aplicável, separadamente, à casa de espetáculo e aos órgãos de divulgação ou publicidade.

Art. 254. Transmitir, através de rádio ou televisão, espetáculo em horário diverso do autorizado ou sem aviso de sua classificação:

▶ Arts. 74 e 76, parágrafo único, desta Lei.

▶ O STF, por maioria dos votos, julgou procedente a ADI nº 2.404, para declarar a inconstitucionalidade da expressão "em horário diverso do autorizado", contida neste artigo (*DOU* de 12-9-2016).

Pena – multa de vinte a cem salários de referência; duplicada em caso de reincidência a autoridade judiciária poderá determinar a suspensão da programação da emissora por até dois dias.

Art. 255. Exibir filme, *trailer*, peça, amostra ou congênere classificado pelo órgão competente como inadequado às crianças ou adolescentes admitidos ao espetáculo:

▶ Arts. 74 e 75 desta Lei.

Pena – multa de vinte a cem salários de referência; na reincidência, a autoridade poderá determinar a suspensão do espetáculo ou o fechamento do estabelecimento por até quinze dias.

Art. 256. Vender ou locar a criança ou adolescente fita de programação em vídeo, em desacordo com a classificação atribuída pelo órgão competente:

▶ Arts. 74, 77 e 88, V, desta Lei.

Pena – multa de três a vinte salários de referência; em caso de reincidência, a autoridade judiciária poderá determinar o fechamento do estabelecimento por até quinze dias.

Art. 257. Descumprir obrigação constante dos artigos 78 e 79 desta Lei:

▶ Arts. 194 e 197 desta Lei.

Pena – multa de três a vinte salários de referência, duplicando-se a pena em caso de reincidência, sem prejuízo de apreensão da revista ou publicação.

Art. 258. Deixar o responsável pelo estabelecimento ou o empresário de observar o que dispõe esta Lei sobre o acesso de criança ou adolescente aos locais de diversão, ou sobre sua participação no espetáculo.

▶ Arts. 75, 80, 149 e 249 desta Lei.

Pena – multa de três a vinte salários de referência; em caso de reincidência, a autoridade judiciária poderá determinar o fechamento do estabelecimento por até quinze dias.

Art. 258-A. Deixar a autoridade competente de providenciar a instalação e operacionalização dos cadastros previstos no art. 50 e no § 11 do art. 101 desta Lei:

Pena – multa de R$ 1.000,00 (mil reais) a R$ 3.000,00 (três mil reais).

Parágrafo único. Incorre nas mesmas penas a autoridade que deixa de efetuar o cadastramento de crianças e de adolescentes em condições de serem adotadas, de pessoas ou casais habilitados à adoção e de crianças e adolescentes em regime de acolhimento institucional ou familiar.

Art. 258-B. Deixar o médico, enfermeiro ou dirigente de estabelecimento de atenção à saúde de gestante de efetuar imediato encaminhamento à autoridade judiciária de caso de que tenha conhecimento de mãe ou gestante interessada em entregar seu filho para adoção:

Pena – multa de R$ 1.000,00 (mil reais) a R$ 3.000,00 (três mil reais).

Parágrafo único. Incorre na mesma pena o funcionário de programa oficial ou comunitário destinado à garantia do direito à convivência familiar que deixa de efetuar a comunicação referida no *caput* deste artigo.

▶ Arts. 258-A e 258-B acrescidos pela Lei nº 12.010, de 3-8-2009.

Art. 258-C. Descumprir a proibição estabelecida no inciso II do art. 81:

Pena – multa de R$ 3.000,00 (três mil reais) a R$ 10.000,00 (dez mil reais);

Medida Administrativa – interdição do estabelecimento comercial até o recolhimento da multa aplicada.

▶ Art. 258-C acrescido pela Lei nº 13.106, de 17-3-2015.

DISPOSIÇÕES FINAIS E TRANSITÓRIAS

Art. 259. A União, no prazo de noventa dias contados da publicação deste Estatuto, elaborará projeto de lei dispondo sobre a criação ou adaptação de seus órgãos às diretrizes da política de atendimento fixadas no artigo 88 e ao que estabelece o Título V do Livro II.

Parágrafo único. Compete aos Estados e Municípios promoverem a adaptação de seus órgãos e programas às diretrizes e princípios estabelecidos nesta Lei.

Art. 260. Os contribuintes poderão efetuar doações aos Fundos dos Direitos da Criança e do Adolescente nacional, distrital, estaduais ou municipais, devidamente comprovadas, sendo essas integralmente deduzidas do imposto de renda, obedecidos os seguintes limites:

▶ *Caput* com a redação dada pela Lei nº 12.594, de 18-1-2012.

▶ Lei nº 9.532, de 10-12-1997, altera a legislação tributária federal.

▶ Art. 3º, parágrafo único, da Lei nº 12.213, de 20-1-2010, que institui o Fundo Nacional do Idoso e autoriza a deduzir do imposto de renda devido pelas pessoas físicas e jurídicas as doações efetuadas aos Fundos Municipais, Estaduais e Nacional do Idoso.

I – 1% (um por cento) do imposto sobre a renda devido apurado pelas pessoas jurídicas tributadas com base no lucro real; e

II – 6% (seis por cento) do imposto sobre a renda apurado pelas pessoas físicas na Declaração de Ajuste Anual, observado o disposto no art. 22 da Lei nº 9.532, de 10 de dezembro de 1997.

▶ Incisos I e II acrescidos pela Lei nº 12.594, de 18-1-2012.

§ 1º *Revogado*. Lei nº 9.532, de 10-12-1997.

§ 1º-A. Na definição das prioridades a serem atendidas com os recursos captados pelos fundos nacional, estaduais e municipais dos direitos da criança e do adolescente, serão consideradas as disposições do Plano Nacional de Promoção, Proteção e Defesa do Direito de Crianças e Adolescentes à Convivência Familiar e Comunitária e as do Plano Nacional pela Primeira Infância.

§ 2º Os conselhos nacional, estaduais e municipais dos direitos da criança e do adolescente fixarão critérios de utilização, por meio de planos de aplicação, das dotações subsidiadas e demais receitas, aplicando necessariamente percentual para incentivo ao acolhimento, sob a forma de guarda, de crianças e adolescentes e para programas de atenção integral à primeira infância em áreas de maior carência socioeconômica e em situações de calamidade.

▶ §§ 1º-A e 2º com a redação dada pela Lei nº 13.257, de 8-3-2016.

§ 2º-A. O contribuinte poderá indicar o projeto que receberá a destinação de recursos, entre os projetos aprovados por conselho dos direitos da criança e do adolescente.

§ 2º-B. É facultado aos conselhos chancelar projetos ou banco de projetos, por meio de regulamentação própria, observadas as seguintes regras:

I – a chancela deverá ser entendida como a autorização para captação de recursos por meio dos Fundos dos Direitos da Criança e do Adolescente com a finalidade de viabilizar a execução dos projetos aprovados pelos conselhos;

II – os projetos deverão garantir os direitos fundamentais e humanos das crianças e dos adolescentes;

III – a captação de recursos por meio do Fundo dos Direitos da Criança e do Adolescente deverá ser realizada pela instituição proponente para o financiamento do respectivo projeto;

IV – os recursos captados serão repassados para a instituição proponente mediante formalização de instrumento de repasse de recursos, conforme a legislação vigente;

V – os conselhos deverão fixar percentual de retenção dos recursos captados, em cada chancela, que serão destinados ao Fundo dos Direitos da Criança e do Adolescente;

VI – o tempo de duração entre a aprovação do projeto e a captação dos recursos deverá ser de 2 (dois) anos e poderá ser prorrogado por igual período;

VII – a chancela do projeto não deverá obrigar seu financiamento pelo Fundo dos Direitos da Criança e do Adolescente, caso não tenha sido captado valor suficiente.

▶ §§ 2º-A e 2º-B acrescidos pela Lei nº 14.692, de 3-10-2023.

§ 3º O Departamento da Receita Federal, do Ministério da Economia, Fazenda e Planejamento, regulamentará a comprovação das doações feitas aos Fundos, nos termos deste artigo.

§ 4º O Ministério Público determinará em cada comarca a forma de fiscalização da aplicação, pelo Fundo Municipal dos Direitos da Criança e do Adolescente, dos incentivos fiscais referidos neste artigo.

§ 5º Observado o disposto no § 4º do art. 3º da Lei nº 9.249, de 26 de dezembro de 1995, a dedução de que trata o inciso I do *caput*:

▶ *Caput* do § 5º com a redação dada pela Lei nº 12.594, de 18-1-2012.

I – será considerada isoladamente, não se submetendo a limite em conjunto com outras deduções do imposto; e

II – não poderá ser computada como despesa operacional na apuração do lucro real.

▶ Incisos I e II acrescidos pela Lei nº 12.594, de 18-1-2012.

Art. 260-A. A partir do exercício de 2010, ano-calendário de 2009, a pessoa física poderá optar pela doação de que trata o inciso II do *caput* do art. 260 diretamente em sua Declaração de Ajuste Anual.

§ 1º A doação de que trata o *caput* poderá ser deduzida até os seguintes percentuais aplicados sobre o imposto apurado na declaração:

I e II – VETADOS; Lei nº 12.594, de 18-1-2012.

III – 3% (três por cento) a partir do exercício de 2012.

§ 2º A dedução de que trata o *caput*:

I – está sujeita ao limite de 6% (seis por cento) do imposto sobre a renda apurado na declaração de que trata o inciso II do *caput* do art. 260;

II – não se aplica à pessoa física que:

a) utilizar o desconto simplificado;

b) apresentar declaração em formulário; ou

c) entregar a declaração fora do prazo;

III – só se aplica às doações em espécie; e

IV – não exclui ou reduz outros benefícios ou deduções em vigor.

§ 3º O pagamento da doação deve ser efetuado até a data de vencimento da primeira quota ou quota única do imposto, observadas instruções específicas da Secretaria da Receita Federal do Brasil.

§ 4º O não pagamento da doação no prazo estabelecido no § 3º implica a glosa definitiva desta parcela de dedução, ficando a pessoa física obrigada ao recolhimento da diferença de imposto devido apurado na Declaração de Ajuste Anual com os acréscimos legais previstos na legislação.

§ 5º A pessoa física poderá deduzir do imposto apurado na Declaração de Ajuste Anual as doações feitas, no respectivo ano-calendário, aos fundos controlados pelos Conselhos dos Direitos da Criança e do Adolescente municipais, distrital, estaduais e nacional concomitantemente com a opção de que trata o *caput*, respeitado o limite previsto no inciso II do art. 260.

Art. 260-B. A doação de que trata o inciso I do art. 260 poderá ser deduzida:

I – do imposto devido no trimestre, para as pessoas jurídicas que apuram o imposto trimestralmente; e

II – do imposto devido mensalmente e no ajuste anual, para as pessoas jurídicas que apuram o imposto anualmente.

Parágrafo único. A doação deverá ser efetuada dentro do período a que se refere a apuração do imposto.

Art. 260-C. As doações de que trata o art. 260 desta Lei podem ser efetuadas em espécie ou em bens.

Parágrafo único. As doações efetuadas em espécie devem ser depositadas em conta específica, em instituição financeira pública, vinculadas aos respectivos fundos de que trata o art. 260.

Art. 260-D. Os órgãos responsáveis pela administração das contas dos Fundos dos Direitos da Criança e do Adolescente nacional, estaduais, distrital e municipais devem emitir recibo em favor do doador, assinado por pessoa competente e pelo presidente do Conselho correspondente, especificando:

I – número de ordem;

II – nome, Cadastro Nacional da Pessoa Jurídica (CNPJ) e endereço do emitente;

III – nome, CNPJ ou Cadastro de Pessoas Físicas (CPF) do doador;

IV – data da doação e valor efetivamente recebido; e

V – ano-calendário a que se refere a doação.

§ 1º O comprovante de que trata o *caput* deste artigo pode ser emitido anualmente, desde que discrimine os valores doados mês a mês.

§ 2º No caso de doação em bens, o comprovante deve conter a identificação dos bens, mediante descrição em campo próprio ou em relação anexa ao comprovante, informando também se houve avaliação, o nome, CPF ou CNPJ e endereço dos avaliadores.

Art. 260-E. Na hipótese da doação em bens, o doador deverá:

I – comprovar a propriedade dos bens, mediante documentação hábil;

II – baixar os bens doados na declaração de bens e direitos, quando se tratar de pessoa física, e na escrituração, no caso de pessoa jurídica; e

III – considerar como valor dos bens doados:

a) para as pessoas físicas, o valor constante da última declaração do imposto de renda, desde que não exceda o valor de mercado;

b) para as pessoas jurídicas, o valor contábil dos bens.

Parágrafo único. O preço obtido em caso de leilão não será considerado na determinação do valor dos bens doados, exceto se o leilão for determinado por autoridade judiciária.

Art. 260-F. Os documentos a que se referem os arts. 260-D e 260-E devem ser mantidos pelo contribuinte por um prazo de 5 (cinco) anos para fins de comprovação da dedução perante a Receita Federal do Brasil.

Art. 260-G. Os órgãos responsáveis pela administração das contas dos Fundos dos Direitos da Criança e do Adolescente nacional, estaduais, distrital e municipais devem:

I – manter conta bancária específica destinada exclusivamente a gerir os recursos do Fundo;

II – manter controle das doações recebidas; e

III – informar anualmente à Secretaria da Receita Federal do Brasil as doações recebidas mês a mês, identificando os seguintes dados por doador:

a) nome, CNPJ ou CPF;

b) valor doado, especificando se a doação foi em espécie ou em bens.

Art. 260-H. Em caso de descumprimento das obrigações previstas no art. 260-G, a Secretaria da Receita Federal do Brasil dará conhecimento do fato ao Ministério Público.

Art. 260-I. Os Conselhos dos Direitos da Criança e do Adolescente nacional, estaduais, distrital e municipais divulgarão amplamente à comunidade:

I – o calendário de suas reuniões;

II – as ações prioritárias para aplicação das políticas de atendimento à criança e ao adolescente;

III – os requisitos para a apresentação de projetos a serem beneficiados com recursos dos Fundos dos Direitos da Criança e do Adolescente nacional, estaduais, distrital ou municipais;

IV – a relação dos projetos aprovados em cada ano-calendário e o valor dos recursos previstos para implementação das ações, por projeto;

V – o total dos recursos recebidos e a respectiva destinação, por projeto atendido, inclusive com cadastramento na base de dados do Sistema de Informações sobre a Infância e a Adolescência; e

VI – a avaliação dos resultados dos projetos beneficiados com recursos dos Fundos dos Direitos da Criança e do Adolescente nacional, estaduais, distrital e municipais.

Art. 260-J. O Ministério Público determinará, em cada Comarca, a forma de fiscalização da aplicação dos incentivos fiscais referidos no art. 260 desta Lei.

Parágrafo único. O descumprimento do disposto nos arts. 260-G e 260-I sujeitará os infratores a responder por ação judicial proposta pelo Ministério Público, que poderá atuar de ofício, a requerimento ou representação de qualquer cidadão.

Art. 260-K. A Secretaria de Direitos Humanos da Presidência da República (SDH/PR) encaminhará à Secretaria da Receita Federal do Brasil, até 31 de outubro de cada ano, arquivo eletrônico contendo a relação atualizada dos Fundos dos Direitos da Criança e do Adolescente nacional, distrital, estaduais e municipais, com a indicação dos respectivos números de inscrição no CNPJ e das contas bancárias específicas mantidas em instituições financeiras públicas, destinadas exclusivamente a gerir os recursos dos Fundos.

Art. 260-L. A Secretaria da Receita Federal do Brasil expedirá as instruções necessárias à aplicação do disposto nos arts. 260 a 260-K.

▸ Arts. 260-A a 260-L acrescidos pela Lei nº 12.594, de 18-1-2012.

Art. 261. À falta dos Conselhos Municipais dos Direitos da Criança e do Adolescente, os registros, inscrições e alterações a que se referem os artigos 90, parágrafo único, e 91 desta Lei serão efetuados perante a autoridade judiciária da comarca a que pertencer a entidade.

Parágrafo único. A União fica autorizada a repassar aos Estados e Municípios, e os Estados aos Municípios, os recursos referentes aos programas e atividades previstos nesta Lei, tão logo estejam criados os Conselhos dos Direitos da Criança e do Adolescente nos seus respectivos níveis.

Art. 262. Enquanto não instalados os Conselhos Tutelares, as atribuições a eles conferidas serão exercidas pela autoridade judiciária.

▸ Art. 136 desta Lei.

Art. 263. O Decreto-Lei nº 2.848, de 7 de dezembro de 1940, Código Penal, passa a vigorar com as seguintes alterações:

▸ Alterações inseridas no texto do referido Código.

Art. 264. O artigo 102 da Lei nº 6.015, de 31 de dezembro de 1973, fica acrescido do seguinte item:

▸ Alterações inseridas no texto da referida Lei.

Art. 265. A Imprensa Nacional e demais gráficas da União, da administração direta ou indireta, inclusive fundações instituídas e mantidas pelo Poder Público Federal, promoverão edição popular do texto integral deste Estatuto, que será posto à disposição das escolas e das entidades de atendimento e de defesa dos direitos da criança e do adolescente.

Art. 265-A. O poder público fará periodicamente ampla divulgação dos direitos da criança e do adolescente nos meios de comunicação social.

Parágrafo único. A divulgação a que se refere o *caput* será veiculada em linguagem clara, compreensível e adequada a crianças e adolescentes, especialmente às crianças com idade inferior a 6 (seis) anos.

▸ Art. 265-A acrescido pela Lei nº 13.257, de 8-3-2016.

Art. 266. Esta Lei entra em vigor noventa dias após sua publicação.

Parágrafo único. Durante o período de vacância deverão ser promovidas atividades e campanhas de divulgação e esclarecimentos acerca do disposto nesta Lei.

Art. 267. Revogam-se as Leis nºs 4.513, de 1964, e 6.697, de 10 de outubro de 1979 (Código de Menores), e as demais disposições em contrário.

Brasília, 13 de julho de 1990;
169º da Independência e
102º da República.

Fernando Collor

LEI Nº 8.072, DE 25 DE JULHO DE 1990

Dispõe sobre os crimes hediondos, nos termos do artigo 5º, inciso XLIII, da Constituição Federal, e determina outras providências.

▸ Publicada no *DOU* de 26-7-1990.

▸ Art. 17 da Lei nº 13.260, de 16-3-2016 (Lei Antiterrorismo).

Art. 1º São considerados hediondos os seguintes crimes, todos tipificados no Decreto-Lei nº 2.848, de 7 de dezembro de 1940 – Código Penal, consumados ou tentados:

▸ *Caput* com a redação dada pela Lei nº 8.930, de 6-9-1994.

I – homicídio (art. 121), quando praticado em atividade típica de grupo de extermínio, ainda que cometido por 1 (um) só agente, e homicídio qualificado (art. 121, § 2º);

▸ Inciso I com a redação dada pela Lei nº 15.159, de 3-7-2025.

I-A – lesão corporal dolosa de natureza gravíssima (art. 129, § 2º) e lesão corporal seguida de morte (art. 129, § 3º), quando praticadas:

▸ *Caput* do inciso I-A com a redação dada pela Lei nº 15.159, de 3-7-2025.

a) contra autoridade ou agente descrito nos arts. 142 e 144 da Constituição Federal ou integrantes do sistema prisional ou da Força Nacional de Segurança Pública, no exercício da função ou em decorrência dela, ou contra seu cônjuge, companheiro ou parente consanguíneo até terceiro grau, em razão dessa condição;

b) contra membro do Poder Judiciário, do Ministério Público, da Defensoria Pública ou da Advocacia Pública, de que tratam os arts. 131 e 132 da Constituição Federal, ou oficial de justiça, no exercício da função ou em decorrência dela, ou contra seu cônjuge, companheiro ou parente, inclusive por afinidade, até o terceiro grau, em razão dessa condição; ou

▸ Alíneas *a* e *b* com a redação dada pela Lei nº 15.159, de 3-7-2025.

c) nas dependências de instituição de ensino;

▸ Alínea *c* acrescida pela Lei nº 15.159, de 3-7-2025.

I-B – feminicídio (art. 121-A);

▸ Inciso I-B acrescido pela Lei nº 14.994, de 9-10-2024.

II – roubo:

a) circunstanciado pela restrição de liberdade da vítima (art. 157, § 2º, inciso V);

b) circunstanciado pelo emprego de arma de fogo (art. 157, § 2º-A, inciso I) ou pelo emprego de arma de fogo de uso proibido ou restrito (art. 157, § 2º-B);

c) qualificado pelo resultado lesão corporal grave ou morte (art. 157, § 3º);

III – extorsão qualificada pela restrição da liberdade da vítima, ocorrência de lesão corporal ou morte (art. 158, § 3º);

▸ Incisos II e III com a redação dada pela Lei nº 13.964, de 24-12-2019.

IV – extorsão mediante sequestro e na forma qualificada (artigo 159, *caput*, e §§ 1º, 2º e 3º);

▸ Inciso IV com a redação dada Lei nº 8.930, de 6-9-1994.

▸ Art. 158, § 3º, do CP.

V – estupro (art. 213, *caput* e §§ 1º e 2º);

VI – estupro de vulnerável (art. 217-A, *caput* e §§ 1º, 2º, 3º e 4º);

▸ Incisos V e VI com a redação dada pela Lei nº 12.015, de 7-8-2009.

VII – epidemia com resultado morte (artigo 267, § 1º);

▸ Inciso VII com a redação dada pela Lei nº 8.930, de 6-9-1994.

VII-A – VETADO. Lei nº 9.695, de 20-8-1998;

VII-B – falsificação, corrupção, adulteração ou alteração de produto destinado a fins terapêuticos ou medicinais (artigo 273, *caput* e § 1º, § 1º-A e § 1º-B, com a redação dada pela Lei nº 9.677, de 2-7-1998);

▸ Inciso VII-B acrescido pela Lei nº 9.695, de 20-8-1998.

VIII – favorecimento da prostituição ou de outra forma de exploração sexual de criança ou adolescente ou de vulnerável (art. 218-B, *caput*, e §§ 1º e 2º);

▸ Inciso VIII acrescido pela Lei nº 12.978, de 21-5-2014.

IX – furto qualificado pelo emprego de explosivo ou de artefato análogo que cause perigo comum (art. 155, § 4º-A);

▸ Inciso IX acrescido pela Lei nº 13.964, de 24-12-2019.

X – induzimento, instigação ou auxílio a suicídio ou a automutilação realizados por meio da rede de computadores, de rede social ou transmitidos em tempo real (art. 122, caput *e § 4º);*

XI – sequestro e cárcere privado cometido contra menor de 18 (dezoito) anos (art. 148, § 1º, inciso IV);

XII – *tráfico de pessoas cometido contra criança ou adolescente (art. 149-A, caput, incisos I a V, e § 1º, inciso II).*

▸ Incisos X a XII acrescidos pela Lei nº 14.811, de 12-1-2024.

Parágrafo único. Consideram-se também hediondos, tentados ou consumados:

▸ *Caput* do parágrafo único com a redação dada pela Lei nº 13.964, de 24-12-2019.

I – o crime de genocídio, previsto nos arts. 1º, 2º e 3º da Lei nº 2.889, de 1º de outubro de 1956;

II – o crime de posse ou porte ilegal de arma de fogo de uso proibido, previsto no art. 16 da Lei nº 10.826, de 22 de dezembro de 2003;

III – o crime de comércio ilegal de armas de fogo, previsto no art. 17 da Lei nº 10.826, de 22 de dezembro de 2003;

IV – o crime de tráfico internacional de arma de fogo, acessório ou munição, previsto no art. 18 da Lei nº 10.826, de 22 de dezembro de 2003;

V – o crime de organização criminosa, quando direcionado à prática de crime hediondo ou equiparado;

▸ Incisos I a V com a redação dada pela Lei nº 13.964, de 24-12-2019.

VI – os crimes previstos no Dec.-Lei nº 1.001, de 21 de outubro de 1969 (Código Penal Militar), que apresentem identidade com os crimes previstos no art. 1º desta Lei;

▸ Inciso VI acrescido pela Lei nº 14.688, de 20-9-2023.

VII – *os crimes previstos no § 1º do art. 240 e no art. 241-B da Lei nº 8.069, de 13 de julho de 1990 (Estatuto da Criança e do Adolescente).*

▸ Inciso VII acrescido pela Lei nº 14.811, de 12-1-2024.

Art. 2º Os crimes hediondos, a prática da tortura, o tráfico ilícito de entorpecentes e drogas afins e o terrorismo são insuscetíveis de:

▸ Súm. Vinc. nº 26 do STF.

I – anistia, graça e indulto;

II – fiança.

▸ Inciso II com a redação dada pela Lei nº 11.464, de 28-3-2007.

▸ Art. 323, II, do CPP.

§ 1º A pena por crime previsto neste artigo será cumprida inicialmente em regime fechado.

▸ § 1º com a redação dada pela Lei nº 11.464, de 28-3-2007.

§ 2º *Revogado*. Lei nº 13.964, de 24-12-2019.

§ 3º Em caso de sentença condenatória, o juiz decidirá fundamentadamente se o réu poderá apelar em liberdade.

▸ § 3º com a redação dada pela Lei nº 11.464, de 28-3-2007.

§ 4º A prisão temporária, sobre a qual dispõe a Lei nº 7.960, de 21 de dezembro de 1989, nos crimes previstos neste artigo, terá o prazo de 30 (trinta) dias, prorrogável por igual período em caso de extrema e comprovada necessidade.

▸ § 4º acrescido pela Lei nº 11.464, de 28-3-2007.

Art. 3º A União manterá estabelecimentos penais, de segurança máxima, destinados ao cumprimento de penas impostas a condenados de alta periculosidade, cuja permanência em presídios estaduais ponha em risco a ordem ou incolumidade pública.

▸ Arts. 52 e 86, § 2º, da LEP.

Art. 4º VETADO.

Art. 5º Ao artigo 83 do Código Penal é acrescido o seguinte inciso:

▸ Alteração inserida no texto do referido Código.

Art. 6º Os artigos 157, § 3º; 159, *caput* e seus §§ 1º, 2º e 3º; 213; 214; 223, *caput* e seu parágrafo único; 267, *caput* e 270, *caput*, todos do Código Penal, passam a vigorar com a seguinte redação:

▸ Alterações inseridas no texto do referido Código.

Art. 7º Ao artigo 159 do Código Penal fica acrescido o seguinte parágrafo:

▸ Alteração inserida no texto do referido Código.

Art. 8º Será de três a seis anos de reclusão a pena prevista no artigo 288 do Código Penal, quando se tratar de crimes hediondos, prática da tortura, tráfico ilícito de entorpecentes e drogas afins ou terrorismo.

Parágrafo único. O participante e o associado que denunciar à autoridade o bando ou quadrilha, possibilitando seu desmantelamento, terá a pena reduzida de um a dois terços.

▸ Art. 41 da Lei nº 11.343, de 23-8-2006 (Lei Antidrogas).

Art. 9º As penas fixadas no artigo 6º para os crimes capitulados nos artigos 157, § 3º, 158, § 2º, 159, *caput* e seus §§ 1º, 2º e 3º, 213, *caput*, e sua combinação com o artigo 223, *caput* e parágrafo único, 214 e sua combinação com o artigo 223, *caput* e parágrafo único, todos do Código Penal, são acrescidas de metade, respeitado o limite superior de trinta anos de reclusão, estando a vítima em qualquer das hipóteses referidas no artigo 224 também do Código Penal.

Art. 10. O artigo 35 da Lei nº 6.368, de 21 de outubro de 1976, passa a vigorar acrescido de parágrafo único, com a seguinte redação:

▸ A Lei nº 6.368, de 21-10-1976, foi revogada expressamente pela Lei nº 11.343, de 23-8-2006 (Lei Antidrogas).

Art. 11. VETADO.

Art. 12. Esta Lei entra em vigor na data de sua publicação.

Art. 13. Revogam-se as disposições em contrário.

Brasília, em 25 de julho de 1990;
169º da Independência e
102º da República.

Fernando Collor

LEI Nº 8.080, DE 19 DE SETEMBRO DE 1990

Dispõe sobre as condições para a promoção, proteção e recuperação da saúde, a organização e o funcionamento dos serviços correspondentes e dá outras providências.

▸ Publicada no *DOU* de 20-9-1990.

▸ Decretos nºs 1.651, de 28-9-1995, e 7.508, de 28-6-2011, regulamentam esta lei.

DISPOSIÇÃO PRELIMINAR

Art. 1º Esta lei regula, em todo o território nacional, as ações e serviços de saúde, executados isolada ou conjuntamente, em caráter permanente ou eventual, por pessoas naturais ou jurídicas de direito público ou privado.

TÍTULO I – DAS DISPOSIÇÕES GERAIS

Art. 2º A saúde é um direito fundamental do ser humano, devendo o Estado prover as condições indispensáveis ao seu pleno exercício.

§ 1º O dever do Estado de garantir a saúde consiste na formulação e execução de políticas econômicas e sociais que visem à redução de riscos de doenças e de outros agravos e no estabelecimento de condições que assegurem acesso universal e igualitário às ações e aos serviços para a sua promoção, proteção e recuperação.

§ 2º O dever do Estado não exclui o das pessoas, da família, das empresas e da sociedade.

Art. 3º Os níveis de saúde expressam a organização social e econômica do País, tendo a saúde como determinantes e condicionantes, entre outros, a alimentação, a moradia, o saneamento básico, o meio ambiente, o trabalho, a renda, a educação, a atividade física, o transporte, o lazer e o acesso aos bens e serviços essenciais.

▸ *Caput* com a redação dada pela Lei nº 12.864, de 24-9-2013.

Parágrafo único. Dizem respeito também à saúde as ações que, por força do disposto no artigo anterior, se destinam a garantir às pessoas e à coletividade condições de bem-estar físico, mental e social.

TÍTULO II – DO SISTEMA ÚNICO DE SAÚDE

DISPOSIÇÃO PRELIMINAR

Art. 4º O conjunto de ações e serviços de saúde, prestados por órgãos e instituições públicas federais, estaduais e municipais, da Administração direta e indireta e das fundações mantidas pelo Poder Público, constitui o Sistema Único de Saúde (SUS).

§ 1º Estão incluídas no disposto neste artigo as instituições públicas federais, estaduais e municipais de controle de qualidade, pesquisa e produção de insumos, medicamentos, inclusive de sangue e hemoderivados, e de equipamentos para saúde.

§ 2º A iniciativa privada poderá participar do Sistema Único de Saúde (SUS), em caráter complementar.

CAPÍTULO I – DOS OBJETIVOS E ATRIBUIÇÕES

Art. 5º São objetivos do Sistema Único de Saúde SUS:

I – a identificação e divulgação dos fatores condicionantes e determinantes da saúde;

II – a formulação de política de saúde destinada a promover, nos campos econômico e social, a observância do disposto no § 1º do art. 2º desta lei;

III – a assistência às pessoas por intermédio de ações de promoção, proteção e recuperação da saúde, com a realização integrada das ações assistenciais e das atividades preventivas.

Art. 6º Estão incluídas ainda no campo de atuação do Sistema Único de Saúde (SUS):

I – a execução de ações:

a) de vigilância sanitária;

b) de vigilância epidemiológica;

c) de saúde do trabalhador;

d) de assistência terapêutica integral, inclusive farmacêutica;

e) de saúde bucal;

▶ Alínea *e* acrescida pela Lei nº 14.572, de 8-5-2023.

II – a participação na formulação da política e na execução de ações de saneamento básico;

III – a ordenação da formação de recursos humanos na área de saúde;

IV – a vigilância nutricional e a orientação alimentar;

V – a colaboração na proteção do meio ambiente, nele compreendido o do trabalho;

VI – a formulação da política de medicamentos, equipamentos, imunobiológicos e outros insumos de interesse para a saúde e a participação na sua produção;

VII – o controle e a fiscalização de serviços, produtos e substâncias de interesse para a saúde;

VIII – a fiscalização e a inspeção de alimentos, água e bebidas para consumo humano;

IX – a participação no controle e na fiscalização da produção, transporte, guarda e utilização de substâncias e produtos psicoativos, tóxicos e radioativos;

X – o incremento, em sua área de atuação, do desenvolvimento científico e tecnológico;

XI – a formulação e execução da política de sangue e seus derivados;

XII – a formulação e a execução da política de informação e assistência toxicológica e de logística de antídotos e medicamentos utilizados em intoxicações.

▶ Inciso XII acrescido pela Lei nº 14.715, de 30-10-2023.

§ 1º Entende-se por vigilância sanitária um conjunto de ações capaz de eliminar, diminuir ou prevenir riscos à saúde e de intervir nos problemas sanitários decorrentes do meio ambiente, da produção e circulação de bens e da prestação de serviços de interesse da saúde, abrangendo:

I – o controle de bens de consumo que, direta ou indiretamente, se relacionem com a saúde, compreendidas todas as etapas e processos, da produção ao consumo; e

II – o controle da prestação de serviços que se relacionam direta ou indiretamente com a saúde.

§ 2º Entende-se por vigilância epidemiológica um conjunto de ações que proporcionam o conhecimento, a detecção ou prevenção de qualquer mudança nos fatores determinantes e condicionantes de saúde individual ou coletiva, com a finalidade de recomendar e adotar as medidas de prevenção e controle das doenças ou agravos.

§ 3º Entende-se por saúde do trabalhador, para fins desta lei, um conjunto de atividades que se destina, através das ações de vigilância epidemiológica e vigilância sanitária, à promoção e proteção da saúde dos trabalhadores, assim como visa à recuperação e reabilitação da saúde dos trabalhadores submetidos aos riscos e agravos advindos das condições de trabalho, abrangendo:

I – assistência ao trabalhador vítima de acidentes de trabalho ou portador de doença profissional e do trabalho;

II – participação, no âmbito de competência do Sistema Único de Saúde (SUS), em estudos, pesquisas, avaliação e controle dos riscos e agravos potenciais à saúde existentes no processo de trabalho;

III – participação, no âmbito de competência do Sistema Único de Saúde (SUS), da normatização, fiscalização e controle das condições de produção, extração, armazenamento, transporte, distribuição e manuseio de substâncias, de produtos, de máquinas e de equipamentos que apresentam riscos à saúde do trabalhador;

IV – avaliação do impacto que as tecnologias provocam à saúde;

V – informação ao trabalhador e à sua respectiva entidade sindical e às empresas sobre os riscos de acidentes de trabalho, doença profissional e do trabalho, bem como os resultados de fiscalizações, avaliações ambientais e exames de saúde, de admissão, periódicos e de demissão, respeitados os preceitos da ética profissional;

VI – participação na normatização, fiscalização e controle dos serviços de saúde do trabalhador nas instituições e empresas públicas e privadas;

VII – revisão periódica da listagem oficial de doenças originadas no processo de trabalho, tendo na sua elaboração a colaboração das entidades sindicais; e

VIII – a garantia ao sindicato dos trabalhadores de requerer ao órgão competente a interdição de máquina, de setor de serviço ou de todo ambiente de trabalho, quando houver exposição a risco iminente para a vida ou saúde dos trabalhadores.

§ 4º Entende-se por saúde bucal o conjunto articulado de ações, em todos os níveis de complexidade, que visem a garantir promoção, prevenção, recuperação e reabilitação odontológica, individual e coletiva, inseridas no contexto da integralidade da atenção à saúde.

▶ § 4º acrescido pela Lei nº 14.572, de 8-5-2023.

§ 5º Entende-se por assistência toxicológica, a que se refere o inciso XII do *caput* deste artigo, o conjunto de ações e serviços de prevenção, diagnóstico e tratamento das intoxicações agudas e crônicas decorrentes da exposição a substâncias químicas, medicamentos e toxinas de animais peçonhentos e de plantas tóxicas.

▶ § 5º acrescido pela Lei nº 14.715, de 30-10-2023.

Art. 6º-A. As diferentes instâncias gestoras do Sistema Único de Saúde (SUS) ficam obrigadas a disponibilizar nas respectivas páginas eletrônicas na internet os estoques de medicamentos das farmácias públicas que estiverem sob sua gestão, com atualização quinzenal, de forma acessível ao cidadão comum.

▶ Art. 6º-A acrescido pela Lei nº 14.654, de 23-8-2023.

CAPÍTULO II
DOS PRINCÍPIOS E DIRETRIZES

Art. 7º As ações e serviços públicos de saúde e os serviços privados contratados ou conveniados que integram o Sistema Único de Saúde (SUS), são desenvolvidos de acordo com as diretrizes previstas no art. 198 da Constituição Federal, obedecendo ainda aos seguintes princípios:

I – universalidade de acesso aos serviços de saúde em todos os níveis de assistência;

II – integralidade de assistência, entendida como conjunto articulado e contínuo das ações e serviços preventivos e curativos, individuais e coletivos, exigidos para cada caso em todos os níveis de complexidade do sistema;

III – preservação da autonomia das pessoas na defesa de sua integridade física e moral;

IV – igualdade da assistência à saúde, sem preconceitos ou privilégios de qualquer espécie;

V – direito à informação, às pessoas assistidas, sobre sua saúde;

VI – divulgação de informações quanto ao potencial dos serviços de saúde e a sua utilização pelo usuário;

VII – utilização da epidemiologia para o estabelecimento de prioridades, a alocação de recursos e a orientação programática;

VIII – participação da comunidade;

IX – descentralização político-administrativa, com direção única em cada esfera de governo:

a) ênfase na descentralização dos serviços para os municípios;

b) regionalização e hierarquização da rede de serviços de saúde;

X – integração em nível executivo das ações de saúde, meio ambiente e saneamento básico;

XI – conjugação dos recursos financeiros, tecnológicos, materiais e humanos da União, dos Estados, do Distrito Federal e dos Municípios na prestação de serviços de assistência à saúde da população;

XII – capacidade de resolução dos serviços em todos os níveis de assistência;

XIII – organização dos serviços públicos de modo a evitar duplicidade de meios para fins idênticos;

XIV – organização de atendimento público específico e especializado para mulheres e vítimas de violência doméstica em geral, que garanta, entre outros, atendimento, acompanhamento psicológico e cirurgias plásticas reparadoras, em conformidade com a Lei nº 12.845, de 1º de agosto de 2013;

▶ Inciso XIV acrescido pela Lei nº 13.427, de 30-3-2017.

XV – proteção integral dos direitos humanos de todos os usuários e especial atenção à identificação de maus-tratos, de negligência e de violência sexual praticados contra crianças e adolescentes;

▶ Inciso XV acrescido pela Lei nº 14.679, de 18-9-2023.

XVI – *atenção humanizada.*

▶ Inciso XVI acrescido pela Lei nº 15.126, de 28-4-2025.

Parágrafo único. *Para os efeitos do inciso XIV do caput deste artigo, as mulheres vítimas de qualquer tipo de violência têm o direito de serem acolhidas e atendidas nos serviços de saúde prestados no âmbito do SUS, na rede própria ou conveniada, em local e ambiente que garantam sua privacidade e restrição do acesso de terceiros não autorizados pela paciente, em especial o do agressor.*

▶ Parágrafo único acrescido pela Lei nº 14.847, de 25-4-2024.

CAPÍTULO III
DA ORGANIZAÇÃO, DA DIREÇÃO E DA GESTÃO

Art. 8º As ações e serviços de saúde, executados pelo Sistema Único de Saúde (SUS), seja diretamente ou mediante participação complementar da iniciativa privada, serão organizados de forma regionalizada e hierarquizada em níveis de complexidade crescente.

Art. 9º A direção do Sistema Único de Saúde (SUS) é única, de acordo com o inciso I do art. 198 da Constituição Federal, sendo exercida em cada esfera de governo pelos seguintes órgãos:

I – no âmbito da União, pelo Ministério da Saúde;

II – no âmbito dos Estados e do Distrito Federal, pela respectiva Secretaria de Saúde ou órgão equivalente; e

III – no âmbito dos Municípios, pela respectiva Secretaria de Saúde ou órgão equivalente.

Art. 10. Os municípios poderão constituir consórcios para desenvolver em conjunto as ações e os serviços de saúde que lhes correspondam.

§ 1º Aplica-se aos consórcios administrativos intermunicipais o princípio da direção única, e os respectivos atos constitutivos disporão sobre sua observância.

§ 2º No nível municipal, o Sistema Único de Saúde (SUS), poderá organizar-se em distritos de forma a integrar e articular recursos, técnicas e práticas voltadas para a cobertura total das ações de saúde.

Art. 11. VETADO.

Art. 12. Serão criadas comissões intersetoriais de âmbito nacional, subordinadas ao Conselho Nacional de Saúde, integradas pelos Ministérios e órgãos competentes e por entidades representativas da sociedade civil.

Parágrafo único. As comissões intersetoriais terão a finalidade de articular políticas e programas de interesse para a saúde, cuja execução envolva áreas não compreendidas no âmbito do Sistema Único de Saúde (SUS).

Art. 13. A articulação das políticas e programas, a cargo das comissões intersetoriais, abrangerá, em especial, as seguintes atividades:

I – alimentação e nutrição;

II – saneamento e meio ambiente;

III – vigilância sanitária e farmacoepidemiologia;

IV – recursos humanos;

V – ciência e tecnologia; e

VI – saúde do trabalhador.

Art. 14. Deverão ser criadas Comissões Permanentes de integração entre os serviços de saúde e as instituições de ensino profissional e superior.

Parágrafo único. Cada uma dessas comissões terá por finalidade propor prioridades, métodos e estratégias para a formação e educação continuada dos recursos humanos do Sistema Único de Saúde (SUS), na esfera correspondente, assim como em relação à pesquisa e à cooperação técnica entre essas instituições.

Art. 14-A. As Comissões Intergestores Bipartite e Tripartite são reconhecidas como foros de negociação e pactuação entre gestores, quanto aos aspectos operacionais do Sistema Único de Saúde (SUS).

Parágrafo único. A atuação das Comissões Intergestores Bipartite e Tripartite terá por objetivo:

I – decidir sobre os aspectos operacionais, financeiros e administrativos da gestão compartilhada do SUS, em conformidade com a definição da política consubstanciada em planos de saúde, aprovados pelos conselhos de saúde;

II – definir diretrizes, de âmbito nacional, regional e intermunicipal, a respeito da organização das redes de ações e serviços de saúde, principalmente no tocante à sua governança institucional e à integração das ações e serviços dos entes federados;

III – fixar diretrizes sobre as regiões de saúde, distrito sanitário, integração de territórios, referência e contrarreferência e demais aspectos vinculados à integração das ações e serviços de saúde entre os entes federados.

Art. 14-B. O Conselho Nacional de Secretários de Saúde (CONASS) e o Conselho Nacional de Secretarias Municipais de Saúde (CONASEMS) são reconhecidos como entidades representativas dos entes estaduais e municipais para tratar de matérias referentes à saúde e declarados de utilidade pública e de relevante função social, na forma do regulamento.

§ 1º O CONASS e o CONASEMS receberão recursos do orçamento geral da União por meio do Fundo Nacional de Saúde, para auxiliar no custeio de suas despesas institucionais, podendo ainda celebrar convênios com a União.

§ 2º Os Conselhos de Secretarias Municipais de Saúde (COSEMS) são reconhecidos como entidades que representam os entes municipais, no âmbito estadual, para tratar de matérias referentes à saúde, desde que vinculados institucionalmente ao CONASEMS, na forma que dispuserem seus estatutos.

▸ Arts. 14-A e 14-B acrescidos pela Lei nº 12.466, de 24-8-2011.

CAPÍTULO IV
DA COMPETÊNCIA E DAS ATRIBUIÇÕES

Seção I
DAS ATRIBUIÇÕES COMUNS

Art. 15. A União, os Estados, o Distrito Federal e os Municípios exercerão, em seu âmbito administrativo, as seguintes atribuições:

I – definição das instâncias e mecanismos de controle, avaliação e de fiscalização das ações e serviços de saúde;

II – administração dos recursos orçamentários e financeiros destinados, em cada ano, à saúde;

III – acompanhamento, avaliação e divulgação do nível de saúde da população e das condições ambientais;

IV – organização e coordenação do sistema de informação de saúde;

V – elaboração de normas técnicas e estabelecimento de padrões de qualidade e parâmetros de custos que caracterizam a assistência à saúde;

VI – elaboração de normas técnicas e estabelecimento de padrões de qualidade para promoção da saúde do trabalhador;

VII – participação de formulação da política e da execução das ações de saneamento básico e colaboração na proteção e recuperação do meio ambiente;

VIII – elaboração e atualização periódica do plano de saúde;

IX – participação na formulação e na execução da política de formação e desenvolvimento de recursos humanos para a saúde;

X – elaboração da proposta orçamentária do Sistema Único de Saúde (SUS), de conformidade com o plano de saúde;

XI – elaboração de normas para regular as atividades de serviços privados de saúde, tendo em vista a sua relevância pública;

XII – realização de operações externas de natureza financeira de interesse da saúde, autorizadas pelo Senado Federal;

XIII – para atendimento de necessidades coletivas, urgentes e transitórias, decorrentes de situações de perigo iminente, de calamidade pública ou de irrupção de epidemias, a autoridade competente da esfera administrativa correspondente poderá requisitar bens e serviços, tanto de pessoas naturais como de jurídicas, sendo-lhes assegurada justa indenização;

XIV – implementar o Sistema Nacional de Sangue, Componentes e Derivados;

XV – propor a celebração de convênios, acordos e protocolos internacionais relativos à saúde, saneamento e meio ambiente;

XVI – elaborar normas técnico-científicas de promoção, proteção e recuperação da saúde;

XVII – promover articulação com os órgãos de fiscalização do exercício profissional e outras entidades representativas da sociedade civil para a definição e controle dos padrões éticos para pesquisa, ações e serviços de saúde;

XVIII – promover a articulação da política e dos planos de saúde;

XIX – realizar pesquisas e estudos na área de saúde;

XX – definir as instâncias e mecanismos de controle e fiscalização inerentes ao poder de polícia sanitária;

XXI – fomentar, coordenar e executar programas e projetos estratégicos e de atendimento emergencial.

Seção II
DA COMPETÊNCIA

Art. 16. A direção nacional do Sistema Único da Saúde (SUS) compete:

I – formular, avaliar e apoiar políticas de alimentação e nutrição;

II – participar na formulação e na implementação das políticas:

a) de controle das agressões ao meio ambiente;

b) de saneamento básico; e

c) relativas às condições e aos ambientes de trabalho;

III – definir e coordenar os sistemas:

a) de redes integradas de assistência de alta complexidade;

b) de rede de laboratórios de saúde pública;

c) de vigilância epidemiológica; e

d) vigilância sanitária;

IV – participar da definição de normas e mecanismos de controle, com órgão afins, de agravo sobre o meio ambiente ou dele decorrentes, que tenham repercussão na saúde humana;

V – participar da definição de normas, critérios e padrões para o controle das condições e dos ambientes de trabalho e coordenar a política de saúde do trabalhador;

VI – coordenar e participar na execução das ações de vigilância epidemiológica;

VII – estabelecer normas e executar a vigilância sanitária de portos, aeroportos e fronteiras, podendo a execução ser complementada pelos Estados, Distrito Federal e Municípios;

VIII – estabelecer critérios, parâmetros e métodos para o controle da qualidade sanitária de produtos, substâncias e serviços de consumo e uso humano;

IX – promover articulação com os órgãos educacionais e de fiscalização do exercício profissional, bem como com entidades representativas de formação de recursos humanos na área de saúde;

X – formular, avaliar, elaborar normas e participar na execução da política nacional e produção de insumos e equipamentos para a saúde, em articulação com os demais órgãos governamentais;

XI – identificar os serviços estaduais e municipais de referência nacional para o estabelecimento de padrões técnicos de assistência à saúde;

XII – controlar e fiscalizar procedimentos, produtos e substâncias de interesse para a saúde;

XIII – prestar cooperação técnica e financeira aos Estados, ao Distrito Federal e aos Municípios para o aperfeiçoamento da sua atuação institucional;

XIV – elaborar normas para regular as relações entre o Sistema Único de Saúde (SUS) e os serviços privados contratados de assistência à saúde;

XV – promover a descentralização para as Unidades Federadas e para os Municípios, dos serviços e ações de saúde, respectivamente, de abrangência estadual e municipal;

XVI – normatizar e coordenar nacionalmente o Sistema Nacional de Sangue, Componentes e Derivados;

XVII – acompanhar, controlar e avaliar as ações e os serviços de saúde, respeitadas as competências estaduais e municipais;

XVIII – elaborar o Planejamento Estratégico Nacional no âmbito do SUS, em cooperação técnica com os Estados, Municípios e Distrito Federal;

XIX – estabelecer o Sistema Nacional de Auditoria e coordenar a avaliação técnica e financeira do SUS em todo o Território Nacional em cooperação técnica com os Estados, Municípios e Distrito Federal;

XX – definir as diretrizes e as normas para a estruturação física e organizacional dos serviços de saúde bucal.

▸ Inciso XX acrescido pela Lei nº 14.572, de 8-5-2023.

§ 1º A União poderá executar ações de vigilância epidemiológica e sanitária em circunstâncias especiais, como na ocorrência de agravos inusitados à saúde, que possam escapar do controle da direção estadual do Sistema Único de Saúde (SUS) ou que representem risco de disseminação nacional.

▸ Parágrafo único transformado em § 1º pela Lei nº 14.141, de 19-4-2021.

§ 2º Em situações epidemiológicas que caracterizem emergência em saúde pública, poderá ser adotado procedimento simplificado para a remessa de patrimônio genético ao exterior, na forma do regulamento.

§ 3º Os benefícios resultantes da exploração econômica de produto acabado ou material reprodutivo oriundo de acesso ao patrimônio genético de que trata o § 2º deste artigo serão repartidos nos termos da Lei nº 13.123, de 20 de maio de 2015.

▸ §§ 2º e 3º acrescidos pela Lei nº 14.141, de 19-4-2021.

§ 4º Em situações de urgência em saúde pública, caracterizadas por grande tempo de espera, alta demanda e necessidade de atenção especializada, reconhecidas pelo Ministério da Saúde, a União, por intermédio do Ministério da Saúde e das entidades da administração pública indireta, poderá, por tempo determinado, executar ações, contratar e prestar serviços de atenção especializada nos Estados, no Distrito Federal e nos Municípios, conforme regulamento do gestor federal do SUS.

▸ § 4º acrescido pela MP nº 1.301, de 30-5-2025, que até o encerramento desta edição não havia sido convertida em lei.

Art. 17. À direção estadual do Sistema Único de Saúde (SUS) compete:

I – promover a descentralização para os Municípios dos serviços e das ações de saúde;

II – acompanhar, controlar e avaliar as redes hierarquizadas do Sistema Único de Saúde (SUS);

III – prestar apoio técnico e financeiro aos Municípios e executar supletivamente ações e serviços de saúde;

IV – coordenar e, em caráter complementar, executar ações e serviços:

a) de vigilância epidemiológica;

b) de vigilância sanitária;

c) de alimentação e nutrição;

d) de saúde do trabalhador;

e) de saúde bucal.

▸ Alínea *e* acrescida pela Lei nº 14.572, de 8-5-2023.

V – participar, junto com os órgãos afins, do controle dos agravos do meio ambiente que tenham repercussão na saúde humana;

VI – participar da formulação da política e da execução de ações de saneamento básico;

VII – participar das ações de controle e avaliação das condições e dos ambientes de trabalho;

VIII – em caráter suplementar, formular, executar, acompanhar e avaliar a política de insumos e equipamentos para a saúde;

IX – identificar estabelecimentos hospitalares de referência e gerir sistemas públicos de alta complexidade, de referência estadual e regional;

X – coordenar a rede estadual de laboratórios de saúde pública e hemocentros, e gerir as unidades que permaneçam em sua organização administrativa;

XI – estabelecer normas, em caráter suplementar, para o controle e avaliação das ações e serviços de saúde;

XII – formular normas e estabelecer padrões, em caráter suplementar, de procedimentos de controle de qualidade para produtos e substâncias de consumo humano;

XIII – colaborar com a União na execução da vigilância sanitária de portos, aeroportos e fronteiras;

XIV – o acompanhamento, a avaliação e divulgação dos indicadores de morbidade e mortalidade no âmbito da unidade federada.

Art. 18. À direção municipal do Sistema de Saúde (SUS) compete:

I – planejar, organizar, controlar e avaliar as ações e os serviços de saúde e gerir e executar os serviços públicos de saúde;

II – participar do planejamento, programação e organização da rede regionalizada e hierarquizada do Sistema Único de Saúde (SUS), em articulação com sua direção estadual;

III – participar da execução, controle e avaliação das ações referentes às condições e aos ambientes de trabalho;

IV – executar serviços:

a) de vigilância epidemiológica;

b) vigilância sanitária;

c) de alimentação e nutrição;

d) de saneamento básico;

e) de saúde do trabalhador;

f) de saúde bucal;

▸ Alínea *f* acrescida pela Lei nº 14.572, de 8-5-2023.

V – dar execução, no âmbito municipal, à política de insumos e equipamentos para a saúde;

VI – colaborar na fiscalização das agressões ao meio ambiente que tenham repercussão sobre a saúde humana e atuar, junto aos órgãos municipais, estaduais e federais competentes, para controlá-las;

VII – formar consórcios administrativos intermunicipais;

VIII – gerir laboratórios públicos de saúde e hemocentros;

IX – colaborar com a União e os Estados na execução da vigilância sanitária de portos, aeroportos e fronteiras;

X – observado o disposto no art. 26 desta Lei, celebrar contratos e convênios com entidades prestadoras de serviços privados de saúde, bem como controlar e avaliar sua execução;

XI – controlar e fiscalizar os procedimentos dos serviços privados de saúde;

XII – normatizar complementarmente as ações e serviços públicos de saúde no seu âmbito de atuação.

Art. 19. Ao Distrito Federal competem as atribuições reservadas aos Estados e aos Municípios.

CAPÍTULO V
DO SUBSISTEMA DE ATENÇÃO À SAÚDE INDÍGENA

▸ Capítulo V acrescido pela Lei nº 9.836, de 23-9-1999.

Art. 19-A. As ações e serviços de saúde voltados para o atendimento das populações indígenas, em todo o território nacional, coletiva ou individualmente, obedecerão ao disposto nesta Lei.

Art. 19-B. É instituído um Subsistema de Atenção à Saúde Indígena, componente do Sistema Único de Saúde – SUS, criado e definido por esta Lei, e pela Lei nº 8.142, de 28 de dezembro de 1990, com o qual funcionará em perfeita integração.

Art. 19-C. Caberá à União, com seus recursos próprios, financiar o Subsistema de Atenção à Saúde Indígena.

Art. 19-D. O SUS promoverá a articulação do Subsistema instituído por esta Lei com os órgãos responsáveis pela Política Indígena do País.

▸ Arts. 19-A a 19-D acrescidos pela Lei nº 9.836, de 23-9-1999.

Art. 19-E. Os Estados, Municípios, outras instituições governamentais e não-governamentais poderão atuar complementarmente no custeio e execução das ações.

▸ *Caput* acrescido pela Lei nº 9.836, de 23-9-1999.

§ 1º A União instituirá mecanismo de financiamento específico para os Estados, o Distrito Federal e os Municípios, sempre que houver necessidade de atenção secundária e terciária fora dos territórios indígenas.

§ 2º Em situações emergenciais e de calamidade pública:

I – a União deverá assegurar aporte adicional de recursos não previstos nos planos de saúde dos Distritos Sanitários Especiais Indígenas (DSEIS) ao Subsistema de Atenção à Saúde Indígena;

II – deverá ser garantida a inclusão dos povos indígenas nos planos emergenciais para atendimento dos pacientes graves das Secretarias Municipais e Estaduais de Saúde, explicitados os fluxos e as referências para o atendimento em tempo oportuno.

▶ §§ 1º e 2º acrescidos pela Lei nº 14.021, de 7-7-2020, promulgados nos termos do art. 66, § 5º, da CF (*DOU* de 27-8-2020, edição extra).

Art. 19-F. Dever-se-á obrigatoriamente levar em consideração a realidade local e as especificidades da cultura dos povos indígenas e o modelo a ser adotado para a atenção à saúde indígena, que se deve pautar por uma abordagem diferenciada e global, contemplando os aspectos de assistência à saúde, saneamento básico, nutrição, habitação, meio ambiente, demarcação de terras, educação sanitária e integração institucional.

▶ Art. 19-F acrescido pela Lei nº 9.836, de 23-9-1999.

Art. 19-G. O Subsistema de Atenção à Saúde Indígena deverá ser, como o SUS, descentralizado, hierarquizado e regionalizado.

▶ *Caput* acrescido pela Lei nº 9.836, de 23-9-1999.

§ 1º O Subsistema de que trata o *caput* deste artigo terá como base os Distritos Sanitários Especiais Indígenas.

▶ § 1º acrescido pela Lei nº 9.836, de 23-9-1999.

§ 1º-A. A rede do SUS deverá obrigatoriamente fazer o registro e a notificação da declaração de raça ou cor, garantindo a identificação de todos os indígenas atendidos nos sistemas públicos de saúde.

§ 1º-B. A União deverá integrar os sistemas de informação da rede do SUS com os dados do Subsistema de Atenção à Saúde Indígena.

▶ §§ 1º-A e 1º-B acrescidos pela Lei nº 14.021, de 7-7-2020, promulgados nos termos do art. 66, § 5º, da CF (*DOU* de 27-8-2020, edição extra).

§ 2º O SUS servirá de retaguarda e referência ao Subsistema de Atenção à Saúde Indígena, devendo, para isso, ocorrer adaptações na estrutura e organização do SUS nas regiões onde residem as populações indígenas, para propiciar essa integração e o atendimento necessário em todos os níveis, sem discriminações.

§ 3º As populações indígenas devem ter acesso garantido ao SUS, em âmbito local, regional e de centros especializados, de acordo com suas necessidades, compreendendo a atenção primária, secundária e terciária à saúde.

▶ §§ 2º e 3º acrescidos pela Lei nº 9.836, de 23-9-1999.

Art. 19-H. As populações indígenas terão direito a participar dos organismos colegiados de formulação, acompanhamento e avaliação das políticas de saúde, tais como o Conselho Nacional de Saúde e os Conselhos Estaduais e Municipais de Saúde, quando for o caso.

▶ Art. 19-H acrescido pela Lei nº 9.836, de 23-9-1999.

CAPÍTULO VI
DO SUBSISTEMA DE ATENDIMENTO E INTERNAÇÃO DOMICILIAR

▶ Capítulo VI acrescido pela Lei nº 10.424, de 15-4-2002.

Art. 19-I. São estabelecidos, no âmbito do Sistema Único de Saúde, o atendimento domiciliar e a internação domiciliar.

§ 1º Na modalidade de assistência de atendimento e internação domiciliares incluem-se, principalmente, os procedimentos médicos, de enfermagem, fisioterapêuticos, psicológicos e de assistência social, entre outros necessários ao cuidado integral dos pacientes em seu domicílio.

§ 2º O atendimento e a internação domiciliares serão realizados por equipes multidisciplinares que atuarão nos níveis da medicina preventiva, terapêutica e reabilitadora.

§ 3º O atendimento e a internação domiciliares só poderão ser realizados por indicação médica, com expressa concordância do paciente e de sua família.

▶ Art. 19-I acrescido pela Lei nº 10.424, de 15-4-2002.

CAPÍTULO VII
DO SUBSISTEMA DE ACOMPANHAMENTO À MULHER NOS SERVIÇOS DE SAÚDE

▶ Capítulo VII com a redação dada pela Lei nº 14.737, de 27-11-2023.

Art. 19-J. Em consultas, exames e procedimentos realizados em unidades de saúde públicas ou privadas, toda mulher tem o direito de fazer-se acompanhar por pessoa maior de idade, durante todo o período do atendimento, independentemente de notificação prévia.

▶ *Caput* com a redação dada pela Lei nº 14.737, de 27-11-2023.

§ 1º O acompanhante de que trata o *caput* deste artigo será de livre indicação da paciente ou, nos casos em que ela esteja impossibilitada de manifestar sua vontade, de seu representante legal, e estará obrigado a preservar o sigilo das informações de saúde de que tiver conhecimento em razão do acompanhamento.

§ 2º No caso de atendimento que envolva qualquer tipo de sedação ou rebaixamento do nível de consciência, caso a paciente não indique acompanhante, a unidade de saúde responsável pelo atendimento indicará pessoa para acompanhá-la, preferencialmente profissional de saúde do sexo feminino, sem custo adicional para a paciente, que poderá recusar o nome indicado e solicitar a indicação de outro, independentemente de justificativa, registrando-se o nome escolhido no documento gerado durante o atendimento.

▶ §§ 1º e 2º com a redação dada pela Lei nº 14.737, de 27-11-2023.

§ 2º-A. Em caso de atendimento com sedação, a eventual renúncia da paciente ao direito previsto neste artigo deverá ser feita por escrito, após o esclarecimento dos seus direitos, com no mínimo 24 (vinte e quatro) horas de antecedência, assinada por ela e arquivada em seu prontuário.

▶ § 2º-A acrescido pela Lei nº 14.737, de 27-11-2023.

§ 3º As unidades de saúde de todo o País ficam obrigadas a manter, em local visível de suas dependências, aviso que informe sobre o direito estabelecido neste artigo.

▶ § 3º com a redação dada pela Lei nº 14.737, de 27-11-2023.

§ 4º No caso de atendimento realizado em centro cirúrgico ou unidade de terapia intensiva com restrições relacionadas à segurança ou à saúde dos pacientes, devidamente justificadas pelo corpo clínico, somente será admitido acompanhante que seja profissional de saúde.

§ 5º Em casos de urgência e emergência, os profissionais de saúde ficam autorizados a agir na proteção e defesa da saúde e da vida da paciente, ainda que na ausência do acompanhante requerido.

▶ §§ 4º e 5º acrescidos pela Lei nº 14.737, de 27-11-2023.

Art. 19-L. VETADO. Lei nº 11.108, de 7-4-2005.

CAPÍTULO VIII
DA ASSISTÊNCIA TERAPÊUTICA E DA INCORPORAÇÃO DE TECNOLOGIA EM SAÚDE

▶ Capítulo VIII acrescido pela Lei nº 12.401, de 28-4-2011.

Art. 19-M. A assistência terapêutica integral a que se refere a alínea *d* do inciso I do art. 6º consiste em:

I – dispensação de medicamentos e produtos de interesse para a saúde, cuja prescrição esteja em conformidade com as diretrizes terapêuticas definidas em protocolo clínico para a doença ou o agravo à saúde a ser tratado ou, na falta do protocolo, em conformidade com o disposto no art. 19-P;

II – oferta de procedimentos terapêuticos, em regime domiciliar, ambulatorial e hospitalar, constantes de tabelas elaboradas pelo gestor federal do Sistema Único de Saúde – SUS, realizados no território nacional por serviço próprio, conveniado ou contratado.

Art. 19-N. Para os efeitos do disposto no art. 19-M, são adotadas as seguintes definições:

I – produtos de interesse para a saúde: órteses, próteses, bolsas coletoras e equipamentos médicos;

II – protocolo clínico e diretriz terapêutica: documento que estabelece critérios para o diagnóstico da doença ou do agravo à saúde; o tratamento preconizado, com os medicamentos e demais produtos apropriados, quando couber; as posologias recomendadas; os mecanismos de controle clínico; e o acompanhamento e a verificação dos resultados terapêuticos, a serem seguidos pelos gestores do SUS.

Art. 19-O. Os protocolos clínicos e as diretrizes terapêuticas deverão estabelecer os medicamentos ou produtos necessários nas diferentes fases evolutivas da doença ou do agravo à saúde de que tratam, bem como aqueles indicados em casos de perda de eficácia e de surgimento de intolerância ou reação adversa relevante, provocadas pelo medicamento, produto ou procedimento de primeira escolha.

Parágrafo único. Em qualquer caso, os medicamentos ou produtos de que trata o *caput* deste artigo serão aqueles avaliados quanto à sua eficácia, segurança, efetividade e custo-efetividade para as diferentes fases evolutivas da doença ou do agravo à saúde de que trata o protocolo.

Art. 19-P. Na falta de protocolo clínico ou de diretriz terapêutica, a dispensação será realizada:

I – com base nas relações de medicamentos instituídas pelo gestor federal do SUS, observadas as competências estabelecidas nesta Lei, e a responsabilidade pelo fornecimento será pactuada na Comissão Intergestores Tripartite;

II – no âmbito de cada Estado e do Distrito Federal, de forma suplementar, com base nas relações de medicamentos instituídas pelos gestores estaduais do SUS, e a responsabilidade pelo fornecimento será pactuada na Comissão Intergestores Bipartite;

III – no âmbito de cada Município, de forma suplementar, com base nas relações de medicamentos instituídas pelos gestores municipais do SUS, e a responsabilidade pelo fornecimento será pactuada no Conselho Municipal de Saúde.

▶ Arts. 19-M a 19-P acrescidos pela Lei nº 12.401, de 28-4-2011.

Art. 19-Q. A incorporação, a exclusão ou a alteração pelo SUS de novos medicamentos, produtos e procedimentos, bem como a constituição ou a alteração de protocolo clínico ou de diretriz terapêutica, são atribuições do Ministério da Saúde, assessorado pela Comissão Nacional de Incorporação de Tecnologias no SUS.

▶ *Caput* do art. 19-Q acrescido pela Lei nº 12.401, de 28-4-2011.

§ 1º A Comissão Nacional de Incorporação de Tecnologias no SUS, cuja composição e regimento são definidos em regulamento, contará com a participação de 1 (um) representante indicado pelo Conselho Nacional de Saúde, de 1 (um) representante, especialista na área, indicado pelo Conselho Federal de Medicina e de 1 (um) representante, especialista na área, indicado pela Associação Médica Brasileira.

▶ § 1º com a redação dada pela Lei nº 14.655, de 23-8-2023.

★ **Nova redação do dispositivo alterado:** "§ 1º A Comissão Nacional de Incorporação de Tecnologias no Sistema Único de Saúde (CONITEC), cuja composição e regimento são definidos em regulamento, contará com a participação de 1 (um) representante indicado pelo Conselho Nacional de Saúde, de 1 (um) representante, especialista na área, indicado pelo Conselho Federal de Medicina, de 1 (um) representante, especialista na área, indicado pela Associação Médica Brasileira, e de 1 (um) representante de organização da sociedade civil constituída há mais de 2 (dois) anos e atuante na área da respectiva especialidade ou patologia, assegurado o direito a voto."

▶ § 1º com a redação dada pela Lei nº 15.120, de 7-4-2025, para vigorar após 180 dias de sua publicação.

§ 1º-A. O assento destinado ao representante de organização da sociedade civil de caráter nacional é de ocupação rotativa e será preenchido pela entidade cuja representatividade seja afeta à condição de saúde analisada.

▶ § 1º-A acrescido pela Lei nº 15.120, de 7-4-2025, para vigorar após 180 dias de sua publicação.

§ 2º O relatório da Comissão Nacional de Incorporação de Tecnologias no SUS levará em consideração, necessariamente:

I – as evidências científicas sobre a eficácia, a acurácia, a efetividade e a segurança do medicamento, produto ou procedimento objeto do processo, acatadas pelo órgão competente para o registro ou a autorização de uso;

II – a avaliação econômica comparativa dos benefícios e dos custos em relação às tecnologias já incorporadas, inclusive no que se refere aos atendimentos domiciliar, ambulatorial ou hospitalar, quando cabível.

▶ § 2º acrescido pela Lei nº 12.401, de 28-4-2011.

§ 3º As metodologias empregadas na avaliação econômica a que se refere o inciso II do § 2º deste artigo serão dispostas em regulamento e amplamente divulgadas, inclusive em relação aos indicadores e parâmetros de custo-efetividade utilizados em combinação com outros critérios.

▶ § 3º acrescido pela Lei nº 14.313, de 21-3-2022.

Art. 19-R. A incorporação, a exclusão e a alteração a que se refere o art. 19-Q serão efetuadas mediante a instauração de processo administrativo, a ser concluído em prazo não superior a 180 (cento e oitenta) dias, contado da data em que foi protocolado o pedido, admitida a sua prorrogação por 90 (noventa) dias corridos, quando as circunstâncias exigirem.

▶ *Caput* do art. 19-R acrescido pela Lei nº 12.401, de 28-4-2011.

§ 1º O processo de que trata o *caput* deste artigo observará, no que couber, o disposto na Lei nº 9.784, de 29 de janeiro de 1999, e as seguintes determinações especiais:

▶ § 1º acrescido pela Lei nº 12.401, de 28-4-2011.

I – apresentação pelo interessado dos documentos e, se cabível, das amostras de produtos, na forma do regulamento, com informações necessárias para o atendimento do disposto no § 2º do art. 19-Q;

▶ Inciso I acrescido pela Lei nº 12.401, de 28-4-2011.

II – VETADO. Lei nº 12.401 de 28-4-2011.

III – realização de consulta pública que inclua a divulgação do parecer emitido pela Comissão Nacional de Incorporação de Tecnologias no SUS;

IV – realização de audiência pública, antes da tomada de decisão, se a relevância da matéria justificar o evento;

▶ Incisos III e IV acrescidos pela Lei nº 12.401, de 28-4-2011.

V – distribuição aleatória, respeitadas a especialização e a competência técnica requeridas para a análise da matéria;

VI – publicidade dos atos processuais.

▶ Incisos V e VI acrescidos pela Lei nº 14.313, de 21-3-2022.

§ 2º VETADO. Lei nº 12.401, de 28-4-2011.

§ 3º O procedimento referido no *caput* deste artigo tramitará em regime prioritário quando se tratar de análise de medicamento, de produto ou de procedimento relacionado à assistência da pessoa com câncer.

▶ § 3º acrescido pela Lei nº 14.758, de 19-12-2023.

Art. 19-S. VETADO. Lei nº 12.401, de 28-4-2011.

Art. 19-T. São vedados, em todas as esferas de gestão do SUS:

▶ *Caput* do art. 19-T acrescido pela Lei nº 12.401, de 28-4-2011.

I – o pagamento, o ressarcimento ou o reembolso de medicamento, produto e procedimento clínico ou cirúrgico experimental, ou de uso não autorizado pela Agência Nacional de Vigilância Sanitária – ANVISA;

II – a dispensação, o pagamento, o ressarcimento ou o reembolso de medicamento e produto, nacional ou importado, sem registro na ANVISA.

▶ Incisos I e II acrescidos pela Lei nº 12.401, de 28-4-2011.

Parágrafo único. Excetuam-se do disposto neste artigo:

I – medicamento e produto em que a indicação de uso seja distinta daquela aprovada no registro na ANVISA, desde que seu uso tenha sido recomendado pela Comissão Nacional de Incorporação de Tecnologias no Sistema Único de Saúde (CONITEC), demonstradas as evidências científicas sobre a eficácia, a acurácia, a efetividade e a segurança, e esteja padronizado em protocolo estabelecido pelo Ministério da Saúde;

II – medicamento e produto recomendados pela CONITEC e adquiridos por intermédio de organismos multilaterais internacionais, para uso em programas de saúde pública do Ministério da Saúde e suas entidades vinculadas, nos termos do § 5º do art. 8º da Lei nº 9.782, de 26 de janeiro de 1999.

▶ Parágrafo único acrescido pela Lei nº 14.313, de 21-3-2022.

Art. 19-U. A responsabilidade financeira pelo fornecimento de medicamentos, produtos de interesse para a saúde ou procedimentos de que trata este Capítulo será pactuada na Comissão Intergestores Tripartite.

▶ Art. 19-U acrescido pela Lei nº 12.401, de 28-4-2011.

Art. 19-V. *Os gestores do SUS, em todas as esferas, realizarão campanhas permanentes de conscientização contra a automedicação, com o objetivo de informar a população sobre os riscos dessa prática, especialmente quanto à ingestão de antibióticos ou de medicamentos sujeitos a controle especial.*

▶ Art. 19-V acrescido pela Lei nº 14.912, de 3-7-2024.

Art. 19-W. *Os laboratórios farmacêuticos de natureza pública que tiverem as condições técnicas para a produção de fármacos deverão produzir os princípios ativos destinados ao tratamento das doenças determinadas socialmente, nos termos de regulamento.*

§ 1º Os laboratórios farmacêuticos de natureza pública que não tiverem as condições técnicas para a produção de fármacos poderão desenvolver projetos e celebrar acordos, convênios e outros ajustes com vistas à adaptação de sua linha produtiva e à aquisição de tecnologias e processos direcionados à produção farmoquímica.

§ 2º O poder público fica autorizado a financiar, a estimular, a promover e a buscar parcerias nacionais e internacionais com laboratórios farmoquímicos que detenham a tecnologia para a produção de fármacos, a fim de obter os requisitos necessários à transferência dessa tecnologia e do conhecimento para os laboratórios de natureza pública capacitados na forma deste artigo.

▶ Art.19-W acrescido pela Lei nº 14.977, de 18-9-2024, para vigorar após 365 dias de sua publicação.

TÍTULO III – DOS SERVIÇOS PRIVADOS DE ASSISTÊNCIA À SAÚDE

CAPÍTULO I – DO FUNCIONAMENTO

Art. 20. Os serviços privados de assistência à saúde caracterizam-se pela atuação, por iniciativa própria, de profissionais liberais, legalmente habilitados, e de pessoas jurídicas de direito privado na promoção, proteção e recuperação da saúde.

Art. 21. A assistência à saúde é livre à iniciativa privada.

Art. 22. Na prestação de serviços privados de assistência à saúde, serão observados os princípios éticos e as normas expedidas pelo órgão de direção do Sistema Único de Saúde (SUS) quanto às condições para seu funcionamento.

Art. 23. É permitida a participação direta ou indireta, inclusive controle, de empresas ou de

LEGISLAÇÃO COMPLEMENTAR

capital estrangeiro na assistência à saúde nos seguintes casos:

▸ *Caput* com a redação dada pela Lei nº 13.097, de 19-1-2015.

I – doações de organismos internacionais vinculados à Organização das Nações Unidas, de entidades de cooperação técnica e de financiamento e empréstimos;

II – pessoas jurídicas destinadas a instalar, operacionalizar ou explorar:

a) hospital geral, inclusive filantrópico, hospital especializado, policlínica, clínica geral e clínica especializada; e

b) ações e pesquisas de planejamento familiar;

III – serviços de saúde mantidos, sem finalidade lucrativa, por empresas, para atendimento de seus empregados e dependentes, sem qualquer ônus para a seguridade social; e

IV – demais casos previstos em legislação específica.

▸ Incisos I a IV acrescidos pela Lei nº 13.097, de 19-1-2015.

CAPÍTULO II
DA PARTICIPAÇÃO COMPLEMENTAR

Art. 24. Quando as suas disponibilidades forem insuficientes para garantir a cobertura assistencial à população de uma determinada área, o Sistema Único de Saúde (SUS) poderá recorrer aos serviços ofertados pela iniciativa privada.

Parágrafo único. A participação complementar dos serviços privados será formalizada mediante contrato ou convênio, observadas, a respeito, as normas de direito público.

Art. 25. Na hipótese do artigo anterior, as entidades filantrópicas e as sem fins lucrativos terão preferência para participar do Sistema Único de Saúde (SUS).

Art. 26. Os critérios e valores para a remuneração de serviços e os parâmetros de cobertura assistencial serão estabelecidos pela direção nacional do Sistema Único de Saúde (SUS), aprovados no Conselho Nacional de Saúde.

§ 1º Na fixação dos critérios, valores, formas de reajuste e de pagamento da remuneração aludida neste artigo, a direção nacional do Sistema Único de Saúde (SUS) deverá fundamentar seu ato em demonstrativo econômico-financeiro que garanta a efetiva qualidade de execução dos serviços contratados.

§ 2º Os serviços contratados submeter-se-ão às normas técnicas e administrativas e aos princípios e diretrizes do Sistema Único de Saúde (SUS), mantido o equilíbrio econômico e financeiro do contrato.

§ 3º VETADO.

§ 4º Aos proprietários, administradores e dirigentes de entidades ou serviços contratados é vedado exercer cargo de chefia ou função de confiança no Sistema Único de Saúde (SUS).

§ 5º *Os valores a que se refere o caput deste artigo, para o conjunto das remunerações dos serviços de saúde, serão definidos no mês de dezembro de cada ano, por meio de ato do Ministério da Saúde, devendo-se buscar a garantia da qualidade do atendimento, o equilíbrio econômico-financeiro na prestação dos serviços e a preservação do valor real destinado à remuneração de serviços, observada a disponibilidade orçamentária e financeira.*

▸ § 5º acrescido pela Lei nº 14.820, de 16-1-2024.

TÍTULO III-A – DA TELESSAÚDE

▸ Título III-A acrescido pela Lei nº 14.510, de 27-12-2022.

Art. 26-A. A telessaúde abrange a prestação remota de serviços relacionados a todas as profissões da área da saúde regulamentadas pelos órgãos competentes do Poder Executivo federal e obedecerá aos seguintes princípios:

I – autonomia do profissional de saúde;

II – consentimento livre e informado do paciente;

III – direito de recusa ao atendimento na modalidade telessaúde, com a garantia do atendimento presencial sempre que solicitado;

IV – dignidade e valorização do profissional de saúde;

V – assistência segura e com qualidade ao paciente;

VI – confidencialidade dos dados;

VII – promoção da universalização do acesso dos brasileiros às ações e aos serviços de saúde;

VIII – estrita observância das atribuições legais de cada profissão;

IX – responsabilidade digital.

Art. 26-B. Para fins desta Lei, considera-se telessaúde a modalidade de prestação de serviços de saúde a distância, por meio da utilização das tecnologias da informação e da comunicação, que envolve, entre outros, a transmissão segura de dados e informações de saúde, por meio de textos, de sons, de imagens ou outras formas adequadas.

Parágrafo único. Os atos do profissional de saúde, quando praticados na modalidade telessaúde, terão validade em todo o território nacional.

Art. 26-C. Ao profissional de saúde são asseguradas a liberdade e a completa independência de decidir sobre a utilização ou não da telessaúde, inclusive com relação à primeira consulta, atendimento ou procedimento, e poderá indicar a utilização de atendimento presencial ou optar por ele, sempre que entender necessário.

Art. 26-D. Compete aos conselhos federais de fiscalização do exercício professional a normatização ética relativa à prestação dos serviços previstos neste Título, aplicando-se os padrões normativos adotados para as modalidades de atendimento presencial, no que não colidirem com os preceitos desta Lei.

Art. 26-E. Na prestação de serviços por telessaúde, serão observadas as normas expedidas pelo órgão de direção do Sistema Único de Saúde (SUS) quanto às condições para seu funcionamento, observada a competência dos demais órgãos reguladores.

Art. 26-F. O ato normativo que pretenda restringir a prestação de serviço de telessaúde deverá demonstrar a imprescindibilidade da medida para que sejam evitados danos à saúde dos pacientes.

Art. 26-G. A prática da telessaúde deve seguir as seguintes determinações:

I – ser realizada por consentimento livre e esclarecido do paciente, ou de seu representante legal, e sob responsabilidade do profissional de saúde;

II – prestar obediência aos ditames das Leis nºs 12.965, de 23 de abril de 2014 (Marco Civil da Internet), 12.842, de 10 de julho de 2013 (Lei do Ato Médico), 13.709, de 14 de agosto de 2018 (Lei Geral de Proteção de Dados), 8.078, de 11 de setembro de 1990 (Código de Defesa do Consumidor) e, nas hipóteses cabíveis, aos ditames da Lei nº 13.787, de 27 de dezembro de 2018 (Lei do Prontuário Eletrônico).

Art. 26-H. É dispensada a inscrição secundária ou complementar do profissional de saúde que exercer a profissão em outra jurisdição exclusivamente por meio da modalidade telessaúde.

▸ Arts. 26-A a 26-H acrescidos pela Lei nº 14.510, de 27-12-2022.

TÍTULO IV – DOS RECURSOS HUMANOS

Art. 27. A política de recursos humanos na área da saúde será formalizada e executada, articuladamente, pelas diferentes esferas de governo, em cumprimento dos seguintes objetivos:

I – organização de um sistema de formação de recursos humanos em todos os níveis de ensino, inclusive de pós-graduação, além da elaboração de programas de permanente aperfeiçoamento de pessoal;

II e III – VETADOS;

IV – valorização da dedicação exclusiva aos serviços do Sistema Único de Saúde (SUS).

Parágrafo único. Os serviços públicos que integram o Sistema Único de Saúde (SUS) constituem campo de prática para ensino e pesquisa, mediante normas específicas, elaboradas conjuntamente com o sistema educacional.

Art. 28. Os cargos e funções de chefia, direção e assessoramento, no âmbito do Sistema Único de Saúde (SUS), só poderão ser exercidas em regime de tempo integral.

§ 1º Os servidores que legalmente acumulam dois cargos ou empregos poderão exercer suas atividades em mais de um estabelecimento do Sistema Único de Saúde (SUS).

§ 2º O disposto no parágrafo anterior aplica-se também aos servidores em regime de tempo integral, com exceção dos ocupantes de cargos ou função de chefia, direção ou assessoramento.

Art. 29. VETADO.

Art. 30. As especializações na forma de treinamento em serviço sob supervisão serão regulamentadas por Comissão Nacional, instituída de acordo com o art. 12 desta Lei, garantida a participação das entidades profissionais correspondentes.

TÍTULO V – DO FINANCIAMENTO

CAPÍTULO I
DOS RECURSOS

Art. 31. O orçamento da seguridade social destinará ao Sistema Único de Saúde (SUS) de acordo com a receita estimada, os recursos necessários à realização de suas finalidades, previstos em proposta elaborada pela sua direção nacional, com a participação dos órgãos da Previdência Social e da Assistência Social, tendo em vista as metas e prioridades estabelecidas na Lei de Diretrizes Orçamentárias.

Art. 32. São considerados de outras fontes os recursos provenientes de:

I – VETADO;

II – Serviços que possam ser prestados sem prejuízo da assistência à saúde;

III – ajuda, contribuições, doações e donativos;

IV – alienações patrimoniais e rendimentos de capital;

V – taxas, multas, emolumentos e preços públicos arrecadados no âmbito do Sistema Único de Saúde (SUS); e

VI – rendas eventuais, inclusive comerciais e industriais.

§ 1º Ao Sistema Único de Saúde (SUS) caberá metade da receita de que trata o inciso I deste artigo, apurada mensalmente, a qual será destinada à recuperação de viciados.

§ 2º As receitas geradas no âmbito do Sistema Único de Saúde (SUS) serão creditadas diretamente em contas especiais, movimentadas pela sua direção, na esfera de poder onde forem arrecadadas.

§ 3º As ações de saneamento que venham a ser executadas supletivamente pelo Sistema Único de Saúde (SUS), serão financiadas por recursos tarifários específicos e outros da União, Estados, Distrito Federal, Municípios e, em particular, do Sistema Financeiro da Habitação (SFH).

§ 4º VETADO.

§ 5º As atividades de pesquisa e desenvolvimento científico e tecnológico em saúde serão cofinanciadas pelo Sistema Único de Saúde (SUS), pelas universidades e pelo orçamento fiscal, além de recursos de instituições de fomento e financiamento ou de origem externa e receita própria das instituições executoras.

§ 6º VETADO.

CAPÍTULO II
DA GESTÃO FINANCEIRA

Art. 33. Os recursos financeiros do Sistema Único de Saúde (SUS) serão depositados em conta especial, em cada esfera de sua atuação, e movimentados sob fiscalização dos respectivos Conselhos de Saúde.

§ 1º Na esfera federal, os recursos financeiros, originários do Orçamento da Seguridade Social, de outros Orçamentos da União, além de outras fontes, serão administrados pelo Ministério da Saúde, através do Fundo Nacional de Saúde.

§§ 2º e 3º VETADOS.

§ 4º O Ministério da Saúde acompanhará, através de seu sistema de auditoria, a conformidade à programação aprovada da aplicação dos recursos repassados a Estados e Municípios. Constatada a malversação, desvio ou não aplicação dos recursos, caberá ao Ministério da Saúde aplicar as medidas previstas em lei.

Art. 34. As autoridades responsáveis pela distribuição da receita efetivamente arrecadada transferirão automaticamente ao Fundo Nacional de Saúde (FNS), observado o critério do parágrafo único deste artigo, os recursos financeiros correspondentes às dotações consignadas no Orçamento da Seguridade Social, a projetos e atividades a serem executados no âmbito do Sistema Único de Saúde (SUS).

Parágrafo único. Na distribuição dos recursos financeiros da Seguridade Social será observada a mesma proporção da despesa prevista de cada área, no Orçamento da Seguridade Social.

Art. 35. Para o estabelecimento de valores a serem transferidos a Estados, Distrito Federal e Municípios, será utilizada a combinação dos seguintes critérios, segundo análise técnica de programas e projetos:

I – perfil demográfico da região;

II – perfil epidemiológico da população a ser coberta;

III – características quantitativas e qualitativas da rede de saúde na área;

IV – desempenho técnico, econômico e financeiro no período anterior;

V – níveis de participação do setor saúde nos orçamentos estaduais e municipais;

VI – previsão do plano quinquenal de investimentos da rede;

VII – ressarcimento do atendimento a serviços prestados para outras esferas de governo.

§ 1º *Revogado*. LC nº 141, de 13-1-2012.

§ 2º Nos casos de Estados e Municípios sujeitos a notório processo de migração, os critérios demográficos mencionados nesta lei serão ponderados por outros indicadores de crescimento populacional, em especial o número de eleitores registrados.

§§ 3º a 5º VETADOS.

§ 6º O disposto no parágrafo anterior não prejudica a atuação dos órgãos de controle interno e externo e nem a aplicação de penalidades previstas em lei, em caso de irregularidades verificadas na gestão dos recursos transferidos.

CAPÍTULO III
DO PLANEJAMENTO E DO ORÇAMENTO

Art. 36. O processo de planejamento e orçamento do Sistema Único de Saúde (SUS) será ascendente, do nível local até o federal, ouvidos seus órgãos deliberativos, compatibilizando-se as necessidades da política de saúde com a disponibilidade de recursos em planos de saúde dos Municípios, dos Estados, do Distrito Federal e da União.

§ 1º Os planos de saúde serão a base das atividades e programações de cada nível de direção do Sistema Único de Saúde (SUS), e seu financiamento será previsto na respectiva proposta orçamentária.

§ 2º É vedada a transferência de recursos para o financiamento de ações não previstas nos planos de saúde, exceto em situações emergenciais ou de calamidade pública, na área de saúde.

Art. 37. O Conselho Nacional de Saúde estabelecerá as diretrizes a serem observadas na elaboração dos planos de saúde, em função das características epidemiológicas e da organização dos serviços em cada jurisdição administrativa.

Art. 38. Não será permitida a destinação de subvenções e auxílios a instituições prestadoras de serviços de saúde com finalidade lucrativa.

DAS DISPOSIÇÕES FINAIS E TRANSITÓRIAS

Art. 39. VETADO.

§§ 1º a 4º VETADOS.

§ 5º A cessão de uso dos imóveis de propriedade do INAMPS para órgãos integrantes do Sistema Único de Saúde (SUS) será feita de modo a preservá-los como patrimônio da Seguridade Social.

§ 6º Os imóveis de que trata o parágrafo anterior serão inventariados com todos os seus acessórios, equipamentos e outros bens móveis e ficarão disponíveis para utilização pelo órgão de direção municipal do Sistema Único de Saúde – SUS ou, eventualmente, pelo estadual, em cuja circunscrição administrativa se encontrem, mediante simples termo de recebimento.

§ 7º VETADO.

§ 8º O acesso aos serviços de informática e bases de dados, mantidos pelo Ministério da Saúde e pelo Ministério do Trabalho e da Previdência Social, será assegurado às Secretarias Estaduais e Municipais de Saúde ou órgãos congêneres, como suporte ao processo de gestão, de forma a permitir a gerência informatizada das contas e a disseminação de estatísticas sanitárias e epidemiológicas médico-hospitalares.

Art. 40. VETADO.

Art. 41. As ações desenvolvidas pela Fundação das Pioneiras Sociais e pelo Instituto Nacional do Câncer, supervisionadas pela direção nacional do Sistema Único de Saúde (SUS), permanecerão como referencial de prestação de serviços, formação de recursos humanos e para transferência de tecnologia.

Art. 42. VETADO.

Art. 43. A gratuidade das ações e serviços de saúde fica preservada nos serviços públicos contratados, ressalvando-se as cláusulas dos contratos ou convênios estabelecidos com as entidades privadas.

Art. 44. VETADO.

Art. 45. Os serviços de saúde dos hospitais universitários e de ensino integram-se ao Sistema Único de Saúde (SUS), mediante convênio, preservada a sua autonomia administrativa, em relação ao patrimônio, aos recursos humanos e financeiros, ensino, pesquisa e extensão nos limites conferidos pelas instituições a que estejam vinculados.

§ 1º Os serviços de saúde de sistemas estaduais e municipais de previdência social deverão integrar-se à direção correspondente do Sistema Único de Saúde (SUS), conforme seu âmbito de atuação, bem como quaisquer outros órgãos e serviços de saúde.

§ 2º Em tempo de paz e havendo interesse recíproco, os serviços de saúde das Forças Armadas poderão integrar-se ao Sistema Único de Saúde (SUS), conforme se dispuser em convênio que, para esse fim, for firmado.

Art. 46. O Sistema Único de Saúde (SUS), estabelecerá mecanismos de incentivos à participação do setor privado no investimento em ciência e tecnologia e estimulará a transferência de tecnologia das universidades e institutos de pesquisa aos serviços de saúde nos Estados, Distrito Federal e Municípios, e às empresas nacionais.

Art. 47. O Ministério da Saúde, em articulação com os níveis estaduais e municipais do Sistema Único de Saúde (SUS), organizará, no prazo de dois anos, um sistema nacional de informações em saúde, integrado em todo o território nacional, abrangendo questões epidemiológicas e de prestação de serviços.

Art. 47-A. *O SUS contará com sistema de dados públicos mantido pelo Ministério da Saú-*

LEGISLAÇÃO COMPLEMENTAR

de, que conterá informações sobre o tempo médio de espera para a realização de consultas, procedimentos, exames e demais ações e serviços da atenção especializada à saúde.

§ 1º Compete ao Ministério da Saúde regulamentar o sistema de que trata o caput, especialmente quanto à interoperabilidade para recebimento dos dados dos entes federativos, permitida a gestão compartilhada pela União e pelos entes subnacionais, garantidos o atendimento aos princípios e os parâmetros estabelecidos pela Lei nº 13.709, de 14 de agosto de 2018, quando aplicáveis.

§ 2º As secretarias estaduais, distrital e municipais de saúde deverão garantir o registro das informações da regulação assistencial em seu âmbito de gestão e enviar, obrigatoriamente, os dados ao Ministério da Saúde.

§ 3º Os pedidos de novas habilitações, credenciamentos e majoração de valores relacionados à prestação de serviços estabelecidos pelas políticas e pelos programas da atenção especializada à saúde somente serão analisados e concedidos, na forma prevista no regulamento de que trata o § 1º, para os entes federativos que cumprirem o disposto no § 2º.

- Art. 47-A acrescido pela MP nº 1.301, de 30-5-2025, que até o encerramento desta edição não havia sido convertida em lei.

Arts. 48 e 49. VETADOS.

Art. 50. Os convênios entre a União, os Estados e os Municípios, celebrados para implantação dos Sistemas Unificados e Descentralizados de Saúde, ficarão rescindidos à proporção que seu objeto for sendo absorvido pelo Sistema Único de Saúde (SUS).

Art. 51. VETADO.

Art. 52. Sem prejuízo de outras sanções cabíveis, constitui crime de emprego irregular de verbas ou rendas públicas (Código Penal, art. 315) a utilização de recursos financeiros do Sistema Único de Saúde (SUS) em finalidades diversas das previstas nesta lei.

Art. 53. VETADO.

Art. 53-A. Na qualidade de ações e serviços de saúde, as atividades de apoio à assistência à saúde são aquelas desenvolvidas pelos laboratórios de genética humana, produção e fornecimento de medicamentos e produtos para saúde, laboratórios de analises clínicas, anatomia patológica e de diagnóstico por imagem e são livres à participação direta ou indireta de empresas ou de capitais estrangeiros.

- Art. 53-A acrescido pela Lei nº 13.097, de 19-1-2015.

Art. 54. Esta lei entra em vigor na data de sua publicação.

Art. 55. São revogadas a Lei nº 2.312, de 3 de setembro de 1954, a Lei nº 6.229, de 17 de julho de 1975, e demais disposições em contrário.

Brasília, 19 de setembro de 1990;
169º da Independência e
102º da República.

Fernando Collor

LEI Nº 8.137, DE 27 DE DEZEMBRO DE 1990

Define crimes contra a ordem tributária, econômica e contra as relações de consumo, e dá outras providências.

- Publicada no *DOU* de 28-12-1990.
- Lei nº 1.521, de 26-12-1951 (Lei dos Crimes Contra a Economia Popular).
- Conforme o art. 34 da Lei nº 9.249, de 26-12-1995, que altera a legislação do imposto de renda das pessoas jurídicas, bem como da contribuição social sobre o lucro líquido, extingue-se a punibilidade nos crimes previstos nesta Lei quando o agente promover o pagamento do tributo ou contribuição social, inclusive acessórios, antes do recebimento da denúncia.
- Art. 36 da Lei nº 12.529, de 30-11-2011 (Lei do Sistema Brasileiro de Defesa da Concorrência).

CAPÍTULO I
DOS CRIMES CONTRA A ORDEM TRIBUTÁRIA

Seção I
DOS CRIMES PRATICADOS POR PARTICULARES

Art. 1º Constitui crime contra a ordem tributária suprimir ou reduzir tributo, ou contribuição social e qualquer acessório, mediante as seguintes condutas:

- Art. 83 da Lei nº 9.430, de 27-12-1996, que dispõe sobre a legislação tributária federal e as contribuições para a seguridade social.
- Súm. Vinc. nº 24 do STF.

I – omitir informação, ou prestar declaração falsa às autoridades fazendárias;

II – fraudar a fiscalização tributária, inserindo elementos inexatos, ou omitindo operação de qualquer natureza, em documento ou livro exigido pela lei fiscal;

III – falsificar ou alterar nota fiscal, fatura, duplicata, nota de venda, ou qualquer outro documento relativo à operação tributável;

IV – elaborar, distribuir, fornecer, emitir ou utilizar documento que saiba ou deva saber falso ou inexato;

V – negar ou deixar de fornecer, quando obrigatório, nota fiscal ou documento equivalente, relativa à venda de mercadoria ou prestação de serviço, efetivamente realizada, ou fornecê-la em desacordo com a legislação.

- Art. 2º, IV, da Lei nº 1.521, de 26-12-1951 (Lei dos Crimes Contra a Economia Popular).

Pena – reclusão, de dois a cinco anos, e multa.

- Arts. 8º, 10 e 12 desta Lei.

Parágrafo único. A falta de atendimento da exigência da autoridade, no prazo de dez dias, que poderá ser convertido em horas em razão da maior ou menor complexidade da matéria ou da dificuldade quanto ao atendimento da exigência, caracteriza a infração prevista no inciso V.

- Art. 59 da Lei nº 9.069, de 29-6-1995, que dispõe sobre o Plano Real.

Art. 2º Constitui crime da mesma natureza:

- Art. 1º da Lei nº 4.729, de 14-7-1965 (Lei do Crime de Sonegação Fiscal).

I – fazer declaração falsa ou omitir declaração sobre rendas, bens ou fatos, ou empregar outra fraude, para eximir-se, total ou parcialmente, de pagamento de tributo;

II – deixar de recolher, no prazo legal, valor de tributo ou de contribuição social, descontado ou cobrado, na qualidade de sujeito passivo de obrigação e que deveria recolher aos cofres públicos;

- Art. 168 do CP.

III – exigir, pagar ou receber, para si ou para o contribuinte beneficiário, qualquer percentagem sobre a parcela dedutível ou deduzida de imposto ou de contribuição como incentivo fiscal;

IV – deixar de aplicar, ou aplicar em desacordo com o estatuído, incentivo fiscal ou parcelas de imposto liberadas por órgão ou entidade de desenvolvimento;

V – utilizar ou divulgar programa de processamento de dados que permita ao sujeito passivo da obrigação tributária possuir informação contábil diversa daquela que é, por lei, fornecida à Fazenda Pública.

Pena – detenção, de seis meses a dois anos, e multa.

- Arts. 8º, 10 e 12 desta Lei.

Seção II
DOS CRIMES PRATICADOS POR FUNCIONÁRIOS PÚBLICOS

- Lei nº 8.112, de 11-12-1990 (Estatuto dos Servidores Públicos Civis da União, Autarquias e Fundações Públicas Federais).

Art. 3º Constitui crime funcional contra a ordem tributária, além dos previstos no Decreto-Lei nº 2.848, de 7 de dezembro de 1940 – Código Penal (Título XI, Capítulo I):

I – extraviar livro oficial, processo fiscal ou qualquer documento, de que tenha a guarda em razão da função; sonegá-lo, ou inutilizá-lo, total ou parcialmente, acarretando pagamento indevido ou inexato de tributo ou contribuição social;

II – exigir, solicitar ou receber, para si ou para outrem, direta ou indiretamente, ainda que fora da função ou antes de iniciar seu exercício, mas em razão dela, vantagem indevida; ou aceitar promessa de tal vantagem, para deixar de lançar ou cobrar tributo ou contribuição social, ou cobrá-los parcialmente;

Pena – reclusão, de três a oito anos e multa.

III – patrocinar, direta ou indiretamente, interesse privado perante a administração fazendária, valendo-se da qualidade de funcionário público.

Pena – reclusão, de um a quatro anos, e multa.

- Arts. 8º e 10 desta Lei.

CAPÍTULO II
DOS CRIMES CONTRA A ECONOMIA E AS RELAÇÕES DE CONSUMO

- Art. 87 da Lei nº 12.529, de 30-11-2011 (Lei do Sistema Brasileiro de Defesa da Concorrência).

Art. 4º Constitui crime contra a ordem econômica:

I – abusar do poder econômico, dominando o mercado ou eliminando, total ou parcialmente, a concorrência mediante qualquer forma de ajuste ou acordo de empresas;

- *Caput* do inciso I com a redação dada pela Lei nº 12.529, de 30-11-2011.
- Art. 2º, VIII e IX, da Lei nº 1.521, de 26-12-1951 (Lei dos Crimes Contra a Economia Popular).

a a f) *Revogadas*. Lei nº 12.529, de 30-11-2011.

II – formar acordo, convênio, ajuste ou aliança entre ofertantes, visando:

a) à fixação artificial de preços ou quantidades vendidas ou produzidas;

b) ao controle regionalizado do mercado por empresa ou grupo de empresas;

c) ao controle, em detrimento da concorrência, de rede de distribuição ou de fornecedores.

Pena – reclusão, de 2 (dois) a 5 (cinco) anos e multa.

▸ Inciso II com a redação dada pela Lei nº 12.529, de 30-11-2011.

▸ Arts. 9º e 12 desta Lei.

III a VII – *Revogados*. Lei nº 12.529, de 30-11-2011.

Arts. 5º e 6º *Revogados*. Lei nº 12.529, de 30-11-2011.

Art. 7º Constitui crime contra as relações de consumo:

I – favorecer ou preferir, sem justa causa, comprador ou freguês, ressalvados os sistemas de entrega ao consumo por intermédio de distribuidores ou revendedores;

▸ Art. 2º, II, da Lei nº 1.521, de 26-12-1951 (Lei dos Crimes Contra a Economia Popular).

II – vender ou expor à venda mercadoria cuja embalagem, tipo, especificação, peso ou composição esteja em desacordo com as prescrições legais, ou que não corresponda à respectiva classificação oficial;

▸ Art. 2º, III, da Lei nº 1.521, de 26-12-1951 (Lei dos Crimes Contra a Economia Popular).

III – misturar gêneros e mercadorias de espécies diferentes, para vendê-los ou expô-los à venda como puros; misturar gêneros e mercadorias de qualidades desiguais para vendê-los ou expô-los à venda por preço estabelecido para os de mais alto custo;

▸ Art. 2º, V, da Lei nº 1.521, de 26-12-1951 (Lei dos Crimes Contra a Economia Popular).

IV – fraudar preços por meio de:

a) alteração, sem modificação essencial ou de qualidade, de elementos tais como denominação, sinal externo, marca, embalagem, especificação técnica, descrição, volume, peso, pintura ou acabamento de bem ou serviço;

b) divisão em partes de bem ou serviço, habitualmente oferecido à venda em conjunto;

c) junção de bens ou serviços, comumente oferecidos à venda em separado;

d) aviso de inclusão de insumo não empregado na produção do bem ou na prestação dos serviços;

V – elevar o valor cobrado nas vendas a prazo de bens ou serviços, mediante a exigência de comissão ou de taxa de juros ilegais;

▸ Art. 4º, *a*, da Lei nº 1.521, de 26-12-1951 (Lei dos Crimes Contra a Economia Popular).

VI – sonegar insumos ou bens, recusando-se a vendê-los a quem pretenda comprá-los nas condições publicamente ofertadas, ou retê-los para o fim de especulação;

▸ Art. 2º, I, da Lei nº 1.521, de 26-12-1951 (Lei dos Crimes Contra a Economia Popular).

VII – induzir o consumidor ou usuário a erro, por via de indicação ou afirmação falsa ou enganosa sobre a natureza, qualidade de bem ou serviço, utilizando-se de qualquer meio, inclusive a veiculação ou divulgação publicitária;

VIII – destruir, inutilizar ou danificar matéria-prima ou mercadoria, com o fim de provocar alta de preço, em proveito próprio ou de terceiros;

▸ Art. 3º, I, da Lei nº 1.521, de 26-12-1951 (Lei dos Crimes Contra a Economia Popular).

IX – vender, ter em depósito para vender ou expor à venda ou, de qualquer forma, entregar matéria-prima ou mercadoria, em condições impróprias ao consumo.

Pena – detenção, de dois a cinco anos, ou multa.

▸ Arts. 9º, III, e 12 desta Lei.

Parágrafo único. Nas hipóteses dos incisos II, III e IX pune-se a modalidade culposa, reduzindo-se a pena e a detenção de um terço ou a de multa à quinta parte.

CAPÍTULO III
DAS MULTAS

Art. 8º Nos crimes definidos nos artigos 1º a 3º desta Lei, a pena de multa será fixada entre dez e trezentos e sessenta dias-multa, conforme seja necessário e suficiente para reprovação e prevenção do crime.

Parágrafo único. O dia-multa será fixado pelo juiz em valor não inferior a quatorze nem superior a duzentos Bônus do Tesouro Nacional – BTN.

Art. 9º A pena de detenção ou reclusão poderá ser convertida em multa de valor equivalente a:

I – duzentos mil até cinco milhões de BTN, nos crimes definidos no artigo 4º;

II – cinco mil até duzentos mil BTN, nos crimes definidos nos artigos 5º e 6º;

III – cinquenta mil até um milhão de BTN, nos crimes definidos no artigo 7º.

Art. 10. Caso o juiz, considerado o ganho ilícito e a situação econômica do réu, verifique a insuficiência ou excessiva onerosidade das penas pecuniárias previstas nesta Lei, poderá diminuí-las até a décima parte ou elevá-las ao décuplo.

CAPÍTULO IV
DAS DISPOSIÇÕES GERAIS

Art. 11. Quem, de qualquer modo, inclusive por meio de pessoa jurídica, concorre para os crimes definidos nesta Lei, incide nas penas a estes cominadas, na medida de sua culpabilidade.

▸ Art. 5º, XLVI, da CF.

▸ Art. 13 do CP.

Parágrafo único. Quando a venda ao consumidor for efetuada por sistema de entrega ao consumo ou por intermédio de distribuidor ou revendedor, seja em regime de concessão comercial ou outro em que o preço ao consumidor é estabelecido ou sugerido pelo fabricante ou concedente, o ato por este praticado não alcança o distribuidor ou revendedor.

Art. 12. São circunstâncias que podem agravar de um terço até a metade as penas previstas nos artigos 1º, 2º e 4º a 7º:

I – ocasionar grave dano à coletividade;

II – ser o crime cometido por servidor público no exercício de suas funções;

III – ser o crime praticado em relação à prestação de serviços ou ao comércio de bens essenciais à vida ou à saúde.

Art. 13. VETADO.

Art. 14. *Revogado*. Lei nº 8.383, de 30-12-1991.

Art. 15. Os crimes previstos nesta Lei são de ação penal pública, aplicando-se-lhes o disposto no artigo 100 do Decreto-Lei nº 2.848, de 7 de dezembro de 1940 – Código Penal.

Art. 16. Qualquer pessoa poderá provocar a iniciativa do Ministério Público nos crimes descritos nesta Lei, fornecendo-lhe por escrito informações sobre o fato e a autoria, bem como indicando o tempo, o lugar e os elementos de convicção.

Parágrafo único. Nos crimes previstos nesta Lei, cometidos em quadrilha ou coautoria, o coautor ou partícipe que através de confissão espontânea revelar à autoridade policial ou judicial toda a trama delituosa terá a sua pena reduzida de um a dois terços.

▸ Parágrafo único acrescido pela Lei nº 9.080, de 19-7-1995.

Art. 17. Compete ao Departamento Nacional de Abastecimento e Preços, quando e se necessário, providenciar a desapropriação de estoques, a fim de evitar crise no mercado ou colapso no abastecimento.

Art. 18. *Revogado*. Lei nº 8.176, de 8-2-1991.

Art. 19. O *caput* do artigo 172 do Decreto-Lei nº 2.848, de 7 de dezembro de 1940 – Código Penal, passa a ter a seguinte redação:

▸ Alteração inserida no texto do referido Código.

Art. 20. O §1º do artigo 316 do Decreto-Lei nº 2.848, de 7 de dezembro de 1940 – Código Penal, passa a ter a seguinte redação:

▸ Alteração inserida no texto do referido Código.

Art. 21. O artigo 318 do Decreto-Lei nº 2.848, de 7 de dezembro de 1940 – Código Penal, quanto à fixação da pena, passa a ter a seguinte redação:

▸ Alteração inserida no texto do referido Código.

Art. 22. Esta Lei entra em vigor na data de sua publicação.

Art. 23. Revogam-se as disposições em contrário e, em especial, o artigo 279 do Decreto-Lei nº 2.848, de 7 de dezembro de 1940 – Código Penal.

Brasília, 27 de dezembro de 1990;
169º da Independência e
102º da República.

Fernando Collor

LEI Nº 8.176, DE 8 DE FEVEREIRO DE 1991

Define crimes contra a ordem econômica e cria o Sistema de Estoques de Combustíveis.

▸ Publicada no *DOU* de 13-2-1991.

Art. 1º Constitui crime contra a ordem econômica:

I – adquirir, distribuir e revender derivados de petróleo, gás natural e suas frações recuperáveis, álcool etílico hidratado carburante e demais combustíveis líquidos carburantes, em desacordo com as normas estabelecidas na forma da lei;

II – usar gás liquefeito de petróleo em motores de qualquer espécie, saunas, caldeiras e aquecimento de piscinas, ou para fins automotivos, em desacordo com as normas estabelecidas na forma da lei.

Pena – detenção, de um a cinco anos.

Art. 2º Constitui crime contra o patrimônio, na modalidade de usurpação, produzir bens ou explorar matéria-prima pertencentes à União, sem autorização legal ou em desacordo com as obrigações impostas pelo título autorizativo.

Pena – detenção, de um a cinco anos, e multa.

§ 1º Incorre na mesma pena aquele que, sem autorização legal, adquirir, transportar, industrializar, tiver consigo, consumir ou comercializar produtos ou matéria-prima, obtidos na forma prevista no *caput* deste artigo.

§ 2º No crime definido neste artigo, a pena de multa será fixada entre dez e trezentos e sessenta dias-multa, conforme seja necessário e suficiente para reprovação e a prevenção do crime.

§ 3º O dia-multa será fixado pelo juiz em valor não inferior a quatorze nem superior a duzentos Bônus do Tesouro Nacional – BTN.

Art. 3º VETADO.

Art. 4º Fica instituído o Sistema Nacional de Estoques de Combustíveis.

§ 1º O Poder Executivo encaminhará ao Congresso Nacional, dentro de cada exercício financeiro, o Plano Anual de Estoques Estratégicos de Combustíveis para o exercício seguinte, do qual constarão as fontes de recursos financeiros necessários à sua manutenção.

§ 2º O Poder Executivo estabelecerá, no prazo de sessenta dias, as normas que regulamentarão o Sistema Nacional de Estoques de Combustíveis e o Plano Anual de Estoques Estratégicos de Combustíveis.

Art. 5º Esta Lei entra em vigor cinco dias após a sua publicação.

Art. 6º Revogam-se as disposições em contrário, em especial o artigo 18 da Lei nº 8.137, de 27 de dezembro de 1990, restaurando-se a numeração dos artigos do Decreto-Lei nº 2.848, de 7 de dezembro de 1940 – Código Penal brasileiro, alterado por aquele dispositivo.

Brasília, 8 de fevereiro de 1991;
170º da Independência e
103º da República.

Fernando Collor

LEI Nº 8.239, DE 4 DE OUTUBRO DE 1991

Regulamenta o art. 143, §§ 1º e 2º, da Constituição Federal, que dispõe sobre a prestação de Serviço Alternativo ao Serviço Militar Obrigatório.

► Publicada no *DOU* de 7-10-1991 e retificada no *DOU* de 6-12-1991.

Art. 1º O Serviço Militar consiste no exercício de atividades específicas, desempenhadas nas Forças Armadas – Marinha, Exército e Aeronáutica.

Art. 2º O Serviço Militar inicial tem por finalidade a formação de reservas, destinadas a atender às necessidades de pessoal das Forças Armadas, no que se refere aos encargos relacionados com a defesa nacional, em caso de mobilização.

Art. 3º O Serviço Militar inicial é obrigatório a todos os brasileiros, nos termos da lei.

§ 1º Ao Estado-Maior das Forças Armadas compete, na forma da lei e em coordenação com os Ministérios Militares, atribuir Serviço Alternativo aos que, em tempo de paz, após alistados, alegarem imperativo de consciência decorrente de crença religiosa ou de convicção filosófica ou política, para se eximirem de atividades de caráter essencialmente militar.

§ 2º Entende-se por Serviço Alternativo o exercício de atividades de caráter administrativo, assistencial, filantrópico ou mesmo produtivo, em substituição às atividades de caráter essencialmente militar.

§ 3º O Serviço Militar será prestado em organizações militares da ativa e em órgãos de formação de reservas das Forças Armadas ou em órgãos subordinados aos Ministérios Civis, mediante convênios entre estes e os Ministérios Militares, desde que haja interesse recíproco e, também, sejam atendidas as aptidões do convocado.

§ 4º O Serviço Alternativo incluirá o treinamento para atuação em áreas atingidas por desastre, em situação de emergência e estado de calamidade, executado de forma integrada com o órgão federal responsável pela implantação das ações de proteção e defesa civil.

§ 5º A União articular-se-á com os Estados e o Distrito Federal para a execução do treinamento a que se refere o § 4º deste artigo.

► §§ 4º e 5º acrescidos pela Lei nº 12.608, de 10-4-2012.

Art. 4º Ao final do período de atividades previsto no § 2º do art. 3º desta lei, será conferido Certificado de Prestação Alternativa ao Serviço Militar Obrigatório, com os mesmos efeitos jurídicos do Certificado de Reservista.

§ 1º A recusa ou o cumprimento incompleto do Serviço Alternativo, sob qualquer pretexto, por motivo de responsabilidade pessoal do convocado, implicará o não fornecimento do certificado correspondente, pelo prazo de dois anos após o vencimento do período estabelecido.

§ 2º Findo o prazo previsto no parágrafo anterior, o certificado só será emitido após a decretação, pela autoridade competente, da suspensão dos direitos políticos do inadimplente, que poderá, a qualquer tempo, regularizar sua situação mediante cumprimento das obrigações devidas.

Art. 5º As mulheres e os eclesiásticos ficam isentos do Serviço Militar Obrigatório em tempo de paz, sujeitos, porém, de acordo com suas aptidões, a encargos do interesse da mobilização.

Art. 6º O Chefe do Estado-Maior das Forças Armadas baixará, no prazo de cento e oitenta dias após a sanção desta lei, normas complementares a sua execução, da qual será coordenador.

Art. 7º Esta lei entra em vigor na data de sua publicação.

Art. 8º Revogam-se as disposições em contrário.

Brasília, 4 de outubro de 1991;
170º da Independência e
103º da República.

Fernando Collor

LEI Nº 8.245, DE 18 DE OUTUBRO DE 1991

Dispõe sobre as locações dos imóveis urbanos e os procedimentos a elas pertinentes.

► Publicada no *DOU* de 21-10-1991.

► Arts. 565 a 578 do CC.

TÍTULO I – DA LOCAÇÃO

CAPÍTULO I – DISPOSIÇÕES GERAIS

SEÇÃO I – DA LOCAÇÃO EM GERAL

Art. 1º A locação de imóvel urbano regula-se pelo disposto nesta Lei.

Parágrafo único. Continuam regulados pelo Código Civil e pelas leis especiais:

a) as locações:

1. de imóveis de propriedade da União, dos Estados e dos Municípios, de suas autarquias e fundações públicas;
2. de vagas autônomas de garagem ou de espaços para estacionamento de veículos;
3. de espaços destinados à publicidade;
4. em apart-hotéis, hotéis residência ou equiparados, assim considerados aqueles que prestam serviços regulares a seus usuários e como tais sejam autorizados a funcionar;

b) o arrendamento mercantil, em qualquer de suas modalidades.

Art. 2º Havendo mais de um locador ou mais de um locatário, entende-se que são solidários se o contrário não se estipulou.

► Arts. 264 a 285 do CC.

Parágrafo único. Os ocupantes de habitações coletivas multifamiliares presumem-se locatários ou sublocatários.

Art. 3º O contrato de locação pode ser ajustado por qualquer prazo, dependendo de vênia conjugal, se igual ou superior a dez anos.

Parágrafo único. Ausente a vênia conjugal, o cônjuge não estará obrigado a observar o prazo excedente.

Art. 4º Durante o prazo estipulado para a duração do contrato, não poderá o locador reaver o imóvel alugado. Com exceção ao que estipula o § 2º do art. 54-A, o locatário, todavia, poderá devolvê-lo, pagando a multa pactuada, proporcional ao período de cumprimento do contrato, ou, na sua falta, a que for judicialmente estipulada.

► *Caput* com a redação dada pela Lei nº 12.744, de 19-12-2012.

► Art. 413 do CC.

Parágrafo único. O locatário ficará dispensado da multa se a devolução do imóvel decorrer de transferência, pelo seu empregador, privado ou público, para prestar serviços em localidades diversas daquela do início do contrato, e se notificar, por escrito, o locador com prazo de, no mínimo, trinta dias de antecedência.

Art. 5º Seja qual for o fundamento do término da locação, a ação do locador para reaver o imóvel é a de despejo.

► Arts. 59 a 66 desta Lei.

Parágrafo único. O disposto neste artigo não se aplica se a locação termina em decorrência de desapropriação, com a imissão do expropriante na posse do imóvel.

Art. 6º O locatário poderá denunciar a locação por prazo indeterminado mediante aviso por escrito ao locador, com antecedência mínima de trinta dias.

Parágrafo único. Na ausência do aviso, o locador poderá exigir quantia correspondente a um mês de aluguel e encargos, vigentes quando da resilição.

Art. 7º Nos casos de extinção de usufruto ou de fideicomisso, a locação celebrada pelo usufrutuário ou fiduciário poderá ser denunciada, com o prazo de trinta dias para a desocupação, salvo se tiver havido aquiescência escrita do nu-proprietário ou do fideicomissário, ou se a propriedade estiver consolidada em mãos do usufrutuário ou do fiduciário.

Parágrafo único. A denúncia deverá ser exercitada no prazo de noventa dias contados da extinção do fideicomisso ou da averbação da extinção do usufruto, presumindo-se, após esse prazo, a concordância na manutenção da locação.

Art. 8º Se o imóvel for alienado durante a locação, o adquirente poderá denunciar o contrato, com o prazo de noventa dias para a desocupação, salvo se a locação for por tempo determinado e o contrato contiver cláusula de vigência em caso de alienação e estiver averbado junto à matrícula do imóvel.

- Súmulas nºs 158 e 442 do STF.
- Art. 167, II, item 3, da Lei nº 6.015, de 31-12-1973 (Lei dos Registros Públicos).

§ 1º Idêntico direito terá o promissário comprador e o promissário cessionário, em caráter irrevogável, com imissão na posse do imóvel e título registrado junto à matrícula do mesmo.

§ 2º A denúncia deverá ser exercitada no prazo de noventa dias contados do registro da venda ou do compromisso, presumindo-se, após esse prazo, a concordância na manutenção da locação.

Art. 9º A locação também poderá ser desfeita:

- Art. 64 desta Lei.

I – por mútuo acordo;

- Art. 59, § 1º, desta Lei.

II – em decorrência da prática de infração legal ou contratual;

III – em decorrência da falta de pagamento do aluguel e demais encargos;

IV – para a realização de reparações urgentes determinadas pelo Poder Público, que não possam ser normalmente executadas com a permanência do locatário no imóvel ou, podendo, ele se recuse a consenti-las.

- Arts. 44, III, 59, § 1º, VI, e 63, § 1º, *b*, desta Lei.

Art. 10. Morrendo o locador, a locação transmite-se aos herdeiros.

Art. 11. Morrendo o locatário, ficarão sub-rogados nos seus direitos e obrigações:

- Art. 12, § 1º, desta Lei.

I – nas locações com finalidade residencial, o cônjuge sobrevivente ou o companheiro e, sucessivamente, os herdeiros necessários e as pessoas que viviam na dependência econômica do *de cujus*, desde que residentes no imóvel;

- Art. 59, IV, desta Lei.

II – nas locações com finalidade não residencial, o espólio e, se for o caso, seu sucessor no negócio.

Art. 12. Em casos de separação de fato, separação judicial, divórcio ou dissolução da união estável, a locação residencial prosseguirá automaticamente com o cônjuge ou companheiro que permanecer no imóvel.

- *Caput* com a redação dada pela Lei nº 12.112, de 9-12-2009.

§ 1º Nas hipóteses previstas neste artigo e no art. 11, a subrogação será comunicada por escrito ao locador e ao fiador, se esta for a modalidade de garantia locatícia.

- Antigo parágrafo único transformado em § 1º e com a redação dada pela Lei nº 12.112, de 9-12-2009.

§ 2º O fiador poderá exonerar-se das suas responsabilidades no prazo de 30 (trinta) dias contado do recebimento da comunicação oferecida pelo sub-rogado, ficando responsável pelos efeitos da fiança durante 120 (cento e vinte) dias após a notificação ao locador.

- § 2º acrescido pela Lei nº 12.112, de 9-12-2009.

Art. 13. A cessão da locação, a sublocação e o empréstimo do imóvel, total ou parcialmente, dependem do consentimento prévio e escrito do locador.

§ 1º Não se presume o consentimento pela simples demora do locador em manifestar formalmente a sua oposição.

§ 2º Desde que notificado por escrito pelo locatário, de ocorrência de uma das hipóteses deste artigo, o locador terá o prazo de trinta dias para manifestar formalmente a sua oposição.

§ 3º VETADO. Lei nº 12.112, de 9-12-2009.

Seção II
DAS SUBLOCAÇÕES

Art. 14. Aplicam-se às sublocações, no que couber, as disposições relativas às locações.

Art. 15. Rescindida ou finda a locação, qualquer que seja sua causa, resolvem-se as sublocações, assegurado o direito de indenização do sublocatário contra o sublocador.

- Art. 59, V, desta Lei.

Art. 16. O sublocatário responde subsidiariamente ao locador pela importância que dever ao sublocador, quando este for demandado e, ainda, pelos aluguéis que se vencerem durante a lide.

Seção III
DO ALUGUEL

Art. 17. É livre a convenção do aluguel, vedada a sua estipulação em moeda estrangeira e a sua vinculação à variação cambial ou ao salário mínimo.

Parágrafo único. Nas locações residenciais serão observados os critérios de reajustes previstos na legislação específica.

Art. 18. É lícito às partes fixar, de comum acordo, novo valor para o aluguel, bem como inserir ou modificar cláusula de reajuste.

Art. 19. Não havendo acordo, o locador ou o locatário, após três anos de vigência do contrato ou do acordo anteriormente realizado, poderão pedir revisão judicial do aluguel, a fim de ajustá-lo ao preço de mercado.

Art. 20. Salvo as hipóteses do artigo 42 e da locação para temporada, o locador não poderá exigir o pagamento antecipado do aluguel.

Art. 21. O aluguel da sublocação não poderá exceder o da locação; nas habitações coletivas multifamiliares, a soma dos aluguéis não poderá ser superior ao dobro do valor da locação.

Parágrafo único. O descumprimento deste artigo autoriza o sublocatário a reduzir o aluguel até os limites nele estabelecidos.

Seção IV
DOS DEVERES DO LOCADOR E DO LOCATÁRIO

Art. 22. O locador é obrigado a:

I – entregar ao locatário o imóvel alugado em estado de servir ao uso a que se destina;

II – garantir, durante o tempo da locação, o uso pacífico do imóvel locado;

III – manter, durante a locação, a forma e o destino do imóvel;

IV – responder pelos vícios ou defeitos anteriores à locação;

V – fornecer ao locatário, caso este solicite, descrição minuciosa do estado do imóvel, quando de sua entrega, com expressa referência aos eventuais defeitos existentes;

VI – fornecer ao locatário recibo discriminado das importâncias por este pagas, vedada a quitação genérica;

VII – pagar as taxas de administração imobiliária, se houver, e de intermediações, nestas compreendidas as despesas necessárias à aferição da idoneidade do pretendente ou de seu fiador;

VIII – pagar os impostos e taxas, e ainda o prêmio de seguro complementar contra fogo, que incidam ou venham a incidir sobre o imóvel, salvo disposição expressa em contrário no contrato;

IX – exibir ao locatário, quando solicitado, os comprovantes relativos às parcelas que estejam sendo exigidas;

X – pagar as despesas extraordinárias de condomínio.

Parágrafo único. Por despesas extraordinárias de condomínio se entendem aquelas que não se refiram aos gastos rotineiros de manutenção do edifício, especialmente:

a) obras de reformas ou acréscimos que interessem à estrutura integral do imóvel;
b) pintura das fachadas, empenas, poços de aeração e iluminação, bem como das esquadrias externas;
c) obras destinadas a repor as condições de habitabilidade do edifício;
d) indenizações trabalhistas e previdenciárias pela dispensa de empregados, ocorridas em data anterior ao início da locação;
e) instalação de equipamentos de segurança e de incêndio, de telefonia, de intercomunicação, de esporte e de lazer;
f) despesas de decoração e paisagismo nas partes de uso comum;
g) constituição de fundo de reserva.

Art. 23. O locatário é obrigado a:

I – pagar pontualmente o aluguel e os encargos da locação, legal ou contratualmente exigíveis, no prazo estipulado ou, em sua falta, até o sexto dia útil do mês seguinte ao vencido, no imóvel locado, quando outro local não tiver sido indicado no contrato;

II – servir-se do imóvel para o uso convencionado ou presumido, compatível com a natureza deste e com o fim a que se destina, devendo tratá-lo com o mesmo cuidado como se fosse seu;

III – restituir o imóvel, finda a locação, no estado em que o recebeu, salvo as deteriorações decorrentes do seu uso normal;

IV – levar imediatamente ao conhecimento do locador o surgimento de qualquer dano ou defeito cuja reparação a este incumba, bem como as eventuais turbações de terceiros;

LEGISLAÇÃO COMPLEMENTAR

V – realizar a imediata reparação dos danos verificados no imóvel, ou nas suas instalações, provocados por si, seus dependentes, familiares, visitantes ou prepostos;

VI – não modificar a forma interna ou externa do imóvel sem o consentimento prévio e por escrito do locador;

VII – entregar imediatamente ao locador os documentos de cobrança de tributos e encargos condominiais, bem como qualquer intimação, multa ou exigência de autoridade pública, ainda que dirigida a ele, locatário;

VIII – pagar as despesas de telefone e de consumo de força, luz e gás, água e esgoto;

IX – permitir a vistoria do imóvel pelo locador ou por seu mandatário, mediante combinação prévia de dia e hora, bem como admitir que seja o mesmo visitado e examinado por terceiros, na hipótese prevista no artigo 27;

X – cumprir integralmente a convenção de condomínio e os regulamentos internos;

XI – pagar o prêmio do seguro de fiança;

XII – pagar as despesas ordinárias de condomínio.

§ 1º Por despesas ordinárias de condomínio se entendem as necessárias à administração respectiva, especialmente:

a) salários, encargos trabalhistas, contribuições previdenciárias e sociais dos empregados do condomínio;

b) consumo de água e esgoto, gás, luz e força das áreas de uso comum;

c) limpeza, conservação e pintura das instalações e dependências de uso comum;

d) manutenção e conservação das instalações e equipamentos hidráulicos, elétricos, mecânicos e de segurança, de uso comum;

e) manutenção e conservação das instalações e equipamentos de uso comum destinados à prática de esportes e lazer;

f) manutenção e conservação de elevadores, porteiro eletrônico e antenas coletivas;

g) pequenos reparos nas dependências e instalações elétricas e hidráulicas de uso comum;

h) rateios de saldo devedor, salvo se referentes a período anterior ao início da locação;

i) reposição do fundo de reserva, total ou parcialmente utilizado no custeio ou complementação das despesas referidas nas alíneas anteriores, salvo se referentes a período anterior ao início da locação.

§ 2º O locatário fica obrigado ao pagamento das despesas referidas no parágrafo anterior, desde que comprovadas a previsão orçamentária e o rateio mensal, podendo exigir a qualquer tempo a comprovação das mesmas.

§ 3º No edifício constituído por unidades imobiliárias autônomas, de propriedade da mesma pessoa, os locatários ficam obrigados ao pagamento das despesas referidas no § 1º deste artigo, desde que comprovadas.

Art. 24. Nos imóveis utilizados como habitação coletiva multifamiliar, os locatários ou sublocatários poderão depositar judicialmente o aluguel e encargos se a construção for considerada em condições precárias pelo Poder Público.

§ 1º O levantamento dos depósitos somente será deferido com a comunicação, pela autoridade pública, da regularização do imóvel.

§ 2º Os locatários ou sublocatários que deixarem o imóvel estarão desobrigados do aluguel durante a execução das obras necessárias à regularização.

§ 3º Os depósitos efetuados em juízo pelos locatários e sublocatários poderão ser levantados, mediante ordem judicial, para realização das obras ou serviços necessários à regularização do imóvel.

Art. 25. Atribuída ao locatário a responsabilidade pelo pagamento dos tributos, encargos e despesas ordinárias de condomínio, o locador poderá cobrar tais verbas juntamente com o aluguel do mês a que se refiram.

Parágrafo único. Se o locador antecipar os pagamentos, a ele pertencerão as vantagens daí advindas, salvo se o locatário reembolsá-lo integralmente.

Art. 26. Necessitando o imóvel de reparos urgentes, cuja realização incumba ao locador, o locatário é obrigado a consenti-los.

Parágrafo único. Se os reparos durarem mais de dez dias, o locatário terá direito ao abatimento do aluguel, proporcional ao período excedente; se mais de trinta dias, poderá resilir o contrato.

Seção V
DO DIREITO DE PREFERÊNCIA

Art. 27. No caso de venda, promessa de venda, cessão ou promessa de cessão de direitos ou dação em pagamento, o locatário tem preferência para adquirir o imóvel locado, em igualdade de condições com terceiros, devendo o locador dar-lhe conhecimento do negócio mediante notificação judicial, extrajudicial ou outro meio de ciência inequívoca.

▸ Art. 23, IX, desta Lei.

▸ Art. 167, II, item 16, da Lei nº 6.015, de 31-12-1973 (Lei dos Registros Públicos).

Parágrafo único. A comunicação deverá conter todas as condições do negócio e, em especial, o preço, a forma de pagamento, a existência de ônus reais, bem como o local e horário em que pode ser examinada a documentação pertinente.

Art. 28. O direito de preferência do locatário caducará se não manifestada, de maneira inequívoca, sua aceitação integral à proposta, no prazo de trinta dias.

Art. 29. Ocorrendo aceitação da proposta, pelo locatário, a posterior desistência do negócio pelo locador acarreta, a este, responsabilidade pelos prejuízos ocasionados, inclusive lucros cessantes.

Art. 30. Estando o imóvel sublocado em sua totalidade, caberá a preferência ao sublocatário e, em seguida, ao locatário. Se forem vários os sublocatários, a preferência caberá a todos, em comum, ou a qualquer deles, se um só for o interessado.

Parágrafo único. Havendo pluralidade de pretendentes, caberá a preferência ao locatário mais antigo, e, se da mesma data, ao mais idoso.

Art. 31. Em se tratando de alienação de mais de uma unidade imobiliária, o direito de preferência incidirá sobre a totalidade dos bens objeto da alienação.

Art. 32. O direito de preferência não alcança os casos de perda da propriedade ou venda por decisão judicial, permuta, doação, integralização de capital, cisão, fusão e incorporação.

Parágrafo único. Nos contratos firmados a partir de 1º de outubro de 2001, o direito de preferência de que trata este artigo não alcançará também os casos de constituição da propriedade fiduciária e de perda da propriedade ou venda por quaisquer formas de realização de garantia, inclusive mediante leilão extrajudicial, devendo essa condição constar expressamente em cláusula contratual específica, destacando-se das demais por sua apresentação gráfica.

▸ Parágrafo único com a redação dada pela Lei nº 10.931, de 2-8-2004.

Art. 33. O locatário preterido no seu direito de preferência poderá reclamar do alienante as perdas e danos ou, depositando o preço e demais despesas do ato de transferência, haver para si o imóvel locado, se o requerer no prazo de seis meses, a contar do registro do ato no cartório de imóveis, desde que o contrato de locação esteja averbado, pelo menos trinta dias antes da alienação junto à matrícula do imóvel.

Parágrafo único. A averbação far-se-á à vista de qualquer das vias do contrato de locação, desde que subscrito também por duas testemunhas.

Art. 34. Havendo condomínio no imóvel, a preferência do condômino terá prioridade sobre a do locatário.

Seção VI
DAS BENFEITORIAS

Art. 35. Salvo expressa disposição contratual em contrário, as benfeitorias necessárias introduzidas pelo locatário, ainda que não autorizadas pelo locador, bem como as úteis, desde que autorizadas, serão indenizáveis e permitem o exercício do direito de retenção.

Art. 36. As benfeitorias voluptuárias não serão indenizáveis, podendo ser levantadas pelo locatário, finda a locação, desde que sua retirada não afete a estrutura e a substância do imóvel.

Seção VII
DAS GARANTIAS LOCATÍCIAS

Art. 37. No contrato de locação, pode o locador exigir do locatário as seguintes modalidades de garantia:

▸ Art. 59, § 1º, IX, desta Lei.

I – caução;

II – fiança;

▸ Súmulas nºs 214 e 268 do STJ.

III – seguro de fiança locatícia;

IV – cessão fiduciária de quotas de fundo de investimento.

▸ Inciso IV acrescido pela Lei nº 11.196, de 21-11-2005.

Parágrafo único. É vedada, sob pena de nulidade, mais de uma das modalidades de garantia num mesmo contrato de locação.

Art. 38. A caução poderá ser em bens móveis ou imóveis.

§ 1º A caução em bens móveis deverá ser registrada em cartório de títulos e documentos; a em bens imóveis deverá ser averbada à margem da respectiva matrícula.

§ 2º A caução em dinheiro, que não poderá exceder o equivalente a três meses de aluguel, será depositada em caderneta de poupança, autorizada pelo Poder Público e por ele regulamentada, revertendo em benefício do locatário todas as vantagens dela decorrentes por ocasião do levantamento da soma respectiva.

§ 3º A caução em títulos e ações deverá ser substituída, no prazo de trinta dias, em caso de concordata, falência ou liquidação das sociedades emissoras.

▸ A concordata foi substituída pela recuperação judicial, conforme Lei nº 11.101, de 9-2-2005 (Lei de Recuperação de Empresas e Falências).

Art. 39. Salvo disposição contratual em contrário, qualquer das garantias da locação se estende até a efetiva devolução do imóvel, ainda que prorrogada a locação por prazo indeterminado, por força desta Lei.

▸ Artigo com a redação dada pela Lei nº 12.112, de 9-12-2009.

▸ Arts. 46, § 1º, e 47 desta Lei.

▸ Súm. nº 214 do STJ.

Art. 40. O locador poderá exigir novo fiador ou a substituição da modalidade de garantia, nos seguintes casos:

I – morte do fiador;

II – ausência, interdição, recuperação judicial, falência ou insolvência do fiador, declaradas judicialmente;

▸ Inciso II com a redação dada pela Lei nº 12.112, de 9-12-2009.

III – alienação ou gravação de todos os bens imóveis do fiador ou sua mudança de residência sem comunicação ao locador;

IV – exoneração do fiador;

V – prorrogação da locação por prazo indeterminado, sendo a fiança ajustada por prazo certo;

VI – desaparecimento dos bens móveis;

VII – desapropriação ou alienação do imóvel;

VIII – exoneração de garantia constituída por quotas de fundo de investimento;

IX – liquidação ou encerramento do fundo de investimento de que trata o inciso IV do art. 37 desta Lei;

▸ Incisos VIII e IX acrescidos pela Lei nº 11.196, de 21-11-2005.

X – prorrogação da locação por prazo indeterminado uma vez notificado o locador pelo fiador de sua intenção de desoneração, ficando obrigado por todos os efeitos da fiança, durante 120 (cento e vinte) dias após a notificação ao locador.

▸ Inciso X acrescido pela Lei nº 12.112, de 9-12-2009.

Parágrafo único. O locador poderá notificar o locatário para apresentar nova garantia locatícia no prazo de 30 (trinta) dias, sob pena de desfazimento da locação.

▸ Parágrafo único acrescido pela Lei nº 12.112, de 9-12-2009.

▸ Art. 59, § 1º, VII, desta Lei.

Art. 41. O seguro de fiança locatícia abrangerá a totalidade das obrigações do locatário.

Art. 42. Não estando a locação garantida por qualquer das modalidades, o locador poderá exigir do locatário o pagamento do aluguel e encargos até o sexto dia útil do mês vincendo.

▸ Art. 20 desta Lei.

Seção VIII
DAS PENALIDADES CRIMINAIS E CIVIS

Art. 43. Constitui contravenção penal, punível com prisão simples de cinco dias a seis meses ou multa de três a doze meses do valor do último aluguel atualizado, revertida em favor do locatário:

I – exigir, por motivo de locação ou sublocação, quantia ou valor além do aluguel e encargos permitidos;

II – exigir, por motivo de locação ou sublocação, mais de uma modalidade de garantia num mesmo contrato de locação;

III – cobrar antecipadamente o aluguel, salvo a hipótese do artigo 42 e da locação para temporada.

Art. 44. Constitui crime de ação pública, punível com detenção de três meses a um ano, que poderá ser substituída pela prestação de serviços à comunidade:

I – recusar-se o locador ou sublocador, nas habitações coletivas multifamiliares, a fornecer recibo discriminado do aluguel e encargos;

II – deixar o retomante, dentro de cento e oitenta dias após a entrega do imóvel, no caso do inciso III do artigo 47, de usá-lo para o fim declarado ou, usando-o, não o fizer pelo prazo mínimo de um ano;

III – não iniciar o proprietário, promissário comprador ou promissário cessionário, nos casos do inciso IV do artigo 9º, inciso IV do artigo 47, inciso I do artigo 52 e inciso II do artigo 53, a demolição ou a reparação do imóvel, dentro de sessenta dias contados de sua entrega;

IV – executar o despejo com inobservância do disposto no § 2º do artigo 65.

Parágrafo único. Ocorrendo qualquer das hipóteses previstas neste artigo, poderá o prejudicado reclamar, em processo próprio, multa equivalente a um mínimo de doze e um máximo de vinte e quatro meses do valor do último aluguel atualizado ou do que esteja sendo cobrado do novo locatário, se realugado o imóvel.

Seção IX
DAS NULIDADES

Art. 45. São nulas de pleno direito as cláusulas do contrato de locação que visem a elidir os objetivos da presente Lei, notadamente as que proíbam a prorrogação prevista no artigo 47, ou que afastem o direito à renovação, na hipótese do artigo 51, ou que imponham obrigações pecuniárias para tanto.

CAPÍTULO II
DAS DISPOSIÇÕES ESPECIAIS

Seção I
DA LOCAÇÃO RESIDENCIAL

Art. 46. Nas locações ajustadas por escrito e por prazo igual ou superior a trinta meses, a resolução do contrato ocorrerá findo o prazo estipulado, independentemente de notificação ou aviso.

§ 1º Findo o prazo ajustado, se o locatário continuar na posse do imóvel alugado por mais de trinta dias sem oposição do locador, presumir-se-á prorrogada a locação por prazo indeterminado, mantidas as demais cláusulas e condições do contrato.

§ 2º Ocorrendo a prorrogação, o locador poderá denunciar o contrato a qualquer tempo, concedido o prazo de trinta dias para desocupação.

▸ Arts. 61 e 63, § 1º, *b*, desta Lei.

Art. 47. Quando ajustada verbalmente ou por escrito e com prazo inferior a trinta meses, findo o prazo estabelecido, a locação prorroga-se automaticamente, por prazo indeterminado, somente podendo ser retomado o imóvel:

▸ Art. 45 desta Lei.

I – nos casos do artigo 9º;

II – em decorrência de extinção do contrato de trabalho, se a ocupação do imóvel pelo locatário estiver relacionada com o seu emprego;

▸ Arts. 58, III, e 59, II, desta Lei.

III – se for pedido para uso próprio, de seu cônjuge ou companheiro, ou para uso residencial de ascendente ou descendente que não disponha, assim como seu cônjuge ou companheiro, de imóvel residencial próprio;

▸ Arts. 44, II, e 61 desta Lei.

IV – se for pedido para demolição e edificação licenciada ou para a realização de obras aprovadas pelo Poder Público, que aumentem a área construída em, no mínimo, vinte por cento ou, se o imóvel for destinado a exploração de hotel ou pensão, em cinquenta por cento;

▸ Arts. 44, III, e 61 desta Lei.

V – se a vigência ininterrupta da locação ultrapassar cinco anos.

§ 1º Na hipótese do inciso III, a necessidade deverá ser judicialmente demonstrada, se:

a) o retomante, alegando necessidade de usar o imóvel, estiver ocupando, com a mesma finalidade, outro de sua propriedade situado na mesma localidade ou, residindo ou utilizando imóvel alheio, já tiver retomado o imóvel anteriormente;

b) o ascendente ou descendente, beneficiário da retomada, residir em imóvel próprio.

§ 2º Nas hipóteses dos incisos III e IV, o retomante deverá comprovar ser proprietário, promissário comprador ou promissário cessionário, em caráter irrevogável, com imissão na posse do imóvel e título registrado junto à matrícula do mesmo.

Seção II
DA LOCAÇÃO PARA TEMPORADA

Art. 48. Considera-se locação para temporada aquela destinada à residência temporária do locatário, para prática de lazer, realização de cursos, tratamento de saúde, feitura de obras em seu imóvel, e outros fatos que decorram tão somente de determinado tempo, e contratada por prazo não superior a noventa dias, esteja ou não mobiliado o imóvel.

Parágrafo único. No caso de a locação envolver imóvel mobiliado, constará do contrato, obrigatoriamente, a descrição dos móveis e utensílios que o guarnecem, bem como o estado em que se encontram.

Art. 49. O locador poderá receber de uma só vez e antecipadamente os aluguéis e encargos, bem como exigir qualquer das modalidades de garantia previstas no artigo 37 para atender as demais obrigações do contrato.

Art. 50. Findo o prazo ajustado, se o locatário permanecer no imóvel sem oposição do locador por mais de trinta dias, presumir-se-á prorrogada a locação por tempo indeterminado, não sendo mais exigível o pagamento antecipado do aluguel e dos encargos.

▸ Art. 59, III, desta Lei.

Parágrafo único. Ocorrendo a prorrogação, o locador somente poderá denunciar o contrato após trinta meses de seu início ou nas hipóteses do artigo 47.

Seção III
DA LOCAÇÃO NÃO RESIDENCIAL

Art. 51. Nas locações de imóveis destinados ao comércio, o locatário terá direito a renovação do contrato, por igual prazo, desde que, cumulativamente:

▶ Arts. 45 e 71 a 75 desta Lei.

I – o contrato a renovar tenha sido celebrado por escrito e com prazo determinado;
II – o prazo mínimo do contrato a renovar ou a soma dos prazos ininterruptos dos contratos escritos seja de cinco anos;
III – o locatário esteja explorando seu comércio, no mesmo ramo, pelo prazo mínimo e ininterrupto de três anos.

§ 1º O direito assegurado neste artigo poderá ser exercido pelos cessionários ou sucessores da locação; no caso de sublocação total do imóvel, o direito a renovação somente poderá ser exercido pelo sublocatário.

§ 2º Quando o contrato autorizar que o locatário utilize o imóvel para as atividades de sociedade de que faça parte e que a esta passe a pertencer o fundo de comércio, o direito a renovação poderá ser exercido pelo locatário ou pela sociedade.

§ 3º Dissolvida a sociedade comercial por morte de um dos sócios, o sócio sobrevivente fica sub-rogado no direito a renovação, desde que continue no mesmo ramo.

§ 4º O direito a renovação do contrato estende-se às locações celebradas por indústrias e sociedades civis com fim lucrativo, regularmente constituídas, desde que ocorrentes os pressupostos previstos neste artigo.

§ 5º Do direito a renovação decai aquele que não propuser a ação no interregno de um ano, no máximo, até seis meses, no mínimo, anteriores à data da finalização do prazo do contrato em vigor.

▶ Súm. nº 482 do STF.

Art. 52. O locador não estará obrigado a renovar o contrato se:

I – por determinação do Poder Público, tiver que realizar no imóvel obras que importarem na sua radical transformação; ou para fazer modificação de tal natureza que aumente o valor do negócio ou da propriedade;

▶ Art. 44, III, desta Lei.

II – o imóvel vier a ser utilizado por ele próprio ou para transferência de fundo de comércio existente há mais de um ano, sendo detentor da maioria do capital o locador, seu cônjuge, ascendente ou descendente.

▶ Súm. nº 485 do STF.

§ 1º Na hipótese do inciso II, o imóvel não poderá ser destinado ao uso do mesmo ramo do locatário, salvo se a locação também envolvia o fundo de comércio, com as instalações e pertences.

▶ Súm. nº 481 do STF.

§ 2º Nas locações de espaço em *shopping centers*, o locador não poderá recusar a renovação do contrato com fundamento no inciso II deste artigo.

§ 3º O locatário terá direito a indenização para ressarcimento dos prejuízos e dos lucros cessantes que tiver que arcar com a mudança, perda do lugar e desvalorização do fundo de comércio, se a renovação não ocorrer em razão de proposta de terceiro, em melhores condições, ou se o locador, no prazo de três meses da entrega do imóvel, não der o destino alegado ou não iniciar as obras determinadas pelo Poder Público ou que declarou pretender realizar.

▶ A alteração que seria introduzida neste § 3º pela Lei nº 12.112, de 9-12-2009, foi vetada, razão pela qual mantivemos a sua redação.

Art. 53. Nas locações de imóveis utilizados por hospitais, unidades sanitárias oficiais, asilos, estabelecimentos de saúde e de ensino autorizados e fiscalizados pelo Poder Público, bem como entidades religiosas devidamente registradas, o contrato somente poderá ser rescindido:

▶ *Caput* com a redação dada pela Lei nº 9.256, de 9-1-1996.

I – nas hipóteses do artigo 9º;
II – se o proprietário, promissário comprador ou promissário cessionário, em caráter irrevogável e imitido na posse, com título registrado, que haja quitado o preço da promessa ou que, não o tendo feito, seja autorizado pelo proprietário, pedir o imóvel para demolição, edificação licenciada ou reforma que venha a resultar em aumento mínimo de cinquenta por cento da área útil.

▶ Arts. 44, III, e 63, § 3º, desta Lei.

Art. 54. Nas relações entre lojistas e empreendedores de *shopping center*, prevalecerão as condições livremente pactuadas nos contratos de locação respectivos e as disposições procedimentais previstas nesta Lei.

§ 1º O empreendedor não poderá cobrar do locatário em *shopping center*:

a) as despesas referidas nas alíneas *a*, *b* e *d* do parágrafo único do artigo 22; e
b) as despesas com obras ou substituições de equipamentos, que impliquem modificar o projeto ou o memorial descritivo da data do "habite-se" e obras de paisagismo nas partes de uso comum.

§ 2º As despesas cobradas do locatário devem ser previstas em orçamento, salvo casos de urgência ou força maior, devidamente demonstradas, podendo o locatário, a cada sessenta dias, por si ou entidade de classe exigir a comprovação das mesmas.

Art. 54-A. Na locação não residencial de imóvel urbano na qual o locador procede à prévia aquisição, construção ou substancial reforma, por si mesmo ou por terceiros, do imóvel então especificado pelo pretendente à locação, a fim de que seja a este locado por prazo determinado, prevalecerão as condições livremente pactuadas no contrato respectivo e as disposições procedimentais previstas nesta Lei.

§ 1º Poderá ser convencionada a renúncia ao direito de revisão do valor dos aluguéis durante o prazo de vigência do contrato de locação.

§ 2º Em caso de denúncia antecipada do vínculo locatício pelo locatário, compromete-se este a cumprir a multa convencionada, que não excederá, porém, a soma dos valores dos aluguéis a receber até o termo final da locação.

§ 3º VETADO. Lei nº 12.744, de 19-12-2012.

▶ Art. 54-A acrescido pela Lei nº 12.744, de 19-12-2012.

Art. 55. Considera-se locação não residencial quando o locatário for pessoa jurídica e o imóvel destinar-se ao uso de seus titulares, diretores, sócios, gerentes, executivos ou empregados.

Art. 56. Nos demais casos de locação não residencial, o contrato por prazo determinado cessa, de pleno direito, findo o prazo estipulado, independentemente de notificação ou aviso.

Parágrafo único. Findo o prazo estipulado, se o locatário permanecer no imóvel por mais de trinta dias sem oposição do locador, presumir-se-á prorrogada a locação nas condições ajustadas, mas sem prazo determinado.

Art. 57. O contrato de locação por prazo indeterminado pode ser denunciado por escrito, pelo locador, concedidos ao locatário trinta dias para a desocupação.

TÍTULO II – DOS PROCEDIMENTOS

CAPÍTULO I
DAS DISPOSIÇÕES GERAIS

Art. 58. Ressalvados os casos previstos no parágrafo único do artigo 1º, nas ações de despejo, consignação em pagamento de aluguel e acessório da locação, revisionais de aluguel e renovatórias de locação, observar-se-á o seguinte:

I – os processos tramitam durante as férias forenses e não se suspendem pela superveniência delas;
II – é competente para conhecer e julgar tais ações o foro do lugar da situação do imóvel, salvo se outro houver sido eleito no contrato;
III – o valor da causa corresponderá a doze meses de aluguel, ou, na hipótese do inciso II do artigo 47, a três salários vigentes por ocasião do ajuizamento;
IV – desde que autorizado no contrato, a citação, intimação ou notificação far-se-á mediante correspondência com aviso de recebimento, ou, tratando-se de pessoa jurídica ou firma individual, também mediante telex ou fac-símile, ou, ainda, sendo necessário, pelas demais formas previstas no Código de Processo Civil;
V – os recursos interpostos contra as sentenças terão efeito somente devolutivo.

CAPÍTULO II
DAS AÇÕES DE DESPEJO

Art. 59. Com as modificações constantes deste Capítulo, as ações de despejo terão o rito ordinário.

§ 1º Conceder-se-á liminar para desocupação em quinze dias, independentemente da audiência da parte contrária e desde que prestada a caução no valor equivalente a três meses de aluguel, nas ações que tiverem por fundamento exclusivo:

I – o descumprimento do mútuo acordo (artigo 9º, inciso I), celebrado por escrito e assinado pelas partes e por duas testemunhas, no qual tenha sido ajustado o prazo mínimo de seis meses para a desocupação, contado da assinatura do instrumento;
II – o disposto no inciso II do artigo 47, havendo prova escrita da rescisão do contrato de trabalho ou sendo ela demonstrada em audiência prévia;
III – o término do prazo da locação para temporada, tendo sido proposta a ação de despejo em até trinta dias após o vencimento do contrato;

▶ Art. 50 desta Lei.

IV – a morte do locatário sem deixar sucessor legítimo na locação, de acordo com o referido no inciso I do artigo 11, permanecendo no imóvel pessoas não autorizadas por lei;

V – a permanência do sublocatário no imóvel, extinta a locação, celebrada com o locatário;

VI – o disposto no inciso IV do art. 9º, havendo a necessidade de se produzir reparações urgentes no imóvel, determinadas pelo poder público, que não possam ser normalmente executadas com a permanência do locatário, ou, podendo, ele se recuse a consenti-las;

VII – o término do prazo notificatório previsto no parágrafo único do art. 40, sem apresentação de nova garantia apta a manter a segurança inaugural do contrato;

VIII – o término do prazo da locação não residencial, tendo sido proposta a ação em até 30 (trinta) dias do termo ou do cumprimento de notificação comunicando o intento de retomada;

IX – a falta de pagamento de aluguel e acessórios da locação no vencimento, estando o contrato desprovido de qualquer das garantias previstas no art. 37, por não ter sido contratada ou em caso de extinção ou pedido de exoneração dela, independentemente de motivo.

▸ Incisos VI a IX acrescidos pela Lei nº 12.112, de 9-12-2009.

§ 2º Qualquer que seja o fundamento da ação dar-se-á ciência do pedido aos sublocatários, que poderão intervir no processo como assistentes.

▸ Arts. 119 a 122 do CPC/2015.

§ 3º No caso do inciso IX do § 1º deste artigo, poderá o locatário evitar a rescisão da locação e elidir a liminar de desocupação se, dentro dos 15 (quinze) dias concedidos para a desocupação do imóvel e independentemente de cálculo, efetuar depósito judicial que contemple a totalidade dos valores devidos, na forma prevista no inciso II do art. 62.

▸ § 3º acrescido pela Lei nº 12.112, de 9-12-2009.

Art. 60. Nas ações de despejo fundadas no inciso IV do artigo 9º, inciso IV do artigo 47 e inciso II do artigo 53, a petição inicial deverá ser instruída com prova da propriedade do imóvel ou do compromisso registrado.

Art. 61. Nas ações fundadas no § 2º do artigo 46 e nos incisos III e IV do artigo 47, se o locatário, no prazo da contestação, manifestar sua concordância com a desocupação do imóvel, o juiz acolherá o pedido fixando prazo de seis meses para a desocupação, contados da citação, impondo ao vencido a responsabilidade pelas custas e honorários advocatícios de vinte por cento sobre o valor dado à causa. Se a desocupação ocorrer dentro do prazo fixado, o réu ficará isento dessa responsabilidade; caso contrário, será expedido mandado de despejo.

Art. 62. Nas ações de despejo fundadas na falta de pagamento de aluguel e acessórios da locação, de aluguel provisório, de diferenças de aluguéis, ou somente de quaisquer dos acessórios da locação, observar-se-á o seguinte:

▸ *Caput* com a redação dada pela Lei nº 12.112, de 9-12-2009.

I – o pedido de rescisão da locação poderá ser cumulado com o pedido de cobrança dos aluguéis e acessórios da locação; nesta hipótese, citar-se-á o locatário para responder ao pedido de rescisão e o locatário e os fiadores para responderem ao pedido de cobrança, devendo ser apresentado, com a inicial, cálculo discriminado do valor do débito;

▸ Inciso I com a redação dada pela Lei nº 12.112, de 9-12-2009.

II – o locatário e o fiador poderão evitar a rescisão da locação efetuando, no prazo de 15 (quinze) dias, contado da citação, o pagamento do débito atualizado, independentemente de cálculo e mediante depósito judicial, incluídos:

▸ *Caput* do inciso II com a redação dada pela Lei nº 12.112, de 9-12-2009.

▸ Art. 59, § 3º, desta Lei.

a) os aluguéis e acessórios da locação que vencerem até a sua efetivação;

b) as multas ou penalidades contratuais, quando exigíveis;

c) os juros de mora;

d) as custas e os honorários do advogado do locador fixados em dez por cento sobre o montante devido, se do contrato não constar disposição diversa;

III – efetuada a purga da mora, se o locador alegar que a oferta não é integral, justificando a diferença, o locatário poderá complementar o depósito no prazo de 10 (dez) dias, contado da intimação, que poderá ser dirigida ao locatário ou diretamente ao patrono deste, por carta ou publicação no órgão oficial, a requerimento do locador;

IV – não sendo integralmente complementado o depósito, o pedido de rescisão prosseguirá pela diferença, podendo o locador levantar a quantia depositada;

▸ Incisos III e IV com a redação dada pela Lei nº 12.112, de 9-12-2009.

V – os aluguéis que forem vencendo até a sentença deverão ser depositados à disposição do juízo, nos respectivos vencimentos, podendo o locador levantá-los desde que incontroversos;

VI – havendo cumulação dos pedidos de rescisão da locação e cobrança dos aluguéis, a execução desta pode ter início antes da desocupação do imóvel, caso ambos tenham sido acolhidos.

Parágrafo único. Não se admitirá a emenda da mora se o locatário já houver utilizado essa faculdade nos 24 (vinte e quatro) meses imediatamente anteriores à propositura da ação.

▸ Parágrafo único com a redação dada pela Lei nº 12.112, de 9-12-2009.

Art. 63. Julgada procedente a ação de despejo, o juiz determinará a expedição de mandado de despejo, que conterá o prazo de 30 (trinta) dias para a desocupação voluntária, ressalvado o disposto nos parágrafos seguintes.

▸ *Caput* com a redação dada pela Lei nº 12.112, de 9-12-2009.

§ 1º O prazo será de quinze dias se:

a) entre a citação e a sentença de primeira instância houverem decorrido mais de quatro meses; ou

b) o despejo houver sido decretado com fundamento no art. 9º ou no § 2º do art. 46.

▸ Alínea *b* com a redação dada pela Lei nº 12.112, de 9-12-2009.

§ 2º Tratando-se de estabelecimento de ensino autorizado e fiscalizado pelo Poder Público, respeitado o prazo mínimo de seis meses e o máximo de um ano, o juiz disporá de modo que a desocupação coincida com o período de férias escolares.

§ 3º Tratando-se de hospitais, repartições públicas, unidades sanitárias oficiais, asilos, estabelecimentos de saúde e de ensino autorizados e fiscalizados pelo Poder Público, bem como por entidades religiosas devidamente registradas, e o despejo for decretado com fundamento no inciso IV do artigo 9º ou no inciso II do artigo 53, o prazo será de um ano, exceto no caso em que entre a citação e a sentença de primeira instância houver decorrido mais de um ano, hipótese em que o prazo será de seis meses.

▸ § 3º com a redação dada pela Lei nº 9.256, de 9-1-1996.

§ 4º A sentença que decretar o despejo fixará o valor da caução para o caso de ser executada provisoriamente.

Art. 64. Salvo nas hipóteses das ações fundadas no art. 9º, a execução provisória do despejo dependerá de caução não inferior a 6 (seis) meses nem superior a 12 (doze) meses do aluguel, atualizado até a data da prestação da caução.

▸ *Caput* com a redação dada pela Lei nº 12.112, de 9-12-2009.

§ 1º A caução poderá ser real ou fidejussória e será prestada nos autos da execução provisória.

§ 2º Ocorrendo a reforma da sentença ou da decisão que concedeu liminarmente o despejo, o valor da caução reverterá em favor do réu, como indenização mínima das perdas e danos, podendo este reclamar, em ação própria, a diferença pelo que a exceder.

Art. 65. Findo o prazo assinado para a desocupação, contado da data da notificação, será efetuado o despejo, se necessário com emprego de força, inclusive arrombamento.

§ 1º Os móveis e utensílios serão entregues à guarda de depositário, se não os quiser retirar o despejado.

§ 2º O despejo não poderá ser executado até o trigésimo dia seguinte ao do falecimento do cônjuge, ascendente, descendente ou irmão de qualquer das pessoas que habitem o imóvel.

▸ Art. 44, IV, desta Lei.

Art. 66. Quando o imóvel for abandonado após ajuizada a ação, o locador poderá imitir-se na posse do imóvel.

CAPÍTULO III
DA AÇÃO DE CONSIGNAÇÃO DE ALUGUEL E ACESSÓRIOS DA LOCAÇÃO

Art. 67. Na ação que objetivar o pagamento dos aluguéis e acessórios da locação mediante consignação será observado o seguinte:

I – a petição inicial, além dos requisitos exigidos pelo artigo 282 do Código de Processo Civil, deverá especificar os aluguéis e acessórios da locação com indicação dos respectivos valores;

▸ Refere-se ao CPC/1973.

▸ Art. 319 do CPC/2015.

II – determinada a citação do réu, o autor será intimado a, no prazo de vinte e quatro horas, efetuar o depósito judicial da importância indicada na petição inicial, sob pena de ser extinto o processo;

III – o pedido envolverá a quitação das obrigações que vencerem durante a tramitação do feito e até ser prolatada a sentença de primeira instância, devendo o autor promover os depósitos nos respectivos vencimentos;

IV – não sendo oferecida a contestação, ou se o locador receber os valores depositados, o juiz acolherá o pedido, declarando quitadas as obrigações, condenando o réu ao pagamento das custas e honorários de vinte por cento do valor dos depósitos;

V – a contestação do locador, além da defesa de direito que possa caber, ficará adstrita, quanto à matéria de fato, a:

a) não ter havido recusa ou mora em receber a quantia devida;

b) ter sido justa a recusa;

c) não ter sido efetuado o depósito no prazo ou no lugar do pagamento;

d) não ter sido o depósito integral;

VI – além de contestar, o réu poderá, em reconvenção, pedir o despejo e a cobrança dos valores objeto da consignatória ou da diferença do depósito inicial, na hipótese de ter sido alegado não ser o mesmo integral;

VII – o autor poderá complementar o depósito inicial, no prazo de cinco dias contados da ciência do oferecimento da resposta, com acréscimo de dez por cento sobre o valor da diferença. Se tal ocorrer, o juiz declarará quitadas as obrigações, elidindo a rescisão da locação, mas imporá ao autor reconvindo a responsabilidade pelas custas e honorários advocatícios de vinte por cento sobre o valor dos depósitos;

VIII – havendo, na reconvenção, cumulação dos pedidos de rescisão da locação e cobrança dos valores objeto da consignatória, a execução desta somente poderá ter início após obtida a desocupação do imóvel, caso ambos tenham sido acolhidos.

Parágrafo único. O réu poderá levantar a qualquer momento as importâncias depositadas sobre as quais não pende controvérsia.

CAPÍTULO IV
DA AÇÃO REVISIONAL DE ALUGUEL

Art. 68. Na ação revisional de aluguel, que terá o rito sumário, observar-se-á o seguinte:

▸ *Caput* com a redação dada pela Lei nº 12.112, de 9-12-2009.

I – além dos requisitos exigidos pelos artigos 276 e 282 do Código de Processo Civil, a petição inicial deverá indicar o valor do aluguel cuja fixação é pretendida;

▸ Refere-se ao CPC/1973.
▸ Art. 319 do CPC/2015.

II – ao designar a audiência de conciliação, o juiz, se houver pedido e com base nos elementos fornecidos tanto pelo locador como pelo locatário, ou nos que indicar, fixará aluguel provisório, que será devido desde a citação, nos seguintes moldes:

▸ *Caput* do inciso II com a redação dada pela Lei nº 12.112, de 9-12-2009.

a) em ação proposta pelo locador, o aluguel provisório não poderá ser excedente a 80% (oitenta por cento) do pedido;

b) em ação proposta pelo locatário, o aluguel provisório não poderá ser inferior a 80% (oitenta por cento) do aluguel vigente;

▸ Alíneas *a* e *b* acrescidas pela Lei nº 12.112, de 9-12-2009.

III – sem prejuízo da contestação e até a audiência, o réu poderá pedir seja revisto o aluguel provisório, fornecendo os elementos para tanto;

IV – na audiência de conciliação, apresentada a contestação, que deverá conter contraproposta se houver discordância quanto ao valor pretendido, o juiz tentará a conciliação e, não sendo esta possível, determinará a realização de perícia, se necessária, designando, desde logo, audiência de instrução e julgamento;

▸ Inciso IV com a redação dada pela Lei nº 12.112, de 9-12-2009.

V – o pedido de revisão previsto no inciso III deste artigo interrompe o prazo para interposição de recurso contra a decisão que fixar o aluguel provisório.

▸ Inciso V acrescido pela Lei nº 12.112, de 9-12-2009.

§ 1º Não caberá ação revisional na pendência de prazo para desocupação do imóvel (artigos 46, § 2º, e 57), ou quando tenha sido este estipulado amigável ou judicialmente.

§ 2º No curso da ação de revisão, o aluguel provisório será reajustado na periodicidade pactuada ou na fixada em lei.

Art. 69. O aluguel fixado na sentença retroage à citação, e as diferenças devidas durante a ação de revisão, descontados os alugueres provisórios satisfeitos, serão pagas corrigidas, exigíveis a partir do trânsito em julgado da decisão que fixar o novo aluguel.

§ 1º Se pedido pelo locador, ou sublocador, a sentença poderá estabelecer periodicidade de reajustamento do aluguel diversa daquela prevista no contrato revisando, bem como adotar outro indexador para reajustamento do aluguel.

§ 2º A execução das diferenças será feita nos autos da ação de revisão.

Art. 70. Na ação de revisão do aluguel, o juiz poderá homologar acordo de desocupação, que será executado mediante expedição de mandado de despejo.

CAPÍTULO V
DA AÇÃO RENOVATÓRIA

▸ Arts. 48 a 57 desta Lei.

Art. 71. Além dos demais requisitos exigidos no artigo 282 do Código de Processo Civil, a petição inicial da ação renovatória deverá ser instruída com:

▸ Refere-se ao CPC/1973.
▸ Art. 319 do CPC/2015.

I – prova do preenchimento dos requisitos dos incisos I, II e III do artigo 51;

II – prova do exato cumprimento do contrato em curso;

III – prova da quitação dos impostos e taxas que incidiram sobre o imóvel e cujo pagamento lhe incumbia;

IV – indicação clara e precisa das condições oferecidas para a renovação da locação;

V – indicação do fiador quando houver no contrato a renovar e, quando não for o mesmo, com indicação do nome ou denominação completa, número de sua inscrição no Ministério da Fazenda, endereço e, tratando-se de pessoa natural, a nacionalidade, o estado civil, a profissão e o número da carteira de identidade, comprovando, desde logo, mesmo que não haja alteração do fiador, a atual idoneidade financeira;

▸ Inciso V com a redação dada pela Lei nº 12.112, de 9-12-2009.

VI – prova de que o fiador do contrato ou o que o substituir na renovação aceita os encargos da fiança, autorizado por seu cônjuge, se casado for;

VII – prova, quando for o caso, de ser cessionário ou sucessor, em virtude de título oponível ao proprietário.

Parágrafo único. Proposta a ação pelo sublocatário do imóvel ou de parte dele, serão citados o sublocador e o locador, como litisconsortes, salvo se, em virtude de locação originária ou renovada, o sublocador dispuser de prazo que admita renovar a sublocação; na primeira hipótese, procedente a ação, o proprietário ficará diretamente obrigado à renovação.

Art. 72. A contestação do locador, além da defesa de direito que possa caber, ficará adstrita, quanto à matéria de fato, ao seguinte:

I – não preencher o autor os requisitos estabelecidos nesta Lei;

II – não atender, a proposta do locatário, o valor locativo real do imóvel na época da renovação, excluída a valorização trazida por aquele ao ponto ou lugar;

III – ter proposta de terceiro para a locação, em condições melhores;

IV – não estar obrigado a renovar a locação (incisos I e II do artigo 52).

§ 1º No caso do inciso II, o locador deverá apresentar, em contraproposta, as condições de locação que repute compatíveis com o valor locativo real e atual do imóvel.

§ 2º No caso do inciso III, o locador deverá juntar prova documental da proposta do terceiro, subscrita por este e por duas testemunhas, com clara indicação do ramo a ser explorado, que não poderá ser o mesmo do locatário. Nessa hipótese, o locatário poderá, em réplica, aceitar tais condições para obter a renovação pretendida.

§ 3º No caso do inciso I do artigo 52, a contestação deverá trazer prova da determinação do Poder Público ou relatório pormenorizado das obras a serem realizadas e da estimativa de valorização que sofrerá o imóvel, assinado por engenheiro devidamente habilitado.

§ 4º Na contestação, o locador, ou sublocador, poderá pedir, ainda, a fixação de aluguel provisório, para vigorar a partir do primeiro mês do prazo do contrato a ser renovado, não excedente a oitenta por cento do pedido, desde que apresentados elementos hábeis para aferição do justo valor do aluguel.

§ 5º Se pedido pelo locador, ou sublocador, a sentença poderá estabelecer periodicidade de reajustamento do aluguel diversa daquela prevista no contrato renovando, bem como adotar outro indexador para reajustamento do aluguel.

Art. 73. Renovada a locação, as diferenças dos aluguéis vencidos serão executadas nos próprios autos da ação e pagas de uma só vez.

Art. 74. Não sendo renovada a locação, o juiz determinará a expedição de mandado de despejo, que conterá o prazo de 30 (trinta) dias para a desocupação voluntária, se houver pedido na contestação.

▸ *Caput* com a redação dada pela Lei nº 12.112, de 9-12-2009.

§§ 1º a 3º VETADOS. Lei nº 12.112, de 9-12-2009.

Art. 75. Na hipótese do inciso III do artigo 72, a sentença fixará desde logo a indenização devida ao locatário em consequência da não prorrogação da locação, solidariamente devida pelo locador e o proponente.

▸ A alteração que seria introduzida no art. 75 pela Lei nº 12.112, de 9-12-2009, foi vetada, razão pela qual mantivemos a sua redação.

TÍTULO III – DAS DISPOSIÇÕES FINAIS E TRANSITÓRIAS

Art. 76. Não se aplicam as disposições desta Lei aos processos em curso.

Art. 77. Todas as locações residenciais que tenham sido celebradas anteriormente à vigência desta Lei serão automaticamente prorrogadas por tempo indeterminado, ao término do prazo ajustado no contrato.

Art. 78. As locações residenciais que tenham sido celebradas anteriormente à vigência desta Lei e que já vigorem ou venham a vigorar por prazo indeterminado, poderão ser denunciadas pelo locador, concedido o prazo de doze meses para a desocupação.

Parágrafo único. Na hipótese de ter havido revisão judicial ou amigável do aluguel, atingindo o preço do mercado, a denúncia somente poderá ser exercitada após vinte e quatro meses da data da revisão, se esta ocorreu nos doze meses anteriores à data da vigência desta Lei.

Art. 79. No que for omissa esta Lei aplicam-se as normas do Código Civil e do Código de Processo Civil.

Art. 80. Para os fins do inciso I do artigo 98 da Constituição Federal, as ações de despejo poderão ser consideradas como causas cíveis de menor complexidade.

Art. 81. O inciso II do artigo 167 e o artigo 169 da Lei nº 6.015, de 31 de dezembro de 1973, passam a vigorar com as seguintes alterações:

▸ Alterações inseridas no texto da referida Lei.

Art. 82. O artigo 3º da Lei nº 8.009, de 29 de março de 1990, passa a vigorar acrescido do seguinte inciso VII:

▸ Alterações inseridas no texto da referida Lei.

Art. 83. Ao artigo 24 da Lei nº 4.591, de 16 de dezembro de 1964, fica acrescido o seguinte § 4º:

▸ Alterações inseridas no texto da referida Lei.

Art. 84. Reputam-se válidos os registros dos contratos de locação de imóveis, realizados até a data da vigência desta Lei.

Art. 85. Nas locações residenciais, é livre a convenção do aluguel quanto a preço, periodicidade e indexador de reajustamento, vedada a vinculação à variação do salário mínimo, variação cambial e moeda estrangeira:

I – dos imóveis novos, com "habite-se" concedido a partir da entrada em vigor desta Lei;

II – dos demais imóveis não enquadrados no inciso anterior, em relação aos contratos celebrados, após cinco anos de entrada em vigor desta Lei.

Art. 86. O artigo 8º da Lei nº 4.380, de 21 de agosto de 1964, passa a vigorar com a seguinte redação:

▸ Alteração inserida no texto da referida Lei.

Arts. 87 e 88. VETADOS.

Art. 89. Esta Lei entrará em vigor sessenta dias após a sua publicação.

Art. 90. Revogam-se as disposições em contrário, especialmente:

I – o Decreto nº 24.150, de 20 de abril de 1934;
II – a Lei nº 6.239, de 19 de setembro de 1975;
III – a Lei nº 6.649, de 16 de maio de 1979;
IV – a Lei nº 6.698, de 15 de outubro de 1979;
V – a Lei nº 7.355, de 31 de agosto de 1985;
VI – a Lei nº 7.538, de 24 de setembro de 1986;
VII – a Lei nº 7.612, de 9 de julho de 1987; e
VIII – a Lei nº 8.157, de 3 de janeiro de 1991.

Brasília, 18 de outubro de 1991;
170º da Independência e
103º da República.

Fernando Collor

LEI COMPLEMENTAR Nº 70, DE 30 DE DEZEMBRO DE 1991

Institui contribuição para financiamento da Seguridade Social, eleva a alíquota da contribuição social sobre o lucro das instituições financeiras e dá outras providências.

▸ Publicada no *DOU* de 30-12-1991.

▸ Dec. nº 4.524, de 17-12-2002, regulamenta a contribuição para o PIS/PASEP e a COFINS devidas pelas pessoas jurídicas em geral.

Art. 1º Sem prejuízo da cobrança das contribuições para o Programa de Integração Social (PIS) e para o Programa de Formação do Patrimônio do Servidor Público (PASEP), fica instituída contribuição social para financiamento da Seguridade Social, nos termos do inciso I do artigo 195 da Constituição Federal, devida pelas pessoas jurídicas inclusive as a elas equiparadas pela legislação do Imposto sobre a Renda, destinadas exclusivamente às despesas com atividades fins das áreas de saúde, previdência e assistência social.

Art. 2º A contribuição de que trata o artigo anterior será de dois por cento e incidirá sobre o faturamento mensal, assim considerado a receita bruta das vendas de mercadorias, de mercadorias e serviços e de serviço de qualquer natureza.

▸ Súm. nº 423 do STJ.

Parágrafo único. Não integra a receita de que trata este artigo, para efeito de determinação da base de cálculo da contribuição, o valor:

a) do imposto sobre produtos industrializados, quando destacado em separado no documento fiscal;

b) das vendas canceladas, das devolvidas e dos descontos a qualquer título concedidos incondicionalmente.

Art. 3º A base de cálculo da contribuição mensal devida pelos fabricantes de cigarros, na condição de contribuintes e de substitutos dos comerciantes varejistas, será obtida multiplicando-se o preço de venda do produto no varejo por cento e dezoito por cento.

▸ Art. 29 da Lei nº 10.865, de 30-4-2004, que dispõe sobre o PIS/PASEP-Importação e a COFINS-Importação.

Art. 4º A contribuição mensal devida pelos distribuidores de derivados de petróleo e álcool etílico hidratado para fins carburantes, na condição de substitutos dos comerciantes varejistas, será calculada sobre o menor valor, no País, constante da tabela de preços máximos fixados para venda a varejo, sem prejuízo da contribuição incidente sobre suas próprias vendas.

Art. 5º A contribuição será convertida, no primeiro dia do mês subsequente ao de ocorrência do fato gerador, pela medida de valor e parâmetro de atualização monetária diária utilizada para os tributos federais, e paga até o dia vinte do mesmo mês.

Art. 6º São isentas da contribuição:

▸ Art. 14 da LC nº 101, de 4-5-2000 (Lei de Responsabilidade Fiscal).

I – *Revogado.* MP nº 2.158-35, de 24-8-2001;

II – as sociedades civis de que trata o artigo 1º do Decreto-Lei nº 2.397, de 21 de dezembro de 1987;

▸ Art. 150, § 6º, da CF.

▸ Art. 56 da Lei nº 9.430, de 27-12-1996, que dispõe sobre legislação tributária federal, COFINS e processo administrativo tributário.

▸ Súm. nº 508 do STJ.

III – *Revogado.* MP nº 2.158-35, de 24-8-2001.

IV – a Academia Brasileira de Letras, a Associação Brasileira de Imprensa e o Instituto Histórico e Geográfico Brasileiro.

▸ Inciso IV acrescido pela Lei nº 13.353, de 3-11-2016, para vigorar a partir do primeiro dia do exercício financeiro imediatamente posterior àquele em que for implementado o disposto no art. 6º da referida Lei.

▸ Arts. 1º a 6º estarão revogados pela LC nº 214, de 16-1-2025, a partir de 1º-1-2027.

Art. 7º *Revogado.* MP nº 2.158-35, de 24-8-2001.

Art. 8º VETADO.

Art. 9º A contribuição social sobre o faturamento de que trata esta Lei Complementar não extingue as atuais fontes de custeio da Seguridade Social, salvo a prevista no artigo 23, inciso I, da Lei nº 8.212, de 24 de julho de 1991, a qual deixará de ser cobrada a partir da data em que for exigível a contribuição ora instituída.

Art. 10. O produto da arrecadação da contribuição social sobre o faturamento, instituída por esta Lei Complementar, observado o disposto na segunda parte do artigo 33 da Lei nº 8.212, de 24 de julho de 1991, integrará o Orçamento da Seguridade Social.

Parágrafo único. À contribuição referida neste artigo aplicam-se as normas relativas ao processo administrativo-fiscal de determinação e exigência de créditos tributários federais, bem como, subsidiariamente e no que couber, as disposições referentes ao Imposto sobre a Renda, especialmente quanto a atraso de pagamento e quanto a penalidades.

▸ Arts. 9º e 10 estarão revogados pela LC nº 214, de 16-1-2025, a partir de 1º-1-2027.

Art. 11. Fica elevada em oito pontos percentuais a alíquota referida no § 1º do artigo 23 da Lei nº 8.212, de 24 de julho de 1991, relativa à contribuição social sobre o lucro das instituições a que se refere o § 1º do artigo 22 da mesma lei, mantidas as demais normas da Lei nº 7.689, de 15 de dezembro de 1988, com as alterações posteriormente introduzidas.

Parágrafo único. As pessoas jurídicas sujeitas ao disposto neste artigo ficam excluídas do pagamento da contribuição social sobre o faturamento, instituída pelo artigo 1º desta Lei Complementar.

Art. 12. Sem prejuízo do disposto na legislação em vigor, as instituições financeiras, as sociedades corretoras e distribuidoras de títulos e valores mobiliários, as sociedades de investimento e as de arrendamento mercantil, os agentes do Sistema Financeiro da Habitação, as bolsas de valores, de mercadorias, de futuros e instituições assemelhadas e seus associados, e as empresas administradoras de cartões de crédito fornecerão à Receita Federal, nos termos estabelecidos pelo Ministro da Economia, Fazenda e Planejamento, informações cadastrais sobre os usuários dos respectivos serviços, relativas ao nome, à filiação, ao endereço e ao número de inscrição do cliente no Cadastro de Pessoas Físicas (CPF) ou no Cadastro Geral de Contribuintes (CGC).

§ 1º Às informações recebidas nos termos deste artigo aplica-se o disposto no § 7º do artigo 38 da Lei nº 4.595, de 31 de dezembro de 1964.

§ 2º As informações de que trata o *caput* deste artigo serão prestadas a partir das relações de usuários constantes dos registros relativos ao ano-calendário de 1992.

§ 3º A não observância do disposto neste artigo sujeitará o infrator, independentemente de outras penalidades administrativas, à multa equivalente a trinta e cinco unidades de valor referidas no artigo 5º desta Lei Complementar, por usuário omitido.

Art. 13. Esta Lei Complementar entra em vigor na data de sua publicação, produzindo efeitos a partir do primeiro dia do mês seguinte aos noventa dias posteriores, àquela publicação, mantidos, até essa data, o Decreto-Lei nº 1.940, de 25 de maio de 1982 e alterações posteriores, a alíquota fixada no artigo 11 da Lei nº 8.114, de 12 de dezembro de 1990.

Art. 14. Revoga-se o artigo 2º do Decreto-Lei nº 326, de 8 de maio de 1967 e demais disposições em contrário.

Brasília, 30 de dezembro de 1991;
170º da Independência e
103º da República.

Fernando Collor

LEI Nº 8.397, DE 6 DE JANEIRO DE 1992

Institui medida cautelar fiscal e dá outras providências.

▸ Publicada no *DOU* de 7-1-1992 e retificada no *DOU* de 16-1-1992.

Art. 1º O procedimento cautelar fiscal poderá ser instaurado após a constituição do crédito, inclusive no curso da execução judicial da Dívida Ativa da União, dos Estados, do Distrito Federal, dos Municípios e respectivas autarquias.

▸ *Caput* com a redação dada pela Lei nº 9.532, de 10-12-1997.

Parágrafo único. O requerimento da medida cautelar, na hipótese dos incisos V, alínea *b*, e VII do artigo 2º, independe da prévia constituição do crédito tributário.

▸ Parágrafo único acrescido pela Lei nº 9.532, de 10-12-1997.

Art. 2º A medida cautelar fiscal poderá ser requerida contra o sujeito passivo de crédito tributário ou não tributário, quando o devedor:

▸ *Caput* com a redação dada pela Lei nº 9.532, de 10-12-1997.

I – sem domicílio certo, intenta ausentar-se ou alienar bens que possui ou deixa de pagar a obrigação no prazo fixado;

II – tendo domicílio certo, ausenta-se ou tenta se ausentar, visando a elidir o adimplemento da obrigação;

III – caindo em insolvência, aliena ou tenta alienar bens;

IV – contrai ou tenta contrair dívidas que comprometam a liquidez do seu patrimônio;

V – notificado pela Fazenda Pública para que proceda ao recolhimento do crédito fiscal:

a) deixa de pagá-lo no prazo legal, salvo se suspensa sua exigibilidade;

b) põe ou tenta pôr seus bens em nome de terceiros;

▸ Incisos III a V com a redação dada pela Lei nº 9.532, de 10-12-1997.

VI – possui débitos, inscritos ou não em Dívida Ativa, que somados ultrapassem trinta por cento do seu patrimônio conhecido;

▸ Arts. 64 e 64-A da Lei nº 9.532, de 10-12-1997, que altera a legislação tributária federal.

VII – aliena bens ou direitos sem proceder à devida comunicação ao órgão da Fazenda Pública competente, quando exigível em virtude de Lei;

VIII – tem sua inscrição no cadastro de contribuintes declarada inapta, pelo órgão fazendário;

IX – pratica outros atos que dificultem ou impeçam a satisfação do crédito.

▸ Incisos VI a IX acrescidos pela Lei nº 9.532, de 10-12-1997.

Art. 3º Para a concessão da medida cautelar fiscal é essencial:

I – prova literal da constituição do crédito fiscal;

II – prova documental de algum dos casos mencionados no artigo antecedente.

Art. 4º A decretação da medida cautelar fiscal produzirá, de imediato, a indisponibilidade dos bens do requerido, até o limite da satisfação da obrigação.

▸ Art. 185-A do CTN.

§ 1º Na hipótese de pessoa jurídica, a indisponibilidade recairá somente sobre os bens do ativo permanente, podendo, ainda, ser estendida aos bens do acionista controlador e aos dos que em razão do contrato social ou estatuto tenham poderes para fazer a empresa cumprir suas obrigações fiscais, ao tempo:

a) do fato gerador, nos casos de lançamento de ofício;

b) do inadimplemento da obrigação fiscal, nos demais casos.

§ 2º A indisponibilidade patrimonial poderá ser estendida em relação aos bens adquiridos a qualquer título do requerido ou daqueles que estejam ou tenham estado na função de administrador (§ 1º), desde que seja capaz de frustrar a pretensão da Fazenda Pública.

§ 3º Decretada a medida cautelar fiscal, será comunicada imediatamente ao registro público de imóveis, ao Banco Central do Brasil, à Comissão de Valores Mobiliários e às demais repartições que processem registros de transferência de bens, a fim de que, no âmbito de suas atribuições, façam cumprir a constrição judicial.

Art. 5º A medida cautelar fiscal será requerida ao juiz competente para a execução judicial da Dívida Ativa da Fazenda Pública.

Parágrafo único. Se a execução judicial estiver em Tribunal, será competente o relator do recurso.

Art. 6º A Fazenda Pública pleiteará a medida cautelar fiscal em petição devidamente fundamentada, que indicará:

I – o juiz a quem é dirigida;

II – a qualificação e o endereço, se conhecido, do requerido;

III – as provas que serão produzidas;

IV – o requerimento para citação.

Art. 7º O juiz concederá liminarmente a medida cautelar fiscal, dispensada a Fazenda Pública de justificação prévia e de prestação de caução.

Parágrafo único. Do despacho que conceder liminarmente a medida cautelar caberá agravo de instrumento.

Art. 8º O requerido será citado para, no prazo de quinze dias, contestar o pedido, indicando as provas que pretenda produzir.

Parágrafo único. Conta-se o prazo da juntada aos autos do mandado:

a) de citação, devidamente cumprido;

b) da execução da medida cautelar fiscal, quando concedida liminarmente.

Art. 9º Não sendo contestado o pedido, presumir-se-ão aceitos pelo requerido, como verdadeiros, os fatos alegados pela Fazenda Pública, caso em que o juiz decidirá em dez dias.

Parágrafo único. Se o requerido contestar no prazo legal, o juiz designará audiência de instrução e julgamento, havendo prova a ser nela produzida.

Art. 10. A medida cautelar fiscal decretada poderá ser substituída, a qualquer tempo, pela prestação de garantia correspondente ao valor da pretensão da Fazenda Pública, na forma do artigo 9º da Lei nº 6.830, de 22 de setembro de 1980.

Parágrafo único. A Fazenda Pública será ouvida necessariamente sobre o pedido de substituição, no prazo de cinco dias, presumindo-se da omissão a sua aquiescência.

Art. 11. Quando a medida cautelar fiscal for concedida em procedimento preparatório, deverá a Fazenda Pública propor a execução judicial da Dívida Ativa no prazo de sessenta dias, contados da data em que a exigência se tornar irrecorrível na esfera administrativa.

Art. 12. A medida cautelar fiscal conserva a sua eficácia no prazo do artigo antecedente e na pendência do processo de execução judicial da Dívida Ativa, mas pode, a qualquer tempo, ser revogada ou modificada.

Parágrafo único. Salvo decisão em contrário, a medida cautelar fiscal conservará sua eficácia durante o período de suspensão do crédito tributário ou não tributário.

Art. 13. Cessa a eficácia da medida cautelar fiscal:

I – se a Fazenda Pública não propuser a execução judicial da Dívida Ativa no prazo fixado no artigo 11 desta Lei;

II – se não for executada dentro de trinta dias;

III – se for julgada extinta a execução judicial da Dívida Ativa da Fazenda Pública;

IV – se o requerido promover a quitação do débito que está sendo executado.

Parágrafo único. Se, por qualquer motivo, cessar a eficácia da medida, é defeso à Fazenda Pública repetir o pedido pelo mesmo fundamento.

Art. 14. Os autos do procedimento cautelar fiscal serão apensados aos do processo de execução judicial da Dívida Ativa da Fazenda Pública.

Art. 15. O indeferimento da medida cautelar fiscal não obsta a que a Fazenda Pública intente a execução judicial da Dívida Ativa, nem influi no julgamento desta, salvo se o juiz, no procedimento cautelar fiscal, acolher alegação de pagamento, de compensação, de transação, de remissão, de prescrição ou decadência, de conversão do depósito em renda, ou qualquer outra modalidade de extinção da pretensão deduzida.

Art. 16. Ressalvado o disposto no artigo 15, a sentença proferida na medida cautelar fiscal não faz coisa julgada, relativamente à execução judicial da Dívida Ativa da Fazenda Pública.

Art. 17. Da sentença que decretar a medida cautelar fiscal caberá apelação, sem efeito suspensivo, salvo se o requerido oferecer garantia na forma do artigo 10 desta Lei.

Art. 18. As disposições desta Lei aplicam-se, também, ao crédito proveniente das contribuições sociais previstas no artigo 195 da Constituição Federal.

Art. 19. Esta lei entra em vigor na data de sua publicação.

Art. 20. Revogam-se as disposições em contrário.

Brasília, 6 de janeiro de 1992;
171º da Independência e
104º da República.

Fernando Collor

LEI Nº 8.437, DE 30 DE JUNHO DE 1992

Dispõe sobre a concessão de medidas cautelares contra atos do Poder Público e dá outras providências.

▶ Publicada no *DOU* de 1º-7-1992.

Art. 1º Não será cabível medida liminar contra atos do Poder Público, no procedimento cautelar ou em quaisquer outras ações de natureza cautelar ou preventiva, toda vez que providência semelhante não puder ser concedida em ações de mandado de segurança, em virtude de vedação legal.

▶ Lei nº 9.494, de 10-9-1997, dispõe sobre a aplicação da tutela antecipada contra a Fazenda Pública.

▶ Lei nº 12.016, de 7-8-2009 (Lei do Mandado de Segurança Individual e Coletivo).

§ 1º Não será cabível, no juízo de primeiro grau, medida cautelar inominada ou a sua liminar, quando impugnado ato de autoridade sujeita, na via de mandado de segurança, à competência originária de tribunal.

§ 2º O disposto no parágrafo anterior não se aplica aos processos de ação popular e de ação civil pública.

▶ Lei nº 7.347, de 24-7-1985 (Lei da Ação Civil Pública).

▶ Art. 22, § 2º, da Lei nº 12.016, de 7-8-2009 (Lei do Mandado de Segurança Individual e Coletivo).

§ 3º Não será cabível medida liminar que esgote, no todo ou em parte, o objeto da ação.

§ 4º Nos casos em que cabível medida liminar, sem prejuízo da comunicação ao dirigente do órgão ou entidade, o respectivo representante judicial dela será imediatamente intimado.

§ 5º Não será cabível medida liminar que defira compensação de créditos tributários ou previdenciários.

▶ §§ 4º e 5º acrescidos pela MP nº 2.180-35, de 24-8-2001, que até o encerramento desta edição não havia sido convertida em Lei.

Art. 2º No mandado de segurança coletivo e na ação civil pública, a liminar será concedida, quando cabível, após a audiência do representante judicial da pessoa jurídica de direito público, que deverá se pronunciar no prazo de setenta e duas horas.

▶ Lei nº 7.347, de 24-7-1985 (Lei da Ação Civil Pública).

▶ Art. 22, § 2º, da Lei nº 12.016, de 7-8-2009 (Lei do Mandado de Segurança Individual e Coletivo).

Art. 3º O recurso voluntário ou *ex officio*, interposto contra sentença em processo cautelar, proferida contra pessoa jurídica de direito público ou seus agentes, que importe em outorga ou adição de vencimentos ou de reclassificação funcional, terá efeito suspensivo.

▶ Lei nº 9.494, de 10-9-1997, dispõe sobre a aplicação da tutela antecipada contra a Fazenda Pública.

Art. 4º Compete ao presidente do tribunal, ao qual couber o conhecimento do respectivo recurso, suspender, em despacho fundamentado, a execução da liminar nas ações movidas contra o Poder Público ou seus agentes, a requerimento do Ministério Público ou da pessoa jurídica de direito público interessada, em caso de manifesto interesse público ou de flagrante ilegitimidade, e para evitar grave lesão à ordem, à saúde, à segurança e à economia públicas.

▶ Lei nº 9.494, de 10-9-1997, dispõe sobre a aplicação da tutela antecipada contra a Fazenda Pública.

▶ Art. 15 da Lei nº 12.016, de 7-8-2009 (Lei do Mandado de Segurança Individual e Coletivo).

§ 1º Aplica-se o disposto neste artigo à sentença proferida em processo de ação cautelar inominada, no processo de ação popular e na ação civil pública, enquanto não transitada em julgado.

§ 2º O Presidente do Tribunal poderá ouvir o autor e o Ministério Público, em setenta e duas horas.

§ 3º Do despacho que conceder ou negar a suspensão, caberá agravo, no prazo de cinco dias, que será levado a julgamento na sessão seguinte a sua interposição.

▶ §§ 2º e 3º com a redação dada pela MP nº 2.180-35, de 24-8-2001, que até o encerramento desta edição não havia sido convertida em Lei.

§ 4º Se do julgamento do agravo de que trata o § 3º resultar a manutenção ou o restabelecimento da decisão que se pretende suspender, caberá novo pedido de suspensão ao Presidente do Tribunal competente para conhecer de eventual recurso especial ou extraordinário.

§ 5º É cabível também o pedido de suspensão a que se refere o § 4º, quando negado provimento a agravo de instrumento interposto contra a liminar a que se refere este artigo.

§ 6º A interposição do agravo de instrumento contra liminar concedida nas ações movidas contra o Poder Público e seus agentes não prejudica nem condiciona o julgamento do pedido de suspensão a que se refere este artigo.

§ 7º O Presidente do Tribunal poderá conferir ao pedido efeito suspensivo liminar, se constatar, em juízo prévio, a plausibilidade do direito invocado e a urgência na concessão da medida.

§ 8º As liminares cujo objeto seja idêntico poderão ser suspensas em uma única decisão, podendo o Presidente do Tribunal estender os efeitos da suspensão a liminares supervenientes, mediante simples aditamento do pedido original.

§ 9º A suspensão deferida pelo Presidente do Tribunal vigorará até o trânsito em julgado da decisão de mérito na ação principal.

▶ §§ 4º a 9º acrescidos pela MP nº 2.180-35, de 24-8-2001, que até o encerramento desta edição não havia sido convertida em Lei.

Art. 5º Esta Lei entra em vigor na data de sua publicação.

Art. 6º Revogam-se as disposições em contrário.

Brasília, 30 de junho de 1992;
171º da Independência e
104º da República.

Fernando Collor

LEI Nº 8.457, DE 4 DE SETEMBRO DE 1992

Organiza a Justiça Militar da União e regula o funcionamento de seus Serviços Auxiliares.

▶ Publicada no *DOU* de 8-9-1992 e retificada no *DOU* de 23-10-1992.

PARTE I – DA ESTRUTURA DA JUSTIÇA MILITAR DA UNIÃO

TÍTULO I – DAS DISPOSIÇÕES PRELIMINARES

Art. 1º São órgãos da Justiça Militar:

I – o Superior Tribunal Militar;

II – a Corregedoria da Justiça Militar;

▶ Inciso II com a redação dada pela Lei nº 13.774, de 19-12-2018.

II-A – o Juiz-Corregedor Auxiliar;

▶ Inciso II-A acrescido pela Lei nº 13.774, de 19-12-2018.

III – os Conselhos de justiça;

IV – os juízes federais da Justiça Militar e os juízes federais substitutos da Justiça Militar.

▶ Inciso IV com a redação dada pela Lei nº 13.774, de 19-12-2018.

TÍTULO II – DAS CIRCUNSCRIÇÕES JUDICIÁRIAS MILITARES

Art. 2º Para efeito de administração da justiça Militar em tempo de paz, o território nacional divide-se em doze Circunscrições Judiciárias Militares, abrangendo:

a) a 1ª – Estados do Rio de Janeiro e Espírito Santo;

b) a 2ª – Estado de São Paulo;

c) a 3ª – Estado do Rio Grande do Sul;

d) a 4ª – Estado de Minas Gerais;

e) a 5ª – Estados do Paraná e Santa Catarina;

f) a 6ª – Estados da Bahia e Sergipe;

g) a 7ª – Estados de Pernambuco, Rio Grande do Norte, Paraíba e Alagoas;

h) a 8ª – Estados do Pará, Amapá e Maranhão;

i) a 9ª – Estados do Mato Grosso do Sul e Mato Grosso;

▶ Alínea *i* com a redação dada pela Lei nº 8.719, de 19-10-1993.

j) a 10ª – Estados do Ceará e Piauí;

l) a 11ª – Distrito Federal e Estados de Goiás e Tocantins;

m) a 12ª – Estados do Amazonas, Acre, Roraima e Rondônia.

▶ Alínea *m* com a redação dada pela Lei nº 8.719, de 19-10-1993.

TÍTULO III – DO SUPERIOR TRIBUNAL MILITAR

CAPÍTULO I
DA COMPOSIÇÃO

Art. 3º O Superior Tribunal Militar, com sede na Capital Federal e jurisdição em todo o território nacional, compõe-se de quinze Ministros vitalícios, nomeados pelo Presidente da República, depois de aprovada indicação pelo Senado Federal, sendo três dentre oficiais-generais da Marinha, quatro dentre oficiais-generais do Exército e três dentre oficiais-generais da Aeronáutica, todos da ativa e do posto mais elevado da carreira, e cinco dentre civis.

▶ Art. 123 da CF.

§ 1º Os Ministros civis são escolhidos pelo Presidente da República, dentre brasileiros com mais de trinta e cinco e menos de sessenta e cinco anos de idade, sendo:

a) três dentre advogados de notório saber jurídico e conduta ilibada, com mais de dez anos de efetiva atividade profissional;

b) 2 (dois) por escolha paritária, dentre juízes federais da Justiça Militar e membros do Ministério Público Militar.

▶ Alínea *b* com a redação dada pela Lei nº 13.774, de 19-12-2018.

§ 2º Os Ministros militares permanecem na ativa, em quadros especiais da Marinha, Exército e Aeronáutica.

Art. 4º Observadas as disposições legais, o Regimento Interno do Superior Tribunal Militar poderá instituir Turmas e fixar-lhes a competência, bem como instituir Conselho de Administração para decidir sobre matéria administrativa da Justiça Militar.

▶ *Caput* com a redação dada pela Lei nº 9.283, de 13-6-1996.

Parágrafo único. O Conselho de Administração será presidido pelo Presidente do Tribunal e integrado pelo Vice-Presidente e por mais três Ministros, conforme dispuser o Regimento Interno.

▶ Parágrafo único acrescido pela Lei nº 9.283, de 13-6-1996.

Art. 5º A eleição do Presidente e Vice-Presidente do Tribunal obedecerá ao disposto em seu Regimento Interno.

CAPÍTULO II
DA COMPETÊNCIA

SEÇÃO I
DA COMPETÊNCIA DO SUPERIOR TRIBUNAL MILITAR

Art. 6º Compete ao Superior Tribunal Militar:

I – processar e julgar originariamente:

a) os oficiais-generais das Forças Armadas, nos crimes militares definidos em lei;

▶ Alínea *a* com a redação dada pela Lei nº 8.719, de 19-10-1993.

b) *Revogada*. Lei nº 8.719, de 19-10-1993.

c) os pedidos de *habeas corpus* e *habeas data* contra ato de juiz federal da Justiça Militar, de juiz federal substituto da Justiça Militar, do Conselho de Justiça e de oficial general;

▶ Alínea *c* com a redação dada pela Lei nº 13.774, de 19-12-2018.

d) o mandado de segurança contra seus atos, os do Presidente do Tribunal e de outras autoridades da justiça Militar;

e) a revisão dos processos findos na justiça Militar;

f) a reclamação para preservar a integridade da competência ou assegurar a autoridade de seu julgado;

g) os procedimentos administrativos para decretação da perda do cargo e da disponibilidade de seus membros e demais magistrados da Justiça Militar, bem como para remoção, por motivo de interesse público, destes últimos, observado o Estatuto da Magistratura;

h) a representação para decretação de indignidade de oficial ou sua incompatibilidade para com o oficialato;

▶ Art. 6º do Dec. nº 4.346, de 26-8-2002 (Regulamento Disciplinar do Exército).

i) a representação formulada pelo Ministério Público Militar, pelo Conselho de Justiça, por juiz federal da Justiça Militar, por juiz federal substituto da Justiça Militar, por advogado e por Comandantes de Força, no interesse da Justiça Militar;

▶ Alínea *i* com a redação dada pela Lei nº 13.774, de 19-12-2018.

II – julgar:

a) os embargos opostos às suas decisões;

b) os pedidos de correição parcial;

c) as apelações e os recursos de decisões dos Juízes de primeiro grau;

d) os incidentes processuais previstos em lei;

e) os agravos regimentais e recursos contra despacho de relator, previstos em lei processual militar ou no Regimento Interno;

f) os feitos originários dos Conselhos de justificação;

g) os conflitos de competência entre Conselhos de Justiça, entre juízes federais da Justiça Militar, ou entre estes e aqueles, bem como os conflitos de atribuição entre autoridades administrativas e judiciárias militares;

▶ Alínea *g* com a redação dada pela Lei nº 13.774, de 19-12-2018.

h) os pedidos de desaforamento;

i) as questões administrativas e recursos interpostos contra atos administrativos praticados pelo Presidente do Tribunal;

j) os recursos de penas disciplinares aplicadas pelo Presidente do Tribunal, pelo Ministro-Corregedor da Justiça Militar e por juiz federal da Justiça Militar;

▶ Alínea *j* com a redação dada pela Lei nº 13.774, de 19-12-2018.

III – declarar a inconstitucionalidade de lei ou ato normativo do Poder Público, pelo voto da maioria absoluta de seus membros;

IV – restabelecer a sua competência quando invadida por juiz de primeira instância, mediante avocatória;

V – resolver questão prejudicial surgida no curso de processo submetido a seu julgamento;

VI – determinar medidas preventivas e assecuratórias previstas na lei processual penal militar, em processo originário ou durante julgamento de recurso, em decisão sua ou por intermédio do relator;

VII – decretar prisão preventiva, revogá-la ou restabelecê-la, de ofício ou mediante representação da autoridade competente, nos feitos de sua competência originária;

VIII – conceder ou revogar menagem e liberdade provisória, bem como aplicar medida provisória de segurança nos feitos de sua competência originária;

IX – determinar a restauração de autos extraviados ou destruídos, na forma da lei;

X – remeter à autoridade competente cópia de peça ou documento constante de processo sob seu julgamento, para o procedimento legal cabível, quando verificar a existência de indícios de crime;

XI – deliberar sobre o plano de correição proposto pelo Corregedor da justiça Militar e determinar a realização de correição geral ou especial em Auditoria;

XII – elaborar seu Regimento Interno com observância das normas de processo e das garantias processuais das partes, dispondo sobre a competência e funcionamento dos respectivos órgãos jurisdicionais e administrativos, bem como decidir os pedidos de uniformização de sua jurisprudência;

XIII – organizar suas Secretarias e Serviços Auxiliares, bem como dos Juízos que lhe forem subordinados, provendo-lhes os cargos, na forma da lei;

XIV – propor ao Poder Legislativo, observado o disposto na Constituição Federal:

a) a alteração do número de membros dos tribunais inferiores;

b) a criação e a extinção de cargos e a fixação dos vencimentos dos seus membros, do Juiz-Corregedor Auxiliar, dos juízes federais da Justiça Militar, dos juízes federais substitutos da Justiça Militar e dos serviços auxiliares;

▶ Alínea *b* com a redação dada pela Lei nº 13.774, de 19-12-2018.

c) a criação ou a extinção de Auditoria da justiça Militar;

d) a alteração da organização e da divisão judiciária militar;

XV – eleger seu Presidente e Vice-Presidente e dar-lhes posse; dar posse a seus membros, deferindo-lhes o compromisso legal;

XVI – conceder licença, férias e outros afastamentos a seus membros, ao Juiz-Corregedor Auxiliar, aos juízes federais da Justiça Militar, aos juízes federais substituto da Justiça Militar e aos servidores que forem imediatamente vinculados ao Superior Tribunal Militar;

▶ Inciso XVI com a redação dada pela Lei nº 13.774, de 19-12-2018.

XVII – aplicar sanções disciplinares aos magistrados;

XVIII – deliberar, para efeito de aposentadoria, sobre processo de verificação de invalidez de magistrado;

XIX – nomear juiz federal substituto da Justiça Militar e promovê-lo pelos critérios alternados de antiguidade e merecimento;

► Inciso XIX com a redação dada pela Lei nº 13.774, de 19-12-2018.

XX – determinar a instauração de sindicância, inquérito e processo administrativo, quando envolvidos magistrado ou servidores da Justiça Militar;

XXI – demitir servidores integrantes dos Serviços Auxiliares;

XXII – aprovar instruções para realização de concurso para ingresso na carreira da Magistratura e para o provimento dos cargos dos Serviços Auxiliares;

XXIII – homologar o resultado de concurso público e de processo seletivo interno;

XXIV – remover juiz federal da Justiça Militar e juiz federal substituto da Justiça Militar, a pedido ou por motivo de interesse público;

► Inciso XXIV com a redação dada pela Lei nº 13.774, de 19-12-2018.

XXV – remover, a pedido ou *ex officio*, servidores dos Serviços Auxiliares;

XXVI – apreciar reclamação apresentada contra lista de antiguidade dos magistrados;

XXVII – apreciar e aprovar proposta orçamentária elaborada pela Presidência do Tribunal, dentro dos limites estipulados conjuntamente com os demais Poderes na Lei de Diretrizes Orçamentárias;

XXVIII – praticar os demais atos que lhe são conferidos por lei.

§ 1º O Tribunal pode delegar competência a seu Presidente para concessão de licenças, férias e outros afastamentos a magistrados de primeira instância e servidores que lhe sejam imediatamente vinculados, bem como para o provimento de cargos dos Serviços Auxiliares.

§ 2º Ao Conselho de Administração, após a sua instituição, caberá deliberar sobre matéria administrativa, conforme dispuser o Regimento Interno.

► § 2º acrescido pela Lei nº 9.283, de 13-6-1996.

§ 3º É de dois terços dos membros do Tribunal o *quorum* para julgamento das hipóteses previstas nos incisos I, alíneas *h* e *i*, II, alínea *f*, XVIII e XXIV, parte final, deste artigo.

► § 2º transformado em § 3º pela Lei nº 9.283, de 13-6-1996.

§ 4º As decisões do Tribunal, judiciais e administrativas, são tomadas por maioria de votos, com a presença de, no mínimo, oito ministros, dos quais, pelo menos, quatro militares e dois civis, salvo *quorum* especial exigido em lei.

► § 3º transformado em § 4º pela Lei nº 9.283, de 13-6-1996.

Art. 7º O Regimento Interno disciplinará o procedimento e o julgamento dos feitos, obedecido o disposto na Constituição Federal, no Código de Processo Penal Militar e nesta Lei.

Art. 8º Após a distribuição e até a inclusão em pauta para julgamento, o relator conduz o processo, determinando a realização das diligências que entender necessárias.

Parágrafo único. Na fase a que se refere este artigo, cabe ao relator adotar as medidas previstas nos incisos V, VI, VII e VIII do artigo 6º desta Lei.

Seção II
DA COMPETÊNCIA DO PRESIDENTE

Art. 9º Compete ao Presidente:

I – dirigir os trabalhos do Tribunal, presidir as sessões plenárias e proclamar as decisões;

II – manter a regularidade dos trabalhos do Tribunal, mandando retirar do recinto as pessoas que perturberem a ordem, autuando-as no caso de flagrante delito;

III – representar o Tribunal em suas relações com outros Poderes e autoridades;

IV – corresponder-se com autoridades, sobre assuntos de interesse do Tribunal e da justiça Militar;

V – praticar todos os atos processuais nos recursos e feitos de competência originária do Tribunal, antes da distribuição e depois de exaurida a competência do relator;

VI – declarar, no caso de empate, a decisão mais favorável ao réu ou paciente;

VII – proferir voto nas questões administrativas, inclusive o de qualidade, no caso de empate, exceto em recurso de decisão sua;

VIII – decidir questões de ordem suscitadas por Ministro, por representante do Ministério Público Militar ou por advogado, ou submetê-las ao Tribunal, se a este couber a decisão;

IX – conceder a palavra ao representante do Ministério Público Militar e a advogado, pelo tempo permitido em lei e no Regimento Interno, podendo, após advertência, cassá-la no caso de linguagem desrespeitosa;

X – conceder a palavra, pela ordem, ao representante do Ministério Público Militar e a advogado que funcione no feito, para, mediante intervenção sumária, esclarecer equívoco ou dúvida em relação a fatos, documentos ou afirmações que possam influir no julgamento;

XI – convocar sessão extraordinária nos casos previstos em lei ou no Regimento Interno;

XII – suspender a sessão quando necessário à ordem e resguardo de sua autoridade;

XIII – presidir a audiência pública de distribuição dos feitos;

XIV – providenciar o cumprimento dos julgados do Tribunal e sua execução nos processos de competência originária;

XV – decidir sobre o cabimento de recurso extraordinário, determinando, em caso de admissão, seu processamento, nos termos da lei;

XVI – prestar às autoridades judiciárias informações requisitadas para instrução de feitos, podendo consultar o relator do processo principal, se houver;

XVII – assinar com o Secretário do Tribunal Pleno as atas das sessões;

► Inciso XVII com a redação dada pela Lei nº 13.774, de 19-12-2018.

XVIII – decidir sobre liminar em *Habeas Corpus*, durante as férias e feriados forenses, podendo ouvir previamente o Ministério Público;

XIX – expedir salvo-conduto a paciente beneficiado com *Habeas Corpus* preventivo;

XX – requisitar força federal ou policial para garantia dos trabalhos do Tribunal ou de seus Ministros;

XXI – requisitar oficial de posto mais elevado, ou do mesmo posto de maior antiguidade, para conduzir oficial condenado presente à sessão de julgamento, observada a Força a que este pertencer;

XXII – convocar para substituir Ministros, os oficiais-generais das Forças Armadas e magistrados, na forma do disposto no artigo 62, incisos II, III, IV e V, desta Lei;

XXIII – adotar providências para realização de concurso público e processo seletivo interno;

XXIV – expedir atos sobre matéria de sua competência, bem como assinar os de provimento e vacância dos cargos dos Serviços Auxiliares;

XXV – VETADO;

XXVI – dar posse e deferir o compromisso legal a juiz federal substituto da Justiça Militar e a todos os nomeados para cargos em comissão;

► Inciso XXVI com a redação dada pela Lei nº 13.774, de 19-12-2018.

XXVII – velar pelo funcionamento regular da Justiça Militar e perfeita exação das autoridades judiciárias e servidores no cumprimento de seus deveres, expedindo portarias, recomendações e provimentos que se fizerem necessários;

XXVIII – designar, observada a ordem de antiguidade, juiz federal da Justiça Militar para exercer a função de diretor do foro, e definir suas atribuições;

► Inciso XXVIII com a redação dada pela Lei nº 13.774, de 19-12-2018.

XXIX – conhecer de representação formulada contra servidores, por falta de exação no cumprimento do dever;

XXX – determinar a instauração de sindicância, inquérito e processo administrativo, exceto quanto a magistrado;

XXXI – aplicar penas disciplinares da sua competência, reconsiderá-las, relevá-las e revê-las;

XXXII – providenciar a publicação mensal de dados estatísticos sobre os trabalhos do Tribunal;

XXXIII – apresentar ao Tribunal, até o dia 15 de março, anualmente, relatório circunstanciado das atividades dos órgãos da Justiça Militar;

XXXIV – determinar a publicação anual da lista de antiguidade dos magistrados;

XXXV – comunicar ao Presidente da República a ocorrência de vaga de Ministro, indicando, no caso de Ministro civil, o critério de provimento;

XXXVI – conceder licença e férias aos servidores que lhe são diretamente subordinados;

XXXVII – encaminhar a proposta orçamentária aprovada pelo Tribunal e gerir os recursos orçamentários da justiça Militar, podendo delegar competência na forma da lei;

XXXVIII – praticar os demais atos que lhe forem atribuídos em lei e no Regimento Interno.

§ 1º Durante as férias coletivas, pode o Presidente, ou seu substituto legal, decidir de pedido liminar em mandado de segurança, determinar liberdade provisória ou sustação de ordem de prisão, e demais medidas que reclamem urgência, devendo, em qualquer caso, após as férias, o feito prosseguir, na forma da lei.

§ 2º O Presidente do Tribunal, de comum acordo com o Vice-Presidente, pode delegar-lhes atribuições.

§ 3º A execução prevista no inciso XIV do *caput* deste artigo pode ser delegada a juiz federal da Justiça Militar com jurisdição no local onde os atos executórios devam ser praticados.

► § 3º com a redação dada pela Lei nº 13.774, de 19-12-2018.

LEGISLAÇÃO COMPLEMENTAR

Seção III
DA COMPETÊNCIA DO VICE-PRESIDENTE

Art. 10. Compete ao Vice-Presidente:

a) substituir o Presidente nas licenças, férias, faltas e impedimentos, assumindo a Presidência, em caso de vaga, até a posse do novo titular, na forma do Regimento Interno;

b) exercer a função de Corregedor da Justiça Militar durante o período de seu mandato, excluído da distribuição de processos no Tribunal, mas com possibilidade de exercer a função judicante para compor o Plenário;

▶ Alínea *b* com a redação dada pela Lei nº 13.774, de 19-12-2018.

c) desempenhar atribuições delegadas pelo Presidente do Tribunal, na forma do § 2º do artigo anterior.

Parágrafo único. *Revogado*. Lei nº 13.774, de 19-12-2018.

TÍTULO IV – DOS ÓRGÃOS DE PRIMEIRA INSTÂNCIA DA JUSTIÇA MILITAR

CAPÍTULO I
DAS DISPOSIÇÕES PRELIMINARES

Art. 11. A cada Circunscrição judiciária Militar corresponde uma Auditoria, excetuadas as primeira, segunda, terceira e décima primeira, que terão:

a) a primeira: quatro Auditorias;

▶ Alínea *a* com a redação dada pela Lei nº 10.333, de 19-12-2001.

b) a terceira: três Auditorias;

c) a segunda e a décima primeira: duas Auditorias.

§ 1º Nas Circunscrições com mais de uma Auditoria, essas são designadas por ordem numérica.

§ 2º As Auditorias têm jurisdição mista, cabendo-lhes conhecer dos feitos relativos à Marinha, Exército e Aeronáutica.

§ 3º Nas circunscrições em que houver mais de 1 (uma) Auditoria e sedes coincidentes, a distribuição dos feitos cabe ao juiz federal da Justiça Militar mais antigo.

§ 4º Nas circunscrições em que houver mais de 1 (uma) Auditoria com sede na mesma cidade, a distribuição dos feitos relativos a crimes militares, quando indiciados somente civis, é feita, indistintamente, entre as Auditorias, pelo juiz federal da Justiça Militar mais antigo.

▶ §§ 3º e 4º com a redação dada pela Lei nº 13.774, de 19-12-2018.

CAPÍTULO II
DA CORREGEDORIA DA JUSTIÇA MILITAR

▶ Capítulo II com a redação dada pela Lei nº 13.774, de 19-12-2018.

Seção Única
DA COMPOSIÇÃO E COMPETÊNCIA

Art. 12. A Corregedoria da Justiça Militar, com jurisdição em todo o território nacional, é exercida pelo Ministro Vice-Presidente do Superior Tribunal Militar.

▶ *Caput* com a redação dada pela Lei nº 13.774, de 19-12-2018.

Parágrafo único. Os atuais servidores lotados no quadro da antiga Auditoria de Correição passarão ao quadro do Superior Tribunal Militar e serão incorporados pelo gabinete do Ministro-Corregedor para compor estrutura apartada com incumbência de realizar as atividades constantes do art. 14 desta Lei.

▶ Parágrafo único acrescido pela Lei nº 13.774, de 19-12-2018.

Art. 13. A Corregedoria da Justiça Militar, órgão de fiscalização e orientação jurídico administrativa, compõe-se de 1 (um) Ministro-Corregedor, 1 (um) Juiz-Corregedor Auxiliar, 1 (um) diretor de Secretaria e auxiliares constantes de quadro previsto em lei.

▶ Artigo com a redação dada pela Lei nº 13.774, de 19-12-2018.

Art. 14. Compete ao Ministro-Corregedor:

▶ *Caput* com a redação dada pela Lei nº 13.774, de 19-12-2018.

I – proceder às correições:

a) gerais e especiais nas Auditorias, na forma desta Lei;

b) nos processos findos;

c) *Revogada*. Lei nº 13.774, de 19-12-2018;

d) nos autos em andamento nas Auditorias, de ofício, ou por determinação do Tribunal;

II – apresentar ao Tribunal, para aprovação, o plano bianual de correição;

III – comunicar ao Presidente do Tribunal fato que exija pronta solução, verificado durante correição, independentemente das providências de sua alçada;

IV – baixar provimentos necessários ao bom funcionamento dos serviços que lhe incumbe fiscalizar;

V – requisitar de autoridades judiciária e administrativa, civil ou militar, as informações que julgar necessárias ao exercício de suas funções;

VI – instaurar procedimento administrativo para apuração de falta cometida por servidor que lhe seja subordinado, e aplicar pena disciplinar ressalvada a competência do Tribunal e de seu Presidente;

VII – providenciar a uniformização de livros, registros e impressos necessários ao bom andamento dos serviços nas Auditorias, observados os modelos instituídos em lei;

VII-A – conhecer, instruir e relatar, para conhecimento do Plenário do Tribunal, as reclamações e as representações referentes aos magistrados de primeira instância;

VII-B – instruir os processos de promoção dos magistrados de primeira instância;

VII-C – responder aos questionamentos do Corregedor Nacional de Justiça referentes à Justiça Militar da União e requerer aos demais setores desse ramo do Judiciário os dados necessários para tal;

VII-D – dar posse ao Juiz-Corregedor Auxiliar;

▶ Incisos VII-A a VII-D acrescidos pela Lei nº 13.774, de 19-12-2018.

VIII – praticar os demais atos que lhe forem atribuídos em lei.

§ 1º As correições gerais a que se refere este artigo compreendem o exame dos processos em andamento, dos livros e documentos existentes na Auditoria e a verificação das providências relativas a medidas preventivas e assecuratórias para o resguardo de bens da Fazenda Pública, sob a administração militar.

▶ Parágrafo único transformado em § 1º pela Lei nº 13.774, de 19-12-2018.

§ 2º As correições especiais independerão de calendário prévio e poderão ocorrer para:

I – apurar fundada notícia de irregularidade;

II – sanar problemas detectados na atividade correcional de rotina;

III – verificar se foram implementadas as determinações feitas.

▶ § 2º acrescido pela Lei nº 13.774, de 19-12-2018.

Art. 14-A. Compete ao Juiz-Corregedor Auxiliar:

I – substituir o Ministro-Corregedor nas licenças, nas férias, nas faltas e nos impedimentos, e assumir o cargo, em caso de vaga, até a posse do novo titular, na forma do regimento interno;

II – desempenhar atribuições delegadas pelo Ministro-Corregedor.

▶ Art. 14-A acrescido pela Lei nº 13.774, de 19-12-2018.

CAPÍTULO III
DAS AUDITORIAS E DOS CONSELHOS DE JUSTIÇA

Seção I
DA COMPOSIÇÃO DAS AUDITORIAS

Art. 15. Cada Auditoria compõe-se de 1 (um) juiz federal da Justiça Militar, 1 (um) juiz federal substituto da Justiça Militar, 1 (um) diretor de Secretaria, 2 (dois) oficiais de justiça avaliadores e demais auxiliares, conforme quadro previsto em ato do Superior Tribunal Militar.

▶ Art. 15 com a redação dada pela Lei nº 13.774, de 19-12-2018.

Seção II
DA COMPOSIÇÃO DOS CONSELHOS

Art. 16. São duas as espécies de Conselhos de Justiça:

a) e b) *Revogadas*. Lei nº 13.774, de 19-12-2018.

I – Conselho Especial de Justiça, constituído pelo juiz federal da Justiça Militar ou juiz federal substituto da Justiça Militar, que o presidirá, e por 4 (quatro) juízes militares, dentre os quais 1 (um) oficial-general ou oficial superior;

II – Conselho Permanente de Justiça, constituído pelo juiz federal da Justiça Militar ou juiz federal substituto da Justiça Militar, que o presidirá, e por 4 (quatro) juízes militares, dentre os quais pelo menos 1 (um) oficial superior.

▶ Incisos I e II acrescidos pela Lei nº 13.774, de 19-12-2018.

Art. 17. Os Conselhos Especial e Permanente funcionarão na sede das Auditorias, salvo casos especiais por motivo relevante de ordem pública ou de interesse da Justiça e pelo tempo indispensável, mediante deliberação do Superior Tribunal Militar.

Art. 18. Os juízes militares dos Conselhos Especial e Permanente são sorteados dentre oficiais de carreira, da sede da Auditoria, com vitaliciedade assegurada, recorrendo-se a oficiais no âmbito de jurisdição da Auditoria se insuficientes os da sede e, se persistir a necessidade, excepcionalmente a oficiais que sirvam nas demais localidades abrangidas pela respectiva Circunscrição Judiciária Militar.

▶ Art. 18 com a redação dada pela Lei nº 10.445, de 7-5-2002.

Art. 19. Para efeito de composição dos conselhos de que trata o art. 18 desta Lei nas respectivas circunscrições judiciárias militares, os comandantes de Distrito Naval, Região Militar e Comando Aéreo Regional organizarão, trimestralmente, relação de todos os oficiais em serviço ativo, com os respectivos postos, antiguidade e local de serviço, que deverá ser publicada em boletim e remetida ao juiz competente.

▶ *Caput* com a redação dada pela Lei nº 13.774, de 19-12-2018.

§ 1º A remessa a que se refere esse artigo será efetuada até o quinto dia do último mês do trimestre e as alterações que se verificarem, inclusive os nomes de novos oficiais em condições de servir, serão comunicadas mensalmente.

§ 2º Não sendo remetida no prazo a relação de oficiais, serão os Juízes sorteados pela última relação recebida, consideradas as alterações de que trata o parágrafo anterior.

§ 3º A relação não incluirá:

a) os oficiais dos gabinetes do Ministro de Estado da Defesa e dos Comandantes de Força;

▶ Alínea *a* com a redação dada pela Lei nº 13.774, de 19-12-2018.

b) os oficiais agregados;

c) os comandantes, diretores ou chefes, professores, instrutores e alunos de escolas, institutos, academias, centros e cursos de formação, especialização, aperfeiçoamento, Estado-Maior e altos estudos;

d) na Marinha, os Almirantes-de-Esquadra, os Comandantes de Distrito Naval, o Vice-Chefe do Estado-Maior da Armada, o Chefe do Estado-Maior do Comando de Operações Navais e os oficiais que sirvam em seus gabinetes, e os oficiais embarcados ou na tropa, em condições de, efetivamente, participar de atividades operativas programadas para o trimestre;

e) no Exército, os Generais-de-Exército, os Generais Comandantes de Divisão de Exército e de Região Militar, bem como os respectivos Chefes de Estado-Maior e de Gabinete e seus oficiais do Estado-Maior Pessoal;

f) na Aeronáutica, os Tenentes-Brigadeiros do Ar, bem como seus Chefes de Estado- Maior e de Gabinete, os Assistentes e os Ajudantes-de-Ordens, o Vice-Chefe e os Subchefes do Estado-Maior da Aeronáutica;

▶ Alíneas *d* a *f* com a redação dada pela Lei nº 13.774, de 19-12-2018.

g) os capelães militares.

▶ Alínea *g* acrescida pela Lei nº 13.774, de 19-12-2018.

Art. 20. O sorteio dos juízes do Conselho Especial de Justiça é feito pelo juiz federal da Justiça Militar, em audiência pública, na presença do Procurador, do diretor de Secretaria e do acusado, quando preso.

▶ Artigo com a redação dada pela Lei nº 13.774, de 19-12-2018.

▶ Art. 403 do CPPM.

Art. 21. O sorteio dos juízes do Conselho Permanente de Justiça é feito pelo juiz federal da Justiça Militar, em audiência pública, entre os dias 5 (cinco) e 10 (dez) do último mês do trimestre anterior, na presença do Procurador e do diretor de Secretaria.

Parágrafo único. Para cada Conselho Permanente, será sorteado 1 (um) juiz suplente, que substituirá o juiz militar ausente.

▶ Artigo com a redação dada pela Lei nº 13.774, de 19-12-2018.

Art. 22. Do sorteio a que se referem o artigos 20 e 21 desta Lei, lavrar-se-á ata, em livro próprio, com respectivo resultado, certificando o Diretor de Secretaria, em cada processo, além do sorteio, o compromisso dos juízes.

Parágrafo único. A ata será assinada pelo juiz federal da Justiça Militar ou pelo juiz federal substituto da Justiça Militar e pelo Procurador, e caberá ao primeiro comunicar imediatamente à autoridade competente o resultado do sorteio, para que esta ordene o comparecimento dos juízes à sede da Auditoria, no prazo fixado pelo juiz.

▶ Parágrafo único com a redação dada pela Lei nº 13.774, de 19-12-2018.

Art. 23. Os juízes militares que integrarem os Conselhos Especiais serão de posto superior ao do acusado, ou do mesmo posto e de maior antiguidade.

§ 1º O Conselho Especial é constituído para cada processo e dissolvido após a conclusão dos seus trabalhos, reunindo-se, novamente, se sobrevier nulidade do processo ou do julgamento, ou diligência determinada pela instância superior.

§ 2º No caso de pluralidade de agentes, servirá de base à constituição do Conselho Especial a patente do acusado de maior posto.

§ 3º Se a acusação abranger oficial e praça, responderão todos perante o mesmo conselho, ainda que excluído do processo o oficial.

▶ § 3º com a redação dada pela Lei nº 13.774, de 19-12-2018.

§ 4º No caso de impedimento de algum dos juízes, será sorteado outro para substituí-lo.

▶ § 4º com a redação dada pela Lei nº 10.445, de 7-5-2002.

Art. 24. O Conselho Permanente, uma vez constituído, funcionará durante três meses consecutivos, coincidindo com os trimestres do ano civil, podendo o prazo de sua jurisdição ser prorrogado nos casos previstos em lei.

Parágrafo único. O oficial que tiver integrado Conselho Permanente não será sorteado para o trimestre imediato, salvo se para sua constituição houver insuficiência de oficiais.

Art. 25. Os Conselhos Especial e Permanente de Justiça podem ser instalados e funcionar com a maioria de seus membros, e é obrigatória a presença do juiz federal da Justiça Militar ou do juiz federal substituto da Justiça Militar.

▶ *Caput* com a redação dada pela Lei nº 13.774, de 19-12-2018.

▶ Art. 390, § 6º, do CPPM.

§ 1º As autoridades militares mencionadas no art. 19 desta Lei devem comunicar ao juiz federal da Justiça Militar ou ao juiz federal substituto da Justiça Militar a falta eventual do juiz militar.

▶ § 1º com a redação dada pela Lei nº 13.774, de 19-12-2018.

§ 2º Na sessão de julgamento são obrigatórios a presença e voto de todos os juízes.

Art. 26. Os juízes militares dos Conselhos Especial e Permanente ficarão dispensados do serviço em suas organizações nos dias de sessão e nos dias em que forem requisitados pelo juiz federal da Justiça Militar ou pelo juiz federal substituto da Justiça Militar.

§ 1º O juiz federal da Justiça Militar deve comunicar a falta não justificada do juiz militar ao seu superior hierárquico, para as providências cabíveis.

§ 2º O disposto no § 1º deste artigo aplica-se aos representantes da Defensoria Pública da União e do Ministério Público Militar e respectivos substitutos, devendo a comunicação ser efetivada pelo Presidente do Conselho à autoridade competente.

▶ Artigo com a redação dada pela Lei nº 13.774, de 19-12-2018.

Seção III

DA COMPETÊNCIA DOS CONSELHOS DE JUSTIÇA

Art. 27. Compete aos Conselhos:

I – Especial de Justiça, processar e julgar oficiais, exceto oficiais-generais, nos delitos previstos na legislação penal militar;

II – Permanente de Justiça, processar e julgar militares que não sejam oficiais, nos delitos a que se refere o inciso I do *caput* deste artigo.

▶ § 2º com a redação dada pela Lei nº 13.774, de 19-12-2018.

Parágrafo único. Compete aos Conselhos de Justiça das Auditorias da circunscrição com sede na Capital Federal processar e julgar os crimes militares cometidos fora do território nacional, observado o disposto no Decreto-Lei nº 1.002, de 21 de outubro de 1969 (Código de Processo Penal Militar) acerca da competência pelo lugar da infração.

▶ Parágrafo único acrescido pela Lei nº 13.774, de 19-12-2018.

Art. 28. Compete ainda aos Conselhos:

I – decretar a prisão preventiva de acusado, revogá-la ou restabelecê-la;

▶ Art. 254 do CPPM.

II – conceder menagem e liberdade provisória, bem como revogá-las;

▶ Art. 5º, LXVI, da CF.

▶ Arts. 263 e 270 do CPPM.

III – decretar medidas preventivas e assecuratórias, nos processos pendentes de seu julgamento;

IV – declarar a inimputabilidade de acusado nos termos da lei penal militar, quando constatada aquela condição no curso do processo, mediante exame pericial;

V – decidir as questões de direito ou de fato suscitadas durante instrução criminal ou julgamento;

VI – ouvir o representante do Ministério Público sobre as questões suscitadas durante as sessões;

VII – conceder a suspensão condicional da pena, nos termos da lei;

VIII – praticar os demais atos que lhe forem atribuídos em lei.

Seção IV

DA COMPETÊNCIA DOS PRESIDENTES DOS CONSELHOS DE JUSTIÇA

Art. 29. Compete aos Presidentes dos Conselhos Especial e Permanente de Justiça:

I – abrir as sessões, presidi-las, apurar e proclamar as decisões do Conselho;

II – mandar proceder à leitura da ata da sessão anterior;

▶ Art. 395 do CPPM.

III – nomear defensor ao acusado que não o tiver e curador ao revel ou incapaz;

IV – manter a regularidade dos trabalhos da sessão, mandando retirar do recinto as pessoas que portarem armas ou perturbarem a ordem, autuando-as no caso de flagrante delito;

V – conceder a palavra ao representante do Ministério Público Militar, ou assistente, e ao defensor, pelo tempo previsto em lei, podendo cassá-la após advertência, no caso de linguagem desrespeitosa;

VI – resolver questões de ordem suscitadas pelas partes ou submetê-las à decisão do Conselho, ouvido o Ministério Público;

VII – mandar consignar em ata incidente ocorrido no curso da sessão.

Seção V

DA COMPETÊNCIA DO JUIZ FEDERAL DA JUSTIÇA MILITAR

- Seção V com a redação dada pela Lei nº 13.774, de 19-12-2018.

Art. 30. Compete ao juiz federal da Justiça Militar, monocraticamente:

- *Caput* com a redação dada pela Lei nº 13.774, de 19-12-2018.

I – decidir sobre recebimento de denúncia, pedido de arquivamento, de devolução de inquérito e representação;

I-A – presidir os Conselhos de Justiça;

I-B – processar e julgar civis nos casos previstos nos incisos I e III do art. 9º do Decreto-Lei nº 1.001, de 21 de outubro de 1969 (Código Penal Militar), e militares, quando estes forem acusados juntamente com aqueles no mesmo processo;

I-C – julgar os *habeas corpus*, *habeas data* e mandados de segurança contra ato de autoridade militar praticado em razão da ocorrência de crime militar, exceto o praticado por oficial-general;

- Incisos I-A a I-C acrescidos pela Lei nº 13.774, de 19-12-2018.

II – relaxar, quando ilegal, em despacho fundamentado, a prisão que lhe for comunicada;

- Art. 5º, LXV, da CF.
- Art. 7º, 6, do Pacto de São José da Costa Rica.

III – manter ou relaxar prisão em flagrante e decretar, revogar ou restabelecer prisão preventiva de indiciado ou acusado, em despacho fundamentado em qualquer caso, ressalvado o disposto no inciso I do *caput* do art. 28 desta Lei;

- Incisos II e III com a redação dada pela Lei nº 13.774, de 19-12-2018.
- Art. 5º, LXV, da CF.
- Art. 254 do CPPM.
- Art. 7º, 6, do Pacto de São José da Costa Rica.

IV – requisitar de autoridades civis e militares as providências necessárias ao andamento do feito e esclarecimento do fato;

V – determinar a realização de exames, perícias, diligências e nomear peritos;

VI – formular ao réu, ofendido ou testemunha suas perguntas e as requeridas pelos demais juízes, bem como as requeridas pelas partes para serem respondidas por ofendido ou testemunha;

VII – relatar aos processos nos Conselhos de Justiça e redigir, no prazo de oito dias, as sentenças e decisões;

- Art. 438, § 2º, do CPPM.

VIII – proceder ao sorteio dos Conselhos, observado o disposto nos artigos 20 e 21 desta Lei;

IX – expedir alvará de soltura e mandados;

X – decidir sobre o recebimento de recursos interpostos;

XI – executar as sentenças, inclusive as proferidas em processo originário do Superior Tribunal Militar, na hipótese prevista no § 3º do artigo 9º desta Lei;

XII – renovar, de seis em seis meses, diligências junto às autoridades competentes, para captura de condenado;

XIII – comunicar, à autoridade a que estiver subordinado o acusado, as decisões a ele relativas;

XIV – decidir sobre livramento condicional;

- Arts. 89 a 97 do CPM.
- Arts. 618 a 642 do CPPM.
- Arts. 128, 131 a 146 e 170, § 1º, da LEP.
- Súm. nº 441 do STJ.

XV – revogar o benefício da suspensão condicional da pena;

- Arts. 84 a 88 do CPM.
- Arts. 606 a 617 do CPPM.
- Arts. 156 a 163 da LEP.

XVI – remeter à Corregedoria da Justiça Militar, no prazo de dez dias, os autos de inquéritos arquivados e processos julgados, quando não interpostos recursos;

XVII – encaminhar relatório ao Presidente do Tribunal, até o dia trinta de janeiro, dos trabalhos da Auditoria, relativos ao ano anterior;

XVIII – instaurar procedimento administrativo quando tiver ciência de irregularidade praticada por servidor que lhe é subordinado;

XIX – aplicar penas disciplinares aos servidores que lhe são subordinados;

XX – dar posse, conceder licenças, férias e salário-família aos servidores da Auditoria;

XXI – autorizar, na forma da lei, o pagamento de auxílio-funeral de magistrado e dos servidores lotados na Auditoria;

XXII – distribuir, alternadamente, entre si e o juiz federal substituto da Justiça Militar, os feitos aforados na Auditoria;

- Inciso XXII com a redação dada pela Lei nº 13.774, de 19-12-2018.

XXIII – cumprir as normas legais relativas às gestões administrativa, financeira e orçamentária e ao controle de material;

XXIV – praticar os demais atos que lhe forem atribuídos em lei.

Parágrafo único. Compete ao juiz federal substituto da Justiça Militar praticar todos os atos enumerados neste artigo, com exceção dos atos previstos nos incisos VIII, XVII, XVIII, XIX, XX, XXI, XXII e XXIII do *caput* deste artigo, que lhe são deferidos somente durante as férias e impedimentos do juiz federal da Justiça Militar.

- Parágrafo único com a redação dada pela Lei nº 13.774, de 19-12-2018.

Seção VI

DAS SUBSTITUIÇÕES DOS JUÍZES MILITARES

Art. 31. Os juízes militares são substituídos em suas licenças, faltas e impedimentos, bem como nos afastamentos de sede por movimentação que decorram de requisito de carreira, ou por outro motivo justificado e reconhecido pelo juízo como de relevante interesse para a administração militar.

- *Caput* com a redação dada pela Lei nº 13.774, de 19-12-2018.

a a *d*) *Revogadas.* Lei nº 10.445, de 7-5-2002.

§§ 1º a 3º *Revogados.* Lei nº 10.445, de 7-5-2002.

TÍTULO V – DOS MAGISTRADOS

CAPÍTULO I

DAS DISPOSIÇÕES GERAIS

Art. 32. Aplicam-se aos Ministros do Superior Tribunal Militar, ao Juiz-Corregedor Auxiliar, aos juízes federais da Justiça Militar e aos juízes federais substitutos da Justiça Militar as disposições da Lei Complementar nº 35, de 14 de março de 1979 (Estatuto da Magistratura), as desta Lei e, subsidiariamente, as da Lei nº 8.112, de 11 de dezembro de 1990 (Regime Jurídico Único dos Servidores Públicos Civis da União).

- Art. 32 com a redação dada pela Lei nº 13.774, de 19-12-2018.

CAPÍTULO II

DO PROVIMENTO DOS CARGOS E DA REMOÇÃO

Art. 33. O ingresso na carreira da magistratura da justiça Militar dar-se-á no cargo de Juiz Auditor Substituto, mediante concurso público de provas e títulos organizado e realizado pelo Superior Tribunal Militar, com a participação da Ordem dos Advogados do Brasil, em todas as suas fases.

Parágrafo único. A nomeação dar-se-á com estrita observância da ordem de classificação no concurso.

Art. 34. *Revogado.* Lei nº 13.774, de 19-12-2018.

Art. 35. As nomeações e promoções serão feitas por ato do Superior Tribunal Militar.

Art. 36. A promoção ao cargo de juiz federal da Justiça Militar é feita dentre os juízes federais substitutos da Justiça Militar e obedece aos critérios de antiguidade e merecimento, alternadamente, observado o seguinte:

- *Caput* com a redação dada pela Lei nº 13.774, de 19-12-2018.

a) na apuração da antiguidade, o Tribunal somente pode recusar o juiz mais antigo pelo voto de 2/3 (dois terços) de seus membros, conforme procedimento próprio e assegurada ampla defesa, repetindo-se a votação até ser fixada a indicação;

- Alínea *a* com a redação dada pela Lei nº 13.774, de 19-12-2018.

b) havendo simultaneidade na posse, a promoção por antiguidade recairá preferentemente sobre o de melhor classificação no concurso de ingresso na carreira;

c) é obrigatória a promoção de juiz que figure por três vezes consecutivas, ou cinco alternadas, em lista de merecimento, desde que conte dois anos de efetivo exercício e integre a primeira quinta parte da lista de antiguidade;

d) a promoção por merecimento pressupõe 2 (dois) anos de exercício no cargo e integrar o juiz a primeira quinta parte da lista de antiguidade, salvo se não houver com tais requisitos quem aceite a vaga;

e) aferição do merecimento pelos critérios objetivos de produtividade e presteza no exercício da jurisdição e pela frequência e aproveitamento em cursos oficiais ou reconhecidos de aperfeiçoamento;

- Alíneas *d* e *e* com a redação dada pela Lei nº 13.774, de 19-12-2018.

f) o merecimento do magistrado de primeira instância é aferido no efetivo exercício do cargo.

Art. 37. O magistrado não será removido ou promovido senão com seu assentimento, manifestado na forma da lei, ressalvada a remoção compulsória.

Art. 38. Ao provimento inicial e à promoção precederá a remoção, observadas, para preferência, a ordem de antiguidade para o juiz federal da Justiça Militar e a ordem de classificação em concurso público para o juiz federal substituto da Justiça Militar, quando os concorrentes forem do mesmo concurso, e a ordem de antiguidade na classe, quando forem de concursos diferentes.

▸ *Caput* com a redação dada pela Lei nº 13.774, de 19-12-2018.

§ 1º Preenchido o claro em decorrência de remoção publica-se notícia da vaga, fixando-se prazo de quinze dias, contado da publicação, aos interessados, para requererem.

§ 2º O candidato habilitado em concurso público, no momento de sua nomeação, somente pode optar por vaga existente após terem-se pronunciado os Juízes Substitutos que tiverem interesse em remoção.

§ 3º Somente após dois anos de exercício na Auditoria onde estiver lotado, pode o juiz ser removido, salvo se não houver candidato com tal requisito.

Art. 39. A nomeação para o cargo de Juiz-Corregedor Auxiliar é feita mediante escolha do Superior Tribunal Militar, em escrutínio secreto, dentre os juízes federais da Justiça Militar situados no primeiro terço da classe.

▸ Art. 39 com a redação dada pela Lei nº 13.774, de 19-12-2018.

CAPÍTULO III
DA POSSE E DO EXERCÍCIO

Art. 40. A posse terá lugar no prazo de trinta dias, contado da publicação do ato de provimento no órgão oficial.

Parágrafo único. A requerimento do interessado, o prazo previsto neste artigo poderá, a critério do Tribunal ou do seu Presidente, ser prorrogado por igual período.

Art. 41. Do termo de posse, assinado pela autoridade competente e pelo magistrado, constará o compromisso de desempenhar com retidão as funções do cargo, cumprindo a Constituição e as Leis.

§ 1º O magistrado, no ato da posse, deverá apresentar declaração pública de seus bens.

§ 2º Não haverá posse nos casos de remoção, promoção e reintegração.

Art. 42. São competentes para dar posse:

I – o Superior Tribunal Militar a seus Ministros;

II – o Presidente do Superior Tribunal Militar ao juiz federal substituto da Justiça Militar.

▸ Inciso II com a redação dada pela Lei nº 13.774, de 19-12-2018.

Art. 43. As datas de início, interrupção e reinício do exercício devem ser comunicadas imediatamente ao Tribunal, para registro no assentamento individual do magistrado.

Art. 44. O exercício do cargo terá início no prazo de trinta dias, contado:

I – da data da posse;

II – da data da publicação oficial do ato, no caso de reintegração.

Art. 45. É considerado como de efetivo exercício o período de tempo necessário à viagem para a nova sede.

§ 1º O período de que trata este artigo constará do ato de remoção ou de designação do magistrado promovido e não excederá de trinta dias.

§ 2º O magistrado removido ou promovido com designação para nova sede, quando licenciado ou afastado em virtude de férias, casamento ou luto, terá o prazo a que se refere o parágrafo anterior contado a partir do término do afastamento.

Art. 46. A promoção não interrompe o exercício, que é contado a partir da data da publicação do ato que promover o magistrado.

Art. 47. Não se verificando a posse ou exercício dentro dos prazos previstos nesta Lei, o ato de nomeação, promoção ou remoção será revogado, não produzindo qualquer efeito.

Art. 48. Os magistrados de carreira adquirem vitaliciedade após dois anos de exercício.

§ 1º Os magistrados de que trata este artigo, e que não hajam adquirido a vitaliciedade, não perdem o cargo senão por proposta do Tribunal, adotada pelo voto de dois terços de seus membros.

§ 2º Os magistrados podem praticar todos os atos reservados por lei aos juízes vitalícios, mesmo que não hajam adquirido a vitaliciedade.

CAPÍTULO IV
DA ANTIGUIDADE

Art. 49. Considera-se de efetivo exercício o afastamento em virtude de:

I – férias;

II – casamento;

III – falecimento de cônjuge, ascendente, descendente ou irmão;

IV – prestação de serviços à Justiça Eleitoral;

V – licença à gestante;

VI – licença-paternidade;

VII – licença por acidente em serviço;

VIII – licença para tratamento de saúde, em decorrência de moléstia especificada em lei;

IX – período de trânsito;

X – frequência a cursos ou seminários de aperfeiçoamento e estudos, a critério do Superior Tribunal Militar, pelo prazo máximo de dois anos;

XI – afastamento do exercício do cargo, em virtude de inquérito ou processo criminal ou administrativo, desde que reconhecida a inocência do magistrado ou quando não resultar pena disciplinar, ou esta se limitar a advertência ou censura.

Art. 50. A antiguidade do Ministro do Superior Tribunal Militar conta-se a partir da posse.

Parágrafo único. Em caso de empate, prevalece:

I – a antiguidade na carreira militar;

II – o maior tempo de efetivo exercício em cargo anterior do serviço público federal, prevalecendo, neste caso, o de serviço na justiça Militar;

III – a idade, em benefício de quem a tiver maior.

Art. 51. A antiguidade de juiz federal substituto da Justiça Militar é determinada pelo tempo de efetivo exercício no respectivo cargo.

▸ Art. 51 com a redação dada pela Lei nº 13.774, de 19-12-2018.

Art. 52. Em caso de empate na classificação por antiguidade, prevalece, sucessivamente:

I – maior tempo de serviço na posse;

II – maior tempo de serviço na carreira da Magistratura da Justiça Militar;

III – maior tempo de serviço público federal, prevalecendo, neste caso, o de serviço na Justiça Militar;

IV – idade, em benefício de quem a tiver maior.

Parágrafo único. Na classificação inicial, o primeiro desempate é determinado pela classificação em concurso para ingresso na carreira da Magistratura.

Art. 53. Anualmente, até o dia trinta e um de janeiro, o Superior Tribunal Militar organizará e publicará no *Diário da Justiça* a lista de antiguidade dos magistrados de carreira.

Art. 54. Contra a lista de que trata o artigo anterior, podem ser apresentadas reclamações dentro de trinta dias contados da publicação, que serão processadas e julgadas pelo Superior Tribunal Militar.

Parágrafo único. O relator e o Tribunal podem determinar diligências, inclusive mandar ouvir os interessados, marcando-lhes prazo que não excederá de trinta dias.

CAPÍTULO V
DAS FÉRIAS, LICENÇAS E APOSENTADORIA

Art. 55. Os Ministros do Superior Tribunal Militar gozam férias coletivas de dois a trinta e um de janeiro e de dois a trinta e um de julho.

Parágrafo único. Se a necessidade do serviço judiciário lhes exigir a contínua presença no Tribunal, o Presidente e Vice-Presidente gozarão trinta dias consecutivos de férias individuais, por semestre.

Art. 56. Os magistrados de primeira instância da Justiça Militar gozam férias individuais, de sessenta dias, concedidas segundo a conveniência do serviço.

Parágrafo único. As férias de que trata este artigo não podem fracionar-se por períodos inferiores a trinta dias, podendo acumular-se somente por necessidade do serviço e pelo máximo de dois meses.

Art. 57. Os Magistrados gozam licenças na forma do Estatuto da Magistratura.

Art. 58. A aposentadoria dos magistrados da Justiça Militar e a pensão de seus dependentes observará o disposto no art. 40 da Constituição.

▸ Art. 58 com a redação dada pela Lei nº 13.774, de 19-12-2018.

Art. 59. A verificação de invalidez, para o fim de aposentadoria, far-se-á na forma da lei e do Regimento Interno do Superior Tribunal Militar.

Parágrafo único. O magistrado que, por dois anos consecutivos, afastar-se, ao todo, por seis meses ou mais, para tratamento de saúde, deve submeter-se, ao requerer nova licença, para igual fim, dentro de dois anos, a exame para verificação de invalidez.

Art. 60. *Revogado.* Lei nº 13.774, de 19-12-2018.

LEGISLAÇÃO COMPLEMENTAR

CAPÍTULO VI – DAS INCOMPATIBILIDADES

Art. 61. Não podem servir, conjuntamente, os magistrados, membros do Ministério Público e advogados que sejam entre si cônjuges, parentes consanguíneos ou afins em linha reta, bem como em linha colateral, até o terceiro grau, e os que tenham vínculo de adoção.

§ 1º A incompatibilidade a que se refere este artigo se resolve:

I – antes da posse, contra o último nomeado ou contra o menos idoso, se as nomeações forem da mesma data;

II – depois da posse, contra quem lhe deu causa; e contra o mais moderno, se a incompatibilidade for imputada a ambos.

§ 2º Se a incompatibilidade se der com advogado, este deverá ser substituído.

CAPÍTULO VII – DAS SUBSTITUIÇÕES

Art. 62. Os magistrados da Justiça Militar são substituídos:

I – o Presidente do Superior Tribunal Militar, pelo Vice-Presidente e este pelo Ministro civil mais antigo;

II – os Ministros militares, mediante convocação pelo Presidente do Tribunal, por oficiais da Marinha, Exército ou Aeronáutica, do mais alto posto, sorteados dentre os constantes da lista enviada pelos Ministros das respectivas Pastas;

III – os Ministros civis pelo Juiz-Corregedor Auxiliar e, na falta deste, por convocação do Presidente do Tribunal, após sorteio público ao qual concorrerão os 5 (cinco) juízes federais da Justiça Militar mais antigos;

IV – os juízes federais da Justiça Militar pelos juízes federais substitutos da Justiça Militar do juízo ou, na falta destes, mediante convocação do Presidente do Tribunal dentre juízes federais substitutos da Justiça Militar, observado, quando for o caso, o disposto no art. 64 desta Lei;

V – o Ministro-Corregedor pelo Juiz-Corregedor Auxiliar.

▶ Incisos III a V com a redação dada pela Lei nº 13.774, de 19-12-2018.

Parágrafo único. A convocação prevista nos incisos II e III deste artigo só se fará para completar o *quorum* de julgamento.

Art. 63. Em caso de afastamento de Ministro ou de vaga por prazo superior a trinta dias, poderá ser convocado substituto, por decisão da maioria absoluta dos membros do Superior Tribunal Militar.

§ 1º O substituto de Ministro militar será escolhido na forma do inciso II do artigo anterior.

§ 2º O substituto de Ministro civil será escolhido na forma do inciso III do artigo anterior.

§ 3º Em caso de afastamento, por período superior a trinta dias, os feitos em poder do magistrado afastado e aqueles em que tenha proferido relatório, como os que haja colocado em mesa para julgamento, são redistribuídos aos demais membros do Tribunal, mediante oportuna compensação. Os feitos em que seja revisor passam ao substituto, na forma do Regimento Interno.

§ 4º O julgamento que tiver sido iniciado prosseguirá, computando-se os votos já proferidos, ainda que o magistrado afastado seja o relator.

§ 5º Quando o afastamento for por período igual ou superior a três dias, são redistribuídos, mediante oportuna compensação, os *Habeas Corpus*, os mandados de segurança, e os feitos que, consoante fundada alegação do interessado, reclamem solução urgente.

§ 6º Em caso de vaga, ressalvados os processos a que se refere o parágrafo anterior, os demais serão atribuídos ao nomeado para preenchê-la.

§ 7º Não concorrerão ao sorteio de que trata o inciso III do artigo anterior os magistrados punidos com as penas de advertência, censura, remoção compulsória e disponibilidade.

Art. 64. Nas circunscrições judiciárias com mais de 1 (uma) Auditoria na mesma sede, a substituição de juiz federal da Justiça Militar, quando não houver substituto disponível na Auditoria, é feita por magistrado em exercício na mesma sede.

▶ *Caput* com a redação dada pela Lei nº 13.774, de 19-12-2018.

Parágrafo único. A substituição de que trata este artigo ocorrerá nos casos de licença, falta e impedimento do substituído, sem prejuízo das funções do substituto.

Art. 65. A substituição nos casos de ausência ou impedimento eventual não autoriza a concessão de qualquer vantagem, salvo diárias e transporte, se for o caso.

Art. 66. O magistrado convocado para substituir Ministro civil perceberá a diferença de vencimentos correspondente, durante o período da convocação, inclusive diárias e transporte, se for o caso.

TÍTULO VI – DO MINISTÉRIO PÚBLICO DA UNIÃO JUNTO À JUSTIÇA MILITAR

CAPÍTULO ÚNICO – DO MINISTÉRIO PÚBLICO

Art. 67. O Ministério Público mantém representantes junto à Justiça Militar.

Art. 68. Os membros do Ministério Público desempenham, junto à Justiça Militar, atribuições previstas no Código de Processo Penal Militar e leis especiais.

TÍTULO VII – DA DEFENSORIA PÚBLICA DA UNIÃO JUNTO À JUSTIÇA MILITAR

CAPÍTULO ÚNICO – DA DEFENSORIA PÚBLICA

Art. 69. A Defensoria Pública da União mantém representantes junto à Justiça Militar.

Art. 70. Os membros da Defensoria Pública, junto à Justiça Militar, desempenham as atribuições previstas no Código de Processo Penal Militar e leis especiais

PARTE II – DOS SERVIÇOS AUXILIARES

TÍTULO I – DAS DISPOSIÇÕES GERAIS

Art. 71. Os Serviços Auxiliares da Justiça Militar são executados:

I – pela Secretaria do Superior Tribunal Militar;

II – pelas Secretarias das Auditorias.

Art. 72. Aos funcionários da Justiça Militar aplica-se o Regime Jurídico Único dos Servidores Públicos Civis da União, observadas as disposições desta Lei.

Art. 73. VETADO.

Art. 74. O provimento dos cargos em comissão classificados nos 3 (três) primeiros níveis é feito dentre os ocupantes de cargos de nível superior do respectivo quadro que atendam aos seguintes requisitos:

▶ *Caput* com a redação dada pela Lei nº 13.774, de 19-12-2018.

a) qualificação específica para a área relativa ao cargo em comissão, mediante graduação em curso de nível superior;

▶ Alínea *a* com a redação dada pela Lei nº 13.774, de 19-12-2018.

b) experiência para o respectivo exercício, de acordo com as normas regulamentares expedidas pelo Tribunal.

§ 1º O provimento dos cargos em comissão vinculados a gabinete de Ministro é feito por indicação da respectiva autoridade, dentre pessoas com formação de nível superior.

§ 2º O provimento dos cargos em comissão classificados nos demais níveis, observado o limite de 50% (cinquenta por cento), somente pode recair em funcionário da Justiça Militar que atenda aos requisitos estabelecidos na parte final do *caput* deste artigo e nas suas alíneas *a* e *b*.

▶ §§ 1º e 2º com a redação dada pela Lei nº 13.774, de 19-12-2018.

TÍTULO II – DA COMPETÊNCIA

Art. 75. A competência dos órgãos da Secretaria do Superior Tribunal Militar será definida em ato próprio, baixado pelo Tribunal.

Art. 76. Às Secretarias das Auditorias incumbe a realização dos serviços de apoio aos respectivos juízos, nos termos das leis processuais, dos atos e provimentos do Superior Tribunal Militar e da Corregedoria da Justiça Militar, e das portarias e despachos dos juízes federais da Justiça Militar aos quais estejam diretamente subordinadas.

▶ Art. 76 com a redação dada pela Lei nº 13.774, de 19-12-2018.

TÍTULO III – DAS ATRIBUIÇÕES DOS SERVIDORES

CAPÍTULO I – DA SECRETARIA DO SUPERIOR TRIBUNAL MILITAR

Art. 77. *Revogado*. Lei nº 13.774, de 19-12-2018.

CAPÍTULO II – DAS SECRETARIAS DAS AUDITORIAS

Art. 78. Os servidores da Secretaria são, nos processos em que funcionarem, auxiliares do juiz e a ele subordinados.

Seção I – Dos Diretores de Secretaria

Art. 79. São atribuições do Diretor de Secretaria:

I – ter em boa guarda os autos e papéis a seu cargo e os que, por força de ofício, receber das partes;

II – conservar a Secretaria em boa ordem e classificar, por espécie, número e ordem cronológica, os autos e papéis a seu cargo, quer os em andamento, quer os arquivados;

III – escrever em forma legal e de modo legível, ou datilografar, os termos dos processos, mandados, precatórias, depoimentos, atas das sessões dos Conselhos e demais atos próprios do seu ofício;

IV – providenciar, com diligência, o cumprimento de decisões ou despachos do juiz, com vistas à notificação ou intimação das partes, testemunhas, ofendido ou acusado, para comparecerem dia, hora e lugar designados no curso do processo, bem como cumprir quaisquer atos que lhe incumba por dever de ofício;

V – lavrar procuração *apud acta*;

VI – prestar as informações que lhe forem pedidas sobre processos em andamento, salvo quanto a matéria que tramite em segredo de justiça;

VII – fornecer, independentemente de despacho, certidões requeridas pelos interessados e submeter ao juiz federal da Justiça Militar os casos que versarem sobre matéria que tramite em segredo de justiça e aqueles passíveis de dúvidas;

▸ Inciso VII com a redação dada pela Lei nº 13.774, de 19-12-2018.

VIII – numerar e rubricar as folhas dos autos e quaisquer peças neles juntadas;

IX – providenciar o registro das sentenças e decisões dos Conselhos de Justiça e do juiz federal da Justiça Militar;

▸ Inciso IX com a redação dada pela Lei nº 13.774, de 19-12-2018.

X – registrar, em livro próprio, os nomes dos réus condenados e a data da condenação, bem como a pena aplicada e o seu término;

XI – registrar, em ordem cronológica, a entrada de processos e inquéritos, sua distribuição, a remessa a outro juízo ou autoridade, bem como as devoluções ocorridas;

XII – providenciar livros, classificadores, fichas e demais materiais necessários à ordem e a boa guarda dos processos;

XIII – providenciar o expediente administrativo da Secretaria;

XIV – acompanhar o juiz federal da Justiça Militar nas diligências de ofício;

XV – fornecer ao juiz federal da Justiça Militar, trimestralmente, a relação de inquéritos e demais processos que se encontrem parados na Secretaria;

▸ Incisos XIV e XV com a redação dada pela Lei nº 13.774, de 19-12-2018.

XVI – apresentar, até o dia quinze de janeiro de cada ano, relatório das atividades anuais da Secretaria;

XVII – praticar os atos de que tratam os artigos 20, 21 e 22 desta Lei;

XVIII – distribuir o serviço entre os servidores da Secretaria, fiscalizar sua execução e representar ao juiz federal da Justiça Militar em caso de irregularidade ou desobediência de ordem;

XIX – executar as atribuições que lhe forem delegadas por juiz federal da Justiça Militar conforme o disposto em regulamento do Superior Tribunal Militar.

▸ Incisos XVIII e XIX acrescidos pela Lei nº 13.774, de 19-12-2018.

Seção III
DOS ANALISTAS JUDICIÁRIOS

▸ Seção III com a redação dada pela Lei nº 13.774, de 19-12-2018.

Art. 80. São atribuições do Analista Judiciário:

▸ *Caput* com a redação dada pela Lei nº 13.774, de 19-12-2018.

I – substituir o diretor da Secretaria nas férias, nas licenças, nas faltas e nos impedimentos, por designação do juiz federal da Justiça Militar;

II – executar os serviços determinados pelo juiz federal da Justiça Militar e pelo diretor da Secretaria, inclusive os atos previstos nos incisos III, VIII, X e XI do *caput* do art. 79 desta Lei, que serão subscritos pelo diretor da Secretaria;

▸ Incisos I e II com a redação dada pela Lei nº 13.774, de 19-12-2018.

III – lavrar procuração *apud acta*, quando estiver funcionando em audiência;

IV – desempenhar outros atos compatíveis com a natureza do cargo, ordenados pelo juiz federal da Justiça Militar, pelo juiz federal substituto da Justiça Militar ou pelo diretor da Secretaria ou previstos em atos normativos do Superior Tribunal Militar.

▸ Inciso IV acrescido pela Lei nº 13.774, de 19-12-2018.

Seção III
DOS OFICIAIS DE JUSTIÇA AVALIADORES

Art. 81. São atribuições do Analista Judiciário, área Judiciária, especialidade Oficial de Justiça Avaliador Federal:

▸ *Caput* com a redação dada pela Lei nº 13.774, de 19-12-2018.

I – funcionar, nos casos indicados em Lei, como perito oficial na determinação de valores, salvo quando exigidos conhecimentos técnicos especializados;

II – fazer, de acordo com a Lei Processual Penal Militar, as citações por mandado, bem como as notificações e intimações de que for incumbido;

III – convocar pessoas idôneas para testemunharem atos de seu ofício, quando a lei o exigir;

IV – dar contrafé e certificar os atos e diligências que houver cumprido;

V – lavrar autos e realizar prisões, diligências e medidas preventivas ou assecuratórias determinadas por Conselho de Justiça ou por juiz federal da Justiça Militar;

▸ Inciso V com a redação dada pela Lei nº 13.774, de 19-12-2018.

VI – apregoar a abertura e o encerramento das sessões do Conselho de Justiça;

VII – fazer a chamada das partes e testemunhas;

VIII – passar a certidão de pregões e de fixação de editais;

IX – praticar outros atos compatíveis com a natureza do cargo, ordenados por Presidente de Conselho de Justiça, pelo juiz federal da Justiça Militar e pelo diretor da Secretaria.

▸ Inciso IX com a redação dada pela Lei nº 13.774, de 19-12-2018.

Seção IV
DOS DEMAIS SERVIDORES

Art. 82. As atribuições previstas nos incisos II e III do *caput* do art. 80 desta Lei poderão, no interesse do serviço, ser deferidas ao Técnico Judiciário.

Art. 83. Aos demais servidores da Secretaria incumbe a execução das tarefas pertinentes a seus cargos, conforme disposto em regulamento do Superior Tribunal Militar e determinado pelo juiz federal da Justiça Militar e pelo diretor da Secretaria.

▸ Arts. 82 e 83 com a redação dada pela Lei nº 13.774, de 19-12-2018.

CAPÍTULO III
DO REGIME DISCIPLINAR

Art. 84. Os funcionários dos Serviços Auxiliares da Justiça Militar estão sujeitos ao regime disciplinar estabelecido no Regime Jurídico Único dos Servidores Públicos Civis da União, observadas as disposições desta Lei.

Art. 85. Para aplicação de pena disciplinar são competentes:

a) o Presidente do Superior Tribunal Militar, aos ocupantes de cargos em comissão e aos servidores subordinados a Ministro, mediante representação deste;

b) o Ministro-Corregedor e o juiz federal da Justiça Militar, aos servidores que lhes são subordinados;

▸ Alíneas *a* e *b* com a redação dada pela Lei nº 13.774, de 19-12-2018.

c) o Diretor-Geral, aos servidores do Quadro da Secretaria, não compreendidos na alínea *a* deste artigo.

§ 1º A pena de suspensão por mais de trinta dias será aplicada pelo Presidente do Superior Tribunal Militar.

§ 2º A aplicação da pena de destituição de função caberá à autoridade que houver feito a designação, mediante representação da autoridade a que estiver subordinado o funcionário.

§ 3º Independe de processo a aplicação das penas de repressão, multa e suspensão até trinta dias.

Art. 86. As penas de demissão e de cassação de aposentadoria ou disponibilidade serão impostas pelo Superior Tribunal Militar.

Art. 87. A aplicação de pena disciplinar poderá ser precedida de advertência, a juízo da autoridade competente, no caso de negligência no cumprimento dos deveres do cargo.

Parágrafo único. A advertência, que poderá se fazer reservadamente, não constará dos assentamentos funcionais.

Art. 88. Caberá recurso para o Superior Tribunal Militar das penas aplicadas pelas autoridades referidas nas alíneas *a* e *b* do artigo 85 desta Lei, no prazo de quinze dias contado da data da ciência de sua aplicação ou do indeferimento do pedido de reconsideração.

Parágrafo único. Das penas aplicadas pelo Diretor-Geral caberá recurso ao Presidente do Tribunal, na forma deste artigo.

PARTE III

CAPÍTULO ÚNICO
DA ORGANIZAÇÃO DA JUSTIÇA MILITAR EM TEMPO DE GUERRA

▸ Arts. 675 a 710 do CPPM.

Art. 89. Na vigência do estado de guerra, são órgãos da Justiça Militar junto às forças em operações:

I – os Conselhos Superiores de Justiça Militar;

II – os Conselhos de Justiça Militar;

III – os juízes federais da Justiça Militar.

▸ Inciso III com a redação dada pela Lei nº 13.774, de 19-12-2018.

Art. 90. Compete aos órgãos referidos no artigo anterior o processo e julgamento dos crimes praticados em teatro de operações militares ou em território estrangeiro, militarmente ocupados por forças brasileiras, ressalvado o disposto em tratados e convenções internacionais.

Parágrafo único. O agente é considerado em operações militares desde o momento de seu deslocamento para o teatro de operações ou para o território estrangeiro ocupado.

Art. 91. O Conselho Superior de Justiça Militar é órgão de segunda instância e compõe-se de 2 (dois) oficiais-generais, de carreira ou da reserva convocados, e 1 (um) juiz federal da Justiça Militar, nomeados pelo Presidente da República.

Parágrafo único. A Presidência do Conselho Superior de Justiça Militar é exercida pelo juiz federal da Justiça Militar.

▸ Artigo com a redação dada pela Lei nº 13.774, de 19-12-2018.

Art. 92. Junto a cada Conselho Superior de Justiça funcionarão um Procurador e um Defensor Público, nomeados pelo Presidente da República, dentre os membros do Ministério Público da União junto à Justiça Militar e da Defensoria Pública da União, respectivamente.

Parágrafo único. O Presidente do Conselho Superior de Justiça Militar requisitará ao Ministro de Estado da Defesa o pessoal necessário ao serviço de secretaria e designará o Secretário, preferencialmente bacharel em Direito.

▸ Parágrafo único com a redação dada pela Lei nº 13.774, de 19-12-2018.

Art. 93. O Conselho de Justiça compõe-se de 1 (um) juiz federal da Justiça Militar ou juiz federal substituto da Justiça Militar e de 2 (dois) oficiais de posto superior ou igual ao do acusado, observado, na última hipótese, o princípio da antiguidade de posto.

▸ *Caput* com a redação dada pela Lei nº 13.774, de 19-12-2018.

§ 1º O Conselho de Justiça de que trata este artigo será constituído para cada processo e dissolvido após o término do julgamento, cabendo a Presidência ao juiz federal da Justiça Militar.

▸ § 1º com a redação dada pela Lei nº 13.774, de 19-12-2018.

§ 2º Os Oficiais da Marinha, do Exército e da Aeronáutica serão julgados, quando possível, por juízes militares da respectiva Força.

Art. 94. Haverá, no teatro de operações, tantas Auditorias quantas forem necessárias.

§ 1º A Auditoria será composta de 1 (um) juiz federal da Justiça Militar, 1 (um) Procurador, 1 (um) Defensor Público, 1 (um) Secretário e auxiliares necessários, com a possibilidade de as 2 (duas) últimas funções serem exercidas por praças graduadas.

§ 2º Um dos auxiliares de que trata o § 1º deste artigo exercerá, por designação do juiz federal da Justiça Militar, a função de oficial de justiça.

▸ §§ 1º e 2º com a redação dada pela Lei nº 13.774, de 19-12-2018.

Art. 95. Compete ao Conselho Superior de Justiça:

I – processar e julgar originariamente os oficiais-generais;

II – julgar as apelações interpostas das sentenças proferidas pelos Conselhos de Justiça e juízes federais da Justiça Militar;

▸ Inciso II com a redação dada pela Lei nº 13.774, de 19-12-2018.

III – julgar os embargos opostos às decisões proferidas nos processos de sua competência originária.

Parágrafo único. O comandante do teatro de operações responderá a processo perante o Superior Tribunal Militar, condicionada a instauração da ação penal à requisição do Presidente da República.

Art. 96. Compete ao Conselho de justiça:

I – o julgamento dos oficiais até o posto de Coronel, inclusive;

II – decidir sobre arquivamento de inquérito e instauração de processo, nos casos de violência praticada contra inferior para compeli-lo ao cumprimento do dever legal, ou em repulsa a agressão.

Art. 97. Compete ao juiz federal da Justiça Militar:

▸ *Caput* com a redação dada pela Lei nº 13.774, de 19-12-2018.

I – presidir a instrução criminal dos processos em que forem réus praças, civis ou oficiais até o posto de capitão de mar e guerra ou coronel, inclusive;

II – julgar as Praças e os civis.

Parte IV – Das Disposições Gerais, Transitórias e Finais

CAPÍTULO I
DAS DISPOSIÇÕES GERAIS

Art. 98. No exercício de suas funções na justiça Militar, há recíproca independência entre os membros da Magistratura, do Ministério Público e da Defesa.

Art. 99. Os magistrados, os representantes do Ministério Público, os Defensores, o Secretário do Tribunal Pleno, o Diretor de Secretaria, o Oficial de Justiça Avaliador e outros servidores usarão, nas sessões e audiência, o vestuário e insígnias estabelecidos em lei ou no Regimento Interno do Tribunal.

Art. 100. Aplica-se o disposto no artigo 61 desta Lei os representantes do Ministério Público, advogados e servidores da Justiça Militar, observada, quanto a estes, a exceção prevista no Regime Jurídico Único dos Servidores Públicos Civis da União.

Art. 101. Nos atos de seu ofício, estão investidos de fé pública o Secretário do Tribunal Pleno, os Diretores de Secretaria, os Oficiais de justiça Avaliadores e, bem assim, o Diretor-Geral do Tribunal e aqueles que realizem atividades processuais nos autos de recursos ou processos de competência originária.

CAPÍTULO II
DAS DISPOSIÇÕES TRANSITÓRIAS E FINAIS

Art. 102. As Auditorias da justiça Militar têm por sede: as da Primeira Circunscrição judiciária Militar, a cidade do Rio de Janeiro/RJ; as da Segunda, a cidade de São Paulo/SP; as da Terceira, respectivamente, as cidades de Porto Alegre, Bagé e Santa Maria/RS; a da Quarta, a cidade de Juiz de Fora/MG; a da Quinta, a cidade de Curitiba/PR; a da Sexta, a cidade de Salvador/BA; a da Sétima, a cidade de Recife/PE; a da Oitava, a cidade de Belém/PA; a da Nona, a cidade de Campo Grande/MS; a da Décima, a cidade de Fortaleza/CE; as da Décima Primeira, a cidade de Brasília/DF; e a da Décima Segunda, a cidade de Manaus/AM.

Parágrafo único. A instalação da 2ª Auditoria da 11ª Circunscrição Judiciária Militar, a que se refere o artigo 11, alínea c, desta Lei, que terá por sede a cidade de Brasília, fica condicionada à existência de recursos orçamentários específicos.

Art. 103. O atual quadro de Defensores Públicos da Justiça Militar da União permanecerá, funcionalmente, na forma da legislação anterior, até que seja organizada a Defensoria Pública da União.

Art. 103-A. O cargo de Juiz-Auditor Corregedor fica transformado no cargo de Juiz-Corregedor Auxiliar.

▸ Art. 103-A acrescido pela Lei nº 13.774, de 19-12-2018.

Art. 104. Esta Lei entra em vigor sessenta dias após a sua publicação, revogadas as disposições em contrário (Decreto-Lei nº 1.003, de 21 de outubro de 1969) e, em especial, o § 2º do artigo 470 do Código de Processo Penal Militar.

Brasília, 4 de setembro de 1992;
171º da Independência e
104º da República.

Fernando Collor

LEI Nº 8.542, DE 23 DE DEZEMBRO DE 1992

Dispõe sobre a política nacional de salários e dá outras providências.

▸ Publicada no *DOU* de 24-12-1992.

Art. 1º A política nacional de salários, respeitado o princípio da irredutibilidade, tem como fundamento a livre negociação coletiva e reger-se-á pelas normas estabelecidas nesta Lei.

§§ 1º e 2º *Revogados.* Lei nº 10.192, de 14-2-2001.

Arts. 2º a 5º *Revogados.* Lei nº 8.880, de 27-5-1994.

Art. 6º Salário mínimo é a contraprestação mínima devida e paga diretamente pelo empregador a todo trabalhador, por jornada normal de trabalho, capaz de satisfazer, em qualquer região do País, às suas necessidades vitais básicas e às de sua família, com moradia, alimentação, educação, saúde, lazer, vestuário, higiene, transporte e previdência social.

§ 1º O salário mínimo diário corresponderá a um trinta avos do salário mínimo mensal, e o salário mínimo horário a um duzentos e vinte avos do salário mínimo.

§ 2º Para os trabalhadores que tenham por disposição legal a jornada máxima diária de trabalho inferior a oito horas, o salário mínimo será igual ao definido no parágrafo anterior multiplicado por oito e dividido pelo máximo legal.

Art. 7º *Revogado.* Lei nº 8.880, de 27-5-1994.

Art. 8º O artigo 40 da Lei nº 8.177, de 1º de março de 1991, passa a vigorar com a seguinte redação:

"Art. 40. O depósito recursal de que trata o art. 899 da Consolidação das Leis do Trabalho fica limitado a CR$ 20.000.000,00 (vinte milhões de cruzeiros), nos casos de interposição de recurso ordinário, e de CR$ 40.000.000,00 (quarenta milhões de cruzeiros), em se tratando de recurso de revista, embargos infringentes e recursos extraordinários, sendo devido a cada novo recurso interposto no decorrer do processo.

§ 1º Em se tratando de condenação imposta em ação rescisória, o depósito recursal terá, como limite máximo, qualquer que seja o recurso, o valor de CR$ 40.000.000,00 (quarenta milhões de cruzeiros).

§ 2º A exigência de depósito aplica-se, igualmente, aos embargos, à execução e a qualquer recurso subsequente do devedor.

§ 3º O valor do recurso ordinário, quando interposto em dissídio coletivo, será equivalente ao quádruplo do previsto no *caput* deste artigo.

§ 4º Os valores previstos neste artigo serão reajustados bimestralmente pela variação acumulada do INPC do IBGE dos dois meses imediatamente anteriores."

Art. 9º *Revogado.* Lei nº 8.880, de 27-5-1994.

Art. 10. *Revogado.* Lei nº 8.700, de 27-8-1993.

Art. 11. Esta Lei entra em vigor na data de sua publicação.

Art. 12. Revogam-se as disposições em contrário, especialmente a Lei nº 8.419, de 7 de maio de 1992, e o inciso II do artigo 41 da Lei nº 8.213, de 24 de julho de 1991, mantidos os efeitos financeiros quanto ao reajuste dos benefícios em janeiro.

Brasília, 23 de dezembro de 1992;
171º da Independência e
104º da República.

Itamar Franco

LEI Nº 8.560, DE 29 DE DEZEMBRO DE 1992

Regula a investigação de paternidade dos filhos havidos fora do casamento e dá outras providências.

▸ Publicada no *DOU* de 30-12-1992.
▸ Arts. 1.607 a 1.617 do CC.

Art. 1º O reconhecimento dos filhos havidos fora do casamento é irrevogável e será feito:

I – no registro de nascimento;

II – por escritura pública ou escrito particular, a ser arquivado em cartório;

III – por testamento, ainda que incidentalmente manifestado;

IV – por manifestação expressa e direta perante o juiz, ainda que o reconhecimento não haja sido o objeto único e principal do ato que o contém.

Art. 2º Em registro de nascimento de menor apenas com a maternidade estabelecida, o oficial remeterá ao juiz certidão integral do registro e o nome e prenome, profissão, identidade e residência do suposto pai, a fim de ser averiguada oficiosamente a procedência da alegação.

§ 1º O juiz, sempre que possível, ouvirá a mãe sobre a paternidade alegada e mandará, em qualquer caso, notificar o suposto pai, independente de seu estado civil, para que se manifeste sobre a paternidade que lhe é atribuída.

§ 2º O juiz, quando entender necessário, determinará que a diligência seja realizada em segredo de justiça.

§ 3º No caso do suposto pai confirmar expressamente a paternidade, será lavrado termo de reconhecimento e remetida certidão ao oficial do registro, para a devida averbação.

§ 4º Se o suposto pai não atender no prazo de trinta dias, a notificação judicial, ou negar a alegada paternidade, o juiz remeterá os autos ao representante do Ministério Público para que intente, havendo elementos suficientes, a ação de investigação de paternidade.

§ 5º Nas hipóteses previstas no § 4º deste artigo, é dispensável o ajuizamento de ação de investigação de paternidade pelo Ministério Público se, após o não comparecimento ou a recusa do suposto pai em assumir a paternidade a ele atribuída, a criança for encaminhada para adoção.

▸ § 5º acrescido pela Lei nº 12.010, de 3-8-2009.

§ 6º A iniciativa conferida ao Ministério Público não impede a quem tenha legítimo interesse de intentar investigação, visando a obter o pretendido reconhecimento da paternidade.

▸ Antigo § 5º renumerado para § 6º pela Lei nº 12.010, de 3-8-2009.

Art. 2º-A. Na ação de investigação de paternidade, todos os meios legais, bem como os moralmente legítimos, serão hábeis para provar a verdade dos fatos.

▸ *Caput* acrescido pela Lei nº 12.004, de 29-7-2009.

§ 1º A recusa do réu em se submeter ao exame de código genético – DNA gerará a presunção da paternidade, a ser apreciada em conjunto com o contexto probatório.

▸ Parágrafo único transformado em § 1º pela Lei nº 14.138, de 16-4-2021.

§ 2º Se o suposto pai houver falecido ou não existir notícia de seu paradeiro, o juiz determinará, a expensas do autor da ação, a realização do exame de pareamento do código genético (DNA) em parentes consanguíneos, preferindo-se os de grau mais próximo aos mais distantes, importando a recusa em presunção da paternidade, a ser apreciada em conjunto com o contexto probatório.

▸ § 2º acrescido pela Lei nº 14.138, de 16-4-2021.

Art. 3º É vedado legitimar e reconhecer filho na ata do casamento.

Parágrafo único. É ressalvado o direito de averbar alteração do patronímico materno, em decorrência do casamento, no termo de nascimento do filho.

Art. 4º O filho maior não pode ser reconhecido sem o seu consentimento.

Art. 5º No registro de nascimento não se fará qualquer referência à natureza da filiação, à sua ordem em relação a outros irmãos do mesmo prenome, exceto gêmeos, ao lugar e cartório do casamento dos pais e ao estado civil destes.

Art. 6º Das certidões de nascimento não constarão indícios de a concepção haver sido decorrente de relação extraconjugal.

§ 1º Não deverá constar, em qualquer caso, o estado civil dos pais e a natureza da filiação, bem como o lugar e cartório do casamento, proibida referência à presente Lei.

§ 2º São ressalvadas autorizações ou requisições judiciais de certidões de inteiro teor, mediante decisão fundamentada, assegurados os direitos, as garantias e interesses relevantes do registrado.

Art. 7º Sempre que na sentença de primeiro grau se reconhecer a paternidade, nela se fixarão os alimentos provisionais ou definitivos do reconhecido que deles necessite.

▸ Súm. nº 1 do STJ.

Art. 8º Os registros de nascimento, anteriores à data da presente Lei, poderão ser retificados por decisão judicial, ouvido o Ministério Público.

Art. 9º Esta Lei entra em vigor na data de sua publicação.

Art. 10. São revogados os artigos 332, 337 e 347 do Código Civil e demais disposições em contrário.

Brasília, 29 de dezembro de 1992;
171º da Independência e
104º da República.

Itamar Franco

LEI COMPLEMENTAR Nº 73, DE 10 DE FEVEREIRO DE 1993

Institui a Lei Orgânica da Advocacia-Geral da União e dá outras providências.

▸ Publicada no *DOU* de 11-2-1993.

TÍTULO I – DAS FUNÇÕES INSTITUCIONAIS E DA COMPOSIÇÃO

CAPÍTULO I – DAS FUNÇÕES INSTITUCIONAIS

Art. 1º A Advocacia-Geral da União é a instituição que representa a União judicial e extrajudicialmente.

Parágrafo único. À Advocacia-Geral da União cabem as atividades de consultoria e assessoramento jurídicos ao Poder Executivo, nos termos desta Lei Complementar.

CAPÍTULO II – DA COMPOSIÇÃO

Art. 2º A Advocacia-Geral da União compreende:

I – órgãos de direção superior:

a) o Advogado-Geral da União;

b) a Procuradoria-Geral da União e a da Fazenda Nacional;

c) Consultoria-Geral da União;

d) o Conselho Superior da Advocacia-Geral da União; e

e) a Corregedoria-Geral da Advocacia da União;

II – órgãos de execução:

a) as Procuradorias Regionais da União e as da Fazenda Nacional e as Procuradorias da União e as da Fazenda Nacional nos Estados e no Distrito Federal e as Procuradorias Seccionais destas;

b) a Consultoria da União, as Consultorias Jurídicas dos Ministérios, da Secretaria-Geral e das demais Secretarias da Presidência da República e do Estado-Maior das Forças Armadas;

III – órgão de assistência direta e imediata ao Advogado-Geral da União: o Gabinete do Advogado-Geral da União;

IV – VETADO.

§ 1º Subordinam-se diretamente ao Advogado-Geral da União, além do seu gabinete, a Procuradoria-Geral da União, a Consultoria-Geral da União, a Corregedoria-Geral da Advocacia-Geral da União, a Secretaria de Controle Interno e, técnica e juridicamente, a Procuradoria-Geral da Fazenda Nacional.

§ 2º As Procuradorias Seccionais, subordinadas às Procuradorias da União e da Fazenda Nacional nos Estados e no Distrito Federal, serão criadas, no interesse do serviço, por proposta do Advogado-Geral da União.

§ 3º As Procuradorias e Departamentos Jurídicos das autarquias e fundações públicas são órgãos vinculados à Advocacia-Geral da União.

§ 4º O Advogado-Geral da União é auxiliado por dois Secretários-Gerais: o de Contencioso e o de Consultoria.

§ 5º São membros da Advocacia-Geral da União: o Advogado-Geral da União, o Procurador-Geral da União, o Procurador-Geral da Fazenda Nacional, o Consultor-Geral da União, o Corregedor-Geral da Advocacia da União, os Secretários-Gerais de Contencioso e de Consultoria, os Procuradores Regionais, os Consultores da União, os Corregedores-Auxiliares, os Procuradores-Chefes, os Consultores Jurídicos, os Procuradores Seccionais, os Advogados da União, os Procuradores da Fazenda Nacional e os Assistentes Jurídicos.

TÍTULO II – DOS ÓRGÃOS DA ADVOCACIA-GERAL DA UNIÃO

CAPÍTULO I – DO ADVOGADO-GERAL DA UNIÃO

Art. 3º A Advocacia-Geral da União tem por chefe o Advogado-Geral da União, de livre nomeação pelo Presidente da República, dentre cidadãos maiores de trinta e cinco anos, de notável saber jurídico e reputação ilibada.

§ 1º O Advogado-Geral da União é o mais elevado órgão de assessoramento jurídico do Poder Executivo, submetido à direta, pessoal e imediata supervisão do Presidente da República.

§ 2º O Advogado-Geral da União terá substituto eventual nomeado pelo Presidente da República, atendidas as condições deste artigo.

Art. 4º São atribuições do Advogado-Geral da União:

I – dirigir a Advocacia-Geral da União, superintender e coordenar suas atividades e orientar-lhe a atuação;

II – despachar com o Presidente da República;

III – representar a União junto ao Supremo Tribunal Federal;

IV – defender, nas ações diretas de inconstitucionalidade, a norma legal ou ato normativo, objeto de impugnação;

V – apresentar as informações a serem prestadas pelo Presidente da República, relativas a medidas impugnadoras de ato ou omissão presidencial;

VI – desistir, transigir, acordar e firmar compromisso nas ações de interesse da União, nos termos da legislação vigente;

VII – assessorar o Presidente da República em assuntos de natureza jurídica, elaborando pareceres e estudos ou propondo normas, medidas e diretrizes;

VIII – assistir o Presidente da República no controle interno da legalidade dos atos da Administração;

IX – sugerir ao Presidente da República medidas de caráter jurídico reclamadas pelo interesse público;

X – fixar a interpretação da Constituição, das leis, dos tratados e demais atos normativos, a ser uniformemente seguida pelos órgãos e entidades da Administração Federal;

XI – unificar a jurisprudência administrativa, garantir a correta aplicação das leis, prevenir e dirimir as controvérsias entre os órgãos jurídicos da Administração Federal;

XII – editar enunciados de súmula administrativa, resultantes de jurisprudência iterativa dos Tribunais;

XIII – exercer orientação normativa e supervisão técnica quanto aos órgãos jurídicos das entidades a que alude o Capítulo IX do Título II desta Lei Complementar;

XIV – baixar o Regimento Interno da Advocacia-Geral da União;

XV – proferir decisão nas sindicâncias e nos processos administrativos disciplinares promovidos pela Corregedoria-Geral e aplicar penalidades, salvo a de demissão;

XVI – homologar os concursos públicos de ingresso nas Carreiras da Advocacia-Geral da União;

XVII – promover a lotação e a distribuição dos Membros e servidores, no âmbito da Advocacia-Geral da União;

XVIII – editar e praticar os atos normativos ou não, inerentes a suas atribuições;

XIX – propor, ao Presidente da República, as alterações a esta Lei Complementar;

§ 1º O Advogado-Geral da União pode representá-la junto a qualquer juízo ou Tribunal.

§ 2º O Advogado-Geral da União pode avocar quaisquer matérias jurídicas de interesse desta, inclusive no que concerne a sua representação extrajudicial.

§ 3º É permitida a delegação das atribuições previstas no inciso VI ao Procurador-Geral da União, bem como a daquelas objeto do inciso XVII deste artigo, relativamente a servidores.

CAPÍTULO II – DA CORREGEDORIA-GERAL DA ADVOCACIA DA UNIÃO

Art. 5º A Corregedoria-Geral da Advocacia da União tem como atribuições:

I – fiscalizar as atividades funcionais dos Membros da Advocacia-Geral da União;

II – promover correição nos órgãos jurídicos da Advocacia-Geral da União, visando à verificação da regularidade e eficácia dos serviços, e à proposição de medidas, bem como à sugestão de providências necessárias ao seu aprimoramento;

III – apreciar as representações relativas à atuação dos Membros da Advocacia-Geral da União;

IV – coordenar o estágio confirmatório dos integrantes das Carreiras da Advocacia-Geral da União;

V – emitir parecer sobre o desempenho dos integrantes das Carreiras da Advocacia-Geral da União submetidos ao estágio confirmatório, opinando, fundamentadamente, por sua confirmação no cargo ou exoneração;

VI – instaurar, de ofício ou por determinação superior, sindicâncias e processos administrativos contra os Membros da Advocacia-Geral da União.

Art. 6º Compete, ainda, à Corregedoria-Geral supervisionar e promover correições nos órgãos vinculados à Advocacia-Geral da União.

CAPÍTULO III – DO CONSELHO SUPERIOR DA ADVOCACIA-GERAL DA UNIÃO

Art. 7º O Conselho Superior da Advocacia-Geral da União tem as seguintes atribuições:

I – propor, organizar e dirigir os concursos de ingresso nas Carreiras da Advocacia-Geral da União;

II – organizar as listas de promoção e de remoção, julgar reclamações e recursos contra a inclusão, exclusão e classificação em tais listas, e encaminhá-las ao Advogado-Geral da União;

III – decidir, com base no parecer previsto no art. 5º, inciso V desta Lei Complementar, sobre a confirmação no cargo ou exoneração dos Membros das Carreiras da Advocacia-Geral da União submetidos à estágio confirmatório;

IV – editar o respectivo Regimento Interno.

Parágrafo único. Os critérios disciplinadores dos concursos a que se refere o inciso I deste artigo são integralmente fixados pelo Conselho Superior da Advocacia-Geral da União.

Art. 8º Integram o Conselho Superior da Advocacia-Geral da União:

I – o Advogado-Geral da União, que o preside;

II – o Procurador-Geral da União, o Procurador-Geral da Fazenda Nacional, o Consultor-Geral da União, e o Corregedor-Geral da Advocacia da União;

III – um representante, eleito, de cada carreira da Advocacia-Geral da União, e respectivo suplente.

§ 1º Todos os membros do Conselho Superior da Advocacia-Geral da União têm direito a voto, cabendo ao presidente o de desempate.

§ 2º O mandato dos membros eleitos do Conselho Superior da Advocacia-Geral da União é de dois anos, vedada a recondução.

§ 3º Os membros do Conselho são substituídos, em suas faltas e impedimentos, na forma estabelecida no respectivo Regimento Interno.

CAPÍTULO IV – DA PROCURADORIA-GERAL DA UNIÃO

Art. 9º À Procuradoria-Geral da União, subordinada direta e imediatamente ao Advogado-Geral da União, incumbe representá-la, judicialmente, nos termos e limites desta Lei Complementar.

§ 1º Ao Procurador-Geral da União compete representá-la junto aos tribunais superiores.

§ 2º Às Procuradorias-Regionais da União cabe sua representação perante os demais tribunais.

§ 3º Às Procuradorias da União organizadas em cada Estado e no Distrito Federal, incumbe representá-la junto à primeira instância da Justiça Federal, comum e especializada.

§ 4º O Procurador-Geral da União pode atuar perante os órgãos judiciários referidos nos §§ 2º e 3º, e os Procuradores Regionais da União junto aos mencionados no § 3º deste artigo.

CAPÍTULO V – DA CONSULTORIA-GERAL DA UNIÃO

Art. 10. À Consultoria-Geral da União, direta e imediatamente subordinada ao Advogado-Geral da União, incumbe, principalmente, colaborar com este em seu assessoramento jurídico ao Presidente da República produzindo pareceres, informações e demais trabalhos jurídicos que lhes sejam atribuídos pelo chefe da instituição.

Parágrafo único. Compõem a Consultoria-Geral da União o Consultor-Geral da União e a Consultoria da União.

CAPÍTULO VI – DAS CONSULTORIAS JURÍDICAS

Art. 11. Às Consultorias Jurídicas, órgãos administrativamente subordinados aos Ministros de Estado, ao Secretário-Geral e aos demais titulares de Secretarias da Presidência da República e ao Chefe do Estado-Maior das Forças Armadas, compete, especialmente:

I – assessorar as autoridades indicadas no *caput* deste artigo;

II – exercer a coordenação dos órgãos jurídicos dos respectivos órgãos autônomos e entidades vinculadas;

III – fixar a interpretação da Constituição, das leis, dos tratados e dos demais atos normativos a ser uniformemente seguida em suas áreas de atuação e coordenação quando não houver orientação normativa do Advogado-Geral da União;

IV – elaborar estudos e preparar informações, por solicitação de autoridade indicada no *caput* deste artigo;

V – assistir a autoridade assessorada no controle interno da legalidade administrativa dos atos a serem por ela praticados ou já efetivados, e daqueles oriundos de órgão ou entidade sob sua coordenação jurídica;

VI – examinar, prévia e conclusivamente, no âmbito do Ministério, Secretaria e Estado-Maior das Forças Armadas:

a) os textos de edital de licitação, como os dos respectivos contratos ou instrumentos congêneres, a serem publicados e celebrados;

b) os atos pelos quais se vá reconhecer a inexigibilidade, ou decidir a dispensa, de licitação.

CAPÍTULO VII

DA PROCURADORIA-GERAL DA FAZENDA NACIONAL

Art. 12. À Procuradoria-Geral da Fazenda Nacional, órgão administrativamente subordinado ao titular do Ministério da Fazenda, compete especialmente:

I – apurar a liquidez e certeza da dívida ativa da União de natureza tributária, inscrevendo-a para fins de cobrança, amigável ou judicial;

▶ Art. 1º, § 4º, II, da Lei nº 13.988, de 14-4-2020 (Lei da Transação Tributária).

II – representar privativamente a União, na execução de sua dívida ativa de caráter tributário;

III – VETADO.

IV – examinar previamente a legalidade dos contratos, acordos, ajustes e convênios que interessem ao Ministério da Fazenda, inclusive os referentes à dívida pública externa, e promover a respectiva rescisão por via administrativa ou judicial;

V – representar a União nas causas de natureza fiscal.

Parágrafo único. São consideradas causas de natureza fiscal as relativas a:

I – tributos de competência da União, inclusive infrações à legislação tributária;

II – empréstimos compulsórios;

III – apreensão de mercadorias, nacionais ou estrangeiras;

IV – decisões de órgãos do contencioso administrativo fiscal;

V – benefícios e isenções fiscais;

VI – créditos e estímulos fiscais à exportação;

VII – responsabilidade tributária de transportadores e agentes marítimos;

VIII – incidentes processuais suscitados em ações de natureza fiscal.

Art. 13. A Procuradoria-Geral da Fazenda Nacional desempenha as atividades de consultoria e assessoramento jurídicos no âmbito do Ministério da Fazenda e seus órgãos autônomos e entes tutelados.

Parágrafo único. No desempenho das atividades de consultoria e assessoramento jurídicos, a Procuradoria-Geral da Fazenda Nacional rege-se pela presente Lei Complementar.

Art. 14. VETADO.

CAPÍTULO VIII

DO GABINETE DO ADVOGADO-GERAL DA UNIÃO E DA SECRETARIA DE CONTROLE INTERNO

Art. 15. O Gabinete do Advogado-Geral da União tem sua competência e estrutura fixadas no Regimento Interno da Advocacia-Geral da União.

Art. 16. A Secretaria de Controle Interno rege-se, quanto às suas competências e estrutura básica, pela legislação específica.

CAPÍTULO IX

DOS ÓRGÃOS VINCULADOS

Art. 17. Aos órgãos jurídicos das autarquias e das fundações públicas compete:

I – a sua representação judicial e extrajudicial;

II – as respectivas atividades de consultoria e assessoramento jurídicos;

III – a apuração da liquidez e certeza dos créditos, de qualquer natureza, inerentes às suas atividades, inscrevendo-os em dívida ativa, para fins de cobrança amigável ou judicial.

Art. 18. No desempenho das atividades de consultoria e assessoramento aos órgãos jurídicos das autarquias e das fundações públicas aplica-se, no que couber, o disposto no art. 11 desta lei complementar.

Art. 19. VETADO.

TÍTULO III – DOS MEMBROS EFETIVOS DA ADVOCACIA-GERAL DA UNIÃO

CAPÍTULO I

DAS CARREIRAS

Art. 20. As carreiras de Advogado da União, de Procurador da Fazenda Nacional e de Assistente Jurídico compõem-se dos seguintes cargos efetivos:

I – carreira de Advogado da União:

a) Advogado da União da 2ª Categoria (inicial);

b) Advogado da União de 1ª Categoria (intermediária);

c) Advogado da União de Categoria Especial (final);

II – carreira de Procurador da Fazenda Nacional:

a) Procurador da Fazenda Nacional de 2ª Categoria (inicial);

b) Procurador da Fazenda Nacional de 1º Categoria (intermediária);

c) Procurador da Fazenda Nacional de Categoria Especial (final);

III – carreira de Assistente Jurídico:

a) Assistente Jurídico de 2ª Categoria (inicial);

b) Assistente Jurídico de 1ª Categoria (intermediária);

c) Assistente Jurídico de Categoria Especial (final).

Art. 21. O ingresso nas carreiras da Advocacia-Geral da União ocorre nas categorias iniciais, mediante nomeação, em caráter efetivo, de candidatos habilitados em concursos públicos, de provas e títulos, obedecida a ordem de classificação.

§ 1º Os concursos públicos devem ser realizados na hipótese em que o número de vagas da carreira exceda a dez por cento dos respectivos cargos, ou, com menor número, observado o interesse da Administração e a critério do Advogado-Geral da União.

§ 2º O candidato, no momento da inscrição, há de comprovar um mínimo de dois anos de prática forense.

§ 3º Considera-se título, para o fim previsto neste artigo, além de outros regularmente admitidos em direito, o exercício profissional de consultoria, assessoria e diretoria, bem como o desempenho de cargo, emprego ou função de nível superior, com atividades eminentemente jurídicas.

§ 4º A Ordem dos Advogados do Brasil é representada na banca examinadora dos concursos de ingresso nas carreiras da Advocacia-Geral da União.

§ 5º Nos dez dias seguintes à nomeação, o Conselho Superior da Advocacia-Geral da União deve convocar os nomeados para escolha de vagas, fixando-lhes prazo improrrogável.

§ 6º Perde o direito à escolha de vaga o nomeado que não atender à convocação a que se refere o parágrafo anterior.

Art. 22. Os dois primeiros anos de exercício em cargo inicial das carreiras da Advocacia-Geral da União correspondem a estágio confirmatório.

Parágrafo único. São requisitos da confirmação no cargo a observância dos respectivos deveres, proibições e impedimentos, a eficiência, a disciplina e a assiduidade.

CAPÍTULO II

DA LOTAÇÃO E DA DISTRIBUIÇÃO

Art. 23. Os membros efetivos da Advocacia-Geral da União são lotados e distribuídos pelo Advogado-Geral da União.

Parágrafo único. A lotação de Assistente Jurídico nos Ministérios, na Secretaria-Geral e nas demais Secretarias da Presidência da República e no Estado-Maior das Forças Armadas é proposta por seus titulares, e a lotação e distribuição de Procuradores da Fazenda Nacional, pelo respectivo titular.

CAPÍTULO III

DA PROMOÇÃO

Art. 24. A promoção de membro efetivo da Advocacia-Geral da União consiste em seu acesso à categoria imediatamente superior àquela em que se encontra.

Parágrafo único. As promoções serão processadas semestralmente pelo Conselho Superior da Advocacia-Geral da União, para vagas ocorridas até 30 de junho e até 31 de dezembro de cada ano, obedecidos, alternadamente, os critérios de antiguidade e merecimento.

Art. 25. A promoção por merecimento deve obedecer a critérios objetivos, fixados pelo Conselho Superior da Advocacia-Geral da União, dentre os quais a presteza e a segurança no desempenho da função, bem como a frequência e o aproveitamento em cursos de aperfeiçoamento reconhecidos por órgãos oficiais.

Parágrafo único. VETADO.

CAPÍTULO IV
DOS DIREITOS, DOS DEVERES, DAS PROIBIÇÕES, DOS IMPEDIMENTOS E DAS CORREIÇÕES

Seção I
DOS DIREITOS

Art. 26. Os membros efetivos da Advocacia-Geral da União têm os direitos assegurados pela Lei nº 8.112, de 11 de dezembro de 1990; e nesta lei complementar.

Parágrafo único. Os cargos das carreiras da Advocacia-Geral da União têm o vencimento e remuneração estabelecidos em lei própria.

Seção II
DOS DEVERES, DAS PROIBIÇÕES E DOS IMPEDIMENTOS

Art. 27. Os membros efetivos da Advocacia-Geral da União têm os deveres previstos na Lei nº 8.112, de 11 de dezembro de 1990, sujeitando-se ainda às proibições e impedimentos estabelecidos nesta lei complementar.

Art. 28. Além das proibições decorrentes do exercício de cargo público, aos membros efetivos da Advocacia-Geral da União é vedado:

I – exercer advocacia fora das atribuições institucionais;

II – contrariar súmula, parecer normativo ou orientação técnica adotada pelo Advogado-Geral da União;

III – manifestar-se, por qualquer meio de divulgação, sobre assunto pertinente às suas funções, salvo ordem, ou autorização expressa do Advogado-Geral da União.

▸ O STF, por maioria, no julgamento da ADI nº 4.652, conferiu a este dispositivo interpretação conforme a Constituição Federal (*DOU* de 20-6-2023).

Art. 29. É defeso aos membros efetivos da Advocacia-Geral da União exercer suas funções em processo judicial ou administrativo:

I – em que sejam parte;

II – em que hajam atuado como advogado de qualquer das partes;

III – em que seja interessado parente consanguíneo ou afim, em linha reta ou colateral, até o segundo grau, bem como cônjuge ou companheiro;

IV – nas hipóteses da legislação processual.

Art. 30. Os membros efetivos da Advocacia-Geral da União devem dar-se por impedidos:

I – quando hajam proferido parecer favorável à pretensão deduzida em juízo pela parte adversa;

II – nas hipóteses da legislação processual.

Parágrafo único. Nas situações previstas neste artigo, cumpre seja dada ciência, ao superior hierárquico imediato, em expediente reservado, dos motivos do impedimento, objetivando a designação de substituto.

Art. 31. Os membros efetivos da Advocacia-Geral da União não podem participar de comissão ou banca de concurso, intervir no seu julgamento e votar sobre organização de lista para promoção ou remoção, quando concorrer parente consanguíneo ou afim, em linha reta ou colateral, até o segundo grau, bem como cônjuge ou companheiro.

Seção III
DAS CORREIÇÕES

Art. 32. A atividade funcional dos membros efetivos da Advocacia-Geral da União está sujeita a:

I – correição ordinária, realizada anualmente pelo Corregedor-Geral e respectivos auxiliares;

II – correição extraordinária, também realizada pelo Corregedor-Geral e por seus auxiliares, de ofício ou por determinação do Advogado-Geral da União.

Art. 33. Concluída a correição, o Corregedor-Geral deve apresentar ao Advogado-Geral da União relatório, propondo-lhe as medidas e providências a seu juízo cabíveis.

Art. 34. Qualquer pessoa pode representar ao Corregedor-Geral da Advocacia da União contra abuso, erro grosseiro, omissão ou qualquer outra irregularidade funcional dos membros da Advocacia-Geral da União.

TÍTULO IV – DAS CITAÇÕES, DAS INTIMAÇÕES E DAS NOTIFICAÇÕES

Art. 35. A União é citada nas causas em que seja interessada, na condição de autora, ré, assistente, oponente, recorrente ou recorrida, na pessoa:

I – do Advogado-Geral da União, privativamente, nas hipóteses de competência do Supremo Tribunal Federal;

II – do Procurador-Geral da União, nas hipóteses de competência dos tribunais superiores;

III – do Procurador-Regional da União, nas hipóteses de competência dos demais tribunais;

IV – do Procurador-Chefe ou do Procurador-Seccional da União, nas hipóteses de competência dos juízos de primeiro grau.

Art. 36. Nas causas de que trata o art. 12, a União será citada na pessoa:

I – VETADO;

II – do Procurador-Regional da Fazenda Nacional, nas hipóteses de competência dos demais tribunais;

III – do Procurador-Chefe ou do Procurador-Seccional da Fazenda Nacional nas hipóteses de competência dos juízos de primeiro grau.

Art. 37. Em caso de ausência das autoridades referidas nos arts. 35 e 36, a citação se dará na pessoa do substituto eventual.

Art. 38. As intimações e notificações são feitas nas pessoas do Advogado da União ou do Procurador da Fazenda Nacional que oficie nos respectivos autos.

TÍTULO V – DOS PARECERES E DA SÚMULA DA ADVOCACIA-GERAL DA UNIÃO

Art. 39. É privativo do Presidente da República submeter assuntos ao exame do Advogado-Geral da União, inclusive para seu parecer.

Art. 40. Os pareceres do Advogado-Geral da União são por este submetidos à aprovação do Presidente da República.

§ 1º O parecer aprovado e publicado juntamente com o despacho presidencial vincula a Administração Federal, cujos órgãos e entidades ficam obrigados a lhe dar fiel cumprimento.

§ 2º O parecer aprovado, mas não publicado, obriga apenas as repartições interessadas, a partir do momento em que dele tenham ciência.

Art. 41. Consideram-se, igualmente, pareceres do Advogado-Geral da União, para os efeitos do artigo anterior, aqueles que, emitidos pela Consultoria-Geral da União, sejam por ele aprovados e submetidos ao Presidente da República.

Art. 42. Os pareceres das Consultorias Jurídicas, aprovados pelo Ministro de Estado, pelo Secretário-Geral e pelos titulares das demais Secretarias da Presidência da República ou pelo Chefe do Estado-Maior das Forças Armadas, obrigam, também, os respectivos órgãos autônomos e entidades vinculadas.

Art. 43. A Súmula da Advocacia-Geral da União tem caráter obrigatório quanto a todos os órgãos jurídicos enumerados nos arts. 2º e 17 desta lei complementar.

§ 1º O enunciado da Súmula editado pelo Advogado-Geral da União há de ser publicado no *Diário Oficial da União*, por três dias consecutivos.

§ 2º No início de cada ano, os enunciados existentes devem ser consolidados e publicados no *Diário Oficial da União*.

Art. 44. Os pareceres aprovados do Advogado-Geral da União inserem-se em coletânea denominada "Pareceres da Advocacia-Geral da União", a ser editada pela Imprensa Nacional.

TÍTULO VI – DAS DISPOSIÇÕES GERAIS E FINAIS

Art. 45. O Regimento Interno da Advocacia-Geral da União é editado pelo Advogado-Geral da União, observada a presente lei complementar.

§ 1º O Regimento Interno deve dispor sobre a competência, a estrutura e o funcionamento da Corregedoria-Geral da Advocacia da União, da Procuradoria-Geral da União, da Consultoria-Geral da União, das Consultorias Jurídicas, do Gabinete do Advogado-Geral da União e dos Gabinetes dos Secretários-Gerais, do Centro de Estudos, da Diretoria-Geral de Administração e da Secretaria de Controle Interno, bem como sobre as atribuições de seus titulares e demais integrantes.

§ 2º O Advogado-Geral da União pode conferir, no Regimento Interno, ao Procurador-Geral da União e ao Consultor-Geral da União, atribuições conexas às que lhe prevê o art. 4º desta lei complementar.

§ 3º No Regimento Interno são disciplinados os procedimentos administrativos concernentes aos trabalhos jurídicos da Advocacia-Geral da União.

Art. 46. É facultado ao Advogado-Geral da União convocar quaisquer dos integrantes dos órgãos jurídicos que compõem a Advocacia-Geral da União, para instruções e esclarecimentos.

Art. 47. O Advogado-Geral da União pode requisitar servidores dos órgãos ou entidades da Administração Federal, para o desempenho de cargo em comissão ou atividade outra na Advocacia-Geral da União, assegurados ao servidor todos os direitos e vantagens a que faz jus no órgão ou entidade de origem, inclusive promoção.

Art. 48. Os cargos da Advocacia-Geral da União integram quadro próprio.

Art. 49. São nomeados pelo Presidente da República:

I – mediante indicação do Advogado-Geral da União, os titulares dos cargos de natureza especial de Corregedor-Geral da Advocacia da União, de Procurador-Geral da União, de Consultor-Geral da União, de Secretário-Geral de Contencioso e de Secretário-Geral de Consultoria, como os titulares dos cargos em comissão de Corregedor-Auxiliar, de Procurador Regional, de Consultor da União, de Procurador-Chefe e de Diretor-Geral de Administração;

II – mediante indicação do Ministro de Estado, do Secretário-Geral ou titular de Secretaria da Presidência da República, ou do Chefe do Estado-Maior das Forças Armadas, os titulares dos cargos em comissão de Consultor Jurídico;

III – mediante indicação do Ministro de Estado da Fazenda, o titular do cargo de natureza especial de Procurador-Geral da Fazenda Nacional.

§ 1º São escolhidos dentre os membros efetivos da Advocacia-Geral da União o Corregedor-Geral, os Corregedores-Auxiliares, os Procuradores Regionais e os Procuradores-Chefes.

§ 2º O Presidente da República pode delegar ao Advogado-Geral da União competência para prover, nos termos da lei, os demais cargos, efetivos e em comissão, da instituição.

Art. 50. Aplica-se ao Advogado-Geral da União, ao Procurador-Geral da União, ao Consultor-Geral da União, aos Consultores da União e aos Consultores Jurídicos, no que couber, o Capítulo IV do Título III desta lei complementar.

Art. 51. Aos titulares de cargos de confiança, sejam de natureza especial ou em comissão, da Advocacia-Geral da União, assim como aos membros efetivos desta é vedado manter, sob sua chefia imediata, parente consanguíneo ou afim, em linha reta ou colateral, até o segundo grau, bem assim como cônjuge ou companheiro.

Art. 52. Os membros e servidores da Advocacia-Geral da União detêm identificação funcional específica, conforme modelos previstos em seu Regimento Interno.

TÍTULO VII – DAS DISPOSIÇÕES TRANSITÓRIAS

Art. 53. É extinto o cargo de Consultor-Geral da República, de natureza especial.

Art. 54. É criado, com natureza especial, o cargo de Advogado-Geral da União.

Art. 55. São criados, com natureza especial, os cargos de Procurador-Geral da União, Procurador-Geral da Fazenda Nacional, Consultor-Geral da União e de Corregedor-Geral da Advocacia da União, privativos de Bacharel em Direito, de elevado saber jurídico e reconhecida idoneidade, com dez anos de prática forense e maior de trinta e cinco anos.

Art. 56. São extintos os cargos em comissão de Procurador-Geral da Fazenda Nacional e de Secretário-Geral da Consultoria-Geral da República.

Art. 57. São criados os cargos de Secretário-Geral de Contencioso e de Secretário-Geral de Consultoria, de natureza especial, privativos de Bacharel em Direito que reúna as condições estabelecidas no art. 55 desta lei complementar.

Art. 58. Os cargos de Consultor Jurídico são privativos de Bacharel em Direito de provada capacidade e experiência, e reconhecida idoneidade, que tenham cinco anos de prática forense.

Arts. 59 e 60. VETADOS.

Art. 61. A opção, facultada pelo § 2º do art. 29 do Ato das Disposições Constitucionais Transitórias da Constituição Federal, aos Procuradores da República, deve ser manifestada, ao Advogado-Geral da União, no prazo improrrogável de quinze dias, contado da publicação da lei prevista no parágrafo único do art. 26 desta lei complementar.

Art. 62. São criados, no Quadro da Advocacia-Geral da União, seiscentos cargos de Advogado da União, providos mediante aprovação em concurso público, de provas e títulos, distribuídos entre as categorias, na forma estabelecida no Regimento Interno da Advocacia-Geral da União.

§ 1º Cabe ao Advogado-Geral da União disciplinar, em ato próprio, o primeiro concurso público de provas e títulos, destinado ao provimento de cargos de Advogado da União de 2ª Categoria.

§ 2º O concurso público a que se refere o parágrafo anterior deve ter o respectivo edital publicado nos sessenta dias seguintes à posse do Advogado-Geral da União.

Art. 63. Passam a integrar o Quadro da Advocacia-Geral da União os cargos efetivos das atividades-meio da Consultoria-Geral da República e seus titulares.

Art. 64. Até que seja promulgada a lei prevista no art. 26 desta lei complementar, ficam assegurados aos titulares dos cargos efetivos e em comissão, privativos de Bacharel em Direito, dos atuais órgãos da Advocacia Consultiva da União, os vencimentos e vantagens a que fazem jus.

Art. 65. VETADO.

Art. 66. Nos primeiros dezoito meses de vigência desta lei complementar, os cargos de confiança referidos no § 1º do art. 49 podem ser exercidos por Bacharel em Direito não integrante das carreiras de Advogado da União e de Procurador da Fazenda Nacional, observados os requisitos impostos pelos arts. 55 e 58, bem como o disposto no Capítulo IV do Título III desta lei complementar.

Art. 67. São interrompidos, por trinta dias, os prazos em favor da União, a partir da vigência desta lei complementar.

Parágrafo único. A interrupção prevista no *caput* deste artigo não se aplica às causas em que as autarquias e as fundações públicas sejam autoras, rés, assistentes, oponentes, recorrentes e recorridas, e àquelas de competência da Procuradoria-Geral da Fazenda Nacional.

Art. 68. VETADO.

Art. 69. O Advogado-Geral da União poderá, tendo em vista a necessidade do serviço, designar, excepcional e provisoriamente, como representantes judiciais da União, titulares de cargos de Procurador da Fazenda Nacional e de Assistente Jurídico.

Parágrafo único. No prazo de dois anos, contado da publicação desta lei complementar, cessará a faculdade prevista neste artigo.

Arts. 70 e 71. VETADOS.

Art. 72. Esta lei complementar entra em vigor na data de sua publicação.

Art. 73. Revogam-se as disposições em contrário.

Brasília, 10 de fevereiro de 1993;
172º da Independência e
105º da República.

Itamar Franco

LEI Nº 8.625, DE 12 DE FEVEREIRO DE 1993

Institui a Lei Orgânica Nacional do Ministério Público, dispõe sobre normas gerais para a organização do Ministério Público dos Estados e dá outras providências.

▶ Publicada no *DOU* de 15-2-1993.

CAPÍTULO I – DAS DISPOSIÇÕES GERAIS

Art. 1º O Ministério Público é instituição permanente, essencial à função jurisdicional do Estado, incumbindo-lhe a defesa da ordem jurídica, do regime democrático e dos interesses sociais e individuais indisponíveis.

▶ Art. 127 da CF.
▶ Art. 257 do CPP.
▶ Arts. 54 a 59 do CPPM.
▶ Art. 1º da LC nº 75, de 20-5-1993 (Lei Orgânica do Ministério Público da União).

Parágrafo único. São princípios institucionais do Ministério Público a unidade, a indivisibilidade e a independência funcional.

▶ Art. 127, § 1º, da CF.
▶ Art. 4º da LC nº 75, de 20-5-1993 (Lei Orgânica do Ministério Público da União).

Art. 2º Lei complementar, denominada Lei Orgânica do Ministério Público, cuja iniciativa é facultada aos Procuradores-Gerais de Justiça dos Estados, estabelecerá, no âmbito de cada uma dessas unidades federativas, normas específicas de organização, atribuições e estatuto do respectivo Ministério Público.

▶ Art. 128, § 5º, da CF.

Parágrafo único. A organização, atribuições e estatuto do Ministério Público do Distrito Federal e Territórios serão objeto da Lei Orgânica do Ministério Público da União.

▶ LC nº 75, de 20-5-1993 (Lei Orgânica do Ministério Público da União).

Art. 3º Ao Ministério Público é assegurada autonomia funcional, administrativa e financeira, cabendo-lhe, especialmente:

▶ Art. 127, §§ 2º e 3º, da CF.

I – praticar atos próprios de gestão;

II – praticar atos e decidir sobre a situação funcional e administrativa do pessoal, ativo e inativo, da carreira e dos serviços auxiliares, organizados em quadros próprios;

III – elaborar suas folhas de pagamento e expedir os competentes demonstrativos;

IV – adquirir bens e contratar serviços, efetuando a respectiva contabilização;

V – propor ao Poder Legislativo a criação e a extinção de seus cargos, bem como a fixação e o reajuste dos vencimentos de seus membros;

▶ Art. 127, § 2º, da CF.

VI – propor ao Poder Legislativo a criação e a extinção dos cargos de seus serviços auxiliares, bem como a fixação e o reajuste dos vencimentos de seus servidores;

VII – prover os cargos iniciais da carreira e dos serviços auxiliares, bem como nos casos de remoção, promoção e demais formas de provimento derivado;

VIII – editar atos de aposentadoria, exoneração e outros que importem em vacância de cargos de carreira e dos serviços auxiliares, bem como os de disponibilidade de membros do Ministério Público e de seus servidores;

IX – organizar suas secretarias e os serviços auxiliares das Procuradorias e Promotorias de Justiça;

X – compor os seus órgãos de administração;

XI – elaborar seus regimentos internos;

XII – exercer outras competências dela decorrentes.

Parágrafo único. As decisões do Ministério Público fundadas em sua autonomia funcional, administrativa e financeira, obedecidas as formalidades legais, têm eficácia plena e executoriedade imediata, ressalvada a competência constitucional do Poder Judiciário e do Tribunal de Contas.

Art. 4º O Ministério Público elaborará sua proposta orçamentária dentro dos limites estabelecidos na Lei de Diretrizes Orçamentárias, encaminhando-a diretamente ao Governador do Estado, que a submeterá ao Poder Legislativo.

► Art. 127, § 3º, da CF.

§ 1º Os recursos correspondentes às suas dotações orçamentárias próprias e globais, compreendidos os créditos suplementares e especiais, ser-lhe-ão entregues até o dia vinte de cada mês, sem vinculação a qualquer tipo de despesa.

§ 2º A fiscalização contábil, financeira, orçamentária, operacional e patrimonial do Ministério Público, quanto à legalidade, legitimidade, economicidade, aplicação de dotações e recursos próprios e renúncia de receitas, será exercida pelo Poder Legislativo, mediante controle externo e pelo sistema de controle interno estabelecido na Lei Orgânica.

CAPÍTULO II
DA ORGANIZAÇÃO DO MINISTÉRIO PÚBLICO

Seção I
DOS ÓRGÃOS DE ADMINISTRAÇÃO

Art. 5º São órgãos da Administração Superior do Ministério Público:

I – a Procuradoria-Geral de Justiça;

► Arts. 9º a 11 desta Lei.

II – o Colégio de Procuradores de Justiça;

► Arts. 12 e 13 desta Lei.

III – o Conselho Superior do Ministério Público;

► Arts. 14 e 15 desta Lei.

IV – a Corregedoria-Geral do Ministério Público.

► Arts. 16 a 18 desta Lei.

Art. 6º São também órgãos de Administração do Ministério Público:

I – as Procuradorias de Justiça;

► Arts. 19 a 22 desta Lei.

II – as Promotorias de Justiça.

► Arts. 23 e 24 desta Lei.

Seção II
DOS ÓRGÃOS DE EXECUÇÃO

Art. 7º São órgãos de execução do Ministério Público:

I – o Procurador-Geral de Justiça;

► Art. 29 desta Lei.

II – o Conselho Superior do Ministério Público;

► Art. 30 desta Lei.

III – os Procuradores de Justiça;

► Art. 31 desta Lei.

IV – os Promotores de Justiça.

► Art. 32 desta Lei.

Seção III
DOS ÓRGÃOS AUXILIARES

Art. 8º São órgãos auxiliares do Ministério Público, além de outros criados pela Lei Orgânica:

I – os Centros de Apoio Operacional;

► Art. 33 desta Lei.

II – a Comissão de Concurso;

► Art. 34 desta Lei.

III – o Centro de Estudos e Aperfeiçoamento Funcional;

► Art. 35 desta Lei.

IV – os órgãos de apoio administrativo;

► Art. 36 desta Lei.

V – os estagiários.

► Art. 37 desta Lei.

CAPÍTULO III
DOS ÓRGÃOS DE ADMINISTRAÇÃO

Seção I
DA PROCURADORIA-GERAL DE JUSTIÇA

Art. 9º Os Ministérios Públicos dos Estados formarão lista tríplice, dentre integrantes da carreira, na forma da lei respectiva, para escolha de seu Procurador-Geral, que será nomeado pelo Chefe do Poder Executivo, para mandato de dois anos, permitida uma recondução, observado o mesmo procedimento.

► Art. 128, § 3º, da CF.

§ 1º A eleição da lista tríplice far-se-á mediante voto plurinominal de todos os integrantes da carreira.

§ 2º A destituição do Procurador-Geral de Justiça, por iniciativa do Colégio de Procuradores, deverá ser precedida de autorização de um terço dos membros da Assembleia Legislativa.

► Art. 128, § 4º, da CF.

§ 3º Nos seus afastamentos e impedimentos o Procurador-Geral de Justiça será substituído na forma da Lei Orgânica.

§ 4º Caso o Chefe do Poder Executivo não efetive a nomeação do Procurador-Geral de Justiça, nos quinze dias que se seguirem ao recebimento da lista tríplice, será investido automaticamente no cargo o membro do Ministério Público mais votado, para exercício do mandato.

Art. 10. Compete ao Procurador-Geral de Justiça:

I – exercer a chefia do Ministério Público, representando-o judicial e extrajudicialmente;

► Arts. 29, III, e 38, § 2º, desta Lei.

II – integrar, como membro nato, e presidir o Colégio de Procuradores de Justiça e o Conselho Superior do Ministério Público;

► Art. 14, I, desta Lei.

III – submeter ao Colégio de Procuradores de Justiça as propostas de criação e extinção de cargos e serviços auxiliares e de orçamento anual;

IV – encaminhar ao Poder Legislativo os projetos de lei de iniciativa do Ministério Público;

V – praticar atos e decidir questões relativas à administração geral e execução orçamentária do Ministério Público;

VI – prover os cargos iniciais da carreira e dos serviços auxiliares, bem como nos casos de remoção, promoção, convocação e demais formas de provimento derivado;

VII – editar atos de aposentadoria, exoneração e outros que importem em vacância de cargos da carreira ou dos serviços auxiliares e atos de disponibilidade de membros do Ministério Público e de seus servidores;

VIII – delegar suas funções administrativas;

IX – designar membros do Ministério Público para:

a) exercer as atribuições de dirigente dos Centros de Apoio Operacional;

b) ocupar cargo de confiança junto aos órgãos da Administração Superior;

c) integrar organismos estatais afetos a sua área de atuação;

d) oferecer denúncia ou propor ação civil pública nas hipóteses de não confirmação de arquivamento de inquérito policial ou civil, bem como de quaisquer peças de informação;

e) acompanhar inquérito policial ou diligência investigatória, devendo recair a escolha sobre o membro do Ministério Público com atribuição para, em tese, oficiar no feito, segundo as regras ordinárias de distribuição de serviços;

f) assegurar a continuidade dos serviços, em caso de vacância, afastamento temporário, ausência, impedimento ou suspeição de titular de cargo, ou com consentimento deste;

g) por ato excepcional e fundamentado, exercer as funções processuais afetas a outro membro da instituição, submetendo sua decisão previamente ao Conselho Superior do Ministério Público;

h) oficiar perante a Justiça Eleitoral de primeira instância, ou junto ao Procurador-Regional Eleitoral, quando por este solicitado;

X – dirimir conflitos de atribuições entre membros do Ministério Público, designando quem deva oficiar no feito;

XI – decidir processo disciplinar contra membro do Ministério Público, aplicando as sanções cabíveis;

XII – expedir recomendações, sem caráter normativo aos órgãos do Ministério Público, para o desempenho de suas funções;

XIII – encaminhar aos Presidentes dos Tribunais as listas sêxtuplas a que se referem os artigos 94, *caput*, e 104, parágrafo único, II, da Constituição Federal;

XIV – exercer outras atribuições previstas em lei.

Art. 11. O Procurador-Geral de Justiça poderá ter em seu Gabinete, no exercício de cargo de confiança, Procuradores ou Promotores de Justiça da mais elevada entrância ou categoria, por ele designados.

Seção II

DO CÓLEGIO DE PROCURADORES DE JUSTIÇA

Art. 12. O Colégio de Procuradores de Justiça é composto por todos os Procuradores de Justiça, competindo-lhe:

I – opinar, por solicitação do Procurador-Geral de Justiça ou de um quarto de seus integrantes, sobre matéria relativa à autonomia do Ministério Público, bem como sobre outras de interesse institucional;

II – propor ao Procurador-Geral de Justiça a criação de cargos e serviços auxiliares, modificações na Lei Orgânica e providências relacionadas ao desempenho das funções institucionais;

III – aprovar a proposta orçamentária anual do Ministério Público, elaborada pela Procuradoria-Geral de Justiça, bem como os projetos de criação de cargos e serviços auxiliares;

IV – propor ao Poder Legislativo a destituição do Procurador-Geral de Justiça, pelo voto de dois terços de seus membros e por iniciativa da maioria absoluta de seus integrantes em caso de abuso de poder, conduta incompatível ou grave omissão nos deveres do cargo, assegurada ampla defesa;

V – eleger o Corregedor-Geral do Ministério Público;

▶ Art. 16 desta Lei.

VI – destituir o Corregedor-Geral do Ministério Público, pelo voto de dois terços de seus membros, em caso de abuso de poder, conduta incompatível ou grave omissão nos deveres do cargo, por representação do Procurador-Geral de Justiça ou da maioria de seus integrantes, assegurada ampla defesa;

VII – recomendar ao Corregedor-Geral do Ministério Público a instauração de procedimento administrativo disciplinar contra membro do Ministério Público;

VIII – julgar recurso contra decisão:

a) de vitaliciamento, ou não, de membro do Ministério Público;

b) condenatória em procedimento administrativo disciplinar;

c) proferida em reclamação sobre o quadro geral de antiguidade;

d) de disponibilidade e remoção de membro do Ministério Público, por motivo de interesse público;

▶ Art. 128, § 5º, I, *b*, da CF.

e) de recusa prevista no § 3º do artigo 15 desta Lei;

IX – decidir sobre pedido de revisão de procedimento administrativo disciplinar;

X – deliberar por iniciativa de um quarto de seus integrantes ou do Procurador-Geral de Justiça, que este ajuíze ação cível de decretação de perda do cargo de membro vitalício do Ministério Público nos casos previstos nesta Lei;

▶ Art. 128, § 5º, I, *a*, da CF.

XI – rever, mediante requerimento de legítimo interessado, nos termos da Lei Orgânica, decisão de arquivamento de inquérito policial ou peças de informação determinada pelo Procurador-Geral de Justiça, nos casos de sua atribuição originária;

XII – elaborar seu regimento interno;

XIII – desempenhar outras atribuições que lhe forem conferidas por lei.

Parágrafo único. As decisões do Colégio de Procuradores de Justiça serão motivadas e publicadas, por extrato, salvo nas hipóteses legais de sigilo ou por deliberação da maioria de seus integrantes.

▶ Art. 37 da CF.

Art. 13. Para exercer as atribuições do Colégio de Procuradores de Justiça com número superior a quarenta Procuradores de Justiça, poderá ser constituído Órgão Especial, cuja composição e número de integrantes a Lei Orgânica fixará.

Parágrafo único. O disposto neste artigo não se aplica às hipóteses previstas nos incisos I, IV, V e VI do artigo anterior, bem como a outras atribuições a serem deferidas à totalidade do Colégio de Procuradores de Justiça pela Lei Orgânica.

Seção III

DO CONSELHO SUPERIOR DO MINISTÉRIO PÚBLICO

Art. 14. Lei Orgânica de cada Ministério Público disporá sobre a composição, inelegibilidade e prazos de sua cessação, posse e duração do mandato dos integrantes do Conselho Superior do Ministério Público, respeitadas as seguintes disposições:

I – o Conselho Superior terá como membros natos apenas o Procurador-Geral de Justiça e o Corregedor-Geral do Ministério Público;

▶ Arts. 10, II, e 16, parágrafo único, desta Lei.

II – são elegíveis somente Procuradores de Justiça que não estejam afastados da carreira;

III – o eleitor poderá votar em cada um dos elegíveis até o número de cargos postos em eleição, na forma da lei complementar estadual.

Art. 15. Ao Conselho Superior do Ministério Público compete:

▶ Art. 30 desta Lei.

I – elaborar as listas sêxtuplas a que se referem os artigos 94, *caput*, e 104, parágrafo único, II, da Constituição Federal;

II – indicar ao Procurador-Geral de Justiça, em lista tríplice, os candidatos a remoção ou promoção por merecimento;

III – eleger, na forma da Lei Orgânica, os membros do Ministério Público que integrarão a Comissão de Concurso de ingresso na carreira;

▶ Art. 34 desta Lei.

IV – indicar o nome do mais antigo membro do Ministério Público para remoção ou promoção por antiguidade;

V – indicar ao Procurador-Geral de Justiça Promotores de Justiça para substituição por convocação;

VI – aprovar os pedidos de remoção por permuta entre membros do Ministério Público;

VII – decidir sobre vitaliciamento de membros do Ministério Público;

▶ Art. 128, § 5º, I, *a*, da CF.

VIII – determinar por voto de dois terços de seus integrantes a disponibilidade ou remoção de membros do Ministério Público, por interesse público, assegurada ampla defesa;

▶ Art. 128, § 5º, I, *b*, da CF.

IX – aprovar o quadro geral de antiguidade do Ministério Público e decidir sobre reclamações formuladas a esse respeito;

X – sugerir ao Procurador-Geral a edição de recomendações, sem caráter vinculativo, aos órgãos do Ministério Público para o desempenho de suas funções e a adoção de medidas convenientes ao aprimoramento dos serviços;

XI – autorizar o afastamento de membro do Ministério Público para frequentar curso ou seminário de aperfeiçoamento e estudo, no País ou no exterior;

XII – elaborar seu regimento interno;

XIII – exercer outras atribuições previstas em lei.

§ 1º As decisões do Conselho Superior do Ministério Público serão motivadas e publicadas, por extrato, salvo nas hipóteses legais de sigilo ou por deliberação da maioria de seus integrantes.

▶ Art. 37 da CF.

§ 2º A remoção e a promoção voluntária por antiguidade e por merecimento, bem como a convocação, dependerão de prévia manifestação escrita do interessado.

▶ Art. 128, § 5º, I, *b*, da CF.

§ 3º Na indicação por antiguidade, o Conselho Superior do Ministério Público somente poderá recusar o membro do Ministério Público mais antigo pelo voto de dois terços de seus integrantes, conforme procedimento próprio, repetindo-se a votação até fixar-se a indicação, após o julgamento de eventual recurso interposto com apoio na alínea e do inciso VIII do artigo 12 desta Lei.

Seção IV

DA CORREGEDORIA-GERAL DO MINISTÉRIO PÚBLICO

Art. 16. O Corregedor-Geral do Ministério Público será eleito pelo Colégio de Procuradores, dentre os Procuradores de Justiça, para mandato de dois anos, permitida uma recondução, observado o mesmo procedimento.

▶ Arts. 12, V, e 13, parágrafo único, desta Lei.

Parágrafo único. O Corregedor-Geral do Ministério Público é membro nato do Colégio de Procuradores de Justiça e do Conselho Superior do Ministério Público.

▶ Art. 14, I, desta Lei.

Art. 17. A Corregedoria-Geral do Ministério Público é o órgão orientador e fiscalizador das atividades funcionais e da conduta dos membros do Ministério Público, incumbindo-lhe, dentre outras atribuições:

I – realizar correições e inspeções;

II – realizar inspeções nas Procuradorias de Justiça, remetendo relatório reservado ao Colégio de Procuradores de Justiça;

III – propor ao Conselho Superior do Ministério Público, na forma da Lei Orgânica, o não vitaliciamento de membro do Ministério Público;

IV – fazer recomendações, sem caráter vinculativo, a órgão de execução;

V – instaurar, de ofício ou por provocação dos demais órgãos da Administração Superior do Ministério Público, processo disciplinar contra membro da instituição, presidindo-o e aplicando as sanções administrativas cabíveis, na forma da Lei Orgânica;

VI – encaminhar ao Procurador-Geral de Justiça os processos administrativos disciplinares que, na forma da Lei Orgânica, incumba a este decidir;

VII – remeter aos demais órgãos da Administração Superior do Ministério Público informações necessárias ao desempenho de suas atribuições;

VIII – apresentar ao Procurador-Geral de Justiça, na primeira quinzena de fevereiro, relatório com dados estatísticos sobre as atividades das Procuradorias e Promotorias de Justiça, relativas ao ano anterior.

Art. 18. O Corregedor-Geral do Ministério Público será assessorado por Promotores de Justiça da mais elevada entrância ou categoria, por ele indicados e designados pelo Procurador-Geral de Justiça.

Parágrafo único. Recusando-se o Procurador-Geral de Justiça a designar os Promotores de Justiça que lhe foram indicados, o Corregedor-Geral do Ministério Público poderá submeter a indicação à deliberação do Colégio de Procuradores.

Seção V

DAS PROCURADORIAS DE JUSTIÇA

Art. 19. As Procuradorias de Justiça são órgãos de Administração do Ministério Público, com cargos de Procurador de Justiça e serviços auxiliares necessários ao desempenho das funções que lhe forem cometidas pela Lei Orgânica.

§ 1º É obrigatória a presença de Procurador de Justiça nas sessões de julgamento dos processos da respectiva Procuradoria de Justiça.

§ 2º Os Procuradores de Justiça exercerão inspeção permanente dos serviços dos Promotores de Justiça nos autos em que oficiem, remetendo seus relatórios à Corregedoria-Geral do Ministério Público.

Art. 20. Os Procuradores de Justiça das Procuradorias de Justiça civis e criminais, que oficiem junto ao mesmo Tribunal, reunir-se-ão para fixar orientações jurídicas, sem caráter vinculativo, encaminhando-as ao Procurador-Geral de Justiça.

Art. 21. A divisão interna dos serviços das Procuradorias de Justiça sujeitar-se-á a critérios objetivos definidos pelo Colégio de Procuradores, que visem à distribuição equitativa dos processos por sorteio, observadas, para esse efeito, as regras de proporcionalidade, especialmente a alternância fixada em função da natureza, volume e espécie dos feitos.

Parágrafo único. A norma deste artigo só não incidirá nas hipóteses em que os Procuradores de Justiça definam, consensualmente, conforme critérios próprios, a divisão interna dos serviços.

Art. 22. À Procuradoria de Justiça compete, na forma da Lei Orgânica, dentre outras atribuições:

I – escolher o Procurador de Justiça responsável pelos serviços administrativos da Procuradoria;

II – propor ao Procurador-Geral de Justiça a escala de férias de seus integrantes;

III – solicitar ao Procurador-Geral de Justiça, em caso de licença de Procurador de Justiça ou afastamento de suas funções junto à Procuradoria de Justiça, que convoque Promotor de Justiça da mais elevada entrância ou categoria para substituí-lo.

Seção VI

DAS PROMOTORIAS DE JUSTIÇA

Art. 23. As Promotorias de Justiça são órgãos de administração do Ministério Público com pelo menos um cargo de Promotor de Justiça e serviços auxiliares necessários ao desempenho das funções que lhe forem cometidas pela Lei Orgânica.

§ 1º As Promotorias de Justiça poderão ser judiciais ou extrajudiciais, especializadas, gerais ou cumulativas.

§ 2º As atribuições das Promotorias de Justiça e dos cargos dos Promotores de Justiça que a integram serão fixadas mediante proposta do Procurador-Geral de Justiça, aprovada pelo Colégio de Procuradores de Justiça.

§ 3º A exclusão, inclusão ou outra modificação nas atribuições das Promotorias de Justiça ou dos cargos dos Promotores de Justiça que a integram serão efetuadas mediante proposta do Procurador-Geral de Justiça, aprovada por maioria absoluta do Colégio de Procuradores.

Art. 24. O Procurador-Geral de Justiça poderá, com a concordância do Promotor de Justiça titular, designar outro Promotor para funcionar em feito determinado, de atribuição daquele.

CAPÍTULO IV

DAS FUNÇÕES DOS ÓRGÃOS DE EXECUÇÃO

Seção I

DAS FUNÇÕES GERAIS

Art. 25. Além das funções previstas nas Constituições Federal e Estadual, na Lei Orgânica e em outras leis, incumbe, ainda, ao Ministério Público:

I – propor ação de inconstitucionalidade de leis ou atos normativos estaduais ou municipais, face à Constituição Estadual;

II – promover a representação de inconstitucionalidade para efeito de intervenção do Estado nos Municípios;

III – promover, privativamente, a ação penal pública, na forma da lei;

IV – promover o inquérito civil e a ação civil pública, na forma da lei:

a) para a proteção, prevenção e reparação dos danos causados ao meio ambiente, ao consumidor, aos bens e direitos de valor artístico, estético, histórico, turístico e paisagístico, e a outros interesses difusos, coletivos e individuais indisponíveis e homogêneos;

► Súm. nº 643 do STF.

b) para a anulação ou declaração de nulidade de atos lesivos ao patrimônio público ou à moralidade administrativa do Estado ou de Município, de suas administrações indiretas ou fundacionais ou de entidades privadas de que participem;

V – manifestar-se nos processos em que sua presença seja obrigatória por lei e, ainda, sempre que cabível a intervenção, para assegurar o exercício de suas funções institucionais, não importando a fase ou grau de jurisdição em que se encontrem os processos;

VI – exercer a fiscalização dos estabelecimentos prisionais e dos que abriguem idosos, menores, incapazes ou pessoas portadoras de deficiência;

VII – deliberar sobre a participação em organismos estatais de defesa do meio ambiente, neste compreendido o do trabalho, do consumidor, de política penal e penitenciária e outros afetos à sua área de atuação;

VIII – ingressar em juízo, de ofício, para responsabilizar os gestores do dinheiro público condenados por tribunais e conselhos de contas;

IX – interpor recursos ao Supremo Tribunal Federal e ao Superior Tribunal de Justiça;

X e XI – VETADOS.

Parágrafo único. É vedado o exercício das funções do Ministério Público a pessoas a ele estranhas, sob pena de nulidade do ato praticado.

Art. 26. No exercício de suas funções, o Ministério Público poderá:

I – instaurar inquéritos civis e outras medidas e procedimentos administrativos pertinentes e, para instruí-los:

► O STF, no julgamento da ADI nº 2.943, declarou a constitucionalidade deste inciso (*DOU* de 24-9-2024).

a) expedir notificações para colher depoimento ou esclarecimentos e, em caso de não comparecimento injustificado, requisitar condução coercitiva, inclusive pela Polícia Civil ou Militar, ressalvadas as prerrogativas previstas em lei;

► Art. 129, VI, da CF.

b) requisitar informações, exames periciais e documentos de autoridades federais, estaduais e municipais, bem como dos órgãos e entidades da administração direta, indireta ou fundacional, de qualquer dos Poderes da União, dos Estados, do Distrito Federal e dos Municípios;

► Art. 129, VIII, da CF.

► Art. 47 do CPP.

► Art. 80 do CPPM.

c) promover inspeções e diligências investigatórias junto às autoridades, órgãos e entidades a que se refere a alínea anterior;

II – requisitar informações e documentos a entidades privadas, para instruir procedimentos ou processo em que oficie;

III – requisitar à autoridade competente a instauração de sindicância ou procedimento administrativo cabível;

IV – requisitar diligências investigatórias e a instauração de inquérito policial e de inquérito policial militar, observado o disposto no artigo 129, VIII, da Constituição Federal, podendo acompanhá-los;

V – praticar atos administrativos executórios, de caráter preparatório;

VI – dar publicidade dos procedimentos administrativos não disciplinares que instaurar e das medidas adotadas;

VII – sugerir ao Poder competente a edição de normas e a alteração da legislação em vigor, bem como a adoção de medidas propostas, destinadas à prevenção e controle da criminalidade;

VIII – manifestar-se em qualquer fase dos processos, acolhendo solicitação do juiz, da parte ou por sua iniciativa, quando entender existente interesse em causa que justifique a intervenção.

§ 1º As notificações e requisições previstas neste artigo, quando tiverem como destinatários o Governador do Estado, os membros do Poder Legislativo e os desembargadores, serão encaminhadas pelo Procurador-Geral de Justiça.

§ 2º O membro do Ministério Público será responsável pelo uso indevido das informações e documentos que requisitar, inclusive nas hipóteses legais de sigilo.

§ 3º Serão cumpridas gratuitamente as requisições feitas pelo Ministério Público às autoridades, órgãos e entidades da Administração Pública direta, indireta ou fundacional, de qualquer dos Poderes da União, dos Estados, do Distrito Federal e dos Municípios.

§ 4º A falta ao trabalho, em virtude de atendimento a notificação ou requisição, na forma do inciso I deste artigo, não autoriza desconto de vencimentos ou salário, considerando-se de efetivo exercício, para todos os efeitos, mediante comprovação escrita do membro do Ministério Público.

§ 5º Toda representação ou petição formulada ao Ministério Público será distribuída entre os membros da instituição que tenham atribuições para apreciá-la, observados os critérios fixados pelo Colégio de Procuradores.

Art. 27. Cabe ao Ministério Público exercer a defesa dos direitos assegurados nas Constituições Federal e Estadual, sempre que se cuidar de garantir-lhe o respeito:

I – pelos poderes estaduais ou municipais;

II – pelos órgãos da Administração Pública Estadual ou Municipal, direta ou indireta;

III – pelos concessionários e permissionários de serviço público estadual ou municipal;

IV – por entidades que exerçam outra função delegada do Estado ou do Município ou executem serviço de relevância pública.

Parágrafo único. No exercício das atribuições a que se refere este artigo, cabe ao Ministério Público, entre outras providências:

I – receber notícias de irregularidades, petições ou reclamações de qualquer natureza, promover as apurações cabíveis que lhes sejam próprias e dar-lhes as soluções adequadas;

II – zelar pela celeridade e racionalização dos procedimentos administrativos;

III – dar andamento, no prazo de trinta dias, às notícias de irregularidades, petições ou reclamações referidas no inciso I;

IV – promover audiências públicas e emitir relatórios, anual ou especiais, e recomendações dirigidas aos órgãos e entidades mencionadas no *caput* deste artigo, requisitando ao destinatário sua divulgação adequada e imediata, assim como resposta por escrito.

Art. 28. VETADO.

Seção II

DO PROCURADOR-GERAL DE JUSTIÇA

Art. 29. Além das atribuições previstas nas Constituições Federal e Estadual, na Lei Orgânica e em outras leis, compete ao Procurador-Geral de Justiça:

▸ Art. 10 desta Lei.

I – representar aos Tribunais locais por inconstitucionalidade de leis ou atos normativos estaduais ou municipais, face à Constituição Estadual;

II – representar para fins de intervenção do Estado no Município, com o objetivo de assegurar a observância de princípios indicados na Constituição Estadual ou prover a execução de lei, de ordem ou de decisão judicial;

▸ Arts. 35, IV, e 36, III, da CF.

III – representar o Ministério Público nas sessões plenárias dos Tribunais;

IV – VETADO;

V – ajuizar ação penal de competência originária dos Tribunais, nela oficiando;

VI – oficiar nos processos de competência originária dos Tribunais, nos limites estabelecidos na Lei Orgânica;

VII – determinar o arquivamento de representação, notícia de crime, peças de informação, conclusão de comissões parlamentares de inquérito ou inquérito policial, nas hipóteses de suas atribuições legais;

VIII – exercer as atribuições do artigo 129, II e III, da Constituição Federal, quando a autoridade reclamada for o Governador do Estado, o Presidente da Assembleia Legislativa ou os Presidentes de Tribunais, bem como quando contra estes, por ato praticado em razão de suas funções, deva ser ajuizada a competente ação;

IX – delegar a membro do Ministério Público suas funções de órgão de execução.

Seção III

DO CONSELHO SUPERIOR DO MINISTÉRIO PÚBLICO

Art. 30. Cabe ao Conselho Superior do Ministério Público rever o arquivamento de inquérito civil, na forma da lei.

Seção IV

DOS PROCURADORES DE JUSTIÇA

Art. 31. Cabe aos Procuradores de Justiça exercer as atribuições junto aos Tribunais, desde que não cometidas ao Procurador-Geral de Justiça, e inclusive por delegação deste.

▸ Arts. 15, V, e 22, III, desta Lei.

Seção V

DOS PROMOTORES DE JUSTIÇA

Art. 32. Além de outras funções cometidas nas Constituições Federal e Estadual, na Lei Orgânica e demais leis, compete aos Promotores de Justiça, dentro de suas esferas de atribuições:

I – impetrar *habeas corpus* e mandado de segurança e requerer correição parcial, inclusive perante os Tribunais locais competentes;

II – atender a qualquer do povo, tomando as providências cabíveis;

▸ Art. 43, XIII, desta Lei.

III – oficiar perante a Justiça Eleitoral de primeira instância, com as atribuições do Ministério Público Eleitoral previstas na Lei Orgânica do Ministério Público da União que forem pertinentes, além de outras estabelecidas na legislação eleitoral e partidária.

▸ Arts. 10, IX, *h*, e 73 desta Lei.

CAPÍTULO V

DOS ÓRGÃOS AUXILIARES

Seção I

DOS CENTROS DE APOIO OPERACIONAL

Art. 33. Os Centros de Apoio Operacional são órgãos auxiliares da atividade funcional do Ministério Público, competindo-lhes, na forma da Lei Orgânica:

I – estimular a integração e o intercâmbio entre órgãos de execução que atuem na mesma área de atividade e que tenham atribuições comuns;

II – remeter informações técnico-jurídicas, sem caráter vinculativo, aos órgãos ligados à sua atividade;

III – estabelecer intercâmbio permanente com entidades ou órgãos públicos ou privados que atuem em áreas afins, para obtenção de elementos técnicos especializados necessários ao desempenho de suas funções;

IV – remeter, anualmente, ao Procurador-Geral de Justiça relatório das atividades do Ministério Público relativas às suas áreas de atribuições;

V – exercer outras funções compatíveis com suas finalidades, vedado o exercício de qualquer atividade de órgão de execução, bem como a expedição de atos normativos a estes dirigidos.

Seção II

DA COMISSÃO DE CONCURSO

Art. 34. À Comissão de Concurso, órgão auxiliar de natureza transitória, incumbe realizar a seleção de candidatos ao ingresso na carreira do Ministério Público, na forma da Lei Orgânica e observado o artigo 129, § 3º, da Constituição Federal.

Parágrafo único. A Lei Orgânica definirá o critério de escolha do Presidente da Comissão de Concurso de ingresso na carreira, cujos demais integrantes serão eleitos na forma do artigo 15, III, desta Lei.

Seção III

DO CENTRO DE ESTUDOS E APERFEIÇOAMENTO FUNCIONAL

Art. 35. O Centro de Estudos e Aperfeiçoamento Funcional é órgão auxiliar do Ministério Público destinado a realizar cursos, seminários, congressos, simpósios, pesquisas, atividades, estudos e publicações visando ao aprimoramento profissional e cultural dos membros da instituição, de seus auxiliares e funcionários, bem como a melhor execução de seus serviços e racionalização de seus recursos materiais.

Parágrafo único. A Lei Orgânica estabelecerá a organização, funcionamento e demais atribuições do Centro de Estudos e Aperfeiçoamento Funcional.

Seção IV

DOS ÓRGÃOS DE APOIO ADMINISTRATIVO

Art. 36. Lei de iniciativa do Procurador-Geral de Justiça disciplinará os órgãos e serviços auxiliares de apoio administrativo, organizados em quadro próprio de carreiras, com os cargos que atendam às suas peculiaridades e às necessidades da administração e das atividades funcionais.

Seção V

DOS ESTAGIÁRIOS

Art. 37. Os estagiários do Ministério Público, auxiliares das Promotorias de Justiça, serão nomeados pelo Procurador-Geral de Justiça, para período não superior a três anos.

Parágrafo único. A Lei Orgânica disciplinará a seleção, investidura, vedações e dispensa dos estagiários, que serão alunos dos três últimos anos do curso de bacharelado de Direito, de escolas oficiais ou reconhecidas.

CAPÍTULO VI

DAS GARANTIAS E PRERROGATIVAS DOS MEMBROS DO MINISTÉRIO PÚBLICO

Art. 38. Os membros do Ministério Público sujeitam-se a regime jurídico especial e têm as seguintes garantias:

I – vitaliciedade, após dois anos de exercício, não podendo perder o cargo senão por sentença judicial transitada em julgado;

▸ Art. 128, § 5º, I, *a*, da CF.
▸ Art. 15, VII, desta Lei.

II – inamovibilidade, salvo por motivo de interesse público;

▸ Art. 128, § 5º, I, *b*, da CF.

III – irredutibilidade de vencimentos, observado, quanto à remuneração, o disposto na Constituição Federal.

▸ Art. 128, § 5º, I, *c*, da CF.

§ 1º O membro vitalício do Ministério Público somente perderá o cargo por sentença judicial transitada em julgado, proferida em ação civil própria, nos seguintes casos:

▶ Art. 12, VIII, *a*, desta Lei.

I – prática de crime incompatível com o exercício do cargo, após decisão judicial transitada em julgado;

II – exercício da advocacia;

III – abandono do cargo por prazo superior a trinta dias ocorridos.

§ 2º A ação civil para a decretação da perda do cargo será proposta pelo Procurador-Geral de Justiça perante o Tribunal de Justiça local, após autorização do Colégio de Procuradores, na forma da Lei Orgânica.

▶ Art. 12, X, desta Lei.

Art. 39. Em caso de extinção do órgão de execução, da Comarca ou mudança da sede da Promotoria de Justiça, será facultado ao Promotor de Justiça remover-se para outra Promotoria de igual entrância ou categoria, ou obter a disponibilidade com vencimentos integrais e a contagem do tempo de serviço como se em exercício estivesse.

§ 1º O membro do Ministério Público em disponibilidade remunerada, continuará sujeito às vedações constitucionais e será classificado em quadro especial, provendo-se a vaga que ocorrer.

▶ Art. 128, § 5º, II, da CF.

§ 2º A disponibilidade, nos casos previstos no *caput* deste artigo, outorga ao membro do Ministério Público o direito à percepção de vencimentos e vantagens integrais e à contagem do tempo de serviço como se em exercício estivesse.

▶ Arts. 45 a 58 desta Lei.

Art. 40. Constituem prerrogativas dos membros do Ministério Público, além de outras previstas na Lei Orgânica:

I – ser ouvido, como testemunha ou ofendido, em qualquer processo ou inquérito, em dia, hora e local previamente ajustados com o juiz ou a autoridade competente;

▶ Art. 221 do CPP.

▶ Art. 350, *a*, do CPPM.

II – estar sujeito a intimação ou convocação para comparecimento, somente se expedida pela autoridade judiciária ou por órgão da Administração Superior do Ministério Público competente, ressalvadas as hipóteses constitucionais;

III – ser preso somente por ordem judicial escrita, salvo em flagrante de crime inafiançável, caso em que a autoridade fará, no prazo máximo de vinte e quatro horas, a comunicação e a apresentação do membro do Ministério Público ao Procurador-Geral de Justiça;

IV – ser processado e julgado originariamente pelo Tribunal de Justiça de seu Estado, nos crimes comuns e de responsabilidade, ressalvada exceção de ordem constitucional;

▶ Art. 96, III, da CF.

▶ Arts. 69, VII, e 87 do CPP.

V – ser custodiado ou recolhido à prisão domiciliar ou à sala especial de Estado Maior, por ordem e à disposição do Tribunal competente, quando sujeito a prisão antes do julgamento final;

▶ Art. 295 do CPP.

▶ Art. 242 do CPPM.

VI – ter assegurado o direito de acesso, retificação e complementação dos dados e informações relativos à sua pessoa, existentes nos órgãos da instituição, na forma da Lei Orgânica.

Art. 41. Constituem prerrogativas dos membros do Ministério Público, no exercício de sua função, além de outras previstas na Lei Orgânica:

I – receber o mesmo tratamento jurídico e protocolar dispensado aos membros do Poder Judiciário junto aos quais oficiem;

II – não ser indiciado em inquérito policial, observado o disposto no parágrafo único deste artigo;

III – ter vista dos autos após distribuição às Turmas ou Câmaras e intervir nas sessões de julgamento, para sustentação oral ou esclarecimento de matéria de fato;

IV – receber intimação pessoal em qualquer processo e grau de jurisdição, através da entrega dos autos com vista;

V – gozar de inviolabilidade pelas opiniões que externar ou pelo teor de suas manifestações processuais ou procedimentos, nos limites de sua independência funcional;

VI – ingressar e transitar livremente:

a) nas salas de sessões de Tribunais, mesmo além dos limites que separam a parte reservada aos Magistrados;

b) nas salas e dependências de audiências, secretarias, cartórios, tabelionatos, ofícios da justiça, inclusive dos registros públicos, delegacias de polícia e estabelecimento de internação coletiva;

c) em qualquer recinto público ou privado, ressalvada a garantia constitucional de inviolabilidade de domicílio;

VII – examinar, em qualquer Juízo ou Tribunal, autos de processos findos ou em andamento, ainda que conclusos à autoridade, podendo copiar peças e tomar apontamentos;

VIII – examinar, em qualquer repartição policial, autos de flagrante ou inquérito, findos ou em andamento, ainda que conclusos à autoridade, podendo copiar peças e tomar apontamentos;

IX – ter acesso ao indiciado preso, a qualquer momento, mesmo quando decretada a sua incomunicabilidade;

X – usar as vestes talares e as insígnias privativas do Ministério Público;

XI – tomar assento à direita dos Juízes de primeira instância ou do Presidente do Tribunal, Câmara ou Turma.

Parágrafo único. Quando, no curso de investigação, houver indício da prática de infração penal por parte de membro do Ministério Público, a autoridade policial, civil ou militar, remeterá, imediatamente, sob pena de responsabilidade, os respectivos autos ao Procurador-Geral de Justiça, a quem competirá dar prosseguimento à apuração.

Art. 42. Os membros do Ministério Público terão carteira funcional, expedida na forma da Lei Orgânica, valendo em todo o Território Nacional como cédula de identidade, e porte de arma, independentemente, neste caso, de qualquer ato formal de licença ou autorização.

▶ Art. 19, II, da CF.

CAPÍTULO VII
DOS DEVERES E VEDAÇÕES DOS MEMBROS DO MINISTÉRIO PÚBLICO

Art. 43. São deveres dos membros do Ministério Público, além de outros previstos em lei:

I – manter ilibada conduta pública e particular;

II – zelar pelo prestígio da Justiça, por suas prerrogativas e pela dignidade de suas funções;

III – indicar os fundamentos jurídicos de seus pronunciamentos processuais, elaborando relatório em sua manifestação final ou recursal;

▶ Art. 129, VIII, da CF.

IV – obedecer aos prazos processuais;

V – assistir aos atos judiciais, quando obrigatória ou conveniente a sua presença;

VI – desempenhar, com zelo e presteza, as suas funções;

VII – declarar-se suspeito ou impedido, nos termos da lei;

▶ Arts. 112 e 258 do CPP.

▶ Art. 137 do CPPM.

▶ Súm. nº 234 do STJ.

VIII – adotar, nos limites de suas atribuições, as providências cabíveis face à irregularidade de que tenha conhecimento ou que ocorra nos serviços a seu cargo;

IX – tratar com urbanidade as partes, testemunhas, funcionários e auxiliares da Justiça;

X – residir, se titular, na respectiva Comarca;

XI – prestar informações solicitadas pelos órgãos da instituição;

XII – identificar-se em suas manifestações funcionais;

XIII – atender aos interessados, a qualquer momento, nos casos urgentes;

▶ Art. 32, II, desta Lei.

XIV – acatar, no plano administrativo, as decisões dos órgãos da Administração Superior do Ministério Público.

Art. 44. Aos membros do Ministério Público se aplicam as seguintes vedações:

I – receber, a qualquer título e sob qualquer pretexto, honorários, percentagens ou custas processuais;

▶ Art. 128, § 5º, II, *a*, da CF.

II – exercer advocacia;

▶ Art. 128, § 5º, II, *b*, da CF.

III – exercer o comércio ou participar de sociedade comercial, exceto como cotista ou acionista;

▶ Art. 128, § 5º, II, *c*, da CF.

IV – exercer, ainda que em disponibilidade, qualquer outra função pública, salvo uma de Magistério;

▶ Art. 128, § 5º, II, *d*, da CF.

V – exercer atividade político-partidária, ressalvada a filiação e as exceções previstas em lei.

▶ O STF, por maioria de votos, julgou parcialmente procedente a ADI nº 1.377-1, para, sem redução de texto, conferir a este inciso interpretação conforme à CF, definindo como única exegese constitucionalmente possível aquela que apenas admite a filiação partidária de representante do Ministério Público dos Estados-membros, se realizada nas hipóteses de afastamento do integrante do *Parquet* de suas funções institucionais, mediante licença, nos termos da lei (*DOU* de 16-2-2006).

Parágrafo único. Não constituem acumulação, para os efeitos do inciso IV deste artigo, as atividades exercidas em organismos estatais afetos à área de atuação do Ministério Público, em Centro de Estudo e Aperfeiçoamento de Ministério Público, em entidades de representação de classe e o exercício de cargos de confiança na sua administração e nos órgãos auxiliares.

CAPÍTULO VIII – DOS VENCIMENTOS, VANTAGENS E DIREITOS

Art. 45. O membro do Ministério Público, convocado ou designado para substituição, terá direito à diferença de vencimento entre o seu cargo e o que ocupar.

Art. 46. A revisão da remuneração dos membros do Ministério Público far-se-á na forma da lei estadual.

Art. 47. Os vencimentos dos membros do Ministério Público serão fixados com diferença não excedente a dez por cento de uma para outra entrância ou categoria, ou da entrância mais elevada para o cargo de Procurador-Geral de Justiça, garantindo-se aos Procuradores de Justiça não menos de noventa e cinco por cento dos vencimentos atribuídos ao Procurador-Geral.

Art. 48. A remuneração dos membros dos Ministérios Públicos dos Estados observará, como limite máximo, os valores percebidos como remuneração, em espécie, a qualquer título, pelos membros do Poder Judiciário local.

Art. 49. Os vencimentos do Procurador-Geral de Justiça, em cada Estado, para efeito do disposto no § 1º do artigo 39 da Constituição Federal, guardarão equivalência com os vencimentos dos Desembargadores dos Tribunais de Justiça.

► O STF, por unanimidade de votos, julgou procedente a ADI nº 1.274-6, para declarar a inconstitucionalidade deste artigo (*DOU* de 26-2-2003).

Art. 50. Além dos vencimentos, poderão ser outorgadas, a membro do Ministério Público, nos termos da lei, as seguintes vantagens:

I – ajuda de custo, para despesas de transporte e mudança;

II – auxílio-moradia, nas Comarcas em que não haja residência oficial condigna para o membro do Ministério Público;

III – salário-família;

IV – diárias;

V – verba de representação de Ministério Público;

VI – gratificação pela prestação de serviço à Justiça Eleitoral, equivalente àquela devida ao Magistrado ante o qual oficiar;

VII – gratificação pela prestação de serviço à Justiça do Trabalho, nas Comarcas em que não haja Junta de Conciliação e Julgamento;

VIII – gratificação adicional por ano de serviço, incidente sobre o vencimento básico e a verba de representação, observado o disposto no § 3º deste artigo e no inciso XIV do artigo 37 da Constituição Federal;

IX – gratificação pelo efetivo exercício em Comarca de difícil provimento, assim definida e indicada em lei ou em ato do Procurador-Geral de Justiça;

X – gratificação pelo exercício cumulativo de cargos ou funções;

XI – verba de representação pelo exercício de cargos de direção ou de confiança junto aos órgãos da Administração Superior;

XII – outras vantagens previstas em lei, inclusive as concedidas aos servidores públicos em geral.

§ 1º Aplicam-se aos membros do Ministério Público os direitos sociais previstos no artigo 7º, VIII, XII, XVII, XVIII e XIX, da Constituição Federal.

§ 2º Computar-se-á, para efeito de aposentadoria, disponibilidade e adicionais por tempo de serviço, o tempo de exercício da advocacia, até o máximo de quinze anos.

§ 3º Constitui parcela dos vencimentos, para todos os efeitos, a gratificação de representação de Ministério Público.

Art. 51. O direito a férias anuais, coletivas e individuais, do membro do Ministério Público, será igual ao dos Magistrados, regulando a Lei Orgânica a sua concessão e aplicando-se o disposto no artigo 7º, XVII, da Constituição Federal.

Art. 52. Conceder-se-á licença:

I – para tratamento de saúde;

II – por motivo de doença de pessoa da família;

III – à gestante;

IV – paternidade;

V – em caráter especial;

VI – para casamento, até oito dias;

VII – por luto, em virtude de falecimento do cônjuge, ascendente, descendente, irmãos, sogros, noras e genros, até oito dias;

VIII – em outros casos previstos em lei.

Parágrafo único. A Lei Orgânica disciplinará as licenças referidas neste artigo, não podendo o membro do Ministério Público, nessas situações, exercer qualquer de suas funções.

Art. 53. São considerados como de efetivo exercício, para todos os efeitos legais, exceto para vitaliciamento, os dias em que o membro do Ministério Público estiver afastado de suas funções em razão:

I – de licença prevista no artigo anterior;

II – de férias;

III – de cursos ou seminários de aperfeiçoamento e estudos, no País ou no exterior, de duração máxima de dois anos e mediante prévia autorização do Conselho Superior do Ministério Público;

IV – de período de trânsito;

V – de disponibilidade remunerada, exceto para promoção, em caso de afastamento decorrente de punição;

VI – de designação do Procurador-Geral de Justiça para:

a) realização de atividade de relevância para a instituição;

b) direção de Centro de Estudos e Aperfeiçoamento Funcional do Ministério Público;

VII – de exercício de cargos ou de funções de direção de associação representativa de classe, na forma da Lei Orgânica;

VIII – de exercício das atividades previstas no parágrafo único do artigo 44 desta Lei;

IX – de outras hipóteses definidas em lei.

Art. 54. O membro do Ministério Público será aposentado, com proventos integrais, compulsoriamente, por invalidez ou aos setenta anos de idade, e, facultativamente, aos trinta anos de serviço, após cinco anos de efetivo exercício na carreira.

► Art. 129, § 4º, da CF.

Art. 55. Os proventos da aposentadoria, que corresponderão à totalidade dos vencimentos percebidos no serviço ativo, a qualquer título, serão revistos na mesma proporção e na mesma data, sempre que se modificar a remuneração dos membros do Ministério Público em atividade, sendo também estendidos aos inativos quaisquer benefícios ou vantagens posteriormente concedidos àqueles, inclusive quando decorrentes de transformação ou reclassificação do cargo ou função em que se deu a aposentadoria.

Parágrafo único. Os proventos dos membros do Ministério Público aposentados serão pagos na mesma ocasião em que o forem os vencimentos dos membros do Ministério Público em atividade, figurando em folha de pagamento expedida pelo Ministério Público.

Art. 56. A pensão por morte, igual à totalidade dos vencimentos ou proventos percebidos pelos membros em atividade ou inatividade do Ministério Público, será reajustada na mesma data e proporção daqueles.

Parágrafo único. A pensão obrigatória não impedirá a percepção de benefícios decorrentes de contribuição voluntária para qualquer entidade de previdência.

Art. 57. Ao cônjuge sobrevivente e, em sua falta, aos herdeiros ou dependentes de membro do Ministério Público, ainda que aposentado ou em disponibilidade, será pago o auxílio-funeral, em importância igual a um mês de vencimentos ou proventos percebidos pelo falecido.

Art. 58. Para os fins deste Capítulo, equipara-se à esposa a companheira, nos termos da lei.

CAPÍTULO IX – DA CARREIRA

Art. 59. O ingresso nos cargos iniciais da carreira dependerá da aprovação prévia em concurso público de provas e títulos, organizado e realizado pela Procuradoria-Geral de Justiça, com participação da Ordem dos Advogados do Brasil.

► Art. 129, § 3º, da CF.

► Art. 10, VI, desta Lei.

§ 1º É obrigatória a abertura do concurso de ingresso quando o número de vagas atingir a um quinto dos cargos iniciais da carreira.

§ 2º Assegurar-se-ão ao candidato aprovado a nomeação e a escolha do cargo, de acordo com a ordem de classificação no concurso.

§ 3º São requisitos para o ingresso na carreira, dentre outros estabelecidos pela Lei Orgânica:

I – ser brasileiro;

II – ter concluído o curso de bacharelado em Direito, em escola oficial ou reconhecida;

III – estar quite com o serviço militar;

IV – estar em gozo dos direitos políticos.

§ 4º O candidato nomeado deverá apresentar, no ato de sua posse, declaração de seus bens e prestar compromisso de desempenhar, com retidão, as funções do cargo e de cumprir a Constituição e as leis.

Art. 60. Suspende-se, até definitivo julgamento, o exercício funcional de membro do Ministério Público quando, antes do decurso do prazo de dois anos, houver impugnação de seu vitaliciamento.

§ 1º A Lei Orgânica disciplinará o procedimento de impugnação, cabendo ao Conselho Superior do Ministério Público decidir, no prazo máximo de sessenta dias, sobre o não vitaliciamento e ao Colégio de Procuradores, em trinta dias, eventual recurso.

▸ Arts. 12, VIII, *a*, e 15, VII, desta Lei.

§ 2º Durante a tramitação do procedimento de impugnação, o membro do Ministério Público perceberá vencimentos integrais, contando-se para todos os efeitos o tempo de suspensão do exercício funcional, no caso de vitaliciamento.

Art. 61. A Lei Orgânica regulamentará o regime de remoção e promoção dos membros do Ministério Público, observados os seguintes princípios:

I – promoção voluntária, por antiguidade e merecimento, alternadamente, de uma para outra entrância ou categoria e da entrância ou categoria mais elevada para o cargo de Procurador de Justiça, aplicando-se, por assemelhação, o disposto no artigo 93, III e VI, da Constituição Federal;

▸ Art. 15, II e IV, desta Lei.

II – apurar-se-á a antiguidade na entrância e o merecimento pela atuação do membro do Ministério Público em toda a carreira, com prevalência de critérios de ordem objetiva, levando-se inclusive em conta sua conduta, operosidade e dedicação no exercício do cargo, presteza e segurança nas suas manifestações processuais, o número de vezes que já tenha participado de listas, bem como a frequência e o aproveitamento em cursos oficiais, ou reconhecidos, de aperfeiçoamento;

III – obrigatoriedade de promoção do Promotor de Justiça que figure por três vezes consecutivas ou cinco alternadas em lista de merecimento;

IV – a promoção por merecimento pressupõe dois anos de exercício na respectiva entrância ou categoria e integrar o Promotor de Justiça a primeira quinta parte da lista de antiguidade, salvo se não houver com tais requisitos quem aceite o lugar vago, ou quando o número limitado de membros do Ministério Público inviabilizar a formação de lista tríplice;

V – a lista de merecimento resultará dos três nomes mais votados, desde que obtida maioria de votos, procedendo-se, para alcançá-la, a tantas votações quantas necessárias, examinados em primeiro lugar os nomes dos remanescentes de lista anterior;

VI – não sendo caso de promoção obrigatória, a escolha recairá no membro do Ministério Público mais votado, observada a ordem dos escrutínios, prevalecendo, em caso de empate, a antiguidade na entrância ou categoria, salvo se preferir o Conselho Superior delegar a competência ao Procurador-Geral de Justiça.

Art. 62. Verificada a vaga para remoção ou promoção, o Conselho Superior do Ministério Público expedirá, no prazo máximo de sessenta dias, edital para preenchimento do cargo, salvo se ainda não instalado.

Art. 63. Para cada vaga destinada ao preenchimento por remoção ou promoção, expedir-se-á edital distinto, sucessivamente, com a indicação do cargo correspondente à vaga a ser preenchida.

Art. 64. Será permitida a remoção por permuta entre membros do Ministério Público da mesma entrância ou categoria, observado, além do disposto na Lei Orgânica:

▸ Art. 15, IV, desta Lei.

I – pedido escrito e conjunto, formulado por ambos os pretendentes;

II – a renovação de remoção por permuta somente permitida após o decurso de dois anos;

III – que a remoção por permuta não confere direito a ajuda de custo.

Art. 65. A Lei Orgânica poderá prever a substituição por convocação, em caso de licença do titular de cargo da carreira ou de afastamento de suas funções junto à Procuradoria ou Promotoria de Justiça, somente podendo ser convocados membros do Ministério Público.

▸ Art. 15, V, desta Lei.

Art. 66. A reintegração, que decorrerá de sentença transitada em julgado, é o retorno do membro do Ministério Público ao cargo, com ressarcimento dos vencimentos e vantagens deixados de perceber em razão do afastamento, inclusive a contagem do tempo de serviço.

§ 1º Achando-se provido o cargo no qual será reintegrado o membro do Ministério Público, o seu ocupante passará à disponibilidade, até posterior aproveitamento.

§ 2º O membro do Ministério Público reintegrado será submetido a inspeção médica e, se considerado incapaz, será aposentado compulsoriamente, com as vantagens a que teria direito se efetivada a reintegração.

Art. 67. A reversão dar-se-á na entrância em que se aposentou o membro do Ministério Público, em vaga a ser provida pelo critério de merecimento, observados os requisitos legais.

Art. 68. O aproveitamento é o retorno do membro do Ministério Público em disponibilidade ao exercício funcional.

§ 1º O membro do Ministério Público será aproveitado no órgão de execução que ocupava quando posto em disponibilidade, salvo se aceitar outro de igual entrância ou categoria, ou se for promovido.

§ 2º Ao retornar à atividade, será o membro do Ministério Público submetido a inspeção médica e, se julgado incapaz, será aposentado compulsoriamente, com as vantagens a que teria direito se efetivado o seu retorno.

CAPÍTULO X
DAS DISPOSIÇÕES FINAIS E TRANSITÓRIAS

Art. 69. Os Ministérios Públicos dos Estados adequarão suas tabelas de vencimentos ao disposto nesta Lei, visando à revisão da remuneração dos seus membros e servidores.

Art. 70. Fica instituída a gratificação pela prestação de serviço à Justiça Eleitoral, de que trata o artigo 50, VI, desta Lei.

Art. 71. VETADO.

Art. 72. Ao membro ou servidor do Ministério Público é vedado manter, sob sua chefia imediata, em cargo ou função de confiança, cônjuge, companheiro, ou parente até o segundo grau civil.

Art. 73. Para exercer as funções junto à Justiça Eleitoral, por solicitação do Procurador-Geral da República, os membros do Ministério Público do Estado serão designados, se for o caso, pelo respectivo Procurador-Geral de Justiça.

§ 1º Não ocorrendo designação, exclusivamente para os serviços eleitorais, na forma do *caput* deste artigo, o Promotor Eleitoral será o membro do Ministério Público local que oficie perante o Juízo incumbido daqueles serviços.

§ 2º Havendo impedimento ou recusa justificável, o Procurador-Geral de Justiça designará o substituto.

Art. 74. Para fins do disposto no artigo 104, parágrafo único, II, da Constituição Federal e observado o que dispõe o artigo 15, I, desta Lei, a lista sêxtupla de membros do Ministério Público será organizada pelo Conselho Superior de cada Ministério Público dos Estados.

Art. 75. Compete ao Procurador-Geral de Justiça, ouvido o Conselho Superior do Ministério Público, autorizar o afastamento da carreira de membro do Ministério Público que tenha exercido a opção de que trata o artigo 29, § 3º, do Ato das Disposições Constitucionais Transitórias, para exercer o cargo, emprego ou função de nível equivalente ou maior na administração direta ou indireta.

Parágrafo único. O período de afastamento da carreira estabelecido neste artigo será considerado de efetivo exercício, para todos os efeitos legais, exceto para remoção ou promoção por merecimento.

Art. 76. A Procuradoria-Geral de Justiça deverá propor, no prazo de um ano da promulgação desta Lei, a criação ou transformação de cargos correspondentes às funções não atribuídas aos cargos já existentes.

Parágrafo único. Aos Promotores de Justiça que executem as funções previstas neste artigo assegurar-se-á preferência no concurso de remoção.

Art. 77. No âmbito do Ministério Público, para os fins do disposto no artigo 37, XI, da Constituição Federal, ficam estabelecidos como limite de remuneração os valores percebidos em espécie, a qualquer título, pelo Procurador-Geral de Justiça.

Art. 78. O Ministério Público poderá firmar convênios com as associações de membros de instituição com vistas à manutenção de serviços assistenciais e culturais a seus associados.

Art. 79. O disposto nos artigos 57 e 58 desta Lei aplica-se, a partir de sua publicação, aos proventos e pensões anteriormente concedidos, não gerando efeitos financeiros anteriormente à sua vigência.

Art. 80. Aplicam-se aos Ministérios Públicos dos Estados, subsidiariamente, as normas da Lei Orgânica do Ministério Público da União.

▸ O STF, no julgamento da ADI nº 2.943, declarou a constitucionalidade deste artigo (*DOU* de 24-9-2024).

Art. 81. Os Estados adaptarão a organização de seu Ministério Público aos preceitos desta Lei, no prazo de cento e vinte dias a contar de sua publicação.

Art. 82. O dia 14 de dezembro será considerado "Dia Nacional do Ministério Público".

Art. 83. Esta Lei entra em vigor na data de sua publicação.

Art. 84. Revogam-se as disposições em contrário.

Brasília, 12 de fevereiro de 1993;
172º da Independência e
105º da República.

Itamar Franco

LEI COMPLEMENTAR Nº 75, DE 20 DE MAIO DE 1993

Dispõe sobre a organização, as atribuições e o estatuto do Ministério Público da União.

- Publicada no *DOU* de 21-5-1993.
- Lei nº 8.625, de 12-2-1993 (Lei Orgânica Nacional do Ministério Público).

TÍTULO I – DAS DISPOSIÇÕES GERAIS

CAPÍTULO I – DA DEFINIÇÃO, DOS PRINCÍPIOS E DAS FUNÇÕES INSTITUCIONAIS

Art. 1º O Ministério Público da União, organizado por esta lei Complementar, é instituição permanente, essencial à função jurisdicional do Estado, incumbindo-lhe a defesa da ordem jurídica, do regime democrático, dos interesses sociais e dos interesses individuais indisponíveis.

Art. 2º Incumbem ao Ministério Público as medidas necessárias para garantir o respeito dos Poderes Públicos e dos serviços de relevância pública aos direitos assegurados pela Constituição Federal.

Art. 3º O Ministério Público da União exercerá o controle externo da atividade policial tendo em vista:

a) o respeito aos fundamentos do Estado Democrático de Direito, aos objetivos fundamentais da República Federativa do Brasil, aos princípios informadores das relações internacionais, bem como aos direitos assegurados na Constituição Federal e na lei;

b) a preservação da ordem pública, da incolumidade das pessoas e do patrimônio público;

c) a prevenção e a correção de ilegalidade ou de abuso de poder;

d) a indisponibilidade da persecução penal;

e) a competência dos órgãos incumbidos da segurança pública.

Art. 4º São princípios institucionais do Ministério Público da União a unidade, a indivisibilidade e a independência funcional.

Art. 5º São funções institucionais do Ministério Público da União:

I – a defesa da ordem jurídica, do regime democrático, dos interesses sociais e dos interesses individuais indisponíveis, considerados, dentre outros, os seguintes fundamentos e princípios:

a) a soberania e a representatividade popular;

b) os direitos políticos;

c) os objetivos fundamentais da República Federativa do Brasil;

d) a indissolubilidade da União;

e) a independência e a harmonia dos Poderes da União;

f) a autonomia dos Estados, do Distrito Federal e dos Municípios;

g) as vedações impostas à União, aos Estados, ao Distrito Federal e aos Municípios;

h) a legalidade, a impessoalidade, a moralidade e a publicidade, relativas à administração pública direta, indireta ou fundacional, de qualquer dos Poderes da União;

II – zelar pela observância dos princípios constitucionais relativos:

a) ao sistema tributário, às limitações do poder de tributar, à repartição do poder impositivo e das receitas tributárias e aos direitos do contribuinte;

b) às finanças públicas;

c) à atividade econômica, à política urbana, agrícola, fundiária e de reforma agrária e ao sistema financeiro nacional;

d) à seguridade social, à educação, à cultura e ao desporto, à ciência e à tecnologia, à comunicação social e ao meio ambiente;

e) à segurança pública;

III – a defesa dos seguintes bens e interesses:

a) o patrimônio nacional;

b) o patrimônio público e social;

c) o patrimônio cultural brasileiro;

d) o meio ambiente;

e) os direitos e interesses coletivos, especialmente das comunidades indígenas, da família, da criança, do adolescente e do idoso;

IV – zelar pelo efetivo respeito dos Poderes Públicos da União, dos serviços de relevância pública e dos meios de comunicação social aos princípios, garantias, condições, direitos, deveres e vedações previstos na Constituição Federal e na lei, relativos à comunicação social;

V – zelar pelo efetivo respeito dos Poderes Públicos da União e dos serviços de relevância pública quanto:

a) aos direitos assegurados na Constituição Federal relativos às ações e aos serviços de saúde e à educação;

b) aos princípios da legalidade, da impessoalidade, da moralidade e da publicidade;

VI – exercer outras funções previstas na Constituição Federal e na lei.

§ 1º Os órgãos do Ministério Público da União devem zelar pela observância dos princípios e competências da Instituição, bem como pelo livre exercício de suas funções.

§ 2º Somente a lei poderá especificar as funções atribuídas pela Constituição Federal e por esta Lei Complementar ao Ministério Público da União, observados os princípios e normas nelas estabelecidos.

CAPÍTULO II – DOS INSTRUMENTOS DE ATUAÇÃO

Art. 6º Compete ao Ministério Público da União:

I – promover a ação direta de inconstitucionalidade e o respectivo pedido de medida cautelar;

II – promover a ação direta de inconstitucionalidade por omissão;

III – promover a arguição de descumprimento de preceito fundamental decorrente da Constituição Federal;

IV – promover a representação para intervenção federal nos Estados e no Distrito Federal;

V – promover, privativamente, a ação penal pública, na forma da lei;

VI – impetrar *Habeas Corpus* e mandado de segurança;

VII – promover o inquérito civil e a ação civil pública para:

a) a proteção dos direitos constitucionais;

b) a proteção do patrimônio público e social, do meio ambiente, dos bens e direitos de valor artístico, estético, histórico, turístico e paisagístico;

c) a proteção dos interesses individuais indisponíveis, difusos e coletivos, relativos às comunidades indígenas, à família, à criança, ao adolescente, ao idoso, às minorias étnicas e ao consumidor;

d) outros interesses individuais indisponíveis, homogêneos, sociais, difusos e coletivos;

VIII – promover outras ações, nelas incluído o mandado de injunção sempre que a falta de norma regulamentadora torne inviável o exercício dos direitos e liberdades constitucionais e das prerrogativas inerentes à nacionalidade, à soberania e à cidadania, quando difusos os interesses a serem protegidos;

IX – promover ação visando ao cancelamento de naturalização, em virtude de atividade nociva ao interesse nacional;

X – promover a responsabilidade dos executores ou agentes do estado de defesa ou do estado de sítio, pelos ilícitos cometidos no período de sua duração;

XI – defender judicialmente os direitos e interesses das populações indígenas, incluídos os relativos às terras por elas tradicionalmente habitadas, propondo as ações cabíveis;

XII – propor ação civil coletiva para defesa de interesses individuais homogêneos;

XIII – propor ações de responsabilidade do fornecedor de produtos e serviços;

XIV – promover outras ações necessárias ao exercício de suas funções institucionais, em defesa da ordem jurídica, do regime democrático e dos interesses sociais e individuais indisponíveis, especialmente quanto:

a) ao Estado de Direito e às instituições democráticas;

b) à ordem econômica e financeira;

c) à ordem social;

d) ao patrimônio cultural brasileiro;

e) à manifestação de pensamento, de criação, de expressão ou de informação;

f) à probidade administrativa;

g) ao meio ambiente;

XV – manifestar-se em qualquer fase dos processos, acolhendo solicitação do juiz ou por sua iniciativa, quando entender existente interesse em causa que justifique a intervenção;

XVI – VETADO;

XVII – propor as ações cabíveis para:

a) perda ou suspensão de direitos políticos, nos casos previstos na Constituição Federal;

b) declaração de nulidade de atos ou contratos geradores do endividamento externo da União, de suas autarquias, fundações e demais entidades controladas pelo Poder Público Federal, ou com repercussão direta ou indireta em suas finanças;

c) dissolução compulsória de associações, inclusive de partidos políticos, nos casos previstos na Constituição Federal;

d) cancelamento de concessão ou de permissão, nos casos previstos na Constituição Federal;

e) declaração de nulidade de cláusula contratual que contrarie direito do consumidor;

XVIII – representar:

a) ao órgão judicial competente para quebra de sigilo da correspondência e das comunicações telegráficas, de dados e das comunicações telefônicas, para fins de investigação criminal ou instrução processual penal, bem como manifestar-se sobre representação a ele dirigida para os mesmos fins;

b) ao Congresso Nacional, visando ao exercício das competências deste ou de qualquer de suas Casas ou comissões;

c) ao Tribunal de Contas da União, visando ao exercício das competências deste;

d) ao órgão judicial competente, visando à aplicação de penalidade por infrações cometidas contra as normas de proteção à infância e à juventude, sem prejuízo da promoção da responsabilidade civil e penal do infrator, quando cabível;

XIX – promover a responsabilidade:

a) da autoridade competente, pelo não exercício das incumbências, constitucional e legalmente impostas ao Poder Público da União, em defesa do meio ambiente, de sua preservação e de sua recuperação;

b) de pessoas físicas ou jurídicas, em razão da prática de atividade lesiva ao meio ambiente, tendo em vista a aplicação de sanções penais e a reparação dos danos causados;

XX – expedir recomendações, visando à melhoria dos serviços públicos e de relevância pública, bem como ao respeito, aos interesses, direitos e bens cuja defesa lhe cabe promover, fixando prazo razoável para a adoção das providências cabíveis.

§ 1º Será assegurada a participação do Ministério Público da União, como instituição observadora, na forma e nas condições estabelecidas em ato do Procurador-Geral da República, em qualquer órgão da administração pública direta, indireta ou fundacional da União, que tenha atribuições correlatas às funções da Instituição.

§ 2º A lei assegurará a participação do Ministério Público da União nos órgãos colegiados estatais, federais ou do Distrito Federal, constituídos para defesa de direitos e interesses relacionados com as funções da Instituição.

Art. 7º Incumbe ao Ministério Público da União, sempre que necessário ao exercício de suas funções institucionais:

I – instaurar inquérito civil e outros procedimentos administrativos correlatos;

▸ O STF, no julgamento da ADI nº 2.943, declarou a constitucionalidade da expressão "outros procedimentos administrativos correlatos" contida neste inciso (*DOU* de 24-9-2024).

II – requisitar diligências investigatórias e a instauração de inquérito policial e de inquérito policial militar, podendo acompanhá-los e apresentar provas;

▸ O STF, no julgamento da ADI nº 2.943, declarou a constitucionalidade da expressão "e apresentar provas" contida neste inciso (*DOU* de 24-9-2024).

III – requisitar à autoridade competente a instauração de procedimentos administrativos, ressalvados os de natureza disciplinar, podendo acompanhá-los e produzir provas.

▸ O STF, no julgamento da ADI nº 2.943, declarou a constitucionalidade da expressão "e produzir provas" contida neste inciso (*DOU* de 24-9-2024).

Art. 8º Para o exercício de suas atribuições, o Ministério Público da União poderá, nos procedimentos de sua competência:

I – notificar testemunhas e requisitar sua condução coercitiva, no caso de ausência injustificada;

II – requisitar informações, exames, perícias e documentos de autoridades da Administração Pública direta ou indireta;

III – requisitar da Administração Pública serviços temporários de seus servidores e meios materiais necessários para a realização de atividades específicas;

▸ O STF, no julgamento da ADI nº 3.309, declarou a constitucionalidade dos incisos I a III deste artigo (*DOU* de 24-9-2024).

IV – requisitar informações e documentos a entidades privadas;

V – realizar inspeções e diligências investigatórias;

▸ O STF, no julgamento da ADI nº 3.309, declarou a constitucionalidade deste inciso (*DOU* de 24-9-2024).

VI – ter livre acesso a qualquer local público ou privado, respeitadas as normas constitucionais pertinentes à inviolabilidade do domicílio;

VII – expedir notificações e intimações necessárias aos procedimentos e inquéritos que instaurar;

▸ O STF, no julgamento da ADI nº 3.309, declarou a constitucionalidade deste inciso (*DOU* de 24-9-2024).

VIII – ter acesso incondicional a qualquer banco de dados de caráter público ou relativo a serviço de relevância pública;

IX – requisitar o auxílio de força policial.

▸ O STF, no julgamento da ADI nº 3.309, declarou a constitucionalidade deste inciso (*DOU* de 24-9-2024).

§ 1º O membro do Ministério Público será civil e criminalmente responsável pelo uso indevido das informações e documentos que requisitar; a ação penal, na hipótese, poderá ser proposta também pelo ofendido, subsidiariamente, na forma da lei processual penal.

§ 2º Nenhuma autoridade poderá opor ao Ministério Público, sob qualquer pretexto, a exceção de sigilo, sem prejuízo da subsistência do caráter sigiloso da informação, do registro, do dado ou do documento que lhe seja fornecido.

§ 3º A falta injustificada e o retardamento indevido do cumprimento das requisições do Ministério Público implicarão a responsabilidade de quem lhe der causa.

§ 4º As correspondências, notificações, requisições e intimações do Ministério Público quando tiverem como destinatário o Presidente da República, o Vice-Presidente da República, membro do Congresso Nacional, Ministro do Supremo Tribunal Federal, Ministro de Estado, Ministro de Tribunal Superior, Ministro do Tribunal de Contas da União ou chefe de missão diplomática de caráter permanente serão encaminhadas e levadas a efeito pelo Procurador-Geral da República ou outro órgão do Ministério Público a quem essa atribuição seja delegada, cabendo às autoridades mencionadas fixar data, hora e local em que puderem ser ouvidas, se for o caso.

§ 5º As requisições do Ministério Público serão feitas fixando-se prazo razoável de até dez dias úteis para atendimento, prorrogável mediante solicitação justificada.

CAPÍTULO III

DO CONTROLE EXTERNO DA ATIVIDADE POLICIAL

Art. 9º O Ministério Público da União exercerá o controle externo da atividade policial por meio de medidas judiciais e extrajudiciais, podendo:

I – ter livre ingresso em estabelecimentos policiais ou prisionais;

II – ter acesso a quaisquer documentos relativos à atividade-fim policial;

III – representar à autoridade competente pela adoção de providências para sanar a omissão indevida, ou para prevenir ou corrigir ilegalidade ou abuso de poder;

IV – requisitar à autoridade competente a instauração de inquérito policial sobre a omissão ou fato ilícito ocorrido no exercício da atividade policial;

V – promover a ação penal por abuso de poder.

Art. 10. A prisão de qualquer pessoa, por parte de autoridade federal ou do Distrito Federal e Territórios, deverá ser comunicada imediatamente ao Ministério Público competente, com indicação do lugar onde se encontra o preso e cópia dos documentos comprobatórios da legalidade da prisão.

CAPÍTULO IV

DA DEFESA DOS DIREITOS CONSTITUCIONAIS

Art. 11. A defesa dos direitos constitucionais do cidadão visa à garantia do seu efetivo respeito pelos Poderes Públicos e pelos prestadores de serviços de relevância pública.

Art. 12. O Procurador dos Direitos do Cidadão agirá de ofício ou mediante representação, notificando a autoridade questionada para que preste informação, no prazo que assinar.

Art. 13. Recebidas ou não as informações e instruído o caso, se o Procurador dos Direitos do Cidadão concluir que direitos constitucionais foram ou estão sendo desrespeitados, deverá notificar o responsável para que tome as providências necessárias a prevenir a repetição ou que determine a cessação do desrespeito verificado.

Art. 14. Não atendida, no prazo devido, a notificação prevista no artigo anterior, a Procuradoria dos Direitos do Cidadão representará ao poder ou autoridade competente para promover a responsabilidade pela ação ou omissão inconstitucionais.

Art. 15. É vedado aos órgãos de defesa dos direitos constitucionais do cidadão promover em juízo a defesa de direitos individuais lesados.

§ 1º Quando a legitimidade para a ação decorrente da inobservância da Constituição Federal, verificada pela Procuradoria, couber a outro órgão do Ministério Público, os elementos de informação ser-lhe-ão remetidos.

§ 2º Sempre que o titular do direito lesado não puder constituir advogado e a ação cabível não incumbir ao Ministério Público, o caso, com os elementos colhidos, será encaminhado à Defensoria Pública competente.

Art. 16. A lei regulará os procedimentos da atuação do Ministério Público na defesa dos direitos constitucionais do cidadão.

CAPÍTULO V

DAS GARANTIAS E DAS PRERROGATIVAS

Art. 17. Os membros do Ministério Público da União gozam das seguintes garantias:

I – vitaliciedade, após dois anos de efetivo exercício, não podendo perder o cargo senão por sentença judicial transitada em julgado;

II – inamovibilidade, salvo por motivo de interesse público, mediante decisão do Conselho Superior, por voto de dois terços de seus membros, assegurada ampla defesa;

III – VETADO.

Art. 18. São prerrogativas dos membros do Ministério Público da União:

I – institucionais:

a) sentar-se no mesmo plano e imediatamente à direita dos juízes singulares ou presidentes dos órgãos judiciários perante os quais oficiem;

b) usar vestes talares;

c) ter ingresso e trânsito livres, em razão de serviço, em qualquer recinto público ou privado, respeitada a garantia constitucional da inviolabilidade do domicílio;

d) a prioridade em qualquer serviço de transporte ou comunicação, público ou privado, no território nacional, quando em serviço de caráter urgente;

e) o porte de arma, independentemente de autorização;

f) carteira de identidade especial, de acordo com modelo aprovado pelo Procurador-Geral da República e por ele expedida, nela se consignando as prerrogativas constantes do inciso I, alíneas *c*, *d* e *e* do inciso II, alíneas *d*, *e* e *f* deste artigo;

II – processuais:

a) do Procurador-Geral da República, ser processado e julgado, nos crimes comuns, pelo Supremo Tribunal Federal e pelo Senado Federal, nos crimes de responsabilidade;

b) do membro do Ministério Público da União que oficie perante tribunais, ser processado e julgado, nos crimes comuns e de responsabilidade, pelo Superior Tribunal de Justiça;

c) do membro do Ministério Público da União que oficie perante juízos de primeira instância, ser processado e julgado, nos crimes comuns e de responsabilidade, pelos Tribunais Regionais Federais, ressalvada a competência da Justiça Eleitoral;

d) ser preso ou detido somente por ordem escrita do tribunal competente ou em razão de flagrante de crime inafiançável, caso em que a autoridade fará imediata comunicação àquele tribunal e ao Procurador-Geral da República, sob pena de responsabilidade;

e) ser recolhido à prisão especial ou à sala especial de Estado-Maior, com direito a privacidade e à disposição do tribunal competente para o julgamento, quando sujeito a prisão antes da decisão final; e a dependência separada no estabelecimento em que tiver de ser cumprida a pena;

f) não ser indiciado em inquérito policial, observado o disposto no parágrafo único deste artigo;

g) ser ouvido, como testemunhas em dia, hora e local previamente ajustados com o magistrado ou a autoridade competente;

h) receber intimação pessoalmente nos autos em qualquer processo e grau de jurisdição nos feitos em que tiver que oficiar.

Parágrafo único. Quando, no curso de investigação, houver indício da prática de infração penal por membro do Ministério Público da União, a autoridade policial, civil ou militar, remeterá imediatamente os autos ao Procurador-Geral da República, que designará membro do Ministério Público para prosseguimento da apuração do fato.

Art. 19. O Procurador-Geral da República terá as mesmas honras e tratamento dos Ministros do Supremo Tribunal Federal; e os demais membros da instituição, as que forem reservadas aos magistrados perante os quais oficiem.

Art. 20. Os órgãos do Ministério Público da União terão presença e palavra asseguradas em todas as sessões dos colegiados em que oficiem.

Art. 21. As garantias e prerrogativas dos membros do Ministério Público da União são inerentes ao exercício de suas funções e irrenunciáveis.

Parágrafo único. As garantias e prerrogativas previstas nesta Lei Complementar não excluem as que sejam estabelecidas em outras leis.

CAPÍTULO VI
DA AUTONOMIA DO MINISTÉRIO PÚBLICO

Art. 22. Ao Ministério Público da União é assegurada autonomia funcional, administrativa e financeira, cabendo-lhe:

I – propor ao Poder Legislativo a criação e extinção de seus cargos e serviços auxiliares, bem como a fixação dos vencimentos de seus membros e servidores;

II – prover os cargos de suas carreiras e dos serviços auxiliares;

III – organizar os serviços auxiliares;

IV – praticar atos próprios de gestão.

Art. 23. O Ministério Público da União elaborará sua proposta orçamentária dentro dos limites da lei de diretrizes orçamentárias.

§ 1º Os recursos correspondentes às suas dotações orçamentárias, compreendidos os créditos suplementares e especiais, ser-lhe-ão entregues até o dia vinte de cada mês.

§ 2º A fiscalização contábil, financeira, orçamentária, operacional e patrimonial do Ministério Público da União será exercida pelo Congresso Nacional, mediante controle externo, com o auxílio do Tribunal de Contas da União, segundo o disposto no Título IV, Capítulo I, Seção IX, da Constituição Federal, e por sistema próprio de controle interno.

§ 3º As contas referentes ao exercício anterior serão prestadas, anualmente, dentro de sessenta dias da abertura da sessão legislativa do Congresso Nacional.

CAPÍTULO VII
DA ESTRUTURA

Art. 24. O Ministério Público da União compreende:

I – o Ministério Público Federal;

II – o Ministério Público do Trabalho;

III – o Ministério Público Militar;

IV – o Ministério Público do Distrito Federal e Territórios.

Parágrafo único. A estrutura básica do Ministério Público da União será organizada por regulamento, nos termos da lei.

CAPÍTULO VIII
DO PROCURADOR-GERAL DA REPÚBLICA

Art. 25. O Procurador-Geral da República é o chefe do Ministério Público da União, nomeado pelo Presidente da República dentre integrantes da carreira, maiores de trinta e cinco anos, após a aprovação de seu nome pela maioria absoluta do Senado Federal, para mandato de dois anos, permitida a recondução, precedida de nova decisão do Senado Federal.

Parágrafo único. A exoneração, de ofício, do Procurador-Geral da República, por iniciativa do Presidente da República, deverá ser precedida de autorização da maioria absoluta do Senado Federal, em votação secreta.

Art. 26. São atribuições do Procurador-Geral da República, como Chefe do Ministério Público da União:

I – representar a instituição;

II – propor ao Poder Legislativo os projetos de lei sobre o Ministério Público da União;

III – apresentar a proposta de orçamento do Ministério Público da União, compatibilizando os anteprojetos dos diferentes ramos da Instituição, na forma da lei de diretrizes orçamentárias;

IV – nomear e dar posse ao Vice-Procurador-Geral da República, ao Procurador-Geral do Trabalho, ao Procurador-Geral da Justiça Militar, bem como dar posse ao Procurador-Geral de Justiça do Distrito Federal e Territórios;

V – encaminhar ao Presidente da República a lista tríplice para nomeação do Procurador-Geral de Justiça do Distrito Federal e Territórios;

VI – encaminhar aos respectivos Presidentes as listas sêxtuplas para composição dos Tribunais Regionais Federais, do Tribunal de Justiça do Distrito Federal e Territórios, do Superior Tribunal de Justiça, do Tribunal Superior do Trabalho e dos Tribunais Regionais do Trabalho;

VII – dirimir conflitos de atribuição entre integrantes de ramos diferentes do Ministério Público da União;

VIII – praticar atos de gestão administrativa, financeira e de pessoal;

IX – prover e desprover os cargos das carreiras do Ministério Público da União e de seus serviços auxiliares;

X – arbitrar o valor das vantagens devidas aos membros do Ministério Público da União, nos casos previstos nesta Lei Complementar;

XI – fixar o valor das bolsas devidas aos estagiários;

XII – exercer outras atribuições previstas em lei;

XIII – exercer o poder regulamentar, no âmbito do Ministério Público da União, ressalvadas as competências estabelecidas nesta Lei Complementar para outros órgãos nela instituídos.

§ 1º O Procurador-Geral da República poderá delegar aos Procuradores-Gerais as atribuições previstas nos incisos VII e VIII deste artigo.

§ 2º A delegação também poderá ser feita ao Diretor-Geral da Secretaria do Ministério Público da União para a prática de atos de gestão administrativa, financeira e de pessoal, estes apenas em relação aos servidores e serviços auxiliares.

Art. 27. O Procurador-Geral da República designará, dentre os integrantes da carreira, maiores de trinta e cinco anos, o Vice-Procurador-Geral da República, que o substituirá em seus impedimentos. No caso de vacância, exercerá o cargo o Vice-Presidente do Conselho Superior do Ministério Público Federal, até o provimento definitivo do cargo.

CAPÍTULO IX
DO CONSELHO DE ASSESSORAMENTO SUPERIOR DO MINISTÉRIO PÚBLICO DA UNIÃO

Art. 28. O Conselho de Assessoramento Superior do Ministério Público da União, sob a presidência do Procurador-Geral da República, será integrado pelo Vice-Procurador-Geral da República, pelo Procurador-Geral do Trabalho, pelo Procurador-Geral da Justiça Militar e pelo

LEGISLAÇÃO COMPLEMENTAR

Procurador-Geral de Justiça do Distrito Federal e Territórios.

Art. 29. As reuniões do Conselho de Assessoramento Superior do Ministério Público da União serão convocadas pelo Procurador-Geral da República, podendo solicitá-las qualquer de seus membros.

Art. 30. O Conselho de Assessoramento Superior do Ministério Público da União deverá opinar sobre as matérias de interesse geral da Instituição, e em especial sobre:

I – projetos de lei de interesse comum do Ministério Público da União, neles incluídos:

a) os que visem a alterar normas gerais da Lei Orgânica do Ministério Público da União;

b) a proposta de orçamento do Ministério Público da União;

c) os que proponham a fixação dos vencimentos nas carreiras e nos serviços auxiliares;

II – a organização e o funcionamento da Diretoria-Geral e dos Serviços da Secretaria do Ministério Público da União.

Art. 31. O Conselho de Assessoramento Superior poderá propor aos Conselhos Superiores dos diferentes ramos do Ministério Público da União medidas para uniformizar os atos decorrentes de seu poder normativo.

CAPÍTULO X

DAS CARREIRAS

Art. 32. As carreiras dos diferentes ramos do Ministério Público da União são independentes entre si, tendo cada uma delas organização própria, na forma desta lei complementar.

Art. 33. As funções do Ministério Público da União só podem ser exercidas por integrantes da respectiva carreira, que deverão residir onde estiverem lotados.

Art. 34. A lei estabelecerá o número de cargos das carreiras do Ministério Público da União e os ofícios em que serão exercidas suas funções.

CAPÍTULO XI

DOS SERVIÇOS AUXILIARES

Art. 35. A Secretaria do Ministério Público da União é dirigida pelo seu Diretor-Geral de livre escolha do Procurador-Geral da República e demissível *ad nutum*, incumbindo-lhe os serviços auxiliares de apoio técnico e administrativo à Instituição.

Art. 36. O pessoal dos serviços auxiliares será organizado em quadro próprio de carreira, sob regime estatutário, para apoio técnico-administrativo adequado às atividades específicas da Instituição.

TÍTULO II – DOS RAMOS DO MINISTÉRIO PÚBLICO DA UNIÃO

CAPÍTULO I

DO MINISTÉRIO PÚBLICO FEDERAL

Seção I

DA COMPETÊNCIA, DOS ÓRGÃOS E DA CARREIRA

Art. 37. O Ministério Público Federal exercerá as suas funções:

I – nas causas de competência do Supremo Tribunal Federal, do Superior Tribunal de Justiça, dos Tribunais Regionais Federais e dos Juízes Federais, e dos Tribunais e Juízes Eleitorais;

II – nas causas de competência de quaisquer juízes e tribunais, para defesa de direitos e interesses dos índios e das populações indígenas, do meio ambiente, de bens e direitos de valor artístico, estético, histórico, turístico e paisagístico, integrantes do patrimônio nacional;

III – VETADO.

Parágrafo único. O Ministério Público Federal será parte legítima para interpor recurso extraordinário das decisões da Justiça dos Estados nas representações de inconstitucionalidade.

Art. 38. São funções institucionais do Ministério Público Federal as previstas nos Capítulos I, II, III e IV do Título I, incumbindo-lhe, especialmente:

I – instaurar inquérito civil e outros procedimentos administrativos correlatos;

► O STF, no julgamento da ADI nº 2.943, declarou a constitucionalidade da expressão "outros procedimentos administrativos correlatos" contida neste inciso (*DOU* de 24-9-2024).

II – requisitar diligências investigatórias e instauração de inquérito policial, podendo acompanhá-los e apresentar provas;

► O STF, no julgamento da ADI nº 2.943, declarou a constitucionalidade da expressão "e apresentar provas" contida neste inciso (*DOU* de 24-9-2024).

III – requisitar à autoridade competente a instauração de procedimentos administrativos, ressalvados os de natureza disciplinar, podendo acompanhá-los e produzir provas;

► O STF, no julgamento da ADI nº 2.943, declarou a constitucionalidade da expressão "e produzir provas" contida neste inciso (*DOU* de 24-9-2024).

IV – exercer o controle externo da atividade das polícias federais, na forma do art. 9º;

V – participar dos Conselhos Penitenciários;

VI – integrar os órgãos colegiados previstos no § 2º do art. 6º, quando componentes da estrutura administrativa da União;

VII – fiscalizar a execução da pena, nos processos de competência da Justiça Federal e da Justiça Eleitoral.

Art. 39. Cabe ao Ministério Público Federal exercer a defesa dos direitos constitucionais do cidadão, sempre que se cuidar de garantir-lhes o respeito:

I – pelos Poderes Públicos Federais;

II – pelos órgãos da administração pública federal direta ou indireta;

III – pelos concessionários e permissionários de serviço público federal;

IV – por entidades que exerçam outra função delegada da União.

Art. 40. O Procurador-Geral da República designará, dentre os Subprocuradores-Gerais da República e mediante prévia aprovação do nome pelo Conselho Superior, o Procurador Federal dos Direitos do Cidadão, para exercer as funções do ofício pelo prazo de dois anos, permitida uma recondução, precedida de nova decisão do Conselho Superior.

§ 1º Sempre que possível, o Procurador não acumulará o exercício de suas funções com outras do Ministério Público Federal.

§ 2º O Procurador somente será dispensado, antes do termo de sua investidura, por iniciativa do Procurador-Geral da República, anuindo a maioria absoluta do Conselho Superior.

Art. 41. Em cada Estado e no Distrito Federal será designado, na forma do art. 49, III, órgão do Ministério Público Federal para exercer as funções do ofício de Procurador Regional dos Direitos do Cidadão.

Parágrafo único. O Procurador Federal dos Direitos do Cidadão expedirá instruções para o exercício das funções dos ofícios de Procurador dos Direitos do Cidadão, respeitado o princípio da independência funcional.

Art. 42. A execução da medida prevista no art. 14 incumbe ao Procurador Federal dos Direitos do Cidadão.

Art. 43. São órgãos do Ministério Público Federal:

I – o Procurador-Geral da República;

II – o Colégio de Procuradores da República;

III – o Conselho Superior do Ministério Público Federal;

IV – as Câmaras de Coordenação e Revisão do Ministério Público Federal;

V – a Corregedoria do Ministério Público Federal;

VI – os Subprocuradores-Gerais da República;

VII – os Procuradores Regionais da República;

VIII – os Procuradores da República.

Parágrafo único. As Câmaras de Coordenação e Revisão poderão funcionar isoladas ou reunidas, integrando Conselho Institucional, conforme dispuser o seu regimento.

Art. 44. A carreira do Ministério Público Federal é constituída pelos cargos de Subprocurador-Geral da República, Procurador Regional da República e Procurador da República.

Parágrafo único. O cargo inicial da carreira é o de Procurador da República e o do último nível o de Subprocurador-Geral da República.

Seção II

DA CHEFIA DO MINISTÉRIO PÚBLICO FEDERAL

Art. 45. O Procurador-Geral da República é o Chefe do Ministério Público Federal.

Art. 46. Incumbe ao Procurador-Geral da República exercer as funções do Ministério Público junto ao Supremo Tribunal Federal, manifestando-se previamente em todos os processos de sua competência.

Parágrafo único. O Procurador-Geral da República proporá perante o Supremo Tribunal Federal:

I – a ação direta de inconstitucionalidade de lei ou ato normativo federal ou estadual e o respectivo pedido de medida cautelar;

II – a representação para intervenção federal nos Estados e no Distrito Federal, nas hipóteses do art. 34, VII, da Constituição Federal;

III – as ações cíveis e penais cabíveis.

Art. 47. O Procurador-Geral da República designará os Subprocuradores-Gerais da República que exercerão, por delegação, suas funções junto aos diferentes órgãos jurisdicionais do Supremo Tribunal Federal.

§ 1º As funções do Ministério Público Federal junto aos Tribunais Superiores da União, perante os quais lhe compete atuar, somente poderão ser exercidas por titular do cargo de Subprocurador-Geral da República.

§ 2º Em caso de vaga ou afastamento de Subprocurador-Geral da República, por prazo superior a trinta dias, poderá ser convocado Procurador Regional da República para substituição, pelo voto da maioria do Conselho Superior.

§ 3º O Procurador Regional da República convocado receberá a diferença de vencimento correspondente ao cargo de Subprocurador-Geral da República, inclusive diárias e transporte, se for o caso.

Art. 48. Incumbe ao Procurador-Geral da República propor perante o Superior Tribunal de Justiça:

I – a representação para intervenção federal nos Estados e no Distrito Federal, no caso de recusa à execução de lei federal;

II – a ação penal, nos casos previstos no art. 105, I, *a*, da Constituição Federal.

Parágrafo único. A competência prevista neste artigo poderá ser delegada a Subprocurador-Geral da República.

Art. 49. São atribuições do Procurador-Geral da República, como Chefe do Ministério Público Federal:

I – representar o Ministério Público Federal;

II – integrar, como membro nato, e presidir o Colégio de Procuradores da República, o Conselho Superior do Ministério Federal e a Comissão de Concurso;

III – designar o Procurador Federal dos Direitos do Cidadão e os titulares da Procuradoria nos Estados e no Distrito Federal;

IV – designar um dos membros e o Coordenador de cada uma das Câmaras de Coordenação e Revisão do Ministério Público Federal;

V – nomear o Corregedor-Geral do Ministério Público Federal, segundo lista formada pelo Conselho Superior;

VI – designar, observados os critérios da lei e os estabelecidos pelo Conselho Superior, os ofícios em que exercerão suas funções os membros do Ministério Público Federal;

VII – designar:

a) o Chefe da Procuradoria Regional da República, dentre os Procuradores Regionais da República lotados na respectiva Procuradoria Regional;

b) o Chefe da Procuradoria da República nos Estados e no Distrito Federal, dentre os Procuradores da República lotados na respectiva unidade;

VIII – decidir, em grau de recurso, os conflitos de atribuições entre órgãos do Ministério Público Federal;

IX – determinar a abertura de correção, sindicância ou inquérito administrativo;

X – determinar instauração de inquérito ou processo administrativo contra servidores dos serviços auxiliares;

XI – decidir processo disciplinar contra membro da carreira ou servidor dos serviços auxiliares, aplicando as sanções cabíveis;

XII – decidir, atendendo à necessidade do serviço, sobre:

a) remoção a pedido ou por permuta;

b) alteração parcial da lista bienal de designações;

XIII – autorizar o afastamento de membros do Ministério Público Federal, depois de ouvido o Conselho Superior, nas hipóteses previstas em lei;

XIV – dar posse aos membros do Ministério Público Federal;

XV – designar membro do Ministério Público Federal para:

a) funcionar nos órgãos em que a participação da Instituição seja legalmente prevista, ouvido o Conselho Superior;

b) integrar comissões técnicas ou científicas, relacionadas às funções da Instituição, ouvido o Conselho Superior;

c) assegurar a continuidade dos serviços, em caso de vacância, afastamento temporário, ausência, impedimento ou suspensão do titular, na inexistência ou falta do substituto designado;

d) funcionar perante juízos que não os previstos no inciso I, do art. 37, desta lei complementar;

e) acompanhar procedimentos administrativos e inquéritos policiais instaurados em áreas estranhas à sua competência específica, desde que relacionados a fatos de interesse da Instituição.

XVI – homologar, ouvido o Conselho Superior, o resultado do concurso para ingresso na carreira;

XVII – fazer publicar aviso de existência de vaga na lotação e na relação bienal de designações;

XVIII – elaborar a proposta orçamentária do Ministério Público Federal, submetendo-a, para aprovação, ao Conselho Superior;

XIX – organizar a prestação de contas do exercício anterior;

XX – praticar atos de gestão administrativa, financeira e de pessoal;

XXI – elaborar o relatório das atividades do Ministério Público Federal;

XXII – coordenar as atividades do Ministério Público Federal;

XXIII – exercer outras atividades previstas em lei.

Art. 50. As atribuições do Procurador-Geral da República, previstas no artigo anterior, poderão ser delegadas:

I – a Coordenador de Câmara de Coordenação e Revisão, as dos incisos XV, alínea *c* e XXII;

II – aos Chefes das Procuradorias Regionais da República e aos Chefes das Procuradorias da República nos Estados e no Distrito Federal, as dos incisos I, XV, alínea *c*, XX e XXII.

Art. 51. A ação penal pública contra o Procurador-Geral da República, quando no exercício do cargo, caberá ao Subprocurador-Geral da República que for designado pelo Conselho Superior do Ministério Público Federal.

Seção III – DO COLÉGIO DE PROCURADORES DA REPÚBLICA

Art. 52. O Colégio de Procuradores da República, presidido pelo Procurador-Geral da República, é integrado por todos os membros da carreira em atividade no Ministério Público Federal.

Art. 53. Compete ao Colégio de Procuradores da República:

I – elaborar, mediante voto plurinominal, facultativo e secreto, a lista sêxtupla para a composição do Superior Tribunal de Justiça, sendo elegíveis os membros do Ministério Público Federal, com mais de dez anos na carreira, tendo mais de trinta e cinco e menos de sessenta e cinco anos de idade;

II – elaborar, mediante voto plurinominal, facultativo e secreto, a lista sêxtupla para a composição dos Tribunais Regionais Federais, sendo elegíveis os membros do Ministério Público Federal, com mais de dez anos de carreira, que contém mais de trinta e menos de sessenta e cinco anos de idade, sempre que possível lotados na respectiva região;

III – eleger, dentre os Subprocuradores-Gerais da República e mediante voto plurinominal, facultativo e secreto, quatro membros do Conselho Superior do Ministério Público Federal;

IV – opinar sobre assuntos gerais de interesse da instituição.

§ 1º Para os fins previstos nos incisos I, II e III, deste artigo, prescindir-se-á de reunião do Colégio de Procuradores, procedendo-se segundo dispuser o seu regimento interno e exigindo-se o voto da maioria absoluta dos eleitores.

§ 2º Excepcionalmente, em caso de interesse relevante da Instituição, o Colégio de Procuradores reunir-se-á em local designado pelo Procurador-Geral da República, desde que convocado por ele ou pela maioria de seus membros.

§ 3º O Regimento Interno do Colégio de Procuradores da República disporá sobre seu funcionamento.

Seção IV – DO CONSELHO SUPERIOR DO MINISTÉRIO PÚBLICO FEDERAL

Art. 54. O Conselho Superior do Ministério Público Federal, presidido pelo Procurador-Geral da República, tem a seguinte composição:

I – o Procurador-Geral da República e o Vice-Procurador-Geral da República, que o integram como membros natos;

II – quatro Subprocuradores-Gerais da República eleitos, para mandato de dois anos, na forma do art. 53, III, permitida uma reeleição;

III – quatro Subprocuradores-Gerais da República eleitos, para mandato de dois anos, por seus pares, mediante voto plurinominal, facultativo e secreto, permitida uma reeleição.

§ 1º Serão suplentes dos membros de que tratam os incisos II e III, os demais votados, em ordem decrescente, observados os critérios gerais de desempate.

§ 2º O Conselho Superior elegerá o seu Vice-Presidente, que substituirá o Presidente em seus impedimentos e em caso de vacância.

Art. 55. O Conselho Superior do Ministério Público Federal reunir-se-á, ordinariamente, uma vez por mês, em dia previamente fixado, e, extraordinariamente, quando convocado pelo Procurador-Geral da República, ou por proposta da maioria de seus membros.

Art. 56. Salvo disposição em contrário, as deliberações do Conselho Superior serão tomadas por maioria de votos, presente a maioria absoluta dos seus membros.

§ 1º Em caso de empate, prevalecerá o voto do Presidente, exceto em matéria de sanções, caso em que prevalecerá a solução mais favorável ao acusado.

§ 2º As deliberações do Conselho Superior serão publicadas no *Diário da Justiça*, exceto quando o Regimento Interno determinar sigilo.

Art. 57. Compete ao Conselho Superior do Ministério Público Federal:

I – exercer o poder normativo no âmbito do Ministério Público Federal, observados os princípios desta Lei Complementar, especialmente para elaborar e aprovar:

a) o seu regimento interno, o do Colégio de Procuradores da República e os das Câmaras de Coordenação e Revisão do Ministério Público Federal;

b) as normas e as instruções para o concurso de ingresso na carreira;

c) as normas sobre as designações para os diferentes ofícios do Ministério Público Federal;

d) os critérios para distribuição de inquéritos, procedimentos administrativos e quaisquer outros feitos, no Ministério Público Federal;

e) os critérios de promoção por merecimento, na carreira;

f) o procedimento para avaliar o cumprimento das condições do estágio probatório;

II – aprovar o nome do Procurador Federal dos Direitos do Cidadão;

III – indicar integrantes das Câmaras de Coordenação e Revisão;

IV – aprovar a destituição do Procurador Regional Eleitoral;

V – destituir, por iniciativa do Procurador-Geral da República e pelo voto de dois terços de seus membros, antes do término do mandato, o Corregedor-Geral;

VI – elaborar a lista tríplice para Corregedor-Geral do Ministério Público Federal;

VII – elaborar a lista tríplice destinada à promoção por merecimento;

VIII – aprovar a lista de antiguidade dos membros do Ministério Público Federal e decidir sobre as reclamações a ela concernentes;

IX – indicar o membro do Ministério Público Federal para promoção por antiguidade, observado o disposto no art. 93, II, alínea *d*, da Constituição Federal;

X – designar o Subprocurador-Geral da República para conhecer de inquérito, peças de informação ou representação sobre crime comum atribuível ao Procurador-Geral da República e, sendo o caso, promover a ação penal;

XI – opinar sobre a designação de membro do Ministério Público Federal para:

a) funcionar nos órgãos em que a participação da instituição seja legalmente prevista;

b) integrar comissões técnicas ou científicas relacionadas às funções da instituição;

XII – opinar sobre o afastamento temporário de membro do Ministério Público Federal;

XIII – autorizar a designação, em caráter excepcional, de membros do Ministério Público Federal, para exercício de atribuições processuais perante juízos, tribunais ou ofícios diferentes dos estabelecidos para cada categoria;

XIV – determinar a realização de correições e sindicâncias e apreciar os relatórios correspondentes;

XV – determinar a instauração de processos administrativos em que o acusado seja membro do Ministério Público Federal, apreciar seus relatórios e propor as medidas cabíveis;

XVI – determinar o afastamento preventivo do exercício de suas funções, do membro do Ministério Público Federal, indiciado ou acusado em processo disciplinar, e o seu retorno;

XVII – designar a comissão de processo administrativo em que o acusado seja membro do Ministério Público Federal;

XVIII – decidir sobre o cumprimento do estágio probatório por membro do Ministério Público Federal, encaminhando cópia da decisão ao Procurador-Geral da República, quando for o caso, para ser efetivada sua exoneração;

XIX – decidir sobre remoção e disponibilidade de membro do Ministério Público Federal, por motivo de interesse público;

XX – autorizar, pela maioria absoluta de seus membros, que o Procurador-Geral da República ajuíze a ação de perda de cargo contra membro vitalício do Ministério Público Federal, nos casos previstos nesta lei;

XXI – opinar sobre os pedidos de reversão de membro da carreira;

XXII – opinar sobre o encaminhamento de proposta de lei de aumento do número de cargos da carreira;

XXIII – deliberar sobre a realização de concurso para o ingresso na carreira, designar os membros da Comissão de Concurso e opinar sobre a homologação dos resultados;

XXIV – aprovar a proposta orçamentária que integrará o projeto de orçamento do Ministério Público da União;

XXV – exercer outras funções estabelecidas em lei.

§ 1º O Procurador-Geral e qualquer membro do Conselho Superior estão impedidos de participar das decisões deste nos casos previstos nas leis processuais para o impedimento e a suspeição de membro do Ministério Público.

§ 2º As deliberações relativas aos incisos I, alíneas *a* e *e*, IV, XIII, XV, XVI, XVII, XIX e XXI somente poderão ser tomadas com o voto favorável de dois terços dos membros do Conselho Superior.

Seção V
DAS CÂMARAS DE COORDENAÇÃO E REVISÃO DO MINISTÉRIO PÚBLICO FEDERAL

Art. 58. As Câmaras de Coordenação e Revisão do Ministério Público Federal são os órgãos setoriais de coordenação, de integração e de revisão do exercício funcional na instituição.

Art. 59. As Câmaras de Coordenação e Revisão serão organizadas por função ou por matéria, através de ato normativo.

Parágrafo único. O Regimento Interno, que disporá sobre o funcionamento das Câmaras de Coordenação e Revisão, será elaborado pelo Conselho Superior.

Art. 60. As Câmaras de Coordenação e Revisão serão compostas por três membros do Ministério Público Federal, sendo um indicado pelo Procurador-Geral da República e dois pelo Conselho Superior, juntamente com seus suplentes, para um mandato de dois anos, dentre integrantes do último grau da carreira, sempre que possível.

Art. 61. Dentre os integrantes da Câmara de Coordenação e Revisão, um deles será designado pelo Procurador-Geral para a função executiva de Coordenador.

Art. 62. Compete às Câmaras de Coordenação e Revisão:

I – promover a integração e a coordenação dos órgãos institucionais que atuem em ofícios ligados ao setor de sua competência, observado o princípio da independência funcional;

II – manter intercâmbio com órgãos ou entidades que atuem em áreas afins;

III – encaminhar informações técnico-jurídicas aos órgãos institucionais que atuem em seu setor;

IV – manifestar-se sobre o arquivamento de inquérito policial, inquérito parlamentar ou peças de informação, exceto nos casos de competência originária do Procurador-Geral;

V – resolver sobre a distribuição especial de feitos que, por sua contínua reiteração, devam receber tratamento uniforme;

VI – resolver sobre a distribuição especial de inquéritos, feitos e procedimentos, quando a matéria, por sua natureza ou relevância, assim o exigir;

VII – decidir os conflitos de atribuições entre os órgãos do Ministério Público Federal.

Parágrafo único. A competência fixada nos incisos V e VI será exercida segundo critérios objetivos previamente estabelecidos pelo Conselho Superior.

Seção VI
DA CORREGEDORIA DO MINISTÉRIO PÚBLICO FEDERAL

Art. 63. A Corregedoria do Ministério Público Federal, dirigida pelo Corregedor-Geral, é o órgão fiscalizador das atividades funcionais e da conduta dos membros do Ministério Público.

Art. 64. O Corregedor-Geral será nomeado pelo Procurador-Geral da República dentre os Subprocuradores-Gerais da República, integrantes de lista tríplice elaborada pelo Conselho Superior, para mandato de dois anos, renovável uma vez.

§ 1º Não poderão integrar a lista tríplice os membros do Conselho Superior.

§ 2º Serão suplentes do Corregedor-Geral os demais integrantes da lista tríplice, na ordem em que os designar o Procurador-Geral.

§ 3º O Corregedor-Geral poderá ser destituído por iniciativa do Procurador-Geral, antes do término do mandato, pelo Conselho Superior, observado o disposto no inciso V do art. 57.

Art. 65. Compete ao Corregedor-Geral do Ministério Público Federal:

I – participar, sem direito a voto, das reuniões do Conselho Superior;

II – realizar, de ofício, ou por determinação do Procurador-Geral ou do Conselho Superior, correições e sindicâncias, apresentando os respectivos relatórios;

III – instaurar inquérito contra integrante da carreira e propor ao Conselho Superior a instauração do processo administrativo consequente;

IV – acompanhar o estágio probatório dos membros do Ministério Público Federal;

V – propor ao Conselho Superior a exoneração de membro do Ministério Público Federal que não cumprir as condições do estágio probatório.

Seção VII
DOS SUBPROCURADORES-GERAIS DA REPÚBLICA

Art. 66. Os Subprocuradores-Gerais da República serão designados para oficiar junto ao Supremo Tribunal Federal, ao Superior Tribunal de Justiça, ao Tribunal Superior Eleitoral e nas Câmaras de Coordenação e Revisão.

§ 1º No Supremo Tribunal Federal e no Tribunal Superior Eleitoral, os Subprocuradores-Gerais da República atuarão por delegação do Procurador-Geral da República.

§ 2º A designação de Subprocurador-Geral da República para oficiar em órgãos jurisdicionais diferentes dos previstos para a categoria dependerá de autorização do Conselho Superior.

Art. 67. Cabe aos Subprocuradores-Gerais da República, privativamente, o exercício das funções de:

I – Vice-Procurador-Geral da República;

II – Vice-Procurador-Geral Eleitoral;

III – Corregedor-Geral do Ministério Público Federal;

IV – Procurador Federal dos Direitos do Cidadão;

V – Coordenador de Câmara de Coordenação e Revisão.

Seção VIII

DOS PROCURADORES REGIONAIS DA REPÚBLICA

Art. 68. Os Procuradores Regionais da República serão designados para oficiar junto aos Tribunais Regionais Federais.

Parágrafo único. A designação de Procurador Regional da República para oficiar em órgãos jurisdicionais diferentes dos previstos para a categoria dependerá de autorização do Conselho Superior.

Art. 69. Os Procuradores Regionais da República serão lotados nos ofícios nas Procuradorias Regionais da República.

Seção IX

DOS PROCURADORES DA REPÚBLICA

Art. 70. Os Procuradores da República serão designados para oficiar junto aos Juízes Federais e junto aos Tribunais Regionais Eleitorais, onde não tiver sede a Procuradoria Regional da República.

Parágrafo único. A designação de Procurador da República para oficiar em órgãos jurisdicionais diferentes dos previstos para a categoria dependerá de autorização do Conselho Superior.

Art. 71. Os Procuradores da República serão lotados nos ofícios nas Procuradorias da República nos Estados e no Distrito Federal.

Seção X

DAS FUNÇÕES ELEITORAIS DO MINISTÉRIO PÚBLICO FEDERAL

Art. 72. Compete ao Ministério Público Federal exercer, no que couber, junto à Justiça Eleitoral, as funções do Ministério Público, atuando em todas as fases e instâncias do processo eleitoral.

Parágrafo único. O Ministério Público Federal tem legitimação para propor, perante o juízo competente, as ações para declarar ou decretar a nulidade de negócios jurídicos ou atos da administração pública, infringentes de vedações legais destinadas a proteger a normalidade e a legitimidade das eleições, contra a influência do poder econômico ou o abuso do poder político ou administrativo.

Art. 73. O Procurador-Geral Eleitoral é o Procurador-Geral da República.

Parágrafo único. O Procurador-Geral Eleitoral designará, dentre os Subprocuradores-Gerais da República, o Vice-Procurador-Geral Eleitoral, que o substituirá em seus impedimentos e exercerá o cargo em caso de vacância, até o provimento definitivo.

Art. 74. Compete ao Procurador-Geral Eleitoral exercer as funções do Ministério Público nas causas de competência do Tribunal Superior Eleitoral.

Parágrafo único. Além do Vice-Procurador-Geral Eleitoral, o Procurador-Geral poderá designar, por necessidade de serviço, membros do Ministério Público Federal para oficiarem, com sua aprovação, perante o Tribunal Superior Eleitoral.

Art. 75. Incumbe ao Procurador-Geral Eleitoral:

I – designar o Procurador Regional Eleitoral em cada Estado e no Distrito Federal;

II – acompanhar os procedimentos do Corregedor-Geral Eleitoral;

III – dirimir conflitos de atribuições;

IV – requisitar servidores da União e de suas autarquias, quando o exigir a necessidade do serviço, sem prejuízo dos direitos e vantagens inerentes ao exercício de seus cargos ou empregos.

Art. 76. O Procurador Regional Eleitoral, juntamente com o seu substituto, será designado pelo Procurador-Geral Eleitoral, dentre os Procuradores Regionais da República no Estado e no Distrito Federal, ou, onde não houver, dentre os Procuradores da República vitalícios, para um mandato de dois anos.

§ 1º O Procurador Regional Eleitoral poderá ser reconduzido uma vez.

§ 2º O Procurador Regional Eleitoral poderá ser destituído, antes do término do mandato, por iniciativa do Procurador-Geral Eleitoral, anuindo a maioria absoluta do Conselho Superior do Ministério Público Federal.

Art. 77. Compete ao Procurador Regional Eleitoral exercer as funções do Ministério Público nas causas de competência do Tribunal Regional Eleitoral respectivo, além de dirigir, no Estado, as atividades do setor.

Parágrafo único. O Procurador-Geral Eleitoral poderá designar, por necessidade de serviço, outros membros do Ministério Público Federal para oficiar, sob a coordenação do Procurador Regional, perante os Tribunais Regionais Eleitorais.

Art. 78. As funções eleitorais do Ministério Público Federal perante os Juízes e Juntas Eleitorais serão exercidas pelo Promotor Eleitoral.

Art. 79. O Promotor Eleitoral será o membro do Ministério Público local que oficie junto ao Juízo incumbido do serviço eleitoral de cada Zona.

Parágrafo único. Na inexistência de Promotor que oficie perante a Zona Eleitoral, ou havendo impedimento ou recusa justificada, o Chefe do Ministério Público local indicará ao Procurador Regional Eleitoral o substituto a ser designado.

Art. 80. A filiação a partido político impede o exercício de funções eleitorais por membro do Ministério Público até dois anos do seu cancelamento.

► O STF, por maioria de votos, julgou parcialmente procedente a ADI nº 1.371-8, para dar a este artigo interpretação conforme a CF, fixando como única exegese constitucionalmente possível aquela que apenas admite a filiação partidária, se o membro do Ministério Público estiver afastado de suas funções institucionais, devendo cancelar sua filiação partidária antes de reassumir suas funções, quaisquer que sejam, não podendo, ainda, desempenhar funções pertinentes ao Ministério Público Eleitoral senão dois anos após o cancelamento dessa mesma filiação político-partidária (*DOU* de 22-10-2003).

Seção XI

DAS UNIDADES DE LOTAÇÃO E DE ADMINISTRAÇÃO

Art. 81. Os ofícios na Procuradoria-Geral da República, nas Procuradorias Regionais da República e nas Procuradorias da República nos Estados e no Distrito Federal são unidades de lotação e de administração do Ministério Público Federal.

Parágrafo único. Nos municípios do interior onde tiverem sede juízos federais, a lei criará unidades da Procuradoria da República no respectivo Estado.

Art. 82. A estrutura básica das unidades de lotação e de administração será organizada por regulamento, nos termos da lei.

CAPÍTULO II

DO MINISTÉRIO PÚBLICO DO TRABALHO

Seção I

DA COMPETÊNCIA, DOS ÓRGÃOS E DA CARREIRA

Art. 83. Compete ao Ministério Público do Trabalho o exercício das seguintes atribuições junto aos órgãos da Justiça do Trabalho:

I – promover as ações que lhe sejam atribuídas pela Constituição Federal e pelas leis trabalhistas;

II – manifestar-se em qualquer fase do processo trabalhista, acolhendo solicitação do juiz ou por sua iniciativa, quando entender existente interesse público que justifique a intervenção;

III – promover a ação civil pública no âmbito da Justiça do Trabalho, para defesa de interesses coletivos, quando desrespeitados os direitos sociais constitucionalmente garantidos;

IV – propor as ações cabíveis para declaração de nulidade de cláusula de contrato, acordo coletivo ou convenção coletiva que viole as liberdades individuais ou coletivas ou os direitos individuais indisponíveis dos trabalhadores;

V – propor as ações necessárias à defesa dos direitos e interesses dos menores, incapazes e índios, decorrentes das relações de trabalho;

VI – recorrer das decisões da Justiça do Trabalho, quando entender necessário, tanto nos processos em que for parte, como naqueles em que oficiar como fiscal da lei, bem como pedir revisão dos Enunciados da Súmula de Jurisprudência do Tribunal Superior do Trabalho;

VII – funcionar nas sessões dos Tribunais Trabalhistas, manifestando-se verbalmente sobre a matéria em debate, sempre que entender necessário, sendo-lhe assegurado o direito de vista dos processos em julgamento, podendo solicitar as requisições e diligências que julgar convenientes;

VIII – instaurar instância em caso de greve, quando a defesa da ordem jurídica ou o interesse público assim o exigir;

IX – promover ou participar da instrução e conciliação em dissídios decorrentes da paralisação de serviços de qualquer natureza, oficiando obrigatoriamente nos processos, manifestando sua concordância ou discordância, em eventuais acordos firmados antes da homologação, resguardado o direito de recorrer em caso de violação à lei e à Constituição Federal;

X – promover mandado de injunção, quando a competência for da Justiça do Trabalho;

XI – atuar como árbitro, se assim for solicitado pelas partes, nos dissídios de competência da Justiça do Trabalho;

XII – requerer as diligências que julgar convenientes para o correto andamento dos processos e para a melhor solução das lides trabalhistas;

XIII – intervir obrigatoriamente em todos os feitos nos segundo e terceiro graus de jurisdição da Justiça do Trabalho, quando a parte for pessoa jurídica de Direito Público, Estado estrangeiro ou organismo internacional.

Art. 84. Incumbe ao Ministério Público do Trabalho, no âmbito das suas atribuições, exercer as funções institucionais previstas nos Capítulos I, II, III e IV do Título I, especialmente:

I – integrar os órgãos colegiados previstos no § 1º do art. 6º, que lhes sejam pertinentes;
II – instaurar inquérito civil e outros procedimentos administrativos, sempre que cabíveis, para assegurar a observância dos direitos sociais dos trabalhadores;
III – requisitar à autoridade administrativa federal competente, dos órgãos de proteção ao trabalho, a instauração de procedimentos administrativos, podendo acompanhá-los e produzir provas;
IV – ser cientificado pessoalmente das decisões proferidas pela Justiça do Trabalho, nas causas em que o órgão tenha intervido ou emitido parecer escrito;
V – exercer outras atribuições que lhe forem conferidas por lei, desde que compatíveis com sua finalidade.

Art. 85. São órgãos do Ministério Público do Trabalho:

I – o Procurador-Geral do Trabalho;
II – o Colégio de Procuradores do Trabalho;
III – o Conselho Superior do Ministério Público do Trabalho;
IV – a Câmara de Coordenação e Revisão do Ministério Público do Trabalho;
V – a Corregedoria do Ministério Público do Trabalho;
VI – os Subprocuradores-Gerais do Trabalho;
VII – os Procuradores Regionais do Trabalho;
VIII – os Procuradores do Trabalho.

Art. 86. A carreira do Ministério Público do Trabalho será constituída pelos cargos de Subprocurador-Geral do Trabalho, Procurador Regional do Trabalho e Procurador do Trabalho.

Parágrafo único. O cargo inicial da carreira é o de Procurador do Trabalho e o do último nível o de Subprocurador-Geral do Trabalho.

Seção II

DO PROCURADOR-GERAL DO TRABALHO

Art. 87. O Procurador-Geral do Trabalho é o Chefe do Ministério Público do Trabalho.

Art. 88. O Procurador-Geral do Trabalho será nomeado pelo Procurador-Geral da República, dentre integrantes da instituição, com mais de trinta e cinco anos de idade e de cinco anos na carreira, integrante de lista tríplice escolhida mediante voto plurinominal, facultativo e secreto, pelo Colégio de Procuradores para um mandato de dois anos, permitida uma recondução, observado o mesmo processo. Caso não haja número suficiente de candidatos com mais de cinco anos na carreira, poderá concorrer à lista tríplice quem contar mais de dois anos na carreira.

Parágrafo único. A exoneração do Procurador-Geral do Trabalho, antes do término do mandato, será proposta ao Procurador-Geral da República pelo Conselho Superior, mediante deliberação obtida com base em voto secreto de dois terços de seus integrantes.

Art. 89. O Procurador-Geral do Trabalho designará, dentre os Subprocuradores-Gerais do Trabalho, o Vice-Procurador-Geral do Trabalho, que o substituirá em seus impedimentos. Em caso de vacância, exercerá o cargo o Vice-Presidente do Conselho Superior, até o seu provimento definitivo.

Art. 90. Compete ao Procurador-Geral do Trabalho exercer as funções atribuídas ao Ministério Público do Trabalho junto ao Plenário do Tribunal Superior do Trabalho, propondo as ações cabíveis e manifestando-se nos processos de sua competência.

Art. 91. São atribuições do Procurador-Geral do Trabalho:

I – representar o Ministério Público do Trabalho;
II – integrar, como membro nato, e presidir o Colégio de Procuradores do Trabalho, o Conselho Superior do Ministério Público do Trabalho e a Comissão de Concurso;
III – nomear o Corregedor-Geral do Ministério Público do Trabalho, segundo lista tríplice formada pelo Conselho Superior;
IV – designar um dos membros e o Coordenador da Câmara de Coordenação e Revisão do Ministério Público do Trabalho;
V – designar, observados os critérios da lei e os estabelecidos pelo Conselho Superior, os ofícios em que exercerão suas funções os membros do Ministério Público do Trabalho;
VI – designar o Chefe da Procuradoria Regional do Trabalho dentre os Procuradores Regionais do Trabalho lotados na respectiva Procuradoria Regional;
VII – decidir, em grau de recurso, os conflitos de atribuição entre os órgãos do Ministério Público do Trabalho;
VIII – determinar a abertura de correição, sindicância ou inquérito administrativo;
IX – determinar a instauração de inquérito ou processo administrativo contra servidores dos serviços auxiliares;
X – decidir processo disciplinar contra membro da carreira ou servidor dos serviços auxiliares, aplicando as sanções que sejam de sua competência;
XI – decidir, atendendo a necessidade do serviço, sobre:
a) remoção a pedido ou por permuta;
b) alteração parcial da lista bienal de designações;
XII – autorizar o afastamento de membros do Ministério Público do Trabalho, ouvido o Conselho Superior, nos casos previstos em lei;
XIII – dar posse aos membros do Ministério Público do Trabalho;
XIV – designar membro do Ministério Público do Trabalho para:
a) funcionar nos órgãos em que a participação da Instituição seja legalmente prevista, ouvido o Conselho Superior;
b) integrar comissões técnicas ou científicas, relacionadas às funções da Instituição, ouvido o Conselho Superior;
c) assegurar a continuidade dos serviços, em caso de vacância, afastamento temporário, ausência, impedimento ou suspeição do titular, na inexistência ou falta do substituto designado;
XV – homologar, ouvido o Conselho Superior, o resultado do concurso para ingresso na carreira;
XVI – fazer publicar aviso de existência de vaga, na lotação e na relação bienal de designações;
XVII – propor ao Procurador-Geral da República, ouvido o Conselho Superior, a criação e extinção de cargos da carreira e dos ofícios em que devam ser exercidas suas funções;
XVIII – elaborar a proposta orçamentária do Ministério Público do Trabalho, submetendo-a, para aprovação, ao Conselho Superior;
XIX – encaminhar ao Procurador-Geral da República a proposta orçamentária do Ministério Público do Trabalho, após sua aprovação pelo Conselho Superior;
XX – organizar a prestação de contas do exercício anterior, encaminhando-a ao Procurador-Geral da República;
XXI – praticar atos de gestão administrativa, financeira e de pessoal;
XXII – elaborar o relatório de atividades do Ministério Público do Trabalho;
XXIII – coordenar as atividades do Ministério Público do Trabalho;
XXIV – exercer outras atribuições previstas em lei.

Art. 92. As atribuições do Procurador-Geral do Trabalho, previstas no artigo anterior, poderão ser delegadas:

I – ao Coordenador da Câmara de Coordenação e Revisão, as dos incisos XIV, alínea c, e XXIII;
II – aos Chefes das Procuradorias Regionais do Trabalho nos Estados e no Distrito Federal, as dos incisos I, XIV, alínea c, XXI e XXIII.

Seção III

DO COLÉGIO DE PROCURADORES DO TRABALHO

Art. 93. O Colégio de Procuradores do Trabalho, presidido pelo Procurador-Geral do Trabalho, é integrado por todos os membros da carreira em atividade no Ministério Público do Trabalho.

Art. 94. São atribuições do Colégio de Procuradores do Trabalho:

I – elaborar, mediante voto plurinominal, facultativo e secreto, a lista tríplice para a escolha do Procurador-Geral do Trabalho;
II – elaborar, mediante voto plurinominal, facultativo e secreto, a lista sêxtupla para a composição do Tribunal Superior do Trabalho, sendo elegíveis os membros do Ministério Público do Trabalho com mais de dez anos na carreira, tendo mais de trinta e cinco e menos de sessenta e cinco anos de idade;
III – elaborar, mediante voto plurinominal, facultativo e secreto, a lista sêxtupla para os Tribunais Regionais do Trabalho, dentre os Procuradores com mais de dez anos de carreira;
IV – eleger, dentre os Subprocuradores-Gerais do Trabalho e mediante voto plurinominal, facultativo e secreto, quatro membros do Conselho Superior do Ministério Público do Trabalho.

§ 1º Para os fins previstos nos incisos deste artigo, prescindir-se-á de reunião do Colégio de Procuradores, procedendo-se segundo dispuser o seu Regimento Interno, exigido o voto da maioria absoluta dos eleitores.

§ 2º Excepcionalmente, em caso de interesse relevante da Instituição, o Colégio de Procuradores reunir-se-á em local designado pelo Procurador-Geral do Trabalho, desde que convocado por ele ou pela maioria de seus membros.

§ 3º O Regimento Interno do Colégio de Procuradores do Trabalho disporá sobre seu funcionamento.

Seção IV

DO CONSELHO SUPERIOR DO MINISTÉRIO PÚBLICO DO TRABALHO

Art. 95. O Conselho Superior do Ministério Público do Trabalho, presidido pelo Procurador-Geral do Trabalho, tem a seguinte composição:

I – o Procurador-Geral do Trabalho e o Vice-Procurador-Geral do Trabalho, que o integram como membros natos;

II – quatro Subprocuradores-Gerais do Trabalho, eleitos para um mandato de dois anos, pelo Colégio de Procuradores do Trabalho, mediante voto plurinominal, facultativo e secreto, permitida uma reeleição;

III – quatro Subprocuradores-Gerais do Trabalho, eleitos para um mandato de dois anos, por seus pares, mediante voto plurinominal, facultativo e secreto, permitida uma reeleição.

§ 1º Serão suplentes dos membros de que tratam os incisos II e III os demais votados, em ordem decrescente, observados os critérios gerais de desempate.

§ 2º O Conselho Superior elegerá o seu Vice-Presidente, que substituirá o Presidente em seus impedimentos e em caso de vacância.

Art. 96. O Conselho Superior do Ministério Público do Trabalho reunir-se-á ordinariamente, uma vez por mês, em dia previamente fixado, e, extraordinariamente, quando convocado pelo Procurador-Geral do Trabalho ou por proposta da maioria absoluta de seus membros.

Art. 97. Salvo disposição em contrário, as deliberações do Conselho Superior serão tomadas por maioria de votos, presente a maioria absoluta de seus membros.

§ 1º Em caso de empate, prevalecerá o voto do Presidente, exceto em matéria de sanções, caso em que prevalecerá a solução mais favorável ao acusado.

§ 2º As deliberações do Conselho Superior serão publicadas no *Diário da Justiça*, exceto quando o Regimento Interno determinar sigilo.

Art. 98. Compete ao Conselho Superior do Ministério Público do Trabalho:

I – exercer o poder normativo no âmbito do Ministério Público do Trabalho, observados os princípios desta lei complementar, especialmente para elaborar e aprovar:

a) o seu Regimento Interno, o do Colégio de Procuradores do Trabalho e o da Câmara de Coordenação e Revisão do Ministério Público do Trabalho;

b) as normas e as instruções para o concurso de ingresso na carreira;

c) as normas sobre as designações para os diferentes ofícios do Ministério Público do Trabalho;

d) os critérios para distribuição de procedimentos administrativos e quaisquer outros feitos, no Ministério Público do Trabalho;

e) os critérios de promoção por merecimento na carreira;

f) o procedimento para avaliar o cumprimento das condições do estágio probatório;

II – indicar os integrantes da Câmara de Coordenação e Revisão do Ministério Público do Trabalho;

III – propor a exoneração do Procurador-Geral do Trabalho;

IV – destituir, por iniciativa do Procurador-Geral do Trabalho e pelo voto de dois terços de seus membros, antes do término do mandato, o Corregedor-Geral;

V – elaborar a lista tríplice destinada à promoção por merecimento;

VI – elaborar a lista tríplice para Corregedor-Geral do Ministério Público do Trabalho;

VII – aprovar a lista de antiguidade do Ministério Público do Trabalho e decidir sobre as reclamações a ela concernentes;

VIII – indicar o membro do Ministério Público do Trabalho para promoção por antiguidade, observado o disposto no art. 93, II, alínea *d*, da Constituição Federal;

IX – opinar sobre a designação de membro do Ministério Público do Trabalho para:

a) funcionar nos órgãos em que a participação da Instituição seja legalmente prevista;

b) integrar comissões técnicas ou científicas relacionadas às funções da Instituição;

X – opinar sobre o afastamento temporário de membro do Ministério Público do Trabalho;

XI – autorizar a designação, em caráter excepcional, de membros do Ministério Público do Trabalho, para exercício de atribuições processuais perante juízos, tribunais ou ofícios diferentes dos estabelecidos para cada categoria;

XII – determinar a realização de correições e sindicâncias e apreciar os relatórios correspondentes;

XIII – determinar a instauração de processos administrativos em que o acusado seja membro do Ministério Público do Trabalho, apreciar seus relatórios e propor as medidas cabíveis;

XIV – determinar o afastamento do exercício de suas funções, de membro do Ministério Público do Trabalho, indiciado ou acusado em processo disciplinar, e o seu retorno;

XV – designar a comissão de processo administrativo em que o acusado seja membro do Ministério Público do Trabalho;

XVI – decidir sobre o cumprimento do estágio probatório por membro do Ministério Público do Trabalho, encaminhando cópia da decisão ao Procurador-Geral da República, quando for o caso, para ser efetivada sua exoneração;

XVII – decidir sobre remoção e disponibilidade de membro do Ministério Público do Trabalho, por motivo de interesse público;

XVIII – autorizar, pela maioria absoluta de seus membros, que o Procurador-Geral da República ajuíze a ação de perda de cargo contra membro vitalício do Ministério Público do Trabalho, nos casos previstos em lei;

XIX – opinar sobre os pedidos de reversão de membro da carreira;

XX – aprovar a proposta de lei para o aumento do número de cargos da carreira e dos ofícios;

XXI – deliberar sobre a realização de concurso para o ingresso na carreira, designar os membros da Comissão de Concurso e opinar sobre a homologação dos resultados;

XXII – aprovar a proposta orçamentária que integrará o projeto de orçamento do Ministério Público da União;

XXIII – exercer outras funções atribuídas em lei.

§ 1º Aplicam-se ao Procurador-Geral e aos demais membros do Conselho Superior as normas processuais em geral, pertinentes aos impedimentos e suspeição dos membros do Ministério Público.

§ 2º As deliberações relativas aos incisos I, alíneas a e e, XI, XIII, XIV, XV e XVII somente poderão ser tomadas com o voto favorável de dois terços dos membros do Conselho Superior.

Seção V

DA CÂMARA DE COORDENAÇÃO E REVISÃO DO MINISTÉRIO PÚBLICO DO TRABALHO

Art. 99. A Câmara de Coordenação e Revisão do Ministério Público do Trabalho é um órgão de coordenação, de integração e de revisão do exercício funcional na Instituição.

Art. 100. A Câmara de Coordenação e Revisão do Ministério Público do Trabalho será organizada por ato normativo, e o Regimento Interno, que disporá sobre seu funcionamento, será elaborado pelo Conselho Superior.

Art. 101. A Câmara de Coordenação e Revisão do Ministério Público do Trabalho será composta por três membros do Ministério Público do Trabalho, sendo um indicado pelo Procurador-Geral do Trabalho e dois pelo Conselho Superior do Ministério Público do Trabalho, juntamente com seus suplentes, para um mandato de dois anos, sempre que possível, dentre integrantes do último grau da carreira.

Art. 102. Dentre os integrantes da Câmara de Coordenação e Revisão, um deles será designado pelo Procurador-Geral para a função executiva de Coordenador.

Art. 103. Compete à Câmara de Coordenação e Revisão do Ministério Público do Trabalho:

I – promover a integração e a coordenação dos órgãos institucionais do Ministério Público do Trabalho, observado o princípio da independência funcional;

II – manter intercâmbio com órgãos ou entidades que atuem em áreas afins;

III – encaminhar informações técnico-jurídicas aos órgãos institucionais do Ministério Público do Trabalho;

IV – resolver sobre a distribuição especial de feitos e procedimentos, quando a matéria, por sua natureza ou relevância, assim o exigir;

V – resolver sobre a distribuição especial de feitos, que por sua contínua reiteração, devam receber tratamento uniforme;

VI – decidir os conflitos de atribuição entre os órgãos do Ministério Público do Trabalho.

Parágrafo único. A competência fixada nos incisos IV e V será exercida segundo critérios objetivos previamente estabelecidos pelo Conselho Superior.

Seção VI

DA CORREGEDORIA DO MINISTÉRIO PÚBLICO DO TRABALHO

Art. 104. A Corregedoria do Ministério Público do Trabalho, dirigida pelo Corregedor-Geral, é o órgão fiscalizador das atividades funcionais e da conduta dos membros do Ministério Público.

Art. 105. O Corregedor-Geral será nomeado pelo Procurador-Geral do Trabalho dentre os Subprocuradores-Gerais do Trabalho, integrantes de lista tríplice elaborada pelo Conselho Superior, para mandato de dois anos, renovável uma vez.

§ 1º Não poderão integrar a lista tríplice os membros do Conselho Superior.

§ 2º Serão suplentes do Corregedor-Geral os demais integrantes da lista tríplice, na ordem em que os designar o Procurador-Geral.

§ 3º O Corregedor-Geral poderá ser destituído, por iniciativa do Procurador-Geral, antes do

LEGISLAÇÃO COMPLEMENTAR

término do mandato, pelo voto de dois terços dos membros do Conselho Superior.

Art. 106. Incumbe ao Corregedor-Geral do Ministério Público:

I – participar, sem direito a voto, das reuniões do Conselho Superior;

II – realizar, de ofício ou por determinação do Procurador-Geral ou do Conselho Superior, correições e sindicâncias, apresentando os respectivos relatórios;

III – instaurar inquérito contra integrante da carreira e propor ao Conselho Superior a instauração do processo administrativo consequente;

IV – acompanhar o estágio probatório dos membros do Ministério Público do Trabalho;

V – propor ao Conselho Superior a exoneração de membro do Ministério Público do Trabalho que não cumprir as condições do estágio probatório.

Seção VII

DOS SUBPROCURADORES-GERAIS DO TRABALHO

Art. 107. Os Subprocuradores-Gerais do Trabalho serão designados para oficiar junto ao Tribunal Superior do Trabalho e nos ofícios na Câmara de Coordenação e Revisão.

Parágrafo único. A designação de Subprocurador-Geral do Trabalho para oficiar em órgãos jurisdicionais diferentes do previsto para a categoria dependerá de autorização do Conselho Superior.

Art. 108. Cabe aos Subprocuradores-Gerais do Trabalho, privativamente, o exercício das funções de:

I – Corregedor-Geral do Ministério Público do Trabalho;

II – Coordenador da Câmara de Coordenação e Revisão do Ministério Público do Trabalho.

Art. 109. Os Subprocuradores-Gerais do Trabalho serão lotados nos ofícios na Procuradoria-Geral do Trabalho.

Seção VIII

DOS PROCURADORES REGIONAIS DO TRABALHO

Art. 110. Os Procuradores Regionais do Trabalho serão designados para oficiar junto aos Tribunais Regionais do Trabalho.

Parágrafo único. Em caso de vaga ou de afastamento de Subprocurador-Geral do Trabalho por prazo superior a trinta dias, poderá ser convocado pelo Procurador-Geral, mediante aprovação do Conselho Superior, Procurador Regional do Trabalho para substituição.

Art. 111. Os Procuradores Regionais do Trabalho serão lotados nos ofícios nas Procuradorias Regionais do Trabalho nos Estados e no Distrito Federal.

Seção IX

DOS PROCURADORES DO TRABALHO

Art. 112. Os Procuradores do Trabalho serão designados para funcionar junto aos Tribunais Regionais do Trabalho e, na forma das leis processuais, nos litígios trabalhistas que envolvam, especialmente, interesses de menores e incapazes.

Parágrafo único. A designação de Procurador do Trabalho para oficiar em órgãos jurisdicionais diferentes dos previstos para a categoria dependerá de autorização do Conselho Superior.

Art. 113. Os Procuradores do Trabalho serão lotados nos ofícios nas Procuradorias Regionais do Trabalho nos Estados e no Distrito Federal.

Seção X

DAS UNIDADES DE LOTAÇÃO E DE ADMINISTRAÇÃO

Art. 114. Os ofícios na Procuradoria-Geral do Trabalho e nas Procuradorias Regionais do Trabalho nos Estados e no Distrito Federal são unidades de lotação e de administração do Ministério Público do Trabalho.

Art. 115. A estrutura básica das unidades de lotação e de administração será organizada por regulamento, nos termos da lei.

CAPÍTULO III

DO MINISTÉRIO PÚBLICO MILITAR

Seção I

DA COMPETÊNCIA, DOS ÓRGÃOS E DA CARREIRA

Art. 116. Compete ao Ministério Público Militar o exercício das seguintes atribuições junto aos órgãos da Justiça Militar:

I – promover, privativamente, a ação penal pública;

II – promover a declaração de indignidade ou de incompatibilidade para o oficialato;

III – manifestar-se em qualquer fase do processo, acolhendo solicitação do juiz ou por sua iniciativa, quando entender existente interesse público que justifique a intervenção.

Art. 117. Incumbe ao Ministério Público Militar:

I – requisitar diligências investigatórias e a instauração de inquérito Policial Militar, podendo acompanhá-los e apresentar provas;

II – exercer o controle externo da atividade da polícia judiciária militar.

Art. 118. São órgãos do Ministério Público Militar:

I – o Procurador-Geral da Justiça Militar;

II – o Colégio de Procuradores da Justiça Militar;

III – o Conselho Superior do Ministério Público Militar;

IV – a Câmara de Coordenação e Revisão do Ministério Público Militar;

V – a Corregedoria do Ministério Público Militar;

VI – os Subprocuradores-Gerais da Justiça Militar;

VII – os Procuradores da Justiça Militar;

VIII – os Promotores da Justiça Militar.

Art. 119. A carreira do Ministério Público Militar é constituída pelos cargos de Subprocurador-Geral da Justiça Militar, Procurador da Justiça Militar e Promotor da Justiça Militar.

Parágrafo único. O cargo inicial da carreira é o de Promotor da Justiça Militar e o do último nível é o de Subprocurador-Geral da Justiça Militar.

Seção II

DO PROCURADOR-GERAL DA JUSTIÇA MILITAR

Art. 120. O Procurador-Geral da Justiça Militar é o Chefe do Ministério Público Militar.

Art. 121. O Procurador-Geral da Justiça Militar será nomeado pelo Procurador-Geral da República, dentre integrantes da Instituição, com mais de trinta e cinco anos de idade e de cinco anos na carreira, escolhidos em lista tríplice mediante voto plurinominal, facultativo e secreto, pelo Colégio de Procuradores, para um mandato de dois anos, permitida uma recondução, observado o mesmo processo. Caso não haja número suficiente de candidatos com mais de cinco anos na carreira, poderá concorrer à lista tríplice quem contar mais de dois anos na carreira.

Parágrafo único. A exoneração do Procurador-Geral da Justiça Militar, antes do término do mandato, será proposta pelo Conselho Superior ao Procurador-Geral da República, mediante deliberação obtida com base em voto secreto de dois terços de seus integrantes.

Art. 122. O Procurador-Geral da Justiça Militar designará dentre os Subprocuradores-Gerais, o Vice-Procurador-Geral da Justiça Militar, que o substituirá em seus impedimentos. Em caso de vacância, exercerá o cargo o Vice-Presidente do Conselho Superior, até o seu provimento definitivo.

Art. 123. Compete ao Procurador-Geral da Justiça Militar exercer as funções atribuídas ao Ministério Público Militar junto ao Superior Tribunal Militar, propondo as ações cabíveis e manifestando-se nos processos de sua competência.

Art. 124. São atribuições do Procurador-Geral da Justiça Militar:

I – representar o Ministério Público Militar;

II – integrar, como membro nato, e presidir o Colégio de Procuradores da Justiça Militar, o Conselho Superior do Ministério Público da Justiça Militar e a Comissão de Concurso;

III – nomear o Corregedor-Geral do Ministério Público Militar, segundo lista tríplice elaborada pelo Conselho Superior;

IV – designar um dos membros e o Coordenador da Câmara de Coordenação e Revisão do Ministério Público Militar;

V – designar, observados os critérios da lei e os estabelecidos pelo Conselho Superior, os ofícios em que exercerão suas funções os membros do Ministério Público Militar;

VI – decidir, em grau de recurso, os conflitos de atribuições entre os órgãos do Ministério Público Militar;

VII – determinar a abertura de correição, sindicância ou inquérito administrativo;

VIII – determinar a instauração de inquérito ou processo administrativo contra servidores dos serviços auxiliares;

IX – decidir processo disciplinar contra membro da carreira ou servidor dos serviços auxiliares, aplicando as sanções que sejam de sua competência;

X – decidir, atendida a necessidade do serviço, sobre:

a) remoção a pedido ou por permuta;

b) alteração parcial da lista bienal de designações;

XI – autorizar o afastamento de membros do Ministério Público Militar, ouvido o Conselho Superior, nas hipóteses da lei;

XII – dar posse aos membros do Ministério Público Militar;

XIII – designar membro do Ministério Público Militar para:

a) funcionar nos órgãos em que a participação da instituição seja legalmente prevista, ouvido o Conselho Superior;

b) integrar comissões técnicas ou científicas, relacionadas às funções da Instituição, ouvido o Conselho Superior;

c) assegurar a continuidade dos serviços, em caso de vacância, afastamento temporário, ausência, impedimento ou suspeição do titular, na inexistência ou falta do substituto designado;

XIV – homologar, ouvido o Conselho Superior, o resultado do concurso para ingresso na carreira;

XV – fazer publicar o aviso de existência de vaga, na lotação e na relação bienal de designações;

XVI – propor ao Procurador-Geral da República, ouvido o Conselho Superior, a criação e extinção de cargos da carreira e dos ofícios em que devam ser exercidas suas funções;

XVII – elaborar a proposta orçamentária do Ministério Público Militar, submetendo-a ao Conselho Superior;

XVIII – encaminhar ao Procurador-Geral da República a proposta orçamentária do Ministério Público Militar, após sua aprovação pelo Conselho Superior;

XIX – organizar a prestação de contas do exercício anterior, encaminhando-a ao Procurador-Geral da República;

XX – praticar atos de gestão administrativa, financeira e de pessoal;

XXI – elaborar o relatório de atividades do Ministério Público Militar;

XXII – coordenar as atividades do Ministério Público Militar;

XXIII – exercer outras atribuições previstas em lei.

Art. 125. As atribuições do Procurador-Geral da Justiça Militar, previstas no artigo anterior, poderão ser delegadas:

I – ao Coordenador da Câmara de Coordenação e Revisão, as dos incisos XIII, alínea *c*, e XXII;

II – ao Procurador da Justiça Militar, as dos incisos I e XX.

Seção III

DO COLÉGIO DE PROCURADORES DA JUSTIÇA MILITAR

Art. 126. O Colégio de Procuradores da Justiça Militar, presidido pelo Procurador-Geral da Justiça Militar, é integrado por todos os membros da carreira em atividade no Ministério Público da Justiça Militar.

Art. 127. Compete ao Colégio de Procuradores da Justiça Militar:

I – elaborar, mediante voto plurinominal, facultativo e secreto, lista tríplice para a escolha do Procurador-Geral da Justiça Militar;

II – opinar sobre assuntos gerais de interesse da Instituição.

§ 1º Para os fins previstos no inciso I, prescindir-se-á de reunião do Colégio de Procuradores, procedendo-se segundo dispuser o seu regimento interno, exigido o voto da maioria absoluta dos eleitores.

§ 2º Excepcionalmente, em caso de interesse relevante da Instituição, o Colégio de Procuradores reunir-se-á em local designado pelo Procurador-Geral da Justiça Militar, desde que convocado por ele ou pela maioria de seus membros.

§ 3º O Regimento Interno do Colégio de Procuradores Militares disporá sobre seu funcionamento.

Seção IV

DO CONSELHO SUPERIOR DO MINISTÉRIO PÚBLICO MILITAR

Art. 128. O Conselho Superior do Ministério Público Militar, presidido pelo Procurador-Geral da Justiça Militar, tem a seguinte composição:

I – o Procurador-Geral da Justiça Militar e o Vice-Procurador-Geral da Justiça Militar;

II – os Subprocuradores-Gerais da Justiça Militar.

Parágrafo único. O Conselho Superior elegerá o seu Vice-Presidente, que substituirá o Presidente em seus impedimentos e em caso de vacância.

Art. 129. O Conselho Superior do Ministério Público Militar reunir-se-á, ordinariamente, uma vez por mês, em dia previamente fixado, e extraordinariamente, quando convocado pelo Procurador-Geral da Justiça Militar ou por proposta da maioria absoluta de seus membros.

Art. 130. Salvo disposição em contrário, as deliberações do Conselho Superior serão tomadas por maioria de votos, presente a maioria absoluta dos seus membros.

§ 1º Em caso de empate, prevalecerá o voto do Presidente, exceto em matéria de sanções, caso em que prevalecerá a solução mais favorável ao acusado.

§ 2º As deliberações do Conselho Superior serão publicadas no *Diário da Justiça*, exceto quando o regimento interno determine sigilo.

Art. 131. Compete ao Conselho Superior do Ministério Público Militar:

I – exercer o poder normativo no âmbito do Ministério Público Militar, observados os princípios desta lei complementar, especialmente para elaborar e aprovar:

a) o seu regimento interno, o do Colégio de Procuradores da Justiça Militar e o da Câmara de Coordenação e Revisão do Ministério Público Militar;

b) as normas e as instruções para o concurso de ingresso na carreira;

c) as normas sobre as designações para os diferentes ofícios do Ministério Público Militar;

d) os critérios para distribuição de inquéritos e quaisquer outros feitos, no Ministério Público Militar;

e) os critérios de promoção por merecimento na carreira;

f) o procedimento para avaliar o cumprimento das condições do estágio probatório;

II – indicar os integrantes da Câmara de Coordenação e Revisão do Ministério Público Militar;

III – propor a exoneração do Procurador-Geral da Justiça Militar;

IV – destituir, por iniciativa do Procurador-Geral do Ministério Público Militar e pelo voto de dois terços de seus membros, antes do término do mandato, o Corregedor-Geral;

V – elaborar a lista tríplice destinada à promoção por merecimento;

VI – elaborar a lista tríplice para Corregedor-Geral do Ministério Público Militar;

VII – aprovar a lista de antiguidade do Ministério Público Militar e decidir sobre as reclamações a ela concernentes;

VIII – indicar o membro do Ministério Público Militar para promoção por antiguidade, observado o disposto no art. 93, II, alínea *d*, da Constituição Federal;

IX – opinar sobre a designação de membro do Ministério Público Militar para:

a) funcionar nos órgãos em que a participação da Instituição seja legalmente prevista;

b) integrar comissões técnicas ou científicas relacionadas às funções da Instituição;

X – opinar sobre o afastamento temporário de membro do Ministério Público Militar;

XI – autorizar a designação, em caráter excepcional, de membro do Ministério Público Militar, para exercício de atribuições processuais perante juízos, tribunais ou ofícios diferentes dos estabelecidos para cada categoria;

XII – determinar a realização de correições e sindicâncias e apreciar os relatórios correspondentes;

XIII – determinar a instauração de processos administrativos em que o acusado seja membro do Ministério Público Militar, apreciar seus relatórios e propor as medidas cabíveis;

XIV – determinar o afastamento preventivo do exercício de suas funções, de membro do Ministério Público Militar, indiciado ou acusado em processo disciplinar, e seu retorno;

XV – designar a comissão de processo administrativo em que o acusado seja membro do Ministério Público Militar;

XVI – decidir sobre o cumprimento do estágio probatório por membro do Ministério Público Militar, encaminhando cópia da decisão ao Procurador-Geral da República, quando for o caso, para ser efetivada sua exoneração;

XVII – decidir sobre remoção e disponibilidade de membro do Ministério Público Militar, por motivo de interesse público;

XVIII – autorizar, pela maioria absoluta de seus membros, que o Procurador-Geral da República ajuíze ação de perda de cargo contra membro vitalício do Ministério Público Militar, nos casos previstos nesta lei complementar;

XIX – opinar sobre os pedidos de reversão de membro da carreira;

XX – aprovar a proposta de lei para o aumento do número de cargos da carreira e dos ofícios;

XXI – deliberar sobre a realização de concurso para ingresso na carreira, designar os membros da Comissão de Concurso e opinar sobre a homologação dos resultados;

XXII – exercer outras funções atribuídas em lei.

§ 1º Aplicam-se ao Procurador-Geral e aos demais membros do Conselho Superior as normas processuais em geral, pertinentes aos impedimentos e suspeição dos membros do Ministério Público.

§ 2º As deliberações relativas aos incisos I, alíneas *a* e *e*, XI, XIII, XIV, XV e XVII somente poderão ser tomadas com o voto favorável de dois terços dos membros do Conselho Superior.

Seção V

DA CÂMARA DE COORDENAÇÃO E REVISÃO DO MINISTÉRIO PÚBLICO MILITAR

Art. 132. A Câmara de Coordenação e Revisão do Ministério Público Militar é o órgão de coordenação, de integração e de revisão do exercício funcional na Instituição.

Art. 133. A Câmara de Coordenação e Revisão do Ministério Público Militar será organizada por ato normativo e o Regimento Interno, que disporá sobre seu funcionamento, será elaborado e aprovado pelo Conselho Superior.

Art. 134. A Câmara de Coordenação e Revisão do Ministério Público Militar será composta por três membros do Ministério Público Militar, sendo um indicado pelo Procurador-Geral da Justiça Militar e dois pelo Conselho Superior do Ministério Público Militar, juntamente com seus suplentes, para um mandato de dois anos, sempre que possível, dentre integrantes do último grau da carreira.

Art. 135. Dentre os integrantes da Câmara de Coordenação e Revisão, um deles será designado pelo Procurador-Geral para a função executiva de Coordenador.

Art. 136. Compete à Câmara de Coordenação e Revisão do Ministério Público Militar:

I – promover a integração e a coordenação dos órgãos institucionais do Ministério Público Militar, observado o princípio da independência funcional;

II – manter intercâmbio com órgãos ou entidades que atuem em áreas afins;

III – encaminhar informações técnico-jurídicas aos órgãos institucionais do Ministério Público Militar;

IV – manifestar-se sobre o arquivamento de inquérito policial militar, exceto nos casos de competência originária do Procurador-Geral;

V – resolver sobre a distribuição especial de inquéritos e quaisquer outros feitos, quando a matéria, por sua natureza ou relevância, assim o exigir;

VI – decidir os conflitos de atribuição entre os órgãos do Ministério Público Militar.

Parágrafo único. A competência fixada no inciso V será exercida segundo critérios objetivos previamente estabelecidos pelo Conselho Superior.

Seção VI

DA CORREGEDORIA DO MINISTÉRIO PÚBLICO MILITAR

Art. 137. A Corregedoria do Ministério Público Militar, dirigida pelo Corregedor-Geral, é o órgão fiscalizador das atividades funcionais e da conduta dos membros do Ministério Público.

Art. 138. O Corregedor-Geral do Ministério Público Militar será nomeado pelo Procurador-Geral da Justiça Militar dentre os Subprocuradores-Gerais da Justiça Militar integrantes de lista tríplice elaborada pelo Conselho Superior, para mandato de dois anos, renovável uma vez.

§ 1º Serão suplentes do Corregedor-Geral os demais integrantes da lista tríplice, na ordem em que os designar o Procurador-Geral.

§ 2º O Corregedor-Geral poderá ser destituído, por iniciativa do Procurador-Geral, antes do término do mandato, pelo voto de dois terços dos membros do Conselho Superior.

Art. 139. Incumbe ao Corregedor-Geral do Ministério Público:

I – realizar, de ofício, ou por determinação do Procurador-Geral ou do Conselho Superior, correições e sindicâncias, apresentando os respectivos relatórios;

II – instaurar inquérito contra integrante da carreira e propor ao Conselho Superior a instauração do processo administrativo consequente;

III – acompanhar o estágio probatório dos membros do Ministério Público Militar;

IV – propor ao Conselho Superior a exoneração de membro do Ministério Público Militar que não cumprir as condições do estágio probatório.

Seção VII

DOS SUBPROCURADORES-GERAIS DA JUSTIÇA MILITAR

Art. 140. Os Subprocuradores-Gerais da Justiça Militar serão designados para oficiar junto ao Superior Tribunal Militar e à Câmara de Coordenação e Revisão.

Parágrafo único. A designação de Subprocurador-Geral Militar para oficiar em órgãos jurisdicionais diferentes do previsto para a categoria dependerá de autorização do Conselho Superior.

Art. 141. Cabe aos Subprocuradores-Gerais da Justiça Militar, privativamente, o exercício das funções de:

I – Corregedor-Geral do Ministério Público Militar;

II – Coordenador da Câmara de Coordenação e Revisão do Ministério Público Militar.

Art. 142. Os Subprocuradores-Gerais da Justiça Militar serão lotados nos ofícios na Procuradoria-Geral da Justiça Militar.

Seção VIII

DOS PROCURADORES DA JUSTIÇA MILITAR

Art. 143. Os Procuradores da Justiça Militar serão designados para oficiar junto às Auditorias Militares.

§ 1º Em caso de vaga ou afastamento do Subprocurador-Geral da Justiça Militar por prazo superior a trinta dias, poderá ser convocado pelo Procurador-Geral, mediante aprovação pelo Conselho Superior, Procurador da Justiça Militar, e, nenhum desses aceitando, poderá ser convocado Promotor da Justiça Militar, para substituição.

§ 2º O Procurador da Justiça Militar convocado, ou o Promotor da Justiça Militar, receberá a diferença de vencimentos, correspondente ao cargo de Subprocurador-Geral da Justiça Militar, inclusive diárias e transporte se for o caso.

Art. 144. Os Procuradores da Justiça Militar serão lotados nos ofícios nas Procuradorias da Justiça Militar.

Seção IX

DOS PROMOTORES DA JUSTIÇA MILITAR

Art. 145. Os Promotores da Justiça Militar serão designados para oficiar junto às Auditorias Militares.

Parágrafo único. Em caso de vaga ou afastamento de Procurador da Justiça Militar por prazo superior a trinta dias, poderá ser convocado pelo Procurador-Geral, mediante aprovação do Conselho Superior, Promotor da Justiça Militar, para a substituição.

Art. 146. Os Promotores da Justiça Militar serão lotados nos ofícios nas Procuradorias da Justiça Militar.

Seção X

DAS UNIDADES DE LOTAÇÃO E DE ADMINISTRAÇÃO

Art. 147. Os ofícios na Procuradoria-Geral da Justiça Militar e nas Procuradorias da Justiça Militar são unidades de lotação e de administração do Ministério Público Militar.

Art. 148. A estrutura das unidades de lotação e de administração será organizada por regulamento, nos termos da lei.

CAPÍTULO IV

DO MINISTÉRIO PÚBLICO DO DISTRITO FEDERAL E TERRITÓRIOS

Seção I

DA COMPETÊNCIA, DOS ÓRGÃOS E DA CARREIRA

Art. 149. O Ministério Público do Distrito Federal e Territórios exercerá as suas funções nas causas de competência do Tribunal de Justiça e dos Juízes do Distrito Federal e Territórios.

Art. 150. Incumbe ao Ministério Público do Distrito Federal e Territórios:

I – instaurar inquérito civil e outros procedimentos administrativos correlatos;

► O STF, no julgamento da ADI nº 2.943, declarou a constitucionalidade da expressão "outros procedimentos administrativos correlatos" contida neste inciso (*DOU* de 24-9-2024).

II – requisitar diligências investigatórias e a instauração de inquérito policial, podendo acompanhá-los e apresentar provas;

► O STF, no julgamento da ADI nº 2.943, declarou a constitucionalidade da expressão "e apresentar provas" contida neste inciso (*DOU* de 24-9-2024).

III – requisitar à autoridade competente a instauração de procedimentos administrativos, ressalvados os de natureza disciplinar, podendo acompanhá-los e produzir provas;

► O STF, no julgamento da ADI nº 2.943, declarou a constitucionalidade da expressão "e produzir provas" contida neste inciso (*DOU* de 24-9-2024).

IV – exercer o controle externo da atividade da polícia do Distrito Federal e da dos Territórios;

V – participar dos Conselhos Penitenciários;

VI – participar, como instituição observadora, na forma e nas condições estabelecidas em ato do Procurador-Geral da República, de qualquer órgão da administração pública direta, indireta ou fundacional do Distrito Federal, que tenha atribuições correlatas às funções da Instituição;

VII – fiscalizar a execução da pena, nos processos de competência da Justiça do Distrito Federal e Territórios.

Art. 151. Cabe ao Ministério Público do Distrito Federal e Territórios exercer a defesa dos direitos constitucionais do cidadão, sempre que se cuide de garantir-lhes o respeito:

I – pelos Poderes Públicos do Distrito Federal e dos Territórios;

II – pelos órgãos da administração pública, direta ou indireta, do Distrito Federal e dos Territórios;

III – pelos concessionários e permissionários do serviço público do Distrito Federal e dos Territórios;

IV – por entidades que exerçam outra função delegada do Distrito Federal e dos Territórios.

Art. 152. O Procurador-Geral de Justiça designará, dentre os Procuradores de Justiça e mediante prévia aprovação do nome pelo Conselho Superior, o Procurador Distrital dos

Direitos do Cidadão, para servir pelo prazo de dois anos, permitida a recondução, precedida de nova decisão do Conselho Superior.

§ 1º Sempre que possível, o Procurador Distrital não acumulará o exercício de suas funções com outras do Ministério Público.

§ 2º O Procurador Distrital somente será dispensado, antes do termo de sua investidura, por iniciativa do Procurador-Geral de Justiça, anuindo a maioria absoluta do Conselho Superior.

Art. 153. São órgãos do Ministério Público do Distrito Federal e Territórios:

I – o Procurador-Geral de Justiça;

II – o Colégio de Procuradores e Promotores de Justiça;

III – o Conselho Superior do Ministério Público do Distrito Federal e Territórios;

IV – a Corregedoria do Ministério Público do Distrito Federal e Territórios;

V – as Câmaras de Coordenação e Revisão do Ministério Público do Distrito Federal e Territórios;

VI – os Procuradores de Justiça;

VII – os Promotores de Justiça;

VIII – os Promotores de Justiça Adjuntos.

Art. 154. A carreira do Ministério Público do Distrito Federal e Territórios é constituída pelos cargos de Procurador de Justiça, Promotor de Justiça e Promotor de Justiça Adjunto.

Parágrafo único. O cargo inicial da carreira é o de Promotor de Justiça Adjunto e o último o de Procurador de Justiça.

Seção II

DO PROCURADOR-GERAL DE JUSTIÇA

Art. 155. O Procurador-Geral de Justiça é o Chefe do Ministério Público do Distrito Federal e Territórios.

Art. 156. O Procurador-Geral de Justiça será nomeado pelo Presidente da República dentre integrantes de lista tríplice elaborada pelo Colégio de Procuradores e Promotores de Justiça, para mandato de dois anos, permitida uma recondução, precedida de nova lista tríplice.

§ 1º Concorrerão à lista tríplice os membros do Ministério Público do Distrito Federal com mais de cinco anos de exercício nas funções da carreira e que não tenham sofrido, nos últimos quatro anos, qualquer condenação definitiva ou não estejam respondendo a processo penal ou administrativo.

§ 2º O Procurador-Geral poderá ser destituído, antes do término do mandato, por deliberação da maioria absoluta do Senado Federal, mediante representação do Presidente da República.

Art. 157. O Procurador-Geral designará, dentre os Procuradores de Justiça, o Vice-Procurador-Geral de Justiça, que o substituirá em seus impedimentos. Em caso de vacância, exercerá o cargo o Vice-Presidente do Conselho Superior, até o seu provimento definitivo.

Art. 158. Compete ao Procurador-Geral de Justiça exercer as funções atribuídas ao Ministério Público no Plenário do Tribunal de Justiça do Distrito Federal e Territórios, propondo as ações cabíveis e manifestando-se nos processos de sua competência.

Art. 159. Incumbe ao Procurador-Geral de Justiça, como Chefe do Ministério Público:

I – representar o Ministério Público do Distrito Federal e Territórios;

II – integrar, como membro nato, o Colégio de Procuradores e Promotores de Justiça, o Conselho Superior e a Comissão de Concurso;

III – designar o Procurador Distrital dos Direitos do Cidadão;

IV – designar um dos membros e o Coordenador de cada uma das Câmaras de Coordenação e Revisão do Ministério Público do Distrito Federal e Territórios;

V – nomear o Corregedor-Geral do Ministério Público do Distrito Federal e Territórios;

VI – decidir, em grau de recurso, os conflitos de atribuições entre órgãos do Ministério Público do Distrito Federal e Territórios;

VII – determinar a abertura de correição, sindicância ou inquérito administrativo;

VIII – determinar a instauração de inquérito ou processo administrativo contra servidores dos serviços auxiliares;

IX – decidir processo disciplinar contra membro da carreira ou servidor dos serviços auxiliares, aplicando as sanções que sejam de sua competência;

X – decidir, atendendo a necessidade do serviço, sobre:

a) remoção a pedido ou por permuta;

b) alteração parcial da lista bienal de designações;

XI – autorizar o afastamento de membros do Ministério Público do Distrito Federal e Territórios, ouvido o Conselho Superior, nos casos previstos em lei;

XII – dar posse aos membros do Ministério Público do Distrito Federal e Territórios;

XIII – designar membro do Ministério Público do Distrito Federal e Territórios para:

a) funcionar nos órgãos em que a participação da Instituição seja legalmente prevista, ouvido o Conselho Superior;

b) integrar comissões técnicas ou científicas, relacionadas às funções da Instituição, ouvido o Conselho Superior;

c) assegurar a continuidade dos serviços, em caso de vacância, afastamento temporário, ausência, impedimento ou suspeição do titular, na inexistência ou falta do substituto designado;

d) acompanhar procedimentos administrativos e inquéritos policiais, instaurados em áreas estranhas à sua competência específica, desde que relacionados a fatos de interesse da Instituição;

XIV – homologar, ouvido o Conselho Superior, o resultado de concurso para ingresso na carreira;

XV – fazer publicar o aviso de existência de vaga, na lotação e na relação bienal de designações;

XVI – propor ao Procurador-Geral da República, ouvido o Conselho Superior, a criação e a extinção de cargos da carreira e dos ofícios em que devam ser exercidas suas funções;

XVII – elaborar a proposta orçamentária do Ministério Público do Distrito Federal e Territórios, submetendo-a ao Conselho Superior;

XVIII – encaminhar ao Procurador-Geral da República a proposta orçamentária do Ministério Público do Distrito Federal e Territórios, após sua aprovação pelo Conselho Superior;

XIX – organizar a prestação de contas do exercício anterior, encaminhando-a ao Procurador-Geral da República;

XX – praticar atos de gestão administrativa, financeira e de pessoal;

XXI – elaborar o relatório de atividades do Ministério Público do Distrito Federal e Territórios;

XXII – coordenar as atividades do Ministério Público do Distrito Federal e Territórios;

XXIII – exercer outras atribuições previstas em lei.

Art. 160. As atribuições do Procurador-Geral de Justiça, previstas nos incisos XIII, alíneas *c*, *d*, XXII e XXIII, do artigo anterior, poderão ser delegadas a Coordenador de Câmara de Coordenação e Revisão.

Seção III

DO COLÉGIO DE PROCURADORES E PROMOTORES DE JUSTIÇA

Art. 161. O Colégio de Procuradores e Promotores de Justiça, presidido pelo Procurador-Geral de Justiça, é integrado por todos os membros da carreira em atividade no Ministério Público do Distrito Federal e Territórios.

Art. 162. Compete ao Colégio de Procuradores e Promotores de Justiça:

I – elaborar, mediante voto plurinominal, facultativo e secreto, a lista tríplice para o cargo de Procurador-Geral de Justiça;

II – opinar sobre assuntos gerais de interesse da Instituição;

III – elaborar, mediante voto plurinominal, facultativo e secreto, lista sêxtupla para a composição do Tribunal de Justiça do Distrito Federal e Territórios, sendo elegíveis os membros do Ministério Público do Distrito Federal e Territórios com mais de dez anos de carreira;

IV – eleger, dentre os Procuradores de Justiça e mediante voto plurinominal, facultativo e secreto, quatro membros do Conselho Superior do Ministério Público do Distrito Federal e Territórios;

V – elaborar, mediante voto plurinominal, facultativo e secreto, lista sêxtupla para a composição do Superior Tribunal de Justiça, sendo elegíveis os membros do Ministério Público do Distrito Federal e Territórios, com mais de trinta e cinco e menos de sessenta e cinco anos de idade.

§ 1º Para os fins previstos nos incisos I, II, III, IV e V, prescindir-se-á de reunião do Colégio de Procuradores e Promotores de Justiça, procedendo-se segundo dispuser o seu Regimento Interno, exigido o voto da maioria absoluta dos eleitores.

§ 2º Excepcionalmente, em caso de interesse relevante da Instituição, o Colégio de Procuradores e Promotores de Justiça reunir-se-á em local designado pelo Procurador-Geral de Justiça, desde que convocado por ele ou pela maioria de seus membros.

§ 3º O Regimento Interno do Colégio de Procuradores e Promotores de Justiça disporá sobre seu funcionamento.

Seção IV

DO CONSELHO SUPERIOR DO MINISTÉRIO PÚBLICO DO DISTRITO FEDERAL E TERRITÓRIOS

Art. 163. O Conselho Superior do Ministério Público do Distrito Federal e Territórios, presidido pelo Procurador-Geral de Justiça, tem a seguinte composição:

I – o Procurador-Geral de Justiça e o Vice-Procurador-Geral de Justiça, que o integram como membros natos;

II – quatro Procuradores de Justiça, eleitos, para mandato de dois anos, na forma do inciso IV do artigo anterior, permitida uma reeleição;

III – quatro Procuradores de Justiça, eleitos para um mandato de dois anos, por seus pares, mediante voto plurinominal, facultativo e secreto, permitida uma reeleição.

§ 1º Serão suplentes dos membros de que tratam os incisos II e III os demais votados, em ordem decrescente, observados os critérios gerais de desempate.

§ 2º O Conselho Superior elegerá o seu Vice-Presidente, que substituirá o Presidente em seus impedimentos e em caso de vacância.

Art. 164. O Conselho Superior do Ministério Público do Distrito Federal e Territórios reunir-se-á, ordinariamente, uma vez por mês, em dia previamente fixado, e, extraordinariamente, quando convocado pelo Procurador-Geral de Justiça ou por proposta da maioria absoluta de seus membros.

Art. 165. Salvo disposição em contrário, as deliberações do Conselho Superior serão tomadas por maioria de votos, presente a maioria absoluta de seus membros.

Art. 166. Compete ao Conselho Superior do Ministério Público do Distrito Federal e Territórios:

I – exercer o poder normativo no âmbito do Ministério Público do Distrito Federal e Territórios, observados os princípios desta lei complementar, especialmente para elaborar e aprovar:

a) o seu regimento interno, o do Colégio de Procuradores e Promotores de Justiça do Distrito Federal e Territórios e os das Câmaras de Coordenação e Revisão do Ministério Público do Distrito Federal e Territórios;

b) as normas e as instruções para o concurso de ingresso na carreira;

c) as normas sobre as designações para os diferentes ofícios do Ministério Público do Distrito Federal e Territórios;

d) os critérios para distribuição de inquéritos, procedimentos administrativos e quaisquer outros feitos no Ministério Público do Distrito Federal e Territórios;

e) os critérios de promoção por merecimento, na carreira;

f) o procedimento para avaliar o cumprimento das condições do estágio probatório;

II – aprovar o nome do Procurador Distrital dos Direitos do Cidadão;

III – indicar os integrantes das Câmaras de Coordenação e Revisão;

IV – destituir, por iniciativa do Procurador-Geral e pelo voto de dois terços de seus membros, o Corregedor-Geral;

V – elaborar a lista tríplice destinada à promoção por merecimento;

VI – elaborar a lista tríplice para Corregedor-Geral do Ministério Público do Distrito Federal e Territórios;

VII – aprovar a lista de antiguidade do Ministério Público do Distrito Federal e Territórios e decidir sobre as reclamações a ela concernentes;

VIII – indicar o membro do Ministério Público do Distrito Federal e Territórios para promoção por antiguidade, observado o disposto no art. 93, II, alínea d, da Constituição Federal;

IX – opinar sobre a designação de membro do Ministério Público do Distrito Federal e Territórios para:

a) funcionar nos órgãos em que a participação da Instituição seja legalmente prevista;

b) integrar comissões técnicas ou científicas relacionadas às funções da Instituição;

X – opinar sobre o afastamento temporário de membro do Ministério Público do Distrito Federal e Territórios;

XI – determinar a realização de correições e sindicâncias e apreciar os relatórios correspondentes;

XII – determinar a instauração de processos administrativos em que o acusado seja membro do Ministério Público do Distrito Federal e Territórios, apreciar seus relatórios e propor as medidas cabíveis;

XIII – determinar o afastamento preventivo do exercício de suas funções, de membro do Ministério Público do Distrito Federal e Territórios, indiciado ou acusado em processo disciplinar, e seu retorno;

XIV – autorizar a designação, em caráter excepcional, de membros do Ministério Público do Distrito Federal e Territórios, para exercício de atribuições processuais perante juízos, tribunais ou ofícios diferentes dos estabelecidos para cada categoria;

XV – designar a comissão de processo administrativo em que o acusado seja membro do Ministério Público do Distrito Federal e Territórios;

XVI – decidir sobre o cumprimento do estágio probatório por membro do Ministério Público do Distrito Federal e Territórios, propondo ao Procurador-Geral da República, quando for o caso, a sua exoneração;

XVII – decidir sobre remoção e disponibilidade de membro do Ministério Público do Distrito Federal e Territórios, por motivo de interesse público;

XVIII – autorizar, pela maioria absoluta de seus membros, que o Procurador-Geral da República ajuíze ação de perda de cargo contra membro vitalício do Ministério Público do Distrito Federal e Territórios, nos casos previstos em lei;

XIX – opinar sobre os pedidos de reversão de membro da carreira;

XX – aprovar proposta de lei para o aumento do número de cargos da carreira e dos ofícios;

XXI – deliberar sobre a realização de concurso para ingresso na carreira, designar os membros da Comissão de Concurso e opinar sobre a homologação dos resultados;

XXII – aprovar a proposta orçamentária que integrará o projeto de orçamento do Ministério Público da União;

XXIII – exercer outras funções atribuídas em lei.

Parágrafo único. O Procurador-Geral de Justiça e os membros do Conselho Superior estarão impedidos de participar das decisões deste nos casos previstos nas leis processuais para o impedimento e a suspeição de membros do Ministério Público.

Seção V

DAS CÂMARAS DE COORDENAÇÃO E REVISÃO DO MINISTÉRIO PÚBLICO DO DISTRITO FEDERAL E TERRITÓRIOS

Art. 167. As Câmaras de Coordenação e Revisão do Ministério Público do Distrito Federal e Territórios são órgãos setoriais de coordenação, de integração e de revisão do exercício funcional na instituição.

Art. 168. As Câmaras de Coordenação e Revisão serão organizadas por função ou por matéria, através de ato normativo.

Parágrafo único. O Regimento Interno, que disporá sobre o funcionamento das Câmaras de Coordenação e Revisão, será elaborado e aprovado pelo Conselho Superior.

Art. 169. As Câmaras de Coordenação e Revisão do Ministério Público do Distrito Federal e Territórios serão compostas por três membros do Ministério Público do Distrito Federal e Territórios, sendo um indicado pelo Procurador-Geral de Justiça e dois pelo Conselho Superior do Ministério Público do Distrito Federal e Territórios, juntamente com seus suplentes, para um mandato de dois anos, sempre que possível, dentre integrantes do último grau da carreira.

Art. 170. Dentre os integrantes da respectiva Câmara de Coordenação e Revisão, um será designado pelo Procurador-Geral para a função executiva de Coordenador.

Art. 171. Compete às Câmaras de Coordenação e Revisão:

I – promover a integração e a coordenação dos órgãos institucionais que atuem em ofícios ligados à sua atividade setorial, observado o princípio da independência funcional;

II – manter intercâmbio com órgãos ou entidades que atuem em áreas afins;

III – encaminhar informações técnico-jurídicas aos órgãos institucionais que atuem em seu setor;

IV – homologar a promoção de arquivamento de inquérito civil ou peças de informação ou designar outro órgão do Ministério Público para fazê-lo;

V – manifestar-se sobre o arquivamento de inquérito policial, inquérito parlamentar ou peças de informação, exceto nos casos de competência originária do Procurador-Geral;

VI – resolver sobre a distribuição especial de inquéritos, feitos e procedimentos, quando a matéria, por sua natureza ou relevância, assim o exigir;

VII – resolver sobre a distribuição especial de feitos, que, por sua contínua reiteração, devam receber tratamento uniforme;

VIII – decidir os conflitos de atribuição entre os órgãos do Ministério Público do Distrito Federal e Territórios.

Parágrafo único. A competência fixada nos incisos VI e VII será exercida segundo critérios objetivos previamente estabelecidos pelo Conselho Superior.

Seção VI

DA CORREGEDORIA DO MINISTÉRIO PÚBLICO DO DISTRITO FEDERAL E TERRITÓRIOS

Art. 172. A Corregedoria do Ministério Público do Distrito Federal e Territórios, dirigida pelo Corregedor-Geral, é o órgão fiscalizador das atividades funcionais e da conduta dos membros do Ministério Público do Distrito Federal e Territórios.

Art. 173. O Corregedor-Geral do Ministério Público do Distrito Federal e Territórios será nomeado pelo Procurador-Geral dentre os Procuradores de Justiça integrantes de lista tríplice elaborada pelo Conselho Superior, para mandato de dois anos, renovável uma vez.

§ 1º Não poderão integrar a lista tríplice os membros do Conselho Superior.

§ 2º Serão suplentes do Corregedor-Geral os demais integrantes da lista tríplice, na ordem em que os designar o Procurador-Geral.

§ 3º O Corregedor-Geral poderá ser destituído por iniciativa do Procurador-Geral, antes do término do mandato, pelo Conselho Superior, observado o disposto no inciso IV do art. 166.

Art. 174. Compete ao Corregedor-Geral do Ministério Público do Distrito Federal e Territórios:

I – participar, sem direito a voto, das reuniões do Conselho Superior;

II – realizar, de ofício ou por determinação do Procurador-Geral ou do Conselho Superior, correições e sindicâncias, apresentando os respectivos relatórios;

III – instaurar inquérito contra integrante da carreira e propor ao Conselho Superior a instauração do processo administrativo consequente;

IV – acompanhar o estágio probatório dos membros do Ministério Público do Distrito Federal e Territórios;

V – propor ao Conselho Superior a exoneração de membro do Ministério Público do Distrito Federal e Territórios que não cumprir as condições do estágio probatório.

Seção VII
DOS PROCURADORES DE JUSTIÇA

Art. 175. Os Procuradores de Justiça serão designados para oficiar junto ao Tribunal de Justiça e nas Câmaras de Coordenação e Revisão.

Parágrafo único. A designação de Procurador de Justiça para oficiar em órgãos jurisdicionais diferentes do previsto para a categoria dependerá de autorização do Conselho Superior.

Art. 176. Cabe aos Procuradores de Justiça, privativamente, o exercício das funções de:

I – Corregedor-Geral do Ministério Público do Distrito Federal e Territórios;

II – Procurador Distrital dos Direitos do Cidadão;

III – Coordenador de Câmara de Coordenação e Revisão.

Art. 177. Os Procuradores de Justiça serão lotados nos ofícios na Procuradoria-Geral da Justiça do Distrito Federal e Territórios.

Seção VIII
DOS PROMOTORES DE JUSTIÇA

Art. 178. Os Promotores de Justiça serão designados para oficiar junto às Varas da Justiça do Distrito Federal e Territórios.

Parágrafo único. Os Promotores de Justiça serão lotados nos ofícios previstos para as Promotorias de Justiça.

Seção IX
DOS PROMOTORES DE JUSTIÇA ADJUNTOS

Art. 179. Os Promotores de Justiça Adjuntos serão designados para oficiar junto às Varas da Justiça do Distrito Federal e Territórios.

Parágrafo único. Os Promotores de Justiça Adjuntos serão lotados nos ofícios previstos para as Promotorias de Justiça.

Seção X
DAS UNIDADES DE LOTAÇÃO E DE ADMINISTRAÇÃO

Art. 180. Os ofícios na Procuradoria-Geral da Justiça do Distrito Federal e Territórios e nas Promotorias de Justiça serão unidades de lotação e de administração do Ministério Público do Distrito Federal e Territórios.

Art. 181. A estrutura básica da Procuradoria-Geral de Justiça será organizada por regulamento, nos termos da lei.

TÍTULO III – DAS DISPOSIÇÕES ESTATUTÁRIAS ESPECIAIS

CAPÍTULO I
DA CARREIRA

Seção I
DO PROVIMENTO

Art. 182. Os cargos do Ministério Público da União, salvo os de Procurador-Geral da República, Procurador-Geral do Trabalho, Procurador-Geral da Justiça Militar e Procurador-Geral de Justiça do Distrito Federal e Territórios, são de provimento vitalício e constituem as carreiras independentes de cada ramo.

Art. 183. Os cargos das classes iniciais serão providos por nomeação, em caráter vitalício, mediante concurso público específico para cada ramo.

Art. 184. A vitaliciedade somente será alcançada após dois anos de efetivo exercício.

Art. 185. É vedada a transferência ou aproveitamento nos cargos do Ministério Público da União, mesmo de um para outro de seus ramos.

Seção II
DO CONCURSO

Art. 186. O concurso público de provas e títulos para ingresso em cada carreira do Ministério Público da União terá âmbito nacional, destinando-se ao preenchimento de todas as vagas existentes e das que ocorrerem no prazo de eficácia.

Parágrafo único. O concurso será realizado, obrigatoriamente, quando o número de vagas exceder a dez por cento do quadro respectivo e, facultativamente, a juízo do Conselho Superior competente.

Art. 187. Poderão inscrever-se no concurso bacharéis em Direito há pelo menos dois anos, de comprovada idoneidade moral.

Art. 188. O concurso obedecerá ao regulamento elaborado pelo Conselho Superior competente, observado o disposto no art. 31.

Art. 189. A Comissão de Concurso será integrada pelo Procurador-Geral, seu Presidente, por dois membros do respectivo ramo do Ministério Público e por um jurista de reputação ilibada, indicados pelo Conselho Superior e por um advogado indicado pelo Conselho Federal da Ordem dos Advogados do Brasil.

Art. 190. O edital de abertura do concurso conterá a relação dos cargos vagos, com a respectiva lotação, e fixará, para as inscrições, prazo não inferior a trinta dias, contado de sua publicação no *Diário Oficial*.

Art. 191. Não serão nomeados os candidatos aprovados no concurso, que tenham completado sessenta e cinco anos ou que venham a ser considerados inaptos para o exercício do cargo, em exame de higidez física e mental.

Art. 192. O Procurador-Geral competente, ouvido o Conselho Superior, decidirá sobre a homologação do concurso, dentro de trinta dias, contados da publicação do resultado final.

Art. 193. O prazo de eficácia do concurso, para efeito de nomeação, será de dois anos contados da publicação do ato homologatório, prorrogável uma vez pelo mesmo período.

Art. 194. A nomeação dos candidatos habilitados no concurso obedecerá à ordem de classificação.

§ 1º Os candidatos aprovados, na ordem de classificação, escolherão a lotação de sua preferência, na relação das vagas que, após o resultado do concurso, o Conselho Superior decidir que devam ser providas inicialmente.

▸ Res. do CSMP nº 184, de 10-8-2018, regulamenta o disposto neste inciso, no âmbito do Ministério Público Federal.

§ 2º O candidato aprovado poderá renunciar à nomeação correspondente à sua classificação, antecipadamente ou até o termo final do prazo de posse, caso em que o renunciante será deslocado para o último lugar na lista dos classificados.

Seção III
DA POSSE E DO EXERCÍCIO

Art. 195. O prazo para a posse nos cargos do Ministério Público da União é de trinta dias, contado da publicação do ato de nomeação, prorrogável por mais sessenta dias, mediante comunicação do nomeado, antes de findo o primeiro prazo.

Parágrafo único. O empossado prestará compromisso de bem cumprir os deveres do cargo, em ato solene, presidido pelo Procurador-Geral.

Art. 196. Para entrar no exercício do cargo, o empossado terá o prazo de trinta dias, prorrogável por igual período, mediante comunicação, antes de findo o prazo inicial.

Seção IV
DO ESTÁGIO PROBATÓRIO

Art. 197. Estágio probatório é o período dos dois primeiros anos de efetivo exercício do cargo pelo membro do Ministério Público da União.

Art. 198. Os membros do Ministério Público da União, durante o estágio probatório, somente poderão perder o cargo mediante decisão da maioria absoluta do respectivo Conselho Superior.

Seção V
DAS PROMOÇÕES

Art. 199. As promoções far-se-ão, alternadamente, por antiguidade e merecimento.

§ 1º A promoção deverá ser realizada até trinta dias da ocorrência da vaga; não decretada no prazo legal, a promoção produzirá efeitos a partir do termo final dele.

§ 2º Para todos os efeitos, será considerado promovido o membro do Ministério Público da União que vier a falecer ou se aposentar sem que tenha sido efetivada, no prazo legal, a promoção que cabia por antiguidade, ou por força do§ 3º do artigo subsequente.

§ 3º É facultada a recusa de promoção, sem prejuízo do critério de preenchimento da vaga recusada.

§ 4º É facultada a renúncia à promoção, em qualquer tempo, desde que haja vaga na categoria imediatamente anterior.

Art. 200. O merecimento, para efeito de promoção, será apurado mediante critérios de ordem objetiva, fixados em regulamento elaborado pelo Conselho Superior do respectivo ramo, observado o disposto no art. 31 desta lei complementar.

§ 1º À promoção por merecimento só poderão concorrer os membros do Ministério Público da União com pelo menos dois anos de exercício na categoria e integrantes da primeira quinta parte da lista de antiguidade, salvo se não houver com tais requisitos quem aceite o lugar vago; em caso de recusa, completar-se-á a fração incluindo-se outros integrantes da categoria, na sequência da ordem de antiguidade.

§ 2º Não poderá concorrer à promoção por merecimento quem tenha sofrido penalidade de censura ou suspensão, no período de um ano imediatamente anterior à ocorrência da vaga, em caso de censura; ou de dois anos, em caso de suspensão.

§ 3º Será obrigatoriamente promovido quem houver figurado por três vezes consecutivas, ou cinco alternadas, na lista tríplice elaborada pelo Conselho Superior.

Art. 201. Não poderá concorrer à promoção por merecimento, até um dia após o regresso, o membro do Ministério Público da União afastado da carreira para:

I – exercer cargo eletivo ou a ele concorrer;

II – exercer outro cargo público permitido por lei.

Art. 202. VETADO.

§ 1º A lista de antiguidade será organizada no primeiro trimestre de cada ano, aprovada pelo Conselho Superior e publicada no *Diário Oficial* até o último dia do mês seguinte.

§ 2º O prazo para reclamação contra a lista de antiguidade será de trinta dias, contado da publicação.

§ 3º O desempate na classificação por antiguidade será determinado, sucessivamente, pelo tempo de serviço na respectiva carreira do Ministério Público da União, pelo tempo de serviço público federal, pelo tempo de serviço público em geral e pela idade dos candidatos, em favor do mais idoso; na classificação inicial, o primeiro desempate será determinado pela classificação no concurso.

§ 4º Na indicação à promoção por antiguidade, o Conselho Superior somente poderá recusar o mais antigo pelo voto de dois terços de seus integrantes, repetindo-se a votação até fixar-se a indicação.

Seção VI — *DOS AFASTAMENTOS*

Art. 203. Sem prejuízo dos vencimentos, vantagens, ou qualquer direito, o membro do Ministério Público da União poderá afastar-se de suas funções:

I – até oito dias consecutivos, por motivo de casamento;

II – até oito dias consecutivos, por motivo de falecimento de cônjuge ou companheiro, ascendente ou descendente, irmão ou pessoa que viva sob sua dependência econômica;

III – até cinco dias úteis, para comparecimento a encontros ou congressos, no âmbito da instituição ou promovidos pela entidade de classe a que pertença, atendida a necessidade do serviço.

Art. 204. O membro do Ministério Público da União poderá afastar-se do exercício de suas funções para:

I – frequentar cursos de aperfeiçoamento e estudos, no País ou no exterior, por prazo não superior a dois anos, prorrogável, no máximo, por igual período;

II – comparecer a seminários ou congressos, no País ou no exterior;

III – ministrar cursos e seminários destinados ao aperfeiçoamento dos membros da instituição;

IV – exercer cargo eletivo nos casos previstos em lei ou a ele concorrer, observadas as seguintes condições:

a) o afastamento será facultativo e sem remuneração, durante o período entre a escolha como candidato a cargo eletivo em convenção partidária e a véspera do registro da candidatura na Justiça Eleitoral;

b) o afastamento será obrigatório a partir do dia do registro da candidatura pela Justiça;

V – ausentar-se do País em missão oficial.

§ 1º O afastamento, salvo na hipótese do inciso IV, só se dará mediante autorização do Procurador-Geral, depois de ouvido o Conselho Superior e atendida a necessidade de serviço.

§ 2º Os casos de afastamento previstos neste artigo dar-se-ão sem prejuízo dos vencimentos, vantagens ou qualquer direito inerente ao cargo, assegurada, no caso do inciso IV, a escolha da remuneração preferida, sendo o tempo de afastamento considerado de efetivo exercício para todos os fins e efeitos de direito.

§ 3º Não se considera de efetivo exercício, para fins de estágio probatório, o período de afastamento do membro do Ministério Público da União.

§ 4º Ao membro do Ministério Público da União que haja se afastado de suas funções para o fim previsto no inciso I não será concedida exoneração ou licença para tratar de interesses particulares antes de decorrido período igual ao de afastamento, ressalvada a hipótese de ressarcimento do que houver recebido a título de vencimentos e vantagens em virtude do afastamento.

Seção VII — *DA REINTEGRAÇÃO*

Art. 205. A reintegração, que decorrerá de decisão judicial passada em julgado, é o reingresso do membro do Ministério Público da União na carreira, com ressarcimento dos vencimentos e vantagens deixados de perceber em razão da demissão, contando-se o tempo de serviço correspondente ao afastamento.

§ 1º O titular do cargo no qual se deva dar a reintegração será reconduzido àquele que anteriormente ocupava, o mesmo acontecendo com o titular do cargo para o qual deva ocorrer a recondução; sendo da classe inicial o cargo objeto da reintegração ou da recondução, seu titular ficará em disponibilidade, com proventos idênticos à remuneração que venceria, se em atividade estivesse.

§ 2º A disponibilidade prevista no parágrafo anterior cessará com o aproveitamento obrigatório na primeira vaga que venha a ocorrer na classe inicial.

§ 3º O reconduzido, caso tenha sido promovido por merecimento, fará jus à promoção na primeira vaga a ser provida por idêntico critério, atribuindo-se-lhe, quanto à antiguidade na classe, os efeitos de sua promoção anterior.

§ 4º O reintegrado será submetido ao exame médico exigido para o ingresso na carreira, e, verificando-se sua inaptidão para exercício do cargo, será aposentado, com as vantagens a que teria direito, se efetivada a reintegração.

Seção VIII — *DA REVERSÃO E DA READMISSÃO*

Arts. 206 e 207. VETADOS.

CAPÍTULO II — DOS DIREITOS

Seção I — *DA VITALICIEDADE E DA INAMOVIBILIDADE*

Art. 208. Os membros do Ministério Público da União, após dois anos de efetivo exercício, só poderão ser demitidos por decisão judicial transitada em julgado.

Parágrafo único. A propositura de ação para perda de cargo, quando decorrente de proposta do Conselho Superior depois de apreciado o processo administrativo, acarretará o afastamento do membro do Ministério Público da União do exercício de suas funções, com a perda dos vencimentos e das vantagens pecuniárias do respectivo cargo.

Art. 209. Os membros do Ministério Público da União são inamovíveis, salvo motivo de interesse público, na forma desta lei complementar.

Art. 210. A remoção, para efeito desta lei complementar, é qualquer alteração de lotação.

Parágrafo único. A remoção será feita de ofício, a pedido singular ou por permuta.

Art. 211. A remoção de ofício, por iniciativa do Procurador-Geral, ocorrerá somente por motivo de interesse público, mediante decisão do Conselho Superior, pelo voto de dois terços de seus membros, assegurada ampla defesa.

Art. 212. A remoção a pedido singular atenderá à conveniência do serviço, mediante requerimento apresentado nos quinze dias seguintes à publicação de aviso da existência de vaga; ou, decorrido este prazo, até quinze dias após a publicação da deliberação do Conselho Superior sobre a realização de concurso para ingresso na carreira.

§ 1º O aviso será publicado no *Diário Oficial*, dentro de quinze dias da vacância.

§ 2º Havendo mais de um candidato à remoção, ao fim do primeiro prazo previsto no *caput* deste artigo, será removido o de maior antiguidade; após o decurso deste prazo, prevalecerá a ordem cronológica de entrega dos pedidos.

Art. 213. A remoção por permuta será concedida mediante requerimento dos interessados.

Seção II — *DAS DESIGNAÇÕES*

Art. 214. A designação é o ato que discrimina as funções que sejam compatíveis com as previstas nesta lei complementar, para cada classe das diferentes carreiras.

Parágrafo único. A designação para o exercício de funções diferentes das previstas para cada classe, nas respectivas carreiras, somente será admitida por interesse do serviço, exigidas a anuência do designado e a autorização do Conselho Superior.

Art. 215. As designações serão feitas observados os critérios da lei e os estabelecidos pelo Conselho Superior:

I – para o exercício de função definida por esta lei complementar;

II – para o exercício de função nos ofícios definidos em lei.

Art. 216. As designações, salvo quando estabelecido outro critério por esta lei complementar, serão feitas por lista, no último mês do ano, para vigorar por um biênio, facultada a renovação.

▸ O STF, por maioria dos votos, julgou procedente o pedido formulado na ADI nº 5.052, para declarar a inconstitucionalidade parcial, sem redução de texto, deste *caput*, de modo a afastar qualquer interpretação que implique remoção do membro da carreira de seu ofício de lotação (*DOU* de 30-5-2022).

Art. 217. A alteração da lista poderá ser feita, antes do termo do prazo, por interesse do serviço, havendo:

▸ O STF, por maioria dos votos, julgou procedente o pedido formulado na ADI nº 5.052, para declarar a inconstitucionalidade parcial, sem redução de texto, deste *caput*, de modo a afastar qualquer interpretação que implique remoção do membro da carreira de seu ofício de lotação (*DOU* de 30-5-2022).

I – provimento de cargo;

II – desprovimento de cargo;

III – criação de ofício;

IV – extinção de ofício;

V – pedido do designado;

VI – pedido de permuta.

Art. 218. A alteração parcial da lista, antes do termo do prazo, quando modifique a função do designado, sem a sua anuência, somente será admitida nas seguintes hipóteses:

▸ O STF, por maioria dos votos, julgou procedente o pedido formulado na ADI nº 5.052, para declarar a inconstitucionalidade parcial, sem redução de texto, deste *caput*, de modo a afastar qualquer interpretação que implique remoção do membro da carreira de seu ofício de lotação (*DOU* de 30-5-2022).

I – extinção, por lei, da função ou ofício para o qual estava designado;

II – nova lotação, em decorrência de:

a) promoção; e

b) remoção;

III – afastamento ou disponibilidade;

IV – aprovação pelo Conselho Superior, de proposta do Procurador-Geral, pelo voto secreto de dois terços de seus membros.

Parágrafo único. A garantia estabelecida neste artigo não impede a acumulação eventual de ofícios ou que sejam ampliadas as funções do designado.

Art. 219. VETADO.

Seção III

DAS FÉRIAS E LICENÇAS

Art. 220. Os membros do Ministério Público terão direito a férias de sessenta dias por ano, contínuos ou divididos em dois períodos iguais, salvo acúmulo por necessidade de serviço e pelo máximo de dois anos.

§ 1º Os períodos de gozo de férias dos membros do Ministério Público da União, que oficiem perante Tribunais, deverão ser simultâneos com os das férias coletivas destes, salvo motivo relevante ou o interesse do serviço.

§ 2º Independentemente de solicitação, será paga ao membro do Ministério Público da União, por ocasião das férias, importância correspondente a um terço da remuneração do período em que as mesmas devam ser gozadas.

§ 3º O pagamento da remuneração das férias será efetuado até dois dias antes do início de gozo do respectivo período, facultada a conversão de um terço das mesmas em abono pecuniário, requerido com pelo menos sessenta dias de antecedência, nele considerado o valor do acréscimo previsto no parágrafo anterior.

§ 4º Em caso de exoneração, será devida ao membro do Ministério Público da União indenização relativa ao período de férias a que tiver direito e ao incompleto, na proporção de um doze avos por mês de efetivo exercício, ou fração superior a quatorze dias, calculada com base na remuneração do mês em que for publicado o ato exoneratório.

Art. 221. O direito a férias será adquirido após o primeiro ano de exercício.

Art. 222. Conceder-se-á aos membros do Ministério Público da União licença:

I – por motivo de doença em pessoa da família;

II – por motivo de afastamento do cônjuge ou companheiro;

III – prêmio por tempo de serviço;

IV – para tratar de interesses particulares;

V – para desempenho de mandato classista.

§ 1º A licença prevista no inciso I será precedida de exame por médico ou junta médica oficial, considerando-se pessoas da família o cônjuge ou companheiro, o padrasto, a madrasta, o ascendente, o descendente, o enteado, o colateral consanguíneo ou afim até o segundo grau civil. A licença estará submetida, ainda, às seguintes condições:

a) somente será deferida se a assistência direta do membro do Ministério Público da União for indispensável e não puder ser dada simultaneamente com o exercício do cargo;

b) será concedida sem prejuízo dos vencimentos, vantagens ou qualquer direito inerente ao cargo, salvo para contagem de tempo de serviço em estágio probatório, até noventa dias, podendo ser prorrogada por igual prazo nas mesmas condições. Excedida a prorrogação, a licença será considerada como para tratar de interesses particulares.

§ 2º A licença prevista no inciso II poderá ser concedida quando o cônjuge ou companheiro for deslocado para outro ponto do território nacional, para o exterior ou para exercício de mandato eletivo dos Poderes Executivo e Legislativo; será por prazo indeterminado e sem remuneração, salvo se o membro do Ministério Público da União puder ser lotado, provisoriamente, em ofício vago no local para onde tenha se deslocado e compatível com o seu cargo, caso em que a licença será convertida em remoção provisória.

§ 3º A licença prevista no inciso III será devida após cada quinquênio ininterrupto de exercício, pelo prazo de três meses, observadas as seguintes condições:

a) será convertida em pecúnia em favor dos beneficiários do membro do Ministério Público da União falecido, que não a tiver gozado;

b) não será devida a quem houver sofrido penalidade de suspensão durante o período aquisitivo ou tiver gozado as licenças previstas nos incisos II e IV;

c) será concedida sem prejuízo dos vencimentos, vantagens ou qualquer direito inerente ao cargo;

d) para efeito de aposentadoria, será contado em dobro o período não gozado.

§ 4º A licença prevista no inciso IV poderá ser concedida ao membro do Ministério Público da União vitalício, pelo prazo de até dois anos consecutivos, sem remuneração, observadas as seguintes condições:

a) poderá ser interrompida, a qualquer tempo, a pedido do interessado ou no interesse do serviço;

b) não será concedida nova licença antes de decorrido dois anos do término da anterior.

§ 5º A licença prevista no inciso V será devida ao membro do Ministério Público da União investido em mandato em confederação, federação, associação de classe de âmbito nacional ou sindicato representativo da categoria, observadas as seguintes condições:

a) somente farão jus à licença os eleitos para cargos de direção ou representantes nas referidas entidades, até o máximo de três por entidade;

b) a licença terá duração igual à do mandato, podendo ser prorrogada no caso de reeleição, e por uma única vez;

c) será concedida sem prejuízo dos vencimentos, vantagens ou qualquer direito inerente ao cargo.

§ 6º É vedado o exercício de atividade remunerada durante o período da licença prevista no inciso I.

§ 7º A licença concedida dentro de sessenta dias do término de outra da mesma espécie será considerada como prorrogação.

Art. 223. Conceder-se-á aos membros do Ministério Público da União, além das previstas no artigo anterior, as seguintes licenças:

I – para tratamento de saúde, a pedido ou de ofício, com base em perícia médica, observadas as seguintes condições:

a) a licença será concedida sem prejuízo dos vencimentos e vantagens do cargo;

b) a perícia será feita por médico ou junta médica oficial, se necessário, na residência do examinado ou no estabelecimento hospitalar em que estiver internado;

c) inexistindo médico oficial, será aceito atestado passado por médico particular;

d) findo o prazo da licença, o licenciado será submetido a inspeção médica oficial, que concluirá pela volta ao serviço, pela prorrogação da licença ou pela aposentadoria;

e) a existência de indícios de lesões orgânicas ou funcionais é motivo de inspeção médica;

II – por acidente em serviço, observadas as seguintes condições:

a) configura acidente em serviço o dano físico ou mental que se relacione, mediata ou imediatamente, com as funções exercidas;

b) equipara-se ao acidente em serviço o dano decorrente de agressão não provocada e sofrida no exercício funcional, bem como o dano sofrido em trânsito a ele pertinente;

c) a licença será concedida sem prejuízo dos vencimentos e vantagens inerentes ao exercício do cargo;

d) o acidentado em serviço, que necessite de tratamento especializado, não disponível em instituição pública, poderá ser tratado em instituição privada, à conta de recursos públicos, desde que o tratamento seja recomendado por junta médica oficial;

e) a prova do acidente deverá ser feita no prazo de dez dias, contado de sua ocorrência, prorrogável quando as circunstâncias o exigirem;

III – à gestante, por cento e vinte dias, observadas as seguintes condições:

a) poderá ter início no primeiro dia no nono mês de gestação, salvo antecipação por prescrição médica;

b) no caso de nascimento prematuro, a licença terá início a partir do parto;

c) no caso de natimorto, decorridos trinta dias do evento a mãe será submetida a exame médico e, se julgada apta, reassumirá as suas funções;

d) em caso de aborto atestado por médico oficial, a licença dar-se-á por trinta dias, a partir da sua ocorrência;

IV – pelo nascimento ou a adoção de filho, o pai ou adotante, até cinco dias consecutivos;

V – pela adoção ou a obtenção de guarda judicial de criança até um ano de idade, o prazo da licença do adotante ou detentor da guarda será de trinta dias.

Seção IV

DOS VENCIMENTOS E VANTAGENS

Art. 224. Os membros do Ministério Público da União receberão o vencimento, a representação e as gratificações previstas em lei.

§ 1º Sobre os vencimentos incidirá a gratificação adicional por tempo de serviço, à razão de um por cento por ano de serviço público efetivo, sendo computado o tempo de advocacia, até o máximo de quinze anos, desde que não cumulativo com tempo de serviço público.

§ 2º VETADO.

§ 3º Os vencimentos serão fixados com diferença não superior a dez por cento de uma para outra das classes de cada carreira.

§ 4º Os Subprocuradores-Gerais do Ministério Público da União terão os mesmos vencimentos e vantagens.

Art. 225. Os vencimentos do Procurador-Geral da República são os de Subprocurador-Geral da República, acrescidos de vinte por cento, não podendo exceder os valores percebidos como remuneração, em espécie, a qualquer título, por Ministros do Supremo Tribunal Federal.

Parágrafo único. O acréscimo previsto neste artigo não se incorpora aos vencimentos do cargo de Procurador-Geral da República.

Art. 226. VETADO.

Art. 227. Os membros do Ministério Público da União farão jus, ainda, às seguintes vantagens:

I – ajuda de custo em caso de:

a) remoção de ofício, promoção ou nomeação que importe em alteração do domicílio legal, para atender às despesas de instalação na nova sede de exercício em valor correspondente a até três meses de vencimentos;

b) serviço fora da sede de exercício, por período superior a trinta dias, em valor correspondente a um trinta avos dos vencimentos, pelos dias em que perdurar o serviço, sem prejuízo da percepção de diárias;

II – diárias, por serviço eventual fora da sede, de valor mínimo equivalente a um trinta avos dos vencimentos para atender às despesas de locomoção, alimentação e pousada;

III – transporte:

a) pessoal e dos dependentes, bem como de mobiliário, em caso de remoção, promoção ou nomeação, previstas na alínea *a* do inciso I;

b) pessoal, no caso de qualquer outro deslocamento a serviço, fora da sede de exercício;

IV – auxílio-doença, no valor de um mês de vencimento, quando ocorrer licença para tratamento de saúde por mais de doze meses, ou invalidez declarada no curso deste prazo;

V – salário-família;

VI – *pro labore* pela atividade de magistério, por hora-aula proferida em cursos, seminários ou outros eventos destinados ao aperfeiçoamento dos membros da instituição;

VII – assistência médico-hospitalar, extensiva aos inativos, pensionistas e dependentes, assim entendida como o conjunto de atividades relacionadas com a prevenção, conservação ou recuperação da saúde, abrangendo serviços profissionais médicos, paramédicos, farmacêuticos e odontológicos, bem como o fornecimento e a aplicação dos meios e dos cuidados essenciais à saúde;

VIII – auxílio-moradia, em caso de lotação em local cujas condições de moradia sejam particularmente difíceis ou onerosas, assim definido em ato do Procurador-Geral da República;

IX – gratificação natalina, correspondente a um doze avos da remuneração a que fizer jus no mês de dezembro, por mês de exercício no respectivo ano, considerando-se como mês integral a fração igual ou superior a quinze dias.

§ 1º A gratificação natalina será paga até o dia vinte do mês de dezembro de cada ano.

§ 2º Em caso de exoneração antes do mês de dezembro, a gratificação natalina será proporcional aos meses de exercício e calculada com base na remuneração do mês em que ocorrer a exoneração.

§ 3º A gratificação natalina não será considerada para cálculo de qualquer vantagem pecuniária.

§ 4º Em caso de nomeação, as vantagens previstas nos incisos I, alínea *a*, e III, alínea *a*, são extensivas ao membro do Ministério Público da União sem vínculo estatutário imediatamente precedente, desde que seu último domicílio voluntário date de mais de doze meses.

§ 5º VETADO.

§ 6º A assistência médico-hospitalar de que trata o inciso VII será proporcionada pela União, de preferência através de seus serviços, de acordo com normas e condições reguladas por ato do Procurador-Geral da República, sem prejuízo da assistência devida pela previdência social.

§ 7º VETADO.

§ 8º À família do membro do Ministério Público da União que falecer no prazo de um ano a partir de remoção de ofício, promoção ou nomeação de que tenha resultado mudança de domicílio legal serão devidos a ajuda de custo e o transporte para a localidade de origem, no prazo de um ano, contado do óbito.

Art. 228. Salvo por imposição legal, ou ordem judicial, nenhum desconto incidirá sobre a remuneração ou provento e a pensão devida aos membros do Ministério Público da União ou a seus beneficiários.

§ 1º Mediante autorização do devedor, poderá haver consignação em folha de pagamento a favor de terceiro.

§ 2º As reposições e indenizações em favor do erário serão descontadas em parcelas mensais de valor não excedente à décima parte da remuneração ou provento, em valores atualizados.

Art. 229. O membro do Ministério Público da União que, estando em débito com o erário, for demitido, exonerado ou que tiver sua aposentadoria ou disponibilidade cassada, terá o prazo de sessenta dias para quitar o débito.

Parágrafo único. Não ocorrendo a quitação do débito no prazo estabelecido neste artigo, deverá ele ser inscrito em dívida ativa.

Art. 230. A remuneração, o provento e a pensão dos membros do Ministério Público da União e de seus beneficiários não serão objeto de arresto, sequestro ou penhora, salvo em caso de dívida de alimentos, resultante de decisão judicial.

Seção V

DA APOSENTADORIA E DA PENSÃO

Art. 231. O membro do Ministério Público da União será aposentado, compulsoriamente, por invalidez ou aos setenta anos de idade, e facultativamente aos trinta anos de serviço, após cinco anos de exercício efetivo na carreira.

§ 1º Será contado como tempo de serviço para aposentadoria, não cumulativamente, até o limite de quinze anos, o tempo de exercício da advocacia.

§ 2º O membro do Ministério Público da União poderá ainda ser aposentado, voluntariamente, aos sessenta e cinco anos de idade, se homem, e aos sessenta, se mulher, com proventos proporcionais ao tempo de serviço.

§ 3º Ao membro do Ministério Público da União, do sexo feminino, é facultada a aposentadoria, com proventos proporcionais, aos vinte e cinco anos de serviço.

► O STF, por maioria de votos, julgou procedente a ADI nº 994-0, para declarar a inconstitucionalidade deste parágrafo (*DOU* de 13-10-2003).

§ 4º A aposentadoria por invalidez será precedida de licença para tratamento de saúde por período não excedente a vinte e quatro meses, salvo quando o laudo médico concluir pela incapacidade definitiva para o exercício de suas funções.

§ 5º Será aposentado o membro do Ministério Público que, após vinte e quatro meses contínuos de licença para tratamento de saúde, for considerado inválido para o exercício de suas funções, não terá efeito interruptivo desse prazo qualquer período de exercício das funções inferiores a trinta dias.

Art. 232. Os proventos da aposentadoria serão integrais.

Parágrafo único. Para o cálculo dos proventos da aposentadoria serão considerados os vencimentos do cargo imediatamente superior ao último exercício pelo aposentado; caso a aposentadoria se dê no último nível da carreira, os vencimentos deste serão acrescidos do percentual de vinte por cento.

Art. 233. Os proventos da aposentadoria serão revistos na mesma proporção e data em que se modificar a remuneração dos membros do Ministério Público em atividade, sendo também estendidos aos inativos quaisquer benefícios e vantagens novas asseguradas à carreira, ainda que por força de transformação ou reclassificação do cargo.

Art. 234. O aposentado conservará as prerrogativas previstas no art. 18, inciso I, alínea e e inciso II, alínea e, bem como carteira de identidade especial, de acordo com o modelo aprovado pelo Procurador-Geral da República e por ele expedida, contendo expressamente tais prerrogativas e o registro da situação de aposentado.

Art. 235. A pensão por morte, devida pelo órgão previdenciário aos dependentes de membros do Ministério Público da União, corresponderá à totalidade dos vencimentos ou proventos do falecido, assegurada a revisão do benefício, na forma do art. 233.

CAPÍTULO III
DA DISCIPLINA

Seção I
DOS DEVERES E VEDAÇÕES

Art. 236. O membro do Ministério Público da União, em respeito à dignidade de suas funções e à da Justiça, deve observar as normas que regem o seu exercício e especialmente:

I – cumprir os prazos processuais;

II – guardar segredo sobre assunto de caráter sigiloso que conheça em razão do cargo ou função;

III – velar por suas prerrogativas institucionais e processuais;

IV – prestar informações aos órgãos da administração superior do Ministério Público, quando requisitadas;

V – atender ao expediente forense e participar dos atos judiciais, quando for obrigatória a sua presença; ou assistir a outros, quando conveniente ao interesse do serviço;

VI – declarar-se suspeito ou impedido, nos termos da lei;

VII – adotar as providências cabíveis em face das irregularidades de que tiver conhecimento ou que ocorrerem nos serviços a seu cargo;

VIII – tratar com urbanidade as pessoas com as quais se relacione em razão do serviço;

IX – desempenhar com zelo e probidade as suas funções;

X – guardar decoro pessoal.

Art. 237. É vedado ao membro do Ministério Público da União:

I – receber, a qualquer título e sob qualquer pretexto, honorários, percentagens ou custas processuais;

II – exercer a advocacia;

III – exercer o comércio ou participar de sociedade comercial, exceto como cotista ou acionista;

IV – exercer, ainda que em disponibilidade, qualquer outra função pública, salvo uma de magistério;

V – exercer atividade político-partidária, ressalvada a filiação e o direito de afastar-se para exercer cargo eletivo ou a ele concorrer.

▸ O STF, por maioria de votos, julgou parcialmente procedente a ADI nº 1.371-8, para, sem redução de texto, dar a este inciso interpretação conforme a CF, no sentido de que a filiação partidária de membro do Ministério Público da União somente pode efetivar-se nas hipóteses de afastamento de suas funções institucionais, mediante licença, nos termos da lei (*DOU* de 22-10-2003).

Seção II
DOS IMPEDIMENTOS E SUSPEIÇÕES

Art. 238. Os impedimentos e as suspeições dos membros do Ministério Público são os previstos em lei.

Seção III
DAS SANÇÕES

Art. 239. Os membros do Ministério Público são passíveis das seguintes sanções disciplinares:

I – advertência;

II – censura;

III – suspensão;

IV – demissão; e

V – cassação de aposentadoria ou de disponibilidade.

Art. 240. As sanções previstas no artigo anterior serão aplicadas:

I – a de advertência, reservadamente e por escrito, em caso de negligência no exercício das funções;

II – a de censura, reservadamente e por escrito, em caso de reincidência em falta anteriormente punida com advertência ou de descumprimento de dever legal;

III – a de suspensão, até quarenta e cinco dias, em caso de reincidência em falta anteriormente punida com censura;

IV – a de suspensão, de quarenta e cinco a noventa dias, em caso de inobservância das vedações impostas por esta lei complementar ou de reincidência em falta anteriormente punida com suspensão até quarenta e cinco dias;

V – as de demissão, nos casos de:

a) lesão aos cofres públicos, dilapidação do patrimônio nacional ou de bens confiados à sua guarda;

b) improbidade administrativa, nos termos do art. 37, § 4º, da Constituição Federal;

c) condenação por crime praticado com abuso de poder ou violação de dever para com a Administração Pública, quando a pena aplicada for igual ou superior a dois anos;

d) incontinência pública e escandalosa que comprometa gravemente, por sua habitualidade, a dignidade da Instituição;

e) abandono de cargo;

f) revelação de assunto de caráter sigiloso, que conheça em razão do cargo ou função, comprometendo a dignidade de suas funções ou da justiça;

g) aceitação ilegal de cargo ou função pública;

h) reincidência no descumprimento do dever legal, anteriormente punido com a suspensão prevista no inciso anterior;

VI – cassação de aposentadoria ou de disponibilidade, nos casos de falta punível com demissão, praticada quando no exercício do cargo ou função.

§ 1º A suspensão importa, enquanto durar, na perda dos vencimentos e das vantagens pecuniárias inerentes ao exercício do cargo, vedada a sua conversão em multa.

§ 2º Considera-se reincidência, para os efeitos desta lei complementar, a prática de nova infração, dentro de quatro anos após cientificado o infrator do ato que lhe tenha imposto sanção disciplinar.

§ 3º Considera-se abandono do cargo a ausência do membro do Ministério Público ao exercício de suas funções, sem causa justificada, por mais de trinta dias consecutivos.

§ 4º Equipara-se ao abandono de cargo a falta injustificada por mais de sessenta dias intercalados, no período de doze meses.

§ 5º A demissão poderá ser convertida, uma única vez, em suspensão, nas hipóteses previstas nas alíneas *a* e *h* do inciso V, quando de pequena gravidade o fato ou irrelevantes os danos causados, atendido o disposto no art. 244.

Art. 241. Na aplicação das penas disciplinares, considerar-se-ão os antecedentes do infrator, a natureza e a gravidade da infração, as circunstâncias em que foi praticada e os danos que dela resultaram ao serviço ou à dignidade da Instituição ou da Justiça.

Art. 242. As infrações disciplinares serão apuradas em processo administrativo; quando lhes forem cominadas penas de demissão, de cassação de aposentadoria ou de disponibilidade, a imposição destas dependerá, também, de decisão judicial com trânsito em julgado.

Art. 243. Compete ao Procurador-Geral de cada ramo do Ministério Público da União aplicar a seus membros as penas de advertência, censura e suspensão.

Seção IV
DA PRESCRIÇÃO

Art. 244. Prescreverá:

I – em um ano, a falta punível com advertência ou censura;

II – em dois anos, a falta punível com suspensão;

III – em quatro anos, a falta punível com demissão e cassação de aposentadoria ou de disponibilidade.

Parágrafo único. A falta, prevista na lei penal como crime, prescreverá juntamente com este.

Art. 245. A prescrição começa a correr:

I – do dia em que a falta for cometida; ou

II – do dia em que tenha cessado a continuação ou permanência, nas faltas continuadas ou permanentes.

Parágrafo único. Interrompem a prescrição a instauração de processo administrativo e a citação para a ação de perda do cargo.

Seção V
DA SINDICÂNCIA

Art. 246. A sindicância é o procedimento que tem por objeto a coleta sumária de dados para instauração, se necessário, de inquérito administrativo.

Seção VI – DO INQUÉRITO ADMINISTRATIVO

Art. 247. O inquérito administrativo, de caráter sigiloso, será instaurado pelo Corregedor-Geral, mediante portaria, em que designará comissão de três membros para realizá-lo, sempre que tomar conhecimento de infração disciplinar.

§ 1º A comissão, que poderá ser presidida pelo Corregedor-Geral, será composta de integrantes da carreira, vitalícios e de classe igual ou superior à do indicado.

§ 2º As publicações relativas a inquérito administrativo conterão o respectivo número, omitido o nome do indiciado, que será cientificado pessoalmente.

Art. 248. O prazo para a conclusão do inquérito e apresentação do relatório final é de trinta dias, prorrogável, no máximo, por igual período.

Art. 249. A comissão procederá à instrução do inquérito, podendo ouvir o indiciado e testemunhas, requisitar perícias e documentos e promover diligências, sendo-lhe facultado o exercício das prerrogativas outorgadas ao Ministério Público da União, por esta lei complementar, para instruir procedimentos administrativos.

Art. 250. Concluída a instrução do inquérito, abrir-se-á vista dos autos ao indiciado, para se manifestar, no prazo de quinze dias.

Art. 251. A comissão encaminhará o inquérito ao Conselho Superior, acompanhado de seu parecer conclusivo, pelo arquivamento ou pela instauração de processo administrativo.

§ 1º O parecer que concluir pela instauração do processo administrativo formulará a súmula de acusação, que conterá a exposição do fato imputado, com todas as suas circunstâncias e a capitulação legal da infração.

§ 2º O inquérito será submetido à deliberação do Conselho Superior, que poderá:

I – determinar novas diligências, se o considerar insuficientemente instruído;

II – determinar o seu arquivamento;

III – instaurar processo administrativo, caso acolha a súmula de acusação;

IV – encaminhá-lo ao Corregedor-Geral, para formular a súmula da acusação, caso não acolha a proposta de arquivamento.

Seção VII – DO PROCESSO ADMINISTRATIVO

Art. 252. O processo administrativo, instaurado por decisão do Conselho Superior, será contraditório, assegurada ampla defesa ao acusado.

§ 1º A decisão que instaurar processo administrativo designará comissão composta de três membros escolhidos dentre os integrantes da carreira, vitalícios, e de classe igual ou superior à do acusado, indicará o presidente e mencionará os motivos de sua constituição.

§ 2º Da comissão de processo administrativo não poderá participar quem haja integrado a precedente comissão de inquérito.

§ 3º As publicações relativas a processo administrativo conterão o respectivo número, omitido o nome do acusado, que será cientificado pessoalmente.

Art. 253. O prazo para a conclusão do processo administrativo e apresentação do relatório final é de noventa dias, prorrogável, no máximo, por trinta dias, contados da publicação da decisão que o instaurar.

Art. 254. A citação será pessoal, com entrega de cópia da portaria, do relatório final do inquérito e da súmula da acusação, cientificado o acusado do dia, da hora e do local do interrogatório.

§ 1º Não sendo encontrado o acusado em seu domicílio, proceder-se-á à citação por edital, publicado no *Diário Oficial*, com o prazo de quinze dias.

§ 2º O acusado, por si ou através de defensor que nomear, poderá oferecer defesa prévia, no prazo de quinze dias, contado do interrogatório, assegurando-se-lhe vista dos autos no local em que funcione a comissão.

§ 3º Se o acusado não tiver apresentado defesa, a comissão nomeará defensor, dentre os integrantes da carreira e de classe igual ou superior à sua, reabrindo-se-lhe o prazo fixado no parágrafo anterior.

§ 4º Em defesa prévia, poderá o acusado requerer a produção de provas orais, documentais e periciais, inclusive pedir a repetição daquelas já produzidas no inquérito.

§ 5º A comissão poderá indeferir, fundamentadamente, as provas desnecessárias ou requeridas com intuito manifestamente protelatório.

Art. 255. Encerrada a produção de provas, a comissão abrirá vista dos autos ao acusado, para oferecer razões finais, no prazo de quinze dias.

Art. 256. Havendo mais de um acusado, os prazos para defesa serão comuns e em dobro.

Art. 257. Em qualquer fase do processo, será assegurada à defesa a extração de cópia das peças dos autos.

Art. 258. Decorrido o prazo para razões finais, a comissão remeterá o processo, dentro de quinze dias, ao Conselho Superior, instruído com relatório dos seus trabalhos.

Art. 259. O Conselho do Ministério Público, apreciando o processo administrativo, poderá:

I – determinar novas diligências, se o considerar insuficientemente instruído, caso em que, efetivadas estas, proceder-se-á de acordo com os arts. 264 e 265;

II – propor o seu arquivamento ao Procurador-Geral;

III – propor ao Procurador-Geral a aplicação de sanções que sejam de sua competência;

IV – propor ao Procurador-Geral da República o ajuizamento de ação civil para:

a) demissão de membro do Ministério Público da União com garantia de vitaliciedade;

b) cassação de aposentadoria ou disponibilidade.

Parágrafo único. Não poderá participar da deliberação do Conselho Superior quem haja oficiado na sindicância, ou integrado as comissões do inquérito ou do processo administrativo.

Art. 260. Havendo prova da infração e indícios suficientes de sua autoria, o Conselho Superior poderá determinar, fundamentadamente, o afastamento preventivo do indiciado, enquanto sua permanência for inconveniente ao serviço ou prejudicial à apuração dos fatos.

§ 1º O afastamento do indiciado não poderá ocorrer quando ao fato imputado corresponderem somente as penas de advertência ou de censura.

§ 2º O afastamento não ultrapassará o prazo de cento e vinte dias, salvo em caso de alcance.

§ 3º O período de afastamento será considerado como de serviço efetivo, para todos os efeitos.

Art. 261. Aplicam-se, subsidiariamente, ao processo disciplinar, as normas do Código de Processo Penal.

Seção VIII – DA REVISÃO DO PROCESSO ADMINISTRATIVO

Art. 262. Cabe, em qualquer tempo, a revisão do processo de que houver resultado a imposição de penalidade administrativa:

I – quando se aduzam fatos ou circunstâncias suscetíveis de provar inocência ou de justificar a imposição de sanção mais branda; ou

II – quando a sanção se tenha fundado em prova falsa.

Art. 263. A instauração do processo de revisão poderá ser determinada de ofício, a requerimento do próprio interessado, ou, se falecido, do seu cônjuge ou companheiro, ascendente, descendente ou irmão.

Art. 264. O processo de revisão terá o rito do processo administrativo.

Parágrafo único. Não poderá integrar a comissão revisora quem haja atuado em qualquer fase do processo revisando.

Art. 265. Julgada procedente a revisão, será tornada sem efeito a sanção aplicada, com o restabelecimento, em sua plenitude, dos direitos por ela atingidos, exceto se for o caso de aplicar-se penalidade menor.

TÍTULO IV – DAS DISPOSIÇÕES FINAIS E TRANSITÓRIAS

Arts. 266 e 267. VETADOS.

Art. 268. Ficam criados seis cargos de Subprocurador-Geral da República.

Art. 269. Ficam criados setenta e quatro cargos de Procurador Regional da República.

§ 1º O primeiro provimento de todos os cargos de Procurador Regional da República será considerado simultâneo, independentemente da data dos atos de promoção.

§ 2º Os vencimentos iniciais do cargo de Procurador Regional da República serão iguais aos do cargo de Procurador de Justiça do Distrito Federal.

Art. 270. Os atuais Procuradores da República de 1ª Categoria, que ingressaram na carreira até a data da promulgação da Constituição Federal, terão seus cargos transformados em cargos de Procurador Regional da República, mantidos seus titulares e lotações.

§ 1º Os cargos transformados na forma deste artigo, excedentes do limite previsto no artigo anterior, serão extintos à medida que vagarem.

§ 2º Os Procuradores da República ocupantes dos cargos transformados na forma deste artigo poderão ser designados para oficiar perante os Juízes Federais e os Tribunais Regionais Eleitorais.

Art. 271. Os cargos de Procurador da República de 1ª Categoria não alcançados pelo artigo anterior e os atuais cargos de Procurador da República de 2ª Categoria são transformados em cargos de Procurador da República.

§ 1º Na nova classe, para efeito de antiguidade, os atuais Procuradores da República de 1ª Categoria precederão os de 2ª Categoria; estes manterão na nova classe a atual ordem de antiguidade.

§ 2º Os vencimentos iniciais do cargo de Procurador da República serão iguais aos do atual cargo de Procurador da República de 1ª Categoria.

Art. 272. São transformados em cargos de Procurador do Trabalho de 1ª Categoria cem cargos de Procurador do Trabalho de 2ª Categoria.

Art. 273. Os cargos de Procurador do Trabalho de 1ª e de 2ª Categoria passam a denominar-se, respectivamente, Procurador Regional do Trabalho e Procurador do Trabalho.

§ 1º Até que sejam criados novos cargos de Subprocurador-Geral do Trabalho, os atuais Procuradores do Trabalho de 1ª Categoria, cujo cargo passa a denominar-se Procurador Regional do Trabalho e que estejam atuando junto ao Tribunal Superior do Trabalho, ali permanecerão exercendo suas atribuições.

§ 2º Os vencimentos iniciais dos cargos de Procurador Regional do Trabalho e de Procurador do Trabalho serão iguais aos dos cargos de Procurador Regional da República e de Procurador da República, respectivamente.

Art. 274. Os cargos de Procurador Militar de 1ª e 2ª Categoria passam a denominar-se, respectivamente, Procurador da Justiça Militar e Promotor da Justiça Militar.

Parágrafo único. Até que sejam criados novos cargos de Subprocurador-Geral da Justiça Militar, os atuais Procuradores Militares da 1ª Categoria, cujos cargos passam a denominar-se Procuradores da Justiça Militar e que estejam atuando junto ao Superior Tribunal Militar, ali permanecerão exercendo suas atribuições.

Art. 275. O cargo de Promotor de Justiça Substituto passa a denominar-se Promotor de Justiça Adjunto.

Art. 276. Na falta da lei prevista no Art. 16, a atuação do Ministério Público na defesa dos direitos constitucionais do cidadão observará, além das disposições desta lei complementar, as normas baixadas pelo Procurador-Geral da República.

Art. 277. As promoções nas carreiras do Ministério Público da União, na vigência desta lei complementar, serão precedidas da adequação das listas de antiguidade aos critérios de desempate nela estabelecidos.

Art. 278. Não se farão promoções nas carreiras do Ministério Público da União antes da instalação do Conselho Superior do ramo respectivo.

Art. 279. As primeiras eleições, para composição do Conselho Superior de cada ramo do Ministério Público da União e para elaboração das listas tríplices para Procurador-Geral do Trabalho, Procurador-Geral da Justiça Militar e Procurador-Geral de Justiça, serão convocadas pelo Procurador-Geral da República, para se realizarem no prazo de noventa dias da promulgação desta lei complementar.

§ 1º O Procurador-Geral da República disporá, em ato normativo, sobre as eleições previstas neste artigo, devendo a convocação anteceder de trinta dias à data de sua realização.

§ 2º Os Conselhos Superiores serão instalados no prazo de quinze dias, contado do encerramento da apuração.

Art. 280. Entre os eleitos para a primeira composição do Conselho Superior de cada ramo do Ministério Público da União, os dois mais votados, em cada eleição, terão mandato de dois anos; os menos votados, de um ano.

Art. 281. Os membros do Ministério Público da União, nomeados antes de 5 de outubro de 1988, poderão optar entre o novo regime jurídico e o anterior à promulgação da Constituição Federal, quanto às garantias, vantagens e vedações do cargo.

▸ Res. do CSMPF nº 144, de 5-8-2013, regulamenta a incompatibilidade e o impedimento para o exercício da advocacia por membros do Ministério Público Federal.

Parágrafo único. A opção poderá ser exercida dentro de dois anos, contados da promulgação desta lei complementar, podendo a retratação ser feita no prazo de dez anos.

Art. 282. Os Procuradores da República nomeados antes de 5 de outubro de 1988 deverão optar, de forma irretratável, entre as carreiras do Ministério Público Federal e da Advocacia-Geral da União.

§ 1º VETADO.

§ 2º Não manifestada a opção, no prazo estabelecido no parágrafo anterior, o silêncio valerá como opção tácita pela carreira do Ministério Público Federal.

Art. 283. Será criada por lei a Escola Superior do Ministério Público da União, como órgão auxiliar da Instituição.

Art. 284. Poderão ser admitidos como estagiários no Ministério Público da União estudantes de Direito inscritos na Ordem dos Advogados do Brasil.

Parágrafo único. As condições de admissão e o valor da bolsa serão fixados pelo Procurador-Geral da República, sendo a atividade dos estagiários regulada pelo Conselho Superior de cada ramo.

Art. 285. VETADO.

Art. 286. As despesas decorrentes desta lei complementar correrão à conta das dotações constantes do Orçamento da União.

Art. 287. Aplicam-se subsidiariamente aos membros do Ministério Público da União as disposições gerais referentes aos servidores públicos, respeitadas, quando for o caso, as normas especiais contidas nesta lei complementar.

§ 1º O regime de remuneração estabelecido nesta lei complementar não prejudica a percepção de vantagens concedidas, em caráter geral, aos servidores públicos civis da União.

§ 2º O disposto neste artigo não poderá importar em restrições ao regime jurídico instituído nesta lei complementar ou na imposição de condições com ele incompatíveis.

Art. 288. Os membros do Ministério Público Federal, cuja promoção para o cargo final de carreira tenha acarretado a sua remoção para o Distrito Federal, poderão, no prazo de trinta dias da promulgação desta lei complementar, renunciar à referida promoção e retornar ao Estado de origem, ocupando o cargo de Procurador Regional da República.

Art. 289. Sempre que ocorrer a criação simultânea de mais de um cargo de mesmo nível nas carreiras do Ministério Público da União, o provimento dos mesmos, mediante promoção, presumir-se-á simultâneo, independentemente da data dos atos de promoção.

Art. 290. Os membros do Ministério Público da União terão mantida em caráter provisório a sua lotação, enquanto não entrarem em vigor a lei e o ato a que se referem os arts. 34 e 214.

Parágrafo único. O disposto neste artigo não obsta as alterações de lotação decorrentes de remoção, promoção ou designação previstas nesta lei complementar.

Arts. 291 e 292. VETADOS.

Art. 293. Ao membro ou servidor do Ministério Público da União é vedado manter, sob sua chefia imediata, em cargo ou função de confiança, cônjuge, companheiro, ou parente até o segundo grau civil.

Art. 294. Esta lei complementar entra em vigor na data de sua publicação.

Art. 295. Revogam-se as disposições em contrário.

Brasília, 20 de maio de 1993;
172º da Independência e
105º da República.

Itamar Franco

LEI Nº 8.658, DE 26 DE MAIO DE 1993

Dispõe sobre a aplicação, nos Tribunais de Justiça e nos Tribunais Regionais Federais, das normas da Lei nº 8.038, de 28 de maio de 1990, sobre ações penais originárias.

▸ Publicada no *DOU* de 27-5-1993.

Art. 1º As normas dos arts. 1º a 12, inclusive, da Lei nº 8.038, de 28 de maio de 1990, aplicam-se às ações penais de competência originária dos Tribunais de Justiça dos Estados e do Distrito Federal, e dos Tribunais Regionais Federais.

Art. 2º Esta lei entra em vigor na data de sua publicação.

Art. 3º Revogam-se o Título III do Livro II do Decreto-Lei nº 3.689, de 3 de outubro de 1941, e demais disposições em contrário.

Brasília, 26 de maio de 1993;
172º da Independência e
105º da República.

Inocêncio Oliveira

DECRETO Nº 983, DE 12 DE NOVEMBRO DE 1993

Dispõe sobre a colaboração dos órgãos e entidades da Administração Pública Federal com o Ministério Público Federal na repressão a todas as formas de improbidade administrativa.

▶ Publicado no *DOU* de 16-11-1993.

Art. 1º Os órgãos e entidades da Administração Pública Federal direta, indireta e fundacional, observadas as respectivas áreas de competência, cooperarão, de ofício ou em face de requerimento fundamentado, com o Ministério Público Federal na repressão a todas as formas de improbidade administrativa.

Art. 2º Para os fins previstos na Lei nº 8.429, de 2 de junho de 1992, os órgãos integrantes da estrutura do Ministério da Fazenda, inclusive as entidades vinculadas e supervisionadas, por iniciativa do Ministério Público Federal, realizarão as diligências, perícias, levantamentos, coleta de dados e informações pertinentes à instrução de procedimento que tenha por finalidade apurar enriquecimento ilícito de agente público, fornecendo os meios de prova necessários ao ajuizamento da ação competente.

Parágrafo único. Quando os dados envolverem matéria protegida pelo sigilo oficial ou bancário, observar-se-á o disposto na legislação pertinente.

Art. 3º Este Decreto entra em vigor na data de sua publicação.

Brasília, 12 de novembro de 1993;
172º da Independência e
105º da República.

Itamar Franco

LEI COMPLEMENTAR Nº 78, DE 30 DE DEZEMBRO DE 1993

Disciplina a fixação do número de Deputados, nos termos do art. 45, § 1º, da Constituição Federal.

▶ Publicada no *DOU* de 5-1-1994.

Art. 1º Proporcional à população dos Estados e do Distrito Federal, o número de deputados federais não ultrapassará quinhentos e treze representantes, fornecida, pela Fundação Instituto Brasileiro de Geografia e Estatística, no ano anterior às eleições, a atualização estatística demográfica das unidades da Federação.

Parágrafo único. Feitos os cálculos da representação dos Estados e do Distrito Federal, o Tribunal Superior Eleitoral fornecerá aos Tribunais Regionais Eleitorais e aos partidos políticos o número de vagas a serem disputadas.

Art. 2º Nenhum dos Estados-membros da Federação terá menos de oito deputados federais.

Parágrafo único. Cada Território Federal será representado por quatro deputados federais.

Art. 3º O Estado mais populoso será representado por setenta deputados federais.

Art. 4º Esta Lei Complementar entra em vigor na data de sua publicação.

Art. 5º Revogam-se as disposições em contrário.

Brasília, 30 de dezembro de 1993;
172º da Independência e
105º da República.

Itamar Franco

LEI COMPLEMENTAR Nº 80, DE 12 DE JANEIRO DE 1994

Organiza a Defensoria Pública da União, do Distrito Federal e dos Territórios e prescreve normas gerais para sua organização nos Estados, e dá outras providências.

▶ Publicada no *DOU* de 13-1-1994.

TÍTULO I – DAS DISPOSIÇÕES PRELIMINARES

Art. 1º A Defensoria Pública é instituição permanente, essencial à função jurisdicional do Estado, incumbindo-lhe, como expressão e instrumento do regime democrático, fundamentalmente, a orientação jurídica, a promoção dos direitos humanos e a defesa, em todos os graus, judicial e extrajudicial, dos direitos individuais e coletivos, de forma integral e gratuita, aos necessitados, assim considerados na forma do inciso LXXIV do art. 5º da Constituição Federal.

▶ Artigo com a redação dada pela LC nº 132, de 7-10-2009.
▶ Arts. 5º, LXXIV, 133 e 134 da CF.
▶ Art. 72 do CPC/2015.
▶ Art. 32 do CPP.
▶ Lei nº 1.060, de 5-2-1950 (Lei de Assistência Judiciária).

Art. 2º A Defensoria Pública abrange:

I – a Defensoria Pública da União;

II – a Defensoria Pública do Distrito Federal e dos Territórios;

III – as Defensorias Públicas dos Estados.

Art. 3º São princípios institucionais da Defensoria Pública a unidade, a indivisibilidade e a independência funcional.

Parágrafo único. VETADO.

Art. 3º-A. São objetivos da Defensoria Pública:

I – a primazia da dignidade da pessoa humana e a redução das desigualdades sociais;

II – a afirmação do Estado Democrático de Direito;

III – a prevalência e efetividade dos direitos humanos; e

IV – a garantia dos princípios constitucionais da ampla defesa e do contraditório.

▶ Art. 3º-A acrescido pela LC nº 132, de 7-10-2009.

Art. 4º São funções institucionais da Defensoria Pública, dentre outras:

I – prestar orientação jurídica e exercer a defesa dos necessitados, em todos os graus;

II – promover, prioritariamente, a solução extrajudicial dos litígios, visando à composição entre as pessoas em conflito de interesses, por meio de mediação, conciliação, arbitragem e demais técnicas de composição e administração de conflitos;

▶ Lei nº 9.307, de 23-9-1996 (Lei de Arbitragem).

III – promover a difusão e a conscientização dos direitos humanos, da cidadania e do ordenamento jurídico;

IV – prestar atendimento interdisciplinar, por meio de órgãos ou de servidores de suas Carreiras de apoio para o exercício de suas atribuições;

V – exercer, mediante o recebimento dos autos com vista, a ampla defesa e o contraditório em favor de pessoas naturais e jurídicas, em processos administrativos e judiciais, perante todos os órgãos e em todas as instâncias, ordinárias ou extraordinárias, utilizando todas as medidas capazes de propiciar a adequada e efetiva defesa de seus interesses;

▶ Art. 5º, LV, da CF.

VI – representar aos sistemas internacionais de proteção dos direitos humanos, postulando perante seus órgãos;

VII – promover ação civil pública e todas as espécies de ações capazes de propiciar a adequada tutela dos direitos difusos, coletivos ou individuais homogêneos quando o resultado da demanda puder beneficiar grupo de pessoas hipossuficientes;

▶ Lei nº 7.347, de 24-7-1985 (Lei da Ação Civil Pública).

VIII – exercer a defesa dos direitos e interesses individuais, difusos, coletivos e individuais homogêneos e dos direitos do consumidor, na forma do inciso LXXIV do art. 5º da Constituição Federal;

▶ Arts. 81 a 104 do CDC.

IX – impetrar *habeas corpus*, mandado de injunção, *habeas data* e mandado de segurança ou qualquer outra ação em defesa das funções institucionais e prerrogativas de seus órgãos de execução;

▶ Lei nº 9.507, de 12-11-1997 (Lei do *Habeas Data*).
▶ Lei nº 12.016, de 7-8-2009 (Lei do Mandado de Segurança Individual e Coletivo).

X – promover a mais ampla defesa dos direitos fundamentais dos necessitados, abrangendo seus direitos individuais, coletivos, sociais, econômicos, culturais e ambientais, sendo admissíveis todas as espécies de ações capazes de propiciar sua adequada e efetiva tutela;

XI – exercer a defesa dos interesses individuais e coletivos da criança e do adolescente, do idoso, da pessoa portadora de necessidades especiais, da mulher vítima de violência doméstica e familiar e de outros grupos sociais vulneráveis que mereçam proteção especial do Estado;

▶ Incisos I a XI com a redação dada pela LC nº 132, de 7-10-2009.
▶ Lei nº 8.069, de 13-7-1990 (Estatuto da Criança e do Adolescente).
▶ Lei nº 10.741, de 1º-10-2003 (Estatuto da Pessoa Idosa).
▶ Lei nº 11.340, de 7-8-2006 (Lei que Coíbe a Violência Doméstica e Familiar Contra a Mulher).

XII e XIII – VETADOS;

XIV – acompanhar inquérito policial, inclusive com a comunicação imediata da prisão em flagrante pela autoridade policial, quando o preso não constituir advogado;

▶ Art. 4º e segs. do CPP.

XV – patrocinar ação penal privada e a subsidiária da pública;

▶ Arts. 29 a 34 do CPP.

XVI – exercer a curadoria especial nos casos previstos em lei;

▶ Art. 72 do CPC/2015.

XVII – atuar nos estabelecimentos policiais, penitenciários e de internação de adolescentes, visando a assegurar às pessoas, sob quaisquer circunstâncias, o exercício pleno de seus direitos e garantias fundamentais;

XVIII – atuar na preservação e reparação dos direitos de pessoas vítimas de tortura, abusos sexuais, discriminação ou qualquer outra forma de opressão ou violência, propiciando o acompanhamento e o atendimento interdisciplinar das vítimas;

▶ Lei nº 9.455, de 7-4-1997 (Lei dos Crimes de Tortura).

▶ Lei nº 12.847, de 2-8-2013, institui o Sistema Nacional de Prevenção e Combate à Tortura; cria o Comitê Nacional de Prevenção e Combate à Tortura e o Mecanismo Nacional de Prevenção e Combate à Tortura.

XIX – atuar nos Juizados Especiais;

▶ Lei nº 9.099, de 26-9-1995 (Lei dos Juizados Especiais).

▶ Lei nº 10.259, de 12-7-2001 (Lei dos Juizados Especiais Federais).

XX – participar, quando tiver assento, dos conselhos federais, estaduais e municipais afetos às funções institucionais da Defensoria Pública, respeitadas as atribuições de seus ramos;

XXI – executar e receber as verbas sucumbenciais decorrentes de sua atuação, inclusive quando devidas por quaisquer entes públicos, destinando-as a fundos geridos pela Defensoria Pública e destinados, exclusivamente, ao aparelhamento da Defensoria Pública e à capacitação profissional de seus membros e servidores;

XXII – convocar audiências públicas para discutir matérias relacionadas às suas funções institucionais.

▶ Incisos XIV a XXII acrescidos pela LC nº 132, de 7-10-2009.

§ 1º VETADO.

§ 2º As funções institucionais da Defensoria Pública serão exercidas inclusive contra as Pessoas Jurídicas de Direito Público.

▶ Art. 41 do CC.

§ 3º VETADO.

§ 4º O instrumento de transação, mediação ou conciliação referendado pelo Defensor Público valerá como título executivo extrajudicial, inclusive quando celebrado com a pessoa jurídica de direito público.

▶ Art. 784, II a IV, do CPC/2015.

§ 5º A assistência jurídica integral e gratuita custeada ou fornecida pelo Estado será exercida pela Defensoria Pública.

§ 6º A capacidade postulatória do Defensor Público decorre exclusivamente de sua nomeação e posse no cargo público.

§ 7º Aos membros da Defensoria Pública é garantido sentar-se no mesmo plano do Ministério Público.

§ 8º Se o Defensor Público entender inexistir hipótese de atuação institucional, dará imediata ciência ao Defensor Público-Geral, que decidirá a controvérsia, indicando, se for o caso, outro Defensor Público para atuar.

§ 9º O exercício do cargo de Defensor Público é comprovado mediante apresentação de carteira funcional expedida pela respectiva Defensoria Pública, conforme modelo previsto nesta Lei Complementar, a qual valerá como documento de identidade e terá fé pública em todo o território nacional.

§ 10. O exercício do cargo de Defensor Público é indelegável e privativo de membro da Carreira.

§ 11. Os estabelecimentos a que se refere o inciso XVII do *caput* reservarão instalações adequadas ao atendimento jurídico dos presos e internos por parte dos Defensores Públicos, bem como a esses fornecerão apoio administrativo, prestarão as informações solicitadas e assegurarão acesso à documentação dos presos e internos, aos quais é assegurado o direito de entrevista com os Defensores Públicos.

▶ §§ 4º a 11 acrescidos pela LC nº 132, de 7-10-2009.

Art. 4º-A. São direitos dos assistidos da Defensoria Pública, além daqueles previstos na legislação estadual ou em atos normativos internos:

I – a informação sobre:

a) localização e horário de funcionamento dos órgãos da Defensoria Pública;

b) a tramitação dos processos e os procedimentos para a realização de exames, perícias e outras providências necessárias à defesa de seus interesses.

II – a qualidade e a eficiência do atendimento;

III – o direito de ter sua pretensão revista no caso de recusa de atuação pelo Defensor Público;

IV – o patrocínio de seus direitos e interesses pelo defensor natural;

V – a atuação de Defensores Públicos distintos, quando verificada a existência de interesses antagônicos ou colidentes entre destinatários de suas funções.

▶ Art. 4º-A acrescido pela LC nº 132, de 7-10-2009.

TÍTULO II – DA ORGANIZAÇÃO DA DEFENSORIA PÚBLICA DA UNIÃO

CAPÍTULO I – DA ESTRUTURA

Art. 5º A Defensoria Pública da União compreende:

I – órgãos de administração superior:

a) a Defensoria Pública-Geral da União;

b) a Subdefensoria Pública-Geral da União;

c) o Conselho Superior da Defensoria Pública da União;

d) a Corregedoria-Geral da Defensoria Pública da União.

II – órgãos de atuação:

a) as Defensorias Públicas da União nos Estados, no Distrito Federal e nos Territórios;

b) os Núcleos da Defensoria Pública da União.

III – órgãos de execução:

a) os Defensores Públicos Federais nos Estados, no Distrito Federal e nos Territórios.

▶ Alínea *a* com a redação dada pela LC nº 132, de 7-10-2009.

Seção I – DO DEFENSOR PÚBLICO-GERAL FEDERAL E DO SUBDEFENSOR PÚBLICO-GERAL FEDERAL

▶ Denominação da Seção I com a redação dada pela LC nº 132, de 7-10-2009.

Art. 6º A Defensoria Pública da União tem por chefe o Defensor Público-Geral Federal, nomeado pelo Presidente da República, dentre membros estáveis da Carreira e maiores de 35 (trinta e cinco) anos, escolhidos em lista tríplice formada pelo voto direto, secreto, plurinominal e obrigatório de seus membros, após a aprovação de seu nome pela maioria absoluta dos membros do Senado Federal, para mandato de 2 (dois) anos, permitida uma recondução, precedida de nova aprovação do Senado Federal.

▶ *Caput* com a redação dada pela LC nº 132, de 7-10-2009.

§§ 1º e 2º VETADOS.

Art. 7º O Defensor Público-Geral Federal será substituído, em suas faltas, impedimentos, licenças e férias, pelo Subdefensor Público-Geral Federal, nomeado pelo Presidente da República, dentre os integrantes da Categoria Especial da Carreira, escolhidos pelo Conselho Superior, para mandato de 2 (dois) anos.

Parágrafo único. A União poderá, segundo suas necessidades, ter mais de um Subdefensor Público-Geral Federal.

▶ Art. 7º com a redação dada pela LC nº 132, de 7-10-2009.

▶ Art. 8º, parágrafo único, desta Lei Complementar.

Art. 8º São atribuições do Defensor Público-Geral, dentre outras:

I – dirigir a Defensoria Pública da União, superintender e coordenar suas atividades e orientar-lhe a atuação;

II – representar a Defensoria Pública da União judicial e extrajudicialmente;

III – velar pelo cumprimento das finalidades da Instituição;

IV – integrar, como membro nato, e presidir o Conselho Superior da Defensoria Pública da União;

V – submeter ao Conselho Superior proposta de criação ou de alteração do Regimento Interno da Defensoria Pública-Geral da União;

▶ Inciso V com a redação dada pela LC nº 132, de 7-10-2009.

VI – autorizar os afastamentos dos membros da Defensoria Pública da União;

VII – estabelecer a lotação e a distribuição dos membros e dos servidores da Defensoria Pública da União;

VIII – dirimir conflitos de atribuições entre membros da Defensoria Pública da União, com recurso para seu Conselho Superior;

IX – proferir decisões nas sindicâncias e processos administrativos disciplinares promovidos pela Corregedoria-Geral da Defensoria Pública da União;

X – instaurar processo disciplinar contra membros e servidores da Defensoria Pública da União, por recomendação de seu Conselho Superior;

XI – abrir concursos públicos para ingresso na carreira da Defensoria Pública da União;

XII – determinar correições extraordinárias;

XIII – praticar atos de gestão administrativa, financeira e de pessoal;

XIV – convocar o Conselho Superior da Defensoria Pública da União;

XV – designar membro da Defensoria Pública da União para exercício de suas atribuições em órgão de atuação diverso do de sua lotação ou, em caráter excepcional, perante Juízos, Tribunais ou Ofícios diferentes dos estabelecidos para cada categoria;

XVI – requisitar de qualquer autoridade pública e de seus agentes, certidões, exames, perícias, vistorias, diligências, processos, documentos, informações, esclarecimentos e demais providências necessárias à atuação da Defensoria Pública;

XVII – aplicar a pena da remoção compulsória, aprovada pelo voto de dois terços do Conselho

Superior da Defensoria Pública da União, assegurada ampla defesa;

XVIII – delegar atribuições a autoridade que lhe seja subordinada, na forma da lei;

XIX – requisitar força policial para assegurar a incolumidade física dos membros da Defensoria Pública da União, quando estes se encontrarem ameaçados em razão do desempenho de suas atribuições institucionais;

XX – apresentar plano de atuação da Defensoria Pública da União ao Conselho Superior.

► Incisos XIX e XX acrescidos pela LC nº 132, de 7-10-2009.

Parágrafo único. Ao Subdefensor Público-Geral Federal, além da atribuição prevista no art. 7º desta Lei Complementar, compete:

► *Caput* do parágrafo único com a redação dada pela LC nº 132, de 7-10-2009.

I – auxiliar o Defensor Público-Geral nos assuntos de interesse da Instituição;

II – desincumbir-se das tarefas e delegações que lhe forem determinadas pelo Defensor Público-Geral.

► Incisos I e II acrescidos pela LC nº 132, de 7-10-2009.

Seção II

DO CONSELHO SUPERIOR DA DEFENSORIA PÚBLICA DA UNIÃO

Art. 9º A composição do Conselho Superior da Defensoria Pública da União deve incluir obrigatoriamente o Defensor Público-Geral Federal, o Subdefensor Público-Geral Federal e o Corregedor-Geral Federal, como membros natos, e, em sua maioria, representantes estáveis da Carreira, 2 (dois) por categoria, eleitos pelo voto direto, plurinominal, obrigatório e secreto de todos integrantes da Carreira.

► *Caput* com a redação dada pela LC nº 132, de 7-10-2009.

§ 1º O Conselho Superior é presidido pelo Defensor Público-Geral, que, além do seu voto de membro, tem o de qualidade, exceto em matéria de remoção e promoção, sendo as deliberações tomadas por maioria de votos.

§ 2º As eleições serão realizadas em conformidade com as instruções baixadas pelo Defensor Público-Geral.

§ 3º Os membros do Conselho Superior são eleitos para mandato de dois anos, mediante voto nominal, direto e secreto.

§ 4º São elegíveis os Defensores Públicos Federais que não estejam afastados da Carreira, para mandato de 2 (dois) anos, permitida 1 (uma) reeleição.

► § 4º com a redação dada pela LC nº 132, de 7-10-2009.

§ 5º São suplentes dos membros eleitos de que trata o *caput* deste artigo os demais votados, em ordem decrescente.

§ 6º Qualquer membro, exceto os natos, pode desistir de sua participação no Conselho Superior, assumindo, imediatamente, o cargo, o respectivo suplente.

Art. 10. Ao Conselho Superior da Defensoria Pública da União compete:

I – exercer o poder normativo no âmbito da Defensoria Pública da União;

II – opinar, por solicitação do Defensor Público-Geral, sobre matéria pertinente à autonomia funcional e administrativa da Defensoria Pública da União;

III – elaborar lista tríplice destinada à promoção por merecimento;

IV – aprovar a lista de antiguidade dos membros da Defensoria Pública da União e decidir sobre as reclamações a ela concernentes;

V – recomendar ao Defensor Público-Geral a instauração de processo disciplinar contra membros e servidores da Defensoria Pública da União;

VI – conhecer e julgar recurso contra decisão em processo administrativo disciplinar;

VII – decidir sobre pedido de revisão de processo administrativo disciplinar;

VIII – decidir acerca da remoção voluntária dos integrantes da carreira da Defensoria Pública da União;

IX – decidir sobre a avaliação do estágio probatório dos membros da Defensoria Pública da União, submetendo sua decisão à homologação do Defensor Público-Geral;

X – decidir acerca da destituição do Corregedor-Geral, por voto de dois terços de seus membros, assegurada ampla defesa;

XI – deliberar sobre a organização de concurso para ingresso na carreira e designar os representantes da Defensoria Pública da União que integrarão a Comissão de Concurso;

XII – organizar os concursos para provimento dos cargos da Carreira de Defensor Público Federal e editar os respectivos regulamentos;

► Inciso XII com a redação dada pela LC nº 132, de 7-10-2009.

XIII – recomendar correições extraordinárias;

XIV – indicar os 6 (seis) nomes dos membros da classe mais elevada da Carreira para que o Presidente da República nomeie, dentre esses, o Subdefensor Público-Geral Federal e o Corregedor-Geral Federal da Defensoria Pública da União;

► Inciso XIV com a redação dada pela LC nº 132, de 7-10-2009.

XV – editar as normas regulamentando a eleição para Defensor Público-Geral Federal.

► Inciso XV acrescido pela LC nº 132, de 7-10-2009.

Parágrafo único. As decisões do Conselho Superior serão motivadas e publicadas, salvo as hipóteses legais de sigilo.

Seção III

DA CORREGEDORIA-GERAL DA DEFENSORIA PÚBLICA DA UNIÃO

Art. 11. A Corregedoria-Geral da Defensoria Pública da União é órgão de fiscalização da atividade funcional e da conduta dos membros e dos servidores da Defensoria Pública da União.

Art. 12. A Corregedoria-Geral da Defensoria Pública da União é exercida pelo Corregedor-Geral, indicado dentre os integrantes da classe mais elevada da carreira pelo Conselho Superior e nomeado pelo Presidente da República para mandato de dois anos.

Parágrafo único. O Corregedor-Geral poderá ser destituído, antes do término do mandato, por proposta do Defensor Público-Geral, pelo voto de dois terços dos membros do Conselho Superior, assegurada ampla defesa.

Art. 13. À Corregedoria-Geral da Defensoria Pública da União compete:

I – realizar correições e inspeções funcionais;

II – sugerir ao Defensor Público-Geral o afastamento de Defensor Público que esteja sendo submetido a correição, sindicância ou processo administrativo disciplinar, quando cabível;

III – propor, fundamentadamente, ao Conselho Superior a suspensão do estágio probatório de membros da Defensoria Pública da União;

IV – receber e processar as representações contra os membros da Defensoria Pública da União, encaminhando-as, com parecer, ao Conselho Superior;

V – apresentar ao Defensor Público-Geral, em janeiro de cada ano, relatório das atividades desenvolvidas no ano anterior;

VI – propor a instauração de processo disciplinar contra membros da Defensoria Pública da União e seus servidores;

VII – acompanhar o estágio probatório dos membros da Defensoria Pública da União;

VIII – propor a exoneração de membros da Defensoria Pública da União que não cumprirem as condições do estágio probatório.

Seção IV

DA DEFENSORIA PÚBLICA DA UNIÃO NOS ESTADOS, NO DISTRITO FEDERAL E NOS TERRITÓRIOS

Art. 14. A Defensoria Pública da União atuará nos Estados, no Distrito Federal e nos Territórios, junto às Justiças Federal, do Trabalho, Eleitoral, Militar, Tribunais Superiores e instâncias administrativas da União.

§ 1º A Defensoria Pública da União deverá firmar convênios com as Defensorias Públicas dos Estados e do Distrito Federal, para que estas, em seu nome, atuem junto aos órgãos de primeiro e segundo graus de jurisdição referidos no *caput*, no desempenho das funções que lhe são cometidas por esta Lei Complementar.

§ 2º Não havendo na unidade federada Defensoria Pública constituída nos moldes desta Lei Complementar, é autorizado o convênio com a entidade pública que desempenhar essa função, até que seja criado o órgão próprio.

§ 3º A prestação de assistência judiciária pelos órgãos próprios da Defensoria Pública da União dar-se-á, preferencialmente, perante o Supremo Tribunal Federal e os Tribunais superiores.

► §§ 1º a 3º acrescidos pela LC nº 98, de 3-12-1999.

Art. 15. Os órgãos de atuação da Defensoria Pública da União em cada Estado, no Distrito Federal e nos Territórios serão dirigidos por Defensor Público-Chefe, designado pelo Defensor Público-Geral, dentre os integrantes da carreira.

Parágrafo único. Ao Defensor Público-Chefe, sem prejuízo de suas funções institucionais, compete, especialmente:

I – coordenar as atividades desenvolvidas pelos Defensores Públicos Federais que atuem em sua área de competência;

► Inciso I com a redação dada pela LC nº 132, de 7-10-2009.

II – sugerir ao Defensor Público-Geral providências para o aperfeiçoamento das atividades institucionais em sua área de competência;

III – deferir ao membro da Defensoria Pública da União sob sua coordenação direitos e vantagens legalmente autorizados, por expressa delegação de competência do Defensor Público-Geral;

IV – solicitar providências correlacionais ao Defensor Público-Geral, em sua área de competência;

V – remeter, semestralmente, ao Corregedor-Geral, relatório das atividades na sua área de competência.

Art. 15-A. A organização da Defensoria Pública da União deve primar pela descentralização, e sua atuação deve incluir atendimento interdisciplinar, bem como a tutela dos interesses individuais, difusos, coletivos e individuais homogêneos.

▸ Artigo acrescido pela LC nº 132, de 7-10-2009.

Seção V

DOS NÚCLEOS DA DEFENSORIA PÚBLICA DA UNIÃO NOS ESTADOS, NO DISTRITO FEDERAL E NOS TERRITÓRIOS

Art. 16. A Defensoria Pública da União nos Estados, no Distrito Federal e nos Territórios poderá atuar por meio de Núcleos.

Art. 17. Os Núcleos são dirigidos por Defensor Público-Chefe, nos termos do art. 15 desta Lei Complementar.

Seção VI

DOS DEFENSORES PÚBLICOS FEDERAIS

▸ Denominação da Seção VI com a redação dada pela LC nº 132, de 7-10-2009.

Art. 18. Aos Defensores Públicos Federais incumbe o desempenho das funções de orientação, postulação e defesa dos direitos e interesses dos necessitados, cabendo-lhes, especialmente:

▸ *Caput* com a redação dada pela LC nº 132, de 7-10-2009.

I – atender às partes e aos interessados;

II – postular a concessão de gratuidade de justiça para os necessitados;

▸ Art. 82 do CPC/2015.

▸ Lei nº 1.060, de 5-2-1950 (Lei de Assistência Judiciária).

III – tentar a conciliação das partes, antes de promover a ação cabível;

▸ Art. 784, II a IV, do CPC/2015.

▸ Art. 4º, II, desta Lei Complementar.

IV – acompanhar e comparecer aos atos processuais e impulsionar os processos;

V – interpor recurso para qualquer grau de jurisdição e promover revisão criminal, quando cabível;

▸ Arts. 621 a 631 do CPP.

VI – sustentar, oralmente ou por memorial, os recursos interpostos e as razões apresentadas por intermédio da Defensoria Pública da União;

VII – defender os acusados em processo disciplinar;

VIII – participar, com direito de voz e voto, do Conselho Penitenciário;

IX – certificar a autenticidade de cópias de documentos necessários à instrução de processo administrativo ou judicial, à vista da apresentação dos originais;

X – atuar nos estabelecimentos penais sob a administração da União, visando ao atendimento jurídico permanente dos presos e sentenciados, competindo à administração do sistema penitenciário federal reservar instalações seguras e adequadas aos seus trabalhos, franquear acesso a todas as dependências do estabelecimento independentemente de prévio agendamento, fornecer apoio administrativo, prestar todas as informações solicitadas, assegurar o acesso à documentação dos presos e internos, aos quais não poderá, sob fundamento algum, negar o direito de entrevista com os membros da Defensoria Pública da União.

▸ Incisos VIII a X acrescidos pela LC nº 132, de 7-10-2009.

CAPÍTULO II

DA CARREIRA

Art. 19. A Defensoria Pública da União é integrada pela Carreira de Defensor Público Federal, composta de 3 (três) categorias de cargos efetivos:

I – Defensor Público Federal de 2ª Categoria (inicial);

II – Defensor Público Federal de 1ª Categoria (intermediária);

III – Defensor Público Federal de Categoria Especial (final).

Art. 20. Os Defensores Públicos Federais de 2ª Categoria atuarão junto aos Juízos Federais, aos Juízos do Trabalho, às Juntas e aos Juízes Eleitorais, aos Juízes Militares, às Auditorias Militares, ao Tribunal Marítimo e às instâncias administrativas.

Art. 21. Os Defensores Públicos Federais de 1ª Categoria atuarão nos Tribunais Regionais Federais, nas Turmas dos Juizados Especiais Federais, nos Tribunais Regionais do Trabalho e nos Tribunais Regionais Eleitorais.

▸ Arts. 19 a 21 com a redação dada pela LC nº 132, de 7-10-2009.

Art. 22. Os Defensores Públicos Federais de Categoria Especial atuarão no Superior Tribunal de Justiça, no Tribunal Superior do Trabalho, no Tribunal Superior Eleitoral, no Superior Tribunal Militar e na Turma Nacional de Uniformização dos Juizados Especiais Federais.

▸ *Caput* com a redação dada pela LC nº 132, de 7-10-2009.

Parágrafo único. VETADO.

Art. 23. O Defensor Público-Geral atuará junto ao Supremo Tribunal Federal.

Seção I

DO INGRESSO NA CARREIRA

Art. 24. O ingresso na Carreira da Defensoria Pública da União far-se-á mediante aprovação prévia em concurso público, de âmbito nacional, de provas e títulos, com a participação da Ordem dos Advogados do Brasil, no cargo inicial de Defensor Público Federal de 2ª Categoria.

▸ *Caput* com a redação dada pela LC nº 132, de 7-10-2009.

§ 1º Do regulamento do concurso constarão os programas das disciplinas sobre as quais versarão as provas, bem como outras disposições pertinentes à sua organização e realização.

§ 2º O edital de abertura de inscrições no concurso indicará, obrigatoriamente, o número de cargos vagos na categoria inicial da carreira.

Art. 25. O concurso de ingresso realizar-se-á, obrigatoriamente, quando o número de vagas exceder a um quinto dos cargos iniciais da carreira e, facultativamente, quando o exigir o interesse da administração.

Art. 26. O candidato, no momento da inscrição, deve possuir registro na Ordem dos Advogados do Brasil, ressalvada a situação dos proibidos de obtê-la, e comprovar, no mínimo, dois anos de prática forense, devendo indicar sua opção por uma das unidades da federação onde houver vaga.

▸ A alteração que seria introduzida no *caput* pela LC nº 132, de 7-10-2009, foi vetada, razão pela qual mantivemos a sua redação.

§ 1º Considera-se como atividade jurídica o exercício da advocacia, o cumprimento de estágio de Direito reconhecido por lei e o desempenho de cargo, emprego ou função, de nível superior, de atividades eminentemente jurídicas.

▸ § 1º com a redação dada pela LC nº 132, de 7-10-2009.

§ 2º Os candidatos proibidos de inscrição na Ordem dos Advogados do Brasil comprovarão o registro até a posse no cargo de Defensor Público.

▸ A alteração que seria introduzida no § 2º pela LC nº 132, de 7-10-2009, foi vetada, razão pela qual mantivemos a sua redação.

Art. 26-A. Aos aprovados no concurso deverá ser ministrado curso oficial de preparação à Carreira, objetivando o treinamento específico para o desempenho das funções técnico-jurídicas e noções de outras disciplinas necessárias à consecução dos princípios institucionais da Defensoria Pública.

▸ Artigo acrescido pela LC nº 132, de 7-10-2009.

Art. 27. O concurso será realizado perante bancas examinadoras constituídas pelo Conselho Superior.

Seção II

DA NOMEAÇÃO, DA LOTAÇÃO E DA DISTRIBUIÇÃO

Art. 28. O candidato aprovado ao concurso público para ingresso na carreira da Defensoria Pública será nomeado pelo Presidente da República para cargo inicial da carreira, respeitada a ordem de classificação e o número de vagas existentes.

Art. 29. Os Defensores Públicos Federais serão lotados e distribuídos pelo Defensor Público-Geral Federal, assegurado aos nomeados para os cargos iniciais o direito de escolha do órgão de atuação, desde que vago e obedecida a ordem de classificação no concurso.

▸ Artigo com a redação dada pela LC nº 132, de 7-10-2009.

Seção III

DA PROMOÇÃO

Art. 30. A promoção consiste no acesso imediato dos membros efetivos da Defensoria Pública da União de uma categoria para outra da carreira.

Art. 31. As promoções obedecerão aos critérios de antiguidade e merecimento alternadamente.

§ 1º A antiguidade será apurada na categoria e determinada pelo tempo de efetivo exercício na mesma.

§ 2º A promoção por merecimento dependerá de lista tríplice para cada vaga, organizada pelo Conselho Superior, em sessão secreta, com ocupantes da lista de antiguidade, em seu primeiro terço.

§ 3º Os membros da Defensoria Pública somente poderão ser promovidos após dois anos de efetivo exercício na categoria, dispensado o interstício se não houver quem preencha tal requisito ou se quem o preencher recusar a promoção.

§ 4º As promoções serão efetivadas por ato do Defensor Público-Geral Federal.

► § 4º com a redação dada pela LC nº 132, de 7-10-2009.

Art. 32. É facultada a recusa de promoção, sem prejuízo do critério para o preenchimento da vaga recusada.

► A alteração que seria introduzida no artigo pela LC nº 132, de 7-10-2009, foi vetada, razão pela qual mantivemos a sua redação.

Art. 33. O Conselho Superior fixará os critérios de ordem objetiva para a aferição de merecimento dos membros da instituição, considerando-se, entre outros, a eficiência e a presteza demonstradas no desempenho da função e a aprovação em cursos de aperfeiçoamento, de natureza jurídica, promovidos pela instituição, ou por estabelecimentos de ensino superior oficialmente reconhecidos.

§ 1º Os cursos de aperfeiçoamento de que trata este artigo compreenderão necessariamente, as seguintes atividades:

a) apresentação de trabalho escrito sobre assunto de relevância jurídica;

b) defesa oral do trabalho que tenha sido aceito por banca examinadora.

§ 2º Não poderá concorrer à promoção por merecimento quem tenha sofrido penalidade de advertência ou suspensão, no período de um ano imediatamente anterior à ocorrência da vaga, em caso de advertência, ou de dois anos, em caso de suspensão.

§ 3º É obrigatória a promoção do Defensor Público que figurar por três vezes consecutivas ou cinco alternadas em lista de merecimento, ressalvada a hipótese do § 2º.

CAPÍTULO III
DA INAMOVIBILIDADE E DA REMOÇÃO

► Arts. 43, II, e 50, § 4º, desta Lei Complementar.

Art. 34. Os membros da Defensoria Pública da União são inamovíveis, salvo se apenas com remoção compulsória, na forma desta Lei Complementar.

Art. 35. A remoção será feita a pedido ou por permuta, sempre entre membros da mesma categoria da carreira.

Art. 36. A remoção compulsória somente será aplicada com prévio parecer do Conselho Superior, assegurada ampla defesa em processo administrativo disciplinar.

Art. 37. A remoção a pedido far-se-á mediante requerimento ao Defensor Público-Geral, nos quinze dias seguintes à publicação, no *Diário Oficial*, do aviso de existência de vaga.

§ 1º Findo o prazo fixado no *caput* deste artigo e, havendo mais de um candidato à remoção, será removido o mais antigo na categoria e, ocorrendo empate, sucessivamente, o mais antigo na carreira, no serviço público da União, no serviço público em geral, o mais idoso e o mais bem classificado no concurso para ingresso na Defensoria Pública.

► O STF, por unanimidade, julgou procedente o pedido formulado na ADI nº 7.303 para declarar a inconstitucionalidade da expressão "no serviço público da União, no serviço público em geral" contida neste parágrafo (*DOU* de 7-7-2023).

§ 2º A remoção precederá o preenchimento da vaga por promoção.

Art. 38. Quando por permuta, a remoção será concedida mediante requerimento do interessado, atendida a conveniência do serviço e observada a ordem de antiguidade na Carreira.

► Artigo com a redação dada pela LC nº 132, de 7-10-2009.

CAPÍTULO IV
DOS DIREITOS, DAS GARANTIAS E DAS PRERROGATIVAS DOS MEMBROS DA DEFENSORIA PÚBLICA DA UNIÃO

Seção I
DA REMUNERAÇÃO

Art. 39. À lei cabe fixar a remuneração dos cargos da carreira da Defensoria Pública da União, observado o disposto no art. 135 da Constituição Federal.

§ 1º VETADO.

§ 2º Os membros da Defensoria Pública da União têm os direitos assegurados pela Lei nº 8.112, de 11 de dezembro de 1990, e nesta Lei Complementar.

► *Caput* do § 2º com a redação dada pela LC nº 98, de 3-12-1999.

I – *Revogado*. LC nº 98, de 3-12-1999;
II – VETADO;
III a VI – *Revogados*. LC nº 98, de 3-12-1999;
VII – VETADO;
VIII – *Revogado*. LC nº 98, de 3-12-1999;

Seção II
DAS FÉRIAS E DO AFASTAMENTO

Art. 40. *Revogado*. LC nº 98, de 3-12-1999.

Art. 41. As férias dos membros da Defensoria Pública da União serão concedidas pelas chefias a que estiverem subordinados.

Art. 42. O afastamento para estudo ou missão no interesse da Defensoria Pública da União será autorizado pelo Defensor Público-Geral.

§ 1º O afastamento de que trata este artigo somente será concedido pelo Defensor Público-Geral, após o estágio probatório e pelo prazo máximo de dois anos.

§ 2º Quando o interesse público o exigir, o afastamento poderá ser interrompido a juízo do Defensor Público-Geral.

Art. 42-A. É assegurado o direito de afastamento para exercício de mandato em entidade de classe de âmbito nacional, de maior representatividade, sem prejuízo dos vencimentos, vantagens ou qualquer direito inerente ao cargo.

§ 1º O afastamento será concedido ao presidente da entidade de classe e terá duração igual à do mandato, devendo ser prorrogado no caso de reeleição.

§ 2º O afastamento para exercício de mandato será contado como tempo de serviço para todos os efeitos legais.

► Art. 42-A acrescido pela LC nº 132, de 7-10-2009.

Seção III
DAS GARANTIAS E DAS PRERROGATIVAS

Art. 43. São garantias dos membros da Defensoria Pública da União:

I – a independência funcional no desempenho de suas atribuições;

II – a inamovibilidade;

III – a irredutibilidade de vencimentos;

IV – a estabilidade.

► Arts. 34 a 38 desta Lei Complementar.

Art. 44. São prerrogativas dos membros da Defensoria Pública da União:

I – receber, inclusive quando necessário, mediante entrega dos autos com vista, intimação pessoal em qualquer processo e grau de jurisdição ou instância administrativa, contando-se-lhes em dobro todos os prazos;

► Inciso I com a redação dada pela LC nº 132, de 7-10-2009.

II – não ser preso, senão por ordem judicial escrita, salvo em flagrante, caso em que a autoridade fará imediata comunicação ao Defensor Público-Geral;

► Art. 5º, LXI, da CF.

III – ser recolhido a prisão especial ou a sala especial de Estado-Maior, com direito a privacidade e, após sentença condenatória transitada em julgado, ser recolhido em dependência separada, no estabelecimento em que tiver de ser cumprida a pena;

IV – usar vestes talares e as insígnias privativas da Defensoria Pública;

V – VETADO;

VI – ter vista pessoal dos processos fora dos cartórios e secretarias, ressalvadas as vedações legais;

VII – comunicar-se, pessoal e reservadamente, com seus assistidos, ainda quando esses se acharem presos ou detidos, mesmo incomunicáveis, tendo livre ingresso em estabelecimentos policiais, prisionais e de internação coletiva, independentemente de prévio agendamento;

► Art. 5º, LXIII, da CF.
► Art. 21 do CPP.

VIII – examinar, em qualquer repartição pública, autos de flagrantes, inquéritos e processos, assegurada a obtenção de cópias e podendo tomar apontamentos;

► Incisos VII e VIII com a redação dada pela LC nº 132, de 7-10-2009.

IX – manifestar-se em autos administrativos ou judiciais por meio de cota;

X – requisitar de autoridade pública e de seus agentes exames, certidões, perícias, vistorias, diligências, processos, documentos, informações, esclarecimentos e providências necessárias ao exercício de suas atribuições;

XI – representar a parte, em feito administrativo ou judicial, independentemente de mandato, ressalvados os casos para os quais a lei exija poderes especiais;

XII – deixar de patrocinar ação, quando ela for manifestamente incabível ou inconveniente aos interesses da parte sob seu patrocínio, comunicando o fato ao Defensor Público-Geral, com as razões de seu proceder;

XIII – ter o mesmo tratamento reservado aos magistrados e demais titulares dos cargos das funções essenciais à justiça;

XIV – ser ouvido como testemunha, em qualquer processo ou procedimento, em dia, hora e local previamente ajustados com a autoridade competente;

XV e XVI – VETADOS.

Parágrafo único. Quando, no curso de investigação policial, houver indício de prática de infração penal por membro da Defensoria Pública da União, a autoridade policial, civil ou militar, comunicará, imediatamente, o fato ao Defensor Público-Geral, que designará membro da Defensoria Pública para acompanhar a apuração.

CAPÍTULO V
DOS DEVERES, DAS PROIBIÇÕES, DOS IMPEDIMENTOS E DA RESPONSABILIDADE FUNCIONAL

SEÇÃO I
DOS DEVERES

Art. 45. São deveres dos membros da Defensoria Pública da União:

I – residir na localidade onde exercem suas funções;

II – desempenhar, com zelo e presteza, os serviços a seu cargo;

III – representar ao Defensor Público-Geral sobre as irregularidades de que tiver ciência, em razão do cargo;

IV – prestar informações aos órgãos de administração superior da Defensoria Pública da União, quando solicitadas;

V – atender ao expediente forense e participar dos atos judiciais, quando for obrigatória a sua presença;

VI – declarar-se suspeito ou impedido, nos termos da lei;

VII – interpor os recursos cabíveis para qualquer instância ou Tribunal e promover revisão criminal, sempre que encontrar fundamentos na lei, jurisprudência ou prova dos autos, remetendo cópia à Corregedoria-Geral.

SEÇÃO II
DAS PROIBIÇÕES

Art. 46. Além das proibições decorrentes do exercício de cargo público, aos membros da Defensoria Pública da União é vedado:

I – exercer a advocacia fora das atribuições institucionais;

II – requerer, advogar, ou praticar em Juízo ou fora dele, atos que de qualquer forma colidam com as funções inerentes ao seu cargo, ou com os preceitos éticos de sua profissão;

III – receber, a qualquer título e sob qualquer pretexto, honorários, percentagens ou custas processuais, em razão de suas atribuições;

IV – exercer o comércio ou participar de sociedade comercial, exceto como cotista ou acionista;

V – exercer atividade político-partidária, enquanto atuar junto à justiça eleitoral.

SEÇÃO III
DOS IMPEDIMENTOS

Art. 47. Ao membro da Defensoria Pública da União é defeso exercer suas funções em processo ou procedimento:

I – em que seja parte ou, de qualquer forma, interessado;

II – em que haja atuado como representante da parte, perito, Juiz, membro do Ministério Público, Autoridade Policial, Escrivão de Polícia, Auxiliar de Justiça ou prestado depoimento como testemunha;

III – em que for interessado cônjuge ou companheiro, parente consanguíneo ou afim em linha reta ou colateral, até o terceiro grau;

IV – no qual haja postulado como advogado de qualquer das pessoas mencionadas no inciso anterior;

V – em que qualquer das pessoas mencionadas no inciso III funcione ou haja funcionado como Magistrado, membro do Ministério Público, Autoridade Policial, Escrivão de Polícia ou Auxiliar de Justiça;

VI – em que houver dado à parte contrária parecer verbal ou escrito sobre o objeto da demanda;

VII – em outras hipóteses previstas em lei.

Art. 48. Os membros da Defensoria Pública da União não podem participar de comissão, banca de concurso, ou qualquer decisão, quando o julgamento ou votação disser respeito a seu cônjuge ou companheiro, ou parente consanguíneo ou afim em linha reta ou colateral, até o terceiro grau.

SEÇÃO IV
DA RESPONSABILIDADE FUNCIONAL

Art. 49. A atividade funcional dos membros da Defensoria Pública da União está sujeita a:

I – correição ordinária, realizada anualmente pelo Corregedor-Geral e por seus auxiliares, para verificar a regularidade e eficiência dos serviços;

II – correição extraordinária, realizada pelo Corregedor-Geral e por seus auxiliares, de ofício ou por determinação do Defensor Público-Geral.

§ 1º Cabe ao Corregedor-Geral, concluída a correição, apresentar ao Defensor Público-Geral relatório dos fatos apurados e das providências a serem adotadas.

§ 2º Qualquer pessoa pode representar ao Corregedor-Geral sobre os abusos, erros ou omissões dos membros da Defensoria Pública da União.

Art. 50. Constituem infrações disciplinares, além de outras definidas em lei complementar, a violação dos deveres funcionais e vedações contidas nesta Lei Complementar, bem como a prática de crime contra a Administração Pública ou ato de improbidade administrativa.

▸ Arts. 312 a 327 do CP.

▸ Lei nº 8.429, de 2-6-1992 (Lei da Improbidade Administrativa).

§ 1º Os membros da Defensoria Pública da União são passíveis das seguintes sanções:

I – advertência;

II – suspensão por até noventa dias;

III – remoção compulsória;

▸ Arts. 34 e 36 desta Lei Complementar.

IV – demissão;

V – cassação da aposentadoria.

§ 2º A advertência será aplicada por escrito nos casos de violação dos deveres e das proibições funcionais, quando o fato não justificar a imposição de pena mais grave.

§ 3º A suspensão será aplicada em caso de reincidência em falta punida com advertência ou quando a infração dos deveres ou das proibições funcionais, pela sua gravidade, justificar a sua imposição.

§ 4º A remoção compulsória será aplicada sempre que a falta praticada, pela sua gravidade e repercussão, tornar incompatível a permanência do faltoso no órgão de atuação de sua lotação.

§ 5º A pena de demissão será aplicável nas hipóteses previstas em lei, e no caso de reincidência em falta punida com suspensão ou remoção compulsória.

§ 6º As penas de demissão e cassação da aposentadoria serão aplicadas pelo Presidente da República e as demais pelo Defensor Público-Geral, garantida sempre a ampla defesa, sendo obrigatório o inquérito administrativo nos casos de aplicação de remoção compulsória, suspensão, demissão e cassação da aposentadoria.

§ 7º Prescrevem em dois anos, a contar da data em que foram cometidas, as faltas puníveis com advertência, suspensão e remoção compulsória, aplicando-se, quanto às demais, os prazos previstos em lei.

Art. 51. A qualquer tempo poderá ser requerida revisão do processo disciplinar, quando se aduzirem fatos novos ou circunstâncias suscetíveis de provar, a inocência do apenado ou de justificar a imposição de pena mais branda.

§ 1º Poderá requerer a instauração de processo revisional o próprio interessado ou, se falecido ou interdito, o seu cônjuge ou companheiro, ascendente, descendente ou irmão.

§ 2º Se for procedente a revisão, será tornado sem efeito o ato punitivo ou aplicada a penalidade adequada restabelecendo-se os direitos atingidos pela punição, na sua plenitude.

TÍTULO III – DA ORGANIZAÇÃO DA DEFENSORIA PÚBLICA DO DISTRITO FEDERAL E DOS TERRITÓRIOS

CAPÍTULO I
DA ESTRUTURA

Art. 52. A Defensoria Pública do Distrito Federal e dos Territórios é organizada e mantida pela União.

Art. 53. A Defensoria Pública do Distrito Federal e dos Territórios compreende:

I – órgãos de administração superior:

a) a Defensoria Pública-Geral do Distrito Federal e dos Territórios;

b) a Subdefensoria Pública-Geral do Distrito Federal e dos Territórios;

c) o Conselho Superior da Defensoria Pública do Distrito Federal e dos Territórios;

d) a Corregedoria-Geral da Defensoria Pública do Distrito Federal e dos Territórios.

II – órgãos de atuação:

a) as Defensorias Públicas do Distrito Federal e dos Territórios;

b) os Núcleos da Defensoria Pública do Distrito Federal e dos Territórios.

III – órgãos de execução: os Defensores Públicos do Distrito Federal e dos Territórios.

SEÇÃO I
DO DEFENSOR PÚBLICO-GERAL E DO SUBDEFENSOR PÚBLICO-GERAL DO DISTRITO FEDERAL E DOS TERRITÓRIOS

Art. 54. A Defensoria Pública do Distrito Federal e dos Territórios tem por Chefe o Defensor Público-Geral, nomeado pelo Presidente da República, dentre membros estáveis da Carreira e maiores de 35 (trinta e cinco) anos, escolhidos em lista tríplice formada pelo voto direto, secreto, plurinominal e obrigatório de seus membros, para mandato de 2 (dois) anos, permitida 1 (uma) recondução.

▸ *Caput* com a redação dada pela LC nº 132, de 7-10-2009.

§ 1º VETADO.

§ 2º VETADO. LC nº 132, de 7-10-2009.

Art. 55. O Defensor Público-Geral será substituído, em suas faltas, impedimentos, licenças e férias, pelo Subdefensor Público-Geral, nomeado pelo Presidente da República, dentre os integrantes da Categoria Especial da carreira, escolhidos pelo Conselho Superior, para mandato de dois anos.

▸ Art. 56, parágrafo único, desta Lei Complementar.

Art. 56. São atribuições do Defensor Público-Geral:

I – dirigir a Defensoria Pública do Distrito Federal e dos Territórios, superintender e coordenar suas atividades e orientar-lhe a atuação;

II – representar a Defensoria Pública do Distrito Federal e dos Territórios judicial e extrajudicialmente;

III – velar pelo cumprimento das finalidades da Instituição;

▸ Art. 4º desta Lei Complementar.

IV – integrar, como membro nato, e presidir o Conselho Superior da Defensoria Pública do Distrito Federal e dos Territórios;

V – baixar o Regimento Interno da Defensoria Pública-Geral do Distrito Federal e dos Territórios;

VI – autorizar os afastamentos dos membros da Defensoria Pública do Distrito Federal e dos Territórios;

VII – estabelecer a lotação e a distribuição dos membros e servidores da Defensoria Pública do Distrito Federal e dos Territórios;

VIII – dirimir conflitos de atribuições entre membros da Defensoria Pública do Distrito Federal e dos Territórios, com recurso para seu Conselho Superior;

IX – proferir decisões nas sindicâncias e processos administrativos disciplinares promovidos pela Corregedoria-Geral do Distrito Federal e dos Territórios;

X – instaurar processo disciplinar contra membros e servidores da Defensoria Pública do Distrito Federal e dos Territórios;

XI – abrir concursos públicos para ingresso na carreira da Defensoria Pública do Distrito Federal e dos Territórios;

XII – determinar correições extraordinárias;

XIII – praticar atos de gestão administrativa, financeira e de pessoal;

XIV – convocar o Conselho Superior da Defensoria Pública do Distrito Federal e dos Territórios e dar execução às suas deliberações;

XV – designar membro da Defensoria Pública do Distrito Federal e dos Territórios para exercício de suas atribuições em órgão de atuação diverso do de sua lotação ou, em caráter excepcional, perante Juízos, Tribunais ou Ofícios diferentes dos estabelecidos para cada categoria;

XVI – requisitar de qualquer autoridade pública e de seus agentes, certidões, exames, perícias, vistorias, diligências, processos, documentos, informações, esclarecimentos e demais providências necessárias à atuação da Defensoria Pública;

XVII – aplicar a pena de remoção compulsória, aprovada pelo voto de dois terços do Conselho Superior, aos membros da Defensoria Pública do Distrito Federal e dos Territórios;

XVIII – delegar atribuições a autoridade que lhe seja subordinada, na forma da lei.

Parágrafo único. Ao Subdefensor Público-Geral, além da atribuição prevista no art. 55 desta Lei Complementar, compete:

a) auxiliar o Defensor Público-Geral nos assuntos de interesse da Instituição;

b) desincumbir-se das tarefas e delegações que lhe forem determinadas pelo Defensor Público-Geral.

Seção II

DO CONSELHO SUPERIOR DA DEFENSORIA PÚBLICA DO DISTRITO FEDERAL E DOS TERRITÓRIOS

Art. 57. A composição do Conselho Superior da Defensoria Pública do Distrito Federal e dos Territórios deve incluir obrigatoriamente o Defensor Público-Geral, o Subdefensor Público-Geral e o Corregedor-Geral, como membros natos, e, em sua maioria, representantes estáveis da Carreira, 2 (dois) por categoria, eleitos pelo voto direto, plurinominal, secreto e obrigatório, de todos os integrantes da Carreira.

▸ *Caput* com a redação dada pela LC nº 132, de 7-10-2009.

§ 1º O Conselho Superior é presidido pelo Defensor Público-Geral, que terá voto de qualidade, exceto em matéria disciplinar.

§ 2º As eleições serão realizadas em conformidade com as instruções baixadas pelo Conselho Superior.

§ 3º Os membros do Conselho Superior são eleitos para mandato de 2 (dois) anos, permitida 1 (uma) reeleição.

▸ §§ 1º a 3º com a redação dada pela LC nº 132, de 7-10-2009.

§ 4º São elegíveis os Defensores Públicos do Distrito Federal e dos Territórios que não estejam afastados da carreira.

§ 5º São suplentes dos membros eleitos de que trata o *caput* deste artigo os demais votados, em ordem decrescente.

§ 6º Qualquer membro, exceto o nato, pode desistir de sua participação no Conselho Superior, assumindo, imediatamente, o cargo, o respectivo suplente.

§ 7º O presidente da entidade de classe de âmbito distrital de maior representatividade dos membros da Defensoria Pública do Distrito Federal e dos Territórios terá assento e voz nas reuniões do Conselho Superior.

▸ § 7º acrescido pela LC nº 132, de 7-10-2009.

Art. 58. Ao Conselho Superior da Defensoria Pública do Distrito Federal e dos Territórios compete:

I – exercer o poder normativo no âmbito da Defensoria Pública do Distrito Federal e dos Territórios;

II – opinar, por solicitação do Defensor Público-Geral, sobre matéria pertinente à autonomia funcional e administrativa da Defensoria Pública do Distrito Federal e dos Territórios;

III – elaborar lista tríplice destinada à promoção por merecimento;

IV – aprovar a lista de antiguidade dos membros da Defensoria Pública do Distrito Federal e dos Territórios e decidir sobre as reclamações a ela concernentes;

V – recomendar ao Defensor Público-Geral a instauração de processo disciplinar contra membros e servidores da Defensoria Pública do Distrito Federal e dos Territórios;

VI – conhecer e julgar recurso contra decisão em processo administrativo-disciplinar;

VII – decidir sobre pedido de revisão de processo administrativo-disciplinar;

VIII – decidir acerca da remoção dos integrantes da carreira da Defensoria Pública do Distrito Federal e dos Territórios;

IX – decidir sobre a avaliação do estágio probatório dos membros da Defensoria Pública do Distrito Federal e dos Territórios, submetendo sua decisão à homologação do Defensor Público-Geral;

X – decidir, por voto de dois terços de seus membros, acerca da destituição do Corregedor-Geral;

XI – deliberar sobre a organização de concurso para ingresso na carreira e designar os representantes da Defensoria Pública do Distrito Federal e dos Territórios que integrarão a Comissão de Concurso;

XII – organizar os concursos para provimento dos cargos da carreira de Defensor Público do Distrito Federal e dos Territórios e os seus respectivos regulamentos;

XIII – recomendar correições extraordinárias;

XIV – indicar os seis nomes dos membros da classe mais elevada da carreira para que o Presidente da República nomeie, dentre estes, o Subdefensor Público-Geral e o Corregedor-Geral;

XV – editar as normas regulamentando a eleição para Defensor Público-Geral.

▸ Inciso XV acrescido pela LC nº 132, de 7-10-2009.

Parágrafo único. As decisões do Conselho Superior serão motivadas e publicadas, salvo as hipóteses legais de sigilo.

Seção III

DA CORREGEDORIA-GERAL DA DEFENSORIA PÚBLICA DO DISTRITO FEDERAL E DOS TERRITÓRIOS

Art. 59. A Corregedoria-Geral da Defensoria Pública do Distrito Federal e dos Territórios é órgão de fiscalização da atividade funcional e da conduta dos membros e dos servidores da Defensoria Pública do Distrito Federal e dos Territórios.

Art. 60. A Corregedoria-Geral da Defensoria Pública do Distrito Federal e dos Territórios é exercida pelo Corregedor-Geral, indicado dentre os integrantes da classe mais elevada da carreira pelo Conselho Superior e nomeado pelo Presidente da República, para mandato de dois anos.

Parágrafo único. O Corregedor-Geral poderá ser destituído por proposta do Defensor Público-Geral, pelo voto de dois terços dos membros do Conselho Superior, antes do término do mandato.

Art. 61. À Corregedoria-Geral da Defensoria Pública do Distrito Federal e dos Territórios compete:

I – realizar correições e inspeções funcionais;

II – sugerir ao Defensor Público-Geral o afastamento de Defensor Público que esteja sendo submetido a correição, sindicância ou processo administrativo disciplinar, quando cabível;

III – propor, fundamentadamente, ao Conselho Superior a suspensão do estágio probatório de membros da Defensoria Pública do Distrito Federal e dos Territórios;

IV – receber e processar as representações contra os membros da Defensoria Pública do Distrito Federal e dos Territórios, encaminhado-as, com parecer, ao Conselho Superior;

V – apresentar ao Defensor Público-Geral, em janeiro de cada ano, relatório das atividades desenvolvidas no ano anterior;

VI – propor a instauração de processo disciplinar contra membros da Defensoria Pública do Distrito Federal e dos Territórios e seus servidores;

VII – acompanhar o estágio probatório dos membros da Defensoria Pública do Distrito Federal e dos Territórios;

VIII – propor a exoneração de membros da Defensoria Pública do Distrito Federal e dos Territórios que não cumprirem as condições do estágio probatório.

Seção IV

DOS NÚCLEOS DA DEFENSORIA PÚBLICA DO DISTRITO FEDERAL E DOS TERRITÓRIOS

Art. 62. A Defensoria Pública do Distrito Federal e dos Territórios exercerá suas funções institucionais através de Núcleos.

Art. 63. Os Núcleos da Defensoria Pública do Distrito Federal e dos Territórios são dirigidos por Defensor Público-Chefe, designado pelo Defensor Público-Geral, dentre integrantes da carreira, competindo-lhe, no exercício de suas funções institucionais:

I – prestar, no Distrito Federal e nos Territórios, assistência jurídica, judicial e extrajudicial, integral e gratuita, aos necessitados;

▸ Art. 5º, LXXIV, da CF.

II – integrar e orientar as atividades desenvolvidas pelos Defensores Públicos que atuem em sua área de competência;

III – remeter, semestralmente, ao Corregedor-Geral, relatório de suas atividades;

IV – exercer as funções que lhe forem delegadas pelo Defensor Público-Geral.

Seção IV

DOS DEFENSORES PÚBLICOS DO DISTRITO FEDERAL E DOS TERRITÓRIOS

Art. 64. Aos Defensores Públicos do Distrito Federal e dos Territórios incumbe o desempenho das funções de orientação, postulação e defesa dos direitos e interesses dos necessitados, em todos os graus de jurisdição e instâncias administrativas, cabendo-lhes especialmente:

I – atender às partes e aos interessados;

II – postular a concessão de gratuidade de justiça para os necessitados;

III – tentar a conciliação das partes, antes de promover a ação cabível;

IV – acompanhar e comparecer aos atos processuais e impulsionar os processos;

V – interpor recurso para qualquer grau de jurisdição e promover Revisão Criminal, quando cabível;

VI – sustentar, oralmente ou por memorial, os recursos interpostos e as razões apresentadas por intermédio da Defensoria Pública do Distrito Federal e dos Territórios;

VII – defender os acusados em processo disciplinar;

VIII – participar, com direito a voz e voto, do Conselho Penitenciário;

IX – certificar a autenticidade de cópias de documentos necessários à instrução de processo administrativo ou judicial, à vista da apresentação dos originais;

X – atuar nos estabelecimentos penais sob a administração do Distrito Federal, visando ao atendimento jurídico permanente dos presos e sentenciados, competindo à administração do sistema penitenciário distrital reservar instalações seguras e adequadas aos seus trabalhos, franquear acesso a todas as dependências do estabelecimento, independentemente de prévio agendamento, fornecer apoio administrativo, prestar todas as informações solicitadas e assegurar o acesso à documentação dos presos e internos, aos quais não poderá, sob fundamento algum, negar o direito de entrevista com os membros da Defensoria Pública do Distrito Federal.

▸ Incisos VIII a X acrescidos pela LC nº 132, de 7-10-2009.

CAPÍTULO II

DA CARREIRA

Art. 65. A Defensoria Pública do Distrito Federal e dos Territórios é integrada pela carreira de Defensor Público do Distrito Federal e dos Territórios, composta de três categorias de cargos efetivos:

I – Defensor Público do Distrito Federal e dos Territórios de 2ª Categoria (inicial);

II – Defensor Público do Distrito Federal e dos Territórios de 1ª Categoria (intermediária);

III – Defensor Público do Distrito Federal e dos Territórios de Categoria Especial (final).

Art. 66. Os Defensores Públicos do Distrito Federal de 2ª Categoria atuarão nos Núcleos das Cidades Satélites, junto aos Juízes de Direito e às instâncias administrativas do Distrito Federal e dos Territórios, ou em função de auxílio ou substituição nos Núcleos do Plano Piloto.

Art. 67. Os Defensores Públicos do Distrito Federal e dos Territórios de 1ª Categoria atuarão nos Núcleos do Plano Piloto, junto aos Juízes de Direito e às instâncias administrativas do Distrito Federal e dos Territórios, ou em função de auxílio ou substituição junto ao Tribunal de Justiça do Distrito Federal e Territórios.

Art. 68. Os Defensores Públicos do Distrito Federal e dos Territórios de Categoria Especial atuarão junto ao Tribunal de Justiça do Distrito Federal e Territórios, e aos Tribunais Superiores, quando couber (art. 22, parágrafo único).

Seção I

DO INGRESSO NA CARREIRA

Art. 69. O ingresso na Carreira da Defensoria Pública do Distrito Federal e dos Territórios far-se-á mediante aprovação prévia em concurso público, de provas e títulos, com a participação da Ordem dos Advogados do Brasil, no cargo inicial de Defensor Público do Distrito Federal e dos Territórios de 2ª Categoria.

§ 1º Do regulamento do concurso constarão os programas das disciplinas sobre as quais versarão as provas, bem como outras disposições pertinentes à sua organização e realização.

§ 2º O edital de abertura de inscrições no concurso indicará, obrigatoriamente, o número de cargos vagos na categoria inicial da carreira.

Art. 70. O concurso de ingresso realizar-se-á, obrigatoriamente, quando o número de vagas exceder a um quinto dos cargos iniciais da carreira e, facultativamente, quando o exigir o interesse da administração.

Art. 71. O candidato, no momento da inscrição, deve possuir registro na Ordem dos Advogados do Brasil, ressalvada a situação dos proibidos de obtê-la, e comprovar, no mínimo, dois anos de prática forense.

§ 1º Considera-se como prática forense o exercício profissional de consultoria, assessoria, o cumprimento de estágio nas Defensorias Públicas e o desempenho de cargo, emprego ou função de nível superior, de atividades eminentemente jurídicas.

§ 2º Os candidatos proibidos de inscrição na Ordem dos Advogados do Brasil comprovarão o registro até a posse no cargo de Defensor Público.

Art. 72. O concurso será realizado perante bancas examinadoras constituídas pelo Conselho Superior.

Seção II

DA NOMEAÇÃO, DA LOTAÇÃO E DA DISTRIBUIÇÃO

Art. 73. O candidato aprovado no concurso público para ingresso na carreira da Defensoria Pública será nomeado pelo Presidente da República para cargo inicial da carreira, respeitada a ordem de classificação e o número de vagas existentes.

Art. 74. Os Defensores Públicos do Distrito Federal e dos Territórios serão lotados e distribuídos pelo Defensor Público-Geral, assegurado aos nomeados para os cargos iniciais o direito de escolha do órgão de atuação, desde que vago e obedecida a ordem de classificação no concurso.

Seção III

DA PROMOÇÃO

Art. 75. A promoção consiste no acesso imediato dos membros efetivos da Defensoria Pública do Distrito Federal e dos Territórios de uma categoria para outra da carreira.

Art. 76. As promoções obedecerão aos critérios de antiguidade e merecimento alternadamente.

§ 1º A antiguidade será apurada na categoria e determinada pelo tempo de efetivo exercício na mesma.

§ 2º A promoção por merecimento dependerá de lista tríplice para cada vaga, organizada pelo Conselho Superior, em sessão secreta, com ocupantes da lista de antiguidade, em seu primeiro terço.

§ 3º Os membros da Defensoria Pública do Distrito Federal e dos Territórios somente poderão ser promovidos depois de dois anos de efetivo exercício na categoria, dispensado o interstício se não houver quem preencha tal requisito ou se quem o preencher recusar a promoção.

§ 4º As promoções serão efetivadas por ato do Defensor Público-Geral.

Art. 77. É facultada a recusa à promoção, sem prejuízo do critério para o preenchimento da vaga recusada.

Art. 78. O Conselho Superior fixará os critérios de ordem objetiva para a aferição de merecimento dos membros da Instituição, considerando-se, entre outros, a eficiência e a presteza demonstradas no desempenho da função e a aprovação em cursos de aperfeiçoamento, de natureza jurídica, promovidos pela Instituição, ou por estabelecimentos de ensino superior, oficialmente reconhecidos.

§ 1º Os cursos de aperfeiçoamento de que trata este artigo compreenderão, necessariamente, as seguintes atividades:

a) apresentação de trabalho escrito sobre assunto de relevância jurídica;

b) defesa oral do trabalho que tenha sido aceito por banca examinadora.

§ 2º Não poderá concorrer à promoção por merecimento quem tenha sofrido penalidade de advertência ou suspensão; no período de um ano imediatamente anterior à ocorrência da vaga, no caso de advertência; ou de dois anos, em caso de suspensão.

§ 3º É obrigatória a promoção do Defensor Público que figurar por três vezes consecutivas ou cinco alternadas em lista de merecimento, ressalvada a hipótese do § 2º.

CAPÍTULO III
DA INAMOVIBILIDADE E DA REMOÇÃO

▶ Arts. 88, II, e 95, § 4º, desta Lei Complementar.

Art. 79. Os membros da Defensoria Pública do Distrito Federal e dos Territórios são inamovíveis, salvo se apenados com remoção compulsória, na forma desta Lei Complementar.

Art. 80. A remoção será feita a pedido ou por permuta, sempre entre membros da mesma categoria da carreira.

Art. 81. A remoção compulsória somente será aplicada com prévio parecer do Conselho Superior, assegurada ampla defesa em processo administrativo disciplinar.

Art. 82. A remoção a pedido far-se-á mediante requerimento ao Defensor Público-Geral, nos quinze dias seguintes à publicação, no *Diário Oficial*, do aviso de existência da vaga.

§ 1º Findo o prazo fixado no *caput* deste artigo e, havendo mais de um candidato à remoção, será removido o mais antigo na categoria e, ocorrendo empate, sucessivamente, o mais antigo na carreira, no serviço público da União, no serviço público em geral, o mais idoso e o mais bem classificado no concurso para ingresso na Defensoria Pública.

▶ O STF, por unanimidade, julgou procedente o pedido formulado na ADI nº 7.303 para declarar a inconstitucionalidade da expressão "no serviço público da União, no serviço público em geral" contida neste parágrafo (*DOU* de 7-7-2023).

§ 2º A remoção precederá o preenchimento de vaga por promoção.

Art. 83. Quando por permuta, a remoção será concedida mediante requerimento dos interessados, atendida a conveniência do serviço.

CAPÍTULO IV
DOS DIREITOS, DAS GARANTIAS E DAS PRERROGATIVAS DOS MEMBROS DA DEFENSORIA PÚBLICA DO DISTRITO FEDERAL E DOS TERRITÓRIOS

Seção I
DA REMUNERAÇÃO

Art. 84. À lei cabe fixar a remuneração dos cargos da carreira da Defensoria Pública do Distrito Federal e dos Territórios, observado o disposto no artigo 135 da Constituição Federal.

§ 1º VETADO.

§ 2º Os membros da Defensoria Pública do Distrito Federal e dos Territórios têm os direitos assegurados pela Lei nº 8.112, de 1990, e nesta Lei Complementar.

▶ *Caput* do § 2º com a redação dada pela LC nº 98, de 3-12-1999.

I – *Revogado*. LC nº 98, de 3-12-1999;

II – VETADO;

III a VI – *Revogados*. LC nº 98, de 3-12-1999;

VII – VETADO;

VIII – *Revogado*. LC nº 98, de 3-12-1999.

Seção II
DAS FÉRIAS E DO AFASTAMENTO

Art. 85. *Revogado*. LC nº 98, de 3-12-1999.

Art. 86. As férias dos membros da Defensoria Pública do Distrito Federal e dos Territórios serão concedidas pelas chefias a que estiverem subordinados.

Art. 87. O afastamento para estudo ou missão no interesse da Defensoria Pública do Distrito Federal e dos Territórios será autorizado pelo Defensor Público-Geral.

§ 1º O afastamento de que trata este artigo somente será concedido pelo Defensor Público-Geral, após o estágio probatório e pelo prazo máximo de dois anos.

§ 2º Quando o interesse público o exigir, o afastamento poderá ser interrompido a juízo do Defensor Público-Geral.

Art. 87-A. É assegurado o direito de afastamento para exercício de mandato em entidade de classe de âmbito nacional e distrital, de maior representatividade, sem prejuízo dos vencimentos, vantagens ou qualquer direito inerente ao cargo.

§ 1º O afastamento será concedido ao presidente da entidade de classe e terá duração igual à do mandato, devendo ser prorrogado no caso de reeleição.

§ 2º O afastamento para exercício de mandato será contado como tempo de serviço para todos os efeitos legais.

▶ Art. 87-A acrescido pela LC nº 132, de 7-10-2009.

Seção III
DAS GARANTIAS E DAS PRERROGATIVAS

Art. 88. São garantias dos membros da Defensoria Pública do Distrito Federal e dos Territórios:

I – a independência funcional no desempenho de suas atribuições;

II – a inamovibilidade;

▶ Arts. 79 a 83 desta Lei Complementar.

III – a irredutibilidade de vencimentos;

IV – a estabilidade.

Art. 89. São prerrogativas dos membros da Defensoria Pública do Distrito Federal e dos Territórios:

I – receber, inclusive quando necessário, mediante entrega dos autos com vista, intimação pessoal em qualquer processo e grau de jurisdição ou instância administrativa, contando-se-lhes em dobro todos os prazos;

▶ Inciso I com a redação dada pela LC nº 132, de 7-10-2009.

II – não ser preso, senão por ordem judicial escrita, salvo em flagrante, caso em que a autoridade fará imediata comunicação ao Defensor Público-Geral;

▶ Art. 5º, LXI, da CF.

III – ser recolhido a prisão especial ou a sala especial de Estado-Maior, com direito a privacidade e, após sentença condenatória transitada em julgado, ser recolhido em dependência separada, no estabelecimento em que tiver de ser cumprida a pena;

IV – usar vestes talares e as insígnias privativas da Defensoria Pública;

V – VETADO;

VI – ter vista pessoal dos processos fora dos cartórios e secretarias, ressalvadas as vedações legais;

VII – comunicar-se, pessoal e reservadamente, com seus assistidos, ainda quando esses se acharem presos ou detidos, mesmo incomunicáveis, tendo livre ingresso em estabelecimentos policiais, prisionais e de internação coletiva, independentemente de prévio agendamento;

▶ Art. 5º, LXIII, da CF.

▶ Art. 21 do CPP.

VIII – examinar, em qualquer repartição pública, autos de flagrante, inquéritos e processos, assegurada a obtenção de cópias e podendo tomar apontamentos;

▶ Incisos VII e VIII com a redação dada pela LC nº 132, de 7-10-2009.

IX – manifestar-se em autos administrativos ou judiciais por meio de cota;

X – requisitar de autoridade pública ou de seus agentes exames, certidões, perícias, vistorias, diligências, processos, documentos, informações, esclarecimentos e providências necessárias ao exercício de suas atribuições;

XI – representar a parte, em feito administrativo ou judicial, independentemente de mandato, ressalvados os casos para os quais a lei exija poderes especiais;

XII – deixar de patrocinar ação, quando ela for manifestamente incabível ou inconveniente aos interesses da parte sob seu patrocínio, comunicando o fato ao Defensor Público-Geral, com as razões de seu proceder;

XIII – ter o mesmo tratamento reservado aos Magistrados e demais titulares dos cargos das funções essenciais à justiça;

XIV – ser ouvido como testemunha, em qualquer processo ou procedimento, em dia, hora e local previamente ajustados com a autoridade competente;

XV – VETADO;

XVI – ter acesso a qualquer banco de dados de caráter público, bem como a locais que guardem pertinência com suas atribuições.

▶ Inciso XVI acrescido pela LC nº 132, de 7-10-2009.

Parágrafo único. Quando, no curso de investigação policial, houver indício de prática de infração penal por membro da Defensoria Pública do Distrito Federal e dos Territórios, a autoridade policial, civil ou militar, comunicará imediatamente o fato ao Defensor Público-Geral, que designará membro da Defensoria Pública para acompanhar a apuração.

CAPÍTULO V
DOS DEVERES, DAS PROIBIÇÕES, DOS IMPEDIMENTOS E DA RESPONSABILIDADE FUNCIONAL

Seção I
DOS DEVERES

Art. 90. São deveres dos membros da Defensoria Pública do Distrito Federal e dos Territórios:

I – residir na localidade onde exercem suas funções;

II – desempenhar, com zelo e presteza, os serviços a seu cargo;

III – representar ao Defensor Público-Geral sobre as irregularidades de que tiver ciência em razão do cargo;

IV – prestar informações aos órgãos de administração superior da Defensoria Pública do Distrito Federal e dos Territórios, quando solicitadas;

V – atender ao expediente forense e participar dos atos judiciais, quando for obrigatória a sua presença;

VI – declarar-se suspeito, ou impedido, nos termos da lei;

VII – interpor os recursos cabíveis para qualquer instância ou Tribunal e promover revisão criminal, sempre que encontrar fundamentos na lei, jurisprudência ou prova dos autos, remetendo cópia à Corregedoria-Geral.

Seção II

DAS PROIBIÇÕES

Art. 91. Além das proibições decorrentes do exercício de cargo público, aos membros da Defensoria Pública do Distrito Federal e dos Territórios é vedado:

I – exercer a advocacia fora das atribuições institucionais;

II – requerer, advogar, ou praticar em Juízo ou fora dele, atos que de qualquer forma colidam com as funções inerentes ao seu cargo, ou com os preceitos éticos de sua profissão;

III – receber, a qualquer título e sob qualquer pretexto, honorários, percentagens ou custas processuais, em razão de suas atribuições;

IV – exercer o comércio ou participar de sociedade comercial, exceto como cotista ou acionista;

V – exercer atividade político-partidária, enquanto atuar junto à Justiça Eleitoral.

Seção III

DOS IMPEDIMENTOS

Art. 92. Ao membro da Defensoria Pública do Distrito Federal e dos Territórios é defeso exercer suas funções em processo ou procedimento:

I – em que seja parte ou, de qualquer forma, interessado;

II – em que haja atuado como representante da parte, perito, Juiz, membro do Ministério Público, Autoridade Policial, Escrivão de Polícia, Auxiliar de Justiça ou prestado depoimento como testemunha;

III – em que for interessado cônjuge ou companheiro, parente consanguíneo ou afim em linha reta ou colateral, até o terceiro grau;

IV – no qual haja postulado como advogado de qualquer das pessoas mencionadas no inciso anterior;

V – em que qualquer das pessoas mencionadas no inciso III funcione ou haja funcionado como Magistrado, membro do Ministério Público, Autoridade Policial, Escrivão de Polícia ou Auxiliar de Justiça;

VI – em que houver dado à parte contrária parecer verbal ou escrito sobre o objeto da demanda;

VII – em outras hipóteses previstas em lei.

Art. 93. Os membros da Defensoria Pública do Distrito Federal e dos Territórios não podem participar de comissão, banca de concurso, ou de qualquer decisão, quando o julgamento ou votação disser respeito a seu cônjuge ou companheiro, ou parente consanguíneo ou afim em linha reta ou colateral, até o terceiro grau.

Seção IV

DA RESPONSABILIDADE FUNCIONAL

Art. 94. A atividade funcional dos membros da Defensoria Pública do Distrito Federal e dos Territórios está sujeita a:

I – correição ordinária, realizada anualmente pelo Corregedor-Geral e por seus auxiliares, para verificar a regularidade e eficiência dos serviços;

II – correição extraordinária, realizada pelo Corregedor-Geral e por seus auxiliares, de ofício ou por determinação do Defensor Público-Geral.

§ 1º Cabe ao Corregedor-Geral, concluída a correição, apresentar ao Defensor Público-Geral relatório dos fatos apurados e das providências a serem adotadas.

§ 2º Qualquer pessoa pode representar ao Corregedor-Geral sobre os abusos, erros ou omissões dos membros da Defensoria Pública do Distrito Federal e dos Territórios.

Art. 95. Constituem infrações disciplinares, além de outras definidas em lei, a violação dos deveres funcionais e vedações contidas nesta Lei Complementar, bem como a prática de crime contra a Administração Pública ou ato de improbidade administrativa.

§ 1º Os membros da Defensoria Pública do Distrito Federal e dos Territórios são passíveis das seguintes sanções:

I – advertência;

II – suspensão por até noventa dias;

III – remoção compulsória;

▸ Arts. 79 e 81 desta Lei Complementar.

IV – demissão;

V – cassação da aposentadoria.

§ 2º A advertência será aplicada por escrito nos casos de violação aos deveres e das proibições funcionais, quando o fato não justificar a imposição de pena mais grave.

§ 3º A suspensão será aplicada em caso de reincidência em falta punida com advertência ou quando a infração dos deveres e das proibições funcionais, pela sua gravidade, justificar a sua imposição.

§ 4º A remoção compulsória será aplicada sempre que a falta praticada, pela sua gravidade e repercussão, tornar incompatível a permanência do faltoso no órgão de atuação de sua lotação.

§ 5º A pena de demissão será aplicável nas hipóteses previstas em lei, e no caso de reincidência em falta punida com suspensão ou remoção compulsória.

§ 6º As penas de demissão e cassação da aposentadoria serão aplicadas pelo Presidente da República e as demais pelo Defensor Público-Geral, garantida sempre ampla defesa, sendo obrigatório o inquérito administrativo nos casos de aplicação de remoção compulsória, suspensão, demissão e cassação de aposentadoria.

§ 7º Prescrevem em dois anos, a contar da data em que foram cometidas, as faltas puníveis com advertência, suspensão e remoção compulsória, aplicando-se, quanto às demais, os prazos previstos em lei.

Art. 96. A qualquer tempo poderá ser requerida revisão do processo disciplinar, quando se aduzirem fatos novos ou circunstâncias suscetíveis de provar a inocência do apenado ou de justificar a imposição de pena mais branda.

§ 1º Poderá requerer a instauração de processo revisional o próprio interessado ou, se falecido ou interdito, o seu cônjuge ou companheiro, ascendente, descendente ou irmão.

§ 2º Se for procedente a revisão, será tornado sem efeito o ato punitivo ou aplicada a penalidade adequada, restabelecendo-se os direito atingidos pela punição, na sua plenitude.

TÍTULO IV – DAS NORMAS GERAIS PARA A ORGANIZAÇÃO DA DEFENSORIA PÚBLICA DOS ESTADOS

CAPÍTULO I

DA ORGANIZAÇÃO

Art. 97. A Defensoria Pública dos Estados organizar-se-á de acordo com as normas gerais estabelecidas nesta Lei Complementar.

Art. 97-A. À Defensoria Pública do Estado é assegurada autonomia funcional, administrativa e iniciativa para elaboração de sua proposta orçamentária, dentro dos limites estabelecidos na lei de diretrizes orçamentárias, cabendo-lhe, especialmente:

I – abrir concurso público e prover os cargos de suas Carreiras e dos serviços auxiliares;

II – organizar os serviços auxiliares;

III – praticar atos próprios de gestão;

IV – compor os seus órgãos de administração superior e de atuação;

V – elaborar suas folhas de pagamento e expedir os competentes demonstrativos;

VI – praticar atos e decidir sobre situação funcional e administrativa do pessoal, ativo e inativo da Carreira, e dos serviços auxiliares, organizados em quadros próprios;

VII – exercer outras competências decorrentes de sua autonomia.

Art. 97-B. A Defensoria Pública do Estado elaborará sua proposta orçamentária atendendo aos seus princípios, às diretrizes e aos limites definidos na lei de diretrizes orçamentárias, encaminhando-a ao Chefe do Poder Executivo para consolidação e encaminhamento ao Poder Legislativo.

§ 1º Se a Defensoria Pública do Estado não encaminhar a respectiva proposta orçamentária dentro do prazo estabelecido na lei de diretrizes orçamentárias, o Poder Executivo considerará, para fins de consolidação da proposta orçamentária anual, os valores aprovados na lei orçamentária vigente, ajustados de acordo com os limites estipulados na forma do *caput*.

§ 2º Se a proposta orçamentária de que trata este artigo for encaminhada em desacordo com os limites estipulados no *caput*, o Poder Executivo procederá aos ajustes necessários para fim de consolidação da proposta orçamentária anual.

§ 3º Durante a execução orçamentária do exercício, não poderá haver a realização de despesas que extrapolem os limites estabelecidos na lei de diretrizes orçamentárias, exceto se previamente autorizadas, mediante a abertura de créditos suplementares ou especiais.

§ 4º Os recursos correspondentes às suas dotações orçamentárias próprias e globais, compreendidos os créditos suplementares e especiais, ser-lhe-ão entregues, até o dia 20 (vinte) de cada mês, na forma do art. 168 da Constituição Federal.

§ 5º As decisões da Defensoria Pública do Estado, fundadas em sua autonomia funcional e administrativa, obedecidas as formalidades legais, têm eficácia plena e executoriedade imediata, ressalvada a competência constitucional do Poder Judiciário e do Tribunal de Contas.

§ 6º A fiscalização contábil, financeira, orçamentária, operacional e patrimonial da Defensoria Pública do Estado, quanto à legalidade, legitimidade, aplicação de dotações e recursos próprios e renúncia de receitas, será exercida pelo Poder Legislativo, mediante controle externo e pelo sistema de controle interno estabelecido em lei.

▸ Arts. 97-A e 97-B acrescidos pela LC nº 132, de 7-10-2009.

Art. 98. A Defensoria Pública dos Estados compreende:

I – órgãos de administração superior:

a) a Defensoria Pública-Geral do Estado;
b) a Subdefensoria Pública-Geral do Estado;
c) o Conselho Superior da Defensoria Pública do Estado;
d) a Corregedoria-Geral da Defensoria Pública do Estado.

II – órgãos de atuação:

a) as Defensorias Públicas do Estado;
b) os Núcleos da Defensoria Pública do Estado.

III – órgãos de execução:

a) os Defensores Públicos do Estado.

IV – órgão auxiliar: Ouvidoria-Geral da Defensoria Pública do Estado.

▸ Inciso IV acrescido pela LC nº 132, de 7-10-2009.

SEÇÃO I
DO DEFENSOR PÚBLICO-GERAL E DO SUBDEFENSOR PÚBLICO-GERAL DO ESTADO

Art. 99. A Defensoria Pública do Estado tem por chefe o Defensor Público-Geral, nomeado pelo Governador do Estado, dentre membros estáveis da Carreira e maiores de 35 (trinta e cinco) anos, escolhidos em lista tríplice formada pelo voto direto, secreto, plurinominal e obrigatório de seus membros, para mandato de 2 (dois) anos, permitida uma recondução.

▸ *Caput* com a redação dada pela LC nº 132, de 7-10-2009.

§ 1º O Defensor Público-Geral será substituído em suas faltas, licenças, férias e impedimentos pelo Subdefensor Público-Geral, por ele nomeado dentre integrantes estáveis da Carreira, na forma da legislação estadual.

▸ § 1º com a redação dada pela LC nº 132, de 7-10-2009.

§ 2º Os Estados, segundo suas necessidades, poderão ter mais de um Subdefensor Público-Geral.

§ 3º O Conselho Superior editará as normas regulamentando a eleição para a escolha do Defensor Público-Geral.

§ 4º Caso o Chefe do Poder Executivo não efetive a nomeação do Defensor Público-Geral nos 15 (quinze) dias que se seguirem ao recebimento da lista tríplice, será investido automaticamente no cargo o Defensor Público mais votado para exercício do mandato.

▸ §§ 3º e 4º acrescidos pela LC nº 132, de 7-10-2009.

Art. 100. Ao Defensor Público-Geral do Estado compete dirigir a Defensoria Pública do Estado, superintender e coordenar suas atividades, orientando sua atuação, e representando-a judicial e extrajudicialmente.

Art. 101. A composição do Conselho Superior da Defensoria Pública do Estado deve incluir obrigatoriamente o Defensor Público-Geral, o Subdefensor Público-Geral, o Corregedor-Geral e o Ouvidor-Geral, como membros natos, e, em sua maioria, representantes estáveis da Carreira, eleitos pelo voto direto, plurinominal, obrigatório e secreto de seus membros, em número e forma a serem fixados em lei estadual.

▸ *Caput* com a redação dada pela LC nº 132, de 7-10-2009.

§ 1º O Conselho Superior é presidido pelo Defensor Público-Geral, que terá voto de qualidade, exceto em matéria disciplinar.

▸ Antigo parágrafo único transformado em § 1º e com a redação dada pela LC nº 132, de 7-10-2009.

§ 2º As eleições serão realizadas em conformidade com as instruções baixadas pelo Conselho Superior da Defensoria Pública do Estado.

§ 3º Os membros do Conselho Superior são eleitos para mandato de 2 (dois) anos, permitida uma reeleição.

§ 4º São elegíveis os membros estáveis da Defensoria Pública que não estejam afastados da Carreira.

§ 5º O presidente da entidade de classe de maior representatividade dos membros da Defensoria Pública do Estado terá assento e voz nas reuniões do Conselho Superior.

▸ §§ 2º a 5º acrescidos pela LC nº 132, de 7-10-2009.

Art. 102. Ao Conselho Superior compete exercer as atividades consultivas, normativas e decisórias a serem previstas na lei estadual.

§ 1º Caberá ao Conselho Superior decidir sobre a fixação ou a alteração de atribuições dos órgãos de atuação da Defensoria Pública e, em grau de recurso, sobre matéria disciplinar e os conflitos de atribuições entre membros da Defensoria Pública, sem prejuízo de outras atribuições.

§ 2º Caberá ao Conselho Superior aprovar o plano de atuação da Defensoria Pública do Estado, cujo projeto será precedido de ampla divulgação.

§ 3º As decisões do Conselho Superior serão motivadas e publicadas, e suas sessões deverão ser públicas, salvo nas hipóteses legais de sigilo, e realizadas, no mínimo, bimestralmente, podendo ser convocada por qualquer conselheiro, caso não realizada dentro desse prazo.

▸ §§ 1º a 3º acrescidos pela LC nº 132, de 7-10-2009.

SEÇÃO III
DA CORREGEDORIA-GERAL DA DEFENSORIA PÚBLICA DO ESTADO

▸ Mantivemos Seção III conforme a publicação oficial.

Art. 103. A Corregedoria-Geral é órgão de fiscalização da atividade funcional e da conduta dos membros e dos servidores da Instituição.

Art. 104. A Corregedoria-Geral é exercida pelo Corregedor-Geral indicado dentre os integrantes da classe mais elevada da Carreira, em lista tríplice formada pelo Conselho Superior, e nomeado pelo Defensor Público-Geral para mandato de 2 (dois) anos, permitida 1 (uma) recondução.

▸ *Caput* com a redação dada pela LC nº 132, de 7-10-2009.

§ 1º O Corregedor-Geral poderá ser destituído por proposta do Defensor Público-Geral, pelo voto de dois terços do Conselho Superior, antes do término do mandato.

▸ Antigo parágrafo único renumerado para § 1º pela LC nº 132, de 7-10-2009.

§ 2º A lei estadual poderá criar um ou mais cargos de Subcorregedor, fixando as atribuições e especificando a forma de designação.

▸ § 2º acrescido pela LC nº 132, de 7-10-2009.

Art. 105. À Corregedoria-Geral da Defensoria Pública do Estado compete:

I – realizar correições e inspeções funcionais;

II – sugerir ao Defensor Público-Geral o afastamento de Defensor Público que esteja sendo submetido a correição, sindicância ou processo administrativo disciplinar, quando cabível;

III – propor, fundamentadamente, ao Conselho Superior a suspensão do estágio probatório de membro da Defensoria Pública do Estado;

IV – apresentar ao Defensor Público-Geral, em janeiro de cada ano, relatório das atividades desenvolvidas no ano anterior;

V – receber e processar as representações contra os membros da Defensoria Pública do Estado, encaminhando-as, com parecer, ao Conselho Superior;

VI – propor a instauração de processo disciplinar contra membros da Defensoria Pública do Estado e seus servidores;

VII – acompanhar o estágio probatório dos membros da Defensoria Pública do Estado;

VIII – propor a exoneração de membros da Defensoria Pública do Estado que não cumprirem as condições do estágio probatório;

IX – baixar normas, no limite de suas atribuições, visando à regularidade e ao aperfeiçoamento das atividades da Defensoria Pública, resguardada a independência funcional de seus membros;

X – manter atualizados os assentamentos funcionais e os dados estatísticos de atuação dos membros da Defensoria Pública, para efeito de aferição de merecimento;

XI – expedir recomendações aos membros da Defensoria Pública sobre matéria afeta à competência da Corregedoria-Geral da Defensoria Pública;

XII – desempenhar outras atribuições previstas em lei ou no regulamento interno da Defensoria Pública.

▸ Incisos IX a XII acrescidos pela LC nº 132, de 7-10-2009.

SEÇÃO III-A
DA OUVIDORIA-GERAL DA DEFENSORIA PÚBLICA DO ESTADO

▸ Seção III-A acrescida pela LC nº 132, de 7-10-2009.

Art. 105-A. A Ouvidoria-Geral é órgão auxiliar da Defensoria Pública do Estado, de promoção da qualidade dos serviços prestados pela Instituição.

Parágrafo único. A Ouvidoria-Geral contará com servidores da Defensoria Pública do Estado e com a estrutura definida pelo Conselho Superior após proposta do Ouvidor-Geral.

Art. 105-B. O Ouvidor-Geral será escolhido pelo Conselho Superior, dentre cidadãos de reputação ilibada, não integrante da Carreira, indicados em lista tríplice formada pela sociedade civil, para mandato de 2 (dois) anos, permitida 1 (uma) recondução.

§ 1º O Conselho Superior editará normas regulamentando a forma de elaboração da lista tríplice.

§ 2º O Ouvidor-Geral será nomeado pelo Defensor Público-Geral do Estado.

§ 3º O cargo de Ouvidor-Geral será exercido em regime de dedicação exclusiva.

Art. 105-C. À Ouvidoria-Geral compete:

I – receber e encaminhar ao Corregedor-Geral representação contra membros e servidores da

Defensoria Pública do Estado, assegurada a defesa preliminar;

II – propor aos órgãos de administração superior da Defensoria Pública do Estado medidas e ações que visem à consecução dos princípios institucionais e ao aperfeiçoamento dos serviços prestados;

III – elaborar e divulgar relatório semestral de suas atividades, que conterá também as medidas propostas aos órgãos competentes e a descrição dos resultados obtidos;

IV – participar, com direito a voz, do Conselho Superior da Defensoria Pública do Estado;

V – promover atividades de intercâmbio com a sociedade civil;

VI – estabelecer meios de comunicação direta entre a Defensoria Pública e a sociedade, para receber sugestões e reclamações, adotando as providências pertinentes e informando o resultado aos interessados;

VII – contribuir para a disseminação das formas de participação popular no acompanhamento e na fiscalização da prestação dos serviços realizados pela Defensoria Pública;

VIII – manter contato permanente com os vários órgãos da Defensoria Pública do Estado, estimulando-os a atuar em permanente sintonia com os direitos dos usuários;

IX – coordenar a realização de pesquisas periódicas e produzir estatísticas referentes ao índice de satisfação dos usuários, divulgando os resultados.

Parágrafo único. As representações podem ser apresentadas por qualquer pessoa, inclusive pelos próprios membros e servidores da Defensoria Pública do Estado, entidade ou órgão público.

► Arts. 105-A a 105-C acrescidos pela LC nº 132, de 7-10-2009.

Seção IV – DA DEFENSORIA PÚBLICA DO ESTADO

Art. 106. A Defensoria Pública do Estado prestará assistência jurídica aos necessitados, em todos os graus de jurisdição e instâncias administrativas do Estado.

Parágrafo único. À Defensoria Pública do Estado caberá interpor recursos aos Tribunais Superiores, quando cabíveis.

Art. 106-A. A organização da Defensoria Pública do Estado deve primar pela descentralização, e sua atuação deve incluir atendimento interdisciplinar, bem como a tutela dos interesses individuais, difusos, coletivos e individuais homogêneos.

► Artigo acrescido pela LC nº 132, de 7-10-2009.

Seção V – DOS NÚCLEOS DA DEFENSORIA PÚBLICA DO ESTADO

Art. 107. A Defensoria Pública do Estado poderá atuar por intermédio de núcleos ou núcleos especializados, dando-se prioridade, de todo modo, às regiões com maiores índices de exclusão social e adensamento populacional.

► Artigo com a redação dada pela LC nº 132, de 7-10-2009.

Seção VI – DOS DEFENSORES PÚBLICOS DOS ESTADOS

Art. 108. Aos membros da Defensoria Pública do Estado incumbe, sem prejuízo de outras atribuições estabelecidas pelas Constituições Federal e Estadual, pela Lei Orgânica e por demais diplomas legais, a orientação jurídica e a defesa dos seus assistidos, no âmbito judicial, extrajudicial e administrativo.

► *Caput* com a redação dada pela LC nº 132, de 7-10-2009.

Parágrafo único. São, ainda, atribuições dos Defensores Públicos Estaduais:

I – atender às partes e aos interessados;

II – participar, com direito a voz e voto, dos Conselhos Penitenciários;

III – certificar a autenticidade de cópias de documentos necessários à instrução de processo administrativo ou judicial, à vista da apresentação dos originais;

IV – atuar nos estabelecimentos prisionais, policiais, de internação e naqueles reservados a adolescentes, visando ao atendimento jurídico permanente dos presos provisórios, sentenciados, internados e adolescentes, competindo à administração estadual reservar instalações seguras e adequadas aos seus trabalhos, franquear acesso a todas as dependências do estabelecimento independentemente de prévio agendamento, fornecer apoio administrativo, prestar todas as informações solicitadas e assegurar o acesso à documentação dos assistidos, aos quais não poderá, sob fundamento algum, negar o direito de entrevista com os membros da Defensoria Pública do Estado.

► Parágrafo único acrescido pela LC nº 132, de 7-10-2009.

Seção VII – DOS ÓRGÃOS AUXILIARES

Art. 109. Cabe à lei estadual disciplinar os órgãos e serviços auxiliares de apoio administrativo, organizando-o em quadro próprio, com cargos que atendam às peculiaridades e às necessidades da administração e das atividades funcionais da Instituição.

CAPÍTULO II – DA CARREIRA

Art. 110. A Defensoria Pública do Estado é integrada pela carreira de Defensor Público do Estado, composta das categorias de cargos efetivos necessárias ao cumprimento das suas funções institucionais, na forma a ser estabelecida na legislação estadual.

Art. 111. O Defensor Público do Estado atuará, na forma do que dispuser a legislação estadual, junto a todos os Juízos de 1º grau de jurisdição, núcleos, órgãos judiciários de 2º grau de jurisdição, instâncias administrativas e Tribunais Superiores (art. 22, parágrafo único).

Seção I – DO INGRESSO NA CARREIRA

Art. 112. O ingresso nos cargos iniciais da carreira far-se-á mediante aprovação prévia em concurso público de provas e títulos, com a participação da Ordem dos Advogados do Brasil.

§ 1º Do regulamento do concurso constarão os programas das disciplinas sobre as quais versarão as provas, bem como outras disposições pertinentes à sua organização e realização.

§ 2º O edital de abertura de inscrições no concurso indicará, obrigatoriamente, o número de cargos vagos na categoria inicial da carreira.

Art. 112-A. Aos aprovados no concurso deverá ser ministrado curso oficial de preparação à Carreira, objetivando o treinamento específico para o desempenho das funções técnico-jurídicas e noções de outras disciplinas necessárias à consecução dos princípios institucionais da Defensoria Pública.

► Artigo acrescido pela LC nº 132, de 7-10-2009.

Seção II – DA NOMEAÇÃO E DA ESCOLHA DAS VAGAS

Art. 113. O candidato aprovado no concurso público para ingresso na carreira da Defensoria Pública do Estado será nomeado pelo Governador do Estado para cargo inicial da carreira, respeitada a ordem de classificação e o número de vagas existentes.

Art. 114. O candidato aprovado poderá renunciar à nomeação correspondente à sua classificação, antecipadamente ou até o termo final do prazo de posse, caso em que, optando o renunciante, será deslocado para o último lugar da lista de classificados.

Seção III – DA PROMOÇÃO

Art. 115. A promoção consiste no acesso imediato dos membros efetivos da Defensoria Pública do Estado de uma categoria para outra da carreira.

Art. 116. As promoções serão efetivadas por ato do Defensor Público-Geral do Estado, obedecidos, alternadamente, os critérios de antiguidade e merecimento.

§ 1º É facultada a recusa à promoção, sem prejuízo do critério do preenchimento da vaga recusada.

§ 2º A antiguidade será apurada na categoria e determinada pelo tempo de efetivo exercício na mesma.

§ 3º A promoção por merecimento dependerá de lista tríplice para cada vaga, elaborada pelo Conselho Superior, em sessão secreta, com ocupantes do primeiro terço da lista de antiguidade.

§ 4º Os membros da Defensoria Pública do Estado somente poderão ser promovidos após dois anos de efetivo exercício na categoria, dispensado o interstício se não houver quem preencha tal requisito, ou se quem o preencher recusar a promoção.

§ 5º É obrigatória a promoção do Defensor Público que figurar por três vezes consecutivas ou cinco alternadas em lista de merecimento, ressalvada a hipótese do art. 117, § 2º.

Art. 117. O Conselho Superior fixará os critérios de ordem objetiva para a aferição de merecimento dos membros da Instituição, considerando-se, entre outros, a eficiência e a presteza demonstradas no desempenho da função e a aprovação em cursos de aperfeiçoamento, de natureza jurídica, promovidos pela Instituição, ou por estabelecimentos de ensino superior, oficialmente reconhecidos.

§ 1º Os cursos de aperfeiçoamento de que trata este artigo compreenderão, necessariamente, as seguintes atividades:

a) apresentação de trabalho escrito sobre assunto de relevância jurídica;

b) defesa oral do trabalho que tenha sido aceito por banca examinadora.

§ 2º A lei estadual estabelecerá os prazos durante os quais estará impedido de concorrer à promoção por merecimento o membro da instituição que tiver sofrido imposição de penalidade em processo administrativo disciplinar.

▸ Art. 116, § 5º, desta Lei Complementar.

CAPÍTULO III
DA INAMOVIBILIDADE E DA REMOÇÃO

Art. 118. Os membros da Defensoria Pública do Estado são inamovíveis, salvo se apenados com remoção compulsória, na forma da lei estadual.

Art. 119. A remoção será feita a pedido ou por permuta, sempre entre membros da mesma categoria da carreira.

Art. 120. A remoção compulsória somente será aplicada com prévio parecer do Conselho Superior, assegurada ampla defesa em processo administrativo disciplinar.

Art. 121. A remoção a pedido far-se-á mediante requerimento ao Defensor Público-Geral, nos quinze dias seguintes à publicação, no *Diário Oficial*, do aviso de existência de vaga.

Parágrafo único. Findo o prazo fixado neste artigo e, havendo mais de um candidato à remoção, será removido o mais antigo na categoria e, ocorrendo empate, sucessivamente, o mais antigo na carreira, no serviço público do Estado, no serviço público em geral, o mais idoso e o mais bem classificado no concurso para ingresso na Defensoria Pública.

▸ O STF, por unanimidade, julgou procedente o pedido formulado na ADI nº 7.303 para declarar a inconstitucionalidade da expressão "no serviço público da União, no serviço público em geral" contida neste parágrafo (*DOU* de 7-7-2023).

Art. 122. A remoção precederá o preenchimento da vaga por merecimento.

Art. 123. Quando por permuta, a remoção será concedida mediante requerimento dos interessados, respeitada a antiguidade dos demais, na forma da lei estadual.

▸ *Caput* com a redação dada pela LC nº 132, de 7-10-2009.

Parágrafo único. O Defensor Público-Geral dará ampla divulgação aos pedidos de permuta.

▸ Parágrafo único acrescido pela LC nº 132, de 7-10-2009.

CAPÍTULO IV
DOS DIREITOS, DAS GARANTIAS E DAS PRERROGATIVAS DOS MEMBROS DA DEFENSORIA PÚBLICA DOS ESTADOS

Seção I
DA REMUNERAÇÃO

Art. 124. À lei estadual cabe fixar a remuneração dos cargos da carreira do respectivo Estado, observado o disposto no art. 135 da Constituição Federal.

§ 1º VETADO.

§ 2º Os membros das Defensorias Públicas dos Estados têm os direitos assegurados pela legislação da respectiva unidade da Federação e nesta Lei Complementar.

▸ § 2º com a redação dada pela LC nº 98, de 3-12-1999.

I – *Revogado*. LC nº 98, de 3-12-1999;
II – VETADO;
III a VI – *Revogados*. LC nº 98, de 3-12-1999;
VII – VETADO;
VIII – *Revogado*. LC nº 98, de 3-12-1999;

Seção II
DAS FÉRIAS E DO AFASTAMENTO

Art. 125. As férias dos membros da Defensoria Pública do Estado serão concedidas de acordo com a lei estadual.

Art. 126. O afastamento para estudo ou missão, no interesse da Defensoria Pública do Estado, será autorizado pelo Defensor Público-Geral.

§ 1º O afastamento de que trata este artigo somente será concedido pelo Defensor Público-Geral, após estágio probatório e pelo prazo máximo de dois anos.

§ 2º Quando o interesse público o exigir, o afastamento poderá ser interrompido a juízo do Defensor Público-Geral.

Art. 126-A. É assegurado o direito de afastamento para exercício de mandato em entidade de classe de âmbito estadual ou nacional, de maior representatividade, sem prejuízo dos vencimentos, vantagens ou qualquer direito inerente ao cargo.

§ 1º O afastamento será concedido ao presidente da entidade de classe e terá duração igual à do mandato, devendo ser prorrogado no caso de reeleição.

§ 2º O afastamento para exercício de mandato será contado como tempo de serviço para todos os efeitos legais.

§ 3º Lei estadual poderá estender o afastamento a outros membros da diretoria eleita da entidade.

▸ Art. 126-A acrescido pela LC nº 132, de 7-10-2009.

Seção III
DAS GARANTIAS E DAS PRERROGATIVAS

Art. 127. São garantias dos membros da Defensoria Pública do Estado, sem prejuízo de outras que a lei estadual estabelecer:

I – a independência funcional no desempenho de suas atribuições;
II – a inamovibilidade;
III – a irredutibilidade de vencimentos;
IV – a estabilidade.

Art. 128. São prerrogativas dos membros da Defensoria Pública do Estado, dentre outras que a lei local estabelecer:

I – receber, inclusive quando necessário, mediante entrega dos autos com vista, intimação pessoal em qualquer processo e grau de jurisdição ou instância administrativa, contando-se-lhes em dobro todos os prazos;

▸ Inciso I com a redação dada pela LC nº 132, de 7-10-2009.

II – não ser preso, senão por ordem judicial escrita, salvo em flagrante, caso em que a autoridade fará imediata comunicação ao Defensor Público-Geral;

III – ser recolhido à prisão especial ou à sala especial de Estado-Maior, com direito a privacidade e, após sentença condenatória transitada em julgado, ser recolhido em dependência separada, no estabelecimento em que tiver de ser cumprida a pena;

IV – usar vestes talares e as insígnias privativas da Defensoria Pública;

V – VETADO;

VI – comunicar-se, pessoal e reservadamente, com seus assistidos, ainda quando estes se acharem presos ou detidos, mesmo incomunicáveis, tendo livre ingresso em estabelecimentos policiais, prisionais e de internação coletiva, independentemente de prévio agendamento;

▸ Inciso VI com a redação dada pela LC nº 132, de 7-10-2009.

VII – ter vista pessoal dos processos fora dos cartórios e secretarias, ressalvadas as vedações legais;

VIII – examinar, em qualquer repartição pública, autos de flagrantes, inquéritos e processos, assegurada a obtenção de cópias e podendo tomar apontamentos;

▸ Inciso VIII com a redação dada pela LC nº 132, de 7-10-2009.

IX – manifestar-se em autos administrativos ou judiciais por meio de cota;

X – requisitar de autoridade pública ou de seus agentes exames, certidões, perícias, vistorias, diligências, processos, documentos, informações, esclarecimentos e providências necessárias ao exercício de suas atribuições;

XI – representar a parte, em feito administrativo ou judicial, independentemente de mandato, ressalvados os casos para os quais a lei exija poderes especiais;

XII – deixar de patrocinar ação, quando ela for manifestamente incabível ou inconveniente aos interesses da parte sob seu patrocínio, comunicando o fato ao Defensor Público-Geral, com as razões de seu proceder;

XIII – ter o mesmo tratamento reservado aos Magistrados e demais titulares dos cargos das funções essenciais à justiça;

XIV – ser ouvido como testemunha, em qualquer processo ou procedimento, em dia, hora e local previamente ajustados com a autoridade competente;

XV e XVI – VETADOS.

Parágrafo único. Quando, no curso de investigação policial, houver indício de prática de infração penal por membro da Defensoria Pública do Estado, a autoridade policial, civil ou militar, comunicará imediatamente o fato ao Defensor Público-Geral, que designará membro da Defensoria Pública para acompanhar a apuração.

CAPÍTULO V
DOS DEVERES, DAS PROIBIÇÕES, DOS IMPEDIMENTOS E DA RESPONSABILIDADE FUNCIONAL

Seção I
DOS DEVERES

Art. 129. São deveres dos membros da Defensoria Pública dos Estados:

I – residir na localidade onde exercem suas funções, na forma do que dispuser a lei estadual;

II – desempenhar com zelo e presteza, dentro dos prazos, os serviços a seu cargo e os que, na forma da lei, lhes sejam atribuídos pelo Defensor Público-Geral;

III – representar ao Defensor Público-Geral sobre as irregularidades de que tiver ciência, em razão do cargo;

IV – prestar informações aos órgãos de administração superior da Defensoria Pública do Estado, quando solicitadas;

V – atender ao expediente forense e participar dos atos judiciais, quando for obrigatória a sua presença;

VI – declarar-se suspeito ou impedido, nos termos da lei;

VII – interpor os recursos cabíveis para qualquer instância ou Tribunal e promover revisão criminal, sempre que encontrar fundamentos na lei, jurisprudência ou prova dos autos, remetendo cópia à Corregedoria-Geral.

Seção II

DAS PROIBIÇÕES

Art. 130. Além das proibições decorrentes do exercício de cargo público, aos membros da Defensoria Pública dos Estados é vedado:

I – exercer a advocacia fora das atribuições institucionais;

II – requerer, advogar, ou praticar em Juízo ou fora dele, atos que de qualquer forma colidam com as funções inerentes ao seu cargo, ou com os preceitos éticos de sua profissão;

III – receber, a qualquer título e sob qualquer pretexto, honorários, percentagens ou custas processuais, em razão de suas atribuições;

IV – exercer o comércio ou participar de sociedade comercial, exceto como cotista ou acionista;

V – exercer atividade político-partidária, enquanto atuar junto à Justiça Eleitoral.

Seção III

DOS IMPEDIMENTOS

Art. 131. É defeso ao membro da Defensoria Pública do Estado exercer suas funções em processo ou procedimento:

I – em que seja parte ou, de qualquer forma, interessado;

II – em que haja atuado como representante da parte, perito, Juiz, membro do Ministério Público, Autoridade Policial, Escrivão de Polícia, Auxiliar de Justiça ou prestado depoimento como testemunha;

III – em que for interessado cônjuge ou companheiro, parente consanguíneo ou afim em linha reta ou colateral, até o terceiro grau;

IV – no qual haja postulado como advogado de qualquer das pessoas mencionadas no inciso anterior;

V – em que qualquer das pessoas mencionadas no inciso III funcione ou haja funcionado como Magistrado, membro do Ministério Público, Autoridade Policial, Escrivão de Polícia ou Auxiliar de Justiça;

VI – em que houver dado à parte contrária parecer verbal ou escrito sobre o objeto da demanda;

VII – em outras hipóteses previstas em lei.

Art. 132. Os membros da Defensoria Pública do Estado não podem participar de comissão, banca de concurso, ou de qualquer decisão, quando o julgamento ou votação disser respeito a seu cônjuge ou companheiro, ou parente consanguíneo ou afim em linha reta ou colateral, até o terceiro grau.

Seção IV

DA RESPONSABILIDADE FUNCIONAL

Art. 133. A atividade funcional dos membros da Defensoria Pública dos Estados está sujeita a:

I – correição ordinária, realizada anualmente pelo Corregedor-Geral e por seus auxiliares, para verificar a regularidade e eficiência dos serviços;

II – correição extraordinária, realizada pelo Corregedor-Geral e por seus auxiliares, para verificar a regularidade e eficiência dos serviços.

§ 1º Cabe ao Corregedor-Geral, concluída a correição, apresentar ao Defensor Público-Geral relatório dos fatos apurados e das providências a serem adotadas.

§ 2º Qualquer pessoa pode representar ao Corregedor-Geral sobre os abusos, erros ou omissões dos membros da Defensoria Pública dos Estados.

Art. 134. A lei estadual estabelecerá as infrações disciplinares, com as respectivas sanções, procedimentos cabíveis e prazos prescricionais.

§ 1º A lei estadual preverá a pena de remoção compulsória nas hipóteses que estabelecer, e sempre que a falta praticada, pela sua gravidade e repercussão, tornar incompatível a permanência do faltoso no órgão de atuação de sua lotação.

§ 2º Caberá ao Defensor Público-Geral aplicar as penalidades previstas em lei, exceto no caso de demissão e cassação de aposentadoria, em que será competente para aplicá-las o Governador do Estado.

§ 3º Nenhuma penalidade será aplicada sem que se garanta ampla defesa, sendo obrigatório o inquérito administrativo nos casos de aplicação de remoção compulsória.

Art. 135. A lei estadual preverá a revisão disciplinar, estabelecendo as hipóteses de cabimento e as pessoas habilitadas a requerê-la.

Parágrafo único. Procedente a revisão, será tornado sem efeito o ato punitivo ou aplicada a penalidade adequada, restabelecendo-se os direitos atingidos pela punição, na sua plenitude.

TÍTULO V – DAS DISPOSIÇÕES FINAIS E TRANSITÓRIAS

Art. 136. Os Defensores Públicos Federais, bem como os do Distrito Federal, estão sujeitos ao regime jurídico desta Lei Complementar e gozam de independência no exercício de suas funções, aplicando-se-lhes, subsidiariamente, o instituído pela Lei nº 8.112, de 11 de dezembro de 1990.

▸ Artigo com a redação dada pela LC nº 132, de 7-10-2009.

Art. 137. Aos Defensores Públicos investidos na função até a data da instalação da Assembleia Nacional Constituinte é assegurado o direito de opção pela carreira, garantida a inamovibilidade e vedado o exercício da advocacia fora das atribuições constitucionais.

▸ Art. 141 desta Lei Complementar.

Parágrafo único. VETADO.

Art. 138. Os atuais cargos de Advogado de Ofício e de Advogado de Ofício Substituto da Justiça Militar e de Advogado de Ofício da Procuradoria Especial da Marinha, cujos ocupantes tenham sido aprovados em concurso público de provas ou de provas e títulos e optem pela carreira, são transformados em cargos de Defensor Público da União.

§ 1º Os cargos a que se refere este artigo passam a integrar o Quadro Permanente da Defensoria Pública da União, nos seguintes termos:

I – os cargos de Advogado de Ofício Substituto da Justiça Militar passam a denominar-se Defensor Público da União de 1ª Categoria;

II – os cargos de Advogado de Ofício da Justiça Militar passam a denominar-se Defensor Público da União de Categoria Especial;

III – os cargos de Advogado de Ofício da Procuradoria Especial da Marinha passam a denominar-se Defensor Público da União de 1ª Categoria.

§ 2º Os cargos de Defensor Público cujos ocupantes optarem pela carreira são transformados em cargos integrantes do Quadro Permanente da Defensoria Pública da União, respeitadas as diferenças existentes entre eles, de conformidade com o disposto na Lei nº 7.384, de 18 de outubro de 1985, que reestruturou em carreira a Defensoria de Ofício da Justiça Militar Federal.

§ 3º São estendidos aos inativos os benefícios e vantagens decorrentes da transformação dos cargos previstos nesta Lei Complementar, nos termos da Constituição Federal, art. 40, § 4º.

§ 4º O disposto neste artigo somente surtirá efeitos financeiros a partir da vigência da lei a que se refere o parágrafo único do art. 146, observada a existência de prévia dotação orçamentária.

Art. 139. É assegurado aos ocupantes de cargos efetivos de assistente jurídico, lotados no Centro de Assistência Judiciária da Procuradoria-Geral do Distrito Federal, o ingresso, mediante opção, na carreira da Defensoria Pública do Distrito Federal e dos Territórios.

Parágrafo único. Serão estendidos aos inativos em situação idêntica os benefícios e vantagens previstos nesta Lei Complementar.

Art. 140. Os concursos públicos para preenchimento dos cargos transformados em cargos do Quadro Permanente da Defensoria Pública da União, cujo prazo de validade não se tenha expirado, habilitam os aprovados, obedecida a ordem de classificação, a preenchimento das vagas existentes no Quadro Permanente da Defensoria Pública da União.

Art. 141. As leis estaduais estenderão os benefícios e vantagens decorrentes da aplicação do art. 137 desta Lei Complementar aos inativos aposentados como titulares dos cargos transformados em cargos do Quadro de Carreira de Defensor Público.

Art. 142. Os Estados adaptarão a organização de suas Defensorias Públicas aos preceitos desta Lei Complementar, no prazo de cento e oitenta dias.

Art. 143. À Comissão de Concurso incumbe realizar a seleção dos candidatos ao ingresso na Carreira da Defensoria Pública da União, do Distrito Federal e dos Territórios.

Art. 144. Cabe à lei dispor sobre os órgãos e serviços auxiliares de apoio administrativo, que serão organizados em quadro próprio, composto de cargos que atendam às peculiaridades e às necessidades da administração e das atividades funcionais da instituição.

Art. 145. As Defensorias Públicas da União, do Distrito Federal e dos Territórios e dos Estados adotarão providências no sentido de selecionar, como estagiários, os acadêmicos de Direito que, comprovadamente, estejam matriculados nos quatro últimos semestres de cursos mantidos por estabelecimentos de ensino oficialmente reconhecidos.

§ 1º Os estagiários serão designados pelo Defensor Público-Geral, pelo período de um ano, podendo este prazo ser prorrogado por igual período.

§ 2º Os estagiários poderão ser dispensados do estágio, antes de decorrido o prazo de sua duração, nas seguintes hipóteses:

a) a pedido;

b) por prática de ato que justifique seu desligamento.

§ 3º O tempo de estágio será considerado serviço público relevante e como prática forense.

Art. 146. Os preceitos desta Lei Complementar aplicam-se imediatamente aos membros da Defensoria de Ofício da Justiça Militar, que continuarão subordinados, administrativamente, ao Superior Tribunal Militar, até a nomeação e posse do Defensor Público-Geral da União.

Parágrafo único. Após a aprovação das dotações orçamentárias necessárias para fazer face às despesas decorrentes desta Lei Complementar, o Poder Executivo enviará projeto de lei dimensionando o Quadro Permanente dos agentes das Defensorias Públicas da União, do Distrito Federal e dos Territórios, e de seu pessoal de apoio.

- Art. 138, § 4º, desta Lei Complementar.

Art. 147. Ficam criados os cargos, de natureza especial, de Defensor Público-Geral e de Subdefensor Público-Geral da União e de Defensor Público-Geral e de Subdefensor Público-Geral do Distrito Federal e dos Territórios.

- Art. 15 da LC nº 132, de 7-10-2009, que determina que os cargos de natureza especial de Defensor Público-Geral e de Subdefensor Público-Geral da União passam a ser denominados, respectivamente, Defensor Público-Geral Federal e Subdefensor Público-Geral Federal.

Art. 148. Esta Lei Complementar entra em vigor na data de sua publicação.

Art. 149. Revogam-se as disposições em contrário.

Brasília, 12 de janeiro de 1994;
173º da Independência e
106º da República.

Itamar Franco

LEI Nº 8.906, DE 4 DE JULHO DE 1994

Dispõe sobre o Estatuto da Advocacia e a Ordem dos Advogados do Brasil – OAB.

- Publicada no *DOU* de 5-7-1994.
- Súm. nº 2/2011 do CF-OAB.

TÍTULO I – DA ADVOCACIA

CAPÍTULO I – DA ATIVIDADE DE ADVOCACIA

Art. 1º São atividades privativas de advocacia:

- Art. 133 da CF.
- Art. 4º desta Lei.
- Art. 103 do CPC/2015.

I – a postulação a qualquer órgão do Poder Judiciário e aos Juizados Especiais;

- O STF, por maioria de votos, julgou parcialmente procedente a ADI nº 1.127-8, para declarar a inconstitucionalidade da expressão "qualquer" contida neste inciso (*DOU* de 26-5-2006).

II – as atividades de consultoria, assessoria e direção jurídicas.

§ 1º Não se inclui na atividade privativa de advocacia a impetração de *habeas corpus* em qualquer instância ou Tribunal.

- Art. 5º, LXXVII, da CF.
- Art. 654 do CPP.
- Art. 470 do CPPM.

§ 2º Os atos e contratos constitutivos de pessoas jurídicas, sob pena de nulidade, só podem ser admitidos a registro, nos órgãos competentes, quando visados por advogados.

- Art. 9º, § 2º, da LC nº 123, de 14-12-2006 (Estatuto Nacional da Microempresa e da Empresa de Pequeno Porte).

§ 3º É vedada a divulgação de advocacia em conjunto com outra atividade.

- Art. 16, *caput*, e § 2º, desta Lei.

Art. 2º O advogado é indispensável à administração da Justiça.

- Art. 133 da CF.
- Art. 9º, § 2º, da LC nº 123, de 14-12-2006 (Estatuto Nacional da Microempresa e da Empresa de Pequeno Porte).
- Arts. 9º e 72 da Lei nº 9.099, de 26-9-1995 (Lei dos Juizados Especiais).

§ 1º No seu ministério privado, o advogado presta serviço público e exerce função social.

§ 2º No processo judicial, o advogado contribui, na postulação de decisão favorável ao seu constituinte, ao convencimento do julgador, e seus atos constituem múnus público.

§ 2º-A. No processo administrativo, o advogado contribui com a postulação de decisão favorável ao seu constituinte, e os seus atos constituem múnus público.

- § 2º-A acrescido pela Lei nº 14.365, de 2-6-2022.

§ 3º No exercício da profissão, o advogado é inviolável por seus atos e manifestações, nos limites desta Lei.

- Art. 7º, II, IV e XIX e §§ 2º e 3º, desta Lei.

Art. 2º-A. O advogado pode contribuir com o processo legislativo e com a elaboração de normas jurídicas, no âmbito dos Poderes da República.

- Art. 2º-A acrescido pela Lei nº 14.365, de 2-6-2022.

Art. 3º O exercício da atividade de advocacia no território brasileiro e a denominação de advogado são privativos dos inscritos na Ordem dos Advogados do Brasil – OAB.

- Arts. 8º a 14 desta Lei.

§ 1º Exercem atividade de advocacia, sujeitando-se ao regime desta Lei, além do regime próprio a que se subordinem, os integrantes da Advocacia-Geral da União, da Procuradoria da Fazenda Nacional, da Defensoria Pública e das Procuradorias e Consultorias Jurídicas dos Estados, do Distrito Federal, dos Municípios e das respectivas entidades de administração indireta e fundacional.

- O STF, por maioria dos votos, julgou improcedente a ADI nº 4.636, conferindo interpretação conforme à CF a este parágrafo, declarando-se inconstitucional qualquer interpretação que resulte no condicionamento da capacidade postulatória dos membros da Defensoria Pública à inscrição dos Defensores Públicos na OAB (*DOU* de 12-11-2021).

§ 2º O estagiário de advocacia, regularmente inscrito, pode praticar os atos previstos no artigo 1º, na forma do Regulamento Geral, em conjunto com o advogado e sob responsabilidade deste.

- Arts. 9º e 34, XXIX, desta Lei.

Art. 3º-A. Os serviços profissionais de advogado são, por sua natureza, técnicos e singulares, quando comprovada sua notória especialização, nos termos da lei.

Parágrafo único. Considera-se notória especialização o profissional ou a sociedade de advogados cujo conceito no campo de sua especialidade, decorrente de desempenho anterior, estudos, experiências, publicações, organização, aparelhamento, equipe técnica ou de outros requisitos relacionados com suas atividades, permita inferir que o seu trabalho é essencial e indiscutivelmente o mais adequado à plena satisfação do objeto do contrato.

- Art. 3º-A acrescido pela Lei nº 14.039, de 17-8-2020.

Art. 4º São nulos os atos privativos de advogado praticados por pessoa não inscrita na OAB, sem prejuízo das sanções civis, penais e administrativas.

Parágrafo único. São também nulos os atos praticados por advogado impedido, no âmbito do impedimento, suspenso, licenciado ou que passar a exercer atividade incompatível com a advocacia.

- Art. 2º desta Lei.
- Arts. 9º e 72 da Lei nº 9.099, de 26-9-1995 (Lei dos Juizados Especiais).

Art. 5º O advogado postula, em Juízo ou fora dele, fazendo prova do mandato.

- Art. 15, § 3º, desta Lei.
- Arts. 104 e 105 do CPC/2015.
- Art. 266 do CPP.
- Art. 71, § 1º, do CPPM.

§ 1º O advogado, afirmando urgência, pode atuar sem procuração, obrigando-se a apresentá-la no prazo de quinze dias, prorrogável por igual período.

§ 2º A procuração para o foro em geral habilita o advogado a praticar todos os atos judiciais, em qualquer Juízo ou Instância, salvo os que exijam poderes especiais.

- Art. 7º, VI, *d*, desta Lei.
- Art. 618, III, do CPC/2015.
- Arts. 44, 50, 98 e 146 do CPP.
- Art. 165 do CPPM.

§ 3º O advogado que renunciar ao mandato continuará, durante os dez dias seguintes à notificação da renúncia, a representar o mandante, salvo se for substituído antes do término desse prazo.

- Art. 34, XI, desta Lei.
- Art. 112, *caput* e § 1º, do CPC/2015.

§ 4º As atividades de consultoria e assessoria jurídicas podem ser exercidas de modo verbal ou por escrito, a critério do advogado e do cliente, e independem de outorga de mandato ou de formalização por contrato de honorários.

- § 4º acrescido pela Lei nº 14.365, de 2-6-2022.

CAPÍTULO II – DOS DIREITOS DO ADVOGADO

Art. 6º Não há hierarquia nem subordinação entre advogados, magistrados e membros do Ministério Público, devendo todos tratar-se com consideração e respeito recíprocos.

§ 1º As autoridades e os servidores públicos dos Poderes da República, os serventuários da Justiça e os membros do Ministério Público devem dispensar ao advogado, no exercício da profissão, tratamento compatível com a dignidade da advocacia e condições adequadas a seu desempenho, preservando e resguardando, de ofício, a imagem, a reputação e a integridade do advogado nos termos desta Lei.

▶ Parágrafo único renumerado para § 1º pela Lei nº 14.508, de 27-12-2022.

▶ Súm. Vinc. nº 14 do STF.

§ 2º Durante as audiências de instrução e julgamento realizadas no Poder Judiciário, nos procedimentos de jurisdição contenciosa ou voluntária, os advogados do autor e do requerido devem permanecer no mesmo plano topográfico e em posição equidistante em relação ao magistrado que as presidir.

▶ § 2º acrescido pela Lei nº 14.508, de 27-12-2022.

Art. 7º São direitos do advogado:

▶ Art. 107 do CPC/2015.

▶ Prov. do CFOAB nº 207, de 24-8-2021, regulamenta o disposto neste artigo.

I – exercer, com liberdade, a profissão em todo o Território Nacional;

II – a inviolabilidade de seu escritório ou local de trabalho, bem como de seus instrumentos de trabalho, de sua correspondência escrita, eletrônica, telefônica e telemática, desde que relativas ao exercício da advocacia;

▶ Inciso II com a redação dada pela Lei nº 11.767, de 7-8-2008.

III – comunicar-se com seus clientes, pessoal e reservadamente, mesmo sem procuração, quando estes se acharem presos, detidos ou recolhidos em estabelecimentos civis ou militares, ainda que considerados incomunicáveis;

▶ Art. 21, parágrafo único, do CPP.

IV – ter a presença de representante da OAB, quando preso em flagrante, por motivo ligado ao exercício da advocacia, para lavratura do auto respectivo, sob pena de nulidade e, nos demais casos, a comunicação expressa à seccional da OAB;

V – não ser recolhido preso, antes de sentença transitada em julgado, senão em sala de Estado-Maior, com instalações e comodidades condignas, assim reconhecidas pela OAB, e, na sua falta, em prisão domiciliar;

▶ O STF, por maioria de votos, julgou parcialmente procedente a ADI nº 1.127-8, para declarar a inconstitucionalidade da expressão "assim reconhecidas pela OAB" contida neste inciso (*DOU* de 26-5-2006).

VI – ingressar livremente:

a) nas salas de sessões dos Tribunais, mesmo além dos cancelos que separam a parte reservada aos magistrados;

b) nas salas e dependências de audiências, secretarias, cartórios, ofícios de justiça, serviços notariais e de registro, e, no caso de delegacias e prisões, mesmo fora da hora de expediente e independentemente da presença de seus titulares;

c) em qualquer edifício ou recinto em que funcione repartição judicial ou outro serviço público onde o advogado deva praticar ato ou colher prova ou informação útil ao exercício da atividade profissional, dentro do expediente ou fora dele, e ser atendido, desde que se ache presente qualquer servidor ou empregado;

d) em qualquer assembleia ou reunião de que participe ou possa participar o seu cliente, ou perante a qual este deva comparecer, desde que munido de poderes especiais;

VII – permanecer sentado ou em pé e retirar-se de quaisquer locais indicados no inciso anterior, independentemente de licença;

VIII – dirigir-se diretamente aos magistrados nas salas e gabinetes de trabalho, independentemente de horário previamente marcado ou outra condição, observando-se a ordem de chegada;

IX – sustentar oralmente as razões de qualquer recurso ou processo, nas sessões de julgamento, após o voto do relator, em instância judicial ou administrativa, pelo prazo de quinze minutos, salvo se prazo maior for concedido;

▶ O STF, por maioria de votos, julgou procedente as Ações Diretas de Inconstitucionalidade nºs 1.105-7 e 1.127-8, para declarar a inconstitucionalidade deste inciso (*DOU* de 26-5-2006).

IX-A – VETADO. Lei nº 14.365, de 2-6-2022;

X – usar da palavra, pela ordem, em qualquer tribunal judicial ou administrativo, órgão de deliberação coletiva da administração pública ou comissão parlamentar de inquérito, mediante intervenção pontual e sumária, para esclarecer equívoco ou dúvida surgida em relação a fatos, a documentos ou a afirmações que influam na decisão;

▶ Inciso X com a redação dada pela Lei nº 14.365, de 2-6-2022.

XI – reclamar, verbalmente ou por escrito, perante qualquer Juízo, Tribunal ou autoridade, contra a inobservância de preceito de lei, regulamento ou regimento;

XII – falar, sentado ou em pé, em Juízo, Tribunal ou órgão de deliberação coletiva da Administração Pública ou do Poder Legislativo;

▶ Art. 793 do CPP.

▶ Art. 386 do CPPM.

XIII – examinar, em qualquer órgão dos Poderes Judiciário e Legislativo, ou da Administração Pública em geral, autos de processos findos ou em andamento, mesmo sem procuração, quando não estiverem sujeitos a sigilo ou segredo de justiça, assegurada a obtenção de cópias, com possibilidade de tomar apontamentos;

▶ Inciso XIII com a redação dada pela Lei nº 13.793, de 3-1-2019.

▶ Art. 107, I, do CPC/2015.

▶ Súm. Vinc. nº 14 do STF.

XIV – examinar, em qualquer instituição responsável por conduzir investigação, mesmo sem procuração, autos de flagrante e de investigações de qualquer natureza, findos ou em andamento, ainda que conclusos à autoridade, podendo copiar peças e tomar apontamentos, em meio físico ou digital;

▶ Inciso XIV com a redação dada pela Lei nº 13.245, de 12-1-2016.

▶ Súm. Vinc. nº 14 do STF.

XV – ter vista dos processos judiciais ou administrativos de qualquer natureza, em cartório ou na repartição competente, ou retirá-los pelos prazos legais;

▶ Art. 107, II e III, do CPC/2015.

▶ Art. 803 do CPP.

XVI – retirar autos de processos findos, mesmo sem procuração, pelo prazo de dez dias;

▶ Art. 803 do CPP.

XVII – ser publicamente desagravado, quando ofendido no exercício da profissão ou em razão dela;

XVIII – usar os símbolos privativos da profissão de advogado;

XIX – recusar-se a depor como testemunha em processo no qual funcionou ou deva funcionar, ou sobre fato relacionado com pessoa de quem seja ou foi advogado, mesmo quando autorizado ou solicitado pelo constituinte, bem como sobre fato que constitua sigilo profissional;

XX – retirar-se do recinto onde se encontre aguardando pregão para ato judicial, após trinta minutos do horário designado e ao qual ainda não tenha comparecido a autoridade que deva presidir a ele, mediante comunicação protocolizada em Juízo;

XXI – assistir a seus clientes investigados durante a apuração de infrações, sob pena de nulidade absoluta do respectivo interrogatório ou depoimento e, subsequentemente, de todos os elementos investigatórios e probatórios dele decorrentes ou derivados, direta ou indiretamente, podendo, inclusive, no curso da respectiva apuração:

▶ *Caput* do inciso XXI acrescido pela Lei nº 13.245, de 12-1-2016.

a) apresentar razões e quesitos;

▶ Alínea *a* acrescida pela Lei nº 13.245, de 12-1-2016.

b) VETADO. Lei nº 13.245, de 12-1-2016.

§ 1º Não se aplica o disposto nos incisos XV e XVI:

1) aos processos sob regime de segredo de justiça;

2) quando existirem nos autos documentos originais de difícil restauração ou ocorrer circunstância relevante que justifique a permanência dos autos no cartório, secretaria ou repartição, reconhecida pela autoridade em despacho motivado, proferido de ofício, mediante representação ou a requerimento da parte interessada;

3) até o encerramento do processo, ao advogado que houver deixado de devolver os respectivos autos no prazo legal, e só o fizer depois de intimado.

§ 2º O advogado tem imunidade profissional, não constituindo injúria, difamação ou desacato puníveis qualquer manifestação de sua parte, no exercício de sua atividade, em juízo ou fora dele, sem prejuízo das sanções disciplinares perante a OAB, pelos excessos que cometer.

▶ §§ 1º e 2º com a vigência restabelecida.

▶ O STF, por unanimidade, julgou procedente a ADI nº 7.231, para declarar a inconstitucionalidade do art. 2º da Lei nº 14.365/2022, exclusivamente no ponto em que revoga estes parágrafos, restabelecendo a vigência dos mesmos (*DOU* de 25-6-2025).

§ 2º-A. VETADO. Lei nº 14.365, de 2-6-2022.

§ 2º-B. Poderá o advogado realizar a sustentação oral no recurso interposto contra a decisão monocrática de relator que julgar o mérito ou não conhecer dos seguintes recursos ou ações:

I – recurso de apelação;

II – recurso ordinário;

III – recurso especial;

IV – recurso extraordinário;

V – embargos de divergência;

VI – ação rescisória, mandado de segurança, reclamação, *habeas corpus* e outras ações de competência originária.

▶ § 2º-B acrescido pela Lei nº 14.365, de 2-6-2022.

§ 3º O advogado somente poderá ser preso em flagrante, por motivo de exercício da profissão, em caso de crime inafiançável, observado o disposto no inciso IV deste artigo.

§ 4º O Poder Judiciário e o Poder Executivo devem instalar, em todos os Juizados, fóruns, Tribunais, delegacias de polícia e presídios, salas especiais permanentes para os advogados, com uso e controle assegurados à OAB.

▶ O STF, por maioria de votos, julgou parcialmente procedente a ADI nº 1.127-8, para declarar a inconstitucionalidade da expressão "e controle" contida neste parágrafo (*DOU* de 26-5-2006).

§ 5º No caso de ofensa a inscrito na OAB, no exercício da profissão ou de cargo ou função de órgão da OAB, o conselho competente deve promover o desagravo público do ofendido, sem prejuízo da responsabilidade criminal em que incorrer o infrator.

▶ A alteração que seria introduzida neste dispositivo pela Lei nº 11.767, de 7-8-2008 foi vetada, razão pela qual mantivemos a sua redação.

§ 6º Presentes indícios de autoria e materialidade da prática de crime por parte de advogado, a autoridade judiciária competente poderá decretar a quebra da inviolabilidade de que trata o inciso II do *caput* deste artigo, em decisão motivada, expedindo mandado de busca e apreensão, específico e pormenorizado, a ser cumprido na presença de representante da OAB, sendo, em qualquer hipótese, vedada a utilização dos documentos, das mídias e dos objetos pertencentes a clientes do advogado averiguado, bem como dos demais instrumentos de trabalho que contenham informações sobre clientes.

▶ § 6º acrescido pela Lei nº 11.767, de 7-8-2008.

▶ Prov. do CFOAB nº 201, de 27-10-2020, dispõe sobre a participação da OAB no cumprimento de decisão que determinar a busca e apreensão de que trata este parágrafo.

§ 6º-A. A medida judicial cautelar que importe na violação do escritório ou do local de trabalho do advogado será determinada em hipótese excepcional, desde que exista fundamento em indício, pelo órgão acusatório.

§ 6º-B. É vedada a determinação da medida cautelar prevista no § 6º-A deste artigo se fundada exclusivamente em elementos produzidos em declarações do colaborador sem confirmação por outros meios de prova.

§ 6º-C. O representante da OAB referido no § 6º deste artigo tem o direito a ser respeitado pelos agentes responsáveis pelo cumprimento do mandado de busca e apreensão, sob pena de abuso de autoridade, e o dever de zelar pelo fiel cumprimento do objeto da investigação, bem como de impedir que documentos, mídias e objetos não relacionados à investigação, especialmente de outros processos do mesmo cliente ou de outros clientes que não sejam pertinentes à persecução penal, sejam analisados, fotografados, filmados, retirados ou apreendidos do escritório de advocacia.

▶ §§ 6º-A a 6º-C acrescidos pela Lei nº 14.365, de 2-6-2022, promulgados nos termos do art. 66, § 5º, da CF (*DOU* de 8-7-2022 – ed. extra B).

§ 6º-D. No caso de inviabilidade técnica quanto à segregação da documentação, da mídia ou dos objetos não relacionados à investigação, em razão da sua natureza ou volume, no momento da execução da decisão judicial de apreensão ou de retirada do material, a cadeia de custódia preservará o sigilo do seu conteúdo, assegurada a presença do representante da OAB, nos termos dos §§6º-F e 6º-G deste artigo.

§ 6º-E. Na hipótese de inobservância do § 6º-D deste artigo pelo agente público responsável pelo cumprimento do mandado de busca e apreensão, o representante da OAB fará o relatório do fato ocorrido, com a inclusão dos nomes dos servidores, dará conhecimento à autoridade judiciária e o encaminhará à OAB para a elaboração de notícia-crime.

▶ §§ 6º-D e 6º-E acrescidos pela Lei nº 14.365, de 2-6-2022.

§ 6º-F. É garantido o direito de acompanhamento por representante da OAB e pelo profissional investigado durante a análise dos documentos e dos dispositivos de armazenamento de informação pertencentes a advogado, apreendidos ou interceptados, em todos os atos, para assegurar o cumprimento do disposto no inciso II do *caput* deste artigo.

§ 6º-G. A autoridade responsável informará, com antecedência mínima de 24 (vinte e quatro) horas, à seccional da OAB a data, o horário e o local em que serão analisados os documentos e os equipamentos apreendidos, garantido o direito de acompanhamento, em todos os atos, pelo representante da OAB e pelo profissional investigado para assegurar o disposto no § 6º-C deste artigo.

§ 6º-H. Em casos de urgência devidamente fundamentada pelo juiz, a análise dos documentos e dos equipamentos apreendidos poderá acontecer em prazo inferior a 24 (vinte e quatro) horas, garantido o direito de acompanhamento, em todos os atos, pelo representante da OAB e pelo profissional investigado para assegurar o disposto no § 6º-C deste artigo.

▶ §§ 6º-F a 6º-H acrescidos pela Lei nº 14.365, de 2-6-2022, promulgados nos termos do art. 66, § 5º, da CF (*DOU* de 8-7-2022 – ed. extra B).

§ 6º-I. É vedado ao advogado efetuar colaboração premiada contra quem seja ou tenha sido seu cliente, e a inobservância disso importará em processo disciplinar, que poderá culminar com a aplicação do disposto no inciso III do *caput* do art. 35 desta Lei, sem prejuízo das penas previstas no art. 154 do Decreto-Lei nº 2.848, de 7 de dezembro de 1940 (Código Penal).

▶ § 6º-I acrescido pela Lei nº 14.365, de 2-6-2022.

§ 7º A ressalva constante do § 6º deste artigo não se estende a clientes do advogado averiguado que estejam sendo formalmente investigados como seus partícipes ou coautores pela prática do mesmo crime que deu causa à quebra da inviolabilidade.

▶ § 7º acrescido pela Lei nº 11.767, de 7-8-2008.

§§ 8º e 9º VETADOS. Lei nº 11.767, de 7-8-2008.

§ 10. Nos autos sujeitos a sigilo, deve o advogado apresentar procuração para o exercício dos direitos de que trata o inciso XIV.

§ 11. No caso previsto no inciso XIV, a autoridade competente poderá delimitar o acesso do advogado aos elementos de prova relacionados a diligências em andamento e ainda não documentados nos autos, quando houver risco de comprometimento da eficiência, da eficácia ou da finalidade das diligências.

§ 12. A inobservância aos direitos estabelecidos no inciso XIV, o fornecimento incompleto de autos ou o fornecimento de autos em que houve a retirada de peças já incluídas no caderno investigativo implicará responsabilização criminal e funcional por abuso de autoridade do responsável que impedir o acesso do advogado com o intuito de prejudicar o exercício da defesa, sem prejuízo do direito subjetivo do advogado de requerer acesso aos autos ao juiz competente.

▶ §§ 10 a 12 acrescidos pela Lei nº 13.245, de 12-1-2016.

▶ Art. 32 da Lei nº 13.869, de 5-9-2019 (Lei do Abuso de Autoridade).

§ 13. O disposto nos incisos XIII e XIV do *caput* deste artigo aplica-se integralmente a processos e a procedimentos eletrônicos, ressalvado o disposto nos §§ 10 e 11 deste artigo.

▶ § 13 acrescido pela Lei nº 13.793, de 3-1-2019.

§ 14. Cabe, privativamente, ao Conselho Federal da OAB, em processo disciplinar próprio, dispor, analisar e decidir sobre a prestação efetiva do serviço jurídico realizado pelo advogado.

§ 15. Cabe ao Conselho Federal da OAB dispor, analisar e decidir sobre os honorários advocatícios dos serviços jurídicos realizados pelo advogado, resguardado o sigilo, nos termos do Capítulo VI desta Lei, e observado o disposto no inciso XXXV do *caput* do art. 5º da Constituição Federal.

§ 16. É nulo, em qualquer esfera de responsabilização, o ato praticado com violação da competência privativa do Conselho Federal da OAB prevista no § 14 deste artigo.

▶ §§ 14 a 16 acrescidos pela Lei nº 14.365, de 2-6-2022.

Art. 7º-A. São direitos da advogada:

I – gestante:

a) entrada em tribunais sem ser submetida a detectores de metais e aparelhos de raios X;

b) reserva de vaga em garagens dos fóruns dos tribunais;

II – lactante, adotante ou que der à luz, acesso a creche, onde houver, ou a local adequado ao atendimento das necessidades do bebê;

III – gestante, lactante, adotante ou que der à luz, preferência na ordem das sustentações orais e das audiências a serem realizadas a cada dia, mediante comprovação de sua condição;

IV – adotante ou que der à luz, suspensão de prazos processuais quando for a única patrona da causa, desde que haja notificação por escrito ao cliente.

§ 1º Os direitos previstos à advogada gestante ou lactante aplicam-se enquanto perdurar, respectivamente, o estado gravídico ou o período de amamentação.

§ 2º Os direitos assegurados nos incisos II e III deste artigo à advogada adotante ou que der à luz serão concedidos pelo prazo previsto no art. 392 do Decreto-Lei nº 5.452, de 1º de maio de 1943 (Consolidação das Leis do Trabalho).

§ 3º O direito assegurado no inciso IV deste artigo à advogada adotante ou que der à luz será concedido pelo prazo previsto no § 6º do art. 313 da Lei nº 13.105, de 16 de março de 2015 (Código de Processo Civil).

▶ Art. 7º-A acrescido pela Lei nº 13.363, de 25-11-2016.

Art. 7º-B. Constitui crime violar direito ou prerrogativa de advogado previstos nos incisos II, III, IV e V do *caput* do art. 7º desta Lei:

▶ *Caput* acrescido pela Lei nº 13.869, de 5-9-2019, promulgado nos termos do art. 66, § 5º, da CF (*DOU* de 5-9-2019 – edição extra – A).

Pena – detenção, de 2 (dois) a 4 (quatro) anos, e multa.

▸ Pena com a redação dada pela Lei nº 14.365, de 2-6-2022.

▸ Prov. do CFOAB nº 201, de 27-10-2020, dispõe sobre a participação da OAB no cumprimento do disposto neste artigo.

CAPÍTULO III
DA INSCRIÇÃO

Art. 8º Para inscrição como advogado é necessário:

I – capacidade civil;

▸ Arts. 34, XXVI, e 61, parágrafo único, *d*, desta Lei.

II – diploma ou certidão de graduação em direito, obtido em instituição de ensino oficialmente autorizada e credenciada;

III – título de eleitor e quitação do serviço militar, se brasileiro;

IV – aprovação em Exame de Ordem;

▸ Art. 84 desta Lei.

V – não exercer atividade incompatível com a advocacia;

▸ Arts. 27 e 28 desta Lei.

VI – idoneidade moral;

▸ Art. 34, XXVII, desta Lei.

VII – prestar compromisso perante o Conselho.

§ 1º O Exame de Ordem é regulamentado em provimento do Conselho Federal da OAB.

▸ Art. 58, VI, desta Lei.

§ 2º O estrangeiro ou brasileiro, quando não graduado em direito no Brasil, deve fazer prova do título de graduação, obtido em instituição estrangeira, devidamente revalidado, além de atender aos demais requisitos previstos neste artigo.

§ 3º A inidoneidade moral, suscitada por qualquer pessoa, deve ser declarada mediante decisão que obtenha no mínimo dois terços dos votos de todos os membros do conselho competente, em procedimento que observe os termos do processo disciplinar.

§ 4º Não atende ao requisito de idoneidade moral aquele que tiver sido condenado por crime infamante, salvo reabilitação judicial.

Art. 9º Para inscrição como estagiário é necessário:

▸ Art. 61, parágrafo único, *d*, desta Lei.

I – preencher os requisitos mencionados nos incisos I, II, V, VI e VII do artigo 8º;

II – ter sido admitido em estágio profissional de advocacia.

§ 1º O estágio profissional de advocacia, com duração de dois anos, realizado nos últimos anos do curso jurídico, pode ser mantido pelas respectivas instituições de ensino superior, pelos Conselhos da OAB, ou por setores, órgãos jurídicos e de advocacia credenciados pela OAB, sendo obrigatório o estudo deste Estatuto e do Código de Ética e Disciplina.

§ 2º A inscrição do estagiário é feita no Conselho Seccional em cujo território se localize seu curso jurídico.

§ 3º O aluno de curso jurídico que exerça atividade incompatível com a advocacia pode frequentar o estágio ministrado pela respectiva instituição de ensino superior, para fins de aprendizagem, vedada a inscrição na OAB.

▸ Arts. 27 e 28 desta Lei.

§ 4º O estágio profissional poderá ser cumprido por bacharel em Direito que queira se inscrever na Ordem.

§ 5º Em caso de pandemia ou em outras situações excepcionais que impossibilitem as atividades presenciais, declaradas pelo poder público, o estágio profissional poderá ser realizado no regime de teletrabalho ou de trabalho a distância em sistema remoto ou não, por qualquer meio telemático, sem configurar vínculo de emprego a adoção de qualquer uma dessas modalidades.

§ 6º Se houver concessão, pela parte contratante ou conveniada, de equipamentos, sistemas e materiais ou reembolso de despesas de infraestrutura ou instalação, todos destinados a viabilizar a realização da atividade de estágio prevista no § 5º deste artigo, essa informação deverá constar, expressamente, do convênio de estágio e do termo de estágio.

▸ §§ 5º e 6º acrescidos pela Lei nº 14.365, de 2-6-2022.

Art. 10. A inscrição principal do advogado deve ser feita no Conselho Seccional em cujo território pretende estabelecer o seu domicílio profissional, na forma do Regulamento Geral.

§ 1º Considera-se domicílio profissional a sede principal da atividade de advocacia, prevalecendo, na dúvida, o domicílio da pessoa física do advogado.

§ 2º Além da principal, o advogado deve promover a inscrição suplementar nos Conselhos Seccionais em cujos territórios passar a exercer habitualmente a profissão, considerando-se habitualidade a intervenção judicial que exceder de cinco causas por ano.

§ 3º No caso de mudança efetiva de domicílio profissional para outra unidade federativa, deve o advogado requerer a transferência de sua inscrição para o Conselho Seccional correspondente.

§ 4º O Conselho Seccional deve suspender o pedido de transferência ou de inscrição suplementar, ao verificar a existência de vício ou ilegalidade na inscrição principal, contra ela representando ao Conselho Federal.

Art. 11. Cancela-se a inscrição do profissional que:

I – assim o requerer;

II – sofrer penalidade de exclusão;

▸ Art. 38 desta Lei.

III – falecer;

IV – passar a exercer, em caráter definitivo, atividade incompatível com a advocacia;

▸ Arts. 27 e 28 desta Lei.

V – perder qualquer um dos requisitos necessários para inscrição.

▸ Art. 8º desta Lei.

§ 1º Ocorrendo uma das hipóteses dos incisos II, III e IV, o cancelamento deve ser promovido, de ofício, pelo Conselho competente ou em virtude de comunicação por qualquer pessoa.

§ 2º Na hipótese de novo pedido de inscrição – que não restaura o número de inscrição anterior – deve o interessado fazer prova dos requisitos dos incisos I, V, VI e VII do artigo 8º.

§ 3º Na hipótese do inciso II deste artigo, o novo pedido de inscrição também deve ser acompanhado de provas de reabilitação.

Art. 12. Licencia-se o profissional que:

I – assim o requerer, por motivo justificado;

II – passar a exercer, em caráter temporário, atividade incompatível com o exercício da advocacia;

▸ Arts. 27 e 28 desta Lei.

III – sofrer doença mental considerada curável.

Art. 13. O documento de identidade profissional, na forma prevista no Regulamento Geral, é de uso obrigatório no exercício da atividade de advogado ou de estagiário e constitui prova de identidade civil para todos os fins legais.

Art. 14. É obrigatória a indicação do nome e do número de inscrição em todos os documentos assinados pelo advogado, no exercício de sua atividade.

Parágrafo único. É vedado anunciar ou divulgar qualquer atividade relacionada com o exercício da advocacia ou o uso da expressão "escritório de advocacia", sem indicação expressa do nome e do número de inscrição dos advogados que o integrem ou o número de registro da sociedade de advogados na OAB.

▸ Arts. 15 a 17 desta Lei.

CAPÍTULO IV
DA SOCIEDADE DE ADVOGADOS

Art. 15. Os advogados podem reunir-se em sociedade simples de prestação de serviços de advocacia ou constituir sociedade unipessoal de advocacia, na forma disciplinada nesta Lei e no regulamento geral.

▸ *Caput* com a redação dada pela Lei nº 13.247, de 12-1-2016.

▸ Arts. 5º e 34, II, desta Lei.

▸ Arts. 104 e 105 do CPC/2015.

§ 1º A sociedade de advogados e a sociedade unipessoal de advocacia adquirem personalidade jurídica com o registro aprovado dos seus atos constitutivos no Conselho Seccional da OAB em cuja base territorial tiver sede.

§ 2º Aplica-se à sociedade de advogados e à sociedade unipessoal de advocacia o Código de Ética e Disciplina, no que couber.

▸ §§ 1º e 2º com a redação dada pela Lei nº 13.247, de 12-1-2016.

§ 3º As procurações devem ser outorgadas individualmente aos advogados e indicar a sociedade de que façam parte.

§ 4º Nenhum advogado pode integrar mais de uma sociedade de advogados, constituir mais de uma sociedade unipessoal de advocacia, ou integrar, simultaneamente, uma sociedade de advogados e uma sociedade unipessoal de advocacia, com sede ou filial na mesma área territorial do respectivo Conselho Seccional.

§ 5º O ato de constituição de filial deve ser averbado no registro da sociedade e arquivado no Conselho Seccional onde se instalar, ficando os sócios, inclusive o titular da sociedade unipessoal de advocacia, obrigados à inscrição suplementar.

▸ §§ 4º e 5º com a redação dada pela Lei nº 13.247, de 12-1-2016.

§ 6º Os advogados sócios de uma mesma sociedade profissional não podem representar em Juízo clientes de interesses opostos.

▸ Art. 355, parágrafo único, do CP.

§ 7º A sociedade unipessoal de advocacia pode resultar da concentração por um advogado das quotas de uma sociedade de advogados, independentemente das razões que motivaram tal concentração.

▸ § 7º acrescido pela Lei nº 13.247, de 12-1-2016.

§ 8º Nas sociedades de advogados, a escolha do sócio-administrador poderá recair sobre advogado que atue como servidor da administração direta, indireta e fundacional, desde que não esteja sujeito ao regime de dedicação exclusiva, não lhe sendo aplicável o disposto no inciso X do *caput* do art. 117 da Lei nº 8.112, de 11 de dezembro de 1990, no que se refere à sociedade de advogados.

§ 9º A sociedade de advogados e a sociedade unipessoal de advocacia deverão recolher seus tributos sobre a parcela da receita que efetivamente lhes couber, com a exclusão da receita que for transferida a outros advogados ou a sociedades que atuem em forma de parceria para o atendimento do cliente.

▸ §§ 8º e 9º acrescidos pela Lei nº 14.365, de 2-6-2022, promulgados nos termos do art. 66, § 5º, da CF (*DOU* de 8-7-2022 – ed. extra B).

§ 10. Cabem ao Conselho Federal da OAB a fiscalização, o acompanhamento e a definição de parâmetros e de diretrizes da relação jurídica mantida entre advogados e sociedades de advogados ou entre escritório de advogados sócios e advogado associado, inclusive no que se refere ao cumprimento dos requisitos norteadores da associação sem vínculo empregatício autorizada expressamente neste artigo.

§ 11. Não será admitida a averbação do contrato de associação que contenha, em conjunto, os elementos caracterizadores de relação de emprego previstos na Consolidação das Leis do Trabalho (CLT), aprovada pelo Decreto-Lei nº 5.452, de 1º de maio de 1943.

§ 12. A sociedade de advogados e a sociedade unipessoal de advocacia podem ter como sede, filial ou local de trabalho espaço de uso individual ou compartilhado com outros escritórios de advocacia ou empresas, desde que respeitadas as hipóteses de sigilo previstas nesta Lei e no Código de Ética e Disciplina.

▸ §§ 10 a 12 acrescidos pela Lei nº 14.365, de 2-6-2022.

Art. 16. Não são admitidas a registro nem podem funcionar todas as espécies de sociedades de advogados que apresentem forma ou características de sociedade empresária, que adotem denominação de fantasia, que realizem atividades estranhas à advocacia, que incluam como sócio ou titular de sociedade unipessoal de advocacia pessoa não inscrita como advogado ou totalmente proibida de advogar.

▸ *Caput* com a redação dada pela Lei nº 13.247, de 12-1-2016.

§ 1º A razão social deve ter, obrigatoriamente, o nome de, pelo menos, um advogado responsável pela sociedade, podendo permanecer o de sócio falecido, desde que prevista tal possibilidade no ato constitutivo.

§ 2º O impedimento ou a incompatibilidade em caráter temporário do advogado não o exclui da sociedade de advogados à qual pertença e deve ser averbado no registro da sociedade, observado o disposto nos arts. 27, 28, 29 e 30 desta Lei e proibida, em qualquer hipótese, a exploração de seu nome e de sua imagem em favor da sociedade.

▸ § 2º com a redação dada pela Lei nº 14.365, de 2-6-2022.

▸ Arts. 27 e 28 desta Lei.

§ 3º É proibido o registro, nos cartórios de registro civil de pessoas jurídicas e nas juntas comerciais, de sociedade que inclua, entre outras finalidades, a atividade de advocacia.

§ 4º A denominação da sociedade unipessoal de advocacia deve ser obrigatoriamente formada pelo nome do seu titular, completo ou parcial, com a expressão "Sociedade Individual de Advocacia".

▸ § 4º acrescido pela Lei nº 13.247, de 12-1-2016.

Art. 17. Além da sociedade, o sócio e o titular da sociedade individual de advocacia respondem subsidiária e ilimitadamente pelos danos causados aos clientes por ação ou omissão no exercício da advocacia, sem prejuízo da responsabilidade disciplinar em que possam incorrer.

▸ Artigo com a redação dada pela Lei nº 13.247, de 12-1-2016.

Art. 17-A. O advogado poderá associar-se a uma ou mais sociedades de advogados ou sociedades unipessoais de advocacia, sem que estejam presentes os requisitos legais de vínculo empregatício, para prestação de serviços e participação nos resultados, na forma do Regulamento Geral e de Provimentos do Conselho Federal da OAB.

Art. 17-B. A associação de que trata o art. 17-A desta Lei dar-se-á por meio de pactuação de contrato próprio, que poderá ser de caráter geral ou restringir-se a determinada causa ou trabalho e que deverá ser registrado no Conselho Seccional da OAB em cuja base territorial tiver sede a sociedade de advogados que dele tomar parte.

Parágrafo único. No contrato de associação, o advogado sócio ou associado e a sociedade pactuarão as condições para o desempenho da atividade advocatícia e estipularão livremente os critérios para a partilha dos resultados dela decorrentes, devendo o contrato conter, no mínimo:

I – qualificação das partes, com referência expressa à inscrição no Conselho Seccional da OAB competente;

II – especificação e delimitação do serviço a ser prestado;

III – forma de repartição dos riscos e das receitas entre as partes, vedada a atribuição da totalidade dos riscos ou das receitas exclusivamente a uma delas;

IV – responsabilidade pelo fornecimento de condições materiais e pelo custeio das despesas necessárias à execução dos serviços;

V – prazo de duração do contrato.

▸ Arts. 17-A e 17-B acrescidos pela Lei nº 14.365, de 2-6-2022.

CAPÍTULO V
DO ADVOGADO EMPREGADO

Art. 18. A relação de emprego, na qualidade de advogado, não retira a isenção técnica nem reduz a independência profissional inerentes à advocacia.

§ 1º O advogado empregado não está obrigado à prestação de serviços profissionais de interesse pessoal dos empregadores, fora da relação de emprego.

▸ Parágrafo único renumerado para § 1º pela Lei nº 14.365, de 2-6-2022.

§ 2º As atividades do advogado empregado poderão ser realizadas, a critério do empregador, em qualquer um dos seguintes regimes:

I – exclusivamente presencial: modalidade na qual o advogado empregado, desde o início da contratação, realizará o trabalho nas dependências ou locais indicados pelo empregador;

II – não presencial, teletrabalho ou trabalho a distância: modalidade na qual, desde o início da contratação, o trabalho será preponderantemente realizado fora das dependências do empregador, observado que o comparecimento nas dependências de forma não permanente, variável ou para participação em reuniões ou em eventos presenciais não descaracterizará o regime não presencial;

III – misto: modalidade na qual as atividades do advogado poderão ser presenciais, no estabelecimento do contratante ou onde este indicar, ou não presenciais, conforme as condições definidas pelo empregador em seu regulamento empresarial, independentemente de preponderância ou não.

§ 3º Na vigência da relação de emprego, as partes poderão pactuar, por acordo individual simples, a alteração de um regime para outro.

▸ §§ 2º e 3º acrescidos pela Lei nº 14.365, de 2-6-2022.

Art. 19. O salário mínimo profissional do advogado será fixado em sentença normativa, salvo se ajustado em acordo ou convenção coletiva de trabalho.

Art. 20. A jornada de trabalho do advogado empregado, quando prestar serviço para empresas, não poderá exceder a duração diária de 8 (oito) horas contínuas e a de 40 (quarenta) horas semanais.

▸ *Caput* com a redação dada pela Lei nº 14.365, de 2-6-2022.

§ 1º Para efeitos deste artigo, considera-se como período de trabalho o tempo em que o advogado estiver à disposição do empregador, aguardando ou executando ordens, no seu escritório ou em atividades externas, sendo-lhe reembolsadas as despesas feitas com transporte, hospedagem e alimentação.

§ 2º As horas trabalhadas que excederem a jornada normal são remuneradas por um adicional não inferior a cem por cento sobre o valor da hora normal, mesmo havendo contrato escrito.

§ 3º As horas trabalhadas no período das vinte horas de um dia até às cinco horas do dia seguinte são remuneradas como noturnas, acrescidas do adicional de vinte e cinco por cento.

Art. 21. Nas causas em que for parte o empregador, ou pessoa por este representada, os honorários de sucumbência são devidos aos advogados empregados.

Parágrafo único. Os honorários de sucumbência, percebidos por advogado empregado de sociedade de advogados são partilhados entre ele e a empregadora, na forma estabelecida em acordo.

▸ O STF, por maioria de votos, julgou parcialmente procedente a ADI nº 1.194-4, para dar interpretação conforme a CF a este artigo e seu parágrafo único, no sentido da preservação da liberdade contratual quanto à destinação dos honorários de sucumbência fixados judicialmente (*DOU* de 28-5-2009).

CAPÍTULO VI
DOS HONORÁRIOS ADVOCATÍCIOS

Art. 22. A prestação de serviço profissional assegura aos inscritos na OAB o direito aos honorários convencionados, aos fixados por arbitramento judicial e aos de sucumbência.

▸ Arts. 23 e 24, §§ 2º a 4º, desta Lei.

▸ Arts. 82, § 2º, 84 e 85 do CPC/2015.

§ 1º O advogado, quando indicado para patrocinar causa de juridicamente necessitado, no caso de impossibilidade da Defensoria Pública no local da prestação de serviço, tem direito aos honorários fixados pelo juiz, segundo tabela organizada pelo Conselho Seccional da OAB, e pagos pelo Estado.

§ 2º Na falta de estipulação ou de acordo, os honorários são fixados por arbitramento judicial, em remuneração compatível com o trabalho e o valor econômico da questão, observado obrigatoriamente o disposto nos §§ 2º, 3º, 4º, 5º, 6º, 6º-A, 8º, 8º-A, 9º e 10 do art. 85 da Lei nº 13.105, de 16 de março de 2015 (Código de Processo Civil).

▶ § 2º com a redação dada pela Lei nº 14.365, de 2-6-2022.

§ 3º Salvo estipulação em contrário, um terço dos honorários é devido no início do serviço, outro terço até a decisão de primeira instância e o restante no final.

§ 4º Se o advogado fizer juntar aos autos o seu contrato de honorários antes de expedir-se o mandado de levantamento ou precatório, o juiz deve determinar que lhe sejam pagos diretamente, por dedução da quantia a ser recebida pelo constituinte, salvo se este provar que já os pagou.

▶ Súm. Vinc. nº 47 do STF.

§ 5º O disposto neste artigo não se aplica quando se tratar de mandato outorgado por advogado para defesa em processo oriundo de ato ou omissão praticada no exercício da profissão.

§ 6º O disposto neste artigo aplica-se aos honorários assistenciais, compreendidos como os fixados em ações coletivas propostas por entidades de classe em substituição processual, sem prejuízo aos honorários convencionais.

§ 7º Os honorários convencionados com entidades de classe para atuação em substituição processual poderão prever a faculdade de indicar os beneficiários que, ao optarem por adquirir os direitos, assumirão as obrigações decorrentes do contrato originário a partir do momento em que este foi celebrado, sem a necessidade de mais formalidades.

▶ §§ 6º e 7º acrescidos pela Lei nº 13.725, de 4-10-2018.

§ 8º Consideram-se também honorários convencionados aqueles decorrentes da indicação de cliente entre advogados ou sociedade de advogados, aplicada a regra prevista no § 9º do art. 15 desta Lei.

▶ § 8º acrescido pela Lei nº 14.365, de 2-6-2022.

Art. 22-A. Fica permitida a dedução de honorários advocatícios contratuais dos valores acrescidos, a título de juros de mora, ao montante repassado aos Estados e aos Municípios na forma de precatórios, como complementação de fundos constitucionais.

▶ *Caput* do art. 22-A acrescido pela Lei nº 14.365, de 2-6-2022.

Parágrafo único. A dedução a que se refere o *caput* deste artigo não será permitida aos advogados nas causas que decorram da execução de título judicial constituído em ação civil pública ajuizada pelo Ministério Público Federal.

▶ Parágrafo único acrescido pela Lei nº 14.365, de 2-6-2022, promulgado nos termos do art. 66, § 5º, da CF (*DOU* de 8-7-2022 – ed. extra B).

Art. 23. Os honorários incluídos na condenação, por arbitramento ou sucumbência, pertencem ao advogado, tendo este direito autônomo para executar a sentença nesta parte, podendo requerer que o precatório, quando necessário, seja expedido em seu favor.

▶ O STF, por maioria dos votos, julgou parcialmente procedente a ADI nº 6.053, para conferindo interpretação conforme a CF a este artigo, "estabelecer que a somatória dos subsídios e honorários de sucumbência percebidos mensalmente pelos advogados públicos não poderá exceder ao teto dos Ministros do Supremo Tribunal Federal, conforme o que dispõe o art. 37, XI, da CF" (*DOU* de 1º-7-2020).

▶ Art. 26 desta Lei.

▶ Arts. 92 e 486 do CPC/2015.

▶ Súm. Vinc. nº 47 do STF.

▶ Súm. nº 306 do STJ.

Art. 24. A decisão judicial que fixar ou arbitrar honorários e o contrato escrito que os estipular são títulos executivos e constituem crédito privilegiado na falência, concordata, concurso de credores, insolvência civil e liquidação extrajudicial.

▶ A concordata foi substituída pela recuperação judicial, conforme Lei nº 11.101, de 9-2-2005 (Lei de Recuperação de Empresas e Falências).

§ 1º A execução dos honorários pode ser promovida nos mesmos autos da ação em que tenha atuado o advogado, se assim lhe convier.

§ 2º Na hipótese de falecimento ou incapacidade civil do advogado, os honorários de sucumbência, proporcionais ao trabalho realizado, são recebidos por seus sucessores ou representantes legais.

§ 3º É nula qualquer disposição, cláusula, regulamento ou convenção individual ou coletiva que retire do advogado o direito ao recebimento dos honorários de sucumbência.

▶ O STF, por unanimidade de votos, julgou parcialmente procedente a ADI nº 1.194-4, para declarar a inconstitucionalidade deste parágrafo (*DOU* de 28-5-2009).

§ 3º-A. Nos casos judiciais e administrativos, as disposições, as cláusulas, os regulamentos ou as convenções individuais ou coletivas que retirem do sócio o direito ao recebimento dos honorários de sucumbência serão válidos somente após o protocolo de petição que revogue os poderes que lhe foram outorgados ou que noticie a renúncia a eles, e os honorários serão devidos proporcionalmente ao trabalho realizado nos processos.

▶ § 3º-A acrescido pela Lei nº 14.365, de 2-6-2022.

§ 4º O acordo feito pelo cliente do advogado e a parte contrária, salvo aquiescência do profissional, não lhe prejudica os honorários, quer os convencionados, quer os concedidos por sentença.

§ 5º Salvo renúncia expressa do advogado aos honorários pactuados na hipótese de encerramento da relação contratual com o cliente, o advogado mantém o direito aos honorários proporcionais ao trabalho realizado nos processos judiciais e administrativos em que tenha atuado, nos exatos termos do contrato celebrado, inclusive em relação aos eventos de sucesso que porventura venham a ocorrer após o encerramento da relação contratual.

§ 6º O distrato e a rescisão do contrato de prestação de serviços advocatícios, mesmo que formalmente celebrados, não configuram renúncia expressa aos honorários pactuados.

§ 7º Na ausência do contrato referido no § 6º deste artigo, os honorários advocatícios serão arbitrados conforme o disposto no art. 22 desta Lei.

▶ §§ 5º a 7º acrescidos pela Lei nº 14.365, de 2-6-2022.

Art. 24-A. No caso de bloqueio universal do patrimônio do cliente por decisão judicial, garantir-se-á ao advogado a liberação de até 20% (vinte por cento) dos bens bloqueados para fins de recebimento de honorários e reembolso de gastos com a defesa, ressalvadas as causas relacionadas aos crimes previstos na Lei nº 11.343, de 23 de agosto de 2006 (Lei de Drogas), e observado o disposto no parágrafo único do art. 243 da Constituição Federal.

§ 1º O pedido de desbloqueio de bens será feito em autos apartados, que permanecerão em sigilo, mediante a apresentação do respectivo contrato.

§ 2º O desbloqueio de bens observará, preferencialmente, a ordem estabelecida no art. 835 da Lei nº 13.105, de 16 de março de 2015 (Código de Processo Civil).

§ 3º Quando se tratar de dinheiro em espécie, de depósito ou de aplicação em instituição financeira, os valores serão transferidos diretamente para a conta do advogado ou do escritório de advocacia responsável pela defesa.

§ 4º Nos demais casos, o advogado poderá optar pela adjudicação do próprio bem ou por sua venda em hasta pública para satisfação dos honorários devidos, nos termos do art. 879 e seguintes da Lei nº 13.105, de 16 de março de 2015 (Código de Processo Civil).

§ 5º O valor excedente deverá ser depositado em conta vinculada ao processo judicial.

▶ Art. 24-A acrescido pela Lei nº 14.365, de 2-6-2022.

Art. 25. Prescreve em cinco anos a ação de cobrança de honorários de advogado, contado o prazo:

▶ Súm. nº 363 do STJ.

I – do vencimento do contrato, se houver;
II – do trânsito em julgado da decisão que os fixar;
III – da ultimação do serviço extrajudicial;
IV – da desistência ou transação;
V – da renúncia ou revogação do mandato.

Art. 25-A. Prescreve em cinco anos a ação de prestação de contas pelas quantias recebidas pelo advogado de seu cliente, ou de terceiros por conta dele (art. 34, XXI).

▶ Artigo acrescido pela Lei nº 11.902, de 12-1-2009.

Art. 26. O advogado substabelecido, com reserva de poderes, não pode cobrar honorários sem a intervenção daquele que lhe conferiu o substabelecimento.

Parágrafo único. O disposto no *caput* deste artigo não se aplica na hipótese de o advogado substabelecido, com reservas de poderes, possuir contrato celebrado com o cliente.

▶ Parágrafo único acrescido pela Lei nº 14.365, de 2-6-2022.

CAPÍTULO VII
DAS INCOMPATIBILIDADES E IMPEDIMENTOS

Art. 27. A incompatibilidade determina a proibição total, e o impedimento, a proibição parcial do exercício da advocacia.

▶ Arts. 20 e 79 do CPC/2015.

LEGISLAÇÃO COMPLEMENTAR

Art. 28. A advocacia é incompatível, mesmo em causa própria, com as seguintes atividades:

I – chefe do Poder Executivo e membros da Mesa do Poder Legislativo e seus substitutos legais;

II – membros de órgãos do Poder Judiciário, do Ministério Público, dos Tribunais e Conselhos de Contas, dos Juizados Especiais, da Justiça de Paz, Juízes Classistas, bem como de todos os que exerçam função de julgamento em órgãos de deliberação coletiva da Administração Pública direta ou indireta;

- O STF, por maioria de votos, julgou parcialmente procedente a ADI nº 1.127-8, para excluir apenas os juízes eleitorais e seus suplentes (*DOU* de 26-5-2006).
- EC nº 24, de 9-12-1999, extinguiu a representação pelos Juízes Classistas na Justiça do Trabalho e substituiu as Juntas de Conciliação e Julgamento por Varas de Trabalho.
- Art. 83 desta Lei.

III – ocupantes de cargos ou funções de direção em órgãos da Administração Pública direta ou indireta, em suas fundações e em suas empresas controladas ou concessionárias de serviço público;

IV – ocupantes de cargos ou funções vinculados direta ou indiretamente a qualquer órgão do Poder Judiciário e os que exercem serviços notariais e de registro;

V – ocupantes de cargos ou funções vinculados direta ou indiretamente à atividade policial de qualquer natureza;

VI – militares de qualquer natureza, na ativa;

VII – ocupantes de cargos ou funções que tenham competência de lançamento, arrecadação ou fiscalização de tributos e contribuições parafiscais;

VIII – ocupantes de funções de direção e gerência em instituições financeiras, inclusive privadas.

§ 1º A incompatibilidade permanece mesmo que o ocupante do cargo ou função deixe de exercê-lo temporariamente.

- Art. 16, § 2º, desta Lei.

§ 2º Não se incluem nas hipóteses do inciso III os que não detenham poder de decisão relevante sobre interesses de terceiro, a juízo do Conselho competente da OAB, bem como a administração acadêmica diretamente relacionada ao magistério jurídico.

§ 3º As causas de incompatibilidade previstas nas hipóteses dos incisos V e VI do *caput* deste artigo não se aplicam ao exercício da advocacia em causa própria, estritamente para fins de defesa e tutela de direitos pessoais, desde que mediante inscrição especial na OAB, vedada a participação em sociedade de advogados.

- O STF, por unanimidade, julgou procedente a ADI nº 7.227, para declarar a inconstitucionalidade deste parágrafo (*DOU* de 11-4-2023).

§ 4º A inscrição especial a que se refere o § 3º deste artigo deverá constar do documento profissional de registro na OAB e não isenta o profissional do pagamento da contribuição anual, de multas e de preços de serviços devidos à OAB, na forma por ela estabelecida, vedada cobrança em valor superior ao exigido para os demais membros inscritos.

- §§ 3º e 4º acrescidos pela Lei nº 14.365, de 2-6-2022.
- O STF, por unanimidade, julgou procedente a ADI nº 7.227, para declarar a inconstitucionalidade deste parágrafo (*DOU* de 11-4-2023).

Art. 29. Os Procuradores-Gerais, Advogados-Gerais, Defensores-Gerais e dirigentes de órgãos jurídicos da Administração Pública direta, indireta e fundacional são exclusivamente legitimados para o exercício da advocacia vinculada à função que exerçam, durante o período da investidura.

Art. 30. São impedidos de exercer a advocacia:

I – os servidores da Administração direta, indireta e fundacional, contra a Fazenda Pública que os remunere ou à qual seja vinculada a entidade empregadora;

II – os membros do Poder Legislativo, em seus diferentes níveis, contra ou a favor das pessoas jurídicas de direito público, empresas públicas, sociedades de economia mista, fundações públicas, entidades paraestatais ou empresas concessionárias ou permissionárias de serviço público.

Parágrafo único. Não se incluem nas hipóteses do inciso I os docentes dos cursos jurídicos.

CAPÍTULO VIII
DA ÉTICA DO ADVOGADO

Art. 31. O advogado deve proceder de forma que o torne merecedor de respeito e que contribua para o prestígio da classe e da advocacia.

§ 1º O advogado, no exercício da profissão, deve manter independência em qualquer circunstância.

§ 2º Nenhum receio de desagradar a magistrado ou a qualquer autoridade, nem de incorrer em impopularidade, deve deter o advogado no exercício da profissão.

Art. 32. O advogado é responsável pelos atos que, no exercício profissional, praticar com dolo ou culpa.

- Art. 17 desta Lei.

Parágrafo único. Em caso de lide temerária, o advogado será solidariamente responsável com seu cliente, desde que coligado com este para lesar a parte contrária, o que será apurado em ação própria.

- Arts. 5º e 77 do CPC/2015.

Art. 33. O advogado obriga-se a cumprir rigorosamente os deveres consignados no Código de Ética e Disciplina.

Parágrafo único. O Código de Ética e Disciplina regula os deveres do advogado para com a comunidade, o cliente, o outro profissional e, ainda, a publicidade, a recusa do patrocínio, o dever de assistência jurídica, o dever geral de urbanidade e os respectivos procedimentos disciplinares.

CAPÍTULO IX
DAS INFRAÇÕES E SANÇÕES DISCIPLINARES

Art. 34. Constitui infração disciplinar:

I – exercer a profissão, quando impedido de fazê-lo, ou facilitar, por qualquer meio, o seu exercício aos não inscritos, proibidos ou impedidos;

- Arts. 28 a 30 e 36, I, desta Lei.

II – manter sociedade profissional fora das normas e preceitos estabelecidos nesta Lei;

- Arts. 15 a 17 e 36, I, desta Lei.

III – valer-se de agenciador de causas, mediante participação nos honorários a receber;

- Art. 36, I, desta Lei.

IV – angariar ou captar causas, com ou sem a intervenção de terceiros;

- Art. 36, I, desta Lei.

V – assinar qualquer escrito destinado a processo judicial ou para fim extrajudicial que não tenha feito, ou em que não tenha colaborado;

- Art. 36, I, desta Lei.

VI – advogar contra literal disposição de lei, presumindo-se a boa-fé quando fundamentado na inconstitucionalidade, na injustiça da lei ou em pronunciamento judicial anterior;

- Arts. 32, parágrafo único, e 36, I, desta Lei.

VII – violar, sem justa causa, sigilo profissional;

- Arts. 7º, XIX, e 36, I, desta Lei.

VIII – estabelecer entendimento com a parte adversa sem autorização do cliente ou ciência do advogado contrário;

- Art. 36, I, desta Lei.

IX – prejudicar, por culpa grave, interesse confiado ao seu patrocínio;

- Art. 36, I, desta Lei.
- Art. 355, *caput*, do CP.

X – acarretar, conscientemente, por ato próprio, a anulação ou a nulidade do processo em que funcione;

- Art. 36, I, desta Lei.

XI – abandonar a causa sem justo motivo ou antes de decorridos dez dias da comunicação da renúncia;

- Arts. 5º, § 3º, e 36, I, desta Lei.
- Art. 112, *caput* e § 1º, do CPC/2015.

XII – recusar-se a prestar, sem justo motivo, assistência jurídica, quando nomeado em virtude de impossibilidade da Defensoria Pública;

- Arts. 22, § 1º, e 36, I, desta Lei.

XIII – fazer publicar na imprensa, desnecessária e habitualmente, alegações forenses ou relativas a causas pendentes;

- Art. 36, I, desta Lei.

XIV – deturpar o teor de dispositivo de lei, de citação doutrinária ou de julgado, bem como de depoimentos, documentos e alegações da parte contrária, para confundir o adversário ou iludir o juiz da causa;

- Art. 36, I, desta Lei.
- Art. 80, II, do CPC/2015.

XV – fazer, em nome do constituinte, sem autorização escrita deste, imputação a terceiro de fato definido como crime;

- Art. 36, I, desta Lei.

XVI – deixar de cumprir, no prazo estabelecido, determinação emanada do órgão ou autoridade da Ordem, em matéria da competência desta, depois de regularmente notificado;

- Art. 36, I, desta Lei.

XVII – prestar concurso a clientes ou a terceiros para realização de ato contrário à lei ou destinado a fraudá-la;

- Art. 37, I, desta Lei.

XVIII – solicitar ou receber de constituinte qualquer importância para aplicação ilícita ou desonesta;

- Art. 37, I, desta Lei.
- Art. 317 do CP.
- Art. 308 do CPM.

XIX – receber valores, da parte contrária ou de terceiro, relacionados com o objeto do mandato, sem expressa autorização do constituinte;

- Art. 37, I, desta Lei.

XX – locupletar-se, por qualquer forma, à custa do cliente ou da parte adversa, por si ou interposta pessoa;

▸ Art. 37, I, desta Lei.

XXI – recusar-se, injustificadamente, a prestar contas ao cliente de quantias recebidas dele ou de terceiros por conta dele;

▸ Arts. 25-A e 37, I, e § 2º, desta Lei.

XXII – reter, abusivamente, ou extraviar autos recebidos com vista ou em confiança;

▸ Arts. 7º, § 1º, 3, e 37, I, desta Lei.
▸ Art. 234 do CPC/2015.

XXIII – deixar de pagar as contribuições, multas e preços de serviços devidos à OAB, depois de regularmente notificado a fazê-lo;

▸ O STF, por unanimidade, no julgamento da ADI nº 7.020, declarou a inconstitucionalidade deste inciso, modulando-se os efeitos da decisão tão somente em relação à devolução de valores constantes de processos sancionatórios que já tenham transitado em julgado (*DOU* de 24-11-2023).
▸ Art. 37, I e § 2º, desta Lei.

XXIV – incidir em erros reiterados que evidenciem inépcia profissional;

▸ Art. 37, I e § 3º, desta Lei.

XXV – manter conduta incompatível com a advocacia;

▸ Arts. 28, 31 e 37, I, desta Lei.

XXVI – fazer falsa prova de qualquer dos requisitos para inscrição na OAB;

▸ Arts. 8º e 38, II, desta Lei.

XXVII – tornar-se moralmente inidôneo para o exercício da advocacia;

▸ Arts. 8º, § 3º, e 38, II, desta Lei.

XXVIII – praticar crime infamante;

▸ Arts. 8º, § 4º, e 38, II, desta Lei.

XXIX – praticar, o estagiário, ato excedente de sua habilitação;

▸ Arts. 3º, § 2º, e 36, I, desta Lei.

XXX – praticar assédio moral, assédio sexual ou discriminação.

▸ Inciso XXX acrescido pela Lei nº 14.612, de 3-7-2023.

§ 1º Inclui-se na conduta incompatível:

a) prática reiterada de jogo de azar, não autorizado por lei;
b) incontinência pública e escandalosa;
c) embriaguez ou toxicomania habituais.

▸ Parágrafo único transformado em § 1º pela Lei nº 14.612, de 3-7-2023.

§ 2º Para os fins desta Lei, considera-se:

I – assédio moral: a conduta praticada no exercício profissional ou em razão dele, por meio da repetição deliberada de gestos, palavras faladas ou escritas ou comportamentos que exponham o estagiário, o advogado ou qualquer outro profissional que esteja prestando seus serviços a situações humilhantes e constrangedoras, capazes de lhes causar ofensa à personalidade, à dignidade e à integridade psíquica ou física, com o objetivo de excluí-los das suas funções ou de desestabilizá-los emocionalmente, deteriorando o ambiente profissional;

II – assédio sexual: a conduta de conotação sexual praticada no exercício profissional ou em razão dele, manifestada fisicamente ou por palavras, gestos ou outros meios, proposta ou imposta à pessoa contra sua vontade, causando-lhe constrangimento e violando a sua liberdade sexual;

III – discriminação: a conduta comissiva ou omissiva que dispense tratamento constrangedor ou humilhante a pessoa ou grupo de pessoas, em razão de sua deficiência, pertença a determinada raça, cor ou sexo, procedência nacional ou regional, origem étnica, condição de gestante, lactante ou nutriz, faixa etária, religião ou outro fator.

▸ § 2º acrescido pela Lei nº 14.612, de 3-7-2023.

Art. 35. As sanções disciplinares consistem em:

I – censura;
II – suspensão;
III – exclusão;
IV – multa.

Parágrafo único. As sanções devem constar dos assentamentos do inscrito, após o trânsito em julgado da decisão, não podendo ser objeto de publicidade a de censura.

Art. 36. A censura é aplicável nos casos de:

I – infrações definidas nos incisos I a XVI e XXIX do artigo 34;

II – violação a preceito do Código de Ética e Disciplina;

III – violação a preceito desta Lei, quando para a infração não se tenha estabelecido sanção mais grave.

Parágrafo único. A censura pode ser convertida em advertência, em ofício reservado, sem registro nos assentamentos do inscrito, quando presente circunstância atenuante.

Art. 37. A suspensão é aplicável nos casos de:

I – infrações definidas nos incisos XVII a XXV e XXX do *caput* do art. 34 desta Lei;

▸ Inciso I com a redação dada pela Lei nº 14.612, de 3-7-2023.

II – reincidência em infração disciplinar.

§ 1º A suspensão acarreta ao infrator a interdição do exercício profissional, em todo o território nacional, pelo prazo de trinta dias a doze meses, de acordo com os critérios de individualização previstos neste Capítulo.

§ 2º Nas hipóteses dos incisos XXI e XXIII do artigo 34, a suspensão perdura até que satisfaça integralmente a dívida, inclusive com correção monetária.

§ 3º Na hipótese do inciso XXIV do artigo 34, a suspensão perdura até que preste novas provas de habilitação.

▸ O STF, por unanimidade, no julgamento da ADI nº 7.020, conferiu interpretação conforme à Constituição a este artigo (*DOU* de 24-11-2023).

Art. 38. A exclusão é aplicável nos casos de:

I – aplicação, por três vezes, de suspensão;

II – infrações definidas nos incisos XXVI a XXVIII do artigo 34.

Parágrafo único. Para a aplicação da sanção disciplinar de exclusão é necessária a manifestação favorável de dois terços dos membros do Conselho Seccional competente.

Art. 39. A multa, variável entre o mínimo correspondente ao valor de uma anuidade e o máximo de seu décuplo, é aplicável cumulativamente com a censura ou suspensão, em havendo circunstâncias agravantes.

Art. 40. Na aplicação das sanções disciplinares são consideradas, para fins de atenuação, as seguintes circunstâncias, entre outras:

I – falta cometida na defesa de prerrogativa profissional;

II – ausência de punição disciplinar anterior;

III – exercício assíduo e proficiente de mandato ou cargo em qualquer órgão da OAB;

IV – prestação de relevantes serviços à advocacia ou à causa pública.

Parágrafo único. Os antecedentes profissionais do inscrito, as atenuantes, o grau de culpa por ele revelado, as circunstâncias e as consequências da infração são considerados para o fim de decidir:

a) sobre a conveniência da aplicação cumulativa da multa e de outra sanção disciplinar;
b) sobre o tempo de suspensão e o valor da multa aplicáveis.

Art. 41. É permitido ao que tenha sofrido qualquer sanção disciplinar requerer, um ano após seu cumprimento, a reabilitação, em face de provas efetivas de bom comportamento.

Parágrafo único. Quando a sanção disciplinar resultar da prática de crime, o pedido de reabilitação depende também da correspondente reabilitação criminal.

Art. 42. Fica impedido de exercer o mandato o profissional a quem forem aplicadas as sanções disciplinares de suspensão ou exclusão.

▸ Art. 4º, parágrafo único, desta Lei.

Art. 43. A pretensão à punibilidade das infrações disciplinares prescreve em cinco anos, contados da data da constatação oficial do fato.

▸ Súm. nº 1/2011 do CFOAB.

§ 1º Aplica-se a prescrição a todo processo disciplinar paralisado por mais de três anos, pendente de despacho ou julgamento, devendo ser arquivado de ofício, ou a requerimento da parte interessada, sem prejuízo de serem apuradas as responsabilidades pela paralisação.

§ 2º A prescrição interrompe-se:

I – pela instauração de processo disciplinar ou pela notificação válida feita diretamente ao representado;

II – pela decisão condenatória recorrível de qualquer órgão julgador da OAB.

TÍTULO II – DA ORDEM DOS ADVOGADOS DO BRASIL

CAPÍTULO I – DOS FINS E DA ORGANIZAÇÃO

Art. 44. A Ordem dos Advogados do Brasil – OAB, serviço público, dotada de personalidade jurídica e forma federativa, tem por finalidade:

I – defender a Constituição, a ordem jurídica do Estado democrático de direito, os direitos humanos, a justiça social, e pugnar pela boa aplicação das leis, pela rápida administração da Justiça e pelo aperfeiçoamento da cultura e das instituições jurídicas;

II – promover, com exclusividade, a representação, a defesa, a seleção e a disciplina dos advogados em toda a República Federativa do Brasil.

§ 1º A OAB não mantém com órgãos da Administração Pública qualquer vínculo funcional ou hierárquico.

§ 2º O uso da sigla "OAB" é privativo da Ordem dos Advogados do Brasil.

Art. 45. São órgãos da OAB:

I – o Conselho Federal;

▸ Arts. 51 a 55 desta Lei.

II – os Conselhos Seccionais;

▸ Arts. 56 a 59 desta Lei.

III – as Subseções;

▸ Arts. 60 e 61 desta Lei.

IV – as Caixas de Assistência dos Advogados.

▸ Art. 62 desta Lei.

§ 1º O Conselho Federal, dotado de personalidade jurídica própria, com sede na capital da República, é o órgão supremo da OAB.

§ 2º Os Conselhos Seccionais, dotados de personalidade jurídica própria, têm jurisdição sobre os respectivos territórios dos Estados-Membros, do Distrito Federal e dos Territórios.

§ 3º As Subseções são partes autônomas do Conselho Seccional, na forma desta Lei e de seu ato constitutivo.

§ 4º As Caixas de Assistência dos Advogados, dotadas de personalidade jurídica própria, são criadas pelos Conselhos Seccionais, quando estes contarem com mais de mil e quinhentos inscritos.

§ 5º A OAB, por constituir serviço público, goza de imunidade tributária total em relação a seus bens, rendas e serviços.

§ 6º Os atos, as notificações e as decisões dos órgãos da OAB, salvo quando reservados ou de administração interna, serão publicados no Diário Eletrônico da Ordem dos Advogados do Brasil, a ser disponibilizado na internet, podendo ser afixados no fórum local, na íntegra ou em resumo.

▸ § 6º com redação dada pela Lei nº 13.688, de 3-7-2018.

Art. 46. Compete à OAB fixar e cobrar, de seus inscritos, contribuições, preços de serviços e multas.

Parágrafo único. Constitui título executivo extrajudicial a certidão passada pela diretoria do Conselho competente, relativa a crédito previsto neste artigo.

▸ Art. 784, IX, do CPC/2015.

Art. 47. O pagamento da contribuição anual à OAB isenta os inscritos nos seus quadros do pagamento obrigatório da contribuição sindical.

Art. 48. O cargo de conselheiro ou de membro de diretoria de órgão da OAB é de exercício gratuito e obrigatório, considerado serviço público relevante, inclusive para fins de disponibilidade e aposentadoria.

Art. 49. Os Presidentes dos Conselhos e das Subseções da OAB têm legitimidade para agir, judicial e extrajudicialmente, contra qualquer pessoa que infringir as disposições ou os fins desta Lei.

Parágrafo único. As autoridades mencionadas no *caput* deste artigo têm, ainda, legitimidade para intervir, inclusive como assistentes, nos inquéritos e processos em que sejam indiciados, acusados ou ofendidos os inscritos na OAB.

Art. 50. Para os fins desta Lei, os Presidentes dos Conselhos da OAB e das Subseções podem requisitar cópias de peças de autos e documentos a qualquer Tribunal, magistrado, cartório e órgão da Administração Pública direta, indireta e fundacional.

▸ O STF, por maioria de votos, julgou parcialmente procedente a ADI nº 1.127-8, para, sem redução de texto, dar interpretação conforme ao dispositivo, de modo a fazer compreender a palavra "requisitar" como dependente de motivação, compatibilização com as finalidades da lei e atendimento de custos desta requisição, ressalvados os documentos cobertos por sigilo (*DOU* de 26-5-2006).

CAPÍTULO II
DO CONSELHO FEDERAL

Art. 51. O Conselho Federal compõe-se:

I – dos conselheiros federais, integrantes das delegações de cada unidade federativa;

II – dos seus ex-Presidentes, na qualidade de membros honorários vitalícios.

§ 1º Cada delegação é formada por três conselheiros federais.

§ 2º Os ex-Presidentes têm direito apenas a voz nas sessões.

§ 3º O Instituto dos Advogados Brasileiros e a Federação Nacional dos Institutos dos Advogados do Brasil são membros honorários, somente com direito a voz nas sessões do Conselho Federal.

▸ § 3º acrescido pela Lei nº 14.365, de 2-6-2022, promulgado nos termos do art. 66, § 5º, da CF (*DOU* de 8-7-2022 – ed. extra B).

Art. 52. Os Presidentes dos Conselhos Seccionais, nas sessões do Conselho Federal, têm lugar reservado junto à delegação respectiva e direito somente a voz.

Art. 53. O Conselho Federal tem sua estrutura e funcionamento definidos no Regulamento Geral da OAB.

§ 1º O Presidente, nas deliberações do Conselho, tem apenas o voto de qualidade.

§ 2º O voto é tomado por delegação, e não pode ser exercido nas matérias de interesse da unidade que represente.

§ 3º Na eleição para a escolha da Diretoria do Conselho Federal, cada membro da delegação terá direito a 1 (um) voto, vedado aos membros honorários vitalícios.

▸ § 3º acrescido pela Lei nº 11.179, de 22-9-2005.

Art. 54. Compete ao Conselho Federal:

I – dar cumprimento efetivo às finalidades da OAB;

II – representar, em Juízo ou fora dele, os interesses coletivos ou individuais dos advogados;

III – velar pela dignidade, independência, prerrogativas e valorização da advocacia;

IV – representar, com exclusividade, os advogados brasileiros nos órgãos e eventos internacionais da advocacia;

V – editar e alterar o Regulamento Geral, o Código de Ética e Disciplina, e os Provimentos que julgar necessários;

VI – adotar medidas para assegurar o regular funcionamento dos Conselhos Seccionais;

VII – intervir nos Conselhos Seccionais, onde e quando constatar grave violação desta Lei ou do Regulamento Geral;

VIII – cassar ou modificar, de ofício ou mediante representação, qualquer ato, de órgão ou autoridade da OAB, contrário a esta Lei, ao Regulamento Geral, ao Código de Ética e Disciplina, e aos provimentos, ouvida a autoridade ou o órgão em causa;

IX – julgar, em grau de recurso, as questões decididas pelos Conselhos Seccionais, nos casos previstos neste Estatuto e no Regulamento Geral;

X – dispor sobre a identificação dos inscritos na OAB e sobre os respectivos símbolos privativos;

XI – apreciar o relatório anual e deliberar sobre o balanço e as contas de sua diretoria;

XII – homologar ou mandar suprir relatório anual, o balanço e as contas dos Conselhos Seccionais;

XIII – elaborar as listas constitucionalmente previstas, para o preenchimento dos cargos nos Tribunais Judiciários de âmbito nacional ou interestadual, com advogados que estejam em pleno exercício da profissão, vedada a inclusão de nome de membro do próprio Conselho ou de outro órgão da OAB;

▸ Art. 94 da CF.

XIV – ajuizar Ação Direta de Inconstitucionalidade de normas legais e atos normativos, Ação Civil Pública, Mandado de Segurança Coletivo, Mandado de Injunção e demais ações cuja legitimação lhe seja outorgada por lei;

▸ Art. 103, VII, da CF.

XV – colaborar com o aperfeiçoamento dos cursos jurídicos, e opinar, previamente, nos pedidos apresentados aos órgãos competentes para criação, reconhecimento ou credenciamento desses cursos;

XVI – autorizar, pela maioria absoluta das delegações, a oneração ou alienação de seus bens imóveis;

XVII – participar de concursos públicos, nos casos previstos na Constituição e na lei, em todas as suas fases, quando tiverem abrangência nacional ou interestadual;

▸ Art. 93, I, da CF.

XVIII – resolver os casos omissos neste Estatuto;

XIX – fiscalizar, acompanhar e definir parâmetros e diretrizes da relação jurídica mantida entre advogados e sociedades de advogados ou entre escritório de advogados sócios e advogado associado, inclusive no que se refere ao cumprimento dos requisitos norteadores da associação sem vínculo empregatício;

XX – promover, por intermédio da Câmara de Mediação e Arbitragem, a solução sobre questões atinentes à relação entre advogados sócios ou associados e homologar, caso necessário, quitações de honorários entre advogados e sociedades de advogados, observado o disposto no inciso XXXV do *caput* do art. 5º da Constituição Federal.

▸ Incisos XIX e XX acrescidos pela Lei nº 14.365, de 2-6-2022.

Parágrafo único. A intervenção referida no inciso VII deste artigo depende de prévia aprovação por dois terços das delegações, garantido o amplo direito de defesa do Conselho Seccional respectivo, nomeando-se diretoria provisória para o prazo que se fixar.

Art. 55. A diretoria do Conselho Federal é composta de um Presidente, de um Vice-Presidente, de um Secretário Geral, de um Secretário-Geral Adjunto e de um Tesoureiro.

§ 1º O Presidente exerce a representação nacional e internacional da OAB, competindo-lhe convocar o Conselho Federal, presidi-lo, representá-lo ativa e passivamente, em Juízo ou fora dele, promover-lhe a administração patrimonial e dar execução às suas decisões.

§ 2º O Regulamento Geral define as atribuições dos membros da diretoria e a ordem de substituição em caso de vacância, licença, falta ou impedimento.

§ 3º Nas deliberações do Conselho Federal, os membros da diretoria votam como membros de suas delegações, cabendo ao Presidente, apenas, o voto de qualidade e o direito de embargar a decisão, se esta não for unânime.

CAPÍTULO III
DO CONSELHO SECCIONAL

Art. 56. O Conselho Seccional compõe-se de conselheiros em número proporcional ao de seus inscritos, segundo critérios estabelecidos no Regulamento Geral.

§ 1º São membros honorários vitalícios os seus ex-Presidentes, somente com direito a voz em suas sessões.

§ 2º O Presidente do Instituto dos Advogados local é membro honorário, somente com direito a voz nas sessões do Conselho.

§ 3º Quando presentes às sessões do Conselho Seccional, o Presidente do Conselho Federal, os Conselheiros Federais integrantes da respectiva delegação, o Presidente da Caixa de Assistência dos Advogados e os Presidentes das Subseções têm direito a voz.

Art. 57. O Conselho Seccional exerce e observa, no respectivo território, as competências, vedações e funções atribuídas ao Conselho Federal, no que couber e no âmbito de sua competência material e territorial, e as normas gerais estabelecidas nesta Lei, no Regulamento Geral, no Código de Ética e Disciplina, e nos Provimentos.

Art. 58. Compete privativamente ao Conselho Seccional:

I – editar seu Regimento Interno e Resoluções;

II – criar as Subseções e a Caixa de Assistência dos Advogados;

III – julgar, em grau de recurso, as questões decididas por seu Presidente, por sua diretoria, pelo Tribunal de Ética e Disciplina, pelas diretorias das Subseções e da Caixa de Assistência dos Advogados;

IV – fiscalizar a aplicação da receita, apreciar o relatório anual e deliberar sobre o balanço e as contas de sua diretoria, das diretorias das Subseções e da Caixa de Assistência dos Advogados;

V – fixar a tabela de honorários, válida para todo o território estadual;

VI – realizar o Exame de Ordem;

▸ Art. 8º, § 1º, desta Lei.

VII – decidir os pedidos de inscrição nos quadros de advogados e estagiários;

VIII – manter cadastro de seus inscritos;

IX – fixar, alterar e receber contribuições obrigatórias, preços de serviços e multas;

X – participar da elaboração dos concursos públicos, em todas as suas fases, nos casos previstos na Constituição e nas leis, no âmbito do seu território;

▸ Art. 93, I, da CF.

▸ Art. 54, XVII, desta Lei.

XI – determinar, com exclusividade, critérios para o traje dos advogados, no exercício profissional;

XII – aprovar e modificar seu orçamento anual;

XIII – definir a composição e o funcionamento do Tribunal de Ética e Disciplina, e escolher seus membros;

XIV – eleger as listas, constitucionalmente previstas, para preenchimento dos cargos nos Tribunais Judiciários, no âmbito de sua competência e na forma do Provimento do Conselho Federal, vedada a inclusão de membros do próprio Conselho e de qualquer órgão da OAB;

▸ Art. 94 da CF.

▸ Art. 54, XIII, desta Lei.

XV – intervir nas Subseções e na Caixa de Assistência dos Advogados;

▸ Arts. 60, § 6º, e 62, § 7º, desta Lei.

XVI – desempenhar outras atribuições previstas no Regulamento Geral;

XVII – fiscalizar, por designação expressa do Conselho Federal da OAB, a relação jurídica mantida entre advogados e sociedades de advogados e o advogado associado em atividade na circunscrição territorial de cada seccional, inclusive no que se refere ao cumprimento dos requisitos norteadores da associação sem vínculo empregatício;

XVIII – promover, por intermédio da Câmara de Mediação e Arbitragem, por designação do Conselho Federal da OAB, a solução sobre questões atinentes à relação entre advogados sócios ou associados e os escritórios de advocacia sediados na base da seccional e homologar, caso necessário, quitações de honorários entre advogados e sociedades de advogados, observado o disposto no inciso XXXV do *caput* do art. 5º da Constituição Federal.

▸ Incisos XVII e XVIII acrescidos pela Lei nº 14.365, de 2-6-2022.

Art. 59. A diretoria do Conselho Seccional tem composição idêntica e atribuições equivalentes às do Conselho Federal, na forma do Regimento Interno daquele.

▸ Art. 55, *caput* e § 2º, desta Lei.

CAPÍTULO IV
DA SUBSEÇÃO

Art. 60. A Subseção pode ser criada pelo Conselho Seccional, que fixa sua área territorial e seus limites de competência e autonomia.

§ 1º A área territorial da Subseção pode abranger um ou mais municípios, ou parte de município, inclusive da capital do Estado, contando com um mínimo de quinze advogados, nela profissionalmente domiciliados.

§ 2º A Subseção é administrada por uma diretoria, com atribuições e composição equivalentes às da diretoria do Conselho Seccional.

▸ Arts. 55, § 2º, e 59 desta Lei.

§ 3º Havendo mais de cem advogados, a Subseção pode ser integrada, também, por um Conselho em número de membros fixado pelo Conselho Seccional.

§ 4º Os quantitativos referidos nos §§ 1º e 3º deste artigo podem ser ampliados, na forma do Regimento Interno do Conselho Seccional.

§ 5º Cabe ao Conselho Seccional fixar, em seu orçamento, dotações específicas destinadas à manutenção das Subseções.

§ 6º O Conselho Seccional, mediante o voto de dois terços de seus membros, pode intervir nas Subseções, onde constatar grave violação desta Lei ou do Regimento Interno daquele.

▸ Art. 58, XIV, desta Lei.

Art. 61. Compete à Subseção, no âmbito de seu território:

I – dar cumprimento efetivo às finalidades da OAB;

II – velar pela dignidade, independência e valorização da advocacia, e fazer valer as prerrogativas do advogado;

III – representar a OAB perante os poderes constituídos;

IV – desempenhar as atribuições previstas no Regulamento Geral ou por delegação de competência do Conselho Seccional.

Parágrafo único. Ao Conselho da Subseção, quando houver, compete exercer as funções e atribuições do Conselho Seccional, na forma do Regimento Interno deste, e ainda:

▸ Art. 58 desta Lei.

a) editar seu Regimento Interno, a ser referendado pelo Conselho Seccional;

b) editar resoluções, no âmbito de sua competência;

c) instaurar e instruir processos disciplinares, para julgamento pelo Tribunal de Ética e Disciplina;

d) receber pedido de inscrição nos quadros de advogado e estagiário, instruindo e emitindo parecer prévio, para decisão do Conselho Seccional.

▸ Arts. 8º e 9º desta Lei.

CAPÍTULO V
DA CAIXA DE ASSISTÊNCIA DOS ADVOGADOS

Art. 62. A Caixa de Assistência dos Advogados, com personalidade jurídica própria, destina-se a prestar assistência aos inscritos no Conselho Seccional a que se vincule.

§ 1º A Caixa é criada e adquire personalidade jurídica com a aprovação e registro de seu Estatuto pelo respectivo Conselho Seccional da OAB, na forma do Regulamento Geral.

§ 2º A Caixa pode, em benefício dos advogados, promover a seguridade complementar.

§ 3º Compete ao Conselho Seccional fixar contribuição obrigatória devida por seus inscritos, destinada à manutenção do disposto no parágrafo anterior, incidente sobre atos decorrentes do efetivo exercício da advocacia.

§ 4º A diretoria da Caixa é composta de cinco membros, com atribuições definidas no seu Regimento Interno.

§ 5º Cabe à Caixa a metade da receita das anuidades recebidas pelo Conselho Seccional, considerado o valor resultante após as deduções regulamentares obrigatórias.

§ 6º Em caso de extinção ou desativação da Caixa, seu patrimônio se incorpora ao do Conselho Seccional respectivo.

§ 7º O Conselho Seccional, mediante voto de dois terços de seus membros, pode intervir na Caixa de Assistência dos Advogados, no caso de descumprimento de suas finalidades, designando diretoria provisória, enquanto durar a intervenção.

▸ Art. 58, XV, desta Lei.

CAPÍTULO VI
DAS ELEIÇÕES E DOS MANDATOS

Art. 63. A eleição dos membros de todos os órgãos da OAB será realizada na segunda quinzena do mês de novembro, do último ano do mandato, mediante cédula única e votação direta dos advogados regularmente inscritos.

§ 1º A eleição, na forma e segundo os critérios e procedimentos estabelecidos no Regulamento Geral, é de comparecimento obrigatório para todos os advogados inscritos na OAB.

§ 2º O candidato deve comprovar situação regular perante a OAB, não ocupar cargo exonerável *ad nutum*, não ter sido condenado por infração disciplinar, salvo reabilitação, e exercer efetivamente a profissão há mais de 3 (três) anos, nas eleições para os cargos de Conselheiro Seccional e das Subseções, quando houver, e há mais de 5 (cinco) anos, nas eleições para os demais cargos.

► § 2º com a redação dada pela Lei nº 13.875, de 20-9-2019.

Art. 64. Consideram-se eleitos os candidatos integrantes da chapa que obtiver a maioria dos votos válidos.

§ 1º A chapa para o Conselho Seccional deve ser composta dos candidatos ao Conselho e à sua diretoria e, ainda, à delegação ao Conselho Federal e à diretoria da Caixa de Assistência dos Advogados para eleição conjunta.

§ 2º A chapa para a Subseção deve ser composta com os candidatos à diretoria, e de seu Conselho quando houver.

Art. 65. O mandato em qualquer órgão da OAB é de três anos, iniciando-se em primeiro de janeiro do ano seguinte ao da eleição, salvo o Conselho Federal.

Parágrafo único. Os Conselheiros Federais eleitos iniciam seus mandatos em primeiro de fevereiro do ano seguinte ao da eleição.

Art. 66. Extingue-se o mandato automaticamente, antes do seu término, quando:

I – ocorrer qualquer hipótese de cancelamento de inscrição ou de licenciamento do profissional;

II – o titular sofrer condenação disciplinar;

III – o titular faltar, sem motivo justificado, a três reuniões ordinárias consecutivas de cada órgão deliberativo do Conselho ou da diretoria da Subseção ou da Caixa de Assistência dos Advogados, não podendo ser reconduzido no mesmo período de mandato.

Parágrafo único. Extinto qualquer mandato, nas hipóteses deste artigo, cabe ao Conselho Seccional escolher o substituto, caso não haja suplente.

Art. 67. A eleição da diretoria do Conselho Federal, que tomará posse no dia primeiro de fevereiro, obedecerá às seguintes regras:

I – será admitido registro, junto ao Conselho Federal, de candidatura à presidência, desde seis meses até um mês antes da eleição;

II – o requerimento de registro deverá vir acompanhado do apoiamento de, no mínimo, seis Conselhos Seccionais;

III – até um mês antes das eleições, deverá ser requerido o registro da chapa completa, sob pena de cancelamento da candidatura respectiva;

IV – no dia 31 de janeiro do ano seguinte ao da eleição, o Conselho Federal elegerá, em reunião presidida pelo conselheiro mais antigo, por voto secreto e para mandato de 3 (três) anos, sua diretoria, que tomará posse no dia seguinte;

V – será considerada eleita a chapa que obtiver maioria simples dos votos dos Conselheiros Federais, presente a metade mais 1 (um) de seus membros.

► Incisos IV e V com a redação dada pela Lei nº 11.179, de 22-9-2005.

Parágrafo único. Com exceção do candidato a Presidente, os demais integrantes da chapa deverão ser Conselheiros Federais eleitos.

TÍTULO III – DO PROCESSO NA OAB

CAPÍTULO I – DISPOSIÇÕES GERAIS

Art. 68. Salvo disposição em contrário, aplicam-se subsidiariamente ao processo disciplinar as regras da legislação processual penal comum e, aos demais processos, as regras gerais do procedimento administrativo comum e da legislação processual civil, nessa ordem.

Art. 69. Todos os prazos necessários à manifestação de advogados, estagiários e terceiros, nos processos em geral da OAB, são de quinze dias, inclusive para interposição de recursos.

§ 1º Nos casos de comunicação por ofício reservado ou de notificação pessoal, considera-se dia do começo do prazo o primeiro dia útil imediato ao da juntada aos autos do respectivo aviso de recebimento.

► § 1º com a redação dada pela Lei nº 14.365, de 2-6-2022.

§ 2º No caso de atos, notificações e decisões divulgados por meio do *Diário Eletrônico da Ordem dos Advogados do Brasil*, o prazo terá início no primeiro dia útil seguinte à publicação, assim considerada o primeiro dia útil seguinte ao da disponibilização da informação no Diário.

► § 2º com redação dada pela Lei nº 13.688, de 3-7-2018.

CAPÍTULO II – DO PROCESSO DISCIPLINAR

Art. 70. O poder de punir disciplinarmente os inscritos na OAB compete exclusivamente ao Conselho Seccional em cuja base territorial tenha ocorrido a infração, salvo se a falta for cometida perante o Conselho Federal.

► Res. do Conselho Federal da OAB nº 1, de 20-9-2011, disciplina o processamento de processos ético-disciplinares previstos neste artigo.

§ 1º Cabe ao Tribunal de Ética e Disciplina, do Conselho Seccional competente, julgar os processos disciplinares, instruídos pelas Subseções ou por relatores do próprio Conselho.

§ 2º A decisão condenatória irrecorrível deve ser imediatamente comunicada ao Conselho Seccional onde o representado tenha inscrição principal, para constar dos respectivos assentamentos.

§ 3º O Tribunal de Ética e Disciplina do Conselho onde o acusado tenha inscrição principal pode suspendê-lo preventivamente, em caso de repercussão prejudicial à dignidade da advocacia, depois de ouvi-lo em sessão especial para a qual deve ser notificado a comparecer, salvo se não atender à notificação. Neste caso, o processo disciplinar deve ser concluído no prazo máximo de noventa dias.

Art. 71. A jurisdição disciplinar não exclui a comum e, quando o fato constituir crime ou contravenção, deve ser comunicado às autoridades competentes.

Art. 72. O processo disciplinar instaura-se de ofício ou mediante representação de qualquer autoridade ou pessoa interessada.

§ 1º O Código de Ética e Disciplina estabelece os critérios de admissibilidade da representação e os procedimentos disciplinares.

§ 2º O processo disciplinar tramita em sigilo, até o seu término, só tendo acesso às suas informações as partes, seus defensores e a autoridade judiciária competente.

Art. 73. Recebida a representação, o Presidente deve designar relator, a quem compete a instrução do processo e o oferecimento de parecer preliminar a ser submetido ao Tribunal de Ética e Disciplina.

§ 1º Ao representado deve ser assegurado amplo direito de defesa, podendo acompanhar o processo em todos os termos, pessoalmente ou por intermédio de procurador, oferecendo defesa prévia após ser notificado, razões finais após a instrução e defesa oral perante o Tribunal de Ética e Disciplina, por ocasião do julgamento.

§ 2º Se, após a defesa prévia, o relator se manifestar pelo indeferimento liminar da representação, este deve ser decidido pelo Presidente do Conselho Seccional, para determinar seu arquivamento.

§ 3º O prazo para defesa prévia pode ser prorrogado por motivo relevante, a juízo do relator.

§ 4º Se o representado não for encontrado, ou for revel, o Presidente do Conselho ou da Subseção deve designar-lhe defensor dativo.

§ 5º É também permitida a revisão do processo disciplinar, por erro de julgamento ou por condenação baseada em falsa prova.

Art. 74. O Conselho Seccional pode adotar as medidas administrativas e judiciais pertinentes, objetivando a que o profissional suspenso ou excluído devolva os documentos de identificação.

CAPÍTULO III – DOS RECURSOS

Art. 75. Cabe recurso ao Conselho Federal de todas as decisões definitivas proferidas pelo Conselho Seccional, quando não tenham sido unânimes ou, sendo unânimes, contrariem esta Lei, decisão do Conselho Federal ou de outro Conselho Seccional e, ainda, o Regulamento Geral, o Código de Ética e Disciplina e os Provimentos.

Parágrafo único. Além dos interessados, o Presidente do Conselho Seccional é legitimado a interpor o recurso referido neste artigo.

► Art. 55, § 3º, desta Lei.

Art. 76. Cabe recurso ao Conselho Seccional de todas as decisões proferidas por seu Presidente, pelo Tribunal de Ética e Disciplina, ou pela diretoria da Subseção ou da Caixa de Assistência dos Advogados.

Art. 77. Todos os recursos têm efeito suspensivo, exceto quando tratarem de eleições (artigos 63 e seguintes), de suspensão preventiva decidida pelo Tribunal de Ética e Disciplina, e de cancelamento da inscrição obtida com falsa prova.

Parágrafo único. O Regulamento Geral disciplina o cabimento de recursos específicos, no âmbito de cada órgão julgador.

TÍTULO IV – DAS DISPOSIÇÕES GERAIS E TRANSITÓRIAS

Art. 78. Cabe ao Conselho Federal da OAB, por deliberação de dois terços, pelo menos, das delegações, editar o Regulamento Geral deste Estatuto, no prazo de seis meses, contados da publicação desta Lei.

Art. 79. Aos servidores da OAB, aplica-se o regime trabalhista.

§ 1º Aos servidores da OAB, sujeitos ao regime da Lei nº 8.112, de 11 de dezembro de 1990, e concedido o direito de opção pelo regime trabalhista, no prazo de noventa dias a partir da vigência desta Lei, sendo assegurado aos optantes o pagamento de indenização, quando da aposentadoria, correspondente a cinco vezes o valor da última remuneração.

§ 2º Os servidores que não optarem pelo regime trabalhista serão posicionados no quadro em extinção, assegurado o direito adquirido ao regime legal anterior.

Art. 80. Os Conselhos Federal e Seccionais devem promover trienalmente as respectivas Conferências, em data não coincidente com o ano eleitoral, e, periodicamente, reunião do colégio de Presidentes a eles vinculados, com finalidade consultiva.

Art. 81. Não se aplicam aos que tenham assumido originariamente o cargo de Presidente do Conselho Federal ou dos Conselhos Seccionais, até a data da publicação desta Lei, as normas contidas no Título II, acerca da composição desses Conselhos, ficando assegurado o pleno direito de voz e voto em suas sessões.

▶ Arts. 51, § 2º, e 56, § 1º, desta Lei.

Art. 82. Aplicam-se as alterações previstas nesta Lei, quanto a mandatos, eleições, composição e atribuições dos órgãos da OAB, a partir do término do mandato dos atuais membros, devendo os Conselhos Federal e Seccionais disciplinarem os respectivos procedimentos de adaptação.

Parágrafo único. Os mandatos dos membros dos órgãos da OAB, eleitos na primeira eleição sob a vigência desta Lei, e na forma do Capítulo VI do Título II, terão início no dia seguinte ao término dos atuais mandatos, encerrando-se em 31 de dezembro do terceiro ano do mandato e em 31 de janeiro do terceiro ano do mandato, neste caso com relação ao Conselho Federal.

Art. 83. Não se aplica o disposto no artigo 28, inciso II, desta Lei, aos membros do Ministério Público que, na data de promulgação da Constituição, se incluam na previsão do artigo 29, § 3º, do seu Ato das Disposições Constitucionais Transitórias.

Art. 84. O estagiário, inscrito no respectivo quadro, fica dispensado do Exame de Ordem, desde que comprove, em até dois anos da promulgação desta Lei, o exercício e resultado do estágio profissional ou a conclusão, com aproveitamento, do estágio de "Prática Forense e Organização Judiciária", realizado junto à respectiva faculdade, na forma da legislação em vigor.

▶ Art. 8º, IV, desta Lei.

Art. 85. O Instituto dos Advogados Brasileiros, a Federação Nacional dos Institutos dos Advogados do Brasil e as instituições a eles filiadas têm qualidade para promover perante a OAB o que julgarem do interesse dos advogados em geral ou de qualquer de seus membros.

▶ Artigo com a redação dada pela Lei nº 14.365, de 2-6-2022.

Art. 86. Esta Lei entra em vigor na data de sua publicação.

Art. 87. Revogam se as disposições em contrário, especialmente a Lei nº 4.215, de 27 de abril de 1963, a Lei nº 5.390, de 23 fevereiro de 1968, o Decreto-Lei nº 505, de 18 de março de 1969, a Lei nº 5.681, de 20 de julho de 1971, a Lei nº 5.842, de 6 de dezembro de 1972, a Lei nº 5.960, de 10 de dezembro de 1973, a Lei nº 6.743, de 5 de dezembro de 1979, a Lei nº 6.884, de 9 de dezembro de 1980, a Lei nº 6.994, de 26 de maio de 1982, mantidos os efeitos da Lei nº 7.346, de 22 de julho de 1985.

Brasília, 4 de julho de 1994;
173º da Independência e
106º da República.

Itamar Franco

REGULAMENTO GERAL DO ESTATUTO DA ADVOCACIA E DA OAB

Dispõe sobre o Regulamento Geral previsto na Lei nº 8.906, de 4 de julho de 1994.

▶ Publicado no *DJU* de 16-11-1994.

TÍTULO I – DA ADVOCACIA

CAPÍTULO I
DA ATIVIDADE DE ADVOCACIA

Seção I
DA ATIVIDADE DE ADVOCACIA EM GERAL

Art. 1º A atividade de advocacia é exercida com observância da Lei nº 8.906/94 (Estatuto), deste Regulamento Geral, do Código de Ética e Disciplina e dos Provimentos.

Art. 2º O visto do advogado em atos constitutivos de pessoas jurídicas, indispensável ao registro e arquivamento nos órgãos competentes, deve resultar da efetiva constatação, pelo profissional que os examinar, de que os respectivos instrumentos preenchem as exigências legais pertinentes.

▶ *Caput* com a redação dada pelo Conselho Pleno do CFOAB, de 16-10-2000.

Parágrafo único. Estão impedidos de exercer o ato de advocacia referido neste artigo os advogados que prestem serviços a órgãos ou entidades da Administração Pública direta ou indireta, da unidade federativa a que se vincule a Junta Comercial, ou a quaisquer repartições administrativas competentes para o mencionado registro.

Art. 3º É defeso ao advogado funcionar no mesmo processo, simultaneamente, como patrono e preposto do empregador ou cliente.

Art. 4º A prática de atos privativos de advocacia, por profissionais e sociedades não inscritos na OAB, constitui exercício ilegal da profissão.

Parágrafo único. É defeso ao advogado prestar serviços de assessoria e consultoria jurídicas para terceiros, em sociedades que não possam ser registradas na OAB.

Art. 5º Considera-se efetivo exercício da atividade de advocacia a participação anual mínima em cinco atos privativos previstos no artigo 1º do Estatuto, em causas ou questões distintas.

Parágrafo único. A comprovação do efetivo exercício faz-se mediante:

a) certidão expedida por cartórios ou secretarias judiciais;
b) cópia autenticada de atos privativos;
c) certidão expedida pelo órgão público no qual o advogado exerça função privativa do seu ofício, indicando os atos praticados.

Art. 6º O advogado deve notificar o cliente da renúncia ao mandato (art. 5º, § 3º, do Estatuto), preferencialmente mediante carta com aviso de recepção, comunicando, após, o Juízo.

Art. 7º A função de diretoria e gerência jurídicas em qualquer empresa pública, privada ou paraestatal, inclusive em instituições financeiras, é privativa de advogado, não podendo ser exercida por quem não se encontre inscrito regularmente na OAB.

Art. 8º A incompatibilidade prevista no art. 28, II do Estatuto, não se aplica aos advogados que participam dos órgãos nele referidos, na qualidade de titulares ou suplentes, como representantes dos advogados.

▶ *Caput* com a redação dada pelo Conselho Pleno do CFOAB, de 16-10-2000.

§ 1º Ficam, entretanto, impedidos de exercer a advocacia perante os órgãos em que atuam, enquanto durar a investidura.

▶ Parágrafo único transformado em § 1º pelo Conselho Pleno do CFOAB, de 16-10-2000.

§ 2º A indicação dos representantes dos advogados nos juizados especiais deverá ser promovida pela Subseção ou, na sua ausência, pelo Conselho Seccional.

▶ § 2º acrescido pelo Conselho Pleno do CFOAB, de 16-10-2000.

Seção II
DA ADVOCACIA PÚBLICA

Art. 9º Exercem a advocacia pública os integrantes da Advocacia-Geral da União, da Defensoria Pública e das Procuradorias e Consultorias Jurídicas dos Estados, do Distrito Federal, dos Municípios, das autarquias e das fundações públicas, estando obrigados à inscrição na OAB, para o exercício de suas atividades.

Parágrafo único. Os integrantes da advocacia pública são elegíveis e podem integrar qualquer órgão da OAB.

Art. 10. Os integrantes da advocacia pública, no exercício de atividade privativa prevista no art. 1º do Estatuto, sujeitam-se ao regime do Estatuto, deste Regulamento Geral e do Código de Ética e Disciplina, inclusive quanto às infrações e sanções disciplinares.

Seção III
DO ADVOGADO EMPREGADO

Art. 11. Compete a sindicato de advogados e, na sua falta, a federação ou confederação de advogados, a representação destes nas convenções coletivas celebradas com as entidades sindicais representativas dos empregadores, nos acordos coletivos celebrados com a empresa empregadora e nos dissídios coletivos perante a Justiça do Trabalho, aplicáveis às relações de trabalho.

Art. 12. Para os fins do art. 20 da Lei nº 8.906/94, considera-se de dedicação exclusiva o regime de trabalho que for expressamente previsto em contrato individual de trabalho.

▶ *Caput* com a redação dada pelo Conselho Pleno do CFOAB, de 16-10-2000.

Parágrafo único. Em caso de dedicação exclusiva, serão remuneradas como extraordinárias as horas trabalhadas que excederem a jornada normal de oito horas diárias.

▶ Parágrafo único com a redação dada pelo Conselho Pleno do CFOAB, de 16-10-2000.

Art. 13. *Revogado.* Conselho Pleno do CFOAB, de 16-10-2000.

Art. 14. Os honorários de sucumbência, por decorrerem precipuamente do exercício da advocacia e só acidentalmente da relação de emprego, não integram o salário ou a remuneração, não podendo, assim, ser considerados para efeitos trabalhistas ou previdenciários.

Parágrafo único. Os honorários de sucumbência dos advogados empregados constituem fundo comum, cuja destinação é decidida pelos profissionais integrantes do serviço jurídico da empresa ou por seus representantes.

CAPÍTULO II – DOS DIREITOS E DAS PRERROGATIVAS

Seção I – *DA DEFESA JUDICIAL DOS DIREITOS E DAS PRERROGATIVAS*

Art. 15. Compete ao Presidente do Conselho Federal, do Conselho Seccional ou da Subseção, ao tomar conhecimento de fato que possa causar, ou que já causou, violação de direitos ou prerrogativas da profissão, adotar as providências judiciais e extrajudiciais cabíveis para prevenir ou restaurar o império do Estatuto, em sua plenitude, inclusive mediante representação administrativa.

Parágrafo único. O Presidente pode designar advogado, investido de poderes bastantes, para as finalidades deste artigo.

Art. 16. Sem prejuízo da atuação de seu defensor, contará o advogado com a assistência de representante da OAB nos inquéritos policiais ou nas ações penais em que figurar como indiciado, acusado ou ofendido, sempre que o fato a ele imputado decorrer do exercício da profissão ou a este vincular-se.

▸ Artigo com a redação dada pelo Conselho Pleno do CFOAB, de 17-6-1997.

Art. 17. Compete ao Presidente do Conselho ou da Subseção representar contra o responsável por abuso de autoridade, quando configurada hipótese de atentado à garantia legal de exercício profissional, prevista na Lei nº 4.898, de 09 de dezembro de 1965.

▸ A referida Lei nº 4.898, de 9-12-1965, foi revogada pela Lei nº 13.869, de 5-9-2019 (Lei do Abuso de Autoridade).

Seção II – *DO DESAGRAVO PÚBLICO*

Art. 18. O inscrito na OAB, quando ofendido comprovadamente em razão do exercício profissional ou de cargo ou função da OAB, tem direito ao desagravo público promovido pelo Conselho competente, de ofício, a seu pedido ou de qualquer pessoa.

▸ *Caput* com a redação dada pelo Conselho Pleno do CFOAB, de 17-6-1997.

§ 1º O pedido será submetido à Diretoria do Conselho competente, que poderá, nos casos de urgência e notoriedade, conceder imediatamente o desagravo, *ad referendum* do órgão competente do Conselho, conforme definido em regimento interno.

§ 2º Nos demais casos, a Diretoria remeterá o pedido de desagravo ao órgão competente para instrução e decisão, podendo o relator, convencendo-se da existência de prova ou indício de ofensa relacionada ao exercício da profissão ou de cargo da OAB, solicitar informações da pessoa ou autoridade ofensora, no prazo de 15 (quinze) dias, sem que isso configure condição para a concessão do desagravo.

§ 3º O relator pode propor o arquivamento do pedido se a ofensa for pessoal, se não estiver relacionada com o exercício profissional ou com as prerrogativas gerais do advogado ou se configurar crítica de caráter doutrinário, político ou religioso.

§ 4º Recebidas ou não as informações e convencendo-se da procedência da ofensa, o relator emite parecer que é submetido ao órgão competente do Conselho, conforme definido em regimento interno.

§ 5º Os desagravos deverão ser decididos no prazo máximo de 60 (sessenta) dias.

§ 6º Em caso de acolhimento do parecer, é designada a sessão de desagravo, amplamente divulgada, devendo ocorrer, no prazo máximo de 30 (trinta) dias, preferencialmente, no local onde a ofensa foi sofrida ou onde se encontre a autoridade ofensora.

§ 7º Na sessão de desagravo o Presidente lê a nota a ser publicada na imprensa, encaminhada ao ofensor e às autoridades, e registrada nos assentamentos do inscrito e no Registro Nacional de Violações de Prerrogativas.

▸ §§ 1º a 7º com a redação dada pela Res. nº 1 do Conselho Pleno do CFOAB, de 22-5-2018.

§ 8º Ocorrendo a ofensa no território da Subseção a que se vincule o inscrito, a sessão de desagravo pode ser promovida pela diretoria ou conselho da Subseção, com representação do Conselho Seccional.

§ 9º O desagravo público, como instrumento de defesa dos direitos e prerrogativas da advocacia, não depende de concordância do ofendido, que não pode dispensá-lo, devendo ser promovido a critério do Conselho.

▸ §§ 8º e 9º acrescidos pela Res. nº 1 do Conselho Pleno do CFOAB, de 22-5-2018.

Art. 19. Compete ao Conselho Federal promover o desagravo público de Conselheiro Federal ou de Presidente de Conselho Seccional, quando ofendidos no exercício das atribuições de seus cargos e ainda quando a ofensa a advogado se revestir de relevância e grave violação às prerrogativas profissionais, com repercussão nacional.

Parágrafo único. O Conselho Federal, observado o procedimento previsto no art. 18 deste Regulamento, indica seus representantes para a sessão pública de desagravo, na sede do Conselho Seccional, salvo no caso de ofensa a Conselheiro Federal.

CAPÍTULO III – DA INSCRIÇÃO NA OAB

Art. 20. *O requerente à inscrição principal no quadro de advogados presta o seguinte compromisso, de pé e com a mão direita no peito esquerdo, perante o Conselho Seccional, a Diretoria ou o Conselho da Subseção:*

"Prometo exercer a advocacia com dignidade e independência, observar a ética, os deveres e prerrogativas profissionais e defender a Constituição, a ordem jurídica do Estado Democrático, os direitos humanos, a justiça social, a boa aplicação das leis, a rápida administração da justiça e o aperfeiçoamento da cultura e das instituições jurídicas".

▸ *Caput* com a redação dada pela Res. da OAB nº 2, de 23-4-2024.

§ 1º É indelegável, por sua natureza solene e personalíssima, o compromisso referido neste artigo.

§ 2º A conduta incompatível com a advocacia, comprovadamente imputável ao requerente, impede a inscrição no quadro de advogados.

▸ § 2º renumerado pelo Conselho Pleno do CFOAB, de 17-6-1997.

§ 3º A inscrição no quadro de advogados da OAB é condicionada à consulta, pelo Conselho Seccional onde tramita o pedido de registro, ao banco de dados nacional de inidoneidade moral, o qual é alimentado por todas as Seccionais e pelo Conselho Federal.

▸ § 3º acrescido pela Res. do CFOAB nº 1, de 26-2-2024.

Art. 21. O advogado pode requerer o registro, nos seus assentamentos, de fatos comprovados de sua atividade profissional ou cultural, ou a ela relacionados, e de serviços prestados à classe, à OAB e ao País.

Art. 22. O advogado, regularmente notificado, deve quitar seu débito relativo às anuidades, no prazo de 15 dias da notificação, sob pena de suspensão, aplicada em processo disciplinar.

▸ *Caput* com a redação dada pelo Conselho Pleno do CFOAB, de 20-10-1998.

Parágrafo único. Cancela-se a inscrição quando ocorrer a terceira suspensão, relativa ao não pagamento de anuidades distintas.

▸ Parágrafo único com a redação dada pelo Conselho Pleno do CFOAB, de 20-10-1998.

Art. 23. O requerente à inscrição no quadro de advogados, na falta de diploma regularmente registrado, apresenta certidão de graduação em direito, acompanhada de cópia autenticada do respectivo histórico escolar.

Parágrafo único. *Revogado.* Conselho Pleno do CFOAB, de 16-10-2000.

Art. 24. Aos Conselhos Seccionais da OAB incumbe alimentar, automaticamente, por via eletrônica, o Cadastro Nacional dos Advogados – CNA, mantendo as informações correspondentes constantemente atualizadas.

▸ *Caput* com a redação dada pela Res. nº 5 do Conselho Pleno do CFOAB, de 7-6-2016.

§ 1º O CNA deve conter o nome completo de cada advogado, o nome social, o número da inscrição, o Conselho Seccional e a Subseção a que está vinculado, o número de inscrição no CPF, a filiação, o sexo, a autodeclaração de cor ou raça, a data de inscrição na OAB e sua modalidade, a existência de penalidades eventualmente aplicadas, estas em campo reservado, a fotografia, o endereço completo e o número de telefone profissional, o endereço do correio eletrônico e o nome da sociedade de advogados de que eventualmente faça parte, ou esteja associado, e, opcionalmente, o nome profissional, a existência de deficiência de que seja portador, opção para doação de órgãos, Registro Geral, data e órgão emissor, número do título de eleitor, zona, seção, UF eleitoral, certificado militar e passaporte.

▸ § 1º com a redação dada pela Res. do CFOAB nº 3, de 17-8-2020 (*DOABe* de 8-10-2021).

§ 2º No cadastro são incluídas, igualmente, informações sobre o cancelamento das inscrições.

▸ §§ 1º e 2º com a redação dada pela Res. nº 1 do Conselho Pleno do CFOAB, de 18-4-2012.

§ 3º O Conselho Seccional em que o advogado mantenha inscrição suplementar deverá registrar a punição disciplinar imposta por outra Seccional, no CNA, em até 24 (vinte e quatro) horas, a contar da comunicação de que trata o art. 70, § 2º, do EAOAB.

▸ § 3º acrescido pela Res. nº 3 do Conselho Pleno do CFOAB, de 7-8-2018.

Art. 24-A. Aos Conselhos Seccionais da OAB incumbe alimentar, automaticamente e em tempo real, por via eletrônica, o Cadastro Nacional das Sociedades de Advogados – CNSA, mantendo as informações correspondentes constantemente atualizadas.

§ 1º O CNSA deve conter a razão social, o número de registro perante a seccional, a data do pedido de registro e a do efetivo registro, o prazo de duração, o endereço completo, inclusive telefone e correio eletrônico, nome, nome social e qualificação de todos os sócios e as modificações ocorridas em seu quadro social.

▸ § 1º com a redação dada pela Res. nº 5 do Conselho Pleno do CFOAB, de 7-6-2016.

§ 2º Mantendo a sociedade filiais, os dados destas, bem como os números de inscrição suplementar de seus sócios (Provimento nº 112/2006, art. 7º, § 1º), após averbados no Conselho Seccional no qual se localiza o escritório sede, serão averbados no CNSA.

§ 3º São igualmente averbados no CNSA os ajustes de associação ou de colaboração.

§ 4º São proibidas razões sociais iguais ou semelhantes, prevalecendo a razão social da sociedade com inscrição mais antiga.

§ 5º Constatando-se semelhança ou identidade de razões sociais, o Conselho Federal da OAB solicitará, de ofício, a alteração da razão social mais recente, caso a sociedade com registro mais recente não requeira a alteração da sua razão social, acrescentando ou excluindo dados que a distinga da sociedade precedentemente registrada.

§ 6º Verificado conflito de interesses envolvendo sociedades em razão de identidade ou semelhança de razões sociais, em Estados diversos, a questão será apreciada pelo Conselho Federal da OAB, garantindo-se o devido processo legal.

Art. 24-B. Aplicam-se ao Cadastro Nacional das Sociedades de Advogados – CNSA as normas estabelecidas no Provimento nº 95/2000 para os advogados, assim como as restrições quanto à divulgação das informações nele inseridas.

▸ Arts. 24-A e 24-B acrescidos pela Res. nº 1 do Conselho Pleno do CFOAB, de 18-4-2012.

Art. 25. Os pedidos de transferência de inscrição de advogados são regulados em Provimento do Conselho Federal.

▸ Artigo com a redação dada pelo Conselho Pleno do CFOAB, de 17-6-1997.

Art. 26. O advogado fica dispensado de comunicar o exercício eventual da profissão, até o total de cinco causas por ano, acima do qual obriga-se à inscrição suplementar.

CAPÍTULO IV
DO ESTÁGIO PROFISSIONAL

Art. 27. O estágio profissional de advocacia, inclusive para graduados, é requisito necessário à inscrição no quadro de estagiários da OAB e meio adequado de aprendizagem prática.

§ 1º O estágio profissional de advocacia pode ser oferecido pela instituição de ensino superior autorizada e credenciada, em convênio com a OAB, complementando-se a carga horária do estágio curricular supervisionado com atividades práticas típicas de advogado e de estudo do Estatuto e do Código de Ética e Disciplina, observado o tempo conjunto mínimo de 300 (trezentas) horas, distribuído em dois ou mais anos.

§ 2º A complementação da carga horária, no total estabelecido no convênio, pode ser efetivada na forma de atividades jurídicas no núcleo de prática jurídica da instituição de ensino, na Defensoria Pública, em escritórios de advocacia ou em setores jurídicos públicos ou privados, credenciados e fiscalizados pela OAB.

§ 3º As atividades de estágio ministrado por instituição de ensino, para fins de convênio com a OAB, são exclusivamente práticas, incluindo a redação de atos processuais e profissionais, as rotinas processuais, a assistência e a atuação em audiências e sessões, as visitas a órgãos judiciários, a prestação de serviços jurídicos e as técnicas de negociação coletiva, de arbitragem e de conciliação.

Art. 28. O estágio realizado na Defensoria Pública da União, do Distrito Federal ou dos Estados, na forma do artigo 145 da Lei Complementar n. 80, de 12 de janeiro de 1994, é considerado válido para fins de inscrição no quadro de estagiários da OAB.

Art. 29. Os atos de advocacia, previstos no art. 1º do Estatuto, podem ser subscritos por estagiário inscrito na OAB, em conjunto com o advogado ou o defensor público.

§ 1º O estagiário inscrito na OAB pode praticar isoladamente os seguintes atos, sob a responsabilidade do advogado:

I – retirar e devolver autos em cartório, assinando a respectiva carga;

II – obter junto aos escrivães e chefes de secretarias certidões de peças ou autos de processos em curso ou findos;

III – assinar petições de juntada de documentos a processos judiciais ou administrativos.

§ 2º Para o exercício de atos extrajudiciais, o estagiário pode comparecer isoladamente, quando receber autorização ou substabelecimento do advogado.

Art. 30. O estágio profissional de advocacia, realizado integralmente fora da instituição de ensino, compreende as atividades fixadas em convênio entre o escritório de advocacia ou entidade que receba o estagiário e a OAB.

Art. 31. Cada Conselho Seccional mantém uma Comissão de Estágio e Exame de Ordem, a quem incumbe coordenar, fiscalizar e executar as atividades decorrentes do estágio profissional da advocacia.

▸ *Caput* com a redação dada pela Res. nº 1 do Conselho Pleno do CFOAB, de 13-6-2011.

§ 1º Os convênios de estágio profissional e suas alterações, firmados pelo Presidente do Conselho ou da Subseção, quando esta receber delegação de competência, são previamente elaborados pela Comissão, que tem poderes para negociá-los com as instituições interessadas.

▸ § 1º com a redação dada pela Res. nº 1 do Conselho Pleno do CFOAB, de 13-6-2011.

§ 2º A Comissão pode instituir subcomissões nas Subseções.

§ 3º *Revogado*. Res. nº 1 do Conselho Pleno do CFOAB, de 13-6-2011.

§ 4º Compete ao Presidente do Conselho Seccional designar a Comissão, que pode ser composta por advogados não integrantes do Conselho.

CAPÍTULO V
DA IDENTIDADE PROFISSIONAL

***Art. 32.** São documentos de identidade profissional a carteira e o cartão expedido pela OAB aos advogados e às advogadas, os quais poderão ser emitidos no formato digital, de uso obrigatório para o exercício das atividades profissionais.*

▸ *Caput* com a redação dada pela Res. do CFOAB nº 3, de 19-8-2024.

§ 1º O uso do cartão dispensa o da carteira.

▸ Parágrafo único transformado em § 1º pela Res. do CFOAB nº 3, de 19-8-2024.

▸ Art. 34, *caput*, deste Regulamento Geral da OAB.

§ 2º Aos estagiários inscritos fica obrigatória a emissão de cartão de identidade, sendo que a expedição de carteira no formato estabelecido no artigo 33, somente ocorrerá em caso de requerimento específico com o pagamento de taxa estabelecida pela Seccional a qual estiver o estagiário vinculado.

▸ § 2º acrescido pela Res. do CFOAB nº 3, de 19-8-2024.

Art. 33. A carteira de identidade do advogado, relativa à inscrição originária, tem as dimensões de 7,00 (sete) x 11,00 (onze) centímetros e observa os seguintes critérios:

I – a capa, em fundo vermelho, contém as armas da República e as expressões "Ordem dos Advogados do Brasil" e "Carteira de Identidade de Advogado";

II – a primeira página repete o conteúdo da capa, acrescentado da expressão "Conselho Seccional de (...)" e do inteiro teor do art. 13 do Estatuto;

III – a segunda página destina-se aos dados de identificação do advogado, na seguinte ordem: número da inscrição, nome, nome social, filiação, naturalidade, data do nascimento, nacionalidade, data da colação de grau, data do compromisso e data da expedição, e à assinatura do Presidente do Conselho Seccional;

▸ Inciso III com a redação dada pela Res. nº 5 do Conselho Pleno do CFOAB, de 7-6-2016.

IV – a terceira página é dividida para os espaços de uma foto 3 (três) x 4 (quatro) centímetros, da impressão digital e da assinatura do portador;

V – as demais páginas, em branco e numeradas, destinam-se ao reconhecimento de firma dos signatários e às anotações da OAB, firmadas pelo Secretário-Geral ou Adjunto, incluindo as incompatibilidades e os impedimentos, o exercício de mandatos, as designações para comissões, as funções na OAB, os serviços relevantes à profissão e os dados da inscrição suplementar, pelo Conselho que a deferir;

VI – a última página destina-se à transcrição do art. 7º do Estatuto.

Parágrafo único. O nome social é a designação pela qual a pessoa travesti ou transexual se identifica e é socialmente reconhecida e será inserido na identificação do advogado mediante requerimento.

▸ Parágrafo único com a redação dada pela Res. nº 5 do Conselho Pleno do CFOAB, de 7-6-2016.

Art. 34. O cartão de identidade tem o mesmo modelo e conteúdo do cartão de identificação pessoal (registro geral), com as seguintes adaptações, segundo o modelo aprovado pela Diretoria do Conselho Federal:

I – o fundo é de cor branca e a impressão dos caracteres e armas da República, de cor vermelha;

II – O anverso contém os seguintes dados, nesta sequência: Ordem dos Advogados do Brasil, Conselho Seccional de (...), Identidade de Advogado (em destaque), nº da inscrição, nome, nome social, filiação, naturalidade, data do nascimento e data da expedição, e a assinatura do Presidente, podendo ser acrescentados os dados de identificação de registro geral, de CPF, eleitoral e outros;

▸ Inciso II com a redação dada pela Res. nº 5 do Conselho Pleno do CFOAB, de 7-6-2016.

III – o verso destina-se à fotografia, observações e assinatura do portador.

▸ Inciso III com a redação dada pela Res. nº 4 do Conselho Pleno do CFOAB, de 31-10-2006.

§ 1º No caso de inscrição suplementar o cartão é específico, indicando-se: "Nº da Inscrição Suplementar:" (em negrito ou sublinhado).

§ 2º Os Conselhos Federal e Seccionais podem emitir cartão de identidade para os seus membros e para os membros das Subseções, acrescentando, abaixo do termo "Identidade de Advogado", sua qualificação de conselheiro ou dirigente da OAB e, no verso, o prazo de validade, coincidente com o mandato.

§ 3º O cartão de identidade profissional digital dos advogados e estagiários, constituindo versão eletrônica de identidade para todos os fins legais (art. 13 da Lei nº 8.906/94 – EAOAB), submete-se à disciplina prevista no presente artigo.

▸ § 3º acrescido pela Res. do CFOAB nº 1, de 10-2-2020.

Art. 35. O cartão de identidade do estagiário tem o mesmo modelo e conteúdo do cartão de identidade do advogado, com a indicação de "Identidade de Estagiário", em destaque, e do prazo de validade, que não pode ultrapassar três anos nem ser prorrogado.

Parágrafo único. O cartão de identidade do estagiário perde sua validade imediatamente após a prestação do compromisso como advogado.

▸ Parágrafo único com a redação dada pelo Conselho Pleno do CFOAB, de 17-6-1997.

Art. 36. O suporte material do cartão de identidade é resistente, devendo conter dispositivo para armazenamento de certificado digital.

▸ Artigo com a redação dada pela Res. nº 2 do Conselho Pleno do CFOAB, de 12-9-2006.

CAPÍTULO VI
DAS SOCIEDADES DE ADVOGADOS

Art. 37 Os advogados podem constituir sociedade simples, unipessoal ou pluripessoal, de prestação de serviços de advocacia, a qual deve ser regularmente registrada no Conselho Seccional da OAB em cuja base territorial tiver sede.

§ 1º As atividades profissionais privativas dos advogados são exercidas individualmente, ainda que revertam à sociedade os honorários respectivos.

§ 2º As sociedades unipessoais e as pluripessoais de advocacia são reguladas em Provimento do Conselho Federal."

▸ Art. 37 com a redação dada pela Res. do CFOAB nº 2, de 12-4-2016.

Art. 38. O nome completo ou abreviado, ou o nome social de, no mínimo, um advogado responsável pela sociedade consta obrigatoriamente da razão social, podendo permanecer o nome ou o nome social de sócio falecido se, no ato constitutivo ou na alteração contratual em vigor, essa possibilidade tiver sido prevista.

▸ Artigo com a redação dada pela Res. nº 5 do Conselho Pleno do CFOAB, de 7-6-2016.

Art. 39. A sociedade de advogados pode associar-se com advogados, sem vínculo de emprego, para participação nos resultados.

Parágrafo único. Os contratos referidos neste artigo são averbados no registro da sociedade de advogados.

Art. 40. Os advogados sócios e os associados respondem subsidiária e ilimitadamente pelos danos causados diretamente ao cliente, nas hipóteses de dolo ou culpa e por ação ou omissão, no exercício dos atos privativos da advocacia, sem prejuízo da responsabilidade disciplinar em que possam incorrer.

Art. 41. As sociedades de advogados podem adotar qualquer forma de administração social, permitida a existência de sócios gerentes, com indicação dos poderes atribuídos.

Art. 42. Podem ser praticados pela sociedade de advogados, com uso da razão social, os atos indispensáveis às suas finalidades, que não sejam privativos de advogado.

Art. 43. O registro da sociedade de advogados observa os requisitos e procedimentos previstos em Provimento do Conselho Federal.

▸ Artigo com a redação dada pelo Conselho Pleno do CFOAB, de 17-6-1997.

TÍTULO II – DA ORDEM DOS ADVOGADOS DO BRASIL (OAB)

CAPÍTULO I
DOS FINS E DA ORGANIZAÇÃO

Art. 44. As finalidades da OAB, previstas no art. 44 do Estatuto, são cumpridas pelos Conselhos Federal e Seccionais e pelas Subseções, de modo integrado, observadas suas competências específicas.

Art. 45. A exclusividade da representação dos advogados pela OAB, prevista no art. 44, II, do Estatuto, não afasta a competência própria dos sindicatos e associações sindicais de advogados, quanto à defesa dos direitos peculiares da relação de trabalho do profissional empregado.

Art. 46. Os novos Conselhos Seccionais serão criados mediante Resolução do Conselho Federal.

Art. 47. O patrimônio do Conselho Federal, do Conselho Seccional, da Caixa de Assistência dos Advogados e da Subseção é constituído de bens móveis e imóveis e outros bens e valores que tenham adquirido ou venham a adquirir.

Art. 48. A alienação ou oneração de bens imóveis depende de aprovação do Conselho Federal ou do Conselho Seccional, competindo à Diretoria do órgão decidir pela aquisição de qualquer bem e dispor sobre os bens móveis.

Parágrafo único. A alienação ou oneração de bens imóveis depende de autorização da maioria das delegações, no Conselho Federal, e da maioria dos membros efetivos, no Conselho Seccional.

Art. 49. Os cargos da Diretoria do Conselho Seccional têm as mesmas denominações atribuídas aos da Diretoria do Conselho Federal.

Parágrafo único. Os cargos da Diretoria da Subseção e da Caixa de Assistência dos Advogados têm as seguintes denominações: Presidente, Vice-Presidente, Secretário, Secretário Adjunto e Tesoureiro.

Art. 50. Ocorrendo vaga de cargo de diretoria do Conselho Federal ou do Conselho Seccional, inclusive do Presidente, em virtude de perda do mandato (art. 66 do Estatuto), morte ou renúncia, o substituto é eleito pelo Conselho a que se vincule, dentre os seus membros.

Art. 51. A elaboração das listas constitucionalmente previstas, para preenchimento dos cargos nos tribunais judiciários, é disciplinada em Provimento do Conselho Federal.

Art. 52. A OAB participa dos concursos públicos, previstos na Constituição e nas leis, em todas as suas fases, por meio de representante do Conselho competente, designado pelo Presidente, incumbindo-lhe apresentar relatório sucinto de suas atividades.

Parágrafo único. Incumbe ao representante da OAB velar pela garantia da isonomia e da integridade do certame, retirando-se quando constatar irregularidades ou favorecimentos e comunicando os motivos ao Conselho.

Art. 53. Os conselheiros e dirigentes dos órgãos da OAB tomam posse firmando, juntamente com o Presidente, o termo específico, após prestar o seguinte compromisso: "Prometo manter, defender e cumprir os princípios e finalidades da OAB, exercer com dedicação e ética as atribuições que me são delegadas e pugnar pela dignidade, independência, prerrogativas e valorização da advocacia."

Art. 54. Compete à Diretoria dos Conselhos Federal e Seccionais, da Subseção ou da Caixa de Assistência declarar extinto o mandato, ocorrendo uma das hipóteses previstas no art. 66 do Estatuto, encaminhando ofício ao Presidente do Conselho Seccional.

§ 1º A Diretoria, antes de declarar extinto o mandato, salvo no caso de morte ou renúncia, ouve o interessado no prazo de quinze dias, notificando-o mediante ofício com aviso de recebimento.

§ 2º Havendo suplentes de Conselheiros, a ordem de substituição é definida no Regimento Interno do Conselho Seccional.

§ 3º Inexistindo suplentes, o Conselho Seccional elege, na sessão seguinte à data do recebimento do ofício, o Conselheiro Federal, o diretor do Conselho Seccional, o Conselheiro Seccional, o diretor da Subseção ou o diretor da Caixa de Assistência dos Advogados, onde se deu a vaga.

§ 4º Na Subseção onde houver conselho, este escolhe o substituto.

CAPÍTULO II
DA RECEITA

Art. 55. Aos inscritos na OAB incumbe o pagamento das anuidades, contribuições, multas e preços de serviços fixados pelo Conselho Seccional.

▶ *Caput* com a redação dada pelo Conselho Pleno do CFOAB, de 17-6-1997.

§ 1º As anuidades, contribuições, multas e preços de serviços previstos no *caput* deste artigo serão fixados pelo Conselho Seccional, devendo seus valores ser comunicados ao Conselho Federal até o dia 30 de novembro do ano anterior, salvo em ano eleitoral, quando serão determinadas e comunicadas ao Conselho Federal até o dia 31 de janeiro do ano da posse, podendo ser estabelecidos pagamentos em cotas periódicas.

▶ § 1º com a redação dada pela Res. nº 2 do Conselho Pleno do CFOAB, de 9-10-2007.

§ 2º *Revogado*. Conselho Pleno do CFOAB, de 14-3-2006.

§ 3º O edital a que se refere o *caput* do art. 128 deste Regulamento divulgará a possibilidade de parcelamento e o número máximo de parcelas.

Art. 56. As receitas brutas mensais das anuidades, incluídas as eventuais atualizações monetárias, juros e multas, podendo-se deduzir da base de cálculo, as despesas financeiras de compensação dos boletos bancários e taxa de utilização de cartão de crédito, exceto aquelas de antecipação de recebíveis, serão deduzidas em 60% (sessenta por cento) para seguinte destinação:

▶ *Caput* com a redação dada pela Res. do CFOAB nº 1, de 22-5-2023.

I – 10% (dez por cento) para o Conselho Federal;

II – 3% (três por cento) para o Fundo Cultural;

III – 2% (dois por cento) para o Fundo de Integração e Desenvolvimento Assistencial dos Advogados – FIDA, regulamentado em Provimento do Conselho Federal.

IV – 45% (quarenta e cinco por cento) para as despesas administrativas e manutenção do Conselho Seccional.

▶ Incisos I a IV com a redação dada pela Res. nº 2 do Conselho Pleno do CFOAB, de 9-10-2007.

§ 1º Os repasses das receitas previstas neste artigo efetuam-se em instituição financeira, indicada pelo Conselho Federal em comum acordo com o Conselho Seccional, através de compartilhamento obrigatório, automático e imediato, com destinação em conta corrente específica deste, do Fundo Cultural, do Fundo de Integração e Desenvolvimento Assistencial dos Advogados – FIDA e da Caixa de Assistência dos Advogados, vedado o recebimento na Tesouraria do Conselho Seccional, exceto quanto às receitas de preços e serviços, e observados os termos do modelo aprovado pelo Diretor-Tesoureiro do Conselho Federal, sob pena de aplicação do art. 54, VII, do Estatuto da Advocacia e da OAB.

§ 2º O Fundo Cultural será administrado pela Escola Superior de Advocacia, mediante deliberação da Diretoria do Conselho Seccional.

§ 3º O Fundo de Integração e Desenvolvimento Assistencial dos Advogados – FIDA será administrado por um Conselho Gestor designado pela Diretoria do Conselho Federal.

§ 4º Os Conselhos Seccionais elaborarão seus orçamentos anuais considerando o limite disposto no inciso IV para manutenção da sua estrutura administrativa e das subseções, utilizando a margem resultante para suplementação orçamentária do exercício, caso se faça necessária.

§ 5º Qualquer transferência de bens ou recursos de um Conselho Seccional a outro depende de autorização do Conselho Federal.

▶ §§ 1º a 5º com a redação dada pela Res. nº 2 do Conselho Pleno do CFOAB, de 9-10-2007.

Art. 57. Cabe à Caixa de Assistência dos Advogados a metade da receita das anuidades, incluídas as eventuais atualizações monetárias e juros, recebidas pelo Conselho Seccional, considerado o valor resultante após as deduções obrigatórias, nos percentuais previstos no art. 56 do Regulamento Geral.

▶ *Caput* com a redação dada Res. nº 2 do Conselho Pleno do CFOAB, de 10-6-2013.

§ 1º Poderão ser deduzidas despesas nas receitas destinadas à Caixa Assistência, desde que previamente pactuadas.

§ 2º A aplicação dos recursos da Caixa de Assistência deverá estar devidamente demonstrada nas prestações de contas periódicas do Conselho Seccional, obedecido o disposto no § 5º do art. 60 do Regulamento Geral.

▶ §§ 1º e 2º acrescidos pela Res. nº 2 do Conselho Pleno do CFOAB, de 9-10-2007.

Art. 58. Compete privativamente ao Conselho Seccional, na primeira sessão ordinária do ano, apreciar o relatório anual e deliberar sobre o balanço e as contas da Diretoria do Conselho Seccional, da Caixa de Assistência dos Advogados e das Subseções, referentes ao exercício anterior, na forma de seu Regimento Interno.

§ 1º O Conselho Seccional elege, dentre seus membros, uma comissão de orçamento e contas para fiscalizar a aplicação da receita e opinar previamente sobre a proposta de orçamento anual e as contas.

§ 2º O Conselho Seccional pode utilizar os serviços de auditoria independente para auxiliar a comissão de orçamento e contas.

§ 3º O exercício financeiro dos Conselhos Federal e Seccionais encerra-se no dia 31 de dezembro de cada ano.

Art. 59. Deixando o cargo, por qualquer motivo, no curso do mandato, os Presidentes do Conselho Federal, do Conselho Seccional, da Caixa de Assistência e da Subseção apresentam, de forma sucinta, relatório e contas ao seu sucessor.

Art. 60. Os Conselhos Seccionais aprovarão seus orçamentos anuais, para o exercício seguinte, até o mês de outubro e o Conselho Federal até a última sessão do ano, permitida a alteração dos mesmos no curso do exercício, mediante justificada necessidade, devidamente aprovada pelos respectivos colegiados.

▶ *Caput* com a redação dada pelo Conselho Pleno do CFOAB, de 17-6-1997.

§ 1º O orçamento do Conselho Seccional, incluindo as Subseções, estima a receita, fixa a despesa e prevê as deduções destinadas ao Conselho Federal, ao Fundo Cultural, ao Fundo de Integração e Desenvolvimento Assistencial dos Advogados – FIDA e à Caixa de Assistência, e deverá ser encaminhado, mediante cópia, até o dia 10 do mês subsequente, ao Conselho Federal, podendo o seu Diretor-Tesoureiro, após análise prévia, devolvê-lo à Seccional, para os devidos ajustes.

▶ § 1º com a redação dada pela Res. nº 2 do Conselho Pleno do CFOAB, de 9-10-2007.

§ 2º Aprovado o orçamento e, igualmente, as eventuais suplementações orçamentárias, encaminhar-se-á cópia ao Conselho Federal, até o dia 10 do mês subsequente, para os fins regulamentares.

▶ § 2º com a redação dada pelo Conselho Pleno do CFOAB, de 17-6-1997.

§ 3º O Conselho Seccional recém-empossado deverá promover, se necessário, preferencialmente nos dois primeiros meses de gestão, a reformulação do orçamento anual, encaminhando cópia do instrumento respectivo ao Conselho Federal, até o dia 10 do mês de março do ano em curso.

§ 4º A Caixa de Assistência dos Advogados aprovará seu orçamento para o exercício seguinte, até a última sessão do ano.

▶ §§ 3º e 4º com a redação dada pela Res. nº 2 do Conselho Pleno do CFOAB, de 9-10-2007.

§ 5º O Conselho Seccional fixa o modelo e os requisitos formais e materiais para o orçamento, o relatório e as contas da Caixa de Assistência e das Subseções.

▶ § 5º acrescido pela Res. nº 2 do Conselho Pleno do CFOAB, de 9-10-2007.

Art. 61. O relatório, o balanço e as contas dos Conselhos Seccionais e da Diretoria do Conselho Federal, na forma prevista em Provimento, são julgados pela Terceira Câmara do Conselho Federal, com recurso para o Órgão Especial.

§ 1º Cabe à Terceira Câmara fixar os modelos dos orçamentos, balanços e contas da Diretoria do Conselho Federal e dos Conselhos Seccionais.

§ 2º A Terceira Câmara pode determinar a realização de auditoria independente nas contas do Conselho Seccional, com ônus para este, sempre que constatar a existência de graves irregularidades.

§ 3º O relatório, o balanço e as contas dos Conselhos Seccionais do ano anterior serão remetidos à Terceira Câmara até o final do quarto mês do ano seguinte.

▶ § 3º com a redação dada pelo Conselho Pleno do CFOAB, de 9-11-2003.

§ 4º O relatório, o balanço e as contas da Diretoria do Conselho Federal são apreciados pela Terceira Câmara a partir da primeira sessão ordinária do ano seguinte ao do exercício.

§ 5º Os Conselhos Seccionais só podem pleitear recursos materiais e financeiros ao Conselho Federal se comprovadas as seguintes condições:

▶ *Caput* do § 5º com a redação dada pelo Conselho Pleno do CFOAB, de 17-6-1997.

a) remessa de cópia do orçamento e das eventuais suplementações orçamentárias, no prazo estabelecido pelo § 2º do art. 60;

b) prestação de contas aprovada na forma regulamentar; e

c) repasse atualizado da receita devida ao Conselho Federal, suspendendo-se o pedido, em caso de controvérsia, até decisão definitiva sobre a liquidez dos valores correspondentes.

▶ Alíneas *a* a *c* acrescidas pelo Conselho Pleno do CFOAB, de 17-6-1997.

LEGISLAÇÃO COMPLEMENTAR

CAPÍTULO III
DO CONSELHO FEDERAL

Seção I
DA ESTRUTURA E DO FUNCIONAMENTO

Art. 62. O Conselho Federal, órgão supremo da OAB, com sede na Capital da República, compõe-se de um Presidente, dos Conselheiros Federais integrantes das delegações de cada unidade federativa e de seus ex-presidentes.

§ 1º Os ex-presidentes têm direito a voz nas sessões do Conselho, sendo assegurado o direito de voto aos que exerceram mandato antes de 05 de julho de 1994 ou em seu exercício se encontravam naquela data.

► § 1º com a redação dada pelo Conselho Pleno do CFOAB, de 17-6-1997.

§ 2º O Presidente, nas suas relações externas, apresenta-se como Presidente Nacional da OAB.

§ 3º O Presidente do Conselho Seccional tem lugar reservado junto à delegação respectiva e direito a voz em todas as sessões do Conselho e de suas Câmaras.

Art. 63. O Presidente do Instituto dos Advogados Brasileiros, o Presidente da Federação Nacional dos Institutos dos Advogados do Brasil e os agraciados com a "Medalha Rui Barbosa" podem participar das sessões do Conselho Pleno, com direito a voz.

► Artigo com a redação dada pela Res. do CFOAB nº 4, de 17-10-2022 (*DOABe* de 16-11-2022).

Art. 64. O Conselho Federal atua mediante os seguintes órgãos:

I – Conselho Pleno;
II – Órgão Especial do Conselho Pleno;
III – Primeira, Segunda e Terceira Câmaras;
IV – Diretoria;
V – Presidente.

Parágrafo único. Para o desempenho de suas atividades, o Conselho conta também com comissões permanentes, definidas em Provimento, e com comissões temporárias, todas designadas pelo Presidente, integradas ou não por Conselheiros Federais, submetidas a um regimento interno único, aprovado pela Diretoria do Conselho Federal, que o levará ao conhecimento do Conselho Pleno.

► Parágrafo único com a redação dada pelo Conselho Pleno do CFOAB, de 16-10-2000.

Art. 65. No exercício do mandato, o Conselheiro Federal atua no interesse da advocacia nacional e não apenas no de seus representados diretos.

§ 1º O cargo de Conselheiro Federal é incompatível com o de membro de outros órgãos da OAB, exceto quando se tratar de ex-presidente do Conselho Federal e do Conselho Seccional, ficando impedido de debater e votar as matérias quando houver participado da deliberação local.

§ 2º Na apuração da antiguidade do Conselheiro Federal somam-se todos os períodos de mandato, mesmo que interrompidos.

Art. 66. Considera-se ausente das sessões ordinárias mensais dos órgãos deliberativos do Conselho Federal o Conselheiro que, sem motivo justificado, faltar a qualquer uma.

Parágrafo único. Compete ao Conselho Federal fornecer ajuda de transporte e hospedagem aos Conselheiros Federais integrantes das bancadas dos Conselhos Seccionais que não tenham capacidade financeira para suportar a despesa correspondente.

► Parágrafo único com a redação dada pelo Conselho Pleno do CFOAB, de 17-6-1997.

Art. 67. Os Conselheiros Federais, integrantes de cada delegação, após a posse, são distribuídos pelas três Câmaras especializadas, mediante deliberação da própria delegação, comunicada ao Secretário-Geral, ou, na falta desta, por decisão do Presidente, dando-se preferência ao mais antigo no Conselho e, havendo coincidência, ao de inscrição mais antiga.

§ 1º O Conselheiro, na sua delegação, é substituto dos demais, em qualquer órgão do Conselho, nas faltas ou impedimentos ocasionais ou no caso de licença.

§ 2º Quando estiverem presentes dois substitutos, concomitantemente, a preferência é do mais antigo no Conselho e, em caso de coincidência, do que tiver inscrição mais antiga.

§ 3º A delegação indica seu representante ao Órgão Especial do Conselho Pleno.

Art. 68. O voto em qualquer órgão colegiado do Conselho Federal é tomado por delegação, em ordem alfabética, seguido dos ex-presidentes presentes, com direito a voto.

§ 1º Os membros da Diretoria votam como integrantes de suas delegações.

§ 2º O Conselheiro Federal opina mas não participa da votação de matéria de interesse específico da unidade que representa.

§ 3º Na eleição dos membros da Diretoria do Conselho Federal, somente votam os Conselheiros Federais, individualmente.

► § 3º acrescido pela Res. nº 1 do Conselho Pleno do CFOAB, de 6-8-2006.

Art. 69. A seleção das decisões dos órgãos deliberativos do Conselho Federal é periodicamente divulgada em forma de ementário.

Art. 70. Os órgãos deliberativos do Conselho Federal podem cassar ou modificar atos ou deliberações de órgãos ou autoridades da OAB, ouvidos estes e os interessados previamente, no prazo de quinze dias, sempre que contrariem o Estatuto, este Regulamento Geral, o Código de Ética e Disciplina e os Provimentos.

► Artigo com a redação dada pela Res. do CFOAB nº 4, de 17-10-2022 (*DOABe* de 16-11-2022).

Art. 71. Toda matéria pertinente às finalidades e às competências do Conselho Federal da OAB será distribuída automaticamente no órgão colegiado competente a um relator, mediante sorteio eletrônico, com inclusão na pauta da sessão seguinte, organizada segundo critério de antiguidade.

► *Caput* com a redação dada pela Res. nº 1 do Conselho Pleno do CFOAB, de 10-6-2013.

§ 1º Se o relator determinar alguma diligência, o processo é retirado da ordem do dia, figurando em anexo da pauta com indicação da data do despacho.

§ 2º Incumbe ao relator apresentar na sessão seguinte, por escrito, o relatório, o voto e a proposta de ementa.

§ 3º O relator pode determinar diligências, requisitar informações, instaurar representação incidental, propor ao Presidente a redistribuição da matéria e o arquivamento, quando for irrelevante ou impertinente às finalidades da OAB, ou o encaminhamento do processo ao Conselho Seccional competente, quando for de interesse local.

§ 4º Em caso de inevitável perigo de demora da decisão, pode o relator conceder provimento cautelar, com recurso de ofício ao órgão colegiado, para apreciação preferencial na sessão posterior.

§ 5º O relator notifica o Conselho Seccional e os interessados, quando forem necessárias suas manifestações.

§ 6º Compete ao relator manifestar-se sobre as desistências, prescrições, decadências e intempestividades dos recursos, para decisão do Presidente do órgão colegiado.

Art. 72. O processo será redistribuído automaticamente caso o relator, após a inclusão em pauta, não o apresente para julgamento na sessão seguinte ou quando, fundamentadamente e no prazo de 5 (cinco) dias, a contar do recebimento dos autos, declinar da relatoria.

► *Caput* com a redação dada pela Res. nº 1 do Conselho Pleno do CFOAB, de 10-6-2013.

§ 1º O presidente do colegiado competente poderá deferir a prorrogação do prazo de apresentação do processo para julgamento estipulado no *caput*, por 1 (uma) sessão, mediante requerimento por escrito e fundamentado do relator.

§ 2º Redistribuído o processo, caso os autos encontrem-se com o relator, o presidente do órgão colegiado determinará sua devolução à secretaria, em até 5 (cinco) dias.

► §§ 1º e 2º acrescidos pela Res. nº 1 do Conselho Pleno do CFOAB, de 10-6-2013.

Art. 73. Em caso de matéria complexa, o Presidente designa uma comissão em vez de relator individual.

Parágrafo único. A comissão escolhe um relator e delibera coletivamente, não sendo considerados os votos minoritários para fins de relatório e voto.

Seção II
DO CONSELHO PLENO

Art. 74. O Conselho Pleno é integrado pelos Conselheiros Federais de cada delegação e pelos ex-presidentes, sendo presidido pelo Presidente do Conselho Federal e secretariado pelo Secretário-Geral.

Art. 75. Compete ao Conselho Pleno deliberar, em caráter nacional, sobre propostas e indicações relacionadas às finalidades institucionais da OAB (art. 44, I, do Estatuto) e sobre as demais atribuições previstas no art. 54 do Estatuto, respeitadas as competências privativas dos demais órgãos deliberativos do Conselho Federal, fixadas neste Regulamento Geral, e ainda:

I – eleger o sucessor dos membros da Diretoria do Conselho Federal, em caso de vacância;
II – regular, mediante resolução, matérias de sua competência que não exijam edição de Provimento;
III – instituir, mediante Provimento, comissões permanentes para assessorar o Conselho Federal e a Diretoria.

► Inciso III com a redação dada pelo Conselho Pleno do CFOAB, de 16-10-2000.

Parágrafo único. O Conselho Pleno pode decidir sobre todas as matérias privativas de seu órgão Especial, quando o Presidente atribuir-lhes caráter de urgência e grande relevância.

Art. 76. As proposições e os requerimentos deverão ser oferecidos por escrito, cabendo ao relator apresentar relatório e voto na sessão seguinte, acompanhados de ementa do acórdão.

▸ *Caput* com a redação dada pela Res. nº 1 do Conselho Pleno do CFOAB, de 10-6-2013.

§ 1º No Conselho Pleno, o Presidente, em caso de urgência e relevância, pode designar relator para apresentar relatório e voto orais na mesma sessão.

§ 2º Quando a proposta importar despesas não previstas no orçamento, pode ser apreciada apenas depois de ouvido o Diretor Tesoureiro quanto às disponibilidades financeiras para sua execução.

Art. 77. O voto da delegação é o de sua maioria, havendo divergência entre seus membros, considerando-se invalidado em caso de empate.

§ 1º O Presidente não integra a delegação de sua unidade federativa de origem e não vota, salvo em caso de empate.

§ 2º Os ex-Presidentes empossados antes de 5 de julho de 1994 têm direito de voto equivalente ao de uma delegação, em todas as matérias, exceto na eleição dos membros da Diretoria do Conselho Federal.

▸ § 2º com a redação dada pela Res. nº 1 do Conselho Pleno do CFOAB, de 6-8-2006.

Art. 78. Para editar e alterar o Regulamento Geral, o Código de Ética e Disciplina e os Provimentos e para intervir nos Conselhos Seccionais é indispensável o *quorum* de dois terços das delegações.

Parágrafo único. Para as demais matérias prevalece o *quorum* de instalação e de votação estabelecido neste Regulamento Geral.

Art. 79. A proposta que implique baixar normas gerais de competência do Conselho Pleno ou encaminhar projeto legislativo ou emendas aos Poderes competentes somente pode ser deliberada se o relator ou a comissão designada elaborar o texto normativo, a ser remetido aos Conselheiros juntamente com a convocação da sessão.

§ 1º Antes de apreciar proposta de texto normativo, o Conselho Pleno delibera sobre a admissibilidade da relevância da matéria.

§ 2º Admitida a relevância, o Conselho passa a decidir sobre o conteúdo da proposta do texto normativo, observados os seguintes critérios:

a) procede-se à leitura de cada dispositivo, considerando-o aprovado se não houver destaque levantado por qualquer membro ou encaminhado por Conselho Seccional;

b) havendo destaque, sobre ele manifesta-se apenas aquele que o levantou e a comissão relatora ou o relator, seguindo-se a votação.

§ 3º Se vários membros levantarem destaque sobre o mesmo ponto controvertido, um, dentre eles, é eleito como porta-voz.

§ 4º Se o texto for totalmente rejeitado ou prejudicado pela rejeição, o Presidente designa novo relator ou comissão revisora para redigir outro.

Art. 80. A OAB pode participar e colaborar em eventos internacionais, de interesse da advocacia, mas somente se associa a organismos internacionais que congreguem entidades congêneres.

Parágrafo único. Os Conselhos Seccionais podem representar a OAB em geral ou os advogados brasileiros em eventos internacionais ou no exterior, quando autorizados pelo Presidente Nacional.

Art. 81. Constatando grave violação do Estatuto ou deste Regulamento Geral, a Diretoria do Conselho Federal notifica o Conselho Seccional para apresentar defesa e, havendo necessidade, designa representantes para promover verificação ou sindicância, submetendo o relatório ao Conselho Pleno.

§ 1º Se o relatório concluir pela intervenção, notifica-se o Conselho Seccional para apresentar defesa por escrito e oral perante o Conselho Pleno, no prazo e tempo fixados pelo Presidente.

§ 2º Se o Conselho Pleno decidir pela intervenção, fixa prazo determinado, que pode ser prorrogado, cabendo à Diretoria designar diretoria provisória.

§ 3º Ocorrendo obstáculo imputável à Diretoria do Conselho Seccional para a sindicância, ou no caso de irreparabilidade do perigo pela demora, o Conselho Pleno pode aprovar liminarmente a intervenção provisória.

Art. 82. As indicações de ajuizamento de ação direta de inconstitucionalidade submetem-se ao juízo prévio de admissibilidade da Diretoria para aferição da relevância da defesa dos princípios e normas constitucionais e, sendo admitidas, observam o seguinte procedimento:

I – o relator, designado pelo Presidente, independentemente da decisão da Diretoria, pode levantar preliminar de inadmissibilidade perante o Conselho Pleno, quando não encontrar norma ou princípio constitucional violados pelo ato normativo;

II – aprovado o ajuizamento da ação, esta será proposta pelo Presidente do Conselho Federal;

▸ Inciso II com a redação dada pelo Conselho Pleno do CFOAB, de 16-10-2000.

III – cabe à assessoria do Conselho acompanhar o andamento da ação.

§ 1º Em caso de urgência que não possa aguardar a sessão ordinária do Conselho Pleno, ou durante o recesso do Conselho Federal, a Diretoria decide quanto ao mérito, *ad referendum* daquele.

§ 2º Quando a indicação for subscrita por Conselho Seccional da OAB, por entidade de caráter nacional ou por delegação do Conselho Federal, a matéria não se sujeita ao juízo de admissibilidade da Diretoria.

Art. 83. Compete à Comissão Nacional de Educação Jurídica do Conselho Federal opinar previamente nos pedidos para criação, reconhecimento e credenciamento dos cursos jurídicos referidos no art. 54, XV, do Estatuto.

▸ *Caput* com a redação dada pela Res. nº 1 do Conselho Pleno do CFOAB, de 13-6-2011.

§ 1º O Conselho Seccional em cuja área de atuação situar-se a instituição de ensino superior interessada será ouvido, preliminarmente, nos processos que tratem das matérias referidas neste artigo, devendo a seu respeito manifestar-se no prazo de 30 (trinta) dias.

▸ Parágrafo único transformado em § 1º pela Res. nº 3 do Conselho Federal do CFOAB, de 12-9-2006.

§ 2º A manifestação do Conselho Seccional terá em vista, especialmente, os seguintes aspectos:

a) a verossimilhança do projeto pedagógico do curso, em face da realidade local;

b) a necessidade social da criação do curso, aferida em função dos critérios estabelecidos pela Comissão de Ensino Jurídico do Conselho Federal;

c) a situação geográfica do município sede do curso, com indicação de sua população e das condições de desenvolvimento cultural e econômico que apresente, bem como da distância em relação ao município mais próximo onde haja curso jurídico;

d) as condições atuais das instalações físicas destinadas ao funcionamento do curso;

e) a existência de biblioteca com acervo adequado, a que tenham acesso direto os estudantes.

§ 3º A manifestação do Conselho Seccional deverá informar sobre cada um dos itens mencionados no parágrafo anterior, abstendo-se, porém, de opinar, conclusivamente, sobre a conveniência ou não da criação do curso.

§ 4º O Conselho Seccional encaminhará sua manifestação diretamente à Comissão de Ensino Jurídico do Conselho Federal, dela não devendo fornecer cópia à instituição interessada ou a terceiro antes do pronunciamento final do Conselho Federal.

▸ §§ 2º a 4º acrescidos pela Res. nº 3 do Conselho Federal do CFOAB, de 12-9-2006.

Seção III
DO ÓRGÃO ESPECIAL DO CONSELHO PLENO

Art. 84. O Órgão Especial é composto por um Conselheiro Federal integrante de cada delegação, sem prejuízo de sua participação no Conselho Pleno, e pelos ex-Presidentes, sendo presidido pelo Vice-Presidente e secretariado pelo Secretário-Geral Adjunto.

Parágrafo único. O Presidente do Órgão Especial, além de votar por sua delegação, tem o voto de qualidade, no caso de empate, salvo quando se tratar de procedimento disciplinar passível de aplicação de sanção prevista no art. 35 do Estatuto da Advocacia e da OAB, caso em que, quando houver empate de votos, o Presidente votará apenas por sua delegação, prevalecendo a decisão mais favorável ao advogado representado.

▸ Parágrafo único com a redação dada pela Res. CFOAB nº 01/2019.

Art. 85. Compete ao Órgão Especial deliberar, privativamente e em caráter irrecorrível, sobre:

I – recurso contra decisões das Primeira e Terceira Câmaras, quando não tenham sido unânimes ou, sendo unânimes, contrariem a Constituição, as leis, o Estatuto, decisões do Conselho Federal, este Regulamento Geral, o Código de Ética e Disciplina ou os Provimentos;

II – recurso contra decisão da Segunda Câmara, nos casos de pedido de revisão e dos incisos III e IV, do art. 89, deste Regulamento Geral, quando não tenham sido unânimes ou, sendo unânimes, contrariem a Constituição, as leis, o Estatuto, decisões do Conselho Federal, este Regulamento Geral, o Código de Ética e Disciplina ou os Provimentos;

▸ Incisos I e II com a redação dada pela Res. do CFOAB nº 3, de 17-10-2022 (*DOAB* de 16-11-2022).

III – recurso contra decisões do Presidente ou da Diretoria do Conselho Federal e do Presidente do Órgão Especial;

IV – consultas escritas, formuladas em tese, relativas às matérias de competência das Câmaras especializadas ou à interpretação do Estatuto, deste Regulamento Geral, do Código de

Ética e Disciplina e dos Provimentos, devendo todos os Conselhos Seccionais ser cientificados do conteúdo das respostas;

V – conflitos ou divergências entre órgãos da OAB;

VI – determinação ao Conselho Seccional competente para instaurar processo, quando, em autos ou peças submetidos ao conhecimento do Conselho Federal, encontrar fato que constitua infração disciplinar.

▶ Incisos III a VI renumerados pela Res. nº 1 do Conselho Pleno do CFOAB, de 17-4-2007.

§ 1º Os recursos ao Órgão Especial podem ser manifestados pelo Presidente do Conselho Federal, pelas partes ou pelos recorrentes originários.

§ 2º O relator pode propor ao Presidente do Órgão Especial o arquivamento da consulta, quando não se revestir de caráter geral ou não tiver pertinência com as finalidades da OAB, ou o seu encaminhamento ao Conselho Seccional, quando a matéria for de interesse local.

Art. 86. A decisão do Órgão Especial constitui orientação dominante da OAB sobre a matéria, quando consolidada em súmula publicada no *Diário Eletrônico da OAB*.

▶ Artigo com a redação dada pela Res. do CFOAB nº 5, de 2-10-2018.

Seção IV

DAS CÂMARAS

Art. 87. As Câmaras são presididas:

I – a Primeira, pelo Secretário-Geral;

II – a Segunda, pelo Secretário-Geral Adjunto;

III – a Terceira, pelo Tesoureiro.

§ 1º Os Secretários das Câmaras são designados, dentre seus integrantes, por seus Presidentes.

§ 2º Nas suas faltas e impedimentos, os Presidentes e Secretários das Câmaras são substituídos pelos Conselheiros mais antigos e, havendo coincidência, pelos de inscrição mais antiga.

§ 3º O Presidente da Câmara, além de votar por sua delegação, tem o voto de qualidade, no caso de empate, salvo quando se tratar de procedimento disciplinar passível de aplicação de sanção prevista no art. 35 do Estatuto da Advocacia e da OAB, caso em que, quando houver empate de votos, o Presidente votará apenas por sua delegação, prevalecendo a decisão mais favorável ao advogado representado.

▶ § 3º com a redação dada pela Res. CFOAB nº 1/2019.

Art. 88. Compete à Primeira Câmara:

I – decidir os recursos sobre:

a) atividade de advocacia e direitos e prerrogativas dos advogados e estagiários;

b) inscrição nos quadros da OAB;

c) incompatibilidades e impedimentos.

II – expedir resoluções regulamentando o Exame de Ordem, para garantir sua eficiência e padronização nacional, ouvida a Comissão Nacional de Exame de Ordem;

▶ Inciso II com a redação dada pelo Conselho Pleno do CFOAB de 16-10-2000.

III – julgar as representações sobre as matérias de sua competência;

IV – propor, instruir e julgar os incidentes de uniformização de decisões de sua competência.

▶ Incisos III e IV com a redação dada pelo Conselho Pleno do CFOAB, de 17-6-1997.

V – determinar ao Conselho Seccional competente a instauração de processo quando, em autos ou peças submetidas ao seu julgamento, tomar conhecimento de fato que constitua infração disciplinar;

VI – julgar os recursos interpostos contra decisões de seu Presidente.

▶ Incisos V e VI acrescidos pelo Conselho Pleno do CFOAB de 16-10-2000.

Art. 89. Compete à Segunda Câmara:

I – decidir os recursos sobre ética e deveres do advogado, infrações e sanções disciplinares;

II – promover em âmbito nacional a ética do advogado, juntamente com os Tribunais de Ética e Disciplina, editando resoluções regulamentares ao Código de Ética e Disciplina.

III – julgar as representações sobre as matérias de sua competência;

IV – propor, instruir e julgar os incidentes de uniformização de decisões de sua competência;

▶ Incisos III e IV com a redação dada pelo Conselho Pleno do CFOAB, de 17-6-1997.

V – determinar ao Conselho Seccional competente a instauração de processo quando, em autos ou peças submetidas ao seu julgamento, tomar conhecimento de fato que constitua infração disciplinar;

VI – julgar os recursos interpostos contra decisões de seu Presidente;

VII – eleger, dentre seus integrantes, os membros da Corregedoria do Processo Disciplinar, em número máximo de três, com atribuição, em caráter nacional, de orientar e fiscalizar a tramitação dos processos disciplinares de competência da OAB, podendo, para tanto, requerer informações e realizar diligências, elaborando relatório anual dos processos em trâmite no Conselho Federal e nos Conselhos Seccionais e Subseções.

▶ Incisos V e VII acrescidos pelo Conselho Pleno do CFOAB de 16-10-2000.

Art. 89-A. A Segunda Câmara será dividida em três Turmas, entre elas repartindo-se, com igualdade, os processos recebidos pela Secretaria.

▶ *Caput* acrescido pela Res. nº 1 do Conselho Pleno do CFOAB, de 17-4-2007.

§ 1º Na composição das Turmas, que se dará por ato do Presidente da Segunda Câmara, será observado o critério de representatividade regional, de sorte a nelas estarem presentes todas as Regiões do País.

§ 2º As Turmas serão presididas pelo Conselheiro presente de maior antiguidade no Conselho Federal, admitindo-se o revezamento, a critério dos seus membros, salvo a Turma integrada pelo Presidente da Segunda Câmara, que será por ele presidida.

▶ §§ 1º e 2º acrescidos pela Res. do Conselho Pleno do CFOAB nº 1, de 4-5-2009.

§ 3º Das decisões das Turmas caberá recurso para o Pleno da Segunda Câmara quando não tenham sido unânimes ou, sendo unânimes, contrariem a Constituição, as leis, o Estatuto, decisões do Conselho Federal, este Regulamento Geral, o Código de Ética e Disciplina ou os Provimentos.

▶ § 3º com a redação dada pela Res. do CFOAB nº 3, de 17-10-2022 (*DOABe* de 16-11-2022).

§ 4º No julgamento do recurso, o relator ou qualquer membro da Turma poderá propor que esta o afete ao Pleno da Câmara, em vista da relevância ou especial complexidade da matéria versada, podendo proceder do mesmo modo quando suscitar questões de ordem que impliquem a adoção de procedimentos comuns pelas Turmas.

▶ § 4º acrescido pela Res. nº 1 do Conselho Pleno do CFOAB, de 4-5-2009.

§ 5º Não cabe recurso contra a decisão do Pleno da Segunda Câmara referida no § 3º deste artigo, ressalvados embargos de declaração.

▶ § 5º com a redação dada pela Res. do CFOAB nº 3, de 17-10-2022 (*DOABe* de 16-11-2022).

Art. 90. Compete à Terceira Câmara:

I – decidir os recursos relativos à estrutura, aos órgãos e ao processo eleitoral da OAB;

II – decidir os recursos sobre sociedades de advogados, advogados associados e advogados empregados;

III – apreciar os relatórios anuais e deliberar sobre o balanço e as contas da Diretoria do Conselho Federal e dos Conselhos Seccionais;

IV – suprir as omissões ou regulamentar as normas aplicáveis às Caixas de Assistência dos Advogados, inclusive mediante resoluções;

V – modificar ou cancelar, de ofício ou a pedido de qualquer pessoa, dispositivo do Regimento Interno do Conselho Seccional que contrarie o Estatuto ou este Regulamento Geral;

VI – julgar as representações sobre as matérias de sua competência;

VII – propor, instruir e julgar os incidentes de uniformização de decisões de sua competência;

▶ Incisos VI e VII com a redação dada pelo Conselho Pleno do CFOAB de 17-6-1997.

VIII – determinar ao Conselho Seccional competente a instauração de processo quando, em autos ou peças submetidas ao seu julgamento, tomar conhecimento de fato que constitua infração disciplinar;

IX – julgar os recursos interpostos contra decisões de seu Presidente.

▶ Incisos VIII e IX acrescidos pelo Conselho Pleno do CFOAB de 16-10-2000.

Seção V

DAS SESSÕES

Art. 91. Os órgãos colegiados do Conselho Federal reúnem-se ordinariamente nos meses de fevereiro a dezembro de cada ano, em sua sede no Distrito Federal, nas datas fixadas pela Diretoria.

▶ *Caput* com a redação dada pela Res. nº 1 do Conselho Pleno do CFOAB, de 22-6-2010.

§ 1º Em caso de urgência ou no período de recesso (janeiro), o Presidente ou um terço das delegações do Conselho Federal pode convocar sessão extraordinária.

▶ § 1º com a redação dada pela Res. nº 1 do Conselho Pleno do CFOAB, de 22-6-2010.

§ 2º A sessão extraordinária, em caráter excepcional e de grande relevância, pode ser convocada para local diferente da sede do Conselho Federal.

§ 3º As convocações para as sessões ordinárias são acompanhadas de minuta da ata da sessão anterior e dos demais documentos necessários.

§ 4º Mediante prévia deliberação do Conselho Pleno, poderá ser dispensada a realização da sessão ordinária do mês de julho, sem prejuízo da regular fruição dos prazos processuais e regulamentares.

▸ § 4º acrescido pela Res. nº 1 do Conselho Pleno do CFOAB, de 22-6-2010.

Art. 92. Para instalação e deliberação dos órgãos colegiados do Conselho Federal da OAB exige-se a presença de metade das delegações, salvo nos casos de *quorum* qualificado, previsto neste Regulamento Geral.

§ 1º A deliberação é tomada pela maioria de votos dos presentes.

§ 2º Comprova-se a presença pela assinatura no documento próprio, sob controle do Secretário da sessão.

§ 3º Qualquer membro presente pode requerer a verificação do *quorum*, por chamada.

§ 4º A ausência à sessão, depois da assinatura de presença, não justificada ao Presidente, é contada para efeito de perda do mandato.

Art. 93. Nas sessões observa-se a seguinte ordem:

I – verificação do *quorum* e abertura;
II – leitura, discussão e aprovação da ata da sessão anterior;
III – comunicações do Presidente;
IV – ordem do dia;
V – expediente e comunicações dos presentes.

Parágrafo único. A ordem dos trabalhos ou da pauta pode ser alterada pelo Presidente, em caso de urgência ou de pedido de preferência.

Art. 94. O julgamento de qualquer processo ocorre do seguinte modo:

I – leitura do relatório, do voto e da proposta de ementa do acórdão, todos escritos, pelo relator;

II – sustentação oral pelo interessado ou seu advogado, com o prazo de 15 (quinze) minutos, a qual, em se tratando de embargos de declaração, somente será admitida se estes tiverem efeitos infringentes, caso em que a sustentação se dará no limite de 5 (cinco) minutos, tendo o respectivo processo preferência no julgamento;

▸ Inciso II com a redação dada pela Res. do CFOAB nº 4, de 18-11-2019.

III – discussão da matéria, dentro do prazo máximo fixado pelo Presidente, não podendo cada Conselheiro fazer uso da palavra mais de uma vez nem por mais de três minutos, salvo se lhe for concedida prorrogação;

IV – votação da matéria, não sendo permitidas questões de ordem ou justificativa oral de voto, precedendo as questões prejudiciais e preliminares às de mérito;

V – a votação da matéria será realizada mediante chamada em ordem alfabética das bancadas, iniciando-se com a delegação integrada pelo relator do processo em julgamento;

▸ Inciso V com a redação dada pela Res. nº 3 do Conselho Pleno do CFOAB, de 9-9-2013.

VI – proclamação do resultado pelo Presidente, com leitura da súmula da decisão.

▸ Inciso VI renumerado pela Res. nº 3 do Conselho Pleno do CFOAB, de 9-9-2013.

§ 1º Os apartes só serão admitidos quando concedidos pelo orador. Não será admitido aparte:

a) à palavra do Presidente;
b) ao Conselheiro que estiver suscitando questão de ordem.

▸ § 1º acrescido pelo Conselho Pleno do CFOAB, de 16-10-2000.

§ 2º Se durante a discussão o Presidente julgar que a matéria é complexa e não se encontra suficientemente esclarecida, suspende o julgamento, designando revisor para sessão seguinte.

§ 3º A justificação escrita do voto pode ser encaminhada à Secretaria até quinze dias após a votação da matéria.

§ 4º O Conselheiro pode pedir preferência para antecipar seu voto se necessitar ausentar-se justificadamente da sessão.

§ 5º O Conselheiro pode eximir-se de votar se não tiver assistido à leitura do relatório.

§ 6º O relatório e o voto do relator, na ausência deste, são lidos pelo Secretário.

§ 7º Vencido o relator, o autor do voto vencedor lavra o acórdão.

▸ §§ 2º a 7º renumerados pelo Conselho Pleno do CFOAB, de 16-10-2000.

Art. 95. O pedido justificado de vista por qualquer Conselheiro, quando não for em mesa, não adia a discussão, sendo deliberado como preliminar antes da votação da matéria.

Parágrafo único. A vista concedida é coletiva, permanecendo os autos do processo na Secretaria, com envio de cópias aos que as solicitarem, devendo a matéria ser julgada na sessão ordinária seguinte, com preferência sobre as demais, ainda que ausentes o relator ou o Conselheiro requerente.

Art. 96. As decisões coletivas são formalizadas em acórdãos, assinados pelo Presidente e pelo relator, e publicadas.

§ 1º As manifestações gerais do Conselho Pleno podem dispensar a forma de acórdão.

§ 2º As ementas têm numeração sucessiva e anual, relacionada ao órgão deliberativo.

Art. 97. As pautas e decisões são publicadas no *Diário Eletrônico da OAB*, ou comunicadas pessoalmente aos interessados, e afixadas em local de fácil acesso na sede do Conselho Federal.

▸ Artigo com a redação dada pela Res. do CFOAB nº 5, de 2-10-2018.

Art. 97-A. Será admitido o julgamento de processos dos órgãos colegiados em ambiente telepresencial, denominado Sessão Virtual, observando-se, quando cabíveis, as disposições dos arts. 91 a 97 deste Regulamento Geral.

§ 1º Poderão ser incluídos nas sessões virtuais processos que tenham sido pautados em sessões ordinárias ou extraordinárias presenciais anteriores, para início ou continuidade de julgamento.

2º As sessões virtuais serão convocadas pelos presidentes dos órgãos colegiados, com, pelo menos, 15 (quinze) dias úteis de antecedência.

§ 3º As partes, os interessados e seus procuradores serão notificados pelo *Diário Eletrônico da OAB* de que o julgamento se dará em ambiente telepresencial.

§ 4º Nas hipóteses regulamentares em que couber sustentação oral, facultada à parte, ao interessado ou a seus procuradores, esta, com duração de, no máximo, 15 (quinze) minutos, será realizada na sessão virtual, após a leitura do relatório e do voto pelo Relator.

§ 5º A sustentação oral de que trata o parágrafo anterior, bem como a participação telepresencial, deverá ser previamente requerida pela parte, pelo interessado ou por seus procuradores, em até 24 (vinte e quatro) horas antes do início da sessão virtual.

§ 6º O requerimento previsto no parágrafo anterior deverá ser realizado por correio eletrônico ou petição nos autos, com a identificação do processo, do órgão julgador, da data da sessão virtual de julgamento e do endereço eletrônico do requerente, que será utilizado para incluí-lo na respectiva sessão.

§ 7º A sustentação oral ou a participação telepresencial será realizada por videoconferência, com a utilização de plataforma disponibilizada pelo Conselho Federal, sendo de inteira responsabilidade da parte, do interessado ou de seus advogados toda a infraestrutura tecnológica necessária para sua participação na sessão virtual.

§ 8º Não serão incluídos na sessão virtual, ou dela serão excluídos, os seguintes processos:

I – os indicados pelo Relator, mediante despacho fundamentado, para julgamento em sessão presencial;

II – os destacados por um ou mais conselheiros para julgamento em sessão presencial, após o encerramento da fase de debates, mediante acolhimento ou não do presidente do órgão colegiado correspondente;

III – os que tiverem pedido de sustentação oral presencial e os destacados por quaisquer das partes, dos interessados ou de seus procuradores, desde que requerido em até 24 (vinte e quatro) horas antes do início da sessão virtual, e deferido pelo relator.

§ 9º Os julgamentos em sessão virtual serão públicos e poderão ser acompanhados pela rede mundial de computadores (internet), exceto no tocante aos processos que tramitam em sigilo, aos quais terão acesso somente as partes, os interessados e seus procuradores.

▸ Art. 97-A acrescido pela Res. do CFOAB nº 19, de 22-4-2020.

Seção VI

DA DIRETORIA DO CONSELHO FEDERAL

Art. 98. O Presidente é substituído em suas faltas, licenças e impedimentos pelo Vice-Presidente, pelo Secretário-Geral, pelo Secretário-Geral Adjunto e pelo Tesoureiro, sucessivamente.

§ 1º O Vice-Presidente, o Secretário-Geral, o Secretário-Geral Adjunto e o Tesoureiro substituem-se nessa ordem, em suas faltas e impedimentos ocasionais, sendo o último substituído pelo Conselheiro Federal mais antigo e, havendo coincidência de mandatos, pelo de inscrição mais antiga.

§ 2º No caso de licença temporária, o Diretor é substituído pelo Conselheiro designado pelo Presidente.

§ 3º No caso de vacância de cargo da Diretoria, em virtude de perda do mandato, morte ou renúncia, o sucessor é eleito pelo Conselho Pleno.

§ 4º Para o desempenho de suas atividades, a Diretoria contará, também, com dois representantes institucionais permanentes, cujas funções serão exercidas por Conselheiros Federais por ela designados, *ad referendum* do Conselho Pleno, destinados ao acompanhamento dos interesses da Advocacia no Conselho Nacional de Justiça e no Conselho Nacional do Ministério Público.

▸ § 4º acrescido pela Res. nº 1 do Conselho Pleno do CFOAB, de 18-5-2015.

Art. 99. Compete à Diretoria, coletivamente:

I – dar execução às deliberações dos órgãos deliberativos do Conselho;

II – elaborar e submeter à Terceira Câmara, na forma e prazo estabelecidos neste Regulamento Geral, o orçamento anual da receita e da despesa, o relatório anual, o balanço e as contas;

III – elaborar estatística anual dos trabalhos e julgados do Conselho;

IV – distribuir e redistribuir as atribuições e competências entre os seus membros;

V – elaborar e aprovar o plano de cargos e salários e a política de administração de pessoal do Conselho, propostos pelo Secretário-Geral;

VI – promover assistência financeira aos órgãos da OAB, em caso de necessidade comprovada e de acordo com previsão orçamentária;

VII – definir critérios para despesas com transporte e hospedagem dos Conselheiros, membros das comissões e convidados;

VIII – alienar ou onerar bens móveis;

IX – resolver os casos omissos no Estatuto e no Regulamento Geral, *ad referendum* do Conselho Pleno.

Art. 100. Compete ao Presidente:

I – representar a OAB em geral e os advogados brasileiros, no país e no exterior, em juízo ou fora dele;

II – representar o Conselho Federal, em juízo ou fora dele;

III – convocar e presidir o Conselho Federal e executar suas decisões;

IV – adquirir, onerar e alienar bens imóveis, quando autorizado, e administrar o patrimônio do Conselho Federal, juntamente com o Tesoureiro;

V – aplicar penas disciplinares, no caso de infração cometida no âmbito do Conselho Federal;

VI – assinar, com o Tesoureiro, cheques e ordens de pagamento;

VII – executar e fazer executar o Estatuto e a legislação complementar.

Art. 101. Compete ao Vice-Presidente:

I – presidir o órgão Especial e executar suas decisões;

II – executar as atribuições que lhe forem cometidas pela Diretoria ou delegadas, por portaria, pelo Presidente.

Art. 102. Compete ao Secretário-Geral:

I – presidir a Primeira Câmara e executar suas decisões;

II – dirigir todos os trabalhos de Secretaria do Conselho Federal;

III – secretariar as sessões do Conselho Pleno;

IV – manter sob sua guarda e inspeção todos os documentos do Conselho Federal;

V – controlar a presença e declarar a perda de mandato dos Conselheiros Federais;

VI – executar a administração do pessoal do Conselho Federal;

VII – emitir certidões e declarações do Conselho Federal.

Art. 103. Compete ao Secretário-Geral Adjunto:

I – presidir a Segunda Câmara e executar suas decisões;

II – organizar e manter o cadastro nacional dos advogados e estagiários, requisitando os dados e informações necessários aos Conselhos Seccionais e promovendo as medidas necessárias;

III – executar as atribuições que lhe forem cometidas pela Diretoria ou delegadas pelo Secretário-Geral;

IV – secretariar o Órgão Especial.

Art. 104. Compete ao Tesoureiro:

I – presidir a Terceira Câmara e executar suas decisões;

II – manter sob sua guarda os bens e valores e o almoxarifado do Conselho;

III – administrar a Tesouraria, controlar e pagar todas as despesas autorizadas e assinar cheques e ordens de pagamento com o Presidente;

IV – elaborar a proposta de orçamento anual, o relatório, os balanços e as contas mensais e anuais da Diretoria;

V – propor à Diretoria a tabela de custas do Conselho Federal;

VI – fiscalizar e cobrar as transferências devidas pelos Conselhos Seccionais ao Conselho Federal, propondo à Diretoria a intervenção nas Tesourarias dos inadimplentes;

VII – manter inventário dos bens móveis e imóveis do Conselho Federal, atualizado anualmente;

VIII – receber e dar quitação dos valores recebidos pelo Conselho Federal.

§ 1º Em casos imprevistos, o Tesoureiro pode realizar despesas não constantes do orçamento anual, quando autorizadas pela Diretoria.

§ 2º Cabe ao Tesoureiro propor à Diretoria o regulamento para aquisições de material de consumo e permanente.

CAPÍTULO IV
DO CONSELHO SECCIONAL

Art. 105. Compete ao Conselho Seccional, além do previsto nos arts. 57 e 58 do Estatuto:

I – cumprir o disposto nos incisos I, II e III do art. 54 do Estatuto;

II – adotar medidas para assegurar o regular funcionamento das Subseções;

III – intervir, parcial ou totalmente, nas Subseções e na Caixa de Assistência dos Advogados, onde e quando constatar grave violação do Estatuto, deste Regulamento Geral e do Regimento Interno do Conselho Seccional;

IV – cassar ou modificar, de ofício ou mediante representação, qualquer ato de sua diretoria e dos demais órgãos executivos e deliberativos, da diretoria ou do conselho da Subseção e da diretoria da Caixa de Assistência dos Advogados, contrários ao Estatuto, ao Regulamento Geral, aos Provimentos, ao Código de Ética e Disciplina, ao seu Regimento Interno e às suas Resoluções;

V – ajuizar, após deliberação:

a) ação direta de inconstitucionalidade de leis ou atos normativos estaduais e municipais, em face da Constituição Estadual ou da Lei Orgânica do Distrito Federal;

b) ação civil pública, para defesa de interesses difusos de caráter geral e coletivos e individuais homogêneos;

▸ Alínea *b* com a redação dada pelo Conselho Pleno do CFOAB, de 16-10-2000.

c) mandado de segurança coletivo, em defesa de seus inscritos, independentemente de autorização pessoal dos interessados;

d) mandado de injunção, em face da Constituição Estadual ou da Lei Orgânica do Distrito Federal.

§ 1º *O ajuizamento é decidido pela Diretoria, no caso de urgência ou recesso do Conselho Seccional.*

▸ Parágrafo único renumerado para § 1º pela Res. do CFOAB nº 2, de 7-4-2025

§ 2º *Em caso de inevitável perigo de demora da decisão, pode o relator conceder provimento cautelar, com recurso de ofício ao órgão colegiado, para apreciação preferencial na sessão posterior.*

▸ § 2º acrescido pela Res. do CFOAB nº 2, de 7-4-2025.

Art. 106. Os Conselhos Seccionais são compostos de conselheiros eleitos, incluindo os membros da Diretoria, proporcionalmente ao número de advogados com inscrição concedida, observados os seguintes critérios:

I – *abaixo de 3.000 (três mil) inscritos, até 40 (quarenta) membros;*

II – *a partir de 3.000 (três mil) inscritos, mais um membro por grupo completo de 3.000 (três mil) inscritos, até o total de 90 (noventa) membros.*

▸ Incisos I e II com a redação dada pela Res. do CFOAB nº 4, de 19-8-2024.

§ 1º Cabe ao Conselho Seccional, observado o número da última inscrição concedida, fixar o número de seus membros, mediante resolução, sujeita a referendo do Conselho Federal, que aprecia a base de cálculo e reduz o excesso, se houver.

§ 2º O Conselho Seccional, a delegação do Conselho Federal, a diretoria da Caixa de Assistência dos Advogados, a diretoria e o conselho da Subseção podem ter suplentes, eleitos na chapa vencedora, em número fixado entre a metade e o total de conselheiros titulares.

▸ § 2º com a redação dada pela Res. nº 3 do Conselho Pleno do CFOAB, de 18-4-2012

§ 3º Não se incluem no cálculo da composição dos elegíveis ao Conselho seus ex-Presidentes, o Presidente do Instituto dos Advogados e o Presidente da Federação Nacional dos Institutos dos Advogados do Brasil.

▸ § 3º com a redação dada pela Res. do CFOAB nº 4, de 17-10-2022 (*DOABe* de 16-11-2022).

Art. 107. Todos os órgãos vinculados ao Conselho Seccional reúnem-se, ordinariamente, nos meses de fevereiro a dezembro, em suas sedes, e para a sessão de posse no mês de janeiro do primeiro ano do mandato.

§ 1º Em caso de urgência ou nos períodos de recesso (janeiro), os Presidentes dos órgãos ou um terço de seus membros podem convocar sessão extraordinária.

▸ § 1º com a redação dada pela Res. nº 1 do Conselho Pleno do CFOAB, de 22-6-2000.

§ 2º As convocações para as sessões ordinárias são acompanhadas de minuta da ata da sessão anterior e dos demais documentos necessários.

Art. 108. Para aprovação ou alteração do Regimento Interno do Conselho, de criação e intervenção em Caixa de Assistência dos Advogados e Subseções e para aplicação da pena de exclusão de inscrito é necessário *quorum* de presença de dois terços dos conselheiros.

§ 1º Para as demais matérias exige-se *quorum* de instalação e deliberação de metade dos membros de cada órgão deliberativo, não se computando no cálculo os ex-Presidentes presentes, com direito a voto.

§ 2º A deliberação é tomada pela maioria dos votos dos presentes, incluindo os ex-Presidentes com direito a voto.

§ 3º Comprova-se a presença pela assinatura no documento próprio, sob controle do Secretário da sessão.

§ 4º Qualquer membro presente pode requerer a verificação do *quorum*, por chamada.

§ 5º A ausência à sessão depois da assinatura de presença, não justificada ao Presidente, é contada para efeito de perda do mandato.

Art. 109. O Conselho Seccional pode dividir-se em órgãos deliberativos e instituir comissões especializadas, para melhor desempenho de suas atividades.

§ 1º Os órgãos do Conselho podem receber a colaboração gratuita de advogados não conselheiros, inclusive para instrução processual, considerando-se função relevante em benefício da advocacia.

§ 2º No Conselho Seccional e na Subseção que disponha de conselho é obrigatória a instalação e o funcionamento da Comissão de Direitos Humanos, da Comissão de Orçamento e Contas e da Comissão de Estágio e Exame de Ordem.

§ 3º Os suplentes podem desempenhar atividades permanentes e temporárias, na forma do Regimento Interno.

§ 4º As Câmaras e os órgãos julgadores em que se dividirem os Conselhos Seccionais para o exercício das respectivas competências serão integradas exclusivamente por Conselheiros eleitos, titulares ou suplentes.

► § 4º acrescido pela Res. nº 4 do Conselho Pleno do CFOAB, de 7-12-2010.

Art. 110. Os relatores dos processos em tramitação no Conselho Seccional têm competência para instrução, podendo ouvir depoimentos, requisitar documentos, determinar diligências e propor o arquivamento ou outra providência porventura cabível ao Presidente do órgão colegiado competente.

Art. 111. O Conselho Seccional fixa tabela de honorários advocatícios, definindo as referências mínimas e as proporções, quando for o caso.

Parágrafo único. A tabela é amplamente divulgada entre os inscritos e encaminhada ao Poder Judiciário para os fins do art. 22 do Estatuto.

Art. 112. O Exame de Ordem será regulamentado por Provimento editado pelo Conselho Federal.

§ 1º O Exame de Ordem é organizado pela Coordenação Nacional de Exame de Ordem, na forma de Provimento do Conselho Federal.

§ 2º Às Comissões de Estágio e Exame de Ordem dos Conselhos Seccionais compete fiscalizar a aplicação da prova e verificar o preenchimento dos requisitos exigidos dos examinandos quando dos pedidos de inscrição, assim como difundir as diretrizes e defender a necessidade do Exame de Ordem.

► Art. 112 com a redação dada pela Res. nº 1 do Conselho Pleno do CFOAB, de 13-6-2011.

Art. 113. O Regimento Interno do Conselho Seccional define o procedimento de intervenção total ou parcial nas Subseções e na Caixa de Assistência dos Advogados, observados os critérios estabelecidos neste Regulamento Geral para a intervenção no Conselho Seccional.

Art. 114. Os Conselhos Seccionais definem nos seus Regimentos Internos a composição, o modo de eleição e o funcionamento dos Tribunais de Ética e Disciplina, observados os procedimentos do Código de Ética e Disciplina.

§ 1º Os membros dos Tribunais de Ética e Disciplina, inclusive seus Presidentes, são eleitos na primeira sessão ordinária após a posse dos Conselhos Seccionais, dentre os seus integrantes ou advogados de notável reputação ético-profissional, observados os mesmos requisitos para a eleição do Conselho Seccional.

§ 2º O mandato dos membros dos Tribunais de Ética e Disciplina tem a duração de três anos.

§ 3º Ocorrendo qualquer das hipóteses do art. 66 do Estatuto, o membro do Tribunal de Ética e Disciplina perde o mandato antes do seu término, cabendo ao Conselho Seccional eleger o substituto.

CAPÍTULO V
DAS SUBSEÇÕES

Art. 115. Compete às subseções dar cumprimento às finalidades previstas no art. 61 do Estatuto e neste Regulamento Geral.

Art. 116. O Conselho Seccional fixa, em seu orçamento anual, dotações específicas para as subseções, e as repassa segundo programação financeira aprovada ou em duodécimos.

Art. 117. A criação de Subseção depende, além da observância dos requisitos estabelecidos no Regimento Interno do Conselho Seccional, de estudo preliminar de viabilidade realizado por comissão especial designada pelo Presidente do Conselho Seccional, incluindo o número de advogados efetivamente residentes na base territorial, a existência de comarca judiciária, o levantamento e a perspectiva do mercado de trabalho, o custo de instalação e de manutenção.

Art. 118. A resolução do Conselho Seccional que criar a Subseção deve:

I – fixar sua base territorial;

II – definir os limites de suas competências e autonomia;

III – fixar a data da eleição da diretoria e do conselho, quando for o caso, e o início do mandato com encerramento coincidente com o do Conselho Seccional;

IV – definir a composição do conselho da Subseção e suas atribuições, quando for o caso.

§ 1º Cabe à Diretoria do Conselho Seccional encaminhar cópia da resolução ao Conselho Federal, comunicando a composição da diretoria e do conselho.

§ 2º Os membros da diretoria da Subseção integram seu conselho, que tem o mesmo Presidente.

Art. 119. Os conflitos de competência entre subseções e entre estas e o Conselho Seccional são por este decididos, com recurso voluntário ao Conselho Federal.

Art. 120. Quando a Subseção dispuser de conselho, o Presidente deste designa um de seus membros, como relator, para instruir processo de inscrição no quadro da OAB, para os residentes em sua base territorial, ou processo disciplinar, quando o fato tiver ocorrido na sua base territorial.

§ 1º Os relatores dos processos em tramitação na Subseção têm competência para instrução, podendo ouvir depoimentos, requisitar documentos, determinar diligências e propor o arquivamento ou outra providência ao Presidente.

§ 2º Concluída a instrução do pedido de inscrição, o relator submete parecer prévio ao conselho da Subseção, que pode ser acompanhado pelo relator do Conselho Seccional.

§ 3º Concluída a instrução do processo disciplinar, nos termos previstos no Estatuto e no Código de Ética e Disciplina, o relator emite parecer prévio, o qual, se homologado pelo Conselho da Subseção, é submetido ao julgamento do Tribunal de Ética e Disciplina.

§ 4º Os demais processos, até mesmo os relativos à atividade de advocacia, incompatibilidades e impedimentos, obedecem a procedimento equivalente.

CAPÍTULO VI
DAS CAIXAS DE ASSISTÊNCIA DOS ADVOGADOS

Art. 121. As Caixas de Assistência dos Advogados são criadas mediante aprovação e registro de seus estatutos pelo Conselho Seccional.

Art. 122. O estatuto da Caixa define as atividades da Diretoria e a sua estrutura organizacional.

§ 1º A Caixa pode contar com departamentos específicos, integrados por profissionais designados por sua Diretoria.

§ 2º O plano de empregos e salários do pessoal da Caixa é aprovado por sua Diretoria e homologado pelo Conselho Seccional.

Art. 123. A assistência aos inscritos na OAB é definida no estatuto da Caixa e está condicionada à:

I – regularidade do pagamento, pelo inscrito, da anuidade à OAB;

II – carência de um ano, após o deferimento da inscrição;

III – disponibilidade de recursos da Caixa.

Parágrafo único. O estatuto da Caixa pode prever a dispensa dos requisitos de que cuidam os incisos I e II, em casos especiais.

Art. 124. A seguridade complementar pode ser implementada pela Caixa, segundo dispuser seu estatuto.

Art. 125. As Caixas promovem entre si convênios de colaboração e execução de suas finalidades.

Art. 126. A Coordenação Nacional das Caixas, por elas mantida, composta de seus presidentes, é órgão de assessoramento do Conselho Federal da OAB para a política nacional de assistência e seguridade dos advogados, tendo seu Coordenador direito a voz nas sessões, em matéria a elas pertinente.

Art. 127. O Conselho Federal pode constituir fundos nacionais de seguridade e assistência dos advogados, coordenados pelas Caixas, ouvidos os Conselhos Seccionais.

CAPÍTULO VII
DAS ELEIÇÕES

Art. 128. O Presidente do Conselho Seccional, *ad referendum* da Diretoria, em até 45 (quarenta e cinco) dias contínuos, antes da data da eleição, no último ano do mandato, convoca os advogados e advogadas regularmente inscritos e adimplentes para a votação direta e obrigatória, mediante edital publicado, em forma resumida, no *Diário Eletrônico da OAB*.

▶ *Caput* com a redação dada pela Res. do CFOAB nº 2, de 9-11-2023.

I a VII – *Revogados*. Res. do CFOAB nº 2, de 9-11-2023.

§§ 1º a 4º *Revogados*. Res. do CFOAB nº 2, de 9-11-2023.

§ 5º As eleições nos Conselhos Seccionais, Subseções e Caixas de Assistência dos Advogados serão regulamentadas por Provimento editado pelo Conselho Federal.

▶ § 5º acrescido pela Res. do CFOAB nº 2, de 9-11-2023.

Arts. 128-A a 136. *Revogados*. Res. do CFOAB nº 2, de 9-11-2023.

Art. 137. A eleição para a Diretoria do Conselho Federal observa o disposto no art. 67 do Estatuto.

§§ 1º a 6º *Revogados*. Res. do CFOAB nº 2, de 9-11-2023.

§ 7º A eleição no Conselho Federal será regulamentada por Provimento editado pelo Conselho Federal.

▶ § 7º acrescido pela Res. do CFOAB nº 2, de 9-11-2023.

Arts. 137-A e 137-B. *Revogados*. Res. do CFOAB nº 2, de 9-11-2023.

Art.137-C. Na ausência de normas expressas no Estatuto e neste Regulamento, ou em Provimento, aplica-se, supletivamente, no que couber, a legislação eleitoral.

▶ Artigo acrescido pela Res. nº 1 do Conselho Pleno do CFOAB, de 6-8-2006.

CAPÍTULO VIII
DAS NOTIFICAÇÕES E DOS RECURSOS

▶ Capítulo com a denominação dada pelo Conselho Pleno do CFOAB, de 16-10-2000.

Art. 137-D A notificação inicial para a apresentação de defesa prévia ou manifestação em processo administrativo perante a OAB deverá ser feita através de correspondência, com aviso de recebimento, enviada para o endereço profissional ou residencial constante do cadastro do Conselho Seccional.

▶ *Caput* acrescido pela Res. nº 1 do Conselho Pleno do CFOAB, de 6-8-2006.

§ 1º Incumbe ao advogado manter sempre atualizado o seu endereço residencial e profissional no cadastro do Conselho Seccional, presumindo-se recebida a correspondência enviada para o endereço nele constante.

▶ § 1º acrescido pela Res. nº 1 do Conselho Pleno do CFOAB, de 6-8-2006.

§ 2º Frustrada a entrega da notificação de que trata o *caput* deste artigo, será a mesma realizada através de edital, a ser publicado no *Diário Eletrônico da OAB*.

▶ § 2º com a redação dada pela Res. do CFOAB nº 5, de 2-10-2018.

§ 3º Quando se tratar de processo disciplinar, a notificação inicial feita através de edital deverá respeitar o sigilo de que trata o artigo 72, § 2º, da Lei nº 8.906/1994, dele não podendo constar qualquer referência de que se trate de matéria disciplinar, constando apenas o nome completo do advogado, nome social, o seu número de inscrição e a observação de que ele deverá comparecer à sede do Conselho Seccional ou da Subseção para tratar de assunto de seu interesse.

▶ § 3º com a redação dada pela Res. nº 5 do Conselho Pleno do CFOAB, de 7-6-2016.

§ 4º As demais notificações no curso do processo disciplinar serão feitas através de correspondência, na forma prevista no *caput* deste artigo, ou através de publicação no *Diário Eletrônico da OAB*, devendo, as publicações, observar que o nome e o nome social do representado deverão ser substituídos pelas suas respectivas iniciais, indicando-se o nome completo do seu procurador ou os seus, na condição de advogado, quando postular em causa própria.

§ 5º A notificação de que trata o inciso XXIII, do artigo 34, da Lei nº 8.906/1994 será feita na forma prevista no *caput* deste artigo ou através de edital coletivo publicado no *Diário Eletrônico da OAB*.

▶ §§ 4º e 5º com a redação dada pela Res. do CFOAB nº 5, de 2-10-2018.

Art. 138. À exceção dos embargos de declaração, os recursos são dirigidos ao órgão julgador superior competente, embora interpostos perante a autoridade ou órgão que proferiu a decisão recorrida.

§ 1º O juízo de admissibilidade é do relator do órgão julgador a que se dirige o recurso, não podendo a autoridade ou órgão recorrido rejeitar o encaminhamento.

§ 2º O recurso tem efeito suspensivo, exceto nas hipóteses previstas no Estatuto.

§ 3º Os embargos de declaração são dirigidos ao relator da decisão recorrida, que lhes pode negar seguimento, fundamentadamente, se os tiver por manifestamente protelatórios, intempestivos ou carentes dos pressupostos legais para interposição.

§ 4º Admitindo os embargos de declaração, o relator os colocará em mesa para julgamento, independentemente de inclusão em pauta ou publicação, na primeira sessão seguinte, salvo justificado impedimento.

§ 5º Não cabe recurso contra as decisões referidas nos §§ 3º e 4º.

§ 6º Excetuando-se os processos ético-disciplinares, nos casos de nulidade ou extinção processual para retorno dos autos à origem, com regular prosseguimento do feito, o órgão recursal deve logo julgar o mérito da causa, desde que presentes as condições de imediato julgamento.

▶ § 6º acrescido pela Res. do CFOAB nº 3, de 16-9-2019.

Art. 139. Todos os prazos processuais necessários à manifestação de advogados, estagiários e terceiros, nos processos em geral da OAB, são de quinze dias, computados somente os dias úteis e contados do primeiro dia útil seguinte, seja da publicação da decisão no *Diário Eletrônico da OAB*, seja da data da juntada aos autos do respectivo aviso de recebimento, anotada pela secretaria do órgão da OAB.

▶ *Caput* com a redação dada pela Res. do CFOAB nº 4, de 17-10-2022 (*DOABe* de 16-11-2022).

§ 1º O recurso poderá ser interposto via *fac-símile* ou similar, devendo o original ser entregue até 10 (dez) dias da data da interposição.

▶ § 1º acrescido pelo Conselho Pleno do CFAOB, de 16-10-2000.

§ 2º Os recursos poderão ser protocolados nos Conselhos Seccionais ou nas Subseções nos quais se originaram os processos correspondentes, devendo o interessado indicar a quem recorre e remeter cópia integral da peça, no prazo de 10 (dez) dias, ao órgão julgador superior competente, via sistema postal rápido, fac-símile ou correio eletrônico.

▶ § 2º com a redação dada pela Res. nº 2 do Conselho Pleno do CFOAB, de 18-4-2012.

§ 3º Entre os dias 20 e 31 de dezembro e durante o período de recesso (janeiro) do Conselho da OAB que proferiu a decisão recorrida, os prazos são suspensos, reiniciando-se no primeiro dia útil após o seu término.

▶ § 3º com a redação dada pela Res. do CFOAB nº 10, de 8-11-2016.

§ 4º A contagem dos prazos processuais em dias úteis prevista neste artigo passará a vigorar a partir de 1º de janeiro de 2017, devendo ser adotada nos processos administrativos em curso.

▶ § 4º acrescido pela Res. do CFOAB nº 9, de 18-10-2016.

Art. 140. O relator, ao constatar intempestividade ou ausência dos pressupostos legais para interposição do recurso, profere despacho indicando ao Presidente do órgão julgador o indeferimento liminar, devolvendo-se o processo ao órgão recorrido para executar a decisão.

Parágrafo único. Contra a decisão do Presidente, referida neste artigo, cabe recurso voluntário ao órgão julgador.

Art. 141. Se o relator da decisão recorrida também integrar o órgão julgador superior, fica neste impedido de relatar o recurso.

Art. 142. Quando a decisão, inclusive dos Conselhos Seccionais, conflitar com orientação de órgão colegiado superior, fica sujeita ao duplo grau de jurisdição.

Art. 143. Contra decisão do Presidente ou da Diretoria da Subseção cabe recurso ao Conselho Seccional, mesmo quando houver conselho na Subseção.

Art. 144. Contra a decisão do Tribunal de Ética e Disciplina cabe recurso ao plenário ou órgão especial equivalente do Conselho Seccional.

Parágrafo único. O Regimento Interno do Conselho Seccional disciplina o cabimento dos recursos no âmbito de cada órgão julgador.

Art. 144-A. Para a formação do recurso interposto contra decisão de suspensão preventiva de advogado (art. 77, Lei nº 8.906/1994), dever-se-á juntar cópia integral dos autos da representação disciplinar, permanecendo o processo na origem para cumprimento da pena preventiva e tramitação final, nos termos do artigo 70, § 3º, do Estatuto.

▶ Artigo acrescido pelo Conselho Pleno do CFOAB, de 16-10-2000.

Art. 144-B. Não se pode decidir, em grau algum de julgamento, com base em fundamento a respeito do qual não se tenha dado às partes oportunidade de se manifestar anteriormente, ainda que se trate de matéria sobre a qual se deva decidir de ofício, salvo quanto às medidas de urgência previstas no Estatuto.

▸ Art. 144-B acrescido pela Res. do CFOAB nº 2, de 19-8-2019.

Art. 144-C. Fundamentado em razões de segurança jurídica ou de excepcional interesse social da OAB, poderá o órgão julgador recursal competente, por maioria de seus membros, restringir os efeitos da decisão ou decidir que esta só tenha eficácia a partir de seu trânsito em julgado ou de outro momento que venha a ser fixado.

▸ Art. 144-C acrescido pela Res. do CFOAB nº 1, de 5-4-2022.

CAPÍTULO IX
DAS CONFERÊNCIAS E DOS COLÉGIOS DE PRESIDENTES

Art. 145. A Conferência Nacional da Advocacia Brasileira é órgão consultivo máximo do Conselho Federal, reunindo-se trienalmente, no segundo ano do mandato, tendo por objetivo o estudo e o debate das questões e problemas que digam respeito às finalidades da OAB e ao congraçamento da advocacia.

▸ *Caput* com a redação dada pela Res. do CFOAB nº 8, de 30-8-2016.

§ 1º As Conferências da Advocacia dos Estados e do Distrito Federal são órgãos consultivos dos Conselhos Seccionais, reunindo-se trienalmente, no segundo ano do mandato.

▸ § 1º com a redação dada pela Res. do CFOAB nº 8, de 30-8-2016.

§ 2º No primeiro ano do mandato do Conselho Federal ou do Conselho Seccional, decidem-se a data, o local e o tema central da Conferência.

§ 3º As conclusões das Conferências têm caráter de recomendação aos Conselhos correspondentes.

Art. 146. São membros das Conferências:

I – efetivos: os Conselheiros e Presidentes dos órgãos da OAB presentes, os advogados e estagiários inscritos na Conferência, todos com direito a voto;

II – convidados: as pessoas a quem a Comissão Organizadora conceder tal qualidade, sem direito a voto, salvo se for advogado.

§ 1º Os convidados, expositores e membros dos órgãos da OAB têm identificação especial durante a Conferência.

§ 2º Os estudantes de direito, mesmo inscritos como estagiários na OAB, são membros ouvintes, escolhendo um porta-voz entre os presentes em cada sessão da Conferência.

Art. 147. A Conferência é dirigida por uma Comissão Organizadora, designada pelo Presidente do Conselho, por ele presidida e integrada pelos membros da Diretoria e outros convidados.

§ 1º O Presidente pode desdobrar a Comissão Organizadora em comissões específicas, definindo suas composições e atribuições.

§ 2º Cabe à Comissão Organizadora definir a distribuição do temário, os nomes dos expositores, a programação dos trabalhos, os serviços de apoio e infraestrutura e o regimento interno da Conferência.

Art. 148. Durante o funcionamento da Conferência, a Comissão Organizadora é representada pelo Presidente, com poderes para cumprir a programação estabelecida e decidir as questões ocorrentes e os casos omissos.

Art. 149. Os trabalhos da Conferência desenvolvem-se em sessões plenárias, painéis ou outros modos de exposição ou atuação dos participantes.

§ 1º As sessões são dirigidas por um Presidente e um Relator, escolhidos pela Comissão Organizadora.

§ 2º Quando as sessões se desenvolvem em forma de painéis, os expositores ocupam a metade do tempo total e a outra metade é destinada aos debates e votação de propostas ou conclusões pelos participantes.

§ 3º É facultado aos expositores submeter as suas conclusões à aprovação dos participantes.

Art. 150. O Colégio de Presidentes dos Conselhos Seccionais é regulamentado em Provimento.

Parágrafo único. O Colégio de Presidentes das subseções é regulamentado no Regimento Interno do Conselho Seccional.

TÍTULO III – DAS DISPOSIÇÕES GERAIS E TRANSITÓRIAS

Art. 151. Os órgãos da OAB não podem se manifestar sobre questões de natureza pessoal, exceto em caso de homenagem a quem tenha prestado relevantes serviços à sociedade e à advocacia.

Parágrafo único. As salas e dependências dos órgãos da OAB não podem receber nomes de pessoas vivas ou inscrições estranhas às suas finalidades, respeitadas as situações já existentes na data da publicação deste Regulamento Geral.

Art. 152. A "Medalha Rui Barbosa" é a comenda máxima conferida pelo Conselho Federal às grandes personalidades da advocacia brasileira.

***Parágrafo único.** A Medalha só pode ser concedida uma vez, no prazo do mandato do Conselho, a um homenageado e a uma homenageada, e será entregue em sessão solene.*

▸ Parágrafo único com a redação dada pela Res. do CFOAB nº 6, de 9-12-2024.

Art. 153. Os estatutos das Caixas criadas anteriormente ao advento do Estatuto serão a ele adaptados e submetidos ao Conselho Seccional, no prazo de cento e vinte dias, contado da publicação deste Regulamento Geral.

Art. 154. Os Provimentos editados pelo Conselho Federal complementam este Regulamento Geral, no que não sejam com ele incompatíveis.

Parágrafo único. Todas as matérias relacionadas à Ética do advogado, às infrações e sanções disciplinares e ao processo disciplinar são regulamentadas pelo Código de Ética e Disciplina.

Art. 155. Os Conselhos Seccionais, até o dia 31 de dezembro de 2007, adotarão os documentos de identidade profissional na forma prevista nos artigos 32 a 36 deste Regulamento.

▸ *Caput* com a redação dada pela Res. nº 2 do Conselho Pleno do CFOAB, de 12-9-2006.

§ 1º Os advogados inscritos até a data da implementação a que se refere o *caput* deste artigo deverão substituir os cartões de identidade até 31 de janeiro de 2009.

▸ § 1º com a redação dada pela res. nº 1 do Conselho Pleno do CFOAB, de 16-6-2008

§ 2º Facultar-se-á ao advogado inscrito até 31 de dezembro de 1997 o direito de usar e permanecer exclusivamente com a carteira de identidade, desde que, até 31 de dezembro de 1999, assim solicite formalmente.

§ 3º O pedido de uso e permanência da carteira de identidade, que impede a concessão de uma nova, deve ser anotado no documento profissional, como condição de sua validade.

§ 4º Salvo nos casos previstos neste artigo, findos os prazos nele fixados, os atuais documentos perderão a validade, mesmo que permaneçam em poder de seus portadores.

▸ §§ 2º a 4º acrescidos pelo Conselho Pleno do CFOAB, de 17-6-1997.

Art. 156. Os processos em pauta para julgamento das Câmaras Reunidas serão apreciados pelo Órgão Especial, a ser instalado na primeira sessão após a publicação deste Regulamento Geral, mantidos os relatores anteriormente designados, que participarão da respectiva votação.

Art.156-A. Excetuados os prazos regulados pelo Provimento nº 102/2004, previstos em editais próprios, ficam suspensos até 1º de agosto de 2010 os prazos processuais iniciados antes ou durante o mês de julho de 2010.

▸ Artigo acrescido pela Res. nº 1 do Conselho Pleno do CFOAB, de 22-6-2010.

Art. 156-B. As alterações das regras estabelecidas no art. 131, *caput* e §§ 1º, 2º, 3º, 4º e 6º, deste Regulamento Geral, promovidas em 2020 e 2021, passarão a vigorar a partir das eleições de 2021, inclusive, e, no caso do percentual mínimo de 30% (trinta por cento) estipulado de cotas raciais para advogados negros e advogadas negras, valerão pelo prazo de 10 (dez) mandatos.

▸ Art. 156-B com a redação dada pela Res. do CFOAB nº 8, de 24-8-2021.

Art. 156-C. As eleições nos Conselhos Seccionais e nas Subseções em 2021 e no Conselho Federal em 2022 serão regidas pelas regras do Provimento nº 146/2011 e deste Regulamento Geral, vigentes em 2021.

▸ Art. 156-C com a redação dada pela Res. do CFOAB nº 5, de 14-12-2020 (*DOU* de 14-4-2021).

Art. 156-D. O uso de meio eletrônico na tramitação de processos administrativos, comunicação de atos e transmissão de peças processuais será admitido mediante instituição de Sistema de Processo Eletrônico, nos termos de ato normativo a ser editado pelo Conselho Pleno do Conselho Federal da OAB.

▸ Art. 156-D acrescido pela Res. do CFOAB nº 5, de 9-12-2019.

Art. 157. Revogam-se as disposições em contrário, especialmente os Provimentos de nºs 1, 2, 3, 5, 6, 7, 9, 10, 11, 12, 13, 14, 15, 16, 17, 18, 19, 20, 21, 22, 24, 25, 27, 28, 29, 30, 31, 32, 33, 34, 35, 36, 38, 39, 40, 41, 46, 50, 51, 52, 54, 57, 59, 60, 63, 64, 65, 67 e 71, e o Regimento Interno do Conselho Federal, mantidos os efeitos das Resoluções nºs 01/1994 e 02/1994.

Art. 158. Este Regulamento Geral entra em vigor na data de sua publicação.

Sala das Sessões, em Brasília,
16 de outubro e
6 de novembro de 1994.

José Roberto Batochio

LEI Nº 8.934, DE 18 DE NOVEMBRO DE 1994

Dispõe sobre o Registro Público de Empresas Mercantis e Atividades Afins e dá outras providências.

▸ Publicada no *DOU* de 21-11-1994.
▸ LC nº 123, de 14-12-2006 (Estatuto Nacional da Microempresa e da Empresa de Pequeno Porte).
▸ Lei nº 11.598, de 3-12-2007 (Lei da REDESIM).

TÍTULO I – DO REGISTRO PÚBLICO DE EMPRESAS MERCANTIS E ATIVIDADES AFINS

CAPÍTULO I – DAS FINALIDADES E DA ORGANIZAÇÃO

SEÇÃO I – DAS FINALIDADES

Art. 1º O Registro Público de Empresas Mercantis e Atividades Afins, observado o disposto nesta Lei, será exercido em todo o território nacional, de forma sistêmica, por órgãos federais, estaduais e distrital, com as seguintes finalidades:

▸ *Caput* com a redação dada pela Lei nº 13.833, de 4-6-2019.

I – dar garantia, publicidade, autenticidade, segurança e eficácia aos atos jurídicos das empresas mercantis, submetidos a registro na forma desta Lei;

II – cadastrar as empresas nacionais e estrangeiras em funcionamento no País e manter atualizadas as informações pertinentes;

III – proceder à matrícula dos agentes auxiliares do comércio, bem como ao seu cancelamento.

Art. 2º Os atos das firmas mercantis individuais e das sociedades mercantis serão arquivados no Registro Público de Empresas Mercantis e Atividades Afins, independentemente de seu objeto, salvo as exceções previstas em lei.

Parágrafo único. *Revogado.* Lei nº 13.874, de 20-9-2019.

SEÇÃO II – DA ORGANIZAÇÃO

Art. 3º Os serviços do Registro Público de Empresas Mercantis e Atividades Afins serão exercidos, em todo o território nacional, de maneira uniforme, harmônica e interdependente, pelo Sistema Nacional de Registro de Empresas Mercantis – SINREM, composto pelos seguintes órgãos:

I – o Departamento Nacional de Registro Empresarial e Integração, órgão central do SINREM, com as seguintes funções:

a) supervisora, orientadora, coordenadora e normativa, na área técnica; e

b) supletiva, na área administrativa; e

▸ Inciso I com a redação dada pela Lei nº 13.833, de 4-6-2019.

II – as Juntas Comerciais, como órgãos locais, com funções executora e administradora dos serviços de registro.

SUBSEÇÃO I – DO DEPARTAMENTO NACIONAL DE REGISTRO EMPRESARIAL E INTEGRAÇÃO

▸ Subseção I com a denominação dada pela Lei nº 13.833, de 4-6-2019.

Art. 4º O Departamento Nacional de Registro Empresarial e Integração (DREI) da Secretaria de Governo Digital da Secretaria Especial de Desburocratização, Gestão e Governo Digital do Ministério da Economia tem por finalidade:

▸ *Caput* com a redação dada pela Lei nº 13.874, de 20-9-2019.

I – supervisionar e coordenar, no plano técnico, os órgãos incumbidos da execução dos serviços de Registro Público de Empresas Mercantis e Atividades Afins;

II – estabelecer e consolidar, com exclusividade, as normas e diretrizes gerais do Registro Público de Empresas Mercantis e Atividades Afins;

III – solucionar dúvidas ocorrentes na interpretação das leis, regulamentos e demais normas relacionadas com o registro de empresas mercantis, baixando instruções para esse fim;

IV – prestar orientação às Juntas Comerciais, com vistas à solução de consultas e à observância das normas legais e regulamentares do Registro Público de Empresas Mercantis e Atividades Afins;

V – exercer ampla fiscalização jurídica sobre os órgãos incumbidos do Registro Público de Empresas Mercantis e Atividades Afins, representando para os devidos fins às autoridades administrativas contra abusos e infrações das respectivas normas, e requerendo tudo o que se afigurar necessário ao cumprimento dessas normas;

VI – estabelecer normas procedimentais de arquivamento de atos de firmas mercantis individuais e sociedades mercantis de qualquer natureza;

VII – promover ou providenciar, supletivamente, as medidas tendentes a suprir ou corrigir as ausências, falhas ou deficiências dos serviços de Registro Público de Empresas Mercantis e Atividades Afins;

VIII – prestar colaboração técnica e financeira às Juntas Comerciais para a melhoria dos serviços pertinentes ao Registro Público de Empresas Mercantis e Atividades Afins;

IX – organizar e manter atualizado o cadastro nacional das empresas mercantis em funcionamento no País, com a cooperação das Juntas Comerciais;

▸ A alteração que seria inserida neste inciso pela Lei nº 14.195, de 26-8-2021, foi vetada, razão pela qual, mantivemos a sua redação.

X – instruir, examinar e encaminhar os pedidos de autorização para nacionalização ou instalação de filial, de agência, de sucursal ou de estabelecimento no País por sociedade estrangeira, ressalvada a competência de outros órgãos federais;

▸ Inciso X com a redação dada pela Lei nº 14.195, de 26-8-2021.

XI – promover e elaborar estudos e publicações e realizar reuniões sobre temas pertinentes ao Registro Público de Empresas Mercantis e Atividades Afins;

▸ Inciso XI com a redação dada pela Lei nº 13.833, de 4-6-2019.

XII – apoiar a articulação e a supervisão dos órgãos e das entidades envolvidos na integração para o registro e a legalização de empresas;

XIII – quanto à integração para o registro e a legalização de empresas:

a) propor planos de ação e diretrizes e implementar as medidas deles decorrentes, em articulação com outros órgãos e entidades públicas, inclusive estaduais, distritais e municipais;

b e c) VETADAS. Lei nº 14.195, de 26-8-2021; e

d) propor e implementar projetos, ações, convênios e programas de cooperação, em articulação com órgãos e com entidades públicas e privadas, nacionais e estrangeiras, no âmbito de sua área de competência;

XIV – quanto ao Registro Público de Empresas Mercantis e Atividades Afins, propor os planos de ação, as diretrizes e as normas e implementar as medidas necessárias;

XV – coordenar as ações dos órgãos incumbidos da execução dos serviços do Registro Público de Empresas Mercantis e Atividades Afins;

XVI – especificar, desenvolver, implementar, manter e operar os sistemas de informação relativos à integração para o registro e para a legalização de empresas, em articulação com outros órgãos e observadas as competências destes; e

XVII – propor, implementar e monitorar medidas relacionadas com a desburocratização do registro público de empresas e destinadas à melhoria do ambiente de negócios no País.

▸ Incisos XII a XVII acrescidos pela Lei nº 14.195, de 26-8-2021.

Parágrafo único. O cadastro nacional a que se refere o inciso IX do *caput* deste artigo será mantido com as informações originárias do cadastro estadual de empresas, vedados a exigência de preenchimento de formulário pelo empresário ou o fornecimento de novos dados ou informações, bem como a cobrança de preço pela inclusão das informações no cadastro nacional.

▸ Parágrafo único acrescido pela Lei nº 13.874, de 20-9-2019.

SUBSEÇÃO II – DAS JUNTAS COMERCIAIS

Art. 5º Haverá uma Junta Comercial em cada unidade federativa, com sede na capital e jurisdição na área da circunscrição territorial respectiva.

Art. 6º As juntas comerciais subordinam-se, administrativamente, ao governo do respectivo ente federativo e, tecnicamente, ao Departamento Nacional de Registro Empresarial e Integração, nos termos desta Lei.

▸ *Caput* com a redação dada pela Lei nº 13.833, de 4-6-2019.

Parágrafo único. *Revogado.* Lei nº 13.833, de 4-6-2019.

Art. 7º As Juntas Comerciais poderão desconcentrar os seus serviços, mediante convênios com órgãos públicos e entidades privadas sem fins lucrativos, preservada a competência das atuais Delegacias.

Art. 8º Às Juntas Comerciais incumbe:

I – executar os serviços previstos no artigo 32 desta Lei;

II – elaborar a tabela de preços de seus serviços, observadas as normas legais pertinentes;

III – processar a habilitação e a nomeação dos tradutores públicos e intérpretes comerciais;

IV – elaborar os respectivos Regimentos Internos e suas alterações, bem como as resoluções de caráter administrativo necessárias ao fiel cumprimento das normas legais, regulamentares e regimentais;

V – expedir carteiras de exercício profissional de pessoas legalmente inscritas no Registro Público de Empresas Mercantis e Atividades Afins;

VI – o assentamento dos usos e práticas mercantis.

Art. 9º A estrutura básica das Juntas Comerciais será integrada pelos seguintes órgãos:

I – a Presidência, como órgão diretivo e representativo;

II – o Plenário, como órgão deliberativo superior;

III – as Turmas, como órgãos deliberativos inferiores;

IV – a Secretaria-Geral, como órgão administrativo;

V – a Procuradoria, como órgão de fiscalização e de consulta jurídica.

§ 1º As Juntas Comerciais poderão ter uma Assessoria Técnica, com a competência de preparar e relatar os documentos a serem submetidos à sua deliberação, cujos membros deverão ser bacharéis em Direito, Economistas, Contadores ou Administradores.

§ 2º As Juntas Comerciais, por seu Plenário, poderão resolver pela criação de Delegacias, órgãos locais do registro do comércio, nos termos da legislação estadual respectiva.

Art. 10. O Plenário, composto de Vogais e respectivos suplentes, será constituído pelo mínimo de onze e no máximo de vinte e três Vogais.

▸ Artigo com a redação dada pela Lei nº 10.194, de 14-2-2001.

Art. 11. Os vogais e os respectivos suplentes serão nomeados, salvo disposição em contrário, pelos governos dos Estados e do Distrito Federal, dentre brasileiros que atendam às seguintes condições:

▸ *Caput* com a redação dada pela Lei nº 13.833, de 4-6-2019.

I – estejam em pleno gozo dos direitos civis e políticos;

II – não estejam condenados por crime cuja pena vede o acesso a cargo, emprego e funções públicas, ou por crime de prevaricação, falência fraudulenta, peita ou suborno, concussão, peculato, contra a propriedade, a fé pública e a economia popular;

III – sejam, ou tenham sido, por mais de cinco anos, titulares de firma mercantil individual, sócios ou administradores de sociedade mercantil, valendo como prova, para esse fim, certidão expedida pela Junta Comercial;

IV – estejam quites com o serviço militar e o serviço eleitoral.

Parágrafo único. Qualquer pessoa poderá representar fundadamente à autoridade competente contra a nomeação de Vogal ou suplente, contrária aos preceitos desta Lei, no prazo de quinze dias, contados da data da posse.

Art. 12. Os Vogais e respectivos suplentes serão escolhidos da seguinte forma:

I – a metade do número de Vogais e suplentes será designada mediante indicação de nomes, em listas tríplices, pelas entidades patronais de grau superior e pelas Associações Comerciais, com sede na jurisdição da Junta;

II – um Vogal e respectivo suplente, representando a União, por nomeação do Ministro de Estado do Desenvolvimento, Indústria e Comércio Exterior;

▸ Inciso II com a redação dada pela Lei nº 10.194, de 14-2-2001.

III – quatro Vogais e respectivos suplentes, representando, respectivamente, a classe dos advogados, a dos economistas e a dos contadores, todos mediante indicação, em lista tríplice, do Conselho Seccional ou Regional do órgão corporativo destas categorias profissionais;

▸ Inciso III com a redação dada pela Lei nº 9.829, de 2-9-1999.

IV – os demais vogais e suplentes serão designados, nos Estados e no Distrito Federal, por livre escolha dos respectivos governadores.

▸ Inciso IV com a redação dada pela Lei nº 13.833, de 4-6-2019.

§ 1º Os Vogais e respectivos suplentes de que tratam os incisos II e III deste artigo ficam dispensados da prova do requisito previsto no inciso III do artigo 11, mas exigir-se-á a prova de mais de cinco anos de efetivo exercício da profissão em relação aos Vogais e suplentes de que trata o inciso III.

§ 2º As listas referidas neste artigo devem ser remetidas até sessenta dias antes do término do mandato, caso contrário será considerada, com relação a cada entidade que se omitir na remessa, a última lista que não inclua pessoa que exerça ou tenha exercido mandato de Vogal.

Art. 13. Os Vogais serão remunerados por presença, nos termos da legislação da unidade federativa a que pertencer a Junta Comercial.

Art. 14. O Vogal será substituído por seu suplente durante os impedimentos e, no caso de vaga, até o final do mandato.

Art. 15. São incompatíveis para a participação no Colégio de Vogais da mesma Junta Comercial os parentes consanguíneos e afins até o segundo grau e os sócios da mesma empresa.

Parágrafo único. Em caso de incompatibilidade, serão seguidos, para a escolha dos membros, sucessivamente, os critérios da precedência na nomeação, da precedência na posse, ou do membro mais idoso.

Art. 16. O mandato de Vogal e respectivo suplente será de quatro anos, permitida apenas uma recondução.

Art. 17. O Vogal ou seu suplente perderá o mandato nos seguintes casos:

I – mais de três faltas consecutivas às sessões, ou doze alternadas no mesmo ano, sem justo motivo;

II – por conduta incompatível com a dignidade do cargo.

Art. 18. Na sessão inaugural do Plenário das Juntas Comerciais, que iniciará cada período de mandato, serão distribuídos os Vogais por Turmas de três membros cada uma, com exclusão do Presidente e do Vice-Presidente.

Art. 19. Ao Plenário compete o julgamento dos processos em grau de recurso, nos termos previstos no Regulamento desta Lei.

Art. 20. As sessões ordinárias do Plenário e das Turmas efetuar-se-ão com a periodicidade e do modo determinado no Regimento da Junta Comercial; e as extraordinárias, sempre justificadas, por convocação do Presidente ou de dois terços dos seus membros.

Art. 21. Compete às Turmas julgar, originariamente, os pedidos relativos à execução dos atos de registro.

Art. 22. Compete aos respectivos governadores a nomeação para os cargos em comissão de presidente e vice-presidente das juntas comerciais dos Estados e do Distrito Federal, escolhidos dentre os vogais do Plenário.

▸ Artigo com a redação dada pela Lei nº 13.833, de 4-6-2019.

Art. 23. Compete ao Presidente:

I – a direção e representação geral da Junta;

II – dar posse aos Vogais, convocar e dirigir as sessões do Plenário, superintender todos os serviços e velar pelo fiel cumprimento das normas legais e regulamentares.

Art. 24. Ao Vice-Presidente incumbe substituir o Presidente em suas faltas ou impedimentos e efetuar a correição permanente dos serviços, na forma do regulamento desta Lei.

Art. 25. Compete aos respectivos governadores a nomeação para o cargo em comissão de secretário-geral das juntas comerciais dos Estados e do Distrito Federal, e a escolha deverá recair sobre brasileiros de notória idoneidade moral e com conhecimentos em direito empresarial.

▸ Artigo com a redação dada pela Lei nº 13.833, de 4-6-2019.

Art. 26. À Secretaria-Geral compete a execução dos serviços de registro e de administração da Junta.

Art. 27. As procuradorias serão compostas de 1 (um) ou mais procuradores e chefiadas pelo procurador que for designado pelo governador do Estado ou do Distrito Federal.

▸ Artigo com a redação dada pela Lei nº 13.833, de 4-6-2019.

Art. 28. A Procuradoria tem por atribuição fiscalizar e promover o fiel cumprimento das normas legais e executivas, oficiando, internamente, por sua iniciativa ou mediante solicitação da Presidência, do Plenário e das Turmas; e, externamente, em atos ou feitos de natureza jurídica, inclusive os judiciais, que envolvam matéria do interesse da Junta.

CAPÍTULO II
DA PUBLICIDADE DO REGISTRO PÚBLICO DE EMPRESAS MERCANTIS E ATIVIDADES AFINS

Seção I
DAS DISPOSIÇÕES GERAIS

Art. 29. Qualquer pessoa, sem necessidade de provar interesse, poderá consultar os assentamentos existentes nas Juntas Comerciais e obter certidões, mediante pagamento do preço devido.

Art. 30. A forma, prazo e procedimento de expedição de certidões serão definidos no Regulamento desta Lei.

Seção II

DA PUBLICAÇÃO DOS ATOS

Art. 31. Os atos decisórios serão publicados em sítio da rede mundial de computadores da junta comercial do respectivo ente federativo.

▸ Artigo com a redação dada pela Lei nº 13.874, de 20-9-2019.

CAPÍTULO III

DOS ATOS PERTINENTES AO REGISTRO PÚBLICO DE EMPRESAS MERCANTIS E ATIVIDADES AFINS

Seção I

DA COMPREENSÃO DOS ATOS

Art. 32. O Registro compreende:

I – a Matrícula e seu Cancelamento: dos leiloeiros, tradutores públicos e intérpretes comerciais, trapicheiros e administradores de armazéns gerais;

II – o Arquivamento:

a) dos documentos relativos à constituição, alteração, dissolução e extinção de firmas mercantis individuais, sociedades mercantis e cooperativas;

b) dos atos relativos a consórcio e grupo de sociedade de que trata a Lei nº 6.404, de 15 de dezembro de 1976;

c) dos atos concernentes a empresas mercantis estrangeiras autorizadas a funcionar no Brasil;

d) das declarações de microempresa;

e) de atos ou documentos que, por determinação legal, sejam atribuídos ao Registro Público de Empresas Mercantis e Atividades Afins ou daqueles que possam interessar ao empresário e às empresas mercantis;

III – a autenticação dos instrumentos de escrituração das empresas mercantis registradas e dos agentes auxiliares do comércio, na forma de lei própria.

§ 1º Os atos, os documentos e as declarações que contenham informações meramente cadastrais serão levados automaticamente a registro se puderem ser obtidos de outras bases de dados disponíveis em órgãos públicos.

§ 2º Ato do Departamento Nacional de Registro Empresarial e Integração definirá os atos, os documentos e as declarações que contenham informações meramente cadastrais.

▸ §§ 1º e 2º acrescidos pela Lei nº 13.874, de 20-9-2019.

Art. 33. A proteção ao nome empresarial decorre automaticamente do arquivamento dos atos constitutivos de firma individual e de sociedades, ou de suas alterações.

§§ 1º e 2º VETADOS.

Art. 34. O nome empresarial obedecerá aos princípios da veracidade e da novidade.

Seção II

DAS PROIBIÇÕES DE ARQUIVAMENTO

Art. 35. Não podem ser arquivados:

I – os documentos que não obedecerem às prescrições legais ou regulamentares ou que contiverem matéria contrária aos bons costumes ou à ordem pública, bem como os que colidirem com o respectivo estatuto ou contrato não modificado anteriormente;

II – os documentos de constituição ou alteração de empresas mercantis de qualquer espécie ou modalidade em que figure como titular ou administrador pessoa que esteja condenada pela prática de crime cuja pena vede o acesso à atividade mercantil;

III – os atos constitutivos de empresas mercantis que, além das cláusulas exigidas em lei, não designarem o respectivo capital e a declaração de seu objeto, cuja indicação no nome empresarial é facultativa;

▸ Inciso III com a redação dada pela Lei nº 14.195, de 26-8-2021.

IV – *Revogado*. Lei nº 14.195, de 26-8-2021;

V – os atos de empresas mercantis com nome idêntico a outro já existente;

▸ Inciso V com a redação dada pela Lei nº 14.195, de 26-8-2021.

VI – a alteração contratual, por deliberação majoritária do capital social, quando houver cláusula restritiva;

VII – os contratos sociais ou suas alterações em que haja incorporação de imóveis à sociedade, por instrumento particular, quando do instrumento não constar:

a) a descrição e identificação do imóvel, sua área, dados relativos à sua titulação, bem como o número da matrícula no Registro Imobiliário;

b) a outorga uxória ou marital, quando necessária;

VIII – *Revogado*. Lei nº 13.874, de 20-9-2019.

§ 1º O registro dos atos constitutivos e de suas alterações e extinções ocorrerá independentemente de autorização governamental prévia e os órgãos públicos deverão ser informados pela Rede Nacional para a Simplificação do Registro e da Legalização de Empresas e Negócios – REDESIM a respeito dos registros sobre os quais manifestarem interesse.

▸ Parágrafo único transformado em § 1º pela Lei nº 14.195, de 26-8-2021.

§ 2º Eventuais casos de confronto entre nomes empresariais por semelhança poderão ser questionados pelos interessados, a qualquer tempo, por meio de recurso ao DREI.

▸ § 2º com a redação dada pela Lei nº 14.195, de 26-8-2021.

Art. 35-A. O empresário ou a pessoa jurídica poderá optar por utilizar o número de inscrição no Cadastro Nacional da Pessoa Jurídica (CNPJ) como nome empresarial, seguido da partícula identificadora do tipo societário ou jurídico, quando exigida por lei.

▸ Art. 35-A acrescido pela Lei nº 14.195, de 26-8-2021.

Seção III

DA ORDEM DOS SERVIÇOS

Subseção I

DA APRESENTAÇÃO DOS ATOS E ARQUIVAMENTO

Art. 36. Os documentos referidos no inciso II do artigo 32 deverão ser apresentados a arquivamento na Junta, dentro de trinta dias contados de sua assinatura, a cuja data retroagirão os efeitos do arquivamento; fora desse prazo, o arquivamento só terá eficácia a partir do despacho que o conceder.

Art. 37. Instruirão obrigatoriamente os pedidos de arquivamento:

I – o instrumento original de constituição, modificação ou extinção de empresas mercantis, assinado pelo titular, pelos administradores, sócios ou seus procuradores;

II – declaração do titular ou administrador, firmada sob as penas da lei, de não estar impedido de exercer o comércio ou a administração de sociedade mercantil, em virtude de condenação criminal;

▸ Inciso II com a redação dada pela Lei nº 10.194, de 14-2-2001.

III – a ficha cadastral padronizada, que deverá seguir o modelo aprovado pelo DREI, a qual incluirá, no mínimo, as informações sobre os seus titulares e administradores, bem como sobre a forma de representação da empresa mercantil;

▸ Inciso III com a redação dada pela Lei nº 14.195, de 26-8-2021.

IV – os comprovantes de pagamento dos preços dos serviços correspondentes;

V – a prova de identidade dos titulares e dos administradores da empresa mercantil.

Parágrafo único. Além dos referidos neste artigo, nenhum outro documento será exigido das firmas individuais e sociedades referidas nas alíneas *a*, *b* e *d* do inciso II do artigo 32.

Art. 38. Para cada empresa mercantil, a Junta Comercial organizará um prontuário com os respectivos documentos.

Subseção II

DAS AUTENTICAÇÕES

Art. 39. As Juntas Comerciais autenticarão:

I – os instrumentos de escrituração das empresas mercantis e dos agentes auxiliares do comércio;

II – as cópias dos documentos assentados.

Parágrafo único. Os instrumentos autenticados, não retirados no prazo de trinta dias, contados da sua apresentação, poderão ser eliminados.

Art. 39-A. A autenticação dos documentos de empresas de qualquer porte realizada por meio de sistemas públicos eletrônicos dispensa qualquer outra.

Art. 39-B. A comprovação da autenticação de documentos e da autoria de que trata esta Lei poderá ser realizada por meio eletrônico, na forma do regulamento.

▸ Arts. 39-A e 39-B acrescidos pela LC nº 147, de 7-8-2014.

Subseção III

DO EXAME DAS FORMALIDADES

Art. 40. Todo ato, documento ou instrumento apresentado a arquivamento será objeto de exame do cumprimento das formalidades legais pela Junta Comercial.

§ 1º Verificada a existência de vício insanável, o requerimento será indeferido; quando for sanável, o processo será colocado em exigência.

§ 2º As exigências formuladas pela Junta Comercial deverão ser cumpridas em até trinta dias, contados da data da ciência pelo interessado ou da publicação do despacho.

§ 3º O processo em exigência será entregue completo ao interessado; não devolvido no prazo previsto no parágrafo anterior, será considerado como novo pedido de arquivamento, sujeito ao pagamento dos preços dos serviços correspondentes.

Subseção IV

DO PROCESSO DECISÓRIO

Art. 41. Estão sujeitos ao regime de decisão colegiada pelas Juntas Comerciais, na forma desta Lei:

I – o arquivamento:

a) dos atos de constituição de sociedades anônimas;

▶ Alínea *a* com a redação dada pela Lei nº 13.874, de 20-9-2019.

b) dos atos referentes à transformação, incorporação, fusão e cisão de empresas mercantis;

c) dos atos de constituição e alterações de consórcio e de grupo de sociedades, conforme previsto na Lei nº 6.404, de 15 de dezembro de 1976;

II – o julgamento do recurso previsto nesta Lei.

Parágrafo único. Os pedidos de arquivamento de que trata o inciso I do *caput* deste artigo serão decididos no prazo de 5 (cinco) dias úteis, contado da data de seu recebimento, sob pena de os atos serem considerados arquivados, mediante provocação dos interessados, sem prejuízo do exame das formalidades legais pela procuradoria.

▶ Parágrafo único acrescido pela Lei nº 13.874, de 20-9-2019.

Art. 42. Os atos próprios do Registro Público de Empresas Mercantis e Atividades Afins, não previstos no artigo anterior, serão objeto de decisão singular proferida pelo Presidente da Junta Comercial, por Vogal ou servidor que possua comprovados conhecimentos de Direito Comercial e de Registro de Empresas Mercantis.

§ 1º Os vogais e servidores habilitados a proferir decisões singulares serão designados pelo presidente da junta comercial.

▶ Parágrafo único transformado em § 1º pela Lei nº 13.874, de 20-9-2019.

§ 2º Os pedidos de arquivamento não previstos no inciso I do *caput* do art. 41 desta Lei serão decididos no prazo de 2 (dois) dias úteis, contado da data de seu recebimento, sob pena de os atos serem considerados arquivados, mediante provocação dos interessados, sem prejuízo do exame das formalidades legais pela procuradoria.

§ 3º O arquivamento dos atos constitutivos e de alterações não previstos no inciso I do *caput* do art. 41 desta Lei terá o registro deferido automaticamente caso cumpridos os requisitos de:

I – aprovação da consulta prévia da viabilidade do nome empresarial e da viabilidade de localização, quando o ato exigir; e

II – utilização pelo requerente do instrumento padrão estabelecido pelo Departamento Nacional de Registro Empresarial e Integração (DREI) da Secretaria de Governo Digital da Secretaria Especial de Desburocratização, Gestão e Governo Digital do Ministério da Economia.

§ 4º O arquivamento dos atos de extinção não previstos no inciso I do *caput* do art. 41 desta Lei terá o registro deferido automaticamente no caso de utilização pelo requerente do instrumento padrão estabelecido pelo DREI.

§ 5º Nas hipóteses de que tratam os §§ 3º e 4º do *caput* deste artigo, a análise do cumprimento das formalidades legais será feita posteriormente, no prazo de 2 (dois) dias úteis, contado da data do deferimento automático do registro.

§ 6º Após a análise de que trata o § 5º deste artigo, a identificação da existência de vício acarretará:

I – o cancelamento do arquivamento, se o vício for insanável; ou

II – a observação do procedimento estabelecido pelo DREI, se o vício for sanável.

▶ §§ 2º a 6º acrescidos pela Lei nº 13.874, de 20-9-2019.

Art. 43. *Revogado.* Lei nº 13.874, de 20-9-2019.

Subseção V

DO PROCESSO REVISIONAL

Art. 44. O processo revisional pertinente ao Registro Público de Empresas Mercantis e Atividades Afins dar-se-á mediante:

I – Pedido de Reconsideração;

II – Recurso ao Plenário;

III – Recurso ao Departamento Nacional de Registro Empresarial e Integração.

▶ Inciso III com a redação dada pela Lei nº 13.874, de 20-9-2019.

Art. 45. O Pedido de Reconsideração terá por objeto obter a revisão de despachos singulares ou de Turmas que formulem exigências para o deferimento do arquivamento e será apresentado no prazo para cumprimento da exigência para apreciação pela autoridade recorrida em 3 (três) dias úteis ou 5 (cinco) dias úteis, respectivamente.

▶ Artigo com a redação dada pela Lei nº 11.598, de 3-12-2007.

Art. 46. Das decisões definitivas, singulares ou de Turmas, cabe recurso ao Plenário, que deverá ser decidido no prazo máximo de trinta dias, a contar da data do recebimento da peça recursal, ouvida a Procuradoria, no prazo de dez dias, quando a mesma não for a recorrente.

Art. 47. Das decisões do plenário cabe recurso ao Departamento Nacional de Registro Empresarial e Integração como última instância administrativa.

▶ *Caput* com a redação dada pela Lei nº 13.874, de 20-9-2019.

Parágrafo único. *Revogado.* Lei nº 13.874, de 20-9-2019.

Art. 48. Os recursos serão indeferidos liminarmente pelo Presidente da Junta quando assinados por procurador sem mandato ou, ainda, quando interpostos fora do prazo ou antes da decisão definitiva, devendo ser, em qualquer caso, anexados ao processo.

Art. 49. Os recursos de que trata esta Lei não têm efeito suspensivo.

Art. 50. Todos os recursos previstos nesta Lei deverão ser interpostos no prazo de dez dias úteis, cuja fluência começa na data da intimação da parte ou da publicação do ato no órgão oficial de publicidade da Junta Comercial.

Art. 51. A Procuradoria e as partes interessadas, quando for o caso, serão intimadas para, no mesmo prazo de dez dias, oferecerem contrarrazões.

TÍTULO II – DAS DISPOSIÇÕES FINAIS E TRANSITÓRIAS

CAPÍTULO I

DAS DISPOSIÇÕES FINAIS

Art. 52. VETADO.

Art. 53. As alterações contratuais ou estatutárias poderão ser efetivadas por escritura pública ou particular, independentemente da forma adotada no ato constitutivo.

Art. 54. A prova da publicidade de atos societários, quando exigida em lei, será feita mediante anotação nos registros da junta comercial à vista da apresentação da folha do *Diário Oficial*, em sua versão eletrônica, dispensada a juntada da mencionada folha.

▶ Artigo com a redação dada pela Lei nº 13.874, de 20-9-2019.

Art. 55. Compete ao Departamento Nacional de Registro Empresarial e Integração propor a elaboração da tabela de preços dos serviços pertinentes ao Registro Público de Empresas Mercantis, na parte relativa aos atos de natureza federal, bem como especificar os atos a serem observados pelas juntas comerciais na elaboração de suas tabelas locais.

▶ *Caput* com a redação dada pela Lei nº 13.874, de 20-9-2019.

§ 1º As isenções de preços de serviços restringem-se aos casos previstos em lei.

▶ Parágrafo único transformado em § 1º pela Lei nº 13.874, de 20-9-2019.

§ 2º É vedada a cobrança de preço pelo serviço de arquivamento dos documentos relativos à extinção do registro do empresário individual, da empresa individual de responsabilidade limitada (EIRELI) e da sociedade limitada.

▶ § 2º acrescido pela Lei nº 13.874, de 20-9-2019.

Art. 56. Os documentos arquivados pelas juntas comerciais não serão retirados, em qualquer hipótese, de suas dependências, ressalvado o disposto no art. 57 desta Lei.

Art. 57. Quaisquer atos e documentos, após microfilmados ou preservada a sua imagem por meios tecnológicos mais avançados, poderão ser eliminados pelas juntas comerciais, conforme disposto em regulamento.

Parágrafo único. Antes da eliminação prevista no *caput* deste artigo, será concedido o prazo de 30 (trinta) dias para os acionistas, os diretores e os procuradores das empresas ou outros interessados retirarem, facultativamente, a documentação original, sem qualquer custo.

▶ Arts. 56 e 57 com a redação dada pela Lei nº 14.195, de 26-8-2021.

Art. 58. *Revogado.* Lei nº 14.195, de 26-8-2021.

Art. 59. Expirado o prazo da sociedade celebrada por tempo determinado, esta perderá a proteção do seu nome empresarial.

Art. 60. *Revogado.* Lei nº 14.195, de 26-8-2021.

Art. 61. O fornecimento de informações cadastrais aos órgãos executores do Registro Público de Empresas Mercantis e Atividades Afins desobriga as firmas individuais e sociedades de prestarem idênticas informações a outros órgãos ou entidades das Administrações Federal, Estadual ou Municipal.

Parágrafo único. O Departamento Nacional de Registro Empresarial e Integração manterá à disposição dos órgãos ou das entidades de que trata este artigo os seus serviços de cadastramento de empresas mercantis.

▸ Parágrafo único com a redação dada pela Lei nº 13.833, de 4-6-2019.

Art. 62. *Revogado*. Lei nº 13.833, de 4-6-2019.

Art. 63. Os atos levados a arquivamento nas juntas comerciais são dispensados de reconhecimento de firma.

▸ *Caput* com a redação dada pela Lei nº 14.195, de 26-8-2021.

§ 1º A cópia de documento, autenticada na forma prevista em lei, dispensará nova conferência com o documento original.

▸ Parágrafo único transformado em § 1º e com a redação dada pela Lei nº 13.874, de 20-9-2019.

§ 2º A autenticação do documento poderá ser realizada por meio de comparação entre o documento original e a sua cópia pelo servidor a quem o documento seja apresentado.

§ 3º Fica dispensada a autenticação a que se refere o § 1º do *caput* deste artigo quando o advogado ou o contador da parte interessada declarar, sob sua responsabilidade pessoal, a autenticidade da cópia do documento.

▸ §§ 2º e 3º acrescidos pela Lei nº 13.874, de 20-9-2019.

Art. 64. A certidão dos atos de constituição e de alteração de empresários individuais e de sociedades mercantis, fornecida pelas juntas comerciais em que foram arquivados, será o documento hábil para a transferência, por transcrição no registro público competente, dos bens com que o subscritor tiver contribuído para a formação ou para o aumento do capital.

▸ Artigo com a redação dada pela Lei nº 14.195, de 26-8-2021.

CAPÍTULO II
DAS DISPOSIÇÕES TRANSITÓRIAS

Art. 65. As Juntas Comerciais adaptarão os respectivos regimentos ou regulamentos às disposições desta Lei no prazo de cento e oitenta dias.

Art. 65-A. Os atos de constituição, alteração, transformação, incorporação, fusão, cisão, dissolução e extinção de registro de empresários e de pessoas jurídicas poderão ser realizados também por meio de sistema eletrônico criado e mantido pela administração pública federal.

▸ Art. 65-A acrescido pela Lei nº 13.874, de 20-9-2019.

Art. 66. VETADO.

Art. 67. Esta Lei será regulamentada pelo Poder Executivo no prazo de noventa dias e entrará em vigor na data da sua publicação, revogadas as Leis nºs 4.726, de 13 de julho de 1965, 6.939, de 9 de setembro de 1981, 6.054, de 12 de junho de 1974, o § 4º do artigo 71 da Lei nº 4.215, de 27 de abril de 1963, acrescentado pela Lei nº 6.884, de 9 de dezembro de 1980, e a Lei nº 8.209, de 18 de julho de 1991.

Brasília, 18 de novembro de 1994;
173º da Independência e
106º da República.

Itamar Franco

LEI Nº 8.935, DE 18 DE NOVEMBRO DE 1994

Regulamenta o artigo 236 da Constituição Federal, dispondo sobre serviços notariais e de registro.

▸ Publicada no *DOU* de 21-11-1994.

▸ Lei nº 6.015, de 31-12-1973 (Lei dos Registros Públicos).

TÍTULO I – DOS SERVIÇOS NOTARIAIS E DE REGISTRO

CAPÍTULO I
NATUREZA E FINS

Art. 1º Serviços notariais e de registro são os de organização técnica e administrativa destinados a garantir a publicidade, autenticidade, segurança e eficácia dos atos jurídicos.

Art. 2º VETADO.

Art. 3º Notário, ou tabelião, e oficial de registro, ou registrador, são profissionais do direito, dotados de fé pública, a quem é delegado o exercício da atividade notarial e de registro.

Art. 4º Os serviços notariais e de registro serão prestados, de modo eficiente e adequado, em dias e horários estabelecidos pelo juízo competente, atendidas as peculiaridades locais, em local de fácil acesso ao público e que ofereça segurança para o arquivamento de livros e documentos.

§ 1º O serviço de registro civil das pessoas naturais será prestado, também, nos sábados, domingos e feriados pelo sistema de plantão.

§ 2º O atendimento ao público será, no mínimo, de seis horas diárias.

CAPÍTULO II
DOS NOTÁRIOS E REGISTRADORES

Seção I
DOS TITULARES

Art. 5º Os titulares de serviços notariais e de registro são os:

I – tabeliães de notas;

II – tabeliães e oficiais de registro de contratos marítimos;

III – tabeliães de protesto de títulos;

IV – oficiais de registro de imóveis;

V – oficiais de registro de títulos e documentos e civis das pessoas jurídicas;

VI – oficiais de registro civis das pessoas naturais e de interdições e tutelas;

VII – oficiais de registro de distribuição.

Seção II
DAS ATRIBUIÇÕES E COMPETÊNCIAS DOS NOTÁRIOS

Art. 6º Aos notários compete:

I – formalizar juridicamente a vontade das partes;

II – intervir nos atos e negócios jurídicos a que as partes devam ou queiram dar forma legal ou autenticidade, autorizando a redação ou redigindo os instrumentos adequados, conservando os originais e expedindo cópias fidedignas de seu conteúdo;

III – autenticar fatos.

Art. 6º-A. A pedido dos interessados, os tabeliães de notas comunicarão ao juiz da vara ou ao tribunal, conforme o caso, a existência de negociação em curso entre o credor atual de precatório ou de crédito reconhecido em sentença transitada em julgado e terceiro, o que constará das informações ou consultas que o juízo emitir, consideradas ineficazes as cessões realizadas para pessoas não identificadas na comunicação notarial se, dentro do prazo de 15 (quinze) dias corridos, contado do recebimento desta pelo juízo, for lavrada a respectiva escritura pública de cessão de crédito.

§ 1º O tabelião de notas deverá comunicar ao juiz da vara ou tribunal, conforme aplicável e em atenção ao pedido dos interessados, a negociação, imediatamente, e a cessão realizada, em até 3 (três) dias úteis contados da data da assinatura da escritura pública.

§ 2º Para o fim da regular cessão dos precatórios que emitirem, os tribunais de todos os poderes e esferas darão, exclusivamente aos tabeliães de notas e aos seus substitutos, acesso a consulta ou a banco de dados, por meio de central notarial de âmbito nacional, com identificação do número de cadastro de contribuinte do credor e demais dados do crédito que não sejam sensíveis, bem como receberão as comunicações notariais das cessões de precatórios.

▸ Art. 6º-A acrescido pela Lei nº 14.711, de 30-10-2023.

Art. 7º Aos tabeliães de notas compete com exclusividade:

I – lavrar escrituras e procurações públicas;

II – lavrar testamentos públicos e aprovar os cerrados;

III – lavrar atas notariais;

IV – reconhecer firmas;

V – autenticar cópias.

§ 1º É facultado aos tabeliães de notas realizar todas as gestões e diligências necessárias ou convenientes ao preparo dos atos notariais, requerendo o que couber, sem ônus maiores que os emolumentos devidos pelo ato.

▸ Parágrafo único renumerado para § 1º pela Lei nº 14.382, de 27-6-2022.

▸ Lei nº 10.169, de 29-12-2000, dispõe sobre normas gerais para fixação de emolumentos relativos aos atos praticados pelos serviços notariais e de registro.

§ 2º É vedada a exigência de testemunhas apenas em razão de o ato envolver pessoa com deficiência, salvo disposição em contrário.

▸ § 2º acrescido pela Lei nº 14.382, de 27-6-2022.

§§ 3º e 4º VETADOS. Lei nº 14.382, de 27-6-2022.

§ 5º Os tabeliães de notas estão autorizados a prestar outros serviços remunerados, na forma prevista em convênio com órgãos públicos, entidades e empresas interessadas, respeitados os requisitos de forma previstos na Lei nº 10.406, de 10 de janeiro de 2002 (Código Civil).

▸ § 5º acrescido pela Lei nº 14.382, de 27-6-2022.

§§ 6º e 7º VETADOS. Lei nº 14.711, de 30-10-2023.

Art. 7º-A. Aos tabeliães de notas também compete, sem exclusividade, entre outras atividades:

I – certificar o implemento ou a frustração de condições e outros elementos negociais, respeitada a competência própria dos tabeliães de protesto;

II – atuar como mediador ou conciliador;

III – atuar como árbitro.

§ 1º O preço do negócio ou os valores conexos poderão ser recebidos ou consignados por meio do tabelião de notas, que repassará o montante à parte devida ao constatar a ocorrência ou a frustração das condições negociais aplicáveis, não podendo o depósito feito em conta vinculada ao negócio, nos termos de convênio firmado entre a entidade de classe de âmbito nacional e instituição financeira credenciada, que constituirá patrimônio segregado, ser constrito por autoridade judicial ou fiscal em razão de obrigação do depositante, de qualquer parte ou do tabelião de notas, por motivo estranho ao próprio negócio.

§ 2º O tabelião de notas lavrará, a pedido das partes, ata notarial para constatar a verificação da ocorrência ou da frustração das condições negociais aplicáveis e certificará o repasse dos valores devidos e a eficácia ou a rescisão do negócio celebrado, o que, quando aplicável, constituirá título para fins do art. 221 da Lei nº 6.015, de 31 de dezembro de 1973 (Lei de Registros Públicos), respeitada a competência própria dos tabeliães de protesto.

§ 3º A mediação e a conciliação extrajudicial serão remuneradas na forma estabelecida em convênio, nos termos dos §§ 5º e 7º do art. 7º desta Lei, ou, na falta ou na inaplicabilidade do convênio, pela tabela de emolumentos estadual aplicável para escrituras públicas com valor econômico.

§§ 4º e 5º VETADOS. Lei nº 14.711, de 30-10-2023.

▸ Art. 7º-A acrescido pela Lei nº 14.711, de 30-10-2023.

Art. 8º É livre a escolha do tabelião de notas, qualquer que seja o domicílio das partes ou o lugar de situação dos bens objeto do ato ou negócio.

Art. 9º O tabelião de notas não poderá praticar atos de seu ofício fora do Município para o qual recebeu delegação.

Art. 10. Aos tabeliães e oficiais de registro de contratos marítimos compete:

I – lavrar os atos, contratos e instrumentos relativos a transações de embarcações a que as partes devam ou queiram dar forma legal de escritura pública;

II – registrar os documentos da mesma natureza;

III – reconhecer firmas em documentos destinados a fins de direito marítimo;

IV – expedir traslados e certidões.

Art. 11. Aos tabeliães de protesto de título compete privativamente:

I – protocolar de imediato os documentos de dívida, para prova do descumprimento da obrigação;

II – intimar os devedores dos títulos para aceitá-los, devolvê-los ou pagá-los, sob pena de protesto;

III – receber o pagamento dos títulos protocolizados, dando quitação;

IV – lavrar o protesto, registrando o ato em livro próprio, em microfilme ou sob outra forma de documentação;

V – acatar o pedido de desistência do protesto formulado pelo apresentante;

VI – averbar:

a) o cancelamento do protesto;

b) as alterações necessárias para atualização dos registros efetuados;

VII – expedir certidões de atos e documentos que constem de seus registros e papéis.

Parágrafo único. Havendo mais de um tabelião de protestos na mesma localidade, será obrigatória a prévia distribuição dos títulos.

Seção III

DAS ATRIBUIÇÕES E COMPETÊNCIAS DOS OFICIAIS DE REGISTROS

Art. 12. Aos oficiais de registro de imóveis, de títulos e documentos e civis das pessoas jurídicas, civis das pessoas naturais e de interdições e tutelas compete a prática dos atos relacionados na legislação pertinente aos registros públicos, de que são incumbidos, independentemente de prévia distribuição, mas sujeitos os oficiais de registro de imóveis e civis das pessoas naturais às normas que definirem as circunscrições geográficas.

Art. 13. Aos oficiais de registro de distribuição compete privativamente:

I – quando previamente exigida, proceder à distribuição equitativa pelos serviços da mesma natureza, registrando os atos praticados; em caso contrário, registrar as comunicações recebidas dos órgãos e serviços competentes;

II – efetuar as averbações e os cancelamentos de sua competência;

III – expedir certidões de atos e documentos que constem de seus registros e papéis.

TÍTULO II – DAS NORMAS COMUNS

CAPÍTULO I

DO INGRESSO NA ATIVIDADE NOTARIAL E DE REGISTRO

Art. 14. A delegação para o exercício da atividade notarial e de registro depende dos seguintes requisitos:

I – habilitação em concurso público de provas e títulos;

II – nacionalidade brasileira;

III – capacidade civil;

IV – quitação com as obrigações eleitorais e militares;

V – diploma de bacharel em Direito;

VI – verificação de conduta condigna para o exercício da profissão.

Art. 15. Os concursos serão realizados pelo Poder Judiciário, com a participação, em todas as suas fases, da Ordem dos Advogados do Brasil, do Ministério Público, de um notário e de um registrador.

§ 1º O concurso será aberto com a publicação de edital, dele constando os critérios de desempate.

§ 2º Ao concurso público poderão concorrer candidatos não bacharéis em Direito que tenham completado, até a data da primeira publicação do edital do concurso de provas e títulos, dez anos de exercício em serviço notarial ou de registro.

§ 3º VETADO.

Art. 16. As vagas serão preenchidas alternadamente, duas terças partes por concurso público de provas e títulos e uma terça parte por meio de remoção, mediante concurso de títulos, não se permitindo que qualquer serventia notarial ou de registro fique vaga, sem abertura de concurso de provimento inicial ou de remoção, por mais de seis meses.

▸ *Caput* com a redação dada pela Lei nº 10.506, de 9-7-2002.

▸ O STF, por unanimidade, no julgamento da ADC nº 14, declarou a inconstitucionalidade deste artigo (*DOU* de 12-9-2023).

Parágrafo único. Para estabelecer o critério do preenchimento, tomar-se-á por base a data de vacância da titularidade ou, quando vagas na mesma data, aquela da criação do serviço.

Art. 17. Ao concurso de remoção somente serão admitidos titulares que exerçam a atividade por mais de dois anos.

Art. 18. A legislação estadual disporá sobre as normas e os critérios para o concurso de remoção.

Parágrafo único. Aos que ingressaram por concurso, nos termos do art. 236 da Constituição Federal, ficam preservadas todas as remoções reguladas por lei estadual ou do Distrito Federal, homologadas pelo respectivo Tribunal de Justiça, que ocorreram no período anterior à publicação desta Lei.

▸ Parágrafo único acrescido pela Lei nº 13.489, de 6-10-2017.

Art. 19. Os candidatos serão declarados habilitados na rigorosa ordem de classificação no concurso.

CAPÍTULO II

DOS PREPOSTOS

Art. 20. Os notários e os oficiais de registro poderão, para o desempenho de suas funções, contratar escreventes, dentre eles escolhendo os substitutos, e auxiliares como empregados, com remuneração livremente ajustada e sob o regime da legislação do trabalho.

▸ O STF, por maioria dos votos, julgou parcialmente procedente o pedido formulado na ADI nº 1.183, para declarar inconstitucional a interpretação que extraia deste artigo a possibilidade de que prepostos (não concursados), indicados pelo titular ou mesmo pelos tribunais, possam exercer substituições ininterruptas por períodos maiores do que 6 meses (*DOU* de 16-6-2021).

§ 1º Em cada serviço notarial ou de registro haverá tantos substitutos, escreventes e auxiliares quantos forem necessários, a critério de cada notário ou oficial de registro.

§ 2º Os notários e os oficiais de registro encaminharão ao juízo competente os nomes dos substitutos.

§ 3º Os escreventes poderão praticar somente os atos que o notário ou o oficial de registro autorizar.

§ 4º Os substitutos poderão, simultaneamente com o notário ou o oficial de registro, praticar todos os atos que lhe sejam próprios exceto, nos tabelionatos de notas, lavrar testamentos.

§ 5º Dentre os substitutos, um deles será designado pelo notário ou oficial de registro para responder pelo respectivo serviço nas ausências e nos impedimentos do titular.

Art. 21. O gerenciamento administrativo e financeiro dos serviços notariais e de registro é da responsabilidade exclusiva do respectivo titular, inclusive no que diz respeito às despesas de custeio, investimento e pessoal, cabendo-lhe estabelecer normas, condições e obrigações relativas à atribuição de funções e de remuneração de seus prepostos, de modo a obter a melhor qualidade na prestação dos serviços.

CAPÍTULO III
DA RESPONSABILIDADE CIVIL E CRIMINAL

► Art. 4º da Lei nº 11.971, de 6-7-2009, que dispõe sobre a responsabilidade civil e criminal dos registradores de feitos ajuizados, decorrentes da omissão em sua certificação.

Art. 22. Os notários e oficiais de registro são civilmente responsáveis por todos os prejuízos que causarem a terceiros, por culpa ou dolo, pessoalmente, pelos substitutos que designarem ou escreventes que autorizarem, assegurado o direito de regresso.

Parágrafo único. Prescreve em três anos a pretensão de reparação civil, contado o prazo da data de lavratura do ato registral ou notarial.

► Art. 22 com a redação dada pela Lei nº 13.286, de 10-5-2016.

Art. 23. A responsabilidade civil independe da criminal.

Art. 24. A responsabilidade criminal será individualizada, aplicando-se, no que couber, a legislação relativa aos crimes contra a administração pública.

Parágrafo único. A individualização prevista no *caput* não exime os notários e os oficiais de registro de sua responsabilidade civil.

CAPÍTULO IV
DAS INCOMPATIBILIDADES E DOS IMPEDIMENTOS

Art. 25. O exercício da atividade notarial e de registro é incompatível com a da advocacia, o da intermediação de seus serviços ou o de qualquer cargo, emprego ou função públicos, ainda que em comissão.

§ 1º VETADO.

§ 2º A diplomação, na hipótese de mandato eletivo, e a posse, nos demais casos, implicará no afastamento da atividade.

Art. 26. Não são acumuláveis os serviços enumerados no artigo 5º.

Parágrafo único. Poderão, contudo, ser acumulados nos Municípios que não comportarem, em razão do volume dos serviços ou da receita, a instalação de mais de um dos serviços.

Art. 27. No serviço de que é titular, o notário e o registrador não poderão praticar, pessoalmente, qualquer ato de seu interesse, ou de interesse de seu cônjuge ou de parentes, na linha reta, ou na colateral, consanguíneos ou afins, até o terceiro grau.

CAPÍTULO V
DOS DIREITOS E DEVERES

Art. 28. Os notários e oficiais de registro gozam de independência no exercício de suas atribuições, têm direito à percepção dos emolumentos integrais pelos atos praticados na serventia e só perderão a delegação nas hipóteses previstas em lei.

Art. 29. São direitos do notário e do registrador:

I – exercer opção, nos casos de desmembramento ou desdobramento de sua serventia;

II – organizar associações ou sindicatos de classe e deles participar.

Art. 30. São deveres dos notários e dos oficiais de registro:

I – manter em ordem os livros, papéis e documentos de sua serventia, guardando-os em locais seguros;

► Art. 4º da Lei nº 11.971, de 6-7-2009, que dispõe sobre a responsabilidade civil e criminal dos Registradores de feitos ajuizados, decorrentes da omissão em sua certificação.

II – atender as partes com eficiência, urbanidade e presteza;

III – atender prioritariamente as requisições de papéis, documentos, informações ou providências que lhes forem solicitadas pelas autoridades judiciárias ou administrativas para a defesa das pessoas jurídicas de direito público em juízo;

IV – manter em arquivo as leis, regulamentos, resoluções, provimentos, regimentos, ordens de serviço e quaisquer outros atos que digam respeito à sua atividade;

V – proceder de forma a dignificar a função exercida, tanto nas atividades profissionais como na vida privada;

VI – guardar sigilo sobre a documentação e os assuntos de natureza reservada de que tenham conhecimento em razão do exercício de sua profissão;

VII – afixar em local visível, de fácil leitura e acesso ao público, as tabelas de emolumentos em vigor;

VIII – observar os emolumentos fixados para a prática dos atos do seu ofício;

► Lei nº 10.169, de 29-12-2000, dispõe sobre normas gerais para fixação de emolumentos relativos aos atos praticados pelos serviços notariais e de registro.

IX – dar recibo dos emolumentos percebidos;

X – observar os prazos legais fixados para a prática dos atos do seu ofício;

XI – fiscalizar o recolhimento dos impostos incidentes sobre os atos que devem praticar;

XII – facilitar, por todos os meios, o acesso à documentação existente às pessoas legalmente habilitadas;

XIII – encaminhar ao juízo competente as dúvidas levantadas pelos interessados, obedecida a sistemática processual fixada pela legislação respectiva;

XIV – observar as normas técnicas estabelecidas pelo juízo competente; e

► Inciso XIV com a redação dada pela Lei nº 14.382, de 27-6-2022.

XV – admitir pagamento dos emolumentos, das custas e das despesas por meio eletrônico, a critério do usuário, inclusive mediante parcelamento.

► Inciso XV acrescido pela Lei nº 14.382, de 27-6-2022.

CAPÍTULO VI
DAS INFRAÇÕES DISCIPLINARES E DAS PENALIDADES

Art. 31. São infrações disciplinares que sujeitam os notários e os oficiais de registro às penalidades previstas nesta Lei:

I – a inobservância das prescrições legais ou normativas;

II – a conduta atentatória às instituições notariais e de registro;

III – a cobrança indevida ou excessiva de emolumentos, ainda que sob a alegação de urgência;

IV – a violação do sigilo profissional;

V – o descumprimento de quaisquer dos deveres descritos no artigo 30.

Art. 32. Os notários e os oficiais de registro estão sujeitos, pelas infrações que praticarem, assegurado amplo direito de defesa, às seguintes penas:

► Art. 4º da Lei nº 11.971, de 6-7-2009, que dispõe sobre a responsabilidade civil e criminal dos registradores de feitos ajuizados, decorrentes da omissão em sua certificação.

I – repreensão;

II – multa;

III – suspensão por noventa dias, prorrogável por mais trinta;

IV – perda da delegação.

Art. 33. As penas serão aplicadas:

I – a de repreensão, no caso de falta leve;

II – a de multa, em caso de reincidência ou de infração que não configure falta mais grave;

III – a de suspensão, em caso de reiterado descumprimento dos deveres ou de falta grave.

Art. 34. As penas serão impostas pelo juízo competente, independentemente da ordem de gradação, conforme a gravidade do fato.

Art. 35. A perda da delegação dependerá:

I – de sentença judicial transitada em julgado; ou

II – de decisão decorrente de processo administrativo instaurado pelo juízo competente, assegurado amplo direito de defesa.

§ 1º Quando o caso configurar a perda da delegação, o juízo competente suspenderá o notário ou oficial de registro, até a decisão final, e designará interventor, observando-se o disposto no artigo 36.

§ 2º VETADO.

Art. 36. Quando, para a apuração de faltas imputadas a notários ou a oficiais de registro, for necessário o afastamento do titular do serviço, poderá ele ser suspenso, preventivamente, pelo prazo de noventa dias, prorrogável por mais trinta.

§ 1º Na hipótese do *caput*, o juízo competente designará interventor para responder pela serventia, quando o substituto também for acusado das faltas ou quando a medida se revelar conveniente para os serviços.

§ 2º Durante o período de afastamento, o titular perceberá metade da renda líquida da serventia; outra metade será depositada em conta bancária especial, com correção monetária.

§ 3º Absolvido o titular, receberá ele o montante dessa conta; condenado, caberá esse montante ao interventor.

CAPÍTULO VII
DA FISCALIZAÇÃO PELO PODER JUDICIÁRIO

Art. 37. A fiscalização judiciária dos atos notariais e de registro, mencionados nos artigos 6º a 13, será exercida pelo juízo competente, assim definido na órbita estadual e do Distrito Federal, sempre que necessário, ou mediante representação de qualquer interessado, quando da inobservância de obrigação legal por parte de notário ou de oficial de registro, ou de seus prepostos.

Parágrafo único. Quando, em autos ou papéis de que conhecer, o juiz verificar a existência de crime de ação pública, remeterá ao Ministério Público as cópias e os documentos necessários ao oferecimento da denúncia.

Art. 38. O juízo competente zelará para que os serviços notariais e de registro sejam prestados com rapidez, qualidade satisfatória e de modo eficiente, podendo sugerir à autoridade competente a elaboração de planos de adequada e melhor prestação desses serviços, observados, também, critérios populacionais e socioeconômicos, publicados regularmente pela Fundação Instituto Brasileiro de Geografia e Estatística.

CAPÍTULO VIII – DA EXTINÇÃO DA DELEGAÇÃO

Art. 39. Extinguir-se-á a delegação a notário ou a oficial de registro por:

I – morte;

II – aposentadoria facultativa;

▶ O STF, por unanimidade, no julgamento dos EDcl na ADI nº 1.183, declarou a constitucionalidade deste inciso (*DOU* de 26-10-2023).

III – invalidez;

IV – renúncia;

V – perda, nos termos do artigo 35;

VI – descumprimento, comprovado, da gratuidade estabelecida na Lei nº 9.534, de 10 de dezembro de 1997.

▶ Inciso VI acrescido pela Lei nº 9.812, de 10-8-1999.

§ 1º Dar-se-á aposentadoria facultativa ou por invalidez nos termos da legislação previdenciária federal.

§ 2º Extinta a delegação a notário ou a oficial de registro, a autoridade competente declarará vago o respectivo serviço, designará o substituto mais antigo para responder pelo expediente e abrirá concurso.

§§ 3º e 4º VETADOS. Lei nº 14.711, de 30-10-2023

CAPÍTULO IX – DA SEGURIDADE SOCIAL

Art. 40. Os notários, oficiais de registro, escreventes e auxiliares são vinculados à previdência social, de âmbito federal, e têm assegurada a contagem recíproca de tempo de serviço em sistemas diversos.

Parágrafo único. Ficam assegurados, aos notários, oficiais de registro, escreventes e auxiliares os direitos e vantagens previdenciários adquiridos até a data da publicação desta Lei.

TÍTULO III – DAS DISPOSIÇÕES GERAIS

Art. 41. Incumbe aos notários e aos oficiais de registro praticar, independentemente de autorização, todos os atos previstos em lei necessários à organização e execução dos serviços, podendo, ainda, adotar sistemas de computação, microfilmagem, disco ótico e outros meios de reprodução.

Art. 42. Os papéis referentes aos serviços dos notários e dos oficiais de registro serão arquivados mediante utilização de processos que facilitem as buscas.

Art. 42-A. As centrais de serviços eletrônicos, geridas por entidade representativa da atividade notarial e de registro para acessibilidade digital a serviços e maior publicidade, sistematização e tratamento digital de dados e informações inerentes às atribuições delegadas, poderão fixar preços e gratuidades pelos serviços de natureza complementar que prestam e disponibilizam aos seus usuários de forma facultativa.

▶ Art. 42-A acrescido pela Lei nº 14.206, de 27-9-2021.

Art. 43. Cada serviço notarial ou de registro funcionará em um só local, vedada a instalação de sucursal.

Art. 44. Verificada a absoluta impossibilidade de se prover, através de concurso público, a titularidade de serviço notarial ou de registro, por desinteresse ou inexistência de candidatos, o juízo competente proporá à autoridade competente a extinção do serviço e a anexação de suas atribuições ao serviço da mesma natureza mais próxima ou àquele localizado na sede do respectivo Município ou de Município contíguo.

§ 1º VETADO.

§ 2º Em cada sede municipal haverá no mínimo um registrador civil das pessoas naturais.

§ 3º Nos municípios de significativa extensão territorial, a juízo do respectivo Estado, cada sede distrital disporá no mínimo de um registrador civil das pessoas naturais.

Art. 45. São gratuitos os assentos do registro civil de nascimento e o de óbito, bem como a primeira certidão respectiva.

▶ *Caput* com a redação dada pela Lei nº 9.534, de 10-12-1997.

§ 1º Para os reconhecidamente pobres não serão cobrados emolumentos pelas certidões a que se refere este artigo.

▶ Antigo parágrafo único transformado em § 1º pela Lei nº 11.789, de 2-10-2008.

§ 2º É proibida a inserção nas certidões de que trata o § 1º deste artigo de expressões que indiquem condição de pobreza ou semelhantes.

▶ § 2º acrescido pela Lei nº 11.789, de 2-10-2008.

Art. 46. Os livros, fichas, documentos, papéis, microfilmes e sistemas de computação deverão permanecer sempre sob a guarda e responsabilidade do titular de serviço notarial ou de registro, que zelará por sua ordem, segurança e conservação.

Parágrafo único. Se houver necessidade de serem periciados, o exame deverá ocorrer na própria sede do serviço, em dia e hora adrede designados, com ciência do titular e autorização do juízo competente.

TÍTULO IV – DAS DISPOSIÇÕES TRANSITÓRIAS

Art. 47. O notário e o oficial de registro, legalmente nomeados até 5 de outubro de 1988, detêm a delegação constitucional de que trata o artigo 2º.

Art. 48. Os notários e os oficiais de registro poderão contratar, segundo a legislação trabalhista, seus atuais escreventes e auxiliares de investidura estatutária ou em regime especial desde que estes aceitem a transformação de seu regime jurídico, em opção expressa, no prazo improrrogável de trinta dias, contados da publicação desta Lei.

§ 1º Ocorrendo opção, o tempo de serviço prestado será integralmente considerado, para todos os efeitos de direito.

§ 2º Não ocorrendo opção, os escreventes e auxiliares de investidura estatutária ou em regime especial continuarão regidos pelas normas aplicáveis aos funcionários públicos ou pelas editadas pelo Tribunal de Justiça respectivo, vedadas novas admissões por qualquer desses regimes, a partir da publicação desta Lei.

▶ O STF, por unanimidade, no julgamento dos EDcl na ADI nº 1.183, declarou a constitucionalidade deste artigo (*DOU* de 26-10-2023).

Art. 49. Quando da primeira vacância da titularidade de serviço notarial ou de registro, será procedida a desacumulação, nos termos do artigo 26.

Art. 50. Em caso de vacância, os serviços notariais e de registro estatizados passarão automaticamente ao regime desta Lei.

Art. 51. Aos atuais notários e oficiais de registro, quando da aposentadoria, fica assegurado o direito de percepção de proventos de acordo com a legislação que anteriormente os regia, desde que tenham mantido as contribuições nela estipuladas até a data do deferimento do pedido ou de sua concessão.

§ 1º O disposto neste artigo aplica-se aos escreventes e auxiliares de investidura estatutária ou em regime especial que vierem a ser contratados em virtude da opção de que trata o artigo 48.

§ 2º Os proventos de que trata este artigo serão os fixados pela legislação previdenciária aludida no *caput*.

§ 3º O disposto neste artigo aplica-se também às pensões deixadas, por morte, pelos notários, oficiais de registro, escreventes e auxiliares.

Art. 52. Nas Unidades Federativas onde já exista lei estadual específica, em vigor na data de publicação desta Lei, são competentes para a lavratura de instrumentos traslatícios de direitos reais, procurações, reconhecimento de firmas e autenticação de cópia reprográfica os serviços de registro civil das pessoas naturais.

Art. 53. Nos Estados cujas organizações judiciárias, vigentes à época da publicação desta Lei, assim previrem, continuam em vigor as determinações relativas à fixação da área territorial de atuação dos tabeliães de protesto de títulos, a quem serão distribuídos em obediência às respectivas zonas.

Parágrafo único. Quando da primeira vacância, aplicar-se-á à espécie o disposto no parágrafo único do artigo 11.

Art. 54. Esta Lei entra em vigor na data da sua publicação.

Art. 55. Revogam-se as disposições em contrário.

Brasília, 18 de novembro de 1994;
173º da Independência e
106º da República.

Itamar Franco

LEI Nº 8.971, DE 29 DE DEZEMBRO DE 1994

Regula o direito dos companheiros a alimentos e à sucessão.

▶ Publicada no *DOU* de 30-12-1994.

▶ Arts. 1.723 a 1.727 do CC.

▶ Lei nº 9.278, de 10-5-1996 (Lei da União Estável).

Art. 1º A companheira comprovada de um homem solteiro, separado judicialmente, divorciado ou viúvo, que com ele viva há mais de cinco anos, ou dele tenha prole, poderá valer-se do disposto na Lei nº 5.478, de 25 de julho de 1968, enquanto não constituir nova união e desde que prove a necessidade.

Parágrafo único. Igual direito e nas mesmas condições é reconhecido ao companheiro de mulher solteira, separada judicialmente, divorciada ou viúva.

Art. 2º As pessoas referidas no artigo anterior participarão da sucessão do (a) companheiro(a) nas seguintes condições:

I – o(a) companheiro(a) sobrevivente terá direito enquanto não constituir nova união, ao usufruto de quarta parte dos bens do *de cujus*, se houver filhos deste ou comuns;

II – o(a) companheiro(a) sobrevivente terá direito, enquanto não constituir nova união, ao usufruto da metade dos bens do *de cujus*, se não houver filhos, embora sobrevivam ascendentes;

III – na falta de descendentes e de ascendentes, o(a) companheiro(a) sobrevivente terá direito à totalidade da herança.

Art. 3º Quando os bens deixados pelo(a) autor(a) da herança resultarem de atividades em que haja colaboração do(a) companheiro(a), terá o sobrevivente direito à metade dos bens.

Art. 4º Esta Lei entra em vigor na data de sua publicação.

Art. 5º Revogam-se as disposições em contrário.

Brasília, 29 de dezembro de 1994;
173º da Independência e
106º da República.
Itamar Franco

LEI Nº 8.984, DE 7 DE FEVEREIRO DE 1995

Estende a competência da Justiça do Trabalho (artigo 114 da Constituição Federal).

▶ Publicada no *DOU* de 8-2-1995.

Art. 1º Compete à Justiça do Trabalho conciliar e julgar os dissídios que tenham origem no cumprimento de convenções coletivas de trabalho ou acordos coletivos de trabalho, mesmo quando ocorram entre sindicatos ou entre sindicato de trabalhadores e empregador.

Art. 2º Esta Lei entra em vigor na data de sua publicação.

Art. 3º Revogam-se as disposições em contrário.

Brasília, 7 de fevereiro de 1995;
174º da Independência e
107º da República.
Fernando Henrique Cardoso

LEI Nº 9.029, DE 13 DE ABRIL DE 1995

Proíbe a exigência de atestados de gravidez e esterilização, e outras práticas discriminatórias, para efeitos admissionais ou de permanência da relação jurídica de trabalho, e dá outras providências.

▶ Publicada no *DOU* de 17-4-1995.

▶ Port. do MTE nº 1.246, de 28-5- 2010, orienta as empresas e os trabalhadores em relação à testagem relacionada ao vírus da imunodeficiência adquirida – HIV.

Art. 1º É proibida a adoção de qualquer prática discriminatória e limitativa para efeito de acesso à relação de trabalho, ou de sua manutenção, por motivo de sexo, origem, raça, cor, estado civil, situação familiar, deficiência, reabilitação profissional, idade, entre outros, ressalvadas, nesse caso, as hipóteses de proteção à criança e ao adolescente previstas no inciso XXXIII do art. 7º da Constituição Federal.

▶ Artigo com a redação dada pela Lei nº 13.146, de 6-7-2015.

Art. 2º Constituem crime as seguintes práticas discriminatórias:

I – a exigência de teste, exame, perícia, laudo, atestado, declaração ou qualquer outro procedimento relativo à esterilização ou a estado de gravidez;

II – a adoção de quaisquer medidas, de iniciativa do empregador, que configurem:

a) indução ou instigamento à esterilização genética;

b) promoção do controle de natalidade, assim não considerado o oferecimento de serviços e de aconselhamento ou planejamento familiar, realizados através de instituições públicas ou privadas, submetidas às normas do Sistema Único de Saúde – SUS.

Pena – detenção de um a dois anos e multa.

Parágrafo único. São sujeitos ativos dos crimes a que se refere este artigo:

I – a pessoa física empregadora;

II – o representante legal do empregador, como definido na legislação trabalhista;

III – o dirigente, direto ou por delegação, de órgãos públicos e entidades das administrações públicas direta, indireta e fundacional de qualquer dos Poderes da União, dos Estados, do Distrito Federal e dos Municípios.

Art. 3º Sem prejuízo do prescrito no art. 2º desta Lei e nos dispositivos legais que tipificam os crimes resultantes de preconceito de etnia, raça, cor ou deficiência, as infrações ao disposto nesta Lei são passíveis das seguintes cominações:

▶ *Caput* com a redação dada pela Lei nº 13.146, de 6-7-2015.

I – multa administrativa de dez vezes o valor do maior salário pago pelo empregador, elevado em cinquenta por cento em caso de reincidência;

II – proibição de obter empréstimo ou financiamento junto a instituições financeiras oficiais.

Art. 4º O rompimento da relação de trabalho por ato discriminatório, nos moldes desta Lei, além do direito à reparação pelo dano moral, faculta ao empregado optar entre:

▶ *Caput* com a redação dada pela Lei nº 12.288, de 20-7-2010.

I – a reintegração com ressarcimento integral de todo o período de afastamento, mediante pagamento das remunerações devidas, corrigidas monetariamente e acrescidas de juros legais;

▶ Inciso I com a redação dada pela Lei nº 13.146, de 6-7-2015.

II – a percepção, em dobro, da remuneração do período de afastamento, corrigida monetariamente e acrescida dos juros legais.

Art. 5º Esta Lei entra em vigor na data de sua publicação.

Art. 6º Revogam-se as disposições em contrário.

Brasília, 13 de abril de 1995;
174º da Independência e
107º da República.
Fernando Henrique Cardoso

LEI Nº 9.096, DE 19 DE SETEMBRO DE 1995

Dispõe sobre partidos políticos, regulamenta os artigos 17 e 14, § 3º, inciso V, da Constituição Federal.

▶ Publicada no *DOU* de 20-9-1995.

▶ Res. do TSE nº 23.282, de 22-6-2010, disciplina a criação, organização, fusão, incorporação e extinção de partidos políticos.

TÍTULO I – DISPOSIÇÕES PRELIMINARES

Art. 1º O partido político, pessoa jurídica de direito privado, destina-se a assegurar, no interesse do regime democrático, a autenticidade do sistema representativo e a defender os direitos fundamentais definidos na Constituição Federal.

Parágrafo único. O partido político não se equipara às entidades paraestatais.

▶ Parágrafo único acrescido pela Lei nº 13.488, de 6-10-2017.

Art. 2º É livre a criação, fusão, incorporação e extinção de partidos políticos cujos programas respeitem a soberania nacional, o regime democrático, o pluripartidarismo e os direitos fundamentais da pessoa humana.

▶ Arts. 1º, V, e 17, *caput*, da CF.

▶ Art. 96 do CE.

Art. 3º É assegurada, ao partido político, autonomia para definir sua estrutura interna, organização e funcionamento.

§ 1º É assegurada aos candidatos, partidos políticos e coligações autonomia para definir o cronograma das atividades eleitorais de campanha e executá-lo em qualquer dia e horário, observados os limites estabelecidos em lei.

▶ Parágrafo único transformado para § 1º pela Lei nº 13.831, de 17-5-2019.

§ 2º É assegurada aos partidos políticos autonomia para definir o prazo de duração dos mandatos dos membros dos seus órgãos partidários permanentes ou provisórios.

§ 3º O prazo de vigência dos órgãos provisórios dos partidos políticos poderá ser de até 8 (oito) anos.

▶ O STF, por unanimidade, julgou procedente o pedido formulado na ADI nº 6.230, para declarar a inconstitucionalidade deste parágrafo (*DOU* de 15-8-2022).

§ 4º Exaurido o prazo de vigência de um órgão partidário, ficam vedados a extinção automática do órgão e o cancelamento de sua inscrição no Cadastro Nacional da Pessoa Jurídica (CNPJ).

▶ §§ 2º a 4º acrescidos pela Lei nº 13.831, de 17-5-2019.

Art. 4º Os filiados de um partido político têm iguais direitos e deveres.

Art. 5º A ação do partido tem caráter nacional e é exercida de acordo com seu estatuto e programa, sem subordinação a entidades ou governos estrangeiros.

Art. 6º É vedado ao partido político ministrar instrução militar ou paramilitar, utilizar-se de organização da mesma natureza e adotar uniforme para seus membros.

Art. 7º O partido político, após adquirir personalidade jurídica na forma da lei civil, registra seu estatuto no Tribunal Superior Eleitoral.

- Art. 17, § 2º, da CF.
- Art. 22, I, *a*, do CC.
- Arts. 114 e 119 da Lei nº 6.015, de 31-12-1973 (Lei dos Registros Públicos).

§ 1º Só é admitido o registro do estatuto de partido político que tenha caráter nacional, considerando-se como tal aquele que comprove, no período de dois anos, o apoiamento de eleitores não filiados a partido político, correspondente a, pelo menos, 0,5% (cinco décimos por cento) dos votos dados na última eleição geral para a Câmara dos Deputados, não computados os votos em branco e os nulos, distribuídos por um terço, ou mais, dos Estados, com um mínimo de 0,1% (um décimo por cento) do eleitorado que haja votado em cada um deles.

- § 1º com a redação dada pela Lei nº 13.165, de 29-9-2015.

§ 2º Só o partido que tenha registrado seu estatuto no Tribunal Superior Eleitoral pode participar do processo eleitoral, receber recursos do Fundo Partidário e ter acesso gratuito ao rádio e à televisão, nos termos fixados nesta Lei.

§ 3º Somente o registro do estatuto do partido no Tribunal Superior Eleitoral assegura a exclusividade da sua denominação, sigla e símbolos, vedada a utilização, por outros partidos, de variações que venham a induzir a erro ou confusão.

TÍTULO II – DA ORGANIZAÇÃO E FUNCIONAMENTO DOS PARTIDOS POLÍTICOS

CAPÍTULO I
DA CRIAÇÃO E DO REGISTRO DOS PARTIDOS POLÍTICOS

Art. 8º O requerimento do registro de partido político, dirigido ao cartório competente do Registro Civil das Pessoas Jurídicas do local de sua sede, deve ser subscrito pelos seus fundadores, em número nunca inferior a 101 (cento e um), com domicílio eleitoral em, no mínimo, 1/3 (um terço) dos Estados, e será acompanhado de:

- *Caput* com a redação dada pela Lei nº 13.877, de 27-9-2019.

I – cópia autêntica da ata da reunião de fundação do partido;

II – exemplares do *Diário Oficial* que publicou, no seu inteiro teor, o programa e o estatuto;

- Art. 121 da Lei nº 6.015, de 31-12-1973 (Lei dos Registros Públicos).

III – relação de todos os fundadores com o nome completo, naturalidade, número do título eleitoral com a Zona, Seção, Município e Estado, profissão e endereço da residência.

§ 1º O requerimento indicará o nome e a função dos dirigentes provisórios e o endereço da sede do partido no território nacional.

- § 1º com a redação dada pela Lei nº 13.877, de 27-9-2019.

§ 2º Satisfeitas as exigências deste artigo, o Oficial do Registro Civil efetua o registro no livro correspondente, expedindo certidão de inteiro teor.

§ 3º Adquirida a personalidade jurídica na forma deste artigo, o partido promove a obtenção do apoiamento mínimo de eleitores a que se refere o § 1º do artigo 7º e realiza os atos necessários para a constituição definitiva de seus órgãos e designação dos dirigentes, na forma do seu estatuto.

Art. 9º Feitas a constituição e designação, referidas no § 3º do artigo anterior, os dirigentes nacionais promoverão o registro do estatuto do partido junto ao Tribunal Superior Eleitoral, através de requerimento acompanhado de:

I – exemplar autenticado do inteiro teor do programa e do estatuto partidários, inscritos no Registro Civil;

II – certidão do registro civil da pessoa jurídica, a que se refere o § 2º do artigo anterior;

III – certidões dos cartórios eleitorais que comprovem ter o partido obtido o apoiamento mínimo de eleitores a que se refere o § 1º do artigo 7º.

§ 1º A prova do apoiamento mínimo de eleitores é feita por meios de suas assinaturas, com menção ao número do respectivo título eleitoral, em listas organizadas para cada Zona, sendo a veracidade das respectivas assinaturas e o número dos títulos atestados pelo Escrivão Eleitoral.

§ 2º O Escrivão Eleitoral dá imediato recibo de cada lista que lhe for apresentada e, no prazo de quinze dias, lavra o seu atestado, devolvendo-a ao interessado.

§ 3º Protocolado o pedido de registro no Tribunal Superior Eleitoral, o processo respectivo, no prazo de quarenta e oito horas, é distribuído a um Relator, que, ouvida a Procuradoria-Geral, em dez dias, determina, em igual prazo, diligências para sanear eventuais falhas do processo.

§ 4º Se não houver diligências a determinar, ou após o seu atendimento, o Tribunal Superior Eleitoral registra o estatuto do partido, no prazo de trinta dias.

Art. 10. As alterações programáticas ou estatutárias, após registradas no Ofício Civil competente, devem ser encaminhadas, para o mesmo fim, ao Tribunal Superior Eleitoral.

§ 1º O Partido comunica à Justiça Eleitoral a constituição de seus órgãos de direção e os nomes dos respectivos integrantes, bem como as alterações que forem promovidas, para anotação:

I – no Tribunal Superior Eleitoral, dos integrantes dos órgãos de âmbito nacional;

II – nos Tribunais Regionais Eleitorais, dos integrantes dos órgãos de âmbito estadual, municipal ou zonal.

- Parágrafo único transformado em § 1º pela Lei nº 13.877, de 27-9-2019.

§ 2º Após o recebimento da comunicação de constituição dos órgãos de direção regionais e municipais, definitivos ou provisórios, o Tribunal Superior Eleitoral, na condição de unidade cadastradora, deverá proceder à inscrição, ao restabelecimento e à alteração de dados cadastrais e da situação cadastral perante o CNPJ na Secretaria Especial da Receita Federal do Brasil.

- § 2º com a redação dada pela Lei nº 14.063, de 23-9-2020.

Art. 11. O partido com registro no Tribunal Superior Eleitoral pode credenciar, respectivamente:

- Art. 75, VIII, do CPC/2015.

I – delegados perante o Juiz Eleitoral;

II – delegados perante o Tribunal Regional Eleitoral;

III – delegados perante o Tribunal Superior Eleitoral.

Parágrafo único. Os delegados credenciados pelo órgão de direção nacional representam o partido perante quaisquer Tribunais ou Juízes Eleitorais; os credenciados pelos órgãos estaduais, somente perante o Tribunal Regional Eleitoral e os Juízes Eleitorais do respectivo Estado, do Distrito Federal ou Território Federal; e os credenciados pelo órgão municipal, perante o Juiz Eleitoral da respectiva jurisdição.

Art. 11-A. Dois ou mais partidos políticos poderão reunir-se em federação, a qual, após sua constituição e respectivo registro perante o Tribunal Superior Eleitoral, atuará como se fosse uma única agremiação partidária.

§ 1º Aplicam-se à federação de partidos todas as normas que regem o funcionamento parlamentar e a fidelidade partidária.

§ 2º Assegura-se a preservação da identidade e da autonomia dos partidos integrantes de federação.

§ 3º A criação de federação obedecerá às seguintes regras:

I – a federação somente poderá ser integrada por partidos com registro definitivo no Tribunal Superior Eleitoral;

II – os partidos reunidos em federação deverão permanecer a ela filiados por, no mínimo, 4 (quatro) anos;

III – a federação poderá ser constituída até a data final do período de realização das convenções partidárias;

IV – a federação terá abrangência nacional e seu registro será encaminhado ao Tribunal Superior Eleitoral.

§ 4º O descumprimento do disposto no inciso II do § 3º deste artigo acarretará ao partido vedação de ingressar em federação, de celebrar coligação nas 2 (duas) eleições seguintes e, até completar o prazo mínimo remanescente, de utilizar o fundo partidário.

§ 5º Na hipótese de desligamento de 1 (um) ou mais partidos, a federação continuará em funcionamento, até a eleição seguinte, desde que nela permaneçam 2 (dois) ou mais partidos.

§ 6º O pedido de registro de federação de partidos encaminhado ao Tribunal Superior Eleitoral será acompanhado dos seguintes documentos:

I – cópia da resolução tomada pela maioria absoluta dos votos dos órgãos de deliberação nacional de cada um dos partidos integrantes da federação;

II – cópia do programa e do estatuto comuns da federação constituída;

III – ata de eleição do órgão de direção nacional da federação.

§ 7º O estatuto de que trata o inciso II do § 6º deste artigo definirá as regras para a composição da lista da federação para as eleições proporcionais.

§ 8º Aplicam-se à federação de partidos todas as normas que regem as atividades dos partidos políticos no que diz respeito às eleições, inclusive no que se refere à escolha e registro de candidatos para as eleições majoritárias e proporcionais, à arrecadação e aplicação de recursos em campanhas eleitorais, à propaganda eleitoral, à contagem de votos, à obtenção de cadeiras, à prestação de contas e à convocação de suplentes.

§ 9º Perderá o mandato o detentor de cargo eletivo que se desfiliar, sem justa causa, de partido que integra federação.

▶ Art. 11-A acrescido pela Lei nº 14.208, de 28-9-2021.

CAPÍTULO II
DO FUNCIONAMENTO PARLAMENTAR

Art. 12. O partido político funciona, nas Casas Legislativas, por intermédio de uma bancada, que deve constituir suas lideranças de acordo com o estatuto do partido, as disposições regimentais das respectivas Casas e as normas desta Lei.

Art. 13. Tem direito a funcionamento parlamentar, em todas as Casas Legislativas para as quais tenha elegido representante, o partido que, em cada eleição para a Câmara dos Deputados obtenha o apoio de, no mínimo, cinco por cento dos votos apurados, não computados os brancos e os nulos, distribuídos em, pelo menos, um terço dos Estados, com um mínimo de dois por cento do total de cada um deles.

▶ O STF, por unanimidade de votos, julgou procedente as Ações Diretas de Inconstitucionalidade nºs 1.351-3 e 1.354-8, para declarar a inconstitucionalidade deste artigo (*DOU* de 18-12-2006).

CAPÍTULO III
DO PROGRAMA E DO ESTATUTO

Art. 14. Observadas as disposições constitucionais e as desta Lei, o partido é livre para fixar, em seu programa, seus objetivos políticos e para estabelecer, em seu estatuto, a sua estrutura interna, organização e funcionamento.

Art. 15. O Estatuto do partido deve conter, entre outras, normas sobre:

I – nome, denominação abreviada e o estabelecimento da sede no território nacional;

▶ Inciso I com a redação dada pela Lei nº 13.877, de 27-9-2019.

II – filiação e desligamento de seus membros;

III – direitos e deveres dos filiados;

IV – modo como se organiza e administra, com a definição de sua estrutura geral e identificação, composição e competências dos órgãos partidários nos níveis municipal, estadual e nacional, duração dos mandatos e processo de eleição dos seus membros;

V – fidelidade e disciplina partidárias, processo para apuração das infrações e aplicação das penalidades, assegurado amplo direito de defesa;

VI – condições e forma de escolha de seus candidatos a cargos e funções eletivas;

VII – finanças e contabilidade, estabelecendo, inclusive, normas que os habilitem a apurar as quantias que os seus candidatos possam despender com a própria eleição, que fixem os limites das contribuições dos filiados e definam as diversas fontes de receita do partido, além daquelas previstas nesta Lei;

VIII – critérios de distribuição dos recursos do Fundo Partidário entre os órgãos de nível municipal, estadual e nacional que compõem o partido;

IX – procedimento de reforma do programa e do estatuto;

X – prevenção, repressão e combate à violência política contra a mulher.

▶ Inciso X acrescido pela Lei nº 14.192, de 4-8-2021.

Art. 15-A. A responsabilidade, inclusive civil e trabalhista, cabe exclusivamente ao órgão partidário municipal, estadual ou nacional que tiver dado causa ao não cumprimento da obrigação, à violação de direito, a dano a outrem ou a qualquer ato ilícito, excluída a solidariedade de outros órgãos de direção partidária.

▶ *Caput* com a redação dada pela Lei nº 12.034, de 29-9-2009.

▶ O STF, por maioria dos votos, julgou procedente o pedido formulado na ADC nº 31, para declarar a plena validade deste *caput* (*DOU* de 25-2-2022).

Parágrafo único. O órgão nacional do partido político, quando responsável, somente poderá ser demandado judicialmente na circunscrição especial judiciária da sua sede, inclusive nas ações de natureza cível ou trabalhista.

▶ Parágrafo único acrescido pela Lei nº 12.891, de 11-12-2013.

CAPÍTULO IV
DA FILIAÇÃO PARTIDÁRIA

Art. 16. Só pode filiar-se a partido o eleitor que estiver no pleno gozo de seus direitos políticos.

▶ Art. 1º da LC nº 64, de 18-5-1990 (Lei dos Casos de Inelegibilidade).

Art. 17. Considera-se deferida, para todos os efeitos, a filiação partidária, com o atendimento das regras estatutárias do partido.

Parágrafo único. Deferida a filiação do eleitor, será entregue comprovante ao interessado, no modelo adotado pelo partido.

Art. 18. *Revogado.* Lei nº 13.165, de 29-9-2015.

Art. 19. Deferido internamente o pedido de filiação, o partido político, por seus órgãos de direção municipais, regionais ou nacional, deverá inserir os dados do filiado no sistema eletrônico da Justiça Eleitoral, que automaticamente enviará aos juízes eleitorais, para arquivamento, publicação e cumprimento dos prazos de filiação partidária para efeito de candidatura a cargos eletivos, a relação dos nomes de todos os seus filiados, da qual constará a data de filiação, o número dos títulos eleitorais e das seções em que estão inscritos.

▶ *Caput* com a redação dada pela Lei nº 13.877, de 27-9-2019.

▶ Art. 103 da Lei nº 9.504, de 30-9-1997 (Lei das Eleições).

▶ Súm. nº 20 do TSE.

§ 1º Nos casos de mudança de partido de filiado eleito, a Justiça Eleitoral deverá intimar pessoalmente a agremiação partidária e dar-lhe ciência da saída do seu filiado, a partir do que passarão a ser contados os prazos para ajuizamento das ações cabíveis.

▶ § 1º com a redação dada pela Lei nº 13.877, de 27-9-2019.

§ 2º Os prejudicados por desídia ou má-fé poderão requerer, diretamente à Justiça Eleitoral, a observância do que prescreve o *caput* deste artigo.

§ 3º Os órgãos de direção nacional dos partidos políticos terão pleno acesso às informações de seus filiados constantes do cadastro eleitoral.

▶ § 3º acrescido pela Lei nº 12.034, de 29-9-2009.

§ 4º A Justiça Eleitoral disponibilizará eletronicamente aos órgãos nacional e estaduais dos partidos políticos, conforme sua circunscrição eleitoral, acesso a todas as informações de seus filiados constantes do cadastro eleitoral, incluídas as relacionadas a seu nome completo, sexo, número do título de eleitor e de inscrição no Cadastro de Pessoa Física (CPF), endereço, telefones, entre outras.

▶ § 4º acrescido pela Lei nº 13.877, de 27-9-2019.

Art. 20. É facultado ao partido político estabelecer, em seu estatuto, prazos de filiação partidária superiores aos previstos nesta Lei, com vistas a candidatura a cargos eletivos.

▶ Art. 88, parágrafo único, do CE.

Parágrafo único. Os prazos de filiação partidária, fixados no estatuto do partido, com vistas a candidatura a cargos eletivos, não podem ser alterados no ano da eleição.

Art. 21. Para desligar-se do partido, o filiado faz comunicação escrita ao órgão de direção municipal e ao Juiz Eleitoral da Zona em que for inscrito.

▶ Art. 101 do CE.

Parágrafo único. Decorridos dois dias da data da entrega da comunicação, o vínculo torna-se extinto, para todos os efeitos.

Art. 22. O cancelamento imediato da filiação partidária verifica-se nos casos de:

I – morte;

II – perda dos direitos políticos;

▶ Art. 15, I a V, da CF.

III – expulsão;

IV – outras formas previstas no estatuto, com comunicação obrigatória ao atingido no prazo de quarenta e oito horas da decisão;

V – filiação a outro partido, desde que a pessoa comunique o fato ao juiz da respectiva Zona Eleitoral.

▶ Inciso V acrescido pela Lei nº 12.891, de 11-12-2013.

Parágrafo único. Havendo coexistência de filiações partidárias, prevalecerá a mais recente, devendo a Justiça Eleitoral determinar o cancelamento das demais.

▶ Parágrafo único com a redação dada pela Lei nº 12.891, de 11-12-2013.

▶ Arts. 99 e 320 do CE.

Art. 22-A. Perderá o mandato o detentor de cargo eletivo que se desfiliar, sem justa causa, do partido pelo qual foi eleito.

Parágrafo único. Consideram-se justa causa para a desfiliação partidária somente as seguintes hipóteses:

I – mudança substancial ou desvio reiterado do programa partidário;

II – grave discriminação política pessoal; e

III – mudança de partido efetuada durante o período de trinta dias que antecede o prazo de filiação exigido em lei para concorrer à eleição, majoritária ou proporcional, ao término do mandato vigente.

▶ Art. 22-A acrescido pela Lei nº 13.165, de 29-9-2015.

CAPÍTULO V
DA FIDELIDADE E DA DISCIPLINA PARTIDÁRIAS

Art. 23. A responsabilidade por violação dos deveres partidários deve ser apurada e punida pelo competente órgão, na conformidade do que disponha o estatuto de cada partido.

§ 1º Filiado algum pode sofrer medida disciplinar ou punição por conduta que não esteja tipificada no estatuto do partido político.

§ 2º Ao acusado é assegurado amplo direito de defesa.

▸ Art. 5º, LV, da CF.

Art. 24. Na Casa Legislativa, o integrante da bancada de partido deve subordinar sua ação parlamentar aos princípios doutrinários e programáticos e às diretrizes estabelecidas pelos órgãos de direção partidários, na forma do estatuto.

Art. 25. O estatuto do partido poderá estabelecer, além das medidas disciplinares básicas de caráter partidário, normas sobre penalidades, inclusive com desligamento temporário da bancada, suspensão do direito de voto nas reuniões internas ou perda de todas as prerrogativas, cargos e funções que exerça em decorrência da representação e da proporção partidária, na respectiva Casa Legislativa, ao parlamentar que se opuser, pela atitude ou pelo voto, às diretrizes legitimamente estabelecidas pelos órgãos partidários.

Art. 26. Perde automaticamente a função ou cargo que exerça, na respectiva Casa Legislativa, em virtude da proporção partidária, o parlamentar que deixar o partido sob cuja legenda tenha sido eleito.

CAPÍTULO VI
DA FUSÃO, INCORPORAÇÃO E EXTINÇÃO DOS PARTIDOS POLÍTICOS

Art. 27. Fica cancelado, junto ao Ofício Civil e ao Tribunal Superior Eleitoral, o registro do partido que, na forma de seu estatuto, se dissolva, se incorpore ou venha a se fundir a outro.

▸ Art. 36 da Res. do TSE nº 23.282, de 22-6-2010, que disciplina a criação, organização, fusão, incorporação e extinção de partidos políticos.

Art. 28. O Tribunal Superior Eleitoral, após trânsito em julgado de decisão, determina o cancelamento do registro civil e do estatuto do partido contra o qual fique provado:

▸ Arts. 22, I, *a*, e 96 do CE.

I – ter recebido ou estar recebendo recursos financeiros de procedência estrangeira;

II – estar subordinado a entidade ou governo estrangeiros;

III – não ter prestado, nos termos desta Lei, as devidas contas à Justiça Eleitoral;

IV – que mantém organização paramilitar.

§ 1º A decisão judicial a que se refere este artigo deve ser precedida de processo regular, que assegure ampla defesa.

§ 2º O processo de cancelamento é iniciado pelo Tribunal à vista de denúncia de qualquer eleitor, de representante de partido, ou de representação do Procurador-Geral Eleitoral.

§ 3º O partido político, em nível nacional, não sofrerá a suspensão das quotas do Fundo Partidário, nem qualquer outra punição como consequência de atos praticados por órgãos regionais ou municipais.

▸ § 3º acrescido pela Lei nº 9.693, de 27-7-1998.

§ 4º Despesas realizadas por órgãos partidários municipais ou estaduais ou por candidatos majoritários nas respectivas circunscrições devem ser assumidas e pagas exclusivamente pela esfera partidária correspondente, salvo acordo expresso com órgão de outra esfera partidária.

§ 5º Em caso de não pagamento, as despesas não poderão ser cobradas judicialmente dos órgãos superiores dos partidos políticos, recaindo eventual penhora exclusivamente sobre o órgão partidário que contraiu a dívida executada.

§ 6º O disposto no inciso III do *caput* refere-se apenas aos órgãos nacionais dos partidos políticos que deixarem de prestar contas ao Tribunal Superior Eleitoral, não ocorrendo o cancelamento do registro civil e do estatuto do partido quando a omissão for dos órgãos partidários regionais ou municipais.

▸ §§ 4º a 6º acrescidos pela Lei nº 12.034, de 29-9-2009.

Art. 29. Por decisão de seus órgãos nacionais de deliberação, dois ou mais partidos poderão fundir-se num só ou incorporar-se um ao outro.

§ 1º No primeiro caso, observar-se-ão as seguintes normas:

I – os órgãos de direção dos partidos elaborarão projetos comuns de estatuto e programa;

II – os órgãos nacionais de deliberação dos partidos em processo de fusão votarão em reunião conjunta, por maioria absoluta, os projetos, e elegerão o órgão de direção nacional que promoverá o registro do novo partido.

§ 2º No caso de incorporação, observada a lei civil, caberá ao partido incorporando deliberar por maioria absoluta de votos, em seu órgão nacional de deliberação, sobre a adoção do estatuto e do programa de outra agremiação.

§ 3º Adotados o estatuto e o programa do partido incorporador, realizar-se-á, em reunião conjunta dos órgãos nacionais de deliberação, a eleição do novo órgão de direção nacional.

§ 4º Na hipótese de fusão, a existência legal do novo partido tem início com o registro, no Ofício Civil competente da sede do novo partido, do estatuto e do programa, cujo requerimento deve ser acompanhado das atas das decisões dos órgãos competentes.

▸ § 4º com a redação dada pela Lei nº 13.877, de 27-9-2019.

§ 5º No caso de incorporação, o instrumento respectivo deve ser levado ao Ofício Civil competente, que deve, então, cancelar o registro do partido incorporado a outro.

§ 6º No caso de incorporação, o instrumento respectivo deve ser levado ao Ofício Civil competente, que deve, então, cancelar o registro do partido incorporado a outro.

§ 7º Havendo fusão ou incorporação, devem ser somados exclusivamente os votos dos partidos fundidos ou incorporados obtidos na última eleição geral para a Câmara dos Deputados, para efeito da distribuição dos recursos do Fundo Partidário e do acesso gratuito ao rádio e à televisão.

▸ §§ 6º e 7º com a redação dada pela Lei nº 13.107, de 24-3-2015.

§ 8º O novo estatuto ou instrumento de incorporação deve ser levado a registro e averbado, respectivamente, no Ofício Civil e no Tribunal Superior Eleitoral.

§ 9º Somente será admitida a fusão ou incorporação de partidos políticos que hajam obtido o registro definitivo do Tribunal Superior Eleitoral há, pelo menos, 5 (cinco) anos.

▸ §§ 8º e 9º acrescidos pela Lei nº 13.107, de 24-3-2015.

TÍTULO III – DAS FINANÇAS E CONTABILIDADE DOS PARTIDOS

▸ Res. do TSE nº 23.546, de 26-12-2017, regulamenta o disposto neste Título.

CAPÍTULO I
DA PRESTAÇÃO DE CONTAS

Art. 30. O partido político, através de seus órgãos nacionais, regionais e municipais, deve manter escrituração contábil, de forma a permitir o conhecimento da origem de suas receitas e a destinação de suas despesas.

Art. 31. É vedado ao partido receber, direta ou indiretamente, sob qualquer forma ou pretexto, contribuição ou auxílio pecuniário ou estimável em dinheiro, inclusive através de publicidade de qualquer espécie, procedente de:

I – entidade ou governo estrangeiros;

II – entes públicos e pessoas jurídicas de qualquer natureza, ressalvadas as dotações referidas no art. 38 desta Lei e as provenientes do Fundo Especial de Financiamento de Campanha;

▸ Inciso II com a redação dada pela Lei nº 13.488, de 6-10-2017.

III – *Revogado*. Lei nº 13.488, de 6-10-2017.

IV – entidade de classe ou sindical;

▸ O STF, por maioria dos votos, julgou parcialmente procedente a ADI nº 4.650 (*DOU* 4-3-2016), para declarar a inconstitucionalidade parcial sem redução de texto do art. 31 da Lei nº 9.096/1995, na parte em que autoriza, *a contrario sensu*, a realização de doações por pessoas jurídicas a partidos políticos.

V – pessoas físicas que exerçam função ou cargo público de livre nomeação e exoneração, ou cargo ou emprego público temporário, ressalvados os filiados a partido político.

▸ Inciso V acrescido pela Lei nº 13.488, de 6-10-2017.

Art. 32. O partido está obrigado a enviar, anualmente, à Justiça Eleitoral, o balanço contábil do exercício findo, até o dia 30 de junho do ano seguinte.

▸ *Caput* com a redação dada pela Lei nº 13.877, de 27-9-2019.

§ 1º O balanço contábil do órgão nacional será enviado ao Tribunal Superior Eleitoral, o dos órgãos estaduais aos Tribunais Regionais Eleitorais e o dos órgãos municipais aos Juízes Eleitorais.

§ 2º A Justiça Eleitoral determina, imediatamente, a publicação dos balanços na imprensa oficial, e, onde ela não exista, procede à afixação dos mesmos no Cartório Eleitoral.

§ 3º *Revogado*. Lei nº 13.165, de 29-9-2015.

§ 4º Os órgãos partidários municipais que não hajam movimentado recursos financeiros ou arrecadado bens estimáveis em dinheiro ficam desobrigados de prestar contas à Justiça Eleitoral e de enviar declarações de isenção, declarações de débitos e créditos tributários federais ou demonstrativos contábeis à Receita Federal do Brasil, bem como ficam dispensados da certificação digital, exigindo-se do responsável partidário, no prazo estipulado no *caput* deste artigo, a apresentação de declaração da ausência de movimentação de recursos nesse período.

▸ § 4º com a redação dada pela Lei nº 13.831, de 17-5-2019.

LEGISLAÇÃO COMPLEMENTAR

§ 5º A desaprovação da prestação de contas do partido não ensejará sanção alguma que o impeça de participar do pleito eleitoral.

▸ § 5º acrescidos pela Lei nº 13.165, de 29-9-2015.

§ 6º O Tribunal Superior Eleitoral, na condição de unidade cadastradora, deverá proceder à reativação da inscrição perante o CNPJ na Secretaria Especial da Receita Federal do Brasil dos órgãos partidários municipais referidos no § 4º deste artigo que estejam com a inscrição baixada ou inativada, após o recebimento da comunicação de constituição de seus órgãos de direção regionais e municipais, definitivos ou provisórios.

▸ § 6º com a redação dada pela Lei nº 14.063, de 23-9-2020.

§ 7º O requerimento a que se refere o § 6º deste artigo indicará se a agremiação partidária pretende a efetivação imediata da reativação da inscrição pela Secretaria Especial da Receita Federal do Brasil ou a partir de 1º de janeiro de 2020, hipótese em que a efetivação será realizada sem a cobrança de quaisquer taxas, multas ou outros encargos administrativos relativos à ausência de prestação de contas.

§ 8º As decisões da Justiça Eleitoral nos processos de prestação de contas não ensejam, ainda que desaprovadas as contas, a inscrição dos dirigentes partidários no Cadastro Informativo dos Créditos não Quitados do Setor Público Federal (CADIN).

▸ §§ 7º e 8º acrescidos pela Lei nº 13.831, de 17-5-2019.

Art. 33. Os balanços devem conter, entre outros, os seguintes itens:

I – discriminação dos valores e destinação dos recursos oriundos do fundo partidário;

II – origem e valor das contribuições e doações;

III – despesas de caráter eleitoral, com a especificação e comprovação dos gastos com programas no rádio e televisão, comitês, propaganda, publicações, comícios, e demais atividades de campanha;

IV – discriminação detalhada das receitas e despesas.

Art. 34. A Justiça Eleitoral exerce a fiscalização sobre a prestação de contas do partido e das despesas de campanha eleitoral, devendo atestar se elas refletem adequadamente a real movimentação financeira, os dispêndios e os recursos aplicados nas campanhas eleitorais, exigindo a observação das seguintes normas:

▸ *Caput* com a redação dada pela Lei nº 13.165, de 29-9-2015.

I – obrigatoriedade de designação de dirigentes partidários específicos para movimentar recursos financeiros nas campanhas eleitorais;

II – *Revogado*. Lei nº 13.165, de 29-9-2015.

III – relatório financeiro, com documentação que comprove a entrada e saída de dinheiro ou de bens recebidos e aplicados;

IV – obrigatoriedade de ser conservada pelo partido, por prazo não inferior a cinco anos, a documentação comprobatória de suas prestações de contas;

V – obrigatoriedade de prestação de contas pelo partido político e por seus candidatos no encerramento da campanha eleitoral, com o recolhimento imediato à tesouraria do partido dos saldos financeiros eventualmente apurados.

▸ Incisos I a V com a redação dada pela Lei nº 13.165, de 29-9-2015.

§ 1º A fiscalização de que trata o *caput* tem por escopo identificar a origem das receitas e a destinação das despesas com as atividades partidárias e eleitorais, mediante o exame formal dos documentos fiscais apresentados pelos partidos políticos e candidatos, sendo vedada a análise das atividades político-partidárias ou qualquer interferência em sua autonomia.

▸ § 1º com a redação dada pela Lei nº 13.165, de 29-9-2015.

§ 2º Para efetuar os exames necessários ao atendimento do disposto no *caput*, a Justiça Eleitoral pode requisitar técnicos do Tribunal de Contas da União ou dos Estados, pelo tempo que for necessário.

▸ Parágrafo único transformado em § 2º pela Lei nº 12.891, de 11-12-2013.

§ 3º VETADO. Lei nº 13.877, de 27-9-2019.

§ 4º Para o exame das prestações de contas dos partidos políticos, o sistema de contabilidade deve gerar e disponibilizar os relatórios para conhecimento da origem das receitas e das despesas.

§ 5º Os relatórios emitidos pelas áreas técnicas dos tribunais eleitorais devem ser fundamentados estritamente com base na legislação eleitoral e nas normas de contabilidade, vedado opinar sobre sanções aplicadas aos partidos políticos, cabendo aos magistrados emitir juízo de valor.

§ 6º A Justiça Eleitoral não pode exigir dos partidos políticos apresentação de certidão ou documentos expedidos por outro órgão da administração pública ou por entidade bancária e do sistema financeiro que mantêm convênio ou integração de sistemas eletrônicos que realizam o envio direto de documentos para a própria Justiça Eleitoral.

▸ §§ 4º a 6º acrescidos pela Lei nº 13.877, de 27-9-2019.

Art. 35. O Tribunal Superior Eleitoral e os Tribunais Regionais Eleitorais, à vista de denúncia fundamentada de filiado ou delegado de partido, de representação do Procurador-Geral ou Regional ou de iniciativa do Corregedor, determinarão o exame da escrituração do partido e a apuração de qualquer ato que viole as prescrições legais ou estatutárias a que, em matéria financeira, aquele ou seus filiados estejam sujeitos, podendo, inclusive, determinar a quebra de sigilo bancário das contas dos partidos para o esclarecimento ou apuração de fatos vinculados à denúncia.

▸ Art. 22, I, *f*, do CE.

Parágrafo único. O partido pode examinar, na Justiça Eleitoral, as prestações de contas mensais ou anuais dos demais partidos, quinze dias após a publicação dos balanços financeiros, aberto o prazo de cinco dias para impugná-las, podendo, ainda, relatar fatos, indicar provas e pedir abertura de investigação para apurar qualquer ato que viole as prescrições legais ou estatutárias a que, em matéria financeira, os partidos e seus filiados estejam sujeitos.

Art. 36. Constatada a violação de normas legais ou estatutárias, ficará o partido sujeito às seguintes sanções:

I – no caso de recursos de origem não mencionada ou esclarecida, fica suspenso o recebimento das quotas do fundo partidário até que o esclarecimento seja aceito pela Justiça Eleitoral;

II – no caso de recebimento de recursos mencionados no artigo 31, fica suspensa a participação no fundo partidário por um ano;

III – no caso de recebimento de doações cujo valor ultrapasse os limites previstos no artigo 39, § 4º, fica suspensa por dois anos a participação no fundo partidário e será aplicada ao partido multa correspondente ao valor que exceder aos limites fixados.

Art. 37. A desaprovação das contas do partido implicará exclusivamente a sanção de devolução da importância apontada como irregular, acrescida de multa de até 20% (vinte por cento).

▸ *Caput* com a redação dada pela Lei nº 13.165, de 29-9-2015.

▸ Art. 22, I, *a*, do CE.

§ 1º A Justiça Eleitoral pode determinar diligências necessárias à complementação de informações ou ao saneamento de irregularidades encontradas nas contas dos órgãos de direção partidária ou de candidatos.

▸ Parágrafo único transformado em § 1º pela Lei nº 9.693, de 27-7-1998.

§ 2º A sanção a que se refere o *caput* será aplicada exclusivamente à esfera partidária responsável pela irregularidade, não suspendendo o registro ou a anotação de seus órgãos de direção partidária nem tornando devedores ou inadimplentes os respectivos responsáveis partidários.

▸ § 2º com a redação dada pela Lei nº 13.165, de 29-9-2015.

§ 3º A sanção a que se refere o *caput* deste artigo deverá ser aplicada de forma proporcional e razoável, pelo período de 1 (um) a 12 (doze) meses, e o pagamento deverá ser feito por meio de desconto nos futuros repasses de cotas do fundo partidário a, no máximo, 50% (cinquenta por cento) do valor mensal, desde que a prestação de contas seja julgada, pelo juízo ou tribunal competente, em até 5 (cinco) anos de sua apresentação, vedada a acumulação de sanções.

▸ § 3º com a redação dada pela Lei nº 13.877, de 27-9-2019.

§ 3º-A. O cumprimento da sanção aplicada a órgão estadual, distrital ou municipal somente será efetivado a partir da data de juntada aos autos do processo de prestação de contas do aviso de recebimento da citação ou intimação, encaminhada, por via postal, pelo Tribunal Regional Eleitoral ou Juízo Eleitoral ao órgão partidário hierarquicamente superior.

▸ § 3º-A acrescido pela Lei nº 13.877, de 27-9-2019.

§ 4º Da decisão que desaprovar total ou parcialmente a prestação de contas dos órgãos partidários caberá recurso para os Tribunais Regionais Eleitorais ou para o Tribunal Superior Eleitoral, conforme o caso, o qual deverá ser recebido com efeito suspensivo.

§ 5º As prestações de contas desaprovadas pelos Tribunais Regionais e pelo Tribunal Superior poderão ser revistas para fins de aplicação proporcional da sanção aplicada, mediante requerimento ofertado nos autos da prestação de contas.

§ 6º O exame da prestação de contas dos órgãos partidários tem caráter jurisdicional.

▸ §§ 4º a 6º acrescidos pela Lei nº 12.034, de 29-9-2009.

§§ 7º e 8º VETADOS. Lei nº 12.891, de 11-12-2013.

§ 9º O desconto no repasse de cotas resultante da aplicação da sanção a que se refere o *caput* será suspenso durante o segundo semestre do ano em que se realizarem as eleições.

§ 10. Os gastos com passagens aéreas serão comprovados mediante apresentação de fatura ou duplicata emitida por agência de viagem, quando for o caso, e os beneficiários deverão atender ao interesse da respectiva agremiação e, nos casos de congressos, reuniões, convenções, palestras, poderão ser emitidas independentemente de filiação partidária segundo critérios interna corporis, vedada a exigência de apresentação de qualquer outro documento para esse fim.

▶ § 10 com a redação dada pela Lei nº 13.877, de 27-9-2019, promulgado nos termos do art. 66, § 5º, da CF (*DOU* de 13-12-2019, edição extra – A).

§ 11. Os órgãos partidários poderão apresentar documentos hábeis para esclarecer questionamentos da Justiça Eleitoral ou para sanear irregularidades a qualquer tempo, enquanto não transitada em julgado a decisão que julgar a prestação de contas.

§ 12. Erros formais ou materiais que no conjunto da prestação de contas não comprometam o conhecimento da origem das receitas e a destinação das despesas não acarretarão a desaprovação das contas.

§ 13. A responsabilização pessoal civil e criminal dos dirigentes partidários decorrente da desaprovação das contas partidárias e de atos ilícitos atribuídos ao partido político somente ocorrerá se verificada irregularidade grave e insanável resultante de conduta dolosa que importe enriquecimento ilícito e lesão ao patrimônio do partido.

§ 14. O instituto ou fundação de pesquisa e de doutrinação e educação política não será atingido pela sanção aplicada ao partido político em caso de desaprovação de suas contas, exceto se tiver diretamente dado causa à reprovação.

▶ §§ 9º a 14 acrescidos pela Lei nº 13.165, de 29-9-2015.

§ 15. As responsabilidades civil e criminal são subjetivas e, assim como eventuais dívidas já apuradas, recaem somente sobre o dirigente partidário responsável pelo órgão partidário à época do fato e não impedem que o órgão partidário receba recurso do fundo partidário.

▶ § 15 acrescido pela Lei nº 13.831, de 17-5-2019.

Art. 37-A. A falta de prestação de contas implicará a suspensão de novas cotas do Fundo Partidário enquanto perdurar a inadimplência e sujeitará os responsáveis às penas da lei.

▶ Artigo acrescido pela Lei nº 13.165, de 29-9-2015.

CAPÍTULO II
DO FUNDO PARTIDÁRIO

Art. 38. O Fundo Especial de Assistência Financeira aos Partidos Políticos (Fundo Partidário) é constituído por:

I – multas e penalidades pecuniárias aplicadas nos termos do Código Eleitoral e leis conexas;

II – recursos financeiros que lhe forem destinados por lei, em caráter permanente ou eventual;

III – doações de pessoa física ou jurídica, efetuadas por intermédio de depósitos bancários diretamente na conta do Fundo Partidário;

▶ O STF, por maioria dos votos, julgou parcialmente procedente a ADI nº 4.650 (*DOU* 4-3-2016), para declarar a inconstitucionalidade da expressão *"ou pessoa jurídica"*, constante no art. 38, inciso III.

IV – dotações orçamentárias da União em valor nunca inferior, cada ano, ao número de eleitores inscritos em 31 de dezembro do ano anterior ao da proposta orçamentária, multiplicados por trinta e cinco centavos de real, em valores de agosto de 1995.

§§ 1º e 2º VETADOS.

Art. 39. Ressalvado o disposto no artigo 31, o partido político pode receber doações de pessoas físicas e jurídicas para constituição de seus fundos.

▶ O STF, por maioria dos votos, julgou parcialmente procedente a ADI nº 4.650 (*DOU* 4-3-2016), para declarar a inconstitucionalidade da expressão *"e jurídicas"*, constante no art. 39, *caput*.

§ 1º As doações de que trata este artigo podem ser feitas diretamente aos órgãos de direção nacional, estadual e municipal, que remeterão, à Justiça Eleitoral e aos órgãos hierarquicamente superiores do partido, o demonstrativo de seu recebimento e respectiva destinação, juntamente com o balanço contábil.

§ 2º Outras doações, quaisquer que sejam, devem ser lançadas na contabilidade do partido, definidos seus valores em moeda corrente.

§ 3º As doações de recursos financeiros somente poderão ser efetuadas na conta do partido político por meio de:

I – cheques cruzados e nominais ou transferência eletrônica de depósitos;

II – depósitos em espécie devidamente identificados;

III – mecanismo disponível em sítio do partido na internet que permita o uso de cartão de crédito, cartão de débito, emissão on-line de boleto bancário ou, ainda, convênios de débitos em conta, no formato único e no formato recorrente, e outras modalidades, e que atenda aos seguintes requisitos:

▶ *Caput* do inciso III com a redação dada pela Lei nº 13.877, de 27-9-2019.

a) identificação do doador;

b) emissão obrigatória de recibo eleitoral para cada doação realizada.

▶ § 3º com a redação dada pela Lei nº 13.165, de 29-9-2015.

§ 4º *Revogado*. Lei nº 9.504, de 30-9-1997.

§ 5º Em ano eleitoral, os partidos políticos poderão aplicar ou distribuir pelas diversas eleições os recursos financeiros recebidos de pessoas físicas e jurídicas, observando-se o disposto no § 1º do art. 23, no art. 24 e no § 1º do art. 81 da Lei nº 9.504, de 30 de setembro de 1997, e os critérios definidos pelos respectivos órgãos de direção e pelas normas estatutárias.

▶ § 5º acrescido pela Lei nº 12.034, de 29-9-2009.

▶ O STF, por maioria dos votos, julgou parcialmente procedente a ADI nº 4.650 (*DOU* 4-3-2016), para declarar a inconstitucionalidade da expressão *"e jurídicas"*, constante no art. 39, § 5º.

▶ O referido art. 81 da Lei nº 9.504, de 30-9-1997 foi revogado pela Lei nº 13.165, de 29-9-2015.

§ 6º Os bancos e empresas de meios de pagamentos, incluídos os denominados digitais, ficam obrigados a disponibilizar a abertura de contas bancárias e os seus serviços de meios de pagamentos e compensação, inclusive *on-line*, para que os partidos políticos possam desenvolver e operacionalizar os mecanismos previstos no inciso III do § 3º deste artigo.

§ 7º Os serviços para os partidos políticos não se caracterizam e não acarretam restrições relativas às pessoas politicamente expostas, e seus serviços serão disponibilizados pelo preço oferecido pela instituição financeira a outras pessoas jurídicas.

§ 8º As instituições financeiras devem oferecer aos partidos políticos pacote de serviços bancários que agreguem o conjunto dos serviços financeiros, e a mensalidade desse pacote não poderá ser superior à soma das tarifas avulsas praticadas no mercado.

▶ §§ 6º a 8º acrescidos pela Lei nº 13.877, de 27-9-2019.

Art. 40. A previsão orçamentária de recursos para o Fundo Partidário deve ser consignada, no Anexo do Poder Judiciário, ao Tribunal Superior Eleitoral.

§ 1º O Tesouro Nacional depositará, mensalmente, os duodécimos no Banco do Brasil, em conta especial à disposição do Tribunal Superior Eleitoral.

§ 2º Na mesma conta especial serão depositadas as quantias arrecadadas pela aplicação de multas e outras penalidades pecuniárias, previstas na Legislação Eleitoral.

Art. 41. O Tribunal Superior Eleitoral, dentro de cinco dias, a contar da data do depósito a que se refere o § 1º do artigo anterior, fará a respectiva distribuição aos órgãos nacionais dos partidos, obedecendo aos seguintes critérios:

▶ O STF, por unanimidade de votos, julgou procedente as Ações Diretas de Inconstitucionalidade nºs 1.351-3 e 1.354-8, para declarar a inconstitucionalidade da expressão "obedecendo aos seguintes critérios", contida neste *caput* (*DOU* de 18-12-2006).

I – um por cento do total do Fundo Partidário será destacado para entrega, em partes iguais, a todos os partidos que tenham seus estatutos registrados no Tribunal Superior Eleitoral;

II – noventa e nove por cento do total do Fundo Partidário serão distribuídos aos partidos que tenham preenchido as condições do artigo 13, na proporção dos votos obtidos na última eleição geral para a Câmara dos Deputados.

▶ O STF, por unanimidade de votos, julgou procedente as Ações Diretas de Inconstitucionalidade nºs 1.351-3 e 1.354-8, para declarar a inconstitucionalidade dos incisos I e II deste artigo (*DOU* de 18-12-2006).

Art. 41-A. Do total do Fundo Partidário:

▶ *Caput* com a redação dada pela Lei nº 12.875, de 30-10-2013.

I – 5% (cinco por cento) serão destacados para entrega, em partes iguais, a todos os partidos que atendam aos requisitos constitucionais de acesso aos recursos do Fundo Partidário; e

▶ Inciso I com a redação dada pela Lei nº 13.165, de 29-9-2015.

II – 95% (noventa e cinco por cento) serão distribuídos aos partidos na proporção dos votos obtidos na última eleição geral para a Câmara dos Deputados.

▶ Inciso II acrescido pela Lei nº 12.875, de 30-10-2013.

▶ O STF, por maioria dos votos, julgou procedente a ADI nº 5.105 (*DOU* 29-3-2016), para declarar a inconstitucionalidade do art. 1º da Lei nº 12.875, de 30-10-2013, que acrescentou o inciso II acima.

LEGISLAÇÃO COMPLEMENTAR

Parágrafo único. Para efeito do disposto no inciso II, serão desconsideradas as mudanças de filiação partidária em quaisquer hipóteses.

► Parágrafo único com a redação dada pela Lei nº 13.107, de 24-3-2015.

Art. 42. Em caso de cancelamento ou caducidade do órgão de direção nacional do partido, reverterá ao Fundo Partidário a quota que a este caberia.

§ 1º O órgão de direção nacional do partido está obrigado a abrir conta bancária exclusivamente para movimentação do fundo partidário e para a aplicação dos recursos prevista no inciso V do *caput* do art. 44 desta Lei, observado que, para os demais órgãos do partido e para outros tipos de receita, a obrigação prevista neste parágrafo somente se aplica quando existir movimentação financeira.

§ 2º A certidão do órgão superior, ou do próprio órgão regional e municipal, de inexistência de movimentação financeira tem fé pública como prova documental para aplicação do art. 32 desta Lei, sem prejuízo de apuração de ilegalidade de acordo com o disposto no art. 35 desta Lei.

► §§ 1º e 2º acrescidos pela Lei nº 13.831, de 17-5-2019.

Art. 43. Os depósitos e movimentações dos recursos oriundos do Fundo Partidário serão feitos em estabelecimentos bancários controlados pelo Poder Público Federal, pelo Poder Público Estadual ou, inexistindo estes, no banco escolhido pelo órgão diretivo do partido.

Art. 44. Os recursos oriundos do Fundo Partidário serão aplicados:

I – na manutenção das sedes e serviços do partido, permitido o pagamento de pessoal, a qualquer título, observado, do total recebido, os seguintes limites:

a) 50% (cinquenta por cento) para o órgão nacional;

b) 60% (sessenta por cento) para cada órgão estadual e municipal;

► Inciso I com a redação dada pela Lei nº 13.165, de 29-9-2015.

II – na propaganda doutrinária e política;

III – no alistamento e campanhas eleitorais;

► A alteração que seria inserida neste inciso pela Lei nº 13.487, de 6-10-2017, foi vetada, razão pela qual mantivemos a sua redação.

IV – na criação e manutenção de instituto ou fundação de pesquisa e de doutrinação e educação política, sendo esta aplicação de, no mínimo, vinte por cento do total recebido;

► Art. 40 da Res. do TSE nº 23.282, de 22-6-2010, que disciplina a criação, organização, fusão, incorporação e extinção de partidos políticos.

V – na criação e manutenção de programas de promoção e difusão da participação política das mulheres, criados e executados pela Secretaria da Mulher ou, a critério da agremiação, por instituto com personalidade jurídica própria presidido pela Secretária da Mulher, em nível nacional, conforme percentual que será fixado pelo órgão nacional de direção partidária, observado o mínimo de 5% (cinco por cento) do total;

► Inciso V com a redação dada pela Lei nº 13.877, de 27-9-2019.

VI – no pagamento de mensalidades, anuidades e congêneres devidos a organismos partidários internacionais que se destinem ao apoio à pesquisa, ao estudo e à doutrinação política, aos quais seja o partido político regularmente filiado;

VII – no pagamento de despesas com alimentação, incluindo restaurantes e lanchonetes;

► Incisos VI e VII acrescidos pela Lei nº 13.165, de 29-9-2015.

VIII – na contratação de serviços de consultoria contábil e advocatícia e de serviços para atuação jurisdicional em ações de controle de constitucionalidade e em demais processos judiciais e administrativos de interesse partidário, bem como nos litígios que envolvam candidatos do partido, eleitos ou não, relacionados exclusivamente ao processo eleitoral;

► Inciso VIII acrescido pela Lei nº 13.877, de 27-9-2019.

IX – VETADO. Lei nº 13.877, de 27-9-2019;

X – na compra ou locação de bens móveis e imóveis, bem como na edificação ou construção de sedes e afins, e na realização de reformas e outras adaptações nesses bens;

► Inciso X acrescido pela Lei nº 13.877, de 27-9-2019.

XI – no custeio de impulsionamento, para conteúdos contratados diretamente com provedor de aplicação de internet com sede e foro no País, incluída a priorização paga de conteúdos resultantes de aplicações de busca na internet, inclusive plataforma de compartilhamento de vídeos e redes sociais, mediante o pagamento por meio de boleto bancário, de depósito identificado ou de transferência eletrônica diretamente para conta do provedor, proibido, nos anos de eleição, no período desde o início do prazo das convenções partidárias até a data do pleito.

► Inciso XI com a redação dada pela Lei nº 14.291, de 3-1-2022.

§ 1º Na prestação de contas dos órgãos de direção partidária de qualquer nível devem ser discriminadas as despesas realizadas com recursos do Fundo Partidário, de modo a permitir o controle da Justiça Eleitoral sobre o cumprimento do disposto nos incisos I e IV deste artigo.

§ 2º A Justiça Eleitoral pode, a qualquer tempo, investigar sobre a aplicação de recursos oriundos do Fundo Partidário.

§ 3º Os recursos de que trata este artigo não estão sujeitos ao regime da Lei nº 8.666, de 21 de junho de 1993, tendo os partidos políticos autonomia para contratar e realizar despesas.

► § 3º com a redação dada pela Lei nº 12.891, de 11-12-2013.

► A Lei nº 8.666, de 21-6-1993, foi revogada pela Lei nº 14.133, de 1º-4-2021.

§ 4º Não se incluem no cômputo do percentual previsto no inciso I deste artigo encargos e tributos de qualquer natureza.

► § 4º acrescido pela Lei nº 12.034, de 29-9-2009.

§ 5º O partido político que não cumprir o disposto no inciso V do *caput* deverá transferir o saldo para conta específica, sendo vedada sua aplicação para finalidade diversa, de modo que o saldo remanescente deverá ser aplicado dentro do exercício financeiro subsequente, sob pena de acréscimo de 12,5% (doze inteiros e cinco décimos por cento) do valor previsto no inciso V do *caput*, a ser aplicado na mesma finalidade.

► § 5º com a redação dada pela Lei nº 13.165, de 29-9-2015.

§ 5º-A. A critério das agremiações partidárias, os recursos a que se refere o inciso V poderão ser acumulados em diferentes exercícios financeiros, mantidos em contas bancárias específicas, para utilização futura em campanhas eleitorais de candidatas do partido.

► § 5º-A acrescido pela Lei nº 13.165, de 29-9-2015.

► O STF, por maioria de votos, julgou procedente a ADI nº 5.617 para declarar a inconstitucionalidade, por arrastamento, deste § 5º-A (*DJe* de 21-3-2019).

§ 6º No exercício financeiro em que a fundação ou instituto de pesquisa não despender a totalidade dos recursos que lhe forem assinalados, a eventual sobra poderá ser revertida para outras atividades partidárias, conforme previstas no *caput* deste artigo.

► § 6º acrescido pela Lei nº 12.891, de 11-12-2013.

§ 7º A critério da secretaria da mulher ou, inexistindo a secretaria, a critério da fundação de pesquisa e de doutrinação e educação política, os recursos a que se refere o inciso V do *caput* poderão ser acumulados em diferentes exercícios financeiros, mantidos em contas bancárias específicas, para utilização futura em campanhas eleitorais de candidatas do partido, não se aplicando, neste caso, o disposto no § 5º.

► § 7º acrescido pela Lei nº 13.165, de 29-9-2015.

► O STF, por maioria de votos, julgou procedente a ADI nº 5.617 para declarar a inconstitucionalidade, por arrastamento, deste § 7º (*DJe* de 21-3-2019).

Art. 44-A. As atividades de direção exercidas nos órgãos partidários e em suas fundações e institutos, bem como as de assessoramento e as de apoio político-partidário, assim definidas em normas internas de organização, não geram vínculo de emprego, não sendo aplicável o regime jurídico previsto na Consolidação das Leis do Trabalho, aprovada pelo Decreto-Lei nº 5.452, de 1º de maio de 1943, quando remuneradas com valor mensal igual ou superior a 2 (duas) vezes o limite máximo do benefício do Regime Geral de Previdência Social.

Parágrafo único. O partido político poderá ressarcir despesas comprovadamente realizadas no desempenho de atividades partidárias e deverá manter registro contábil de todos os dispêndios efetuados, sem computar esses valores para os fins do inciso I do *caput* do art. 44 desta Lei.

► Art. 44-A acrescido pela Lei nº 13.877, de 27-9-2019.

TÍTULO IV – DO ACESSO GRATUITO AO RÁDIO E À TELEVISÃO

Art. 45. *Revogado.* Lei nº 13.847, de 6-10-2017.

Art. 45-A. VETADO. Lei nº 13.877, de 27-9-2019.

Art. 46. *Revogado.* Lei nº 13.847, de 6-10-2017.

Art. 46-A. VETADO. Lei nº 13.877, de 27-9-2019.

Art. 47. *Revogado.* Lei nº 13.847, de 6-10-2017.

Art. 47-A. VETADO. Lei nº 13.877, de 27-9-2019.

Art. 48. *Revogado.* Lei nº 13.847, de 6-10-2017.

Art. 48-A. VETADO. Lei nº 13.877, de 27-9-2019.

Art. 49. *Revogado.* Lei nº 13.847, de 6-10-2017.

Art. 49-A. VETADO. Lei nº 13.877, de 27-9-2019.

TÍTULO V – DISPOSIÇÕES GERAIS

Art. 50. VETADO.

Art. 50-A. A propaganda partidária gratuita mediante transmissão no rádio e na televisão será realizada entre as 19h30 (dezenove horas e trinta minutos) e as 22h30 (vinte e duas horas e trinta minutos), em âmbito nacional e estadual, por iniciativa e sob a responsabilidade dos respectivos órgãos de direção partidária.

§ 1º As transmissões serão em bloco, em cadeia nacional ou estadual, por meio de inserções de 30 (trinta) segundos, no intervalo da programação normal das emissoras.

§ 2º O órgão partidário respectivo apresentará à Justiça Eleitoral requerimento da fixação das datas de formação das cadeias nacional e estaduais.

§ 3º A formação das cadeias nacional e estaduais será autorizada respectivamente pelo Tribunal Superior Eleitoral e pelos Tribunais Regionais Eleitorais, que farão a necessária requisição dos horários às emissoras de rádio e de televisão.

§ 4º A critério do órgão partidário nacional, as inserções em redes nacionais poderão veicular conteúdo regionalizado, com comunicação prévia ao Tribunal Superior Eleitoral.

§ 5º Se houver coincidência de data, a Justiça Eleitoral dará prioridade ao partido político que apresentou o requerimento primeiro.

§ 6º As inserções serão entregues às emissoras com a antecedência mínima acordada e em mídia com tecnologia compatível com a da emissora recebedora.

§ 7º As inserções a serem feitas na programação das emissoras serão determinadas:

I – pelo Tribunal Superior Eleitoral, quando solicitadas por órgão de direção nacional de partido político;

II – pelo Tribunal Regional Eleitoral, quando solicitadas por órgão de direção estadual de partido político.

§ 8º Em cada rede somente serão autorizadas até 10 (dez) inserções de 30 (trinta) segundos por dia.

§ 9º As inserções deverão ser veiculadas pelas emissoras de rádio e de televisão no horário estabelecido no *caput*, divididas proporcionalmente dentro dos intervalos comerciais no decorrer das 3 (três) horas de veiculação, da seguinte forma:

I – na primeira hora de veiculação, no máximo 3 (três) inserções;

II – na segunda hora de veiculação, no máximo 3 (três) inserções;

III – na terceira hora de veiculação, no máximo 4 (quatro) inserções.

§ 10. É vedada a veiculação de inserções sequenciais, observado obrigatoriamente o intervalo mínimo de 10 (dez) minutos entre cada veiculação.

§ 11. As inserções serão veiculadas da seguinte forma:

I – as nacionais: nas terças-feiras, quintas-feiras e sábados;

II – as estaduais: nas segundas-feiras, quartas-feiras e sextas-feiras.

Art. 50-B. O partido político com estatuto registrado no Tribunal Superior Eleitoral poderá divulgar propaganda partidária gratuita mediante transmissão no rádio e na televisão, por meio exclusivo de inserções, para:

I – difundir os programas partidários;

II – transmitir mensagens aos filiados sobre a execução do programa partidário, os eventos com este relacionados e as atividades congressuais do partido;

III – divulgar a posição do partido em relação a temas políticos e ações da sociedade civil;

IV – incentivar a filiação partidária e esclarecer o papel dos partidos na democracia brasileira;

V – promover e difundir a participação política das mulheres, dos jovens e dos negros.

§ 1º Os partidos políticos que tenham cumprido as condições estabelecidas no § 3º do art. 17 da Constituição Federal terão assegurado o direito de acesso gratuito ao rádio e à televisão, na proporção de sua bancada eleita em cada eleição geral, nos seguintes termos:

I – o partido que tenha eleito acima de 20 (vinte) Deputados Federais terá assegurado o direito à utilização do tempo total de 20 (vinte) minutos por semestre para inserções de 30 (trinta) segundos nas redes nacionais, e de igual tempo nas emissoras estaduais;

II – o partido que tenha eleito entre 10 (dez) e 20 (vinte) Deputados Federais terá assegurado o direito à utilização do tempo total de 10 (dez) minutos por semestre para inserções de 30 (trinta) segundos nas redes nacionais, e de igual tempo nas emissoras estaduais;

III – o partido que tenha eleito até 9 (nove) Deputados Federais terá assegurado o direito à utilização do tempo total de 5 (cinco) minutos por semestre para inserções de 30 (trinta) segundos nas redes nacionais, e de igual tempo nas redes estaduais.

§ 2º Do tempo total disponível para o partido político, no mínimo 30% (trinta por cento) deverão ser destinados à promoção e à difusão da participação política das mulheres.

§ 3º Nos anos de eleições, as inserções somente serão veiculadas no primeiro semestre.

§ 4º Ficam vedadas nas inserções:

I – a participação de pessoas não filiadas ao partido responsável pelo programa;

II – a divulgação de propaganda de candidatos a cargos eletivos e a defesa de interesses pessoais ou de outros partidos, bem como toda forma de propaganda eleitoral;

III – a utilização de imagens ou de cenas incorretas ou incompletas, de efeitos ou de quaisquer outros recursos que distorçam ou falseiem os fatos ou a sua comunicação;

IV – a utilização de matérias que possam ser comprovadas como falsas (*fake news*);

V – a prática de atos que resultem em qualquer tipo de preconceito racial, de gênero ou de local de origem;

VI – a prática de atos que incitem à violência.

§ 5º Tratando-se de propaganda partidária no rádio e na televisão, o partido político que descumprir o disposto neste artigo será punido com a cassação do tempo equivalente a 2 (duas) a 5 (cinco) vezes o tempo da inserção ilícita, no semestre seguinte.

§ 6º A representação, que poderá ser oferecida por partido político ou pelo Ministério Público Eleitoral, será julgada pelo Tribunal Superior Eleitoral quando se tratar de inserções nacionais e pelos Tribunais Regionais Eleitorais quando se tratar de inserções transmitidas nos Estados correspondentes.

§ 7º O prazo para o oferecimento da representação prevista no § 6º deste artigo encerra-se no último dia do semestre em que for veiculado o programa impugnado ou, se este tiver sido transmitido nos últimos 30 (trinta) dias desse período, até o 15º (décimo quinto) dia do semestre seguinte.

§ 8º Da decisão do Tribunal Regional Eleitoral que julgar procedente a representação, cassando o direito de transmissão de propaganda partidária, caberá recurso para o Tribunal Superior Eleitoral, que será recebido com efeito suspensivo."

Art. 50-C. Para agilizar os procedimentos, condições especiais podem ser pactuadas diretamente entre as emissoras de rádio e de televisão e os órgãos de direção do partido, obedecidos os limites estabelecidos nesta Lei, dando-se conhecimento ao Tribunal Eleitoral da respectiva jurisdição.

Art. 50-D. A propaganda partidária no rádio e na televisão fica restrita aos horários gratuitos disciplinados nesta Lei, com proibição de propaganda paga.

▸ Arts. 50-A a 50-D acrescidos pela Lei nº 14.291, de 3-1-2022.

Art. 50-E. As emissoras de rádio e de televisão terão direito a compensação fiscal pela cessão do horário gratuito previsto nesta Lei, em conformidade com os critérios estabelecidos no art. 99 da Lei nº 9.504, de 30 de setembro de 1997.

§ 1º A compensação fiscal à qual as emissoras de rádio e de televisão farão jus deverá ser calculada com base na média do faturamento dos comerciais dos anunciantes do horário compreendido entre as 19h30 (dezenove horas e trinta minutos) e as 22h30 (vinte e duas horas e trinta minutos).

§ 2º A emissora de rádio ou de televisão que não exibir as inserções partidárias nos termos desta Lei perderá o direito à compensação fiscal e ficará obrigada a ressarcir o partido político lesado mediante a exibição de inserções por igual tempo, nos termos definidos em decisão judicial.

▸ Art. 50-E acrescido pela Lei nº 14.291, de 3-1-2022, promulgado nos termos do art. 66, § 5º, da CF (*DOU* de 15-2-2022).

Art. 51. É assegurado ao partido político com estatuto registrado no Tribunal Superior Eleitoral o direito à utilização gratuita de escolas públicas ou Casas Legislativas para a realização de suas reuniões ou convenções, responsabilizando-se pelos danos porventura causados com a realização do evento.

▸ Art. 377 do CE.

Art. 52. VETADO.

Parágrafo único. *Revogado.* Lei nº 13.487, de 6-10-2017.

Art. 53. A fundação ou instituto de direito privado, criado por partido político, destinado ao estudo e pesquisa, à doutrinação e à educação política, rege-se pelas normas da lei civil e tem autonomia para contratar com instituições públicas e privadas, prestar serviços e manter estabelecimentos de acordo com suas finalidades, podendo, ainda, manter intercâmbio com instituições não nacionais.

§ 1º O instituto poderá ser criado sob qualquer das formas admitidas pela lei civil.

LEGISLAÇÃO COMPLEMENTAR

§ 2º O patrimônio da fundação ou do instituto de direito privado a que se referem o inciso IV do art. 44 desta Lei e o *caput* deste artigo será vertido ao ente que vier a sucedê-lo nos casos de:

I – extinção da fundação ou do instituto, quando extinto, fundido ou incorporado o partido político, assim como nas demais hipóteses previstas na legislação;

II – conversão ou transformação da fundação em instituto, assim como deste em fundação.

§ 3º Para fins do disposto no § 2º deste artigo, a versão do patrimônio implica a sucessão de todos os direitos, os deveres e as obrigações da fundação ou do instituto extinto, transformado ou convertido.

§ 4º A conversão, a transformação ou, quando for o caso, a extinção da fundação ou do instituto ocorrerá por decisão do órgão de direção nacional do partido político.

▸ §§ 1º a 4º acrescidos pela Lei nº 13.487, de 6-10-2017.

Art. 54. Para fins de aplicação das normas estabelecidas nesta Lei, consideram-se como equivalentes a Estados e Municípios o Distrito Federal e os Territórios e respectivas divisões político-administrativas.

TÍTULO VI – DISPOSIÇÕES FINAIS E TRANSITÓRIAS

Art. 55. O partido político que, nos termos da legislação anterior, tenha registro definitivo, fica dispensado da condição estabelecida no § 1º do artigo 7º, e deve providenciar a adaptação de seu estatuto às disposições desta Lei, no prazo de seis meses da data de sua publicação.

§ 1º A alteração estatutária com a finalidade prevista neste artigo pode ser realizada pelo partido político em reunião do órgão nacional máximo, especialmente convocado na forma dos estatutos, com antecedência mínima de trinta dias e ampla divulgação, entre seus órgãos e filiados, do projeto do estatuto.

§ 2º Aplicam-se as disposições deste artigo ao partido que, na data da publicação desta Lei:

I – tenha completado seu processo de organização nos termos da legislação anterior e requerido o registro definitivo;

II – tenha seu pedido de registro *sub judice*, desde que sobrevenha decisão favorável do órgão judiciário competente;

III – tenha requerido registro de seus estatutos junto ao Tribunal Superior Eleitoral, após o devido registro como entidade civil.

Art. 55-A. Os partidos que não tenham observado a aplicação de recursos prevista no inciso V do *caput* do art. 44 desta Lei nos exercícios anteriores a 2019, e que tenham utilizado esses recursos no financiamento das candidaturas femininas até as eleições de 2018, não poderão ter suas contas rejeitadas ou sofrer qualquer outra penalidade.

Art. 55-B. Os partidos que, nos termos da legislação anterior, ainda possuam saldo em conta bancária específica conforme o disposto no § 5º-A do art. 44 desta Lei poderão utilizá-lo na criação e na manutenção de programas de promoção e difusão da participação política das mulheres até o exercício de 2020, como forma de compensação.

Art. 55-C. A não observância do disposto no inciso V do *caput* do art. 44 desta Lei até o exercício de 2018 não ensejará a desaprovação das contas.

▸ Arts. 55-A a 55-C acrescidos pela Lei nº 13.831, de 17-5-2019.

Art. 55-D. Ficam anistiadas as devoluções, as cobranças ou as transferências ao Tesouro Nacional que tenham como causa as doações ou contribuições feitas em anos anteriores por servidores públicos que exerçam função ou cargo público de livre nomeação e exoneração, desde que filiados a partido político.

▸ Art. 55-D acrescido pela Lei nº 13.831, de 17-5-2019, promulgado nos termos do art. 66, § 5º, da CF (*DOU* de 21-6-2019).

Art. 55-E. O disposto no art. 30 desta Lei deverá ser implantado no prazo máximo de 180 (cento e oitenta) dias, contado da data de entrada em vigor deste artigo.

▸ Art. 55-E acrescido pela Lei nº 13.877, de 27-9-2019.

Arts. 56 e 57. *Revogados*. Lei nº 13.165, de 29-9-2015.

Art. 58. A requerimento de partido, o Juiz Eleitoral devolverá as fichas de filiação partidária existentes no cartório da respectiva Zona, devendo ser organizada a primeira relação de filiados, nos termos do artigo 19, obedecidas as normas estatutárias.

Parágrafo único. Para efeito de candidatura a cargo eletivo será considerada como primeira filiação a constante das listas de que trata este artigo.

Art. 59. O artigo 16 da Lei nº 3.071, de 1º de janeiro de 1916 (Código Civil), passa a vigorar com a seguinte redação:

▸ Lei nº 3.071, de 1º-1-1916 (CC/1916) foi revogada pela Lei nº 10.406, de 10-1-2002 (CC/2002).

Art. 60. Os artigos a seguir enumerados da Lei nº 6.015, de 31 de dezembro de 1973, passam a vigorar com a seguinte redação:

▸ Alterações inseridas no texto da referida Lei.

Art. 61. O Tribunal Superior Eleitoral expedirá instruções para a fiel execução desta Lei.

▸ Res. do TSE nº 23.282, de 22-6-2010, disciplina a criação, organização, fusão, incorporação e extinção de partidos políticos.

Art. 62. Esta Lei entra em vigor na data de sua publicação.

Art. 63. Ficam revogadas a Lei nº 5.682, de 21 de julho de 1971, e respectivas alterações; a Lei nº 6.341, de 5 de julho de 1976; a Lei nº 6.817, de 5 de setembro de 1980; a Lei nº 6.957, de 23 de novembro de 1981, o artigo 16 da Lei nº 6.996, de 7 de junho de 1982; a Lei nº 7.307, de 9 de abril de 1985, e a Lei nº 7.514, de 9 de julho de 1986.

Brasília, 19 de setembro de 1995;
174º da Independência e
107º da República.

Marco Antonio de Oliveira Maciel

LEI Nº 9.099, DE 26 DE SETEMBRO DE 1995

Dispõe sobre os Juizados Especiais Cíveis e Criminais e dá outras providências.

▸ Publicada no *DOU* de 27-9-1995.

▸ Art. 1.062 do CPC/2015.

▸ Lei nº 10.259, de 12-7-2001 (Lei dos Juizados Especiais Federais).

▸ Lei nº 12.153, de 22-12-2009 (Lei dos Juizados Especiais da Fazenda Pública).

CAPÍTULO I – DISPOSIÇÕES GERAIS

Art. 1º Os Juizados Especiais Cíveis e Criminais, órgãos da Justiça Ordinária, serão criados pela União, no Distrito Federal e nos Territórios, e pelos Estados, para conciliação, processo, julgamento e execução, nas causas de sua competência.

▸ Art. 24, X, da CF.

Art. 2º O processo orientar-se-á pelos critérios da oralidade, simplicidade, informalidade, economia processual e celeridade, buscando, sempre que possível, a conciliação ou a transação.

▸ Art. 13 desta Lei.

CAPÍTULO II – DOS JUIZADOS ESPECIAIS CÍVEIS

Seção I – DA COMPETÊNCIA

Art. 3º O Juizado Especial Cível tem competência para conciliação, processo e julgamento das causas cíveis de menor complexidade, assim consideradas:

I – as causas cujo valor não exceda a quarenta vezes o salário mínimo;

II – as enumeradas no artigo 275, inciso II, do Código de Processo Civil;

▸ Refere-se ao CPC/1973.

III – a ação de despejo para uso próprio;

▸ Lei nº 8.245, de 18-12-1991 (Lei das Locações).

IV – as ações possessórias sobre bens imóveis de valor não excedente ao fixado no inciso I deste artigo.

▸ Art. 31 desta Lei.

§ 1º Compete ao Juizado Especial promover a execução:

I – dos seus julgados;

II – dos títulos executivos extrajudiciais, no valor de até quarenta vezes o salário mínimo, observado o disposto no § 1º do artigo 8º desta Lei.

§ 2º Ficam excluídas da competência do Juizado Especial as causas de natureza alimentar, falimentar, fiscal e de interesse da Fazenda Pública, e também as relativas a acidentes de trabalho, a resíduos e ao estado e capacidade das pessoas, ainda que de cunho patrimonial.

▸ Lei nº 5.478, de 25-7-1968 (Lei da Ação de Alimentos).

▸ Lei nº 6.830, de 22-9-1980 (Lei das Execuções Fiscais).

▸ Lei nº 8.213, de 24-7-1991 (Lei dos Planos de Benefícios da Previdência Social).

▸ Lei nº 11.101, de 9-2-2005 (Lei de Recuperação de Empresas e Falências).

§ 3º A opção pelo procedimento previsto nesta Lei importará em renúncia ao crédito excedente ao limite estabelecido neste artigo, excetuada a hipótese de conciliação.

▸ Art. 21 desta Lei.

Art. 4º É competente, para as causas previstas nesta Lei, o Juizado do foro:

I – do domicílio do réu ou, a critério do autor, do local onde aquele exerça atividades profissionais ou econômicas ou mantenha estabelecimento, filial, agência, sucursal ou escritório;

II – do lugar onde a obrigação deva ser satisfeita;

III – do domicílio do autor ou do local do ato ou fato, nas ações para reparação de dano de qualquer natureza.

Parágrafo único. Em qualquer hipótese, poderá a ação ser proposta no foro previsto no inciso I deste artigo.

Seção II

DO JUIZ, DOS CONCILIADORES E DOS JUÍZES LEIGOS

Art. 5º O juiz dirigirá o processo com liberdade para determinar as provas a serem produzidas, para apreciá-las e para dar especial valor às regras de experiência comum ou técnica.

▶ Art. 25 desta Lei.

Art. 6º O juiz adotará em cada caso a decisão que reputar mais justa e equânime, atendendo aos fins sociais da lei e às exigências do bem comum.

▶ Art. 25 desta Lei.

Art. 7º Os conciliadores e juízes leigos são auxiliares da Justiça, recrutados, os primeiros, preferentemente, entre os bacharéis em Direito, e os segundos, entre advogados com mais de cinco anos de experiência.

▶ Lei nº 8.906, de 4-7-1994 (Estatuto da Advocacia e da OAB).

Parágrafo único. Os juízes leigos ficarão impedidos de exercer a advocacia perante os Juizados Especiais, enquanto no desempenho de suas funções.

Seção III

DAS PARTES

Art. 8º Não poderão ser partes, no processo instituído por esta Lei, o incapaz, o preso, as pessoas jurídicas de direito público, as empresas públicas da União, a massa falida e o insolvente civil.

§ 1º Somente serão admitidas a propor ação perante o Juizado Especial:

▶ *Caput* do § 1º com a redação dada pela Lei nº 12.126, de 16-12-2009.

▶ Art. 3º, § 1º, II, desta Lei.

▶ Art. 74 da LC nº 123, de 14-12-2006 (Estatuto Nacional da Microempresa e da Empresa de Pequeno Porte).

I – as pessoas físicas capazes, excluídos os cessionários de direito de pessoas jurídicas;

▶ Inciso I acrescido pela Lei nº 12.126, de 16-12-2009.

II – as pessoas enquadradas como microempreendedores individuais, microempresas e empresas de pequeno porte na forma da Lei Complementar nº 123, de 14 de dezembro de 2006;

▶ Inciso II com a redação dada pela LC nº 147, de 7-8-2014.

▶ Art. 3º da LC nº 123, de 14-12-2006 (Estatuto Nacional da Microempresa e da Empresa de Pequeno Porte).

III – as pessoas jurídicas qualificadas como Organização da Sociedade Civil de Interesse Público, nos termos da Lei nº 9.790, de 23 de março de 1999;

IV – as sociedades de crédito ao microempreendedor, nos termos do art. 1º da Lei nº 10.194, de 14 de fevereiro de 2001.

▶ Incisos III e IV acrescidos pela Lei nº 12.126, de 16-12-2009.

§ 2º O maior de dezoito anos poderá ser autor, independentemente de assistência, inclusive para fins de conciliação.

Art. 9º Nas causas de valor até vinte salários mínimos, as partes comparecerão pessoalmente, podendo ser assistidas por advogados; nas de valor superior, a assistência é obrigatória.

▶ Art. 1º, I, da Lei nº 8.906, de 4-7-1994 (Estatuto da Advocacia e da OAB).

§ 1º Sendo facultativa a assistência, se uma das partes comparecer assistida por advogado, ou se o réu for pessoa jurídica ou firma individual, terá a outra parte, se quiser, assistência judiciária prestada por órgão instituído junto ao Juizado Especial, na forma da lei local.

▶ Art. 1º da Lei nº 1.060, de 5-2-1950 (Lei de Assistência Judiciária).

§ 2º O juiz alertará as partes da conveniência do patrocínio por advogado, quando a causa o recomendar.

§ 3º O mandato ao advogado poderá ser verbal, salvo quanto aos poderes especiais.

▶ Lei nº 8.906, de 4-7-1994 (Estatuto da Advocacia e da OAB).

§ 4º O réu, sendo pessoa jurídica ou titular de firma individual, poderá ser representado por preposto credenciado, munido de carta de preposição com poderes para transigir, sem haver necessidade de vínculo empregatício.

▶ § 4º com a redação dada pela Lei nº 12.137, de 18-12-2009.

Art. 10. Não se admitirá, no processo, qualquer forma de intervenção de terceiro nem de assistência. Admitir-se-á o litisconsórcio.

▶ Arts. 113 a 118 do CPC/2015.

Art. 11. O Ministério Público intervirá nos casos previstos em lei.

▶ Lei nº 8.625, de 12-2-1993 (Lei Orgânica Nacional do Ministério Público).

Seção IV

DOS ATOS PROCESSUAIS

Art. 12. Os atos processuais serão públicos e poderão realizar-se em horário noturno, conforme dispuserem as normas de organização judiciária.

Art. 12-A. Na contagem de prazo em dias, estabelecido por lei ou pelo juiz, para a prática de qualquer ato processual, inclusive para a interposição de recursos, computar-se-ão somente os dias úteis.

▶ Art. 12-A acrescido pela Lei nº 13.728, de 31-10-2018.

Art. 13. Os atos processuais serão válidos sempre que preencherem as finalidades para as quais forem realizados, atendidos os critérios indicados no artigo 2º desta Lei.

§ 1º Não se pronunciará qualquer nulidade sem que tenha havido prejuízo.

§ 2º A prática de atos processuais em outras comarcas poderá ser solicitada por qualquer meio idôneo de comunicação.

§ 3º Apenas os atos considerados essenciais serão registrados resumidamente, em notas manuscritas, datilografadas, taquigrafadas ou estenotipadas. Os demais atos poderão ser gravados em fita magnética ou equivalente, que será inutilizada após o trânsito em julgado da decisão.

▶ Art. 44 desta Lei.

§ 4º As normas locais disporão sobre a conservação das peças do processo e demais documentos que o instruem.

Seção V

DO PEDIDO

Art. 14. O processo instaurar-se-á com a apresentação do pedido, escrito ou oral, à Secretaria do Juizado.

§ 1º Do pedido constarão, de forma simples e em linguagem acessível:

I – o nome, a qualificação e o endereço das partes;

II – os fatos e os fundamentos, de forma sucinta;

III – o objeto e seu valor.

§ 2º É lícito formular pedido genérico quando não for possível determinar, desde logo, a extensão da obrigação.

§ 3º O pedido oral será reduzido a escrito pela Secretaria do Juizado, podendo ser utilizado o sistema de fichas ou formulários impressos.

Art. 15. Os pedidos mencionados no artigo 3º desta Lei poderão ser alternativos ou cumulados; nesta última hipótese, desde que conexos e a soma não ultrapasse o limite fixado naquele dispositivo.

Art. 16. Registrado o pedido, independentemente de distribuição e autuação, a Secretaria do Juizado designará a sessão de conciliação, a realizar-se no prazo de quinze dias.

Art. 17. Comparecendo inicialmente ambas as partes, instaurar-se-á, desde logo, a sessão de conciliação, dispensados o registro prévio de pedido e a citação.

Parágrafo único. Havendo pedidos contrapostos, poderá ser dispensada a contestação formal e ambos serão apreciados na mesma sentença.

Seção VI

DAS CITAÇÕES E INTIMAÇÕES

Art. 18. A citação far-se-á:

I – por correspondência, com aviso de recebimento em mão própria;

II – tratando-se de pessoa jurídica ou firma individual, mediante entrega ao encarregado da recepção, que será obrigatoriamente identificado;

III – sendo necessário, por oficial de justiça, independentemente de mandado ou carta precatória.

§ 1º A citação conterá cópia do pedido inicial, dia e hora para comparecimento do citando e advertência de que, não comparecendo este, considerar-se-ão verdadeiras as alegações iniciais, e será proferido julgamento, de plano.

§ 2º Não se fará citação por edital.

§ 3º O comparecimento espontâneo suprirá a falta ou nulidade da citação.

Art. 19. As intimações serão feitas na forma prevista para citação, ou por qualquer outro meio idôneo de comunicação.

§ 1º Dos atos praticados na audiência, considerar-se-ão desde logo cientes as partes.

§ 2º As partes comunicarão ao juízo as mudanças de endereço ocorridas no curso do processo, reputando-se eficazes as intimações enviadas ao local anteriormente indicado, na ausência da comunicação.

Seção VII

DA REVELIA

Art. 20. Não comparecendo o demandado à sessão de conciliação ou à audiência de instrução e julgamento, reputar-se-ão verdadeiros os fatos alegados no pedido inicial, salvo se o contrário resultar da convicção do juiz.

Seção VIII

DA CONCILIAÇÃO E DO JUÍZO ARBITRAL

Art. 21. Aberta a sessão, o juiz togado ou leigo esclarecerá as partes presentes sobre as vantagens da conciliação, mostrando-lhes os riscos e as consequências do litígio, especialmente quanto ao disposto no § 3º do artigo 3º desta Lei.

Art. 22. A conciliação será conduzida pelo juiz togado ou leigo ou por conciliador sob sua orientação.

▸ Art. 58 desta Lei.

▸ Art. 15 da Lei nº 12.153, de 22-12-2009 (Lei dos Juizados Especiais da Fazenda Pública).

§ 1º Obtida a conciliação, esta será reduzida a escrito e homologada pelo Juiz togado mediante sentença com eficácia de título executivo.

▸ Parágrafo único transformado em § 1º pela Lei nº 13.994, de 24-4-2020.

§ 2º É cabível a conciliação não presencial conduzida pelo Juizado mediante o emprego dos recursos tecnológicos disponíveis de transmissão de sons e imagens em tempo real, devendo o resultado da tentativa de conciliação ser reduzido a escrito com os anexos pertinentes.

▸ § 2º acrescido pela Lei nº 13.994, de 24-4-2020.

Art. 23. Se o demandado não comparecer ou recusar-se a participar da tentativa de conciliação não presencial, o Juiz togado proferirá sentença.

▸ Artigo com a redação dada pela Lei nº 13.994, de 24-4-2020.

▸ Art. 58 desta Lei.

Art. 24. Não obtida a conciliação, as partes poderão optar, de comum acordo, pelo juízo arbitral, na forma prevista nesta Lei.

▸ Lei nº 9.307, de 23-9-1996 (Lei da Arbitragem).

§ 1º O juízo arbitral considerar-se-á instaurado, independentemente de termo de compromisso, com a escolha do árbitro pelas partes. Se este não estiver presente, o juiz convocá-lo-á e designará, de imediato, a data para a audiência de instrução.

§ 2º O árbitro será escolhido dentre os juízes leigos.

Art. 25. O árbitro conduzirá o processo com os mesmos critérios do juiz, na forma dos artigos 5º e 6º desta Lei, podendo decidir por equidade.

Art. 26. Ao término da instrução, ou nos cinco dias subsequentes, o árbitro apresentará o laudo ao juiz togado para homologação por sentença irrecorrível.

Seção IX

DA INSTRUÇÃO E JULGAMENTO

Art. 27. Não instituído o juízo arbitral, proceder-se-á imediatamente à audiência de instrução e julgamento, desde que não resulte prejuízo para a defesa.

Parágrafo único. Não sendo possível a sua realização imediata, será a audiência designada para um dos quinze dias subsequentes, cientes, desde logo, as partes e testemunhas eventualmente presentes.

Art. 28. Na audiência de instrução e julgamento serão ouvidas as partes, colhida a prova e, em seguida, proferida a sentença.

Art. 29. Serão decididos de plano todos os incidentes que possam interferir no regular prosseguimento da audiência. As demais questões serão decididas na sentença.

Parágrafo único. Sobre os documentos apresentados por uma das partes, manifestar-se-á imediatamente a parte contrária, sem interrupção da audiência.

Seção X

DA RESPOSTA DO RÉU

Art. 30. A contestação, que será oral ou escrita, conterá toda matéria de defesa, exceto arguição de suspeição ou impedimento do juiz, que se processará na forma da legislação em vigor.

Art. 31. Não se admitirá a reconvenção. É lícito ao réu, na contestação, formular pedido em seu favor, nos limites do artigo 3º desta Lei, desde que fundado nos mesmos fatos que constituem objeto da controvérsia.

Parágrafo único. O autor poderá responder ao pedido do réu na própria audiência ou requerer a designação da nova data, que será desde logo fixada, cientes todos os presentes.

Seção XI

DAS PROVAS

Art. 32. Todos os meios de prova moralmente legítimos, ainda que não especificados em lei, são hábeis para provar a veracidade dos fatos alegados pelas partes.

Art. 33. Todas as provas serão produzidas na audiência de instrução e julgamento, ainda que não requeridas previamente, podendo o juiz limitar ou excluir as que considerar excessivas, impertinentes ou protelatórias.

Art. 34. As testemunhas, até o máximo de três para cada parte, comparecerão à audiência de instrução e julgamento levadas pela parte que as tenha arrolado, independentemente de intimação, ou mediante esta, se assim for requerido.

§ 1º O requerimento para intimação das testemunhas será apresentado à Secretaria no mínimo cinco dias antes da audiência de instrução e julgamento.

§ 2º Não comparecendo a testemunha intimada, o juiz poderá determinar sua imediata condução, valendo-se, se necessário, do concurso da força pública.

Art. 35. Quando a prova do fato exigir, o juiz poderá inquirir técnicos de sua confiança, permitida às partes a apresentação de parecer técnico.

Parágrafo único. No curso da audiência, poderá o juiz, de ofício ou a requerimento das partes, realizar inspeção em pessoas ou coisas, ou determinar que o faça pessoa de sua confiança, que lhe relatará informalmente o verificado.

Art. 36. A prova oral não será reduzida a escrito, devendo a sentença referir, no essencial, os informes trazidos nos depoimentos.

Art. 37. A instrução poderá ser dirigida por juiz leigo, sob a supervisão de juiz togado.

▸ Art. 15 da Lei nº 12.153, de 22-12-2009 (Lei dos Juizados Especiais da Fazenda Pública).

Seção XII

DA SENTENÇA

Art. 38. A sentença mencionará os elementos de convicção do Juiz, com breve resumo dos fatos relevantes ocorridos em audiência, dispensado o relatório.

Parágrafo único. Não se admitirá sentença condenatória por quantia ilíquida, ainda que genérico o pedido.

Art. 39. É ineficaz a sentença condenatória na parte que exceder a alçada estabelecida nesta Lei.

Art. 40. O Juiz leigo que tiver dirigido a instrução proferirá sua decisão e imediatamente a submeterá ao juiz togado, que poderá homologá-la, proferir outra em substituição ou, antes de se manifestar, determinar a realização de atos probatórios indispensáveis.

▸ Art. 15 da Lei nº 12.153, de 22-12-2009 (Lei dos Juizados Especiais da Fazenda Pública).

Art. 41. Da sentença, excetuada a homologatória de conciliação ou laudo arbitral, caberá recurso para o próprio Juizado.

§ 1º O recurso será julgado por uma turma composta por três juízes togados, em exercício no primeiro grau de jurisdição, reunidos na sede do Juizado.

▸ Súm. nº 376 do STJ.

§ 2º No recurso, as partes serão obrigatoriamente representadas por advogado.

▸ Lei nº 8.906, de 4-7-1994 (Estatuto da Advocacia e da OAB).

Art. 42. O recurso será interposto no prazo de dez dias, contados da ciência da sentença, por petição escrita, da qual constarão as razões e o pedido do recorrente.

§ 1º O preparo será feito, independentemente de intimação, nas quarenta e oito horas seguintes à interposição, sob pena de deserção.

▸ Art. 54, parágrafo único, desta Lei.

§ 2º Após o preparo, a Secretaria intimará o recorrido para oferecer resposta escrita no prazo de dez dias.

Art. 43. O recurso terá somente efeito devolutivo, podendo o juiz dar-lhe efeito suspensivo, para evitar dano irreparável para a parte.

Art. 44. As partes poderão requerer a transcrição da gravação da fita magnética a que alude o § 3º do artigo 13 desta Lei, correndo por conta do requerente as despesas respectivas.

Art. 45. As partes serão intimadas da data da sessão de julgamento.

Art. 46. O julgamento em segunda instância constará apenas da ata, com a indicação suficiente do processo, fundamentação sucinta e parte dispositiva. Se a sentença for confirmada pelos próprios fundamentos, a súmula do julgamento servirá de acórdão.

▸ Súmulas nºs 640 e 727 do STF.

▸ Súm. nº 203 do STJ.

Art. 47. VETADO.

Seção XIII – DOS EMBARGOS DE DECLARAÇÃO

Art. 48. Caberão embargos de declaração contra sentença ou acórdão nos casos previstos no Código de Processo Civil.

- *Caput* com a redação dada pela Lei nº 13.105, de 16-3-2015.
- Art. 1.064 do CPC/2015.

Parágrafo único. Os erros materiais podem ser corrigidos de ofício.

Art. 49. Os embargos de declaração serão interpostos por escrito ou oralmente, no prazo de cinco dias, contados da ciência da decisão.

Art. 50. Os embargos de declaração interrompem o prazo para a interposição de recurso.

- Artigo com a redação dada pela Lei nº 13.105, de 16-3-2015.
- Art. 1.065 do CPC/2015.

Seção XIV – DA EXTINÇÃO DO PROCESSO SEM JULGAMENTO DO MÉRITO

Art. 51. Extingue-se o processo, além dos casos previstos em lei:

I – quando o autor deixar de comparecer a qualquer das audiências do processo;

II – quando inadmissível o procedimento instituído por esta Lei ou seu prosseguimento, após a conciliação;

III – quando for reconhecida a incompetência territorial;

IV – quando sobrevier qualquer dos impedimentos previstos no artigo 8º desta Lei;

V – quando, falecido o autor, a habilitação depender de sentença ou não se der no prazo de trinta dias;

VI – quando, falecido o réu, o autor não promover a citação dos sucessores no prazo de trinta dias da ciência do fato.

§ 1º A extinção do processo independerá, em qualquer hipótese, de prévia intimação pessoal das partes.

§ 2º No caso do inciso I deste artigo, quando comprovar que a ausência decorre de força maior, a parte poderá ser isentada, pelo Juiz, do pagamento das custas.

Seção XV – DA EXECUÇÃO

Art. 52. A execução da sentença processar-se-á no próprio Juizado, aplicando-se, no que couber, o disposto no Código de Processo Civil, com as seguintes alterações:

I – as sentenças serão necessariamente líquidas, contendo a conversão em Bônus do Tesouro Nacional – BTN ou índice equivalente;

- Lei nº 8.177, de 1º-3-1991, extingue o BTN.

II – os cálculos de conversão de índices, de honorários, de juros e de outras parcelas serão efetuados por servidor judicial;

III – a intimação da sentença será feita, sempre que possível, na própria audiência em que for proferida. Nessa intimação, o vencido será instado a cumprir a sentença tão logo ocorra seu trânsito em julgado, e advertido dos efeitos do seu descumprimento (inciso V);

IV – não cumprida voluntariamente a sentença transitada em julgado, e tendo havido solicitação do interessado, que poderá ser verbal, proceder-se-á desde logo à execução, dispensada nova citação;

V – nos casos de obrigação de entregar, de fazer, ou de não fazer, o juiz, na sentença ou na fase de execução, cominará multa diária, arbitrada de acordo com as condições econômicas do devedor, para a hipótese de inadimplemento. Não cumprida a obrigação, o credor poderá requerer a elevação da multa ou a transformação da condenação em perdas e danos, que o juiz de imediato arbitrará, seguindo-se a execução por quantia certa, incluída a multa vencida de obrigação de dar, quando evidenciada a malícia do devedor na execução do julgado;

VI – na obrigação de fazer, o juiz pode determinar o cumprimento por outrem, fixado o valor que o devedor deve depositar para as despesas, sob pena de multa diária;

VII – na alienação forçada dos bens, o juiz poderá autorizar o devedor, o credor ou terceira pessoa idônea a tratar da alienação do bem penhorado, a qual se aperfeiçoará em juízo até a data fixada para a praça ou leilão. Sendo o preço inferior ao da avaliação, as partes serão ouvidas. Se o pagamento não for à vista, será oferecida caução idônea, nos casos de alienação de bem móvel, ou hipotecado o imóvel;

VIII – é dispensada a publicação de editais em jornais, quando se tratar de alienação de bens de pequeno valor;

IX – o devedor poderá oferecer embargos, nos autos da execução, versando sobre:

a) falta ou nulidade da citação no processo, se ele correu à revelia;
b) manifesto excesso de execução;
c) erro de cálculo;
d) causa impeditiva, modificativa ou extintiva da obrigação, superveniente à sentença.

- Art. 53, § 1º, desta Lei.

Art. 53. A execução de título executivo extrajudicial, no valor de até quarenta salários mínimos, obedecerá ao disposto no Código de Processo Civil, com as modificações introduzidas por esta Lei.

§ 1º Efetuada a penhora, o devedor será intimado a comparecer à audiência de conciliação, quando poderá oferecer embargos (artigo 52, IX), por escrito ou verbalmente.

§ 2º Na audiência, será buscado o meio mais rápido e eficaz para a solução do litígio, se possível com dispensa da alienação judicial, devendo o conciliador propor, entre outras medidas cabíveis, o pagamento do débito a prazo ou a prestação, a dação em pagamento ou a imediata adjudicação do bem penhorado.

§ 3º Não apresentados os embargos em audiência, ou julgados improcedentes, qualquer das partes poderá requerer ao juiz a adoção de uma das alternativas do parágrafo anterior.

§ 4º Não encontrado o devedor ou inexistindo bens penhoráveis, o processo será imediatamente extinto, devolvendo-se os documentos ao autor.

Seção XVI – DAS DESPESAS

Art. 54. O acesso ao Juizado Especial independerá, em primeiro grau de jurisdição, do pagamento de custas, taxas ou despesas.

Parágrafo único. O preparo do recurso, na forma do § 1º do artigo 42 desta Lei, compreenderá todas as despesas processuais, inclusive aquelas dispensadas em primeiro grau de jurisdição, ressalvada a hipótese de assistência judiciária gratuita.

Art. 55. A sentença de primeiro grau não condenará o vencido em custas e honorários de advogado, ressalvados os casos de litigância de má-fé. Em segundo grau, o recorrente, vencido, pagará as custas e honorários de advogado, que serão fixados entre dez por cento e vinte por cento do valor de condenação ou, não havendo condenação, do valor corrigido da causa.

Parágrafo único. Na execução não serão contadas custas, salvo quando:

I – reconhecida a litigância de má-fé;

II – improcedentes os embargos do devedor;

III – tratar-se de execução de sentença que tenha sido objeto de recurso improvido do devedor.

Seção XVII – DISPOSIÇÕES FINAIS

Art. 56. Instituído o Juizado Especial, serão implantadas as curadorias necessárias e o serviço de assistência judiciária.

- Lei nº 1.060, de 5-2-1950 (Lei de Assistência Judiciária).
- Arts. 98 a 102 do CPC/2015.

Art. 57. O acordo extrajudicial, de qualquer natureza ou valor, poderá ser homologado, no juízo competente, independentemente de termo, valendo a sentença como título executivo judicial.

Parágrafo único. Valerá como título extrajudicial o acordo celebrado pelas partes, por instrumento escrito, referendado pelo órgão competente do Ministério Público.

Art. 58. As normas de organização judiciária local poderão estender a conciliação prevista nos artigos 22 e 23 a causas não abrangidas por esta Lei.

Art. 59. Não se admitirá ação rescisória nas causas sujeitas ao procedimento instituído por esta Lei.

CAPÍTULO III – DOS JUIZADOS ESPECIAIS CRIMINAIS

DISPOSIÇÕES GERAIS

Art. 60. O Juizado Especial Criminal, provido por juízes togados ou togados e leigos, tem competência para a conciliação, o julgamento e a execução das infrações penais de menor potencial ofensivo, respeitadas as regras de conexão e continência.

- *Caput* com a redação dada pela Lei nº 11.313, de 28-6-2006.

Parágrafo único. Na reunião de processos, perante o juízo comum ou o tribunal do júri, decorrentes da aplicação das regras de conexão e continência, observar-se-ão os institutos da transação penal e da composição dos danos civis.

- Parágrafo único acrescido pela Lei nº 11.313, de 28-6-2006.

Art. 61. Consideram-se infrações penais de menor potencial ofensivo, para os efeitos desta Lei, as contravenções penais e os crimes a que a lei comine pena máxima não superior a 2 (dois) anos, cumulada ou não com multa.

- Artigo com a redação dada pela Lei nº 11.313, de 28-6-2006.
- Art. 98, I, da CF.
- Art. 2º da Lei nº 10.259, de 12-7-2001 (Lei dos Juizados Especiais Federais).
- Art. 41 da Lei nº 11.340, de 7-8-2006 (Lei que Coíbe a Violência Doméstica e Familiar Contra a Mulher).

Art. 62. O processo perante o Juizado Especial orientar-se-á pelos critérios da oralidade,

LEGISLAÇÃO COMPLEMENTAR

simplicidade, informalidade, economia processual e celeridade, objetivando, sempre que possível, a reparação dos danos sofridos pela vítima e a aplicação de pena não privativa de liberdade.

- Artigo com a redação dada pela Lei nº 13.603, de 9-1-2018.
- Art. 5º, LXXVIII, da CF.
- Art. 65 desta Lei.
- Arts. 9º, I, 16, 43 a 52, 65, III, *b*, 91, I, e 312, § 3º, do CP.
- Arts. 147 a 155 e 164 a 170 da LEP.

Seção I

DA COMPETÊNCIA E DOS ATOS PROCESSUAIS

Art. 63. A competência do Juizado será determinada pelo lugar em que foi praticada a infração penal.

- Art. 6º do CP.
- Arts. 69, I, 70 e 71 do CPP.

Art. 64. Os atos processuais serão públicos e poderão realizar-se em horário noturno e em qualquer dia da semana, conforme dispuserem as normas de organização judiciária.

Art. 65. Os atos processuais serão válidos sempre que preencherem as finalidades para as quais foram realizados, atendidos os critérios indicados no artigo 62 desta Lei.

§ 1º Não se pronunciará qualquer nulidade sem que tenha havido prejuízo.

- Arts. 563 e 566 do CPP.
- Art. 499 do CPPM.
- Súm. nº 523 do STF.

§ 2º A prática de atos processuais em outras comarcas poderá ser solicitada por qualquer meio hábil de comunicação.

- Arts. 353 a 356 do CPP.

§ 3º Serão objeto de registro escrito exclusivamente os atos havidos por essenciais. Os atos realizados em audiência de instrução e julgamento poderão ser gravados em fita magnética ou equivalente.

- Art. 82, § 3º, desta Lei.

Art. 66. A citação será pessoal e far-se-á no próprio Juizado, sempre que possível, ou por mandado.

- Art. 78, § 1º, desta Lei.
- Arts. 351, 352, 357 e 358 do CPP.

Parágrafo único. Não encontrado o acusado para ser citado, o Juiz encaminhará as peças existentes ao juízo comum para adoção do procedimento previsto em lei.

- Art. 77, § 2º, desta Lei.

Art. 67. A intimação far-se-á por correspondência, com aviso de recebimento pessoal ou, tratando-se de pessoa jurídica ou firma individual, mediante entrega ao encarregado da recepção, que será obrigatoriamente identificado, ou, sendo necessário, por oficial de justiça, independentemente de mandado ou carta precatória, ou ainda por qualquer meio idôneo de comunicação.

- Arts. 71 e 78, § 2º, desta Lei.
- Arts. 370 a 372 do CPP.

Parágrafo único. Dos atos praticados em audiência considerar-se-ão desde logo cientes as partes, os interessados e defensores.

Art. 68. Do ato de intimação do autor do fato e do mandado de citação do acusado, constará a necessidade de seu comparecimento acompanhado de advogado, com a advertência de que, na sua falta, ser-lhe-á designado defensor público.

- Arts. 71 e 78, § 2º, desta Lei.
- Art. 564, III, *c*, do CPP.
- Súm. nº 523 do STF.

Seção II

DA FASE PRELIMINAR

- Art. 492, § 1º, do CPP.

Art. 69. A autoridade policial que tomar conhecimento da ocorrência lavrará termo circunstanciado e o encaminhará imediatamente ao Juizado, com o autor do fato e a vítima, providenciando-se as requisições dos exames periciais necessários.

- Art. 77, § 1º, desta Lei.
- Arts. 4º, 6º, e 158 a 184 do CPP.
- Arts. 12, 314 a 346 do CPPM.

Parágrafo único. Ao autor do fato que, após a lavratura do termo, for imediatamente encaminhado ao juizado ou assumir o compromisso de a ele comparecer, não se imporá prisão em flagrante, nem se exigirá fiança. Em caso de violência doméstica, o juiz poderá determinar, como medida de cautela, seu afastamento do lar, domicílio ou local de convivência com a vítima.

- Parágrafo único com a redação dada pela Lei nº 10.455, de 13-5-2002.
- Art. 5º, LXV e LXVI, da CF.
- Arts. 301 a 310, 313, III, e 322 a 350 do CPP.
- Arts. 243 a 253, 270 e 271 do CPPM.
- Lei nº 11.340, de 7-8-2006 (Lei que Coíbe a Violência Doméstica e Familiar Contra a Mulher).
- Lei nº 12.037, de 1º-10-2009 (Lei da Identificação Criminal).
- Lei nº 13.869, de 5-9-2019 (Lei do Abuso de Autoridade).

Art. 70. Comparecendo o autor do fato e a vítima, e não sendo possível a realização imediata da audiência preliminar, será designada data próxima, da qual ambos sairão cientes.

Art. 71. Na falta do comparecimento de qualquer dos envolvidos, a Secretaria providenciará sua intimação e, se for o caso, a do responsável civil, na forma dos artigos 67 e 68 desta Lei.

- Arts. 370 a 372 do CPP.

Art. 72. Na audiência preliminar, presente o representante do Ministério Público, o autor do fato e a vítima e, se possível, o responsável civil, acompanhados por seus advogados, o Juiz esclarecerá sobre a possibilidade da composição dos danos e da aceitação da proposta de aplicação imediata de pena não privativa de liberdade.

- Art. 79 desta Lei.
- Arts. 43 a 52 do CP.
- Art. 564, III, *d*, do CPP.
- Arts, 147 a 155 e 164 a 170 da LEP.

Art. 73. A conciliação será conduzida pelo Juiz ou por conciliador sob sua orientação.

Parágrafo único. Os conciliadores são auxiliares da Justiça, recrutados, na forma da lei local, preferentemente entre bacharéis em Direito, excluídos os que exerçam funções na administração da Justiça Criminal.

Art. 74. A composição dos danos civis será reduzida a escrito e, homologada pelo Juiz mediante sentença irrecorrível, terá eficácia de título a ser executado no juízo civil competente.

- Art. 87 desta Lei.

Parágrafo único. Tratando-se de ação penal de iniciativa privada ou de ação penal pública condicionada à representação, o acordo homologado acarreta a renúncia ao direito de queixa ou representação.

- Arts. 100, 104, parágrafo único, e 107, V, do CP.
- Arts. 24, § 1º, 30, 31, 36 a 39, 49 e 57 do CPP.

Art. 75. Não obtida a composição dos danos civis, será dada imediatamente ao ofendido a oportunidade de exercer o direito de representação verbal, que será reduzida a termo.

- Arts. 25 e 39 do CPP.

Parágrafo único. O não oferecimento da representação na audiência preliminar não implica decadência do direito, que poderá ser exercido no prazo previsto em lei.

- Art. 103 do CP.
- Art. 38 do CPP.

Art. 76. Havendo representação ou tratando-se de crime de ação penal pública incondicionada, não sendo caso de arquivamento, o Ministério Público poderá propor a aplicação imediata de pena restritiva de direitos ou multas, a ser especificada na proposta.

- Art. 77 desta Lei.
- Arts. 43 a 52 do CP.
- Arts. 24 e 28 do CPP.
- Arts. 147 a 155 e 164 a 170 da LEP.
- Art. 27 da Lei nº 9.605, de 12-2-1998 (Lei dos Crimes Ambientais).
- Art. 48, § 5º, da Lei nº 11.343, de 23-8-2006 (Lei Antidrogas).
- Súm. Vinc. nº 35 do STF.

§ 1º Nas hipóteses de ser a pena de multa a única aplicável, o Juiz poderá reduzi-la até a metade.

- Arts. 49 a 52 e 60 do CP.
- Arts. 164 a 170 da LEP.

§ 2º Não se admitirá a proposta se ficar comprovado:

I – ter sido o autor da infração condenado, pela prática de crime, à pena privativa de liberdade, por sentença definitiva;

- Arts. 381 a 392 do CPP.
- Arts. 105 a 109 da LEP.

II – ter sido o agente beneficiado anteriormente, no prazo de cinco anos, pela aplicação de pena restritiva ou multa, nos termos deste artigo;

- Arts. 43 a 52 do CP.
- Arts. 147 a 155 e 164 a 170 da LEP.

III – não indicarem os antecedentes, a conduta social e a personalidade do agente, bem como os motivos e as circunstâncias, ser necessária e suficiente a adoção da medida.

- Art. 5º, XLVI, da CF.
- Art. 59 do CP.
- Art. 69 do CPM.

§ 3º Aceita a proposta pelo autor da infração e seu defensor, será submetida à apreciação do Juiz.

§ 4º Acolhendo a proposta do Ministério Público aceita pelo autor da infração, o Juiz aplicará a pena restritiva de direitos ou multa, que não importará em reincidência, sendo registrada apenas para impedir novamente o mesmo benefício no prazo de cinco anos.

- Art. 87 desta Lei.
- Arts. 43 a 52, 63 e 64 do CP.
- Art. 71 do CPM.
- Arts. 147 a 155 e 164 a 170 da LEP.

§ 5º Da sentença prevista no parágrafo anterior caberá a apelação referida no artigo 82 desta Lei.

§ 6º A imposição da sanção de que trata o § 4º deste artigo não constará de certidão de antecedentes criminais, salvo para os fins previstos no mesmo dispositivo, e não terá efeitos civis, cabendo aos interessados propor ação cabível no juízo cível.

▶ Art. 91, I, do CP.
▶ Art. 202 da LEP.

SEÇÃO III
DO PROCEDIMENTO SUMARÍSSIMO

Art. 77. Na ação penal de iniciativa pública, quando não houver aplicação de pena, pela ausência do autor do fato, ou pela não ocorrência da hipótese prevista no artigo 76 desta Lei, o Ministério Público oferecerá ao Juiz, de imediato, denúncia oral, se não houver necessidade de diligências imprescindíveis.

▶ Art. 129, I e VIII, da CF.
▶ Art. 100, *caput* e § 1º, do CP.
▶ Arts. 24, 27, 41 e 47 do CPP.

§ 1º Para o oferecimento da denúncia, que será elaborada com base no termo de ocorrência referido no artigo 69 desta Lei, com dispensa do inquérito policial, prescindir-se-á do exame do corpo de delito quando a materialidade do crime estiver aferida por boletim médico ou prova equivalente.

▶ Arts. 12, 39, § 5º, 158 e 564, III, *b*, do CPP.

§ 2º Se a complexidade ou circunstâncias do caso não permitirem a formulação da denúncia, o Ministério Público poderá requerer ao Juiz o encaminhamento das peças existentes, na forma do parágrafo único do artigo 66 desta Lei.

§ 3º Na ação penal de iniciativa do ofendido poderá ser oferecida queixa oral, cabendo ao Juiz verificar se a complexidade e as circunstâncias do caso determinam a adoção das providências previstas no parágrafo único do artigo 66 desta Lei.

▶ Arts. 30, 41, 44, 45 e 48 do CPP.

Art. 78. Oferecida a denúncia ou queixa, será reduzida a termo, entregando-se cópia ao acusado, que com ela ficará citado e imediatamente cientificado da designação de dia e hora para a audiência de instrução e julgamento, da qual também tomarão ciência o Ministério Público, o ofendido, o responsável civil e seus advogados.

▶ Art. 564, III, *d* e *e*, do CPP.

§ 1º Se o acusado não estiver presente, será citado na forma dos artigos 66 e 68 desta Lei e cientificado da data da audiência de instrução e julgamento, devendo a ela trazer suas testemunhas ou apresentar requerimento para intimação, no mínimo cinco dias antes de sua realização.

▶ Arts. 202 a 225, 351, 352, 357 e 358 do CPP.
▶ Arts. 347 a 364 do CPPM.

§ 2º Não estando presentes o ofendido e o responsável civil, serão intimados nos termos do artigo 67 desta Lei para comparecerem à audiência de instrução e julgamento.

§ 3º As testemunhas arroladas serão intimadas na forma prevista no artigo 67 desta Lei.

▶ Arts. 202 a 225 do CPP.
▶ Arts. 347 a 364 do CPPM.

Art. 79. No dia e hora designados para a audiência de instrução e julgamento, se na fase preliminar não tiver havido possibilidade de tentativa de conciliação e de oferecimento de proposta pelo Ministério Público, proceder-se-á nos termos dos artigos 72, 73, 74 e 75 desta Lei.

Art. 80. Nenhum ato será adiado, determinando o Juiz, quando imprescindível, a condução coercitiva de quem deva comparecer.

▶ Arts. 206 e 260 do CPP.
▶ Art. 354 do CPPM.

Art. 81. Aberta a audiência, será dada a palavra ao defensor para responder à acusação, após o que o Juiz receberá, ou não, a denúncia ou queixa; havendo recebimento, serão ouvidas as vítimas e as testemunhas de acusação e defesa, interrogando-se a seguir o acusado, se presente, passando-se imediatamente aos debates orais e à prolação da sentença.

▶ Arts. 185 a 196, 201 a 225 e 381 a 392 do CPP.
▶ Arts. 302 a 306, 311 a 313 e 347 a 364 do CPPM.

§ 1º Todas as provas serão produzidas na audiência de instrução e julgamento, podendo o Juiz limitar ou excluir as que considerar excessivas, impertinentes ou protelatórias.

§ 1º-A. Durante a audiência, todas as partes e demais sujeitos processuais presentes no ato deverão respeitar a dignidade da vítima, sob pena de responsabilização civil, penal e administrativa, cabendo ao juiz garantir o cumprimento do disposto neste artigo, vedadas:

I – a manifestação sobre circunstâncias ou elementos alheios aos fatos objeto de apuração nos autos;

II – a utilização de linguagem, de informações ou de material que ofendam a dignidade da vítima ou de testemunhas.

▶ § 1º-A acrescido pela Lei nº 14.245, de 22-11-2021.

§ 2º De todo o ocorrido na audiência será lavrado termo, assinado pelo Juiz e pelas partes, contendo breve resumo dos fatos relevantes ocorridos em audiência e a sentença.

§ 3º A sentença, dispensado o relatório, mencionará os elementos de convicção do Juiz.

▶ Art. 93, IX, da CF.

Art. 82. Da decisão de rejeição da denúncia ou queixa e da sentença caberá apelação, que poderá ser julgada por turma composta de três Juízes em exercício no primeiro grau de jurisdição, reunidos na sede do Juizado.

▶ Art. 76, § 5º, desta Lei.
▶ Arts. 395 e 581, I, do CPP.

§ 1º A apelação será interposta no prazo de dez dias, contados da ciência da sentença pelo Ministério Público, pelo réu e seu defensor, por petição escrita, da qual constarão as razões e o pedido do recorrente.

▶ Arts. 564, III, *d* e *e*, e 593 do CPP.

§ 2º O recorrido será intimado para oferecer resposta escrita no prazo de dez dias.

▶ Art. 600 do CPP.
▶ Art. 531 do CPPM.

§ 3º As partes poderão requerer a transcrição da gravação da fita magnética a que alude o § 3º do artigo 65 desta Lei.

§ 4º As partes serão intimadas da data da sessão de julgamento pela imprensa.

▶ Arts. 370 a 372 do CPP.

§ 5º Se a sentença for confirmada pelos próprios fundamentos, a súmula do julgamento servirá de acórdão.

Art. 83. Cabem embargos de declaração quando, em sentença ou acórdão, houver obscuridade, contradição ou omissão.

▶ *Caput* com a redação dada pela Lei nº 13.105, de 16-3-2015.
▶ Art. 619 do CPP.
▶ Art. 1.066 do CPC/2015.

§ 1º Os embargos de declaração serão opostos por escrito ou oralmente, no prazo de cinco dias, contados da ciência da decisão.

§ 2º Os embargos de declaração interrompem o prazo para a interposição de recurso.

▶ § 2º com a redação dada pela Lei nº 13.105, de 16-3-2015.

§ 3º Os erros materiais podem ser corrigidos de ofício.

SEÇÃO IV
DA EXECUÇÃO

Art. 84. Aplicada exclusivamente pena de multa, seu cumprimento far-se-á mediante pagamento na Secretaria do Juizado.

Parágrafo único. Efetuado o pagamento, o Juiz declarará extinta a punibilidade, determinando que a condenação não fique constando dos registros criminais, exceto para fins de requisição judicial.

Art. 85. Não efetuado o pagamento de multa, será feita a conversão em pena privativa da liberdade, ou restritiva de direitos, nos termos previstos em lei.

▶ Art. 51 do CP.

Art. 86. A execução das penas privativas de liberdade e restritivas de direitos, ou de multa cumulada com estas, será processada perante o órgão competente, nos termos da lei.

SEÇÃO V
DAS DESPESAS PROCESSUAIS

Art. 87. Nos casos de homologação de acordo civil e aplicação de pena restritiva de direitos ou multa (arts. 74 e 76, § 4º), as despesas processuais serão reduzidas, conforme dispuser lei estadual.

SEÇÃO VI
DISPOSIÇÕES FINAIS

Art. 88. Além das hipóteses do Código Penal e da legislação especial, dependerá de representação a ação penal relativa aos crimes de lesões corporais leves e lesões culposas.

Art. 89. Nos crimes em que a pena mínima cominada for igual ou inferior a um ano, abrangidas ou não por esta Lei, o Ministério Público, ao oferecer a denúncia, poderá propor a suspensão do processo, por dois a quatro anos, desde que o acusado não esteja sendo processado ou não tenha sido condenado por outro crime, presentes os demais requisitos que autorizariam a suspensão condicional da pena (artigo 77 do Código Penal).

▶ Súmulas nºs 696 e 723 do STF.
▶ Súmulas nºs 337 e 536 do STJ.

§ 1º Aceita a proposta pelo acusado e seu defensor, na presença do Juiz, este, recebendo a denúncia, poderá suspender o processo, submetendo o acusado a período de prova, sob as seguintes condições:

I – reparação do dano, salvo impossibilidade de fazê-lo;

II – proibição de frequentar determinados lugares;

III – proibição de ausentar-se da comarca onde reside, sem autorização do Juiz;

IV – comparecimento pessoal e obrigatório a juízo, mensalmente, para informar e justificar suas atividades.

§ 2º O Juiz poderá especificar outras condições a que fica subordinada a suspensão, desde que adequadas ao fato e à situação pessoal do acusado.

§ 3º A suspensão será revogada se, no curso do prazo, o beneficiário vier a ser processado por outro crime ou não efetuar, sem motivo justificado, a reparação do dano.

§ 4º A suspensão poderá ser revogada se o acusado vier a ser processado, no curso do prazo, por contravenção, ou descumprir qualquer outra condição imposta.

§ 5º Expirado o prazo sem revogação, o Juiz declarará extinta a punibilidade.

§ 6º Não correrá a prescrição durante o prazo de suspensão do processo.

§ 7º Se o acusado não aceitar a proposta prevista neste artigo, o processo prosseguirá em seus ulteriores termos.

► Arts. 77 a 83 desta Lei.
► Art. 28 da Lei nº 9.605, de 12-2-1998 (Lei dos Crimes Ambientais).

Art. 90. As disposições desta Lei não se aplicam aos processos penais cuja instrução já estiver iniciada.

► O STF, por unanimidade de votos, julgou parcialmente procedente a ADI nº 1.719-9, dando a este artigo interpretação conforme a CF, para excluir de sua abrangência as normas de direito penal mais favoráveis aos réus contidas nesta Lei (*DJU* de 3-8-2007).
► Art. 2º do CPP.
► Art. 5º do CPPM.

Art. 90-A. As disposições desta Lei não se aplicam no âmbito da Justiça Militar.

► Artigo acrescido pela Lei nº 9.839, de 27-9-1999.
► Arts. 42, 124, 125, §§ 4º e 5º, e 142 da CF.

Art. 91. Nos casos em que esta Lei passa a exigir representação para a propositura da ação penal pública, o ofendido ou seu representante legal será intimado para oferecê-la no prazo de trinta dias, sob pena de decadência.

► Art. 103 do CP.
► Art. 38 do CPP.

Art. 92. Aplicam-se subsidiariamente as disposições dos Códigos Penal e de Processo Penal, no que não forem incompatíveis com esta Lei.

► Art. 3º do CPPM.

CAPÍTULO IV
DISPOSIÇÕES FINAIS COMUNS

Art. 93. Lei Estadual disporá sobre o Sistema de Juizados Especiais Cíveis e Criminais, sua organização, composição e competência.

Art. 94. Os serviços de cartório poderão ser prestados, e as audiências realizadas fora da sede da Comarca, em bairros ou cidades a ela pertencentes, ocupando instalações de prédios públicos, de acordo com audiências previamente anunciadas.

Art. 95. Os Estados, Distrito Federal e Territórios criarão e instalarão os Juizados Especiais no prazo de seis meses, a contar da vigência desta Lei.

Parágrafo único. No prazo de 6 (seis) meses, contado da publicação desta Lei, serão criados e instalados os Juizados Especiais Itinerantes, que deverão dirimir, prioritariamente, os conflitos existentes nas áreas rurais ou nos locais de menor concentração populacional.

► Parágrafo único acrescido pela Lei nº 12.726, de 16-10-2012.

Art. 96. Esta Lei entra em vigor no prazo de sessenta dias após a sua publicação.

Art. 97. Ficam revogadas a Lei nº 4.611, de 2 de abril de 1965 e a Lei nº 7.244, de 7 de novembro de 1984.

Brasília, 26 de setembro de 1995; 174º da Independência e 107º da República.

Fernando Henrique Cardoso

LEI Nº 9.249, DE 26 DE DEZEMBRO DE 1995

Altera a legislação do Imposto de Renda das pessoas jurídicas, bem como da Contribuição Social sobre Lucro Líquido, e dá outras providências.

(EXCERTOS)

► Publicada no *DOU* de 27-12-1995.

....

Art. 34. Extingue-se a punibilidade dos crimes definidos na Lei nº 8.137, de 27 de dezembro de 1990, e na Lei nº 4.729, de 14 de julho de 1965, quando o agente promover o pagamento do tributo ou contribuição social, inclusive acessórios, antes do recebimento da denúncia.

§§ 1º e 2º VETADOS.

Art. 35. Esta Lei entra em vigor na data de sua publicação, produzindo efeitos a partir de 1º de janeiro de 1996.

Art. 36. Ficam revogadas as disposições em contrário, especialmente:

I – o Decreto-Lei nº 1.215, de 4 de maio de 1972, observado o disposto no artigo 178 da Lei nº 5.172, de 25 de outubro de 1966;

II – os artigos 2º a 19 da Lei nº 7.799, de 10 de julho de 1989;

III – os artigos 9º e 12 da Lei nº 8.023, de 12 de abril de 1990;

IV – os artigos 43 e 44 da Lei nº 8.541, de 23 de dezembro de 1992;

V – o artigo 28 e os incisos VI, XI e XII e o parágrafo único do artigo 36, os artigos 46, 48 e 54, e o inciso II do artigo 60, todos da Lei nº 8.981, de 20 de janeiro de 1995, alterada pela Lei nº 9.065, de 20 de junho de 1995, e o artigo 10 da Lei nº 9.065, de 20 de junho de 1995.

Brasília, 26 de dezembro de 1995; 174º da Independência e 107º da República.

Fernando Henrique Cardoso

LEI Nº 9.263, DE 12 DE JANEIRO DE 1996

Regula o § 7º do art. 226 da Constituição Federal, que trata do planejamento familiar, estabelece penalidades e dá outras providências.

► Publicada no *DOU* de 15-1-1996.

CAPÍTULO I
DO PLANEJAMENTO FAMILIAR

Art. 1º O planejamento familiar é direito de todo cidadão, observado o disposto nesta Lei.

Art. 2º Para fins desta Lei, entende-se planejamento familiar como o conjunto de ações de regulação da fecundidade que garanta direitos iguais de constituição, limitação ou aumento da prole pela mulher, pelo homem ou pelo casal.

Parágrafo único. É proibida a utilização das ações a que se refere o *caput* para qualquer tipo de controle demográfico.

Art. 3º O planejamento familiar é parte integrante do conjunto de ações de atenção à mulher, ao homem ou ao casal, dentro de uma visão de atendimento global e integral à saúde.

Parágrafo único. As instâncias gestoras do Sistema Único de Saúde, em todos os seus níveis, na prestação das ações previstas no *caput*, obrigam-se a garantir, em toda a sua rede de serviços, no que respeita a atenção à mulher, ao homem ou ao casal, programa de atenção integral à saúde, em todos os seus ciclos vitais, que inclua, como atividades básicas, entre outras:

I – a assistência à concepção e contracepção;

II – o atendimento pré-natal;

III – a assistência ao parto, ao puerpério e ao neonato;

IV – o controle das doenças sexualmente transmissíveis;

V – o controle e a prevenção dos cânceres cérvico-uterino, de mama, de próstata e de pênis.

► Inciso V com a redação dada pela Lei nº 13.045, de 25-11-2014.

Art. 4º O planejamento familiar orienta-se por ações preventivas e educativas e pela garantia de acesso igualitário a informações, meios, métodos e técnicas disponíveis para a regulação da fecundidade.

Parágrafo único. O Sistema Único de Saúde promoverá o treinamento de recursos humanos, com ênfase na capacitação do pessoal técnico, visando a promoção de ações de atendimento à saúde reprodutiva.

Art. 5º É dever do Estado, através do Sistema Único de Saúde, em associação, no que couber, às instâncias componentes do sistema educacional, promover condições e recursos informativos, educacionais, técnicos e científicos que assegurem o livre exercício do planejamento familiar.

Art. 6º As ações de planejamento familiar serão exercidas pelas instituições públicas e privadas, filantrópicas ou não, nos termos desta Lei e das normas de funcionamento e mecanismos de fiscalização estabelecidos pelas instâncias gestoras do Sistema Único de Saúde.

Parágrafo único. Compete à direção nacional do Sistema Único de Saúde definir as normas gerais de planejamento familiar.

Art. 7º É permitida a participação direta ou indireta de empresas ou capitais estrangeiros nas ações e pesquisas de planejamento familiar, desde que autorizada, fiscalizada e controlada pelo órgão de direção nacional do Sistema Único de Saúde.

Art. 8º A realização de experiências com seres humanos no campo da regulação da fecundidade somente será permitida se previamente autorizada, fiscalizada e controlada pela direção nacional do Sistema Único de Saúde e atendidos os critérios estabelecidos pela Organização Mundial de Saúde.

Art. 9º Para o exercício do direito ao planejamento familiar, serão oferecidos todos os métodos e técnicas de concepção e contracepção cientificamente aceitos e que não coloquem em risco a vida e a saúde das pessoas, garantida a liberdade de opção.

§ 1º A prescrição a que se refere o *caput* só poderá ocorrer mediante avaliação e acompanhamento clínico e com informação sobre os seus riscos, vantagens, desvantagens e eficácia.

▶ Parágrafo único renumerado para § 1º pela Lei nº 14.443, de 2-9-2022.

§ 2º A disponibilização de qualquer método e técnica de contracepção dar-se-á no prazo máximo de 30 (trinta) dias.

▶ § 2º acrescido pela Lei nº 14.443, de 2-9-2022.

Art. 10. Somente é permitida a esterilização voluntária nas seguintes situações:

I – em homens e mulheres com capacidade civil plena e maiores de 21 (vinte e um) anos de idade ou, pelo menos, com 2 (dois) filhos vivos, desde que observado o prazo mínimo de 60 (sessenta) dias entre a manifestação da vontade e o ato cirúrgico, período no qual será propiciado à pessoa interessada acesso a serviço de regulação da fecundidade, inclusive aconselhamento por equipe multidisciplinar, com vistas a desencorajar a esterilização precoce;

▶ Inciso I com a redação dada pela Lei nº 14.443, de 2-9-2022.

II – risco à vida ou à saúde da mulher ou do futuro concepto, testemunhado em relatório escrito e assinado por dois médicos.

§ 1º É condição para que se realize a esterilização o registro de expressa manifestação da vontade em documento escrito e firmado, após a informação a respeito dos riscos da cirurgia, possíveis efeitos colaterais, dificuldades de sua reversão e opções de contracepção reversíveis existentes.

§ 2º A esterilização cirúrgica em mulher durante o período de parto será garantida à solicitante se observados o prazo mínimo de 60 (sessenta) dias entre a manifestação da vontade e o parto e as devidas condições médicas.

▶ § 2º com a redação dada pela Lei nº 14.443, de 2-9-2022.

§ 3º Não será considerada a manifestação de vontade, na forma do § 1º, expressa durante ocorrência de alterações na capacidade de discernimento por influência de álcool, drogas, estados emocionais alterados ou incapacidade mental temporária ou permanente.

§ 4º A esterilização cirúrgica como método contraceptivo somente será executada através da laqueadura tubária, vasectomia ou de outro método cientificamente aceito, sendo vedada através da histerectomia e ooforectomia.

§ 5º *Revogado.* Lei nº 14.443, de 2-9-2022.

§ 6º A esterilização cirúrgica em pessoas absolutamente incapazes somente poderá ocorrer mediante autorização judicial, regulamentada na forma da Lei.

▶ Art. 10 vetado, mas mantido pelo Congresso Nacional.

Art. 11. Toda esterilização cirúrgica será objeto de notificação compulsória à direção do Sistema Único de Saúde.

▶ Artigo vetado, mas mantido pelo Congresso Nacional.

Art. 12. É vedada a indução ou instigamento individual ou coletivo à prática da esterilização cirúrgica.

Art. 13. É vedada a exigência de atestado de esterilização ou de teste de gravidez para quaisquer fins.

Art. 14. Cabe à instância gestora do Sistema Único de Saúde, guardado o seu nível de competência e atribuições, cadastrar, fiscalizar e controlar as instituições e serviços que realizam ações e pesquisas na área do planejamento familiar.

Parágrafo único. Só podem ser autorizadas a realizar esterilização cirúrgica as instituições que ofereçam todas as opções de meios e métodos de contracepção reversíveis.

▶ Parágrafo único vetado, mas mantido pelo Congresso Nacional.

CAPÍTULO II
DOS CRIMES E DAS PENALIDADES

Art. 15. Realizar esterilização cirúrgica em desacordo com o estabelecido no art. 10 desta Lei.

Pena – reclusão, de dois a oito anos, e multa, se a prática não constitui crime mais grave.

Parágrafo único. A pena é aumentada de um terço se a esterilização for praticada:

I – durante os períodos de parto ou aborto, salvo o disposto no inciso II do art. 10 desta Lei.

II – com manifestação da vontade do esterilizado expressa durante a ocorrência de alterações na capacidade de discernimento por influência de álcool, drogas, estados emocionais alterados ou incapacidade mental temporária ou permanente;

III – através de histerectomia e ooforectomia;

IV – em pessoa absolutamente incapaz, sem autorização judicial;

V – através de cesária indicada para fim exclusivo de esterilização.

▶ Art. 15 vetado, mas mantido pelo Congresso Nacional.

Art. 16. Deixar o médico de notificar à autoridade sanitária as esterilizações cirúrgicas que realizar.

Pena – detenção, de seis meses a dois anos, e multa.

Art. 17. Induzir ou instigar dolosamente a prática de esterilização cirúrgica.

Pena – reclusão, de um a dois anos.

Parágrafo único. Se o crime for cometido contra a coletividade, caracteriza-se como genocídio, aplicando-se o disposto na Lei nº 2.889, de 1º de outubro de 1956.

Art. 18. Exigir atestado de esterilização para qualquer fim.

Pena – reclusão, de um a dois anos, e multa.

Art. 19. Aplica-se aos gestores e responsáveis por instituições que permitam a prática de qualquer dos atos ilícitos previstos nesta Lei o disposto no *caput* e nos §§ 1º e 2º do art. 29 do Decreto-lei nº 2.848, de 7 de dezembro de 1940 – Código Penal.

Art. 20. As instituições a que se refere o artigo anterior sofrerão as seguintes sanções, sem prejuízo das aplicáveis aos agentes do ilícito, aos coautores ou aos partícipes:

I – se particular a instituição:

a) de duzentos a trezentos e sessenta dias-multa e, se reincidente, suspensão das atividades ou descredenciamento, sem direito a qualquer indenização ou cobertura de gastos ou investimentos efetuados;

b) proibição de estabelecer contratos ou convênios com entidades públicas e de se beneficiar de créditos oriundos de instituições governamentais ou daquelas em que o Estado é acionista;

II – se pública a instituição, afastamento temporário ou definitivo dos agentes do ilícito, dos gestores e responsáveis dos cargos ou funções ocupados, sem prejuízo de outras penalidades.

Art. 21. Os agentes do ilícito e, se for o caso, as instituições a que pertençam ficam obrigados a reparar os danos morais e materiais decorrentes de esterilização não autorizada na forma desta Lei, observados, nesse caso, o disposto nos arts. 159, 1.518 e 1.521 e seu parágrafo único do Código Civil, combinados com o art. 63 do Código de Processo Penal.

CAPÍTULO III
DAS DISPOSIÇÕES FINAIS

Art. 22. Aplica-se subsidiariamente a esta Lei o disposto no Decreto-lei nº 2.848, de 7 de dezembro de 1940 – Código Penal, e, em especial, nos seus arts. 29, *caput*, e §§ 1º e 2º; 43, *caput* e incisos I, II e III ; 44, *caput* e incisos I e II e III e parágrafo único; 45, *caput* e incisos I e II; 46, *caput* e parágrafo único; 47, *caput* e incisos I, II e III; 48, *caput* e parágrafo único; 49, *caput* e §§ 1º e 2º; 50, *caput*, § 1º e alíneas e § 2º; 51, *caput* e §§ 1º e 2º; 52; 56; 129, *caput* e § 1º, incisos I, II e III, § 2º, incisos I, III e IV e § 3º.

Art. 23. O Poder Executivo regulamentará esta Lei no prazo de noventa dias, a contar da data de sua publicação.

Art. 24. Esta Lei entra em vigor na data de sua publicação.

Art. 25. Revogam-se as disposições em contrário.

Brasília, 12 de janeiro de 1996;
175º da Independência e
108º da República.

Fernando Henrique Cardoso

LEI Nº 9.265,
DE 12 DE FEVEREIRO DE 1996

Regulamenta o inciso LXXVII do art. 5º da Constituição, dispondo sobre a gratuidade dos atos necessários ao exercício da cidadania.

▶ Publicada no *DOU* de 13-2-1996.

Art. 1º São gratuitos os atos necessários ao exercício da cidadania, assim considerados:

I – os que capacitam o cidadão ao exercício da soberania popular, a que se reporta o art. 14 da Constituição;

II – aqueles referentes ao alistamento militar;

III – os pedidos de informações ao poder público, em todos os seus âmbitos, objetivando a instrução de defesa ou a denúncia de irregularidades administrativas na órbita pública;

IV – as ações de impugnação de mandato eletivo por abuso do poder econômico, corrupção ou fraude;

V – quaisquer requerimentos ou petições que visem as garantias individuais e a defesa do interesse público;

VI – o registro civil de nascimento e o assento de óbito, bem como a primeira certidão respectiva;

▸ Inciso VI acrescido pela Lei nº 9.534, de 10-12-1997.

VII – o requerimento e a emissão de documento de identificação específico, ou segunda via, para pessoa com transtorno do espectro autista.

▸ Inciso VII acrescido pela Lei nº 13.977, de 8-1-2020.

Art. 2º Esta Lei entra em vigor na data de sua publicação.

Art. 3º Revogam-se as disposições em contrário.

Art. 4º VETADO. Lei nº 9.534, de 10-12-1997.

Brasília, 12 de fevereiro de 1996;
175º da Independência e
108º da República.
Fernando Henrique Cardoso

LEI Nº 9.278, DE 10 DE MAIO DE 1996

Regula o § 3º do artigo 226 da Constituição Federal.

▸ Publicada no *DOU* de 13-5-1996.
▸ Arts. 1.723 a 1.727 do CC.
▸ Lei nº 8.971, de 29-12-1994, regula o direito dos companheiros a alimentos e à sucessão.

Art. 1º É reconhecida como entidade familiar a convivência duradoura, pública e contínua, de um homem e uma mulher, estabelecida com objetivo de constituição de família.

Art. 2º São direitos e deveres iguais dos conviventes:

I – respeito e consideração mútuos;
II – assistência moral e material recíproca;
III – guarda, sustento e educação dos filhos comuns.

Arts. 3º e 4º VETADOS.

Art. 5º Os bens móveis e imóveis adquiridos por um ou por ambos os conviventes, na constância da união estável e a título oneroso, são considerados fruto do trabalho e da colaboração comum, passando a pertencer a ambos, em condomínio e em partes iguais, salvo estipulação contrária em contrato escrito.

§ 1º Cessa a presunção do *caput* deste artigo se a aquisição patrimonial ocorrer com o produto de bens adquiridos anteriormente ao início da união.

§ 2º A administração do patrimônio comum dos conviventes compete a ambos, salvo estipulação contrária em contrato escrito.

Art. 6º VETADO.

Art. 7º Dissolvida a união estável por rescisão, a assistência material prevista nesta Lei será prestada por um dos conviventes ao que dela necessitar, a título de alimentos.

Parágrafo único. Dissolvida a união estável por morte de um dos conviventes, o sobrevivente terá direito real de habitação, enquanto viver ou não constituir nova união ou casamento, relativamente ao imóvel destinado à residência da família.

Art. 8º Os conviventes poderão, de comum acordo e a qualquer tempo, requerer a conversão da união estável em casamento, por requerimento ao Oficial do Registro Civil da Circunscrição do seu domicílio.

Art. 9º Toda a matéria relativa a união estável é de competência do juízo da Vara de Família, assegurado o segredo de justiça.

Art. 10. Esta Lei entra em vigor na data de sua publicação.

Art. 11. Revogam-se as disposições em contrário.

Brasília, 10 de maio de 1996;
175º da Independência e
108º da República.
Fernando Henrique Cardoso

LEI Nº 9.279, DE 14 DE MAIO DE 1996

Regula direitos e obrigações relativos à propriedade industrial.

▸ Publicada no *DOU* de 15-5-1996.

DISPOSIÇÕES PRELIMINARES

Art. 1º Esta Lei regula direitos e obrigações relativos à propriedade industrial.

Art. 2º A proteção dos direitos relativos à propriedade industrial, considerado o seu interesse social e o desenvolvimento tecnológico e econômico do País, efetua-se mediante:

I – concessão de patentes de invenção e de modelo de utilidade;
II – concessão de registro de desenho industrial;
III – concessão de registro de marca;
IV – repressão às falsas indicações geográficas; e
V – repressão à concorrência desleal;
VI – *concessão de registro para jogos eletrônicos.*

▸ Inciso VI acrescido pela Lei nº 14.852, de 3-5-2024.

Art. 3º Aplica-se também o disposto nesta Lei:

I – ao pedido de patente ou de registro proveniente do exterior e depositado no País por quem tenha proteção assegurada por tratado ou convenção em vigor no Brasil; e

II – aos nacionais ou pessoas domiciliadas em país que assegure aos brasileiros ou pessoas domiciliadas no Brasil a reciprocidade de direitos iguais ou equivalentes.

Art. 4º As disposições dos tratados em vigor no Brasil são aplicáveis, em igualdade de condições, às pessoas físicas e jurídicas nacionais ou domiciliadas no País.

Art. 5º Consideram-se bens móveis, para os efeitos legais, os direitos de propriedade industrial.

TÍTULO I – DAS PATENTES

CAPÍTULO I – DA TITULARIDADE

Art. 6º Ao autor de invenção ou modelo de utilidade será assegurado o direito de obter a patente que lhe garanta a propriedade, nas condições estabelecidas nesta Lei.

§ 1º Salvo prova em contrário, presume-se o requerente legitimado a obter a patente.

§ 2º A patente poderá ser requerida em nome próprio, pelos herdeiros ou sucessores do autor, pelo cessionário ou por aquele a quem a lei ou o contrato de trabalho ou de prestação de serviços determinar que pertença a titularidade.

§ 3º Quando se tratar de invenção ou de modelo de utilidade realizado conjuntamente por duas ou mais pessoas, a patente poderá ser requerida por todas ou qualquer delas, mediante nomeação e qualificação das demais, para ressalva dos respectivos direitos.

§ 4º O inventor será nomeado e qualificado, podendo requerer a não divulgação de sua nomeação.

Art. 7º Se dois ou mais autores tiverem realizado a mesma invenção ou modelo de utilidade, de forma independente, o direito de obter patente será assegurado àquele que provar o depósito mais antigo, independentemente das datas de invenção ou criação.

Parágrafo único. A retirada de depósito anterior sem produção de qualquer efeito dará prioridade ao depósito imediatamente posterior.

CAPÍTULO II – DA PATENTEABILIDADE

Seção I – DAS INVENÇÕES E DOS MODELOS DE UTILIDADE PATENTEÁVEIS

Art. 8º É patenteável a invenção que atenda aos requisitos de novidade, atividade inventiva e aplicação industrial.

Art. 9º É patenteável como modelo de utilidade o objeto de uso prático, ou parte deste, suscetível de aplicação industrial, que apresente nova forma ou disposição, envolvendo ato inventivo, que resulte em melhoria funcional no seu uso ou em sua fabricação.

Art. 10. Não se considera invenção nem modelo de utilidade:

I – descobertas, teorias científicas e métodos matemáticos;
II – concepções puramente abstratas;
III – esquemas, planos, princípios ou métodos comerciais, contábeis, financeiros, educativos, publicitários, de sorteio e de fiscalização;
IV – as obras literárias, arquitetônicas, artísticas e científicas ou qualquer criação estética;
V – programas de computador em si;
VI – apresentação de informações;
VII – regras de jogo;
VIII – técnicas e métodos operatórios ou cirúrgicos, bem como métodos terapêuticos ou de diagnóstico, para aplicação no corpo humano ou animal; e
IX – o todo ou parte de seres vivos naturais e materiais biológicos encontrados na natureza, ou ainda que dela isolados, inclusive o genoma ou germoplasma de qualquer ser vivo natural e os processos biológicos naturais.

Art. 11. A invenção e o modelo de utilidade são considerados novos quando não compreendidos no estado da técnica.

§ 1º O estado da técnica é constituído por tudo aquilo tornado acessível ao público antes da data de depósito do pedido de patente, por descrição escrita ou oral, por uso ou qualquer outro meio, no Brasil ou no exterior, ressalvado o disposto nos artigos 12, 16 e 17.

§ 2º Para fins de aferição da novidade, o conteúdo completo de pedido depositado no Brasil, e ainda não publicado, será considerado estado da técnica a partir da data de depósito, ou da prioridade reivindicada, desde que venha a ser publicado, mesmo que subsequentemente.

§ 3º O disposto no parágrafo anterior será aplicado ao pedido internacional de patente depositado segundo tratado ou convenção em vigor no Brasil, desde que haja processamento nacional.

Art. 12. Não será considerada como estado da técnica a divulgação de invenção ou modelo de utilidade, quando ocorrida durante os doze meses que precederem a data de depósito ou a da prioridade do pedido de patente, se promovida:

I – pelo inventor;

II – pelo Instituto Nacional da Propriedade Industrial – INPI, através de publicação oficial do pedido de patente depositado sem o consentimento do inventor, baseado em informações deste obtidas ou em decorrência de atos por ele realizados; ou

III – por terceiros, com base em informações obtidas direta ou indiretamente do inventor ou em decorrência de atos por este realizados.

Parágrafo único. O INPI poderá exigir do inventor declaração relativa à divulgação, acompanhada ou não de provas, nas condições estabelecidas em regulamento.

Art. 13. A invenção é dotada de atividade inventiva sempre que, para um técnico no assunto, não decorra de maneira evidente ou óbvia do estado da técnica.

Art. 14. O modelo de utilidade é dotado de ato inventivo sempre que, para um técnico no assunto, não decorra de maneira comum ou vulgar do estado da técnica.

Art. 15. A invenção e o modelo de utilidade são considerados suscetíveis de aplicação industrial quando possam ser utilizados ou produzidos em qualquer tipo de indústria.

Seção II
DA PRIORIDADE

Art. 16. Ao pedido de patente depositado em país que mantenha acordo com o Brasil, ou em organização internacional, que produza efeito de depósito nacional, será assegurado direito de prioridade, nos prazos estabelecidos no acordo, não sendo o depósito invalidado nem prejudicado por fatos ocorridos nesses prazos.

§ 1º A reivindicação de prioridade será feita no ato de depósito, podendo ser suplementada dentro de sessenta dias por outras prioridades anteriores à data do depósito no Brasil.

§ 2º A reivindicação de prioridade será comprovada por documento hábil da origem, contendo número, data, título, relatório descritivo e, se for o caso, reivindicações e desenhos, acompanhado de tradução simples da certidão de depósito ou documento equivalente, contendo dados identificadores do pedido, cujo teor será de inteira responsabilidade do depositante.

§ 3º Se não efetuada por ocasião do depósito, a comprovação deverá ocorrer em até cento e oitenta dias contados do depósito.

§ 4º Para os pedidos internacionais depositados em virtude de tratado em vigor no Brasil, a tradução prevista no § 2º deverá ser apresentada no prazo de sessenta dias contados da data da entrada no processamento nacional.

§ 5º No caso de o pedido depositado no Brasil estar fielmente contido no documento da origem, será suficiente uma declaração do depositante a este respeito para substituir a tradução simples.

§ 6º Tratando-se de prioridade obtida por cessão, o documento correspondente deverá ser apresentado dentro de cento e oitenta dias contados do depósito, ou, se for o caso, em até sessenta dias da data da entrada no processamento nacional, dispensada a legalização consular no país de origem.

§ 7º A falta de comprovação nos prazos estabelecidos neste artigo acarretará a perda da prioridade.

§ 8º Em caso de pedido depositado com reivindicação de prioridade, o requerimento para antecipação de publicação deverá ser instruído com a comprovação da prioridade.

Art. 17. O pedido de patente de invenção ou de modelo de utilidade depositado originalmente no Brasil, sem reivindicação de prioridade e não publicado, assegurará o direito de prioridade ao pedido posterior sobre a mesma matéria depositado no Brasil pelo mesmo requerente ou sucessores, dentro do prazo de um ano.

§ 1º A prioridade será admitida apenas para a matéria revelada no pedido anterior, não se estendendo a matéria nova introduzida.

§ 2º O pedido anterior ainda pendente será considerado definitivamente arquivado.

§ 3º O pedido de patente originário de divisão de pedido anterior não poderá servir de base a reivindicação de prioridade.

Seção III
DAS INVENÇÕES E DOS MODELOS DE UTILIDADE NÃO PATENTEÁVEIS

Art. 18. Não são patenteáveis:

I – o que for contrário à moral, aos bons costumes e à segurança, à ordem e à saúde públicas;

II – as substâncias, matérias, misturas, elementos ou produtos de qualquer espécie, bem como a modificação de suas propriedades físico-químicas e os respectivos processos de obtenção ou modificação, quando resultantes de transformação do núcleo atômico; e

III – o todo ou parte dos seres vivos, exceto os micro-organismos transgênicos que atendam aos três requisitos de patenteabilidade – novidade, atividade inventiva e aplicação industrial – previstos no artigo 8º e que não sejam mera descoberta.

Parágrafo único. Para os fins desta Lei, micro-organismos transgênicos são organismos, exceto o todo ou parte de plantas ou de animais, que expressem, mediante intervenção humana direta em sua composição genética, uma característica normalmente não alcançável pela espécie em condições naturais.

CAPÍTULO III
DO PEDIDO DE PATENTE

Seção I
DO DEPÓSITO DO PEDIDO

Art. 19. O pedido de patente, nas condições estabelecidas pelo INPI, conterá:

I – requerimento;

II – relatório descritivo;

III – reivindicações;

IV – desenhos, se for o caso;

V – resumo; e

VI – comprovante do pagamento da retribuição relativa ao depósito.

Art. 20. Apresentado o pedido, será ele submetido a exame formal preliminar e, se devidamente instruído, será protocolizado, considerada a data de depósito a da sua apresentação.

Art. 21. O pedido que não atender formalmente ao disposto no artigo 19, mas que contiver dados relativos ao objeto, ao depositante e ao inventor, poderá ser entregue, mediante recibo datado, ao INPI, que estabelecerá as exigências a serem cumpridas, no prazo de trinta dias, sob pena de devolução ou arquivamento da documentação.

Parágrafo único. Cumpridas as exigências, o depósito será considerado como efetuado na data do recibo.

Seção II
DAS CONDIÇÕES DO PEDIDO

Art. 22. O pedido de patente de invenção terá de se referir a uma única invenção ou a um grupo de invenções inter-relacionadas de maneira a compreenderem um único conceito inventivo.

Art. 23. O pedido de patente de modelo de utilidade terá de se referir a um único modelo principal, que poderá incluir uma pluralidade de elementos distintos, adicionais ou variantes construtivas ou configurativas, desde que mantida a unidade técnico-funcional e corporal do objeto.

Art. 24. O relatório deverá descrever clara e suficientemente o objeto, de modo a possibilitar sua realização por técnico no assunto e indicar, quando for o caso, a melhor forma de execução.

Parágrafo único. No caso de material biológico essencial à realização prática do objeto do pedido, que não possa ser descrito na forma deste artigo e que não estiver acessível ao público, o relatório será suplementado por depósito do material em instituição autorizada pelo INPI ou indicada em acordo internacional.

Art. 25. As reivindicações deverão ser fundamentadas no relatório descritivo, caracterizando as particularidades do pedido e definindo, de modo claro e preciso, a matéria objeto da proteção.

Art. 26. O pedido de patente poderá ser dividido em dois ou mais, de ofício ou a requerimento do depositante, até o final do exame, desde que o pedido dividido:

I – faça referência específica ao pedido original; e

II – não exceda à matéria revelada constante do pedido original.

Parágrafo único. O requerimento de divisão em desacordo com o disposto neste artigo será arquivado.

Art. 27. Os pedidos divididos terão a data de depósito do pedido original e o benefício de prioridade deste, se for o caso.

Art. 28. Cada pedido dividido estará sujeito a pagamento das retribuições correspondentes.

Art. 29. O pedido de patente retirado ou abandonado será obrigatoriamente publicado.

§ 1º O pedido de retirada deverá ser apresentado em até dezesseis meses, contados da data do depósito ou da prioridade mais antiga.

§ 2º A retirada de um depósito anterior sem produção de qualquer efeito dará prioridade ao depósito imediatamente posterior.

Seção III

DO PROCESSO E DO EXAME DO PEDIDO

Art. 30. O pedido de patente será mantido em sigilo durante dezoito meses contados da data de depósito ou da prioridade mais antiga, quando houver, após o que será publicado, à exceção do caso previsto no artigo 75.

§ 1º A publicação do pedido poderá ser antecipada a requerimento do depositante.

§ 2º Da publicação deverão constar dados identificadores do pedido de patente, ficando cópia do relatório descritivo, das reivindicações, do resumo e dos desenhos à disposição do público no INPI.

§ 3º No caso previsto no parágrafo único do artigo 24, o material biológico tornar-se-á acessível ao público com a publicação de que trata este artigo.

Art. 31. Publicado o pedido de patente e até o final do exame, será facultada a apresentação, pelos interessados, de documentos e informações para subsidiarem o exame.

Parágrafo único. O exame não será iniciado antes de decorridos sessenta dias da publicação do pedido.

Art. 32. Para melhor esclarecer ou definir o pedido de patente, o depositante poderá efetuar alterações até o requerimento do exame, desde que estas se limitem à matéria inicialmente revelada no pedido.

Art. 33. O exame do pedido de patente deverá ser requerido pelo depositante ou por qualquer interessado, no prazo de trinta e seis meses contados da data do depósito, sob pena do arquivamento do pedido.

Parágrafo único. O pedido de patente poderá ser desarquivado, se o depositante assim o requerer, dentro de sessenta dias contados do arquivamento, mediante pagamento de uma retribuição específica, sob pena de arquivamento definitivo.

Art. 34. Requerido o exame, deverão ser apresentados, no prazo de sessenta dias, sempre que solicitado, sob pena de arquivamento do pedido:

I – objeções, buscas de anterioridade e resultados de exame para concessão de pedido correspondente em outros países, quando houver reivindicação de prioridade;

II – documentos necessários à regularização do processo e exame do pedido; e

III – tradução simples do documento hábil referido no § 2º do artigo 16, caso esta tenha sido substituída pela declaração prevista no § 5º do mesmo artigo.

Art. 35. Por ocasião do exame técnico, será elaborado o relatório de busca e parecer relativo a:

I – patenteabilidade do pedido;

II – adaptação do pedido à natureza reivindicada;

III – reformulação do pedido ou divisão; ou

IV – exigências técnicas.

Art. 36. Quando o parecer for pela não patenteabilidade ou pelo não enquadramento do pedido na natureza reivindicada ou formular qualquer exigência, o depositante será intimado para manifestar-se no prazo de noventa dias.

§ 1º Não respondida a exigência, o pedido será definitivamente arquivado.

§ 2º Respondida a exigência, ainda que não cumprida, ou contestada sua formulação, e havendo ou não manifestação sobre a patenteabilidade ou o enquadramento, dar-se-á prosseguimento ao exame.

Art. 37. Concluído o exame, será proferida decisão, deferindo ou indeferindo o pedido de patente.

CAPÍTULO IV

DA CONCESSÃO E DA VIGÊNCIA DA PATENTE

Seção I

DA CONCESSÃO DA PATENTE

Art. 38. A patente será concedida depois de deferido o pedido, e comprovado o pagamento da retribuição correspondente, expedindo-se a respectiva carta patente.

§ 1º O pagamento da retribuição e respectiva comprovação deverão ser efetuados no prazo de sessenta dias contados do deferimento.

§ 2º A retribuição prevista neste artigo poderá ainda ser paga e comprovada dentro de trinta dias após o prazo previsto no parágrafo anterior, independentemente de notificação, mediante pagamento de retribuição específica, sob pena de arquivamento definitivo do pedido.

§ 3º Reputa-se concedida a patente na data de publicação do respectivo ato.

Art. 39. Da carta patente deverão constar o número, o título e a natureza respectivos, o nome do inventor, observado o disposto no § 4º do artigo 6º, a qualificação e o domicílio do titular, o prazo de vigência, o relatório descritivo, as reivindicações e os desenhos, bem como os dados relativos à prioridade.

Seção II

DA VIGÊNCIA DA PATENTE

Art. 40. A patente de invenção vigorará pelo prazo de vinte anos e a de modelo de utilidade pelo prazo quinze anos contados da data de depósito.

Parágrafo único. *Revogado.* Lei nº 14.195, de 26-8-2021.

CAPÍTULO V

DA PROTEÇÃO CONFERIDA PELA PATENTE

Seção I

DOS DIREITOS

Art. 41. A extensão da proteção conferida pela patente será determinada pelo teor das reivindicações, interpretado com base no relatório descritivo e nos desenhos.

Art. 42. A patente confere ao seu titular o direito de impedir terceiro, sem o seu consentimento, de produzir, usar, colocar à venda, vender ou importar com estes propósitos:

I – produto objeto de patente;

II – processo ou produto obtido diretamente por processo patenteado.

§ 1º Ao titular da patente é assegurado ainda o direito de impedir que terceiros contribuam para que outros pratiquem os atos referidos neste artigo.

§ 2º Ocorrerá violação de direito da patente de processo, a que se refere o inciso II, quando o possuidor ou proprietário não comprovar, mediante determinação judicial específica, que o seu produto foi obtido por processo de fabricação diverso daquele protegido pela patente.

Art. 43. O disposto no artigo anterior não se aplica:

I – aos atos praticados por terceiros não autorizados, em caráter privado e sem finalidade comercial, desde que não acarretem prejuízo ao interesse econômico do titular da patente;

II – aos atos praticados por terceiros não autorizados, com finalidade experimental, relacionados a estudos ou pesquisas científicas ou tecnológicas;

III – à preparação de medicamento de acordo com prescrição médica para casos individuais, executada por profissional habilitado, bem como ao medicamento assim preparado;

IV – a produto fabricado de acordo com patente de processo ou de produto que tiver sido colocado no mercado interno diretamente pelo titular da patente ou com seu consentimento;

V – a terceiros que, no caso de patentes relacionadas com matéria viva, utilizem, sem finalidade econômica, o produto patenteado como fonte inicial de variação ou propagação para obter outros produtos;

VI – a terceiros que, no caso de patentes relacionadas com matéria viva, utilizem, ponham em circulação ou comercializem um produto patenteado que haja sido introduzido licitamente no comércio pelo detentor da patente ou por detentor de licença, desde que o produto patenteado não seja utilizado para multiplicação ou propagação comercial da matéria viva em causa;

VII – aos atos praticados por terceiros não autorizados, relacionados à invenção protegida por patente, destinados exclusivamente à produção de informações, dados e resultados de testes, visando à obtenção do registro de comercialização, no Brasil ou em outro país, para a exploração e comercialização do produto objeto da patente, após a expiração dos prazos estipulados no artigo 40.

▸ Inciso VII acrescido pela Lei nº 10.196, de 14-2-2001.

Art. 44. Ao titular da patente é assegurado o direito de obter indenização pela exploração indevida de seu objeto, inclusive em relação à exploração ocorrida entre a data da publicação do pedido e a da concessão da patente.

§ 1º Se o infrator obteve, por qualquer meio, conhecimento do conteúdo do pedido depositado, anteriormente à publicação, contar-se-á o período da exploração indevida para efeito da indenização a partir da data de início da exploração.

§ 2º Quando o objeto do pedido de patente se referir a material biológico, depositado na forma do parágrafo único do art. 24, o direito à indenização será somente conferido quando o material biológico se tiver tornado acessível ao público.

§ 3º O direito de obter indenização por exploração indevida, inclusive com relação ao período anterior à concessão da patente, está limitado ao conteúdo do seu objeto, na forma do artigo 41.

Seção II

DO USUÁRIO ANTERIOR

Art. 45. À pessoa de boa-fé que, antes da data de depósito ou de prioridade de pedido de patente, explorava seu objeto no País, será assegurado o direito de continuar a exploração, sem ônus, na forma e condição anteriores.

§ 1º O direito conferido na forma deste artigo só poderá ser cedido juntamente com o negócio ou empresa, ou parte desta que tenha direta relação com a exploração do objeto da patente, por alienação ou arrendamento.

§ 2º O direito de que trata este artigo não será assegurado a pessoa que tenha tido conhecimento do objeto da patente através de divulgação na forma do artigo 12, desde que o pedido tenha sido depositado no prazo de um ano, contado da divulgação.

CAPÍTULO VI
DA NULIDADE DA PATENTE

Seção I
DAS DISPOSIÇÕES GERAIS

Art. 46. É nula a patente concedida contrariando as disposições desta Lei.

Art. 47. A nulidade poderá não incidir sobre todas as reivindicações, sendo condição para a nulidade parcial o fato de as reivindicações subsistentes constituírem matéria patenteável por si mesmas.

Art. 48. A nulidade da patente produzirá efeitos a partir da data do depósito do pedido.

Art. 49. No caso de inobservância do disposto no artigo 6º, o inventor poderá, alternativamente, reivindicar, em ação judicial, a adjudicação da patente.

Seção II
DO PROCESSO ADMINISTRATIVO DE NULIDADE

Art. 50. A nulidade da patente será declarada administrativamente quando:

I – não tiver sido atendido qualquer dos requisitos legais;

II – o relatório e as reivindicações não atenderem ao disposto nos artigos 24 e 25, respectivamente;

III – o objeto da patente se estenda além do conteúdo do pedido originalmente depositado; ou

IV – no seu processamento, tiver sido omitida qualquer das formalidades essenciais, indispensáveis à concessão.

Art. 51. O processo de nulidade poderá ser instaurado de ofício ou mediante requerimento de qualquer pessoa com legítimo interesse, no prazo de seis meses contados da concessão da patente.

Parágrafo único. O processo de nulidade prosseguirá ainda que extinta a patente.

Art. 52. O titular será intimado para se manifestar no prazo de sessenta dias.

Art. 53. Havendo ou não manifestação, decorrido o prazo fixado no artigo anterior, o INPI emitirá parecer, intimando o titular e o requerente para se manifestarem no prazo comum de sessenta dias.

Art. 54. Decorrido o prazo fixado no artigo anterior, mesmo que não apresentadas as manifestações, o processo será decidido pelo Presidente do INPI, encerrando-se a instância administrativa.

Art. 55. Aplicam-se, no que couber, aos certificados de adição, as disposições desta Seção.

Seção III
DA AÇÃO DE NULIDADE

Art. 56. A ação de nulidade poderá ser proposta a qualquer tempo da vigência da patente, pelo INPI ou por qualquer pessoa com legítimo interesse.

§ 1º A nulidade da patente poderá ser arguida, a qualquer tempo, como matéria de defesa.

§ 2º O juiz poderá, preventiva ou incidentalmente, determinar a suspensão dos efeitos da patente, atendidos os requisitos processuais próprios.

Art. 57. A ação de nulidade de patente será ajuizada no foro da Justiça Federal e o INPI, quando não for autor, intervirá no feito.

§ 1º O prazo para resposta do réu titular da patente será de sessenta dias.

§ 2º Transitada em julgado a decisão da ação de nulidade, o INPI publicará anotação, para ciência de terceiros.

CAPÍTULO VII
DA CESSÃO E DAS ANOTAÇÕES

Art. 58. O pedido de patente ou a patente, ambos de conteúdo indivisível, poderão ser cedidos, total ou parcialmente.

Art. 59. O INPI fará as seguintes anotações:

I – da cessão, fazendo constar a qualificação completa do cessionário;

II – de qualquer limitação ou ônus que recaia sobre o pedido ou a patente; e

III – das alterações de nome, sede ou endereço do depositante ou titular.

Art. 60. As anotações produzirão efeito em relação a terceiros a partir da data de sua publicação.

CAPÍTULO VIII
DAS LICENÇAS

Seção I
DA LICENÇA VOLUNTÁRIA

Art. 61. O titular de patente ou o depositante poderá celebrar contrato de licença para exploração.

Parágrafo único. O licenciado poderá ser investido pelo titular de todos os poderes para agir em defesa da patente.

Art. 62. O contrato de licença deverá ser averbado no INPI para que produza efeitos em relação a terceiros.

§ 1º A averbação produzirá efeitos em relação a terceiros a partir da data de sua publicação.

§ 2º Para efeito de validade de prova de uso, o contrato de licença não precisará estar averbado no INPI.

Art. 63. O aperfeiçoamento introduzido em patente licenciada pertence a quem o fizer, sendo assegurado à outra parte contratante o direito de preferência para seu licenciamento.

Seção II
DA OFERTA DE LICENÇA

Art. 64. O titular da patente poderá solicitar ao INPI que a coloque em oferta para fins de exploração.

§ 1º O INPI promoverá a publicação da oferta.

§ 2º Nenhum contrato de licença voluntária de caráter exclusivo será averbado no INPI sem que o titular tenha desistido da oferta.

§ 3º A patente sob licença voluntária, com caráter de exclusividade, não poderá ser objeto de oferta.

§ 4º O titular poderá, a qualquer momento, antes da expressa aceitação de seus termos pelo interessado, desistir da oferta, não se aplicando o disposto no artigo 66.

Art. 65. Na falta de acordo entre o titular e o licenciado, as partes poderão requerer ao INPI o arbitramento da remuneração.

§ 1º Para efeito deste artigo, o INPI observará o disposto no § 4º do artigo 73.

§ 2º A remuneração poderá ser revista decorrido um ano de sua fixação.

Art. 66. A patente em oferta terá sua anuidade reduzida à metade no período compreendido entre o oferecimento e a concessão da primeira licença, a qualquer título.

Art. 67. O titular da patente poderá requerer o cancelamento da licença se o licenciado não der início à exploração efetiva dentro de um ano da concessão, interromper a exploração por prazo superior a um ano, ou, ainda, se não forem obedecidas as condições para a exploração.

Seção III
DA LICENÇA COMPULSÓRIA

Art. 68. O titular ficará sujeito a ter a patente licenciada compulsoriamente se exercer os direitos dela decorrentes de forma abusiva, ou por meio dela praticar abuso de poder econômico, comprovado nos termos da lei, por decisão administrativa ou judicial.

§ 1º Ensejam, igualmente, licença compulsória:

I – a não exploração do objeto da patente no território brasileiro por falta de fabricação ou fabricação incompleta do produto, ou, ainda, a falta de uso integral do processo patenteado, ressalvados os casos de inviabilidade econômica, quando será admitida a importação; ou

II – a comercialização que não satisfizer às necessidades do mercado.

§ 2º A licença só poderá ser requerida por pessoa com legítimo interesse e que tenha capacidade técnica e econômica para realizar a exploração eficiente do objeto da patente, que deverá destinar-se, predominantemente, ao mercado interno, extinguindo-se nesse caso a excepcionalidade prevista no inciso I do parágrafo anterior.

§ 3º No caso de a licença compulsória ser concedida em razão de abuso de poder econômico, ao licenciado, que propõe fabricação local, será garantido um prazo, limitado ao estabelecido no artigo 74, para proceder à importação do objeto da licença, desde que tenha sido colocado no mercado diretamente pelo titular ou com o seu consentimento.

§ 4º No caso de importação para exploração de patente e no caso da importação prevista no parágrafo anterior, será igualmente admitida a importação por terceiros de produto fabricado de acordo com patente de processo ou de produto, desde que tenha sido colocado no mercado diretamente pelo titular ou com o seu consentimento.

§ 5º A licença compulsória de que trata o § 1º somente será requerida após decorridos três anos da concessão da patente.

Art. 69. A licença compulsória não será concedida se, à data do requerimento, o titular:

I – justificar o desuso por razões legítimas;

II – comprovar a realização de sérios e efetivos preparativos para a exploração; ou

III – justificar a falta de fabricação ou comercialização por obstáculo de ordem legal.

LEGISLAÇÃO COMPLEMENTAR

Art. 70. A licença compulsória será ainda concedida quando, cumulativamente, se verificarem as seguintes hipóteses:

I – ficar caracterizada situação de dependência de uma patente em relação a outra;

II – o objeto da patente dependente constituir substancial progresso técnico em relação à patente anterior; e

III – o titular não realizar acordo com o titular da patente dependente para exploração da patente anterior.

§ 1º Para os fins deste artigo considera-se patente dependente aquela cuja exploração depende obrigatoriamente da utilização do objeto de patente anterior.

§ 2º Para efeito deste artigo, uma patente de processo poderá ser considerada dependente de patente do produto respectivo, bem como uma patente de produto poderá ser dependente de patente de processo.

§ 3º O titular da patente licenciada na forma deste artigo terá direito a licença compulsória cruzada da patente dependente.

Art. 71. Nos casos de emergência nacional ou internacional ou de interesse público declarados em lei ou em ato do Poder Executivo federal, ou de reconhecimento de estado de calamidade pública de âmbito nacional pelo Congresso Nacional, poderá ser concedida licença compulsória, de ofício, temporária e não exclusiva, para a exploração da patente ou do pedido de patente, sem prejuízo dos direitos do respectivo titular, desde que seu titular ou seu licenciado não atenda a essa necessidade.

► *Caput* com a redação dada pela Lei nº 14.200, de 2-9-2021.

§ 1º O ato de concessão da licença estabelecerá seu prazo de vigência e a possibilidade de prorrogação.

► Parágrafo único transformado em § 1º pela Lei nº 14.200, de 2-9-2021.

§ 2º Nos casos previstos no *caput* deste artigo, o Poder Executivo federal publicará lista de patentes ou de pedidos de patente, não aplicável o prazo de sigilo previsto no art. 30 desta Lei, potencialmente úteis ao enfrentamento das situações previstas no *caput* deste artigo, no prazo de até 30 (trinta) dias após a data de publicação da declaração de emergência ou de interesse público, ou do reconhecimento de estado de calamidade pública, excluídos as patentes e os pedidos de patente que forem objetos de acordos de transferência da tecnologia de produção ou de licenciamento voluntário capazes de assegurar o atendimento da demanda interna, nos termos previstos em regulamento.

§ 3º Entes públicos, instituições de ensino e pesquisa e outras entidades representativas da sociedade e do setor produtivo deverão ser consultados no processo de elaboração da lista de patentes ou de pedidos de patente que poderão ser objeto de licença compulsória, nos termos previstos em regulamento.

§ 4º Qualquer instituição pública ou privada poderá apresentar pedido para inclusão de patente ou de pedido de patente na lista referida no § 2º deste artigo.

§ 5º A lista referida no § 2º deste artigo conterá informações e dados suficientes para permitir a análise individualizada acerca da utilidade de cada patente e pedido de patente e contemplará, pelo menos:

I – o número individualizado das patentes ou dos pedidos de patente que poderão ser objeto de licença compulsória;

II – a identificação dos respectivos titulares;

III – a especificação dos objetivos para os quais será autorizado cada licenciamento compulsório.

§ 6º A partir da lista publicada nos termos do § 2º deste artigo, o Poder Executivo realizará, no prazo de 30 (trinta) dias, prorrogável por igual período, a avaliação individualizada das invenções e modelos de utilidade listados e somente concederá a licença compulsória, de forma não exclusiva, para produtores que possuam capacidade técnica e econômica comprovada para a produção do objeto da patente ou do pedido de patente, desde que conclua pela sua utilidade no enfrentamento da situação que a fundamenta.

§ 7º Patentes ou pedidos de patente que ainda não tiverem sido objeto de licença compulsória poderão ser excluídos da lista referida no § 2º deste artigo nos casos em que a autoridade competente definida pelo Poder Executivo considerar que seus titulares assumiram compromissos objetivos capazes de assegurar o atendimento da demanda interna em condições de volume, de preço e de prazo compatíveis com as necessidades de emergência nacional ou internacional, de interesse público ou de estado de calamidade pública de âmbito nacional por meio de uma ou mais das seguintes alternativas:

I – exploração direta da patente ou do pedido de patente no País;

II – licenciamento voluntário da patente ou do pedido de patente; ou

III – contratos transparentes de venda de produto associado à patente ou ao pedido de patente.

§§ 8º a 10. VETADOS. Lei nº 14.200, de 2-9-2021.

§ 11. As instituições públicas que possuírem informações, dados e documentos relacionados com o objeto da patente ou do pedido de patente ficam obrigadas a compartilhar todos os elementos úteis à reprodução do objeto licenciado, não aplicáveis, nesse caso, as normas relativas à proteção de dados nem o disposto no inciso XIV do *caput* do art. 195 desta Lei.

§ 12. No arbitramento da remuneração do titular da patente ou do pedido de patente, serão consideradas as circunstâncias de cada caso, observados, obrigatoriamente, o valor econômico da licença concedida, a duração da licença e as estimativas de investimentos necessários para sua exploração, bem como os custos de produção e o preço de venda no mercado nacional do produto a ela associado.

§ 13. A remuneração do titular da patente ou do pedido de patente objeto de licença compulsória será fixada em 1,5% (um inteiro e cinco décimos por cento) sobre o preço líquido de venda do produto a ela associado até que seu valor venha a ser efetivamente estabelecido.

§ 14. A remuneração do titular do pedido de patente objeto de licença compulsória somente será devida caso a patente venha a ser concedida, e o pagamento, correspondente a todo o período da licença, deverá ser efetivado somente após a concessão da patente.

§ 15. A autoridade competente dará prioridade à análise dos pedidos de patente que forem objeto de licença compulsória.

§ 16. Os produtos que estiverem sujeitos ao regime de vigilância sanitária deverão observar todos os requisitos previstos na legislação sanitária e somente poderão ser comercializados após a concessão de autorização, de forma definitiva ou para uso em caráter emergencial, pela autoridade sanitária federal, nos termos previstos em regulamento.

► §§ 2º a 16 acrescidos pela Lei nº 14.200, de 2-9-2021.

§ 17. VETADO. Lei nº 14.200, de 3-9-2021.

§ 18. Independentemente da concessão de licença compulsória, o poder público dará prioridade à celebração de acordos de cooperação técnica e de contratos com o titular da patente para a aquisição da tecnologia produtiva e de seu processo de transferência.

► § 18 acrescido pela Lei nº 14.200, de 3-9-2021.

Art. 71-A. Poderá ser concedida, por razões humanitárias e nos termos de tratado internacional do qual a República Federativa do Brasil seja parte, licença compulsória de patentes de produtos destinados à exportação a países com insuficiente ou nenhuma capacidade de fabricação no setor farmacêutico para atendimento de sua população.

► Art. 71-A acrescido pela Lei nº 14.200, de 2-9-2021.

Art. 72. As licenças compulsórias serão sempre concedidas sem exclusividade, não se admitindo o sublicenciamento.

Art. 73. O pedido de licença compulsória deverá ser formulado mediante indicação das condições oferecidas ao titular da patente.

§ 1º Apresentado o pedido de licença, o titular será intimado para manifestar-se no prazo de sessenta dias, findo o qual, sem manifestação do titular, será considerada aceita a proposta nas condições oferecidas.

§ 2º O requerente de licença que invocar abuso de direitos patentários ou abuso de poder econômico deverá juntar documentação que o comprove.

§ 3º No caso de a licença compulsória ser requerida com fundamento na falta de exploração, caberá ao titular da patente comprovar a exploração.

§ 4º Havendo contestação, o INPI poderá realizar as necessárias diligências, bem como designar comissão, que poderá incluir especialistas não integrantes dos quadros da autarquia, visando arbitrar a remuneração que será paga ao titular.

§ 5º Os órgãos e entidades da administração pública direta ou indireta, federal, estadual e municipal, prestarão ao INPI as informações solicitadas com o objetivo de subsidiar o arbitramento da remuneração.

§ 6º No arbitramento da remuneração, serão consideradas as circunstâncias de cada caso, levando-se em conta, obrigatoriamente, o valor econômico da licença concedida.

§ 7º Instruído o processo, o INPI decidirá sobre a concessão e condições da licença compulsória no prazo de sessenta dias.

§ 8º O recurso da decisão que conceder a licença compulsória não terá efeito suspensivo.

Art. 74. Salvo razões legítimas, o licenciado deverá iniciar a exploração do objeto da patente no prazo de um ano da concessão da licença, admitida a interrupção por igual prazo.

§ 1º O titular poderá requerer a cassação da licença quando não cumprido o disposto neste artigo.

§ 2º O licenciado ficará investido de todos os poderes para agir em defesa da patente.

§ 3º Após a concessão da licença compulsória, somente será admitida a sua cessão quando realizada conjuntamente com a cessão, alienação ou arrendamento da parte do empreendimento que a explore.

CAPÍTULO IX
DA PATENTE DE INTERESSE DA DEFESA NACIONAL

Art. 75. O pedido de patente originário do Brasil cujo objeto interesse à defesa nacional será processado em caráter sigiloso e não estará sujeito às publicações previstas nesta Lei.

§ 1º O INPI encaminhará o pedido, de imediato, ao órgão competente do Poder Executivo para, no prazo de sessenta dias, manifestar-se sobre o caráter sigiloso. Decorrido o prazo sem a manifestação do órgão competente, o pedido será processado normalmente.

§ 2º É vedado o depósito no exterior de pedido de patente cujo objeto tenha sido considerado de interesse da defesa nacional, bem como qualquer divulgação do mesmo, salvo expressa autorização do órgão competente.

§ 3º A exploração e a cessão do pedido ou da patente de interesse da defesa nacional estão condicionadas à prévia autorização do órgão competente, assegurada indenização sempre que houver restrição dos direitos do depositante ou do titular.

▸ Dec. nº 2.553, de 16-4-1998, regulamenta este artigo.

CAPÍTULO X
DO CERTIFICADO DE ADIÇÃO DE INVENÇÃO

Art. 76. O depositante do pedido ou titular de patente de invenção poderá requerer, mediante pagamento de retribuição específica, certificado de adição para proteger aperfeiçoamento ou desenvolvimento introduzido no objeto da invenção, mesmo que destituído de atividade inventiva, desde que a matéria se inclua no mesmo conceito inventivo.

§ 1º Quando tiver ocorrido a publicação do pedido principal, o pedido de certificado de adição será imediatamente publicado.

§ 2º O exame do pedido de certificado de adição obedecerá ao disposto nos artigos 30 a 37, ressalvado o disposto no parágrafo anterior.

§ 3º O pedido de certificado de adição será indeferido se o seu objeto não apresentar o mesmo conceito inventivo.

§ 4º O depositante poderá, no prazo do recurso, requerer a transformação do pedido de certificado de adição em pedido de patente, beneficiando-se da data de depósito do pedido de certificado, mediante pagamento das retribuições cabíveis.

Art. 77. O certificado de adição é acessório da patente, tem a data final de vigência desta e acompanha-a para todos os efeitos legais.

Parágrafo único. No processo de nulidade, o titular poderá requerer que a matéria contida no certificado de adição seja analisada para se verificar a possibilidade de sua subsistência, sem prejuízo do prazo de vigência da patente.

CAPÍTULO XI
DA EXTINÇÃO DA PATENTE

Art. 78. A patente extingue-se:

I – pela expiração do prazo de vigência;
II – pela renúncia de seu titular, ressalvado o direito de terceiros;
III – pela caducidade;
IV – pela falta de pagamento da retribuição anual, nos prazos previstos no § 2º do artigo 84 e no artigo 87; e
V – pela inobservância do disposto no artigo 217.

Parágrafo único. Extinta a patente, o seu objeto cai em domínio público.

Art. 79. A renúncia só será admitida se não prejudicar direitos de terceiros.

Art. 80. Caducará a patente, de ofício ou a requerimento de qualquer pessoa com legítimo interesse, se, decorridos dois anos da concessão da primeira licença compulsória, esse prazo não tiver sido suficiente para prevenir ou sanar o abuso ou desuso, salvo motivos justificáveis.

§ 1º A patente caducará quando, na data do requerimento da caducidade ou da instauração de ofício do respectivo processo, não tiver sido iniciada a exploração.

§ 2º No processo de caducidade instaurado a requerimento, o INPI poderá prosseguir se houver desistência do requerente.

Art. 81. O titular será intimado mediante publicação para se manifestar, no prazo de sessenta dias, cabendo-lhe o ônus da prova quanto à exploração.

Art. 82. A decisão será proferida dentro de sessenta dias, contados do término do prazo mencionado no artigo anterior.

Art. 83. A decisão da caducidade produzirá efeitos a partir da data do requerimento ou da publicação da instauração de ofício do processo.

CAPÍTULO XII
DA RETRIBUIÇÃO ANUAL

Art. 84. O depositante do pedido e o titular da patente estão sujeitos ao pagamento de retribuição anual, a partir do início do terceiro ano da data do depósito.

§ 1º O pagamento antecipado da retribuição anual será regulado pelo INPI.

§ 2º O pagamento deverá ser efetuado dentro dos primeiros três meses de cada período anual, podendo, ainda, ser feito, independente de notificação, dentro dos seis meses subsequentes, mediante pagamento de retribuição adicional.

Art. 85. O disposto no artigo anterior aplica-se aos pedidos internacionais depositados em virtude de tratado em vigor no Brasil, devendo o pagamento das retribuições anuais vencidas antes da data da entrada no processamento nacional ser efetuado no prazo de três meses dessa data.

Art. 86. A falta de pagamento da retribuição anual, nos termos dos artigos 84 e 85, acarretará o arquivamento do pedido ou a extinção da patente.

CAPÍTULO XIII
DA RESTAURAÇÃO

Art. 87. O pedido de patente e a patente poderão ser restaurados, se o depositante ou o titular assim o requerer, dentro de três meses, contados da notificação do arquivamento do pedido ou da extinção da patente, mediante pagamento de retribuição específica.

CAPÍTULO XIV
DA INVENÇÃO E DO MODELO DE UTILIDADE REALIZADO POR EMPREGADO OU PRESTADOR DE SERVIÇO

▸ Dec. nº 2.553, de 16-4-1998, regulamenta este capítulo.

Art. 88. A invenção e o modelo de utilidade pertencem exclusivamente ao empregador quando decorrerem de contrato de trabalho cuja execução ocorra no Brasil e que tenha por objeto a pesquisa ou a atividade inventiva, ou resulte esta da natureza dos serviços para os quais foi o empregado contratado.

§ 1º Salvo expressa disposição contratual em contrário, a retribuição pelo trabalho a que se refere este artigo limita-se ao salário ajustado.

§ 2º Salvo prova em contrário, consideram-se desenvolvidos na vigência do contrato a invenção ou o modelo de utilidade, cuja patente seja requerida pelo empregado até um ano após a extinção do vínculo empregatício.

Art. 89. O empregador, titular da patente, poderá conceder ao empregado, autor de invento ou aperfeiçoamento, participação nos ganhos econômicos resultantes da exploração da patente, mediante negociação com o interessado ou conforme disposto em norma da empresa.

Parágrafo único. A participação referida neste artigo não se incorpora, a qualquer título, ao salário do empregado.

Art. 90. Pertencerá exclusivamente ao empregado a invenção ou o modelo de utilidade por ele desenvolvido, desde que desvinculado do contrato de trabalho e não decorrente da utilização de recursos, meios, dados, materiais, instalações ou equipamentos do empregador.

Art. 91. A propriedade de invenção ou de modelo de utilidade será comum, em partes iguais, quando resultar da contribuição pessoal do empregado e de recursos, dados, meios, materiais, instalações ou equipamentos do empregador, ressalvada expressa disposição contratual em contrário.

§ 1º Sendo mais de um empregado, a parte que lhes couber será dividida igualmente entre todos, salvo ajuste em contrário.

§ 2º É garantido ao empregador o direito exclusivo de licença de exploração e assegurada ao empregado a justa remuneração.

§ 3º A exploração do objeto da patente, na falta de acordo, deverá ser iniciada pelo empregador dentro do prazo de um ano, contado da data de sua concessão, sob pena de passar à exclusiva propriedade do empregado a titularidade da patente, ressalvadas as hipóteses de falta de exploração por razões legítimas.

§ 4º No caso de cessão, qualquer dos cotitulares, em igualdade de condições, poderá exercer o direito de preferência.

Art. 92. O disposto nos artigos anteriores aplica-se, no que couber, às relações entre o trabalhador autônomo ou o estagiário e a empresa contratante e entre empresas contratantes e contratadas.

Art. 93. Aplica-se o disposto neste Capítulo, no que couber, às entidades da Administração Pública, direta, indireta e fundacional, federal, estadual ou municipal.

Parágrafo único. Na hipótese do artigo 88, será assegurada ao inventor, na forma e condições previstas no estatuto ou regimento interno da entidade a que se refere este artigo, premiação de parcela no valor das vantagens auferidas com o pedido ou com a patente, a título de incentivo.

TÍTULO II – DOS DESENHOS INDUSTRIAIS

CAPÍTULO I – DA TITULARIDADE

Art. 94. Ao autor será assegurado o direito de obter registro de desenho industrial que lhe confira a propriedade, nas condições estabelecidas nesta Lei.

Parágrafo único. Aplicam-se ao registro de desenho industrial, no que couber, as disposições dos artigos 6º e 7º.

CAPÍTULO II – DA REGISTRABILIDADE

Seção I – DOS DESENHOS INDUSTRIAIS REGISTRÁVEIS

Art. 95. Considera-se desenho industrial a forma plástica ornamental de um objeto ou o conjunto ornamental de linhas e cores que possa ser aplicado a um produto, proporcionando resultado visual novo e original na sua configuração externa e que possa servir de tipo de fabricação industrial.

Art. 96. O desenho industrial é considerado novo quando não compreendido no estado da técnica.

§ 1º O estado da técnica é constituído por tudo aquilo tornado acessível ao público antes da data de depósito do pedido, no Brasil ou no exterior, por uso ou qualquer outro meio, ressalvado o disposto no § 3º deste artigo e no artigo 99.

§ 2º Para aferição unicamente da novidade, o conteúdo completo de pedido de patente ou de registro depositado no Brasil, e ainda não publicado, será considerado como incluído no estado da técnica a partir da data de depósito, ou da prioridade reivindicada, desde que venha a ser publicado, mesmo que subsequentemente.

§ 3º Não será considerado como incluído no estado da técnica o desenho industrial cuja divulgação tenha ocorrido durante os cento e oitenta dias que precederem a data do depósito ou a da prioridade reivindicada, se promovida nas situações previstas nos incisos I a III do artigo 12.

Art. 97. O desenho industrial é considerado original quando dele resulte uma configuração visual distintiva, em relação a outros objetos anteriores.

Parágrafo único. O resultado visual original poderá ser decorrente da combinação de elementos conhecidos.

Art. 98. Não se considera desenho industrial qualquer obra de caráter puramente artístico.

Seção II – DA PRIORIDADE

Art. 99. Aplicam-se ao pedido de registro, no que couber, as disposições do artigo 16, exceto o prazo previsto no seu § 3º, que será de noventa dias.

Seção III – DOS DESENHOS INDUSTRIAIS NÃO REGISTRÁVEIS

Art. 100. Não é registrável como desenho industrial:

I – o que for contrário à moral e aos bons costumes ou que ofenda a honra ou imagem de pessoas, ou atente contra liberdade de consciência, crença, culto religioso ou ideia e sentimentos dignos de respeito e veneração;

II – a forma necessária comum ou vulgar do objeto ou, ainda, aquela determinada essencialmente por considerações técnicas ou funcionais.

CAPÍTULO III – DO PEDIDO DE REGISTRO

Seção I – DO DEPÓSITO DO PEDIDO

Art. 101. O pedido de registro, nas condições estabelecidas pelo INPI, conterá:

I – requerimento;

II – relatório descritivo, se for o caso;

III – reivindicações, se for o caso;

IV – desenhos ou fotografias;

V – campo de aplicação do objeto; e

VI – comprovante do pagamento da retribuição relativa ao depósito.

Parágrafo único. Os documentos que integram o pedido de registro deverão ser apresentados em língua portuguesa.

Art. 102. Apresentado o pedido, será ele submetido a exame formal preliminar e, se devidamente instruído, será protocolizado, considerada a data do depósito a da sua apresentação.

Art. 103. O pedido que não atender formalmente ao disposto no artigo 101, mas que contiver dados suficientes relativos ao depositante, ao desenho industrial e ao autor, poderá ser entregue, mediante recibo datado, ao INPI, que estabelecerá as exigências a serem cumpridas, em cinco dias, sob pena de ser considerado inexistente.

Parágrafo único. Cumpridas as exigências, o depósito será considerado como efetuado na data da apresentação do pedido.

Seção II – DAS CONDIÇÕES DO PEDIDO

Art. 104. O pedido de registro de desenho industrial terá que se referir a um único objeto, permitida uma pluralidade de variações, desde que se destinem ao mesmo propósito e guardem entre si a mesma característica distintiva preponderante, limitado cada pedido ao máximo de vinte variações.

Parágrafo único. O desenho deverá representar clara e suficientemente o objeto e suas variações, se houver, de modo a possibilitar sua reprodução por técnico no assunto.

Art. 105. Se solicitado o sigilo na forma do § 1º do artigo 106, poderá o pedido ser retirado em até noventa dias contados da data do depósito.

Parágrafo único. A retirada de um depósito anterior sem produção de qualquer efeito dará prioridade ao depósito imediatamente posterior.

Seção III – DO PROCESSO E DO EXAME DO PEDIDO

Art. 106. Depositado o pedido de registro de desenho industrial e observado o disposto nos artigos 100, 101 e 104, será automaticamente publicado e simultaneamente concedido o registro, expedindo-se o respectivo certificado.

§ 1º A requerimento do depositante, por ocasião do depósito, poderá ser mantido em sigilo o pedido, pelo prazo de cento e oitenta dias contados da data do depósito, após o que será processado.

§ 2º Se o depositante se beneficiar do disposto no artigo 99, aguardar-se-á a apresentação do documento de prioridade para o processamento do pedido.

§ 3º Não atendido o disposto nos artigos 101 e 104, será formulada exigência, que deverá ser respondida em sessenta dias, sob pena de arquivamento definitivo.

§ 4º Não atendido o disposto no artigo 100, o pedido de registro será indeferido.

CAPÍTULO IV – DA CONCESSÃO E DA VIGÊNCIA DO REGISTRO

Art. 107. Do certificado deverão constar o número e o título, nome do autor – observado o disposto no § 4º do artigo 6º, o nome, a nacionalidade e o domicílio do titular, o prazo de vigência, os desenhos, os dados relativos à prioridade estrangeira, e, quando houver, relatório descritivo e reivindicações.

Art. 108. O registro vigorará pelo prazo de dez anos contados da data do depósito, prorrogável por três períodos sucessivos de cinco anos cada.

§ 1º O pedido de prorrogação deverá ser formulado durante o último ano de vigência do registro, instruído com o comprovante do pagamento da respectiva retribuição.

§ 2º Se o pedido de prorrogação não tiver sido formulado até o termo final da vigência do registro, o titular poderá fazê-lo nos cento e oitenta dias subsequentes, mediante o pagamento de retribuição adicional.

CAPÍTULO V – DA PROTEÇÃO CONFERIDA PELO REGISTRO

Art. 109. A propriedade do desenho industrial adquire-se pelo registro validamente concedido.

Parágrafo único. Aplicam-se ao registro do desenho industrial, no que couber, as disposições do artigo 42 e dos incisos I, II e IV do artigo 43.

Art. 110. À pessoa que, de boa-fé, antes da data do depósito ou da prioridade do pedido de registro explorava seu objeto no País, será assegurado o direito de continuar a exploração, sem ônus, na forma e condição anteriores.

§ 1º O direito conferido na forma deste artigo só poderá ser cedido juntamente com o negócio ou empresa, ou parte deste, que tenha direta relação com a exploração do objeto do registro, por alienação ou arrendamento.

§ 2º O direito de que trata este artigo não será assegurado a pessoa que tenha tido conhecimento do objeto do registro através de divulgação nos termos do § 3º do artigo 96, desde que o pedido tenha sido depositado no prazo de seis meses contados da divulgação.

CAPÍTULO VI
DO EXAME DE MÉRITO

Art. 111. O titular do desenho industrial poderá requerer o exame do objeto do registro, a qualquer tempo da vigência, quanto aos aspectos de novidade e de originalidade.

Parágrafo único. O INPI emitirá parecer de mérito, que, se concluir pela ausência de pelo menos um dos requisitos definidos nos artigos 95 a 98, servirá de fundamento para instauração de ofício de processo de nulidade do registro.

CAPÍTULO VII
DA NULIDADE DO REGISTRO

Seção I
DAS DISPOSIÇÕES GERAIS

Art. 112. É nulo o registro concedido em desacordo com as disposições desta Lei.

§ 1º A nulidade do registro produzirá efeitos a partir da data do depósito do pedido.

§ 2º No caso de inobservância do disposto no artigo 94, o autor poderá, alternativamente, reivindicar a adjudicação do registro.

Seção II
DO PROCESSO ADMINISTRATIVO DE NULIDADE

Art. 113. A nulidade do registro será declarada administrativamente quando tiver sido concedido com infringência dos artigos 94 a 98.

§ 1º O processo de nulidade poderá ser instaurado de ofício ou mediante requerimento de qualquer pessoa com legítimo interesse, no prazo de cinco anos contados da concessão do registro, ressalvada a hipótese prevista no parágrafo único do artigo 111.

§ 2º O requerimento ou a instauração de ofício suspenderá os efeitos da concessão do registro se apresentada ou publicada no prazo de sessenta dias da concessão.

Art. 114. O titular será intimado para se manifestar no prazo de sessenta dias contados da data da publicação.

Art. 115. Havendo ou não manifestação, decorrido o prazo fixado no artigo anterior, o INPI emitirá parecer, intimando o titular e o requerente para se manifestarem no prazo comum de sessenta dias.

Art. 116. Decorrido o prazo fixado no artigo anterior, mesmo que não apresentadas as manifestações, o processo será decidido pelo Presidente do INPI, encerrando-se a instância administrativa.

Art. 117. O processo de nulidade prosseguirá, ainda que extinto o registro.

Seção III
DA AÇÃO DE NULIDADE

Art. 118. Aplicam-se à ação de nulidade de registro de desenho industrial, no que couber, as disposições dos artigos 56 e 57.

CAPÍTULO VIII
DA EXTINÇÃO DO REGISTRO

Art. 119. O registro extingue-se:

I – pela expiração do prazo de vigência;

II – pela renúncia de seu titular, ressalvado o direito de terceiros;

III – pela falta de pagamento da retribuição prevista nos artigos 108 e 120; ou

IV – pela inobservância do disposto no artigo 217.

CAPÍTULO IX
DA RETRIBUIÇÃO QUINQUENAL

Art. 120. O titular do registro está sujeito ao pagamento de retribuição quinquenal, a partir do segundo quinquênio da data do depósito.

§ 1º O pagamento do segundo quinquênio será feito durante o quinto ano da vigência do registro.

§ 2º O pagamento dos demais quinquênios será apresentado junto com o pedido de prorrogação a que se refere o artigo 108.

§ 3º O pagamento dos quinquênios poderá ainda ser efetuado dentro dos seis meses subsequentes ao prazo estabelecido no parágrafo anterior, mediante pagamento de retribuição adicional.

CAPÍTULO X
DAS DISPOSIÇÕES FINAIS

Art. 121. As disposições dos artigos 58 a 63 aplicam-se, no que couber, à matéria de que trata o presente Título, disciplinando-se o direito do empregado ou prestador de serviços pelas disposições dos artigos 88 a 93.

TÍTULO III – DAS MARCAS

CAPÍTULO I
DA REGISTRABILIDADE

Seção I
DOS SINAIS REGISTRÁVEIS COMO MARCA

Art. 122. São suscetíveis de registro como marca os sinais distintivos visualmente perceptíveis, não compreendidos nas proibições legais.

Art. 123. Para os efeitos desta Lei, considera-se:

I – marca de produto ou serviço: aquela usada para distinguir produto ou serviço de outro idêntico, semelhante ou afim, de origem diversa;

II – marca de certificação: aquela usada para atestar a conformidade de um produto ou serviço com determinadas normas ou especificações técnicas, notadamente quanto à qualidade, natureza, material utilizado e metodologia empregada; e

III – marca coletiva: aquela usada para identificar produtos ou serviços provindos de membros de uma determinada entidade.

Seção II
DOS SINAIS NÃO REGISTRÁVEIS COMO MARCA

Art. 124. Não são registráveis como marca:

I – brasão, armas, medalha, bandeira, emblema, distintivo e monumento oficiais, públicos, nacionais, estrangeiros ou internacionais, bem como a respectiva designação, figura ou imitação;

II – letra, algarismo e data, isoladamente, salvo quando revestidos de suficiente forma distintiva;

III – expressão, figura, desenho ou qualquer outro sinal contrário à moral e aos bons costumes ou que ofenda a honra ou imagem de pessoas ou atente contra liberdade de consciência, crença, culto religioso ou ideia e sentimento dignos de respeito e veneração;

IV – designação ou sigla de entidade ou órgão público, quando não requerido o registro pela própria entidade ou órgão público;

V – reprodução ou imitação de elemento característico ou diferenciador de título de estabelecimento ou nome de empresa de terceiros, suscetível de causar confusão ou associação com estes sinais distintivos;

VI – sinal de caráter genérico, necessário, comum, vulgar ou simplesmente descritivo, quando tiver relação com o produto ou serviço a distinguir, ou aquele empregado comumente para designar uma característica do produto ou serviço, quanto à natureza, nacionalidade, peso, valor, qualidade e época de produção ou de prestação do serviço, salvo quando revestidos de suficiente forma distintiva;

VII – sinal ou expressão empregada apenas como meio de propaganda;

VIII – cores e suas denominações, salvo se dispostas ou combinadas de modo peculiar e distintivo;

IX – indicação geográfica, sua imitação suscetível de causar confusão ou sinal que possa falsamente induzir indicação geográfica;

X – sinal que induza a falsa indicação quanto à origem, procedência, natureza, qualidade ou utilidade do produto ou serviço a que a marca se destina;

XI – reprodução ou imitação de cunho oficial, regularmente adotada para garantia de padrão de qualquer gênero ou natureza;

XII – reprodução ou imitação de sinal que tenha sido registrado como marca coletiva ou de certificação por terceiro, observado o disposto no artigo 154;

XIII – nome, prêmio ou símbolo de evento esportivo, artístico, cultural, social, político, econômico ou técnico, oficial ou oficialmente reconhecido, bem como a imitação suscetível de criar confusão, salvo quando autorizados pela autoridade competente ou entidade promotora do evento;

XIV – reprodução ou imitação de título, apólice, moeda e cédula da União, dos Estados, do Distrito Federal, dos Territórios, dos Municípios, ou de país;

XV – nome civil ou sua assinatura, nome de família ou patronímico e imagem de terceiros, salvo com consentimento do titular, herdeiros ou sucessores;

XVI – pseudônimo ou apelido notoriamente conhecidos, nome artístico singular ou coletivo, salvo com consentimento do titular, herdeiros ou sucessores;

XVII – obra literária, artística ou científica, assim como os títulos que estejam protegidos pelo direito autoral e sejam suscetíveis de causar confusão ou associação, salvo com consentimento do autor ou titular;

XVIII – termo técnico usado na indústria, na ciência e na arte, que tenha relação com o produto ou serviço a distinguir;

XIX – reprodução ou imitação, no todo ou em parte, ainda que com acréscimo, de marca alheia registrada, para distinguir ou certificar produto ou serviço idêntico, semelhante ou afim, suscetível de causar confusão ou associação com marca alheia;

XX – dualidade de marcas de um só titular para o mesmo produto ou serviço, salvo quando, no caso de marcas de mesma natureza, se revestirem de suficiente forma distintiva;

XXI – a forma necessária, comum ou vulgar do produto ou de acondicionamento, ou, ainda, aquela que não possa ser dissociada de efeito técnico;

XXII – objeto que estiver protegido por registro de desenho industrial de terceiro; e

XXIII – sinal que imite ou reproduza, no todo ou em parte, marca que o requerente evidentemente não poderia desconhecer em razão de sua atividade, cujo titular seja sediado ou domiciliado em território nacional ou em país com o qual o Brasil mantenha acordo ou que assegure reciprocidade de tratamento, se a marca se destinar a distinguir produto ou serviço idêntico, semelhante ou afim, suscetível de causar confusão ou associação com aquela marca alheia.

Seção III

MARCA DE ALTO RENOME

Art. 125. À marca registrada no Brasil considerada de alto renome será assegurada proteção especial, em todos os ramos de atividade.

Seção IV

MARCA NOTORIAMENTE CONHECIDA

Art. 126. A marca notoriamente conhecida em seu ramo de atividade nos termos do artigo 6º *bis* (I), da Convenção da União de Paris para Proteção da Propriedade Industrial, goza de proteção especial, independentemente de estar previamente depositada ou registrada no Brasil.

§ 1º A proteção de que trata este artigo aplica-se também às marcas de serviço.

§ 2º O INPI poderá indeferir de ofício pedido de registro de marca que reproduza ou imite, no todo ou em parte, marca notoriamente conhecida.

CAPÍTULO II

PRIORIDADE

Art. 127. Ao pedido de registro de marca depositado em país que mantenha acordo com o Brasil ou em organização internacional, que produza efeito de depósito nacional, será assegurado direito de prioridade, nos prazos estabelecidos no acordo, não sendo o depósito invalidado nem prejudicado por fatos ocorridos nesses prazos.

§ 1º A reivindicação da prioridade será feita no ato de depósito, podendo ser suplementada dentro de sessenta dias, por outras prioridades anteriores à data do depósito no Brasil.

§ 2º A reivindicação da prioridade será comprovada por documento hábil da origem, contendo o número, a data e a reprodução do pedido ou do registro, acompanhado de tradução simples, cujo teor será de inteira responsabilidade do depositante.

§ 3º Se não efetuada por ocasião do depósito, a comprovação deverá ocorrer em até quatro meses, contados do depósito, sob pena de perda da prioridade.

§ 4º Tratando-se de prioridade obtida por cessão, o documento correspondente deverá ser apresentado junto com o próprio documento de prioridade.

CAPÍTULO III

DOS REQUERENTES DE REGISTRO

Art. 128. Podem requerer registro de marca as pessoas físicas ou jurídicas de direito público ou de direito privado.

§ 1º As pessoas de direito privado só podem requerer registro de marca relativo à atividade que exerçam efetiva e licitamente, de modo direto ou através de empresas que controlem direta ou indiretamente, declarando, no próprio requerimento, esta condição, sob as penas da lei.

§ 2º O registro de marca coletiva só poderá ser requerido por pessoa jurídica representativa de coletividade, a qual poderá exercer atividade distinta da de seus membros.

§ 3º O registro da marca de certificação só poderá ser requerido por pessoa sem interesse comercial ou industrial direto no produto ou serviço atestado.

§ 4º A reivindicação de prioridade não isenta o pedido da aplicação dos dispositivos constantes deste Título.

CAPÍTULO IV

DOS DIREITOS SOBRE A MARCA

Seção I

AQUISIÇÃO

Art. 129. A propriedade da marca adquire-se pelo registro validamente expedido, conforme as disposições desta Lei, sendo assegurado ao titular seu uso exclusivo em todo o território nacional, observado quanto às marcas coletivas e de certificação o disposto nos artigos 147 e 148.

§ 1º Toda pessoa que, de boa-fé, na data da prioridade ou depósito, usava no País, há pelo menos seis meses, marca idêntica ou semelhante, para distinguir ou certificar produto ou serviço idêntico, semelhante ou afim, terá direito de precedência ao registro.

§ 2º O direito de precedência somente poderá ser cedido juntamente com o negócio da empresa, ou parte deste, que tenha direta relação com o uso da marca, por alienação ou arrendamento.

Seção II

DA PROTEÇÃO CONFERIDA PELO REGISTRO

Art. 130. Ao titular da marca ou ao depositante é ainda assegurado o direito de:

I – ceder seu registro ou pedido de registro;

II – licenciar seu uso;

III – zelar pela sua integridade material ou reputação.

Art. 131. A proteção de que trata esta Lei abrange o uso da marca em papéis, impressos, propaganda e documentos relativos à atividade do titular.

Art. 132. O titular da marca não poderá:

I – impedir que comerciantes ou distribuidores utilizem sinais distintivos que lhes são próprios, juntamente com a marca do produto, na sua promoção e comercialização;

II – impedir que fabricantes de acessórios utilizem a marca para indicar a destinação do produto, desde que obedecidas as práticas leais de concorrência;

III – impedir a livre circulação de produto colocado no mercado interno, por si ou por outrem com seu consentimento, ressalvado o disposto nos §§ 3º e 4º do artigo 68; e

IV – impedir a citação da marca em discurso, obra científica ou literária ou qualquer outra publicação, desde que sem conotação comercial e sem prejuízo para seu caráter distintivo.

CAPÍTULO V

DA VIGÊNCIA, DA CESSÃO E DAS ANOTAÇÕES

Seção I

DA VIGÊNCIA

Art. 133. O registro da marca vigorará pelo prazo de dez anos, contados da data da concessão do registro, prorrogável por períodos iguais e sucessivos.

§ 1º O pedido de prorrogação deverá ser formulado durante o último ano de vigência do registro, instruído com o comprovante do pagamento da respectiva retribuição.

§ 2º Se o pedido de prorrogação não tiver sido efetuado até o termo final da vigência do registro, o titular poderá fazê-lo nos seis meses subsequentes, mediante o pagamento de retribuição adicional.

§ 3º A prorrogação não será concedida se não atendido o disposto no artigo 128.

Seção II

DA CESSÃO

Art. 134. O pedido de registro e o registro poderão ser cedidos, desde que o cessionário atenda aos requisitos legais para requerer tal registro.

Art. 135. A cessão deverá compreender todos os registros ou pedidos, em nome do cedente, de marcas iguais ou semelhantes, relativas a produto ou serviço idêntico, semelhante ou afim, sob pena de cancelamento dos registros ou arquivamento dos pedidos não cedidos.

Seção III

DAS ANOTAÇÕES

Art. 136. O INPI fará as seguintes anotações:

I – da cessão, fazendo constar a qualificação completa do cessionário;

II – de qualquer limitação ou ônus que recaia sobre o pedido ou registro; e

III – das alterações de nome, sede ou endereço do depositante ou titular.

Art. 137. As anotações produzirão efeitos em relação a terceiros a partir da data de sua publicação.

Art. 138. Cabe recurso da decisão que:

I – indeferir anotação de cessão;

II – cancelar o registro ou arquivar o pedido, nos termos do artigo 135.

Seção IV

DA LICENÇA DE USO

Art. 139. O titular de registro ou o depositante de pedido de registro poderá celebrar contrato de licença para uso da marca, sem prejuízo de seu direito de exercer controle efetivo sobre as especificações, natureza e qualidade dos respectivos produtos ou serviços.

Parágrafo único. O licenciado poderá ser investido pelo titular de todos os poderes para agir em defesa da marca, sem prejuízo dos seus próprios direitos.

Art. 140. O contrato de licença deverá ser averbado no INPI para que produza efeitos em relação a terceiros.

§ 1º A averbação produzirá efeitos em relação a terceiros a partir da data de sua publicação.

§ 2º Para efeito de validade de prova de uso, o contrato de licença não precisará estar averbado no INPI.

Art. 141. Da decisão que indeferir a averbação do contrato de licença cabe recurso.

CAPÍTULO VI
DA PERDA DOS DIREITOS

Art. 142. O registro da marca extingue-se:

I – pela expiração do prazo de vigência;

II – pela renúncia, que poderá ser total ou parcial em relação aos produtos ou serviços assinalados pela marca;

III – pela caducidade; ou

IV – pela inobservância do disposto no artigo 217.

Art. 143. Caducará o registro, a requerimento de qualquer pessoa com legítimo interesse se, decorridos cinco anos da sua concessão, na data do requerimento:

I – o uso da marca não tiver sido iniciado no Brasil; ou

II – o uso da marca tiver sido interrompido por mais de cinco anos consecutivos, ou se, no mesmo prazo, a marca tiver sido usada com modificação que implique alteração de seu caráter distintivo original, tal como constante do certificado de registro.

§ 1º Não ocorrerá caducidade se o titular justificar o desuso da marca por razões legítimas.

§ 2º O titular será intimado para se manifestar no prazo de sessenta dias, cabendo-lhe o ônus de provar o uso da marca ou justificar seu desuso por razões legítimas.

Art. 144. O uso da marca deverá compreender produtos ou serviços constantes do certificado, sob pena de caducar parcialmente o registro em relação aos não semelhantes ou afins daqueles para os quais a marca foi comprovadamente usada.

Art. 145. Não se conhecerá do requerimento de caducidade se o uso da marca tiver sido comprovado ou justificado seu desuso em processo anterior, requerido há menos de cinco anos.

Art. 146. Da decisão que declarar ou denegar a caducidade caberá recurso.

CAPÍTULO VII
DAS MARCAS COLETIVAS E DE CERTIFICAÇÃO

Art. 147. O pedido de registro de marca coletiva conterá regulamento de utilização, dispondo sobre condições e proibições de uso da marca.

Parágrafo único. O regulamento de utilização, quando não acompanhar o pedido, deverá ser protocolizado no prazo de sessenta dias do depósito, sob pena de arquivamento definitivo do pedido.

Art. 148. O pedido de registro da marca de certificação conterá:

I – as características do produto ou serviço objeto de certificação; e

II – as medidas de controle que serão adotadas pelo titular.

Parágrafo único. A documentação prevista nos incisos I e II deste artigo, quando não acompanhar o pedido, deverá ser protocolizada no prazo de sessenta dias, sob pena de arquivamento definitivo do pedido.

Art. 149. Qualquer alteração no regulamento de utilização deverá ser comunicada ao INPI, mediante petição protocolizada, contendo todas as condições alteradas, sob pena de não ser considerada.

Art. 150. O uso da marca independe de licença, bastando sua autorização no regulamento de utilização.

Art. 151. Além das causas de extinção estabelecidas no artigo 142, o registro da marca coletiva e de certificação extingue-se quando:

I – a entidade deixar de existir; ou

II – a marca for utilizada em condições outras que não aquelas previstas no regulamento de utilização.

Art. 152. Só será admitida a renúncia ao registro de marca coletiva quando requerida nos termos do contrato social ou estatuto da própria entidade, ou, ainda, conforme o regulamento de utilização.

Art. 153. A caducidade do registro será declarada se a marca coletiva não for usada por mais de uma pessoa autorizada, observado o disposto nos artigos 143 a 146.

Art. 154. A marca coletiva e a de certificação que já tenham sido usadas e cujos registros tenham sido extintos não poderão ser registradas em nome de terceiro, antes de expirado o prazo de cinco anos, contados da extinção do registro.

CAPÍTULO VIII
DO DEPÓSITO

Art. 155. O pedido deverá referir-se a um único sinal distintivo e, nas condições estabelecidas pelo INPI, conterá:

I – requerimento;

II – etiquetas, quando for o caso; e

III – comprovante do pagamento da retribuição relativa ao depósito.

Parágrafo único. O requerimento e qualquer documento que o acompanhe deverão ser apresentados em língua portuguesa e, quando houver documento em língua estrangeira, sua tradução simples deverá ser apresentada no ato do depósito ou dentro dos sessenta dias subsequentes, sob pena de não ser considerado o documento.

Art. 156. Apresentado o pedido, será ele submetido a exame formal preliminar e, se devidamente instruído, será protocolizado, considerada a data de depósito a da sua apresentação.

Art. 157. O pedido que não atender formalmente ao disposto no artigo 155, mas que contiver dados suficientes relativos ao depositante, sinal marcário e classe, poderá ser entregue, mediante recibo datado, ao INPI, que estabelecerá as exigências a serem cumpridas pelo depositante, em cinco dias, sob pena de ser considerado inexistente.

Parágrafo único. Cumpridas as exigências, o depósito será considerado como efetuado na data da apresentação do pedido.

CAPÍTULO IX
DO EXAME

Art. 158. Protocolizado, o pedido será publicado para apresentação de oposição no prazo de sessenta dias.

§ 1º O depositante será intimado da oposição, podendo se manifestar no prazo de sessenta dias.

§ 2º Não se conhecerá da oposição, nulidade administrativa ou de ação de nulidade se, fundamentada no inciso XXIII do artigo 124 ou no artigo 126, não se comprovar, no prazo de sessenta dias após a interposição, o depósito do pedido de registro da marca na forma desta Lei.

Art. 159. Decorrido o prazo de oposição ou, se interposta esta, findo o prazo de manifestação, será feito o exame, durante o qual poderão ser formuladas exigências, que deverão ser respondidas no prazo de sessenta dias.

§ 1º Não respondida a exigência, o pedido será definitivamente arquivado.

§ 2º Respondida a exigência, ainda que não cumprida, ou contestada a sua formulação, dar-se-á prosseguimento ao exame.

Art. 160. Concluído o exame, será proferida decisão, deferindo ou indeferindo o pedido de registro.

CAPÍTULO X
DA EXPEDIÇÃO DO CERTIFICADO DE REGISTRO

Art. 161. O certificado de registro será concedido depois de deferido o pedido e comprovado o pagamento das retribuições correspondentes.

Art. 162. O pagamento das retribuições, e sua comprovação, relativas à expedição do certificado de registro e ao primeiro decênio de sua vigência, deverão ser efetuados no prazo de sessenta dias contados do deferimento.

Parágrafo único. A retribuição poderá ainda ser paga e comprovada dentro de trinta dias após o prazo previsto neste artigo, independentemente de notificação, mediante o pagamento de retribuição específica, sob pena de arquivamento definitivo do pedido.

Art. 163. Reputa-se concedido o certificado de registro na data da publicação do respectivo ato.

Art. 164. Do certificado deverão constar a marca, o número e data do registro, nome, nacionalidade e domicílio do titular, os produtos ou serviços, as características do registro e a prioridade estrangeira.

CAPÍTULO XI
DA NULIDADE DO REGISTRO

Seção I
DISPOSIÇÕES GERAIS

Art. 165. É nulo o registro que for concedido em desacordo com as disposições desta Lei.

Parágrafo único. A nulidade do registro poderá ser total ou parcial, sendo condição para a nulidade parcial o fato de a parte subsistente poder ser considerada registrável.

Art. 166. O titular de uma marca registrada em país signatário da Convenção da União de Paris para Proteção da Propriedade Industrial poderá, alternativamente, reivindicar, através de ação judicial, a adjudicação do registro, nos termos previstos no artigo 6º *septies* (1) daquela Convenção.

Art. 167. A declaração de nulidade produzirá efeito a partir da data do depósito do pedido.

Seção II
DO PROCESSO ADMINISTRATIVO DE NULIDADE

Art. 168. A nulidade do registro será declarada administrativamente quando tiver sido concedida com infringência do disposto nesta Lei.

Art. 169. O processo de nulidade poderá ser instaurado de ofício ou mediante requerimento de qualquer pessoa com legítimo interesse, no prazo de cento e oitenta dias contados da data da expedição do certificado de registro.

Art. 170. O titular será intimado para se manifestar no prazo de sessenta dias.

Art. 171. Decorrido o prazo fixado no artigo anterior, mesmo que não apresentada a manifestação, o processo será decidido pelo Presidente do INPI, encerrando-se a instância administrativa.

Art. 172. O processo de nulidade prosseguirá ainda que extinto o registro.

Seção III

DA AÇÃO DE NULIDADE

Art. 173. A ação de nulidade poderá ser proposta pelo INPI ou por qualquer pessoa com legítimo interesse.

Parágrafo único. O juiz poderá, nos autos da ação de nulidade, determinar liminarmente a suspensão dos efeitos do registro e do uso da marca, atendidos os requisitos processuais próprios.

Art. 174. Prescreve em cinco anos a ação para declarar a nulidade do registro, contados da data da sua concessão.

Art. 175. A ação de nulidade do registro será ajuizada no foro da justiça federal e o INPI, quando não for autor, intervirá no feito.

§ 1º O prazo para resposta do réu titular do registro será de sessenta dias.

§ 2º Transitada em julgado a decisão da ação de nulidade, o INPI publicará anotação, para ciência de terceiros.

TÍTULO IV – DAS INDICAÇÕES GEOGRÁFICAS

Art. 176. Constitui indicação geográfica a indicação de procedência ou a denominação de origem.

Art. 177. Considera-se indicação de procedência o nome geográfico de país, cidade, região ou localidade de seu território, que se tenha tornado conhecido como centro de extração, produção ou fabricação de determinado produto ou de prestação de determinado serviço.

Art. 178. Considera-se denominação de origem o nome geográfico de país, cidade, região ou localidade de seu território, que designe produto ou serviço cujas qualidades ou características se devam exclusiva ou essencialmente ao meio geográfico, incluídos fatores naturais e humanos.

Art. 179. A proteção estender-se-á à representação gráfica ou figurativa da indicação geográfica, bem como à representação geográfica de país, cidade, região ou localidade de seu território cujo nome seja indicação geográfica.

Art. 180. Quando o nome geográfico se houver tornado de uso comum, designando produto ou serviço, não será considerado indicação geográfica.

Art. 181. O nome geográfico que não constitua indicação de procedência ou denominação de origem poderá servir de elemento característico de marca para produto ou serviço, desde que não induza falsa procedência.

Art. 182. O uso da indicação geográfica é restrito aos produtores e prestadores de serviço estabelecidos no local, exigindo-se, ainda, em relação às denominações de origem, o atendimento de requisitos de qualidade.

Parágrafo único. O INPI estabelecerá as condições de registro das indicações geográficas.

TÍTULO V – DOS CRIMES CONTRA A PROPRIEDADE INDUSTRIAL

CAPÍTULO I

DOS CRIMES CONTRA AS PATENTES

Art. 183. Comete crime contra patente de invenção ou de modelo de utilidade quem:

I – fabrica produto que seja objeto de patente de invenção ou de modelo de utilidade, sem autorização do titular; ou

II – usa meio ou processo que seja objeto de patente de invenção, sem autorização do titular.

Pena – detenção, de três meses a um ano, ou multa.

Art. 184. Comete crime contra patente de invenção ou de modelo de utilidade quem:

I – exporta, vende, expõe ou oferece à venda, tem em estoque, oculta ou recebe, para utilização com fins econômicos, produto fabricado com violação de patente de invenção ou de modelo de utilidade, ou obtido por meio ou processo patenteado; ou

II – importa produto que seja objeto de patente de invenção ou de modelo de utilidade ou obtido por meio ou processo patenteado no País, para os fins previstos no inciso anterior, e que não tenha sido colocado no mercado externo diretamente pelo titular da patente ou com seu consentimento.

Pena – detenção, de um a três meses, ou multa.

Art. 185. Fornecer componente de um produto patenteado, ou material ou equipamento para realizar um processo patenteado, desde que a aplicação final do componente, material ou equipamento induza, necessariamente, à exploração do objeto da patente.

Pena – detenção, de um a três meses, ou multa.

Art. 186. Os crimes deste Capítulo caracterizam-se ainda que a violação não atinja todas as reivindicações da patente ou se restrinja à utilização de meios equivalentes ao objeto da patente.

CAPÍTULO II

DOS CRIMES CONTRA OS DESENHOS INDUSTRIAIS

Art. 187. Fabricar, sem autorização do titular, produto que incorpore desenho industrial registrado, ou imitação substancial que possa induzir em erro ou confusão.

Pena – detenção, de três meses a um ano, ou multa.

Art. 188. Comete crime contra registro de desenho industrial quem:

I – exporta, vende, expõe ou oferece à venda, tem em estoque, oculta ou recebe, para utilização com fins econômicos, objeto que incorpore ilicitamente desenho industrial registrado, ou imitação substancial que possa induzir em erro ou confusão; ou

II – importa produto que incorpore desenho industrial registrado no País, ou imitação substancial que possa induzir em erro ou confusão, para os fins previstos no inciso anterior, e que não tenha sido colocado no mercado externo diretamente pelo titular ou com seu consentimento.

Pena – detenção, de um a três meses, ou multa.

CAPÍTULO III

DOS CRIMES CONTRA AS MARCAS

Art. 189. Comete crime contra registro de marca quem:

I – reproduz, sem autorização do titular, no todo ou em parte, marca registrada, ou imita-a de modo que possa induzir confusão; ou

II – altera marca registrada de outrem já aposta em produto colocado no mercado.

Pena – detenção, de três meses a um ano, ou multa.

Art. 190. Comete crime contra registro de marca quem importa, exporta, vende, oferece ou expõe à venda, oculta ou tem em estoque:

I – produto assinalado com marca ilicitamente reproduzida ou imitada, de outrem, no todo ou em parte; ou

II – produto de sua indústria ou comércio, contido em vasilhame, recipiente ou embalagem que contenha marca legítima de outrem.

Pena – detenção, de um a três meses, ou multa.

CAPÍTULO IV

DOS CRIMES COMETIDOS POR MEIO DE MARCA, TÍTULO DE ESTABELECIMENTO E SINAL DE PROPAGANDA

Art. 191. Reproduzir ou imitar, de modo que possa induzir em erro ou confusão, armas, brasões ou distintivos oficiais nacionais, estrangeiros ou internacionais, sem a necessária autorização, no todo ou em parte, em marca, título de estabelecimento, nome comercial, insígnia ou sinal de propaganda, ou usar essas reproduções ou imitações com fins econômicos.

Pena – detenção, de um a três meses, ou multa.

Parágrafo único. Incorre na mesma pena quem vende ou expõe ou oferece à venda produtos assinalados com essas marcas.

CAPÍTULO V

DOS CRIMES CONTRA INDICAÇÕES GEOGRÁFICAS E DEMAIS INDICAÇÕES

Art. 192. Fabricar, importar, exportar, vender, expor ou oferecer à venda ou ter em estoque produto que apresente falsa indicação geográfica.

Pena – detenção, de um a três meses, ou multa.

Art. 193. Usar, em produto, recipiente, invólucro, cinta, rótulo, fatura, circular, cartaz ou em outro meio de divulgação ou propaganda, termos retificativos, tais como "tipo", "espécie", "gênero", "sistema", "semelhante", "sucedâneo", "idêntico", ou equivalente, não ressalvando a verdadeira procedência do produto.

Pena – detenção, de um a três meses, ou multa.

Art. 194. Usar marca, nome comercial, título de estabelecimento, insígnia, expressão ou sinal de propaganda ou qualquer outra forma que indique procedência que não a verdadeira, ou vender ou expor à venda produto com esses sinais.

Pena – detenção, de um a três meses, ou multa.

CAPÍTULO VI
DOS CRIMES DE CONCORRÊNCIA DESLEAL

Art. 195. Comete crime de concorrência desleal quem:

I – publica, por qualquer meio, falsa afirmação, em detrimento de concorrente, com o fim de obter vantagem;

II – presta ou divulga, acerca de concorrente, falsa informação, com o fim de obter vantagem;

III – emprega meio fraudulento, para desviar, em proveito próprio ou alheio, clientela de outrem;

IV – usa expressão ou sinal de propaganda alheios, ou os imita, de modo a criar confusão entre os produtos ou estabelecimentos;

V – usa, indevidamente, nome comercial, título de estabelecimento ou insígnia alheios ou vende, expõe ou oferece à venda ou tem em estoque produto com essas referências;

VI – substitui, pelo seu próprio nome ou razão social, em produto de outrem, o nome ou razão social deste, sem o seu consentimento;

VII – atribui-se, como meio de propaganda, recompensa ou distinção que não obteve;

VIII – vende ou expõe ou oferece à venda, em recipiente ou invólucro de outrem, produto adulterado ou falsificado, ou dele se utiliza para negociar com produto da mesma espécie, embora não adulterado ou falsificado, se o fato não constitui crime mais grave;

IX – dá ou promete dinheiro ou outra utilidade a empregado de concorrente, para que o empregado, faltando ao dever do emprego, lhe proporcione vantagem;

X – recebe dinheiro ou outra utilidade, ou aceita promessa de paga ou recompensa, para, faltando ao dever de empregado, proporcionar vantagem a concorrente do empregador;

XI – divulga, explora ou utiliza-se, sem autorização, de conhecimentos, informações ou dados confidenciais, utilizáveis na indústria, comércio ou prestação de serviços, excluídos aqueles que sejam de conhecimento público ou que sejam evidentes para um técnico no assunto, a que teve acesso mediante relação contratual ou empregatícia, mesmo após o término do contrato;

XII – divulga, explora ou utiliza-se, sem autorização, de conhecimentos ou informações a que se refere o inciso anterior, obtidos por meios ilícitos ou a que teve acesso mediante fraude; ou

XIII – vende, expõe ou oferece à venda produto, declarando ser objeto de patente depositada, ou concedida, ou de desenho industrial registrado, que não o seja, ou menciona-o, em anúncio ou papel comercial, como depositado ou patenteado, ou registrado, sem o ser;

XIV – divulga, explora ou utiliza-se, sem autorização, de resultados de testes ou outros dados não divulgados, cuja elaboração envolva esforço considerável e que tenham sido apresentados a entidades governamentais como condição para aprovar a comercialização de produtos.

Pena – detenção, de três meses a um ano, ou multa.

§ 1º Inclui-se nas hipóteses a que se referem os incisos XI e XII o empregador, sócio ou administrador da empresa, que incorrer nas tipificações estabelecidas nos mencionados dispositivos.

§ 2º O disposto no inciso XIV não se aplica quanto à divulgação por órgão governamental competente para autorizar a comercialização de produto, quando necessário para proteger o público.

CAPÍTULO VII
DAS DISPOSIÇÕES GERAIS

Art. 196. As penas de detenção previstas nos Capítulos I, II e III deste Título serão aumentadas de um terço à metade se:

I – o agente é ou foi representante, mandatário, preposto, sócio ou empregado do titular da patente ou do registro, ou, ainda, do seu licenciado; ou

II – a marca alterada, reproduzida ou imitada for de alto renome, notoriamente conhecida, de certificação ou coletiva.

Art. 197. As penas de multa previstas neste Título serão fixadas, no mínimo, em dez e, no máximo, em trezentos e sessenta dias-multa, de acordo com a sistemática do Código Penal.

Parágrafo único. A multa poderá ser aumentada ou reduzida, em até dez vezes, em face das condições pessoais do agente e da magnitude da vantagem auferida, independentemente da norma estabelecida no artigo anterior.

Art. 198. Poderão ser apreendidos, de ofício ou a requerimento do interessado, pelas autoridades alfandegárias, no ato de conferência, os produtos assinalados com marcas falsificadas, alteradas ou imitadas ou que apresentem falsa indicação de procedência.

Art. 199. Nos crimes previstos neste Título somente se procede mediante queixa, salvo quanto ao crime do artigo 191, em que a ação penal será pública.

Art. 200. A ação penal e as diligências preliminares de busca e apreensão, nos crimes contra a propriedade industrial, regulam-se pelo disposto no Código de Processo Penal, com as modificações constantes dos artigos deste Capítulo.

Art. 201. Na diligência de busca e apreensão, em crime contra patente que tenha por objeto a invenção de processo, o oficial do juízo será acompanhado por perito, que verificará, preliminarmente, a existência do ilícito, podendo o juiz ordenar a apreensão de produtos obtidos pelo contrafator com o emprego do processo patenteado.

Art. 202. Além das diligências preliminares de busca e apreensão, o interessado poderá requerer:

I – apreensão de marca falsificada, alterada ou imitada onde for preparada ou onde quer que seja encontrada, antes de utilizada para fins criminosos; ou

II – destruição de marca falsificada nos volumes ou produtos que a contiverem, antes de serem distribuídos, ainda que fiquem destruídos os envoltórios ou os próprios produtos.

Art. 203. Tratando-se de estabelecimentos industriais ou comerciais legalmente organizados e que estejam funcionando publicamente, as diligências preliminares limitar-se-ão à vistoria e apreensão dos produtos, quando ordenadas pelo juiz, não podendo ser paralisada a sua atividade licitamente exercida.

Art. 204. Realizada a diligência de busca e apreensão, responderá por perdas e danos a parte que a tiver requerido de má-fé, por espírito de emulação, mero capricho ou erro grosseiro.

Art. 205. Poderá constituir matéria de defesa na ação penal a alegação de nulidade da patente ou registro em que a ação se fundar. A absolvição do réu, entretanto, não importará a nulidade da patente ou do registro, que só poderá ser demandada pela ação competente.

Art. 206. Na hipótese de serem reveladas, em juízo, para a defesa dos interesses de qualquer das partes, informações que se caracterizem como confidenciais, sejam segredo de indústria ou de comércio, deverá o juiz determinar que o processo prossiga em segredo de justiça, vedado o uso de tais informações também à outra parte para outras finalidades.

Art. 207. Independentemente da ação criminal, o prejudicado poderá intentar as ações cíveis que considerar cabíveis na forma do Código de Processo Civil.

Art. 208. A indenização será determinada pelos benefícios que o prejudicado teria auferido se a violação não tivesse ocorrido.

Art. 209. Fica ressalvado ao prejudicado o direito de haver perdas e danos em ressarcimento de prejuízos causados por atos de violação de direitos de propriedade industrial e atos de concorrência desleal não previstos nesta Lei, tendentes a prejudicar a reputação ou os negócios alheios, a criar confusão entre estabelecimentos comerciais, industriais ou prestadores de serviço, ou entre os produtos e serviços postos no comércio.

§ 1º Poderá o juiz, nos autos da própria ação, para evitar dano irreparável ou de difícil reparação, determinar liminarmente a sustação da violação ou de ato que a enseje, antes da citação do réu, mediante, caso julgue necessário, caução em dinheiro ou garantia fidejussória.

§ 2º Nos casos de reprodução ou de imitação flagrante de marca registrada, o juiz poderá determinar a apreensão de todas as mercadorias, produtos, objetos, embalagens, etiquetas e outros que contenham a marca falsificada ou imitada.

Art. 210. Os lucros cessantes serão determinados pelo critério mais favorável ao prejudicado, dentre os seguintes:

I – os benefícios que o prejudicado teria auferido se a violação não tivesse ocorrido; ou

II – os benefícios que foram auferidos pelo autor da violação do direito; ou

III – a remuneração que o autor da violação teria pago ao titular do direito violado pela concessão de uma licença que lhe permitisse legalmente explorar o bem.

TÍTULO VI – DA TRANSFERÊNCIA DE TECNOLOGIA E DA FRANQUIA

Art. 211. O INPI fará o registro dos contratos que impliquem transferência de tecnologia, contratos de franquia e similares para produzirem efeitos em relação a terceiros.

Parágrafo único. A decisão relativa aos pedidos de registro de contratos de que trata este artigo será proferida no prazo de trinta dias, contados da data do pedido de registro.

TÍTULO VII – DAS DISPOSIÇÕES GERAIS

CAPÍTULO I
DOS RECURSOS

Art. 212. Salvo expressa disposição em contrário, das decisões de que trata esta Lei cabe recurso, que será interposto no prazo de sessenta dias.

§ 1º Os recursos serão recebidos nos efeitos suspensivo e devolutivo pleno, aplicando-se todos os dispositivos pertinentes ao exame de primeira instância, no que couber.

§ 2º Não cabe recurso da decisão que determinar o arquivamento definitivo de pedido de patente ou de registro e da que deferir pedido de patente, de certificado de adição ou de registro de marca.

§ 3º Os recursos serão decididos pelo Presidente do INPI, encerrando-se a instância administrativa.

Art. 213. Os interessados serão intimados para, no prazo de sessenta dias, oferecerem contrarrazões ao recurso.

Art. 214. Para fins de complementação das razões oferecidas a título de recurso, o INPI poderá formular exigências, que deverão ser cumpridas no prazo de sessenta dias.

Parágrafo único. Decorrido o prazo do *caput*, será decidido o recurso.

Art. 215. A decisão do recurso é final e irrecorrível na esfera administrativa.

CAPÍTULO II
DOS ATOS DAS PARTES

Art. 216. Os atos previstos nesta Lei serão praticados pelas partes ou por seus procuradores, devidamente qualificados.

§ 1º O instrumento de procuração, no original, traslado ou fotocópia autenticada, deverá ser em língua portuguesa, dispensados a legalização consular e o reconhecimento de firma.

§ 2º A procuração deverá ser apresentada em até sessenta dias contados da prática do primeiro ato da parte no processo, independente de notificação ou exigência, sob pena de arquivamento, sendo definitivo o arquivamento do pedido de patente, do pedido de registro de desenho industrial e de registro de marca.

Art. 217. A pessoa domiciliada no exterior deverá constituir e manter procurador devidamente qualificado e domiciliado no País, com poderes para representá-la administrativa e judicialmente, inclusive para receber citações.

Art. 218. Não se conhecerá da petição:

I – se apresentada fora do prazo legal; ou

II – se desacompanhada do comprovante da respectiva retribuição no valor vigente à data de sua apresentação.

Art. 219. Não serão conhecidos a petição, a oposição e o recurso, quando:

I – apresentados fora do prazo previsto nesta Lei;

II – não contiverem fundamentação legal; ou

III – desacompanhados do comprovante do pagamento da retribuição correspondente.

Art. 220. O INPI aproveitará os atos das partes, sempre que possível, fazendo as exigências cabíveis.

CAPÍTULO III
DOS PRAZOS

Art. 221. Os prazos estabelecidos nesta Lei são contínuos, extinguindo-se automaticamente o direito de praticar o ato, após seu decurso, salvo se a parte provar que não o realizou por justa causa.

§ 1º Reputa-se justa causa o evento imprevisto, alheio à vontade da parte e que a impediu de praticar o ato.

§ 2º Reconhecida a justa causa, a parte praticará o ato no prazo que lhe for concedido pelo INPI.

Art. 222. No cômputo dos prazos, exclui-se o dia do começo e inclui-se o do vencimento.

Art. 223. Os prazos somente começam a correr a partir do primeiro dia útil após a intimação, que será feita mediante publicação no órgão oficial do INPI.

Art. 224. Não havendo expressa estipulação nesta Lei, o prazo para a prática do ato será de sessenta dias.

CAPÍTULO IV
DA PRESCRIÇÃO

Art. 225. Prescreve em cinco anos a ação para reparação de dano causado ao direito de propriedade industrial.

CAPÍTULO V
DOS ATOS DO INPI

Art. 226. Os atos do INPI nos processos administrativos referentes à propriedade industrial só produzem efeitos a partir da sua publicação no respectivo órgão oficial, ressalvados:

I – os que expressamente independerem de notificação ou publicação por força do disposto nesta Lei;

II – as decisões administrativas, quando feita notificação por via postal ou por ciência dada ao interessado no processo; e

III – os pareceres e despachos internos que não necessitem ser do conhecimento das partes.

CAPÍTULO VI
DAS CLASSIFICAÇÕES

Art. 227. As classificações relativas às matérias dos Títulos I, II e III desta Lei serão estabelecidas pelo INPI, quando não fixadas em tratado ou acordo internacional em vigor no Brasil.

CAPÍTULO VII
DA RETRIBUIÇÃO

Art. 228. Para os serviços previstos nesta Lei será cobrada retribuição, cujo valor e processo de recolhimento serão estabelecidos por ato do titular do órgão da administração pública federal a que estiver vinculado o INPI.

TÍTULO VIII – DAS DISPOSIÇÕES TRANSITÓRIAS E FINAIS

Art. 229. Aos pedidos em andamento serão aplicadas as disposições desta Lei, exceto quanto à patenteabilidade dos pedidos depositados até 31 de dezembro de 1994, cujo objeto de proteção sejam substâncias, matérias ou produtos obtidos por meios ou processos químicos ou substâncias, matérias, misturas ou produtos alimentícios, químico-farmacêuticos e medicamentos de qualquer espécie, bem como os respectivos processos de obtenção ou modificação e cujos depositantes não tenham exercido a faculdade prevista nos artigos 230 e 231 desta Lei, os quais serão considerados indeferidos, para todos os efeitos, devendo o INPI publicar a comunicação dos aludidos indeferimentos.

Parágrafo único. Aos pedidos relativos a produtos farmacêuticos e produtos químicos para a agricultura, que tenham sido depositados entre 1º de janeiro de 1995 e 14 de maio de 1997, aplicam-se os critérios de patenteabilidade desta Lei, na data efetiva do depósito do pedido no Brasil ou da prioridade, se houver, assegurando-se a proteção a partir da data da concessão da patente, pelo prazo remanescente a contar do dia do depósito no Brasil, limitado ao prazo previsto no *caput* do artigo 40.

▸ Art. 229 com a redação dada pela Lei nº 10.196, de 14-2-2001.

Art. 229-A. Consideram-se indeferidos os pedidos de patentes de processo apresentados entre 1º de janeiro de 1995 e 14 de maio de 1997, aos quais o artigo 9º, alínea *c*, da Lei nº 5.772, de 21 de dezembro de 1971, não conferia proteção, devendo o INPI publicar a comunicação dos aludidos indeferimentos.

Art. 229-B. Os pedidos de patentes de produto apresentados entre 1º de janeiro de 1995 e 14 de maio de 1997, aos quais o artigo 9º, alíneas *b* e *c*, da Lei nº 5.772, de 1971, não conferia proteção e cujos depositantes não tenham exercido a faculdade prevista nos artigos 230 e 231, serão decididos até 31 de dezembro de 2004, em conformidade com esta Lei.

▸ Arts. 229-A e 229-B acrescidos pela Lei nº 10.196, de 14-2-2001.

Art. 229-C. *Revogado*. Lei nº 14.195, de 26-8-2021.

Art. 230. Poderá ser depositado pedido de patente relativo às substâncias, matérias ou produtos obtidos por meios ou processos químicos e as substâncias, matérias, misturas ou produtos alimentícios, químico-farmacêuticos e medicamentos de qualquer espécie, bem como os respectivos processos de obtenção ou modificação, por quem tenha proteção garantida em tratado ou convenção em vigor no Brasil, ficando assegurada a data do primeiro depósito no exterior, desde que seu objeto não tenha sido colocado em qualquer mercado, por iniciativa direta do titular ou por terceiro com seu consentimento, nem tenham sido realizados, por terceiros, no País, sérios e efetivos preparativos para a exploração do objeto do pedido ou da patente.

§ 1º O depósito deverá ser feito dentro do prazo de um ano contado da publicação desta Lei, e deverá indicar a data do primeiro depósito no exterior.

§ 2º O pedido de patente depositado com base neste artigo será automaticamente publicado, sendo facultado a qualquer interessado manifestar-se, no prazo de noventa dias, quanto ao atendimento do disposto no *caput* deste artigo.

§ 3º Respeitados os artigos 10 e 18 desta Lei, e uma vez atendidas as condições estabelecidas neste artigo e comprovada a concessão da patente no país onde foi depositado o primeiro pedido, será concedida a patente no Brasil, tal como concedida no país de origem.

§ 4º Fica assegurado à patente concedida com base neste artigo o prazo remanescente de proteção no país onde foi depositado o primeiro pedido, contado da data do depósito no

Brasil e limitado ao prazo previsto no artigo 40, não se aplicando o disposto no seu parágrafo único.

§ 5º O depositante que tiver pedido de patente em andamento, relativo às substâncias, matérias ou produtos obtidos por meios ou processos químicos e as substâncias, matérias, misturas ou produtos alimentícios, químico-farmacêuticos e medicamentos de qualquer espécie, bem como os respectivos processos de obtenção ou modificação, poderá apresentar novo pedido, no prazo e condições estabelecidos neste artigo, juntando prova de desistência do pedido em andamento.

§ 6º Aplicam-se as disposições desta Lei, no que couber, ao pedido depositado e à patente concedida com base neste artigo.

Art. 231. Poderá ser depositado pedido de patente relativo às matérias de que trata o artigo anterior, por nacional ou pessoa domiciliada no País, ficando assegurada a data de divulgação do invento, desde que seu objeto não tenha sido colocado em qualquer mercado, por iniciativa direta do titular ou por terceiro com seu consentimento, nem tenham sido realizados, por terceiros, no País, sérios e efetivos preparativos para a exploração do objeto do pedido.

§ 1º O depósito deverá ser feito dentro do prazo de um ano contado da publicação desta Lei.

§ 2º O pedido de patente depositado com base neste artigo será processado nos termos desta Lei.

§ 3º Fica assegurado à patente concedida com base neste artigo o prazo remanescente de proteção de vinte anos contado da data da divulgação do invento, a partir do depósito no Brasil.

§ 4º O depositante que tiver pedido de patente em andamento, relativo às matérias de que trata o artigo anterior, poderá apresentar novo pedido, no prazo e condições estabelecidos neste artigo, juntando prova de desistência do pedido em andamento.

Art. 232. A produção ou utilização, nos termos da legislação anterior, de substâncias, matérias ou produtos obtidos por meios ou processos químicos e as substâncias, matérias, misturas ou produtos alimentícios, químico-farmacêuticos e medicamentos de qualquer espécie, bem como os respectivos processos de obtenção ou modificação, mesmo que protegidos por patente de produto ou processo em outro país, de conformidade com tratado ou convenção em vigor no Brasil, poderão continuar, nas mesmas condições anteriores à aprovação desta Lei.

§ 1º Não será admitida qualquer cobrança retroativa ou futura, de qualquer valor, a qualquer título, relativa a produtos produzidos ou processos utilizados no Brasil em conformidade com este artigo.

§ 2º Não será igualmente admitida cobrança nos termos do parágrafo anterior, caso, no período anterior à entrada em vigência desta Lei, tenham sido realizados investimentos significativos para a exploração de produto ou de processo referidos neste artigo, mesmo que protegidos por patente de produto ou de processo em outro país.

Art. 233. Os pedidos de registro de expressão e sinal de propaganda e de declaração de notoriedade serão definitivamente arquivados e os registros e declaração permanecerão em vigor pelo prazo de vigência restante, não podendo ser prorrogados.

Art. 234. Fica assegurada ao depositante a garantia de prioridade de que trata o artigo 7º da Lei nº 5.772, de 21 de dezembro de 1971, até o término do prazo em curso.

Art. 235. É assegurado o prazo em curso concedido na vigência da Lei nº 5.772, de 21 de dezembro de 1971.

Art. 236. O pedido de patente de modelo ou de desenho industrial depositado na vigência da Lei nº 5.772, de 21 de dezembro de 1971, será automaticamente denominado pedido de registro de desenho industrial, considerando-se, para todos os efeitos legais, a publicação já feita.

Parágrafo único. Nos pedidos adaptados serão considerados os pagamentos para efeito de cálculo de retribuição quinquenal devida.

Art. 237. Aos pedidos de patente de modelo ou de desenho industrial que tiverem sido objeto de exame na forma da Lei nº 5.772, de 21 de dezembro de 1971, não se aplicará o disposto no artigo 111.

Art. 238. Os recursos interpostos na vigência da Lei nº 5.772, de 21 de dezembro de 1971, serão decididos na forma nela prevista.

Art. 239. Fica o Poder Executivo autorizado a promover as necessárias transformações no INPI, para assegurar à Autarquia autonomia financeira e administrativa, podendo esta:

I – contratar pessoal técnico e administrativo mediante concurso público;

II – fixar tabela de salários para os seus funcionários, sujeita à aprovação do Ministério a que estiver vinculado o INPI; e

III – dispor sobre a estrutura básica e regimento interno, que serão aprovados pelo Ministério a que estiver vinculado o INPI.

Parágrafo único. As despesas resultantes da aplicação deste artigo correrão por conta de recursos próprios do INPI.

Art. 240. O artigo 2º da Lei nº 5.648, de 11 de dezembro de 1970, passa a ter a seguinte redação:

> "Art. 2º O INPI tem por finalidade principal executar, no âmbito nacional, as normas que regulam a propriedade industrial, tendo em vista a sua função social, econômica, jurídica e técnica, bem como pronunciar-se quanto à conveniência de assinatura, ratificação e denúncia de convenções, tratados, convênios e acordos sobre propriedade industrial".

Art. 241. Fica o Poder Judiciário autorizado a criar juízos especiais para dirimir questões relativas à propriedade intelectual.

Art. 242. O Poder Executivo submeterá ao Congresso Nacional projeto de lei destinado a promover, sempre que necessário, a harmonização desta Lei com a política para propriedade industrial adotada pelos demais países integrantes do MERCOSUL.

Art. 243. Esta Lei entra em vigor na data de sua publicação quanto às matérias disciplinadas nos artigos 230, 231, 232 e 239, e um ano após sua publicação quanto aos demais artigos.

Art. 244. Revogam-se a Lei nº 5.772, de 21 de dezembro de 1971, a Lei nº 6.348, de 7 de julho de 1976, os artigos 187 a 196 do Decreto-lei nº 2.848, de 7 de dezembro de 1940, os artigos 169 a 189 do Decreto-lei nº 7.903, de 27 de agosto de 1945, e as demais disposições em contrário.

Brasília, 14 de maio de 1996;
175º da Independência e
108º da República.

Fernando Henrique Cardoso

LEI Nº 9.289, DE 4 DE JULHO DE 1996

Dispõe sobre as custas devidas à União, na Justiça Federal de primeiro e segundo graus e dá outras providências.

► Publicada no *DOU* de 5-7-1996 e republicada no *DOU* de 8-7-1996.

Art. 1º As custas devidas à União, na Justiça Federal de primeiro e segundo graus, são cobradas de acordo com as normas estabelecidas nesta Lei.

§ 1º Rege-se pela legislação estadual respectiva a cobrança de custas nas causas ajuizadas perante a Justiça Estadual, no exercício da jurisdição federal.

§ 2º As custas previstas nas tabelas anexas não excluem as despesas estabelecidas na legislação processual não disciplinadas por esta Lei.

Art. 2º O pagamento das custas é feito mediante documento de arrecadação das receitas federais, na Caixa Econômica Federal – CEF, ou, não existindo agência desta instituição no local, em outro banco oficial.

Art. 3º Incumbe ao Diretor de Secretaria fiscalizar o exato recolhimento das custas.

Art. 4º São isentos de pagamentos de custas:

I – a União, os Estados, os Municípios, os Territórios Federais, o Distrito Federal e as respectivas autarquias e fundações;

II – os que provarem insuficiência de recursos e os beneficiários da assistência judiciária gratuita;

III – o Ministério Público;

IV – os autores nas ações populares, nas ações civis públicas e nas ações coletivas de que trata o Código de Defesa do Consumidor, ressalvada a hipótese de litigância de má-fé.

Parágrafo único. A isenção prevista neste artigo não alcança as entidades fiscalizadoras do exercício profissional, nem exime as pessoas jurídicas referidas no inciso I da obrigação de reembolsar as despesas judiciais feitas pela parte vencedora.

Art. 5º Não são devidas custas nos processos de *habeas corpus* e *habeas data*.

Art. 6º Nas ações penais subdivididas, as custas são pagas a final pelo réu, se condenado.

Art. 7º A reconvenção e os embargos à execução não se sujeitam ao pagamento de custas.

Art. 8º Os recursos dependentes de instrumento sujeitam-se ao pagamento das despesas de traslado.

Parágrafo único. Se o recurso for unicamente de qualquer das pessoas jurídicas referidas no inciso I do artigo 4º, o pagamento das custas e dos traslados será efetuado a final pelo vencido, salvo se este também for isento.

Art. 9º Em caso de incompetência, redistribuído o feito a outro juiz federal, não haverá novo pagamento de custas, nem haverá restituição quando se declinar da competência para outros órgãos jurisdicionais.

Art. 10. A remuneração do perito, do intérprete e do tradutor será fixada pelo juiz em despacho fundamentado, ouvidas as partes e à vista da proposta de honorários apresentada, considerados o local da prestação de serviço, a natureza, a complexidade e o tempo estimado do trabalho a realizar, aplicando-se, no que couber, o disposto no artigo 33 do Código de Processo Civil.

- Refere-se ao CPC/1973.
- Art. 95 do CPC/2015.

Art. 11. Os depósitos de pedras e metais preciosos e de quantias em dinheiro e a amortização ou liquidação de dívida ativa serão recolhidos, sob responsabilidade da parte, diretamente na Caixa Econômica Federal, ou, na sua inexistência no local, em outro banco oficial, os quais manterão guias próprias para tal finalidade.

§ 1º Os depósitos efetuados em dinheiro observarão as mesmas regras das cadernetas de poupança, no que se refere à remuneração básica e ao prazo.

§ 2º O levantamento dos depósitos a que se refere este artigo dependerá de alvará ou de ofício do juiz.

Art. 12. A unidade utilizada para o cálculo das custas previstas nesta Lei é a mesma utilizada para os débitos de natureza fiscal, considerando-se o valor fixado no primeiro dia do mês.

Art. 13. Não se fará levantamento de caução ou de fiança sem o pagamento das custas.

Art. 14. O pagamento das custas e contribuições devidas nos feitos e nos recursos que se processam nos próprios autos efetua-se da forma seguinte:

I – o autor ou requerente pagará metade das custas e contribuições tabeladas, por ocasião da distribuição do feito, ou, não havendo distribuição, logo após o despacho da inicial;

II – aquele que recorrer da sentença adiantará a outra metade das custas, comprovando o adiantamento no ato de interposição do recurso, sob pena de deserção, observado o disposto nos §§ 1º a 7º do art. 1.007 do Código de Processo Civil;

- Inciso II com a redação dada pela Lei nº 13.105, de 16-3-2015.

III – não havendo recurso, e cumprindo o vencido desde logo a sentença, reembolsará ao vencedor as custas e contribuições por este adiantadas, ficando obrigado ao pagamento previsto no inciso II;

IV – se o vencido, embora não recorrendo da sentença, oferecer defesa à sua execução, ou embaraçar seu cumprimento, deverá pagar a outra metade, no prazo marcado pelo juiz, não excedente de três dias, sob pena de não ter apreciada sua defesa ou impugnação.

§ 1º O abandono ou desistência de feito, ou a existência de transação que lhe ponha termo, em qualquer fase do processo, não dispensa o pagamento das custas e contribuições já exigíveis, nem dá direito a restituição.

§ 2º Somente com o pagamento de importância igual à paga até o momento pelo autor serão admitidos o assistente, o litisconsorte ativo voluntário e o oponente.

§ 3º Nas ações em que o valor estimado for inferior ao da liquidação, a parte não pode prosseguir na execução sem efetuar o pagamento da diferença de custas e contribuições, recalculadas de acordo com a importância a final apurada ou resultante da condenação definitiva.

§ 4º As custas e contribuições serão reembolsadas a final pelo vencido, ainda que seja uma das entidades referidas no inciso I do artigo 4º, nos termos da decisão que o condenar, ou pelas partes, na proporção de seus quinhões, nos processos divisórios e demarcatórios, ou suportadas por quem tiver dado causa ao procedimento judicial.

§ 5º Nos recursos a que se refere este artigo o pagamento efetuado por um recorrente não aproveita aos demais, salvo se representados pelo mesmo advogado.

Art. 15. A indenização de transporte, de que trata o artigo 60 da Lei nº 8.112, de 11 de dezembro de 1990, destinada ao ressarcimento de despesas realizadas com a utilização do meio próprio de locomoção para a execução de serviços externos, será paga aos Oficiais de Justiça Avaliadores da Justiça Federal de primeiro e segundo graus, de acordo com critérios estabelecidos pelo Conselho da Justiça Federal, que fixará também o percentual correspondente.

Parágrafo único. Para efeito do disposto neste artigo, consideram-se como serviço externo as atividades exercidas no cumprimento das diligências fora das dependências dos Tribunais Regionais Federais ou das Seções Judiciárias em que os Oficiais de Justiça estejam lotados.

Art. 16. Extinto o processo, se a parte responsável pelas custas, devidamente intimada, não as pagar dentro de quinze dias, o Diretor da Secretaria encaminhará os elementos necessários à Procuradoria da Fazenda Nacional, para sua inscrição como dívida ativa da União.

Art. 17. Esta Lei entra em vigor na data de sua publicação.

Art. 18. Revogam-se as disposições em contrário, em especial a Lei nº 6.032, de 30 de abril de 1974, alterada pelas Leis nºs 6.789, de 28 de maio de 1980, e 7.400, de 6 de novembro de 1985.

Brasília, 4 de julho de 1996;
175º da Independência e
108º da República.

Fernando Henrique Cardoso

TABELA DE CUSTAS

TABELA I
DAS AÇÕES CÍVEIS EM GERAL

a) Ações cíveis em geral:
um por cento sobre o valor da causa, com o mínimo de dez UFIR e o máximo de mil e oitocentos UFIR;

b) processo cautelar e procedimentos de jurisdição voluntária:
cinquenta por cento dos valores constantes da letra *a*;

c) causas de valor inestimável e cumprimento de carta rogatória:
dez UFIR.

TABELA II
DAS AÇÕES CRIMINAIS EM GERAL

a) Ações penais em geral, pelo vencido, a final:
duzentas e oitenta UFIR;

b) ações penais privadas:
cem UFIR;

c) notificações, interpelações e procedimentos cautelares:
cinquenta UFIR.

TABELA III
DA ARREMATAÇÃO, ADJUDICAÇÃO E REMIÇÃO

Arrematação, adjudicação e remição:
meio por cento do respectivo valor, com o mínimo de dez UFIR e o máximo de mil e oitocentas UFIR.

Observação:
As custas serão pagas pelo interessado antes da assinatura do auto correspondente.

TABELA IV
DAS CERTIDÕES E CARTAS DE SENTENÇAS

Certidões em geral, por folha expedida:

a) mediante processamento eletrônico de dados:
quarenta por cento do valor da UFIR;

b) por cópia reprográfica:
dez por cento do valor da UFIR.

- O STF, por unanimidade, julgou parcialmente procedente a ADI nº 2.259, de modo que, "conferindo interpretação conforme a CF a esta tabela, fica afastada sua incidência quando as certidões forem voltadas para a defesa de direitos ou o esclarecimento de situação de interesse pessoal, consoante a garantia de gratuidade contida no art. 5º, XXXIV, *b*, da CF, finalidades essas que se fazem presumidas quando a certidão pleiteada for concernente ao próprio requerente, sendo desnecessária, nessa hipótese, expressa e fundamentada demonstração dos fins e das razões do pedido" (*DOU* de 27-2-2020).

LEI Nº 9.296, DE 24 DE JULHO DE 1996

Regulamenta o inciso XII, parte final, do artigo 5º da Constituição Federal.

- Publicada no *DOU* de 25-7-1996.
- Res. do CNJ nº 59, de 9-9-2008, disciplina e uniformiza as rotinas visando ao aperfeiçoamento do procedimento de interceptação de comunicações telefônicas e de sistemas de informática e telemática nos órgãos jurisdicionais do Poder Judiciário.

Art. 1º A interceptação de comunicações telefônicas, de qualquer natureza, para prova em investigação criminal e em instrução processual penal, observará o disposto nesta Lei e dependerá de ordem do juiz competente da ação principal, sob segredo de justiça.

Parágrafo único. O disposto nesta Lei aplica-se à interceptação do fluxo de comunicações em sistemas de informática e telemática.

Art. 2º Não será admitida a interceptação de comunicações telefônicas quando ocorrer qualquer das seguintes hipóteses:

I – não houver indícios razoáveis da autoria ou participação em infração penal;

II – a prova puder ser feita por outros meios disponíveis;

III – o fato investigado constituir infração penal punida, no máximo, com pena de detenção.

Parágrafo único. Em qualquer hipótese deve ser descrita com clareza a situação objeto da investigação, inclusive com a indicação e qualificação dos investigados, salvo impossibilidade manifesta, devidamente justificada.

Art. 3º A interceptação das comunicações telefônicas poderá ser determinada pelo juiz, de ofício ou a requerimento:

I – da autoridade policial, na investigação criminal;

II – do representante do Ministério Público, na investigação criminal e na instrução processual penal.

Art. 4º O pedido de interceptação de comunicação telefônica conterá a demonstração de que a sua realização é necessária à apuração de infração penal, com indicação dos meios a serem empregados.

§ 1º Excepcionalmente, o juiz poderá admitir que o pedido seja formulado verbalmente, desde que estejam presentes os pressupostos que autorizem a interceptação, caso em que a concessão será condicionada à sua redução a termo.

§ 2º O juiz, no prazo máximo de vinte e quatro horas, decidirá sobre o pedido.

Art. 5º A decisão será fundamentada, sob pena de nulidade, indicando também a forma de execução da diligência, que não poderá exceder o prazo de quinze dias, renovável por igual tempo uma vez comprovada a indispensabilidade do meio de prova.

▸ Art. 93, IX, da CF.

Art. 6º Deferido o pedido, a autoridade policial conduzirá os procedimentos de interceptação, dando ciência ao Ministério Público, que poderá acompanhar a sua realização.

§ 1º No caso de a diligência possibilitar a gravação da comunicação interceptada, será determinada a sua transcrição.

§ 2º Cumprida a diligência, a autoridade policial encaminhará o resultado da interceptação ao juiz, acompanhado de auto circunstanciado, que deverá conter o resumo das operações realizadas.

§ 3º Recebidos esses elementos, o juiz determinará a providência do artigo 8º, ciente o Ministério Público.

Art. 7º Para os procedimentos de interceptação de que trata esta Lei, a autoridade policial poderá requisitar serviços e técnicos especializados às concessionárias de serviço público.

Art. 8º A interceptação de comunicação telefônica, de qualquer natureza, ocorrerá em autos apartados, apensados aos autos do inquérito policial ou do processo criminal, preservando-se o sigilo das diligências, gravações e transcrições respectivas.

Parágrafo único. A apensação somente poderá ser realizada imediatamente antes do relatório da autoridade, quando se tratar de inquérito policial (Código de Processo Penal, artigo 10, § 1º) ou na conclusão do processo ao juiz para o despacho decorrente do disposto nos artigos 407, 502 ou 538 do Código de Processo Penal.

Art. 8º-A. Para investigação ou instrução criminal, poderá ser autorizada pelo juiz, a requerimento da autoridade policial ou do Ministério Público, a captação ambiental de sinais eletromagnéticos, ópticos ou acústicos, quando:

▸ *Caput* do art. 8º-A acrescido pela Lei nº 13.964, de 24-12-2019.

I – a prova não puder ser feita por outros meios disponíveis e igualmente eficazes; e

II – houver elementos probatórios razoáveis de autoria e participação em infrações criminais cujas penas máximas sejam superiores a 4 (quatro) anos ou em infrações penais conexas.

▸ Incisos I e II acrescidos pela Lei nº 13.964, de 24-12-2019.

§ 1º O requerimento deverá descrever circunstanciadamente o local e a forma de instalação do dispositivo de captação ambiental.

▸ § 1º acrescido pela Lei nº 13.964, de 24-12-2019.

§ 2º A instalação do dispositivo de captação ambiental poderá ser realizada, quando necessária, por meio de operação policial disfarçada ou no período noturno, exceto na casa, nos termos do inciso XI do *caput* do art. 5º da Constituição Federal.

▸ § 2º acrescido pela Lei nº 13.964, de 24-12-2019, promulgado nos termos do art. 66, § 5º, da CF (*DOU* de 30-4-2021).

§ 3º A captação ambiental não poderá exceder o prazo de 15 (quinze) dias, renovável por decisão judicial por iguais períodos, se comprovada a indispensabilidade do meio de prova e quando presente atividade criminal permanente, habitual ou continuada.

▸ § 3º acrescido pela Lei nº 13.964, de 24-12-2019.

§ 4º A captação ambiental feita por um dos interlocutores sem o prévio conhecimento da autoridade policial ou do Ministério Público poderá ser utilizada, em matéria de defesa, quando demonstrada a integridade da gravação.

▸ § 4º acrescido pela Lei nº 13.964, de 24-12-2019, promulgado nos termos do art. 66, § 5º, da CF (*DOU* de 30-4-2021).

§ 5º Aplicam-se subsidiariamente à captação ambiental as regras previstas na legislação específica para a interceptação telefônica e telemática.

▸ § 5º acrescido pela Lei nº 13.964, de 24-12-2019.

Art. 9º A gravação que não interessar à prova será inutilizada por decisão judicial, durante o inquérito, a instrução processual ou após esta, em virtude de requerimento do Ministério Público ou da parte interessada.

Parágrafo único. O incidente de inutilização será assistido pelo Ministério Público, sendo facultada a presença do acusado ou de seu representante legal.

Art. 10. Constitui crime realizar interceptação de comunicações telefônicas, de informática ou telemática, promover escuta ambiental ou quebrar segredo da Justiça, sem autorização judicial ou com objetivos não autorizados em lei:

Pena – reclusão, de 2 (dois) a 4 (quatro) anos, e multa.

Parágrafo único. Incorre na mesma pena a autoridade judicial que determina a execução de conduta prevista no *caput* deste artigo com objetivo não autorizado em lei.

▸ Art. 10 com a redação dada pela Lei nº 13.869, de 5-9-2019.

Art. 10-A. Realizar captação ambiental de sinais eletromagnéticos, ópticos ou acústicos para investigação ou instrução criminal sem autorização judicial, quando esta for exigida:

Pena – reclusão, de 2 (dois) a 4 (quatro) anos, e multa.

§ 1º Não há crime se a captação é realizada por um dos interlocutores.

§ 2º A pena será aplicada em dobro ao funcionário público que descumprir determinação de sigilo das investigações que envolvam a captação ambiental ou revelar o conteúdo das gravações enquanto mantido o sigilo judicial.

▸ Art. 10-A acrescido pela Lei nº 13.964, de 24-12-2019.

Art. 11. Esta Lei entra em vigor na data de sua publicação.

Art. 12. Revogam-se as disposições em contrário.

Brasília, 24 de julho de 1996;
175º da Independência e
108º da República.

Fernando Henrique Cardoso

LEI COMPLEMENTAR Nº 87, DE 13 DE SETEMBRO DE 1996

Dispõe sobre o imposto dos Estados e do Distrito Federal sobre operações relativas à circulação de mercadorias e sobre prestações de serviços de transporte interestadual e intermunicipal e de comunicação, e dá outras providências.

▸ Publicada no *DOU* de 16-9-1996.

▸ Esta Lei Complementar estará revogada pela LC nº 214, de 16-1-2025, a partir de 1º-1-2033.

▸ Art. 146, III, *a*, da CF.

▸ LC nº 101, de 4-5-2000 (Lei da Responsabilidade Fiscal).

▸ Lei nº 10.195, de 14-2-2001, institui medidas adicionais de estímulo e apoio à reestruturação e ajuste fiscal dos Estados.

▸ MP nº 2.185-35, de 24-8-2001, estabelece critérios para a consolidação, assunção e o refinanciamento, pela União, da dívida pública mobiliária e outras que especifica, e até o encerramento desta edição não havia sido convertida em Lei.

Art. 1º Compete aos Estados e ao Distrito Federal instituir o imposto sobre operações relativas à circulação de mercadorias e sobre prestações de serviços de transporte interestadual e intermunicipal e de comunicação, ainda que as operações e as prestações se iniciem no exterior.

▸ Art. 155, § 2º, II, da CF.

▸ Súmulas nºs 536, 569, 571 a 578 do STF.

Art. 2º O imposto incide sobre:

I – operações relativas à circulação de mercadorias, inclusive o fornecimento de alimentação e bebidas em bares, restaurantes e estabelecimentos similares;

▸ Súm. nº 391 do STJ.

II – prestações de serviços de transporte interestadual e intermunicipal, por qualquer via, de pessoas, bens, mercadorias ou valores;

III – prestações onerosas de serviços de comunicação, por qualquer meio, inclusive a geração, a emissão, a recepção, a transmissão, a retransmissão, a repetição e a ampliação de comunicação de qualquer natureza;

▸ Súm. nº 350 do STJ.

IV – fornecimento de mercadorias com prestação de serviços não compreendidos na competência tributária dos Municípios;

V – fornecimento de mercadorias com prestação de serviços sujeitos ao imposto sobre serviços, de competência dos Municípios, quando a lei complementar aplicável expressamente o sujeitar à incidência do imposto estadual.

LEGISLAÇÃO COMPLEMENTAR

§ 1º O imposto incide também:

I – sobre a entrada de mercadoria ou bem importados do exterior, por pessoa física ou jurídica, ainda que não seja contribuinte habitual do imposto, qualquer que seja a sua finalidade;

▶ Inciso I com a redação dada pela LC nº 114, de 16-12-2002.

II – sobre o serviço prestado no exterior ou cuja prestação se tenha iniciado no exterior;

III – sobre a entrada, no território do Estado destinatário, de petróleo, inclusive lubrificantes e combustíveis líquidos e gasosos dele derivados, e de energia elétrica, quando não destinados à comercialização ou à industrialização, decorrentes de operações interestaduais, cabendo o imposto ao Estado onde estiver localizado o adquirente.

§ 2º A caracterização do fato gerador independe da natureza jurídica da operação que o constitua.

▶ Súmulas nºs 572, 573, 575, 576, 577, 579, 660, 661 e 662 do STF.

▶ Súmulas nºs 20, 71, 80, 87, 94, 95, 129, 155, 163, 198 e 237 do STJ.

Art. 3º O imposto não incide sobre:

▶ Súm. nº 432 do STJ.

I – operações com livros, jornais, periódicos e o papel destinado a sua impressão;

▶ Art. 150, VI, *d*, da CF.

II – operações e prestações que destinem ao exterior mercadorias, inclusive produtos primários e produtos industrializados semielaborados, ou serviços;

▶ Art. 155, § 2º, X, *a* e *d*, da CF.

▶ LC nº 65, de 15-4-1991, define, na forma da alínea *a* do inciso X do art. 155 da Constituição, os produtos semielaborados que podem ser tributados pelos Estados e Distrito Federal, quando de sua exportação para o exterior.

▶ Súm. nº 536 do STF.

III – operações interestaduais relativas a energia elétrica e petróleo, inclusive lubrificantes e combustíveis líquidos e gasosos dele derivados, quando destinados à industrialização ou à comercialização;

▶ Art. 155, § 2º, X, *b*, da CF.

IV – operações com ouro, quando definido em lei como ativo financeiro ou instrumento cambial;

▶ Art. 155, § 2º, X, *c*, da CF.

V – operações relativas a mercadorias que tenham sido ou que se destinem a ser utilizadas na prestação, pelo próprio autor da saída, de serviço de qualquer natureza definido em lei complementar como sujeito ao imposto sobre serviços, de competência dos Municípios, ressalvadas as hipóteses previstas na mesma lei complementar;

VI – operações de qualquer natureza de que decorra a transferência de propriedade de estabelecimento industrial, comercial ou de outra espécie;

VII – operações decorrentes de alienação fiduciária em garantia, inclusive a operação efetuada pelo credor em decorrência do inadimplemento do devedor;

VIII – operações de arrendamento mercantil, não compreendida a venda do bem arrendado ao arrendatário;

▶ Art. 155, § 2º, IX, *a*, da CF.

IX – operações de qualquer natureza de que decorra a transferência de bens móveis salvados de sinistro para companhias seguradoras; e

▶ Inciso IX com a redação dada pela LC nº 194, de 23-6-2022.

▶ Súm. Vinc. nº 32 do STF.

X – serviços de transmissão e distribuição e encargos setoriais vinculados às operações com energia elétrica.

▶ Inciso X acrescido pela LC nº 194, de 23-6-2022.

Parágrafo único. Equipara-se às operações de que trata o inciso II a saída de mercadoria realizada com o fim específico de exportação para o exterior, destinada a:

I – empresa comercial exportadora, inclusive *tradings* ou outro estabelecimento da mesma empresa;

II – armazém alfandegado ou entreposto aduaneiro.

▶ Súmulas nºs 135 e 166 do STJ.

Art. 4º Contribuinte é qualquer pessoa, física ou jurídica, que realize, com habitualidade ou em volume que caracterize intuito comercial, operações de circulação de mercadoria ou prestações de serviços de transporte interestadual e intermunicipal e de comunicação, ainda que as operações e as prestações se iniciem no exterior.

§ 1º É também contribuinte a pessoa física ou jurídica que, mesmo sem habitualidade ou intuito comercial:

I – importe mercadorias ou bens do exterior, qualquer que seja a sua finalidade;

II – seja destinatária de serviço prestado no exterior ou cuja prestação se tenha iniciado no exterior;

III – adquira em licitação mercadorias ou bens apreendidos ou abandonados;

IV – adquira lubrificantes e combustíveis líquidos e gasosos derivados de petróleo e energia elétrica oriundos de outro Estado, quando não destinados à comercialização ou à industrialização.

▶ Parágrafo único transformado em § 1º pela LC nº 190, de 4-1-2022.

§ 2º É ainda contribuinte do imposto nas operações ou prestações que destinem mercadorias, bens e serviços a consumidor final domiciliado ou estabelecido em outro Estado, em relação à diferença entre a alíquota interna do Estado de destino e a alíquota interestadual:

I – o destinatário da mercadoria, bem ou serviço, na hipótese de contribuinte do imposto;

II – o remetente da mercadoria ou bem ou o prestador de serviço, na hipótese de o destinatário não ser contribuinte do imposto.

▶ § 2º acrescido pela LC nº 190, de 4-1-2022.

▶ Art. 99 do ADCT: "Art. 99. Para efeito do disposto no inciso VII do § 2º do art. 155, no caso de operações e prestações que destinem bens e serviços a consumidor final não contribuinte localizado em outro Estado, o imposto correspondente à diferença entre a alíquota interna e a interestadual será partilhado entre os Estados de origem e de destino, na seguinte proporção: I – para o ano de 2015: 20% (vinte por cento) para o Estado de destino e 80% (oitenta por cento) para o Estado de origem; II – para o ano de 2016: 40% (quarenta por cento) para o Estado de destino e 60% (sessenta por cento) para o Estado de origem; III – para o ano de 2017: 60% (sessenta por cento) para o Estado de destino e 40% (quarenta por cento) para o Estado de origem; IV – para o ano de 2018: 80% (oitenta por cento) para o Estado de destino e 20% (vinte por cento) para o Estado de origem; V – a partir do ano de 2019: 100% (cem por cento) para o Estado de destino."

Art. 5º Lei poderá atribuir a terceiros a responsabilidade pelo pagamento do imposto e acréscimos devidos pelo contribuinte ou responsável, quando os atos ou omissões daqueles concorrerem para o não recolhimento do tributo.

Art. 6º Lei estadual poderá atribuir a contribuinte do imposto ou a depositário a qualquer título a responsabilidade pelo seu pagamento, hipótese em que assumirá a condição de substituto tributário.

▶ *Caput* com a redação dada pela LC nº 114, de 16-12-2002.

▶ Art. 150, § 7º, da CF.

▶ Art. 128 do CTN.

§ 1º A responsabilidade poderá ser atribuída em relação ao imposto incidente sobre uma ou mais operações ou prestações, sejam antecedentes, concomitantes ou subsequentes, inclusive ao valor decorrente da diferença entre alíquotas interna e interestadual nas operações e prestações que destinem bens e serviços a consumidor final localizado em outro Estado, que seja contribuinte do imposto.

§ 2º A atribuição de responsabilidade dar-se-á em relação a mercadorias, bens ou serviços previstos em lei de cada Estado.

▶ § 2º com a redação dada pela LC nº 114, de 16-12-2002.

Art. 7º Para efeito de exigência do imposto por substituição tributária, inclui-se, também, como fato gerador do imposto, a entrada de mercadoria ou bem no estabelecimento do adquirente ou em outro por ele indicado.

Art. 8º A base de cálculo, para fins de substituição tributária, será:

▶ Art. 66-B, II, da Lei Paulista nº 6.374, de 1º-3-1989 (Lei do ICMS) e seu § 3º inserido pela Lei nº 9.176, de 22-12-1995.

▶ Comunicado CAT nº 6, da Secretaria da Fazenda do Estado de São Paulo, de 21-5-2018.

▶ ADI nº 2.777/SP.

▶ Art. 13 da LC nº 87, de 13-9-1996 (Lei Kandir – ICMS).

▶ Súm. nº 431 do STJ.

I – em relação às operações ou prestações antecedentes ou concomitantes, o valor da operação ou prestação praticado pelo contribuinte substituído;

II – em relação às operações ou prestações subsequentes, obtida pelo somatório das parcelas seguintes:

a) o valor da operação ou prestação própria realizada pelo substituto tributário ou pelo substituído intermediário;

b) o montante dos valores de seguro, de frete e de outros encargos cobrados ou transferíveis aos adquirentes ou tomadores de serviço;

c) a margem de valor agregado, inclusive lucro, relativa às operações ou prestações subsequentes.

§ 1º Na hipótese de responsabilidade tributária em relação às operações ou prestações antecedentes, o imposto devido pelas referidas operações ou prestações será pago pelo responsável, quando:

I – da entrada ou recebimento da mercadoria, do bem ou do serviço;

▶ Inciso I com a redação dada pela LC nº 114, de 16-12-2002.

II – da saída subsequente por ele promovida, ainda que isenta ou não tributada;

III – ocorrer qualquer saída ou evento que impossibilite a ocorrência do fato determinante do pagamento do imposto.

§ 2º Tratando-se de mercadoria ou serviço cujo preço final a consumidor, único ou máximo, seja fixado por órgão público competente, a base de cálculo do imposto, para fins de substituição tributária, é o referido preço por ele estabelecido.

§ 3º Existindo preço final a consumidor sugerido pelo fabricante ou importador, poderá a lei estabelecer como base de cálculo este preço.

§ 4º A margem a que se refere a alínea c do inciso II do *caput* será estabelecida com base em preços usualmente praticados no mercado considerado, obtidos por levantamento, ainda que por amostragem ou através de informações e outros elementos fornecidos por entidades representativas dos respectivos setores, adotando-se a média ponderada dos preços coletados, devendo os critérios para sua fixação ser previstos em lei.

§ 5º O imposto a ser pago por substituição tributária, na hipótese do inciso II do *caput*, corresponderá à diferença entre o valor resultante da aplicação da alíquota prevista para as operações ou prestações internas do Estado de destino sobre a respectiva base de cálculo e o valor do imposto devido pela operação ou prestação própria do substituto.

§ 6º Em substituição ao disposto no inciso II do *caput*, a base de cálculo em relação às operações ou prestações subsequentes poderá ser o preço a consumidor final usualmente praticado no mercado considerado, relativamente ao serviço, à mercadoria ou sua similar, em condições de livre concorrência, adotando-se para sua apuração as regras estabelecidas no § 4º deste artigo.

▸ § 6º acrescido pela LC nº 114, de 16-12-2002.

Art. 9º A adoção do regime de substituição tributária em operações interestaduais dependerá de acordo específico celebrado pelos Estados interessados.

▸ Art. 155, §§ 4º e 5º, da CF.

▸ ADIs nºs 4.628/DF e 5.866/DF.

§ 1º A responsabilidade a que se refere o artigo 6º poderá ser atribuída:

I – ao contribuinte que realizar operação interestadual com petróleo, inclusive lubrificantes, combustíveis líquidos e gasosos dele derivados, em relação às operações subsequentes;

II – às empresas geradoras ou distribuidoras de energia elétrica, nas operações internas e interestaduais, na condição de contribuinte ou de substituto tributário, pelo pagamento do imposto, desde a produção ou importação até a última operação, sendo seu cálculo efetuado sobre o preço praticado na operação final, assegurado seu recolhimento ao Estado onde deva ocorrer essa operação.

▸ Súm. nº 391 do STJ.

§ 2º Nas operações interestaduais com as mercadorias de que tratam os incisos I e II do parágrafo anterior, que tenham como destinatário consumidor final, o imposto incidente na operação será devido ao Estado onde estiver localizado o adquirente e será pago pelo remetente.

Art. 10. É assegurado ao contribuinte substituído o direito à restituição do valor do imposto pago por força da substituição tributária, correspondente ao fato gerador presumido que não se realizar.

▸ Art. 150, § 7º, da CF.

▸ ADI nº 2.777/SP.

▸ Art. 66-B, II e § 3º, da Lei Paulista nº 6.374, de 1º-3-1989 (Lei do ICMS).

▸ Comunicado CAT nº 6, da Secretaria da Fazenda do Estado de São Paulo, de 21-5-2018.

§ 1º Formulado o pedido de restituição e não havendo deliberação no prazo de noventa dias, o contribuinte substituído poderá se creditar, em sua escrita fiscal, do valor objeto do pedido, devidamente atualizado segundo os mesmos critérios aplicáveis ao tributo.

§ 2º Na hipótese do parágrafo anterior, sobrevindo decisão contrária irrecorrível, o contribuinte substituído, no prazo de quinze dias da respectiva notificação, procederá ao estorno dos créditos lançados, também devidamente atualizados, com o pagamento dos acréscimos legais cabíveis.

Art. 11. O local da operação ou da prestação, para os efeitos da cobrança do imposto e definição do estabelecimento responsável, é:

I – tratando-se de mercadoria ou bem:

a) o do estabelecimento onde se encontre, no momento da ocorrência do fato gerador;

b) onde se encontre, quando em situação irregular pela falta de documentação fiscal ou quando acompanhado de documentação inidônea, como dispuser a legislação tributária;

c) o do estabelecimento que transfira a propriedade, ou o título que a represente, de mercadoria por ele adquirida no País e que por ele não tenha transitado;

d) importado do exterior, o do estabelecimento onde ocorrer a entrada física;

e) importado do exterior, o do domicílio do adquirente, quando não estabelecido;

f) aquele onde seja realizada a licitação, no caso de arrematação de mercadoria ou bem importados do exterior e apreendidos ou abandonados;

▸ Alínea *f* com a redação dada pela LC nº 114, de 16-12-2002.

g) o do Estado onde estiver localizado o adquirente, inclusive consumidor final, nas operações interestaduais com energia elétrica e petróleo, lubrificantes e combustíveis dele derivados, quando não destinados à industrialização ou à comercialização;

h) o do Estado de onde o ouro tenha sido extraído, quando não considerado como ativo financeiro ou instrumento cambial;

i) o de desembarque do produto, na hipótese de captura de peixes, crustáceos e moluscos;

II – tratando-se de prestação de serviço de transporte:

a) onde tenha início a prestação;

b) onde se encontre o transportador, quando em situação irregular pela falta de documentação fiscal ou quando acompanhada de documentação inidônea, como dispuser a legislação tributária;

c) *Revogada*. LC nº 190, de 4-1-2022.

III – tratando-se de prestação onerosa de serviço de comunicação:

a) o da prestação do serviço de radiodifusão sonora e de som e imagem, assim entendido o da geração, emissão, transmissão e retransmissão, repetição, ampliação e recepção;

b) o do estabelecimento da concessionária ou da permissionária que forneça ficha, cartão, ou assemelhados com que o serviço é pago;

c) o do estabelecimento destinatário do serviço, na hipótese e para os efeitos do inciso XIII do artigo 12:

c-1) o do estabelecimento ou domicílio do tomador do serviço, quando prestado por meio de satélite;

▸ Alínea *c-1* acrescida pela LC nº 102, de 11-7-2000.

d) onde seja cobrado o serviço, nos demais casos;

IV – tratando-se de serviços prestados ou iniciados no exterior, o do estabelecimento ou do domicílio do destinatário;

V – tratando-se de operações ou prestações interestaduais destinadas a consumidor final, em relação à diferença entre a alíquota interna do Estado de destino e a alíquota interestadual:

a) o do estabelecimento do destinatário, quando o destinatário ou o tomador for contribuinte do imposto;

b) o do estabelecimento do remetente ou onde tiver início a prestação, quando o destinatário ou tomador não for contribuinte do imposto.

▸ Inciso V acrescido pela LC nº 190, de 4-1-2022.

§ 1º O disposto na alínea c do inciso I não se aplica às mercadorias recebidas em regime de depósito de contribuinte de Estado que não o do depositário.

§ 2º Para os efeitos da alínea *h* do inciso I, o ouro, quando definido como ativo financeiro ou instrumento cambial, deve ter sua origem identificada.

§ 3º Para efeito desta Lei Complementar, estabelecimento é o local, privado ou público, edificado ou não, próprio ou de terceiro, onde pessoas físicas ou jurídicas exerçam suas atividades em caráter temporário ou permanente, bem como onde se encontrem armazenadas mercadorias, observado, ainda, o seguinte:

I – na impossibilidade de determinação do estabelecimento, considera-se como tal o local em que tenha sido efetuada a operação ou prestação, encontrada a mercadoria ou constatada a prestação;

II – é autônomo cada estabelecimento do mesmo titular;

▸ O STF, por maioria, nos autos da ADC nº 49, declarou a inconstitucionalidade parcial deste dispositivo, sem redução de texto, excluindo seu âmbito de incidência apenas na hipótese de cobrança do ICMS sobre as transferências de mercadorias entre estabelecimentos do mesmo titular (*DOU* de 2-5-2023).

III – considera-se também estabelecimento autônomo o veículo usado no comércio ambulante e na captura de pescado;

IV – respondem pelo crédito tributário todos os estabelecimentos do mesmo titular.

§ 4º VETADO.

§ 5º Quando a mercadoria for remetida para armazém geral ou para depósito fechado do próprio contribuinte, no mesmo Estado, a posterior saída considerar-se-á ocorrida no estabelecimento do depositante, salvo se para retornar ao estabelecimento remetente.

§ 6º Na hipótese do inciso III do *caput* deste artigo, tratando-se de serviços não medidos, que envolvam localidades situadas em diferentes unidades da Federação e cujo preço seja cobrado por períodos definidos, o imposto devido será recolhido em partes iguais para as unidades da Federação onde estiverem localizados o prestador e o tomador.

▸ § 6º acrescido pela LC nº 102, de 11-7-2000.

§ 7º Na hipótese da alínea *b* do inciso V do *caput* deste artigo, quando o destino final da mercadoria, bem ou serviço ocorrer em Estado diferente daquele em que estiver domiciliado ou estabelecido o adquirente ou o tomador, o imposto correspondente à diferença entre a alíquota interna e a interestadual será devido ao Estado no qual efetivamente ocorrer a entrada física da mercadoria ou bem ou o fim da prestação do serviço.

▸ O STF, por unanimidade, julgou improcedente a ADI nº 7.158, reconhecendo a constitucionalidade deste parágrafo (*DOU* de 9-2-2023).

§ 8º Na hipótese de serviço de transporte interestadual de passageiros cujo tomador não seja contribuinte do imposto:

I – o passageiro será considerado o consumidor final do serviço, e o fato gerador considerar-se-á ocorrido no Estado referido nas alíneas *a* ou *b* do inciso II do *caput* deste artigo, conforme o caso, não se aplicando o disposto no inciso V do *caput* e no § 7º deste artigo; e

II – o destinatário do serviço considerar-se-á localizado no Estado da ocorrência do fato gerador, e a prestação ficará sujeita à tributação pela sua alíquota interna.

▸ §§ 7º e 8º acrescidos pela LC nº 190, de 4-1-2022.

Art. 12. Considera-se ocorrido o fato gerador do imposto no momento:

I – da saída de mercadoria de estabelecimento de contribuinte;

▸ Inciso I com a redação dada pela LC nº 204, de 28-12-2023.

II – do fornecimento de alimentação, bebidas e outras mercadorias por qualquer estabelecimento;

III – da transmissão a terceiro de mercadoria depositada em armazém geral ou em depósito fechado, no Estado do transmitente;

IV – da transmissão de propriedade de mercadoria, ou de título que a represente, quando a mercadoria não tiver transitado pelo estabelecimento transmitente;

V – do início da prestação de serviços de transporte interestadual e intermunicipal, de qualquer natureza;

VI – do ato final do transporte iniciado no exterior;

VII – das prestações onerosas de serviços de comunicação, feita por qualquer meio, inclusive a geração, a emissão, a recepção, a transmissão, a retransmissão, a repetição e a ampliação de comunicação de qualquer natureza;

VIII – do fornecimento de mercadoria com prestação de serviços:

a) não compreendidos na competência tributária dos Municípios;

b) compreendidos na competência tributária dos Municípios e com indicação expressa de incidência do imposto de competência estadual, como definido na lei complementar aplicável;

IX – do desembaraço aduaneiro de mercadorias ou bens importados do exterior;

▸ Inciso IX com a redação dada pela LC nº 114, de 16-12-2002.

▸ Súm. nº 577 do STF.

X – do recebimento, pelo destinatário, de serviço prestado no exterior;

XI – da aquisição em licitação pública de mercadorias ou bens importados do exterior e apreendidos ou abandonados;

▸ Inciso XI com a redação dada pela LC nº 114, de 16-12-2002.

XII – da entrada no território do Estado de lubrificantes e combustíveis líquidos e gasosos derivados de petróleo e energia elétrica oriundos de outro Estado, quando não destinados à comercialização ou à industrialização;

▸ Inciso XII com a redação dada pela LC nº 102, de 11-7-2000.

▸ Súm. nº 391 do STJ.

XIII – da utilização, por contribuinte, de serviço cuja prestação se tenha iniciado em outro Estado e não esteja vinculada a operação ou prestação subsequente;

XIV – do início da prestação de serviço de transporte interestadual, nas prestações não vinculadas a operação ou prestação subsequente, cujo tomador não seja contribuinte do imposto domiciliado ou estabelecido no Estado de destino;

XV – da entrada no território do Estado de bem ou mercadoria oriundos de outro Estado adquiridos por contribuinte do imposto e destinados ao seu uso ou consumo ou à integração ao seu ativo imobilizado;

XVI – da saída, de estabelecimento de contribuinte, de bem ou mercadoria destinados a consumidor final não contribuinte do imposto domiciliado ou estabelecido em outro Estado.

▸ Incisos XIV a XVI acrescidos pela LC nº 190, de 4-1-2022.

§ 1º Na hipótese do inciso VII, quando o serviço for prestado mediante pagamento em ficha, cartão ou assemelhados, considera-se ocorrido o fato gerador do imposto quando do fornecimento desses instrumentos ao usuário.

§ 2º Na hipótese do inciso IX, após o desembaraço aduaneiro, a entrega, pelo depositário, de mercadoria ou bem importados do exterior deverá ser autorizada pelo órgão responsável pelo seu desembaraço, que somente se fará mediante a exibição do comprovante de pagamento do imposto incidente no ato do despacho aduaneiro, salvo disposição em contrário.

§ 3º Na hipótese de entrega de mercadoria ou bem importados do exterior antes do desembaraço aduaneiro, considera-se ocorrido o fato gerador neste momento, devendo a autoridade responsável, salvo disposição em contrário, exigir a comprovação do pagamento do imposto.

▸ § 3º acrescido pela LC nº 114, de 16-12-2002.

§ 4º Não se considera ocorrido o fato gerador do imposto na saída de mercadoria de estabelecimento para outro de mesma titularidade, mantendo-se o crédito relativo às operações e prestações anteriores em favor do contribuinte, inclusive nas hipóteses de transferências interestaduais em que os créditos serão assegurados:

I – pela unidade federada de destino, por meio de transferência de crédito, limitados aos percentuais estabelecidos nos termos do inciso IV do § 2º do art. 155 da Constituição Federal, aplicados sobre o valor atribuído à operação de transferência realizada;

II – pela unidade federada de origem, em caso de diferença positiva entre os créditos pertinentes às operações e prestações anteriores e o transferido na forma do inciso I deste parágrafo.

▸ § 4º acrescido pela LC nº 204, de 28-12-2023.

§ 5º Alternativamente ao disposto no § 4º deste artigo, por opção do contribuinte, a transferência de mercadoria para estabelecimento pertencente ao mesmo titular poderá ser equiparada a operação sujeita à ocorrência do fato gerador de imposto, hipótese em que serão observadas:

I – nas operações internas, as alíquotas estabelecidas na legislação;

II – nas operações interestaduais, as alíquotas fixadas nos termos do inciso IV do § 2º do art. 155 da Constituição Federal.

▸ § 5º acrescido pela LC nº 204, de 28-12-2023, promulgado nos termos do art. 66, § 5º, da CF (*DOU* de 13-6-2024).

Art. 13. A base de cálculo do imposto é:

I – na saída de mercadoria prevista nos incisos I, III e IV do artigo 12, o valor da operação;

▸ Súm. nº 395 do STJ.

II – na hipótese do inciso II do artigo 12, o valor da operação, compreendendo mercadoria e serviço;

III – na prestação de serviço de transporte interestadual e intermunicipal e de comunicação, o preço do serviço;

IV – no fornecimento de que trata o inciso VIII do artigo 12:

a) o valor da operação, na hipótese da alínea *a*;

b) o preço corrente da mercadoria fornecida ou empregada, na hipótese da alínea *b*;

V – na hipótese do inciso IX do artigo 12, a soma das seguintes parcelas:

a) o valor da mercadoria ou bem constante dos documentos de importação, observado o disposto no artigo 14;

b) imposto de importação;

c) imposto sobre produtos industrializados;

d) imposto sobre operações de câmbio;

e) quaisquer outros impostos, taxas, contribuições e despesas aduaneiras;

▸ Alínea *e* com a redação dada pela LC nº 114, de 16-12-2002.

VI – na hipótese do inciso X do artigo 12, o valor da prestação do serviço, acrescido, se for o caso, de todos os encargos relacionados com a sua utilização;

VII – no caso do inciso XI do artigo 12, o valor da operação acrescido do valor dos impostos de importação e sobre produtos industrializados e de todas as despesas cobradas ou debitadas ao adquirente;

VIII – na hipótese do inciso XII do artigo 12, o valor da operação de que decorrer a entrada;

IX – nas hipóteses dos incisos XIII e XV do *caput* do art. 12 desta Lei Complementar:

a) o valor da operação ou prestação no Estado de origem, para o cálculo do imposto devido a esse Estado;

b) o valor da operação ou prestação no Estado de destino, para o cálculo do imposto devido a esse Estado;

▸ Inciso IX com a redação dada pela LC nº 190, de 4-1-2022.

X – nas hipóteses dos incisos XIV e XVI do *caput* do art. 12 desta Lei Complementar, o valor da operação ou o preço do serviço, para o cálculo do imposto devido ao Estado de origem e ao de destino.

▶ Inciso X acrescido pela LC nº 190, de 4-1-2022.

§ 1º Integra a base de cálculo do imposto, inclusive nas hipóteses dos incisos V, IX e X do *caput* deste artigo:

▶ *Caput* do § 1º com a redação dada pela LC nº 190, de 4-1-2022.

▶ Súm. nº 391 do STJ.

I – o montante do próprio imposto, constituindo o respectivo destaque mera indicação para fins de controle;

II – o valor correspondente a:

a) seguros, juros e demais importâncias pagas, recebidas ou debitadas, bem como descontos concedidos sob condição;

▶ Súm. nº 457 do STJ.

b) frete, caso o transporte seja efetuado pelo próprio remetente ou por sua conta e ordem e seja cobrado em separado.

§ 2º Não integra a base de cálculo do imposto o montante do Imposto sobre Produtos Industrializados, quando a operação, realizada entre contribuintes e relativa a produto destinado à industrialização ou à comercialização, configurar fato gerador de ambos os impostos.

▶ Art. 155, § 2º, XI, da CF.

§ 3º No caso da alínea *b* do inciso IX e do inciso X do *caput* deste artigo, o imposto a pagar ao Estado de destino será o valor correspondente à diferença entre a alíquota interna do Estado de destino e a interestadual.

▶ § 3º com a redação dada pela LC nº 190, de 4-1-2022.

§ 4º *Revogado*. LC nº 204, de 28-12-2023.

§ 5º Nas operações e prestações interestaduais entre estabelecimentos de contribuintes diferentes, caso haja reajuste do valor depois da remessa ou da prestação, a diferença fica sujeita ao imposto no estabelecimento do remetente ou do prestador.

§ 6º Utilizar-se-á, para os efeitos do inciso IX do *caput* deste artigo:

I – a alíquota prevista para a operação ou prestação interestadual, para estabelecer a base de cálculo da operação ou prestação no Estado de origem;

II – a alíquota prevista para a operação ou prestação interna, para estabelecer a base de cálculo da operação ou prestação no Estado de destino.

§ 7º Utilizar-se-á, para os efeitos do inciso X do *caput* deste artigo, a alíquota prevista para a operação ou prestação interna no Estado de destino para estabelecer a base de cálculo da operação ou prestação.

▶ §§ 6º e 7º acrescidos pela LC nº 190, de 4-1-2022.

Art. 14. O preço de importação expresso em moeda estrangeira será convertido em moeda nacional pela mesma taxa de câmbio utilizada no cálculo do imposto de importação, sem qualquer acréscimo ou devolução posterior se houver variação da taxa de câmbio até o pagamento efetivo do preço.

Parágrafo único. O valor fixado pela autoridade aduaneira para base de cálculo do imposto de importação, nos termos da lei aplicável, substituirá o preço declarado.

Art. 15. Na falta do valor a que se referem os incisos I e VIII do artigo 13, a base de cálculo do imposto é:

I – o preço corrente da mercadoria, ou de seu similar, no mercado atacadista do local da operação ou, na sua falta, no mercado atacadista regional, caso o remetente seja produtor, extrator ou gerador, inclusive de energia;

II – o preço FOB estabelecimento industrial à vista, caso o remetente seja industrial;

III – o preço FOB estabelecimento comercial à vista, na venda a outros comerciantes ou industriais, caso o remetente seja comerciante.

§ 1º Para aplicação dos incisos II e III do *caput*, adotar-se-á sucessivamente:

I – o preço efetivamente cobrado pelo estabelecimento remetente na operação mais recente;

II – caso o remetente não tenha efetuado venda de mercadoria, o preço corrente da mercadoria ou de seu similar no mercado atacadista do local da operação ou, na falta deste, no mercado atacadista regional.

§ 2º Na hipótese do inciso III do *caput*, se o estabelecimento remetente não efetue vendas a outros comerciantes ou industriais ou, em qualquer caso, se não houver mercadoria similar, a base de cálculo será equivalente a setenta e cinco por cento do preço de venda corrente no varejo.

Art. 16. Nas prestações sem preço determinado, a base de cálculo do imposto é o valor corrente do serviço, no local da prestação.

Art. 17. Quando o valor do frete, cobrado por estabelecimento pertencente ao mesmo titular da mercadoria ou por outro estabelecimento de empresa que com aquele mantenha relação de interdependência, exceder os níveis normais de preços em vigor, no mercado local, para serviço semelhante, constantes de tabelas elaboradas pelos órgãos competentes, o valor excedente será havido como parte do preço da mercadoria.

Parágrafo único. Considerar-se-ão interdependentes duas empresas quando:

I – uma delas, por si, seus sócios ou acionistas, e respectivos cônjuges ou filhos menores, for titular de mais de cinquenta por cento do capital da outra;

II – uma mesma pessoa fizer parte de ambas, na qualidade de diretor, ou sócio com funções de gerência, ainda que exercidas sob outra denominação;

III – uma delas locar ou transferir a outra, a qualquer título, veículo destinado ao transporte de mercadorias.

Art. 18. Quando o cálculo do tributo tenha por base, ou tome em consideração, o valor ou o preço de mercadorias, bens, serviços ou direitos, a autoridade lançadora, mediante processo regular, arbitrará aquele valor ou preço, sempre que sejam omissos ou não mereçam fé as declarações ou os esclarecimentos prestados, ou os documentos expedidos pelo sujeito passivo ou pelo terceiro legalmente obrigado, ressalvada, em caso de contestação, avaliação contraditória, administrativa ou judicial.

Art. 19. O imposto é não cumulativo, compensando-se o que for devido em cada operação relativa à circulação de mercadorias ou prestação de serviços de transporte interestadual e intermunicipal e de comunicação com o montante cobrado nas anteriores pelo mesmo ou por outro Estado.

▶ Art. 155, § 2º, II, da CF.

Art. 20. Para a compensação a que se refere o artigo anterior, é assegurado ao sujeito passivo o direito de creditar-se do imposto anteriormente cobrado em operações de que tenha resultado a entrada de mercadoria, real ou simbólica, no estabelecimento, inclusive a destinada ao seu uso ou consumo ou ao ativo permanente, ou o recebimento de serviços de transporte interestadual e intermunicipal ou de comunicação.

§ 1º Não dão direito a crédito as entradas de mercadorias ou utilização de serviços resultantes de operações ou prestações isentas ou não tributadas, ou que se refiram a mercadorias ou serviços alheios à atividade do estabelecimento.

§ 2º Salvo prova em contrário, presumem-se alheios à atividade do estabelecimento os veículos de transporte pessoal.

§ 3º É vedado o crédito relativo a mercadoria entrada no estabelecimento ou a prestação de serviços a ele feita:

I – para integração ou consumo em processo de industrialização ou produção rural, quando a saída do produto resultante não for tributada ou estiver isenta do imposto, exceto se tratar-se de saída para o exterior;

II – para comercialização ou prestação de serviço, quando a saída ou prestação subsequente não forem tributadas ou estiverem isentas do imposto, exceto as destinadas ao exterior.

§ 4º Deliberação dos Estados, na forma do artigo 28, poderá dispor que não se aplique, no todo ou em parte, a vedação prevista no parágrafo anterior.

§ 5º Para efeito do disposto no *caput* deste artigo, relativamente aos créditos decorrentes de entrada de mercadorias no estabelecimento destinadas ao ativo permanente, deverá ser observado:

▶ § 5º com a redação dada pela LC nº 102, de 11-7-2000.

I – a apropriação será feita à razão de um quarenta e oito avos por mês, devendo a primeira fração ser apropriada no mês em que ocorrer a entrada no estabelecimento;

II – em cada período de apuração do imposto, não será permitido o creditamento de que trata o inciso I, em relação à proporção das operações de saídas ou prestações isentas ou não tributadas sobre o total das operações de saídas ou prestações efetuadas no mesmo período;

▶ Incisos I e II com a redação dada pela LC nº 102, de 11-7-2000.

III – para aplicação do disposto nos incisos I e II deste parágrafo, o montante do crédito a ser apropriado será obtido multiplicando-se o valor total do respectivo crédito pelo fator igual a 1/48 (um quarenta e oito avos) da relação entre o valor das operações de saídas e prestações tributadas e o total das operações de saídas e prestações do período, equiparando-se às tributadas, para fins deste inciso, as saídas e prestações com destino ao exterior ou as saídas de papel destinado à impressão de livros, jornais e periódicos;

▶ Inciso III com a redação dada pela LC nº 120, de 29-12-2005.

IV – o quociente de um quarenta e oito avos será proporcionalmente aumentado ou diminuído, *pro rata die*, caso o período de apuração seja superior ou inferior a um mês;

V – na hipótese de alienação dos bens do ativo permanente, antes de decorrido o prazo de quatro anos contado da data de sua aquisição, não será admitido, a partir da data da alienação, o creditamento de que trata este parágrafo em relação à fração que corresponderia ao restante do quadriênio;

VI – serão objeto de outro lançamento, além do lançamento em conjunto com os demais créditos, para efeito da compensação prevista neste artigo e no artigo 19, em livro próprio ou de outra forma que a legislação determinar, para aplicação do disposto nos incisos I a V deste parágrafo; e

VII – ao final do quadragésimo oitavo mês contado da data da entrada do bem no estabelecimento, o saldo remanescente do crédito será cancelado.

▸ Incisos IV a VII acrescidos pela LC nº 102, de 11-7-2000.

§ 6º Operações tributadas, posteriores a saídas de que trata o § 3º, dão ao estabelecimento que as praticar direito a creditar-se do imposto cobrado nas operações anteriores às isentas ou não tributadas sempre que a saída isenta ou não tributada seja relativa a:

I – produtos agropecuários;

II – quando autorizado em lei estadual, outras mercadorias.

Art. 20-A. Nas hipóteses dos incisos XIV e XVI do *caput* do art. 12 desta Lei Complementar, o crédito relativo às operações e prestações anteriores deve ser deduzido apenas do débito correspondente ao imposto devido à unidade federada de origem.

▸ Art. 20-A acrescido pela LC nº 190, de 4-1-2022.

Art. 21. O sujeito passivo deverá efetuar o estorno do imposto de que se tiver creditado sempre que o serviço tomado ou a mercadoria entrada no estabelecimento:

I – for objeto de saída ou prestação de serviço não tributada ou isenta, sendo esta circunstância imprevisível na data da entrada da mercadoria ou da utilização do serviço;

II – for integrada ou consumida em processo de industrialização, quando a saída do produto resultante não for tributada ou estiver isenta do imposto;

III – vier a ser utilizada em fim alheio à atividade do estabelecimento;

IV – vier a perecer, deteriorar-se ou extraviar-se.

§ 1º *Revogado*. LC nº 102, de 11-7-2000.

§ 2º Não se estornam créditos referentes a mercadorias e serviços que venham a ser objeto de operações ou prestações destinadas ao exterior ou de operações com o papel destinado à impressão de livros, jornais e periódicos.

▸ § 2º com a redação dada pela LC nº 120, de 29-12-2005.

§ 3º O não creditamento ou estorno a que se referem o § 3º do artigo 20 e o *caput* deste artigo não impedem a utilização dos mesmos créditos em operações posteriores, sujeitas ao imposto, com a mesma mercadoria.

§§ 4º a 8º *Revogados*. LC nº 102, de 11-7-2000.

Art. 22. VETADO.

Art. 23. O direito de crédito, para efeito de compensação com débito do imposto, reconhecido ao estabelecimento que tenha recebido as mercadorias ou para o qual tenham sido prestados os serviços, está condicionado à idoneidade da documentação e, se for o caso, à escrituração nos prazos e condições estabelecidos na legislação.

▸ Súm. nº 509 do STJ.

Parágrafo único. O direito de utilizar o crédito extingue-se depois de decorridos cinco anos contados da data de emissão do documento.

Art. 24. A legislação tributária estadual disporá sobre o período de apuração do imposto. As obrigações consideram-se vencidas na data em que termina o período de apuração e são liquidadas por compensação ou mediante pagamento em dinheiro como disposto neste artigo:

I – as obrigações consideram-se liquidadas por compensação até o montante dos créditos escriturados no mesmo período mais o saldo credor de período ou períodos anteriores, se for o caso;

II – se o montante dos débitos do período superar o dos créditos, a diferença será liquidada dentro do prazo fixado pelo Estado;

III – se o montante dos créditos superar os dos débitos, a diferença será transportada para o período seguinte.

Art. 24-A. Os Estados e o Distrito Federal divulgarão, em portal próprio, as informações necessárias ao cumprimento das obrigações tributárias, principais e acessórias, nas operações e prestações interestaduais, conforme o tipo.

§ 1º O portal de que trata o *caput* deste artigo deverá conter, inclusive:

I – a legislação aplicável à operação ou prestação específica, incluídas soluções de consulta e decisões em processo administrativo fiscal de caráter vinculante;

II – as alíquotas interestadual e interna aplicáveis à operação ou prestação;

III – as informações sobre benefícios fiscais ou financeiros e regimes especiais que possam alterar o valor a ser recolhido do imposto; e

IV – as obrigações acessórias a serem cumpridas em razão da operação ou prestação realizada.

§ 2º O portal referido no *caput* deste artigo conterá ferramenta que permita a apuração centralizada do imposto pelo contribuinte definido no inciso II do § 2º do art. 4º desta Lei Complementar, e a emissão das guias de recolhimento, para cada ente da Federação, da diferença entre a alíquota interna do Estado de destino e a alíquota interestadual da operação.

§ 3º Para o cumprimento da obrigação principal e da acessória disposta no § 2º deste artigo, os Estados e o Distrito Federal definirão em conjunto os critérios técnicos necessários para a integração e a unificação dos portais das respectivas secretarias de fazenda dos Estados e do Distrito Federal.

§ 4º Para a adaptação tecnológica do contribuinte, o inciso II do § 2º do art. 4º, a alínea *b* do inciso V do *caput* do art. 11 e o inciso XVI do *caput* do art. 12 desta Lei Complementar somente produzirão efeito no primeiro dia útil do terceiro mês subsequente ao da disponibilização do portal de que trata o *caput* deste artigo.

§ 5º A apuração e o recolhimento do imposto devido nas operações e prestações interestaduais de que trata a alínea *b* do inciso V do *caput* do art. 11 desta Lei Complementar observarão o definido em convênio celebrado nos termos da Lei Complementar nº 24, de 7 de janeiro de 1975, e, naquilo que não lhe for contrário, nas respectivas legislações tributárias estaduais.

▸ Art. 24-A acrescido pela LC nº 190, de 4-1-2022.

Art. 25. Para efeito de aplicação do disposto no artigo 24, os débitos e créditos devem ser apurados em cada estabelecimento, compensando-se os saldos credores e devedores entre os estabelecimentos do mesmo sujeito passivo localizados no Estado.

▸ *Caput* com a redação dada pela LC nº 102, de 11-7-2000.

§ 1º Saldos credores acumulados a partir da data de publicação desta Lei Complementar por estabelecimentos que realizem operações e prestações de que tratam o inciso II do artigo 3º e seu parágrafo único podem ser, na proporção que estas saídas representem do total das saídas realizadas pelo estabelecimento:

I – imputados pelo sujeito passivo a qualquer estabelecimento seu no Estado;

II – havendo saldo remanescente, transferidos pelo sujeito passivo a outros contribuintes do mesmo Estado, mediante a emissão pela autoridade competente de documento que reconheça o crédito.

§ 2º Lei estadual poderá, nos demais casos de saldos credores acumulados a partir da vigência desta Lei Complementar, permitir que:

I – sejam imputados pelo sujeito passivo a qualquer estabelecimento seu no Estado;

II – sejam transferidos, nas condições que definir, a outros contribuintes do mesmo Estado.

Art. 26. Em substituição ao regime de apuração mencionado nos artigos 24 e 25, a lei estadual poderá estabelecer:

I – que o cotejo entre créditos e débitos se faça por mercadoria ou serviço dentro de determinado período;

II – que o cotejo entre créditos e débitos se faça por mercadoria ou serviço em cada operação;

III – que, em função do porte ou da atividade do estabelecimento, o imposto seja pago em parcelas periódicas e calculado por estimativa, para um determinado período, assegurado ao sujeito passivo o direito de impugná-la e instaurar processo contraditório.

§ 1º Na hipótese do inciso III, ao fim do período, será feito o ajuste com base na escrituração regular do contribuinte, que pagará a diferença apurada, se positiva; caso contrário, a diferença será compensada com o pagamento referente ao período ou períodos imediatamente seguintes.

§ 2º A inclusão de estabelecimento no regime de que trata o inciso III não dispensa o sujeito passivo do cumprimento de obrigações acessórias.

Arts. 27 a 30. VETADOS.

Art. 31. Nos exercícios financeiros de 2003 a 2006, a União entregará mensalmente recursos aos Estados e seus Municípios, obedecidos os montantes, os critérios, os prazos e as demais condições fixadas no Anexo desta Lei Complementar.

▸ *Caput* com a redação dada pela LC nº 115, de 26-12-2002.

§ 1º Do montante de recursos que couber a cada Estado, a União entregará, diretamente:

I – setenta e cinco por cento ao próprio Estado; e

II – vinte e cinco por cento aos respectivos Municípios, de acordo com os critérios previstos no parágrafo único do artigo 158 da Constituição Federal.

§ 2º Para atender ao disposto no *caput*, os recursos do Tesouro Nacional serão provenientes:

I – da emissão de títulos de sua responsabilidade, ficando autorizada, desde já, a inclusão nas leis orçamentárias anuais de estimativa de receita decorrente dessas emissões, bem como de dotação até os montantes anuais previstos no Anexo, não se aplicando neste caso, desde que atendidas as condições e os limites globais fixados pelo Senado Federal, quaisquer restrições ao acréscimo que acarretará no endividamento da União;

II – de outras fontes de recursos.

§ 3º A entrega dos recursos a cada unidade federada, na forma e condições detalhadas no Anexo, especialmente no seu item 3, será satisfeita, primeiro, para efeito de pagamento ou compensação da dívida da respectiva unidade, inclusive de sua administração indireta, vencida e não paga junto à União, bem como para o ressarcimento à União de despesas decorrentes de eventuais garantias honradas de operações de crédito externas. O saldo remanescente, se houver, será creditado em moeda corrente.

§ 4º A entrega dos recursos a cada unidade federada, na forma e condições detalhadas no Anexo, subordina-se à existência de disponibilidades orçamentárias consignadas a essa finalidade na respectiva Lei Orçamentária Anual da União, inclusive eventuais créditos adicionais.

▸ §§ 1º a 4º com a redação dada pela LC nº 115, de 26-12-2002.

§ 4º-A. *Revogado*. LC nº 115, de 26-12-2002.

§ 5º Para efeito da apuração de que trata o artigo 4º da Lei Complementar nº 65, de 15 de abril de 1991, será considerado o valor das respectivas exportações de produtos industrializados, inclusive semielaborados, não submetidas à incidência do imposto sobre operações relativas à circulação de mercadorias e sobre prestações de serviços de transporte interestadual e intermunicipal e de comunicação, em 31 de julho de 1996.

▸ § 5º com a redação dada pela LC nº 102, de 11-7-2000.

Art. 31-A. *Em relação aos fatos geradores ocorridos de 1º de janeiro de 2029 a 31 de dezembro de 2032, as alíquotas do imposto serão reduzidas nas seguintes proporções das alíquotas previstas nas legislações dos Estados ou do Distrito Federal, vigentes em 31 de dezembro de 2028:*

I – 10% (dez por cento), em 2029;

II – 20% (vinte por cento), em 2030;

III – 30% (trinta por cento), em 2031; e

IV – 40% (quarenta por cento), em 2032.

§ 1º O disposto no caput aplica-se a todas as operações e prestações tributadas pelo imposto, inclusive:

I – aos combustíveis sobre os quais a incidência ocorre uma única vez, a que se refere a Lei Complementar nº 192, de 11 de março de 2022;

II – às alíquotas estabelecidas na Resolução nº 22, de 19 de maio de 1989, e na Resolução nº 13, de 25 de abril de 2012, ambas do Senado Federal.

§ 2º No período de que trata o caput, os benefícios ou os incentivos fiscais ou financeiros relativos ao imposto serão reduzidos na mesma proporção da redução das alíquotas prevista nos incisos do caput.

§ 3º Para os fins da aplicação do disposto no § 2º, os percentuais e outros parâmetros utilizados para calcular os benefícios ou incentivos fiscais ou financeiros relativos ao imposto serão reduzidos na mesma proporção da redução das alíquotas, em decorrência do disposto no caput deste artigo.

§ 4º O disposto no § 3º não se aplica caso os benefícios ou os incentivos fiscais ou financeiros relativos ao imposto já tenham sido reduzidos proporcionalmente por força da redução das alíquotas em decorrência do disposto nos termos do caput deste artigo.

§ 5º Compete ao Conselho Nacional de Política Fazendária (CONFAZ) estabelecer a disciplina a ser observada na hipótese a que se refere o § 3º.

§ 6º Para fins do disposto no § 5º, as deliberações serão aprovadas por maioria simples dos votos.

§ 7º Os benefícios e incentivos fiscais ou financeiros referidos no art. 3º da Lei Complementar nº 160, de 7 de agosto de 2017, serão reduzidos na forma deste artigo, não se aplicando a redução prevista no § 2º-A do art. 3º da referida Lei Complementar.

▸ Art. 31-A acrescido pela LC nº 214, de 16-1-2025.

Art. 32. A partir da data de publicação desta Lei Complementar:

I – o imposto não incidirá sobre operações que destinem ao exterior mercadorias, inclusive produtos primários e produtos industrializados semielaborados, bem como sobre prestações de serviços para o exterior;

▸ Art. 155, § 2º, X, *a*, da CF.

▸ LC nº 65, de 15-4-1991, define, na forma da alínea *a* do inciso X do art. 155 da Constituição, os produtos semielaborados que podem ser tributados pelos Estados e Distrito Federal, quando de sua exportação para o exterior.

II – darão direito de crédito, que não será objeto de estorno, as mercadorias entradas no estabelecimento para integração ou consumo em processo de produção de mercadorias industrializadas, inclusive semielaboradas, destinadas ao exterior;

III – entra em vigor o disposto no Anexo integrante desta Lei Complementar.

Art. 32-A. As operações relativas aos combustíveis, ao gás natural, à energia elétrica, às comunicações e ao transporte coletivo, para fins de incidência de imposto de que trata esta Lei Complementar, são consideradas operações de bens e serviços essenciais e indispensáveis, que não podem ser tratados como supérfluos.

▸ *Caput* do art. 32-A acrescido pela LC nº 194, de 23-6-2022.

§ 1º Para efeito do disposto neste artigo:

▸ *Caput* do § 1º acrescido pela LC nº 194, de 23-6-2022.

I – é vedada a fixação de alíquotas sobre as operações referidas no *caput* deste artigo em patamar superior ao das operações em geral, considerada a essencialidade dos bens e serviços;

II – é facultada ao ente federativo competente a aplicação de alíquotas reduzidas em relação aos bens referidos no *caput* deste artigo, como forma de beneficiar os consumidores em geral; e

▸ Incisos I e II acrescidos pela LC nº 194, de 23-6-2022.

III – *Revogado*. LC nº 201, de 24-10-2023.

§ 2º No que se refere aos combustíveis, a alíquota definida conforme o disposto no § 1º deste artigo servirá como limite máximo para a definição das alíquotas específicas (*ad rem*) a que se refere a alínea *b* do inciso V do *caput* do art. 3º da Lei Complementar nº 192, de 11 de março de 2022.

▸ § 2º acrescido pela LC nº 194, de 23-6-2022.

Art. 33. Na aplicação do artigo 20 observar-se-á o seguinte:

I – somente darão direito de crédito as mercadorias destinadas ao uso ou consumo do estabelecimento nele entradas a partir de 1º de janeiro de 2033;

▸ Inciso I com a redação dada pela LC nº 171, de 27-12-2019.

II – somente dará direito a crédito a entrada de energia elétrica no estabelecimento:

▸ *Caput* do inciso II com a redação dada pela LC nº 102, de 11-7-2000.

a) quando for objeto de operação de saída de energia elétrica;

b) quando consumida no processo de industrialização;

c) quando seu consumo resultar em operação de saída ou prestação para o exterior, na proporção destas sobre as saídas ou prestações totais; e

▸ Alíneas *a* a *c* com a redação dada pela LC nº 102, de 11-7-2000.

d) a partir de 1º de janeiro de 2033, nas demais hipóteses;

▸ Alínea *d* com a redação dada pela LC nº 171, de 27-12-2019.

III – somente darão direito de crédito as mercadorias destinadas ao ativo permanente do estabelecimento, nele entradas a partir da data da entrada desta Lei Complementar em vigor;

IV – somente dará direito a crédito o recebimento de serviços de comunicação utilizados pelo estabelecimento:

▸ *Caput* do inciso IV com a redação dada pela LC nº 102, de 11-7-2000.

a) ao qual tenham sido prestados na execução de serviços da mesma natureza;

b) quando sua utilização resultar em operação de saída ou prestação para o exterior, na proporção desta sobre as saídas ou prestações totais; e

▸ Alíneas *a* e *b* acrescidas pela LC nº 102, de 11-7-2000.

c) a partir de 1º de janeiro de 2033, nas demais hipóteses.

▸ Alínea *c* com a redação dada pela LC nº 171, de 27-12-2019.

Art. 34. VETADO.

Art. 35. As referências feitas aos Estados nesta Lei Complementar entendem-se feitas também ao Distrito Federal.

Art. 36. Esta Lei Complementar entra em vigor no primeiro dia do segundo mês seguinte ao da sua publicação, observado o disposto nos artigos 32 e 33 e no Anexo integrante desta Lei Complementar.

Brasília, 13 de setembro de 1996;
175º da Independência e
108º da República.

Fernando Henrique Cardoso

▶ Optamos por não publicar os anexos nesta edição.

LEI Nº 9.307, DE 23 DE SETEMBRO DE 1996

Dispõe sobre a arbitragem.

▶ Publicada no *DOU* de 24-9-1996.
▶ Arts. 851 a 853 do CC.
▶ Arts. 3º, § 1º, 189, IV, 260, § 3º, 337, X, §§ 5º e 6º, 359, 485, VII, 1.012, IV, e 1.015, III, do CPC/2015.
▶ Súm. nº 485 do STJ.

CAPÍTULO I
DISPOSIÇÕES GERAIS

Art. 1º As pessoas capazes de contratar poderão valer-se da arbitragem para dirimir litígios relativos a direitos patrimoniais disponíveis.

▶ Arts. 851 e 852 do CC.

§ 1º A administração pública direta e indireta poderá utilizar-se da arbitragem para dirimir conflitos relativos a direitos patrimoniais disponíveis.

§ 2º A autoridade ou o órgão competente da administração pública direta para a celebração de convenção de arbitragem é a mesma para a realização de acordos ou transações.

▶ §§ 1º e 2º acrescidos pela Lei nº 13.129, de 26-5-2015.

Art. 2º A arbitragem poderá ser de direito ou de equidade, a critério das partes.

§ 1º Poderão as partes escolher, livremente, as regras de direito que serão aplicadas na arbitragem, desde que não haja violação aos bons costumes e à ordem pública.

§ 2º Poderão, também, as partes convencionar que a arbitragem se realize com base nos princípios gerais de direito, nos usos e costumes e nas regras internacionais de comércio.

§ 3º A arbitragem que envolva a administração pública será sempre de direito e respeitará o princípio da publicidade.

▶ § 3º acrescido pela Lei nº 13.129, de 26-5-2015.

CAPÍTULO II
DA CONVENÇÃO DE ARBITRAGEM E SEUS EFEITOS

Art. 3º As partes interessadas podem submeter a solução de seus litígios ao juízo arbitral mediante convenção de arbitragem, assim entendida a cláusula compromissória e o compromisso arbitral.

Art. 4º A cláusula compromissória é a convenção através da qual as partes em um contrato comprometem-se a submeter à arbitragem os litígios que possam vir a surgir, relativamente a tal contrato.

▶ Art. 853 do CC.

§ 1º A cláusula compromissória deve ser estipulada por escrito, podendo estar inserta no próprio contrato ou em documento apartado que a ele se refira.

§ 2º Nos contratos de adesão, a cláusula compromissória só terá eficácia se o aderente tomar a iniciativa de instituir a arbitragem ou concordar, expressamente, com a sua instituição, desde que por escrito em documento anexo ou em negrito, com a assinatura ou visto especialmente para essa cláusula.

§§ 3º e 4º VETADOS. Lei nº 13.129, de 26-5-2015.

Art. 5º Reportando-se as partes, na cláusula compromissória, às regras de algum órgão arbitral institucional ou entidade especializada, a arbitragem será instituída e processada de acordo com tais regras, podendo, igualmente, as partes estabelecer na própria cláusula, ou em outro documento, a forma convencionada para a instituição da arbitragem.

Art. 6º Não havendo acordo prévio sobre a forma de instituir a arbitragem, a parte interessada manifestará à outra parte sua intenção de dar início à arbitragem, por via postal ou por outro meio qualquer de comunicação, mediante comprovação de recebimento, convocando-a para, em dia, hora e local certos, firmar o compromisso arbitral.

Parágrafo único. Não comparecendo a parte convocada ou, comparecendo, recusar-se a firmar o compromisso arbitral, poderá a outra parte propor a demanda de que trata o artigo 7º desta Lei, perante o órgão do Poder Judiciário a que, originariamente, tocaria o julgamento da causa.

Art. 7º Existindo cláusula compromissória e havendo resistência quanto à instituição da arbitragem, poderá a parte interessada requerer a citação da outra parte para comparecer em juízo a fim de lavrar-se o compromisso, designando o juiz audiência especial para tal fim.

▶ Arts. 13, § 2º, e 16, § 2º, desta Lei.

§ 1º O autor indicará, com precisão, o objeto da arbitragem, instruindo o pedido com o documento que contiver a cláusula compromissória.

§ 2º Comparecendo as partes à audiência, o juiz tentará, previamente, a conciliação acerca do litígio. Não obtendo sucesso, tentará o juiz conduzir as partes à celebração, de comum acordo, do compromisso arbitral.

§ 3º Não concordando as partes sobre os termos do compromisso, decidirá o juiz, após ouvir o réu, sobre seu conteúdo, na própria audiência ou no prazo de dez dias, respeitadas as disposições da cláusula compromissória e atendendo ao disposto nos artigos 10 e 21, § 2º, desta Lei.

§ 4º Se a cláusula compromissória nada dispuser sobre a nomeação de árbitros, caberá ao juiz, ouvidas as partes, estatuir a respeito, podendo nomear árbitro único para a solução do litígio.

§ 5º A ausência do autor, sem justo motivo, à audiência designada para a lavratura do compromisso arbitral, importará a extinção do processo sem julgamento de mérito.

§ 6º Não comparecendo o réu à audiência, caberá ao juiz, ouvido o autor, estatuir a respeito do conteúdo do compromisso, nomeando árbitro único.

§ 7º A sentença que julgar procedente o pedido valerá como compromisso arbitral.

Art. 8º A cláusula compromissória é autônoma em relação ao contrato em que estiver inserta, de tal sorte que a nulidade deste não implica, necessariamente, a nulidade da cláusula compromissória.

Parágrafo único. Caberá ao árbitro decidir de ofício, ou por provocação das partes, as questões acerca da existência, validade e eficácia da convenção de arbitragem e do contrato que contenha a cláusula compromissória.

Art. 9º O compromisso arbitral é a convenção através da qual as partes submetem um litígio à arbitragem de uma ou mais pessoas, podendo ser judicial ou extrajudicial.

▶ Art. 851 do CC.

§ 1º O compromisso arbitral judicial celebrar-se-á por termo nos autos, perante o juízo ou tribunal, onde tem curso a demanda.

§ 2º O compromisso arbitral extrajudicial será celebrado por escrito particular, assinado por duas testemunhas, ou por instrumento público.

Art. 10. Constará, obrigatoriamente, do compromisso arbitral:

▶ Art. 7º, § 3º, desta Lei.

I – o nome, profissão, estado civil e domicílio das partes;

II – o nome, profissão e domicílio do árbitro, ou dos árbitros, ou, se for o caso, a identificação da entidade à qual as partes delegaram a indicação de árbitros;

III – a matéria que será objeto da arbitragem; e

IV – o lugar em que será proferida a sentença arbitral.

Art. 11. Poderá, ainda, o compromisso arbitral conter:

I – local, ou locais, onde se desenvolverá a arbitragem;

II – a autorização para que o árbitro ou os árbitros julguem por equidade, se assim for convencionado pelas partes;

III – o prazo para apresentação da sentença arbitral;

IV – a indicação da lei nacional ou das regras corporativas aplicáveis à arbitragem, quando assim convencionarem as partes;

V – a declaração da responsabilidade pelo pagamento dos honorários e das despesas com a arbitragem; e

VI – a fixação dos honorários do árbitro, ou dos árbitros.

Parágrafo único. Fixando as partes os honorários do árbitro, ou dos árbitros, no compromisso arbitral, este constituirá título executivo extrajudicial; não havendo tal estipulação, o árbitro requererá ao órgão do Poder Judiciário que seria competente para julgar, originariamente, a causa que os fixe por sentença.

Art. 12. Extingue-se o compromisso arbitral:

I – escusando-se qualquer dos árbitros, antes de aceitar a nomeação, desde que as partes tenham declarado, expressamente, não aceitar substituto;

II – falecendo ou ficando impossibilitado de dar seu voto algum dos árbitros, desde que as partes declarem, expressamente, não aceitar substituto; e

III – tendo expirado o prazo a que se refere o artigo 11, inciso III, desde que a parte interessada tenha notificado o árbitro, ou o presidente do tribunal arbitral, concedendo-lhe o prazo de dez dias para a prolação e apresentação da sentença arbitral.

▶ Art. 32, VII, desta Lei.

CAPÍTULO III
DOS ÁRBITROS

Art. 13. Pode ser árbitro qualquer pessoa capaz e que tenha a confiança das partes.

§ 1º As partes nomearão um ou mais árbitros, sempre em número ímpar, podendo nomear, também, os respectivos suplentes.

§ 2º Quando as partes nomearem árbitros em número par, estes estão autorizados, desde logo, a nomear mais um árbitro. Não havendo acordo, requererão as partes ao órgão do Poder Judiciário a que tocaria, originariamente, o julgamento da causa a nomeação do árbitro, aplicável, no que couber, o procedimento previsto no artigo 7º desta Lei.

§ 3º As partes poderão, de comum acordo, estabelecer o processo de escolha dos árbitros ou adotar as regras de um órgão arbitral institucional ou entidade especializada.

§ 4º As partes, de comum acordo, poderão afastar a aplicação de dispositivo do regulamento do órgão arbitral institucional ou entidade especializada que limite a escolha do árbitro único, coárbitro ou presidente do tribunal à respectiva lista de árbitros, autorizado o controle da escolha pelos órgãos competentes da instituição, sendo que, nos casos de impasse e arbitragem multiparte, deverá ser observado o que dispuser o regulamento aplicável.

▶ § 4º com a redação dada pela Lei nº 13.129, de 26-5-2015.

§ 5º O árbitro ou o presidente do tribunal designará, se julgar conveniente, um secretário, que poderá ser um dos árbitros.

§ 6º No desempenho de sua função, o árbitro deverá proceder com imparcialidade, independência, competência, diligência e discrição.

§ 7º Poderá o árbitro ou o tribunal arbitral determinar às partes o adiantamento de verbas para despesas e diligências que julgar necessárias.

Art. 14. Estão impedidos de funcionar como árbitros as pessoas que tenham, com as partes ou com o litígio que lhes for submetido, algumas das relações que caracterizam os casos de impedimento ou suspeição de juízes, aplicando-se-lhes, no que couber, os mesmos deveres e responsabilidades, conforme previsto no Código de Processo Civil.

▶ Arts. 144, 145, 147 e 148 do CPC/2015.

§ 1º As pessoas indicadas para funcionar como árbitro têm o dever de revelar, antes da aceitação da função, qualquer fato que denote dúvida justificada quanto à sua imparcialidade e independência.

§ 2º O árbitro somente poderá ser recusado por motivo ocorrido após sua nomeação. Poderá, entretanto, ser recusado por motivo anterior à sua nomeação, quando:

a) não for nomeado, diretamente, pela parte; ou

b) o motivo para a recusa do árbitro for conhecido posteriormente à sua nomeação.

Art. 15. A parte interessada em arguir a recusa do árbitro apresentará, nos termos do artigo 20, a respectiva exceção, diretamente ao árbitro ou ao presidente do tribunal arbitral, deduzindo suas razões e apresentando as provas pertinentes.

Parágrafo único. Acolhida a exceção, será afastado o árbitro suspeito ou impedido, que será substituído, na forma do artigo 16 desta Lei.

Art. 16. Se o árbitro escusar-se antes da aceitação da nomeação, ou, após a aceitação, vier a falecer, tornar-se impossibilitado para o exercício da função, ou for recusado, assumirá seu lugar o substituto indicado no compromisso, se houver.

▶ Art. 20, § 1º, desta Lei.

§ 1º Não havendo substituto indicado para o árbitro, aplicar-se-ão as regras do órgão arbitral institucional ou entidade especializada, se as partes as tiverem invocado na convenção de arbitragem.

§ 2º Nada dispondo a convenção de arbitragem e não chegando as partes a um acordo sobre a nomeação do árbitro a ser substituído, procederá a parte interessada da forma prevista no artigo 7º desta Lei, a menos que as partes tenham declarado, expressamente, na convenção de arbitragem, não aceitar substituto.

Art. 17. Os árbitros, quando no exercício de suas funções ou em razão delas, ficam equiparados aos funcionários públicos, para os efeitos da legislação penal.

▶ Arts. 312 a 327 do CP.

Art. 18. O árbitro é juiz de fato e de direito, e a sentença que proferir não fica sujeita a recurso ou a homologação pelo Poder Judiciário.

CAPÍTULO IV
DO PROCEDIMENTO ARBITRAL

Art. 19. Considera-se instituída a arbitragem quando aceita a nomeação pelo árbitro, se for único, ou por todos, se forem vários.

§ 1º Instituída a arbitragem e entendendo o árbitro ou o tribunal arbitral que há necessidade de explicitar questão disposta na convenção de arbitragem, será elaborado, juntamente com as partes, adendo firmado por todos, que passará a fazer parte integrante da convenção de arbitragem.

▶ Antigo parágrafo único renumerado para § 1º e com a redação dada pela Lei nº 13.129, de 26-5-2015.

§ 2º A instituição da arbitragem interrompe a prescrição, retroagindo à data do requerimento de sua instauração, ainda que extinta a arbitragem por ausência de jurisdição.

▶ § 2º acrescido pela Lei nº 13.129, de 26-5-2015.

Art. 20. A parte que pretender arguir questões relativas à competência, suspeição ou impedimento do árbitro ou dos árbitros, bem como nulidade, invalidade ou ineficácia da convenção de arbitragem, deverá fazê-lo na primeira oportunidade que tiver de se manifestar, após a instituição da arbitragem.

▶ Art. 15 desta Lei.

§ 1º Acolhida a arguição de suspeição ou impedimento, será o árbitro substituído nos termos do artigo 16 desta Lei, reconhecida a incompetência do árbitro ou do tribunal arbitral, bem como a nulidade, invalidade ou ineficácia da convenção de arbitragem, serão as partes remetidas ao órgão do Poder Judiciário competente para julgar a causa.

§ 2º Não sendo acolhida a arguição, terá normal prosseguimento a arbitragem, sem prejuízo de vir a ser examinada a decisão pelo órgão do Poder Judiciário competente, quando da eventual propositura da demanda de que trata o artigo 33 desta Lei.

Art. 21. A arbitragem obedecerá ao procedimento estabelecido pelas partes na convenção de arbitragem, que poderá reportar-se às regras de um órgão arbitral institucional ou entidade especializada, facultando-se, ainda, às partes delegar ao próprio árbitro, ou ao tribunal arbitral, regular o procedimento.

§ 1º Não havendo estipulação acerca do procedimento, caberá ao árbitro ou ao tribunal arbitral discipliná-lo.

§ 2º Serão, sempre, respeitados no procedimento arbitral os princípios do contraditório, da igualdade das partes, da imparcialidade do árbitro e de seu livre convencimento.

▶ Arts. 7º, § 3º, e 32, VIII, desta Lei.

§ 3º As partes poderão postular por intermédio de advogado, respeitada, sempre, a faculdade de designar quem as represente ou assista no procedimento arbitral.

§ 4º Competirá ao árbitro ou ao tribunal arbitral, no início do procedimento, tentar a conciliação das partes, aplicando-se, no que couber, o artigo 28 desta Lei.

Art. 22. Poderá o árbitro ou o tribunal arbitral tomar o depoimento das partes, ouvir testemunhas e determinar a realização de perícias ou outras provas que julgar necessárias, mediante requerimento das partes ou de ofício.

§ 1º O depoimento das partes e das testemunhas será tomado em local, dia e hora previamente comunicados, por escrito, e reduzido a termo, assinado pelo depoente, ou a seu rogo, e pelos árbitros.

§ 2º Em caso de desatendimento, sem justa causa, da convocação para prestar depoimento pessoal, o árbitro ou o tribunal arbitral levará em consideração o comportamento da parte faltosa, ao proferir sua sentença; se a ausência for de testemunha, nas mesmas circunstâncias, poderá o árbitro ou o presidente do tribunal arbitral requerer à autoridade judiciária que conduza a testemunha renitente, comprovando a existência da convenção de arbitragem.

§ 3º A revelia da parte não impedirá que seja proferida a sentença arbitral.

§ 4º *Revogado*. Lei nº 13.129, de 26-5-2015 (*DOU* de 27-5-2015) em vigor 60 (sessenta) dias da publicação oficial.

§ 5º Se, durante o procedimento arbitral, um árbitro vier a ser substituído fica a critério do substituto repetir as provas já produzidas.

CAPÍTULO IV-A
DAS TUTELAS CAUTELARES E DE URGÊNCIA

▶ Capítulo IV-A acrescido pela Lei nº 13.129, de 26-5-2015.

Art. 22-A. Antes de instituída a arbitragem, as partes poderão recorrer ao Poder Judiciário para a concessão de medida cautelar ou de urgência.

Parágrafo único. Cessa a eficácia da medida cautelar ou de urgência se a parte interessada não requerer a instituição da arbitragem no prazo de 30 (trinta) dias, contado da data de efetivação da respectiva decisão.

Art. 22-B. Instituída a arbitragem, caberá aos árbitros manter, modificar ou revogar a medida cautelar ou de urgência concedida pelo Poder Judiciário.

Parágrafo único. Estando já instituída a arbitragem, a medida cautelar ou de urgência será requerida diretamente aos árbitros.

▸ Arts. 22-A e 22-B acrescidos pela Lei nº 13.129, de 26-5-2015.

CAPÍTULO IV-B
DA CARTA ARBITRAL

▸ Capítulo IV-B acrescido pela Lei nº 13.129, de 26-5-2015.

Art. 22-C. O árbitro ou o tribunal arbitral poderá expedir carta arbitral para que o órgão jurisdicional nacional pratique ou determine o cumprimento, na área de sua competência territorial, de ato solicitado pelo árbitro.

Parágrafo único. No cumprimento da carta arbitral será observado o segredo de justiça, desde que comprovada a confidencialidade estipulada na arbitragem.

▸ Art. 22-C acrescido pela Lei nº 13.129, de 26-5-2015.

CAPÍTULO V
DA SENTENÇA ARBITRAL

Art. 23. A sentença arbitral será proferida no prazo estipulado pelas partes. Nada tendo sido convencionado, o prazo para a apresentação da sentença é de seis meses, contado da instituição da arbitragem ou da substituição do árbitro.

§ 1º Os árbitros poderão proferir sentenças parciais.

▸ § 1º acrescido pela Lei nº 13.129, de 26-5-2015.

§ 2º As partes e os árbitros, de comum acordo, poderão prorrogar o prazo para proferir a sentença final.

▸ Antigo parágrafo único renumerado para § 2º e com a redação dada pela Lei nº 13.129, de 26-5-2015.

Art. 24. A decisão do árbitro ou dos árbitros será expressa em documento escrito.

§ 1º Quando forem vários os árbitros, a decisão será tomada por maioria. Se não houver acordo majoritário, prevalecerá o voto do presidente do tribunal arbitral.

§ 2º O árbitro que divergir da maioria poderá, querendo, declarar seu voto em separado.

Art. 25. *Revogado*. Lei nº 13.129, de 26-5-2015.

Art. 26. São requisitos obrigatórios da sentença arbitral:

▸ Arts. 28 e 32, III, desta Lei.

I – o relatório, que conterá os nomes das partes e um resumo do litígio;

II – os fundamentos da decisão, onde serão analisadas as questões de fato e de direito, mencionando-se, expressamente, se os árbitros julgaram por equidade;

III – o dispositivo, em que os árbitros resolverão as questões que lhes forem submetidas e estabelecerão o prazo para o cumprimento da decisão, se for o caso; e

IV – a data e o lugar em que foi proferida.

Parágrafo único. A sentença arbitral será assinada pelo árbitro ou por todos os árbitros. Caberá ao presidente do tribunal arbitral, na hipótese de um ou alguns dos árbitros não poder ou não querer assinar a sentença, certificar tal fato.

Art. 27. A sentença arbitral decidirá sobre a responsabilidade das partes acerca das custas e despesas com a arbitragem, bem como sobre verba decorrente de litigância de má-fé, se for o caso, respeitadas as disposições da convenção de arbitragem, se houver.

▸ Arts. 79 a 81 do CPC/2015.

Art. 28. Se, no decurso da arbitragem, as partes chegarem a acordo quanto ao litígio, o árbitro ou o tribunal arbitral poderá, a pedido das partes, declarar tal fato mediante sentença arbitral, que conterá os requisitos do artigo 26 desta Lei.

▸ Art. 21, § 4º, desta Lei.

Art. 29. Proferida a sentença arbitral, dá-se por finda a arbitragem, devendo o árbitro, ou o presidente do tribunal arbitral, enviar cópia da decisão às partes, por via postal ou por outro meio qualquer de comunicação, mediante comprovação de recebimento, ou, ainda, entregando-a diretamente às partes, mediante recibo.

▸ Art. 30, parágrafo único, desta Lei.

Art. 30. No prazo de 5 (cinco) dias, a contar do recebimento da notificação ou da ciência pessoal da sentença arbitral, salvo se outro prazo for acordado entre as partes, a parte interessada, mediante comunicação à outra parte, poderá solicitar ao árbitro ou ao tribunal arbitral que:

▸ *Caput* com a redação dada pela Lei nº 13.129, de 26-5-2015.

I – corrija qualquer erro material da sentença arbitral;

II – esclareça alguma obscuridade, dúvida ou contradição da sentença arbitral, ou se pronuncie sobre ponto omitido a respeito do qual devia manifestar-se a decisão.

Parágrafo único. O árbitro ou o tribunal arbitral decidirá no prazo de 10 (dez) dias ou em prazo acordado com as partes, aditará a sentença arbitral e notificará as partes na forma do art. 29.

▸ Parágrafo único com a redação dada pela Lei nº 13.129, de 26-5-2015.

Art. 31. A sentença arbitral produz, entre as partes, e seus sucessores, os mesmos efeitos da sentença proferida pelos órgãos do Poder Judiciário e, sendo condenatória, constitui título executivo.

▸ Art. 515, VII, do CPC/2015.

Art. 32. É nula a sentença arbitral se:

I – for nula a convenção de arbitragem;

▸ Inciso I com a redação dada pela Lei nº 13.129, de 26-5-2015.

II – emanou de quem não podia ser árbitro;

III – não contiver os requisitos do artigo 26 desta Lei;

IV – for proferida fora dos limites da convenção de arbitragem;

V – *Revogado*. Lei nº 13.129, de 26-5-2015;

VI – comprovado que foi proferida por prevaricação, concussão ou corrupção passiva;

VII – proferida fora do prazo, respeitado o disposto no artigo 12, inciso III, desta Lei; e

VIII – forem desrespeitados os princípios de que trata o artigo 21, § 2º, desta Lei.

Art. 33. A parte interessada poderá pleitear ao órgão do Poder Judiciário competente a declaração de nulidade da sentença arbitral, nos casos previstos nesta Lei.

▸ *Caput* do art. 33 com a redação dada pela Lei nº 13.129, de 26-5-2015.

§ 1º A demanda para a declaração de nulidade da sentença arbitral, parcial ou final, seguirá as regras do procedimento comum, previstas na Lei nº 5.869, de 11 de janeiro de 1973 (Código de Processo Civil), e deverá ser proposta no prazo de até 90 (noventa) dias após o recebimento da notificação da respectiva sentença, parcial ou final, ou da decisão do pedido de esclarecimentos.

▸ Art. 318 do CPC/2015.

§ 2º A sentença que julgar procedente o pedido declarará a nulidade da sentença arbitral, nos casos do art. 32, e determinará, se for o caso, que o árbitro ou o tribunal profira nova sentença arbitral.

▸ §§ 1º e 2º com a redação dada pela Lei nº 13.129, de 26-5-2015.

§ 3º A decretação da nulidade da sentença arbitral também poderá ser requerida na impugnação ao cumprimento da sentença, nos termos dos arts. 525 e ss. do Código de Processo Civil, se houver execução judicial.

▸ § 3º com a redação dada pela Lei nº 13.105, de 16-3-2015.

▸ Arts. 523 a 527 e 1.061 do CPC/2015.

§ 4º A parte interessada poderá ingressar em juízo para requerer a prolação de sentença arbitral complementar, se o árbitro não decidir todos os pedidos submetidos à arbitragem.

▸ § 4º com a redação dada pela Lei nº 13.129, de 26-5-2015.

CAPÍTULO VI
DO RECONHECIMENTO E EXECUÇÃO DE SENTENÇAS ARBITRAIS ESTRANGEIRAS

▸ Dec. nº 4.311, de 23-7-2002, promulga a Convenção sobre o Reconhecimento e a Execução de Sentenças Arbitrais Estrangeiras.

Art. 34. A sentença arbitral estrangeira será reconhecida ou executada no Brasil de conformidade com os tratados internacionais com eficácia no ordenamento interno e, na sua ausência, estritamente de acordo com os termos desta Lei.

Parágrafo único. Considera-se sentença arbitral estrangeira a que tenha sido proferida fora do Território Nacional.

Art. 35. Para ser reconhecida ou executada no Brasil, a sentença arbitral estrangeira está sujeita, unicamente, à homologação do Superior Tribunal de Justiça.

▸ Artigo com a redação dada pela Lei nº 13.129, de 26-5-2015.

▸ Art. 109, X, da CF.

Art. 36. Aplica-se à homologação para reconhecimento ou execução de sentença arbitral estrangeira, no que couber, o disposto nos artigos 483 e 484 do Código de Processo Civil.

▸ Refere-se ao CPC/1973

▸ Arts. 961 e 965, parágrafo único, do CPC/2015.

Art. 37. A homologação de sentença arbitral estrangeira será requerida pela parte interessada, devendo a petição inicial conter as indicações da lei processual, conforme o artigo 282 do Código de Processo Civil, e ser instruída, necessariamente, com:

▸ Refere-se ao CPC/1973.

▸ Art. 319, *caput*, I a VI, do CPC/2015.

I – o original da sentença arbitral ou uma cópia devidamente certificada, autenticada pelo consulado brasileiro e acompanhada de tradução oficial;

II – o original da convenção de arbitragem ou cópia devidamente certificada, acompanhada de tradução oficial.

Art. 38. Somente poderá ser negada a homologação para o reconhecimento ou execução de sentença arbitral estrangeira, quando o réu demonstrar que:

- Art. 319, *caput*, I a VI, do CPC/2015.

I – as partes na convenção de arbitragem eram incapazes;

II – a convenção de arbitragem não era válida segundo a lei à qual as partes a submeteram, ou, na falta de indicação, em virtude da lei do país onde a sentença arbitral foi proferida;

III – não foi notificado da designação do árbitro ou do procedimento de arbitragem, ou tenha sido violado o princípio do contraditório, impossibilitando a ampla defesa;

IV – a sentença arbitral foi proferida fora dos limites da convenção de arbitragem, e não foi possível separar a parte excedente daquela submetida à arbitragem;

V – a instituição da arbitragem não está de acordo com o compromisso arbitral ou cláusula compromissória;

VI – a sentença arbitral não se tenha, ainda, tornado obrigatória para as partes, tenha sido anulada, ou, ainda, tenha sido suspensa por órgão judicial do país onde a sentença arbitral for prolatada.

Art. 39. A homologação para o reconhecimento ou a execução da sentença arbitral estrangeira também será denegada se o Superior Tribunal de Justiça constatar que:

- *Caput* com a redação dada pela Lei nº 13.129, de 26-5-2015.

I – segundo a lei brasileira, o objeto do litígio não é suscetível de ser resolvido por arbitragem;

II – a decisão ofende a ordem pública nacional.

Parágrafo único. Não será considerada ofensa à ordem pública nacional a efetivação da citação da parte residente ou domiciliada no Brasil, nos moldes da convenção de arbitragem ou da lei processual do país onde se realizou a arbitragem, admitindo-se, inclusive, a citação postal com prova inequívoca de recebimento, desde que assegure à parte brasileira tempo hábil para o exercício do direito de defesa.

- Súm. nº 429 do STJ.

Art. 40. A denegação da homologação para reconhecimento ou execução de sentença arbitral estrangeira por vícios formais, não obsta que a parte interessada renove o pedido, uma vez sanados os vícios apresentados.

CAPÍTULO VII
DISPOSIÇÕES FINAIS

Art. 41. Os artigos 267, inciso VII; 301, inciso IX; e 584, inciso III, do Código de Processo Civil passam a ter a seguinte redação:

- Alterações inseridas no texto do referido Código.
- O art. 584 foi revogado pela Lei nº 11.232, de 22-12-2005, que altera o CPC/1973, para estabelecer a fase de cumprimento das sentenças no processo de conhecimento e revogar dispositivos relativos à execução fundada em título judicial, e dá outras providências.
- Refere-se ao CPC/1973.
- Arts. 64, 337 e 485 do CPC/2015.

Art. 42. O artigo 520 do Código de Processo Civil passa a ter mais um inciso, com a seguinte redação:

- Alterações inseridas no texto do referido Código.
- Refere-se ao CPC/1973.
- Arts. 995 e 1.012 do CPC/2015.

Art. 43. Esta Lei entrará em vigor sessenta dias após a data de sua publicação.

Art. 44. Ficam revogados os artigos 1.037 a 1.048 da Lei nº 3.071, de 1º de janeiro de 1916, Código Civil Brasileiro; os artigos 101 e 1.072 a 1.102 da Lei nº 5.869, de 11 de janeiro de 1973, Código de Processo Civil; e demais disposições em contrário.

- A Lei nº 3.071, de 1º-1-1916, foi revogada pela Lei nº 10.406, de 10-1-2002 (Código Civil).
- Lei nº 13.105, de 16-3-2015 (Novo Código de Processo Civil.

Brasília, 23 de setembro de 1996;
175º da Independência e
108º da República.

Fernando Henrique Cardoso

LEI Nº 9.394, DE 20 DE DEZEMBRO DE 1996

Estabelece as diretrizes e bases da educação nacional.

- Publicada no *DOU* de 23-12-1996.

TÍTULO I – DA EDUCAÇÃO

Art. 1º A educação abrange os processos formativos que se desenvolvem na vida familiar, na convivência humana, no trabalho, nas instituições de ensino e pesquisa, nos movimentos sociais e organizações da sociedade civil e nas manifestações culturais.

§ 1º Esta Lei disciplina a educação escolar, que se desenvolve, predominantemente, por meio do ensino, em instituições próprias.

§ 2º A educação escolar deverá vincular-se ao mundo do trabalho e à prática social.

TÍTULO II – DOS PRINCÍPIOS E FINS DA EDUCAÇÃO NACIONAL

Art. 2º A educação, dever da família e do Estado, inspirada nos princípios de liberdade e nos ideais de solidariedade humana, tem por finalidade o pleno desenvolvimento do educando, seu preparo para o exercício da cidadania e sua qualificação para o trabalho.

Art. 3º O ensino será ministrado com base nos seguintes princípios:

I – igualdade de condições para o acesso e permanência na escola;

II – liberdade de aprender, ensinar, pesquisar e divulgar a cultura, o pensamento, a arte e o saber;

III – pluralismo de ideias e de concepções pedagógicas;

IV – respeito à liberdade e apreço à tolerância;

V – coexistência de instituições públicas e privadas de ensino;

VI – gratuidade do ensino público em estabelecimentos oficiais;

VII – valorização do profissional da educação escolar;

VIII – gestão democrática do ensino público, na forma desta Lei e da legislação dos respectivos Estados e Municípios e do Distrito Federal;

- Inciso VIII com a redação dada pela Lei nº 14.644, de 2-8-2023.

IX – garantia de padrão de qualidade;

X – valorização da experiência extraescolar;

XI – vinculação entre a educação escolar, o trabalho e as práticas sociais;

XII – consideração com a diversidade étnico-racial;

- Inciso XII acrescido pela Lei nº 12.796, de 4-4-2013.

XIII – garantia do direito à educação e à aprendizagem ao longo da vida;

- Inciso XIII acrescido pela Lei nº 13.632, de 6-3-2018.

XIV – respeito à diversidade humana, linguística, cultural e identitária das pessoas surdas, surdo-cegas e com deficiência auditiva;

- Inciso XIV acrescido pela Lei nº 14.191, de 3-8-2021.

XV – *garantia do direito de acesso a informações públicas sobre a gestão da educação.*

- Inciso XV acrescido pela Lei nº 15.001, de 16-10-2024.

TÍTULO III – DO DIREITO À EDUCAÇÃO E DO DEVER DE EDUCAR

Art. 4º O dever do Estado com educação escolar pública será efetivado mediante a garantia de:

I – educação básica obrigatória e gratuita dos 4 (quatro) aos 17 (dezessete) anos de idade, organizada da seguinte forma:

- *Caput* do inciso I com a redação dada pela Lei nº 12.796, de 4-4-2013.

a) pré-escola;

b) ensino fundamental;

c) ensino médio;

- Alíneas *a* a *c* acrescidas pela Lei nº 12.796, de 4-4-2013.

II – educação infantil gratuita às crianças de até 5 (cinco) anos de idade;

III – atendimento educacional especializado gratuito aos educandos com deficiência, transtornos globais do desenvolvimento e altas habilidades ou superdotação, transversal a todos os níveis, etapas e modalidades, preferencialmente na rede regular de ensino;

IV – acesso público e gratuito aos ensinos fundamental e médio para todos os que não os concluíram na idade própria;

- Incisos II a IV com a redação dada pela Lei nº 12.796, de 4-4-2013.

V – acesso aos níveis mais elevados do ensino, da pesquisa e da criação artística, segundo a capacidade de cada um;

VI – oferta de ensino noturno regular, adequado às condições do educando;

VII – oferta de educação escolar regular para jovens e adultos, com características e modalidades adequadas às suas necessidades e disponibilidades, garantindo-se aos que forem trabalhadores as condições de acesso e permanência na escola;

VIII – atendimento ao educando, em todas as etapas da educação básica, por meio de programas suplementares de material didático-escolar, transporte, alimentação e assistência à saúde;

- Inciso VIII com a redação dada pela Lei nº 12.796, de 4-4-2013.

IX – padrões mínimos de qualidade do ensino, definidos como a variedade e a quantidade mínimas, por aluno, de insumos indispensáveis ao desenvolvimento do processo de ensino-aprendizagem adequados à idade e às necessidades específicas de cada estudante, inclusive mediante a provisão de mobiliário, equipamentos e materiais pedagógicos apropriados;

▸ Inciso IX com a redação dada pela Lei nº 14.333, de 4-5-2022.

X – vaga na escola pública de educação infantil ou de ensino fundamental mais próxima de sua residência a toda criança a partir do dia em que completar 4 (quatro) anos de idade;

▸ Inciso X acrescido pela Lei nº 11.700, de 13-6-2008.

XI – alfabetização plena e capacitação gradual para a leitura ao longo da educação básica como requisitos indispensáveis para a efetivação dos direitos e objetivos de aprendizagem e para o desenvolvimento dos indivíduos.

▸ Inciso XI acrescido pela Lei nº 14.407, de 12-7-2022.

XII – educação digital, com a garantia de conectividade de todas as instituições públicas de educação básica e superior à internet em alta velocidade, adequada para o uso pedagógico, com o desenvolvimento de competências voltadas ao letramento digital de jovens e adultos, criação de conteúdos digitais, comunicação e colaboração, segurança e resolução de problemas.

▸ Inciso XII acrescido pela Lei nº 14.533, de 11-1-2023.

Parágrafo único. Para efeitos do disposto no inciso XII do *caput* deste artigo, as relações entre o ensino e a aprendizagem digital deverão prever técnicas, ferramentas e recursos digitais que fortaleçam os papéis de docência e aprendizagem do professor e do aluno e que criem espaços coletivos de mútuo desenvolvimento.

▸ Parágrafo único acrescido pela Lei nº 14.533, de 11-1-2023.

Art. 4º-A. É assegurado atendimento educacional, durante o período de internação, ao aluno da educação básica internado para tratamento de saúde em regime hospitalar ou domiciliar por tempo prolongado, conforme dispuser o Poder Público em regulamento, na esfera de sua competência federativa.

▸ Art. 4º-A acrescido pela Lei nº 13.716, de 24-9-2018.

▸ Art. 6º, § 3º, da Lei nº 14.040, de 18-8-2020, que estabelece normas educacionais excepcionais a serem adotadas durante o estado de calamidade pública reconhecido pelo Decreto Legislativo nº 6, de 20-3-2020.

Art. 5º O acesso à educação básica obrigatória é direito público subjetivo, podendo qualquer cidadão, grupo de cidadãos, associação comunitária, organização sindical, entidade de classe ou outra legalmente constituída e, ainda, o Ministério Público, acionar o poder público para exigi-lo.

▸ *Caput* com a redação dada pela Lei nº 12.796, de 4-4-2013.

§ 1º O poder público, na esfera de sua competência federativa, deverá:

▸ *Caput* do § 1º com a redação dada pela Lei nº 12.796, de 4-4-2013.

I – recensear anualmente as crianças e adolescentes em idade escolar, bem como os jovens e adultos que não concluíram a educação básica;

▸ Inciso I com a redação dada pela Lei nº 12.796, de 4-4-2013.

II – fazer-lhes a chamada pública;

III – zelar, junto aos pais ou responsáveis, pela frequência à escola;

IV – divulgar a lista de espera por vagas nos estabelecimentos de educação básica de sua rede, inclusive creches, por ordem de colocação e, sempre que possível, por unidade escolar, bem como divulgar os critérios para a elaboração da lista;

▸ Inciso IV acrescido pela Lei nº 14.685, de 20-9-2023.

V – garantir aos pais, aos responsáveis e aos estudantes acesso aos resultados das avaliações de qualidade e de rendimento escolar nas instituições de ensino, diretamente realizadas por ele ou em parceria com organizações internacionais.

▸ Inciso V acrescido pela Lei nº 15.001, de 16-10-2024.

§ 2º Em todas as esferas administrativas, o Poder Público assegurará em primeiro lugar o acesso ao ensino obrigatório, nos termos deste artigo, contemplando em seguida os demais níveis e modalidades de ensino, conforme as prioridades constitucionais e legais.

§ 3º Qualquer das partes mencionadas no *caput* deste artigo tem legitimidade para peticionar no Poder Judiciário, na hipótese do § 2º do art. 208 da Constituição Federal, sendo gratuita e de rito sumário a ação judicial correspondente.

§ 4º Comprovada a negligência da autoridade competente para garantir o oferecimento do ensino obrigatório, poderá ela ser imputada por crime de responsabilidade.

§ 5º Para garantir o cumprimento da obrigatoriedade de ensino, o Poder Público criará formas alternativas de acesso aos diferentes níveis de ensino, independentemente da escolarização anterior.

§ 6º Incumbe ao poder público promover, nos termos de regulamento, o acesso público às informações educacionais do censo anual e dos exames e sistemas de avaliação da educação básica, considerado todo o processo de realização dessas atividades.

§ 7º A organização e a manutenção de sistema de informações e estatísticas educacionais pela União, pelos Estados, pelo Distrito Federal e pelos Municípios, no âmbito da administração direta e indireta, sujeitar-se-ão ao dever de transparência e publicidade como preceitos gerais e ao direito fundamental de acesso à informação de que trata a Lei nº 12.527, de 18 de novembro de 2011 (Lei de Acesso à Informação).

§ 8º Dados e microdados, agregados e desagregados, coletados na execução de políticas educacionais de caráter censitário, avaliativo ou regulatório, serão tratados, divulgados e compartilhados, sempre que possível, de forma anonimizada, observados os parâmetros para anonimização previstos em regulamento.

▸ §§ 6º a 8º acrescidos pela Lei nº 15.017, de 12-11-2024.

***Art. 5º-A.** Aplica-se o disposto nos §§ 6º, 7º e 8º do art. 5º desta Lei às informações educacionais do censo, dos exames e do sistema de avaliação da educação superior.*

▸ Art. 5º-A acrescido pela Lei nº 15.017, de 12-11-2024.

Art. 6º É dever dos pais ou responsáveis efetuar a matrícula das crianças na educação básica a partir dos 4 (quatro) anos de idade.

▸ Artigo com a redação dada pela Lei nº 12.796, de 4-4-2013.

Art. 7º O ensino é livre à iniciativa privada, atendidas as seguintes condições:

I – cumprimento das normas gerais da educação nacional e do respectivo sistema de ensino;

II – autorização de funcionamento e avaliação de qualidade pelo Poder Público;

III – capacidade de autofinanciamento, ressalvado o previsto no art. 213 da Constituição Federal.

Art. 7º-A. Ao aluno regularmente matriculado em instituição de ensino pública ou privada, de qualquer nível, é assegurado, no exercício da liberdade de consciência e de crença, o direito de, mediante prévio e motivado requerimento, ausentar-se de prova ou de aula marcada para dia em que, segundo os preceitos de sua religião, seja vedado o exercício de tais atividades, devendo-se-lhe atribuir, a critério da instituição e sem custos para o aluno, uma das seguintes prestações alternativas, nos termos do inciso VIII do *caput* do art. 5º da Constituição Federal:

I – prova ou aula de reposição, conforme o caso, a ser realizada em data alternativa, no turno de estudo do aluno ou em outro horário agendado com sua anuência expressa;

II – trabalho escrito ou outra modalidade de atividade de pesquisa, com tema, objetivo e data de entrega definidos pela instituição de ensino.

§ 1º A prestação alternativa deverá observar os parâmetros curriculares e o plano de aula do dia da ausência do aluno.

§ 2º O cumprimento das formas de prestação alternativa de que trata este artigo substituirá a obrigação original para todos os efeitos, inclusive regularização do registro de frequência.

§ 3º As instituições de ensino implementarão progressivamente, no prazo de 2 (dois) anos, as providências e adaptações necessárias à adequação de seu funcionamento às medidas previstas neste artigo.

▸ Art. 2º, parágrafo único, da Lei nº 13.796, de 3-1-2019, que dispõe sobre a contagem do prazo previsto neste parágrafo.

§ 4º O disposto neste artigo não se aplica ao ensino militar a que se refere o art. 83 desta Lei.

▸ Art. 7º-A acrescido pela Lei nº 13.796, de 3-1-2019.

TÍTULO IV – DA ORGANIZAÇÃO DA EDUCAÇÃO NACIONAL

Art. 8º A União, os Estados, o Distrito Federal e os Municípios organizarão, em regime de colaboração, os respectivos sistemas de ensino.

§ 1º Caberá à União a coordenação da política nacional de educação, articulando os diferentes níveis e sistemas e exercendo função normativa, redistributiva e supletiva em relação às demais instâncias educacionais.

▸ Dec. nº 9.765, de 11-4-2019, institui a Política Nacional de Alfabetização.

§ 2º Os sistemas de ensino terão liberdade de organização nos termos desta Lei.

Art. 9º A União incumbir-se-á de:

I – elaborar o Plano Nacional de Educação, em colaboração com os Estados, o Distrito Federal e os Municípios;

II – organizar, manter e desenvolver os órgãos e instituições oficiais do sistema federal de ensino e o dos Territórios;

III – prestar assistência técnica e financeira aos Estados, ao Distrito Federal e aos Municípios para o desenvolvimento de seus sistemas de ensino e o atendimento prioritário à escolaridade obrigatória, exercendo sua função redistributiva e supletiva;

IV – estabelecer, em colaboração com os Estados, o Distrito Federal e os Municípios, competências e diretrizes para a educação infantil, o ensino fundamental e o ensino médio, que nortearão os currículos e seus conteúdos mínimos, de modo a assegurar formação básica comum;

IV-A – estabelecer, em colaboração com os Estados, o Distrito Federal e os Municípios, diretrizes e procedimentos para identificação, cadastramento e atendimento, na educação básica e na educação superior, de alunos com altas habilidades ou superdotação;

▶ Inciso IV-A acrescido pela Lei nº 13.234, de 29-12-2015.

V – coletar, analisar e disseminar informações sobre a educação;

VI – assegurar processo nacional de avaliação do rendimento escolar no ensino fundamental, médio e superior, em colaboração com os sistemas de ensino, objetivando a definição de prioridades e a melhoria da qualidade do ensino;

VII – baixar normas gerais sobre cursos de graduação e pós-graduação;

VII-A – assegurar, em colaboração com os sistemas de ensino, processo nacional de avaliação das instituições e dos cursos de educação profissional técnica e tecnológica;

▶ Inciso VII-A acrescido pela Lei nº 14.645, de 2-8-2023.

VIII – assegurar processo nacional de avaliação das instituições de educação superior, com a cooperação dos sistemas que tiverem responsabilidade sobre este nível de ensino;

IX – autorizar, reconhecer, credenciar, supervisionar e avaliar, respectivamente, os cursos das instituições de educação superior e os estabelecimentos do seu sistema de ensino.

§ 1º Na estrutura educacional, haverá um Conselho Nacional de Educação, com funções normativas e de supervisão e atividade permanente, criado por lei.

§ 2º Para o cumprimento do disposto nos incisos V a IX, a União terá acesso a todos os dados e informações necessários de todos os estabelecimentos e órgãos educacionais.

§ 3º As atribuições constantes do inciso IX poderão ser delegadas aos Estados e ao Distrito Federal, desde que mantenham instituições de educação superior.

Art. 10. Os Estados incumbir-se-ão de:

I – organizar, manter e desenvolver os órgãos e instituições oficiais dos seus sistemas de ensino;

II – definir, com os Municípios, formas de colaboração na oferta do ensino fundamental, as quais devem assegurar a distribuição proporcional das responsabilidades, de acordo com a população a ser atendida e os recursos financeiros disponíveis em cada uma dessas esferas do Poder Público;

III – elaborar e executar políticas e planos educacionais, em consonância com as diretrizes e planos nacionais de educação, integrando e coordenando as suas ações e as dos seus Municípios;

IV – autorizar, reconhecer, credenciar, supervisionar e avaliar, respectivamente, os cursos das instituições de educação superior e os estabelecimentos do seu sistema de ensino;

V – baixar normas complementares para o seu sistema de ensino;

VI – assegurar o ensino fundamental e oferecer, com prioridade, o ensino médio a todos que o demandarem, respeitado o disposto no art. 38 desta Lei;

▶ Inciso VI com a redação dada pela Lei nº 12.061, de 27-10-2009.

VII – *assumir o transporte escolar dos alunos da rede estadual, permitindo aos respectivos professores, em trechos autorizados, o uso de assentos vagos nos veículos;*

▶ Inciso VII com a redação dada pela Lei nº 14.862, de 27-5-2024.

VIII – instituir, na forma da lei de que trata o art. 14, Conselhos Escolares e Fóruns dos Conselhos Escolares;

▶ Inciso VIII acrescido pela Lei nº 14.644, de 2-8-2023.

IX – *articular-se com os respectivos Municípios para que o disposto no inciso VII deste caput e no inciso VI do caput do art. 11 desta Lei seja cumprido da forma que melhor atenda aos interesses dos alunos e dos professores.*

▶ Inciso IX acrescido pela Lei nº 14.862, de 27-5-2024.

Parágrafo único. Ao Distrito Federal aplicar-se-ão as competências referentes aos Estados e aos Municípios.

Art. 11. Os Municípios incumbir-se-ão de:

I – organizar, manter e desenvolver os órgãos e instituições oficiais dos seus sistemas de ensino, integrando-os às políticas e planos educacionais da União e dos Estados;

II – exercer ação redistributiva em relação às suas escolas;

III – baixar normas complementares para o seu sistema de ensino;

IV – autorizar, credenciar e supervisionar os estabelecimentos do seu sistema de ensino;

V – oferecer a educação infantil em creches e pré-escolas, e, com prioridade, o ensino fundamental, permitida a atuação em outros níveis de ensino somente quando estiverem atendidas plenamente as necessidades de sua área de competência e com recursos acima dos percentuais mínimos vinculados pela Constituição Federal à manutenção e desenvolvimento do ensino;

VI – *assumir o transporte escolar dos alunos da rede municipal, permitindo aos respectivos professores, em trechos autorizados, o uso de assentos vagos nos veículos;*

▶ Inciso VI com a redação dada pela Lei nº 14.862, de 27-5-2024.

VII – instituir, na forma da lei de que trata o art. 14, Conselhos Escolares e Fóruns dos Conselhos Escolares.

▶ Inciso VII acrescido pela Lei nº 14.644, de 2-8-2023.

Parágrafo único. Os Municípios poderão optar, ainda, por se integrar ao sistema estadual de ensino ou compor com ele um sistema único de educação básica.

Art. 12. Os estabelecimentos de ensino, respeitadas as normas comuns e as do seu sistema de ensino, terão a incumbência de:

▶ Art. 2º, § 6º, da Lei nº 14.040, de 18-8-2020, que estabelece normas educacionais excepcionais a serem adotadas durante o estado de calamidade pública reconhecido pelo Decreto Legislativo nº 6, de 20-3-2020.

I – elaborar e executar sua proposta pedagógica;

II – administrar seu pessoal e seus recursos materiais e financeiros;

III – assegurar o cumprimento dos dias letivos e horas-aula estabelecidas;

IV – velar pelo cumprimento do plano de trabalho de cada docente;

V – prover meios para a recuperação dos alunos de menor rendimento;

VI – articular-se com as famílias e a comunidade, criando processos de integração da sociedade com a escola;

VII – informar pai e mãe, conviventes ou não com seus filhos, e, se for o caso, os responsáveis legais, sobre a frequência e rendimento dos alunos, bem como sobre a execução da proposta pedagógica da escola;

▶ Inciso VII com a redação dada pela Lei nº 12.013, de 6-8-2009.

VIII – notificar ao Conselho Tutelar do Município a relação dos alunos que apresentem quantidade de faltas acima de 30% (trinta por cento) do percentual permitido em lei;

▶ Inciso VIII com a redação dada pela Lei nº 13.803, de 10-1-2019.

IX – promover medidas de conscientização, de prevenção e de combate a todos os tipos de violência, especialmente a intimidação sistemática (*bullying*), no âmbito das escolas;

X – estabelecer ações destinadas a promover a cultura de paz nas escolas;

▶ Incisos IX e X acrescidos pela Lei nº 13.663, de 14-5-2018.

XI – promover ambiente escolar seguro, adotando estratégias de prevenção e enfrentamento ao uso ou dependência de drogas;

▶ Inciso XI acrescido pela Lei nº 13.840, de 5-6-2019.

XII – instituir, na forma da lei de que trata o art. 14, os Conselhos Escolares.

▶ Inciso XII acrescido pela Lei nº 14.644, de 2-8-2023.

Art. 13. Os docentes incumbir-se-ão de:

I – participar da elaboração da proposta pedagógica do estabelecimento de ensino;

II – elaborar e cumprir plano de trabalho, segundo a proposta pedagógica do estabelecimento de ensino;

III – zelar pela aprendizagem dos alunos;

IV – estabelecer estratégias de recuperação para os alunos de menor rendimento;

V – ministrar os dias letivos e horas-aula estabelecidos, além de participar integralmente dos períodos dedicados ao planejamento, à avaliação e ao desenvolvimento profissional;

VI – colaborar com as atividades de articulação da escola com as famílias e a comunidade.

Art. 14. Lei dos respectivos Estados e Municípios e do Distrito Federal definirá as normas da gestão democrática do ensino público na educação básica, de acordo com as suas peculiaridades e conforme os seguintes princípios:

▶ *Caput* com a redação dada pela Lei nº 14.644, de 2-8-2023.

▶ Art. 2º, § 6º, da Lei nº 14.040, de 18-8-2020, que estabelece normas educacionais excepcionais a serem adotadas durante o estado de calamidade pública reconhecido pelo Decreto Legislativo nº 6, de 20-3-2020.

I – participação dos profissionais da educação na elaboração do projeto pedagógico da escola;

II – participação das comunidades escolar e local em Conselhos Escolares e em Fóruns dos Conselhos Escolares ou equivalentes.

▶ Inciso II com a redação dada pela Lei nº 14.644, de 2-8-2023.

§ 1º O Conselho Escolar, órgão deliberativo, será composto do Diretor da Escola, membro nato, e de representantes das comunidades escolar e local, eleitos por seus pares nas seguintes categorias:

I – professores, orientadores educacionais, supervisores e administradores escolares;

II – demais servidores públicos que exerçam atividades administrativas na escola;

III – estudantes;

IV – pais ou responsáveis;

V – membros da comunidade local.

§ 2º O Fórum dos Conselhos Escolares é um colegiado de caráter deliberativo que tem como finalidades o fortalecimento dos Conselhos Escolares de sua circunscrição e a efetivação do processo democrático nas unidades educacionais e nas diferentes instâncias decisórias, com vistas a melhorar a qualidade da educação, norteado pelos seguintes princípios:

I – democratização da gestão;

II – democratização do acesso e permanência;

III – qualidade social da educação.

§ 3º O Fórum dos Conselhos Escolares será composto de:

I – 2 (dois) representantes do órgão responsável pelo sistema de ensino;

II – 2 (dois) representantes de cada Conselho Escolar da circunscrição de atuação do Fórum dos Conselhos Escolares.

▶ §§ 1º a 3º acrescidos pela Lei nº 14.644, de 2-8-2023.

Art. 14-A. *A União, os Estados, o Distrito Federal e os Municípios adotarão, como princípios de gestão de suas redes de ensino, a transparência e o acesso à informação, devendo disponibilizar ao público, em meio eletrônico, informações acessíveis referentes a:*

I – número de vagas disponíveis e preenchidas por instituição de ensino, lista de espera, quando houver, por ordem de colocação, e, no caso de instituições federais, especificação da reserva de vagas, nos termos da Lei nº 12.711, de 29 de agosto de 2012;

II – bolsas e auxílios para estudo e pesquisa concedidos a estudantes, a professores e a pesquisadores;

III – atividades ou projetos de pesquisa, extensão e inovação tecnológica finalizados e em andamento, no caso de instituições de educação superior;

IV – estatísticas relativas a fluxo e a rendimento escolares;

V – execução física e financeira de programas, de projetos e de atividades direcionados à educação básica e superior financiados com recursos públicos, renúncia fiscal ou subsídios tributários, financeiros ou creditícios, discriminados de acordo com a denominação a eles atribuída nos diplomas legais que os instituíram;

VI – currículo profissional e acadêmico dos ocupantes de cargo de direção de instituição de ensino e dos membros dos conselhos de educação, observadas as disposições da Lei nº 13.709, de 14 de agosto de 2018 (Lei Geral de Proteção de Dados Pessoais);

VII – pautas e atas das reuniões do Conselho Nacional de Educação e dos conselhos de educação dos Estados e do Distrito Federal.

▶ Art. 14-A acrescido pela Lei nº 15.001, de 16-10-2024.

Art. 15. Os sistemas de ensino assegurarão às unidades escolares públicas de educação básica que os integram progressivos graus de autonomia pedagógica e administrativa e de gestão financeira, observadas as normas gerais de direito financeiro público.

Art. 16. O sistema federal de ensino compreende:

I – as instituições de ensino mantidas pela União;

II – as instituições de educação superior mantidas pela iniciativa privada;

▶ Inciso II com a redação dada pela Lei nº 13.868, de 3-9-2019.

III – os órgãos federais de educação.

Art. 17. Os sistemas de ensino dos Estados e do Distrito Federal compreendem:

I – as instituições de ensino mantidas, respectivamente, pelo Poder Público estadual e pelo Distrito Federal;

II – as instituições de educação superior mantidas pelo Poder Público municipal;

III – as instituições de ensino fundamental e médio criadas e mantidas pela iniciativa privada;

IV – os órgãos de educação estaduais e do Distrito Federal, respectivamente.

Parágrafo único. No Distrito Federal, as instituições de educação infantil, criadas e mantidas pela iniciativa privada, integram seu sistema de ensino.

Art. 18. Os sistemas municipais de ensino compreendem:

I – as instituições do ensino fundamental, médio e de educação infantil mantidas pelo Poder Público municipal;

II – as instituições de educação infantil criadas e mantidas pela iniciativa privada;

III – os órgãos municipais de educação.

Art. 19. As instituições de ensino dos diferentes níveis classificam-se nas seguintes categorias administrativas:

I – públicas, assim entendidas as criadas ou incorporadas, mantidas e administradas pelo Poder Público;

II – privadas, assim entendidas as mantidas e administradas por pessoas físicas ou jurídicas de direito privado;

III – comunitárias, na forma da lei.

▶ Inciso III acrescido pela Lei nº 13.868, de 3-9-2019.

§ 1º As instituições de ensino a que se referem os incisos II e III do *caput* deste artigo podem qualificar-se como confessionais, atendidas a orientação confessional e a ideologia específicas.

§ 2º As instituições de ensino a que se referem os incisos II e III do *caput* deste artigo podem ser certificadas como filantrópicas, na forma da lei.

▶ §§ 1º e 2º acrescidos pela Lei nº 13.868, de 3-9-2019.

Art. 20. *Revogado.* Lei nº 13.868, de 3-9-2019.

TÍTULO V – DOS NÍVEIS E DAS MODALIDADES DE EDUCAÇÃO E ENSINO

CAPÍTULO I – DA COMPOSIÇÃO DOS NÍVEIS ESCOLARES

Art. 21. A educação escolar compõe-se de:

I – educação básica, formada pela educação infantil, ensino fundamental e ensino médio;

II – educação superior.

CAPÍTULO II – DA EDUCAÇÃO BÁSICA

Seção I – DAS DISPOSIÇÕES GERAIS

Art. 22. A educação básica tem por finalidades desenvolver o educando, assegurar-lhe a formação comum indispensável para o exercício da cidadania e fornecer-lhe meios para progredir no trabalho e em estudos posteriores.

Parágrafo único. São objetivos precípuos da educação básica a alfabetização plena e a formação de leitores, como requisitos essenciais para o cumprimento das finalidades constantes do *caput* deste artigo.

▶ Parágrafo único acrescido pela Lei nº 14.407, de 12-7-2022.

Art. 23. A educação básica poderá organizar-se em séries anuais, períodos semestrais, ciclos, alternância regular de períodos de estudos, grupos não seriados, com base na idade, na competência e em outros critérios, ou por forma diversa de organização, sempre que o interesse do processo de aprendizagem assim o recomendar.

§ 1º A escola poderá reclassificar os alunos, inclusive quando se tratar de transferências entre estabelecimentos situados no País e no exterior, tendo como base as normas curriculares gerais.

§ 2º O calendário escolar deverá adequar-se às peculiaridades locais, inclusive climáticas e econômicas, a critério do respectivo sistema de ensino, sem com isso reduzir o número de horas letivas previsto nesta Lei.

Art. 24. A educação básica, nos níveis fundamental e médio, será organizada de acordo com as seguintes regras comuns:

I – a carga horária mínima anual será de 800 (oitocentas) horas para o ensino fundamental e de 1.000 (mil) horas para o ensino médio, distribuídas por, no mínimo, 200 (duzentos) dias de efetivo trabalho escolar, excluído o tempo reservado aos exames finais, quando houver;

▶ Inciso I com a redação dada pela Lei nº 14.945, de 31-7-2024.

▶ Art. 2º, II, da Lei nº 14.040, de 18-8-2020, que estabelece normas educacionais excepcionais a serem adotadas durante o estado de calamidade pública reconhecido pelo Decreto Legislativo nº 6, de 20-3-2020.

II – a classificação em qualquer série ou etapa, exceto a primeira do ensino fundamental, pode ser feita:

a) por promoção, para alunos que cursaram, com aproveitamento, a série ou fase anterior, na própria escola;

b) por transferência, para candidatos procedentes de outras escolas;

c) independentemente de escolarização anterior, mediante avaliação feita pela escola, que defina o grau de desenvolvimento e experiência do candidato e permita sua inscriação na série ou etapa adequada, conforme regulamentação do respectivo sistema de ensino;

III – nos estabelecimentos que adotam a progressão regular por série, o regimento escolar pode admitir formas de progressão parcial, desde que preservada a sequência do currículo, observadas as normas do respectivo sistema de ensino;

IV – poderão organizar-se classes, ou turmas, com alunos de séries distintas, com níveis equivalentes de adiantamento na matéria, para o ensino de línguas estrangeiras, artes, ou outros componentes curriculares;

V – a verificação do rendimento escolar observará os seguintes critérios:

a) avaliação contínua e cumulativa do desempenho do aluno, com prevalência dos aspectos qualitativos sobre os quantitativos e dos resultados ao longo do período sobre os de eventuais provas finais;

b) possibilidade de aceleração de estudos para alunos com atraso escolar;

c) possibilidade de avanço nos cursos e nas séries mediante verificação do aprendizado;

d) aproveitamento de estudos concluídos com êxito;

e) obrigatoriedade de estudos de recuperação, de preferência paralelos ao período letivo, para os casos de baixo rendimento escolar, a serem disciplinados pelas instituições de ensino em seus regimentos;

VI – o controle de frequência fica a cargo da escola, conforme o disposto no seu regimento e nas normas do respectivo sistema de ensino, exigida a frequência mínima de setenta e cinco por cento do total de horas letivas para aprovação;

VII – cabe a cada instituição de ensino expedir históricos escolares, declarações de conclusão de série e diplomas ou certificados de conclusão de cursos, com as especificações cabíveis.

§ 1º *A carga horária mínima anual de que trata o inciso I do caput deste artigo será ampliada de forma progressiva para 1.400 (mil e quatrocentas) horas, considerados os prazos e as metas estabelecidos no Plano Nacional de Educação.*

▸ § 1º com a redação dada pela Lei nº 14.945, de 31-7-2024.

▸ Art. 2º, II, da Lei nº 14.040, de 18-8-2020, que estabelece normas educacionais excepcionais a serem adotadas durante o estado de calamidade púbica reconhecido pelo Decreto Legislativo nº 6, de 20-3-2020.

§ 2º Os sistemas de ensino disporão sobre a oferta de educação de jovens e adultos e de ensino noturno regular, adequado às condições do educando, conforme o inciso VI do art. 4º.

▸ § 2º com a redação dada pela Lei nº 13.415, de 16-2-2017.

Art. 25. Será objetivo permanente das autoridades responsáveis alcançar relação adequada entre o número de alunos e o professor, a carga horária e as condições materiais do estabelecimento.

Parágrafo único. Cabe ao respectivo sistema de ensino, à vista das condições disponíveis e das características regionais e locais, estabelecer parâmetro para atendimento do disposto neste artigo.

Art. 26. Os currículos da educação infantil, do ensino fundamental e do ensino médio devem ter base nacional comum, a ser complementada, em cada sistema de ensino e em cada estabelecimento escolar, por uma parte diversificada, exigida pelas características regionais e locais da sociedade, da cultura, da economia e dos educandos.

▸ *Caput* com a redação dada pela Lei nº 12.796, de 4-4-2013.

§ 1º Os currículos a que se refere o *caput* devem abranger, obrigatoriamente, o estudo da língua portuguesa e da matemática, o conhecimento do mundo físico e natural e da realidade social e política, especialmente do Brasil.

§ 2º O ensino da arte, especialmente em suas expressões regionais, constituirá componente curricular obrigatório da educação básica.

▸ § 2º com a redação dada pela Lei nº 13.415, de 16-2-2017.

§ 3º A educação física, integrada à proposta pedagógica da escola, é componente curricular obrigatório da educação básica, sendo sua prática facultativa ao aluno:

I – que cumpra jornada de trabalho igual ou superior a seis horas;

II – maior de trinta anos de idade;

III – que estiver prestando serviço militar inicial ou que, em situação similar, estiver obrigado à prática da educação física;

IV – amparado pelo Decreto-Lei nº 1.044, de 21 de outubro de 1969;

V –VETADO. Lei nº 10.793, de 1º-12-2003;

VI – que tenha prole.

▸ § 3º com a redação dada pela Lei nº 10.793, de 1º-12-2003.

§ 4º O ensino da História do Brasil levará em conta as contribuições das diferentes culturas e etnias para a formação do povo brasileiro, especialmente das matrizes indígena, africana e europeia.

§ 5º No currículo do ensino fundamental, a partir do sexto ano, será ofertada a língua inglesa.

▸ § 5º com a redação dada pela Lei nº 13.415, de 16-2-2017.

§ 6º As artes visuais, a dança, a música e o teatro são as linguagens que constituirão o componente curricular de que trata o § 2º deste artigo.

▸ § 6º com a redação dada pela Lei nº 13.278, de 2-5-2016.

▸ Art. 2º da Lei nº 13.278, de 2-5-2016, que estabelece prazo de cinco anos para implementação das mudanças constantes neste parágrafo.

§ 7º *A integralização curricular poderá incluir, a critério dos sistemas de ensino, projetos e pesquisas envolvendo temas transversais que componham os currículos de que trata o caput deste artigo.*

▸ § 7º com a redação dada pela Lei nº 14.945, de 31-7-2024.

§ 8º A exibição de filmes de produção nacional constituirá componente curricular complementar integrado à proposta pedagógica da escola, sendo a sua exibição obrigatória por, no mínimo, 2 (duas) horas mensais.

▸ § 8º acrescido pela Lei nº 13.006, de 26-6-2014.

§ 9º Conteúdos relativos aos direitos humanos e à prevenção de todas as formas de violência contra a criança, o adolescente e a mulher serão incluídos, como temas transversais, nos currículos de que trata o *caput* deste artigo, observadas as diretrizes da legislação correspondente e a produção e distribuição de material didático adequado a cada nível de ensino.

▸ § 9º com a redação dada pela Lei nº 14.164, de 10-6-2021.

§ 9º-A. A educação alimentar e nutricional será incluída entre os temas transversais de que trata o *caput*.

▸ § 9º-A acrescido pela Lei nº 13.666, de 16-5-2018.

§ 10. A inclusão de novos componentes curriculares de caráter obrigatório na Base Nacional Comum Curricular dependerá de aprovação do Conselho Nacional de Educação e de homologação pelo Ministro de Estado da Educação.

▸ § 10 acrescido pela Lei nº 13.415, de 16-2-2017.

§ 11. A educação digital, com foco no letramento digital e no ensino de computação, programação, robótica e outras competências digitais, será componente curricular do ensino fundamental e do ensino médio.

▸ § 11 acrescido pela Lei nº 14.533, de 11-1-2023, promulgado nos termos do art. 66, § 5º, da CF (*DOU* de 22-12-2023 – ed. extra C).

Art. 26-A. Nos estabelecimentos de ensino fundamental e de ensino médio, públicos e privados, torna-se obrigatório o estudo da história e cultura afro-brasileira e indígena.

§ 1º O conteúdo programático a que se refere este artigo incluirá diversos aspectos da história e da cultura que caracterizam a formação da população brasileira, a partir desses dois grupos étnicos, tais como o estudo da história da África e dos africanos, a luta dos negros e dos povos indígenas no Brasil, a cultura negra e indígena brasileira e o negro e o índio na formação da sociedade nacional, resgatando as suas contribuições nas áreas social, econômica e política, pertinentes à história do Brasil.

§ 2º Os conteúdos referentes à história e cultura afro-brasileira e dos povos indígenas brasileiros serão ministrados no âmbito de todo o currículo escolar, em especial nas áreas de educação artística e de literatura e história brasileiras.

▸ Art. 26-A com a redação dada pela Lei nº 11.645, de 10-3-2008.

Art. 26-B. *Nos estabelecimentos de ensino fundamental e médio, públicos e privados, é obrigatória a inclusão de abordagens fundamentadas nas experiências e nas perspectivas femininas nos conteúdos curriculares.*

Parágrafo único. *As abordagens a que se refere este artigo devem incluir diversos aspectos da história, da ciência, das artes e da cultura do Brasil e do mundo, a partir das experiências e das perspectivas femininas, de forma a resgatar as contribuições, as vivências e as conquistas femininas nas áreas científica, social, artística, cultural, econômica e política.*

▸ Art. 26-B acrescido pela Lei nº 14.986, de 25-9-2024.

Art. 27. Os conteúdos curriculares da educação básica observarão, ainda, as seguintes diretrizes:

I – a difusão de valores fundamentais ao interesse social, aos direitos e deveres dos cidadãos, de respeito ao bem comum e à ordem democrática;

II – consideração das condições de escolaridade dos alunos em cada estabelecimento;

III – orientação para o trabalho;

IV – promoção do desporto educacional e apoio às práticas desportivas não formais.

Art. 28. Na oferta de educação básica para a população rural, os sistemas de ensino promoverão as adaptações necessárias à sua adequação às peculiaridades da vida rural e de cada região, especialmente:

I – conteúdos curriculares e metodologias apropriadas às reais necessidades e interesses dos alunos das escolas do campo, com possibilidade de uso, dentre outras, da pedagogia da alternância;

▸ Inciso I com a redação dada pela Lei nº 14.767, de 22-12-2023.

II – organização escolar própria, incluindo adequação do calendário escolar às fases do ciclo agrícola e às condições climáticas;

III – adequação à natureza do trabalho na zona rural.

Parágrafo único. O fechamento de escolas do campo, indígenas e quilombolas será precedido de manifestação do órgão normativo do respectivo sistema de ensino, que considerará a justificativa apresentada pela Secretaria de Educação, a análise do diagnóstico do impacto da ação e a manifestação da comunidade escolar.

▸ Parágrafo único acrescido pela Lei nº 12.960, de 27-3-2014.

Seção II

DA EDUCAÇÃO INFANTIL

Art. 29. A educação infantil, primeira etapa da educação básica, tem como finalidade o desenvolvimento integral da criança de até 5 (cinco) anos, em seus aspectos físico, psicológico, intelectual e social, complementando a ação da família e da comunidade.

▸ Artigo com a redação dada pela Lei nº 12.796, de 4-4-2013.

Art. 30. A educação infantil será oferecida em:

I – creches, ou entidades equivalentes, para crianças de até três anos de idade;

II – pré-escolas, para as crianças de 4 (quatro) a 5 (cinco) anos de idade.

▸ Inciso II com a redação dada pela Lei nº 12.796, de 4-4-2013.

Art. 31. A educação infantil será organizada de acordo com as seguintes regras comuns:

▸ *Caput* com a redação dada pela Lei nº 12.796, de 4-4-2013.

I – avaliação mediante acompanhamento e registro do desenvolvimento das crianças, sem o objetivo de promoção, mesmo para o acesso ao ensino fundamental;

II – carga horária mínima anual de 800 (oitocentas) horas, distribuída por um mínimo de 200 (duzentos) dias de trabalho educacional;

▸ Art. 2º, I, da Lei nº 14.040, de 18-8-2020, que estabelece normas educacionais excepcionais a serem adotadas durante o estado de calamidade pública reconhecido pelo Decreto Legislativo nº 6, de 20-3-2020.

III – atendimento à criança de, no mínimo, 4 (quatro) horas diárias para o turno parcial e de 7 (sete) horas para a jornada integral;

IV – controle de frequência pela instituição de educação pré-escolar, exigida a frequência mínima de 60% (sessenta por cento) do total de horas;

V – expedição de documentação que permita atestar os processos de desenvolvimento e aprendizagem da criança.

▸ Incisos I a V acrescidos pela Lei nº 12.796, de 4-4-2013.

Seção III

DO ENSINO FUNDAMENTAL

Art. 32. O ensino fundamental obrigatório, com duração de 9 (nove) anos, gratuito na escola pública, iniciando-se aos 6 (seis) anos de idade, terá por objetivo a formação básica do cidadão, mediante:

▸ *Caput* com a redação dada pela Lei nº 11.274, de 6-2-2006.

I – o desenvolvimento da capacidade de aprender, tendo como meios básicos o pleno domínio da leitura, da escrita e do cálculo;

II – a compreensão do ambiente natural e social, do sistema político, da tecnologia, das artes e dos valores em que se fundamenta a sociedade;

III – o desenvolvimento da capacidade de aprendizagem, tendo em vista a aquisição de conhecimentos e habilidades e a formação de atitudes e valores;

IV – o fortalecimento dos vínculos de família, dos laços de solidariedade humana e de tolerância recíproca em que se assenta a vida social.

§ 1º É facultado aos sistemas de ensino desdobrar o ensino fundamental em ciclos.

§ 2º Os estabelecimentos que utilizam progressão regular por série podem adotar no ensino fundamental o regime de progressão continuada, sem prejuízo da avaliação do processo de ensino-aprendizagem, observadas as normas do respectivo sistema de ensino.

§ 3º O ensino fundamental regular será ministrado em língua portuguesa, assegurada às comunidades indígenas a utilização de suas línguas maternas e processos próprios de aprendizagem.

§ 4º O ensino fundamental será presencial, sendo o ensino a distância utilizado como complementação da aprendizagem ou em situações emergenciais.

▸ Art. 9º do Dec. nº 9.057, de 25-5-2017, que regulamenta o art. 80 desta lei.

§ 5º O currículo do ensino fundamental incluirá, obrigatoriamente, conteúdo que trate dos direitos das crianças e dos adolescentes, tendo como diretriz a Lei nº 8.069, de 13 de julho de 1990, que institui o Estatuto da Criança e do Adolescente, observada a produção e distribuição de material didático adequado.

▸ § 5º acrescido pela Lei nº 11.525, de 25-9-2007.

§ 6º O estudo sobre os símbolos nacionais será incluído como tema transversal nos currículos do ensino fundamental.

▸ § 6º acrescido pela Lei nº 12.472, de 1º-9-2011.

Art. 33. O ensino religioso, de matrícula facultativa, é parte integrante da formação básica do cidadão e constitui disciplina dos horários normais das escolas públicas de ensino fundamental, assegurado o respeito à diversidade cultural religiosa do Brasil, vedadas quaisquer formas de proselitismo.

§ 1º Os sistemas de ensino regulamentarão os procedimentos para a definição dos conteúdos do ensino religioso e estabelecerão as normas para a habilitação e admissão dos professores.

§ 2º Os sistemas de ensino ouvirão entidade civil, constituída pelas diferentes denominações religiosas, para a definição dos conteúdos do ensino religioso.

▸ Art. 33 com a redação dada pela Lei nº 9.475, de 22-7-1997.

Art. 34. A jornada escolar no ensino fundamental incluirá pelo menos quatro horas de trabalho efetivo em sala de aula, sendo progressivamente ampliado o período de permanência na escola.

§ 1º São ressalvados os casos do ensino noturno e das formas alternativas de organização autorizadas nesta Lei.

§ 2º O ensino fundamental será ministrado progressivamente em tempo integral, a critério dos sistemas de ensino.

Seção IV

DO ENSINO MÉDIO

Art. 35. O ensino médio, etapa final da educação básica, com duração mínima de três anos, terá como finalidades:

I – a consolidação e o aprofundamento dos conhecimentos adquiridos no ensino fundamental, possibilitando o prosseguimento de estudos;

II – a preparação básica para o trabalho e a cidadania do educando, para continuar aprendendo, de modo a ser capaz de se adaptar com flexibilidade a novas condições de ocupação ou aperfeiçoamento posteriores;

III – o aprimoramento do educando como pessoa humana, incluindo a formação ética e o desenvolvimento da autonomia intelectual e do pensamento crítico;

IV – a compreensão dos fundamentos científico-tecnológicos dos processos produtivos, relacionando a teoria com a prática, no ensino de cada disciplina.

Art. 35-A. *Revogado. Lei nº 14.945, de 31-7-2024.*

Art. 35-B. *O currículo do ensino médio será composto de formação geral básica e de itinerários formativos.*

§ 1º Os estabelecimentos que ofertem ensino médio estruturarão suas propostas pedagógicas considerando os seguintes elementos:

I – promoção de metodologias investigativas no processo de ensino e aprendizagem;

II – conexão dos processos de ensino e aprendizagem com a vida comunitária e social em cada território;

III – reconhecimento do trabalho e de seu caráter formativo; e

IV – articulação entre os diferentes saberes com base nas áreas do conhecimento e, quando for o caso, no currículo da formação técnica e profissional.

§ 2º Serão asseguradas aos estudantes oportunidades de construção de projetos de vida, em perspectiva orientada pelo desenvolvimento integral, nas dimensões física, cognitiva e socioemocional, pela integração comunitária no território, pela participação cidadã e pela preparação para o mundo do trabalho, de forma ambiental e socialmente responsável.

§ 3º O ensino médio será ofertado de forma presencial, admitido, excepcionalmente, ensino mediado por tecnologia, na forma de regulamento elaborado com a participação dos sistemas estaduais e distrital de ensino.

§ 4º Para fins de cumprimento das exigências curriculares do ensino médio em regime de tempo integral, excepcionalmente, os sistemas de ensino poderão reconhecer aprendizagens, competências e habilidades desenvolvidas pelos estudantes em experiências extraescolares, mediante formas de comprovação definidas pelos sistemas de ensino e que considerem:

I – a experiência de estágio, programas de aprendizagem profissional, trabalho remunerado ou trabalho voluntário supervisionado, desde que explicitada a relação com o currículo do ensino médio;

II – a conclusão de cursos de qualificação profissional, desde que comprovada por certificação emitida de acordo com a legislação; e

III – a participação comprovada em projetos de extensão universitária ou de iniciação científica ou em atividades de direção em grêmios estudantis.

***Art. 35-C.** A formação geral básica, com carga horária mínima total de 2.400 (duas mil e quatrocentas) horas, ocorrerá mediante articulação da Base Nacional Comum Curricular e da parte diversificada de que trata o caput do art. 26 desta Lei.*

***Parágrafo único.** No caso da formação técnica e profissional prevista no inciso V do caput do art. 36 desta Lei, a carga horária mínima da formação geral básica será de 2.100 (duas mil e cem) horas, admitindo-se que até 300 (trezentas) horas da carga horária da formação geral básica sejam destinadas ao aprofundamento de estudos de conteúdos da Base Nacional Comum Curricular diretamente relacionados à formação técnica profissional oferecida.*

***Art. 35-D.** A Base Nacional Comum Curricular do ensino médio estabelecerá direitos e objetivos de aprendizagem, conforme diretrizes do Conselho Nacional de Educação, nas seguintes áreas do conhecimento:*

I – linguagens e suas tecnologias, integrada pela língua portuguesa e suas literaturas, língua inglesa, artes e educação física;

II – matemática e suas tecnologias;

III – ciências da natureza e suas tecnologias, integrada por biologia, física e química;

IV – ciências humanas e sociais aplicadas, integrada por filosofia, geografia, história e sociologia.

§ 1º A Base Nacional Comum Curricular a que se refere o caput deste artigo deverá ser cumprida integralmente ao longo da formação geral básica.

§ 2º O ensino médio será ministrado em língua portuguesa, assegurada às comunidades indígenas a utilização das línguas maternas.

§ 3º Os currículos do ensino médio poderão ofertar outras línguas estrangeiras, preferencialmente o espanhol, de acordo com a disponibilidade de oferta, locais e horários definidos pelos sistemas de ensino.

► Arts. 35-B a 35-D acrescidos pela Lei nº 14.945, de 31-7-2024.

***Art. 36.** Os itinerários formativos, articulados com a parte diversificada de que trata o caput do art. 26 desta Lei, terão carga horária mínima de 600 (seiscentas) horas, ressalvadas as especificidades da formação técnica e profissional, e serão compostos de aprofundamento das áreas do conhecimento ou de formação técnica e profissional, conforme a relevância para o contexto local e a possibilidade dos sistemas de ensino, consideradas as seguintes ênfases:*

► *Caput* com a redação dada pela Lei nº 14.945, de 31-7-2024.

I – linguagens e suas tecnologias;

II – matemática e suas tecnologias;

III – ciências da natureza e suas tecnologias;

IV – ciências humanas e sociais aplicadas;

► Incisos I a IV com a redação dada pela Lei nº 13.415, de 16-2-2017.

V – formação técnica e profissional, organizada de acordo com os eixos tecnológicos e as áreas tecnológicas definidos nos termos previstos nas diretrizes curriculares nacionais de educação profissional e tecnológica, observados o Catálogo Nacional de Cursos Técnicos (CNCT) referido no § 3º do art. 42-A e o disposto nos arts. 36-A, 36-B, 36-C e 36-D desta Lei.

► Inciso V com a redação dada pela Lei nº 14.945, de 31-7-2024.

§ 1º Revogado. *Lei nº 14.945, de 31-7-2024.*

§ 1º-A. Cada itinerário formativo deverá contemplar integralmente o aprofundamento de ao menos uma das áreas do conhecimento previstas nos incisos I, II, III e IV do caput, ressalvada a formação técnica e profissional prevista no inciso V do caput deste artigo.

► § 1º-A acrescido pela Lei nº 14.945, de 31-7-2024.

§ 2º *Revogado*. Lei nº 11.741, de 16-7-2008.

§ 2º-A. Os sistemas de ensino deverão garantir que todas as escolas de ensino médio ofertem o aprofundamento integral de todas as áreas do conhecimento previstas nos incisos I, II, III e IV do caput deste artigo, organizadas em, no mínimo, 2 (dois) itinerários formativos com ênfases distintas, excetuadas as que oferecerem a formação técnica e profissional.

§ 2º-B. O Conselho Nacional de Educação, com participação dos sistemas estaduais e distrital de ensino, elaborará diretrizes nacionais de aprofundamento de cada uma das áreas do conhecimento previstas nos incisos I, II, III e IV do caput deste artigo, com orientações sobre os direitos e os objetivos de aprendizagem a serem considerados nos itinerários formativos, reconhecidas as especificidades da educação indígena e quilombola.

§ 2º-C. A União desenvolverá indicadores e estabelecerá padrões de desempenho esperados para o ensino médio, que serão referência nos processos nacionais de avaliação, a partir da Base Nacional Comum Curricular prevista no caput do art. 35-D desta Lei e das diretrizes nacionais de aprofundamento previstas no § 2º-B deste artigo.

§ 2º-D. Os sistemas de ensino apoiarão as escolas para a realização de programas e de projetos destinados à orientação dos estudantes no processo de escolha dos itinerários formativos.

► §§ 2º-A a 2º-D acrescidos pela Lei nº 14.945, de 31-7-2024.

§ 3º Revogado. *Lei nº 14.945, de 31-7-2024.*

§ 4º *Revogado*. Lei nº 11.741, de 2-6-2008.

§ 5º Os sistemas de ensino, mediante disponibilidade de vagas na rede, possibilitarão ao aluno concluinte ou egresso do ensino médio cursar um segundo itinerário formativo.

► § 5º com a redação dada pela Lei nº 14.945, de 31-7-2024.

§ 6º A oferta de formação técnica e profissional poderá ser realizada mediante convênios ou outras formas de parceria entre as secretarias de educação e as instituições credenciadas de educação profissional, preferencialmente públicas, observados os limites estabelecidos na legislação, e considerará:

► *Caput* do § 6º com a redação dada pela Lei nº 14.945, de 31-7-2024.

I – a inclusão de vivências práticas de trabalho no setor produtivo ou em ambientes de simulação, estabelecendo parcerias e fazendo uso, quando aplicável, de instrumentos estabelecidos pela legislação sobre aprendizagem profissional;

► Inciso I acrescido pela Lei nº 13.415, de 16-2-2017.

II – Revogado. *Lei nº 14.945, de 31-7-2024.*

§ 7º A oferta de formações experimentais relacionadas ao inciso V do *caput*, em áreas que não constem do Catálogo Nacional dos Cursos Técnicos, dependerá, para sua continuidade, do reconhecimento pelo respectivo Conselho Estadual de Educação, no prazo de três anos, e da inserção no Catálogo Nacional dos Cursos Técnicos, no prazo de cinco anos, contados da data de oferta inicial da formação.

► § 7º acrescido pela Lei nº 13.415, de 16-2-2017.

§ 8º Revogado. *Lei nº 14.945, de 31-7-2024.*

§ 8º-A. Os Estados manterão, na sede de cada um de seus Municípios, pelo menos 1 (uma) escola de sua rede pública com oferta de ensino médio regular no turno noturno, quando houver demanda manifesta e comprovada para matrícula de alunos nesse turno, na forma da regulamentação a ser estabelecida pelo respectivo sistema de ensino.

► § 8º-A acrescido pela Lei nº 14.945, de 31-7-2024.

§ 9º As instituições de ensino emitirão certificado com validade nacional, que habilitará o concluinte do ensino médio ao prosseguimento dos estudos em nível superior ou em outros cursos ou formações para os quais a conclusão do ensino médio seja etapa obrigatória.

► § 9º acrescido pela Lei nº 13.415, de 16-2-2017.

§§ 10 a 12. Revogados. *Lei nº 14.945, de 31-7-2024.*

Seção IV-A
DA EDUCAÇÃO PROFISSIONAL TÉCNICA DE NÍVEL MÉDIO

► Seção IV-A acrescida pela Lei nº 11.741, de 16-7-2008.

Art. 36-A. Sem prejuízo do disposto na Seção IV deste Capítulo, o ensino médio, atendida a formação geral do educando, poderá prepará-lo para o exercício de profissões técnicas.

Parágrafo único. A preparação geral para o trabalho e, facultativamente, a habilitação profissional poderão ser desenvolvidas nos próprios estabelecimentos de ensino médio ou em cooperação com instituições especializadas em educação profissional.

► Art. 36-A acrescido pela Lei nº 11.741, de 16-7-2008.

LEGISLAÇÃO COMPLEMENTAR

Art. 36-B. A educação profissional técnica de nível médio será desenvolvida nas seguintes formas:

▶ *Caput* do art. 36-B acrescido pela Lei nº 11.741, de 16-7-2008.

I – articulada com o ensino médio;

II – subsequente, em cursos destinados a quem já tenha concluído o ensino médio.

▶ Incisos I e II acrescidos pela Lei nº 11.741, de 16-7-2008.

§ 1º A educação profissional técnica de nível médio deverá observar:

▶ *Caput* do parágrafo único transformado em § 1º pela Lei nº 14.645, de 2-8-2023.

I – os objetivos e definições contidos nas diretrizes curriculares nacionais estabelecidas pelo Conselho Nacional de Educação;

II – as normas complementares dos respectivos sistemas de ensino;

III – as exigências de cada instituição de ensino, nos termos de seu projeto pedagógico.

▶ Incisos I a III acrescidos pela Lei nº 11.741, de 16-7-2008.

§ 2º As formas referidas nos incisos I e II do *caput* deste artigo poderão também ser oferecidas em articulação com a aprendizagem profissional, nos termos da Lei nº 10.097, de 19 de dezembro de 2000.

§ 3º Quando a educação profissional técnica de nível médio for oferecida em articulação com a aprendizagem profissional, poderá haver aproveitamento:

I – das atividades pedagógicas de educação profissional técnica de nível médio, para efeito de cumprimento do contrato de aprendizagem profissional, nos termos de regulamento;

II – das horas de trabalho em aprendizagem profissional para efeito de integralização da carga horária do ensino médio, no itinerário da formação técnica e profissional ou na educação profissional técnica de nível médio, nos termos de regulamento.

▶ §§ 2º e 3º acrescidos pela Lei nº 14.645, de 2-8-2023.

Art. 36-C. A educação profissional técnica de nível médio articulada, prevista no inciso I do *caput* do art. 36-B desta Lei, será desenvolvida de forma:

I – integrada, oferecida somente a quem já tenha concluído o ensino fundamental, sendo o curso planejado de modo a conduzir o aluno à habilitação profissional técnica de nível médio, na mesma instituição de ensino, efetuando-se matrícula única para cada aluno;

II – concomitante, oferecida a quem ingresse no ensino médio ou já o esteja cursando, efetuando-se matrículas distintas para cada curso, e podendo ocorrer:

a) na mesma instituição de ensino, aproveitando-se as oportunidades educacionais disponíveis;

b) em instituições de ensino distintas, aproveitando-se as oportunidades educacionais disponíveis;

c) em instituições de ensino distintas, mediante convênios de intercomplementaridade, visando ao planejamento e ao desenvolvimento de projeto pedagógico unificado.

Art. 36-D. Os diplomas de cursos de educação profissional técnica de nível médio, quando registrados, terão validade nacional e habilitarão ao prosseguimento de estudos na educação superior.

Parágrafo único. Os cursos de educação profissional técnica de nível médio, nas formas articuladas concomitante e subsequente, quando estruturados e organizados em etapas com terminalidade, possibilitarão a obtenção de certificados de qualificação para o trabalho após a conclusão, com aproveitamento, de cada etapa que caracterize uma qualificação para o trabalho.

▶ Arts. 36-C e 36-D acrescidos pela Lei nº 11.741, de 16-7-2008.

SEÇÃO V

DA EDUCAÇÃO DE JOVENS E ADULTOS

Art. 37. A educação de jovens e adultos será destinada àqueles que não tiveram acesso ou continuidade de estudos nos ensinos fundamental e médio na idade própria e constituirá instrumento para a educação e a aprendizagem ao longo da vida.

▶ *Caput* com a redação dada pela Lei nº 13.632, de 6-3-2018.

§ 1º Os sistemas de ensino assegurarão gratuitamente aos jovens e aos adultos, que não puderam efetuar os estudos na idade regular, oportunidades educacionais apropriadas, consideradas as características do alunado, seus interesses, condições de vida e de trabalho, mediante cursos e exames.

§ 2º O Poder Público viabilizará e estimulará o acesso e a permanência do trabalhador na escola, mediante ações integradas e complementares entre si.

§ 3º A educação de jovens e adultos deverá articular-se, preferencialmente, com a educação profissional, na forma do regulamento.

▶ § 3º acrescido pela Lei nº 11.741, de 16-7-2008

Art. 38. Os sistemas de ensino manterão cursos e exames supletivos, que compreenderão a base nacional comum do currículo, habilitando ao prosseguimento de estudos em caráter regular.

§ 1º Os exames a que se refere este artigo realizar-se-ão:

I – no nível de conclusão do ensino fundamental, para os maiores de quinze anos;

II – no nível de conclusão do ensino médio, para os maiores de dezoito anos.

§ 2º Os conhecimentos e habilidades adquiridos pelos educandos por meios informais serão aferidos e reconhecidos mediante exames.

CAPÍTULO III

DA EDUCAÇÃO PROFISSIONAL E TECNOLÓGICA

▶ Capítulo III com a denominação dada pela Lei nº 11.741, de 16-7-2008.

Art. 39. A educação profissional e tecnológica, no cumprimento dos objetivos da educação nacional, integra-se aos diferentes níveis e modalidades de educação e às dimensões do trabalho, da ciência e da tecnologia.

▶ *Caput* com a redação dada pela Lei nº 11.741, de 16-7-2008.

§ 1º Os cursos de educação profissional e tecnológica poderão ser organizados por eixos tecnológicos, possibilitando a construção de diferentes itinerários formativos, observadas as normas do respectivo sistema e nível de ensino.

§ 2º A educação profissional e tecnológica abrangerá os seguintes cursos:

I – de formação inicial e continuada ou qualificação profissional;

II – de educação profissional técnica de nível médio;

III – de educação profissional tecnológica de graduação e pós-graduação.

§ 3º Os cursos de educação profissional tecnológica de graduação e pós-graduação organizar-se-ão, no que concerne a objetivos, características e duração, de acordo com as diretrizes curriculares nacionais estabelecidas pelo Conselho Nacional de Educação.

▶ §§ 1º a 3º acrescidos pela Lei nº 11.741, de 16-7-2008.

§ 4º As instituições de educação superior deverão dar transparência e estabelecer critérios e procedimentos objetivos para o aproveitamento das experiências e dos conhecimentos desenvolvidos na educação profissional técnica de nível médio, sempre que o curso desse nível e o de nível superior sejam de áreas afins, nos termos de regulamento.

▶ § 4º acrescido pela Lei nº 14.645, de 2-8-2023.

Art. 40. A educação profissional será desenvolvida em articulação com o ensino regular ou por diferentes estratégias de educação continuada, em instituições especializadas ou no ambiente de trabalho.

Art. 41. O conhecimento adquirido na educação profissional e tecnológica, inclusive no trabalho, poderá ser objeto de avaliação, reconhecimento e certificação para prosseguimento ou conclusão de estudos.

▶ *Caput* com a redação dada pela Lei nº 11.741, de 16-7-2008.

Parágrafo único. *Revogado*. Lei nº 11.741, de 16-7-2008.

Art. 42. As instituições de educação profissional e tecnológica, além dos seus cursos regulares, oferecerão cursos especiais, abertos à comunidade, condicionada a matrícula à capacidade de aproveitamento e não necessariamente ao nível de escolaridade.

▶ Artigo com a redação dada pela Lei nº 11.741, de 16-7-2008.

Art. 42-A. A educação profissional e tecnológica organizada em eixos tecnológicos observará o princípio da integração curricular entre cursos e programas, de modo a viabilizar itinerários formativos contínuos e trajetórias progressivas de formação entre todos os níveis educacionais.

§ 1º O itinerário contínuo de formação profissional e tecnológica é o percurso formativo estruturado de forma a permitir o aproveitamento incremental de experiências, certificações e conhecimentos desenvolvidos ao longo da trajetória individual do estudante.

§ 2º O itinerário referido no § 1º deste artigo poderá integrar um ou mais eixos tecnológicos.

§ 3º O Catálogo Nacional de Cursos Técnicos (CNCT) e o Catálogo Nacional de Cursos Superiores de Tecnologia (CNCST) orientarão a organização dos cursos e itinerários, segundo eixos tecnológicos, de forma a permitir sua equivalência para o aproveitamento de estudos entre os níveis médio e superior.

§ 4º O Ministério da Educação, em colaboração com os sistemas de ensino, as instituições e as redes de educação profissional e tecnológica e as entidades representativas de empregadores e trabalhadores, observadas a Classificação Brasileira de Ocupações (CBO) e a dinâmica do mundo do trabalho, manterá e periodicamente atualizará os catálogos referidos no § 3º deste artigo.

Art. 42-B. A oferta de educação profissional técnica e tecnológica será orientada pela avaliação da qualidade das instituições e dos cursos referida no inciso VII-A do *caput* do art. 9º desta Lei, que deverá considerar as estatísticas de oferta, fluxo e rendimento, a aprendizagem dos saberes do trabalho, a aderência da oferta ao contexto social, econômico e produtivo local e nacional, a inserção dos egressos no mundo do trabalho e as condições institucionais de oferta.

▸ Arts. 42-A e 42-B acrescidos pela Lei nº 14.645, de 2-8-2023.

CAPÍTULO IV
DA EDUCAÇÃO SUPERIOR

▸ Lei nº 12.799, de 10-4-2013, dispõe sobre a isenção de pagamento de taxas para inscrição em processos seletivos de ingresso nos cursos das instituições federais de educação superior.

Art. 43. A educação superior tem por finalidade:

I – estimular a criação cultural e o desenvolvimento do espírito científico e do pensamento reflexivo;

II – formar diplomados nas diferentes áreas de conhecimento, aptos para a inserção em setores profissionais e para a participação no desenvolvimento da sociedade brasileira, e colaborar na sua formação contínua;

III – incentivar o trabalho de pesquisa e investigação científica, visando o desenvolvimento da ciência e da tecnologia e da criação e difusão da cultura, e, desse modo, desenvolver o entendimento do homem e do meio em que vive;

IV – promover a divulgação de conhecimentos culturais, científicos e técnicos que constituem patrimônio da humanidade e comunicar o saber através do ensino, de publicações ou de outras formas de comunicação;

V – suscitar o desejo permanente de aperfeiçoamento cultural e profissional e possibilitar a correspondente concretização, integrando os conhecimentos que vão sendo adquiridos numa estrutura intelectual sistematizadora do conhecimento de cada geração;

VI – estimular o conhecimento dos problemas do mundo presente, em particular os nacionais e regionais, prestar serviços especializados à comunidade e estabelecer com esta uma relação de reciprocidade;

VII – promover a extensão, aberta à participação da população, visando à difusão das conquistas e benefícios resultantes da criação cultural e da pesquisa científica e tecnológica geradas na instituição;

VIII – atuar em favor da universalização e do aprimoramento da educação básica, mediante a formação e a capacitação de profissionais, a realização de pesquisas pedagógicas e o desenvolvimento de atividades de extensão que aproximem os dois níveis escolares.

▸ Inciso VIII acrescido pela Lei nº 13.174, de 21-10-2015.

Art. 44. A educação superior abrangerá os seguintes cursos e programas:

I – cursos sequenciais por campo de saber, de diferentes níveis de abrangência, abertos a candidatos que atendam aos requisitos estabelecidos pelas instituições de ensino, desde que tenham concluído o ensino médio ou equivalente;

▸ Inciso I com a redação dada pela Lei nº 11.632, de 27-12-2007.

II – de graduação, abertos a candidatos que tenham concluído o ensino médio ou equivalente e tenham sido classificados em processo seletivo;

III – de pós-graduação, compreendendo programas de mestrado e doutorado, cursos de especialização, aperfeiçoamento e outros, abertos a candidatos diplomados em cursos de graduação e que atendam às exigências das instituições de ensino;

IV – de extensão, abertos a candidatos que atendam aos requisitos estabelecidos em cada caso pelas instituições de ensino.

§ 1º O resultado do processo seletivo referido no inciso II do *caput* deste artigo será tornado público pela instituição de ensino superior, sendo obrigatórios a divulgação da relação nominal dos classificados, a respectiva ordem de classificação e o cronograma das chamadas para matrícula, de acordo com os critérios para preenchimento das vagas constantes do edital, assegurado o direito do candidato, classificado ou não, a ter acesso a suas notas ou indicadores de desempenho em provas, exames e demais atividades da seleção e a sua posição na ordem de classificação de todos os candidatos.

▸ § 1º com a redação dada pela Lei nº 13.826, de 13-5-2019.

§ 2º No caso de empate no processo seletivo, as instituições públicas de ensino superior darão prioridade de matrícula ao candidato que comprove ter renda familiar inferior a dez salários mínimos, ou ao de menor renda familiar, quando mais de um candidato preencher o critério inicial.

▸ § 2º acrescido pela Lei nº 13.184, de 4-11-2015.

§ 3º O processo seletivo referido no inciso II considerará as competências e as habilidades definidas na Base Nacional Comum Curricular.

▸ § 3º com a redação dada pela Lei nº 13.415, de 16-2-2017.

▸ A alteração que seria inserida neste parágrafo pela Lei nº 14.945, de 31-7-2024, foi vetada, razão pela qual mantivemos sua redação.

Art. 45. A educação superior será ministrada em instituições de ensino superior, públicas ou privadas, com variados graus de abrangência ou especialização.

Art. 46. A autorização e o reconhecimento de cursos, bem como o credenciamento de instituições de educação superior, terão prazos limitados, sendo renovados, periodicamente, após processo regular de avaliação.

§ 1º Após um prazo para saneamento de deficiências eventualmente identificadas pela avaliação a que se refere este artigo, haverá reavaliação, que poderá resultar, conforme o caso, em desativação de cursos e habilitações, em intervenção na instituição, em suspensão temporária de prerrogativas da autonomia, ou em descredenciamento.

§ 2º No caso de instituição pública, o Poder Executivo responsável por sua manutenção acompanhará o processo de saneamento e fornecerá recursos adicionais, se necessários, para a superação das deficiências.

§ 3º No caso de instituição privada, além das sanções previstas no § 1º deste artigo, o processo de reavaliação poderá resultar em redução de vagas autorizadas e em suspensão temporária de novos ingressos e de oferta de cursos.

§ 4º É facultado ao Ministério da Educação, mediante procedimento específico e com aquiescência da instituição de ensino, com vistas a resguardar os interesses dos estudantes, comutar as penalidades previstas nos §§ 1º e 3º deste artigo por outras medidas, desde que adequadas para superação das deficiências e irregularidades constatadas.

§ 5º Para fins de regulação, os Estados e o Distrito Federal deverão adotar os critérios definidos pela União para autorização de funcionamento de curso de graduação em Medicina.

▸ §§ 3º a 5º acrescidos pela Lei nº 13.530, de 7-12-2017.

Art. 47. Na educação superior, o ano letivo regular, independente do ano civil, tem, no mínimo, duzentos dias de trabalho acadêmico efetivo, excluído o tempo reservado aos exames finais, quando houver.

▸ Art. 3º da Lei nº 14.040, de 18-8-2020, que estabelece normas educacionais excepcionais a serem adotadas durante o estado de calamidade púbica reconhecido pelo Decreto Legislativo nº 6, de 20-3-2020.

§ 1º As instituições informarão aos interessados, antes de cada período letivo, os programas dos cursos e demais componentes curriculares, sua duração, requisitos, qualificação dos professores, recursos disponíveis e critérios de avaliação, obrigando-se a cumprir as respectivas condições, e a publicação deve ser feita, sendo as 3 (três) primeiras formas concomitantemente:

I – em página específica na internet no sítio eletrônico oficial da instituição de ensino superior, obedecido o seguinte:

a) toda publicação a que se refere esta Lei deve ter como título "Grade e Corpo Docente";

b) a página principal da instituição de ensino superior, bem como a página da oferta de seus cursos aos ingressantes sob a forma de vestibulares, processo seletivo e outras com a mesma finalidade, deve conter a ligação desta com a página específica prevista neste inciso;

c) caso a instituição de ensino superior não possua sítio eletrônico, deve criar página específica para divulgação das informações de que trata esta Lei;

d) a página específica deve conter a data completa de sua última atualização;

II – em toda propaganda eletrônica da instituição de ensino superior, por meio de ligação para a página referida no inciso I;

III – em local visível da instituição de ensino superior e de fácil acesso ao público;

IV – deve ser atualizada semestralmente ou anualmente, de acordo com a duração das disciplinas de cada curso oferecido, observando o seguinte:

a) caso o curso mantenha disciplinas com duração diferenciada, a publicação deve ser semestral;

b) a publicação deve ser feita até 1 (um) mês antes do início das aulas;

c) caso haja mudança na grade do curso ou no corpo docente até o início das aulas, os alunos devem ser comunicados sobre as alterações;

V – deve conter as seguintes informações:

a) a lista de todos os cursos oferecidos pela instituição de ensino superior;

b) a lista das disciplinas que compõem a grade curricular de cada curso e as respectivas cargas horárias;

c) a identificação dos docentes que ministrarão as aulas em cada curso, as disciplinas que efetivamente ministrará naquele curso ou cursos, sua titulação, abrangendo a qualificação profissional do docente e o tempo de casa do docente, de forma total, contínua ou intermitente.

► § 1º com a redação dada pela Lei nº 13.168, de 6-10-2015.

§ 2º Os alunos que tenham extraordinário aproveitamento nos estudos, demonstrado por meio de provas e outros instrumentos de avaliação específicos, aplicados por banca examinadora especial, poderão ter abreviada a duração dos seus cursos, de acordo com as normas dos sistemas de ensino.

§ 3º É obrigatória a frequência de alunos e professores, salvo nos programas de educação a distância.

► Art. 3º da Lei nº 14.040, de 18-8-2020, que estabelece normas educacionais excepcionais a serem adotadas durante o estado de calamidade púbica reconhecido pelo Decreto Legislativo nº 6, de 20-3-2020.

§ 4º As instituições de educação superior oferecerão, no período noturno, cursos de graduação nos mesmos padrões de qualidade mantidos no período diurno, sendo obrigatória a oferta noturna nas instituições públicas, garantida a necessária previsão orçamentária.

Art. 48. Os diplomas de cursos superiores reconhecidos, quando registrados, terão validade nacional como prova da formação recebida por seu titular.

§ 1º Os diplomas expedidos pelas universidades serão por elas próprias registrados, e aqueles conferidos por instituições não universitárias serão registrados em universidades indicadas pelo Conselho Nacional de Educação.

§ 2º Os diplomas de graduação expedidos por universidades estrangeiras serão revalidados por universidades públicas que tenham curso do mesmo nível e área ou equivalente, respeitando-se os acordos internacionais de reciprocidade ou equiparação.

§ 3º Os diplomas de Mestrado e de Doutorado expedidos por universidades estrangeiras só poderão ser reconhecidos por universidades que possuam cursos de pós-graduação reconhecidos e avaliados, na mesma área de conhecimento e em nível equivalente ou superior.

Art. 49. As instituições de educação superior aceitarão a transferência de alunos regulares, para cursos afins, na hipótese de existência de vagas, e mediante processo seletivo.

Parágrafo único. As transferências *ex officio* dar-se-ão na forma da lei.

Art. 50. As instituições de educação superior, quando da ocorrência de vagas, abrirão matrícula nas disciplinas de seus cursos a alunos não regulares que demonstrarem capacidade de cursá-las com proveito, mediante processo seletivo prévio.

Art. 51. As instituições de educação superior credenciadas como universidades, ao deliberar sobre critérios e normas de seleção e admissão de estudantes, levarão em conta os efeitos desses critérios sobre a orientação do ensino médio, articulando-se com os órgãos normativos dos sistemas de ensino.

Art. 52. As universidades são instituições pluridisciplinares de formação dos quadros profissionais de nível superior, de pesquisa, de extensão e de domínio e cultivo do saber humano, que se caracterizam por:

I – produção intelectual institucionalizada mediante o estudo sistemático dos temas e problemas mais relevantes, tanto do ponto de vista científico e cultural, quanto regional e nacional;

II – um terço do corpo docente, pelo menos, com titulação acadêmica de mestrado ou doutorado;

III – um terço do corpo docente em regime de tempo integral.

Parágrafo único. É facultada a criação de universidades especializadas por campo do saber.

Art. 53. No exercício de sua autonomia, são asseguradas às universidades, sem prejuízo de outras, as seguintes atribuições:

I – criar, organizar e extinguir, em sua sede, cursos e programas de educação superior previstos nesta Lei, obedecendo às normas gerais da União e, quando for o caso, do respectivo sistema de ensino;

II – fixar os currículos dos seus cursos e programas, observadas as diretrizes gerais pertinentes;

III – estabelecer planos, programas e projetos de pesquisa científica, produção artística e atividades de extensão;

IV – fixar o número de vagas de acordo com a capacidade institucional e as exigências do seu meio;

V – elaborar e reformar os seus estatutos e regimentos em consonância com as normas gerais atinentes;

VI – conferir graus, diplomas e outros títulos;

VII – firmar contratos, acordos e convênios;

VIII – aprovar e executar planos, programas e projetos de investimentos referentes a obras, serviços e aquisições em geral, bem como administrar rendimentos conforme dispositivos institucionais;

IX – administrar os rendimentos e deles dispor na forma prevista no ato de constituição, nas leis e nos respectivos estatutos;

X – receber subvenções, doações, heranças, legados e cooperação financeira resultante de convênios com entidades públicas e privadas.

§ 1º Para garantir a autonomia didático-científica das universidades, caberá aos seus colegiados de ensino e pesquisa decidir, dentro dos recursos orçamentários disponíveis, sobre:

► Parágrafo único transformado em § 1º pela Lei nº 13.490, de 10-10-2017.

I – criação, expansão, modificação e extinção de cursos;

II – ampliação e diminuição de vagas;

III – elaboração da programação dos cursos;

IV – programação das pesquisas e das atividades de extensão;

V – contratação e dispensa de professores;

VI – planos de carreira docente.

§ 2º As doações, inclusive monetárias, podem ser dirigidas a setores ou projetos específicos, conforme acordo entre doadores e universidades.

§ 3º No caso das universidades públicas, os recursos das doações devem ser dirigidos ao caixa único da instituição, com destinação garantida às unidades a serem beneficiadas.

► §§ 2º e 3º acrescidos pela Lei nº 13.490, de 10-10-2017.

Art. 54. As universidades mantidas pelo Poder Público gozarão, na forma da lei, de estatuto jurídico especial para atender às peculiaridades de sua estrutura, organização e financiamento pelo Poder Público, assim como dos seus planos de carreira e do regime jurídico do seu pessoal.

§ 1º No exercício da sua autonomia, além das atribuições asseguradas pelo artigo anterior, as universidades públicas poderão:

I – propor o seu quadro de pessoal docente, técnico e administrativo, assim como um plano de cargos e salários, atendidas as normas gerais pertinentes e os recursos disponíveis;

II – elaborar o regulamento de seu pessoal em conformidade com as normas gerais concernentes;

III – aprovar e executar planos, programas e projetos de investimentos referentes a obras, serviços e aquisições em geral, de acordo com os recursos alocados pelo respectivo Poder mantenedor;

IV – elaborar seus orçamentos anuais e plurianuais;

V – adotar regime financeiro e contábil que atenda às suas peculiaridades de organização e funcionamento;

VI – realizar operações de crédito ou de financiamento, com aprovação do Poder competente, para aquisição de bens imóveis, instalações e equipamentos;

VII – efetuar transferências, quitações e tomar outras providências de ordem orçamentária, financeira e patrimonial necessárias ao seu bom desempenho.

§ 2º Atribuições de autonomia universitária poderão ser estendidas a instituições que comprovem alta qualificação para o ensino ou para a pesquisa, com base em avaliação realizada pelo Poder Público.

Art. 55. Caberá à União assegurar, anualmente, em seu Orçamento Geral, recursos suficientes para manutenção e desenvolvimento das instituições de educação superior por ela mantidas.

Art. 56. *As instituições públicas de educação superior obedecerão ao princípio da gestão transparente e democrática, assegurada a existência de órgãos colegiados deliberativos, dos quais participarão os segmentos da comunidade institucional, local e regional.*

► *Caput* com a redação dada pela Lei nº 15.001, de 16-10-2024.

Parágrafo único. Em qualquer caso, os docentes ocuparão setenta por cento dos assentos em cada órgão colegiado e comissão, inclusive nos que tratarem da elaboração e modificações estatutárias e regimentais, bem como da escolha de dirigentes.

Art. 57. Nas instituições públicas de educação superior, o professor ficará obrigado ao mínimo de oito horas semanais de aulas.

CAPÍTULO V
DA EDUCAÇÃO ESPECIAL

Art. 58. Entende-se por educação especial, para os efeitos desta Lei, a modalidade de educação escolar oferecida preferencialmente na rede regular de ensino, para educandos com deficiência, transtornos globais do desenvolvimento e altas habilidades ou superdotação.

▸ *Caput* com a redação dada pela Lei nº 12.796, de 4-4-2013.

§ 1º Haverá, quando necessário, serviços de apoio especializado, na escola regular, para atender às peculiaridades da clientela de educação especial.

§ 2º O atendimento educacional será feito em classes, escolas ou serviços especializados, sempre que, em função das condições específicas dos alunos, não for possível a sua integração nas classes comuns de ensino regular.

§ 3º A oferta de educação especial, nos termos do *caput* deste artigo, tem início na educação infantil e estende-se ao longo da vida, observados o inciso III do art. 4º e o parágrafo único do art. 60 desta Lei.

▸ § 3º com a redação dada pela Lei nº 13.632, de 6-3-2018.

Art. 59. Os sistemas de ensino assegurarão aos educandos com deficiência, transtornos globais do desenvolvimento e altas habilidades ou superdotação:

▸ *Caput* com a redação dada pela Lei nº 12.796, de 4-4-2013.

I – currículos, métodos, técnicas, recursos educativos e organização específicos, para atender às suas necessidades;

II – terminalidade específica para aqueles que não puderem atingir o nível exigido para a conclusão do ensino fundamental, em virtude de suas deficiências, e aceleração para concluir em menor tempo o programa escolar para os superdotados;

III – professores com especialização adequada em nível médio ou superior, para atendimento especializado, bem como professores do ensino regular capacitados para a integração desses educandos nas classes comuns;

IV – educação especial para o trabalho, visando a sua efetiva integração na vida em sociedade, inclusive condições adequadas para os que não revelarem capacidade de inserção no trabalho competitivo, mediante articulação com os órgãos oficiais afins, bem como para aqueles que apresentam uma habilidade superior nas áreas artística, intelectual ou psicomotora;

V – acesso igualitário aos benefícios dos programas sociais suplementares disponíveis para o respectivo nível do ensino regular.

Art. 59-A. O poder público deverá instituir cadastro nacional de alunos com altas habilidades ou superdotação matriculados na educação básica e na educação superior, a fim de fomentar a execução de políticas públicas destinadas ao desenvolvimento pleno das potencialidades desse alunado.

Parágrafo único. A identificação precoce de alunos com altas habilidades ou superdotação, os critérios e procedimentos para inclusão no cadastro referido no *caput* deste artigo, as entidades responsáveis pelo cadastramento, os mecanismos de acesso aos dados do cadastro e as políticas de desenvolvimento das potencialidades do alunado de que trata o *caput* serão definidos em regulamento.

▸ Art. 59-A acrescido pela Lei nº 13.234, de 29-12-2015.

Art. 60. Os órgãos normativos dos sistemas de ensino estabelecerão critérios de caracterização das instituições privadas sem fins lucrativos, especializadas e com atuação exclusiva em educação especial, para fins de apoio técnico e financeiro pelo Poder Público.

Parágrafo único. O poder público adotará, como alternativa preferencial, a ampliação do atendimento aos educandos com deficiência, transtornos globais do desenvolvimento e altas habilidades ou superdotação na própria rede pública regular de ensino, independentemente do apoio às instituições previstas neste artigo.

▸ Parágrafo único com a redação dada pela Lei nº 12.796, de 4-4-2013.

CAPÍTULO V-A
DA EDUCAÇÃO BILÍNGUE DE SURDOS

▸ Capítulo V-A acrescido pela Lei nº 14.191, de 3-8-2021.

Art. 60-A. Entende-se por educação bilíngue de surdos, para os efeitos desta Lei, a modalidade de educação escolar oferecida em Língua Brasileira de Sinais (Libras), como primeira língua, e em português escrito, como segunda língua, em escolas bilíngues de surdos, classes bilíngues de surdos, escolas comuns ou em polos de educação bilíngue de surdos, para educandos surdos, surdo-cegos, com deficiência auditiva sinalizantes, surdos com altas habilidades ou superdotação ou com outras deficiências associadas, optantes pela modalidade de educação bilíngue de surdos.

§ 1º Haverá, quando necessário, serviços de apoio educacional especializado, como o atendimento educacional especializado bilíngue, para atender às especificidades linguísticas dos estudantes surdos.

§ 2º A oferta de educação bilíngue de surdos terá início ao zero ano, na educação infantil, e se estenderá ao longo da vida.

§ 3º O disposto no *caput* deste artigo será efetivado sem prejuízo das prerrogativas de matrícula em escolas e classes regulares, de acordo com o que decidir o estudante ou, no que couber, seus pais ou responsáveis, e das garantias previstas na Lei nº 13.146, de 6 de julho de 2015 (Estatuto da Pessoa com Deficiência), que incluem, para os surdos oralizados, o acesso a tecnologias assistivas.

Art. 60-B. Além do disposto no art. 59 desta Lei, os sistemas de ensino assegurarão aos educandos surdos, surdo-cegos, com deficiência auditiva sinalizantes, surdos com altas habilidades ou superdotação ou com outras deficiências associadas materiais didáticos e professores bilíngues com formação e especialização adequadas, em nível superior.

Parágrafo único. Nos processos de contratação e de avaliação periódica dos professores a que se refere o *caput* deste artigo serão ouvidas as entidades representativas das pessoas surdas.

▸ Arts. 60-A e 60-B acrescidos pela Lei nº 14.191, de 3-8-2021.

TÍTULO VI – DOS PROFISSIONAIS DA EDUCAÇÃO

Art. 61. Consideram-se profissionais da educação escolar básica os que, nela estando em efetivo exercício e tendo sido formados em cursos reconhecidos, são:

▸ *Caput* com a redação dada pela Lei nº 12.014, de 6-8-2009.

I – professores habilitados em nível médio ou superior para a docência na educação infantil e nos ensinos fundamental e médio;

II – trabalhadores em educação portadores de diploma de pedagogia, com habilitação em administração, planejamento, supervisão, inspeção e orientação educacional, bem como com títulos de mestrado ou doutorado nas mesmas áreas;

III – trabalhadores em educação, portadores de diploma de curso técnico ou superior em área pedagógica ou afim;

▸ Incisos I a III com a redação dada pela Lei nº 12.014, de 6-8-2009.

IV – profissionais com notório saber reconhecido pelos respectivos sistemas de ensino, para ministrar conteúdos de áreas afins à sua formação ou experiência profissional, atestados por titulação específica ou prática de ensino em unidades educacionais da rede pública ou privada ou das corporações privadas em que tenham atuado, exclusivamente para atender ao inciso V do *caput* do art. 36;

V – profissionais graduados que tenham feito complementação pedagógica, conforme disposto pelo Conselho Nacional de Educação.

▸ Incisos IV e V acrescidos pela Lei nº 13.415, de 16-2-2017.

Parágrafo único. A formação dos profissionais da educação, de modo a atender às especificidades do exercício de suas atividades, bem como aos objetivos das diferentes etapas e modalidades da educação básica, terá como fundamentos:

▸ *Caput* do parágrafo único acrescido pela Lei nº 12.014, de 6-8-2009.

I – a presença de sólida formação básica, que propicie o conhecimento dos fundamentos científicos e sociais de suas competências de trabalho;

II – a associação entre teorias e práticas, mediante estágios supervisionados e capacitação em serviço;

III – o aproveitamento da formação e experiências anteriores, em instituições de ensino e em outras atividades;

▸ Incisos I a III acrescidos pela Lei nº 12.014, de 6-8-2009.

IV – proteção integral dos direitos de crianças e adolescentes e o apoio à formação permanente dos profissionais de que trata o *caput* deste artigo para identificação de maus-tratos, de negligência e de violência sexual praticados contra crianças e adolescentes.

▸ Inciso IV acrescido pela Lei nº 14.679, de 18-9-2023.

Art. 62. A formação de docentes para atuar na educação básica far-se-á em nível superior, em curso de licenciatura plena, admitida, como formação mínima para o exercício do magistério na educação infantil e nos cinco primeiros anos do ensino fundamental, a oferecida em nível médio, na modalidade normal.

▸ *Caput* com a redação dada pela Lei nº 13.415, de 16-2-2017.

§ 1º A União, o Distrito Federal, os Estados e os Municípios, em regime de colaboração, deverão promover a formação inicial, a continuada e a capacitação dos profissionais de magistério.

§ 2º A formação continuada e a capacitação dos profissionais de magistério poderão utilizar recursos e tecnologias de educação a distância.

§ 3º A formação inicial de profissionais de magistério dará preferência ao ensino presencial,

LEGISLAÇÃO COMPLEMENTAR

subsidiariamente fazendo uso de recursos e tecnologias de educação a distância.

▶ §§ 1º a 3º acrescidos pela Lei nº 12.056, de 13-10-2009.

§ 4º A União, o Distrito Federal, os Estados e os Municípios adotarão mecanismos facilitadores de acesso e permanência em cursos de formação de docentes em nível superior para atuar na educação básica pública.

§ 5º A União, o Distrito Federal, os Estados e os Municípios incentivarão a formação de profissionais do magistério para atuar na educação básica pública mediante programa institucional de bolsa de iniciação à docência a estudantes matriculados em cursos de licenciatura, de graduação plena, nas instituições de educação superior.

§ 6º O Ministério da Educação poderá estabelecer nota mínima em exame nacional aplicado aos concluintes do ensino médio como pré-requisito para o ingresso em cursos de graduação para formação de docentes, ouvido o Conselho Nacional de Educação – CNE.

▶ §§ 4º a 6º acrescidos pela Lei nº 12.796, de 4-4-2013.

§ 7º VETADO. Lei nº 12.796, de 4-4-2013.

§ 8º Os currículos dos cursos de formação de docentes terão por referência a Base Nacional Comum Curricular.

▶ § 8º acrescido pela Lei nº 13.415, de 16-2-2017.

▶ Art. 11 da Lei nº 13.415, de 16-2-2017, que estabelece que o disposto neste parágrafo deverá ser implementado no prazo de dois anos, contado da publicação da Base Nacional Comum Curricular.

Art. 62-A. A formação dos profissionais a que se refere o inciso III do art. 61 far-se-á por meio de cursos de conteúdo técnico-pedagógico, em nível médio ou superior, incluindo habilitações tecnológicas.

Parágrafo único. Garantir-se-á formação continuada para os profissionais a que se refere o *caput*, no local de trabalho ou em instituições de educação básica e superior, incluindo cursos de educação profissional, cursos superiores de graduação plena ou tecnológicos e de pós-graduação.

▶ Art. 62-A acrescido pela Lei nº 12.796, de 4-4-2013.

Art. 62-B. O acesso de professores das redes públicas de educação básica a cursos superiores de pedagogia e licenciatura será efetivado por meio de processo seletivo diferenciado.

§ 1º Terão direito de pleitear o acesso previsto no *caput* deste artigo os professores das redes públicas municipais, estaduais e federal que ingressaram por concurso público, tenham pelo menos três anos de exercício da profissão e não sejam portadores de diploma de graduação.

§ 2º As instituições de ensino responsáveis pela oferta de cursos de pedagogia e outras licenciaturas definirão critérios adicionais de seleção sempre que acorrerem aos certames interessados em número superior ao de vagas disponíveis para os respectivos cursos.

§ 3º Sem prejuízo dos concursos seletivos a serem definidos em regulamento pelas universidades, terão prioridade de ingresso os professores que optarem por cursos de licenciatura em matemática, física, química, biologia e língua portuguesa.

▶ Art. 62-B acrescido pela Lei nº 13.478, de 30-8-2017.

Art. 63. Os institutos superiores de educação manterão:

I – cursos formadores de profissionais para a educação básica, inclusive o curso normal superior, destinado à formação de docentes para a educação infantil e para as primeiras séries do ensino fundamental;

II – programas de formação pedagógica para portadores de diplomas de educação superior que queiram se dedicar à educação básica;

III – programas de educação continuada para os profissionais de educação dos diversos níveis.

Art. 64. A formação de profissionais de educação para administração, planejamento, inspeção, supervisão e orientação educacional para a educação básica, será feita em cursos de graduação em pedagogia ou em nível de pós-graduação, a critério da instituição de ensino, garantida, nesta formação, a base comum nacional.

Art. 65. A formação docente, exceto para a educação superior, incluirá prática de ensino de, no mínimo, trezentas horas.

Art. 66. A preparação para o exercício do magistério superior far-se-á em nível de pós-graduação, prioritariamente em programas de mestrado e doutorado.

Parágrafo único. O notório saber, reconhecido por universidade com curso de doutorado em área afim, poderá suprir a exigência de título acadêmico.

Art. 67. Os sistemas de ensino promoverão a valorização dos profissionais da educação, assegurando-lhes, inclusive nos termos dos estatutos e dos planos de carreira do magistério público:

I – ingresso exclusivamente por concurso público de provas e títulos;

II – aperfeiçoamento profissional continuado, inclusive com licenciamento periódico remunerado para esse fim;

III – piso salarial profissional;

IV – progressão funcional baseada na titulação ou habilitação, e na avaliação do desempenho;

V – período reservado a estudos, planejamento e avaliação, incluído na carga de trabalho;

VI – condições adequadas de trabalho.

§ 1º A experiência docente é pré-requisito para o exercício profissional de quaisquer outras funções de magistério, nos termos das normas de cada sistema de ensino.

▶ Antigo parágrafo único renumerado para § 1º pela Lei nº 11.301, de 10-5-2006.

§ 2º Para os efeitos do disposto no § 5º do art. 40 e no § 8º do art. 201 da Constituição Federal, são consideradas funções de magistério as exercidas por professores e especialistas em educação no desempenho de atividades educativas, quando exercidas em estabelecimento de educação básica em seus diversos níveis e modalidades, incluídas, além do exercício da docência, as de direção de unidade escolar e as de coordenação e assessoramento pedagógico.

▶ § 2º acrescido pela Lei nº 11.301, de 10-5-2006.

§ 3º A União prestará assistência técnica aos Estados, ao Distrito Federal e aos Municípios na elaboração de concursos públicos para provimento de cargos dos profissionais da educação.

▶ § 3º acrescido pela Lei nº 12.796, de 4-4-2013.

TÍTULO VII – DOS RECURSOS FINANCEIROS

Art. 68. Serão recursos públicos destinados à educação os originários de:

I – receita de impostos próprios da União, dos Estados, do Distrito Federal e dos Municípios;

II – receita de transferências constitucionais e outras transferências;

III – receita do salário-educação e de outras contribuições sociais;

IV – receita de incentivos fiscais;

V – outros recursos previstos em lei.

Art. 69. A União aplicará, anualmente, nunca menos de dezoito, e os Estados, o Distrito Federal e os Municípios, vinte e cinco por cento, ou o que consta nas respectivas Constituições ou Leis Orgânicas, da receita resultante de impostos, compreendidas as transferências constitucionais, na manutenção e desenvolvimento do ensino público.

§ 1º A parcela da arrecadação de impostos transferida pela União aos Estados, ao Distrito Federal e aos Municípios, ou pelos Estados aos respectivos Municípios, não será considerada, para efeito do cálculo previsto neste artigo, receita do governo que a transferir.

§ 2º Serão consideradas excluídas das receitas de impostos mencionadas neste artigo as operações de crédito por antecipação de receita orçamentária de impostos.

§ 3º Para fixação inicial dos valores correspondentes aos mínimos estatuídos neste artigo, será considerada a receita estimada na lei do orçamento anual, ajustada, quando for o caso, por lei que autorizar a abertura de créditos adicionais, com base no eventual excesso de arrecadação.

§ 4º As diferenças entre a receita e a despesa previstas e as efetivamente realizadas, que resultem no não atendimento dos percentuais mínimos obrigatórios, serão apuradas e corrigidas a cada trimestre do exercício financeiro.

§ 5º O repasse dos valores referidos neste artigo do caixa da União, dos Estados, do Distrito Federal e dos Municípios ocorrerá imediatamente ao órgão responsável pela educação, observados os seguintes prazos:

I – recursos arrecadados do primeiro ao décimo dia de cada mês, até o vigésimo dia;

II – recursos arrecadados do décimo primeiro ao vigésimo dia de cada mês, até o trigésimo dia;

III – recursos arrecadados do vigésimo primeiro dia ao final de cada mês, até o décimo dia do mês subsequente.

§ 6º O atraso da liberação sujeitará os recursos a correção monetária e à responsabilização civil e criminal das autoridades competentes.

Art. 70. Considerar-se-ão como de manutenção e desenvolvimento do ensino as despesas realizadas com vistas à consecução dos objetivos básicos das instituições educacionais de todos os níveis, compreendendo as que se destinam a:

I – remuneração e aperfeiçoamento do pessoal docente e demais profissionais da educação;

II – aquisição, manutenção, construção e conservação de instalações e equipamentos necessários ao ensino;

III – uso e manutenção de bens e serviços vinculados ao ensino;

IV – levantamentos estatísticos, estudos e pesquisas visando precipuamente ao aprimoramento da qualidade e à expansão do ensino;

V – realização de atividades-meio necessárias ao funcionamento dos sistemas de ensino;

VI – concessão de bolsas de estudo a alunos de escolas públicas e privadas e concessão de incentivo financeiro-educacional, na modalidade de poupança, destinado à permanência e à conclusão escolar de estudantes matriculados no ensino médio público;

▶ Inciso VI com a redação dada pela MP nº 1.303, de 11-6-2025, que até o encerramento desta edição não havia sido convertida em lei.

VII – amortização e custeio de operações de crédito destinadas a atender ao disposto nos incisos deste artigo;

VIII – aquisição de material didático-escolar e manutenção de programas de transporte escolar;

IX – realização de atividades curriculares complementares voltadas ao aprendizado dos alunos ou à formação continuada dos profissionais da educação, tais como exposições, feiras ou mostras de ciências da natureza ou humanas, matemática, língua portuguesa ou língua estrangeira, literatura e cultura.

▶ Inciso IX acrescido pela Lei nº 14.560, de 26-4-2023.

Art. 71. Não constituirão despesas de manutenção e desenvolvimento do ensino aquelas realizadas com:

I – pesquisa, quando não vinculada às instituições de ensino, ou, quando efetivada fora dos sistemas de ensino, que não vise, precipuamente, ao aprimoramento de sua qualidade ou à sua expansão;

II – subvenção a instituições públicas ou privadas de caráter assistencial, desportivo ou cultural;

III – formação de quadros especiais para a administração pública, sejam militares ou civis, inclusive diplomáticos;

IV – programas suplementares de alimentação, assistência médico-odontológica, farmacêutica e psicológica, e outras formas de assistência social;

V – obras de infraestrutura, ainda que realizadas para beneficiar direta ou indiretamente a rede escolar;

VI – pessoal docente e demais trabalhadores da educação, quando em desvio de função ou em atividade alheia à manutenção e desenvolvimento do ensino.

***Art. 72.** As receitas e as despesas com manutenção e desenvolvimento do ensino serão apuradas e publicadas:*

▶ *Caput* com a redação dada pela Lei nº 15.001, de 16-10-2024.

I – nos balanços do poder público e nos relatórios a que se refere o § 3º do art. 165 da Constituição Federal;

II – nos sítios eletrônicos do Ministério da Educação e dos órgãos gestores da educação pública de cada ente federado subnacional.

▶ Incisos I e II acrescidos pela Lei nº 15.001, de 16-10-2024.

***Parágrafo único.** Deverão ser publicados, de forma específica, dados relativos a:*

I – receitas próprias, de convênios ou de doações das instituições federais de ensino;

II – gestão e execução dos recursos do Fundo de Manutenção e Desenvolvimento da Educação Básica e de Valorização dos Profissionais da Educação (FUNDEB);

III – repasses de recursos públicos a instituições de ensino conveniadas para oferta de educação escolar.

▶ Parágrafo único acrescido pela Lei nº 15.001, de 16-10-2024.

Art. 73. Os órgãos fiscalizadores examinarão, prioritariamente, na prestação de contas de recursos públicos, o cumprimento do disposto no art. 212 da Constituição Federal, no art. 60 do Ato das Disposições Constitucionais Transitórias e na legislação concernente.

Art. 74. A União, em colaboração com os Estados, o Distrito Federal e os Municípios, estabelecerá padrão mínimo de oportunidades educacionais para o ensino fundamental, baseado no cálculo do custo mínimo por aluno, capaz de assegurar ensino de qualidade.

Parágrafo único. O custo mínimo de que trata este artigo será calculado pela União ao final de cada ano, com validade para o ano subsequente, considerando variações regionais no custo dos insumos e as diversas modalidades de ensino.

Art. 75. A ação supletiva e redistributiva da União e dos Estados será exercida de modo a corrigir, progressivamente, as disparidades de acesso e garantir o padrão mínimo de qualidade de ensino.

§ 1º A ação a que se refere este artigo obedecerá à fórmula de domínio público que inclua a capacidade de atendimento e a medida do esforço fiscal do respectivo Estado, do Distrito Federal ou do Município em favor da manutenção e do desenvolvimento do ensino.

§ 2º A capacidade de atendimento de cada governo será definida pela razão entre os recursos de uso constitucionalmente obrigatório na manutenção e desenvolvimento do ensino e o custo anual do aluno, relativo ao padrão mínimo de qualidade.

§ 3º Com base nos critérios estabelecidos nos §§ 1º e 2º, a União poderá fazer a transferência direta de recursos a cada estabelecimento de ensino, considerado o número de alunos que efetivamente frequentam a escola.

§ 4º A ação supletiva e redistributiva não poderá ser exercida em favor do Distrito Federal, dos Estados e dos Municípios se estes oferecerem vagas, na área de ensino de sua responsabilidade, conforme o inciso VI do art. 10 e o inciso V do art. 11 desta Lei, em número inferior à sua capacidade de atendimento.

Art. 76. A ação supletiva e redistributiva prevista no artigo anterior ficará condicionada ao efetivo cumprimento pelos Estados, Distrito Federal e Municípios do disposto nesta Lei, sem prejuízo de outras prescrições legais.

Art. 77. Os recursos públicos serão destinados às escolas públicas, podendo ser dirigidos a escolas comunitárias, confessionais ou filantrópicas que:

I – comprovem finalidade não lucrativa e não distribuam resultados, dividendos, bonificações, participações ou parcela de seu patrimônio sob nenhuma forma ou pretexto;

II – apliquem seus excedentes financeiros em educação;

III – assegurem a destinação de seu patrimônio a outra escola comunitária, filantrópica ou confessional, ou ao Poder Público, no caso de encerramento de suas atividades;

IV – prestem contas ao Poder Público dos recursos recebidos;

V – não tenham como dirigente agente político de Poder ou do Ministério Público, dirigente de órgão ou entidade da administração pública de qualquer esfera governamental, ou seu cônjuge, companheiro ou parente em linha reta, colateral ou por afinidade, até o terceiro grau.

▶ Inciso V acrescido pela Lei nº 15.001, de 16-10-2024.

§ 1º Os recursos de que trata este artigo poderão ser destinados a bolsas de estudo para a educação básica, na forma da lei, para os que demonstrarem insuficiência de recursos, quando houver falta de vagas e cursos regulares da rede pública de domicílio do educando, ficando o Poder Público obrigado a investir prioritariamente na expansão da sua rede local.

§ 2º As atividades universitárias de pesquisa e extensão poderão receber apoio financeiro do Poder Público, inclusive mediante bolsas de estudo.

§ 3º As escolas comunitárias, confessionais ou filantrópicas deverão disponibilizar ao público, em meio eletrônico, nos termos de regulamento, informações acessíveis referentes a:

I – recursos financeiros públicos diretamente recebidos e objetivos a serem alcançados por meio da sua utilização;

II – caso certificadas como entidades beneficentes, nos termos da Lei Complementar nº 187, de 16 de dezembro de 2021:

a) comprovação da certificação e respectivo prazo de validade;

b) número de bolsas integrais e parciais concedidas de acordo com o disposto na Lei Complementar nº 187, de 16 de dezembro de 2021, bem como os critérios utilizados para sua concessão.

▶ § 3º acrescido pela Lei nº 15.001, de 16-10-2024.

TÍTULO VIII – DAS DISPOSIÇÕES GERAIS

Art. 78. O Sistema de Ensino da União, com a colaboração das agências federais de fomento à cultura e de assistência aos índios, desenvolverá programas integrados de ensino e pesquisa, para oferta de educação escolar bilíngue e intercultural aos povos indígenas, com os seguintes objetivos:

I – proporcionar aos índios, suas comunidades e povos, a recuperação de suas memórias históricas; a reafirmação de suas identidades étnicas; a valorização de suas línguas e ciências;

II – garantir aos índios, suas comunidades e povos, o acesso às informações, conhecimentos técnicos e científicos da sociedade nacional e demais sociedades indígenas e não índias.

Art. 78-A. Os sistemas de ensino, em regime de colaboração, desenvolverão programas integrados de ensino e pesquisa, para oferta de educação escolar bilíngue e intercultural aos estudantes surdos, surdo-cegos, com deficiência auditiva sinalizantes, surdos com altas habilidades ou superdotação ou com outras deficiências associadas, com os seguintes objetivos:

I – proporcionar aos surdos a recuperação de suas memórias históricas, a reafirmação de suas identidades e especificidades e a valorização de sua língua e cultura;

II – garantir aos surdos o acesso às informações e conhecimentos técnicos e científicos da sociedade nacional e demais sociedades surdas e não surdas.

▸ Art. 78-A acrescido pela Lei nº 14.191, de 3-8-2021.

Art. 79. A União apoiará técnica e financeiramente os sistemas de ensino no provimento da educação intercultural às comunidades indígenas, desenvolvendo programas integrados de ensino e pesquisa.

§ 1º Os programas serão planejados com audiência das comunidades indígenas.

§ 2º Os programas a que se refere este artigo, incluídos nos Planos Nacionais de Educação, terão os seguintes objetivos:

I – fortalecer as práticas socioculturais e a língua materna de cada comunidade indígena;

II – manter programas de formação de pessoal especializado, destinado à educação escolar nas comunidades indígenas;

III – desenvolver currículos e programas específicos, neles incluindo os conteúdos culturais correspondentes às respectivas comunidades;

IV – elaborar e publicar sistematicamente material didático específico e diferenciado.

§ 3º No que se refere à educação superior, sem prejuízo de outras ações, o atendimento aos povos indígenas efetivar-se-á, nas universidades públicas e privadas, mediante a oferta de ensino e de assistência estudantil, assim como de estímulo à pesquisa e desenvolvimento de programas especiais.

▸ § 3º acrescido pela Lei nº 12.416, de 9-6-2011.

Art. 79-A. VETADO. Lei nº 10.639, de 9-1-2003.

Art. 79-B. O calendário escolar incluirá o dia 20 de novembro como "Dia Nacional da Consciência Negra".

▸ Artigo acrescido pela Lei nº 10.639, de 9-1-2003.

Art. 79-C. A União apoiará técnica e financeiramente os sistemas de ensino no provimento da educação bilíngue e intercultural às comunidades surdas, com desenvolvimento de programas integrados de ensino e pesquisa.

§ 1º Os programas serão planejados com participação das comunidades surdas, de instituições de ensino superior e de entidades representativas das pessoas surdas.

§ 2º Os programas a que se refere este artigo, incluídos no Plano Nacional de Educação, terão os seguintes objetivos:

I – fortalecer as práticas socioculturais dos surdos e a Língua Brasileira de Sinais;

II – manter programas de formação de pessoal especializado, destinados à educação bilíngue escolar dos surdos, surdo-cegos, com deficiência auditiva sinalizantes, surdos com altas habilidades ou superdotação ou com outras deficiências associadas;

III – desenvolver currículos, métodos, formação e programas específicos, neles incluídos os conteúdos culturais correspondentes aos surdos;

IV – elaborar e publicar sistematicamente material didático bilíngue, específico e diferenciado.

§ 3º Na educação superior, sem prejuízo de outras ações, o atendimento aos estudantes surdos, surdo-cegos, com deficiência auditiva sinalizantes, surdos com altas habilidades ou superdotação ou com outras deficiências associadas efetivar-se-á mediante a oferta de ensino bilíngue e de assistência estudantil, assim como de estímulo à pesquisa e desenvolvimento de programas especiais.

▸ Art. 79-C acrescido pela Lei nº 14.191, de 3-8-2021.

Art. 80. O Poder Público incentivará o desenvolvimento e a veiculação de programas de ensino a distância, em todos os níveis e modalidades de ensino, e de educação continuada.

▸ Dec. nº 9.057, de 25-5-2017, regulamenta este artigo.

§ 1º A educação a distância, organizada com abertura e regime especiais, será oferecida por instituições especificamente credenciadas pela União.

§ 2º A União regulamentará os requisitos para a realização de exames e registro de diploma relativos a cursos de educação a distância.

§ 3º As normas para produção, controle e avaliação de programas de educação a distância e a autorização para sua implementação, caberão aos respectivos sistemas de ensino, podendo haver cooperação e integração entre os diferentes sistemas.

§ 4º A educação a distância gozará de tratamento diferenciado, que incluirá:

I – custos de transmissão reduzidos em canais comerciais de radiodifusão sonora e de sons e imagens e em outros meios de comunicação que sejam explorados mediante autorização, concessão ou permissão do poder público;

▸ Inciso I com a redação dada pela Lei nº 12.603, de 3-4-2012.

II – concessão de canais com finalidades exclusivamente educativas;

III – reserva de tempo mínimo, sem ônus para o Poder Público, pelos concessionários de canais comerciais.

Art. 81. É permitida a organização de cursos ou instituições de ensino experimentais, desde que obedecidas as disposições desta Lei.

Art. 81-A. *Os sistemas de ensino estabelecerão, para a educação básica e superior, regime escolar especial para o atendimento a:*

I – estudantes impossibilitados de frequentar as aulas em razão de tratamento de saúde ou de condição de saúde que impossibilite o acesso à instituição de ensino;

II – mães estudantes lactantes;

III – VETADO.

§ 1º VETADO.

§ 2º O acesso ao regime escolar especial será condicionado à comprovação de que o educando se encontra em uma das situações previstas nos incisos I, II e III do caput deste artigo e de que a inclusão no regime especial é condição necessária para garantir a continuidade e a permanência de suas atividades escolares, nos termos de regulamento.

▸ Art. 81-A acrescido pela Lei nº 14.952, de 6-8-2024.

Art. 82. Os sistemas de ensino estabelecerão as normas de realização de estágio em sua jurisdição, observada a lei federal sobre a matéria.

▸ Artigo com a redação dada pela Lei nº 11.788, de 25-9-2008.

Art. 83. O ensino militar é regulado em lei específica, admitida a equivalência de estudos, de acordo com as normas fixadas pelos sistemas de ensino.

Art. 84. Os discentes da educação superior poderão ser aproveitados em tarefas de ensino e pesquisa pelas respectivas instituições, exercendo funções de monitoria, de acordo com seu rendimento e seu plano de estudos.

Art. 85. Qualquer cidadão habilitado com a titulação própria poderá exigir a abertura de concurso público de provas e títulos para cargo de docente de instituição pública de ensino que estiver sendo ocupado por professor não concursado, por mais de seis anos, ressalvados os direitos assegurados pelos arts. 41 da Constituição Federal e 19 do Ato das Disposições Constitucionais Transitórias.

Art. 86. As instituições de educação superior constituídas como universidades integrar-se-ão, também, na sua condição de instituições de pesquisa, ao Sistema Nacional de Ciência e Tecnologia, nos termos da legislação específica.

TÍTULO IX – DAS DISPOSIÇÕES TRANSITÓRIAS

Art. 87. É instituída a Década da Educação, a iniciar-se um ano a partir da publicação desta Lei.

§ 1º A União, no prazo de um ano a partir da publicação desta Lei, encaminhará, ao Congresso Nacional, o Plano Nacional de Educação, com diretrizes e metas para os dez anos seguintes, em sintonia com a Declaração Mundial sobre Educação para Todos.

§ 2º *Revogado.* Lei nº 12.796, de 4-4-2013.

§ 3º O Distrito Federal, cada Estado e Município, e, supletivamente, a União, devem:

▸ *Caput* do § 3º com a redação dada pela Lei nº 11.330, de 25-7-2006.

I – *Revogado.* Lei nº 12.796, de 4-4-2013;

a a c) *Revogadas.* Lei nº 11.274, de 6-2-2006.

II – prover cursos presenciais ou a distância aos jovens e adultos insuficientemente escolarizados;

III – realizar programas de capacitação para todos os professores em exercício, utilizando também, para isto, os recursos da educação a distância;

IV – integrar todos os estabelecimentos de ensino fundamental do seu território ao sistema nacional de avaliação do rendimento escolar.

§ 4º *Revogado.* Lei nº 12.796, de 4-4-2013.

§ 5º Serão conjugados todos os esforços objetivando a progressão das redes escolares públicas urbanas de ensino fundamental para o regime de escolas de tempo integral.

§ 6º A assistência financeira da União aos Estados, ao Distrito Federal e aos Municípios, bem como a dos Estados aos seus Municípios, ficam condicionadas ao cumprimento do art. 212 da Constituição Federal e dispositivos legais pertinentes pelos governos beneficiados.

Art. 87-A. VETADO. Lei nº 12.796, de 4-4-2013.

Art. 88. A União, os Estados, o Distrito Federal e os Municípios adaptarão sua legislação educacional e de ensino às disposições desta Lei no prazo máximo de um ano, a partir da data de sua publicação.

§ 1º As instituições educacionais adaptarão seus estatutos e regimentos aos dispositivos desta Lei e às normas dos respectivos sistemas de ensino, nos prazos por estes estabelecidos.

§ 2º O prazo para que as universidades cumpram o disposto nos incisos II e III do art. 52 é de oito anos.

Art. 89. As creches e pré-escolas existentes ou que venham a ser criadas deverão, no prazo de três anos, a contar da publicação desta Lei, integrar-se ao respectivo sistema de ensino.

Art. 90. As questões suscitadas na transição entre o regime anterior e o que se institui nesta Lei serão resolvidas pelo Conselho Nacional de Educação ou, mediante delegação deste, pelos órgãos normativos dos sistemas de ensino, preservada a autonomia universitária.

Art. 90-A. Até a entrada em vigor da lei de que trata o art. 14, os Conselhos Escolares e os Fóruns dos Conselhos Escolares já instituídos continuarão a observar as normas expedidas pelos respectivos sistemas de ensino.

▸ Art. 90-A acrescido pela Lei nº 14.644, de 2-8-2023.

Art. 91. Esta Lei entra em vigor na data de sua publicação.

Art. 92. Revogam-se as disposições das Leis n°s 4.024, de 20 de dezembro de 1961, e 5.540, de 28 de novembro de 1968, não alteradas pelas Leis n°s 9.131, de 24 de novembro de 1995 e 9.192, de 21 de dezembro de 1995 e, ainda, as Leis n°s 5.692, de 11 de agosto de 1971 e 7.044, de 18 de outubro de 1982, e as demais leis e decretos-lei que as modificaram e quaisquer outras disposições em contrário.

Brasília, 20 de dezembro de 1996;
175º da Independência e
108º da República.

Fernando Henrique Cardoso

LEI Nº 9.430, DE 27 DE DEZEMBRO DE 1996

Dispõe sobre a legislação tributária federal, as contribuições para a seguridade social, o processo administrativo de consulta e dá outras providências.

▸ Publicada no *DOU* de 30-12-1996.

CAPÍTULO I – IMPOSTO DE RENDA – PESSOA JURÍDICA

Seção I – APURAÇÃO DA BASE DE CÁLCULO

Período de Apuração Trimestral

Art. 1º A partir do ano-calendário de 1997, o imposto de renda das pessoas jurídicas será determinado com base no lucro real, presumido, ou arbitrado, por períodos de apuração trimestrais, encerrados nos dias 31 de março, 30 de junho, 30 de setembro e 31 de dezembro de cada ano-calendário, observada a legislação vigente, com as alterações desta Lei.

§ 1º Nos casos de incorporação, fusão ou cisão, a apuração da base de cálculo e do imposto de renda devido será efetuada na data do evento, observado o disposto no art. 21 da Lei nº 9.249, de 26 de dezembro de 1995.

§ 2º Na extinção da pessoa jurídica, pelo encerramento da liquidação, a apuração da base de cálculo e do imposto devido será efetuada na data desse evento.

Pagamento por Estimativa

Art. 2º A pessoa jurídica sujeita a tributação com base no lucro real poderá optar pelo pagamento do imposto, em cada mês, determinado sobre base de cálculo estimada, mediante a aplicação dos percentuais de que trata o art. 15 da Lei nº 9.249, de 26 de dezembro de 1995, sobre a receita bruta definida pelo art. 12 do Decreto-Lei nº 1.598, de 26 de dezembro de 1977, auferida mensalmente, deduzida das devoluções, vendas canceladas e dos descontos incondicionais concedidos, observado o disposto nos §§ 1º e 2º do art. 29 e nos arts. 30, 32, 34 e 35 da Lei nº 8.981, de 20 de janeiro de 1995.

▸ *Caput* com a redação dada pela Lei nº 12.973, de 13-5-2014.

§ 1º O imposto a ser pago mensalmente na forma deste artigo será determinado mediante a aplicação, sobre a base de cálculo, da alíquota de quinze por cento.

§ 2º A parcela da base de cálculo, apurada mensalmente, que exceder a R$ 20.000,00 (vinte mil reais) ficará sujeita à incidência de adicional de imposto de renda à alíquota de dez por cento.

§ 3º A pessoa jurídica que optar pelo pagamento do imposto na forma deste artigo deverá apurar o lucro real em 31 de dezembro de cada ano, exceto nas hipóteses de que tratam os §§ 1º e 2º do artigo anterior.

§ 4º Para efeito de determinação do saldo de imposto a pagar ou a ser compensado, a pessoa jurídica poderá deduzir do imposto devido o valor:

I – dos incentivos fiscais de dedução do imposto, observados os limites e prazos fixados na legislação vigente, bem como o disposto no § 4º do art. 3º da Lei nº 9.249, de 26 de dezembro de 1995;

II – dos incentivos fiscais de redução e isenção do imposto, calculado com base no lucro da exploração;

III – do imposto de renda pago ou retido na fonte, incidente sobre receitas computadas na determinação do lucro real;

IV – do imposto de renda pago na forma deste artigo.

Seção II – PAGAMENTO DO IMPOSTO

Escolha da Forma de Pagamento

Art. 3º A adoção da forma de pagamento do imposto prevista no art. 1º, pelas pessoas jurídicas sujeitas ao regime do lucro real, ou a opção pela forma do art. 2º será irretratável para todo o ano-calendário.

Parágrafo único. A opção pela forma estabelecida no art. 2º será manifestada com o pagamento do imposto correspondente ao mês de janeiro ou de início de atividade.

Adicional do Imposto de Renda

Art. 4º Os §§ 1º e 2º do art. 3º da Lei nº 9.249, de 26 de dezembro de 1995, passam a vigorar com a seguinte redação:

▸ Alterações inseridas no texto da referida Lei.

Imposto Correspondente a Período Trimestral

Art. 5º O imposto de renda devido, apurado na forma do art. 1º, será pago em quota única, até o último dia útil do mês subsequente ao do encerramento do período de apuração.

§ 1º A opção da pessoa jurídica, o imposto devido poderá ser pago em até três quotas mensais, iguais e sucessivas, vencíveis no último dia útil dos três meses subsequentes ao de encerramento do período de apuração a que corresponder.

§ 2º Nenhuma quota poderá ter valor inferior a R$ 1.000,00 (mil reais) e o imposto de valor inferior a R$ 2.000,00 (dois mil reais) será pago em quota única, até o último dia útil do mês subsequente ao do encerramento do período de apuração.

§ 3º As quotas do imposto serão acrescidas de juros equivalentes à taxa referencial do Sistema Especial de Liquidação e Custódia – SELIC, para títulos federais, acumulada mensalmente, calculados a partir do primeiro dia do segundo mês subsequente ao do encerramento do período de apuração até o último dia do mês anterior ao do pagamento e de um por cento no mês do pagamento.

§ 4º Nos casos de incorporação, fusão ou cisão e de extinção da pessoa jurídica pelo encerramento da liquidação, o imposto devido deverá ser pago até o último dia útil do mês subsequente ao do evento, não se lhes aplicando a opção prevista no § 1º.

Pagamento por Estimativa

Art. 6º O imposto devido, apurado na forma do art. 2º, deverá ser pago até o último dia útil do mês subsequente àquele a que se referir.

§ 1º O saldo do imposto apurado em 31 de dezembro receberá o seguinte tratamento:

I – se positivo, será pago em quota única, até o último dia útil do mês de março do ano subsequente, observado o disposto no § 2º; ou

II – se negativo, poderá ser objeto de restituição ou de compensação nos termos do art. 74.

▸ § 1º com a redação dada pela Lei nº 12.844, de 19-7-2013.

§ 2º O saldo do imposto a pagar de que trata o inciso I do parágrafo anterior será acrescido de juros calculados à taxa a que se refere o § 3º do art. 5º, a partir de 1º de fevereiro até o último dia do mês anterior ao do pagamento e de um por cento no mês do pagamento.

§ 3º O prazo a que se refere o inciso I do § 1º não se aplica ao imposto relativo ao mês de dezembro, que deverá ser pago até o último dia útil do mês de janeiro do ano subsequente.

Disposições Transitórias

Art. 7º Alternativamente ao disposto no art. 40 da Lei nº 8.981, de 20 de janeiro de 1995, com as alterações da Lei nº 9.065, de 20 de junho de 1995, a pessoa jurídica tributada com base no lucro real ou presumido poderá efetuar o pagamento do saldo do imposto devido, apurado em 31 de dezembro de 1996, em até quatro quotas mensais, iguais e sucessivas, devendo a primeira ser paga até o último dia útil do mês de março de 1997 e as demais no último dia útil dos meses subsequentes.

▸ O art. 40 da Lei nº 8.981, de 20-1-1995 de que trata este artigo, foi revogado pela Lei nº 9.430, de 27-12-1996, que dispõe sobre a legislação tributária federal.

§ 1º Nenhuma quota poderá ter valor inferior a R$ 1.000,00 (mil reais) e o imposto de valor inferior a R$ 2.000,00 (dois mil reais) será pago em quota única, até o último dia útil do mês de março de 1997.

§ 2º As quotas do imposto serão acrescidas de juros calculados à taxa a que se refere o § 3º do art. 5º, a partir de 1º de abril de 1997 até o último dia do mês anterior ao do pagamento e de um por cento no mês do pagamento.

§ 3º Havendo saldo de imposto pago a maior, a pessoa jurídica poderá compensá-lo com o imposto devido, correspondente aos períodos de apuração subsequentes, facultado o pedido de restituição.

Art. 8º As pessoas jurídicas, mesmo as que não tenham optado pela forma de pagamento do art. 2º, deverão calcular e pagar o imposto de renda relativo aos meses de janeiro e fevereiro de 1997 de conformidade com o referido dispositivo.

Parágrafo único. Para as empresas submetidas às normas do art. 1º o imposto pago com base na receita bruta auferida nos meses de janeiro e fevereiro de 1997 será deduzido do que for devido em relação ao período de apuração encerrado no dia 31 de março de 1997.

Seção III
PERDAS NO RECEBIMENTO DE CRÉDITOS

Dedução

Art. 9º As perdas no recebimento de créditos decorrentes das atividades da pessoa jurídica poderão ser deduzidas como despesas, para determinação do lucro real, observado o disposto neste artigo.

§ 1º Poderão ser registrados como perda os créditos:

I – em relação aos quais tenha havido a declaração de insolvência do devedor, em sentença emanada do Poder Judiciário;

II – sem garantia, de valor:

a) até R$ 5.000,00 (cinco mil reais), por operação, vencidos há mais de seis meses, independentemente de iniciados os procedimentos judiciais para o seu recebimento;

b) acima de R$ 5.000,00 (cinco mil reais) até R$ 30.000,00 (trinta mil reais), por operação, vencidos há mais de um ano, independentemente de iniciados os procedimentos judiciais para o seu recebimento, porém, mantida a cobrança administrativa;

c) superior a R$ 30.000,00 (trinta mil reais), vencidos há mais de um ano, desde que iniciados e mantidos os procedimentos judiciais para o seu recebimento;

III – com garantia, vencidos há mais de dois anos, desde que iniciados e mantidos os procedimentos judiciais para o seu recebimento ou o arresto das garantias;

IV – contra devedor declarado falido ou pessoa jurídica em concordata ou recuperação judicial, relativamente à parcela que exceder o valor que esta tenha se comprometido a pagar, observado o disposto no § 5º.

▶ Inciso IV com a redação dada pela Lei nº 13.097, de 19-1-2015.

§ 2º No caso de contrato de crédito em que o não pagamento de uma ou mais parcelas implique o vencimento automático de todas as demais parcelas vincendas, os limites a que se referem as alíneas *a* e *b* do inciso II do § 1º e as alíneas *a* e *b* do inciso II do § 7º serão considerados em relação ao total dos créditos, por operação, com o mesmo devedor.

▶ § 2º com a redação dada pela Lei nº 13.097, de 19-1-2015.

§ 3º Para os fins desta Lei, considera-se crédito garantido o proveniente de vendas com reserva de domínio, de alienação fiduciária em garantia ou de operações com outras garantias reais.

§ 4º No caso de crédito com pessoa jurídica em processo falimentar, em concordata ou em recuperação judicial, a dedução da perda será admitida a partir da data da decretação da falência ou do deferimento do processamento da concordata ou recuperação judicial, desde que a credora tenha adotado os procedimentos judiciais necessários para o recebimento do crédito.

§ 5º A parcela do crédito cujo compromisso de pagar não houver sido honrado pela pessoa jurídica em concordata ou recuperação judicial poderá, também, ser deduzida como perda, observadas as condições previstas neste artigo.

▶ §§ 4º e 5º com a redação dada pela Lei nº 13.097, de 19-1-2015.

§ 6º Não será admitida a dedução de perda no recebimento de créditos com pessoa jurídica que seja controladora, controlada, coligada ou interligada, bem como com pessoa física que seja acionista controlador, sócio, titular ou administrador da pessoa jurídica credora, ou parente até o terceiro grau dessas pessoas físicas.

§ 7º Para os contratos inadimplidos a partir da data de publicação da Medida Provisória nº 656, de 7 de outubro de 2014, poderão ser registrados como perda os créditos:

I – em relação aos quais tenha havido a declaração de insolvência do devedor, em sentença emanada do Poder Judiciário;

II – sem garantia, de valor:

a) até R$ 15.000,00 (quinze mil reais), por operação, vencidos há mais de seis meses, independentemente de iniciados os procedimentos judiciais para o seu recebimento;

b) acima de R$ 15.000,00 (quinze mil reais) até R$ 100.000,00 (cem mil reais), por operação, vencidos há mais de um ano, independentemente de iniciados os procedimentos judiciais para o seu recebimento, mantida a cobrança administrativa; e

c) superior a R$ 100.000,00 (cem mil reais), vencidos há mais de um ano, desde que iniciados e mantidos os procedimentos judiciais para o seu recebimento;

III – com garantia, vencidos há mais de dois anos, de valor:

a) até R$ 50.000,00 (cinquenta mil reais), independentemente de iniciados os procedimentos judiciais para o seu recebimento ou o arresto das garantias; e

b) superior a R$ 50.000,00 (cinquenta mil reais), desde que iniciados e mantidos os procedimentos judiciais para o seu recebimento ou o arresto das garantias; e

IV – contra devedor declarado falido ou pessoa jurídica em concordata ou recuperação judicial, relativamente à parcela que exceder o valor que esta tenha se comprometido a pagar, observado o disposto no § 5º.

▶ § 7º com a redação dada pela Lei nº 13.097, de 19-1-2015.

Art. 9º-A. Na hipótese de inadimplência do débito, as exigências de judicialização de que tratam a alínea *c* do inciso II e a alínea *b* do inciso III do § 7º do art. 9º e o art. 11 desta Lei poderão ser substituídas pelo instrumento de que trata a Lei nº 9.492, de 10 de setembro de 1997, e os credores deverão arcar, nesse caso, com o pagamento antecipado de taxas, de emolumentos, de acréscimos legais e de demais despesas por ocasião da protocolização e dos demais atos.

▶ Art. 9º-A acrescido pela Lei nº 14.043, de 19-8-2020.

Registro Contábil das Perdas

Art. 10. Os registros contábeis das perdas admitidas nesta Lei serão efetuados a débito de conta de resultado e a crédito:

I – da conta que registra o crédito de que trata a alínea *a* do inciso II do § 1º do art. 9º e a alínea *a* do inciso II do § 7º do art. 9º;

▶ Inciso I com a redação dada pela Lei nº 13.097, de 19-1-2015.

II – de conta redutora do crédito, nas demais hipóteses.

§ 1º Ocorrendo a desistência da cobrança pela via judicial, antes de decorridos cinco anos do vencimento do crédito, a perda eventualmente registrada deverá ser estornada ou adicionada ao lucro líquido, para determinação do lucro real correspondente ao período de apuração em que se der a desistência.

§ 2º Na hipótese do parágrafo anterior, o imposto será considerado como postergado desde o período de apuração em que tenha sido reconhecida a perda.

§ 3º Se a solução da cobrança se der em virtude de acordo homologado por sentença judicial, o valor da perda a ser estornado ou adicionado ao lucro líquido para determinação do lucro real será igual à soma da quantia recebida com o saldo a receber renegociado, não sendo aplicável o disposto no parágrafo anterior.

§ 4º Os valores registrados na conta redutora do crédito referida no inciso II do *caput* poderão ser baixados definitivamente em contrapartida à conta que registre o crédito, a partir do período de apuração em que se completar cinco anos do vencimento do crédito sem que o mesmo tenha sido liquidado pelo devedor.

Encargos Financeiros de Créditos Vencidos

Art. 11. Após dois meses do vencimento do crédito, sem que tenha havido o seu recebimento, a pessoa jurídica credora poderá excluir do lucro líquido, para determinação do lucro real, o valor dos encargos financeiros incidentes sobre o crédito, contabilizado como receita, auferido a partir do prazo definido neste artigo.

§ 1º Ressalvadas as hipóteses das alíneas *a* e *b* do inciso II do § 1º do art. 9º, das alíneas *a* e *b* do inciso II do § 7º do art. 9º e da alínea *a* do inciso III do § 7º do art. 9º, o disposto neste artigo somente se aplica quando a pessoa jurídica houver tomado as providências de caráter judicial necessárias ao recebimento do crédito.

▶ § 1º com a redação dada pela Lei nº 13.097, de 19-1-2015.

§ 2º Os valores excluídos deverão ser adicionados no período de apuração em que, para os fins legais, se tornarem disponíveis para a pessoa jurídica credora ou em que reconhecida a respectiva perda.

§ 3º A partir da citação inicial para o pagamento do débito, a pessoa jurídica devedora deverá adicionar ao lucro líquido, para determinação do lucro real, os encargos incidentes sobre o débito vencido e não pago que tenham sido deduzidos como despesa ou custo, incorridos a partir daquela data.

§ 4º Os valores adicionados a que se refere o parágrafo anterior poderão ser excluídos do lucro líquido, para determinação do lucro real, no período de apuração em que ocorra a quitação do débito por qualquer forma.

Créditos Recuperados

Art. 12. Deverá ser computado na determinação do lucro real o montante dos créditos deduzidos que tenham sido recuperados, em qualquer época ou a qualquer título, inclusive nos casos de novação da dívida ou do arresto dos bens recebidos em garantia real.

§ 1º Os bens recebidos a título de quitação do débito serão escriturados pelo valor do crédito ou avaliados pelo valor definido na decisão judicial que tenha determinado sua incorporação ao patrimônio do credor.

► § 1º com a redação dada pela Lei nº 12.431, de 24-6-2011.

§ 2º Nas operações de crédito realizadas por instituições financeiras autorizadas a funcionar pelo Banco Central do Brasil, nos casos de renegociação de dívida, o reconhecimento da receita para fins de incidência de imposto sobre a renda e da Contribuição Social sobre o Lucro Líquido ocorrerá no momento do efetivo recebimento do crédito.

► § 2º com a redação dada pela Lei nº 12.715, de 17-9-2012.

Disposição Transitória

Art. 13. No balanço levantado para determinação do lucro real em 31 de dezembro de 1996, a pessoa jurídica poderá optar pela constituição de provisão para créditos de liquidação duvidosa na forma do art. 43 da Lei nº 8.981, de 20 de janeiro de 1995, com as alterações da Lei nº 9.065, de 20 de junho de 1995, ou pelos critérios de perdas a que se referem os arts. 9º a 12.

Saldo de Provisões Existente em 31.12.96

Art. 14. A partir do ano-calendário de 1997, ficam revogadas as normas previstas no art. 43 da Lei nº 8.981, de 20 de janeiro de 1995, com as alterações da Lei nº 9.065, de 20 de junho de 1995, bem como a autorização para a constituição de provisão nos termos dos artigos citados, contida no inciso I do art. 13 da Lei nº 9.249, de 26 de dezembro de 1995.

§ 1º A pessoa jurídica que, no balanço de 31 de dezembro de 1996, optar pelos critérios de dedução de perdas de que tratam os arts. 9º a 12 deverá, nesse mesmo balanço, reverter os saldos das provisões para créditos de liquidação duvidosa, constituídas na forma do art. 43 da Lei nº 8.981, de 20 de janeiro de 1995, com as alterações da Lei nº 9.065, de 20 de junho de 1995.

§ 2º Para a pessoa jurídica que, no balanço de 31 de dezembro de 1996, optar pela constituição de provisão na forma do art. 43 da Lei nº 8.981, de 20 de janeiro de 1995, com as alterações da Lei nº 9.065, de 20 de junho de 1995, a reversão a que se refere o parágrafo anterior será efetuada no balanço correspondente ao primeiro período de apuração encerrado em 1997, se houver adotado o regime de apuração trimestral, ou no balanço de 31 de dezembro de 1997 ou da data da extinção, se houver optado pelo pagamento mensal de que trata o art. 2º.

§ 3º Nos casos de incorporação, fusão ou cisão, a reversão de que trata o parágrafo anterior será efetuada no balanço que servir de base à apuração do lucro real correspondente.

Seção IV

RENDIMENTOS DO EXTERIOR

Compensação de Imposto Pago

Art. 15. A pessoa jurídica domiciliada no Brasil que auferir, de fonte no exterior, receita decorrente da prestação de serviços efetuada diretamente poderá compensar o imposto pago no país de domicílio da pessoa física ou jurídica contratante, observado o disposto no art. 26 da Lei nº 9.249, de 26 de dezembro de 1995.

Lucros e Rendimentos

Art. 16. Sem prejuízo do disposto nos arts. 25, 26 e 27 da Lei nº 9.249, de 26 de dezembro de 1995, os lucros auferidos por filiais, sucursais, controladas e coligadas, no exterior, serão:

I – considerados de forma individualizada, por filial, sucursal, controlada ou coligada;

II – arbitrados, os lucros das filiais, sucursais e controladas, quando não for possível a determinação de seus resultados, com observância das mesmas normas aplicáveis às pessoas jurídicas domiciliadas no Brasil e computados na determinação do lucro real.

§ 1º Os resultados decorrentes de aplicações financeiras de renda variável no exterior, em um mesmo país, poderão ser consolidados para efeito de cômputo do ganho, na determinação do lucro real.

§ 2º Para efeito da compensação de imposto pago no exterior, a pessoa jurídica:

I – com relação aos lucros, deverá apresentar as demonstrações financeiras correspondentes, exceto na hipótese do inciso II do *caput* deste artigo;

II – fica dispensada da obrigação a que se refere o § 2º do art. 26 da Lei nº 9.249, de 26 de dezembro de 1995, quando comprovar que a legislação do país de origem do lucro, rendimento ou ganho de capital prevê a incidência do imposto de renda que houver sido pago, por meio do documento de arrecadação apresentado.

§ 3º Na hipótese de arbitramento do lucro da pessoa jurídica domiciliada no Brasil, os lucros, rendimentos e ganhos de capital oriundos do exterior serão adicionados ao lucro arbitrado para determinação da base de cálculo do imposto.

§ 4º Do imposto devido correspondente a lucros, rendimentos ou ganhos de capital oriundos do exterior não será admitida qualquer destinação ou dedução a título de incentivo fiscal.

Operações de Cobertura em Bolsa do Exterior

Art. 17. *Serão computados na determinação do lucro real e na base de cálculo da Contribuição Social sobre o Lucro Líquido – CSLL os resultados líquidos, positivos ou negativos, obtidos em operações de cobertura de riscos (hedge) por meio de contratos derivativos com contrapartes no exterior.*

► *Caput* com a redação dada pela MP nº 1.303, de 11-6-2025, que até o encerramento desta edição não havia sido convertida em lei.

§ 1º Os resultados negativos somente poderão ser computados caso as operações de que trata o caput sejam:

I – realizadas a preços de mercado; e

II – registradas em mercados de bolsa ou de balcão, organizado ou não, no País ou no exterior.

► Parágrafo único transformado em § 1º e com a redação dada pela MP nº 1.303, de 11-6-2025, que até o encerramento desta edição não havia sido convertida em lei.

§ 2º Para fins do registro de que trata o § 1º, as instituições registradoras, no País ou no exterior, deverão dispor de sistemas que permitam aferir se os preços na abertura e no encerramento são consistentes com os praticados no mercado.

§ 3º Somente será admitido o cômputo de resultados negativos na determinação do lucro real e da base de cálculo da CSLL nos casos em que o preço for formado em mercado respaldado por quantidade suficiente de operações entre terceiros realizadas com o respectivo ativo, nos termos de regulamentação editada pela Secretaria Especial da Receita Federal do Brasil do Ministério da Fazenda.

§ 4º O cumprimento do disposto nos § 1º a § 3º não dispensa a observância às regras de preços de transferência de que tratam a Lei nº 14.596, de 14 de junho de 2023.

► §§ 2º a 4º acrescidos pela MP nº 1.303, de 11-6-2025, que até o encerramento desta edição não havia sido convertida em lei.

Seção V

PREÇOS DE TRANSFERÊNCIA

Bens, Serviços e Direitos Adquiridos no Exterior

Arts. 18 e 18-A. *Revogados.* Lei nº 14.596, de 14-6-2023.

Receitas Oriundas de Exportações para o Exterior

Arts. 19 a 20-B. *Revogados.* Lei nº 14.596, de 14-6-2023.

Apuração dos Preços Médios

Art. 21. *Revogado.* Lei nº 14.596, de 14-6-2023.

Juros

Art. 22. *Revogado.* Lei nº 14.596, de 14-6-2023.

Pessoa Vinculada – Conceito

Art. 23. *Revogado.* Lei nº 14.596, de 14-6-2023.

Países com Tributação Favorecida

Art. 24. As disposições previstas nos arts. 1º a 37 da lei decorrente da conversão da Medida Provisória nº 1.152, de 28 de dezembro de 2022, aplicam-se também às transações efetuadas por pessoa física ou jurídica residente ou domiciliada no Brasil com qualquer entidade, ainda que parte não relacionada, residente ou domiciliada em país que não tribute a renda ou que a tribute a alíquota máxima inferior a 17% (dezessete por cento).

► *Caput* com a redação dada pela Lei nº 14.596, de 14-6-2023.

► Dec. nº 3.724, de 10-1-2001, regulamenta o art. 6º da LC nº 105, de 10-1-2001, relativamente à requisição, acesso e uso, pela Secretaria da Receita Federal, de informações referentes a operações e serviços das instituições financeiras e das entidades a elas equiparadas.

§ 1º Para efeito do disposto na parte final deste artigo, será considerada a legislação tributária do referido país, aplicável às pessoas físicas ou às pessoas jurídicas, conforme a natureza do ente com o qual houver sido praticada a operação.

§ 2º *Revogado*. Lei nº 14.596, de 14-6-2023.

§ 3º Para os fins do disposto neste artigo, considerar-se-á separadamente a tributação do trabalho e do capital, bem como as dependências do país de residência ou domicílio.

▶ § 3º com a redação dada pela Lei nº 10.451, de 10-5-2002.

§ 4º Considera-se também país ou dependência com tributação favorecida aquele cuja legislação não permita o acesso a informações relativas à composição societária de pessoas jurídicas, à sua titularidade ou à identificação do beneficiário efetivo de rendimentos atribuídos a não residentes.

▶ § 4º acrescido pela Lei nº 11.727, de 23-6-2008.

Art. 24-A. As disposições previstas nos arts. 1º a 37 da lei decorrente da conversão da Medida Provisória nº 1.152, de 28 de dezembro de 2022, aplicam-se também às transações efetuadas por pessoa física ou jurídica residente ou domiciliada no Brasil com qualquer entidade residente ou domiciliada no exterior que seja beneficiária de regime fiscal privilegiado, inclusive na hipótese de parte não relacionada.

▶ *Caput* do art. 24-A com a redação dada pela Lei nº 14.596, de 14-6-2023.

Parágrafo único. Para fins do disposto neste artigo, considera-se regime fiscal privilegiado aquele que apresentar, no mínimo, uma das seguintes características:

▶ *Caput* do parágrafo único com a redação dada pela Lei nº 14.596, de 14-6-2023.

I – não tribute a renda ou que o faça à alíquota máxima inferior a 17% (dezessete por cento);

▶ Inciso I com a redação dada pela Lei nº 14.596, de 14-6-2023.

II – conceda vantagem de natureza fiscal a pessoa física ou jurídica não residente:

a) sem exigência de realização de atividade econômica substantiva no país ou dependência;

b) condicionada ao não exercício de atividade econômica substantiva no país ou dependência;

▶ Inciso II acrescido pela Lei nº 11.727, de 23-6-2008.

III – não tribute os rendimentos auferidos fora de seu território ou o faça a alíquota máxima inferior a 17% (dezessete por cento);

▶ Inciso III com a redação dada pela Lei nº 14.596, de 14-6-2023.

IV – não permita o acesso a informações relativas à composição societária, titularidade de bens ou direitos ou às operações econômicas realizadas.

▶ Inciso IV acrescido pela Lei nº 11.727, de 23-6-2008.

Art. 24-B. O Poder Executivo poderá reduzir ou restabelecer os percentuais de que tratam o *caput* do art. 24 e os incisos I e III do parágrafo único do art. 24-A, ambos desta Lei.

Parágrafo único. O uso da faculdade prevista no *caput* deste artigo poderá também ser aplicado, de forma excepcional e restrita, a países que componham blocos econômicos dos quais o País participe.

▶ Art. 24-B acrescido pela Lei nº 11.727, de 23-6-2008.

***Art. 24-C.** A qualificação de país ou dependência com tributação favorecida ou de regime fiscal privilegiado prevista, respectivamente, nos arts. 24 e 24-A desta Lei, que decorra exclusivamente da não tributação da renda à alíquota máxima de 17% (dezessete por cento), poderá ser afastada excepcionalmente para países que fomentem de forma relevante o desenvolvimento nacional por meio de investimentos significativos no Brasil.*

***Parágrafo único.** O Poder Executivo federal disciplinará o disposto no caput deste artigo, inclusive os investimentos que poderão ser considerados, seus patamares, critérios e periodicidade.*

▶ Art. 24-C acrescido pela Lei nº 15.079, de 27-12-2024.

▶ Dec. nº 12.226, de 18-10-2024, regulamenta este artigo.

Seção VI

LUCRO PRESUMIDO

Determinação

Art. 25. O lucro presumido será o montante determinado pela soma das seguintes parcelas:

I – o valor resultante da aplicação dos percentuais de que trata o art. 15 da Lei nº 9.249, de 26 de dezembro de 1995, sobre a receita bruta definida pelo art. 12 do Decreto-Lei nº 1.598, de 26 de dezembro de 1977, auferida no período de apuração de que trata o art. 1º, deduzida das devoluções e vendas canceladas e dos descontos incondicionais concedidos; e

II – os ganhos de capital, os rendimentos e ganhos líquidos auferidos em aplicações financeiras, as demais receitas, os resultados positivos decorrentes de receitas não abrangidas pelo inciso I, com os respectivos valores decorrentes do ajuste a valor presente de que trata o inciso VIII do *caput* do art. 183 da Lei nº 6.404, de 15 de dezembro de 1976, e demais valores determinados nesta Lei, auferidos naquele mesmo período.

▶ Incisos I e II com a redação dada pela Lei nº 12.973, de 13-5-2014.

§ 1º O ganho de capital nas alienações de investimentos, imobilizados e intangíveis corresponderá à diferença positiva entre o valor da alienação e o respectivo valor contábil.

§ 2º Para fins do disposto no § 1º, poderão ser considerados no valor contábil, e na proporção deste, os respectivos valores decorrentes dos efeitos do ajuste a valor presente de que trata o inciso III do *caput* do art. 184 da Lei nº 6.404, de 15 de dezembro de 1976.

§ 3º Os ganhos decorrentes de avaliação de ativo ou passivo com base no valor justo não integrarão a base de cálculo do imposto, no momento em que forem apurados.

§ 4º Para fins do disposto no inciso II do *caput*, os ganhos e perdas decorrentes de avaliação do ativo com base em valor justo não serão considerados como parte integrante do valor contábil.

§ 5º O disposto no § 4º não se aplica aos ganhos que tenham sido anteriormente computados na base de cálculo do imposto.

▶ §§ 1º a 5º com a redação dada pela Lei nº 12.973, de 13-5-2014.

Opção

Art. 26. A opção pela tributação com base no lucro presumido será aplicada em relação a todo o período de atividade da empresa em cada ano-calendário.

§ 1º A opção de que trata este artigo será manifestada com o pagamento da primeira ou única quota do imposto devido correspondente ao primeiro período de apuração de cada ano-calendário.

§ 2º A pessoa jurídica que houver iniciado atividade a partir do segundo trimestre manifestará a opção de que trata este artigo com o pagamento da primeira ou única quota do imposto devido relativa ao período de apuração do início de atividade.

§ 3º A pessoa jurídica que houver pago o imposto com base no lucro presumido e que, em relação ao mesmo ano-calendário, alterar a opção, passando a ser tributada com base no lucro real, ficará sujeita ao pagamento de multa e juros moratórios sobre a diferença de imposto paga a menor.

§ 4º A mudança de opção a que se refere o parágrafo anterior somente será admitida quando formalizada até a entrega da correspondente declaração de rendimentos e antes de iniciado procedimento de ofício relativo a qualquer dos períodos de apuração do respectivo ano-calendário.

Seção VII

LUCRO ARBITRADO

Determinação

Art. 27. O lucro arbitrado será o montante determinado pela soma das seguintes parcelas:

I – o valor resultante da aplicação dos percentuais de que trata o art. 16 da Lei nº 9.249, de 26 de dezembro de 1995, sobre a receita bruta definida pelo art. 12 do Decreto-Lei nº 1.598, de 26 de dezembro de 1977, auferida no período de apuração de que trata o art. 1º, deduzida das devoluções e vendas canceladas e dos descontos incondicionais concedidos; e

II – os ganhos de capital, os rendimentos e ganhos líquidos auferidos em aplicações financeiras, as demais receitas, os resultados positivos decorrentes de receitas não abrangidas pelo inciso I do *caput*, com os respectivos valores decorrentes do ajuste a valor presente de que trata o inciso VIII do caput do art. 183 da Lei nº 6.404, de 15 de dezembro de 1976, e demais valores determinados nesta Lei, auferidos naquele mesmo período.

▶ Incisos I e II com a redação dada pela Lei nº 12.973, de 13-5-2014.

§ 1º Na apuração do lucro arbitrado, quando não conhecida a receita bruta, os coeficientes de que tratam os incisos II, III e IV do art. 51 da Lei nº 8.981, de 20 de janeiro de 1995, deverão ser multiplicados pelo número de meses do período de apuração.

§ 2º Na hipótese de utilização das alternativas de cálculo previstas nos incisos V a VIII do art. 51 da Lei nº 8.981, de 20 de janeiro de 1995, o lucro arbitrado será o valor resultante da soma dos valores apurados para cada mês do período de apuração.

§ 3º O ganho de capital nas alienações de investimentos, imobilizados e intangíveis corresponderá à diferença positiva entre o valor da alienação e o respectivo valor contábil.

§ 4º Para fins do disposto no § 3º, poderão ser considerados no valor contábil, e na proporção deste, os respectivos valores decorrentes dos efeitos do ajuste a valor presente de que trata o inciso III do *caput* do art. 184 da Lei nº 6.404, de 15 de dezembro de 1976.

§ 5º Os ganhos decorrentes de avaliação de ativo ou passivo com base no valor justo não integrarão a base de cálculo do imposto, no momento em que forem apurados.

§ 6º Para fins do disposto no inciso II do *caput*, os ganhos e perdas decorrentes de avaliação do ativo com base em valor justo não serão considerados como parte integrante do valor contábil.

§ 7º O disposto no § 6º não se aplica aos ganhos que tenham sido anteriormente computados na base de cálculo do imposto.

▸ §§ 3º a 7º com a redação dada pela Lei nº 12.973, de 13-5-2014.

CAPÍTULO II
CONTRIBUIÇÃO SOCIAL SOBRE O LUCRO LÍQUIDO

Seção I
APURAÇÃO DA BASE DE CÁLCULO E PAGAMENTO

Normas Aplicáveis

Art. 28. Aplicam-se à apuração da base de cálculo e ao pagamento da contribuição social sobre o lucro líquido as normas da legislação vigente e as correspondentes aos arts. 1º a 3º, 5º a 14, 17 a 24-B, 26, 55 e 71.

▸ Artigo com a redação dada pela Lei nº 12.715, de 17-9-2012.

Empresas sem Escrituração Contábil

Art. 29. A base de cálculo da contribuição social sobre o lucro líquido, devida pelas pessoas jurídicas tributadas com base no lucro presumido ou arbitrado e pelas demais empresas dispensadas de escrituração contábil, corresponderá à soma dos valores:

I – de que trata o art. 20 da Lei nº 9.249, de 26 de dezembro de 1995;

II – os ganhos de capital, os rendimentos e ganhos líquidos auferidos em aplicações financeiras, as demais receitas, os resultados positivos decorrentes de receitas não abrangidas pelo inciso I do *caput*, com os respectivos valores decorrentes do ajuste a valor presente de que trata o inciso VIII do *caput* do art. 183 da Lei nº 6.404, de 15 de dezembro de 1976, e demais valores determinados nesta Lei, auferidos naquele mesmo período.

▸ Inciso II com a redação dada pela Lei nº 12.973, de 13-5-2014.

Pagamento Mensal Estimado

Art. 30. A pessoa jurídica que houver optado pelo pagamento do imposto de renda na forma do art. 2º fica, também, sujeita ao pagamento mensal da contribuição social sobre o lucro líquido, determinada mediante a aplicação da alíquota a que estiver sujeita sobre a base de cálculo apurada na forma dos incisos I e II do artigo anterior.

CAPÍTULO III
IMPOSTO SOBRE PRODUTOS INDUSTRIALIZADOS

Contribuinte Substituto

Art. 31. O art. 35 da Lei nº 4.502, de 30 de novembro de 1964, passa a vigorar com a seguinte redação:

"Art. 35. ....

....

II – como contribuinte substituto:

....

c) o industrial ou equiparado, mediante requerimento, nas operações anteriores, concomitantes ou posteriores às saídas que promover, nas hipóteses e condições estabelecidas pela Secretaria da Receita Federal.

§ 1º Nos casos das alíneas *a* e *b* do inciso II deste artigo, o pagamento do imposto não exclui a responsabilidade por infração do contribuinte originário quando este for identificado, e será considerado como efetuado fora do prazo, para todos os efeitos legais.

§ 2º Para implementar o disposto na alínea *c* do inciso II, a Secretaria da Receita Federal poderá instituir regime especial de suspensão do imposto."

CAPÍTULO IV
PROCEDIMENTOS DE FISCALIZAÇÃO

Seção I
SUSPENSÃO DA IMUNIDADE E DA ISENÇÃO

Art. 32. A suspensão da imunidade tributária, em virtude de falta de observância de requisitos legais, deve ser procedida de conformidade com o disposto neste artigo.

§ 1º Constatado que entidade beneficiária de imunidade de tributos federais de que trata a alínea c do inciso VI do art. 150 da Constituição Federal não está observando requisito ou condição previsto nos arts. 9º, § 1º, e 14, da Lei nº 5.172, de 25 de outubro de 1966 – Código Tributário Nacional, a fiscalização tributária expedirá notificação fiscal, na qual relatará os fatos que determinam a suspensão do benefício, indicando inclusive a data da ocorrência da infração.

§ 2º A entidade poderá, no prazo de trinta dias da ciência da notificação, apresentar as alegações e provas que entender necessárias.

§ 3º O Delegado ou Inspetor da Receita Federal decidirá sobre a procedência das alegações, expedindo o ato declaratório suspensivo do benefício, no caso de improcedência, dando, de sua decisão, ciência à entidade.

§ 4º Será igualmente expedido o ato suspensivo se decorrido o prazo previsto no § 2º sem qualquer manifestação da parte interessada.

§ 5º A suspensão da imunidade terá como termo inicial a data da prática da infração.

§ 6º Efetivada a suspensão da imunidade:

I – a entidade interessada poderá, no prazo de trinta dias da ciência, apresentar impugnação ao ato declaratório, a qual será objeto de decisão pela Delegacia da Receita Federal de Julgamento competente;

II – a fiscalização de tributos federais lavrará auto de infração, se for o caso.

§ 7º A impugnação relativa à suspensão da imunidade obedecerá às demais normas reguladoras do processo administrativo fiscal.

§ 8º A impugnação e o recurso apresentados pela entidade não terão efeito suspensivo em relação ao ato declaratório contestado.

§ 9º Caso seja lavrado auto de infração, as impugnações contra o ato declaratório e contra a exigência de crédito tributário serão reunidas em um único processo, para serem decididas simultaneamente.

§ 10. Os procedimentos estabelecidos neste artigo aplicam-se, também, às hipóteses de suspensão de isenções condicionadas, quando a entidade beneficiária estiver descumprindo as condições ou requisitos impostos pela legislação de regência.

§ 11. *Revogado*. Lei nº 13.165, de 29-9-2015.

§ 12. A entidade interessada disporá de todos os meios legais para impugnar os fatos que determinam a suspensão do benefício.

▸ § 12 acrescido pela Lei nº 11.941, de 27-5-2009.

Seção II
REGIMES ESPECIAIS DE FISCALIZAÇÃO

Art. 33. A Secretaria da Receita Federal pode determinar regime especial para cumprimento de obrigações, pelo sujeito passivo, nas seguintes hipóteses:

I – embaraço à fiscalização, caracterizado pela negativa não justificada de exibição de livros e documentos em que se assente a escrituração das atividades do sujeito passivo, bem como pelo não fornecimento de informações sobre bens, movimentação financeira, negócio ou atividade, próprios ou de terceiros, quando intimado, e demais hipóteses que autorizam a requisição do auxílio da força pública, nos termos do art. 200 da Lei nº 5.172, de 25 de outubro de 1966;

II – resistência à fiscalização, caracterizada pela negativa de acesso ao estabelecimento, ao domicílio fiscal ou a qualquer outro local onde se desenvolvam as atividades do sujeito passivo, ou se encontrem bens de sua posse ou propriedade;

III – evidências de que a pessoa jurídica esteja constituída por interpostas pessoas que não sejam os verdadeiros sócios ou acionistas, ou o titular, no caso de firma individual;

IV – realização de operações sujeitas à incidência tributária, sem a devida inscrição no cadastro de contribuintes apropriado;

V – prática reiterada de infração da legislação tributária;

VI – comercialização de mercadorias com evidências de contrabando ou descaminho;

VII – incidência em conduta que enseje representação criminal, nos termos da legislação que rege os crimes contra a ordem tributária.

§ 1º O regime especial de fiscalização será aplicado em virtude de ato do Secretário da Receita Federal.

§ 2º O regime especial pode consistir, inclusive, em:

I – manutenção de fiscalização ininterrupta no estabelecimento do sujeito passivo;

II – redução, à metade, dos períodos de apuração e dos prazos de recolhimento dos tributos;

III – utilização compulsória de controle eletrônico das operações realizadas e recolhimento diário dos respectivos tributos;

IV – exigência de comprovação sistemática do cumprimento das obrigações tributárias;

V – controle especial da impressão e emissão de documentos comerciais e fiscais e da movimentação financeira.

§ 3º As medidas previstas neste artigo poderão ser aplicadas isolada ou cumulativamente, por tempo suficiente à normalização do cumprimento das obrigações tributárias.

§ 4º A imposição do regime especial não elide a aplicação de penalidades previstas na legislação tributária.

§ 5º Às infrações cometidas pelo contribuinte durante o período em que estiver submetido a regime especial de fiscalização será aplicada a multa de que trata o inciso I do *caput*

LEGISLAÇÃO COMPLEMENTAR

do art. 44 desta Lei, duplicando-se o seu percentual.

► § 5º com a redação dada pela Lei nº 11.488, de 15-6-2007.

Seção III

DOCUMENTAÇÃO FISCAL

Acesso à Documentação

Art. 34. São também passíveis de exame os documentos do sujeito passivo, mantidos em arquivos magnéticos ou assemelhados, encontrados no local da verificação, que tenham relação direta ou indireta com a atividade por ele exercida.

Retenção de Livros e Documentos

Art. 35. Os livros e documentos poderão ser examinados fora do estabelecimento do sujeito passivo, desde que lavrado termo escrito de retenção pela autoridade fiscal, em que se especifiquem a quantidade, espécie, natureza e condições dos livros e documentos retidos.

§ 1º Constituindo os livros ou documentos prova da prática de ilícito penal ou tributário, os originais retidos não serão devolvidos, extraindo-se cópia para entrega ao interessado.

§ 2º Excetuado o disposto no parágrafo anterior, devem ser devolvidos os originais dos documentos retidos para exame, mediante recibo.

Lacração de Arquivos

Art. 36. A autoridade fiscal encarregada de diligência ou fiscalização poderá promover a lacração de móveis, caixas, cofres ou depósitos onde se encontram arquivos e documentos, toda vez que ficar caracterizada a resistência ou o embaraço à fiscalização, ou ainda quando as circunstâncias ou a quantidade de documentos não permitirem sua identificação e conferência no local ou no momento em que foram encontrados.

Parágrafo único. O sujeito passivo e demais responsáveis serão previamente notificados para acompanharem o procedimento de rompimento do lacre e identificação dos elementos de interesse da fiscalização.

Guarda de Documentos

Art. 37. Os comprovantes da escrituração da pessoa jurídica, relativos a fatos que repercutam em lançamentos contábeis de exercícios futuros, serão conservados até que se opere a decadência do direito de a Fazenda Pública constituir os créditos tributários relativos a esses exercícios.

Arquivos Magnéticos

Art. 38. O sujeito passivo usuário de sistema de processamento de dados deverá manter documentação técnica completa e atualizada do sistema, suficiente para possibilitar a sua auditoria, facultada a manutenção em meio magnético, sem prejuízo da sua emissão gráfica, quando solicitada.

Extravio de Livros e Documentos

Art. 39. *Revogado.* Lei nº 9.532, de 10-12-1997.

Seção IV

OMISSÃO DE RECEITA

Falta de Escrituração de Pagamentos

Art. 40. A falta de escrituração de pagamentos efetuados pela pessoa jurídica, assim como a manutenção, no passivo, de obrigações cuja exigibilidade não seja comprovada, caracterizam, também, omissão de receita.

Levantamento Quantitativo por Espécie

Art. 41. A omissão de receita poderá, também, ser determinada a partir de levantamento por espécie das quantidades de matérias-primas e produtos intermediários utilizados no processo produtivo da pessoa jurídica.

§ 1º Para os fins deste artigo, apurar-se-á a diferença, positiva ou negativa, entre a soma das quantidades de produtos em estoque no início do período com a quantidade de produtos fabricados com as matérias-primas e produtos intermediários utilizados e a soma das quantidades de produtos cuja venda houver sido registrada na escrituração contábil da empresa com as quantidades em estoque, no final do período de apuração, constantes do livro de Inventário.

§ 2º Considera-se receita omitida, nesse caso, o valor resultante da multiplicação das diferenças de quantidades de produtos ou de matérias-primas e produtos intermediários pelos respectivos preços médios de venda ou de compra, conforme o caso, em cada período de apuração abrangido pelo levantamento.

§ 3º Os critérios de apuração de receita omitida de que trata este artigo aplicam-se, também, às empresas comerciais, relativamente às mercadorias adquiridas para revenda.

Depósitos Bancários

Art. 42. Caracterizam-se também omissão de receita ou de rendimento os valores creditados em conta de depósito ou de investimento mantida junto a instituição financeira, em relação aos quais o titular, pessoa física ou jurídica, regularmente intimado, não comprove, mediante documentação hábil e idônea, a origem dos recursos utilizados nessas operações.

§ 1º O valor das receitas ou dos rendimentos omitido será considerado auferido ou recebido no mês do crédito efetuado pela instituição financeira.

§ 2º Os valores cuja origem houver sido comprovada, que não houverem sido computados na base de cálculo dos impostos e contribuições a que estiverem sujeitos, submeter-se-ão às normas de tributação específicas, previstas na legislação vigente à época em que auferidos ou recebidos.

§ 3º Para efeito de determinação da receita omitida, os créditos serão analisados individualizadamente, observado que não serão considerados:

I – os decorrentes de transferências de outras contas da própria pessoa física ou jurídica;

II – no caso de pessoa física, sem prejuízo do disposto no inciso anterior, os de valor individual igual ou inferior a R$ 12.000,00 (doze mil reais), desde que o seu somatório, dentro do ano-calendário, não ultrapasse o valor de R$ 80.000,00 (oitenta mil reais).

► Inciso II com a redação dada pela Lei nº 9.481, de 13-8-1997.

§ 4º Tratando-se de pessoa física, os rendimentos omitidos serão tributados no mês em que considerados recebidos, com base na tabela progressiva vigente à época em que tenha sido efetuado o crédito pela instituição financeira.

§ 5º Quando provado que os valores creditados na conta de depósito ou de investimento pertencem a terceiro, evidenciando interposição de pessoa, a determinação dos rendimentos ou receitas será efetuada em relação ao terceiro, na condição de efetivo titular da conta de depósito ou de investimento.

§ 6º Na hipótese de contas de depósito ou de investimento mantidas em conjunto, cuja declaração de rendimentos ou de informações dos titulares tenham sido apresentadas em separado, e não havendo comprovação da origem dos recursos nos termos deste artigo, o valor dos rendimentos ou receitas será imputado a cada titular mediante divisão entre o total dos rendimentos ou receitas pela quantidade de titulares.

► §§ 5º e 6º acrescidos pela Lei nº 10.637, de 30-12-2002.

Seção V

NORMAS SOBRE O LANÇAMENTO DE TRIBUTOS E CONTRIBUIÇÕES

Auto de Infração sem Tributo

Art. 43. Poderá ser formalizada exigência de crédito tributário correspondente exclusivamente a multa ou a juros de mora, isolada ou conjuntamente.

Parágrafo único. Sobre o crédito constituído na forma deste artigo, não pago no respectivo vencimento, incidirão juros de mora, calculados à taxa a que se refere o § 3º do art. 5º, a partir do primeiro dia do mês subsequente ao vencimento do prazo até o mês anterior ao do pagamento e de um por cento no mês de pagamento.

Multas de Lançamento de Ofício

Art. 44. Nos casos de lançamento de ofício, serão aplicadas as seguintes multas:

► *Caput* com a redação dada pela Lei nº 11.488, de 15-6-2007.

► Arts. 19 a 21 do Dec. nº 6.140, de 3-7-2007, que regulamenta a Contribuição Provisória sobre Movimentação ou Transmissão de Valores e de Créditos e Direitos de Natureza Financeira – CPMF.

I – de 75% (setenta e cinco por cento) sobre a totalidade ou diferença de imposto ou contribuição nos casos de falta de pagamento ou recolhimento, de falta de declaração e nos de declaração inexata;

► Art. 38, § 8º, da Lei nº 10.637, de 30-12-2002, que dispõe sobre a não cumulatividade na cobrança da contribuição para os Programas de Integração Social – PIS e de Formação do Patrimônio do Servidor Público – PASEP, nos casos que especifica; sobre o pagamento e o parcelamento de débitos tributários federais, a compensação de créditos fiscais, a declaração de inaptidão de inscrição de pessoas jurídicas e a legislação aduaneira.

II – de 50% (cinquenta por cento), exigida isoladamente, sobre o valor do pagamento mensal:

a) na forma do art. 8º da Lei nº 7.713, de 22 de dezembro de 1988, que deixar de ser efetuado, ainda que não tenha sido apurado imposto a pagar na declaração de ajuste, no caso de pessoa física;

b) na forma do art. 2º desta Lei, que deixar de ser efetuado, ainda que tenha sido apurado prejuízo fiscal ou base de cálculo negativa para a contribuição social sobre o lucro líquido, no ano-calendário correspondente, no caso de pessoa jurídica.

► Incisos I e II com a redação dada pela Lei nº 11.488, de 15-6-2007.

§ 1º O percentual de multa de que trata o inciso I do *caput* deste artigo será majorado nos casos previstos nos arts. 71, 72 e 73 da Lei nº 4.502, de 30 de novembro de 1964, independentemente de outras penalidades administrativas ou criminais cabíveis, e passará a ser de:

▶ *Caput* do § 1º com a redação dada pela Lei nº 14.689, de 20-9-2023.

I a IV – *Revogados*. Lei nº 11.488, de 15-6-2007;

V – *Revogado*. Lei nº 9.716, de 26-11-1998;

VI – 100% (cem por cento) sobre a totalidade ou a diferença de imposto ou de contribuição objeto do lançamento de ofício;

VII – 150% (cento e cinquenta por cento) sobre a totalidade ou a diferença de imposto ou de contribuição objeto do lançamento de ofício, nos casos em que verificada a reincidência do sujeito passivo.

▶ Incisos VI e VII acrescidos pela Lei nº 14.689, de 20-9-2023.

§ 1º-A. Verifica-se a reincidência prevista no inciso VII do § 1º deste artigo quando, no prazo de 2 (dois) anos, contado do ato de lançamento em que tiver sido imputada a ação ou omissão tipificada nos arts. 71, 72 e 73 da Lei nº 4.502, de 30 de novembro de 1964, ficar comprovado que o sujeito passivo incorreu novamente em qualquer uma dessas ações ou omissões.

▶ § 1º-A acrescido pela Lei nº 14.689, de 20-9-2023.

§ 1º-B. VETADO. Lei nº 14.689, de 20-9-2023.

§ 1º-C. A qualificação da multa prevista no § 1º deste artigo não se aplica quando:

I – não restar configurada, individualizada e comprovada a conduta dolosa a que se referem os arts. 71, 72 e 73 da Lei nº 4.502, de 30 de novembro de 1964;

II – houver sentença penal de absolvição com apreciação de mérito em processo do qual decorra imputação criminal do sujeito passivo; e

III – VETADO. Lei nº 14.689, de 20-9-2023.

▶ § 1º-C acrescido pela Lei nº 14.689, de 20-9-2023.

§ 1º-D. VETADO. Lei nº 14.689, de 20-9-2023.

§ 2º Os percentuais de multa a que se referem o inciso I do *caput* e o § 1º deste artigo serão aumentados de metade, nos casos de não atendimento pelo sujeito passivo, no prazo marcado, de intimação para:

▶ A alteração que seria inserida neste parágrafo pela Lei nº 14.689, de 20-9-2023, foi vetada, razão pela qual, mantivemos a sua redação.

I – prestar esclarecimentos;

II – apresentar os arquivos ou sistemas de que tratam os arts. 11 a 13 da Lei nº 8.218, de 29 de agosto de 1991;

III – apresentar a documentação técnica de que trata o art. 38 desta Lei.

▶ § 2º com a redação dada pela Lei nº 11.488, de 15-6-2007.

§ 3º Aplicam-se às multas de que trata este artigo as reduções previstas no art. 6º da Lei nº 8.218, de 29 de agosto de 1991, e no art. 60 da Lei nº 8.383, de 30 de dezembro de 1991.

§ 4º As disposições deste artigo aplicam-se, inclusive, aos contribuintes que derem causa a ressarcimento indevido de tributo ou contribuição decorrente de qualquer incentivo ou benefício fiscal.

§ 5º Aplica-se também, no caso de que seja comprovadamente constatado dolo ou má-fé do contribuinte, a multa de que trata o inciso I do *caput* sobre:

▶ *Caput* do § 5º com a redação dada pela Lei nº 12.249, de 11-6-2010.

I – a parcela do imposto a restituir informado pelo contribuinte pessoa física, na Declaração de Ajuste Anual, que deixar de ser restituída por infração à legislação tributária; e

▶ Inciso I com a redação dada pela Lei nº 12.249, de 11-6-2010.

II – VETADO. Lei nº 12.249, de 11-6-2010.

§§ 6º e 7º VETADOS. Lei nº 14.689, de 20-9-2023.

Arts. 45 e 46. *Revogados*. Lei nº 11.488, de 15-6-2007.

Seção VI

APLICAÇÃO DE ACRÉSCIMOS DE PROCEDIMENTO ESPONTÂNEO

Art. 47. A pessoa física ou jurídica submetida a ação fiscal por parte da Secretaria da Receita Federal poderá pagar, até o vigésimo dia subsequente à data de recebimento do termo de início de fiscalização, os tributos e contribuições já declarados, de que for sujeito passivo como contribuinte ou responsável, com os acréscimos legais aplicáveis nos casos de procedimento espontâneo.

▶ Artigo com a redação dada pela Lei nº 9.532, de 10-12-1997.

▶ Art. 18 do Dec. nº 6.140, de 3-7-2007, que regulamenta a Contribuição Provisória sobre Movimentação ou Transmissão de Valores e de Créditos e Direitos de Natureza Financeira – CPMF.

CAPÍTULO V

DISPOSIÇÕES GERAIS

Seção I

PROCESSO ADMINISTRATIVO DE CONSULTA

Art. 48. No âmbito da Secretaria da Receita Federal, os processos administrativos de consulta serão solucionados em instância única.

§ 1º A competência para solucionar a consulta ou declarar sua ineficácia, na forma disciplinada pela Secretaria da Receita Federal do Brasil, poderá ser atribuída:

I – a unidade central; ou

II – a unidade descentralizada.

▶ § 1º com a redação dada pela Lei nº 12.788, de 14-1-2013.

§ 2º Os atos normativos expedidos pelas autoridades competentes serão observados quando da solução da consulta.

§ 3º Não cabe recurso nem pedido de reconsideração da solução da consulta ou do despacho que declarar sua ineficácia.

§ 4º As soluções das consultas serão publicadas pela imprensa oficial, na forma disposta em ato normativo emitido pela Secretaria da Receita Federal.

§ 5º Havendo diferença de conclusões entre soluções de consultas relativas a uma mesma matéria, fundada em idêntica norma jurídica, cabe recurso especial, sem efeito suspensivo, para o órgão de que trata o inciso I do § 1º.

§ 6º O recurso de que trata o parágrafo anterior pode ser interposto pelo destinatário da solução divergente, no prazo de trinta dias, contados da ciência da solução.

§ 7º Cabe a quem interpuser o recurso comprovar a existência das soluções divergentes sobre idênticas situações.

§ 8º O juízo de admissibilidade do recurso será realizado na forma disciplinada pela Secretaria da Receita Federal do Brasil.

▶ § 8º com a redação dada pela Lei nº 12.788, de 14-1-2013.

§ 9º Qualquer servidor da administração tributária deverá, a qualquer tempo, formular representação ao órgão que houver proferido a decisão, encaminhando as soluções divergentes sobre a mesma matéria, de que tenha conhecimento.

§ 10. O sujeito passivo que tiver conhecimento de solução divergente daquela que esteja observando em decorrência de resposta a consulta anteriormente formulada, sobre idêntica matéria, poderá adotar o procedimento previsto no § 5º, no prazo de trinta dias contados da respectiva publicação.

§ 11. A solução da divergência acarretará, em qualquer hipótese, a edição de ato específico, uniformizando o entendimento, com imediata ciência ao destinatário da solução reformada, aplicando-se seus efeitos a partir da data da ciência.

§ 12. Se, após a resposta à consulta, a administração alterar o entendimento nela expresso, a nova orientação atingirá, apenas, os fatos geradores que ocorram após dado ciência ao consulente ou após a sua publicação pela imprensa oficial.

§ 13. A partir de 1º de janeiro de 1997, cessarão todos os efeitos decorrentes de consultas não solucionadas definitivamente, ficando assegurado aos consulentes, até 31 de janeiro de 1997:

I – a não instauração de procedimento de fiscalização em relação à matéria consultada;

II – a renovação da consulta anteriormente formulada, à qual serão aplicadas as normas previstas nesta Lei.

§ 14. A consulta poderá ser formulada por meio eletrônico, na forma disciplinada pela Secretaria da Receita Federal do Brasil.

§ 15. O Poder Executivo regulamentará prazo para solução das consultas de que trata este artigo.

▶ §§ 14 e 15 acrescidos pela Lei nº 12.788, de 14-1-2013.

Art. 49. Não se aplicam aos processos de consulta no âmbito da Secretaria da Receita Federal as disposições dos arts. 54 a 58 do Decreto nº 70.235, de 6 de março de 1972.

Art. 50. Aplicam-se aos processos de consulta relativos à classificação de mercadorias as disposições dos arts. 46 a 53 do Decreto nº 70.235, de 6 de março de 1972 e do art. 48 desta Lei.

§ 1º O órgão de que trata o inciso I do § 1º do art. 48 poderá alterar ou reformar, de ofício, as decisões proferidas nos processos relativos à classificação de mercadorias.

§ 2º Da alteração ou reforma mencionada no parágrafo anterior, deverá ser dada ciência ao consulente.

§ 3º Em relação aos atos praticados até a data da ciência ao consulente, nos casos de que trata o § 1º deste artigo, aplicam-se as conclusões da decisão proferida pelo órgão regional da Secretaria da Receita Federal.

§ 4º O envio de conclusões decorrentes de decisões proferidas em processos de consulta sobre classificação de mercadorias, para órgãos do Mercado Comum do Sul – MERCOSUL, será efetuado exclusivamente pelo órgão de que trata o inciso I do § 1º do art. 48.

Seção II

NORMAS SOBRE O LUCRO PRESUMIDO E ARBITRADO

Art. 51. Os juros de que trata o art. 9º da Lei nº 9.249, de 26 de dezembro de 1995, bem como os rendimentos e ganhos líquidos decorrentes de quaisquer operações financeiras, serão adicionados ao lucro presumido ou arbitrado, para efeito de determinação do imposto de renda devido.

Parágrafo único. O imposto de renda incidente na fonte sobre os rendimentos de que trata este artigo será considerado como antecipação do devido na declaração de rendimentos.

Art. 52. Na apuração de ganho de capital de pessoa jurídica tributada pelo lucro presumido ou arbitrado, os valores acrescidos em virtude de reavaliação somente poderão ser computados como parte integrante dos custos de aquisição dos bens e direitos se a empresa comprovar que os valores acrescidos foram computados na determinação da base de cálculo do imposto de renda.

Art. 53. Os valores recuperados, correspondentes a custos e despesas, inclusive com perdas no recebimento de créditos, deverão ser adicionados ao lucro presumido ou arbitrado para determinação do imposto de renda, salvo se o contribuinte comprovar não os ter deduzido em período anterior no qual tenha se submetido ao regime de tributação com base no lucro real ou que se refiram a período no qual tenha se submetido ao regime de tributação com base no lucro presumido ou arbitrado.

Art. 54. A pessoa jurídica que, até o ano-calendário anterior, houver sido tributada com base no lucro real deverá adicionar à base de cálculo do imposto de renda, correspondente ao primeiro período de apuração no qual houver optado pela tributação com base no lucro presumido ou for tributada com base no lucro arbitrado, os saldos dos valores cuja tributação havia diferido, independentemente da necessidade de controle no livro de que trata o inciso I do *caput* do art. 8º do Decreto-Lei nº 1.598, de 26 de dezembro de 1977.

► Artigo com a redação dada pela Lei nº 12.973, de 13-5-2014.

Seção III

NORMAS APLICÁVEIS A ATIVIDADES ESPECIAIS

Sociedades Civis

Art. 55. As sociedades civis de prestação de serviços profissionais relativos ao exercício de profissão legalmente regulamentada de que trata o art. 1º do Decreto-lei nº 2.397, de 21 de dezembro de 1987, passam, em relação aos resultados auferidos a partir de 1º de janeiro de 1997, a ser tributadas pelo imposto de renda de conformidade com as normas aplicáveis às demais pessoas jurídicas.

Art. 56. As sociedades civis de prestação de serviços de profissão legalmente regulamentada passam a contribuir para a seguridade social com base na receita bruta da prestação de serviços, observadas as normas da Lei Complementar nº 70, de 30 de dezembro de 1991.

► Art. 150, § 6º, da CF.

► Art. 2º, § 2º, do Dec.-lei nº 4.657, de 4-9-1942 (Lei de Introdução às normas do Direito Brasileiro).

► Art. 6º, II, da LC nº 70, de 30-12-1991, que institui contribuição para financiamento da Seguridade Social e eleva a alíquota da contribuição social sobre o lucro das instituições financeiras.

► Súm. nº 508 do STJ.

Parágrafo único. Para efeito da incidência da contribuição de que trata este artigo, serão consideradas as receitas auferidas a partir do mês de abril de 1997.

Art. 56-A. A entidade privada de abrangência nacional e sem fins lucrativos, constituída pelo conjunto das cooperativas de crédito e dos bancos cooperativos, na forma da legislação e regulamentação próprias, destinada a administrar mecanismo de proteção a titulares de créditos contra essas instituições e a contribuir para a manutenção da estabilidade e a prevenção de insolvência e de outros riscos dessas instituições, é isenta do imposto de renda, inclusive do incidente sobre ganhos líquidos mensais e do retido na fonte sobre os rendimentos de aplicação financeira de renda fixa e de renda variável, bem como da contribuição social sobre o lucro líquido.

§ 1º Para efeito de gozo da isenção, a referida entidade deverá ter seu estatuto e seu regulamento aprovados pelo Conselho Monetário Nacional.

§ 2º Ficam autorizadas as transferências, para a entidade mencionada no *caput*, de recursos oriundos de recolhimentos realizados pelas cooperativas de crédito e bancos cooperativos, de forma direta ou indireta, ao Fundo Garantidor de Crédito de que trata o art. 4º da Lei nº 9.710, de 19 de novembro de 1998.

§ 3º As transferências dos recursos de que trata o § 2º não serão tributadas, nos termos deste artigo.

§ 4º Em caso de dissolução, por qualquer motivo, da entidade de que trata o *caput*, os recursos eventualmente devolvidos às associadas estarão sujeitos à tributação na instituição recebedora, na forma da legislação vigente.

§ 5º O disposto neste artigo entra em vigor no dia seguinte ao da aprovação pelo Conselho Monetário Nacional do estatuto e do regulamento da entidade de que trata o *caput*.

► Art. 56-A acrescido pela Lei nº 12.873, de 24-10-2013.

Associações de Poupança e Empréstimo

Art. 57. Revogado. MP nº 1.303, de 11-6-2025, que até o encerramento desta edição não havia sido convertida em lei.

Empresas de *Factoring*

Art. 58. Fica incluído no art. 36 da Lei nº 8.981, de 20 de janeiro de 1995, com as alterações da Lei nº 9.065, de 20 de junho de 1995, o seguinte inciso XV:

► O referido art. 36 foi revogado pela Lei nº 9.718, de 27-11-1998, razão pela qual fica prejudicada a alteração feita por este artigo.

Atividade Florestal

Art. 59. Considera-se, também, como atividade rural o cultivo de florestas que se destinem ao corte para comercialização, consumo ou industrialização.

Liquidação Extrajudicial e Falência

Art. 60. As entidades submetidas aos regimes de liquidação extrajudicial e de falência sujeitam-se às normas de incidência dos impostos e contribuições de competência da União aplicáveis às pessoas jurídicas, em relação às operações praticadas durante o período em que perdurarem os procedimentos para a realização de seu ativo e o pagamento do passivo.

Seção IV

ACRÉSCIMOS MORATÓRIOS

Multas e Juros

Art. 61. Os débitos para com a União, decorrentes de tributos e contribuições administrados pela Secretaria da Receita Federal, cujos fatos geradores ocorrerem a partir de 1º de janeiro de 1997, não pagos nos prazos previstos na legislação específica, serão acrescidos de multa de mora, calculada à taxa de trinta e três centésimos por cento, por dia de atraso.

► Art. 17 do Dec. nº 6.140, de 3-7-2007, que regulamenta a Contribuição Provisória sobre Movimentação ou Transmissão de Valores e de Créditos e Direitos de Natureza Financeira – CPMF.

§ 1º A multa de que trata este artigo será calculada a partir do primeiro dia subsequente ao do vencimento do prazo previsto para o pagamento do tributo ou da contribuição até o dia em que ocorrer o seu pagamento.

§ 2º O percentual de multa a ser aplicado fica limitado a vinte por cento.

§ 3º Sobre os débitos a que se refere este artigo incidirão juros de mora calculados à taxa a que se refere o § 3º do art. 5º, a partir do primeiro dia do mês subsequente ao vencimento do prazo até o mês anterior ao do pagamento e de um por cento no mês de pagamento.

Pagamento em Quotas-Juros

Art. 62. Os juros a que se referem o inciso III do art. 14 e o art. 16, ambos da Lei nº 9.250, de 26 de dezembro de 1995, serão calculados à taxa a que se refere o § 3º do art. 5º, a partir do primeiro dia do mês subsequente ao previsto para a entrega tempestiva da declaração de rendimentos.

Parágrafo único. As quotas do imposto sobre a propriedade territorial rural a que se refere a alínea c do parágrafo único do art. 14 da Lei nº 8.847, de 28 de janeiro de 1994, serão acrescidas de juros calculados à taxa a que se refere o § 3º do art. 5º, a partir do primeiro dia do mês subsequente àquele em que o contribuinte for notificado até o último dia do mês anterior ao do pagamento e de um por cento no mês do pagamento.

► O art. 14 da Lei nº 8.847, de 28-1-1994, de que trata o parágrafo único deste artigo, foi revogado pela Lei nº 9.393, de 19-12-1996.

Débitos com Exigibilidade Suspensa

Art. 63. Na constituição de crédito tributário destinada a prevenir a decadência, relativo a tributo de competência da União, cuja exigibilidade houver sido suspensa na forma dos incisos IV e V do art. 151 da Lei nº 5.172, de 25 de outubro de 1966, não caberá lançamento de multa de ofício.

► *Caput* com a redação dada pela MP nº 2.158-35, de 24-8-2001, que até o encerramento desta edição não havia sido convertida em Lei.

§ 1º O disposto neste artigo aplica-se, exclusivamente, aos casos em que a suspensão da exigibilidade do débito tenha ocorrido antes do início de qualquer procedimento de ofício a ele relativo.

§ 2º A interposição da ação judicial favorecida com a medida liminar interrompe a incidência da multa de mora, desde a concessão da medida judicial, até 30 dias após a data da publicação da decisão judicial que considerar devido o tributo ou contribuição.

Seção V

ARRECADAÇÃO DE TRIBUTOS E CONTRIBUIÇÕES

Retenção de Tributos e Contribuições

Art. 64. *Os pagamentos efetuados por órgãos, autarquias e fundações da administração pública federal a pessoas jurídicas, pelo fornecimento de bens ou prestação de serviços, estão sujeitos à incidência, na fonte, do imposto sobre a renda e da Contribuição Social sobre o Lucro Líquido.*

- *Caput* com a redação dada pela LC nº 214, de 16-1-2025.
- Art. 3º do Dec. nº 5.602, de 6-12-2005, que regulamenta o programa de inclusão digital instituído pela Lei nº 11.196, de 21-11-2005.

§ 1º A obrigação pela retenção é do órgão ou entidade que efetuar o pagamento.

§ 2º O valor retido, correspondente a cada tributo ou contribuição, será levado a crédito da respectiva conta de receita da União.

§ 3º O valor do imposto e das contribuições sociais retido será considerado como antecipação do que for devido pelo contribuinte em relação ao mesmo imposto e às mesmas contribuições.

§ 4º O valor retido correspondente ao imposto de renda e a cada contribuição social somente poderá ser compensado com o que for devido em relação à mesma espécie de imposto ou contribuição.

§ 5º O imposto de renda a ser retido será determinado mediante a aplicação da alíquota de quinze por cento sobre o resultado da multiplicação do valor a ser pago pelo percentual de que trata o art. 15 da Lei nº 9.249, de 26 de dezembro de 1995, aplicável à espécie de receita correspondente ao tipo de bem fornecido ou de serviço prestado.

§ 6º O valor da contribuição social sobre o lucro líquido, a ser retido, será determinado mediante a aplicação da alíquota de um por cento, sobre o montante a ser pago.

§ 7º O valor da contribuição para a seguridade social – COFINS, a ser retido, será determinado mediante a aplicação da alíquota respectiva sobre o montante a ser pago.

§ 8º O valor da contribuição para o PIS/PASEP, a ser retido, será determinado mediante a aplicação da alíquota respectiva sobre o montante a ser pago.

- §§ 7º e 8º estarão revogados pela LC nº 214, de 16-1-2025, a partir de 1º-1-2027.

§ 9º Até 31 de dezembro de 2017, fica dispensada a retenção dos tributos na fonte de que trata o *caput* sobre os pagamentos efetuados por órgãos ou entidades da administração pública federal, mediante a utilização do Cartão de Pagamento do Governo Federal – CPGF, no caso de compra de passagens aéreas diretamente das companhias aéreas prestadoras de serviços de transporte aéreo.

- § 9º com a redação dada pela Lei nº 13.043, de 13-11-2014.

Art. 65. O Banco do Brasil S.A. deverá reter, no ato do pagamento ou crédito, a contribuição para o PIS/PASEP incidente nas transferências voluntárias da União para suas autarquias e fundações e para os Estados, Distrito Federal e Municípios, suas autarquias e fundações.

Art. 66. As cooperativas que se dedicam a vendas em comum, referidas no art. 82 da Lei nº 5.764, de 16 de dezembro de 1971, que recebam para comercialização a produção de suas associadas, são responsáveis pelo recolhimento da Contribuição para Financiamento da Seguridade Social – COFINS, instituída pela Lei Complementar nº 70, de 30 de dezembro de 1991 e da Contribuição para o Programa de Integração Social – PIS, criada pela Lei Complementar nº 7, de 7 de setembro de 1970, com suas posteriores modificações.

- Este artigo estará revogado pela LC nº 214, de 16-1-2025, a partir de 1º-1-2027.

§ 1º O valor das contribuições recolhidas pelas cooperativas mencionadas no *caput* deste artigo, deverá ser por elas informado, individualizadamente, às suas filiadas, juntamente com o montante do faturamento relativo às vendas dos produtos de cada uma delas, com vistas a atender aos procedimentos contábeis exigidos pela legislação.

§ 2º O disposto neste artigo aplica-se a procedimento idêntico que, eventualmente, tenha sido anteriormente adotado pelas cooperativas centralizadoras de vendas, inclusive quanto ao recolhimento da Contribuição para o Fundo de Investimento Social – FINSOCIAL, criada pelo Decreto-lei nº 1.940, de 25 de maio de 1982, com suas posteriores modificações.

§ 3º A Secretaria da Receita Federal poderá baixar as normas necessárias ao cumprimento e controle das disposições contidas neste artigo.

Dispensa de Retenção de Imposto de Renda

Art. 67. Fica dispensada a retenção de imposto de renda, de valor igual ou inferior a R$ 10,00 (dez reais), incidente na fonte sobre rendimentos que devam integrar a base de cálculo do imposto devido na declaração de ajuste anual.

Utilização de DARF

Art. 68. É vedada a utilização de Documento de Arrecadação de Receitas Federais para o pagamento de tributos e contribuições de valor inferior a R$ 10,00 (dez reais).

- Art. 13, parágrafo único, do Dec. nº 6.140, de 3-7-2007, que regulamenta a Contribuição Provisória sobre Movimentação ou Transmissão de Valores e de Créditos e Direitos de Natureza Financeira – CPMF.

§ 1º O imposto ou contribuição administrado pela Secretaria da Receita Federal, arrecadado sob um determinado código de receita, que, no período de apuração, resultar inferior a R$ 10,00 (dez reais), deverá ser adicionado ao imposto ou contribuição de mesmo código, correspondente aos períodos subsequentes, até que o total seja igual ou superior a R$ 10,00 (dez reais), quando, então, será pago ou recolhido no prazo estabelecido na legislação para este último período de apuração.

§ 2º O critério a que se refere o parágrafo anterior aplica-se, também, ao imposto sobre operações de crédito, câmbio e seguro e sobre operações relativas a títulos e valores mobiliários – IOF.

Art. 68-A. O Poder Executivo poderá elevar para até R$ 100,00 (cem reais) os limites e valores de que tratam os arts. 67 e 68 desta Lei, inclusive de forma diferenciada por tributo, regime de tributação ou de incidência, relativos à utilização do Documento de Arrecadação de Receitas Federais, podendo reduzir ou restabelecer os limites e valores que vier a fixar.

- Art. 68-A com a redação dada pela Lei nº 11.941, de 27-5-2009.

Imposto Retido na Fonte – Responsabilidade

Art. 69. Revogado. *MP nº 1.303, de 11-6-2025, que até o encerramento desta edição não havia sido convertida em lei.*

Seção VI

CASOS ESPECIAIS DE TRIBUTAÇÃO

Multas por Rescisão de Contrato

Art. 70. A multa ou qualquer outra vantagem paga ou creditada por pessoa jurídica, ainda que a título de indenização, a beneficiária pessoa física ou jurídica, inclusive isenta, em virtude de rescisão de contrato, sujeitam-se à incidência do imposto de renda na fonte à alíquota de quinze por cento.

§ 1º A responsabilidade pela retenção e recolhimento do imposto de renda é da pessoa jurídica que efetuar o pagamento ou crédito da multa ou vantagem.

§ 2º O imposto será retido na data do pagamento ou crédito da multa ou vantagem.

- § 2º com a redação dada pela Lei nº 11.196, de 21-11-2005.

§ 3º O valor da multa ou vantagem será:

I – computado na apuração da base de cálculo do imposto devido na declaração de ajuste anual da pessoa física;

II – computado como receita, na determinação do lucro real;

III – acrescido ao lucro presumido ou arbitrado, para determinação da base de cálculo do imposto devido pela pessoa jurídica.

§ 4º O imposto retido na fonte, na forma deste artigo, será considerado como antecipação do devido em cada período de apuração, nas hipóteses referidas no parágrafo anterior, ou como tributação definitiva, no caso de pessoa jurídica isenta.

§ 5º O disposto neste artigo não se aplica às indenizações pagas ou creditadas em conformidade com a legislação trabalhista e àquelas destinadas a reparar danos patrimoniais.

Ganhos em Mercado de Balcão

Art. 71. Revogado. *MP nº 1.303, de 11-6-2025, que até o encerramento desta edição não havia sido convertida em lei.*

Remuneração de Direitos

Art. 72. Estão sujeitas à incidência do imposto na fonte, à alíquota de quinze por cento, as importâncias pagas, creditadas, entregues, empregadas ou remetidas para o exterior pela aquisição ou pela remuneração, a qualquer título, de qualquer forma de direito, inclusive à transmissão, por meio de rádio ou televisão ou por qualquer outro meio, de quaisquer filmes ou eventos, mesmo os de competições desportivas das quais faça parte representação brasileira.

Seção VII

RESTITUIÇÃO E COMPENSAÇÃO DE TRIBUTOS E CONTRIBUIÇÕES

Art. 73. A restituição e o ressarcimento de tributos administrados pela Secretaria da Receita Federal do Brasil ou a restituição de pagamentos efetuados mediante DARF e GPS cuja receita não seja administrada pela Secretaria da Receita Federal do Brasil será efetuada depois de verificada a ausência de débitos em nome do sujeito passivo credor perante a Fazenda Nacional.

- *Caput* com a redação dada pela Lei nº 12.844, de 19-7-2013.

I e II – *Revogados*. Lei nº 12.844, de 19-7-2013.

Parágrafo único. Existindo débitos, não parcelados ou parcelados sem garantia, inclusive inscritos em Dívida Ativa da União, os créditos serão utilizados para quitação desses débitos, observado o seguinte:

I – o valor bruto da restituição ou do ressarcimento será debitado à conta do tributo a que se referir;

II – a parcela utilizada para a quitação de débitos do contribuinte ou responsável será creditada à conta do respectivo tributo.

- Parágrafo único com a redação dada pela Lei nº 12.844, de 19-7-2013.

Art. 74. O sujeito passivo que apurar crédito, inclusive os judiciais com trânsito em julgado, relativo a tributo ou contribuição administrado pela Secretaria da Receita Federal, passível de restituição ou de ressarcimento, poderá utilizá-lo na compensação de débitos próprios relativos a quaisquer tributos e contribuições administrados por aquele Órgão.

- *Caput* com a redação dada pela Lei nº 10.637, de 30-12-2002.
- Arts. 2º e 26, parágrafo único, da Lei nº 11.457, de 16-3-2007 (Lei da Super-Receita).
- Art. 27 do Dec. nº 6.140, de 3-7-2007, que regulamenta a Contribuição Provisória sobre Movimentação ou Transmissão de Valores e de Créditos e Direitos de Natureza Financeira – CPMF.

§ 1º A compensação de que trata o *caput* será efetuada mediante a entrega, pelo sujeito passivo, de declaração na qual constarão informações relativas aos créditos utilizados e aos respectivos débitos compensados.

§ 2º A compensação declarada à Secretaria da Receita Federal extingue o crédito tributário, sob condição resolutória de sua ulterior homologação.

- §§ 1º e 2º acrescidos pela Lei nº 10.637, de 30-12-2002.

§ 3º Além das hipóteses previstas nas leis específicas de cada tributo ou contribuição, não poderão ser objeto de compensação mediante entrega, pelo sujeito passivo, da declaração referida no § 1º:

- § 3º com a redação dada pela Lei nº 10.833, de 29-12-2003.

I – o saldo a restituir apurado na Declaração de Ajuste Anual do Imposto de Renda da Pessoa Física;

II – os débitos relativos a tributos e contribuições devidos no registro da Declaração de Importação;

- Incisos I e II com a redação dada pela Lei nº 10.637, de 30-12-2002.

III – os débitos relativos a tributos e contribuições administrados pela Secretaria da Receita Federal que já tenham sido encaminhados à Procuradoria-Geral da Fazenda Nacional para inscrição em Dívida Ativa da União;

- Inciso III acrescido dada pela Lei nº 10.833, de 29-12-2003.

IV – o débito consolidado em qualquer modalidade de parcelamento concedido pela Secretaria da Receita Federal – SRF;

- Inciso IV com a redação dada pela Lei nº 11.051, de 29-12-2004.

V – o débito que já tenha sido objeto de compensação não homologada, ainda que a compensação se encontre pendente de decisão definitiva na esfera administrativa;

VI – o valor objeto de pedido de restituição ou de ressarcimento já indeferido pela autoridade competente da Secretaria da Receita Federal do Brasil, ainda que o pedido se encontre pendente de decisão definitiva na esfera administrativa;

- Incisos V e VI com a redação dada pela Lei nº 13.670, de 30-5-2018.

VII – o crédito objeto de pedido de restituição ou ressarcimento e o crédito informado em declaração de compensação cuja confirmação de liquidez e certeza esteja sob procedimento fiscal;

VIII – os valores de quotas de salário-família e salário-maternidade; e

IX – os débitos relativos ao recolhimento mensal por estimativa do Imposto sobre a Renda das Pessoas Jurídicas (IRPJ) e da Contribuição Social sobre o Lucro Líquido (CSLL) apurados na forma do art. 2º desta Lei;

- Incisos VII a IX acrescidos pela Lei nº 13.670, de 30-5-2018.

X – ***o valor do crédito utilizado na compensação que superar o limite mensal de que trata o art. 74-A desta Lei.***

- Inciso X acrescido pela Lei nº 14.873, de 28-5-2024.

§ 4º Os pedidos de compensação pendentes de apreciação pela autoridade administrativa serão considerados declaração de compensação, desde o seu protocolo, para os efeitos previstos neste artigo.

- § 4º acrescido pela Lei nº 10.637, de 30-12-2002.

§ 5º O prazo para homologação da compensação declarada pelo sujeito passivo será de 5 (cinco) anos, contado da data da entrega da declaração de compensação.

- § 5º com a redação dada pela Lei nº 10.833, de 29-12-2003.

§ 6º A declaração de compensação constitui confissão de dívida e instrumento hábil e suficiente para a exigência dos débitos indevidamente compensados.

§ 7º Não homologada a compensação, a autoridade administrativa deverá cientificar o sujeito passivo e intimá-lo a efetuar, no prazo de 30 (trinta) dias, contado da ciência do ato que não a homologou, o pagamento dos débitos indevidamente compensados.

§ 8º Não efetuado o pagamento no prazo previsto no § 7º, o débito será encaminhado à Procuradoria-Geral da Fazenda Nacional para inscrição em Dívida Ativa da União, ressalvado o disposto no § 9º.

§ 9º É facultado ao sujeito passivo, no prazo referido no § 7º, apresentar manifestação de inconformidade contra a não homologação da compensação.

§ 10. Da decisão que julgar improcedente a manifestação de inconformidade caberá recurso ao Conselho de Contribuintes.

§ 11. A manifestação de inconformidade e o recurso de que tratam os §§ 9º e 10 obedecerão ao rito processual do Decreto nº 70.235, de 6 de março de 1972, e enquadram-se no disposto no inciso III do art. 151 da Lei nº 5.172, de 25 de outubro de 1966 – Código Tributário Nacional, relativamente ao débito objeto da compensação.

- §§ 6º a 11 acrescidos pela Lei nº 10.833, de 29-12-2003.

§ 12. Será considerada não declarada a compensação nas hipóteses:

- Súm. nº 464 do STJ.

I – previstas no § 3º deste artigo;

II – em que o crédito:

a) seja de terceiros;

b) refira-se a "crédito-prêmio" instituído pelo art. 1º do Decreto-Lei nº 491, de 5 de março de 1969;

c) refira-se a título público;

d) seja decorrente de decisão judicial não transitada em julgado; ou

e) não se refira a tributos e contribuições administrados pela Secretaria da Receita Federal – SRF;

f) tiver como fundamento a alegação de inconstitucionalidade de lei, exceto nos casos em que a lei:

- *Caput* da alínea *f* com a redação dada pela Lei nº 11.941, de 27-5-2009.

1. tenha sido declarada inconstitucional pelo Supremo Tribunal Federal em ação direta de inconstitucionalidade ou em ação declaratória de constitucionalidade;
2. tenha tido sua execução suspensa pelo Senado Federal;
3. tenha sido julgada inconstitucional em sentença judicial transitada em julgado a favor do contribuinte; ou
4. seja objeto de súmula vinculante aprovada pelo Supremo Tribunal Federal nos termos do art. 103-A da Constituição Federal;

- Itens 1 a 4 acrescidos pela Lei nº 11.941, de 27-5-2009.

g) ***seja decorrente de pagamento indevido ou a maior que o devido, com fundamento em documento de arrecadação inexistente; ou***

h) ***seja decorrente do regime de incidência não cumulativa da Contribuição para o PIS/PASEP ou da COFINS, cujo crédito não guarde qualquer relação com a atividade econômica do sujeito passivo.***

- Alíneas *g* e *h* acrescidas pela MP nº 1.303, de 11-6-2025, que até o encerramento desta edição não havia sido convertida em lei.

§ 13. O disposto nos §§ 2º e 5º a 11 deste artigo não se aplica às hipóteses previstas no § 12 deste artigo.

§ 14. A Secretaria da Receita Federal – SRF disciplinará o disposto neste artigo, inclusive quanto à fixação de critérios de prioridade para apreciação de processos de restituição, de ressarcimento e de compensação.

- §§ 12 a 14 acrescidos pela Lei nº 11.051, de 29-12-2004.

§§ 15 e 16. *Revogados*. Lei nº 13.137, de 19-6-2015).

§ 17. Será aplicada multa isolada de 50% (cinquenta por cento) sobre o valor do débito objeto de declaração de compensação não homologada, salvo no caso de falsidade da declaração apresentada pelo sujeito passivo.

- § 17 com a redação dada pela Lei nº 13.097, de 19-1-2015.
- O STF, por maioria, julgou inconstitucional este parágrafo em decisão proferida na ADI nº 4905 (*DJe* de 18-5-2023).

§ 18. No caso de apresentação de manifestação de inconformidade contra a não homologação da compensação, fica suspensa a exigibilidade da multa de ofício de que trata o § 17, ainda que não impugnada essa exigência, enquadrando-se no disposto no inciso III do art. 151 da Lei nº 5.172, de 25 de outubro de 1966 – Código Tributário Nacional.

▸ § 18 acrescido pela Lei nº 12.844, de 19-7-2013.

Art. 74-A. *A compensação de crédito decorrente de decisão judicial transitada em julgado observará o limite mensal estabelecido em ato do Ministro de Estado da Fazenda.*

§ 1º O limite mensal a que se refere o caput deste artigo:

I – será graduado em função do valor total do crédito decorrente de decisão judicial transitada em julgado;

II – não poderá ser inferior a 1/60 (um sessenta avos) do valor total do crédito decorrente de decisão judicial transitada em julgado, demonstrado e atualizado na data da entrega da primeira declaração de compensação; e

III – não poderá ser estabelecido para crédito decorrente de decisão judicial transitada em julgado cujo valor total seja inferior a R$ 10.000.000,00 (dez milhões de reais).

§ 2º Para fins do disposto neste artigo, a primeira declaração de compensação deverá ser apresentada no prazo de até 5 (cinco) anos, contado da data do trânsito em julgado da decisão ou da homologação da desistência da execução do título judicial.

▸ Art. 74-A acrescido pela Lei nº 14.873, de 28-5-2024.

Seção VIII

UFIR

Art. 75. A partir de 1º de janeiro de 1997, a atualização do valor da Unidade Fiscal de Referência – UFIR, de que trata o art. 1º da Lei nº 8.383, de 30 de dezembro de 1991, com as alterações posteriores, será efetuada por períodos anuais, em 1º de janeiro.

Parágrafo único. No âmbito da legislação tributária federal, a UFIR será utilizada exclusivamente para a atualização dos créditos tributários da União, objeto de parcelamento concedido até 31 de dezembro de 1994.

Seção IX

COMPETÊNCIAS DOS CONSELHOS DE CONTRIBUINTES

Art. 76. Fica o Poder Executivo autorizado a alterar as competências relativas às matérias objeto de julgamento pelos Conselhos de Contribuintes do Ministério da Fazenda.

Seção X

DISPOSITIVO DECLARADO INCONSTITUCIONAL

Art. 77. Fica o Poder Executivo autorizado a disciplinar as hipóteses em que a administração tributária federal, relativamente aos créditos tributários baseados em dispositivo declarado inconstitucional por decisão definitiva do Supremo Tribunal Federal, possa:

I – abster-se de constituí-los;

II – retificar o seu valor ou declará-los extintos, de ofício, quando houverem sido constituídos anteriormente, ainda que inscritos em dívida ativa;

III – formular desistência de ações de execução fiscal já ajuizadas, bem como deixar de interpor recursos de decisões judiciais.

Seção XI

JUROS SOBRE O CAPITAL PRÓPRIO

Art. 78. O § 1º do art. 9º da Lei nº 9.249, de 26 de dezembro de 1995, passa a vigorar com a seguinte redação:

▸ Alteração inserida no texto da referida Lei.

Seção XII

ADMISSÃO TEMPORÁRIA

Art. 79. Os bens admitidos temporariamente no País, para utilização econômica, ficam sujeitos ao pagamento dos impostos incidentes na importação proporcionalmente ao tempo de sua permanência em território nacional, nos termos e condições estabelecidos em regulamento.

Parágrafo único. O Poder Executivo poderá excepcionar, em caráter temporário, a aplicação do disposto neste artigo em relação a determinados bens.

▸ Parágrafo único acrescido pela MP nº 2.189-49, de 23-8-2001, que até o encerramento desta edição não havia sido convertida em Lei.

CAPÍTULO VI

DISPOSIÇÕES FINAIS

Empresa Inidônea

Art. 80. As inscrições no Cadastro Nacional da Pessoa Jurídica (CNPJ) serão suspensas quando se enquadrarem nas hipóteses de suspensão definidas pela Secretaria Especial da Receita Federal do Brasil.

▸ *Caput* com a redação dada pela Lei nº 14.195, de 26-8-2021.

§§ 1º a 4º *Revogados.* Lei nº 14.195, de 26-8-2021.

Arts. 80-A a 80-C. *Revogados.* Lei nº 14.195, de 26-8-2021.

Art. 81. As inscrições no CNPJ serão declaradas inaptas, nos termos e nas condições definidos pela Secretaria Especial da Receita Federal do Brasil, quando a pessoa jurídica:

▸ *Caput* com a redação dada pela Lei nº 14.195, de 26-8-2021.

▸ Art. 29, VI, da da LC nº 123, de 14-12-2006 (Estatuto Nacional da Microempresa e da Empresa de Pequeno Porte).

I – deixar de apresentar obrigações acessórias, por, no mínimo, 90 (noventa) dias a contar da omissão;

II – não comprovar a origem, a disponibilidade e a efetiva transferência, se for o caso, dos recursos empregados em operações de comércio exterior;

III – for inexistente de fato, assim considerada a entidade que:

a) não dispuser de patrimônio ou de capacidade operacional necessários à realização de seu objeto, inclusive a que não comprovar o capital social integralizado;

b) não for localizada no endereço informado no CNPJ;

c) quando intimado, o seu representante legal:

1. não for localizado ou alegar falsidade ou simulação de sua participação na referida entidade ou não comprovar legitimidade para representá-la; ou
2. não indicar, depois de intimado, seu novo domicílio tributário;

d) for domiciliada no exterior e não tiver indicado seu procurador ou seu representante legalmente constituído no CNPJ ou, se indicado, não tiver sido localizado; ou

e) encontrar-se com as atividades paralisadas, salvo quando a paralisação for comunicada;

IV – realizar operações de terceiros, com intuito de acobertar seus reais beneficiários;

V – tiver participado, segundo evidências, de organização constituída com o propósito de não recolher tributos ou de burlar os mecanismos de cobrança de débitos fiscais, inclusive por meio de emissão de documentos fiscais que relatem operações fictícias ou cessão de créditos inexistentes ou de terceiros;

VI – tiver sido constituída, segundo evidências, para a prática de fraude fiscal estruturada, inclusive em proveito de terceiras empresas; ou

VII – encontrar-se suspensa por no, mínimo, 1 (um) ano.

▸ Incisos I a VII acrescidos pela Lei nº 14.195, de 26-8-2021.

§ 1º *Revogado.* Lei nº 14.195, de 26-8-2021.

§ 2º Para fins do disposto no inciso II do *caput* deste artigo, a comprovação da origem de recursos provenientes do exterior dar-se-á mediante, cumulativamente:

▸ *Caput* com a redação dada pela Lei nº 14.195, de 26-8-2021.

I – prova do regular fechamento da operação de câmbio, inclusive com a identificação da instituição financeira no exterior encarregada da remessa dos recursos para o País;

II – identificação do remetente dos recursos, assim entendido como a pessoa física ou jurídica titular dos recursos remetidos.

▸ Incisos I e II acrescidos pela Lei nº 10.637, de 30-12-2002.

§ 3º No caso de o remetente referido no inciso II do § 2º ser pessoa jurídica deverão ser também identificados os integrantes de seus quadros societário e gerencial.

§ 4º O disposto nos §§ 2º e 3º aplica-se, também, na hipótese de que trata o § 2º do art. 23 do Decreto-Lei nº 1.455, de 7 de abril de 1976.

▸ §§ 3º e 4º acrescidos pela Lei nº 10.637, de 30-12-2002.

§ 5º *Revogado.* Lei nº 14.195, de 26-8-2021.

Art. 81-A. As inscrições no CNPJ serão declaradas baixadas após 180 (cento e oitenta) dias contados da declaração de inaptidão.

§ 1º Poderão ainda ter a inscrição no CNPJ baixada as pessoas jurídicas que estejam extintas, canceladas ou baixadas nos respectivos órgãos de registro.

§ 2º O ato de baixa da inscrição no CNPJ não impede que, posteriormente, sejam lançados ou cobrados os débitos de natureza tributária da pessoa jurídica.

§ 3º Mediante solicitação da pessoa jurídica, poderá ser restabelecida a inscrição no CNPJ, observados os termos e as condições definidos pela Secretaria Especial da Receita Federal do Brasil.

▸ Art. 81-A acrescido pela Lei nº 14.195, de 26-8-2021.

Art. 82. Além das demais hipóteses de inidoneidade de documentos previstas na legislação, não produzirá efeitos tributários em favor de terceiros interessados o documento emitido por pessoa jurídica cuja inscrição no CNPJ tenha sido considerada ou declarada inapta.

- *Caput* com a redação dada pela Lei nº 14.195, de 26-8-2021.
- Art. 29, VI, da LC nº 123, de 14-12-2006 (Estatuto Nacional da Microempresa e da Empresa de Pequeno Porte).

Parágrafo único. O disposto neste artigo não se aplica aos casos em que o adquirente de bens, direitos e mercadorias ou o tomador de serviços comprovarem a efetivação do pagamento do preço respectivo e o recebimento dos bens, direitos e mercadorias ou utilização dos serviços.

Crime contra a Ordem Tributária

Art. 83. A representação fiscal para fins penais relativa aos crimes contra a ordem tributária previstos nos arts. 1º e 2º da Lei nº 8.137, de 27 de dezembro de 1990, e aos crimes contra a Previdência Social, previstos nos arts. 168-A e 337-A do Decreto-Lei nº 2.848, de 7 de dezembro de 1940 (Código Penal), será encaminhada ao Ministério Público depois de proferida a decisão final, na esfera administrativa, sobre a exigência fiscal do crédito tributário correspondente.

- *Caput* com a redação dada pela Lei nº 12.350, de 20-12-2010.
- O STF, por maioria dos votos, julgou improcedentes os pedidos formulados na ADI nº 4.980, para declarar constitucional este artigo (*DOU* de 18-3-2022).
- Lei nº 8.137, de 27-12-1990 (Lei dos Crimes contra a Ordem Tributária, Econômica e contra as Relações de Consumo).
- Súm. Vinc. nº 24 do STF.

§ 1º Na hipótese de concessão de parcelamento do crédito tributário, a representação fiscal para fins penais somente será encaminhada ao Ministério Público após a exclusão da pessoa física ou jurídica do parcelamento.

§ 2º É suspensa a pretensão punitiva do Estado referente aos crimes previstos no *caput*, durante o período em que a pessoa física ou a pessoa jurídica relacionada com o agente dos aludidos crimes estiver incluída no parcelamento, desde que o pedido de parcelamento tenha sido formalizado antes do recebimento da denúncia criminal.

§ 3º A prescrição criminal não corre durante o período de suspensão da pretensão punitiva.

§ 4º Extingue-se a punibilidade dos crimes referidos no *caput* quando a pessoa física ou a pessoa jurídica relacionada com o agente efetuar o pagamento integral dos débitos oriundos de tributos, inclusive acessórios, que tiverem sido objeto de concessão de parcelamento.

§ 5º O disposto nos §§ 1º a 4º não se aplica nas hipóteses de vedação legal de parcelamento.

- §§ 1º a 5º acrescidos pela Lei nº 12.382, de 25-2-2011.

§ 6º As disposições contidas no *caput* do art. 34 da Lei nº 9.249, de 26 de dezembro de 1995, aplicam-se aos processos administrativos e aos inquéritos e processos em curso, desde que não recebida a denúncia pelo juiz.

- Antigo parágrafo único renumerado para § 6º pela Lei nº 12.382, de 25-2-2011.

Art. 84. Nos casos de incorporação, fusão ou cisão de empresa incluída no Programa Nacional de Desestatização, bem como nos programas de desestatização das Unidades Federadas e dos Municípios, não ocorrerá a realização do lucro inflacionário acumulado relativamente à parcela do ativo sujeito a correção monetária até 31 de dezembro de 1995, que houver sido vertida.

§ 1º O lucro inflacionário acumulado da empresa sucedida, correspondente aos ativos vertidos sujeitos a correção monetária até 31 de dezembro de 1995, será integralmente transferido para a sucessora, nos casos de incorporação e fusão.

§ 2º No caso de cisão, o lucro inflacionário acumulado será transferido, para a pessoa jurídica que absorver o patrimônio da empresa cindida, na proporção das contas do ativo, sujeitas a correção monetária até 31 de dezembro de 1995, que houverem sido vertidas.

§ 3º O lucro inflacionário transferido na forma deste artigo será realizado e submetido a tributação, na pessoa jurídica sucessora, com observância do disposto na legislação vigente.

Fretes Internacionais

Art. 85. Ficam sujeitos ao imposto de renda na fonte, à alíquota de quinze por cento, os rendimentos recebidos por companhias de navegação aérea e marítima, domiciliadas no exterior, de pessoas físicas ou jurídicas residentes ou domiciliadas no Brasil.

Parágrafo único. O imposto de que trata este artigo não será exigido das companhias aéreas e marítimas domiciliadas em países que não tributam, em decorrência da legislação interna ou de acordos internacionais, os rendimentos auferidos por empresas brasileiras que exercem o mesmo tipo de atividade.

Art. 86. Nos casos de pagamento de contraprestação de arrendamento mercantil, do tipo financeiro, a beneficiária pessoa jurídica domiciliada no exterior, a Secretaria da Receita Federal expedirá normas para excluir da base de cálculo do imposto de renda incidente na fonte a parcela remetida que corresponder ao valor do bem arrendado.

Vigência

Art. 87. Esta Lei entra em vigor na data da sua publicação, produzindo efeitos financeiros a partir de 1º de janeiro de 1997.

Revogação

Art. 88. Revogam-se:

I – o § 2º do art. 97 do Decreto-lei nº 5.844, de 23 de setembro de 1943, o Decreto-lei nº 7.885, de 21 de agosto de 1945, o art. 46 da Lei nº 4.862, de 29 de novembro de 1965 e o art. 56 da Lei nº 7.713, de 22 de dezembro de 1988;

II – o Decreto-lei nº 165, de 13 de fevereiro de 1967;

III – o § 3º do art. 21 do Decreto-lei nº 401, de 30 de dezembro de 1968;

IV – o Decreto-lei nº 716, de 30 de julho de 1969;

V – o Decreto-lei nº 815, de 4 de setembro de 1969, o Decreto-lei nº 1.139, de 21 de dezembro de 1970, o art. 87 da Lei nº 7.450, de 23 de dezembro de 1985 e os arts. 11 e 12 do Decreto-lei nº 2.303, de 21 de novembro de 1986;

VI – o art. 3º do Decreto-lei nº 1.118, de 10 de agosto de 1970, o art. 6º do Decreto-lei nº 1.189, de 24 de setembro de 1971 e o inciso IX do art. 1º da Lei nº 8.402, de 8 de janeiro de 1992;

VII – o art. 9º do Decreto-lei nº 1.351, de 24 de outubro de 1974, o Decreto-lei nº 1.411, de 31 de julho de 1975 e o Decreto-lei nº 1.725, de 7 de dezembro de 1979;

VIII – o art. 9º do Decreto-lei nº 1.633, de 9 de agosto de 1978;

IX – o número 4 da alínea *b* do § 1º do art. 35 do Decreto-lei nº 1.598, de 26 de dezembro de 1977, com a redação dada pelo inciso VI do art. 1º do Decreto-lei nº 1.730, de 17 de dezembro de 1979;

X – o Decreto-lei nº 1.811, de 27 de outubro de 1980, e o art. 3º da Lei nº 7.132, de 26 de outubro de 1983;

XI – o art. 7º do Decreto-lei nº 1.814, de 28 de novembro de 1980;

XII – o Decreto-lei nº 2.227, de 16 de janeiro de 1985;

XIII – os arts. 29 e 30 do Decreto-lei nº 2.341, de 29 de junho de 1987;

XIV – os arts. 1º e 2º do Decreto-lei nº 2.397, de 21 de dezembro de 1987;

XV – o art. 8º do Decreto-lei nº 2.429, de 14 de abril de 1988;

XVI – *Revogado*. Lei nº 11.508, de 20-7-2007;

XVII – o art. 40 da Lei nº 7.799, de 10 de julho de 1989;

XVIII – o § 5º do art. 6º da Lei nº 8.021, de 1990;

XIX – o art. 22 da Lei nº 8.218, de 29 de agosto de 1991;

XX – o art. 92 da Lei nº 8.383, de 30 de dezembro de 1991;

XXI – o art. 6º da Lei nº 8.661, de 2 de junho de 1993;

XXII – o art. 1º da Lei nº 8.696, de 26 de agosto de 1993;

XXIII – o parágrafo único do art. 3º da Lei nº 8.846, de 21 de janeiro de 1994;

XXIV – o art. 33, o § 4º do art. 37 e os arts. 38, 50, 52 e 53, o § 1º do art. 82 e art. 98, todos da Lei nº 8.981, de 20 de janeiro de 1995;

XXV – o art. 89 da Lei nº 8.981, de 20 de janeiro de 1995, com a redação dada pela Lei nº 9.065, de 20 de junho de 1995;

XXVI – os §§ 4º, 9º e 10 do art. 9º, o § 2º do art. 11, e o § 3º do art. 24, todos da Lei nº 9.249, de 26 de dezembro de 1995;

XXVII – a partir de 1º de abril de 1997, o art. 40 da Lei nº 8.981, de 1995, com as alterações introduzidas pela Lei nº 9.065, de 20 de junho de 1995.

Brasília, 27 de dezembro de 1996;
175º da Independência e
108º da República.

Fernando Henrique Cardoso

LEI Nº 9.434, DE 4 DE FEVEREIRO DE 1997

Dispõe sobre a remoção de órgãos, tecidos e partes do corpo humano para fins de transplante e tratamento e dá outras providências.

- Publicada no *DOU* de 5-2-1997.
- Dec. nº 9.175, de 18-10-2017, regulamenta esta lei.

CAPÍTULO I
DAS DISPOSIÇÕES GERAIS

Art. 1º A disposição gratuita de tecidos, órgãos e partes do corpo humano, em vida ou *post mortem*, para fins de transplante e tratamento, é permitida na forma desta Lei.

- Art. 14 do CC.

Parágrafo único. Para os efeitos desta Lei, não estão compreendidos entre os tecidos a que se refere este artigo o sangue, o esperma e o óvulo.

Art. 2º A realização de transplantes ou enxertos de tecidos, órgãos ou partes do corpo humano só poderá ser realizada por estabelecimento de saúde, público ou privado, e por equipes médico-cirúrgicas de remoção e transplante previamente autorizados pelo órgão de gestão nacional do Sistema Único de Saúde.

Parágrafo único. A realização de transplantes ou enxertos de tecidos, órgãos ou partes do corpo humano só poderá ser autorizada após a realização, no doador, de todos os testes de triagem para diagnóstico de infecção e infestação exigidos em normas regulamentares expedidas pelo Ministério da Saúde.

▸ Parágrafo único com a redação dada pela Lei nº 10.211, de 23-3-2001.

CAPÍTULO II
DA DISPOSIÇÃO *POST MORTEM* DE TECIDOS, ÓRGÃOS E PARTES DO CORPO HUMANO PARA FINS DE TRANSPLANTE

Art. 3º A retirada *post mortem* de tecidos, órgãos ou partes do corpo humano destinados a transplante ou tratamento deverá ser precedida de diagnóstico de morte encefálica, constatada e registrada por dois médicos não participantes das equipes de remoção e transplante, mediante a utilização de critérios clínicos e tecnológicos definidos por resolução do Conselho Federal de Medicina.

§ 1º Os prontuários médicos, contendo os resultados ou os laudos dos exames referentes aos diagnósticos de morte encefálica e cópias dos documentos de que tratam os artigos 2º, parágrafo único; 4º e seus parágrafos; 5º, 7º, 9º, §§ 2º, 4º, 6º e 8º; e 10, quando couber, e detalhando os atos cirúrgicos relativos aos transplantes e enxertos, serão mantidos nos arquivos das instituições referidas no artigo 2º por um período mínimo de cinco anos.

§ 2º As instituições referidas no artigo 2º enviarão anualmente um relatório contendo os nomes dos pacientes receptores ao órgão gestor estadual do Sistema Único de Saúde.

§ 3º Será admitida a presença de médico de confiança da família do falecido no ato da comprovação e atestação da morte encefálica.

Art. 4º A retirada de tecidos, órgãos e partes do corpo de pessoas falecidas para transplante ou outra finalidade terapêutica, dependerá da autorização do cônjuge ou parente, maior de idade, obedecida a linha sucessória, reta ou colateral, até o segundo grau inclusive, firmada em documento subscrito por duas testemunhas presentes à verificação da morte.

▸ *Caput* com a redação dada pela Lei nº 10.211, de 23-3-2001.

Parágrafo único. VETADO. Lei nº 10.211, de 23-3-2001.

Art. 5º A remoção *post mortem* de tecidos, órgãos ou partes do corpo de pessoa juridicamente incapaz poderá ser feita desde que permitida expressamente por ambos os pais ou por seus responsáveis legais.

Art. 6º É vedada a remoção *post mortem* de tecidos, órgãos ou partes do corpo de pessoas não identificadas.

Art. 7º VETADO.

Parágrafo único. No caso de morte sem assistência médica, de óbito em decorrência de causa mal definida ou de outras situações nas quais houver indicação de verificação da causa médica da morte, a remoção de tecidos, órgãos ou partes de cadáver para fins de transplante ou terapêutica somente poderá ser realizada após a autorização do patologista do serviço de verificação de óbito responsável pela investigação e citada em relatório de necrópsia.

Art. 8º Após a retirada de tecidos, órgãos e partes, o cadáver será imediatamente necropsiado, se verificada a hipótese do parágrafo único do artigo 7º, e, em qualquer caso, condignamente recomposto para ser entregue, em seguida, aos parentes do morto ou seus responsáveis legais para sepultamento.

▸ Artigo com a redação dada pela Lei nº 10.211, de 23-3-2001.

CAPÍTULO III
DA DISPOSIÇÃO DE TECIDOS, ÓRGÃOS E PARTES DO CORPO HUMANO VIVO PARA FINS DE TRANSPLANTE OU TRATAMENTO

Art. 9º É permitida à pessoa juridicamente capaz dispor gratuitamente de tecidos, órgãos e partes do próprio corpo vivo, para fins terapêuticos ou para transplantes em cônjuge ou parentes consanguíneos até o quarto grau, inclusive, na forma do § 4º deste artigo, ou em qualquer pessoa, mediante autorização judicial, dispensada esta em relação à medula óssea.

▸ *Caput* com a redação dada pela Lei nº 10.211, de 23-3-2001.

§§ 1º e 2º VETADOS.

§ 3º Só é permitida a doação referida neste artigo quando se tratar de órgãos duplos, de partes de órgãos, tecidos ou partes do corpo cuja retirada não impeça o organismo do doador de continuar vivendo sem risco para a sua integridade e não represente grave comprometimento de suas aptidões vitais e saúde mental e não cause mutilação ou deformação inaceitável, e corresponda a uma necessidade terapêutica comprovadamente indispensável à pessoa receptora.

§ 4º O doador deverá autorizar, preferencialmente por escrito e diante de testemunhas, especificamente o tecido, órgão ou parte do corpo objeto da retirada.

§ 5º A doação poderá ser revogada pelo doador ou pelos responsáveis legais a qualquer momento antes de sua concretização.

§ 6º O indivíduo juridicamente incapaz, com compatibilidade imunológica comprovada, poderá fazer doação nos casos de transplante de medula óssea, desde que haja consentimento de ambos os pais ou seus responsáveis legais e autorização judicial e o ato não oferecer risco para a sua saúde.

§ 7º É vedado à gestante dispor de tecidos, órgãos ou partes de seu corpo vivo, exceto quando se tratar de doação de tecido para ser utilizado em transplante de medula óssea e o ato não oferecer risco à sua saúde ou ao feto.

§ 8º O autotransplante depende apenas do consentimento do próprio indivíduo, registrado em seu prontuário médico ou, se ele for juridicamente incapaz, de um de seus pais ou responsáveis legais.

Art. 9º-A. É garantido a toda mulher o acesso a informações sobre as possibilidades e os benefícios da doação voluntária de sangue do cordão umbilical e placentário durante o período de consultas pré-natais e no momento da realização do parto.

▸ Art. 9º-A acrescido pela Lei nº 11.633, de 27-12-2007.

CAPÍTULO IV
DAS DISPOSIÇÕES COMPLEMENTARES

Art. 10. O transplante ou enxerto só se fará com o consentimento expresso do receptor, assim inscrito em lista única de espera, após aconselhamento sobre a excepcionalidade e os riscos do procedimento.

§ 1º Nos casos em que o receptor seja juridicamente incapaz ou cujas condições de saúde impeçam ou comprometam a manifestação válida de sua vontade, o consentimento de que trata este artigo será dado por um de seus pais ou responsáveis legais.

§ 2º A inscrição em lista única de espera não confere ao pretenso receptor ou à sua família direito subjetivo a indenização, se o transplante não se realizar em decorrência de alteração do estado de órgãos, tecidos e partes, que lhe seriam destinados, provocado por acidente ou incidente em seu transporte.

▸ Art. 10 com a redação dada pela Lei nº 10.211, de 23-3-2001.

Art. 11. É proibida a veiculação, através de qualquer meio de comunicação social, de anúncio que configure:

a) publicidade de estabelecimentos autorizados a realizar transplantes e enxertos, relativa a estas atividades;

b) apelo público no sentido da doação de tecido, órgão ou parte do corpo humano para pessoa determinada, identificada ou não, ressalvado o disposto no parágrafo único;

c) apelo público para a arrecadação de fundos para o financiamento de transplante ou enxerto em benefício de particulares.

Parágrafo único. Os órgãos de gestão nacional, regional e local do Sistema Único de Saúde realizarão periodicamente, através dos meios adequados de comunicação social, campanhas de esclarecimento público dos benefícios esperados a partir da vigência desta Lei e de estímulo à doação de órgãos.

▸ Art. 1º, parágrafo único, da Lei nº 11.584, de 28-11-2007, que dispõe que no período de 2 (duas) semanas que antecede a data fixada por esta Lei, será promovida, diariamente, campanha de estímulo à doação de órgãos.

Art. 12. VETADO.

Art. 13. É obrigatório, para todos os estabelecimentos de saúde, notificar, às centrais de notificação, captação e distribuição de órgãos da unidade federada onde ocorrer, o diagnóstico de morte encefálica feito em pacientes por eles atendidos.

Parágrafo único. Após a notificação prevista no *caput* deste artigo, os estabelecimentos de saúde não autorizados a retirar tecidos, órgãos ou partes do corpo humano destinados a transplante ou tratamento deverão permitir a imediata remoção do paciente ou franquear suas instalações e fornecer o apoio operacional necessário às equipes médico-cirúrgicas de remoção e transplante, hipótese em que serão ressarcidos na forma da lei.

▸ Parágrafo único acrescido pela Lei nº 11.521, de 18-9-2007.

LEGISLAÇÃO COMPLEMENTAR

Art. 13-A. *Os órgãos públicos civis, as instituições militares e as empresas públicas e privadas que operem ou utilizem veículos de transporte de pessoas e cargas, por via terrestre, aérea ou aquática, são obrigados a dar prioridade ao transporte de órgãos, tecidos e partes do corpo humano para fins de transplante e tratamento e de integrantes da equipe de captação e distribuição de órgãos que acompanhará o transporte do material.*

§ 1º O transporte previsto no caput deste artigo será gratuito e coordenado pelo Sistema Nacional de Transplantes (SNT), por meio da Central Nacional de Transplantes (CNT), realizado de forma articulada entre o remetente, o transportador e o destinatário, nos termos de acordo firmado para esse fim, em tempo e condições adequados para cada tipo de órgão, tecido ou parte do corpo, garantindo-se a qualidade, a segurança e a integridade do material, conforme as disposições de regulamento.

§ 2º Constitui justa causa o cancelamento de reserva de espaço e de vaga de passageiro, em virtude de lotação esgotada no veículo, realizado para fins do disposto no caput deste artigo, o que isenta a empresa de responder por descumprimento de contrato de transporte.

§ 3º O disposto no caput deste artigo não se aplica às instituições militares quando as aeronaves, os veículos e as embarcações estiverem em missão de defesa aeroespacial ou engajados em operações militares, conforme definido pelo respectivo Comando da Força Militar competente.

▸ Art. 13-A acrescido pela Lei nº 14.858, de 21-5-2024.

CAPÍTULO V
DAS SANÇÕES PENAIS E ADMINISTRATIVAS

Seção I
DOS CRIMES

Art. 14. Remover tecidos, órgãos ou partes do corpo de pessoa ou cadáver, em desacordo com as disposições desta Lei:

▸ Arts. 129, 211 e 212 do CP.

Pena – reclusão, de dois a seis anos, e multa, de 100 a 360 dias-multa.

§ 1º Se o crime é cometido mediante paga ou promessa de recompensa ou por outro motivo torpe:

Pena – reclusão, de três a oito anos, e multa, de 100 a 150 dias-multa.

§ 2º Se o crime é praticado em pessoa viva, e resulta para o ofendido:

I – incapacidade para as ocupações habituais, por mais de trinta dias;
II – perigo de vida;
III – debilidade permanente de membro, sentido ou função;
IV – aceleração de parto:

Pena – reclusão, de três a dez anos, e multa, de 100 a 200 dias-multa.

▸ Art. 129, § 1º, do CP.

§ 3º Se o crime é praticado em pessoa viva, e resulta para o ofendido:

I – incapacidade permanente para o trabalho;
II – enfermidade incurável;
III – perda ou inutilização de membro, sentido ou função;
IV – deformidade permanente;
V – aborto:

Pena – reclusão, de quatro a doze anos, e multa, de 150 a 300 dias-multa.

▸ Art. 129, § 2º, do CP.

§ 4º Se o crime é praticado em pessoa viva e resulta morte:

Pena – reclusão, de oito a vinte anos, e multa de 200 a 360 dias-multa.

▸ Art. 129, § 3º, do CP.

Art. 15. Comprar ou vender tecidos, órgãos ou partes do corpo humano:

Pena – reclusão, de três a oito anos, e multa, de 200 a 360 dias-multa.

Parágrafo único. Incorre na mesma pena quem promove, intermedeia, facilita ou aufere qualquer vantagem com a transação.

Art. 16. Realizar transplante ou enxerto utilizando tecidos, órgãos ou partes do corpo humano de que se tem ciência terem sido obtidos em desacordo com os dispositivos desta Lei:

Pena – reclusão, de um a seis anos, e multa, de 150 a 300 dias-multa.

Art. 17. Recolher, transportar, guardar ou distribuir partes do corpo humano de que se tem ciência terem sido obtidos em desacordo com os dispositivos desta Lei:

Pena – reclusão, de seis meses a dois anos, e multa, de 100 a 250 dias-multa.

Art. 18. Realizar transplante ou enxerto em desacordo com o disposto no artigo 10 desta Lei e seu parágrafo único:

Pena – detenção, de seis meses a dois anos.

Art. 19. Deixar de recompor cadáver, devolvendo-lhe aspecto condigno, para sepultamento ou deixar de entregar ou retardar sua entrega aos familiares ou interessados:

▸ Arts. 211 e 212 do CP.

Pena – detenção, de seis meses a dois anos.

Art. 20. Publicar anúncio ou apelo público em desacordo com o disposto no artigo 11:

Pena – multa, de 100 a 200 dias-multa.

Seção II
DAS SANÇÕES ADMINISTRATIVAS

Art. 21. No caso dos crimes previstos nos artigos 14, 15, 16 e 17, o estabelecimento de saúde e as equipes médico-cirúrgicas envolvidas poderão ser desautorizadas temporária ou permanentemente pelas autoridades competentes.

§ 1º Se a instituição é particular, a autoridade competente poderá multá-la em 200 a 360 dias-multa e, em caso de reincidência, poderá ter suas atividades suspensas temporária ou definitivamente, sem direito a qualquer indenização ou compensação por investimentos realizados.

§ 2º Se a instituição é particular, é proibida de estabelecer contratos ou convênios com entidades públicas, bem como se beneficiar de créditos oriundos de instituições governamentais ou daquelas em que o Estado é acionista, pelo prazo de cinco anos.

Art. 22. As instituições que deixarem de manter em arquivo relatórios dos transplantes realizados, conforme o disposto no artigo 3º, § 1º, ou que não enviarem os relatórios mencionados no artigo 3º, § 2º, ao órgão de gestão estadual do Sistema Único de Saúde, estão sujeitas a multa, de 100 a 200 dias-multa.

§ 1º Incorre na mesma pena o estabelecimento de saúde que deixar de fazer as notificações previstas no art. 13 desta Lei ou proibir, dificultar ou atrasar as hipóteses definidas em seu parágrafo único.

▸ § 1º com a redação dada pela Lei nº 11.521, de 18-9-2007.

§ 2º Em caso de reincidência, além de multa, o órgão de gestão estadual do Sistema Único de Saúde poderá determinar a desautorização temporária ou permanente da instituição.

Art. 23. Sujeita-se às penas do artigo 59 da Lei nº 4.117, de 27 de agosto de 1962, a empresa de comunicação social que veicular anúncio em desacordo com o disposto no artigo 11.

Art. 23-A. *As empresas e as instituições que se recusarem, sem justa causa, a fazer o transporte de órgãos, tecidos ou partes do corpo humano para fins de transplante e tratamento, estando autorizadas a fazê-lo, nos termos legais, regulamentares ou contratuais, estão sujeitas a multa, de 100 (cem) a 150 (cento e cinquenta) dias-multa.*

Parágrafo único. *Se da infração prevista no caput deste artigo resultar a perda do material, a multa será de 150 (cento e cinquenta) a 360 (trezentos e sessenta) dias-multa.*

Art. 23-B. *Transportar órgãos, tecidos ou partes do corpo humano para fins de transplante e tratamento em desacordo com o disposto nesta Lei ou em regulamento:*

Pena – as previstas no inciso XXIII do caput do art. 10 da Lei nº 6.437, de 20 de agosto de 1977.

▸ Arts. 23-A e 23-B acrescidos pela Lei nº 14.858, de 21-5-2024.

CAPÍTULO VI
DAS DISPOSIÇÕES FINAIS

Art. 24. VETADO.

Art. 25. Revogam-se as disposições em contrário, particularmente a Lei nº 8.489, de 18 de novembro de 1992, e o Decreto nº 879, de 22 de julho de 1993.

Brasília, 4 de fevereiro de 1997;
176º da Independência e
109º da República.

Fernando Henrique Cardoso

LEI Nº 9.447, DE 14 DE MARÇO DE 1997

Dispõe sobre a responsabilidade solidária de controladores de instituições submetidas aos regimes de que tratam a Lei nº 6.024, de 13 de março de 1974, e o Decreto-Lei nº 2.321, de 25 de fevereiro de 1987; sobre a indisponibilidade de seus bens; sobre a responsabilização das empresas de auditoria contábil ou dos auditores contábeis independentes; sobre privatização de instituições cujas ações sejam desapropriadas, na forma do Decreto-Lei nº 2.321, de 1987, e dá outras providências.

▸ Publicada no *DOU* de 15-3-1997.

▸ Lei nº 6.024, de 13-3-1974 (Lei das Intervenções e Liquidações Extrajudiciais de Instituições Financeiras).

▸ Dec.-lei nº 2.321, de 25-2-1987, institui, em defesa das finanças públicas, regime de administração especial temporária, nas instituições financeiras privadas e públicas não federais.

Art. 1º A responsabilidade solidária dos controladores de instituições financeiras estabelecida no art. 15 do Decreto-Lei nº 2.321, de 25 de fevereiro de 1987, aplica-se, também, aos regimes de intervenção e liquidação extrajudicial de que trata a Lei nº 6.024, de 13 de março de 1974.

Art. 2º O disposto na Lei nº 6.024, de 1974, e no Decreto-Lei nº 2.321, de 1987, no que se refere à indisponibilidade de bens, aplica-se, também, aos bens das pessoas, naturais ou jurídicas, que detenham o controle, direto ou indireto das instituições submetidas aos regimes de intervenção, liquidação extrajudicial ou administração especial temporária.

§ 1º Objetivando assegurar a normalidade da atividade econômica e os interesses dos credores, o Banco Central do Brasil, por decisão de sua diretoria, poderá excluir da indisponibilidade os bens das pessoas jurídicas controladoras das instituições financeiras submetidas aos regimes especiais.

§ 2º Não estão sujeitos à indisponibilidade os bens considerados inalienáveis ou impenhoráveis, nos termos da legislação em vigor.

§ 3º A indisponibilidade não impede a alienação de controle, cisão, fusão ou incorporação da instituição submetida aos regimes de intervenção, liquidação extrajudicial ou administração especial temporária.

Art. 3º O inquérito de que trata o art. 41 da Lei nº 6.024, de 1974, compreende também a apuração dos atos praticados ou das omissões incorridas pelas pessoas naturais ou jurídicas prestadoras de serviços de auditoria independente às instituições submetidas aos regimes de intervenção, liquidação extrajudicial ou administração especial temporária.

Parágrafo único. Concluindo o inquérito que houve culpa ou dolo na atuação das pessoas de que trata o *caput*, aplicar-se-á o disposto na parte final do *caput* do art. 45 da Lei nº 6.024, de 1974.

Art. 4º O Banco Central do Brasil poderá, além das hipóteses previstas no art. 1º do Decreto-Lei nº 2.321, de 1987, decretar regime de administração especial temporária, quando caracterizada qualquer das situações previstas no art. 15 da Lei nº 6.024, de 1974.

Art. 5º Verificada a ocorrência de qualquer das hipóteses previstas nos arts. 2º e 15 da Lei nº 6.024, de 1974, e no art. 1º do Decreto-Lei nº 2.321, de 1987, é facultado ao Banco Central do Brasil, visando assegurar a normalidade da economia pública e resguardar os interesses dos depositantes, investidores e demais credores, sem prejuízo da posterior adoção dos regimes de intervenção, liquidação extrajudicial ou administração especial temporária, determinar as seguintes medidas:

I – capitalização da sociedade, com o aporte de recursos necessários ao seu soerguimento, em montante por ele fixado;

II – transferência do controle acionário;

III – reorganização societária, inclusive mediante incorporação, fusão ou cisão.

Parágrafo único. Não implementadas as medidas de que trata este artigo, no prazo estabelecido pelo Banco Central do Brasil, decretar-se-á o regime especial cabível.

Art. 6º No resguardo da economia pública e dos interesses dos depositantes e investidores, o interventor, o liquidante ou o conselho diretor da instituição submetida aos regimes de intervenção, liquidação extrajudicial ou administração especial temporária, quando prévia e expressamente autorizado pelo Banco Central do Brasil, poderá:

I – transferir para outra ou outras sociedades, isoladamente ou em conjunto, bens, direitos e obrigações da empresa ou de seus estabelecimentos;

II – alienar ou ceder bens e direitos a terceiros e acordar a assunção de obrigações por outra sociedade;

III – proceder à constituição ou reorganização de sociedade ou sociedades para as quais sejam transferidos, no todo ou em parte, bens, direitos e obrigações da instituição sob intervenção, liquidação extrajudicial ou administração especial temporária, objetivando a continuação geral ou parcial de seu negócio ou atividade.

Art. 7º A implementação das medidas previstas no artigo anterior e o encerramento, por qualquer forma, dos regimes de intervenção, liquidação extrajudicial ou administração especial temporária não prejudicarão:

I – o andamento do inquérito para apuração das responsabilidades dos controladores, administradores, membros dos conselhos da instituição e das pessoas naturais ou jurídicas prestadoras de serviços de auditoria independente às instituições submetidas aos regimes de que tratam a Lei nº 6.024, de 1974, e o Decreto-Lei nº 2.321, de 1987;

II – a legitimidade do Ministério Público para prosseguir ou propor as ações previstas nos arts. 45 e 46 da Lei nº 6.024, de 1974.

Art. 8º A intervenção e a liquidação extrajudicial de instituições financeiras poderão, também, a critério do Banco Central do Brasil, ser executadas por pessoa jurídica.

Art. 9º *Revogado.* Lei nº 13.506, de 13-11-2017.

Art. 10. A alienação do controle de instituições financeiras cujas ações sejam desapropriadas pela União, na forma do Decreto-Lei nº 2.321, de 1987, será feita mediante oferta pública, na forma de regulamento, assegurada igualdade de condições a todos os concorrentes.

§ 1º O decreto expropriatório fixará, em cada caso, o prazo para alienação do controle, o qual poderá ser prorrogado por igual período.

§ 2º Desapropriadas as ações, o regime de administração especial temporária prosseguirá, até que efetivada a transferência, pela União, do controle acionário da instituição.

Art. 11. As instituições financeiras cujas ações sejam desapropriadas pela União permanecerão, até a alienação de seu controle, para todos os fins, sob o regime jurídico próprio das empresas privadas.

Art. 12. Nos empréstimos realizados no âmbito do Programa de Estímulo à Reestruturação e ao Fortalecimento do Sistema Financeiro Nacional – PROER poderão ser aceitos, como garantia, títulos ou direitos relativos a operações de responsabilidade do Tesouro Nacional ou de entidades da Administração Pública Federal indireta.

Parágrafo único. Exceto nos casos em que as garantias sejam representadas por títulos da dívida pública mobiliária federal vendidos em leilões competitivos, o valor nominal das garantias deverá exceder em pelo menos vinte por cento o montante garantido.

Art. 13. Na hipótese de operações financeiras ao amparo do PROER, o Banco Central do Brasil informará, tempestivamente, à Comissão de Assuntos Econômicos do Senado Federal, em cada caso:

I – os motivos pelos quais a instituição financeira solicitou sua inclusão no Programa;

II – o valor da operação;

III – os dados comparativos entre os encargos financeiros cobrados no PROER e os encargos financeiros médios pagos pelo Banco Central do Brasil na colocação de seus títulos no mercado;

IV – as garantias aceitas e seu valor em comparação com o empréstimo concedido.

Art. 14. Os arts. 22 e 26 da Lei nº 6.385, de 7 de dezembro de 1976, passam a vigorar com as seguintes alterações:

▶ Alterações inseridas no texto da referida Lei.

Art. 15. Ficam convalidados os atos praticados com base na Medida Provisória nº 1.470-15, de 17 de janeiro de 1997.

Art. 16. Esta Lei entra em vigor na data de sua publicação.

Congresso Nacional, em 14 de março de 1997; 176º da Independência e 109º da República.

Antônio Carlos Magalhães

DECRETO Nº 2.181, DE 20 DE MARÇO DE 1997

Dispõe sobre a organização do Sistema Nacional de Defesa do Consumidor – SNDC, estabelece as normas gerais de aplicação das sanções administrativas previstas na Lei nº 8.078, de 11 de setembro de 1990, revoga o Decreto nº 861, de 9 de julho de 1993, e dá outras providências.

▶ Publicado no *DOU* de 21-3-1997.

▶ Arts. 55 a 60 do CDC.

Art. 1º Fica organizado o Sistema Nacional de Defesa do Consumidor – SNDC e estabelecidas as normas gerais de aplicação das sanções administrativas, nos termos da Lei nº 8.078, de 11 de setembro de 1990.

CAPÍTULO I
DO SISTEMA NACIONAL DE DEFESA DO CONSUMIDOR

Art. 2º Integram o SNDC a Secretaria Nacional do Consumidor do Ministério da Justiça e os demais órgãos federais, estaduais, do Distrito Federal, municipais e as entidades civis de defesa do consumidor.

▶ Artigo com a redação dada pelo Dec. nº 7.738, de 28-5-2012.

▶ Art. 105 do CDC.

CAPÍTULO II
DA COMPETÊNCIA DOS ÓRGÃOS INTEGRANTES DO SNDC

Art. 3º Compete à Secretaria Nacional do Consumidor do Ministério da Justiça, a coordenação da política do Sistema Nacional de Defesa do Consumidor, cabendo-lhe:

▸ *Caput* com a redação dada pelo Dec. nº 7.738, de 28-5-2012.

▸ Art. 106 do CDC.

I – planejar, elaborar, propor, coordenar e executar a política nacional de proteção e defesa do consumidor;

II – receber, analisar, avaliar e apurar consultas e denúncias apresentadas por entidades representativas ou pessoas jurídicas de direito público ou privado ou por consumidores individuais;

III – prestar aos consumidores orientação permanente sobre seus direitos e garantias;

IV – informar, conscientizar e motivar o consumidor, por intermédio dos diferentes meios de comunicação;

V – solicitar à polícia judiciária a instauração de inquérito para apuração de delito contra o consumidor, nos termos da legislação vigente;

▸ Arts. 61 a 74 do CDC.

▸ Lei nº 8.137, de 27-12-1990 (Lei dos Crimes Contra a Ordem Tributária, Econômica e Contra as Relações de Consumo).

VI – representar ao Ministério Público competente, para fins de adoção de medidas processuais, penais e civis, no âmbito de suas atribuições;

VII – levar ao conhecimento dos órgãos competentes as infrações de ordem administrativa que violarem os interesses difusos, coletivos ou individuais dos consumidores;

▸ Art. 81, parágrafo único, do CDC.

VIII – solicitar o concurso de órgãos e entidades da União, dos Estados, do Distrito Federal e dos Municípios, bem como auxiliar na fiscalização de preços, abastecimento, quantidade e segurança de produtos e serviços;

IX – incentivar, inclusive com recursos financeiros e outros programas especiais, a criação de órgãos públicos estaduais e municipais de defesa do consumidor e a formação, pelos cidadãos, de entidades com esse mesmo objetivo;

X – fiscalizar e aplicar as sanções administrativas previstas na Lei nº 8.078, de 1990, e em outras normas pertinentes à defesa do consumidor;

▸ Arts. 55 a 60 do CDC.

XI – solicitar o concurso de órgãos e entidades de notória especialização técnico-científica para a consecução de seus objetivos;

XII – celebrar convênios e termos de ajustamento de conduta, na forma do § 6º do art. 5º da Lei nº 7.347, de 24 de julho de 1985;

▸ Inciso XII com a redação dada pelo Dec. nº 7.738, de 28-5-2012.

▸ Lei nº 7.347, de 24-7-1985 (Lei da Ação Civil Pública).

XIII – elaborar e divulgar o cadastro nacional de reclamações fundamentadas contra fornecedores de produtos e serviços, a que se refere o artigo 44 da Lei nº 8.078, de 1990;

XIV – desenvolver outras atividades compatíveis com suas finalidades.

Art. 4º No âmbito de sua jurisdição e competência, caberá ao órgão estadual, do Distrito Federal e municipal de proteção e defesa do consumidor, criado, na forma da lei, especificamente para este fim, exercitar as atividades contidas nos incisos II a XII do artigo 3º deste Decreto e, ainda:

I – planejar, elaborar, propor, coordenar e executar a política estadual, do Distrito Federal e municipal de proteção e defesa do consumidor, nas suas respectivas áreas de atuação;

II – dar atendimento aos consumidores, processando, regularmente, as reclamações fundamentadas;

III – fiscalizar as relações de consumo;

IV – funcionar, no processo administrativo, como instância de instrução e julgamento, no âmbito de sua competência, dentro das regras fixadas pela Lei nº 8.078, de 1990, pela legislação complementar e por este Decreto;

V – elaborar e divulgar anualmente, no âmbito de sua competência, o cadastro de reclamações fundamentadas contra fornecedores de produtos e serviços, de que trata o art. 44 da Lei nº 8.078, de 1990 e remeter cópia à Secretaria Nacional do Consumidor do Ministério da Justiça;

▸ Inciso V com a redação dada pelo Dec. nº 7.738, de 28-5-2012.

VI – desenvolver outras atividades compatíveis com suas finalidades.

Art. 5º Qualquer entidade ou órgão da Administração Pública, federal, estadual e municipal, destinado à defesa dos interesses e direitos do consumidor, tem, no âmbito de suas respectivas competências, atribuição para apurar e punir infrações a este Decreto e à legislação das relações de consumo.

Parágrafo único. Se instaurado mais de um processo administrativo por pessoas jurídicas de direito público distintas, para apuração de infração decorrente de um mesmo fato imputado ao mesmo fornecedor, eventual conflito de competência será dirimido pela Secretaria Nacional do Consumidor do Ministério da Justiça e Segurança Pública, que poderá ouvir o Conselho Nacional de Defesa do Consumidor, considerada a competência federativa para legislar sobre a respectiva atividade econômica.

▸ Parágrafo único com a redação dada pelo Dec. nº 10.417, de 7-7-2020.

▸ Art. 15 deste Decreto.

Art. 6º As entidades e órgãos da Administração Pública destinados à defesa dos interesses e direitos protegidos pelo Código de Defesa do Consumidor poderão celebrar compromissos de ajustamento de conduta às exigências legais, nos termos do § 6º do artigo 5º da Lei nº 7.347, de 1985, na órbita de suas respectivas competências.

§ 1º A celebração de termo de ajustamento de conduta não impede que outro, desde que mais vantajoso para o consumidor, seja lavrado por quaisquer das pessoas jurídicas de direito público integrantes do SNDC.

§ 2º A qualquer tempo, o órgão subscritor poderá, diante de novas informações ou se assim as circunstâncias o exigirem, retificar ou complementar o acordo firmado, determinando outras providências que se fizerem necessárias, sob pena de invalidade imediata do ato, dando-se seguimento ao procedimento administrativo eventualmente arquivado.

§ 3º O compromisso de ajustamento conterá, entre outras, cláusulas que estipulem condições sobre:

I – obrigação do fornecedor de adequar sua conduta às exigências legais, no prazo ajustado;

II – pena pecuniária, diária, pelo descumprimento do ajustado, levando-se em conta os seguintes critérios:

a) o valor global da operação investigada;

b) o valor do produto ou serviço em questão;

c) os antecedentes do infrator;

d) a situação econômica do infrator;

III – ressarcimento das despesas de investigação da infração e instrução do procedimento administrativo.

§ 4º A celebração do compromisso de ajustamento suspenderá o curso do processo administrativo, se instaurado, que somente será arquivado após atendidas todas as condições estabelecidas no respectivo termo.

§ 5º O descumprimento do termo de ajustamento de conduta acarretará a perda dos benefícios concedidos ao compromissário, sem prejuízo da pena pecuniária diária a que se refere o inciso II do *caput* do § 3º.

§ 6º Os recursos provenientes de termo de ajustamento de conduta deverão ser utilizados nos termos do disposto no art. 13 da Lei nº 7.347, de 1985.

▸ §§ 5º e 6º acrescidos pelo Dec. nº 10.887, de 7-12-2021.

Art. 6º-A. O termo de ajustamento de conduta poderá estipular obrigações de fazer ou compensatórias a serem cumpridas pelo compromissário.

Parágrafo único. As obrigações de que trata o *caput* deverão ser estimadas, preferencialmente, em valor monetário.

▸ Art. 6º-A acrescido pelo Dec. nº 10.887, de 7-12-2021.

Art. 7º Compete aos demais órgãos públicos federais, estaduais, do Distrito Federal e municipais que passarem a integrar o SNDC fiscalizar as relações de consumo, no âmbito de sua competência, e autuar, na forma da legislação, os responsáveis por práticas que violem os direitos do consumidor.

Art. 8º As entidades civis de proteção e defesa do consumidor, legalmente constituídas, poderão:

I – encaminhar denúncias aos órgãos públicos de proteção e defesa do consumidor, para as providências legais cabíveis;

II – representar o consumidor em juízo, observado o disposto no inciso IV do artigo 82 da Lei nº 8.078, de 1990;

III – exercer outras atividades correlatas.

CAPÍTULO III
DA FISCALIZAÇÃO, DAS PRÁTICAS INFRATIVAS E DAS PENALIDADES ADMINISTRATIVAS

SEÇÃO I
DA FISCALIZAÇÃO

Art. 9º A fiscalização das relações de consumo de que tratam a Lei nº 8.078, de 1990, este Decreto e as demais normas de defesa do consumidor será exercida em todo o território nacional pela Secretaria Nacional do Consumidor do Ministério da Justiça, pelos órgãos federais integrantes do Sistema Nacional de Defesa do Consumidor, pelos órgãos conveniados com a Secretaria e pelos órgãos de proteção e defesa do consumidor criados pelos Estados, Distrito

Federal e Municípios, em suas respectivas áreas de atuação e competência.

▸ Artigo com a redação dada pelo Dec. nº 7.738, de 28-5-2012.

Art. 10. A fiscalização de que trata este Decreto será efetuada por agentes fiscais, oficialmente designados, vinculados aos respectivos órgãos de proteção e defesa do consumidor, no âmbito federal, estadual, do Distrito Federal e municipal, devidamente credenciados mediante Cédula de Identificação Fiscal, admitida a delegação mediante convênio.

Art. 11. Sem exclusão da responsabilidade dos órgãos que compõem o SNDC, os agentes de que trata o artigo anterior responderão pelos atos que praticarem quando investidos da ação fiscalizadora.

Seção II

DAS PRÁTICAS INFRATIVAS

Art. 12. São consideradas práticas infrativas:

▸ Art. 39 do CDC.

I – condicionar o fornecimento de produto ou serviço ao fornecimento de outro produto ou serviço, bem como, sem justa causa, a limites quantitativos;

II – recusar atendimento às demandas dos consumidores na exata medida de sua disponibilidade de estoque e, ainda, de conformidade com os usos e costumes;

▸ Art. 2º, I, da Lei nº 1.521, de 26-12-1951 (Lei dos Crimes Contra a Economia Popular).

III – recusar, sem motivo justificado, atendimento à demanda dos consumidores de serviços;

IV – enviar ou entregar ao consumidor qualquer produto ou fornecer qualquer serviço, sem solicitação prévia;

▸ Art. 23 deste Decreto.

V – prevalecer-se da fraqueza ou ignorância do consumidor, tendo em vista sua idade, saúde, conhecimento ou condição social, para impingir-lhe seus produtos ou serviços;

VI – exigir do consumidor vantagem manifestamente excessiva;

VII – executar serviços sem a prévia elaboração de orçamento e autorização expressa do consumidor, ressalvadas as decorrentes de práticas anteriores entre as partes;

VIII – repassar informação depreciativa referente a ato praticado pelo consumidor no exercício de seus direitos;

IX – colocar, no mercado de consumo, qualquer produto ou serviço:

a) em desacordo com as normas expedidas pelos órgãos oficiais competentes ou, se normas específicas não existirem, pela Associação Brasileira de Normas Técnicas – ABNT ou outra entidade credenciada pelo Conselho Nacional de Metrologia, Normalização e Qualidade Industrial – CONMETRO, observado o disposto no inciso VI do *caput* do art. 3º da Lei nº 13.874, de 20 de setembro de 2019;

b) que acarrete riscos à saúde ou à segurança dos consumidores e sem informações ostensivas e adequadas, inclusive no caso de oferta ou de aquisição de produto ou serviço por meio de provedor de aplicação;

▸ Alíneas *a* e *b* com a redação dada pelo Dec. nº 10.887, de 7-12-2021.

c) em desacordo com as indicações constantes do recipiente, da embalagem, da rotulagem ou mensagem publicitária, respeitadas as variações decorrentes de sua natureza;

d) impróprio ou inadequado ao consumo a que se destina ou que lhe diminua o valor;

▸ Art. 2º, III, da Lei nº 1.521, de 26-12-1951 (Lei dos Crimes contra a Economia Popular).

X – deixar de reexecutar os serviços, quando cabível, sem custo adicional;

XI – deixar de estipular prazo para o cumprimento de sua obrigação ou deixar a fixação ou variação de seu termo inicial a seu exclusivo critério.

▸ Art. 22, parágrafo único, deste Decreto.

Art. 13. Serão consideradas, ainda, práticas infrativas, na forma dos dispositivos da Lei nº 8.078, de 1990:

I – ofertar produtos ou serviços sem as informações corretas, claras, precisas e ostensivas, em língua portuguesa, sobre suas características, qualidade, quantidade, composição, preço, condições de pagamento, juros, encargos, garantia, prazos de validade e origem, entre outros dados relevantes;

▸ Arts. 31 e 66 do CDC.

II – deixar de comunicar à autoridade competente a periculosidade do produto ou serviço, quando do lançamento dos mesmos no mercado de consumo, ou quando da verificação posterior da existência do risco;

▸ Arts. 10 e 64 do CDC.

III – deixar de comunicar aos consumidores, por meio de anúncios publicitários, a periculosidade do produto ou serviço, quando do lançamento dos mesmos no mercado de consumo, ou quando da verificação posterior da existência do risco;

▸ Arts. 10, § 1º, e 64 do CDC.

IV – deixar de reparar os danos causados aos consumidores por defeitos decorrentes de projetos, fabricação, construção, montagem, manipulação, apresentação ou acondicionamento de seus produtos ou serviços, ou por informações insuficientes ou inadequadas sobre a sua utilização e risco;

▸ Arts. 12 e 14 do CDC.

V – deixar de empregar componentes de reposição originais, adequados e novos, ou que mantenham as especificações técnicas do fabricante, salvo se existir autorização em contrário do consumidor;

▸ Arts. 21 e 32 do CDC.

VI – deixar de cumprir a oferta, publicitária ou não, suficientemente precisa, ressalvada a incorreção retificada em tempo hábil ou exclusivamente atribuível ao veículo de comunicação, sem prejuízo, inclusive nessas duas hipóteses, do cumprimento forçado do anunciado ou do ressarcimento de perdas e danos sofridos pelo consumidor, assegurado o direito de regresso do anunciante contra seu segurador ou responsável direto;

▸ Arts. 30 e 35 do CDC.

VII – omitir, nas ofertas ou vendas eletrônicas, por telefone ou reembolso postal, o nome e endereço do fabricante ou do importador na embalagem, na publicidade e nos impressos utilizados na transação comercial;

▸ Art. 33 do CDC.

VIII – deixar de cumprir, no caso de fornecimento de produtos e serviços, o regime de preços tabelados, congelados, administrados, fixados ou controlados pelo Poder Público;

▸ Art. 41 do CDC.

IX – submeter o consumidor inadimplente a ridículo ou a qualquer tipo de constrangimento ou ameaça;

▸ Art. 42 do CDC.

X – impedir ou dificultar o acesso gratuito do consumidor às informações existentes em cadastros, fichas, registros de dados pessoais e de consumo, arquivados sobre ele, bem como sobre as respectivas fontes;

▸ Art. 43 do CDC.

XI – elaborar cadastros de consumo com dados irreais ou imprecisos;

XII – manter cadastros e dados de consumidores com informações negativas, divergentes da proteção legal;

XIII – deixar de comunicar, por escrito, ao consumidor a abertura de cadastro, ficha, registro de dados pessoais e de consumo, quando não solicitada por ele;

▸ Art. 43, § 2º, do CDC.

XIV – deixar de corrigir, imediata e gratuitamente, a inexatidão de dados e cadastros, quando solicitado pelo consumidor;

▸ Art. 43, § 3º, do CDC.

XV – deixar de comunicar ao consumidor, no prazo de cinco dias úteis, as correções cadastrais por ele solicitadas;

▸ Art. 43, § 3º, do CDC.

XVI – impedir, dificultar ou negar, sem justa causa, o cumprimento das declarações constantes de escritos particulares, recibos e pré-contratos concernentes às relações de consumo;

▸ Art. 48 do CDC.

XVII – omitir em impressos, catálogos ou comunicações, impedir, dificultar ou negar a desistência contratual, no prazo de até sete dias a contar da assinatura do contrato ou do ato de recebimento do produto ou serviço, sempre que a contratação ocorrer fora do estabelecimento comercial, especialmente por telefone ou a domicílio;

▸ Art. 49 do CDC.

XVIII – impedir, dificultar ou negar a devolução dos valores pagos, monetariamente atualizados, durante o prazo de reflexão, em caso de desistência do contrato pelo consumidor;

▸ Art. 49, parágrafo único, do CDC.

XIX – deixar de entregar o termo de garantia, devidamente preenchido com as informações previstas no parágrafo único do artigo 50 da Lei nº 8.078, de 1990;

XX – deixar, em contratos que envolvam vendas a prazo ou com cartão de crédito, de informar por escrito ao consumidor, prévia e adequadamente, inclusive nas comunicações publicitárias, o preço do produto ou do serviço em moeda corrente nacional, o montante dos juros de mora e da taxa efetiva anual de juros, os acréscimos legal e contratualmente previstos, o número e a periodicidade das prestações e, com igual destaque, a soma total a pagar, com ou sem financiamento;

▸ Art. 52 do CDC.

XXI – deixar de assegurar a oferta de componentes e peças de reposição, enquanto não cessar a fabricação ou importação do produto, e, caso cessadas, de manter a oferta de componentes e peças de reposição por período razoável de tempo, nunca inferior à vida útil do produto ou serviço;

► Art. 32 do CDC.

XXII – propor ou aplicar índices ou formas de reajuste alternativos, bem como fazê-lo em desacordo com aquele que seja legal ou contratualmente permitido;

► Art. 39, XI, do CDC.

XXIII – recusar a venda de produto ou a prestação de serviços, publicamente ofertados, diretamente a quem se dispõe a adquiri-los mediante pronto pagamento, ressalvados os casos regulados em leis especiais;

► Art. 39, IX, do CDC.

XXIV – deixar de trocar o produto impróprio, inadequado, ou de valor diminuído, por outro da mesma espécie, em perfeitas condições de uso, ou de restituir imediatamente a quantia paga, devidamente corrigida, ou fazer abatimento proporcional do preço, a critério do consumidor.

► Art. 18, § 1º, do CDC.

► Art. 22, parágrafo único, deste Decreto.

Parágrafo único. Aplica-se o disposto nos incisos I, II, III e VII do *caput* à oferta e à aquisição de produto ou de serviço por meio de provedor de aplicação.

► Parágrafo único acrescido pelo Dec. nº 10.887, de 7-12-2021.

Art. 14. É enganosa qualquer modalidade de informação ou comunicação de caráter publicitário inteira ou parcialmente falsa, ou, por qualquer outro modo, mesmo por omissão, capaz de induzir a erro o consumidor a respeito da natureza, características, qualidade, quantidade, propriedade, origem, preço e de quaisquer outros dados sobre produtos ou serviços.

► Art. 19 deste Decreto.

► Arts. 37, 67 e 68 do CDC.

§ 1º É enganosa, por omissão, a publicidade que deixar de informar sobre dado essencial do produto ou serviço a ser colocado à disposição dos consumidores.

§ 2º É abusiva, entre outras, a publicidade discriminatória de qualquer natureza, que incite à violência, explore o medo ou a superstição, se aproveite da deficiência de julgamento e da inexperiência da criança, desrespeite valores ambientais, seja capaz de induzir o consumidor a se comportar de forma prejudicial ou perigosa à sua saúde ou segurança, ou que viole normas legais ou regulamentares de controle da publicidade.

§ 3º O ônus da prova da veracidade (não enganosidade) e da correção (não abusividade) da informação ou comunicação publicitária cabe a quem as patrocina.

► Art. 38 do CDC.

§ 4º Para fins do disposto neste artigo, entende-se por publicidade a veiculação de mensagem, em meio analógico ou digital, inclusive por meio de provedor de aplicação, que vise a promover a oferta ou a aquisição de produto ou de serviço disponibilizado no mercado de consumo.

► § 4º acrescido pelo Dec. nº 10.887, de 7-12-2021.

Art. 14-A. Para fins do disposto no art. 14, o órgão de proteção e defesa do consumidor deverá considerar as práticas de autorregulação adotadas pelo mercado de publicidade em geral.

► Art. 14-A acrescido pelo Dec. nº 10.887, de 7-12-2021.

Art. 15. O processo referente ao fornecedor de produtos ou de serviços que tenha sido acionado em mais de um Estado pelo mesmo fato gerador de prática infrativa poderá ser remetido ao órgão coordenador do SNDC pela autoridade máxima do sistema estadual.

► *Caput* com a redação dada pelo Dec. nº 10.887, de 7-12-2021.

§ 1º O órgão coordenador do SNDC apurará o fato e aplicará as sanções cabíveis, ouvido o Conselho Nacional de Defesa do Consumidor.

§ 2º Na hipótese de a autoridade máxima do sistema estadual optar por não encaminhar o processo, o fato deverá ser comunicado ao órgão coordenador do SNDC.

► §§ 1º e 2º acrescidos pelo Dec. nº 10.887, de 7-12-2021.

Art. 16. Nos casos de processos administrativos em trâmite em mais de um Estado, que envolvam interesses difusos ou coletivos, a Secretaria Nacional do Consumidor do Ministério da Justiça e Segurança Pública poderá avocá-los, ouvido o Conselho Nacional de Defesa do Consumidor, e as autoridades máximas dos sistemas estaduais.

► Artigo com a redação dada pelo Dec. nº 10.417, de 7-7-2020.

Art. 17. As práticas infrativas classificam-se em:

I – leves: aquelas em que forem verificadas somente circunstâncias atenuantes;

II – graves: aquelas em forem verificadas circunstâncias agravantes.

Seção III
DAS PENALIDADES ADMINISTRATIVAS

Art. 18. A inobservância das normas contidas na Lei nº 8.078, de 1990, e das demais normas de defesa do consumidor constituirá prática infrativa e sujeitará o fornecedor às seguintes penalidades, que poderão ser aplicadas isolada ou cumulativamente, inclusive de forma cautelar, antecedente ou incidente no processo administrativo, sem prejuízo das de natureza cível, penal e das definidas em normas específicas:

► Art. 56 do CDC.

I – multa;

II – apreensão do produto;

► Art. 21 deste Decreto.

III – inutilização do produto;

IV – cassação do registro do produto junto ao órgão competente;

V – proibição de fabricação do produto;

VI – suspensão de fornecimento de produtos ou serviços;

VII – suspensão temporária de atividade;

VIII – revogação de concessão ou permissão de uso;

IX – cassação de licença do estabelecimento ou de atividade;

X – interdição, total ou parcial, de estabelecimento, de obra ou de atividade;

XI – intervenção administrativa;

XII – imposição de contrapropaganda.

§ 1º Responderá pela prática infrativa, sujeitando-se às sanções administrativas previstas neste Decreto, quem por ação ou omissão lhe der causa, concorrer para sua prática ou dela se beneficiar.

§ 2º As penalidades previstas neste artigo serão aplicadas pelos órgãos oficiais integrantes do SNDC, sem prejuízo das atribuições do órgão normativo ou regulador da atividade, na forma da legislação vigente.

§ 3º As penalidades previstas nos incisos III a XI deste artigo sujeitam-se a posterior confirmação pelo órgão normativo ou regulador da atividade, nos limites de sua competência.

Art. 19. Toda pessoa física ou jurídica que fizer ou promover publicidade enganosa ou abusiva ficará sujeita à pena de multa, cumulada com aquelas previstas no artigo anterior, sem prejuízo da competência de outros órgãos administrativos.

► Art. 14 deste Decreto.

► Arts. 37, 67 e 68 do CDC.

Parágrafo único. Incide também nas penas deste artigo o fornecedor que:

a) deixar de organizar ou negar aos legítimos interessados os dados fáticos, técnicos e científicos que dão sustentação à mensagem publicitária;

b) veicular publicidade de forma que o consumidor não possa, fácil e imediatamente, identificá-la como tal.

► Art. 36 do CDC.

Art. 20. Sujeitam-se à pena de multa os órgãos públicos que, por si ou suas empresas concessionárias, permissionárias ou sob qualquer outra forma de empreendimento, deixarem de fornecer serviços adequados, eficientes, seguros e, quanto aos essenciais, contínuos.

► Art. 22 do CDC.

Art. 21. A aplicação da sanção prevista no inciso II do artigo 18 terá lugar quando os produtos forem comercializados em desacordo com as especificações técnicas estabelecidas em legislação própria, na Lei nº 8.078, de 1990, e neste Decreto.

§ 1º Os bens apreendidos, a critério da autoridade, poderão ficar sob a guarda do proprietário, responsável, preposto ou empregado que responda pelo gerenciamento do negócio, nomeado fiel depositário, mediante termo próprio, proibida a venda, utilização, substituição, subtração ou remoção, total ou parcial, dos referidos bens.

► Art. 35, II, *i*, deste Decreto.

§ 2º A retirada de produto por parte da autoridade fiscalizadora não poderá incidir sobre quantidade superior àquela necessária à realização da análise pericial.

Art. 22. Será aplicada multa ao fornecedor de produtos ou serviços que, direta ou indiretamente, inserir, fizer circular ou utilizar-se de cláusula abusiva, qualquer que seja a modalidade do contrato de consumo, inclusive nas operações securitárias, bancárias, de crédito direto ao consumidor, depósito, poupança, mútuo ou financiamento, e especialmente quando:

► Art. 51 do CDC.

I – impossibilitar, exonerar ou atenuar a responsabilidade do fornecedor por vícios de qualquer natureza dos produtos e serviços ou implicar renúncia ou disposição de direito do consumidor;

II – deixar de reembolsar ao consumidor a quantia já paga, nos casos previstos na Lei nº 8.078, de 1990;

III – transferir responsabilidades a terceiros;

IV – estabelecer obrigações consideradas iníquas ou abusivas, que coloquem o consumidor em desvantagem exagerada, incompatíveis com a boa-fé ou a equidade;

▸ Art. 56 deste Decreto.

V – estabelecer inversão do ônus da prova em prejuízo do consumidor;

VI – determinar a utilização compulsória de arbitragem;

VII – impuser representante para concluir ou realizar outro negócio jurídico pelo consumidor;

VIII – deixar ao fornecedor a opção de concluir ou não o contrato, embora obrigando o consumidor;

IX – permitir ao fornecedor, direta ou indiretamente, variação unilateral do preço, juros, encargos, forma de pagamento ou atualização monetária;

X – autorizar o fornecedor a cancelar o contrato unilateralmente, sem que igual direito seja conferido ao consumidor, ou permitir, nos contratos de longa duração ou de trato sucessivo, o cancelamento sem justa causa e motivação, mesmo que dada ao consumidor a mesma opção;

XI – obrigar o consumidor a ressarcir os custos de cobrança de sua obrigação, sem que igual direito lhe seja conferido contra o fornecedor;

XII – autorizar o fornecedor a modificar unilateralmente o conteúdo ou a qualidade do contrato após sua celebração;

XIII – infringir normas ambientais ou possibilitar sua violação;

XIV – possibilitar a renúncia ao direito de indenização por benfeitorias necessárias;

XV – restringir direitos ou obrigações fundamentais à natureza do contrato, de tal modo a ameaçar o seu objeto ou o equilíbrio contratual;

XVI – onerar excessivamente o consumidor, considerando-se a natureza e o conteúdo do contrato, o interesse das partes e outras circunstâncias peculiares à espécie;

XVII – determinar, nos contratos de compra e venda mediante pagamento em prestações, ou nas alienações fiduciárias em garantia, a perda total das prestações pagas, em benefício do credor que, em razão do inadimplemento, pleitear a resilição do contrato e a retomada do produto alienado, ressalvada a cobrança judicial de perdas e danos comprovadamente sofridos;

▸ Art. 53 do CDC.

XVIII – anunciar, oferecer ou estipular pagamento em moeda estrangeira, salvo nos casos previstos em lei;

XIX – cobrar multas de mora superiores a dois por cento, decorrentes de inadimplemento de obrigação no seu termo, conforme o disposto no § 1º do artigo 52 da Lei nº 8.078, de 1990, com a redação dada pela Lei nº 9.298, de 1º de agosto de 1996;

XX – impedir, dificultar ou negar ao consumidor a liquidação antecipada do débito, total ou parcialmente, mediante redução proporcional dos juros, encargos e demais acréscimos, inclusive seguro;

▸ Art. 52, § 2º, do CDC.

XXI – fizer constar do contrato alguma das cláusulas abusivas a que se refere o artigo 56 deste Decreto;

XXII – elaborar contrato, inclusive o de adesão, sem utilizar termos claros, caracteres ostensivos e legíveis, que permitam sua imediata e fácil compreensão, destacando-se as cláusulas que impliquem obrigação ou limitação dos direitos contratuais do consumidor, inclusive com a utilização de tipos de letra e cores diferenciados, entre outros recursos gráficos e visuais;

▸ Art. 54 do CDC.

XXIII – que impeça a troca de produto impróprio, inadequado, ou de valor diminuído, por outro da mesma espécie, em perfeitas condições de uso, ou a restituição imediata da quantia paga, devidamente corrigida, ou fazer abatimento proporcional do preço, a critério do consumidor.

▸ Art. 18, § 1º, do CDC.

▸ Portarias da SDE nº 4, de 13-3-1998, nº 3, de 19-3-1999, nº 3, de 15-3-2001, e nº 5, de 27-8-2002, dispõem sobre cláusulas consideradas abusivas.

Parágrafo único. Dependendo da gravidade da infração prevista nos incisos dos artigos 12, 13 e deste artigo, a pena de multa poderá ser cumulada com as demais previstas no artigo 18, sem prejuízo da competência de outros órgãos administrativos.

Art. 23. Os serviços prestados e os produtos remetidos ou entregues ao consumidor, na hipótese prevista no inciso IV do artigo 12 deste Decreto, equiparam-se às amostras grátis, inexistindo obrigação de pagamento.

▸ Art. 39, parágrafo único, do CDC

Art. 24. Para a imposição da pena e sua gradação, serão considerados:

I – as circunstâncias atenuantes e agravantes;

II – os antecedentes do infrator, nos termos do artigo 28 deste Decreto.

Art. 25. Consideram-se circunstâncias atenuantes:

I – a ação do infrator não ter sido fundamental para a consecução do fato;

II – ser o infrator primário;

III – ter o infrator adotado as providências pertinentes para minimizar ou de imediato reparar os efeitos do ato lesivo;

▸ Inciso III com a redação dada pelo Dec. nº 10.887, de 7-12-2021.

IV – a confissão do infrator;

V – a participação regular do infrator em projetos e ações de capacitação e treinamento oferecidos pelos órgãos integrantes do SNDC; e

VI – ter o fornecedor aderido à plataforma Consumidor.gov.br, de que trata o Decreto nº 8.573, de 19 de novembro de 2015.

▸ Incisos IV a VI acrescidos pelo Dec. nº 10.887, de 7-12-2021.

Art. 26. Consideram-se circunstâncias agravantes:

I – ser o infrator reincidente;

II – ter o infrator, comprovadamente, cometido a prática infrativa para obter vantagens indevidas;

III – trazer a prática infrativa consequências danosas à saúde ou à segurança do consumidor;

IV – deixar o infrator, tendo conhecimento do ato lesivo, de tomar as providências para evitar ou mitigar suas consequências;

V – ter o infrator agido com dolo;

VI – ocasionar a prática infrativa dano coletivo ou ter caráter repetitivo;

VII – ter a prática infrativa ocorrido em detrimento de menor de dezoito ou maior de sessenta anos ou de pessoas portadoras de deficiência física, mental ou sensorial, interditadas ou não;

VIII – dissimular-se a natureza ilícita do ato ou atividade;

IX – ser a conduta infrativa praticada aproveitando-se o infrator de grave crise econômica ou da condição cultural, social ou econômica da vítima, ou, ainda, por ocasião de calamidade.

Parágrafo único. Para fins de reconhecimento da circunstância agravante de que trata o inciso VI do *caput*, a Secretaria Nacional do Consumidor do Ministério da Justiça e Segurança Pública manterá e regulamentará banco de dados, garantido o acesso dos demais órgãos e entidades federais, estaduais, distritais e municipais de defesa do consumidor, com vistas a subsidiar a atuação no âmbito dos processos administrativos sancionadores.

▸ Parágrafo único acrescido pelo Dec. nº 10.887, de 7-12-2021.

Art. 26-A. As circunstâncias agravantes e atenuantes, de que tratam os art. 25 e art. 26, têm natureza taxativa e não comportam ampliação por meio de ato dos órgãos de proteção e defesa do consumidor.

▸ Art. 26-A acrescido pelo Dec. nº 10.887, de 7-12-2021.

Art. 27. Considera-se reincidência a repetição de prática infrativa, de qualquer natureza, às normas de defesa do consumidor, punida por decisão administrativa irrecorrível.

Parágrafo único. Para efeito de reincidência, não prevalece a sanção anterior, se entre a data da decisão administrativa definitiva e aquela da prática posterior houver decorrido período de tempo superior a cinco anos.

Art. 28. Observado o disposto no art. 24 pela autoridade competente e respeitados os parâmetros estabelecidos no parágrafo único do art. 57 da Lei nº 8.078, de 1990, a pena de multa fixada considerará:

▸ *Caput* com a redação dada pelo Dec. nº 10.887, de 7-12-2021.

I – a gravidade da prática infrativa;

II – a extensão do dano causado aos consumidores;

III – a vantagem auferida com o ato infrativo;

IV – a condição econômica do infrator; e

V – a proporcionalidade entre a gravidade da falta e a intensidade da sanção.

▸ Incisos I a V acrescidos pelo Dec. nº 10.887, de 7-12-2021.

Art. 28-A. Na fixação da pena de multa, os elementos que forem utilizados para a fixação da pena-base não poderão ser valorados novamente como circunstâncias agravantes ou atenuantes.

Art. 28-B. Ato do Secretário Nacional do Consumidor do Ministério da Justiça e Segurança Pública poderá estabelecer critérios gerais para:

I – a valoração das circunstâncias agravantes e atenuantes, de que tratam os art. 25 e art. 26; e

II – a fixação da pena-base para a aplicação da pena de multa.

► Arts. 28-A e 28-B acrescidos pelo Dec. nº 10.887, de 7-12-2021.

CAPÍTULO IV
DA DESTINAÇÃO DA MULTA E DA ADMINISTRAÇÃO DOS RECURSOS

Art. 29. A multa de que trata o inciso I do artigo 56 e *caput* do artigo 57 da Lei nº 8.078, de 1990, reverterá para o Fundo pertinente à pessoa jurídica de direito público que impuser a sanção, gerido pelo respectivo Conselho Gestor.

Parágrafo único. As multas arrecadadas pela União e órgãos federais reverterão para o Fundo de Direitos Difusos de que tratam a Lei nº 7.347, de 1985, e Lei nº 9.008, de 21 de março de 1995, gerido pelo Conselho Federal Gestor do Fundo de Defesa dos Direitos Difusos – CFDD.

► Dec. nº 1.306, de 9-11-1994, regulamenta o Fundo de Defesa de Direitos Difusos.

Art. 30. As multas arrecadadas serão destinadas para a reconstituição dos bens lesados, nos termos do disposto no *caput* do art. 13 da Lei nº 7.347, de 1985, após aprovação pelo respectivo Conselho Gestor, em cada unidade federativa.

► Artigo com a redação dada pelo Dec. nº 10.887, de 7-12-2021.

Art. 31. Na ausência de Fundos municipais, os recursos serão depositados no Fundo do respectivo Estado e, faltando este, no Fundo federal.

Parágrafo único. O Conselho Federal Gestor do Fundo de Defesa dos Direitos Difusos poderá apreciar e autorizar recursos para projetos especiais de órgãos e entidades federais, estaduais e municipais de defesa do consumidor.

Art. 32. Na hipótese de multa aplicada pelo órgão coordenador do SNDC nos casos previstos pelo artigo 15 deste Decreto, o Conselho Federal Gestor do FDD restituirá aos fundos dos Estados envolvidos o percentual de até oitenta por cento do valor arrecadado.

CAPÍTULO V
DO PROCESSO ADMINISTRATIVO

Seção I
DAS DISPOSIÇÕES GERAIS

► Lei nº 9.784, de 29-1-1999 (Lei do Processo Administrativo Federal).

Art. 33. As práticas infrativas às normas de proteção e defesa do consumidor serão apuradas em processo administrativo sancionador, que terá início mediante:

► *Caput* com a redação dada pelo Dec. nº 10.887, de 7-12-2021.

I – ato, por escrito, da autoridade competente; e

II – lavratura de auto de infração.

► Incisos I e II com a redação dada pelo Dec. nº 10.887, de 7-12-2021.

III – *Revogado*. Dec. nº 10.887, de 7-12-2021.

§ 1º Antecedendo à instauração do processo administrativo, poderá a autoridade competente abrir investigação preliminar, cabendo, para tanto, requisitar dos fornecedores informações sobre as questões investigadas, resguardado o segredo industrial, na forma do disposto no § 4º do artigo 55 da Lei nº 8.078, de 1990.

§ 2º A recusa à prestação das informações ou o desrespeito às determinações e convocações dos órgãos do SNDC caracterizam desobediência, na forma do artigo 330 do Código Penal, ficando a autoridade administrativa com poderes para determinar a imediata cessação da prática, além da imposição das sanções administrativas e civis cabíveis.

§ 3º A autoridade administrativa poderá determinar, no curso das averiguações preliminares e dos processos administrativos sancionadores, a adoção de medidas cautelares, nos termos do disposto no art. 18, com ou sem oitiva prévia da pessoa que estará sujeita a seus efeitos.

§ 4º Na hipótese de ser indicada a baixa lesão ao bem jurídico tutelado, inclusive em relação aos custos de persecução, a autoridade administrativa, mediante ato motivado, poderá deixar de instaurar processo administrativo sancionador.

§ 5º Para fins do disposto no § 4º, a autoridade administrativa deverá utilizar outros instrumentos e medidas de supervisão, observados os princípios da finalidade, da motivação, da razoabilidade e da eficiência.

► §§ 3º a 5º acrescidos pelo Dec. nº 10.887, de 7-12-2021.

SEÇÃO I-A
DAS AVERIGUAÇÕES PRELIMINARES

► Seção I-A acrescida pelo Dec. nº 10.887, de 7-12-2021.

Art. 33-A. A averiguação preliminar é o procedimento investigatório de natureza inquisitorial, instaurado pela autoridade competente de proteção e defesa do consumidor, quando os indícios ainda não forem suficientes para a instauração imediata de processo administrativo sancionador.

§ 1º Na averiguação preliminar, a autoridade competente poderá exercer quaisquer competências instrutórias legalmente previstas, inclusive requerer esclarecimentos do representado ou de terceiros, por escrito ou pessoalmente.

§ 2º Da averiguação preliminar poderá resultar:

I – a instauração de processo administrativo sancionador; ou

II – o arquivamento do caso.

§ 3º A averiguação preliminar poderá ser desmembrada, quando conveniente para a instrução do caso.

Art. 33-B. No prazo de até vinte dias após a publicação oficial da decisão que resultar no arquivamento da averiguação preliminar, o superior hierárquico do órgão prolator da decisão poderá avocar o processo, de ofício ou mediante provocação.

Parágrafo único. A autoridade responsável por avocar a averiguação preliminar poderá:

I – ratificar a decisão de arquivamento; ou

II – determinar o retorno dos autos à autoridade competente para a continuidade da averiguação preliminar ou para a instauração de processo administrativo sancionatório, conforme o caso.

► Arts. 33-A e 33-B acrescidos pelo Dec. nº 10.887, de 7-12-2021.

Seção II
DA RECLAMAÇÃO

Art. 34. O consumidor poderá apresentar a sua reclamação pessoalmente ou por meio de telegrama, carta, telex, fac-símile ou qualquer outro meio de comunicação, físico ou eletrônico, a qualquer órgão oficial de proteção e defesa do consumidor.

► *Caput* com a redação dada pelo Dec. nº 10.887, de 7-12-2021.

Parágrafo único. As reclamações apresentadas na forma prevista no *caput* orientarão a implementação das políticas públicas de proteção e defesa do consumidor.

► Parágrafo único acrescido pelo Dec. nº 10.887, de 7-12-2021.

Seção III
DOS AUTOS DE INFRAÇÃO, DE APREENSÃO E DO TERMO DE DEPÓSITO

Art. 35. Os Autos de Infração, de Apreensão e o Termo de Depósito deverão ser impressos, numerados em série e preenchidos de forma clara e precisa, sem entrelinhas, rasuras ou emendas, mencionando:

I – o Auto de Infração:

a) o local, a data e a hora da lavratura;

b) o nome, o endereço e a qualificação do autuado;

c) a descrição do fato ou do ato constitutivo da infração;

d) o dispositivo legal infringido;

e) a determinação da exigência e a intimação para cumpri-la ou impugná-la no prazo estabelecido no *caput* do art. 42;

► Alínea *e* com a redação dada pelo Dec. nº 10.887, de 7-12-2021.

f) a identificação do agente autuante, sua assinatura, a indicação do seu cargo ou função e o número de sua matrícula;

g) a designação do órgão julgador e o respectivo endereço;

h) a assinatura do autuado;

i) a cientificação do autuado para apresentar defesa no prazo estabelecido no *caput* do art. 42 e especificar as provas que pretende produzir, de modo a declinar, se for o caso, a qualificação completa de até três testemunhas, mediante fornecimento do motivo para o seu arrolamento e sempre que possível:

1. do nome;
2. da profissão;
3. do estado civil;
4. da idade;
5. do número de inscrição no Cadastro de Pessoas Físicas;
6. do número de registro da identidade; e
7. do endereço completo da residência e do local de trabalho;

► Alínea *i* acrescida pelo Dec. nº 10.887, de 7-12-2021.

II – O Auto de Apreensão e o Termo de Depósito:

a) o local, a data e a hora da lavratura;

b) o nome, o endereço e a qualificação do depositário;

c) a descrição e a quantidade dos produtos apreendidos;

d) as razões e os fundamentos da apreensão;

e) o local onde o produto ficará armazenado;

f) a quantidade de amostra colhida para análise;

g) a identificação do agente autuante, sua assinatura, a indicação do seu cargo ou função e o número de sua matrícula;

h) a assinatura do depositário;

i) as proibições contidas no § 1º do artigo 21 deste Decreto.

Art. 36. Os Autos de Infração, de Apreensão e o Termo de Depósito serão lavrados pelo agente autuante que houver verificado a prática infrativa, preferencialmente no local onde foi comprovada a irregularidade.

Art. 37. Os Autos de Infração, de Apreensão e o Termo de Depósito serão lavrados em impresso próprio, composto de três vias, numeradas tipograficamente.

§ 1º Quando necessário, para comprovação de infração, os Autos serão acompanhados de laudo pericial.

§ 2º Quando a verificação do defeito ou vício relativo à qualidade, oferta e apresentação de produtos não depender de perícia, o agente competente consignará o fato no respectivo Auto.

§ 3º Os autos de infração, de apreensão e o termo de depósito poderão ser formalizados, comunicados e transmitidos em meio eletrônico, observado o disposto na legislação aplicável.

▸ § 3º acrescido pelo Dec. nº 10.887, de 7-12-2021.

Art. 38. A assinatura nos Autos de Infração, de Apreensão e no Termo de Depósito, por parte do autuado, ao receber cópias dos mesmos, constitui notificação, sem implicar confissão, para os fins do artigo 44 do presente Decreto.

Parágrafo único. Em caso de recusa do autuado em assinar os Autos de Infração, de Apreensão e o Termo de Depósito, o Agente competente consignará o fato nos Autos e no Termo, remetendo-os ao autuado por via postal, com Aviso de Recebimento (AR) ou outro procedimento equivalente, tendo os mesmos efeitos do *caput* deste artigo.

Art. 38-A. A fiscalização, no âmbito das relações de consumo, deverá ser prioritariamente orientadora, quando a atividade econômica for classificada como de risco leve, irrelevante ou inexistente, nos termos do disposto na Lei nº 13.874, de 2019.

§ 1º Para fins do disposto no *caput*, o critério de dupla visita para lavratura de auto de infração será observado, exceto na hipótese de ocorrência de reincidência, fraude, resistência ou embaraço à fiscalização.

§ 2º A inobservância do critério de dupla visita, nos termos do disposto no § 1º, implica nulidade do auto de infração, independentemente da natureza da obrigação.

§ 3º Os órgãos e as entidades da administração pública federal, estadual, distrital e municipal deverão observar o princípio do tratamento diferenciado, simplificado e favorecido previsto na Lei Complementar nº 123, de 14 de dezembro de 2006, na fixação de valores decorrentes de multas e demais sanções administrativas.

▸ Art. 38-A acrescido pelo Dec. nº 10.887, de 7-12-2021.

Seção IV
DA INSTAURAÇÃO DO PROCESSO ADMINISTRATIVO POR ATO DE AUTORIDADE COMPETENTE

Art. 39. O processo administrativo sancionador de que trata o art. 33 poderá ser instaurado de ofício pela autoridade competente ou a pedido do interessado.

▸ *Caput* com a redação dada pelo Dec. nº 10.887, de 7-12-2021.

Parágrafo único. Na hipótese de a investigação preliminar não resultar em processo administrativo com base em reclamação apresentada por consumidor, deverá este ser informado sobre as razões do arquivamento pela autoridade competente.

Art. 40. O ato que instaurar o processo administrativo sancionador, na forma do inciso I do *caput* do art. 33, deverá conter:

▸ *Caput* com a redação dada pelo Dec. nº 10.887, de 7-12-2021.

I – a identificação do infrator;

II – a descrição do fato ou ato constitutivo da infração;

III – os dispositivos legais infringidos;

IV – a assinatura da autoridade competente; e

▸ Inciso IV com a redação dada pelo Dec. nº 10.887, de 7-12-2021.

V – a determinação de notificação do representado para apresentar defesa no prazo estabelecido no *caput* do art. 42 e especificar as provas que pretende produzir, de modo a declinar, se for o caso, a qualificação completa de até três testemunhas, mediante fornecimento do motivo para o seu arrolamento e sempre que possível:

a) do nome;

b) da profissão;

c) do estado civil;

d) da idade;

e) do número de inscrição no Cadastro de Pessoas Físicas;

f) do número de registro da identidade; e

g) do endereço completo da residência e do local de trabalho.

▸ Inciso V acrescido pelo Dec. nº 10.887, de 7-12-2021.

§ 1º O resumo dos fatos a serem apurados e a motivação da decisão poderão consistir em declaração de concordância com fundamentos anteriores, pareceres, informações, decisões ou proposta que, nesse caso, serão parte integrante do ato de instauração.

§ 2º Até que ocorra a decisão de primeira instância, o ato de instauração a que se refere o *caput* poderá ser aditado para inclusão de novos representados ou de novos fatos que não tenham sido objeto de alegação pelas partes nos autos, hipótese em que será reiniciada a contagem do prazo para a defesa nos limites do aditamento.

▸ §§ 1º e 2º acrescidos pelo Dec. nº 10.887, de 7-12-2021.

Art. 40-A. A critério da autoridade processante e por meio de despacho fundamentado, o processo administrativo poderá ser desmembrado quando:

I – as infrações tiverem sido praticadas em circunstâncias de tempo ou de lugar diferentes;

II – houver número de representados excessivo, para não comprometer a duração razoável do processo ou dificultar a defesa;

III – houver dificuldade de notificar um ou mais dos representados; ou

IV – houver outro motivo considerado relevante pela autoridade processante.

Art. 40-B. Na hipótese de haver conexão temática entre os processos administrativos e as infrações terem sido praticadas em circunstâncias de tempo ou de lugar similares, a autoridade processante poderá proceder à juntada de processos administrativos diferentes com vistas à racionalização dos recursos.

▸ Arts. 40-A e 40-B acrescidos pelo Dec. nº 10.887, de 7-12-2021.

Art. 41. A autoridade administrativa poderá determinar, na forma de ato próprio, constatação preliminar da ocorrência de prática presumida.

Seção V
DAS NOTIFICAÇÕES E DAS INTIMAÇÕES

▸ Seção V com a redação dada pelo Dec. nº 10.887, de 7-12-2021.

Art. 42. A autoridade competente expedirá notificação ao infrator e fixará prazo de vinte dias, contado da data de seu recebimento pelo infrator, para apresentação de defesa, nos termos do disposto no art. 44.

▸ *Caput* com a redação dada pelo Dec. nº 10.887, de 7-12-2021.

§ 1º A notificação será acompanhada de cópia de ato de instauração do processo administrativo sancionador e, se for o caso, da nota técnica ou de outro ato que o fundamente por meio de remissão e será feita:

▸ *Caput* do § 1º com a redação dada pelo Dec. nº 10.887, de 7-12-2021.

I – por carta registrada ao representado, seu mandatário ou preposto, com aviso de recebimento ;

II – por outro meio, físico ou eletrônico, que assegure a certeza da ciência do representado; ou

▸ Incisos I e II com a redação dada pelo Dec. nº 10.887, de 7-12-2021.

III – por mecanismos de cooperação internacional.

▸ Inciso III acrescido pelo Dec. nº 10.887, de 7-12-2021.

§ 2º Na hipótese de notificação de representados que residam em países que aceitem a notificação postal direta, a notificação internacional poderá ser realizada por meio de serviço postal com aviso de recebimento em nome próprio.

▸ § 2º com a redação dada pelo Dec. nº 10.887, de 7-12-2021.

§ 3º O comparecimento espontâneo do representado supre a falta ou a nulidade da notificação e nessa data se iniciará a contagem do prazo para apresentação de defesa no processo administrativo sancionador.

▸ § 3º acrescido pelo Dec. nº 10.887, de 7-12-2021.

Art. 42-A. A intimação dos demais atos processuais será feita por meio de:

I – carta registrada ao representado, ou ao seu mandatário ou preposto, com aviso de recebimento;

II – publicação oficial, da qual constarão os nomes do representado e de seu procurador, se houver; ou

III – por outro meio, físico ou eletrônico, que assegure a certeza da ciência do representado.

§ 1º O representado arguirá a nulidade da intimação em capítulo preliminar do próprio ato que lhe caiba praticar, o qual será tido por tempestivo caso o vício seja reconhecido.

§ 2º Na hipótese de não ser possível a prática imediata do ato diante da necessidade de acesso prévio aos autos, ao representado será limitado arguir a nulidade da intimação, caso em que o prazo será contado da data da intimação da decisão que a reconheça.

§ 3º As intimações dirigidas ao endereço constante dos autos serão presumidas válidas, ainda que não sejam recebidas pessoalmente pelo interessado, caso a modificação temporária ou definitiva do endereço não tenha sido comunicada ao órgão processante.

§ 4º As disposições deste artigo aplicam-se aos fornecedores que ofereçam produtos ou serviços, por meio de aplicação de internet, desde que o uso ou a fruição do bem adquirido se dê no território nacional.

▸ Art. 42-A acrescido pelo Dec. nº 10.887, de 7-12-2021.

Seção V-A

DO AMICUS CURIAE

▸ Seção V-A acrescida pelo Dec. nº 10.887, de 7-12-2021.

Art. 42-B. Considerada a relevância da matéria, a especificidade do tema ou a repercussão social da demanda, a autoridade competente poderá, de ofício, a requerimento das partes ou de quem pretenda se manifestar, solicitar ou admitir a participação de pessoa natural ou jurídica, órgão ou entidade especializada, com representatividade adequada, na condição de *amicus curiae*, no prazo de quinze dias, contado da data de intimação.

Parágrafo único. A intervenção de que trata o *caput* não:

I – implicará alteração de competência; ou

II – autorizará a interposição de recursos.

▸ Art. 42-B acrescido pelo Dec. nº 10.887, de 7-12-2021.

Seção VI

DA IMPUGNAÇÃO, DA INSTRUÇÃO E DO JULGAMENTO DO PROCESSO ADMINISTRATIVO SANCIONADOR

▸ Seção VI com a redação dada pelo Dec. nº 10.887, de 7-12-2021.

Art. 43. *Revogado.* Dec. nº 10.887, de 7-12-2021.

Art. 44. O representado poderá impugnar o ato que instaurar o processo administrativo sancionador, no prazo estabelecido no *caput* do art. 42, contado da data de sua notificação, de modo a indicar em sua defesa:

▸ *Caput* com a redação dada pelo Dec. nº 10.887, de 7-12-2021.

I – a autoridade decisória a quem é dirigida;

▸ Inciso I com a redação dada pelo Dec. nº 10.887, de 7-12-2021.

II – a qualificação do impugnante;

III – as razões de fato e de direito que fundamentam a impugnação; e

IV – de maneira fundamentada, as provas que pretende produzir, de modo a declinar a qualificação completa de até três testemunhas.

▸ Incisos III e IV com a redação dada pelo Dec. nº 10.887, de 7-12-2021.

Art. 45. Decorrido o prazo da impugnação, o órgão decisor determinará as diligências cabíveis e:

▸ *Caput* com a redação dada pelo Dec. nº 10.887, de 7-12-2021.

I – deverá dispensar as diligências meramente protelatórias ou irrelevantes; e

II – poderá requisitar informações, esclarecimentos ou documentos ao representado, a pessoas físicas ou jurídicas e a órgãos ou entidades públicos, a serem apresentados no prazo estabelecido.

▸ Incisos I e II acrescidos pelo Dec. nº 10.887, de 7-12-2021.

§ 1º As provas propostas pelo representado que forem ilícitas, impertinentes, desnecessárias ou protelatórias serão indeferidas por meio de despacho fundamentado.

§ 2º Os depoimentos e as oitivas serão tomados por qualquer servidor em exercício no órgão processante e serão realizados nas dependências do referido órgão, exceto se houver impossibilidade comprovada de deslocamento da testemunha, sob as expensas da parte que a arrolou.

§ 3º Os depoimentos e as oitivas de que tratam o § 2º serão realizados preferencialmente por meio de videoconferência ou de recurso tecnológico de transmissão de sons e imagens em tempo real, desde que estejam presentes as condições técnicas para realização da diligência e segundo critério de conveniência e oportunidade da autoridade competente.

§ 4º Na hipótese de realização de prova testemunhal, cabe ao representado informar ou intimar a testemunha por ele arrolada o dia, a hora e o local da audiência designada, dispensada a intimação por parte do órgão responsável pela instrução do processo.

§ 5º Na hipótese de que trata o § 4º, o não comparecimento injustificado da testemunha presumirá que a parte desistiu de sua inquirição.

§ 6º A juntada de prova documental poderá ser realizada até o saneamento do processo, excetuadas as seguintes hipóteses:

I – necessidade de demonstração de fato ocorrido após o encerramento da instrução processual;

II – necessidade de contraposição a fato levantado após o encerramento da instrução processual;

III – o documento ter se tornado conhecido, acessível ou disponível após o encerramento da instrução processual, hipótese em que caberá à parte que os produzir comprovar o motivo que a impediu de juntá-los anteriormente; ou

IV – o documento ter sido formado após a instauração do processo sancionatório.

§ 7º O órgão processante poderá admitir a utilização de prova produzida em outro processo, administrativo ou judicial, e lhe atribuirá o valor probatório adequado, observados os princípios do contraditório e da ampla defesa.

▸ §§ 1º a 7 acrescidos pelo Dec. nº 10.887, de 7-12-2021.

Art. 46. A decisão administrativa conterá:

▸ *Caput* com a redação dada pelo Dec. nº 10.887, de 7-12-2021.

I – a identificação do representado e, quando for o caso, do representante;

II – o resumo dos fatos imputados ao representado, com a indicação dos dispositivos legais infringidos;

III – o sumário das razões de defesa;

IV – o registro das principais ocorrências no andamento do processo;

V – a apreciação das provas; e

VI – o dispositivo, com a conclusão a respeito da configuração da prática infrativa, com a especificação dos fatos que constituam a infração apurada na hipótese de condenação.

▸ Incisos I a VI acrescidos pelo Dec. nº 10.887, de 7-12-2021.

§ 1º Na hipótese de caracterização de infração contra as normas de proteção e defesa do consumidor, a decisão também deverá conter:

▸ *Caput* do § 1º com a redação dada pelo Dec. nº 10.887, de 7-12-2021.

I – a indicação das providências a serem tomadas pelos responsáveis para fazê-la cessar, quando for o caso;

II – o prazo no qual deverão ser iniciadas e concluídas as providências referidas no inciso I;

III – a multa estipulada, sua individualização e sua dosimetria;

IV – a multa diária, em caso de continuidade da infração;

V – as demais sanções descritas na Lei nº 8.078, de 1990, se for o caso;

VI – a multa em caso de descumprimento das providências estipuladas, se for o caso; e

VII – o prazo para pagamento da multa e para cumprimento das demais obrigações determinadas.

▸ Incisos I a VII acrescidos pelo Dec. nº 10.887, de 7-12-2021.

§ 2º A decisão condenatória poderá consistir em declaração de concordância com pareceres, notas técnicas ou decisões, hipótese em que integrarão o ato decisório.

▸ § 2º com a redação dada pelo Dec. nº 10.887, de 7-12-2021.

§ 3º *Revogado.* Dec. nº 10.887, de 7-12-2021.

Art. 47. Quando a cominação prevista for a contrapropaganda, o processo poderá ser instruído com indicações técnico-publicitárias, das quais se intimará o autuado, obedecidas, na execução da respectiva decisão, as condições constantes do § 1º do artigo 60 da Lei nº 8.078, de 1990.

Seção VII

DAS NULIDADES

Art. 48. A inobservância de forma não acarretará a nulidade do ato, se não houver prejuízo para a defesa.

Parágrafo único. A nulidade prejudica somente os atos posteriores ao ato declarado nulo e dele diretamente dependentes ou de que sejam consequência, cabendo à autoridade que a declarar indicar tais atos e determinar o adequado procedimento saneador, se for o caso.

Seção VIII

DOS RECURSOS ADMINISTRATIVOS

Art. 49. Das decisões da autoridade competente do órgão público que aplicou a sanção caberá recurso, sem efeito suspensivo, no prazo de dez dias, contados da data da intimação da decisão, a seu superior hierárquico, que proferirá decisão definitiva.

§ 1º Na hipótese de aplicação de multas, o recurso será recebido, com efeito suspensivo, pela autoridade superior.

▸ Parágrafo único transformado em § 1º e com a redação dada pelo Dec. nº 10.887, de 7-12-2021.

§ 2º A decisão recorrida pode ser confirmada, total ou parcialmente, pelos seus próprios fundamentos.

§ 3º Na hipótese prevista no § 2º, a autoridade competente poderá apenas fazer remissão à própria decisão anterior, no caso de confirmação integral, ou ao trecho confirmado, no caso de confirmação parcial, desde que tenham sido confrontados todos os argumentos deduzidos no recurso capazes, em tese, de infirmar a conclusão adotada na decisão recorrida.

▸ §§ 2º e 3º acrescidos pelo Dec. nº 10.887, de 7-12-2021.

Art. 50. Quando o processo tramitar no âmbito do Departamento de Proteção e Defesa do Consumidor, o julgamento do feito será de responsabilidade do Diretor daquele órgão, cabendo recurso ao titular da Secretaria Nacional do Consumidor, no prazo de dez dias, contado da data da intimação da decisão, como segunda e última instância recursal.

▸ Artigo com a redação dada pelo Dec. nº 7.738, de 28-5-2012.

Art. 51. Não será conhecido o recurso interposto fora dos prazos e condições estabelecidos neste Decreto.

Art. 52. Sendo julgada insubsistente a infração, a autoridade julgadora recorrerá à autoridade imediatamente superior, nos termos fixados nesta Seção, mediante declaração na própria decisão.

Art. 53. A decisão é definitiva quando não mais couber recurso, seja de ordem formal ou material.

Parágrafo único. Na hipótese de não caber mais recursos em relação à aplicação da pena de multa, o infrator será notificado para efetuar o recolhimento no prazo de dez dias, nos termos do disposto nos art. 29 a art. 32.

▸ Parágrafo único acrescido pelo Dec. nº 10.887, de 7-12-2021.

Art. 54. Todos os prazos referidos nesta Seção são preclusivos.

Seção IX
DA INSCRIÇÃO NA DÍVIDA ATIVA

Art. 55. Não sendo recolhido o valor da multa em trinta dias, será o débito inscrito em dívida ativa do órgão que houver aplicado a sanção, para subsequente cobrança executiva.

CAPÍTULO VI
DO ELENCO DE CLÁUSULAS ABUSIVAS E DO CADASTRO DE FORNECEDORES

Seção I
DO ELENCO DE CLÁUSULAS ABUSIVAS

Art. 56. Na forma do art. 51 da Lei nº 8.078, de 1990, e com o objetivo de orientar o Sistema Nacional de Defesa do Consumidor, a Secretaria Nacional do Consumidor divulgará, anualmente, elenco complementar de cláusulas contratuais consideradas abusivas, notadamente para o fim de aplicação do disposto no inciso IV do *caput* do art. 22.

▸ *Caput* com a redação dada pelo Dec. nº 7.738, de 28-5-2012.

▸ Art. 22, XXI, deste Decreto.

▸ Portarias da SDE nº 4, de 13-3-1998, nº 3, de 19-3-1999, nº 3, de 15-3-2001, e nº 5, de 27-8-2002, dispõem sobre cláusulas consideradas abusivas.

§ 1º Na elaboração do elenco referido no *caput* e posteriores inclusões, a consideração sobre a abusividade de cláusulas contratuais se dará de forma genérica e abstrata.

§ 2º O rol de cláusulas consideradas abusivas tem natureza exemplificativa, o que não impede que outras cláusulas possam ser assim consideradas pelos órgãos da administração pública incumbidos da defesa dos interesses e direitos protegidos pela Lei nº 8.078, de 1990, e pela legislação correlata, por meio de ato próprio, observado o disposto no art. 4º da Lei nº 13.874, de 2019.

§ 3º A apreciação sobre a abusividade de cláusulas contratuais, para fins de sua inclusão no rol a que se refere o *caput* se dará de ofício ou por provocação dos legitimados previstos no art. 82 da Lei nº 8.078, de 1990, ou por terceiros interessados, mediante procedimento de consulta pública, a ser regulamentado em ato do Secretário Nacional do Consumidor do Ministério da Justiça e Segurança Pública.

▸ §§ 2º e 3º com a redação dada pelo Dec. nº 10.887, de 7-12-2021.

§ 4º Compete exclusivamente à Secretaria Nacional do Consumidor do Ministério da Justiça e Segurança Pública elencar as cláusulas abusivas, observadas as disposições deste Decreto, quando o fornecedor de produtos ou serviços utilizá-las uniformemente em âmbito nacional.

▸ § 4º acrescido pelo Dec. nº 10.887, de 7-12-2021.

Seção II
DO CADASTRO DE FORNECEDORES

Art. 57. Os cadastros de reclamações fundamentadas contra fornecedores constituem instrumento essencial de defesa e orientação dos consumidores, devendo os órgãos públicos competentes assegurar sua publicidade, confiabilidade e continuidade, nos termos do artigo 44 da Lei nº 8.078, de 1990.

Art. 58. Para os fins deste Decreto, considera-se:

I – cadastro: o resultado dos registros feitos pelos órgãos públicos de defesa do consumidor de todas as reclamações fundamentadas contra fornecedores;

II – reclamação fundamentada: a notícia de lesão ou ameaça a direito de consumidor analisada por órgão público de defesa do consumidor, a requerimento ou de ofício, considerada procedente, por decisão definitiva.

Art. 59. Os órgãos públicos de defesa do consumidor devem providenciar a divulgação periódica dos cadastros atualizados de reclamações fundamentadas contra fornecedores.

§ 1º O cadastro referido no *caput* deste artigo será publicado, obrigatoriamente, no órgão de imprensa oficial local, devendo a entidade responsável dar-lhe a maior publicidade possível por meio dos órgãos de comunicação, inclusive eletrônica.

▸ Art. 61, parágrafo único, deste Decreto.

§ 2º O cadastro será divulgado anualmente, podendo o órgão responsável fazê-lo em período menor, sempre que julgue necessário, e conterá informações objetivas, claras e verdadeiras sobre o objeto da reclamação, a identificação do fornecedor e o atendimento ou não da reclamação pelo fornecedor.

§ 3º Os cadastros deverão ser atualizados permanentemente, por meio das devidas anotações, não podendo conter informações negativas sobre fornecedores, referentes a período superior a cinco anos, contado da data da intimação da decisão definitiva.

Art. 60. Os cadastros de reclamações fundamentadas contra fornecedores são considerados arquivos públicos, sendo informações e fontes a todos acessíveis, gratuitamente, vedada a utilização abusiva ou, por qualquer outro modo, estranha à defesa e orientação dos consumidores, ressalvada a hipótese de publicidade comparativa.

Art. 61. O consumidor ou fornecedor poderá requerer, em cinco dias a contar da divulgação do cadastro e mediante petição fundamentada, a retificação de informação inexata que nele conste, bem como a inclusão de informação omitida, devendo a autoridade competente, no prazo de dez dias úteis, pronunciar-se, motivadamente, pela procedência ou improcedência do pedido.

Parágrafo único. No caso de acolhimento do pedido, a autoridade competente providenciará, no prazo deste artigo, a retificação ou inclusão de informação e sua divulgação, nos termos do § 1º do artigo 59 deste Decreto.

Art. 62. Os cadastros específicos de cada órgão público de defesa do consumidor serão consolidados em cadastros gerais, nos âmbitos federal e estadual, aos quais se aplica o disposto nos artigos desta Seção.

CAPÍTULO VII
DAS DISPOSIÇÕES GERAIS

Art. 63. Nos termos do disposto na Lei nº 8.078, de 1990, e na legislação complementar, a Secretaria Nacional do Consumidor do Ministério da Justiça e Segurança Pública poderá editar atos administrativos com vistas à observância das normas de proteção e defesa do consumidor, facultada a oitiva do Conselho Nacional de Defesa do Consumidor

▸ Artigo com a redação dada pelo Dec. nº 10.887, de 7-12-2021.

Art. 64. Poderão ser lavrados Autos de Comprovação ou Constatação, a fim de estabelecer a situação real de mercado, em determinado lugar e momento, obedecido o procedimento adequado.

Art. 65. Em caso de impedimento à aplicação do presente Decreto, ficam as autoridades competentes autorizadas a requisitar o emprego de força policial.

Art. 65-A. As normas procedimentais estabelecidas pela Lei nº 9.784, de 29 de janeiro de 1999, e pela Lei nº 13.105, de 16 de março de 2015 – Código de Processo Civil, aplicam-se subsidiariamente e supletivamente a este Decreto.

▸ Art. 65-A acrescido pelo Dec. nº 10.887, de 7-12-2021.

Art. 66. Este Decreto entra em vigor na data de sua publicação.

Art. 67. Fica revogado o Decreto nº 861, de 9 de julho de 1993.

Brasília, 20 de março de 1997;
176º da Independência e
109º da República.

Fernando Henrique Cardoso

LEI Nº 9.455, DE 7 DE ABRIL DE 1997

Define os crimes de tortura e dá outras providências.

- Publicada no *DOU* de 8-4-1997.
- Arts. 70, II, *e*, 205, § 2º, III, e 213 do CPM.
- Lei nº 12.847, de 2-8-2013, institui o Sistema Nacional de Prevenção e Combate à Tortura; cria o Comitê Nacional de Prevenção e Combate à Tortura e o Mecanismo Nacional de Prevenção e Combate à Tortura.

Art. 1º Constitui crime de tortura:

- Art. 5º, III e XLIII, da CF.
- Arts. 61, II, *d*, 83, V, 121, § 2º, III, e 136 do CP.
- Arts. 70, II, *e*, 205, § 2º, III, e 213 do CPM.

I – constranger alguém com emprego de violência ou grave ameaça, causando-lhe sofrimento físico ou mental:

a) com o fim de obter informação, declaração ou confissão da vítima ou de terceira pessoa;

- Art. 8º, nº 3, do Pacto de São José da Costa Rica.

b) para provocar ação ou omissão de natureza criminosa;

c) em razão de discriminação racial ou religiosa;

II – submeter alguém, sob sua guarda, poder ou autoridade, com emprego de violência ou grave ameaça, a intenso sofrimento físico ou mental, como forma de aplicar castigo pessoal ou medida de caráter preventivo.

Pena – reclusão, de dois a oito anos.

§ 1º Na mesma pena incorre quem submete pessoa presa ou sujeita a medida de segurança a sofrimento físico ou mental, por intermédio da prática de ato não previsto em lei ou não resultante de medida legal.

§ 2º Aquele que se omite em face dessas condutas, quando tinha o dever de evitá-las ou apurá-las, incorre na pena de detenção de um a quatro anos.

§ 3º Se resulta lesão corporal de natureza grave ou gravíssima, a pena é de reclusão de quatro a dez anos; se resulta morte, a reclusão é de oito a dezesseis anos.

§ 4º Aumenta-se a pena de um sexto até um terço:

I – se o crime é cometido por agente público;

II – se o crime é cometido contra criança, gestante, portador de deficiência, adolescente ou maior de 60 (sessenta) anos;

- Inciso II com a redação dada pela Lei nº 10.741, de 1º-10-2003.

III – se o crime é cometido mediante sequestro.

§ 5º A condenação acarretará a perda do cargo, função ou emprego público e a interdição para seu exercício pelo dobro do prazo da pena aplicada.

§ 6º O crime de tortura é inafiançável e insuscetível de graça ou anistia.

§ 7º O condenado por crime previsto nesta Lei, salvo a hipótese do § 2º, iniciará o cumprimento da pena em regime fechado.

Art. 2º O disposto nesta Lei aplica-se ainda quando o crime não tenha sido cometido em território nacional, sendo a vítima brasileira ou encontrando-se o agente em local sob jurisdição brasileira.

Art. 3º Esta Lei entra em vigor na data de sua publicação.

Art. 4º Revoga-se o artigo 233 da Lei nº 8.069, de 13 de julho de 1990 – Estatuto da Criança e do Adolescente.

Brasília, 7 de abril de 1997;
176º da Independência e
109º da República.

Fernando Henrique Cardoso

LEI Nº 9.469, DE 10 DE JULHO DE 1997

Regulamenta o disposto no inciso VI do art. 4º da Lei Complementar nº 73, de 10 de fevereiro de 1993; dispõe sobre a intervenção da União nas causas em que figurarem, como autores ou réus, entes da administração indireta; regula os pagamentos devidos pela Fazenda Pública em virtude de sentença judiciária; revoga a Lei nº 8.197, de 27 de junho de 1991, e a Lei nº 9.081, de 19 de julho de 1995, e dá outras providências.

- Publicada no *DOU* de 11-7-1997.

Art. 1º O Advogado-Geral da União, diretamente ou mediante delegação, e os dirigentes máximos das empresas públicas federais, em conjunto com o dirigente estatutário da área afeta ao assunto, poderão autorizar a realização de acordos ou transações para prevenir ou terminar litígios, inclusive os judiciais.

§ 1º Poderão ser criadas câmaras especializadas, compostas por servidores públicos ou empregados públicos efetivos, com o objetivo de analisar e formular propostas de acordos ou transações.

§ 2º *Revogado*. Lei nº 12.348, de 15-12-2010.

§ 3º Regulamento disporá sobre a forma de composição das câmaras de que trata o § 1º, que deverão ter como integrante pelo menos um membro efetivo da Advocacia-Geral da União ou, no caso das empresas públicas, um assistente jurídico ou ocupante de função equivalente.

§ 4º Quando o litígio envolver valores superiores aos fixados em regulamento, o acordo ou a transação, sob pena de nulidade, dependerá de prévia e expressa autorização do Advogado-Geral da União e do Ministro de Estado a cuja área de competência estiver afeto o assunto, ou ainda do Presidente da Câmara dos Deputados, do Senado Federal, do Tribunal de Contas da União, de Tribunal ou Conselho, ou do Procurador-Geral da República, no caso de interesse dos órgãos dos Poderes Legislativo e Judiciário ou do Ministério Público da União, excluídas as empresas públicas federais não dependentes, que necessitarão apenas de prévia e expressa autorização dos dirigentes de que trata o *caput*.

- Dec. nº 10.201, de 15-1-2020, regulamenta este parágrafo.

§ 5º Na transação ou acordo celebrado diretamente pela parte ou por intermédio de procurador para extinguir ou encerrar processo judicial, inclusive os casos de extensão administrativa de pagamentos postulados em juízo, as partes poderão definir a responsabilidade de cada uma pelo pagamento dos honorários dos respectivos advogados.

- Art. 1º com a redação dada Lei nº 13.140, de 26-6-2015.

Art. 1º-A. O Advogado-Geral da União poderá dispensar a inscrição de crédito, autorizar o não ajuizamento de ações e a não interposição de recursos, assim como o requerimento de extinção das ações em curso ou de desistência dos respectivos recursos judiciais, para cobrança de créditos da União e das autarquias e fundações públicas federais, observados os critérios de custos de administração e cobrança.

- Súm. nº 452 do STJ.

Parágrafo único. O disposto neste artigo não se aplica à Dívida Ativa da União e aos processos em que a União seja autora, ré, assistente ou opoente cuja representação judicial seja atribuída à Procuradoria-Geral da Fazenda Nacional.

- Art. 1º-A com a redação dada pela Lei nº 11.941, de 27-5-2009.

Art. 1º-B. Os dirigentes máximos das empresas públicas federais poderão autorizar a não propositura de ações e a não interposição de recursos, assim como o requerimento de extinção das ações em curso ou de desistência dos respectivos recursos judiciais, para cobrança de créditos, atualizados, de valor igual ou inferior a R$ 10.000,00 (dez mil reais), em que interessadas essas entidades na qualidade de autoras, rés, assistentes ou opoentes, nas condições aqui estabelecidas.

- *Caput* com a redação dada pela Lei nº 11.941, de 27-5-2009.

Parágrafo único. Quando a causa envolver valores superiores ao limite fixado neste artigo, o disposto no *caput*, sob pena de nulidade, dependerá de prévia e expressa autorização do Ministro de Estado ou do titular da Secretaria da Presidência da República a cuja área de competência estiver afeto o assunto, excluído o caso das empresas públicas não dependentes que necessitarão apenas de prévia e expressa autorização de seu dirigente máximo.

- Parágrafo único acrescido pela Lei nº 11.941, de 27-5-2009.

Art. 1º-C. Verificada a prescrição do crédito, o representante judicial da União, das autarquias e fundações públicas federais não efetivará a inscrição em dívida ativa dos créditos, não procederá ao ajuizamento, não recorrerá e desistirá dos recursos já interpostos.

- Art. 1º-C acrescido pela Lei nº 11.941, de 27-5-2009.

Art. 2º O Procurador-Geral da União, o Procurador-Geral Federal, o Procurador-Geral do Banco Central do Brasil e os dirigentes das empresas públicas federais mencionadas no *caput* do art. 1º poderão autorizar, diretamente ou mediante delegação, a realização de acordos para prevenir ou terminar, judicial ou extrajudicialmente, litígio que envolver valores inferiores aos fixados em regulamento.

- Dec. nº 10.201, de 15-1-2020, regulamenta este artigo.

§ 1º No caso das empresas públicas federais, a delegação é restrita a órgão colegiado formalmente constituído, composto por pelo menos um dirigente estatutário.

§ 2º O acordo de que trata o *caput* poderá consistir no pagamento do débito em parcelas mensais e sucessivas, até o limite máximo de sessenta.

§ 3º O valor de cada prestação mensal, por ocasião do pagamento, será acrescido de juros equivalentes à taxa referencial do Sistema Especial de Liquidação e de Custódia – SELIC para títulos federais, acumulada mensalmente, calculados a partir do mês subsequente ao da consolidação até o mês anterior ao do pagamento e de um por cento relativamente ao mês em que o pagamento estiver sendo efetuado.

§ 4º Inadimplida qualquer parcela, após trinta dias, instaurar-se-á o processo de execução ou nele prosseguir-se-á, pelo saldo.

▶ Art. 2º com a redação dada Lei nº 13.140, de 26-6-2015.

Art. 3º As autoridades indicadas no *caput* do art. 1º poderão concordar com pedido de desistência da ação, nas causas de quaisquer valores desde que o autor renuncie expressamente ao direito sobre que se funda a ação (art. 269, inciso V, do Código de Processo Civil).

▶ Refere-se ao CPC/1973.

▶ Art. 487, III, *c*, do CPC/2015.

Parágrafo único. Quando a desistência de que trata este artigo decorrer de prévio requerimento do autor dirigido à administração pública federal para apreciação de pedido administrativo com o mesmo objeto da ação, esta não poderá negar o seu deferimento exclusivamente em razão da renúncia prevista no *caput* deste artigo.

▶ Parágrafo único acrescido pela Lei nº 11.941, de 27-5-2009.

Art. 4º Não havendo Súmula da Advocacia-Geral da União (arts. 4º, inciso XII, e 43, da Lei Complementar nº 73, de 1993), o Advogado-Geral da União poderá dispensar a propositura de ações ou a interposição de recursos judiciais quando a controvérsia jurídica estiver sendo iterativamente decidida pelo Supremo Tribunal Federal ou pelos Tribunais Superiores.

Art. 4º-A. O termo de ajustamento de conduta, para prevenir ou terminar litígios, nas hipóteses que envolvam interesse público da União, suas autarquias e fundações, firmado pela Advocacia- Geral da União, deverá conter:

I – a descrição das obrigações assumidas;

II – o prazo e o modo para o cumprimento das obrigações;

III – a forma de fiscalização da sua observância;

IV – os fundamentos de fato e de direito; e

V – a previsão de multa ou de sanção administrativa, no caso de seu descumprimento.

Parágrafo único. A Advocacia-Geral da União poderá solicitar aos órgãos e entidades públicas federais manifestação sobre a viabilidade técnica, operacional e financeira das obrigações a serem assumidas em termo de ajustamento de conduta, cabendo ao Advogado-Geral da União a decisão final quanto à sua celebração.

▶ Art. 4º-A acrescido pela Lei nº 12.249, de 11-6-2010.

Art. 5º A União poderá intervir nas causas em que figurarem, como autoras ou rés, autarquias, fundações públicas, sociedades de economia mista e empresas públicas federais.

▶ Súm. nº 553 do STJ.

Parágrafo único. As pessoas jurídicas de direito público poderão, nas causas cuja decisão possa ter reflexos, ainda que indiretos, de natureza econômica, intervir, independentemente da demonstração de interesse jurídico, para esclarecer questões de fato e de direito, podendo juntar documentos e memoriais reputados úteis ao exame da matéria e, se for o caso, recorrer, hipótese em que, para fins de deslocamento de competência, serão consideradas partes.

Art. 6º Os pagamentos devidos pela Fazenda Pública federal, estadual ou municipal e pelas autarquias e fundações públicas, em virtude de sentença judiciária, far-se-ão, exclusivamente, na ordem cronológica da apresentação dos precatórios judiciários e à conta do respectivo crédito.

§ 1º É assegurado o direito de preferência aos credores de obrigação de natureza alimentícia, obedecida, entre eles, a ordem cronológica de apresentação dos respectivos precatórios judiciários.

▶ Antigo parágrafo único renumerado para § 1º pela MP nº 2.226, de 4-9-2001, que até o encerramento desta edição não havia sido convertida em Lei.

§ 2º *Revogado.* Lei nº 13.140, de 26-6-2015.

Art. 7º *Revogado.* Lei nº 11.941, de 27-5-2009.

Art. 7º-A. As competências previstas nesta Lei aplicam-se concorrentemente àquelas específicas existentes na legislação em vigor em relação às autarquias, às fundações e às empresas públicas federais não dependentes.

▶ Art. 7º-A acrescido pela Lei nº 11.941, de 27-5-2009.

Art. 8º Aplicam-se as disposições desta Lei, no que couber, às ações propostas e aos recursos interpostos pelas entidades legalmente sucedidas pela União.

Art. 9º A representação judicial das autarquias e fundações públicas por seus procuradores ou advogados, ocupantes de cargos efetivos dos respectivos quadros, independe da apresentação do instrumento de mandato.

Art. 10. Aplica-se às autarquias e fundações públicas o disposto nos arts. 188 e 475, *caput*, e no seu inciso II, do Código de Processo Civil.

▶ Refere-se ao CPC/1973.

▶ Arts. 186 e 496 do CPC/2015.

Art. 10-A. Ficam convalidados os acordos ou transações, em juízo, para terminar o litígio, realizados pela União ou pelas autarquias, fundações ou empresas públicas federais não dependentes durante o período de vigência da Medida Provisória nº 449, de 3 de dezembro de 2008, que estejam de acordo com o disposto nesta Lei.

▶ Art. 10º-A acrescido pela Lei nº 11.941, de 27-5-2009.

Art. 11. Ficam convalidados os atos praticados com base na Medida Provisória nº 1.561-5, de 15 de maio de 1997.

Art. 12. Revogam-se a Lei nº 8.197, de 27 de junho de 1991, e a Lei nº 9.081, de 19 de julho de 1995.

Art. 13. Esta Lei entra em vigor na data de sua publicação.

Congresso Nacional, 10 de julho de 1997; 176º da Independência e 109º da República.

Senador Antonio Carlos Magalhães

LEI Nº 9.472, DE 16 DE JULHO DE 1997

Dispõe sobre a organização dos serviços de telecomunicações, a criação e funcionamento de um órgão regulador e outros aspectos institucionais, nos termos da Emenda Constitucional nº 8, de 1995.

▶ Publicada no *DOU* de 17-7-1997.

▶ Dec. nº 2.338, de 7-10-1997, aprova o Regulamento da Agência Nacional de Telecomunicações.

LIVRO I – DOS PRINCÍPIOS FUNDAMENTAIS

Art. 1º Compete à União, por intermédio do órgão regulador e nos termos das políticas estabelecidas pelos Poderes Executivo e Legislativo, organizar a exploração dos serviços de telecomunicações.

▶ Dec. nº 2.338, de 7-10-1997, aprovou o Regulamento da Agência Nacional de Telecomunicações – ANATEL.

▶ Dec. nº 4.733, de 10-6-2003, dispõe sobre políticas públicas de telecomunicações.

Parágrafo único. A organização inclui, entre outros aspectos, o disciplinamento e a fiscalização da execução, comercialização e uso dos serviços e da implantação e funcionamento de redes de telecomunicações, bem como da utilização dos recursos de órbita e espectro de radiofrequências.

Art. 2º O Poder Público tem o dever de:

I – garantir, a toda a população, o acesso às telecomunicações, a tarifas e preços razoáveis, em condições adequadas;

II – estimular a expansão do uso de redes e serviços de telecomunicações pelos serviços de interesse público em benefício da população brasileira;

III – adotar medidas que promovam a competição e a diversidade dos serviços, incrementem sua oferta e propiciem padrões de qualidade compatíveis com a exigência dos usuários;

IV – fortalecer o papel regulador do Estado;

V – criar oportunidades de investimento e estimular o desenvolvimento tecnológico e industrial, em ambiente competitivo;

VI – criar condições para que o desenvolvimento do setor seja harmônico com as metas de desenvolvimento social do País;

VII – criar condições para ampliação da conectividade e da inclusão digital, priorizando a cobertura de estabelecimentos públicos de ensino.

▶ Inciso VII acrescido pela Lei nº 14.173, de 15-6-2021.

Art. 3º O usuário de serviços de telecomunicações tem direito:

I – de acesso aos serviços de telecomunicações, com padrões de qualidade e regularidade adequados à sua natureza, em qualquer ponto do território nacional;

II – à liberdade de escolha de sua prestadora de serviço;

III – de não ser discriminado quanto às condições de acesso e fruição do serviço;

IV – à informação adequada sobre as condições de prestação dos serviços, suas tarifas e preços;

V – à inviolabilidade e ao segredo de sua comunicação, salvo nas hipóteses e condições constitucional e legalmente previstas;

VI – à não divulgação, caso o requeira, de seu código de acesso;

VII – à não suspensão de serviço prestado em regime público, salvo por débito diretamente decorrente de sua utilização ou por descumprimento de condições contratuais;

VIII – ao prévio conhecimento das condições de suspensão do serviço;

IX – ao respeito de sua privacidade nos documentos de cobrança e na utilização de seus dados pessoais pela prestadora do serviço;

X – de resposta às suas reclamações pela prestadora do serviço;

XI – de peticionar contra a prestadora do serviço perante o órgão regulador e os organismos de defesa do consumidor;

XII – à reparação dos danos causados pela violação de seus direitos.

Parágrafo único. Para o cumprimento do disposto no inciso IV do *caput* deste artigo, a prestadora de serviço deverá divulgar em seu sítio eletrônico, de forma clara e de fácil compreensão pelos usuários, tabela com o valor das tarifas e preços praticados e a evolução dos reajustes realizados nos últimos cinco anos.

▸ Parágrafo único acrescido pela Lei nº 13.673, de 5-6-2018.

Art. 4º O usuário de serviços de telecomunicações tem o dever de:

I – utilizar adequadamente os serviços, equipamentos e redes de telecomunicações;

II – respeitar os bens públicos e aqueles voltados à utilização do público em geral;

III – comunicar às autoridades irregularidades ocorridas e atos ilícitos cometidos por prestadora de serviço de telecomunicações.

Art. 5º Na disciplina das relações econômicas no setor de telecomunicações observar-se-ão, em especial, os princípios constitucionais da soberania nacional, função social da propriedade, liberdade de iniciativa, livre concorrência, defesa do consumidor, redução das desigualdades regionais e sociais, repressão ao abuso do poder econômico e continuidade do serviço prestado no regime público.

Art. 6º Os serviços de telecomunicações serão organizados com base no princípio da livre, ampla e justa competição entre todas as prestadoras, devendo o Poder Público atuar para propiciá-la, bem como para corrigir os efeitos da competição imperfeita e reprimir as infrações da ordem econômica.

Art. 7º As normas gerais de proteção à ordem econômica são aplicáveis ao setor de telecomunicações.

▸ *Caput* com a redação dada pela Lei nº 13.848, de 25-6-2019.

§ 1º Os atos envolvendo prestadora de serviço de telecomunicações, no regime público ou privado, que visem a qualquer forma de concentração econômica, inclusive mediante fusão ou incorporação de empresas, constituição de sociedade para exercer o controle de empresas ou qualquer forma de agrupamento societário, ficam submetidos aos controles, procedimentos e condicionamentos previstos nas normas gerais de proteção à ordem econômica.

§ 2º Os atos de que trata o § 1º serão submetidos à aprovação do Conselho Administrativo de Defesa Econômica (CADE).

▸ § 2º com a redação dada pela Lei nº 13.848, de 25-6-2019.

§ 3º Praticará infração da ordem econômica a prestadora de serviço de telecomunicações que, na celebração de contratos de fornecimento de bens e serviços, adotar práticas que possam limitar, falsear ou, de qualquer forma, prejudicar a livre concorrência ou a livre iniciativa.

LIVRO II – DO ÓRGÃO REGULADOR E DAS POLÍTICAS SETORIAIS

TÍTULO I – DA CRIAÇÃO DO ÓRGÃO REGULADOR

Art. 8º Fica criada a Agência Nacional de Telecomunicações, entidade integrante da Administração Pública Federal indireta, submetida a regime autárquico especial e vinculada ao Ministério das Comunicações, com a função de órgão regulador das telecomunicações, com sede no Distrito Federal, podendo estabelecer unidades regionais.

§ 1º A Agência terá como órgão máximo o Conselho Diretor, devendo contar, também, com um Conselho Consultivo, uma Procuradoria, uma Corregedoria, uma Biblioteca e uma Ouvidoria, além das unidades especializadas incumbidas de diferentes funções.

§ 2º A natureza de autarquia especial conferida à Agência é caracterizada por independência administrativa, ausência de subordinação hierárquica, mandato fixo e estabilidade de seus dirigentes e autonomia financeira.

Art. 9º A Agência atuará como autoridade administrativa independente, assegurando-se-lhe, nos termos desta Lei, as prerrogativas necessárias ao exercício adequado de sua competência.

Art. 10. Caberá ao Poder Executivo instalar a Agência, devendo o seu regulamento, aprovado por decreto do Presidente da República, fixar-lhe a estrutura organizacional.

Parágrafo único. A edição do regulamento marcará a instalação da Agência, investindo-a automaticamente no exercício de suas atribuições.

Art. 11. O Poder Executivo encaminhará ao Congresso Nacional, no prazo de até noventa dias, a partir da publicação desta Lei, mensagem criando o quadro efetivo de pessoal da Agência, podendo remanejar cargos disponíveis na estrutura do Ministério das Comunicações.

Arts. 12 a 14. *Revogados.* Lei nº 9.986, de 18-7-2000.

Art. 15. A fixação das dotações orçamentárias da Agência na Lei de Orçamento Anual e sua programação orçamentária e financeira de execução não sofrerão limites nos seus valores para movimentação e empenho.

Art. 16. Fica o Poder Executivo autorizado a realizar as despesas e os investimentos necessários à instalação da Agência, podendo remanejar, transferir ou utilizar saldos orçamentários, empregando como recursos dotações destinadas a atividades finalísticas e administrativas do Ministério das Comunicações, inclusive do Fundo de Fiscalização das Telecomunicações – FISTEL.

▸ Lei nº 5.070, de 7-7-1966, cria o FISTEL.

Parágrafo único. Serão transferidos à Agência os acervos técnico e patrimonial, bem como as obrigações e direitos do Ministério das Comunicações, correspondentes às atividades a ela atribuídas por esta Lei.

Art. 17. A extinção da Agência somente ocorrerá por lei específica.

TÍTULO II – DAS COMPETÊNCIAS

Art. 18. Cabe ao Poder Executivo, observadas as disposições desta Lei, por meio de decreto:

I – instituir ou eliminar a prestação de modalidade de serviço no regime público, concomitantemente ou não com sua prestação no regime privado;

II – aprovar o plano geral de outorgas de serviço prestado no regime público;

III – aprovar o plano geral de metas para a progressiva universalização de serviço prestado no regime público;

IV – autorizar a participação de empresa brasileira em organizações ou consórcios intergovernamentais destinados ao provimento de meios ou à prestação de serviços de telecomunicações.

▸ Dec. nº 2.617, de 5-6-1998, dispõe sobre a composição do capital de empresas prestadoras de serviços de telecomunicações.

Parágrafo único. *Revogado.* Lei nº 14.195, de 26-8-2021.

Art. 19. À Agência compete adotar as medidas necessárias para o atendimento do interesse público e para o desenvolvimento das telecomunicações brasileiras, atuando com independência, imparcialidade, legalidade, impessoalidade e publicidade, e especialmente:

I – implementar, em sua esfera de atribuições, a política nacional de telecomunicações;

II – representar o Brasil nos organismos internacionais de telecomunicações, sob a coordenação do Poder Executivo;

III – elaborar e propor ao Presidente da República, por intermédio do Ministro de Estado das Comunicações, a adoção das medidas a que se referem os incisos I a IV do artigo anterior, submetendo previamente a consulta pública as relativas aos incisos I a III;

IV – expedir normas quanto à outorga, prestação e fruição dos serviços de telecomunicações no regime público;

V – editar atos de outorga e extinção de direito de exploração do serviço no regime público;

VI – celebrar e gerenciar contratos de concessão e fiscalizar a prestação do serviço no regime público, aplicando sanções e realizando intervenções;

VII – controlar, acompanhar e proceder à revisão de tarifas dos serviços prestados no regime público, podendo fixá-las nas condições previstas nesta Lei, bem como homologar reajustes;

VIII – administrar o espectro de radiofrequências e o uso de órbitas, expedindo as respectivas normas;

IX – editar atos de outorga e extinção do direito de uso de radiofrequência e de órbita, fiscalizando e aplicando sanções;

X – expedir normas sobre prestação de serviços de telecomunicações no regime privado;

XI – expedir e extinguir autorização para prestação de serviço no regime privado, fiscalizando e aplicando sanções;

XII – expedir normas e padrões a serem cumpridos pelas prestadoras de serviços de telecomunicações quanto aos equipamentos que utilizarem;

XIII – expedir ou reconhecer a certificação de produtos, observados os padrões e normas por ela estabelecidos;

XIV – expedir normas e padrões que assegurem a compatibilidade, a operação integrada e a interconexão entre as redes, abrangendo inclusive os equipamentos terminais;

XV – realizar busca e apreensão de bens no âmbito de sua competência;

- O STF, por maioria dos votos, julgou parcialmente procedente o pedido formulado na ADI nº 1.668, para julgar inconstitucional o disposto neste inciso (*DOU* de 6-4-2021).

XVI – deliberar na esfera administrativa quanto à interpretação da legislação de telecomunicações e sobre os casos omissos;

XVII – compor administrativamente conflitos de interesses entre prestadoras de serviço de telecomunicações;

XVIII – reprimir infrações dos direitos dos usuários;

XIX – exercer, relativamente às telecomunicações, as competências legais em matéria de controle, prevenção e repressão das infrações da ordem econômica, ressalvadas as pertencentes ao Conselho Administrativo de Defesa Econômica – CADE;

XX – propor ao Presidente da República, por intermédio do Ministério das Comunicações, a declaração de utilidade pública, para fins de desapropriação ou instituição de servidão administrativa, dos bens necessários à implantação ou manutenção de serviço no regime público;

XXI – arrecadar e aplicar suas receitas;

XXII – resolver quanto à celebração, alteração ou extinção de seus contratos, bem como quanto à nomeação, exoneração e demissão de servidores, realizando os procedimentos necessários, na forma em que dispuser o regulamento;

XXIII – contratar pessoal por prazo determinado, de acordo com o disposto na Lei nº 8.745, de 9 de dezembro de 1993;

XXIV – adquirir, administrar e alienar seus bens;

XXV – decidir em último grau sobre as matérias de sua alçada, sempre admitido recurso ao Conselho Diretor;

XXVI – *Revogado*. Lei nº 13.848, de 25-6-2019;

XXVII – aprovar o seu regimento interno;

XXVIII – elaborar relatório anual de suas atividades, nele destacando o cumprimento da política do setor definida nos termos do artigo anterior;

XXIX – *Revogado*. Lei nº 13.848, de 25-6-2019;

XXX – rever, periodicamente, os planos enumerados nos incisos II e III do artigo anterior, submetendo-os, por intermédio do Ministro de Estado das Comunicações, ao Presidente da República, para aprovação;

XXXI – promover interação com administrações de telecomunicações dos países do Mercado Comum do Sul – MERCOSUL, com vistas à consecução de objetivos de interesse comum;

XXXII – reavaliar, periodicamente, a regulamentação com vistas à promoção da competição e à adequação à evolução tecnológica e de mercado.

- Inciso XXXII acrescido pela Lei nº 13.879, de 3-10-2019.

TÍTULO III – DOS ÓRGÃOS SUPERIORES

CAPÍTULO I – DO CONSELHO DIRETOR

Art. 20. O Conselho Diretor será composto por Presidente e 4 (quatro) conselheiros e decidirá por maioria absoluta.

Parágrafo único. Cada membro do Conselho Diretor votará com independência, fundamentando seu voto.

- Art. 20 com a redação dada pela Lei nº 13.848, de 25-6-2019.

Art. 21. As sessões do Conselho Diretor serão registradas em atas, que ficarão arquivadas na Biblioteca, disponíveis para conhecimento geral.

§ 1º Quando a publicidade puder colocar em risco a segurança do País, ou violar segredo protegido ou a intimidade de alguém, os registros correspondentes serão mantidos em sigilo.

§ 2º As sessões deliberativas do Conselho Diretor que se destinem a resolver pendências entre agentes econômicos e entre estes e consumidores e usuários de bens e serviços de telecomunicações serão públicas, permitida a sua gravação por meios eletrônicos e assegurado aos interessados o direito de delas obter transcrições.

Art. 22. Compete ao Conselho Diretor:

I – submeter ao Presidente da República, por intermédio do Ministro de Estado das Comunicações, as modificações do regulamento da Agência;

II – aprovar normas próprias de licitação e contratação;

III – propor o estabelecimento e alteração das políticas governamentais de telecomunicações;

IV – editar normas sobre matérias de competência da Agência;

V – aprovar editais de licitação, homologar adjudicações, bem como decidir pela prorrogação, transferência, intervenção e extinção, em relação às outorgas para prestação de serviço no regime público, obedecendo ao plano aprovado pelo Poder Executivo;

VI – aprovar o plano geral de autorizações de serviço prestado no regime privado;

VII – aprovar editais de licitação, homologar adjudicações, bem como decidir pela prorrogação, transferência e extinção, em relação às autorizações para prestação de serviço no regime privado, na forma do regimento interno;

VIII – aprovar o plano de destinação de faixas de radiofrequência e de ocupação de órbitas;

IX – aprovar os planos estruturais das redes de telecomunicações, na forma em que dispuser o regimento interno;

X – aprovar o regimento interno;

XI – resolver sobre a aquisição e a alienação de bens;

XII – autorizar a contratação de serviços de terceiros, na forma da legislação em vigor.

Parágrafo único. Fica vedada a realização por terceiros da fiscalização de competência da Agência, ressalvadas as atividades de apoio.

Art. 23. Os membros do Conselho Diretor serão brasileiros e terão reputação ilibada, formação universitária e elevado conceito no campo de sua especialidade, devendo ser indicados pelo Presidente da República e por ele nomeados, após aprovação pelo Senado Federal, nos termos da alínea *f* do inciso III do art. 52 da Constituição Federal, observado o disposto na Lei nº 9.986, de 18 de julho de 2000.

- Artigo com a redação dada pela Lei nº 13.848, de 25-6-2019.

Art. 24. O mandato dos membros do Conselho Diretor será de 5 (cinco) anos, vedada a recondução, nos termos da Lei nº 9.986, de 18 de julho de 2000.

- *Caput* com a redação dada pela Lei nº 13.848, de 25-6-2019.

Parágrafo único. Em caso de vaga no curso do mandato, este será completado por sucessor investido na forma prevista no artigo anterior, que o exercerá pelo prazo remanescente.

Art. 25. Os mandatos dos primeiros membros do Conselho Diretor serão de três, quatro, cinco, seis e sete anos, a serem estabelecidos no decreto de nomeação.

Art. 26. *Revogado*. Lei nº 9.986, de 18-7-2000.

Art. 27. *Revogado*. Lei nº 13.848, de 25-6-2019.

Art. 28. *Revogado*. Lei nº 9.986, de 18-7-2000.

Art. 29. Caberá aos membros do Conselho Diretor a direção dos órgãos administrativos da Agência.

- Artigo com a redação dada pela Lei nº 13.848, de 25-6-2019.

Art. 30. Até um ano após deixar o cargo, é vedado ao ex-conselheiro representar qualquer pessoa ou interesse perante a Agência.

Parágrafo único. É vedado, ainda, ao ex-conselheiro utilizar informações privilegiadas obtidas em decorrência do cargo exercido, sob pena de incorrer em improbidade administrativa.

Art. 31. *Revogado*. Lei nº 9.986, de 18-7-2000.

Art. 32. Cabe ao Presidente a representação da Agência, o comando hierárquico sobre o pessoal e o serviço, exercendo todas as competências administrativas correspondentes, bem como a presidência das sessões do Conselho Diretor.

Parágrafo único. A representação judicial da Agência, com prerrogativas processuais de Fazenda Pública, será exercida pela Procuradoria.

CAPÍTULO II – DO CONSELHO CONSULTIVO

Art. 33. O Conselho Consultivo é o órgão de participação institucionalizada da sociedade na Agência.

Art. 34. O Conselho será integrado por representantes indicados pelo Senado Federal, pela Câmara dos Deputados, pelo Poder Executivo, pelas entidades de classe das prestadoras de serviços de telecomunicações, por entidades representativas dos usuários e por entidades representativas da sociedade, nos termos do regulamento.

Parágrafo único. O Presidente do Conselho Consultivo será eleito pelos seus membros e terá mandato de um ano.

Art. 35. Cabe ao Conselho Consultivo:

I – opinar, antes de seu encaminhamento ao Ministério das Comunicações, sobre o plano geral de outorgas, o plano geral de metas para universalização de serviços prestados no regime público e demais políticas governamentais de telecomunicações;

II – aconselhar quanto à instituição ou eliminação da prestação de serviço no regime público;

III – apreciar os relatórios anuais do Conselho Diretor;

IV – requerer informação e fazer proposição a respeito das ações referidas no art. 22.

Art. 36. Os membros do Conselho Consultivo, que não serão remunerados, terão mandato de três anos, vedada a recondução.

§ 1º Os mandatos dos primeiros membros do Conselho serão de um, dois e três anos, na proporção de um terço para cada período.

§ 2º O Conselho será renovado anualmente em um terço.

Art. 37. O regulamento disporá sobre o funcionamento do Conselho Consultivo.

TÍTULO IV – DA ATIVIDADE E DO CONTROLE

Art. 38. A atividade da Agência será juridicamente condicionada pelos princípios da legalidade, celeridade, finalidade, razoabilidade, proporcionalidade, impessoalidade, igualdade, devido processo legal, publicidade e moralidade.

Art. 39. Ressalvados os documentos e os autos cuja divulgação possa violar a segurança do País, segredo protegido ou a intimidade de alguém, todos os demais permanecerão abertos à consulta do público, sem formalidades, na Biblioteca.

Parágrafo único. A Agência deverá garantir o tratamento confidencial das informações técnicas, operacionais, econômico-financeiras e contábeis que solicitar às empresas prestadoras dos serviços de telecomunicações, nos termos do regulamento.

Art. 40. Os atos da Agência deverão ser sempre acompanhados da exposição formal dos motivos que os justifiquem.

Art. 41. Os atos normativos somente produzirão efeito após publicação no *Diário Oficial da União*, e aqueles de alcance particular, após a correspondente notificação.

Art. 42. *Revogado*. Lei nº 13.848, de 25-6-2019.

Art. 43. Na invalidação de atos e contratos, será garantida previamente a manifestação dos interessados.

Art. 44. Qualquer pessoa terá o direito de peticionar ou de recorrer contra ato da Agência no prazo máximo de trinta dias, devendo a decisão da Agência ser conhecida em até noventa dias.

Art. 45. *Revogado*. Lei nº 13.848, de 25-6-2019.

Art. 46. A Corregedoria acompanhará permanentemente o desempenho dos servidores da Agência, avaliando sua eficiência e o cumprimento dos deveres funcionais e realizando os processos disciplinares.

TÍTULO V – DAS RECEITAS

Art. 47. O produto da arrecadação das taxas de fiscalização de instalação e de funcionamento a que se refere a Lei nº 5.070, de 7 de julho de 1966, será destinado ao Fundo de Fiscalização das Telecomunicações – FISTEL, por ela criado.

Art. 48. A concessão, permissão ou autorização para a exploração de serviços de telecomunicações e de uso de radiofrequência, para qualquer serviço, será sempre feita a título oneroso, ficando autorizada a cobrança do respectivo preço nas condições estabelecidas nesta Lei e na regulamentação, constituindo o produto da arrecadação receita do Fundo de Fiscalização das Telecomunicações – FISTEL.

§ 1º Conforme dispuser a Agência, o pagamento devido pela concessionária, permissionária ou autorizada poderá ser feito na forma de quantia certa, em uma ou várias parcelas, ou de parcelas anuais, sendo seu valor, alternativamente:

I – determinado pela regulamentação;
II – determinado no edital de licitação;
III – fixado em função da proposta vencedora, quando constituir fator de julgamento;
IV – fixado no contrato de concessão ou no ato de permissão, nos casos de inexigibilidade de licitação.

§ 2º Após a criação do fundo de universalização dos serviços de telecomunicações mencionado no inciso II do art. 81, parte do produto da arrecadação a que se refere o *caput* deste artigo será a ele destinada, nos termos da lei correspondente.

Art. 49. A Agência submeterá anualmente ao Ministério da Economia a sua proposta de orçamento, bem como a do FISTEL, para inclusão na lei orçamentária anual a que se refere o § 5º do art. 165 da Constituição Federal.

▶ *Caput* com a redação dada pela Lei nº 13.848, de 25-6-2019.

§ 1º A Agência fará acompanhar as propostas orçamentárias de um quadro demonstrativo do planejamento plurianual das receitas e despesas, visando ao seu equilíbrio orçamentário e financeiro nos cinco exercícios subsequentes.

§ 2º O planejamento plurianual preverá o montante a ser transferido ao fundo de universalização a que se refere o inciso II do art. 81 desta Lei, e os saldos a serem transferidos ao Tesouro Nacional.

§ 3º A lei orçamentária anual consignará as dotações para as despesas de custeio e capital da Agência, bem como o valor das transferências de recursos do FISTEL ao Tesouro Nacional e ao fundo de universalização, relativos ao exercício a que ela se referir.

§ 4º As transferências a que se refere o parágrafo anterior serão formalmente feitas pela Agência ao final de cada mês.

Art. 50. O Fundo de Fiscalização das Telecomunicações – FISTEL, criado pela Lei nº 5.070, de 7 de julho de 1966, passará à administração exclusiva da Agência, a partir da data de sua instalação, com os saldos nele existentes, incluídas as receitas que sejam produto da cobrança a que se refere o art. 14 da Lei nº 9.295, de 19 de julho de 1996.

▶ Lei nº 9.295, de 19-7-1996, dispõe sobre os Serviços de Telecomunicações e sua Organização, e sobre o Órgão Regulador.

Art. 51. Os arts. 2º, 3º, 6º e seus parágrafos, o art. 8º e seu § 2º, e o art. 13, da Lei nº 5.070, de 7 de julho de 1966, passam a ter a seguinte redação:

"Art. 2º O Fundo de Fiscalização das Telecomunicações – FISTEL é constituído das seguintes fontes:

a) dotações consignadas no Orçamento Geral da União, créditos especiais, transferências e repasses que lhe forem conferidos;

b) o produto das operações de crédito que contratar, no País e no exterior, e rendimentos de operações financeiras que realizar;

c) relativas ao exercício do poder concedente dos serviços de telecomunicações, no regime público, inclusive pagamentos pela outorga, multas e indenizações;

d) relativas ao exercício da atividade ordenadora da exploração de serviços de telecomunicações, no regime privado, inclusive pagamentos pela expedição de autorização de serviço, multas e indenizações;

e) relativas ao exercício do poder de outorga do direito de uso de radiofrequência para qualquer fim, inclusive multas e indenizações;

f) taxas de fiscalização;

g) recursos provenientes de convênios, acordos e contratos celebrados com entidades, organismos e empresas, públicas ou privadas, nacionais ou estrangeiras;

h) doações, legados, subvenções e outros recursos que lhe forem destinados;

i) o produto dos emolumentos, preços ou multas, os valores apurados na venda ou locação de bens, bem assim os decorrentes de publicações, dados e informações técnicas, inclusive para fins de licitação;

j) decorrentes de quantias recebidas pela aprovação de laudos de ensaio de produtos e pela prestação de serviços técnicos por órgãos da Agência Nacional de Telecomunicações;

l) rendas eventuais."

"Art. 3º Além das transferências para o Tesouro Nacional e para o fundo de universalização das telecomunicações, os recursos do Fundo de Fiscalização das Telecomunicações – FISTEL serão aplicados pela Agência Nacional de Telecomunicações exclusivamente:

....

d) no atendimento de outras despesas correntes e de capital por ela realizadas no exercício de sua competência."

"Art. 6º As taxas de fiscalização a que se refere a alínea *f* do art. 2º são a de instalação e a de funcionamento.

§ 1º Taxa de Fiscalização de Instalação é a devida pelas concessionárias, permissionárias e autorizadas de serviços de telecomunicações e de uso de radiofrequência, no momento da emissão do certificado de licença para o funcionamento das estações.

§ 2º Taxa de Fiscalização de Funcionamento é a devida pelas concessionárias, permissionárias e autorizadas de serviços de telecomunicações e de uso de radiofrequência, anualmente, pela fiscalização do funcionamento das estações."

"Art. 8º A Taxa de Fiscalização de Funcionamento será paga, anualmente, até o dia 31 de março, e seus valores serão os correspondentes a cinquenta por cento dos fixados para a Taxa de Fiscalização de Instalação.

....

"Art. 13. São isentos do pagamento das taxas do FISTEL a Agência Nacional de Telecomunicações, as Forças Armadas, a Polícia Federal, as Polícias Militares, a Polícia Rodoviária Federal, as Polícias Civis e os Corpos de Bombeiros Militares."

Art. 52. Os valores das taxas de fiscalização de instalação e de funcionamento, constantes do Anexo I da Lei nº 5.070, de 7 de julho de 1966, passam a ser os da Tabela do Anexo III desta Lei.

Parágrafo único. A nomenclatura dos serviços relacionados na Tabela vigorará até que nova regulamentação seja editada, com base nesta Lei.

Art. 53. Os valores de que tratam as alíneas *i* e *j* do art. 2º da Lei nº 5.070, de 7 de julho de 1966, com a redação dada por esta Lei, serão estabelecidos pela Agência.

TÍTULO VI – DAS CONTRATAÇÕES

Art. 54. A contratação de obras e serviços de engenharia civil está sujeita ao procedimento das licitações previsto em lei geral para a Administração Pública.

Parágrafo único. Para os casos não previstos no *caput*, a Agência poderá utilizar procedimentos próprios de contratação, nas modalidades de consulta e pregão.

Art. 55. A consulta e o pregão serão disciplinados pela Agência, observadas as disposições desta Lei e, especialmente:

► O STF, por maioria dos votos, julgou parcialmente procedente o pedido formulado na ADI nº 1.668, para julgar inconstitucional a expressão "serão disciplinados pela Agência" prevista neste *caput* (*DOU* de 6-4-2021).

I – a finalidade do procedimento licitatório é, por meio de disputa justa entre interessados, obter um contrato econômico, satisfatório e seguro para a Agência;

II – o instrumento convocatório identificará o objeto do certame, circunscreverá o universo de proponentes, estabelecerá critérios para aceitação e julgamento de propostas, regulará o procedimento, indicará as sanções aplicáveis e fixará as cláusulas do contrato;

III – o objeto será determinado de forma precisa, suficiente e clara, sem especificações que, por excessivas, irrelevantes ou desnecessárias, limitem a competição;

IV – a qualificação, exigida indistintamente dos proponentes, deverá ser compatível e proporcional ao objeto, visando à garantia do cumprimento das futuras obrigações;

V – como condição de aceitação da proposta, o interessado declarará estar em situação regular perante as Fazendas Públicas e a Seguridade Social, fornecendo seus códigos de inscrição, exigida a comprovação como condição indispensável à assinatura do contrato;

VI – o julgamento observará os princípios de vinculação ao instrumento convocatório, comparação objetiva e justo preço, sendo o empate resolvido por sorteio;

VII – as regras procedimentais assegurarão adequada divulgação do instrumento convocatório, prazos razoáveis para o preparo de propostas, os direitos ao contraditório e ao recurso, bem como a transparência e fiscalização;

VIII – a habilitação e o julgamento das propostas poderão ser decididos em uma única fase, podendo a habilitação, no caso de pregão, ser verificada apenas em relação ao licitante vencedor;

IX – quando o vencedor não celebrar o contrato, serão chamados os demais participantes na ordem de classificação;

X – somente serão aceitos certificados de registro cadastral expedidos pela Agência, que terão validade por dois anos, devendo o cadastro estar sempre aberto à inscrição dos interessados.

Art. 56. A disputa pelo fornecimento de bens e serviços comuns poderá ser feita em licitação na modalidade de pregão, restrita aos previamente cadastrados, que serão chamados a formular lances em sessão pública.

Parágrafo único. Encerrada a etapa competitiva, a Comissão examinará a melhor oferta quanto ao objeto, forma e valor.

Art. 57. Nas seguintes hipóteses, o pregão será aberto a quaisquer interessados, independentemente de cadastramento, verificando-se a um só tempo, após a etapa competitiva, a qualificação subjetiva e a aceitabilidade da proposta:

I – para a contratação de bens e serviços comuns de alto valor, na forma do regulamento;

II – quando o número de cadastrados na classe for inferior a cinco;

III – para o registro de preços, que terá validade por até dois anos;

IV – quando o Conselho Diretor assim o decidir.

Art. 58. A licitação na modalidade de consulta tem por objeto o fornecimento de bens e serviços não compreendidos nos arts. 56 e 57.

Parágrafo único. A decisão ponderará o custo e o benefício de cada proposta, considerando a qualificação do proponente.

Art. 59. A Agência poderá utilizar, mediante contrato, técnicos ou empresas especializadas, inclusive consultores independentes e auditores externos, para executar atividades de sua competência, vedada a contratação para as atividades de fiscalização, salvo para as correspondentes atividades de apoio.

LIVRO III – DA ORGANIZAÇÃO DOS SERVIÇOS DE TELECOMUNICAÇÕES

TÍTULO I – DISPOSIÇÕES GERAIS

CAPÍTULO I – DAS DEFINIÇÕES

Art. 60. Serviço de telecomunicações é o conjunto de atividades que possibilita a oferta de telecomunicação.

§ 1º Telecomunicação é a transmissão, emissão ou recepção, por fio, radioeletricidade, meios ópticos ou qualquer outro processo eletromagnético, de símbolos, caracteres, sinais, escritos, imagens, sons ou informações de qualquer natureza.

§ 2º Estação de telecomunicações é o conjunto de equipamentos ou aparelhos, dispositivos e demais meios necessários à realização de telecomunicação, seus acessórios e periféricos, e, quando for o caso, as instalações que os abrigam e complementam, inclusive terminais portáteis.

Art. 61. Serviço de valor adicionado é a atividade que acrescenta, a um serviço de telecomunicações que lhe dá suporte e com o qual não se confunde, novas utilidades relacionadas ao acesso, armazenamento, apresentação, movimentação ou recuperação de informações.

§ 1º Serviço de valor adicionado não constitui serviço de telecomunicações, classificando-se seu provedor como usuário do serviço de telecomunicações que lhe dá suporte, com os direitos e deveres inerentes a essa condição.

► Súm. nº 334 do STJ.

§ 2º É assegurado aos interessados o uso das redes de serviços de telecomunicações para prestação de serviços de valor adicionado, cabendo à Agência, para assegurar esse direito, regular os condicionamentos, assim como o relacionamento entre aqueles e as prestadoras de serviço de telecomunicações.

CAPÍTULO II – DA CLASSIFICAÇÃO

Art. 62. Quanto à abrangência dos interesses a que atendem, os serviços de telecomunicações classificam-se em serviços de interesse coletivo e serviços de interesse restrito.

Parágrafo único. Os serviços de interesse restrito estarão sujeitos aos condicionamentos necessários para que sua exploração não prejudique o interesse coletivo.

Art. 63. Quanto ao regime jurídico de sua prestação, os serviços de telecomunicações classificam-se em públicos e privados.

Parágrafo único. Serviço de telecomunicações em regime público é o prestado mediante concessão ou permissão, com atribuição a sua prestadora de obrigações de universalização e de continuidade.

Art. 64. Comportarão prestação no regime público as modalidades de serviço de telecomunicações de interesse coletivo, cuja existência, universalização e continuidade a própria União comprometa-se a assegurar.

Parágrafo único. *Revogado.* Lei nº 13.879, de 3-10-2019.

Art. 65. Cada modalidade de serviço será destinada à prestação:

I – exclusivamente no regime público;

II – exclusivamente no regime privado; ou

III – concomitantemente nos regimes público e privado.

§ 1º Poderão ser deixadas à exploração apenas em regime privado as modalidades de serviço de interesse coletivo que, mesmo sendo essenciais, não estejam sujeitas a deveres de universalização.

► § 1º com a redação dada pela Lei nº 13.879, de 3-10-2019.

§ 2º A exclusividade ou concomitância a que se refere o *caput* poderá ocorrer em âmbito nacional, regional, local ou em áreas determinadas.

Art. 66. Quando um serviço for, ao mesmo tempo, explorado nos regimes público e privado, serão adotadas medidas que impeçam a inviabilidade econômica de sua prestação no regime público.

Art. 67. Não comportarão prestação no regime público os serviços de telecomunicações de interesse restrito.

Art. 68. É vedada, a uma mesma pessoa jurídica, a exploração, de forma direta ou indireta, de uma mesma modalidade de serviço nos regimes público e privado, salvo em regiões, localidades ou áreas distintas.

CAPÍTULO III – DAS REGRAS COMUNS

Art. 69. As modalidades de serviço serão definidas pela Agência em função de sua finalidade, âmbito de prestação, forma, meio de transmissão, tecnologia empregada ou de outros atributos.

Parágrafo único. Forma de telecomunicação é o modo específico de transmitir informação, decorrente de características particulares de transdução, de transmissão, de apresentação da informação ou de combinação destas, considerando-se formas de telecomunicação, entre outras, a telefonia, a telegrafia, a comunicação de dados e a transmissão de imagens.

Art. 69-A. As políticas governamentais de telecomunicações serão financiadas por recursos do Fundo de Universalização dos Serviços de Telecomunicações (FUST), criado pela Lei nº 9.998, de 17 de agosto de 2000.

► Art. 69-A acrescido pela Lei nº 14.109, de 16-12-2020.

Art. 70. Serão coibidos os comportamentos prejudiciais à competição livre, ampla e justa

LEGISLAÇÃO COMPLEMENTAR

entre as prestadoras do serviço, no regime público ou privado, em especial:

I – a prática de subsídios para redução artificial de preços;

II – o uso, objetivando vantagens na competição, de informações obtidas dos concorrentes, em virtude de acordos de prestação de serviço;

III – a omissão de informações técnicas e comerciais relevantes à prestação de serviços por outrem.

Art. 71. Visando a propiciar competição efetiva e a impedir a concentração econômica no mercado, a Agência poderá estabelecer restrições, limites ou condições a empresas ou grupos empresariais quanto à obtenção e transferência de concessões, permissões e autorizações.

Art. 72. Apenas na execução de sua atividade, a prestadora poderá valer-se de informações relativas à utilização individual do serviço pelo usuário.

§ 1º A divulgação das informações individuais dependerá da anuência expressa e específica do usuário.

§ 2º A prestadora poderá divulgar a terceiros informações agregadas sobre o uso de seus serviços, desde que elas não permitam a identificação, direta ou indireta, do usuário, ou a violação de sua intimidade.

Art. 73. As prestadoras de serviços de telecomunicações de interesse coletivo terão direito à utilização de postes, dutos, condutos e servidões pertencentes ou controlados por prestadora de serviços de telecomunicações ou de outros serviços de interesse público, de forma não discriminatória e a preços e condições justos e razoáveis.

▸ Art. 10 da Lei nº 11.934, de 5-5-2009, que dispõe sobre a obrigatoriedade do compartilhamento de torres pelas prestadoras de serviços de telecomunicações.

Parágrafo único. Caberá ao órgão regulador do cessionário dos meios a serem utilizados definir as condições para adequado atendimento do disposto no *caput*.

Art. 74. A concessão, permissão ou autorização de serviço de telecomunicações não isenta a prestadora do atendimento às normas de engenharia e às leis municipais, estaduais ou distritais relativas à construção civil.

▸ Artigo com a redação dada pela Lei nº 13.116, de 20-4-2015.

Art. 75. Independerá de concessão, permissão ou autorização a atividade de telecomunicações restrita aos limites de uma mesma edificação ou propriedade móvel ou imóvel, conforme dispuser a Agência.

Art. 76. As empresas prestadoras de serviços e os fabricantes de produtos de telecomunicações que investirem em projetos de pesquisa e desenvolvimento no Brasil, na área de telecomunicações, obterão incentivos nas condições fixadas em lei.

Art. 77. O Poder Executivo encaminhará ao Congresso Nacional, no prazo de cento e vinte dias da publicação desta Lei, mensagem de criação de um fundo para o desenvolvimento tecnológico das telecomunicações brasileiras, com o objetivo de estimular a pesquisa e o desenvolvimento de novas tecnologias, incentivar a capacitação dos recursos humanos, fomentar a geração de empregos e promover o acesso de pequenas e médias empresas a recursos de capital, de modo a ampliar a competição na indústria de telecomunicações.

▸ Lei nº 10.052, de 28-11-2000, institui o Fundo para o Desenvolvimento Tecnológico das Telecomunicações – FUNTTEL.

Art. 78. A fabricação e o desenvolvimento no País de produtos de telecomunicações serão estimulados mediante adoção de instrumentos de política creditícia, fiscal e aduaneira.

TÍTULO II – DOS SERVIÇOS PRESTADOS EM REGIME PÚBLICO

CAPÍTULO I – DAS OBRIGAÇÕES DE UNIVERSALIZAÇÃO E DE CONTINUIDADE

Art. 79. A Agência regulará as obrigações de universalização e de continuidade atribuídas às prestadoras de serviço no regime público.

§ 1º Obrigações de universalização são as que objetivam possibilitar o acesso de qualquer pessoa ou instituição de interesse público a serviço de telecomunicações, independentemente de sua localização e condição socioeconômica, bem como as destinadas a permitir a utilização das telecomunicações em serviços essenciais de interesse público.

§ 2º Obrigações de continuidade são as que objetivam possibilitar aos usuários dos serviços sua fruição de forma ininterrupta, sem paralisações injustificadas, devendo os serviços estar à disposição dos usuários, em condições adequadas de uso.

Art. 80. As obrigações de universalização serão objeto de metas periódicas, conforme plano específico elaborado pela Agência e aprovado pelo Poder Executivo, que deverá referir-se, entre outros aspectos, à disponibilidade de instalações de uso coletivo ou individual, ao atendimento de deficientes físicos, de instituições de caráter público ou social, bem como de áreas rurais ou de urbanização precária e de regiões remotas.

§ 1º O plano detalhará as fontes de financiamento das obrigações de universalização, que serão neutras em relação à competição, no mercado nacional, entre prestadoras.

§ 2º Os recursos do fundo de universalização de que trata o inciso II do art. 81 não poderão ser destinados à cobertura de custos com universalização dos serviços que, nos termos do contrato de concessão, a própria prestadora deva suportar.

Art. 81. Os recursos complementares destinados a cobrir a parcela do custo exclusivamente atribuível ao cumprimento das obrigações de universalização de prestadora de serviço de telecomunicações, que não possa ser recuperada com a exploração eficiente do serviço, poderão ser oriundos das seguintes fontes:

I – Orçamento Geral da União, dos Estados, do Distrito Federal e dos Municípios;

II – Fundo de Universalização dos Serviços de Telecomunicações (FUST), criado pela Lei nº 9.998, de 17 de agosto de 2000.

▸ Inciso II com a redação dada pela Lei nº 14.109, de 16-12-2020.

▸ Lei nº 9.998, de 17-8-2000, institui o Fundo de Universalização dos Serviços de Telecomunicações – FUST.

Parágrafo único. *Revogado*. Lei nº 14.109, de 16-12-2020.

Art. 82. O descumprimento das obrigações relacionadas à universalização e à continuidade ensejará a aplicação de sanções de multa, caducidade ou decretação de intervenção, conforme o caso.

CAPÍTULO II – DA CONCESSÃO

Seção I – DA OUTORGA

Art. 83. A exploração do serviço no regime público dependerá de prévia outorga, pela Agência, mediante concessão, implicando esta o direito de uso das radiofrequências necessárias, conforme regulamentação.

Parágrafo único. Concessão de serviço de telecomunicações é a delegação de sua prestação, mediante contrato, por prazo determinado, no regime público, sujeitando-se a concessionária aos riscos empresariais, remunerando-se pela cobrança de tarifas dos usuários ou por outras receitas alternativas e respondendo diretamente pelas suas obrigações e pelos prejuízos que causar.

Art. 84. As concessões não terão caráter de exclusividade, devendo obedecer ao plano geral de outorgas, com definição quanto à divisão do País em áreas, ao número de prestadoras para cada uma delas, seus prazos de vigência e os prazos para admissão de novas prestadoras.

§ 1º As áreas de exploração, o número de prestadoras, os prazos de vigência das concessões e os prazos para admissão de novas prestadoras serão definidos considerando-se o ambiente de competição, observados o princípio do maior benefício ao usuário e o interesse social e econômico do País, de modo a propiciar a justa remuneração da prestadora do serviço no regime público.

§ 2º A oportunidade e o prazo das outorgas serão determinados de modo a evitar o vencimento concomitante das concessões de uma mesma área.

Art. 85. Cada modalidade de serviço será objeto de concessão distinta, com clara determinação dos direitos e deveres da concessionária, dos usuários e da Agência.

Art. 86. A concessão somente poderá ser outorgada a empresa constituída segundo as leis brasileiras, com sede e administração no País, criada para explorar exclusivamente serviços de telecomunicações.

▸ *Caput* com a redação dada pela Lei nº 12.485, de 12-9-2011.

Parágrafo único. Os critérios e condições para a prestação de outros serviços de telecomunicações diretamente pela concessionária obedecerão, entre outros, aos seguintes princípios, de acordo com regulamentação da Anatel:

▸ *Caput* do parágrafo único com a redação dada pela Lei nº 12.485, de 12-9-2011.

I – garantia dos interesses dos usuários, nos mecanismos de reajuste e revisão das tarifas, mediante o compartilhamento dos ganhos econômicos advindos da racionalização decorrente da prestação de outros serviços de telecomunicações, ou ainda mediante a transferência integral dos ganhos econômicos que não decorram da eficiência ou iniciativa empresarial, observados os termos dos §§ 2º e 3º do art. 108 desta Lei;

II – atuação do poder público para propiciar a livre, ampla e justa competição, reprimidas as infrações da ordem econômica, nos termos do art. 6º desta Lei;

III – existência de mecanismos que assegurem o adequado controle público no que tange aos bens reversíveis.

▸ Incisos I a III acrescidos pela Lei nº 12.485, de 12-9-2011.

Art. 87. A outorga a empresa ou grupo empresarial que, na mesma região, localidade ou área, já preste a mesma modalidade de serviço, será condicionada à assunção do compromisso de, no prazo máximo de dezoito meses, contado da data de assinatura do contrato, transferir a outrem o serviço anteriormente explorado, sob pena de sua caducidade e de outras sanções previstas no processo de outorga.

▸ Art. 114, III, desta Lei.

Art. 88. As concessões serão outorgadas mediante licitação.

Art. 89. A licitação será disciplinada pela Agência, observados os princípios constitucionais, as disposições desta Lei e, especialmente:

I – a finalidade do certame é, por meio de disputa entre os interessados, escolher quem possa executar, expandir e universalizar o serviço no regime público com eficiência, segurança e a tarifas razoáveis;

II – a minuta de instrumento convocatório será submetida a consulta pública prévia;

III – o instrumento convocatório identificará o serviço objeto do certame e as condições de sua prestação, expansão e universalização, definirá o universo de proponentes, estabelecerá fatores e critérios para aceitação e julgamento de propostas, regulará o procedimento, determinará a quantidade de fases e seus objetivos, indicará as sanções aplicáveis e fixará as cláusulas do contrato de concessão;

IV – as qualificações técnico-operacional ou profissional e econômico-financeira, bem como as garantias da proposta e do contrato, exigidas indistintamente dos proponentes, deverão ser compatíveis com o objeto e proporcionais a sua natureza e dimensão;

V – o interessado deverá comprovar situação regular perante as Fazendas Públicas e a Seguridade Social;

VI – a participação de consórcio, que se constituirá em empresa antes da outorga da concessão, será sempre admitida;

VII – o julgamento atenderá aos princípios de vinculação ao instrumento convocatório e comparação objetiva;

VIII – os fatores de julgamento poderão ser, isolada ou conjugadamente, os de menor tarifa, maior oferta pela outorga, melhor qualidade dos serviços e melhor atendimento da demanda, respeitado sempre o princípio da objetividade;

IX – o empate será resolvido por sorteio;

X – as regras procedimentais assegurarão a adequada divulgação do instrumento convocatório, prazos compatíveis com o preparo de propostas e os direitos ao contraditório, ao recurso e à ampla defesa.

Art. 90. Não poderá participar da licitação ou receber outorga de concessão a empresa proibida de licitar ou contratar com o Poder Público ou que tenha sido declarada inidônea, bem como aquela que tenha sido punida nos dois anos anteriores com a decretação de caducidade de concessão, permissão ou autorização de serviços de telecomunicações, ou da caducidade de direito de uso de radiofrequência.

Art. 91. A licitação será inexigível quando, mediante processo administrativo conduzido pela Agência, a disputa for considerada inviável ou desnecessária.

▸ Art. 119 desta Lei.

§ 1º Considera-se inviável a disputa quando apenas um interessado puder realizar o serviço, nas condições estipuladas.

§ 2º Considera-se desnecessária a disputa nos casos em que se admita a exploração do serviço por todos os interessados que atendam às condições requeridas.

§ 3º O procedimento para verificação da inexigibilidade compreenderá chamamento público para apurar o número de interessados.

Art. 92. Nas hipóteses de inexigibilidade de licitação, a outorga de concessão dependerá de procedimento administrativo sujeito aos princípios da publicidade, moralidade, impessoalidade e contraditório, para verificar o preenchimento das condições relativas às qualificações técnico-operacional ou profissional e econômico-financeira, à regularidade fiscal e às garantias do contrato.

▸ Art. 119 desta Lei.

Parágrafo único. As condições deverão ser compatíveis com o objeto e proporcionais a sua natureza e dimensão.

Seção II

DO CONTRATO

Art. 93. O contrato de concessão indicará:

I – objeto, área e prazo da concessão;

II – modo, forma e condições da prestação do serviço;

III – regras, critérios, indicadores, fórmulas e parâmetros definidores da implantação, expansão, alteração e modernização do serviço, bem como de sua qualidade;

IV – deveres relativos à universalização e à continuidade do serviço;

V – o valor devido pela outorga, a forma e as condições de pagamento;

VI – as condições de prorrogação, incluindo os critérios para fixação do valor;

VII – as tarifas a serem cobradas dos usuários e os critérios para seu reajuste e revisão;

VIII – as possíveis receitas alternativas, complementares ou acessórias, bem como as provenientes de projetos associados;

IX – os direitos, as garantias e as obrigações dos usuários, da Agência e da concessionária;

X – a forma da prestação de contas e da fiscalização;

XI – os bens reversíveis, se houver;

XII – as condições gerais para interconexão;

XIII – a obrigação de manter, durante a execução do contrato, todas as condições de habilitação exigidas na licitação;

XIV – as sanções;

XV – o foro e o modo para solução extrajudicial das divergências contratuais.

Parágrafo único. O contrato será publicado resumidamente no *Diário Oficial da União*, como condição de sua eficácia.

Art. 94. No cumprimento de seus deveres, a concessionária poderá, observadas as condições e limites estabelecidos pela Agência:

I – empregar, na execução dos serviços, equipamentos e infraestrutura que não lhe pertençam;

II – contratar com terceiros o desenvolvimento de atividades inerentes, acessórias ou complementares ao serviço, bem como a implementação de projetos associados.

▸ Art. 117, II, desta Lei.

§ 1º Em qualquer caso, a concessionária continuará sempre responsável perante a Agência e os usuários.

§ 2º Serão regidas pelo direito comum as relações da concessionária com os terceiros, que não terão direitos frente à Agência, observado o disposto no art. 117 desta Lei.

Art. 95. A Agência concederá prazos adequados para adaptação da concessionária às novas obrigações que lhe sejam impostas.

Art. 96. A concessionária deverá:

I – prestar informações de natureza técnica, operacional, econômico-financeira e contábil, ou outras pertinentes que a Agência solicitar;

II – manter registros contábeis separados por serviço, caso explore mais de uma modalidade de serviço de telecomunicações;

III – submeter à aprovação da Agência a minuta de contrato-padrão a ser celebrado com os usuários, bem como os acordos operacionais que pretenda firmar com prestadoras estrangeiras;

IV – divulgar relação de assinantes, observado o disposto nos incisos VI e IX do art. 3º, bem como o art. 213, desta Lei;

V – submeter-se à regulamentação do serviço e à sua fiscalização;

VI – apresentar relatórios periódicos sobre o atendimento das metas de universalização constantes do contrato de concessão.

Art. 97. Dependerão de prévia aprovação da Agência a cisão, a fusão, a transformação, a incorporação, a redução do capital da empresa ou a transferência de seu controle societário.

▸ Art. 114, I, desta Lei.

Parágrafo único. A aprovação será concedida se a medida não for prejudicial à competição e não colocar em risco a execução do contrato, observado o disposto no art. 7º desta Lei.

Art. 98. O contrato de concessão poderá ser transferido após a aprovação da Agência desde que, cumulativamente:

I – o serviço esteja em operação, há pelo menos três anos, com o cumprimento regular das obrigações;

II – o cessionário preencha todos os requisitos da outorga, inclusive quanto às garantias, à regularidade jurídica e fiscal e à qualificação técnica e econômico-financeira;

III – a medida não prejudique a competição e não coloque em risco a execução do contrato, observado o disposto no art. 7º desta Lei.

Art. 99. O prazo máximo da concessão será de 20 (vinte) anos, prorrogável por iguais períodos, sendo necessário que a concessionária tenha cumprido as condições da concessão e as obrigações já assumidas e manifeste expresso interesse na prorrogação, pelo menos, 30 (trinta) meses antes de sua expiração.

▸ *Caput* com a redação dada pela Lei nº 13.879, de 3-10-2019.

§ 1º A prorrogação do prazo da concessão implicará pagamento, pela concessionária, pelo direito de exploração do serviço e pelo direito de uso das radiofrequências associadas, e poderá, a critério da Agência, incluir novos condicionamentos, tendo em vista as condições vigentes à época.

§ 2º A desistência do pedido de prorrogação sem justa causa, após seu deferimento, sujeitará a concessionária à pena de multa.

§ 3º Em caso de comprovada necessidade de reorganização do objeto ou da área da concessão para ajustamento ao plano geral de outorgas ou à regulamentação vigente, poderá a Agência indeferir o pedido de prorrogação.

Seção III

DOS BENS

Art. 100. Poderá ser declarada a utilidade pública, para fins de desapropriação ou instituição de servidão, de bens imóveis ou móveis, necessários à execução do serviço, cabendo à concessionária a implementação da medida e o pagamento da indenização e das demais despesas envolvidas.

Art. 101. A alienação, oneração ou substituição de bens reversíveis dependerá de prévia aprovação da Agência.

Art. 102. A extinção da concessão transmitirá automaticamente à União a posse dos bens reversíveis.

Parágrafo único. A reversão dos bens, antes de expirado o prazo contratual, importará pagamento de indenização pelas parcelas de investimentos a eles vinculados, ainda não amortizados ou depreciados, que tenham sido realizados com o objetivo de garantir a continuidade e atualidade do serviço concedido.

Seção IV

DAS TARIFAS

Art. 103. Compete à Agência estabelecer a estrutura tarifária para cada modalidade de serviço.

§ 1º A fixação, o reajuste e a revisão das tarifas poderão basear-se em valor que corresponda à média ponderada dos valores dos itens tarifários.

§ 2º São vedados os subsídios entre modalidades de serviços e segmentos de usuários, ressalvado o disposto no parágrafo único do art. 81 desta Lei.

§ 3º As tarifas serão fixadas no contrato de concessão, consoante edital ou proposta apresentada na licitação.

§ 4º Em caso de outorga sem licitação, as tarifas serão fixadas pela Agência e constarão do contrato de concessão.

Art. 104. Transcorridos ao menos três anos da celebração do contrato, a Agência poderá, se existir ampla e efetiva competição entre as prestadoras do serviço, submeter a concessionária ao regime de liberdade tarifária.

§ 1º No regime a que se refere o *caput*, a concessionária poderá determinar suas próprias tarifas, devendo comunicá-las à Agência com antecedência de sete dias de sua vigência.

§ 2º Ocorrendo aumento arbitrário dos lucros ou práticas prejudiciais à competição, a Agência restabelecerá o regime tarifário anterior, sem prejuízo das sanções cabíveis.

Art. 105. Quando da implantação de novas prestações, utilidades ou comodidades relativas ao objeto da concessão, suas tarifas serão previamente levadas à Agência, para aprovação, com os estudos correspondentes.

Parágrafo único. Considerados os interesses dos usuários, a Agência poderá decidir por fixar as tarifas ou por submetê-las ao regime de liberdade tarifária, sendo vedada qualquer cobrança antes da referida aprovação.

Art. 106. A concessionária poderá cobrar tarifa inferior à fixada desde que a redução se baseie em critério objetivo e favoreça indistintamente todos os usuários, vedado o abuso do poder econômico.

Art. 107. Os descontos de tarifa somente serão admitidos quando extensíveis a todos os usuários que se enquadrem nas condições, precisas e isonômicas, para sua fruição.

Art. 108. Os mecanismos para reajuste e revisão das tarifas serão previstos nos contratos de concessão, observando-se, no que couber, a legislação específica.

§ 1º A redução ou o desconto de tarifas não ensejará revisão tarifária.

§ 2º Serão compartilhados com os usuários, nos termos regulados pela Agência, os ganhos econômicos decorrentes da modernização, expansão ou racionalização dos serviços, bem como de novas receitas alternativas.

§ 3º Serão transferidos integralmente aos usuários os ganhos econômicos que não decorram diretamente da eficiência empresarial, em casos como os de diminuição de tributos ou encargos legais e de novas regras sobre os serviços.

§ 4º A oneração causada por novas regras sobre os serviços, pela álea econômica extraordinária, bem como pelo aumento dos encargos legais ou tributos, salvo o imposto sobre a renda, implicará a revisão do contrato.

Art. 109. A Agência estabelecerá:

I – os mecanismos para acompanhamento das tarifas praticadas pela concessionária, inclusive a antecedência a ser observada na comunicação de suas alterações;

II – os casos de serviço gratuito, como os de emergência;

III – os mecanismos para garantir a publicidade das tarifas.

Seção V

DA INTERVENÇÃO

Art. 110. Poderá ser decretada intervenção na concessionária, por ato da Agência, em caso de:

I – paralisação injustificada dos serviços;

II – inadequação ou insuficiência dos serviços prestados, não resolvidas em prazo razoável;

III – desequilíbrio econômico-financeiro decorrente de má administração que coloque em risco a continuidade dos serviços;

IV – prática de infrações graves;

V – inobservância de atendimento das metas de universalização;

VI – recusa injustificada de interconexão;

VII – infração da ordem econômica nos termos da legislação própria.

Art. 111. O ato de intervenção indicará seu prazo, seus objetivos e limites, que serão determinados em função das razões que a ensejaram, e designará o interventor.

§ 1º A decretação da intervenção não afetará o curso regular dos negócios da concessionária nem seu normal funcionamento e produzirá, de imediato, o afastamento de seus administradores.

§ 2º A intervenção será precedida de procedimento administrativo instaurado pela Agência, em que se assegure a ampla defesa da concessionária, salvo quando decretada cautelarmente, hipótese em que o procedimento será instaurado na data da intervenção e concluído em até cento e oitenta dias.

§ 3º A intervenção poderá ser exercida por um colegiado ou por uma empresa, cuja remuneração será paga com recursos da concessionária.

§ 4º Dos atos do interventor caberá recurso à Agência.

§ 5º Para os atos de alienação e disposição do patrimônio da concessionária, o interventor necessitará de prévia autorização da Agência.

§ 6º O interventor prestará contas e responderá pelos atos que praticar.

Seção VI

DA EXTINÇÃO

Art. 112. A concessão extinguir-se-á por advento do termo contratual, encampação, caducidade, rescisão e anulação.

Parágrafo único. A extinção devolve à União os direitos e deveres relativos à prestação do serviço.

Art. 113. Considera-se encampação a retomada do serviço pela União durante o prazo da concessão, em face de razão extraordinária de interesse público, mediante lei autorizativa específica e após o pagamento de prévia indenização.

Art. 114. A caducidade da concessão será decretada pela Agência nas hipóteses:

I – de infração do disposto no art. 97 desta Lei ou de dissolução ou falência da concessionária;

II – de transferência irregular do contrato;

III – de não cumprimento do compromisso de transferência a que se refere o art. 87 desta Lei;

IV – em que a intervenção seria cabível, mas sua decretação for inconveniente, inócua, injustamente benéfica ao concessionário ou desnecessária.

§ 1º Será desnecessária a intervenção quando a demanda pelos serviços objeto da concessão puder ser atendida por outras prestadoras de modo regular e imediato.

§ 2º A decretação da caducidade será precedida de procedimento administrativo instaurado pela Agência, em que se assegure a ampla defesa da concessionária.

Art. 115. A concessionária terá direito à rescisão quando, por ação ou omissão do Poder Público, a execução do contrato se tornar excessivamente onerosa.

Parágrafo único. A rescisão poderá ser realizada amigável ou judicialmente.

Art. 116. A anulação será decretada pela Agência em caso de irregularidade insanável e grave do contrato de concessão.

Art. 117. Extinta a concessão antes do termo contratual, a Agência, sem prejuízo de outras medidas cabíveis, poderá:

I – ocupar, provisoriamente, bens móveis e imóveis e valer-se de pessoal empregado na prestação dos serviços, necessários a sua continuidade;

II – manter contratos firmados pela concessionária com terceiros, com fundamento nos incisos I e II do art. 94 desta Lei, pelo prazo e nas condições inicialmente ajustadas.

Parágrafo único. Na hipótese do inciso II deste artigo, os terceiros que não cumprirem com as obrigações assumidas responderão pelo inadimplemento.

CAPÍTULO III

DA PERMISSÃO

Art. 118. Será outorgada permissão, pela Agência, para prestação de serviço de telecomunicações em face de situação excepcional comprometedora do funcionamento do serviço que, em virtude de suas peculiaridades, não possa ser atendida, de forma conveniente ou em prazo adequado, mediante intervenção na empresa concessionária ou mediante outorga de nova concessão.

Parágrafo único. Permissão de serviço de telecomunicações é o ato administrativo pelo qual se atribui a alguém o dever de prestar serviço de telecomunicações no regime público e em caráter transitório, até que seja normalizada a situação excepcional que a tenha ensejado.

Art. 119. A permissão será precedida de procedimento licitatório simplificado, instaurado pela Agência, nos termos por ela regulados, ressalvados os casos de inexigibilidade previstos no art. 91, observado o disposto no art. 92, desta Lei.

- ▸ O STF, por maioria dos votos, julgou parcialmente procedente o pedido formulado na ADI nº 1.668, para julgar inconstitucionais as expressões "simplificado" e "nos termos por ela regulado" previstas neste artigo (*DOU* de 6-4-2021).

Art. 120. A permissão será formalizada mediante assinatura de termo, que indicará:

I – o objeto e a área da permissão, bem como os prazos mínimo e máximo de vigência estimados;

II – modo, forma e condições da prestação do serviço;

III – as tarifas a serem cobradas dos usuários, critérios para seu reajuste e revisão e as possíveis fontes de receitas alternativas;

IV – os direitos, as garantias e as obrigações dos usuários, do permitente e do permissionário;

V – as condições gerais de interconexão;

VI – a forma da prestação de contas e da fiscalização;

VII – os bens entregues pelo per-mitente à administração do permissionário;

VIII – as sanções;

IX – os bens reversíveis, se houver;

X – o foro e o modo para solução extrajudicial das divergências.

Parágrafo único. O termo de permissão será publicado resumidamente no *Diário Oficial da União*, como condição de sua eficácia.

Art. 121. Outorgada permissão em decorrência de procedimento licitatório, a recusa injustificada pelo outorgado em assinar o respectivo termo sujeitá-lo-á às sanções previstas no instrumento convocatório.

Art. 122. A permissão extinguir-se-á pelo decurso do prazo máximo de vigência estimado, observado o disposto no art. 124 desta Lei, bem como por revogação, caducidade e anulação.

Art. 123. A revogação deverá basear-se em razões de conveniência e oportunidade relevantes e supervenientes à permissão.

§ 1º A revogação, que poderá ser feita a qualquer momento, não dará direito a indenização.

§ 2º O ato revocatório fixará o prazo para o permissionário devolver o serviço, que não será inferior a sessenta dias.

Art. 124. A permissão poderá ser mantida, mesmo vencido seu prazo máximo, se persistir a situação excepcional que a motivou.

Art. 125. A Agência disporá sobre o regime da permissão, observados os princípios e objetivos desta Lei.

TÍTULO III – DOS SERVIÇOS PRESTADOS EM REGIME PRIVADO

CAPÍTULO I

DO REGIME GERAL DA EXPLORAÇÃO

Art. 126. A exploração de serviço de telecomunicações no regime privado será baseada nos princípios constitucionais da atividade econômica.

Art. 127. A disciplina da exploração dos serviços no regime privado terá por objetivo viabilizar o cumprimento das leis, em especial das relativas às telecomunicações, à ordem econômica e aos direitos dos consumidores, destinando-se a garantir:

I – a diversidade de serviços, o incremento de sua oferta e sua qualidade;

II – a competição livre, ampla e justa;

III – o respeito aos direitos dos usuários;

IV – a convivência entre as modalidades de serviço e entre prestadoras em regime privado e público, observada a prevalência do interesse público;

V – o equilíbrio das relações entre prestadoras e usuários dos serviços;

VI – a isonomia de tratamento às prestadoras;

VII – o uso eficiente do espectro de radiofrequências;

VIII – o cumprimento da função social do serviço de interesse coletivo, bem como dos encargos dela decorrentes;

IX – o desenvolvimento tecnológico e industrial do setor;

X – a permanente fiscalização.

Art. 128. Ao impor condicionamentos administrativos ao direito de exploração das diversas modalidades de serviço no regime privado, sejam eles limites, encargos ou sujeições, a Agência observará a exigência de mínima intervenção na vida privada, assegurando que:

I – a liberdade será a regra, constituindo exceção as proibições, restrições e interferências do Poder Público;

II – nenhuma autorização será negada, salvo por motivo relevante;

III – os condicionamentos deverão ter vínculos, tanto de necessidade como de adequação, com finalidades públicas específicas e relevantes;

IV – o proveito coletivo gerado pelo condicionamento deverá ser proporcional à privação que ele impuser;

V – haverá relação de equilíbrio entre os deveres impostos às prestadoras e os direitos a elas reconhecidos.

Art. 129. O preço dos serviços será livre, ressalvado o disposto no § 2º do art. 136 desta Lei, reprimindo-se toda prática prejudicial à competição, bem como o abuso do poder econômico, nos termos da legislação própria.

Art. 130. A prestadora de serviço em regime privado não terá direito adquirido à permanência das condições vigentes quando da expedição da autorização ou do início das atividades, devendo observar os novos condicionamentos impostos por lei e pela regulamentação.

Parágrafo único. As normas concederão prazos suficientes para adaptação aos novos condicionamentos.

Art. 130-A. É facultado às prestadoras de serviço em regime privado o aluguel de suas redes para implantação de sistema de localização de pessoas desaparecidas.

Parágrafo único. O sistema a que se refere o *caput* deste artigo está sujeito às regras de mercado, nos termos do art. 129 desta Lei.

- ▸ Art. 130-A acrescido pela Lei nº 12.841, de 9-7-2013.

CAPÍTULO II

DA AUTORIZAÇÃO DE SERVIÇO DE TELECOMUNICAÇÕES

Seção I

DA OBTENÇÃO

Art. 131. A exploração de serviço no regime privado dependerá de prévia autorização da Agência, que acarretará direito de uso das radiofrequências necessárias.

§ 1º Autorização de serviço de telecomunicações é o ato administrativo vinculado que faculta a exploração, no regime privado, de modalidade de serviço de telecomunicações, quando preenchidas as condições objetivas e subjetivas necessárias.

§ 2º A Agência definirá os casos que independerão de autorização.

§ 3º A prestadora de serviço que independa de autorização comunicará previamente à Agência o início de suas atividades, salvo nos casos previstos nas normas correspondentes.

§ 4º A eficácia da autorização dependerá da publicação de extrato no *Diário Oficial da União*.

Art. 132. É condição objetiva para a obtenção de autorização de serviço a disponibilidade de radiofrequência necessária, no caso de serviços que a utilizem.

- ▸ *Caput* com a redação dada pela Lei nº 13.879, de 3-10-2019.

I e II – *Revogados*. Lei nº 13.879, de 3-10-2019.

Art. 133. São condições subjetivas para obtenção de autorização de serviço de interesse coletivo pela empresa:

I – estar constituída segundo as leis brasileiras, com sede e administração no País;

II – não estar proibida de licitar ou contratar com o Poder Público, não ter sido declarada inidônea ou não ter sido punida, nos dois anos anteriores, com a decretação da caducidade de concessão, permissão ou autorização de serviço de telecomunicações, ou da caducidade de direito de uso de radiofrequência;

III – dispor de qualificação técnica para bem prestar o serviço, capacidade econômico-financeira, regularidade fiscal e estar em situação regular com a Seguridade Social;

IV – não ser, na mesma região, localidade ou área, encarregada de prestar a mesma modalidade de serviço.

Parágrafo único. A Agência deverá verificar a situação de regularidade fiscal da empresa relativamente a entidades integrantes da administração pública federal, podendo, ainda, quando se mostrar relevante, requerer comprovação de regularidade perante as esferas municipal e estadual do Poder Público.

▸ Parágrafo único acrescido pela Lei nº 13.879, de 3-10-2019.

Art. 134. A Agência disporá sobre as condições subjetivas para obtenção de autorização de serviço de interesse restrito.

Art. 135. A Agência poderá, excepcionalmente, em face de relevantes razões de caráter coletivo, condicionar a expedição de autorização à aceitação, pelo interessado, de compromissos de interesse da coletividade.

Parágrafo único. Os compromissos a que se refere o *caput* serão objeto de regulamentação, pela Agência, observados os princípios da razoabilidade, proporcionalidade e igualdade.

Art. 136. Não haverá limite ao número de autorizações de serviço, salvo em caso de impossibilidade técnica ou, excepcionalmente, quando o excesso de competidores puder comprometer a prestação de uma modalidade de serviço de interesse coletivo.

§ 1º A Agência determinará as regiões, localidades ou áreas abrangidas pela limitação e disporá sobre a possibilidade de a prestadora atuar em mais de uma delas.

§ 2º As prestadoras serão selecionadas mediante procedimento licitatório, na forma estabelecida nos arts. 88 a 92, sujeitando-se a transferência da autorização às mesmas condições estabelecidas no art. 98, desta Lei.

▸ Art. 129 desta Lei.

§ 3º Dos vencedores da licitação será exigida contrapartida proporcional à vantagem econômica que usufruírem, na forma de compromissos de interesse dos usuários.

Art. 137. O descumprimento de condições ou de compromissos assumidos, associados à autorização, sujeitará a prestadora às sanções de multa, suspensão temporária ou caducidade.

Seção II
DA EXTINÇÃO

Art. 138. A autorização de serviço de telecomunicações não terá sua vigência sujeita a termo final, extinguindo-se somente por cassação, caducidade, decaimento, renúncia ou anulação.

Art. 139. Quando houver perda das condições indispensáveis à expedição ou manutenção da autorização, a Agência poderá extingui-la mediante ato de cassação.

Parágrafo único. Importará em cassação da autorização do serviço a extinção da autorização de uso da radiofrequência respectiva.

Art. 140. Em caso de prática de infrações graves, de transferência irregular da autorização ou de descumprimento reiterado de compromissos assumidos, a Agência poderá extinguir a autorização decretando-lhe a caducidade.

Art. 141. O decaimento será decretado pela Agência, por ato administrativo, se, em face de razões de excepcional relevância pública, as normas vierem a vedar o tipo de atividade objeto da autorização ou a suprimir a exploração no regime privado.

§ 1º A edição das normas de que trata o *caput* não justificará o decaimento senão quando a preservação das autorizações já expedidas for efetivamente incompatível com o interesse público.

§ 2º Decretado o decaimento, a prestadora terá o direito de manter suas próprias atividades regulares por prazo mínimo de cinco anos, salvo desapropriação.

Art. 142. Renúncia é o ato formal unilateral, irrevogável e irretratável, pelo qual a prestadora manifesta seu desinteresse pela autorização.

Parágrafo único. A renúncia não será causa para punição do autorizado, nem o desonerará de suas obrigações com terceiros.

Art. 143. A anulação da autorização será decretada, judicial ou administrativamente, em caso de irregularidade insanável do ato que a expediu.

Art. 144. A extinção da autorização mediante ato administrativo dependerá de procedimento prévio, garantidos o contraditório e a ampla defesa do interessado.

TÍTULO III-A – DA ADAPTAÇÃO DA MODALIDADE DE OUTORGA DE SERVIÇO DE TELECOMUNICAÇÕES DE CONCESSÃO PARA AUTORIZAÇÃO

▸ Título III-A acrescido pela Lei nº 13.879, de 3-10-2019.

Art. 144-A. A Agência poderá autorizar, mediante solicitação da concessionária, a adaptação do instrumento de concessão para autorização, condicionada à observância dos seguintes requisitos:

I – manutenção da prestação do serviço adaptado e compromisso de cessão de capacidade que possibilite essa manutenção, nas áreas sem competição adequada, nos termos da regulamentação da Agência;

II – assunção, pela requerente, de compromissos de investimento, conforme o art. 144-B;

III – apresentação, pela requerente, de garantia que assegure o fiel cumprimento das obrigações previstas nos incisos I e II;

IV – adaptação das outorgas para prestação de serviços de telecomunicações e respectivas autorizações de uso de radiofrequências detidas pelo grupo empresarial da concessionária em termo único de serviços.

§ 1º Na prestação prevista no inciso I, deverão ser mantidas as ofertas comerciais do serviço adaptado existentes à época da aprovação da adaptação nas áreas sem competição adequada, nos termos da regulamentação da Agência.

§ 2º Ressalvadas as obrigações previstas nos incisos I e II, o processo de adaptação previsto no inciso IV dar-se-á de forma não onerosa, mantidos os prazos remanescentes das autorizações de uso de radiofrequências.

§ 3º A garantia prevista no inciso III deverá possibilitar sua execução por terceiro beneficiado, de forma a assegurar o cumprimento das obrigações a ela associadas.

§ 4º O contrato de concessão deverá ser alterado para incluir a possibilidade de adaptação prevista no *caput* deste artigo.

§ 5º Após a adaptação prevista no *caput*, poderá ser autorizada a transferência do termo previsto no inciso IV, no todo ou em parte, conforme regulamentação da Agência, desde que preservada a prestação do serviço.

Art. 144-B. O valor econômico associado à adaptação do instrumento de concessão para autorização prevista no art. 144-A será determinado pela Agência, com indicação da metodologia e dos critérios de valoração.

§ 1º O valor econômico referido no *caput* deste artigo será a diferença entre o valor esperado da exploração do serviço adaptado em regime de autorização e o valor esperado da exploração desse serviço em regime de concessão, calculados a partir da adaptação.

§ 2º O valor econômico referido no *caput* deste artigo será revertido em compromissos de investimento, priorizados conforme diretrizes do Poder Executivo.

§ 3º Os compromissos de investimento priorizarão a implantação de infraestrutura de rede de alta capacidade de comunicação de dados em áreas sem competição adequada e a redução das desigualdades, nos termos da regulamentação da Agência.

§ 4º Os compromissos de investimento mencionados neste artigo deverão integrar o termo previsto no inciso IV do art. 144-A.

§ 5º Os compromissos de investimento deverão incorporar a oferta subsidiada de tecnologias assistivas para acessibilidade de pessoas com deficiência, seja às redes de alta capacidade de comunicação de dados, seja aos planos de consumo nos serviços de comunicações para usuários com deficiência, nos termos da regulamentação da Agência.

Art. 144-C. Para efeito do cálculo do valor econômico mencionado no art. 144-B, serão considerados bens reversíveis, se houver, os ativos essenciais e efetivamente empregados na prestação do serviço concedido.

Parágrafo único. Os bens reversíveis utilizados para a prestação de outros serviços de telecomunicações explorados em regime privado serão valorados na proporção de seu uso para o serviço concedido.

▸ Arts. 144-A a 144-C acrescidos pela Lei nº 13.879, de 3-10-2019.

TÍTULO IV – DAS REDES DE TELECOMUNICAÇÕES

Art. 145. A implantação e o funcionamento de redes de telecomunicações destinadas a dar suporte à prestação de serviços de interesse coletivo, no regime público ou privado, observarão o disposto neste Título.

▸ Art. 156 desta Lei.

Parágrafo único. As redes de telecomunicações destinadas à prestação de serviço em regime privado poderão ser dispensadas do disposto no *caput*, no todo ou em parte, na forma da regulamentação expedida pela Agência.

Art. 146. As redes serão organizadas como vias integradas de livre circulação, nos termos seguintes:

I – é obrigatória a interconexão entre as redes, na forma da regulamentação;

II – deverá ser assegurada a operação integrada das redes, em âmbito nacional e internacional;

III – o direito de propriedade sobre as redes é condicionado pelo dever de cumprimento de sua função social.

Parágrafo único. Interconexão é a ligação entre redes de telecomunicações funcionalmente compatíveis, de modo que os usuários de serviços de uma das redes possam comunicar-se com usuários de serviços de outra ou acessar serviços nela disponíveis.

Art. 147. É obrigatória a interconexão às redes de telecomunicações a que se refere o art. 145 desta Lei, solicitada por prestadora de serviço no regime privado, nos termos da regulamentação.

Art. 148. É livre a interconexão entre redes de suporte à prestação de serviços de telecomunicações no regime privado, observada a regulamentação.

Art. 149. A regulamentação estabelecerá as hipóteses e condições de interconexão a redes internacionais.

Art. 150. A implantação, o funcionamento e a interconexão das redes obedecerão à regulamentação editada pela Agência, assegurando a compatibilidade das redes das diferentes prestadoras, visando à sua harmonização em âmbito nacional e internacional.

Art. 151. A Agência disporá sobre os planos de numeração dos serviços, assegurando sua administração de forma não discriminatória e em estímulo à competição, garantindo o atendimento aos compromissos internacionais.

Parágrafo único. A Agência disporá sobre as circunstâncias e as condições em que a prestadora de serviço de telecomunicações cujo usuário transferir-se para outra prestadora será obrigada a, sem ônus, interceptar as ligações dirigidas ao antigo código de acesso do usuário e informar o seu novo código.

Art. 152. O provimento da interconexão será realizado em termos não discriminatórios, sob condições técnicas adequadas, garantindo preços isonômicos e justos, atendendo ao estritamente necessário à prestação do serviço.

Art. 153. As condições para a interconexão de redes serão objeto de livre negociação entre os interessados, mediante acordo, observado o disposto nesta Lei e nos termos da regulamentação.

§ 1º O acordo será formalizado por contrato, cuja eficácia dependerá de homologação pela Agência, arquivando-se uma de suas vias na Biblioteca para consulta por qualquer interessado.

§ 2º Não havendo acordo entre os interessados, a Agência, por provocação de um deles, arbitrará as condições para a interconexão.

Art. 154. As redes de telecomunicações poderão ser, secundariamente, utilizadas como suporte de serviço a ser prestado por outrem, de interesse coletivo ou restrito.

Art. 155. Para desenvolver a competição, as empresas prestadoras de serviços de telecomunicações de interesse coletivo deverão, nos casos e condições fixados pela Agência, disponibilizar suas redes a outras prestadoras de serviços de telecomunicações de interesse coletivo.

Art. 156. Poderá ser vedada a conexão de equipamentos terminais sem certificação, expedida ou aceita pela Agência, no caso das redes referidas no art. 145 desta Lei.

§ 1º Terminal de telecomunicações é o equipamento ou aparelho que possibilita o acesso do usuário a serviço de telecomunicações, podendo incorporar estágio de transdução, estar incorporado a equipamento destinado a exercer outras funções ou, ainda, incorporar funções secundárias.

§ 2º Certificação é o reconhecimento da compatibilidade das especificações de determinado produto com as características técnicas do serviço a que se destina.

TÍTULO V – DO ESPECTRO E DA ÓRBITA

CAPÍTULO I – DO ESPECTRO DE RADIOFREQUÊNCIAS

Art. 157. O espectro de radiofrequências é um recurso limitado, constituindo-se em bem público, administrado pela Agência.

Art. 158. Observadas as atribuições de faixas segundo tratados e acordos internacionais, a Agência manterá plano com a atribuição, distribuição e destinação de radiofrequências, e detalhamento necessário ao uso das radiofrequências associadas aos diversos serviços e atividades de telecomunicações, atendidas suas necessidades específicas e as de suas expansões.

§ 1º O plano destinará faixas de radiofrequência para:

I – fins exclusivamente militares;

II – serviços de telecomunicações a serem prestados em regime público e em regime privado;

III – serviços de radiodifusão;

IV – serviços de emergência e de segurança pública;

V – outras atividades de telecomunicações.

§ 2º A destinação de faixas de radiofrequência para fins exclusivamente militares será feita em articulação com as Forças Armadas.

Art. 159. Na destinação de faixas de radiofrequência serão considerados o emprego racional e econômico do espectro, bem como as atribuições, distribuições e consignações existentes, objetivando evitar interferências prejudiciais.

Parágrafo único. Considera-se interferência prejudicial qualquer emissão, irradiação ou indução que obstrua, degrade seriamente ou interrompa repetidamente a telecomunicação.

Art. 160. A Agência regulará a utilização eficiente e adequada do espectro, podendo restringir o emprego de determinadas radiofrequências ou faixas, considerado o interesse público.

Parágrafo único. O uso da radiofrequência será condicionado à sua compatibilidade com a atividade ou o serviço a ser prestado, particularmente no tocante à potência, à faixa de transmissão e à técnica empregada.

Art. 161. A qualquer tempo, poderá ser modificada a destinação de radiofrequências ou faixas, bem como ordenada a alteração de potências ou de outras características técnicas, desde que o interesse público ou o cumprimento de convenções ou tratados internacionais assim o determine.

Parágrafo único. Será fixado prazo adequado e razoável para a efetivação da mudança.

Art. 162. A operação de estação transmissora de radiocomunicação está sujeita à licença de funcionamento prévia e à fiscalização permanente, nos termos da regulamentação.

§ 1º Radiocomunicação é a telecomunicação que utiliza frequências radioelétricas não confinadas a fios, cabos ou outros meios físicos.

§ 2º É vedada a utilização de equipamentos emissores de radiofrequência sem certificação expedida ou aceita pela Agência.

§ 3º A emissão ou extinção da licença relativa à estação de apoio à navegação marítima ou aeronáutica, bem como à estação de radiocomunicação marítima ou aeronáutica, dependerá de parecer favorável dos órgãos competentes para a vistoria de embarcações e aeronaves.

§ 4º Excetuam-se da obrigação de licenciamento de funcionamento prévio estabelecida no *caput* deste artigo as estações de telecomunicações que integrem sistemas de comunicação máquina a máquina, conforme regulamentação.

▶ § 4º acrescido pela Lei nº 14.108, de 16-12-2020.

CAPÍTULO II – DA AUTORIZAÇÃO DE USO DE RADIOFREQUÊNCIA

Art. 163. O uso de radiofrequência, tendo ou não caráter de exclusividade, dependerá de prévia outorga da Agência, mediante autorização, nos termos da regulamentação.

§ 1º Autorização de uso de radiofrequência é o ato administrativo vinculado, associado à concessão, permissão ou autorização para prestação de serviço de telecomunicações, que atribui a interessado, por prazo determinado, o direito de uso de radiofrequência, nas condições legais e regulamentares.

§ 2º Independerão de outorga:

I – o uso de radiofrequência por meio de equipamentos de radiação restrita definidos pela Agência;

II – o uso, pelas Forças Armadas, de radiofrequências nas faixas destinadas a fins exclusivamente militares.

§ 3º A eficácia da autorização de uso de radiofrequência dependerá de publicação de extrato no *Diário Oficial da União*.

§ 4º A transferência da autorização de uso de radiofrequências entre prestadores de serviços de telecomunicações dependerá de anuência da Agência, nos termos da regulamentação.

§ 5º Na anuência prevista no § 4º, a Agência poderá estabelecer condicionamentos de caráter concorrencial para a aprovação da transferência, tais como limitações à quantidade de radiofrequências transferidas.

▶ §§ 4º e 5º acrescidos pela Lei nº 13.879, de 3-10-2019.

Art. 164. Havendo limitação técnica ao uso de radiofrequência e ocorrendo o interesse na sua utilização, por parte de mais de um interessado, para fins de expansão de serviço e, havendo ou não, concomitantemente, outros interessados em prestar a mesma modalidade de serviço, observar-se-á:

I – a autorização de uso de radiofrequência dependerá de licitação, na forma e condições estabelecidas nos arts. 88 a 90 desta Lei e será sempre onerosa;

II – o vencedor da licitação receberá, conforme o caso, a autorização para uso da radiofrequência, para fins de expansão do serviço, ou a autorização para a prestação do serviço.

Art. 165. Para fins de verificação da necessidade de abertura ou não da licitação prevista no artigo anterior, observar-se-á o disposto nos arts. 91 e 92 desta Lei.

Art. 166. A autorização de uso de radiofrequência terá o mesmo prazo de vigência da concessão ou permissão de prestação de serviço de telecomunicações à qual esteja vinculada.

Art. 167. No caso de serviços autorizados, o prazo de vigência será de até 20 (vinte) anos, prorrogável por iguais períodos, sendo necessário que a autorizada tenha cumprido as obrigações já assumidas e manifeste prévio e expresso interesse.

► *Caput* com a redação dada pela Lei nº 13.879, de 3-10-2019.

§ 1º A prorrogação, sempre onerosa, poderá ser requerida até três anos antes do vencimento do prazo original, devendo o requerimento ser decidido em, no máximo, doze meses.

§ 2º O indeferimento somente ocorrerá se o interessado não estiver fazendo uso racional e adequado da radiofrequência, se houver cometido infrações reiteradas em suas atividades ou se for necessária a modificação de destinação do uso da radiofrequência.

§ 3º Na prorrogação prevista no *caput*, deverão ser estabelecidos compromissos de investimento, conforme diretrizes do Poder Executivo, alternativamente ao pagamento de todo ou de parte do valor do preço público devido pela prorrogação.

► § 3º acrescido pela Lei nº 13.879, de 3-10-2019.

Art. 168. *Revogado*. Lei nº 13.879, de 3-10-2019.

Art. 169. A autorização de uso de radiofrequências extinguir-se-á pelo advento de seu termo final ou no caso de sua transferência irregular, bem como por caducidade, decaimento, renúncia ou anulação da autorização para prestação do serviço de telecomunicações que dela se utiliza.

CAPÍTULO III
DA ÓRBITA E DOS SATÉLITES

Art. 170. A Agência disporá sobre os requisitos e critérios específicos para execução de serviço de telecomunicações que utilize satélite, geoestacionário ou não, independentemente de o acesso a ele ocorrer a partir do território nacional ou do exterior.

Art. 171. Para a execução de serviço de telecomunicações via satélite regulado por esta Lei, deverá ser dada preferência ao emprego de satélite brasileiro, quando este propiciar condições equivalentes às de terceiros.

§ 1º O emprego de satélite estrangeiro somente será admitido quando sua contratação for feita com empresa constituída segundo as leis brasileiras e com sede e administração no País, na condição de representante legal do operador estrangeiro.

§ 2º Satélite brasileiro é o que utiliza recursos de órbita e espectro radioelétrico notificados pelo País, ou a ele distribuídos ou consignados, e cuja estação de controle e monitoração seja instalada no território brasileiro.

Art. 172. O direito de exploração de satélite brasileiro para transporte de sinais de telecomunicações assegura a ocupação da órbita e o uso das radiofrequências destinadas ao controle e monitoração do satélite e à telecomunicação via satélite, por prazo de até 15 (quinze) anos, podendo esse prazo ser prorrogado, nos termos da regulamentação, desde que cumpridas as obrigações já assumidas.

► *Caput* com a redação dada pela Lei nº 13.879, de 3-10-2019.

§ 1º Imediatamente após um pedido para exploração de satélite que implique utilização de novos recursos de órbita ou espectro, a Agência avaliará as informações e, considerando-as em conformidade com a regulamentação, encaminhará à União Internacional de Telecomunicações a correspondente notificação, sem que isso caracterize compromisso de outorga ao requerente.

§ 2º O direito de exploração será conferido mediante processo administrativo estabelecido pela Agência.

► § 2º com a redação dada pela Lei nº 13.879, de 3-10-2019.

§ 3º *Revogado*. Lei nº 13.879, de 3-10-2019.

§ 4º O direito de exploração será conferido a título oneroso, podendo o pagamento, conforme dispuser a Agência, ser convertido em compromissos de investimento, conforme diretrizes do Poder Executivo.

► § 4º com a redação dada pela Lei nº 13.879, de 3-10-2019.

TÍTULO VI – DAS SANÇÕES

CAPÍTULO I
DAS SANÇÕES ADMINISTRATIVAS

Art. 173. A infração desta Lei ou das demais normas aplicáveis, bem como a inobservância dos deveres decorrentes dos contratos de concessão ou dos atos de permissão, autorização de serviço ou autorização de uso de radiofrequência, sujeitará os infratores às seguintes sanções, aplicáveis pela Agência, sem prejuízo das de natureza civil e penal:

I – advertência;
II – multa;
III – suspensão temporária;
IV – caducidade;
V – declaração de inidoneidade.

Art. 174. Toda acusação será circunstanciada, permanecendo em sigilo até sua completa apuração.

Art. 175. Nenhuma sanção será aplicada sem a oportunidade de prévia e ampla defesa.

Parágrafo único. Apenas medidas cautelares urgentes poderão ser tomadas antes da defesa.

Art. 176. Na aplicação de sanções, serão considerados a natureza e a gravidade da infração, os danos dela resultantes para o serviço e para os usuários, a vantagem auferida pelo infrator, as circunstâncias agravantes, os antecedentes do infrator e a reincidência específica.

Parágrafo único. Entende-se por reincidência específica a repetição de falta de igual natureza após o recebimento de notificação anterior.

Art. 177. Nas infrações praticadas por pessoa jurídica, também serão punidos com a sanção de multa seus administradores ou controladores, quando tiverem agido de má-fé.

Art. 178. A existência de sanção anterior será considerada como agravante na aplicação de outra sanção.

Art. 179. A multa poderá ser imposta isoladamente ou em conjunto com outra sanção, não devendo ser superior a R$ 50.000.000,00 (cinquenta milhões de reais) para cada infração cometida.

§ 1º Na aplicação de multa serão considerados a condição econômica do infrator e o princípio da proporcionalidade entre a gravidade da falta e a intensidade da sanção.

§ 2º A imposição, a prestadora de serviço de telecomunicações, de multa decorrente de infração da ordem econômica, observará os limites previstos na legislação específica.

Art. 180. A suspensão temporária será imposta, em relação à autorização de serviço ou de uso de radiofrequência, em caso de infração grave cujas circunstâncias não justifiquem a decretação de caducidade.

Parágrafo único. O prazo da suspensão não será superior a trinta dias.

Art. 181. A caducidade importará na extinção de concessão, permissão, autorização de serviço ou autorização de uso de radiofrequência, nos casos previstos nesta Lei.

Art. 182. A declaração de inidoneidade será aplicada a quem tenha praticado atos ilícitos visando frustrar os objetivos de licitação.

Parágrafo único. O prazo de vigência da declaração de inidoneidade não será superior a cinco anos.

CAPÍTULO II
DAS SANÇÕES PENAIS

Art. 183. Desenvolver clandestinamente atividades de telecomunicação:

Pena – detenção de dois a quatro anos, aumentada da metade se houver dano a terceiro, e multa de R$ 10.000,00 (dez mil reais).

Parágrafo único. Incorre na mesma pena quem, direta ou indiretamente, concorrer para o crime.

Art. 184. São efeitos da condenação penal transitada em julgado:

I – tornar certa a obrigação de indenizar o dano causado pelo crime;

II – a perda, em favor da Agência, ressalvado o direito do lesado ou de terceiros de boa-fé, dos bens empregados na atividade clandestina, sem prejuízo de sua apreensão cautelar.

Parágrafo único. Considera-se clandestina a atividade desenvolvida sem a competente concessão, permissão ou autorização de serviço, de uso de radiofrequência e de exploração de satélite.

Art. 185. O crime definido nesta Lei é de ação penal pública, incondicionada, cabendo ao Ministério Público promovê-la.

► Art. 129, II, da CF.
► Arts. 100 a 106 do CP.

LIVRO IV – DA REESTRUTURAÇÃO E DA DESESTATIZAÇÃO DAS EMPRESAS FEDERAIS DE TELECOMUNICAÇÕES

Art. 186. A reestruturação e a desestatização das empresas federais de telecomunicações têm como objetivo conduzir ao cumprimento dos deveres constantes do art. 2º desta Lei.

Art. 187. Fica o Poder Executivo autorizado a promover a reestruturação e a desestatização das seguintes empresas controladas, direta ou indiretamente, pela União, e supervisionadas pelo Ministério das Comunicações:

I – Telecomunicações Brasileiras S.A. – TELEBRÁS;
II – Empresa Brasileira de Telecomunicações – EMBRATEL;
III – Telecomunicações do Maranhão S.A. – TELMA;
IV – Telecomunicações do Piauí S.A. – TELEPISA;
V – Telecomunicações do Ceará – TELECEARÁ;
VI – Telecomunicações do Rio Grande do Norte S.A. – TELERN;
VII – Telecomunicações da Paraíba S.A. – TELPA;

VIII – Telecomunicações de Pernambuco S.A. – TELPE;
IX – Telecomunicações de Alagoas S.A. – TELASA;
X – Telecomunicações de Sergipe S.A. – TELERGIPE;
XI – Telecomunicações da Bahia S.A. – TELEBAHIA;
XII – Telecomunicações de Mato Grosso do Sul S.A. – TELEMS;
XIII – Telecomunicações de Mato Grosso S.A. – TELEMAT;
XIV – Telecomunicações de Goiás S.A. – TELEGOIÁS;
XV – Telecomunicações de Brasília S.A. – TELEBRASÍLIA;
XVI – Telecomunicações de Rondônia S.A. – TELERON;
XVII – Telecomunicações do Acre S.A. – TELEACRE;
XVIII – Telecomunicações de Roraima S.A. – TELAIMA;
XIX – Telecomunicações do Amapá S.A. – TELEAMAPÁ;
XX – Telecomunicações do Amazonas S.A. – TELAMAZON;
XXI – Telecomunicações do Pará S.A. – TELEPARÁ;
XXII – Telecomunicações do Rio de Janeiro S.A. – TELERJ;
XXIII – Telecomunicações de Minas Gerais S.A. – TELEMIG;
XXIV – Telecomunicações do Espírito Santo S.A. – TELEST;
XXV – Telecomunicações de São Paulo S.A. – TELESP;
XXVI – Companhia Telefônica da Borda do Campo – CTBC;
XXVII – Telecomunicações do Paraná S.A. – TELEPAR;
XXVIII – Telecomunicações de Santa Catarina S.A. – TELESC;
XXIX – Companhia Telefônica Melhoramento e Resistência – CTMR.

Parágrafo único. Incluem-se na autorização a que se refere o *caput* as empresas subsidiárias exploradoras do serviço móvel celular, constituídas nos termos do art. 5º da Lei nº 9.295, de 19 de julho de 1996.

▸ Lei nº 9.295, de 19-7-1996, dispõe sobre os Serviços de Telecomunicações e sua Organização, e sobre o Órgão Regulador.

Art. 188. A reestruturação e a desestatização deverão compatibilizar as áreas de atuação das empresas com o plano geral de outorgas, o qual deverá ser previamente editado, na forma do art. 84 desta Lei, bem como observar as restrições, limites ou condições estabelecidas com base no art. 71.

Art. 189. Para a reestruturação das empresas enumeradas no art. 187, fica o Poder Executivo autorizado a adotar as seguintes medidas:

▸ O STF, por unanimidade, julgou improcedente a ADI nº 1.840, para assentar a constitucionalidade deste artigo (*DOU* de 22-9-2022).

I – cisão, fusão e incorporação;
II – dissolução de sociedade ou desativação parcial de seus empreendimentos;
III – redução de capital social.

Art. 190. Na reestruturação e desestatização da Telecomunicações Brasileiras S.A. – TELEBRÁS deverão ser previstos mecanismos que assegurem a preservação da capacidade em pesquisa e desenvolvimento tecnológico existente na empresa.

Parágrafo único. Para o cumprimento do disposto no *caput*, fica o Poder Executivo autorizado a criar entidade, que incorporará o Centro de Pesquisa e Desenvolvimento da TELEBRÁS, sob uma das seguintes formas:

I – empresa estatal de economia mista ou não, inclusive por meio da cisão a que se refere o inciso I do artigo anterior;
II – fundação governamental, pública ou privada.

Art. 191. A desestatização caracteriza-se pela alienação onerosa de direitos que asseguram à União, direta ou indiretamente, preponderância nas deliberações sociais e o poder de eleger a maioria dos administradores da sociedade, podendo ser realizada mediante o emprego das seguintes modalidades operacionais:

I – alienação de ações;
II – cessão do direito de preferência à subscrição de ações em aumento de capital.

Parágrafo único. A desestatização não afetará as concessões, permissões e autorizações detidas pela empresa.

Art. 192. Na desestatização das empresas a que se refere o art. 187, parte das ações poderá ser reservada a seus empregados e ex-empregados aposentados, a preços e condições privilegiados, inclusive com a utilização do Fundo de Garantia por Tempo de Serviço – FGTS.

Art. 193. A desestatização de empresas ou grupo de empresas citadas no art. 187 implicará a imediata abertura à competição, na respectiva área, dos serviços prestados no regime público.

Art. 194. Poderão ser objeto de alienação conjunta o controle acionário de empresas prestadoras de serviço telefônico fixo comutado e o de empresas prestadoras do serviço móvel celular.

Parágrafo único. Fica vedado ao novo controlador promover a incorporação ou fusão de empresa prestadora do serviço telefônico fixo comutado com empresa prestadora do serviço móvel celular.

Art. 195. O modelo de reestruturação e desestatização das empresas enumeradas no art. 187, após submetido a consulta pública, será aprovado pelo Presidente da República, ficando a coordenação e o acompanhamento dos atos e procedimentos decorrentes a cargo de Comissão Especial de Supervisão, a ser instituída pelo Ministro de Estado das Comunicações.

§ 1º A execução de procedimentos operacionais necessários à desestatização poderá ser cometida, mediante contrato, a instituição financeira integrante da Administração Federal, de notória experiência no assunto.

§ 2º A remuneração da contratada será paga com parte do valor líquido apurado nas alienações.

Art. 196. Na reestruturação e na desestatização poderão ser utilizados serviços especializados de terceiros, contratados mediante procedimento licitatório de rito próprio, nos termos seguintes:

I – o Ministério das Comunicações manterá cadastro organizado por especialidade, aberto a empresas e instituições nacionais ou internacionais, de notória especialização na área de telecomunicações e na avaliação e auditoria de empresas, no planejamento e execução de venda de bens e valores mobiliários e nas questões jurídicas relacionadas;
II – para inscrição no cadastro, os interessados deverão atender aos requisitos definidos pela Comissão Especial de Supervisão, com a aprovação do Ministro de Estado das Comunicações;
III – poderão participar das licitações apenas os cadastrados, que serão convocados mediante carta, com a especificação dos serviços objeto do certame;
IV – os convocados, isoladamente ou em consórcio, apresentarão suas propostas em trinta dias, contados da convocação;
V – além de outros requisitos previstos na convocação, as propostas deverão conter o detalhamento dos serviços, a metodologia de execução, a indicação do pessoal técnico a ser empregado e o preço pretendido;
VI – o julgamento das propostas será realizado pelo critério de técnica e preço;
VII – o contratado, sob sua exclusiva responsabilidade e com a aprovação do contratante, poderá subcontratar parcialmente os serviços objeto do contrato;
VIII – o contratado será obrigado a aceitar, nas mesmas condições contratuais, os acréscimos ou reduções que se fizerem necessários nos serviços, de até vinte e cinco por cento do valor inicial do ajuste.

Art. 197. O processo especial de desestatização obedecerá aos princípios de legalidade, impessoalidade, moralidade e publicidade, podendo adotar a forma de leilão ou concorrência ou, ainda, de venda de ações em oferta pública, de acordo com o estabelecido pela Comissão Especial de Supervisão.

Parágrafo único. O processo poderá comportar uma etapa de pré-qualificação, ficando restrita aos qualificados a participação em etapas subsequentes.

Art. 198. O processo especial de desestatização será iniciado com a publicação, no *Diário Oficial da União* e em jornais de grande circulação nacional, de avisos referentes ao edital, do qual constarão, obrigatoriamente:

I – as condições para qualificação dos pretendentes;
II – as condições para aceitação das propostas;
III – os critérios de julgamento;
IV – minuta do contrato de concessão;
V – informações relativas às empresas objeto do processo, tais como seu passivo de curto e longo prazo e sua situação econômica e financeira, especificando-se lucros, prejuízos e endividamento interno e externo, no último exercício;
VI – sumário dos estudos de avaliação;
VII – critério de fixação do valor mínimo de alienação, com base nos estudos de avaliação;
VIII – indicação, se for o caso, de que será criada, no capital social da empresa objeto da desestatização, ação de classe especial, a ser subscrita pela União, e dos poderes especiais que lhe serão conferidos, os quais deverão ser incorporados ao estatuto social.

§ 1º O acesso à integralidade dos estudos de avaliação e a outras informações confidenciais poderá ser restrito aos qualificados, que assumirão compromisso de confidencialidade.

LEGISLAÇÃO COMPLEMENTAR

§ 2º A alienação do controle acionário, se realizada mediante venda de ações em oferta pública, dispensará a inclusão, no edital, das informações relacionadas nos incisos I a III deste artigo.

Art. 199. Visando à universalização dos serviços de telecomunicações, os editais de desestatização deverão conter cláusulas de compromisso de expansão do atendimento à população, consoantes com o disposto no art. 80.

Art. 200. Para qualificação, será exigida dos pretendentes comprovação de capacidade técnica, econômica e financeira, podendo ainda haver exigências quanto a experiência na prestação de serviços de telecomunicações, guardada sempre a necessária compatibilidade com o porte das empresas objeto do processo.

Parágrafo único. Será admitida a participação de consórcios, nos termos do edital.

Art. 201. Fica vedada, no decurso do processo de desestatização, a aquisição, por um mesmo acionista ou grupo de acionistas, do controle, direto ou indireto, de empresas atuantes em áreas distintas do plano geral de outorgas.

Art. 202. A transferência do controle acionário ou da concessão, após a desestatização, somente poderá efetuar-se quando transcorrido o prazo de cinco anos, observado o disposto nos incisos II e III do art. 98 desta Lei.

§ 1º Vencido o prazo referido no *caput*, a transferência de controle ou de concessão que resulte no controle, direto ou indireto, por um mesmo acionista ou grupo de acionistas, de concessionárias atuantes em áreas distintas do plano geral de outorgas, não poderá ser efetuada enquanto tal impedimento for considerado, pela Agência, necessário ao cumprimento do plano.

§ 2º A restrição à transferência da concessão não se aplica quando efetuada entre empresas atuantes em uma mesma área do plano geral de outorgas.

Art. 203. Os preços de aquisição serão pagos exclusivamente em moeda corrente, admitido o parcelamento, nos termos do edital.

Art. 204. Em até trinta dias após o encerramento de cada processo de desestatização, a Comissão Especial de Supervisão publicará relatório circunstanciado a respeito.

Art. 205. Entre as obrigações da instituição financeira contratada para a execução de atos e procedimentos da desestatização, poderá ser incluído o fornecimento de assistência jurídica integral aos membros da Comissão Especial de Supervisão e aos demais responsáveis pela condução da desestatização, na hipótese de serem demandados pela prática de atos decorrentes do exercício de suas funções.

Art. 206. Os administradores das empresas sujeitas à desestatização são responsáveis pelo fornecimento, no prazo fixado pela Comissão Especial de Supervisão ou pela instituição financeira contratada, das informações necessárias à instrução dos respectivos processos.

DISPOSIÇÕES FINAIS E TRANSITÓRIAS

Art. 207. No prazo máximo de sessenta dias a contar da publicação desta Lei, as atuais prestadoras do serviço telefônico fixo comutado destinado ao uso do público em geral, inclusive as referidas no art. 187 desta Lei, bem como do serviço dos troncos e suas conexões internacionais, deverão pleitear a celebração de contrato de concessão, que será efetivada em até vinte e quatro meses a contar da publicação desta Lei.

§ 1º A concessão, cujo objeto será determinado em função do plano geral de outorgas, será feita a título gratuito, com termo final fixado para o dia 31 de dezembro de 2005, assegurado o direito à prorrogação única por vinte anos, a título oneroso, desde que observado o disposto no Título II do Livro III desta Lei.

§ 2º À prestadora que não atender ao disposto no caput deste artigo aplicar-se-ão as seguintes disposições:

I – se concessionária, continuará sujeita ao contrato de concessão atualmente em vigor, o qual não poderá ser transferido ou prorrogado;

II – se não for concessionária, o seu direito à exploração do serviço extinguir-se-á em 31 de dezembro de 1999.

§ 3º Em relação aos demais serviços prestados pelas entidades a que se refere o *caput*, serão expedidas as respectivas autorizações ou, se for o caso, concessões, observado o disposto neste artigo, no que couber, e no art. 208 desta Lei.

Art. 208. As concessões das empresas prestadoras de serviço móvel celular abrangidas pelo art. 4º da Lei nº 9.295, de 19 de julho de 1996, serão outorgadas na forma e condições determinadas pelo referido artigo e seu parágrafo único.

Art. 209. Ficam autorizadas as transferências de concessão, parciais ou totais, que forem necessárias para compatibilizar as áreas de atuação das atuais prestadoras com o plano geral de outorgas.

Art. 210. As concessões, permissões e autorizações de serviço de telecomunicações e de uso de radiofrequência e as respectivas licitações regem-se exclusivamente por esta Lei, a elas não se aplicando as Leis nº 8.666, de 21 de junho de 1993, nº 8.987, de 13 de fevereiro de 1995, nº 9.074, de 7 de julho de 1995, e suas alterações.

▸ A Lei nº 8.666, de 21-6-1993, foi revogada pela Lei nº 14.133, de 1º-4-2021.

Art. 211. A outorga dos serviços de radiodifusão sonora e de sons e imagens fica excluída da jurisdição da Agência, permanecendo no âmbito de competências do Poder Executivo, devendo a Agência elaborar e manter os respectivos planos de distribuição de canais, levando em conta, inclusive, os aspectos concernentes à evolução tecnológica.

Parágrafo único. Caberá à Agência a fiscalização, quanto aos aspectos técnicos, das respectivas estações.

Art. 212. O serviço de TV a Cabo, inclusive quanto aos atos, condições e procedimentos de outorga, continuará regido pela Lei nº 8.977, de 6 de janeiro de 1995, ficando transferidas à Agência as competências atribuídas pela referida Lei ao Poder Executivo.

Art. 213. Será livre a qualquer interessado a divulgação, por qualquer meio, de listas de assinantes do serviço telefônico fixo comutado destinado ao uso do público em geral.

§ 1º Observado o disposto nos incisos VI e IX do art. 3º desta Lei, as prestadoras do serviço serão obrigadas a fornecer, em prazos e a preços razoáveis e de forma não discriminatória, a relação de seus assinantes a quem queira divulgá-la.

§ 2º É obrigatório e gratuito o fornecimento, pela prestadora, de listas telefônicas aos assinantes dos serviços, diretamente ou por meio de terceiros, nos termos em que dispuser a Agência.

Art. 214. Na aplicação desta Lei, serão observadas as seguintes disposições:

I – os regulamentos, normas e demais regras em vigor serão gradativamente substituídos por regulamentação a ser editada pela Agência, em cumprimento a esta Lei;

▸ Dec. nº 3.896, de 23-8-2001, dispõe que os serviços de telecomunicações, qualquer que seja o regime jurídico ou o interesse, regem-se exclusivamente pelos regulamentos e pelas normas editadas pela ANATEL, não se lhes aplicando a regulamentação anteriormente vigente, excetuada a hipótese prevista neste inciso.

II – enquanto não for editada a nova regulamentação, as concessões, permissões e autorizações continuarão regidas pelos atuais regulamentos, normas e regras;

▸ Dec. nº 3.896, de 23-8-2001, dispõe que os serviços de telecomunicações, qualquer que seja o regime jurídico ou o interesse, regem-se exclusivamente pelos regulamentos e pelas normas editadas pela ANATEL, não se lhes aplicando a regulamentação anteriormente vigente, excetuada a hipótese prevista neste inciso.

III – até a edição da regulamentação decorrente desta Lei, continuarão regidos pela Lei nº 9.295, de 19 de julho de 1996, os serviços por ela disciplinados e os respectivos atos e procedimentos de outorga;

▸ Dec. nº 2.338, de 7-10-1997, aprova o regulamento da ANATEL.

IV – as concessões, permissões e autorizações feitas anteriormente a esta Lei, não reguladas no seu art. 207, permanecerão válidas pelos prazos nelas previstos;

V – com a aquiescência do interessado, poderá ser realizada a adaptação dos instrumentos de concessão, permissão e autorização a que se referem os incisos III e IV deste artigo aos preceitos desta Lei;

VI – a renovação ou prorrogação, quando prevista nos atos a que se referem os incisos III e IV deste artigo, somente poderá ser feita quando tiver havido a adaptação prevista no inciso anterior.

Art. 215. Ficam revogados:

I – a Lei nº 4.117, de 27 de agosto de 1962, salvo quanto a matéria penal não tratada nesta Lei e quanto aos preceitos relativos à radiodifusão;

II – a Lei nº 6.874, de 3 de dezembro de 1980;

III – a Lei nº 8.367, de 30 de dezembro de 1991;

IV – os arts. 1º, 2º, 3º, 7º, 9º, 10, 12 e 14, bem como o *caput* e os §§ 1º e 4º do art. 8º, da Lei nº 9.295, de 19 de julho de 1996;

V – o inciso I do art. 16 da Lei nº 8.029, de 12 de abril de 1990.

▸ Art. 16 da Lei nº 8.029, de 12-4-1990, renumerado para art. 19 pela Lei nº 8.154, de 28-12-1990.

Art. 216. Esta Lei entra em vigor na data de sua publicação.

Brasília, 16 de julho de 1997;
176º da Independência e
109º da República.

Fernando Henrique Cardoso

LEI Nº 9.492, DE 10 DE SETEMBRO DE 1997

Define competência, regulamenta os serviços concernentes ao protesto de títulos e outros documentos de dívida e dá outras providências.

▶ Publicada no *DOU* de 11-9-1997.

▶ Art. 73 da LC nº 123, de 14-12-2006 (Estatuto Nacional da Microempresa e da Empresa de Pequeno Porte).

CAPÍTULO I
DA COMPETÊNCIA E DAS ATRIBUIÇÕES

Art. 1º Protesto é o ato formal e solene pelo qual se prova a inadimplência e o descumprimento de obrigação originada em títulos e outros documentos de dívida.

Parágrafo único. Incluem-se entre os títulos sujeitos a protesto as certidões de dívida ativa da União, dos Estados, do Distrito Federal, dos Municípios e das respectivas autarquias e fundações públicas.

▶ Parágrafo único acrescido pela Lei nº 12.767, de 27-12-2012.

Art. 2º Os serviços concernentes ao protesto, garantidores da autenticidade, publicidade, segurança e eficácia dos atos jurídicos, ficam sujeitos ao regime estabelecido nesta Lei.

Art. 3º Compete privativamente ao Tabelião de Protesto de Títulos, na tutela dos interesses públicos e privados, a protocolização, a intimação, o acolhimento da devolução ou do aceite, o recebimento do pagamento, do título e de outros documentos de dívida, bem como lavrar e registrar o protesto ou acatar a desistência do credor em relação ao mesmo, proceder às averbações, prestar informações e fornecer certidões relativas a todos os atos praticados, na forma desta Lei.

CAPÍTULO II
DA ORDEM DOS SERVIÇOS

Art. 4º O atendimento ao público será, no mínimo, de seis horas diárias.

Art. 5º Todos os documentos apresentados ou distribuídos no horário regulamentar serão protocolizados dentro de vinte e quatro horas, obedecendo à ordem cronológica de entrega.

Parágrafo único. Ao apresentante será entregue recibo com as características essenciais do título ou documento da dívida, sendo de sua responsabilidade os dados fornecidos.

Art. 6º Tratando-se de cheque, poderá o protesto ser lavrado no lugar do pagamento ou do domicílio do emitente, devendo do referido cheque constar a prova de apresentação ao Banco sacado, salvo se o protesto tenha por fim instruir medidas pleiteadas contra o estabelecimento de crédito.

CAPÍTULO III
DA DISTRIBUIÇÃO

Art. 7º Os títulos e documentos de dívida destinados a protesto somente estarão sujeitos a prévia distribuição obrigatória nas localidades onde houver mais de um Tabelionato de Protesto de Títulos.

Parágrafo único. Onde houver mais de um Tabelionato de Protesto de Títulos, a distribuição será feita por um serviço instalado e mantido pelos próprios tabelionatos, salvo se já existir ofício distribuidor organizado antes da promulgação desta Lei.

Art. 8º Os títulos e documentos de dívida serão recepcionados, distribuídos e entregues na mesma data aos Tabelionatos de Protesto, obedecidos os critérios de quantidade e qualidade.

§ 1º Poderão ser recepcionadas as indicações a protestos das Duplicatas Mercantis e de Prestação de Serviços, por meio magnético ou de gravação eletrônica de dados, sendo de inteira responsabilidade do apresentante os dados fornecidos, ficando a cargo dos Tabelionatos a mera instrumentalização das mesmas.

▶ Parágrafo único transformado em § 1º pela Lei nº 13.775, de 20-12-2018.

§ 2º Os títulos e documentos de dívida mantidos sob a forma escritural nos sistemas eletrônicos de escrituração ou nos depósitos centralizados de que trata a Lei nº 12.810, de 15 de maio de 2013, poderão ser recepcionados para protesto por extrato, desde que atestado por seu emitente, sob as penas da lei, que as informações conferem com o que consta na origem.

▶ § 2º acrescido pela Lei nº 13.775, de 20-12-2018.

CAPÍTULO IV
DA APRESENTAÇÃO E PROTOCOLIZAÇÃO

Art. 9º Todos os títulos e documentos de dívida protocolizados serão examinados em seus caracteres formais e terão curso se não apresentarem vícios, não cabendo ao tabelião de protesto investigar a ocorrência de prescrição ou caducidade.

Parágrafo único. Qualquer irregularidade formal observada pelo tabelião obstará o registro do protesto.

Art. 10. Poderão ser protestados títulos e outros documentos de dívida em moeda estrangeira, emitidos fora do Brasil, desde que acompanhados de tradução efetuada por tradutor público juramentado.

§ 1º Constarão obrigatoriamente do registro do protesto a descrição do documento e sua tradução.

§ 2º Em caso de pagamento, este será efetuado em moeda corrente nacional, cumprindo ao apresentante a conversão na data de apresentação do documento para protesto.

§ 3º Tratando-se de títulos ou documentos de dívidas emitidos no Brasil, em moeda estrangeira, cuidará o Tabelião de observar as disposições do Decreto-Lei nº 857, de 11 de setembro de 1969, e legislação complementar ou superveniente.

Art. 11. Tratando-se de títulos ou documentos de dívida sujeitos a qualquer tipo de correção, o pagamento será feito pela conversão vigorante no dia da apresentação, no valor indicado pelo apresentante.

Art. 11-A. Fica permitida ao tabelião de protesto e ao responsável interino pelo tabelionato territorialmente competente, por meio da central nacional de serviços eletrônicos compartilhados dos tabeliães de protesto prevista no art. 41-A desta Lei, a recepção do título ou documento de dívida com a recomendação do apresentante ou credor, caso este assim opte e requeira expressamente, de proposta de solução negocial prévia ao protesto, observado o seguinte:

I – o prazo de resposta do devedor para a proposta de solução negocial será de até 30 (trinta) dias, segundo o que vier a ser fixado pelo apresentante, facultada a estipulação do valor ou percentual de desconto da dívida, bem como das demais condições de pagamento, se for o caso;

II – o tabelião de protesto ou o responsável interino pelo tabelionato expedirá comunicação com o teor da proposta ao devedor por carta simples, por correio eletrônico, por aplicativo de mensagem instantânea ou por qualquer outro meio idôneo;

III – a remessa será convertida em indicação para protesto pelo valor original da dívida na hipótese de negociação frustrada e se não houver a desistência do apresentante ou credor.

§ 1º A data de apresentação da proposta de solução negocial de que trata o *caput* deste artigo é considerada para todos os fins e efeitos de direito, inclusive para direito de regresso, interrupção da prescrição, execução, falência e cobrança de emolumentos, desde que frustrada a negociação prévia e esta seja convertida em protesto.

§ 2º Em caso de concessão de desconto ao devedor, o cálculo dos emolumentos do tabelião, dos acréscimos legais e das verbas destinadas aos entes públicos e entidades a título de custas e contribuições e ao custeio dos atos gratuitos do registro civil das pessoas naturais deverá ser feito com base no valor efetivamente pago.

§ 3º Quando forem exitosas as medidas de incentivo à solução negocial prévia, será exigido do devedor ou interessado no pagamento, no momento de quitação da dívida, o pagamento dos emolumentos, dos acréscimos legais e das demais despesas, com base na tabela do protesto vigente na data de apresentação do título ou documento de dívida, bem como do preço devido à central nacional de serviços eletrônicos compartilhados pelos serviços prestados.

§ 4º Para aquelas medidas de incentivo à solução negocial prévia apresentadas entre 31 (trinta e um) e 120 (cento e vinte) dias, contados do vencimento do título ou documento de dívida, será exigido do apresentante ou credor o pagamento antecipado do preço devido à central nacional de serviços eletrônicos compartilhados pelos serviços prestados.

§ 5º Para aquelas medidas de incentivo à solução negocial prévia apresentadas após 120 (cento e vinte) dias, contados do vencimento do título ou documento de dívida, será exigido do apresentante ou credor o depósito prévio dos emolumentos, dos acréscimos legais e das demais despesas, observado o disposto no § 3º deste artigo.

§ 6º A proposta de solução negocial prévia não exitosa e a sua conversão em protesto serão consideradas ato único, para fins de cobrança de emolumentos, observado o disposto no § 3º e no inciso III do *caput* deste artigo.

▶ Art. 11-A acrescido pela Lei nº 14.711, de 30-10-2023.

CAPÍTULO V
DO PRAZO

Art. 12. O protesto será registrado dentro de três dias úteis contados da protocolização do título ou documento de dívida.

§ 1º Na contagem do prazo a que se refere o *caput* exclui-se o dia da protocolização e inclui-se o do vencimento.

§ 2º Considera-se não útil o dia em que não houver expediente bancário para o público ou aquele em que este não obedecer ao horário normal.

Art. 13. Quando a intimação for efetivada excepcionalmente no último dia do prazo ou além dele, por motivo de força maior, o protesto será tirado no primeiro dia útil subsequente.

CAPÍTULO VI
DA INTIMAÇÃO

Art. 14. Protocolizado o título ou documento de dívida, o Tabelião de Protesto expedirá a intimação ao devedor, no endereço fornecido pelo apresentante do título ou documento, considerando-se cumprida quando comprovada a sua entrega no mesmo endereço.

§ 1º A remessa da intimação poderá ser feita por portador do próprio tabelião, ou por qualquer outro meio, desde que o recebimento fique assegurado e comprovado através de protocolo, aviso de recepção (AR) ou documento equivalente.

§ 2º A intimação deverá conter nome e endereço do devedor, elementos de identificação do título ou documento de dívida, e prazo limite para cumprimento da obrigação no Tabelionato, bem como número do protocolo e valor a ser pago.

§ 3º O tabelião de protesto poderá utilizar meio eletrônico ou aplicativo multiplataforma de mensagens instantâneas e chamadas de voz para enviar as intimações, caso em que a intimação será considerada cumprida quando comprovado o seu recebimento por meio de confirmação de recebimento da plataforma eletrônica ou outro meio eletrônico equivalente.

§ 4º Após 3 (três) dias úteis, contados da remessa da intimação na forma do § 3º, sem que haja a comprovação de recebimento, deverá ser providenciada a intimação nos termos dos §§ 1º e 2º deste artigo.

§ 5º Na hipótese de o aviso de recepção ou documento equivalente não retornar ao tabelionato dentro do prazo de 7 (sete) dias úteis, deverá ser providenciada a intimação por edital, observado o prazo para a lavratura do protesto consignado no art. 13 desta Lei.

§ 6º Considera-se dia útil para o fim da contagem dos prazos deste artigo aquele em que houver expediente bancário para o público na localidade, conforme definido pelo Conselho Monetário Nacional.

▸ §§ 3º a 6º acrescidos pela Lei nº 14.711, de 30-10-2023.

Art. 15. A intimação será feita por edital se a pessoa indicada para aceitar ou pagar for desconhecida, sua localização incerta ou ignorada, for residente ou domiciliada fora da competência territorial do Tabelionato, ou, ainda, ninguém se dispuser a receber a intimação no endereço fornecido pelo apresentante.

§ 1º O edital será afixado no Tabelionato de Protesto e publicado no sítio eletrônico da central nacional de serviços eletrônicos compartilhados dos tabeliães de protesto prevista no art. 41-A desta Lei, sem prejuízo de outras publicações em jornais eletrônicos.

▸ § 1º com a redação dada pela Lei nº 14.711, de 30-10-2023.

§ 2º Aquele que fornecer endereço incorreto, agindo de má-fé, responderá por perdas e danos, sem prejuízo de outras sanções civis, administrativas ou penais.

CAPÍTULO VII
DA DESISTÊNCIA E SUSTAÇÃO DO PROTESTO

Art. 16. Antes da lavratura do protesto, poderá o apresentante retirar o título ou documento de dívida, pagos os emolumentos e demais despesas.

Art. 17. Permanecerão no Tabelionato, à disposição do Juízo respectivo, os títulos ou documentos de dívida cujo protesto for judicialmente sustado.

§ 1º O título do documento de dívida cujo protesto tiver sido sustado judicialmente só poderá ser pago, protestado ou retirado com autorização judicial.

§ 2º Revogada a ordem de sustação, não há necessidade de se proceder a nova intimação do devedor, sendo a lavratura e o registro do protesto efetivados até o primeiro dia útil subsequente ao do recebimento da revogação, salvo se a materialização do ato depender de consulta a ser formulada ao apresentante, caso em que o mesmo prazo será contado da data da resposta dada.

§ 3º Tornada definitiva a ordem de sustação, o título ou o documento de dívida será encaminhado ao Juízo respectivo, quando não constar determinação expressa a qual das partes o mesmo deverá ser entregue, ou se decorridos trinta dias sem que a parte autorizada tenha comparecido no Tabelionato para retirá-lo.

Art. 18. As dúvidas do Tabelião de Protesto serão resolvidas pelo Juízo competente.

CAPÍTULO VIII
DO PAGAMENTO

Art. 19. O pagamento do título ou do documento de dívida apresentado para protesto será feito diretamente no Tabelionato competente, no valor igual ao declarado pelo apresentante, acrescido dos emolumentos e demais despesas.

§ 1º Não poderá ser recusado pagamento oferecido dentro do prazo legal, desde que feito no Tabelionato de Protesto competente e no horário de funcionamento dos serviços.

§ 2º No ato do pagamento, o Tabelionato de Protesto dará a respectiva quitação, e o valor devido será colocado à disposição do apresentante no primeiro dia útil subsequente ao do recebimento.

§ 3º Quando for adotado sistema de recebimento do pagamento por meio de cheque, ainda que de emissão de estabelecimento bancário, a quitação dada pelo Tabelionato fica condicionada à efetiva liquidação.

§ 4º Quando do pagamento no Tabelionato ainda subsistirem parcelas vincendas, será dada quitação da parcela paga em apartado, devolvendo-se o original ao apresentante.

CAPÍTULO IX
DO REGISTRO DO PROTESTO

Art. 20. Esgotado o prazo previsto no artigo 12, sem que tenham ocorrido as hipóteses dos Capítulos VII e VIII, o Tabelião lavrará e registrará o protesto, sendo o respectivo instrumento entregue ao apresentante.

Art. 21. O protesto será tirado por falta de pagamento, de aceite ou de devolução.

§ 1º O protesto por falta de aceite somente poderá ser efetuado antes do vencimento da obrigação e após o decurso do prazo legal para o aceite ou a devolução.

§ 2º Após o vencimento, o protesto sempre será efetuado por falta de pagamento, vedada a recusa da lavratura e registro do protesto por motivo não previsto em lei cambial.

§ 3º Quando o sacado retiver a letra de câmbio ou a duplicata enviada para aceite e não proceder à devolução dentro do prazo legal, o protesto poderá ser baseado na segunda via da letra de câmbio ou nas indicações da duplicata, que se limitarão a conter os mesmos requisitos lançados pelo sacador ao tempo da emissão da duplicata, vedada a exigência de qualquer formalidade não prevista na lei que regula a emissão e circulação das duplicatas.

§ 4º Os devedores, assim compreendidos os emitentes de notas promissórias e cheques, os sacados nas letras de câmbio e duplicatas, bem como os indicados pelo apresentante ou credor como responsáveis pelo cumprimento da obrigação, não poderão deixar de figurar no termo de lavratura e registro do protesto.

§ 5º Não se poderá tirar protesto por falta de pagamento de letra de câmbio contra o sacado não aceitante.

▸ § 5º acrescido pela Lei nº 12.767, de 27-12-2012.

Art. 22. O registro do protesto e seu instrumento deverão conter:

I – data e número de protocolização;

II – nome do apresentante e endereço;

III – reprodução ou transcrição do documento ou das indicações feitas pelo apresentante e declarações nele inseridas;

IV – certidão das intimações feitas e das respostas eventualmente oferecidas;

V – indicação dos intervenientes voluntários e das firmas por eles honradas;

VI – a aquiescência do portador ao aceite por honra;

VII – nome, número do documento de identificação do devedor e endereço; e

VIII – data e assinatura do Tabelião de Protesto, de seus substitutos ou de Escrevente autorizado.

Parágrafo único. Quando o Tabelião de Protesto conservar em seus arquivos gravação eletrônica da imagem, cópia reprográfica ou micrográfica do título ou documento de dívida, dispensa-se, no registro e no instrumento, a sua transcrição literal, bem como das demais declarações nele inseridas.

Art. 23. Os termos dos protestos lavrados, inclusive para fins especiais, por falta de pagamento, de aceite ou de devolução serão registrados em um único livro e conterão as anotações do tipo e do motivo do protesto, além dos requisitos previstos no artigo anterior.

Parágrafo único. Somente poderão ser protestados, para fins falimentares, os títulos ou documentos de dívida de responsabilidade das pessoas sujeitas às consequências da legislação falimentar.

▸ Art. 94, § 3º, da Lei nº 11.101, de 9-2-2005 (Lei de Recuperação de Empresas e Falências).

Art. 24. O deferimento do processamento de concordata não impede o protesto.

CAPÍTULO X
DAS AVERBAÇÕES E DO CANCELAMENTO

Art. 25. A averbação de retificação de erros materiais pelo serviço poderá ser efetuada de ofício ou a requerimento do interessado, sob responsabilidade do Tabelião de Protesto de Títulos.

§ 1º Para a averbação da retificação será indispensável a apresentação do instrumento eventualmente expedido e de documentos que comprovem o erro.

§ 2º Não são devidos emolumentos pela averbação prevista neste artigo.

Art. 26. O cancelamento do registro do protesto será solicitado diretamente no Tabelionato de Protesto de Títulos, por qualquer interessado, mediante apresentação do documento protestado, cuja cópia ficará arquivada.

§ 1º Na impossibilidade de apresentação do original do título ou documento de dívida protestado, será exigida a declaração de anuência, com identificação e firma reconhecida, daquele que figurou no registro de protesto como credor, originário ou por endosso translativo.

§ 2º Na hipótese de protesto em que tenha figurado apresentante por endosso-mandato, será suficiente a declaração de anuência passada pelo credor endossante.

§ 3º O cancelamento do registro do protesto, se fundado em outro motivo que não no pagamento do título ou documento de dívida, será efetivado por determinação judicial, pagos os emolumentos devidos ao Tabelião.

§ 4º Quando a extinção da obrigação decorrer de processo judicial, o cancelamento do registro do protesto poderá ser solicitado com a apresentação da certidão expedida pelo Juízo processante, com menção do trânsito em julgado, que substituirá o título ou o documento de dívida protestado.

§ 5º O cancelamento do registro do protesto será feito pelo Tabelião titular, por seus Substitutos ou por Escrevente autorizado.

§ 6º Quando o protesto lavrado for registrado sob forma de microfilme ou gravação eletrônica, o termo do cancelamento será lançado em documento apartado, que será arquivado juntamente com os documentos que instruíram o pedido, e anotado no índice respectivo.

Art. 26-A. Após a lavratura do protesto, faculta-se ao credor, ao devedor e ao tabelião ou ao responsável interino territorialmente competente pelo ato, por intermédio da central nacional de serviços eletrônicos compartilhados dos tabeliães de protesto prevista no art. 41-A desta Lei, a qualquer tempo, propor medidas de incentivo à renegociação de dívidas protestadas e ainda não canceladas, podendo também ser concedido abatimento de emolumentos e demais acréscimos legais.

§ 1º Faculta-se ao credor, ainda, autorizar o tabelião ou o responsável interino pelo expediente a receber o valor da dívida já protestada, bem como indicar eventual critério de atualização desse valor, concessão de desconto ou parcelamento do débito, e ao devedor oferecer contrapropostas, por meio da central nacional de serviços eletrônicos compartilhados.

§ 2º Em caso de liquidação da dívida por meio do uso das medidas de que trata o *caput* deste artigo, o devedor ou interessado no pagamento deverá arcar com o pagamento dos emolumentos devidos pelo registro do protesto e seu cancelamento, dos acréscimos legais e das demais despesas, com base na tabela do protesto vigente no momento da quitação do débito, bem como do preço devido à central nacional de serviços eletrônicos compartilhados dos tabeliães de protesto pelos serviços prestados.

§ 3º A prática de todos os atos necessários às medidas de incentivo à renegociação de dívidas protestadas é exclusiva e inerente à delegação dos tabeliães de protesto, diretamente ou por intermédio de sua central nacional de serviços eletrônicos compartilhados, vedada qualquer exigência que não esteja prevista nesta Lei.

§ 4º Nos casos em que o credor, o devedor ou interessado no pagamento optarem por propor medidas de incentivo à renegociação de dívidas protestadas e ainda não canceladas por intermédio dos tabeliães de protesto e da central nacional de serviços eletrônicos compartilhados prevista no art. 41-A desta Lei, o pagamento de que trata o § 2º deste artigo apenas será devido caso seja exitosa a renegociação, no momento da liquidação da dívida.

▶ Art. 26-A acrescido pela Lei nº 14.711, de 30-10-2023.

CAPÍTULO XI
DAS CERTIDÕES E INFORMAÇÕES DO PROTESTO

Art. 27. O Tabelião de Protesto expedirá as certidões solicitadas dentro de cinco dias úteis, no máximo, que abrangerão o período mínimo de cinco anos anteriores, contados da data do pedido, salvo quando se referir a protesto específico.

§ 1º As certidões expedidas pelos serviços de protesto de títulos, inclusive as relativas à prévia distribuição, deverão obrigatoriamente indicar, além do nome do devedor, seu número no Registro Geral (RG), constante da Cédula de Identidade, ou seu número no Cadastro de Pessoas Físicas (CPF), se pessoa física, e o número de inscrição no Cadastro Geral de Contribuintes (CGC), se pessoa jurídica cabendo ao apresentante do título para protesto fornecer esses dados, sob pena de recusa.

§ 2º Das certidões não constarão os registros cujos cancelamentos tiverem sido averbados, salvo por requerimento escrito do próprio devedor ou por ordem judicial.

Art. 28. Sempre que a homonímia puder ser verificada simplesmente pelo confronto do número de documento de identificação, o Tabelião de Protesto dará certidão negativa.

Art. 29. Os cartórios fornecerão às entidades representativas da indústria e do comércio ou àquelas vinculadas à proteção do crédito, quando solicitada, certidão diária, em forma de relação, dos protestos tirados e dos cancelamentos efetuados, com a nota de se cuidar de informação reservada, da qual não se poderá dar publicidade pela imprensa, nem mesmo parcialmente.

▶ *Caput* com a redação dada pela Lei nº 9.841, de 5-10-1999.

§ 1º O fornecimento da certidão será suspenso caso se desatenda ao disposto no *caput* ou se forneçam informações de protestos cancelados.

§ 2º Dos cadastros ou bancos de dados das entidades referidas no *caput* somente serão prestadas informações restritivas de crédito oriundas de títulos ou documentos de dívidas regularmente protestados cujos registros não foram cancelados.

▶ §§ 1º e 2º com a redação dada pela Lei nº 9.841, de 5-10-1999.

§ 3º *Revogado*. Lei nº 9.481, de 5-10-1999.

Art. 30. As certidões, informações e relações serão elaboradas pelo nome dos devedores, conforme previsto no § 4º do artigo 21 desta Lei, devidamente identificados, e abrangerão os protestos lavrados e registrados por falta de pagamento, de aceite ou de devolução, vedada a exclusão ou omissão de nomes e de protestos, ainda que provisória ou parcial.

Art. 31. Poderão ser fornecidas certidões de protestos, não cancelados, a quaisquer interessados, desde que requeridas por escrito.

▶ Artigo com a redação dada pela Lei nº 9.841, de 5-10-1999.

CAPÍTULO XII
DOS LIVROS E ARQUIVOS

Art. 32. O livro de Protocolo poderá ser escriturado mediante processo manual, mecânico, eletrônico ou informatizado, em folhas soltas e com colunas destinadas às seguintes anotações: número de ordem, natureza do título ou documento de dívida, valor, apresentante, devedor e ocorrências.

Parágrafo único. A escrituração será diária, constando do termo de encerramento o número de documentos apresentados no dia, sendo a data da protocolização a mesma do termo diário do encerramento.

Art. 33. Os livros de Registros de Protesto serão abertos e encerrados pelo Tabelião de Protestos ou seus Substitutos, ou ainda por Escrevente autorizado, com suas folhas numeradas e rubricadas.

Art. 34. Os índices serão de localização dos protestos registrados e conterão os nomes dos devedores, na forma do § 4º do artigo 21, vedada a exclusão ou omissão de nomes e de protestos, ainda que em caráter provisório ou parcial, não decorrente do cancelamento definitivo do protesto.

§ 1º Os índices conterão referência ao livro e à folha, ao microfilme ou ao arquivo eletrônico onde estiver registrado o protesto, ou ao número do registro, e aos cancelamentos de protestos efetuados.

§ 2º Os índices poderão ser elaborados pelo sistema de fichas, microfichas ou banco eletrônico de dados.

Art. 35. O Tabelião de Protestos arquivará ainda:

I – intimações;

II – editais;

III – documentos apresentados para a averbação no registro de protestos e ordens de cancelamentos;

IV – mandados e ofícios judiciais;

V – solicitações de retirada de documentos pelo apresentante;

VI – comprovantes de entrega de pagamentos aos credores;

VII – comprovantes de devolução de documentos de dívida irregulares.

§ 1º Os arquivos deverão ser conservados, pelo menos, durante os seguintes prazos:

I – um ano, para as intimações e editais correspondentes a documentos protestados e ordens de cancelamento;

II – seis meses, para as intimações e editais correspondentes a documentos pagos ou retirados além do tríduo legal; e

III – trinta dias, para os comprovantes de entrega de pagamento aos credores, para as solicitações de retirada dos apresentantes e para os comprovantes de devolução, por irregularidade, aos mesmos, dos títulos e documentos de dívidas.

§ 2º Para os livros e documentos microfilmados ou gravados por processo eletrônico de imagens não subsiste a obrigatoriedade de sua conservação.

§ 3º Os mandados judiciais de sustação de protesto deverão ser conservados, juntamente com os respectivos documentos, até solução definitiva por parte do Juízo.

Art. 36. O prazo de arquivamento é de três anos para livros de protocolo e de dez anos para os livros de registros de protesto e respectivos títulos.

CAPÍTULO XIII
DOS EMOLUMENTOS

Art. 37. Pelos atos que praticarem em decorrência desta Lei, os Tabeliães de Protesto perceberão, diretamente das partes, a título de remuneração, os emolumentos fixados na forma da lei estadual e de seus decretos regulamentadores, salvo quando o serviço for estatizado.

§ 1º Poderá ser exigido depósito prévio dos emolumentos e das demais despesas devidas, caso em que igual importância deverá ser reembolsada ao apresentante por ocasião da prestação de contas, quando ressarcidas pelo devedor no tabelionato, exceto em relação aos títulos ou documentos de dívida apresentados a protesto em conformidade com os §§ 4º e 5º deste artigo ou com lei federal específica.

▸ § 1º com a redação dada pela Lei nº 14.711, de 30-10-2023.

§ 2º Todo e qualquer ato praticado pelo Tabelião de Protesto será cotado, identificando-se as parcelas componentes do seu total.

§ 3º Pelo ato de digitalização e gravação eletrônica dos títulos e outros documentos, serão cobrados os mesmos valores previstos na tabela de emolumentos para o ato de microfilmagem.

§§ 4º e 5º VETADOS. Lei nº 14.711, de 30-10-2023.

§ 6º Os valores destinados aos ofícios de distribuição ou outros serviços extrajudiciais, aos entes públicos ou a entidades, a título de emolumentos, custas, taxa de fiscalização, contribuições, custeio de atos gratuitos, tributos, ou em caráter assistencial, serão devidos na forma prevista no *caput* deste artigo e repassados somente após o efetivo recebimento pelo tabelião de protesto ou o responsável interino pelo expediente.

▸ § 6º acrescido pela Lei nº 14.711, de 30-10-2023.

CAPÍTULO XIV
DISPOSIÇÕES FINAIS

Art. 38. Os Tabeliães de Protesto de Títulos são civilmente responsáveis por todos os prejuízos que causarem, por culpa ou dolo, pessoalmente, pelos substitutos que designarem ou Escreventes que autorizarem, assegurado o direito de regresso.

Art. 39. A reprodução de microfilme ou do processamento eletrônico da imagem, do título ou de qualquer documento arquivado no Tabelionato, quando autenticado pelo Tabelião de Protesto, por seu Substituto ou Escrevente autorizado, guarda o mesmo valor do original, independentemente de restauração judicial.

Art. 40. Não havendo prazo assinado, a data do registro do protesto é o termo inicial da incidência de juros, taxas e atualizações monetárias sobre o valor da obrigação contida no título ou documento de dívida.

Art. 41. Para os serviços previstos nesta Lei os Tabeliães poderão adotar, independentemente de autorização, sistemas de computação, microfilmagem, gravação eletrônica de imagem e quaisquer outros meios de reprodução.

Art. 41-A. Os tabeliães de protesto manterão, em âmbito nacional, uma central nacional de serviços eletrônicos compartilhados que prestará, ao menos, os seguintes serviços:

▸ *Caput* do art. 41-A acrescido pela Lei nº 13.775, de 20-12-2018.

I – escrituração e emissão de duplicata sob a forma escritural, observado o disposto na legislação específica, inclusive quanto ao requisito de autorização prévia para o exercício da atividade de escrituração pelo órgão supervisor e aos demais requisitos previstos na regulamentação por ele editada;

II – recepção e distribuição de títulos e documentos de dívida para protesto, desde que escriturais;

III – consulta gratuita quanto a devedores inadimplentes e aos protestos realizados, aos dados desses protestos e dos tabelionatos aos quais foram distribuídos, ainda que os respectivos títulos e documentos de dívida não sejam escriturais;

IV – confirmação da autenticidade dos instrumentos de protesto em meio eletrônico; e

V – anuência eletrônica para o cancelamento de protestos.

▸ Incisos I a V acrescidos pela Lei nº 13.775, de 20-12-2018.

§ 1º A partir da implementação da central de que trata o *caput* deste artigo, os tabelionatos de protesto disponibilizarão ao poder público, por meio eletrônico e sem ônus, o acesso às informações constantes dos seus bancos de dados.

§ 2º É obrigatória a adesão imediata de todos os tabeliães de protesto do País ou responsáveis pelo expediente à central nacional de serviços eletrônicos compartilhados de que trata o *caput* deste artigo, sob pena de responsabilização disciplinar nos termos do inciso I do *caput* do art. 31 da Lei nº 8.935, de 18 de novembro de 1994.

▸ §§ 1º e 2º acrescidos pela Lei nº 13.775, de 20-12-2018.

§ 3º A central nacional de serviços eletrônicos compartilhados prevista no *caput* deste artigo poderá, diretamente ou mediante convênio com entidade pública ou privada, realizar serviços de coleta, de processamento, de armazenamento e de integração de dados para a emissão e a escrituração de documentos eletrônicos passíveis de protesto.

§ 4º Ficam asseguradas a gratuidade dos serviços especificados nos incisos II, III, IV e V do *caput* e a livre estipulação de preço em relação aos serviços previstos no inciso I do *caput* deste artigo e demais serviços complementares disponibilizados aos usuários pela entidade credenciada pelos tabeliães de protesto.

§ 5º O serviço de que trata o art. 11 da Lei nº 14.206, de 27 de setembro de 2021, poderá ser executado pela central nacional de serviços eletrônicos compartilhados prevista no *caput* deste artigo, em regime de autorização.

▸ §§ 3º a 5º acrescidos pela Lei nº 14.711, de 30-10-2023.

Art. 42. Esta Lei entra em vigor na data de sua publicação.

Art. 43. Revogam-se as disposições em contrário.

Brasília, 10 de setembro de 1997;
176º da Independência e
109º da República.

Fernando Henrique Cardoso

LEI Nº 9.494, DE 10 DE SETEMBRO DE 1997

Disciplina a aplicação da tutela antecipada contra a Fazenda Pública, altera a Lei nº 7.347, de 24 de julho de 1985, e dá outras providências.

▸ Publicada no *DOU* de 11-9-1997.
▸ Art. 151, V, do CTN.
▸ Dec. nº 2.346, de 10-10-1997, consolida normas de procedimentos a serem observadas pela Administração Pública Federal em razão de decisões judiciais e regulamenta os dispositivos legais que mencionа.

Art. 1º Aplica-se à tutela antecipada prevista nos artigos 273 e 461 do Código de Processo Civil o disposto nos artigos 5º e seu parágrafo único e 7º da Lei nº 4.348, de 26 de junho de 1964, no artigo 1º e seu § 4º da Lei nº 5.021, de 9 de junho de 1966, e nos artigos 1º, 3º e 4º da Lei nº 8.437, de 30 de junho de 1992.

▸ Refere-se ao CPC/1973.
▸ Arts. 294, 296, 297, parágrafo único, § 3º, 298, 311, *caput* e I, 356, *caput* e I, 497, 499, 519, 536, *caput* e § 1º, 537, § 1º, do CPC/2015.
▸ As Leis nºs 4.348, de 26-6-1964, e 5.021, de 9-6-1966, foram revogadas pela Lei nº 12.016, de 7-8-2009 (Lei do Mandado de Segurança Individual e Coletivo).
▸ Lei nº 8.437, de 30-6-1992 (Lei de Medidas Cautelares).
▸ Súm. nº 729 do STF.
▸ O STF, na ADC nº 4, declara a inteira validade jurídico-constitucional do art. 1º da Lei nº 9.494, de 10-9-1997 (*DOU* de 11-11-2014).

Art. 1º-A. Estão dispensadas de depósito prévio, para interposição de recurso, as pessoas jurídicas de direito público federais, estaduais, distritais e municipais.

Art. 1º-B. O prazo a que se refere o *caput* dos artigos 730 do Código de Processo Civil, e 884 da Consolidação das Leis do Trabalho, aprovada pelo Decreto-Lei nº 5.452, de 1º de maio de 1943, passa a ser de trinta dias.

▸ Refere-se ao CPC/1973.
▸ Arts. 534 e 910 do CPC/2015.

Art. 1º-C. Prescreverá em cinco anos o direito de obter indenização dos danos causados por agentes de pessoas jurídicas de direito público e de pessoas jurídicas de direito privado prestadoras de serviços públicos.

▶ Art. 27 do CDC.

Art. 1º-D. Não serão devidos honorários advocatícios pela Fazenda Pública nas execuções não embargadas.

▶ Arts. 534 e 910 do CPC/2015.

▶ Súm. nº 345 do STJ.

Art. 1º-E. São passíveis de revisão, pelo Presidente do Tribunal, de ofício ou a requerimento das partes, as contas elaboradas para aferir o valor dos precatórios antes de seu pagamento ao credor.

▶ Arts. 1º-A a 1º-E acrescidos pela MP nº 2.180-35, de 24-8-2001, que até o encerramento deste edição não havia sido convertida em Lei.

Art. 1º-F. Nas condenações impostas à Fazenda Pública, independentemente de sua natureza e para fins de atualização monetária, remuneração do capital e compensação da mora, haverá a incidência uma única vez, até o efetivo pagamento, dos índices oficiais de remuneração básica e juros aplicados à caderneta de poupança.

▶ Art. 1º-F com a redação dada pela Lei nº 11.960, de 29-6-2009.

▶ O STF, por maioria de votos, julgou procedente a ADI nº 5.348, para declarar a inconstitucionalidade deste artigo na parte em que se estabelece a aplicação dos índices da caderneta de poupança como critério de atualização monetária nas condenações da Fazenda Pública (*DOU* de 21-11-2019).

▶ O STF, por maioria dos votos, julgou parcialmente procedente a ADI nº 4.425, para declarar a inconstitucionalidade por arrastamento deste artigo quanto à atualização monetária e à fixação de juros moratórios de créditos inscritos em precatórios (*DOU* de 8-3-2021).

Art 2º O artigo 16 da Lei nº 7.347, de 24 de julho de 1985, passa a vigorar com a seguinte redação:

▶ Alterações inseridas no texto da referida Lei.

Art. 2º-A. A sentença civil prolatada em ação de caráter coletivo proposta por entidade associativa, na defesa dos interesses e direitos dos seus associados, abrangerá apenas os substituídos que tenham, na data da propositura da ação, domicílio no âmbito da competência territorial do órgão prolator.

Parágrafo único. Nas ações coletivas propostas contra a União, os Estados, o Distrito Federal, os Municípios e suas autarquias e fundações, a petição inicial deverá obrigatoriamente estar instruída com a ata da assembleia da entidade associativa que a autorizou, acompanhada da relação nominal dos seus associados e indicação dos respectivos endereços.

Art. 2º-B. A sentença que tenha por objeto a liberação de recurso, inclusão em folha de pagamento, reclassificação, equiparação, concessão de aumento ou extensão de vantagens a servidores da União, dos Estados, do Distrito Federal e dos Municípios, inclusive de suas autarquias e fundações, somente poderá ser executada após seu trânsito em julgado.

▶ Arts. 2º-A e 2º-B acrescidos pela MP nº 2.180-35, de 24-8-2001, que até o encerramento desta edição não havia sido convertida em Lei.

Art 3º Ficam convalidados os atos praticados com base na Medida Provisória nº 1.570-4, de 22 de julho de 1997.

Art 4º Esta Lei entra em vigor na data de sua publicação.

Congresso Nacional, 10 de setembro de 1997;
176º da Independência e
109º da República.

Senador Antonio Carlos Magalhães

LEI Nº 9.504, DE 30 DE SETEMBRO DE 1997

Estabelece normas para as eleições.

▶ Publicada no *DOU* de 1º-10-1997.

DISPOSIÇÕES GERAIS

Art. 1º As eleições para Presidente e Vice-Presidente da República, Governador e Vice-Governador de Estado e do Distrito Federal, Prefeito e Vice-Prefeito, Senador, Deputado Federal, Deputado Estadual, Deputado Distrital e Vereador dar-se-ão, em todo o País, no primeiro domingo de outubro do ano respectivo.

▶ Arts. 23, VII, 30, IV, e 85 do CE.

Parágrafo único. Serão realizadas simultaneamente as eleições:

▶ Art. 23, VII, do CE.

I – para Presidente e Vice-Presidente da República, Governador e Vice-Governador de Estado e do Distrito Federal, Senador, Deputado Federal, Deputado Estadual e Deputado Distrital;

▶ Art. 85 do CE.

II – para Prefeito, Vice-Prefeito e Vereador.

Art. 2º Será considerado eleito o candidato a Presidente ou a Governador que obtiver a maioria absoluta de votos, não computados os em branco e os nulos.

§ 1º Se nenhum candidato alcançar maioria absoluta na primeira votação, far-se-á nova eleição no último domingo de outubro, concorrendo os dois candidatos mais votados, e considerando-se eleito o que obtiver a maioria dos votos válidos.

▶ Arts. 23, VII, e 213, *caput*, do CE.

§ 2º Se, antes de realizado o segundo turno, ocorrer morte, desistência ou impedimento legal de candidato, convocar-se-á, dentre os remanescentes, o de maior votação.

▶ Arts. 30, IV, e 213, § 2º, do CE.

§ 3º Se, na hipótese dos parágrafos anteriores, remanescer em segundo lugar mais de um candidato com a mesma votação, qualificar-se-á o mais idoso.

▶ Art. 30, IV, do CE.

§ 4º A eleição do Presidente importará a do candidato a Vice-Presidente com ele registrado, o mesmo se aplicando à eleição de Governador.

▶ Arts. 30, IV, e 211, § 1º, do CE.

Art. 3º Será considerado eleito Prefeito o candidato que obtiver a maioria dos votos, não computados os em branco e os nulos.

§ 1º A eleição do Prefeito importará a do candidato a Vice-Prefeito com ele registrado.

§ 2º Nos Municípios com mais de duzentos mil eleitores, aplicar-se-ão as regras estabelecidas nos §§ 1º a 3º do artigo anterior.

Art. 4º Poderá participar das eleições o partido que, até seis meses antes do pleito, tenha registrado seu estatuto no Tribunal Superior Eleitoral, conforme o disposto em lei, e tenha, até a data da convenção, órgão de direção constituído na circunscrição, de acordo com o respectivo estatuto.

▶ Art. 4º com a redação dada pela Lei nº 13.488, de 6-10-2017.

▶ Art. 90 do CE.

Art. 5º Nas eleições proporcionais, contam-se como válidos apenas os votos dados a candidatos regularmente inscritos e às legendas partidárias.

▶ Art. 106 do CE.

Das Coligações

Art. 6º É facultado aos partidos políticos, dentro da mesma circunscrição, celebrar coligações para eleição majoritária.

▶ *Caput* com a redação dada pela Lei nº 14.211, de 1º-10-2021.

§ 1º A coligação terá denominação própria, que poderá ser a junção de todas as siglas dos partidos que a integram, sendo a ela atribuídas as prerrogativas e obrigações de partido político no que se refere ao processo eleitoral, e devendo funcionar como um só partido no relacionamento com a Justiça Eleitoral e no trato dos interesses interpartidários.

§ 1º-A. A denominação da coligação não poderá coincidir, incluir ou fazer referência a nome ou número de candidato, nem conter pedido de voto para partido político.

▶ § 1º-A acrescido pela Lei nº 12.034, de 29-9-2009.

§ 2º Na propaganda para eleição majoritária, a coligação usará, obrigatoriamente, sob sua denominação, as legendas de todos os partidos que a integram; na propaganda para eleição proporcional, cada partido usará apenas sua legenda sob o nome da coligação.

▶ Art. 242, *caput*, do CE.

§ 3º Na formação de coligações, devem ser observadas, ainda, as seguintes normas:

▶ Art. 105, § 2º, do CE.

I – na chapa da coligação, podem inscrever-se candidatos filiados a qualquer partido político dela integrante;

II – o pedido de registro dos candidatos deve ser subscrito pelos presidentes dos partidos coligados, por seus delegados, pela maioria dos membros dos respectivos órgãos executivos de direção ou por representante da coligação, na forma do inciso III;

III – os partidos integrantes da coligação devem designar um representante, que terá atribuições equivalentes às de presidente de partido político, no trato dos interesses e na representação da coligação, no que se refere ao processo eleitoral;

IV – a coligação será representada perante a Justiça Eleitoral pela pessoa designada na forma do inciso III ou por delegados indicados pelos partidos que a compõem, podendo nomear até:

a) três delegados perante o Juízo Eleitoral;
b) quatro delegados perante o Tribunal Regional Eleitoral;
c) cinco delegados perante o Tribunal Superior Eleitoral.

§ 4º O partido político coligado somente possui legitimidade para atuar de forma isolada no processo eleitoral quando questionar a validade da própria coligação, durante o período compreendido entre a data da convenção e o termo final do prazo para a impugnação do registro de candidatos.

▶ § 4º acrescido pela Lei nº 12.034, de 29-9-2009.

§ 5º A responsabilidade pelo pagamento de multas decorrentes de propaganda eleitoral é solidária entre os candidatos e os respectivos partidos, não alcançando outros partidos mesmo quando integrantes de uma mesma coligação.

▶ § 5º acrescido pela Lei nº 12.891, de 11-12-2013.

Das Federações

Art. 6º-A. Aplicam-se à federação de partidos de que trata o art. 11-A da Lei nº 9.096, de 19 de setembro de 1995 (Lei dos Partidos Políticos), todas as normas que regem as atividades dos partidos políticos no que diz respeito às eleições, inclusive no que se refere à escolha e registro de candidatos para as eleições majoritárias e proporcionais, à arrecadação e aplicação de recursos em campanhas eleitorais, à propaganda eleitoral, à contagem de votos, à obtenção de cadeiras, à prestação de contas e à convocação de suplentes.

Parágrafo único. É vedada a formação de federação de partidos após o prazo de realização das convenções partidárias.

▶ Art. 6º-A acrescido pela Lei nº 14.208, de 28-9-2021.

Das Convenções para a Escolha de Candidatos

Art. 7º As normas para a escolha e substituição dos candidatos e para a formação de coligações serão estabelecidas no estatuto do partido, observadas as disposições desta Lei.

▶ Art. 105, § 1º, do CE.

§ 1º Em caso de omissão do estatuto, caberá ao órgão de direção nacional do partido estabelecer as normas a que se refere este artigo, publicando-as no *Diário Oficial da União* até cento e oitenta dias antes das eleições.

§ 2º Se a convenção partidária de nível inferior se opuser, na deliberação sobre coligações, às diretrizes legitimamente estabelecidas pelo órgão de direção nacional, nos termos do respectivo estatuto, poderá esse órgão anular a deliberação e os atos dela decorrentes.

§ 3º As anulações de deliberações dos atos decorrentes de convenção partidária, na condição acima estabelecida, deverão ser comunicadas à Justiça Eleitoral no prazo de 30 (trinta) dias após a data limite para o registro de candidatos.

▶ §§ 2º e 3º com a redação dada pela Lei nº 12.034, de 29-9-2009.

§ 4º Se, da anulação, decorrer a necessidade de escolha de novos candidatos, o pedido de registro deverá ser apresentado à Justiça Eleitoral nos 10 (dez) dias seguintes à deliberação, observado o disposto no art. 13.

▶ § 4º acrescido pela Lei nº 12.034, de 29-9-2009.

Art. 8º A escolha dos candidatos pelos partidos e a deliberação sobre coligações deverão ser feitas no período de 20 de julho a 5 de agosto do ano em que se realizarem as eleições, lavrando-se a respectiva ata em livro aberto, rubricado pela Justiça Eleitoral, publicada em vinte e quatro horas em qualquer meio de comunicação.

▶ *Caput* com a redação dada pela Lei nº 13.165, de 29-9-2015.

▶ Arts. 87, parágrafo único, e 93, § 2º, do CE.

§ 1º Aos detentores de mandato de Deputado Federal, Estadual ou Distrital, ou de Vereador, e aos que tenham exercido esses cargos em qualquer período da legislatura que estiver em curso, é assegurado o registro de candidatura para o mesmo cargo pelo partido a que estejam filiados.

▶ O STF, por unanimidade, julgou procedente o pedido formulado na ADI nº 2.530, para declarar a inconstitucionalidade deste parágrafo, com modulação de efeitos, de modo tal que o dispositivo seja considerado inconstitucional a partir de 24-4-2022 (*DJe* de 6-12-2021).

§ 2º Para a realização das convenções de escolha de candidatos, os partidos políticos poderão usar gratuitamente prédios públicos, responsabilizando-se por danos causados com a realização do evento.

Art. 9º Para concorrer às eleições, o candidato deverá possuir domicílio eleitoral na respectiva circunscrição pelo prazo de seis meses e estar com a filiação deferida pelo partido no mesmo prazo.

▶ *Caput* com a redação dada pela Lei nº 13.488, de 6-10-2017.

▶ Art. 88, parágrafo único, do CE.

Parágrafo único. Havendo fusão ou incorporação de partidos após o prazo estipulado no *caput*, será considerada, para efeito de filiação partidária, a data de filiação do candidato ao partido de origem.

Do Registro de Candidatos

Art. 10. Cada partido poderá registrar candidatos para a Câmara dos Deputados, a Câmara Legislativa, as Assembleias Legislativas e as Câmaras Municipais no total de até 100% (cem por cento) do número de lugares a preencher mais 1 (um).

▶ *Caput* com a redação dada pela Lei nº 14.211, de 1º-10-2021.

I e II – *Revogados*. Lei nº 14.211, de 1º-10-2021.

§§ 1º e 2º *Revogados*. Lei nº 13.165, de 29-9-2015.

§ 3º Do número de vagas resultante das regras previstas neste artigo, cada partido ou coligação preencherá o mínimo de 30% (trinta por cento) e o máximo de 70% (setenta por cento) para candidaturas de cada sexo.

▶ § 3º com a redação dada pela Lei nº 12.034, de 29-9-2009.

▶ Art. 87, *caput*, do CE.

§ 4º Em todos os cálculos, será sempre desprezada a fração, se inferior a meio, e igualada a um, se igual ou superior.

§ 5º No caso de as convenções para a escolha de candidatos não indicarem o número máximo de candidatos previsto no *caput*, os órgãos de direção dos partidos respectivos poderão preencher as vagas remanescentes até trinta dias antes do pleito.

▶ § 5º com a redação dada pela Lei nº 13.165, de 29-9-2015.

§§ 6º e 7º VETADOS. Lei nº 14.211, de 1º-10-2021.

Art. 11. Os partidos e coligações solicitarão à Justiça Eleitoral o registro de seus candidatos até as dezenove horas do dia 15 de agosto do ano em que se realizarem as eleições.

▶ *Caput* com a redação dada pela Lei nº 13.165, de 29-9-2015.

▶ Súm. nº 3 do TSE.

§ 1º O pedido de registro deve ser instruído com os seguintes documentos:

▶ Arts. 94, § 1º, e 101, § 1º, do CE.

I – cópia da ata a que se refere o artigo 8º;

II – autorização do candidato, por escrito;

III – prova de filiação partidária;

IV – declaração de bens, assinada pelo candidato;

V – cópia do título eleitoral ou certidão, fornecida pelo cartório eleitoral, de que o candidato é eleitor na circunscrição ou requereu sua inscrição ou transferência de domicílio no prazo previsto no artigo 9º;

VI – certidão de quitação eleitoral;

VII – certidões criminais fornecidas pelos órgãos de distribuição da Justiça Eleitoral, Federal e Estadual;

VIII – fotografia do candidato, nas dimensões estabelecidas em instrução da Justiça Eleitoral, para efeito do disposto no § 1º do artigo 59;

IX – propostas defendidas pelo candidato a Prefeito, a Governador de Estado e a Presidente da República.

▶ Inciso IX acrescido pela Lei nº 12.034, de 29-9-2009.

§ 2º A idade mínima constitucionalmente estabelecida como condição de elegibilidade é verificada tendo por referência a data da posse, salvo quando fixada em dezoito anos, hipótese em que será aferida na data-limite para o pedido de registro.

▶ § 2º com a redação dada pela Lei nº 13.165, de 29-9-2015.

§ 3º Caso entenda necessário, o Juiz abrirá prazo de setenta e duas horas para diligências.

▶ Art. 101, § 1º, do CE.

§ 4º Na hipótese de o partido ou coligação não requerer o registro de seus candidatos, estes poderão fazê-lo perante a Justiça Eleitoral, observado o prazo máximo de quarenta e oito horas seguintes à publicação da lista dos candidatos pela Justiça Eleitoral.

▶ § 4º com a redação dada pela Lei nº 12.034, de 29-9-2009.

▶ Art. 94, *caput*, do CE.

§ 5º Até a data a que se refere este artigo, os Tribunais e Conselhos de Contas deverão tornar disponíveis à Justiça Eleitoral relação dos que tiveram suas contas relativas ao exercício de cargos ou funções públicas rejeitadas por irregularidade insanável e por decisão irrecorrível do órgão competente, ressalvados os casos em que a questão estiver sendo submetida à apreciação do Poder Judiciário, ou que haja sentença judicial favorável ao interessado.

§ 6º A Justiça Eleitoral possibilitará aos interessados acesso aos documentos apresentados para os fins do disposto no § 1º.

§ 7º A certidão de quitação eleitoral abrangerá exclusivamente a plenitude do gozo dos direitos políticos, o regular exercício do voto, o atendimento a convocações da Justiça Eleitoral para auxiliar os trabalhos relativos ao pleito, a inexistência de multas aplicadas, em caráter definitivo, pela Justiça Eleitoral e não remitidas, e a apresentação de contas de campanha eleitoral.

§ 8º Para fins de expedição da certidão de que trata o § 7º, considerar-se-ão quites aqueles que:

I – condenados ao pagamento de multa, tenham, até a data da formalização do seu pedido de registro de candidatura, comprovado o pagamento ou o parcelamento da dívida regularmente cumprido;

II – pagarem a multa que lhes couber individualmente, excluindo-se qualquer modalidade de responsabilidade solidária, mesmo quando imposta concomitantemente com outros candidatos e em razão do mesmo fato;

III – o parcelamento das multas eleitorais é direito dos cidadãos e das pessoas jurídicas e pode ser feito em até sessenta meses, salvo quando o valor da parcela ultrapassar 5% (cinco por cento) da renda mensal, no caso de cidadão, ou 2% (dois por cento) do faturamento, no caso de pessoa jurídica, hipótese em que poderá estender-se por prazo superior, de modo que as parcelas não ultrapassem os referidos limites;

▸ Inciso III com a redação dada pela Lei nº 13.488, de 6-10-2017.

IV – o parcelamento de multas eleitorais e de outras multas e débitos de natureza não eleitoral imputados pelo poder público é garantido também aos partidos políticos em até sessenta meses, salvo se o valor da parcela ultrapassar o limite de 2% (dois por cento) do repasse mensal do Fundo Partidário, hipótese em que poderá estender-se por prazo superior, de modo que as parcelas não ultrapassem o referido limite.

▸ Inciso IV acrescido pela Lei nº 13.488, de 6-10-2017.

§ 9º A Justiça Eleitoral enviará aos partidos políticos, na respectiva circunscrição, até o dia 5 de junho do ano da eleição, a relação de todos os devedores de multa eleitoral, a qual embasará a expedição das certidões de quitação eleitoral.

§ 10. As condições de elegibilidade e as causas de inelegibilidade devem ser aferidas no momento da formalização do pedido de registro da candidatura, ressalvadas as alterações, fáticas ou jurídicas, supervenientes ao registro que afastem a inelegibilidade.

▸ A alteração que seria inserida neste parágrafo pela Lei nº 13.877, de 27-9-2019, foi vetada, razão pela qual mantivemos a sua redação.

§ 11. A Justiça Eleitoral observará, no parcelamento a que se refere o § 8º deste artigo, as regras de parcelamento previstas na legislação tributária federal.

▸ §§ 6º a 11 acrescidos pela Lei nº 12.034, de 29-9-2009.

§ 12. VETADO. Lei nº 12.034, de 29-9-2009.

§ 13. Fica dispensada a apresentação pelo partido, coligação ou candidato de documentos produzidos a partir de informações detidas pela Justiça Eleitoral, entre eles os indicados nos incisos III, V e VI do § 1º deste artigo.

▸ § 13 acrescido pela Lei nº 12.891, de 11-12-2013.

§ 14. É vedado o registro de candidatura avulsa, ainda que o requerente tenha filiação partidária.

▸ § 14 acrescido pela Lei nº 13.488, de 6-10-2017.

§ 15. VETADO. Lei nº 13.877, de 27-9-2019.

Art. 12. O candidato às eleições proporcionais indicará, no pedido de registro, além de seu nome completo, as variações nominais com que deseja ser registrado, até o máximo de três opções, que poderão ser o prenome, sobrenome, cognome, nome abreviado, apelido ou nome pelo qual é mais conhecido, desde que não se estabeleça dúvida quanto à sua identidade, não atente contra o pudor e não seja ridículo ou irreverente, mencionando em que ordem de preferência deseja registrar-se.

▸ Art. 95 do CE.

▸ Súm. nº 4 do TSE.

§ 1º Verificada a ocorrência de homonímia, a Justiça Eleitoral procederá atendendo ao seguinte:

I – havendo dúvida, poderá exigir do candidato prova de que é conhecido por dada opção de nome, indicada no pedido de registro;

II – ao candidato que, na data máxima prevista para o registro, esteja exercendo mandato eletivo ou o tenha exercido nos últimos quatro anos, ou que nesse mesmo prazo se tenha candidatado com um dos nomes que indicou, será deferido o seu uso no registro, ficando outros candidatos impedidos de fazer propaganda com esse mesmo nome;

III – ao candidato que, pela sua vida política, social ou profissional, seja identificado por um dado nome que tenha indicado, será deferido o registro com esse nome, observado o disposto na parte final do inciso anterior;

IV – tratando-se de candidatos cuja homonímia não se resolva pelas regras dos dois incisos anteriores, a Justiça Eleitoral deverá notificá-los para que, em dois dias, cheguem a acordo sobre os respectivos nomes a serem usados;

V – não havendo acordo no caso do inciso anterior, a Justiça Eleitoral registrará cada candidato com o nome e sobrenome constantes do pedido de registro, observada a ordem de preferência ali definida.

§ 2º A Justiça Eleitoral poderá exigir do candidato prova de que é conhecido por determinada opção de nome por ele indicado, quando seu uso puder confundir o eleitor.

§ 3º A Justiça Eleitoral indeferirá todo pedido de variação de nome coincidente com nome de candidato a eleição majoritária, salvo para candidato que esteja exercendo mandato eletivo ou o tenha exercido nos últimos quatro anos, ou que, nesse mesmo prazo, tenha concorrido em eleição com o nome coincidente.

§ 4º Ao decidir sobre os pedidos de registro, a Justiça Eleitoral publicará as variações de nome deferidas aos candidatos.

§ 5º A Justiça Eleitoral organizará e publicará, até trinta dias antes da eleição, as seguintes relações, para uso na votação e apuração:

▸ Art. 133, § 5º, I e II, do CE.

I – a primeira, ordenada por partidos, com a lista dos respectivos candidatos em ordem numérica, com as três variações de nome correspondentes a cada um, na ordem escolhida pelo candidato;

II – a segunda, com o índice onomástico e organizada em ordem alfabética, nela constando o nome completo de cada candidato e cada variação de nome, também em ordem alfabética, seguidos da respectiva legenda e número.

Art. 13. É facultado ao partido ou coligação substituir candidato que for considerado inelegível, renunciar ou falecer após o termo final do prazo do registro ou, ainda, tiver seu registro indeferido ou cancelado.

▸ Art. 101, *caput*, do CE.

§ 1º A escolha do substituto far-se-á na forma estabelecida no estatuto do partido a que pertencer o substituído, e o registro deverá ser requerido até 10 (dez) dias contados do fato ou da notificação do partido da decisão judicial que deu origem à substituição.

▸ § 1º com a redação dada pela Lei nº 12.034, de 29-9-2009.

▸ Art. 101, §§ 1º e 2º, do CE.

§ 2º Nas eleições majoritárias, se o candidato for de coligação, a substituição deverá fazer-se por decisão da maioria absoluta dos órgãos executivos de direção dos partidos coligados, podendo o substituto ser filiado a qualquer partido dela integrante, desde que o partido ao qual pertencia o substituído renuncie ao direito de preferência.

▸ Art. 101, § 2º, do CE.

§ 3º Tanto nas eleições majoritárias como nas proporcionais, a substituição só se efetivará se o novo pedido for apresentado até 20 (vinte) dias antes do pleito, exceto em caso de falecimento de candidato, quando a substituição poderá ser efetivada após esse prazo.

▸ § 3º com a redação dada pela Lei nº 12.891, de 11-12-2013.

▸ Art. 101, § 3º, do CE.

Art. 14. Estão sujeitos ao cancelamento do registro os candidatos que, até a data da eleição, forem expulsos do partido, em processo no qual seja assegurada ampla defesa e sejam observadas as normas estatutárias.

▸ Art. 101 do CE.

Parágrafo único. O cancelamento do registro do candidato será decretado pela Justiça Eleitoral, após solicitação do partido.

Art. 15. A identificação numérica dos candidatos se dará mediante a observação dos seguintes critérios:

I – os candidatos aos cargos majoritários concorrerão com o número identificador do partido ao qual estiverem filiados;

II – os candidatos à Câmara dos Deputados concorrerão com o número do partido ao qual estiverem filiados, acrescido de dois algarismos à direita;

III – os candidatos às Assembleias Legislativas e à Câmara Distrital concorrerão com o número do partido ao qual estiverem filiados acrescido de três algarismos à direita;

IV – o Tribunal Superior Eleitoral baixará resolução sobre a numeração dos candidatos concorrentes às eleições municipais.

▸ Art. 100 do CE.

§ 1º Aos partidos fica assegurado o direito de manter os números atribuídos à sua legenda na eleição anterior, e aos candidatos, nesta hipótese, o direito de manter os números que lhes foram atribuídos na eleição anterior para o mesmo cargo.

§ 2º Aos candidatos a que se refere o § 1º do artigo 8º, é permitido requerer novo número ao órgão de direção de seu partido, independentemente do sorteio a que se refere o § 2º do artigo 100 da Lei nº 4.737, de 15 de julho de 1965 – Código Eleitoral.

▸ Art. 100, § 2º, do CE.

§ 3º Os candidatos de coligações majoritárias serão registrados com o número de legenda do respectivo partido.

▸ § 3º com a redação dada pela Lei nº 14.211, de 1º-10-2021.

Art. 16. Até vinte dias antes da data das eleições, os Tribunais Regionais Eleitorais enviarão ao Tribunal Superior Eleitoral, para fins de centralização e divulgação de dados, a relação dos candidatos às eleições majoritárias e proporcionais, da qual constará obrigatoriamente a referência ao sexo e ao cargo a que concorrem.

▶ *Caput* com a redação dada pela Lei nº 13.165, de 29-9-2015.

▶ Art. 102, parágrafo único, do CE.

§ 1º Até a data prevista no *caput*, todos os pedidos de registro de candidatos, inclusive os impugnados e os respectivos recursos, devem estar julgados pelas instâncias ordinárias, e publicadas as decisões a eles relativas.

▶ § 1º com a redação dada pela Lei nº 13.165, de 29-9-2015.

§ 2º Os processos de registro de candidaturas terão prioridade sobre quaisquer outros, devendo a Justiça Eleitoral adotar as providências necessárias para o cumprimento do prazo previsto no § 1º, inclusive com a realização de sessões extraordinárias e a convocação dos juízes suplentes pelos Tribunais, sem prejuízo da eventual aplicação do disposto no art. 97 e de representação ao Conselho Nacional de Justiça.

▶ § 2º acrescido pela Lei nº 12.034, de 29-9-2009.

Art. 16-A. O candidato cujo registro esteja *sub judice* poderá efetuar todos os atos relativos à campanha eleitoral, inclusive utilizar o horário eleitoral gratuito no rádio e na televisão e ter seu nome mantido na urna eletrônica enquanto estiver sob essa condição, ficando a validade dos votos a ele atribuídos condicionada ao deferimento de seu registro por instância superior.

Parágrafo único. O cômputo, para o respectivo partido ou coligação, dos votos atribuídos ao candidato cujo registro esteja *sub judice* no dia da eleição fica condicionado ao deferimento do registro do candidato.

▶ Art. 16-A acrescido pela Lei nº 12.034, de 29-9-2009.

▶ O STF, por unanimidade, julgou inteiramente procedente os pedidos formulados na ADI nº 4.513, e parcialmente na ADI nº 4.542, para atribuir interpretação conforme a Constituição Federal a este artigo (*DOU* de 6-6-2023).

Art. 16-B. O disposto no art. 16-A quanto ao direito de participar da campanha eleitoral, inclusive utilizar o horário eleitoral gratuito, aplica-se igualmente ao candidato cujo pedido de registro tenha sido protocolado no prazo legal e ainda não tenha sido apreciado pela Justiça Eleitoral.

▶ Artigo acrescido pela Lei nº 12.891, de 11-12-2013.

Do Fundo Especial de Financiamento de Campanha (FEFC)

Art. 16-C. O Fundo Especial de Financiamento de Campanha (FEFC) é constituído por dotações orçamentárias da União em ano eleitoral, em valor ao menos equivalente:

▶ *Caput* acrescido pela Lei nº 13.487, de 6-10-2017.

I – ao definido pelo Tribunal Superior Eleitoral, a cada eleição, com base nos parâmetros definidos em lei;

▶ Inciso I acrescido pela Lei nº 13.487, de 6-10-2017.

▶ Art. 3º da Lei nº 13.487, de 6-10-2017, que altera as Leis nºs 9.504, de 30-9-1997, e 9.096, de 19-9-1995, para instituir o Fundo Especial de Financiamento de Campanha (FEFC) e extinguir a propaganda partidária no rádio e na televisão.

II – ao percentual do montante total dos recursos da reserva específica a programações decorrentes de emendas de bancada estadual impositiva, que será encaminhado no projeto de lei orçamentária anual.

▶ Inciso II com a redação dada pela Lei nº 13.877, de 27-9-2019, promulgado nos termos do art. 66, § 5º, da CF (*DOU* de 13-12-2019, edição extra – A).

§ 1º VETADO. Lei nº 13.487, de 6-10-2017.

§ 2º O Tesouro Nacional depositará os recursos no Banco do Brasil, em conta especial à disposição do Tribunal Superior Eleitoral, até o primeiro dia útil do mês de junho do ano do pleito.

§ 3º Nos quinze dias subsequentes ao depósito, o Tribunal Superior Eleitoral:

I – divulgará o montante de recursos disponíveis no Fundo Eleitoral; e

II – VETADO. Lei nº 13.487, de 6-10-2017.

▶ §§ 2º e 3º acrescidos pela Lei nº 13.487, de 6-10-2017.

§§ 4º a 6º VETADOS. Lei nº 13.487, de 6-10-2017.

§ 7º Os recursos de que trata este artigo ficarão à disposição do partido político somente após a definição de critérios para a sua distribuição, os quais, aprovados pela maioria absoluta dos membros do órgão de direção executiva nacional do partido, serão divulgados publicamente.

▶ § 7º acrescido pela Lei nº 13.487, de 6-10-2017.

§§ 8º a 10. VETADOS. Lei nº 13.487, de 6-10-2017.

§ 11. Os recursos provenientes do Fundo Especial de Financiamento de Campanha que não forem utilizados nas campanhas eleitorais deverão ser devolvidos ao Tesouro Nacional, integralmente, no momento da apresentação da respectiva prestação de contas.

▶ § 11 acrescido pela Lei nº 13.487, de 6-10-2017.

§§ 12 a 14. VETADOS. Lei nº 13.487, de 6-10-2017.

§ 15. O percentual dos recursos a que se refere o inciso II do *caput* deste artigo poderá ser reduzido mediante compensação decorrente do remanejamento, se existirem, de dotações em excesso destinadas ao Poder Legislativo.

▶ § 15 acrescido pela Lei nº 13.487, de 6-10-2017.

§ 16. Os partidos podem comunicar ao Tribunal Superior Eleitoral até o 1º (primeiro) dia útil do mês de junho a renúncia ao FEFC, vedada a redistribuição desses recursos aos demais partidos.

▶ § 16 acrescido pela Lei nº 13.877, de 27-9-2019.

Art. 16-D. Os recursos do Fundo Especial de Financiamento de Campanha (FEFC), para o primeiro turno das eleições, serão distribuídos entre os partidos políticos, obedecidos os seguintes critérios:

▶ *Caput* acrescido pela Lei nº 13.488, de 6-10-2017.

I – 2% (dois por cento), divididos igualitariamente entre todos os partidos com estatutos registrados no Tribunal Superior Eleitoral;

II – 35% (trinta e cinco por cento), divididos entre os partidos que tenham pelo menos um representante na Câmara dos Deputados, na proporção do percentual de votos por eles obtidos na última eleição geral para a Câmara dos Deputados;

III – 48% (quarenta e oito por cento), divididos entre os partidos, na proporção do número de representantes na Câmara dos Deputados, consideradas as legendas dos titulares;

IV – 15% (quinze por cento), divididos entre os partidos, na proporção do número de representantes no Senado Federal, consideradas as legendas dos titulares.

▶ Incisos I a IV acrescidos pela Lei nº 13.488, de 6-10-2017.

§ 1º VETADO. Lei nº 13.488, de 6-10-2017.

§ 2º Para que o candidato tenha acesso aos recursos do Fundo a que se refere este artigo, deverá fazer requerimento por escrito ao órgão partidário respectivo.

▶ § 2º acrescido pela Lei nº 13.488, de 6-10-2017.

§ 3º Para fins do disposto no inciso III do *caput* deste artigo, a distribuição dos recursos entre os partidos terá por base o número de representantes eleitos para a Câmara dos Deputados na última eleição geral, ressalvados os casos dos detentores de mandato que migraram em razão de o partido pelo qual foram eleitos não ter cumprido os requisitos previstos no § 3º do art. 17 da Constituição Federal.

§ 4º Para fins do disposto no inciso IV do *caput* deste artigo, a distribuição dos recursos entre os partidos terá por base o número de representantes eleitos para o Senado Federal na última eleição geral, bem como os Senadores filiados ao partido que, na data da última eleição geral, encontravam-se no 1º (primeiro) quadriênio de seus mandatos.

▶ §§ 3º e 4º acrescidos pela Lei nº 13.877, de 27-9-2019.

Da Arrecadação e da Aplicação de Recursos nas Campanhas Eleitorais

Art. 17. As despesas da campanha eleitoral serão realizadas sob a responsabilidade dos partidos, ou de seus candidatos, e financiadas na forma desta Lei.

▶ Art. 241 do CE.

Art. 17-A. *Revogado.* Lei nº 13.165, de 29-9-2015.

Art. 18. Os limites de gastos de campanha serão definidos em lei e divulgados pelo Tribunal Superior Eleitoral.

▶ *Caput* com a redação dada pela Lei nº 13.488, de 6-10-2017.

§§ 1º e 2º *Revogados.* Lei nº 13.165, de 29-9-2015.

Art. 18-A. Serão contabilizadas nos limites de gastos de cada campanha as despesas efetuadas pelos candidatos e as efetuadas pelos partidos que puderem ser individualizadas.

▶ *Caput* acrescido pela Lei nº 13.165, de 29-9-2015.

Parágrafo único. Para fins do disposto no *caput* deste artigo, os gastos advocatícios e de contabilidade referentes a consultoria, assessoria e honorários, relacionados à prestação de serviços em campanhas eleitorais e em favor destas, bem como em processo judicial decorrente de defesa de interesses de candidato ou partido político, não estão sujeitos a limites de gastos ou a limites que possam impor dificuldade ao exercício da ampla defesa.

▶ Parágrafo único acrescido pela Lei nº 13.877, de 27-9-2019.

Art. 18-B. O descumprimento dos limites de gastos fixados para cada campanha acarretará o pagamento de multa em valor equivalente a 100% (cem por cento) da quantia que ultrapassar o limite estabelecido, sem prejuízo da apuração da ocorrência de abuso do poder econômico.

▶ Art. 18-B acrescido pela Lei nº 13.165, de 29-9-2015.

Art. 18-C. O limite de gastos nas campanhas dos candidatos às eleições para prefeito e vereador, na respectiva circunscrição, será equivalente ao limite para os respectivos cargos nas eleições de 2016, atualizado pelo Índice Nacional de Preços ao Consumidor Amplo (IPCA), aferido pela Fundação Instituto Brasileiro de Geografia e Estatística (IBGE), ou por índice que o substituir.

Parágrafo único. Nas campanhas para segundo turno das eleições para prefeito, onde houver, o limite de gastos de cada candidato será de 40% (quarenta por cento) do limite previsto no *caput* deste artigo.

▸ Art. 18-C acrescido pela Lei nº 13.878, de 3-10-2019.

Art. 19. *Revogado.* Lei nº 13.165, de 29-9-2015.

Art. 20. O candidato a cargo eletivo fará, diretamente ou por intermédio de pessoa por ele designada, a administração financeira de sua campanha usando recursos repassados pelo partido, inclusive os relativos à cota do Fundo Partidário, recursos próprios ou doações de pessoas físicas, na forma estabelecida nesta Lei.

▸ Artigo com a redação dada pela Lei nº 13.165, de 29-9-2015.

Art. 21. O candidato é solidariamente responsável com a pessoa indicada na forma do art. 20 desta Lei pela veracidade das informações financeiras e contábeis de sua campanha, devendo ambos assinar a respectiva prestação de contas.

▸ Artigo com a redação dada pela Lei nº 11.300, de 10-5-2006.

Art. 22. É obrigatório para o partido e para os candidatos abrir conta bancária específica para registrar todo o movimento financeiro da campanha.

§ 1º Os bancos são obrigados a:

I – acatar, em até três dias, o pedido de abertura de conta de qualquer candidato escolhido em convenção, sendo-lhes vedado condicioná-la a depósito mínimo e à cobrança de taxas ou de outras despesas de manutenção;

▸ Inciso I com a redação dada pela Lei nº 13.165, de 29-9-2015.

II – identificar, nos extratos bancários das contas correntes a que se refere o *caput*, o CPF ou o CNPJ do doador;

▸ Inciso II com a redação dada pela Lei nº 12.891, de 11-12-2013.

III – encerrar a conta bancária no final do ano da eleição, transferindo a totalidade do saldo existente para a conta bancária do órgão de direção indicado pelo partido, na forma prevista no art. 31, e informar o fato à Justiça Eleitoral.

▸ Inciso III acrescido pela Lei nº 13.165, de 29-9-2015.

§ 2º O disposto neste artigo não se aplica aos casos de candidatura para Prefeito e Vereador em Municípios onde não haja agência bancária ou posto de atendimento bancário.

▸ § 2º com a redação dada pela Lei nº 13.165, de 29-9-2015.

§ 3º O uso de recursos financeiros para pagamentos de gastos eleitorais que não provenham da conta específica de que trata o *caput* deste artigo implicará a desaprovação da prestação de contas do partido ou candidato; comprovado abuso de poder econômico, será cancelado o registro da candidatura ou cassado o diploma, se já houver sido outorgado.

§ 4º Rejeitadas as contas, a Justiça Eleitoral remeterá cópia de todo o processo ao Ministério Público Eleitoral para os fins previstos no art. 22 da Lei Complementar nº 64, de 18 de maio de 1990.

▸ §§ 3º e 4º acrescidos pela Lei nº 11.300, de 10-5-2006.

Art. 22-A. Os candidatos estão obrigados à inscrição no Cadastro Nacional da Pessoa Jurídica – CNPJ.

▸ *Caput* com a redação dada pela Lei nº 13.165, de 29-9-2015.

§ 1º Após o recebimento do pedido de registro da candidatura, a Justiça Eleitoral deverá fornecer em até 3 (três) dias úteis, o número de registro de CNPJ.

▸ § 1º acrescido pela Lei nº 12.034, de 29-9-2009.

§ 2º Cumprido o disposto no § 1º deste artigo e no § 1º do art. 22, ficam os candidatos autorizados a promover a arrecadação de recursos financeiros e a realizar as despesas necessárias à campanha eleitoral.

▸ § 2º com a redação dada pela Lei nº 13.165, de 29-9-2015.

§ 3º Desde o dia 15 de maio do ano eleitoral, é facultada aos pré-candidatos a arrecadação prévia de recursos na modalidade prevista no inciso IV do § 4º do art. 23 desta Lei, mas a liberação de recursos por parte das entidades arrecadadoras fica condicionada ao registro da candidatura, e a realização de despesas de campanha deverá observar o calendário eleitoral.

§ 4º Na hipótese prevista no § 3º deste artigo, se não for efetivado o registro da candidatura, as entidades arrecadadoras deverão devolver os valores arrecadados aos doadores.

▸ §§ 3º e 4º acrescidos pela Lei nº 13.488, de 6-10-2017.

Art. 23. Pessoas físicas poderão fazer doações em dinheiro ou estimáveis em dinheiro para campanhas eleitorais, obedecido o disposto nesta Lei.

▸ *Caput* com a redação dada pela Lei nº 12.034, de 29-9-2009.

§ 1º As doações e contribuições de que trata este artigo ficam limitadas a 10% (dez por cento) dos rendimentos brutos auferidos pelo doador no ano anterior à eleição.

▸ *Caput* do § 1º com a redação dada pela Lei nº 13.165, de 29-9-2015.

▸ A alteração que seria introduzida neste parágrafo, pela Lei nº 13.488, de 6-10-2017, foi vetada, razão pela mantivemos a sua redação.

I e II – *Revogados.* Lei nº 13.165, de 29-9-2015.

§ 1º-A. *Revogado.* Lei nº 13.488, de 6-10-2017.

§ 1º-B. VETADO. Lei nº 13.488, de 6-10-2017.

§ 2º As doações estimáveis em dinheiro a candidato específico, comitê ou partido deverão ser feitas mediante recibo, assinado pelo doador, exceto na hipótese prevista no § 6º do art. 28.

▸ § 2º com a redação dada pela Lei nº 12.891, de 11-12-2013.

§ 2º-A. O candidato poderá usar recursos próprios em sua campanha até o total de 10% (dez por cento) dos limites previstos para gastos de campanha no cargo em que concorrer.

▸ § 2º-A acrescido pela Lei nº 13.878, de 3-10-2019.

§ 3º A doação de quantia acima dos limites fixados neste artigo sujeita o infrator ao pagamento de multa no valor de até 100% (cem por cento) da quantia em excesso.

▸ § 3º com a redação dada pela Lei nº 13.488, de 6-10-2017.

§ 4º As doações de recursos financeiros somente poderão ser efetuadas na conta mencionada no art. 22 desta Lei por meio de:

▸ § 4º com a redação dada pela Lei nº 11.300, de 10-5-2006.

I – cheques cruzados e nominais ou transferência eletrônica de depósitos;

II – depósitos em espécie devidamente identificados até o limite fixado no inciso I do § 1º deste artigo;

▸ Incisos I e II acrescidos pela Lei nº 11.300, de 10-5-2006.

III – mecanismo disponível em sítio do candidato, partido ou coligação na internet, permitindo inclusive o uso de cartão de crédito, e que deverá atender aos seguintes requisitos:

a) identificação do doador;

b) emissão obrigatória de recibo eleitoral para cada doação realizada.

▸ Inciso III acrescido pela Lei nº 12.034, de 29-9-2009.

IV – instituições que promovam técnicas e serviços de financiamento coletivo por meio de sítios na internet, aplicativos eletrônicos e outros recursos similares, que deverão atender aos seguintes requisitos:

a) cadastro prévio na Justiça Eleitoral, que estabelecerá regulamentação para prestação de contas, fiscalização instantânea das doações, contas intermediárias, se houver, e repasses aos candidatos;

b) identificação obrigatória, com o nome completo e o número de inscrição no Cadastro de Pessoas Físicas (CPF) de cada um dos doadores e das quantias doadas;

c) disponibilização em sítio eletrônico de lista com identificação dos doadores e das respectivas quantias doadas, a ser atualizada instantaneamente a cada nova doação;

d) emissão obrigatória de recibo para o doador, relativo a cada doação realizada, sob a responsabilidade da entidade arrecadadora, com envio imediato para a Justiça Eleitoral e para o candidato de todas as informações relativas à doação;

e) ampla ciência a candidatos e eleitores acerca das taxas administrativas a serem cobradas pela realização do serviço;

f) não incidência em quaisquer das hipóteses listadas no art. 24 desta Lei;

g) observância do calendário eleitoral, especialmente no que diz respeito ao início do período de arrecadação financeira, nos termos dispostos no § 2º do art. 22-A desta Lei;

h) observância dos dispositivos desta Lei relacionados à propaganda na internet;

V – comercialização de bens e/ou serviços, ou promoção de eventos de arrecadação realizados diretamente pelo candidato ou pelo partido político.

▸ Incisos IV e V acrescidos pela Lei nº 13.488, de 6-10-2017.

▸ O STF, por maioria dos votos, julgou parcialmente procedente a ADI nº 5.970, para conferir interpretação conforme à Constituição a este inciso, visando incluir no seu escopo a possibilidade de realização de apresentações artísticas ou *shows* musicais em eventos de arrecadação de recursos para campanhas eleitorais (*DOU* de 17-3-2022).

§ 4º-A. Na prestação de contas das doações mencionadas no § 4º deste artigo, é dispensada a apresentação de recibo eleitoral, e sua comprovação deverá ser realizada por meio de documento bancário que identifique o CPF dos doadores.

§ 4º-B. As doações realizadas por meio das modalidades previstas nos incisos III e IV do § 4º deste artigo devem ser informadas à Justiça Eleitoral pelos candidatos e partidos no prazo previsto no inciso I do § 4º do art. 28 desta Lei, contado a partir do momento em que os recursos arrecadados forem depositados nas contas bancárias dos candidatos, partidos ou coligações.

▸ §§ 4º-A e 4º-B acrescidos pela Lei nº 13.488, de 6-10-2017.

§ 5º Ficam vedadas quaisquer doações em dinheiro, bem como de troféus, prêmios, ajudas de qualquer espécie feitas por candidato, entre o registro e a eleição, a pessoas físicas ou jurídicas.

▸ § 5º acrescido pela Lei nº 11.300, de 10-5-2006.

§ 6º Na hipótese de doações realizadas por meio das modalidades previstas nos incisos III e IV do § 4º deste artigo, fraudes ou erros cometidos pelo doador sem conhecimento dos candidatos, partidos ou coligações não ensejarão a responsabilidade destes nem a rejeição de suas contas eleitorais.

§ 7º O limite previsto no § 1º deste artigo não se aplica a doações estimáveis em dinheiro relativas à utilização de bens móveis ou imóveis de propriedade do doador ou à prestação de serviços próprios, desde que o valor estimado não ultrapasse R$ 40.000,00 (quarenta mil reais) por doador.

▸ §§ 6º e 7º com a redação dada pela Lei nº 13.488, de 6-10-2017.

§ 8º Ficam autorizadas a participar das transações relativas às modalidades de doações previstas nos incisos III e IV do § 4º deste artigo todas as instituições que atendam, nos termos da lei e da regulamentação expedida pelo Banco Central, aos critérios para operar arranjos de pagamento.

§ 9º As instituições financeiras e de pagamento não poderão recusar a utilização de cartões de débito e de crédito como meio de doações eleitorais de pessoas físicas.

▸ §§ 8º e 9º acrescidos pela Lei nº 13.488, de 6-10-2017.

§ 10. O pagamento efetuado por pessoas físicas, candidatos ou partidos em decorrência de honorários de serviços advocatícios e de contabilidade, relacionados à prestação de serviços em campanhas eleitorais e em favor destas, bem como em processo judicial decorrente de defesa de interesses de candidato ou partido político, não será considerado para a aferição do limite previsto no § 1º deste artigo e não constitui doação de bens e serviços estimáveis em dinheiro.

▸ § 10 acrescido pela Lei nº 13.877, de 27-9-2019.

Art. 24. É vedado, a partido e candidato, receber direta ou indiretamente doação em dinheiro ou estimável em dinheiro, inclusive por meio de publicidade de qualquer espécie, procedente de:

▸ O STF, por unanimidade de votos, julgou procedente a ADPF nº 548 para: "declarar inconstitucional a interpretação deste artigo que conduza à prática de atos judiciais ou administrativos pelos quais se possibilite, determine ou promova o ingresso de agentes públicos em universidades públicas e privadas, o recolhimento de documentos, a interrupção de aulas, debates ou manifestações de docentes e discentes universitários, a atividade disciplinar docente e discente e a coleta irregular de depoimentos desses cidadãos pela prática de manifestação livre de ideias e divulgação do pensamento nos ambientes universitários ou em equipamentos sob a administração de universidades públicas e privadas e serventes a seus fins e desempenhos" (*DOU* de 28-5-2020).

I – entidade ou governo estrangeiro;

II – órgão da administração pública direta e indireta ou fundação mantida com recursos provenientes do Poder Público;

III – concessionário ou permissionário de serviço público;

IV – entidade de direito privado que receba, na condição de beneficiária, contribuição compulsória em virtude de disposição legal;

V – entidade de utilidade pública;

VI – entidade de classe ou sindical;

VII – pessoa jurídica sem fins lucrativos que receba recursos do exterior.

VIII – entidades beneficentes e religiosas;

▸ Inciso VIII acrescido pela Lei nº 11.300, de 10-5-2006.

IX – entidades esportivas;

▸ Inciso IX com a redação dada pela Lei nº 12.034, de 29-9-2009.

X – organizações não governamentais que recebam recursos públicos;

XI – organizações da sociedade civil de interesse público;

▸ Incisos X e XI acrescidos pela Lei nº 11.300, de 10-5-2006.

XII – VETADO. Lei nº 13.165, de 29-9-2015.

§ 1º Não se incluem nas vedações de que trata este artigo as cooperativas cujos cooperados não sejam concessionários ou permissionários de serviços públicos, desde que não estejam sendo beneficiadas com recursos públicos, observado o disposto no art. 81.

▸ Parágrafo único renumerado para § 1º pela Lei nº 13.165, de 29-9-2015.

§§ 2º e 3º VETADOS. Lei nº 13.165, de 29-9-2015.

§ 4º O partido ou candidato que receber recursos provenientes de fontes vedadas ou de origem não identificada deverá proceder à devolução dos valores recebidos ou, não sendo possível a identificação da fonte, transferi-los para a conta única do Tesouro Nacional.

▸ § 4º acrescido pela Lei nº 13.165, de 29-9-2015.

Arts. 24-A e 24-B. VETADOS. Lei nº 13.165, de 29-9-2015.

Art. 24-C. O limite de doação previsto no § 1º do art. 23 será apurado anualmente pelo Tribunal Superior Eleitoral e pela Secretaria da Receita Federal do Brasil.

§ 1º O Tribunal Superior Eleitoral deverá consolidar as informações sobre as doações registradas até 31 de dezembro do exercício financeiro a ser apurado, considerando:

I – as prestações de contas anuais dos partidos políticos, entregues à Justiça Eleitoral até 30 de abril do ano subsequente ao da apuração, nos termos do art. 32 da Lei nº 9.096, de 19 de setembro de 1995;

II – as prestações de contas dos candidatos às eleições ordinárias ou suplementares que tenham ocorrido no exercício financeiro a ser apurado.

§ 2º O Tribunal Superior Eleitoral, após a consolidação das informações sobre os valores doados e apurados, encaminhá-las-á à Secretaria da Receita Federal do Brasil até 30 de maio do ano seguinte ao da apuração.

§ 3º A Secretaria da Receita Federal do Brasil fará o cruzamento dos valores doados com os rendimentos da pessoa física e, apurando indício de excesso, comunicará o fato, até 30 de julho do ano seguinte ao da apuração, ao Ministério Público Eleitoral, que poderá, até o final do exercício financeiro, apresentar representação com vistas à aplicação da penalidade prevista no art. 23 e de outras sanções que julgar cabíveis.

▸ Art. 24-C acrescido pela Lei nº 13.165, de 29-9-2015.

Art. 25. O partido que descumprir as normas referentes à arrecadação e aplicação de recursos fixadas nesta Lei perderá o direito ao recebimento da quota do Fundo Partidário do ano seguinte, sem prejuízo de responderem os candidatos beneficiados por abuso do poder econômico.

Parágrafo único. A sanção de suspensão do repasse de novas quotas do Fundo Partidário, por desaprovação total ou parcial da prestação de contas do candidato, deverá ser aplicada de forma proporcional e razoável, pelo período de 1 (um) mês a 12 (doze) meses, ou por meio do desconto, do valor a ser repassado, na importância apontada como irregular, não podendo ser aplicada a sanção de suspensão, caso a prestação de contas não seja julgada, pelo juízo ou tribunal competente, após 5 (cinco) anos de sua apresentação.

▸ Parágrafo único acrescido pela Lei nº 12.034, de 29-9-2009.

Art. 26. São considerados gastos eleitorais, sujeitos a registro e aos limites fixados nesta Lei:

▸ *Caput* com a redação dada pela Lei nº 11.300, de 10-5-2006.

I – confecção de material impresso de qualquer natureza e tamanho, observado o disposto no § 3º do art. 38 desta Lei;

▸ Inciso I com a redação dada pela Lei nº 12.891, de 11-12-2013.

II – propaganda e publicidade direta ou indireta, por qualquer meio de divulgação, destinada a conquistar votos;

III – aluguel de locais para a promoção de atos de campanha eleitoral;

IV – despesas com transporte ou deslocamento de candidato e de pessoal a serviço das candidaturas, observadas as exceções previstas no § 3º deste artigo.

▸ Inciso IV com a redação dada pela Lei nº 13.488, de 6-10-2017.

V – correspondência e despesas postais;

VI – despesas de instalação, organização e funcionamento de Comitês e serviços necessários às eleições;

VII – remuneração ou gratificação de qualquer espécie a pessoal que preste serviços às candidaturas ou aos comitês eleitorais;

VIII – montagem e operação de carros de som, de propaganda e assemelhados;

IX – a realização de comícios ou eventos destinados à promoção de candidatura;

▸ Inciso IX com a redação dada pela Lei nº 11.300, de 10-5-2006.

X – produção de programas de rádio, televisão ou vídeo, inclusive os destinados à propaganda gratuita;

XI – *Revogado*. Lei nº 11.300, de 10-5-2006;

XII – realização de pesquisas ou testes pré-eleitorais;

XIII – *Revogado*. Lei nº 11.300, de 10-5-2006;

XIV – *Revogado*. Lei nº 12.891, de 11-12-2013;

XV – custos com a criação e inclusão de sítios na internet e com o impulsionamento de conteúdos contratados diretamente com provedor da aplicação de *internet* com sede e foro no País;

▸ Inciso XV com a redação dada pela Lei nº 13.488, de 6-10-2017.

XVI – multas aplicadas aos partidos ou candidatos por infração do disposto na legislação eleitoral.

XVII – produção de *jingles*, vinhetas e *slogans* para propaganda eleitoral.

▸ Inciso XVII acrescido pela Lei nº 11.300, de 10-5-2006.

§ 1º São estabelecidos os seguintes limites com relação ao total do gasto da campanha:

I – alimentação do pessoal que presta serviços às candidaturas ou aos comitês eleitorais: 10% (dez por cento);

II – aluguel de veículos automotores: 20% (vinte por cento).

▸ Parágrafo único transformado em § 1º pela Lei nº 13.488, de 6-10-2017.

§ 2º Para os fins desta Lei, inclui-se entre as formas de impulsionamento de conteúdo a priorização paga de conteúdos resultantes de aplicações de busca na internet.

§ 3º Não são consideradas gastos eleitorais nem se sujeitam a prestação de contas as seguintes despesas de natureza pessoal do candidato:

a) combustível e manutenção de veículo automotor usado pelo candidato na campanha;

b) remuneração, alimentação e hospedagem do condutor do veículo a que se refere a alínea *a* deste parágrafo;

c) alimentação e hospedagem própria;

d) uso de linhas telefônicas registradas em seu nome como pessoa física, até o limite de três linhas.

▸ §§ 2º e 3º acrescidos pela Lei nº 13.488, de 6-10-2017.

§ 4º As despesas com consultoria, assessoria e pagamento de honorários realizadas em decorrência da prestação de serviços advocatícios e de contabilidade no curso das campanhas eleitorais serão consideradas gastos eleitorais, mas serão excluídas do limite de gastos de campanha.

§ 5º Para fins de pagamento das despesas de que trata este artigo, inclusive as do § 4º deste artigo, poderão ser utilizados recursos da campanha, do candidato, do fundo partidário ou do FEFC.

§ 6º Os recursos originados do fundo de que trata o art. 16-C desta Lei utilizados para pagamento das despesas previstas no § 4º deste artigo serão informados em anexo à prestação de contas dos candidatos.

▸ §§ 4º a 6º acrescidos pela Lei nº 13.877, de 27-9-2019.

Art. 27. Qualquer eleitor poderá realizar gastos, em apoio a candidato de sua preferência, até a quantia equivalente a um mil UFIR, não sujeitos a contabilização, desde que não reembolsados.

§ 1º Fica excluído do limite previsto no *caput* deste artigo o pagamento de honorários decorrentes da prestação de serviços advocatícios e de contabilidade, relacionados às campanhas eleitorais e em favor destas.

§ 2º Para fins do previsto no § 1º deste artigo, o pagamento efetuado por terceiro não compreende doação eleitoral.

▸ §§ 1º e 2º acrescidos pela Lei nº 13.877, de 27-9-2019.

Da Prestação de Contas

Art. 28. A prestação de contas será feita:

I – no caso dos candidatos às eleições majoritárias, na forma disciplinada pela Justiça Eleitoral;

II – no caso dos candidatos às eleições proporcionais, de acordo com os modelos constantes do Anexo desta Lei.

§ 1º As prestações de contas dos candidatos às eleições majoritárias serão feitas pelo próprio candidato, devendo ser acompanhadas dos extratos das contas bancárias referentes à movimentação dos recursos financeiros usados na campanha e da relação dos cheques recebidos, com a indicação dos respectivos números, valores e emitentes.

§ 2º As prestações de contas dos candidatos às eleições proporcionais serão feitas pelo próprio candidato.

▸ §§ 1º e 2º com a redação dada pela Lei nº 13.165, de 29-9-2015.

§ 3º As contribuições, doações e as receitas de que trata esta Lei serão convertidas em UFIR, pelo valor desta no mês em que ocorrerem.

§ 4º Os partidos políticos, as coligações e os candidatos são obrigados, durante as campanhas eleitorais, a divulgar em sítio criado pela Justiça Eleitoral para esse fim na rede mundial de computadores (internet):

I – os recursos em dinheiro recebidos para financiamento de sua campanha eleitoral, em até 72 (setenta e duas) horas de seu recebimento;

II – no dia 15 de setembro, relatório discriminando as transferências do Fundo Partidário, os recursos em dinheiro e os estimáveis em dinheiro recebidos, bem como os gastos realizados.

▸ § 4º com a redação dada pela Lei nº 13.165, de 29-9-2015.

§ 5º VETADO. Lei nº 12.891, de 11-12-2013.

§ 6º Ficam também dispensadas de comprovação na prestação de contas:

▸ *Caput* do § 6º acrescido pela Lei nº 12.891, de 11-12-2013.

I – a cessão de bens móveis, limitada ao valor de R$ 4.000,00 (quatro mil reais) por pessoa cedente;

▸ Inciso I acrescido pela Lei nº 12.891, de 11-12-2013.

II – doações estimáveis em dinheiro entre candidatos ou partidos, decorrentes do uso comum tanto de sedes quanto de materiais de propaganda eleitoral, cujo gasto deverá ser registrado na prestação de contas do responsável pelo pagamento da despesa;

▸ Inciso II com a redação dada pela Lei nº 13.165, de 29-9-2015.

III – a cessão de automóvel de propriedade do candidato, do cônjuge e de seus parentes até o terceiro grau para seu uso pessoal durante a campanha.

▸ Inciso III acrescido pela Lei nº 13.488, de 6-10-2017.

§ 7º As informações sobre os recursos recebidos a que se refere o § 4º deverão ser divulgadas com a indicação dos nomes, do CPF ou CNPJ dos doadores e dos respectivos valores doados.

§ 8º Os gastos com passagens aéreas efetuados nas campanhas eleitorais serão comprovados mediante a apresentação de fatura ou duplicata emitida por agência de viagem, quando for o caso, desde que informados os beneficiários, as datas e os itinerários, vedada a exigência de apresentação de qualquer outro documento para esse fim.

§ 9º A Justiça Eleitoral adotará sistema simplificado de prestação de contas para candidatos que apresentarem movimentação financeira correspondente a, no máximo, R$ 20.000,00 (vinte mil reais), atualizados monetariamente, a cada eleição, pelo Índice Nacional de Preços ao Consumidor – INPC da Fundação Instituto Brasileiro de Geografia e Estatística – IBGE ou por índice que o substituir.

§ 10. O sistema simplificado referido no § 9º deverá conter, pelo menos:

I – identificação das doações recebidas, com os nomes, o CPF ou CNPJ dos doadores e os respectivos valores recebidos;

II – identificação das despesas realizadas, com os nomes e o CPF ou CNPJ dos fornecedores de material e dos prestadores dos serviços realizados;

III – registro das eventuais sobras ou dívidas de campanha.

§ 11. Nas eleições para Prefeito e Vereador de Municípios com menos de cinquenta mil eleitores, a prestação de contas será feita sempre pelo sistema simplificado a que se referem os §§ 9º e 10.

▸ §§ 7º a 11 acrescidos pela Lei nº 13.165, de 29-9-2015.

§ 12. Os valores transferidos pelos partidos políticos oriundos de doações serão registrados na prestação de contas dos candidatos como transferência dos partidos e, na prestação de contas anual dos partidos, como transferência aos candidatos.

▸ § 12 com a redação dada pela Lei nº 13.877, de 27-9-2019.

Art. 29. Ao receber as prestações de contas e demais informações dos candidatos às eleições majoritárias e dos candidatos às eleições proporcionais que optarem por prestar contas por seu intermédio, os comitês deverão:

I – *Revogado*. Lei nº 13.165, de 29-9-2015;

II – resumir as informações contidas na prestação de contas, de forma a apresentar demonstrativo consolidado das campanhas;

▸ Inciso II com a redação dada pela Lei nº 13.165, de 29-9-2015.

III – encaminhar à Justiça Eleitoral, até o trigésimo dia posterior à realização das eleições, o conjunto das prestações de contas dos candidatos e do próprio comitê, na forma do artigo anterior, ressalvada a hipótese do inciso seguinte;

IV – havendo segundo turno, encaminhar a prestação de contas, referente aos 2 (dois) turnos, até o vigésimo dia posterior à sua realização.

► Inciso IV com a redação dada pela Lei nº 13.165, de 29-9-2015.

§ 1º *Revogado*. Lei nº 13.165, de 29-9-2015.

§ 2º A inobservância do prazo para encaminhamento das prestações de contas impede a diplomação dos eleitos, enquanto perdurar.

§ 3º Eventuais débitos de campanha não quitados até a data de apresentação da prestação de contas poderão ser assumidos pelo partido político, por decisão do seu órgão nacional de direção partidária.

§ 4º No caso do disposto no § 3º, o órgão partidário da respectiva circunscrição eleitoral passará a responder por todas as dívidas solidariamente com o candidato, hipótese em que a existência do débito não poderá ser considerada como causa para a rejeição das contas.

► §§ 3º e 4º acrescidos pela Lei nº 12.034, de 29-9-2009.

Art. 30. A Justiça Eleitoral verificará a regularidade das contas de campanha, decidindo:

► *Caput* com a redação dada pela Lei nº 12.034, de 29-9-2009.

I – pela aprovação, quando estiverem regulares;

II – pela aprovação com ressalvas, quando verificadas falhas que não lhes comprometam a regularidade;

III – pela desaprovação, quando verificadas falhas que lhes comprometam a regularidade;

IV – pela não prestação, quando não apresentadas as contas após a notificação emitida pela Justiça Eleitoral, na qual constará a obrigação expressa de prestar as suas contas, no prazo de setenta e duas horas.

► Incisos I a IV acrescidos pela Lei nº 12.034, de 29-9-2009.

§ 1º A decisão que julgar as contas dos candidatos eleitos será publicada em sessão até três dias antes da diplomação.

► § 1º com a redação dada pela Lei nº 13.165, de 29-9-2015.

► Art. 1º, § 3º, I, da EC nº 107, de 2-7-2020.

§ 2º Erros formais e materiais corrigidos não autorizam a rejeição das contas e a cominação de sanção a candidato ou partido.

§ 2º-A. Erros formais ou materiais irrelevantes no conjunto da prestação de contas, que não comprometam o seu resultado, não acarretarão a rejeição das contas.

► § 2º-A acrescido pela Lei nº 12.034, de 29-9-2009.

§ 3º Para efetuar os exames de que trata este artigo, a Justiça Eleitoral poderá requisitar técnicos do Tribunal de Contas da União, dos Estados, do Distrito Federal ou dos Municípios, pelo tempo que for necessário.

§ 4º Havendo indício de irregularidade na prestação de contas, a Justiça Eleitoral poderá requisitar do candidato as informações adicionais necessárias, bem como determinar diligências para a complementação dos dados ou o saneamento das falhas.

§ 5º Da decisão que julgar as contas prestadas pelos candidatos caberá recurso ao órgão superior da Justiça Eleitoral, no prazo de 3 (três) dias, a contar da publicação no *Diário Oficial*.

► §§ 4º e 5º com a redação dada pela Lei nº 13.165, de 29-9-2015.

§ 6º No mesmo prazo previsto no § 5º, caberá recurso especial para o Tribunal Superior Eleitoral, nas hipóteses previstas nos incisos I e II do § 4º do art. 121 da Constituição Federal.

§ 7º O disposto neste artigo aplica-se aos processos judiciais pendentes.

► §§ 6º e 7º acrescidos pela Lei nº 12.034, de 29-9-2009.

Art. 30-A. Qualquer partido político ou coligação poderá representar à Justiça Eleitoral, no prazo de 15 (quinze) dias da diplomação, relatando fatos e indicando provas, e pedir a abertura de investigação judicial para apurar condutas em desacordo com as normas desta Lei, relativas à arrecadação e gastos de recursos.

► *Caput* com a redação dada pela Lei nº 12.034, de 29-9-2009.

► O STF, por unanimidade, julgou improcedente a ADI nº 4.532, declarando a constitucionalidade da expressão "no prazo de 15 (quinze) dias da diplomação", constante neste artigo (*DOU* de 2-12-2022).

► Art. 1º, § 3º, II, da EC nº 107, de 2-7-2020.

§ 1º Na apuração de que trata este artigo, aplicar-se-á o procedimento previsto no art. 22 da Lei Complementar nº 64, de 18 de maio de 1990, no que couber.

§ 2º Comprovados captação ou gastos ilícitos de recursos, para fins eleitorais, será negado diploma ao candidato, ou cassado, se já houver sido outorgado.

► §§ 1º e 2º acrescidos pela Lei nº 11.300, de 10-5-2006.

§ 3º O prazo de recurso contra decisões proferidas em representações propostas com base neste artigo será de 3 (três) dias, a contar da data da publicação do julgamento no *Diário Oficial*.

► § 3º acrescido pela Lei nº 12.034, de 29-9-2009.

Art. 31. Se, ao final da campanha, ocorrer sobra de recursos financeiros, esta deve ser declarada na prestação de contas e, após julgados todos os recursos, transferida ao partido, obedecendo aos seguintes critérios:

► *Caput* com a redação dada pela Lei nº 12.891, de 11-12-2013.

I – no caso de candidato a Prefeito, Vice-Prefeito e Vereador, esses recursos deverão ser transferidos para o órgão diretivo municipal do partido na cidade onde ocorreu a eleição, o qual será responsável exclusivo pela identificação desses recursos, sua utilização, contabilização e respectiva prestação de contas perante o juízo eleitoral correspondente;

II – no caso de candidato a Governador, Vice-Governador, Senador, Deputado Federal e Deputado Estadual ou Distrital, esses recursos deverão ser transferidos para o órgão diretivo regional do partido no Estado onde ocorreu a eleição ou no Distrito Federal, se for o caso, o qual será responsável exclusivo pela identificação desses recursos, sua utilização, contabilização e respectiva prestação de contas perante o Tribunal Regional Eleitoral correspondente;

III – no caso de candidato a Presidente e Vice-Presidente da República, esses recursos deverão ser transferidos para o órgão diretivo nacional do partido, o qual será responsável exclusivo pela identificação desses recursos, sua utilização, contabilização e respectiva prestação de contas perante o Tribunal Superior Eleitoral;

IV – o órgão diretivo nacional do partido não poderá ser responsabilizado nem penalizado pelo descumprimento do disposto neste artigo por parte dos órgãos diretivos municipais e regionais.

► Incisos I a IV acrescidos pela Lei nº 12.891, de 11-12-2013.

Parágrafo único. As sobras de recursos financeiros de campanha serão utilizadas pelos partidos políticos, devendo tais valores ser declarados em suas prestações de contas perante a Justiça Eleitoral, com a identificação dos candidatos.

► Parágrafo único com a redação dada pela Lei nº 12.034, de 29-9-2009.

Art. 32. Até cento e oitenta dias após a diplomação, os candidatos ou partidos conservarão a documentação concernente a suas contas.

Parágrafo único. Estando pendente de julgamento qualquer processo judicial relativo às contas, a documentação a elas concernente deverá ser conservada até a decisão final.

Das Pesquisas e Testes Pré-Eleitorais

Art. 33. As entidades e empresas que realizarem pesquisas de opinião pública relativas às eleições ou aos candidatos, para conhecimento público, são obrigadas, para cada pesquisa, a registrar, junto à Justiça Eleitoral, até cinco dias antes da divulgação, as seguintes informações:

I – quem contratou a pesquisa;

II – valor e origem dos recursos despendidos no trabalho;

III – metodologia e período de realização da pesquisa;

IV – plano amostral e ponderação quanto a sexo, idade, grau de instrução, nível econômico e área física de realização do trabalho a ser executado, intervalo de confiança e margem de erro;

► Inciso IV com a redação dada pela Lei nº 12.891, de 11-12-2013.

V – sistema interno de controle e verificação, conferência e fiscalização da coleta de dados e do trabalho de campo;

VI – questionário completo aplicado ou a ser aplicado;

VII – nome de quem pagou pela realização do trabalho e cópia da respectiva nota fiscal.

► Inciso VII com a redação dada pela Lei nº 12.891, de 11-12-2013.

§ 1º As informações relativas às pesquisas serão registradas nos órgãos da Justiça Eleitoral aos quais compete fazer o registro dos candidatos.

§ 2º A Justiça Eleitoral afixará no prazo de vinte e quatro horas, no local de costume, bem como divulgará em seu sítio na internet, aviso comunicando o registro das informações a que se refere este artigo, colocando-as à disposição dos partidos ou coligações com candidatos ao pleito, os quais a elas terão livre acesso pelo prazo de 30 (trinta) dias.

► § 2º com a redação dada pela Lei nº 12.034, de 29-9-2009.

§ 3º A divulgação de pesquisa sem o prévio registro das informações de que trata este artigo sujeita os responsáveis a multa no valor de cinquenta mil a cem mil UFIR.

§ 4º A divulgação de pesquisa fraudulenta constitui crime, punível com detenção de seis meses a um ano e multa no valor de cinquenta mil a cem mil UFIR.

§ 5º É vedada, no período de campanha eleitoral, a realização de enquetes relacionadas ao processo eleitoral.

▸ § 5º acrescido pela Lei nº 12.891, de 11-12-2013.

Art. 34. VETADO.

§ 1º Mediante requerimento à Justiça Eleitoral, os partidos poderão ter acesso ao sistema interno de controle, verificação e fiscalização da coleta de dados das entidades que divulgaram pesquisas de opinião relativas às eleições, incluídos os referentes à identificação dos entrevistadores e, por meio de escolha livre e aleatória de planilhas individuais, mapas ou equivalentes, confrontar e conferir os dados publicados, preservada a identidade dos respondentes.

§ 2º O não cumprimento do disposto neste artigo ou qualquer ato que vise a retardar, impedir ou dificultar a ação fiscalizadora dos partidos constitui crime, punível com detenção, de seis meses a um ano, com a alternativa de prestação de serviços à comunidade pelo mesmo prazo, e multa no valor de dez mil a vinte mil UFIR.

§ 3º A comprovação de irregularidade nos dados publicados sujeita os responsáveis às penas mencionadas no parágrafo anterior, sem prejuízo da obrigatoriedade da veiculação dos dados corretos no mesmo espaço, local, horário, página, caracteres e outros elementos de destaque, de acordo com o veículo usado.

Art. 35. Pelos crimes definidos nos artigos 33, § 4º e 34, §§ 2º e 3º, podem ser responsabilizados penalmente os representantes legais da empresa ou entidade de pesquisa e do órgão veiculador.

Art. 35-A. É vedada a divulgação de pesquisas eleitorais por qualquer meio de comunicação, a partir do décimo quinto dia anterior até as 18 (dezoito) horas do dia do pleito.

▸ Art. 35-A acrescido pela Lei nº 11.300, de 10-5-2006.

▸ O STF, por unanimidade de votos, julgou parcialmente procedente as Ações Diretas de Inconstitucionalidade nºs 3.741-2, 3.742-1 e 3.743-9, para declarar a inconstitucionalidade deste artigo (*DJU* de 15-9-2006).

Da Propaganda Eleitoral em Geral

Art. 36. A propaganda eleitoral somente é permitida após o dia 15 de agosto do ano da eleição.

▸ *Caput* com a redação dada pela Lei nº 13.165, de 29-9-2015.

▸ Arts. 240 e 244 do CE.

§ 1º Ao postulante a candidatura a cargo eletivo é permitida a realização, na quinzena anterior à escolha pelo partido, de propaganda intrapartidária com vista à indicação de seu nome, vedado o uso de rádio, televisão ou *outdoor*.

§ 2º Não será permitido qualquer tipo de propaganda política paga no rádio e na televisão.

▸ § 2º com a redação dada pela Lei nº 13.487, de 6-10-2017.

§ 3º A violação do disposto neste artigo sujeitará o responsável pela divulgação da propaganda e, quando comprovado o seu prévio conhecimento, o beneficiário à multa no valor de R$ 5.000,00 (cinco mil reais) a R$ 25.000,00 (vinte e cinco mil reais), ou ao equivalente ao custo da propaganda, se este for maior.

▸ § 3º com a redação dada pela Lei nº 12.034, de 29-9-2009.

§ 4º Na propaganda dos candidatos a cargo majoritário deverão constar, também, os nomes dos candidatos a vice ou a suplentes de senador, de modo claro e legível, em tamanho não inferior a 30% (trinta por cento) do nome do titular.

▸ § 4º com a redação dada pela Lei nº 13.165, de 29-9-2015.

§ 5º A comprovação do cumprimento das determinações da Justiça Eleitoral relacionadas a propaganda realizada em desconformidade com o disposto nesta Lei poderá ser apresentada no Tribunal Superior Eleitoral, no caso de candidatos a Presidente e Vice-Presidente da República, nas sedes dos respectivos Tribunais Regionais Eleitorais, no caso de candidatos a Governador, Vice-Governador, Deputado Federal, Senador da República, Deputados Estadual e Distrital, e, no Juízo Eleitoral, na hipótese de candidato a Prefeito, Vice-Prefeito e Vereador.

▸ § 5º acrescido pela Lei nº 12.034, de 29-9-2009.

Art. 36-A. Não configuram propaganda eleitoral antecipada, desde que não envolvam pedido explícito de voto, a menção à pretensa candidatura, a exaltação das qualidades pessoais dos pré-candidatos e os seguintes atos, que poderão ter cobertura dos meios de comunicação social, inclusive via internet:

▸ *Caput* com a redação dada pela Lei nº 13.165, de 29-9-2015.

I – a participação de filiados a partidos políticos ou de pré-candidatos em entrevistas, programas, encontros ou debates no rádio, na televisão e na internet, inclusive com a exposição de plataformas e projetos políticos, observado pelas emissoras de rádio e de televisão o dever de conferir tratamento isonômico;

II – a realização de encontros, seminários ou congressos, em ambiente fechado e a expensas dos partidos políticos, para tratar da organização dos processos eleitorais, discussão de políticas públicas, planos de governo ou alianças partidárias visando às eleições, podendo tais atividades ser divulgadas pelos instrumentos de comunicação intrapartidária;

▸ Incisos I e II com a redação dada pela Lei nº 12.891, de 11-12-2013.

III – a realização de prévias partidárias e a respectiva distribuição de material informativo, a divulgação dos nomes dos filiados que participarão da disputa e a realização de debates entre os pré-candidatos;

▸ Inciso III com a redação dada Lei nº 13.165, de 29-9-2015.

IV – a divulgação de atos de parlamentares e debates legislativos, desde que não se faça pedido de votos;

▸ Inciso IV com a redação dada Lei nº 12.891, de 11-12-2013.

V – a divulgação de posicionamento pessoal sobre questões políticas, inclusive nas redes sociais;

▸ Inciso V com a redação dada Lei nº 13.165, de 29-9-2015.

VI – a realização, a expensas de partido político, de reuniões de iniciativa da sociedade civil, de veículo ou meio de comunicação ou do próprio partido, em qualquer localidade, para divulgar ideias, objetivos e propostas partidárias;

▸ Inciso VI acrescido pela Lei nº 13.165, de 29-9-2015.

VII – campanha de arrecadação prévia de recursos na modalidade prevista no inciso IV do § 4º do art. 23 desta Lei.

▸ Inciso VII acrescido pela Lei nº 13.488, de 6-10-2017.

§ 1º É vedada a transmissão ao vivo por emissoras de rádio e de televisão das prévias partidárias, sem prejuízo da cobertura dos meios de comunicação social.

▸ Parágrafo único renumerado para § 1º e com a redação dada pela Lei nº 13.165, de 29-9-2015.

§ 2º Nas hipóteses dos incisos I a VI do *caput*, são permitidos o pedido de apoio político e a divulgação da pré-candidatura, das ações políticas desenvolvidas e das que se pretende desenvolver.

§ 3º O disposto no § 2º não se aplica aos profissionais de comunicação social no exercício da profissão.

▸ §§ 2º e 3º acrescidos pela Lei nº 13.165, de 29-9-2015.

Art. 36-B. Será considerada propaganda eleitoral antecipada a convocação, por parte do Presidente da República, dos Presidentes da Câmara dos Deputados, do Senado Federal e do Supremo Tribunal Federal, de redes de radiodifusão para divulgação de atos que denotem propaganda política ou ataques a partidos políticos e seus filiados ou instituições.

Parágrafo único. Nos casos permitidos de convocação das redes de radiodifusão, é vedada a utilização de símbolos ou imagens, exceto aqueles previstos no § 1º do art. 13 da Constituição Federal.

▸ Art. 36-B acrescido pela Lei nº 12.891, de 11-12-2013.

Art. 37. Nos bens cujo uso dependa de cessão ou permissão do poder público, ou que a ele pertençam, e nos bens de uso comum, inclusive postes de iluminação pública, sinalização de tráfego, viadutos, passarelas, pontes, paradas de ônibus e outros equipamentos urbanos, é vedada a veiculação de propaganda de qualquer natureza, inclusive pichação, inscrição a tinta e exposição de placas, estandartes, faixas, cavaletes, bonecos e assemelhados.

▸ *Caput* com a redação dada pela Lei nº 13.165, de 29-9-2015.

▸ O STF, por unanimidade de votos, julgou procedente a ADPF nº 548 para: "declarar inconstitucional a interpretação deste artigo que conduza à prática de atos judiciais ou administrativos pelos quais se possibilite, determine ou promova o ingresso de agentes públicos em universidades públicas e privadas, o recolhimento de documentos, a interrupção de aulas, debates ou manifestações de docentes e discentes universitários, a atividade disciplinar docente e discente e a coleta irregular de depoimentos desses cidadãos pela prática de manifestação livre de ideias e divulgação do pensamento nos ambientes universitários ou em equipamentos sob a administração de universidades públicas e privadas e serventes a seus fins e desempenhos" (*DOU* de 28-5-2020).

§ 1º A veiculação de propaganda em desacordo com o disposto no *caput* deste artigo sujeita o responsável, após a notificação e comprovação, à restauração do bem e, caso não cumprida no prazo, a multa no valor de R$ 2.000,00 (dois mil reais) a R$ 8.000,00 (oito mil reais).

▸ § 1º com a redação dada pela Lei nº 11.300, de 10-5-2006.

§ 2º Não é permitida a veiculação de material de propaganda eleitoral em bens públicos ou particulares, exceto de:

I – bandeiras ao longo de vias públicas, desde que móveis e que não dificultem o bom andamento do trânsito de pessoas e veículos;

II – adesivo plástico em automóveis, caminhões, bicicletas, motocicletas e janelas residenciais, desde que não exceda a 0,5 m² (meio metro quadrado).

► § 2º com a redação dada pela Lei nº 13.488, de 6-10-2017.

§ 3º Nas dependências do Poder Legislativo, a veiculação de propaganda eleitoral fica a critério da Mesa Diretora.

§ 4º Bens de uso comum, para fins eleitorais, são os assim definidos pela Lei nº 10.406, de 10 de janeiro de 2002 – Código Civil e também aqueles a que a população em geral tem acesso, tais como cinemas, clubes, lojas, centros comerciais, templos, ginásios, estádios, ainda que de propriedade privada.

§ 5º Nas árvores e nos jardins localizados em áreas públicas, bem como em muros, cercas e tapumes divisórios, não é permitida a colocação de propaganda eleitoral de qualquer natureza, mesmo que não lhes cause dano.

§ 6º É permitida a colocação de mesas para distribuição de material de campanha e a utilização de bandeiras ao longo das vias públicas, desde que móveis e que não dificultem o bom andamento do trânsito de pessoas e veículos.

► § 6º com a redação dada pela Lei nº 12.891, de 11-12-2013.

§ 7º A mobilidade referida no § 6º estará caracterizada com a colocação e a retirada dos meios de propaganda entre as seis horas e as vinte e duas horas.

§ 8º A veiculação de propaganda eleitoral em bens particulares deve ser espontânea e gratuita, sendo vedado qualquer tipo de pagamento em troca de espaço para esta finalidade.

► §§ 4º a 8º acrescidos pela Lei nº 12.034, de 29-9-2009.

Art. 38. Independe da obtenção de licença municipal e de autorização da Justiça Eleitoral a veiculação de propaganda eleitoral pela distribuição de folhetos, adesivos, volantes e outros impressos, os quais devem ser editados sob a responsabilidade do partido, coligação ou candidato.

► *Caput* com a redação dada pela Lei nº 12.891, de 11-12-2013.

§ 1º Todo material impresso de campanha eleitoral deverá conter o número de inscrição no Cadastro Nacional da Pessoa Jurídica – CNPJ ou o número de inscrição no Cadastro de Pessoas Físicas – CPF do responsável pela confecção, bem como de quem a contratou, e a respectiva tiragem.

§ 2º Quando o material impresso veicular propaganda conjunta de diversos candidatos, os gastos relativos a cada um deles deverão constar na respectiva prestação de contas, ou apenas naquela relativa ao que houver arcado com os custos.

► §§ 1º e 2º acrescidos pela Lei nº 12.034, de 29-9-2009.

§ 3º Os adesivos de que trata o *caput* deste artigo poderão ter a dimensão máxima de 50 (cinquenta) centímetros por 40 (quarenta) centímetros.

§ 4º É proibido colar propaganda eleitoral em veículos, exceto adesivos microperfurados até a extensão total do para-brisa traseiro e, em outras posições, adesivos até a dimensão máxima fixada no § 3º.

► §§ 3º e 4º acrescidos pela Lei nº 12.891, de 11-12-2013.

Art. 39. A realização de qualquer ato de propaganda partidária ou eleitoral, em recinto aberto ou fechado, não depende de licença da polícia.

► Art. 245 do CE.

§ 1º O candidato, partido ou coligação promotora do ato fará a devida comunicação à autoridade policial em, no mínimo, vinte e quatro horas antes de sua realização, a fim de que esta lhe garanta, segundo a prioridade do aviso, o direito contra quem tencione usar o local no mesmo dia e horário.

► Art. 39, § 1º, do CE.

§ 2º A autoridade policial tomará as providências necessárias à garantia da realização do ato e ao funcionamento do tráfego e dos serviços públicos que o evento possa afetar.

§ 3º O funcionamento de alto-falantes ou amplificadores de som, ressalvada a hipótese contemplada no parágrafo seguinte, somente é permitido entre as oito e as vinte e duas horas, sendo vedados a instalação e o uso daqueles equipamentos em distância inferior a duzentos metros:

► Art. 244, parágrafo único, do CE.

I – das sedes dos Poderes Executivo e Legislativo da União, dos Estados, do Distrito Federal e dos Municípios, das sedes dos Tribunais Judiciais, e dos quartéis e outros estabelecimentos militares;

II – dos hospitais e casas de saúde;

III – das escolas, bibliotecas públicas, igrejas e teatros, quando em funcionamento.

§ 4º A realização de comícios e a utilização de aparelhagens de sonorização fixas são permitidas no horário compreendido entre as 8 (oito) e as 24 (vinte e quatro) horas, com exceção do comício de encerramento da campanha, que poderá ser prorrogado por mais 2 (duas) horas.

► § 4º com a redação dada pela Lei nº 12.891, de 11-12-2013.

§ 5º Constituem crimes, no dia da eleição, puníveis com detenção, de seis meses a um ano, com a alternativa de prestação de serviços à comunidade pelo mesmo período, e multa no valor de cinco mil a quinze mil UFIR:

► Art. 240, parágrafo único, do CE.

I – o uso de alto-falantes e amplificadores de som ou a promoção de comício ou carreata;

II – a arregimentação de eleitor ou a propaganda de boca de urna;

► Inciso II com a redação dada pela Lei nº 11.300, de 10-5-2006.

III – a divulgação de qualquer espécie de propaganda de partidos políticos ou de seus candidatos;

► Inciso III com a redação dada pela Lei nº 12.034, de 29-9-2009.

IV – a publicação de novos conteúdos ou o impulsionamento de conteúdos nas aplicações de *internet* de que trata o art. 57-B desta Lei, podendo ser mantidos em funcionamento as aplicações e os conteúdos publicados anteriormente.

► Inciso IV acrescido pela Lei nº 13.488, de 6-10-2017.

§ 6º É vedada na campanha eleitoral a confecção, utilização, distribuição por comitê, candidato, ou com a sua autorização, de camisetas, chaveiros, bonés, canetas, brindes, cestas básicas ou quaisquer outros bens ou materiais que possam proporcionar vantagem ao eleitor.

§ 7º É proibida a realização de *showmício* e de evento assemelhado para promoção de candidatos, bem como a apresentação, remunerada ou não, de artistas com a finalidade de animar comício e reunião eleitoral.

► §§ 6º e 7º acrescidos pela Lei nº 11.300, de 10-5-2006.

§ 8º É vedada a propaganda eleitoral mediante *outdoors*, inclusive eletrônicos, sujeitando-se a empresa responsável, os partidos, as coligações e os candidatos à imediata retirada da propaganda irregular e ao pagamento de multa no valor de R$ 5.000,00 (cinco mil reais) a R$ 15.000,00 (quinze mil reais).

► § 8º com a redação dada pela Lei nº 12.891, de 11-12-2013.

§ 9º Até as vinte e duas horas do dia que antecede a eleição, serão permitidos distribuição de material gráfico, caminhada, carreata, passeata ou carro de som que transite pela cidade divulgando *jingles* ou mensagens de candidatos.

► § 9º acrescido pela Lei nº 12.034, de 29-9-2009.

§ 9º-A. Considera-se carro de som, além do previsto no § 12, qualquer veículo, motorizado ou não, ou ainda tracionado por animais, que transite divulgando *jingles* ou mensagens de candidatos.

► § 9º-A acrescido pela Lei nº 13.165, de 29-9-2015.

§ 10. Fica vedada a utilização de trios elétricos em campanhas eleitorais, exceto para a sonorização de comícios.

► § 10 acrescido pela Lei nº 12.034, de 29-9-2009.

§ 11. É permitida a circulação de carros de som e minitrios como meio de propaganda eleitoral, desde que observado o limite de oitenta decibéis de nível de pressão sonora, medido a sete metros de distância do veículo, e respeitadas as vedações previstas no § 3º deste artigo, apenas em carreatas, caminhadas e passeatas ou durante reuniões e comícios.

► § 11 com a redação dada pela Lei nº 13.488, de 6-10-2017.

§ 12. Para efeitos desta Lei, considera-se:

I – carro de som: veículo automotor que usa equipamento de som com potência nominal de amplificação de, no máximo, 10.000 (dez mil) watts;

II – minitrio: veículo automotor que usa equipamento de som com potência nominal de amplificação maior que 10.000 (dez mil) watts e até 20.000 (vinte mil) watts;

III – trio elétrico: veículo automotor que usa equipamento de som com potência nominal de amplificação maior que 20.000 (vinte mil) watts.

► § 12 acrescido pela Lei nº 12.891, de 11-12-2013.

Art. 39-A. É permitida, no dia das eleições, a manifestação individual e silenciosa da preferência do eleitor por partido político, coligação ou candidato, revelada exclusivamente pelo uso de bandeiras, broches, dísticos e adesivos.

§ 1º É vedada, no dia do pleito, até o término do horário de votação, a aglomeração de pessoas portando vestuário padronizado, bem como os instrumentos de propaganda referidos no *caput*, de modo a caracterizar manifestação coletiva, com ou sem utilização de veículos.

§ 2º No recinto das seções eleitorais e juntas apuradoras, é proibido aos servidores da Justiça Eleitoral, aos mesários e aos escrutinadores o uso de vestuário ou objeto que contenha qualquer propaganda de partido político, de coligação ou de candidato.

§ 3º Aos fiscais partidários, nos trabalhos de votação, só é permitido que, em seus crachás, constem o nome e a sigla do partido político ou coligação a que sirvam, vedada a padronização do vestuário.

§ 4º No dia do pleito, serão afixadas cópias deste artigo em lugares visíveis nas partes interna e externa das seções eleitorais.

▸ Art. 39-A acrescido pela Lei nº 12.034, de 29-9-2009.

Art. 40. O uso, na propaganda eleitoral, de símbolos, frases ou imagens, associadas ou semelhantes às empregadas por órgão de governo, empresa pública ou sociedade de economia mista constitui crime, punível com detenção, de seis meses a um ano, com a alternativa de prestação de serviços à comunidade pelo mesmo período, e multa no valor de dez mil a vinte mil UFIR.

Art. 40-A. *VETADO*. Lei nº 11.300, de 10-5-2006.

Art. 40-B. A representação relativa à propaganda irregular deve ser instruída com prova da autoria ou do prévio conhecimento do beneficiário, caso este não seja por ela responsável.

Parágrafo único. A responsabilidade do candidato estará demonstrada se este, intimado da existência da propaganda irregular, não providenciar, no prazo de quarenta e oito horas, sua retirada ou regularização e, ainda, se as circunstâncias e as peculiaridades do caso específico revelarem a impossibilidade de o beneficiário não ter tido conhecimento da propaganda.

▸ Art. 40-B acrescido pela Lei nº 12.034, de 29-9-2009.

Art. 41. A propaganda exercida nos termos da legislação eleitoral não poderá ser objeto de multa nem cerceada sob alegação do exercício do poder de polícia ou de violação de postura municipal, casos em que se deve proceder na forma prevista no art. 40.

▸ *Caput* com a redação dada pela Lei nº 12.034, de 29-9-2009.

§ 1º O poder de polícia sobre a propaganda eleitoral será exercido pelos juízes eleitorais e pelos juízes designados pelos Tribunais Regionais Eleitorais.

§ 2º O poder de polícia se restringe às providências necessárias para inibir práticas ilegais, vedada a censura prévia sobre o teor dos programas a serem exibidos na televisão, no rádio ou na internet.

▸ §§ 1º e 2º acrescidos pela Lei nº 12.034, de 29-9-2009.

Art. 41-A. Ressalvado o disposto no art. 26 e seus incisos, constitui captação de sufrágio, vedada por esta Lei, o candidato doar, oferecer, prometer, ou entregar, ao eleitor, com o fim de obter-lhe o voto, bem ou vantagem pessoal de qualquer natureza, inclusive emprego ou função pública, desde o registro da candidatura até o dia da eleição, inclusive, sob pena de multa de mil a cinquenta mil UFIR, e cassação do registro ou do diploma, observado o procedimento previsto no art. 22 da Lei Complementar nº 64, de 18 de maio de 1990.

▸ Artigo acrescido pela Lei nº 9.840, de 28-9-1999.
▸ Art. 14, § 10, da CF.
▸ Arts. 222, 237 e 262, IV, do CE.

§ 1º Para a caracterização da conduta ilícita, é desnecessário o pedido explícito de votos, bastando a evidência do dolo, consistente no especial fim de agir.

§ 2º As sanções previstas no *caput* aplicam-se contra quem praticar atos de violência ou grave ameaça a pessoa, com o fim de obter-lhe o voto.

§ 3º A representação contra as condutas vedadas no *caput* poderá ser ajuizada até a data da diplomação.

§ 4º O prazo de recurso contra decisões proferidas com base neste artigo será de 3 (três) dias, a contar da data da publicação do julgamento no *Diário Oficial*.

▸ §§ 1º a 4º acrescidos pela Lei nº 12.034, de 29-9-2009.

Da Propaganda Eleitoral mediante *Outdoors*

Art. 42. *Revogado*. Lei nº 11.300, de 10-5-2006.

Da Propaganda Eleitoral na Imprensa

Art. 43. São permitidas, até a antevéspera das eleições, a divulgação paga, na imprensa escrita, e a reprodução na internet do jornal impresso, de até 10 (dez) anúncios de propaganda eleitoral, por veículo, em datas diversas, para cada candidato, no espaço máximo, por edição, de 1/8 (um oitavo) de página de jornal padrão e de 1/4 (um quarto) de página de revista ou tabloide.

▸ *Caput* com a redação dada pela Lei nº 12.034, de 29-9-2009.

§ 1º Deverá constar do anúncio, de forma visível, o valor pago pela inserção.

▸ § 1º acrescido pela Lei nº 12.034, de 29-9-2009.

§ 2º A inobservância do disposto neste artigo sujeita os responsáveis pelos veículos de divulgação e os partidos, coligações ou candidatos beneficiados a multa no valor de R$ 1.000,00 (mil reais) a R$ 10.000,00 (dez mil reais) ou equivalente ao da divulgação da propaganda paga, se este for maior.

▸ Parágrafo único transformado em § 2º pela Lei nº 12.034, de 29-9-2009.

Da Propaganda Eleitoral no Rádio e na Televisão

Art. 44. A propaganda eleitoral no rádio e na televisão restringe-se ao horário gratuito definido nesta Lei, vedada a veiculação de propaganda paga.

§ 1º A propaganda eleitoral gratuita na televisão deverá utilizar a Linguagem Brasileira de Sinais – LIBRAS ou o recurso de legenda, que deverão constar obrigatoriamente do material entregue às emissoras.

§ 2º No horário reservado para a propaganda eleitoral, não se permitirá utilização comercial ou propaganda realizada com a intenção, ainda que disfarçada ou subliminar, de promover marca ou produto.

§ 3º Será punida, nos termos do § 1º do art. 37, a emissora que, não autorizada a funcionar pelo poder competente, veicular propaganda eleitoral.

▸ §§ 1º a 3º acrescidos pela Lei nº 12.034, de 29-9-2009.

Art. 45. Encerrado o prazo para a realização das convenções no ano das eleições, é vedado às emissoras de rádio e televisão, em sua programação normal e em seu noticiário:

▸ *Caput* com a redação dada pela Lei nº 13.165, de 29-9-2015.

I – transmitir, ainda que sob a forma de entrevista jornalística, imagens de realização de pesquisa ou qualquer outro tipo de consulta popular de natureza eleitoral em que seja possível identificar o entrevistado ou em que haja manipulação de dados;

II – usar trucagem, montagem ou outro recurso de áudio ou vídeo que, de qualquer forma, degradem ou ridicularizem candidato, partido ou coligação, ou produzir ou veicular programa com esse efeito;

▸ O STF, por unanimidade, julgou procedente a ADI nº 4.451, para declarar a inconstitucionalidade deste inciso (*DJe* de 1º-3-2019).

III – veicular propaganda política ou difundir opinião favorável ou contrária a candidato, partido, coligação, a seus órgãos ou representantes;

▸ O STF, por unanimidade, julgou procedente a ADI nº 4.451, para declarar, por arrastamento, a inconstitucionalidade deste inciso (*DJe* de 1º-3-2019).

IV – dar tratamento privilegiado a candidato, partido ou coligação;

V – veicular ou divulgar filmes, novelas, minisséries ou qualquer outro programa com alusão ou crítica a candidato ou partido político, mesmo que dissimuladamente, exceto programas jornalísticos ou debates políticos;

VI – divulgar nome de programa que se refira a candidato escolhido em convenção, ainda quando preexistente, inclusive se coincidente com o nome do candidato ou com a variação nominal por ele adotada. Sendo o nome do programa o mesmo que o do candidato, fica proibida a sua divulgação, sob pena de cancelamento do respectivo registro.

§ 1º A partir de 30 de junho do ano da eleição, é vedado, ainda, às emissoras transmitir programa apresentado ou comentado por pré-candidato, sob pena, no caso de sua escolha na convenção partidária, de imposição da multa prevista no § 2º e de cancelamento do registro da candidatura do beneficiário.

▸ § 1º com a redação dada pela Lei nº 13.165, de 29-9-2015.

§ 2º Sem prejuízo do disposto no parágrafo único do artigo 55, a inobservância do disposto neste artigo sujeita a emissora ao pagamento de multa no valor de vinte mil a cem mil UFIR, duplicada em caso de reincidência.

§ 3º *Revogado*. Lei nº 12.034, de 29-9-2009.

§ 4º Entende-se por trucagem todo e qualquer efeito realizado em áudio ou vídeo que degradar ou ridicularizar candidato, partido político ou coligação, ou que desvirtuar a realidade e beneficiar ou prejudicar qualquer candidato, partido político ou coligação.

▸ O STF, por unanimidade, julgou procedente a ADI nº 4.451, para declarar, por arrastamento, a inconstitucionalidade deste parágrafo (*DJe* de 1º-3-2019).

§ 5º Entende-se por montagem toda e qualquer junção de registros de áudio ou vídeo que degradar ou ridicularizar candidato, partido político ou coligação, ou que desvirtuar a realidade e beneficiar ou prejudicar qualquer candidato, partido político ou coligação.

▶ O STF, por unanimidade, julgou procedente a ADI nº 4.451, para declarar, por arrastamento, a inconstitucionalidade deste parágrafo (*DJe* de 1º-3-2019).

§ 6º É permitido ao partido político utilizar na propaganda eleitoral de seus candidatos em âmbito regional, inclusive no horário eleitoral gratuito, a imagem e a voz de candidato ou militante de partido político que integre a sua coligação em âmbito nacional.

▶ §§ 4º a 6º acrescidos pela Lei nº 12.034, de 29-9-2009.

▶ O STF, por maioria de votos, julgou procedente a ADI nº 4.430 para declarar a constitucionalidade deste parágrafo (*DOU* de 9-8-2012).

Art. 46. Independentemente da veiculação de propaganda eleitoral gratuita no horário definido nesta Lei, é facultada a transmissão por emissora de rádio ou televisão de debates sobre as eleições majoritária ou proporcional, assegurada a participação de candidatos dos partidos com representação no Congresso Nacional, de, no mínimo, cinco parlamentares, e facultada a dos demais, observado o seguinte:

▶ *Caput* com a redação dada pela Lei nº 13.488, de 6-10-2017.

I – nas eleições majoritárias, a apresentação dos debates poderá ser feita:

a) em conjunto, estando presentes todos os candidatos a um mesmo cargo eletivo;

b) em grupos, estando presentes, no mínimo, três candidatos;

II – nas eleições proporcionais, os debates deverão ser organizados de modo que assegurem a presença de número equivalente de candidatos de todos os partidos a um mesmo cargo eletivo e poderão desdobrar-se em mais de um dia, respeitada a proporção de homens e mulheres estabelecida no § 3º do art. 10 desta Lei;

▶ Inciso II com a redação dada pela Lei nº 14.211, de 1º-10-2021.

III – os debates deverão ser parte de programação previamente estabelecida e divulgada pela emissora, fazendo-se mediante sorteio a escolha do dia e da ordem de fala de cada candidato, salvo se celebrado acordo em outro sentido entre os partidos e coligações interessados.

§ 1º Será admitida a realização de debate sem a presença de candidato de algum partido, desde que o veículo de comunicação responsável comprove havê-lo convidado com a antecedência mínima de setenta e duas horas da realização do debate.

§ 2º É vedada a presença de um mesmo candidato a eleição proporcional em mais de um debate da mesma emissora.

§ 3º O descumprimento do disposto neste artigo sujeita a empresa infratora às penalidades previstas no artigo 56.

§ 4º O debate será realizado segundo as regras estabelecidas em acordo celebrado entre os partidos políticos e a pessoa jurídica interessada na realização do evento, dando-se ciência à Justiça Eleitoral.

▶ § 4º acrescido pela Lei nº 12.034, de 29-9-2009.

§ 5º Para os debates que se realizarem no primeiro turno das eleições, serão consideradas aprovadas as regras, inclusive as que definirem o número de participantes, que obtiverem a concordância de pelo menos 2/3 (dois terços) dos candidatos aptos, no caso de eleição majoritária, e de pelo menos 2/3 (dois terços) dos partidos com candidatos aptos, no caso de eleição proporcional.

▶ § 5º com a redação dada pela Lei nº 14.211, de 1º-10-2021.

▶ O STF conheceu parcialmente da ADI nº 5.488 para quanto à parte de que se conhece, julgar parcialmente procedente para conferir interpretação conforme a este § 5º para esclarecer que as emissoras ficam facultadas para convidar outros candidatos não enquadrados no critério do *caput* do art. 46, independentemente de concordância dos candidatos aptos, conforme critérios objetivos que atendam os princípios da imparcialidade e da isonomia e o direito à informação, a ser regulamentado pelo TSE.

Art. 47. As emissoras de rádio e de televisão e os canais de televisão por assinatura mencionados no art. 57 reservarão, nos trinta e cinco dias anteriores à antevéspera das eleições, horário destinado à divulgação, em rede, da propaganda eleitoral gratuita, na forma estabelecida neste artigo.

▶ *Caput* com a redação dada pela Lei nº 13.165, de 29-9-2015.

§ 1º A propaganda será feita:

I – na eleição para Presidente da República, às terças e quintas-feiras e aos sábados:

a) das sete horas às sete horas e doze minutos e trinta segundos e das doze horas às doze horas e doze minutos e trinta segundos, no rádio;

b) das treze horas às treze horas e doze minutos e trinta segundos e das vinte horas e trinta minutos às vinte horas e quarenta e dois minutos e trinta segundos, na televisão;

▶ Alíneas *a* e *b* com a redação dada pela Lei nº 13.165, de 29-9-2015.

II – nas eleições para Deputado Federal, às terças e quintas-feiras e aos sábados:

a) das sete horas e doze minutos e trinta segundos às sete horas e vinte e cinco minutos e das doze horas e doze minutos e trinta segundos às doze horas e vinte e cinco minutos, no rádio;

b) das treze horas e doze minutos e trinta segundos às treze horas e vinte e cinco minutos e das vinte horas e quarenta e dois minutos e trinta segundos às vinte horas e cinquenta e cinco minutos, na televisão;

▶ Alíneas *a* e *b* com a redação dada pela Lei nº 13.165, de 29-9-2015.

III – nas eleições para Senador, às segundas, quartas e sextas-feiras:

a) das sete horas às sete horas e cinco minutos e das doze horas às doze horas e cinco minutos, no rádio, nos anos em que a renovação do Senado Federal se der por um terço;

b) das treze horas às treze horas e cinco minutos e das vinte horas e trinta minutos às vinte horas e trinta e cinco minutos, na televisão, nos anos em que a renovação do Senado Federal se der por um terço;

c) das sete horas às sete horas e sete minutos e das doze horas às doze horas e sete minutos, no rádio, nos anos em que a renovação do Senado Federal se der por dois terços;

d) das treze horas às treze horas e sete minutos e das vinte horas e trinta minutos às vinte horas e trinta e sete minutos, na televisão, nos anos em que a renovação do Senado Federal se der por dois terços;

▶ Inciso III com a redação dada pela Lei nº 13.165, de 29-9-2015.

IV – nas eleições para Deputado Estadual e Deputado Distrital, às segundas, quartas e sextas-feiras:

a) das sete horas e cinco minutos às sete horas e quinze minutos e das doze horas e cinco minutos às doze horas e quinze minutos, no rádio, nos anos em que a renovação do Senado Federal se der por um terço;

b) das treze horas e cinco minutos às treze horas e quinze minutos e das vinte horas e trinta e cinco minutos às vinte horas e quarenta e cinco minutos, na televisão, nos anos em que a renovação do Senado Federal se der por um terço;

c) das sete horas e sete minutos às sete horas e dezesseis minutos e das doze horas e sete minutos às doze horas e dezesseis minutos, no rádio, nos anos em que a renovação do Senado Federal se der por dois terços;

d) das treze horas e sete minutos às treze horas e dezesseis minutos e das vinte horas e trinta e sete minutos às vinte horas e quarenta e seis minutos, na televisão, nos anos em que a renovação do Senado Federal se der por dois terços;

▶ Alíneas *a* a *d* com a redação dada pela Lei nº 13.165, de 29-9-2015.

V – na eleição para Governador de Estado e do Distrito Federal, às segundas, quartas e sextas-feiras:

a) das sete horas e quinze minutos às sete horas e vinte e cinco minutos e das doze horas e quinze minutos às doze horas e vinte e cinco minutos, no rádio, nos anos em que a renovação do Senado Federal se der por um terço;

b) das treze horas e quinze minutos às treze horas e vinte e cinco minutos e das vinte horas e quarenta e cinco minutos às vinte horas e cinquenta e cinco minutos, na televisão, nos anos em que a renovação do Senado Federal se der por um terço;

c) das sete horas e dezesseis minutos às sete horas e vinte e cinco minutos e das doze horas e dezesseis minutos às doze horas e vinte e cinco minutos, no rádio, nos anos em que a renovação do Senado Federal se der por dois terços;

d) das treze horas e dezesseis minutos às treze horas e vinte e cinco minutos e das vinte horas e quarenta e seis minutos às vinte horas e cinquenta e cinco minutos, na televisão, nos anos em que a renovação do Senado Federal se der por dois terços;

VI – nas eleições para Prefeito, de segunda a sábado:

a) das sete horas às sete horas e dez minutos e das doze horas às doze horas e dez minutos, no rádio;

b) das treze horas às treze horas e dez minutos e das vinte horas e trinta minutos às vinte horas e quarenta minutos, na televisão;

VII – ainda nas eleições para Prefeito, e também nas de Vereador, mediante inserções de trinta e sessenta segundos, no rádio e na televisão, totalizando setenta minutos diários, de segunda- feira a domingo, distribuídas ao longo da programação veiculada entre as cinco e as vinte e quatro horas, na proporção de 60% (sessenta por cento) para Prefeito e 40% (quarenta por cento) para Vereador.

▶ Incisos V a VII com a redação dada pela Lei nº 13.165, de 29-9-2015.

§ 1º-A. Somente serão exibidas as inserções de televisão a que se refere o inciso VII do § 1º nos Municípios em que houver estação geradora de serviços de radiodifusão de sons e imagens.

▶ § 1º-A acrescido pela Lei nº 13.165, de 29-9-2015.

§ 2º Os horários reservados à propaganda de cada eleição, nos termos do § 1º, serão distribuídos entre todos os partidos e coligações que tenham candidato, observados os seguintes critérios:

▶ *Caput* do § 2º com a redação dada pela Lei nº 12.875, de 30-10-2013.

▶ O STF, por maioria dos votos, julgou procedente a ADI nº 5.105 (*DOU* 29-3-2016), para declarar a inconstitucionalidade do art. 2º da Lei nº 12.875, de 30-10-2013, que alterou a redação do *caput* do § 2º acima.

I – 90% (noventa por cento) distribuídos proporcionalmente ao número de representantes na Câmara dos Deputados, considerado, no caso de coligação para as eleições majoritárias, o resultado da soma do número de representantes dos 6 (seis) maiores partidos que a integrem;

▶ Inciso I com a redação dada pela Lei nº 14.211, de 1º-10-2021.

II – 10% (dez por cento) distribuídos igualitariamente.

▶ Inciso II com a redação dada pela Lei nº 13.165, de 29-9-2015.

§ 3º Para efeito do disposto neste artigo, a representação de cada partido na Câmara dos Deputados é a resultante da eleição.

▶ § 3º com a redação dada pela Lei nº 11.300, de 10-5-2006.

§ 4º O número de representantes de partido que tenha resultado de fusão ou a que se tenha incorporado outro corresponderá à soma dos representantes que os partidos de origem possuíam na data mencionada no parágrafo anterior.

§ 5º Se o candidato a Presidente ou a Governador deixar de concorrer, em qualquer etapa de pleito, e não havendo a substituição prevista no artigo 13 desta Lei, far-se-á nova distribuição do tempo entre os candidatos remanescentes.

§ 6º Aos partidos e coligações que, após a aplicação dos critérios de distribuição referidos no *caput*, obtiverem direito a parcela do horário eleitoral inferior a trinta segundos, será assegurado o direito de acumulá-lo para uso em tempo equivalente.

§ 7º Para efeito do disposto no § 2º, serão desconsideradas as mudanças de filiação partidária em quaisquer hipóteses.

▶ § 7º com a redação dada pela Lei nº 13.107, de 24-3-2015.

§ 8º As mídias com as gravações da propaganda eleitoral no rádio e na televisão serão entregues às emissoras, inclusive nos sábados, domingos e feriados, com a antecedência mínima:

I – de 6 (seis) horas do horário previsto para o início da transmissão, no caso dos programas em rede;

II – de 12 (doze) horas do horário previsto para o início da transmissão, no caso das inserções.

▶ § 8º acrescido pela Lei nº 12.891, de 11-12-2013.

§ 9º As emissoras de rádio sob responsabilidade do Senado Federal e da Câmara dos Deputados instaladas em localidades fora do Distrito Federal são dispensadas da veiculação da propaganda eleitoral gratuita dos pleitos referidos nos incisos II a VI do § 1º.

▶ § 9º acrescido pela Lei nº 13.165, de 29-9-2015.

Art. 48. Nas eleições para Prefeitos e Vereadores, nos Municípios em que não haja emissora de rádio e televisão, a Justiça Eleitoral garantirá aos Partidos Políticos participantes do pleito a veiculação de propaganda eleitoral gratuita nas localidades aptas à realização de segundo turno de eleições e nas quais seja operacionalmente viável realizar a retransmissão.

▶ *Caput* com a redação dada pela Lei nº 12.034, de 29-9-2009.

§§ 1º e 2º *Revogados*. Lei nº 13.165, de 29-9-2015.

Art. 49. Se houver segundo turno, as emissoras de rádio e televisão reservarão, a partir da sexta-feira seguinte à realização do primeiro turno e até a antevéspera da eleição, horário destinado à divulgação da propaganda eleitoral gratuita, dividida em dois blocos diários de dez minutos para cada eleição, e os blocos terão início às sete e às doze horas, no rádio, e às treze e às vinte horas e trinta minutos, na televisão.

▶ *Caput* com a redação dada pela Lei nº 13.488, de 6-10-2017.

§ 1º Em circunscrição onde houver segundo turno para Presidente e Governador, o horário reservado à propaganda deste iniciar-se-á imediatamente após o término do horário reservado ao primeiro.

§ 2º O tempo de cada período diário será dividido igualitariamente entre os candidatos.

Art. 50. A Justiça Eleitoral efetuará sorteio para a escolha da ordem de veiculação da propaganda de cada partido ou coligação no primeiro dia do horário eleitoral gratuito; a cada dia que se seguir, a propaganda veiculada por último, na véspera, será a primeira, apresentando-se as demais na ordem do sorteio.

Art. 51. Durante o período previsto no art. 47 desta Lei, as emissoras de rádio e televisão e os canais por assinatura mencionados no art. 57 desta Lei reservarão setenta minutos diários para a propaganda eleitoral gratuita, a serem usados em inserções de trinta e de sessenta segundos, a critério do respectivo partido ou coligação, assinadas obrigatoriamente pelo partido ou coligação, e distribuídas, ao longo da programação veiculada entre as cinco e as vinte quatro horas, nos termos do § 2º do art. 47 desta Lei, obedecido o seguinte:

▶ *Caput* com a redação dada pela Lei nº 13.488, de 6-10-2017.

I – o tempo será dividido em partes iguais para a utilização nas campanhas dos candidatos às eleições majoritárias e proporcionais, bem como de suas legendas partidárias ou das que componham a coligação, quando for o caso;

II – *Revogado*. Lei nº 13.165, de 29-9-2015.

III – a distribuição levará em conta os blocos de audiência entre as cinco e as onze horas, as onze e as dezoito horas, e as dezoito e as vinte e quatro horas;

▶ Inciso III com a redação dada pela Lei nº 13.165, de 29-9-2015.

IV – na veiculação das inserções, é vedada a divulgação de mensagens que possam degradar ou ridicularizar candidato, partido ou coligação, aplicando-se-lhes, ainda, todas as demais regras aplicadas ao horário de propaganda eleitoral, previstas no art. 47.

▶ Inciso IV com a redação dada pela Lei nº 12.891, de 11-12-2013.

§ 1º É vedada a veiculação de inserções idênticas no mesmo intervalo de programação, exceto se o número de inserções de que dispuser o partido exceder os intervalos disponíveis, sendo vedada a transmissão em sequência para o mesmo partido político.

▶ Parágrafo único transformado em § 1º pela Lei nº 13.488, de 6-10-2017.

§ 2º Durante o período previsto no art. 49 desta Lei, onde houver segundo turno, as emissoras de rádio e televisão e os canais de televisão por assinatura mencionados no art. 57 desta Lei reservarão, por cada cargo em disputa, vinte e cinco minutos para serem usados em inserções de trinta e de sessenta segundos, observadas as disposições deste artigo.

▶ § 2º acrescido pela Lei nº 13.488, de 6-10-2017.

Art. 52. A partir do dia 15 de agosto do ano da eleição, a Justiça Eleitoral convocará os partidos e a representação das emissoras de televisão para elaborarem plano de mídia, nos termos do art. 51, para o uso da parcela do horário eleitoral gratuito a que tenham direito, garantida a todos participação nos horários de maior e menor audiência.

▶ Artigo com a redação dada pela Lei nº 13.165, de 29-9-2015.

Art. 53. Não serão admitidos cortes instantâneos ou qualquer tipo de censura prévia nos programas eleitorais gratuitos.

§ 1º É vedada a veiculação de propaganda que possa degradar ou ridicularizar candidatos, sujeitando-se o partido ou coligação infratores à perda do direito à veiculação de propaganda no horário eleitoral gratuito do dia seguinte.

§ 2º Sem prejuízo do disposto no parágrafo anterior, a requerimento de partido, coligação ou candidato, a Justiça Eleitoral impedirá a reapresentação de propaganda ofensiva à honra de candidato, à moral e aos bons costumes.

Art. 53-A. É vedado aos partidos políticos e às coligações incluir no horário destinado aos candidatos às eleições proporcionais propaganda das candidaturas a eleições majoritárias ou vice-versa, ressalvada a utilização, durante a exibição do programa, de legendas com referência aos candidatos majoritários ou, ao fundo, de cartazes ou fotografias desses candidatos, ficando autorizada a menção ao nome e ao número de qualquer candidato do partido ou da coligação.

▶ *Caput* com a redação dada pela Lei nº 12.891, de 11-12-2013.

§ 1º É facultada a inserção de depoimento de candidatos a eleições proporcionais no horário da propaganda das candidaturas majoritárias e vice-versa, registrados sob o mesmo partido ou coligação, desde que o depoimento consista exclusivamente em pedido de voto ao candidato que cedeu o tempo.

§ 2º Fica vedada a utilização da propaganda de candidaturas proporcionais como propaganda de candidaturas majoritárias e vice-versa.

§ 3º O partido político ou a coligação que não observar a regra contida neste artigo perderá, em seu horário de propaganda gratuita, tempo equivalente no horário reservado à propaganda da eleição disputada pelo candidato beneficiado.

▸ §§ 1º a 3º acrescidos pela Lei nº 12.034, de 29-9-2009.

Art. 54. Nos programas e inserções de rádio e televisão destinados à propaganda eleitoral gratuita de cada partido ou coligação só poderão aparecer, em gravações internas e externas, observado o disposto no § 2º, candidatos, caracteres com propostas, fotos, *jingles*, clipes com música ou vinhetas, inclusive de passagem, com indicação do número do candidato ou do partido, bem como seus apoiadores, inclusive os candidatos de que trata o § 1º do art. 53-A, que poderão dispor de até 25% (vinte e cinco por cento) do tempo de cada programa ou inserção, sendo vedadas montagens, trucagens, computação gráfica, desenhos animados e efeitos especiais.

▸ *Caput* com a redação dada pela Lei nº 13.165, de 29-9-2015.

§ 1º No segundo turno das eleições não será permitida, nos programas de que trata este artigo, a participação de filiados a partidos que tenham formalizado o apoio a outros candidatos.

▸ Parágrafo único renumerado para § 1º pela Lei nº 13.165, de 29-9-2015.

§ 2º Será permitida a veiculação de entrevistas com o candidato e de cenas externas nas quais ele, pessoalmente, exponha:

I – realizações de governo ou da administração pública;

II – falhas administrativas e deficiências verificadas em obras e serviços públicos em geral;

III – atos parlamentares e debates legislativos.

▸ § 2º acrescido pela Lei nº 13.165, de 29-9-2015.

Art. 55. Na propaganda eleitoral no horário gratuito, são aplicáveis ao partido, coligação ou candidato as vedações indicadas nos incisos I e II do artigo 45.

Parágrafo único. A inobservância do disposto neste artigo sujeita o partido ou coligação à perda de tempo equivalente ao dobro do usado na prática do ilícito, no período do horário gratuito subsequente, dobrada a cada reincidência, devendo o tempo correspondente ser veiculado após o programa dos demais candidatos com a informação de que a não veiculação do programa resulta de infração da lei eleitoral.

▸ Parágrafo único com a redação dada pela Lei nº 12.891, de 11-12-2013.

Art. 56. A requerimento de partido, coligação ou candidato, a Justiça Eleitoral poderá determinar a suspensão, por vinte e quatro horas, da programação normal de emissora que deixar de cumprir as disposições desta Lei sobre propaganda.

§ 1º No período de suspensão a que se refere este artigo, a Justiça Eleitoral veiculará mensagem de orientação ao eleitor, intercalada, a cada 15 (quinze) minutos.

▸ § 1º com a redação dada pela Lei nº 12.891, de 11-12-2013.

§ 2º Em cada reiteração de conduta, o período de suspensão será duplicado.

Art. 57. As disposições desta Lei aplicam-se às emissoras de televisão que operam em VHF e UHF e os canais de televisão por assinatura sob a responsabilidade do Senado Federal, da Câmara dos Deputados, das Assembleias Legislativas, da Câmara Legislativa do Distrito Federal ou das Câmaras Municipais.

Propaganda na *Internet*

▸ Epígrafe acrescida pela Lei nº 13.488, de 6-10-2017.

Art. 57-A. É permitida a propaganda eleitoral na internet, nos termos desta Lei, após o dia 15 de agosto do ano da eleição.

▸ Artigo com a redação dada pela Lei nº 13.165, de 29-9-2015.

Art. 57-B. A propaganda eleitoral na internet poderá ser realizada nas seguintes formas:

▸ *Caput* acrescido pela Lei nº 12.034, de 29-9-2009.

I – em sítio do candidato, com endereço eletrônico comunicado à Justiça Eleitoral e hospedado, direta ou indiretamente, em provedor de serviço de internet estabelecido no País;

II – em sítio do partido ou da coligação, com endereço eletrônico comunicado à Justiça Eleitoral e hospedado, direta ou indiretamente, em provedor de serviço de internet estabelecido no País;

III – por meio de mensagem eletrônica para endereços cadastrados gratuitamente pelo candidato, partido ou coligação;

▸ Incisos I a III acrescidos pela Lei nº 12.034, de 29-9-2009.

IV – por meio de blogs, redes sociais, sítios de mensagens instantâneas e aplicações de internet assemelhadas cujo conteúdo seja gerado ou editado por:

a) candidatos, partidos ou coligações; ou

b) qualquer pessoa natural, desde que não contrate impulsionamento de conteúdos.

▸ Inciso IV com a redação dada pela Lei nº 13.488, de 6-10-2017.

§ 1º Os endereços eletrônicos das aplicações de que trata este artigo, salvo aqueles de iniciativa de pessoa natural, deverão ser comunicados à Justiça Eleitoral, podendo ser mantidos durante todo o pleito eleitoral os mesmos endereços eletrônicos em uso antes do início da propaganda eleitoral.

§ 2º Não é admitida a veiculação de conteúdos de cunho eleitoral mediante cadastro de usuário de aplicação de internet com a intenção de falsear identidade.

§ 3º É vedada a utilização de impulsionamento de conteúdos e ferramentas digitais não disponibilizadas pelo provedor da aplicação de internet, ainda que gratuitas, para alterar o teor ou a repercussão de propaganda eleitoral, tanto próprios quanto de terceiros.

§ 4º O provedor de aplicação de internet que possibilite o impulsionamento pago de conteúdos deverá contar com canal de comunicação com seus usuários e somente poderá ser responsabilizado por danos decorrentes do conteúdo impulsionado se, após ordem judicial específica, não tomar as providências para, no âmbito e nos limites técnicos do seu serviço e dentro do prazo assinalado, tornar indisponível o conteúdo apontado como infringente pela Justiça Eleitoral.

§ 5º A violação do disposto neste artigo sujeita o usuário responsável pelo conteúdo e, quando comprovado seu prévio conhecimento, o beneficiário, à multa no valor de R$ 5.000,00 (cinco mil reais) a R$ 30.000,00 (trinta mil reais) ou em valor equivalente ao dobro da quantia despendida, se esse cálculo superar o limite máximo da multa.

▸ §§ 1º a 5º acrescidos pela Lei nº 13.488, de 6-10-2017.

§ 6º VETADO. Lei nº 13.488, de 6-10-2017.

Art. 57-C. É vedada a veiculação de qualquer tipo de propaganda eleitoral paga na internet, excetuado o impulsionamento de conteúdos, desde que identificado de forma inequívoca como tal e contratado exclusivamente por partidos, coligações e candidatos e seus representantes.

▸ *Caput* com a redação dada pela Lei nº 13.488, de 6-10-2017.

§ 1º É vedada, ainda que gratuitamente, a veiculação de propaganda eleitoral na internet, em sítios:

I – de pessoas jurídicas, com ou sem fins lucrativos;

II – oficiais ou hospedados por órgãos ou entidades da administração pública direta ou indireta da União, dos Estados, do Distrito Federal e dos Municípios.

▸ § 1º acrescido pela Lei nº 12.034, de 29-9-2009.

§ 2º A violação do disposto neste artigo sujeita o responsável pela divulgação da propaganda ou pelo impulsionamento de conteúdos e, quando comprovado seu prévio conhecimento, o beneficiário, à multa no valor de R$ 5.000,00 (cinco mil reais) a R$ 30.000,00 (trinta mil reais) ou em valor equivalente ao dobro da quantia despendida, se esse cálculo superar o limite máximo da multa.

▸ § 2º com a redação dada pela Lei nº 13.488, de 6-10-2017.

§ 3º O impulsionamento de que trata o *caput* deste artigo deverá ser contratado diretamente com provedor da aplicação de internet com sede e foro no País, ou de sua filial, sucursal, escritório, estabelecimento ou representante legalmente estabelecido no País e apenas com o fim de promover ou beneficiar candidatos ou suas agremiações.

▸ § 3º acrescido pela Lei nº 13.488, de 6-10-2017.

Art. 57-D. É livre a manifestação do pensamento, vedado o anonimato durante a campanha eleitoral, por meio da rede mundial de computadores – internet, assegurado o direito de resposta, nos termos das alíneas *a*, *b* e *c* do inciso IV do § 3º do art. 58 e do 58-A, e por outros meios de comunicação interpessoal mediante mensagem eletrônica.

§ 1º VETADO. Lei nº 12.034, de 29-9-2009.

§ 2º A violação do disposto neste artigo sujeitará o responsável pela divulgação da propaganda e, quando comprovado seu prévio conhecimento, o beneficiário à multa no valor de R$ 5.000,00 (cinco mil reais) a R$ 30.000,00 (trinta mil reais).

§ 3º Sem prejuízo das sanções civis e criminais aplicáveis ao responsável, a Justiça Eleitoral poderá determinar, por solicitação do ofendido, a retirada de publicações que contenham agressões ou ataques a candidatos em sítios da internet, inclusive redes sociais.

▸ § 3º acrescido pela Lei nº 12.891, de 11-12-2013.

Art. 57-E. São vedadas às pessoas relacionadas no art. 24 a utilização, doação ou cessão de cadastro eletrônico de seus clientes, em favor de candidatos, partidos ou coligações.

§ 1º É proibida a venda de cadastro de endereços eletrônicos.

§ 2º A violação do disposto neste artigo sujeita o responsável pela divulgação da propaganda e, quando comprovado seu prévio conhecimento, o beneficiário à multa no valor de R$ 5.000,00 (cinco mil reais) a R$ 30.000,00 (trinta mil reais).

Art. 57-F. Aplicam-se ao provedor de conteúdo e de serviços multimídia que hospeda a divulgação da propaganda eleitoral de candidato, de partido ou de coligação as penalidades previstas nesta Lei, se, no prazo determinado pela Justiça Eleitoral, contado a partir da notificação de decisão sobre a existência de propaganda irregular, não tomar providências para a cessação dessa divulgação.

Parágrafo único. O provedor de conteúdo ou de serviços multimídia só será considerado responsável pela divulgação da propaganda se a publicação do material for comprovadamente de seu prévio conhecimento.

Art. 57-G. As mensagens eletrônicas enviadas por candidato, partido ou coligação, por qualquer meio, deverão dispor de mecanismo que permita seu descadastramento pelo destinatário, obrigado o remetente a providenciá-lo no prazo de quarenta e oito horas.

Parágrafo único. Mensagens eletrônicas enviadas após o término do prazo previsto no *caput* sujeitam os responsáveis ao pagamento de multa no valor de R$ 100,00 (cem reais), por mensagem.

▸ Arts. 57-D a 57-G acrescidos pela Lei nº 12.034, de 29-9-2009.

Art. 57-H. Sem prejuízo das demais sanções legais cabíveis, será punido, com multa de R$ 5.000,00 (cinco mil reais) a R$ 30.000,00 (trinta mil reais), quem realizar propaganda eleitoral na internet, atribuindo indevidamente sua autoria a terceiro, inclusive a candidato, partido ou coligação.

▸ *Caput* acrescido pela Lei nº 12.034, de 29-9-2009.

§ 1º Constitui crime a contratação direta ou indireta de grupo de pessoas com a finalidade específica de emitir mensagens ou comentários na internet para ofender a honra ou denegrir a imagem de candidato, partido ou coligação, punível com detenção de 2 (dois) a 4 (quatro) anos e multa de R$ 15.000,00 (quinze mil reais) a R$ 50.000,00 (cinquenta mil reais).

§ 2º Igualmente incorrem em crime, punível com detenção de 6 (seis) meses a 1 (um) ano, com alternativa de prestação de serviços à comunidade pelo mesmo período, e multa de R$ 5.000,00 (cinco mil reais) a R$ 30.000,00 (trinta mil reais), as pessoas contratadas na forma do § 1º.

▸ §§ 1º e 2º acrescidos pela Lei nº 12.891, de 11-12-2013.

Art. 57-I. A requerimento de candidato, partido ou coligação, observado o rito previsto no art. 96 desta Lei, a Justiça Eleitoral poderá determinar, no âmbito e nos limites técnicos de cada aplicação de internet, a suspensão do acesso a todo conteúdo veiculado que deixar de cumprir as disposições desta Lei, devendo o número de horas de suspensão ser definida proporcionalmente à gravidade da infração cometida em cada caso, observado o limite máximo de vinte e quatro horas.

▸ *Caput* com a redação dada pela Lei nº 13.488, de 6-10-2017.

§ 1º A cada reiteração de conduta, será duplicado o período de suspensão.

§ 2º No período de suspensão a que se refere este artigo, a empresa informará, a todos os usuários que tentarem acessar seus serviços, que se encontra temporariamente inoperante por desobediência à legislação eleitoral.

▸ §§ 1º e 2º acrescidos pela Lei nº 12.034, de 29-9-2009.

Art. 57-J. O Tribunal Superior Eleitoral regulamentará o disposto nos arts. 57-A a 57-I desta Lei de acordo com o cenário e as ferramentas tecnológicas existentes em cada momento eleitoral e promoverá, para os veículos, partidos e demais entidades interessadas, a formulação e a ampla divulgação de regras de boas práticas relativas a campanhas eleitorais na internet.

▸ Art. 57-J acrescido pela Lei nº 13.488, de 6-10-2017.

Do Direito de Resposta

Art. 58. A partir da escolha de candidatos em convenção, é assegurado o direito de resposta a candidato, partido ou coligação atingidos, ainda que de forma indireta, por conceito, imagem ou afirmação caluniosa, difamatória, injuriosa ou sabidamente inverídica, difundidos por qualquer veículo de comunicação social.

§ 1º O ofendido, ou seu representante legal, poderá pedir o exercício do direito de resposta à Justiça Eleitoral nos seguintes prazos, contados a partir da veiculação da ofensa:

I – vinte e quatro horas, quando se tratar do horário eleitoral gratuito;

II – quarenta e oito horas, quando se tratar da programação normal das emissoras de rádio e televisão;

III – setenta e duas horas, quando se tratar de órgão da imprensa escrita;

IV – a qualquer tempo, quando se tratar de conteúdo que esteja sendo divulgado na internet, ou em 72 (setenta e duas) horas, após a sua retirada.

▸ Inciso IV acrescido pela Lei nº 13.165, de 29-9-2015.

§ 2º Recebido o pedido, a Justiça Eleitoral notificará imediatamente o ofensor para que se defenda em vinte e quatro horas, devendo a decisão ser prolatada no prazo máximo de setenta e duas horas da data da formulação do pedido.

§ 3º Observar-se-ão, ainda, as seguintes regras no caso de pedido de resposta relativo a ofensa veiculada:

I – em órgão da imprensa escrita:

a) o pedido deverá ser instruído com um exemplar da publicação e o texto para resposta;

b) deferido o pedido, a divulgação da resposta dar-se-á no mesmo veículo, espaço, local, página, tamanho, caracteres e outros elementos de realce usados na ofensa, em até quarenta e oito horas após a decisão ou, tratando-se de veículo com periodicidade de circulação maior que quarenta e oito horas, na primeira vez em que circular;

c) por solicitação do ofendido, a divulgação da resposta será feita no mesmo dia da semana em que a ofensa foi divulgada, ainda que fora do prazo de quarenta e oito horas;

d) se a ofensa for produzida em dia e hora que inviabilizem sua reparação dentro dos prazos estabelecidos nas alíneas anteriores, a Justiça Eleitoral determinará a imediata divulgação da resposta;

e) o ofensor deverá comprovar nos autos o cumprimento da decisão, mediante dados sobre a regular distribuição dos exemplares, a quantidade impressa e o raio de abrangência na distribuição;

II – em programação normal das emissoras de rádio e de televisão:

a) a Justiça Eleitoral, à vista do pedido, deverá notificar imediatamente o responsável pela emissora que realizou o programa para que entregue em vinte e quatro horas, sob as penas do artigo 347 da Lei nº 4.737, de 15 de julho de 1965 – Código Eleitoral, cópia da fita da transmissão, que será devolvida após a decisão;

b) o responsável pela emissora, ao ser notificado pela Justiça Eleitoral ou informado pelo reclamante ou representante, por cópia protocolada do pedido de resposta, preservará a gravação até a decisão final do processo;

c) deferido o pedido, a resposta será dada em até quarenta e oito horas após a decisão, em tempo igual ao da ofensa, porém nunca inferior a um minuto;

III – no horário eleitoral gratuito:

a) o ofendido usará, para a resposta, tempo igual ao da ofensa, nunca inferior, porém, a um minuto;

b) a resposta será veiculada no horário destinado ao partido ou coligação responsável pela ofensa, devendo necessariamente dirigir-se aos fatos nela veiculados;

c) se o tempo reservado ao partido ou coligação responsável pela ofensa for inferior a um minuto, a resposta será levada ao ar tantas vezes quantas sejam necessárias para a sua complementação;

d) deferido o pedido para resposta, a emissora geradora e o partido ou coligação atingidos deverão ser notificados imediatamente da decisão, na qual deverão estar indicados quais os períodos, diurno ou noturno, para a veiculação da resposta, que deverá ter lugar no início do programa do partido ou coligação;

e) o meio magnético com a resposta deverá ser entregue à emissora geradora, até trinta e seis horas após a ciência da decisão, para veiculação no programa subsequente do partido ou coligação em cujo horário se praticou a ofensa;

f) se o ofendido for candidato, partido ou coligação que tenha usado o tempo concedido sem responder aos fatos veiculados na ofensa, terá subtraído tempo idêntico do respectivo programa eleitoral; tratando-se de terceiros, ficarão sujeitos à suspensão de igual tempo em eventuais novos pedidos de resposta e à multa no valor de duas mil a cinco mil UFIR.

IV – em propaganda eleitoral na internet:

▸ *Caput* do inciso IV acrescido pela Lei nº 12.034, de 29-9-2009.

a) deferido o pedido, o usuário ofensor deverá divulgar a resposta do ofendido em até quarenta e oito horas após sua entrega em mídia física, e deverá empregar nessa divulgação o mesmo impulsionamento de conteúdo eventualmente contratado nos termos referidos no art. 57-C desta Lei e o mesmo veículo, espaço, local, horário, página eletrônica, tamanho, caracteres e outros elementos de realce usados na ofensa;

▸ Alínea *a* com a redação dada pela Lei nº 13.488, de 6-10-2017 de 6-10-2017.

b) a resposta ficará disponível para acesso pelos usuários do serviço de internet por tempo não inferior ao dobro em que esteve disponível a mensagem considerada ofensiva;

c) os custos de veiculação da resposta correrão por conta do responsável pela propaganda original.

▸ Alíneas *b* e *c* acrescidas pela Lei nº 12.034, de 29-9-2009.

§ 4º Se a ofensa ocorrer em dia e hora que inviabilizem sua reparação dentro dos prazos estabelecidos nos parágrafos anteriores, a resposta será divulgada nos horários que a Justiça Eleitoral determinar, ainda que nas quarenta e oito horas anteriores ao pleito, em termos e forma previamente aprovados, de modo a não ensejar tréplica.

§ 5º Da decisão sobre o exercício do direito de resposta cabe recurso às instâncias superiores, em vinte e quatro horas da data de sua publicação em cartório ou sessão, assegurado ao recorrido oferecer contrarrazões em igual prazo, a contar da sua notificação.

§ 6º A Justiça Eleitoral deve proferir suas decisões no prazo máximo de vinte e quatro horas, observando-se o disposto nas alíneas *d* e *e* do inciso III do § 3º para a restituição do tempo em caso de provimento de recurso.

§ 7º A inobservância do prazo previsto no parágrafo anterior sujeita a autoridade judiciária às penas previstas no artigo 345 da Lei nº 4.737, de 15 de julho de 1965 – Código Eleitoral.

▸ Art. 345 do CE.

§ 8º O não cumprimento integral ou em parte da decisão que conceder a resposta sujeitará o infrator ao pagamento de multa no valor de cinco mil a quinze mil UFIR, duplicada em caso de reiteração de conduta, sem prejuízo do disposto no artigo 347 da Lei nº 4.737, de 15 de julho de 1965 – Código Eleitoral.

§ 9º Caso a decisão de que trata o § 2º não seja prolatada em 72 (setenta e duas) horas da data da formulação do pedido, a Justiça Eleitoral, de ofício, providenciará a alocação de Juiz auxiliar.

▸ § 9º acrescido pela Lei nº 12.891, de 11-12-2013.

Art. 58-A. Os pedidos de direito de resposta e as representações por propaganda eleitoral irregular em rádio, televisão e internet tramitarão preferencialmente em relação aos demais processos em curso na Justiça Eleitoral.

▸ Artigo acrescido pela Lei nº 12.034, de 29-9-2009.

Do Sistema Eletrônico de Votação e da Totalização dos Votos

▸ Art. 152 do CE.

Art. 59. A votação e a totalização dos votos serão feitas por sistema eletrônico, podendo o Tribunal Superior Eleitoral autorizar, em caráter excepcional, a aplicação das regras fixadas nos artigos 83 a 89.

§ 1º A votação eletrônica será feita no número do candidato ou da legenda partidária, devendo o nome e fotografia do candidato e o nome do partido ou a legenda partidária aparecer no painel da urna eletrônica, com a expressão designadora do cargo disputado no masculino ou feminino, conforme o caso.

§ 2º Na votação para as eleições proporcionais, serão computados para a legenda partidária os votos em que não seja possível a identificação do candidato, desde que o número identificador do partido seja digitado de forma correta.

▸ Art. 176 do CE.

§ 3º A urna eletrônica exibirá para o eleitor os painéis na seguinte ordem:

▸ *Caput* do § 3º com a redação dada pela Lei nº 12.976, de 19-5-2014.

I – para as eleições de que trata o inciso I do parágrafo único do art. 1º, Deputado Federal, Deputado Estadual ou Distrital, Senador, Governador e Vice-Governador de Estado ou do Distrito Federal, Presidente e Vice-Presidente da República;

II – para as eleições de que trata o inciso II do parágrafo único do art. 1º, Vereador, Prefeito e Vice-Prefeito.

▸ Incisos I e II acrescidos pela Lei nº 12.976, de 19-5-2014.

§ 4º A urna eletrônica disporá de recursos que, mediante assinatura digital, permitam o registro digital de cada voto e a identificação da urna em que foi registrado, resguardado o anonimato do eleitor.

§ 5º Caberá à Justiça Eleitoral definir a chave de segurança e a identificação da urna eletrônica de que trata o § 4º.

§ 6º Ao final da eleição, a urna eletrônica procederá à assinatura digital do arquivo de votos, com aplicação do registro de horário e do arquivo do boletim de urna, de maneira a impedir a substituição de votos e a alteração dos registros dos termos de início e término da votação.

§ 7º O Tribunal Superior Eleitoral colocará à disposição dos eleitores urnas eletrônicas destinadas a treinamento.

▸ §§ 4º a 7º com a redação dada pela Lei nº 10.740, de 1º-10-2003.

Art. 59-A. No processo de votação eletrônica, a urna imprimirá o registro de cada voto, que será depositado, de forma automática e sem contato manual do eleitor, em local previamente lacrado.

Parágrafo único. O processo de votação não será concluído até que o eleitor confirme a correspondência entre o teor de seu voto e o registro impresso e exibido pela urna eletrônica.

▸ Art. 59-A acrescido pela Lei nº 13.165, de 29-9-2015.

▸ O STF, por unanimidade, confirmou medida cautelar anteriormente deferida pelo Plenário e julgou procedente o pedido formulado na ADI nº 5.889 para declarar a inconstitucionalidade deste artigo e parágrafo único (*DOU* de 29-9-2020).

Art. 60. No sistema eletrônico de votação considerar-se-á voto de legenda quando o eleitor assinalar o número do partido no momento de votar para determinado cargo e somente para este será computado.

Art. 61. A urna eletrônica contabilizará cada voto, assegurando-lhe o sigilo e inviolabilidade, garantida aos partidos políticos, coligações e candidatos ampla fiscalização.

Art. 61-A. *Revogado.* Lei nº 10.740, de 1º-10-2003.

Art. 62. Nas Seções em que for adotada a urna eletrônica, somente poderão votar eleitores cujos nomes estiverem nas respectivas folhas de votação, não se aplicando a ressalva a que se refere o artigo 148, § 1º, da Lei nº 4.737, de 15 de julho de 1965 – Código Eleitoral.

▸ Art. 148, § 1º, do CE.

Parágrafo único. O Tribunal Superior Eleitoral disciplinará a hipótese de falha na urna eletrônica que prejudique o regular processo de votação.

▸ Arts. 135, 152, 173, parágrafo único, e 176, *caput*, do CE.

Das Mesas Receptoras

Art. 63. Qualquer partido pode reclamar ao Juiz Eleitoral, no prazo de cinco dias, da nomeação da Mesa Receptora, devendo a decisão ser proferida em quarenta e oito horas.

▸ Arts. 35, XIV, e 121, *caput*, do CE.

§ 1º Da decisão do Juiz Eleitoral caberá recurso para o Tribunal Regional, interposto dentro de três dias, devendo ser resolvido em igual prazo.

§ 2º Não podem ser nomeados presidentes e mesários os menores de dezoito anos.

▸ Arts. 35, XIV, e 120, § 1º, do CE.

Art. 64. É vedada a participação de parentes em qualquer grau ou de servidores da mesma repartição pública ou empresa privada na mesma Mesa, Turma ou Junta Eleitoral.

▸ Arts. 36, § 3º, e 120, § 1º, do CE.

Da Fiscalização das Eleições

Art. 65. A escolha de fiscais e delegados, pelos partidos ou coligações, não poderá recair em menor de dezoito anos ou em quem, por nomeação do Juiz Eleitoral, já faça parte de Mesa Receptora.

§ 1º O fiscal poderá ser nomeado para fiscalizar mais de uma Seção Eleitoral, no mesmo local de votação.

▸ Arts. 131 e 132 do CE.

§ 2º As credenciais de fiscais e delegados serão expedidas, exclusivamente, pelos partidos ou coligações.

▸ Arts. 131 e 132 do CE.

§ 3º Para efeito do disposto no parágrafo anterior, o presidente do partido ou o representante da coligação deverá registrar na Justiça Eleitoral o nome das pessoas autorizadas a expedir as credenciais dos fiscais e delegados.

▸ Arts. 131 e 132 do CE.

§ 4º Para o acompanhamento dos trabalhos de votação, só será permitido o credenciamento de, no máximo, 2 (dois) fiscais de cada partido ou coligação por seção eleitoral.

▸ § 4º acrescido pela Lei nº 12.891, de 11-12-2013.

Art. 66. Os partidos e coligações poderão fiscalizar todas as fases do processo de votação e apuração das eleições e o processamento eletrônico da totalização dos resultados.

▸ *Caput* com a redação dada pela Lei nº 10.408, de 10-1-2002.

▸ Art. 132 do CE.

§ 1º Todos os programas de computador de propriedade do Tribunal Superior Eleitoral, desenvolvidos por ele ou sob sua encomenda, utilizados nas urnas eletrônicas para os processos de votação, apuração e totalização, poderão ter suas fases de especificação e de desenvolvimento acompanhadas por técnicos indicados pelos partidos políticos, Ordem dos Advogados do Brasil e Ministério Público, até seis meses antes das eleições.

§ 2º Uma vez concluídos os programas a que se refere o § 1º, serão eles apresentados, para análise, aos representantes credenciados dos partidos políticos e coligações, até vinte dias antes das eleições, nas dependências do Tribunal Superior Eleitoral, na forma de programas-fonte e de programas executáveis, inclusive os sistemas aplicativo e de segurança e as bibliotecas especiais, sendo que as chaves eletrônicas privadas e senhas eletrônicas de acesso manter-se-ão no sigilo da Justiça Eleitoral. Após a apresentação e conferência, serão lacradas cópias dos programas-fonte e dos programas compilados.

§ 3º No prazo de cinco dias a contar da data da apresentação referida no § 2º, o partido político e a coligação poderão apresentar impugnação fundamentada à Justiça Eleitoral.

§ 4º Havendo a necessidade de qualquer alteração nos programas, após a apresentação de que trata o § 3º, dar-se-á conhecimento do fato aos representantes dos partidos políticos e das coligações, para que sejam novamente analisados e lacrados.

▸ §§ 1º a 4º com a redação dada pela Lei nº 10.740, de 1º-10-2003.

§ 5º A carga ou preparação das urnas eletrônicas será feita em sessão pública, com prévia convocação dos fiscais dos partidos e coligações para a assistirem e procederem aos atos de fiscalização, inclusive para verificarem se os programas carregados nas urnas são idênticos aos que foram lacrados na sessão referida no § 2º deste artigo, após o que as urnas serão lacradas.

§ 6º No dia da eleição, será realizada, por amostragem, auditoria de verificação do funcionamento das urnas eletrônicas, através de votação paralela, na presença dos fiscais dos partidos e coligações, nos moldes fixados em resolução do Tribunal Superior Eleitoral.

§ 7º Os partidos concorrentes ao pleito poderão constituir sistema próprio de fiscalização, apuração e totalização dos resultados contratando, inclusive, empresas de auditoria de sistemas, que, credenciadas junto à Justiça Eleitoral, receberão, previamente, os programas de computador e os mesmos dados alimentadores do sistema oficial de apuração e totalização.

▸ §§ 5º a 7º acrescidos pela Lei nº 10.408, de 10-1-2002.

Art. 67. Os órgãos encarregados do processamento eletrônico de dados são obrigados a fornecer aos partidos ou coligações, no momento da entrega ao Juiz Encarregado, cópias dos dados do processamento parcial de cada dia, contidos em meio magnético.

Art. 68. O boletim de urna, segundo modelo aprovado pelo Tribunal Superior Eleitoral, conterá os nomes e os números dos candidatos nela votados.

▸ Art. 179, II, do CE.

§ 1º O Presidente da Mesa Receptora é obrigado a entregar cópia do boletim de urna aos partidos e coligações concorrentes ao pleito cujos representantes o requeiram até uma hora após a expedição.

§ 2º O descumprimento do disposto no parágrafo anterior constitui crime, punível com detenção, de um a três meses, com a alternativa de prestação de serviço à comunidade pelo mesmo período, e multa no valor de um mil a cinco mil UFIR.

▸ Arts. 179, § 4º, e 313, parágrafo único, do CE.

Art. 69. A impugnação não recebida pela Junta Eleitoral pode ser apresentada diretamente ao Tribunal Regional Eleitoral, em quarenta e oito horas, acompanhada de declaração de duas testemunhas.

▸ Art. 169 do CE.

Parágrafo único. O Tribunal decidirá sobre o recebimento em quarenta e oito horas, publicando o acórdão na própria sessão de julgamento e transmitindo imediatamente à Junta, via telex, fax ou qualquer outro meio eletrônico, o inteiro teor da decisão e da impugnação.

Art. 70. O Presidente da Junta Eleitoral que deixar de receber ou de mencionar em ata os protestos recebidos, ou ainda, impedir o exercício de fiscalização, pelos partidos ou coligações, deverá ser imediatamente afastado, além de responder pelos crimes previstos na Lei nº 4.737, de 15 de julho de 1965 – Código Eleitoral.

Art. 71. Cumpre aos partidos e coligações, por seus fiscais e delegados devidamente credenciados, e aos candidatos, proceder à instrução dos recursos interpostos contra a apuração, juntando, para tanto, cópia do boletim relativo à urna impugnada.

▸ Art. 169, § 4º, do CE.

Parágrafo único. Na hipótese de surgirem obstáculos à obtenção do boletim, caberá ao recorrente requerer, mediante a indicação dos dados necessários, que o órgão da Justiça Eleitoral perante o qual foi interposto o recurso o instrua, anexando o respectivo boletim de urna.

Art. 72. Constituem crimes, puníveis com reclusão, de cinco a dez anos:

I – obter acesso a sistema de tratamento automático de dados usado pelo serviço eleitoral, a fim de alterar a apuração ou a contagem de votos;

II – desenvolver ou introduzir comando, instrução, ou programa de computador capaz de destruir, apagar, eliminar, alterar, gravar ou transmitir dado, instrução ou programa ou provocar qualquer outro resultado diverso do esperado em sistema de tratamento automático de dados usados pelo serviço eleitoral;

III – causar, propositadamente, dano físico ao equipamento usado na votação ou na totalização de votos ou a suas partes.

Das Condutas Vedadas aos Agentes Públicos em Campanhas Eleitorais

Art. 73. São proibidas aos agentes públicos, servidores ou não, as seguintes condutas tendentes a afetar a igualdade de oportunidades entre candidatos nos pleitos eleitorais:

I – ceder ou usar, em benefício de candidato, partido político ou coligação, bens móveis ou imóveis pertencentes à administração direta ou indireta da União, dos Estados, do Distrito Federal, dos Territórios e dos Municípios, ressalvada a realização de convenção partidária;

II – usar materiais ou serviços, custeados pelos Governos ou Casas Legislativas, que excedam as prerrogativas consignadas nos regimentos e normas dos órgãos que integram;

III – ceder servidor público ou empregado da administração direta ou indireta federal, estadual ou municipal do Poder Executivo, ou usar de seus serviços, para comitês de campanha eleitoral de candidato, partido político ou coligação, durante o horário de expediente normal, salvo se o servidor ou empregado estiver licenciado;

IV – fazer ou permitir uso promocional em favor de candidato, partido político ou coligação, de distribuição gratuita de bens e serviços de caráter social custeados ou subvencionados pelo Poder Público;

V – nomear, contratar ou de qualquer forma admitir, demitir sem justa causa, suprimir ou readaptar vantagens ou por outros meios dificultar ou impedir o exercício funcional e, ainda, *ex officio*, remover, transferir ou exonerar servidor público, na circunscrição do pleito, nos três meses que o antecedem e até a posse dos eleitos, sob pena de nulidade de pleno direito, ressalvados:

a) a nomeação ou exoneração de cargos em comissão e designação ou dispensa de funções de confiança;

b) a nomeação para cargos do Poder Judiciário, do Ministério Público, dos Tribunais ou Conselhos de Contas e dos órgãos da Presidência da República;

c) a nomeação dos aprovados em concursos públicos homologados até o início daquele prazo;

d) a nomeação ou contratação necessária à instalação ou ao funcionamento inadiável de serviços públicos essenciais, com prévia e expressa autorização do Chefe do Poder Executivo;

e) a transferência ou remoção *ex officio* de militares, policiais civis e de agentes penitenciários;

VI – nos três meses que antecedem o pleito:

a) realizar transferência voluntária de recursos da União aos Estados e Municípios, e dos Estados aos Municípios, sob pena de nulidade de pleno direito, ressalvados os recursos destinados a cumprir obrigação formal preexistente para execução de obra ou serviço em andamento e com cronograma prefixado, e os destinados a atender situações de emergência e de calamidade pública;

b) com exceção da propaganda de produtos e serviços que tenham concorrência no mercado, autorizar publicidade institucional dos atos, programas, obras, serviços e campanhas dos órgãos públicos federais, estaduais ou municipais, ou das respectivas entidades da administração indireta, salvo em caso de grave e urgente necessidade pública, assim reconhecida pela Justiça Eleitoral;

c) fazer pronunciamento em cadeia de rádio e televisão, fora do horário eleitoral gratuito, salvo quando, a critério da Justiça Eleitoral, tratar-se de matéria urgente, relevante e característica das funções de governo;

▸ Art. 4º da Lei nº 14.356, de 31-5-2022, que altera a Lei nº 12.232, de 29 de abril de 2010, para dispor sobre as contratações de serviços de comunicação institucional, e a Lei nº 9.504, de 30 de setembro de 1997, para dispor sobre gastos com publicidade dos órgãos públicos no primeiro semestre do ano de eleição.

VII – empenhar, no primeiro semestre do ano de eleição, despesas com publicidade dos órgãos públicos federais, estaduais ou municipais, ou das respectivas entidades da administração indireta, que excedam a 6 (seis) vezes a média mensal dos valores empenhados e não cancelados nos 3 (três) últimos anos que antecedem o pleito;

- Inciso VII com a redação dada pela Lei nº 14.356, de 31-5-2022.
- Art. 4º da Lei nº 14.356, de 31-5-2022, que altera a Lei nº 12.232, de 29 de abril de 2010, para dispor sobre as contratações de serviços de comunicação institucional, e a Lei nº 9.504, de 30 de setembro de 1997, para dispor sobre gastos com publicidade dos órgãos públicos no primeiro semestre do ano de eleição.

VIII – fazer, na circunscrição do pleito, revisão geral da remuneração dos servidores públicos que exceda a recomposição da perda de seu poder aquisitivo ao longo do ano da eleição, a partir do início do prazo estabelecido no artigo 7º desta Lei e até a posse dos eleitos.

§ 1º Reputa-se agente público, para os efeitos deste artigo, quem exerce, ainda que transitoriamente ou sem remuneração, por eleição, nomeação, designação, contratação ou qualquer outra forma de investidura ou vínculo, mandato, cargo, emprego ou função nos órgãos ou entidades da administração pública direta, indireta, ou fundacional.

§ 2º A vedação do inciso I do *caput* não se aplica ao uso, em campanha, de transporte oficial pelo Presidente da República, obedecido o disposto no artigo 76, nem ao uso, em campanha, pelos candidatos a reeleição de Presidente e Vice-Presidente da República, Governador e Vice-Governador de Estado e do Distrito Federal, Prefeito e Vice-Prefeito, de suas residências oficiais para realização de contatos, encontros e reuniões pertinentes à própria campanha, desde que não tenham caráter de ato público.

§ 3º As vedações do inciso VI do *caput*, alíneas *b* e *c*, aplicam-se apenas aos agentes públicos das esferas administrativas cujos cargos estejam em disputa na eleição.

§ 4º O descumprimento do disposto neste artigo acarretará a suspensão imediata da conduta vedada, quando for o caso, e sujeitará os responsáveis a multa no valor de cinco a cem mil UFIR.

§ 5º Nos casos de descumprimento do disposto nos incisos do *caput* e no § 10, sem prejuízo do disposto no § 4º, o candidato beneficiado, agente público ou não, ficará sujeito à cassação do registro ou do diploma.

- § 5º com a redação dada pela Lei nº 12.034, de 29-9-2009.

§ 6º As multas de que trata este artigo serão duplicadas a cada reincidência.

§ 7º As condutas enumeradas no *caput* caracterizam, ainda, atos de improbidade administrativa, a que se refere o artigo 11, inciso I, da Lei nº 8.429, de 2 de junho de 1992, e sujeitam-se às disposições daquele diploma legal, em especial às cominações do artigo 12, inciso III.

§ 8º Aplicam-se as sanções do § 4º aos agentes públicos responsáveis pelas condutas vedadas e aos partidos, coligações e candidatos que delas se beneficiarem.

§ 9º Na distribuição dos recursos do Fundo Partidário (Lei nº 9.096, de 19 de setembro de 1995) oriundos da aplicação do disposto no § 4º, deverão ser excluídos os partidos beneficiados pelos atos que originaram as multas.

§ 10. No ano em que se realizar eleição, fica proibida a distribuição gratuita de bens, valores ou benefícios por parte da Administração Pública, exceto nos casos de calamidade pública, de estado de emergência ou de programas sociais autorizados em lei e já em execução orçamentária no exercício anterior, casos em que o Ministério Público poderá promover o acompanhamento de sua execução financeira e administrativa.

- § 10 acrescido pela Lei nº 11.300, de 10-5-2006.

§ 11. Nos anos eleitorais, os programas sociais de que trata o § 10 não poderão ser executados por entidade nominalmente vinculada a candidato ou por esse mantida.

§ 12. A representação contra a não observância do disposto neste artigo observará o rito do art. 22 da Lei Complementar nº 64, de 18 de maio de 1990, e poderá ser ajuizada até a data da diplomação.

§ 13. O prazo de recurso contra decisões proferidas com base neste artigo será de 3 (três) dias, a contar da data da publicação do julgamento no *Diário Oficial*.

- §§ 11 a 13 acrescidos pela Lei nº 12.034, de 29-9-2009.

§ 14. Para efeito de cálculo da média prevista no inciso VII do *caput* deste artigo, os gastos serão reajustados pelo IPCA, aferido pela Fundação Instituto Brasileiro de Geografia e Estatística (IBGE), ou outro índice que venha a substituí-lo, a partir da data em que foram empenhados.

- § 14 acrescido pela Lei nº 14.356, de 31-5-2022.

Art. 74. Configura abuso de autoridade, para os fins do disposto no art. 22 da Lei Complementar nº 64, de 18 de maio de 1990, a infringência do disposto no § 1º do art. 37 da Constituição Federal, ficando o responsável, se candidato, sujeito ao cancelamento do registro ou do diploma.

- Artigo com a redação dada pela Lei nº 12.034, de 29-9-2009.

Art. 75. Nos três meses que antecederem as eleições, na realização de inaugurações é vedada a contratação de *shows* artísticos pagos com recursos públicos.

Parágrafo único. Nos casos de descumprimento do disposto neste artigo, sem prejuízo da suspensão imediata da conduta, o candidato beneficiado, agente público ou não, ficará sujeito à cassação do registro ou do diploma.

- Parágrafo único acrescido pela Lei nº 12.034, de 29-9-2009.

Art. 76. O ressarcimento das despesas com o uso de transporte oficial pelo Presidente da República e sua comitiva em campanha eleitoral será de responsabilidade do partido político ou coligação a que esteja vinculado.

§ 1º O ressarcimento de que trata este artigo terá por base o tipo de transporte usado e a respectiva tarifa de mercado cobrada no trecho correspondente, ressalvado o uso do avião presidencial, cujo ressarcimento corresponderá ao aluguel de uma aeronave de propulsão a jato do tipo táxi aéreo.

§ 2º No prazo de dez dias úteis da realização do pleito, em primeiro turno, ou segundo, se houver, o órgão competente de controle interno procederá *ex officio* à cobrança dos valores devidos nos termos dos parágrafos anteriores.

§ 3º A falta do ressarcimento, no prazo estipulado, implicará a comunicação do fato ao Ministério Público Eleitoral, pelo órgão de controle interno.

§ 4º Recebida a denúncia do Ministério Público, a Justiça Eleitoral apreciará o feito no prazo de trinta dias, aplicando aos infratores pena de multa correspondente ao dobro das despesas, duplicada a cada reiteração de conduta.

Art. 77. É proibido a qualquer candidato comparecer, nos 3 (três) meses que precedem o pleito, a inaugurações de obras públicas.

Parágrafo único. A inobservância do disposto neste artigo sujeita o infrator à cassação do registro ou do diploma.

- Art. 77 com a redação dada pela Lei nº 12.034, de 29-9-2009.

Art. 78. A aplicação das sanções cominadas no artigo 73, §§ 4º e 5º, dar-se-á sem prejuízo de outras de caráter constitucional, administrativo ou disciplinar fixadas pelas demais leis vigentes.

DISPOSIÇÕES TRANSITÓRIAS

Art. 79. O financiamento das campanhas eleitorais com recursos públicos será disciplinado em lei específica.

Art. 80. Nas eleições a serem realizadas no ano de 1998, cada partido ou coligação deverá reservar, para candidatos de cada sexo, no mínimo, vinte e cinco por cento e, no máximo, setenta e cinco por cento do número de candidaturas que puder registrar.

Art. 81. *Revogado*. Lei nº 13.165, de 29-9-2015.

Art. 82. Nas Seções Eleitorais em que não for usado o sistema eletrônico de votação e totalização de votos, serão aplicadas as regras definidas nos artigos 83 a 89 desta Lei e as pertinentes da Lei nº 4.737, de 15 de julho de 1965 – Código Eleitoral.

Art. 83. As cédulas oficiais serão confeccionadas pela Justiça Eleitoral, que as imprimirá com exclusividade para distribuição às Mesas Receptoras, sendo sua impressão feita em papel opaco, com tinta preta e em tipos uniformes de letras e números, identificando o gênero na denominação dos cargos em disputa.

§ 1º Haverá duas cédulas distintas, uma para as eleições majoritárias e outra para as proporcionais, a serem confeccionadas segundo modelos determinados pela Justiça Eleitoral.

- Art. 146, IV, do CE.

§ 2º Os candidatos à eleição majoritária serão identificados pelo nome indicado no pedido de registro e pela sigla adotada pelo partido a que pertencem e deverão figurar na ordem determinada por sorteio.

§ 3º Para as eleições realizadas pelo sistema proporcional, a cédula terá espaços para que o eleitor escreva o nome ou o número do candidato escolhido, ou a sigla ou o número do partido de sua preferência.

§ 4º No prazo de quinze dias após a realização do sorteio a que se refere o § 2º, os Tribunais Regionais Eleitorais divulgarão o modelo da cédula completa com os nomes dos candidatos majoritários na ordem já definida.

§ 5º Às eleições em segundo turno aplica-se o disposto no § 2º, devendo o sorteio verificar-se até quarenta e oito horas após a proclamação do resultado do primeiro turno e a divulgação do modelo da cédula nas vinte e quatro horas seguintes.

▸ Art. 104 do CE.

Art. 84. No momento da votação, o eleitor dirigir-se-á à cabine duas vezes, sendo a primeira para o preenchimento da cédula destinada às eleições proporcionais, de cor branca, e a segunda para o preenchimento da cédula destinada às eleições majoritárias, de cor amarela.

Parágrafo único. A Justiça Eleitoral fixará o tempo de votação e o número de eleitores por seção, para garantir o pleno exercício do direito de voto.

Art. 85. Em caso de dúvida na apuração de votos dados a homônimos, prevalecerá o número sobre o nome do candidato.

▸ Art. 177, V, do CE.

Art. 86. No sistema de votação convencional considerar-se-á voto de legenda quando o eleitor assinalar o número do partido no local exato reservado para o cargo respectivo e somente para este será computado.

Art. 87. Na apuração, será garantido aos fiscais e delegados dos partidos e coligações o direito de observar diretamente, a distância não superior a um metro da mesa, a abertura da urna, a abertura e a contagem das cédulas e o preenchimento do boletim.

▸ Art. 162 do CE.

§ 1º O não atendimento ao disposto no *caput* enseja a impugnação do resultado da urna, desde que apresentada antes da divulgação do boletim.

§ 2º Ao final da transcrição dos resultados apurados no boletim, o Presidente da Junta Eleitoral é obrigado a entregar cópia deste aos partidos e coligações concorrentes ao pleito cujos representantes o requeiram até uma hora após sua expedição.

▸ Art. 179, § 4º, do CE.

§ 3º Para os fins do disposto no parágrafo anterior, cada partido ou coligação poderá credenciar até três fiscais perante a Junta Eleitoral, funcionando um de cada vez.

§ 4º O descumprimento de qualquer das disposições deste artigo constitui crime, punível com detenção de um a três meses, com a alternativa de prestação de serviços à comunidade pelo mesmo período e multa, no valor de um mil a cinco mil UFIR.

▸ Art. 179, § 4º, do CE.

§ 5º O rascunho ou qualquer outro tipo de anotação fora dos boletins de urna, usados no momento da apuração dos votos, não poderão servir de prova posterior perante a Junta apuradora ou totalizadora.

▸ Art. 179, § 5º, do CE.

§ 6º O boletim mencionado no § 2º deverá conter o nome e o número dos candidatos nas primeiras colunas, que precederão aquelas onde serão designados os votos e o partido ou coligação.

▸ Art. 179 do CE.

Art. 88. O Juiz Presidente da Junta Eleitoral é obrigado a recontar a urna, quando:

I – o boletim apresentar resultado não coincidente com o número de votantes ou discrepante dos dados obtidos no momento da apuração;

II – ficar evidenciada a atribuição de votos a candidatos inexistentes, o não fechamento da contabilidade da urna ou a apresentação de totais de votos nulos, brancos ou válidos destoantes da média geral das demais Seções do mesmo Município, Zona Eleitoral.

▸ Art. 179, § 8º, do CE.

Art. 89. Será permitido o uso de instrumentos que auxiliem o eleitor analfabeto a votar, não sendo a Justiça Eleitoral obrigada a fornecê-los.

▸ Arts. 59 a 62 do CE.

DISPOSIÇÕES FINAIS

Art. 90. Aos crimes definidos nesta Lei, aplica-se o disposto nos artigos 287 e 355 a 364 da Lei nº 4.737, de 15 de julho de 1965 – Código Eleitoral.

▸ Art. 8º, parágrafo único, do CE.

§ 1º Para os efeitos desta Lei, respondem penalmente pelos partidos e coligações os seus representantes legais.

§ 2º Nos casos de reincidência, as penas pecuniárias previstas nesta Lei aplicam-se em dobro.

Art. 90-A. VETADO. Lei nº 11.300, de 10-5-2006.

Art. 91. Nenhum requerimento de inscrição eleitoral ou de transferência será recebido dentro dos cento e cinquenta dias anteriores à data da eleição.

▸ Arts. 8º, parágrafo único, e 67 do CE.

Parágrafo único. A retenção de título eleitoral ou do comprovante de alistamento eleitoral constitui crime, punível com detenção, de um a três meses, com a alternativa de prestação de serviços à comunidade por igual período, e multa no valor de cinco mil a dez mil UFIR.

▸ Art. 295 do CE.

Art. 91-A. No momento da votação, além da exibição do respectivo título, o eleitor deverá apresentar documento de identificação com fotografia.

Parágrafo único. Fica vedado portar aparelho de telefonia celular, máquinas fotográficas e filmadoras, dentro da cabina de votação.

▸ Art. 91-A acrescido pela Lei nº 12.034, de 29-9-2009.

▸ O STF, por unanimidade, confirmou medida cautelar e julgou procedente a ADI nº 4.467, para dar a este artigo interpretação conforme a CF, assentando que a ausência do título de eleitor no momento da votação não constitui, por si só, óbice ao exercício do sufrágio (*DOU* de 11-11-2010).

Art. 92. O Tribunal Superior Eleitoral, ao conduzir o processamento dos títulos eleitorais, determinará de ofício a revisão ou correição das Zonas Eleitorais sempre que:

▸ Art. 71, § 4º, do CE.

I – o total de transferências de eleitores ocorridas no ano em curso seja dez por cento superior ao do ano anterior;

II – o eleitorado for superior ao dobro da população entre dez e quinze anos, somada à de idade superior a setenta anos do território daquele Município;

III – o eleitorado for superior a sessenta e cinco por cento da população projetada para aquele ano pelo Instituto Brasileiro de Geografia e Estatística – IBGE.

Art. 93. O Tribunal Superior Eleitoral poderá, nos anos eleitorais, requisitar das emissoras de rádio e televisão, no período de um mês antes do início da propaganda eleitoral a que se refere o art. 36 e nos três dias anteriores à data do pleito, até dez minutos diários, contínuos ou não, que poderão ser somados e usados em dias espaçados, para a divulgação de comunicados, boletins e instruções ao eleitorado.

▸ Artigo com a redação dada pela Lei nº 13.165, de 29-9-2015.

Art. 93-A. O Tribunal Superior Eleitoral, no período compreendido entre 1º de abril e 30 de julho dos anos eleitorais, promoverá, em até cinco minutos diários, contínuos ou não, requisitados às emissoras de rádio e televisão, propaganda institucional, em rádio e televisão, destinada a incentivar a participação feminina, dos jovens e da comunidade negra na política, bem como a esclarecer os cidadãos sobre as regras e o funcionamento do sistema eleitoral brasileiro.

▸ Artigo com a redação dada pela Lei nº 13.488, de 6-10-2017.

Art. 94. Os feitos eleitorais, no período entre o registro das candidaturas até cinco dias após a realização do segundo turno das eleições, terão prioridade para a participação do Ministério Público e dos Juízes de todas as Justiças e instâncias, ressalvados os processos de *habeas corpus* e mandado de segurança.

§ 1º É defeso às autoridades mencionadas neste artigo deixar de cumprir qualquer prazo desta Lei, em razão do exercício das funções regulares.

§ 2º O descumprimento do disposto neste artigo constitui crime de responsabilidade e será objeto de anotação funcional para efeito de promoção na carreira.

▸ Arts. 22, I, *i*, e 345 do CE.

§ 3º Além das polícias judiciárias, os órgãos da receita federal, estadual e municipal, os tribunais e órgãos de contas auxiliarão a Justiça Eleitoral na apuração dos delitos eleitorais, com prioridade sobre suas atribuições regulares.

§ 4º Os advogados dos candidatos ou dos partidos e coligações serão notificados para os feitos de que trata esta Lei com antecedência mínima de vinte e quatro horas, ainda que por fax, telex ou telegrama.

§ 5º Nos Tribunais Eleitorais, os advogados dos candidatos ou dos partidos e coligações serão intimados para os feitos que não versem sobre a cassação do registro ou do diploma de que trata esta Lei por meio da publicação de edital eletrônico publicado na página do respectivo Tribunal na internet, iniciando-se a contagem do prazo no dia seguinte ao da divulgação.

▸ § 5º acrescido pela Lei nº 13.165, de 29-9-2015.

Art. 94-A. Os órgãos e entidades da Administração Pública direta e indireta poderão, quan-

LEGISLAÇÃO COMPLEMENTAR

do solicitados, em casos específicos e de forma motivada, pelos Tribunais Eleitorais:

I – fornecer informações na área de sua competência;

II – ceder funcionários no período de 3 (três) meses antes a 3 (três) meses depois de cada eleição.

▸ Art. 94-A acrescido pela Lei nº 11.300, de 10-5-2006.

Art. 94-B. VETADO. Lei nº 11.300, de 10-5-2006.

Art. 95. Ao Juiz Eleitoral que seja parte em ações judiciais que envolvam determinado candidato é defeso exercer suas funções em processo eleitoral no qual o mesmo candidato seja interessado.

▸ Art. 14, § 3º, do CE.

Art. 96. Salvo disposições específicas em contrário desta Lei, as reclamações ou representações relativas ao seu descumprimento podem ser feitas por qualquer partido político, coligação ou candidato, e devem dirigir-se:

I – aos Juízes Eleitorais, nas eleições municipais;

II – aos Tribunais Regionais Eleitorais, nas eleições federais, estaduais e distritais;

III – ao Tribunal Superior Eleitoral, na eleição presidencial.

§ 1º As reclamações e representações devem relatar fatos, indicando provas, indícios e circunstâncias.

§ 2º Nas eleições municipais, quando a circunscrição abranger mais de uma Zona Eleitoral, o Tribunal Regional designará um Juiz para apreciar as reclamações ou representações.

§ 3º Os Tribunais Eleitorais designarão três juízes auxiliares para a apreciação das reclamações ou representações que lhes forem dirigidas.

§ 4º Os recursos contra as decisões dos juízes auxiliares serão julgados pelo Plenário do Tribunal.

§ 5º Recebida a reclamação ou representação, a Justiça Eleitoral notificará imediatamente o reclamado ou representado para, querendo, apresentar defesa em quarenta e oito horas.

§ 6º *Revogado.* Lei nº 9.840, de 28-9-1999.

§ 7º Transcorrido o prazo previsto no § 5º, apresentada ou não a defesa, o órgão competente da Justiça Eleitoral decidirá e fará publicar a decisão em vinte e quatro horas.

§ 8º Quando cabível recurso contra a decisão, este deverá ser apresentado no prazo de vinte e quatro horas da publicação da decisão em cartório ou sessão, assegurado ao recorrido o oferecimento de contrarrazões, em igual prazo, a contar da sua notificação.

§ 9º Os Tribunais julgarão o recurso no prazo de quarenta e oito horas.

§ 10. Não sendo o feito julgado nos prazos fixados, o pedido pode ser dirigido ao órgão superior, devendo a decisão ocorrer de acordo com o rito definido neste artigo.

§ 11. As sanções aplicadas a candidato em razão do descumprimento de disposições desta Lei não se estendem ao respectivo partido, mesmo na hipótese de esse ter se beneficiado da conduta, salvo quando comprovada a sua participação.

▸ § 11 acrescido pela Lei nº 13.165, de 29-9-2015.

Art. 96-A. Durante o período eleitoral, as intimações via fac-símile encaminhadas pela Justiça Eleitoral a candidato deverão ser exclusivamente realizadas na linha telefônica por ele previamente cadastrada, por ocasião do preenchimento do requerimento de registro de candidatura.

Parágrafo único. O prazo de cumprimento da determinação prevista no *caput* é de quarenta e oito horas, a contar do recebimento do fac-símile.

▸ Art. 96-A acrescido pela Lei nº 12.034, de 29-9-2009.

Art. 96-B. Serão reunidas para julgamento comum as ações eleitorais propostas por partes diversas sobre o mesmo fato, sendo competente para apreciá-las o juiz ou relator que tiver recebido a primeira.

§ 1º O ajuizamento de ação eleitoral por candidato ou partido político não impede ação do Ministério Público no mesmo sentido.

§ 2º Se proposta ação sobre o mesmo fato apreciado em outra cuja decisão ainda não transitou em julgado, será ela apensada ao processo anterior na instância em que ele se encontrar, figurando a parte como litisconsorte no feito principal.

▸ O STF, por maioria dos votos, julgou parcialmente procedente a ADI nº 5.507 para dar a este § 2º interpretação conforme a Constituição Federal (*DOU* de 13-10-2022).

§ 3º Se proposta ação sobre o mesmo fato apreciado em outra cuja decisão já tenha transitado em julgado, não será ela conhecida pelo juiz, ressalvada a apresentação de outras ou novas provas.

▸ Art. 96-B acrescido pela Lei nº 13.165, de 29-9-2015.

Art. 97. Poderá o candidato, partido ou coligação representar ao Tribunal Regional Eleitoral contra o Juiz Eleitoral que descumprir as disposições desta Lei ou der causa ao seu descumprimento, inclusive quanto aos prazos processuais; neste caso, ouvido o representado em vinte e quatro horas, o Tribunal ordenará a observância do procedimento que explicitar, sob pena de incorrer o Juiz em desobediência.

§ 1º É obrigatório, para os membros dos Tribunais Eleitorais e do Ministério Público, fiscalizar o cumprimento desta Lei pelos juízes e promotores eleitorais das instâncias inferiores, determinando, quando for o caso, a abertura de procedimento disciplinar para apuração de eventuais irregularidades que verificarem.

▸ § 1º acrescido pela Lei nº 12.034, de 29-9-2009.

§ 2º No caso de descumprimento das disposições desta Lei por Tribunal Regional Eleitoral, a representação poderá ser feita ao Tribunal Superior Eleitoral, observado o disposto neste artigo.

▸ Parágrafo único transformado em § 2º pela Lei nº 12.034, de 29-9-2009.

Art. 97-A. Nos termos do inciso LXXVIII do art. 5º da Constituição Federal, considera-se duração razoável do processo que possa resultar em perda de mandato eletivo o período máximo de 1 (um) ano, contado da sua apresentação à Justiça Eleitoral.

§ 1º A duração do processo de que trata o *caput* abrange a tramitação em todas as instâncias da Justiça Eleitoral.

§ 2º Vencido o prazo de que trata o *caput*, será aplicável o disposto no art. 97, sem prejuízo de representação ao Conselho Nacional de Justiça.

▸ Art. 97-A acrescido pela Lei nº 12.034, de 29-9-2009.

Art. 98. Os eleitores nomeados para compor as Mesas Receptoras ou Juntas Eleitorais e os requisitados para auxiliar seus trabalhos serão dispensados do serviço, mediante declaração expedida pela Justiça Eleitoral, sem prejuízo do salário, vencimento ou qualquer outra vantagem, pelo dobro dos dias de convocação.

▸ Arts. 36, *caput*, e 98 do CE.

Art. 99. As emissoras de rádio e televisão terão direito a compensação fiscal pela cedência do horário gratuito previsto nesta Lei.

▸ Dec. nº 7.791, 17-8-2012, regulamenta a compensação fiscal na apuração do Imposto sobre a Renda da Pessoa Jurídica – IRPJ pela divulgação gratuita da propaganda partidária e eleitoral, de plebiscitos e referendos.

§ 1º O direito à compensação fiscal das emissoras de rádio e televisão estende-se à veiculação de propaganda gratuita de plebiscitos e referendos de que dispõe o art. 8º da Lei nº 9.709, de 18 de novembro de 1998, mantido também, a esse efeito, o entendimento de que:

▸ *Caput* do § 1º com a redação dada pela Lei nº 13.487, de 6-10-2017.

I – VETADO. Lei nº 12.034, de 29-9-2009;

II – a compensação fiscal consiste na apuração do valor correspondente a 0,8 (oito décimos) do resultado da multiplicação de 100% (cem por cento) ou de 25% (vinte e cinco por cento) do tempo, respectivamente, das inserções e das transmissões em bloco, pelo preço do espaço comercializável comprovadamente vigente, assim considerado aquele divulgado pelas emissoras de rádio e televisão por intermédio de tabela pública de preços de veiculação de publicidade, atendidas as disposições regulamentares e as condições de que trata o § 2º-A;

▸ Inciso II com a redação dada pela Lei nº 12.350, de 20-12-2010.

III – o valor apurado na forma do inciso II poderá ser deduzido do lucro líquido para efeito de determinação do lucro real, na apuração do Imposto sobre a Renda da Pessoa Jurídica (IRPJ), inclusive da base de cálculo dos recolhimentos mensais previstos na legislação fiscal (art. 2º da Lei nº 9.430, de 27 de dezembro de 1996), bem como da base de cálculo do lucro presumido.

▸ Inciso III acrescido pela Lei nº 12.350, de 20-12-2010.

§ 2º VETADO. Lei nº 12.034, de 29-9-2009.

§ 2º-A. A aplicação das tabelas públicas de preços de veiculação de publicidade, para fins de compensação fiscal, deverá atender ao seguinte:

I – deverá ser apurada mensalmente a variação percentual entre a soma dos preços efetivamente praticados, assim considerados os valores devidos às emissoras de rádio e televisão pelas veiculações comerciais locais, e o correspondente a 0,8 (oito décimos) da soma dos respectivos preços constantes da tabela pública de veiculação de publicidade;

II – a variação percentual apurada no inciso I deverá ser deduzida dos preços constantes da tabela pública a que se refere o inciso II do § 1º.

▸ § 2º-A acrescido pela Lei nº 12.350, de 20-12-2010.

§ 3º No caso de microempresas e empresas de pequeno porte optantes pelo Regime Especial Unificado de Arrecadação de Tributos e Contribuições (SIMPLES Nacional), o valor integral da compensação fiscal apurado na forma do inciso II do § 1º será deduzido da base de cálculo de imposto e contribuições federais devidos pela emissora, seguindo os critérios definidos pelo Comitê Gestor do Simples Nacional (CGSN).

▸ § 3º com a redação dada pela Lei nº 12.350, de 20-12-2010.

Art. 100. A contratação de pessoal para prestação de serviços nas campanhas eleitorais não gera vínculo empregatício com o candidato ou partido contratantes, aplicando-se à pessoa física contratada o disposto na alínea *h* do inciso V do art. 12 da Lei nº 8.212, de 24 de julho de 1991.

Parágrafo único. Não se aplica aos partidos políticos, para fins da contratação de que trata o *caput*, o disposto no parágrafo único do art. 15 da Lei nº 8.212, de 24 de julho de 1991.

▸ Art. 100 com a redação dada pela Lei nº 13.165, de 29-9-2015.

Art. 100-A. A contratação direta ou terceirizada de pessoal para prestação de serviços referentes a atividades de militância e mobilização de rua nas campanhas eleitorais observará os seguintes limites, impostos a cada candidato:

I – em Municípios com até 30.000 (trinta mil) eleitores, não excederá a 1% (um por cento) do eleitorado;

II – nos demais Municípios e no Distrito Federal, corresponderá ao número máximo apurado no inciso I, acrescido de 1 (uma) contratação para cada 1.000 (mil) eleitores que exceder o número de 30.000 (trinta mil).

§ 1º As contratações observarão ainda os seguintes limites nas candidaturas aos cargos a:

I – Presidente da República e Senador: em cada Estado, o número estabelecido para o Município com o maior número de eleitores;

II – Governador de Estado e do Distrito Federal: no Estado, o dobro do limite estabelecido para o Município com o maior número de eleitores, e, no Distrito Federal, o dobro do número alcançado no inciso II do *caput*;

III – Deputado Federal: na circunscrição, 70% (setenta por cento) do limite estabelecido para o Município com o maior número de eleitores, e, no Distrito Federal, esse mesmo percentual aplicado sobre o limite calculado na forma do inciso II do *caput*, considerado o eleitorado da maior região administrativa;

IV – Deputado Estadual ou Distrital: na circunscrição, 50% (cinquenta por cento) do limite estabelecido para Deputados Federais;

V – Prefeito: nos limites previstos nos incisos I e II do *caput*;

VI – Vereador: 50% (cinquenta por cento) dos limites previstos nos incisos I e II do *caput*, até o máximo de 80% (oitenta por cento) do limite estabelecido para Deputados Estaduais.

§ 2º Nos cálculos previstos nos incisos I e II do *caput* e no § 1º, a fração será desprezada, se inferior a 0,5 (meio), e igualada a 1 (um), se igual ou superior.

§ 3º A contratação de pessoal por candidatos a Vice-Presidente, Vice-Governador, Suplente de Senador e Vice-Prefeito é, para todos os efeitos, contabilizada como contratação pelo titular, e a contratação por partidos fica vinculada aos limites impostos aos seus candidatos.

§ 4º *Revogado*. Lei nº 13.165, de 29-9-2015.

§ 5º O descumprimento dos limites previstos nesta Lei sujeitará o candidato às penas previstas no art. 299 da Lei nº 4.737, de 15 de julho de 1965.

§ 6º São excluídos dos limites fixados por esta Lei a militância não remunerada, pessoal contratado para apoio administrativo e operacional, fiscais e delegados credenciados para trabalhar nas eleições e os advogados dos candidatos ou dos partidos e coligações.

▸ Art. 100-A acrescido pela Lei nº 12.891, de 11-12-2013.

Art. 101. VETADO.

Art. 102. O parágrafo único do artigo 145 da Lei nº 4.737, de 15 de julho de 1965 – Código Eleitoral passa a vigorar acrescido do seguinte inciso IX:

▸ Alteração inserida no texto do referido Código.

Art. 103. O artigo 19, *caput*, da Lei nº 9.096, de 19 de setembro de 1995 – Lei dos Partidos, passa a vigorar com a seguinte redação:

▸ Alteração inserida no texto da referida Lei.

Art. 104. O artigo 44 da Lei nº 9.096, de 19 de setembro de 1995, passa a vigorar acrescido do seguinte § 3º:

▸ Alteração inserida no texto da referida Lei.

Art. 105. Até o dia 5 de março do ano da eleição, o Tribunal Superior Eleitoral, atendendo ao caráter regulamentar e sem restringir direitos ou estabelecer sanções distintas das previstas nesta Lei, poderá expedir todas as instruções necessárias para sua fiel execução, ouvidos, previamente, em audiência pública, os delegados ou representantes dos partidos políticos.

▸ *Caput* com a redação dada pela Lei nº 12.034, de 29-9-2009.

§ 1º O Tribunal Superior Eleitoral publicará o código orçamentário para o recolhimento das multas eleitorais ao Fundo Partidário, mediante documento de arrecadação correspondente.

§ 2º Havendo substituição da UFIR por outro índice oficial, o Tribunal Superior Eleitoral procederá à alteração dos valores estabelecidos nesta Lei pelo novo índice.

§ 3º Serão aplicáveis ao pleito eleitoral imediatamente seguinte apenas as resoluções publicadas até a data referida no *caput*.

▸ § 3º acrescido pela Lei nº 12.034, de 29-9-2009.

Art. 105-A. Em matéria eleitoral, não são aplicáveis os procedimentos previstos na Lei nº 7.347, de 24 de julho de 1985.

▸ Artigo acrescido pela Lei nº 12.034, de 29-9-2009.

Art. 106. Esta Lei entra em vigor na data de sua publicação.

Art. 107. Revogam-se os artigos 92, 246, 247, 250, 322, 328, 329, 333 e o parágrafo único do artigo 106 da Lei nº 4.737, de 15 de julho de 1965 – Código Eleitoral; o § 4º do artigo 39 da Lei nº 9.096, de 19 de setembro de 1995; o § 2º do artigo 50 e o § 1º do artigo 64 da Lei nº 9.100, de 29 de setembro de 1995; e o § 2º do artigo 7º do Decreto-Lei nº 201, de 27 de fevereiro de 1967.

Brasília, 30 de setembro de 1997;
176º da Independência e
109º da República.

Marco Antonio de Oliveira Maciel

LEI Nº 9.507, DE 12 DE NOVEMBRO DE 1997

Regula o direito de acesso a informações e disciplina o rito processual do habeas data.

▸ Publicada no *DOU* de 13-11-1997.

▸ Arts. 5º, XXXIII, LXXII e LXXVII, 102, I, *d*, e II, *a*, 105, I, *b*, 108, I, *c*, e 109, VIII, e 121, § 4º, V, da CF.

▸ Súm. nº 368 do STJ.

Art. 1º VETADO.

Parágrafo único. Considera-se de caráter público todo registro ou banco de dados contendo informações que sejam ou que possam ser transmitidas a terceiros ou que não sejam de uso privativo do órgão ou entidade produtora ou depositária das informações.

Art. 2º O requerimento será apresentado ao órgão ou entidade depositária do registro ou banco de dados e será deferido ou indeferido no prazo de quarenta e oito horas.

Parágrafo único. A decisão será comunicada ao requerente em vinte e quatro horas.

Art. 3º Ao deferir o pedido, o depositário do registro ou do banco de dados marcará dia e hora para que o requerente tome conhecimento das informações.

Parágrafo único. VETADO.

Art. 4º Constatada a inexatidão de qualquer dado a seu respeito, o interessado, em petição acompanhada de documentos comprobatórios, poderá requerer sua retificação.

§ 1º Feita a retificação em, no máximo, dez dias após a entrada do requerimento, a entidade ou órgão depositário do registro ou da informação dará ciência ao interessado.

§ 2º Ainda que não se constate a inexatidão do dado, se o interessado apresentar explicação ou contestação sobre o mesmo, justificando possível pendência sobre o fato objeto do dado, tal explicação será anotada no cadastro do interessado.

Arts. 5º e 6º VETADOS.

Art. 7º Conceder-se-á *habeas data*:

▸ Súm. nº 2 do STJ.

I – para assegurar o conhecimento de informações relativas à pessoa do impetrante, constantes de registro ou banco de dados de entidades governamentais ou de caráter público;

II – para a retificação de dados, quando não se prefira fazê-lo por processo sigiloso, judicial ou administrativo;

III – para a anotação nos assentamentos do interessado, de contestação ou explicação sobre dado verdadeiro mas justificável e que esteja sob pendência judicial ou amigável.

Art. 8º A petição inicial, que deverá preencher os requisitos dos artigos 282 a 285 do Código de Processo Civil, será apresentada em duas vias, e os documentos que instruírem a primeira serão reproduzidos por cópia na segunda.

▸ Refere-se ao CPC/1973.

▸ Arts. 319 a 321, 332, *caput*, §§ 3º e 4º, e 330, § 2º, do CPC/2015.

Parágrafo único. A petição inicial deverá ser instruída com prova:

I – da recusa ao acesso às informações ou do decurso de mais de dez dias sem decisão;

▸ Súm. nº 2 do STJ.

II – da recusa em fazer-se a retificação ou do decurso de mais de quinze dias, sem decisão; ou

III – da recusa em fazer-se a anotação a que se refere o § 2º do artigo 4º ou do decurso de mais de quinze dias sem decisão.

Art. 9º Ao despachar a inicial, o juiz ordenará que se notifique o coator do conteúdo da petição, entregando-lhe a segunda via apresentada pelo impetrante, com as cópias dos documentos, a fim de que, no prazo de dez dias, preste as informações que julgar necessárias.

Art. 10. A inicial será desde logo indeferida, quando não for o caso de *habeas data*, ou se lhe faltar algum dos requisitos previstos nesta Lei.

Parágrafo único. Do despacho de indeferimento caberá recurso previsto no artigo 15.

Art. 11. Feita a notificação, o serventuário em cujo cartório corra o feito, juntará aos autos cópia autêntica do ofício endereçado ao coator, bem como a prova da sua entrega a este ou da recusa, seja de recebê-lo, seja de dar recibo.

Art. 12. Findo o prazo a que se refere o artigo 9º, e ouvido o representante do Ministério Público dentro de cinco dias, os autos serão conclusos ao juiz para decisão a ser proferida em cinco dias.

Art. 13. Na decisão, se julgar procedente o pedido, o juiz marcará data e horário para que o coator:

I – apresente ao impetrante as informações a seu respeito, constantes de registros ou bancos de dados; ou

II – apresente em juízo a prova de retificação ou da anotação feita nos assentamentos do impetrante.

Art. 14. A decisão será comunicada ao coator, por correio, com aviso de recebimento, ou por telegrama, radiograma ou telefonema, conforme o requerer o impetrante.

Parágrafo único. Os originais, no caso de transmissão telegráfica, radiofônica ou telefônica, deverão ser apresentados à agência expedidora, com a firma do juiz devidamente reconhecida.

Art. 15. Da sentença que conceder ou negar o *habeas data* cabe apelação.

▸ Arts. 932, parágrafo único, 938, 995, 1.007, § 6º, 1.009, 1.010, 1.012, 1.013 e 1.014 do CPC/2015.

Parágrafo único. Quando a sentença conceder o *habeas data*, o recurso terá efeito meramente devolutivo.

Art. 16. Quando o *habeas data* for concedido e o Presidente do Tribunal ao qual competir o conhecimento do recurso ordenar ao juiz a suspensão da execução da sentença, desse seu ato caberá agravo para o Tribunal a que presida.

Art. 17. Nos casos de competência do Supremo Tribunal Federal e dos demais Tribunais caberá ao relator a instrução do processo.

Art. 18. O pedido de *habeas data* poderá ser renovado se a decisão denegatória não lhe houver apreciado o mérito.

Art. 19. Os processos de *habeas data* terão prioridade sobre todos os atos judiciais, exceto *habeas corpus* e mandado de segurança. Na instância superior, deverão ser levados a julgamento na primeira sessão que se seguir à data em que, feita a distribuição, forem conclusos ao relator.

Parágrafo único. O prazo para a conclusão não poderá exceder de vinte e quatro horas, a contar da distribuição.

Art. 20. O julgamento do *habeas data* compete:

I – originariamente:

a) ao Supremo Tribunal Federal, contra atos do Presidente da República, das Mesas da Câmara dos Deputados e do Senado Federal, do Tribunal de Contas da União, do Procurador-Geral da República e do próprio Supremo Tribunal Federal;

b) ao Superior Tribunal de Justiça, contra atos de Ministro de Estado ou do próprio Tribunal;

c) aos Tribunais Regionais Federais contra atos do próprio Tribunal ou de juiz federal;

d) a juiz federal, contra ato de autoridade federal, excetuados os casos de competência dos tribunais federais;

e) a tribunais estaduais, segundo o disposto na Constituição do Estado;

f) a juiz estadual, nos demais casos;

II – em grau de recurso:

a) ao Supremo Tribunal Federal, quando a decisão denegatória for proferida em única instância pelos Tribunais Superiores;

b) ao Superior Tribunal de Justiça, quando a decisão for proferida em única instância pelos Tribunais Regionais Federais;

c) aos Tribunais Regionais Federais, quando a decisão for proferida por juiz federal;

d) aos Tribunais Estaduais e ao do Distrito Federal e Territórios, conforme dispuserem a respectiva Constituição e a lei que organizar a Justiça do Distrito Federal;

III – mediante recurso extraordinário ao Supremo Tribunal Federal, nos casos previstos na Constituição.

Art. 21. São gratuitos o procedimento administrativo para acesso a informações e retificação de dados e para anotação de justificação, bem como a ação de *habeas data*.

Art. 22. Esta Lei entra em vigor na data de sua publicação.

Art. 23. Revogam-se as disposições em contrário.

Brasília, 12 de novembro de 1997;
176º da Independência e
109º da República.

Fernando Henrique Cardoso

LEI Nº 9.514, DE 20 DE NOVEMBRO DE 1997

Dispõe sobre o Sistema de Financiamento Imobiliário, institui a alienação fiduciária de coisa imóvel e dá outras providências.

▸ Publicada no *DOU* de 21-11-1997 e retificada no *DOU* de 24-11-1997.

▸ Lei nº 10.931, de 2-8-2004, dispõe sobre o patrimônio de afetação de incorporações imobiliárias, Letra de Crédito Imobiliário, Cédula de Crédito Imobiliário e Cédula de Crédito Bancário.

CAPÍTULO I – DO SISTEMA DE FINANCIAMENTO IMOBILIÁRIO

Seção I – DA FINALIDADE

Art. 1º O Sistema de Financiamento Imobiliário – SFI tem por finalidade promover o financiamento imobiliário em geral, segundo condições compatíveis com as da formação dos fundos respectivos.

Seção II – DAS ENTIDADES

Art. 2º Poderão operar no SFI as caixas econômicas, os bancos comerciais, os bancos de investimento, os bancos com carteira de crédito imobiliário, as sociedades de crédito imobiliário, as associações de poupança e empréstimo, as companhias hipotecárias e, a critério do Conselho Monetário Nacional – CMN, outras entidades.

Art. 3º As companhias securitizadoras de créditos imobiliários, instituições não financeiras constituídas sob a forma de sociedade por ações, terão por finalidade a aquisição e securitização desses créditos e a emissão e colocação, no mercado financeiro, de Certificados de Recebíveis Imobiliários, podendo emitir outros títulos de crédito, realizar negócios e prestar serviços compatíveis com as suas atividades.

Parágrafo único. *Revogado.* Lei nº 13.097, de 19-1-2015.

Seção III – DO FINANCIAMENTO IMOBILIÁRIO

Art. 4º As operações de financiamento imobiliário em geral serão livremente efetuadas pelas entidades autorizadas a operar no SFI, segundo condições de mercado e observadas as prescrições legais.

Parágrafo único. Nas operações de que trata este artigo, poderão ser empregados recursos provenientes da captação nos mercados financeiros e de valores mobiliários, de acordo com a legislação pertinente.

Art. 5º As operações de financiamento imobiliário em geral, no âmbito do SFI, serão livremente pactuadas pelas partes, observadas as seguintes condições essenciais:

I – reposição integral do valor emprestado e respectivo reajuste;

II – remuneração do capital emprestado às taxas convencionadas no contrato;

III – capitalização dos juros;

IV – contratação, pelos tomadores de financiamento, de seguros contra os riscos de morte e invalidez permanente.

§ 1º As partes poderão estabelecer os critérios do reajuste de que trata o inciso I, observada a legislação vigente.

§ 2º As operações de comercialização de imóveis, com pagamento parcelado, de arrendamento mercantil de imóveis e de financiamento imobiliário em geral poderão ser pactuadas nas mesmas condições permitidas para as entidades autorizadas a operar no SFI.

▸ § 2º com a redação dada pela Lei nº 10.931, de 2-8-2004.

§ 3º Na alienação de unidades em edificação sob o regime da Lei nº 4.591, de 16 de dezembro de 1964, a critério do adquirente e mediante informação obrigatória do incorporador, poderá ser contratado seguro que garanta o ressarcimento ao adquirente das quantias por este pagas, na hipótese de inadimplemento do incorporador ou construtor quanto à entrega da obra.

Seção IV

DO CERTIFICADO DE RECEBÍVEIS IMOBILIÁRIOS

Art. 6º O Certificado de Recebíveis Imobiliários – CRI é título de crédito nominativo, de livre negociação, lastreado em créditos imobiliários e constitui promessa de pagamento em dinheiro.

Parágrafo único. *Revogado*. Lei nº 14.430, de 3-8-2022.

Art. 7º *Revogado*. Lei nº 14.430, de 3-8-2022.

Seção V

DA SECURITIZAÇÃO DE CRÉDITOS IMOBILIÁRIOS

Art. 8º *Revogado*. Lei nº 14.430, de 3-8-2022.

Seção VI

DO REGIME FIDUCIÁRIO

Arts. 9º a 16. *Revogados*. Lei nº 14.430, de 3-8-2022.

Seção VII

DAS GARANTIAS

Art. 17. As operações de financiamento imobiliário em geral poderão ser garantidas por:

I – hipoteca;

II – cessão fiduciária de direitos creditórios decorrentes de contratos de alienação de imóveis;

III – caução de direitos creditórios ou aquisitivos decorrentes de contratos de venda ou promessa de venda de imóveis;

IV – alienação fiduciária de coisa imóvel.

§ 1º As garantias a que se referem os incisos II, III e IV deste artigo constituem direito real sobre os respectivos objetos.

§ 2º Aplicam-se à caução dos direitos creditórios a que se refere o inciso III deste artigo as disposições dos artigos 789 a 795 do Código Civil.

§ 3º As operações do SFI que envolvam locação poderão ser garantidas suplementarmente por anticrese.

Art. 18. O contrato de cessão fiduciária em garantia opera a transferência ao credor da titularidade dos créditos cedidos, até a liquidação da dívida garantida, e conterá, além de outros elementos, os seguintes:

▶ Art. 66-B, § 4º, da Lei nº 4.728, de 14-7-1965 (Lei do Mercado de Capitais).

I – o total da dívida ou sua estimativa;

II – o local, a data e a forma de pagamento;

III – a taxa de juros;

IV – a identificação dos direitos creditórios objeto da cessão fiduciária.

Art. 19. Ao credor fiduciário compete o direito de:

▶ Art. 66-B, § 4º, da Lei nº 4.728, de 14-7-1965 (Lei do Mercado de Capitais).

I – conservar e recuperar a posse dos títulos representativos dos créditos cedidos, contra qualquer detentor, inclusive o próprio cedente;

II – promover a intimação dos devedores que não paguem ao cedente, enquanto durar a cessão fiduciária;

III – usar das ações, recursos e execuções, judiciais e extrajudiciais, para receber os créditos cedidos e exercer os demais direitos conferidos ao cedente no contrato de alienação do imóvel;

IV – receber diretamente dos devedores os créditos cedidos fiduciariamente.

§ 1º As importâncias recebidas na forma do inciso IV deste artigo, depois de deduzidas as despesas de cobrança e de administração, serão creditadas ao devedor cedente, na operação objeto da cessão fiduciária, até final liquidação da dívida e encargos, responsabilizando-se o credor fiduciário perante o cedente, como depositário, pelo que receber além do que este lhe devia.

§ 2º Se as importâncias recebidas, a que se refere o parágrafo anterior, não bastarem para o pagamento integral da dívida e seus encargos, bem como das despesas de cobrança e de administração daqueles créditos, o devedor continuará obrigado a resgatar o saldo remanescente nas condições convencionadas no contrato.

Art. 20. Na hipótese de falência do devedor cedente e se não tiver havido a tradição dos títulos representativos dos créditos cedidos fiduciariamente, ficará assegurada ao cessionário fiduciário a restituição na forma da legislação pertinente.

▶ Art. 66-B, § 4º, da Lei nº 4.728, de 14-7-1965 (Lei do Mercado de Capitais).

Parágrafo único. Efetivada a restituição, prosseguirá o cessionário fiduciário no exercício de seus direitos na forma do disposto nesta seção.

Art. 21. São suscetíveis de caução, desde que transmissíveis, os direitos aquisitivos sobre imóvel, ainda que em construção.

§ 1º O instrumento da caução, a que se refere este artigo, indicará o valor do débito e dos encargos e identificará o imóvel cujos direitos aquisitivos são caucionados.

§ 2º Referindo-se a caução a direitos aquisitivos de promessa de compra e venda cujo preço ainda não tenha sido integralizado, poderá o credor caucionário, sobrevindo a mora do promissário comprador, promover a execução do seu crédito ou efetivar, sob protesto, o pagamento do saldo da promessa.

§ 3º Se, nos termos do disposto no parágrafo anterior, o credor efetuar o pagamento, o valor pago, com todos os seus acessórios e eventuais penalidades, será adicionado à dívida garantida pela caução, ressalvado ao credor o direito de executar desde logo o devedor, inclusive pela parcela da dívida assim acrescida.

CAPÍTULO II

DA ALIENAÇÃO FIDUCIÁRIA DE COISA IMÓVEL

▶ Arts. 1.361 a 1.368-A do CC.

▶ Art. 66-B da Lei nº 4.728, de 14-7-1965 (Lei do Mercado de Capitais).

▶ Dec.-lei nº 911, de 1º-10-1969 (Lei das Alienações Fiduciárias).

Art. 22. A alienação fiduciária regulada por esta Lei é o negócio jurídico pelo qual o fiduciante, com o escopo de garantia de obrigação própria ou de terceiro, contrata a transferência ao credor, ou fiduciário, da propriedade resolúvel de coisa imóvel.

▶ *Caput* com a redação dada pela Lei nº 14.711, de 30-10-2023.

§ 1º A alienação fiduciária poderá ser contratada por pessoa física ou jurídica, não sendo privativa das entidades que operam no SFI, podendo ter como objeto, além da propriedade plena:

▶ *Caput* do § 1º acrescido pela Lei nº 11.481, de 31-5-2007.

I – bens enfitêuticos, hipótese em que será exigível o pagamento do laudêmio, se houver a consolidação do domínio útil no fiduciário;

II – o direito de uso especial para fins de moradia;

III – o direito real de uso, desde que suscetível de alienação;

IV – a propriedade superficiária;

▶ Incisos I a IV acrescidos pela Lei nº 11.481, de 31-5-2007.

V – os direitos oriundos da imissão provisória na posse, quando concedida à União, aos Estados, ao Distrito Federal, aos Municípios ou às suas entidades delegadas, e a respectiva cessão e promessa de cessão;

VI – os bens que, não constituindo partes integrantes do imóvel, destinam-se, de modo duradouro, ao uso ou ao serviço deste.

▶ Incisos V e VI acrescidos pela Lei nº 14.620, de 13-7-2023.

§ 2º Os direitos de garantia instituídos nas hipóteses dos incisos III e IV do § 1º deste artigo ficam limitados à duração da concessão ou direito de superfície, caso tenham sido transferidos por período determinado.

▶ § 2º acrescido pela Lei nº 11.481, de 31-5-2007.

§ 3º A alienação fiduciária da propriedade superveniente, adquirida pelo fiduciante, é suscetível de registro no registro de imóveis desde a data de sua celebração, tornando-se eficaz a partir do cancelamento da propriedade fiduciária anteriormente constituída.

§ 4º Havendo alienações fiduciárias sucessivas da propriedade superveniente, as anteriores terão prioridade em relação às posteriores na excussão da garantia, observado que, no caso de excussão do imóvel pelo credor fiduciário anterior com alienação a terceiros, os direitos dos credores fiduciários posteriores sub-rogam-se no preço obtido, cancelando-se os registros das respectivas alienações fiduciárias.

§ 5º O credor fiduciário que pagar a dívida do devedor fiduciante comum ficará sub-rogado no crédito e na propriedade fiduciária em garantia, nos termos do inciso I do *caput* do art. 346 da Lei nº 10.406, de 10 de janeiro de 2002 (Código Civil).

§ 6º O inadimplemento de quaisquer das obrigações garantidas pela propriedade fiduciária faculta ao credor declarar vencidas as demais obrigações de que for titular garantidas pelo mesmo imóvel, inclusive quando a titularidade decorrer do disposto no art. 31 desta Lei.

§ 7º O disposto no § 6º aplica-se à hipótese prevista no § 3º deste artigo.

§ 8º O instrumento constitutivo da alienação fiduciária na forma do § 3º deve conter cláusula com a previsão de que trata o § 6º deste artigo.

§ 9º Na hipótese de o fiduciário optar por exercer a faculdade de que trata o § 6º deste artigo, deverá informá-lo na intimação de que trata o § 1º do art. 26 desta Lei.

§ 10. O disposto no § 3º do art. 49 da Lei nº 11.101, de 9 de fevereiro de 2005, beneficia todos os credores fiduciários, mesmo aqueles decorrentes da alienação fiduciária da propriedade superveniente.

► §§ 3º a 10 acrescidos pela Lei nº 14.711, de 30-10-2023.

Art. 23. Constitui-se a propriedade fiduciária de coisa imóvel mediante registro, no competente Registro de Imóveis, do contrato que lhe serve de título.

§ 1º Com a constituição da propriedade fiduciária, dá-se o desdobramento da posse, tornando-se o fiduciante possuidor direto e o fiduciário possuidor indireto da coisa imóvel.

► Parágrafo único transformado em § 1º pela Lei nº 14.620, de 13-7-2023.

§ 2º Caberá ao fiduciante a obrigação de arcar com o custo do pagamento do Imposto sobre a Propriedade Predial e Territorial Urbana (IPTU) incidente sobre o bem e das taxas condominiais existentes.

► § 2º acrescido pela Lei nº 14.620, de 13-7-2023.

Art. 24. O contrato que serve de título ao negócio fiduciário conterá:

I – o valor da dívida, sua estimação ou seu valor máximo;

► Inciso I com a redação dada pela Lei nº 14.711, de 30-10-2023.

II – o prazo e as condições de reposição do empréstimo ou do crédito do fiduciário;

III – a taxa de juros e os encargos incidentes;

IV – a cláusula de constituição da propriedade fiduciária, com a descrição do imóvel objeto da alienação fiduciária e a indicação do título e modo de aquisição;

V – a cláusula que assegure ao fiduciante a livre utilização, por sua conta e risco, do imóvel objeto da alienação fiduciária, exceto a hipótese de inadimplência;

► Inciso V com a redação dada pela Lei nº 14.711, de 30-10-2023.

VI – a indicação, para efeito de venda em público leilão, do valor do imóvel e dos critérios para a respectiva revisão;

VII – a cláusula que disponha sobre os procedimentos de que tratam os arts. 26-A, 27 e 27-A desta Lei.

► Inciso VII com a redação dada pela Lei nº 14.711, de 30-10-2023.

Parágrafo único. Caso o valor do imóvel convencionado pelas partes nos termos do inciso VI do *caput* deste artigo seja inferior ao utilizado pelo órgão competente como base de cálculo para a apuração do imposto sobre transmissão *inter vivos*, exigível por força da consolidação da propriedade em nome do credor fiduciário, este último será o valor mínimo para efeito de venda do imóvel no primeiro leilão.

► Parágrafo único acrescido pela Lei nº 13.465, de 11-7-2017.

Art. 25. Com o pagamento da dívida e seus encargos, resolve-se, nos termos deste artigo, a propriedade fiduciária do imóvel.

§ 1º No prazo de 30 (trinta) dias, contado da data de liquidação da dívida, o fiduciário fornecerá o termo de quitação ao devedor e, se for o caso, ao terceiro fiduciante.

► § 1º com a redação dada pela Lei nº 14.711, de 30-10-2023.

§ 1º-A. O não fornecimento do termo de quitação no prazo previsto no § 1º deste artigo acarretará multa ao fiduciário equivalente a 0,5% (meio por cento) ao mês, ou fração, sobre o valor do contrato, que se reverterá em favor daquele a quem o termo não tiver sido disponibilizado no referido prazo.

► § 1º-A acrescido pela Lei nº 14.711, de 30-10-2023.

§ 2º À vista do termo de quitação de que trata o parágrafo anterior, o oficial do competente Registro de Imóveis efetuará o cancelamento do registro da propriedade fiduciária.

§ 3º *Revogado*. Lei nº 12.810, de 15-5-2013.

Art. 26. Vencida e não paga a dívida, no todo ou em parte, e constituídos em mora o devedor e, se for o caso, o terceiro fiduciante, será consolidada, nos termos deste artigo, a propriedade do imóvel em nome do fiduciário.

► *Caput* com a redação dada pela Lei nº 14.711, de 30-10-2023.

§ 1º Para fins do disposto neste artigo, o devedor e, se for o caso, o terceiro fiduciante serão intimados, a requerimento do fiduciário, pelo oficial do registro de imóveis competente, a satisfazer, no prazo de 15 (quinze) dias, a prestação vencida e aquelas que vencerem até a data do pagamento, os juros convencionais, as penalidades e os demais encargos contratuais, os encargos legais, inclusive os tributos, as contribuições condominiais imputáveis ao imóvel e as despesas de cobrança e de intimação.

► § 1º com a redação dada pela Lei nº 14.711, de 30-10-2023.

§ 1º-A. Na hipótese de haver imóveis localizados em mais de uma circunscrição imobiliária em garantia da mesma dívida, a intimação para purgação da mora poderá ser requerida a qualquer um dos registradores competentes e, uma vez realizada, importa em cumprimento do requisito de intimação em todos os procedimentos de excussão, desde que informe a totalidade da dívida e dos imóveis passíveis de consolidação de propriedade.

► § 1º-A acrescido pela Lei nº 14.711, de 30-10-2023.

§ 2º O contrato poderá estabelecer o prazo de carência, após o qual será expedida a intimação.

► § 2º com a redação dada pela Lei nº 14.711, de 30-10-2023.

§ 2º-A. Quando não for estabelecido o prazo de carência no contrato de que trata o § 2º deste artigo, este será de 15 (quinze) dias.

► § 2º-A acrescido pela Lei nº 14.711, de 30-10-2023.

§ 3º A intimação será feita pessoalmente ao devedor e, se for o caso, ao terceiro fiduciante, que por esse ato serão cientificados de que, se a mora não for purgada no prazo legal, a propriedade será consolidada no patrimônio do credor e o imóvel será levado a leilão nos termos dos arts. 26-A, 27 e 27-A desta Lei, conforme o caso, hipótese em que a intimação poderá ser promovida por solicitação do oficial do registro de imóveis, por oficial de registro de títulos e documentos da comarca da situação do imóvel ou do domicílio de quem deva recebê-la, ou pelo correio, com aviso de recebimento, situação em que se aplica, no que couber, o disposto no art. 160 da Lei nº 6.015, de 31 de dezembro de 1973 (Lei de Registros Públicos).

► § 3º com a redação dada pela Lei nº 14.711, de 30-10-2023.

§ 3º-A. Quando, por duas vezes, o oficial de registro de imóveis ou de registro de títulos e documentos ou o serventuário por eles credenciado houver procurado o intimando em seu domicílio ou residência sem o encontrar, deverá, havendo suspeita motivada de ocultação, intimar qualquer pessoa da família ou, em sua falta, qualquer vizinho de que, no dia útil imediato, retornará ao imóvel, a fim de efetuar a intimação, na hora que designar, aplicando-se subsidiariamente o disposto nos arts. 252, 253 e 254 da Lei nº 13.105, de 16 de março de 2015 (Código de Processo Civil).

§ 3º-B. Nos condomínios edilícios ou outras espécies de conjuntos imobiliários com controle de acesso, a intimação de que trata o § 3º-A poderá ser feita ao funcionário da portaria responsável pelo recebimento de correspondência.

► §§ 3º-A e 3º-B acrescidos pela Lei nº 13.465, de 11-7-2017.

§ 4º Quando o devedor ou, se for o caso, o terceiro fiduciante, o cessionário, o representante legal ou o procurador regularmente constituído encontrar-se em local ignorado, incerto ou inacessível, o fato será certificado pelo serventuário encarregado da diligência e informado ao oficial de registro de imóveis, que, à vista da certidão, promoverá a intimação por edital publicado pelo período mínimo de 3 (três) dias em jornal de maior circulação local ou em jornal de comarca de fácil acesso, se o local não dispuser de imprensa diária, contado o prazo para purgação da mora da data da última publicação do edital.

► § 4º com a redação dada pela Lei nº 14.711, de 30-10-2023.

§ 4º-A. É responsabilidade do devedor e, se for o caso, do terceiro fiduciante informar ao credor fiduciário sobre a alteração de seu domicílio.

§ 4º-B. Presume-se que o devedor e, se for o caso, o terceiro fiduciante encontram-se em lugar ignorado quando não forem encontrados no local do imóvel dado em garantia nem no endereço que tenham fornecido por último, observado que, na hipótese de o devedor ter fornecido contato eletrônico no contrato, é imprescindível o envio da intimação por essa via com, no mínimo, 15 (quinze) dias de antecedência da realização de intimação edilícia.

§ 4º-C. Para fins do disposto no § 4º deste artigo, considera-se lugar inacessível:

I – aquele em que o funcionário responsável pelo recebimento de correspondência se recuse a atender a pessoa encarregada pela intimação; ou

II – aquele em que não haja funcionário responsável pelo recebimento de correspondência para atender a pessoa encarregada pela intimação.

► §§ 4º-A a 4º-C acrescidos pela Lei nº 14.711, de 30-10-2023.

§ 5º Purgada a mora no Registro de Imóveis, convalescerá o contrato de alienação fiduciária.

§ 6º O oficial do Registro de Imóveis, nos três dias seguintes à purgação da mora, entregará ao fiduciário as importâncias recebidas, deduzidas as despesas de cobrança e de intimação.

§ 7º Decorrido o prazo de que trata o § 1º sem a purgação da mora, o oficial do competente Registro de Imóveis, certificando esse fato, promoverá a averbação, na matrícula do imóvel, da consolidação da propriedade em nome do fiduciário, à vista da prova do pagamento por este, do imposto de transmissão inter vivos e, se for o caso, do laudêmio.

▶ § 7º com a redação dada pela Lei nº 10.931, de 2-8-2004.

§ 8º O fiduciante pode, com a anuência do fiduciário, dar seu direito eventual ao imóvel em pagamento da dívida, dispensados os procedimentos previstos no art. 27.

▶ § 8º acrescido pela Lei nº 10.931, de 2-8-2004.

Art. 26-A. Os procedimentos de cobrança, purgação de mora, consolidação da propriedade fiduciária e leilão decorrentes de financiamentos para aquisição ou construção de imóvel residencial do devedor, exceto as operações do sistema de consórcio de que trata a Lei nº 11.795, de 8 de outubro de 2008, estão sujeitos às normas especiais estabelecidas neste artigo.

▶ *Caput* com a redação dada pela Lei nº 14.711, de 30-10-2023.

§ 1º A consolidação da propriedade em nome do credor fiduciário será averbada no registro de imóveis trinta dias após a expiração do prazo para purgação da mora de que trata o § 1º do art. 26 desta Lei.

▶ § 1º acrescido pela Lei nº 13.465, de 11-7-2017.

§ 2º Até a data da averbação da consolidação da propriedade fiduciária, é assegurado ao devedor e, se for o caso, ao terceiro fiduciante pagar as parcelas da dívida vencidas e as despesas de que trata o inciso II do § 3º do art. 27 desta Lei, hipótese em que convalescerá o contrato de alienação fiduciária.

▶ § 2º com a redação dada pela Lei nº 14.711, de 30-10-2023.

§ 3º No segundo leilão, será aceito o maior lance oferecido desde que seja igual ou superior ao valor integral da dívida garantida pela alienação fiduciária mais antiga vigente sobre o bem, das despesas, inclusive emolumentos cartorários, dos prêmios de seguro, dos encargos legais, inclusive tributos, e das contribuições condominiais.

§ 4º Se no segundo leilão não houver lance que atenda ao referencial mínimo para arrematação estabelecido no § 3º deste artigo, a dívida será considerada extinta, com recíproca quitação, hipótese em que o credor ficará investido da livre disponibilidade.

§ 5º A extinção da dívida no excedente ao referencial mínimo para arrematação configura condição resolutiva inerente à dívida e, por isso, estende-se às hipóteses em que o credor tenha preferido o uso da via judicial para executar a dívida.

▶ §§ 3º a 5º acrescidos pela Lei nº 14.711, de 30-10-2023.

Art. 27. Consolidada a propriedade em seu nome, o fiduciário promoverá leilão público para a alienação do imóvel, no prazo de 60 (sessenta) dias, contado da data do registro de que trata o § 7º do art. 26 desta Lei.

▶ *Caput* com a redação dada pela Lei nº 14.711, de 30-10-2023.

§ 1º Se no primeiro leilão público o maior lance oferecido for inferior ao valor do imóvel, estipulado na forma do inciso VI e do parágrafo único do art. 24 desta Lei, será realizado o segundo leilão nos quinze dias seguintes.

▶ § 1º com a redação dada pela Lei nº 13.465, de 11-7-2017.

§ 2º No segundo leilão, será aceito o maior lance oferecido, desde que seja igual ou superior ao valor integral da dívida garantida pela alienação fiduciária, das despesas, inclusive emolumentos cartorários, dos prêmios de seguro, dos encargos legais, inclusive tributos, e das contribuições condominiais, podendo, caso não haja lance que alcance referido valor, ser aceito pelo credor fiduciário, a seu exclusivo critério, lance que corresponda a, pelo menos, metade do valor de avaliação do bem.

§ 2º-A. Para fins do disposto nos §§ 1º e 2º deste artigo, as datas, os horários e os locais dos leilões serão comunicados ao devedor e, se for o caso, ao terceiro fiduciante, por meio de correspondência dirigida aos endereços constantes do contrato, inclusive ao endereço eletrônico.

§ 2º-B. Após a averbação da consolidação da propriedade fiduciária no patrimônio do credor fiduciário e até a data da realização do segundo leilão, é assegurado ao fiduciante o direito de preferência para adquirir o imóvel por preço correspondente ao valor da dívida, somado às despesas, aos prêmios de seguro, aos encargos legais, às contribuições condominiais, aos tributos, inclusive os valores correspondentes ao imposto sobre transmissão *inter vivos* e ao laudêmio, se for o caso, pagos para efeito de consolidação da propriedade fiduciária no patrimônio do credor fiduciário, e às despesas inerentes aos procedimentos de cobrança e leilão, hipótese em que incumbirá também ao fiduciante o pagamento dos encargos tributários e das despesas exigíveis para a nova aquisição do imóvel, inclusive das custas e dos emolumentos.

▶ §§ 2º a 2º-B com a redação dada pela Lei nº 14.711, de 30-10-2023.

§ 3º Para os fins do disposto neste artigo, entende-se por:

I – dívida: o saldo devedor da operação de alienação fiduciária, na data do leilão, nele incluídos os juros convencionais, as penalidades e os demais encargos contratuais;

II – despesas: a soma das importâncias correspondentes aos encargos e às custas de intimação e daquelas necessárias à realização do leilão público, compreendidas as relativas aos anúncios e à comissão do leiloeiro; e

▶ Inciso II com a redação dada pela Lei nº 14.711, de 30-10-2023.

III – encargos do imóvel: os prêmios de seguro e os encargos legais, inclusive tributos e contribuições condominiais.

▶ Inciso III acrescido pela Lei nº 14.711, de 30-10-2023.

§ 4º Nos 5 (cinco) dias que se seguirem à venda do imóvel no leilão, o credor entregará ao fiduciante a importância que sobejar, nela compreendido o valor da indenização de benfeitorias, depois de deduzidos os valores da dívida, das despesas e dos encargos de que trata o § 3º deste artigo, o que importará em recíproca quitação, hipótese em que não se aplica o disposto na parte final do art. 516 da Lei nº 10.406, de 10 de janeiro de 2002 (Código Civil).

§ 5º Se no segundo leilão não houver lance que atenda ao referencial mínimo para arrematação estabelecido no § 2º, o fiduciário ficará investido na livre disponibilidade do imóvel e exonerado da obrigação de que trata o § 4º deste artigo.

▶ §§ 4º e 5º com a redação dada pela Lei nº 14.711, de 30-10-2023.

§ 5º-A. Se o produto do leilão não for suficiente para o pagamento integral do montante da dívida, das despesas e dos encargos de que trata o § 3º deste artigo, o devedor continuará obrigado pelo pagamento do saldo remanescente, que poderá ser cobrado por meio de ação de execução e, se for o caso, excussão das demais garantias da dívida, ressalvada a hipótese de extinção do saldo devedor remanescente prevista no § 4º do art. 26-A desta Lei.

▶ § 5º-A acrescido pela Lei nº 14.711, de 30-10-2023.

§ 6º *Revogado*. Lei nº 14.711, de 30-10-2023.

§ 6º-A. Na hipótese de que trata o § 5º, para efeito de cálculo do saldo remanescente de que trata o § 5º-A, será deduzido o valor correspondente ao referencial mínimo para arrematação do valor atualizado da dívida, conforme estabelecido no § 2º deste artigo, incluídos os encargos e as despesas de cobrança.

▶ § 6º-A acrescido pela Lei nº 14.711, de 30-10-2023.

§ 7º Se o imóvel estiver locado, a locação poderá ser denunciada com o prazo de trinta dias para desocupação, salvo se tiver havido aquiescência por escrito do fiduciário, devendo a denúncia ser realizada no prazo de noventa dias a contar da data da consolidação da propriedade no fiduciário, devendo essa condição constar expressamente em cláusula contratual específica, destacando-se das demais por sua apresentação gráfica.

§ 8º Responde o fiduciante pelo pagamento dos impostos, taxas, contribuições condominiais e quaisquer outros encargos que recaiam ou venham a recair sobre o imóvel, cuja posse tenha sido transferida para o fiduciário, nos termos deste artigo, até a data em que o fiduciário vier a ser imitido na posse.

▶ §§ 7º e 8º com a redação dada pela Lei nº 10.931, de 2-8-2004.

§ 9º O disposto no § 2º-B deste artigo aplica-se à consolidação da propriedade fiduciária de imóveis do FAR, na forma prevista na Lei nº 11.977, de 7 de julho de 2009.

▶ § 9º acrescido pela Lei nº 13.465, de 11-7-2017.

§ 10. Os leilões e a publicação dos respectivos editais poderão ser realizados por meio eletrônico.

▶ § 10 acrescido pela Lei nº 14.620, de 13-7-2023.

§ 11. Os direitos reais de garantia ou constrições, inclusive penhoras, arrestos, bloqueios e indisponibilidades de qualquer natureza, incidentes sobre o direito real de aquisição do fiduciante não obstam a consolidação da propriedade no patrimônio do credor fiduciário e a venda do imóvel para realização da garantia.

§ 12. Na hipótese prevista no § 11 deste artigo, os titulares dos direitos reais de garantia ou constrições sub-rogam-se no direito do fiduciante à percepção do saldo que eventualmente restar do produto da venda.

▶ §§ 11 e 12 acrescidos pela Lei nº 14.711, de 30-10-2023.

Art. 27-A. Nas operações de crédito garantidas por alienação fiduciária de 2 (dois) ou mais imóveis, na hipótese de não ser convencionada a vinculação de cada imóvel a 1 (uma) parcela da dívida, o credor poderá promover a excussão em ato simultâneo, por meio de consolidação da propriedade e leilão de todos os imóveis em conjunto, ou em atos sucessivos, por meio de consolidação e leilão de cada imóvel em sequência, à medida do necessário para satisfação integral do crédito.

§ 1º Na hipótese de excussão em atos sucessivos, caberá ao credor fiduciário a indicação dos imóveis a serem excutidos em sequência, exceto se houver disposição em sentido contrário expressa no contrato, situação em que a consolidação da propriedade dos demais ficará suspensa.

§ 2º A cada leilão, o credor fiduciário promoverá nas matrículas dos imóveis não leiloados a averbação do demonstrativo do resultado e o encaminhará ao devedor e, se for o caso, aos terceiros fiduciantes, por meio de correspondência dirigida aos endereços físico e eletrônico informados no contrato.

§ 3º Na hipótese de não se alcançar a quantia suficiente para satisfação do crédito, a cada leilão realizado, o credor recolherá o imposto sobre transmissão *inter vivos* e, se for o caso, o laudêmio, relativos ao imóvel a ser excutido em seguida, requererá a averbação da consolidação da propriedade e, no prazo de 30 (trinta) dias, realizará os procedimentos de leilão nos termos do art. 27 desta Lei.

§ 4º Satisfeito integralmente o crédito com o produto dos leilões realizados sucessivamente, o credor fiduciário entregará ao devedor e, se for o caso, aos terceiros fiduciantes, o termo de quitação e a autorização de cancelamento do registro da propriedade fiduciária de eventuais imóveis que restem a ser desonerados.

▸ Art. 27-A acrescido pela Lei nº 14.711, de 30-10-2023.

Art. 28. A cessão do crédito objeto da alienação fiduciária implicará a transferência, ao cessionário, de todos os direitos e obrigações inerentes à propriedade fiduciária em garantia.

Art. 29. O fiduciante, com anuência expressa do fiduciário, poderá transmitir os direitos de que seja titular sobre o imóvel objeto da alienação fiduciária em garantia, assumindo o adquirente as respectivas obrigações.

Art. 30. É assegurada ao fiduciário, ao seu cessionário ou aos seus sucessores, inclusive ao adquirente do imóvel por força do leilão público de que tratam os arts. 26-A, 27 e 27-A, a reintegração na posse do imóvel, que será concedida liminarmente, para desocupação no prazo de 60 (sessenta) dias, desde que comprovada a consolidação da propriedade em seu nome, na forma prevista no art. 26 desta Lei.

Parágrafo único. Arrematado o imóvel ou consolidada definitivamente a propriedade no caso de frustração dos leilões, as ações judiciais que tenham por objeto controvérsias sobre as estipulações contratuais ou os requisitos procedimentais de cobrança e leilão, excetuada a exigência de notificação do devedor e, se for o caso, do terceiro fiduciante, não obstarão a reintegração de posse de que trata este artigo e serão resolvidas em perdas e danos.

▸ Art. 30 com a redação dada pela Lei nº 14.711, de 30-10-2023.

Art. 31. O fiador ou terceiro interessado que pagar a dívida ficará sub-rogado, de pleno direito, no crédito e na propriedade fiduciária.

Parágrafo único. Nos casos de transferência de financiamento para outra instituição financeira, o pagamento da dívida à instituição credora original poderá ser feito, a favor do mutuário, pela nova instituição credora.

▸ Parágrafo único acrescido pela Lei nº 12.810, de 15-5-2013.

Art. 32. Na hipótese de insolvência do fiduciante, fica assegurada ao fiduciário a restituição do imóvel alienado fiduciariamente, na forma da legislação pertinente.

Art. 33. Aplicam-se à propriedade fiduciária, no que couber, as disposições dos artigos 647 e 648 do Código Civil.

▸ Refere-se ao CC/1916. Arts. 1.359 a 1.360 do CC/2002.

CAPÍTULO II-A
DO REFINANCIAMENTO COM TRANSFERÊNCIA DE CREDOR

▸ Capítulo II-A acrescido pela Lei nº 12.810, de 15-5-2013.

Art. 33-A. A transferência de dívida de financiamento imobiliário com garantia real, de um credor para outro, inclusive sob a forma de sub-rogação, obriga o credor original a emitir documento que ateste, para todos os fins de direito, inclusive para efeito de averbação, a validade da transferência.

Parágrafo único. A emissão do documento será feita no prazo máximo de 2 (dois) dias úteis após a quitação da dívida original.

Art. 33-B. Para fins de efetivação do disposto no art. 33-A, a nova instituição credora deverá informar à instituição credora original, por documento escrito ou, quando solicitado, eletrônico, as condições de financiamento oferecidas ao mutuário, inclusive as seguintes:

I – a taxa de juros do financiamento;

II – o custo efetivo total;

III – o prazo da operação;

IV – o sistema de pagamento utilizado; e

V – o valor das prestações.

§ 1º A instituição credora original terá prazo máximo de 5 (cinco) dias úteis, contados do recebimento das informações de que trata o *caput*, para solicitar à instituição proponente da transferência o envio dos recursos necessários para efetivar a transferência.

§ 2º O mutuário da instituição credora original poderá, a qualquer tempo, enquanto não encaminhada a solicitação de envio dos recursos necessários para efetivar a transferência de que trata o § 1º, decidir pela não efetivação da transferência, sendo vedada a cobrança de qualquer tipo de ônus ou custa por parte das instituições envolvidas.

§ 3º A eventual desistência do mutuário deverá ser informada à instituição credora original, que terá até 2 (dois) dias úteis para transmiti-la à instituição proponente da transferência.

Art. 33-C. O credor original deverá fornecer a terceiros, sempre que formalmente solicitado pelo mutuário, as informações sobre o crédito que se fizerem necessárias para viabilizar a transferência referida no art. 33-A.

Parágrafo único. O credor original não poderá realizar ações que impeçam, limitem ou dificultem o fornecimento das informações requeridas na forma do *caput*.

Art. 33-D. A instituição credora original poderá exigir ressarcimento financeiro pelo custo de originação da operação de crédito, o qual não poderá ser repassado ao mutuário.

§ 1º O ressarcimento disposto no *caput* deverá ser proporcional ao valor do saldo devedor apurado à época da transferência e decrescente com o decurso de prazo desde a assinatura do contrato, cabendo sua liquidação à instituição proponente da transferência.

§ 2º O Conselho Monetário Nacional disciplinará o disposto neste artigo, podendo inclusive limitar o ressarcimento considerando o tipo de operação de crédito ou o prazo decorrido desde a assinatura do contrato de crédito com a instituição credora original até o momento da transferência.

Art. 33-E. O Conselho Monetário Nacional e o Conselho Curador do Fundo de Garantia do Tempo de Serviço, no âmbito de suas respectivas competências, expedirão as instruções que se fizerem necessárias à execução do disposto no parágrafo único do art. 31 e nos arts. 33-A a 33-D desta Lei.

Art. 33-F. O disposto nos arts. 33-A a 33-E desta Lei não se aplica às operações de transferência de dívida decorrentes de cessão de crédito entre entidades que compõem o Sistema Financeiro da Habitação, desde que a citada transferência independa de manifestação do mutuário.

▸ Arts. 33-A a 33-F acrescidos pela Lei nº 12.810, de 15-5-2013.

CAPÍTULO III
DISPOSIÇÕES GERAIS E FINAIS

Art. 34. Os contratos relativos ao financiamento imobiliário em geral poderão estipular que litígios ou controvérsias entre as partes sejam dirimidos mediante arbitragem, nos termos do disposto na Lei nº 9.307, de 24 de setembro de 1996.

Art. 35. Nas cessões de crédito a que aludem os artigos 3º, 18 e 28, é dispensada a notificação do devedor.

Art. 36. Nos contratos de venda de imóveis a prazo, inclusive alienação fiduciária, de arrendamento mercantil de imóveis, de financiamento imobiliário em geral e nos títulos de que tratam os arts. 6º, 7º e 8º, admitir-se-á, respeitada a legislação pertinente, a estipulação de cláusula de reajuste e das condições e critérios de sua aplicação.

Art. 37. Às operações de arrendamento mercantil de imóveis não se aplica a legislação pertinente à locação de imóveis residenciais, não residenciais ou comerciais.

▸ Mantivemos a redação anterior à MP nº 2.223, de 4-9-2001, pois esta foi revogada pela Lei nº 10.931, de 2-8-2004.

Art. 37-A. O fiduciante pagará ao credor fiduciário ou ao seu sucessor, a título de taxa de ocupação do imóvel, por mês ou fração, valor correspondente a 1% (um por cento) do valor de que trata o inciso VI do *caput* ou o parágrafo único do art. 24 desta Lei, computado e exigível desde a data da consolidação da propriedade fiduciária no patrimônio do credor fiduciário até a data em que este ou seu sucessor vier a ser imitido na posse do imóvel.

▶ *Caput* com a redação dada pela Lei nº 14.711, de 30-10-2023.

Parágrafo único. O disposto no *caput* deste artigo aplica-se às operações do Programa Minha Casa, Minha Vida, instituído pela Lei nº 11.977, de 7 de julho de 2009, com recursos advindos da integralização de cotas no Fundo de Arrendamento Residencial (FAR).

▶ Parágrafo único com a redação dada pela Lei nº 13.465, de 11-7-2017.

Art. 37-B. Será considerada ineficaz, e sem qualquer efeito perante o fiduciário ou seus sucessores, a contratação ou a prorrogação de locação de imóvel alienado fiduciariamente por prazo superior a um ano sem concordância por escrito do fiduciário.

▶ Art. 37-B com a redação dada pela Lei nº 10.931, de 2-8-2004.

Art. 37-C. Os editais previstos nesta Lei poderão ser publicados de forma eletrônica.

▶ Art. 37-C acrescido pela Lei nº 14.620, de 13-7-2023.

Art. 38. Os atos e contratos referidos nesta Lei ou resultantes da sua aplicação, mesmo aqueles que visem à constituição, transferência, modificação ou renúncia de direitos reais sobre imóveis, poderão ser celebrados por escritura pública ou por instrumento particular com efeitos de escritura pública.

▶ Art. 38 com a redação dada pela Lei nº 11.076, de 30-12-2004.

Art. 39. As disposições da Lei nº 4.380, de 21 de agosto de 1964, e as demais disposições legais referentes ao Sistema Financeiro da Habitação não se aplicam às operações de crédito compreendidas no sistema de financiamento imobiliário a que se refere esta Lei.

▶ *Caput* com a redação dada pela Lei nº 14.711, de 30-10-2023.

I e II – *Revogados.* Lei nº 14.711, de 30-10-2023.

Art. 40. Os incisos I e II do artigo 167 da Lei nº 6.015, de 31 de dezembro de 1973, passam a vigorar acrescidos, respectivamente, dos seguintes itens:

▶ Alterações inseridas no texto da referida Lei.

Art. 41. O Conselho Monetário Nacional poderá regulamentar o disposto nesta Lei, inclusive estabelecer prazos mínimos e outras condições para emissão e resgate de CRI e diferenciar tais condições de acordo com o tipo de crédito imobiliário vinculado à emissão e com o indexador adotado contratualmente.

▶ Artigo com a redação dada pela Lei nº 13.097, de 19-1-2015.

Art. 42. Esta Lei entra em vigor na data de sua publicação.

Brasília, 20 de novembro de 1997;
176º da Independência e
109º da República.

Fernando Henrique Cardoso

LEI Nº 9.601, DE 21 DE JANEIRO DE 1998

Dispõe sobre o contrato de trabalho por prazo determinado e dá outras providências.

▶ Publicada no *DOU* de 22-1-1998.

▶ Arts. 41 a 75 do Dec. nº 10.854, de 10-11-2021, que regulamenta disposições relativas à legislação trabalhista.

Art. 1º As convenções e os acordos coletivos de trabalho poderão instituir contrato de trabalho por prazo determinado, de que trata o artigo 443 da Consolidação das Leis do Trabalho-CLT, independentemente das condições estabelecidas em seu § 2º, em qualquer atividade desenvolvida pela empresa ou estabelecimento, para admissões que representem acréscimo no número de empregados.

§ 1º As partes estabelecerão, na convenção ou acordo coletivo referido neste artigo:

I – a indenização para as hipóteses de rescisão antecipada do contrato de que trata este artigo, por iniciativa do empregador ou do empregado, não se aplicando o disposto nos artigos 479 e 480 da CLT;

II – as multas pelo descumprimento de suas cláusulas.

§ 2º Não se aplica ao contrato de trabalho previsto neste artigo o disposto no artigo 451 da CLT.

§ 3º VETADO.

§ 4º São garantidas as estabilidades provisórias da gestante; do dirigente sindical. ainda que suplente; do empregado eleito para cargo de direção de comissões internas de prevenção de acidentes; do empregado acidentado, nos termos do artigo 118 da Lei nº 8.213, de 24 de julho de 1991, durante a vigência do contrato por prazo determinado, que não poderá ser rescindido antes do prazo estipulado pelas partes.

Art. 2º Para os contratos previstos no artigo 1º, são reduzidas, por sessenta meses, a contar da data de publicação desta Lei:

▶ *Caput* com a redação dada pela MP nº 2.164-41, de 24-8-2001, que até o encerramento desta edição não havia sido convertida em Lei.

I – a cinquenta por cento de seu valor vigente em 1º de janeiro de 1996. as alíquotas das contribuições sociais destinadas ao Serviço Social da Indústria – SESI, Serviço Social do Comércio – SESC, Serviço Social do Transporte – SEST, Serviço Nacional de Aprendizagem Industrial – SENAI, Serviço Nacional de Aprendizagem Comercial – SENAC, Serviço Nacional de Aprendizagem do Transporte – SENAT, Serviço Brasileiro de Apoio às Micro e Pequenas Empresas – SEBRAE e Instituto Nacional de Colonização e Reforma Agrária – INCRA, bem como ao salário-educação e para o financiamento do seguro de acidente do trabalho;

II – para dois por cento, a alíquota da contribuição para o Fundo de Garantia do Tempo de Serviço – FGTS, de que trata a Lei nº 8.036, de 11 de maio de 1990.

Parágrafo único. As partes estabelecerão, na convenção ou acordo coletivo, obrigação de o empregador efetuar, sem prejuízo do disposto no inciso II deste artigo, depósitos mensais vinculados, a favor do empregado, em estabelecimento bancário, com periodicidade determinada de saque.

Art. 3º O número de empregados contratados nos termos do artigo 1º desta Lei observará o limite estabelecido no instrumento decorrente da negociação coletiva, não podendo ultrapassar os seguintes percentuais, que serão aplicados cumulativamente:

I – cinquenta por cento do número de trabalhadores, para a parcela inferior a cinquenta empregados;

II – trinta e cinco por cento do número de trabalhadores, para a parcela entre cinquenta e cento e noventa e nove empregados; e

III – vinte por cento do número de trabalhadores, para a parcela acima de duzentos empregados.

Parágrafo único. As parcelas referidas nos incisos deste artigo serão calculadas sobre a média aritmética mensal do número de empregados contratados por prazo indeterminado do estabelecimento, nos seis meses imediatamente anteriores ao da data de publicação desta Lei.

Art. 4º As reduções previstas no artigo 2º serão asseguradas desde que, no momento da contratação:

I – o empregador esteja adimplente junto ao Instituto Nacional do Seguro Social – INSS e ao Fundo de Garantia do Tempo de Serviço – FGTS;

II – o contrato de trabalho por prazo determinado e a relação mencionada no § 3º deste artigo tenham sido depositados no Ministério do Trabalho.

§ 1º As reduções referidas neste artigo subsistirão enquanto:

I – o quadro de empregados e a respectiva folha salarial, da empresa ou estabelecimento, forem superiores às respectivas médias mensais dos seis meses imediatamente anteriores ao da data de publicação desta Lei; e

II – o número de empregados contratados por prazo indeterminado for, no mínimo, igual à média referida no parágrafo único do artigo 3º.

§ 2º O Ministério do Trabalho tornará disponíveis ao INSS e ao Agente Operador do FGTS as informações constantes da convenção ou acordo coletivo de que trata o artigo 1º e do contrato de trabalho depositado, necessárias ao controle do recolhimento das contribuições mencionadas, respectivamente, nos incisos I e II do artigo 2º desta Lei.

§ 3º O empregador deverá afixar, no quadro de avisos da empresa, cópias do instrumento normativo mencionado no artigo 1º e da relação dos contratados, que conterá, dentre outras informações, o nome do empregado, número da Carteira de Trabalho e Previdência Social, o número de inscrição do trabalhador no Programa de Integração Social – PIS e as datas de início e de término do contrato por prazo determinado.

§ 4º O Ministro do Trabalho disporá sobre as variáveis a serem consideradas e a metodologia de cálculo das médias aritméticas mensais de que trata o § 1º deste artigo.

Art. 5º As empresas que, a partir da data de publicação desta Lei, aumentarem seu quadro de pessoal em relação à média mensal do número de empregos no período de referência mencionado no artigo anterior terão preferência na obtenção de recursos no âmbito dos programas executados pelos estabelecimentos federais de crédito, especialmente junto ao Banco Nacional de Desenvolvimento Econômico e Social – BNDES.

Art. 6º O artigo 59 da Consolidação das Leis do Trabalho – CLT, passa a vigorar com a seguinte redação:

► Alteração inserida no texto da referida Consolidação.

Art. 7º O descumprimento, pelo empregador, do disposto nos arts. 3º e 4º desta Lei sujeita-o a multa de quinhentas Unidades Fiscais de Referência – UFIR, por trabalhador contratado nos moldes do art. 1º, que se constituirá receita adicional do Fundo de Amparo ao Trabalhador – FAT, de que trata a Lei nº 7.998, de 11 de janeiro de 1990.

Art. 8º O Poder Executivo regulamentará esta Lei no prazo de trinta dias, contado a partir da data de sua publicação.

Art. 9º Esta Lei entra em vigor na data de sua publicação.

Art. 10. Revogam-se as disposições em contrário.

Brasília, 21 de janeiro de 1998;
177º da Independência e
110º da República.
Fernando Henrique Cardoso

LEI Nº 9.608, DE 18 DE FEVEREIRO DE 1998

Dispõe sobre o serviço voluntário e dá outras providências.

► Publicada no *DOU* de 19-2-1998.

Art. 1º Considera-se serviço voluntário, para os fins desta Lei, a atividade não remunerada prestada por pessoa física a entidade pública de qualquer natureza ou a instituição privada de fins não lucrativos que tenha objetivos cívicos, culturais, educacionais, científicos, recreativos ou de assistência à pessoa.

► *Caput* com a redação dada pela Lei nº 13.297, de 16-6-2016.

Parágrafo único. O serviço voluntário não gera vínculo empregatício, nem obrigação de natureza trabalhista, previdenciária ou afim.

Art. 2º O serviço voluntário será exercido mediante a celebração de termo de adesão entre a entidade, pública ou privada, e o prestador do serviço voluntário, dele devendo constar o objeto e as condições de seu exercício.

Art. 3º O prestador do serviço voluntário poderá ser ressarcido pelas despesas que comprovadamente realizar no desempenho das atividades voluntárias.

Parágrafo único. As despesas a serem ressarcidas deverão estar expressamente autorizadas pela entidade a que for prestado o serviço voluntário.

Art. 3º-A. *Revogado.* Lei nº 11.692, de 10-6-2008.

Art. 4º Esta Lei entra em vigor na data de sua publicação.

Art. 5º Revogam-se as disposições em contrário.

Brasília, 18 de fevereiro de 1998;
177º da Independência e
110º da República.
Fernando Henrique Cardoso

LEI Nº 9.609, DE 19 DE FEVEREIRO DE 1998

Dispõe sobre a proteção da propriedade intelectual de programa de computador, sua comercialização no País, e dá outras providências.

► Publicada no *DOU* de 20-2-1998 e retificada no *DOU* de 25-2-1998.

► Lei nº 12.270, de 24-6-2010, dispõe sobre medidas de suspensão de concessões ou outras obrigações no País relativas aos direitos de propriedade intelectual e outros, em casos de descumprimento de obrigações do Acordo Constitutivo da OMC.

► Dec. nº 5.244, de 14-10-2004, dispõe sobre a composição e funcionamento do Conselho Nacional de Combate à Pirataria e Delitos contra a Propriedade Intelectual.

CAPÍTULO I
DISPOSIÇÕES PRELIMINARES

Art. 1º Programa de computador é a expressão de um conjunto organizado de instruções em linguagem natural ou codificada, contida em suporte físico de qualquer natureza, de emprego necessário em máquinas automáticas de tratamento da informação, dispositivos, instrumentos ou equipamentos periféricos, baseados em técnica digital ou análoga, para fazê-los funcionar de modo e para fins determinados.

CAPÍTULO II
DA PROTEÇÃO AOS DIREITOS DE AUTOR E DO REGISTRO

Art. 2º O regime de proteção à propriedade intelectual de programa de computador é o conferido às obras literárias pela legislação de direitos autorais e conexos vigentes no País, observado o disposto nesta Lei.

► Lei nº 9.610, de 19-2-1998 (Lei de Direitos Autorais).

§ 1º Não se aplicam ao programa de computador as disposições relativas aos direitos morais, ressalvado, a qualquer tempo, o direito do autor de reivindicar a paternidade do programa de computador e o direito do autor de opor-se a alterações não autorizadas, quando estas impliquem deformação, mutilação ou outra modificação do programa de computador, que prejudiquem a sua honra ou a sua reputação.

§ 2º Fica assegurada a tutela dos direitos relativos a programa de computador pelo prazo de cinquenta anos, contados a partir de 1º de janeiro do ano subsequente ao da sua publicação ou, na ausência desta, da sua criação.

§ 3º A proteção aos direitos de que trata esta Lei independe de registro.

§ 4º Os direitos atribuídos por esta Lei ficam assegurados aos estrangeiros domiciliados no exterior, desde que o país de origem do programa conceda, aos brasileiros e estrangeiros domiciliados no Brasil, direitos equivalentes.

§ 5º Inclui-se dentre os direitos assegurados por esta Lei e pela legislação de direitos autorais e conexos vigentes no País aquele direito exclusivo de autorizar ou proibir o aluguel comercial, não sendo esse direito exaurível pela venda, licença ou outra forma de transferência da cópia do programa.

§ 6º O disposto no parágrafo anterior não se aplica aos casos em que o programa em si não seja objeto essencial do aluguel.

Art. 3º Os programas de computador poderão, a critério do titular, ser registrados em órgão ou entidade a ser designado por ato do Poder Executivo, por iniciativa do Ministério responsável pela política de ciência e tecnologia.

► Dec. nº 2.556, de 20-4-1998, regulamenta o registro previsto neste artigo.

§ 1º O pedido de registro estabelecido neste artigo deverá conter, pelo menos, as seguintes informações:

I – os dados referentes ao autor do programa de computador e ao titular, se distinto do autor, sejam pessoas físicas ou jurídicas;

II – a identificação e descrição funcional do programa de computador; e

III – os trechos do programa e outros dados que se considerar suficientes para identificá-lo e caracterizar sua originalidade, ressalvando-se os direitos de terceiros e a responsabilidade do Governo.

§ 2º As informações referidas no inciso III do parágrafo anterior são de caráter sigiloso, não podendo ser reveladas, salvo por ordem judicial ou a requerimento do próprio titular.

Art. 4º Salvo estipulação em contrário, pertencerão exclusivamente ao empregador, contratante de serviços ou órgão público, os direitos relativos ao programa de computador, desenvolvido e elaborado durante a vigência de contrato ou de vínculo estatutário, expressamente destinado à pesquisa e desenvolvimento, ou em que a atividade do empregado, contratado de serviço ou servidor seja prevista, ou ainda, que decorra da própria natureza dos encargos concernentes a esses vínculos.

§ 1º Ressalvado ajuste em contrário, a compensação do trabalho ou serviço prestado limitar-se-á à remuneração ou ao salário convencionado.

§ 2º Pertencerão, com exclusividade, ao empregado, contratado de serviço ou servidor os direitos concernentes a programa de computador gerado sem relação com o contrato de trabalho, prestação de serviços ou vínculo estatutário, e sem a utilização de recursos, informações tecnológicas, segredos industriais e de negócios, materiais, instalações ou equipamentos do empregador, da empresa ou entidade com a qual o empregador mantenha contrato de prestação de serviços ou assemelhados, do contratante de serviços ou órgão público.

§ 3º O tratamento previsto neste artigo será aplicado nos casos em que o programa de computador for desenvolvido por bolsistas, estagiários e assemelhados.

Art. 5º Os direitos sobre as derivações autorizadas pelo titular dos direitos de programa de computador, inclusive sua exploração econômica, pertencerão à pessoa autorizada que as fizer, salvo estipulação contratual em contrário.

Art. 6º Não constituem ofensa aos direitos do titular de programa de computador:

I – a reprodução, em um só exemplar, de cópia legitimamente adquirida, desde que se destine à cópia da salvaguarda ou armazenamento eletrônico, hipótese em que o exemplar original servirá de salvaguarda;

II – a citação parcial do programa, para fins didáticos, desde que identificados o programa e o titular dos direitos respectivos;

III – a ocorrência de semelhança de programa a outro, preexistente, quando se der por força das características funcionais de sua aplicação, da observância de preceitos normativos e técnicos, ou de limitação de forma alternativa para a sua expressão;

IV – a integração de um programa, mantendo-se suas características essenciais, a um sistema aplicativo ou operacional, tecnicamente indispensável às necessidades do usuário, desde que para o uso exclusivo de quem a promoveu.

CAPÍTULO III
DAS GARANTIAS AOS USUÁRIOS DE PROGRAMA DE COMPUTADOR

Art. 7º O contrato de licença de uso de programa de computador, o documento fiscal correspondente, os suportes físicos do programa ou as respectivas embalagens deverão consignar, de forma facilmente legível pelo usuário, o prazo de validade técnica da versão comercializada.

Art. 8º Aquele que comercializar programa de computador, quer seja titular dos direitos do programa, quer seja titular dos direitos de comercialização, fica obrigado, no território nacional, durante o prazo de validade técnica da respectiva versão, a assegurar aos respectivos usuários a prestação de serviços técnicos complementares relativos ao adequado funcionamento do programa, consideradas as suas especificações.

Parágrafo único. A obrigação persistirá no caso de retirada de circulação comercial do programa de computador durante o prazo de validade, salvo justa indenização de eventuais prejuízos causados a terceiros.

CAPÍTULO IV
DOS CONTRATOS DE LICENÇA DE USO, DE COMERCIALIZAÇÃO E DE TRANSFERÊNCIA DE TECNOLOGIA

Art. 9º O uso de programa de computador no País será objeto de contrato de licença.

Parágrafo único. Na hipótese de eventual inexistência do contrato referido no *caput* deste artigo, o documento fiscal relativo à aquisição ou licenciamento de cópia servirá para comprovação da regularidade do seu uso.

Art. 10. Os atos e contratos de licença de direitos de comercialização referentes a programas de computador de origem externa deverão fixar, quanto aos tributos e encargos exigíveis, a responsabilidade pelos respectivos pagamentos e estabelecerão a remuneração do titular dos direitos de programa de computador residente ou domiciliado no exterior.

§ 1º Serão nulas as cláusulas que:

I – limitem a produção, a distribuição ou a comercialização, em violação às disposições normativas em vigor;

II – eximam qualquer dos contratantes das responsabilidades por eventuais ações de terceiros, decorrentes de vícios, defeitos ou violação de direitos de autor.

§ 2º O remetente do correspondente valor em moeda estrangeira, em pagamento da remuneração de que se trata, conservará em seu poder, pelo prazo de cinco anos, todos os documentos necessários à comprovação da licitude das remessas e da sua conformidade ao *caput* deste artigo.

Art. 11. Nos casos de transferência de tecnologia de programa de computador, o Instituto Nacional da Propriedade Industrial fará o registro dos respectivos contratos, para que produzam efeitos em relação a terceiros.

Parágrafo único. Para o registro de que trata este artigo, é obrigatória a entrega, por parte do fornecedor ao receptor de tecnologia, da documentação completa, em especial do código-fonte comentado, memorial descritivo, especificações funcionais internas, diagramas, fluxogramas e outros dados técnicos necessários à absorção da tecnologia.

CAPÍTULO V
DAS INFRAÇÕES E DAS PENALIDADES

Art. 12. Violar direitos de autor de programa de computador:

- Art. 5º, IX, da CF.
- Art. 184 do CP.
- Art. 72 da Lei nº 9.504, de 30-9-1997 (Lei das Eleições).

Pena – Detenção de seis meses a dois anos ou multa.

§ 1º Se a violação consistir na reprodução, por qualquer meio, de programa de computador, no todo ou em parte, para fins de comércio, sem autorização expressa do autor ou de quem o represente:

Pena – Reclusão de um a quatro anos e multa.

§ 2º Na mesma pena do parágrafo anterior incorre quem vende, expõe à venda, introduz no País, adquire, oculta ou tem em depósito, para fins de comércio, original ou cópia de programa de computador, produzido com violação de direito autoral.

- Art. 334, § 1º, *b*, *c* e *d*, do CP.

§ 3º Nos crimes previstos neste artigo, somente se procede mediante queixa, salvo:

- Art. 5º, LIX, da CF.
- Art. 100, §§ 2º a 4º, do CP.
- Art. 30 do CPP.

I – quando praticados em prejuízo de entidade de direito público, autarquia, empresa pública, sociedade de economia mista ou fundação instituída pelo poder público;

II – quando, em decorrência de ato delituoso, resultar sonegação fiscal, perda de arrecadação tributária ou prática de quaisquer dos crimes contra a ordem tributária ou contra as relações de consumo.

§ 4º No caso do inciso II do parágrafo anterior, a exigibilidade do tributo, ou contribuição social e qualquer acessório, processar-se-á independentemente de representação.

Art. 13. A ação penal e as diligências preliminares de busca e apreensão, nos casos de violação de direito de autor de programa de computador, serão precedidas de vistoria, podendo o juiz ordenar a apreensão das cópias produzidas ou comercializadas com violação de direito de autor, suas versões e derivações, em poder do infrator ou de quem as esteja expondo, mantendo em depósito, reproduzindo ou comercializando.

- Arts. 240 a 250 do CPP.
- Arts. 170 a 189 do CPPM.

Art. 14. Independentemente da ação penal, o prejudicado poderá intentar ação para proibir ao infrator a prática do ato incriminado, com cominação de pena pecuniária para o caso de transgressão do preceito.

§ 1º A ação de abstenção de prática de ato poderá ser cumulada com a de perdas e danos pelos prejuízos decorrentes da infração.

§ 2º Independentemente de ação cautelar preparatória, o juiz poderá conceder medida liminar proibindo ao infrator a prática do ato incriminado, nos termos deste artigo.

§ 3º Nos procedimentos cíveis, as medidas cautelares de busca e apreensão observarão o disposto no artigo anterior.

§ 4º Na hipótese de serem apresentadas, em juízo, para a defesa dos interesses de qualquer das partes, informações que se caracterizem como confidenciais, deverá o juiz determinar que o processo prossiga em segredo de justiça, vedado o uso de tais informações também à outra parte para outras finalidades.

§ 5º Será responsabilizado por perdas e danos aquele que requerer e promover as medidas previstas neste e nos artigos 12 e 13, agindo de má-fé ou por espírito de emulação, capricho ou erro grosseiro, nos termos dos artigos 16, 17 e 18 do Código de Processo Civil.

- Refere-se ao CPC/1973.
- Arts. 79 a 81 do CPC/2015.

CAPÍTULO VI
DISPOSIÇÕES FINAIS

Art. 15. Esta Lei entra em vigor na data de sua publicação.

Art. 16. Fica revogada a Lei nº 7.646, de 18 de dezembro de 1987.

Brasília, 19 de fevereiro de 1998;
177º da Independência e
110º da República.

Fernando Henrique Cardoso

LEI Nº 9.610, DE 19 DE FEVEREIRO DE 1998

Altera, atualiza e consolida a legislação sobre direitos autorais e dá outras providências.

- Publicada no *DOU* de 20-2-1998.
- Lei nº 12.270, de 24-6-2010, dispõe sobre medidas de suspensão de concessões ou outras obrigações no País relativas aos direitos de propriedade intelectual e outros, em casos de descumprimento de obrigações do Acordo Constitutivo da OMC.
- Arts. 19, §2º, e 31 da Lei nº 12.965, de 23-4-2014 (Marco Civil da Internet).
- Dec. nº 5.244, de 14-10-2004, dispõe sobre a composição e funcionamento do Conselho Nacional de Combate à Pirataria e Delitos contra a Propriedade Intelectual.

TÍTULO I – DISPOSIÇÕES PRELIMINARES

Art. 1º Esta Lei regula os direitos autorais, entendendo-se sob esta denominação os direitos de autor e os que lhes são conexos.

- Art. 5º, XXVII e XXVIII, da CF.
- Art. 188 do CPC/2015.
- Arts. 184 a 186 do CP.
- Súm. nº 386 do STF.

Art. 2º Os estrangeiros domiciliados no exterior gozarão da proteção assegurada nos acordos, convenções e tratados em vigor no Brasil.

Parágrafo único. Aplica-se o disposto nesta Lei aos nacionais ou pessoas domiciliadas em país que assegure aos brasileiros ou pessoas domiciliadas no Brasil a reciprocidade na proteção aos direitos autorais ou equivalentes.

- Art. 218 e seguintes do CPC/2015.

Art. 3º Os direitos autorais reputam-se, para os efeitos legais, bens móveis.

Art. 4º Interpretam-se restritivamente os negócios jurídicos sobre os direitos autorais.

- Arts. 80 e 81 do CPC/2015.

Art. 5º Para os efeitos desta Lei, considera-se:

I – publicação – o oferecimento de obra literária, artística ou científica ao conhecimento do público, com o consentimento do autor, ou de qualquer outro titular de direito de autor, por qualquer forma ou processo;

II – transmissão ou emissão – a difusão de sons ou de sons e imagens, por meio de ondas radioelétricas; sinais de satélite; fio, cabo ou outro condutor, meios óticos ou qualquer outro processo eletromagnético;

III – retransmissão – a emissão simultânea da transmissão de uma empresa por outra;

► Súm. nº 63 do STJ.

IV – distribuição – a colocação à disposição do público do original ou cópia de obras literárias, artísticas ou científicas, interpretações ou execuções fixadas e fonogramas, mediante a venda, locação ou qualquer outra forma de transferência de propriedade ou posse;

V – comunicação ao público – ato mediante o qual a obra é colocada ao alcance do público, por qualquer meio ou procedimento e que não consista na distribuição de exemplares;

VI – reprodução – a cópia de um ou vários exemplares de uma obra literária, artística ou científica ou de um fonograma, de qualquer forma tangível, incluindo qualquer armazenamento permanente ou temporário por meios eletrônicos ou qualquer outro meio de fixação que venha a ser desenvolvido;

VII – contrafação – a reprodução não autorizada;

VIII – obra:

a) em coautoria – quando é criada em comum, por dois ou mais autores;

► Arts. 15, 16, 23 e 32 desta Lei.

b) anônima – quando não se indica o nome do autor, por sua vontade ou por ser desconhecido;

c) pseudônima – quando o autor se oculta sob nome suposto;

d) inédita – a que não haja sido objeto de publicação;

e) póstuma – a que se publique após a morte do autor;

f) originária – a criação primígena;

g) derivada – a que, constituindo criação intelectual nova, resulta da transformação de obra originária;

h) coletiva – a criada por iniciativa, organização e responsabilidade de uma pessoa física ou jurídica, que a publica sob seu nome ou marca e que é constituída pela participação de diferentes autores, cujas contribuições se fundem numa criação autônoma;

i) audiovisual – a que resulta da fixação de imagens com ou sem som, que tenha a finalidade de criar, por meio de sua reprodução, a impressão de movimento, independentemente dos processos de sua captação, do suporte usado inicial ou posteriormente para fixá-lo, bem como dos meios utilizados para sua veiculação;

► Art. 81 desta Lei.

IX – fonograma – toda fixação de sons de uma execução ou interpretação ou de outros sons, ou de uma representação de sons que não seja uma fixação incluída em uma obra audiovisual;

► Art. 80 desta Lei.

X – editor – a pessoa física ou jurídica à qual se atribui o direito exclusivo de reprodução da obra e o dever de divulgá-la, nos limites previstos no contrato de edição;

► Art. 53 desta Lei.

XI – produtor – a pessoa física ou jurídica que toma a iniciativa e tem a responsabilidade econômica da primeira fixação do fonograma ou da obra audiovisual, qualquer que seja a natureza do suporte utilizado;

XII – radiodifusão – a transmissão sem fio, inclusive por satélites, de sons ou imagens e sons ou das representações desses, para recepção ao público e a transmissão de sinais codificados, quando os meios de decodificação sejam oferecidos ao público pelo organismo de radiodifusão ou com seu consentimento;

XIII – artistas intérpretes ou executantes – todos os atores, cantores, músicos, bailarinos ou outras pessoas que representem um papel, cantem, recitem, declamem, interpretem ou executem em qualquer forma obras literárias ou artísticas ou expressões do folclore;

XIV – titular originário – o autor de obra intelectual, o intérprete, o executante, o produtor fonográfico e as empresas de radiodifusão.

► Inciso XIV acrescido pela Lei nº 12.853, de 14-8-2013.

Art. 6º Não serão de domínio da União, dos Estados, do Distrito Federal ou dos Municípios as obras por eles simplesmente subvencionadas.

TÍTULO II – DAS OBRAS INTELECTUAIS

CAPÍTULO I – DAS OBRAS PROTEGIDAS

Art. 7º São obras intelectuais protegidas as criações do espírito, expressas por qualquer meio ou fixadas em qualquer suporte, tangível ou intangível, conhecido ou que se invente no futuro, tais como:

► Arts. 46 a 48 desta Lei.

I – os textos de obras literárias, artísticas ou científicas;

II – as conferências, alocuções, sermões e outras obras da mesma natureza;

III – as obras dramáticas e dramático-musicais;

IV – as obras coreográficas e pantomímicas, cuja execução cênica se fixe por escrito ou por outra qualquer forma;

V – as composições musicais, tenham ou não letra;

VI – as obras audiovisuais, sonorizadas ou não, inclusive as cinematográficas;

► Art. 81 desta Lei.

VII – as obras fotográficas e as produzidas por qualquer processo análogo ao da fotografia;

► Art. 79 desta Lei.

VIII – as obras de desenho, pintura, gravura, escultura, litografia e arte cinética;

IX – as ilustrações, cartas geográficas e outras obras da mesma natureza;

X – os projetos, esboços e obras plásticas concernentes à geografia, engenharia, topografia, arquitetura, paisagismo, cenografia e ciência;

XI – as adaptações, traduções e outras transformações de obras originais, apresentadas como criação intelectual nova;

XII – os programas de computador;

XIII – as coletâneas ou compilações, antologias, enciclopédias, dicionários, bases de dados e outras obras, que, por sua seleção, organização ou disposição de seu conteúdo, constituam uma criação intelectual.

§ 1º Os programas de computador são objeto de legislação específica, observadas as disposições desta Lei que lhes sejam aplicáveis.

► Lei nº 9.609, de 19-2-1998, dispõe sobre a proteção da propriedade intelectual de programa de computador.

§ 2º A proteção concedida no inciso XIII não abarca os dados ou materiais em si mesmos e se entende sem prejuízo de quaisquer direitos autorais que subsistam a respeito dos dados ou materiais contidos nas obras.

§ 3º No domínio das ciências, a proteção recairá sobre a forma literária ou artística, não abrangendo o seu conteúdo científico ou técnico, sem prejuízo dos direitos que protegem os demais campos da propriedade imaterial.

Art. 8º Não são objeto de proteção como direitos autorais de que trata esta Lei:

I – as ideias, procedimentos normativos, sistemas, métodos, projetos ou conceitos matemáticos como tais;

II – os esquemas, planos ou regras para realizar atos mentais, jogos ou negócios;

III – os formulários em branco para serem preenchidos por qualquer tipo de informação, científica ou não, e suas instruções;

IV – os textos de tratados ou convenções, leis, decretos, regulamentos, decisões judiciais e demais atos oficiais;

V – as informações de uso comum tais como calendários, agendas, cadastros ou legendas;

VI – os nomes e títulos isolados;

VII – o aproveitamento industrial ou comercial das ideias contidas nas obras.

Art. 9º À cópia de obra de arte plástica feita pelo próprio autor é assegurada a mesma proteção de que goza o original.

Art. 10. A proteção à obra intelectual abrange o seu título, se original e inconfundível com o de obra do mesmo gênero, divulgada anteriormente por outro autor.

Parágrafo único. O título de publicações periódicas, inclusive jornais, é protegido até um ano após a saída do seu último número, salvo se forem anuais, caso em que esse prazo se elevará a dois anos.

CAPÍTULO II – DA AUTORIA DAS OBRAS INTELECTUAIS

Art. 11. Autor é a pessoa física criadora de obra literária, artística ou científica.

Parágrafo único. A proteção concedida ao autor poderá aplicar-se às pessoas jurídicas nos casos previstos nesta Lei.

Art. 12. Para se identificar como autor, poderá o criador da obra literária, artística ou científica usar de seu nome civil, completo ou abreviado até por suas iniciais, de pseudônimo ou qualquer outro sinal convencional.

Art. 13. Considera-se autor da obra intelectual, não havendo prova em contrário, aquele que, por uma das modalidades de identificação referidas no artigo anterior, tiver, em conformidade com o uso, indicada ou anunciada essa qualidade na sua utilização.

Art. 14. É titular de direitos de autor quem adapta, traduz, arranja ou orquestra obra caída no domínio público, não podendo opor-se a outra adaptação, arranjo, orquestração ou tradução, salvo se for cópia da sua.

Art. 15. A coautoria da obra é atribuída àqueles em cujo nome, pseudônimo ou sinal convencional for utilizada.

§ 1º Não se considera coautor quem simplesmente auxiliou o autor na produção da obra literária, artística ou científica, revendo-a, atualizando-a, bem como fiscalizando ou dirigindo sua edição ou apresentação por qualquer meio.

§ 2º Ao coautor, cuja contribuição possa ser utilizada separadamente, são asseguradas todas as faculdades inerentes à sua criação como obra individual, vedada, porém, a utilização que possa acarretar prejuízo à exploração da obra comum.

Art. 16. São coautores da obra audiovisual o autor do assunto ou argumento literário, musical ou lítero-musical e o diretor.

Parágrafo único. Consideram-se coautores de desenhos animados os que criam os desenhos utilizados na obra audiovisual.

Art. 17. É assegurada a proteção às participações individuais em obras coletivas.

§ 1º Qualquer dos participantes, no exercício de seus direitos morais, poderá proibir que se indique ou anuncie seu nome na obra coletiva, sem prejuízo do direito de haver a remuneração contratada.

§ 2º Cabe ao organizador a titularidade dos direitos patrimoniais sobre o conjunto da obra coletiva.

§ 3º O contrato com o organizador especificará a contribuição do participante, o prazo para entrega ou realização, a remuneração e demais condições para sua execução.

CAPÍTULO III
DO REGISTRO DAS OBRAS INTELECTUAIS

Art. 18. A proteção aos direitos de que trata esta Lei independe de registro.

Art. 19. É facultado ao autor registrar a sua obra no órgão público definido no *caput* e no § 1º do artigo 17 da Lei nº 5.988, de 14 de dezembro de 1973.

Art. 20. Para os serviços de registro previstos nesta Lei será cobrada retribuição, cujo valor e processo de recolhimento serão estabelecidos por ato do titular do órgão da administração pública federal a que estiver vinculado o registro das obras intelectuais.

Art. 21. Os serviços de registro de que trata esta Lei serão organizados conforme preceitua o § 2º do artigo 17 da Lei nº 5.988, de 14 de dezembro de 1973.

TÍTULO III – DOS DIREITOS DO AUTOR

CAPÍTULO I
DISPOSIÇÕES PRELIMINARES

Art. 22. Pertencem ao autor os direitos morais e patrimoniais sobre a obra que criou.

▸ Arts. 13 e 101 a 111 desta Lei.

Art. 23. Os coautores da obra intelectual exercerão, de comum acordo, os seus direitos, salvo convenção em contrário.

▸ Art. 15 desta Lei.

CAPÍTULO II
DOS DIREITOS MORAIS DO AUTOR

Art. 24. São direitos morais do autor:

I – o de reivindicar, a qualquer tempo, a autoria da obra;

II – o de ter seu nome, pseudônimo ou sinal convencional indicado ou anunciado, como sendo o do autor, na utilização de sua obra;

III – o de conservar a obra inédita;

IV – o de assegurar a integridade da obra, opondo-se a quaisquer modificações ou à prática de atos que, de qualquer forma, possam prejudicá-la ou atingi-lo, como autor, em sua reputação ou honra;

V – o de modificar a obra, antes ou depois de utilizada;

VI – o de retirar de circulação a obra ou de suspender qualquer forma de utilização já autorizada, quando a circulação ou utilização implicarem afronta à sua reputação e imagem;

VII – o de ter acesso a exemplar único e raro da obra, quando se encontre legitimamente em poder de outrem, para o fim de, por meio de processo fotográfico ou assemelhado, ou audiovisual, preservar sua memória, de forma que cause o menor inconveniente possível a seu detentor, que, em todo caso, será indenizado de qualquer dano ou prejuízo que lhe seja causado.

§ 1º Por morte do autor, transmitem-se a seus sucessores os direitos a que se referem os incisos I a IV.

§ 2º Compete ao Estado a defesa da integridade e autoria da obra caída em domínio público.

§ 3º Nos casos dos incisos V e VI, ressalvam-se as prévias indenizações a terceiros, quando couberem.

Art. 25. Cabe exclusivamente ao diretor o exercício dos direitos morais sobre a obra audiovisual.

Art. 26. O autor poderá repudiar a autoria de projeto arquitetônico alterado sem o seu consentimento durante a execução ou após a conclusão da construção.

Parágrafo único. O proprietário da construção responde pelos danos que causar ao autor sempre que, após o repúdio, der como sendo daquele a autoria do projeto repudiado.

Art. 27. Os direitos morais do autor são inalienáveis e irrenunciáveis.

CAPÍTULO III
DOS DIREITOS PATRIMONIAIS DO AUTOR E DE SUA DURAÇÃO

▸ Arts. 101 a 111 desta Lei.

Art. 28. Cabe ao autor o direito exclusivo de utilizar, fruir e dispor da obra literária, artística ou científica.

Art. 29. Depende de autorização prévia e expressa do autor a utilização da obra, por quaisquer modalidades, tais como:

I – a reprodução parcial ou integral;

II – a edição;

III – a adaptação, o arranjo musical e quaisquer outras transformações;

IV – a tradução para qualquer idioma;

V – a inclusão em fonograma ou produção audiovisual;

VI – a distribuição, quando não intrínseca ao contrato firmado pelo autor com terceiros para uso ou exploração da obra;

VII – a distribuição para oferta de obras ou produções mediante cabo, fibra ótica, satélite, ondas ou qualquer outro sistema que permita ao usuário realizar a seleção da obra ou produção para percebê-la em um tempo e lugar previamente determinados por quem formula a demanda, e nos casos em que o acesso às obras ou produções se faça por qualquer sistema que importe em pagamento pelo usuário;

VIII – a utilização, direta ou indireta, da obra literária, artística ou científica, mediante:

a) representação, recitação ou declamação;

b) execução musical;

c) emprego de alto-falante ou de sistemas análogos;

d) radiodifusão sonora ou televisiva;

e) captação de transmissão de radiodifusão em locais de frequência coletiva;

f) sonorização ambiental;

g) a exibição audiovisual, cinematográfica ou por processo assemelhado;

h) emprego de satélites artificiais;

i) emprego de sistemas óticos, fios telefônicos ou não, cabos de qualquer tipo e meios de comunicação similares que venham a ser adotados;

j) exposição de obras de artes plásticas e figurativas;

IX – a inclusão em base de dados, o armazenamento em computador, a microfilmagem e as demais formas de arquivamento do gênero;

X – quaisquer outras modalidades de utilização existentes ou que venham a ser inventadas.

Art. 30. No exercício do direito de reprodução, o titular dos direitos autorais poderá colocar à disposição do público a obra, na forma, local e pelo tempo que desejar, a título oneroso ou gratuito.

§ 1º O direito de exclusividade de reprodução não será aplicável quando ela for temporária e apenas tiver o propósito de tornar a obra, fonograma ou interpretação perceptível em meio eletrônico ou quando for de natureza transitória e incidental, desde que ocorra no curso do uso devidamente autorizado da obra, pelo titular.

§ 2º Em qualquer modalidade de reprodução, a quantidade de exemplares será informada e controlada, cabendo a quem reproduzir a obra a responsabilidade de manter os registros que permitam, ao autor, a fiscalização do aproveitamento econômico da exploração.

Art. 31. As diversas modalidades de utilização de obras literárias, artísticas ou científicas ou de fonogramas são independentes entre si, e a autorização concedida pelo autor, ou pelo produtor, respectivamente, não se estende a quaisquer das demais.

Art. 32. Quando uma obra feita em regime de coautoria não for divisível, nenhum dos coautores, sob pena de responder por perdas e danos, poderá, sem consentimento dos demais, publicá-la ou autorizar-lhe a publicação, salvo na coleção de suas obras completas.

▸ Art. 15 desta Lei.

§ 1º Havendo divergência, os coautores decidirão por maioria.

§ 2º Ao coautor dissidente é assegurado o direito de não contribuir para as despesas de publicação, renunciando a sua parte nos lucros, e o de vedar que se inscreva seu nome na obra.

§ 3º Cada coautor pode, individualmente, sem aquiescência dos outros, registrar a obra e defender os próprios direitos contra terceiros.

Art. 33. Ninguém pode reproduzir obra que não pertença ao domínio público, a pretexto de anotá-la, comentá-la ou melhorá-la, sem permissão do autor.

Parágrafo único. Os comentários ou anotações poderão ser publicados separadamente.

Art. 34. As cartas missivas, cuja publicação está condicionada à permissão do autor, poderão ser juntadas como documento de prova em processos administrativos e judiciais.

▸ Art. 415 do CPC/2015.

Art. 35. Quando o autor, em virtude de revisão, tiver dado à obra versão definitiva, não poderão seus sucessores reproduzir versões anteriores.

Art. 36. O direito de utilização econômica dos escritos publicados pela imprensa, diária ou periódica, com exceção dos assinados ou que apresentem sinal de reserva, pertence ao editor, salvo convenção em contrário.

Parágrafo único. A autorização para utilização econômica de artigos assinados, para publicação em diários e periódicos, não produz efeito além do prazo da periodicidade acrescido de vinte dias, a contar de sua publicação, findo o qual recobra o autor o seu direito.

Art. 37. A aquisição do original de uma obra, ou de exemplar, não confere ao adquirente qualquer dos direitos patrimoniais do autor, salvo convenção em contrário, entre as partes e os casos previstos nesta Lei.

Art. 38. O autor tem o direito, irrenunciável e inalienável, de perceber, no mínimo, cinco por cento sobre o aumento do preço eventualmente verificável em cada revenda de obra de arte ou manuscrito, sendo originais, que houver alienado.

Parágrafo único. Caso o autor não perceba o seu direito de sequência no ato da revenda, o vendedor é considerado depositário da quantia a ele devida, salvo se a operação for realizada por leiloeiro, quando será este o depositário.

Art. 39. Os direitos patrimoniais do autor, excetuados os rendimentos resultantes de sua exploração, não se comunicam, salvo pacto antenupcial em contrário.

Art. 40. Tratando-se de obra anônima ou pseudônima, caberá a quem publicá-la o exercício dos direitos patrimoniais do autor.

Parágrafo único. O autor que se der a conhecer assumirá o exercício dos direitos patrimoniais, ressalvados os direitos adquiridos por terceiros.

Art. 41. Os direitos patrimoniais do autor perduram por setenta anos contados de 1º de janeiro do ano subsequente ao de seu falecimento, obedecida a ordem sucessória da lei civil.

▸ Arts. 1.829 e segs. do CC.

▸ Art. 112 desta Lei.

Parágrafo único. Aplica-se às obras póstumas o prazo de proteção a que alude o *caput* deste artigo.

Art. 42. Quando a obra literária, artística ou científica realizada em coautoria for indivisível, o prazo previsto no artigo anterior será contado da morte do último dos coautores sobreviventes.

Parágrafo único. Acrescer-se-ão aos dos sobreviventes os direitos do coautor que falecer sem sucessores.

Art. 43. Será de setenta anos o prazo de proteção aos direitos patrimoniais sobre as obras anônimas ou pseudônimas, contado de 1º de janeiro do ano imediatamente posterior ao da primeira publicação.

Parágrafo único. Aplicar-se-á o disposto no artigo 41 e seu parágrafo único, sempre que o autor se der a conhecer antes do termo do prazo previsto no *caput* deste artigo.

Art. 44. O prazo de proteção aos direitos patrimoniais sobre obras audiovisuais e fotográficas será de setenta anos, a contar de 1º de janeiro do ano subsequente ao de sua divulgação.

Art. 45. Além das obras em relação às quais decorreu o prazo de proteção aos direitos patrimoniais, pertencem ao domínio público:

I – as de autores falecidos que não tenham deixado sucessores;

II – as de autor desconhecido, ressalvada a proteção legal aos conhecimentos étnicos e tradicionais.

CAPÍTULO IV
DAS LIMITAÇÕES AOS DIREITOS AUTORAIS

Art. 46. Não constitui ofensa aos direitos autorais:

I – a reprodução:

a) na imprensa diária ou periódica, de notícia ou de artigo informativo, publicado em diários ou periódicos, com a menção do nome do autor, se assinados, e da publicação de onde foram transcritos;

b) em diários ou periódicos, de discursos pronunciados em reuniões públicas de qualquer natureza;

c) de retratos, ou de outra forma de representação da imagem, feitos sob encomenda, quando realizada pelo proprietário do objeto encomendado, não havendo a oposição da pessoa neles representada ou de seus herdeiros;

d) de obras literárias, artísticas ou científicas, para uso exclusivo de deficientes visuais, sempre que a reprodução, sem fins comerciais, seja feita mediante o sistema Braille ou outro procedimento em qualquer suporte para esses destinatários;

II – a reprodução, em um só exemplar, de pequenos trechos, para uso privado do copista, desde que feita por este, sem intuito de lucro;

III – a citação em livros, jornais, revistas ou qualquer outro meio de comunicação, de passagens de qualquer obra, para fins de estudo, crítica ou polêmica, na medida justificada para o fim a atingir, indicando-se o nome do autor e a origem da obra;

IV – o apanhado de lições em estabelecimentos de ensino por aqueles a quem elas se dirigem, vedada sua publicação, integral ou parcial, sem autorização prévia e expressa de quem as ministrou;

V – a utilização de obras literárias, artísticas ou científicas, fonogramas e transmissão de rádio e televisão em estabelecimentos comerciais, exclusivamente para demonstração à clientela, desde que esses estabelecimentos comercializem os suportes ou equipamentos que permitam a sua utilização;

VI – a representação teatral e a execução musical, quando realizadas no recesso familiar ou, para fins exclusivamente didáticos, nos estabelecimentos de ensino, não havendo em qualquer caso intuito de lucro;

VII – a utilização de obras literárias, artísticas ou científicas para produzir prova judiciária ou administrativa;

VIII – a reprodução, em quaisquer obras, de pequenos trechos de obras preexistentes, de qualquer natureza, ou de obra integral, quando de artes plásticas, sempre que a reprodução em si não seja o objetivo principal da obra nova e que não prejudique a exploração normal da obra reproduzida nem cause um prejuízo injustificado aos legítimos interesses dos autores.

Art. 47. São livres as paráfrases e paródias que não forem verdadeiras reproduções da obra originária nem lhe implicarem descrédito.

Art. 48. As obras situadas permanentemente em logradouros públicos podem ser representadas livremente, por meio de pinturas, desenhos, fotografias e procedimentos audiovisuais.

CAPÍTULO V
DA TRANSFERÊNCIA DOS DIREITOS DE AUTOR

Art. 49. Os direitos de autor poderão ser total ou parcialmente transferidos a terceiros, por ele ou por seus sucessores, a título universal ou singular, pessoalmente ou por meio de representantes com poderes especiais, por meio de licenciamento, concessão, cessão ou por outros meios admitidos em Direito, obedecidas as seguintes limitações:

▸ Art. 53 desta Lei.

I – a transmissão total compreende todos os direitos de autor, salvo os de natureza moral e os expressamente excluídos por lei;

II – somente se admitirá transmissão total e definitiva dos direitos mediante estipulação contratual escrita;

III – na hipótese de não haver estipulação contratual escrita, o prazo máximo será de cinco anos;

IV – a cessão será válida unicamente para o país em que se firmou o contrato, salvo estipulação em contrário;

V – a cessão só se operará por modalidades de utilização já existentes à data do contrato;

VI – não havendo especificações quanto à modalidade de utilização, o contrato será interpretado restritivamente, entendendo-se como limitada apenas a uma que seja aquela indispensável ao cumprimento da finalidade do contrato.

Art. 50. A cessão total ou parcial dos direitos de autor, que se fará sempre por escrito, presume-se onerosa.

§ 1º Poderá a cessão ser averbada à margem do registro a que se refere o artigo 19 desta Lei, ou, não estando a obra registrada, poderá o instrumento ser registrado em Cartório de Títulos e Documentos.

§ 2º Constarão do instrumento de cessão como elementos essenciais seu objeto e as condições de exercício do direito quanto a tempo, lugar e preço.

Art. 51. A cessão dos direitos de autor sobre obras futuras abrangerá, no máximo, o período de cinco anos.

Parágrafo único. O prazo será reduzido a cinco anos sempre que indeterminado ou superior, diminuindo-se, na devida proporção, o preço estipulado.

Art. 52. A omissão do nome do autor, ou de coautor, na divulgação da obra não presume o anonimato ou a cessão de seus direitos.

TÍTULO IV – DA UTILIZAÇÃO DE OBRAS INTELECTUAIS E DOS FONOGRAMAS

CAPÍTULO I
DA EDIÇÃO

▸ Art. 964, VII, do CC.

Art. 53. Mediante contrato de edição, o editor, obrigando-se a reproduzir e a divulgar a obra literária, artística ou científica, fica autorizado, em caráter de exclusividade, a publicá-la e a explorá-la pelo prazo e nas condições pactuadas com o autor.

Parágrafo único. Em cada exemplar da obra o editor mencionará:

I – o título da obra e seu autor;

II – no caso de tradução, o título original e o nome do tradutor;

III – o ano de publicação;

IV – o seu nome ou marca que o identifique.

Art. 54. Pelo mesmo contrato pode o autor obrigar-se à feitura de obra literária, artística ou científica em cuja publicação e divulgação se empenha o editor.

Art. 55. Em caso de falecimento ou de impedimento do autor para concluir a obra, o editor poderá:

I – considerar resolvido o contrato, mesmo que tenha sido entregue parte considerável da obra;

II – editar a obra, sendo autônoma, mediante pagamento proporcional do preço;

III – mandar que outro a termine, desde que consintam os sucessores e seja o fato indicado na edição.

Parágrafo único. É vedada a publicação parcial, se o autor manifestou a vontade de só publicá-la por inteiro ou se assim o decidirem seus sucessores.

Art. 56. Entende-se que o contrato versa apenas sobre uma edição, se não houver cláusula expressa em contrário.

Parágrafo único. No silêncio do contrato, considera-se que cada edição se constitui de três mil exemplares.

Art. 57. O preço da retribuição será arbitrado, com base nos usos e costumes, sempre que no contrato não a tiver estipulado expressamente o autor.

Art. 58. Se os originais forem entregues em desacordo com o ajustado e o editor não os recusar nos trinta dias seguintes ao do recebimento, ter-se-ão por aceitas as alterações introduzidas pelo autor.

Art. 59. Quaisquer que sejam as condições do contrato, o editor é obrigado a facultar ao autor o exame da escrituração na parte que lhe corresponde, bem como a informá-lo sobre o estado da edição.

Art. 60. Ao editor compete fixar o preço da venda, sem, todavia, poder elevá-lo a ponto de embaraçar a circulação da obra.

Art. 61. O editor será obrigado a prestar contas mensais ao autor sempre que a retribuição deste estiver condicionada à venda da obra, salvo se prazo diferente houver sido convencionado.

Art. 62. A obra deverá ser editada em dois anos de celebração do contrato, salvo prazo diverso estipulado em convenção.

Parágrafo único. Não havendo edição da obra no prazo legal ou contratual, poderá ser rescindido o contrato, respondendo o editor por danos causados.

Art. 63. Enquanto não se esgotarem as edições a que tiver direito o editor, não poderá o autor dispor de sua obra, cabendo ao editor o ônus da prova.

§ 1º Na vigência do contrato de edição, assiste ao editor o direito de exigir que se retire de circulação edição da mesma obra feita por outrem.

§ 2º Considera-se esgotada a edição quando restarem em estoque, em poder do editor, exemplares em número inferior a dez por cento do total da edição.

Art. 64. Somente decorrido um ano de lançamento da edição, o editor poderá vender, como saldo, os exemplares restantes, desde que o autor seja notificado de que, no prazo de trinta dias, terá prioridade na aquisição dos referidos exemplares pelo preço de saldo.

Art. 65. Esgotada a edição, e o editor, com direito a outra, não a publica, poderá o autor notificá-lo a que o faça em certo prazo, sob pena de perder aquele direito, além de responder por danos.

Art. 66. O autor tem o direito de fazer, nas edições sucessivas de suas obras, as emendas e alterações que bem lhe aprouver.

Parágrafo único. O editor poderá opor-se às alterações que lhe prejudiquem os interesses, ofendam sua reputação ou aumentem sua responsabilidade.

Art. 67. Se, em virtude de sua natureza, for imprescindível a atualização da obra em novas edições, o editor, negando-se o autor a fazê-la, dela poderá encarregar outrem, mencionando o fato na edição.

CAPÍTULO II
DA COMUNICAÇÃO AO PÚBLICO

Art. 68. Sem prévia e expressa autorização do autor ou titular, não poderão ser utilizadas obras teatrais, composições musicais ou lítero-musicais e fonogramas, em representações e execuções públicas.

▸ Art. 109 desta Lei.

§ 1º Considera-se representação pública a utilização de obras teatrais no gênero drama, tragédia, comédia, ópera, opereta, balé, pantomimas e assemelhadas, musicadas ou não, mediante a participação de artistas, remunerados ou não, em locais de frequência coletiva ou pela radiodifusão, transmissão e exibição cinematográfica.

§ 2º Considera-se execução pública a utilização de composições musicais ou lítero-musicais, mediante a participação de artistas, remunerados ou não, ou a utilização de fonogramas e obras audiovisuais, em locais de frequência coletiva, por quaisquer processos, inclusive a radiodifusão ou transmissão por qualquer modalidade, e a exibição cinematográfica.

§ 3º Consideram-se locais de frequência coletiva os teatros, cinemas, salões de baile ou concertos, boates, bares, clubes ou associações de qualquer natureza, lojas, estabelecimentos comerciais e industriais, estádios, circos, feiras, restaurantes, hotéis, motéis, clínicas, hospitais, órgãos públicos da administração direta ou indireta, fundacionais e estatais, meios de transporte de passageiros terrestre, marítimo, fluvial ou aéreo, ou onde quer que se representem, executem ou transmitam obras literárias, artísticas ou científicas.

§ 4º Previamente à realização da execução pública, o empresário deverá apresentar ao escritório central, previsto no artigo 99, a comprovação dos recolhimentos relativos aos direitos autorais.

§ 5º Quando a remuneração depender da frequência do público, poderá o empresário, por convênio com o escritório central, pagar o preço após a realização da execução pública.

§ 6º O usuário entregará à entidade responsável pela arrecadação dos direitos relativos à execução ou exibição pública, imediatamente após o ato de comunicação ao público, relação completa das obras e fonogramas utilizados, e a tornará pública e de livre acesso, juntamente com os valores pagos, em seu sítio eletrônico ou, em não havendo este, no local da comunicação e em sua sede.

▸ § 6º com a redação dada pela Lei nº 12.853, de 14-8-2013.

§ 7º As empresas cinematográficas e de radiodifusão manterão à imediata disposição dos interessados, cópia autêntica dos contratos, ajustes ou acordos, individuais ou coletivos, autorizando e disciplinando a remuneração por execução pública das obras musicais e fonogramas contidas em seus programas ou obras audiovisuais.

§ 8º Para as empresas mencionadas no § 7º, o prazo para cumprimento do disposto no § 6º será até o décimo dia útil de cada mês, relativamente à relação completa das obras e fonogramas utilizados no mês anterior.

▸ § 8º acrescido pela Lei nº 12.853, de 14-8-2013.

Art. 69. O autor, observados os usos locais, notificará o empresário do prazo para a representação ou execução, salvo prévia estipulação convencional.

Art. 70. Ao autor assiste o direito de opor-se à representação ou execução que não seja suficientemente ensaiada, bem como fiscalizá-la, tendo, para isso, livre acesso durante as representações ou execuções, no local onde se realizam.

Art. 71. O autor da obra não pode alterar-lhe a substância, sem acordo com o empresário que a fez representar.

Art. 72. O empresário, sem licença do autor, não pode entregar a obra a pessoa estranha à representação ou à execução.

Art. 73. Os principais intérpretes e os diretores de orquestras ou coro, escolhidos de comum acordo pelo autor e pelo produtor, não podem ser substituídos por ordem deste, sem que aquele consinta.

Art. 74. O autor de obra teatral, ao autorizar a sua tradução ou adaptação, poderá fixar prazo para utilização dela em representações públicas.

Parágrafo único. Após o decurso do prazo a que se refere este artigo, não poderá opor-se o tradutor ou adaptador à utilização de outra tradução ou adaptação autorizada, salvo se for cópia da sua.

Art. 75. Autorizada a representação de obra teatral feita em coautoria, não poderá qualquer dos coautores revogar a autorização dada, provocando a suspensão da temporada contratualmente ajustada.

Art. 76. É impenhorável a parte do produto dos espetáculos reservada ao autor e aos artistas.

▶ Art. 833 do CPC/2015.

CAPÍTULO III
DA UTILIZAÇÃO DA OBRA DE ARTE PLÁSTICA

Art. 77. Salvo convenção em contrário, o autor de obra de arte plástica, ao alienar o objeto em que ela se materializa, transmite o direito de expô-la, mas não transmite ao adquirente o direito de reproduzi-la.

Art. 78. A autorização para reproduzir obra de arte plástica, por qualquer processo, deve se fazer por escrito e se presume onerosa.

CAPÍTULO IV
DA UTILIZAÇÃO DA OBRA FOTOGRÁFICA

Art. 79. O autor de obra fotográfica tem direito a reproduzi-la e colocá-la à venda, observadas as restrições à exposição, reprodução e venda de retratos, e sem prejuízo dos direitos de autor sobre a obra fotografada, se de artes plásticas protegidas.

§ 1º A fotografia, quando utilizada por terceiros, indicará de forma legível o nome do seu autor.

§ 2º É vedada a reprodução de obra fotográfica que não esteja em absoluta consonância com o original, salvo prévia autorização do autor.

CAPÍTULO V
DA UTILIZAÇÃO DE FONOGRAMA

Art. 80. Ao publicar o fonograma, o produtor mencionará em cada exemplar:

▶ Art. 5º, IX, desta Lei.

I – o título da obra incluída e seu autor;
II – o nome ou pseudônimo do intérprete;
III – o ano de publicação;
IV – o seu nome ou marca que o identifique.

CAPÍTULO VI
DA UTILIZAÇÃO DA OBRA AUDIOVISUAL

Art. 81. A autorização do autor e do intérprete de obra literária, artística ou científica para produção audiovisual implica, salvo disposição em contrário, consentimento para sua utilização econômica.

▶ Art. 5º, VIII, *i*, desta Lei.

§ 1º A exclusividade da autorização depende de cláusula expressa e cessa dez anos após a celebração do contrato.

§ 2º Em cada cópia da obra audiovisual, mencionará o produtor:

I – o título da obra audiovisual;
II – os nomes ou pseudônimos do diretor e dos demais coautores;
III – o título da obra adaptada e seu autor, se for o caso;
IV – os artistas intérpretes;
V – o ano de publicação;
VI – o seu nome ou marca que o identifique;
VII – o nome dos dubladores.

▶ Inciso VII acrescido pela Lei nº 12.091, de 11-11-2009.

Art. 82. O contrato de produção audiovisual deve estabelecer:

I – a remuneração devida pelo produtor aos coautores da obra e aos artistas intérpretes e executantes, bem como o tempo, lugar e forma de pagamento;
II – o prazo de conclusão da obra;
III – a responsabilidade do produtor para com os coautores, artistas intérpretes ou executantes, no caso de coprodução.

Art. 83. O participante da produção da obra audiovisual que interromper, temporária ou definitivamente, sua atuação, não poderá opor-se a que esta seja utilizada na obra nem a que terceiro o substitua, resguardados os direitos que adquiriu quanto à parte já executada.

Art. 84. Caso a remuneração dos coautores da obra audiovisual dependa dos rendimentos de sua utilização econômica, o produtor lhes prestará contas semestralmente, se outro prazo não houver sido pactuado.

Art. 85. Não havendo disposição em contrário, poderão os coautores da obra audiovisual utilizar-se, em gênero diverso, da parte que constitua sua contribuição pessoal.

Parágrafo único. Se o produtor não concluir a obra audiovisual no prazo ajustado ou não iniciar sua exploração dentro de dois anos, a contar de sua conclusão, a utilização a que se refere este artigo será livre.

Art. 86. Os direitos autorais de execução musical relativos a obras musicais, lítero-musicais e fonogramas incluídos em obras audiovisuais serão devidos aos seus titulares pelos responsáveis dos locais ou estabelecimentos a que alude o § 3º do artigo 68 desta Lei, que as exibirem, ou pelas emissoras de televisão que as transmitirem.

CAPÍTULO VII
DA UTILIZAÇÃO DE BASES DE DADOS

Art. 87. O titular do direito patrimonial sobre uma base de dados terá o direito exclusivo, a respeito da forma de expressão da estrutura da referida base, de autorizar ou proibir:

I – sua reprodução total ou parcial, por qualquer meio ou processo;
II – sua tradução, adaptação, reordenação ou qualquer outra modificação;
III – a distribuição do original ou cópias da base de dados ou a sua comunicação ao público;
IV – a reprodução, distribuição ou comunicação ao público dos resultados das operações mencionadas no inciso II deste artigo.

CAPÍTULO VIII
DA UTILIZAÇÃO DA OBRA COLETIVA

Art. 88. Ao publicar a obra coletiva, o organizador mencionará em cada exemplar:

▶ Art. 5º, VIII, *h*, desta Lei.

I – o título da obra;
II – a relação de todos os participantes, em ordem alfabética, se outra não houver sido convencionada;
III – o ano de publicação;
IV – o seu nome ou marca que o identifique.

Parágrafo único. Para valer-se do disposto no § 1º do artigo 17, deverá o participante notificar o organizador, por escrito, até a entrega de sua participação.

TÍTULO V – DOS DIREITOS CONEXOS

CAPÍTULO I
DISPOSIÇÕES PRELIMINARES

Art. 89. As normas relativas aos direitos de autor aplicam-se, no que couber, aos direitos dos artistas intérpretes ou executantes, dos produtores fonográficos e das empresas de radiodifusão.

Parágrafo único. A proteção desta Lei aos direitos previstos neste artigo deixa intactas e não afeta as garantias asseguradas aos autores das obras literárias, artísticas ou científicas.

CAPÍTULO II
DOS DIREITOS DOS ARTISTAS INTÉRPRETES OU EXECUTANTES

Art. 90. Tem o artista intérprete ou executante o direito exclusivo de, a título oneroso ou gratuito, autorizar ou proibir:

I – a fixação de suas interpretações ou execuções;
II – a reprodução, a execução pública e a locação das suas interpretações ou execuções fixadas;
III – a radiodifusão das suas interpretações ou execuções, fixadas ou não;
IV – a colocação à disposição do público de suas interpretações ou execuções, de maneira que qualquer pessoa a elas possa ter acesso, no tempo e no lugar que individualmente escolherem;
V – qualquer outra modalidade de utilização de suas interpretações ou execuções.

§ 1º Quando na interpretação ou na execução participarem vários artistas, seus direitos serão exercidos pelo diretor do conjunto.

§ 2º A proteção aos artistas intérpretes ou executantes estende-se à reprodução da voz e imagem, quando associadas às suas atuações.

Art. 91. As empresas de radiodifusão poderão realizar fixações de interpretação ou execução de artistas que as tenham permitido para utilização em determinado número de emissões, facultada sua conservação em arquivo público.

Parágrafo único. A reutilização subsequente da fixação, no País ou no exterior, somente será lícita mediante autorização escrita dos titulares de bens intelectuais incluídos no programa, devida uma remuneração adicional aos titulares para cada nova utilização.

Art. 92. Aos intérpretes cabem os direitos morais de integridade e paternidade de suas interpretações, inclusive depois da cessão dos direitos patrimoniais, sem prejuízo da redução, compactação, edição ou dublagem da obra de que tenham participado, sob a responsabilidade do produtor, que não poderá desfigurar a interpretação do artista.

▶ Art. 81, § 2º, VII, desta Lei.

Parágrafo único. O falecimento de qualquer participante de obra audiovisual, concluída ou não, não obsta sua exibição e aproveitamento econômico, nem exige autorização adicional, sendo a remuneração prevista para o falecido, nos termos do contrato e da lei, efetuada a favor do espólio ou dos sucessores.

CAPÍTULO III
DOS DIREITOS DOS PRODUTORES FONOGRÁFICOS

Art. 93. O produtor de fonogramas tem o direito exclusivo de, a título oneroso ou gratuito, autorizar-lhes ou proibir-lhes:

I – a reprodução direta ou indireta, total ou parcial;

II – a distribuição por meio da venda ou locação de exemplares da reprodução;

III – a comunicação ao público por meio da execução pública, inclusive pela radiodifusão;

IV – VETADO;

V – quaisquer outras modalidades de utilização, existentes ou que venham a ser inventadas.

Art. 94. *Revogado.* Lei nº 12.853, de 14-8-2013.

CAPÍTULO IV
DOS DIREITOS DAS EMPRESAS DE RADIODIFUSÃO

Art. 95. Cabe às empresas de radiodifusão o direito exclusivo de autorizar ou proibir a retransmissão, fixação e reprodução de suas emissões, bem como a comunicação ao público, pela televisão, em locais de frequência coletiva, sem prejuízo dos direitos dos titulares de bens intelectuais incluídos na programação.

CAPÍTULO V
DA DURAÇÃO DOS DIREITOS CONEXOS

Art. 96. É de setenta anos o prazo de proteção aos direitos conexos, contados a partir de 1º de janeiro do ano subsequente à fixação, para os fonogramas; à transmissão, para as emissões das empresas de radiodifusão; e à execução e representação pública, para os demais casos.

TÍTULO VI – DAS ASSOCIAÇÕES DE TITULARES DE DIREITOS DE AUTOR E DOS QUE LHES SÃO CONEXOS

Art. 97. Para o exercício e defesa de seus direitos, podem os autores e os titulares de direitos conexos associar-se sem intuito de lucro.

▶ Art. 109 desta Lei.

§ 1º As associações reguladas por este artigo exercem atividade de interesse público, por determinação desta Lei, devendo atender a sua função social.

§ 2º É vedado pertencer, simultaneamente, a mais de uma associação para a gestão coletiva de direitos da mesma natureza.

§ 3º Pode o titular transferir-se, a qualquer momento, para outra associação, devendo comunicar o fato, por escrito, à associação de origem.

▶ §§ 1º a 3º com a redação dada pela Lei nº 12.853, de 14-8-2013.

§ 4º As associações com sede no exterior far-se-ão representar, no País, por associações nacionais constituídas na forma prevista nesta Lei.

§ 5º Apenas os titulares originários de direitos de autor ou de direitos conexos filiados diretamente às associações nacionais poderão votar ou ser votados nas associações reguladas por este artigo.

§ 6º Apenas os titulares originários de direitos de autor ou de direitos conexos, nacionais ou estrangeiros domiciliados no Brasil, filiados diretamente às associações nacionais poderão assumir cargos de direção nas associações reguladas por este artigo.

▶ §§ 4º a 6º acrescidos pela Lei nº 12.853, de 14-8-2013.

Art. 98. Com o ato de filiação, as associações de que trata o art. 97 tornam-se mandatárias de seus associados para a prática de todos os atos necessários à defesa judicial ou extrajudicial de seus direitos autorais, bem como para o exercício da atividade de cobrança desses direitos.

▶ *Caput* com a redação dada pela Lei nº 12.853, de 14-8-2013.

▶ Art. 109 desta Lei.

§ 1º O exercício da atividade de cobrança citada no *caput* somente será lícito para as associações que obtiverem habilitação em órgão da Administração Pública Federal, nos termos do art. 98-A.

§ 2º As associações deverão adotar os princípios da isonomia, eficiência e transparência na cobrança pela utilização de qualquer obra ou fonograma.

§ 3º Caberá às associações, no interesse dos seus associados, estabelecer os preços pela utilização de seus repertórios, considerando a razoabilidade, a boa-fé e os usos do local de utilização das obras.

§ 4º A cobrança será sempre proporcional ao grau de utilização das obras e fonogramas pelos usuários, considerando a importância da execução pública no exercício de suas atividades, e as particularidades de cada segmento, conforme disposto no regulamento desta Lei.

§ 5º As associações deverão tratar seus associados de forma equitativa, sendo vedado o tratamento desigual.

§ 6º As associações deverão manter um cadastro centralizado de todos os contratos, declarações ou documentos de qualquer natureza que comprovem a autoria e a titularidade das obras e dos fonogramas, bem como as participações individuais em cada obra e em cada fonograma, prevenindo o falseamento de dados e fraudes e promovendo a desambiguação de títulos similares de obras.

§ 7º As informações mencionadas no § 6º são de interesse público e o acesso a elas deverá ser disponibilizado por meio eletrônico a qualquer interessado, de forma gratuita, permitindo-se ainda ao Ministério da Cultura o acesso contínuo e integral a tais informações.

§ 8º Mediante comunicação do interessado e preservada a ampla defesa e o direito ao contraditório, o Ministério da Cultura poderá, no caso de inconsistência nas informações mencionadas no § 6º deste artigo, determinar sua retificação e demais medidas necessárias à sua regularização, conforme disposto em regulamento.

§ 9º As associações deverão disponibilizar sistema de informação para comunicação periódica, pelo usuário, da totalidade das obras e fonogramas utilizados, bem como para acompanhamento, pelos titulares de direitos, dos valores arrecadados e distribuídos.

§ 10. Os créditos e valores não identificados deverão permanecer retidos e à disposição dos titulares pelo período de 5 (cinco) anos, devendo ser distribuídos à medida da sua identificação.

§ 11. Findo o período de 5 (cinco) anos previsto no § 10 sem que tenha ocorrido a identificação dos créditos e valores retidos, estes serão distribuídos aos titulares de direitos de autor e de direitos conexos dentro da mesma rubrica em que foram arrecadados e na proporção de suas respectivas arrecadações durante o período da retenção daqueles créditos e valores, sendo vedada a sua destinação para outro fim.

§ 12. A taxa de administração praticada pelas associações no exercício da cobrança e distribuição de direitos autorais deverá ser proporcional ao custo efetivo de suas operações, considerando as peculiaridades de cada uma delas.

§ 13. Os dirigentes das associações serão eleitos para mandato de 3 (três) anos, permitida uma única recondução precedida de nova eleição.

§ 14. Os dirigentes das associações atuarão diretamente em sua gestão, por meio de voto pessoal, sendo vedado que atuem representados por terceiros.

▶ §§ 1º a 14 acrescidos pela Lei nº 12.853, de 14-8-2013.

§ 15. Os titulares de direitos autorais poderão praticar pessoalmente os atos referidos no *caput* e no § 3º deste artigo, mediante comunicação à associação a que estiverem filiados, com até 48 (quarenta e oito) horas de antecedência da sua prática.

▶ Antigo parágrafo único transformado em § 15 e com a redação dada pela Lei nº 12.853, de 14-8-2013.

§ 16. As associações, por decisão do seu órgão máximo de deliberação e conforme previsto em seus estatutos, poderão destinar até 20% (vinte por cento) da totalidade ou de parte dos recursos oriundos de suas atividades para ações de natureza cultural e social que beneficiem seus associados de forma coletiva.

▶ § 16 acrescido pela Lei nº 12.853, de 14-8-2013.

Art. 98-A. O exercício da atividade de cobrança de que trata o art. 98 dependerá de habilitação prévia em órgão da Administração Pública Federal, conforme disposto em regulamento, cujo processo administrativo observará:

I – o cumprimento, pelos estatutos da entidade solicitante, dos requisitos estabelecidos na legislação para sua constituição;

II – a demonstração de que a entidade solicitante reúne as condições necessárias para assegurar uma administração eficaz e transparente dos direitos a ela confiados e significativa representatividade de obras e titulares cadastrados, mediante comprovação dos seguintes documentos e informações:

a) cadastros das obras e titulares que representam;

b) contratos e convênios mantidos com usuários de obras de seus repertórios, quando aplicável;

c) estatutos e respectivas alterações;

d) atas das assembleias ordinárias ou extraordinárias;

e) acordos de representação recíproca com entidades congêneres estrangeiras, quando existentes;

f) relatório anual de suas atividades, quando aplicável;

g) demonstrações contábeis anuais, quando aplicável;

h) demonstração de que as taxas de administração são proporcionais aos custos de cobrança e distribuição para cada tipo de utilização, quando aplicável;

i) relatório anual de auditoria externa de suas contas, desde que a entidade funcione há mais de 1 (um) ano e que a auditoria seja demandada pela maioria de seus associados ou por sindicato ou associação profissional, nos termos do art. 100;

j) detalhamento do modelo de governança da associação, incluindo estrutura de representação isonômica dos associados;

k) plano de cargos e salários, incluindo valor das remunerações dos dirigentes, gratificações, bonificações e outras modalidades de remuneração e premiação, com valores atualizados;

III – outras informações estipuladas em regulamento por órgão da Administração Pública Federal, como as que demonstrem o cumprimento das obrigações internacionais contratuais da entidade solicitante que possam ensejar questionamento ao Estado Brasileiro no âmbito dos acordos internacionais dos quais é parte.

§ 1º Os documentos e informações a que se referem os incisos II e III do *caput* deste artigo deverão ser apresentados anualmente ao Ministério da Cultura.

§ 2º A habilitação de que trata o § 1º do art. 98 é um ato de qualificação vinculado ao cumprimento dos requisitos instituídos por esta Lei e por seu regulamento e não precisará ser renovada periodicamente, mas poderá ser anulada mediante decisão proferida em processo administrativo ou judicial, quando verificado que a associação não atende ao disposto nesta Lei, assegurados sempre o contraditório e ampla defesa, bem como a comunicação do fato ao Ministério Público.

§ 3º A anulação da habilitação a que se refere o § 1º do art. 98 levará em consideração a gravidade e a relevância das irregularidades identificadas, a boa-fé do infrator e a reincidência nas irregularidades, conforme disposto em regulamento, e somente se efetivará após a aplicação de advertência, quando se concederá prazo razoável para atendimento das exigências apontadas pela autoridade competente.

§ 4º A ausência de uma associação que seja mandatária de determinada categoria de titulares em função da aplicação do § 2º deste artigo não isenta os usuários das obrigações previstas no art. 68, que deverão ser quitadas em relação ao período compreendido entre o indeferimento do pedido de habilitação, a anulação ou o cancelamento da habilitação e a obtenção de nova habilitação ou constituição de entidade sucessora nos termos deste artigo, ficando a entidade sucessora responsável pela fixação dos valores dos direitos autorais ou conexos em relação ao período compreendido entre o indeferimento do pedido de habilitação ou sua anulação e a obtenção de nova habilitação pela entidade sucessora.

§ 5º A associação cuja habilitação, nos termos deste artigo, seja anulada, inexistente ou pendente de apreciação pela autoridade competente, ou apresente qualquer outra forma de irregularidade, não poderá utilizar tais fatos como impedimento para distribuição de eventuais valores já arrecadados, sob pena de responsabilização direta de seus dirigentes nos termos do art. 100-A, sem prejuízo das sanções penais cabíveis.

§ 6º As associações de gestão coletiva de direitos autorais deverão manter atualizados e disponíveis aos associados os documentos e as informações previstos nos incisos II e III deste artigo.

Art. 98-B. As associações de gestão coletiva de direitos autorais, no desempenho de suas funções, deverão:

I – dar publicidade e transparência, por meio de sítios eletrônicos próprios, às formas de cálculo e critérios de cobrança, discriminando, dentre outras informações, o tipo de usuário, tempo e lugar de utilização, bem como os critérios de distribuição dos valores dos direitos autorais arrecadados, incluídas as planilhas e demais registros de utilização das obras e fonogramas fornecidas pelos usuários, excetuando os valores distribuídos aos titulares individualmente;

II – dar publicidade e transparência, por meio de sítios eletrônicos próprios, aos estatutos, aos regulamentos de arrecadação e distribuição, às atas de suas reuniões deliberativas e aos cadastros das obras e titulares que representam, bem como ao montante arrecadado e distribuído e aos créditos eventualmente arrecadados e não distribuídos, sua origem e o motivo da sua retenção;

III – buscar eficiência operacional, dentre outros meios, pela redução de seus custos administrativos e dos prazos de distribuição dos valores aos titulares de direitos;

IV – oferecer aos titulares de direitos os meios técnicos para que possam acessar o balanço dos seus créditos da forma mais eficiente dentro do estado da técnica;

V – aperfeiçoar seus sistemas para apuração cada vez mais acurada das execuções públicas realizadas e publicar anualmente seus métodos de verificação, amostragem e aferição;

VI – garantir aos associados o acesso às informações referentes às obras sobre as quais sejam titulares de direitos e às execuções aferidas para cada uma delas, abstendo-se de firmar contratos, convênios ou pactos com cláusula de confidencialidade;

VII – garantir ao usuário o acesso às informações referentes às utilizações por ele realizadas.

Parágrafo único. As informações contidas nos incisos I e II devem ser atualizadas periodicamente, em intervalo nunca superior a 6 (seis) meses.

Art. 98-C. As associações de gestão coletiva de direitos autorais deverão prestar contas dos valores devidos, em caráter regular e de modo direto, aos seus associados.

§ 1º O direito à prestação de contas poderá ser exercido diretamente pelo associado.

§ 2º Se as contas não forem prestadas na forma do § 1º, o pedido do associado poderá ser encaminhado ao Ministério da Cultura que, após sua apreciação, poderá determinar a prestação de contas pela associação, na forma do regulamento.

► Arts. 98-A a 98-C acrescidos pela Lei nº 12.853, de 14-8-2013.

Art. 99. A arrecadação e distribuição dos direitos relativos à execução pública de obras musicais e literomusicais e de fonogramas será feita por meio das associações de gestão coletiva criadas para este fim por seus titulares, as quais deverão unificar a cobrança em um único escritório central para arrecadação e distribuição, que funcionará como ente arrecadador com personalidade jurídica própria e observará os §§ 1º a 12 do art. 98 e os arts. 98-A, 98-B, 98-C, 99-B, 100, 100-A e 100-B.

► *Caput* com a redação dada pela Lei nº 12.853, de 14-8-2013.

► Arts. 68, § 4º, e 109 desta Lei.

§ 1º O ente arrecadador organizado na forma prevista no *caput* não terá finalidade de lucro e será dirigido e administrado por meio do voto unitário de cada associação que o integra.

§ 2º O ente arrecadador e as associações a que se refere este Título atuarão em juízo e fora dele em seus próprios nomes como substitutos processuais dos titulares a eles vinculados.

§ 3º O recolhimento de quaisquer valores pelo ente arrecadador somente se fará por depósito bancário.

§ 4º A parcela destinada à distribuição aos autores e demais titulares de direitos não poderá, em um ano da data de publicação desta Lei, ser inferior a 77,5% (setenta e sete inteiros e cinco décimos por cento) dos valores arrecadados, aumentando-se tal parcela à razão de 2,5% a.a. (dois inteiros e cinco décimos por cento ao ano), até que, em 4 (quatro) anos da data de publicação desta Lei, ela não seja inferior a 85% (oitenta e cinco por cento) dos valores arrecadados.

§ 5º O ente arrecadador poderá manter fiscais, aos quais é vedado receber do usuário numerário a qualquer título.

► §§ 1º a 5º com a redação dada pela Lei nº 12.853, de 14-8-2013.

§ 6º A inobservância da norma do § 5º tornará o faltoso inabilitado à função de fiscal, sem prejuízo da comunicação do fato ao Ministério Público e da aplicação das sanções civis e penais cabíveis.

§ 7º Cabe ao ente arrecadador e às associações de gestão coletiva zelar pela continuidade da arrecadação e, no caso de perda da habilitação por alguma associação, cabe a ela cooperar para que a transição entre associações seja realizada sem qualquer prejuízo aos titulares, transferindo-se todas as informações necessárias ao processo de arrecadação e distribuição de direitos.

§ 8º Sem prejuízo do disposto no § 3º do art. 98, as associações devem estabelecer e unificar o preço de seus repertórios junto ao ente arrecadador para a sua cobrança, atuando este como mandatário das associações que o integram.

§ 9º O ente arrecadador cobrará do usuário de forma unificada, e se encarregará da devida distribuição da arrecadação às associações, observado o disposto nesta Lei, especialmente os critérios estabelecidos nos §§ 3º e 4º do art. 98.

► §§ 6º a 9º acrescidos pela Lei nº 12.853, de 14-8-2013.

Art. 99-A. O ente arrecadador de que trata o *caput* do art. 99 deverá admitir em seus quadros, além das associações que o constituíram, as associações de titulares de direitos autorais que tenham pertinência com sua área de atuação e estejam habilitadas em órgão da Administração Pública Federal na forma do art. 98-A.

Parágrafo único. As deliberações quanto aos critérios de distribuição dos recursos arrecadados serão tomadas por meio do voto unitário de cada associação que integre o ente arrecadador.

Art. 99-B. As associações referidas neste Título estão sujeitas às regras concorrenciais definidas em legislação específica que trate da prevenção e repressão às infrações contra a ordem econômica.

► Arts. 99-A e 99-B acrescidos pela Lei nº 12.853, de 14-8-2013.

Art. 100. O sindicato ou associação profissional que congregue filiados de uma associação de gestão coletiva de direitos autorais poderá, 1 (uma) vez por ano, às suas expensas, após notificação, com 8 (oito) dias de antecedência, fiscalizar, por intermédio de auditor independente, a exatidão das contas prestadas por essa associação autoral a seus representados.

► Artigo com a redação dada pela Lei nº 12.853, de 14-8-2013.

Art. 100-A. Os dirigentes das associações de gestão coletiva de direitos autorais respondem solidariamente, com seus bens particulares, por desvio de finalidade ou quanto ao inadimplemento das obrigações para com os associados, por dolo ou culpa.

Art. 100-B. Os litígios entre usuários e titulares de direitos autorais ou seus mandatários, em relação à falta de pagamento, aos critérios de cobrança, às formas de oferecimento de repertório e aos valores de arrecadação, e entre titulares e suas associações, em relação aos valores e critérios de distribuição, poderão ser objeto da atuação de órgão da Administração Pública Federal para a resolução de conflitos por meio de mediação ou arbitragem, na forma do regulamento, sem prejuízo da apreciação pelo Poder Judiciário e pelos órgãos do Sistema Brasileiro de Defesa da Concorrência, quando cabível.

► Arts. 100-A e 100-B acrescidos pela Lei nº 12.853, de 14-8-2013.

TÍTULO VII – DAS SANÇÕES ÀS VIOLAÇÕES DOS DIREITOS AUTORAIS

CAPÍTULO I – DISPOSIÇÃO PRELIMINAR

Art. 101. As sanções civis de que trata este Capítulo aplicam-se sem prejuízo das penas cabíveis.

CAPÍTULO II – DAS SANÇÕES CIVIS

Art. 102. O titular cuja obra seja fraudulentamente reproduzida, divulgada ou de qualquer forma utilizada, poderá requerer a apreensão dos exemplares reproduzidos ou a suspensão da divulgação, sem prejuízo da indenização cabível.

Art. 103. Quem editar obra literária, artística ou científica, sem autorização do titular, perderá para este os exemplares que se apreenderem e pagar-lhe-á o preço dos que tiver vendido.

Parágrafo único. Não se conhecendo o número de exemplares que constituem a edição fraudulenta, pagará o transgressor o valor de três mil exemplares, além dos apreendidos.

Art. 104. Quem vender, expuser a venda, ocultar, adquirir, distribuir, tiver em depósito ou utilizar obra ou fonograma reproduzidos com fraude, com a finalidade de vender, obter ganho, vantagem, proveito, lucro direto ou indireto, para si ou para outrem, será solidariamente responsável com o contrafator, nos termos dos artigos precedentes, respondendo como contrafatores o importador e o distribuidor em caso de reprodução no exterior.

Art. 105. A transmissão e a retransmissão, por qualquer meio ou processo, e a comunicação ao público de obras artísticas, literárias e científicas, de interpretações e de fonogramas, realizadas mediante violação aos direitos de seus titulares, deverão ser imediatamente suspensas ou interrompidas pela autoridade judicial competente, sem prejuízo da multa diária pelo descumprimento e das demais indenizações cabíveis, independentemente das sanções penais aplicáveis; caso se comprove que o infrator é reincidente na violação aos direitos dos titulares de direitos de autor e conexos, o valor da multa poderá ser aumentado até o dobro.

Art. 106. A sentença condenatória poderá determinar a destruição de todos os exemplares ilícitos, bem como as matrizes, moldes, negativos e demais elementos utilizados para praticar o ilícito civil, assim como a perda de máquinas, equipamentos e insumos destinados a tal fim ou, servindo eles unicamente para o fim ilícito, sua destruição.

Art. 107. Independentemente da perda dos equipamentos utilizados, responderá por perdas e danos, nunca inferiores ao valor que resultaria da aplicação do disposto no artigo 103 e seu parágrafo único, quem:

I – alterar, suprimir, modificar ou inutilizar, de qualquer maneira, dispositivos técnicos introduzidos nos exemplares das obras e produções protegidas para evitar ou restringir sua cópia;

II – alterar, suprimir ou inutilizar, de qualquer maneira, os sinais codificados destinados a restringir a comunicação ao público de obras, produções ou emissões protegidas ou a evitar a sua cópia;

III – suprimir ou alterar, sem autorização, qualquer informação sobre a gestão de direitos;

IV – distribuir, importar para distribuição, emitir, comunicar ou puser à disposição do público, sem autorização, obras, interpretações ou execuções, exemplares de interpretações fixadas em fonogramas e emissões, sabendo que a informação sobre a gestão de direitos, sinais codificados e dispositivos técnicos foram suprimidos ou alterados sem autorização.

Art. 108. Quem, na utilização, por qualquer modalidade, de obra intelectual, deixar de indicar ou de anunciar, como tal, o nome, pseudônimo ou sinal convencional do autor e do intérprete, além de responder por danos morais, está obrigado a divulgar-lhes a identidade da seguinte forma:

I – tratando-se de empresa de radiodifusão, no mesmo horário em que tiver ocorrido a infração, por três dias consecutivos;

II – tratando-se de publicação gráfica ou fonográfica, mediante inclusão de errata nos exemplares ainda não distribuídos, sem prejuízo de comunicação, com destaque, por três vezes consecutivas em jornal de grande circulação, dos domicílios do autor, do intérprete e do editor ou produtor;

III – tratando-se de outra forma de utilização, por intermédio da imprensa, na forma a que se refere o inciso anterior.

Art. 109. A execução pública feita em desacordo com os artigos 68, 97, 98 e 99 desta Lei sujeitará os responsáveis a multa de vinte vezes o valor que deveria ser originariamente pago.

Art. 109-A. A falta de prestação ou a prestação de informações falsas no cumprimento do disposto no § 6º do art. 68 e no § 9º do art. 98 sujeitará os responsáveis, por determinação da autoridade competente e nos termos do regulamento desta Lei, a multa de 10 (dez) a 30% (trinta por cento) do valor que deveria ser originariamente pago, sem prejuízo das perdas e danos.

Parágrafo único. Aplicam-se as regras da legislação civil quanto ao inadimplemento das obrigações no caso de descumprimento, pelos usuários, dos seus deveres legais e contratuais junto às associações referidas neste Título.

► Art. 109-A acrescido pela Lei nº 12.853, de 14-8-2013.

Art. 110. Pela violação de direitos autorais nos espetáculos e audições públicas, realizados nos locais ou estabelecimentos a que alude o artigo 68, seus proprietários, diretores, gerentes, empresários e arrendatários respondem solidariamente com os organizadores dos espetáculos.

CAPÍTULO III – DA PRESCRIÇÃO DA AÇÃO

► Arts. 205 e 206, §§ 3º, IV e V, e 5º, I, do CC.

Art. 111. VETADO.

TÍTULO VIII – DISPOSIÇÕES FINAIS E TRANSITÓRIAS

Art. 112. Se uma obra, em consequência de ter expirado o prazo de proteção que lhe era anteriormente reconhecido pelo § 2º do artigo 42 da Lei nº 5.988, de 14 de dezembro de 1973, caiu no domínio público, não terá o prazo de proteção dos direitos patrimoniais ampliado por força do artigo 41 desta Lei.

Art. 113. Os fonogramas, os livros e as obras audiovisuais sujeitar-se-ão a selos ou sinais de identificação sob a responsabilidade do produtor, distribuidor ou importador, sem ônus para o consumidor, com o fim de atestar o cumprimento das normas legais vigentes, conforme dispuser o regulamento.

► Dec. nº 4.533, de 19-12-2002, regulamenta este artigo no que se refere a fonogramas.

Art. 114. Esta Lei entra em vigor cento e vinte dias após sua publicação.

Art. 115. Ficam revogados os artigos 649 a 673 e 1.346 a 1.362 do Código Civil e as Leis nºs 4.944, de 6 de abril de 1966; 5.988, de 14 de dezembro de 1973, excetuando-se o artigo 17 e seus §§ 1º e 2º; 6.800, de 25 de junho de 1980; 7.123, de 12 de setembro de 1983; 9.045, de 18 de maio de 1995, e demais disposições em contrário, mantidos em vigor as Leis nºs 6.533, de 24 de maio de 1978, e 6.615, de 16 de dezembro de 1978.

Brasília, 19 de fevereiro de 1998;
177º da Independência e
110º da República.

Fernando Henrique Cardoso

LEI COMPLEMENTAR Nº 95, DE 26 DE FEVEREIRO DE 1998

Dispõe sobre a elaboração, a redação, a alteração e a consolidação das leis, conforme determina o parágrafo único do art. 59 da Constituição Federal, e estabelece normas para a consolidação dos atos normativos que menciona.

▸ Publicada no *DOU* de 27-2-1998.

CAPÍTULO I
DISPOSIÇÕES PRELIMINARES

Art. 1º A elaboração, a redação, a alteração e a consolidação das leis obedecerão ao disposto nesta Lei Complementar.

Parágrafo único. As disposições desta Lei Complementar aplicam-se, ainda, às medidas provisórias e demais atos normativos referidos no art. 59 da Constituição Federal, bem como, no que couber, aos decretos e aos demais atos de regulamentação expedidos por órgãos do Poder Executivo.

Art. 2º VETADO.

§ 1º VETADO.

§ 2º Na numeração das leis serão observados, ainda, os seguintes critérios:

I – as emendas à Constituição Federal terão sua numeração iniciada a partir da promulgação da Constituição;

II – as leis complementares, as leis ordinárias e as leis delegadas terão numeração sequencial em continuidade às séries iniciadas em 1946.

CAPÍTULO II
DAS TÉCNICAS DE ELABORAÇÃO, REDAÇÃO E ALTERAÇÃO DAS LEIS

Seção I
DA ESTRUTURAÇÃO DAS LEIS

Art. 3º A lei será estruturada em três partes básicas:

I – parte preliminar, compreendendo a epígrafe, a ementa, o preâmbulo, o enunciado do objeto e a indicação do âmbito de aplicação das disposições normativas;

II – parte normativa, compreendendo o texto das normas de conteúdo substantivo relacionadas com a matéria regulada;

III – parte final, compreendendo as disposições pertinentes às medidas necessárias à implementação das normas de conteúdo substantivo, às disposições transitórias, se for o caso, a cláusula de vigência e a cláusula de revogação, quando couber.

Art. 4º A epígrafe, grafada em caracteres maiúsculos, propiciará identificação numérica singular à lei e será formada pelo título designativo da espécie normativa, pelo número respectivo e pelo ano de promulgação.

Art. 5º A ementa será grafada por meio de caracteres que a realcem e explicitará, de modo conciso e sob a forma de título, o objeto da lei.

Art. 6º O preâmbulo indicará o órgão ou instituição competente para a prática do ato e sua base legal.

Art. 7º O primeiro artigo do texto indicará o objeto da lei e o respectivo âmbito de aplicação, observados os seguintes princípios:

I – excetuadas as codificações, cada lei tratará de um único objeto;

II – a lei não conterá matéria estranha a seu objeto ou a este não vinculada por afinidade, pertinência ou conexão;

III – o âmbito de aplicação da lei será estabelecido de forma tão específica quanto o possibilite o conhecimento técnico ou científico da área respectiva;

IV – o mesmo assunto não poderá ser disciplinado por mais de uma lei, exceto quando a subsequente se destine a complementar lei considerada básica, vinculando-se a esta por remissão expressa.

Art. 8º A vigência da lei será indicada de forma expressa e de modo a contemplar prazo razoável para que dela se tenha amplo conhecimento, reservada a cláusula "entra em vigor na data de sua publicação" para as leis de pequena repercussão.

§ 1º A contagem do prazo para entrada em vigor das leis que estabeleçam período de vacância far-se-á com a inclusão da data da publicação e do último dia do prazo, entrando em vigor no dia subsequente à sua consumação integral.

§ 2º As leis que estabeleçam período de vacância deverão utilizar a cláusula "esta lei entra em vigor após decorridos (o número de) dias de sua publicação oficial".

▸ §§ 1º e 2º acrescidos pela LC nº 107, de 26-4-2001.

Art. 9º A cláusula de revogação deverá enumerar, expressamente, as leis ou disposições legais revogadas.

▸ *Caput* com a redação dada pela LC nº 107, de 26-4-2001.

Parágrafo único. VETADO. LC nº 107, de 26-4-2001.

Seção II
DA ARTICULAÇÃO E DA REDAÇÃO DAS LEIS

Art. 10. Os textos legais serão articulados com observância dos seguintes princípios:

I – a unidade básica de articulação será o artigo, indicado pela abreviatura "Art.", seguida de numeração ordinal até o nono e cardinal a partir deste;

II – os artigos desdobrar-se-ão em parágrafos ou em incisos; os parágrafos em incisos, os incisos em alíneas e as alíneas em itens;

III – os parágrafos serão representados pelo sinal gráfico "§", seguido de numeração ordinal até o nono e cardinal a partir deste, utilizando-se, quando existente apenas um, a expressão "parágrafo único" por extenso;

IV – os incisos serão representados por algarismos romanos, as alíneas por letras minúsculas e os itens por algarismos arábicos;

V – o agrupamento de artigos poderá constituir Subseções; o de Subseções, a Seção; o de Seções, o Capítulo; o de Capítulos, o Título; o de Títulos, o Livro e o de Livros, a Parte;

VI – os Capítulos, Títulos, Livros e Partes serão grafados em letras maiúsculas e identificados por algarismos romanos, podendo estas últimas desdobrar-se em Parte Geral e Parte Especial ou ser subdivididas em partes expressas em numeral ordinal, por extenso;

VII – as Subseções e Seções serão identificadas em algarismos romanos, grafadas em letras minúsculas e postas em negrito ou caracteres que as coloquem em realce;

VIII – a composição prevista no inciso V poderá também compreender agrupamentos em Disposições Preliminares, Gerais, Finais ou Transitórias, conforme necessário.

Art. 11. As disposições normativas serão redigidas com clareza, precisão e ordem lógica, observadas, para esse propósito, as seguintes normas:

I – para a obtenção de clareza:

a) usar as palavras e as expressões em seu sentido comum, salvo quando a norma versar sobre assunto técnico, hipótese em que se empregará a nomenclatura própria da área em que se esteja legislando;

b) usar frases curtas e concisas;

c) construir as orações na ordem direta, evitando preciosismo, neologismo e adjetivações dispensáveis;

d) buscar a uniformidade do tempo verbal em todo o texto das normas legais, dando preferência ao tempo presente ou ao futuro simples do presente;

e) usar os recursos de pontuação de forma judiciosa, evitando os abusos de caráter estilístico;

II – para a obtenção de precisão:

a) articular a linguagem, técnica ou comum, de modo a ensejar perfeita compreensão do objetivo da lei e a permitir que seu texto evidencie com clareza o conteúdo e o alcance que o legislador pretende dar à norma;

b) expressar a ideia, quando repetida no texto, por meio das mesmas palavras, evitando o emprego de sinonímia com propósito meramente estilístico;

c) evitar o emprego de expressão ou palavra que confira duplo sentido ao texto;

d) escolher termos que tenham o mesmo sentido e significado na maior parte do território nacional, evitando o uso de expressões locais ou regionais;

e) usar apenas siglas consagradas pelo uso, observado o princípio de que a primeira referência no texto seja acompanhada de explicitação de seu significado;

f) grafar por extenso quaisquer referências a números e percentuais, exceto data, número de lei e nos casos em que houver prejuízo para a compreensão do texto;

▸ Alínea *f* com a redação dada pela LC nº 107, de 26-4-2001.

g) indicar, expressamente o dispositivo objeto de remissão, em vez de usar as expressões "anterior", "seguinte" ou equivalentes;

▸ Alínea *g* acrescida pela LC nº 107, de 26-4-2001.

III – para a obtenção de ordem lógica:

a) reunir sob as categorias de agregação – subseção, seção, capítulo, título e livro – apenas as disposições relacionadas com o objeto da lei;

b) restringir o conteúdo de cada artigo da lei a um único assunto ou princípio;

c) expressar por meio dos parágrafos os aspectos complementares à norma enunciada no *caput* do artigo e as exceções à regra por este estabelecida;

d) promover as discriminações e enumerações por meio dos incisos, alíneas e itens.

Seção III
DA ALTERAÇÃO DAS LEIS

Art. 12. A alteração da lei será feita:

I – mediante reprodução integral em novo texto, quando se tratar de alteração considerável;

II – mediante revogação parcial;

▸ Inciso II com a redação dada pela LC nº 107, de 26-4-2001.

III – nos demais casos, por meio de substituição, no próprio texto, do dispositivo alterado, ou acréscimo de dispositivo novo, observadas as seguintes regras:

a) *Revogado*. LC nº 107, de 26-4-2001;

b) é vedada, mesmo quando recomendável, qualquer renumeração de artigos e de unidades superiores ao artigo, referidas no inciso V do art. 10, devendo ser utilizado o mesmo número do artigo ou unidade imediatamente anterior, seguido de letras maiúsculas, em ordem alfabética, tantas quantas forem suficientes para identificar os acréscimos;

c) é vedado o aproveitamento do número de dispositivo revogado, vetado, declarado inconstitucional pelo Supremo Tribunal Federal ou de execução suspensa pelo Senado Federal em face de decisão do Supremo Tribunal Federal, devendo a lei alterada manter essa indicação, seguida da expressão "revogado", "vetado", "declarado inconstitucional, em controle concentrado, pelo Supremo Tribunal Federal", ou "execução suspensa pelo Senado Federal, na forma do art. 52, X, da Constituição Federal";

d) é admissível a reordenação interna das unidades em que se desdobra o artigo, identificando-se o artigo assim modificado por alteração de redação, supressão ou acréscimo com as letras "NR" maiúsculas, entre parênteses, uma única vez ao seu final, obedecidas, quando for o caso, as prescrições da alínea c.

▸ Alíneas *b* a *d* com a redação dada pela LC nº 107, de 26-4-2001.

Parágrafo único. O termo "dispositivo" mencionado nesta Lei refere-se a artigos, parágrafos, incisos, alíneas ou itens.

▸ Parágrafo acrescido pela LC nº 107, de 26-4-2001.

CAPÍTULO III
DA CONSOLIDAÇÃO DAS LEIS E OUTROS ATOS NORMATIVOS

Seção I
DA CONSOLIDAÇÃO DAS LEIS

Art. 13. As leis federais serão reunidas em codificações e consolidações, integradas por volumes contendo matérias conexas ou afins, constituindo em seu todo a Consolidação da Legislação Federal.

§ 1º A consolidação consistirá na integração de todas as leis pertinentes a determinada matéria num único diploma legal, revogando-se formalmente as leis incorporadas à consolidação, sem modificação do alcance nem interrupção da força normativa dos dispositivos consolidados.

§ 2º Preservando-se o conteúdo normativo original dos dispositivos consolidados, poderão ser feitas as seguintes alterações nos projetos de lei de consolidação:

I – introdução de novas divisões do texto legal base;

II – diferente colocação e numeração dos artigos consolidados;

III – fusão de disposições repetitivas ou de valor normativo idêntico;

IV – atualização da denominação de órgãos e entidades da administração pública;

V – atualização de termos antiquados e modos de escrita ultrapassados;

VI – atualização do valor de penas pecuniárias, com base em indexação padrão;

VII – eliminação de ambiguidades decorrentes do mau uso do vernáculo;

VIII – homogeneização terminológica do texto;

IX – supressão de dispositivos declarados inconstitucionais pelo Supremo Tribunal Federal, observada, no que couber, a suspensão pelo Senado Federal de execução de dispositivos, na forma do art. 52, X, da Constituição Federal;

X – indicação de dispositivos não recepcionados pela Constituição Federal;

XI – declaração expressa de revogação de dispositivos implicitamente revogados por leis posteriores.

§ 3º As providências a que se referem os incisos IX, X e XI do § 2º deverão ser expressa e fundadamente justificadas, com indicação precisa das fontes de informação que lhes serviram de base.

▸ Art. 13 com a redação dada pela LC nº 107, de 26-4-2001.

Art. 14. Para a consolidação de que trata o art. 13 serão observados os seguintes procedimentos:

▸ *Caput* com a redação dada pela LC nº 107, de 26-4-2001.

I – o Poder Executivo ou o Poder Legislativo procederá ao levantamento da legislação federal em vigor e formulará projeto de lei de consolidação de normas que tratem da mesma matéria ou de assuntos a ela vinculados, com a indicação precisa dos diplomas legais expressa ou implicitamente revogados;

II – a apreciação dos projetos de lei de consolidação pelo Poder Legislativo será feita na forma do Regimento Interno de cada uma de suas Casas, em procedimento simplificado, visando a dar celeridade aos trabalhos;

▸ Incisos I e II com a redação dada pela LC nº 107, de 26-4-2001.

III – *Revogado*. LC nº 107, de 26-4-2001.

§ 1º Não serão objeto de consolidação as medidas provisórias ainda não convertidas em lei.

§ 2º A Mesa Diretora do Congresso Nacional, de qualquer de suas Casas e qualquer membro ou Comissão da Câmara dos Deputados, do Senado Federal ou do Congresso Nacional poderá formular projeto de lei de consolidação.

§ 3º Observado o disposto no inciso II do *caput*, será também admitido projeto de lei de consolidação destinado exclusivamente à:

I – declaração de revogação de leis e dispositivos implicitamente revogados ou cuja eficácia ou validade encontre-se completamente prejudicada;

II – inclusão de dispositivos ou diplomas esparsos em leis preexistentes, revogando-se as disposições assim consolidadas nos mesmos termos do § 1º do art. 13.

▸ §§ 1º a 3º com a redação dada pela LC nº 107, de 26-4-2001.

§ 4º VETADO. LC nº 107, de 26-4-2001.

Art. 15. Na primeira sessão legislativa de cada legislatura, a Mesa do Congresso Nacional promoverá a atualização da Consolidação das Leis Federais Brasileiras, incorporando às coletâneas que a integram as emendas constitucionais, leis, decretos legislativos e resoluções promulgadas durante a legislatura imediatamente anterior, ordenados e indexados sistematicamente.

Seção II
DA CONSOLIDAÇÃO DE OUTROS ATOS NORMATIVOS

Art. 16. Os órgãos diretamente subordinados à Presidência da República e os Ministérios, assim como as entidades da administração indireta, adotarão, em prazo estabelecido em decreto, as providências necessárias para, observado, no que couber, o procedimento a que se refere o art. 14, ser efetuada a triagem, o exame e a consolidação dos decretos de conteúdo normativo e geral e demais atos normativos inferiores em vigor, vinculados às respectivas áreas de competência, remetendo os textos consolidados à Presidência da República, que os examinará e reunirá em coletâneas, para posterior publicação.

Art. 17. O Poder Executivo, até cento e oitenta dias do início do primeiro ano do mandato presidencial, promoverá a atualização das coletâneas a que se refere o artigo anterior, incorporando aos textos que as integram os decretos e atos de conteúdo normativo e geral editados no último quadriênio.

CAPÍTULO IV
DISPOSIÇÕES FINAIS

Art. 18. Eventual inexatidão formal de norma elaborada mediante processo legislativo regular não constitui escusa válida para o seu descumprimento.

Art. 18-A. VETADO. LC nº 107, de 26-4-2001.

Art. 19. Esta Lei Complementar entra em vigor no prazo de noventa dias, a partir da data de sua publicação.

Brasília, 26 de fevereiro de 1998;
177º da Independência e
110º da República.

Fernando Henrique Cardoso

LEI Nº 9.613, DE 3 DE MARÇO DE 1998

Dispõe sobre os crimes de "lavagem" ou ocultação de bens, direitos e valores; a prevenção da utilização do sistema financeiro para os ilícitos previstos nesta Lei; cria o Conselho de Controle de Atividades Financeiras – COAF, e dá outras providências.

▸ Publicada no *DOU* de 4-3-1998.

CAPÍTULO I
DOS CRIMES DE "LAVAGEM" OU OCULTAÇÃO DE BENS, DIREITOS E VALORES

Art. 1º Ocultar ou dissimular a natureza, origem, localização, disposição, movimentação ou propriedade de bens, direitos ou valores provenientes, direta ou indiretamente, de infração penal.

▸ *Caput* com a redação dada pela Lei nº 12.683, de 9-7-2012.

▸ Art. 180 do CP.

▸ Art. 254 do CPM.

I a VIII – *Revogados*. Lei nº 12.683, de 9-7-2012.

Pena – reclusão, de 3 (três) a 10 (dez) anos, e multa.

▸ Pena com a redação dada pela Lei nº 12.683, de 9-7-2012.

LEGISLAÇÃO COMPLEMENTAR

§ 1º Incorre na mesma pena quem, para ocultar ou dissimular a utilização de bens, direitos ou valores provenientes de infração penal:

▸ *Caput* do § 1º com a redação dada pela Lei nº 12.683, de 9-7-2012.

I – os converte em ativos lícitos;

II – os adquire, recebe, troca, negocia, dá ou recebe em garantia, guarda, tem em depósito, movimenta ou transfere;

III – importa ou exporta bens com valores não correspondentes aos verdadeiros.

§ 2º Incorre, ainda, na mesma pena quem:

▸ *Caput* do § 2º com a redação dada pela Lei nº 12.683, de 9-7-2012.

I – utiliza, na atividade econômica ou financeira, bens, direitos ou valores provenientes de infração penal;

▸ Inciso I com a redação dada pela Lei nº 12.683, de 9-7-2012.

II – participa de grupo, associação ou escritório tendo conhecimento de que sua atividade principal ou secundária é dirigida à prática de crimes previstos nesta Lei.

§ 3º A tentativa é punida nos termos do parágrafo único do artigo 14 do Código Penal.

§ 4º A pena será aumentada de 1/3 (um terço) a 2/3 (dois terços) se os crimes definidos nesta Lei forem cometidos de forma reiterada, por intermédio de organização criminosa ou por meio da utilização de ativo virtual.

▸ § 4º com a redação dada pela Lei nº 14.478, de 21-12-2022.

§ 5º A pena poderá ser reduzida de um a dois terços e ser cumprida em regime aberto ou semiaberto, facultando-se ao juiz deixar de aplicá-la ou substituí-la, a qualquer tempo, por pena restritiva de direitos, se o autor, coautor ou partícipe colaborar espontaneamente com as autoridades, prestando esclarecimentos que conduzam à apuração das infrações penais, à identificação dos autores, coautores e partícipes, ou à localização dos bens, direitos ou valores objeto do crime.

▸ §§ 4º e 5º com a redação dada pela Lei nº 12.683, de 9-7-2012.

▸ Art. 65, III, *d*, do CP.

▸ Art. 72, III, *d*, do CPM.

▸ Art. 4º da Lei nº 12.850, de 2-8-2013 (Nova Lei do Crime Organizado).

§ 6º Para a apuração do crime de que trata este artigo, admite-se a utilização da ação controlada e da infiltração de agentes.

▸ § 6º acrescido pela Lei nº 13.964, de 24-12-2019.

CAPÍTULO II
DISPOSIÇÕES PROCESSUAIS ESPECIAIS

Art. 2º O processo e julgamento dos crimes previstos nesta Lei:

▸ Arts. 394 a 405 do CPP.

I – obedecem às disposições relativas ao procedimento comum dos crimes punidos com reclusão, da competência do juiz singular;

II – independem do processo e julgamento das infrações penais antecedentes, ainda que praticados em outro país, cabendo ao juiz competente para os crimes previstos nesta Lei a decisão sobre a unidade de processo e julgamento;

▸ Inciso II com a redação dada pela Lei nº 12.683, de 9-7-2012.

III – são da competência da Justiça Federal:

a) quando praticados contra o sistema financeiro e a ordem econômico-financeira, ou em detrimento de bens, serviços ou interesses da União, ou de suas entidades autárquicas ou empresas públicas;

b) quando a infração penal antecedente for de competência da Justiça Federal.

▸ Alínea *b* com a redação dada pela Lei nº 12.683, de 9-7-2012.

§ 1º A denúncia será instruída com indícios suficientes da existência da infração penal antecedente, sendo puníveis os fatos previstos nesta Lei, ainda que desconhecido ou isento de pena o autor, ou extinta a punibilidade da infração penal antecedente.

▸ Arts. 41 e 239 do CPP.

▸ Art. 77 do CPPM.

§ 2º No processo por crime previsto nesta Lei, não se aplica o disposto no art. 366 do Decreto-Lei nº 3.689, de 3 de outubro de 1941 (Código de Processo Penal), devendo o acusado que não comparecer nem constituir advogado ser citado por edital, prosseguindo o feito até o julgamento, com a nomeação de defensor dativo.

▸ §§ 1º e 2º com a redação dada pela Lei nº 12.683, de 9-7-2012.

Art. 3º *Revogado*. Lei nº 12.683, de 9-7-2012.

Art. 4º O juiz, de ofício, a requerimento do Ministério Público ou mediante representação do delegado de polícia, ouvido o Ministério Público em 24 (vinte e quatro) horas, havendo indícios suficientes de infração penal, poderá decretar medidas assecuratórias de bens, direitos ou valores do investigado ou acusado, ou existentes em nome de interpostas pessoas, que sejam instrumento, produto ou proveito dos crimes previstos nesta Lei ou das infrações penais antecedentes.

§ 1º Proceder-se-á à alienação antecipada para preservação do valor dos bens sempre que estiverem sujeitos a qualquer grau de deterioração ou depreciação, ou quando houver dificuldade para sua manutenção.

§ 2º O juiz determinará a liberação total ou parcial dos bens, direitos e valores quando comprovada a licitude de sua origem, mantendo-se a constrição dos bens, direitos e valores necessários e suficientes à reparação dos danos e ao pagamento de prestações pecuniárias, multas e custas decorrentes da infração penal.

§ 3º Nenhum pedido de liberação será conhecido sem o comparecimento pessoal do acusado ou de interposta pessoa a que se refere o *caput* deste artigo, podendo o juiz determinar a prática de atos necessários à conservação de bens, direitos ou valores, sem prejuízo do disposto no § 1º.

§ 4º Poderão ser decretadas medidas assecuratórias sobre bens, direitos ou valores para reparação do dano decorrente da infração penal antecedente ou da prevista nesta Lei ou para pagamento de prestação pecuniária, multa e custas.

▸ Art. 4º com a redação dada pela Lei nº 12.683, de 9-7-2012.

Art. 4º-A. A alienação antecipada para preservação de valor de bens sob constrição será decretada pelo juiz, de ofício, a requerimento do Ministério Público ou por solicitação da parte interessada, mediante petição autônoma, que será autuada em apartado e cujos autos terão tramitação em separado em relação ao processo principal.

§ 1º O requerimento de alienação deverá conter a relação de todos os demais bens, com a descrição e a especificação de cada um deles, e informações sobre quem os detém e local onde se encontram.

§ 2º O juiz determinará a avaliação dos bens, nos autos apartados, e intimará o Ministério Público.

§ 3º Feita a avaliação e dirimidas eventuais divergências sobre o respectivo laudo, o juiz, por sentença, homologará o valor atribuído aos bens e determinará sejam alienados em leilão ou pregão, preferencialmente eletrônico, por valor não inferior a 75% (setenta e cinco por cento) da avaliação.

§ 4º Realizado o leilão, a quantia apurada será depositada em conta judicial remunerada, adotando-se a seguinte disciplina:

I – nos processos de competência da Justiça Federal e da Justiça do Distrito Federal:

a) os depósitos serão efetuados na Caixa Econômica Federal ou em instituição financeira pública, mediante documento adequado para essa finalidade;

b) os depósitos serão repassados pela Caixa Econômica Federal ou por outra instituição financeira pública para a Conta Única do Tesouro Nacional, independentemente de qualquer formalidade, no prazo de 24 (vinte e quatro) horas; e

c) os valores devolvidos pela Caixa Econômica Federal ou por instituição financeira pública serão debitados à Conta Única do Tesouro Nacional, em subconta de restituição;

II – nos processos de competência da Justiça dos Estados:

a) os depósitos serão efetuados em instituição financeira designada em lei, preferencialmente pública, de cada Estado ou, na sua ausência, em instituição financeira pública da União;

b) os depósitos serão repassados para a conta única de cada Estado, na forma da respectiva legislação.

§ 5º Mediante ordem da autoridade judicial, o valor do depósito, após o trânsito em julgado da sentença proferida na ação penal, será:

I – em caso de sentença condenatória, nos processos de competência da Justiça Federal e da Justiça do Distrito Federal, incorporado definitivamente ao patrimônio da União, e, nos processos de competência da Justiça Estadual, incorporado ao patrimônio do Estado respectivo;

II – em caso de sentença absolutória extintiva de punibilidade, colocado à disposição do réu pela instituição financeira, acrescido da remuneração da conta judicial.

§ 6º A instituição financeira depositária manterá controle dos valores depositados ou devolvidos.

§ 7º Serão deduzidos da quantia apurada no leilão todos os tributos e multas incidentes sobre o bem alienado, sem prejuízo de iniciativas que, no âmbito da competência de cada ente da Federação, venham a desonerar bens sob constrição judicial daqueles ônus.

§ 8º Feito o depósito a que se refere o § 4º deste artigo, os autos da alienação serão apensados aos do processo principal.

§ 9º Terão apenas efeito devolutivo os recursos interpostos contra as decisões proferidas no curso do procedimento previsto neste artigo.

§ 10. Sobrevindo o trânsito em julgado de sentença penal condenatória, o juiz decretará, em favor, conforme o caso, da União ou do Estado:

I – a perda dos valores depositados na conta remunerada e da fiança;

II – a perda dos bens não alienados antecipadamente e daqueles aos quais não foi dada destinação prévia; e

III – a perda dos bens não reclamados no prazo de 90 (noventa) dias após o trânsito em julgado da sentença condenatória, ressalvado o direito de lesado ou terceiro de boa-fé.

§ 11. Os bens a que se referem os incisos II e III do § 10 deste artigo serão adjudicados ou levados a leilão, depositando-se o saldo na conta única do respectivo ente.

§ 12. O juiz determinará ao registro público competente que emita documento de habilitação à circulação e utilização dos bens colocados sob o uso e custódia das entidades a que se refere o *caput* deste artigo.

§ 13. Os recursos decorrentes da alienação antecipada de bens, direitos e valores oriundos do crime de tráfico ilícito de drogas e que tenham sido objeto de dissimulação e ocultação nos termos desta Lei permanecem submetidos à disciplina definida em lei específica.

Art. 4º-B. A ordem de prisão de pessoas ou as medidas assecuratórias de bens, direitos ou valores poderão ser suspensas pelo juiz, ouvido o Ministério Público, quando a sua execução imediata puder comprometer as investigações.

▶ Arts. 4º-A e 4º-B acrescidos pela Lei nº 12.683, de 9-7-2012.

Art. 5º Quando as circunstâncias o aconselharem, o juiz, ouvido o Ministério Público, nomeará pessoa física ou jurídica qualificada para a administração dos bens, direitos ou valores sujeitos a medidas assecuratórias, mediante termo de compromisso.

▶ Artigo com a redação dada pela Lei nº 12.683, de 9-7-2012.

Art. 6º A pessoa responsável pela administração dos bens:

▶ *Caput* com a redação dada pela Lei nº 12.683, de 9-7-2012.

I – fará jus a uma remuneração, fixada pelo juiz, que será satisfeita com o produto dos bens objeto da administração;

II – prestará, por determinação judicial, informações periódicas da situação dos bens sob sua administração, bem como explicações e detalhamentos sobre investimentos e reinvestimentos realizados.

Parágrafo único. Os atos relativos à administração dos bens sujeitos a medidas assecuratórias serão levados ao conhecimento do Ministério Público, que requererá o que entender cabível.

▶ Parágrafo único com a redação dada pela Lei nº 12.683, de 9-7-2012.

CAPÍTULO III

DOS EFEITOS DA CONDENAÇÃO

Art. 7º São efeitos da condenação, além dos previstos no Código Penal:

▶ Art. 5º, XLV, da CF.

▶ Arts. 91 e 92 do CP.

I – a perda, em favor da União – e dos Estados, nos casos de competência da Justiça Estadual –, de todos os bens, direitos e valores relacionados, direta ou indiretamente, à prática dos crimes previstos nesta Lei, inclusive aqueles utilizados para prestar a fiança, ressalvado o direito do lesado ou de terceiro de boa-fé;

▶ Inciso I com a redação dada pela Lei nº 12.683, de 9-7-2012.

▶ Art. 91, II, do CP.

II – a interdição do exercício de cargo ou função pública de qualquer natureza e de diretor, de membro de conselho de administração ou de gerência das pessoas jurídicas referidas no artigo 9º, pelo dobro do tempo da pena privativa de liberdade aplicada.

▶ Art. 92, I, do CP.

§ 1º A União e os Estados, no âmbito de suas competências, regulamentarão a forma de destinação dos bens, direitos e valores cuja perda houver sido declarada, assegurada, quanto aos processos de competência da Justiça Federal, a sua utilização pelos órgãos federais encarregados da prevenção, do combate, da ação penal e do julgamento dos crimes previstos nesta Lei, e, quanto aos processos de competência da Justiça Estadual, a preferência dos órgãos locais com idêntica função.

▶ Dec. nº 11.008, de 25-3-2022, regulamenta este parágrafo, para estabelecer a destinação de bens, direitos e valores cuja perda tenha sido declarada em processos de competência da justiça federal nos crimes de "lavagem" ou ocultação de bens, direitos e valores.

§ 2º Os instrumentos do crime sem valor econômico cuja perda em favor da União ou do Estado for decretada serão inutilizados ou doados a museu criminal ou a entidade pública, se houver interesse na sua conservação.

▶ §§ 1º e 2º acrescidos pela Lei nº 12.683, de 9-7-2012.

CAPÍTULO IV

DOS BENS, DIREITOS E VALORES ORIUNDOS DE CRIMES PRATICADOS NO ESTRANGEIRO

Art. 8º O juiz determinará, na hipótese de existência de tratado ou convenção internacional e por solicitação de autoridade estrangeira competente, medidas assecuratórias sobre bens, direitos ou valores oriundos de crimes descritos no art. 1º praticados no estrangeiro.

▶ *Caput* com a redação dada pela Lei nº 12.683, de 9-7-2012.

▶ Art. 109, V, da CF.

▶ Arts. 5º, 7º e 8º do CP.

§ 1º Aplica-se o disposto neste artigo, independentemente de tratado ou convenção internacional, quando o governo do país da autoridade solicitante prometer reciprocidade ao Brasil.

§ 2º Na falta de tratado ou convenção, os bens, direitos ou valores privados sujeitos a medidas assecuratórias por solicitação de autoridade estrangeira competente ou os recursos provenientes da sua alienação serão repartidos entre o Estado requerente e o Brasil, na proporção de metade, ressalvado o direito do lesado ou de terceiro de boa-fé.

▶ § 2º com a redação dada pela Lei nº 12.683, de 9-7-2012.

CAPÍTULO V

DAS PESSOAS SUJEITAS AO MECANISMO DE CONTROLE

▶ Denominação do Capítulo V dada pela Lei nº 12.683, de 9-7-2012.

Art. 9º Sujeitam-se às obrigações referidas nos arts. 10 e 11 as pessoas físicas e jurídicas que tenham, em caráter permanente ou eventual, como atividade principal ou acessória, cumulativamente ou não:

▶ *Caput* com a redação dada pela Lei nº 12.683, de 9-7-2012.

I – a captação, intermediação e aplicação de recursos financeiros de terceiros, em moeda nacional ou estrangeira;

II – a compra e venda de moeda estrangeira ou ouro como ativo financeiro ou instrumento cambial;

III – a custódia, emissão, distribuição, liquidação, negociação, intermediação ou administração de títulos ou valores mobiliários.

Parágrafo único. Sujeitam-se às mesmas obrigações:

I – as bolsas de valores, as bolsas de mercadorias ou futuros e os sistemas de negociação do mercado de balcão organizado;

▶ Inciso I com a redação dada pela Lei nº 12.683, de 9-7-2012.

II – as seguradoras, as corretoras de seguros e as entidades de previdência complementar ou de capitalização;

III – as administradoras de cartões de credenciamento ou cartões de crédito, bem como as administradoras de consórcios para aquisição de bens ou serviços;

IV – as administradoras ou empresas que se utilizem de cartão ou qualquer outro meio eletrônico, magnético ou equivalente, que permita a transferência de fundos;

V – as empresas de arrendamento mercantil (*leasing*), as empresas de fomento comercial (*factoring*) e as Empresas Simples de Crédito (ESC);

▶ Inciso V com a redação dada pela LC nº 167, de 24-4-2019.

VI – as sociedades que, mediante sorteio, método assemelhado, exploração de loterias, inclusive de apostas de quota fixa, ou outras sistemáticas de captação de apostas com pagamento de prêmios, realizem distribuição de dinheiro, de bens móveis, de bens imóveis e de outras mercadorias ou serviços, bem como concedam descontos na sua aquisição ou contratação;

▶ Inciso VI com a redação dada pela Lei nº 14.183, de 14-7-2021.

VII – as filiais ou representações de entes estrangeiros que exerçam no Brasil qualquer das atividades listadas neste artigo, ainda que de forma eventual;

VIII – as demais entidades cujo funcionamento dependa de autorização de órgão regulador dos mercados financeiro, de câmbio, de capitais e de seguros;

IX – as pessoas físicas ou jurídicas, nacionais ou estrangeiras, que operem no Brasil como agentes, dirigentes, procuradoras, comissionarias ou por qualquer forma representem interesses de ente estrangeiro que exerça qualquer das atividades referidas neste artigo;

X – as pessoas físicas ou jurídicas que exerçam atividades de promoção imobiliária ou compra e venda de imóveis;

▸ Inciso X com a redação dada pela Lei nº 12.683, de 9-7-2012.

XI – as pessoas físicas ou jurídicas que comercializem joias, pedras e metais preciosos, objetos de arte e antiguidades;

XII – as pessoas físicas ou jurídicas que comercializem bens de luxo ou de alto valor, intermedeiem a sua comercialização ou exerçam atividades que envolvam grande volume de recursos em espécie;

▸ Inciso XII com a redação dada pela Lei nº 12.683, de 9-7-2012.

XIII – as juntas comerciais e os registros públicos;

XIV – as pessoas físicas ou jurídicas que prestem, mesmo que eventualmente, serviços de assessoria, consultoria, contadoria, auditoria, aconselhamento ou assistência, de qualquer natureza, em operações:

a) de compra e venda de imóveis, estabelecimentos comerciais ou industriais ou participações societárias de qualquer natureza;

b) de gestão de fundos, valores mobiliários ou outros ativos;

c) de abertura ou gestão de contas bancárias, de poupança, investimento ou de valores mobiliários;

d) de criação, exploração ou gestão de sociedades de qualquer natureza, fundações, fundos fiduciários ou estruturas análogas;

e) financeiras, societárias ou imobiliárias; e

f) de alienação ou aquisição de direitos sobre contratos relacionados a atividades desportivas ou artísticas profissionais;

XV – pessoas físicas ou jurídicas que atuem na promoção, intermediação, comercialização, agenciamento ou negociação de direitos de transferência de atletas, artistas ou feiras, exposições ou eventos similares;

XVI – as empresas de transporte e guarda de valores;

XVII – as pessoas físicas ou jurídicas que comercializem bens de alto valor de origem rural ou animal ou intermedeiem a sua comercialização; e

XVIII – as dependências no exterior das entidades mencionadas neste artigo, por meio de sua matriz no Brasil, relativamente a residentes no País;

▸ Incisos XIII a XVIII acrescidos pela Lei nº 12.683, de 9-7-2012.

XIX – as prestadoras de serviços de ativos virtuais.

▸ Inciso XIX acrescido pela Lei nº 14.478, de 21-12-2022.

CAPÍTULO VI
DA IDENTIFICAÇÃO DOS CLIENTES E MANUTENÇÃO DE REGISTROS

Art. 10. As pessoas referidas no artigo 9º:

I – identificarão seus clientes e manterão cadastro atualizado, nos termos de instruções emanadas das autoridades competentes;

II – manterão registro de toda transação em moeda nacional ou estrangeira, títulos e valores mobiliários, títulos de crédito, metais, ativos virtuais, ou qualquer ativo passível de ser convertido em dinheiro, que ultrapassar limite fixado pela autoridade competente e nos termos de instruções por esta expedidas;

▸ Inciso II com a redação dada pela Lei nº 14.478, de 21-12-2022.

III – deverão adotar políticas, procedimentos e controles internos, compatíveis com seu porte e volume de operações, que lhes permitam atender ao disposto neste artigo e no art. 11, na forma disciplinada pelos órgãos competentes;

▸ Inciso III com a redação dada pela Lei nº 12.683, de 9-7-2012.

IV – deverão cadastrar-se e manter seu cadastro atualizado no órgão regulador ou fiscalizador e, na falta deste, no Conselho de Controle de Atividades Financeiras (COAF), na forma e condições por eles estabelecidas;

V – deverão atender às requisições formuladas pelo COAF na periodicidade, forma e condições por ele estabelecidas, cabendo-lhe preservar, nos termos da lei, o sigilo das informações prestadas.

▸ Incisos IV e V acrescidos pela Lei nº 12.683, de 9-7-2012.

§ 1º Na hipótese de o cliente constituir-se em pessoa jurídica, a identificação referida no inciso I deste artigo deverá abranger as pessoas físicas autorizadas a representá-la, bem como seus proprietários.

§ 2º Os cadastros e registros referidos nos incisos I e II deste artigo deverão ser conservados durante o período mínimo de cinco anos a partir do encerramento da conta ou da conclusão da transação, prazo este que poderá ser ampliado pela autoridade competente.

§ 3º O registro referido no inciso II deste artigo será efetuado também quando a pessoa física ou jurídica, seus entes ligados, houver realizado, em um mesmo mês-calendário, operações com uma mesma pessoa, conglomerado ou grupo que, em seu conjunto, ultrapassem o limite fixado pela autoridade competente.

Art. 10-A. O Banco Central manterá registro centralizado formando o cadastro geral de correntistas e clientes de instituições financeiras, bem como de seus procuradores.

▸ Artigo acrescido pela Lei nº 10.701, de 9-7-2003.

CAPÍTULO VII
DA COMUNICAÇÃO DE OPERAÇÕES FINANCEIRAS

Art. 11. As pessoas referidas no artigo 9º:

I – dispensarão especial atenção às operações que, nos termos de instruções emanadas das autoridades competentes, possam constituir-se em sérios indícios dos crimes previstos nesta Lei, ou com eles relacionar-se;

II – deverão comunicar ao COAF, abstendo-se de dar ciência de tal ato a qualquer pessoa, inclusive àquela à qual se refira a informação, no prazo de 24 (vinte e quatro) horas, a proposta ou realização:

▸ *Caput* do inciso II com a redação dada pela Lei nº 12.683, de 9-7-2012.

a) de todas as transações referidas no inciso II do art. 10, acompanhadas da identificação de que trata o inciso I do mencionado artigo; e

b) das operações referidas no inciso I;

▸ Alíneas *a* e *b* com a redação dada pela Lei nº 12.683, de 9-7-2012.

III – deverão comunicar ao órgão regulador ou fiscalizador da sua atividade ou, na sua falta, ao COAF, na periodicidade, forma e condições por eles estabelecidas, a não ocorrência de propostas, transações ou operações passíveis de serem comunicadas nos termos do inciso II.

▸ Inciso III acrescido pela Lei nº 12.683, de 9-7-2012.

§ 1º As autoridades competentes, nas instruções referidas no inciso I deste artigo, elaborarão relação de operações que, por suas características no que se refere às partes envolvidas, valores, forma de realização, instrumentos utilizados, ou pela falta de fundamento econômico ou legal, possam configurar a hipótese nele prevista.

§ 2º As comunicações de boa-fé, feitas na forma prevista neste artigo, não acarretarão responsabilidade civil ou administrativa.

§ 3º O COAF disponibilizará as comunicações recebidas com base no inciso II do *caput* aos respectivos órgãos responsáveis pela regulação ou fiscalização das pessoas a que se refere o art. 9º.

▸ § 3º com a redação dada pela Lei nº 12.683, de 9-7-2012.

Art. 11-A. As transferências internacionais e os saques em espécie deverão ser previamente comunicados à instituição financeira, nos termos, limites, prazos e condições fixados pelo Banco Central do Brasil.

▸ Artigo acrescido pela Lei nº 12.683, de 9-7-2012.

CAPÍTULO VIII
DA RESPONSABILIDADE ADMINISTRATIVA

Art. 12. Às pessoas referidas no artigo 9º, bem como aos administradores das pessoas jurídicas, que deixem de cumprir as obrigações previstas nos artigos 10 e 11 serão aplicadas, cumulativamente ou não, pelas autoridades competentes, as seguintes sanções:

I – advertência;

II – multa pecuniária variável não superior:

▸ *Caput* do inciso II com a redação dada pela Lei nº 12.683, de 9-7-2012.

a) ao dobro do valor da operação;

b) ao dobro do lucro real obtido ou que presumivelmente seria obtido pela realização da operação; ou

c) ao valor de R$ 20.000.000,00 (vinte milhões de reais);

▸ Alíneas *a* a *c* acrescidas pela Lei nº 12.683, de 9-7-2012.

III – inabilitação temporária, pelo prazo de até dez anos, para o exercício do cargo de administrador das pessoas jurídicas referidas no artigo 9º;

IV – cassação ou suspensão da autorização para o exercício de atividade, operação ou funcionamento.

▸ Inciso IV com a redação dada pela Lei nº 12.683, de 9-7-2012.

§ 1º A pena de advertência será aplicada por irregularidade no cumprimento das instruções referidas nos incisos I e II do artigo 10.

§ 2º A multa será aplicada sempre que as pessoas referidas no art. 9º, por culpa ou dolo:

▸ *Caput* do § 2º com a redação dada pela Lei nº 12.683, de 9-7-2012.

I – deixarem de sanar as irregularidades objeto de advertência, no prazo assinalado pela autoridade competente;

II – não cumprirem o disposto nos incisos I a IV do art. 10;

III – deixarem de atender, no prazo estabelecido, a requisição formulada nos termos do inciso V do art. 10;

▶ Incisos II e III com a redação dada pela Lei nº 12.683, de 9-7-2012.

IV – descumprirem a vedação ou deixarem de fazer a comunicação a que se refere o artigo 11.

§ 3º A inabilitação temporária será aplicada quando forem verificadas infrações graves quanto ao cumprimento das obrigações constantes desta Lei ou quando ocorrer reincidência especifica, devidamente caracterizada em transgressões anteriormente punidas com multa.

§ 4º A cassação da autorização será aplicada nos casos de reincidência específica de infrações anteriormente punidas com a pena prevista no inciso III do *caput* deste artigo.

Art. 12-A. Ato do Poder Executivo federal regulamentará a disciplina e o funcionamento do Cadastro Nacional de Pessoas Expostas Politicamente (CNPEP), disponibilizado pelo Portal da Transparência.

§ 1º Os órgãos e as entidades de quaisquer Poderes da União, dos Estados, do Distrito Federal e dos Municípios deverão encaminhar ao gestor CNPEP, na forma e na periodicidade definidas no regulamento de que trata o *caput* deste artigo, informações atualizadas sobre seus integrantes ou ex-integrantes classificados como pessoas expostas politicamente (PEPs) na legislação e regulação vigentes.

§ 2º As pessoas referidas no art. 9º desta Lei incluirão consulta ao CNPEP entre seus procedimentos para cumprimento das obrigações previstas nos arts. 10 e 11 desta Lei, sem prejuízo de outras diligências exigidas na forma da legislação.

§ 3º O órgão gestor do CNPEP indicará em transparência ativa, pela internet, órgãos e entidades que deixem de cumprir a obrigação prevista no § 1º deste artigo.

▶ Art. 12-A acrescido pela Lei nº 14.478, de 21-12-2022.

Art. 13. *Revogado*. Lei nº 13.974, de 7-1-2020.

CAPÍTULO IX
DO CONSELHO DE CONTROLE DE ATIVIDADES FINANCEIRAS

Art. 14. É criado, no âmbito do Ministério da Fazenda, o Conselho de Controle de Atividades Financeiras – COAF, com a finalidade de disciplinar, aplicar penas administrativas, receber, examinar e identificar as ocorrências suspeitas de atividades ilícitas previstas nesta Lei, sem prejuízo da competência de outros órgãos e entidades.

▶ Lei nº 13.974, de 7-1-2020, dispõe sobre o Conselho de Atividades Financeiras (COAF), de que trata este artigo.

§ 1º As instruções referidas no artigo 10 destinadas às pessoas mencionadas no artigo 9º, para as quais não exista órgão próprio fiscalizador ou regulador, serão expedidas pelo COAF, competindo-lhe, para esses casos, a definição das pessoas abrangidas e a aplicação das sanções enumeradas no artigo 12.

§ 2º O COAF deverá, ainda, coordenar e propor mecanismos de cooperação e de troca de informações que viabilizem ações rápidas e eficientes no combate à ocultação ou dissimulação de bens, direitos e valores.

§ 3º O COAF poderá requerer aos órgãos da Administração Pública as informações cadastrais bancárias e financeiras de pessoas envolvidas em atividades suspeitas.

▶ § 3º acrescido pela Lei nº 10.701, de 9-7-2003.

Art. 15. O COAF comunicará às autoridades competentes para a instauração dos procedimentos cabíveis, quando concluir pela existência de crimes previstos nesta Lei, de fundados indícios de sua prática, ou de qualquer outro ilícito.

Arts. 16 e 17. *Revogados*. Lei nº 13.974, de 7-1-2020.

CAPÍTULO X
DISPOSIÇÕES GERAIS

Art. 17-A. Aplicam-se, subsidiariamente, as disposições do Decreto-Lei nº 3.689, de 3 de outubro de 1941 (Código de Processo Penal), no que não forem incompatíveis com esta Lei.

Art. 17-B. A autoridade policial e o Ministério Público terão acesso, exclusivamente, aos dados cadastrais do investigado que informam qualificação pessoal, filiação e endereço, independentemente de autorização judicial, mantidos pela Justiça Eleitoral, pelas empresas telefônicas, pelas instituições financeiras, pelos provedores de internet e pelas administradoras de cartão de crédito.

Art. 17-C. Os encaminhamentos das instituições financeiras e tributárias em resposta às ordens judiciais de quebra ou transferência de sigilo deverão ser, sempre que determinado, em meio informático, e apresentados em arquivos que possibilitem a migração de informações para os autos do processo sem redigitação.

Art. 17-D. Em caso de indiciamento de servidor público, este será afastado, sem prejuízo de remuneração e demais direitos previstos em lei, até que o juiz competente autorize, em decisão fundamentada, o seu retorno.

▶ O STF, por maioria de votos, julgou procedente o pedido formulado na ADI nº 4.911, para declarar a inconstitucionalidade deste artigo (*DOU* de 2-12-2020).

Art. 17-E. A Secretaria da Receita Federal do Brasil conservará os dados fiscais dos contribuintes pelo prazo mínimo de 5 (cinco) anos, contado a partir do início do exercício seguinte ao da declaração de renda respectiva ou ao do pagamento do tributo.

▶ Arts. 17-A a 17-E acrescidos pela Lei nº 12.683, de 9-7-2012.

Art. 18. Esta Lei entra em vigor na data de sua publicação.

Brasília, 3 de março de 1998;
177º da Independência e
110º da República.

Fernando Henrique Cardoso

LEI Nº 9.656, DE 3 DE JUNHO DE 1998

Dispõe sobre os planos e seguros privados de assistência à saúde.

(EXCERTOS)

▶ Publicada no *DOU* de 4-6-1998.

▶ Lei nº 10.850, de 25-3-2004, atribui competências à Agência Nacional de Saúde Suplementar – ANS e fixa as diretrizes a serem observadas na definição de normas para implantação de programas especiais de incentivo à adaptação de contratos anteriores a esta Lei.

▶ Súm. nº 608 do STJ.

Art. 1º Submetem-se às disposições desta Lei as pessoas jurídicas de direito privado que operam planos de assistência à saúde, sem prejuízo do cumprimento da legislação específica que rege a sua atividade e, simultaneamente, das disposições da Lei nº 8.078, de 11 de setembro de 1990 (Código de Defesa do Consumidor), adotando-se, para fins de aplicação das normas aqui estabelecidas, as seguintes definições:

▶ *Caput* com a redação dada pela Lei nº 14.454, de 21-9-2022.

I – Plano Privado de Assistência à Saúde: prestação continuada de serviços ou cobertura de custos assistenciais a preço pré ou pós estabelecido, por prazo indeterminado, com a finalidade de garantir, sem limite financeiro, a assistência à saúde, pela faculdade de acesso e atendimento por profissionais ou serviços de saúde, livremente escolhidos, integrantes ou não de rede credenciada, contratada ou referenciada, visando a assistência médica, hospitalar e odontológica, a ser paga integral ou parcialmente às expensas da operadora contratada, mediante reembolso ou pagamento direto ao prestador, por conta e ordem do consumidor;

▶ Lei nº 10.185, de 12-2-2001, dispõe sobre a especialização das sociedades seguradoras em planos privados de assistência à saúde e dá outras providências.

II – Operadora de Plano de Assistência à Saúde: pessoa jurídica constituída sob a modalidade de sociedade civil ou comercial, cooperativa, ou entidade de autogestão, que opere produto, serviço ou contrato de que trata o inciso I deste artigo;

III – Carteira: o conjunto de contratos de cobertura de custos assistenciais ou de serviços de assistência à saúde em qualquer das modalidades de que tratam o inciso I e o § 1º deste artigo, com todos os direitos e obrigações nele contidos.

▶ Incisos I a III com a redação dada pela MP nº 2.177-44, de 24-8-2001, que até o encerramento desta edição não havia sido convertida em Lei.

§ 1º Está subordinada às normas e à fiscalização da Agência Nacional de Saúde Suplementar – ANS qualquer modalidade de produto, serviço e contrato que apresente, além da garantia de cobertura financeira de riscos de assistência médica, hospitalar e odontológica, outras características que o diferencie de atividade exclusivamente financeira, tais como:

a) custeio de despesas;
b) oferecimento de rede credenciada ou referenciada;
c) reembolso de despesas;
d) mecanismos de regulação;
e) qualquer restrição contratual, técnica ou operacional para a cobertura de procedimentos solicitados por prestador escolhido pelo consumidor; e
f) vinculação de cobertura financeira à aplicação de conceitos ou critérios médico-assistenciais.

§ 2º Incluem-se na abrangência desta Lei as cooperativas que operem os produtos de que tratam o inciso I e o § 1º deste artigo, bem assim as entidades ou empresas que mantêm sistemas de assistência à saúde, pela modalidade de autogestão ou de administração.

§ 3º As pessoas físicas ou jurídicas residentes ou domiciliadas no exterior podem constituir ou participar do capital, ou do aumento do capital, de pessoas jurídicas de direito privado constituídas sob as leis brasileiras para operar planos privados de assistência à saúde.

§ 4º É vedada às pessoas físicas a operação dos produtos de que tratam o inciso I e o § 1º deste artigo.

▶ §§ 1º a 4º com a redação dada pela MP nº 2.177-44, de 24-8-2001, que até o encerramento desta edição não havia sido convertida em Lei.

....

Art. 9º Após decorridos cento e vinte dias de vigência desta Lei, para as operadoras, e duzentos e quarenta dias, para as administradoras de planos de assistência à saúde, e até que sejam definidas pela ANS, as normas gerais de registro, as pessoas jurídicas que operam os produtos de que tratam o inciso I e o § 1º do artigo 1º desta Lei, e observado o que dispõe o artigo 19, só poderão comercializar estes produtos se:

I – as operadoras e administradoras estiverem provisoriamente cadastradas na ANS; e

II – os produtos a serem comercializados estiverem registrados na ANS.

▶ *Caput* e incisos I e II com a redação dada pela MP nº 2.177-44, de 24-8-2001, que até o encerramento desta edição não havia sido convertida em Lei.

§ 1º O descumprimento das formalidades previstas neste artigo, além de configurar infração, constitui agravante na aplicação de penalidades por infração das demais normas previstas nesta Lei.

§ 2º A ANS poderá solicitar informações, determinar alterações e promover a suspensão do todo ou de parte das condições dos planos apresentados.

▶ §§ 1º e 2º com a redação dada pela MP nº 2.177-44, de 24-8-2001, que até o encerramento desta edição não havia sido convertida em Lei.

§ 3º A autorização de comercialização será cancelada caso a operadora não comercialize os planos ou os produtos de que tratam o inciso I e o § 1º do artigo 1º desta Lei, no prazo máximo de cento e oitenta dias a contar do seu registro na ANS.

§ 4º A ANS poderá determinar a suspensão temporária da comercialização de plano ou produto caso identifique qualquer irregularidade contratual, econômico-financeira ou assistencial.

▶ §§ 3º e 4º acrescidos pela MP nº 2.177-44, de 24-8-2001, que até o encerramento desta edição não havia sido convertida em Lei.

Art. 10. É instituído o plano referência de assistência à saúde, com cobertura assistencial médico-ambulatorial e hospitalar, compreendendo partos e tratamentos, realizados exclusivamente no Brasil, com padrão de enfermaria, centro de terapia intensiva, ou similar, quando necessária a internação hospitalar, das doenças listadas na Classificação Estatística Internacional de Doenças e Problemas Relacionados com a Saúde, da Organização Mundial de Saúde, respeitadas as exigências mínimas estabelecidas no artigo 12 desta Lei, exceto:

▶ *Caput* com a redação dada pela MP nº 2.177-44, de 24-8-2001, que até o encerramento desta edição não havia sido convertida em Lei.

I – tratamento clínico ou cirúrgico experimental;

▶ Inciso I com a redação dada pela MP nº 2.177-44, de 24-8-2001, que até o encerramento desta edição não havia sido convertida em Lei.

II – procedimentos clínicos ou cirúrgicos para fins estéticos, bem como órteses e próteses para o mesmo fim;

III – inseminação artificial;

IV – tratamento de rejuvenescimento ou de emagrecimento com finalidade estética;

V – fornecimento de medicamentos importados não nacionalizados;

VI – fornecimento de medicamentos para tratamento domiciliar, ressalvado o disposto nas alíneas *c* do inciso I e *g* do inciso II do art. 12;

▶ Inciso VI com a redação dada pela Lei nº 12.880, de 12-11-2013.

VII – fornecimento de próteses, órteses e seus acessórios não ligados ao ato cirúrgico;

▶ Inciso VII com a redação dada pela MP nº 2.177-44, de 24-8-2001, que até o encerramento desta edição não havia sido convertida em Lei.

VIII – *Revogado*. MP nº 2.177-44, de 24-8-2001, que até o encerramento desta edição não havia sido convertida em Lei;

IX – tratamentos ilícitos ou antiéticos, assim definidos sob o aspecto médico, ou não reconhecidos pelas autoridades competentes;

X – casos de cataclismos, guerras e comoções internas, quando declarados pela autoridade competente.

§ 1º As exceções constantes dos incisos deste artigo serão objeto de regulamentação pela ANS.

§ 2º As pessoas jurídicas que comercializam produtos de que tratam o inciso I e o § 1º do artigo 1º desta Lei oferecerão, obrigatoriamente, a partir de 3 de dezembro de 1999, o plano referência de que trata este artigo a todos os seus atuais e futuros consumidores.

▶ O STF, por unanimidade, julgou parcialmente procedente a ADI nº 1.931, para declarar a inconstitucionalidade deste parágrafo (*DOU* de 14-2-2018).

§ 3º Excluem-se da obrigatoriedade a que se refere o § 2º deste artigo as pessoas jurídicas que mantêm sistemas de assistência à saúde pela modalidade de autogestão e as pessoas jurídicas que operem exclusivamente planos odontológicos.

▶ §§ 1º a 3º com a redação dada pela MP nº 2.177-44, de 24-8-2001, que até o encerramento desta edição não havia sido convertida em Lei.

§ 4º A amplitude das coberturas no âmbito da saúde suplementar, inclusive de transplantes e de procedimentos de alta complexidade, será estabelecida em norma editada pela ANS, que publicará rol de procedimentos e eventos em saúde suplementar, atualizado a cada incorporação.

▶ § 4º com a redação dada pela Lei nº 14.454, de 21-9-2022.

§ 5º As metodologias utilizadas na avaliação de que trata o § 3º do art. 10-D desta Lei, incluídos os indicadores e os parâmetros de avaliação econômica de tecnologias em saúde utilizados em combinação com outros critérios, serão estabelecidas em norma editada pela ANS, assessorada pela Comissão de Atualização do Rol de Procedimentos e Eventos em Saúde Suplementar, e terão ampla divulgação.

§ 6º As coberturas a que se referem as alíneas *c* do inciso I e *g* do inciso II do *caput* do art. 12 desta Lei são obrigatórias, em conformidade com a prescrição médica, desde que os medicamentos utilizados estejam registrados no órgão federal responsável pela vigilância sanitária, com uso terapêutico aprovado para essas finalidades, observado o disposto no § 7º deste artigo.

§ 7º A atualização do rol de procedimentos e eventos em saúde suplementar pela ANS será realizada por meio da instauração de processo administrativo, a ser concluído no prazo de 180 (cento e oitenta) dias, contado da data em que foi protocolado o pedido, prorrogável por 90 (noventa) dias corridos quando as circunstâncias o exigirem.

§ 8º Os processos administrativos de atualização do rol de procedimentos e eventos em saúde suplementar referente aos tratamentos listados nas alíneas *c* do inciso I e *g* do inciso II do *caput* do art. 12 desta Lei deverão ser analisados de forma prioritária e concluídos no prazo de 120 (cento e vinte) dias, contado da data em que foi protocolado o pedido, prorrogável por 60 (sessenta) dias corridos quando as circunstâncias o exigirem.

§ 9º Finalizado o prazo previsto no § 7º deste artigo sem manifestação conclusiva da ANS no processo administrativo, será realizada a inclusão automática do medicamento, do produto de interesse para a saúde ou do procedimento no rol de procedimentos e eventos em saúde suplementar até que haja decisão da ANS, garantida a continuidade da assistência iniciada mesmo se a decisão for desfavorável à inclusão.

§ 10. As tecnologias avaliadas e recomendadas positivamente pela Comissão Nacional de Incorporação de Tecnologias no Sistema Único de Saúde (CONITEC), instituída pela Lei nº 12.401, de 28 de abril de 2011, cuja decisão de incorporação ao SUS já tenha sido publicada, serão incluídas no Rol de Procedimentos e Eventos em Saúde Suplementar no prazo de até 60 (sessenta) dias.

§ 11. O processo administrativo de que trata o § 7º deste artigo observará o disposto na Lei nº 9.784, de 29 de janeiro de 1999, no que couber, e as seguintes determinações:

I – apresentação, pelo interessado, dos documentos com as informações necessárias ao atendimento do disposto no § 3º do art. 10-D desta Lei, na forma prevista em regulamento;

II – apresentação do preço estabelecido pela Câmara de Regulação do Mercado de Medicamentos, no caso de medicamentos;

III – realização de consulta pública pelo prazo de 20 (vinte) dias com a divulgação de relatório preliminar emitido pela Comissão de Atualização do Rol de Procedimentos e Eventos em Saúde Suplementar;

IV – realização de audiência pública, na hipótese de matéria relevante, ou quando tiver recomendação preliminar de não incorporação, ou quando solicitada por no mínimo 1/3 (um terço) dos membros da Comissão de Atualização do Rol de Procedimentos e Eventos em Saúde Suplementar;

V – divulgação do relatório final de que trata o § 3º do art. 10-D desta Lei da Comissão de Atualização do Rol de Procedimentos e Eventos em Saúde Suplementar; e

VI – possibilidade de recurso, no prazo de até 15 (quinze) dias após a divulgação do relatório final.

▸ §§ 5º a 11 acrescidos pela Lei nº 14.307, de 3-3-2022.

§ 12. O rol de procedimentos e eventos em saúde suplementar, atualizado pela ANS a cada nova incorporação, constitui a referência básica para os planos privados de assistência à saúde contratados a partir de 1º de janeiro de 1999 e para os contratos adaptados a esta Lei e fixa as diretrizes de atenção à saúde.

§ 13. Em caso de tratamento ou procedimento prescrito por médico ou odontólogo assistente que não estejam previstos no rol referido no § 12 deste artigo, a cobertura deverá ser autorizada pela operadora de planos de assistência à saúde, desde que:

I – exista comprovação da eficácia, à luz das ciências da saúde, baseada em evidências científicas e plano terapêutico; ou

II – existam recomendações pela Comissão Nacional de Incorporação de Tecnologias no Sistema Único de Saúde (CONITEC), ou exista recomendação de, no mínimo, 1 (um) órgão de avaliação de tecnologias em saúde que tenha renome internacional, desde que sejam aprovadas também para seus nacionais.

▸ §§ 12 e 13 acrescidos pela Lei nº 14.454, de 21-9-2022.

Art. 10-A. Cabe à operadora definida no inciso II do *caput* do art. 1º desta Lei, por meio de sua rede de unidades conveniadas, prestar serviço de cirurgia plástica reconstrutiva de mama, utilizando-se de todos os meios e técnicas necessárias, para o tratamento de mutilação decorrente de utilização de técnica de tratamento de câncer.

▸ *Caput* do art. 10-A com a redação dada pela Lei nº 14.538, de 31-3-2023.

★ **Nova redação do dispositivo alterado:** "Art. 10-A. Cabe à operadora definida no inciso II do *caput* do art. 1º desta Lei, por meio de sua rede de unidades conveniadas, prestar serviço de cirurgia plástica reconstrutiva de mama, utilizando-se de todos os meios e técnicas necessárias, para o tratamento de mutilação total ou parcial do órgão."

▸ *Caput* do art. 10-A com a redação dada pela Lei nº 15.171, de 17-7-2025, para vigorar após 120 dias de sua publicação.

§ 1º Quando existirem condições técnicas, a reconstrução da mama será efetuada no tempo cirúrgico da mutilação referida no *caput* deste artigo.

★ **Nova redação do dispositivo alterado:** "§ 1º Em caso de mutilação decorrente de tratamento cirúrgico, será utilizada, salvo contraindicação médica, a técnica cirúrgica de reconstrução simultânea ou imediata da mama, realizada em continuidade à intervenção cirúrgica que provocou a mutilação, respeitada a autonomia da mulher para, plenamente esclarecida, decidir livremente pela execução do procedimento."

▸ § 1º com a redação dada pela Lei nº 15.171, de 17-7-2025, para vigorar após 120 dias de sua publicação.

§ 2º No caso de impossibilidade de reconstrução imediata, a paciente será encaminhada para acompanhamento e terá garantida a realização da cirurgia imediatamente após alcançar as condições clínicas requeridas.

§ 3º Os procedimentos de simetrização da mama contralateral e de reconstrução do complexo aréolo-mamilar integram a cirurgia plástica reconstrutiva prevista no *caput* e no § 1º deste artigo.

▸ §§ 1º a 3º acrescidos pela Lei nº 13.770, de 19-12-2018.

§ 4º Quando a reconstrução mamária ou a simetrização da mama contralateral for realizada com a utilização de implante mamário, é assegurada a substituição do dispositivo sempre que ocorrerem complicações ou efeitos adversos a ele relacionados.

§ 5º É assegurado, desde o diagnóstico, o acompanhamento psicológico e multidisciplinar especializado das pacientes que sofrerem mutilação total ou parcial de mama decorrente de utilização de técnica de tratamento de câncer.

▸ §§ 4º e 5º acrescidos pela Lei nº 14.538, de 31-3-2023.

Art. 10-B. Cabe às operadoras dos produtos de que tratam o inciso I e o § 1º do art. 1º, por meio de rede própria, credenciada, contratada ou referenciada, ou mediante reembolso, fornecer bolsas de colostomia, ileostomia e urostomia, sonda vesical de demora e coletor de urina com conector, para uso hospitalar, ambulatorial ou domiciliar, vedada a limitação de prazo, valor máximo e quantidade.

▸ Art. 10-B acrescido pela Lei nº 12.738, de 30-11-2012.

Art. 10-C. Os produtos de que tratam o inciso I do *caput* e o § 1º do art. 1º desta Lei deverão incluir cobertura de atendimento à violência autoprovocada e às tentativas de suicídio.

▸ Art. 10-C acrescido pela Lei 13.819, de 26-4-2019.

Art. 10-D. Fica instituída a Comissão de Atualização do Rol de Procedimentos e Eventos em Saúde Suplementar à qual compete assessorar a ANS nas atribuições de que trata o § 4º do art. 10 desta Lei.

§ 1º O funcionamento e a composição da Comissão de Atualização do Rol de Procedimentos e Eventos em Saúde Suplementar serão estabelecidos em regulamento.

§ 2º A Comissão de Atualização do Rol de Procedimentos e Eventos em Saúde Suplementar terá composição e regimento definidos em regulamento, com a participação nos processos de:

I – 1 (um) representante indicado pelo Conselho Federal de Medicina;

II – 1 (um) representante da sociedade de especialidade médica, conforme a área terapêutica ou o uso da tecnologia a ser analisada, indicado pela Associação Médica Brasileira;

III – 1 (um) representante de entidade representativa de consumidores de planos de saúde;

IV – 1 (um) representante de entidade representativa dos prestadores de serviços na saúde suplementar;

V – 1 (um) representante de entidade representativa das operadoras de planos privados de assistência à saúde;

VI – representantes de áreas de atuação profissional da saúde relacionadas ao evento ou procedimento sob análise.

§ 3º A Comissão de Atualização do Rol de Procedimentos e Eventos em Saúde Suplementar deverá apresentar relatório que considerará:

I – as melhores evidências científicas disponíveis e possíveis sobre a eficácia, a acurácia, a efetividade, a eficiência, a usabilidade e a segurança do medicamento, do produto ou do procedimento analisado, reconhecidas pelo órgão competente para o registro ou para a autorização de uso;

II – a avaliação econômica comparativa dos benefícios e dos custos em relação às coberturas já previstas no rol de procedimentos e eventos em saúde suplementar, quando couber; e

III – a análise de impacto financeiro da ampliação da cobertura no âmbito da saúde suplementar.

§ 4º Os membros indicados para compor a Comissão de Atualização do Rol de Procedimentos e Eventos em Saúde Suplementar, bem como os representantes designados para participarem dos processos, deverão ter formação técnica suficiente para compreensão adequada das evidências científicas e dos critérios utilizados na avaliação.

▸ Art. 10-D acrescido pela Lei nº 14.307, de 3-3-2022.

Art. 11. É vedada a exclusão de cobertura às doenças e lesões preexistentes à data de contratação dos produtos de que tratam o inciso I e o § 1º do artigo 1º desta Lei após vinte e quatro meses de vigência do aludido instrumento contratual, cabendo à respectiva operadora o ônus da prova e da demonstração do conhecimento prévio do consumidor ou beneficiário.

Parágrafo único. É vedada a suspensão da assistência à saúde do consumidor ou beneficiário, titular ou dependente, até a prova de que trata o *caput*, na forma da regulamentação a ser editada pela ANS.

▸ *Caput* e parágrafo único com a redação dada pela MP nº 2.177-44, de 24-8-2001, que até o encerramento desta edição não havia sido convertida em Lei.

Art. 12. São facultadas a oferta, a contratação e a vigência dos produtos de que tratam o inciso I e o § 1º do artigo 1º desta Lei, nas segmentações previstas nos incisos I a IV deste artigo, respeitadas as respectivas amplitudes de cobertura definidas no plano referência de que trata o artigo 10, segundo as seguintes exigências mínimas:

▸ *Caput* com a redação dada pela MP nº 2.177-44, de 24-8-2001, que até o encerramento desta edição não havia sido convertida em Lei.

I – quando incluir atendimento ambulatorial:

a) cobertura de consultas médicas, em número ilimitado, em clínicas básicas e especializadas, reconhecidas pelo Conselho Federal de Medicina;

b) cobertura de serviços de apoio diagnóstico, tratamentos e demais procedimentos ambulatoriais, solicitados pelo médico assistente;

▸ Alínea *b* com a redação dada pela MP nº 2.177-44, de 24-8-2001, que até o encerramento desta edição não havia sido convertida em Lei.

c) cobertura de tratamentos antineoplásicos domiciliares de uso oral, incluindo medicamentos para o controle de efeitos adversos relacionados ao tratamento e adjuvantes;

▸ Alínea *c* acrescida pela Lei nº 12.880, de 12-11-2013.

II – quando incluir internação hospitalar:

a) cobertura de internações hospitalares, vedada a limitação de prazo, valor máximo e quantidade, em clínicas básicas e especializadas, reconhecidas pelo Conselho Federal de Medicina, admitindo-se a exclusão dos procedimentos obstétricos;

▸ Súm. nº 302 do STJ.

b) cobertura de internações hospitalares em centro de terapia intensiva, ou similar, vedada a limitação de prazo, valor máximo e quantidade, a critério do médico assistente;

► Alíneas *a* e *b* com a redação dada pela MP nº 2.177-44, de 24-8-2001, que até o encerramento desta edição não havia sido convertida em Lei.

c) cobertura de despesas referentes a honorários médicos, serviços gerais de enfermagem e alimentação;

d) cobertura de exames complementares indispensáveis para o controle da evolução da doença e elucidação diagnóstica, fornecimento de medicamentos, anestésicos, gases medicinais, transfusões e sessões de quimioterapia e radioterapia, conforme prescrição do médico assistente, realizados ou ministrados durante o período de internação hospitalar;

e) cobertura de toda e qualquer taxa, incluindo materiais utilizados, assim como da remoção do paciente, comprovadamente necessária, para outro estabelecimento hospitalar, dentro dos limites de abrangência geográfica previstos no contrato, em território brasileiro; e

► Alíneas *d* e *e* com a redação dada pela MP nº 2.177-44, de 24-8-2001, que até o encerramento desta edição não havia sido convertida em Lei.

f) cobertura de despesas de acompanhante, no caso de pacientes menores de dezoito anos;

g) cobertura para tratamentos antineoplásicos ambulatoriais e domiciliares de uso oral, procedimentos radioterápicos para tratamento de câncer e hemoterapia, na qualidade de procedimentos cuja necessidade esteja relacionada à continuidade da assistência prestada em âmbito de internação hospitalar;

► Alínea *g* acrescida pela Lei nº 12.880, de 12-11-2013.

III – quando incluir atendimento obstétrico:

a) cobertura assistencial ao recém-nascido, filho natural ou adotivo do consumidor, ou de seu dependente, durante os primeiros trinta dias após o parto;

b) inscrição assegurada ao recém-nascido, filho natural ou adotivo do consumidor, como dependente, isento do cumprimento dos períodos de carência, desde que a inscrição ocorra no prazo máximo de trinta dias do nascimento ou da adoção;

► Alínea *b* com a redação dada pela MP nº 2.177-44, de 24-8-2001, que até o encerramento desta edição não havia sido convertida em Lei.

IV – quando incluir atendimento odontológico:

a) cobertura de consultas e exames auxiliares ou complementares, solicitados pelo odontólogo assistente;

b) cobertura de procedimentos preventivos, de dentística e endodontia;

c) cobertura de cirurgias orais menores, assim consideradas as realizadas em ambiente ambulatorial e sem anestesia geral;

V – quando fixar períodos de carência:

a) prazo máximo de trezentos dias para partos a termo;

b) prazo máximo de cento e oitenta dias para os demais casos;

c) prazo máximo de vinte e quatro horas para a cobertura dos casos de urgência e emergência;

► Alínea *c* com a redação dada pela MP nº 2.177-44, de 24-8-2001, que até o encerramento desta edição não havia sido convertida em Lei.

VI – reembolso, em todos os tipos de produtos de que tratam o inciso I e o § 1º do artigo 1º desta Lei, nos limites das obrigações contratuais, das despesas efetuadas pelo beneficiário com assistência à saúde, em casos de urgência ou emergência, quando não for possível a utilização dos serviços próprios, contratados, credenciados ou referenciados pelas operadoras, de acordo com a relação de preços de serviços médicos e hospitalares praticados pelo respectivo produto, pagáveis no prazo máximo de trinta dias após a entrega da documentação adequada;

► Inciso VI com a redação dada pela MP nº 2.177-44, de 24-8-2001, que até o encerramento desta edição não havia sido convertida em Lei.

VII – inscrição de filho adotivo, menor de doze anos de idade, aproveitando os períodos de carência já cumpridos pelo consumidor adotante.

§ 1º Após cento e vinte dias da vigência desta Lei, fica proibido o oferecimento de produtos de que tratam o inciso I e o § 1º do artigo 1º desta Lei fora das segmentações de que trata este artigo, observadas suas respectivas condições de abrangência e contratação.

§ 2º A partir de 3 de dezembro de 1999, da documentação relativa à contratação de produtos de que tratam o inciso I e o § 1º do artigo 1º desta Lei, nas segmentações de que trata este artigo, deverá constar declaração em separado do consumidor, de que tem conhecimento da existência e disponibilidade do plano referência, e de que este lhe foi oferecido.

► §§ 1º e 2º com a redação dada pela MP nº 2.177-44, de 24-8-2001, que até o encerramento desta edição não havia sido convertida em Lei.

§ 3º *Revogado*. MP nº 2.177-44, de 24-8-2001, que até o encerramento desta edição não havia sido convertida em Lei.

§ 4º As coberturas a que se referem as alíneas *c* do inciso I e *g* do inciso II deste artigo serão objeto de protocolos clínicos e diretrizes terapêuticas, revisados periodicamente, ouvidas as sociedades médicas de especialistas da área, publicados pela ANS.

► § 4º acrescido pela Lei nº 12.880, de 12-11-2013.

§ 5º O fornecimento previsto nas alíneas *c* do inciso I e *g* do inciso II do *caput* deste artigo dar-se-á em até 10 (dez) dias após a prescrição médica, por meio de rede própria, credenciada, contratada ou referenciada, diretamente ao paciente ou ao seu representante legal, podendo ser realizado de maneira fracionada por ciclo, sendo obrigatória a comprovação de que o paciente ou seu representante legal recebeu as devidas orientações sobre o uso, a conservação e o eventual descarte do medicamento.

► § 5º com a redação dada pela Lei nº 14.307, de 3-3-2022.

Art. 13. Os contratos de produtos de que tratam o inciso I e o § 1º do artigo 1º desta Lei têm renovação automática a partir do vencimento do prazo inicial de vigência, não cabendo a cobrança de taxas ou qualquer outro valor no ato da renovação.

Parágrafo único. Os produtos de que trata o *caput*, contratados individualmente, terão vigência mínima de um ano, sendo vedadas:

I – a recontagem de carências;

II – a suspensão ou a rescisão unilateral do contrato, salvo por fraude ou não pagamento da mensalidade por período superior a sessenta dias, consecutivos ou não, nos últimos doze meses de vigência do contrato, desde que o consumidor seja comprovadamente notificado até o quinquagésimo dia de inadimplência; e

III – a suspensão ou a rescisão unilateral do contrato, em qualquer hipótese, durante a ocorrência de internação do titular.

► *Caput* e parágrafo único com a redação dada pela MP nº 2.177-44, de 24-8-2001, que até o encerramento desta edição não havia sido convertida em Lei.

Art. 14. Em razão da idade do consumidor, ou da condição de pessoa portadora de deficiência, ninguém pode ser impedido de participar de planos privados de assistência à saúde.

► Artigo com a redação dada pela MP nº 2.177-44, de 24-8-2001, que até o encerramento desta edição não havia sido convertida em Lei.

Art. 15. A variação das contraprestações pecuniárias estabelecidas nos contratos de produtos de que tratam o inciso I e o § 1º do artigo 1º desta Lei, em razão da idade do consumidor, somente poderá ocorrer caso estejam previstas no contrato inicial as faixas etárias e os percentuais de reajustes incidentes em cada uma delas, conforme normas expedidas pela ANS, ressalvado o disposto no art. 35-E.

► Art. 15, § 3º, da Lei nº 10.741, de 1º-10-2003 (Estatuto da Pessoa Idosa).

Parágrafo único. É vedada a variação a que alude o *caput* para consumidores com mais de sessenta anos de idade, que participarem dos produtos de que tratam o inciso I e o § 1º do artigo 1º, ou sucessores, há mais de dez anos.

► *Caput* e parágrafo único com a redação dada pela MP nº 2.177-44, de 24-8-2001, que até o encerramento desta edição não havia sido convertida em Lei.

Art. 16. Dos contratos, regulamentos ou condições gerais dos produtos de que tratam o inciso I e o § 1º do artigo 1º desta Lei devem constar dispositivos que indiquem com clareza:

► *Caput* com a redação dada pela MP nº 2.177-44, de 24-8-2001, que até o encerramento desta edição não havia sido convertida em Lei.

I – as condições de admissão;

II – o início da vigência;

III – os períodos de carência para consultas, internações, procedimentos e exames;

IV – as faixas etárias e os percentuais a que alude o *caput* do art. 15;

V – as condições de perda da qualidade de beneficiário;

► Inciso V com a redação dada pela MP nº 2.177-44, de 24-8-2001, que até o encerramento desta edição não havia sido convertida em Lei.

VI – os eventos cobertos e excluídos;

VII – o regime, ou tipo de contratação:

a) individual ou familiar;

b) coletivo empresarial; ou

c) coletivo por adesão;

VIII – a franquia, os limites financeiros ou o percentual de coparticipação do consumidor ou beneficiário, contratualmente previstos nas despesas com assistência médica, hospitalar e odontológica;

► Incisos VII e VIII com a redação dada pela MP nº 2.177-44, de 24-8-2001, que até o encerramento desta edição não havia sido convertida em Lei.

IX – os bônus, os descontos ou os agravamentos da contraprestação pecuniária;

X – a área geográfica de abrangência;

► Inciso X com a redação dada pela MP nº 2.177-44, de 24-8-2001, que até o encerramento desta edição não havia sido convertida em Lei.

XI – os critérios de reajuste e revisão das contraprestações pecuniárias;

XII – número de registro na ANS.

► Inciso XII com a redação dada pela MP nº 2.177-44, de 24-8-2001, que até o encerramento desta edição não havia sido convertida em Lei.

Parágrafo único. A todo consumidor titular de plano individual ou familiar será obrigatoriamente entregue, quando de sua inscrição, cópia do contrato, do regulamento ou das condições gerais dos produtos de que tratam o inciso I e o § 1º do artigo 1º, além de material explicativo que descreva, em linguagem simples e precisa, todas as suas características, direitos e obrigações.

▸ Parágrafo único com a redação dada pela MP nº 2.177-44, de 24-8-2001, que até o encerramento desta edição não havia sido convertida em Lei.

Art. 17. A inclusão de qualquer prestador de serviço de saúde como contratado, referenciado ou credenciado dos produtos de que tratam o inciso I e o § 1º do art. 1º desta Lei implica compromisso com os consumidores quanto à sua manutenção ao longo da vigência dos contratos, permitindo-se sua substituição, desde que seja por outro prestador equivalente e mediante comunicação aos consumidores com 30 (trinta) dias de antecedência.

▸ *Caput* com a redação dada pela Lei nº 13.003, de 24-6-2014.

§ 1º É facultada a substituição de entidade hospitalar, a que se refere o *caput* deste artigo, desde que por outro equivalente e mediante comunicação aos consumidores e à ANS com trinta dias de antecedência, ressalvados desse prazo mínimo os casos decorrentes de rescisão por fraude ou infração das normas sanitárias e fiscais em vigor.

§ 2º Na hipótese de a substituição do estabelecimento hospitalar a que se refere o § 1º ocorrer por vontade da operadora durante período de internação do consumidor, o estabelecimento obriga-se a manter a internação e a operadora, a pagar as despesas até a alta hospitalar, a critério médico, na forma do contrato.

▸ §§ 1º e 2º com a redação dada pela MP nº 2.177-44, de 24-8-2001, que até o encerramento desta edição não havia sido convertida em Lei.

§ 3º Excetuam-se do previsto no § 2º os casos de substituição do estabelecimento hospitalar por infração às normas sanitárias em vigor, durante período de internação, quando a operadora arcará com a responsabilidade pela transferência imediata para outro estabelecimento equivalente, garantindo a continuação da assistência, sem ônus adicional para o consumidor.

§ 4º Em caso de redimensionamento da rede hospitalar por redução, as empresas deverão solicitar à ANS autorização expressa para tanto, informando:

I – nome da entidade a ser excluída;

II – capacidade operacional a ser reduzida com a exclusão;

III – impacto sobre a massa assistida, a partir de parâmetros definidos pela ANS, correlacionando a necessidade de leitos e a capacidade operacional restante; e

IV – justificativa para a decisão, observando a obrigatoriedade de manter cobertura com padrões de qualidade equivalente e sem ônus adicional para o consumidor.

▸ §§ 3º e 4º acrescidos pela MP nº 2.177-44, de 24-8-2001, que até o encerramento desta edição não havia sido convertida em Lei.

Art. 17-A. As condições de prestação de serviços de atenção à saúde no âmbito dos planos privados de assistência à saúde por pessoas físicas ou jurídicas, independentemente de sua qualificação como contratadas, referenciadas ou credenciadas, serão reguladas por contrato escrito, estipulado entre a operadora do plano e o prestador de serviço.

§ 1º São alcançados pelas disposições do *caput* os profissionais de saúde em prática liberal privada, na qualidade de pessoa física, e os estabelecimentos de saúde, na qualidade de pessoa jurídica, que prestem ou venham a prestar os serviços de assistência à saúde a que aludem os arts. 1º e 35-F desta Lei, no âmbito de planos privados de assistência à saúde.

§ 2º O contrato de que trata o *caput* deve estabelecer com clareza as condições para a sua execução, expressas em cláusulas que definam direitos, obrigações e responsabilidades das partes, incluídas, obrigatoriamente, as que determinem:

I – o objeto e a natureza do contrato, com descrição de todos os serviços contratados;

II – a definição dos valores dos serviços contratados, dos critérios, da forma e da periodicidade do seu reajuste e dos prazos e procedimentos para faturamento e pagamento dos serviços prestados;

III – a identificação dos atos, eventos e procedimentos médico-assistenciais que necessitem de autorização administrativa da operadora;

IV – a vigência do contrato e os critérios e procedimentos para prorrogação, renovação e rescisão;

V – as penalidades pelo não cumprimento das obrigações estabelecidas.

§ 3º A periodicidade do reajuste de que trata o inciso II do § 2º deste artigo será anual e realizada no prazo improrrogável de 90 (noventa) dias, contado do início de cada ano-calendário.

§ 4º Na hipótese de vencido o prazo previsto no § 3º deste artigo, a Agência Nacional de Saúde Suplementar – ANS, quando for o caso, definirá o índice de reajuste.

§ 5º A ANS poderá constituir, na forma da legislação vigente, câmara técnica com representação proporcional das partes envolvidas para o adequado cumprimento desta Lei.

§ 6º A ANS publicará normas regulamentares sobre o disposto neste artigo.

▸ Art. 17-A acrescido pela Lei nº 13.003, de 24-6-2014.

Art. 18. A aceitação, por parte de qualquer prestador de serviço ou profissional de saúde, da condição de contratado, referenciado, credenciado ou cooperado de uma operadora de produtos de que tratam o inciso I e o § 1º do art. 1º desta Lei implica as seguintes obrigações e direitos:

▸ *Caput* com a redação dada pela Lei nº 13.003, de 24-6-2014.

I – o consumidor de determinada operadora, em nenhuma hipótese e sob nenhum pretexto ou alegação, pode ser discriminado ou atendido de forma distinta daquela dispensada aos clientes vinculados a outra operadora ou plano;

II – a marcação de consultas, exames e quaisquer outros procedimentos deve ser feita de forma a atender às necessidades dos consumidores, privilegiando os casos de emergência ou urgência, assim como as pessoas com mais de sessenta e cinco anos de idade, as gestantes, lactantes, lactentes e crianças até cinco anos;

▸ Art. 1º da Lei nº 10.741, de 1º-10-2003 (Estatuto da Pessoa Idosa).

III – a manutenção de relacionamento de contratação, credenciamento ou referenciamento com número ilimitado de operadoras, sendo expressamente vedado às operadoras, independente de sua natureza jurídica constitutiva, impor contratos de exclusividade ou de restrição à atividade profissional.

▸ Inciso III acrescido pela MP nº 2.177-44, de 24-8-2001, que até o encerramento desta edição não havia sido convertida em Lei.

Parágrafo único. A partir de 3 de dezembro de 1999, os prestadores de serviço ou profissionais de saúde não poderão manter contrato, credenciamento ou referenciamento com operadoras que não tiverem registros para funcionamento e comercialização conforme previsto nesta Lei, sob pena de responsabilidade por atividade irregular.

▸ Parágrafo único acrescido pela MP nº 2.177-44, de 24-8-2001, que até o encerramento desta edição não havia sido convertida em Lei.

Art. 19. Para requerer a autorização definitiva de funcionamento, as pessoas jurídicas que já atuavam como operadoras ou administradoras dos produtos de que tratam o inciso I e o § 1º do artigo 1º desta Lei, terão prazo de cento e oitenta dias, a partir da publicação da regulamentação específica pela ANS.

▸ *Caput* com a redação dada pela MP nº 2.177-44, de 24-8-2001, que até o encerramento desta edição não havia sido convertida em Lei.

§ 1º Até que sejam expedidas as normas de registro, serão mantidos registros provisórios das pessoas jurídicas e dos produtos na ANS, com a finalidade de autorizar a comercialização ou operação dos produtos a que alude o *caput*, a partir de 2 de janeiro de 1999.

§ 2º Para o registro provisório, as operadoras ou administradoras dos produtos a que alude o *caput* deverão apresentar à ANS as informações requeridas e os seguintes documentos, independentemente de outros que venham a ser exigidos:

I – registro do instrumento de constituição da pessoa jurídica;

II – nome fantasia;

III – CNPJ;

IV – endereço;

V – telefone, fax e *e-mail*; e

VI – principais dirigentes da pessoa jurídica e nome dos cargos que ocupam.

§ 3º Para registro provisório dos produtos a serem comercializados, deverão ser apresentados à ANS os seguintes dados:

I – razão social da operadora ou da administradora;

II – CNPJ da operadora ou da administradora;

III – nome do produto;

IV – segmentação da assistência (ambulatorial, hospitalar com obstetrícia, hospitalar sem obstetrícia, odontológica e referência);

V – tipo de contratação (individual/familiar, coletivo empresarial e coletivo por adesão);

VI – âmbito geográfico de cobertura;

VII – faixas etárias e respectivos preços;

VIII – rede hospitalar própria por Município (para segmentações hospitalar e referência);

IX – rede hospitalar contratada ou referenciada por Município (para segmentações hospitalar e referência);

X – outros documentos e informações que venham a ser solicitados pela ANS.

§ 4º Os procedimentos administrativos para registro provisório dos produtos serão tratados em norma específica da ANS.

§ 5º Independentemente do cumprimento, por parte da operadora, das formalidades do registro provisório, ou da conformidade dos textos das condições gerais ou dos instrumentos contratuais, ficam garantidos, a todos os usuários de produtos a que alude o *caput*, contratados a partir de 2 de janeiro de 1999, todos os benefícios de acesso e cobertura previstos nesta Lei e em seus regulamentos, para cada segmentação definida no artigo 12.

§ 6º O não cumprimento do disposto neste artigo implica o pagamento de multa diária no valor de R$ 10.000,00 (dez mil reais) aplicada às operadoras dos produtos de que tratam o inciso I e o § 1º do artigo 1º.

§ 7º As pessoas jurídicas que forem iniciar operação de comercialização de planos privados de assistência à saúde, a partir de 8 de dezembro de 1998, estão sujeitas aos registros de que trata o § 1º deste artigo.

► §§ 1º a 7º acrescidos pela MP nº 2.177-44, de 24-8-2001, que até o encerramento desta edição não havia sido convertida em Lei.

Art. 20. As operadoras de produtos de que tratam o inciso I e o § 1º do artigo 1º desta Lei são obrigadas a fornecer, periodicamente, à ANS todas as informações e estatísticas relativas as suas atividades, incluídas as de natureza cadastral, especialmente aquelas que permitam a identificação dos consumidores e de seus dependentes, incluindo seus nomes, inscrições no Cadastro de Pessoas Físicas dos titulares e Municípios onde residem, para fins do disposto no artigo 32.

► *Caput* com a redação dada pela MP nº 2.177-44, de 24-8-2001, que até o encerramento desta edição não havia sido convertida em Lei.

§ 1º Os agentes, especialmente designados pela ANS, para o exercício das atividades de fiscalização e nos limites por ela estabelecidos, têm livre acesso às operadoras, podendo requisitar e apreender processos, contratos, manuais de rotina operacional e demais documentos, relativos aos produtos de que tratam o inciso I e o § 1º do artigo 1º desta Lei.

§ 2º Caracteriza-se como embaraço à fiscalização, sujeito às penas previstas na lei, a imposição de qualquer dificuldade à consecução dos objetivos da fiscalização, de que trata o § 1º deste artigo.

► §§ 1º e 2º acrescidos pela MP nº 2.177-44, de 24-8-2001, que até o encerramento desta edição não havia sido convertida em Lei.

Art. 21. É vedado às operadoras de planos privados de assistência à saúde realizar quaisquer operações financeiras:

I – com seus diretores e membros dos conselhos administrativos, consultivos, fiscais ou assemelhados, bem como com os respectivos cônjuges e parentes até o segundo grau, inclusive;

II – com empresa de que participem as pessoas a que se refere o inciso I, desde que estas sejam, em conjunto ou isoladamente, consideradas como controladoras da empresa.

► Inciso II com a redação dada pela MP nº 2.177-44, de 24-8-2001, que até o encerramento desta edição não havia sido convertida em Lei.

Art. 22. As operadoras de planos privados de assistência à saúde submeterão suas contas a auditores independentes, registrados no respectivo Conselho Regional de Contabilidade e na Comissão de Valores Mobiliários – CVM, publicando, anualmente, o parecer respectivo, juntamente com as demonstrações financeiras determinadas pela Lei nº 6.404, de 15 de dezembro de 1976.

► Lei nº 6.404, de 15-12-1976 (Lei das Sociedades por Ações).

§ 1º A auditoria independente também poderá ser exigida quanto aos cálculos atuariais, elaborados segundo diretrizes gerais definidas pelo CONSU.

§ 2º As operadoras com número de beneficiários inferior a vinte mil usuários ficam dispensadas da publicação do parecer do auditor e das demonstrações financeiras, devendo, a ANS, dar-lhes publicidade.

► §§ 1º e 2º acrescidos pela MP nº 2.177-44, de 24-8-2001, que até o encerramento desta edição não havia sido convertida em Lei.

Art. 23. As operadoras de planos privados de assistência à saúde não podem requerer concordata e não estão sujeitas a falência ou insolvência civil, mas tão somente ao regime de liquidação extrajudicial.

► *Caput* com a redação dada pela MP nº 2.177-44, de 24-8-2001, que até o encerramento desta edição não havia sido convertida em Lei.

§ 1º As operadoras sujeitar-se-ão ao regime de falência ou insolvência civil quando, no curso da liquidação extrajudicial, forem verificadas uma das seguintes hipóteses:

I – o ativo da massa liquidanda não for suficiente para o pagamento de pelo menos a metade dos créditos quirografários;

II – o ativo realizável da massa liquidanda não for suficiente, sequer, para o pagamento das despesas administrativas e operacionais inerentes ao regular processamento da liquidação extrajudicial; ou

III – nas hipóteses de fundados indícios de condutas previstas nos artigos 186 a 189 do Decreto-Lei nº 7.661, de 21 de junho de 1945.

§ 2º Para efeito desta Lei, define-se ativo realizável como sendo todo ativo que possa ser convertido em moeda corrente em prazo compatível para o pagamento das despesas administrativas e operacionais da massa liquidanda.

§ 3º À vista do relatório do liquidante extrajudicial, e em se verificando qualquer uma das hipóteses previstas nos incisos I, II ou III do § 1º deste artigo, a ANS poderá autorizá-lo a requerer a falência ou insolvência civil da operadora.

§ 4º A distribuição do requerimento produzirá imediatamente os seguintes efeitos:

I – a manutenção da suspensão dos prazos judiciais em relação à massa liquidanda;

II – a suspensão dos procedimentos administrativos de liquidação extrajudicial, salvo os relativos à guarda e à proteção dos bens e imóveis da massa;

III – a manutenção da indisponibilidade dos bens dos administradores, gerentes, conselheiros e assemelhados, até posterior determinação judicial; e

IV – prevenção do juízo que emitir o primeiro despacho em relação ao pedido de conversão do regime.

§ 5º A ANS, no caso previsto no inciso II do § 1º deste artigo, poderá, no período compreendido entre a distribuição do requerimento e a decretação da falência ou insolvência civil, apoiar a proteção dos bens móveis e imóveis da massa liquidanda.

§ 6º O liquidante enviará ao juízo prevento o rol das ações judiciais em curso cujo andamento ficará suspenso até que o juiz competente nomeie o síndico da massa falida ou o liquidante da massa insolvente.

► §§ 1º a 6º acrescidos pela MP nº 2.177-44, de 24-8-2001, que até o encerramento desta edição não havia sido convertida em Lei.

Art. 24. Sempre que detectadas nas operadoras sujeitas à disciplina desta Lei insuficiência das garantias do equilíbrio financeiro, anormalidades econômico-financeiras ou administrativas graves que coloquem em risco a continuidade ou a qualidade do atendimento à saúde, a ANS poderá determinar a alienação da carteira, o regime de direção fiscal ou técnica, por prazo não superior a trezentos e sessenta e cinco dias, ou a liquidação extrajudicial, conforme a gravidade do caso.

► *Caput* com a redação dada pela MP nº 2.177-44, de 24-8-2001, que até o encerramento desta edição não havia sido convertida em Lei.

§ 1º O descumprimento das determinações do diretor fiscal ou técnico, e do liquidante, por dirigentes, administradores, conselheiros ou empregados da operadora de planos privados de assistência à saúde acarretará o imediato afastamento do infrator, por decisão da ANS, sem prejuízo das sanções penais cabíveis, assegurado o direito ao contraditório, sem que isto implique efeito suspensivo da decisão administrativa que determinou o afastamento.

§ 2º A ANS, *ex officio* ou por recomendação do diretor técnico ou fiscal ou do liquidante, poderá, em ato administrativo devidamente motivado, determinar o afastamento dos diretores, administradores, gerentes e membros do conselho fiscal da operadora sob regime de direção ou em liquidação.

§ 3º No prazo que lhe for designado, o diretor fiscal ou técnico procederá à análise da organização administrativa e da situação econômico-financeira da operadora, bem assim da qualidade do atendimento aos consumidores, e proporá à ANS as medidas cabíveis.

§ 4º O diretor fiscal ou técnico poderá propor a transformação do regime de direção em liquidação extrajudicial.

§ 5º A ANS promoverá, no prazo máximo de noventa dias, a alienação da carteira das operadoras de planos privados de assistência à saúde, no caso de não surtirem efeito as medidas por ela determinadas para sanar as irregularidades ou nas situações que impliquem risco para os consumidores participantes da carteira.

► §§ 1º a 5º com a redação dada pela MP nº 2.177-44, de 24-8-2001, que até o encerramento desta edição não havia sido convertida em Lei.

Art. 24-A. Os administradores das operadoras de planos privados de assistência à saúde em regime de direção fiscal ou liquidação extrajudicial, independentemente da natureza jurídica da operadora, ficarão com todos os seus bens indisponíveis, não podendo, por qualquer forma, direta ou indireta, aliená-los ou onerá-los, até apuração e liquidação final de suas responsabilidades.

§ 1º A indisponibilidade prevista neste artigo decorre do ato que decretar a direção fiscal ou a liquidação extrajudicial e atinge a todos aqueles que tenham estado no exercício das funções nos doze meses anteriores ao mesmo ato.

§ 2º Na hipótese de regime de direção fiscal, a indisponibilidade de bens a que se refere o *caput* deste artigo poderá não alcançar os bens dos administradores, por deliberação expressa da Diretoria Colegiada da ANS.

§ 3º A ANS, *ex officio* ou por recomendação do diretor fiscal ou do liquidante, poderá estender a indisponibilidade prevista neste artigo:

I – aos bens de gerentes, conselheiros e aos de todos aqueles que tenham concorrido, no período previsto no § 1º, para a decretação da direção fiscal ou da liquidação extrajudicial;

II – aos bens adquiridos, a qualquer título, por terceiros, no período previsto no § 1º, das pessoas referidas no inciso I, desde que configurada fraude na transferência.

§ 4º Não se incluem nas disposições deste artigo os bens considerados inalienáveis ou impenhoráveis pela legislação em vigor.

§ 5º A indisponibilidade também não alcança os bens objeto de contrato de alienação, de promessa de compra e venda, de cessão ou promessa de cessão de direitos, desde que os respectivos instrumentos tenham sido levados ao competente registro público, anteriormente à data da decretação da direção fiscal ou da liquidação extrajudicial.

§ 6º Os administradores das operadoras de planos privados de assistência à saúde respondem solidariamente pelas obrigações por eles assumidas durante sua gestão até o montante dos prejuízos causados, independentemente do nexo de causalidade.

Art. 24-B. A Diretoria Colegiada definirá as atribuições e competências do diretor técnico, diretor fiscal e do responsável pela alienação de carteira, podendo ampliá-las, se necessário.

Art. 24-C. Os créditos decorrentes da prestação de serviços de assistência privada à saúde preferem a todos os demais, exceto os de natureza trabalhista e tributários.

Art. 24-D. Aplica-se à liquidação extrajudicial das operadoras de planos privados de assistência à saúde e ao disposto nos artigos 24-A e 35-I, no que couber com os preceitos desta Lei, o disposto na Lei nº 6.024, de 13 de março de 1974, no Decreto-Lei nº 7.661, de 21 de junho de 1945, no Decreto-Lei nº 41, de 18 de novembro de 1966, e no Decreto-Lei nº 73, de 21 de novembro de 1966, conforme o que dispuser a ANS.

▶ Arts. 24-A a 24-D acrescido pela MP nº 2.177-44, de 24-8-2001, que até o encerramento desta edição não havia sido convertida em Lei.

Art. 25. As infrações dos dispositivos desta Lei e de seus regulamentos, bem como aos dispositivos dos contratos firmados, a qualquer tempo, entre operadoras e usuários de planos privados de assistência à saúde, sujeitam a operadora dos produtos de que tratam o inciso I e o § 1º do artigo 1º desta Lei, seus administradores, membros de conselhos administrativos, deliberativos, consultivos, fiscais e assemelhados às seguintes penalidades, sem prejuízo de outras estabelecidas na legislação vigente:

▶ *Caput* com a redação dada pela MP nº 2.177-44, de 24-8-2001, que até o encerramento desta edição não havia sido convertida em Lei.

I – advertência;

II – multa pecuniária;

III – suspensão do exercício do cargo;

IV – inabilitação temporária para exercício de cargos em operadoras de planos de assistência à saúde;

▶ Inciso IV com a redação dada pela MP nº 2.177-44, de 24-8-2001, que até o encerramento desta edição não havia sido convertida em Lei.

V – inabilitação permanente para exercício de cargos de direção ou em conselhos das operadoras a que se refere esta Lei, bem como em entidades de previdência privada, sociedades seguradoras, corretoras de seguros e instituições financeiras;

VI – cancelamento da autorização de funcionamento e alienação da carteira da operadora.

▶ Inciso VI acrescido pela MP nº 2.177-44, de 24-8-2001, que até o encerramento desta edição não havia sido convertida em Lei.

Art. 26. Os administradores e membros dos conselhos administrativos, deliberativos, consultivos, fiscais e assemelhados das operadoras de que trata esta Lei respondem solidariamente pelos prejuízos causados a terceiros, inclusive aos acionistas, cotistas, cooperados e consumidores de planos privados de assistência à saúde, conforme o caso, em consequência do descumprimento de leis, normas e instruções referentes às operações previstas na legislação e, em especial, pela falta de constituição e cobertura das garantias obrigatórias.

▶ Artigo com a redação dada pela MP nº 2.177-44, de 24-8-2001, que até o encerramento desta edição não havia sido convertida em Lei.

Art. 27. A multa de que trata o artigo 25 será fixada e aplicada pela ANS no âmbito de suas atribuições, com valor não inferior a R$ 5.000,00 (cinco mil reais) e não superior a R$ 1.000.000,00 (um milhão de reais) de acordo com o porte econômico da operadora ou prestadora de serviço e a gravidade da infração, ressalvado o disposto no § 6º do artigo 19.

▶ *Caput* com a redação dada pela MP nº 2.177-44, de 24-8-2001, que até o encerramento desta edição não havia sido convertida em Lei.

Parágrafo único. *Revogado.* MP nº 2.177-44, de 24-8-2001, que até o encerramento desta edição não havia sido convertida em Lei.

Art. 28. *Revogado.* MP nº 2.177-44, de 24-8-2001, que até o encerramento desta edição não havia sido convertida em Lei.

Art. 29. As infrações serão apuradas mediante processo administrativo que tenha por base o auto de infração, a representação ou a denúncia positiva dos fatos irregulares, cabendo à ANS dispor sobre normas para instauração, recursos e seus efeitos, instâncias e prazos.

▶ *Caput* com a redação dada pela MP nº 2.177-44, de 24-8-2001, que até o encerramento desta edição não havia sido convertida em Lei.

§ 1º O processo administrativo, antes de aplicada a penalidade, poderá, a título excepcional, ser suspenso, pela ANS, se a operadora ou prestadora de serviço assinar termo de compromisso de ajuste de conduta, perante a diretoria colegiada, que terá eficácia de título executivo extrajudicial, obrigando-se a:

I – cessar a prática de atividades ou atos objetos da apuração; e

II – corrigir as irregularidades, inclusive indenizando os prejuízos delas decorrentes.

§ 2º O termo de compromisso de ajuste de conduta conterá, necessariamente, as seguintes cláusulas:

I – obrigações do compromissário de fazer cessar a prática objeto da apuração, no prazo estabelecido;

II – valor da multa a ser imposta no caso de descumprimento, não inferior a R$ 5.000,00 (cinco mil reais) e não superior a R$ 1.000.000,00 (um milhão de reais) de acordo com o porte econômico da operadora ou da prestadora de serviço.

§ 3º A assinatura do termo de compromisso de ajuste de conduta não importa confissão do compromissário quanto à matéria de fato, nem reconhecimento de ilicitude da conduta em apuração.

§ 4º O descumprimento do termo de compromisso de ajuste de conduta, sem prejuízo da aplicação da multa a que se refere o inciso II do § 2º, acarreta a revogação da suspensão do processo.

§ 5º Cumpridas as obrigações assumidas no termo de compromisso de ajuste de conduta, será extinto o processo.

§ 6º Suspende-se a prescrição durante a vigência do termo de compromisso de ajuste de conduta.

§ 7º Não poderá ser firmado termo de compromisso de ajuste de conduta quando tiver havido descumprimento de outro termo de compromisso de ajuste de conduta nos termos desta Lei, dentro do prazo de dois anos.

§ 8º O termo de compromisso de ajuste de conduta deverá ser publicado no *Diário Oficial da União*.

§ 9º A ANS regulamentará a aplicação do disposto nos §§ 1º a 7º deste artigo.

▶ §§ 1º a 9º acrescidos pela MP nº 2.177-44, de 24-8-2001, que até o encerramento desta edição não havia sido convertida em Lei.

Art. 29-A. A ANS poderá celebrar com as operadoras termo de compromisso, quando houver interesse na implementação de práticas que consistam em vantagens para os consumidores, com vistas a assegurar a manutenção da qualidade dos serviços de assistência à saúde.

§ 1º O termo de compromisso referido no *caput* não poderá implicar restrição de direitos do usuário.

§ 2º Na definição do termo de que trata este artigo serão considerados os critérios de aferição e controle da qualidade dos serviços a serem oferecidos pelas operadoras.

§ 3º O descumprimento injustificado do termo de compromisso poderá importar na aplicação da penalidade de multa a que se refere o inciso II, § 2º, do artigo 29 desta Lei.

▶ Art. 29-A acrescido pela MP nº 2.177-44, de 24-8-2001, que até o encerramento desta edição não havia sido convertida em Lei.

Art. 30. Ao consumidor que contribuir para produtos de que tratam o inciso I e o § 1º do artigo 1º desta Lei, em decorrência de vínculo empregatício, no caso de rescisão ou exoneração do contrato de trabalho sem justa causa, é assegurado o direito de manter sua condição de beneficiário, nas mesmas condições de cobertura assistencial de que gozava quando da vigência do contrato de trabalho, desde que assuma o seu pagamento integral.

▶ *Caput* com a redação dada pela MP nº 2.177-44, de 24-8-2001, que até o encerramento desta edição não havia sido convertida em Lei.

§ 1º O período de manutenção da condição de beneficiário a que se refere o *caput* será de um terço do tempo de permanência nos produtos de que tratam o inciso I e o § 1º do artigo 1º, ou sucessores, com um mínimo assegurado de seis meses e um máximo de vinte e quatro meses.

▶ § 1º com a redação dada pela MP nº 2.177-44, de 24-8-2001, que até o encerramento desta edição não havia sido convertida em Lei.

§ 2º A manutenção de que trata este artigo é extensiva, obrigatoriamente, a todo o grupo familiar inscrito quando da vigência do contrato de trabalho.

§ 3º Em caso de morte do titular, o direito de permanência é assegurado aos dependentes cobertos pelo plano ou seguro privado coletivo de assistência à saúde, nos termos do disposto neste artigo.

§ 4º O direito assegurado neste artigo não exclui vantagens obtidas pelos empregados decorrentes de negociações coletivas de trabalho.

§ 5º A condição prevista no *caput* deste artigo deixará de existir quando da admissão do consumidor titular em novo emprego.

§ 6º Nos planos coletivos custeados integralmente pela empresa, não é considerada contribuição a coparticipação do consumidor, única e exclusivamente, em procedimentos, como fator de moderação, na utilização dos serviços de assistência médica ou hospitalar.

▶ §§ 5º e 6º acrescidos pela MP nº 2.177-44, de 24-8-2001, que até o encerramento desta edição não havia sido convertida em Lei.

Art. 31. Ao aposentado que contribuir para produtos de que tratam o inciso I e o § 1º do artigo 1º desta Lei, em decorrência de vínculo empregatício, pelo prazo mínimo de dez anos, é assegurado o direito de manutenção como beneficiário, nas mesmas condições de cobertura assistencial de que gozava quando da vigência do contrato de trabalho, desde que assuma o seu pagamento integral.

▶ *Caput* com a redação dada pela MP nº 2.177-44, de 24-8-2001, que até o encerramento desta edição não havia sido convertida em Lei.

§ 1º Ao aposentado que contribuir para planos coletivos de assistência à saúde por período inferior ao estabelecido no *caput* é assegurado o direito de manutenção como beneficiário, à razão de um ano para cada ano de contribuição, desde que assuma o pagamento integral do mesmo.

§ 2º Para gozo do direito assegurado neste artigo, observar-se-ão as mesmas condições estabelecidas nos §§ 2º, 3º, 4º, 5º e 6º do artigo 30.

▶ §§ 1º e 2º com a redação dada pela MP nº 2.177-44, de 24-8-2001, que até o encerramento desta edição não havia sido convertida em Lei.

Art. 32. Serão ressarcidos pelas operadoras dos produtos de que tratam o inciso I e o § 1º do artigo 1º desta Lei, de acordo com normas a serem definidas pela ANS, os serviços de atendimento à saúde previstos nos respectivos contratos, prestados a seus consumidores e respectivos dependentes, em instituições públicas ou privadas, conveniadas ou contratadas, integrantes do Sistema Único de Saúde – SUS.

▶ *Caput* com a redação dada pela MP nº 2.177-44, de 24-8-2001, que até o encerramento desta edição não havia sido convertida em Lei.

§ 1º O ressarcimento será efetuado pelas operadoras ao SUS com base em regra de valoração aprovada e divulgada pela ANS, mediante crédito ao Fundo Nacional de Saúde – FNS.

▶ § 1º com a redação dada pela Lei nº 12.469, de 26-8-2011.

§ 2º Para a efetivação do ressarcimento, a ANS disponibilizará às operadoras a discriminação dos procedimentos realizados para cada consumidor.

▶ § 2º com a redação dada pela MP nº 2.177-44, de 24-8-2001, que até o encerramento desta edição não havia sido convertida em Lei.

§ 3º A operadora efetuará o ressarcimento até o 15º (décimo quinto) dia da data de recebimento da notificação de cobrança feita pela ANS.

▶ § 3º com a redação dada pela Lei nº 12.469, de 26-8-2011.

§ 4º O ressarcimento não efetuado no prazo previsto no § 3º será cobrado com os seguintes acréscimos:

I – juros de mora contados do mês seguinte ao do vencimento, à razão de um por cento ao mês ou fração;

II – multa de mora de dez por cento.

▶ § 4º com a redação dada pela MP nº 2.177-44, de 24-8-2001, que até o encerramento desta edição não havia sido convertida em Lei.

§ 5º Os valores não recolhidos no prazo previsto no § 3º serão inscritos em dívida ativa da ANS, a qual compete a cobrança judicial dos respectivos créditos.

§ 6º O produto da arrecadação dos juros e da multa de mora serão revertidos ao Fundo Nacional de Saúde.

▶ §§ 5º e 6º acrescidos pela MP nº 2.177-44, de 24-8-2001, que até o encerramento desta edição não havia sido convertida em Lei.

§ 7º A ANS disciplinará o processo de glosa ou impugnação dos procedimentos encaminhados, conforme previsto no § 2º deste artigo, cabendo-lhe, inclusive, estabelecer procedimentos para cobrança dos valores a serem ressarcidos.

▶ § 7º com a redação dada pela Lei nº 12.469, de 26-8-2011.

§ 8º Os valores a serem ressarcidos não serão inferiores aos praticados pelo SUS e nem superiores aos praticados pelas operadoras de produtos de que tratam o inciso I e o § 1º do artigo 1º desta Lei.

▶ § 8º acrescido pela MP nº 2.177-44, de 24-8-2001, que até o encerramento desta edição não havia sido convertida em Lei.

§ 9º Os valores a que se referem os §§ 3º e 6º deste artigo não serão computados para fins de aplicação dos recursos mínimos nas ações e serviços públicos de saúde nos termos da Constituição Federal.

▶ § 9º acrescido pela Lei nº 12.469, de 26-8-2011.

§ 10. *A obrigação de ressarcimento de que trata este artigo poderá ser convertida em prestação de serviços no âmbito do SUS, mediante celebração de termo de compromisso, que especificará os serviços a serem prestados, conforme condições estabelecidas em ato conjunto da Advocacia-Geral da União e do Ministério da Saúde.*

▶ § 10 acrescido pela MP nº 1.301, de 30-5-2025, que até o encerramento não havia sido convertida em lei.

Art. 33. Havendo indisponibilidade de leito hospitalar nos estabelecimentos próprios ou credenciados pelo plano, é garantido ao consumidor o acesso à acomodação, em nível superior, sem ônus adicional.

Art. 34. As pessoas jurídicas que executam outras atividades além das abrangidas por esta Lei deverão, na forma e no prazo definidos pela ANS, constituir pessoas jurídicas independentes, com ou sem fins lucrativos, especificamente para operar planos privados de assistência à saúde, na forma da legislação em vigor e em especial desta Lei e de seus regulamentos.

▶ *Caput* com a redação dada pela MP nº 2.177-44, de 24-8-2001, que até o encerramento desta edição não havia sido convertida em Lei.

§ 1º O disposto no *caput* não se aplica às entidades de autogestão constituídas sob a forma de fundação, de sindicato ou de associação que, na data da publicação desta Lei, já exerciam outras atividades em conjunto com as relacionadas à assistência à saúde, nos termos dos pertinentes estatutos sociais.

§ 2º As entidades de que trata o § 1º poderão, desde que a hipótese de segregação da finalidade estatutária esteja prevista ou seja assegurada pelo órgão interno competente, constituir filial ou departamento com número do Cadastro Nacional da Pessoa Jurídica sequencial ao da pessoa jurídica principal.

§ 3º As entidades de que trata o § 1º que optarem por proceder de acordo com o previsto no § 2º assegurarão condições para sua adequada segregação patrimonial, administrativa, financeira e contábil.

▶ §§ 1º a 3º acrescidos pela Lei nº 13.127, de 26-5-2015.

Art. 35. Aplicam-se as disposições desta Lei a todos os contratos celebrados a partir de sua vigência, assegurada aos consumidores com contratos anteriores, bem como àqueles com contratos celebrados entre 2 de setembro de 1998 e 1º de janeiro de 1999, a possibilidade de optar pela adaptação ao sistema previsto nesta Lei.

▶ *Caput* com a redação dada pela MP nº 2.177-44, de 24-8-2001, que até o encerramento desta edição não havia sido convertida em Lei.

§ 1º Sem prejuízo do disposto no artigo 35-E, a adaptação dos contratos de que trata este artigo deverá ser formalizada em termo próprio, assinado pelos contratantes, de acordo com as normas a serem definidas pela ANS.

§ 2º Quando a adaptação dos contratos incluir aumento de contraprestação pecuniária, a composição da base de cálculo deverá ficar restrita aos itens correspondentes ao aumento de cobertura, e ficará disponível para verificação pela ANS, que poderá determinar sua alteração quando o novo valor não estiver devidamente justificado.

▶ §§ 1º e 2º com a redação dada pela MP nº 2.177-44, de 24-8-2001, que até o encerramento desta edição não havia sido convertida em Lei.

§ 3º A adaptação dos contratos não implica nova contagem dos períodos de carência e dos prazos de aquisição dos benefícios previstos nos artigos 30 e 31 desta Lei, observados, quanto aos últimos, os limites de cobertura previstos no contrato original.

§ 4º Nenhum contrato poderá ser adaptado por decisão unilateral da empresa operadora.

§ 5º A manutenção dos contratos originais pelos consumidores não optantes tem caráter personalíssimo, devendo ser garantida somente ao titular e a seus dependentes já inscritos, permitida inclusão apenas de novo cônjuge e filhos, e vedada a transferência da sua titularidade, sob qualquer pretexto, a terceiros.

§ 6º Os produtos de que tratam o inciso I e o § 1º do artigo 1º desta Lei, contratados até 1º de janeiro de 1999, deverão permanecer em operação, por tempo indeterminado, apenas para os consumidores que não optarem pela adaptação às novas regras, sendo considerados extintos para fim de comercialização.

§ 7º Às pessoas jurídicas contratantes de planos coletivos, não optantes pela adaptação prevista neste artigo, fica assegurada a manutenção dos contratos originais, nas coberturas assistenciais neles pactuadas.

§ 8º A ANS definirá em norma própria os procedimentos formais que deverão ser adotados pelas empresas para a adatação dos contratos de que trata este artigo.

▸ §§ 3º a 8º acrescidos pela MP nº 2.177-44, de 24-8-2001, que até o encerramento desta edição não havia sido convertida em Lei.

Art. 35-A. Fica criado o Conselho de Saúde Suplementar – CONSU, órgão colegiado integrante da estrutura regimental do Ministério da Saúde, com competência para:

I – estabelecer e supervisionar a execução de políticas e diretrizes gerais do setor de saúde suplementar;

II – aprovar o contrato de gestão da ANS;

III – supervisionar e acompanhar as ações e o funcionamento da ANS;

IV – fixar diretrizes gerais para implementação no setor de saúde suplementar sobre:

a) aspectos econômico-financeiros;

b) normas de contabilidade, atuariais e estatísticas;

c) parâmetros quanto ao capital e ao patrimônio líquido mínimos, bem assim quanto às formas de sua subscrição e realização quando se tratar de sociedade anônima;

d) critérios de constituição de garantias de manutenção do equilíbrio econômico-financeiro, consistentes em bens, móveis ou imóveis, ou fundos especiais ou seguros garantidores;

e) criação de fundo, contratação de seguro garantidor ou outros instrumentos que julgar adequados, com o objetivo de proteger o consumidor de planos privados de assistência à saúde em caso de insolvência de empresas operadoras;

V – deliberar sobre a criação de câmaras técnicas, de caráter consultivo, de forma a subsidiar suas decisões.

Parágrafo único. A ANS fixará as normas sobre as matérias previstas no inciso IV deste artigo, devendo adequá-las, se necessário, quando houver diretrizes gerais estabelecidas pelo CONSU.

▸ Art. 35-A acrescido pela MP nº 2.177-44, de 24-8-2001, que até o encerramento desta edição não havia sido convertida em Lei.

Art. 35-B. O CONSU será integrado pelos seguintes Ministros de Estado:

I – Chefe da Casa Civil da Presidência da República, na qualidade de Presidente;

II – da Saúde;

III – da Fazenda;

IV – da Justiça; e

V – do Planejamento, Orçamento e Gestão.

§ 1º O Conselho deliberará mediante resoluções, por maioria de votos, cabendo ao Presidente a prerrogativa de deliberar nos casos de urgência e relevante interesse, *ad referendum* dos demais membros.

§ 2º Quando deliberar *ad referendum* do Conselho, o Presidente submeterá a decisão ao Colegiado na primeira reunião que se seguir àquela deliberação.

§ 3º O Presidente do Conselho poderá convidar Ministros de Estado, bem assim outros representantes de órgãos públicos, para participar das reuniões, não lhes sendo permitido o direito de voto.

§ 4º O Conselho reunir-se-á sempre que for convocado por seu Presidente.

§ 5º O regimento interno do CONSU será aprovado por decreto do Presidente da República.

§ 6º As atividades de apoio administrativo ao CONSU serão prestadas pela ANS.

§ 7º O Presidente da ANS participará, na qualidade de Secretário, das reuniões do CONSU.

▸ Art. 35-B acrescido pela MP nº 2.177-44, de 24-8-2001, que até o encerramento desta edição não havia sido convertida em Lei.

Art. 35-C. É obrigatória a cobertura do atendimento nos casos:

▸ *Caput* com a redação dada pela Lei nº 11.935, de 11-5-2009.

I – de emergência, como tal definidos os que implicarem risco imediato de vida ou de lesões irreparáveis para o paciente, caracterizado em declaração do médico assistente;

II – de urgência, assim entendidos os resultantes de acidentes pessoais ou de complicações no processo gestacional;

▸ Incisos I e II com a redação dada pela Lei nº 11.935, de 11-5-2009.

III – de planejamento familiar.

▸ Inciso III acrescido pela Lei nº 11.935, de 11-5-2009.

Parágrafo único. A ANS fará publicar normas regulamentares para o disposto neste artigo, observados os termos de adaptação previstos no art. 35.

▸ Parágrafo único acrescido pela MP nº 2.177-44, de 24-8-2001, que até o encerramento desta edição não havia sido convertida em Lei.

Art. 35-D. As multas a serem aplicadas pela ANS em decorrência da competência fiscalizadora e normativa estabelecida nesta Lei e em seus regulamentos serão recolhidas à conta daquela Agência, até o limite de R$ 1.000.000,00 (um milhão de reais) por infração, ressalvado o disposto no § 6º do artigo 19 desta Lei.

Art. 35-E. A partir de 5 de junho de 1998, fica estabelecido para os contratos celebrados anteriormente à data de vigência desta Lei que:

▸ O STF, por unanimidade, julgou parcialmente procedente a ADI nº 1.931, para declarar a inconstitucionalidade deste artigo (*DOU* de 14-2-2018).

I – qualquer variação na contraprestação pecuniária para consumidores com mais de sessenta anos de idade estará sujeita à autorização prévia da ANS;

II – a alegação de doença ou lesão preexistente estará sujeita à prévia regulamentação da matéria pela ANS;

III – é vedada a suspensão ou a rescisão unilateral do contrato individual ou familiar de produtos de que tratam o inciso I e o § 1º do artigo 1º desta Lei por parte da operadora, salvo o disposto no inciso II do parágrafo único do artigo 13 desta Lei;

IV – é vedada a interrupção de internação hospitalar em leito clínico, cirúrgico ou em centro de terapia intensiva ou similar, salvo a critério do médico assistente.

§ 1º Os contratos anteriores à vigência desta Lei, que estabeleçam reajuste por mudança de faixa etária com idade inicial em sessenta anos ou mais, deverão ser adaptados, até 31 de outubro de 1999, para repactuação da cláusula de reajuste, observadas as seguintes disposições:

I – a repactuação será garantida aos consumidores de que trata o parágrafo único do artigo 15, para as mudanças de faixa etária ocorridas após a vigência desta Lei, e limitar-se-á à diluição da aplicação do reajuste anteriormente previsto, em reajustes parciais anuais, com adoção de percentual fixo que, aplicado a cada ano, permita atingir o reajuste integral no início do último ano da faixa etária considerada;

II – para aplicação da fórmula de diluição, consideram-se de dez anos as faixas etárias que tenham sido estipuladas sem limite superior;

III – a nova cláusula, contendo a fórmula de aplicação do reajuste, deverá ser encaminhada aos consumidores, juntamente com o boleto ou título de cobrança, com a demonstração do valor originalmente contratado, do valor repactuado e do percentual de reajuste anual fixo, esclarecendo, ainda, que o seu pagamento formalizará esta repactuação;

IV – a cláusula original de reajuste deverá ter sido previamente submetida à ANS;

V – na falta de aprovação prévia, a operadora, para que possa aplicar reajuste por faixa etária a consumidores com sessenta anos ou mais de idade e dez anos ou mais de contrato, deverá submeter à ANS as condições contratuais acompanhadas de nota técnica, para, uma vez aprovada a cláusula e o percentual de reajuste, adotar a diluição prevista neste parágrafo.

§ 2º Nos contratos individuais de produtos de que tratam o inciso I e o § 1º do artigo 1º desta Lei, independentemente da data de sua celebração, a aplicação de cláusula de reajuste das contraprestações pecuniárias dependerá de prévia aprovação da ANS.

§ 3º O disposto no artigo 35 desta Lei aplica-se sem prejuízo do estabelecido neste artigo.

Art. 35-F. A assistência a que alude o artigo 1º desta Lei compreende todas as ações necessárias à prevenção da doença e à recuperação, manutenção e reabilitação da saúde, observados os termos desta Lei e do contrato firmado entre as partes.

Art. 35-G. Aplicam-se subsidiariamente aos contratos entre usuários e operadoras de produtos de que tratam o inciso I e o § 1º do artigo 1º desta Lei as disposições da Lei nº 8.078, de 1990.

Art. 35-H. Os expedientes que até esta data foram protocolizados na SUSEP pelas operadoras de produtos de que tratam o inciso I e o § 1º do artigo 1º desta Lei e que forem encaminhados à ANS em consequência desta Lei, deverão estar acompanhados de parecer conclusivo daquela Autarquia.

Art. 35-I. Responderão subsidiariamente pelos direitos contratuais e legais dos consumidores, prestadores de serviço e fornecedores, além dos débitos fiscais e trabalhistas, os bens pessoais dos diretores, administradores, gerentes e membros de conselhos da operadora de plano privado de assistência à saúde, independentemente da sua natureza jurídica.

Art. 35-J. O diretor técnico ou fiscal ou o liquidante são obrigados a manter sigilo relativo às informações da operadora às quais tiverem acesso em razão do exercício do encargo, sob pena de incorrer em improbidade administrativa, sem prejuízo das responsabilidades civis e penais.

Art. 35-L. Os bens garantidores das provisões técnicas, fundos e provisões deverão ser registrados na ANS e não poderão ser alienados, prometidos a alienar ou, de qualquer forma, gravados sem prévia e expressa autorização, sendo nulas, de pleno direito, as alienações realizadas ou os gravames constituídos com violação deste artigo.

Parágrafo único. Quando a garantia recair em bem imóvel, será obrigatoriamente inscrita no competente Cartório do Registro Geral de Imóveis, mediante requerimento firmado pela operadora de plano de assistência à saúde e pela ANS.

Art. 35-M. As operadoras de produtos de que tratam o inciso I e o § 1º do artigo 1º desta Lei poderão celebrar contratos de resseguro junto às empresas devidamente autorizadas a operar em tal atividade, conforme estabelecido na Lei nº 9.932, de 20 de dezembro de 1999, e regulamentações posteriores.

► Arts. 35-D a 35-M acrescidos pela MP nº 2.177-44, de 24-8-2001, que até o encerramento desta edição não havia sido convertida em Lei.

► A Lei nº 9.932, de 20-12-1999, foi revogada pela LC nº 126, de 5-1-2007.

Art. 36. Esta Lei entra em vigor noventa dias após a data de sua publicação.

Brasília, 3 de junho de 1998;
177º da Independência e
110º da República.

Fernando Henrique Cardoso

LEI Nº 9.709, DE 18 DE NOVEMBRO DE 1998

Regulamenta a execução do disposto nos incisos I, II e III do artigo 14 da Constituição Federal.

► Publicada no *DOU* de 19-11-1998.

Art. 1º A soberania popular é exercida por sufrágio universal e pelo voto direto e secreto, com valor igual para todos, nos termos desta Lei e das normas constitucionais pertinentes, mediante:

I – plebiscito;
II – referendo;
III – iniciativa popular.

Art. 2º Plebiscito e referendo são consultas formuladas ao povo para que delibere sobre matéria de acentuada relevância, de natureza constitucional, legislativa ou administrativa.

§ 1º O plebiscito é convocado com anterioridade a ato legislativo ou administrativo, cabendo ao povo, pelo voto, aprovar ou denegar o que lhe tenha sido submetido.

§ 2º O referendo é convocado com posterioridade a ato legislativo ou administrativo, cumprindo ao povo a respectiva ratificação ou rejeição.

Art. 3º Nas questões de relevância nacional, de competência do Poder Legislativo ou do Poder Executivo, e no caso do § 3º do artigo 18 da Constituição Federal, o plebiscito e o referendo são convocados mediante decreto legislativo, por proposta de um terço, no mínimo, dos membros que compõem qualquer das Casas do Congresso Nacional, de conformidade com esta Lei.

Art. 4º A incorporação de Estados entre si, subdivisão ou desmembramento para se anexarem a outros, ou formarem novos Estados ou Territórios Federais, dependem da aprovação da população diretamente interessada, por meio de plebiscito realizado na mesma data e horário em cada um dos Estados, e do Congresso Nacional, por Lei Complementar, ouvidas as respectivas Assembleias Legislativas.

§ 1º Proclamado o resultado da consulta plebiscitária, sendo favorável à alteração territorial prevista no *caput*, o projeto de lei complementar respectivo será proposto perante qualquer das Casas do Congresso Nacional.

§ 2º À Casa perante a qual tenha sido apresentado o projeto de lei complementar referido no parágrafo anterior compete proceder à audiência das respectivas Assembleias Legislativas.

§ 3º Na oportunidade prevista no parágrafo anterior, as respectivas Assembleias Legislativas opinarão, sem caráter vinculativo, sobre a matéria, e fornecerão ao Congresso Nacional os detalhamentos técnicos concernentes aos aspectos administrativos, financeiros, sociais e econômicos da área geopolítica afetada.

§ 4º O Congresso Nacional, ao aprovar a lei complementar, tomará em conta as informações técnicas a que se refere o parágrafo anterior.

Art. 5º O plebiscito destinado à criação, à incorporação, à fusão e ao desmembramento de Municípios, será convocado pela Assembleia Legislativa, de conformidade com a legislação federal e estadual.

Art. 6º Nas demais questões, de competência dos Estados, do Distrito Federal e dos Municípios, o plebiscito e o referendo serão convocados de conformidade, respectivamente, com a Constituição Estadual e com a Lei Orgânica.

Art. 7º Nas consultas plebiscitárias previstas nos artigos 4º e 5º entende-se por população diretamente interessada tanto a do território que se pretende desmembrar, quanto a do que sofrerá desmembramento; em caso de fusão ou anexação, tanto a população da área que se quer anexar quanto a da que receberá o acréscimo; e a vontade popular se aferirá pelo percentual que se manifestar em relação ao total da população consultada.

Art. 8º Aprovado o ato convocatório, o Presidente do Congresso Nacional dará ciência à Justiça Eleitoral, a quem incumbirá, nos limites de sua circunscrição:

I – fixar a data da consulta popular;
II – tornar pública a cédula respectiva;
III – expedir instruções para a realização do plebiscito ou referendo;
IV – assegurar a gratuidade nos meios de comunicação de massa concessionários de serviço público, aos partidos políticos e às frentes suprapartidárias organizadas pela sociedade civil em torno da matéria em questão, para a divulgação de seus postulados referentes ao tema sob consulta.

Art. 9º Convocado o plebiscito, o projeto legislativo ou medida administrativa não efetivada, cujas matérias constituam objeto da consulta popular, terá sustada sua tramitação, até que o resultado das urnas seja proclamado.

Art. 10. O plebiscito ou referendo, convocado nos termos da presente Lei, será considerado aprovado ou rejeitado por maioria simples, de acordo com o resultado homologado pelo Tribunal Superior Eleitoral.

Art. 11. O referendo pode ser convocado no prazo de trinta dias, a contar da promulgação de lei ou adoção de medida administrativa, que se relacione de maneira direta com a consulta popular.

Art. 12. A tramitação dos projetos de plebiscito e referendo obedecerá às normas do Regimento Comum do Congresso Nacional.

Art. 13. A iniciativa popular consiste na apresentação de projeto de lei à Câmara dos Deputados, subscrito por, no mínimo, um por cento do eleitorado nacional, distribuído pelo menos por cinco Estados, com não menos de três décimos por cento dos eleitores de cada um deles.

§ 1º O projeto de lei de iniciativa popular deverá circunscrever-se a um só assunto.

§ 2º O projeto de lei de iniciativa popular não poderá ser rejeitado por vício de forma, cabendo à Câmara dos Deputados, por seu órgão competente, providenciar a correção de eventuais impropriedades de técnica legislativa ou de redação.

Art. 14. A Câmara dos Deputados, verificando o cumprimento das exigências estabelecidas no artigo 13 e respectivos parágrafos, dará seguimento à iniciativa popular, consoante as normas do Regimento Interno.

Art. 15. Esta Lei entra em vigor na data de sua publicação.

Brasília, 18 de novembro de 1998;
177º da Independência e
110º da República.

Fernando Henrique Cardoso

LEI Nº 9.800, DE 26 DE MAIO DE 1999

Permite às partes a utilização de sistema de transmissão de dados para a prática de atos processuais.

► Publicada no *DOU* de 27-5-1999.

Art. 1º É permitida às partes a utilização de sistema de transmissão de dados e imagens tipo fac-símile ou outro similar, para a prática de atos processuais que dependam de petição escrita.

Art. 2º A utilização de sistema de transmissão de dados e imagens não prejudica o cumprimento dos prazos, devendo os originais ser entregues em juízo ou encaminhados por meio de protocolo integrado judicial nacional, necessariamente, em até 5 (cinco) dias contados da data de seu término.

Parágrafo único. Nos atos não sujeitos a prazo, os originais deverão ser entregues em juízo ou encaminhados por meio de protocolo integrado judicial nacional, necessariamente, em até 5 (cinco) dias contados da data de recepção do material.

▸ Art. 2º com a redação dada pela Lei nº 14.318, de 29-3-2022.

Art. 3º Os juízes poderão praticar atos de sua competência à vista de transmissões efetuadas na forma desta Lei, sem prejuízo do disposto no artigo anterior.

Art. 4º Quem fizer uso do sistema de transmissão torna-se responsável pela qualidade e fidelidade do material transmitido, e por sua entrega ao órgão judiciário.

Parágrafo único. Sem prejuízo de outras sanções, o usuário do sistema será considerado litigante de má-fé se não houver perfeita concordância entre o original remetido pelo fac-símile e o original entregue em juízo.

Art. 5º O disposto nesta Lei não obriga a que os órgãos judiciários disponham de equipamentos, para recepção.

Art. 6º Esta Lei entra em vigor trinta dias após a data de sua publicação.

Brasília, 26 de maio de 1999;
178º da Independência e
111º da República.

Fernando Henrique Cardoso

LEI COMPLEMENTAR Nº 97, DE 9 DE JUNHO DE 1999

Dispõe sobre as normas gerais para a organização, o preparo e o emprego das Forças Armadas.

▸ Publicada no *DOU* de 10-6-1999, Edição Extra.

CAPÍTULO I
DISPOSIÇÕES PRELIMINARES

SEÇÃO I
DA DESTINAÇÃO E ATRIBUIÇÕES

Art. 1º As Forças Armadas, constituídas pela Marinha, pelo Exército e pela Aeronáutica, são instituições nacionais permanentes e regulares, organizadas com base na hierarquia e na disciplina, sob a autoridade suprema do Presidente da República e destinam-se à defesa da Pátria, à garantia dos poderes constitucionais e, por iniciativa de qualquer destes, da lei e da ordem.

▸ O STF, por unanimidade, julgou parcialmente procedente a ADI nº 6.457 para dar interpretação conforme à Constituição ao *caput* deste artigo (*DOU* de 13-6-2024).

▸ Art. 142 da CF.

Parágrafo único. Sem comprometimento de sua destinação constitucional, cabe também às Forças Armadas o cumprimento das atribuições subsidiárias explicitadas nesta Lei Complementar.

SEÇÃO II
DO ASSESSORAMENTO AO COMANDANTE SUPREMO

Art. 2º O Presidente da República, na condição de Comandante Supremo das Forças Armadas, é assessorado:

I – no que concerne ao emprego de meios militares, pelo Conselho Militar de Defesa; e

II – no que concerne aos demais assuntos pertinentes à área militar, pelo Ministro de Estado da Defesa.

§ 1º O Conselho Militar de Defesa é composto pelos Comandantes da Marinha, do Exército e da Aeronáutica e pelo Chefe do Estado-Maior Conjunto das Forças Armadas.

▸ § 1º com a redação dada pela LC nº 136, de 25-8-2010.

§ 2º Na situação prevista no inciso I deste artigo, o Ministro de Estado da Defesa integrará o Conselho Militar de Defesa na condição de seu Presidente.

CAPÍTULO II
DA ORGANIZAÇÃO

SEÇÃO I
DAS FORÇAS ARMADAS

Art. 3º As Forças Armadas são subordinadas ao Ministro de Estado da Defesa, dispondo de estruturas próprias.

Art. 3º-A. O Estado-Maior Conjunto das Forças Armadas, órgão de assessoramento permanente do Ministro de Estado da Defesa, tem como chefe um oficial-general do último posto, da ativa ou da reserva, indicado pelo Ministro de Estado da Defesa e nomeado pelo Presidente da República, e disporá de um comitê, integrado pelos chefes de Estados-Maiores das 3 (três) Forças, sob a coordenação do Chefe do Estado-Maior Conjunto das Forças Armadas.

§ 1º Se o oficial-general indicado para o cargo de Chefe do Estado-Maior Conjunto das Forças Armadas estiver na ativa, será transferido para a reserva remunerada quando empossado no cargo.

§ 2º É assegurado ao Chefe do Estado-Maior Conjunto das Forças Armadas o mesmo grau de precedência hierárquica dos Comandantes e precedência hierárquica sobre os demais oficiais generais das 3 (três) Forças Armadas.

§ 3º É assegurado ao Chefe do Estado-Maior Conjunto das Forças Armadas todas as prerrogativas, direitos e deveres do Serviço Ativo, inclusive com a contagem de tempo de serviço, enquanto estiver em exercício.

▸ Art. 3º-A acrescido pela LC nº 136, de 25-8-2010.

Art. 4º A Marinha, o Exército e a Aeronáutica dispõem, singularmente, de 1 (um) Comandante, indicado pelo Ministro de Estado da Defesa e nomeado pelo Presidente da República, o qual, no âmbito de suas atribuições, exercerá a direção e a gestão da respectiva Força.

▸ Artigo com a redação dada pela LC nº 136, de 25-8-2010.

Art. 5º Os cargos de Comandante da Marinha, do Exército e da Aeronáutica são privativos de oficiais-generais do último posto da respectiva Força.

§ 1º É assegurada aos Comandantes da Marinha, do Exército e da Aeronáutica precedência hierárquica sobre os demais oficiais-generais das três Forças Armadas.

§ 2º Se o oficial-general indicado para o cargo de Comandante da sua respectiva Força estiver na ativa, será transferido para a reserva remunerada, quando empossado no cargo.

§ 3º São asseguradas aos Comandantes da Marinha, do Exército e da Aeronáutica todas as prerrogativas, direitos e deveres do Serviço Ativo, inclusive com a contagem de tempo de serviço, enquanto estiverem em exercício.

Art. 6º O Poder Executivo definirá a competência dos Comandantes da Marinha, do Exército e da Aeronáutica para a criação, a denominação, a localização e a definição das atribuições das organizações integrantes das estruturas das Forças Armadas.

Art. 7º Compete aos Comandantes das Forças apresentar ao Ministro de Estado da Defesa a Lista de Escolha, elaborada na forma da lei, para a promoção aos postos de oficiais-generais e propor-lhe os oficiais-generais para a nomeação aos cargos que lhes são privativos.

▸ *Caput* com a redação dada pela LC nº 136, de 25-8-2010.

Parágrafo único. O Ministro de Estado da Defesa, acompanhado do Comandante de cada Força, apresentará os nomes ao Presidente da República, a quem compete promover os oficiais-generais e nomeá-los para os cargos que lhes são privativos.

Art. 8º A Marinha, o Exército e a Aeronáutica dispõem de efetivos de pessoal militar e civil, fixados em lei, e dos meios orgânicos necessários ao cumprimento de sua destinação constitucional e atribuições subsidiárias.

Parágrafo único. Constituem reserva das Forças Armadas o pessoal sujeito a incorporação, mediante mobilização ou convocação, pelo Ministério da Defesa, por intermédio da Marinha, do Exército e da Aeronáutica, bem como as organizações assim definidas em lei.

SEÇÃO II
DA DIREÇÃO SUPERIOR DAS FORÇAS ARMADAS

Art. 9º O Ministro de Estado da Defesa exerce a direção superior das Forças Armadas, assessorado pelo Conselho Militar de Defesa, órgão permanente de assessoramento, pelo Estado-Maior Conjunto das Forças Armadas e pelos demais órgãos, conforme definido em lei.

▸ *Caput* com a redação dada pela LC nº 136, de 25-8-2010.

§ 1º Ao Ministro de Estado da Defesa compete a implantação do Livro Branco de Defesa Nacional, documento de caráter público, por meio do qual se permitirá o acesso ao amplo contexto da Estratégia de Defesa Nacional, em perspectiva de médio e longo prazos, que viabilize o acompanhamento do orçamento e do planejamento plurianual relativos ao setor.

▸ Dec. nº 7.438, de 11-2-2011, estabelece princípios e diretrizes para criação e elaboração do Livro Branco de Defesa Nacional e institui Grupo de Trabalho Interministerial com o objetivo de elaborar estudos sobre temas pertinentes àquele Livro.

§ 2º O Livro Branco de Defesa Nacional deverá conter dados estratégicos, orçamentários, institucionais e materiais detalhados sobre as Forças Armadas, abordando os seguintes tópicos:

I – cenário estratégico para o século XXI;
II – política nacional de defesa;
III – estratégia nacional de defesa;
IV – modernização das Forças Armadas;

V – racionalização e adaptação das estruturas de defesa;
VI – suporte econômico da defesa nacional;
VII – as Forças Armadas: Marinha, Exército e Aeronáutica;
VIII – operações de paz e ajuda humanitária.

§ 3º O Poder Executivo encaminhará à apreciação do Congresso Nacional, na primeira metade da sessão legislativa ordinária, de 4 (quatro) em 4 (quatro) anos, a partir do ano de 2012, com as devidas atualizações:
I – a Política de Defesa Nacional;
II – a Estratégia Nacional de Defesa;
III – o Livro Branco de Defesa Nacional.

▶ §§ 1º a 3º acrescidos pela LC nº 136, de 25-8-2010.

Art. 10. *Revogado*. LC nº 136, de 25-8-2010.

Art. 11. Compete ao Estado-Maior Conjunto das Forças Armadas elaborar o planejamento do emprego conjunto das Forças Armadas e assessorar o Ministro de Estado da Defesa na condução dos exercícios conjuntos e quanto à atuação de forças brasileiras em operações de paz, além de outras atribuições que lhe forem estabelecidas pelo Ministro de Estado da Defesa.

▶ Artigo com a redação dada pela LC nº 136, de 25-8-2010.

Art. 11-A. Compete ao Ministério da Defesa, além das demais competências previstas em lei, formular a política e as diretrizes referentes aos produtos de defesa empregados nas atividades operacionais, inclusive armamentos, munições, meios de transporte e de comunicações, fardamentos e materiais de uso individual e coletivo, admitido delegações às Forças.

▶ Art. 11-A acrescido pela LC nº 136, de 25-8-2010.

CAPÍTULO III
DO ORÇAMENTO

Art. 12. O orçamento do Ministério da Defesa contemplará as prioridades definidas pela Estratégia Nacional de Defesa, explicitadas na lei de diretrizes orçamentárias.

▶ *Caput* com a redação dada pela LC nº 136, de 25-8-2010.

§ 1º O orçamento do Ministério da Defesa identificará as dotações próprias da Marinha, do Exército e da Aeronáutica.

§ 2º A proposta orçamentária das Forças será elaborada em conjunto com o Ministério da Defesa, que a consolidará, obedecendo às prioridades estabelecidas na Estratégia Nacional de Defesa, explicitadas na lei de diretrizes orçamentárias.

▶ § 2º com a redação dada pela LC nº 136, de 25-8-2010.

§ 3º A Marinha, o Exército e a Aeronáutica farão a gestão, de forma individualizada, dos recursos orçamentários que lhes forem destinados no orçamento do Ministério da Defesa.

CAPÍTULO IV
DO PREPARO

Art. 13. Para o cumprimento da destinação constitucional das Forças Armadas, cabe aos Comandantes da Marinha, do Exército e da Aeronáutica o preparo de seus órgãos operativos e de apoio, obedecidas as políticas estabelecidas pelo Ministro da Defesa.

§ 1º O preparo compreende, entre outras, as atividades permanentes de planejamento, organização e articulação, instrução e adestramento, desenvolvimento de doutrina e pesquisas específicas, inteligência e estruturação das Forças Armadas, de sua logística e mobilização.

§ 2º No preparo das Forças Armadas para o cumprimento de sua destinação constitucional, poderão ser planejados e executados exercícios operacionais em áreas públicas, adequadas à natureza das operações, ou em áreas privadas cedidas para esse fim.

§ 3º O planejamento e a execução dos exercícios operacionais poderão ser realizados com a cooperação dos órgãos de segurança pública e de órgãos públicos com interesses afins.

▶ §§ 1º a 3º acrescidos pela LC nº 117, de 2-9-2004.

Art. 14. O preparo das Forças Armadas é orientado pelos seguintes parâmetros básicos:

▶ Art. 41 da Lei nº 11.343, de 23-8-2006 (Lei Antidrogas).

I – permanente eficiência operacional singular e nas diferentes modalidades de emprego interdependentes;
II – procura da autonomia nacional crescente, mediante contínua nacionalização de seus meios, nela incluídas pesquisa e desenvolvimento e o fortalecimento da indústria nacional;
III – correta utilização do potencial nacional, mediante mobilização criteriosamente planejada.

CAPÍTULO V
DO EMPREGO

Art. 15. O emprego das Forças Armadas na defesa da Pátria e na garantia dos poderes constitucionais, da lei e da ordem, e na participação em operações de paz, é de responsabilidade do Presidente da República, que determinará ao Ministro de Estado da Defesa a ativação de órgãos operacionais, observada a seguinte forma de subordinação:

▶ O STF, por unanimidade, julgou parcialmente procedente a ADI nº 6.457 para dar interpretação conforme à Constituição ao *caput* deste artigo (*DOU* de 13-6-2024).

I – ao Comandante Supremo, por intermédio do Ministro de Estado da Defesa, no caso de Comandos conjuntos, compostos por meios adjudicados pelas Forças Armadas e, quando necessário, por outros órgãos;
II – diretamente ao Ministro de Estado da Defesa, para fim de adestramento, em operações conjuntas, ou por ocasião da participação brasileira em operações de paz;

▶ Incisos I e II com a redação dada pela LC nº 136, de 25-8-2010.

III – diretamente ao respectivo Comandante da Força, respeitada a direção superior do Ministro de Estado da Defesa, no caso de emprego isolado de meios de uma única Força.

§ 1º Compete ao Presidente da República a decisão do emprego das Forças Armadas, por iniciativa própria ou em atendimento a pedido manifestado por quaisquer dos poderes constitucionais, por intermédio dos Presidentes do Supremo Tribunal Federal, do Senado Federal ou da Câmara dos Deputados.

§ 2º A atuação das Forças Armadas, na garantia da lei e da ordem, por iniciativa de quaisquer dos poderes constitucionais, ocorrerá de acordo com as diretrizes baixadas em ato do Presidente da República, após esgotados os instrumentos destinados à preservação da ordem pública e da incolumidade das pessoas e do patrimônio, relacionados no artigo 144 da Constituição Federal.

§ 3º Consideram-se esgotados os instrumentos relacionados no art. 144 da Constituição Federal quando, em determinado momento, forem eles formalmente reconhecidos pelo respectivo Chefe do Poder Executivo Federal ou Estadual como indisponíveis, inexistentes ou insuficientes ao desempenho regular de sua missão constitucional.

▶ O STF, por unanimidade, julgou parcialmente procedente a ADI nº 6.457 para dar interpretação conforme à Constituição aos §§ 1º, 2º e 3º (*DOU* de 13-6-2024).

§ 4º Na hipótese de emprego nas condições previstas no § 3º deste artigo, após mensagem do Presidente da República, serão ativados os órgãos operacionais das Forças Armadas, que desenvolverão, de forma episódica, em área previamente estabelecida e por tempo limitado, as ações de caráter preventivo e repressivo necessárias para assegurar o resultado das operações na garantia da lei e da ordem.

§ 5º Determinado o emprego das Forças Armadas na garantia da lei e da ordem, caberá à autoridade competente, mediante ato formal, transferir o controle operacional dos órgãos de segurança pública necessários ao desenvolvimento das ações para a autoridade encarregada das operações, a qual deverá constituir um centro de coordenação de operações, composto por representantes dos órgãos públicos sob seu controle operacional ou com interesses afins.

§ 6º Considera-se controle operacional, para fins de aplicação desta Lei Complementar, o poder conferido à autoridade encarregada das operações, para atribuir e coordenar missões ou tarefas específicas a serem desempenhadas por efetivos dos órgãos de segurança pública, obedecidas as suas competências constitucionais ou legais.

▶ §§ 3º a 6º acrescidos pela LC nº 117, de 2-9-2004.

§ 7º A atuação do militar nos casos previstos nos arts. 13, 14, 15, 16-A, nos incisos IV e V do art. 17, no inciso III do art. 17-A, nos incisos VI e VII do art. 18, nas atividades de defesa civil a que se refere o art. 16 desta Lei Complementar e no inciso XIV do art. 23 da Lei nº 4.737, de 15 de julho de 1965 (Código Eleitoral), é considerada atividade militar para os fins do art. 124 da Constituição Federal.

▶ § 7º com a redação dada pela LC nº 136, de 25-8-2010.

CAPÍTULO VI
DAS DISPOSIÇÕES COMPLEMENTARES

Art. 16. Cabe às Forças Armadas, como atribuição subsidiária geral, cooperar com o desenvolvimento nacional e a defesa civil, na forma determinada pelo Presidente da República.

Parágrafo único. Para os efeitos deste artigo, integra as referidas ações de caráter geral a participação em campanhas institucionais de utilidade pública ou de interesse social.

▶ Parágrafo único acrescido pela LC nº 117, de 2-9-2004.

Art. 16-A. Cabe às Forças Armadas, além de outras ações pertinentes, também como atribuições subsidiárias, preservadas as competências exclusivas das polícias judiciárias, atuar, por meio de ações preventivas e repressivas, na faixa de fronteira terrestre, no mar e nas águas interiores, independentemente da posse, da propriedade, da finalidade ou de qualquer gravame que sobre ela recaia, contra delitos transfronteiriços e ambientais, isoladamente ou em coordenação com outros órgãos do Poder Executivo, executando, dentre outras, as ações de:

I – patrulhamento;

II – revista de pessoas, de veículos terrestres, de embarcações e de aeronaves; e

III – prisões em flagrante delito.

Parágrafo único. As Forças Armadas, ao zelar pela segurança pessoal das autoridades nacionais e estrangeiras em missões oficiais, isoladamente ou em coordenação com outros órgãos do Poder Executivo, poderão exercer as ações previstas nos incisos II e III deste artigo.

▸ Art. 16-A acrescido pela LC nº 136, de 25-8-2010.

Art. 17. Cabe à Marinha, como atribuições subsidiárias particulares:

I – orientar e controlar a Marinha Mercante e suas atividades correlatas, no que interessa à defesa nacional;

II – prover a segurança da navegação aquaviária;

III – contribuir para a formulação e condução de políticas nacionais que digam respeito ao mar;

IV – implementar e fiscalizar o cumprimento de leis e regulamentos, no mar e nas águas interiores, em coordenação com outros órgãos do Poder Executivo, federal ou estadual, quando se fizer necessária, em razão de competências específicas.

V – cooperar com os órgãos federais, quando se fizer necessário, na repressão aos delitos de repercussão nacional ou internacional, quanto ao uso do mar, águas interiores e de áreas portuárias, na forma de apoio logístico, de inteligência, de comunicações e de instrução.

▸ Inciso V acrescido pela LC nº 117, de 2-9-2004.

Parágrafo único. Pela especificidade dessas atribuições, é da competência do Comandante da Marinha o trato dos assuntos dispostos neste artigo, ficando designado como "Autoridade Marítima", para esse fim.

Art. 17-A. Cabe ao Exército, além de outras ações pertinentes, como atribuições subsidiárias particulares:

I – contribuir para a formulação e condução de políticas nacionais que digam respeito ao Poder Militar Terrestre;

II – cooperar com órgãos públicos federais, estaduais e municipais e, excepcionalmente, com empresas privadas, na execução de obras e serviços de engenharia, sendo os recursos advindos do órgão solicitante;

III – cooperar com órgãos federais, quando se fizer necessário, na repressão aos delitos de repercussão nacional e internacional, no território nacional, na forma de apoio logístico, de inteligência, de comunicações e de instrução;

▸ Art. 17-A acrescido pela LC nº 117, de 2-9-2004.

IV – *Revogado*. LC nº 136, de 25-8-2010.

Art. 18. Cabe à Aeronáutica, como atribuições subsidiárias particulares:

I – orientar, coordenar e controlar as atividades de Aviação Civil;

II – prover a segurança da navegação aérea;

III – contribuir para a formulação e condução da Política Aeroespacial Nacional;

IV – estabelecer, equipar e operar, diretamente ou mediante concessão, a infraestrutura aeroespacial, aeronáutica e aeroportuária;

V – operar o Correio Aéreo Nacional;

VI – cooperar com os órgãos federais, quando se fizer necessário, na repressão aos delitos de repercussão nacional e internacional, quanto ao uso do espaço aéreo e de áreas aeroportuárias, na forma de apoio logístico, de inteligência, de comunicações e de instrução;

▸ Inciso VI acrescido pela LC nº 117, de 2-9-2004.

VII – preservadas as competências exclusivas das polícias judiciárias, atuar, de maneira contínua e permanente, por meio das ações de controle do espaço aéreo brasileiro, contra todos os tipos de tráfego aéreo ilícito, com ênfase nos envolvidos no tráfico de drogas, armas, munições e passageiros ilegais, agindo em operação combinada com organismos de fiscalização competentes, aos quais caberá a tarefa de agir após a aterragem das aeronaves envolvidas em tráfego aéreo ilícito, podendo, na ausência destes, revistar pessoas, veículos terrestres, embarcações e aeronaves, bem como efetuar prisões em flagrante delito.

▸ Inciso VII com a redação dada pela LC nº 136, de 25-8-2010.

Parágrafo único. Pela especificidade dessas atribuições, é da competência do Comandante da Aeronáutica o trato dos assuntos dispostos neste artigo, ficando designado como "Autoridade Aeronáutica Militar", para esse fim.

▸ Parágrafo único com a redação dada pela LC nº 136, de 25-8-2010.

Art. 18-A. VETADO. LC nº 117, de 2-9-2004.

CAPÍTULO VII
DAS DISPOSIÇÕES TRANSITÓRIAS E FINAIS

Art. 19. Até que se proceda à revisão dos atos normativos pertinentes, as referências legais a Ministério ou a Ministro de Estado da Marinha, do Exército e da Aeronáutica passam a ser entendidas como a Comando ou a Comandante dessas Forças, respectivamente, desde que não colidam com atribuições do Ministério ou Ministro de Estado da Defesa.

Art. 20. Os Ministérios da Marinha, do Exército e da Aeronáutica serão transformados em Comandos, por ocasião da criação do Ministério da Defesa.

Art. 21. Lei criará a Agência Nacional de Aviação Civil, vinculada ao Ministério da Defesa, órgão regulador e fiscalizador da Aviação Civil e da infraestrutura aeronáutica e aeroportuária, estabelecendo, entre outras matérias institucionais, quais, dentre as atividades e procedimentos referidos nos incisos I e IV do artigo 18, serão de sua responsabilidade.

Art. 22. Esta Lei Complementar entra em vigor na data de sua publicação.

Art. 23. Revoga-se a Lei Complementar nº 69, de 23 de julho de 1991.

Brasília, 9 de junho de 1999;
178º da Independência e
111º da República.

Fernando Henrique Cardoso

LEI Nº 9.807, DE 13 DE JULHO DE 1999

Estabelece normas para a organização e a manutenção de programas especiais de proteção a vítimas e a testemunhas ameaçadas, institui o Programa Federal de Assistência a Vítimas e a Testemunhas Ameaçadas e dispõe sobre a proteção de acusados ou condenados que tenham voluntariamente prestado efetiva colaboração à investigação policial e ao processo criminal.

▸ Publicada no *DOU* de 14-7-1999.

CAPÍTULO I
DA PROTEÇÃO ESPECIAL A VÍTIMAS E A TESTEMUNHAS

Art. 1º As medidas de proteção requeridas por vítimas ou por testemunhas de crimes que estejam coagidas ou expostas a grave ameaça em razão de colaborarem com a investigação ou processo criminal serão prestadas pela União, pelos Estados e pelo Distrito Federal, no âmbito das respectivas competências, na forma de programas especiais organizados com base nas disposições desta Lei.

▸ Título VII, Capítulo VI, do CPP.

▸ Arts. 18, 57, § 7º, e 58, parágrafo único, da Lei nº 6.015, de 31-12-1973 (Lei dos Registros Públicos).

§ 1º A União, os Estados e o Distrito Federal poderão celebrar convênios, acordos, ajustes ou termos de parceria entre si ou com entidades não governamentais objetivando a realização dos programas.

§ 2º A supervisão e a fiscalização dos convênios, acordos, ajustes e termos de parceria de interesse da União ficarão a cargo do órgão do Ministério da Justiça com atribuições para a execução da política de direitos humanos.

Art. 2º A proteção concedida pelos programas e as medidas dela decorrentes levarão em conta a gravidade da coação ou da ameaça à integridade física ou psicológica, a dificuldade de preveni-las ou reprimi-las pelos meios convencionais e a sua importância para a produção da prova.

§ 1º A proteção poderá ser dirigida ou estendida ao cônjuge ou companheiro, ascendentes, descendentes e dependentes que tenham convivência habitual com a vítima ou testemunha, conforme o especificamente necessário em cada caso.

§ 2º Estão excluídos da proteção os indivíduos cuja personalidade ou conduta seja incompatível com as restrições de comportamento exigidas pelo programa, os condenados que estejam cumprindo pena e os indiciados ou acusados sob prisão cautelar em qualquer de suas modalidades. Tal exclusão não trará prejuízo a eventual prestação de medidas de preservação da integridade física desses indivíduos por parte dos órgãos de segurança pública.

§ 3º O ingresso no programa, as restrições de segurança e demais medidas por ele adotadas terão sempre a anuência da pessoa protegida, ou de seu representante legal.

§ 4º Após ingressar no programa, o protegido ficará obrigado ao cumprimento das normas por ele prescritas.

§ 5º As medidas e providências relacionadas com os programas serão adotadas, executadas e mantidas em sigilo pelos protegidos e pelos agentes envolvidos em sua execução.

Art. 3º Toda admissão no programa ou exclusão dele será precedida de consulta ao Ministério Público sobre o disposto no artigo 2º e deverá ser subsequentemente comunicada à autoridade policial ou ao juiz competente.

Art. 4º Cada programa será dirigido por um conselho deliberativo em cuja composição haverá representantes do Ministério Público, do Poder Judiciário e de órgãos públicos e privados relacionados com a segurança pública e a defesa dos direitos humanos.

§ 1º A execução das atividades necessárias ao programa ficará a cargo de um dos órgãos representados no conselho deliberativo, devendo os agentes dela incumbidos ter formação e capacitação profissional compatíveis com suas tarefas.

§ 2º Os órgãos policiais prestarão a colaboração e o apoio necessários à execução de cada programa.

Art. 5º A solicitação objetivando ingresso no programa poderá ser encaminhada ao órgão executor:

I – pelo interessado;

II – por representante do Ministério Público;

III – pela autoridade policial que conduz a investigação criminal;

IV – pelo Juiz competente para a instrução do processo criminal;

V – por órgãos públicos e entidades com atribuições de defesa dos direitos humanos.

§ 1º A solicitação será instruída com a qualificação da pessoa a ser protegida e com informações sobre a sua vida pregressa, o fato delituoso e a coação ou ameaça que a motiva.

§ 2º Para fins de instrução do pedido, o órgão executor poderá solicitar, com a aquiescência do interessado:

I – documentos ou informações comprobatórios de sua identidade, estado civil, situação profissional, patrimônio e grau de instrução, e da pendência de obrigações civis, administrativas, fiscais, financeiras ou penais;

II – exames ou pareceres técnicos sobre a sua personalidade, estado físico ou psicológico.

§ 3º Em caso de urgência e levando em consideração a procedência, gravidade e a iminência da coação ou ameaça, a vítima ou testemunha poderá ser colocada provisoriamente sob a custódia de órgão policial, pelo órgão executor, no aguardo de decisão do conselho deliberativo, com comunicação imediata a seus membros e ao Ministério Público.

Art. 6º O conselho deliberativo decidirá sobre:

I – o ingresso do protegido no programa ou a sua exclusão;

II – as providências necessárias ao cumprimento do programa.

Parágrafo único. As deliberações do conselho serão tomadas por maioria absoluta de seus membros e sua execução ficará sujeita à disponibilidade orçamentária.

Art. 7º Os programas compreendem, dentre outras, as seguintes medidas, aplicáveis isolada ou cumulativamente em benefício da pessoa protegida, segundo a gravidade e as circunstâncias de cada caso:

I – segurança na residência, incluindo o controle de telecomunicações;

II – escolta e segurança nos deslocamentos da residência, inclusive para fins de trabalho ou para a prestação de depoimentos;

III – transferência de residência ou acomodação provisória em local compatível com a proteção;

IV – preservação da identidade, imagem e dados pessoais;

V – ajuda financeira mensal para prover as despesas necessárias à subsistência individual ou familiar, no caso de a pessoa protegida estar impossibilitada de desenvolver trabalho regular ou de inexistência de qualquer fonte de renda;

VI – suspensão temporária das atividades funcionais, sem prejuízo dos respectivos vencimentos ou vantagens, quando servidor público ou militar;

VII – apoio e assistência social, médica e psicológica;

VIII – sigilo em relação aos atos praticados em virtude da proteção concedida;

IX – apoio do órgão executor do programa para o cumprimento de obrigações civis e administrativas que exijam o comparecimento pessoal.

Parágrafo único. A ajuda financeira mensal terá um teto fixado pelo conselho deliberativo no início de cada exercício financeiro.

Art. 8º Quando entender necessário, poderá o conselho deliberativo solicitar ao Ministério Público que requeira ao juiz a concessão de medidas cautelares direta ou indiretamente relacionadas com a eficácia da proteção.

Art. 9º Em casos excepcionais e considerando as características e gravidade da coação ou ameaça, poderá o conselho deliberativo encaminhar requerimento da pessoa protegida ao juiz competente para registros públicos objetivando a alteração de nome completo.

§ 1º A alteração de nome completo poderá estender-se às pessoas mencionadas no § 1º do artigo 2º desta Lei, inclusive aos filhos menores, e será precedida das providências necessárias ao resguardo de direitos de terceiros.

§ 2º O requerimento será sempre fundamentado e o juiz ouvirá previamente o Ministério Público, determinando, em seguida, que o procedimento tenha rito sumaríssimo e corra em segredo de justiça.

§ 3º Concedida a alteração pretendida, o juiz determinará na sentença, observando o sigilo indispensável à proteção do interessado:

I – a averbação no registro original de nascimento da menção de que houve alteração de nome completo em conformidade com o estabelecido nesta Lei, com expressa referência à sentença autorizatória e ao juiz que a exarou e sem a aposição do nome alterado;

II – a determinação aos órgãos competentes para o fornecimento dos documentos decorrentes da alteração;

III – a remessa da sentença ao órgão nacional competente para o registro único de identificação civil, cujo procedimento obedecerá às necessárias restrições de sigilo.

§ 4º O conselho deliberativo, resguardado o sigilo das informações, manterá controle sobre a localização do protegido cujo nome tenha sido alterado.

§ 5º Cessada a coação ou ameaça que deu causa à alteração, ficará facultado ao protegido solicitar ao juiz competente o retorno à situação anterior, com a alteração para o nome original, em petição que será encaminhada pelo conselho deliberativo e terá manifestação prévia do Ministério Público.

Art. 10. A exclusão da pessoa protegida de programa de proteção a vítimas e a testemunhas poderá ocorrer a qualquer tempo:

I – por solicitação do próprio interessado;

II – por decisão do conselho deliberativo, em consequência de:

a) cessação dos motivos que ensejaram a proteção;

b) conduta incompatível do protegido.

Art. 11. A proteção oferecida pelo programa terá a duração máxima de dois anos.

Parágrafo único. Em circunstâncias excepcionais, perdurando os motivos que autorizam a admissão, a permanência poderá ser prorrogada.

Art. 12. Fica instituído, no âmbito do órgão do Ministério da Justiça com atribuições para a execução da política de direitos humanos, o Programa Federal de Assistência a Vítimas e a Testemunhas Ameaçadas, a ser regulamentado por decreto do Poder Executivo.

CAPÍTULO II
DA PROTEÇÃO AOS RÉUS COLABORADORES

Art. 13. Poderá o juiz, de ofício ou a requerimento das partes, conceder o perdão judicial e a consequente extinção da punibilidade ao acusado que, sendo primário, tenha colaborado efetiva e voluntariamente com a investigação e o processo criminal, desde que dessa colaboração tenha resultado:

I – a identificação dos demais coautores ou partícipes da ação criminosa;

II – a localização da vítima com a sua integridade física preservada;

III – a recuperação total ou parcial do produto do crime.

Parágrafo único. A concessão do perdão judicial levará em conta a personalidade do beneficiado e a natureza, circunstâncias, gravidade e repercussão social do fato criminoso.

Art. 14. O indiciado ou acusado que colaborar voluntariamente com a investigação policial e o processo criminal na identificação dos demais coautores ou partícipes do crime, na localização da vítima com vida e na recuperação total ou parcial do produto do crime, no caso de condenação, terá pena reduzida de um a dois terços.

► Art. 41 da Lei nº 11.343, de 23-8-2006 (Lei Antidrogas).

Art. 15. Serão aplicadas em benefício do colaborador, na prisão ou fora dela, medidas especiais de segurança e proteção a sua integridade física, considerando ameaça ou coação eventual ou efetiva.

§ 1º Estando sob prisão temporária, preventiva ou em decorrência de flagrante delito, o colaborador será custodiado em dependência separada dos demais presos.

§ 2º Durante a instrução criminal, poderá o juiz competente determinar em favor do colaborador qualquer das medidas previstas no artigo 8º desta Lei.

§ 3º No caso de cumprimento da pena em regime fechado, poderá o juiz criminal determinar medidas especiais que proporcionem a segurança do colaborador em relação aos demais apenados.

DISPOSIÇÕES GERAIS

Art. 16. O artigo 57 da Lei nº 6.015, de 31 de dezembro de 1973, fica acrescido do seguinte § 7º:

▶ Alteração inserida no texto da referida Lei.

Art. 17. O parágrafo único do artigo 58 da Lei nº 6.015, de 31 de dezembro de 1973, com a redação dada pela Lei nº 9.708 de 18 e novembro de 1998, passa a ter a seguinte redação:

▶ Alteração inserida no texto da referida Lei.

Art. 18. O artigo 18 da Lei nº 6.015, de 31 de dezembro de 1973, passa a ter a seguinte redação:

▶ Alteração inserida no texto da referida Lei.

Art. 19. A União poderá utilizar estabelecimentos especialmente destinados ao cumprimento de pena de condenados que tenham prévia e voluntariamente prestado a colaboração de que trata esta Lei.

Parágrafo único. Para fins de utilização desses estabelecimentos, poderá a União celebrar convênios com os Estados e o Distrito Federal.

Art. 19-A. Terão prioridade na tramitação o inquérito e o processo criminal em que figure indiciado, acusado, vítima ou réu colaboradores, vítima ou testemunha protegidas pelos programas de que trata esta Lei.

Parágrafo único. Qualquer que seja o rito processual criminal, o juiz, após a citação, tomará antecipadamente o depoimento das pessoas incluídas nos programas de proteção previstos nesta Lei, devendo justificar a eventual impossibilidade de fazê-lo no caso concreto ou o possível prejuízo que a oitiva antecipada traria para a instrução criminal.

▶ Art. 19-A acrescido pela Lei nº 12.483, de 8-9-2011.

Art. 20. As despesas decorrentes da aplicação desta Lei, pela União, correrão à conta de dotação consignada no orçamento.

Art. 21. Esta Lei entra em vigor na data de sua publicação.

Brasília, 13 de julho de 1999;
178º da Independência e
111º da República.

Fernando Henrique Cardoso

LEI Nº 9.868, DE 10 DE NOVEMBRO DE 1999

Dispõe sobre o processo e julgamento da ação direta de inconstitucionalidade e da ação declaratória de constitucionalidade perante o Supremo Tribunal Federal.

▶ Publicada no *DOU* de 11-11-1999.

▶ Dec. nº 2.346, de 10-10-1997, consolida normas de procedimentos a serem observadas pela Administração Pública Federal em razão de decisões judiciais e regulamenta os dispositivos legais que menciona.

CAPÍTULO I
DA AÇÃO DIRETA DE INCONSTITUCIONALIDADE E DA AÇÃO DECLARATÓRIA DE CONSTITUCIONALIDADE

Art. 1º Esta Lei dispõe sobre o processo e julgamento da ação direta de inconstitucionalidade e da ação declaratória de constitucionalidade perante o Supremo Tribunal Federal.

▶ Art. 5º, VIII e IX, do RISTF.

CAPÍTULO II
DA AÇÃO DIRETA DE INCONSTITUCIONALIDADE

Seção I
DA ADMISSIBILIDADE E DO PROCEDIMENTO DA AÇÃO DIRETA DE INCONSTITUCIONALIDADE

Art. 2º Podem propor a ação direta de inconstitucionalidade:

▶ Art. 103 da CF.

▶ Art. 12-A desta Lei.

I – o Presidente da República;

II – a Mesa do Senado Federal;

III – a Mesa da Câmara dos Deputados;

IV – a Mesa de Assembleia Legislativa ou a Mesa da Câmara Legislativa do Distrito Federal;

V – o Governador de Estado ou o Governador do Distrito Federal;

VI – o Procurador-Geral da República;

▶ Art. 169, *caput* e § 1º, do RISTF.

VII – o Conselho Federal da Ordem dos Advogados do Brasil;

VIII – partido político com representação no Congresso Nacional;

IX – confederação sindical ou entidade de classe de âmbito nacional.

Parágrafo único. VETADO.

Art. 3º A petição indicará:

I – o dispositivo da lei ou do ato normativo impugnado e os fundamentos jurídicos do pedido em relação a cada uma das impugnações;

▶ Súm. nº 642 do STF.

II – o pedido, com suas especificações.

Parágrafo único. A petição inicial, acompanhada de instrumento de procuração, quando subscrita por advogado, será apresentada em duas vias, devendo conter cópias da lei ou do ato normativo impugnado e dos documentos necessários para comprovar a impugnação.

Art. 4º A petição inicial inepta, não fundamentada e a manifestamente improcedente serão liminarmente indeferidas pelo relator.

Parágrafo único. Cabe agravo da decisão que indeferir a petição inicial.

Art. 5º Proposta a ação direta, não se admitirá desistência.

▶ Art. 169, § 1º, do RISTF.

Parágrafo único. VETADO.

Art. 6º O relator pedirá informações aos órgãos ou às autoridades das quais emanou a lei ou o ato normativo impugnado.

▶ Art. 170 do RISTF.

Parágrafo único. As informações serão prestadas no prazo de trinta dias contado do recebimento do pedido.

▶ Art. 170, § 2º, do RISTF.

Art. 7º Não se admitirá intervenção de terceiros no processo de ação direta de inconstitucionalidade.

§ 1º VETADO.

§ 2º O relator, considerando a relevância da matéria e a representatividade dos postulantes, poderá, por despacho irrecorrível, admitir, observado o prazo fixado no parágrafo anterior, a manifestação de outros órgãos ou entidades.

Art. 8º Decorrido o prazo das informações, serão ouvidos, sucessivamente, o Advogado-Geral da União e o Procurador-Geral da República, que deverão manifestar-se, cada qual, no prazo de quinze dias.

▶ Art. 171 do RISTF.

Art. 9º Vencidos os prazos do artigo anterior, o relator lançará o relatório, com cópia a todos os Ministros, e pedirá dia para julgamento.

§ 1º Em caso de necessidade de esclarecimento de matéria ou circunstância de fato ou de notória insuficiência das informações existentes nos autos, poderá o relator requisitar informações adicionais, designar perito ou comissão de peritos para que emita parecer sobre a questão, ou fixar data para, em audiência pública, ouvir depoimentos de pessoas com experiência e autoridade na matéria.

§ 2º O relator poderá, ainda, solicitar informações aos Tribunais Superiores, aos Tribunais federais e aos Tribunais estaduais acerca da aplicação da norma impugnada no âmbito de sua jurisdição.

§ 3º As informações, perícias e audiências a que se referem os parágrafos anteriores serão realizadas no prazo de trinta dias, contado da solicitação do relator.

Seção II
DA MEDIDA CAUTELAR EM AÇÃO DIRETA DE INCONSTITUCIONALIDADE

▶ Art. 102, I, *p*, da CF.

Art. 10. Salvo no período de recesso, a medida cautelar na ação direta será concedida por decisão da maioria absoluta dos membros do Tribunal, observado o disposto no artigo 22, após a audiência dos órgãos ou autoridades dos quais emanou a lei ou ato normativo impugnado, que deverão pronunciar-se no prazo de cinco dias.

▶ Art. 170, § 1º, do RISTF.

§ 1º O relator, julgando indispensável, ouvirá o Advogado-Geral da União e o Procurador-Geral da República, no prazo de três dias.

§ 2º No julgamento do pedido de medida cautelar, será facultada sustentação oral aos representantes judiciais do requerente e das autoridades ou órgãos responsáveis pela expedição do ato, na forma estabelecida no Regimento do Tribunal.

§ 3º Em caso de excepcional urgência, o Tribunal poderá deferir a medida cautelar sem a audiência dos órgãos ou das autoridades das quais emanou a lei ou o ato normativo impugnado.

▶ Art. 170, *caput* e § 2º, do RISTF.

Art. 11. Concedida a medida cautelar, o Supremo Tribunal Federal fará publicar em seção especial do *Diário Oficial da União* e do *Diário da Justiça da União* a parte dispositiva da decisão, no prazo de dez dias, devendo solicitar as informações à autoridade da qual tiver emanado o ato, observando-se, no que couber, o procedimento estabelecido na Seção I deste Capítulo.

§ 1º A medida cautelar, dotada de eficácia contra todos, será concedida com efeito *ex nunc*, salvo se o Tribunal entender que deva conceder-lhe eficácia retroativa.

§ 2º A concessão da medida cautelar torna aplicável a legislação anterior acaso existente, salvo expressa manifestação em sentido contrário.

Art. 12. Havendo pedido de medida cautelar, o relator, em face da relevância da matéria e de seu especial significado para a ordem social e a segurança jurídica, poderá, após a prestação das informações, no prazo de dez dias, e a manifestação do Advogado-Geral da União e do Procurador-Geral da República, sucessivamente, no prazo de cinco dias, submeter o processo diretamente ao Tribunal, que terá a faculdade de julgar definitivamente a ação.

CAPÍTULO II-A

DA AÇÃO DIRETA DE INCONSTITUCIONALIDADE POR OMISSÃO

▶ Capítulo II-A acrescido pela Lei nº 12.063, de 27-10-2009.

Seção I

DA ADMISSIBILIDADE E DO PROCEDIMENTO DA AÇÃO DIRETA DE INCONSTITUCIONALIDADE POR OMISSÃO

Art. 12-A. Podem propor a ação direta de inconstitucionalidade por omissão os legitimados à propositura da ação direta de inconstitucionalidade e da ação declaratória de constitucionalidade.

▶ Art. 103 da CF.

▶ Arts. 2º e 13 desta Lei.

Art. 12-B. A petição indicará:

I – a omissão inconstitucional total ou parcial quanto ao cumprimento de dever constitucional de legislar ou quanto à adoção de providência de índole administrativa;

II – o pedido, com suas especificações.

Parágrafo único. A petição inicial, acompanhada de instrumento de procuração, se for o caso, será apresentada em 2 (duas) vias, devendo conter cópias dos documentos necessários para comprovar a alegação de omissão.

Art. 12-C. A petição inicial inepta, não fundamentada, e a manifestamente improcedente serão liminarmente indeferidas pelo relator.

Parágrafo único. Cabe agravo da decisão que indeferir a petição inicial.

Art. 12-D. Proposta a ação direta de inconstitucionalidade por omissão, não se admitirá desistência.

Art. 12-E. Aplicam-se ao procedimento da ação direta de inconstitucionalidade por omissão, no que couber, as disposições constantes da Seção I do Capítulo II desta Lei.

§ 1º Os demais titulares referidos no art. 2º desta Lei poderão manifestar-se, por escrito, sobre o objeto da ação e pedir a juntada de documentos reputados úteis para o exame da matéria, no prazo das informações, bem como apresentar memoriais.

§ 2º O relator poderá solicitar a manifestação do Advogado-Geral da União, que deverá ser encaminhada no prazo de 15 (quinze) dias.

§ 3º O Procurador-Geral da República, nas ações em que não for autor, terá vista do processo, por 15 (quinze) dias, após o decurso do prazo para informações.

▶ Arts. 12-A a 12-E acrescidos pela Lei nº 12.063, de 27-10-2009.

Seção II

DA MEDIDA CAUTELAR EM AÇÃO DIRETA DE INCONSTITUCIONALIDADE POR OMISSÃO

Art. 12-F. Em caso de excepcional urgência e relevância da matéria, o Tribunal, por decisão da maioria absoluta de seus membros, observado o disposto no art. 22, poderá conceder medida cautelar, após a audiência dos órgãos ou autoridades responsáveis pela omissão inconstitucional, que deverão pronunciar-se no prazo de 5 (cinco) dias.

§ 1º A medida cautelar poderá consistir na suspensão da aplicação da lei ou do ato normativo questionado, no caso de omissão parcial, bem como na suspensão de processos judiciais ou de procedimentos administrativos, ou ainda em outra providência a ser fixada pelo Tribunal.

§ 2º O relator, julgando indispensável, ouvirá o Procurador-Geral da República, no prazo de 3 (três) dias.

§ 3º No julgamento do pedido de medida cautelar, será facultada sustentação oral aos representantes judiciais do requerente e das autoridades ou órgãos responsáveis pela omissão inconstitucional, na forma estabelecida no Regimento do Tribunal.

Art. 12-G. Concedida a medida cautelar, o Supremo Tribunal Federal fará publicar, em seção especial do *Diário Oficial da União* e do *Diário da Justiça da União*, a parte dispositiva da decisão no prazo de 10 (dez) dias, devendo solicitar as informações à autoridade ou ao órgão responsável pela omissão inconstitucional, observando-se, no que couber, o procedimento estabelecido na Seção I do Capítulo II desta Lei.

▶ Arts. 12-F e 12-G acrescidos pela Lei nº 12.063, de 27-10-2009.

Seção III

DA DECISÃO NA AÇÃO DIRETA DE INCONSTITUCIONALIDADE POR OMISSÃO

Art. 12-H. Declarada a inconstitucionalidade por omissão, com observância do disposto no art. 22, será dada ciência ao Poder competente para a adoção das providências necessárias.

▶ Art. 103, § 2º, da CF.

§ 1º Em caso de omissão imputável a órgão administrativo, as providências deverão ser adotadas no prazo de 30 (trinta) dias, ou em prazo razoável a ser estipulado excepcionalmente pelo Tribunal, tendo em vista as circunstâncias específicas do caso e o interesse público envolvido.

§ 2º Aplica-se à decisão da ação direta de inconstitucionalidade por omissão, no que couber, o disposto no Capítulo IV desta Lei.

▶ Art. 12-H acrescido pela Lei nº 12.063, de 27-10-2009.

CAPÍTULO III

DA AÇÃO DECLARATÓRIA DE CONSTITUCIONALIDADE

Seção I

DA ADMISSIBILIDADE E DO PROCEDIMENTO DA AÇÃO DECLARATÓRIA DE CONSTITUCIONALIDADE

Art. 13. Podem propor a ação declaratória de constitucionalidade de lei ou ato normativo federal:

▶ Art. 103 da CF.

▶ Art. 12-A desta Lei.

I – o Presidente da República;

II – a Mesa da Câmara dos Deputados;

III – a Mesa do Senado Federal;

IV – o Procurador-Geral da República.

Art. 14. A petição inicial indicará:

I – o dispositivo da lei ou do ato normativo questionado e os fundamentos jurídicos do pedido;

II – o pedido, com suas especificações;

III – a existência de controvérsia judicial relevante sobre a aplicação da disposição objeto da ação declaratória.

Parágrafo único. A petição inicial, acompanhada de instrumento de procuração, quando subscrita por advogado, será apresentada em duas vias, devendo conter cópias do ato normativo questionado e dos documentos necessários para comprovar a procedência do pedido de declaração de constitucionalidade.

Art. 15. A petição inicial inepta, não fundamentada e a manifestamente improcedente serão liminarmente indeferidas pelo relator.

Parágrafo único. Cabe agravo da decisão que indeferir a petição inicial.

Art. 16. Proposta a ação declaratória, não se admitirá desistência.

▶ Art. 169, § 1º, do RISTF.

Art. 17. VETADO.

Art. 18. Não se admitirá intervenção de terceiros no processo de ação declaratória de constitucionalidade.

§§ 1º e 2º VETADOS.

Art. 19. Decorrido o prazo do artigo anterior, será aberta vista ao Procurador-Geral da República, que deverá pronunciar-se no prazo de quinze dias.

▶ Art. 171 do RISTF.

Art. 20. Vencido o prazo do artigo anterior, o relator lançará o relatório, com cópia a todos os Ministros, e pedirá dia para julgamento.

▶ Art. 172 do RISTF.

§ 1º Em caso de necessidade de esclarecimento de matéria ou circunstância de fato ou de notória insuficiência das informações existentes nos autos, poderá o relator requisitar informações adicionais, designar perito ou comissão de peritos para que emita parecer sobre a questão ou fixar data para, em audiência pública, ouvir depoimentos de pessoas com experiência e autoridade na matéria.

§ 2º O relator poderá solicitar, ainda, informações aos Tribunais Superiores, aos Tribunais federais e aos Tribunais estaduais acerca da aplicação da norma questionada no âmbito da sua jurisdição.

§ 3º As informações, perícias e audiências a que se referem os parágrafos anteriores serão realizadas no prazo de trinta dias, contado da solicitação do relator.

Seção II

DA MEDIDA CAUTELAR EM AÇÃO DECLARATÓRIA DE CONSTITUCIONALIDADE

Art. 21. O Supremo Tribunal Federal, por decisão da maioria absoluta de seus membros, poderá deferir pedido de medida cautelar na ação declaratória de constitucionalidade, consistente na determinação de que os juízes e os Tribunais suspendam o julgamento dos processos que envolvam a aplicação da lei ou do ato normativo objeto da ação até seu julgamento definitivo.

Parágrafo único. Concedida a medida cautelar, o Supremo Tribunal Federal fará publicar em seção especial do *Diário Oficial da União* a parte dispositiva da decisão, no prazo de dez dias, devendo o Tribunal proceder ao julgamento da ação no prazo de cento e oitenta dias, sob pena de perda de sua eficácia.

CAPÍTULO IV
DA DECISÃO NA AÇÃO DIRETA DE INCONSTITUCIONALIDADE E NA AÇÃO DECLARATÓRIA DE CONSTITUCIONALIDADE

Art. 22. A decisão sobre a constitucionalidade ou a inconstitucionalidade da lei ou do ato normativo somente será tomada se presentes na sessão pelo menos oito Ministros.

▸ Art. 97 da CF.

▸ Arts. 12-F e 12-H desta Lei.

▸ Art. 173, *caput*, do RISTF.

Art. 23. Efetuado o julgamento, proclamar-se-á a constitucionalidade ou a inconstitucionalidade da disposição ou da norma impugnada se num ou noutro sentido se tiverem manifestado pelo menos seis Ministros, quer se trate de ação direta de inconstitucionalidade ou de ação declaratória de constitucionalidade.

▸ Art. 173, parágrafo único, do RISTF.

Parágrafo único. Se não for alcançada a maioria necessária à declaração de constitucionalidade ou de inconstitucionalidade, estando ausentes Ministros em número que possa influir no julgamento, este será suspenso a fim de aguardar-se o comparecimento dos Ministros ausentes, até que se atinja o número necessário para prolação da decisão num ou noutro sentido.

Art. 24. Proclamada a constitucionalidade, julgar-se-á improcedente a ação direta ou procedente eventual ação declaratória; e, proclamada a inconstitucionalidade, julgar-se-á procedente a ação direta ou improcedente eventual ação declaratória.

▸ Art. 174 do RISTF.

Art. 25. Julgada a ação, far-se-á a comunicação à autoridade ou ao órgão responsável pela expedição do ato.

Art. 26. A decisão que declara a constitucionalidade ou a inconstitucionalidade da lei ou do ato normativo em ação direta ou em ação declaratória é irrecorrível, ressalvada a interposição de embargos declaratórios, não podendo, igualmente, ser objeto de ação rescisória.

Art. 27. Ao declarar a inconstitucionalidade de lei ou ato normativo, e tendo em vista razões de segurança jurídica ou de excepcional interesse social, poderá o Supremo Tribunal Federal, por maioria de dois terços de seus membros, restringir os efeitos daquela declaração ou decidir que ela só tenha eficácia a partir de seu trânsito em julgado ou de outro momento que venha a ser fixado.

Art. 28. Dentro do prazo de dez dias após o trânsito em julgado da decisão, o Supremo Tribunal Federal fará publicar em seção especial do *Diário da Justiça* e do *Diário Oficial da União* a parte dispositiva do acórdão.

Parágrafo único. A declaração de constitucionalidade ou de inconstitucionalidade, inclusive a interpretação conforme a Constituição e a declaração parcial de inconstitucionalidade sem redução de texto, têm eficácia contra todos e efeito vinculante em relação aos órgãos do Poder Judiciário e à Administração Pública federal, estadual e municipal.

▸ Art. 102, § 2º, do RISTF.

CAPÍTULO V
DAS DISPOSIÇÕES GERAIS E FINAIS

Art. 29. O artigo 482 do Código de Processo Civil fica acrescido dos seguintes parágrafos:

▸ Alteração inserida no texto do referido Código.

Art. 30. O artigo 8º da Lei nº 8.185, de 14 de maio de 1991, passa a vigorar acrescido dos seguintes dispositivos:

▸ A Lei nº 8.185, de 14-5-1991, foi revogada pela Lei nº 11.697, de 13-6-2008.

Art. 31. Esta Lei entra em vigor na data de sua publicação.

Brasília, 10 de novembro de 1999;
178º da Independência e
111º da República.

Fernando Henrique Cardoso

LEI Nº 9.882, DE 3 DE DEZEMBRO DE 1999

Dispõe sobre o processo e julgamento da arguição de descumprimento de preceito fundamental, nos termos do § 1º do art. 102 da Constituição Federal.

▸ Publicada no *DOU* de 6-12-1999.

▸ O STF, por unanimidade, declarou a constitucionalidade desta lei ao julgar improcedente a ADI nº 2231 (*DOU* de 30-5-2023).

Art. 1º A arguição prevista no § 1º do artigo 102 da Constituição Federal será proposta perante o Supremo Tribunal Federal, e terá por objeto evitar ou reparar lesão a preceito fundamental, resultante de ato do Poder Público.

Parágrafo único. Caberá também arguição de descumprimento de preceito fundamental:

I – quando for relevante o fundamento da controvérsia constitucional sobre lei ou ato normativo federal, estadual ou municipal, incluídos os anteriores à Constituição;

▸ ADI nº 2.231-8.

II – VETADO.

Art. 2º Podem propor arguição de descumprimento de preceito fundamental:

▸ Art. 103 da CF.

I – os legitimados para a ação direta de inconstitucionalidade;

II – VETADO.

§ 1º Na hipótese do inciso II, faculta-se ao interessado, mediante representação, solicitar a propositura de arguição de descumprimento de preceito fundamental ao Procurador-Geral da República, que, examinando os fundamentos jurídicos do pedido, decidirá do cabimento do seu ingresso em juízo.

§ 2º VETADO.

Art. 3º A petição inicial deverá conter:

I – a indicação do preceito fundamental que se considera violado;

II – a indicação do ato questionado;

III – a prova da violação do preceito fundamental;

IV – o pedido, com suas especificações;

V – se for o caso, a comprovação da existência de controvérsia judicial relevante sobre a aplicação do preceito fundamental que se considera violado.

Parágrafo único. A petição inicial, acompanhada de instrumento de mandato, se for o caso, será apresentada em duas vias, devendo conter cópias do ato questionado e dos documentos necessários para comprovar a impugnação.

Art. 4º A petição inicial será indeferida liminarmente, pelo relator, quando não for o caso de arguição de descumprimento de preceito fundamental, faltar algum dos requisitos prescritos nesta Lei ou for inepta.

§ 1º Não será admitida arguição de descumprimento de preceito fundamental quando houver qualquer outro meio eficaz de sanar a lesividade.

§ 2º Da decisão de indeferimento da petição inicial caberá agravo, no prazo de 5 (cinco) dias.

Art. 5º O Supremo Tribunal Federal, por decisão da maioria absoluta de seus membros, poderá deferir pedido de medida liminar na arguição de descumprimento de preceito fundamental.

§ 1º Em caso de extrema urgência ou perigo de lesão grave, ou ainda, em período de recesso, poderá o relator conceder a liminar, *ad referendum* do Tribunal Pleno.

§ 2º O relator poderá ouvir os órgãos ou autoridades responsáveis pelo ato questionado, bem como o Advogado-Geral da União ou o Procurador-Geral da República, no prazo comum de 5 (cinco) dias.

§ 3º A liminar poderá consistir na determinação de que juízes e tribunais suspendam o andamento de processo ou os efeitos de decisões judiciais, ou de qualquer outra medida que apresente relação com a matéria objeto da arguição de descumprimento de preceito fundamental, salvo se decorrentes da coisa julgada.

▸ ADI nº 2.231-8.

§ 4º VETADO.

Art. 6º Apreciado o pedido de liminar, o relator solicitará as informações às autoridades responsáveis pela prática do ato questionado, no prazo de 10 (dez) dias.

§ 1º Se entender necessário, poderá o relator ouvir as partes nos processos que ensejaram a arguição, requisitar informações adicionais, designar perito ou comissão de peritos para que emita parecer sobre a questão, ou ainda, fixar data para declarações, em audiência pública, de pessoas com experiência e autoridade na matéria.

§ 2º Poderão ser autorizadas, a critério do relator, sustentação oral e juntada de memoriais, por requerimento dos interessados no processo.

Art. 7º Decorrido o prazo das informações, o relator lançará o relatório, com cópia a todos os ministros, e pedirá dia para julgamento.

Parágrafo único. O Ministério Público, nas arguições que não houver formulado, terá vista do processo, por 5 (cinco) dias, após o decurso do prazo para informações.

Art. 8º A decisão sobre a arguição de descumprimento de preceito fundamental somente será tomada se presentes na sessão pelo menos 2/3 (dois terços) dos Ministros.

§§ 1º e 2º VETADOS.

Art. 9º VETADO.

Art. 10. Julgada a ação, far-se-á comunicação às autoridades ou órgãos responsáveis pela prática dos atos questionados, fixando-se as condições e o modo de interpretação e aplicação do preceito fundamental.

§ 1º O presidente do Tribunal determinará o imediato cumprimento da decisão, lavrando-se o acórdão posteriormente.

§ 2º Dentro do prazo de dez dias contado a partir do trânsito em julgado da decisão, sua parte dispositiva será publicada em seção especial do *Diário da Justiça* e do *Diário Oficial da União*.

§ 3º A decisão terá eficácia contra todos e efeito vinculante relativamente aos demais órgãos do Poder Público.

▶ Art. 102, § 1º, da CF.

Art. 11. Ao declarar a inconstitucionalidade de lei ou ato normativo, no processo de arguição de descumprimento de preceito fundamental, e tendo em vista razões de segurança jurídica ou de excepcional interesse social, poderá o Supremo Tribunal Federal, por maioria de 2/3 (dois terços) de seus membros, restringir os efeitos daquela declaração ou decidir que ela só tenha eficácia a partir de seu trânsito em julgado ou de outro momento que venha a ser fixado.

Art. 12. A decisão que julgar procedente ou improcedente o pedido em arguição de descumprimento de preceito fundamental é irrecorrível, não podendo ser objeto de ação rescisória.

Art. 13. Caberá reclamação contra o descumprimento da decisão proferida pelo Supremo Tribunal Federal, na forma do seu Regimento Interno.

Art. 14. Esta Lei entra em vigor na data de sua publicação.

Brasília, 3 de dezembro de 1999;
178º da Independência e
111º da República.

Fernando Henrique Cardoso

LEI Nº 10.048, DE 8 DE NOVEMBRO DE 2000

Dá prioridade de atendimento às pessoas que especifica, e dá outras providências.

▶ Publicada no *DOU* de 9-11-2000.

▶ Lei nº 10.741, de 1º-10-2003 (Estatuto da Pessoa Idosa).

▶ Dec. nº 5.296, de 2-12-2004, regulamenta esta Lei.

▶ Dec. nº 6.949, de 25-8-2009, promulga a Convenção Internacional sobre os Direitos das Pessoas com Deficiência.

Art. 1º As pessoas com deficiência, as pessoas com transtorno do espectro autista, as pessoas idosas com idade igual ou superior a 60 (sessenta) anos, as gestantes, as lactantes, as pessoas com criança de colo, os obesos, as pessoas com mobilidade reduzida e os doadores de sangue terão atendimento prioritário, nos termos desta Lei.

▶ *Caput* com a redação dada pela Lei nº 14.626, de 19-7-2023.

§ 1º Os acompanhantes ou atendentes pessoais das pessoas referidas no *caput* serão atendidos junta e acessoriamente aos titulares da prioridade de que trata esta Lei.

▶ Parágrafo único transformado em § 1º pela Lei nº 14.626, de 19-7-2023.

§ 2º Os doadores de sangue terão direito a atendimento prioritário após todos os demais beneficiados no rol constante do *caput* deste artigo, mediante apresentação de comprovante de doação, com validade de 120 (cento e vinte) dias.

§ 3º O atendimento prioritário poderá ser realizado mediante discriminação de postos, caixas, guichês, linhas ou atendentes específicos para esse fim.

§ 4º Caso não haja postos, caixas, guichês, linhas ou atendentes específicos para a realização do atendimento prioritário, as pessoas referidas no *caput* deste artigo deverão ser atendidas imediatamente após a conclusão do atendimento que estiver em andamento, antes de quaisquer outras pessoas.

▶ §§ 2º a 4º acrescidos pela Lei nº 14.626, de 19-7-2023.

Art. 2º As repartições públicas e empresas concessionárias de serviços públicos estão obrigadas a dispensar atendimento prioritário, por meio de serviços individualizados que assegurem tratamento diferenciado e atendimento imediato às pessoas a que se refere o artigo 1º.

Parágrafo único. É assegurada, em todas as instituições financeiras, a prioridade de atendimento às pessoas mencionadas no artigo 1º.

Art. 3º As empresas públicas de transporte e as concessionárias de transporte coletivo reservarão assentos, devidamente identificados, às pessoas com deficiência, às pessoas com transtorno do espectro autista, às pessoas idosas, às gestantes, às lactantes, às pessoas com criança de colo e às pessoas com mobilidade reduzida.

▶ Artigo com a redação dada pela Lei nº 14.626, de 19-7-2023.

Art. 4º Os logradouros e sanitários públicos, bem como os edifícios de uso público, terão normas de construção, para efeito de licenciamento da respectiva edificação, baixadas pela autoridade competente, destinadas a facilitar o acesso e uso desses locais pelas pessoas portadoras de deficiência.

Art. 5º Os veículos de transporte coletivo a serem produzidos após doze meses da publicação desta Lei serão planejados de forma a facilitar o acesso a seu interior das pessoas portadoras de deficiência.

§ 1º VETADO.

§ 2º Os proprietários de veículos de transporte coletivo em utilização terão o prazo de cento e oitenta dias, a contar da regulamentação desta Lei, para proceder às adaptações necessárias ao acesso facilitado das pessoas portadoras de deficiência.

Art. 6º A infração ao disposto nesta Lei sujeitará os responsáveis:

I – no caso de servidor ou de chefia responsável pela repartição pública, às penalidades previstas na legislação específica;

II – no caso de empresas concessionárias de serviço público, a multa de R$ 500,00 (quinhentos reais) a R$ 2.500,00 (dois mil e quinhentos reais), por veículos sem as condições previstas nos artigos 3º e 5º;

III – no caso das instituições financeiras, às penalidades previstas no artigo 44, incisos I, II e III, da Lei nº 4.595, de 31 de dezembro de 1964.

Parágrafo único. As penalidades de que trata este artigo serão elevadas ao dobro, em caso de reincidência.

Art. 7º O Poder Executivo regulamentará esta Lei no prazo de sessenta dias, contado de sua publicação.

Art. 8º Esta Lei entra em vigor na data de sua publicação.

Brasília, 8 de novembro de 2000;
179º da Independência e
112º da República.

Fernando Henrique Cardoso

LEI Nº 10.101, DE 19 DE DEZEMBRO DE 2000

Dispõe sobre a participação dos trabalhadores nos lucros ou resultados da empresa e dá outras providências.

▶ Publicada no *DOU* de 20-12-2000.

Art. 1º Esta Lei regula a participação dos trabalhadores nos lucros ou resultados da empresa como instrumento de integração entre o capital e o trabalho e como incentivo à produtividade, nos termos do artigo 7º, inciso XI, da Constituição.

▶ Súm. nº 451 do TST.

Art. 2º A participação nos lucros ou resultados será objeto de negociação entre a empresa e seus empregados, mediante um dos procedimentos a seguir descritos, escolhidos pelas partes de comum acordo:

I – comissão paritária escolhida pelas partes, integrada, também, por um representante indicado pelo sindicato da respectiva categoria;

▶ Inciso I com a redação dada pela Lei nº 12.832, de 20-6-2013.

II – convenção ou acordo coletivo.

§ 1º Dos instrumentos decorrentes da negociação deverão constar regras claras e objetivas quanto à fixação dos direitos substantivos da participação e das regras adjetivas, inclusive mecanismos de aferição das informações pertinentes ao cumprimento do acordado, periodicidade da distribuição, período de vigência e prazos para revisão do acordo, podendo ser considerados, entre outros, os seguintes critérios e condições:

I – índices de produtividade, qualidade ou lucratividade da empresa;

II – programas de metas, resultados e prazos, pactuados previamente.

§ 2º O instrumento de acordo celebrado será arquivado na entidade sindical dos trabalhadores.

§ 3º Não se equipara a empresa, para os fins desta Lei:

I – a pessoa física;

II – a entidade sem fins lucrativos que, cumulativamente:

a) não distribua resultados, a qualquer título, ainda que indiretamente, a dirigentes, administradores ou empresas vinculadas;

b) aplique integralmente os seus recursos em sua atividade institucional e no País;

c) destine o seu patrimônio a entidade congênere ou ao poder público, em caso de encerramento de suas atividades;

d) mantenha escrituração contábil capaz de comprovar a observância dos demais requisitos deste inciso, e das normas fiscais, comerciais e de direito econômico que lhe sejam aplicáveis.

§ 3º-A. A não equiparação de que trata o inciso II do § 3º deste artigo não é aplicável às hipóteses em que tenham sido utilizados índices de produtividade ou qualidade ou programas de metas, resultados e prazos.

► § 3º-A acrescido pela Lei nº 14.020, de 6-7-2020, promulgado nos termos do art. 66, § 5º, da CF (*DOU* de 6-11-2020 – edição extra B).

§ 4º Quando forem considerados os critérios e condições definidos nos incisos I e II do § 1º deste artigo:

I – a empresa deverá prestar aos representantes dos trabalhadores na comissão paritária informações que colaborem para a negociação;

II – não se aplicam as metas referentes à saúde e segurança no trabalho.

► § 4º acrescido pela Lei nº 12.832, de 20-6-2013.

§ 5º As partes podem:

I – adotar os procedimentos de negociação estabelecidos nos incisos I e II do *caput* deste artigo, simultaneamente; e

II – estabelecer múltiplos programas de participação nos lucros ou nos resultados, observada a periodicidade estabelecida pelo § 2º do art. 3º desta Lei.

§ 6º Na fixação dos direitos substantivos e das regras adjetivas, inclusive no que se refere à fixação dos valores e à utilização exclusiva de metas individuais, a autonomia da vontade das partes contratantes será respeitada e prevalecerá em face do interesse de terceiros.

§ 7º Consideram-se previamente estabelecidas as regras fixadas em instrumento assinado:

I – anteriormente ao pagamento da antecipação, quando prevista; e

II – com antecedência de, no mínimo, 90 (noventa) dias da data do pagamento da parcela única ou da parcela final, caso haja pagamento de antecipação.

§ 8º A inobservância à periodicidade estabelecida no § 2º do art. 3º desta Lei invalida exclusivamente os pagamentos feitos em desacordo com a norma, assim entendidos:

I – os pagamentos excedentes ao segundo, feitos a um mesmo empregado, no mesmo ano civil; e

II – os pagamentos efetuados a um mesmo empregado, em periodicidade inferior a 1 (um) trimestre civil do pagamento anterior.

§ 9º Na hipótese do inciso II do § 8º deste artigo, mantém-se a validade dos demais pagamentos.

§ 10. Uma vez composta, a comissão paritária de que trata o inciso I do *caput* deste artigo dará ciência por escrito ao ente sindical para que indique seu representante no prazo máximo de 10 (dez) dias corridos, findo o qual a comissão poderá iniciar e concluir suas tratativas.

► §§ 5º a 10 acrescidos pela Lei nº 14.020, de 6-7-2020, promulgados nos termos do art. 66, § 5º, da CF (*DOU* de 6-11-2020 – edição extra B).

Art. 3º A participação de que trata o artigo 2º não substitui ou complementa a remuneração devida a qualquer empregado, nem constitui base de incidência de qualquer encargo trabalhista, não se lhe aplicando o princípio da habitualidade.

§ 1º Para efeito de apuração do lucro real, a pessoa jurídica poderá deduzir como despesa operacional as participações atribuídas aos empregados nos lucros ou resultados, nos termos da presente Lei, dentro do próprio exercício de sua constituição.

§ 2º É vedado o pagamento de qualquer antecipação ou distribuição de valores a título de participação nos lucros ou resultados da empresa em mais de 2 (duas) vezes no mesmo ano civil e em periodicidade inferior a 1 (um) trimestre civil.

► § 2º com a redação dada pela Lei nº 12.832, de 20-6-2013.

§ 3º Todos os pagamentos efetuados em decorrência de planos de participação nos lucros ou resultados, mantidos espontaneamente pela empresa, poderão ser compensados com as obrigações decorrentes de acordos ou convenções coletivas de trabalho atinentes à participação nos lucros ou resultados.

§ 4º A periodicidade semestral mínima referida no § 2º poderá ser alterada pelo Poder Executivo, até 31 de dezembro de 2000, em função de eventuais impactos nas receitas tributárias.

§ 5º A participação de que trata este artigo será tributada pelo imposto sobre a renda exclusivamente na fonte, em separado dos demais rendimentos recebidos, no ano do recebimento ou crédito, com base na tabela progressiva anual constante do Anexo e não integrará a base de cálculo do imposto devido pelo beneficiário na Declaração de Ajuste Anual.

§ 6º Para efeito da apuração do imposto sobre a renda, a participação dos trabalhadores nos lucros ou resultados da empresa será integralmente tributada com base na tabela progressiva constante do Anexo.

§ 7º Na hipótese de pagamento de mais de 1 (uma) parcela referente a um mesmo ano-calendário, o imposto deve ser recalculado, com base no total da participação nos lucros recebida no ano-calendário, mediante a utilização da tabela constante do Anexo, deduzindo-se do imposto assim apurado o valor retido anteriormente.

§ 8º Os rendimentos pagos acumuladamente a título de participação dos trabalhadores nos lucros ou resultados da empresa serão tributados exclusivamente na fonte, em separado dos demais rendimentos recebidos, sujeitando-se, também de forma acumulada, ao imposto sobre a renda com base na tabela progressiva constante do Anexo.

§ 9º Considera-se pagamento acumulado, para fins do § 8º, o pagamento da participação nos lucros relativa a mais de um ano-calendário.

§ 10. Na determinação da base de cálculo da participação dos trabalhadores nos lucros ou resultados, poderão ser deduzidas as importâncias pagas em dinheiro a título de pensão alimentícia em face das normas do Direito de Família, quando em cumprimento de decisão judicial, de acordo homologado judicialmente ou de separação ou divórcio consensual realizado por escritura pública, desde que correspondentes a esse rendimento, não podendo ser utilizada a mesma parcela para a determinação da base de cálculo dos demais rendimentos.

► §§ 5º a 10 com a redação dada pela Lei nº 12.832, de 20-6-2013.

§ 11. A partir do ano-calendário de 2014, inclusive, os valoresda tabela progressiva anual constante do Anexo serão reajustados no mesmo percentual de reajuste da Tabela Progressiva Mensal do imposto de renda incidente sobre os rendimentos das pessoas físicas.

► § 11 acrescido pela Lei nº 12.832, de 20-6-2013.

Art. 4º Caso a negociação visando à participação nos lucros ou resultados da empresa resulte em impasse, as partes poderão utilizar-se dos seguintes mecanismos de solução do litígio:

I – mediação;

II – arbitragem de ofertas finais, utilizando-se, no que couber, os termos da Lei nº 9.307, de 23 de setembro de 1996.

► Inciso II com a redação dada pela Lei nº 12.832, de 20-6-2013.

§ 1º Considera-se arbitragem de ofertas finais aquela em que o árbitro deve restringir-se a optar pela proposta apresentada, em caráter definitivo, por uma das partes.

§ 2º O mediador ou o árbitro será escolhido de comum acordo entre as partes.

§ 3º Firmado o compromisso arbitral, não será admitida a desistência unilateral de qualquer das partes.

§ 4º O laudo arbitral terá força normativa, independentemente de homologação judicial.

Art. 5º A participação de que trata o artigo 1º desta Lei, relativamente aos trabalhadores em empresas estatais, observará diretrizes específicas fixadas pelo Poder Executivo.

Parágrafo único. Consideram-se empresas estatais as empresas públicas, sociedades de economia mista, suas subsidiárias e controladas e demais empresas em que a União, direta ou indiretamente, detenha a maioria do capital social com direito a voto.

Art. 6º Fica autorizado o trabalho aos domingos nas atividades do comércio em geral, observada a legislação municipal, nos termos do art. 30, inciso I, da Constituição.

Parágrafo único. O repouso semanal remunerado deverá coincidir, pelo menos uma vez no período máximo de três semanas, com o domingo, respeitadas as demais normas de proteção ao trabalho e outras a serem estipuladas em negociação coletiva.

► Art. 6º com a redação dada pela Lei nº 11.603, de 5-12-2007.

Art. 6º-A. É permitido o trabalho em feriados nas atividades do comércio em geral, desde que autorizado em convenção coletiva de trabalho e observada a legislação municipal, nos termos do art. 30, inciso I, da Constituição.

Art. 6º-B. As infrações ao disposto nos arts. 6º e 6º-A desta Lei serão punidas com a multa prevista no art. 75 da Consolidação das Leis do Trabalho, aprovada pelo Dec.-lei nº 5.452, de 1º de maio de 1943.

Parágrafo único. O processo de fiscalização, de autuação e de imposição de multas reger-se-á pelo disposto no Título VII da Consolidação das Leis do Trabalho.

► Arts. 6º-A e 6º-B acrescidos pela Lei nº 11.603, de 5-12-2007.

Art. 7º Ficam convalidados os atos praticados com base na Medida Provisória nº 1.982-76, de 26 de outubro de 2000.

Art. 8º Esta Lei entra em vigor na data de sua publicação.

Congresso Nacional,
19 de dezembro de 2000;
179º da Independência e
112º da República.

Senador Antonio Carlos Magalhães

ANEXO
PARTICIPAÇÃO NOS LUCROS
TABELA DE TRIBUTAÇÃO EXCLUSIVA NA FONTE

VALOR DO PLR ANUAL (EM R$)	ALÍQUOTA	PARCELA A DEDUZIR DO IR(EM R$)
de 0,00 a 6.000,00	0%	–
de 6.000,01 a 9.000,00	7,5%	450,00
de 9.000,01 a 12.000,00	15%	1.125,00
de 12.000,01 a 15.000,00	22,5%	2.025,00
acima de 15.000,00	27,5%	2.775,00

LEI COMPLEMENTAR Nº 105, DE 10 DE JANEIRO DE 2001

Dispõe sobre o sigilo das operações de instituições financeiras e dá outras providências.

► Publicada no *DOU* de 11-1-2001.

Art. 1º As instituições financeiras conservarão sigilo em suas operações ativas e passivas e serviços prestados.

► Art. 5º, X e XII, da CF.
► Art. 198 do CTN.

§ 1º São consideradas instituições financeiras, para os efeitos desta Lei Complementar:

I – os bancos de qualquer espécie;
II – distribuidoras de valores mobiliários;
III – corretoras de câmbio e de valores mobiliários;
IV – sociedades de crédito, financiamento e investimentos;
V – sociedades de crédito imobiliário;
VI – administradoras de cartões de crédito;
VII – sociedades de arrendamento mercantil;
VIII – administradoras de mercado de balcão organizado;
IX – cooperativas de crédito;
X – associações de poupança e empréstimo;
XI – bolsas de valores e de mercadorias e futuros;
XII – entidades de liquidação e compensação;
XIII – outras sociedades que, em razão da natureza de suas operações, assim venham a ser consideradas pelo Conselho Monetário Nacional.

§ 2º As empresas de fomento comercial ou *factoring*, para os efeitos desta Lei Complementar, obedecerão às normas aplicáveis às instituições financeiras previstas no § 1º.

§ 3º Não constitui violação do dever de sigilo:

I – a troca de informações entre instituições financeiras, para fins cadastrais, inclusive por intermédio de centrais de risco, observadas as normas baixadas pelo Conselho Monetário Nacional e pelo Banco Central do Brasil;
II – o fornecimento de informações constantes de cadastro de emitentes de cheques sem provisão de fundos e de devedores inadimplentes, a entidades de proteção ao crédito, observadas as normas baixadas pelo Conselho Monetário Nacional e pelo Banco Central do Brasil;
III – o fornecimento das informações de que trata o § 2º do artigo 11 da Lei nº 9.311, de 24 de outubro de 1996;
IV – a comunicação, às autoridades competentes, da prática de ilícitos penais ou administrativos, abrangendo o fornecimento de informações sobre operações que envolvam recursos provenientes de qualquer prática criminosa;
V – a revelação de informações sigilosas com o consentimento expresso dos interessados;
VI – a prestação de informações nos termos e condições estabelecidos nos artigos 2º, 3º, 4º, 5º, 6º, 7º e 9º desta Lei Complementar;
VII – o fornecimento de dados financeiros e de pagamentos, relativos a operações de crédito e obrigações de pagamento adimplidas ou em andamento de pessoas naturais ou jurídicas, a gestores de bancos de dados, para formação de histórico de crédito, nos termos de lei específica.

► Inciso VII acrescido pela LC nº 166, de 8-4-2019.

§ 4º A quebra de sigilo poderá ser decretada, quando necessária para apuração de ocorrência de qualquer ilícito, em qualquer fase do inquérito ou do processo judicial, e especialmente nos seguintes crimes:

I – de terrorismo;
II – de tráfico ilícito de substâncias entorpecentes ou drogas afins;
III – de contrabando ou tráfico de armas, munições ou material destinado a sua produção;
IV – de extorsão mediante sequestro;
V – contra o sistema financeiro nacional;
VI – contra a Administração Pública;
VII – contra a ordem tributária e a previdência social;
VIII – lavagem de dinheiro ou ocultação de bens, direitos e valores;
IX – praticado por organização criminosa.

Art. 2º O dever de sigilo é extensivo ao Banco Central do Brasil, em relação às operações que realizar e às informações que obtiver no exercício de suas atribuições.

§ 1º O sigilo, inclusive quanto a contas de depósitos, aplicações e investimentos mantidos em instituições financeiras, não pode ser oposto ao Banco Central do Brasil:

I – no desempenho de suas funções de fiscalização, compreendendo a apuração, a qualquer tempo, de ilícitos praticados por controladores, administradores, membros de conselhos estatutários, gerentes, mandatários e prepostos de instituições financeiras;
II – ao proceder a inquérito em instituição financeira submetida a regime especial.

§ 2º As comissões encarregadas dos inquéritos a que se refere o inciso II do § 1º poderão examinar quaisquer documentos relativos a bens, direitos e obrigações das instituições financeiras, de seus controladores, administradores, membros de conselhos estatutários, gerentes, mandatários e prepostos, inclusive contas-correntes e operações com outras instituições financeiras.

§ 3º O disposto neste artigo aplica-se à Comissão de Valores Mobiliários, quando se tratar de fiscalização de operações e serviços no mercado de valores mobiliários, inclusive nas instituições financeiras que sejam companhias abertas.

§ 4º O Banco Central do Brasil e a Comissão de Valores Mobiliários, em suas áreas de competência, poderão firmar convênios:

I – com outros órgãos públicos fiscalizadores de instituições financeiras, objetivando a realização de fiscalizações conjuntas, observadas as respectivas competências;
II – com bancos centrais ou entidades fiscalizadoras de outros países, objetivando:

a) a fiscalização de filiais e subsidiárias de instituições financeiras estrangeiras, em funcionamento no Brasil e de filiais e subsidiárias, no exterior, de instituições financeiras brasileiras;
b) a cooperação mútua e o intercâmbio de informações para a investigação de atividades ou operações que impliquem aplicação, negociação, ocultação ou transferência de ativos financeiros e de valores mobiliários relacionados com a prática de condutas ilícitas.

§ 5º O dever de sigilo de que trata esta Lei Complementar estende-se aos órgãos fiscalizadores mencionados no § 4º e a seus agentes.

§ 6º O Banco Central do Brasil, a Comissão de Valores Mobiliários e os demais órgãos de fiscalização, nas áreas de suas atribuições, fornecerão ao Conselho de Controle de Atividades Financeiras – COAF, de que trata o artigo 14 da Lei nº 9.613, de 3 de março de 1998, as informações cadastrais e de movimento de valores relativos às operações previstas no inciso I do artigo 11 da referida Lei.

Art. 3º Serão prestadas pelo Banco Central do Brasil, pela Comissão de Valores Mobiliários e pelas instituições financeiras as informações ordenadas pelo Poder Judiciário, preservado o seu caráter sigiloso mediante acesso restrito às partes, que delas não poderão servir-se para fins estranhos à lide.

§ 1º Dependem de prévia autorização do Poder Judiciário a prestação de informações e o fornecimento de documentos sigilosos solicitados por comissão de inquérito administrativo destinada a apurar responsabilidade de servidor público por infração praticada no exercício de suas atribuições, ou que tenha relação com as atribuições do cargo em que se encontre investido.

§ 2º Nas hipóteses do § 1º, o requerimento de quebra de sigilo independe da existência de processo judicial em curso.

§ 3º Além dos casos previstos neste artigo o Banco Central do Brasil e a Comissão de Valores Mobiliários fornecerão à Advocacia-Geral da União as informações e os documentos necessários à defesa da União nas ações em que seja parte.

Art. 4º O Banco Central do Brasil e a Comissão de Valores Mobiliários, nas áreas de suas atribuições, e as instituições financeiras fornecerão ao Poder Legislativo Federal as informações e os documentos sigilosos que, fundamentadamente, se fizerem necessários ao exercício de suas respectivas competências constitucionais e legais.

§ 1º As comissões parlamentares de inquérito, no exercício de sua competência constitucional e legal de ampla investigação, obterão as informações e documentos sigilosos de que necessitarem, diretamente das instituições financeiras, ou por intermédio do Banco Central do Brasil ou da Comissão de Valores Mobiliários.

§ 2º As solicitações de que trata este artigo deverão ser previamente aprovadas pelo Plenário da Câmara dos Deputados, do Senado Federal, ou do plenário de suas respectivas comissões parlamentares de inquérito.

Art. 5º O Poder Executivo disciplinará, inclusive quanto à periodicidade e aos limites de valor, os critérios segundo os quais as instituições financeiras informarão à administração tributária da União, as operações financeiras efetuadas pelos usuários de seus serviços.

- Art. 30 da Lei nº 10.637, de 30-12-2002, que dispõe sobre a não cumulatividade na cobrança da contribuição para o PIS/PASEP, nos casos que especifica, sobre o pagamento e o parcelamento de débitos tributários federais, a compensação de créditos fiscais, a declaração de inaptidão de inscrição de pessoas jurídicas e a legislação aduaneira.
- Dec. nº 4.489, de 28-11-2002, regulamenta este artigo.

§ 1º Consideram-se operações financeiras, para os efeitos deste artigo:

I – depósitos à vista e a prazo, inclusive em conta de poupança;

II – pagamentos efetuados em moeda corrente ou em cheques;

III – emissão de ordens de crédito ou documentos assemelhados;

IV – resgates em contas de depósitos à vista ou a prazo, inclusive de poupança;

V – contratos de mútuo;

VI – descontos de duplicatas, notas promissórias e outros títulos de crédito;

VII – aquisições e vendas de títulos de renda fixa ou variável;

VIII – aplicações em fundos de investimentos;

IX – aquisições de moeda estrangeira;

X – conversões de moeda estrangeira em moeda nacional;

XI – transferências de moeda e outros valores para o exterior;

XII – operações com ouro, ativo financeiro;

XIII – operações com cartão de crédito;

XIV – operações de arrendamento mercantil; e

XV – quaisquer outras operações de natureza semelhante que venham a ser autorizadas pelo Banco Central do Brasil, Comissão de Valores Mobiliários ou outro órgão competente.

§ 2º As informações transferidas na forma do *caput* deste artigo restringir-se-ão a informes relacionados com a identificação dos titulares das operações e os montantes globais mensalmente movimentados, vedada a inserção de qualquer elemento que permita identificar a sua origem ou a natureza dos gastos a partir deles efetuados.

§ 3º Não se incluem entre as informações de que trata este artigo as operações financeiras efetuadas pelas administrações direta e indireta da União, dos Estados, do Distrito Federal e dos Municípios.

§ 4º Recebidas as informações de que trata este artigo, se detectados indícios de falhas, incorreções ou omissões, ou de cometimento de ilícito fiscal, a autoridade interessada poderá requisitar as informações e os documentos de que necessitar, bem como realizar fiscalização ou auditoria para a adequada apuração dos fatos.

§ 5º As informações a que refere este artigo serão conservadas sob sigilo fiscal, na forma da legislação em vigor.

Art. 6º As autoridades e os agentes fiscais tributários da União, dos Estados, do Distrito Federal e dos Municípios somente poderão examinar documentos, livros e registros de instituições financeiras, inclusive os referentes a contas de depósitos e aplicações financeiras, quando houver processo administrativo instaurado ou procedimento fiscal em curso e tais exames sejam considerados indispensáveis pela autoridade administrativa competente.

- Art. 31 da Lei nº 10.637, de 30-12-2002, que dispõe sobre a não cumulatividade na cobrança da contribuição para o PIS/PASEP, nos casos que especifica, sobre o pagamento e o parcelamento de débitos tributários federais, a compensação de créditos fiscais, a declaração de inaptidão de inscrição de pessoas jurídicas e a legislação aduaneira.

Parágrafo único. O resultado dos exames, as informações e os documentos a que se refere este artigo serão conservados em sigilo, observada a legislação tributária.

- Dec. nº 3.724, de 10-1-2001, regulamenta este artigo.

Art. 7º Sem prejuízo do disposto no § 3º do artigo 2º, a Comissão de Valores Mobiliários, instaurado inquérito administrativo, poderá solicitar à autoridade judiciária competente o levantamento do sigilo junto às instituições financeiras de informações e documentos relativos a bens, direitos e obrigações de pessoa física ou jurídica submetida ao seu poder disciplinar.

Parágrafo único. O Banco Central do Brasil e a Comissão de Valores Mobiliários, manterão permanente intercâmbio de informações acerca dos resultados das inspeções que realizarem, dos inquéritos que instaurarem e das penalidades que aplicarem, sempre que as informações forem necessárias ao desempenho de suas atividades.

Art. 8º O cumprimento das exigências e formalidades previstas nos artigos 4º, 6º e 7º, será expressamente declarado pelas autoridades competentes nas solicitações dirigidas ao Banco Central do Brasil, à Comissão de Valores Mobiliários ou às instituições financeiras.

Art. 9º Quando, no exercício de suas atribuições, o Banco Central do Brasil e a Comissão de Valores Mobiliários verificarem a ocorrência de crime definido em lei como de ação pública, ou indícios da prática de tais crimes, informarão ao Ministério Público, juntando à comunicação os documentos necessários à apuração ou comprovação dos fatos.

§ 1º A comunicação de que trata este artigo será efetuada pelos Presidentes do Banco Central do Brasil e da Comissão de Valores Mobiliários, admitida delegação de competência, no prazo máximo de quinze dias, a contar do recebimento do processo, com manifestação dos respectivos serviços jurídicos.

§ 2º Independentemente do disposto no *caput* deste artigo, o Banco Central do Brasil e a Comissão de Valores Mobiliários comunicarão aos órgãos públicos competentes as irregularidades e os ilícitos administrativos de que tenham conhecimento, ou indícios de sua prática, anexando os documentos pertinentes.

Art. 10. A quebra de sigilo, fora das hipóteses autorizadas nesta Lei Complementar, constitui crime e sujeita os responsáveis à pena de reclusão, de um a quatro anos, e multa, aplicando-se, no que couber, o Código Penal, sem prejuízo de outras sanções cabíveis.

Parágrafo único. Incorre nas mesmas penas quem omitir, retardar injustificadamente ou prestar falsamente as informações requeridas nos termos desta Lei Complementar.

Art. 11. O servidor público que utilizar ou viabilizar a utilização de qualquer informação obtida em decorrência da quebra de sigilo de que trata esta Lei Complementar responde pessoal e diretamente pelos danos decorrentes, sem prejuízo da responsabilidade objetiva da entidade pública, quando comprovado que o servidor agiu de acordo com orientação oficial.

Art. 12. Esta Lei Complementar entra em vigor na data de sua publicação.

Art. 13. Revoga-se o artigo 38 da Lei nº 4.595, de 31 de dezembro de 1964.

Brasília, 10 de janeiro de 2001;
180º da Independência e
113º da República.

Fernando Henrique Cardoso

LEI Nº 10.188, DE 12 DE FEVEREIRO DE 2001

Cria o Programa de Arrendamento Residencial, institui o arrendamento residencial com opção de compra e dá outras providências.

- Publicada no *DOU* de 14-2-2001.

CAPÍTULO I
DAS DISPOSIÇÕES GERAIS

Art. 1º Fica instituído o Programa de Arrendamento Residencial para atendimento da necessidade de moradia da população de baixa renda, sob a forma de arrendamento residencial com opção de compra.

- *Caput* com a redação dada pela Lei nº 11.474, de 15-5-2007.

§ 1º A gestão do Programa cabe ao Ministério das Cidades e sua operacionalização à Caixa Econômica Federal – CEF.

§ 2º Os Ministros de Estado das Cidades e da Fazenda fixarão, em ato conjunto, a remuneração da CEF pelas atividades exercidas no âmbito do Programa.

- §§ 1º e 2º com a redação dada pela Lei nº 10.859, de 14-4-2004.

§ 3º Fica facultada a alienação, sem prévio arrendamento, ou a cessão de direitos dos imóveis adquiridos no âmbito do Programa.

- § 3º com a redação dada pela Lei nº 12.424, de 16-6-2011 (*DOU* de 17-6-2011, e republicada no *DOU* de 20-6-2011).

§ 4º Os imóveis produzidos com recursos do Fundo de Arrendamento Residencial (FAR) poderão ser destinados por cessão, doação, locação, comodato, arrendamento ou venda, em contrato subsidiado ou não, total ou parcialmente, para pessoa física ou jurídica, conforme regulamentação do Ministério das Cidades, sem prejuízo de outros negócios jurídicos compatíveis, com prioridade para:

- *Caput* do § 4º com a redação dada pela Lei nº 14.620, de 13-7-2023.

I – União, Estados, Distrito Federal e Municípios, ou entidades da administração pública indireta desses entes, para destinação a programas habitacionais de interesse social por eles desenvolvidos; e

- Inciso I acrescido pela Lei nº 14.312, de 14-3-2022.

II – pessoas físicas que constituam o público-alvo dos programas habitacionais federais, as quais não poderão ser impedidas de habitar com seus animais domésticos nessas residências, respeitando as normas vigentes e garantindo o bem-estar animal.

▸ Inciso II com a redação dada pela Lei nº 14.620, de 13-7-2023.

§ 5º O FAR poderá financiar os gastos necessários para viabilizar a provisão de energia de fontes renováveis aos beneficiários diretos dos investimentos habitacionais realizados no âmbito do Programa Minha Casa, Minha Vida.

▸ § 5º acrescido pela Lei nº 14.620, de 13-7-2023.

Art. 2º Para a operacionalização do Programa instituído nesta Lei, é a CEF autorizada a criar um fundo financeiro privado com o fim exclusivo de segregação patrimonial e contábil dos haveres financeiros e imobiliários destinados ao Programa.

▸ *Caput* com a redação dada pela Lei nº 12.693, de 24-7-2012.

§ 1º O fundo a que se refere o *caput* será subordinado à fiscalização do Banco Central do Brasil, devendo sua contabilidade sujeitar-se às normas do Plano Contábil das Instituições do Sistema Financeiro Nacional (COSIF), aos princípios gerais de contabilidade e, no que couber, às demais normas de contabilidade vigentes no País.

§ 2º O patrimônio do fundo a que se refere o *caput* será constituído:

I – pelos bens e direitos adquiridos pela CEF no âmbito do Programa instituído nesta Lei; e

II – pelos recursos advindos da integralização de cotas.

▸ §§ 1º e 2º com a redação dada pela Lei nº 12.693, de 24-7-2012.

§ 3º Os bens e direitos integrantes do patrimônio do fundo a que se refere o *caput*, em especial os bens imóveis mantidos sob a propriedade fiduciária da CEF, bem como seus frutos e rendimentos, não se comunicam com o patrimônio desta, observadas, quanto a tais bens e direitos, as seguintes restrições:

I – não integram o ativo da CEF;

II – não respondem direta ou indiretamente por qualquer obrigação da CEF;

III – não compõem a lista de bens e direitos da CEF, para efeito de liquidação judicial ou extrajudicial;

IV – não podem ser dados em garantia de débito de operação da CEF;

V – não são passíveis de execução por quaisquer credores da CEF, por mais privilegiados que possam ser;

VI – não podem ser constituídos quaisquer ônus reais sobre os imóveis.

§ 4º No título aquisitivo, a CEF fará constar as restrições enumeradas nos incisos I a VI e destacará que o bem adquirido constitui patrimônio do fundo a que se refere o *caput*.

§ 5º *Revogado.* Lei nº 14.312, de 14-3-2022.

§ 6º A CEF fica dispensada da apresentação de certidão negativa de débitos, expedida pelo Instituto Nacional do Seguro Social – INSS, e da Certidão Negativa de Tributos e Contribuições administradas pela Secretaria da Receita Federal, quando alienar imóveis integrantes do patrimônio do fundo a que se refere o *caput*.

§ 7º A alienação dos imóveis pertencentes ao patrimônio do fundo a que se refere o *caput* deste artigo será efetivada diretamente pela CEF, constituindo o instrumento de alienação documento hábil para cancelamento, perante o Cartório de Registro de Imóveis, das averbações pertinentes às restrições e ao destaque de que tratam os §§ 3º e 4º deste artigo, observando-se:

I – o decurso do prazo contratual do Arrendamento Residencial; ou

II – a critério do gestor do Fundo, o processo de desimobilização do fundo financeiro de que trata o *caput* deste artigo.

▸ § 7º com a redação dada pela Lei nº 11.474, de 15-5-2007.

§ 8º Cabe à CEF a gestão do fundo a que se refere o *caput* e a proposição de seu regulamento para a aprovação da assembleia de cotistas.

▸ § 8º com a redação dada pela Lei nº 12.693, de 24-7-2012.

Art. 2º-A. A integralização de cotas pela União poderá ser realizada, a critério do Ministério da Fazenda:

I – em moeda corrente;

II – em títulos públicos;

III – por meio de suas participações minoritárias; ou

IV – por meio de ações de sociedades de economia mista federais excedentes ao necessário para manutenção de seu controle acionário.

§ 1º A representação da União na assembleia de cotistas ocorrerá na forma do inciso V do *caput* do art. 10 do Decreto-Lei nº 147, de 3 de fevereiro de 1967.

§ 2º O Fundo de Arrendamento Residencial (FAR), de que trata o inciso II do *caput* do art. 2º da Lei nº 11.977, de 7 de julho de 2009, terá direitos e obrigações próprias, pelas quais responderá com seu patrimônio, não respondendo os cotistas por qualquer obrigação do Fundo, salvo pela integralização das cotas que subscreverem.

▸ Art. 2º-A com a redação dada pela Lei nº 12.693, de 24-7-2012.

Art. 2º-B. Fica criado o Comitê de Participação do Fundo de Arrendamento Residencial (CPFAR), cujas composição e competências serão estabelecidas em ato do Poder Executivo federal.

▸ Art. 2º-B acrescido pela Lei nº 14.312, de 14-3-2022.

Art. 3º Para atendimento exclusivo às finalidades do Programa instituído nesta Lei, fica a CEF autorizada a:

I – utilizar os saldos disponíveis dos seguintes Fundos e Programa em extinção:

a) Fundo de Apoio ao Desenvolvimento Social – FAS, criado pela Lei nº 6.168, de 9 de dezembro de 1974;

b) Fundo de Investimento Social – FINSOCIAL, criado pelo Decreto-Lei nº 1.940, de 25 de maio de 1982;

c) Programa de Difusão Tecnológica para Construção de Habitação de Baixo Custo – PROTECH, criado por Decreto de 28 de julho de 1993; e

d) Fundo de Desenvolvimento Social – FDS, a que se refere o Decreto nº 103, de 22 de abril de 1991;

II – contratar operações de crédito com o Fundo de Garantia do Tempo de Serviço – FGTS, na forma e condições disciplinadas pelo Conselho Curador do FGTS, até limite a ser fixado pelo Poder Executivo; e

▸ Inciso II com a redação dada pela Lei nº 10.859, de 14-4-2004.

▸ Dec. nº 5.435, de 26-4-2005, define o limite de que trata este inciso.

III – incorporar as receitas pertencentes ao fundo financeiro específico do Programa, provenientes do processo de desimobilização previsto no inciso II do § 7º do art. 2º desta Lei; e

▸ Inciso III com a redação dada pela Lei nº 11.474, de 15-5-2007.

IV – receber outros recursos a serem destinados ao Programa.

▸ Inciso IV acrescido pela Lei nº 11.474, de 15-5-2007.

§ 1º Do saldo relativo ao FDS será deduzido o valor necessário ao provisionamento, na CEF, das exigibilidades de responsabilidade do Fundo existentes na data de publicação desta Lei.

§ 2º A CEF promoverá o pagamento, nas épocas próprias, das obrigações de responsabilidade do FDS.

§ 3º As receitas provenientes das operações de arrendamento e das aplicações de recursos destinados ao Programa instituído nesta Lei serão, deduzidas as despesas de administração, utilizadas para amortização da operação de crédito a que se refere o inciso II.

§ 4º O saldo positivo existente ao final do Programa será integralmente revertido à União.

§ 5º A aquisição de imóveis para atendimento dos objetivos do Programa será limitada a valor a ser estabelecido pelo Poder Executivo.

▸ § 5º com a redação dada pela Lei nº 10.859, de 14-4-2004.

▸ Dec. nº 5.435, de 26-4-2005, define o limite de que trata este parágrafo.

§ 6º No caso de imóveis tombados pelo Poder Público nos termos da legislação de preservação do patrimônio histórico e cultural ou daqueles inseridos em programas de revitalização ou reabilitação de centros urbanos, a CEF fica autorizada a adquirir os direitos de posse em que estiverem imitidos a União, Estados, Distrito Federal, Municípios e suas entidades, desde que devidamente registrados no Registro Geral de Imóveis – RGI, nos termos do art. 167, inciso I, item 36, da Lei nº 6.015, de 31 de dezembro de 1973.

▸ § 6º com a redação dada pela Lei nº 10.859, de 14-4-2004.

Art. 3º-A. O FAR não contará com qualquer tipo de garantia ou aval por parte do setor público e responderá por suas obrigações até o limite dos bens e direitos integrantes de seu patrimônio.

▸ Artigo com a redação dada pela Lei nº 12.693, de 24-7-2012.

Art. 4º Compete à CEF:

I – criar o fundo financeiro a que se refere o artigo 2º;

II – alocar os recursos previstos no art. 3º, inciso II, responsabilizando-se pelo retorno dos recursos ao FGTS, na forma do § 1º do artigp 9º da Lei nº 8.036, de 11 de maio de 1990;

III – expedir os atos necessários à operacionalização do Programa;

IV – definir os critérios técnicos a serem observados na aquisição, alienação e no arrendamento com opção de compra dos imóveis destinados ao Programa;

▸ Inciso IV com a redação dada pela Lei nº 11.474, de 15-5-2007.

V – assegurar que os resultados das aplicações sejam revertidos para o fundo e que as operações de aquisição de imóveis sujeitar-se-ão aos critérios técnicos definidos para o Programa;

VI – representar o arrendador ativa e passivamente, judicial e extrajudicialmente;

VII – promover, em nome do arrendador, o registro dos imóveis adquiridos;

VIII – observar as restrições a pessoas jurídicas e físicas, no que se refere a impedimentos à atuação em programas habitacionais, subsidiando a atualização dos cadastros existentes, inclusive os do Sistema Financeiro da Habitação – SFH.

▶ Inciso VIII acrescido pela Lei nº 11.474, de 15-5-2007.

Parágrafo único. As operações de aquisição, construção, recuperação, arrendamento e venda de imóveis obedecerão aos critérios estabelecidos pela CEF, respeitados os princípios da legalidade, finalidade, razoabilidade, moralidade administrativa, interesse público e eficiência, ficando dispensada da observância das disposições específicas da lei geral de licitação.

Art. 5º Compete ao Ministério das Cidades:

▶ *Caput* com a redação dada pela Lei nº 10.859, de 14-4-2004.

I – estabelecer diretrizes gerais para a aplicação dos recursos alocados;

▶ Inciso I com a redação dada pela Lei nº 10.859, de 14-4-2004.

II – fixar regras e condições para implementação do Programa, tais como áreas de atuação, público-alvo, valor máximo de aquisição da unidade habitacional, entre outras que julgar necessárias;

▶ Inciso II com a redação dada pela Lei nº 11.474, de 15-5-2007.

III – acompanhar e avaliar o desempenho do Programa em conformidade com os objetivos estabelecidos nesta Lei;

▶ Inciso III com a redação dada pela Lei nº 10.859, de 14-4-2004.

IV – estabelecer diretrizes para a alienação prevista no § 7º do art. 2º desta Lei;

V – encaminhar às 2 (duas) Casas do Congresso Nacional relatório semestral sobre as ações do Programa.

▶ Incisos IV e V acrescidos pela Lei nº 11.474, de 15-5-2007.

CAPÍTULO II
DO ARRENDAMENTO RESIDENCIAL

Art. 6º Considera-se arrendamento residencial a operação realizada no âmbito do Programa instituído nesta Lei, que tenha por objeto o arrendamento com opção de compra de bens imóveis adquiridos para esse fim específico.

Parágrafo único. Para os fins desta Lei, considera-se arrendatária a pessoa física que, atendidos os requisitos estabelecidos pelo Ministério das Cidades, seja habilitada pela CEF ao arrendamento.

▶ Parágrafo único com a redação dada pela Lei nº 10.859, de 14-4-2004.

Art. 7º *Revogado*. Lei nº 10.859, de 14-4-2004.

Art. 8º O contrato de aquisição de imóveis pelo arrendador, as cessões de posse e as promessas de cessão, bem como o contrato de transferência do direito de propriedade ou do domínio útil ao arrendatário, serão celebrados por instrumento particular com força de escritura pública e registrados em Cartório de Registro de Imóveis competente.

▶ *Caput* com a redação dada pela Lei nº 10.859, de 14-4-2004.

§ 1º O contrato de compra e venda referente ao imóvel objeto de arrendamento residencial que vier a ser alienado na forma do inciso II do § 7º do art. 2º desta Lei, ainda que o pagamento integral seja feito à vista, contemplará cláusula impeditiva de o adquirente, no prazo de 24 (vinte e quatro) meses, vender, prometer vender ou ceder seus direitos sobre o imóvel alienado.

§ 2º O prazo a que se refere o § 1º deste artigo poderá, excepcionalmente, ser reduzido conforme critério a ser definido pelo Ministério das Cidades, nos casos de arrendamento com período superior à metade do prazo final regulamentado.

§ 3º Nos imóveis alienados na forma do inciso II do § 7º do art. 2º desta Lei, será admitida a utilização dos recursos depositados em conta vinculada do FGTS, em condições a serem definidas pelo Conselho Curador do FGTS.

▶ §§ 1º a 3º acrescidos pela Lei nº 11.474, de 15-5-2007.

Art. 9º Na hipótese de inadimplemento no arrendamento, findo o prazo da notificação ou interpelação, sem pagamento dos encargos em atraso, fica configurado o esbulho possessório que autoriza o arrendador a propor a competente ação de reintegração de posse.

Art. 10. Aplica-se ao arrendamento residencial, no que couber, a legislação pertinente ao arrendamento mercantil.

Art. 10-A. Os valores apurados com a alienação dos imóveis serão utilizados para amortizar os saldos devedores dos empréstimos tomados perante o FGTS, na forma do inciso II do *caput* do art. 3º desta Lei, nas condições a serem estabelecidas pelo Conselho Curador do FGTS.

▶ Art. 10-A acrescido pela Lei nº 11.474, de 15-5-2007.

Art. 11. Ficam convalidados os atos praticados com base na Medida Provisória nº 2.135-23, de 28 de dezembro de 2000.

Art. 12. Esta Lei entra em vigor na data de sua publicação.

Congresso Nacional, 12 de fevereiro de 2001; 180º da Independência e 113º da República.

Senador Antonio Carlos Magalhães
Presidente

LEI Nº 10.192, DE 14 DE FEVEREIRO DE 2001

Dispõe sobre medidas complementares ao Plano Real e dá outras providências.

▶ Publicada no *DOU* de 16-2-2001.

▶ Lei nº 9.069, de 29-6-1995, dispõe sobre o Plano Real.

Art. 1º As estipulações de pagamento de obrigações pecuniárias exequíveis no território nacional deverão ser feitas em Real, pelo seu valor nominal.

Parágrafo único. São vedadas, sob pena de nulidade, quaisquer estipulações de:

I – pagamento expressas ou vinculadas a ouro ou moeda estrangeira, ressalvadas as hipóteses previstas em lei ou na regulamentação editada pelo Banco Central do Brasil;

▶ Inciso I com a redação dada pela Lei nº 14.286, de 29-12-2021.

II – reajuste ou correção monetária expressas em, ou vinculadas a unidade monetária de conta de qualquer natureza;

III – correção monetária ou de reajuste por índices de preços gerais, setoriais ou que reflitam a variação dos custos de produção ou dos insumos utilizados, ressalvado o disposto no artigo seguinte.

Art. 2º É admitida estipulação de correção monetária ou de reajuste por índices de preços gerais, setoriais ou que reflitam a variação dos custos de produção ou dos insumos utilizados nos contratos de prazo de duração igual ou superior a um ano.

§ 1º É nula de pleno direito qualquer estipulação de reajuste ou correção monetária de periodicidade inferior a um ano.

§ 2º Em caso de revisão contratual, o termo inicial do período de correção monetária ou reajuste, ou de nova revisão, será a data em que a anterior revisão tiver ocorrido.

§ 3º Ressalvado o disposto no § 7º do art. 28 da Lei nº 9.069, de 29 de junho de 1995, e no parágrafo seguinte, são nulos de pleno direito quaisquer expedientes que, na apuração do índice de reajuste, produzam efeitos financeiros equivalentes aos de reajuste de periodicidade inferior à anual.

§ 4º Nos contratos de prazo de duração igual ou superior a três anos, cujo objeto seja a produção de bens para entrega futura ou a aquisição de bens ou direitos a eles relativos, as partes poderão pactuar a atualização das obrigações, a cada período de um ano, contado a partir da contratação, e no seu vencimento final, considerada a periodicidade de pagamento das prestações, e abatidos os pagamentos, atualizados da mesma forma, efetuados no período.

§ 5º O disposto no parágrafo anterior aplica-se aos contratos celebrados a partir de 28 de outubro de 1995 até 11 de outubro de 1997.

§ 6º O prazo a que alude o parágrafo anterior poderá ser prorrogado mediante ato do Poder Executivo.

▶ Mantivemos a redação anterior à MP nº 2.223, de 4-9-2001, pois esta foi revogada pela Lei nº 10.931, de 2-8-2004.

Art. 3º Os contratos em que seja parte órgão ou entidade da Administração Pública direta ou indireta da União, dos Estados, do Distrito Federal e dos Municípios, serão reajustados ou corrigidos monetariamente de acordo com as disposições desta Lei, e, no que com ela não conflitarem, da Lei nº 8.666, de 21 de junho de 1993.

▶ A Lei nº 8.666, de 21-6-1993, foi revogada pela Lei nº 14.133, de 1º-4-2021.

§ 1º A periodicidade anual nos contratos de que trata o *caput* deste artigo será contada a partir da data limite para apresentação da proposta ou do orçamento a que essa se referir.

§ 2º O Poder Executivo regulamentará o disposto neste artigo.

Art. 4º Os contratos celebrados no âmbito dos mercados referidos no § 5º do art. 27 da Lei nº 9.069, de 1995, inclusive as condições de remuneração da poupança financeira, bem assim no da previdência privada fechada, permanecem regidos por legislação própria.

Art. 5º Fica instituída Taxa Básica Financeira – TBF, para ser utilizada exclusivamente como base de remuneração de operações realizadas no mercado financeiro, de prazo de duração igual ou superior a sessenta dias.

Parágrafo único. O Conselho Monetário Nacional expedirá as instruções necessárias ao cumprimento do disposto neste artigo, podendo, inclusive, ampliar o prazo mínimo previsto no *caput*.

Art. 6º A Unidade Fiscal de Referência – UFIR, criada pela Lei nº 8.383, de 30 de dezembro de 1991, será reajustada:

I – semestralmente, durante o ano-calendário de 1996;

II – anualmente, a partir de 1º de janeiro de 1997.

Parágrafo único. A reconversão, para Real, dos valores expressos em UFIR, extinta em 27 de outubro de 2000, será efetuada com base no valor dessa Unidade fixado para o exercício de 2000.

▸ O art. 29, § 3º, da Lei nº 10.522, de 19-7-2002, que dispõe sobre o Cadastro Informativo dos créditos não quitados de órgãos e entidades federais, extinguiu a UFIR.

Art. 7º Observado o disposto no artigo anterior, ficam extintas, a partir de 1º de julho de 1995, as unidades monetárias de conta criadas ou reguladas pelo Poder Público, exceto as unidades monetárias de conta fiscais estaduais, municipais e do Distrito Federal, que serão extintas a partir de 1º de janeiro de 1996.

▸ Súm. nº 643 do STF.

§ 1º Em 1º de julho de 1995 e em 1º de janeiro de 1996, os valores expressos, respectivamente, nas unidades monetárias de conta extintas na forma do *caput* deste artigo serão convertidos em Real, com observância do disposto no art. 44 da Lei nº 9.069, de 1995, no que couber.

§ 2º Os Estados, o Distrito Federal e os Municípios poderão utilizar a UFIR nas mesmas condições e periodicidade adotadas pela União, em substituição às respectivas unidades monetárias de conta fiscais extintas.

▸ O art. 29, § 3º, da Lei nº 10.522, de 19-7-2002, que dispõe sobre o Cadastro Informativo dos créditos não quitados de órgãos e entidades federais, extinguiu a UFIR.

Art. 8º A partir de 1º de julho de 1995, a Fundação Instituto Brasileiro de Geografia e Estatística – IBGE deixará de calcular e divulgar o IPC-r.

§ 1º Nas obrigações e contratos em que haja estipulação de reajuste pelo IPC-r, este será substituído, a partir de 1º de julho de 1995, pelo índice previsto contratualmente para este fim.

§ 2º Na hipótese de não existir previsão de índice de preços substituto, e caso não haja acordo entre as partes, deverá ser utilizada média de índices de preços de abrangência nacional, na forma de regulamentação a ser baixada pelo Poder Executivo.

Art. 9º É assegurado aos trabalhadores, na primeira data base da respectiva categoria após julho de 1995, o pagamento de reajuste relativo à variação acumulada do IPC-r entre a última data base, anterior a julho de 1995, e junho de 1995, inclusive.

Art. 10. Os salários e as demais condições referentes ao trabalho continuam a ser fixados e revistos, na respectiva data base anual, por intermédio da livre negociação coletiva.

Art. 11. Frustrada a negociação entre as partes, promovida diretamente ou através de mediador, poderá ser ajuizada a ação de dissídio coletivo.

§ 1º O mediador será designado de comum acordo pelas partes ou, a pedido destas, pelo Ministério do Trabalho e Emprego, na forma da regulamentação de que trata o § 5º deste artigo.

§ 2º A parte que se considerar sem as condições adequadas para, em situação de equilíbrio, participar da negociação direta, poderá, desde logo, solicitar ao Ministério do Trabalho e Emprego a designação de mediador, que convocará a outra parte.

§ 3º O mediador designado terá prazo de até trinta dias para a conclusão do processo de negociação, salvo acordo expresso com as partes interessadas.

§ 4º Não alcançado o entendimento entre as partes, ou recusando-se qualquer delas à mediação, lavrar-se-á ata contendo as causas motivadoras do conflito e as reivindicações de natureza econômica, documento que instruirá a representação para o ajuizamento do dissídio coletivo.

§ 5º O Poder Executivo regulamentará o disposto neste artigo.

Art. 12. No ajuizamento do dissídio coletivo, as partes deverão apresentar, fundamentadamente, suas propostas finais, que serão objeto de conciliação ou deliberação do Tribunal, na sentença normativa.

§ 1º A decisão que puser fim ao dissídio será fundamentada, sob pena de nulidade, deverá traduzir, em seu conjunto, a justa composição do conflito de interesse das partes, e guardar adequação com o interesse da coletividade.

§ 2º A sentença normativa deverá ser publicada no prazo de quinze dias da decisão do Tribunal.

Art. 13. No acordo ou convenção e no dissídio, coletivos, é vedada a estipulação ou fixação de cláusula de reajuste ou correção salarial automática vinculada a índice de preços.

§ 1º Nas revisões salariais na data base anual, serão deduzidas as antecipações concedidas no período anterior à revisão.

§ 2º Qualquer concessão de aumento salarial a título de produtividade deverá estar amparada em indicadores objetivos.

Art. 14. O recurso interposto de decisão normativa da Justiça do Trabalho terá efeito suspensivo, na medida e extensão conferidas em despacho do Presidente do Tribunal Superior do Trabalho.

Art. 15. Permanecem em vigor as disposições legais relativas a correção monetária de débitos trabalhistas, de débitos resultantes de decisão judicial, de débitos relativos a ressarcimento em virtude de inadimplemento de obrigações contratuais e do passivo de empresas e instituições sob os regimes de concordata, falência, intervenção e liquidação extrajudicial.

Art. 16. Ficam convalidados os atos praticados com base na Medida Provisória nº 2.074-72, de 27 de dezembro de 2000.

Art. 17. Esta Lei entra em vigor na data de sua publicação.

Art. 18. Revogam-se os §§ 1º e 2º do art. 947 do Código Civil, os §§ 1º e 2º do art. 1º da Lei nº 8.542, de 23 de dezembro de 1992, e o art. 14 da Lei nº 8.177, de 1º de março de 1991.

Congresso Nacional,
em 14 de fevereiro de 2001;
180º da Independência e
113º da República.

Senador Antonio Carlos Magalhães
Presidente

LEI Nº 10.216, DE 6 DE ABRIL DE 2001

Dispõe sobre a proteção e os direitos das pessoas portadoras de transtornos mentais e redireciona o modelo assistencial em saúde mental.

▸ Publicada no *DOU* de 9-4-2001.

Art. 1º Os direitos e a proteção das pessoas acometidas de transtorno mental, de que trata esta Lei, são assegurados sem qualquer forma de discriminação quanto à raça, cor, sexo, orientação sexual, religião, opção política, nacionalidade, idade, família, recursos econômicos e ao grau de gravidade ou tempo de evolução de seu transtorno, ou qualquer outra.

Art. 2º Nos atendimentos em saúde mental, de qualquer natureza, a pessoa e seus familiares ou responsáveis serão formalmente cientificados dos direitos enumerados no parágrafo único deste artigo.

Parágrafo único. São direitos da pessoa portadora de transtorno mental:

I – ter acesso ao melhor tratamento do sistema de saúde, consentâneo às suas necessidades;

II – ser tratada com humanidade e respeito e no interesse exclusivo de beneficiar sua saúde, visando alcançar sua recuperação pela inserção na família, no trabalho e na comunidade;

III – ser protegida contra qualquer forma de abuso e exploração;

IV – ter garantia de sigilo nas informações prestadas;

V – ter direito à presença médica, em qualquer tempo, para esclarecer a necessidade ou não de sua hospitalização involuntária;

VI – ter livre acesso aos meios de comunicação disponíveis;

VII – receber o maior número de informações a respeito de sua doença e de seu tratamento;

VIII – ser tratada em ambiente terapêutico pelos meios menos invasivos possíveis;

IX – ser tratada, preferencialmente, em serviços comunitários de saúde mental.

Art. 3º É responsabilidade do Estado o desenvolvimento da política de saúde mental, a assistência e a promoção de ações de saúde aos portadores de transtornos mentais, com a devida participação da sociedade e da família, a qual será prestada em estabelecimento de saúde mental, assim entendidas as instituições ou unidades que ofereçam assistência em saúde aos portadores de transtornos mentais.

Art. 4º A internação, em qualquer de suas modalidades, só será indicada quando os recursos extra-hospitalares se mostrarem insuficientes.

§ 1º O tratamento visará, como finalidade permanente, a reinserção social do paciente em seu meio.

§ 2º O tratamento em regime de internação será estruturado de forma a oferecer assistência integral à pessoa portadora de transtornos mentais, incluindo serviços médicos, de assistência social, psicológicos, ocupacionais, de lazer, e outros.

§ 3º É vedada a internação de pacientes portadores de transtornos mentais em instituições com características asilares, ou seja, aquelas desprovidas dos recursos mencionados no § 2º e que não assegurem aos pacientes os direitos enumerados no parágrafo único do artigo 2º.

Art. 5º O paciente há longo tempo hospitalizado ou para o qual se caracterize situação de grave dependência institucional, decorrente de seu quadro clínico ou de ausência de suporte social, será objeto de política específica de alta planejada e reabilitação psicossocial assistida, sob responsabilidade da autoridade sanitária competente e supervisão de instância a ser definida pelo Poder Executivo, assegurada a continuidade do tratamento, quando necessário.

Art. 6º A internação psiquiátrica somente será realizada mediante laudo médico circunstanciado que caracterize os seus motivos.

Parágrafo único. São considerados os seguintes tipos de internação psiquiátrica:

I – internação voluntária: aquela que se dá com o consentimento do usuário;

II – internação involuntária: aquela que se dá sem o consentimento do usuário e a pedido de terceiro; e

III – internação compulsória: aquela determinada pela Justiça.

Art. 7º A pessoa que solicita voluntariamente sua internação, ou que a consente, deve assinar, no momento da admissão, uma declaração de que optou por esse regime de tratamento.

Parágrafo único. O término da internação voluntária dar-se-á por solicitação escrita do paciente ou por determinação do médico assistente.

Art. 8º A internação voluntária ou involuntária somente será autorizada por médico devidamente registrado no Conselho Regional de Medicina – CRM do Estado onde se localize o estabelecimento.

§ 1º A internação psiquiátrica involuntária deverá, no prazo de setenta e duas horas, ser comunicada ao Ministério Público Estadual pelo responsável técnico do estabelecimento no qual tenha ocorrido, devendo esse mesmo procedimento ser adotado quando da respectiva alta.

§ 2º O término da internação involuntária dar-se-á por solicitação escrita do familiar, ou responsável legal, ou quando estabelecido pelo especialista responsável pelo tratamento.

Art. 9º A internação compulsória é determinada, de acordo com a legislação vigente, pelo juiz competente, que levará em conta as condições de segurança do estabelecimento, quanto à salvaguarda do paciente, dos demais internados e funcionários.

Art. 10. Evasão, transferência, acidente, intercorrência clínica grave e falecimento serão comunicados pela direção do estabelecimento de saúde mental aos familiares, ou ao representante legal do paciente, bem como à autoridade sanitária responsável, no prazo máximo de vinte e quatro horas da data da ocorrência.

Art. 11. Pesquisas científicas para fins diagnósticos ou terapêuticos não poderão ser realizadas sem o consentimento expresso do paciente, ou de seu representante legal, e sem a devida comunicação aos conselhos profissionais competentes e ao Conselho Nacional de Saúde.

Art. 12. O Conselho Nacional de Saúde, no âmbito de sua atuação, criará comissão nacional para acompanhar a implementação desta Lei.

Art. 13. Esta Lei entra em vigor na data de sua publicação.

Brasília, 6 de abril de 2001;
180º da Independência e
113º da República.

Fernando Henrique Cardoso

LEI Nº 10.259, DE 12 DE JULHO DE 2001

Dispõe sobre a instituição dos Juizados Especiais Cíveis e Criminais no âmbito da Justiça Federal.

► Publicada no *DOU* de 13-7-2001.

► Lei nº 9.099, de 26-9-1995 (Lei dos Juizados Especiais).

► Lei nº 12.153, de 22-12-2009 (Lei dos Juizados Especiais da Fazenda Pública).

► Dec. nº 4.250, de 27-5-2002, regulamenta a representação judicial da União, autarquias, fundações e empresas públicas federais perante os Juizados Especiais Federais.

► Súm. nº 428 do STJ.

Art. 1º São instituídos os Juizados Especiais Cíveis e Criminais da Justiça Federal, aos quais se aplica, no que não conflitar com esta Lei, o disposto na Lei nº 9.099, de 26 de setembro de 1995.

► Súm. nº 376 do STJ.

Art. 2º Compete ao Juizado Especial Federal Criminal processar e julgar os feitos de competência da Justiça Federal relativos às infrações de menor potencial ofensivo, respeitadas as regras de conexão e continência.

Parágrafo único. Na reunião de processos, perante o juízo comum ou tribunal do júri, decorrente da aplicação das regras de conexão e continência, observar-se-ão os institutos da transação penal e da composição dos danos civis.

► Art. 2º com a redação dada pela Lei nº 11.313, de 28-6-2006.

Art. 3º Compete ao Juizado Especial Federal Cível processar, conciliar e julgar causas de competência da Justiça Federal até o valor de sessenta salários mínimos, bem como executar as suas sentenças.

§ 1º Não se incluem na competência do Juizado Especial Cível as causas:

I – referidas no artigo 109, incisos II, III e XI, da Constituição Federal, as ações de mandado de segurança, de desapropriação, de divisão e demarcação, populares, execuções fiscais e por improbidade administrativa e as demandas sobre direitos ou interesses difusos, coletivos ou individuais homogêneos;

II – sobre bens imóveis da União, autarquias e fundações públicas federais;

III – para a anulação ou cancelamento de ato administrativo federal, salvo o de natureza previdenciária e o de lançamento fiscal;

IV – que tenham como objeto a impugnação da pena de demissão imposta a servidores públicos civis ou de sanções disciplinares aplicadas a militares.

► Súm. nº 376 do STJ.

§ 2º Quando a pretensão versar sobre obrigações vincendas, para fins de competência do Juizado Especial, a soma de doze parcelas não poderá exceder o valor referido no artigo 3º, *caput*.

§ 3º No foro onde estiver instalada Vara do Juizado Especial, a sua competência é absoluta.

Art. 4º O Juiz poderá, de ofício ou a requerimento das partes, deferir medidas cautelares no curso do processo, para evitar dano de difícil reparação.

Art. 5º Exceto nos casos do artigo 4º, somente será admitido recurso de sentença definitiva.

Art. 6º Podem ser partes no Juizado Especial Federal Cível:

I – como autores, as pessoas físicas e as microempresas e empresas de pequeno porte, assim definidas na Lei nº 9.317, de 5 de dezembro de 1996;

► Art. 74 da LC nº 123, de 14-12-2006 (Estatuto Nacional da Microempresa e da Empresa de Pequeno Porte).

II – como rés, a União, autarquias, fundações e empresas públicas federais.

Art. 7º As citações e intimações da União serão feitas na forma prevista nos artigos 35 a 38 da Lei Complementar nº 73, de 10 de fevereiro de 1993.

Parágrafo único. A citação das autarquias, fundações e empresas públicas será feita na pessoa do representante máximo da entidade, no local onde proposta a causa, quando ali instalado seu escritório ou representação; se não, na sede da entidade.

Art. 8º As partes serão intimadas da sentença, quando não proferida esta na audiência em que estiver presente seu representante, por ARMP (aviso de recebimento em mão própria).

§ 1º As demais intimações das partes serão feitas na pessoa dos advogados ou dos Procuradores que oficiem nos respectivos autos, pessoalmente ou por via postal.

§ 2º Os tribunais poderão organizar serviço de intimação das partes e de recepção de petições por meio eletrônico.

Art. 9º Não haverá prazo diferenciado para a prática de qualquer ato processual pelas pessoas jurídicas de direito público, inclusive a interposição de recursos, devendo a citação para audiência de conciliação ser efetuada com antecedência mínima de trinta dias.

Art. 10. As partes poderão designar, por escrito, representantes para a causa, advogado ou não.

► O STF, por maioria de votos, julgou parcialmente procedente a ADI nº 3.168-6, para dar interpretação conforme a CF a este artigo, no sentido de excluir os feitos criminais, respeitado o teto estabelecido no art. 3º desta Lei, e sem prejuízo da aplicação subsidiária integral dos parágrafos do art. 9º da Lei nº 9.099, de 26-9-1995 – Lei dos Juizados Especiais (*DOU* de 17-8-2007).

Parágrafo único. Os representantes judiciais da União, autarquias, fundações e empresas públicas federais, bem como os indicados na forma do *caput*, ficam autorizados a conciliar, transigir ou desistir, nos processos da competência dos Juizados Especiais Federais.

- Dec. nº 4.250, de 27-5-2002, regulamenta a representação judicial da União, autarquias, fundações e empresas públicas federais perante os Juizados Especiais Federais.

Art. 11. A entidade pública ré deverá fornecer ao Juizado a documentação de que disponha para o esclarecimento da causa, apresentando-a até a instalação da audiência de conciliação.

Parágrafo único. Para a audiência de composição dos danos resultantes de ilícito criminal (artigos 71, 72 e 74 da Lei nº 9.099, de 26 de setembro de 1995), o representante da entidade que comparecer terá poderes para acordar, desistir ou transigir, na forma do artigo 10.

Art. 12. Para efetuar o exame técnico necessário à conciliação ou ao julgamento da causa, o Juiz nomeará pessoa habilitada, que apresentará o laudo até cinco dias antes da audiência, independentemente de intimação das partes.

§ 1º Os honorários do técnico serão antecipados à conta de verba orçamentária do respectivo Tribunal e, quando vencida na causa a entidade pública, seu valor será incluído na ordem de pagamento a ser feita em favor do Tribunal.

§ 2º Nas ações previdenciárias e relativas à assistência social, havendo designação de exame, serão as partes intimadas para, em dez dias, apresentar quesitos e indicar assistentes.

Art. 13. Nas causas de que trata esta Lei, não haverá reexame necessário.

Art. 14. Caberá pedido de uniformização de interpretação de lei federal quando houver divergência entre decisões sobre questões de direito material proferidas por Turmas Recursais na interpretação da lei.

§ 1º O pedido fundado em divergência entre Turmas da mesma Região será julgado em reunião conjunta das Turmas em conflito, sob a presidência do Juiz Coordenador.

§ 2º O pedido fundado em divergência entre decisões de turmas de diferentes regiões ou da proferida em contrariedade a súmula ou jurisprudência dominante do STJ será julgado por Turma de Uniformização, integrada por juízes de Turmas Recursais, sob a presidência do Coordenador da Justiça Federal.

§ 3º A reunião de juízes domiciliados em cidades diversas será feita pela via eletrônica.

§ 4º Quando a orientação acolhida pela Turma de Uniformização, em questões de direito material, contrariar súmula ou jurisprudência dominante no Superior Tribunal de Justiça – STJ, a parte interessada poderá provocar a manifestação deste, que dirimirá a divergência.

§ 5º No caso do § 4º, presente a plausibilidade do direito invocado e havendo fundado receio de dano de difícil reparação, poderá o relator conceder, de ofício ou a requerimento do interessado, medida liminar determinando a suspensão dos processos nos quais a controvérsia esteja estabelecida.

§ 6º Eventuais pedidos de uniformização idênticos, recebidos subsequentemente em quaisquer Turmas Recursais, ficarão retidos nos autos, aguardando-se pronunciamento do Superior Tribunal de Justiça.

§ 7º Se necessário, o relator pedirá informações ao Presidente da Turma Recursal ou Coordenador da Turma de Uniformização e ouvirá o Ministério Público, no prazo de cinco dias. Eventuais interessados, ainda que não sejam partes no processo, poderão se manifestar, no prazo de trinta dias.

§ 8º Decorridos os prazos referidos no § 7º, o relator incluirá o pedido em pauta na Seção, com preferência sobre todos os demais feitos, ressalvados os processos com réus presos, os *habeas corpus* e os mandados de segurança.

§ 9º Publicado o acórdão respectivo, os pedidos retidos referidos no § 6º serão apreciados pelas Turmas Recursais, que poderão exercer juízo de retratação ou declará-los prejudicados, se veicularem tese não acolhida pelo Superior Tribunal de Justiça.

§ 10. Os Tribunais Regionais, o Superior Tribunal de Justiça e o Supremo Tribunal Federal, no âmbito de suas competências, expedirão normas regulamentando a composição dos órgãos e os procedimentos a serem adotados para o processamento e o julgamento do pedido de uniformização e do recurso extraordinário.

Art. 15. O recurso extraordinário, para os efeitos desta Lei, será processado e julgado segundo o estabelecido nos §§ 4º a 9º do artigo 14, além da observância das normas do Regimento.

Art. 16. O cumprimento do acordo ou da sentença, com trânsito em julgado, que imponham obrigação de fazer, não fazer ou entrega de coisa certa, será efetuado mediante ofício do Juiz à autoridade citada para a causa, com cópia da sentença ou do acordo.

Art. 17. Tratando-se de obrigação de pagar quantia certa, após o trânsito em julgado da decisão, o pagamento será efetuado no prazo de sessenta dias, contados da entrega da requisição, por ordem do Juiz, à autoridade citada para a causa, na agência mais próxima da Caixa Econômica Federal ou do Banco do Brasil, independentemente de precatório.

§ 1º Para os efeitos do § 3º do artigo 100 da Constituição Federal, as obrigações ali definidas como de pequeno valor, a serem pagas independentemente de precatório, terão como limite o mesmo valor estabelecido nesta Lei para a competência do Juizado Especial Federal Cível (artigo 3º, *caput*).

§ 2º Desatendida a requisição judicial, o Juiz determinará o sequestro do numerário suficiente ao cumprimento da decisão.

§ 3º São vedados o fracionamento, repartição ou quebra do valor da execução, de modo que o pagamento se faça, em parte, na forma estabelecida no § 1º deste artigo, e, em parte, mediante expedição do precatório, e a expedição de precatório complementar ou suplementar do valor pago.

§ 4º Se o valor da execução ultrapassar o estabelecido no § 1º, o pagamento far-se-á, sempre, por meio do precatório, sendo facultado à parte exequente a renúncia ao crédito do valor excedente, para que possa optar pelo pagamento do saldo sem o precatório, da forma lá prevista.

Art. 18. Os Juizados Especiais serão instalados por decisão do Tribunal Regional Federal. O Juiz presidente do Juizado designará os conciliadores pelo período de dois anos, admitida a recondução. O exercício dessas funções será gratuito, assegurados os direitos e prerrogativas do jurado (artigo 437 do Código de Processo Penal).

Parágrafo único. Serão instalados Juizados Especiais Adjuntos nas localidades cujo movimento forense não justifique a existência de Juizado Especial, cabendo ao Tribunal designar a Vara onde funcionará.

Art. 19. No prazo de seis meses, a contar da publicação desta Lei, deverão ser instalados os Juizados Especiais nas capitais dos Estados e no Distrito Federal.

Parágrafo único. Na capital dos Estados, no Distrito Federal e em outras cidades onde for necessário, neste último caso, por decisão do Tribunal Regional Federal, serão instalados Juizados com competência exclusiva para ações previdenciárias.

Art. 20. Onde não houver Vara Federal, a causa poderá ser proposta no Juizado Especial Federal mais próximo do foro definido no artigo 4º da Lei nº 9.099, de 26 de setembro de 1995, vedada a aplicação desta Lei no juízo estadual.

Art. 21. As Turmas Recursais serão instituídas por decisão do Tribunal Regional Federal, que definirá sua composição e área de competência, podendo abranger mais de uma seção.

§§ 1º e 2º *Revogados*. Lei nº 12.665, de 13-6-2012.

Art. 22. Os Juizados Especiais serão coordenados por Juiz do respectivo Tribunal Regional, escolhido por seus pares, com mandato de dois anos.

Parágrafo único. O Juiz Federal, quando o exigirem as circunstâncias, poderá determinar o funcionamento do Juizado Especial em caráter itinerante, mediante autorização prévia do Tribunal Regional Federal, com antecedência de dez dias.

Art. 23. O Conselho da Justiça Federal poderá limitar, por até três anos, contados a partir da publicação desta Lei, a competência dos Juizados Especiais Cíveis, atendendo à necessidade da organização dos serviços judiciários ou administrativos.

Art. 24. O Centro de Estudos Judiciários do Conselho da Justiça Federal e as Escolas de Magistratura dos Tribunais Regionais Federais criarão programas de informática necessários para subsidiar a instrução das causas submetidas aos Juizados e promoverão cursos de aperfeiçoamento destinados aos seus magistrados e servidores.

Art. 25. Não serão remetidas aos Juizados Especiais as demandas ajuizadas até a data de sua instalação.

Art. 26. Competirá aos Tribunais Regionais Federais prestar o suporte administrativo necessário ao funcionamento dos Juizados Especiais.

Art. 27. Esta Lei entra em vigor seis meses após a data de sua publicação.

Brasília, 12 de julho de 2001;
180º da Independência e
113º da República.

Fernando Henrique Cardoso

MEDIDA PROVISÓRIA Nº 2.172-32, DE 23 DE AGOSTO DE 2001

Estabelece a nulidade das disposições contratuais que menciona e inverte, nas hipóteses que prevê, o ônus da prova nas ações intentadas para sua declaração.

▶ Publicada no *DOU* de 24-8-2001.

▶ Dec. nº 22.626, de 7-4-1933 (Lei da Usura).

Art. 1º São nulas de pleno direito as estipulações usurárias, assim consideradas as que estabeleçam:

I – nos contratos civis de mútuo, taxas de juros superiores às legalmente permitidas, caso em que deverá o juiz, se requerido, ajustá-las à medida legal ou, na hipótese de já terem sido cumpridas, ordenar a restituição, em dobro, da quantia paga em excesso, com juros legais a contar da data do pagamento indevido;

▶ Arts. 406 e 591 do CC.

▶ Súm. Vinc. nº 7 do STF.

II – nos negócios jurídicos não disciplinados pelas legislações comercial e de defesa do consumidor, lucros ou vantagens patrimoniais excessivos, estipulados em situação de vulnerabilidade da parte, caso em que deverá o juiz, se requerido, restabelecer o equilíbrio da relação contratual, ajustando-os ao valor corrente, ou, na hipótese de cumprimento da obrigação, ordenar a restituição, em dobro, da quantia recebida em excesso, com juros legais a contar da data do pagamento indevido.

▶ Art. 940 do CC.

Parágrafo único. Para a configuração do lucro ou vantagem excessivos, considerar-se-ão a vontade das partes, as circunstâncias da celebração do contrato, o seu conteúdo e natureza, a origem das correspondentes obrigações, as práticas de mercado e as taxas de juros legalmente permitidas.

Art. 2º São igualmente nulas de pleno direito as disposições contratuais que, com o pretexto de conferir ou transmitir direitos, são celebradas para garantir, direta ou indiretamente, contratos civis de mútuo com estipulações usurárias.

Art. 3º Nas ações que visem à declaração de nulidade de estipulações com amparo no disposto nesta Medida Provisória, incumbirá ao credor ou beneficiário do negócio o ônus de provar a regularidade jurídica das correspondentes obrigações, sempre que demonstrada pelo prejudicado, ou pelas circunstâncias do caso, a verossimilhança da alegação.

Art. 4º As disposições desta Medida Provisória não se aplicam:

I – às instituições financeiras e demais instituições autorizadas a funcionar pelo Banco Central do Brasil, bem como às operações realizadas nos mercados financeiro, de capitais e de valores mobiliários, que continuam regidas pelas normas legais e regulamentares que lhes são aplicáveis;

II – às sociedades de crédito que tenham por objeto social exclusivo a concessão de financiamentos ao microempreendedor;

III – às organizações da sociedade civil de interesse público de que trata a Lei nº 9.790, de 23 de março de 1999, devidamente registradas no Ministério da Justiça, que se dedicam a sistemas alternativos de crédito e não têm qualquer tipo de vinculação com o Sistema Financeiro Nacional.

▶ Súm. nº 596 do STF.

▶ Súm. nº 283 do STJ.

Parágrafo único. Poderão também ser excluídas das disposições desta Medida Provisória, mediante deliberação do Conselho Monetário Nacional, outras modalidades de operações e negócios de natureza subsidiária, complementar ou acessória das atividades exercidas no âmbito dos mercados financeiro, de capitais e de valores mobiliários.

Art. 5º Ficam convalidados os atos praticados com base na Medida Provisória nº 2.172-31, de 26 de julho de 2001.

Art. 6º Esta Medida Provisória entra em vigor na data de sua publicação.

Art. 7º Fica revogado o § 3º do artigo 4º da Lei nº 1.521, de 26 de dezembro de 1951.

Brasília, 23 de agosto de 2001;
180º da Independência e
113º da República.

Fernando Henrique Cardoso

LEI Nº 10.303, DE 31 DE OUTUBRO DE 2001

Altera e acrescenta dispositivos na Lei nº 6.404, de 15 de dezembro de 1976, que dispõe sobre as Sociedades por Ações, e na Lei nº 6.385, de 7 de dezembro de 1976, que dispõe sobre o mercado de valores mobiliários e cria a Comissão de Valores Mobiliários.

▶ Publicada no *DOU* de 1º-11-2001.

Art. 1º Esta Lei altera e acrescenta dispositivos na Lei nº 6.404, de 15 de dezembro de 1976, que dispõe sobre as Sociedades por Ações, e na Lei nº 6.385, de 7 de dezembro de 1976, que dispõe sobre o mercado de valores mobiliários e cria a Comissão de Valores Mobiliários.

Art. 2º Os artigos 4º, 15, 17, 24, 31, 41, 44, 47, 52, 54, 59, 62, 63, 68, 109, 115, 118, 122, 124, 133, 135, 136, 137, 140, 141, 142, 143, 146, 147, 149, 155, 157, 161, 163, 164, 165, 172, 196, 197, 202, 264, 287, 289, 291 e 294 da Lei nº 6.404, de 15 de dezembro de 1976, passam a vigorar com a seguinte redação:

▶ Alterações inseridas no texto da referida Lei.

Art. 3º A Lei nº 6.404, de 15 de dezembro de 1976, passa a vigorar acrescida dos seguintes artigos 4º-A, 116-A, 165-A e 254-A:

▶ Alterações inseridas no texto da referida Lei.

Art. 4º Os artigos 1º, 2º, 4º, 5º, 6º, 7º, 8º, 9º, 10, 11, 14, 15, 16, 17, 18, 22, 24, 26 e 28 da Lei nº 6.385, de 7 de dezembro de 1976, passam a vigorar com a seguinte redação:

▶ Alterações inseridas no texto da referida Lei.

Art. 5º A Lei nº 6.385, de 7 de dezembro de 1976, passa a vigorar acrescida dos artigos 17-A, 21-A, e dos Capítulos VII-A e VII-B, com os artigos 27-A e 27-B, e 27-C a 27-F, respectivamente:

▶ Alterações inseridas no texto da referida Lei.

Art. 6º As companhias existentes deverão proceder à adaptação do seu estatuto aos preceitos desta Lei no prazo de um ano, a contar da data em que esta entrar em vigor, devendo, para este fim, ser convocada assembleia-geral dos acionistas.

Art. 7º O disposto no artigo 254-A da Lei nº 6.404, de 1976, não se aplica às companhias em processo de desestatização que, até a data da promulgação desta Lei, tenham publicado um edital.

Art. 8º A alteração de direitos conferidos às ações existentes em decorrência de adequação a esta Lei não confere o direito de recesso de que trata o artigo 137 da Lei nº 6.404, de 1976, se efetivada até o término do ano de 2002.

§ 1º A proporção prevista no § 2º do artigo 15 da Lei nº 6.404, de 1976, será aplicada de acordo com o seguinte critério:

I – imediatamente às companhias novas;

II – às companhias fechadas existentes, no momento em que decidirem abrir o seu capital; e

III – as companhias abertas existentes poderão manter proporção de até dois terços de ações preferenciais, em relação ao total de ações emitidas, inclusive em relação a novas emissões de ações.

§ 2º Nas emissões de ações ordinárias por companhias abertas que optarem por se adaptar ao disposto no artigo 15, § 2º, da Lei nº 6.404, de 1976, com a redação que lhe é conferida por esta Lei, poderá não ser estendido aos acionistas titulares de ações preferenciais, a critério da companhia, o direito de preferência a que se refere o artigo 171, § 1º, alínea *b*, da Lei nº 6.404, de 1976. Uma vez reduzido o percentual de participação em ações preferenciais, não mais será lícito à companhia elevá-lo além do limite atingido.

§ 3º As companhias abertas somente poderão emitir novas ações preferenciais com observância do disposto no artigo 17, § 1º, da Lei nº 6.404, de 1976, com a redação dada por esta Lei, devendo os respectivos estatutos ser adaptados ao referido dispositivo legal no prazo de um ano, após a data de entrada em vigor desta Lei.

§ 4º Até a assembleia-geral ordinária que se reunir para aprovar as demonstrações financeiras do exercício de 2004, inclusive, o conselheiro eleito na forma do § 4º, inciso II, ou do § 5º do artigo 141, da Lei nº 6.404, de 15 de dezembro de 1976, será escolhido em lista tríplice elaborada pelo acionista controlador; e, a partir da assembleia-geral ordinária de 2006, o referido conselheiro será eleito nos termos desta Lei, independentemente do mandato do conselheiro a ser substituído.

Art. 9º Esta Lei entra em vigor após decorridos cento e vinte dias de sua publicação oficial, aplicando-se, todavia, a partir da data de publicação, às companhias que se constituírem a partir dessa data.

Art. 10. São revogados o artigo 242, da Lei nº 6.404, de 15 de dezembro de 1976, e os artigos 29 e 30, da Lei nº 6.385, de 7 de dezembro de 1976.

Brasília, 31 de outubro de 2001;
180º da Independência e
113º da República.

Marco Antonio de Oliveira Maciel

LEGISLAÇÃO COMPLEMENTAR

LEI Nº 10.522, DE 19 DE JULHO DE 2002

Dispõe sobre o Cadastro Informativo dos créditos não quitados de órgãos e entidades federais e dá outras providências.

► Publicada no *DOU* de 22-7-2002.

► Art. 5º da Lei nº 12.453, de 21-7-2011, que suspende, até 30-6-2012, as exigências de regularidade fiscal previstas nesta Lei

Art. 1º O Cadastro Informativo de créditos não quitados do setor público federal (CADIN) passa a ser regulado por esta Lei.

Art. 2º O CADIN conterá relação das pessoas físicas e jurídicas que:

I – sejam responsáveis por obrigações pecuniárias vencidas e não pagas, para com órgãos e entidades da Administração Pública Federal, direta e indireta;

II – estejam com a inscrição nos cadastros indicados, do Ministério da Fazenda, em uma das seguintes situações:

a) cancelada no Cadastro de Pessoas Físicas – CPF;

► Alínea *a* com a redação dada pela Lei nº 11.941, de 27-5-2009.

b) declarada inapta perante o Cadastro Geral de Contribuintes – CGC;

III – estejam inscritas na dívida dos Estados, do Distrito Federal e dos Municípios, conforme convênio firmado com a União, representada pela Procuradoria-Geral da Fazenda Nacional, nesse sentido;

IV – estejam inscritas na dívida ativa de autarquias profissionais e conselhos de classe;

V – estejam irregulares perante o Fundo de Garantia do Tempo de Serviço (FGTS).

► Incisos III a V acrescidos pela Lei nº 14.973, de 16-9-2024.

§ 1º Os órgãos e as entidades a que se refere o inciso I procederão, segundo normas próprias e sob sua exclusiva responsabilidade, às inclusões no CADIN, de pessoas físicas ou jurídicas que se enquadrem nas hipóteses previstas neste artigo.

§ 2º A inclusão no CADIN far-se-á em até 30 (trinta) dias após a comunicação ao devedor da existência do débito passível de inscrição naquele Cadastro, fornecendo-se todas as informações pertinentes ao débito.

► § 2º com a redação dada pela Lei nº 14.973, de 16-9-2024.

§ 3º Tratando-se de comunicação expedida por via postal ou telegráfica, para o endereço indicado no instrumento que deu origem ao débito, considerar-se-á entregue após 15 (quinze) dias da respectiva expedição.

§ 4º A notificação expedida pela Secretaria da Receita Federal do Brasil, pela Procuradoria-Geral da Fazenda Nacional ou pela Procuradoria-Geral Federal, dando conhecimento ao devedor da existência do débito ou da sua inscrição em Dívida Ativa atenderá ao disposto no § 2º deste artigo.

► § 4º com a redação dada pela Lei nº 11.941, de 27-5-2009.

§ 5º Comprovado ter sido regularizada a situação que deu causa à inclusão no CADIN, o órgão ou a entidade responsável pelo registro procederá, no prazo de 5 (cinco) dias úteis, à respectiva baixa.

§ 6º Na impossibilidade de a baixa ser efetuada no prazo indicado no § 5º, o órgão ou a entidade credora fornecerá a certidão de regularidade do débito, caso não haja outros pendentes de regularização.

§ 7º A inclusão no CADIN sem a expedição da comunicação ou da notificação de que tratam os §§ 2º e 4º, ou a não exclusão, nas condições e no prazo previstos no § 5º, sujeitará o responsável às penalidades cominadas pela Lei nº 8.112, de 11 de dezembro de 1990, e pelo Decreto-Lei nº 5.452, de 1º de maio de 1943 (Consolidação das Leis do Trabalho).

§ 8º O disposto neste artigo não se aplica aos débitos referentes a preços de serviços públicos ou a operações financeiras que não envolvam recursos orçamentários.

§ 9º Convênio entre a União, representada pela Procuradoria-Geral da Fazenda Nacional, e os titulares dos créditos previstos nos incisos III e IV do caput deste artigo poderá estabelecer regras de cooperação que favoreçam a recuperação desses ativos.

► § 9º acrescido pela Lei nº 14.973, de 16-9-2024.

Art. 3º As informações fornecidas pelos órgãos e pelas entidades integrantes do CADIN serão centralizadas em um sistema de informações gerido pela Procuradoria-Geral da Fazenda Nacional, e será de sua atribuição a expedição de orientações de natureza normativa, inclusive quanto ao disciplinamento das respectivas inclusões e exclusões no sistema.

► *Caput* com a redação dada pela Lei nº 14.195, de 26-8-2021.

Parágrafo único. As pessoas físicas e jurídicas incluídas no CADIN terão acesso às informações a elas referentes, diretamente junto ao órgão ou entidade responsável pelo registro, ou, mediante autorização, por intermédio de qualquer outro órgão ou entidade integrante do CADIN.

Art. 4º A inexistência de registro no CADIN não implica reconhecimento de regularidade de situação, nem elide a apresentação dos documentos exigidos em lei, decreto ou demais atos normativos.

§ 1º No caso de operações de crédito contratadas por instituições financeiras, no âmbito de programas oficiais de apoio à microempresa e empresa de pequeno porte, ficam as mutuárias, no caso de não estarem inscritas no CADIN, dispensadas da apresentação, inclusive aos cartórios, quando do registro dos instrumentos de crédito e respectivas garantias, de quaisquer certidões exigidas em lei, decreto ou demais atos normativos, comprobatórias da quitação de quaisquer tributos e contribuições federais.

§ 2º O disposto no § 1º deste artigo aplica-se:

► *Caput* do § 2º com a redação dada pela Lei nº 14.690, de 3-10-2023.

I – aos mini e pequenos produtores rurais;

II – aos agricultores familiares, aos empreendedores familiares rurais e aos demais beneficiários da Política Nacional da Agricultura Familiar e Empreendimentos Familiares Rurais, bem como às cooperativas e associações da agricultura familiar de que trata o § 4º do art. 3º da Lei nº 11.326, de 24 de julho de 2006; e

III – às pessoas naturais que exerçam atividade econômica e que aufiram, em cada ano-calendário, receita ou renda bruta igual ou inferior à máxima permitida para enquadramento como empresas de pequeno porte nos termos do inciso II do *caput* do art. 3º da Lei Complementar nº 123, de 14 de dezembro de 2006.

► Incisos I a III acrescidos pela Lei nº 14.690, de 3-10-2023.

§ 3º A dispensa de que trata o § 1º deste artigo terá validade de 60 (sessenta) dias contados da data da consulta de inexistência de registro no CADIN.

► § 3º com a redação dada pela Lei nº 14.973, de 16-9-2024.

Art. 5º O CADIN conterá as seguintes informações:

I – nome e número de inscrição no Cadastro Geral de Contribuintes – CGC ou no Cadastro de Pessoas Físicas – CPF, do responsável pelas obrigações de que trata o art. 2º, inciso I;

II – nome e outros dados identificadores das pessoas jurídicas ou físicas que estejam na situação prevista no art. 2º, inciso II, inclusive a indicação do número da inscrição suspensa ou cancelada;

III – nome e número de inscrição no Cadastro Geral de Contribuintes – CGC, endereço e telefone do respectivo credor ou do órgão responsável pela inclusão;

IV – data do registro.

Parágrafo único. Cada órgão ou entidade a que se refere o inciso I do art. 2º manterá, sob sua responsabilidade, cadastro contendo informações detalhadas sobre as operações ou situações que tenham registrado no CADIN, inclusive para atender ao que dispõe o parágrafo único do art. 3º.

Art. 6º É obrigatória a consulta prévia ao CADIN, pelos órgãos e entidades da Administração Pública Federal, direta e indireta, para:

► Art. 4º, VIII, da Lei nº 13.999, de 18-5-2020, que institui o Programa Nacional de Apoio às Microempresas e Empresas de Pequeno Porte (PRONAMPE), para o desenvolvimento e o fortalecimento dos pequenos negócios.

I – realização de operações de crédito que envolvam a utilização de recursos públicos;

II – concessão de incentivos fiscais e financeiros;

III – celebração de convênios, acordos, ajustes ou contratos que envolvam desembolso, a qualquer título, de recursos públicos, e respectivos aditamentos.

Parágrafo único. O disposto neste artigo não se aplica:

I – à concessão de auxílios a Municípios atingidos por calamidade pública reconhecida pelo Governo Federal;

II – às operações destinadas à composição e regularização dos créditos e obrigações objeto de registro no CADIN, sem desembolso de recursos por parte do órgão ou entidade credora;

III – às operações relativas ao crédito educativo e ao penhor civil de bens de uso pessoal ou doméstico.

***Art. 6º-A.** A existência de registro no CADIN, quando da consulta prévia de que trata o art. 6º, constitui fator impeditivo para a realização de qualquer dos atos previstos nos incisos I, II e III do caput do art. 6º.*

► Art. 6º-A acrescido pela Lei nº 14.973, de 16-9-2024.

Art. 7º Será suspenso o registro no CADIN quando o devedor comprove que:

I – tenha ajuizado ação, com o objetivo de discutir a natureza da obrigação ou o seu valor, com o oferecimento de garantia idônea e suficiente ao Juízo, na forma da lei;

II – esteja suspensa a exigibilidade do crédito objeto do registro, nos termos da lei.

Art. 7º-A. *No caso de estado de calamidade pública reconhecido pelo governo federal, o Procurador-Geral da Fazenda Nacional e o Procurador-Geral Federal, nos limites de suas competências, poderão, em favor das pessoas físicas e jurídicas domiciliadas em área atingida:*

I – suspender os prazos de inclusão de novos registros no CADIN;

II – prorrogar a dispensa de que trata o § 3º do art. 4º;

III – dispensar, nos termos do art. 6º, a consulta prévia ao CADIN em relação a auxílios e financiamentos relacionados aos esforços de superação da crise.

▸ Art. 7º-A acrescido pela Lei nº 14.973, de 16-9-2024.

Art. 8º A não observância do disposto no § 1º do art. 2º e nos arts. 6º e 7º desta Lei sujeita os responsáveis às sanções da Lei nº 8.112, de 1990, e do Decreto-Lei nº 5.452, de 1943.

Art. 9º Fica suspensa, até 31 de dezembro de 1999, a aplicação do disposto no *caput* do art. 22, e no seu § 2º, do Decreto-Lei nº 147, de 3 de fevereiro de 1967, na redação que lhes deram o art. 4º do Decreto-Lei nº 1.687, de 18 de julho de 1979, e o art. 10 do Decreto-Lei nº 2.163, de 19 de setembro de 1984.

Parágrafo único. O Ministro de Estado da Fazenda estabelecerá cronograma, prioridades e condições para a remessa, às unidades da Procuradoria-Geral da Fazenda Nacional, dos débitos passíveis de inscrição em Dívida Ativa da União e cobrança judicial.

Art. 10. Os débitos de qualquer natureza para com a Fazenda Nacional poderão ser parcelados em até sessenta parcelas mensais, a exclusivo critério da autoridade fazendária, na forma e condições previstas nesta Lei.

▸ *Caput* com a redação dada pela Lei nº 10.637, de 30-12-2002.

Parágrafo único. *Revogado.* Lei nº 11.941, de 27-5-2009.

Art. 10-A. O empresário ou a sociedade empresária que pleitear ou tiver deferido o processamento da recuperação judicial, nos termos dos arts. 51, 52 e 70 da Lei nº 11.101, de 9 de fevereiro de 2005, poderá liquidar os seus débitos para com a Fazenda Nacional existentes, ainda que não vencidos até a data do protocolo da petição inicial da recuperação judicial, de natureza tributária ou não tributária, constituídos ou não, inscritos ou não em dívida ativa, mediante a opção por uma das seguintes modalidades:

▸ *Caput* do art. 10-A com a redação dada pela Lei nº 14.112, de 24-12-2020.

I a IV – *Revogados.* Lei nº 14.112, de 24-12-2020;

V – parcelamento da dívida consolidada em até 120 (cento e vinte) prestações mensais e sucessivas, calculadas de modo a observar os seguintes percentuais mínimos, aplicados sobre o valor da dívida consolidada no parcelamento:

a) da primeira à décima segunda prestação: 0,5% (cinco décimos por cento);

b) da décima terceira à vigésima quarta prestação: 0,6% (seis décimos por cento);

c) da vigésima quinta prestação em diante: percentual correspondente ao saldo remanescente, em até 96 (noventa e seis) prestações mensais e sucessivas; ou

VI – em relação aos débitos administrados pela Secretaria Especial da Receita Federal do Brasil, liquidação de até 30% (trinta por cento) da dívida consolidada no parcelamento com a utilização de créditos decorrentes de prejuízo fiscal e de base de cálculo negativa da Contribuição Social sobre o Lucro Líquido (CSLL) ou com outros créditos próprios relativos aos tributos administrados pela Secretaria Especial da Receita Federal do Brasil, hipótese em que o restante poderá ser parcelado em até 84 (oitenta e quatro) parcelas, calculadas de modo a observar os seguintes percentuais mínimos, aplicados sobre o saldo da dívida consolidada:

a) da primeira à décima segunda prestação: 0,5% (cinco décimos por cento);

b) da décima terceira à vigésima quarta prestação: 0,6% (seis décimos por cento);

c) da vigésima quinta prestação em diante: percentual correspondente ao saldo remanescente, em até 60 (sessenta) prestações mensais e sucessivas.

▸ Incisos V e VI acrescidos pela Lei nº 14.112, de 24-12-2020.

§ 1º *Revogado.* Lei nº 14.112, de 24-12-2020.

§ 1º-A. As opções previstas nos incisos V e VI do *caput* deste artigo não impedem que o empresário ou a sociedade empresária que pleitear ou tiver deferido o processamento da recuperação judicial, nos termos estabelecidos nos arts. 51, 52 e 70 da Lei nº 11.101, de 9 de fevereiro de 2005, opte por liquidar os referidos débitos para com a Fazenda Nacional por meio de outra modalidade de parcelamento instituído por lei federal, desde que atendidas as condições previstas na lei, hipótese em que será firmado ou mantido o termo de compromisso a que se refere o § 2º-A deste artigo, sob pena de indeferimento ou de exclusão do parcelamento, conforme o caso.

§ 1º-B. O valor do crédito de que trata o inciso VI do *caput* deste artigo, decorrente de prejuízo fiscal e de base de cálculo negativa da CSLL, será determinado por meio da aplicação das seguintes alíquotas:

I – 25% (vinte e cinco por cento) sobre o montante do prejuízo fiscal;

II – 20% (vinte por cento) sobre a base de cálculo negativa da CSLL, no caso das pessoas jurídicas de seguros privados, das pessoas jurídicas de capitalização e das pessoas jurídicas referidas nos incisos I, II, III, IV, V, VI, VII e X do § 1º do art. 1º da Lei Complementar nº 105, de 10 de janeiro de 2001;

III – 17% (dezessete por cento) sobre a base de cálculo negativa da CSLL, no caso das pessoas jurídicas referidas no inciso IX do § 1º do art. 1º da Lei Complementar nº 105, de 10 de janeiro de 2001;

IV – 9% (nove por cento) sobre a base de cálculo negativa da CSLL, no caso das demais pessoas jurídicas.

§ 1º-C. A adesão ao parcelamento abrangerá a totalidade dos débitos exigíveis em nome do sujeito passivo, observadas as seguintes condições e ressalvas:

I – os débitos sujeitos a outros parcelamentos ou que comprovadamente sejam objeto de discussão judicial poderão ser excluídos, estes últimos mediante:

a) o oferecimento de garantia idônea e suficiente, aceita pela Fazenda Nacional em juízo; ou

b) a apresentação de decisão judicial em vigor e eficaz que determine a suspensão de sua exigibilidade;

II – a garantia prevista na alínea a do inciso I deste parágrafo não poderá ser incluída no plano de recuperação judicial, permitida a sua execução regular, inclusive por meio da expropriação, se não houver a suspensão da exigibilidade ou a extinção do crédito em discussão judicial;

III – o disposto no inciso II deste § 1º-C também se aplica aos depósitos judiciais regidos pela Lei nº 9.703, de 17 de novembro de 1998, e pela Lei nº 12.099, de 27 de novembro de 2009.

▸ §§ 1º-A a 1º-C acrescidos pela Lei nº 14.112, de 24-12-2020.

§ 2º Na hipótese de o sujeito passivo optar pela inclusão, no parcelamento de que trata este artigo, de débitos que se encontrem sob discussão administrativa ou judicial, submetidos ou não a causa legal de suspensão de exigibilidade, deverá ele comprovar que desistiu expressamente e de forma irrevogável da impugnação ou do recurso interposto, ou da ação judicial e, cumulativamente, que renunciou às alegações de direito sobre as quais se fundam a ação judicial e o recurso administrativo.

▸ § 2º com a redação dada pela Lei nº 14.112, de 24-12-2020.

§ 2º-A. Para aderir ao parcelamento de que trata este artigo, o sujeito passivo firmará termo de compromisso, no qual estará previsto:

I – o fornecimento à Secretaria Especial da Receita Federal do Brasil e à Procuradoria-Geral da Fazenda Nacional de informações bancárias, incluídas aquelas sobre extratos de fundos ou aplicações financeiras e sobre eventual comprometimento de recebíveis e demais ativos futuros;

II – o dever de amortizar o saldo devedor do parcelamento de que trata este artigo com percentual do produto de cada alienação de bens e direitos integrantes do ativo não circulante realizada durante o período de vigência do plano de recuperação judicial, sem prejuízo do disposto no inciso III do § 4º deste artigo;

III – o dever de manter a regularidade fiscal;

IV – o cumprimento regular das obrigações para com o Fundo de Garantia do Tempo de Serviço (FGTS).

§ 2º-B. Para fins do disposto no inciso II do § 2º-A deste artigo:

I – a amortização do saldo devedor implicará redução proporcional da quantidade de parcelas vincendas;

II – observado o limite máximo de 30% (trinta por cento) do produto da alienação, o percentual a ser destinado para a amortização do parcelamento corresponderá à razão entre o valor total do passivo fiscal e o valor total de dívidas do devedor, na data do pedido de recuperação judicial.

▸ §§ 2º-A e 2º-B acrescidos pela Lei nº 14.112, de 24-12-2020.

§ 3º O empresário ou a sociedade empresária poderá, a seu critério, desistir dos parcelamentos em curso, independentemente da modalidade, e solicitar o parcelamento nos termos estabelecidos neste artigo.

▶ § 3º com a redação dada pela Lei nº 14.112, de 24-12-2020.

§ 4º Implicará a exclusão do sujeito passivo do parcelamento:

▶ *Caput* do § 4º com a redação dada pela Lei nº 14.112, de 24-12-2020.

I – a falta de pagamento de 6 (seis) parcelas consecutivas ou de 9 (nove) parcelas alternadas;

II – a falta de pagamento de 1 (uma) até 5 (cinco) parcelas, conforme o caso, se todas as demais estiverem pagas;

III – a constatação, pela Secretaria Especial da Receita Federal do Brasil ou pela Procuradoria-Geral da Fazenda Nacional, de qualquer ato tendente ao esvaziamento patrimonial do sujeito passivo como forma de fraudar o cumprimento do parcelamento, observado, no que couber, o disposto no inciso II do § 2º-A deste artigo;

IV – a decretação de falência ou extinção, pela liquidação, da pessoa jurídica optante;

V – a concessão de medida cautelar fiscal, nos termos da Lei nº 8.397, de 6 de janeiro de 1992;

VI – a declaração de inaptidão da inscrição no Cadastro Nacional da Pessoa Jurídica (CNPJ), nos termos dos arts. 80 e 81 da Lei nº 9.430, de 27 de dezembro de 1996;

VII – a extinção sem resolução do mérito ou a não concessão da recuperação judicial, bem como a convolação desta em falência; ou

VIII – o descumprimento de quaisquer das condições previstas neste artigo, inclusive quanto ao disposto no § 2º-A deste artigo.

▶ Incisos I a VIII acrescidos pela Lei nº 14.112, de 24-12-2020.

§ 4º-A. São consequências da exclusão prevista no § 4º deste artigo:

I – a exigibilidade imediata da totalidade do débito confessado e ainda não pago, com o prosseguimento das execuções fiscais relacionadas aos créditos cuja exigibilidade estava suspensa, inclusive com a possibilidade de prática de atos de constrição e de alienação pelos juízos que as processam, ressalvada a hipótese prevista no inciso IV deste parágrafo;

II – a execução automática das garantias;

III – o restabelecimento em cobrança dos valores liquidados com os créditos, na hipótese de parcelamento na modalidade prevista no inciso VI do *caput* deste artigo;

IV – a faculdade de a Fazenda Nacional requerer a convolação da recuperação judicial em falência.

▶ § 4º-A acrescido pela Lei nº 14.112, de 24-12-2020.

§ 5º O empresário ou a sociedade empresária poderá ter apenas 1 (um) parcelamento perante a Fazenda Nacional, cujos débitos constituídos, inscritos ou não em dívida ativa da União, poderão ser incluídos até a data do pedido de parcelamento.

§ 6º A concessão do parcelamento não implica a liberação dos bens e dos direitos do devedor ou de seus responsáveis que tenham sido constituídos em garantia dos créditos.

▶ §§ 5º e 6º com a redação dada pela Lei nº 14.112, de 24-12-2020.

§ 7º O parcelamento referido nos incisos V e VI do *caput* deste artigo observará as demais condições previstas nesta Lei, ressalvado o disposto nos seguintes dispositivos:

▶ *Caput* do § 7º com a redação dada pela Lei nº 14.112, de 24-12-2020.

I – § 1º do art. 11;

II – inciso II do § 1º do art. 12;

III – inciso VIII do *caput* do art. 14;

IV – § 2º do art. 14-A.

▶ Incisos I a IV acrescidos pela Lei nº 14.112, de 24-12-2020.

§ 7º-A. As microempresas e as empresas de pequeno porte farão jus a prazos 20% (vinte por cento) superiores àqueles regularmente concedidos às demais empresas.

▶ § 7º-A acrescido pela Lei nº 14.112, de 24-12-2020.

§ 8º O disposto neste artigo aplica-se, no que couber, aos créditos de qualquer natureza das autarquias e das fundações públicas federais, ressalvada a modalidade de parcelamento de que trata o inciso VI do *caput* deste artigo.

▶ § 8º acrescido pela Lei nº 14.112, de 24-12-2020.

Art. 10-B. O empresário ou a sociedade empresária que pleitear ou tiver deferido o processamento da recuperação judicial, nos termos dos arts. 51, 52 e 70 da Lei nº 11.101, de 9 de fevereiro de 2005, poderá parcelar os seus débitos para com a Fazenda Nacional existentes, ainda que não vencidos até a data do protocolo da petição inicial da recuperação judicial, relativos aos tributos previstos nos incisos I e II do *caput* do art. 14 desta Lei, constituídos ou não, inscritos ou não em dívida ativa, em até 24 (vinte e quatro) parcelas mensais e consecutivas, calculadas de modo a observar os seguintes percentuais mínimos, aplicados sobre o valor da dívida consolidada:

I – da primeira à sexta prestação: 3% (três por cento);

II – da sétima à décima segunda prestação: 6% (seis por cento);

III – da décima terceira prestação em diante: percentual correspondente ao saldo remanescente, em até 12 (doze) prestações mensais e sucessivas.

§ 1º O disposto no art. 10-A desta Lei, exceto quanto aos incisos V e VI do *caput*, ao § 1º-B e ao inciso III do § 4º-A, aplica-se ao parcelamento de que trata este artigo.

§ 2º As microempresas e as empresas de pequeno porte farão jus a prazos 20% (vinte por cento) superiores àqueles regularmente concedidos às demais empresas.

Art. 10-C. Alternativamente ao parcelamento de que trata o art. 10-A desta Lei e às demais modalidades de parcelamento instituídas por lei federal porventura aplicáveis, o empresário ou a sociedade empresária que tiver o processamento da recuperação judicial deferido poderá, até o momento referido no art. 57 da Lei nº 11.101, de 9 de fevereiro de 2005, submeter à Procuradoria-Geral da Fazenda Nacional proposta de transação relativa a créditos inscritos em dívida ativa da União, nos termos da Lei nº 13.988, de 14 de abril de 2020, observado que:

I – o prazo máximo para quitação será de até 120 (cento e vinte) meses, observado, no que couber, o disposto no § 3º do art. 11 da Lei nº 13.988, de 14 de abril de 2020;

II – o limite máximo para reduções será de até 70% (setenta por cento);

III – a apresentação de proposta ou a análise de proposta de transação formulada pelo devedor caberá à Procuradoria-Geral da Fazenda Nacional, em juízo de conveniência e oportunidade, obedecidos os requisitos previstos nesta Lei e em atos regulamentares, de forma motivada, observados o interesse público e os princípios da isonomia, da capacidade contributiva, da transparência, da moralidade, da livre concorrência, da preservação da atividade empresarial, da razoável duração dos processos e da eficiência, e utilizados como parâmetros, entre outros:

a) a recuperabilidade do crédito, inclusive considerando eventual prognóstico em caso de falência;

b) a proporção entre o passivo fiscal e o restante das dívidas do sujeito passivo; e

c) o porte e a quantidade de vínculos empregatícios mantidos pela pessoa jurídica;

IV – a cópia integral do processo administrativo de análise da proposta de transação, ainda que esta tenha sido rejeitada, será encaminhada ao juízo da recuperação judicial;

V – os seguintes compromissos adicionais serão exigidos do proponente, sem prejuízo do disposto no art. 3º da Lei nº 13.988, de 14 de abril de 2020:

a) fornecer à Procuradoria-Geral da Fazenda Nacional informações bancárias e empresariais, incluídas aquelas sobre extratos de fundos ou aplicações financeiras e sobre eventual comprometimento de recebíveis e demais ativos futuros;

b) manter regularidade fiscal perante a União;

c) manter o Certificado de Regularidade do FGTS;

d) demonstrar a ausência de prejuízo decorrente do cumprimento das obrigações contraídas com a celebração da transação em caso de alienação ou de oneração de bens ou direitos integrantes do respectivo ativo não circulante;

VI – a apresentação da proposta de transação suspenderá o andamento das execuções fiscais, salvo oposição justificada por parte da Procuradoria-Geral da Fazenda Nacional, a ser apreciada pelo respectivo juízo; e

VII – a rescisão da transação por inadimplemento de parcelas somente ocorrerá nas seguintes hipóteses:

a) falta de pagamento de 6 (seis) parcelas consecutivas ou de 9 (nove) parcelas alternadas; e

b) falta de pagamento de 1 (uma) até 5 (cinco) parcelas, conforme o caso, se todas as demais estiverem pagas.

§ 1º O limite de que trata o inciso I do *caput* deste artigo poderá ser ampliado em até 12 (doze) meses adicionais quando constatado que o devedor em recuperação judicial desenvolve projetos sociais, nos termos da regulamentação a que se refere a Lei nº 13.988, de 14 de abril de 2020.

§ 2º O disposto neste artigo aplica-se, no que couber, aos créditos de qualquer natureza das autarquias e das fundações públicas federais.

§ 3º Na hipótese de os créditos referidos no § 2º deste artigo consistirem em multa decorrente do exercício de poder de polícia, não será aplicável o disposto no inciso I do § 2º do art. 11 da Lei nº 13.988, de 14 de abril de 2020.

§ 4º Os Estados, o Distrito Federal e os Municípios poderão, por lei de iniciativa própria, autorizar que o disposto neste artigo seja aplicado a seus créditos.

▶ Arts. 10-B e 10-C acrescidos pela Lei nº 14.112, de 24-12-2020.

Art. 11. O parcelamento terá sua formalização condicionada ao prévio pagamento da primeira prestação, conforme o montante do débito e o prazo solicitado, observado o disposto no § 1º do art. 13 desta Lei.

▶ *Caput* com a redação dada pela Lei nº 11.941, de 27-5-2009.

▶ A Lei nº 11.941, de 27-5-2009, ao converter a MP nº 449, de 3-12-2008, não manteve os acréscimos dos incisos I e II.

§ 1º Observados os limites e as condições estabelecidos em portaria do Ministro de Estado da Fazenda, em se tratando de débitos inscritos em Dívida Ativa, a concessão do parcelamento fica condicionada à apresentação, pelo devedor, de garantia real ou fidejussória, inclusive fiança bancária, idônea e suficiente para o pagamento do débito, exceto quando se tratar de microempresas e empresas de pequeno porte optantes pela inscrição no Sistema Integrado de Pagamento de Impostos e Contribuições das Microempresas e das Empresas de Pequeno Porte – SIMPLES, de que trata a Lei nº 9.317, de 5 de dezembro de 1996.

§ 2º Enquanto não deferido o pedido, o devedor fica obrigado a recolher, a cada mês, como antecipação, valor correspondente a uma parcela.

§ 3º O não cumprimento do disposto neste artigo implicará o indeferimento do pedido.

▶ A Lei nº 11.941, de 27-5-2009, ao converter a MP nº 449, de 3-12-2008, não manteve as alterações dos §§ 1º a 3º.

§§ 4º a 9º *Revogados*. Lei nº 11.941, de 27-5-2009.

Art. 12. O pedido de parcelamento deferido constitui confissão de dívida e instrumento hábil e suficiente para a exigência do crédito tributário, podendo a exatidão dos valores parcelados ser objeto de verificação.

▶ *Caput* com a redação dada pela Lei nº 11.941, de 27-5-2009.

§ 1º Cumpridas as condições estabelecidas no art. 11 desta Lei, o parcelamento será:

I – consolidado na data do pedido; e

II – considerado automaticamente deferido quando decorrido o prazo de 90 (noventa) dias, contado da data do pedido de parcelamento sem que a Fazenda Nacional tenha se pronunciado.

▶ Antigo parágrafo único transformado em § 1º pela Lei nº 11.941, de 27-5-2009.

§ 2º Enquanto não deferido o pedido, o devedor fica obrigado a recolher, a cada mês, como antecipação, valor correspondente a uma parcela.

▶ § 2º acrescido pela Lei nº 11.941, de 27-5-2009.

Art. 13. O valor de cada prestação mensal, por ocasião do pagamento, será acrescido de juros equivalentes à taxa referencial do Sistema Especial de Liquidação e de Custódia – SELIC para títulos federais, acumulada mensalmente, calculados a partir do mês subsequente ao da consolidação até o mês anterior ao do pagamento, e de 1% (um por cento) relativamente ao mês em que o pagamento estiver sendo efetuado.

§ 1º O valor mínimo de cada prestação será fixado em ato conjunto do Secretário da Receita Federal do Brasil e do Procurador-Geral da Fazenda Nacional.

§ 2º No caso de parcelamento de débito inscrito em Dívida Ativa da União, o devedor pagará custas, emolumentos e demais encargos legais.

▶ Art. 13 com a redação dada pela Lei nº 11.941, de 27-5-2009.

Art. 13-A. O parcelamento dos débitos decorrentes das contribuições sociais instituídas pelos arts. 1º e 2º da Lei Complementar nº 110, de 29 de junho de 2001, será requerido perante a Caixa Econômica Federal, aplicando-se-lhe o disposto no *caput* do art. 10, nos arts. 11 e 12, no § 2º do art. 13 e nos arts. 14 e 14-B desta Lei.

▶ *Caput* com a redação dada pela Lei nº 11.941, de 27-5-2009.

§ 1º O valor da parcela será determinado pela divisão do montante do débito consolidado pelo número de parcelas.

§ 2º Para fins do disposto no § 1º deste artigo, o montante do débito será atualizado e acrescido dos encargos previstos na Lei nº 8.036, de 11 de maio de 1990, e, se for o caso, no Decreto-Lei nº 1.025, de 21 de outubro de 1969.

§ 3º O Ministro de Estado da Fazenda poderá, nos limites do disposto neste artigo, delegar competência para regulamentar e autorizar o parcelamento dos débitos não inscritos em dívida ativa da União.

§ 4º A concessão do parcelamento dos débitos a que se refere este artigo inscritos em dívida ativa da União compete privativamente à Procuradoria-Geral da Fazenda Nacional.

▶ §§ 1º a 4º acrescidos pela Lei nº 11.345, de 14-9-2006.

§ 5º É vedado o reparcelamento de débitos a que se refere o *caput*, exceto quando inscritos em Dívida Ativa da União.

▶ § 5º com a redação dada pela Lei nº 11.941, de 27-5-2009.

Art. 14. É vedada a concessão de parcelamento de débitos relativos a:

I – tributos passíveis de retenção na fonte, de desconto de terceiros ou de sub-rogação;

▶ Inciso I com a redação dada pela Lei nº 11.941, de 27-5-2009.

II – Imposto sobre Operações de Crédito, Câmbio e Seguro e sobre Operações relativas a Títulos e Valores Mobiliários – IOF, retido e não recolhido ao Tesouro Nacional;

III – valores recebidos pelos agentes arrecadadores não recolhidos aos cofres públicos;

IV – tributos devidos no registro da Declaração de Importação;

V – incentivos fiscais devidos ao Fundo de Investimento do Nordeste – FINOR, Fundo de Investimento da Amazônia – FINAM e Fundo de Recuperação do Estado do Espírito Santo – FUNRES;

VI – pagamento mensal por estimativa do Imposto sobre a Renda da Pessoa Jurídica – IRPJ e da Contribuição Social sobre o Lucro Líquido – CSLL, na forma do art. 2º da Lei nº 9.430, de 27 de dezembro de 1996;

VII – recolhimento mensal obrigatório da pessoa física relativo a rendimentos de que trata o art. 8º da Lei nº 7.713, de 22 de dezembro de 1988;

VIII – tributo ou outra exação qualquer, enquanto não integralmente pago parcelamento anterior relativo ao mesmo tributo ou exação, salvo nas hipóteses previstas no art. 14-A desta Lei;

IX – tributos devidos por pessoa jurídica com falência decretada ou por pessoa física com insolvência civil decretada; e

X – créditos tributários devidos na forma do art. 4º da Lei nº 10.931, de 2 de agosto de 2004, pela incorporadora optante do Regime Especial Tributário do Patrimônio de Afetação.

▶ Incisos IV a X com a redação dada pela Lei nº 11.941, de 27-5-2009.

▶ A Lei nº 11.941, de 27-5-2009, ao converter a MP nº 449, de 3-12-2008, não manteve o acréscimo do inciso XI.

Parágrafo único. *Revogado*. Lei nº 11.941, de 27-5-2009.

Art. 14-A. Observadas as condições previstas neste artigo, será admitido reparcelamento de débitos constantes de parcelamento em andamento ou que tenha sido rescindido.

§ 1º No reparcelamento de que trata o *caput* deste artigo poderão ser incluídos novos débitos.

§ 2º A formalização do pedido de reparcelamento previsto neste artigo fica condicionada ao recolhimento da primeira parcela em valor correspondente a:

I – 10% (dez por cento) do total dos débitos consolidados; ou

II – 20% (vinte por cento) do total dos débitos consolidados, caso haja débito com histórico de reparcelamento anterior.

§ 3º Aplicam-se subsidiariamente aos pedidos de que trata este artigo as demais disposições relativas ao parcelamento previstas nesta Lei.

Art. 14-B. Implicará imediata rescisão do parcelamento e remessa do débito para inscrição em Dívida Ativa da União ou prosseguimento da execução, conforme o caso, a falta de pagamento:

I – de 3 (três) parcelas, consecutivas ou não; ou

II – de 1 (uma) parcela, estando pagas todas as demais.

Art. 14-C. Poderá ser concedido, de ofício ou a pedido, parcelamento simplificado, importando o pagamento da primeira prestação em confissão de dívida e instrumento hábil e suficiente para a exigência do crédito tributário.

Parágrafo único. Ao parcelamento de que trata o *caput* deste artigo não se aplicam as vedações estabelecidas no art. 14 desta Lei.

Art. 14-D. Os parcelamentos concedidos a Estados, Distrito Federal ou Municípios conterão cláusulas em que estes autorizem a retenção do Fundo de Participação dos Estados – FPE ou do Fundo de Participação dos Municípios – FPM.

Parágrafo único. O valor mensal das obrigações previdenciárias correntes, para efeito deste artigo, será apurado com base na respectiva Guia de Recolhimento do Fundo de Garantia do Tempo de Serviço e de Informações à Previdência Social – GFIP ou, no caso de sua não apresentação no prazo legal, estimado, utilizando-se a média das últimas 12 (doze) competências recolhidas anteriores ao mês da retenção prevista no *caput* deste artigo, sem prejuízo da cobrança ou da restituição ou compensação de eventuais diferenças.

▶ A Lei nº 11.941, de 27-5-2009, ao converter a MP nº 449, de 3-12-2008, não manteve os incisos I a III do *caput* e, também, o § 1º.

Art. 14-E. Mensalmente, a Secretaria da Receita Federal do Brasil e a Procuradoria-Geral da Fazenda Nacional divulgarão, em seus sítios na internet, demonstrativos dos parcelamentos concedidos no âmbito de suas competências.

Art. 14-F. A Secretaria da Receita Federal do Brasil e a Procuradoria-Geral da Fazenda Nacional, no âmbito de suas competências, editarão atos necessários à execução do parcelamento de que trata esta Lei.

▸ Arts. 14-A a 14-F com a redação dada pela Lei nº 11.941, de 27-5-2009.

Art. 15. Observados os requisitos e as condições estabelecidos nesta Lei, os parcelamentos de débitos vencidos até 31 de julho de 1998 poderão ser efetuados em até:

I – 96 (noventa e seis) prestações, se solicitados até 31 de outubro de 1998;

II – 72 (setenta e duas) prestações, se solicitados até 30 de novembro de 1998;

III – 60 (sessenta) prestações, se solicitados até 31 de dezembro de 1998.

§ 1º O disposto neste artigo aplica-se aos débitos de qualquer natureza para com a Fazenda Nacional, inscritos ou não como Dívida Ativa, mesmo em fase de execução fiscal já ajuizada, ou que tenham sido objeto de parcelamento anterior, não integralmente quitado, ainda que cancelado por falta de pagamento.

§ 2º A vedação de que trata o art. 14, na hipótese a que se refere este artigo, não se aplica a entidades esportivas e entidades assistenciais, sem fins lucrativos.

§ 3º Ao parcelamento previsto neste artigo, inclusive os requeridos e já concedidos, a partir de 29 de junho de 1998, aplicam-se os juros de que trata o art. 13.

§ 4º Constitui condição para o deferimento do pedido de parcelamento e sua manutenção a inexistência de débitos em situação irregular, de tributos e contribuições federais de responsabilidade do sujeito passivo, vencidos posteriormente a 31 de dezembro de 1997.

§ 5º O Ministro de Estado da Fazenda fixará requisitos e condições especiais para o parcelamento previsto no *caput* deste artigo.

Art. 16. Os débitos para com a Fazenda Nacional, decorrentes de avais e outras garantias honradas em operações externas e internas e os de natureza financeira transferidos à União por força da extinção de entidades públicas federais, existentes em 30 de setembro de 1996, incluindo eventuais repactuações, poderão ser parcelados com prazo de até 72 (setenta e dois) meses, desde que os pedidos de parcelamento sejam protocolizados até 15 de abril de 1997, obedecidos aos requisitos e demais condições estabelecidos nesta Lei.

§ 1º O saldo devedor da dívida será atualizado no primeiro dia útil de cada mês, de acordo com a variação da Taxa Referencial – TR, ocorrida no mês anterior, acrescida de 12% a.a. (doze por cento ao ano), mais 0,5% a.a. (cinco décimos por cento ao ano) sobre o saldo devedor destinado à administração do crédito pelo agente financeiro.

§ 2º O parcelamento será formalizado, mediante a celebração de contrato de confissão, consolidação e parcelamento de dívida, sem implicar novação, junto ao Banco do Brasil S.A., na qualidade de agente financeiro do Tesouro Nacional.

§ 3º Os contratos de parcelamento das dívidas decorrentes de honra de aval em operações externas incluirão, obrigatoriamente, cláusula que autorize o bloqueio de recursos na rede bancária, à falta de pagamento de qualquer parcela, decorridos 30 (trinta) dias do vencimento.

Art. 17. Fica acrescentado o seguinte parágrafo ao art. 84 da Lei nº 8.981, de 20 de janeiro de 1995:

▸ Alterações inseridas no texto da referida Lei.

Art. 18. Ficam dispensados a constituição de créditos da Fazenda Nacional, a inscrição como Dívida Ativa da União, o ajuizamento da respectiva execução fiscal, bem assim cancelados o lançamento e a inscrição, relativamente:

I – à contribuição de que trata a Lei nº 7.689, de 15 de dezembro de 1988, incidente sobre o resultado apurado no período base encerrado em 31 de dezembro de 1988;

II – ao empréstimo compulsório instituído pelo Decreto-Lei nº 2.288, de 23 de julho de 1986, sobre a aquisição de veículos automotores e de combustível;

III – à contribuição ao Fundo de Investimento Social – Finsocial, exigida das empresas exclusivamente vendedoras de mercadorias e mistas, com fundamento no art. 9º da Lei nº 7.689, de 1988, na alíquota superior a 0,5% (cinco décimos por cento), conforme Leis nºs 7.787, de 30 de junho de 1989, 7.894, de 24 de novembro de 1989, e 8.147, de 28 de dezembro de 1990, acrescida do adicional de 0,1% (um décimo por cento) sobre os fatos geradores relativos ao exercício de 1988, nos termos do art. 22 do Decreto-Lei nº 2.397, de 21 de dezembro de 1987;

IV – ao imposto provisório sobre a movimentação ou a transmissão de valores e de créditos e direitos de natureza financeira – IPMF, instituído pela Lei Complementar nº 77, de 13 de julho de 1993, relativo ao ano base 1993, e às imunidades previstas no art. 150, inciso VI, alíneas *a*, *b*, *c* e *d*, da Constituição;

V – à taxa de licenciamento de importação, exigida nos termos do art. 10 da Lei nº 2.145, de 29 de dezembro de 1953, com a redação da Lei nº 7.690, de 15 de dezembro de 1988;

VI – à sobretarifa ao Fundo Nacional de Telecomunicações;

VII – ao adicional de tarifa portuária, salvo em se tratando de operações de importação e exportação de mercadorias quando objeto de comércio de navegação de longo curso;

VIII – à parcela da contribuição ao Programa de Integração Social exigida na forma do Decreto-Lei nº 2.445, de 29 de junho de 1988, e do Decreto-Lei nº 2.449, de 21 de julho de 1988, na parte que exceda o valor devido com fulcro na Lei Complementar nº 7, de 7 de setembro de 1970, e alterações posteriores;

IX – à contribuição para o financiamento da seguridade social – COFINS, nos termos do art. 7º da Lei Complementar nº 70, de 30 de dezembro de 1991, com a redação dada pelo art. 1º da Lei Complementar nº 85, de 15 de fevereiro de 1996;

X – à Cota de Contribuição revigorada pelo art. 2º do Decreto-Lei nº 2.295, de 21 de novembro de 1986.

▸ Inciso X acrescido pela Lei nº 11.051, de 29-12-2004.

§ 1º Ficam cancelados os débitos inscritos em Dívida Ativa da União, de valor consolidado igual ou inferior a R$ 100,00 (cem reais).

§ 2º Os autos das execuções fiscais dos débitos de que trata este artigo serão arquivados mediante despacho do juiz, ciente o Procurador da Fazenda Nacional, salvo a existência de valor remanescente relativo a débitos legalmente exigíveis.

§ 3º O disposto neste artigo não implicará restituição *ex officio* de quantia paga.

Art. 18-A. Comitê formado de integrantes do Conselho Administrativo de Recursos Fiscais, da Secretaria Especial da Receita Federal do Brasil do Ministério da Economia e da Procuradoria-Geral da Fazenda Nacional editará enunciados de súmula da administração tributária federal, conforme o disposto em ato do Ministro de Estado da Economia, que deverão ser observados nos atos administrativos, normativos e decisórios praticados pelos referidos órgãos.

▸ Art. 18-A acrescido pela Lei nº 13.874, de 20-9-2019.

Art. 19. Fica a Procuradoria-Geral da Fazenda Nacional dispensada de contestar, de oferecer contrarrazões e de interpor recursos, e fica autorizada a desistir de recursos já interpostos, desde que inexista outro fundamento relevante, na hipótese em que a ação ou a decisão judicial ou administrativa versar sobre:

▸ *Caput* com a redação dada pela Lei nº 13.874, de 20-9-2019.

▸ Arts. 19, § 1º, II, e 20, II, *a*, parágrafo único, da Lei nº 13.988, de 14-4-2020 (Lei da Transação Tributária).

I – matérias de que trata o art. 18;

II – tema que seja objeto de parecer, vigente e aprovado, pelo Procurador-Geral da Fazenda Nacional, que conclua no mesmo sentido do pleito do particular;

▸ Inciso II com a redação dada pela Lei nº 13.874, de 20-9-2019.

III – VETADO; Lei nº 12.788, de 14-1-2013.

IV – tema sobre o qual exista súmula ou parecer do Advogado-Geral da União que conclua no mesmo sentido do pleito do particular;

V – tema fundado em dispositivo legal que tenha sido declarado inconstitucional pelo Supremo Tribunal Federal em sede de controle difuso e tenha tido sua execução suspensa por resolução do Senado Federal, ou tema sobre o qual exista enunciado de súmula vinculante ou que tenha sido definido pelo Supremo Tribunal Federal em sentido desfavorável à Fazenda Nacional em sede de controle concentrado de constitucionalidade;

▸ Incisos IV e V com a redação dada pela Lei nº 13.874, de 20-9-2019.

VI – tema decidido pelo Supremo Tribunal Federal, em matéria constitucional, ou pelo Superior Tribunal de Justiça, pelo Tribunal Superior do Trabalho, pelo Tribunal Superior Eleitoral ou pela Turma Nacional de Uniformização de Jurisprudência, no âmbito de suas competências, quando:

a) for definido em sede de repercussão geral ou recurso repetitivo; ou

b) não houver viabilidade de reversão da tese firmada em sentido desfavorável à Fazenda Nacional, conforme critérios definidos em ato do Procurador-Geral da Fazenda Nacional; e

VII – tema que seja objeto de súmula da administração tributária federal de que trata o art. 18-A desta Lei.

▶ Incisos VI e VII acrescidos pela Lei nº 13.874, de 20-9-2019.

§ 1º Nas matérias de que trata este artigo, o Procurador da Fazenda Nacional que atuar no feito deverá, expressamente:

I – reconhecer a procedência do pedido, quando citado para apresentar resposta, inclusive em embargos à execução fiscal e exceções de pré-executividade, hipóteses em que não haverá condenação em honorários; ou

II – manifestar o seu desinteresse em recorrer, quando intimado da decisão judicial.

▶ § 1º com a redação dada pela Lei nº 12.844, de 19-7-2013.

§ 2º A sentença, ocorrendo a hipótese do § 1º, não se subordinará ao duplo grau de jurisdição obrigatório.

§§ 3º a 5º *Revogados*. Lei nº 13.874, de 20-9-2019.

§ 6º VETADO. Lei nº 12.788, de 14-1-2013.

§ 7º *Revogado*. Lei nº 13.874, de 20-9-2019.

§ 8º O parecer da Procuradoria-Geral da Fazenda Nacional que examina a juridicidade de proposições normativas não se enquadra no disposto no inciso II do *caput* deste artigo.

§ 9º A dispensa de que tratam os incisos V e VI do *caput* deste artigo poderá ser estendida a tema não abrangido pelo julgado, quando a ele forem aplicáveis os fundamentos determinantes extraídos do julgamento paradigma ou da jurisprudência consolidada, desde que inexista outro fundamento relevante que justifique a impugnação em juízo.

§ 10. O disposto neste artigo estende-se, no que couber, aos demais meios de impugnação às decisões judiciais.

§ 11. O disposto neste artigo aplica-se a todas as causas em que as unidades da Procuradoria-Geral da Fazenda Nacional devam atuar na qualidade de representante judicial ou de autoridade coatora.

§ 12. Os órgãos do Poder Judiciário e as unidades da Procuradoria-Geral da Fazenda Nacional poderão, de comum acordo, realizar mutirões para análise do enquadramento de processos ou de recursos nas hipóteses previstas neste artigo e celebrar negócios processuais com fundamento no disposto no art. 190 da Lei nº 13.105, de 16 de março de 2015 (Código de Processo Civil).

§ 13. Sem prejuízo do disposto no § 12 deste artigo, a Procuradoria-Geral da Fazenda Nacional regulamentará a celebração de negócios jurídicos processuais em seu âmbito de atuação, inclusive na cobrança administrativa ou judicial da dívida ativa da União.

▶ §§ 8º a 13 acrescidos pela Lei nº 13.874, de 20-9-2019.

Art. 19-A. Os Auditores-Fiscais da Secretaria Especial da Receita Federal do Brasil não constituirão os créditos tributários relativos aos temas de que trata o art. 19 desta Lei, observado:

I – o disposto no parecer a que se refere o inciso II do *caput* do art. 19 desta Lei, que será aprovado na forma do art. 42 da Lei Complementar nº 73, de 10 de fevereiro de 1993, ou que terá concordância com a sua aplicação pela Secretaria Especial da Receita Federal do Brasil do Ministério da Economia;

II – o parecer a que se refere o inciso IV do *caput* do art. 19 desta Lei, que será aprovado na forma do disposto no art. 40 da Lei Complementar nº 73, de 10 de fevereiro de 1993, ou que, quando não aprovado por despacho do Presidente da República, terá concordância com a sua aplicação pelo Ministro de Estado da Economia; ou

III – nas hipóteses de que tratam o inciso VI do *caput* e o § 9º do art. 19 desta Lei, a Procuradoria-Geral da Fazenda Nacional deverá manifestar-se sobre as matérias abrangidas por esses dispositivos.

§ 1º Os Auditores-Fiscais da Secretaria Especial da Receita Federal do Brasil do Ministério da Economia adotarão, em suas decisões, o entendimento a que estiverem vinculados, inclusive para fins de revisão de ofício do lançamento e de repetição de indébito administrativa.

§ 2º O disposto neste artigo aplica-se, no que couber, aos responsáveis pela retenção de tributos e, ao emitirem laudos periciais para atestar a existência de condições que gerem isenção de tributos, aos serviços médicos oficiais.

Art. 19-B. Os demais órgãos da administração pública que administrem créditos tributários e não tributários passíveis de inscrição e de cobrança pela Procuradoria-Geral da Fazenda Nacional encontram-se dispensados de constituir e de promover a cobrança com fundamento nas hipóteses de dispensa de que trata o art. 19 desta Lei.

Parágrafo único. A aplicação do disposto no *caput* deste artigo observará, no que couber, as disposições do art. 19-A desta Lei.

▶ Arts. 19-A e 19-B acrescidos pela Lei nº 13.874, de 20-9-2019.

Art. 19-C. A Procuradoria-Geral da Fazenda Nacional poderá dispensar a prática de atos processuais, inclusive poderá desistir de recursos interpostos, e autorizar a realização de acordos em fase de cumprimento de sentença, a fim de atender a critérios de racionalidade, de economicidade e de eficiência.

▶ *Caput* com a redação dada pela Lei nº 14.195, de 26-8-2021.

§ 1º O disposto no *caput* deste artigo inclui o estabelecimento de parâmetros de valor para a dispensa da prática de atos processuais.

§ 2º A aplicação do disposto neste artigo não implicará o reconhecimento da procedência do pedido formulado pelo autor.

§ 3º O disposto neste artigo aplica-se, inclusive, à atuação da Procuradoria-Geral da Fazenda Nacional no âmbito do contencioso administrativo fiscal.

▶ §§ 1º a 3º acrescidos pela Lei nº 13.874, de 20-9-2019.

Art. 19-D. O disposto nos arts. 19, 19-B, 19-C, 19-F, 20-A, 20-B, 20-C e 20-D desta Lei e nos arts. 17 e 18 da Lei nº 14.195, de 26 de agosto de 2021, aplica-se, no que couber, à Procuradoria-Geral da União, à Procuradoria-Geral Federal e à Procuradoria-Geral do Banco Central do Brasil, sem prejuízo do disposto na Lei nº 9.469, de 10 de julho de 1997.

▶ *Caput* com a redação dada pela Lei nº 14.375, de 21-6-2022.

§ 1º Aos órgãos da administração pública federal direta, representados pela Procuradoria-Geral da União, e às autarquias e fundações públicas, representadas pela Procuradoria-Geral Federal ou pela Procuradoria-Geral do Banco Central do Brasil, aplica-se, no que couber, o disposto no art. 19-B desta Lei.

§ 2º Ato do Advogado-Geral da União disciplinará o disposto neste artigo.

▶ §§ 1º e 2º acrescidos pela Lei nº 13.874, de 20-9-2019.

Art. 19-E. *Revogado*. Lei nº 14.689, de 20-9-2023.

Art. 19-F. A Procuradoria-Geral da Fazenda Nacional poderá contratar, por meio de processo licitatório ou credenciamento, serviços de terceiros para auxiliar sua atividade de cobrança.

§ 1º Os serviços referidos no *caput* deste artigo restringem-se à execução de atos relacionados à cobrança administrativa da dívida ativa que prescindam da utilização de informações protegidas por sigilo fiscal, tais como o contato com os devedores por via telefônica ou por meios digitais, e à administração de bens oferecidos em garantia administrativa ou judicial ou penhorados em execuções fiscais, incluídas atividades de depósito, de guarda, de transporte, de conservação e de alienação desses bens.

§ 2º O órgão responsável, no âmbito de suas competências, deverá regulamentar o disposto neste artigo e definir os requisitos para contratação ou credenciamento, os critérios para seleção das dívidas, o valor máximo admissível e a forma de remuneração do contratado, que poderá ser por taxa de êxito, desde que demonstrada a sua maior adequação ao interesse público e às práticas usuais de mercado.

▶ Art. 19-F acrescido pela Lei nº 14.195, de 26-8-2021.

Art. 20. Serão arquivados, sem baixa na distribuição, por meio de requerimento do Procurador da Fazenda Nacional, os autos das execuções fiscais de débitos inscritos em dívida ativa da União pela Procuradoria-Geral da Fazenda Nacional ou por ela cobrados, de valor consolidado igual ou inferior àquele estabelecido em ato do Procurador-Geral da Fazenda Nacional.

▶ *Caput* com a redação dada pela Lei nº 13.874, de 20-9-2019.

§ 1º Os autos de execução a que se refere este artigo serão reativados quando os valores dos débitos ultrapassarem os limites indicados.

§ 2º Serão extintas, mediante requerimento do Procurador da Fazenda Nacional, as execuções que versem exclusivamente sobre honorários devidos à Fazenda Nacional de valor igual ou inferior a R$ 1.000,00 (mil reais).

▶ § 2º com a redação dada pela Lei nº 11.033, de 21-12-2004.

§ 3º *Revogado*. Lei nº 13.043, de 13-11-2014.

§ 4º No caso de reunião de processos contra o mesmo devedor, na forma do art. 28 da Lei nº 6.830, de 22 de setembro de 1980, para os fins de que trata o limite indicado no *caput* deste artigo, será considerada a soma dos débitos consolidados das inscrições reunidas.

▶ § 4º acrescido pela Lei nº 11.033, de 21-12-2004.

Art. 20-A. Nos casos de execução contra a Fazenda Nacional, é a Procuradoria-Geral da Fazenda Nacional autorizada a não opor embargos, quando o valor pleiteado pelo exequente for inferior àquele fixado em ato do Ministro da Fazenda.

▸ Artigo acrescido pela Lei nº 12.649, de 17-5-2012.

Art. 20-B. Inscrito o crédito em dívida ativa da União, o devedor será notificado para, em até cinco dias, efetuar o pagamento do valor atualizado monetariamente, acrescido de juros, multa e demais encargos nela indicados.

§ 1º A notificação será expedida por via eletrônica ou postal para o endereço do devedor e será considerada entregue depois de decorridos quinze dias da respectiva expedição.

§ 2º Presume-se válida a notificação expedida para o endereço informado pelo contribuinte ou responsável à Fazenda Pública.

§ 3º Não pago o débito no prazo fixado no *caput* deste artigo, a Fazenda Pública poderá:

I – comunicar a inscrição em dívida ativa aos órgãos que operam bancos de dados e cadastros relativos a consumidores e aos serviços de proteção ao crédito e congêneres; e

II – averbar, inclusive por meio eletrônico, a certidão de dívida ativa nos órgãos de registro de bens e direitos sujeitos a arresto ou penhora, tornando-os indisponíveis.

▸ O STF, nos termos do voto do Min. Luís Roberto Barroso (redator para o acórdão), julgou parcialmente procedentes os pedidos formulados nas ADIs nºs 5.881, 5.886, 5.890, 5.925, 5.931, 5.932 para considerar inconstitucional a parte final deste inciso, onde se lê "tornando-os indisponíveis" (*DOU* de 17-12-2020).

Art. 20-C. A Procuradoria-Geral da Fazenda Nacional poderá condicionar o ajuizamento de execuções fiscais à verificação de indícios de bens, direitos ou atividade econômica dos devedores ou corresponsáveis, desde que úteis à satisfação integral ou parcial dos débitos a serem executados.

Parágrafo único. Compete ao Procurador-Geral da Fazenda Nacional definir os limites, critérios e parâmetros para o ajuizamento da ação de que trata o *caput* deste artigo, observados os critérios de racionalidade, economicidade e eficiência.

▸ Arts. 20-B e 20-C acrescidos pela Lei nº 13.606, de 9-1-2018.

Art. 20-D. Sem prejuízo da utilização das medidas judicias para recuperação e acautelamento dos créditos inscritos, se houver indícios da prática de ato ilícito previsto na legislação tributária, civil e empresarial como causa de responsabilidade de terceiros por parte do contribuinte, sócios, administradores, pessoas relacionadas e demais responsáveis, a Procuradoria-Geral da Fazenda Nacional poderá, a critério exclusivo da autoridade fazendária:

I – notificar as pessoas de que trata o *caput* deste artigo ou terceiros para prestar depoimentos ou esclarecimentos;

II – requisitar informações, exames periciais e documentos de autoridades federais, estaduais e municipais, bem como dos órgãos e entidades da Administração Pública direta, indireta ou fundacional, de qualquer dos Poderes da União, dos Estados, do Distrito Federal e dos Municípios;

III – instaurar procedimento administrativo para apuração de responsabilidade por débito inscrito em dívida ativa da União, ajuizado ou não, observadas, no que couber, as disposições da Lei nº 9.784, de 29 de janeiro de 1999.

▸ Art. 20-D acrescido pela Lei nº 13.606, de 9-1-2018, promulgado nos termos do art. 66, § 5º, da CF (*DOU* de 18-4-2018).

Art. 20-E. A Procuradoria-Geral da Fazenda Nacional editará atos complementares para o fiel cumprimento do disposto nos arts. 20-B, 20-C e 20-D desta Lei.

▸ Art. 20-E acrescido pela Lei nº 13.606, de 9-1-2018.

Art. 21. Fica isento do pagamento dos honorários de sucumbência o autor da demanda de natureza tributária, proposta contra a União (Fazenda Nacional), que desistir da ação e renunciar ao direito sobre que ela se funda, desde que:

I – a decisão proferida no processo de conhecimento não tenha transitado em julgado;

II – a renúncia e o pedido de conversão dos depósitos judiciais em renda da União sejam protocolizados até 15 de setembro de 1997.

Art. 22. O pedido poderá ser homologado pelo juiz, pelo relator do recurso, ou pelo presidente do tribunal, ficando extinto o crédito tributário, até o limite dos depósitos convertidos.

§ 1º Na hipótese de a homologação ser da competência do relator ou do presidente do tribunal, incumbirá ao autor peticionar ao juiz de primeiro grau que houver apreciado o feito, informando a homologação da renúncia para que este determine, de imediato, a conversão dos depósitos em renda da União, independentemente do retorno dos autos do processo ou da respectiva ação cautelar à vara de origem.

§ 2º A petição de que trata o § 1º deverá conter o número da conta a que os depósitos estejam vinculados e virá acompanhada de cópia da página do órgão oficial onde tiver sido publicado o ato homologatório.

§ 3º Com a renúncia da ação principal deverão ser extintas todas as ações cautelares a ela vinculadas, nas quais não será devida verba de sucumbência.

Art. 23. O ofício para que o depositário proceda à conversão de depósito em renda deverá ser expedido no prazo máximo de quinze dias, contado da data do despacho judicial que acolher a petição.

Art. 24. As pessoas jurídicas de direito público são dispensadas de autenticar as cópias reprográficas de quaisquer documentos que apresentem em juízo.

Art. 25. O termo de inscrição em Dívida Ativa da União, bem como o das autarquias e fundações públicas federais, a Certidão de Dívida Ativa dele extraída e a petição inicial em processo de execução fiscal poderão ser subscritos manualmente, ou por chancela mecânica ou eletrônica, observadas as disposições legais.

▸ *Caput* com a redação dada pela Lei nº 11.941, de 27-5-2009.

Parágrafo único. O disposto no *caput* deste artigo aplica-se, também, à inscrição em Dívida Ativa e à cobrança judicial da contribuição, multas e demais encargos previstos na legislação respectiva, relativos ao Fundo de Garantia do Tempo de Serviço.

Art. 26. Fica suspensa a restrição para transferência de recursos federais a Estados, Distrito Federal e Municípios destinados à execução de ações sociais ou ações em faixa de fronteira, em decorrência de inadimplementos objetos de registro no Cadin e no Sistema Integrado de Administração Financeira do Governo Federal – SIAFI.

▸ *Caput* com a redação dada pela Lei nº 12.810, de 15-5-2013.

§ 1º Na transferência de recursos federais prevista no *caput*, ficam os Estados, o Distrito Federal e os Municípios dispensados da apresentação de certidões exigidas em leis, decretos e outros atos normativos.

§ 2º Não se aplica o disposto neste artigo aos débitos com o Instituto Nacional do Seguro Social – INSS, exceto quando se tratar de transferências relativas à assistência social.

▸ § 2º com a redação dada pela Lei nº 10.954, de 29-9-2004.

§ 3º Os débitos para com a Fazenda Nacional, vencidos até 31 de maio de 1996, não inscritos na Dívida Ativa da União, de responsabilidade dos Estados, do Distrito Federal, dos Municípios e de suas entidades da administração indireta, decorrentes, exclusivamente, de convênios celebrados com a União, poderão ser parcelados nas seguintes condições:

I – o pedido de parcelamento deverá ser encaminhado, até 31 de agosto de 1998, ao órgão gestor do convênio inadimplido, que o submeterá à Secretaria do Tesouro Nacional com manifestação sobre a conveniência do atendimento do pleito;

II – o pedido deverá ser instruído com autorização legislativa específica, inclusive quanto à vinculação das receitas próprias do beneficiário ou controlador e das quotas de repartição dos tributos a que se referem os arts. 155, 156, 157, 158 e 159, incisos I, alíneas *a* e *c*, e II, da Constituição;

III – o débito objeto do parcelamento será consolidado na data da concessão;

IV – o parcelamento será formalizado pela Procuradoria-Geral da Fazenda Nacional mediante a celebração de contrato de confissão, consolidação e parcelamento de dívida, com a interveniência do Banco do Brasil S.A., na qualidade de Agente Financeiro do Tesouro Nacional, nos termos de convênio a ser celebrado com a União;

V – o vencimento da primeira prestação será trinta dias após a assinatura do contrato de parcelamento;

VI – o pedido de parcelamento constitui confissão irretratável de dívida, mas a exatidão do valor dele constante poderá ser objeto de verificação.

§ 4º Aos contratos celebrados nas condições estabelecidas no § 3º aplica-se o disposto no art. 13 desta Lei.

Art. 26-A. O órgão ou entidade que receber recursos para execução de convênios, contratos de repasse e termos de parcerias na forma estabelecida pela legislação federal estará sujeito a prestar contas da sua boa e regular aplicação, observando-se o disposto nos §§ 1º a 10 deste artigo.

§ 1º Norma específica disporá sobre o prazo para prestação de contas e instauração de tomada de contas especial, se for o caso.

§ 2º Quando a prestação de contas não for encaminhada no prazo estabelecido, será concedido o prazo máximo de 30 (trinta) dias para sua apresentação, ou recolhimento dos recursos, incluídos os rendimentos da aplicação no mercado financeiro, atualizados monetariamente e acrescidos de juros de mora, na forma da lei.

§ 3º Para os convênios em que não tenha havido qualquer execução física nem utilização dos recursos, o recolhimento à conta única do Tesouro deverá ocorrer sem a incidência de juros de mora, mas com os rendimentos da aplicação financeira.

§ 4º Apresentada a prestação de contas, o concedente deverá apreciá-la aprovando ou rejeitando, total ou parcialmente, as contas, de forma motivada.

§ 5º Na ocorrência de uma das hipóteses de inadimplência previstas nos §§ 1º a 4º, ou no caso de as contas prestadas serem rejeitadas total ou parcialmente, o concedente registrará a inadimplência no sistema de gestão do instrumento e comunicará o fato ao órgão de contabilidade analítica a que estiver vinculado, para fins de instauração de tomada de contas especial, ou outro procedimento de apuração no qual sejam garantidos oportunizados o contraditório e a ampla defesa das partes envolvidas.

§ 6º Confirmada a existência de prejuízo ao erário ou desvio dos recursos na forma do § 5º, serão implementadas medidas administrativas ou judiciais para recuperação dos valores, sob pena de responsabilização solidária.

§ 7º Cabe ao prefeito e ao governador sucessores prestarem contas dos recursos provenientes de convênios, contratos de repasse e termos de parcerias firmados pelos seus antecessores.

§ 8º Na impossibilidade de atender ao disposto no § 7º, deverão ser apresentadas ao concedente justificativas que demonstrem o impedimento de prestar contas e solicitação de instauração de tomada de contas especial.

§ 9º Adotada a providência prevista no § 8º, o registro de inadimplência do órgão ou entidade será suspenso, no prazo de até 48 (quarenta e oito) horas, pelo concedente.

§ 10. Norma específica disporá sobre o prazo para registro de inadimplência no sistema de gestão do instrumento e a forma de notificação prévia com os referidos prazos.

▶ Art. 26-A acrescido pela Lei nº 12.810, de 15-5-2013.

Art. 27. Não cabe recurso de ofício das decisões prolatadas pela Secretaria da Receita Federal do Brasil, em processos relativos a tributos administrados por esse órgão:

▶ *Caput* com a redação dada pela Lei nº 12.788, de 14-1-2013.

I – quando se tratar de pedido de restituição de tributos;

II – quando se tratar de ressarcimento de créditos do Imposto sobre Produtos Industrializados – IPI, da Contribuição para o PIS/PASEP e da Contribuição para o Financiamento da Seguridade Social – COFINS;

III – quando se tratar de reembolso do salário-família e do salário-maternidade;

IV – quando se tratar de homologação de compensação;

V – nos casos de redução de penalidade por retroatividade benigna; e

VI – nas hipóteses em que a decisão estiver fundamentada em decisão proferida em ação direta de inconstitucionalidade, em súmula vinculante proferida pelo Supremo Tribunal Federal e no disposto no § 6º do art. 19.

▶ Incisos I a VI acrescidos pela Lei nº 12.788, de 14-1-2013.

Art. 28. O inciso II do art. 3º da Lei nº 8.748, de 9 de dezembro de 1993, passa a ter a seguinte redação:

"II – julgar recurso voluntário de decisão de primeira instância nos processos relativos a restituição de impostos e contribuições e a ressarcimento de créditos do Imposto sobre Produtos Industrializados."

Art. 29. Os débitos de qualquer natureza para com a Fazenda Nacional e os decorrentes de contribuições arrecadadas pela União, constituídos ou não, cujos fatos geradores tenham ocorrido até 31 de dezembro de 1994, que não hajam sido objeto de parcelamento requerido até 31 de agosto de 1995, expressos em quantidade de UFIR, serão reconvertidos para real, com base no valor daquela fixado para 1º de janeiro de 1997.

§ 1º A partir de 1º de janeiro de 1997, os créditos apurados serão lançados em reais.

§ 2º Para fins de inscrição dos débitos referidos neste artigo em Dívida Ativa da União, deverá ser informado à Procuradoria-Geral da Fazenda Nacional o valor originário dos mesmos, na moeda vigente à época da ocorrência do fato gerador da obrigação.

§ 3º Observado o disposto neste artigo, bem assim a atualização efetuada para o ano de 2000, nos termos do art. 75 da Lei nº 9.430, de 27 de dezembro de 1996, fica extinta a Unidade de Referência Fiscal – UFIR, instituída pelo art. 1º da Lei nº 8.383, de 30 de dezembro de 1991.

Art. 30. Em relação aos débitos referidos no art. 29, bem como aos inscritos em Dívida Ativa da União, passam a incidir, a partir de 1º de janeiro de 1997, juros de mora equivalentes à taxa referencial do Sistema Especial de Liquidação e de Custódia – SELIC para títulos federais, acumulada mensalmente, até o último dia do mês anterior ao do pagamento, e de 1% (um por cento) no mês de pagamento.

Art. 31. Ficam dispensados a constituição de créditos da Comissão de Valores Mobiliários – CVM, a inscrição na sua Dívida Ativa e o ajuizamento da respectiva execução fiscal, bem assim cancelados o lançamento e a inscrição relativamente:

I – à taxa de fiscalização e seus acréscimos, de que trata a Lei nº 7.940, de 20 de dezembro de 1989, devida a partir de 1º de janeiro de 1990 àquela autarquia, pelas companhias fechadas beneficiárias de incentivos fiscais;

II – às multas cominatórias que tiverem sido aplicadas a essas companhias nos termos da Instrução CVM nº 92, de 8 de dezembro de 1988.

§ 1º O disposto neste artigo somente se aplica àquelas companhias que tenham patrimônio líquido igual ou inferior a R$ 10.000.000,00 (dez milhões de reais), conforme demonstrações financeiras do último exercício social, devidamente auditadas por auditor independente registrado na CVM e procedam ao cancelamento do seu registro na CVM, mediante oferta pública de aquisição da totalidade desses títulos, nos termos do art. 20 e seguintes da Instrução CVM nº 265, de 18 de julho de 1997, caso tenham ações disseminadas no mercado, em 31 de outubro de 1997.

§ 2º Os autos das execuções fiscais dos débitos de que trata este artigo serão arquivados mediante despacho do juiz, ciente o Procurador da CVM, salvo a existência de valor remanescente relativo a débitos legalmente exigíveis.

§ 3º O disposto neste artigo não implicará restituição de quantias pagas.

Art. 32. O art. 33 do Decreto nº 70.235, de 6 de março de 1972, que, por delegação do Decreto-Lei nº 822, de 5 de setembro de 1969, regula o processo administrativo de determinação e exigência de créditos tributários da União, passa a vigorar com a seguinte alteração:

▶ Alterações inseridas no texto do referido Decreto-Lei.

▶ O STF, por unanimidade de votos, julgou procedente a ADI nº 1.976-7, para declarar a inconstitucionalidade do art. 32 da MP nº 1.699-41, de 27-10-1998, convertida nesta Lei, que deu nova redação ao § 2º do art. 33 do Dec. nº 70.235, de 6-3-1972 (*DJU* de 18-5-2007).

Art. 33. VETADO.

Art. 34. Fica acrescentado o seguinte parágrafo ao art. 98 da Lei nº 8.212, de 24 de julho de 1991:

▶ Alteração inserida no texto da referida Lei.

Art. 35. As certidões expedidas pelos órgãos da administração fiscal e tributária poderão ser emitidas pela *internet* (rede mundial de computadores) com as seguintes características:

I – serão válidas independentemente de assinatura ou chancela de servidor dos órgãos emissores;

II – serão instituídas pelo órgão emissor mediante ato específico publicado no *Diário Oficial da União* onde conste o modelo do documento.

Art. 36. O inciso II do art. 11 da Lei nº 9.641, de 25 de maio de 1998, passa a vigorar com a seguinte redação:

"II – o pagamento da gratificação será devido até que seja definida e implementada a estrutura de apoio administrativo da Procuradoria-Geral da Fazenda Nacional.

...."

Art. 37. Os créditos do Banco Central do Brasil passíveis de inscrição e cobrança como Dívida Ativa e não pagos nos prazos previstos serão acrescidos de:

I – juros de mora, contados do primeiro dia do mês subsequente ao do vencimento, equivalentes à taxa referencial do Sistema Especial de Liquidação e de Custódia – SELIC para os títulos federais, acumulada mensalmente, até o último dia do mês anterior ao do pagamento, e de 1% (um por cento) no mês do pagamento;

II – multa de mora de 2% (dois por cento), a partir do primeiro dia após o vencimento do débito, acrescida, a cada 30 (trinta) dias, de igual percentual, até o limite de 20% (vinte por cento), incidente sobre o valor atualizado na forma do inciso I do *caput* deste artigo.

§ 1º Os juros de mora incidentes sobre os créditos provenientes de multas impostas em processo administrativo punitivo que, em razão de recurso, tenham sido confirmadas pela instância superior contam-se do primeiro dia do mês subsequente ao do vencimento, previsto na intimação da decisão de primeira instância.

§ 2º Os créditos referidos no *caput* deste artigo poderão ser parcelados em até 30 (trinta) parcelas mensais, a exclusivo critério do Banco Central do Brasil, na forma e condições por ele estabelecidas, incidindo sobre cada parcela a pagar os juros de mora previstos neste artigo.

▸ Art. 37 com a redação dada pela Lei nº 12.548, de 15-12-2011.

Art. 37-A. Os créditos das autarquias e fundações públicas federais, de qualquer natureza, não pagos nos prazos previstos na legislação, serão acrescidos de juros e multa de mora, calculados nos termos e na forma da legislação aplicável aos tributos federais.

§ 1º Os créditos inscritos em Dívida Ativa serão acrescidos de encargo legal, substitutivo da condenação do devedor em honorários advocatícios, calculado nos termos e na forma da legislação aplicável à Dívida Ativa da União.

§ 2º O disposto neste artigo não se aplica aos créditos do Banco Central do Brasil.

Art. 37-B. Os créditos das autarquias e fundações públicas federais, de qualquer natureza, poderão ser parcelados em até 60 (sessenta) prestações mensais.

§ 1º O disposto neste artigo somente se aplica aos créditos inscritos em Dívida Ativa e centralizados nas Procuradorias Regionais Federais, Procuradorias Federais nos Estados e Procuradorias Seccionais Federais, nos termos dos §§ 11 e 12 do art. 10 da Lei nº 10.480, de 2 de julho de 2002, e do art. 22 da Lei nº 11.457, de 16 de março de 2007.

§ 2º O parcelamento terá sua formalização condicionada ao prévio pagamento da primeira prestação, conforme o montante do débito e o prazo solicitado, observado o disposto no § 9º deste artigo.

§ 3º Enquanto não deferido o pedido, o devedor fica obrigado a recolher, a cada mês, o valor correspondente a uma prestação.

§ 4º O não cumprimento do disposto neste artigo implicará o indeferimento do pedido.

§ 5º Considerar-se-á automaticamente deferido o parcelamento, em caso de não manifestação da autoridade competente no prazo de 90 (noventa) dias, contado da data da protocolização do pedido.

§ 6º O pedido de parcelamento deferido constitui confissão de dívida e instrumento hábil e suficiente para exigência do crédito, podendo a exatidão dos valores parcelados ser objeto de verificação.

§ 7º O débito objeto de parcelamento será consolidado na data do pedido.

§ 8º O devedor pagará as custas, emolumentos e demais encargos legais.

§ 9º O valor mínimo de cada prestação mensal será definido por ato do Procurador-Geral Federal.

§ 10. O valor de cada prestação mensal, por ocasião do pagamento, será acrescido de juros equivalentes à taxa referencial do Sistema Especial de Liquidação e de Custódia – SELIC para títulos federais, acumulada mensalmente, calculados a partir do mês subsequente ao da consolidação até o mês anterior ao do pagamento, e de 1% (um por cento) relativamente ao mês em que o pagamento estiver sendo efetuado.

§ 11. A falta de pagamento de 3 (três) parcelas, consecutivas ou não, ou de uma parcela, estando pagas todas as demais, implicará a imediata rescisão do parcelamento e, conforme o caso, o prosseguimento da cobrança.

§ 12. Atendendo ao princípio da economicidade, observados os termos, os limites e as condições estabelecidos em ato do Procurador-Geral Federal, poderá ser concedido, de ofício ou a pedido, parcelamento simplificado, importando o pagamento da primeira prestação em confissão de dívida e instrumento hábil e suficiente para a exigência do crédito.

§ 13. Observadas as condições previstas neste artigo, será admitido reparcelamento dos débitos, inscritos em Dívida Ativa das autarquias e fundações públicas federais, constantes de parcelamento em andamento ou que tenha sido rescindido.

§ 14. A formalização do pedido de reparcelamento fica condicionada ao recolhimento da primeira parcela em valor correspondente a:

I – 10% (dez por cento) do total dos débitos consolidados; ou

II – 20% (vinte por cento) do total dos débitos consolidados, caso haja débito com histórico de reparcelamento anterior.

§ 15. Aplicam-se subsidiariamente aos pedidos de reparcelamento, naquilo que não os contrariar, as demais disposições relativas ao parcelamento previstas neste artigo.

§ 16. O parcelamento de que trata este artigo será requerido exclusivamente perante as Procuradorias Regionais Federais, as Procuradorias Federais nos Estados e as Procuradorias Seccionais Federais.

§ 17. A concessão do parcelamento dos débitos a que se refere este artigo compete privativamente às Procuradorias Regionais Federais, às Procuradorias Federais nos Estados e às Procuradorias Seccionais Federais.

§ 18. A Procuradoria-Geral Federal editará atos necessários à execução do parcelamento de que trata este artigo.

§ 19. Mensalmente, a Procuradoria-Geral Federal divulgará, no sítio da Advocacia-Geral da União, demonstrativos dos parcelamentos concedidos no âmbito de sua competência.

§ 20. Ao disposto neste artigo aplicam-se subsidiariamente as regras previstas nesta Lei para o parcelamento dos créditos da Fazenda Nacional.

▸ Arts. 37-A e 37-B com a redação dada pela Lei nº 11.941, de 27-5-2009.

Art. 37-C. A Advocacia-Geral da União poderá celebrar os convênios de que trata o art. 46 da Lei nº 11.457, de 16 de março de 2007, em relação às informações de pessoas físicas ou jurídicas que tenham débito inscrito em Dívida Ativa das autarquias e fundações públicas federais.

▸ Art. 37-C acrescido pela Lei nº 11.941, de 27-5-2009.

Art. 38. Ficam convalidados os atos praticados com base na Medida Provisória nº 2.176-79, de 23 de agosto de 2001.

Art. 39. Ficam revogados o art. 11 do Decreto-Lei nº 352, de 17 de junho de 1968, e alterações posteriores; o art. 10 do Decreto-Lei nº 2.049, de 1º de agosto de 1983; o art. 11 do Decreto-Lei nº 2.052, de 3 de agosto de 1983; o art. 11 do Decreto-Lei nº 2.163, de 19 de setembro de 1984; os arts. 91, 93 e 94 da Lei nº 8.981, de 20 de janeiro de 1995.

Art. 40. Esta Lei entra em vigor na data de sua publicação.

Brasília, 19 de julho de 2002;
181º da Independência e
114º da República.

Fernando Henrique Cardoso

LEI Nº 10.637, DE 30 DE DEZEMBRO DE 2002

Dispõe sobre a não cumulatividade na cobrança da contribuição para os Programas de Integração Social (PIS) e de Formação do Patrimônio do Servidor Público (PASEP), nos casos que especifica; sobre o pagamento e o parcelamento de débitos tributários federais, a compensação de créditos fiscais, a declaração de inaptidão de inscrição de pessoas jurídicas, a legislação aduaneira, e dá outras providências.

▸ Publicada no *DOU* de 31-12-2002, Edição Extra, e retificada no *DOU* de 6-6-2003.

▸ Lei nº 10.833, de 29-12-2003, altera a legislação tributária federal.

▸ Lei nº 10.865, de 30-4-2004, dispõe sobre o PIS/PASEP-Importação e a COFINS-Importação.

▸ Lei nº 10.925, de 23-7-2004, reduz as alíquotas do PIS/PASEP e da COFINS incidentes na importação e na comercialização do mercado interno de fertilizantes e defensivos agropecuários.

CAPÍTULO I
DA COBRANÇA NÃO CUMULATIVA DO PIS E DO PASEP

Art. 1º A Contribuição para o PIS/PASEP, com a incidência não cumulativa, incide sobre o total das receitas auferidas no mês pela pessoa jurídica, independentemente de sua denominação ou classificação contábil.

▸ *Caput* com a redação dada pela Lei nº 12.973, de 13-5-2014.

§ 1º Para efeito do disposto neste artigo, o total das receitas compreende a receita bruta de que trata o art. 12 do Decreto-Lei nº 1.598, de 26 de dezembro de 1977, e todas as demais receitas auferidas pela pessoa jurídica com os respectivos valores decorrentes do ajuste a valor presente de que trata o inciso VIII do *caput* do art. 183 da Lei nº 6.404, de 15 de dezembro de 1976.

§ 2º A base de cálculo da Contribuição para o PIS/PASEP é o total das receitas auferidas pela pessoa jurídica, conforme definido no *caput* e no § 1º.

▸ §§ 1º e 2º com a redação dada pela Lei nº 12.973, de 13-5-2014.

§ 3º Não integram a base de cálculo a que se refere este artigo, as receitas:

I – decorrentes de saídas isentas da contribuição ou sujeitas à alíquota zero;

II – VETADO;

III – auferidas pela pessoa jurídica revendedora, na revenda de mercadorias em relação às quais a contribuição seja exigida da empresa vendedora, na condição de substituta tributária;

IV – *Revogado*. Lei nº 11.727, de 23-6-2008;

V – referentes a:

a) vendas canceladas e aos descontos incondicionais concedidos;

b) reversões de provisões e recuperações de créditos baixados como perda, que não representem ingresso de novas receitas, o resultado positivo da avaliação de investimentos pelo valor do patrimônio líquido e os lucros e dividendos derivados de participações societárias, que tenham sido computados como receita;

► Alínea *b* com a redação dada pela Lei nº 12.973, de 13-5-2014.

VI – de que trata o inciso IV do *caput* do art. 187 da Lei nº 6.404, de 15 de dezembro de 1976, decorrentes da venda de bens do ativo não circulante, classificado como investimento, imobilizado ou intangível;

► Inciso VI com a redação dada pela Lei nº 12.973, de 13-5-2014.

VII – decorrentes de transferência onerosa a outros contribuintes do Imposto sobre Operações relativas à Circulação de Mercadorias e sobre Prestações de Serviços de Transporte Interestadual e Intermunicipal e de Comunicação – ICMS de créditos de ICMS originados de operações de exportação, conforme o disposto no inciso II do § 1º do art. 25 da Lei Complementar nº 87, de 13 de setembro de 1996;

► Inciso VII com a redação dada pela Lei nº 11.945, de 4-6-2009.

VIII – financeiras decorrentes do ajuste a valor presente de que trata o inciso VIII do *caput* do art. 183 da Lei nº 6.404, de 15 de dezembro de 1976, referentes a receitas excluídas da base de cálculo da Contribuição para o PIS/PASEP;

IX – relativas aos ganhos decorrentes de avaliação de ativo e passivo com base no valor justo;

► Incisos VIII e IX com a redação dada pela Lei nº 12.973, de 13-5-2014.

X – *Revogado*. Lei nº 14.789, de 29-12-2023;

XI – reconhecidas pela construção, recuperação, reforma, ampliação ou melhoramento da infraestrutura, cuja contrapartida seja ativo intangível representativo de direito de exploração, no caso de contratos de concessão de serviços públicos;

► Inciso XI com a redação dada pela Lei nº 12.973, de 13-5-2014.

XII – relativas ao valor do imposto que deixar de ser pago em virtude das isenções e reduções de que tratam as alíneas *a*, *b*, *c* e *e* do § 1º do art. 19 do Decreto-Lei nº 1.598, de 26 de dezembro de 1977;

XIII – relativas ao prêmio na emissão de debêntures; e

► Incisos XII e XIII com a redação dada pela Lei nº 14.592, de 30-5-2023.

XIV – relativas ao valor do ICMS que tenha incidido sobre a operação.

► Inciso XIV acrescido pela Lei nº 14.592, de 30-5-2023.

Art. 2º Para determinação do valor da contribuição para o PIS/PASEP aplicar-se-á, sobre a base de cálculo apurada conforme o disposto no art. 1º, a alíquota de 1,65% (um inteiro e sessenta e cinco centésimos por cento).

§ 1º Excetua-se do disposto no *caput* a receita bruta auferida pelos produtores ou importadores, que devem aplicar as alíquotas previstas:

I – nos incisos I a III do art. 4º da Lei nº 9.718, de 27 de novembro de 1998, e alterações posteriores, no caso de venda de gasolinas e suas correntes, exceto gasolina de aviação, óleo diesel e suas correntes e gás liquefeito de petróleo – GLP derivado de petróleo e de gás natural;

► Inciso I com a redação dada pela Lei nº 10.925, de 23-7-2004.

II – no inciso I do art. 1º da Lei nº 10.147, de 21 de dezembro de 2000, e alterações posteriores, no caso de venda de produtos farmacêuticos, de perfumaria, de toucador ou de higiene pessoal nele relacionados;

III – no art. 1º da Lei nº 10.485, de 3 de julho de 2002, e alterações posteriores, no caso de venda de máquinas e veículos classificados nos códigos 84.29, 8432.40.00, 84.32.80.00, 8433.20, 8433.30.00, 8433.40.00, 8433.5, 87.01, 87.02, 87.03, 87.04, 87.05 e 87.06, da TIPI;

IV – no inciso II do art. 3º da Lei nº 10.485, de 3 de julho de 2002, no caso de vendas para comerciante atacadista ou varejista ou para consumidores, de autopeças relacionadas nos Anexos I e II da mesma Lei;

V – no *caput* do art. 5º da Lei nº 10.485, de 3 de julho de 2002, e alterações posteriores, no caso de venda dos produtos classificados nas posições 40.11 (pneus novos de borracha) e 40.13 (câmaras de ar de borracha), da TIPI;

VI – no art. 2º da Lei nº 10.560, de 13 de novembro de 2002, e alterações posteriores, no caso de venda de querosene de aviação;

VII a IX – *Revogados*. Lei nº 13.097, de 19-1-2015;

X – no art. 23 da Lei nº 10.865, de 30 de abril de 2004, no caso de venda de gasolinas e suas correntes, exceto gasolina de aviação, óleo diesel e suas correntes, querosene de aviação, gás liquefeito de petróleo – GLP derivado de petróleo e de gás natural.

► Inciso X acrescido pela Lei nº 10.925, de 23-7-2004.

§ 1º-A. Excetua-se do disposto no caput deste artigo a receita bruta auferida com a venda de etanol, inclusive para fins carburantes, à qual se aplicam as alíquotas previstas, conforme o caso, no art. 5º da Lei nº 9.718, de 27 de novembro de 1998.

► § 1º-A com a redação dada pela LC nº 214, de 16-1-2025.

§ 2º Excetua-se do disposto no *caput* deste artigo a receita bruta decorrente da venda de papel imune a impostos de que trata o art. 150, inciso VI, alínea *d*, da Constituição Federal, quando destinado à impressão de periódicos, que fica sujeita à alíquota de 0,8% (oito décimos por cento).

► §§ 1º e 2º acrescidos pela Lei nº 10.865, de 30-4-2004.

► Art. 1º, *caput*, §§ 1º e 2º da Lei nº 11.945, de 4-6-2009, que dispõe sobre o Registro Especial na Secretaria da Receita Federal do Brasil.

§ 3º Fica o Poder Executivo autorizado a reduzir a 0 (zero) e a restabelecer a alíquota incidente sobre receita bruta decorrente da venda de produtos químicos e farmacêuticos, classificados nos Capítulos 29 e 30 da TIPI, sobre produtos destinados ao uso em hospitais, clínicas e consultórios médicos e odontológicos, campanhas de saúde realizadas pelo poder público, laboratório de anatomia patológica, citológica ou de análises clínicas, classificados nas posições 30.02, 30.06, 39.26, 40.15 e 90.18, e sobre semens e embriões da posição 05.11, todos da TIPI.

► § 3º com a redação dada pela Lei nº 11.488, de 15-6-2007.

§ 4º Excetua-se do disposto no *caput* deste artigo a receita bruta auferida por pessoa jurídica industrial estabelecida na Zona Franca de Manaus, decorrente da venda de produção própria, consoante projeto aprovado pelo Conselho de Administração da Superintendência da Zona Franca de Manaus – SUFRAMA, que fica sujeita, ressalvado o disposto nos §§ 1º a 3º deste artigo, às alíquotas de:

I – 0,65% (sessenta e cinco centésimos por cento), no caso de venda efetuada a pessoa jurídica estabelecida:

a) na Zona Franca de Manaus; e

b) fora da Zona Franca de Manaus, que apure a Contribuição para o PIS/PASEP no regime de não cumulatividade;

II – 1,3% (um inteiro e três décimos por cento), no caso de venda efetuada a:

a) pessoa jurídica estabelecida fora da Zona Franca de Manaus, que apure o imposto de renda com base no lucro presumido;

b) pessoa jurídica estabelecida fora da Zona Franca de Manaus, que apure o imposto de renda com base no lucro real e que tenha sua receita, total ou parcialmente, excluída do regime de incidência não cumulativa da Contribuição para o PIS/PASEP;

c) pessoa jurídica estabelecida fora da Zona Franca de Manaus e que seja optante pelo Sistema Integrado de Pagamento de Impostos e Contribuições – SIMPLES; e

d) órgãos da administração federal, estadual, distrital e municipal.

► § 4º acrescido pela Lei nº 10.996, de 15-12-2004.

§ 5º O disposto no § 4º também se aplica à receita bruta auferida por pessoa jurídica industrial ou comercial estabelecida nas Áreas de Livre Comércio de que tratam as Leis nºs 7.965, de 22 de dezembro de 1989, 8.210, de 19 de julho de 1991, e 8.256, de 25 de novembro de 1991, o art. 11 da Lei nº 8.387, de 30 de dezembro de 1991, e a Lei nº 8.857, de 8 de março de 1994.

► § 5º com a redação dada pela Lei nº 11.945, de 4-6-2009.

§ 6º A exigência prevista no § 4º deste artigo relativa ao projeto aprovado não se aplica às pessoas jurídicas comerciais referidas no § 5º deste artigo.

► § 6º acrescido pela Lei nº 11.945, de 4-6-2009.

Art. 3º Do valor apurado na forma do art. 2º a pessoa jurídica poderá descontar créditos calculados em relação a:

► Art. 30 da Lei nº 10.865, de 30-4-2004, que dispõe sobre o PIS/PASEP-Importação e a COFINS-Importação.

► Arts. 9º e 10, § 5º, do Dec. nº 5.712, de 2-3-2006, que regulamenta o Regime Especial de Tributação para a Plataforma de Exportação de Serviços de Tecnologia da Informação – REPES, instituído pelos arts. 1º a 11 da Lei nº 11.196, de 21-11-2005.

► Art. 6º do Dec. nº 5.881, de 31-8-2006, que regulamenta o art. 55 da Lei nº 11.196, de 21-11-2005, que instituiu o regime de suspensão da contribuição para o PIS/PASEP e da COFINS na aquisição de máquinas e equipamentos para a produção de papéis destinados à impressão de jornais e periódicos.

► Arts. 13 e 14, § 2º, do Dec. nº 6.144, de 3-7-2007, que regulamenta a forma de habilitação e co-habilitação ao Regime Especial de Incentivos para o Desenvolvimento da Infraestrutura – REIDI, instituído pelos arts. 1º a 5º da Lei nº 11.488, de 15-6-2007.

I – bens adquiridos para revenda, exceto em relação às mercadorias e aos produtos referidos:

a) no inciso III do § 3º do art. 1º desta Lei; e

▶ Alínea *a* com a redação dada pela Lei nº 11.727, de 23-6-2008.

b) nos §§ 1º e 1º-A do art. 2º desta Lei;

▶ Alínea *b* com a redação dada pela Lei nº 11.787, de 25-9-2008.

II – bens e serviços, utilizados como insumo na prestação de serviços e na produção ou fabricação de bens ou produtos destinados à venda, inclusive combustíveis e lubrificantes, exceto em relação ao pagamento de que trata o art. 2º da Lei nº 10.485, de 3 de julho de 2002, devido pelo fabricante ou importador, ao concessionário, pela intermediação ou entrega dos veículos classificados nas posições 87.03 e 87.04 da TIPI;

▶ Inciso II com a redação dada pela Lei nº 10.865, de 30-4-2004.

III – VETADO;

IV – aluguéis de prédios, máquinas e equipamentos, pagos a pessoa jurídica, utilizados nas atividades da empresa;

V – valor das contraprestações de operações de arrendamento mercantil de pessoa jurídica, exceto de optante pelo Sistema Integrado de Pagamento de Impostos e Contribuições das Microempresas e das Empresas de Pequeno Porte – SIMPLES;

▶ Inciso V com a redação dada pela Lei nº 10.865, de 30-4-2004.

VI – máquinas, equipamentos e outros bens incorporados ao ativo imobilizado, adquiridos ou fabricados para locação a terceiros ou para utilização na produção de bens destinados à venda ou na prestação de serviços;

▶ Inciso VI com a redação dada pela Lei nº 11.196, de 21-11-2005.

VII – edificações e benfeitorias em imóveis de terceiros, quando o custo, inclusive de mão de obra, tenha sido suportado pela locatária;

▶ Art. 6º da Lei nº 11.488, de 15-6-2007, que cria o Regime Especial de Incentivos para o Desenvolvimento da Infraestrutura – REIDI; reduz para 24 (vinte e quatro) meses o prazo mínimo para utilização dos créditos da contribuição para o PIS/PASEP e da contribuição para o financiamento da seguridade social – COFINS decorrentes da aquisição de edificações; amplia o prazo para pagamento de impostos e contribuições.

VIII – bens recebidos em devolução, cuja receita de venda tenha integrado faturamento do mês ou de mês anterior, e tributada conforme o disposto nesta Lei;

IX – energia elétrica e energia térmica, inclusive sob a forma de vapor, consumidas nos estabelecimentos da pessoa jurídica;

▶ Inciso IX com a redação dada pela Lei nº 11.488, de 15-6-2007.

X – vale-transporte, vale-refeição ou vale alimentação, fardamento ou uniforme fornecidos aos empregados por pessoa jurídica que explore as atividades de prestação de serviços de limpeza, conservação e manutenção;

▶ Inciso X acrescido pela Lei nº 11.898, de 8-1-2009.

XI – bens incorporados ao ativo intangível, adquiridos para utilização na produção de bens destinados a venda ou na prestação de serviços.

▶ Inciso XI acrescido pela Lei nº 12.973, de 13-5-2014.

§ 1º O crédito será determinado mediante a aplicação da alíquota prevista no *caput* do art. 2º desta Lei sobre o valor:

▶ § 1º com a redação dada pela Lei nº 10.865, de 30-4-2004.

I – dos itens mencionados nos incisos I e II do *caput*, adquiridos no mês;

II – dos itens mencionados nos incisos IV, V e IX do *caput*, incorridos no mês;

▶ Inciso II com a redação dada pela Lei nº 10.684, de 30-5-2003.

III – dos encargos de depreciação e amortização dos bens mencionados nos incisos VI, VII e XI do *caput*, incorridos no mês;

▶ Inciso III com a redação dada pela Lei nº 12.973, de 13-5-2014.

▶ Art. 31 da Lei nº 10.865, de 30-4-2004, que dispõe sobre o PIS/PASEP-Importação e a COFINS-Importação.

▶ Art. 1º da Lei nº 11.774, de 17-9-2008, que altera a legislação tributária federal.

IV – dos bens mencionados no inciso VIII do *caput*, devolvidos no mês.

▶ Art. 31 da Lei nº 10.865, de 30-4-2004, que dispõe sobre o PIS/PASEP-Importação e a COFINS-Importação.

§ 2º Não dará direito a crédito o valor:

▶ *Caput* do § 2º com a redação dada pela Lei nº 10.865, de 30-4-2004.

I – de mão de obra paga a pessoa física;

II – da aquisição de bens ou serviços não sujeitos ao pagamento da contribuição, inclusive no caso de isenção, esse último quando revendidos ou utilizados como insumo em produtos ou serviços sujeitos à alíquota 0 (zero), isentos ou não alcançados pela contribuição; e

▶ Incisos I e II com a redação dada pela Lei nº 14.592, de 30-5-2023.

III – do ICMS que tenha incidido sobre a operação de aquisição.

▶ Inciso III acrescido pela Lei nº 14.592, de 30-5-2023.

§ 3º O direito ao crédito aplica-se, exclusivamente, em relação:

I – aos bens e serviços adquiridos de pessoa jurídica domiciliada no País;

II – aos custos e despesas incorridos, pagos ou creditados a pessoa jurídica domiciliada no País;

III – aos bens e serviços adquiridos e aos custos e despesas incorridos a partir do mês em que se iniciar a aplicação do disposto nesta Lei.

§ 4º O crédito não aproveitado em determinado mês poderá sê-lo nos meses subsequentes.

§§ 5º e 6º VETADOS.

§ 7º Na hipótese de a pessoa jurídica sujeitar-se à incidência não cumulativa da contribuição para o PIS/PASEP, em relação apenas a parte de suas receitas, o crédito será apurado, exclusivamente, em relação aos custos, despesas e encargos vinculados a essas receitas.

§ 8º Observadas as normas a serem editadas pela Secretaria da Receita Federal, no caso de custos, despesas e encargos vinculados às receitas referidas no § 7º e àquelas submetidas ao regime de incidência cumulativa dessa contribuição, o crédito será determinado, a critério da pessoa jurídica, pelo método de:

I – apropriação direta, inclusive em relação aos custos, por meio de sistema de contabilidade de custos integrada e coordenada com a escrituração; ou

II – rateio proporcional, aplicando-se aos custos, despesas e encargos comuns a relação percentual existente entre a receita bruta sujeita à incidência não cumulativa e a receita bruta total, auferidas em cada mês.

▶ Art. 2º, § 2º, do Dec. nº 7.422, de 31-12-2010, que dispõe sobre a concessão de incentivo fiscal para o desenvolvimento regional.

§ 9º O método eleito pela pessoa jurídica será aplicado consistentemente por todo o ano-calendário, observadas as normas a serem editadas pela Secretaria da Receita Federal.

▶ Art. 2º, § 2º, do Dec. nº 7.422, de 31-12-2010, que dispõe sobre a concessão de incentivo fiscal para o desenvolvimento regional.

§§ 10 e 11. *Revogados*. Lei nº 10.925, de 23-7-2004.

§ 12. Ressalvado o disposto no § 2º deste artigo e nos §§ 1º a 3º do art. 2º desta Lei, na aquisição de mercadoria produzida por pessoa jurídica estabelecida na Zona Franca de Manaus, consoante projeto aprovado pelo Conselho de Administração da Superintendência da Zona Franca de Manaus – SUFRAMA, o crédito será determinado mediante a aplicação da alíquota de um por cento e, na situação de que trata a alínea *b* do inciso II do § 4º do art. 2º desta Lei, mediante a aplicação da alíquota de um inteiro e sessenta e cinco centésimos por cento.

▶ § 12 com a redação dada pela Lei nº 11.307, de 19-5-2006.

§ 13. Não integram o valor das máquinas, equipamentos e outros bens fabricados para incorporação ao ativo imobilizado na forma do inciso VI do *caput* deste artigo os custos de que tratam os incisos do § 2º deste artigo.

▶ § 13 acrescido pela Lei nº 11.196, de 21-11-2005.

▶ O § 14 que havia sido acrescido pela MP nº 413, de 3-1-2008, não foi mantido na sua conversão pela Lei nº 11.727, de 23-6-2008.

§ 15. O disposto no § 12 deste artigo também se aplica na hipótese de aquisição de mercadoria produzida por pessoa jurídica estabelecida nas Áreas de Livre Comércio de que tratam as Leis nºs 7.965, de 22 de dezembro de 1989, 8.210, de 19 de julho de 1991, e 8.256, de 25 de novembro de 1991, o art. 11 da Lei nº 8.387, de 30 de dezembro de 1991, e a Lei nº 8.857, de 8 de março de 1994.

▶ § 15 com a redação dada pela Lei nº 11.945, de 4-6-2009.

§ 16. Ressalvado o disposto no § 2º deste artigo e nos §§ 1º a 3º do art. 2º desta Lei, na hipótese de aquisição de mercadoria revendida por pessoa jurídica comercial estabelecida nas Áreas de Livre Comércio referidas no § 15, o crédito será determinado mediante a aplicação da alíquota de 0,65% (sessenta e cinco centésimos por cento).

▶ § 16 com a redação dada pela Lei nº 11.945, de 4-6-2009.

§ 17. No cálculo do crédito de que tratam os incisos do *caput*, poderão ser considerados os valores decorrentes do ajuste a valor presente de que trata o inciso III do *caput* do art. 184 da Lei nº 6.404, de 15 de dezembro de 1976.

§ 18. O disposto nos incisos VI e VII do *caput* não se aplica no caso de bem objeto de arrendamento mercantil, na pessoa jurídica arrendatária.

§ 19. Para fins do disposto nos incisos VI e VII do *caput*, fica vedado o desconto de quaisquer créditos calculados em relação a:

I – encargos associados a empréstimos registrados como custo na forma da alínea *b* do § 1º do art. 17 do Decreto-Lei nº 1.598, de 26 de dezembro de 1977; e

II – custos estimados de desmontagem e remoção do imobilizado e de restauração do local em que estiver situado.

§ 20. No cálculo dos créditos a que se referem os incisos VI e VII do *caput*, não serão computados os ganhos e perdas decorrentes de avaliação de ativo com base no valor justo.

§ 21. Na execução de contratos de concessão de serviços públicos, os créditos gerados pelos serviços de construção, recuperação, reforma, ampliação ou melhoramento de infraestrutura, quando a receita correspondente tiver contrapartida em ativo intangível, representativo de direito de exploração, ou em ativo financeiro, somente poderão ser aproveitados, no caso do ativo intangível, à medida que este for amortizado e, no caso do ativo financeiro, na proporção de seu recebimento, excetuado, para ambos os casos, o crédito previsto no inciso VI do *caput*.

▸ §§ 17 a 21 com a redação dada pela Lei nº 12.973, de 13-5-2014.

§ 22. O disposto no inciso XI do *caput* não se aplica ao ativo intangível referido no § 21.

▸ § 22 acrescido pela Lei nº 12.973, de 13-5-2014.

Art. 4º O contribuinte da contribuição para o PIS/PASEP é a pessoa jurídica que auferir as receitas a que se refere o art. 1º.

Art. 5º A contribuição para o PIS/PASEP não incidirá sobre as receitas decorrentes das operações de:

I – exportação de mercadorias para o exterior;

II – prestação de serviços para pessoa física ou jurídica residente ou domiciliada no exterior, cujo pagamento represente ingresso de divisas;

▸ Inciso II com a redação dada pela Lei nº 10.865, de 30-4-2004.

▸ Art. 10 da Lei nº 11.371, de 28-11-2006, que dispõe sobre operações de câmbio e registro de capitais estrangeiros.

III – vendas a empresa comercial exportadora com o fim específico de exportação.

§ 1º Na hipótese deste artigo, a pessoa jurídica vendedora poderá utilizar o crédito apurado na forma do art. 3º para fins de:

I – dedução do valor da contribuição a recolher, decorrente das demais operações no mercado interno;

II – compensação com débitos próprios, vencidos ou vincendos, relativos a tributos e contribuições administrados pela Secretaria da Receita Federal, observada a legislação específica aplicável à matéria.

§ 2º A pessoa jurídica que, até o final de cada trimestre do ano civil, não conseguir utilizar o crédito por qualquer das formas previstas no § 1º, poderá solicitar o seu ressarcimento em dinheiro, observada a legislação específica aplicável à matéria.

Art. 5º-A. VETADO. Lei nº 10.925, de 23-7-2004.

▸ Arts. 1º a 5º-A estarão revogados pela LC nº 214, de 16-1-2025, a partir de 1º-1-2027.

Art. 6º *Revogado*. Lei nº 10.833, de 29-12-2003.

Art. 7º A empresa comercial exportadora que houver adquirido mercadorias de outra pessoa jurídica, com o fim específico de exportação para o exterior, que, no prazo de cento e oitenta dias, contado da data da emissão da nota fiscal pela vendedora, não comprovar o seu embarque para o exterior, ficará sujeita ao pagamento de todos os impostos e contribuições que deixaram de ser pagos pela empresa vendedora, acrescidos de juros de mora e multa, de mora ou de ofício, calculados na forma da legislação que rege a cobrança do tributo não pago.

§ 1º Para efeito do disposto neste artigo, considera-se vencido o prazo para o pagamento na data em que a empresa vendedora deveria fazê-lo, caso a venda houvesse sido efetuada para o mercado interno.

§ 2º No pagamento dos referidos tributos, a empresa comercial exportadora não poderá deduzir, do montante devido, qualquer valor a título de crédito de Imposto sobre Produtos Industrializados (IPI) ou de contribuição para o PIS/PASEP, decorrente da aquisição das mercadorias e serviços objeto da incidência.

§ 3º A empresa deverá pagar, também, os impostos e contribuições devidos nas vendas para o mercado interno, caso, por qualquer forma, tenha alienado ou utilizado as mercadorias.

Art. 8º Permanecem sujeitas às normas da legislação da contribuição para o PIS/PASEP, vigentes anteriormente a esta Lei, não se lhes aplicando as disposições dos arts. 1º a 6º:

▸ Arts. 7º e 8º estarão revogados pela LC nº 214, de 16-1-2025, a partir de 1º-1-2027.

I – *as pessoas jurídicas referidas nos §§ 6º, 8º e 9º do art. 3º da Lei nº 9.718, de 27 de novembro de 1998, e na Lei que institui o Estatuto da Segurança Privada e da Segurança das Instituições Financeiras;*

▸ Inciso I com a redação dada pela Lei nº 14.967, de 9-9-2024.

II – as pessoas jurídicas tributadas pelo imposto de renda com base no lucro presumido ou arbitrado;

III – as pessoas jurídicas optantes pelo SIMPLES;

IV – as pessoas jurídicas imunes a impostos;

V – os órgãos públicos, as autarquias e fundações públicas federais, estaduais e municipais, e as fundações cuja criação tenha sido autorizada por lei, referidas no art. 61 do Ato das Disposições Constitucionais Transitórias da Constituição de 1988;

VI – VETADO;

VII – as receitas decorrentes das operações:

a) *Revogada*. Lei nº 11.727, de 23-6-2008;

b) sujeitas à substituição tributária da contribuição para o PIS/PASEP;

c) referidas no art. 5º da Lei nº 9.716, de 26 de novembro de 1998;

VIII – as receitas decorrentes de prestação de serviços de telecomunicações;

IX – VETADO;

X – as sociedades cooperativas;

XI – as receitas decorrentes de prestação de serviços das empresas jornalísticas e de radiodifusão sonora e de sons e imagens;

▸ Incisos X e XI acrescidos pela Lei nº 10.684, de 30-5-2003.

XII – as receitas decorrentes de operações de comercialização de pedra britada, de areia para construção civil e de areia de brita;

▸ Inciso XII acrescido pela Lei nº 12.693, de 24-7-2012.

XIII – as receitas decorrentes da alienação de participações societárias.

▸ Inciso XIII com a redação dada pela Lei nº 13.043, de 13-11-2014.

Art. 9º VETADO.

Art. 10. A contribuição de que trata o art. 1º desta Lei deverá ser paga até o 25º (vigésimo quinto) dia do mês subsequente ao de ocorrência do fato gerador.

Parágrafo único. Se o dia do vencimento de que trata o *caput* deste artigo não for dia útil, considerar-se-á antecipado o prazo para o primeiro dia útil que o anteceder.

▸ Art. 10 com a redação dada pela Lei nº 11.933, de 28-4-2009.

Art. 11. A pessoa jurídica contribuinte do PIS/PASEP, submetida à apuração do valor devido na forma do art. 3º, terá direito a desconto correspondente ao estoque de abertura dos bens de que tratam os incisos I e II desse artigo, adquiridos de pessoa jurídica domiciliada no País, existentes em 1º de dezembro de 2002.

§ 1º O montante de crédito presumido será igual ao resultado da aplicação do percentual de sessenta e cinco centésimos por cento sobre o valor do estoque.

§ 2º O crédito presumido calculado segundo os §§ 1º e 7º será utilizado em doze parcelas mensais, iguais e sucessivas, a partir da data a que se refere o *caput* deste artigo.

▸ § 2º com a redação dada pela Lei nº 10.865, de 30-4-2004.

§ 3º A pessoa jurídica que, tributada com base no lucro presumido, passar a adotar o regime de tributação com base no lucro real, terá, na hipótese de, em decorrência dessa opção, sujeitar-se à incidência não cumulativa da contribuição para o PIS/PASEP, direito a desconto correspondente ao estoque de abertura dos bens e ao aproveitamento do crédito presumido na forma prevista neste artigo.

§ 4º O disposto no *caput* aplica-se também aos estoques de produtos acabados e em elaboração.

▸ § 4º acrescido pela Lei nº 10.684, de 30-5-2003.

§ 5º O disposto neste artigo aplica-se, também, aos estoques de produtos que não geraram crédito na aquisição, em decorrência do disposto nos § 7º a 9º do art. 3º desta Lei, destinados à fabricação dos produtos de que tratam as Leis nºs 9.990, de 21 de julho de 2000, 10.147, de 21 de dezembro de 2000, 10.485, de 3 de julho de 2002, e 10.560, de 13 de novembro de 2002, ou quaisquer outros submetidos à incidência monofásica da contribuição.

§ 6º As disposições do § 5º não se aplicam aos estoques de produtos adquiridos a alíquota zero, isentos ou não alcançados pela incidência da contribuição.

▸ §§ 5º e 6º acrescidos pela Lei nº 10.865, de 30-4-2004.

§ 7º O montante do crédito presumido de que trata o § 5º deste artigo será igual ao resultado da aplicação da alíquota de um inteiro e sessenta e cinco centésimos por cento sobre o valor do estoque, inclusive para as pessoas jurídicas fabricantes dos produtos referidos no art. 51 da Lei nº 10.833, de 29 de dezembro de 2003.

► § 7º com a redação dada pela Lei nº 10.925, de 23-7-2004.

Art. 12. Até 31 de dezembro de 2003, o Poder Executivo submeterá ao Congresso Nacional projeto de lei tornando não cumulativa a cobrança da Contribuição para o Financiamento da Seguridade Social (COFINS).

► Arts. 10 a 12 estarão revogados pela LC nº 214, de 16-1-2025, a partir de 1º-1-2027.

Parágrafo único. O projeto conterá também a modificação, se necessária, da alíquota da contribuição para o PIS/PASEP, com a finalidade de manter constante, em relação a períodos anteriores, a parcela da arrecadação afetada pelas alterações introduzidas por esta Lei.

CAPÍTULO II
DAS OUTRAS DISPOSIÇÕES RELATIVAS À LEGISLAÇÃO TRIBUTÁRIA E ADUANEIRA

Art. 13. Poderão ser pagos até o último dia útil de janeiro de 2003, em parcela única, os débitos a que se refere o art. 11 da Medida Provisória nº 2.158-35, de 24 de agosto de 2001, vinculados ou não a qualquer ação judicial, relativos a fatos geradores ocorridos até 30 de abril de 2002.

§ 1º Para os efeitos deste artigo, a pessoa jurídica deverá comprovar a desistência expressa e irrevogável de todas as ações judiciais que tenham por objeto os tributos a serem pagos e renunciar a qualquer alegação de direito sobre a qual se fundam as referidas ações.

§ 2º Na hipótese de que trata este artigo, serão dispensados os juros de mora devidos até janeiro de 1999, sendo exigido esse encargo, na forma do § 4º do art. 17 da Lei nº 9.779, de 19 de janeiro de 1999, acrescido pela Medida Provisória nº 2.158-35, de 24 de agosto de 2001, a partir do mês:

I – de fevereiro do referido ano, no caso de fatos geradores ocorridos até janeiro de 1999;

II – seguinte ao da ocorrência do fato gerador, nos demais casos.

§ 3º Na hipótese deste artigo, a multa, de mora ou de ofício, incidente sobre o débito constituído ou não, será reduzida no percentual fixado no *caput* do art. 6º da Lei nº 8.218, de 29 de agosto de 1991.

§ 4º Para efeito do disposto no *caput*, se os débitos forem decorrentes de lançamento de ofício e se encontrarem com exigibilidade suspensa por força do inciso III do art. 151 da Lei nº 5.172, de 25 de outubro de 1966, o sujeito passivo deverá desistir expressamente e de forma irrevogável da impugnação ou do recurso interposto.

Art. 14. Os débitos de que trata o art. 13, relativos a fatos geradores vinculados a ações judiciais propostas pelo sujeito passivo contra exigência de imposto ou contribuição instituído após 1º de janeiro de 1999 ou contra majoração, após aquela data, de tributo ou contribuição anteriormente instituído, poderão ser pagos em parcela única até o último dia útil de janeiro de 2003 com a dispensa de multas moratória e punitivas.

§ 1º Para efeito deste artigo, o contribuinte ou o responsável deverá comprovar a desistência expressa e irrevogável de todas as ações judiciais que tenham por objeto os tributos a serem pagos na forma do *caput*, e renunciar a qualquer alegação de direito sobre as quais se fundam as referidas ações.

§ 2º O benefício de que trata este artigo somente poderá ser usufruído caso o contribuinte ou o responsável pague integralmente, no mesmo prazo estabelecido no *caput*, os débitos nele referidos, relativos a fatos geradores ocorridos de maio de 2002 até o mês anterior ao do pagamento.

§ 3º Na hipótese deste artigo, os juros de mora devidos serão determinados pela variação mensal da Taxa de Juros de Longo Prazo (TJLP).

Art. 15. Relativamente aos tributos e contribuições administrados pela Secretaria da Receita Federal, o contribuinte ou o responsável que, a partir de 15 de maio de 2002, tenha efetuado pagamento de débitos, em conformidade com norma de caráter exonerativo, e divergir em relação ao valor de débito constituído de ofício, poderá impugnar, com base nas normas estabelecidas no Decreto nº 70.235, de 6 de março de 1972, a parcela não reconhecida como devida, desde que a impugnação:

I – seja apresentada juntamente com o pagamento do valor reconhecido como devido;

II – verse, exclusivamente, sobre a divergência de valor, vedada a inclusão de quaisquer outras matérias, em especial as de direito em que se fundaram as respectivas ações judiciais ou impugnações e recursos anteriormente apresentados contra o mesmo lançamento;

III – seja precedida do depósito da parcela não reconhecida como devida, determinada de conformidade com o disposto na Lei nº 9.703, de 17 de novembro de 1998.

§ 1º Da decisão proferida em relação à impugnação de que trata este artigo caberá recurso nos termos do Decreto nº 70.235, de 6 de março de 1972.

§ 2º A conclusão do processo administrativo-fiscal, por decisão definitiva em sua esfera ou desistência do sujeito passivo, implicará a imediata conversão em renda do depósito efetuado, na parte favorável à Fazenda Nacional, transformando-se em pagamento definitivo.

§ 3º A parcela depositada nos termos do inciso III do *caput* que venha a ser considerada indevida por força da decisão referida no § 2º sujeitar-se-á ao disposto na Lei nº 9.703, de 17 de novembro de 1998.

§ 4º O disposto neste artigo também se aplica a majoração ou a agravamento de multa de ofício, na hipótese do art. 13.

Art. 16. Aplica-se o disposto nos arts. 13 e 14 às contribuições arrecadadas pelo Instituto Nacional do Seguro Social (INSS), observada regulamentação editada por esse órgão, em especial quanto aos procedimentos no âmbito de seu contencioso administrativo.

Art. 17. A opção pela modalidade de pagamento de débitos prevista no *caput* do art. 5º da Medida Provisória nº 2.222, de 4 de setembro de 2001, poderá ser exercida até o último dia útil do mês de janeiro de 2003, desde que o pagamento seja efetuado em parcela única até essa data.

Parágrafo único. Os débitos a serem pagos em decorrência do disposto no *caput* serão acrescidos de juros equivalentes à taxa do Sistema Especial de Liquidação e Custódia (SELIC) para títulos federais, acumulada mensalmente, calculados a partir do mês de janeiro de 2002 até o mês anterior ao do pagamento, e adicionados de 1% (um por cento) relativamente ao mês em que o pagamento estiver sendo feito.

Art. 18. Os débitos relativos à contribuição para o Programa de Formação do Patrimônio do Servidor Público (PASEP) dos Estados, do Distrito Federal e dos Municípios, bem como de suas autarquias e fundações públicas, sem exigibilidade suspensa, correspondentes a fato gerador ocorrido até 30 de abril de 2002, poderão ser pagos mediante regime especial de parcelamento, por opção da pessoa jurídica de direito público interno devedora.

Parágrafo único. A opção referida no *caput* deverá ser formalizada até o último dia útil do mês de setembro de 2002, nos termos e condições estabelecidos pela Secretaria da Receita Federal.

Art. 19. O regime especial de parcelamento referido no art. 18 implica a consolidação dos débitos na data da opção e abrangerá a totalidade dos débitos existentes em nome da optante, constituídos ou não, inclusive os juros de mora incidentes até a data de opção.

Parágrafo único. O débito consolidado na forma deste artigo:

I – sujeitar-se-á, a partir da data da consolidação, a juros equivalentes à taxa do SELIC para títulos federais, acumulada mensalmente, calculados a partir da data de deferimento do pedido até o mês anterior ao do pagamento, e adicionados de 1% (um por cento) relativamente ao mês em que o pagamento estiver sendo feito;

II – será pago mensalmente, até o último dia útil da primeira quinzena de cada mês, no valor equivalente a 5% (cinco por cento) do valor devido no mesmo mês pela optante, relativo ao PASEP correspondente ao fato gerador ocorrido no mês imediatamente anterior, até a liquidação total do débito;

III – a última parcela será paga pelo valor residual do débito, quando inferior ao referido no inciso II.

Art. 20. A opção pelo regime especial de parcelamento referido no art. 18 sujeita a pessoa jurídica:

I – à confissão irrevogável e irretratável dos débitos referidos no art. 19;

II – ao pagamento regular das parcelas do débito consolidado, bem como dos valores devidos relativos ao PASEP decorrentes de fatos geradores ocorridos posteriormente a 30 de abril de 2002.

Parágrafo único. A opção pelo regime especial exclui qualquer outra forma de parcelamento de débitos relativos ao PASEP.

Art. 21. A pessoa jurídica optante pelo regime especial de parcelamento referido no art. 18 será dele excluída nas seguintes hipóteses:

I – inobservância da exigência estabelecida no inciso I do art. 20;

II – inadimplência, por 2 (dois) meses consecutivos ou 6 (seis) alternados, relativamente ao PASEP, inclusive decorrente de fatos geradores ocorridos posteriormente a 30 de abril de 2002.

§ 1º A exclusão da pessoa jurídica do regime especial implicará exigibilidade imediata da totalidade do crédito confessado e ainda não pago.

§ 2º A exclusão será formalizada por meio de ato da Secretaria da Receita Federal e produzirá efeitos a partir do mês subsequente àquele em que a pessoa jurídica optante for cientificada.

Art. 22. VETADO.

Art. 23. A opção pelo parcelamento alternativo ao Refis de que trata o art. 12 da Lei nº 9.964, de 10 de abril de 2000, regularmente efetuada, poderá ser convertida em opção pelo Refis, e vice-versa, na hipótese de erro de fato cometido por ocasião do primeiro pagamento efetuado, observadas as normas estabelecidas pelo Comitê Gestor do referido Programa.

► Súm. nº 437 do STJ.

§ 1º A mudança de opção referida neste artigo deverá ser solicitada até o último dia útil do mês de janeiro de 2003.

§ 2º A pessoa jurídica excluída do parcelamento alternativo ao Refis em razão de pagamento de parcela em valor inferior ao fixado no art. 12, § 1º, da Lei nº 9.964, de 10 de abril de 2000, acrescido de juros correspondentes à variação mensal da Taxa de Juros de Longo Prazo (TJLP), poderá ter sua opção restabelecida, observado o disposto no *caput*.

§ 3º A conversão da opção nos termos deste artigo não implica restituição ou compensação de valores já pagos.

Art. 24. O *caput* do art. 10 da Lei nº 10.522, de 19 de julho de 2002, passa a vigorar com a seguinte redação:

► Alterações inseridas no texto da referida Lei.

Art. 25. Relativamente aos tributos e contribuições administrados pela Secretaria da Receita Federal, na hipótese de, na data do pagamento realizado de conformidade com norma de caráter exoneratívo, o contribuinte ou o responsável estiver sob ação de fiscalização relativamente à matéria a ser objeto desse pagamento, a parcela não reconhecida como devida poderá ser impugnada no prazo fixado na intimação constante do auto de infração ou da notificação de lançamento, nas condições estabelecidas pela referida norma, inclusive em relação ao depósito da respectiva parcela dentro do prazo previsto para o pagamento do valor reconhecido como devido.

Art. 26. Poderão optar pelo Sistema Integrado de Pagamento de Impostos e Contribuições das Microempresas e das Empresas de Pequeno Porte (Simples), nas condições estabelecidas pela Lei nº 9.317, de 5 de dezembro de 1996, as pessoas jurídicas que se dediquem exclusivamente às atividades de:

► A Lei nº 9.317, de 5-12-1996 (Estatuto Nacional da Microempresa e da Empresa de Pequeno Porte), foi revogada pela LC nº 123, de 14-12-2006.

I – agência de viagem e turismo;

II a IX – VETADOS.

Art. 27. A operação de comércio exterior realizada mediante utilização de recursos de terceiro presume-se por conta e ordem deste, para fins de aplicação do disposto nos arts. 77 a 81 da Medida Provisória nº 2.158-35, de 24 de agosto de 2001.

Art. 28. As empresas de transporte internacional que operem em linha regular, por via aérea ou marítima, deverão prestar informações sobre tripulantes e passageiros, na forma e no prazo estabelecidos pela Secretaria da Receita Federal.

Parágrafo único. O descumprimento do disposto neste artigo ensejará a aplicação de multa no valor de:

I – R$ 5.000,00 (cinco mil reais) por veículo cujas informações não sejam prestadas; ou

II – R$ 200,00 (duzentos reais) por informação omitida, limitado ao valor de R$ 5.000,00 (cinco mil reais) por veículo.

Art. 29. As matérias-primas, os produtos intermediários e os materiais de embalagem, destinados a estabelecimento que se dedique, preponderantemente, à elaboração de produtos classificados nos Capítulos 2, 3, 4, 7, 8, 9, 10, 11, 12, 15, 16, 17, 18, 19, 20, 23 (exceto códigos 2309.10.00 e 2309.90.30 e Ex 01 no código 2309.90.90), 28, 29, 30, 31 e 64, no código 2209.00.00 e 2501.00.00, e nas posições 21.01 a 21.05.00, da Tabela de Incidência do Imposto sobre Produtos Industrializados – TIPI, inclusive aqueles a que corresponde a notação NT (não tributados), sairão do estabelecimento industrial com suspensão do referido imposto.

► *Caput* com a redação dada pela Lei nº 10.684, de 30-5-2003.

§ 1º O disposto neste artigo aplica-se, também, às saídas de matérias-primas, produtos intermediários e materiais de embalagem, quando adquiridos por:

I – estabelecimentos industriais fabricantes, preponderantemente, de:

a) componentes, chassis, carroçarias, partes e peças dos produtos a que se refere o art. 1º da Lei nº 10.485, de 3 de julho de 2002;

b) partes e peças destinadas a estabelecimento industrial fabricante de produto classificado no Capítulo 88 da TIPI;

c) *Revogada*. Lei nº 13.969, de 26-12-2019;

II – pessoas jurídicas preponderantemente exportadoras;

III – estabelecimentos industriais fabricantes de bens de que trata o art. 16-A da Lei nº 8.248, de 23 de outubro de 1991, desde que façam jus ao crédito previsto no art. 4º da mesma Lei.

► Inciso III acrescido pela Lei nº 13.969, de 26-12-2019.

§ 2º O disposto no *caput* e no inciso I do § 1º aplica-se ao estabelecimento industrial cuja receita bruta decorrente dos produtos ali referidos, no ano-calendário imediatamente anterior ao da aquisição, houver sido superior a 60% (sessenta por cento) de sua receita bruta total no mesmo período.

§ 3º Para fins do disposto no inciso II do § 1º, considera-se pessoa jurídica preponderantemente exportadora aquela cuja receita bruta decorrente de exportação para o exterior, no ano-calendário imediatamente anterior ao da aquisição, tenha sido superior a 50% (cinquenta por cento) de sua receita bruta total de venda de bens e serviços no mesmo período, após excluídos os impostos e contribuições incidentes sobre a venda.

► § 3º com a redação dada pela Lei nº 12.715, de 17-9-2012.

§ 4º As matérias-primas, os produtos intermediários e os materiais de embalagem, importados diretamente, por encomenda ou por conta e ordem do estabelecimento de que tratam o *caput* e o § 1º deste artigo serão desembaraçados com suspensão do IPI.

► § 4º com a redação dada pela Lei nº 13.755, de 10-12-2018, promulgado nos termos do art. 66, § 5º, da CF (*DOU* de 21-6-2019).

§ 5º A suspensão do imposto não impede a manutenção e a utilização dos créditos do IPI pelo respectivo estabelecimento industrial, fabricante das referidas matérias-primas, produtos intermediários e materiais de embalagem.

§ 6º Nas notas fiscais relativas às saídas referidas no § 5º, deverá constar a expressão "Saída com suspensão do IPI", com a especificação do dispositivo legal correspondente, vedado o registro do imposto nas referidas notas.

§ 7º Para os fins do disposto neste artigo, as empresas adquirentes deverão:

I – atender aos termos e às condições estabelecidos pela Secretaria da Receita Federal;

II – declarar ao vendedor, de forma expressa e sob as penas da lei, que atende a todos os requisitos estabelecidos.

§ 8º *Revogado*. Lei nº 12.712, de 30-8-2012.

Art. 30. A falta de prestação das informações a que se refere o art. 5º da Lei Complementar nº 105, de 10 de janeiro de 2001, ou sua apresentação de forma inexata ou incompleta, sujeita a pessoa jurídica às seguintes penalidades:

I – R$ 50,00 (cinquenta reais) por grupo de cinco informações inexatas, incompletas ou omitidas;

II – R$ 5.000,00 (cinco mil reais) por mês-calendário ou fração, independentemente da sanção prevista no inciso I, na hipótese de atraso na entrega da declaração que venha a ser instituída para o fim de apresentação das informações.

§ 1º O disposto no inciso II do *caput* aplica-se também à declaração que não atenda às especificações que forem estabelecidas pela Secretaria da Receita Federal, inclusive quando exigida em meio digital.

§ 2º As multas de que trata este artigo serão:

I – apuradas considerando o período compreendido entre o dia seguinte ao término do prazo fixado para a entrega da declaração até a data da efetiva entrega;

II – majoradas em 100% (cem por cento), na hipótese de lavratura de auto de infração.

§ 3º Na hipótese de lavratura de auto de infração, caso a pessoa jurídica não apresente a declaração, serão lavrados autos de infração complementares até a sua efetiva entrega.

Art. 31. A falta de apresentação dos elementos a que se refere o art. 6º da Lei Complementar nº 105, de 10 de janeiro de 2001, ou sua apresentação de forma inexata ou incompleta, sujeita a pessoa jurídica à multa equivalente a 2% (dois por cento) do valor das operações objeto da requisição, apurado por meio de procedimento fiscal junto à própria pessoa jurídica ou ao titular da conta de depósito ou da aplicação financeira, bem como a terceiros, por mês-calendário ou fração de atraso, limitada a 10% (dez por cento), observado o valor mínimo de R$ 50.000,00 (cinquenta mil reais).

Parágrafo único. À multa de que trata este artigo aplica-se o disposto nos §§ 2º e 3º do art. 30.

Art. 32. As entidades fechadas de previdência complementar poderão excluir da base de cálculo da contribuição para o PIS/PASEP e da COFINS, além dos valores já previstos na legislação vigente, os referentes a:

► Este artigo estará revogado pela LC nº 214, de 16-1-2025, a partir de 1º-1-2027.

I – rendimentos relativos a receitas de aluguel, destinados ao pagamento de benefícios de aposentadoria, pensão, pecúlio e resgates;

II – receita decorrente da venda de bens imóveis, destinada ao pagamento de benefícios de aposentadoria, pensão, pecúlio e resgates;

III – resultado positivo auferido na reavaliação da carteira de investimentos imobiliários referida nos incisos I e II.

Parágrafo único. As entidades de que trata o *caput* poderão pagar em parcela única, até o último dia útil do mês de novembro de 2002, com dispensa de juros e multa, os débitos relativos à contribuição para o PIS/PASEP e à COFINS, constituídos ou não, inscritos ou não em Dívida Ativa, ajuizados ou a ajuizar, referentes a fatos geradores ocorridos até 31 de julho de 2002 e decorrentes de:

I – rendimentos relativos a receitas de aluguel, destinados ao pagamento de benefícios de aposentadoria, pensão, pecúlio e resgates;

II – receita decorrente da venda de bens imóveis, destinada ao pagamento de benefícios de aposentadoria, pensão, pecúlio e resgates;

III – resultado positivo auferido na reavaliação da carteira de investimentos imobiliários referida nos incisos I e II.

Art. 33. VETADO.

Art. 34. A condição e a vedação estabelecidas, respectivamente, no art. 13, § 2º, III, *b*, da Lei nº 9.249, de 26 de dezembro de 1995, e no art. 12, § 2º, *a*, da Lei nº 9.532, de 10 de dezembro de 1997, não alcançam a hipótese de remuneração de dirigente, em decorrência de vínculo empregatício, pelas Organizações da Sociedade Civil de Interesse Público (OSCIP), qualificadas segundo as normas estabelecidas na Lei nº 9.790, de 23 de março de 1999, e pelas Organizações Sociais (OS), qualificadas consoante os dispositivos da Lei nº 9.637, de 15 de maio de 1998.

Parágrafo único. O disposto neste artigo aplica-se somente à remuneração não superior, em seu valor bruto, ao limite estabelecido para a remuneração de servidores do Poder Executivo Federal.

***Art. 35.** A receita decorrente da avaliação de títulos e valores mobiliários, instrumentos financeiros, derivativos e itens objeto de hedge, registrada pelas instituições financeiras e demais entidades autorizadas a funcionar pelo Banco Central do Brasil, instituições autorizadas a operar pela Superintendência de Seguros Privados – SUSEP e sociedades autorizadas a operar em seguros ou resseguros em decorrência da valoração a preço de mercado no que exceder ao rendimento produzido até a referida data será computada na base de cálculo do Imposto sobre a Renda das Pessoas Jurídicas e da Contribuição Social sobre o Lucro Líquido somente quando da alienação dos respectivos ativos.*

▸ *Caput* com a redação dada pela LC nº 214, de 16-1-2025.

§ 1º Na hipótese de desvalorização decorrente da avaliação mencionada no *caput*, o reconhecimento da perda para efeito do Imposto de Renda das Pessoas Jurídicas e da Contribuição Social sobre o Lucro Líquido será computada também quando da alienação.

§ 2º Para fins do disposto neste artigo, considera-se alienação qualquer forma de transmissão da propriedade, bem como a liquidação, o resgate e a cessão dos referidos títulos e valores mobiliários, instrumentos financeiros derivativos e itens objeto de *hedge*.

§ 3º Os registros contábeis de que trata este artigo serão efetuados em contrapartida à conta de ajustes específica para esse fim, na forma a ser estabelecida pela Secretaria da Receita Federal.

§ 4º Ficam convalidados os procedimentos efetuados anteriormente à vigência desta Lei, no curso do ano-calendário de 2002, desde que observado o disposto neste artigo.

Art. 36. *Revogado*. Lei nº 11.196, de 21-11-2005.

Art. 37. *Revogado*. Lei nº 11.727, de 23-6-2008.

Art. 38. Fica instituído, em relação aos tributos e contribuições administrados pela Secretaria da Receita Federal, bônus de adimplência fiscal, aplicável às pessoas jurídicas submetidas ao regime de tributação com base no lucro real ou presumido.

§ 1º O bônus referido no *caput*:

I – corresponde a 1% (um por cento) da base de cálculo da CSLL determinada segundo as normas estabelecidas para as pessoas jurídicas submetidas ao regime de apuração com base no lucro presumido;

II – será calculado em relação à base de cálculo referida no inciso I, relativamente ao ano-calendário em que permitido seu aproveitamento.

§ 2º Na hipótese de período de apuração trimestral, o bônus será calculado em relação aos 4 (quatro) trimestres do ano-calendário e poderá ser deduzido da CSLL devida correspondente ao último trimestre.

§ 3º Não fará jus ao bônus a pessoa jurídica que, nos últimos 5 (cinco) anos-calendário, se enquadre em qualquer das seguintes hipóteses, em relação a tributos e contribuições administrados pela Secretaria da Receita Federal:

I – lançamento de ofício;

II – débitos com exigibilidade suspensa;

III – inscrição em dívida ativa;

IV – recolhimentos ou pagamentos em atraso;

V – falta ou atraso no cumprimento de obrigação acessória.

§ 4º Na hipótese de decisão definitiva, na esfera administrativa ou judicial, que implique desoneração integral da pessoa jurídica, as restrições referidas nos incisos I e II do § 3º serão desconsideradas desde a origem.

§ 5º O período de 5 (cinco) anos-calendário será computado por ano completo, inclusive aquele em relação ao qual dar-se-á o aproveitamento do bônus.

§ 6º A dedução do bônus dar-se-á em relação à CSLL devida no ano-calendário.

§ 7º A parcela do bônus que não puder ser aproveitada em determinado período poderá sê-lo em períodos posteriores, vedado o ressarcimento ou a compensação distinta da referida neste artigo.

§ 8º A utilização indevida do bônus instituído por este artigo implica a imposição da multa de que trata o inciso I do *caput* do art. 44 da Lei nº 9.430, de 27 de dezembro de 1996, duplicando-se o seu percentual, sem prejuízo do disposto no § 2º.

▸ § 8º com a redação dada pela Lei nº 11.488, de 15-6-2007.

§ 9º O bônus será registrado na contabilidade da pessoa jurídica beneficiária:

I – na aquisição do direito, a débito de conta de Ativo Circulante e a crédito de Lucro ou Prejuízos Acumulados;

II – na utilização, a débito da provisão para pagamento da CSLL e a crédito da conta de Ativo Circulante referida no inciso I.

§ 10. A Secretaria da Receita Federal estabelecerá as normas necessárias à aplicação deste artigo.

Arts. 39 e 40. *Revogados*. Lei nº 11.196, de 21-11-2005.

Art. 41. VETADO.

Arts. 42 e 43. *Revogados*. Lei nº 11.196, de 21-11-2005.

Art. 44. VETADO.

Art. 45. *Revogado*. Lei nº 14.596, de 14-6-2023.

Art. 46. O art. 13, *caput*, e o art. 14, I, da Lei nº 9.718, de 27 de novembro de 1998, passam a vigorar com a seguinte redação:

▸ Alterações inseridas no texto da referida Lei.

Art. 47. A pessoa jurídica integrante do Mercado Atacadista de Energia Elétrica (MAE), instituído pela Lei nº 10.433, de 24 de abril de 2002, poderá optar por regime especial de tributação, relativamente à contribuição para o Programa de Integração Social e de Formação do Patrimônio do Servidor Público (PIS/PASEP) e à Contribuição para o Financiamento da Seguridade Social (COFINS).

▸ Este artigo estará revogado pela LC nº 214, de 16-1-2025, a partir de 1º-1-2027.

§ 1º A opção pelo regime especial referido no *caput*:

I – será exercida mediante simples comunicado, nos termos e condições estabelecidos pela Secretaria da Receita Federal;

II – produzirá efeitos em relação aos fatos geradores ocorridos a partir do mês subsequente ao do exercício da opção.

§ 2º Para os fins do regime especial referido no *caput*, considera-se receita bruta auferida nas operações de compra e venda de energia elétrica realizadas na forma da regulamentação de que trata o art. 14 da Lei nº 9.648, de 27 de maio de 1998, com a redação dada pela Lei nº 10.433, de 24 de abril de 2002, para efeitos de incidência da contribuição para o PIS/PASEP e da COFINS, os resultados positivos apurados mensalmente pela pessoa jurídica optante.

§ 3º Na determinação da base de cálculo da contribuição para o PIS/PASEP e da COFINS, a pessoa jurídica optante poderá deduzir os valores devidos, correspondentes a ajustes de contabilizações encerradas de operações de compra e venda de energia elétrica, realizadas no âmbito do MAE, quando decorrentes de:

I – decisão proferida em processo de solução de conflitos, no âmbito do MAE, da Agência Nacional de Energia Elétrica (ANEEL) ou em processo de arbitragem, na forma prevista no § 3º do art. 2º da Lei nº 10.433, de 24 de abril de 2002;

II – resolução da Aneel;

III – decisão proferida no âmbito do Poder Judiciário, transitada em julgado; e

IV – VETADO.

§ 4º A dedução de que trata o § 3º é permitida somente na hipótese em que o ajuste de contabilização caracterize anulação de receita sujeita à incidência do PIS/PASEP e da COFINS, na forma estabelecida pela Secretaria da Receita Federal.

§ 5º Sem prejuízo do disposto nos §§ 3º e 4º, geradoras de energia elétrica optantes poderão excluir da base de cálculo da contribuição para o PIS/PASEP e da COFINS o valor da receita auferida com a venda compulsória de energia elétrica por meio do Mecanismo de Realocação de Energia, de que trata a alínea *b* do parágrafo único do art. 14 da Lei nº 9.648, de 27 de maio de 1998, introduzida pela Lei nº 10.433, de 24 de abril de 2002.

§ 6º Aplicam-se ao regime especial de que trata este artigo as demais normas aplicáveis às contribuições referidas no *caput*, observado o que se segue:

I – em relação ao PIS/PASEP, não se aplica o disposto nos arts. 1º a 6º;

II – em relação aos fatos geradores ocorridos até 31 de agosto de 2002, o pagamento dos valores devidos correspondentes à COFINS e ao PIS/PASEP poderá ser feito com dispensa de multa e de juros moratórios, desde que efetuado em parcela única, até o último dia útil do mês de setembro de 2002.

§ 7º VETADO.

Art. 48. VETADO.

Art. 49. O art. 74 da Lei nº 9.430, de 27 de dezembro de 1996, passa a vigorar com a seguinte redação:

▶ Alteração inserida no texto da referida Lei.

Art. 50. O *caput* do art. 6º da Lei nº 9.826, de 23 de agosto de 1999, passa a vigorar com a seguinte redação:

"Art. 6º A exportação de produtos nacionais sem que tenha ocorrido sua saída do território brasileiro somente será admitida, produzindo todos os efeitos fiscais e cambiais, quando o pagamento for efetivado em moeda estrangeira de livre conversibilidade e a venda for realizada para:

...."

Art. 51. O *caput* do art. 52 da Lei nº 9.532, de 10 de dezembro de 1997, passa a vigorar com a seguinte alteração:

▶ Alteração inserida no texto da referida Lei.

Art. 52. O art. 33 do Decreto-Lei nº 1.593, de 21 de dezembro de 1977, passa a vigorar com a seguinte alteração:

"Art. 33. Aplicam-se as seguintes penalidades, em relação ao selo de controle de que trata o art. 46 da Lei nº 4.502, de 30 de novembro de 1964, na ocorrência das seguintes infrações:

I – venda ou exposição à venda de produto sem o selo ou com emprego de selo já utilizado: multa igual ao valor comercial do produto, não inferior a R$ 1.000,00 (mil reais);

II – emprego ou posse de selo legítimo não adquirido pelo próprio estabelecimento diretamente da repartição fornecedora: multa de R$ 1,00 (um real) por unidade, não inferior a R$ 1.000,00 (mil reais);

III – emprego de selo destinado a produto nacional, quando se tratar de produto estrangeiro, e vice-versa; emprego de selo destinado a produto diverso; emprego de selo não utilizado ou marcado como previsto em ato da Secretaria da Receita Federal; emprego de selo que não estiver em circulação: consideram-se os produtos como não selados, equiparando-se a infração à falta de pagamento do Imposto sobre Produtos Industrializados, que será exigível, além da multa igual a 75% (setenta e cinco por cento) do valor do imposto exigido;

IV – fabricação, venda, compra, cessão, utilização ou posse, soltos ou aplicados, de selos de controle falsos: independentemente de sanção penal cabível, multa de R$ 5,00 (cinco reais) por unidade, não inferior a R$ 5.000,00 (cinco mil reais), além da apreensão dos selos não utilizados e da aplicação da pena de perdimento dos produtos em que tenham sido utilizados os selos;

V – transporte de produto sem o selo ou com emprego de selo já utilizado: multa igual a 50% (cinquenta por cento) do valor comercial do produto, não inferior a R$ 1.000,00 (mil reais).

§ 1º Aplicar-se-á a mesma pena cominada no inciso II àqueles que fornecerem a outro estabelecimento, da mesma pessoa jurídica ou de terceiros, selos de controle legítimos adquiridos diretamente da repartição fornecedora.

§ 2º Aplicar-se-á ainda a pena de perdimento aos produtos do código 24.02.20.00 da Tabela de Incidência do Imposto sobre Produtos Industrializados (TIPI):

I – na hipótese de que tratam os incisos I e V do *caput*;

II – encontrados no estabelecimento industrial, acondicionados em embalagem destinada a comercialização, sem o selo de controle.

§ 3º Para fins de aplicação das penalidades previstas neste artigo, havendo a constatação de produtos com selos de controle em desacordo com as normas estabelecidas pela Secretaria da Receita Federal, considerar-se-á irregular a totalidade do lote identificado onde os mesmos foram encontrados."

Art. 53. É proibida a fabricação, em estabelecimento de terceiros, dos produtos do código 24.02.20.00 da TIPI.

Parágrafo único. Aos estabelecimentos que receberem ou tiverem em seu poder matérias-primas, produtos intermediários ou material de embalagem para a fabricação de cigarros para terceiros, aplica-se a penalidade prevista no inciso II do art. 15 do Decreto-Lei nº 1.593, de 21 de dezembro de 1977.

Art. 54. O papel para cigarros, em bobinas, somente poderá ser vendido, no mercado interno, a estabelecimento industrial fabricante de cigarros, classificados no código 2402.20.00 da Tabela de Incidência do IPI – TIPI, ou mortalhas.

§ 1º Os fabricantes e os importadores do papel de que trata o *caput* deverão:

I – exigir do estabelecimento industrial fabricante de cigarros a comprovação, no ato da venda, de que possui o registro especial de que trata o art. 1º do Decreto-Lei nº 1.593, de 21 de dezembro de 1977, e alterações posteriores;

II – prestar informações acerca da comercialização de papel para industrialização de cigarros, nos termos definidos pela Secretaria da Receita Federal.

§ 2º O disposto no inciso I do § 1º não se aplica aos fabricantes de cigarros classificados no Ex 01 do código 2402.20.00 da TIPI.

▶ Art. 54 com a redação dada pela Lei nº 10.833, de 29-12-2003.

Art. 55. *Revogado*. Lei nº 12.973, de 13-5-2014.

Art. 56. VETADO.

Art. 57. O encargo de que trata o art 1º do Decreto-Lei nº 1.025, de 21 de outubro de 1969, inclusive na condição de que trata o art. 3º do Decreto-Lei nº 1.569, de 8 de agosto de 1977, nos pagamentos de débitos relativos a tributos e contribuições administrados pela Secretaria da Receita Federal, inscritos na Dívida Ativa da União, e efetuados a partir de 15 de maio de 2002, em virtude de norma de caráter exonerativo, inclusive nas hipóteses de que tratam os arts. 13 e 14 desta Lei, será calculado sobre os valores originalmente devidos, limitado ao valor correspondente à multa calculada nos termos do § 3º do art. 13.

Art. 58. O art. 42 da Lei nº 9.430, de 27 de dezembro de 1996, passa a vigorar acrescido dos seguintes §§ 5º e 6º:

▶ Alteração inserida no texto da referida Lei.

Art. 59. O art. 23 do Decreto-Lei nº 1.455, de 7 de abril de 1976, passa a vigorar com as seguintes alterações:

"Art. 23. ....

....

V – estrangeiras ou nacionais, na importação ou na exportação, na hipótese de ocultação do sujeito passivo, do real vendedor, comprador ou de responsável pela operação, mediante fraude ou simulação, inclusive a interposição fraudulenta de terceiros.

§ 1º O dano ao erário decorrente das infrações previstas no *caput* deste artigo será punido com a pena de perdimento das mercadorias.

§ 2º Presume-se interposição fraudulenta na operação de comércio exterior a não comprovação da origem, disponibilidade e transferência dos recursos empregados.

§ 3º A pena prevista no § 1º converte-se em multa equivalente ao valor aduaneiro da mercadoria que não seja localizada ou que tenha sido consumida.

§ 4º O disposto no § 3º não impede a apreensão da mercadoria nos casos previstos no inciso I ou quando for proibida sua importação, consumo ou circulação no território nacional."

Art. 60. O art. 81 da Lei nº 9.430, de 27 de dezembro de 1996, passa a vigorar com as seguintes alterações:

▶ Alteração inserida no texto da referida Lei.

Art. 61. VETADO.

Art. 62. O art. 15 da Lei nº 10.451, de 10 de maio de 2002, passa a vigorar com a seguinte redação:

"Art. 15. Esta Lei entra em vigor na data de sua publicação, produzindo efeitos, no caso dos arts. 1º e 2º, em relação aos fatos geradores ocorridos a partir de 1º de janeiro de 2002, observado o disposto no art. 1º da Lei nº 9.887, de 7 de dezembro de 1999."

Art. 63. *Revogado*. Lei nº 10.828, de 23-12-2003.

Art. 64. O art. 43 da Medida Provisória nº 2.158-35, de 2001, passa a vigorar acrescido do seguinte § 2º, renumerando-se o parágrafo único para § 1º:

"Art. 43. ....

....

§ 2º O disposto neste artigo, no que diz respeito aos produtos classificados nas posições 84.32 e 84.33, alcança apenas os veículos autopropulsados descritos nos Códigos 8432.30, 8432.40.00, 8432.80.00 (exceto rolos para gramados ou campo de esporte), 8433.20, 8433.30.00, 8433.40.00 e 8433.5."

Art. 65. VETADO.

CAPÍTULO III
DAS DISPOSIÇÕES FINAIS

Art. 66. A Secretaria da Receita Federal e a Procuradoria-Geral da Fazenda Nacional editarão, no âmbito de suas respectivas competências, as normas necessárias à aplicação do disposto nesta Lei.

Art. 67. VETADO.

Art. 68. Esta Lei entra em vigor na data de sua publicação, produzindo efeitos:

I – a partir de 1º de outubro de 2002, em relação aos arts. 29 e 49;

II – a partir de 1º de dezembro de 2002, em relação aos arts. 1º a 6º e 8º a 11;

III – a partir de 1º de janeiro de 2003, em relação aos arts. 34, 37 a 44, 46 e 48;

IV – a partir da data da publicação desta Lei, em relação aos demais artigos.

Brasília, 30 de dezembro de 2002;
181º da Independência e
114º da República.

Fernando Henrique Cardoso

LEI COMPLEMENTAR Nº 116, DE 31 DE JULHO DE 2003

Dispõe sobre o Imposto Sobre Serviços de Qualquer Natureza, de competência dos Municípios e do Distrito Federal, e dá outras providências.

- Publicada no *DOU* de 1º-8-2003.
- Esta Lei Complementar estará revogada pela LC nº 214, de 16-1-2025, a partir de 1º-1-2033.
- Art. 156, III e § 3º, da CF.

Art. 1º O Imposto Sobre Serviços de Qualquer Natureza, de competência dos Municípios e do Distrito Federal, tem como fato gerador a prestação de serviços constantes da lista anexa, ainda que esses não se constituam como atividade preponderante do prestador.

- O STF, por unanimidade de votos, deferiu a medida cautelar na ADI nº 4.389, para dar interpretação conforme a CF a este artigo, ao seu § 2º e ao subitem 13.05 da lista de serviços anexa, para reconhecer que o ISS não incide sobre operações de industrialização por encomenda de embalagens, destinadas à integração ou utilização direta em processo subsequente de industrialização ou de circulação de mercadoria. Presentes os requisitos constitucionais e legais, incidirá o ICMS (*DJE* de 25-5-2011).
- Súm. Vinc. nº 31 do STF.

§ 1º O imposto incide também sobre o serviço proveniente do exterior do País ou cuja prestação se tenha iniciado no exterior do País.

§ 2º Ressalvadas as exceções expressas na lista anexa, os serviços nela mencionados não ficam sujeitos ao Imposto Sobre Operações Relativas à Circulação de Mercadorias e Prestações de Serviços de Transporte Interestadual e Intermunicipal e de Comunicação – ICMS, ainda que sua prestação envolva fornecimento de mercadorias.

- O STF, por unanimidade de votos, concedeu a medida cautelar na ADI nº 4.389, para dar interpretação conforme a CF ao *caput* deste artigo, a este parágrafo e ao subitem 13.05 da lista de serviços anexa, para reconhecer que o ISS não incide sobre operações de industrialização por encomenda de embalagens, destinadas à integração ou utilização direta em processo subsequente de industrialização ou de circulação de mercadoria. Presentes os requisitos constitucionais e legais, incidirá o ICMS (*DJE* de 25-5-2011).

§ 3º O imposto de que trata esta Lei Complementar incide ainda sobre os serviços prestados mediante a utilização de bens e serviços públicos explorados economicamente mediante autorização, permissão ou concessão, com o pagamento de tarifa, preço ou pedágio pelo usuário final do serviço.

§ 4º A incidência do imposto não depende da denominação dada ao serviço prestado.

- Súm. nº 588 do STF.
- Súmulas nºs 138, 156, 167 e 274 do STJ.

Art. 2º O imposto não incide sobre:

- Súm. Vinc. nº 31 do STF.

I – as exportações de serviços para o exterior do País;

II – a prestação de serviços em relação de emprego, dos trabalhadores avulsos, dos diretores e membros de conselho consultivo ou de conselho fiscal de sociedades e fundações, bem como dos sócios-gerentes e dos gerentes delegados;

III – o valor intermediado no mercado de títulos e valores mobiliários, o valor dos depósitos bancários, o principal, juros e acréscimos moratórios relativos a operações de crédito realizadas por instituições financeiras.

- Súm. nº 424 do STJ.

Parágrafo único. Não se enquadram no disposto no inciso I os serviços desenvolvidos no Brasil, cujo resultado aqui se verifique, ainda que o pagamento seja feito por residente no exterior.

Art. 3º O serviço considera-se prestado, e o imposto, devido, no local do estabelecimento prestador ou, na falta do estabelecimento, no local do domicílio do prestador, exceto nas hipóteses previstas nos incisos I a XXV, quando o imposto será devido no local:

- *Caput* com a redação dada pela LC nº 157, de 29-12-2016.

I – do estabelecimento do tomador ou intermediário do serviço ou, na falta de estabelecimento, onde ele estiver domiciliado, na hipótese do § 1º do art. 1º desta Lei Complementar;

II – da instalação dos andaimes, palcos, coberturas e outras estruturas, no caso dos serviços descritos no subitem 3.05 da lista anexa;

III – da execução da obra, no caso dos serviços descritos no subitem 7.02 e 7.19 da lista anexa;

IV – da demolição, no caso dos serviços descritos no subitem 7.04 da lista anexa;

V – das edificações em geral, estradas, pontes, portos e congêneres, no caso dos serviços descritos no subitem 7.05 da lista anexa;

VI – da execução da varrição, coleta, remoção, incineração, tratamento, reciclagem, separação e destinação final de lixo, rejeitos e outros resíduos quaisquer, no caso dos serviços descritos no subitem 7.09 da lista anexa;

VII – da execução da limpeza, manutenção e conservação de vias e logradouros públicos, imóveis, chaminés, piscinas, parques, jardins e congêneres, no caso dos serviços descritos no subitem 7.10 da lista anexa;

VIII – da execução da decoração e jardinagem, do corte e poda de árvores, no caso dos serviços descritos no subitem 7.11 da lista anexa;

IX – do controle e tratamento do efluente de qualquer natureza e de agentes físicos, químicos e biológicos, no caso dos serviços descritos no subitem 7.12 da lista anexa;

X e XI – VETADOS;

XII – do florestamento, reflorestamento, semeadura, adubação, reparação de solo, plantio, silagem, colheita, corte, descascamento de árvores, silvicultura, exploração florestal e serviços congêneres indissociáveis da formação, manutenção e colheita de florestas para quaisquer fins e por quaisquer meios;

- Inciso XII com a redação dada pela LC nº 157, de 29-12-2016.
- O STF, por maioria, no julgamento da ADI nº 5.835, declarou a inconstitucionalidade do art. 1º da LC nº 157/2016, que altera este dispositivo (*DOU* de 10-8-2023).

XIII – da execução dos serviços de escoramento, contenção de encostas e congêneres, no caso dos serviços descritos no subitem 7.17 da lista anexa;

XIV – da limpeza e dragagem, no caso dos serviços descritos no subitem 7.18 da lista anexa;

XV – onde o bem estiver guardado ou estacionado, no caso dos serviços descritos no subitem 11.01 da lista anexa;

XVI – dos bens, dos semoventes ou do domicílio das pessoas vigiados, segurados ou monitorados, no caso dos serviços descritos no subitem 11.02 da lista anexa;

- Inciso XVI com a redação dada pela LC nº 157, de 29-12-2016.
- O STF, por maioria, no julgamento da ADI nº 5.835, declarou a inconstitucionalidade do art. 1º da LC nº 157/2016, que altera este dispositivo (*DOU* de 10-8-2023).

XVII – do armazenamento, depósito, carga, descarga, arrumação e guarda do bem, no caso dos serviços descritos no subitem 11.04 da lista anexa;

XVIII – da execução dos serviços de diversão, lazer, entretenimento e congêneres, no caso dos serviços descritos nos subitens do item 12, exceto o 12.13, da lista anexa;

XIX – do Município onde está sendo executado o transporte, no caso dos serviços descritos pelo item 16 da lista anexa;

- Inciso XIX com a redação dada pela LC nº 157, de 29-12-2016.
- O STF, por maioria, no julgamento da ADI nº 5.835, declarou a inconstitucionalidade do art. 1º da LC nº 157/2016, que altera este dispositivo (*DOU* de 10-8-2023).

XX – do estabelecimento do tomador da mão de obra ou, na falta de estabelecimento, onde ele estiver domiciliado, no caso dos serviços descritos pelo subitem 17.05 da lista anexa;

XXI – da feira, exposição, congresso ou congênere a que se referir o planejamento, organização e administração, no caso dos serviços descritos pelo subitem 17.10 da lista anexa;

XXII – do porto, aeroporto, ferroporto, terminal rodoviário, ferroviário ou metroviário, no caso dos serviços descritos pelo item 20 da lista anexa;

XXIII – do domicílio do tomador dos serviços dos subitens 4.22, 4.23 e 5.09;

- O STF, por maioria, no julgamento da ADI nº 5.835, declarou a inconstitucionalidade do art. 1º da LC nº 157/2016, que altera este dispositivo (*DOU* de 10-8-2023).

XXIV – do domicílio do tomador do serviço no caso dos serviços prestados pelas administradoras de cartão de crédito ou débito e demais descritos no subitem 15.01;

- Incisos XXIII e XXIV acrescidos pela LC nº 157, de 29-12-2016, promulgados nos termos do art. 66, § 5º, da CF (*DOU* de 1º-6-2017).
- O STF, por maioria, no julgamento da ADI nº 5.835, declarou a inconstitucionalidade do art. 1º da LC nº 157/2016, que altera este dispositivo (*DOU* de 10-8-2023).

XXV – do domicílio do tomador do serviço do subitem 15.09.

▶ Inciso XXV com a redação dada pela LC nº 175, de 23-9-2020.

▶ O STF, por maioria, no julgamento da ADI nº 5.835, declarou a inconstitucionalidade do art. 14 da LC nº 175/2020, que altera este dispositivo (*DOU* de 10-8-2023).

§ 1º No caso dos serviços a que se refere o subitem 3.04 da lista anexa, considera-se ocorrido o fato gerador e devido o imposto em cada Município em cujo território haja extensão de ferrovia, rodovia, postes, cabos, dutos e condutos de qualquer natureza, objetos de locação, sublocação, arrendamento, direito de passagem ou permissão de uso, compartilhado ou não.

§ 2º No caso dos serviços a que se refere o subitem 22.01 da lista anexa, considera-se ocorrido o fato gerador e devido o imposto em cada Município em cujo território haja extensão de rodovia explorada.

§ 3º Considera-se ocorrido o fato gerador do imposto no local do estabelecimento prestador nos serviços executados em águas marítimas, excetuados os serviços descritos no subitem 20.01.

§ 4º Na hipótese de descumprimento do disposto no *caput* ou no § 1º, ambos do art. 8º-A desta Lei Complementar, o imposto será devido no local do estabelecimento do tomador ou intermediário do serviço ou, na falta de estabelecimento, onde ele estiver domiciliado.

▶ § 4º acrescido pela LC nº 157, de 29-12-2016, promulgado nos termos do art. 66, § 5º da CF (*DOU* de 1º-6-2017).

§ 5º Ressalvadas as exceções e especificações estabelecidas nos §§ 6º a 12 deste artigo, considera-se tomador dos serviços referidos nos incisos XXIII, XXIV e XXV do *caput* deste artigo o contratante do serviço e, no caso de negócio jurídico que envolva estipulação em favor de unidade da pessoa jurídica contratante, a unidade em favor da qual o serviço foi estipulado, sendo irrelevantes para caracterizá-la as denominações de sede, filial, agência, posto de atendimento, sucursal, escritório de representação ou contato ou quaisquer outras que venham a ser utilizadas.

§ 6º No caso dos serviços de planos de saúde ou de medicina e congêneres, referidos nos subitens 4.22 e 4.23 da lista de serviços anexa a esta Lei Complementar, o tomador do serviço é a pessoa física beneficiária vinculada à operadora por meio de convênio ou contrato de plano de saúde individual, familiar, coletivo empresarial ou coletivo por adesão.

§ 7º Nos casos em que houver dependentes vinculados ao titular do plano, será considerado apenas o domicílio do titular para fins do disposto no § 6º deste artigo.

§ 8º No caso dos serviços de administração de cartão de crédito ou débito e congêneres, referidos no subitem 15.01 da lista de serviços anexa a esta Lei Complementar, prestados diretamente aos portadores de cartões de crédito ou débito e congêneres, o tomador é o primeiro titular do cartão.

§ 9º O local do estabelecimento credenciado é considerado o domicílio do tomador dos demais serviços referidos no subitem 15.01 da lista de serviços anexa a esta Lei Complementar relativos às transferências realizadas por meio de cartão de crédito ou débito, ou a eles conexos, que sejam prestados ao tomador, direta ou indiretamente, por:

I – bandeiras;

II – credenciadoras; ou

III – emissoras de cartões de crédito e débito.

§ 10. No caso dos serviços de administração de carteira de valores mobiliários e dos serviços de administração e gestão de fundos e clubes de investimento, referidos no subitem 15.01 da lista de serviços anexa a esta Lei Complementar, o tomador é o cotista.

§ 11. No caso dos serviços de administração de consórcios, o tomador de serviço é o consorciado.

§ 12. No caso dos serviços de arrendamento mercantil, o tomador do serviço é o arrendatário, pessoa física ou a unidade beneficiária da pessoa jurídica, domiciliado no País, e, no caso de arrendatário não domiciliado no País, o tomador é o beneficiário do serviço no País.

▶ §§ 5º a 12 acrescidos pela LC nº 175, de 23-9-2020.

Art. 4º Considera-se estabelecimento prestador o local onde o contribuinte desenvolva a atividade de prestar serviços, de modo permanente ou temporário, e que configure unidade econômica ou profissional, sendo irrelevantes para caracterizá-lo as denominações de sede, filial, agência, posto de atendimento, sucursal, escritório de representação ou contato ou quaisquer outras que venham a ser utilizadas.

Art. 5º Contribuinte é o prestador do serviço.

Art. 6º Os Municípios e o Distrito Federal, mediante lei, poderão atribuir de modo expresso a responsabilidade pelo crédito tributário a terceira pessoa, vinculada ao fato gerador da respectiva obrigação, excluindo a responsabilidade do contribuinte ou atribuindo-a a este em caráter supletivo do cumprimento total ou parcial da referida obrigação, inclusive no que se refere à multa e aos acréscimos legais.

▶ Art. 128 do CTN.

§ 1º Os responsáveis a que se refere este artigo estão obrigados ao recolhimento integral do imposto devido, multa e acréscimos legais, independentemente de ter sido efetuada sua retenção na fonte.

§ 2º Sem prejuízo do disposto no *caput* e no § 1º deste artigo, são responsáveis:

▶ Art. 18, § 6º, da LC nº 123, de 14-12-2006 (Estatuto Nacional da Microempresa e da Empresa de Pequeno Porte).

I – o tomador ou intermediário de serviço proveniente do exterior do País ou cuja prestação se tenha iniciado no exterior do País;

II – a pessoa jurídica, ainda que imune ou isenta, tomadora ou intermediária dos serviços descritos nos subitens 3.05, 7.02, 7.04, 7.05, 7.09, 7.10, 7.12, 7.16, 7.17, 7.19, 11.02, 17.05 e 17.10 da lista anexa a esta Lei Complementar, exceto na hipótese dos serviços do subitem 11.05, relacionados ao monitoramento e rastreamento a distância, em qualquer via ou local, de veículos, cargas, pessoas e semoventes em circulação ou movimento, realizados por meio de telefonia móvel, transmissão de satélites, rádio ou qualquer outro meio, inclusive pelas empresas de Tecnologia da Informação Veicular, independentemente de o prestador de serviços ser proprietário ou não da infraestrutura de telecomunicações que utiliza;

▶ Inciso II com a redação dada pela LC nº 183, de 22-9-2021.

III – a pessoa jurídica tomadora ou intermediária de serviços, ainda que imune ou isenta, na hipótese prevista no § 4º do art. 3º desta Lei Complementar;

▶ Inciso III acrescido pela LC nº 157, de 29-12-2016, promulgado nos termos do art. 66, § 5º da CF (*DOU* de 1º-6-2017).

IV – as pessoas referidas nos incisos II ou III do § 9º do art. 3º desta Lei Complementar, pelo imposto devido pelas pessoas a que se refere o inciso I do mesmo parágrafo, em decorrência dos serviços prestados na forma do subitem 15.01 da lista de serviços anexa a esta Lei Complementar.

▶ Inciso IV acrescido pela LC nº 175, de 23-9-2020.

§ 3º *Revogado*. LC nº 175, de 23-9-2020.

§ 4º No caso dos serviços prestados pelas administradoras de cartão de crédito e débito, descritos no subitem 15.01, os terminais eletrônicos ou as máquinas das operações efetivadas deverão ser registrados no local do domicílio do tomador do serviço.

▶ § 4º acrescido pela LC nº 157, de 29-12-2016, promulgados nos termos do art. 66, § 5º, da CF (*DOU* de 1º-6-2017).

▶ O STF, por decisão monocrática, concedeu a medida cautelar pleiteada na ADI nº 5.835/DF, *ad referendum*, para suspender a eficácia do art. 1º da LC nº 157/2016, na parte que modificou o art. 3º, XXIII, XXIV e XXV, e os §§ 3º e 4º do art. 6º da LC nº 116/2003; bem como, por arrastamento, para suspender a eficácia de toda legislação local editada para sua direta complementação (*DOU* de 23-3-2018).

Art. 7º A base de cálculo do imposto é o preço do serviço.

§ 1º Quando os serviços descritos pelo subitem 3.04 da lista anexa forem prestados no território de mais de um Município, a base de cálculo será proporcional, conforme o caso, à extensão da ferrovia, rodovia, dutos e condutos de qualquer natureza, cabos de qualquer natureza, ou ao número de postes, existentes em cada Município.

▶ Art. 9º, §§ 1º e 3º, do Dec.-lei nº 406, de 31-12-1968, que estabelece normas gerais de direito financeiro, aplicáveis aos impostos sobre operações relativas à circulação de mercadorias e sobre serviços de qualquer natureza.

§ 2º Não se incluem na base de cálculo do Imposto Sobre Serviços de Qualquer Natureza:

I – o valor dos materiais fornecidos pelo prestador dos serviços previstos nos itens 7.02 e 7.05 da lista de serviços anexa a esta Lei Complementar;

▶ Art. 9º, § 2º, *b*, do Dec.-lei nº 406, de 31-12-1968, que estabelece normas gerais de direito financeiro, aplicáveis aos impostos sobre operações relativas à circulação de mercadorias e sobre serviços de qualquer natureza.

II – VETADO.

§ 3º VETADO.

Art. 8º As alíquotas máximas do Imposto Sobre Serviços de Qualquer Natureza são as seguintes:

I – VETADO;

II – demais serviços, cinco por cento.

▶ Art. 156, § 3º, I, da CF.

Art. 8º-A. A alíquota mínima do Imposto sobre Serviços de Qualquer Natureza é de 2% (dois por cento).

▶ O disposto neste *caput* somente produzirá efeitos após o decurso do prazo referido no art. 6º da LC nº 157, de 29-12-2016.

§ 1º O imposto não será objeto de concessão de isenções, incentivos ou benefícios tributários ou financeiros, inclusive de redução de base de cálculo ou de crédito presumido ou outorgado, ou sob qualquer outra norma que resulte, direta ou indiretamente, em carga tributária menor que a decorrente da aplicação da alíquota mínima estabelecida no *caput*, exceto para os serviços a que se referem os subitens 7.02, 7.05 e 16.01 da lista anexa a esta Lei Complementar.

▶ O disposto neste § 1º somente produzirá efeitos após o decurso do prazo referido no art. 6º da LC nº 157, de 29-12-2016.

§ 2º É nula a lei ou o ato do Município ou do Distrito Federal que não respeite as disposições relativas à alíquota mínima previstas neste artigo no caso de serviço prestado a tomador ou intermediário localizado em Município diverso daquele onde está localizado o prestador do serviço.

▶ O disposto neste § 2º somente produzirá efeitos após o decurso do prazo referido no art. 6º da LC nº 157, de 29-12-2016.

§ 3º A nulidade a que se refere o § 2º deste artigo gera, para o prestador do serviço, perante o Município ou o Distrito Federal que não respeitar as disposições deste artigo, o direito à restituição do valor efetivamente pago do Imposto sobre Serviços de Qualquer Natureza calculado sob a égide da lei nula.

▶ Art. 8º-A acrescido pela LC nº 157, de 29-12-2016.

Art. 8º-B. *Em relação aos fatos geradores ocorridos de 1º de janeiro de 2029 a 31 de dezembro de 2032, as alíquotas do imposto serão reduzidas nas seguintes proporções das alíquotas previstas nas legislações dos Municípios ou do Distrito Federal, vigentes em 31 de dezembro de 2028:*

I – 10% (dez por cento), em 2029;
II – 20% (vinte por cento), em 2030;
III – 30% (trinta por cento), em 2031; e
IV – 40% (quarenta por cento), em 2032.

§ 1º *No período de que trata o caput, os benefícios ou os incentivos fiscais ou financeiros relativos ao imposto serão reduzidos na mesma proporção da redução das alíquotas prevista nos incisos do caput.*

§ 2º *Para os fins da aplicação do disposto no § 1º, os percentuais e outros parâmetros utilizados para calcular os benefícios ou incentivos fiscais ou financeiros relativos ao imposto serão reduzidos na mesma proporção da redução das alíquotas, em decorrência do disposto no caput deste artigo.*

§ 3º *O disposto no § 2º não se aplica, caso os benefícios ou os incentivos fiscais ou financeiros relativos ao imposto já tenham sido reduzidos proporcionalmente por força da redução das alíquotas nos termos do caput deste artigo.*

▶ Art. 8º-B acrescido pela LC nº 214, de 16-1-2025.

Art. 9º Esta Lei Complementar entra em vigor na data de sua publicação.

Art. 10. Ficam revogados os arts. 8º, 10, 11 e 12 do Decreto-Lei nº 406, de 31 de dezembro de 1968; os incisos III, IV, V e VII do art. 3º do Decreto-Lei nº 834, de 8 de setembro de 1969; a Lei Complementar nº 22, de 9 de dezembro de 1974; a Lei nº 7.192, de 5 de junho de 1984; a Lei Complementar nº 56, de 15 de dezembro de 1987; e a Lei Complementar nº 100, de 22 de dezembro de 1999.

Brasília, 31 de julho de 2003;
182º da Independência e
115º da República.

Luiz Inácio Lula da Silva

LISTA DE SERVIÇOS ANEXA À LEI COMPLEMENTAR NO 116, DE 31 DE JULHO DE 2003

1 – Serviços de informática e congêneres.

1.01 – Análise e desenvolvimento de sistemas.

1.02 – Programação.

1.03 – Processamento, armazenamento ou hospedagem de dados, textos, imagens, vídeos, páginas eletrônicas, aplicativos e sistemas de informação, entre outros formatos, e congêneres.

1.04 – Elaboração de programas de computadores, inclusive de jogos eletrônicos, independentemente da arquitetura construtiva da máquina em que o programa será executado, incluindo *tablets*, *smartphones* e congêneres.

▶ Subitens 1.03 e 1.04 com a redação dada pela LC nº 157, de 29-12-2016.

1.05 – Licenciamento ou cessão de direito de uso de programas de computação.

1.06 – Assessoria e consultoria em informática.

1.07 – Suporte técnico em informática, inclusive instalação, configuração e manutenção de programas de computação e bancos de dados.

1.08 – Planejamento, confecção, manutenção e atualização de páginas eletrônicas.

1.09 – Disponibilização, sem cessão definitiva, de conteúdos de áudio, vídeo, imagem e texto por meio da internet, respeitada a imunidade de livros, jornais e periódicos (exceto a distribuição de conteúdos pelas prestadoras de Serviço de Acesso Condicionado, de que trata a Lei nº 12.485, de 12 de setembro de 2011, sujeita ao ICMS).

▶ Subitem 1.09 acrescido pela LC nº 157, de 29-12-2016.

2 – Serviços de pesquisas e desenvolvimento de qualquer natureza.

2.01 – Serviços de pesquisas e desenvolvimento de qualquer natureza.

3 – Serviços prestados mediante locação, cessão de direito de uso e congêneres.

▶ Súm. Vinc. nº 31 do STF.

3.01 – VETADO.

3.02 – Cessão de direito de uso de marcas e de sinais de propaganda.

3.03 – Exploração de salões de festas, centro de convenções, escritórios virtuais, *stands*, quadras esportivas, estádios, ginásios, auditórios, casas de espetáculos, parques de diversões, canchas e congêneres, para realização de eventos ou negócios de qualquer natureza.

3.04 – Locação, sublocação, arrendamento, direito de passagem ou permissão de uso, compartilhado ou não, de ferrovia, rodovia, postes, cabos, dutos e condutos de qualquer natureza.

▶ O STF, por maioria dos votos, julgou parcialmente procedente o pedido da ADI nº 3.142, para dar interpretação conforme à Constituição Federal a este subitem, "a fim de admitir a cobrança do ISS nos casos em que as situações nele descritas integrem relação mista ou complexa em que não seja possível claramente segmentá-las de uma obrigação de fazer, seja no que diz com o seu objeto, seja no que concerne ao valor específico da contrapartida financeira" (*DOU* de 19-8-2020).

3.05 – Cessão de andaimes, palcos, coberturas e outras estruturas de uso temporário.

4 – Serviços de saúde, assistência médica e congêneres.

4.01 – Medicina e biomedicina.

4.02 – Análises clínicas, patologia, eletricidade médica, radioterapia, quimioterapia, ultrassonografia, ressonância magnética, radiologia, tomografia e congêneres.

4.03 – Hospitais, clínicas, laboratórios, sanatórios, manicômios, casas de saúde, prontos-socorros, ambulatórios e congêneres.

4.04 – Instrumentação cirúrgica.

4.05 – Acupuntura.

4.06 – Enfermagem, inclusive serviços auxiliares.

4.07 – Serviços farmacêuticos.

4.08 – Terapia ocupacional, fisioterapia e fonoaudiologia.

4.09 – Terapias de qualquer espécie destinadas ao tratamento físico, orgânico e mental.

4.10 – Nutrição.

4.11 – Obstetrícia.

4.12 – Odontologia.

4.13 – Ortóptica.

4.14 – Próteses sob encomenda.

4.15 – Psicanálise.

4.16 – Psicologia.

4.17 – Casas de repouso e de recuperação, creches, asilos e congêneres.

4.18 – Inseminação artificial, fertilização *in vitro* e congêneres.

4.19 – Bancos de sangue, leite, pele, olhos, óvulos, sêmen e congêneres.

4.20 – Coleta de sangue, leite, tecidos, sêmen, órgãos e materiais biológicos de qualquer espécie.

4.21 – Unidade de atendimento, assistência ou tratamento móvel e congêneres.

4.22 – Planos de medicina de grupo ou individual e convênios para prestação de assistência médica, hospitalar, odontológica e congêneres.

4.23 – Outros planos de saúde que se cumpram através de serviços de terceiros contratados, credenciados, cooperados ou apenas pagos pelo operador do plano mediante indicação do beneficiário.

▶ Lei nº 5.764, de 16-12-1971 (Lei das Cooperativas).

5 – Serviços de medicina e assistência veterinária e congêneres.

5.01 – Medicina veterinária e zootecnia.

5.02 – Hospitais, clínicas, ambulatórios, prontos-socorros e congêneres, na área veterinária.

5.03 – Laboratórios de análise na área veterinária.

5.04 – Inseminação artificial, fertilização *in vitro* e congêneres.

5.05 – Bancos de sangue e de órgãos e congêneres.

5.06 – Coleta de sangue, leite, tecidos, sêmen, órgãos e materiais biológicos de qualquer espécie.

5.07 – Unidade de atendimento, assistência ou tratamento móvel e congêneres.

5.08 – Guarda, tratamento, amestramento, embelezamento, alojamento e congêneres.

5.09 – Planos de atendimento e assistência médico-veterinária.

6 – Serviços de cuidados pessoais, estética, atividades físicas e congêneres.

6.01 – Barbearia, cabeleireiros, manicuros, pedicuros e congêneres.

6.02 – Esteticistas, tratamento de pele, depilação e congêneres.

6.03 – Banhos, duchas, sauna, massagens e congêneres.

6.04 – Ginástica, dança, esportes, natação, artes marciais e demais atividades físicas.

6.05 – Centros de emagrecimento, *spa* e congêneres.

6.06 – Aplicação de tatuagens, *piercings* e congêneres.

▶ Subitem 6.06 acrescido pela LC nº 157, de 29-12-2016.

7 – Serviços relativos a engenharia, arquitetura, geologia, urbanismo, construção civil, manutenção, limpeza, meio ambiente, saneamento e congêneres.

▶ Lei nº 5.914, de 24-12-1966, regula as atividades dos Engenheiros, Arquitetos e Engenheiros-Agrônomos.

7.01 – Engenharia, agronomia, agrimensura, arquitetura, geologia, urbanismo, paisagismo e congêneres.

7.02 – Execução, por administração, empreitada ou subempreitada, de obras de construção civil, hidráulica ou elétrica e de outras obras semelhantes, inclusive sondagem, perfuração de poços, escavação, drenagem e irrigação, terraplanagem, pavimentação, concretagem e a instalação e montagem de produtos, peças e equipamentos (exceto o fornecimento de mercadorias produzidas pelo prestador de serviços fora do local da prestação dos serviços, que fica sujeito ao ICMS).

▶ Art. 18, § 23, da LC nº 123, de 14-12-2006 (Estatuto Nacional da Microempresa e da Empresa de Pequeno Porte).

▶ Súm. nº 432 do STJ.

7.03 – Elaboração de planos diretores, estudos de viabilidade, estudos organizacionais e outros, relacionados com obras e serviços de engenharia; elaboração de anteprojetos, projetos básicos e projetos executivos para trabalhos de engenharia.

7.04 – Demolição.

7.05 – Reparação, conservação e reforma de edifícios, estradas, pontes, portos e congêneres (exceto o fornecimento de mercadorias produzidas pelo prestador dos serviços, fora do local da prestação dos serviços, que fica sujeito ao ICMS).

▶ Art. 18, § 23, da LC nº 123, de 14-12-2006 (Estatuto Nacional da Microempresa e da Empresa de Pequeno Porte).

▶ Súm. nº 167 do STJ.

7.06 – Colocação e instalação de tapetes, carpetes, assoalhos, cortinas, revestimentos de parede, vidros, divisórias, placas de gesso e congêneres, com material fornecido pelo tomador do serviço.

7.07 – Recuperação, raspagem, polimento e lustração de pisos e congêneres.

7.08 – Calafetação.

7.09 – Varrição, coleta, remoção, incineração, tratamento, reciclagem, separação e destinação final de lixo, rejeitos e outros resíduos quaisquer.

7.10 – Limpeza, manutenção e conservação de vias e logradouros públicos, imóveis, chaminés, piscinas, parques, jardins e congêneres.

7.11 – Decoração e jardinagem, inclusive corte e poda de árvores.

7.12 – Controle e tratamento de efluentes de qualquer natureza e de agentes físicos, químicos e biológicos.

7.13 – Dedetização, desinfecção, desinsetização, imunização, higienização, desratização, pulverização e congêneres.

7.14 – VETADO.

7.15 – VETADO.

7.16 – Florestamento, reflorestamento, semeadura, adubação, reparação de solo, plantio, silagem, colheita, corte e descascamento de árvores, silvicultura, exploração florestal e dos serviços congêneres indissociáveis da formação, manutenção e colheita de florestas, para quaisquer fins e por quaisquer meios.

▶ Subitem 7.16 com a redação dada pela LC nº 157, de 29-12-2016.

7.17 – Escoramento, contenção de encostas e serviços congêneres.

7.18 – Limpeza e dragagem de rios, portos, canais, baías, lagos, lagoas, represas, açudes e congêneres.

7.19 – Acompanhamento e fiscalização da execução de obras de engenharia, arquitetura e urbanismo.

7.20 – Aerofotogrametria (inclusive interpretação), cartografia, mapeamento, levantamentos topográficos, batimétricos, geográficos, geodésicos, geológicos, geofísicos e congêneres.

7.21 – Pesquisa, perfuração, cimentação, mergulho, perfilagem, concretação, testemunhagem, pescaria, estimulação e outros serviços relacionados com a exploração e explotação de petróleo, gás natural e de outros recursos minerais.

7.22 – Nucleação e bombardeamento de nuvens e congêneres.

8 – Serviços de educação, ensino, orientação pedagógica e educacional, instrução, treinamento e avaliação pessoal de qualquer grau ou natureza.

8.01 – Ensino regular pré-escolar, fundamental, médio e superior.

8.02 – Instrução, treinamento, orientação pedagógica e educacional, avaliação de conhecimentos de qualquer natureza.

9 – Serviços relativos a hospedagem, turismo, viagens e congêneres.

9.01 – Hospedagem de qualquer natureza em hotéis, *apartservice* condominiais, *flat*, apart-hotéis, hotéis residência, *residenceservice*, *suite service*, hotelaria marítima, motéis, pensões e congêneres; ocupação por temporada com fornecimento de serviço (o valor da alimentação e gorjeta, quando incluído no preço da diária, fica sujeito ao Imposto Sobre Serviços).

9.02 – Agenciamento, organização, promoção, intermediação e execução de programas de turismo, passeios, viagens, excursões, hospedagens e congêneres.

9.03 – Guias de turismo.

10 – Serviços de intermediação e congêneres.

▶ Súm. nº 524 do STJ.

10.01 – Agenciamento, corretagem ou intermediação de câmbio, de seguros, de cartões de crédito, de planos de saúde e de planos de previdência privada.

10.02 – Agenciamento, corretagem ou intermediação de títulos em geral, valores mobiliários e contratos quaisquer.

10.03 – Agenciamento, corretagem ou intermediação de direitos de propriedade industrial, artística ou literária.

▶ Art. 5º, XXIX, da CF.

10.04 – Agenciamento, corretagem ou intermediação de contratos de arrendamento mercantil (*leasing*), de franquia (*franchising*) e de faturização (*factoring*).

▶ Lei nº 6.099, de 12-9-1974, dispõe sobre tratamento tributário das operações de arrendamento mercantil.

10.05 – Agenciamento, corretagem ou intermediação de bens móveis ou imóveis, não abrangidos em outros itens ou subitens, inclusive aqueles realizados no âmbito de Bolsas de Mercadorias e Futuros, por quaisquer meios.

▶ Súm. Vinc. nº 31 do STF.

10.06 – Agenciamento marítimo.

10.07 – Agenciamento de notícias.

10.08 – Agenciamento de publicidade e propaganda, inclusive o agenciamento de veiculação por quaisquer meios.

10.09 – Representação de qualquer natureza, inclusive comercial.

10.10 – Distribuição de bens de terceiros.

11 – Serviços de guarda, estacionamento, armazenamento, vigilância e congêneres.

11.01 – Guarda e estacionamento de veículos terrestres automotores, de aeronaves e de embarcações.

11.02 – Vigilância, segurança ou monitoramento de bens, pessoas e semoventes.

▶ Subitem 11.02 com a redação dada pela LC nº 157, de 29-12-2016.

11.03 – Escolta, inclusive de veículos e cargas.

11.04 – Armazenamento, depósito, carga, descarga, arrumação e guarda de bens de qualquer espécie.

11.05 – Serviços relacionados ao monitoramento e rastreamento a distância, em qualquer via ou local, de veículos, cargas, pessoas e semoventes em circulação ou movimento, realizados por meio de telefonia móvel, transmissão de satélites, rádio ou qualquer outro meio, inclusive pelas empresas de Tecnologia da Informação Veicular, independentemente de o prestador de serviços ser proprietário ou não da infraestrutura de telecomunicações que utiliza.

▶ Subitem 11.05 acrescido pela LC nº 183, de 22-9-2021.

12 – Serviços de diversões, lazer, entretenimento e congêneres.

12.01 – Espetáculos teatrais.

12.02 – Exibições cinematográficas.

12.03 – Espetáculos circenses.

12.04 – Programas de auditório.

12.05 – Parques de diversões, centros de lazer e congêneres.

12.06 – Boates, *taxi-dancing* e congêneres.

12.07 – *Shows, ballet*, danças, desfiles, bailes, óperas, concertos, recitais, festivais e congêneres.

12.08 – Feiras, exposições, congressos e congêneres.

12.09 – Bilhares, boliches e diversões eletrônicas ou não.

12.10 – Corridas e competições de animais.

12.11 – Competições esportivas ou de destreza física ou intelectual, com ou sem a participação do espectador.

12.12 – Execução de música.

12.13 – Produção, mediante ou sem encomenda prévia, de eventos, espetáculos, entrevistas, *shows, ballet*, danças, desfiles, bailes, teatros, óperas, concertos, recitais, festivais e congêneres.

12.14 – Fornecimento de música para ambientes fechados ou não, mediante transmissão por qualquer processo.

12.15 – Desfiles de blocos carnavalescos ou folclóricos, trios elétricos e congêneres.

12.16 – Exibição de filmes, entrevistas, musicais, espetáculos, *shows*, concertos, desfiles, óperas, competições esportivas, de destreza intelectual ou congêneres.

12.17 – Recreação e animação, inclusive em festas e eventos de qualquer natureza.

13 – Serviços relativos a fonografia, fotografia, cinematografia e reprografia.

13.01 – VETADO.

13.02 – Fonografia ou gravação de sons, inclusive trucagem, dublagem, mixagem e congêneres.

13.03 – Fotografia e cinematografia, inclusive revelação, ampliação, cópia, reprodução, trucagem e congêneres.

13.04 – Reprografia, microfilmagem e digitalização.

13.05 – Composição gráfica, inclusive confecção de impressos gráficos, fotocomposição, clicheria, zincografia, litografia e fotolitografia, exceto se destinados a posterior operação de comercialização ou industrialização, ainda que incorporados, de qualquer forma, a outra mercadoria que deva ser objeto de posterior circulação, tais como bulas, rótulos, etiquetas, caixas, cartuchos, embalagens e manuais técnicos e de instrução, quando ficarão sujeitos ao ICMS.

- Subitem 13.05 com a redação dada pela LC nº 157, de 29-12-2016.
- O STF, por unanimidade de votos, concedeu a medida cautelar na ADI nº 4.389, para dar interpretação conforme a CF ao art. 1º, *caput*, ao seu § 2º, e a este subitem da lista de serviços anexa, para reconhecer que o ISS não incide sobre operações de industrialização por encomenda de embalagens, destinadas à integração ou utilização direta em processo subsequente de industrialização ou de circulação de mercadoria. Presentes os requisitos constitucionais e legais, incidirá o ICMS (*DJE* de 25-5-2011).

14 – Serviços relativos a bens de terceiros.

14.01 – Lubrificação, limpeza, lustração, revisão, carga e recarga, conserto, restauração, blindagem, manutenção e conservação de máquinas, veículos, aparelhos, equipamentos, motores, elevadores ou de qualquer objeto (exceto peças e partes empregadas, que ficam sujeitas ao ICMS).

14.02 – Assistência técnica.

14.03 – Recondicionamento de motores (exceto peças e partes empregadas, que ficam sujeitas ao ICMS).

14.04 – Recauchutagem ou regeneração de pneus.

14.05 – Restauração, recondicionamento, acondicionamento, pintura, beneficiamento, lavagem, secagem, tingimento, galvanoplastia, anodização, corte, recorte, plastificação, costura, acabamento, polimento e congêneres de objetos quaisquer.

- Subitem 14.05 com a redação dada pela LC nº 157, de 29-12-2016.

14.06 – Instalação e montagem de aparelhos, máquinas e equipamentos, inclusive montagem industrial, prestados ao usuário final, exclusivamente com material por ele fornecido.

14.07 – Colocação de molduras e congêneres.

14.08 – Encadernação, gravação e douração de livros, revistas e congêneres.

14.09 – Alfaiataria e costura, quando o material for fornecido pelo usuário final, exceto aviamento.

14.10 – Tinturaria e lavanderia.

14.11 – Tapeçaria e reforma de estofamentos em geral.

14.12 – Funilaria e lanternagem.

14.13 – Carpintaria e serralheria.

14.14 – Guincho intramunicipal, guindaste e içamento.

- Subitem 14.14 com a redação dada pela LC nº 157, de 29-12-2016.

15 – Serviços relacionados ao setor bancário ou financeiro, inclusive aqueles prestados por instituições financeiras autorizadas a funcionar pela União ou por quem de direito.

- Lei nº 4.595, de 31-12-1964 (Lei do Sistema Financeiro Nacional).
- Súm. 588 do STF.
- Súm. nº 424 do STJ.

15.01 – Administração de fundos quaisquer, de consórcio, de cartão de crédito ou débito e congêneres, de carteira de clientes, de cheques pré-datados e congêneres.

15.02 – Abertura de contas em geral, inclusive conta-corrente, conta de investimentos e aplicação e caderneta de poupança, no País e no exterior, bem como a manutenção das referidas contas ativas e inativas.

15.03 – Locação e manutenção de cofres particulares, de terminais eletrônicos, de terminais de atendimento e de bens e equipamentos em geral.

- Súm. Vinc. nº 31 do STF.

15.04 – Fornecimento ou emissão de atestados em geral, inclusive atestado de idoneidade, atestado de capacidade financeira e congêneres.

15.05 – Cadastro, elaboração de ficha cadastral, renovação cadastral e congêneres, inclusão ou exclusão no Cadastro de Emitentes de Cheques sem Fundos – CCF ou em quaisquer outros bancos cadastrais.

15.06 – Emissão, reemissão e fornecimento de avisos, comprovantes e documentos em geral; abono de firmas; coleta e entrega de documentos, bens e valores; comunicação com outra agência ou com a administração central; licenciamento eletrônico de veículos; transferência de veículos; agenciamento fiduciário ou depositário; devolução de bens em custódia.

15.07 – Acesso, movimentação, atendimento e consulta a contas em geral, por qualquer meio ou processo, inclusive por telefone, fac-símile, internet e telex, acesso a terminais de atendimento, inclusive vinte e quatro horas; acesso a outro banco e a rede compartilhada; fornecimento de saldo, extrato e demais informações relativas a contas em geral, por qualquer meio ou processo.

15.08 – Emissão, reemissão, alteração, cessão, substituição, cancelamento e registro de contrato de crédito; estudo, análise e avaliação de operações de crédito; emissão, concessão, alteração ou contratação de aval, fiança, anuência e congêneres; serviços relativos a abertura de crédito, para quaisquer fins.

15.09 – Arrendamento mercantil (*leasing*) de quaisquer bens, inclusive cessão de direitos e obrigações, substituição de garantia, alteração, cancelamento e registro de contrato, e demais serviços relacionados ao arrendamento mercantil (*leasing*).

- Art. 3º, VIII, da LC nº 87, de 13-9-1996 (Lei Kandir – ICMS).
- Súm. nº 138 do STJ.

15.10 – Serviços relacionados a cobranças, recebimentos ou pagamentos em geral, de títulos quaisquer, de contas ou carnês, de câmbio, de tributos e por conta de terceiros, inclusive os efetuados por meio eletrônico, automático ou por máquinas de atendimento; fornecimento de posição de cobrança, recebimento ou pagamento; emissão de carnês, fichas de compensação, impressos e documentos em geral.

15.11 – Devolução de títulos, protesto de títulos, sustação de protesto, manutenção de títulos, reapresentação de títulos, e demais serviços a eles relacionados.

15.12 – Custódia em geral, inclusive de títulos e valores mobiliários.

15.13 – Serviços relacionados a operações de câmbio em geral, edição, alteração, prorrogação, cancelamento e baixa de contrato de câmbio; emissão de registro de exportação ou de crédito; cobrança ou depósito no exterior; emissão, fornecimento e cancelamento de cheques de viagem; fornecimento, transferência, cancelamento e demais serviços relativos a carta de crédito de importação, exportação e garantias recebidas; envio e recebimento de mensagens em geral relacionadas a operações de câmbio.

15.14 – Fornecimento, emissão, reemissão, renovação e manutenção de cartão magnético, cartão de crédito, cartão de débito, cartão salário e congêneres.

15.15 – Compensação de cheques e títulos quaisquer; serviços relacionados a depósito, inclusive depósito identificado, a saque de contas quaisquer, por qualquer meio ou processo, inclusive em terminais eletrônicos e de atendimento.

15.16 – Emissão, reemissão, liquidação, alteração, cancelamento e baixa de ordens de pagamento, ordens de crédito e similares, por qualquer meio ou processo; serviços relacionados à transferência de valores, dados, fundos, pagamentos e similares, inclusive entre contas em geral.

15.17 – Emissão, fornecimento, devolução, sustação, cancelamento e oposição de cheques quaisquer, avulso ou por talão.

15.18 – Serviços relacionados a crédito imobiliário, avaliação e vistoria de imóvel ou obra, análise técnica e jurídica, emissão, reemissão, alteração, transferência e renegociação de contrato, emissão e reemissão do termo de quitação e demais serviços relacionados a crédito imobiliário.

16 – Serviços de transporte de natureza municipal.

16.01 – Serviços de transporte coletivo municipal rodoviário, metroviário, ferroviário e aquaviário de passageiros.

▶ Subitem 16.01 com a redação dada pela LC nº 157, de 29-12-2016.

16.02 – Outros serviços de transporte de natureza municipal.

▶ Subitem 16.02 acrescido pela LC nº 157, de 29-12-2016.

17 – Serviços de apoio técnico, administrativo, jurídico, contábil, comercial e congêneres.

17.01 – Assessoria ou consultoria de qualquer natureza, não contida em outros itens desta lista; análise, exame, pesquisa, coleta, compilação e fornecimento de dados e informações de qualquer natureza, inclusive cadastro e similares.

17.02 – Datilografia, digitação, estenografia, expediente, secretaria em geral, resposta audível, redação, edição, interpretação, revisão, tradução, apoio e infraestrutura administrativa e congêneres.

17.03 – Planejamento, coordenação, programação ou organização técnica, financeira ou administrativa.

17.04 – Recrutamento, agenciamento, seleção e colocação de mão de obra.

17.05 – Fornecimento de mão de obra, mesmo em caráter temporário, inclusive de empregados ou trabalhadores, avulsos ou temporários, contratados pelo prestador de serviço.

▶ Lei nº 6.019, de 3-1-1974 (Lei do Trabalho Temporário).

▶ Súm. nº 256 do TST.

17.06 – Propaganda e publicidade, inclusive promoção de vendas, planejamento de campanhas ou sistemas de publicidade, elaboração de desenhos, textos e demais materiais publicitários.

17.07 – VETADO.

17.08 – Franquia (*franchising*).

▶ O STF, por maioria, julgou improcedente a ADI nº 4.784, para declarar a constitucionalidade deste item (*DOU* de 19-9-2023).

17.09 – Perícias, laudos, exames técnicos e análises técnicas.

17.10 – Planejamento, organização e administração de feiras, exposições, congressos e congêneres.

17.11 – Organização de festas e recepções; bufê (exceto o fornecimento de alimentação e bebidas, que fica sujeito ao ICMS).

17.12 – Administração em geral, inclusive de bens e negócios de terceiros.

17.13 – Leilão e congêneres.

17.14 – Advocacia.

17.15 – Arbitragem de qualquer espécie, inclusive jurídica.

17.16 – Auditoria.

17.17 – Análise de Organização e Métodos.

17.18 – Atuária e cálculos técnicos de qualquer natureza.

17.19 – Contabilidade, inclusive serviços técnicos e auxiliares.

17.20 – Consultoria e assessoria econômica ou financeira.

17.21 – Estatística.

17.22 Cobrança em geral.

17.23 – Assessoria, análise, avaliação, atendimento, consulta, cadastro, seleção, gerenciamento de informações, administração de contas a receber ou a pagar e em geral, relacionados a operações de faturização (*factoring*).

17.24 – Apresentação de palestras, conferências, seminários e congêneres.

17.25 – Inserção de textos, desenhos e outros materiais de propaganda e publicidade, em qualquer meio (exceto em livros, jornais, periódicos e nas modalidades de serviços de radiodifusão sonora e de sons e imagens de recepção livre e gratuita).

▶ Subitem 17.25 acrescido pela LC nº 157, de 29-12-2016.

▶ O STF, por maioria, julgou improcedente a ADI nº 6.034, para declarar a constitucionalidade deste item (*DOU* de 25-4-2023).

18 – Serviços de regulação de sinistros vinculados a contratos de seguros; inspeção e avaliação de riscos para cobertura de contratos de seguros; prevenção e gerência de riscos seguráveis e congêneres.

18.01 – Serviços de regulação de sinistros vinculados a contratos de seguros; inspeção e avaliação de riscos para cobertura de contratos de seguros; prevenção e gerência de riscos seguráveis e congêneres.

19 – Serviços de distribuição e venda de bilhetes e demais produtos de loteria, bingos, cartões, pules ou cupons de apostas, sorteios, prêmios, inclusive os decorrentes de títulos de capitalização e congêneres.

19.01 – Serviços de distribuição e venda de bilhetes e demais produtos de loteria, bingos, cartões, pules ou cupons de apostas, sorteios, prêmios, inclusive os decorrentes de títulos de capitalização e congêneres.

20 – Serviços portuários, aeroportuários, ferroportuários, de terminais rodoviários, ferroviários e metroviários.

20.01 – Serviços portuários, ferroportuários, utilização de porto, movimentação de passageiros, reboque de embarcações, rebocador escoteiro, atracação, desatracação, serviços de praticagem, capatazia, armazenagem de qualquer natureza, serviços acessórios, movimentação de mercadorias, serviços de apoio marítimo, de movimentação ao largo, serviços de armadores, estiva, conferência, logística e congêneres.

20.02 – Serviços aeroportuários, utilização de aeroporto, movimentação de passageiros, armazenagem de qualquer natureza, capatazia, movimentação de aeronaves, serviços de apoio aeroportuários, serviços acessórios, movimentação de mercadorias, logística e congêneres.

20.03 – Serviços de terminais rodoviários, ferroviários, metroviários, movimentação de passageiros, mercadorias, inclusive suas operações, logística e congêneres.

21 – Serviços de registros públicos, cartorários e notariais.

21.01 – Serviços de registros públicos, cartorários e notariais.

▶ Art. 236 da CF.

22 – Serviços de exploração de rodovia.

22.01 – Serviços de exploração de rodovia mediante cobrança de preço ou pedágio dos usuários, envolvendo execução de serviços de conservação, manutenção, melhoramentos para adequação de capacidade e segurança de trânsito, operação, monitoração, assistência aos usuários e outros serviços definidos em contratos, atos de concessão ou de permissão ou em normas oficiais.

▶ Art. 9º, *caput*, e §§ 4º e 5º, do Dec.-lei nº 406, de 31-12-1968, que estabelece normas gerais de direito financeiro, aplicáveis aos impostos sobre operações relativas à circulação de mercadorias e sobre serviços de qualquer natureza.

23 – Serviços de programação e comunicação visual, desenho industrial e congêneres.

23.01 – Serviços de programação e comunicação visual, desenho industrial e congêneres.

▶ Art. 2º da Lei nº 9.279, de 14-5-1996 (Lei da Propriedade Industrial).

24 – Serviços de chaveiros, confecção de carimbos, placas, sinalização visual, *banners*, adesivos e congêneres.

24.01 – Serviços de chaveiros, confecção de carimbos, placas, sinalização visual, *banners*, adesivos e congêneres.

25 – Serviços funerários.

25.01 – Funerais, inclusive fornecimento de caixão, urna ou esquifes; aluguel de capela; transporte do corpo cadavérico; fornecimento de flores, coroas e outros paramentos; desembaraço de certidão de óbito; fornecimento de véu, essa e outros adornos; embalsamento, embelezamento, conservação ou restauração de cadáveres.

25.02 – Translado intramunicipal e cremação de corpos e partes de corpos cadavéricos.

▶ Subitem 25.02 com a redação dada pela LC nº 157, de 29-12-2016.

25.03 – Planos ou convênio funerários.

25.04 – Manutenção e conservação de jazigos e cemitérios.

25.05 – Cessão de uso de espaços em cemitérios para sepultamento.

▶ Subitem 25.05 acrescido pela LC nº 157, de 29-12-2016.

▶ O STF, por unanimidade, no julgamento da ADI nº 5.869, reconheceu a constitucionalidade deste subitem (*DOU* de 20-6-2023).

26 – Serviços de coleta, remessa ou entrega de correspondências, documentos, objetos, bens ou valores, inclusive pelos correios e suas agências franqueadas; *courrier* e congêneres.

26.01 – Serviços de coleta, remessa ou entrega de correspondências, documentos, objetos, bens ou valores, inclusive pelos correios e suas agências franqueadas; *courrier* e congêneres.

▶ Arts. 20, X, e 150, VI, *a*, e § 2º, da CF.

27 – Serviços de assistência social.

27.01 – Serviços de assistência social.

▶ Lei nº 8.662, de 7-6-1993, dispõe sobre a profissão de assistente social.

28 – Serviços de avaliação de bens e serviços de qualquer natureza.

28.01 – Serviços de avaliação de bens e serviços de qualquer natureza.

29 – Serviços de biblioteconomia.

29.01 – Serviços de biblioteconomia.

30 – Serviços de biologia, biotecnologia e química.

30.01 – Serviços de biologia, biotecnologia e química.

31 – Serviços técnicos em edificações, eletrônica, eletrotécnica, mecânica, telecomunicações e congêneres.

31.01 – Serviços técnicos em edificações, eletrônica, eletrotécnica, mecânica, telecomunicações e congêneres.

32 – Serviços de desenhos técnicos.

32.01 – Serviços de desenhos técnicos.

33 – Serviços de desembaraço aduaneiro, comissários, despachantes e congêneres.

33.01 – Serviços de desembaraço aduaneiro, comissários, despachantes e congêneres.

34 – Serviços de investigações particulares, detetives e congêneres.

34.01 – Serviços de investigações particulares, detetives e congêneres.

35 – Serviços de reportagem, assessoria de imprensa, jornalismo e relações públicas.

35.01 – Serviços de reportagem, assessoria de imprensa, jornalismo e relações públicas.

▶ Lei nº 5.377, de 11-12-1967, disciplina a profissão de relações públicas.

▶ Art. 2º do Dec.-lei nº 972, de 17-10-1969, que dispõe sobre o exercício da profissão de jornalista.

36 – Serviços de meteorologia.

36.01 – Serviços de meteorologia.

▶ Lei nº 6.835, de 14-10-1980, regula a profissão de meteorologista.

37 – Serviços de artistas, atletas, modelos e manequins.

37.01 – Serviços de artistas, atletas, modelos e manequins.

▶ Lei nº 9.615, de 24-3-1998, institui normas gerais sobre desporto, regulamentada pelo Dec. nº 7.984, de 8-4-2013.

38 – Serviços de museologia.

38.01 – Serviços de museologia.

▶ Lei nº 7.287, de 18-12-1984, dispõe sobre a regulamentação da profissão de museólogo.

39 – Serviços de ourivesaria e lapidação.

39.01 – Serviços de ourivesaria e lapidação (quando o material for fornecido pelo tomador do serviço).

40 – Serviços relativos a obras de arte sob encomenda.

40.01 – Obras de arte sob encomenda.

LEI Nº 10.741, DE 1º DE OUTUBRO DE 2003

Dispõe sobre o Estatuto da Pessoa Idosa e dá outras providências.

▶ Publicada no *DOU* de 3-10-2003.

▶ Ementa com a redação dada pela Lei nº 14.423, de 22-7-2022.

▶ Arts. 229 e 230 da CF.

▶ Lei nº 8.842, de 4-1-1994, dispõe sobre a política nacional do idoso e cria o Conselho Nacional do Idoso.

TÍTULO I – DISPOSIÇÕES PRELIMINARES

Art. 1º É instituído o Estatuto da Pessoa Idosa, destinado a regular os direitos assegurados às pessoas com idade igual ou superior a 60 (sessenta) anos.

Art. 2º A pessoa idosa goza de todos os direitos fundamentais inerentes à pessoa humana, sem prejuízo da proteção integral de que trata esta Lei, assegurando-se-lhe, por lei ou por outros meios, todas as oportunidades e facilidades, para preservação de sua saúde física e mental e seu aperfeiçoamento moral, intelectual, espiritual e social, em condições de liberdade e dignidade.

▶ Arts. 1º e 2º com a redação dada pela Lei nº 14.423, de 22-7-2022.

Art. 3º É obrigação da família, da comunidade, da sociedade e do poder público assegurar à pessoa idosa, com absoluta prioridade, a efetivação do direito à vida, à saúde, à alimentação, à educação, à cultura, ao esporte, ao lazer, ao trabalho, à cidadania, à liberdade, à dignidade, ao respeito e à convivência familiar e comunitária.

▶ *Caput* com a redação dada pela Lei nº 14.423, de 22-7-2022.

▶ Art. 6º da CF.

§ 1º A garantia de prioridade compreende:

▶ Parágrafo único renumerado para § 1º pela Lei nº 13.466, de 12-7-2017.

I – atendimento preferencial imediato e individualizado junto aos órgãos públicos e privados prestadores de serviços à população;

▶ Art. 1º da Lei nº 10.048, de 8-11-2000, que confere atendimento prioritário aos idosos com idade igual ou superior a sessenta anos.

II – preferência na formulação e na execução de políticas sociais públicas específicas;

III – destinação privilegiada de recursos públicos nas áreas relacionadas com a proteção à pessoa idosa;

IV – viabilização de formas alternativas de participação, ocupação e convívio da pessoa idosa com as demais gerações;

V – priorização do atendimento da pessoa idosa por sua própria família, em detrimento do atendimento asilar, exceto dos que não a possuam ou careçam de condições de manutenção da própria sobrevivência;

VI – capacitação e reciclagem dos recursos humanos nas áreas de geriatria e gerontologia e na prestação de serviços às pessoas idosas;

▶ Incisos III a VI com a redação dada pela Lei nº 14.423, de 22-7-2022.

VII – estabelecimento de mecanismos que favoreçam a divulgação de informações de caráter educativo sobre os aspectos biopsicossociais de envelhecimento;

VIII – garantia de acesso à rede de serviços de saúde e de assistência social locais;

IX – prioridade no recebimento da restituição do Imposto de Renda.

▶ Inciso IX acrescido pela Lei nº 11.765, de 5-8-2008.

§ 2º Entre as pessoas idosas, é assegurada prioridade especial aos maiores de 80 (oitenta) anos, atendendo-se suas necessidades sempre preferencialmente em relação às demais pessoas idosas.

▶ § 2º com a redação dada pela Lei nº 14.423, de 22-7-2022.

Art. 4º Nenhuma pessoa idosa será objeto de qualquer tipo de negligência, discriminação, violência, crueldade ou opressão, e todo atentado aos seus direitos, por ação ou omissão, será punido na forma da lei.

▶ *Caput* com a redação dada pela Lei nº 14.423, de 22-7-2022.

§ 1º É dever de todos prevenir a ameaça ou violação aos direitos da pessoa idosa.

▶ § 1º com a redação dada pela Lei nº 14.423, de 22-7-2022.

§ 2º As obrigações previstas nesta Lei não excluem da prevenção outras decorrentes dos princípios por ela adotados.

Art. 5º A inobservância das normas de prevenção importará em responsabilidade à pessoa física ou jurídica nos termos da lei.

Art. 6º Todo cidadão tem o dever de comunicar à autoridade competente qualquer forma de violação a esta Lei que tenha testemunhado ou de que tenha conhecimento.

Art. 7º Os Conselhos Nacional, Estaduais, do Distrito Federal e Municipais da Pessoa Idosa, previstos na Lei nº 8.842, de 4 de janeiro de 1994, zelarão pelo cumprimento dos direitos da pessoa idosa, definidos nesta Lei.

▶ Artigo com a redação dada pela Lei nº 14.423, de 22-7-2022.

▶ Lei nº 8.842, de 4-1-1994, dispõe sobre a política nacional do idoso e cria o Conselho Nacional do Idoso.

TÍTULO II – DOS DIREITOS FUNDAMENTAIS

CAPÍTULO I – DO DIREITO À VIDA

Art. 8º O envelhecimento é um direito personalíssimo e a sua proteção um direito social, nos termos desta Lei e da legislação vigente.

Art. 9º É obrigação do Estado, garantir à pessoa idosa a proteção à vida e à saúde, mediante efetivação de políticas sociais públicas que permitam um envelhecimento saudável e em condições de dignidade.

CAPÍTULO II – DO DIREITO À LIBERDADE, AO RESPEITO E À DIGNIDADE

Art. 10. É obrigação do Estado e da sociedade assegurar à pessoa idosa a liberdade, o respeito e a dignidade, como pessoa humana e sujeito de direitos civis, políticos, individuais e sociais, garantidos na Constituição e nas leis.

▶ *Caput* com a redação dada pela Lei nº 14.423, de 22-7-2022.

§ 1º O direito à liberdade compreende, entre outros, os seguintes aspectos:

I – faculdade de ir, vir e estar nos logradouros públicos e espaços comunitários, ressalvadas as restrições legais;

II – opinião e expressão;

III – crença e culto religioso;

IV – prática de esportes e de diversões;

V – participação na vida familiar e comunitária;

VI – participação na vida política, na forma da lei;

VII – faculdade de buscar refúgio, auxílio e orientação.

§ 2º O direito ao respeito consiste na inviolabilidade da integridade física, psíquica e moral, abrangendo a preservação da imagem, da identidade, da autonomia, de valores, ideias e crenças, dos espaços e dos objetos pessoais.

§ 3º É dever de todos zelar pela dignidade da pessoa idosa, colocando-a a salvo de qualquer tratamento desumano, violento, aterrorizante, vexatório ou constrangedor.

▸ § 3º com a redação dada pela Lei nº 14.423, de 22-7-2022.

CAPÍTULO III
DOS ALIMENTOS

Art. 11. Os alimentos serão prestados à pessoa idosa na forma da lei civil.

▸ Arts. 1.694 a 1.710 do CC.

Art. 12. A obrigação alimentar é solidária, podendo a pessoa idosa optar entre os prestadores.

▸ Arts. 11 e 12 com a redação dada pela Lei nº 14.423, de 22-7-2022.

Art. 13. As transações relativas a alimentos poderão ser celebradas perante o Promotor de Justiça ou Defensor Público, que as referendará, e passarão a ter efeito de título executivo extrajudicial nos termos da lei processual civil.

▸ Artigo com a redação dada pela Lei nº 11.737, de 14-7-2008.

Art. 14. Se a pessoa idosa ou seus familiares não possuírem condições econômicas de prover o seu sustento, impõe-se ao poder público esse provimento, no âmbito da assistência social.

▸ Artigo com a redação dada pela Lei nº 14.423, de 22-7-2022.

▸ Art. 20 da Lei nº 8.742, de 7-12-1993 (Lei Orgânica da Assistência Social).

CAPÍTULO IV
DO DIREITO À SAÚDE

Art. 15. É assegurada a atenção integral à saúde da pessoa idosa, por intermédio do Sistema Único de Saúde (SUS), garantindo-lhe o acesso universal e igualitário, em conjunto articulado e contínuo das ações e serviços, para a prevenção, promoção, proteção e recuperação da saúde, incluindo a atenção especial às doenças que afetam preferencialmente as pessoas idosas.

▸ *Caput* com a redação dada pela Lei nº 14.423, de 22-7-2022.

§ 1º A prevenção e a manutenção da saúde da pessoa idosa serão efetivadas por meio de:

▸ *Caput* do § 1º com a redação dada pela Lei nº 14.423, de 22-7-2022.

I – cadastramento da população idosa em base territorial;

II – atendimento geriátrico e gerontológico em ambulatórios;

III – unidades geriátricas de referência, com pessoal especializado nas áreas de geriatria e gerontologia social;

IV – atendimento domiciliar, incluindo a internação, para a população que dele necessitar e esteja impossibilitada de se locomover, inclusive para as pessoas idosas abrigadas e acolhidas por instituições públicas, filantrópicas ou sem fins lucrativos e eventualmente conveniadas com o poder público, nos meios urbano e rural;

▸ Inciso IV com a redação dada pela Lei nº 14.423, de 22-7-2022.

V – reabilitação orientada pela geriatria e gerontologia, para redução das sequelas decorrentes do agravo da saúde.

§ 2º Incumbe ao poder público fornecer às pessoas idosas, gratuitamente, medicamentos, especialmente os de uso continuado, assim como próteses, órteses e outros recursos relativos ao tratamento, habilitação ou reabilitação.

§ 3º É vedada a discriminação da pessoa idosa nos planos de saúde pela cobrança de valores diferenciados em razão da idade.

▸ Art. 15 da Lei nº 9.656, de 3-6-1998 (Lei dos Planos e Seguros Privados de Saúde).

§ 4º As pessoas idosas com deficiência ou com limitação incapacitante terão atendimento especializado, nos termos da lei.

§ 5º É vedado exigir o comparecimento da pessoa idosa enferma perante os órgãos públicos, hipótese na qual será admitido o seguinte procedimento:

I – quando de interesse do poder público, o agente promoverá o contato necessário com a pessoa idosa em sua residência; ou

II – quando de interesse da própria pessoa idosa, esta se fará representar por procurador legalmente constituído.

§ 6º É assegurado à pessoa idosa enferma o atendimento domiciliar pela perícia médica do Instituto Nacional do Seguro Social (INSS), pelo serviço público de saúde ou pelo serviço privado de saúde, contratado ou conveniado, que integre o SUS, para expedição do laudo de saúde necessário ao exercício de seus direitos sociais e de isenção tributária.

§ 7º Em todo atendimento de saúde, os maiores de 80 (oitenta) anos terão preferência especial sobre as demais pessoas idosas, exceto em caso de emergência.

▸ §§ 2º a 7º com a redação dada pela Lei nº 14.423, de 22-7-2022.

Art. 16. À pessoa idosa internada ou em observação é assegurado o direito a acompanhante, devendo o órgão de saúde proporcionar as condições adequadas para a sua permanência em tempo integral, segundo o critério médico.

Parágrafo único. Caberá ao profissional de saúde responsável pelo tratamento conceder autorização para o acompanhamento da pessoa idosa ou, no caso de impossibilidade, justificá-la por escrito.

▸ Art. 16 com a redação dada pela Lei nº 14.423, de 22-7-2022.

Art. 17. À pessoa idosa que esteja no domínio de suas faculdades mentais é assegurado o direito de optar pelo tratamento de saúde que lhe for reputado mais favorável.

▸ *Caput* com a redação dada pela Lei nº 14.423, de 22-7-2022.

Parágrafo único. Não estando a pessoa idosa em condições de proceder à opção, esta será feita:

▸ *Caput* com a redação dada pela Lei nº 14.423, de 22-7-2022.

I – pelo curador, quando a pessoa idosa for interditada;

II – pelos familiares, quando a pessoa idosa não tiver curador ou este não puder ser contactado em tempo hábil;

▸ Incisos I e II com a redação dada pela Lei nº 14.423, de 22-7-2022.

III – pelo médico, quando ocorrer iminente risco de vida e não houver tempo hábil para consulta a curador ou familiar;

IV – pelo próprio médico, quando não houver curador ou familiar conhecido, caso em que deverá comunicar o fato ao Ministério Público.

Art. 18. As instituições de saúde devem atender aos critérios mínimos para o atendimento às necessidades da pessoa idosa, promovendo o treinamento e a capacitação dos profissionais, assim como orientação a cuidadores familiares e grupos de autoajuda.

▸ Artigo com a redação dada pela Lei nº 14.423, de 22-7-2022.

Art. 19. Os casos de suspeita ou confirmação de violência praticada contra pessoas idosas serão objeto de notificação compulsória pelos serviços de saúde públicos e privados à autoridade sanitária, bem como serão obrigatoriamente comunicados por eles a quaisquer dos seguintes órgãos:

▸ *Caput* com a redação dada pela Lei nº 14.423, de 22-7-2022.

I – autoridade policial;

II – Ministério Público;

III – Conselho Municipal da Pessoa Idosa;

IV – Conselho Estadual da Pessoa Idosa;

▸ Lei nº 8.842, de 4-1-1994, dispõe sobre a política nacional do idoso e cria o Conselho Nacional do Idoso.

V – Conselho Nacional da Pessoa Idosa.

▸ Incisos III a V com a redação dada pela Lei nº 14.423, de 22-7-2022.

§ 1º Para os efeitos desta Lei, considera-se violência contra a pessoa idosa qualquer ação ou omissão praticada em local público ou privado que lhe cause morte, dano ou sofrimento físico ou psicológico.

▸ § 1º com a redação dada pela Lei nº 14.423, de 22-7-2022.

§ 2º Aplica-se, no que couber, à notificação compulsória prevista no *caput* deste artigo, o disposto na Lei nº 6.259, de 30 de outubro de 1975.

▸ § 2º acrescido pela Lei nº 12.461, de 26-7-2011.

▸ Lei nº 6.259, de 30-10-1975, dispõe sobre a organização das ações de vigilância epidemiológica, sobre o Programa Nacional de Imunizações e estabelece normas relativas à notificação compulsória de doenças.

CAPÍTULO V
DA EDUCAÇÃO, CULTURA, ESPORTE E LAZER

Art. 20. A pessoa idosa tem direito a educação, cultura, esporte, lazer, diversões, espetáculos, produtos e serviços que respeitem sua peculiar condição de idade.

Art. 21. O poder público criará oportunidades de acesso da pessoa idosa à educação, adequando currículos, metodologias e material didático aos programas educacionais a ela destinados.

§ 1º Os cursos especiais para pessoas idosas incluirão conteúdo relativo às técnicas de comunicação, computação e demais avanços tecnológicos, para sua integração à vida moderna.

§ 2º As pessoas idosas participarão das comemorações de caráter cívico ou cultural, para transmissão de conhecimentos e vivências às demais gerações, no sentido da preservação da memória e da identidade culturais.

Art. 22. Nos currículos mínimos dos diversos níveis de ensino formal serão inseridos conteúdos voltados ao processo de envelhecimento, ao respeito e à valorização da pessoa idosa, de forma a eliminar o preconceito e a produzir conhecimentos sobre a matéria.

Art. 23. A participação das pessoas idosas em atividades culturais e de lazer será proporcionada mediante descontos de pelo menos 50% (cinquenta por cento) nos ingressos para eventos artísticos, culturais, esportivos e de lazer, bem como o acesso preferencial aos respectivos locais.

Art. 24. Os meios de comunicação manterão espaços ou horários especiais voltados às pessoas idosas, com finalidade informativa, educativa, artística e cultural, e ao público sobre o processo de envelhecimento.

▶ Arts. 20 a 24 com a redação dada pela Lei nº 14.423, de 22-7-2022.

Art. 25. As instituições de educação superior ofertarão às pessoas idosas, na perspectiva da educação ao longo da vida, cursos e programas de extensão, presenciais ou a distância, constituídos por atividades formais e não formais.

▶ *Caput* com a redação dada pela Lei nº 13.535, de 15-12-2017.

Parágrafo único. O poder público apoiará a criação de universidade aberta para as pessoas idosas e incentivará a publicação de livros e periódicos, de conteúdo e padrão editorial adequados à pessoa idosa, que facilitem a leitura, considerada a natural redução da capacidade visual.

▶ Parágrafo único com a redação dada pela Lei nº 14.423, de 22-7-2022.

CAPÍTULO VI
DA PROFISSIONALIZAÇÃO E DO TRABALHO

Art. 26. A pessoa idosa tem direito ao exercício de atividade profissional, respeitadas suas condições físicas, intelectuais e psíquicas.

▶ Artigo com a redação dada pela Lei nº 14.423, de 22-7-2022.

Art. 27. Na admissão da pessoa idosa em qualquer trabalho ou emprego, são vedadas a discriminação e a fixação de limite máximo de idade, inclusive para concursos, ressalvados os casos em que a natureza do cargo o exigir.

▶ *Caput* com a redação dada pela Lei nº 14.423, de 22-7-2022.

Parágrafo único. O primeiro critério de desempate em concurso público será a idade, dando-se preferência ao de idade mais elevada.

Art. 28. O Poder Público criará e estimulará programas de:

I – profissionalização especializada para as pessoas idosas, aproveitando seus potenciais e habilidades para atividades regulares e remuneradas;

▶ Inciso I com a redação dada pela Lei nº 14.423, de 22-7-2022.

II – preparação dos trabalhadores para a aposentadoria, com antecedência mínima de 1 (um) ano, por meio de estímulo a novos projetos sociais, conforme seus interesses, e de esclarecimento sobre os direitos sociais e de cidadania;

III – estímulo às empresas privadas para admissão de pessoas idosas ao trabalho.

▶ Inciso III com a redação dada pela Lei nº 14.423, de 22-7-2022.

CAPÍTULO VII
DA PREVIDÊNCIA SOCIAL

Art. 29. Os benefícios de aposentadoria e pensão do Regime Geral da Previdência Social observarão, na sua concessão, critérios de cálculo que preservem o valor real dos salários sobre os quais incidiram contribuição, nos termos da legislação vigente.

Parágrafo único. Os valores dos benefícios em manutenção serão reajustados na mesma data de reajuste do salário mínimo, *pro rata*, de acordo com suas respectivas datas de início ou do seu último reajustamento, com base em percentual definido em regulamento, observados os critérios estabelecidos pela Lei nº 8.213, de 24 de julho de 1991.

▶ Lei nº 8.213, de 24-7-1991 (Lei dos Planos de Benefícios da Previdência Social).

Art. 30. A perda da condição de segurado não será considerada para a concessão da aposentadoria por idade, desde que a pessoa conte com, no mínimo, o tempo de contribuição correspondente ao exigido para efeito de carência na data de requerimento do benefício.

▶ Art. 3º da Lei nº 10.666, de 8-5-2003, que dispõe sobre a concessão da aposentadoria especial ao cooperado de Cooperativa de Trabalho ou de Produção.

Parágrafo único. O cálculo do valor do benefício previsto no *caput* observará o disposto no *caput* e § 2º do art. 3º da Lei nº 9.876, de 26 de novembro de 1999, ou, não havendo salários de contribuição recolhidos a partir da competência de julho de 1994, o disposto no art. 35 da Lei nº 8.213, de 1991.

Art. 31. O pagamento de parcelas relativas a benefícios, efetuado com atraso por responsabilidade da Previdência Social, será atualizado pelo mesmo índice utilizado para os reajustamentos dos benefícios do Regime Geral de Previdência Social, verificado no período compreendido entre o mês que deveria ter sido pago e o mês do efetivo pagamento.

Art. 32. O Dia Mundial do Trabalho, 1º de Maio, é a data base dos aposentados e pensionistas.

CAPÍTULO VIII
DA ASSISTÊNCIA SOCIAL

Art. 33. A assistência social às pessoas idosas será prestada, de forma articulada, conforme os princípios e diretrizes previstos na Lei Orgânica da Assistência Social (LOAS), na Política Nacional da Pessoa Idosa, no SUS e nas demais normas pertinentes.

▶ Artigo com a redação dada pela Lei nº 14.423, de 22-7-2022.

▶ Lei nº 8.080, de 19-9-1990 (Sistema Único de Saúde).

▶ Lei nº 8.742, de 7-12-1993 (Lei Orgânica da Assistência Social).

▶ Lei nº 8.842, de 4-1-1994, dispõe sobre a política nacional do idoso e cria o Conselho Nacional do Idoso.

Art. 34. Às pessoas idosas, a partir de 65 (sessenta e cinco) anos, que não possuam meios para prover sua subsistência, nem de tê-la provida por sua família, é assegurado o benefício mensal de 1 (um) salário mínimo, nos termos da LOAS.

▶ *Caput* com a redação dada pela Lei nº 14.423, de 22-7-2022.

▶ Lei nº 8.742, de 7-12-1993 (Lei Orgânica da Assistência Social).

▶ Dec. nº 6.214, de 26-9-2007, regulamenta o benefício de prestação continuada da assistência social devido à pessoa com deficiência e ao idoso de que trata esta Lei.

Parágrafo único. O benefício já concedido a qualquer membro da família nos termos do *caput* não será computado para os fins do cálculo da renda familiar *per capita* a que se refere a LOAS.

Art. 35. Todas as entidades de longa permanência, ou casa lar, são obrigadas a firmar contrato de prestação de serviços com a pessoa idosa abrigada.

▶ Art. 29 da LC nº 187, de 16-12-2021, que dispõe sobre a certificação das entidades beneficentes.

§ 1º No caso de entidade filantrópica, ou casa-lar, é facultada a cobrança de participação da pessoa idosa no custeio da entidade.

§ 2º O Conselho Municipal da Pessoa Idosa ou o Conselho Municipal da Assistência Social estabelecerá a forma de participação prevista no § 1º deste artigo, que não poderá exceder a 70% (setenta por cento) de qualquer benefício previdenciário ou de assistência social percebido pela pessoa idosa.

▶ §§ 1º e 2º com a redação dada pela Lei nº 14.423, de 22-7-2022.

§ 3º Se a pessoa idosa for incapaz, caberá a seu representante legal firmar o contrato a que se refere o *caput* deste artigo.

Art. 36. O acolhimento de pessoas idosas em situação de risco social, por adulto ou núcleo familiar, caracteriza a dependência econômica, para os efeitos legais.

▶ Artigo com a redação dada pela Lei nº 14.423, de 22-7-2022.

CAPÍTULO IX
DA HABITAÇÃO

Art. 37. A pessoa idosa tem direito a moradia digna, no seio da família natural ou substituta, ou desacompanhada de seus familiares, quando assim o desejar, ou, ainda, em instituição pública ou privada.

▶ *Caput* com a redação dada pela Lei nº 14.423, de 22-7-2022.

§ 1º A assistência integral na modalidade de entidade de longa permanência será prestada quando verificada inexistência de grupo familiar, casa lar, abandono ou carência de recursos financeiros próprios ou da família.

§ 2º Toda instituição dedicada ao atendimento à pessoa idosa fica obrigada a manter identificação externa visível, sob pena de interdição, além de atender toda a legislação pertinente.

§ 3º As instituições que abrigarem pessoas idosas são obrigadas a manter padrões de habitação compatíveis com as necessidades delas, bem como provê-las com alimentação regular e higiene indispensáveis às normas sanitárias e com estas condizentes, sob as penas da lei.

▶ §§ 2º e 3º com a redação dada pela Lei nº 14.423, de 22-7-2022.

Art. 38. Nos programas habitacionais, públicos ou subsidiados com recursos públicos, a pessoa idosa goza de prioridade na aquisição de imóvel para moradia própria, observado o seguinte:

▶ *Caput* com a redação dada pela Lei nº 14.423, de 22-7-2022.

I – reserva de pelo menos 3% (três por cento) das unidades habitacionais residenciais para atendimento às pessoas idosas;

II – implantação de equipamentos urbanos comunitários voltados à pessoa idosa;

III – eliminação de barreiras arquitetônicas e urbanísticas, para garantia de acessibilidade à pessoa idosa;

▶ Incisos I a III com a redação dada pela Lei nº 14.423, de 22-7-2022.

IV – critérios de financiamento compatíveis com os rendimentos de aposentadoria e pensão.

Parágrafo único. As unidades residenciais reservadas para atendimento a pessoas idosas devem situar-se, preferencialmente, no pavimento térreo.

► Parágrafo único com a redação dada pela Lei nº 14.423, de 22-7-2022.

CAPÍTULO X – DO TRANSPORTE

Art. 39. Aos maiores de 65 (sessenta e cinco) anos fica assegurada a gratuidade dos transportes coletivos públicos urbanos e semiurbanos, exceto nos serviços seletivos e especiais, quando prestados paralelamente aos serviços regulares.

§ 1º Para ter acesso à gratuidade, basta que a pessoa idosa apresente qualquer documento pessoal que faça prova de sua idade.

§ 2º Nos veículos de transporte coletivo de que trata este artigo, serão reservados 10% (dez por cento) dos assentos para as pessoas idosas, devidamente identificados com a placa de reservado preferencialmente para pessoas idosas.

► §§ 1º e 2º com a redação dada pela Lei nº 14.423, de 22-7-2022.

§ 3º No caso das pessoas compreendidas na faixa etária entre 60 (sessenta) e 65 (sessenta e cinco) anos, ficará a critério da legislação local dispor sobre as condições para exercício da gratuidade nos meios de transporte previstos no *caput* deste artigo.

Art. 40. No sistema de transporte coletivo interestadual observar-se-á, nos termos da legislação específica:

I – a reserva de 2 (duas) vagas gratuitas por veículo para pessoas idosas com renda igual ou inferior a 2 (dois) salários mínimos;

II – desconto de 50% (cinquenta por cento), no mínimo, no valor das passagens, para as pessoas idosas que excederem as vagas gratuitas, com renda igual ou inferior a 2 (dois) salários mínimos.

► Incisos I e II com a redação dada pela Lei nº 14.423, de 22-7-2022.

Parágrafo único. Caberá aos órgãos competentes definir os mecanismos e os critérios para o exercício dos direitos previstos nos incisos I e II.

► Arts. 34 a 46 do Dec. nº 9.921, de 18-7-2019, que consolida atos normativos editados pelo Poder Executivo federal que dispõem sobre a temática da pessoa idosa.

Art. 41. É assegurada a reserva para as pessoas idosas, nos termos da lei local, de 5% (cinco por cento) das vagas nos estacionamentos públicos e privados, as quais deverão ser posicionadas de forma a garantir a melhor comodidade à pessoa idosa.

Art. 42. São asseguradas a prioridade e a segurança da pessoa idosa nos procedimentos de embarque e desembarque nos veículos do sistema de transporte coletivo.

► Arts. 41 e 42 com a redação dada pela Lei nº 14.423, de 22-7-2022.

TÍTULO III – DAS MEDIDAS DE PROTEÇÃO

CAPÍTULO I – DAS DISPOSIÇÕES GERAIS

Art. 43. As medidas de proteção à pessoa idosa são aplicáveis sempre que os direitos reconhecidos nesta Lei forem ameaçados ou violados:

► *Caput* com a redação dada pela Lei nº 14.423, de 22-7-2022.

I – por ação ou omissão da sociedade ou do Estado;

II – por falta, omissão ou abuso da família, curador ou entidade de atendimento;

III – em razão de sua condição pessoal.

CAPÍTULO II – DAS MEDIDAS ESPECÍFICAS DE PROTEÇÃO

Art. 44. As medidas de proteção à pessoa idosa previstas nesta Lei poderão ser aplicadas, isolada ou cumulativamente, e levarão em conta os fins sociais a que se destinam e o fortalecimento dos vínculos familiares e comunitários.

► Artigo com a redação dada pela Lei nº 14.423, de 22-7-2022.

Art. 45. Verificada qualquer das hipóteses previstas no art. 43, o Ministério Público ou o Poder Judiciário, a requerimento daquele, poderá determinar, dentre outras, as seguintes medidas:

I – encaminhamento à família ou curador, mediante termo de responsabilidade;

II – orientação, apoio e acompanhamento temporários;

III – requisição para tratamento de sua saúde, em regime ambulatorial, hospitalar ou domiciliar;

IV – inclusão em programa oficial ou comunitário de auxílio, orientação e tratamento a usuários dependentes de drogas lícitas ou ilícitas, à própria pessoa idosa ou à pessoa de sua convivência que lhe cause perturbação;

► Inciso IV com a redação dada pela Lei nº 14.423, de 22-7-2022.

V – abrigo em entidade;

VI – abrigo temporário.

TÍTULO IV – DA POLÍTICA DE ATENDIMENTO À PESSOA IDOSA

► Título IV com a redação dada pela Lei nº 14.423, de 22-7-2022.

CAPÍTULO I – DISPOSIÇÕES GERAIS

Art. 46. A política de atendimento à pessoa idosa far-se-á por meio do conjunto articulado de ações governamentais e não governamentais da União, dos Estados, do Distrito Federal e dos Municípios.

► Artigo com a redação dada pela Lei nº 14.423, de 22-7-2022.

Art. 47. São linhas de ação da política de atendimento:

I – políticas sociais básicas, previstas na Lei nº 8.842, de 4 de janeiro de 1994;

► Lei nº 8.842, de 4-1-1994, dispõe sobre a política nacional do idoso e cria o Conselho Nacional do Idoso.

II – políticas e programas de assistência social, em caráter supletivo, para aqueles que necessitarem;

III – serviços especiais de prevenção e atendimento às vítimas de negligência, maus-tratos, exploração, abuso, crueldade e opressão;

IV – serviço de identificação e localização de parentes ou responsáveis por pessoas idosas abandonados em hospitais e instituições de longa permanência;

V – proteção jurídico-social por entidades de defesa dos direitos das pessoas idosas;

VI – mobilização da opinião pública no sentido da participação dos diversos segmentos da sociedade no atendimento da pessoa idosa.

► Incisos IV a VI com a redação dada pela Lei nº 14.423, de 22-7-2022.

CAPÍTULO II – DAS ENTIDADES DE ATENDIMENTO À PESSOA IDOSA

► Capítulo II com a redação dada pela Lei nº 14.423, de 22-7-2022.

Art. 48. As entidades de atendimento são responsáveis pela manutenção das próprias unidades, observadas as normas de planejamento e execução emanadas do órgão competente da Política Nacional da Pessoa Idosa, conforme a Lei nº 8.842, de 4 de janeiro de 1994.

► *Caput* do art. 48 com a redação dada pela Lei nº 14.423, de 22-7-2022.

► Lei nº 8.842, de 4-1-1994, dispõe sobre a política nacional do idoso e cria o Conselho Nacional do Idoso.

Parágrafo único. As entidades governamentais e não governamentais de assistência à pessoa idosa ficam sujeitas à inscrição de seus programas perante o órgão competente da Vigilância Sanitária e o Conselho Municipal da Pessoa Idosa e, em sua falta, perante o Conselho Estadual ou Nacional da Pessoa Idosa, especificando os regimes de atendimento, observados os seguintes requisitos:

► *Caput* do parágrafo único com a redação dada pela Lei nº 14.423, de 22-7-2022.

I – oferecer instalações físicas em condições adequadas de habitabilidade, higiene, salubridade e segurança;

II – apresentar objetivos estatutários e plano de trabalho compatíveis com os princípios desta Lei;

III – estar regularmente constituída;

IV – demonstrar a idoneidade de seus dirigentes.

Art. 49. As entidades que desenvolvam programas de institucionalização de longa permanência adotarão os seguintes princípios:

I – preservação dos vínculos familiares;

II – atendimento personalizado e em pequenos grupos;

III – manutenção da pessoa idosa na mesma instituição, salvo em caso de força maior;

IV – participação da pessoa idosa nas atividades comunitárias, de caráter interno e externo;

V – observância dos direitos e garantias das pessoas idosas;

VI – preservação da identidade da pessoa idosa e oferecimento de ambiente de respeito e dignidade.

► Incisos III a VI com a redação dada pela Lei nº 14.423, de 22-7-2022.

Parágrafo único. O dirigente de instituição prestadora de atendimento à pessoa idosa responderá civil e criminalmente pelos atos que praticar em detrimento da pessoa idosa, sem prejuízo das sanções administrativas.

▸ Parágrafo único com a redação dada pela Lei nº 14.423, de 22-7-2022.

Art. 50. Constituem obrigações das entidades de atendimento:

I – celebrar contrato escrito de prestação de serviço com a pessoa idosa, especificando o tipo de atendimento, as obrigações da entidade e prestações decorrentes do contrato, com os respectivos preços, se for o caso;

II – observar os direitos e as garantias de que são titulares as pessoas idosas;

▸ Incisos I e II com a redação dada pela Lei nº 14.423, de 22-7-2022.

III – fornecer vestuário adequado, se for pública, e alimentação suficiente;

IV – oferecer instalações físicas em condições adequadas de habitabilidade;

V – oferecer atendimento personalizado;

VI – diligenciar no sentido da preservação dos vínculos familiares;

VII – oferecer acomodações apropriadas para recebimento de visitas;

VIII – proporcionar cuidados à saúde, conforme a necessidade da pessoa idosa;

▸ Inciso VIII com a redação dada pela Lei nº 14.423, de 22-7-2022.

IX – promover atividades educacionais, esportivas, culturais e de lazer;

X – propiciar assistência religiosa àqueles que desejarem, de acordo com suas crenças;

XI – proceder a estudo social e pessoal de cada caso;

XII – comunicar à autoridade competente de saúde toda ocorrência de pessoa idosa com doenças infectocontagiosas;

▸ Inciso XII com a redação dada pela Lei nº 14.423, de 22-7-2022.

XIII – providenciar ou solicitar que o Ministério Público requisite os documentos necessários ao exercício da cidadania àqueles que não os tiverem, na forma da lei;

XIV – fornecer comprovante de depósito dos bens móveis que receberem das pessoas idosas;

XV – manter arquivo de anotações no qual constem data e circunstâncias do atendimento, nome da pessoa idosa, responsável, parentes, endereços, cidade, relação de seus pertences, bem como o valor de contribuições, e suas alterações, se houver, e demais dados que possibilitem sua identificação e a individualização do atendimento;

▸ Incisos XIV e XV com a redação dada pela Lei nº 14.423, de 22-7-2022.

XVI – comunicar ao Ministério Público, para as providências cabíveis, a situação de abandono moral ou material por parte dos familiares;

XVII – manter no quadro de pessoal profissionais com formação específica.

Art. 51. As instituições filantrópicas ou sem fins lucrativos prestadoras de serviço às pessoas idosas terão direito à assistência judiciária gratuita.

▸ Artigo com a redação dada pela Lei nº 14.423, de 22-7-2022.

CAPÍTULO III
DA FISCALIZAÇÃO DAS ENTIDADES DE ATENDIMENTO

Art. 52. As entidades governamentais e não governamentais de atendimento à pessoa idosa serão fiscalizadas pelos Conselhos da Pessoa Idosa, Ministério Público, Vigilância Sanitária e outros previstos em lei.

▸ Artigo com a redação dada pela Lei nº 14.423, de 22-7-2022.

Art. 53. O art. 7º da Lei nº 8.842, de 1994, passa a vigorar com a seguinte redação:

> "Art. 7º Compete aos Conselhos de que trata o art. 6º desta Lei a supervisão, o acompanhamento, a fiscalização e a avaliação da política nacional do idoso, no âmbito das respectivas instâncias político-administrativas."

Art. 54. Será dada publicidade das prestações de contas dos recursos públicos e privados recebidos pelas entidades de atendimento.

Art. 55. As entidades de atendimento que descumprirem as determinações desta Lei ficarão sujeitas, sem prejuízo da responsabilidade civil e criminal de seus dirigentes ou prepostos, às seguintes penalidades, observado o devido processo legal:

I – as entidades governamentais:

a) advertência;

b) afastamento provisório de seus dirigentes;

c) afastamento definitivo de seus dirigentes;

d) fechamento de unidade ou interdição de programa;

II – as entidades não governamentais:

a) advertência;

b) multa;

c) suspensão parcial ou total do repasse de verbas públicas;

d) interdição de unidade ou suspensão de programa;

e) proibição de atendimento a pessoas idosas a bem do interesse público.

▸ Alínea *e* com a redação dada pela Lei nº 14.423, de 22-7-2022.

§ 1º Havendo danos às pessoas idosas abrigadas ou qualquer tipo de fraude em relação ao programa, caberá o afastamento provisório dos dirigentes ou a interdição da unidade e a suspensão do programa.

▸ § 1º com a redação dada pela Lei nº 14.423, de 22-7-2022.

§ 2º A suspensão parcial ou total do repasse de verbas públicas ocorrerá quando verificada a má aplicação ou desvio de finalidade dos recursos.

§ 3º Na ocorrência de infração por entidade de atendimento que coloque em risco os direitos assegurados nesta Lei, será o fato comunicado ao Ministério Público, para as providências cabíveis, inclusive para promover a suspensão das atividades ou dissolução da entidade, com a proibição de atendimento a pessoas idosas a bem do interesse público, sem prejuízo das providências a serem tomadas pela Vigilância Sanitária.

§ 4º Na aplicação das penalidades, serão consideradas a natureza e a gravidade da infração cometida, os danos que dela provierem para a pessoa idosa, as circunstâncias agravantes ou atenuantes e os antecedentes da entidade.

▸ §§ 3º e 4º com a redação dada pela Lei nº 14.423, de 22-7-2022.

CAPÍTULO IV
DAS INFRAÇÕES ADMINISTRATIVAS

Art. 56. Deixar a entidade de atendimento de cumprir as determinações do art. 50 desta Lei:

Pena – multa de R$ 500,00 (quinhentos reais) a R$ 3.000,00 (três mil reais), se o fato não for caracterizado como crime, podendo haver a interdição do estabelecimento até que sejam cumpridas as exigências legais.

Parágrafo único. No caso de interdição do estabelecimento de longa permanência, as pessoas idosas abrigadas serão transferidas para outra instituição, a expensas do estabelecimento interditado, enquanto durar a interdição.

▸ Parágrafo único com a redação dada pela Lei nº 14.423, de 22-7-2022.

Art. 57. Deixar o profissional de saúde ou o responsável por estabelecimento de saúde ou instituição de longa permanência de comunicar à autoridade competente os casos de crimes contra pessoa idosa de que tiver conhecimento:

▸ *Caput* com a redação dada pela Lei nº 14.423, de 22-7-2022.

Pena – multa de R$ 500,00 (quinhentos reais) a R$ 3.000,00 (três mil reais), aplicada em dobro no caso de reincidência.

Art. 58. Deixar de cumprir as determinações desta Lei sobre a prioridade no atendimento à pessoa idosa:

Pena – multa de R$ 500,00 (quinhentos reais) a R$ 1.000,00 (mil reais) e multa civil a ser estipulada pelo juiz, conforme o dano sofrido pela pessoa idosa.

▸ Artigo com a redação dada pela Lei nº 14.423, de 22-7-2022.

CAPÍTULO V
DA APURAÇÃO ADMINISTRATIVA DE INFRAÇÃO ÀS NORMAS DE PROTEÇÃO À PESSOA IDOSA

▸ Capítulo V com a redação dada pela Lei nº 14.423, de 22-7-2022.

Art. 59. Os valores monetários expressos no Capítulo IV serão atualizados anualmente, na forma da lei.

Art. 60. O procedimento para a imposição de penalidade administrativa por infração às normas de proteção à pessoa idosa terá início com requisição do Ministério Público ou auto de infração elaborado por servidor efetivo e assinado, se possível, por 2 (duas) testemunhas.

▸ *Caput* com a redação dada pela Lei nº 14.423, de 22-7-2022.

§ 1º No procedimento iniciado com o auto de infração poderão ser usadas fórmulas impressas, especificando-se a natureza e as circunstâncias da infração.

§ 2º Sempre que possível, à verificação da infração seguir-se-á a lavratura do auto, ou este será lavrado dentro de 24 (vinte e quatro) horas, por motivo justificado.

Art. 61. O autuado terá prazo de 10 (dez) dias para a apresentação da defesa, contado da data da intimação, que será feita:

I – pelo autuante, no instrumento de autuação, quando for lavrado na presença do infrator;

II – por via postal, com aviso de recebimento.

Art. 62. Havendo risco para a vida ou à saúde da pessoa idosa, a autoridade competente aplicará à entidade de atendimento as sanções regulamentares, sem prejuízo da iniciativa e das providências que vierem a ser adotadas pelo Ministério Público ou pelas demais instituições legitimadas para a fiscalização.

▸ Artigo com a redação dada pela Lei nº 14.423, de 22-7-2022.

Art. 63. Nos casos em que não houver risco para a vida ou a saúde da pessoa idosa abrigada, a autoridade competente aplicará à entidade de atendimento as sanções regulamentares, sem prejuízo da iniciativa e das providências que vierem a ser adotadas pelo Ministério Público ou pelas demais instituições legitimadas para a fiscalização.

CAPÍTULO VI
DA APURAÇÃO JUDICIAL DE IRREGULARIDADES EM ENTIDADE DE ATENDIMENTO

Art. 64. Aplicam-se, subsidiariamente, ao procedimento administrativo de que trata este Capítulo as disposições das Leis nºs 6.437, de 20 de agosto de 1977, e 9.784, de 29 de janeiro de 1999.

Art. 65. O procedimento de apuração de irregularidade em entidade governamental e não governamental de atendimento à pessoa idosa terá início mediante petição fundamentada de pessoa interessada ou iniciativa do Ministério Público.

Art. 66. Havendo motivo grave, poderá a autoridade judiciária, ouvido o Ministério Público, decretar liminarmente o afastamento provisório do dirigente da entidade ou outras medidas que julgar adequadas, para evitar lesão aos direitos da pessoa idosa, mediante decisão fundamentada.

▸ Arts. 65 e 66 com a redação dada pela Lei nº 14.423, de 22-7-2022.

Art. 67. O dirigente da entidade será citado para, no prazo de 10 (dez) dias, oferecer resposta escrita, podendo juntar documentos e indicar as provas a produzir.

Art. 68. Apresentada a defesa, o juiz procederá na conformidade do art. 69 ou, se necessário, designará audiência de instrução e julgamento, deliberando sobre a necessidade de produção de outras provas.

§ 1º Salvo manifestação em audiência, as partes e o Ministério Público terão 5 (cinco) dias para oferecer alegações finais, decidindo a autoridade judiciária em igual prazo.

§ 2º Em se tratando de afastamento provisório ou definitivo de dirigente de entidade governamental, a autoridade judiciária oficiará a autoridade administrativa imediatamente superior ao afastado, fixando-lhe prazo de 24 (vinte e quatro) horas para proceder à substituição.

§ 3º Antes de aplicar qualquer das medidas, a autoridade judiciária poderá fixar prazo para a remoção das irregularidades verificadas. Satisfeitas as exigências, o processo será extinto, sem julgamento do mérito.

§ 4º A multa e a advertência serão impostas ao dirigente da entidade ou ao responsável pelo programa de atendimento.

TÍTULO V – DO ACESSO À JUSTIÇA

CAPÍTULO I
DISPOSIÇÕES GERAIS

Art. 69. Aplica-se, subsidiariamente, às disposições deste Capítulo, o procedimento sumário previsto no Código de Processo Civil, naquilo que não contrarie os prazos previstos nesta Lei.

Art. 70. O poder público poderá criar varas especializadas e exclusivas da pessoa idosa.

▸ Artigo com a redação dada pela Lei nº 14.423, de 22-7-2022.

Art. 71. É assegurada prioridade na tramitação dos processos e procedimentos e na execução dos atos e diligências judiciais em que figure como parte ou interveniente pessoa com idade igual ou superior a 60 (sessenta) anos, em qualquer instância.

▸ Art. 1.048 do CPC/2015.

§ 1º O interessado na obtenção da prioridade a que alude este artigo, fazendo prova de sua idade, requererá o benefício à autoridade judiciária competente para decidir o feito, que determinará as providências a serem cumpridas, anotando-se essa circunstância em local visível nos autos do processo.

§ 2º A prioridade não cessará com a morte do beneficiado, estendendo-se em favor do cônjuge supérstite, companheiro ou companheira, com união estável, maior de 60 (sessenta) anos.

§ 3º A prioridade se estende aos processos e procedimentos na Administração Pública, empresas prestadoras de serviços públicos e instituições financeiras, ao atendimento preferencial junto à Defensoria Publica da União, dos Estados e do Distrito Federal em relação aos Serviços de Assistência Judiciária.

§ 4º Para o atendimento prioritário, será garantido à pessoa idosa o fácil acesso aos assentos e caixas, identificados com a destinação a pessoas idosas em local visível e caracteres legíveis.

§ 5º Dentre os processos de pessoas idosas, dar-se-á prioridade especial aos das maiores de 80 (oitenta) anos.

▸ §§ 4º e 5º com a redação dada pela Lei nº 14.423, de 22-7-2022.

CAPÍTULO II
DO MINISTÉRIO PÚBLICO

Art. 72. VETADO.

Art. 73. As funções do Ministério Público, previstas nesta Lei, serão exercidas nos termos da respectiva Lei Orgânica.

▸ Arts. 127 a 129 da CF.

▸ LC nº 75, de 20-5-1993 (Lei Orgânica do Ministério Público da União).

▸ Lei nº 8.625, de 12-2-1993 (Lei Orgânica Nacional do Ministério Público).

Art. 74. Compete ao Ministério Público:

I – instaurar o inquérito civil e a ação civil pública para a proteção dos direitos e interesses difusos ou coletivos, individuais indisponíveis e individuais homogêneos da pessoa idosa;

II – promover e acompanhar as ações de alimentos, de interdição total ou parcial, de designação de curador especial, em circunstâncias que justifiquem a medida e oficiar em todos os feitos em que se discutam os direitos das pessoas idosas em condições de risco;

III – atuar como substituto processual da pessoa idosa em situação de risco, conforme o disposto no art. 43 desta Lei;

IV – promover a revogação de instrumento procuratório da pessoa idosa, nas hipóteses previstas no art. 43 desta Lei, quando necessário ou o interesse público justificar;

▸ Incisos I a IV com a redação dada pela Lei nº 14.423, de 22-7-2022.

V – instaurar procedimento administrativo e, para instruí-lo:

a) expedir notificações, colher depoimentos ou esclarecimentos e, em caso de não comparecimento injustificado da pessoa notificada, requisitar condução coercitiva, inclusive pela Polícia Civil ou Militar;

b) requisitar informações, exames, perícias e documentos de autoridades municipais, estaduais e federais, da administração direta e indireta, bem como promover inspeções e diligências investigatórias;

c) requisitar informações e documentos particulares de instituições privadas;

VI – instaurar sindicâncias, requisitar diligências investigatórias e a instauração de inquérito policial, para a apuração de ilícitos ou infrações às normas de proteção à pessoa idosa;

VII – zelar pelo efetivo respeito aos direitos e garantias legais assegurados à pessoa idosa, promovendo as medidas judiciais e extrajudiciais cabíveis;

▸ Incisos VI e VII com a redação dada pela Lei nº 14.423, de 22-7-2022.

VIII – inspecionar as entidades públicas e particulares de atendimento e os programas de que trata esta Lei, adotando de pronto as medidas administrativas ou judiciais necessárias à remoção de irregularidades porventura verificadas;

IX – requisitar força policial, bem como a colaboração dos serviços de saúde, educacionais e de assistência social, públicos, para o desempenho de suas atribuições;

X – referendar transações envolvendo interesses e direitos das pessoas idosas previstos nesta Lei.

▸ Inciso X com a redação dada pela Lei nº 14.423, de 22-7-2022.

§ 1º A legitimação do Ministério Público para as ações cíveis previstas neste artigo não impede a de terceiros, nas mesmas hipóteses, segundo dispuser a lei.

§ 2º As atribuições constantes deste artigo não excluem outras, desde que compatíveis com a finalidade e atribuições do Ministério Público.

§ 3º O representante do Ministério Público, no exercício de suas funções, terá livre acesso a toda entidade de atendimento à pessoa idosa.

▸ § 3º com a redação dada pela Lei nº 14.423, de 22-7-2022.

Art. 75. Nos processos e procedimentos em que não for parte, atuará obrigatoriamente o Ministério Público na defesa dos direitos e interesses de que cuida esta Lei, hipóteses em que terá vista dos autos depois das partes, podendo juntar documentos, requerer diligências e produção de outras provas, usando os recursos cabíveis.

Art. 76. A intimação do Ministério Público, em qualquer caso, será feita pessoalmente.

Art. 77. A falta de intervenção do Ministério Público acarreta a nulidade do feito, que será declarada de ofício pelo juiz ou a requerimento de qualquer interessado.

CAPÍTULO III

DA PROTEÇÃO JUDICIAL DOS INTERESSES DIFUSOS, COLETIVOS E INDIVIDUAIS INDISPONÍVEIS OU HOMOGÊNEOS

Art. 78. As manifestações processuais do representante do Ministério Público deverão ser fundamentadas.

Art. 79. Regem-se pelas disposições desta Lei as ações de responsabilidade por ofensa aos direitos assegurados à pessoa idosa, referentes à omissão ou ao oferecimento insatisfatório de:

▶ *Caput* com a redação dada pela Lei nº 14.423, de 22-7-2022.

I – acesso às ações e serviços de saúde;

II – atendimento especializado à pessoa idosa com deficiência ou com limitação incapacitante;

III – atendimento especializado à pessoa idosa com doença infectocontagiosa;

IV – serviço de assistência social visando ao amparo da pessoa idosa.

▶ Incisos II a IV com a redação dada pela Lei nº 14.423, de 22-7-2022.

Parágrafo único. As hipóteses previstas neste artigo não excluem da proteção judicial outros interesses difusos, coletivos, individuais indisponíveis ou homogêneos, próprios da pessoa idosa, protegidos em lei.

▶ Parágrafo único com a redação dada pela Lei nº 14.423, de 22-7-2022.

Art. 80. As ações previstas neste Capítulo serão propostas no foro do domicílio da pessoa idosa, cujo juízo terá competência absoluta para processar a causa, ressalvadas as competências da Justiça Federal e a competência originária dos Tribunais Superiores.

▶ Artigo com a redação dada pela Lei nº 14.423, de 22-7-2022.

Art. 81. Para as ações cíveis fundadas em interesses difusos, coletivos, individuais indisponíveis ou homogêneos, consideram-se legitimados, concorrentemente:

I – o Ministério Público;

II – a União, os Estados, o Distrito Federal e os Municípios;

III – a Ordem dos Advogados do Brasil;

IV – as associações legalmente constituídas há pelo menos 1 (um) ano e que incluam entre os fins institucionais a defesa dos interesses e direitos da pessoa idosa, dispensada a autorização da assembleia, se houver prévia autorização estatutária.

§ 1º Admitir-se-á litisconsórcio facultativo entre os Ministérios Públicos da União e dos Estados na defesa dos interesses e direitos de que cuida esta Lei.

§ 2º Em caso de desistência ou abandono da ação por associação legitimada, o Ministério Público ou outro legitimado deverá assumir a titularidade ativa.

Art. 82. Para defesa dos interesses e direitos protegidos por esta Lei, são admissíveis todas as espécies de ação pertinentes.

Parágrafo único. Contra atos ilegais ou abusivos de autoridade pública ou agente de pessoa jurídica no exercício de atribuições de Poder Público, que lesem direito líquido e certo previsto nesta Lei, caberá ação mandamental, que se regerá pelas normas da lei do mandado de segurança.

Art. 83. Na ação que tenha por objeto o cumprimento de obrigação de fazer ou não fazer, o juiz concederá a tutela específica da obrigação ou determinará providências que assegurem o resultado prático equivalente ao adimplemento.

§ 1º Sendo relevante o fundamento da demanda e havendo justificado receio de ineficácia do provimento final, é lícito ao juiz conceder a tutela liminarmente ou após justificação prévia, na forma do art. 273 do Código de Processo Civil.

▶ Refere-se ao CPC/1973.

▶ Art. 300 do CPC/2015.

§ 2º O juiz poderá, na hipótese do § 1º ou na sentença, impor multa diária ao réu, independentemente do pedido do autor, se for suficiente ou compatível com a obrigação, fixando prazo razoável para o cumprimento do preceito.

§ 3º A multa só será exigível do réu após o trânsito em julgado da sentença favorável ao autor, mas será devida desde o dia em que se houver configurado.

Art. 84. Os valores das multas previstas nesta Lei reverterão ao Fundo da Pessoa Idosa, onde houver, ou na falta deste, ao Fundo Municipal de Assistência Social, ficando vinculados ao atendimento à pessoa idosa.

▶ *Caput* com a redação dada pela Lei nº 14.423, de 22-7-2022.

Parágrafo único. As multas não recolhidas até 30 (trinta) dias após o trânsito em julgado da decisão serão exigidas por meio de execução promovida pelo Ministério Público, nos mesmos autos, facultada igual iniciativa aos demais legitimados em caso de inércia daquele.

Art. 85. O juiz poderá conferir efeito suspensivo aos recursos, para evitar dano irreparável à parte.

Art. 86. Transitada em julgado a sentença que impuser condenação ao Poder Público, o juiz determinará a remessa de peças à autoridade competente, para apuração da responsabilidade civil e administrativa do agente a que se atribua a ação ou omissão.

Art. 87. Decorridos 60 (sessenta) dias do trânsito em julgado da sentença condenatória favorável à pessoa idosa sem que o autor lhe promova a execução, deverá fazê-lo o Ministério Público, facultada igual iniciativa aos demais legitimados, como assistentes ou assumindo o polo ativo, em caso de inércia desse órgão.

▶ Artigo com a redação dada pela Lei nº 14.423, de 22-7-2022.

Art. 88. Nas ações de que trata este Capítulo, não haverá adiantamento de custas, emolumentos, honorários periciais e quaisquer outras despesas.

Parágrafo único. Não se imporá sucumbência ao Ministério Público.

Art. 89. Qualquer pessoa poderá, e o servidor deverá, provocar a iniciativa do Ministério Público, prestando-lhe informações sobre os fatos que constituam objeto de ação civil e indicando-lhe os elementos de convicção.

Art. 90. Os agentes públicos em geral, os juízes e tribunais, no exercício de suas funções, quando tiverem conhecimento de fatos que possam configurar crime de ação pública contra a pessoa idosa ou ensejar a propositura de ação para sua defesa, devem encaminhar as peças pertinentes ao Ministério Público, para as providências cabíveis.

▶ Artigo com a redação dada pela Lei nº 14.423, de 22-7-2022.

Art. 91. Para instruir a petição inicial, o interessado poderá requerer às autoridades competentes as certidões e informações que julgar necessárias, que serão fornecidas no prazo de 10 (dez) dias.

Art. 92. O Ministério Público poderá instaurar sob sua presidência, inquérito civil, ou requisitar, de qualquer pessoa, organismo público ou particular, certidões, informações, exames ou perícias, no prazo que assinalar, o qual não poderá ser inferior a 10 (dez) dias.

§ 1º Se o órgão do Ministério Público, esgotadas todas as diligências, se convencer da inexistência de fundamento para a propositura da ação civil ou de peças informativas, determinará o seu arquivamento, fazendo-o fundamentadamente.

§ 2º Os autos do inquérito civil ou as peças de informação arquivados serão remetidos, sob pena de se incorrer em falta grave, no prazo de 3 (três) dias, ao Conselho Superior do Ministério Público ou à Câmara de Coordenação e Revisão do Ministério Público.

§ 3º Até que seja homologado ou rejeitado o arquivamento, pelo Conselho Superior do Ministério Público ou por Câmara de Coordenação e Revisão do Ministério Público, as associações legitimadas poderão apresentar razões escritas ou documentos, que serão juntados ou anexados às peças de informação.

§ 4º Deixando o Conselho Superior ou a Câmara de Coordenação e Revisão do Ministério Público de homologar a promoção de arquivamento, será designado outro membro do Ministério Público para o ajuizamento da ação.

TÍTULO VI – DOS CRIMES

CAPÍTULO I

DISPOSIÇÕES GERAIS

▶ Art. 313, III, do CPP.

Art. 93. Aplicam-se subsidiariamente, no que couber, as disposições da Lei nº 7.347, de 24 de julho de 1985.

▶ Lei nº 7.347, de 24-7-1985 (Lei da Ação Civil Pública).

Art. 94. *Aos crimes previstos nesta Lei aplicam-se, no que couber, as disposições do Decreto-Lei nº 2.848, de 7 de dezembro de 1940 (Código Penal), e do Decreto-Lei nº 3.689, de 3 de outubro de 1941 (Código de Processo Penal).*

▶ *Caput* com a redação dada pela Lei nº 15.163, de 3-7-2025.

▶ Lei nº 9.099, de 26-9-1995 (Lei dos Juizados Especiais).

Parágrafo único. *Aos crimes previstos nesta Lei e aos crimes praticados com violência contra a pessoa idosa, independentemente da pena prevista, não se aplica a Lei nº 9.099, de 26 de setembro de 1995.*

▶ Parágrafo único acrescido pela Lei nº 15.163, de 3-7-2025.

CAPÍTULO II

DOS CRIMES EM ESPÉCIE

Art. 95. Os crimes definidos nesta Lei são de ação penal pública incondicionada, não se lhes aplicando os arts. 181 e 182 do Código Penal.

▶ Art. 129, I, da CF.

▶ Art. 100 do CP.

Art. 96. Discriminar pessoa idosa, impedindo ou dificultando seu acesso a operações bancárias, aos meios de transporte, ao direito de contratar ou por qualquer outro meio ou instrumento necessário ao exercício da cidadania, por motivo de idade:

Pena – reclusão de 6 (seis) meses a 1 (um) ano e multa.

§ 1º Na mesma pena incorre quem desdenhar, humilhar, menosprezar ou discriminar pessoa idosa, por qualquer motivo.

§ 2º A pena será aumentada de 1/3 (um terço) se a vítima se encontrar sob os cuidados ou responsabilidade do agente.

§ 3º Não constitui crime a negativa de crédito motivada por superendividamento da pessoa idosa.

▶ § 3º com a redação dada pela Lei nº 14.423, de 22-7-2022.

Art. 97. Deixar de prestar assistência à pessoa idosa, quando possível fazê-lo sem risco pessoal, em situação de iminente perigo, ou recusar, retardar ou dificultar sua assistência à saúde, sem justa causa, ou não pedir, nesses casos, o socorro de autoridade pública:

▶ *Caput* com a redação dada pela Lei nº 14.423, de 22-7-2022.

Pena – detenção de 6 (seis) meses a 1 (um) ano e multa.

Parágrafo único. A pena é aumentada de metade, se da omissão resulta lesão corporal de natureza grave, e triplicada, se resulta a morte.

Art. 98. Abandonar a pessoa idosa em hospitais, casas de saúde, entidades de longa permanência, ou congêneres, ou não prover suas necessidades básicas, quando obrigado por lei ou mandado:

▶ *Caput* com a redação dada pela Lei nº 14.423, de 22-7-2022.

Pena – detenção de 6 (seis) meses a 3 (três) anos e multa.

Art. 99. Expor a perigo a integridade e a saúde, física ou psíquica, da pessoa idosa, submetendo-a a condições desumanas ou degradantes ou privando-a de alimentos e cuidados indispensáveis, quando obrigado a fazê-lo, ou sujeitando-a a trabalho excessivo ou inadequado:

▶ *Caput* com a redação dada pela Lei nº 14.423, de 22-7-2022.

Pena – reclusão, de 2 (dois) a 5 (cinco) anos.

▶ Pena com a redação dada pela Lei nº 15.163, de 3-7-2025.

§ 1º Se do fato resulta lesão corporal de natureza grave:

Pena – reclusão, de 3 (três) a 7 (sete) anos.

▶ Pena com a redação dada pela Lei nº 15.163, de 3-7-2025.

§ 2º Se resulta a morte:

Pena – reclusão, de 8 (oito) a 14 (quatorze) anos.

▶ Pena com a redação dada pela Lei nº 15.163, de 3-7-2025.

Art. 100. Constitui crime punível com reclusão de 6 (seis) meses a 1 (um) ano e multa:

I – obstar o acesso de alguém a qualquer cargo público por motivo de idade;

II – negar a alguém, por motivo de idade, emprego ou trabalho;

III – recusar, retardar ou dificultar atendimento ou deixar de prestar assistência à saúde, sem justa causa, a pessoa idosa;

IV – deixar de cumprir, retardar ou frustrar, sem justo motivo, a execução de ordem judicial expedida na ação civil a que alude esta Lei;

V – recusar, retardar ou omitir dados técnicos indispensáveis à propositura da ação civil objeto desta Lei, quando requisitados pelo Ministério Público.

Art. 101. Deixar de cumprir, retardar ou frustrar, sem justo motivo, a execução de ordem judicial expedida nas ações em que for parte ou interveniente a pessoa idosa:

▶ *Caput* com a redação dada pela Lei nº 14.423, de 22-7-2022.

Pena – detenção de 6 (seis) meses a 1 (um) ano e multa.

Art. 102. Apropriar-se de ou desviar bens, proventos, pensão ou qualquer outro rendimento da pessoa idosa, dando-lhes aplicação diversa da de sua finalidade:

▶ *Caput* com a redação dada pela Lei nº 14.423, de 22-7-2022.

Pena – reclusão de 1 (um) a 4 (quatro) anos e multa.

Art. 103. Negar o acolhimento ou a permanência da pessoa idosa, como abrigada, por recusa desta em outorgar procuração à entidade de atendimento:

▶ *Caput* com a redação dada pela Lei nº 14.423, de 22-7-2022.

Pena – detenção de 6 (seis) meses a 1 (um) ano e multa.

Art. 104. Reter o cartão magnético de conta bancária relativa a benefícios, proventos ou pensão da pessoa idosa, bem como qualquer outro documento com objetivo de assegurar recebimento ou ressarcimento de dívida:

▶ *Caput* com a redação dada pela Lei nº 14.423, de 22-7-2022.

Pena – detenção de 6 (seis) meses a 2 (dois) anos e multa.

Art. 105. Exibir ou veicular, por qualquer meio de comunicação, informações ou imagens depreciativas ou injuriosas à pessoa idosa:

▶ *Caput* com a redação dada pela Lei nº 14.423, de 22-7-2022.

Pena – detenção de 1 (um) a 3 (três) anos e multa.

Art. 106. Induzir pessoa idosa sem discernimento de seus atos a outorgar procuração para fins de administração de bens ou deles dispor livremente:

Pena – reclusão de 2 (dois) a 4 (quatro) anos.

Art. 107. Coagir, de qualquer modo, a pessoa idosa a doar, contratar, testar ou outorgar procuração:

▶ *Caput* com a redação dada pela Lei nº 14.423, de 22-7-2022.

Pena – reclusão de 2 (dois) a 5 (cinco) anos.

Art. 108. Lavrar ato notarial que envolva pessoa idosa sem discernimento de seus atos, sem a devida representação legal:

Pena – reclusão de 2 (dois) a 4 (quatro) anos.

TÍTULO VII – DISPOSIÇÕES FINAIS E TRANSITÓRIAS

Art. 109. Impedir ou embaraçar ato do representante do Ministério Público ou de qualquer outro agente fiscalizador:

Pena – reclusão de 6 (seis) meses a 1 (um) ano e multa.

Art. 110. O Decreto-Lei nº 2.848, de 7 de dezembro de 1940, Código Penal, passa a vigorar com as seguintes alterações:

▶ Alterações inseridas no texto do referido Código.

Art. 111. O art. 21 do Decreto-Lei nº 3.688, de 3 de outubro de 1941, Lei das Contravenções Penais, passa a vigorar acrescido do seguinte parágrafo único:

▶ Alteração inserida no texto da referida Lei.

Art. 112. O inciso II do § 4º do art. 1º da Lei nº 9.455, de 7 de abril de 1997, passa a vigorar com a seguinte redação:

▶ Alteração inserida no texto da referida Lei.

Art. 113. O inciso III do art. 18 da Lei nº 6.368, de 21 de outubro de 1976, passa a vigorar com a seguinte redação:

▶ A Lei nº 6.368, de 21-10-1976, foi revogada pela Lei nº 11.343, de 23-8-2006 (Lei Antidrogas).

Art. 114. O art. 1º da Lei nº 10.048, de 8 de novembro de 2000, passa a vigorar com a seguinte redação:

"Art. 1º As pessoas portadoras de deficiência, os idosos com idade igual ou superior a sessenta anos, as gestantes, as lactantes e as pessoas acompanhadas por crianças de colo terão atendimento prioritário, nos termos desta Lei."

Art. 115. O Orçamento da Seguridade Social destinará ao Fundo Nacional de Assistência Social, até que o Fundo Nacional da Pessoa Idosa seja criado, os recursos necessários, em cada exercício financeiro, para aplicação em programas e ações relativos à pessoa idosa.

▶ Artigo com a redação dada pela Lei nº 14.423, de 22-7-2022.

▶ Lei nº 12.213, de 20-1-2010, institui o Fundo Nacional do Idoso e autoriza a deduzir do imposto de renda devido pelas pessoas físicas e jurídicas as doações efetuadas aos Fundos Municipais, Estaduais e Nacional do Idoso.

Art. 116. Serão incluídos nos censos demográficos dados relativos à população idosa do País.

Art. 117. O Poder Executivo encaminhará ao Congresso Nacional projeto de lei revendo os critérios de concessão do Benefício de Prestação Continuada previsto na Lei Orgânica da Assistência Social, de forma a garantir que o acesso ao direito seja condizente com o estágio de desenvolvimento socioeconômico alcançado pelo País.

Art. 118. Esta Lei entra em vigor decorridos 90 (noventa) dias da sua publicação, ressalvado o disposto no *caput* do art. 36, que vigorará a partir de 1º de janeiro de 2004.

Brasília, 1º de outubro de 2003;
182º da Independência e
115º da República.

Luiz Inácio Lula da Silva

LEI Nº 10.792, DE 1º DE DEZEMBRO DE 2003

Altera a Lei nº 7.210, de 11 de junho de 1984 – Lei de Execução Penal e o Decreto-Lei nº 3.689, de 3 de outubro de 1941 – Código de Processo Penal, e dá outras providências.

▶ Publicada no *DOU* de 2-12-2003.

Art. 1º A Lei nº 7.210, de 11 de junho de 1984 – Lei de Execução Penal, passa a vigorar com as seguintes alterações:

▶ Alterações inseridas no texto da referida Lei.

▶ Art. 4º do Dec. nº 6.049, de 27-2-2007 (Regulamento Penitenciário Federal).

Art. 2º O Decreto-Lei nº 3.689, de 3 de outubro de 1941 – Código de Processo Penal, passa a vigorar com as seguintes alterações:

▸ Alterações inseridas no texto da referida Lei.

Art. 3º Os estabelecimentos penitenciários disporão de aparelho detector de metais, aos quais devem se submeter todos que queiram ter acesso ao referido estabelecimento, ainda que exerçam qualquer cargo ou função pública.

Art. 4º Os estabelecimentos penitenciários, especialmente os destinados ao regime disciplinar diferenciado, disporão, dentre outros equipamentos de segurança, de bloqueadores de telecomunicação para telefones celulares, radiotransmissores e outros meios, definidos no art. 60, § 1º, da Lei nº 9.472, de 16 de julho de 1997.

Art. 5º Nos termos do disposto no inciso I do art. 24 da Constituição da República, observados os arts. 44 a 60 da Lei nº 7.210, de 11 de junho de 1984, os Estados e o Distrito Federal poderão regulamentar o regime disciplinar diferenciado, em especial para:

▸ Lei nº 7.210, de 11-7-1984 (Lei de Execução Penal).

I – estabelecer o sistema de rodízio entre os agentes penitenciários que entrem em contato direto com os presos provisórios e condenados;

II – assegurar o sigilo sobre a identidade e demais dados pessoais dos agentes penitenciários lotados nos estabelecimentos penais de segurança máxima;

III – restringir o acesso dos presos provisórios e condenados aos meios de comunicação de informação;

IV – disciplinar o cadastramento e agendamento prévio das entrevistas dos presos provisórios ou condenados com seus advogados, regularmente constituídos nos autos da ação penal ou processo de execução criminal, conforme o caso;

V – elaborar programa de atendimento diferenciado aos presos provisórios e condenados, visando a sua reintegração ao regime comum e recompensando-lhes o bom comportamento durante o período de sanção disciplinar.

Art. 6º No caso de motim, o Diretor do Estabelecimento Prisional poderá determinar a transferência do preso, comunicando-a ao juiz competente no prazo de até vinte e quatro horas.

Art. 7º A União definirá os padrões mínimos do presídio destinado ao cumprimento de regime disciplinar.

Art. 8º A União priorizará, quando da construção de presídios federais, os estabelecimentos que se destinem a abrigar presos provisórios ou condenados sujeitos a regime disciplinar diferenciado.

Art. 9º Esta Lei entra em vigor na data de sua publicação.

Art. 10. Revoga-se o art. 194 do Decreto-Lei nº 3.689, de 3 de outubro de 1941.

Brasília, 1º de dezembro de 2003;
182º da Independência e
115º da República.

Luiz Inácio Lula da Silva

LEI Nº 10.820, DE 17 DE DEZEMBRO DE 2003

Dispõe sobre a autorização para desconto de prestações em folha de pagamento, e dá outras providências.

▸ Publicada no *DOU* de 18-12-2003.
▸ Dec. nº 4.840, de 17-9-2003, regulamenta esta Lei.

Art. 1º Os empregados regidos pela Consolidação das Leis do Trabalho – CLT, aprovada pelo Decreto-Lei nº 5.452, de 1º de maio de 1943, poderão autorizar, de forma irrevogável e irretratável, o desconto em folha de pagamento ou na sua remuneração disponível dos valores referentes ao pagamento de empréstimos, financiamentos, cartões de crédito e operações de arrendamento mercantil concedidos por instituições financeiras e sociedades de arrendamento mercantil, quando previsto nos respectivos contratos.

▸ *Caput* com a redação dada pela Lei nº 13.172, de 21-10-2015.

§ 1º O desconto mencionado neste artigo também poderá incidir sobre verbas rescisórias devidas pelo empregador, se assim previsto no respectivo contrato de empréstimo, financiamento, cartão de crédito ou arrendamento mercantil, até o limite de 40% (quarenta por cento), sendo 35% (trinta e cinco por cento) destinados exclusivamente a empréstimos, financiamentos e arrendamentos mercantis e 5% (cinco por cento) destinados exclusivamente à amortização de despesas contraídas por meio de cartão de crédito consignado ou à utilização com a finalidade de saque por meio de cartão de crédito consignado.

▸ *Caput* do § 1º com a redação dada pela Lei nº 14.431, de 3-8-2022.

I e II – *Revogados*. Lei nº 14.431, de 3-8-2022.

§ 2º O regulamento disporá sobre os limites de valor do empréstimo, da prestação consignável para os fins do *caput* e do comprometimento das verbas rescisórias para os fins do § 1º deste artigo.

§ 3º Os empregados de que trata o *caput* poderão solicitar o bloqueio, a qualquer tempo, de novos descontos.

§ 4º O disposto no § 3º não se aplica aos descontos autorizados em data anterior à da solicitação do bloqueio.

▸ §§ 3º e 4º com a redação dada pela Lei nº 13.097, de 19-1-2015.

§ 5º Nas operações de crédito consignado de que trata este artigo, o empregado poderá oferecer em garantia, de forma irrevogável e irretratável:

I – até 10% (dez por cento) do saldo de sua conta vinculada no Fundo de Garantia do Tempo de Serviço – FGTS;

II – até 100% (cem por cento) do valor da multa paga pelo empregador, em caso de despedida sem justa causa ou de despedida por culpa recíproca ou força maior, nos termos dos §§ 1º e 2º do art. 18 da Lei nº 8.036, de 11 de maio de 1990.

§ 6º A garantia de que trata o § 5º só poderá ser acionada na ocorrência de despedida sem justa causa, inclusive a indireta, ou de despedida por culpa recíproca ou força maior, não se aplicando, em relação à referida garantia, o disposto no § 2º do art. 2º da Lei nº 8.036, de 11 de maio de 1990.

§ 7º Revogado. *MP nº 1.292, de 12-3-2025, que até o encerramento desta edição não havia sido convertida em lei.*

§ 8º Cabe ao agente operador do FGTS definir os procedimentos operacionais necessários à execução do disposto nos §§ 5º e 6º deste artigo, nos termos do inciso II do *caput* do art. 7º da Lei nº 8.036, de 11 de maio de 1990.

▸ §§ 5º a 8º acrescidos pela Lei nº 13.313, de 14-7-2016.

§ 9º *A consignação voluntária mencionada no caput será aplicável a todos os vínculos empregatícios ativos no momento da contratação do crédito que se fizerem necessários ao adimplemento das obrigações assumidas, e será autorizado, em caso de rescisão ou de suspensão do contrato de trabalho, o seu redirecionamento para:*

I – *outros vínculos de emprego ativos no momento da contratação do crédito, mas inicialmente não alcançados pela consignação; ou*

II – *vínculos empregatícios que surjam posteriormente à contratação da operação de crédito.*

§ 10. *Para fins do disposto no caput, ato do Poder Executivo federal disporá sobre as formalidades para a habilitação das instituições consignatárias.*

§ 11. *O disposto neste artigo se aplica aos empregados de que tratam a Lei nº 5.889, de 8 de junho de 1973, e a Lei Complementar nº 150, de 1º de junho de 2015, e aos diretores não empregados com direito ao FGTS.*

▸ §§ 9º a 11 acrescidos pela MP nº 1.292, de 12-3-2025, que até o encerramento desta edição não havia sido convertida em lei.

Art. 2º Para os fins desta Lei, considera-se:

I – empregador, a pessoa jurídica assim definida pela legislação trabalhista e o empresário a que se refere o Título I do Livro II da Parte Especial da Lei nº 10.406, de 10 de janeiro de 2002 – Código Civil;

▸ Inciso I com a redação dada pela Lei nº 13.097, de 19-1-2015.

II – empregado, aquele assim definido pela legislação trabalhista;

III – instituição consignatária, a instituição autorizada a conceder empréstimo ou financiamento ou realizar operação com cartão de crédito ou de arrendamento mercantil mencionada no *caput* do art. 1º;

IV – mutuário, empregado que firma com instituição consignatária contrato de empréstimo, financiamento, cartão de crédito ou arrendamento mercantil regulado por esta Lei;

▸ Incisos III e IV com a redação dada pela Lei nº 13.172, de 21-10-2015.

V – verbas rescisórias, as importâncias devidas em dinheiro pelo empregador ao empregado em razão de rescisão do seu contrato de trabalho;

VI – instituição financeira mantenedora, a instituição a que se refere o inciso III do *caput* e que mantém as contas para crédito da remuneração disponível dos empregados;

▸ Inciso VI com a redação dada pela Lei nº 13.097, de 19-1-2015.

VII – desconto, ato de descontar na folha de pagamento ou em momento anterior ao do crédito devido pelo empregador ao empregado como remuneração disponível ou verba rescisória o valor das prestações assumidas em operação de empréstimo, financiamento, cartão de crédito ou arrendamento mercantil; e

▸ Inciso VII com a redação dada pela Lei nº 13.172, de 21-10-2015.

VIII – remuneração disponível, os vencimentos, subsídios, soldos, salários ou remunerações, descontadas as consignações compulsórias.

▸ Inciso VIII com a redação dada pela Lei nº 13.097, de 19-1-2015.

§ 1º Para os fins desta Lei, são consideradas consignações voluntárias as autorizadas pelo empregado.

§ 2º No momento da contratação da operação, a autorização para a efetivação dos descontos permitidos nesta Lei observará, para cada mutuário, os seguintes limites:

I – a soma dos descontos referidos no art. 1º desta Lei não poderá exceder a 40% (quarenta por cento) da remuneração disponível, conforme definido em regulamento;

▸ *Caput* com a redação dada pela Lei nº 14.431, de 3-8-2022.

a e b) *Revogadas*. Lei nº 14.431, de 3-8-2022.

II – o total das consignações voluntárias, incluindo as referidas no art. 1º, não poderá exceder a quarenta por cento da remuneração disponível, conforme definida em regulamento.

Art. 2º-A. *Sem prejuízo da possibilidade de contratação mediante canais próprios das instituições consignatárias, a operacionalização das operações de crédito de que trata o art. 1º, caput, desta Lei será efetuada em sistemas ou em plataformas digitais acessíveis por meio eletrônico e mantidas por agentes operadores públicos.*

§ 1º Ato do Poder Executivo federal disporá sobre as normas complementares necessárias ao cumprimento do disposto no caput.

§ 2º A utilização de sistemas ou de plataformas digitais de que trata o caput implica:

I – para os empregadores:

a) a obrigação de efetuar todos os procedimentos necessários para a operacionalização dos descontos dos valores das prestações contratadas em operações de crédito, inclusive nas verbas rescisórias;

b) a obrigatoriedade de fornecer aos agentes operadores públicos, aos empregados e ao órgão ou à entidade da administração pública federal responsável, informações fidedignas relativas à folha de pagamento ou à remuneração disponível do empregado, eventuais acréscimos legais e descontos aplicados à folha de pagamento, e de disponibilizar o termo de rescisão de contrato de trabalho, quando aplicável; e

c) a obrigação de efetuar todos os procedimentos operacionais necessários à eficácia do contrato de operação de crédito na instituição consignatária escolhida pelo empregado, independentemente da existência de prévio acordo ou convênio firmado na forma do disposto no art. 4º, § 1º ou § 2º;

II – para os empregados:

a) a autorização para os descontos dos valores das prestações contratadas em operação de crédito, quando realizados através de sistemas ou de plataformas digitais; e

b) o consentimento em compartilhar dados pessoais com os agentes operadores públicos credenciados e com as instituições consignatárias habilitadas para a contratação de operação de crédito consignado nos termos do disposto na Lei nº 13.709, de 14 de agosto de 2018; e

III – para as instituições consignatárias habilitadas:

a) a obrigação de realizar todos os procedimentos necessários para a adaptação de sistemas e para a operacionalização do empréstimo nos sistemas ou nas plataformas digitais; e

b) o cumprimento das obrigações assumidas nos atos expedidos pelo Poder Executivo federal, sob pena de suspensão ou cancelamento da habilitação.

§ 3º O recolhimento das consignações voluntárias descontadas da folha de pagamento ou da remuneração disponível poderá ser efetuado por meio de documento de arrecadação gerado nos sistemas ou nas plataformas digitais de que trata o caput.

Art. 2º-B. *Aos agentes operadores públicos de que trata o art. 2º-A fica autorizado o acesso aos dados pessoais dos empregados, observado o consentimento de que trata o art. 2º-A, § 2º, inciso II, alínea b, e o tratamento e o uso compartilhado desses dados com as instituições consignatárias, para a operacionalização dos sistemas ou das plataformas digitais, nos termos do disposto na Lei nº 13.709, de 14 de agosto de 2018.*

Parágrafo único. *É vedado o compartilhamento de informações pessoais dos empregados entre as instituições consignatárias ou o uso de informações pessoais recebidas para qualquer outra finalidade, nos termos do disposto na Lei nº 13.709, de 14 de agosto de 2018.*

Art. 2º-C. *Os órgãos e as entidades federais compartilharão com os agentes operadores públicos de que trata o art. 2º-A e com as instituições consignatárias dados e informações necessários à operacionalização dos sistemas ou das plataformas digitais, observados os sigilos legais e o disposto na Lei nº 13.709, de 14 de agosto de 2018.*

Art. 2º-D. *As autorizações de desconto em folha de pagamento ou em remuneração disponível dos valores referentes ao pagamento de operações de crédito cursadas fora dos sistemas ou das plataformas de que trata o art. 2º-A deverão ser averbadas no sistema ou na plataforma dos operadores públicos, sob pena de nulidade, conforme o disposto em ato do Ministério do Trabalho e Emprego.*

§ 1º É facultado ao empregado a transferência, entre as instituições consignatárias, da consignação de que trata esta Lei.

§ 2º As instituições consignatárias habilitadas, nos termos do disposto no art. 1º, § 10, que já possuam autorizações de desconto, na entrada em vigor da Medida Provisória nº 1.292, de 12 de março de 2025, terão até cento e vinte dias para averbá-las no sistema ou na plataforma dos operadores públicos de que trata o art. 2-A, conforme ato do Ministério do Trabalho e Emprego, estando essa averbação condicionada à adequação do contrato aos termos desta Lei.

§ 3º Para as operações de que tratam o § 2º, a nova operação de crédito terá taxa de juros inferior à taxa de juros da operação originária.

Art. 2º-E. *Durante o período de cento e vinte dias, contado da entrada em funcionamento dos sistemas ou das plataformas digitais de que trata o art. 2º-A, as operações de crédito realizadas com instituições consignatárias deverão ter seus recursos destinados exclusivamente para pagamento das seguintes modalidades, caso os mutuários tenham operações ativas nessas modalidades na data da concessão:*

I – empréstimo não consignado, sem garantia e com parcelas vincendas; ou

II – empréstimo com descontos em folha de pagamento, com parcelas vincendas.

§ 1º As novas operações de créditos de que trata este artigo poderão ser ofertadas por quaisquer instituições financeiras habilitadas.

§ 2º Nas hipóteses previstas no caput, a nova operação de crédito deverá ter taxa de juros inferior à taxa de juros da operação originária.

§ 3º As instituições consignatárias deverão informar os dados das operações de crédito de que tratam os incisos I e II do caput aos agentes operadores públicos a que se refere o art. 2º-A.

Art. 2º-F. *Fica autorizada a portabilidade das operações de crédito que estejam averbadas nos sistemas ou nas plataformas de que trata o art. 2º-A.*

Parágrafo único. *As operações de créditos de que trata o caput terão taxa de juros inferior à taxa de juros da operação originária.*

Art. 2º-G. *Fica instituído o Comitê Gestor das Operações de Crédito Consignado que, entre outras atribuições, poderá estabelecer os parâmetros para os elementos, os termos e as condições do contrato e para a operacionalização e a execução das operações de crédito consignado de empregados de que trata o art. 1º.*

§ 1º O Comitê de que trata o caput será constituído por representantes da Casa Civil da Presidência da República, do Ministério do Trabalho e Emprego e do Ministério da Fazenda.

§ 2º O Poder Executivo federal regulamentará as competências, a forma de funcionamento e as demais atribuições do Comitê Gestor das Operações de Crédito Consignado de que trata este artigo.

▸ Arts. 2º-A a 2º-G acrescidos pela MP nº 1.292, de 12-3-2025, que até o encerramento desta edição não havia sido convertida em lei.

Art. 3º Para os fins desta Lei, são obrigações do empregador:

I – prestar ao empregado e à instituição consignatária, mediante solicitação formal do primeiro, as informações necessárias para a contratação da operação de crédito ou arrendamento mercantil;

II – tornar disponíveis aos empregados, bem como às respectivas entidades sindicais que as solicitem, as informações referentes aos custos referidos no § 2º; e

III – efetuar os descontos autorizados pelo empregado, inclusive sobre as verbas rescisórias,

LEGISLAÇÃO COMPLEMENTAR

e repassar o valor à instituição consignatária na forma e no prazo previstos em regulamento.

▶ Incisos II e III com a redação dada pela Lei nº 13.097, de 19-1-2015.

§ 1º É vedado ao empregador impor ao mutuário e à instituição consignatária escolhida pelo empregado qualquer condição que não esteja prevista nesta Lei ou em seu regulamento para a efetivação do contrato e a implementação dos descontos autorizados.

§ 2º Observado o disposto em regulamento e nos casos nele admitidos, é facultado ao empregador descontar na folha de pagamento do mutuário os custos operacionais decorrentes da realização da operação objeto desta Lei.

§ 3º Cabe ao empregador informar, no demonstrativo de rendimentos do empregado, de forma discriminada, o valor do desconto mensal decorrente de cada operação de empréstimo, financiamento, cartão de crédito ou arrendamento mercantil e os custos operacionais referidos no § 2º.

▶ § 3º com a redação dada pela Lei nº 13.172, de 21-10-2015.

§ 4º Os descontos autorizados na forma desta Lei e seu regulamento terão preferência sobre outros descontos da mesma natureza que venham a ser autorizados posteriormente.

§ 5º *No caso de descumprimento do disposto no inciso III do caput, o empregador fica sujeito a responder por perdas e danos que houver causado à instituição consignatária e ao empregado e, no caso de apropriação dos recursos, estará sujeito às penalidades administrativas, civis e penais aplicáveis.*

▶ § 5º acrescido pela MP nº 1.292, de 12-3-2025, que até o encerramento desta edição não havia sido convertida em lei.

Art. 4º A concessão de empréstimo, financiamento, cartão de crédito ou arrendamento mercantil será feita a critério da instituição consignatária, sendo os valores e as demais condições objeto de livre negociação entre ela e o mutuário, observadas as demais disposições desta Lei e seu regulamento.

▶ *Caput* com a redação dada pela Lei nº 13.172, de 21-10-2015.

§ 1º Poderá o empregador, com a anuência da entidade sindical representativa da maioria dos empregados, sem ônus para estes, firmar, com instituições consignatárias, acordo que defina condições gerais e demais critérios a serem observados nas operações de empréstimo, financiamento, cartão de crédito ou arrendamento mercantil que venham a ser realizadas com seus empregados.

§ 2º Poderão as entidades e centrais sindicais, sem ônus para os empregados, firmar, com instituições consignatárias, acordo que defina condições gerais e demais critérios a serem observados nas operações de empréstimo, financiamento, cartão de crédito ou arrendamento mercantil que venham a ser realizadas com seus representados.

§ 3º Na hipótese de ser firmado um dos acordos a que se referem os §§ 1º ou 2º e sendo observados e atendidos pelo empregado todos os requisitos e condições nele previstos, inclusive as regras de concessão de crédito, não poderá a instituição consignatária negar-se a celebrar a operação de empréstimo, financiamento, cartão de crédito ou arrendamento mercantil.

▶ §§ 1º a 3º com a redação dada pela Lei nº 13.172, de 21-10-2015.

§ 4º Para a realização das operações referidas nesta Lei, é assegurado ao empregado o direito de optar por instituição consignatária que tenha firmado acordo com o empregador, com sua entidade sindical, ou qualquer outra instituição consignatária de sua livre escolha, ficando o empregador obrigado a proceder aos descontos e repasses por ele contratados e autorizados.

§ 5º No caso dos acordos celebrados nos termos do § 2º deste artigo, os custos de que trata o § 2º do art. 3º deverão ser negociados entre o empregador e a entidade sindical, sendo vedada a fixação de custos superiores aos previstos pelo mesmo empregador nos acordos referidos no § 1º deste artigo.

§ 6º Poderá ser prevista nos acordos referidos nos §§ 1º e 2º deste artigo, ou em acordo específico entre a instituição consignatária e o empregador, a absorção dos custos referidos no § 2º do art. 3º pela instituição consignatária.

§ 7º É vedada aos empregadores, entidades e centrais sindicais a cobrança de qualquer taxa ou exigência de contrapartida pela celebração ou pela anuência nos acordos referidos nos §§ 1º e 2º, bem como a inclusão neles de cláusulas que impliquem pagamento em seu favor, a qualquer título, pela realização das operações de que trata esta Lei, ressalvado o disposto no § 2º do art. 3º.

§ 8º Fica o empregador ou a instituição consignatária obrigada a disponibilizar, inclusive em meio eletrônico, a opção de bloqueio de novos descontos.

▶ § 8º com a redação dada pela Lei nº 13.097, de 19-1-2015.

***Art. 5º** O empregador será o responsável pelas informações prestadas, pelo desconto e pelo recolhimento dos valores devidos por meio dos sistemas ou das plataformas digitais de que trata o art. 2º-A desta Lei, nos termos estabelecidos em regulamento.*

▶ *Caput* com a redação dada pela MP nº 1.292, de 12-3-2025, que até o encerramento desta edição não havia sido convertida em lei.

§ 1º O empregador, salvo disposição contratual em contrário, não será corresponsável pelo pagamento dos empréstimos, financiamentos, cartões de crédito e arrendamentos mercantis concedidos aos seus empregados, mas responderá como devedor principal e solidário perante a instituição consignatária por valores a ela devidos em razão de contratações por ele confirmadas na forma desta Lei e de seu regulamento que deixarem, por sua falha ou culpa, de ser retidos ou repassados.

§ 2º Na hipótese de comprovação de que o pagamento mensal do empréstimo, financiamento, cartão de crédito ou arrendamento mercantil tenha sido descontado do mutuário e não tenha sido repassado pelo empregador, ou pela instituição financeira mantenedora, na forma do § 5º, à instituição consignatária, fica esta proibida de incluir o nome do mutuário em cadastro de inadimplentes.

▶ §§ 1º e 2º com a redação dada pela Lei nº 13.172, de 21-10-2015.

§ 3º Na hipótese de ocorrência da situação descrita no § 2º, é cabível o ajuizamento de ação de depósito, nos termos do Capítulo II do Título I do Livro IV da Lei nº 5.869, de 11 de janeiro de 1973 – Código de Processo Civil, em face do empregador, ou da instituição financeira mantenedora, se responsável pelo desconto, na forma do § 5º, e de seus representantes legais.

▶ § 3º com a redação dada pela Lei nº 13.097, de 19-1-2015.

▶ Arts. 539 a 549 do CPC/2015.

§ 4º No caso de falência do empregador, antes do repasse das importâncias descontadas dos mutuários, fica assegurado à instituição consignatária o direito de pedir, na forma prevista em lei, a restituição das importâncias retidas.

§ 5º O acordo firmado entre o empregador e a instituição financeira mantenedora poderá prever que a responsabilidade pelo desconto de que trata o *caput* será da instituição financeira mantenedora.

▶ § 5º com a redação dada pela Lei nº 13.097, de 19-1-2015.

Art. 6º Os titulares de benefícios de aposentadoria e pensão do Regime Geral de Previdência Social e do benefício de prestação continuada de que trata o art. 20 da Lei nº 8.742, de 7 de dezembro de 1993, poderão autorizar que o Instituto Nacional do Seguro Social (INSS) proceda aos descontos referidos no art. 1º desta Lei e, de forma irrevogável e irretratável, que a instituição financeira na qual recebam os seus benefícios retenha, para fins de amortização, valores referentes ao pagamento mensal de empréstimos, financiamentos, cartões de crédito e operações de arrendamento mercantil por ela concedidos, quando previstos em contrato, na forma estabelecida em regulamento, observadas as normas editadas pelo INSS e ouvido o Conselho Nacional de Previdência Social.

▶ *Caput* com a redação dada pela Lei nº 14.431, de 3-8-2022.

§ 1º Para os fins do *caput*, fica o INSS autorizado a dispor, em ato próprio, sobre:

I – as formalidades para habilitação das instituições e sociedades referidas no art. 1º;

II – os benefícios elegíveis, em função de sua natureza e forma de pagamento;

III – as rotinas a serem observadas para a prestação aos titulares de benefícios em manutenção e às instituições consignatárias das informações necessárias à consecução do disposto nesta Lei;

IV – os prazos para o início dos descontos autorizados e para o repasse das prestações às instituições consignatárias;

V – o valor dos encargos a serem cobrados para ressarcimento dos custos operacionais a ele acarretados pelas operações; e

VI – as demais normas que se fizerem necessárias.

§ 2º Em qualquer circunstância, a responsabilidade do INSS em relação às operações referidas no *caput* deste artigo restringe-se à:

I – retenção dos valores autorizados pelo beneficiário e repasse à instituição consignatária nas operações de desconto, não cabendo à autarquia responsabilidade solidária pelos débitos contratados pelo segurado; e

II – manutenção dos pagamentos do titular do benefício na mesma instituição financeira enquanto houver saldo devedor nas operações em que for autorizada a retenção, não cabendo à autarquia responsabilidade solidária pelos débitos contratados pelo segurado.

§ 3º É vedado ao titular de benefício que realizar qualquer das operações referidas nesta Lei solicitar a alteração da instituição financeira pagadora, enquanto houver saldo devedor em amortização.

- §§ 2º e 3º com a redação dada pela Lei nº 10.953, de 27-9-2004.

§ 4º É facultada a transferência da consignação do empréstimo, financiamento ou arrendamento firmado pelo empregado na vigência do seu contrato de trabalho quando de sua aposentadoria, observadas as condições estabelecidas nesta Lei.

§ 5º Para os titulares de benefícios de aposentadoria e pensão do Regime Geral de Previdência Social, os descontos e as retenções referidos no *caput* deste artigo não poderão ultrapassar o limite de 45% (quarenta e cinco por cento) do valor dos benefícios, dos quais 35% (trinta e cinco por cento) destinados exclusivamente a empréstimos, a financiamentos e a arrendamentos mercantis, 5% (cinco por cento) destinados exclusivamente à amortização de despesas contraídas por meio de cartão de crédito consignado ou à utilização com a finalidade de saque por meio de cartão de crédito consignado e 5% (cinco por cento) destinados exclusivamente à amortização de despesas contraídas por meio de cartão consignado de benefício ou à utilização com a finalidade de saque por meio de cartão consignado de benefício.

- *Caput* do § 5º com a redação dada pela Lei nº 14.601, de 19-6-2023.

I – a amortização de despesas contraídas por meio de cartão de crédito; ou

II – a utilização com a finalidade de saque por meio do cartão de crédito.

- Incisos I e II acrescidos pela Lei nº 13.172, de 21-10-2015.

§ 5º-A. Para os titulares do benefício de prestação continuada de que trata o art. 20 da Lei nº 8.742, de 7 de dezembro de 1993 (Lei Orgânica da Assistência Social), os descontos e as retenções referidos no *caput* deste artigo não poderão ultrapassar o limite de 35% (trinta e cinco por cento) do valor dos benefícios, dos quais 30% (trinta por cento) destinados exclusivamente a empréstimos, a financiamentos e a arrendamentos mercantis e 5% (cinco por cento) destinados exclusivamente à amortização de despesas contraídas por meio de cartão de crédito consignado ou cartão consignado de benefício ou à utilização com a finalidade de saque por meio de cartão de crédito consignado ou cartão consignado de benefício.

- § 5º-A acrescido pela Lei nº 14.601, de 19-6-2023.

§ 6º A instituição financeira que proceder à retenção de valor superior ao limite estabelecido nos §§ 5º e 5º-A deste artigo perderá todas as garantias que lhe são conferidas nesta Lei.

§ 7º Aplica-se o previsto no *caput* e no § 5º deste artigo aos titulares da renda mensal vitalícia prevista na Lei nº 6.179, de 11 de dezembro de 1974.

- §§ 6º e 7º com a redação dada pela Lei nº 14.601, de 19-6-2023.

§ 8º Para os benefícios que tenham como requisito para sua concessão a preexistência do benefício de prestação continuada de que trata o art. 20 da Lei nº 8.742, de 7 de dezembro de 1993 (Lei Orgânica da Assistência Social), aplica-se o previsto no *caput* e no § 5º-A deste artigo.

§ 9º As operações de empréstimos, de financiamentos e de arrendamentos mercantis de que trata o § 5º-A deste artigo deverão ser realizadas em dois momentos, separados entre si pelo intervalo mínimo de 5 (cinco) dias úteis entre a proposta da instituição financeira e a celebração do contrato.

- §§ 8º e 9º acrescidos pela Lei nº 14.601, de 19-6-2023.

Art. 6º-A. Equiparam-se, para os fins do disposto nos arts. 1º e 6º, às operações neles referidas as que são realizadas com entidades abertas ou fechadas de previdência complementar pelos respectivos participantes ou assistidos.

- Art. 6º-A acrescido pela Lei nº 13.183, de 4-11-2015.

Art. 6º-B. *Revogado.* Lei nº 14.601, de 19-6-2023.

Art. 7º O art. 115 da Lei nº 8.213, de 24 de julho de 1991, passa a vigorar com as seguintes alterações:

- Alteração inserida no texto da referida Lei.

Art. 8º O Poder Executivo regulamentará o disposto nesta Lei.

Art. 8º-A. *A União não responde pelo descumprimento das obrigações relativas aos contratos de financiamento de que trata esta Lei.*

- Art. 8º-A acrescido pela MP nº 1.292, de 12-3-2025, que até o encerramento desta edição não havia sido convertida em lei.

Art. 9º Esta Lei entra em vigor na data de sua publicação.

Brasília, 17 de dezembro de 2003;
182º da Independência e
115º da República.

Luiz Inácio Lula da Silva

LEI Nº 10.826, DE 22 DE DEZEMBRO DE 2003

Dispõe sobre registro, posse e comercialização de armas de fogo e munição, sobre o Sistema Nacional de Armas – SINARM, define crimes e dá outras providências.

- Publicada no *DOU* de 23-12-2003.
- Decretos nºs 9.847, de 25-6-2019, e 11.615, de 21-7-2023, regulamentam esta Lei.

CAPÍTULO I
DO SISTEMA NACIONAL DE ARMAS

Art. 1º O Sistema Nacional de Armas – SINARM, instituído no Ministério da Justiça, no âmbito da Polícia Federal, tem circunscrição em todo o território nacional.

Art. 2º Ao SINARM compete:

I – identificar as características e a propriedade de armas de fogo, mediante cadastro;

II – cadastrar as armas de fogo produzidas, importadas e vendidas no País;

III – cadastrar as autorizações de porte de arma de fogo e as renovações expedidas pela Polícia Federal;

IV – cadastrar as transferências de propriedade, extravio, furto, roubo e outras ocorrências suscetíveis de alterar os dados cadastrais, inclusive as decorrentes de fechamento de empresas de segurança privada e de transporte de valores;

V – identificar as modificações que alterem as características ou o funcionamento de arma de fogo;

VI – integrar no cadastro os acervos policiais já existentes;

VII – cadastrar as apreensões de armas de fogo, inclusive as vinculadas a procedimentos policiais e judiciais;

VIII – cadastrar os armeiros em atividade no País, bem como conceder licença para exercer a atividade;

IX – cadastrar mediante registro os produtores, atacadistas, varejistas, exportadores e importadores autorizados de armas de fogo, acessórios e munições;

X – cadastrar a identificação do cano da arma, as características das impressões de raiamento e de microestriamento de projétil disparado, conforme marcação e testes obrigatoriamente realizados pelo fabricante;

XI – informar às Secretarias de Segurança Pública dos Estados e do Distrito Federal os registros e autorizações de porte de armas de fogo nos respectivos territórios, bem como manter o cadastro atualizado para consulta.

Parágrafo único. As disposições deste artigo não alcançam as armas de fogo das Forças Armadas e Auxiliares, bem como as demais que constem dos seus registros próprios.

CAPÍTULO II
DO REGISTRO

Art. 3º É obrigatório o registro de arma de fogo no órgão competente.

Parágrafo único. As armas de fogo de uso restrito serão registradas no Comando do Exército, na forma do regulamento desta Lei.

Art. 4º Para adquirir arma de fogo de uso permitido o interessado deverá, além de declarar a efetiva necessidade, atender aos seguintes requisitos:

- O STF, por maioria, no julgamento da ADI nº 6.119, conferiu interpretação conforme a Constituição Federal a este artigo (*DOU* de 12-7-2023).
- Arts. 45, § 9º, e 54, I, do Dec. nº 9.847, de 25-6-2019, que regulamenta este estatuto para dispor sobre a aquisição, o cadastro, o registro, o porte e a comercialização de armas de fogo e de munição e sobre o Sistema Nacional de Armas e o Sistema de Gerenciamento Militar de Armas.

I – comprovação de idoneidade, com a apresentação de certidões negativas de antecedentes criminais fornecidas pela Justiça Federal, Estadual, Militar e Eleitoral e de não estar respondendo a inquérito policial ou a processo criminal, que poderão ser fornecidas por meios eletrônicos;

- Inciso I com a redação dada pela Lei nº 11.706, de 19-6-2008.

II – apresentação de documento comprobatório de ocupação lícita e de residência certa;

III – comprovação de capacidade técnica e de aptidão psicológica para o manuseio de arma de fogo, atestadas na forma disposta no regulamento desta Lei.

- Art. 3º, § 2º, IV, do Dec. nº 9.847, de 25-6-2019, que regulamenta este estatuto para dispor sobre a aquisição, o cadastro, o registro, o porte e a comercialização de armas de fogo e de munição e sobre o Sistema Nacional de Armas e o Sistema de Gerenciamento Militar de Armas.
- IN do DPF nº 70, de 13-3-2013, estabelece procedimentos para o credenciamento e fiscalização de psicólogos responsáveis pela expedição do com-

provante de aptidão psicológica para o manuseio de arma de fogo de que trata esta Lei.

§ 1º O SINARM expedirá autorização de compra de arma de fogo após atendidos os requisitos anteriormente estabelecidos, em nome do requerente e para a arma indicada, sendo intransferível esta autorização.

► Art. 3º, § 3º, VI, do Dec. nº 9.847, de 25-6-2019, que regulamenta este estatuto para dispor sobre a aquisição, o cadastro, o registro, o porte e a comercialização de armas de fogo e de munição e sobre o Sistema Nacional de Armas e o Sistema de Gerenciamento Militar de Armas.

§ 2º A aquisição de munição somente poderá ser feita no calibre correspondente à arma registrada e na quantidade estabelecida no regulamento desta Lei.

► § 2º com a redação dada pela Lei nº 11.706, de 19-6-2008.

► O STF, por maioria, no julgamento da ADI nº 6.466, atribuiu interpretação conforme a Constituição Federal a este parágrafo (*DOU* de 15-9-2023).

§ 3º A empresa que comercializar arma de fogo em território nacional é obrigada a comunicar a venda à autoridade competente, como também a manter banco de dados com todas as características da arma e cópia dos documentos previstos neste artigo.

§ 4º A empresa que comercializa armas de fogo, acessórios e munições responde legalmente por essas mercadorias, ficando registradas como de sua propriedade enquanto não forem vendidas.

§ 5º A comercialização de armas de fogo, acessórios e munições entre pessoas físicas somente será efetivada mediante autorização do SINARM.

§ 6º A expedição da autorização a que se refere o § 1º será concedida, ou recusada com a devida fundamentação, no prazo de 30 (trinta) dias úteis, a contar da data do requerimento do interessado.

§ 7º O registro precário a que se refere o § 4º prescinde do cumprimento dos requisitos dos incisos I, II e III deste artigo.

§ 8º Estará dispensado das exigências constantes do inciso III do *caput* deste artigo, na forma do regulamento, o interessado em adquirir arma de fogo de uso permitido que comprove estar autorizado a portar arma com as mesmas características daquela a ser adquirida.

► § 8º acrescido pela Lei nº 11.706, de 19-6-2008.

Art. 5º O certificado de Registro de Arma de Fogo, com validade em todo o território nacional, autoriza o seu proprietário a manter a arma de fogo exclusivamente no interior de sua residência ou domicílio, ou dependência desses, ou, ainda, no seu local de trabalho, desde que seja ele o titular ou o responsável legal pelo estabelecimento ou empresa.

► *Caput* com a redação dada pela Lei nº 10.884, de 17-6-2004.

§ 1º O certificado de registro de arma de fogo será expedido pela Polícia Federal e será precedido de autorização do SINARM.

§ 2º Os requisitos de que tratam os incisos I, II e III do art. 4º deverão ser comprovados periodicamente, em período não inferior a 3 (três) anos, na conformidade do estabelecido no regulamento desta Lei, para a renovação do Certificado de Registro de Arma de Fogo.

§ 3º O proprietário de arma de fogo com certificados de registro de propriedade expedido por órgão estadual ou do Distrito Federal até a data da publicação desta Lei que não optar pela entrega espontânea prevista no art. 32 desta Lei deverá renová-lo mediante o pertinente registro federal, até o dia 31 de dezembro de 2008, ante a apresentação de documento de identificação pessoal e comprovante de residência fixa, ficando dispensado do pagamento de taxas e do cumprimento das demais exigências constantes dos incisos I a III do *caput* do art. 4º desta Lei.

► § 3º com a redação dada pela Lei nº 11.706, de 19-6-2008.

► Art. 20 da Lei nº 11.922, de 13-4-2009, que prorroga o prazo deste parágrafo para 31-12-2009.

§ 4º Para fins do cumprimento do disposto no § 3º deste artigo, o proprietário de arma de fogo poderá obter, no Departamento de Polícia Federal, certificado de registro provisório, expedido na rede mundial de computadores – internet, na forma do regulamento e obedecidos os procedimentos a seguir:

I – emissão de certificado de registro provisório pela internet, com validade inicial de 90 (noventa) dias; e

II – revalidação pela unidade do Departamento de Polícia Federal do certificado de registro provisório pelo prazo que estimar como necessário para a emissão definitiva do certificado de registro de propriedade.

► § 4º acrescido pela Lei nº 11.706, de 19-6-2008.

§ 5º Aos residentes em área rural, para os fins do disposto no *caput* deste artigo, considera-se residência ou domicílio toda a extensão do respectivo imóvel rural.

► § 5º acrescido pela Lei nº 13.870, de 17-9-2019.

CAPÍTULO III
DO PORTE

Art. 6º É proibido o porte de arma de fogo em todo o território nacional, salvo para os casos previstos em legislação própria e para:

► Arts. 14, 25 a 27, 29, 30 e 35 do Dec. nº 9.847, de 25-6-2019, que regulamenta este estatuto para dispor sobre a aquisição, o cadastro, o registro, o porte e a comercialização de armas de fogo e de munição e sobre o Sistema Nacional de Armas e o Sistema de Gerenciamento Militar de Armas.

► Art. 22, I e § 2º, da Lei nº 11.340, de 7-8-2006 (Lei que Coíbe a Violência Doméstica e Familiar Contra a Mulher).

I – os integrantes das Forças Armadas;

II – os integrantes de órgãos referidos nos incisos I, II, III, IV e V do *caput* do art. 144 da Constituição Federal e os da Força Nacional de Segurança Pública (FNSP);

► Inciso II com a redação dada pela Lei nº 13.500, de 26-10-2017.

III – os integrantes das guardas municipais das capitais dos Estados e dos Municípios com mais de 500.000 (quinhentos mil) habitantes, nas condições estabelecidas no regulamento desta Lei;

► O STF, por maioria dos votos, julgou improcedente o pedido formulado na ADC nº 38, para declarar a inconstitucionalidade deste inciso, a fim de invalidar as expressões "das capitais dos Estados" e "com mais de 500.000 (quinhentos mil) habitantes" (*DOU* de 1º-6-2021).

IV – os integrantes das guardas municipais dos Municípios com mais de 50.000 (cinquenta mil) e menos de 500.000 (quinhentos mil) habitantes, quando em serviço;

► Inciso IV com a redação dada pela Lei nº 10.867, de 12-5-2004.

► O STF, por maioria dos votos, julgou improcedente o pedido formulado na ADC nº 38, para declarar a inconstitucionalidade deste inciso, por desrespeito aos princípios da igualdade e da eficiência (*DOU* de 1º-6-2021).

V – os agentes operacionais da Agência Brasileira de Inteligência e os agentes do Departamento de Segurança do Gabinete de Segurança Institucional da Presidência da República;

VI – os integrantes dos órgãos policiais referidos no art. 51, IV, e no art. 52, XIII, da Constituição Federal;

VII – os integrantes do quadro efetivo dos agentes e guardas prisionais, os integrantes das escoltas de presos e as guardas portuárias;

VIII – as empresas de segurança privada e de transporte de valores constituídas, nos termos desta Lei;

IX – para os integrantes das entidades de desporto legalmente constituídas, cujas atividades esportivas demandem o uso de armas de fogo, na forma do regulamento desta Lei, observando-se, no que couber, a legislação ambiental;

X – integrantes das Carreiras de Auditoria da Receita Federal do Brasil e de Auditoria Fiscal do Trabalho, cargos de Auditor Fiscal e Analista Tributário;

► Inciso X com a redação dada pela Lei nº 11.501, de 11-7-2007.

XI – os tribunais do Poder Judiciário descritos no art. 92 da Constituição Federal e os Ministérios Públicos da União e dos Estados, para uso exclusivo de servidores de seus quadros pessoais que efetivamente estejam no exercício de funções de segurança, na forma de regulamento a ser emitido pelo Conselho Nacional de Justiça – CNJ e pelo Conselho Nacional do Ministério Público – CNMP.

► Inciso XI acrescido pela Lei nº 12.694, de 24-7-2012.

§ 1º As pessoas previstas nos incisos I, II, III, V e VI do *caput* deste artigo terão direito de portar arma de fogo de propriedade particular ou fornecida pela respectiva corporação ou instituição, mesmo fora de serviço, nos termos do regulamento desta Lei, com validade em âmbito nacional para aquelas constantes dos incisos I, II, V e VI.

► § 1º com a redação dada pela Lei nº 11.706, de 19-6-2008.

§ 1º-A. *Revogado*. Lei nº 11.706, de 19-6-2008.

§ 1º-B. Os integrantes do quadro efetivo de agentes e guardas prisionais poderão portar arma de fogo de propriedade particular ou fornecida pela respectiva corporação ou instituição, mesmo fora de serviço, desde que estejam:

I – submetidos a regime de dedicação exclusiva;

II – sujeitos à formação funcional, nos termos do regulamento; e

III – subordinados a mecanismos de fiscalização e de controle interno.

► § 1º-B acrescido pela Lei nº 12.993, de 17-6-2014.

§ 1º-C. VETADO. Lei nº 12.993, de 17-6-2014.

§ 2º A autorização para o porte de arma de fogo aos integrantes das instituições descritas nos incisos V, VI, VII e X do *caput* deste artigo está condicionada à comprovação do requisito a que se refere o inciso III do *caput* do art. 4º desta Lei nas condições estabelecidas no regulamento desta Lei.

► § 2º com a redação dada pela Lei nº 11.706, de 19-6-2008.

§ 3º A autorização para o porte de arma de fogo das guardas municipais está condicionada à formação funcional de seus integrantes em estabelecimentos de ensino de atividade policial, à existência de mecanismos de fiscalização e de controle interno, nas condições estabelecidas no regulamento desta Lei, observada a supervisão do Ministério da Justiça.

▸ § 3º com a redação dada pela Lei nº 10.884, de 17-6-2004.

§ 4º Os integrantes das Forças Armadas, das polícias federais e estaduais e do Distrito Federal, bem como os militares dos Estados e do Distrito Federal, ao exercerem o direito descrito no art. 4º, ficam dispensados do cumprimento do disposto nos incisos I, II e III do mesmo artigo, na forma do regulamento desta Lei.

§ 5º Aos residentes em áreas rurais, maiores de 25 (vinte e cinco) anos que comprovem depender do emprego de arma de fogo para prover sua subsistência alimentar familiar será concedido pela Polícia Federal o porte de arma de fogo, na categoria caçador para subsistência, de uma arma de uso permitido, de tiro simples, com 1 (um) ou 2 (dois) canos, de alma lisa e de calibre igual ou inferior a 16 (dezesseis), desde que o interessado comprove a efetiva necessidade em requerimento ao qual deverão ser anexados os seguintes documentos:

▸ *Caput* do § 5º com a redação dada pela Lei nº 11.706, de 19-6-2008.

I – documento de identificação pessoal;

II – comprovante de residência em área rural; e

III – atestado de bons antecedentes.

▸ Incisos I a III acrescidos pela Lei nº 11.706, de 19-6-2008.

§ 6º O caçador para subsistência que der outro uso à sua arma de fogo, independentemente de outras tipificações penais, responderá, conforme o caso, por porte ilegal ou por disparo de arma de fogo de uso permitido.

▸ § 6º com a redação dada pela Lei nº 11.706, de 19-6-2008.

§ 7º Aos integrantes das guardas municipais dos Municípios que integram regiões metropolitanas será autorizado porte de arma de fogo, quando em serviço.

▸ § 7º acrescido pela Lei nº 11.706, de 19-6-2008.

***Art. 7º** As armas de fogo utilizadas pelos profissionais de segurança privada dos prestadores de serviços de segurança privada e das empresas e dos condomínios edilícios possuidores de serviços orgânicos de segurança privada, constituídas na forma da lei, serão de propriedade, responsabilidade e guarda das respectivas empresas, somente podendo ser utilizadas quando em serviço, devendo essas observarem as condições de uso e de armazenagem estabelecidas pelo órgão competente, sendo o certificado de registro e a autorização de porte expedidos pela Polícia Federal em nome da empresa.*

▸ *Caput* com a redação dada pela Lei nº 14.967, de 9-9-2024.

▸ Art. 54 do Dec. nº 9.847, de 25-6-2019, que regulamenta este estatuto para dispor sobre a aquisição, o cadastro, o registro, o porte e a comercialização de armas de fogo e de munição e sobre o Sistema Nacional de Armas e o Sistema de Gerenciamento Militar de Armas.

§ 1º O proprietário ou diretor responsável de empresa de segurança privada e de transporte de valores responderá pelo crime previsto no parágrafo único do art. 13 desta Lei, sem prejuízo das demais sanções administrativas e civis, se deixar de registrar ocorrência policial e de comunicar à Polícia Federal perda, furto, roubo ou outras formas de extravio de armas de fogo, acessórios e munições que estejam sob sua guarda, nas primeiras 24 (vinte e quatro) horas depois de ocorrido o fato.

§ 2º A empresa de segurança e de transporte de valores deverá apresentar documentação comprobatória do preenchimento dos requisitos constantes do art. 4º desta Lei quanto aos empregados que portarão arma de fogo.

§ 3º A listagem dos empregados das empresas referidas neste artigo deverá ser atualizada semestralmente junto ao SINARM.

Art. 7º-A. As armas de fogo utilizadas pelos servidores das instituições descritas no inciso XI do art. 6º serão de propriedade, responsabilidade e guarda das respectivas instituições, somente podendo ser utilizadas quando em serviço, devendo estas observar as condições de uso e de armazenagem estabelecidas pelo órgão competente, sendo o certificado de registro e a autorização de porte expedidos pela Polícia Federal em nome da instituição.

§ 1º A autorização para o porte de arma de fogo de que trata este artigo independe do pagamento de taxa.

§ 2º O presidente do tribunal ou o chefe do Ministério Público designará os servidores de seus quadros pessoais no exercício de funções de segurança que poderão portar arma de fogo, respeitado o limite máximo de 50% (cinquenta por cento) do número de servidores que exerçam funções de segurança.

▸ O STF, por unanimidade, julgou procedente a ADI nº 5.157 para declarar a inconstitucionalidade da expressão "respeitado o limite máximo de 50% (cinquenta por cento) do número de servidores que exerçam funções de segurança", constante neste parágrafo (*DOU* de 12-2-2025).

§ 3º O porte de arma pelos servidores das instituições de que trata este artigo fica condicionado à apresentação de documentação comprobatória do preenchimento dos requisitos constantes do art. 4º desta Lei, bem como à formação funcional em estabelecimentos de ensino de atividade policial e à existência de mecanismos de fiscalização e de controle interno, nas condições estabelecidas no regulamento desta Lei.

§ 4º A listagem dos servidores das instituições de que trata este artigo deverá ser atualizada semestralmente no SINARM.

§ 5º As instituições de que trata este artigo são obrigadas a registrar ocorrência policial e a comunicar à Polícia Federal eventual perda, furto, roubo ou outras formas de extravio de armas de fogo, acessórios e munições que estejam sob sua guarda, nas primeiras 24 (vinte e quatro) horas depois de ocorrido o fato.

▸ Art. 7º-A acrescido pela Lei nº 12.694, de 24-7-2012.

Art. 8º As armas de fogo utilizadas em entidades desportivas legalmente constituídas devem obedecer às condições de uso e de armazenagem estabelecidas pelo órgão competente, respondendo o possuidor ou o autorizado a portar a arma pela sua guarda na forma do regulamento desta Lei.

Art. 9º Compete ao Ministério da Justiça a autorização do porte de arma para os responsáveis pela segurança de cidadãos estrangeiros em visita ou sediados no Brasil e, ao Comando do Exército, nos termos do regulamento desta Lei, o registro e a concessão de porte de trânsito de arma de fogo para colecionadores, atiradores e caçadores e de representantes estrangeiros em competição internacional oficial de tiro realizada no território nacional.

Art. 10. A autorização para o porte de arma de fogo de uso permitido, em todo o território nacional, é de competência da Polícia Federal e somente será concedida após autorização do SINARM.

▸ Art. 20 do Dec. nº 9.847, de 25-6-2019, que regulamenta este estatuto para dispor sobre a aquisição, o cadastro, o registro, o porte e a comercialização de armas de fogo e de munição e sobre o Sistema Nacional de Armas e o Sistema de Gerenciamento Militar de Armas.

§ 1º A autorização prevista neste artigo poderá ser concedida com eficácia temporária e territorial limitada, nos termos de atos regulamentares, e dependerá de o requerente:

I – demonstrar a sua efetiva necessidade por exercício de atividade profissional de risco ou de ameaça à sua integridade física;

▸ O STF, por maioria, no julgamento da ADI nº 6.139, atribuiu interpretação conforme a Constituição Federal a este dispositivo (*DOU* de 18-9-2023).

II – atender às exigências previstas no art. 4º desta Lei;

III – apresentar documentação de propriedade de arma de fogo, bem como o seu devido registro no órgão competente.

§ 2º A autorização de porte de arma de fogo, prevista neste artigo, perderá automaticamente sua eficácia caso o portador dela seja detido ou abordado em estado de embriaguez ou sob efeito de substâncias químicas ou alucinógenas.

Art. 11. Fica instituída a cobrança de taxas, nos valores constantes do Anexo desta Lei, pela prestação de serviços relativos:

I – ao registro de arma de fogo;

II – à renovação de registro de arma de fogo;

III – à expedição de segunda via de registro de arma de fogo;

IV – à expedição de porte federal de arma de fogo;

V – à renovação de porte de arma de fogo;

VI – à expedição de segunda via de porte federal de arma de fogo.

§ 1º Os valores arrecadados destinam-se ao custeio e à manutenção das atividades do SINARM, da Polícia Federal e do Comando do Exército, no âmbito de suas respectivas responsabilidades.

▸ Art. 55 do Dec. nº 9.847, de 25-6-2019, que regulamenta este estatuto para dispor sobre a aquisição, o cadastro, o registro, o porte e a comercialização de armas de fogo e de munição e sobre o Sistema Nacional de Armas e o Sistema de Gerenciamento Militar de Armas.

§ 2º São isentas do pagamento das taxas previstas neste artigo as pessoas e as instituições a que se referem os incisos I a VII e X e o § 5º do art. 6º desta Lei.

▸ § 2º com a redação dada pela Lei nº 11.706, de 19-6-2008.

Art. 11-A. O Ministério da Justiça disciplinará a forma e as condições do credenciamento de profissionais pela Polícia Federal para comprovação da aptidão psicológica e da capacidade técnica para o manuseio de arma de fogo.

▶ IN do DPF nº 70, de 13-3-2013, estabelece procedimentos para o credenciamento e fiscalização de psicólogos responsáveis pela expedição do comprovante de aptidão psicológica para o manuseio de arma de fogo de que trata esta Lei.

§ 1º Na comprovação da aptidão psicológica, o valor cobrado pelo psicólogo não poderá exceder ao valor médio dos honorários profissionais para realização de avaliação psicológica constante do item 1.16 da tabela do Conselho Federal de Psicologia.

§ 2º Na comprovação da capacidade técnica, o valor cobrado pelo instrutor de armamento e tiro não poderá exceder R$ 80,00 (oitenta reais), acrescido do custo da munição.

§ 3º A cobrança de valores superiores aos previstos nos §§ 1º e 2º deste artigo implicará o descredenciamento do profissional pela Polícia Federal.

▶ Art. 11-A com a redação dada pela Lei nº 11.706, de 19-6-2008.

CAPÍTULO IV
DOS CRIMES E DAS PENAS

Posse irregular de arma de fogo de uso permitido

▶ Dec. nº 10.030, de 30-9-2019 (Regulamento de Produtos Controlados).

Art. 12. Possuir ou manter sob sua guarda arma de fogo, acessório ou munição, de uso permitido, em desacordo com determinação legal ou regulamentar, no interior de sua residência ou dependência desta, ou, ainda no seu local de trabalho, desde que seja o titular ou o responsável legal do estabelecimento ou empresa:

Pena – detenção, de 1 (um) a 3 (três) anos, e multa.

Omissão de cautela

Art. 13. Deixar de observar as cautelas necessárias para impedir que menor de 18 (dezoito) anos ou pessoa portadora de deficiência mental se apodere de arma de fogo que esteja sob sua posse ou que seja de sua propriedade:

Pena – detenção, de 1 (um) a 2 (dois) anos, e multa.

Parágrafo único. Nas mesmas penas incorrem o proprietário ou diretor responsável de empresa de segurança e transporte de valores que deixarem de registrar ocorrência policial e de comunicar à Polícia Federal perda, furto, roubo ou outras formas de extravio de arma de fogo, acessório ou munição que estejam sob sua guarda, nas primeiras 24 (vinte quatro) horas depois de ocorrido o fato.

Porte ilegal de arma de fogo de uso permitido

▶ Dec. nº 10.030, de 30-9-2019 (Regulamento de Produtos Controlados).

Art. 14. Portar, deter, adquirir, fornecer, receber, ter em depósito, transportar, ceder, ainda que gratuitamente, emprestar, remeter, empregar, manter sob guarda ou ocultar arma de fogo, acessório ou munição, de uso permitido, sem autorização e em desacordo com determinação legal ou regulamentar:

Pena – reclusão, de 2 (dois) a 4 (quatro) anos, e multa.

Parágrafo único. O crime previsto neste artigo é inafiançável, salvo quando a arma de fogo estiver registrada em nome do agente.

▶ O STF, por maioria de votos, julgou parcialmente procedente a ADI nº 3.112-1, para declarar a inconstitucionalidade deste parágrafo único (*DOU* de 10-5-2007).

Disparo de arma de fogo

Art. 15. Disparar arma de fogo ou acionar munição em lugar habitado ou em suas adjacências, em via pública ou em direção a ela, desde que essa conduta não tenha como finalidade a prática de outro crime:

Pena – reclusão, de 2 (dois) a 4 (quatro) anos, e multa.

Parágrafo único. O crime previsto neste artigo é inafiançável.

▶ O STF, por maioria de votos, julgou parcialmente procedente a ADI nº 3.112-1, para declarar a inconstitucionalidade deste parágrafo único (*DOU* de 10-5-2007).

Posse ou porte ilegal de arma de fogo de uso restrito

▶ Dec. nº 10.030, de 30-9-2019 (Regulamento de Produtos Controlados).

Art. 16. Possuir, deter, portar, adquirir, fornecer, receber, ter em depósito, transportar, ceder, ainda que gratuitamente, emprestar, remeter, empregar, manter sob sua guarda ou ocultar arma de fogo, acessório ou munição de uso restrito, sem autorização e em desacordo com determinação legal ou regulamentar:

▶ *Caput* com a redação dada pela Lei nº 13.964, de 24-12-2019.

Pena – reclusão, de 3 (três) a 6 (seis) anos, e multa.

▶ Art. 1º, parágrafo único, II, da Lei nº 8.072, de 25-7-1990 (Lei dos Crimes Hediondos).

§ 1º Nas mesmas penas incorre quem:

I – suprimir ou alterar marca, numeração ou qualquer sinal de identificação de arma de fogo ou artefato;

II – modificar as características de arma de fogo, de forma a torná-la equivalente a arma de fogo de uso proibido ou restrito ou para fins de dificultar ou de qualquer modo induzir a erro autoridade policial, perito ou juiz;

III – possuir, detiver, fabricar ou empregar artefato explosivo ou incendiário, sem autorização ou em desacordo com determinação legal ou regulamentar;

IV – portar, possuir, adquirir, transportar ou fornecer arma de fogo com numeração, marca ou qualquer outro sinal de identificação raspado, suprimido ou adulterado;

V – vender, entregar ou fornecer, ainda que gratuitamente, arma de fogo, acessório, munição ou explosivo a criança ou adolescente; e

▶ Art. 242 do ECA.

VI – produzir, recarregar ou reciclar, sem autorização legal, ou adulterar, de qualquer forma, munição ou explosivo.

▶ Parágrafo único transformado em § 1º pela Lei nº 13.964, de 24-12-2019.

§ 2º Se as condutas descritas no *caput* e no § 1º deste artigo envolverem arma de fogo de uso proibido, a pena é de reclusão, de 4 (quatro) a 12 (doze) anos.

▶ § 2º acrescido pela Lei nº 13.964, de 24-12-2019.

Comércio ilegal de arma de fogo

Art. 17. Adquirir, alugar, receber, transportar, conduzir, ocultar, ter em depósito, desmontar, montar, remontar, adulterar, vender, expor à venda, ou de qualquer forma utilizar, em proveito próprio ou alheio, no exercício de atividade comercial ou industrial, arma de fogo, acessório ou munição, sem autorização ou em desacordo com determinação legal ou regulamentar:

Pena – reclusão, de 6 (seis) a 12 (doze) anos, e multa.

▶ Pena com a redação dada pela Lei nº 13.964, de 24-12-2019.

▶ Art. 1º, parágrafo único, III, da Lei nº 8.072, de 25-7-1990 (Lei dos Crimes Hediondos).

§ 1º Equipara-se à atividade comercial ou industrial, para efeito deste artigo, qualquer forma de prestação de serviços, fabricação ou comércio irregular ou clandestino, inclusive o exercido em residência.

▶ Parágrafo único transformado em § 1º pela Lei nº 13.964, de 24-12-2019.

§ 2º Incorre na mesma pena quem vende ou entrega arma de fogo, acessório ou munição, sem autorização ou em desacordo com a determinação legal ou regulamentar, a agente policial disfarçado, quando presentes elementos probatórios razoáveis de conduta criminal preexistente.

▶ § 2º acrescido pela Lei nº 13.964, de 24-12-2019.

Tráfico internacional de arma de fogo

Art. 18. Importar, exportar, favorecer a entrada ou saída do território nacional, a qualquer título, de arma de fogo, acessório ou munição, sem autorização da autoridade competente:

Pena – reclusão, de 8 (oito) a 16 (dezesseis) anos, e multa.

▶ Pena com a redação dada pela Lei nº 13.964, de 24-12-2019.

Parágrafo único. Incorre na mesma pena quem vende ou entrega arma de fogo, acessório ou munição, em operação de importação, sem autorização da autoridade competente, a agente policial disfarçado, quando presentes elementos probatórios razoáveis de conduta criminal preexistente.

▶ Parágrafo único com a redação dada pela Lei nº 13.964, de 24-12-2019.

Art. 19. Nos crimes previstos nos arts. 17 e 18, a pena é aumentada da metade se a arma de fogo, acessório ou munição forem de uso proibido ou restrito.

Art. 20. Nos crimes previstos nos arts. 14, 15, 16, 17 e 18, a pena é aumentada da metade se:

I – forem praticados por integrante dos órgãos e empresas referidas nos arts. 6º, 7º e 8º desta Lei; ou

II – o agente for reincidente específico em crimes dessa natureza.

▶ Art. 20 com a redação dada pela Lei nº 13.964, de 24-12-2019.

Art. 21. Os crimes previstos nos arts. 16, 17 e 18 são insuscetíveis de liberdade provisória.

▶ O STF, por maioria de votos, julgou parcialmente procedente a ADI nº 3.112-1, para declarar a inconstitucionalidade deste artigo (*DOU* de 10-5-2007).

CAPÍTULO V
DISPOSIÇÕES GERAIS

Art. 22. O Ministério da Justiça poderá celebrar convênios com os Estados e o Distrito Federal para o cumprimento do disposto nesta Lei.

Art. 23. A classificação legal, técnica e geral bem como a definição das armas de fogo e demais produtos controlados, de usos proibidos, restritos, permitidos ou obsoletos e de valor histórico serão disciplinadas em ato do chefe do Poder Executivo Federal, mediante proposta do Comando do Exército.

▶ *Caput* com a redação dada pela Lei nº 11.706, de 19-6-2008.

§ 1º Todas as munições comercializadas no País deverão estar acondicionadas em embalagens com sistema de código de barras, gravado na caixa, visando possibilitar a identificação do fabricante e do adquirente, entre outras informações definidas pelo regulamento desta Lei.

§ 2º Para os órgãos referidos no art. 6º, somente serão expedidas autorizações de compra de munição com identificação do lote e do adquirente no culote dos projéteis, na forma do regulamento desta Lei.

§ 3º As armas de fogo fabricadas a partir de 1 (um) ano da data de publicação desta Lei conterão dispositivo intrínseco de segurança e de identificação, gravado no corpo da arma, definido pelo regulamento desta Lei, exclusive para os órgãos previstos no art. 6º.

▶ Art. 35, III, *b*, do Dec. nº 9.847, de 25-6-2019, que regulamenta este estatuto para dispor sobre a aquisição, o cadastro, o registro, o porte e a comercialização de armas de fogo e de munição e sobre o Sistema Nacional de Armas e o Sistema de Gerenciamento Militar de Armas.

§ 4º *As instituições de ensino policial, as guardas municipais referidas no inciso III do caput do art. 6º e no seu § 7º e as escolas de formação de profissionais de segurança privada poderão adquirir insumos e máquinas de recarga de munição para o fim exclusivo de suprimento de suas atividades, mediante autorização concedida nos termos do regulamento.*

▶ § 4º com a redação dada pela Lei nº 14.967, de 9-9-2024.

Art. 24. Excetuadas as atribuições a que se refere o art. 2º desta Lei, compete ao Comando do Exército autorizar e fiscalizar a produção, exportação, importação, desembaraço alfandegário e o comércio de armas de fogo e demais produtos controlados, inclusive o registro e o porte de trânsito de arma de fogo de colecionadores, atiradores e caçadores.

Art. 25. As armas de fogo apreendidas, após a elaboração do laudo pericial e sua juntada aos autos, quando não mais interessarem à persecução penal serão encaminhadas pelo juiz competente ao Comando do Exército, no prazo de até 48 (quarenta e oito) horas, para destruição ou doação aos órgãos de segurança pública ou às Forças Armadas, na forma do regulamento desta Lei.

▶ *Caput* com a redação dada pela Lei nº 13.886, de 17-10-2019.

§ 1º As armas de fogo encaminhadas ao Comando do Exército que receberem parecer favorável à doação, obedecidos o padrão e a dotação de cada Força Armada ou órgão de segurança pública, atendidos os critérios de prioridade estabelecidos pelo Ministério da Justiça e ouvido o Comando do Exército, serão arroladas em relatório reservado trimestral a ser encaminhado àquelas instituições, abrindo-se-lhes prazo para manifestação de interesse.

▶ § 1º acrescido pela Lei nº 11.706, de 19-6-2008.

▶ Art. 45, §§ 2º, III, 6º e 7º, do Dec. nº 9.847, de 25-6-2019, que regulamenta este estatuto para dispor sobre a aquisição, o cadastro, o registro, o porte e a comercialização de armas de fogo e de munição e sobre o Sistema Nacional de Armas e o Sistema de Gerenciamento Militar de Armas.

§ 1º-A. As armas de fogo e munições apreendidas em decorrência do tráfico de drogas de abuso, ou de qualquer forma utilizadas em atividades ilícitas de produção ou comercialização de drogas abusivas, ou, ainda, que tenham sido adquiridas com recursos provenientes do tráfico de drogas de abuso, perdidas em favor da União e encaminhadas para o Comando do Exército, devem ser, após perícia ou vistoria que atestem seu bom estado, destinadas com prioridade para os órgãos de segurança pública e do sistema penitenciário da unidade da federação responsável pela apreensão.

▶ § 1º-A acrescido pela Lei nº 13.886, de 17-10-2019.

§ 2º O Comando do Exército encaminhará a relação das armas a serem doadas ao juiz competente, que determinará o seu perdimento em favor da instituição beneficiada.

§ 3º O transporte das armas de fogo doadas será de responsabilidade da instituição beneficiada, que procederá ao seu cadastramento no SINARM ou no SIGMA.

▶ §§ 2º e 3º acrescidos pela Lei nº 11.706, de 19-6-2008.

§ 4º VETADO. Lei nº 11.706, de 19-6-2008.

§ 5º O Poder Judiciário instituirá instrumentos para o encaminhamento ao SINARM ou ao SIGMA, conforme se trate de arma de uso permitido ou de uso restrito, semestralmente, da relação de armas acauteladas em juízo, mencionando suas características e o local onde se encontram.

▶ § 5º acrescido pela Lei nº 11.706, de 19-6-2008.

Art. 26. São vedadas a fabricação, a venda, a comercialização e a importação de brinquedos, réplicas e simulacros de armas de fogo, que com estas se possam confundir.

▶ Arts. 2º, § 1º, e 35 do Dec. nº 9.847, de 25-6-2019, que regulamenta este estatuto para dispor sobre a aquisição, o cadastro, o registro, o porte e a comercialização de armas de fogo e de munição e sobre o Sistema Nacional de Armas e o Sistema de Gerenciamento Militar de Armas.

Parágrafo único. Excetuam-se da proibição as réplicas e os simulacros destinados à instrução, ao adestramento, ou à coleção de usuário autorizado, nas condições fixadas pelo Comando do Exército.

Art. 27. Caberá ao Comando do Exército autorizar, excepcionalmente, a aquisição de armas de fogo de uso restrito.

▶ O STF, por maioria, referendou decisão que concedeu o pedido de medida cautelar, com efeitos *ex nunc*, na ADI nº 6.139, para dar interpretação conforme a Constituição a este artigo (*DJe* de 27-4-2023).

Parágrafo único. O disposto neste artigo não se aplica às aquisições dos Comandos Militares.

Art. 28. É vedado ao menor de 25 (vinte e cinco) anos adquirir arma de fogo, ressalvados os integrantes das entidades constantes dos incisos I, II, III, V, VI, VII e X do *caput* do art. 6º desta Lei.

▶ Artigo com a redação dada pela Lei nº 11.706, de 19-6-2008.

Art. 29. As autorizações de porte de armas de fogo já concedidas expirar-se-ão noventa dias após a publicação desta Lei.

Parágrafo único. O detentor de autorização com prazo de validade superior a noventa dias poderá renová-la, perante a Polícia Federal, nas condições dos arts. 4º, 6º e 10 desta Lei, no prazo de noventa dias após sua publicação, sem ônus para o requerente.

▶ Lei nº 10.884, de 17-6-2004, prorroga o prazo de que trata este artigo, passando a fluir a partir da data da publicação do decreto que o regulamentar, não ultrapassando, para ter efeito, a data limite de 23-6-2004.

Art. 30. Os possuidores e proprietários de arma de fogo de uso permitido ainda não registrada deverão solicitar seu registro até o dia 31 de dezembro de 2008, mediante apresentação de documento de identificação pessoal e comprovante de residência fixa, acompanhados de nota fiscal de compra ou comprovação da origem lícita da posse, pelos meios de prova admitidos em direito, ou declaração firmada na qual constem as características da arma e a sua condição de proprietário, ficando este dispensado do pagamento de taxas e do cumprimento das demais exigências constantes dos incisos I a III do *caput* do art. 4º desta Lei.

Parágrafo único. Para fins do cumprimento do disposto no *caput* deste artigo, o proprietário de arma de fogo poderá obter, no Departamento de Polícia Federal, certificado de registro provisório, expedido na forma do § 4º do art. 5º desta Lei.

▶ Art. 30 com a redação dada pela Lei nº 11.706, de 19-6-2008.

▶ Art. 20 da Lei nº 11.922, de 13-4-2009, que prorroga o prazo deste *caput* para 31-12-2009.

▶ Súm. nº 513 do STJ.

Art. 31. Os possuidores e proprietários de armas de fogo adquiridas regularmente poderão, a qualquer tempo, entregá-las à Polícia Federal, mediante recibo e indenização, nos termos do regulamento desta Lei.

▶ Arts. 48, 49, 51 e 52 do Dec. nº 9.847, de 25-6-2019, que regulamenta este estatuto para dispor sobre a aquisição, o cadastro, o registro, o porte e a comercialização de armas de fogo e de munição e sobre o Sistema Nacional de Armas e o Sistema de Gerenciamento Militar de Armas.

▶ Port. do MJ nº 797, de 5-5-2011, estabelece os procedimentos de entrega de arma de fogo, acessório ou munição e da indenização prevista neste artigo.

Art. 32. Os possuidores e proprietários de arma de fogo poderão entregá-la, espontaneamente, mediante recibo, e, presumindo-se de boa-fé, serão indenizados, na forma do regulamento, ficando extinta a punibilidade de eventual posse irregular da referida arma.

▶ *Caput* com a redação dada pela Lei nº 11.706, de 19-6-2008.

▶ Arts. 48 a 52 do Dec. nº 9.847, de 25-6-2019, que regulamenta este estatuto para dispor sobre a aquisição, o cadastro, o registro, o porte e a comercialização de armas de fogo e de munição e sobre o Sistema Nacional de Armas e o Sistema de Gerenciamento Militar de Armas.

▶ Port. do MJ nº 797, de 5-5-2011, estabelece os procedimentos de entrega de arma de fogo, acessório ou munição e da indenização prevista neste artigo.

▶ Súm. nº 513 do STJ.

Parágrafo único. *Revogado.* Lei nº 11.706, de 19-6-2008.

Art. 33. Será aplicada multa de R$ 100.000,00 (cem mil reais) a R$ 300.000,00 (trezentos mil reais), conforme especificar o regulamento desta Lei:

I – à empresa de transporte aéreo, rodoviário, ferroviário, marítimo, fluvial ou lacustre que deliberadamente, por qualquer meio, faça, promova, facilite ou permita o transporte de arma ou munição sem a devida autorização ou com inobservância das normas de segurança;

II – à empresa de produção ou comércio de armamentos que realize publicidade para venda, estimulando o uso indiscriminado de armas de fogo, exceto nas publicações especializadas.

Art. 34. Os promotores de eventos em locais fechados, com aglomeração superior a 1000 (um mil) pessoas, adotarão, sob pena de responsabilidade, as providências necessárias para evitar o ingresso de pessoas armadas, ressalvados os eventos garantidos pelo inciso VI do art. 5º da Constituição Federal.

Parágrafo único. As empresas responsáveis pela prestação dos serviços de transporte internacional e interestadual de passageiros adotarão as providências necessárias para evitar o embarque de passageiros armados.

Art. 34-A. Os dados relacionados à coleta de registros balísticos serão armazenados no Banco Nacional de Perfis Balísticos.

§ 1º O Banco Nacional de Perfis Balísticos tem como objetivo cadastrar armas de fogo e armazenar características de classe e individualizadoras de projéteis e de estojos de munição deflagrados por arma de fogo.

§ 2º O Banco Nacional de Perfis Balísticos será constituído pelos registros de elementos de munição deflagrados por armas de fogo relacionados a crimes, para subsidiar ações destinadas às apurações criminais federais, estaduais e distritais.

§ 3º O Banco Nacional de Perfis Balísticos será gerido pela unidade oficial de perícia criminal.

§ 4º Os dados constantes do Banco Nacional de Perfis Balísticos terão caráter sigiloso, e aquele que permitir ou promover sua utilização para fins diversos dos previstos nesta Lei ou em decisão judicial responderá civil, penal e administrativamente.

§ 5º É vedada a comercialização, total ou parcial, da base de dados do Banco Nacional de Perfis Balísticos.

§ 6º A formação, a gestão e o acesso ao Banco Nacional de Perfis Balísticos serão regulamentados em ato do Poder Executivo federal.

▸ Art. 34-A acrescido pela Lei nº 13.964, de 24-12-2019.

CAPÍTULO VI
DISPOSIÇÕES FINAIS

Art. 35. É proibida a comercialização de arma de fogo e munição em todo o território nacional, salvo para as entidades previstas no art. 6º desta Lei.

§ 1º Este dispositivo, para entrar em vigor, dependerá de aprovação mediante referendo popular, a ser realizado em outubro de 2005.

§ 2º Em caso de aprovação do referendo popular, o disposto neste artigo entrará em vigor na data de publicação de seu resultado pelo Tribunal Superior Eleitoral.

Art. 36. É revogada a Lei nº 9.437, de 20 de fevereiro de 1997.

Art. 37. Esta Lei entra em vigor na data de sua publicação.

Brasília, 22 de dezembro de 2003; 182º da Independência e 115º da República.

Luiz Inácio Lula da Silva

ANEXO TABELA DE TAXAS

▸ Anexo com a redação dada pela Lei nº 11.706, de 19-6-2008.

ATO ADMINISTRATIVO	R$
I – Registro de arma de fogo:	
- até 31 de dezembro de 2008	Gratuito (art. 30)
- a partir de 1º de janeiro de 2009	60,00
II – Renovação do certificado de registro de arma de fogo:	
- até 31 de dezembro de 2008	Gratuito (art. 5º, § 3º)
- a partir de 1º de janeiro de 2009	60,00
III – Registro de arma de fogo para empresa de segurança privada e de transporte de valores	60,00
IV – Renovação do certificado de registro de arma de fogo para empresa de segurança privada e de transporte de valores:	
- até 30 de junho de 2008	30,00
- de 1º de julho de 2008 a 31 de outubro de 2008	45,00
- a partir de 1º de novembro de 2008	60,00
V – Expedição de porte de arma de fogo	1.000,00
VI – Renovação de porte de arma de fogo	1.000,00
VII – Expedição de segunda via de certificado de registro de arma de fogo	60,00
VIII – Expedição de segunda via de porte de arma de fogo	60,00

LEI Nº 10.833, DE 29 DE DEZEMBRO DE 2003

Altera a Legislação Tributária Federal e dá outras providências.

▸ Publicada no *DOU* de 30-12-2003, Edição Extra.

▸ Lei nº 10.637, de 30-12-2002, dispõe sobre a não cumulatividade na cobrança da contribuição para o PIS/PASEP, nos casos que especifica; sobre o pagamento e o parcelamento de débitos tributários federais, a compensação de créditos fiscais, a declaração de inaptidão de inscrição de pessoas jurídicas, a legislação aduaneira.

▸ Lei nº 10.865, de 30-4-2004, dispõe sobre a contribuição para o PIS/PASEP e a COFINS incidentes sobre a importação de bens e serviços.

▸ Lei nº 10.925, de 23-7-2004, reduz as alíquotas do PIS/PASEP e da COFINS incidentes na importação e na comercialização do mercado interno de fertilizantes e defensivos agropecuários.

CAPÍTULO I
DA COBRANÇA NÃO CUMULATIVA DA COFINS

Art. 1º A Contribuição para o Financiamento da Seguridade Social – COFINS, com a incidência não cumulativa, incide sobre o total das receitas auferidas no mês pela pessoa jurídica, independentemente de sua denominação ou classificação contábil.

▸ *Caput* com a redação dada pela Lei nº 12.973, de 13-5-2014.

▸ Súm. nº 423 do STJ.

§ 1º Para efeito do disposto neste artigo, o total das receitas compreende a receita bruta de que trata o art. 12 do Decreto-Lei nº 1.598, de 26 de dezembro de 1977, e todas as demais receitas auferidas pela pessoa jurídica com os seus respectivos valores decorrentes do ajuste a valor presente de que trata o inciso VIII do *caput* do art. 183 da Lei nº 6.404, de 15 de dezembro de 1976.

§ 2º A base de cálculo da COFINS é o total das receitas auferidas pela pessoa jurídica, conforme definido no *caput* e no § 1º.

▸ §§ 1º e 2º com a redação dada pela Lei nº 12.973, de 13-5-2014.

§ 3º Não integram a base de cálculo a que se refere este artigo as receitas:

I – isentas ou não alcançadas pela incidência da contribuição ou sujeitas à alíquota zero;

II – de que trata o inciso IV do *caput* do art. 187 da Lei nº 6.404, de 15 de dezembro de 1976, decorrentes da venda de bens do ativo não circulante, classificado como investimento, imobilizado ou intangível;

▸ Inciso II com a redação dada pela Lei nº 12.973, de 13-5-2014.

III – auferidas pela pessoa jurídica revendedora, na revenda de mercadorias em relação às quais a contribuição seja exigida da empresa vendedora, na condição de substituta tributária;

IV – *Revogado*. Lei nº 11.727, de 23-6-2008;

V – referentes a:

a) vendas canceladas e aos descontos incondicionais concedidos;

b) reversões de provisões e recuperações de créditos baixados como perda que não representem ingresso de novas receitas, o resultado positivo da avaliação de investimentos pelo valor do patrimônio líquido e os lucros e dividendos derivados de participações societárias, que tenham sido computados como receita;

▸ Alínea *b* com a redação dada pela Lei nº 12.973, de 13-5-2014.

VI – decorrentes de transferência onerosa a outros contribuintes do Imposto sobre Operações relativas à Circulação de Mercadorias e sobre Prestações de Serviços de Transporte Interestadual e Intermunicipal e de Comunicação – ICMS de créditos de ICMS originados de operações de exportação, conforme o disposto no inciso II do § 1º do art. 25 da Lei Complementar nº 87, de 13 de setembro de 1996;

▸ Inciso VI com a redação dada pela Lei nº 11.945, de 4-6-2009.

VII – financeiras decorrentes do ajuste a valor presente de que trata o inciso VIII do *caput* do art. 183 da Lei nº 6.404, de 15 de dezembro de 1976, referentes a receitas excluídas da base de cálculo da COFINS;

VIII – relativas aos ganhos decorrentes de avaliação do ativo e passivo com base no valor justo;

▸ Incisos VII e VIII com a redação dada pela Lei nº 12.973, de 13-5-2014.

IX – *Revogado*. Lei nº 14.789, de 29-12-2023;

X – reconhecidas pela construção, recuperação, reforma, ampliação ou melhoramento da infraestrutura, cuja contrapartida seja ativo intangível representativo de direito de exploração, no caso de contratos de concessão de serviços públicos;

▸ Inciso X com a redação dada pela Lei nº 12.973, de 13-5-2014.

XI – relativas ao valor do imposto que deixar de ser pago em virtude das isenções e reduções de que tratam as alíneas *a*, *b*, *c* e *e* do § 1º do art. 19 do Decreto-Lei nº 1.598, de 26 de dezembro de 1977;

XII – relativas ao prêmio na emissão de debêntures; e

▸ Incisos XI e XII com a redação dada pela Lei nº 14.592, de 30-5-2023.

XIII – relativas ao valor do ICMS que tenha incidido sobre a operação.

▸ Inciso XIII acrescido pela Lei nº 14.592, de 30-5-2023.

Art. 2º Para determinação do valor da COFINS aplicar-se-á, sobre a base de cálculo apurada conforme o disposto no art. 1º, a alíquota de sete inteiros e seis décimos por cento.

§ 1º Excetua-se do disposto no *caput* deste artigo a receita bruta auferida pelos produtores ou importadores, que devem aplicar as alíquotas previstas:

▸ § 1º acrescido pela Lei nº 10.865, de 30-4-2004.

▸ Art. 24 da Lei nº 11.727, de 23-6-2008, que dispõe sobre medidas tributárias destinadas a estimular os investimentos e a modernização do setor de turismo, a reforçar o sistema de proteção tarifária brasileiro, a estabelecer a incidência de forma concentrada da Contribuição para o PIS/PASEP e da COFINS na produção e comercialização do álcool, e altera diversas leis.

I – nos incisos I a III do art. 4º da Lei nº 9.718, de 27 de novembro de 1998, e alterações posteriores, no caso de venda de gasolinas e suas correntes, exceto gasolina de aviação, óleo diesel e suas correntes e gás liquefeito de petróleo – GLP derivado de petróleo e de gás natural;

▸ Inciso I com a redação dada pela Lei nº 10.925, de 23-7-2004.

II – no inciso I do art. 1º da Lei nº 10.147, de 21 de dezembro de 2000, e alterações posteriores, no caso de venda de produtos farmacêuticos, de perfumaria, de toucador ou de higiene pessoal, nele relacionados;

III – no art. 1º da Lei nº 10.485, de 3 de julho de 2002, e alterações posteriores, no caso de venda de máquinas e veículos classificados nos códigos 84.29, 8432.40.00, 84.32.80.00, 8433.20, 8433.30.00, 8433.40.00, 8433.5, 87.01, 87.02, 87.03, 87.04, 87.05 e 87.06, da TIPI;

IV – no inciso II do art. 3º da Lei nº 10.485, de 3 de julho de 2002, no caso de vendas, para comerciante atacadista ou varejista ou para consumidores, das autopeças relacionadas nos Anexos I e II da mesma Lei;

V – no *caput* do art. 5º da Lei nº 10.485, de 3 de julho de 2002, e alterações posteriores, no caso de venda dos produtos classificados nas posições 40.11 (pneus novos de borracha) e 40.13 (câmaras de ar de borracha), da TIPI;

VI – no art. 2º da Lei nº 10.560, de 13 de novembro de 2002, e alterações posteriores, no caso de venda de querosene de aviação;

VII a IX – *Revogados*. Lei nº 13.097, de 19-1-2015;

X – no art. 23 da Lei nº 10.865, de 30 de abril de 2004, no caso de venda de gasolinas e suas correntes, exceto gasolina de aviação, óleo diesel e suas correntes, querosene de aviação, gás liquefeito de petróleo – GLP derivado de petróleo e de gás natural.

▸ Inciso X acrescido pela Lei nº 10.925, de 23-7-2004.

§ 1º-A. Excetua-se do disposto no caput deste artigo a receita bruta auferida com a venda de etanol, inclusive para fins carburantes, à qual se aplicam as alíquotas previstas, conforme o caso, no art. 5º da Lei nº 9.718, de 27 de novembro de 1998.

▸ § 1º-A com a redação dada pela LC nº 214, de 16-1-2025.

§ 2º Excetua-se do disposto no *caput* deste artigo a receita bruta decorrente da venda de papel imune a impostos de que trata o art. 150, inciso VI, alínea *d*, da Constituição Federal, quando destinado à impressão de periódicos, que fica sujeita à alíquota de 3,2% (três inteiros e dois décimos por cento).

▸ § 2º acrescido pela Lei nº 10.865, de 30-4-2004.

▸ Art. 1º, *caput*, §§ 1º e 2º, da Lei nº 11.945, de 4-6-2009, que dispõe sobre o Registro Especial na Secretaria da Receita Federal do Brasil.

§ 3º Fica o Poder Executivo autorizado a reduzir a zero e a restabelecer a alíquota incidente sobre receita bruta decorrente da venda de produtos químicos e farmacêuticos, classificados nos Capítulos 29 e 30, sobre produtos destinados ao uso em hospitais, clínicas e consultórios médicos e odontológicos, campanhas de saúde realizadas pelo Poder Público, laboratório de anatomia patológica, citológica ou de análises clínicas, classificados nas posições 30.02, 30.06, 39.26, 40.15 e 90.18, e sobre semens e embriões da posição 05.11, todos da TIPI.

▸ § 3º com a redação dada pela Lei nº 11.196, de 21-11-2005.

§ 4º Fica reduzida a zero a alíquota da COFINS incidente sobre a receita de venda de livros técnicos e científicos, na forma estabelecida em ato conjunto do Ministério da Educação e da Secretaria da Receita Federal.

▸ § 4º acrescido pela Lei nº 10.925, de 23-7-2004.

§ 5º Excetua-se do disposto no *caput* deste artigo a receita bruta auferida por pessoa jurídica industrial estabelecida na Zona Franca de Manaus, decorrente de venda de produção própria, consoante projeto aprovado pelo Conselho de Administração da Superintendência da Zona Franca de Manaus – SUFRAMA, que fica sujeita, ressalvado o disposto nos §§ 1º a 4º deste artigo, às alíquotas de:

I – 3% (três por cento), no caso de venda efetuada a pessoa jurídica estabelecida:

a) na Zona Franca de Manaus; e

b) fora da Zona Franca de Manaus, que apure a COFINS no regime de não cumulatividade;

II – 6% (seis por cento), no caso de venda efetuada a:

a) pessoa jurídica estabelecida fora da Zona Franca de Manaus, que apure o imposto de renda com base no lucro presumido;

b) pessoa jurídica estabelecida fora da Zona Franca de Manaus, que apure o imposto de renda com base no lucro real e que tenha sua receita, total ou parcialmente, excluída do regime de incidência não cumulativa da COFINS;

c) pessoa jurídica estabelecida fora da Zona Franca de Manaus e que seja optante pelo Sistema Integrado de Pagamento de Impostos e Contribuições – SIMPLES; e

d) órgãos da administração federal, estadual, distrital e municipal.

▸ § 5º acrescido pela Lei nº 10.996, de 15-12-2004.

§ 6º O disposto no § 5º também se aplica à receita bruta auferida por pessoa jurídica industrial ou comercial estabelecida nas Áreas de Livre Comércio de que tratam as Leis nºs 7.965, de 22 de dezembro de 1989, 8.210, de 19 de julho de 1991, e 8.256, de 25 de novembro de 1991, o art. 11 da Lei nº 8.387, de 30 de dezembro de 1991, e a Lei nº 8.857, de 8 de março de 1994.

▸ § 6º com a redação dada pela Lei nº 11.945, de 4-6-2009.

§ 7º A exigência prevista no § 5º deste artigo relativa ao projeto aprovado não se aplica às pessoas jurídicas comerciais referidas no § 6º deste artigo.

▸ § 7º acrescido pela Lei nº 11.945, de 4-6-2009.

Art. 3º Do valor apurado na forma do art. 2º a pessoa jurídica poderá descontar créditos calculados em relação a:

▸ Arts. 30 e 31 da Lei nº 10.865, de 30-4-2004, que dispõe sobre o PIS/PASEP-Importação e a COFINS-Importação.

▸ Arts. 9º e 10, § 5º, do Dec. nº 5.712, de 2-3-2006, que regulamenta o Regime Especial de Tributação para a Plataforma de Exportação de Serviços de Tecnologia da Informação – REPES, instituído pelos arts. 1º a 11 da Lei nº 11.196, de 21-11-2005.

▸ Art. 6º do Dec. nº 5.881, de 31-8-2006, que regulamenta o art. 55 da Lei nº 11.196, de 21-11-2005, que instituiu o regime de suspensão da contribuição para o PIS/PASEP e da COFINS na aquisição de máquinas e equipamentos para a produção de papéis destinados à impressão de jornais e periódicos.

▸ Arts. 13 e 14, § 2º, do Dec. nº 6.144, de 3-7-2007, que regulamenta a forma de habilitação e co-habilitação ao Regime Especial de Incentivos para o Desenvolvimento da Infraestrutura – REIDI, instituído pelos arts. 1º a 5º da Lei nº 11.488, de 15-6-2007.

I – bens adquiridos para revenda, exceto em relação às mercadorias e aos produtos referidos:

a) no inciso III do § 3º do art. 1º desta Lei; e

▸ Alínea *a* com a redação dada pela Lei nº 11.727, de 23-6-2008.

b) nos §§ 1ºs e 1º-A do art. 2º desta Lei.

▸ Alínea *b* com a redação dada pela Lei nº 11.787, de 25-9-2008.

II – bens e serviços, utilizados como insumo na prestação de serviços e na produção ou fabricação de bens ou produtos destinados à venda, inclusive combustíveis e lubrificantes, exceto em relação ao pagamento de que trata o art. 2º da Lei nº 10.485, de 3 de julho de 2002, devido pelo fabricante ou importador, ao concessionário, pela intermediação ou entrega dos veículos classificados nas posições 87.03 e 87.04 da TIPI;

▸ Incisos I e II com a redação dada pela Lei nº 10.865, de 30-4-2004.

III – energia elétrica e energia térmica, inclusive sob a forma de vapor, consumidas nos estabelecimentos da pessoa jurídica;

▸ Inciso III com a redação dada pela Lei nº 11.488, de 15-6-2007.

IV – aluguéis de prédios, máquinas e equipamentos, pagos a pessoa jurídica, utilizados nas atividades da empresa;

V – valor das contraprestações de operações de arrendamento mercantil de pessoa jurídica, exceto de optante pelo Sistema Integrado de Pagamento de Impostos e Contribuições das

LEGISLAÇÃO COMPLEMENTAR

Microempresas e das Empresas de Pequeno Porte – SIMPLES;

▶ Inciso V com a redação dada pela Lei nº 10.865, de 30-4-2004.

VI – máquinas, equipamentos e outros bens incorporados ao ativo imobilizado, adquiridos ou fabricados para locação a terceiros, ou para utilização na produção de bens destinados à venda ou na prestação de serviços;

▶ Inciso VI com a redação dada pela Lei nº 11.196, de 21-11-2005.

VII – edificações e benfeitorias em imóveis próprios ou de terceiros, utilizados nas atividades da empresa;

▶ Art. 6º da Lei nº 11.488, de 15-6-2007, que cria o Regime Especial de Incentivos para o Desenvolvimento da Infraestrutura – REIDI; reduz para 24 (vinte e quatro) meses o prazo mínimo para utilização dos créditos da contribuição para o PIS/PASEP e da contribuição para o financiamento da seguridade social – COFINS decorrentes da aquisição de edificações; amplia o prazo para pagamento de impostos e contribuições.

VIII – bens recebidos em devolução cuja receita de venda tenha integrado faturamento do mês ou de mês anterior, e tributada conforme o disposto nesta Lei;

IX – armazenagem de mercadoria e frete na operação de venda, nos casos dos incisos I e II, quando o ônus for suportado pelo vendedor;

X – vale-transporte, vale-refeição ou vale alimentação, fardamento ou uniforme fornecidos aos empregados por pessoa jurídica que explore as atividades de prestação de serviços de limpeza, conservação e manutenção;

▶ Inciso X acrescido pela Lei nº 11.898, de 8-1-2009.

XI – bens incorporados ao ativo intangível, adquiridos para utilização na produção de bens destinados a venda ou na prestação de serviços.

▶ Inciso XI acrescido pela Lei nº 12.973, de 13-5-2014.

§ 1º Observado o disposto no § 15 deste artigo, o crédito será determinado mediante a aplicação da alíquota prevista no *caput* do art. 2º desta Lei sobre o valor:

▶ *Caput* do § 1º com a redação dada pela Lei nº 11.727, de 23-6-2008.

▶ Art. 1º da Lei nº 11.774, de 17-9-2008, que altera a legislação tributária federal.

I – dos itens mencionados nos incisos I e II do *caput*, adquiridos no mês;

II – dos itens mencionados nos incisos III a V e IX do *caput*, incorridos no mês;

III – dos encargos de depreciação e amortização dos bens mencionados nos incisos VI, VII e XI do *caput*, incorridos no mês;

▶ Inciso III com a redação dada pela Lei nº 12.973, de 13-5-2014.

▶ Art. 31 da Lei nº 10.865, de 30-4-2004, que dispõe sobre o PIS/PASEP-Importação e a COFINS-Importação.

IV – dos bens mencionados no inciso VIII do *caput*, devolvidos no mês.

§ 2º Não dará direito a crédito o valor:

▶ *Caput* do § 2º com a redação dada pela Lei nº 10.865, de 30-4-2004.

I – de mão de obra paga a pessoa física;

II – da aquisição de bens ou serviços não sujeitos ao pagamento da contribuição, inclusive no caso de isenção, esse último quando revendidos ou utilizados como insumo em produtos ou serviços sujeitos à alíquota 0 (zero), isentos ou não alcançados pela contribuição; e

▶ Incisos I e II com a redação dada pela Lei nº 14.592, de 30-5-2023.

▶ Art. 2º, § 2º, da Lei nº 10.996, de 15-12-2004, que altera a legislação tributária federal.

III – do ICMS que tenha incidido sobre a operação de aquisição.

▶ Inciso III acrescido pela Lei nº 14.592, de 30-5-2023.

§ 3º O direito ao crédito aplica-se, exclusivamente, em relação:

I – aos bens e serviços adquiridos de pessoa jurídica domiciliada no País;

II – aos custos e despesas incorridos, pagos ou creditados a pessoa jurídica domiciliada no País;

III – aos bens e serviços adquiridos e aos custos e despesas incorridos a partir do mês em que se iniciar a aplicação do disposto nesta Lei.

§ 4º O crédito não aproveitado em determinado mês poderá sê-lo nos meses subsequentes.

§§ 5º e 6º *Revogados*. Lei nº 10.925, de 23-7-2004.

§ 7º Na hipótese de a pessoa jurídica sujeitar-se à incidência não cumulativa da COFINS, em relação apenas à parte de suas receitas, o crédito será apurado, exclusivamente, em relação aos custos, despesas e encargos vinculados a essas receitas.

§ 8º Observadas as normas a serem editadas pela Secretaria da Receita Federal, no caso de custos, despesas e encargos vinculados às receitas referidas no § 7º e àquelas submetidas ao regime de incidência cumulativa dessa contribuição, o crédito será determinado, a critério da pessoa jurídica, pelo método de:

I – apropriação direta, inclusive em relação aos custos, por meio de sistema de contabilidade de custos integrada e coordenada com a escrituração; ou

II – rateio proporcional, aplicando-se aos custos, despesas e encargos comuns a relação percentual existente entre a receita bruta sujeita à incidência não cumulativa e a receita bruta total, auferidas em cada mês.

▶ Art. 2º, § 2º, do Dec. nº 7.422, de 31-12-2010, que dispõe sobre a concessão de incentivo fiscal para o desenvolvimento regional.

§ 9º O método eleito pela pessoa jurídica para determinação do crédito, na forma do § 8º, será aplicado consistentemente por todo o ano-calendário e, igualmente, adotado na apuração do crédito relativo à contribuição para o PIS/PASEP não cumulativa, observadas as normas a serem editadas pela Secretaria da Receita Federal.

▶ Art. 2º, § 2º, do Dec. nº 7.422, de 31-12-2010, que dispõe sobre a concessão de incentivo fiscal para o desenvolvimento regional.

§ 10. O valor dos créditos apurados de acordo com este artigo não constitui receita bruta da pessoa jurídica, servindo somente para dedução do valor devido da contribuição.

§§ 11 e 12. *Revogados*. Lei nº 10.925, de 23-7-2004.

§ 13. Deverá ser estornado o crédito da COFINS relativo a bens adquiridos para revenda ou utilizados como insumos na prestação de serviços e na produção ou fabricação de bens ou produtos destinados à venda, que tenham sido furtados ou roubados, inutilizados ou deteriorados, destruídos em sinistro ou, ainda, empregados em outros produtos que tenham tido a mesma destinação.

§ 14. Opcionalmente, o contribuinte poderá calcular o crédito de que trata o inciso III do § 1º deste artigo, relativo à aquisição de máquinas e equipamentos destinados ao ativo imobilizado, no prazo de 4 (quatro) anos, mediante a aplicação, a cada mês, das alíquotas referidas no *caput* do art. 2º desta Lei sobre o valor correspondente a 1/48 (um quarenta e oito avos) do valor de aquisição do bem, de acordo com regulamentação da Secretaria da Receita Federal.

§ 15. O crédito, na hipótese de aquisição, para revenda, de papel imune a impostos de que trata o art. 150, inciso VI, alínea *d* da Constituição Federal, quando destinado à impressão de periódicos, será determinado mediante a aplicação da alíquota prevista no § 2º do art. 2º desta Lei.

▶ §§ 13 a 15 acrescidos pela Lei nº 10.865, de 30-4-2004.

▶ Art. 1º, *caput*, §§ 1º e 2º da Lei nº 11.945, de 4-6-2009, que dispõe sobre o Registro Especial na Secretaria da Receita Federal do Brasil.

§ 16. Opcionalmente, o sujeito passivo poderá calcular o crédito de que trata o inciso III do § 1º deste artigo, relativo à aquisição de embalagens de vidro retornáveis classificadas no código 7010.90.21 da TIPI, destinadas ao ativo imobilizado, de acordo com regulamentação da Secretaria da Receita Federal do Brasil, no prazo de 12 (doze) meses, à razão de 1/12 (um doze avos).

▶ *Caput* com a redação dada pela Lei nº 13.097, de 19-1-2015.

I e II – *Revogados*. Lei nº 13.097, de 19-1-2015.

§ 17. Ressalvado o disposto no § 2º deste artigo e nos §§ 1º a 3º do art. 2º desta Lei, na aquisição de mercadoria produzida por pessoa jurídica estabelecida na Zona Franca de Manaus, consoante projeto aprovado pelo Conselho de Administração da Superintendência da Zona Franca de Manaus (SUFRAMA), o crédito será determinado mediante a aplicação da alíquota:

▶ *Caput* do § 17 com a redação dada pela Lei nº 12.507, de 11-10-2011.

I – de 5,60% (cinco inteiros e sessenta centésimos por cento), nas operações com os bens referidos no inciso VI do art. 28 da Lei nº 11.196, de 21 de novembro de 2005;

II – de 7,60% (sete inteiros e sessenta centésimos por cento), na situação de que trata a alínea *b* do inciso II do § 5º do art. 2º desta Lei; e

III – de 4,60% (quatro inteiros e sessenta centésimos por cento), nos demais casos.

▶ Incisos I a III acrescidos pela Lei nº 12.507, de 11-10-2011.

§ 18. No caso de devolução de vendas efetuadas em períodos anteriores, o crédito calculado mediante a aplicação da alíquota incidente na venda será apropriado no mês do recebimento da devolução.

▶ § 18 com a redação dada pela Lei nº 11.727, de 23-6-2008.

§ 19. As pessoas jurídicas que contratem serviço de transporte de carga prestado por:

▶ *Caput* do § 19 com a redação dada pela Lei nº 14.440, de 2-9-2022, promulgado nos termos do art. 66, § 5º, da CF (*DOU* de 22-12-2022).

I – pessoa física, transportador autônomo, poderá descontar, da COFINS devida em cada período de apuração, crédito presumido calculado sobre o valor dos pagamentos efetuados por esses serviços;

II – pessoa jurídica transportadora, optante pelo SIMPLES, poderá descontar, da COFINS devida em cada período de apuração, crédito calculado sobre o valor dos pagamentos efetuados por esses serviços.

- Incisos I e II acrescidos pela Lei nº 11.051, de 29-12-2004.
- Art. 24 da Lei nº 11.051, de 29-12-2004, que dispõe sobre o desconto de crédito na apuração da contribuição social sobre o Lucro Líquido-CSLL e da contribuição para o PIS/PASEP e COFINS não cumulativas.

§ 20. Relativamente aos créditos referidos no § 19 deste artigo, seu montante será determinado mediante aplicação, sobre o valor dos mencionados pagamentos, de alíquota correspondente a setenta e cinco por cento daquela constante do art. 2º desta Lei.

- § 20 acrescido pela Lei nº 11.051, de 29-12-2004.
- Art. 24 da Lei nº 11.051, de 29-12-2004, que dispõe sobre o desconto de crédito na apuração da contribuição social sobre o Lucro Líquido-CSLL e da contribuição para o PIS/PASEP e COFINS não cumulativas.

§ 21. Não integram o valor das máquinas, equipamentos e outros bens fabricados para incorporação ao ativo imobilizado na forma do inciso VI do *caput* deste artigo os custos de que tratam os incisos do § 2º deste artigo.

- § 21 acrescido pela Lei nº 11.196, de 21-11-2005.
- O § 22 que havia sido acrescido pela MP nº 413, de 3-1-2008, não foi mantido na sua conversão pela Lei nº 11.727, de 23-6-2008.

§ 23. O disposto no § 17 deste artigo também se aplica na hipótese de aquisição de mercadoria produzida por pessoa jurídica estabelecida nas Áreas de Livre Comércio de que tratam as Leis nºs 7.965, de 22 de dezembro de 1989, 8.210, de 19 de julho de 1991, e 8.256, de 25 de novembro de 1991, o art. 11 da Lei nº 8.387, de 30 de dezembro de 1991, e a Lei nº 8.857, de 8 de março de 1994.

§ 24. Ressalvado o disposto no § 2º deste artigo e nos §§ 1º a 3º do art. 2º desta Lei, na hipótese de aquisição de mercadoria revendida por pessoa jurídica comercial estabelecida nas Áreas de Livre Comércio referidas no § 23 deste artigo, o crédito será determinado mediante a aplicação da alíquota de 3% (três por cento).

- §§ 23 e 24 com a redação dada pela Lei nº 11.945, de 4-6-2009.
- Mantivemos a numeração dos §§ 23 e 24, conforme publicação oficial.

§ 25. No cálculo do crédito de que tratam os incisos do *caput*, poderão ser considerados os valores decorrentes do ajuste a valor presente de que trata o inciso III do *caput* do art. 184 da Lei nº 6.404, de 15 de dezembro de 1976.

§ 26. O disposto nos incisos VI e VII do *caput* não se aplica no caso de bem objeto de arrendamento mercantil, na pessoa jurídica arrendatária.

§ 27. Para fins do disposto nos incisos VI e VII do *caput*, fica vedado o desconto de quaisquer créditos calculados em relação a:

I – encargos associados a empréstimos registrados como custo na forma da alínea *b* do § 1º do art. 17 do Decreto-Lei nº 1.598, de 26 de dezembro de 1977; e

II – custos estimados de desmontagem e remoção do imobilizado e de restauração do local em que estiver situado.

§ 28. No cálculo dos créditos a que se referem os incisos VI e VII do *caput*, não serão computados os ganhos e perdas decorrentes de avaliação de ativo com base no valor justo.

§ 29. Na execução de contratos de concessão de serviços públicos, os créditos gerados pelos serviços de construção, recuperação, reforma, ampliação ou melhoramento de infraestrutura, quando a receita correspondente tiver contrapartida em ativo intangível, representativo de direito de exploração, ou em ativo financeiro, somente poderão ser aproveitados, no caso do ativo intangível, à medida que este for amortizado e, no caso do ativo financeiro, na proporção de seu recebimento, excetuado, para ambos os casos, o crédito previsto no inciso VI do *caput*.

- §§ 25 a 29 com a redação dada pela Lei nº 12.973, de 13-5-2014.

§ 30. O disposto no inciso XI do *caput* não se aplica ao ativo intangível referido no § 29.

- § 30 acrescido pela Lei nº 12.973, de 13-5-2014.

Art. 4º A pessoa jurídica que adquirir imóvel para venda ou promover empreendimento de desmembramento ou loteamento de terrenos, incorporação imobiliária ou construção de prédio destinado a venda, utilizará o crédito referente aos custos vinculados à unidade construída ou em construção, a ser descontado na forma do art. 3º, somente a partir da efetivação da venda.

§ 1º Na hipótese de venda de unidade imobiliária não concluída, a pessoa jurídica poderá utilizar crédito presumido, em relação ao custo orçado de que trata a legislação do imposto de renda.

§ 2º O crédito presumido será calculado mediante a aplicação da alíquota de que trata o art. 2º sobre o valor do custo orçado para conclusão da obra ou melhoramento, ajustado pela exclusão dos valores a serem pagos a pessoa física, encargos trabalhistas, sociais e previdenciários, e dos bens e serviços, acrescidos dos tributos incidentes na importação, adquiridos de pessoa física ou jurídica residente ou domiciliada no exterior.

§ 3º O crédito a ser descontado na forma do *caput* e o crédito presumido apurado na forma do § 2º deverão ser utilizados na proporção da receita relativa à venda da unidade imobiliária, à medida do recebimento.

§ 4º Ocorrendo modificação do valor do custo orçado, antes do término da obra ou melhoramento, nas hipóteses previstas na legislação do imposto de renda, o novo valor orçado deverá ser considerado para efeito do disposto nos §§ 2º e 3º.

§ 5º A pessoa jurídica que utilizar o crédito presumido de que trata este artigo determinará, na data da conclusão da obra ou melhoramento, a diferença entre o custo orçado e o efetivamente realizado, apurados na forma da legislação do imposto de renda, com os ajustes previstos no § 2º:

I – se o custo realizado for inferior ao custo orçado, em mais de 15% (quinze por cento) deste, considerar-se-á como postergada a contribuição incidente sobre a diferença;

II – se o custo realizado for inferior ao custo orçado, em até 15% (quinze por cento) deste, a contribuição incidente sobre a diferença será devida a partir da data da conclusão, sem acréscimos legais;

III – se o custo realizado for superior ao custo orçado, a pessoa jurídica terá direito ao crédito correspondente à diferença, no período de apuração em que ocorrer a conclusão, sem acréscimos.

§ 6º A diferença de custo a que se refere o § 5º será, no período de apuração em que ocorrer a conclusão da obra ou melhoramento, adicionada ou subtraída, conforme o caso, no cálculo do crédito a ser descontado na forma do art. 3º, devendo ainda, em relação à contribuição considerada postergada, de acordo com o inciso I, ser recolhidos os acréscimos referentes a juros de mora e multa, de mora ou de ofício, calculados na forma da legislação que rege a cobrança da contribuição não paga.

§ 7º Se a venda de unidade imobiliária não concluída ocorrer antes de iniciada a apuração da COFINS na forma do art. 2º, o custo orçado poderá ser calculado na data de início dessa apuração, para efeito do disposto nos §§ 2º e 3º, observado, quanto aos custos incorridos até essa data, o disposto no § 4º do art. 12.

§ 8º O disposto neste artigo não se aplica às vendas anteriores à vigência da Medida Provisória nº 2.221, de 4 de setembro de 2001.

§ 9º Os créditos referentes a unidades imobiliárias recebidas em devolução, calculados com observância do disposto neste artigo, serão estornados na data do desfazimento do negócio.

Art. 5º O contribuinte da COFINS é a pessoa jurídica que auferir as receitas a que se refere o art. 1º.

Art. 6º A COFINS não incidirá sobre as receitas decorrentes das operações de:

I – exportação de mercadorias para o exterior;

II – prestação de serviços para pessoa física ou jurídica residente ou domiciliada no exterior, cujo pagamento represente ingresso de divisas;

- Inciso II com a redação dada pela Lei nº 10.865, de 30-4-2004.
- Art. 10 da Lei nº 11.371, de 28-11-2006, que dispõe sobre operações de câmbio e registro de capitais estrangeiros.

III – vendas a empresa comercial exportadora com o fim específico de exportação.

§ 1º Na hipótese deste artigo, a pessoa jurídica vendedora poderá utilizar o crédito apurado na forma do art. 3º, para fins de:

I – dedução do valor da contribuição a recolher, decorrente das demais operações no mercado interno;

II – compensação com débitos próprios, vencidos ou vincendos, relativos a tributos e contribuições administrados pela Secretaria da Receita Federal, observada a legislação específica aplicável à matéria.

§ 2º A pessoa jurídica que, até o final de cada trimestre do ano civil, não conseguir utilizar o crédito por qualquer das formas previstas no § 1º poderá solicitar o seu ressarcimento em dinheiro, observada a legislação específica aplicável à matéria.

§ 3º O disposto nos §§ 1º e 2º aplica-se somente aos créditos apurados em relação a custos, despesas e encargos vinculados à receita de exportação, observado o disposto nos §§ 8º e 9º do art. 3º.

§ 4º O direito de utilizar o crédito de acordo com o § 1º não beneficia a empresa comercial exportadora que tenha adquirido mercadorias com o fim previsto no inciso III do *caput*, ficando vedada, nesta hipótese, a apuração de créditos vinculados à receita de exportação.

Art. 7º No caso de construção por empreitada ou de fornecimento a preço predeterminado de bens ou serviços, contratados por pessoa jurídica de direito público, empresa pública, sociedade de economia mista ou suas subsidiárias, a pessoa jurídica optante pelo regime previsto no art. 7º da Lei nº 9.718, de 27 de novembro de 1998, somente poderá utilizar o crédito a ser descontado na forma do art. 3º, na proporção das receitas efetivamente recebidas.

Art. 8º A contribuição incidente na hipótese de contratos, com prazo de execução superior a um ano, de construção por empreitada ou de fornecimento, a preço predeterminado, de bens ou serviços a serem produzidos, será calculada sobre a receita apurada de acordo com os critérios de reconhecimento adotados pela legislação do imposto de renda, previstos para a espécie de operação.

Parágrafo único. O crédito a ser descontado na forma do art. 3º somente poderá ser utilizado na proporção das receitas reconhecidas nos termos do *caput*.

Art. 9º A empresa comercial exportadora que houver adquirido mercadorias de outra pessoa jurídica, com o fim específico de exportação para o exterior, que, no prazo de cento e oitenta dias, contados da data da emissão da nota fiscal pela vendedora, não comprovar o seu embarque para o exterior, ficará sujeita ao pagamento de todos os impostos e contribuições que deixaram de ser pagos pela empresa vendedora, acrescidos de juros de mora e multa, de mora ou de ofício, calculados na forma da legislação que rege a cobrança do tributo não pago.

§ 1º Para efeito do disposto neste artigo, considera-se vencido o prazo para o pagamento na data em que a empresa vendedora deveria fazê-lo, caso a venda houvesse sido efetuada para o mercado interno.

§ 2º No pagamento dos referidos tributos, a empresa comercial exportadora não poderá deduzir, do montante devido, qualquer valor a título de crédito de Imposto sobre Produtos Industrializados – IPI, ou da COFINS, decorrente da aquisição das mercadorias e serviços objeto da incidência.

§ 3º A empresa deverá pagar, também, os impostos e contribuições devidos nas vendas para o mercado interno, caso, por qualquer forma, tenha alienado ou utilizado as mercadorias.

Art. 10. Permanecem sujeitas às normas da legislação da COFINS, vigentes anteriormente a esta Lei, não se lhes aplicando as disposições dos arts. 1º a 8º:

I – as pessoas jurídicas referidas nos §§ 6º, 8º e 9º do art. 3º da Lei nº 9.718, de 27 de novembro de 1998, e na Lei que institui o Estatuto da Segurança Privada e da Segurança das Instituições Financeiras;

▸ Inciso I com a redação dada pela Lei nº 14.967, de 9-9-2024.

II – as pessoas jurídicas tributadas pelo imposto de renda com base no lucro presumido ou arbitrado;

III – as pessoas jurídicas optantes pelo SIMPLES;

IV – as pessoas jurídicas imunes a impostos;

V – os órgãos públicos, as autarquias e fundações públicas federais, estaduais e municipais, e as fundações cuja criação tenha sido autorizada por lei, referidas no art. 61 do Ato das Disposições Constitucionais Transitórias da Constituição;

VI – sociedades cooperativas, exceto as de produção agropecuária, sem prejuízo das deduções de que trata o art. 15 da Medida Provisória nº 2.158-35, de 24 de agosto de 2001, e o art. 17 da Lei nº 10.684, de 30 de maio de 2003, não lhes aplicando as disposições do § 7º do art. 3º das Leis nºs 10.637, de 30 de dezembro de 2002, e 10.833, de 29 de dezembro de 2003, e as de consumo;

▸ Inciso VI com a redação dada pela Lei nº 10.865, de 30-4-2004.

VII – as receitas decorrentes das operações:

a) *Revogada*. Lei nº 11.727, de 23-6-2008;

b) sujeitas à substituição tributária da COFINS;

c) referidas no art. 5º da Lei nº 9.716, de 26 de novembro de 1998;

VIII – as receitas decorrentes de prestação de serviços de telecomunicações;

IX – as receitas decorrentes de venda de jornais e periódicos e de prestação de serviços das empresas jornalísticas e de radiodifusão sonora e de sons e imagens;

▸ Inciso IX com a redação dada pela Lei nº 10.865, de 30-4-2004.

X – as receitas submetidas ao regime especial de tributação previsto no art. 47 da Lei nº 10.637, de 30 de dezembro de 2002;

XI – as receitas relativas a contratos firmados anteriormente a 31 de outubro de 2003:

a) com prazo superior a um ano, de administradoras de planos de consórcios de bens móveis e imóveis, regularmente autorizadas a funcionar pelo Banco Central;

b) com prazo superior a um ano, de construção por empreitada ou de fornecimento, a preço predeterminado, de bens ou serviços;

▸ Art. 109 da Lei nº 11.196, de 21-11-2005, que dispõe sobre o reajuste de preços em função do custo de produção ou da variação de índice que reflita a variação ponderada dos custos dos insumos utilizados.

c) de construção por empreitada ou de fornecimento, a preço predeterminado, de bens ou serviços contratados com pessoa jurídica de direito público, empresa pública, sociedade de economia mista ou suas subsidiárias, bem como os contratos posteriormente firmados decorrentes de propostas apresentadas, em processo licitatório, até aquela data;

▸ Art. 109 da Lei nº 11.196, de 21-11-2005, que dispõe sobre o reajuste de preços em função do custo de produção ou da variação de índice que reflita a variação ponderada dos custos dos insumos utilizados.

XII – as receitas decorrentes de prestação de serviços de transporte coletivo rodoviário, metroviário, ferroviário e aquaviário de passageiros;

XIII – as receitas decorrentes de serviços:

a) prestados por hospital, pronto-socorro, clínica médica, odontológica, de fisioterapia e de fonoaudiologia, e laboratório de anatomia patológica, citológica ou de análises clínicas; e

b) de diálise, raios X, radiodiagnóstico e radioterapia, quimioterapia e de banco de sangue;

▸ Inciso XIII com a redação dada pela Lei nº 10.865, de 30-4-2004.

XIV – as receitas decorrentes de prestação de serviços de educação infantil, ensinos fundamental e médio e educação superior;

XV – as receitas decorrentes de vendas de mercadorias realizadas pelas pessoas jurídicas referidas no art. 15 do Decreto-Lei nº 1.455, de 7 de abril de 1976;

XVI – as receitas decorrentes de prestação de serviço de transporte coletivo de passageiros, efetuado por empresas regulares de linhas aéreas domésticas, e as decorrentes da prestação de serviço de transporte de pessoas por empresas de táxi aéreo;

XVII – as receitas auferidas por pessoas jurídicas, decorrentes da edição de periódicos e de informações neles contidas, que sejam relativas aos assinantes dos serviços públicos de telefonia;

XVIII – as receitas decorrentes de prestação de serviços com aeronaves de uso agrícola inscritas no Registro Aeronáutico Brasileiro (RAB);

XIX – as receitas decorrentes de prestação de serviços das empresas de *call center*, *telemarketing*, telecobrança e de teleatendimento em geral;

▸ Incisos XV a XIX acrescidos pela Lei nº 10.865, de 30-4-2004.

XX – as receitas decorrentes da execução por administração, empreitada ou subempreitada, de obras de construção civil;

▸ Inciso XX com a redação dada pela Lei nº 13.043, de 13-11-2014.

XXI – as receitas auferidas por parques temáticos, e as decorrentes de serviços de hotelaria e de organização de feiras e eventos, conforme definido em ato conjunto dos Ministérios da Fazenda e do Turismo;

▸ Inciso XXI acrescido pela Lei nº 10.865, de 30-4-2004.

XXII – as receitas decorrentes da prestação de serviços postais e telegráficos prestados pela Empresa Brasileira de Correios e Telégrafos;

XXIII – as receitas decorrentes de prestação de serviços públicos de concessionárias operadoras de rodovias;

▸ Art. 7º da Lei nº 11.033, de 21-12-2004, que altera a tributação do mercado financeiro e de capitais e institui o Regime Tributário para Incentivo à Modernização e à Ampliação da Estrutura Portuária – REPORTO.

XXIV – as receitas decorrentes da prestação de serviços das agências de viagem e de viagens e turismo;

▸ Incisos XXII a XXIV acrescidos pela Lei nº 10.925, de 23-7-2004.

XXV – as receitas auferidas por empresas de serviços de informática, decorrentes das atividades de desenvolvimento de *software* e seu licenciamento ou cessão de direito de uso, bem como de análise, programação, instalação, configuração, assessoria, consultoria, suporte técnico e manutenção ou atualização de *software*, compreendidas ainda como *softwares* as páginas eletrônicas;

▸ Inciso XXV acrescido pela Lei nº 11.051, de 29-12-2004.

▸ Art. 4º, § 2º, do Dec. nº 5.712, de 2-3-2006, que regulamenta o Regime Especial de Tributação para a Plataforma de Exportação de Serviços de Tecnologia da Informação – REPES, instituído pelos arts. 1º a 11 da Lei nº 11.196, de 21-11-2005.

XXVI – as receitas relativas às atividades de revenda de imóveis, desmembramento ou loteamento de terrenos, incorporação imobiliária e construção de prédio destinado à venda, quando decorrentes de contratos de longo prazo firmados antes de 31 de outubro de 2003;

▶ Inciso XXVI acrescido pela Lei nº 11.196, de 21-11-2005.

XXVII – VETADO. Lei nº 11.196, de 21-11-2005;

XXVIII – VETADO; Lei nº 12.766, de 27-12-2012.

XXIX – as receitas decorrentes de operações de comercialização de pedra britada, de areia para construção civil e de areia de brita;

▶ Inciso XXIX acrescido pela Lei nº 12.766, de 27-12-2012.

XXX – as receitas decorrentes da alienação de participações societárias.

▶ Inciso XXX com a redação dada pela Lei nº 13.043, de 13-11-2014.

§ 1º Ficam convalidados os recolhimentos efetuados de acordo com a atual redação do inciso IX deste artigo.

▶ Parágrafo único transformado em § 1º pela Lei nº 11.051, de 29-12-2004.

§ 2º O disposto no inciso XXV do *caput* deste artigo não alcança a comercialização, licenciamento ou cessão de direito de uso de *software* importado.

▶ § 2º acrescido pela Lei nº 11.051, de 29-12-2004.

Art. 11. A contribuição de que trata o art. 1º desta Lei deverá ser paga até o 25º (vigésimo quinto) dia do mês subsequente ao de ocorrência do fato gerador.

Parágrafo único. Se o dia do vencimento de que trata o *caput* deste artigo não for dia útil, considerar-se-á antecipado o prazo para o primeiro dia útil que o anteceder.

▶ Art. 11 com a redação dada pela Lei nº 11.933, de 28-4-2009.

Art. 12. A pessoa jurídica contribuinte da COFINS, submetida à apuração do valor devido na forma do art. 3º, terá direito a desconto correspondente ao estoque de abertura dos bens de que tratam os incisos I e II daquele mesmo artigo, adquiridos de pessoa jurídica domiciliada no País, existentes na data de início da incidência desta contribuição de acordo com esta Lei.

§ 1º O montante de crédito presumido será igual ao resultado da aplicação do percentual de três por cento sobre o valor do estoque.

§ 2º O crédito presumido calculado segundo os §§ 1º, 9º e 10 deste artigo será utilizado em doze parcelas mensais, iguais e sucessivas, a partir da data a que se refere o *caput* deste artigo.

▶ § 2º com a redação dada pela Lei nº 10.925, de 23-7-2004.

§ 3º O disposto no *caput* aplica-se também aos estoques de produtos acabados e em elaboração.

§ 4º A pessoa jurídica referida no art. 4º que, antes da data de início da vigência da incidência não cumulativa da COFINS, tenha incorrido em custos com unidade imobiliária construída ou em construção poderá calcular crédito presumido, naquela data, observado:

I – no cálculo do crédito será aplicado o percentual previsto no § 1º sobre o valor dos bens e dos serviços, inclusive combustíveis e lubrificantes, adquiridos de pessoas jurídicas domiciliadas no País, utilizados como insumo na construção;

II – o valor do crédito presumido apurado na forma deste parágrafo deverá ser utilizado na proporção da receita relativa à venda da unidade imobiliária, à medida do recebimento.

§ 5º A pessoa jurídica que, tributada com base no lucro presumido ou optante pelo SIMPLES, passar a ser tributada com base no lucro real, na hipótese de sujeitar-se à incidência não cumulativa da COFINS, terá direito ao aproveitamento do crédito presumido na forma prevista neste artigo, calculado sobre o estoque de abertura, devidamente comprovado, na data da mudança do regime de tributação adotado para fins do imposto de renda.

§ 6º Os bens recebidos em devolução, tributados antes do início da aplicação desta Lei, ou da mudança do regime de tributação de que trata o § 5º, serão considerados como integrantes do estoque de abertura referido no *caput*, devendo o crédito ser utilizado na forma do § 2º a partir da data da devolução.

§ 7º O disposto neste artigo aplica-se, também, aos estoques de produtos que não geraram crédito na aquisição, em decorrência do disposto nos § 7º a 9º do art. 3º desta Lei, destinados à fabricação dos produtos de que tratam as Leis nºs 9.990, de 21 de julho de 2000, 10.147, de 21 de dezembro de 2000, 10.485, de 3 de julho de 2002, e 10.560, de 13 de novembro de 2002, ou quaisquer outros submetidos à incidência monofásica da contribuição.

§ 8º As disposições do § 7º deste artigo não se aplicam aos estoques de produtos adquiridos a alíquota zero, isentos ou não alcançados pela incidência da contribuição.

§ 9º O montante do crédito presumido de que trata o § 7º deste artigo será igual ao resultado da aplicação do percentual de sete inteiros e seis décimos por cento sobre o valor do estoque.

▶ §§ 7º a 9º acrescidos pela Lei nº 10.865, de 30-4-2004.

§ 10. O montante do crédito presumido de que trata o § 7º deste artigo, relativo às pessoas jurídicas referidas no art. 51 desta Lei, será igual ao resultado da aplicação da alíquota de três por cento sobre o valor dos bens em estoque adquiridos até 31 de janeiro de 2004, e de sete inteiros e seis décimos por cento sobre o valor dos bens em estoque adquiridos a partir de 1º de fevereiro de 2004.

▶ § 10 com a redação dada pela Lei nº 10.925, de 23-7-2004.

Art. 13. O aproveitamento de crédito na forma do § 4º do art. 3º, do art. 4º e dos §§ 1º e 2º do art. 6º, bem como do § 2º e inciso II do § 4º e § 5º do art. 12, não ensejará atualização monetária ou incidência de juros sobre os respectivos valores.

Art. 14. O disposto nas Leis nºs 9.363, de 13 de dezembro de 1996, e 10.276, de 10 de setembro de 2001, não se aplica à pessoa jurídica submetida à apuração do valor devido na forma dos arts. 2º e 3º desta Lei e dos arts. 2º e 3º da Lei nº 10.637, de 30 de dezembro de 2002.

Art. 15. Aplica-se à contribuição para o PIS/PASEP não cumulativa de que trata a Lei nº 10.637, de 30 de dezembro de 2002, o disposto:

▶ *Caput* com a redação dada pela Lei nº 10.865, de 30-4-2004.

I – nos incisos I e II do § 3º do art. 1º desta Lei;

▶ Inciso I acrescido pela Lei nº 10.865, de 30-4-2004.

II – nos inciso VI, VII, e IX do *caput* e nos §§ 1º e 10 a 20 do art. 3º desta Lei;

▶ Inciso II com a redação dada pela Lei nº 11.051, de 29-12-2004.

III – nos §§ 3º e 4º do art. 6º desta Lei;

IV – nos arts. 7º e 8º desta Lei;

▶ Incisos III e IV acrescidos pela Lei nº 10.865, de 30-4-2004.

V – nos incisos VI, IX a XXVII do *caput* e nos §§ 1º e 2º do art. 10 desta Lei;

▶ Inciso V com a redação dada pela Lei nº 11.196, de 21-11-2005.

VI – no art. 13 desta Lei.

▶ Inciso VI acrescido pela Lei nº 10.865, de 30-4-2004.

Art. 16. O disposto no art. 4º e no § 4º do art. 12 aplica-se, a partir de 1º de janeiro de 2003, à contribuição para o PIS/PASEP não cumulativa, de que trata a Lei nº 10.637, de 30 de dezembro de 2002, com observância das alíquotas de um inteiro e sessenta e cinco centésimos por cento e de sessenta e cinco centésimos por cento em relação à apuração na forma dos referidos artigos, respectivamente.

▶ Arts. 1º a 16 estarão revogados pela LC nº 214, de 16-1-2025, a partir de 1º-1-2027.

Parágrafo único. O tratamento previsto no inciso II do *caput* do art. 3º e nos §§ 5º e 6º do art. 12 aplica-se também à contribuição para o PIS/PASEP não cumulativa na forma e a partir da data prevista no *caput*.

CAPÍTULO II
DAS OUTRAS DISPOSIÇÕES RELATIVAS À LEGISLAÇÃO TRIBUTÁRIA

Art. 17. O art. 74 da Lei nº 9.430, de 27 de dezembro de 1996, alterado pelo art. 49 da Lei nº 10.637, de 30 de dezembro de 2002, passa a vigorar com a seguinte redação:

▶ Alteração inserida no texto da referida Lei.

Art. 18. O lançamento de ofício de que trata o art. 90 da Medida Provisória nº 2.158-35, de 24 de agosto de 2001, limitar-se-á à imposição de multa isolada em razão de não homologação da compensação quando se comprove falsidade da declaração apresentada pelo sujeito passivo.

▶ *Caput* com a redação dada pela Lei nº 11.488, de 15-6-2007.

§ 1º Nas hipóteses de que trata o *caput*, aplica-se ao débito indevidamente compensado o disposto nos §§ 6º a 11 do art. 74 da Lei nº 9.430, de 27 de dezembro de 1996.

§ 2º A multa isolada a que se refere o *caput* deste artigo será aplicada no percentual previsto no inciso I do *caput* do art. 44 da Lei nº 9.430, de 27 de dezembro de 1996, aplicado em dobro, e terá como base de cálculo o valor total do débito indevidamente compensado.

▶ § 2º com a redação dada pela Lei nº 11.488, de 15-6-2007.

▶ A Lei nº 12.249, de 11-6-2010, ao converter a MP nº 472, de 15-12-2009, não manteve o acréscimo dos incisos I e II.

§ 3º Ocorrendo manifestação de inconformidade contra a não homologação da compensação e impugnação quanto ao lançamento das multas a que se refere este artigo, as peças serão reunidas em um único processo para serem decididas simultaneamente.

§ 4º Será também exigida multa isolada sobre o valor total do débito indevidamente compensado quando a compensação for considerada não declarada nas hipóteses do inciso II do § 12 do art. 74 da Lei nº 9.430, de 27 de dezembro de 1996, aplicando-se o percentual previsto no inciso I do *caput* do art. 44 da Lei nº 9.430, de 27 de dezembro de 1996, duplicado na forma de seu § 1º, quando for o caso.

§ 5º Aplica-se o disposto no § 2º do art. 44 da Lei nº 9.430, de 27 de dezembro de 1996, às hipóteses previstas nos §§ 2º e 4º deste artigo.

▶ §§ 4º e 5º com a redação dada pela Lei nº 11.488, de 15-6-2007.

§ 6º O disposto neste artigo aplica-se, inclusive, à compensação de que trata o inciso I do *caput* do art. 26-A da Lei nº 11.457, de 16 de março de 2007.

▶ § 6º acrescido pela Lei nº 13.670, de 30-5-2018.

Art. 19. O art. 8º da Lei nº 9.317, de 5 de dezembro de 1996, passa a vigorar acrescido do seguinte § 6º:

▶ Alteração inserida no texto da referida Lei.

Art. 20. O art. 11 da Lei nº 8.248, de 23 de outubro de 1991, passa a vigorar com a seguinte redação:

> "Art. 11. Para fazer jus aos benefícios previstos no art. 4º desta Lei, as empresas de desenvolvimento ou produção de bens e serviços de informática e automação deverão investir, anualmente, em atividades de pesquisa e desenvolvimento em tecnologia da informação a serem realizadas no País, no mínimo 5% (cinco por cento) do seu faturamento bruto no mercado interno, decorrente da comercialização de bens e serviços de informática, deduzidos os tributos correspondentes a tais comercializações, bem como o valor das aquisições de produtos incentivados na forma desta Lei e da nº 8.387, de 30 de dezembro de 1991, conforme projeto elaborado pelas próprias empresas, a partir da apresentação da proposta de projeto de que trata o § 1ºC do art. 4º desta Lei."

Art. 21. O art. 2º da Lei nº 8.387, de 30 de dezembro de 1991, passa a vigorar com a seguinte redação:

> "Art. 2º ....
>
> ....
>
> § 3º Para fazer jus aos benefícios previstos neste artigo, as empresas que tenham como finalidade a produção de bens e serviços de informática deverão aplicar, anualmente, no mínimo 5% (cinco por cento) do seu faturamento bruto no mercado interno, decorrente da comercialização de bens e serviços de informática, deduzidos os tributos correspondentes a tais comercializações, bem como o valor das aquisições de produtos incentivados na forma desta Lei e da Lei nº 8.248, de 23 de outubro de 1991, em atividades de pesquisa e desenvolvimento a serem realizadas na Amazônia, conforme projeto elaborado pelas próprias empresas, com base em proposta de projeto a ser apresentada à Superintendência da Zona Franca de Manaus – SUFRAMA, e ao Ministério da Ciência e Tecnologia."

Art. 22. As sociedades cooperativas que se dedicam a vendas em comum, referidas no art. 82 da Lei nº 5.764, de 16 de dezembro de 1971, e que recebam para comercialização a produção de seus associados, são responsáveis pelo recolhimento da Contribuição de Intervenção no Domínio Econômico – CIDE, incidente sobre a comercialização de álcool etílico combustível, observadas as normas estabelecidas na Lei nº 10.336, de 19 de dezembro de 2001.

Art. 23. *A incidência da CIDE, nos termos do inciso V do art. 3º da Lei nº 10.336, de 19 de dezembro de 2001, sobre os gases liquefeitos de petróleo, classificados na subposição 2711.1 da Nomenclatura Comum do Mercosul – NCM, não alcança os produtos classificados no código 2711.11.00.*

▶ Artigo com a redação dada pela LC nº 214, de 16-1-2025.

Art. 24. O disposto no § 2º, incisos I e II, do art. 14 da Medida Provisória nº 2.158-35, de 24 de agosto de 2001, não se aplica às vendas enquadradas nas hipóteses previstas nos incisos IV, VI, VIII e IX de seu *caput*.

Art. 25. A pessoa jurídica encomendante, no caso de industrialização por encomenda, sujeita-se, conforme o caso, às alíquotas previstas alíneas *a* ou *b* do inciso I do art. 1º da Lei nº 10.147, de 21 de dezembro de 2000, e alterações posteriores, incidentes sobre a receita bruta decorrente da venda dos produtos nelas referidas.

▶ *Caput* com a redação dada pela Lei nº 10.865, de 30-4-2004.

Parágrafo único. Na hipótese a que se refere o *caput*:

I – as alíquotas da contribuição para o PIS/PASEP e da COFINS aplicáveis à pessoa jurídica executora da encomenda ficam reduzidas a zero; e

II – o crédito presumido de que trata o art. 3º da Lei nº 10.147, de 21 de dezembro de 2000, quando for o caso, será atribuído à pessoa jurídica encomendante.

▶ Este artigo estará revogado pela LC nº 214, de 16-1-2025, a partir de 1º-1-2027.

Art. 26. O adquirente, pessoa física ou jurídica residente ou domiciliada no Brasil, ou o procurador, quando o adquirente for residente ou domiciliado no exterior, fica responsável pela retenção e recolhimento do imposto de renda incidente sobre o ganho de capital a que se refere o art. 18 da Lei nº 9.249, de 26 de dezembro de 1995, auferido por pessoa física ou jurídica residente ou domiciliada no exterior que alienar bens localizados no Brasil.

Art. 27. O imposto de renda sobre os rendimentos pagos, em cumprimento de decisão da Justiça Federal, mediante precatório ou requisição de pequeno valor, será retido na fonte pela instituição financeira responsável pelo pagamento e incidirá à alíquota de três por cento sobre o montante pago, sem quaisquer deduções, no momento do pagamento ao beneficiário ou seu representante legal.

§ 1º Fica dispensada a retenção do imposto quando o beneficiário declarar à instituição financeira responsável pelo pagamento que os rendimentos recebidos são isentos ou não tributáveis, ou que, em se tratando de pessoa jurídica, esteja inscrita no SIMPLES.

§ 2º O imposto retido na fonte de acordo com o *caput* será:

I – considerado antecipação do imposto apurado na declaração de ajuste anual das pessoas físicas; ou

II – deduzido do apurado no encerramento do período de apuração ou na data da extinção, no caso de beneficiário pessoa jurídica.

§ 3º A instituição financeira deverá, na forma, prazo e condições estabelecidas pela Secretaria da Receita Federal, fornecer à pessoa física ou jurídica beneficiária o Comprovante de Rendimentos Pagos e de Retenção do Imposto de Renda na Fonte, bem como apresentar à Secretaria da Receita Federal declaração contendo informações sobre:

I – os pagamentos efetuados à pessoa física ou jurídica beneficiária e o respectivo imposto de renda retido na fonte;

II – os honorários pagos a perito e o respectivo imposto de renda retido na fonte;

III – a indicação do advogado da pessoa física ou jurídica beneficiária.

§ 4º O disposto neste artigo não se aplica aos depósitos efetuados pelos Tribunais Regionais Federais antes de 1º de fevereiro de 2004.

▶ §§ 3º e 4º com a redação dada pela Lei nº 10.865, de 30-4-2004.

Art. 28. Cabe à fonte pagadora, no prazo de quinze dias da data da retenção de que trata o *caput* do art. 46 da Lei nº 8.541, de 23 de dezembro de 1992, comprovar, nos respectivos autos, o recolhimento do imposto de renda na fonte incidente sobre os rendimentos pagos em cumprimento de decisões da Justiça do Trabalho.

§ 1º Na hipótese de omissão da fonte pagadora relativamente à comprovação de que trata o *caput*, e nos pagamentos de honorários periciais, competirá ao Juízo do Trabalho calcular o imposto de renda na fonte e determinar o seu recolhimento à instituição financeira depositária do crédito.

§ 2º A não indicação pela fonte pagadora da natureza jurídica das parcelas objeto de acordo homologado perante a Justiça do Trabalho acarretará a incidência do imposto de renda na fonte sobre o valor total da avença.

§ 3º A instituição financeira deverá, na forma, prazo e condições estabelecidas pela Secretaria da Receita Federal, fornecer à pessoa física beneficiária o Comprovante de Rendimentos Pagos e de Retenção do Imposto de Renda na Fonte, bem como apresentar à Secretaria da Receita Federal declaração contendo informações sobre:

I – os pagamentos efetuados à reclamante e o respectivo imposto de renda retido na fonte, na hipótese do § 1º;

II – os honorários pagos a perito e o respectivo imposto de renda retido na fonte;

III – as importâncias pagas a título de honorários assistenciais de que trata o art. 16 da Lei nº 5.584, de 26 de junho de 1970;

IV – a indicação do advogado da reclamante.

Art. 29. Sujeitam-se ao desconto do imposto de renda, à alíquota de 1,5% (um inteiro e cinco décimos por cento), que será deduzido do apurado no encerramento do período de apuração, as importâncias pagas ou creditadas por pessoas jurídicas a título de prestação de serviços a outras pessoas jurídicas que explorem as atividades de prestação de serviços de assessoria creditícia, mercadológica, gestão de crédito, seleção e riscos, administração de contas a pagar e a receber.

Art. 30. *Os pagamentos efetuados pelas pessoas jurídicas a outras pessoas jurídicas de direito privado, pela prestação de serviços de limpeza, conservação, manutenção, segurança, vigilância, transporte de valores e locação*

de mão de obra, pela prestação de serviços de assessoria creditícia, mercadológica, gestão de crédito, seleção e riscos, administração de contas a pagar e a receber, bem como pela remuneração de serviços profissionais, estão sujeitos à retenção na fonte da Contribuição Social sobre o Lucro Líquido – CSLL.

▶ *Caput* com a redação dada pela LC nº 214, de 16-1-2025.

§ 1º O disposto neste artigo aplica-se inclusive aos pagamentos efetuados por:

I – associações, inclusive entidades sindicais, federações, confederações, centrais sindicais e serviços sociais autônomos;

II – sociedades simples, inclusive sociedades cooperativas;

III – fundações de direito privado; ou

IV – condomínios edilícios.

§ 2º Não estão obrigadas a efetuar a retenção a que se refere o *caput* as pessoas jurídicas optantes pelo SIMPLES.

§ 3º As retenções de que trata o *caput* serão efetuadas sem prejuízo da retenção do imposto de renda na fonte das pessoas jurídicas sujeitas a alíquotas específicas previstas na legislação do imposto de renda.

Art. 31. *O valor da CSLL de que trata o art. 30 será determinado mediante a aplicação, sobre o montante a ser pago, do percentual de 1% (um por cento).*

▶ *Caput* com a redação dada pela LC nº 214, de 16-1-2025.

§ 1º As alíquotas de sessenta e cinco centésimos por cento e três por cento aplicam-se inclusive na hipótese de a prestadora do serviço enquadrar-se no regime de não cumulatividade na cobrança da contribuição para o PIS/PASEP e da COFINS.

▶ Este parágrafo estará revogado pela LC nº 214, de 16-1-2025, a partir de 1º-1-2027.

§ 2º No caso de pessoa jurídica beneficiária de isenção, na forma da legislação específica, de uma ou mais das contribuições de que trata este artigo, a retenção dar-se-á mediante a aplicação da alíquota específica correspondente às contribuições não alcançadas pela isenção.

§ 3º Fica dispensada a retenção de valor igual ou inferior a R$ 10,00 (dez reais), exceto na hipótese de Documento de Arrecadação de Receitas Federais – DARF eletrônico efetuado por meio do Siafi.

▶ § 3º com a redação dada pela Lei nº 13.137, de 19-6-2015.

§ 4º *Revogado*. Lei nº 13.137, de 19-6-2015.

Art. 32. A retenção de que trata o art. 30 não será exigida na hipótese de pagamentos efetuados a:

I – cooperativas, relativamente à CSLL;

▶ Inciso I com a redação dada pela Lei nº 10.865, de 30-4-2004.

II – empresas estrangeiras de transporte de valores;

▶ Inciso II com a redação dada pela Lei nº 10.865, de 30-4-2004.

III – pessoas jurídicas optantes pelo SIMPLES.

Parágrafo único. *Será exigida a retenção da CSLL nos pagamentos:*

▶ *Caput* do parágrafo único com a redação dada pela LC nº 214, de 16-1-2025.

I – a título de transporte internacional de valores efetuados por empresa nacional;

▶ Inciso I com a redação dada pela Lei nº 10.865, de 30-4-2004.

II – aos estaleiros navais brasileiros nas atividades de conservação, modernização, conversão e reparo de embarcações pré-registradas ou registradas no Registro Especial Brasileiro – REB, instituído pela Lei nº 9.432, de 8 de janeiro de 1997.

Art. 33. *A União, por intermédio da Secretaria da Receita Federal, poderá celebrar convênios com os Estados, Distrito Federal e Municípios, para estabelecer a responsabilidade pela retenção na fonte da CSLL, mediante a aplicação da alíquota prevista no art. 31, nos pagamentos efetuados por órgãos, autarquias e fundações dessas administrações públicas às pessoas jurídicas de direito privado, pelo fornecimento de bens ou pela prestação de serviços em geral.*

▶ Artigo com a redação dada pela LC nº 214, de 16-1-2025.

Art. 34. *Ficam obrigadas a efetuar as retenções na fonte do imposto sobre a renda e da CSLL, a que se refere o art. 64 da Lei nº 9.430, de 27 de dezembro de 1996, as seguintes entidades da administração pública federal:*

▶ *Caput* com a redação dada pela LC nº 214, de 16-1-2025.

▶ Art. 3º do Dec. nº 5.602, de 6-12-2005, que regulamenta o programa de inclusão digital instituído pela Lei nº 11.196, de 21-11-2005.

I – empresas públicas;

II – sociedades de economia mista; e

III – demais entidades em que a União, direta ou indiretamente, detenha a maioria do capital social com direito a voto, e que dela recebam recursos do Tesouro Nacional e estejam obrigadas a registrar sua execução orçamentária e financeira na modalidade total no Sistema Integrado de Administração Financeira do Governo Federal – SIAFI.

Parágrafo único. A retenção a que se refere o *caput* deste artigo não se aplica na hipótese de pagamentos relativos à aquisição de:

▶ *Caput* do parágrafo único com a redação dada pela Lei nº 11.727, de 23-6-2008.

I – petróleo, gasolina, gás natural, óleo diesel, gás liquefeito de petróleo, querosene de aviação e demais derivados de petróleo e gás natural;

II – álcool, biodiesel e demais biocombustíveis.

▶ Incisos I e II acrescidos pela Lei nº 11.727, de 23-6-2008.

Art. 35. Os valores retidos no mês, na forma dos arts. 30, 33 e 34 desta Lei, deverão ser recolhidos ao Tesouro Nacional pelo órgão público que efetuar a retenção ou, de forma centralizada, pelo estabelecimento matriz da pessoa jurídica, até o último dia útil do segundo decêndio do mês subsequente àquele mês em que tiver ocorrido o pagamento à pessoa jurídica fornecedora dos bens ou prestadora do serviço.

▶ Artigo com a redação dada pela Lei nº 13.137, de 19-6-2015.

Art. 36. Os valores retidos na forma dos arts. 30, 33 e 34 serão considerados como antecipação do que for devido pelo contribuinte que sofreu a retenção, em relação ao imposto de renda e às respectivas contribuições.

Art. 37. Relativamente aos investimentos existentes em 31 de outubro de 2003, fica facultado ao investidor estrangeiro antecipar o pagamento da Contribuição Provisória sobre Movimentação ou Transmissão de Valores e de Créditos e Direitos de Natureza Financeira – CPMF, que seria devida por ocasião da remessa, para o exterior, de recursos financeiros apurados na liquidação de operações com ações ou opções de ações adquiridas em bolsa de valores ou em mercado de balcão organizado.

§ 1º A antecipação do pagamento da CPMF aplica-se a recursos financeiros não empregados exclusivamente, e por todo tempo de permanência no País, em ações ou contratos referenciados em ações ou índices de ações, negociados nos mercados referidos no *caput* ou em bolsa de mercadorias e de futuros, desde que na data do pagamento da contribuição estejam investidos nesses valores mobiliários.

§ 2º A CPMF de que trata este artigo:

I – será apurada mediante lançamento a débito, precedido de lançamento a crédito no mesmo valor, em conta-corrente de depósito do investidor estrangeiro;

II – terá como base de cálculo o valor correspondente à multiplicação da quantidade de ações ou de opções:

a) pelo preço médio ponderado da ação verificado na Bolsa de Valores de São Paulo ou em mercado de balcão organizado, no mês anterior ao do pagamento;

b) pelo preço médio da opção verificado na Bolsa referida na alínea *a*, no mês anterior ao do pagamento da CPMF;

III – será retida pela instituição financeira onde é mantida a conta-corrente de que trata o inciso I até o dia 1º de dezembro de 2003, e recolhida até o terceiro dia útil da semana subsequente à da retenção.

§ 3º O pagamento da CPMF, nos termos previstos neste artigo, dispensa nova incidência da contribuição quando da remessa para o exterior dos recursos apurados na efetiva liquidação das operações.

Art. 38. O pagamento indevido ou maior que o devido efetuado no âmbito do Programa de Recuperação Fiscal – REFIS, ou do parcelamento a ele alternativo será restituído a pedido do sujeito passivo.

§ 1º Na hipótese de existência de débitos do sujeito passivo relativos a tributos e contribuições perante a Secretaria da Receita Federal, a Procuradoria-Geral da Fazenda Nacional ou o Instituto Nacional do Seguro Social – INSS, inclusive inscritos em dívida ativa, o valor da restituição deverá ser utilizado para quitá-los, mediante compensação em procedimento de ofício.

§ 2º A restituição e a compensação de que trata este artigo serão efetuadas pela Secretaria da Receita Federal, aplicando-se o disposto no art. 39 da Lei nº 9.250, de 26 de dezembro de 1995, alterado pelo art. 73 da Lei nº 9.532, de 10 de dezembro de 1997, observadas as normas estabelecidas pelo Comitê Gestor do REFIS.

Art. 39. *Revogado*. Lei nº 12.350, de 20-12-2010.

Art. 40. O *caput* do art. 1º do Decreto-Lei nº 1.593, de 21 de dezembro de 1977, com a redação dada pela Medida Provisória nº 2.158-

35, de 24 de agosto de 2001, e o art. 18 do mesmo Decreto-Lei passam a vigorar com a seguinte redação:

"Art. 1º A fabricação de cigarros classificados no código 2402.20.00 da Tabela de Incidência do Imposto sobre Produtos Industrializados – TIPI, excetuados os classificados no Ex 01, será exercida exclusivamente pelas empresas que, dispondo de instalações industriais adequadas, mantiverem registro especial na Secretaria da Receita Federal do Ministério da Fazenda."

"Art. 18. Consideram-se como produtos estrangeiros introduzidos clandestinamente no território nacional, para todos os efeitos legais, os cigarros nacionais destinados à exportação que forem encontrados no País, salvo se em trânsito, diretamente entre o estabelecimento industrial e os destinos referidos no art. 8º, desde que observadas as formalidades previstas para a operação.

§ 1º Será exigido do proprietário do produto em infração deste artigo o imposto que deixou de ser pago, aplicando-se-lhe, independentemente de outras sanções cabíveis, a multa de 150% (cento e cinquenta por cento) do seu valor.

§ 2º Se o proprietário não for identificado, considera-se como tal, para os efeitos do § 1º, o possuidor, transportador ou qualquer outro detentor do produto."

Art. 41. O art. 54 da Lei nº 10.637, de 30 de dezembro de 2002, passa a vigorar com a seguinte redação:

▸ Alteração inserida no texto da referida Lei.

Art. 42. O art. 1º da Lei nº 8.850, de 28 de janeiro de 1994, passa a vigorar com a seguinte redação:

"Art. 1º O período de apuração do Imposto sobre Produtos Industrializados – IPI, incidente nas saídas dos produtos dos estabelecimentos industriais ou equiparados a industrial, passa a ser:

I – de 1º de janeiro de 2004 a 31 de dezembro de 2004: quinzenal; e

II – a partir de 1º de janeiro de 2005: mensal.

Parágrafo único. O disposto nos incisos I e II do *caput* não se aplica aos produtos classificados no capítulo 22, nas posições 84.29, 84.32, 84.33, 87.01 a 87.06 e 87.11 e no código 2402.20.00, da Tabela de Incidência do IPI – TIPI aprovada pelo Decreto nº 4.542, de 26 de dezembro de 2002, em relação aos quais o período de apuração é decendial."

Art. 43. O inciso I do art. 52 da Lei nº 8.383, de 30 de dezembro de 1991, passa a vigorar com a seguinte redação:

▸ Alteração inserida no texto da referida Lei.

Art. 44. O art. 2º da Lei nº 9.493, de 10 de setembro de 1997, passa a vigorar com a seguinte redação:

"Art. 2º As microempresas e as empresas de pequeno porte, conforme definidas no art. 2º da Lei nº 9.841, de 5 de outubro de 1999, recolherão o IPI da seguinte forma:

I – o período de apuração é mensal; e

II – o pagamento deverá ser efetuado até o último dia útil do mês subsequente ao de ocorrência dos fatos geradores.

Parágrafo único. O disposto no art. 1º da Lei nº 8.850, de 28 de janeiro de 1994, e no inciso I do art. 52 da Lei nº 8.383, de 30 de dezembro de 1991, não se aplica ao IPI devido pelas microempresas e empresas de pequeno porte de que trata o *caput* e ao incidente sobre os produtos importados."

Art. 45. *Revogado*. Lei nº 14.596, de 14-6-2023.

Art. 46. VETADO.

Art. 47. Sem prejuízo do disposto no art. 10 da Lei nº 9.249, de 26 de dezembro de 1995, e no art. 7º da Lei nº 9.959, de 27 de janeiro de 2000, o ganho de capital decorrente de operação, em que o beneficiário seja residente ou domiciliado em país ou dependência com tributação favorecida, a que se refere o art. 24 da Lei nº 9.430, de 27 de dezembro de 1996, sujeita-se à incidência do imposto de renda na fonte à alíquota de 25% (vinte e cinco por cento).

Art. 48. *Revogado. MP nº 1.303, de 11-6-2025, que até o encerramento desta edição não havia sido convertida em lei.*

Arts. 49 e 50. *Revogados*. Lei nº 11.727, de 23-6-2008.

Art. 51. *Revogado*. Lei nº 13.097, de 19-1-2015.

Art. 52. *Revogado*. Lei nº 11.727, de 23-6-2008.

Arts. 53 e 54. *Revogados*. Lei nº 13.097, de 19-1-2015.

Art. 55. *Revogado*. Lei nº 11.727, de 23-6-2008.

Art. 56. *Revogado*. Lei nº 10.925, de 23-7-2004.

Arts. 57 e 58. *Revogados*. Lei nº 11.727, de 23-6-2008.

Arts. 58-A a 58-V. *Revogados*. Lei nº 13.097, de 19-1-2015.

CAPÍTULO III
DAS DISPOSIÇÕES RELATIVAS À LEGISLAÇÃO ADUANEIRA

Art. 59. O beneficiário de regime aduaneiro suspensivo, destinado à industrialização para exportação, responde solidariamente pelas obrigações tributárias decorrentes da admissão de mercadoria no regime por outro beneficiário, mediante sua anuência, com vistas na execução de etapa da cadeia industrial do produto a ser exportado.

§ 1º Na hipótese do *caput*, a aquisição de mercadoria nacional por qualquer dos beneficiários do regime, para ser incorporada ao produto a ser exportado, será realizada com suspensão dos tributos incidentes.

§ 2º Compete à Secretaria da Receita Federal disciplinar a aplicação dos regimes aduaneiros suspensivos de que trata o *caput* e estabelecer os requisitos, as condições e a forma de registro da anuência prevista para a admissão de mercadoria, nacional ou importada, no regime.

Art. 60. Extinguem os regimes de admissão temporária, de admissão temporária para aperfeiçoamento ativo, de exportação temporária e de exportação temporária para aperfeiçoamento passivo, aplicados a produto, parte, peça ou componente recebido do exterior ou a ele enviado para substituição em decorrência de garantia ou, ainda, para reparo, revisão, manutenção, renovação ou recondicionamento, respectivamente, a exportação ou a importação de produto equivalente àquele submetido ao regime.

§ 1º O disposto neste artigo aplica-se, exclusivamente, aos seguintes bens:

I – partes, peças e componentes de aeronave, objeto das isenções previstas na alínea *j* do inciso II do art. 2º e no inciso I do art. 3º da Lei nº 8.032, de 12 de abril de 1990;

II – produtos nacionais exportados definitivamente, ou suas partes e peças, que retornem ao País, mediante admissão temporária, ou admissão temporária para aperfeiçoamento ativo, para reparo ou substituição em virtude de defeito técnico que exija sua devolução; e

III – produtos nacionais, ou suas partes e peças, remetidos ao exterior mediante exportação temporária, para substituição de outro anteriormente exportado definitivamente, que deva retornar ao País para reparo ou substituição, em virtude de defeito técnico que exija sua devolução.

§ 2º A Secretaria da Receita Federal disciplinará os procedimentos para a aplicação do disposto neste artigo e os requisitos para reconhecimento da equivalência entre os produtos importados e exportados.

Art. 61. Nas operações de exportação sem saída do produto do território nacional, com pagamento a prazo, os efeitos fiscais e cambiais, quando reconhecidos pela legislação vigente, serão produzidos no momento da contratação, sob condição resolutória, aperfeiçoando-se pelo recebimento integral em moeda nacional ou estrangeira de livre conversibilidade.

▸ *Caput* com a redação dada pela Lei nº 12.024, de 27-8-2009.

§ 1º O disposto neste artigo aplica-se também ao produto exportado sem saída do território nacional, na forma disciplinada pela Secretaria Especial da Receita Federal do Brasil do Ministério da Economia, para ser:

▸ Parágrafo único transformado em § 1º e com a redação dada pela Lei nº 14.368, de 14-6-2022.

I – totalmente incorporado a bem que se encontre no País, de propriedade do comprador estrangeiro, inclusive em regime de admissão temporária sob a responsabilidade de terceiro;

II – entregue a órgão da administração direta, autárquica ou fundacional da União, dos Estados, do Distrito Federal ou dos Municípios, em cumprimento de contrato decorrente de licitação internacional;

III – entregue, em consignação, a empresa nacional autorizada a operar o regime de loja franca;

IV – entregue, no País, a subsidiária ou coligada, para distribuição sob a forma de brinde a fornecedores e clientes;

V – entregue a terceiro, no País, em substituição de produto anteriormente exportado e que tenha se mostrado, após o despacho aduaneiro de importação, defeituoso ou imprestável para o fim a que se destinava;

VI – entregue, no País, a missão diplomática, repartição consular de caráter permanente ou organismo internacional de que o Brasil seja membro, ou a seu integrante, estrangeiro; ou

VII – entregue, no País, para ser incorporado a plataforma destinada à pesquisa e lavra de jazidas de petróleo e gás natural em construção ou conversão contratada por empresa sediada no exterior, ou a seus módulos;

VIII – entregue no País:

a) para ser incorporado a produto do setor aeronáutico industrializado no território nacional, na hipótese de industrialização por encomenda de empresa estrangeira do bem a ser incorporado; ou

b) em regime de admissão temporária, por conta do comprador estrangeiro, sob a responsabilidade de terceiro, no caso de aeronaves;

IX – entregue no País a órgão do Ministério da Defesa, para ser incorporado a produto de interesse da defesa nacional em construção ou fabricação no território nacional, em decorrência de acordo internacional.

▶ Incisos VIII e IX acrescidos pela Lei nº 12.767, de 27-12-2012.

§ 2º O disposto no *caput* deste artigo também se aplica às aeronaves industrializadas no País e entregues a prestador de serviços de transporte aéreo regular sediado no território nacional, de propriedade do comprador estrangeiro, na forma disciplinada pela Secretaria Especial da Receita Federal do Brasil.

▶ § 2º acrescido pela Lei nº 14.368, de 14-6-2022.

Art. 62. O regime de entreposto aduaneiro de que tratam os arts. 9º e 10 do Decreto-Lei nº 1.455, de 7 de abril de 1976, com a redação dada pelo art. 69 da Medida Provisória nº 2.158-35, de 24 de agosto de 2001, poderá, mediante autorização da Secretaria da Receita Federal, observados os requisitos e condições estabelecidos na legislação específica, ser também operado em:

I – instalações portuárias previstas no inciso III do art. 2º da Lei nº 12.815, de 5 de junho de 2013;

II – bens destinados à pesquisa e lavra de jazidas de petróleo e gás natural em construção ou conversão no País, contratados por empresas sediadas no exterior e relacionados em ato do Poder Executivo.

▶ Incisos I e II com a redação dada pela Lei nº 12.844, de 19-7-2013.

Parágrafo único. No caso do inciso II, o beneficiário do regime será o contratado pela empresa sediada no exterior e o regime poderá ser operado também em estaleiros navais ou em outras instalações industriais, destinadas à construção dos bens de que trata aquele inciso.

▶ Parágrafo único com a redação dada pela Lei nº 12.844, de 19-7-2013.

Art. 63. A Secretaria da Receita Federal fica autorizada a estabelecer:

I – hipóteses em que, na substituição de beneficiário de regime aduaneiro suspensivo, o termo inicial para o cálculo de juros e multa de mora relativos aos tributos suspensos passe a ser a data da transferência da mercadoria; e

II – os serviços permitidos no regime de entreposto aduaneiro na importação e na exportação.

Art. 64. Os documentos instrutivos de declaração aduaneira ou necessários ao controle aduaneiro podem ser emitidos, transmitidos e recepcionados eletronicamente, na forma e nos prazos estabelecidos pela Secretaria da Receita Federal.

§ 1º A outorga de poderes a representante legal, inclusive quando residente no Brasil, para emitir e firmar os documentos referidos no *caput* deste artigo, também pode ser realizada por documento emitido e assinado eletronicamente.

▶ § 1º acrescido pela Lei nº 11.452, de 27-2-2007.

§ 2º Os documentos eletrônicos referidos no *caput* deste artigo e no § 1º deste artigo são válidos para os efeitos fiscais e de controle aduaneiro, observado o disposto na legislação sobre certificação digital e atendidos os requisitos estabelecidos pela Secretaria da Receita Federal.

▶ Parágrafo único transformado em § 2º e com a redação dada pela Lei nº 11.452, de 27-2-2007.

Art. 65. A Secretaria da Receita Federal poderá adotar nomenclatura simplificada para a classificação de mercadorias apreendidas, na lavratura do correspondente auto de infração para a aplicação da pena de perdimento, bem como aplicar alíquotas de 50% (cinquenta por cento) sobre o valor arbitrado dessas mercadorias, para o cálculo do valor estimado do Imposto de Importação e do Imposto sobre Produtos Industrializados que seriam devidos na importação, para efeitos de controle patrimonial, elaboração de estatísticas, formalização de processo administrativo fiscal e representação fiscal para fins penais.

Art. 66. As diferenças percentuais de mercadoria a granel, apuradas em conferência física nos despachos aduaneiros, não serão consideradas para efeitos de exigência dos impostos incidentes, até o limite de 1% (um por cento), conforme dispuser o Poder Executivo.

***Art. 67.** Na impossibilidade de identificação da mercadoria importada, em razão de seu extravio ou consumo, e de descrição genérica nos documentos comerciais e de transporte disponíveis, será aplicada, para fins de determinação dos impostos incidentes na importação, alíquota única de 70% (setenta por cento) relativa ao Imposto de Importação e ao Imposto sobre Produtos Industrializados – IPI.*

▶ *Caput* com a redação dada pela LC nº 214, de 16-1-2025.

§ 1º A base de cálculo da tributação simplificada prevista neste artigo será arbitrada em valor equivalente à mediana dos valores por quilograma de todas as mercadorias importadas a título definitivo, pela mesma via de transporte internacional, constantes de declarações registradas no semestre anterior, incluídas as despesas de frete e seguro internacionais.

▶ § 1º com a redação dada pela Lei nº 13.043, de 13-11-2014.

§ 2º Na falta de informação sobre o peso da mercadoria, adotar-se-á o peso líquido admitido na unidade de carga utilizada no seu transporte.

§ 3º A alíquota de que trata o caput será distribuída nos seguintes percentuais:

I – 35% (trinta e cinco por cento), a título de alíquota do Imposto de Importação; e

II – 35% (trinta e cinco por cento), a título de alíquota do IPI.

▶ § 3º acrescido pela LC nº 214, de 16-1-2025.

Art. 68. As mercadorias descritas de forma semelhante em diferentes declarações aduaneiras do mesmo contribuinte, salvo prova em contrário, são presumidas idênticas para fins de determinação do tratamento tributário ou aduaneiro.

Parágrafo único. Para efeito do disposto no *caput*, a identificação das mercadorias poderá ser realizada no curso do despacho aduaneiro ou em outro momento, com base em informações coligidas em documentos, obtidos inclusive junto a clientes ou a fornecedores, ou no processo produtivo em que tenham sido ou venham a ser utilizadas.

Art. 69. A multa prevista no art. 84 da Medida Provisória nº 2.158-35, de 24 de agosto de 2001, não poderá ser superior a 10% (dez por cento) do valor total das mercadorias constantes da declaração de importação.

§ 1º A multa a que se refere o *caput* aplica-se também ao importador, exportador ou beneficiário de regime aduaneiro que omitir ou prestar de forma inexata ou incompleta informação de natureza administrativo-tributária, cambial ou comercial necessária à determinação do procedimento de controle aduaneiro apropriado.

§ 2º As informações referidas no § 1º, sem prejuízo de outras que venham a ser estabelecidas em ato normativo da Secretaria da Receita Federal, compreendem a descrição detalhada da operação, incluindo:

I – identificação completa e endereço das pessoas envolvidas na transação: importador/exportador; adquirente (comprador)/fornecedor (vendedor), fabricante, agente de compra ou de venda e representante comercial;

II – destinação da mercadoria importada: industrialização ou consumo, incorporação ao ativo, revenda ou outra finalidade;

III – descrição completa da mercadoria: todas as características necessárias à classificação fiscal, espécie, marca comercial, modelo, nome comercial ou científico e outros atributos estabelecidos pela Secretaria da Receita Federal que confiram sua identidade comercial;

IV – países de origem, de procedência e de aquisição; e

V – portos de embarque e de desembarque.

§ 3º Quando aplicada sobre a exportação, a multa prevista neste artigo incidirá sobre o preço normal definido no art. 2º do Decreto-Lei nº 1.578, de 11 de outubro de 1977.

▶ § 3º acrescido pela Lei nº 13.043, de 13-11-2014.

Art. 70. O descumprimento pelo importador, exportador ou adquirente de mercadoria importada por sua conta e ordem, da obrigação de manter, em boa guarda e ordem, os documentos relativos às transações que realizarem, pelo prazo decadencial estabelecido na legislação tributária a que estão submetidos, ou da obrigação de os apresentar à fiscalização aduaneira quando exigidos, implicará:

I – se relativo aos documentos comprobatórios da transação comercial ou os respectivos registros contábeis:

a) a apuração do valor aduaneiro com base em método substitutivo ao valor de transação, caso exista dúvida quanto ao valor aduaneiro declarado; e

b) o não reconhecimento de tratamento mais benéfico de natureza tarifária, tributária ou aduaneira eventualmente concedido, com efeitos retroativos à data do fato gerador, caso não sejam apresentadas provas do regular cumprimento das condições previstas na legislação específica para obtê-lo;

II – se relativo aos documentos obrigatórios de instrução das declarações aduaneiras:

a) o arbitramento do preço da mercadoria para fins de determinação da base de cálculo, conforme os critérios definidos no art. 88 da Medida Provisória nº 2.158-35, de 24 de agosto de 2001, se existir dúvida quanto ao preço efetivamente praticado; e

b) a aplicação cumulativa das multas de:

1. 5% (cinco por cento) do valor aduaneiro das mercadorias importadas; e

2. 100% (cem por cento) sobre a diferença entre o preço declarado e o preço efetivamente praticado na importação ou entre o preço declarado e o preço arbitrado.

LEGISLAÇÃO COMPLEMENTAR

§ 1º Os documentos de que trata o *caput* compreendem os documentos de instrução das declarações aduaneiras, a correspondência comercial, incluídos os documentos de negociação e cotação de preços, os instrumentos de contrato comercial, financeiro e cambial, de transporte e seguro das mercadorias, os registros contábeis e os correspondentes documentos fiscais, bem como outros que a Secretaria da Receita Federal venha a exigir em ato normativo.

§ 2º Nas hipóteses de incêndio, furto, roubo, extravio ou qualquer outro sinistro que provoque a perda ou deterioração dos documentos a que se refere o § 1º, deverá ser feita comunicação, por escrito, no prazo de 48 (quarenta e oito) horas do sinistro, à unidade de fiscalização aduaneira da Secretaria da Receita Federal que jurisdicione o domicílio matriz do sujeito passivo.

§ 3º As multas previstas no inciso II do *caput* não se aplicam no caso de regular comunicação da ocorrência de um dos eventos previstos no § 2º.

§ 4º Somente produzirá efeitos a comunicação realizada dentro do prazo referido no § 2º e instruída com os documentos que comprovem o registro da ocorrência junto à autoridade competente para apurar o fato.

§ 5º No caso de encerramento das atividades da pessoa jurídica, a guarda dos documentos referidos no *caput* será atribuída à pessoa responsável pela guarda dos demais documentos fiscais, nos termos da legislação específica.

§ 6º A aplicação do disposto neste artigo não prejudica a aplicação das multas previstas no art. 107 do Decreto-Lei nº 37, de 18 de novembro de 1966, com a redação dada pelo art. 77 desta Lei, nem a aplicação de outras penalidades cabíveis.

Art. 71. O despachante aduaneiro, o transportador, o agente de carga, o depositário e os demais intervenientes em operação de comércio exterior ficam obrigados a manter em boa guarda e ordem, e a apresentar à fiscalização aduaneira, quando exigidos, os documentos e registros relativos às transações em que intervierem, ou outros definidos em ato normativo da Secretaria da Receita Federal, na forma e nos prazos por ela estabelecidos.

Art. 72. Aplica-se a multa de:

I – 10% (dez por cento) do valor aduaneiro da mercadoria submetida ao regime aduaneiro especial de admissão temporária, ou de admissão temporária para aperfeiçoamento ativo, pelo descumprimento de condições, requisitos ou prazos estabelecidos para aplicação do regime; e

II – 5% (cinco por cento) do preço normal da mercadoria submetida ao regime aduaneiro especial de exportação temporária, ou de exportação temporária para aperfeiçoamento passivo, pelo descumprimento de condições, requisitos ou prazos estabelecidos para aplicação do regime.

§ 1º O valor da multa prevista neste artigo será de R$ 500,00 (quinhentos reais), quando do seu cálculo resultar valor inferior.

§ 2º A multa aplicada na forma deste artigo não prejudica a exigência dos impostos incidentes, a aplicação de outras penalidades cabíveis e a representação fiscal para fins penais, quando for o caso.

Art. 73. Verificada a impossibilidade de apreensão da mercadoria sujeita a pena de perdimento, em razão de sua não localização ou consumo, extinguir-se-á o processo administrativo instaurado para apuração da infração capitulada como dano ao Erário.

§ 1º Na hipótese prevista no *caput*, será instaurado processo administrativo para aplicação da multa prevista no § 3º do art. 23 do Decreto-Lei nº 1.455, de 7 de abril de 1976, com a redação dada pelo art. 59 da Lei nº 10.637, de 30 de dezembro de 2002.

§ 2º A multa a que se refere o § 1º será exigida mediante lançamento de ofício, que será processado e julgado nos termos da legislação que rege a determinação e exigência dos demais créditos tributários da União.

Art. 74. O transportador de passageiros, em viagem internacional, ou que transite por zona de vigilância aduaneira, fica obrigado a identificar os volumes transportados como bagagem em compartimento isolado dos viajantes, e seus respectivos proprietários.

§ 1º No caso de transporte terrestre de passageiros, a identificação referida no *caput* também se aplica aos volumes portados pelos passageiros no interior do veículo.

§ 2º As mercadorias transportadas no compartimento comum de bagagens ou de carga do veículo, que não constituam bagagem identificada dos passageiros, devem estar acompanhadas do respectivo conhecimento de transporte.

§ 3º Presume-se de propriedade do transportador, para efeitos fiscais, a mercadoria transportada sem a identificação do respectivo proprietário, na forma estabelecida no *caput* ou nos §§ 1º e 2º deste artigo.

§ 4º Compete à Secretaria da Receita Federal disciplinar os procedimentos necessários para fins de cumprimento do previsto neste artigo.

Art. 75. Aplica-se a multa de R$ 15.000,00 (quinze mil reais) ao transportador, de passageiros ou de carga, em viagem doméstica ou internacional que transportar mercadoria sujeita a pena de perdimento:

I – sem identificação do proprietário ou possuidor; ou

II – ainda que identificado o proprietário ou possuidor, as características ou a quantidade dos volumes transportados evidenciarem tratar-se de mercadoria sujeita à referida pena.

§ 1º Na hipótese de transporte rodoviário, o veículo será retido, na forma estabelecida pela Secretaria Especial da Receita Federal do Brasil do Ministério da Fazenda, até o recolhimento da multa ou o deferimento da impugnação ou do recurso.

▸ § 1º com a redação dada pela Lei nº 14.651, de 23-8-2023.

§ 2º A retenção prevista no § 1º será efetuada ainda que o infrator não seja o proprietário do veículo, cabendo a este adotar as ações necessárias contra o primeiro para se ressarcir dos prejuízos eventualmente incorridos.

§ 3º Caberá impugnação, a ser apresentada no prazo de 20 (vinte) dias, contado da data da ciência da multa a que se refere o *caput* deste artigo.

▸ § 3º com a redação dada pela Lei nº 14.651, de 23-8-2023.

§ 3º-A. Apresentada a impugnação na forma prevista no § 3º deste artigo, o processo será encaminhado para julgamento em primeira instância.

§ 3º-B. O veículo de que trata o § 1º deste artigo permanecerá retido até ser proferida a decisão final.

§ 3º-C. Se o autuado não apresentar impugnação no prazo previsto no § 3º deste artigo, será considerado revel.

§ 3º-D. Na hipótese de decisão de primeira instância desfavorável ao autuado, caberá interposição de recurso à segunda instância no prazo de 20 (vinte) dias, contado da data da ciência do autuado.

§ 3º-E. São definitivas as decisões:

I – de primeira instância, quando decorrido o prazo previsto no § 3º-D sem que haja interposição de recurso; e

II – de segunda instância.

§ 3º-F. O Ministro de Estado da Fazenda regulamentará o rito administrativo de aplicação e as competências de julgamento da multa de que trata este artigo.

▸ §§ 3º-A a 3º-F acrescidos pela Lei nº 14.651, de 23-8-2023.

§ 4º Decorrido o prazo de 45 (quarenta e cinco) dias, contado da data da aplicação da multa, ou da data da ciência da decisão desfavorável definitiva na esfera administrativa, e não recolhida a multa prevista, fica caracterizado o dano ao erário, hipótese em que a multa será convertida em pena de perdimento do veículo.

▸ § 4º com a redação dada pela Lei nº 14.651, de 23-8-2023.

§ 5º A multa a ser aplicada será de R$ 30.000,00 (trinta mil reais) na hipótese de:

I – reincidência da infração prevista no *caput*, envolvendo o mesmo veículo transportador; ou

II – modificações da estrutura ou das características do veículo, com a finalidade de efetuar o transporte de mercadorias ou permitir a sua ocultação.

§ 6º O disposto neste artigo não se aplica nas hipóteses em que o veículo estiver sujeito à pena de perdimento prevista no inciso V do art. 104 do Decreto-Lei nº 37, de 18 de novembro de 1966, nem prejudica a aplicação de outras penalidades estabelecidas.

§ 7º Enquanto não consumada a destinação do veículo, a pena de perdimento prevista no § 4º poderá ser relevada à vista de requerimento do interessado, desde que haja o recolhimento de 2 (duas) vezes o valor da multa aplicada.

§ 8º A Secretaria da Receita Federal deverá representar o transportador que incorrer na infração prevista no *caput* ou que seja submetido à aplicação da pena de perdimento de veículo à autoridade competente para fiscalizar o transporte terrestre.

§ 9º Na hipótese do § 8º, as correspondentes autorizações de viagens internacionais ou por zonas de vigilância aduaneira do transportador representado serão canceladas, ficando vedada a expedição de novas autorizações pelo prazo de 2 (dois) anos.

Art. 76. Os intervenientes nas operações de comércio exterior ficam sujeitos às seguintes sanções:

I – advertência, na hipótese de:

a) e b) *Revogadas*. Lei nº 13.043, de 13-11-2014;

c) atraso, de forma contumaz, na chegada ao destino de veículo conduzindo mercadoria submetida ao regime de trânsito aduaneiro;

d) emissão de documento de identificação ou quantificação de mercadoria sob controle aduaneiro em desacordo com o previsto em ato normativo, relativamente a sua efetiva qualidade ou quantidade;

e) prática de ato que prejudique a identificação ou quantificação de mercadoria sob controle aduaneiro;

▶ Alíneas *d* e *e* com a redação dada pela Lei nº 13.043, de 13-11-2014.

f) *Revogada*. Lei nº 13.043, de 13-11-2014;

g) consolidação ou desconsolidação de carga efetuada em desacordo com disposição estabelecida em ato normativo e que altere o tratamento tributário ou aduaneiro da mercadoria;

▶ Alínea *g* com a redação dada pela Lei nº 13.043, de 13-11-2014.

h) atraso, por mais de 3 (três) vezes, em um mesmo mês, na prestação de informações sobre carga e descarga de veículos, ou movimentação e armazenagem de mercadorias sob controle aduaneiro;

i) descumprimento de requisito, condição ou norma operacional para habilitar-se ou utilizar regime aduaneiro especial ou aplicado em áreas especiais, ou para habilitar-se ou manter recintos nos quais tais regimes sejam aplicados; ou

j) descumprimento de obrigação de apresentar à fiscalização, em boa ordem, os documentos relativos à operação em que realizar ou em que intervier, bem como outros documentos exigidos pela Secretaria da Receita Federal do Brasil; ou

▶ Alínea *j* com a redação dada pela Lei nº 13.043, de 13-11-2014.

k) descumprimento de determinação legal ou de outras obrigações relativas ao controle aduaneiro previstas em ato normativo não referidas às alíneas *c* a *j*;

▶ Alínea *k* acrescida pela Lei nº 13.043, de 13-11-2014.

II – suspensão, pelo prazo de até 12 (doze) meses, do registro, licença, autorização, credenciamento ou habilitação para utilização de regime aduaneiro ou de procedimento simplificado, exercício de atividades relacionadas com o despacho aduaneiro, ou com a movimentação e armazenagem de mercadorias sob controle aduaneiro, e serviços conexos, na hipótese de:

a) reincidência em conduta já sancionada com advertência;

b) atuação em nome de pessoa que esteja cumprindo suspensão, ou no interesse desta;

c) *Revogada*. Lei nº 13.043, de 13-11-2014;

d) delegação de atribuição privativa a pessoa não credenciada ou habilitada;

e) prática de qualquer outra conduta sancionada com suspensão de registro, licença, autorização, credenciamento ou habilitação, nos termos de legislação específica; ou

▶ Alíneas *d* e *e* com a redação dada pela Lei nº 13.043, de 13-11-2014.

f) agressão ou desacato à autoridade aduaneira no exercício da função;

▶ Alínea *f* acrescida pela Lei nº 13.043, de 13-11-2014.

III – cancelamento ou cassação do registro, licença, autorização, credenciamento ou habilitação para utilização de regime aduaneiro ou de procedimento simplificado, exercício de atividades relacionadas com o despacho aduaneiro, ou com a movimentação e armazenagem de mercadorias sob controle aduaneiro, e serviços conexos, na hipótese de:

a) acúmulo, em período de 3 (três) anos, de suspensão cujo prazo total supere 12 (doze) meses;

b) atuação em nome de pessoa cujo registro, licença, autorização, credenciamento ou habilitação tenha sido objeto de cancelamento ou cassação, ou no interesse desta;

c) exercício, por pessoa credenciada ou habilitada, de atividade ou cargo vedados na legislação específica;

d) prática de ato que embarace, dificulte ou impeça a ação da fiscalização aduaneira, para benefício próprio ou de terceiros;

▶ Alínea *d* com a redação dada Lei nº 13.043, de 13-11-2014.

e) *Revogada*. Lei nº 13.043, de 13-11-2014.

f) sentença condenatória, transitada em julgado, por participação, direta ou indireta, na prática de crime contra a administração pública ou contra a ordem tributária;

g) ação ou omissão dolosa tendente a subtrair ao controle aduaneiro, ou dele ocultar, a importação ou a exportação de bens ou de mercadorias; ou

h) prática de qualquer outra conduta sancionada com cancelamento ou cassação de registro, licença, autorização, credenciamento ou habilitação, nos termos de legislação específica.

§ 1º A aplicação das sanções previstas neste artigo será anotada no registro do infrator pela administração aduaneira, após a decisão definitiva na esfera administrativa, devendo a anotação ser cancelada após o decurso de 5 (cinco) anos de sua efetivação.

§ 2º Para os efeitos do disposto neste artigo, consideram-se intervenientes o importador, o exportador, o beneficiário de regime aduaneiro ou de procedimento simplificado, o despachante aduaneiro e seus ajudantes, o transportador, o agente de carga, o operador de transporte multimodal, o operador portuário, o depositário, o administrador de recinto alfandegado, o perito ou qualquer outra pessoa que tenha relação, direta ou indireta, com a operação de comércio exterior.

▶ §§ 1º e 2º com a redação dada pela Lei nº 13.043, de 13-11-2014.

§ 3º Para efeitos do disposto na alínea *c* do inciso I do *caput*, considera-se contumaz o atraso sem motivo justificado ocorrido em mais de 20% (vinte por cento) das operações de trânsito aduaneiro realizadas no mês, se superior a 5 (cinco) o número total de operações.

§ 4º Na aplicação da sanção prevista no inciso I do *caput* e na determinação do prazo para a aplicação das sanções previstas no inciso II do *caput* serão considerados:

I – a natureza e a gravidade da infração cometida;

II – os danos que dela provierem; e

III – os antecedentes do infrator, inclusive quanto à proporção das irregularidades no conjunto das operações por ele realizadas e seus esforços para melhorar a conformidade à legislação, segundo os critérios estabelecidos pela Secretaria da Receita Federal do Brasil.

§ 5º Para os fins do disposto na alínea *a* do inciso II do *caput* deste artigo, será considerado reincidente o infrator que:

I – cometer nova infração pela mesma conduta já sancionada com advertência, no período de 365 (trezentos e sessenta e cinco) dias, contado da data da aplicação da sanção; ou

II – não sanar a irregularidade que ensejou a aplicação da advertência, depois de um mês de sua aplicação, quando se tratar de conduta passível de regularização.

▶ §§ 4º e 5º com a redação dada pela Lei nº 13.043, de 13-11-2014.

§ 5º-A. Para os efeitos do § 5º, no caso de operadores que realizam grande quantidade de operações, poderá ser observada a proporção de erros e omissões em razão da quantidade de documentos, declarações e informações a serem prestadas, nos termos, limites e condições disciplinados pelo Poder Executivo.

▶ § 5º-A acrescido pela Lei nº 13.043, de 13-11-2014.

§ 6º Na hipótese de cassação ou cancelamento, a reinscrição para a atividade que exercia ou a inscrição para exercer outra atividade sujeita a controle aduaneiro só poderá ser solicitada depois de transcorridos 2 (dois) anos da data de aplicação da sanção, devendo ser cumpridas todas as exigências e formalidades previstas para a inscrição.

§ 7º Ao sancionado com suspensão, cassação ou cancelamento, enquanto perdurarem os efeitos da sanção, é vedado o ingresso em local sob controle aduaneiro, sem autorização do titular da unidade jurisdicionante.

§ 8º Compete a aplicação das sanções:

I – ao titular da unidade da Secretaria da Receita Federal responsável pela apuração da infração, nos casos de advertência ou suspensão; ou

II – à autoridade competente para habilitar ou autorizar a utilização de procedimento simplificado, de regime aduaneiro, ou o exercício de atividades relacionadas com o despacho aduaneiro, ou com a movimentação e armazenagem de mercadorias sob controle aduaneiro, e serviços conexos, nos casos de cancelamento ou cassação.

§ 9º As sanções previstas neste artigo serão aplicadas mediante processo administrativo próprio, instaurado com a lavratura de auto de infração, acompanhado de termo de constatação de hipótese referida nos incisos I a III do *caput*.

§ 10. Feita a intimação, a não apresentação de impugnação no prazo de 20 (vinte) dias implicará revelia, cabendo a imediata aplicação da penalidade.

▶ § 10 com a redação dada pela Lei nº 13.043, de 13-11-2014.

§ 10-A. A intimação a que se refere o § 10 deste artigo será:

I – pessoal, pelo autor do procedimento ou por agente preparador, na repartição ou fora dela, produzindo efeitos com a assinatura do sujeito passivo, seu mandatário ou preposto, ou, no caso de recusa, com declaração escrita de quem o intimar;

II – por via postal, telegráfica ou por qualquer outro meio ou via, produzindo efeitos com o recebimento no domicílio indicado à Secretaria da Receita Federal do Brasil pelo interveniente na operação de comércio exterior ou, se omitida a data do recebimento, com o decurso de 15 (quinze) dias da expedição da intimação ao referido endereço;

III – por meio eletrônico, com prova de recebimento, mediante envio ao domicílio tributário do sujeito passivo ou registro em meio magnético ou equivalente utilizado pelo sujeito passivo, produzindo efeitos:

a) 15 (quinze) dias contados da data registrada no comprovante de entrega no domicílio tributário do sujeito passivo;

b) na data em que o sujeito passivo efetuar consulta ao endereço eletrônico a ele atribuído pela administração tributária, se ocorrida antes do prazo previsto na alínea *a* deste inciso; ou

c) na data registrada no meio magnético ou equivalente utilizado pelo sujeito passivo; ou

IV – por edital, quando resultarem improfícuos os meios previstos nos incisos I a III deste parágrafo, ou no caso de pessoa jurídica declarada inapta perante o Cadastro Nacional de Pessoas Jurídicas – CNPJ, produzindo efeitos com o decurso de 15 (quinze) dias da publicação ou com qualquer manifestação do interessado no mesmo período.

▸ § 10-A acrescido pela Lei nº 13.043, de 13-11-2014.

§ 11. Apresentada a impugnação, a autoridade preparadora terá prazo de 15 (quinze) dias para remessa do processo a julgamento.

§ 12. O prazo a que se refere o § 11 poderá ser prorrogado quando for necessária a realização de diligências ou perícias.

§ 13. Da decisão que aplicar a sanção cabe recurso, a ser apresentado em 30 (trinta) dias, à autoridade imediatamente superior, que o julgará em instância final administrativa.

§ 14. O rito processual a que se referem os §§ 9º a 13 aplica-se também aos processos ainda não conclusos para julgamento em primeira instância julgados na esfera administrativa, relativos a sanções administrativas de advertência, suspensão, cassação ou cancelamento.

§ 15. As sanções previstas neste artigo não prejudicam a exigência dos impostos incidentes, a aplicação de outras penalidades cabíveis e a representação fiscal para fins penais, quando for o caso.

Art. 77. Os arts. 1º, 17, 36, 37, 50, 104, 107 e 169 do Decreto-Lei nº 37, de 18 de novembro de 1966, passam a vigorar com as seguintes alterações:

"Art. 1º ....

....

§ 4º O imposto não incide sobre mercadoria estrangeira:

I – avariada ou que se revele imprestável para os fins a que se destinava, desde que seja destruída sob controle aduaneiro, antes de despachada para consumo, sem ônus para a Fazenda Nacional;

II – em trânsito aduaneiro de passagem, acidentalmente destruída; ou

III – que tenha sido objeto de pena de perdimento, exceto na hipótese em que não seja localizada, tenha sido consumida ou revendida."

"Art. 17. ....

Parágrafo único. ....

....

V – bens doados, destinados a fins culturais, científicos e assistenciais, desde que os beneficiários sejam entidades sem fins lucrativos."

"Art. 36. A fiscalização aduaneira poderá ser ininterrupta, em horários determinados, ou eventual, nos portos, aeroportos, pontos de fronteira e recintos alfandegados.

§ 1º A administração aduaneira determinará os horários e as condições de realização dos serviços aduaneiros, nos locais referidos no *caput*.

...."

"Art. 37. O transportador deve prestar à Secretaria da Receita Federal, na forma e no prazo por ela estabelecidos, as informações sobre as cargas transportadas, bem como sobre a chegada de veículo procedente do exterior ou a ele destinado.

§ 1º O agente de carga, assim considerada qualquer pessoa que, em nome do importador ou do exportador, contrate o transporte de mercadoria, consolide ou desconsolide cargas e preste serviços conexos, e o operador portuário, também devem prestar as informações sobre as operações que executem e respectivas cargas.

§ 2º Não poderá ser efetuada qualquer operação de carga ou descarga, em embarcações, enquanto não forem prestadas as informações referidas neste artigo.

§ 3º A Secretaria da Receita Federal fica dispensada de participar da visita a embarcações prevista no art. 32 da Lei nº 5.025, de 10 de junho de 1966.

§ 4º A autoridade aduaneira poderá proceder às buscas em veículos necessárias para prevenir e reprimir a ocorrência de infração à legislação, inclusive em momento anterior à prestação das informações referidas no *caput*."

"Art. 50. A verificação de mercadoria, no curso da conferência aduaneira, ou em qualquer outra ocasião, será realizada por Auditor Fiscal da Receita Federal, ou sob a sua supervisão, por servidor integrante da Carreira Auditoria da Receita Federal, na presença do viajante, do importador, do exportador, ou de seus representantes, podendo ser adotados critérios de seleção e amostragem, de conformidade com o estabelecido pela Secretaria da Receita Federal.

§ 1º Na hipótese de mercadoria depositada em recinto alfandegado, a verificação poderá ser realizada na presença do depositário ou de seus prepostos, dispensada a exigência da presença do importador ou do exportador.

§ 2º A verificação de bagagem ou de outra mercadoria que esteja sob a responsabilidade do transportador poderá ser realizada na presença deste ou de seus prepostos, dispensada a exigência da presença do viajante, do importador ou do exportador.

§ 3º Nas hipóteses dos §§ 1º e 2º, o depositário e o transportador, ou seus prepostos, representam o viajante, o importador ou o exportador, para efeitos de identificação, quantificação e descrição da mercadoria verificada."

"Art. 104. ....

Parágrafo único. Aplicam-se cumulativamente:

I – no caso do inciso II do *caput*, a pena de perdimento da mercadoria;

II – no caso do inciso III do *caput*, a multa de R$ 200,00 (duzentos reais) por passageiro ou tripulante conduzido pelo veículo que efetuar a operação proibida, além do perdimento da mercadoria que transportar."

"Art. 107. Aplicam-se ainda as seguintes multas:

I – de R$ 50.000,00 (cinquenta mil reais), por contêiner ou qualquer veículo contendo mercadoria, inclusive a granel, ingressado em local ou recinto sob controle aduaneiro, que não seja localizado;

II – de R$ 15.000,00 (quinze mil reais), por contêiner ou veículo contendo mercadoria, inclusive a granel, no regime de trânsito aduaneiro, que não seja localizado;

III – de R$ 10.000,00 (dez mil reais), por desacato à autoridade aduaneira;

IV – de R$ 5.000,00 (cinco mil reais):

a) por ponto percentual que ultrapasse a margem de 5% (cinco por cento), na diferença de peso apurada em relação ao manifesto de carga a granel apresentado pelo transportador marítimo, fluvial ou lacustre;

b) por mês-calendário, a quem não apresentar à fiscalização os documentos relativos à operação que realizar ou em que intervier, bem como outros documentos exigidos pela Secretaria da Receita Federal, ou não mantiver os correspondentes arquivos em boa guarda e ordem;

c) a quem, por qualquer meio ou forma, omissiva ou comissiva, embaraçar, dificultar ou impedir ação de fiscalização aduaneira, inclusive no caso de não apresentação de resposta, no prazo estipulado, a intimação em procedimento fiscal;

d) a quem promover a saída de veículo de local ou recinto sob controle aduaneiro, sem autorização prévia da autoridade aduaneira;

e) por deixar de prestar informação sobre veículo ou carga nele transportada, ou sobre as operações que execute, na forma e no prazo estabelecidos pela Secretaria da Receita Federal, aplicada à empresa de transporte internacional, inclusive a prestadora de serviços de transporte internacional expresso porta a porta, ou ao agente de carga; e

f) por deixar de prestar informação sobre carga armazenada, ou sob sua responsabilidade, ou sobre as operações que execute, na forma e no prazo estabelecidos pela Secretaria da Receita Federal, aplicada ao depositário ou ao operador portuário;

V – de R$ 3.000,00 (três mil reais), ao transportador de carga ou de passageiro, pelo descumprimento de exigência estabelecida para a circulação de veículos e mercadorias em zona de vigilância aduaneira;

VI – de R$ 2.000,00 (dois mil reais), no caso de violação de volume ou unidade de carga que contenha mercadoria sob controle aduaneiro, ou de dispositivo de segurança;

VII – de R$ 1.000,00 (mil reais):

a) por volume depositado em local ou recinto sob controle aduaneiro, que não seja localizado;

b) pela importação de mercadoria estrangeira atentatória à moral, aos bons costumes, à saúde ou à ordem pública, sem prejuízo da aplicação da pena prevista no inciso XIX do art. 105;

c) pela substituição do veículo transportador, em operação de trânsito aduaneiro, sem autorização prévia da autoridade aduaneira;

d) por dia, pelo descumprimento de condição estabelecida pela administração aduaneira para a prestação de serviços relacionados com o despacho aduaneiro;

e) por dia, pelo descumprimento de requisito, condição ou norma operacional para habilitar-se ou utilizar regime aduaneiro especial ou aplicado em áreas especiais, ou para habilitar-se ou manter recintos nos quais tais regimes sejam aplicados;

f) por dia, pelo descumprimento de requisito, condição ou norma operacional para executar atividades de movimentação e armazenagem de mercadorias sob controle aduaneiro, e serviços conexos; e

g) por dia, pelo descumprimento de condição estabelecida para utilização de procedimento aduaneiro simplificado;

VIII – de R$ 500,00 (quinhentos reais):

a) por ingresso de pessoa em local ou recinto sob controle aduaneiro sem a regular autorização, aplicada ao administrador do local ou recinto;

b) por tonelada de carga a granel depositada em local ou recinto sob controle aduaneiro, que não seja localizada;

c) por dia de atraso ou fração, no caso de veículo que, em operação de trânsito aduaneiro, chegar ao destino fora do prazo estabelecido, sem motivo justificado;

d) por erro ou omissão de informação em declaração relativa ao controle de papel imune; e

e) pela não apresentação do romaneio de carga (*packing list*) nos documentos de instrução da declaração aduaneira;

IX – de R$ 300,00 (trezentos reais), por volume de mercadoria, em regime de trânsito aduaneiro, que não seja localizado no veículo transportador, limitada ao valor de R$ 15.000,00 (quinze mil reais);

X – de R$ 200,00 (duzentos reais):

a) por tonelada de carga a granel em regime de trânsito aduaneiro que não seja localizada no veículo transportador, limitada ao valor de R$ 15.000,00 (quinze mil reais);

b) para a pessoa que ingressar em local ou recinto sob controle aduaneiro sem a regular autorização; e

c) pela apresentação de fatura comercial em desacordo com uma ou mais de uma das indicações estabelecidas no regulamento; e

XI – de R$ 100,00 (cem reais):

a) por volume de carga não manifestada pelo transportador, sem prejuízo da aplicação da pena prevista no inciso IV do art. 105; e

b) por ponto percentual que ultrapasse a margem de 5% (cinco por cento), na diferença de peso apurada em relação ao manifesto de carga a granel apresentado pelo transportador rodoviário ou ferroviário.

§ 1º O recolhimento das multas previstas nas alíneas *e*, *f* e *g* do inciso VII não garante o direito a regular operação do regime ou do recinto, nem a execução da atividade, do serviço ou do procedimento concedidos a título precário.

§ 2º As multas previstas neste artigo não prejudicam a exigência dos impostos incidentes, a aplicação de outras penalidades cabíveis e a representação fiscal para fins penais, quando for o caso."

"Art. 169. ....

....

§ 2º ....

I – inferiores a R$ 500,00 (quinhentos reais);

II – superiores a R$ 5.000,00 (cinco mil reais) nas hipóteses previstas nas alíneas *a*, *b* e *c*, item 2, do inciso III do *caput* deste artigo."

Art. 78. O art. 3º do Decreto-Lei nº 399, de 30 de dezembro de 1968, passa a vigorar com a seguinte redação:

"Art. 3º ....

Parágrafo único. Sem prejuízo da sanção penal referida neste artigo, será aplicada, além da pena de perdimento da respectiva mercadoria, a multa de R$ 2,00 (dois reais) por maço de cigarro ou por unidade dos demais produtos apreendidos."

Art. 79. Os arts. 7º e 8º da Lei nº 9.019, de 30 de março de 1995, passam a vigorar com a seguinte redação:

"Art. 7º ....

....

§ 2º Os direitos *antidumping* e os direitos compensatórios são devidos na data do registro da declaração de importação.

§ 3º A falta de recolhimento de direitos *antidumping* ou de direitos compensatórios na data prevista no § 2º acarretará, sobre o valor não recolhido:

I – no caso de pagamento espontâneo, após o desembaraço aduaneiro:

a) a incidência de multa de mora, calculada à taxa de 0,33% (trinta e três centésimos por cento), por dia de atraso, a partir do 1º (primeiro) dia subsequente ao do registro da declaração de importação até o dia em que ocorrer o seu pagamento, limitada a 20% (vinte por cento); e

b) a incidência de juros de mora calculados à taxa referencial do Sistema Especial de Liquidação e Custódia – SELIC, para títulos federais, acumulada mensalmente, a partir do 1º (primeiro) dia do mês subsequente ao do registro da declaração de importação até o último dia do mês anterior ao do pagamento e de 1% (um por cento) no mês do pagamento; e

II – no caso de exigência de ofício, de multa de 75% (setenta e cinco por cento) e dos juros de mora previstos na alínea *b* do inciso I deste parágrafo.

§ 4º A multa de que trata o inciso II do § 3º será exigida isoladamente quando os direitos *antidumping* ou os direitos compensatórios houverem sido pagos após o registro da declaração de importação, mas sem os acréscimos moratórios.

§ 5º A exigência de ofício de direitos *antidumping* ou de direitos compensatórios e decorrentes acréscimos moratórios e penalidades será formalizada em auto de infração lavrado por Auditor Fiscal da Receita Federal, observado o disposto no Decreto nº 70.235, de 6 de março de 1972, e o prazo de 5 (cinco) anos contados da data de registro da declaração de importação.

§ 6º Verificado o inadimplemento da obrigação, a Secretaria da Receita Federal encaminhará o débito à Procuradoria-Geral da Fazenda Nacional, para inscrição em Dívida Ativa da União e respectiva cobrança, observado o prazo de prescrição de 5 (cinco) anos.

§ 7º A restituição de valores pagos a título de direitos *antidumping* e de direitos compensatórios, provisórios ou definitivos, enseja a restituição dos acréscimos legais correspondentes e das penalidades pecuniárias, de caráter material, prejudicados pela causa da restituição."

"Art. 8º ....

§ 1º Nos casos de retroatividade, a Secretaria da Receita Federal intimará o contribuinte ou responsável para pagar os direitos *antidumping* ou compensatórios, provisórios ou definitivos, no prazo de 30 (trinta) dias, sem a incidência de quaisquer acréscimos moratórios.

§ 2º Vencido o prazo previsto no § 1º, sem que tenha havido o pagamento dos direitos, a Secretaria da Receita Federal deverá exigi-los de ofício, mediante a lavratura de auto de infração, aplicando-se a multa e os juros de mora previstos no inciso II do § 3º do art. 7º, a partir do término do prazo de 30 (trinta) dias previsto no § 1º deste artigo."

Art. 80. O art. 2º da Lei nº 4.502, de 30 de novembro de 1964, passa a vigorar acrescido do § 3º, com a seguinte redação:

"Art. 2º ....

....

§ 3º Para efeito do disposto no inciso I, considerar-se-á ocorrido o respectivo desembaraço aduaneiro da mercadoria que constar como tendo sido importada e cujo extravio ou avaria venham a ser apurados pela autoridade fiscal, inclusive na hipótese de mercadoria sob regime suspensivo de tributação."

Art. 81. A redução da multa de lançamento de ofício prevista no art. 6º da Lei nº 8.218, de 29 de agosto de 1991, não se aplica:

I – às multas previstas nos arts. 70, 72 e 75 desta Lei;

II – às multas previstas no art. 107 do Decreto-Lei nº 37, de 18 de novembro de 1966, com a redação dada pelo art. 77 desta Lei;

III – à multa prevista no § 3º do art. 23 do Decreto-Lei nº 1.455, de 7 de abril de 1976, com a redação dada pelo art. 59 da Lei nº 10.637, de 30 de dezembro de 2002;

IV – às multas previstas nos arts. 67 e 84 da Medida Provisória nº 2.158-35, de 24 de agosto de 2001;

V – à multa prevista no inciso I do art. 83 da Lei nº 4.502, de 30 de novembro de 1964, com a redação dada pelo art. 1º do Decreto-Lei nº 400, de 3 de dezembro de 1968; e

VI – à multa prevista no art. 19 da Lei nº 9.779, de 19 de janeiro de 1999.

CAPÍTULO IV
DISPOSIÇÕES FINAIS

Art. 82. O art. 2º da Lei nº 10.034, de 24 de outubro de 2000, passa vigorar com a seguinte redação:

"Art. 2º Ficam acrescidos de 50% (cinquenta por cento) os percentuais referidos no art. 5º da Lei nº 9.317, de 5 de dezembro de 1996, alterado pela Lei nº 9.732, de 11 de dezembro de 1998, em relação às atividades relacionadas nos incisos II a IV do art. 1º desta Lei e às pessoas jurídicas que aufiram receita bruta decorrente da prestação de serviços em montante igual ou superior a 30% (trinta por cento) da receita bruta total.

Parágrafo único. O produto da arrecadação proporcionado pelo disposto no *caput* será destinado integralmente às contribuições de que trata a alínea *f* do § 1º do art. 3º da Lei nº 9.317, de 5 de dezembro de 1996."

Art. 83. O não cumprimento das obrigações previstas nos arts. 11 e 19 da Lei nº 9.311, de 24 de outubro de 1996, sujeita as cooperativas de crédito às multas de:

▶ Art. 22 do Dec. nº 6.140, de 3-7-2007, que regulamenta a Contribuição Provisória sobre Movimentação ou Transmissão de Valores e de Créditos e Direitos de Natureza Financeira – CPMF.

I – R$ 5,00 (cinco reais) por grupo de 5 (cinco) informações inexatas, incompletas ou omitidas;

II – R$ 200,00 (duzentos reais) ao mês-calendário ou fração, independentemente da sanção prevista no inciso I, se o formulário ou outro meio de informação padronizado for apresentado fora do período determinado.

Parágrafo único. Apresentada a informação, fora de prazo, mas antes de qualquer procedimento de ofício, ou se, após a intimação, houver a apresentação dentro do prazo nesta fixado, as multas serão reduzidas à metade.

Art. 84. *Revogado*. Lei nº 11.051, de 29-12-2004.

Art. 85. A Lei nº 10.753, de 31 de outubro de 2003, passa a vigorar com as seguintes alterações:

"Art. 4º É permitida a entrada no País de livros em língua estrangeira ou portuguesa, imunes de impostos nos termos do art. 150, inciso VI, alínea *d*, da Constituição, e, nos termos do regulamento, de tarifas alfandegárias prévias, sem prejuízo dos controles aduaneiros e de suas taxas."

"Art. 8º As pessoas jurídicas que exerçam as atividades descritas nos incisos II a IV do art. 5º poderão constituir provisão para perda de estoques, calculada no último dia de cada período de apuração do imposto de renda e da contribuição social sobre o lucro líquido, correspondente a 1/3 (um terço) do valor do estoque existente naquela data, na forma que dispuser o regulamento, inclusive em relação ao tratamento contábil e fiscal a ser dispensado às reversões dessa provisão."

"Art. 9º A provisão referida no art. 8º será dedutível para fins de determinação do lucro real e da base de cálculo da contribuição social sobre o lucro líquido."

Art. 86. *Revogado*. Lei nº 12.111, de 9-12-2009.

Art. 87. Os §§ 2º, 3º e 4º do art. 5º da Lei nº 10.336, de 19 de dezembro de 2001, passam a vigorar com a seguinte redação:

"Art. 5º ....

....

§ 2º Aplicam-se às correntes de hidrocarbonetos líquidos as mesmas alíquotas específicas fixadas para gasolinas.

§ 3º O Poder Executivo poderá dispensar o pagamento da Cide incidente sobre as correntes de hidrocarbonetos líquidos não destinados à formulação de gasolina ou diesel, nos termos e condições que estabelecer, inclusive de registro especial do produtor, formulador, importador e adquirente.

§ 4º Os hidrocarbonetos líquidos de que trata o § 3º serão identificados mediante marcação, nos termos e condições estabelecidos pela ANP."

Art. 88. A Lei nº 10.336, de 19 de dezembro de 2001, fica acrescida do art. 8ºA:

"Art. 8ºA O contribuinte da CIDE, incidente sobre as correntes de hidrocarbonetos líquidos não destinados à formulação de gasolina ou diesel, poderá deduzir o valor da CIDE, pago na importação ou na comercialização no mercado interno, dos valores da contribuição para o PIS/PASEP e da COFINS devidos na comercialização, no mercado interno, dos produtos referidos neste artigo."

Art. 89. No prazo de 120 (cento e vinte) dias contados a partir da publicação desta Lei, o Poder Executivo encaminhará Projeto de Lei ao Congresso Nacional prevendo a substituição parcial da contribuição a cargo da empresa, destinada à Seguridade Social, incidente sobre a folha de salários e demais rendimentos do trabalho, prevista no art. 22 da Lei nº 8.212, de 24 de julho de 1991, em Contribuição Social incidente sobre a receita bruta, observado o princípio da não cumulatividade.

▶ Lei nº 10.999, de 15-12-2004, prorroga o prazo de que trata este artigo até 31-7-2005.

Art. 90. *Revogado*. Lei nº 11.051, de 29-12-2004.

Art. 91. Serão reduzidas a 0 (zero) as alíquotas da contribuição para o PIS/PASEP e da COFINS incidentes sobre a receita bruta decorrente da venda de álcool etílico hidratado carburante, realizada por distribuidor e revendedor varejista, desde que atendidas as condições estabelecidas pelo Poder Executivo.

▶ Lei nº 11.727, de 23-6-2008, dispõe sobre medidas tributárias destinadas a estimular os investimentos e a modernização do setor de turismo, a reforçar o sistema de proteção tarifária brasileiro, a estabelecer a incidência de forma concentrada da Contribuição para o PIS/PASEP e da COFINS na produção e comercialização do álcool, e altera diversas leis.

Parágrafo único. A redução de alíquotas referidas no *caput* somente será aplicável a partir do mês subsequente ao da edição do decreto que estabeleça as condições requeridas.

▶ Este artigo estará revogado pela LC nº 214, de 16-1-2025, a partir de 1º-1-2027.

Art. 92. A Secretaria da Receita Federal editará, no âmbito de sua competência, as normas necessárias à aplicação do disposto nesta Lei.

Art. 93. Esta Lei entra em vigor na data de sua publicação, produzindo efeitos, em relação:

I – aos arts. 1º a 15 e 25, a partir de 1º de fevereiro de 2004;

II – aos arts. 26, 27, 29, 30 e 34 desta Lei, a partir de 1º de fevereiro de 2004;

III – ao art. 1º da Lei nº 8.850, de 28 de janeiro de 1994, e ao inciso I do art. 52 da Lei nº 8.383, de 30 de dezembro de 1991, com a redação dada pelos arts. 42 e 43, a partir de 1º de janeiro de 2004;

IV – aos arts. 49 a 51 e 53 a 58 desta Lei, a partir do 1º dia do quarto mês subsequente ao de sua publicação;

V – ao art. 52 desta Lei, a partir do 1º dia do segundo mês subsequente ao de publicação desta Lei;

VI – aos demais artigos, a partir da data da publicação desta Lei.

Art. 94. Ficam revogados:

I – as alíneas *a* dos incisos III e IV e o inciso V do art. 106, o art. 109 e o art. 137 do Decreto-Lei nº 37, de 1966, este com a redação dada pelo art. 4º do Decreto-Lei nº 2.472, de 1988;

II – o art. 7º do Decreto-Lei nº 1.578, de 11 de outubro de 1977;

III – o inciso II do art. 77 da Lei nº 8.981, de 20 de janeiro de 1995;

IV – o art. 75 da Lei nº 9.532, de 10 de dezembro de 1997;

V – os §§ 5º e 6º do art. 5º da Lei nº 10.336, 28 de dezembro de 2001; e

VI – o art. 6º da Lei nº 10.637, de 30 de dezembro de 2002, a partir da data de início dos efeitos desta Lei.

Brasília, 29 de dezembro de 2003; 182º da Independência e 115º da República.

Luiz Inácio Lula da Silva

ANEXO ÚNICO

Revogado. Lei nº 10.925, de 23-7-2004.

LEI Nº 10.865, DE 30 DE ABRIL DE 2004

Dispõe sobre a Contribuição para os Programas de Integração Social e de Formação do Patrimônio do Servidor Público e a Contribuição para o Financiamento da Seguridade Social incidentes sobre a importação de bens e serviços e dá outras providências.

▶ Publicada no *DOU* de 30-4-2004, Edição Extra.

▶ Art. 149, § 2º, I, da CF.

▶ LC nº 7, de 7-9-1970, institui o Programa de Integração Social.

▶ Lei nº 10.637, de 30-12-2002, dispõe sobre a não cumulatividade da contribuição para o PIS/PASEP, nos casos que especifica; sobre o pagamento e o parcelamento de débitos tributários federais, a compensação de créditos fiscais, a declaração de inaptidão de inscrição de pessoas jurídicas, a legislação aduaneira.

▶ Lei nº 10.833, de 29-12-2003, altera a legislação tributária.

▶ Lei nº 10.925, de 23-7-2004, reduz as alíquotas do PIS/PASEP e da COFINS incidentes na importação e na comercialização do mercado interno de fertilizantes e defensivos agropecuários.

CAPÍTULO I – DA INCIDÊNCIA

Art. 1º Ficam instituídas a Contribuição para os Programas de Integração Social e de Formação do Patrimônio do Servidor Público incidente na Importação de Produtos Estrangeiros ou Serviços – PIS/PASEP-Importação e a Contribuição Social para o Financiamento da Seguridade Social devida pelo Importador de Bens Estrangeiros ou Serviços do Exterior – COFINS-Importação, com base nos arts. 149, § 2º, inciso II, e 195, inciso IV, da Constituição Federal, observado o disposto no seu art. 195, § 6º.

§ 1º Os serviços a que se refere o *caput* deste artigo são os provenientes do exterior prestados por pessoa física ou pessoa jurídica residente ou domiciliada no exterior, nas seguintes hipóteses:

I – executados no País; ou

II – executados no exterior, cujo resultado se verifique no País.

§ 2º Consideram-se também estrangeiros:

I – bens nacionais ou nacionalizados exportados, que retornem ao País, salvo se:

a) enviados em consignação e não vendidos no prazo autorizado;

b) devolvidos por motivo de defeito técnico para reparo ou para substituição;

c) por motivo de modificações na sistemática de importação por parte do país importador;

d) por motivo de guerra ou de calamidade pública; ou

e) por outros fatores alheios à vontade do exportador;

II – os equipamentos, as máquinas, os veículos, os aparelhos e os instrumentos, bem como as partes, as peças, os acessórios e os componentes, de fabricação nacional, adquiridos no mercado interno pelas empresas nacionais de engenharia e exportados para a execução de obras contratadas no exterior, na hipótese de retornarem ao País.

Art. 2º As contribuições instituídas no art. 1º desta Lei não incidem sobre:

I – bens estrangeiros que, corretamente descritos nos documentos de transporte, chegarem ao País por erro inequívoco ou comprovado de expedição e que forem redestinados ou devolvidos para o exterior;

II – bens estrangeiros idênticos, em igual quantidade e valor, e que se destinem à reposição de outros anteriormente importados que se tenham revelado, após o desembaraço aduaneiro, defeituosos ou imprestáveis para o fim a que se destinavam, observada a regulamentação do Ministério da Fazenda;

III – bens estrangeiros que tenham sido objeto de pena de perdimento, exceto nas hipóteses em que não sejam localizados, tenham sido consumidos ou revendidos;

IV – bens estrangeiros devolvidos para o exterior antes do registro da declaração de importação, observada a regulamentação do Ministério da Fazenda;

V – pescado capturado fora das águas territoriais do País por empresa localizada no seu território, desde que satisfeitas as exigências que regulam a atividade pesqueira;

VI – bens aos quais tenha sido aplicado o regime de exportação temporária;

VII – bens ou serviços importados pelas entidades beneficentes de assistência social, nos termos do § 7º do art. 195 da Constituição Federal, observado o disposto no art. 10 desta Lei;

VIII – bens em trânsito aduaneiro de passagem, acidentalmente destruídos;

IX – bens avariados ou que se revelem imprestáveis para os fins a que se destinavam, desde que destruídos, sob controle aduaneiro, antes de despachados para consumo, sem ônus para a Fazenda Nacional; e

X – o custo do transporte internacional e de outros serviços, que tiverem sido computados no valor aduaneiro que serviu de base de cálculo da contribuição;

XI – valor pago, creditado, entregue, empregado ou remetido à pessoa física ou jurídica a título de remuneração de serviços vinculados aos processos de avaliação da conformidade, metrologia, normalização, inspeção sanitária e fitossanitária, homologação, registros e outros procedimentos exigidos pelo país importador sob o resguardo dos acordos sobre medidas sanitárias e fitossanitárias (SPS) e sobre barreiras técnicas ao comércio (TBT), ambos do âmbito da Organização Mundial do Comércio – OMC.

▶ Inciso XI com a redação dada pela Lei nº 12.249, de 11-6-2010.

Parágrafo único. O disposto no inciso XI não se aplica à remuneração de serviços prestados por pessoa física ou jurídica residente ou domiciliada em país ou dependência com tributação favorecida ou beneficiada por regime fiscal privilegiado, de que tratam os arts. 24 e 24-A da Lei nº 9.430, de 27 de dezembro de 1996.

▶ Parágrafo único com a redação dada pela Lei nº 12.249, de 11-6-2010.

CAPÍTULO II
DO FATO GERADOR

Art. 3º O fato gerador será:

I – a entrada de bens estrangeiros no território nacional; ou

II – o pagamento, o crédito, a entrega, o emprego ou a remessa de valores a residentes ou domiciliados no exterior como contraprestação por serviço prestado.

§ 1º Para efeito do inciso I do *caput* deste artigo, consideram-se entrados no território nacional os bens que constem como tendo sido importados e cujo extravio venha a ser apurado pela administração aduaneira.

§ 2º O disposto no § 1º deste artigo não se aplica:

I – às malas e às remessas postais internacionais; e

II – à mercadoria importada a granel que, por sua natureza ou condições de manuseio na descarga, esteja sujeita a quebra ou a decréscimo, desde que o extravio não seja superior a 1% (um por cento).

§ 3º Na hipótese de ocorrer quebra ou decréscimo em percentual superior ao fixado no inciso II do § 2º deste artigo, serão exigidas as contribuições somente em relação ao que exceder a 1% (um por cento).

Art. 4º Para efeito de cálculo das contribuições, considera-se ocorrido o fato gerador:

I – na data do registro da declaração de importação de bens submetidos a despacho para consumo;

II – no dia do lançamento do correspondente crédito tributário, quando se tratar de bens constantes de manifesto ou de outras declarações de efeito equivalente, cujo extravio ou avaria for apurado pela autoridade aduaneira;

III – na data do vencimento do prazo de permanência dos bens em recinto alfandegado, se iniciado o respectivo despacho aduaneiro antes de aplicada a pena de perdimento, na situação prevista pelo art. 18 da Lei nº 9.779, de 19 de janeiro de 1999;

IV – na data do pagamento, do crédito, da entrega, do emprego ou da remessa de valores na hipótese de que trata o inciso II do *caput* do art. 3º desta Lei.

Parágrafo único. O disposto no inciso I do *caput* deste artigo aplica-se, inclusive, no caso de despacho para consumo de bens importados sob regime suspensivo de tributação do imposto de importação.

CAPÍTULO III
DO SUJEITO PASSIVO

Art. 5º São contribuintes:

I – o importador, assim considerada a pessoa física ou jurídica que promova a entrada de bens estrangeiros no território nacional;

II – a pessoa física ou jurídica contratante de serviços de residente ou domiciliado no exterior; e

III – o beneficiário do serviço, na hipótese em que o contratante também seja residente ou domiciliado no exterior.

Parágrafo único. Equiparam-se ao importador o destinatário de remessa postal internacional indicado pelo respectivo remetente e o adquirente de mercadoria entrepostada.

Art. 6º São responsáveis solidários:

I – o adquirente de bens estrangeiros, no caso de importação realizada por sua conta e ordem, por intermédio de pessoa jurídica importadora;

II – o transportador, quando transportar bens procedentes do exterior ou sob controle aduaneiro, inclusive em percurso interno;

III – o representante, no País, do transportador estrangeiro;

IV – o depositário, assim considerado qualquer pessoa incumbida da custódia de bem sob controle aduaneiro; e

V – o expedidor, o operador de transporte multimodal ou qualquer subcontratado para a realização do transporte multimodal.

CAPÍTULO IV
DA BASE DE CÁLCULO

Art. 7º A base de cálculo será:

I – o valor aduaneiro, na hipótese do inciso I do *caput* do art. 3º desta Lei; ou

▶ Inciso I com a redação dada pela Lei nº 12.865, de 9-10-2013.

II – o valor pago, creditado, entregue, empregado ou remetido para o exterior, antes da retenção do imposto de renda, acrescido do Imposto sobre Serviços de qualquer Natureza – ISS e do valor das próprias contribuições, na hipótese do inciso II do *caput* do art. 3º desta Lei.

§ 1º A base de cálculo das contribuições incidentes sobre prêmios de resseguro cedidos ao exterior é de 15% (quinze por cento) do valor pago, creditado, entregue, empregado ou remetido.

▶ § 1º com a redação dada pela Lei nº 12.249, de 11-6-2010.

§ 2º O disposto no § 1º deste artigo aplica-se aos prêmios de seguros não enquadrados no disposto no inciso X do art. 2º desta Lei.

§ 3º A base de cálculo fica reduzida:

I – em 30,2% (trinta inteiros e dois décimos por cento), no caso de importação, para revenda, de caminhões chassi com carga útil igual ou superior a 1.800 kg (mil e oitocentos quilogramas) e caminhão monobloco com carga útil igual ou superior a 1.500 kg (mil e quinhentos quilogramas), classificados na posição 87.04 da Tabela de Incidência do Imposto sobre Produtos Industrializados – TIPI, observadas as especificações estabelecidas pela Secretaria da Receita Federal; e

II – em 48,1% (quarenta e oito inteiros e um décimo por cento), no caso de importação, para revenda, de máquinas e veículos classificados nos seguintes códigos e posições da TIPI: 84.29, 8432.40.00, 8432.80.00, 8433.20, 8433.30.00, 8433.40.00, 8433.5, 87.01, 8702.10.00 Ex 02, 8702.90.90 Ex 02, 8704.10.00, 87.05 e 8706.00.10 Ex 01 (somente os destinados aos produtos classificados nos Ex 02 dos códigos 8702.10.00 e 8702.90.90).

§§ 4º e 5º *Revogados*. Lei nº 12.865, de 9-10-2013.

CAPÍTULO V
DAS ALÍQUOTAS

Art. 8º As contribuições serão calculadas mediante aplicação, sobre a base de cálculo de que trata o art. 7º desta Lei, das alíquotas:

▶ *Caput* com a redação dada pela Lei nº 13.137, de 19-6-2015.

I – na hipótese do inciso I do *caput* do art. 3º, de:

a) 2,1% (dois inteiros e um décimo por cento), para a Contribuição para o PIS/PASEP-Importação; e

b) 9,65% (nove inteiros e sessenta e cinco centésimos por cento), para a COFINS-Importação; e

II – na hipótese do inciso II do *caput* do art. 3º, de:

a) 1,65% (um inteiro e sessenta e cinco centésimos por cento), para a Contribuição para o PIS/PASEP-Importação; e

b) 7,6% (sete inteiros e seis décimos por cento), para a COFINS-Importação.

▶ Incisos I e II com a redação dada pela Lei nº 13.137, de 19-6-2015.

§ 1º As alíquotas, no caso de importação de produtos farmacêuticos, classificados nas posições 30.01, 30.03, exceto no código 3003.90.56, 30.04, exceto no código 3004.90.46, nos itens 3002.10.1, 3002.10.2, 3002.10.3, 3002.20.1, 3002.20.2, 3006.30.1 e 3006.30.2 e nos códigos 3002.90.20, 3002.90.92, 3002.90.99, 3005.10.10, 3006.60.00, são de:

I – 2,76% (dois inteiros e setenta e seis centésimos por cento), para a Contribuição para o PIS/PASEP-Importação; e

II – 13,03% (treze inteiros e três centésimos por cento), para a COFINS-Importação.

▶ Incisos I e II com a redação dada pela Lei nº 13.137, de 19-6-2015.

§ 2º As alíquotas, no caso de importação de produtos de perfumaria, de toucador ou de higiene pessoal, classificados nas posições 3303.00 a 33.07, exceto na posição 33.06; e nos códigos 3401.11.90, exceto 3401.11.90 Ex 01; 3401.20.10; e 9603.21.00; são de:

▶ *Caput* do § 2º com a redação dada pela Lei nº 12.839, de 9-7-2013.

I – 3,52% (três inteiros e cinquenta e dois centésimos por cento), para a Contribuição para o PIS/PASEP-Importação; e

II – 16,48% (dezesseis inteiros e quarenta e oito centésimos por cento), para a COFINS-Importação.

▶ Incisos I e II com a redação dada pela Lei nº 13.137, de 19-6-2015.

§ 3º Na importação de máquinas e veículos, classificados nos códigos 84.29, 8432.40.00, 8432.80.00, 8433.20, 8433.30.00, 8433.40.00, 8433.5, 87.01, 87.02, 87.03,

LEGISLAÇÃO COMPLEMENTAR

87.04, 87.05 e 87.06, da Nomenclatura Comum do Mercosul – NCM, as alíquotas são de:

I – 2,62% (dois inteiros e sessenta e dois centésimos por cento), para a Contribuição para o PIS/PASEP-Importação; e

II – 12,57% (doze inteiros e cinquenta e sete centésimos por cento), para a COFINS-Importação.

▶ Incisos I e II com a redação dada pela Lei nº 13.137, de 19-6-2015.

§ 4º O disposto no § 3º deste artigo, relativamente aos produtos classificados no Capítulo 84 da NCM, aplica-se, exclusivamente, aos produtos autopropulsados.

§ 5º Na importação dos produtos classificados nas posições 40.11 (pneus novos de borracha) e 40.13 (câmaras de ar de borracha), da NCM, as alíquotas são de:

I – 2,68% (dois inteiros e sessenta e oito centésimos por cento), para a Contribuição para o PIS/PASEP-Importação; e

II – 12,35% (doze inteiros e trinta e cinco centésimos por cento), para a COFINS-Importação.

▶ Incisos I e II com a redação dada pela Lei nº 13.137, de 19-6-2015.

§§ 6º e 6º-A *Revogados*. Lei nº 13.097, de 19-1-2015.

§ 7º *Revogado*. Lei nº 11.727, de 23-6-2008.

§ 8º A importação de gasolinas e suas correntes, exceto de aviação e óleo diesel e suas correntes, gás liquefeito de petróleo (GLP) derivado de petróleo e gás natural e querosene de aviação fica sujeita à incidência da contribuição para o PIS/PASEP e da COFINS, fixadas por unidade de volume do produto, às alíquotas previstas no art. 23 desta Lei, independentemente de o importador haver optado pelo regime especial de apuração e pagamento ali referido.

§ 9º Na importação de autopeças, relacionadas nos Anexos I e II da Lei nº 10.485, de 3 de julho de 2002, exceto quando efetuada pela pessoa jurídica fabricante de máquinas e veículos relacionados no art. 1º da referida Lei, as alíquotas são de:

I – 2,62% (dois inteiros e sessenta e dois centésimos por cento), para a Contribuição para o PIS/PASEP-Importação; e

II – 12,57% (doze inteiros e cinquenta e sete centésimos por cento), para a COFINS-Importação.

▶ Incisos I e II com a redação dada pela Lei nº 13.137, de 19-6-2015.

§ 9º-A. A partir de 1º de setembro de 2015, as alíquotas da Contribuição do PIS/PASEP-Importação e da COFINS-Importação de que trata o § 9º serão de:

I – 3,12% (três inteiros e doze centésimos por cento), para a Contribuição para o PIS/PASEP-Importação; e

II – 14,37% (quatorze inteiros e trinta e sete centésimos por cento), para a COFINS-Importação.

▶ § 9-A acrescido pela Lei nº 13.137, de 19-6-2015.

§ 10. Na importação de papel imune a impostos de que trata o art. 150, inciso VI, alínea *d*, da Constituição Federal, ressalvados os referidos no inciso IV do § 12 deste artigo, quando destinado à impressão de periódicos, as alíquotas são de:

▶ Art. 1º, *caput*, §§ 1º e 2º, da Lei nº 11.945, de 4-6-2009, que dispõe sobre o Registro Especial na Secretaria da Receita Federal do Brasil.

I – 0,8% (oito décimos por cento), para a contribuição para o PIS/PASEP-Importação; e

II – 3,2% (três inteiros e dois décimos por cento), para a COFINS-Importação.

▶ Incisos I e II com a redação dada pela Lei nº 13.137, de 19-6-2015.

§ 11. Fica o Poder Executivo autorizado a reduzir a 0 (zero) e a restabelecer as alíquotas do PIS/PASEP – Importação e da COFINS – Importação, incidentes sobre:

I – produtos químicos e farmacêuticos classificados nos Capítulos 29 e 30 da NCM;

II – produtos destinados ao uso em hospitais, clínicas e consultórios médicos e odontológicos, campanhas de saúde realizadas pelo Poder Público e laboratórios de anatomia patológica, citológica ou de análises clínicas, classificados nas posições 30.02, 30.06, 39.26, 40.15 e 90.18 da NCM.

▶ Inciso II com a redação dada pela Lei nº 11.196, de 21-11-2005.

§ 12. Ficam reduzidas a 0 (zero) as alíquotas das contribuições, nas hipóteses de importação de:

I – materiais e equipamentos, inclusive partes, peças e componentes, destinados ao emprego na construção, conservação, modernização, conversão ou reparo de embarcações registradas ou pré-registradas no Registro Especial Brasileiro;

▶ Inciso I com a redação dada pela Lei nº 11.774, de 17-9-2008.

II – embarcações construídas no Brasil e transferidas por matriz de empresa brasileira de navegação para subsidiária integral no exterior, que retornem ao registro brasileiro como propriedade da mesma empresa nacional de origem;

III – papel destinado à impressão de jornais, pelo prazo de 4 (quatro) anos a contar da data de vigência desta Lei, ou até que a produção nacional atenda 80% (oitenta por cento) do consumo interno;

▶ O art. 18 da Lei nº 11.727, de 23-6-2008, prorrogou o prazo a que se refere este inciso até 30-4-2012.

IV – papéis classificados nos códigos 4801.00.10, 4801.00.90, 4802.61.91, 4802.61.99, 4810.19.89 e 4810.22.90, todos da TIPI, destinados à impressão de periódicos pelo prazo de 4 (quatro) anos a contar da data de vigência desta Lei ou até que a produção nacional atenda 80% (oitenta por cento) do consumo interno;

▶ O art. 18 da Lei nº 11.727, de 23-6-2008, prorrogou o prazo a que se refere este inciso até 30-4-2012.

V – máquinas, equipamentos, aparelhos, instrumentos, suas partes e peças de reposição, e películas cinematográficas virgens, sem similar nacional, destinados à indústria cinematográfica e audiovisual, e de radiodifusão;

VI – aeronaves, classificadas na posição 88.02 da NCM;

▶ Inciso VI com a redação dada pela Lei nº 10.925, de 23-7-2004.

VII – partes, peças, ferramentais, componentes, insumos, fluidos hidráulicos, lubrificantes, tintas, anticorrosivos, equipamentos, serviços e matérias-primas a serem empregados na manutenção, reparo, revisão, conservação, modernização, conversão e industrialização das aeronaves de que trata o inciso VI deste parágrafo, de seus motores, suas partes, peças, componentes, ferramentais e equipamentos;

▶ Inciso VII com a redação dada pela Lei nº 11.727, de 23-6-2008.

VIII – *Revogado*. Lei nº 11.196, de 21-11-2005;

IX – gás natural destinado ao consumo em unidades termelétricas integrantes do Programa Prioritário de Termelétricas – PPT;

X – produtos hortícolas e frutas, classificados nos Capítulos 7 e 8, e ovos, classificados na posição 04.07, todos da TIPI; e

XI – semens e embriões da posição 05.11, da NCM;

XII – livros, conforme definido no art. 2º da Lei nº 10.753, de 30 de outubro de 2003;

▶ Inciso XII com a redação dada pela Lei nº 11.033, de 21-12-2004.

XIII – preparações compostas não alcoólicas, classificadas no código 2106.90.10 Ex 01 da TIPI, destinadas à elaboração de bebidas pelas pessoas jurídicas industriais dos produtos referidos no art. 58-A da Lei nº 10.833, de 29 de dezembro de 2003;

▶ Inciso XIII com a redação dada pela Lei nº 11.727, de 23-6-2008.

▶ O referido art. 58-A da Lei nº 10.833, de 29-12-2003, foi revogado pela Lei nº 13.097, de 19-1-2015, que reduz a zero as alíquotas da contribuição para o PIS/PASEP, da COFINS, da contribuição para o PIS/PASEP-importação e da COFINS-importação incidentes sobre a receita de vendas e na importação de partes utilizadas em aerogeradores.

XIV – material de emprego militar classificado nas posições 87.10.00.00 e 89.06.10.00 da Tabela de Incidência do Imposto sobre Produtos Industrializados – TIPI;

XV – partes, peças, componentes, ferramentais, insumos, equipamentos e matérias-primas a serem empregados na industrialização, manutenção, modernização e conversão do material de emprego militar de que trata o inciso XIV deste parágrafo;

XVI – gás natural liquefeito – GNL;

▶ Incisos XIV a XVI acrescidos pela Lei nº 11.727, de 23-6-2008.

XVII – produtos classificados no código 8402.19.00 da Nomenclatura Comum do MERCOSUL – NCM, para utilização em Usinas Termonucleares – UTN geradoras de energia elétrica para o Sistema Interligado Nacional;

▶ Inciso XVII acrescido pela Lei nº 11.774, de 17-9-2008.

XVIII – produtos classificados na posição 87.13 da Nomenclatura Comum do MERCOSUL – NCM;

XIX – artigos e aparelhos ortopédicos ou para fraturas classificados no código 90.21.10 da NCM;

XX – artigos e aparelhos de próteses classificados no código 90.21.3 da NCM;

XXI – almofadas antiescaras classificadas nos Capítulos 39, 40, 63 e 94 da NCM;

▶ Incisos XVIII a XXI acrescidos pela Lei nº 12.058, de 13-10-2009.

▶ A MP nº 491, de 23-6-2010, havia acrescido o inciso XXII a este parágrafo, porém teve seu prazo de vigência encerrado.

XXIII – projetores para exibição cinematográfica, classificados no código 9007.2 da NCM, e suas partes e acessórios, classificados no código 9007.9 da NCM.

▶ Inciso XXIII com a redação dada pela Lei nº 12.599, de 23-3-2012.

XXIV – produtos classificados nos códigos 8443.32.22, 8469.00.39 Ex 01, 8714.20.00, 9021.40.00, 9021.90.82 e 9021.90.92, todos da TIPI, aprovada pelo Decreto nº 7.660, de 23 de dezembro de 2011;

XXV – calculadoras equipadas com sintetizador de voz classificadas no código 8470.10.00 Ex 01 da TIPI;

XXVI – teclados com adaptações específicas para uso por pessoas com deficiência, classificados no código 8471.60.52 da TIPI;

XXVII – indicador ou apontador – *mouse* – com adaptações específicas para uso por pessoas com deficiência, classificado no código 8471.60.53 da TIPI;

XXVIII – linhas braile classificadas no código 8471.60.90 Ex 01 da TIPI;

XXIX – digitalizadores de imagens – *scanners* – equipados com sintetizador de voz classificados no código 8471.90.14 Ex 01 da TIPI;

XXX – duplicadores braile classificados no código 8472.10.00 Ex 01 da TIPI;

XXXI – acionadores de pressão classificados no código 8471.60.53 Ex 02 da TIPI;

XXXII – lupas eletrônicas do tipo utilizado por pessoas com deficiência visual classificadas no código 8525.80.19 Ex 01 da TIPI;

XXXIII – implantes cocleares classificados no código 9021.40.00 da TIPI;

XXXIV – próteses oculares classificadas no código 9021.39.80 da TIPI;

▶ Incisos XXIV a XXXIV com a redação dada pela Lei nº 12.649, de 17-5-2012.

XXXV – programas – *softwares* – de leitores de tela que convertem texto em voz sintetizada para auxílio de pessoas com deficiência visual;

XXXVI – aparelhos contendo programas – *softwares* – de leitores de tela que convertem texto em caracteres braile, para utilização de surdos-cegos;

▶ Incisos XXXV e XXXVI acrescidos pela Lei nº 12.649, de 17-5-2012.

XXXVII – VETADO; Lei nº 12.649, de 17-5-2012.

XXXVIII – neuroestimuladores para tremor essencial/Parkinson, classificados no código 9021.90.19, e seus acessórios, classificados nos códigos 9018.90.99, 9021.90.91 e 9021.90.99, todos da TIPI; e

▶ Inciso XXXVIII com a redação dada pela Lei nº 12.995, de 18-6-2014.

XXXIX – *Revogado*. Lei nº 13.137, de 19-6-2015;

XL – produtos classificados no Ex 01 do código 8503.00.90 da TIPI, exceto pás eólicas."

▶ Inciso XL com a redação dada pela Lei nº 13.169, de 6-10-2015.

§ 13. O Poder Executivo poderá regulamentar:

▶ *Caput* do § 13 com a redação dada pela Lei nº 12.058, de 13-10-2009.

I – o disposto no § 10 deste artigo; e

II – a utilização do benefício da alíquota zero de que tratam os incisos I a VII, XVIII a XXI e XXIV a XXXVIII do § 12.

▶ Inciso II com a redação dada pela Lei nº 12.649, de 17-5-2012.

§ 14. Ficam reduzidas a 0 (zero) as alíquotas das contribuições incidentes sobre o valor pago, creditado, entregue, empregado ou remetido à pessoa física ou jurídica residente ou domiciliada no exterior, referente a aluguéis e contraprestações de arrendamento mercantil de máquinas e equipamentos, embarcações e aeronaves utilizados na atividade da empresa.

▶ § 14 acrescido pela Lei nº 10.925, de 23-7-2004.

▶ Súm. nº 423 do STJ.

§ 15. Na importação de etano, propano e butano, destinados à produção de eteno e propeno; de nafta petroquímica e de condensado destinado a centrais petroquímicas; bem como na importação de eteno, propeno, buteno, butadieno, ortoxileno, benzeno, tolueno, isopreno e paraxileno, quando efetuada por indústrias químicas, as alíquotas da Contribuição para o PIS/PASEP-Importação e da COFINS-Importação são de, respectivamente:

▶ *Caput* com a redação dada pela Lei nº 12.859, de 10-9-2013.

▶ Este parágrafo estará revogado pela Lei nº 14.183, de 14-7-2021, a partir de 1º-1-2028 (*DOU* de 22-12-2022).

I – 0,18% (dezoito centésimos por cento) e 0,82% (oitenta e dois centésimos por cento), para os fatos geradores ocorridos nos anos de 2013, 2014 e 2015;

II – 0,54% (cinquenta e quatro centésimos por cento) e 2,46% (dois inteiros e quarenta e seis centésimos por cento), para os fatos geradores ocorridos no ano de 2016;

III – 0,90% (noventa centésimos por cento) e 4,10% (quatro inteiros e dez centésimos por cento), para os fatos geradores ocorridos no ano de 2017; e

▶ Incisos I a III com a redação dada pela Lei nº 12.589, de 10-9-2013.

IV – 1% (um por cento) e 4,6% (quatro inteiros e seis décimos por cento), para os fatos geradores ocorridos nos anos de 2018 a 2020 e nos meses de janeiro a junho de 2021;

▶ Inciso IV com a redação dada pela Lei nº 14.183, de 14-7-2021.

V – 1,13% (um inteiro e treze centésimos por cento) e 5,2% (cinco inteiros e dois décimos por cento), para os fatos geradores ocorridos nos meses de julho a dezembro de 2021;

▶ Inciso V acrescido pela Lei nº 14.183, de 14-7-2021.

VI – 1,26% (um inteiro e vinte e seis centésimos por cento) e 5,8% (cinco inteiros e oito décimos por cento), para os fatos geradores ocorridos nos meses de janeiro a março de 2022, e 1,65% (um inteiro e sessenta e cinco centésimos por cento) e 7,6% (sete inteiros e seis décimos por cento), para os fatos geradores ocorridos nos meses de abril a dezembro de 2022;

▶ Inciso VI com a redação dada pela Lei nº 14.374, de 21-6-2022.

VII – 1,39% (um inteiro e trinta e nove centésimos por cento) e 6,4% (seis inteiros e quatro décimos por cento), para os fatos geradores ocorridos no ano de 2023; e

VIII – 1,52% (um inteiro e cinquenta e dois centésimos por cento) e 7% (sete por cento), para os fatos geradores ocorridos no ano de 2024.

▶ Incisos VII e VIII acrescidos pela Lei nº 14.183, de 14-7-2021.

IX – 1,52% (um inteiro e cinquenta e dois centésimos por cento) e 7% (sete por cento), para os fatos geradores ocorridos nos anos de 2025 a 2027.

▶ Inciso IX acrescido pela Lei nº 14.374, de 21-6-2022, promulgado nos termos do art. 66, § 5º, da CF.

§ 16. Na hipótese da importação de etano, propano e butano de que trata o § 15 deste artigo, não se aplica o disposto no § 8º deste artigo.

▶ § 16 acrescido pela Lei nº 11.488, de 15-6-2007.

▶ Este parágrafo estará revogado pela Lei nº 14.183, de 14-7-2021, a partir de 1º-1-2028 (*DOU* de 22-12-2022).

§ 17. O disposto no § 14 deste artigo não se aplica aos valores pagos, creditados, entregues, empregados ou remetidos, por fonte situada no País, à pessoa física ou jurídica residente ou domiciliada no exterior, em decorrência da prestação de serviços de frete, afretamento, arrendamento ou aluguel de embarcações marítimas ou fluviais destinadas ao transporte de pessoas para fins turísticos.

§ 18. O disposto no § 17 deste artigo aplicar-se-á também à hipótese de contratação ou utilização da embarcação em atividade mista de transporte de cargas e de pessoas para fins turísticos, independentemente da preponderância da atividade.

▶ §§ 17 e 18 com a redação dada pela Lei nº 11.727, de 23-6-2008.

§ 19. A importação de álcool, inclusive para fins carburantes, é sujeita à incidência da Contribuição para o PIS/PASEP-Importação e da COFINS-Importação com alíquotas de, respectivamente, 2,1% (dois inteiros e um décimo por cento) e 9,65% (nove inteiros e sessenta e cinco centésimos por cento), independentemente de o importador haver optado pelo regime especial de apuração e pagamento referido no art. 5º da Lei nº 9.718, de 27 de novembro de 1998.

▶ § 19 com a redação dada pela Lei nº 13.137, de 19-6-2015.

▶ A MP nº 491, de 23-6-2010, havia acrescido o § 20 a este artigo, porém teve seu prazo de vigência encerrado.

§ 21. *Até 31 de dezembro de 2024, as alíquotas da COFINS-Importação de que trata este artigo ficam acrescidas de 1 (um) ponto percentual na hipótese de importação dos bens classificados na TIPI, aprovada pelo Decreto nº 11.158, de 29 de julho de 2022, nos códigos:*

▶ *Caput* do § 21 com a redação dada pela Lei nº 14.973, de 16-9-2024.

I a VI – *Revogados*. Lei nº 12.715, de 17-9-2012;

VII – 3926.20.00, 40.15, 42.03, 43.03, 4818.50.00, 6505.00, 6812.91.00, 8804.00.00, capítulos 61 a 63;

VIII – 64.01 a 64.06;

IX – 41.04, 41.05, 41.06, 41.07 e 41.14;

X – 8308.10.00, 8308.20.00, 96.06 e 96.07;

▶ Incisos VII a X acrescidos pela Lei nº 13.670, de 30-5-2018.

XI – VETADO. Lei nº 13.670, de 30-5-2018;

XII – 87.02, exceto 8702.90.10, e 87.07;

▶ Inciso XII acrescido pela Lei nº 13.670, de 30-5-2018.

XIII – VETADO. Lei nº 13.670, de 30-5-2018;

XIV – 7308.20.00; 7309.00.10; 7309.00.90; 7310.29.90; 7311.00.00; 7315.12.10; 7316.00.00; 84.02; 84.03; 84.04; 84.05; 84.06; 84.07, 84.08; 84.09 (exceto o código 8409.10.00); 84.10. 84.11; 84.12; 84.13;

8414.10.00; 8414.30.19; 8414.30.91; 8414.30.99; 8414.40.10; 8414.40.20; 8414.40.90; 8414.59.90; 8414.80.11; 8414.80.12; 8414.80.13; 8414.80.19; 8414.80.22; 8414.80.29; 8414.80.31; 8414.80.32; 8414.80.33; 8414.80.38; 8414.80.39; 8414.90.31; 8414.90.33; 8414.90.34; 8414.90.39; 84.16; 84.17; 84.19; 84.20; 8421.11.10; 8421.11.90; 8421.19.10; 8421.19.90; 8421.21.00; 8421.22.00; 8421.23.00; 8421.29.20; 8421.29.30; 8421.29.90; 8421.91.91; 8421.91.99; 8421.99.10; 8421.99.91; 8421.99.99; 84.22 (exceto o código 8422.11.00); 84.23 (exceto o código 8423.10.00); 84.24 (exceto os códigos 8424.10.00, 8424.20.00, 8424.89.10 e 8424.90.00); 84.25; 84.26; 84.27; 84.28; 84.29; 84.30; 84.31; 84.32; 84.33; 84.34; 84.35; 84.36; 84.37; 84.38; 84.39; 84.40; 84.41; 84.42; 8443.11.10; 8443.11.90; 8443.12.00; 8443.13.10; 8443.13.21; 8443.13.29; 8443.13.90; 8443.14.00; 8443.15.00; 8443.16.00; 8443.17.10; 8443.17.90; 8443.19.10; 8443.19.90; 8443.39.10; 8443.39.21; 8443.39.28; 8443.39.29; 8443.39.30; 8443.39.90; 84.44; 84.45; 84.46; 84.47; 84.48; 84.49; 8450.11.00; 8450.19.00; 8450.20.90; 8450.20; 8450.90.90; 84.51 (exceto código 8451.21.00); 84.52 (exceto os códigos 8452.10.00, 8452.90.20 e 8452.90.8); 84.53; 84.54; 84.55; 84.56; 84.57; 84.58; 84.59; 84.60; 84.61; 84.62; 84.63; 84.64; 84.65; 84.66; 8467.11.10; 8467.11.90; 8467.19.00; 8467.29.91; 8468.20.00; 8468.80.10; 8468.80.90; 84.74; 84.75; 84.77; 8478.10.10; 8478.10.90; 84.79; 8480.20.00; 8480.30.00; 8480.4; 8480.50.00; 8480.60.00; 8480.7; 8481.10.00; 8481.30.00; 8481.40.00; 8481.80.11; 8481.80.19; 8481.80.21; 8481.80.29; 8481.80.39; 8481.80.92; 8481.80.93; 8481.80.94; 8481.80.95; 8481.80.96; 8481.80.97; 8481.80.99; 84.83; 84.84; 84.86; 84.87; 8501.33.10; 8501.33.20; 8501.34.11; 8501.34.19; 8501.34.20; 8501.51.10; 8501.51.20. 8501.51.90; 8501.52.10; 8501.52.20; 8501.52.90; 8501.53.10; 8501.53.20; 8501.53.30; 8501.53.90; 8501.61.00; 8501.62.00; 8501.63.00; 8501.64.00; 85.02; 8503.00.10; 8503.00.90; 8504.21.00; 8504.22.00; 8504.23.00; 8504.33.00; 8504.34.00; 8504.40.30; 8504.40.40; 8504.40.50; 8504.40.90; 8504.90.30; 8504.90.40; 8505.90.90; 8508.60.00; 8514.10.10; 8514.10.90; 8514.20.11; 8514.20.19; 8514.20.20; 8514.30.11; 8514.30.19; 8514.30.21; 8514.30.29; 8514.30.90; 8514.40.00; 8515.11.00; 8515.19.00; 8515.21.00; 8515.29.00; 8515.31.10; 8515.31.90; 8515.39.00; 8515.80.10; 8515.80.90; 8543.30.00; 8601.10.00; 8602.10.00; 8604.00.90; 8701.10.00; 8701.30.00; 8701.90.10; 8701.90.90; 8705.10.10; 8705.10.90; 8705.20.00; 8705.30.00; 8705.40.00; 8705.90.10; 8705.90.90; 8716.20.00; 9017.30.10; 9017.30.20; 9017.30.90; 9024.10.10; 9024.10.20; 9024.10.90; 9024.80.11; 9024.80.19; 9024.80.21; 9024.80.29; 9024.80.90; 9024.90.00; 9025.19.10; 9025.19.90; 9025.80.00; 9025.90.10; 9025.90.90; 9026.10.19; 9026.10.21; 9026.10.29; 9026.20.10; 9026.20.90; 9026.80.00; 9026.90.10; 9026.90.20; 9026.90.90; 9027.10.00; 9027.20.11; 9027.20.12; 9027.20.19; 9027.20.21; 9027.20.29; 9027.30.11; 9027.30.19; 9027.30.20; 9027.50.10; 9027.50.20; 9027.50.30; 9027.50.40; 9027.50.50; 9027.50.90; 9027.80.11; 9027.80.12; 9027.80.13; 9027.80.14; 9027.80.20; 9027.80.30; 9027.80.91; 9027.80.99; 9027.90.10; 9027.90.91; 9027.90.93; 9027.90.99; 9031.10.00; 9031.20.10; 9031.20.90; 9031.41.00; 9031.49.10; 9031.49.20; 9031.49.90; 9031.80.11; 9031.80.12; 9031.80.20; 9031.80.30; 9031.80.40; 9031.80.50; 9031.80.60; 9031.80.91; 9031.80.99; 9031.90.10; 9031.90.90; 9032.10.10; 9032.10.90; 9032.20.00; 9032.81.00; 9032.89.11; 9032.89.29; 9032.89.8; 9032.89.90; 9032.90.10; 9032.90.99; 9033.00.00; 9506.91.00;

▸ Inciso XIV acrescido pela Lei nº 13.670, de 30-5-2018.

XV e XVI – VETADOS. Lei nº 13.670, de 30-5-2018;

XVII – 02.03, 0206.30.00, 0206.4, 02.07, 02.09, 0210.1, 0210.99.00, 1601.00.00, 1602.3, 1602.4, 03.03, 03.04, 03.02, exceto 03.02.90.00;

XVIII – 5004.00.00, 5005.00.00, 5006.00.00, 50.07, 5104.00.00, 51.05, 51.06, 51.07, 51.08, 51.09, 5110.00.00, 51.11, 51.12, 5113.00, 5203.00.00, 52.04, 52.05, 52.06, 52.07, 52.08, 52.09, 52.10, 52.11, 52.12, 53.06, 53.07, 53.08, 53.09, 53.10, 5311.00.00, no capítulo 54, exceto os códigos 5402.46.00, 5402.47.00 e 5402.33.10, e nos capítulos 55 a 60;

▸ Incisos XVII e XVIII acrescidos pela Lei nº 13.670, de 30-5-2018.

XIX e XX – VETADOS. Lei nº 13.670, de 30-5-2018.

§ 21-A. *O acréscimo percentual nas alíquotas da COFINS-Importação de que trata o § 21 deste artigo será de:*

I – 0,8% (oito décimos por cento) de 1º de janeiro até 31 de dezembro de 2025;

II – 0,6% (seis décimos por cento) de 1º de janeiro até 31 de dezembro de 2026; e

III – 0,4% (quatro décimos por cento) de 1º de janeiro até 31 de dezembro de 2027.

▸ § 21-A acrescido pela Lei nº 14.973, de 16-9-2024.

§ 22. A utilização do benefício de alíquota zero de que tratam os incisos XIX a XXXVIII do § 12 deste artigo cessará quando houver oferta de mercadorias produzidas no Brasil em condições similares às das importadas quanto ao padrão de qualidade, conteúdo técnico, preço ou capacidade produtiva, conforme regulamentação editada pelo Poder Executivo.

▸ § 22 acrescido pela Lei nº 12.649, de 17-5-2012.

§ 23. Aplica-se ao condensado destinado a centrais petroquímicas o disposto nos arts. 56 e 57 da Lei nº 11.196, de 21 de novembro de 2005.

▸ § 23 acrescido pela Lei nº 12.715, de 17-9-2012.

▸ Este parágrafo estará revogado pela Lei nº 14.183, de 14-7-2021, a partir de 1º-1-2028 (*DOU* de 22-12-2022).

§ 24. VETADO. Lei nº 12.715, de 17-9-2012.

CAPÍTULO VI
DA ISENÇÃO

Art. 9º São isentas das contribuições de que trata o art. 1º desta Lei:

I – as importações realizadas:

a) pela União, Estados, Distrito Federal e Municípios, suas autarquias e fundações instituídas e mantidas pelo poder público;

b) pelas Missões Diplomáticas e Repartições Consulares de caráter permanente e pelos respectivos integrantes;

c) pelas representações de organismos internacionais de caráter permanente, inclusive os de âmbito regional, dos quais o Brasil seja membro, e pelos respectivos integrantes;

II – as hipóteses de:

a) amostras e remessas postais internacionais, sem valor comercial;

b) remessas postais e encomendas aéreas internacionais, destinadas a pessoa física;

c) bagagem de viajantes procedentes do exterior e bens importados a que se apliquem os regimes de tributação simplificada ou especial;

d) bens adquiridos em loja franca no País;

e) bens trazidos do exterior, no comércio característico das cidades situadas nas fronteiras terrestres, destinados à subsistência da unidade familiar de residentes nas cidades fronteiriças brasileiras;

f) bens importados sob o regime aduaneiro especial de *drawback*, na modalidade de isenção;

g) objetos de arte, classificados nas posições 97.01, 97.02, 97.03 e 97.06 da NCM, recebidos em doação, por museus instituídos e mantidos pelo poder público ou por outras entidades culturais reconhecidas como de utilidade pública; e

h) máquinas, equipamentos, aparelhos e instrumentos, e suas partes e peças de reposição, acessórios, matérias-primas e produtos intermediários, importados por instituições científicas e tecnológicas e por cientistas e pesquisadores, conforme o disposto na Lei nº 8.010, de 29 de março de 1990.

III – VETADO.

§ 1º As isenções de que tratam os incisos I e II deste artigo somente serão concedidas se satisfeitos os requisitos e condições exigidos para o reconhecimento de isenção do Imposto sobre Produtos Industrializados – IPI.

▸ § 1º com a redação dada pela Lei nº 10.925, de 23-7-2004.

§ 2º VETADO.

Art. 10. Quando a isenção for vinculada à qualidade do importador, a transferência de propriedade ou a cessão de uso dos bens, a qualquer título, obriga ao prévio pagamento das contribuições de que trata esta Lei.

Parágrafo único. O disposto no *caput* deste artigo não se aplica aos bens transferidos ou cedidos:

I – a pessoa ou a entidade que goze de igual tratamento tributário, mediante prévia decisão da autoridade administrativa da Secretaria da Receita Federal;

II – após o decurso do prazo de 3 (três) anos, contado da data do registro da declaração de importação; e

III – a entidades beneficentes, reconhecidas como de utilidade pública, para serem vendidos em feiras, bazares e eventos semelhantes, desde que recebidos em doação de representações diplomáticas estrangeiras sediadas no País.

Art. 11. A isenção das contribuições, quando vinculada à destinação dos bens, ficará condicionada à comprovação posterior do seu efetivo emprego nas finalidades que motivaram a concessão.

Art. 12. Desde que mantidas as finalidades que motivaram a concessão e mediante prévia decisão da autoridade administrativa da Secretaria da Receita Federal, poderá ser transferida a propriedade ou cedido o uso dos bens antes de decorrido o prazo de 3 (três) anos a que se refere o inciso II do parágrafo único do art. 10 desta Lei, contado da data do registro da correspondente declaração de importação.

CAPÍTULO VII
DO PRAZO DE RECOLHIMENTO

Art. 13. As contribuições de que trata o art. 1º desta Lei serão pagas:

I – na data do registro da declaração de importação, na hipótese do inciso I do *caput* do art. 3º desta Lei;

II – na data do pagamento, crédito, entrega, emprego ou remessa, na hipótese do inciso II do *caput* do art. 3º desta Lei;

III – na data do vencimento do prazo de permanência do bem no recinto alfandegado, na hipótese do inciso III do *caput* do art. 4º desta Lei.

CAPÍTULO VIII
DOS REGIMES ADUANEIROS ESPECIAIS

Art. 14. As normas relativas à suspensão do pagamento do imposto de importação ou do IPI vinculado à importação, relativas aos regimes aduaneiros especiais, aplicam-se também às contribuições de que trata o art. 1º desta Lei.

§ 1º O disposto no *caput* deste artigo aplica-se também às importações, efetuadas por empresas localizadas na Zona Franca de Manaus, de bens a serem empregados na elaboração de matérias-primas, produtos intermediários e materiais de embalagem destinados a emprego em processo de industrialização por estabelecimentos ali instalados, consoante projeto aprovado pelo Conselho de Administração da Superintendência da Zona Franca de Manaus – SUFRAMA, de que trata o art. 5-A da Lei nº 10.637, de 30 de dezembro de 2002.

§ 2º A Secretaria da Receita Federal estabelecerá os requisitos necessários para a suspensão de que trata o § 1º deste artigo.

Art. 14-A. Fica suspensa a exigência das contribuições de que trata o art. 1º desta Lei nas importações efetuadas por empresas localizadas na Zona Franca de Manaus de matérias-primas, produtos intermediários e materiais de embalagem para emprego em processo de industrialização por estabelecimentos industriais instalados na Zona Franca de Manaus e consoante projetos aprovados pelo Conselho de Administração da Superintendência da Zona Franca de Manaus – SUFRAMA.

▸ Artigo acrescido pela Lei nº 10.925, de 23-7-2004.

CAPÍTULO IX
DO CRÉDITO

Art. 15. As pessoas jurídicas sujeitas à apuração da contribuição para o PIS/PASEP e da COFINS, nos termos dos arts. 2º e 3º das Leis nºs 10.637, de 30 de dezembro de 2002, e 10.833, de 29 de dezembro de 2003, poderão descontar crédito, para fins de determinação dessas contribuições, em relação às importações sujeitas ao pagamento das contribuições de que trata o art. 1º desta Lei, nas seguintes hipóteses:

▸ Art. 10, § 5º, do Dec. nº 5.712, de 2-3-2006, que regulamenta o Regime Especial de Tributação para a Plataforma de Exportação de Serviços de Tecnologia da Informação – REPES, instituído pelos arts. 1º a 11 da Lei nº 11.196, de 21-11-2005.

I – bens adquiridos para revenda;

II – bens e serviços utilizados como insumo na prestação de serviços e na produção ou fabricação de bens ou produtos destinados à venda, inclusive combustível e lubrificantes;

III – energia elétrica consumida nos estabelecimentos da pessoa jurídica;

IV – aluguéis e contraprestações de arrendamento mercantil de prédios, máquinas e equipamentos, embarcações e aeronaves, utilizados na atividade da empresa;

V – máquinas, equipamentos e outros bens incorporados ao ativo imobilizado, adquiridos para locação a terceiros ou para utilização na produção de bens destinados à venda ou na prestação de serviços.

▸ Inciso V com a redação dada pela Lei nº 11.196, de 21-11-2005.

§ 1º O direito ao crédito de que trata este artigo e o art. 17 desta Lei aplica-se em relação às contribuições efetivamente pagas na importação de bens e serviços a partir da produção dos efeitos desta Lei.

§ 1º-A. O valor da COFINS-Importação pago em decorrência do adicional de alíquota de que trata o § 21 do art. 8º não gera direito ao desconto do crédito de que trata o *caput*.

▸ § 1º-A com a redação dada pela Lei nº 13.137, de 19-6-2015.

§ 2º O crédito não aproveitado em determinado mês poderá sê-lo nos meses subsequentes.

§ 2º-A. A partir de 1º de janeiro de 2023, na hipótese de ocorrência de acúmulo de crédito remanescente, resultante da diferença da alíquota aplicada na importação do bem e da alíquota aplicada na sua revenda no mercado interno, conforme apuração prevista neste artigo e no art. 17 desta Lei, a pessoa jurídica importadora poderá utilizar o referido crédito remanescente para fins de restituição, ressarcimento ou compensação com débitos próprios, vencidos ou vincendos, relativos a tributos e a contribuições administrados pela Secretaria Especial da Receita Federal do Brasil, observada a legislação específica aplicável à matéria.

▸ § 2º-A acrescido pela Lei nº 14.440, de 2-9-2022, promulgado nos termos do art. 66, § 5º, da CF (*DOU* de 22-12-2022).

§ 3º O crédito de que trata o *caput* será apurado mediante a aplicação das alíquotas previstas no art. 8º sobre o valor que serviu de base de cálculo das contribuições, na forma do art. 7º, acrescido do valor do IPI vinculado à importação, quando integrante do custo de aquisição.

▸ § 3º com a redação dada pela Lei nº 13.137, de 19-6-2015.

§ 4º Na hipótese do inciso V do *caput* deste artigo, o crédito será determinado mediante a aplicação das alíquotas referidas no § 3º deste artigo sobre o valor da depreciação ou amortização contabilizada a cada mês.

▸ Art. 1º da Lei nº 11.774, de 17-9-2008, que altera a legislação tributária federal.

§ 5º Para os efeitos deste artigo, aplicam-se, no que couber, as disposições dos §§ 7º e 9º do art. 3º das Leis nºs 10.637, de 30 de dezembro de 2002, e 10.833, de 29 de dezembro de 2003.

§ 6º O disposto no inciso II do *caput* deste artigo alcança os direitos autorais pagos pela indústria fonográfica desde que esses direitos tenham se sujeitado ao pagamento das contribuições de que trata esta Lei.

§ 7º Opcionalmente, o contribuinte poderá descontar o crédito de que trata o § 4º deste artigo, relativo à importação de máquinas e equipamentos destinados ao ativo imobilizado, no prazo de 4 (quatro) anos, mediante a aplicação, a cada mês, das alíquotas referidas no § 3º deste artigo sobre o valor correspondente a 1/48 (um quarenta e oito avos) do valor de aquisição do bem, de acordo com regulamentação da Secretaria da Receita Federal.

§ 8º As pessoas jurídicas importadoras, nas hipóteses de importação de que tratam os incisos a seguir, devem observar as disposições do art. 17 desta Lei:

I – produtos dos §§ 1º a 3º e 5º a 7º do art. 8º desta Lei, quando destinados à revenda;

II – produtos do § 8º do art. 8º desta Lei, quando destinados à revenda, ainda que ocorra fase intermediária de mistura;

III – produtos do § 9º do art. 8º desta Lei, quando destinados à revenda ou à utilização como insumo na produção de autopeças relacionadas nos Anexos I e II da Lei nº 10.485, de 3 de julho de 2002;

IV – produto do § 10 do art. 8º desta Lei;

V – produtos referidos no § 19 do art. 8º desta Lei, quando destinados à revenda;

▸ Inciso V com a redação dada pela Lei nº 11.727, de 23-6-2008.

VI – *Revogado*. Lei nº 13.097, de 19-1-2015.

§§ 9º e 10. *Revogados*. Lei nº 11.727, de 23-6-2008.

§§ 11 e 12. *Revogados*. Lei nº 13.097, de 19-1-2015.

§ 13. No cálculo do crédito de que trata o inciso V do *caput*:

I – os valores decorrentes do ajuste a valor presente de que trata o inciso III do *caput* do art. 184 da Lei nº 6.404, de 15 de dezembro de 1976, poderão ser considerados como parte integrante do custo ou valor de aquisição; e

II – não serão computados os ganhos e perdas decorrentes de avaliação de ativo com base no valor justo.

▸ § 13 com a redação dada pela Lei nº 12.973, de 13-5-2014.

§ 14. O disposto no inciso V do *caput* não se aplica no caso de bem objeto de arrendamento mercantil, na pessoa jurídica arrendatária.

▸ § 14 com a redação dada pela Lei nº 12.973, de 13-5-2014.

Art. 16. É vedada a utilização do crédito de que trata o art. 15 desta Lei nas hipóteses referidas nos incisos III e IV do § 3º do art. 1º e no art. 8º da Lei nº 10.637, de 30 de dezembro de

2002, e nos incisos III e IV do § 3º do art. 1º e no art. 10 da Lei nº 10.833, de 29 de dezembro de 2003.

§ 1º Gera direito aos créditos de que tratam os arts. 15 e 17 desta Lei a importação efetuada com isenção, exceto na hipótese de os produtos serem revendidos ou utilizados como insumo em produtos sujeitos à alíquota zero, isentos ou não alcançados pela contribuição.

§ 2º A importação efetuada na forma da alínea *f* do inciso II do art. 9º desta Lei não dará direito a crédito, em qualquer caso.

► §§ 1º e 2º com a redação dada pela Lei nº 11.945, de 4-6-2009.

Art. 17. As pessoas jurídicas importadoras dos produtos referidos nos §§ 1º a 3º, 5º a 10, 17 e 19 do art. 8º desta Lei poderão descontar crédito, para fins de determinação da Contribuição para o PIS/PASEP e da COFINS, em relação à importação desses produtos, nas hipóteses:

► *Caput* com a redação dada pela Lei nº 13.097, de 19-1-2015.

I – dos §§ 1º a 3º, 5º a 7º e 10 do art. 8º desta Lei, quando destinados à revenda;

► Inciso I com a redação dada pela Lei nº 11.051, de 29-12-2004.

II – do § 8º do art. 8º desta Lei, quando destinados à revenda, ainda que ocorra fase intermediária de mistura;

III – do § 9º do art. 8º desta Lei, quando destinados à revenda ou à utilização como insumo na produção de autopeças relacionadas nos Anexos I e II da Lei nº 10.485, de 3 de julho de 2002;

IV – *Revogado*. Lei nº 11.051, de 29-12-2004;

V – do § 19 do art. 8º desta Lei, quando destinados à revenda;

► Inciso V com a redação dada pela Lei nº 11.727, de 23-6-2008.

VI – *Revogado*. Lei nº 13.097, de 19-1-2015.

§ 1º *Revogado*. Lei nº 10.925, de 23-7-2004.

§ 2º O crédito de que trata este artigo será apurado mediante a aplicação das alíquotas previstas para os respectivos produtos no art. 8º, conforme o caso, sobre o valor de que trata o § 3º do art. 15.

§ 2º-A. O valor da COFINS-Importação pago em decorrência do adicional de alíquota de que trata o § 21 do art. 8º não gera direito ao desconto do crédito de que trata o *caput*.

► §§ 2º e 2º-A com a redação dada pela Lei nº 13.137, de 19-6-2015.

§ 3º *Revogado*. Lei nº 13.097, de 19-1-2015.

§ 3º-A. Os créditos de que trata o inciso VI deste artigo serão determinados conforme os incisos do art. 58-C da Lei nº 10.833, de 29 de dezembro de 2003.

► § 3º-A acrescido pela Lei nº 11.727, de 23-6-2008.

► O referido art. 58-C da Lei nº 10.833, de 29-12-2003, foi revogado pela Lei nº 13.097, de 19-1-2015, que reduz a zero as alíquotas da contribuição para o PIS/PASEP, da COFINS, da contribuição para o PIS/PASEP-importação e da COFINS-importação incidentes sobre a receita de vendas e na importação de partes utilizadas em aerogeradores.

§ 4º *Revogado*. Lei nº 10.925, de 23-7-2004.

§ 5º Na hipótese do § 8º do art. 8º desta Lei, os créditos serão determinados com base nas alíquotas específicas referidas no art. 23 desta Lei.

§ 6º Opcionalmente, o sujeito passivo poderá calcular o crédito de que trata o § 4º do art. 15 desta Lei relativo à aquisição de vasilhames classificados no código 7010.90.21 da TIPI, destinados ao ativo imobilizado, no prazo de 12 (doze) meses, poderá creditar-se, a cada mês, de 1/12 (um doze avos) do valor da contribuição incidente, mediante alíquota específica, na aquisição dos vasilhames, de acordo com regulamentação da Secretaria da Receita Federal.

► *Caput* do § 6º com a redação dada pela Lei nº 13.097, de 19-1-2015.

§ 7º O disposto no inciso III deste artigo não se aplica no caso de importação efetuada por montadora de máquinas ou veículos relacionados no art. 1º da Lei nº 10.485, de 3 julho de 2002.

§ 8º O disposto neste artigo alcança somente as pessoas jurídicas de que trata o art. 15 desta Lei.

► §§ 7º e 8º acrescidos pela Lei nº 11.051, de 29-12-2004.

Art. 18. No caso da importação por conta e ordem de terceiros, os créditos de que tratam os arts. 15 e 17 desta Lei serão aproveitados pelo encomendante.

CAPÍTULO X

DO LANÇAMENTO DE OFÍCIO

Art. 19. Nos casos de lançamentos de ofício, serão aplicadas, no que couber, as disposições dos arts. 43 e 44 da Lei nº 9.430, de 27 de dezembro de 1996.

CAPÍTULO XI

DA ADMINISTRAÇÃO DO TRIBUTO

Art. 20. Compete à Secretaria da Receita Federal a administração e a fiscalização das contribuições de que trata esta Lei.

§ 1º As contribuições sujeitam-se às normas relativas ao processo administrativo fiscal de determinação e exigência do crédito tributário e de consulta de que trata o Decreto nº 70.235, de 6 de março de 1972, bem como, no que couber, às disposições da legislação do imposto de renda, do imposto de importação, especialmente quanto à valoração aduaneira, e da contribuição para o PIS/PASEP e da COFINS.

§ 2º A Secretaria da Receita Federal editará, no âmbito de sua competência, as normas necessárias à aplicação do disposto nesta Lei.

► Arts. 1º a 20 estarão revogados pela LC nº 214, de 16-1-2025, a partir de 1º-1-2027.

CAPÍTULO XII

DISPOSIÇÕES GERAIS

Art. 21. Os arts. 1º, 2º, 3º, 6º, 10, 12, 15, 25, 27, 32, 34, 49, 50, 51, 52, 53, 56 e 90 da Lei nº 10.833, de 29 de dezembro de 2003, passam a vigorar com a seguinte redação:

► Alterações inseridas no texto da referida Lei.

► Os referidos arts. 51 e 53 revogados pela Lei nº 13.097, de 19-1-2015, que reduz a zero as alíquotas da contribuição para o PIS/PASEP, da COFINS, da contribuição para o PIS/PASEP-importação e da COFINS-importação incidentes sobre a receita de vendas e na importação de partes utilizadas em aerogeradores.

Art. 22. Os dispositivos legais a seguir passam a vigorar com a seguinte redação:

I – art. 4º da Lei nº 9.718, de 27 de novembro de 1998:

► Alterações inseridas no texto da referida Lei.

II – art. 2º da Lei nº 10.560, de 13 de novembro de 2002:

"Art. 2º A contribuição para o PIS/PASEP e a COFINS, relativamente à receita bruta decorrente da venda de querosene de aviação, incidirá uma única vez, nas vendas realizadas pelo produtor ou importador, às alíquotas de 5% (cinco por cento) e 23,2% (vinte e três inteiros e dois décimos por cento), respectivamente."

Art. 23. O importador ou fabricante dos produtos referidos nos incisos I a III do art. 4º da Lei nº 9.718, de 27 de novembro de 1998, e no art. 2º da Lei nº 10.560, de 13 de novembro de 2002, poderá optar por regime especial de apuração e pagamento da contribuição para o PIS/PASEP e da COFINS, no qual os valores das contribuições são fixados, respectivamente, em:

I – R$ 141,10 (cento e quarenta e um reais e dez centavos) e R$ 651,40 (seiscentos e cinquenta e um reais e quarenta centavos), por metro cúbico de gasolinas e suas correntes, exceto gasolina de aviação;

II – R$ 82,20 (oitenta e dois reais e vinte centavos) e R$ 379,30 (trezentos e setenta e nove reais e trinta centavos), por metro cúbico de óleo diesel e suas correntes;

III – R$ 119,40 (cento e dezenove reais e quarenta centavos) e R$ 551,40 (quinhentos e cinquenta e um reais e quarenta centavos), por tonelada de gás liquefeito de petróleo – GLP, derivado de petróleo e de gás natural;

► Inciso III com a redação dada pela Lei nº 11.051, de 29-12-2004.

IV – R$ 48,90 (quarenta e oito reais e noventa centavos) e R$ 225,50 (duzentos e vinte e cinco reais e cinquenta centavos), por metro cúbico de querosene de aviação.

§ 1º A opção prevista neste artigo será exercida, segundo normas e condições estabelecidas pela Secretaria da Receita Federal, até o último dia útil do mês de novembro de cada ano-calendário, produzindo efeitos, de forma irretratável, durante todo o ano-calendário subsequente ao da opção.

§ 2º Excepcionalmente para o ano-calendário de 2004, a opção poderá ser exercida até o último dia útil do mês de maio, produzindo efeitos, de forma irretratável, a partir do dia 1º de maio.

§ 3º No caso da opção efetuada nos termos dos §§ 1º e 2º deste artigo, a Secretaria da Receita Federal divulgará o nome da pessoa jurídica optante e a data de início da opção.

§ 4º A opção a que se refere este artigo será automaticamente prorrogada para o ano-calendário seguinte, salvo se a pessoa jurídica dela desistir, nos termos e condições estabelecidos pela Secretaria da Receita Federal, até o último dia útil do mês de outubro do ano-calendário, hipótese em que a produção de efeitos se dará a partir do dia 1º de janeiro do ano-calendário subsequente.

§ 5º Fica o Poder Executivo autorizado a fixar coeficientes para redução das alíquotas previstas neste artigo, os quais poderão ser alterados, para mais ou para menos, ou extintos, em relação aos produtos ou sua utilização, a qualquer tempo.

► Arts. 22 e 23 estarão revogados pela LC nº 214, de 16-1-2025, a partir de 1º-1-2027.

Art. 24. O inciso III do § 2º do art. 8º da Lei nº 10.426, de 24 de abril de 2002, passa a vigorar com a seguinte redação:

"Art. 8º ...

...

§ 2º ...

...

III – será de, no mínimo, R$ 20,00 (vinte reais).

..."

Art. 25. O disposto no art. 9º da Medida Provisória nº 2.159-70, de 24 de agosto de 2001, aplica-se, também, relativamente aos fatos geradores ocorridos a partir de 1º de abril de 2004, às remessas para o exterior vinculadas ao pagamento de despesas relacionadas com a promoção de destinos turísticos brasileiros.

▶ Dec. nº 5.533, de 6-9-2005, regulamenta a redução a zero da alíquota do imposto sobre a renda incidente sobre as remessas, para o exterior, relacionadas à promoção de destinos turísticos brasileiros.

Parágrafo único. Para os fins do disposto no *caput* deste artigo, entende-se por despesas vinculadas à promoção de destinos turísticos brasileiros aquelas decorrentes de pesquisa de mercado, participação em exposições, feiras e eventos semelhantes, inclusive aluguéis e arrendamentos de estandes e locais de exposição.

▶ Súm. nº 423 do STJ.

Art. 26. *Revogado.* Lei nº 10.925, de 23-7-2004.

Art. 27. O Poder Executivo poderá autorizar o desconto de crédito nos percentuais que estabelecer e para os fins referidos no art. 3º das Leis nºs 10.637, de 30 de dezembro de 2002, e 10.833, de 29 de dezembro de 2003, relativamente às despesas financeiras decorrentes de empréstimos e financiamentos, inclusive pagos ou creditados a residentes ou domiciliados no exterior.

§ 1º Poderão ser estabelecidos percentuais diferenciados no caso de pagamentos ou créditos a residentes ou domiciliados em país com tributação favorecida ou com sigilo societário.

§ 2º O Poder Executivo poderá, também, reduzir e restabelecer, até os percentuais de que tratam os incisos I e II do *caput* do art. 8º desta Lei, as alíquotas da contribuição para o PIS/PASEP e da COFINS incidentes sobre as receitas financeiras auferidas pelas pessoas jurídicas sujeitas ao regime de não cumulatividade das referidas contribuições, nas hipóteses que fixar.

§ 3º O disposto no § 2º não se aplica aos valores decorrentes do ajuste a valor presente de que trata o inciso VIII do *caput* do art. 183 da Lei nº 6.404, de 15 de dezembro de 1976.

▶ § 3º com a redação dada pela Lei nº 12.973, de 13-5-2014.

Art. 28. Ficam reduzidas a 0 (zero) as alíquotas da contribuição para o PIS/PASEP e da COFINS incidentes sobre a receita bruta decorrente da venda, no mercado interno, de:

I – papel destinado à impressão de jornais, pelo prazo de 4 (quatro) anos a contar da data de vigência desta Lei ou até que a produção nacional atenda 80% (oitenta por cento) do consumo interno, na forma a ser estabelecida em regulamento do Poder Executivo;

▶ O art. 18 da Lei nº 11.727, de 23-6-2008, prorrogou o prazo a que se refere este inciso até 30-4-2012.

II – papéis classificados nos códigos 4801.00.10, 4801.00.90, 4802.61.91, 4802.61.99, 4810.19.89 e 4810.22.90, todos da TIPI, destinados à impressão de periódicos pelo prazo de 4 (quatro) anos a contar da data de vigência desta Lei ou até que a produção nacional atenda 80% (oitenta por cento) do consumo interno;

▶ O art. 10 da Lei nº 11.727, de 23-6-2008, prorrogou o prazo a que se refere este inciso até 30-4-2012.

III – produtos hortícolas e frutas, classificados nos Capítulos 7 e 8, e ovos, classificados na posição 04.07, todos da TIPI; e

IV – aeronaves classificadas na posição 88.02 da TIPI, suas partes, peças, ferramentais, componentes, insumos, fluidos hidráulicos, tintas, anticorrosivos, lubrificantes, equipamentos, serviços e matérias-primas a serem empregados na manutenção, conservação, modernização, reparo, revisão, conversão e industrialização das aeronaves, seus motores, partes, componentes, ferramentais e equipamentos;

▶ Inciso IV com a redação dada pela Lei nº 11.727, de 23-6-2008.

V – semens e embriões da posição 05.11 da NCM;

▶ Inciso V acrescido pela Lei nº 10.925, de 23-7-2004.

VI – livros, conforme definido no art. 2º da Lei nº 10.753, de 30 de outubro de 2003;

▶ Inciso VI acrescido pela Lei nº 11.033, de 21-12-2004.

VII – preparações compostas não alcoólicas, classificadas no código 2106.90.10 Ex 01 da TIPI, destinadas à elaboração de bebidas pelas pessoas jurídicas industriais dos produtos referidos no art. 58-A da Lei nº 10.833, de 29 de dezembro de 2003;

▶ Inciso VII com a redação dada pela Lei nº 11.727, de 23-6-2008.

▶ O referido art. 58-A da Lei nº 10.833, de 29-12-2003, foi revogado pela Lei nº 13.097, de 19-1-2015, que reduz a zero as alíquotas da contribuição para o PIS/PASEP, da COFINS, da contribuição para o PIS/PASEP-importação e da COFINS-importação incidentes sobre a receita de vendas e na importação de partes utilizadas em aerogeradores.

VIII – veículos novos montados sobre chassis, com capacidade para 23 (vinte e três) a 44 (quarenta e quatro) pessoas, classificados nos códigos 8702.10.00 Ex 02 e 8702.90.90 Ex 02 da TIPI, destinados ao transporte escolar para a educação básica das redes estadual e municipal, que atendam aos dispositivos da Lei nº 9.503, de 23 de setembro de 1997 – Código de Trânsito Brasileiro, quando adquiridos pela União, Estados, Municípios e pelo Distrito Federal, na forma a ser estabelecida em regulamento do Poder Executivo;

IX – embarcações novas, com capacidade para 20 (vinte) a 35 (trinta e cinco) pessoas, classificadas no código 8901.90.00 da TIPI, destinadas ao transporte escolar para a educação básica das redes estadual e municipal, quando adquiridas pela União, Estados, Municípios e pelo Distrito Federal, na forma a ser estabelecida em regulamento do Poder Executivo;

▶ Incisos VIII e IX com a redação dada pela Lei nº 11.727, de 23-6-2008.

X – materiais e equipamentos, inclusive partes, peças e componentes, destinados ao emprego na construção, conservação, modernização, conversão ou reparo de embarcações registradas ou pré-registradas no Registro Especial Brasileiro;

▶ Inciso X com a redação dada pela Lei nº 11.774, de 17-9-2008.

XI – veículos e carros blindados de combate, novos, armados ou não, e suas partes, produzidos no Brasil, com peso bruto total até 30 (trinta) toneladas, classificados na posição 8710.00.00 da TIPI, destinados ao uso das Forças Armadas ou órgãos de segurança pública brasileiros, quando adquiridos por órgãos e entidades da administração pública direta, na forma a ser estabelecida em regulamento;

XII – material de defesa, classificado nas posições 87.10.00.00 e 89.06.10.00 da TIPI, além de partes, peças, componentes, ferramentais, insumos, equipamentos e matérias-primas a serem empregados na sua industrialização, montagem, manutenção, modernização e conversão;

▶ Incisos XI e XII acrescidos pela Lei nº 11.727, de 23-6-2008.

XIII – serviços ou equipamentos de controle de produção, inclusive medidores de vazão, condutivímetros, aparelhos para controle, registro, gravação e transmissão dos quantitativos medidos, quando adquiridos por pessoas jurídicas legalmente responsáveis pela sua instalação e manutenção ou obrigadas à sua utilização, nos termos e condições fixados pela Secretaria da Receita Federal do Brasil;

▶ Inciso XIII com a redação dada pela Lei nº 12.995, de 18-6-2014.

XIV – produtos classificados na posição 87.13 da Nomenclatura Comum do MERCOSUL – NCM;

▶ Inciso XIV acrescido pela Lei nº 11.774, de 17-9-2008.

XV – artigos e aparelhos ortopédicos ou para fraturas classificados no código 90.21.10 da NCM;

XVI – artigos e aparelhos de próteses classificados no código 90.21.3 da NCM;

XVII – almofadas antiescaras classificadas nos Capítulos 39, 40, 63 e 94 da NCM;

▶ Incisos XV a XVII acrescidos pela Lei nº 12.058, de 13-10-2009.

XVIII – bens relacionados em ato do Poder Executivo para aplicação nas Unidades Modulares de Saúde de que trata o Convênio ICMS nº 114, de 11 de dezembro de 2009, quando adquiridos por órgãos da administração pública direta federal, estadual, distrital e municipal;

▶ Inciso XVIII acrescido pela Lei nº 12.249, de 11-6-2010.

▶ A MP nº 491, de 23-6-2010, havia acrescido o inciso XIX a este artigo, porém teve seu prazo de vigência encerrado.

XX – serviços de transporte ferroviário em sistema de trens de alta velocidade (TAV), assim entendido como a composição utilizada para efetuar a prestação do serviço público de transporte ferroviário que consiga atingir velocidade igual ou superior a 250 km/h (duzentos e cinquenta quilômetros por hora).

▶ Inciso XX com a redação dada pela Lei nº 12.350, de 20-12-2010.

XXI – projetores para exibição cinematográfica, classificados no código 9007.2 da NCM, e suas partes e acessórios, classificados no código 9007.9 da NCM.

▶ Inciso XXI com a redação dada pela Lei nº 12.599, de 23-3-2012.

XXII – produtos classificados nos códigos 8443.32.22, 8469.00.39 Ex 01, 8714.20.00, 9021.40.00, 9021.90.82 e 9021.90.92, todos da TIPI;

XXIII – calculadoras equipadas com sintetizador de voz classificadas no código 8470.10.00 Ex 01 da TIPI;

XXIV – teclados com adaptações específicas para uso por pessoas com deficiência, classificados no código 8471.60.52 da TIPI;

XXV – indicador ou apontador – *mouse* – com adaptações específicas para uso por pessoas com deficiência, classificado no código 8471.60.53 da TIPI;

XXVI – linhas braile classificadas no código 8471.60.90 Ex 01 da TIPI;

XXVII – digitalizadores de imagens – *scanners* – equipados com sintetizador de voz classificados no código 8471.90.14 Ex 01 da TIPI;

XXVIII – duplicadores braile classificados no código 8472.10.00 Ex 01 da TIPI;

XXIX – acionadores de pressão classificados no código 8471.60.53 Ex 02 da TIPI;

XXX – lupas eletrônicas do tipo utilizado por pessoas com deficiência visual classificadas no código 8525.80.19 Ex 01 da TIPI;

XXXI – implantes cocleares classificados no código 9021.40.00 da TIPI;

XXXII – próteses oculares classificadas no código 9021.39.80 da TIPI;

▶ Incisos XXII a XXXII com a redação dada pela Lei nº 12.649, de 17-5-2012.

XXXIII – programas – *softwares* – de leitores de tela que convertem texto em voz sintetizada para auxílio de pessoas com deficiência visual;

XXXIV – aparelhos contendo programas – *softwares* – de leitores de tela que convertem texto em caracteres braile, para utilização de surdos-cegos; e

XXXV – neuroestimuladores para tremor essencial/Parkinson, classificados no código 9021.90.19, e seus acessórios, classificados nos códigos 9018.90.99, 9021.90.91 e 9021.90.99, todos da TIPI;

▶ Incisos XXXIII a XXXV acrescidos pela Lei nº 12.649, de 17-5-2012.

XXXVI – VETADO; Lei nº 12.715, de 17-9-2012.

XXXVII – produtos classificados no Ex 01 do código 8503.00.90 da TIPI, exceto pás eólicas."

▶ Inciso XXXVII com a redação dada pela Lei nº 13.169, de 6-10-2015.

Parágrafo único. O Poder Executivo poderá regulamentar o disposto nos incisos IV, X e XIII a XXXV do *caput*.

▶ Parágrafo único com a redação dada pela Lei nº 12.649, de 17-5-2012.

Art. 29. As disposições do art. 3º da Lei Complementar nº 70, de 30 de dezembro de 1991, do art. 5º da Lei nº 9.715, de 25 de novembro de 1998, e do art. 53 da Lei nº 9.532, de 10 de dezembro de 1997, alcançam também o comerciante atacadista.

Art. 30. Considera-se aquisição, para fins do desconto do crédito previsto nos arts. 3º das Leis nºs 10.637, de 30 de dezembro de 2002, e 10.833, de 29 de dezembro de 2003, a versão de bens e direitos neles referidos, em decorrência de fusão, incorporação e cisão de pessoa jurídica domiciliada no País.

§ 1º O disposto neste artigo aplica-se somente nas hipóteses em que fosse admitido o desconto do crédito pela pessoa jurídica fusionada, incorporada ou cindida.

§ 2º Aplica-se o disposto neste artigo a partir da data de produção de efeitos do art. 3º das Leis nºs 10.637, de 30 de dezembro de 2002, e 10.833, de 29 de dezembro de 2003, conforme o caso.

Art. 31. É vedado, a partir do último dia do terceiro mês subsequente ao da publicação desta Lei, o desconto de créditos apurados na forma do inciso III do § 1º do art. 3º das Leis nºs 10.637, de 30 de dezembro de 2002, e 10.833, de 29 de dezembro de 2003, relativos à depreciação ou amortização de bens e direitos de ativos imobilizados adquiridos até 30 de abril de 2004.

§ 1º Poderão ser aproveitados os créditos referidos no inciso III do § 1º do art. 3º das Leis nºs 10.637, de 30 de dezembro de 2002, e 10.833, de 29 de dezembro de 2003, apurados sobre a depreciação ou amortização de bens e direitos de ativo imobilizado adquiridos a partir de 1º de maio.

§ 2º O direito ao desconto de créditos de que trata o § 1º deste artigo não se aplica ao valor decorrente da reavaliação de bens e direitos do ativo permanente.

§ 3º É também vedado, a partir da data a que se refere o *caput*, o crédito relativo a aluguel e contraprestação de arrendamento mercantil de bens que já tenham integrado o patrimônio da pessoa jurídica.

▶ Arts. 27 a 31 estarão revogados pela LC nº 214, de 16-1-2025, a partir de 1º-1-2027.

Art. 32. O art. 41 da Lei nº 8.981, de 20 de janeiro de 1995, passa a vigorar com a seguinte redação:

▶ Alterações inseridas no texto da referida Lei.

Art. 33. O art. 5º da Lei nº 9.826, de 23 de agosto de 1999, com a redação dada pela Lei nº 10.485, de 3 de julho de 2002, passa a vigorar com a seguinte redação:

"Art. 5º ....

....

§ 6º O disposto neste artigo aplica-se, também, ao estabelecimento equiparado a industrial, de que trata o § 5º do Art. 17 da Medida Provisória nº 2.189-49, de 23 de agosto de 2001."

Art. 34. Os arts. 1º e 3º da Lei nº 10.147, de 21 de dezembro de 2000 com a redação dada pela Lei nº 10.548, de 13 de novembro de 2002, passam a vigorar com a seguinte redação:

▶ Este artigo estará revogado pela LC nº 214, de 16-1-2025, a partir de 1º-1-2027.

"Art. 1º ....

I – incidentes sobre a receita bruta decorrente da venda de:

a) produtos farmacêuticos classificados nas posições 30.01, 30.03, exceto nº código 3003.90.56, 30.04, exceto nº código 3004.90.46, nos itens 3002.10.1, 3002.10.2, 3002.10.3, 3002.20.1, 3002.20.2, 3006.30.1 e 3006.30.2 e nos códigos 3002.90.20, 3002.90.92, 3002.90.99, 3005.10.10, 3006.60.00: 2,1% (dois inteiros e um décimo por cento) e 9,9% (nove inteiros e nove décimos por cento);

b) produtos de perfumaria, de toucador ou de higiene pessoal, classificados nas posições 33.03 a 33.07 e nos códigos 3401.11.90, 3401.20.10 e 96.03.21.00: 2,2% (dois inteiros e dois décimos por cento) e 10,3% (dez inteiros e três décimos por cento);"

"Art. 3º ....

....

1º ....

I – determinado mediante a aplicação das alíquotas estabelecidas na alínea *a* do inciso I do art. 1º desta Lei sobre a receita bruta decorrente da venda de medicamentos, sujeitas a prescrição médica e identificados por tarja vermelha ou preta, relacionados pelo Poder Executivo;"

....

Art. 35. O art. 3º da Lei nº 10.336, de 19 de dezembro de 2001, passa a vigorar com a seguinte redação:

"Art. 3º ....

§ 3º A receita de comercialização dos gases propano, classificado no código 2711.12, butano, classificado no código 2711.13, todos da NCM, e a mistura desses gases, quando destinados à utilização como propelentes em embalagem tipo aerossol, não estão sujeitos à incidência da CIDE – Combustíveis até o limite quantitativo autorizado pela Agência Nacional do Petróleo e nas condições estabelecidas pela Secretaria da Receita Federal."

Art. 36. Os arts. 1º, 3º e 5º da Lei nº 10.485, de 3 de julho de 2002, passam a vigorar com a seguinte redação:

"Art. 1º As pessoas jurídicas fabricantes e as importadoras de máquinas e veículos classificados nos códigos 84.29, 8432.40.00, 84.32.80.00, 8433.20, 8433.30.00, 8433.40.00, 8433.5, 87.01, 87.02, 87.03, 87.04, 87.05 e 87.06, da Tabela de Incidência do Imposto sobre Produtos Industrializados – TIPI, aprovada pelo Decreto nº 4.070, de 28 de dezembro de 2001, relativamente à receita bruta decorrente da venda desses produtos, ficam sujeitas ao pagamento da contribuição para os Programas de Integração Social e de Formação do Patrimônio do Servidor Público – PIS/PASEP e da Contribuição para o Financiamento da Seguridade Social – COFINS, às alíquotas de 2% (dois por cento) e 9,6% (nove inteiros e seis décimos por cento), respectivamente.

....

Art. 3º As pessoas jurídicas fabricantes e os importadores, relativamente às vendas dos produtos relacionados nos Anexos I e II desta Lei, ficam sujeitos à incidência da contribuição para o PIS/PASEP e da COFINS às alíquotas de:

I – 1,65% (um inteiro e sessenta e cinco centésimos por cento) e 7,6% (sete inteiros e seis décimos por cento), respectivamente, nas vendas para fabricante:

a) de veículos e máquinas relacionados no art. 1º desta Lei; ou

b) de autopeças constantes dos Anexos I e II desta Lei, quando destinadas à fabricação de produtos neles relacionados;

II – 2,3% (dois inteiros e três décimos por cento) e 10,8% (dez inteiros e oito décimos por cento), respectivamente, nas vendas para comerciante atacadista ou varejista ou para consumidores.

§ 1º Fica o Poder Executivo autorizado, mediante decreto, a alterar a relação de produtos discriminados nesta Lei, inclusive em decorrência de modificações na codificação da TIPI.

§ 2º Ficam reduzidas a 0% (zero por cento) as alíquotas da contribuição para o PIS/PASEP e da COFINS, relativamente à receita bruta auferida por comerciante atacadista ou varejista, com a venda dos produtos de que trata:

I – o *caput* deste artigo; e

II – o *caput* do art. 1º deste Artigo, exceto quando auferida pelas pessoas jurídicas a que se refere o Art. 17, § 5º, da Medida Provisória nº 2.189-49, de 23 de agosto de 2001.

§ 3º Os pagamentos efetuados pela pessoa jurídica fabricante dos produtos relacionados no art. 1º desta Lei a pessoa jurídica fornecedora de autopeças, exceto pneumáticos e câmaras de ar, estão sujeitos à retenção na fonte da contribuição para o PIS/PASEP e da COFINS.

§ 4º O valor a ser retido na forma do § 3º deste Artigo constitui antecipação das contribuições devidas pelas pessoas jurídicas fornecedoras e será determinado mediante a aplicação, sobre a importância a pagar, do percentual de 0,5% (cinco décimos por cento) para a contribuição para o PIS/PASEP e 2,5% (dois inteiros e cinco décimos por cento) para a COFINS.

§ 5º Os valores retidos deverão ser recolhidos ao Tesouro Nacional até o 3º (terceiro) dia útil da semana subsequente àquela em que tiver ocorrido o pagamento à pessoa jurídica fornecedora de autopeças.

§ 6º Na hipótese de a pessoa jurídica fabricante dos produtos relacionados no art. 1º desta Lei revender produtos constantes dos Anexos I e II desta Lei, serão aplicadas, sobre a receita auferida, as alíquotas previstas no inciso II do *caput* deste Artigo.

Art. 5º As pessoas jurídicas fabricantes e as importadoras dos produtos classificados nas posições 40.11 (pneus novos de borracha) e 40.13 (câmaras de ar de borracha), da TIPI, relativamente às vendas que fizerem, ficam sujeitas ao pagamento da contribuição para o PIS/PASEP e da COFINS às alíquotas de 2% (dois por cento) e 9,5% (nove inteiros e cinco décimos por cento), respectivamente.

...."

Art. 37. Os arts. 1º, 2º, 3º, 5º, 5ºA e 11 da Lei nº 10.637, de 30 de dezembro de 2002, passam a vigorar com a seguinte redação:

▶ Alterações inseridas no texto da referida Lei.

Art. 38. A incidência da contribuição para o PIS/PASEP e da COFINS fica suspensa no caso de venda a pessoa jurídica sediada no exterior, com contrato de entrega no território nacional, de insumos destinados à industrialização, por conta e ordem da encomendante sediada no exterior, de máquinas e veículos classificados nas posições 87.01 a 87.05 da TIPI.

§ 1º Consideram-se insumos, para os fins deste artigo, os chassis, as carroçarias, as peças, as partes, os componentes e os acessórios.

§ 2º Na hipótese de os produtos resultantes da industrialização por encomenda serem destinados:

I – ao exterior, resolve-se a suspensão das referidas contribuições; ou

II – ao mercado interno, serão remetidos obrigatoriamente à pessoa jurídica a que se refere o § 5º do art. 17 da Medida Provisória nº 2.189-49, de 23 de agosto de 2001, por conta e ordem da pessoa jurídica domiciliada no exterior, com suspensão da contribuição para o PIS/PASEP e da COFINS.

§ 3º A utilização do benefício da suspensão de que trata este artigo obedecerá ao disposto no § 6º do art. 17 da Medida Provisória nº 2.189-49, de 23 de agosto de 2001.

▶ Arts. 36 a 38 estarão revogados pela LC nº 214, de 16-1-2025, a partir de 1º-1-2027.

Art. 39. As sociedades cooperativas que obedecerem ao disposto na legislação específica, relativamente aos atos cooperativos, ficam isentas da Contribuição Social sobre o Lucro Líquido – CSLL.

Parágrafo único. O disposto no *caput* deste artigo não se aplica às sociedades cooperativas de consumo de que trata o art. 69 da Lei nº 9.532, de 10 de dezembro de 1997.

Art. 40. A incidência da contribuição para o PIS/PASEP e da COFINS ficará suspensa no caso de venda de matérias-primas, produtos intermediários e materiais de embalagem destinados a pessoa jurídica preponderantemente exportadora.

▶ *Caput* com a redação dada pela Lei nº 10.925, de 23-7-2004.

§ 1º Para fins do disposto no *caput*, considera-se pessoa jurídica preponderantemente exportadora aquela cuja receita bruta decorrente de exportação para o exterior, no ano-calendário imediatamente anterior ao da aquisição, houver sido igual ou superior a 50% (cinquenta por cento) de sua receita bruta total de venda de bens e serviços no mesmo período, após excluídos os impostos e contribuições incidentes sobre a venda.

▶ § 1º com a redação dada pela Lei nº 12.715, de 17-9-2012.

§ 2º Nas notas fiscais relativas à venda de que trata o *caput* deste artigo, deverá constar a expressão "Saída com suspensão da contribuição para o PIS/PASEP e da COFINS", com a especificação do dispositivo legal correspondente.

§ 3º A suspensão das contribuições não impede a manutenção e a utilização dos créditos pelo respectivo estabelecimento industrial, fabricante das referidas matérias-primas, produtos intermediários e materiais de embalagem.

§ 4º Para os fins do disposto neste artigo, as empresas adquirentes deverão:

I – atender aos termos e às condições estabelecidos pela Secretaria da Receita Federal; e

II – declarar ao vendedor, de forma expressa e sob as penas da lei, que atende a todos os requisitos estabelecidos.

§ 5º A pessoa jurídica que, após adquirir matérias-primas, produtos intermediários e materiais de embalagem com o benefício da suspensão de que trata este artigo, der-lhes destinação diversa de exportação, fica obrigada a recolher as contribuições não pagas pelo fornecedor, acrescidas de juros e multa de mora, ou de ofício, conforme o caso, contados a partir da data da aquisição.

▶ § 5º acrescido pela Lei nº 11.051, de 29-12-2004.

§ 6º As disposições deste artigo aplicam-se à Contribuição para o PIS/PASEP-Importação e à COFINS-Importação incidentes sobre os produtos de que trata o *caput* deste artigo.

▶ § 6º acrescido pela Lei nº 11.482, de 31-5-2007.

§ 6º-A. A suspensão de que trata este artigo alcança as receitas de frete, bem como as receitas auferidas pelo operador de transporte multimodal, relativas a frete contratado pela pessoa jurídica preponderantemente exportadora no mercado interno para o transporte dentro do território nacional de:

▶ § 6º-A com a redação dada pela Lei nº 11.774, de 17-9-2008.

I – matérias-primas, produtos intermediários e materiais de embalagem adquiridos na forma deste artigo; e

II – produtos destinados à exportação pela pessoa jurídica preponderantemente exportadora.

▶ Incisos I e II acrescidos pela Lei nº 11.488, de 15-6-2007.

§ 7º Para fins do disposto no inciso II do § 6º-A deste artigo, o frete deverá referir-se ao transporte dos produtos até o ponto de saída do território nacional.

§ 8º O disposto no inciso II do § 6º-A deste artigo aplica-se também na hipótese de vendas a empresa comercial exportadora, com fim específico de exportação.

§ 9º Deverá constar da nota fiscal a indicação de que o produto transportado destina-se à exportação ou à formação de lote com a finalidade de exportação, condição a ser comprovada mediante o Registro de Exportação – RE.

▶ §§ 7º a 9º acrescidos pela Lei nº 11.488, de 15-6-2007.

§ 10. *Revogado.* Lei nº 12.712, de 30-8-2012.

Art. 40-A. A suspensão de incidência da Contribuição para o PIS/PASEP e da COFINS de que trata o art. 40 desta Lei aplica-se também à venda de matérias-primas, produtos intermediários e materiais de embalagem destinados a pessoa jurídica fabricante dos produtos referidos no inciso XI do *caput* do art. 28 desta Lei, quando destinados a órgãos e entidades da administração pública direta.

§ 1º A pessoa jurídica que, após adquirir matérias-primas, produtos intermediários e materiais de embalagem com o benefício da suspensão de que trata este artigo, lhes der destinação diversa de venda a órgãos e entidades da administração pública direta fica obrigada a recolher as contribuições não pagas, acrescidas de juros e multa de mora ou de ofício, conforme o caso, contados a partir da data da aquisição.

§ 2º Da nota fiscal constará a indicação de que o produto transportado destina-se à venda a órgãos e entidades da administração pública direta, no caso de produtos referidos no inciso XI do *caput* do art. 28 desta Lei.

§ 3º Aplicam-se ainda ao disposto neste artigo os §§ 3º, 4º e 6º do art. 40 desta Lei.

▶ Art. 40-A acrescido pela Lei nº 11.727, de 23-6-2008.

▶ Arts. 40 e 40-A estarão revogados pela LC nº 214, de 16-1-2025, a partir de 1º-1-2027.

Art. 41. Ficam incluídos no campo de incidência do Imposto sobre Produtos Industrializados – IPI, tributados à alíquota de 30% (trinta por cento), os produtos relacionados na subposição 2401.20 da TIPI.

▶ *Caput* com a redação dada pela Lei nº 11.452, de 27-2-2007.

§ 1º A incidência do imposto independe da forma de apresentação, acondicionamento, estado ou peso do produto.

▶ § 1º com a redação dada pela Lei nº 11.452, de 27-2-2007.

▶ Art. 6º, § 4º, do Dec. nº 7.212, de 15-6-2010, que regulamenta a cobrança, fiscalização, arrecadação e administração do Imposto sobre Produtos Industrializados – IPI.

§§ 2º e 3º *Revogados.* Lei nº 11.452, de 27-2-2007.

Art. 42. Opcionalmente, as pessoas jurídicas tributadas pelo lucro real que aufiram receitas de venda dos produtos de que tratam os §§ 1º a 3º e 5º a 9º do art. 8º desta Lei poderão adotar, antecipadamente, o regime de incidência não cumulativa da contribuição para o PIS/PASEP e da COFINS.

§ 1º A opção será exercida até o dia 31 de maio de 2004, de acordo com as normas e condições estabelecidas pela Secretaria da Receita Federal, produzindo efeitos em relação aos fatos geradores ocorridos a partir do dia 1º de maio de 2004.

§ 2º Não se aplicam as disposições dos arts. 45 e 46 desta Lei às pessoas jurídicas que efetuarem a opção na forma do *caput* deste artigo.

▶ § 2º com a redação dada pela Lei nº 10.925, de 23-7-2004.

▶ Este artigo estará revogado pela LC nº 214, de 16-1-2025, a partir de 1º-1-2027.

LEGISLAÇÃO COMPLEMENTAR

Art. 43. *Revogado*. Lei nº 10.999, de 15-12-2004.

Art. 44. Fica revogado o § 4º do art. 1º da Lei nº 10.147, de 21 de dezembro de 2000, alterado pela Lei nº 10.548, de 13 de novembro de 2002.

§ 1º Os efeitos da revogação de que trata o *caput* dar-se-ão a partir do 4º (quarto) mês subsequente ao de publicação desta Lei.

§ 2º VETADO.

Art. 45. Produzem efeitos a partir do 1º (primeiro) dia do 4º (quarto) mês subsequente ao de publicação desta Lei, quanto às alterações efetuadas em relação à Medida Provisória nº 164, de 29 de janeiro de 2004, as disposições constantes desta Lei:

I – nos §§ 1º a 3º, 5º, 8º e 9º do art. 8º;

II – no art. 16;

III – no art. 17; e

IV – no art. 22.

Parágrafo único. As disposições de que tratam os incisos I a IV do *caput* deste artigo, na redação original da Medida Provisória nº 164, de 29 de janeiro de 2004, produzem efeitos a partir de 1º de maio de 2004.

Art. 46. Produz efeitos a partir do 1º (primeiro) dia do 4º (quarto) mês subsequente ao de publicação desta Lei o disposto:

I – nos arts. 1º, 12, 50 e art. 51, incisos II e IV, da Lei nº 10.833, de 29 de dezembro de 2003, com a redação dada pelo art. 21 desta Lei;

II – nos arts. 1º e 3º da Lei nº 10.147, de 21 de dezembro de 2000, com a redação dada pelo art. 34 desta Lei;

III – nos arts. 1º, 3º e 5º da Lei nº 10.485, de 3 de julho de 2002, com a redação dada pelo art. 36 desta Lei, observado o disposto no art. 47; e

IV – nos arts. 1º, 2º, 3º e 11 da Lei nº 10.637, de 30 de dezembro de 2002, com a redação dada pelo art. 37 desta Lei.

Art. 47. O disposto nos §§ 3º a 5º do art. 3º da Lei nº 10.485, de 3 de julho de 2002, com a redação dada por esta Lei, produz efeitos a partir do 1º (primeiro) dia do 3º (terceiro) mês subsequente ao de publicação desta Lei.

Art. 48. Produz efeitos a partir de 1º de janeiro de 2005 o disposto no art. 39 desta Lei.

Art. 49. Os arts. 55 a 58 da Lei nº 10.833, de 29 de dezembro de 2003, produzem efeitos a partir de 1º de fevereiro de 2004, relativamente à hipótese de que trata o seu art. 52.

Art. 50. Os arts. 49 e 51 da Lei nº 10.833, de 29 de dezembro de 2003, em relação às alterações introduzidas pelo art. 21 desta Lei, produzem efeitos a partir de 1º de maio de 2004.

Art. 51. O disposto no art. 53 da Lei nº 10.833, de 29 de dezembro de 2003, com a alteração introduzida pelo art. 21 desta Lei, produz efeito a partir de 29 de janeiro de 2004.

Art. 52. Excepcionalmente para o ano-calendário de 2004, a opção pelo regime especial de que trata o art. 52 da Lei nº 10.833, de 29 de dezembro de 2003, poderá ser exercida até o último dia útil do mês subsequente ao da publicação desta Lei, produzindo efeitos, de forma irretratável, a partir do mês subsequente ao da opção, até 31 de dezembro de 2004.

Art. 53. Esta Lei entra em vigor na data de sua publicação, produzindo efeitos a partir do dia 1º de maio de 2004, ressalvadas as disposições contidas nos artigos anteriores.

Brasília, 30 de abril de 2004;
183º da Independência e
116º da República.

Luiz Inácio Lula da Silva

LEI Nº 10.931, DE 2 DE AGOSTO DE 2004

Dispõe sobre o patrimônio de afetação de incorporações imobiliárias, Letra de Crédito Imobiliário, Cédula de Crédito Imobiliário, Cédula de Crédito Bancário, altera o Decreto-Lei nº 911, de 1º de outubro de 1969, as Leis nº 4.591, de 16 de dezembro de 1964, nº 4.728, de 14 de julho de 1965, e nº 10.406, de 10 de janeiro de 2002, e dá outras providências.

▶ Publicada no *DOU* de 3-8-2004.

▶ Lei nº 9.514, de 20-11-1997, dispõe sobre o Sistema de Financiamento Imobiliário e institui a alienação fiduciária de coisa imóvel.

CAPÍTULO I
DO REGIME ESPECIAL TRIBUTÁRIO DO PATRIMÔNIO DE AFETAÇÃO

Art. 1º Fica instituído o regime especial de tributação aplicável às incorporações imobiliárias, em caráter opcional e irretratável enquanto perdurarem direitos de crédito ou obrigações do incorporador junto aos adquirentes dos imóveis que compõem a incorporação.

Art. 2º A opção pelo regime especial de tributação de que trata o art. 1º será efetivada quando atendidos os seguintes requisitos:

I – entrega do termo de opção ao regime especial de tributação na unidade competente da Secretaria da Receita Federal, conforme regulamentação a ser estabelecida; e

II – afetação do terreno e das acessões objeto da incorporação imobiliária, conforme disposto nos arts. 31-A a 31-E da Lei nº 4.591, de 16 de dezembro de 1964.

▶ Lei nº 4.591, de 16-12-1964 (Lei do Condomínio e Incorporações).

***Art. 3º** O terreno e as acessões objeto da incorporação imobiliária sujeitas ao regime especial de tributação, bem como os demais bens e direitos a ela vinculados, não responderão por dívidas tributárias da incorporadora relativas ao Imposto sobre a Renda das Pessoas Jurídicas – IRPJ, à Contribuição Social sobre o Lucro Líquido – CSLL, à Contribuição para o Financiamento da Seguridade Social – COFINS, à Contribuição para os Programas de Integração Social e de Formação do Patrimônio do Servidor Público – PIS/PASEP, à Contribuição sobre Bens e Serviços – CBS e ao Imposto sobre Bens e Serviços – IBS, exceto aquelas calculadas na forma do art. 4º sobre as receitas auferidas no âmbito da respectiva incorporação.*

▶ *Caput* com a redação dada pela LC nº 214, de 16-1-2025.

Parágrafo único. O patrimônio da incorporadora responderá pelas dívidas tributárias da incorporação afetada.

***Art. 4º** Para cada incorporação submetida ao regime especial de tributação, a incorporadora ficará sujeita ao pagamento equivalente a 1,92% (um inteiro e noventa e dois centésimos por cento) da receita mensal recebida, o qual corresponderá ao pagamento mensal unificado do seguinte imposto e contribuições:*

▶ *Caput* com a redação dada pela LC nº 214, de 16-1-2025.

I – Imposto de Renda das Pessoas Jurídicas – IRPJ;

II – Contribuição para os Programas de Integração Social e de Formação do Patrimônio do Servidor Público – PIS/PASEP;

▶ Este inciso estará revogado pela LC nº 214, de 16-1-2025, a partir de 1º-1-2027.

III – Contribuição Social sobre o Lucro Líquido – CSLL; e

IV – Contribuição para Financiamento da Seguridade Social – COFINS.

▶ Este inciso estará revogado pela LC nº 214, de 16-1-2025, a partir de 1º-1-2027.

§ 1º Para fins do disposto no *caput*, considera-se receita mensal a totalidade das receitas auferidas pela incorporadora na venda das unidades imobiliárias que compõem a incorporação, bem como as receitas financeiras e variações monetárias decorrentes desta operação.

§ 2º O pagamento dos tributos e contribuições na forma do disposto no *caput* deste artigo será considerado definitivo, não gerando, em qualquer hipótese, direito à restituição ou à compensação com o que for apurado pela incorporadora.

▶ § 2º com a redação dada pela Lei nº 11.196, de 21-11-2005.

§ 3º As receitas, custos e despesas próprios da incorporação sujeita a tributação na forma deste artigo não deverão ser computados na apuração das bases de cálculo dos tributos e contribuições de que trata o *caput* deste artigo devidos pela incorporadora em virtude de suas outras atividades empresariais, inclusive incorporações não afetadas.

§ 4º Para fins do disposto no § 3º deste artigo, os custos e despesas indiretos pagos pela incorporadora no mês serão apropriados a cada incorporação na mesma proporção representada pelos custos diretos próprios da incorporação, em relação ao custo direto total da incorporadora, assim entendido como a soma de todos os custos diretos de todas as incorporações e o de outras atividades exercidas pela incorporadora.

§ 5º A opção pelo regime especial de tributação obriga o contribuinte a fazer o recolhimento dos tributos, na forma do *caput* deste artigo, a partir do mês da opção.

▶ §§ 3º a 5º acrescidos pela Lei nº 11.196, de 21-11-2005.

§ 6º Para os projetos de incorporação de imóveis residenciais de interesse social cuja construção tenha sido iniciada ou contratada a partir de 31 de março de 2009, o percentual correspondente ao pagamento unificado dos tributos de que trata o caput deste artigo será equivalente a 0,47% (quarenta e sete centésimos por cento) da receita mensal recebida, desde que, até 31 de dezembro de 2018, a incorporação tenha sido registrada no cartório de imóveis competente ou tenha sido assinado o contrato de construção.

▶ § 6º com a redação dada pela LC nº 214, de 16-1-2025.

§ 7º Para efeito do disposto no § 6º, consideram-se projetos de incorporação de imóveis de interesse social os destinados à construção de unidades residenciais de valor de até R$ 100.000,00 (cem mil reais) no âmbito do Programa Minha Casa, Minha Vida, de que trata a Lei nº 11.977, de 7 de julho de 2009.

► § 7º com a redação dada pela Lei nº 12.767, de 27-12-2012.

§ 8º Para os projetos de construção e incorporação de imóveis residenciais de interesse social, o percentual correspondente ao pagamento unificado dos tributos de que trata o caput deste artigo será equivalente a 0,47% (quarenta e sete centésimos por cento) da receita mensal recebida, conforme regulamentação da Secretaria Especial da Receita Federal do Brasil.

► § 8º com a redação dada pela LC nº 214, de 16-1-2025.

§ 9º Para efeito do disposto no § 8º, consideram-se projetos de incorporação de imóveis residenciais de interesse social aqueles destinados a famílias cuja renda se enquadre na Faixa Urbano 1, independentemente do valor da unidade, no âmbito do Programa Minha Casa, Minha Vida, sendo que a existência de unidades destinadas às outras faixas de renda no empreendimento não obstará a fruição do regime especial de tributação de que trata o § 8º.

§ 10. As condições para utilização dos benefícios de que tratam os §§ 6º e 8º serão definidas em regulamento.

► §§ 9º e 10 acrescidos pela Lei nº 14.620, de 13-7-2023.

Art. 5º O pagamento unificado de impostos e contribuições efetuado na forma do art. 4º deverá ser feito até o 20º (vigésimo) dia do mês subsequente àquele em que houver sido auferida a receita.

► *Caput* com a redação dada pela Lei nº 12.024, de 27-8-2009.

Parágrafo único. Para fins do disposto no *caput*, a incorporadora deverá utilizar, no Documento de Arrecadação de Receitas Federais – DARF, o número específico de inscrição da incorporação no Cadastro Nacional das Pessoas Jurídicas – CNPJ e código de arrecadação próprio.

Art. 6º Os créditos tributários devidos pela incorporadora na forma do disposto no art. 4º não poderão ser objeto de parcelamento.

Art. 7º O incorporador fica obrigado a manter escrituração contábil segregada para cada incorporação submetida ao regime especial de tributação.

***Art. 8º** Para fins de repartição de receita tributária e do disposto no § 2º do art. 4º, o percentual de 1,92% (um inteiro e noventa e dois centésimos por cento) de que trata o caput do art. 4º será considerado:*

► *Caput* com a redação dada pela LC nº 214, de 16-1-2025.

I – 1,71% (um inteiro e setenta e um centésimos por cento) como COFINS;

II – 0,37% (trinta e sete centésimos por cento) como Contribuição para o PIS/PASEP;

► Incisos I e II estarão revogados pela LC nº 214, de 16-1-2025, a partir de 1º-1-2027.

III – 1,26% (um inteiro e vinte e seis centésimos por cento) como IRPJ; e

IV – 0,66% (sessenta e seis centésimos por cento) como CSLL.

► Incisos I e II estarão revogados pela LC nº 214, de 16-1-2025, a partir de 1º-1-2027.

***Parágrafo único.** O percentual de 0,47% (quarenta e sete centésimos por cento) de que trata o § 6º do art. 4º será considerado para os fins do caput:*

► *Caput* do parágrafo único com a redação dada pela LC nº 214, de 16-1-2025.

I – 0,44% (quarenta e quatro centésimos por cento) como COFINS;

II – 0,09% (nove centésimos por cento) como Contribuição para o PIS/PASEP;

► Incisos I e II estarão revogados pela LC nº 214, de 16-1-2025, a partir de 1º-1-2027.

III – 0,31% (trinta e um centésimos por cento) como IRPJ; e

IV – 0,16% (dezesseis centésimos por cento) como CSLL.

► Incisos I a IV acrescidos pela Lei nº 12.024, de 27-8-2009.

Art. 9º Perde eficácia a deliberação pela continuação da obra a que se refere o § 1º do art. 31-F da Lei nº 4.591, de 1964, bem como os efeitos do regime de afetação instituídos por esta Lei, caso não se verifique o pagamento das obrigações tributárias, previdenciárias e trabalhistas, vinculadas ao respectivo patrimônio de afetação, cujos fatos geradores tenham ocorrido até a data da decretação da falência, ou insolvência do incorporador, as quais deverão ser pagas pelos adquirentes em até um ano daquela deliberação, ou até a data da concessão do habite-se, se esta ocorrer em prazo inferior.

Art. 10. O disposto no art. 76 da Medida Provisória nº 2.158-35, de 24 de agosto de 2001, não se aplica ao patrimônio de afetação de incorporações imobiliárias definido pela Lei nº 4.591, de 1964.

Art. 11. *Revogado.* Lei nº 11.196, de 21-11-2005.

Art. 11-A. O regime especial de tributação previsto nesta Lei será aplicado até o recebimento integral do valor das vendas de todas as unidades que compõem o memorial de incorporação registrado no cartório de imóveis competente, independentemente da data de sua comercialização, e, no caso de contratos de construção, até o recebimento integral do valor do respectivo contrato.

► Art. 11-A acrescido pela Lei nº 13.970, de 27-12-2019.

CAPÍTULO II
DA LETRA DE CRÉDITO IMOBILIÁRIO

Art. 12. Os bancos comerciais, os bancos múltiplos com carteira de crédito imobiliário, a Caixa Econômica Federal, as sociedades de crédito imobiliário, as associações de poupança e empréstimo, as companhias hipotecárias e demais espécies de instituições que, para as operações a que se refere este artigo, venham a ser expressamente autorizadas pelo Banco Central do Brasil, poderão emitir, independentemente de tradição efetiva, Letra de Crédito Imobiliário – LCI, lastreada por créditos imobiliários garantidos por hipoteca ou por alienação fiduciária de coisa imóvel, conferindo aos seus tomadores direito de crédito pelo valor nominal, juros e, se for o caso, atualização monetária nelas estipulados.

§ 1º A LCI será emitida sob a forma nominativa, podendo ser transferível mediante endosso em preto, e conterá:

I – o nome da instituição emitente e as assinaturas de seus representantes;

II – o número de ordem, o local e a data de emissão;

III – a denominação "Letra de Crédito Imobiliário";

IV – o valor nominal e a data de vencimento;

V – a forma, a periodicidade e o local de pagamento do principal, dos juros e, se for o caso, da atualização monetária;

VI – os juros, fixos ou flutuantes, que poderão ser renegociáveis, a critério das partes;

VII – a identificação dos créditos caucionados e seu valor;

VIII – o nome do titular; e

IX – cláusula à ordem, se endossável.

§ 2º A LCI poderá ser emitida sob a forma escritural, por meio do lançamento em sistema eletrônico do emissor, e deverá ser registrada ou depositada em entidade autorizada pelo Banco Central do Brasil a exercer a atividade de registro ou de depósito centralizado de ativos financeiros.

► § 2º com a redação dada pela Lei nº 13.986, de 7-4-2020.

Art. 13. A LCI poderá ser atualizada mensalmente por índice de preços, desde que emitida com prazo mínimo de trinta e seis meses.

Parágrafo único. É vedado o pagamento dos valores relativos à atualização monetária apropriados desde a emissão, quando ocorrer o resgate antecipado, total ou parcial, em prazo inferior ao estabelecido neste artigo, da LCI emitida com previsão de atualização mensal por índice de preços.

Art. 14. A LCI poderá contar com garantia fidejussória adicional de instituição financeira.

Art. 15. A LCI poderá ser garantida por um ou mais créditos imobiliários, mas a soma do principal das LCI emitidas não poderá exceder o valor total dos créditos imobiliários em poder da instituição emitente.

§ 1º A LCI não poderá ter prazo de vencimento superior ao prazo de quaisquer dos créditos imobiliários que lhe servem de lastro.

§ 2º O crédito imobiliário caucionado poderá ser substituído por outro crédito da mesma natureza por iniciativa do emitente da LCI, nos casos de liquidação ou vencimento antecipados do crédito, ou por solicitação justificada do credor da letra.

Art. 16. O endossante da LCI responderá pela veracidade do título, mas contra ele não será admitido direito de cobrança regressiva.

Art. 17. O Conselho Monetário Nacional poderá estabelecer o prazo mínimo e outras condições para emissão e resgate de LCI, observado o disposto no art. 13 desta Lei, podendo inclusive diferenciar tais condições de acordo com o tipo de indexador adotado contratualmente.

► Artigo com a redação dada pela Lei nº 13.097, de 19-1-2015.

CAPÍTULO III
DA CÉDULA DE CRÉDITO IMOBILIÁRIO

Art. 18. É instituída a Cédula de Crédito Imobiliário – CCI para representar créditos imobiliários.

§ 1º A CCI será emitida pelo credor do crédito imobiliário e poderá ser integral, quando representar a totalidade do crédito, ou fracionária, quando representar parte dele, não podendo a soma das CCI fracionárias emitidas em relação a cada crédito exceder o valor total do crédito que elas representam.

§ 2º As CCI fracionárias poderão ser emitidas simultaneamente ou não, a qualquer momento antes do vencimento do crédito que elas representam.

§ 3º A CCI poderá ser emitida com ou sem garantia, real ou fidejussória, sob a forma escritural ou cartular.

§ 4º A emissão da CCI sob a forma escritural ocorrerá por meio de escritura pública ou instrumento particular, que permanecerá custodiado em instituição financeira.

► § 4º com a redação dada pela Lei nº 13.986, de 7-4-2020.

§ 4º-A. A negociação da CCI emitida sob forma escritural ou a substituição da instituição custodiante de que trata o § 4º deste artigo será precedida de registro ou depósito em entidade autorizada pelo Banco Central do Brasil a exercer a atividade de registro ou de depósito centralizado de ativos financeiros.

§ 4º-B. O Conselho Monetário Nacional poderá estabelecer as condições para o registro e o depósito centralizado de CCI e a obrigatoriedade de depósito da CCI em entidade autorizada pelo Banco Central do Brasil a exercer a atividade de depósito centralizado de ativos financeiros.

§ 4º-C. Na hipótese de a CCI ser liquidada antes de ser negociada, a instituição custodiante declarará a inexistência do registro ou do depósito de que trata o § 4º-A deste artigo, para fins do disposto no art. 24 desta Lei.

► §§ 4º-A a 4º-C acrescidos pela Lei nº 13.986, de 7-4-2020.

§ 5º Sendo o crédito imobiliário garantido por direito real, a emissão da CCI será averbada no Registro de Imóveis da situação do imóvel, na respectiva matrícula, devendo dela constar, exclusivamente, o número, a série e a instituição custodiante.

§ 6º A averbação da emissão da CCI e o registro da garantia do crédito respectivo, quando solicitados simultaneamente, serão considerados como ato único para efeito de cobrança de emolumentos.

§ 7º A constrição judicial que recaia sobre crédito representado por CCI será efetuada nos registros da instituição custodiante ou mediante apreensão da respectiva cártula.

§ 8º O credor da CCI deverá ser imediatamente intimado de constrição judicial que recaia sobre a garantia real do crédito imobiliário representado por aquele título.

§ 9º No caso de CCI emitida sob a forma escritural, caberá à instituição custodiante identificar o credor, para o fim da intimação prevista no § 8º.

Art. 19. A CCI deverá conter:

I – a denominação "Cédula de Crédito Imobiliário", quando emitida cartularmente;

II – o nome, a qualificação e o endereço do credor e do devedor e, no caso de emissão escritural, também o do custodiante;

III – a identificação do imóvel objeto do crédito imobiliário, com a indicação da respectiva matrícula no Registro de Imóveis competente e do registro da constituição da garantia, se for o caso;

IV – a modalidade da garantia, se for o caso;

V – o número e a série da cédula;

VI – o valor do crédito que representa;

VII – a condição de integral ou fracionária e, nessa última hipótese, também a indicação da fração que representa;

VIII – o prazo, a data de vencimento, o valor da prestação total, nela incluídas as parcelas de amortização e juros, as taxas, seguros e demais encargos contratuais de responsabilidade do devedor, a forma de reajuste e o valor das multas previstas contratualmente, com a indicação do local de pagamento;

IX – o local e a data da emissão;

X – a assinatura do credor, quando emitida cartularmente;

XI – a autenticação pelo Oficial do Registro de Imóveis competente, no caso de contar com garantia real; e

XII – cláusula à ordem, se endossável.

Art. 20. A CCI é título executivo extrajudicial, exigível pelo valor apurado de acordo com as cláusulas e condições pactuadas no contrato que lhe deu origem.

Parágrafo único. O crédito representado pela CCI será exigível mediante ação de execução, ressalvadas as hipóteses em que a lei determine procedimento especial, judicial ou extrajudicial para satisfação do crédito e realização da garantia.

Art. 21. A emissão e a negociação de CCI independe de autorização do devedor do crédito imobiliário que ela representa.

Art. 22. A cessão do crédito representado por CCI poderá ocorrer por meio de sistema de entidade autorizada pelo Banco Central do Brasil a exercer a atividade de depósito centralizado de ativos financeiros na qual a CCI tenha sido depositada.

► *Caput* com a redação dada pela Lei nº 13.986, de 7-4-2020.

§ 1º A cessão do crédito representado por CCI implica automática transmissão das respectivas garantias ao cessionário, sub-rogando-o em todos os direitos representados pela cédula, ficando o cessionário, no caso de contrato de alienação fiduciária, investido na propriedade fiduciária.

§ 2º A cessão de crédito garantido por direito real, quando representado por CCI emitida sob a forma escritural, está dispensada de averbação no Registro de Imóveis, aplicando-se, no que esta Lei não contrarie, o disposto nos arts. 286 e seguintes da Lei nº 10.406, de 10 de janeiro de 2002 – Código Civil Brasileiro.

Art. 23. *Revogado.* Lei nº 14.430, de 3-8-2022.

Art. 24. O resgate da dívida representada pela CCI prova-se com a declaração de quitação, emitida pelo credor, ou, na falta desta, por outros meios admitidos em direito.

Art. 25. É vedada a averbação da emissão de CCI com garantia real quando houver prenotação ou registro de qualquer outro ônus real sobre os direitos imobiliários respectivos, inclusive penhora ou averbação de qualquer mandado ou ação judicial.

CAPÍTULO IV
DA CÉDULA DE CRÉDITO BANCÁRIO

Art. 26. A Cédula de Crédito Bancário é título de crédito emitido, por pessoa física ou jurídica, em favor de instituição financeira ou de entidade a esta equiparada, representando promessa de pagamento em dinheiro, decorrente de operação de crédito, de qualquer modalidade.

§ 1º A instituição credora deve integrar o Sistema Financeiro Nacional, sendo admitida a emissão da Cédula de Crédito Bancário em favor de instituição domiciliada no exterior, desde que a obrigação esteja sujeita exclusivamente à lei e ao foro brasileiros.

§ 2º A Cédula de Crédito Bancário em favor de instituição domiciliada no exterior poderá ser emitida em moeda estrangeira.

Art. 27. A Cédula de Crédito Bancário poderá ser emitida, com ou sem garantia, real ou fidejussória, cedularmente constituída.

Parágrafo único. A garantia constituída será especificada na Cédula de Crédito Bancário, observadas as disposições deste Capítulo e, no que não forem com elas conflitantes, as da legislação comum ou especial aplicável.

Art. 27-A. A Cédula de Crédito Bancário poderá ser emitida sob a forma escritural, por meio do lançamento em sistema eletrônico de escrituração.

Parágrafo único. O sistema eletrônico de escrituração de que trata o *caput* deste artigo será mantido em instituição financeira ou em outra entidade autorizada pelo Banco Central do Brasil a exercer a atividade de escrituração eletrônica.

Art. 27-B. Compete ao Banco Central do Brasil:

I – estabelecer as condições para o exercício da atividade de escrituração eletrônica de que trata o parágrafo único do art. 27-A desta Lei; e

II – autorizar e supervisionar o exercício da atividade prevista no inciso I do *caput* deste artigo.

§ 1º A autorização de que trata o parágrafo único do art. 27-A desta Lei poderá, a critério do Banco Central do Brasil, ser concedida por segmento, por espécie ou por grupos de entidades que atendam a critérios específicos, dispensada a concessão de autorização individualizada.

§ 2º As infrações às normas legais e regulamentares que regem a atividade de escrituração eletrônica sujeitam a entidade responsável pelo sistema eletrônico de escrituração, os seus administradores e os membros de seus órgãos estatutários ou contratuais ao disposto na Lei nº 13.506, de 13 de novembro de 2017.

Art. 27-C. A entidade responsável pelo sistema eletrônico de escrituração de que trata o art. 27-A desta Lei expedirá, mediante solicitação de seu titular, certidão de inteiro teor do título, a qual corresponderá a título executivo extrajudicial.

Parágrafo único. A certidão de que trata o *caput* deste artigo poderá ser emitida na forma eletrônica, observados os requisitos de segurança que garantam a autenticidade e a integridade do documento.

Art. 27-D. O Banco Central do Brasil poderá regulamentar a emissão, a assinatura, a negociação e a liquidação da Cédula de Crédito Bancário emitida sob a forma escritural.

► Arts. 27-A a 27-D acrescidos pela Lei nº 13.986, de 7-4-2020.

Art. 28. A Cédula de Crédito Bancário é título executivo extrajudicial e representa dívida em dinheiro, certa, líquida e exigível, seja pela soma nela indicada, seja pelo saldo devedor demonstrado em planilha de cálculo, ou nos extratos da conta-corrente, elaborados conforme previsto no § 2º.

§ 1º Na Cédula de Crédito Bancário poderão ser pactuados:

I – os juros sobre a dívida, capitalizados ou não, os critérios de sua incidência e, se for o caso, a periodicidade de sua capitalização, bem como as despesas e os demais encargos decorrentes da obrigação;

II – os critérios de atualização monetária ou de variação cambial como permitido em lei;

III – os casos de ocorrência de mora e de incidência das multas e penalidades contratuais, bem como as hipóteses de vencimento antecipado da dívida;

IV – os critérios de apuração e de ressarcimento, pelo emitente ou por terceiro garantidor, das despesas de cobrança da dívida e dos honorários advocatícios, judiciais ou extrajudiciais, sendo que os honorários advocatícios extrajudiciais não poderão superar o limite de dez por cento do valor total devido;

V – quando for o caso, a modalidade de garantia da dívida, sua extensão e as hipóteses de substituição de tal garantia;

VI – as obrigações a serem cumpridas pelo credor;

VII – a obrigação do credor de emitir extratos da conta-corrente ou planilhas de cálculo da dívida, ou de seu saldo devedor, de acordo com os critérios estabelecidos na própria Cédula de Crédito Bancário, observado o disposto no § 2º; e

VIII – outras condições de concessão do crédito, suas garantias ou liquidação, obrigações adicionais do emitente ou do terceiro garantidor da obrigação, desde que não contrariem as disposições desta Lei.

§ 2º Sempre que necessário, a apuração do valor exato da obrigação, ou de seu saldo devedor, representado pela Cédula de Crédito Bancário, será feita pelo credor, por meio de planilha de cálculo e, quando for o caso, de extrato emitido pela instituição financeira, em favor da qual a Cédula de Crédito Bancário foi originalmente emitida, documentos esses que integrarão a Cédula, observado que:

I – os cálculos realizados deverão evidenciar de modo claro, preciso e de fácil entendimento e compreensão, o valor principal da dívida, seus encargos e despesas contratuais devidos, a parcela de juros e os critérios de sua incidência, a parcela de atualização monetária ou cambial, a parcela correspondente a multas e demais penalidades contratuais, as despesas de cobrança e de honorários advocatícios devidos até a data do cálculo e, por fim, o valor total da dívida; e

II – a Cédula de Crédito Bancário representativa de dívida oriunda de contrato de abertura de crédito bancário em conta-corrente será emitida pelo valor total do crédito posto à disposição do emitente, competindo ao credor, nos termos deste parágrafo, discriminar nos extratos da conta-corrente ou nas planilhas de cálculo, que serão anexados à Cédula, as parcelas utilizadas do crédito aberto, os aumentos do limite do crédito inicialmente concedido, as eventuais amortizações da dívida e a incidência dos encargos nos vários períodos de utilização do crédito aberto.

§ 3º O credor que, em ação judicial, cobrar o valor do crédito exequendo em desacordo com o expresso na Cédula de Crédito Bancário, fica obrigado a pagar ao devedor o dobro do cobrado a maior, que poderá ser compensado na própria ação, sem prejuízo da responsabilidade por perdas e danos.

Art. 29. A Cédula de Crédito Bancário deve conter os seguintes requisitos essenciais:

I – a denominação "Cédula de Crédito Bancário";

II – a promessa do emitente de pagar a dívida em dinheiro, certa, líquida e exigível no seu vencimento ou, no caso de dívida oriunda de contrato de abertura de crédito bancário, a promessa do emitente de pagar a dívida em dinheiro, certa, líquida e exigível, correspondente ao crédito utilizado;

III – a data e o lugar do pagamento da dívida e, no caso de pagamento parcelado, as datas e os valores de cada prestação, ou os critérios para essa determinação;

IV – o nome da instituição credora, podendo conter cláusula à ordem;

V – a data e o lugar de sua emissão; e

VI – a assinatura do emitente e, se for o caso, do terceiro garantidor da obrigação, ou de seus respectivos mandatários.

§ 1º A Cédula de Crédito Bancário será transferível mediante endosso em preto, ao qual se aplicarão, no que couberem, as normas do direito cambiário, caso em que o endossatário, mesmo não sendo instituição financeira ou entidade a ela equiparada, poderá exercer todos os direitos por ela conferidos, inclusive cobrar os juros e demais encargos na forma pactuada na Cédula.

§ 2º Na hipótese de emissão sob a forma cartular, a Cédula de Crédito Bancário será emitida em tantas vias quantas forem as partes que nela intervierem, assinadas pelo emitente e pelo terceiro garantidor, se houver, ou por seus respectivos mandatários, e cada parte receberá uma via.

► § 2º com a redação dada pela Lei nº 13.986, de 7-4-2020.

§ 3º Somente a via do credor será negociável, devendo constar nas demais vias a expressão "não negociável".

§ 4º A Cédula de Crédito Bancário pode ser aditada, retificada e ratificada mediante documento escrito, datado, com os requisitos previstos no *caput*, passando esse documento a integrar a Cédula para todos os fins.

§ 5º A assinatura de que trata o inciso VI do *caput* deste artigo poderá ocorrer sob a forma eletrônica, desde que garantida a identificação inequívoca de seu signatário.

► § 5º acrescido pela Lei nº 13.986, de 7-4-2020.

Art. 30. A constituição de garantia da obrigação representada pela Cédula de Crédito Bancário é disciplinada por esta Lei, sendo aplicáveis as disposições da legislação comum ou especial que não forem com ela conflitantes.

Art. 31. A garantia da Cédula de Crédito Bancário poderá ser fidejussória ou real, neste último caso constituída por bem patrimonial de qualquer espécie, disponível e alienável, móvel ou imóvel, material ou imaterial, presente ou futuro, fungível ou infungível, consumível ou não, cuja titularidade pertença ao próprio emitente ou a terceiro garantidor da obrigação principal.

Art. 32. A constituição da garantia poderá ser feita na própria Cédula de Crédito Bancário ou em documento separado, neste caso fazendo-se, na Cédula, menção a tal circunstância.

Art. 33. O bem constitutivo da garantia deverá ser descrito e individualizado de modo que permita sua fácil identificação.

Parágrafo único. A descrição e individualização do bem constitutivo da garantia poderá ser substituída pela remissão a documento ou certidão expedida por entidade competente, que integrará a Cédula de Crédito Bancário para todos os fins.

Art. 34. A garantia da obrigação abrangerá, além do bem principal constitutivo da garantia, todos os seus acessórios, benfeitorias de qualquer espécie, valorizações a qualquer título, frutos e qualquer bem vinculado ao bem principal por acessão física, intelectual, industrial ou natural.

§ 1º O credor poderá averbar, no órgão competente para o registro do bem constitutivo da garantia, a existência de qualquer outro bem por ela abrangido.

§ 2º Até a efetiva liquidação da obrigação garantida, os bens abrangidos pela garantia não poderão, sem prévia autorização escrita do credor, ser alterados, retirados, deslocados ou destruídos, nem poderão ter sua destinação modificada, exceto quando a garantia for constituída por semoventes ou por veículos, automotores ou não, e a remoção ou o deslocamento desses bens for inerente à atividade do emitente da Cédula de Crédito Bancário, ou do terceiro prestador da garantia.

Art. 35. Os bens constitutivos de garantia pignoratícia ou objeto de alienação fiduciária poderão, a critério do credor, permanecer sob a posse direta do emitente ou do terceiro prestador da garantia, nos termos da cláusula de constituto possessório, caso em que as partes deverão especificar o local em que o bem será guardado e conservado até a efetiva liquidação da obrigação garantida.

§ 1º O emitente e, se for o caso, o terceiro prestador da garantia responderão solidariamente pela guarda e conservação do bem constitutivo da garantia.

§ 2º Quando a garantia for prestada por pessoa jurídica, esta indicará representantes para responder nos termos do § 1º.

Art. 36. O credor poderá exigir que o bem constitutivo da garantia seja coberto por seguro até a efetiva liquidação da obrigação garantida, em que o credor será indicado como exclusivo beneficiário da apólice securitária e estará autorizado a receber a indenização para liquidar ou amortizar a obrigação garantida.

Art. 37. Se o bem constitutivo da garantia for desapropriado, ou se for danificado ou perecer por fato imputável a terceiro, o credor sub-rogar-se-á no direito à indenização devida pelo expropriante ou pelo terceiro causador do dano, até o montante necessário para liquidar ou amortizar a obrigação garantida.

Art. 38. Nos casos previstos nos arts. 36 e 37 desta Lei, facultar-se-á ao credor exigir a substituição da garantia, ou o seu reforço, renunciando ao direito à percepção do valor relativo à indenização.

Art. 39. O credor poderá exigir a substituição ou o reforço da garantia, em caso de perda, deterioração ou diminuição de seu valor.

Parágrafo único. O credor notificará por escrito o emitente e, se for o caso, o terceiro garantidor, para que substituam ou reforcem a garantia no prazo de quinze dias, sob pena de vencimento antecipado da dívida garantida.

Art. 40. Nas operações de crédito rotativo, o limite de crédito concedido será recomposto, automaticamente e durante o prazo de vigência da Cédula de Crédito Bancário, sempre que o devedor, não estando em mora ou inadimplente, amortizar ou liquidar a dívida.

Art. 41. A Cédula de Crédito Bancário poderá ser protestada por indicação, desde que o credor apresente declaração de posse da sua única via negociável, inclusive no caso de protesto parcial.

Art. 42. A validade e eficácia da Cédula de Crédito Bancário não dependem de registro, mas as garantias reais, por ela constituídas, ficam sujeitas, para valer contra terceiros, aos registros ou averbações previstos na legislação aplicável, com as alterações introduzidas por esta Lei.

Art. 42-A. Na hipótese de Cédula de Crédito Bancário emitida sob a forma escritural, o sistema eletrônico de escrituração de que trata o art. 27-A desta Lei fará constar:

I – a emissão do título, com seus requisitos essenciais;

II – a forma de pagamento ajustada no título;

III – o endosso em preto de que trata o § 1º do art. 29 desta Lei e a cadeia de endossos, se houver;

IV – os aditamentos, as retificações e as ratificações de que trata o § 4º do art. 29 desta Lei;

V – a inclusão de notificações, de cláusulas contratuais, de informações, inclusive sobre o fracionamento, quando houver, ou de outras declarações referentes à Cédula de Crédito Bancário ou ao certificado de que trata o art. 43 desta Lei; e

VI – as ocorrências de pagamento, se houver.

§ 1º Na hipótese de serem constituídos garantias e quaisquer outros gravames e ônus, tais ocorrências serão informadas no sistema eletrônico de escrituração de que trata o art. 27-A desta Lei.

§ 2º As garantias dadas na Cédula de Crédito Bancário ou, ainda, a constituição de gravames e ônus sobre o título deverão ser informadas no sistema ao qual se refere o art. 27-A desta Lei.

Art. 42-B. Para fins da cobrança de emolumentos e custas cartorárias relacionadas ao registro da garantia, fica a Cédula de Crédito Bancário, quando utilizada para a formalização de operações de crédito rural, equiparada à Cédula de Crédito Rural de que trata o Dec.-lei nº 167, de 14 de fevereiro de 1967.

▸ Arts. 42-A e 42-B acrescidos pela Lei nº 13.986, de 7-4-2020.

Art. 43. As instituições financeiras, nas condições estabelecidas pelo Conselho Monetário Nacional, poderão emitir título representativo das Cédulas de Crédito Bancário por elas mantidas em custódia, do qual constarão:

▸ *Caput* com a redação dada pela Lei nº 13.986, de 7-4-2020.

I – o local e a data da emissão;

II – o nome e a qualificação do custodiante das Cédulas de Crédito Bancário;

▸ Inciso II com a redação dada pela Lei nº 13.986, de 7-4-2020.

III – a denominação "Certificado de Cédulas de Crédito Bancário";

IV – a especificação das cédulas custodiadas, o nome dos seus emitentes e o valor, o lugar e a data do pagamento do crédito por elas incorporado;

▸ Inciso IV com a redação dada pela Lei nº 13.986, de 7-4-2020.

V – o nome da instituição emitente;

VI – a declaração de que a instituição financeira, na qualidade e com as responsabilidades de custodiante e mandatária do titular do certificado, promoverá a cobrança das Cédulas de Crédito Bancário, e a declaração de que as cédulas custodiadas, o produto da cobrança do seu principal e os seus encargos serão entregues ao titular do certificado somente com a apresentação deste;

VII – o lugar da entrega do objeto da custódia; e

VIII – a remuneração devida à instituição financeira pela custódia das cédulas objeto da emissão do certificado, se convencionada.

▸ Incisos VI a VIII com a redação dada pela Lei nº 13.986, de 7-4-2020.

§ 1º A instituição financeira responderá pela origem e pela autenticidade das Cédulas de Crédito Bancário nela custodiadas.

▸ § 1º com a redação dada pela Lei nº 13.986, de 7-4-2020.

§ 2º Emitido o certificado, as Cédulas de Crédito Bancário e as importâncias recebidas pela instituição financeira a título de pagamento do principal e de encargos não poderão ser objeto de penhora, arresto, sequestro, busca e apreensão, ou qualquer outro embaraço que impeça a sua entrega ao titular do certificado, mas este poderá ser objeto de penhora, ou de qualquer medida cautelar por obrigação do seu titular.

§ 3º O certificado poderá ser emitido sob forma escritural, por meio do lançamento no sistema eletrônico de escrituração, hipótese em que se aplica, no que couber, com as devidas adaptações, o disposto nos arts. 27-A, 27-B, 27-C, 27-D e 42-A desta Lei.

§ 4º O certificado será transferido somente por meio de endosso, ainda que por intermédio de sistema eletrônico de escrituração, hipótese em que a transferência deverá ser datada e assinada por seu titular ou mandatário com poderes especiais e, na hipótese de certificado cartular, averbada na instituição financeira emitente, no prazo de 2 (dois) dias, contado da data do endosso.

▸ §§ 3º e 4º com a redação dada pela Lei nº 13.986, de 7-4-2020.

§ 5º As despesas e os encargos decorrentes da transferência e averbação do certificado serão suportados pelo endossatário ou cessionário, salvo convenção em contrário.

§ 6º O endossatário do certificado, ainda que não seja instituição financeira ou entidade a ela equiparada, fará jus a todos os direitos nele previstos, incluídos a cobrança de juros e os demais encargos.

§ 7º O certificado poderá representar:

I – uma única cédula;

II – um agrupamento de cédulas; ou

III – frações de cédulas.

§ 8º Na hipótese de que trata o inciso III do § 7º deste artigo, o certificado somente poderá representar frações de Cédulas de Crédito Bancário emitidas sob forma escritural, e essa informação deverá constar do sistema de que trata o § 3º deste artigo.

▸ §§ 6º a 8º acrescidos pela Lei nº 13.986, de 7-4-2020.

Art. 44. Aplica-se às Cédulas de Crédito Bancário, no que não contrariar o disposto nesta Lei, a legislação cambial, dispensado o protesto para garantir o direito de cobrança contra endossantes, seus avalistas e terceiros garantidores.

Art. 45. Os títulos de crédito e direitos creditórios, representados sob a forma escritural ou física, que tenham sido objeto de desconto, poderão ser admitidos a redesconto junto ao Banco Central do Brasil, observando-se as normas e instruções baixadas pelo Conselho Monetário Nacional.

§ 1º Os títulos de crédito e os direitos creditórios de que trata o *caput* considerar-se-ão transferidos, para fins de redesconto, à propriedade do Banco Central do Brasil, desde que inscritos em termo de tradição eletrônico constante do Sistema de Informações do Banco Central – SISBACEN, ou, ainda, no termo de tradição previsto no § 1º do art. 5º do Decreto nº 21.499, de 9 de junho de 1932, com a redação dada pelo art. 1º do Decreto nº 21.928, de 10 de outubro de 1932.

§ 2º Entendem-se inscritos nos termos de tradição referidos no § 1º os títulos de crédito e direitos creditórios neles relacionados e descritos, observando-se os requisitos, os critérios e as formas estabelecidas pelo Conselho Monetário Nacional.

§ 3º A inscrição produzirá os mesmos efeitos jurídicos do endosso, somente se aperfeiçoando com o recebimento, pela instituição financeira proponente do redesconto, de mensagem de aceitação do Banco Central do Brasil, ou, não sendo eletrônico o termo de tradição, após a assinatura das partes.

§ 4º Os títulos de crédito e documentos representativos de direitos creditórios, inscritos nos termos de tradição, poderão, a critério do Banco Central do Brasil, permanecer na posse direta da instituição financeira beneficiária do redesconto, que os guardará e conservará em depósito, devendo proceder, como comissária *del credere*, à sua cobrança judicial ou extrajudicial.

Art. 45-A. Para fins do disposto no § 1º do art. 2º da Lei nº 6.385, de 7 de dezembro de 1976, a Cédula de Crédito Bancário, o Certificado de Cédulas de Crédito Bancário e a Cédula de Crédito Imobiliário são títulos cambiais de responsabilidade de instituição financeira ou de entidade autorizada a funcionar pelo Banco Central do Brasil, desde que a instituição financeira ou a entidade:

I – seja titular dos direitos de crédito por eles representados;

II – preste garantia às obrigações por eles representadas; ou
III – realize, até a liquidação final dos títulos, o serviço de monitoramento dos fluxos de recursos entre credores e devedores e de eventuais inadimplementos.

▶ Art. 45-A acrescido pela Lei nº 13.986, de 7-4-2020.

CAPÍTULO V – DOS CONTRATOS DE FINANCIAMENTO DE IMÓVEIS

Art. 46. Nos contratos de comercialização de imóveis, de financiamento imobiliário em geral e nos de arrendamento mercantil de imóveis, bem como nos títulos e valores mobiliários por eles originados, com prazo mínimo de trinta e seis meses, é admitida estipulação de cláusula de reajuste, com periodicidade mensal, por índices de preços setoriais ou gerais ou pelo índice de remuneração básica dos depósitos de poupança.

§ 1º É vedado o pagamento dos valores relativos à atualização monetária apropriados nos títulos e valores mobiliários, quando ocorrer o resgate antecipado, total ou parcial, em prazo inferior ao estabelecido no *caput*.

§ 2º Os títulos e valores mobiliários a que se refere o *caput* serão cancelados pelo emitente na hipótese de resgate antecipado em que o prazo a decorrer for inferior a trinta e seis meses.

§ 3º Não se aplica o disposto no § 1º, no caso de quitação ou vencimento antecipados dos créditos imobiliários que lastreiem ou tenham originado a emissão dos títulos e valores mobiliários a que se refere o *caput*.

Art. 47. São nulos de pleno direito quaisquer expedientes que, de forma direta ou indireta, resultem em efeitos equivalentes à redução do prazo mínimo de que trata o *caput* do art. 46.

Parágrafo único. O Conselho Monetário Nacional poderá disciplinar o disposto neste artigo.

Art. 48. Fica vedada a celebração de contratos com cláusula de equivalência salarial ou de comprometimento de renda, bem como a inclusão de cláusulas desta espécie em contratos já firmados, mantidas, para os contratos firmados até a data de entrada em vigor da Medida Provisória nº 2.223, de 4 de setembro de 2001, as disposições anteriormente vigentes.

Art. 49. No caso do não pagamento tempestivo, pelo devedor, dos tributos e das taxas condominiais incidentes sobre o imóvel objeto do crédito imobiliário respectivo, bem como das parcelas mensais incontroversas de encargos estabelecidos no respectivo contrato e de quaisquer outros encargos que a lei imponha ao proprietário ou ao ocupante de imóvel, poderá o juiz, a requerimento do credor, determinar a cassação de medida liminar, de medida cautelar ou de antecipação dos efeitos da tutela que tenha interferido na eficácia de cláusulas do contrato de crédito imobiliário correspondente ou suspendido encargos dele decorrentes.

Art. 50. Nas ações judiciais que tenham por objeto obrigação decorrente de empréstimo, financiamento ou alienação imobiliários, o autor deverá discriminar na petição inicial, dentre as obrigações contratuais, aquelas que pretende controverter, quantificando o valor incontroverso, sob pena de inépcia.

§ 1º O valor incontroverso deverá continuar sendo pago no tempo e modo contratados.

§ 2º A exigibilidade do valor controvertido poderá ser suspensa mediante depósito do montante correspondente, no tempo e modo contratados.

§ 3º Em havendo concordância do réu, o autor poderá efetuar o depósito de que trata o § 2º deste artigo, com remuneração e atualização nas mesmas condições aplicadas ao contrato:
I – na própria instituição financeira credora, oficial ou não; ou
II – em instituição financeira indicada pelo credor, oficial ou não, desde que estes tenham pactuado nesse sentido.

§ 4º O juiz poderá dispensar o depósito de que trata o § 2º em caso de relevante razão de direito e risco de dano irreparável ao autor, por decisão fundamentada na qual serão detalhadas as razões jurídicas e fáticas da ilegitimidade da cobrança no caso concreto.

§ 5º É vedada a suspensão liminar da exigibilidade da obrigação principal sob a alegação de compensação com valores pagos a maior, sem o depósito do valor integral desta.

Art. 51. Sem prejuízo das disposições do Código Civil, as obrigações em geral também poderão ser garantidas, inclusive por terceiros, por cessão fiduciária de direitos creditórios decorrentes de contratos de alienação de imóveis, por caução de direitos creditórios ou aquisitivos decorrentes de contratos de venda ou promessa de venda de imóveis e por alienação fiduciária de coisa imóvel.

Art. 52. Uma vez protocolizados todos os documentos necessários à averbação ou ao registro dos atos e dos títulos a que se referem esta Lei e a Lei nº 9.514, de 1997, o oficial de Registro de Imóveis procederá ao registro ou à averbação, dentro do prazo de quinze dias.

CAPÍTULO VI – DISPOSIÇÕES FINAIS

Alterações da Lei de Incorporações

Art. 53. O Título II da Lei nº 4.591, de 16 de dezembro de 1964, passa a vigorar acrescido dos seguintes Capítulo e artigos:

▶ Alterações inseridas no texto da referida Lei.

Art. 54. A Lei nº 4.591, de 1964, passa a vigorar com as seguintes alterações:

▶ Alterações inseridas no texto da referida Lei.

Alterações de Leis sobre Alienação Fiduciária

Art. 55. A Seção XIV da Lei nº 4.728, de 14 de julho de 1965, passa a vigorar com a seguinte redação:

▶ Alterações inseridas no texto da referida Lei.

Art. 56. O Decreto-Lei nº 911, de 1º de outubro de 1969, passa a vigorar com as seguintes alterações:

▶ Alterações inseridas no texto da referida Lei.

Art. 57. A Lei nº 9.514, de 1997, passa a vigorar com as seguintes alterações:

▶ Alterações inseridas no texto da referida Lei.

Alterações no Código Civil

Art. 58. A Lei nº 10.406, de 2002 – Código Civil passa a vigorar com as seguintes alterações:

▶ Alterações inseridas no texto da referida Lei.

Alterações na Lei de Registros Públicos

Art. 59. A Lei nº 6.015, de 31 de dezembro de 1973, passa a vigorar com as seguintes alterações:

▶ Alterações inseridas no texto da referida Lei.

Alteração na Lei do FGTS

Art. 60. O *caput* do art. 9º da Lei nº 8.036, de 11 de maio de 1990, passa a vigorar com a seguinte redação:

▶ Alterações inseridas no texto da referida Lei.

Alterações na Lei de Locações

Art. 61. A Lei nº 8.245, de 18 de outubro de 1991, passa a vigorar com as seguintes alterações:

▶ Alterações inseridas no texto da referida Lei.

Alterações na Lei de Protesto de Títulos e Documentos de Dívida

Art. 62. VETADO.

Normas Complementares a esta Lei

Art. 63. Nas operações envolvendo recursos do Sistema Financeiro da Habitação e do Sistema Financeiro Imobiliário, relacionadas com a moradia, é vedado cobrar do mutuário a elaboração de instrumento contratual particular, ainda que com força de escritura pública.

Art. 63-A. *Revogado*. Lei nº 13.476, de 28-8-2017.

Art. 64. VETADO.

Art. 65. O Conselho Monetário Nacional e a Secretaria da Receita Federal, no âmbito das suas respectivas atribuições, expedirão as instruções que se fizerem necessárias à execução das disposições desta Lei.

Vigência

Art. 66. Esta Lei entra em vigor na data de sua publicação.

Revogações

Art. 67. Ficam revogadas as Medidas Provisórias nºs 2.160-25, de 23 de agosto de 2001, 2.221, de 4 de setembro de 2001, e 2.223, de 4 de setembro de 2001, e os arts. 66 e 66-A da Lei nº 4.728, de 14 de julho de 1965.

Brasília, 2 de agosto de 2004;
183º da Independência e
116º da República.

Luiz Inácio Lula da Silva

LEI Nº 10.962, DE 11 DE OUTUBRO DE 2004

Dispõe sobre a oferta e as formas de afixação de preços de produtos e serviços para o consumidor.

▶ Publicada no *DOU* de 13-10-2004.
▶ Dec. nº 5.903, de 20-9-2006, regulamenta esta Lei e dispõe sobre as práticas infracionais que atentam contra o direito básico do consumidor de obter informação clara e adequada sobre produtos e serviços.

Art. 1º Esta Lei regula as condições de oferta e afixação de preços de bens e serviços para o consumidor.

Art. 2º São admitidas as seguintes formas de afixação de preços em vendas a varejo para o consumidor:
I – no comércio em geral, por meio de etiquetas ou similares afixados diretamente nos bens expostos à venda, e em vitrines, median-

te divulgação do preço à vista em caracteres legíveis;

▶ Art. 5º do Dec. nº 5.903, de 20-9-2006, que dispõe sobre a afixação de bens e serviços para o consumidor em vitrines.

II – em autosserviços, supermercados, hipermercados, mercearias ou estabelecimentos comerciais onde o consumidor tenha acesso direto ao produto, sem intervenção do comerciante, mediante a impressão ou afixação do preço do produto na embalagem, ou a afixação de código referencial, ou ainda, com a afixação de código de barras;

▶ Art. 6º do Dec. nº 5.903, de 20-9-2006, que dispõe sobre as modalidades de afixação para os preços de bens e serviços nos estabelecimentos comerciais.

III – no comércio eletrônico, mediante divulgação ostensiva do preço à vista, junto à imagem do produto ou descrição do serviço, em caracteres facilmente legíveis com tamanho de fonte não inferior a doze.

▶ Inciso III acrescido pela Lei nº 13.543, de 19-12-2017.

Parágrafo único. Nos casos de utilização de código referencial ou de barras, o comerciante deverá expor, de forma clara e legível, junto aos itens expostos, informação relativa ao preço à vista do produto, suas características e código.

Art. 2º-A Na venda a varejo de produtos fracionados em pequenas quantidades, o comerciante deverá informar, na etiqueta contendo o preço ou junto aos itens expostos, além do preço do produto à vista, o preço correspondente a uma das seguintes unidades fundamentais de medida: capacidade, massa, volume, comprimento ou área, de acordo com a forma habitual de comercialização de cada tipo de produto.

Parágrafo único. O disposto neste artigo não se aplica à comercialização de medicamentos.

▶ Art. 2º-A acrescido pela Lei nº 13.175, de 21-10-2015.

Art. 3º Na impossibilidade de afixação de preços conforme disposto no art. 2º, é permitido o uso de relações de preços dos produtos expostos, bem como dos serviços oferecidos, de forma escrita, clara e acessível ao consumidor.

Art. 4º Nos estabelecimentos que utilizem código de barras para apreçamento, deverão ser oferecidos equipamentos de leitura ótica para consulta de preço pelo consumidor, localizados na área de vendas e em outras de fácil acesso.

§ 1º O regulamento desta Lei definirá, observados, dentre outros critérios ou fatores, o tipo e o tamanho do estabelecimento e a quantidade e a diversidade dos itens de bens e serviços, a área máxima que deverá ser atendida por cada leitora ótica.

▶ Art. 7º do Dec. nº 5.903, de 20-9-2006, que regulamenta esta Lei.

§ 2º Para os fins desta Lei, considera-se área de vendas aquela na qual os consumidores têm acesso às mercadorias e serviços oferecidos para consumo no varejo, dentro do estabelecimento.

Art. 5º No caso de divergência de preços para o mesmo produto entre os sistemas de informação de preços utilizados pelo estabelecimento, o consumidor pagará o menor dentre eles.

Art. 5º-A. O fornecedor deve informar, em local e formato visíveis ao consumidor, eventuais descontos oferecidos em função do prazo ou do instrumento de pagamento utilizado.

Parágrafo único. Aplicam-se às infrações a este artigo as sanções previstas na Lei nº 8.078, de 11 de setembro de 1990.

▶ Art. 5º-A acrescido pela Lei nº 13.455, de 26-6-2017.

Art. 6º VETADO.

Art. 7º Esta Lei entra em vigor na data de sua publicação.

Brasília, 11 de outubro de 2004;
183º da Independência e
116º da República.

Luiz Inácio Lula da Silva

LEI Nº 10.996, DE 15 DE DEZEMBRO DE 2004

Altera a legislação tributária federal e as Leis nºs 10.637, de 30 de dezembro de 2002, e 10.833, de 29 de dezembro de 2003.

▶ Publicada no *DOU* de 16-12-2004.

Art. 1º Fica excluída, para fins de incidência na fonte e no ajuste anual do imposto de renda da pessoa física, a quantia de R$ 100,00 (cem reais) mensais do total dos rendimentos tributáveis provenientes do trabalho assalariado pagos nos meses de agosto a dezembro do ano-calendário de 2004.

Parágrafo único. O disposto no *caput* deste artigo aplica-se, também, ao 13º (décimo terceiro) salário para fins de incidência do imposto de renda na fonte.

Art. 2º Ficam reduzidas a 0 (zero) as alíquotas da Contribuição para o PIS/PASEP e da Contribuição para o Financiamento da Seguridade Social – COFINS incidentes sobre as receitas de vendas de mercadorias destinadas ao consumo ou à industrialização na Zona Franca de Manaus – ZFM, por pessoa jurídica estabelecida fora da ZFM.

§ 1º Para os efeitos deste artigo, entendem-se como vendas de mercadorias de consumo na Zona Franca de Manaus – ZFM as que tenham como destinatárias pessoas jurídicas que as venham utilizar diretamente ou para comercialização por atacado ou a varejo.

§ 2º Aplicam-se às operações de que trata o *caput* deste artigo as disposições do inciso II do § 2º do art. 3º da Lei nº 10.637, de 30 de dezembro de 2002, e do inciso II do § 2º do art. 3º da Lei nº 10.833, de 29 de dezembro de 2003.

§ 3º As disposições deste artigo aplicam-se às vendas de mercadorias destinadas ao consumo ou à industrialização nas Áreas de Livre Comércio de que tratam as Leis nºs 7.965, de 22 de dezembro de 1989, 8.210, de 19 de julho de 1991, e 8.256, de 25 de novembro de 1991, o art. 11 da Lei nº 8.387, de 30 de dezembro de 1991, e a Lei nº 8.857, de 8 de março de 1994, por pessoa jurídica estabelecida fora dessas áreas.

▶ § 3º com a redação dada pela Lei nº 11.945, de 4-6-2009.

§ 4º Não se aplica o disposto neste artigo às vendas de mercadorias que tenham como destinatárias pessoas jurídicas atacadistas e varejistas, sujeitas ao regime de apuração não cumulativa da Contribuição para o PIS/PASEP e da COFINS, estabelecidas nas Áreas de Livre Comércio referidas no § 3º.

§ 5º Nas notas fiscais relativas à venda de que trata o *caput* deste artigo, deverá constar a expressão "Venda de mercadoria efetuada com alíquota zero da Contribuição para o PIS/PASEP e da COFINS", com a especificação do dispositivo legal correspondente.

▶ §§ 4º e 5º acrescidos pela Lei nº 12.350, de 20-12-2010.

§ 6º O disposto neste artigo não se aplica aos produtos de que trata o art. 14 da Lei nº 13.097, de 19 de janeiro de 2015.

▶ § 6º acrescido pela Lei nº 13.137, de 19-6-2015.

Art. 3º Os arts. 2º e 3º da Lei nº 10.637, de 30 de dezembro de 2002, passam a vigorar com a seguinte redação:

▶ Alterações inseridas no texto da referida Lei.

Art. 4º Os arts. 2º e 3º da Lei nº 10.833, de 29 de dezembro de 2003, passam a vigorar com a seguinte redação:

▶ Alterações inseridas no texto da referida Lei.

Art. 5º A suspensão da exigibilidade da Contribuição para o PIS/PASEP incidente na importação de produtos estrangeiros ou serviços e da COFINS devida pelo importador de bens estrangeiros ou serviços do exterior, prevista nos arts. 14, § 1º, e 14-A da Lei nº 10.865, de 30 de abril de 2004, será resolvida mediante a aplicação de alíquota 0 (zero), quando as mercadorias importadas forem utilizadas em processo de fabricação de matérias-primas, produtos industrializados finais, por estabelecimentos situados na Zona Franca de Manaus – ZFM, consoante projeto aprovado pelo Conselho de Administração da Superintendência da Zona Franca de Manaus – SUFRAMA.

▶ Arts. 2º a 5º estarão revogados pela LC nº 214, de 16-1-2025, a partir de 1º-1-2027.

Art. 6º Esta Lei entra em vigor na data de sua publicação.

Brasília, 15 de dezembro de 2004;
183º da Independência e
116º da República.

Luiz Inácio Lula da Silva

LEI Nº 11.076, DE 30 DE DEZEMBRO DE 2004

Dispõe sobre o Certificado de Depósito Agropecuário – CDA, o Warrant Agropecuário – WA, o Certificado de Direitos Creditórios do Agronegócio – CDCA, a Letra de Crédito do Agronegócio – LCA e o Certificado de Recebíveis do Agronegócio – CRA, dá nova redação a dispositivos das Leis nºs 9.973, de 29 de maio de 2000, que dispõe sobre o sistema de armazenagem dos produtos agropecuários, 8.427, de 27 de maio de 1992, que dispõe sobre a concessão de subvenção econômica nas operações de crédito rural, 8.929, de 22 de agosto de 1994, que institui a Cédula de Produto Rural – CPR, 9.514, de 20 de novembro de 1997, que dispõe sobre o Sistema de Financiamento Imobiliário e institui a alienação fiduciária de coisa imóvel, e altera a Taxa de Fiscalização de que trata a Lei nº 7.940, de 20 de dezembro de 1989, e dá outras providências.

▶ Publicada no *DOU* de 31-12-2004.

CAPÍTULO I
DO CDA E DO WA

Seção I
DISPOSIÇÕES INICIAIS

Art. 1º Ficam instituídos o Certificado de Depósito Agropecuário – CDA e o Warrant Agropecuário – WA.

§ 1º O CDA é título de crédito representativo de promessa de entrega de produtos agropecuários, seus derivados, subprodutos e resíduos de valor econômico, depositados em conformidade com a Lei nº 9.973, de 29 de maio de 2000.

§ 2º O WA é título de crédito representativo de promessa de pagamento em dinheiro que confere direito de penhor sobre o CDA correspondente, assim como sobre o produto nele descrito.

▸ § 2º com a redação dada pela Lei nº 11.524, de 24-9-2007.

§ 3º O CDA e o WA são títulos unidos, emitidos simultaneamente pelo depositário, a pedido do depositante, podendo ser transmitidos unidos ou separadamente, mediante endosso.

§ 4º O CDA e o WA são títulos executivos extrajudiciais.

Art. 2º Aplicam-se ao CDA e ao WA as normas de direito cambial no que forem cabíveis e o seguinte:

I – os endossos devem ser completos;

II – os endossantes não respondem pela entrega do produto, mas, tão somente, pela existência da obrigação;

III – é dispensado o protesto cambial para assegurar o direito de regresso contra endossantes e avalistas.

Art. 3º O CDA e o WA poderão ser emitidos sob a forma cartular ou escritural.

▸ *Caput* com a redação dada pela Lei nº 13.986, de 7-4-2020.

I e II – *Revogados*. Lei nº 13.986, de 7-4-2020.

§ 1º A emissão na forma escritural ocorrerá por meio do lançamento em sistema eletrônico de escrituração gerido por entidade autorizada pelo Banco Central do Brasil a exercer atividade de escrituração.

▸ A alteração que seria inserida neste parágrafo pela Lei nº 14.421, de 20-7-2022, foi vetada, razão pela qual, mantivemos a sua redação.

§ 2º O CDA e o WA emitidos sob a forma cartular assumirão a forma escritural enquanto permanecerem depositados em depositário central.

▸ §§ 1º e 2º acrescidos pela Lei nº 13.986, de 7-4-2020.

▸ A alteração que seria inserida neste parágrafo pela Lei nº 14.421, de 20-7-2022, foi vetada, razão pela qual, mantivemos a sua redação.

Art. 3º-A. Compete ao Banco Central do Brasil:

I – estabelecer as condições para o exercício da atividade de escrituração de que trata o § 1º do art. 3º desta Lei; e

II – autorizar e supervisionar o exercício da atividade prevista no inciso I do *caput* deste artigo.

§ 1º A autorização de que trata o inciso II do *caput* deste artigo poderá, a critério do Banco Central do Brasil, ser concedida por segmento, por espécie ou por grupos de entidades que atendam a critérios específicos, dispensada a autorização individualizada.

§ 2º A entidade responsável pela escrituração de que trata o inciso I do *caput* deste artigo expedirá, mediante solicitação, certidão de inteiro teor do título, inclusive para fins de protesto e de execução.

§ 3º A certidão de que trata o § 2º deste artigo poderá ser emitida na forma eletrônica, observados os requisitos de segurança que garantam a autenticidade e a integridade do documento.

Art. 3º-B. A liquidação do pagamento em favor do legítimo credor, por qualquer meio de pagamento existente no âmbito do Sistema de Pagamentos Brasileiro, constituirá prova de pagamento total ou parcial do WA emitido sob a forma escritural.

Parágrafo único. A prova de pagamento de que trata o *caput* deste artigo será informada no sistema eletrônico de escrituração de que trata o § 1º do art. 3º desta Lei, com referência expressa ao WA amortizado ou liquidado.

Art. 3º-C. O sistema eletrônico de escrituração a que se refere o § 1º do art. 3º desta Lei fará constar:

I – os requisitos essenciais do título;

II – o endosso e a cadeia de endossos, se houver;

III – os aditamentos, as ratificações e as retificações; e

IV – a inclusão de notificações, de cláusulas contratuais e de outras informações.

Parágrafo único. Na hipótese de serem constituídos gravames e ônus, tal ocorrência será informada no sistema eletrônico de escrituração de que trata o § 1º do art. 3º desta Lei.

▸ Arts. 3º-A a 3º-C acrescidos pela Lei nº 13.986, de 7-4-2020.

Art. 4º Para efeito desta Lei, entende-se como:

I – depositário: pessoa jurídica apta a exercer as atividades de guarda e conservação dos produtos especificados no § 1º do art. 1º desta Lei, de terceiros e, no caso de cooperativas, de terceiros e de associados, sem prejuízo do disposto nos arts. 82 e 83 da Lei nº 5.764, de 16 de dezembro de 1971;

II – depositante: pessoa física ou jurídica responsável legal pelos produtos especificados no § 1º do art. 1º desta Lei entregues a um depositário para guarda e conservação;

III – entidade registradora autorizada: entidade autorizada pelo Banco Central do Brasil ou pela Comissão de Valores Mobiliários, no âmbito de suas competências, a exercer a atividade de registro de ativos financeiros e de valores mobiliários de que trata a Lei nº 12.810, de 15 de maio de 2013;

▸ Inciso III com a redação dada pela Lei nº 13.986, de 7-4-2020.

IV – depositário central: entidade autorizada pelo Banco Central do Brasil ou pela Comissão de Valores Mobiliários, no âmbito de suas competências, a exercer a atividade de depósito centralizado de ativos financeiros e de valores mobiliários de que trata a Lei nº 12.810, de 15 de maio de 2013; e

V – produtos agropecuários: produtos agropecuários, seus derivados, subprodutos e resíduos de valor econômico de que trata a Lei nº 9.973, de 29 de maio de 2000.

▸ Incisos IV e V acrescidos pela Lei nº 13.986, de 7-4-2020.

Art. 5º O CDA e o WA devem conter as seguintes informações:

I – denominação do título;

II – número de controle, que deve ser idêntico para cada conjunto de CDA e WA;

III – menção de que o depósito do produto sujeita-se à Lei nº 9.973, de 29 de maio de 2000, a esta Lei e, no caso de cooperativas, à Lei nº 5.764, de 16 de dezembro de 1971;

IV – identificação, qualificação e endereços do depositante e do depositário;

V – identificação comercial do depositário;

VI – cláusula à ordem;

VII – endereço completo do local do armazenamento;

VIII – descrição e especificação do produto;

IX – peso bruto e líquido;

X – forma de acondicionamento;

XI – número de volumes, quando cabível;

XII – valor dos serviços de armazenagem, conservação e expedição, a periodicidade de sua cobrança e a indicação do responsável pelo seu pagamento;

XIII – identificação do segurador do produto e do valor do seguro;

XIV – qualificação da garantia oferecida pelo depositário, quando for o caso;

XV – data do recebimento do produto e prazo do depósito;

XVI – data de emissão do título;

XVII – identificação, qualificação e assinatura dos representantes legais do depositário, que poderá ser feita de forma eletrônica, conforme legislação aplicável;

▸ Inciso XVII com a redação dada pela Lei nº 14.421, de 20-7-2022.

XVIII – identificação precisa dos direitos que conferem.

Parágrafo único. O depositante e o depositário poderão acordar que a responsabilidade pelo pagamento do valor dos serviços a que se refere o inciso XII do *caput* deste artigo será do endossatário do CDA.

Seção II
DA EMISSÃO, DO DEPÓSITO CENTRALIZADO E DA CIRCULAÇÃO DOS TÍTULOS

▸ Seção II com a denominação dada pela Lei nº 13.986, de 7-4-2020.

Subseção I
DA EMISSÃO

Art. 6º A solicitação de emissão do CDA e do WA será feita pelo depositante ao depositário.

§ 1º Na solicitação, o depositante:

I – declarará, sob as penas da lei, que o produto é de sua propriedade e está livre e desembaraçado de quaisquer ônus;

II – outorgará, em caráter irrevogável, poderes ao depositário para transferir a propriedade do produto ao endossatário do CDA.

§ 2º Os documentos mencionados no § 1º deste artigo serão arquivados pelo depositário junto com as suas respectivas vias do CDA e do WA.

▸ § 2º com a redação dada pela Lei nº 13.986, de 7-4-2020.

§ 3º Emitidos o CDA e o WA, fica dispensada a entrega de recibo de depósito.

Art. 7º É facultada a formalização do contrato de depósito, nos termos do art. 3º da Lei nº 9.973, de 29 de maio de 2000, quando forem emitidos o CDA e o WA.

Art. 8º O CDA e o WA, quando emitidos sob a forma cartular, o serão em, no mínimo, 2 (duas) vias, com as seguintes destinações:

▸ *Caput* com a redação dada pela Lei nº 13.986, de 7-4-2020.

I – primeiras vias, ao depositante;

II – segundas vias, ao depositário, nas quais constarão os recibos de entrega dos originais ao depositante.

Parágrafo único. Os títulos terão numeração sequencial, idêntica em ambos os documentos, em série única, vedada a subsérie.

Art. 9º O depositário que emitir o CDA e o WA é responsável, civil e criminalmente, inclusive perante terceiros, pelas irregularidades e inexatidões neles lançadas.

§ 1º O emitente é responsável pela existência, liquidez, certeza e exigibilidade dos direitos indicados no CDA e no WA.

§ 2º Fica vedado ao emitente opor ao terceiro titular do CDA ou do WA as exceções pessoais oponíveis ao depositante.

▸ §§ 1º e 2º acrescidos pela Lei nº 13.986, de 7-4-2020.

Art. 10. O depositante tem o direito de pedir ao depositário a divisão do produto em tantos lotes quantos lhe convenha e solicitar a emissão do CDA e do WA correspondentes a cada um dos lotes.

Art. 11. O depositário assume a obrigação de guardar, conservar, manter a qualidade e a quantidade do produto recebido em depósito e de entregá-lo ao credor na quantidade e qualidade consignadas no CDA e no WA.

Art. 12. Emitidos o CDA e o WA, o produto a que se referem não poderá sofrer embargo, penhora, sequestro ou qualquer outro embaraço que prejudique a sua livre e plena disposição.

Parágrafo único. Na hipótese de o titular do CDA e do correspondente WA diferir do depositante, o produto objeto desses títulos não poderá ser confundido com bem de propriedade do depositante ou sujeitar-se aos efeitos de sua recuperação judicial ou falência, prevalecendo os direitos de propriedade sobre a coisa ao endossatário final que se apresentar ao depositário, nos termos do inciso II do § 1º do art. 6º e do § 5º do art. 21 desta Lei.

▸ Parágrafo único acrescido pela Lei nº 13.986, de 7-4-2020.

Art. 13. O prazo do depósito a ser consignado no CDA e no WA será de até 1 (um) ano, contado da data de sua emissão, podendo ser prorrogado pelo depositário a pedido do credor, os quais, na oportunidade, ajustarão, se for necessário, as condições de depósito do produto.

Parágrafo único. As prorrogações serão anotadas nas segundas vias em poder do depositário do produto agropecuário e eletronicamente nos registros do depositário central.

▸ Parágrafo único com a redação dada pela Lei nº 13.986, de 7-4-2020.

Art. 14. Incorre na pena prevista no art. 178 do Decreto-Lei nº 2.848, de 7 de dezembro de 1940 – Código Penal aquele que emitir o CDA e o WA em desacordo com as disposições desta Lei.

SUBSEÇÃO II

DO DEPÓSITO CENTRALIZADO

▸ Subseção II com a denominação dada pela Lei nº 13.986, de 7-4-2020.

Art. 15. É obrigatório o depósito do CDA e do WA em depositário central autorizado pelo Banco Central do Brasil, no prazo de 30 (trinta) dias, contado da data de emissão dos títulos, do qual constará o número de controle do título de que trata o inciso II do *caput* do art. 5º desta Lei.

▸ *Caput* com a redação dada pela Lei nº 13.986, de 7-4-2020.

§ 1º O depósito de CDA e de WA emitidos sob a forma cartular em depositário central será precedido da entrega dos títulos à custódia de instituição legalmente autorizada para esse fim, por meio de endosso-mandato, que poderá ser feito de forma eletrônica, conforme legislação aplicável.

▸ § 1º com a redação dada pela Lei nº 14.421, de 20-7-2022.

§ 2º A instituição custodiante é responsável por efetuar o endosso do CDA e do WA ao credor por ocasião da baixa do depósito no depositário central.

▸ § 2º com a redação dada pela Lei nº 13.986, de 7-4-2020.

§ 3º Vencido o prazo de 30 (trinta) dias sem o cumprimento da providência a que se refere o *caput* deste artigo, deverá o depositante solicitar ao depositário o cancelamento dos títulos e sua substituição por novos ou por recibo de depósito, em seu nome.

▸ § 3º com a redação dada pela Lei nº 11.524, de 24-9-2007.

§ 4º O Conselho Monetário Nacional poderá estabelecer outras condições para o depósito do CDA e do WA de que trata este artigo.

▸ § 4º acrescido ppela Lei nº 13.986, de 7-4-2020.

SUBSEÇÃO III

DA CIRCULAÇÃO

Art. 16. O CDA e o WA serão negociados nos mercados de bolsa e de balcão como ativos financeiros.

Art. 17. Por ocasião da primeira negociação do WA separado do CDA, o depositário central consignará em seus registros o valor da negociação do WA, a taxa de juros e a data de vencimento ou, ainda, o valor a ser pago no vencimento ou o indicador que será utilizado para o cálculo do valor da dívida.

▸ *Caput* com a redação dada pela Lei nº 13.986, de 7-4-2020.

§ 1º Os lançamentos dos negócios realizados com o CDA e com o WA unidos ou separados serão atualizados em meio eletrônico pelo depositário central.

▸ § 1º com a redação dada pela Lei nº 13.986, de 7-4-2020.

§ 2º Se, na data de vencimento do WA, o CDA e o WA não estiverem em nome do mesmo credor e o credor do CDA não houver consignado o valor da dívida, na forma do inciso II do § 1º do art. 21 desta Lei, o titular do WA poderá, a seu critério, promover a execução do penhor sobre:

I – o produto, mediante sua venda em leilão a ser realizado em bolsa de mercadorias; ou

II – o CDA correspondente, mediante a venda do título, em conjunto com o WA, em bolsa de mercadorias ou de futuros, ou em mercado de balcão organizado.

§ 3º Nas hipóteses referidas nos incisos I e II do § 2º deste artigo, o produto da venda da mercadoria ou dos títulos, conforme o caso, será utilizado para pagamento imediato do crédito representado pelo WA ao seu respectivo titular na data do vencimento, devendo o saldo remanescente ser entregue ao titular do CDA, após debitadas as despesas comprovadamente incorridas com a realização do leilão da mercadoria ou dos títulos.

§ 4º O adquirente dos títulos no leilão poderá colocá-los novamente em circulação, observando-se o disposto no *caput* deste artigo, no caso de negociação do WA separado do CDA.

▸ §§ 2º a 4º acrescidos pela Lei nº 11.524, de 24-9-2007.

Art. 18. As negociações do CDA e do WA são isentas do Imposto sobre Operações de Crédito, Câmbio e Seguro ou relativas a Títulos ou Valores Mobiliários.

Art. 19. Os negócios ocorridos durante período em que o CDA e o WA emitidos sob a forma cartular estiverem depositados em depositário central não serão transcritos no verso dos títulos.

▸ Artigo com a redação dada pela Lei nº 13.986, de 7-4-2020.

Art. 20. *Revogado.* Lei nº 13.986, de 7-4-2020.

SEÇÃO III

DA RETIRADA DO PRODUTO

Art. 21. Para a retirada do produto, o credor do CDA providenciará a baixa do registro eletrônico do CDA e requererá à instituição custodiante o endosso na cártula e a sua entrega.

§ 1º A baixa do registro eletrônico ocorrerá somente se:

I – o CDA e o WA estiverem em nome do mesmo credor; ou

II – o credor do CDA consignar, em dinheiro, na instituição custodiante, o valor do principal e dos juros devidos até a data do vencimento do WA.

§ 2º A consignação do valor da dívida do WA, na forma do inciso II do § 1º deste artigo, equivale ao real e efetivo pagamento da dívida, devendo a quantia consignada ser entregue ao credor do WA pela instituição custodiante.

§ 3º Na hipótese do inciso I do § 1º deste artigo, a instituição custodiante entregará ao credor, junto com a cártula do CDA, a cártula do WA.

§ 4º Na hipótese do inciso II do § 1º deste artigo, a instituição custodiante entregará, junto com a cártula do CDA, documento comprobatório do depósito consignado.

§ 5º Com a entrega do CDA ao depositário, juntamente com o respectivo WA ou com o documento a que se refere o § 4º deste artigo, o endossatário adquire a propriedade do produto nele descrito, extinguindo-se o mandato a que se refere o inciso II do § 1º do art. 6º desta Lei.

§ 6º São condições para a transferência da propriedade ou retirada do produto:

I – o pagamento dos serviços de armazenagem, conservação e expedição, na forma do inciso XII e do parágrafo único do art. 5º desta Lei;

II – o cumprimento das obrigações tributárias, principais e acessórias, relativas à operação.

Seção IV

DO SEGURO

Art. 22. Para emissão de CDA e WA, o seguro obrigatório de que trata o § 6º do art. 6º da Lei nº 9.973, de 29 de maio de 2000, deverá ter cobertura contra incêndio, raio, explosão de qualquer natureza, danos elétricos, vendaval, alagamento, inundação, furacão, ciclone, tornado, granizo, quedas de aeronaves, impacto de veículos terrestres e fumaça.

▶ *Caput* com a redação dada pela Lei nº 13.986, de 7-4-2020.

Parágrafo único. No caso de armazéns públicos, o seguro obrigatório de que trata o *caput* deste artigo também conterá cláusula contra roubo e furto.

CAPÍTULO II

DO CDCA, DA LCA E DO CRA

Seção I

DISPOSIÇÕES INICIAIS

Art. 23. Ficam instituídos os seguintes títulos de crédito:

I – Certificado de Direitos Creditórios do Agronegócio – CDCA;

II – Letra de Crédito do Agronegócio – LCA;

III – Certificado de Recebíveis do Agronegócio – CRA.

§ 1º Os títulos de crédito de que trata este artigo são vinculados a direitos creditórios originários de negócios realizados entre produtores rurais, ou suas cooperativas, e terceiros, inclusive financiamentos ou empréstimos, relacionados com a produção, a comercialização, o beneficiamento ou a industrialização de produtos ou insumos agropecuários ou de máquinas e implementos utilizados na atividade agropecuária.

▶ Parágrafo único transformado em § 1º pela Lei nº 13.331, de 1º-9-2016.

▶ A alteração que seria inserida neste parágrafo pela Lei nº 14.421, de 20-7-2022, foi vetada, razão pela qual, mantivemos a sua redação.

§ 2º Revogado. *Lei nº 14.937, de 26-7-2024.*

§ 3º Os títulos de crédito de que trata este artigo poderão ser emitidos com cláusula de correção pela variação cambial desde que integralmente vinculados a direitos creditórios com cláusula de correção na mesma moeda.

§ 4º O Conselho Monetário Nacional poderá dispor acerca da emissão dos títulos de crédito de que trata este artigo com cláusula de correção pela variação cambial.

▶ §§ 3º e 4º acrescidos pela Lei nº 13.986, de 7-4-2020.

§ 5º VETADO. Lei nº 14.421, de 20-7-2022.

Seção II

CERTIFICADO DE DIREITOS CREDITÓRIOS DO AGRONEGÓCIO

Art. 24. O Certificado de Direitos Creditórios do Agronegócio – CDCA é título de crédito nominativo, de livre negociação, representativo de promessa de pagamento em dinheiro e constitui título executivo extrajudicial.

§ 1º O CDCA é de emissão exclusiva de cooperativas agropecuárias e de outras pessoas jurídicas que exerçam a atividade de comercialização, beneficiamento ou industrialização de produtos, insumos, máquinas e implementos agrícolas, pecuários, florestais, aquícolas e extrativos.

▶ § 1º com a redação dada pela Lei nº 13.986, de 7-4-2020.

§§ 2º e 3º *Revogados.* Lei nº 13.986, de 7-4-2020.

Art. 25. O CDCA terá os seguintes requisitos, lançados em seu contexto:

I – o nome do emitente e a assinatura de seus representantes legais;

II – o número de ordem, local e data da emissão;

III – a denominação "Certificado de Direitos Creditórios do Agronegócio";

IV – o valor nominal;

V – a identificação dos direitos creditórios a ele vinculados e seus respectivos valores, ressalvado o disposto no art. 30 desta Lei;

VI – data de vencimento ou, se emitido para pagamento parcelado, discriminação dos valores e das datas de vencimento das diversas parcelas;

VII – taxa de juros, fixa ou flutuante, admitida a capitalização;

VIII – o nome da instituição responsável pela custódia dos direitos creditórios a ele vinculados;

IX – o nome do titular;

X – cláusula "à ordem", ressalvado o disposto no inciso II do art. 35 desta Lei.

§ 1º Os direitos creditórios vinculados ao CDCA:

I – serão registrados ou depositados em entidade autorizada pelo Banco Central do Brasil ou pela Comissão de Valores Mobiliários a exercer a atividade de registro ou de depósito centralizado de ativos financeiros e de valores mobiliários;

II – serão custodiados em instituições financeiras ou outras instituições autorizadas pela Comissão de Valores Mobiliários a prestar serviço de custódia de valores mobiliários; e

III – poderão ser formalizados em meio físico ou eletrônico e, quando correspondentes a títulos de crédito, sob a forma cartular ou escritural.

▶ § 1º com a redação dada pela Lei nº 13.986, de 7-4-2020.

§ 2º Caberá à instituição custodiante a que se refere o § 1º deste artigo:

I – manter sob sua guarda documentação que evidencie a regular constituição dos direitos creditórios vinculados ao CDCA;

II – realizar a liquidação física e financeira dos direitos creditórios custodiados, devendo, para tanto, estar munida de poderes suficientes para efetuar sua cobrança e recebimento, por conta e ordem do emitente do CDCA;

III – prestar quaisquer outros serviços contratados pelo emitente do CDCA.

§ 3º Será admitida a emissão de CDCA em série, em que os CDCA serão vinculados a um mesmo conjunto de direitos creditórios, devendo ter igual valor nominal e conferir a seus titulares os mesmos direitos.

§ 4º O CDCA pode ser emitido com cláusula de correção pela variação cambial desde que:

▶ *Caput* do § 4º acrescido pela Lei nº 13.331, de 1º-9-2016.

I – integralmente vinculado a direitos creditórios com cláusula de correção na mesma moeda; e

II – emitido em favor de:

a) investidor não residente, observado o disposto no § 5º deste artigo; ou

b) companhia securitizadora de direitos creditórios do agronegócio, para o fim exclusivo de vinculação a CRA com cláusula equivalente;

▶ Incisos I e II com a redação dada pela Lei nº 13.986, de 7-4-2020.

III – *Revogado.* Lei nº 13.986, de 7-4-2020.

§ 5º O Conselho Monetário Nacional poderá estabelecer outras condições para a emissão de CDCA com cláusula de correção pela variação cambial, inclusive sobre a emissão em favor de investidor residente e o rol de produtos admitidos nos direitos creditórios objeto de CDCA.

▶ § 5º acrescido pela Lei nº 13.986, de 7-4-2020.

Seção III

LETRA DE CRÉDITO DO AGRONEGÓCIO

Art. 26. A Letra de Crédito do Agronegócio – LCA é título de crédito nominativo, de livre negociação, representativo de promessa de pagamento em dinheiro e constitui título executivo extrajudicial.

Parágrafo único. A LCA é de emissão exclusiva de instituições financeiras públicas ou privadas.

Art. 27. A LCA terá os seguintes requisitos, lançados em seu contexto:

I – o nome da instituição emitente e a assinatura de seus representantes legais;

II – o número de ordem, o local e a data de emissão;

III – a denominação "Letra de Crédito do Agronegócio";

IV – o valor nominal;

V – a identificação dos direitos creditórios a ela vinculados e seus respectivos valores, ressalvado o disposto no art. 30 desta Lei;

VI – taxa de juros, fixa ou flutuante, admitida a capitalização;

VII – data de vencimento ou, se emitido para pagamento parcelado, discriminação dos valores e das datas de vencimento das diversas parcelas;

VIII – o nome do titular;

IX – cláusula "à ordem", ressalvado o disposto no inciso II do art. 35 desta Lei.

§ 1º Os direitos creditórios vinculados à LCA:

I – deverão ser registrados ou depositados em entidade autorizada pelo Banco Central do Brasil ou pela Comissão de Valores Mobiliários a exercer a atividade de registro ou de depósito centralizado de ativos financeiros e de valores mobiliários; e

II – poderão ser mantidos em custódia, hipótese em que se aplica o disposto no inciso II do § 1º e no § 2º do art. 25 desta Lei.

▶ Parágrafo único transformado em § 1º e com a redação dada pela Lei nº 13.986, de 7-4-2020.

§ 2º Observadas as condições estabelecidas pelo Conselho Monetário Nacional, poderão ser utilizados para o cumprimento do direcionamento de recursos da LCA para o crédito rural, de que trata o art. 21 da Lei nº 4.829, de 5 de novembro de 1965:

I – Cédula de Produto Rural (CPR) emitida por produtor rural, inclusive as adquiridas por instituições financeiras de terceiros;

II – quotas de fundos garantidores de operações de crédito com produtores rurais, pelo

valor da integralização, desde que as operações de crédito garantidas sejam crédito rural;
III – CDCA e CRA, desde que os direitos creditórios vinculados sejam integralmente originados de negócios em que o produtor rural seja parte direta; e
IV – CDA e WA, desde que tenham sido emitidos em favor de produtor rural.

► § 2º acrescido pela Lei nº 13.986, de 7-4-2020.

§ 3º As instituições financeiras poderão utilizar instrumento de repasse interfinanceiro para operações de crédito rural como substituto aos direitos creditórios de que trata o § 1º do art. 23 desta Lei, para fins de emissão de LCA, considerado o disposto no § 2º deste artigo e observado que:

I – os instrumentos de repasse interfinanceiro e de crédito rural deverão ter idênticas datas de vencimento e indicação de sua mútua vinculação, e os recursos de cada repasse deverão destinar-se a apenas uma operação de crédito rural;

II – o direito creditório representativo da operação de crédito rural deverá ser dado em garantia à instituição financeira repassadora dos recursos ou ser objeto de cláusula de sub-rogação em favor desta; e

III – o título de crédito representativo de repasse interfinanceiro deverá ser realizado em favor de cooperativa singular de crédito integrante do próprio sistema, quando se tratar de bancos cooperativos, confederações de cooperativas de crédito e cooperativas centrais de crédito integrantes de sistemas cooperativos de crédito constituídos nos termos da Lei Complementar nº 130, de 17 de abril de 2009.

§ 4º A concessão dos benefícios tributários associados às operações de emissão de LCA observará o disposto na legislação orçamentária.

► §§ 3º e 4º acrescidos pela Lei nº 14.937, de 26-7-2024.

Seção IV
DISPOSIÇÕES COMUNS AO CDCA E À LCA

Art. 28. O valor do CDCA e da LCA não poderá exceder o valor total dos direitos creditórios do agronegócio a eles vinculados.

Art. 29. Os emitentes de CDCA e de LCA respondem pela origem e autenticidade dos direitos creditórios a eles vinculados.

Art. 30. A identificação dos direitos creditórios vinculados ao CDCA e à LCA poderá ser feita em documento à parte, do qual conste a assinatura dos representantes legais do emitente, fazendo-se menção a essa circunstância no certificado ou nos registros da instituição responsável pela manutenção dos sistemas de escrituração.

Parágrafo único. A identificação dos direitos creditórios vinculados ao CDCA e à LCA poderá ser feita pelos correspondentes números de registro no sistema a que se refere o inciso I do § 1º do art. 25 desta Lei.

Art. 31. O CDCA e a LCA poderão conter outras cláusulas, que constarão de documento à parte, com a assinatura dos representantes legais do emitente, fazendo-se menção a essa circunstância em seu contexto.

Art. 32. O CDCA e a LCA conferem direito de penhor sobre os direitos creditórios a eles vinculados, independentemente de convenção, não se aplicando o disposto nos arts. 1.452, *caput*, e 1.453 da Lei nº 10.406, de 10 de janeiro de 2002 – Código Civil.

§ 1º A substituição dos direitos creditórios vinculados ao CDCA e à LCA, mediante acordo entre o emitente e o titular, importará na extinção do penhor sobre os direitos substituídos, constituindo-se automaticamente novo penhor sobre os direitos creditórios dados em substituição.

§ 2º Na hipótese de emissão de CDCA em série, o direito de penhor a que se refere o *caput* deste artigo incidirá sobre fração ideal do conjunto de direitos creditórios vinculados, proporcionalmente ao crédito do titular dos CDCA da mesma série.

Art. 33. Além do penhor constituído na forma do art. 32 desta Lei, o CDCA e a LCA poderão contar com quaisquer garantias adicionais previstas na legislação e livremente pactuadas entre as partes, podendo ser constituídas no próprio título ou em documento à parte.

Parágrafo único. Se a garantia for constituída no próprio título, a descrição dos bens poderá ser feita em documento à parte, assinado pelos representantes legais do emitente, com menção a essa circunstância no contexto dos títulos.

► Art. 33 com a redação dada pela Lei nº 13.986, de 7-4-2020.

Art. 34. Os direitos creditórios vinculados ao CDCA e à LCA não serão penhorados, sequestrados ou arrestados em decorrência de outras dívidas do emitente desses títulos, a quem caberá informar ao juízo, que tenha determinado tal medida, a respeito da vinculação de tais direitos aos respectivos títulos, sob pena de responder pelos prejuízos resultantes de sua omissão.

Art. 35. O CDCA e a LCA poderão ser emitidos sob a forma escritural, hipótese em que tais títulos deverão ser registrados ou depositados em entidade autorizada a exercer a atividade de registro ou de depósito centralizado de ativos financeiros e de valores mobiliários.

► *Caput* com a redação dada pela Lei nº 13.986, de 7-4-2020.

I e II – *Revogados*. Lei nº 13.986, de 7-4-2020.

Parágrafo único. *Revogado*. Lei nº 13.986, de 7-4-2020.

Art. 35-A. A emissão escritural do CDCA poderá, alternativamente, ocorrer por meio do lançamento em sistema eletrônico de escrituração gerido por entidade autorizada pelo Banco Central do Brasil a exercer a atividade de escrituração.

Art. 35-B. Compete ao Banco Central do Brasil:
I – estabelecer as condições para o exercício da atividade de escrituração de que trata o art. 35-A desta Lei; e
II – autorizar e supervisionar o exercício da atividade prevista no inciso I do *caput* deste artigo.

§ 1º A autorização de que trata o inciso II do *caput* deste artigo poderá, a critério do Banco Central do Brasil, ser concedida por segmento, por espécie ou por grupos de entidades que atendam a critérios específicos, sendo dispensável a autorização individualizada.

§ 2º A entidade responsável pela escrituração de que trata o art. 35-A desta Lei expedirá, mediante solicitação, certidão de inteiro teor do título, inclusive para fins de protesto e de execução.

§ 3º A certidão de que trata o § 2º deste artigo poderá ser emitida na forma eletrônica, observados os requisitos de segurança que garantam a autenticidade e a integridade do documento.

Art. 35-C. A liquidação do pagamento em favor do legítimo credor, por qualquer meio de pagamento existente no âmbito do Sistema de Pagamentos Brasileiro, constituirá prova de pagamento, total ou parcial, do CDCA emitido sob a forma escritural.

Parágrafo único. A prova de pagamento de que trata o *caput* deste artigo será informada no sistema eletrônico de escrituração de que trata o art. 35-A desta Lei, com referência expressa ao CDCA amortizado ou liquidado.

Art. 35-D. O sistema eletrônico de escrituração de que trata o art. 35-A desta Lei fará constar:
I – os requisitos essenciais do título;
II – o endosso e a cadeia de endossos, se houver;
III – os aditamentos, as ratificações e as retificações; e
IV – a inclusão de notificações, de cláusulas contratuais e de outras informações.

Parágrafo único. Na hipótese de serem constituídos gravames e ônus, tal ocorrência será informada no sistema de que trata o art. 35-A desta Lei.

► Arts. 35-A a 35-D acrescidos pela Lei nº 13.986, de 7-4-2020.

Seção V
SECURITIZAÇÃO DE DIREITOS CREDITÓRIOS DO AGRONEGÓCIO

Subseção I
DO CERTIFICADO DE RECEBÍVEIS DO AGRONEGÓCIO

Art. 36. O Certificado de Recebíveis do Agronegócio – CRA é título de crédito nominativo, de livre negociação, representativo de promessa de pagamento em dinheiro e constitui título executivo extrajudicial.

Parágrafo único. *Revogado*. Lei nº 14.430, de 3-8-2022.

Art. 37. *Revogado*. Lei nº 14.430, de 3-8-2022.

Subseção II
DAS COMPANHIAS SECURITIZADORAS DE DIREITOS CREDITÓRIOS DO AGRONEGÓCIO E DO REGIME FIDUCIÁRIO

Arts. 38 e 39. *Revogados*. Lei nº 14.430, de 3-8-2022.

Subseção III
DA SECURITIZAÇÃO DE DIREITOS CREDITÓRIOS DO AGRONEGÓCIO

Art. 40. *Revogado*. Lei nº 14.430, de 3-8-2022.

Seção VI
DISPOSIÇÕES COMUNS AO CDCA, À LCA E AO CRA

Art. 41. É facultada a cessão fiduciária em garantia de direitos creditórios do agronegócio, em favor dos adquirentes do CDCA, da LCA e do CRA, nos termos do disposto nos arts. 18

a 20 da Lei nº 9.514, de 20 de novembro de 1997.

Art. 42. O CDCA, a LCA e o CRA poderão conter cláusula expressa de variação do seu valor nominal, desde que seja a mesma dos direitos creditórios a eles vinculados.

Art. 43. O CDCA, a LCA e o CRA poderão ser distribuídos publicamente e negociados em Bolsas de Valores e de Mercadorias e Futuros e em mercados de balcão organizados autorizados a funcionar pela Comissão de Valores Mobiliários.

Parágrafo único. Na hipótese do *caput* deste artigo, será observado o disposto na Lei nº 6.385, de 7 de dezembro de 1976.

Art. 44. Aplicam-se ao CDCA, à LCA e ao CRA, no que forem cabíveis, as normas de direito cambial, com as seguintes modificações:

I – os endossos devem ser completos;

II – é dispensado o protesto cambial para assegurar o direito de regresso contra endossantes e avalistas.

CAPÍTULO III
DISPOSIÇÕES TRANSITÓRIAS E FINAIS

Art. 45. Fica autorizada a emissão do CDA e do WA até 31 de dezembro de 2009 por armazéns que não detenham a certificação prevista no art. 2º da Lei nº 9.973, de 29 de maio de 2000, mas que atendam a requisitos mínimos a serem definidos pelo Ministério da Agricultura, Pecuária e Abastecimento.

▶ Artigo com a redação dada pela Lei nº 11.524, de 24-9-2007.

Art. 46. Para os produtos especificados no § 1º do art. 1º desta Lei, fica vedada a emissão do Conhecimento de Depósito e do *Warrant* previstos no Decreto nº 1.102, de 21 de novembro de 1903, observado o disposto no art. 55, II, desta Lei.

Art. 47. O *caput* do art. 82 da Lei nº 5.764, de 16 de dezembro de 1971, passa a vigorar com a seguinte redação:

▶ Alteração inserida no texto da referida Lei.

Art. 48. O art. 6º da Lei nº 9.973, de 29 de maio de 2000, passa a vigorar com a seguinte redação:

"Art. 6º ....

....

§ 3º O depositário e o depositante poderão definir, de comum acordo, a constituição de garantias, as quais deverão estar registradas no contrato de depósito ou no Certificado de Depósito Agropecuário – CDA.

....

§ 7º O disposto no § 3º deste artigo não se aplica à relação entre cooperativa e seus associados de que trata o art. 83 da Lei nº 5.764, de 16 de dezembro de 1971".

Art. 49. Cabe ao Conselho Monetário Nacional regulamentar as disposições desta Lei referentes ao CDA, ao WA, ao CDCA, à LCA e ao CRA, podendo inclusive estabelecer prazos mínimos e outras condições para emissão e resgate e diferenciar tais condições de acordo com o tipo de indexador adotado contratualmente.

▶ Artigo com a redação dada pela Lei nº 13.097, de 19-1-2015.

Art. 50. O art. 2º da Lei nº 8.427, de 27 de maio de 1992, passa a vigorar com as seguintes alterações:

"Art. 2º ....

§ 1º ....

....

II – no máximo, a diferença entre o preço de exercício em contratos de opções de venda de produtos agropecuários lançados pelo Poder Executivo ou pelo setor privado e o valor de mercado desses produtos.

....

§ 3º A subvenção a que se refere este artigo será concedida mediante a observância das condições, critérios, limites e normas estabelecidas no âmbito do Ministério da Agricultura, Pecuária e Abastecimento, de acordo com as disponibilidades orçamentárias e financeiras existentes para a finalidade."

Art. 51. O art. 19 da Lei nº 8.929, de 22 de agosto de 1994, passa a vigorar acrescido dos seguintes §§ 3º e 4º:

"Art. 19 ....

....

§ 3º A CPR registrada em sistema de registro e de liquidação financeira de ativos autorizado pelo Banco Central do Brasil terá as seguintes características:

I – será cartular antes do seu registro e após a sua baixa e escritural ou eletrônica enquanto permanecer registrada em sistema de registro e de liquidação financeira;

II – os negócios ocorridos durante o período em que a CPR estiver registrada em sistema de registro e de liquidação financeira não serão transcritos no verso dos títulos;

III – a entidade registradora é responsável pela manutenção do registro da cadeia de negócios ocorridos no período em que os títulos estiverem registrados.

§ 4º Na hipótese de contar com garantia de instituição financeira ou seguradora, a CPR poderá ser emitida em favor do garantidor, devendo o emitente entregá-la a este, por meio de endosso-mandato com poderes para negociá-la, custodiá-la, registrá-la em sistema de registro e liquidação financeira de ativos autorizado pelo Banco Central do Brasil e endossá-la ao credor informado pelo sistema de registro".

Art. 52. *Revogado*. Lei nº 14.317, de 29-3-2022.

Art. 52-A. As infrações às normas legais e regulamentares que regem a atividade de escrituração eletrônica sujeitam a entidade responsável pelo sistema eletrônico de escrituração, os seus administradores e os membros de seus órgãos estatutários ou contratuais ao disposto na Lei nº 13.506, de 13 de novembro de 2017.

▶ Art. 52-A acrescido pela Lei nº 13.986, de 7-4-2020.

Art. 53. Os arts. 22, parágrafo único, e 38 da Lei nº 9.514, de 20 de novembro de 1997, passam a vigorar com a seguinte redação:

▶ Alterações inseridas no texto da referida Lei.

Art. 54. Revoga-se o art. 4º da Lei nº 9.973, de 29 de maio de 2000.

Art. 55. Esta Lei entra em vigor na data de sua publicação, produzindo efeitos:

I – quanto ao art. 52 e aos Anexos I e II, a partir de 3 de janeiro de 2005;

II – quanto ao art. 46, a partir de 365 (trezentos e sessenta e cinco) dias após a data de publicação desta Lei.

Brasília, 30 de dezembro de 2004;
183º da Independência e
116º da República.

Luiz Inácio Lula da Silva

ANEXO I

Valor da Taxa de Fiscalização devida pelos Fundos de Investimento
Em Reais
(Vide art. 55, I)

Classe de Patrimônio Líquido Médio	Valor da Taxa de Fiscalização
Até 2.500.000,00	600,00
De 2.500.000,01 a 5.000.000,00	900,00
De 5.000.000,01 a 10.000.000,00	1.350,00
De 10.000.000,01 a 20.000.000,00	1.800,00
De 20.000.000,01 a 40.000.000,00	2.400,00
De 40.000.000,01 a 80.000.000,00	3.840,00
De 80.000.000,01 a 160.000.000,00	5.760,00
De 160.000.000,01 a 320.000.000,00	7.680,00
De 320.000.000,01 a 640.000.000,00	9.600,00
Acima de 640.000.000,00	10.800,00

ANEXO II

Valor da Taxa de Fiscalização devida pelos Fundos de Investimento em Quotas de Fundos de Investimento Em Reais
(Vide art. 55, I)

Classe de Patrimônio Líquido Médio	Valor da Taxa de Fiscalização
Até 2.500.000,00	300,00
De 2.500.000,01 a 5.000.000,00	450,00
De 5.000.000,01 a 10.000.000,00	675,00
De 10.000.000,01 a 20.000.000,00	900,00
De 20.000.000,01 a 40.000.000,00	1.200,00
De 40.000.000,01 a 80.000.000,00	1.920,00
De 80.000.000,01 a 160.000.000,00	2.880,00
De 160.000.000,01 a 320.000.000,00	3.840,00
De 320.000.000,01 a 640.000.000,00	4.800,00
Acima de 640.000.000,00	5.400,00

LEI COMPLEMENTAR Nº 118, DE 9 DE FEVEREIRO DE 2005

Altera e acrescenta dispositivos à Lei nº 5.172, de 25 de outubro de 1966 – Código Tributário Nacional, e dispõe sobre a interpretação do inciso I do art. 168 da mesma Lei.

▸ Publicada no *DOU* de 9-2-2005.

Art. 1º A Lei nº 5.172, de 25 de outubro de 1966 – Código Tributário Nacional, passa a vigorar com as seguintes alterações:

▸ Alterações inseridas no texto do referido Código.

Art. 2º A Lei nº 5.172, de 25 de outubro de 1966 – Código Tributário Nacional, passa a vigorar acrescida dos seguintes arts. 185-A e 191-A:

▸ Alterações inseridas no texto do referido Código.

Art. 3º Para efeito de interpretação do inciso I do art. 168 da Lei nº 5.172, de 25 de outubro de 1966 – Código Tributário Nacional, a extinção do crédito tributário ocorre, no caso de tributo sujeito a lançamento por homologação, no momento do pagamento antecipado de que trata o § 1º do art. 150 da referida Lei.

▸ Art. 150, *caput* e § 4º, do CTN.

Art. 4º Esta Lei entra em vigor 120 (cento e vinte) dias após sua publicação, observado, quanto ao art. 3º, o disposto no art. 106, inciso I, da Lei nº 5.172, de 25 de outubro de 1966 – Código Tributário Nacional.

▸ A segunda parte do art. 4º foi declarada inconstitucional pela Corte Especial do STJ (ERESP nº 644.736/PE, j. 6-6-2007).

Brasília, 9 de fevereiro de 2005; 184º da Independência e 117º da República.

Luiz Inácio Lula da Silva

LEI Nº 11.101, DE 9 DE FEVEREIRO DE 2005

Regula a recuperação judicial, a extrajudicial e a falência do empresário e da sociedade empresária.

▸ Publicada no *DOU* de 9-2-2005, edição extra.

CAPÍTULO I
DISPOSIÇÕES PRELIMINARES

Art. 1º Esta Lei disciplina a recuperação judicial, a recuperação extrajudicial e a falência do empresário e da sociedade empresária, doravante referidos simplesmente como devedor.

Art. 2º Esta Lei não se aplica a:

I – empresa pública e sociedade de economia mista;

II – instituição financeira pública ou privada, cooperativa de crédito, consórcio, entidade de previdência complementar, sociedade operadora de plano de assistência à saúde, sociedade seguradora, sociedade de capitalização e outras entidades legalmente equiparadas às anteriores.

Art. 3º É competente para homologar o plano de recuperação extrajudicial, deferir a recuperação judicial ou decretar a falência o juízo do local do principal estabelecimento do devedor ou da filial de empresa que tenha sede fora do Brasil.

Art. 4º VETADO.

CAPÍTULO II
DISPOSIÇÕES COMUNS À RECUPERAÇÃO JUDICIAL E À FALÊNCIA

Seção I
DISPOSIÇÕES GERAIS

Art. 5º Não são exigíveis do devedor, na recuperação judicial ou na falência:

I – as obrigações a título gratuito;

II – as despesas que os credores fizerem para tomar parte na recuperação judicial ou na falência, salvo as custas judiciais decorrentes de litígio com o devedor.

Art. 6º A decretação da falência ou o deferimento do processamento da recuperação judicial implica:

▸ *Caput* com a redação dada pela Lei nº 14.112, de 24-12-2020.

▸ Art. 52, III, desta Lei.

I – suspensão do curso da prescrição das obrigações do devedor sujeitas ao regime desta Lei;

II – suspensão das execuções ajuizadas contra o devedor, inclusive daquelas dos credores particulares do sócio solidário, relativas a créditos ou obrigações sujeitos à recuperação judicial ou à falência;

III – proibição de qualquer forma de retenção, arresto, penhora, sequestro, busca e apreensão e constrição judicial ou extrajudicial sobre os bens do devedor, oriunda de demandas judiciais ou extrajudiciais cujos créditos ou obrigações sujeitem-se à recuperação judicial ou à falência.

▸ Incisos I a III acrescidos pela Lei nº 14.112, de 24-12-2020.

§ 1º Terá prosseguimento no juízo no qual estiver se processando a ação que demandar quantia ilíquida.

▸ Arts. 19, § 1º, e 99, V, desta Lei.

§ 2º É permitido pleitear, perante o administrador judicial, habilitação, exclusão ou modificação de créditos derivados da relação de trabalho, mas as ações de natureza trabalhista, inclusive as impugnações a que se refere o art. 8º desta Lei, serão processadas perante a justiça especializada até a apuração do respectivo crédito, que será inscrito no quadro geral de credores pelo valor determinado em sentença.

▸ Arts. 19, § 1º, e 99, V, desta Lei.

§ 3º O juiz competente para as ações referidas nos §§ 1º e 2º deste artigo poderá determinar a reserva da importância que estimar devida na recuperação judicial ou na falência, e, uma vez reconhecido líquido o direito, será o crédito incluído na classe própria.

§ 4º Na recuperação judicial, as suspensões e a proibição de que tratam os incisos I, II e III do *caput* deste artigo perdurarão pelo prazo de 180 (cento e oitenta) dias, contado do deferimento do processamento da recuperação, prorrogável por igual período, uma única vez, em caráter excepcional, desde que o devedor não haja concorrido com a superação do lapso temporal.

▸ § 4º com a redação dada pela Lei nº 14.112, de 24-12-2020.

▸ Art. 49, §§ 3º e 5º, desta Lei.

§ 4º-A. O decurso do prazo previsto no § 4º deste artigo sem a deliberação a respeito do plano de recuperação judicial proposto pelo devedor faculta aos credores a propositura de plano alternativo, na forma dos §§ 4º, 5º, 6º e 7º do art. 56 desta Lei, observado o seguinte:

I – as suspensões e a proibição de que tratam os incisos I, II e III do *caput* deste artigo não serão aplicáveis caso os credores não apresentem plano alternativo no prazo de 30 (trinta) dias, contado do final do prazo referido no § 4º deste artigo ou no § 4º do art. 56 desta Lei;

II – as suspensões e a proibição de que tratam os incisos I, II e III do *caput* deste artigo perdurarão por 180 (cento e oitenta) dias contados do final do prazo referido no § 4º deste artigo, ou da realização da assembleia-geral de credores referida no § 4º do art. 56 desta Lei, caso os credores apresentem plano alternativo no prazo referido no inciso I deste parágrafo ou no prazo referido no § 4º do art. 56 desta Lei.

▸ § 4º-A acrescido pela Lei nº 14.112, de 24-12-2020.

§ 5º O disposto no § 2º deste artigo aplica-se à recuperação judicial durante o período de suspensão de que trata o § 4º deste artigo.

▸ § 5º com a redação dada pela Lei nº 14.112, de 24-12-2020.

§ 6º Independentemente da verificação periódica perante os cartórios de distribuição, as ações que venham a ser propostas contra o devedor deverão ser comunicadas ao juízo da falência ou da recuperação judicial:

I – pelo juiz competente, quando do recebimento da petição inicial;

II – pelo devedor, imediatamente após a citação.

§ 7º *Revogado*. Lei nº 14.112, de 24-12-2020.

§ 7º-A. O disposto nos incisos I, II e III do *caput* deste artigo não se aplica aos créditos referidos nos §§ 3º e 4º do art. 49 desta Lei, admitida, todavia, a competência do juízo da recuperação judicial para determinar a suspensão dos atos de constrição que recaiam sobre bens de capital essenciais à manutenção da atividade empresarial durante o prazo de suspensão a que se refere o § 4º deste artigo, a qual será implementada mediante a cooperação jurisdicional, na forma do art. 69 da Lei nº 13.105, de 16 de março de 2015 (Código de Processo Civil), observado o disposto no art. 805 do referido Código.

§ 7º-B. O disposto nos incisos I, II e III do *caput* deste artigo não se aplica às execuções fiscais, admitida, todavia, a competência do juízo da recuperação judicial para determinar a substituição dos atos de constrição que recaiam sobre bens de capital essenciais à manutenção da atividade empresarial até o encerramento da recuperação judicial, a qual será implementada mediante a cooperação jurisdicional, na forma do art. 69 da Lei nº 13.105, de 16 de março de 2015 (Código de Processo Civil), observado o disposto no art. 805 do referido Código.

▸ §§ 7º-A e 7º-B acrescidos pela Lei nº 14.112, de 24-12-2020.

§ 8º A distribuição do pedido de falência ou de recuperação judicial ou a homologação de recuperação extrajudicial previne a jurisdição para qualquer outro pedido de falência, de recuperação judicial ou de homologação de recuperação extrajudicial relativo ao mesmo devedor.

▸ § 8º com a redação dada pela Lei nº 14.112, de 24-12-2020.

§ 9º O processamento da recuperação judicial ou a decretação da falência não autoriza o administrador judicial a recusar a eficácia da convenção de arbitragem, não impedindo ou suspendendo a instauração de procedimento arbitral.

▸ § 9º acrescido pela Lei nº 14.112, de 24-12-2020.

§ 10. VETADO. Lei nº 14.112, de 24-12-2020.

§ 11. O disposto no § 7º-B deste artigo aplica-se, no que couber, às execuções fiscais e às execuções de ofício que se enquadrem respectivamente nos incisos VII e VIII do *caput* do art. 114 da Constituição Federal, vedados a expedição de certidão de crédito e o arquivamento das execuções para efeito de habilitação na recuperação judicial ou na falência.

§ 12. Observado o disposto no art. 300 da Lei nº 13.105, de 16 de março de 2015 (Código de Processo Civil), o juiz poderá antecipar total ou parcialmente os efeitos do deferimento do processamento da recuperação judicial.

▸ §§ 11 e 12 acrescidos pela Lei nº 14.112, de 24-12-2020.

§ 13. Não se sujeitam aos efeitos da recuperação judicial os contratos e obrigações decorrentes dos atos cooperativos praticados pelas sociedades cooperativas com seus cooperados, na forma do art. 79 da Lei nº 5.764, de 16 de dezembro de 1971, consequentemente, não se aplicando a vedação contida no inciso II do art. 2º quando a sociedade operadora de plano de assistência à saúde for cooperativa médica.

▸ § 13 acrescido pela Lei nº 14.112, de 24-12-2020, promulgado nos termos do art. 66, § 5º, da CF (*DOU* de 26-3-2021 – edição extra D).

Art. 6º-A. É vedado ao devedor, até a aprovação do plano de recuperação judicial, distribuir lucros ou dividendos a sócios e acionistas, sujeitando-se o infrator ao disposto no art. 168 desta Lei.

▸ Art. 6º-A acrescido pela Lei nº 14.112, de 24-12-2020.

Art. 6º-B. Não se aplica o limite percentual de que tratam os arts. 15 e 16 da Lei nº 9.065, de 20 de junho de 1995, à apuração do imposto sobre a renda e da Contribuição Social sobre o Lucro Líquido (CSLL) sobre a parcela do lucro líquido decorrente de ganho de capital resultante da alienação judicial de bens ou direitos, de que tratam os arts. 60, 66 e 141 desta Lei, pela pessoa jurídica em recuperação judicial ou com falência decretada.

Parágrafo único. O disposto no caput deste artigo não se aplica na hipótese em que o ganho de capital decorra de transação efetuada com:

I – pessoa jurídica que seja controladora, controlada, coligada ou interligada; ou

II – pessoa física que seja acionista controlador, sócio, titular ou administrador da pessoa jurídica devedora.

▸ Art. 6º-B acrescido pela Lei nº 14.112, de 24-12-2020, promulgado nos termos do art. 66, § 5º, da CF (*DOU* de 26-3-2021 – edição extra D).

Art. 6º-C. É vedada atribuição de responsabilidade a terceiros em decorrência do mero inadimplemento de obrigações do devedor falido ou em recuperação judicial, ressalvadas as garantias reais e fidejussórias, bem como as demais hipóteses reguladas por esta Lei.

▸ Art. 6º-C acrescido pela Lei nº 14.112, de 24-12-2020.

Seção II

DA VERIFICAÇÃO E DA HABILITAÇÃO DE CRÉDITOS

Art. 7º A verificação dos créditos será realizada pelo administrador judicial, com base nos livros contábeis e documentos comerciais e fiscais do devedor e nos documentos que lhe forem apresentados pelos credores, podendo contar com o auxílio de profissionais ou empresas especializadas.

§ 1º Publicado o edital previsto no art. 52, § 1º, ou no parágrafo único do art. 99 desta Lei, os credores terão o prazo de 15 (quinze) dias para apresentar ao administrador judicial suas habilitações ou suas divergências quanto aos créditos relacionados.

▸ Arts. 9º, 10, 52, § 1º, III, e 99, IV, desta Lei.

§ 2º O administrador judicial, com base nas informações e documentos colhidos na forma do *caput* e do § 1º deste artigo, fará publicar edital contendo a relação de credores no prazo de 45 (quarenta e cinco) dias, contado do fim do prazo do § 1º deste artigo, devendo indicar o local, o horário e o prazo comum em que as pessoas indicadas no art. 8º desta Lei terão acesso aos documentos que fundamentaram a elaboração dessa relação.

▸ Arts. 14, 15, § 1º, 18, 22, I, *e*, 39 e 55 desta Lei.

Art. 7º-A. Na falência, após realizadas as intimações e publicado o edital, conforme previsto, respectivamente, no inciso XIII do *caput* e no § 1º do art. 99 desta Lei, o juiz instaurará, de ofício, para cada Fazenda Pública credora, incidente de classificação de crédito público e determinará a sua intimação eletrônica para que, no prazo de 30 (trinta) dias, apresente diretamente ao administrador judicial ou em juízo, a depender do momento processual, a relação completa de seus créditos inscritos em dívida ativa, acompanhada dos cálculos, da classificação e das informações sobre a situação atual.

§ 1º Para efeito do disposto no *caput* deste artigo, considera-se Fazenda Pública credora aquela que conste da relação do edital previsto no § 1º do art. 99 desta Lei, ou que, após a intimação prevista no inciso XIII do *caput* do art. 99 desta Lei, alegue nos autos, no prazo de 15 (quinze) dias, possuir crédito contra o falido.

§ 2º Os créditos não definitivamente constituídos, não inscritos em dívida ativa ou com exigibilidade suspensa poderão ser informados em momento posterior.

§ 3º Encerrado o prazo de que trata o *caput* deste artigo:

I – o falido, os demais credores e o administrador judicial disporão do prazo de 15 (quinze) dias para manifestar objeções, limitadamente, sobre os cálculos e a classificação para os fins desta Lei;

II – a Fazenda Pública, ultrapassado o prazo de que trata o inciso I deste parágrafo, será intimada para prestar, no prazo de 10 (dez) dias, eventuais esclarecimentos a respeito das manifestações previstas no referido inciso;

III – os créditos serão objeto de reserva integral até o julgamento definitivo quando rejeitados os argumentos apresentados de acordo com o inciso II deste parágrafo;

IV – os créditos incontroversos, desde que exigíveis, serão imediatamente incluídos no quadro-geral de credores, observada a sua classificação;

V – o juiz, anteriormente à homologação do quadro-geral de credores, concederá prazo comum de 10 (dez) dias para que o administrador judicial e a Fazenda Pública titular de crédito objeto de reserva manifestem-se sobre a situação atual desses créditos e, ao final do referido prazo, decidirá acerca da necessidade de mantê-la.

§ 4º Com relação à aplicação do disposto neste artigo, serão observadas as seguintes disposições:

I – a decisão sobre os cálculos e a classificação dos créditos para os fins do disposto nesta Lei, bem como sobre a arrecadação dos bens, a realização do ativo e o pagamento aos credores, competirá ao juízo falimentar;

II – a decisão sobre a existência, a exigibilidade e o valor do crédito, observado o disposto no inciso II do *caput* do art. 9º desta Lei e as demais regras do processo de falência, bem como sobre o eventual prosseguimento da cobrança contra os corresponsáveis, competirá ao juízo da execução fiscal;

III – a ressalva prevista no art. 76 desta Lei, ainda que o crédito reconhecido não esteja em cobrança judicial mediante execução fiscal, aplicar-se-á, no que couber, ao disposto no inciso II deste parágrafo;

IV – o administrador judicial e o juízo falimentar deverão respeitar a presunção de certeza e liquidez de que trata o art. 3º da Lei nº 6.830, de 22 de setembro de 1980, sem prejuízo do disposto nos incisos II e III deste parágrafo;

V – as execuções fiscais permanecerão suspensas até o encerramento da falência, sem prejuízo da possibilidade de prosseguimento contra os corresponsáveis;

VI – a restituição em dinheiro e a compensação serão preservadas, nos termos dos arts. 86 e 122 desta Lei; e

VII – o disposto no art. 10 desta Lei será aplicado, no que couber, aos créditos retardatários.

§ 5º Na hipótese de não apresentação da relação referida no *caput* deste artigo no prazo nele estipulado, o incidente será arquivado e a Fazenda Pública credora poderá requerer o desarquivamento, observado, no que couber, o disposto no art. 10 desta Lei.

§ 6º As disposições deste artigo aplicam-se, no que couber, às execuções fiscais e às execuções de ofício que se enquadrem no disposto nos incisos VII e VIII do *caput* do art. 114 da Constituição Federal.

§ 7º O disposto neste artigo aplica-se, no que couber, aos créditos do Fundo de Garantia do Tempo de Serviço (FGTS).

§ 8º Não haverá condenação em honorários de sucumbência no incidente de que trata este artigo.

▸ Art. 7º-A acrescido pela Lei nº 14.112, de 24-12-2020.

Art. 8º No prazo de 10 (dez) dias, contado da publicação da relação referida no art. 7º, § 2º, desta Lei, o Comitê, qualquer credor, o devedor ou seus sócios ou o Ministério Público podem apresentar ao juiz impugnação contra a relação de credores, apontando a ausência de qualquer crédito ou manifestando-se contra a legitimidade, importância ou classificação de crédito relacionado.

LEGISLAÇÃO COMPLEMENTAR

Parágrafo único. Autuada em separado, a impugnação será processada nos termos dos arts. 13 a 15 desta Lei.

Art. 9º A habilitação de crédito realizada pelo credor nos termos do art. 7º, § 1º, desta Lei deverá conter:

I – o nome, o endereço do credor e o endereço em que receberá comunicação de qualquer ato do processo;

II – o valor do crédito, atualizado até a data da decretação da falência ou do pedido de recuperação judicial, sua origem e classificação;

III – os documentos comprobatórios do crédito e a indicação das demais provas a serem produzidas;

IV – a indicação da garantia prestada pelo devedor, se houver, e o respectivo instrumento;

V – a especificação do objeto da garantia que estiver na posse do credor.

Parágrafo único. Os títulos e documentos que legitimam os créditos deverão ser exibidos no original ou por cópias autenticadas se estiverem juntados em outro processo.

▸ Art. 94, § 3º, desta Lei.

Art. 10. Não observado o prazo estipulado no art. 7º, § 1º, desta Lei, as habilitações de crédito serão recebidas como retardatárias.

§ 1º Na recuperação judicial, os titulares de créditos retardatários, excetuados os titulares de créditos derivados da relação de trabalho, não terão direito a voto nas deliberações da assembleia-geral de credores.

▸ Art. 39 desta Lei.

§ 2º Aplica-se o disposto no § 1º deste artigo ao processo de falência, salvo se, na data da realização da assembleia-geral, já houver sido homologado o quadro geral de credores contendo o crédito retardatário.

▸ Art. 39 desta Lei.

§ 3º Na falência, os créditos retardatários perderão o direito a rateios eventualmente realizados e ficarão sujeitos ao pagamento de custas, não se computando os acessórios compreendidos entre o término do prazo e a data do pedido de habilitação.

§ 4º Na hipótese prevista no § 3º deste artigo, o credor poderá requerer a reserva de valor para satisfação de seu crédito.

§ 5º As habilitações de crédito retardatárias, se apresentadas antes da homologação do quadro geral de credores, serão recebidas como impugnação e processadas na forma dos arts. 13 a 15 desta Lei.

§ 6º Após a homologação do quadro geral de credores, aqueles que não habilitaram seu crédito poderão, observado, no que couber, o procedimento ordinário previsto no Código de Processo Civil, requerer ao juízo da falência ou da recuperação judicial a retificação do quadro geral para inclusão do respectivo crédito.

§ 7º O quadro geral de credores será formado com o julgamento das impugnações tempestivas e com as habilitações e as impugnações retardatárias decididas até o momento da sua formação.

§ 8º As habilitações e as impugnações retardatárias acarretarão a reserva do valor para a satisfação do crédito discutido.

§ 9º A recuperação judicial poderá ser encerrada ainda que não tenha havido a consolidação definitiva do quadro geral de credores, hipótese em que as ações incidentais de habilitação e de impugnação retardatárias serão redistribuídas ao juízo da recuperação judicial como ações autônomas e observarão o rito comum.

§ 10. O credor deverá apresentar pedido de habilitação ou de reserva de crédito em, no máximo, 3 (três) anos, contados da data de publicação da sentença que decretar a falência, sob pena de decadência.

▸ §§ 7º a 10 acrescidos pela Lei nº 14.112, de 24-12-2020.

Art. 11. Os credores cujos créditos forem impugnados serão intimados para contestar a impugnação, no prazo de 5 (cinco) dias, juntando os documentos que tiverem e indicando outras provas que reputem necessárias.

▸ Art. 15 desta Lei.

Art. 12. Transcorrido o prazo do art. 11 desta Lei, o devedor e o Comitê, se houver, serão intimados pelo juiz para se manifestar sobre ela no prazo comum de 5 (cinco) dias.

▸ Art. 15 desta Lei.

Parágrafo único. Findo o prazo a que se refere o *caput* deste artigo, o administrador judicial será intimado pelo juiz para emitir parecer no prazo de 5 (cinco) dias, devendo juntar à sua manifestação o laudo elaborado pelo profissional ou empresa especializada, se for o caso, e todas as informações existentes nos livros fiscais e demais documentos do devedor acerca do crédito, constante ou não da relação de credores, objeto da impugnação.

Art. 13. A impugnação será dirigida ao juiz por meio de petição, instruída com os documentos que tiver o impugnante, o qual indicará as provas consideradas necessárias.

▸ Arts. 8º, parágrafo único, e 10, § 5º, desta Lei.

Parágrafo único. Cada impugnação será autuada em separado, com os documentos a ela relativos, mas terão uma só autuação as diversas impugnações versando sobre o mesmo crédito.

Art. 14. Caso não haja impugnações, o juiz homologará, como quadro geral de credores, a relação dos credores de que trata o § 2º do art. 7º, ressalvado o disposto no art. 7º-A desta Lei.

▸ Artigo com a redação dada pela Lei nº 14.112, de 24-12-2020.

▸ Arts. 8º, parágrafo único, e 10, § 5º, desta Lei.

Art. 15. Transcorridos os prazos previstos nos arts. 11 e 12 desta Lei, os autos de impugnação serão conclusos ao juiz, que:

▸ Arts. 8º, parágrafo único, e 10, § 5º, desta Lei.

I – determinará a inclusão no quadro geral de credores das habilitações de créditos não impugnadas, no valor constante da relação referida no § 2º do art. 7º desta Lei;

II – julgará as impugnações que entender suficientemente esclarecidas pelas alegações e provas apresentadas pelas partes, mencionando, de cada crédito, o valor e a classificação;

III – fixará, em cada uma das restantes impugnações, os aspectos controvertidos e decidirá as questões processuais pendentes;

IV – determinará as provas a serem produzidas, designando audiência de instrução e julgamento, se necessário.

Art. 16. Para fins de rateio na falência, deverá ser formado quadro geral de credores, composto pelos créditos não impugnados constantes do edital de que trata o § 2º do art. 7º desta Lei, pelo julgamento de todas as impugnações apresentadas no prazo previsto no art. 8º desta Lei e pelo julgamento realizado até então das habilitações de crédito recebidas como retardatárias.

§ 1º As habilitações retardatárias não julgadas acarretarão a reserva do valor controvertido, mas não impedirão o pagamento da parte incontroversa.

§ 2º Ainda que o quadro geral de credores não esteja formado, o rateio de pagamentos na falência poderá ser realizado desde que a classe de credores a ser satisfeita já tenha tido todas as impugnações judiciais apresentadas no prazo previsto no art. 8º desta Lei, ressalvada a reserva dos créditos controvertidos em função das habilitações retardatárias de créditos distribuídas até então e ainda não julgadas.

▸ Art. 16 com a redação dada pela Lei nº 14.112, de 24-12-2020.

Art. 17. Da decisão judicial sobre a impugnação caberá agravo.

▸ Súm. nº 25 do STJ.

Parágrafo único. Recebido o agravo, o relator poderá conceder efeito suspensivo à decisão que reconhece o crédito ou determinar a inscrição ou modificação do seu valor ou classificação no quadro geral de credores, para fins de exercício de direito de voto em assembleia-geral.

Art. 18. O administrador judicial será responsável pela consolidação do quadro geral de credores, a ser homologado pelo juiz, com base na relação dos credores a que se refere o art. 7º, § 2º, desta Lei e nas decisões proferidas nas impugnações oferecidas.

▸ Arts. 14 e 22, I, *f*, desta Lei.

Parágrafo único. O quadro geral, assinado pelo juiz e pelo administrador judicial, mencionará a importância e a classificação de cada crédito na data do requerimento da recuperação judicial ou da decretação da falência, será juntado aos autos e publicado no órgão oficial, no prazo de 5 (cinco) dias, contado da data da sentença que houver julgado as impugnações.

Art. 19. O administrador judicial, o Comitê, qualquer credor ou o representante do Ministério Público poderá, até o encerramento da recuperação judicial ou da falência, observado, no que couber, o procedimento ordinário previsto no Código de Processo Civil, pedir a exclusão, outra classificação ou a retificação de qualquer crédito, nos casos de descoberta de falsidade, dolo, simulação, fraude, erro essencial ou, ainda, documentos ignorados na época do julgamento do crédito ou da inclusão no quadro geral de credores.

§ 1º A ação prevista neste artigo será proposta exclusivamente perante o juízo da recuperação judicial ou da falência ou, nas hipóteses previstas no art. 6º, §§ 1º e 2º, desta Lei, perante o juízo que tenha originariamente reconhecido o crédito.

§ 2º Proposta a ação de que trata este artigo, o pagamento ao titular do crédito por ela atingido somente poderá ser realizado mediante a prestação de caução no mesmo valor do crédito questionado.

Art. 20. As habilitações dos credores particulares do sócio ilimitadamente responsável processar-se-ão de acordo com as disposições desta Seção.

Seção II-A

DAS CONCILIAÇÕES E DAS MEDIAÇÕES ANTECEDENTES OU INCIDENTAIS AOS PROCESSOS DE RECUPERAÇÃO JUDICIAL

► Seção II-A acrescida pela Lei nº 14.112, de 24-12-2020.

Art. 20-A. A conciliação e a mediação deverão ser incentivadas em qualquer grau de jurisdição, inclusive no âmbito de recursos em segundo grau de jurisdição e nos Tribunais Superiores, e não implicarão a suspensão dos prazos previstos nesta Lei, salvo se houver consenso entre as partes em sentido contrário ou determinação judicial.

Art. 20-B. Serão admitidas conciliações e mediações antecedentes ou incidentais aos processos de recuperação judicial, notadamente:

I – nas fases pré-processual e processual de disputas entre os sócios e acionistas de sociedade em dificuldade ou em recuperação judicial, bem como nos litígios que envolverem credores não sujeitos à recuperação judicial, nos termos dos §§ 3º e 4º do art. 49 desta Lei, ou credores extraconcursais;

II – em conflitos que envolverem concessionárias ou permissionárias de serviços públicos em recuperação judicial e órgãos reguladores ou entes públicos municipais, distritais, estaduais ou federais;

III – na hipótese de haver créditos extraconcursais contra empresas em recuperação judicial durante período de vigência de estado de calamidade pública, a fim de permitir a continuidade da prestação de serviços essenciais;

IV – na hipótese de negociação de dívidas e respectivas formas de pagamento entre a empresa em dificuldade e seus credores, em caráter antecedente ao ajuizamento de pedido de recuperação judicial.

§ 1º Na hipótese prevista no inciso IV do *caput* deste artigo, será facultado às empresas em dificuldade que preencham os requisitos legais para requerer recuperação judicial obter tutela de urgência cautelar, nos termos do art. 305 e seguintes da Lei nº 13.105, de 16 de março de 2015 (Código de Processo Civil), a fim de que sejam suspensas as execuções contra elas propostas pelo prazo de até 60 (sessenta) dias, para tentativa de composição com seus credores, em procedimento de mediação ou conciliação já instaurado perante o Centro Judiciário de Solução de Conflitos e Cidadania (CEJUSC) do tribunal competente ou da câmara especializada, observados, no que couber, os arts. 16 e 17 da Lei nº 13.140, de 26 de junho de 2015.

§ 2º São vedadas a conciliação e a mediação sobre a natureza jurídica e a classificação de créditos, bem como sobre critérios de votação em assembleia-geral de credores.

§ 3º Se houver pedido de recuperação judicial ou extrajudicial, observados os critérios desta Lei, o período de suspensão previsto no § 1º deste artigo será deduzido do período de suspensão previsto no art. 6º desta Lei.

Art. 20-C. O acordo obtido por meio de conciliação ou de mediação com fundamento nesta Seção deverá ser homologado pelo juiz competente conforme o disposto no art. 3º desta Lei.

Parágrafo único. Requerida a recuperação judicial ou extrajudicial em até 360 (trezentos e sessenta) dias contados do acordo firmado durante o período da conciliação ou de mediação pré-processual, o credor terá reconstituídos seus direitos e garantias nas condições originalmente contratadas, deduzidos os valores eventualmente pagos e ressalvados os atos validamente praticados no âmbito dos procedimentos previstos nesta Seção.

Art. 20-D. As sessões de conciliação e de mediação de que trata esta Seção poderão ser realizadas por meio virtual, desde que o CEJUSC do tribunal competente ou a câmara especializada responsável disponham de meios para a sua realização.

► Arts. 20-A a 20-D acrescidos pela Lei nº 14.112, de 24-12-2020.

Seção III

DO ADMINISTRADOR JUDICIAL E DO COMITÊ DE CREDORES

Art. 21. O administrador judicial será profissional idôneo, preferencialmente advogado, economista, administrador de empresas ou contador, ou pessoa jurídica especializada.

► Art. 52, I, desta Lei.

Parágrafo único. Se o administrador judicial nomeado for pessoa jurídica, declarar-se-á, no termo de que trata o art. 33 desta Lei, o nome de profissional responsável pela condução do processo de falência ou de recuperação judicial, que não poderá ser substituído sem autorização do juiz.

Art. 22. Ao administrador judicial compete, sob a fiscalização do juiz e do Comitê, além de outros deveres que esta Lei lhe impõe:

I – na recuperação judicial e na falência:

► Art. 22, § 2º, desta Lei.

a) enviar correspondência aos credores constantes na relação de que trata o inciso III do *caput* do art. 51, o inciso III do *caput* do art. 99 ou o inciso II do *caput* do art. 105 desta Lei, comunicando a data do pedido de recuperação judicial ou da decretação da falência, a natureza, o valor e a classificação dada ao crédito;

b) fornecer, com presteza, todas as informações pedidas pelos credores interessados;

c) dar extratos dos livros do devedor, que merecerão fé de ofício, a fim de servirem de fundamento nas habilitações e impugnações de créditos;

d) exigir dos credores, do devedor ou seus administradores quaisquer informações;

e) elaborar a relação de credores de que trata o § 2º do art. 7º desta Lei;

f) consolidar o quadro geral de credores nos termos do art. 18 desta Lei;

g) requerer ao juiz convocação da assembleia-geral de credores nos casos previstos nesta Lei ou quando entender necessária sua ouvida para a tomada de decisões;

h) contratar, mediante autorização judicial, profissionais ou empresas especializadas para, quando necessário, auxiliá-lo no exercício de suas funções;

i) manifestar-se nos casos previstos nesta Lei;

j) estimular, sempre que possível, a conciliação, a mediação e outros métodos alternativos de solução de conflitos relacionados à recuperação judicial e à falência, respeitados os direitos de terceiros, na forma do § 3º do art. 3º da Lei nº 13.105, de 16 de março de 2015 (Código de Processo Civil);

k) manter endereço eletrônico na internet, com informações atualizadas sobre os processos de falência e de recuperação judicial, com a opção de consulta às peças principais do processo, salvo decisão judicial em sentido contrário;

l) manter endereço eletrônico específico para o recebimento de pedidos de habilitação ou a apresentação de divergências, ambos em âmbito administrativo, com modelos que poderão ser utilizados pelos credores, salvo decisão judicial em sentido contrário;

m) providenciar, no prazo máximo de 15 (quinze) dias, as respostas aos ofícios e às solicitações enviadas por outros juízos e órgãos públicos, sem necessidade de prévia deliberação do juízo;

► Alíneas *j* a *m* acrescidas pela Lei nº 14.112, de 24-12-2020.

II – na recuperação judicial:

a) fiscalizar as atividades do devedor e o cumprimento do plano de recuperação judicial;

b) requerer a falência no caso de descumprimento de obrigação assumida no plano de recuperação;

c) apresentar ao juiz, para juntada aos autos, relatório mensal das atividades do devedor, fiscalizando a veracidade e a conformidade das informações prestadas pelo devedor;

► Alínea *c* com a redação dada pela Lei nº 14.112, de 24-12-2020.

d) apresentar o relatório sobre a execução do plano de recuperação, de que trata o inciso III do *caput* do art. 63 desta Lei;

e) fiscalizar o decurso das tratativas e a regularidade das negociações entre devedor e credores;

f) assegurar que devedor e credores não adotem expedientes dilatórios, inúteis ou, em geral, prejudiciais ao regular andamento das negociações;

g) assegurar que as negociações realizadas entre devedor e credores sejam regidas pelos termos convencionados entre os interessados ou, na falta de acordo, pelas regras propostas pelo administrador judicial e homologadas pelo juiz, observado o princípio da boa-fé para solução construtiva de consensos, que acarretem maior efetividade econômico-financeira e proveito social para os agentes econômicos envolvidos;

h) apresentar, para juntada aos autos, e publicar no endereço eletrônico específico relatório mensal das atividades do devedor e relatório sobre o plano de recuperação judicial, no prazo de até 15 (quinze) dias contado da apresentação do plano, fiscalizando a veracidade e a conformidade das informações prestadas pelo devedor, além de informar eventual ocorrência das condutas previstas no art. 64 desta Lei;

► Alíneas *e* a *h* acrescidas pela Lei nº 14.112, de 24-12-2020.

III – na falência:

► Arts. 99, IX, e 186 desta Lei.

a) avisar, pelo órgão oficial, o lugar e hora em que, diariamente, os credores terão à sua disposição os livros e documentos do falido;

b) examinar a escrituração do devedor;

c) relacionar os processos e assumir a representação judicial e extrajudicial, incluídos os processos arbitrais, da massa falida;

► Alínea *c* com a redação dada pela Lei nº 14.112, de 24-12-2020.

d) receber e abrir a correspondência dirigida ao devedor, entregando a ele o que não for assunto de interesse da massa;

e) apresentar, no prazo de 40 (quarenta) dias, contado da assinatura do termo de compromisso, prorrogável por igual período, relatório sobre as causas e circunstâncias que conduziram à situação de falência, no qual apontará a responsabilidade civil e penal dos envolvidos, observado o disposto no art. 186 desta Lei;

▸ Art. 22, § 4º, desta Lei.

f) arrecadar os bens e documentos do devedor e elaborar o auto de arrecadação, nos termos dos arts. 108 e 110 desta Lei;

g) avaliar os bens arrecadados;

h) contratar avaliadores, de preferência oficiais, mediante autorização judicial, para a avaliação dos bens caso entenda não ter condições técnicas para a tarefa;

i) praticar os atos necessários à realização do ativo e ao pagamento dos credores;

j) proceder à venda de todos os bens da massa falida no prazo máximo de 180 (cento e oitenta) dias, contado da data da juntada do auto de arrecadação, sob pena de destituição, salvo por impossibilidade fundamentada, reconhecida por decisão judicial;

▸ Alínea *j* com a redação dada pela Lei nº 14.112, de 24-12-2020.

l) praticar todos os atos conservatórios de direitos e ações, diligenciar a cobrança de dívidas e dar a respectiva quitação;

m) remir, em benefício da massa e mediante autorização judicial, bens apenhados, penhorados ou legalmente retidos;

n) representar a massa falida em juízo, contratando, se necessário, advogado, cujos honorários serão previamente ajustados e aprovados pelo Comitê de Credores;

o) requerer todas as medidas e diligências que forem necessárias para o cumprimento desta Lei, a proteção da massa ou a eficiência da administração;

p) apresentar ao juiz para juntada aos autos, até o 10º (décimo) dia do mês seguinte ao vencido, conta demonstrativa da administração, que especifique com clareza a receita e a despesa;

q) entregar ao seu substituto todos os bens e documentos da massa em seu poder, sob pena de responsabilidade;

r) prestar contas ao final do processo, quando for substituído, destituído ou renunciar ao cargo;

s) arrecadar os valores dos depósitos realizados em processos administrativos ou judiciais nos quais o falido figure como parte, oriundos de penhoras, de bloqueios, de apreensões, de leilões, de alienação judicial e de outras hipóteses de constrição judicial, ressalvado o disposto nas Leis nºs 9.703, de 17 de novembro de 1998, e 12.099, de 27 de novembro de 2009, e na Lei Complementar nº 151, de 5 de agosto de 2015.

▸ Alínea *s* acrescida pela Lei nº 14.112, de 24-12-2020.

§ 1º As remunerações dos auxiliares do administrador judicial serão fixadas pelo juiz, que considerará a complexidade dos trabalhos a serem executados e os valores praticados no mercado para o desempenho de atividades semelhantes.

§ 2º Na hipótese da alínea *d* do inciso I do *caput* deste artigo, se houver recusa, o juiz, a requerimento do administrador judicial, intimará aquelas pessoas para que compareçam à sede do juízo, sob pena de desobediência, oportunidade em que as interrogará na presença do administrador judicial, tomando seus depoimentos por escrito.

§ 3º Na falência, o administrador judicial não poderá, sem autorização judicial, após ouvidos o Comitê e o devedor no prazo comum de 2 (dois) dias, transigir sobre obrigações e direitos da massa falida e conceder abatimento de dívidas, ainda que sejam consideradas de difícil recebimento.

§ 4º Se o relatório de que trata a alínea *e* do inciso III do *caput* deste artigo apontar responsabilidade penal de qualquer dos envolvidos, o Ministério Público será intimado para tomar conhecimento de seu teor.

Art. 23. O administrador judicial que não apresentar, no prazo estabelecido, suas contas ou qualquer dos relatórios previstos nesta Lei será intimado pessoalmente a fazê-lo no prazo de 5 (cinco) dias, sob pena de desobediência.

Parágrafo único. Decorrido o prazo do *caput* deste artigo, o juiz destituirá o administrador judicial e nomeará substituto para elaborar relatórios ou organizar as contas, explicitando as responsabilidades de seu antecessor.

Art. 24. O juiz fixará o valor e a forma de pagamento da remuneração do administrador judicial, observados a capacidade de pagamento do devedor, o grau de complexidade do trabalho e os valores praticados no mercado para o desempenho de atividades semelhantes.

§ 1º Em qualquer hipótese, o total pago ao administrador judicial não excederá 5% (cinco por cento) do valor devido aos credores submetidos à recuperação judicial ou do valor de venda dos bens na falência.

§ 2º Será reservado 40% (quarenta por cento) do montante devido ao administrador judicial para pagamento após atendimento do previsto nos arts. 154 e 155 desta Lei.

§ 3º O administrador judicial substituído será remunerado proporcionalmente ao trabalho realizado, salvo se renunciar sem relevante razão ou for destituído de suas funções por desídia, culpa, dolo ou descumprimento das obrigações fixadas nesta Lei, hipóteses em que não terá direito à remuneração.

§ 4º Também não terá direito a remuneração o administrador que tiver suas contas desaprovadas.

§ 5º A remuneração do administrador judicial fica reduzida ao limite de 2% (dois por cento), no caso de microempresas e de empresas de pequeno porte, bem como na hipótese de que trata o art. 70-A desta Lei.

▸ § 5º com a redação dada pela Lei nº 14.112, de 24-12-2020.

Art. 25. Caberá ao devedor ou à massa falida arcar com as despesas relativas à remuneração do administrador judicial e das pessoas eventualmente contratadas para auxiliá-lo.

Art. 26. O Comitê de Credores será constituído por deliberação de qualquer das classes de credores na assembleia-geral e terá a seguinte composição:

▸ Art. 56, § 2º, desta Lei.

I – 1 (um) representante indicado pela classe de credores trabalhistas, com 2 (dois) suplentes;

II – 1 (um) representante indicado pela classe de credores com direitos reais de garantia ou privilégios especiais, com 2 (dois) suplentes;

III – 1 (um) representante indicado pela classe de credores quirografários e com privilégios gerais, com 2 (dois) suplentes;

IV – 1 (um) representante indicado pela classe de credores representantes de microempresas e empresas de pequeno porte, com 2 (dois) suplentes.

▸ Inciso IV acrescido pela LC nº 147, de 7-8-2014.

§ 1º A falta de indicação de representante por quaisquer das classes não prejudicará a constituição do Comitê, que poderá funcionar com número inferior ao previsto no *caput* deste artigo.

§ 2º O juiz determinará, mediante requerimento subscrito por credores que representem a maioria dos créditos de uma classe, independentemente da realização de assembleia:

I – a nomeação do representante e dos suplentes da respectiva classe ainda não representada no Comitê; ou

II – a substituição do representante ou dos suplentes da respectiva classe.

§ 3º Caberá aos próprios membros do Comitê indicar, entre eles, quem irá presidi-lo.

Art. 27. O Comitê de Credores terá as seguintes atribuições, além de outras previstas nesta Lei:

I – na recuperação judicial e na falência:

a) fiscalizar as atividades e examinar as contas do administrador judicial;

b) zelar pelo bom andamento do processo e pelo cumprimento da lei;

c) comunicar ao juiz, caso detecte violação dos direitos ou prejuízo aos interesses dos credores;

d) apurar e emitir parecer sobre quaisquer reclamações dos interessados;

e) requerer ao juiz a convocação da assembleia-geral de credores;

f) manifestar-se nas hipóteses previstas nesta Lei;

II – na recuperação judicial:

a) fiscalizar a administração das atividades do devedor, apresentando, a cada 30 (trinta) dias, relatório de sua situação;

b) fiscalizar a execução do plano de recuperação judicial;

c) submeter à autorização do juiz, quando ocorrer o afastamento do devedor nas hipóteses previstas nesta Lei, a alienação de bens do ativo permanente, a constituição de ônus reais e outras garantias, bem como atos de endividamento necessários à continuação da atividade empresarial durante o período que antecede a aprovação do plano de recuperação judicial.

§ 1º As decisões do Comitê, tomadas por maioria, serão consignadas em livro de atas, rubricado pelo juízo, que ficará à disposição do administrador judicial, dos credores e do devedor.

§ 2º Caso não seja possível a obtenção de maioria em deliberação do Comitê, o impasse será resolvido pelo administrador judicial ou, na incompatibilidade deste, pelo juiz.

Art. 28. Não havendo Comitê de Credores, caberá ao administrador judicial ou, na incompatibilidade deste, ao juiz exercer suas atribuições.

Art. 29. Os membros do Comitê não terão sua remuneração custeada pelo devedor ou pela massa falida, mas as despesas realizadas para a realização de ato previsto nesta Lei, se devidamente comprovadas e com a autorização do juiz, serão ressarcidas atendendo às disponibilidades de caixa.

Art. 30. Não poderá integrar o Comitê ou exercer as funções de administrador judicial quem, nos últimos 5 (cinco) anos, no exercício do cargo de administrador judicial ou de membro do Comitê em falência ou recuperação judicial anterior, foi destituído, deixou de prestar contas dentro dos prazos legais ou teve a prestação de contas desaprovada.

§ 1º Ficará também impedido de integrar o Comitê ou exercer a função de administrador judicial quem tiver relação de parentesco ou afinidade até o 3º (terceiro) grau com o devedor, seus administradores, controladores ou representantes legais ou deles for amigo, inimigo ou dependente.

§ 2º O devedor, qualquer credor ou o Ministério Público poderá requerer ao juiz a substituição do administrador judicial ou dos membros do Comitê nomeados em desobediência aos preceitos desta Lei.

§ 3º O juiz decidirá, no prazo de 24 (vinte e quatro) horas, sobre o requerimento do § 2º deste artigo.

Art. 31. O juiz, de ofício ou a requerimento fundamentado de qualquer interessado, poderá determinar a destituição do administrador judicial ou de quaisquer dos membros do Comitê de Credores quando verificar desobediência aos preceitos desta Lei, descumprimento de deveres, omissão, negligência ou prática de ato lesivo às atividades do devedor ou a terceiros.

§ 1º No ato de destituição, o juiz nomeará novo administrador judicial ou convocará os suplentes para recompor o Comitê.

§ 2º Na falência, o administrador judicial substituído prestará contas no prazo de 10 (dez) dias, nos termos dos §§ 1º a 6º do art. 154 desta Lei.

Art. 32. O administrador judicial e os membros do Comitê responderão pelos prejuízos causados à massa falida, ao devedor ou aos credores por dolo ou culpa, devendo o dissidente em deliberação do Comitê consignar sua discordância em ata para eximir-se da responsabilidade.

Art. 33. O administrador judicial e os membros do Comitê de Credores, logo que nomeados, serão intimados pessoalmente para, em 48 (quarenta e oito) horas, assinar, na sede do juízo, o termo de compromisso de bem e fielmente desempenhar o cargo e assumir todas as responsabilidades a ele inerentes.

▸ Art. 21, parágrafo único, desta Lei.

Art. 34. Não assinado o termo de compromisso no prazo previsto no art. 33 desta Lei, o juiz nomeará outro administrador judicial.

Seção IV
DA ASSEMBLEIA-GERAL DE CREDORES

Art. 35. A assembleia-geral de credores terá por atribuições deliberar sobre:

I – na recuperação judicial:

▸ Art. 42 desta Lei.

a) aprovação, rejeição ou modificação do plano de recuperação judicial apresentado pelo devedor;

b) a constituição do Comitê de Credores, a escolha de seus membros e sua substituição;

c) VETADA;

d) o pedido de desistência do devedor, nos termos do § 4º do art. 52 desta Lei;

e) o nome do gestor judicial, quando do afastamento do devedor;

f) qualquer outra matéria que possa afetar os interesses dos credores;

g) alienação de bens ou direitos do ativo não circulante do devedor, não prevista no plano de recuperação judicial;

▸ Alínea *g* acrescida pela Lei nº 14.112, de 24-12-2020.

II – na falência:

▸ Art. 99, IX, desta Lei.

a) VETADA;

b) a constituição do Comitê de Credores, a escolha de seus membros e sua substituição;

c) a adoção de outras modalidades de realização do ativo, na forma do art. 145 desta Lei;

d) qualquer outra matéria que possa afetar os interesses dos credores.

Art. 36. A assembleia-geral de credores será convocada pelo juiz por meio de edital publicado no diário oficial eletrônico e disponibilizado no sítio eletrônico do administrador judicial, com antecedência mínima de 15 (quinze) dias, o qual conterá:

▸ *Caput* com a redação dada pela Lei nº 14.112, de 24-12-2020.

I – local, data e hora da assembleia em 1ª (primeira) e em 2ª (segunda) convocação, não podendo esta ser realizada menos de 5 (cinco) dias depois da 1ª (primeira);

II – a ordem do dia;

III – local onde os credores poderão, se for o caso, obter cópia do plano de recuperação judicial a ser submetido à deliberação da assembleia.

§ 1º Cópia do aviso de convocação da assembleia deverá ser afixada de forma ostensiva na sede e filiais do devedor.

§ 2º Além dos casos expressamente previstos nesta Lei, credores que representem no mínimo 25% (vinte e cinco por cento) do valor total dos créditos de uma determinada classe poderão requerer ao juiz a convocação de assembleia-geral.

▸ Art. 52, § 2º, desta Lei.

§ 3º As despesas com a convocação e a realização da assembleia-geral correm por conta do devedor ou da massa falida, salvo se convocada em virtude de requerimento do Comitê de Credores ou na hipótese do § 2º deste artigo.

Art. 37. A assembleia será presidida pelo administrador judicial, que designará 1 (um) secretário dentre os credores presentes.

§ 1º Nas deliberações sobre o afastamento do administrador judicial ou em outras em que haja incompatibilidade deste, a assembleia será presidida pelo credor presente que seja titular do maior crédito.

§ 2º A assembleia instalar-se-á, em 1ª (primeira) convocação, com a presença de credores titulares de mais da metade dos créditos de cada classe, computados pelo valor, e, em 2ª (segunda) convocação, com qualquer número.

§ 3º Para participar da assembleia, cada credor deverá assinar a lista de presença, que será encerrada no momento da instalação.

§ 4º O credor poderá ser representado na assembleia-geral por mandatário ou representante legal, desde que entregue ao administrador judicial, até 24 (vinte e quatro) horas antes da data prevista no aviso de convocação, documento hábil que comprove seus poderes ou a indicação das folhas dos autos do processo em que se encontre o documento.

§ 5º Os sindicatos de trabalhadores poderão representar seus associados titulares de créditos derivados da legislação do trabalho ou decorrentes de acidente de trabalho que não comparecerem, pessoalmente ou por procurador, à assembleia.

§ 6º Para exercer a prerrogativa prevista no § 5º deste artigo, o sindicato deverá:

I – apresentar ao administrador judicial, até 10 (dez) dias antes da assembleia, a relação dos associados que pretende representar, e o trabalhador que conste da relação de mais de um sindicato deverá esclarecer, até 24 (vinte e quatro) horas antes da assembleia, qual sindicato o representa, sob pena de não ser representado em assembleia por nenhum deles; e

II – VETADO.

§ 7º Do ocorrido na assembleia, lavrar-se-á ata que conterá o nome dos presentes e as assinaturas do presidente, do devedor e de 2 (dois) membros de cada uma das classes votantes, e que será entregue ao juiz, juntamente com a lista de presença, no prazo de 48 (quarenta e oito) horas.

Art. 38. O voto do credor será proporcional ao valor de seu crédito, ressalvado, nas deliberações sobre o plano de recuperação judicial, o disposto no § 2º do art. 45 desta Lei.

Parágrafo único. Na recuperação judicial, para fins exclusivos de votação em assembleia-geral, o crédito em moeda estrangeira será convertido para moeda nacional pelo câmbio da véspera da data de realização da assembleia.

Art. 39. Terão direito a voto na assembleia-geral as pessoas arroladas no quadro geral de credores ou, na sua falta, na relação de credores apresentada pelo administrador judicial na forma do art. 7º, § 2º, desta Lei, ou, ainda, na falta desta, na relação apresentada pelo próprio devedor nos termos dos arts. 51, incisos III e IV do *caput*, 99, inciso III do *caput*, ou 105, inciso II do *caput*, desta Lei, acrescidas, em qualquer caso, das que estejam habilitadas na data da realização da assembleia ou que tenham créditos admitidos ou alterados por decisão judicial, inclusive as que tenham obtido reserva de importâncias, observado o disposto nos §§ 1º e 2º do art. 10 desta Lei.

§ 1º Não terão direito a voto e não serão considerados para fins de verificação do *quorum* de instalação e de deliberação os titulares de créditos excetuados na forma dos §§ 3º e 4º do art. 49 desta Lei.

§ 2º As deliberações da assembleia-geral não serão invalidadas em razão de posterior decisão judicial acerca da existência, quantificação ou classificação de créditos.

§ 3º No caso de posterior invalidação de deliberação da assembleia, ficam resguardados os direitos de terceiros de boa-fé, respondendo os credores que aprovarem a deliberação pelos prejuízos comprovados causados por dolo ou culpa.

§ 4º Qualquer deliberação prevista nesta Lei a ser realizada por meio de assembleia-geral de credores poderá ser substituída, com idênticos efeitos, por:

I – termo de adesão firmado por tantos credores quantos satisfaçam o quórum de aprovação específico, nos termos estabelecidos no art. 45-A desta Lei;

II – votação realizada por meio de sistema eletrônico que reproduza as condições de tomada de voto da assembleia-geral de credores; ou

III – outro mecanismo reputado suficientemente seguro pelo juiz.

§ 5º As deliberações nos formatos previstos no § 4º deste artigo serão fiscalizadas pelo administrador judicial, que emitirá parecer sobre sua regularidade, previamente à sua homologação judicial, independentemente da concessão ou não da recuperação judicial.

§ 6º O voto será exercido pelo credor no seu interesse e de acordo com o seu juízo de conveniência e poderá ser declarado nulo por abusividade somente quando manifestamente exercido para obter vantagem ilícita para si ou para outrem.

§ 7º A cessão ou a promessa de cessão do crédito habilitado deverá ser imediatamente comunicada ao juízo da recuperação judicial.

▸ §§ 4º a 7º acrescidos pela Lei nº 14.112, de 24-12-2020.

Art. 40. Não será deferido provimento liminar, de caráter cautelar ou antecipatório dos efeitos da tutela, para a suspensão ou adiamento da assembleia-geral de credores em razão de pendência de discussão acerca da existência, da quantificação ou da classificação de créditos.

Art. 41. A assembleia-geral será composta pelas seguintes classes de credores:

▸ Art. 45 desta Lei.

I – titulares de créditos derivados da legislação do trabalho ou decorrentes de acidentes de trabalho;

▸ Art. 45, § 2º, desta Lei.

II – titulares de créditos com garantia real;

▸ Art. 45, § 1º, desta Lei.

III – titulares de créditos quirografários, com privilégio especial, com privilégio geral ou subordinados;

▸ Art. 45, § 1º, desta Lei.

IV – titulares de créditos enquadrados como microempresa ou empresa de pequeno porte.

▸ Inciso IV acrescido pela LC nº 147, de 7-8-2014.

§ 1º Os titulares de créditos derivados da legislação do trabalho votam com a classe prevista no inciso I do *caput* deste artigo com o total de seu crédito, independentemente do valor.

§ 2º Os titulares de créditos com garantia real votam com a classe prevista no inciso II do *caput* deste artigo até o limite do valor do bem gravado e com a classe prevista no inciso III do *caput* deste artigo pelo restante do valor de seu crédito.

Art. 42. Considerar-se-á aprovada a proposta que obtiver votos favoráveis de credores que representem mais da metade do valor total dos créditos presentes à assembleia-geral, exceto nas deliberações sobre o plano de recuperação judicial nos termos da alínea *a* do inciso I do *caput* do art. 35 desta Lei, a composição do Comitê de Credores ou forma alternativa de realização do ativo nos termos do art. 145 desta Lei.

▸ Art. 73, I, desta Lei.

Art. 43. Os sócios do devedor, bem como as sociedades coligadas, controladoras, controladas ou as que tenham sócio ou acionista com participação superior a 10% (dez por cento) do capital social do devedor ou em que o devedor ou algum de seus sócios detenham participação superior a 10% (dez por cento) do capital social, poderão participar da assembleia-geral de credores, sem ter direito a voto e não serão considerados para fins de verificação do *quorum* de instalação e de deliberação.

Parágrafo único. O disposto neste artigo também se aplica ao cônjuge ou parente, consanguíneo ou afim, colateral até o 2º (segundo) grau, ascendente ou descendente do devedor, de administrador, do sócio controlador, de membro dos conselhos consultivo, fiscal ou semelhantes da sociedade devedora e à sociedade em que quaisquer dessas pessoas exerçam essas funções.

Art. 44. Na escolha dos representantes de cada classe no Comitê de Credores, somente os respectivos membros poderão votar.

Art. 45. Nas deliberações sobre o plano de recuperação judicial, todas as classes de credores referidas no art. 41 desta Lei deverão aprovar a proposta.

▸ Art. 58, *caput*, § 1º e II, desta Lei.

§ 1º Em cada uma das classes referidas nos incisos II e III do art. 41 desta Lei, a proposta deverá ser aprovada por credores que representem mais da metade do valor total dos créditos presentes à assembleia e, cumulativamente, pela maioria simples dos credores presentes.

§ 2º Nas classes previstas nos incisos I e IV do art. 41 desta Lei, a proposta deverá ser aprovada pela maioria simples dos credores presentes, independentemente do valor de seu crédito.

▸ § 2º com a redação dada pela LC nº 147, de 7-8-2014.

▸ Art. 38 desta Lei.

§ 3º O credor não terá direito a voto e não será considerado para fins de verificação de *quorum* de deliberação se o plano de recuperação judicial não alterar o valor ou as condições originais de pagamento de seu crédito.

Art. 45-A. As deliberações da assembleia-geral de credores previstas nesta Lei poderão ser substituídas pela comprovação da adesão de credores que representem mais da metade do valor dos créditos sujeitos à recuperação judicial, observadas as exceções previstas nesta Lei.

§ 1º Nos termos do art. 56-A desta Lei, as deliberações sobre o plano de recuperação judicial poderão ser substituídas por documento que comprove o cumprimento do disposto no art. 45 desta Lei.

§ 2º As deliberações sobre a constituição do Comitê de Credores poderão ser substituídas por documento que comprove a adesão da maioria dos créditos de cada conjunto de credores previsto no art. 26 desta Lei.

§ 3º As deliberações sobre forma alternativa de realização do ativo na falência, nos termos do art. 145 desta Lei, poderão ser substituídas por documento que comprove a adesão de credores que representem 2/3 (dois terços) dos créditos.

§ 4º As deliberações no formato previsto neste artigo serão fiscalizadas pelo administrador judicial, que emitirá parecer sobre sua regularidade, com oitiva do Ministério Público, previamente à sua homologação judicial, independentemente da concessão ou não da recuperação judicial.

▸ Art. 45-A acrescido pela Lei nº 14.112, de 24-12-2020.

Art. 46. A aprovação de forma alternativa de realização do ativo na falência, prevista no art. 145 desta Lei, dependerá do voto favorável de credores que representem 2/3 (dois terços) dos créditos presentes à assembleia.

CAPÍTULO III
DA RECUPERAÇÃO JUDICIAL

Seção I
DISPOSIÇÕES GERAIS

Art. 47. A recuperação judicial tem por objetivo viabilizar a superação da situação de crise econômico-financeira do devedor, a fim de permitir a manutenção da fonte produtora, do emprego dos trabalhadores e dos interesses dos credores, promovendo, assim, a preservação da empresa, sua função social e o estímulo à atividade econômica.

Art. 48. Poderá requerer recuperação judicial o devedor que, no momento do pedido, exerça regularmente suas atividades há mais de 2 (dois) anos e que atenda aos seguintes requisitos, cumulativamente:

▸ Art. 161 desta Lei.

I – não ser falido e, se o foi, estejam declaradas extintas, por sentença transitada em julgado, as responsabilidades daí decorrentes;

II – não ter, há menos de 5 (cinco) anos, obtido concessão de recuperação judicial;

III – não ter, há menos de 5 (cinco) anos, obtido concessão de recuperação judicial com base no plano especial de que trata a Seção V deste Capítulo;

▸ Inciso III com a redação dada pela LC nº 147, de 7-8-2014.

IV – não ter sido condenado ou não ter, como administrador ou sócio controlador, pessoa condenada por qualquer dos crimes previstos nesta Lei.

§ 1º A recuperação judicial também poderá ser requerida pelo cônjuge sobrevivente, herdeiros do devedor, inventariante ou sócio remanescente.

▸ Antigo parágrafo único transformado em § 1º pela Lei nº 12.873, de 24-10-2013.

§ 2º No caso de exercício de atividade rural por pessoa jurídica, admite-se a comprovação do prazo estabelecido no *caput* deste artigo por meio da Escrituração Contábil Fiscal (ECF), ou por meio de obrigação legal de registros contábeis que venha a substituir a ECF, entregue tempestivamente.

▸ § 2º com a redação dada pela Lei nº 14.112, de 24-12-2020.

§ 3º Para a comprovação do prazo estabelecido no *caput* deste artigo, o cálculo do período de exercício de atividade rural por pessoa física é feito com base no Livro Caixa Digital do Produtor Rural (LCDPR), ou por meio de obrigação legal de registros contábeis que venha a substituir o LCDPR, e pela Declaração do Imposto sobre a Renda da Pessoa Física (DIRPF) e balanço patrimonial, todos entregues tempestivamente.

§ 4º Para efeito do disposto no § 3º deste artigo, no que diz respeito ao período em que não for exigível a entrega do LCDPR, admitir-se-á a entrega do livro-caixa utilizado para a elaboração da DIRPF.

§ 5º Para os fins de atendimento ao disposto nos §§ 2º e 3º deste artigo, as informações contábeis relativas a receitas, a bens, a despesas, a custos e a dívidas deverão estar organizadas de acordo com a legislação e com o padrão contábil da legislação correlata vigente, bem como guardar obediência ao regime de competência e de elaboração de balanço patrimonial por contador habilitado.

▸ §§ 3º a 5º acrescidos pela Lei nº 14.112, de 24-12-2020.

Art. 48-A. Na recuperação judicial de companhia aberta, serão obrigatórios a formação e o funcionamento do conselho fiscal, nos termos da Lei nº 6.404, de 15 de dezembro de 1976, enquanto durar a fase da recuperação judicial, incluído o período de cumprimento das obrigações assumidas pelo plano de recuperação.

▸ Art. 48-A acrescido pela Lei nº 14.112, de 24-12-2020.

Art. 49. Estão sujeitos à recuperação judicial todos os créditos existentes na data do pedido, ainda que não vencidos.

§ 1º Os credores do devedor em recuperação judicial conservam seus direitos e privilégios contra os coobrigados, fiadores e obrigados de regresso.

§ 2º As obrigações anteriores à recuperação judicial observarão as condições originalmente contratadas ou definidas em lei, inclusive no que diz respeito aos encargos, salvo se de modo diverso ficar estabelecido no plano de recuperação judicial.

§ 3º Tratando-se de credor titular da posição de proprietário fiduciário de bens móveis ou imóveis, de arrendador mercantil, de proprietário ou promitente vendedor de imóvel cujos respectivos contratos contenham cláusula de irrevogabilidade ou irretratabilidade, inclusive em incorporações imobiliárias, ou de proprietário em contrato de venda com reserva de domínio, seu crédito não se submeterá aos efeitos da recuperação judicial e prevalecerão os direitos de propriedade sobre a coisa e as condições contratuais, observada a legislação respectiva, não se permitindo, contudo, durante o prazo de suspensão a que se refere o § 4º do art. 6º desta Lei, a venda ou a retirada do estabelecimento do devedor dos bens de capital essenciais a sua atividade empresarial.

▸ Arts. 39, § 1º, 52, III, 71, I, e 161, § 1º, desta Lei.

§ 4º Não se sujeitará aos efeitos da recuperação judicial a importância a que se refere o inciso II do art. 86 desta Lei.

▸ Arts. 39, § 1º, 52, III, e 71, I, desta Lei.

§ 5º Tratando-se de crédito garantido por penhor sobre títulos de crédito, direitos creditórios, aplicações financeiras ou valores mobiliários, poderão ser substituídas ou renovadas as garantias liquidadas ou vencidas durante a recuperação judicial e, enquanto não renovadas ou substituídas, o valor eventualmente recebido em pagamento das garantias permanecerá em conta vinculada durante o período de suspensão de que trata o § 4º do art. 6º desta Lei.

§ 6º Nas hipóteses de que tratam os §§ 2º e 3º do art. 48 desta Lei, somente estarão sujeitos à recuperação judicial os créditos que decorram exclusivamente da atividade rural e estejam discriminados nos documentos a que se referem os citados parágrafos, ainda que não vencidos.

§ 7º Não se sujeitarão aos efeitos da recuperação judicial os recursos controlados e abrangidos nos termos dos arts. 14 e 21 da Lei nº 4.829, de 5 de novembro de 1965.

§ 8º Estarão sujeitos à recuperação judicial os recursos de que trata o § 7º deste artigo que não tenham sido objeto de renegociação entre o devedor e a instituição financeira antes do pedido de recuperação judicial, na forma de ato do Poder Executivo.

§ 9º Não se enquadrará nos créditos referidos no *caput* deste artigo aquele relativo à dívida constituída nos 3 (três) últimos anos anteriores ao pedido de recuperação judicial, que tenha sido contraída com a finalidade de aquisição de propriedades rurais, bem como as respectivas garantias.

▸ §§ 6º a 9º acrescidos pela Lei nº 14.112, de 24-12-2020.

Art. 50. Constituem meios de recuperação judicial, observada a legislação pertinente a cada caso, dentre outros:

▸ Art. 53, I, desta Lei.

I – concessão de prazos e condições especiais para pagamento das obrigações vencidas ou vincendas;

II – cisão, incorporação, fusão ou transformação de sociedade, constituição de subsidiária integral, ou cessão de cotas ou ações, respeitados os direitos dos sócios, nos termos da legislação vigente;

III – alteração do controle societário;

IV – substituição total ou parcial dos administradores do devedor ou modificação de seus órgãos administrativos;

V – concessão aos credores de direito de eleição em separado de administradores e de poder de veto em relação às matérias que o plano especificar;

VI – aumento de capital social;

VII – trespasse ou arrendamento de estabelecimento, inclusive à sociedade constituída pelos próprios empregados;

VIII – redução salarial, compensação de horários e redução da jornada, mediante acordo ou convenção coletiva;

IX – dação em pagamento ou novação de dívidas do passivo, com ou sem constituição de garantia própria ou de terceiro;

X – constituição de sociedade de credores;

XI – venda parcial dos bens;

XII – equalização de encargos financeiros relativos a débitos de qualquer natureza, tendo como termo inicial a data da distribuição do pedido de recuperação judicial, aplicando-se inclusive aos contratos de crédito rural, sem prejuízo do disposto em legislação específica;

XIII – usufruto da empresa;

XIV – administração compartilhada;

XV – emissão de valores mobiliários;

XVI – constituição de sociedade de propósito específico para adjudicar, em pagamento dos créditos, os ativos do devedor;

XVII – conversão de dívida em capital social;

XVIII – venda integral da devedora, desde que garantidas aos credores não submetidos ou não aderentes condições, no mínimo, equivalentes àquelas que teriam na falência, hipótese em que será, para todos os fins, considerada unidade produtiva isolada.

▸ Incisos XVII e XVIII acrescidos pela Lei nº 14.112, de 24-12-2020.

§ 1º Na alienação de bem objeto de garantia real, a supressão da garantia ou sua substituição somente serão admitidas mediante aprovação expressa do credor titular da respectiva garantia.

▸ Art. 59 desta Lei.

§ 2º Nos créditos em moeda estrangeira, a variação cambial será conservada como parâmetro de indexação da correspondente obrigação e só poderá ser afastada se o credor titular do respectivo crédito aprovar expressamente previsão diversa no plano de recuperação judicial.

§ 3º Não haverá sucessão ou responsabilidade por dívidas de qualquer natureza a terceiro credor, investidor ou novo administrador em decorrência, respectivamente, da mera conversão de dívida em capital, de aporte de novos recursos na devedora ou de substituição dos administradores desta.

§ 4º O imposto sobre a renda e a Contribuição Social sobre o Lucro Líquido (CSLL) incidentes sobre o ganho de capital resultante da alienação de bens ou direitos pela pessoa jurídica em recuperação judicial poderão ser parcelados, com atualização monetária das parcelas, observado o seguinte:

I – o disposto na Lei nº 10.522, de 19 de julho de 2002; e

II – a utilização, como limite, da mediana de alongamento no plano de recuperação judicial em relação aos créditos a ele sujeitos.

§ 5º O limite de alongamento de prazo a que se refere o inciso II do § 4º deste artigo será readequado na hipótese de alteração superveniente do plano de recuperação judicial.

▸ §§ 3º a 5º acrescidos pela Lei nº 14.112, de 24-12-2020.

Art. 50-A. Nas hipóteses de renegociação de dívidas de pessoa jurídica no âmbito de processo de recuperação judicial, estejam as dívidas sujeitas ou não a esta, e do reconhecimento de seus efeitos nas demonstrações financeiras das sociedades, deverão ser observadas as seguintes disposições:

I – a receita obtida pelo devedor não será computada na apuração da base de cálculo da Contribuição para o Programa de Integração Social (PIS) e para o Programa de Formação do Patrimônio do Servidor Público (PASEP) e da Contribuição para o Financiamento da Seguridade Social (COFINS);

▸ Este inciso estará revogado pela LC nº 214, de 16-1-2025, a partir de 1º-1-2027.

II – o ganho obtido pelo devedor com a redução da dívida não se sujeitará ao limite percentual de que tratam os arts. 42 e 58 da Lei nº 8.981, de 20 de janeiro de 1995, na apuração do imposto sobre a renda e da CSLL; e

III – as despesas correspondentes às obrigações assumidas no plano de recuperação judicial serão consideradas dedutíveis na determinação do lucro real e da base de cálculo da CSLL, desde que não tenham sido objeto de dedução anterior.

Parágrafo único. O disposto no *caput* deste artigo não se aplica à hipótese de dívida com:

I – pessoa jurídica que seja controladora, controlada, coligada ou interligada; ou

II – pessoa física que seja acionista controladora, sócia, titular ou administradora da pessoa jurídica devedora.

▸ Art. 50-A acrescido pela Lei nº 14.112, de 24-12-2020, promulgado nos termos do art. 66, § 5º, da CF (*DOU* de 26-3-2021 – edição extra D).

SEÇÃO II

DO PEDIDO E DO PROCESSAMENTO DA RECUPERAÇÃO JUDICIAL

Art. 51. A petição inicial de recuperação judicial será instruída com:

▸ Arts. 70, § 1º, e 96, VII, desta Lei.

I – a exposição das causas concretas da situação patrimonial do devedor e das razões da crise econômico-financeira;

II – as demonstrações contábeis relativas aos 3 (três) últimos exercícios sociais e as levantadas especialmente para instruir o pedido, confeccionadas com estrita observância da legislação societária aplicável e compostas obrigatoriamente de:

▸ Art. 163, II, desta Lei.

a) balanço patrimonial;

b) demonstração de resultados acumulados;

c) demonstração do resultado desde o último exercício social;

d) relatório gerencial de fluxo de caixa e de sua projeção;

e) descrição das sociedades de grupo societário, de fato ou de direito;

▸ Alínea *e* acrescida pela Lei nº 14.112, de 24-12-2020.

III – a relação nominal completa dos credores, sujeitos ou não à recuperação judicial, inclusive aqueles por obrigação de fazer ou de dar, com a indicação do endereço físico e eletrônico de cada um, a natureza, conforme estabelecido nos arts. 83 e 84 desta Lei, e o valor atualizado do crédito, com a discriminação de sua origem, e o regime dos vencimentos;

▸ Inciso III com a redação dada pela Lei nº 14.112, de 24-12-2020.

▸ Arts. 22, I, 39 e 64, IV, *d*, desta Lei.

IV – a relação integral dos empregados, em que constem as respectivas funções, salários, indenizações e outras parcelas a que têm direito, com o correspondente mês de competência, e a discriminação dos valores pendentes de pagamento;

▸ Art. 39 desta Lei.

V – certidão de regularidade do devedor no Registro Público de Empresas, o ato constitutivo atualizado e as atas de nomeação dos atuais administradores;

VI – a relação dos bens particulares dos sócios controladores e dos administradores do devedor;

VII – os extratos atualizados das contas bancárias do devedor e de suas eventuais aplicações financeiras de qualquer modalidade, inclusive em fundos de investimento ou em bolsas de valores, emitidos pelas respectivas instituições financeiras;

VIII – certidões dos cartórios de protestos situados na comarca do domicílio ou sede do devedor e naquelas onde possui filial;

IX – a relação, subscrita pelo devedor, de todas as ações judiciais e procedimentos arbitrais em que este figure como parte, inclusive as de natureza trabalhista, com a estimativa dos respectivos valores demandados;

▸ Inciso IX com a redação dada pela Lei nº 14.112, de 24-12-2020.

X – o relatório detalhado do passivo fiscal; e

XI – a relação de bens e direitos integrantes do ativo não circulante, incluídos aqueles não sujeitos à recuperação judicial, acompanhada dos negócios jurídicos celebrados com os credores de que trata o § 3º do art. 49 desta Lei.

▸ Incisos X e XI acrescidos pela Lei nº 14.112, de 24-12-2020.

§ 1º Os documentos de escrituração contábil e demais relatórios auxiliares, na forma e no suporte previstos em lei, permanecerão à disposição do juízo, do administrador judicial e, mediante autorização judicial, de qualquer interessado.

§ 2º Com relação à exigência prevista no inciso II do *caput* deste artigo, as microempresas e empresas de pequeno porte poderão apresentar livros e escrituração contábil simplificados nos termos da legislação específica.

§ 3º O juiz poderá determinar o depósito em cartório dos documentos a que se referem os §§ 1º e 2º deste artigo ou de cópia destes.

§ 4º Na hipótese de o ajuizamento da recuperação judicial ocorrer antes da data final de entrega do balanço correspondente ao exercício anterior, o devedor apresentará balanço prévio e juntará o balanço definitivo no prazo da lei societária aplicável.

§ 5º O valor da causa corresponderá ao montante total dos créditos sujeitos à recuperação judicial.

§ 6º Em relação ao período de que trata o § 3º do art. 48 desta Lei:

I – a exposição referida no inciso I do *caput* deste artigo deverá comprovar a crise de insolvência, caracterizada pela insuficiência de recursos financeiros ou patrimoniais com liquidez suficiente para saldar suas dívidas;

II – os requisitos do inciso II do *caput* deste artigo serão substituídos pelos documentos mencionados no § 3º do art. 48 desta Lei relativos aos últimos 2 (dois) anos.

▸ §§ 4º a 6º acrescidos pela Lei nº 14.112, de 24-12-2020.

Art. 51-A. Após a distribuição do pedido de recuperação judicial, poderá o juiz, quando reputar necessário, nomear profissional de sua confiança, com capacidade técnica e idoneidade, para promover a constatação exclusivamente das reais condições de funcionamento da requerente e da regularidade e da completude da documentação apresentada com a petição inicial.

§ 1º A remuneração do profissional de que trata o *caput* deste artigo deverá ser arbitrada posteriormente à apresentação do laudo e deverá considerar a complexidade do trabalho desenvolvido.

§ 2º O juiz deverá conceder o prazo máximo de 5 (cinco) dias para que o profissional nomeado apresente laudo de constatação das reais condições de funcionamento do devedor e da regularidade documental.

§ 3º A constatação prévia será determinada sem que seja ouvida a outra parte e sem apresentação de quesitos por qualquer das partes, com a possibilidade de o juiz determinar a realização da diligência sem a prévia ciência do devedor, quando entender que esta poderá frustrar os seus objetivos.

§ 4º O devedor será intimado do resultado da constatação prévia concomitantemente à sua intimação da decisão que deferir ou indeferir o processamento da recuperação judicial, ou que determinar a emenda da petição inicial, e poderá impugná-la mediante interposição do recurso cabível.

§ 5º A constatação prévia consistirá, objetivamente, na verificação das reais condições de funcionamento da empresa e da regularidade documental, vedado o indeferimento do processamento da recuperação judicial baseado na análise de viabilidade econômica do devedor.

§ 6º Caso a constatação prévia detecte indícios contundentes de utilização fraudulenta da ação de recuperação judicial, o juiz poderá indeferir a petição inicial, sem prejuízo de oficiar ao Ministério Público para tomada das providências criminais eventualmente cabíveis.

§ 7º Caso a constatação prévia demonstre que o principal estabelecimento do devedor não se situa na área de competência do juízo, o juiz deverá determinar a remessa dos autos, com urgência, ao juízo competente.

▸ Art. 51-A acrescido pela Lei nº 14.112, de 24-12-2020.

Art. 52. Estando em termos a documentação exigida no art. 51 desta Lei, o juiz deferirá o processamento da recuperação judicial e, no mesmo ato:

I – nomeará o administrador judicial, observado o disposto no art. 21 desta Lei;

II – determinará a dispensa da apresentação de certidões negativas para que o devedor exerça suas atividades, observado o disposto no § 3º do art. 195 da Constituição Federal e no art. 69 desta Lei;

▸ Inciso II com a redação dada pela Lei nº 14.112, de 24-12-2020.

III – ordenará a suspensão de todas as ações ou execuções contra o devedor, na forma do art. 6º desta Lei, permanecendo os respectivos autos no juízo onde se processam, ressalvadas as ações previstas nos §§ 1º, 2º e 7º do art. 6º desta Lei e as relativas a créditos excetuados na forma dos §§ 3º e 4º do art. 49 desta Lei;

IV – determinará ao devedor a apresentação de contas demonstrativas mensais enquanto perdurar a recuperação judicial, sob pena de destituição de seus administradores;

V – ordenará a intimação eletrônica do Ministério Público e das Fazendas Públicas federal e de todos os Estados, Distrito Federal e Municípios em que o devedor tiver estabelecimento, a fim de que tomem conhecimento da recuperação judicial e informem eventuais créditos perante o devedor, para divulgação aos demais interessados.

▸ Inciso V com a redação dada pela Lei nº 14.112, de 24-12-2020.

§ 1º O juiz ordenará a expedição de edital, para publicação no órgão oficial, que conterá:

▸ Art. 7º, § 1º, desta Lei.

I – o resumo do pedido do devedor e da decisão que defere o processamento da recuperação judicial;

II – a relação nominal de credores, em que se discrimine o valor atualizado e a classificação de cada crédito;

III – a advertência acerca dos prazos para habilitação dos créditos, na forma do art. 7º, § 1º, desta Lei, e para que os credores apresentem objeção ao plano de recuperação judicial apresentado pelo devedor nos termos do art. 55 desta Lei.

§ 2º Deferido o processamento da recuperação judicial, os credores poderão, a qualquer tempo, requerer a convocação de assembleia-geral para a constituição do Comitê de Credores ou substituição de seus membros, observado o disposto no § 2º do art. 36 desta Lei.

§ 3º No caso do inciso III do *caput* deste artigo, caberá ao devedor comunicar a suspensão aos juízos competentes.

§ 4º O devedor não poderá desistir do pedido de recuperação judicial após o deferimento de seu processamento, salvo se obtiver aprovação da desistência na assembleia-geral de credores.

▸ Art. 35, I, *d*, desta Lei.

Seção III

DO PLANO DE RECUPERAÇÃO JUDICIAL

Art. 53. O plano de recuperação será apresentado pelo devedor em juízo no prazo improrrogável de 60 (sessenta) dias da publicação da decisão que deferir o processamento da recuperação judicial, sob pena de convolação em falência, e deverá conter:

▸ Arts. 71 e 73, II, desta Lei.

I – discriminação pormenorizada dos meios de recuperação a ser empregados, conforme o art. 50 desta Lei, e seu resumo;

II – demonstração de sua viabilidade econômica; e

III – laudo econômico-financeiro e de avaliação dos bens e ativos do devedor, subscrito por profissional legalmente habilitado ou empresa especializada.

Parágrafo único. O juiz ordenará a publicação de edital contendo aviso aos credores sobre o recebimento do plano de recuperação e fixando o prazo para a manifestação de eventuais objeções, observado o art. 55 desta Lei.

Art. 54. O plano de recuperação judicial não poderá prever prazo superior a 1 (um) ano para pagamento dos créditos derivados da legislação do trabalho ou decorrentes de acidentes de trabalho vencidos até a data do pedido de recuperação judicial.

§ 1º O plano não poderá, ainda, prever prazo superior a 30 (trinta) dias para o pagamento, até o limite de 5 (cinco) salários mínimos por trabalhador, dos créditos de natureza estritamente salarial vencidos nos 3 (três) meses anteriores ao pedido de recuperação judicial.

▸ Parágrafo único transformado em § 1º pela Lei nº 14.112, de 24-12-2020.

§ 2º O prazo estabelecido no *caput* deste artigo poderá ser estendido em até 2 (dois) anos, se o plano de recuperação judicial atender aos seguintes requisitos, cumulativamente:

I – apresentação de garantias julgadas suficientes pelo juiz;

II – aprovação pelos credores titulares de créditos derivados da legislação trabalhista ou decorrentes de acidentes de trabalho, na forma do § 2º do art. 45 desta Lei; e

III – garantia da integralidade do pagamento dos créditos trabalhistas.

▸ § 2º acrescido pela Lei nº 14.112, de 24-12-2020.

Seção IV

DO PROCEDIMENTO DE RECUPERAÇÃO JUDICIAL

Art. 55. Qualquer credor poderá manifestar ao juiz sua objeção ao plano de recuperação judicial no prazo de 30 (trinta) dias contado da publicação da relação de credores de que trata o § 2º do art. 7º desta Lei.

▸ Arts. 52, § 1º, III, 53, parágrafo único, 57, 58 e 72, parágrafo único, desta Lei.

Parágrafo único. Caso, na data da publicação da relação de que trata o *caput* deste artigo, não tenha sido publicado o aviso previsto no art. 53, parágrafo único, desta Lei, contar-se-á da publicação deste o prazo para as objeções.

Art. 56. Havendo objeção de qualquer credor ao plano de recuperação judicial, o juiz convocará a assembleia-geral de credores para deliberar sobre o plano de recuperação.

§ 1º A data designada para a realização da assembleia-geral não excederá 150 (cento e cinquenta) dias contados do deferimento do processamento da recuperação judicial.

§ 2º A assembleia-geral que aprovar o plano de recuperação judicial poderá indicar os membros do Comitê de Credores, na forma do art. 26 desta Lei, se já não estiver constituído.

§ 3º O plano de recuperação judicial poderá sofrer alterações na assembleia-geral, desde que haja expressa concordância do devedor e em termos que não impliquem diminuição dos direitos exclusivamente dos credores ausentes.

§ 4º Rejeitado o plano de recuperação judicial, o administrador judicial submeterá, no ato, à votação da assembleia-geral de credores a concessão de prazo de 30 (trinta) dias para que seja apresentado plano de recuperação judicial pelos credores.

▸ § 4º com a redação pela Lei nº 14.112, de 24-12-2020.

§ 5º A concessão do prazo a que se refere o § 4º deste artigo deverá ser aprovada por credores que representem mais da metade dos créditos presentes à assembleia-geral de credores.

§ 6º O plano de recuperação judicial proposto pelos credores somente será posto em votação caso satisfeitas, cumulativamente, as seguintes condições:

I – não preenchimento dos requisitos previstos no § 1º do art. 58 desta Lei;

II – preenchimento dos requisitos previstos nos incisos I, II e III do *caput* do art. 53 desta Lei;

III – apoio por escrito de credores que representem, alternativamente:

a) mais de 25% (vinte e cinco por cento) dos créditos totais sujeitos à recuperação judicial; ou

b) mais de 35% (trinta e cinco por cento) dos créditos dos credores presentes à assembleia-geral a que se refere o § 4º deste artigo;

IV – não imputação de obrigações novas, não previstas em lei ou em contratos anteriormente celebrados, aos sócios do devedor;

V – previsão de isenção das garantias pessoais prestadas por pessoas naturais em relação aos créditos a serem novados e que sejam de titularidade dos credores mencionados no inciso III deste parágrafo ou daqueles que votarem favoravelmente ao plano de recuperação judicial apresentado pelos credores, não permitidas ressalvas de voto; e

VI – não imposição ao devedor ou aos seus sócios de sacrifício maior do que aquele que decorreria da liquidação na falência.

§ 7º O plano de recuperação judicial apresentado pelos credores poderá prever a capitalização dos créditos, inclusive com a consequente alteração do controle da sociedade devedora, permitido o exercício do direito de retirada pelo sócio do devedor.

§ 8º Não aplicado o disposto nos §§ 4º, 5º e 6º deste artigo, ou rejeitado o plano de recuperação judicial proposto pelos credores, o juiz convolará a recuperação judicial em falência.

§ 9º Na hipótese de suspensão da assembleia-geral de credores convocada para fins de votação do plano de recuperação judicial, a assembleia deverá ser encerrada no prazo de até 90 (noventa) dias, contado da data de sua instalação.

▸ §§ 5º a 9º acrescidos pela Lei nº 14.112, de 24-12-2020.

Art. 56-A. Até 5 (cinco) dias antes da data de realização da assembleia-geral de credores convocada para deliberar sobre o plano, o devedor poderá comprovar a aprovação dos credores por meio de termo de adesão, observado o quórum previsto no art. 45 desta Lei, e requerer a sua homologação judicial.

§ 1º No caso previsto no *caput* deste artigo, a assembleia-geral será imediatamente dispensada, e o juiz intimará os credores para apresentarem eventuais oposições, no prazo de 10 (dez) dias, o qual substituirá o prazo inicialmente estipulado nos termos do *caput* do art. 55 desta Lei.

§ 2º Oferecida oposição prevista no § 1º deste artigo, terá o devedor o prazo de 10 (dez) dias para manifestar-se a respeito, ouvido a seguir o administrador judicial, no prazo de 5 (cinco) dias.

§ 3º No caso de dispensa da assembleia-geral ou de aprovação do plano de recuperação judicial em assembleia-geral, as oposições apenas poderão versar sobre:

I – não preenchimento do quórum legal de aprovação;

II – descumprimento do procedimento disciplinado nesta Lei;

III – irregularidades do termo de adesão ao plano de recuperação; ou

IV – irregularidades e ilegalidades do plano de recuperação.

▸ Art. 56-A acrescido pela Lei nº 14.112, de 24-12-2020.

Art. 57. Após a juntada aos autos do plano aprovado pela assembleia-geral de credores ou decorrido o prazo previsto no art. 55 desta Lei sem objeção de credores, o devedor apresentará certidões negativas de débitos tributários nos termos dos arts. 151, 205, 206 da Lei nº 5.172, de 25 de outubro de 1966 – Código Tributário Nacional.

Art. 58. Cumpridas as exigências desta Lei, o juiz concederá a recuperação judicial do devedor cujo plano não tenha sofrido objeção de credor nos termos do art. 55 desta Lei ou tenha sido aprovado pela assembleia-geral de credores na forma dos arts. 45 ou 56-A desta Lei.

▸ *Caput* com a redação pela Lei nº 14.112, de 24-12-2020.

▸ Art. 61 desta Lei.

§ 1º O juiz poderá conceder a recuperação judicial com base em plano que não obteve aprovação na forma do art. 45 desta Lei, desde que, na mesma assembleia, tenha obtido, de forma cumulativa:

I – o voto favorável de credores que representem mais da metade do valor de todos os créditos presentes à assembleia, independentemente de classes;

II – a aprovação de 3 (três) das classes de credores ou, caso haja somente 3 (três) classes com credores votantes, a aprovação de pelo menos 2 (duas) das classes ou, caso haja somente 2 (duas) classes com credores votantes, a aprovação de pelo menos 1 (uma) delas, sempre nos termos do art. 45 desta Lei;

▸ Inciso II com a redação pela Lei nº 14.112, de 24-12-2020.

III – na classe que o houver rejeitado, o voto favorável de mais de 1/3 (um terço) dos credores, computados na forma dos §§ 1º e 2º do art. 45 desta Lei.

§ 2º A recuperação judicial somente poderá ser concedida com base no § 1º deste artigo se o plano não implicar tratamento diferenciado entre os credores da classe que o houver rejeitado.

§ 3º Da decisão que conceder a recuperação judicial serão intimados eletronicamente o Ministério Público e as Fazendas Públicas federal e de todos os Estados, Distrito Federal e Municípios em que o devedor tiver estabelecimento.

▸ § 3º acrescido pela Lei nº 14.112, de 24-12-2020.

Art. 58-A. Rejeitado o plano de recuperação proposto pelo devedor ou pelos credores e não preenchidos os requisitos estabelecidos no § 1º do art. 58 desta Lei, o juiz convolará a recuperação judicial em falência.

Parágrafo único. Da sentença prevista no *caput* deste artigo caberá agravo de instrumento.

▸ Art. 58-A acrescido pela Lei nº 14.112, de 24-12-2020.

Art. 59. O plano de recuperação judicial implica novação dos créditos anteriores ao pedido, e obriga o devedor e todos os credores a ele sujeitos, sem prejuízo das garantias, observado o disposto no § 1º do art. 50 desta Lei.

§ 1º A decisão judicial que conceder a recuperação judicial constituirá título executivo judicial, nos termos do art. 584, inciso III, do *caput* da Lei nº 5.869, de 11 de janeiro de 1973 – Código de Processo Civil.

▸ Súm. nº 25 do STJ.
▸ Refere-se ao CPC/1973.
▸ Art. 784, XII, do CPC/2015.

§ 2º Contra a decisão que conceder a recuperação judicial caberá agravo, que poderá ser interposto por qualquer credor e pelo Ministério Público.

§ 3º Da decisão que conceder a recuperação judicial serão intimadas eletronicamente as Fazendas Públicas federal e de todos os Estados, Distrito Federal e Municípios em que o devedor tiver estabelecimento.

▸ § 3º acrescido pela Lei nº 14.112, de 24-12-2020.

Art. 60. Se o plano de recuperação judicial aprovado envolver alienação judicial de filiais ou de unidades produtivas isoladas do devedor, o juiz ordenará a sua realização, observado o disposto no art. 142 desta Lei.

Parágrafo único. O objeto da alienação estará livre de qualquer ônus e não haverá sucessão do arrematante nas obrigações do devedor de qualquer natureza, incluídas, mas não exclusivamente, as de natureza ambiental, regulatória, administrativa, penal, anticorrupção, tributária e trabalhista, observado o disposto no § 1º do art. 141 desta Lei.

▸ Parágrafo único com a redação dada pela Lei nº 14.112, de 24-12-2020, promulgado nos termos do art. 66, § 5º, da CF (*DOU* de 26-3-2021 – edição extra D).

Art. 60-A. A unidade produtiva isolada de que trata o art. 60 desta Lei poderá abranger bens, direitos ou ativos de qualquer natureza, tangíveis ou intangíveis, isolados ou em conjunto, incluídas participações dos sócios.

Parágrafo único. O disposto no *caput* deste artigo não afasta a incidência do inciso VI do *caput* e do § 2º do art. 73 desta Lei.

▸ Art. 60-A acrescido pela Lei nº 14.112, de 24-12-2020.

Art. 61. Proferida a decisão prevista no art. 58 desta Lei, o juiz poderá determinar a manutenção do devedor em recuperação judicial até que sejam cumpridas todas as obrigações previstas no plano que vencerem até, no máximo, 2 (dois) anos depois da concessão da recuperação judicial, independentemente do eventual período de carência.

▸ *Caput* com a redação pela Lei nº 14.112, de 24-12-2020.
▸ Arts. 63 e 73, IV, desta Lei.

§ 1º Durante o período estabelecido no *caput* deste artigo, o descumprimento de qualquer obrigação prevista no plano acarretará a convolação da recuperação em falência, nos termos do art. 73 desta Lei.

§ 2º Decretada a falência, os credores terão reconstituídos seus direitos e garantias nas condições originalmente contratadas, deduzidos os valores eventualmente pagos e ressalvados os atos validamente praticados no âmbito da recuperação judicial.

▸ Art. 100 desta Lei.

Art. 62. Após o período previsto no art. 61 desta Lei, no caso de descumprimento de qualquer obrigação prevista no plano de recuperação judicial, qualquer credor poderá requerer a execução específica ou a falência com base no art. 94 desta Lei.

Art. 63. Cumpridas as obrigações vencidas no prazo previsto no *caput* do art. 61 desta Lei, o juiz decretará por sentença o encerramento da recuperação judicial e determinará:

I – o pagamento do saldo de honorários ao administrador judicial, somente podendo efetuar a quitação dessas obrigações mediante prestação de contas, no prazo de 30 (trinta) dias, e aprovação do relatório previsto no inciso III do *caput* deste artigo;

II – a apuração do saldo das custas judiciais a serem recolhidas;

III – a apresentação de relatório circunstanciado do administrador judicial, no prazo máximo de 15 (quinze) dias, versando sobre a execução do plano de recuperação pelo devedor;

▸ Art. 22, II, *d*, desta Lei.

IV – a dissolução do Comitê de Credores e a exoneração do administrador judicial;

V – a comunicação ao Registro Público de Empresas e à Secretaria Especial da Receita Federal do Brasil do Ministério da Economia para as providências cabíveis.

▸ Inciso V com a redação dada pela Lei nº 14.112, de 24-12-2020.

Parágrafo único. O encerramento da recuperação judicial não dependerá da consolidação do quadro geral de credores.

▸ Parágrafo único acrescido pela Lei nº 14.112, de 24-12-2020.

Art. 64. Durante o procedimento de recuperação judicial, o devedor ou seus administradores serão mantidos na condução da atividade empresarial, sob fiscalização do Comitê, se houver, e do administrador judicial, salvo se qualquer deles:

I – houver sido condenado em sentença penal transitada em julgado por crime cometido em recuperação judicial ou falência anteriores ou por crime contra o patrimônio, a economia popular ou a ordem econômica previstos na legislação vigente;

II – houver indícios veementes de ter cometido crime previsto nesta Lei;

III – houver agido com dolo, simulação ou fraude contra os interesses de seus credores;

IV – houver praticado qualquer das seguintes condutas:

a) efetuar gastos pessoais manifestamente excessivos em relação a sua situação patrimonial;

b) efetuar despesas injustificáveis por sua natureza ou vulto, em relação ao capital ou gênero do negócio, ao movimento das operações e a outras circunstâncias análogas;

c) descapitalizar injustificadamente a empresa ou realizar operações prejudiciais ao seu funcionamento regular;

d) simular ou omitir créditos ao apresentar a relação de que trata o inciso III do *caput* do art. 51 desta Lei, sem relevante razão de direito ou amparo de decisão judicial;

V – negar-se a prestar informações solicitadas pelo administrador judicial ou pelos demais membros do Comitê;

VI – tiver seu afastamento previsto no plano de recuperação judicial.

Parágrafo único. Verificada qualquer das hipóteses do *caput* deste artigo, o juiz destituirá o administrador, que será substituído na forma prevista nos atos constitutivos do devedor ou do plano de recuperação judicial.

Art. 65. Quando do afastamento do devedor, nas hipóteses previstas no art. 64 desta Lei, o juiz convocará a assembleia-geral de credores para deliberar sobre o nome do gestor judicial que assumirá a administração das atividades do devedor, aplicando-se-lhe, no que couber, todas as normas sobre deveres, impedimentos e remuneração do administrador judicial.

§ 1º O administrador judicial exercerá as funções de gestor enquanto a assembleia-geral não deliberar sobre a escolha deste.

§ 2º Na hipótese de o gestor indicado pela assembleia-geral de credores recusar ou estar impedido de aceitar o encargo para gerir os negócios do devedor, o juiz convocará, no prazo de 72 (setenta e duas) horas, contado da recusa ou da declaração do impedimento nos autos, nova assembleia-geral, aplicado o disposto no § 1º deste artigo.

Art. 66. Após a distribuição do pedido de recuperação judicial, o devedor não poderá alienar ou onerar bens ou direitos de seu ativo não circulante, inclusive para os fins previstos no art. 67 desta Lei, salvo mediante autorização do juiz, depois de ouvido o Comitê de Credores, se houver, com exceção daqueles previamente autorizados no plano de recuperação judicial.

▶ *Caput* com a redação pela Lei nº 14.112, de 24-12-2020.

§ 1º Autorizada a alienação de que trata o *caput* deste artigo pelo juiz, observar-se-á o seguinte:

I – nos 5 (cinco) dias subsequentes à data da publicação da decisão, credores que corresponderem a mais de 15% (quinze por cento) do valor total de créditos sujeitos à recuperação judicial, comprovada a prestação da caução equivalente ao valor total da alienação, poderão manifestar ao administrador judicial, fundamentadamente, o interesse na realização da assembleia-geral de credores para deliberar sobre a realização da venda;

II – nas 48 (quarenta e oito) horas posteriores ao final do prazo previsto no inciso I deste parágrafo, o administrador judicial apresentará ao juiz relatório das manifestações recebidas e, somente na hipótese de cumpridos os requisitos estabelecidos, requererá a convocação de assembleia-geral de credores, que será realizada da forma mais célere, eficiente e menos onerosa, preferencialmente por intermédio dos instrumentos referidos no § 4º do art. 39 desta Lei.

§ 2º As despesas com a convocação e a realização da assembleia-geral correrão por conta dos credores referidos no inciso I do § 1º deste artigo, proporcionalmente ao valor total de seus créditos.

▶ §§ 1º e 2º acrescidos pela Lei nº 14.112, de 24-12-2020.

§ 3º Desde que a alienação seja realizada com observância do disposto no § 1º do art. 141 e no art. 142 desta Lei, o objeto da alienação estará livre de qualquer ônus e não haverá sucessão do adquirente nas obrigações do devedor, incluídas, mas não exclusivamente, as de natureza ambiental, regulatória, administrativa, penal, anticorrupção, tributária e trabalhista.

▶ § 3º acrescido pela Lei nº 14.112, de 24-12-2020, promulgado nos termos do art. 66, § 5º, da CF (*DOU* de 26-3-2021 – edição extra D).

§ 4º O disposto no *caput* deste artigo não afasta a incidência do inciso VI do *caput* e do § 2º do art. 73 desta Lei.

▶ § 4º acrescido pela Lei nº 14.112, de 24-12-2020.

Art. 66-A. A alienação de bens ou a garantia outorgada pelo devedor a adquirente ou a financiador de boa-fé, desde que realizada mediante autorização judicial expressa ou prevista em plano de recuperação judicial ou extrajudicial aprovado, não poderá ser anulada ou tornada ineficaz após a consumação do negócio jurídico com o recebimento dos recursos correspondentes pelo devedor.

▶ Art. 66-A acrescido pela Lei nº 14.112, de 24-12-2020.

Art. 67. Os créditos decorrentes de obrigações contraídas pelo devedor durante a recuperação judicial, inclusive aqueles relativos a despesas com fornecedores de bens ou serviços e contratos de mútuo, serão considerados extraconcursais, em caso de decretação de falência, respeitada, no que couber, a ordem estabelecida no art. 83 desta Lei.

▶ Art. 54, V, desta Lei.

Parágrafo único. O plano de recuperação judicial poderá prever tratamento diferenciado aos créditos sujeitos à recuperação judicial pertencentes a fornecedores de bens ou serviços que continuarem a provê-los normalmente após o pedido de recuperação judicial, desde que tais bens ou serviços sejam necessários para a manutenção das atividades e que o tratamento diferenciado seja adequado e razoável no que concerne à relação comercial futura.

▶ Parágrafo único com a redação dada pela Lei nº 14.112, de 24-12-2020.

Art. 68. As Fazendas Públicas e o Instituto Nacional do Seguro Social – INSS poderão deferir, nos termos da legislação específica, parcelamento de seus créditos, em sede de recuperação judicial, de acordo com os parâmetros estabelecidos na Lei nº 5.172, de 25 de outubro de 1966 – Código Tributário Nacional.

Parágrafo único. As microempresas e empresas de pequeno porte farão jus a prazos 20% (vinte por cento) superiores àqueles regularmente concedidos às demais empresas.

▶ Parágrafo único acrescido pela LC nº 147, de 7-8-2014.

Art. 69. Em todos os atos, contratos e documentos firmados pelo devedor sujeito ao procedimento de recuperação judicial deverá ser acrescida, após o nome empresarial, a expressão "em Recuperação Judicial".

▶ Art. 52, II, desta Lei.

Parágrafo único. O juiz determinará ao Registro Público de Empresas e à Secretaria Especial da Receita Federal do Brasil a anotação da recuperação judicial nos registros correspondentes.

▶ Parágrafo único com a redação dada pela Lei nº 14.112, de 24-12-2020.

Seção IV-A

DO FINANCIAMENTO DO DEVEDOR E DO GRUPO DEVEDOR DURANTE A RECUPERAÇÃO JUDICIAL

▶ Seção IV-A acrescida pela Lei nº 14.112, de 24-12-2020.

Art. 69-A. Durante a recuperação judicial, nos termos dos arts. 66 e 67 desta Lei, o juiz poderá, depois de ouvido o Comitê de Credores, autorizar a celebração de contratos de financiamento com o devedor, garantidos pela oneração ou pela alienação fiduciária de bens e direitos, seus ou de terceiros, pertencentes ao ativo não circulante, para financiar as suas atividades e as despesas de reestruturação ou de preservação do valor de ativos.

Art. 69-B. A modificação em grau de recurso da decisão autorizativa da contratação do financiamento não pode alterar sua natureza extraconcursal, nos termos do art. 84 desta Lei, nem as garantias outorgadas pelo devedor em favor do financiador de boa-fé, caso o desembolso dos recursos já tenha sido efetivado.

Art. 69-C. O juiz poderá autorizar a constituição de garantia subordinada sobre um ou mais ativos do devedor em favor do financiador de devedor em recuperação judicial, dispensando a anuência do detentor da garantia original.

§ 1º A garantia subordinada, em qualquer hipótese, ficará limitada ao eventual excesso resultante da alienação do ativo objeto da garantia original.

§ 2º O disposto no *caput* deste artigo não se aplica a qualquer modalidade de alienação fiduciária ou de cessão fiduciária.

Art. 69-D. Caso a recuperação judicial seja convolada em falência antes da liberação integral dos valores de que trata esta Seção, o contrato de financiamento será considerado automaticamente rescindido.

Parágrafo único. As garantias constituídas e as preferências serão conservadas até o limite dos valores efetivamente entregues ao devedor antes da data da sentença que convolar a recuperação judicial em falência.

Art. 69-E. O financiamento de que trata esta Seção poderá ser realizado por qualquer pessoa, inclusive credores, sujeitos ou não à recuperação judicial, familiares, sócios e integrantes do grupo do devedor.

Art. 69-F. Qualquer pessoa ou entidade pode garantir o financiamento de que trata esta Seção mediante a oneração ou a alienação fiduciária de bens e direitos, inclusive o próprio devedor e os demais integrantes do seu grupo, estejam ou não em recuperação judicial.

▶ Arts. 69-A a 69-F acrescidos pela Lei nº 14.112, de 24-12-2020.

Seção IV-B

DA CONSOLIDAÇÃO PROCESSUAL E DA CONSOLIDAÇÃO SUBSTANCIAL

▶ Seção IV-B acrescida pela Lei nº 14.112, de 24-12-2020.

Art. 69-G. Os devedores que atendam aos requisitos previstos nesta Lei e que integrem grupo sob controle societário comum poderão requerer recuperação judicial sob consolidação processual.

§ 1º Cada devedor apresentará individualmente a documentação exigida no art. 51 desta Lei.

§ 2º O juízo do local do principal estabelecimento entre os dos devedores é competente para deferir a recuperação judicial sob consolidação processual, em observância ao disposto no art. 3º desta Lei.

§ 3º Exceto quando disciplinado de forma diversa, as demais disposições desta Lei aplicam-se aos casos de que trata esta Seção.

Art. 69-H. Na hipótese de a documentação de cada devedor ser considerada adequada, apenas um administrador judicial será nomeado, observado o disposto na Seção III do Capítulo II desta Lei.

Art. 69-I. A consolidação processual, prevista no art. 69-G desta Lei, acarreta a coordenação de atos processuais, garantida a independência dos devedores, dos seus ativos e dos seus passivos.

§ 1º Os devedores proporão meios de recuperação independentes e específicos para a composição de seus passivos, admitida a sua apresentação em plano único.

§ 2º Os credores de cada devedor deliberarão em assembleias-gerais de credores independentes.

§ 3º Os quóruns de instalação e de deliberação das assembleias-gerais de que trata o § 2º deste artigo serão verificados, exclusivamente, em referência aos credores de cada devedor, e serão elaboradas atas para cada um dos devedores.

§ 4º A consolidação processual não impede que alguns devedores obtenham a concessão da recuperação judicial e outros tenham a falência decretada.

§ 5º Na hipótese prevista no § 4º deste artigo, o processo será desmembrado em tantos processos quantos forem necessários.

Art. 69-J. O juiz poderá, de forma excepcional, independentemente da realização de assembleia-geral, autorizar a consolidação substancial de ativos e passivos dos devedores integrantes do mesmo grupo econômico que estejam em recuperação judicial sob consolidação processual, apenas quando constatar a interconexão e a confusão entre ativos ou passivos dos devedores, de modo que não seja possível identificar a sua titularidade sem excessivo dispêndio de tempo ou de recursos, cumulativamente com a ocorrência de, no mínimo, 2 (duas) das seguintes hipóteses:

I – existência de garantias cruzadas;

II – relação de controle ou de dependência;

III – identidade total ou parcial do quadro societário; e

IV – atuação conjunta no mercado entre os postulantes.

Art. 69-K. Em decorrência da consolidação substancial, ativos e passivos de devedores serão tratados como se pertencessem a um único devedor.

§ 1º A consolidação substancial acarretará a extinção imediata de garantias fidejussórias e de créditos detidos por um devedor em face de outro.

§ 2º A consolidação substancial não impactará a garantia real de nenhum credor, exceto mediante aprovação expressa do titular.

Art. 69-L. Admitida a consolidação substancial, os devedores apresentarão plano unitário, que discriminará os meios de recuperação a serem empregados e será submetido a uma assembleia-geral de credores para a qual serão convocados os credores dos devedores.

§ 1º As regras sobre deliberação e homologação previstas nesta Lei serão aplicadas à assembleia-geral de credores a que se refere o *caput* deste artigo.

§ 2º A rejeição do plano unitário de que trata o *caput* deste artigo implicará a convolação da recuperação judicial em falência dos devedores sob consolidação substancial.

► Arts. 69-G a 69-L acrescidos pela Lei nº 14.112, de 24-12-2020.

Seção V

DO PLANO DE RECUPERAÇÃO JUDICIAL PARA MICROEMPRESAS E EMPRESAS DE PEQUENO PORTE

Art. 70. As pessoas de que trata o art. 1º desta Lei e que se incluam nos conceitos de microempresa ou empresa de pequeno porte, nos termos da legislação vigente, sujeitam-se às normas deste Capítulo.

► Art. 72 desta Lei.

§ 1º As microempresas e as empresas de pequeno porte, conforme definidas em lei, poderão apresentar plano especial de recuperação judicial, desde que afirmem sua intenção de fazê-lo na petição inicial de que trata o art. 51 desta Lei.

§ 2º Os credores não atingidos pelo plano especial não terão seus créditos habilitados na recuperação judicial.

Art. 70-A. O produtor rural de que trata o § 3º do art. 48 desta Lei poderá apresentar plano especial de recuperação judicial, nos termos desta Seção, desde que o valor da causa não exceda a R$ 4.800.000,00 (quatro milhões e oitocentos mil reais).

► Art. 70-A acrescido pela Lei nº 14.112, de 24-12-2020.

Art. 71. O plano especial de recuperação judicial será apresentado no prazo previsto no art. 53 desta Lei e limitar-se-á às seguintes condições:

I – abrangerá todos os créditos existentes na data do pedido, ainda que não vencidos, excetuados os decorrentes de repasse de recursos oficiais, os fiscais e os previstos nos §§ 3º e 4º do art. 49;

II – preverá parcelamento em até 36 (trinta e seis) parcelas mensais, iguais e sucessivas, acrescidas de juros equivalentes à taxa Sistema Especial de Liquidação e de Custódia – SELIC, podendo conter ainda a proposta de abatimento do valor das dívidas;

► Incisos I e II com a redação dada pela LC nº 147, de 7-8-2014.

III – preverá o pagamento da 1ª (primeira) parcela no prazo máximo de 180 (cento e oitenta) dias, contado da distribuição do pedido de recuperação judicial;

IV – estabelecerá a necessidade de autorização do juiz, após ouvido o administrador judicial e o Comitê de Credores, para o devedor aumentar despesas ou contratar empregados.

Parágrafo único. O pedido de recuperação judicial com base em plano especial não acarreta a suspensão do curso da prescrição nem das ações e execuções por créditos não abrangidos pelo plano.

Art. 72. Caso o devedor de que trata o art. 70 desta Lei opte pelo pedido de recuperação judicial com base no plano especial disciplinado nesta Seção, não será convocada assembleia-geral de credores para deliberar sobre o plano, e o juiz concederá a recuperação judicial se atendidas as demais exigências desta Lei.

Parágrafo único. O juiz também julgará improcedente o pedido de recuperação judicial e decretará a falência do devedor se houver objeções, nos termos do art. 55, de credores titulares de mais da metade de qualquer uma das classes de créditos previstos no art. 83, computados na forma do art. 45, todos desta Lei.

► Parágrafo único com a redação dada pela LC nº 147, de 7-8-2014.

CAPÍTULO IV

DA CONVOLAÇÃO DA RECUPERAÇÃO JUDICIAL EM FALÊNCIA

Art. 73. O juiz decretará a falência durante o processo de recuperação judicial:

► Art. 61, § 1º, desta Lei.

I – por deliberação da assembleia-geral de credores, na forma do art. 42 desta Lei;

II – pela não apresentação, pelo devedor, do plano de recuperação no prazo do art. 53 desta Lei;

III – quando não aplicado o disposto nos §§ 4º, 5º e 6º do art. 56 desta Lei, ou rejeitado o plano de recuperação judicial proposto pelos credores, nos termos do § 7º do art. 56 e do art. 58-A desta Lei;

► Inciso III com a redação dada pela Lei nº 14.112, de 24-12-2020.

IV – por descumprimento de qualquer obrigação assumida no plano de recuperação, na forma do § 1º do art. 61 desta Lei;

V – por descumprimento dos parcelamentos referidos no art. 68 desta Lei ou da transação prevista no art. 10-C da Lei nº 10.522, de 19 de julho de 2002; e

VI – quando identificado o esvaziamento patrimonial da devedora que implique liquidação substancial da empresa, em prejuízo de credores não sujeitos à recuperação judicial, inclusive as Fazendas Públicas.

► Incisos V e VI acrescidos pela Lei nº 14.112, de 24-12-2020.

§ 1º O disposto neste artigo não impede a decretação da falência por inadimplemento de obrigação não sujeita à recuperação judicial, nos termos dos incisos I ou II do *caput* do art. 94 desta Lei, ou por prática de ato previsto no inciso III do *caput* do art. 94 desta Lei.

► Parágrafo único transformado em § 1º pela Lei nº 14.112, de 24-12-2020.

§ 2º A hipótese prevista no inciso VI do *caput* deste artigo não implicará a invalidade ou a ineficácia dos atos, e o juiz determinará o bloqueio do produto de eventuais alienações e a devolução ao devedor dos valores já distribuídos, os quais ficarão à disposição do juízo.

§ 3º Considera-se substancial a liquidação quando não forem reservados bens, direitos ou projeção de fluxo de caixa futuro suficientes à manutenção da atividade econômica para fins de cumprimento de suas obrigações, facultada a realização de perícia específica para essa finalidade.

► §§ 2º e 3º acrescidos pela Lei nº 14.112, de 24-12-2020.

Art. 74. Na convolação da recuperação em falência, os atos de administração, endividamento, oneração ou alienação praticados durante a recuperação judicial presumem-se válidos, desde que realizados na forma desta Lei.

CAPÍTULO V

DA FALÊNCIA

Seção I

DISPOSIÇÕES GERAIS

Art. 75. A falência, ao promover o afastamento do devedor de suas atividades, visa a:

► *Caput* com a redação dada pela Lei nº 14.112, de 24-12-2020.

► Art. 126 desta Lei.

I – preservar e a otimizar a utilização produtiva dos bens, dos ativos e dos recursos produtivos, inclusive os intangíveis, da empresa;

II – permitir a liquidação célere das empresas inviáveis, com vistas à realocação eficiente de recursos na economia; e

III – fomentar o empreendedorismo, inclusive por meio da viabilização do retorno célere do empreendedor falido à atividade econômica.

► Incisos I a III acrescidos pela Lei nº 14.112, de 24-12-2020.

§ 1º O processo de falência atenderá aos princípios da celeridade e da economia processual, sem prejuízo do contraditório, da ampla defesa e dos demais princípios previstos na Lei nº 13.105, de 16 de março de 2015 (Código de Processo Civil).

▶ Parágrafo único transformado em § 1º e com a redação dada pela Lei nº 14.112, de 24-12-2020.

§ 2º A falência é mecanismo de preservação de benefícios econômicos e sociais decorrentes da atividade empresarial, por meio da liquidação imediata do devedor e da rápida realocação útil de ativos na economia.

▶ § 2º acrescido pela Lei nº 14.112, de 24-12-2020.

Art. 76. O juízo da falência é indivisível e competente para conhecer todas as ações sobre bens, interesses e negócios do falido, ressalvadas as causas trabalhistas, fiscais e aquelas não reguladas nesta Lei em que o falido figurar como autor ou litisconsorte ativo.

Parágrafo único. Todas as ações, inclusive as excetuadas no *caput* deste artigo, terão prosseguimento com o administrador judicial, que deverá ser intimado para representar a massa falida, sob pena de nulidade do processo.

Art. 77. A decretação da falência determina o vencimento antecipado das dívidas do devedor e dos sócios ilimitada e solidariamente responsáveis, com o abatimento proporcional dos juros, e converte todos os créditos em moeda estrangeira para a moeda do País, pelo câmbio do dia da decisão judicial, para todos os efeitos desta Lei.

Art. 78. Os pedidos de falência estão sujeitos a distribuição obrigatória, respeitada a ordem de apresentação.

Parágrafo único. As ações que devam ser propostas no juízo da falência estão sujeitas a distribuição por dependência.

Art. 79. Os processos de falência e os seus incidentes preferem a todos os outros na ordem dos feitos, em qualquer instância.

Art. 80. Considerar-se-ão habilitados os créditos remanescentes da recuperação judicial, quando definitivamente incluídos no quadro geral de credores, tendo prosseguimento as habilitações que estejam em curso.

Art. 81. A decisão que decreta a falência da sociedade com sócios ilimitadamente responsáveis também acarreta a falência destes, que ficam sujeitos aos mesmos efeitos jurídicos produzidos em relação à sociedade falida e, por isso, deverão ser citados para apresentar contestação, se assim o desejarem.

§ 1º O disposto no *caput* deste artigo aplica-se ao sócio que tenha se retirado voluntariamente ou que tenha sido excluído da sociedade, há menos de 2 (dois) anos, quanto às dívidas existentes na data do arquivamento da alteração do contrato, no caso de não terem sido solvidas até a data da decretação da falência.

§ 2º As sociedades falidas serão representadas na falência por seus administradores ou liquidantes, os quais terão os mesmos direitos e, sob as mesmas penas, ficarão sujeitos às obrigações que cabem ao falido.

Art. 82. A responsabilidade pessoal dos sócios de responsabilidade limitada, dos controladores e dos administradores da sociedade falida, estabelecida nas respectivas leis, será apurada no próprio juízo da falência, independentemente da realização do ativo e da prova da sua insuficiência para cobrir o passivo, observado o procedimento ordinário previsto no Código de Processo Civil.

§ 1º Prescreverá em 2 (dois) anos, contados do trânsito em julgado da sentença de encerramento da falência, a ação de responsabilização prevista no *caput* deste artigo.

§ 2º O juiz poderá, de ofício ou mediante requerimento das partes interessadas, ordenar a indisponibilidade de bens particulares dos réus, em quantidade compatível com o dano provocado, até o julgamento da ação de responsabilização.

Art. 82-A. É vedada a extensão da falência ou de seus efeitos, no todo ou em parte, aos sócios de responsabilidade limitada, aos controladores e aos administradores da sociedade falida, admitida, contudo, a desconsideração da personalidade jurídica.

Parágrafo único. A desconsideração da personalidade jurídica da sociedade falida, para fins de responsabilização de terceiros, grupo, sócio ou administrador por obrigação desta, somente pode ser decretada pelo juízo falimentar com a observância do art. 50 da Lei nº 10.406, de 10 de janeiro de 2002 (Código Civil) e dos arts. 133, 134, 135, 136 e 137 da Lei nº 13.105, de 16 de março de 2015 (Código de Processo Civil), não aplicada a suspensão de que trata o § 3º do art. 134 da Lei nº 13.105, de 16 de março de 2015 (Código de Processo Civil).

▶ Art. 82-A acrescido pela Lei nº 14.112, de 24-12-2020.

Seção II
DA CLASSIFICAÇÃO DOS CRÉDITOS

Art. 83. A classificação dos créditos na falência obedece à seguinte ordem:

▶ Arts. 67 e 149 desta Lei.

I – os créditos derivados da legislação trabalhista, limitados a 150 (cento e cinquenta) salários mínimos por credor, e aqueles decorrentes de acidentes de trabalho;

II – os créditos gravados com direito real de garantia até o limite do valor do bem gravado;

▶ Art. 163, § 1º, desta Lei.

III – os créditos tributários, independentemente da sua natureza e do tempo de constituição, exceto os créditos extraconcursais e as multas tributárias;

▶ Incisos I a III com a redação dada pela Lei nº 14.112, de 24-12-2020.

▶ Súm. nº 192 do STF.

IV e V – *Revogados*. Lei nº 14.112, de 24-12-2020;

VI – os créditos quirografários, a saber:

▶ *Caput* do inciso VI com a redação dada pela Lei nº 14.112, de 24-12-2020.

▶ Art. 163, § 1º, desta Lei.

a) aqueles não previstos nos demais incisos deste artigo;

b) os saldos dos créditos não cobertos pelo produto da alienação dos bens vinculados ao seu pagamento; e

c) os saldos dos créditos derivados da legislação trabalhista que excederem o limite estabelecido no inciso I do *caput* deste artigo;

▶ Alíneas *b* e *c* com a redação dada pela Lei nº 14.112, de 24-12-2020.

VII – as multas contratuais e as penas pecuniárias por infração das leis penais ou administrativas, incluídas as multas tributárias;

VIII – os créditos subordinados, a saber:

a) os previstos em lei ou em contrato; e

b) os créditos dos sócios e dos administradores sem vínculo empregatício cuja contratação não tenha observado as condições estritamente comutativas e as práticas de mercado; e

▶ Incisos VII e VIII com a redação dada pela Lei nº 14.112, de 24-12-2020.

IX – os juros vencidos após a decretação da falência, conforme previsto no art. 124 desta Lei.

▶ Inciso IX acrescido pela Lei nº 14.112, de 24-12-2020.

§ 1º Para os fins do inciso II do *caput* deste artigo, será considerado como valor do bem objeto de garantia real a importância efetivamente arrecadada com sua venda, ou, no caso de alienação em bloco, o valor de avaliação do bem individualmente considerado.

▶ Art. 108, § 5º, desta Lei.

§ 2º Não são oponíveis à massa os valores decorrentes de direito de sócio ao recebimento de sua parcela do capital social na liquidação da sociedade.

§ 3º As cláusulas penais dos contratos unilaterais não serão atendidas se as obrigações neles estipuladas se vencerem em virtude da falência.

§ 4º *Revogado*. Lei nº 14.112, de 24-12-2020.

§ 5º Para os fins do disposto nesta Lei, os créditos cedidos a qualquer título manterão sua natureza e classificação.

§ 6º Para os fins do disposto nesta Lei, os créditos que disponham de privilégio especial ou geral em outras normas integrarão a classe dos créditos quirografários.

▶ §§ 5º e 6º acrescidos pela Lei nº 14.112, de 24-12-2020.

Art. 84. Serão considerados créditos extraconcursais e serão pagos com precedência sobre os mencionados no art. 83 desta Lei, na ordem a seguir, aqueles relativos:

▶ *Caput* com a redação dada pela Lei nº 14.112, de 24-12-2020.

▶ Art. 149 desta Lei.

I – *Revogado*. Lei nº 14.112, de 24-12-2020;

I-A – às quantias referidas nos arts. 150 e 151 desta Lei;

I-B – ao valor efetivamente entregue ao devedor em recuperação judicial pelo financiador, em conformidade com o disposto na Seção IV-A do Capítulo III desta Lei;

I-C – aos créditos em dinheiro objeto de restituição, conforme previsto no art. 86 desta Lei;

I-D – às remunerações devidas ao administrador judicial e aos seus auxiliares, aos reembolsos devidos a membros do Comitê de Credores, e aos créditos derivados da legislação trabalhista ou decorrentes de acidentes de trabalho relativos a serviços prestados após a decretação da falência;

I-E – às obrigações resultantes de atos jurídicos válidos praticados durante a recuperação judicial, nos termos do art. 67 desta Lei, ou após a decretação da falência;

▶ Incisos I-A a I-E acrescidos pela Lei nº 14.112, de 24-12-2020.

II – às quantias fornecidas à massa falida pelos credores;

III – às despesas com arrecadação, administração, realização do ativo, distribuição do seu produto e custas do processo de falência;

IV – às custas judiciais relativas às ações e às execuções em que a massa falida tenha sido vencida;

V – aos tributos relativos a fatos geradores ocorridos após a decretação da falência, respeitada a ordem estabelecida no art. 83 desta Lei.

▶ Incisos II a V com a redação dada pela Lei nº 14.112, de 24-12-2020.

§ 1º As despesas referidas no inciso I-A do *caput* deste artigo serão pagas pelo administrador judicial com os recursos disponíveis em caixa.

§ 2º O disposto neste artigo não afasta a hipótese prevista no art. 122 desta Lei.

▶ §§ 1º e 2º acrescidos pela Lei nº 14.112, de 24-12-2020.

SEÇÃO III

DO PEDIDO DE RESTITUIÇÃO

Art. 85. O proprietário de bem arrecadado no processo de falência ou que se encontre em poder do devedor na data da decretação da falência poderá pedir sua restituição.

▶ Súm. nº 417 do STF.

Parágrafo único. Também pode ser pedida a restituição de coisa vendida a crédito e entregue ao devedor nos 15 (quinze) dias anteriores ao requerimento de sua falência, se ainda não alienada.

Art. 86. Proceder-se-á à restituição em dinheiro:

I – se a coisa não mais existir ao tempo do pedido de restituição, hipótese em que o requerente receberá o valor da avaliação do bem, ou, no caso de ter ocorrido sua venda, o respectivo preço, em ambos os casos no valor atualizado;

II – da importância entregue ao devedor, em moeda corrente nacional, decorrente de adiantamento a contrato de câmbio para exportação, na forma do art. 75, §§ 3º e 4º, da Lei nº 4.728, de 14 de julho de 1965, desde que o prazo total da operação, inclusive eventuais prorrogações, não exceda o previsto nas normas específicas da autoridade competente;

▶ Arts. 49, § 4º, e 161, § 1º, desta Lei.

▶ Súmulas nºs 36 e 133 do STJ.

III – dos valores entregues ao devedor pelo contratante de boa-fé na hipótese de revogação ou ineficácia do contrato, conforme disposto no art. 136 desta Lei;

IV – às Fazendas Públicas, relativamente a tributos passíveis de retenção na fonte, de descontos de terceiros ou de sub-rogação e a valores recebidos pelos agentes arrecadadores e não recolhidos aos cofres públicos.

▶ Inciso IV acrescido pela Lei nº 14.112, de 24-12-2020.

Parágrafo único. *Revogado.* Lei nº 14.112, de 24-12-2020.

Art. 87. O pedido de restituição deverá ser fundamentado e descreverá a coisa reclamada.

§ 1º O juiz mandará autuar em separado o requerimento com os documentos que o instruírem e determinará a intimação do falido, do Comitê, dos credores e do administrador judicial para que, no prazo sucessivo de 5 (cinco) dias, se manifestem, valendo como contestação a manifestação contrária à restituição.

§ 2º Contestado o pedido e deferidas as provas porventura requeridas, o juiz designará audiência de instrução e julgamento, se necessária.

§ 3º Não havendo provas a realizar, os autos serão conclusos para sentença.

Art. 88. A sentença que reconhecer o direito do requerente determinará a entrega da coisa no prazo de 48 (quarenta e oito) horas.

Parágrafo único. Caso não haja contestação, a massa não será condenada ao pagamento de honorários advocatícios.

Art. 89. A sentença que negar a restituição, quando for o caso, incluirá o requerente no quadro geral de credores, na classificação que lhe couber, na forma desta Lei.

Art. 90. Da sentença que julgar o pedido de restituição caberá apelação sem efeito suspensivo.

Parágrafo único. O autor do pedido de restituição que pretender receber o bem ou a quantia reclamada antes do trânsito em julgado da sentença prestará caução.

Art. 91. O pedido de restituição suspende a disponibilidade da coisa até o trânsito em julgado.

Parágrafo único. Quando diversos requerentes houverem de ser satisfeitos em dinheiro e não existir saldo suficiente para o pagamento integral, far-se-á rateio proporcional entre eles.

Art. 92. O requerente que tiver obtido êxito no seu pedido ressarcirá a massa falida ou a quem tiver suportado as despesas de conservação da coisa reclamada.

Art. 93. Nos casos em que não couber pedido de restituição, fica resguardado o direito dos credores de propor embargos de terceiros, observada a legislação processual civil.

SEÇÃO IV

DO PROCEDIMENTO PARA A DECRETAÇÃO DA FALÊNCIA

Art. 94. Será decretada a falência do devedor que:

▶ Arts. 62 e 73, parágrafo único, desta Lei.

I – sem relevante razão de direito, não paga, no vencimento, obrigação líquida materializada em título ou títulos executivos protestados cuja soma ultrapasse o equivalente a 40 (quarenta) salários mínimos na data do pedido de falência;

▶ Arts. 96 e 98, parágrafo único, desta Lei.

▶ Súm. nº 361 do STJ.

II – executado por qualquer quantia líquida, não paga, não deposita e não nomeia à penhora bens suficientes dentro do prazo legal;

▶ Art. 98, parágrafo único, desta Lei.

III – pratica qualquer dos seguintes atos, exceto se fizer parte de plano de recuperação judicial:

▶ Art. 164, § 3º, II, desta Lei.

a) procede à liquidação precipitada de seus ativos ou lança mão de meio ruinoso ou fraudulento para realizar pagamentos;

b) realiza ou, por atos inequívocos, tenta realizar, com o objetivo de retardar pagamentos ou fraudar credores, negócio simulado ou alienação de parte ou da totalidade de seu ativo a terceiro, credor ou não;

c) transfere estabelecimento a terceiro, credor ou não, sem o consentimento de todos os credores e sem ficar com bens suficientes para solver seu passivo;

d) simula a transferência de seu principal estabelecimento com o objetivo de burlar a legislação ou a fiscalização ou para prejudicar credor;

e) dá ou reforça garantia a credor por dívida contraída anteriormente sem ficar com bens livres e desembaraçados suficientes para saldar seu passivo;

f) ausenta-se sem deixar representante habilitado e com recursos suficientes para pagar os credores, abandona estabelecimento ou tenta ocultar-se de seu domicílio, do local de sua sede ou de seu principal estabelecimento;

g) deixa de cumprir, no prazo estabelecido, obrigação assumida no plano de recuperação judicial.

§ 1º Credores podem reunir-se em litisconsórcio a fim de perfazer o limite mínimo para o pedido de falência com base no inciso I do *caput* deste artigo.

§ 2º Ainda que líquidos, não legitimam o pedido de falência os créditos que nela não se possam reclamar.

§ 3º Na hipótese do inciso I do *caput* deste artigo, o pedido de falência será instruído com os títulos executivos na forma do parágrafo único do art. 9º desta Lei, acompanhados, em qualquer caso, dos respectivos instrumentos de protesto para fim falimentar nos termos da legislação específica.

▶ Art. 23, parágrafo único, da Lei nº 9.492, de 10-9-1997 (Lei do Protesto de Títulos).

▶ Súm. nº 361 do STJ.

§ 4º Na hipótese do inciso II do *caput* deste artigo, o pedido de falência será instruído com certidão expedida pelo juízo em que se processa a execução.

§ 5º Na hipótese do inciso III do *caput* deste artigo, o pedido de falência descreverá os fatos que a caracterizam, juntando-se as provas que houver e especificando-se as que serão produzidas.

Art. 95. Dentro do prazo de contestação, o devedor poderá pleitear sua recuperação judicial.

Art. 96. A falência requerida com base no art. 94, inciso I do *caput*, desta Lei, não será decretada se o requerido provar:

I – falsidade de título;

II – prescrição;

III – nulidade de obrigação ou de título;

IV – pagamento da dívida;

V – qualquer outro fato que extinga ou suspenda obrigação ou não legitime a cobrança de título;

VI – vício em protesto ou em seu instrumento;

VII – apresentação de pedido de recuperação judicial no prazo da contestação, observados os requisitos do art. 51 desta Lei;

VIII – cessação das atividades empresariais mais de 2 (dois) anos antes do pedido de falência, comprovada por documento hábil do Registro Público de Empresas, o qual não prevalecerá contra prova de exercício posterior ao ato registrado.

§ 1º Não será decretada a falência de sociedade anônima após liquidado e partilhado seu ativo nem do espólio após 1 (um) ano da morte do devedor.

§ 2º As defesas previstas nos incisos I a VI do *caput* deste artigo não obstam a decretação de falência se, ao final, restarem obrigações não atingidas pelas defesas em montante que supere o limite previsto naquele dispositivo.

Art. 97. Podem requerer a falência do devedor:

I – o próprio devedor, na forma do disposto nos arts. 105 a 107 desta Lei;

II – o cônjuge sobrevivente, qualquer herdeiro do devedor ou o inventariante;

▸ Art. 107, parágrafo único, desta Lei.

III – o cotista ou o acionista do devedor na forma da lei ou do ato constitutivo da sociedade;

▸ Art. 107, parágrafo único, desta Lei.

IV – qualquer credor.

▸ Art. 107, parágrafo único, desta Lei.

§ 1º O credor empresário apresentará certidão do Registro Público de Empresas que comprove a regularidade de suas atividades.

§ 2º O credor que não tiver domicílio no Brasil deverá prestar caução relativa às custas e ao pagamento da indenização de que trata o art. 101 desta Lei.

Art. 98. Citado, o devedor poderá apresentar contestação no prazo de 10 (dez) dias.

Parágrafo único. Nos pedidos baseados nos incisos I e II do *caput* do art. 94 desta Lei, o devedor poderá, no prazo da contestação, depositar o valor correspondente ao total do crédito, acrescido de correção monetária, juros e honorários advocatícios, hipótese em que a falência não será decretada e, caso julgado procedente o pedido de falência, o juiz ordenará o levantamento do valor pelo autor.

Art. 99. A sentença que decretar a falência do devedor, dentre outras determinações:

▸ Arts. 107 e 192, § 4º, desta Lei.

I – conterá a síntese do pedido, a identificação do falido e os nomes dos que forem a esse tempo seus administradores;

II – fixará o termo legal da falência, sem poder retrotraí-lo por mais de 90 (noventa) dias contados do pedido de falência, do pedido de recuperação judicial ou do 1º (primeiro) protesto por falta de pagamento, excluindo-se, para esta finalidade, os protestos que tenham sido cancelados;

III – ordenará ao falido que apresente, no prazo máximo de 5 (cinco) dias, relação nominal dos credores, indicando endereço, importância, natureza e classificação dos respectivos créditos, se esta já não se encontrar nos autos, sob pena de desobediência;

▸ Arts. 22, I, e 39 desta Lei.

IV – explicitará o prazo para as habilitações de crédito, observado o disposto no § 1º do art. 7º desta Lei;

V – ordenará a suspensão de todas as ações ou execuções contra o falido, ressalvadas as hipóteses previstas nos §§ 1º e 2º do art. 6º desta Lei;

VI – proibirá a prática de qualquer ato de disposição ou oneração de bens do falido, submetendo-os preliminarmente à autorização judicial e do Comitê, se houver, ressalvados os bens cuja venda faça parte das atividades normais do devedor se autorizada a continuação provisória nos termos do inciso XI do *caput* deste artigo;

VII – determinará as diligências necessárias para salvaguardar os interesses das partes envolvidas, podendo ordenar a prisão preventiva do falido ou de seus administradores quando requerida com fundamento em provas da prática de crime definido nesta Lei;

VIII – ordenará ao Registro Público de Empresas e à Secretaria Especial da Receita Federal do Brasil que procedam à anotação da falência no registro do devedor, para que dele constem a expressão 'falido', a data da decretação da falência e a inabilitação de que trata o art. 102 desta Lei;

▸ Inciso VIII com a redação dada pela Lei nº 14.112, de 24-12-2020.

IX – nomeará o administrador judicial, que desempenhará suas funções na forma do inciso III do *caput* do art. 22 desta Lei sem prejuízo do disposto na alínea *a* do inciso II do *caput* do art. 35 desta Lei;

X – determinará a expedição de ofícios aos órgãos e repartições públicas e outras entidades para que informem a existência de bens e direitos do falido;

XI – pronunciar-se-á a respeito da continuação provisória das atividades do falido com o administrador judicial ou da lacração dos estabelecimentos, observado o disposto no art. 109 desta Lei;

▸ Art. 150 desta Lei.

XII – determinará, quando entender conveniente, a convocação da assembleia-geral de credores para a constituição de Comitê de Credores, podendo ainda autorizar a manutenção do Comitê eventualmente em funcionamento na recuperação judicial quando da decretação da falência;

XIII – ordenará a intimação eletrônica, nos termos da legislação vigente e respeitadas as prerrogativas funcionais, respectivamente, do Ministério Público e das Fazendas Públicas federal e de todos os Estados, Distrito Federal e Municípios em que o devedor tiver estabelecimento, para que tomem conhecimento da falência.

▸ Inciso XIII com a redação dada pela Lei nº 14.112, de 24-12-2020.

§ 1º O juiz ordenará a publicação de edital eletrônico com a íntegra da decisão que decreta a falência e a relação de credores apresentada pelo falido.

▸ Parágrafo único transformado em § 1º e com a redação dada pela Lei nº 14.112, de 24-12-2020.

▸ Art. 7º, § 1º, desta Lei.

§ 2º A intimação eletrônica das pessoas jurídicas de direito público integrantes da administração pública indireta dos entes federativos referidos no inciso XIII do *caput* deste artigo será direcionada:

I – no âmbito federal, à Procuradoria-Geral Federal e à Procuradoria-Geral do Banco Central do Brasil;

II – no âmbito dos Estados e do Distrito Federal, à respectiva Procuradoria-Geral, à qual competirá dar ciência a eventual órgão de representação judicial específico das entidades interessadas; e

III – no âmbito dos Municípios, à respectiva Procuradoria-Geral ou, se inexistir, ao gabinete do Prefeito, à qual competirá dar ciência a eventual órgão de representação judicial específico das entidades interessadas.

§ 3º Após decretada a quebra ou convolada a recuperação judicial em falência, o administrador deverá, no prazo de até 60 (sessenta) dias, contado do termo de nomeação, apresentar, para apreciação do juiz, plano detalhado de realização dos ativos, inclusive com a estimativa de tempo não superior a 180 (cento e oitenta) dias a partir da juntada de cada auto de arrecadação, na forma do inciso III do *caput* do art. 22 desta Lei.

▸ §§ 2º e 3º acrescidos pela Lei nº 14.112, de 24-12-2020.

Art. 100. Da decisão que decreta a falência cabe agravo, e da sentença que julga a improcedência do pedido cabe apelação.

▸ Súm. nº 25 do STJ.

Art. 101. Quem por dolo requerer a falência de outrem será condenado, na sentença que julgar improcedente o pedido, a indenizar o devedor, apurando-se as perdas e danos em liquidação de sentença.

▸ Art. 97, § 2º, desta Lei.

§ 1º Havendo mais de 1 (um) autor do pedido de falência, serão solidariamente responsáveis aqueles que se conduziram na forma prevista no *caput* deste artigo.

§ 2º Por ação própria, o terceiro prejudicado também pode reclamar indenização dos responsáveis.

Seção V

DA INABILITAÇÃO EMPRESARIAL, DOS DIREITOS E DEVERES DO FALIDO

Art. 102. O falido fica inabilitado para exercer qualquer atividade empresarial a partir da decretação da falência e até a sentença que extingue suas obrigações, respeitado o disposto no § 1º do art. 181 desta Lei.

▸ Art. 99, VIII, desta Lei.

Parágrafo único. Findo o período de inabilitação, o falido poderá requerer ao juiz da falência que proceda à respectiva anotação em seu registro.

Art. 103. Desde a decretação da falência ou do sequestro, o devedor perde o direito de administrar os seus bens ou deles dispor.

Parágrafo único. O falido poderá, contudo, fiscalizar a administração da falência, requerer as providências necessárias para a conservação de seus direitos ou dos bens arrecadados e intervir nos processos em que a massa falida seja parte ou interessada, requerendo o que for de direito e interpondo os recursos cabíveis.

Art. 104. A decretação da falência impõe aos representantes legais do falido os seguintes deveres:

▸ *Caput* com a redação dada pela Lei nº 14.112, de 24-12-2020.

I – assinar nos autos, desde que intimado da decisão, termo de comparecimento, com a indicação do nome, da nacionalidade, do estado civil e do endereço completo do domicílio, e declarar, para constar do referido termo, diretamente ao administrador judicial, em dia, local e hora por ele designados, por prazo não superior a 15 (quinze) dias após a decretação da falência, o seguinte:

▸ *Caput* do inciso I com a redação dada pela Lei nº 14.112, de 24-12-2020.

a) as causas determinantes da sua falência, quando requerida pelos credores;

b) tratando-se de sociedade, os nomes e endereços de todos os sócios, acionistas controladores, diretores ou administradores, apresentando o contrato ou estatuto social e a prova do respectivo registro, bem como suas alterações;

c) o nome do contador encarregado da escrituração dos livros obrigatórios;

d) os mandatos que porventura tenha outorgado, indicando seu objeto, nome e endereço do mandatário;

e) seus bens imóveis e os móveis que não se encontram no estabelecimento;

f) se faz parte de outras sociedades, exibindo respectivo contrato;

g) suas contas bancárias, aplicações, títulos em cobrança e processos em andamento em que for autor ou réu;

II – entregar ao administrador judicial os seus livros obrigatórios e os demais instrumentos de escrituração pertinentes, que os encerrará por termo;

▸ Inciso II com a redação dada pela Lei nº 14.112, de 24-12-2020.

III – não se ausentar do lugar onde se processa a falência sem motivo justo e comunicação expressa ao juiz, e sem deixar procurador bastante, sob as penas cominadas na lei;

IV – comparecer a todos os atos da falência, podendo ser representado por procurador, quando não for indispensável sua presença;

V – entregar ao administrador judicial, para arrecadação, todos os bens, papéis, documentos e senhas de acesso a sistemas contábeis, financeiros e bancários, bem como indicar aqueles que porventura estejam em poder de terceiros;

▸ Inciso V com a redação dada pela Lei nº 14.112, de 24-12-2020.

VI – prestar as informações reclamadas pelo juiz, administrador judicial, credor ou Ministério Público sobre circunstâncias e fatos que interessem à falência;

VII – auxiliar o administrador judicial com zelo e presteza;

VIII – examinar as habilitações de crédito apresentadas;

IX – assistir ao levantamento, à verificação do balanço e ao exame dos livros;

X – manifestar-se sempre que for determinado pelo juiz;

XI – apresentar ao administrador judicial a relação de seus credores, em arquivo eletrônico, no dia em que prestar as declarações referidas no inciso I do *caput* deste artigo;

▸ Inciso XI com a redação dada pela Lei nº 14.112, de 24-12-2020.

XII – examinar e dar parecer sobre as contas do administrador judicial.

Parágrafo único. Faltando ao cumprimento de quaisquer dos deveres que esta Lei lhe impõe, após intimado pelo juiz a fazê-lo, responderá o falido por crime de desobediência.

Seção VI
DA FALÊNCIA REQUERIDA PELO PRÓPRIO DEVEDOR

Art. 105. O devedor em crise econômico-financeira que julgue não atender aos requisitos para pleitear sua recuperação judicial deverá requerer ao juízo sua falência, expondo as razões da impossibilidade de prosseguimento da atividade empresarial, acompanhadas dos seguintes documentos:

▸ Art. 97, I, desta Lei.

I – demonstrações contábeis referentes aos 3 (três) últimos exercícios sociais e as levantadas especialmente para instruir o pedido, confeccionadas com estrita observância da legislação societária aplicável e compostas obrigatoriamente de:

a) balanço patrimonial;

b) demonstração de resultados acumulados;

c) demonstração do resultado desde o último exercício social;

d) relatório do fluxo de caixa;

II – relação nominal dos credores, indicando endereço, importância, natureza e classificação dos respectivos créditos;

▸ Arts. 22, I, e 39 desta Lei.

III – relação dos bens e direitos que compõem o ativo, com a respectiva estimativa de valor e documentos comprobatórios de propriedade;

IV – prova da condição de empresário, contrato social ou estatuto em vigor ou, se não houver, a indicação de todos os sócios, seus endereços e a relação de seus bens pessoais;

V – os livros obrigatórios e documentos contábeis que lhe forem exigidos por lei;

VI – relação de seus administradores nos últimos 5 (cinco) anos, com os respectivos endereços, suas funções e participação societária.

Art. 106. Não estando o pedido regularmente instruído, o juiz determinará que seja emendado.

▸ Art. 97, I, desta Lei.

Art. 107. A sentença que decretar a falência do devedor observará a forma do art. 99 desta Lei.

▸ Art. 97, I, desta Lei.

Parágrafo único. Decretada a falência, aplicam-se integralmente os dispositivos relativos à falência requerida pelas pessoas referidas nos incisos II a IV do *caput* do art. 97 desta Lei.

▸ Súm. nº 25 do STJ.

Seção VII
DA ARRECADAÇÃO E DA CUSTÓDIA DOS BENS

Art. 108. Ato contínuo à assinatura do termo de compromisso, o administrador judicial efetuará a arrecadação dos bens e documentos e a avaliação dos bens, separadamente ou em bloco, no local em que se encontrem, requerendo ao juiz, para esses fins, as medidas necessárias.

▸ Art. 22, III, *f*, desta Lei.
▸ Súm. nº 305 do STJ.

§ 1º Os bens arrecadados ficarão sob a guarda do administrador judicial ou de pessoa por ele escolhida, sob responsabilidade daquele, podendo o falido ou qualquer de seus representantes ser nomeado depositário dos bens.

§ 2º O falido poderá acompanhar a arrecadação e a avaliação.

§ 3º O produto dos bens penhorados ou por outra forma apreendidos entrará para a massa, cumprindo ao juiz deprecar, a requerimento do administrador judicial, às autoridades competentes, determinando sua entrega.

§ 4º Não serão arrecadados os bens absolutamente impenhoráveis.

§ 5º Ainda que haja avaliação em bloco, o bem objeto de garantia real será também avaliado separadamente, para os fins do § 1º do art. 83 desta Lei.

Art. 109. O estabelecimento será lacrado sempre que houver risco para a execução da etapa de arrecadação ou para a preservação dos bens da massa falida ou dos interesses dos credores.

▸ Art. 99, XI, desta Lei.

Art. 110. O auto de arrecadação, composto pelo inventário e pelo respectivo laudo de avaliação dos bens, será assinado pelo administrador judicial, pelo falido ou seus representantes e por outras pessoas que auxiliarem ou presenciarem o ato.

▸ Art. 22, III, *f*, desta Lei.

§ 1º Não sendo possível a avaliação dos bens no ato da arrecadação, o administrador judicial requererá ao juiz a concessão de prazo para apresentação do laudo de avaliação, que não poderá exceder 30 (trinta) dias, contados da apresentação do auto de arrecadação.

§ 2º Serão referidos no inventário:

I – os livros obrigatórios e os auxiliares ou facultativos do devedor, designando-se o estado em que se acham, número e denominação de cada um, páginas escrituradas, data do início da escrituração e do último lançamento, e se os livros obrigatórios estão revestidos das formalidades legais;

II – dinheiro, papéis, títulos de crédito, documentos e outros bens da massa falida;

III – os bens da massa falida em poder de terceiro, a título de guarda, depósito, penhor ou retenção;

IV – os bens indicados como propriedade de terceiros ou reclamados por estes, mencionando-se essa circunstância.

§ 3º Quando possível, os bens referidos no § 2º deste artigo serão individualizados.

§ 4º Em relação aos bens imóveis, o administrador judicial, no prazo de 15 (quinze) dias após a sua arrecadação, exibirá as certidões de registro, extraídas posteriormente à decretação da falência, com todas as indicações que nele constarem.

Art. 111. O juiz poderá autorizar os credores, de forma individual ou coletiva, em razão dos custos e no interesse da massa falida, a adquirir ou adjudicar, de imediato, os bens arrecadados, pelo valor da avaliação, atendida a regra de classificação e preferência entre eles, ouvido o Comitê.

Art. 112. Os bens arrecadados poderão ser removidos, desde que haja necessidade de sua melhor guarda e conservação, hipótese em que permanecerão em depósito sob responsabilidade do administrador judicial, mediante compromisso.

Art. 113. Os bens perecíveis, deterioráveis, sujeitos à considerável desvalorização ou que sejam de conservação arriscada ou dispendiosa, poderão ser vendidos antecipadamente, após a arrecadação e a avaliação, mediante autorização judicial, ouvidos o Comitê e o falido no prazo de 48 (quarenta e oito) horas.

▸ Art. 22, III, *j*, desta Lei.

Art. 114. O administrador judicial poderá alugar ou celebrar outro contrato referente aos bens da massa falida, com o objetivo de produzir renda para a massa falida, mediante autorização do Comitê.

§ 1º O contrato disposto no *caput* deste artigo não gera direito de preferência na compra e não pode importar disposição total ou parcial dos bens.

§ 2º O bem objeto da contratação poderá ser alienado a qualquer tempo, independentemente do prazo contratado, rescindindo-se, sem direito a multa, o contrato realizado, salvo se houver anuência do adquirente.

Art. 114-A. Se não forem encontrados bens para serem arrecadados, ou se os arrecadados forem insuficientes para as despesas do processo, o administrador judicial informará imediatamente esse fato ao juiz, que, ouvido o representante do Ministério Público, fixará, por meio de edital, o prazo de 10 (dez) dias para os interessados se manifestarem.

§ 1º Um ou mais credores poderão requerer o prosseguimento da falência, desde que paguem a quantia necessária às despesas e aos honorários do administrador judicial, que serão considerados despesas essenciais nos termos estabelecidos no inciso I-A do *caput* do art. 84 desta Lei.

§ 2º Decorrido o prazo previsto no *caput* sem manifestação dos interessados, o administrador judicial promoverá a venda dos bens arrecadados no prazo máximo de 30 (trinta) dias, para bens móveis, e de 60 (sessenta) dias, para bens imóveis, e apresentará o seu relatório, nos termos e para os efeitos dispostos neste artigo.

§ 3º Proferida a decisão, a falência será encerrada pelo juiz nos autos.

▸ Art. 114-A acrescido pela Lei nº 14.112, de 24-12-2020.

Seção VIII

DOS EFEITOS DA DECRETAÇÃO DA FALÊNCIA SOBRE AS OBRIGAÇÕES DO DEVEDOR

Art. 115. A decretação da falência sujeita todos os credores, que somente poderão exercer os seus direitos sobre os bens do falido e do sócio ilimitadamente responsável na forma que esta Lei prescrever.

Art. 116. A decretação da falência suspende:

I – o exercício do direito de retenção sobre os bens sujeitos à arrecadação, os quais deverão ser entregues ao administrador judicial;

II – o exercício do direito de retirada ou de recebimento do valor de suas quotas ou ações, por parte dos sócios da sociedade falida.

Art. 117. Os contratos bilaterais não se resolvem pela falência e podem ser cumpridos pelo administrador judicial se o cumprimento reduzir ou evitar o aumento do passivo da massa falida ou for necessário à manutenção e preservação de seus ativos, mediante autorização do Comitê.

§ 1º O contratante pode interpelar o administrador judicial, no prazo de até 90 (noventa) dias, contado da assinatura do termo de sua nomeação, para que, dentro de 10 (dez) dias, declare se cumpre ou não o contrato.

§ 2º A declaração negativa ou o silêncio do administrador judicial confere ao contraente o direito à indenização, cujo valor, apurado em processo ordinário, constituirá crédito quirografário.

Art. 118. O administrador judicial, mediante autorização do Comitê, poderá dar cumprimento a contrato unilateral se esse fato reduzir ou evitar o aumento do passivo da massa falida ou for necessário à manutenção e preservação de seus ativos, realizando o pagamento da prestação pela qual está obrigada.

Art. 119. Nas relações contratuais a seguir mencionadas prevalecerão as seguintes regras:

I – o vendedor não pode obstar a entrega das coisas expedidas ao devedor e ainda em trânsito, se o comprador, antes do requerimento da falência, as tiver revendido, sem fraude, à vista das faturas e conhecimentos de transporte, entregues ou remetidos pelo vendedor;

II – se o devedor vendeu coisas compostas e o administrador judicial resolver não continuar a execução do contrato, poderá o comprador pôr à disposição da massa falida as coisas já recebidas, pedindo perdas e danos;

III – não tendo o devedor entregue coisa móvel ou prestado serviço que vendera ou contratara a prestações, e resolvendo o administrador judicial não executar o contrato, o crédito relativo ao valor pago será habilitado na classe própria;

IV – o administrador judicial, ouvido o Comitê, restituirá a coisa móvel comprada pelo devedor com reserva de domínio do vendedor se resolver não continuar a execução do contrato, exigindo a devolução, nos termos do contrato, dos valores pagos;

V – tratando-se de coisas vendidas a termo, que tenham cotação em bolsa ou mercado, e não se executando o contrato pela efetiva entrega daquelas e pagamento do preço, prestar-se-á a diferença entre a cotação do dia do contrato e a da época da liquidação em bolsa ou mercado;

VI – na promessa de compra e venda de imóveis, aplicar-se-á a legislação respectiva;

VII – a falência do locador não resolve o contrato de locação e, na falência do locatário, o administrador judicial pode, a qualquer tempo, denunciar o contrato;

VIII – caso haja acordo para compensação e liquidação de obrigações no âmbito do sistema financeiro nacional, nos termos da legislação vigente, a parte não falida poderá considerar o contrato vencido antecipadamente, hipótese em que será liquidado na forma estabelecida em regulamento, admitindo-se a compensação de eventual crédito que venha a ser apurado em favor do falido com créditos detidos pelo contratante;

IX – os patrimônios de afetação, constituídos para cumprimento de destinação específica, obedecerão ao disposto na legislação respectiva, permanecendo seus bens, direitos e obrigações separados dos do falido até o advento do respectivo termo ou até o cumprimento de sua finalidade, ocasião em que o administrador judicial arrecadará o saldo a favor da massa falida ou inscreverá na classe própria o crédito que contra ela remanescer.

Art. 120. O mandato conferido pelo devedor, antes da falência, para a realização de negócios, cessará seus efeitos com a decretação da falência, cabendo ao mandatário prestar contas de sua gestão.

§ 1º O mandato conferido para representação judicial do devedor continua em vigor até que seja expressamente revogado pelo administrador judicial.

§ 2º Para o falido, cessa o mandato ou comissão que houver recebido antes da falência, salvo os que versem sobre matéria estranha à atividade empresarial.

Art. 121. As contas-correntes com o devedor consideram-se encerradas no momento de decretação da falência, verificando-se o respectivo saldo.

Art. 122. Compensam-se, com preferência sobre todos os demais credores, as dívidas do devedor vencidas até o dia da decretação da falência, provenha o vencimento da sentença de falência ou não, obedecidos os requisitos da legislação civil.

Parágrafo único. Não se compensam:

I – os créditos transferidos após a decretação da falência, salvo em caso de sucessão por fusão, incorporação, cisão ou morte; ou

II – os créditos, ainda que vencidos anteriormente, transferidos quando já conhecido o estado de crise econômico-financeira do devedor ou cuja transferência se operou com fraude ou dolo.

Art. 123. Se o falido fizer parte de alguma sociedade como sócio comanditário ou cotista, para a massa falida entrarão somente os haveres que na sociedade ele possuir e forem apurados na forma estabelecida no contrato ou estatuto social.

§ 1º Se o contrato ou o estatuto social nada disciplinar a respeito, a apuração far-se-á judicialmente, salvo se, por lei, pelo contrato ou estatuto, a sociedade tiver de liquidar-se, caso em que os haveres do falido, somente após o pagamento de todo o passivo da sociedade, entrarão para a massa falida.

§ 2º Nos casos de condomínio indivisível de que participe o falido, o bem será vendido e deduzir-se-á do valor arrecadado o que for devido aos demais condôminos, facultada a estes a compra da quota-parte do falido nos termos da melhor proposta obtida.

Art. 124. Contra a massa falida não são exigíveis juros vencidos após a decretação da falência, previstos em lei ou em contrato, se o ativo apurado não bastar para o pagamento dos credores subordinados.

Parágrafo único. Excetuam-se desta disposição os juros das debêntures e dos créditos com garantia real, mas por eles responde, exclusivamente, o produto dos bens que constituem a garantia.

Art. 125. Na falência do espólio, ficará suspenso o processo de inventário, cabendo ao administrador judicial a realização de atos pendentes em relação aos direitos e obrigações da massa falida.

Art. 126. Nas relações patrimoniais não reguladas expressamente nesta Lei, o juiz decidirá o caso atendendo à unidade, à universalidade do concurso e à igualdade de tratamento dos credores, observado o disposto no art. 75 desta Lei.

Art. 127. O credor de coobrigados solidários cujas falências sejam decretadas tem o direito de concorrer, em cada uma delas, pela totalidade do seu crédito, até recebê-lo por inteiro, quando então comunicará ao juízo.

§ 1º O disposto no *caput* deste artigo não se aplica ao falido cujas obrigações tenham sido extintas por sentença, na forma do art. 159 desta Lei.

§ 2º Se o credor ficar integralmente pago por uma ou por diversas massas coobrigadas, as que pagaram terão direito regressivo contra as demais, em proporção à parte que pagaram e àquela que cada uma tinha a seu cargo.

§ 3º Se a soma dos valores pagos ao credor em todas as massas coobrigadas exceder o total do crédito, o valor será devolvido às massas na proporção estabelecida no § 2º deste artigo.

§ 4º Se os coobrigados eram garantes uns dos outros, o excesso de que trata o § 3º deste artigo pertencerá, conforme a ordem das obrigações, às massas dos coobrigados que tiverem o direito de ser garantidas.

Art. 128. Os coobrigados solventes e os garantes do devedor ou dos sócios ilimitadamente responsáveis podem habilitar o crédito correspondente às quantias pagas ou devidas, se o credor não se habilitar no prazo legal.

Seção IX

DA INEFICÁCIA E DA REVOGAÇÃO DE ATOS PRATICADOS ANTES DA FALÊNCIA

Art. 129. São ineficazes em relação à massa falida, tenha ou não o contratante conhecimento do estado de crise econômico-financeira do devedor, seja ou não intenção deste fraudar credores:

I – o pagamento de dívidas não vencidas realizado pelo devedor dentro do termo legal, por qualquer meio extintivo do direito de crédito, ainda que pelo desconto do próprio título;

▶ Art. 131 desta Lei.

II – o pagamento de dívidas vencidas e exigíveis realizado dentro do termo legal, por qualquer forma que não seja a prevista pelo contrato;

▶ Art. 131 desta Lei.

III – a constituição de direito real de garantia, inclusive a retenção, dentro do termo legal, tratando-se de dívida contraída anteriormente; se os bens dados em hipoteca forem objeto de outras posteriores, a massa falida receberá a parte que devia caber ao credor da hipoteca revogada;

▶ Art. 131 desta Lei.

IV – a prática de atos a título gratuito, desde 2 (dois) anos antes da decretação da falência;

V – a renúncia à herança ou a legado, até 2 (dois) anos antes da decretação da falência;

VI – a venda ou transferência de estabelecimento feita sem o consentimento expresso ou o pagamento de todos os credores, a esse tempo existentes, não tendo restado ao devedor bens suficientes para solver o seu passivo, salvo se, no prazo de 30 (trinta) dias, não houver oposição dos credores, após serem devidamente notificados, judicialmente ou pelo oficial do registro de títulos e documentos;

▶ Art. 131 desta Lei.

VII – os registros de direitos reais e de transferência de propriedade entre vivos, por título oneroso ou gratuito, ou a averbação relativa a imóveis realizados após a decretação da falência, salvo se tiver havido prenotação anterior.

Parágrafo único. A ineficácia poderá ser declarada de ofício pelo juiz, alegada em defesa ou pleiteada mediante ação própria ou incidentalmente no curso do processo.

Art. 130. São revogáveis os atos praticados com a intenção de prejudicar credores, provando-se o conluio fraudulento entre o devedor e o terceiro que com ele contratar e o efetivo prejuízo sofrido pela massa falida.

▶ Arts. 132 e 164, §§ 3º, I e 5º, desta Lei.

Art. 131. Nenhum dos atos referidos nos incisos I, II, III e VI do *caput* do art. 129 desta Lei que tenham sido previstos e realizados na forma definida no plano de recuperação judicial ou extrajudicial será declarado ineficaz ou revogado.

▶ Artigo com a redação dada pela Lei nº 14.112, de 24-12-2020.

▶ Art. 138 desta Lei.

Art. 132. A ação revocatória, de que trata o art. 130 desta Lei, deverá ser proposta pelo administrador judicial, por qualquer credor ou pelo Ministério Público no prazo de 3 (três) anos contado da decretação da falência.

Art. 133. A ação revocatória pode ser promovida:

I – contra todos os que figuraram no ato ou que por efeito dele foram pagos, garantidos ou beneficiados;

II – contra os terceiros adquirentes, se tiveram conhecimento, ao se criar o direito, da intenção do devedor de prejudicar os credores;

III – contra os herdeiros ou legatários das pessoas indicadas nos incisos I e II do *caput* deste artigo.

Art. 134. A ação revocatória correrá perante o juízo da falência e obedecerá ao procedimento ordinário previsto na Lei nº 5.869, de 11 de janeiro de 1973 – Código de Processo Civil.

Art. 135. A sentença que julgar procedente a ação revocatória determinará o retorno dos bens à massa falida em espécie, com todos os acessórios, ou o valor de mercado, acrescidos das perdas e danos.

Parágrafo único. Da sentença cabe apelação.

▶ Súm. nº 25 do STJ.

Art. 136. Reconhecida a ineficácia ou julgada procedente a ação revocatória, as partes retornarão ao estado anterior, e o contratante de boa-fé terá direito à restituição dos bens ou valores entregues ao devedor.

▶ Art. 86, III, desta Lei.

§ 1º Na hipótese de securitização de créditos do devedor, não será declarada a ineficácia ou revogado o ato de cessão em prejuízo dos direitos dos portadores de valores mobiliários emitidos pelo securitizador.

§ 2º É garantido ao terceiro de boa-fé, a qualquer tempo, propor ação por perdas e danos contra o devedor ou seus garantes.

Art. 137. O juiz poderá, a requerimento do autor da ação revocatória, ordenar, como medida preventiva, na forma da lei processual civil, o sequestro dos bens retirados do patrimônio do devedor que estejam em poder de terceiros.

Art. 138. O ato pode ser declarado ineficaz ou revogado, ainda que praticado com base em decisão judicial, observado o disposto no art. 131 desta Lei.

Parágrafo único. Revogado o ato ou declarada sua ineficácia, ficará rescindida a sentença que o motivou.

Seção X

DA REALIZAÇÃO DO ATIVO

Art. 139. Logo após a arrecadação dos bens, com a juntada do respectivo auto ao processo de falência, será iniciada a realização do ativo.

Art. 140. A alienação dos bens será realizada de uma das seguintes formas, observada a seguinte ordem de preferência:

I – alienação da empresa, com a venda de seus estabelecimentos em bloco;

II – alienação da empresa, com a venda de suas filiais ou unidades produtivas isoladamente;

III – alienação em bloco dos bens que integram cada um dos estabelecimentos do devedor;

IV – alienação dos bens individualmente considerados.

§ 1º Se convier à realização do ativo, ou em razão de oportunidade, podem ser adotadas mais de uma forma de alienação.

§ 2º A realização do ativo terá início independentemente da formação do quadro geral de credores.

§ 3º A alienação da empresa terá por objeto o conjunto de determinados bens necessários à operação rentável da unidade de produção, que poderá compreender a transferência de contratos específicos.

§ 4º Nas transmissões de bens alienados na forma deste artigo que dependam de registro público, a este servirá como título aquisitivo suficiente o mandado judicial respectivo.

Art. 141. Na alienação conjunta ou separada de ativos, inclusive da empresa ou de suas filiais, promovida sob qualquer das modalidades de que trata o art. 142:

▶ *Caput* com a redação dada pela Lei nº 14.112, de 24-12-2020.

▶ Art. 145, § 1º, desta Lei.

I – todos os credores, observada a ordem de preferência definida no art. 83 desta Lei, sub-rogam-se no produto da realização do ativo;

II – o objeto da alienação estará livre de qualquer ônus e não haverá sucessão do arrematante nas obrigações do devedor, inclusive as de natureza tributária, as derivadas da legislação do trabalho e as decorrentes de acidentes de trabalho.

§ 1º O disposto no inciso II do *caput* deste artigo não se aplica quando o arrematante for:

▶ Art. 60, parágrafo único, desta Lei.

I – sócio da sociedade falida, ou sociedade controlada pelo falido;

II – parente, em linha reta ou colateral até o 4º (quarto) grau, consanguíneo ou afim, do falido ou de sócio da sociedade falida; ou

III – identificado como agente do falido com o objetivo de fraudar a sucessão.

§ 2º Empregados do devedor contratados pelo arrematante serão admitidos mediante novos contratos de trabalho e o arrematante não responde por obrigações decorrentes do contrato anterior.

§ 3º A alienação nas modalidades de que trata o art. 142 desta Lei poderá ser realizada com compartilhamento de custos operacionais por 2 (duas) ou mais empresas em situação falimentar.

▶ § 3º acrescido pela Lei nº 14.112, de 24-12-2020.

Art. 142. A alienação de bens dar-se-á por uma das seguintes modalidades:

▶ *Caput* com a redação dada pela Lei nº 14.112, de 24-12-2020.

▶ Arts. 60, 144 e 166 desta Lei.

I – leilão eletrônico, presencial ou híbrido;

▶ Inciso I com a redação dada pela Lei nº 14.112, de 24-12-2020.

II e III – *Revogados*. Lei nº 14.112, de 24-12-2020;

IV – processo competitivo organizado promovido por agente especializado e de reputação ilibada, cujo procedimento deverá ser detalhado em relatório anexo ao plano de realização do ativo ou ao plano de recuperação judicial, conforme o caso;

V – qualquer outra modalidade, desde que aprovada nos termos desta Lei.

► Incisos IV e V acrescidos pela Lei nº 14.112, de 24-12-2020.

§§ 1º e 2º *Revogados*. Lei nº 14.112, de 24-12-2020.

§ 2º-A. A alienação de que trata o *caput* deste artigo:

I – dar-se-á independentemente de a conjuntura do mercado no momento da venda ser favorável ou desfavorável, dado o caráter forçado da venda;

II – independerá da consolidação do quadro-geral de credores;

III – poderá contar com serviços de terceiros como consultores, corretores e leiloeiros;

IV – deverá ocorrer no prazo máximo de 180 (cento e oitenta) dias, contado da data da lavratura do auto de arrecadação, no caso de falência;

V – não estará sujeita à aplicação do conceito de preço vil.

► § 2º-A acrescido pela Lei nº 14.112, de 24-12-2020.

§ 3º Ao leilão eletrônico, presencial ou híbrido aplicam-se, no que couber, as regras da Lei nº 13.105, de 16 de março de 2015 (Código de Processo Civil).

► § 3º com a redação dada pela Lei nº 14.112, de 24-12-2020.

§ 3º-A. A alienação por leilão eletrônico, presencial ou híbrido dar-se-á:

I – em primeira chamada, no mínimo pelo valor de avaliação do bem;

II – em segunda chamada, dentro de 15 (quinze) dias, contados da primeira chamada, por no mínimo 50% (cinquenta por cento) do valor de avaliação; e

III – em terceira chamada, dentro de 15 (quinze) dias, contados da segunda chamada, por qualquer preço.

§ 3º-B. A alienação prevista nos incisos IV e V do *caput* deste artigo, conforme disposições específicas desta Lei, observará o seguinte:

I – será aprovada pela assembleia-geral de credores;

II – decorrerá de disposição de plano de recuperação judicial aprovado; ou

III – deverá ser aprovada pelo juiz, considerada a manifestação do administrador judicial e do Comitê de Credores, se existente.

► §§ 3º-A e 3º-B acrescidos pela Lei nº 14.112, de 24-12-2020.

§§ 4º a 6º *Revogados*. Lei nº 14.112, de 24-12-2020.

§ 7º Em qualquer modalidade de alienação, o Ministério Público e as Fazendas Públicas serão intimados por meio eletrônico, nos termos da legislação vigente e respeitadas as respectivas prerrogativas funcionais, sob pena de nulidade.

► § 7º com a redação dada pela Lei nº 14.112, de 24-12-2020.

§ 8º Todas as formas de alienação de bens realizadas de acordo com esta Lei serão consideradas, para todos os fins e efeitos, alienações judiciais.

► § 8º acrescido dada pela Lei nº 14.112, de 24-12-2020.

Art. 143. Em qualquer das modalidades de alienação referidas no art. 142 desta Lei, poderão ser apresentadas impugnações por quaisquer credores, pelo devedor ou pelo Ministério Público, no prazo de 48 (quarenta e oito) horas da arrematação, hipótese em que os autos serão conclusos ao juiz, que, no prazo de 5 (cinco) dias, decidirá sobre as impugnações e, julgando-as improcedentes, ordenará a entrega dos bens ao arrematante, respeitadas as condições estabelecidas no edital.

► Súm. nº 25 do STJ.

§ 1º Impugnações baseadas no valor de venda do bem somente serão recebidas se acompanhadas de oferta firme do impugnante ou de terceiro para a aquisição do bem, respeitados os termos do edital, por valor presente superior ao valor de venda, e de depósito caucionário equivalente a 10% (dez por cento) do valor oferecido.

§ 2º A oferta de que trata o § 1º deste artigo vincula o impugnante e o terceiro ofertante como se arrematantes fossem.

§ 3º Se houver mais de uma impugnação baseada no valor de venda do bem, somente terá seguimento aquela que tiver o maior valor presente entre elas.

§ 4º A suscitação infundada de vício na alienação pelo impugnante será considerada ato atentatório à dignidade da justiça e sujeitará o suscitante à reparação dos prejuízos causados e às penas previstas na Lei nº 13.105, de 16 de março de 2015 (Código de Processo Civil), para comportamentos análogos.

► §§ 1º a 4º acrescidos pela Lei nº 14.112, de 24-12-2020.

Art. 144. Havendo motivos justificados, o juiz poderá autorizar, mediante requerimento fundamentado do administrador judicial ou do Comitê, modalidades de alienação judicial diversas das previstas no art. 142 desta Lei.

Art. 144-A. Frustrada a tentativa de venda dos bens da massa falida e não havendo proposta concreta dos credores para assumi-los, os bens poderão ser considerados sem valor de mercado e destinados à doação.

Parágrafo único. Se não houver interessados na doação referida no *caput* deste artigo, os bens serão devolvidos ao falido.

► Art. 144-A acrescido pela Lei nº 14.112, de 24-12-2020.

Art. 145. Por deliberação tomada nos termos do art. 42 desta Lei, os credores poderão adjudicar os bens alienados na falência ou adquiri-los por meio de constituição de sociedade, de fundo ou de outro veículo de investimento, com a participação, se necessária, dos atuais sócios do devedor ou de terceiros, ou mediante conversão de dívida em capital.

► *Caput* com a redação dada pela Lei nº 14.112, de 24-12-2020.

► Arts. 35, II, *c*, e 46 desta Lei.

§ 1º Aplica-se irrestritamente o disposto no art. 141 desta Lei à transferência dos bens à sociedade, ao fundo ou ao veículo de investimento mencionados no *caput* deste artigo.

► § 1º com a redação dada pela Lei nº 14.112, de 24-12-2020.

§§ 2º e 3º *Revogados*. Lei nº 14.112, de 24-12-2020.

§ 4º Será considerada não escrita qualquer restrição convencional à venda ou à circulação das participações na sociedade, no fundo de investimento ou no veículo de investimento a que se refere o *caput* deste artigo.

► § 4º acrescido pela Lei nº 14.112, de 24-12-2020.

Art. 146. Em qualquer modalidade de realização do ativo adotada, fica a massa falida dispensada da apresentação de certidões negativas.

Art. 147. As quantias recebidas a qualquer título serão imediatamente depositadas em conta remunerada de instituição financeira, atendidos os requisitos da lei ou das normas de organização judiciária.

Art. 148. O administrador judicial fará constar do relatório de que trata a alínea *p* do inciso III do art. 22 os valores eventualmente recebidos no mês vencido, explicitando a forma de distribuição dos recursos entre os credores, observado o disposto no art. 149 desta Lei.

Seção XI
DO PAGAMENTO AOS CREDORES

Art. 149. Realizadas as restituições, pagos os créditos extraconcursais, na forma do art. 84 desta Lei, e consolidado o quadro geral de credores, as importâncias recebidas com a realização do ativo serão destinadas ao pagamento dos credores, atendendo à classificação prevista no art. 83 desta Lei, respeitados os demais dispositivos desta Lei e as decisões judiciais que determinam reserva de importâncias.

§ 1º Havendo reserva de importâncias, os valores a ela relativos ficarão depositados até o julgamento definitivo do crédito e, no caso de não ser este finalmente reconhecido, no todo ou em parte, os recursos depositados serão objeto de rateio suplementar entre os credores remanescentes.

§ 2º Os credores que não procederem, no prazo fixado pelo juiz, ao levantamento dos valores que lhes couberam em rateio serão intimados a fazê-lo no prazo de 60 (sessenta) dias, após o qual os recursos serão objeto de rateio suplementar entre os credores remanescentes.

Art. 150. As despesas cujo pagamento antecipado seja indispensável à administração da falência, inclusive na hipótese de continuação provisória das atividades previstas no inciso XI do *caput* do art. 99 desta Lei, serão pagas pelo administrador judicial com os recursos disponíveis em caixa.

Art. 151. Os créditos trabalhistas de natureza estritamente salarial vencidos nos 3 (três) meses anteriores à decretação da falência, até o limite de 5 (cinco) salários mínimos por trabalhador, serão pagos tão logo haja disponibilidade em caixa.

► Art. 86, parágrafo único, desta Lei.

Art. 152. Os credores restituirão em dobro as quantias recebidas, acrescidas dos juros legais, se ficar evidenciado dolo ou má-fé na constituição do crédito ou da garantia.

Art. 153. Pagos todos os credores, o saldo, se houver, será entregue ao falido.

Seção XII
DO ENCERRAMENTO DA FALÊNCIA E DA EXTINÇÃO DAS OBRIGAÇÕES DO FALIDO

Art. 154. Concluída a realização de todo o ativo, e distribuído o produto entre os credores, o administrador judicial apresentará suas contas ao juiz no prazo de 30 (trinta) dias.

► Art. 24, § 2º, desta Lei.

§ 1º As contas, acompanhadas dos documentos comprobatórios, serão prestadas em autos apartados que, ao final, serão apensados aos autos da falência.

▶ Art. 31, § 2º, desta Lei.

§ 2º O juiz ordenará a publicação de aviso de que as contas foram entregues e se encontram à disposição dos interessados, que poderão impugná-las no prazo de 10 (dez) dias.

▶ Art. 31, § 2º, desta Lei.

§ 3º Decorrido o prazo do aviso e realizadas as diligências necessárias à apuração dos fatos, o juiz intimará o Ministério Público para manifestar-se no prazo de 5 (cinco) dias, findo o qual o administrador judicial será ouvido se houver impugnação ou parecer contrário do Ministério Público.

▶ Art. 31, § 2º, desta Lei.

§ 4º Cumpridas as providências previstas nos §§ 2º e 3º deste artigo, o juiz julgará as contas por sentença.

▶ Art. 31, § 2º, desta Lei.

§ 5º A sentença que rejeitar as contas do administrador judicial fixará suas responsabilidades, poderá determinar a indisponibilidade ou o sequestro de bens e servirá como título executivo para indenização da massa.

▶ Art. 31, § 2º, desta Lei.

§ 6º Da sentença cabe apelação.

▶ Art. 31, § 2º, desta Lei.

▶ Súm. nº 25 do STJ.

Art. 155. Julgadas as contas do administrador judicial, ele apresentará o relatório final da falência no prazo de 10 (dez) dias, indicando o valor do ativo e o do produto de sua realização, o valor do passivo e o dos pagamentos feitos aos credores, e especificará justificadamente as responsabilidades com que continuará o falido.

▶ Art. 24, § 2º, desta Lei.

Art. 156. Apresentado o relatório final, o juiz encerrará a falência por sentença e ordenará a intimação eletrônica às Fazendas Públicas federal e de todos os Estados, Distrito Federal e Municípios em que o devedor tiver estabelecimento e determinará a baixa da falida no Cadastro Nacional da Pessoa Jurídica (CNPJ), expedido pela Secretaria Especial da Receita Federal do Brasil.

▶ *Caput* com a redação dada pela Lei nº 14.112, de 24-12-2020.

Parágrafo único. A sentença de encerramento será publicada por edital e dela caberá apelação.

Art. 157. *Revogado*. Lei nº 14.112, de 24-12-2020.

Art. 158. Extingue as obrigações do falido:

I – o pagamento de todos os créditos;

II – o pagamento, após realizado todo o ativo, de mais de 25% (vinte e cinco por cento) dos créditos quirografários, facultado ao falido o depósito da quantia necessária para atingir a referida porcentagem se para isso não tiver sido suficiente a integral liquidação do ativo;

▶ Inciso II com a redação dada pela Lei nº 14.112, de 24-12-2020.

III e IV – *Revogados*. Lei nº 14.112, de 24-12-2020;

V – o decurso do prazo de 3 (três) anos, contado da decretação da falência, ressalvada a utilização dos bens arrecadados anteriormente, que serão destinados à liquidação para a satisfação dos credores habilitados ou com pedido de reserva realizado;

VI – o encerramento da falência nos termos dos arts. 114-A ou 156 desta Lei.

▶ Incisos V e VI acrescidos pela Lei nº 14.112, de 24-12-2020.

Art. 159. Configurada qualquer das hipóteses do art. 158 desta Lei, o falido poderá requerer ao juízo da falência que suas obrigações sejam declaradas extintas por sentença.

▶ Art. 127, § 1º, desta Lei.

§ 1º A secretaria do juízo fará publicar imediatamente informação sobre a apresentação do requerimento a que se refere este artigo, e, no prazo comum de 5 (cinco) dias, qualquer credor, o administrador judicial e o Ministério Público poderão manifestar-se exclusivamente para apontar inconsistências formais e objetivas.

▶ § 1º com a redação dada pela Lei nº 14.112, de 24-12-2020.

§ 2º *Revogado*. Lei nº 14.112, de 24-12-2020.

§ 3º Findo o prazo, o juiz, em 15 (quinze) dias, proferirá sentença que declare extintas todas as obrigações do falido, inclusive as de natureza trabalhista.

▶ § 3º com a redação dada pela Lei nº 14.112, de 24-12-2020.

§ 4º A sentença que declarar extintas as obrigações será comunicada a todas as pessoas e entidades informadas da decretação da falência.

§ 5º Da sentença cabe apelação.

§ 6º Após o trânsito em julgado, os autos serão apensados aos da falência.

Art. 159-A. A sentença que declarar extintas as obrigações do falido, nos termos do art. 159 desta Lei, somente poderá ser rescindida por ação rescisória, na forma prevista na Lei nº 13.105, de 16 de março de 2015 (Código de Processo Civil), a pedido de qualquer credor, caso se verifique que o falido tenha sonegado bens, direitos ou rendimentos de qualquer espécie anteriores à data do requerimento a que se refere o art. 159 desta Lei.

Parágrafo único. O direito à rescisão de que trata o *caput* deste artigo extinguir-se-á no prazo de 2 (dois) anos, contado da data do trânsito em julgado da sentença de que trata o art. 159 desta Lei.

▶ Art. 159-A acrescido pela Lei nº 14.112, de 24-12-2020.

Art. 160. Verificada a prescrição ou extintas as obrigações nos termos desta Lei, o sócio de responsabilidade ilimitada também poderá requerer que seja declarada por sentença a extinção de suas obrigações na falência.

CAPÍTULO VI
DA RECUPERAÇÃO EXTRAJUDICIAL

Art. 161. O devedor que preencher os requisitos do art. 48 desta Lei poderá propor e negociar com credores plano de recuperação extrajudicial.

▶ Súm. nº 480 do STJ.

§ 1º Estão sujeitos à recuperação extrajudicial todos os créditos existentes na data do pedido, exceto os créditos de natureza tributária e aqueles previstos no § 3º do art. 49 e no inciso II do *caput* do art. 86 desta Lei, e a sujeição dos créditos de natureza trabalhista e por acidentes de trabalho exige negociação coletiva com o sindicato da respectiva categoria profissional.

▶ § 1º com a redação dada pela Lei nº 14.112, de 24-12-2020.

§ 2º O plano não poderá contemplar o pagamento antecipado de dívidas nem tratamento desfavorável aos credores que a ele não estejam sujeitos.

§ 3º O devedor não poderá requerer a homologação de plano extrajudicial, se estiver pendente pedido de recuperação judicial ou se houver obtido recuperação judicial ou homologação de outro plano de recuperação extrajudicial há menos de 2 (dois) anos.

§ 4º O pedido de homologação do plano de recuperação extrajudicial não acarretará suspensão de direitos, ações ou execuções, nem a impossibilidade do pedido de decretação de falência pelos credores não sujeitos ao plano de recuperação extrajudicial.

§ 5º Após a distribuição do pedido de homologação, os credores não poderão desistir da adesão ao plano, salvo com a anuência expressa dos demais signatários.

§ 6º A sentença de homologação do plano de recuperação extrajudicial constituirá título executivo judicial, nos termos do art. 584, inciso III do *caput*, da Lei nº 5.869, de 11 de janeiro de 1973 – Código de Processo Civil.

▶ Art. 515 do CPC/2015.

Art. 162. O devedor poderá requerer a homologação em juízo do plano de recuperação extrajudicial, juntando sua justificativa e o documento que contenha seus termos e condições, com as assinaturas dos credores que a ele aderiram.

▶ Arts. 163, § 6º, e 164 desta Lei.

Art. 163. O devedor poderá também requerer a homologação de plano de recuperação extrajudicial que obriga todos os credores por ele abrangidos, desde que assinado por credores que representem mais da metade dos créditos de cada espécie abrangidos pelo plano de recuperação extrajudicial.

▶ *Caput* com a redação dada pela Lei nº 14.112, de 24-12-2020.

▶ Arts. 164, § 3º, I, e 180 desta Lei.

§ 1º O plano poderá abranger a totalidade de uma ou mais espécies de créditos previstos no art. 83, incisos II, IV, V, VI e VIII do *caput*, desta Lei, ou grupo de credores de mesma natureza e sujeito a semelhantes condições de pagamento, e, uma vez homologado, obriga a todos os credores das espécies por ele abrangidas, exclusivamente em relação aos créditos constituídos até a data do pedido de homologação.

§ 2º Não serão considerados para fins de apuração do percentual previsto no *caput* deste artigo os créditos não incluídos no plano de recuperação extrajudicial, os quais não poderão ter seu valor ou condições originais de pagamento alteradas.

§ 3º Para fins exclusivos de apuração do percentual previsto no *caput* deste artigo:

I – o crédito em moeda estrangeira será convertido para moeda nacional pelo câmbio da véspera da data de assinatura do plano; e

II – não serão computados os créditos detidos pelas pessoas relacionadas no art. 43 deste artigo.

§ 4º Na alienação de bem objeto de garantia real, a supressão da garantia ou sua substituição somente serão admitidas mediante a aprovação expressa do credor titular da respectiva garantia.

§ 5º Nos créditos em moeda estrangeira, a variação cambial só poderá ser afastada se o credor titular do respectivo crédito aprovar expressamente previsão diversa no plano de recuperação extrajudicial.

§ 6º Para a homologação do plano de que trata este artigo, além dos documentos previstos no *caput* do art. 162 desta Lei, o devedor deverá juntar:

I – exposição da situação patrimonial do devedor;

II – as demonstrações contábeis relativas ao último exercício social e as levantadas especialmente para instruir o pedido, na forma do inciso II do *caput* do art. 51 desta Lei; e

III – os documentos que comprovem os poderes dos subscritores para novar ou transigir, relação nominal completa dos credores, com a indicação do endereço de cada um, a natureza, a classificação e o valor atualizado do crédito, discriminando sua origem, o regime dos respectivos vencimentos e a indicação dos registros contábeis de cada transação pendente.

§ 7º O pedido previsto no *caput* deste artigo poderá ser apresentado com comprovação da anuência de credores que representem pelo menos 1/3 (um terço) de todos os créditos de cada espécie por ele abrangidos e com o compromisso de, no prazo improrrogável de 90 (noventa) dias, contado da data do pedido, atingir o quórum previsto no *caput* deste artigo, por meio de adesão expressa, facultada a conversão do procedimento em recuperação judicial a pedido do devedor.

§ 8º Aplica-se à recuperação extrajudicial, desde o respectivo pedido, a suspensão de que trata o art. 6º desta Lei, exclusivamente em relação às espécies de crédito por ele abrangidas, e somente deverá ser ratificada pelo juiz se comprovado o quórum inicial exigido pelo § 7º deste artigo.

▸ §§ 7º e 8º acrescidos pela Lei nº 14.112, de 24-12-2020.

Art. 164. Recebido o pedido de homologação do plano de recuperação extrajudicial previsto nos arts. 162 e 163 desta Lei, o juiz ordenará a publicação de edital eletrônico com vistas a convocar os credores do devedor para apresentação de suas impugnações ao plano de recuperação extrajudicial, observado o disposto no § 3º deste artigo.

▸ *Caput* com a redação dada pela Lei nº 14.112, de 24-12-2020.

§ 1º No prazo do edital, deverá o devedor comprovar o envio de carta a todos os credores sujeitos ao plano, domiciliados ou sediados no país, informando a distribuição do pedido, as condições do plano e prazo para impugnação.

§ 2º Os credores terão prazo de 30 (trinta) dias, contado da publicação do edital, para impugnarem o plano, juntando a prova de seu crédito.

§ 3º Para opor-se, em sua manifestação, à homologação do plano, os credores somente poderão alegar:

I – não preenchimento do percentual mínimo previsto no *caput* do art. 163 desta Lei;

II – prática de qualquer dos atos previstos no inciso III do art. 94 ou do art. 130 desta Lei, ou descumprimento de requisito previsto nesta Lei;

III – descumprimento de qualquer outra exigência legal.

§ 4º Sendo apresentada impugnação, será aberto prazo de 5 (cinco) dias para que o devedor sobre ela se manifeste.

§ 5º Decorrido o prazo do § 4º deste artigo, os autos serão conclusos imediatamente ao juiz para apreciação de eventuais impugnações e decidirá, no prazo de 5 (cinco) dias, acerca do plano de recuperação extrajudicial, homologando-o por sentença se entender que não implica prática de atos previstos no art. 130 desta Lei e que não há outras irregularidades que recomendem sua rejeição.

§ 6º Havendo prova de simulação de créditos ou vício de representação dos credores que subscreverem o plano, a sua homologação será indeferida.

§ 7º Da sentença cabe apelação sem efeito suspensivo.

§ 8º Na hipótese de não homologação do plano o devedor poderá, cumpridas as formalidades, apresentar novo pedido de homologação de plano de recuperação extrajudicial.

Art. 165. O plano de recuperação extrajudicial produz efeitos após sua homologação judicial.

§ 1º É lícito, contudo, que o plano estabeleça a produção de efeitos anteriores à homologação, desde que exclusivamente em relação à modificação do valor ou da forma de pagamento dos credores signatários.

§ 2º Na hipótese do § 1º deste artigo, caso o plano seja posteriormente rejeitado pelo juiz, devolve-se aos credores signatários o direito de exigir seus créditos nas condições originais, deduzidos os valores efetivamente pagos.

Art. 166. Se o plano de recuperação extrajudicial homologado envolver alienação judicial de filiais ou de unidades produtivas isoladas do devedor, o juiz ordenará a sua realização, observado, no que couber, o disposto no art. 142 desta Lei.

Art. 167. O disposto neste Capítulo não implica impossibilidade de realização de outras modalidades de acordo privado entre o devedor e seus credores.

CAPÍTULO VI-A
DA INSOLVÊNCIA TRANSNACIONAL

▸ Capítulo VI-A acrescido pela Lei nº 14.112, de 24-12-2020.

Seção I
DISPOSIÇÕES GERAIS

▸ Seção I acrescida pela Lei nº 14.112, de 24-12-2020.

Art. 167-A. Este Capítulo disciplina a insolvência transnacional, com o objetivo de proporcionar mecanismos efetivos para:

I – a cooperação entre juízes e outras autoridades competentes do Brasil e de outros países em casos de insolvência transnacional;

II – o aumento da segurança jurídica para a atividade econômica e para o investimento;

III – a administração justa e eficiente de processos de insolvência transnacional, de modo a proteger os interesses de todos os credores e dos demais interessados, inclusive do devedor;

IV – a proteção e a maximização do valor dos ativos do devedor;

V – a promoção da recuperação de empresas em crise econômico-financeira, com a proteção de investimentos e a preservação de empregos; e

VI – a promoção da liquidação dos ativos da empresa em crise econômico-financeira, com a preservação e a otimização da utilização produtiva dos bens, dos ativos e dos recursos produtivos da empresa, inclusive os intangíveis.

§ 1º Na interpretação das disposições deste Capítulo, deverão ser considerados o seu objetivo de cooperação internacional, a necessidade de uniformidade de sua aplicação e a observância da boa-fé.

§ 2º As medidas de assistência aos processos estrangeiros mencionadas neste Capítulo formam um rol meramente exemplificativo, de modo que outras medidas, ainda que previstas em leis distintas, solicitadas pelo representante estrangeiro, pela autoridade estrangeira ou pelo juízo brasileiro poderão ser deferidas pelo juiz competente ou promovidas diretamente pelo administrador judicial, com imediata comunicação nos autos.

§ 3º Em caso de conflito, as obrigações assumidas em tratados ou convenções internacionais em vigor no Brasil prevalecerão sobre as disposições deste Capítulo.

§ 4º O juiz somente poderá deixar de aplicar as disposições deste Capítulo se, no caso concreto, a sua aplicação configurar manifesta ofensa à ordem pública.

§ 5º O Ministério Público intervirá nos processos de que trata este Capítulo.

§ 6º Na aplicação das disposições deste Capítulo, será observada a competência do Superior Tribunal de Justiça prevista na alínea *i* do inciso I do *caput* do art. 105 da Constituição Federal, quando cabível.

Art. 167-B. Para os fins deste Capítulo, considera-se:

I – processo estrangeiro: qualquer processo judicial ou administrativo, de cunho coletivo, inclusive de natureza cautelar, aberto em outro país de acordo com disposições relativas à insolvência nele vigentes, em que os bens e as atividades de um devedor estejam sujeitos a uma autoridade estrangeira, para fins de reorganização ou liquidação;

II – processo estrangeiro principal: qualquer processo estrangeiro aberto no país em que o devedor tenha o centro de seus interesses principais;

III – processo estrangeiro não principal: qualquer processo estrangeiro que não seja um processo estrangeiro principal, aberto em um país em que o devedor tenha estabelecimento ou bens;

IV – representante estrangeiro: pessoa ou órgão, inclusive o nomeado em caráter transitório, que esteja autorizado, no processo estrangeiro, a administrar os bens ou as atividades do devedor, ou a atuar como representante do processo estrangeiro;

V – autoridade estrangeira: juiz ou autoridade administrativa que dirija ou supervisione um processo estrangeiro; e

VI – estabelecimento: qualquer local de operações em que o devedor desenvolva uma atividade econômica não transitória com o emprego de recursos humanos e de bens ou serviços.

Art. 167-C. As disposições deste Capítulo aplicam-se aos casos em que:

I – autoridade estrangeira ou representante estrangeiro solicita assistência no Brasil para um processo estrangeiro;

II – assistência relacionada a um processo disciplinado por esta Lei é pleiteada em um país estrangeiro;

III – processo estrangeiro e processo disciplinado por esta Lei relativos ao mesmo devedor estão em curso simultaneamente; ou

IV – credores ou outras partes interessadas, de outro país, têm interesse em requerer a abertura de um processo disciplinado por esta Lei, ou dele participar.'

Art. 167-D. O juízo do local do principal estabelecimento do devedor no Brasil é o competente para o reconhecimento de processo estrangeiro e para a cooperação com a autoridade estrangeira nos termos deste Capítulo.

§ 1º A distribuição do pedido de reconhecimento do processo estrangeiro previne a jurisdição para qualquer pedido de recuperação judicial, de recuperação extrajudicial ou de falência relativo ao devedor.

§ 2º A distribuição do pedido de recuperação judicial, de recuperação extrajudicial ou de falência previne a jurisdição para qualquer pedido de reconhecimento de processo estrangeiro relativo ao devedor.

Art. 167-E. São autorizados a atuar em outros países, independentemente de decisão judicial, na qualidade de representante do processo brasileiro, desde que essa providência seja permitida pela lei do país em que tramitem os processos estrangeiros:

I – o devedor, na recuperação judicial e na recuperação extrajudicial;

II – o administrador judicial, na falência.

§ 1º Na hipótese de que trata o inciso II do *caput* deste artigo, poderá o juiz, em caso de omissão do administrador judicial, autorizar terceiro para a atuação prevista no *caput* deste artigo.

§ 2º A pedido de qualquer dos autorizados, o juízo mandará certificar a condição de representante do processo brasileiro.

▸ Arts. 167-A a 167-E acrescidos pela Lei nº 14.112, de 24-12-2020.

Seção II

DO ACESSO À JURISDIÇÃO BRASILEIRA

▸ Seção II acrescida pela Lei nº 14.112, de 24-12-2020.

Art. 167-F. O representante estrangeiro está legitimado a postular diretamente ao juiz brasileiro, nos termos deste Capítulo.

§ 1º O pedido feito ao juiz brasileiro não sujeita o representante estrangeiro nem o devedor, seus bens e suas atividades à jurisdição brasileira, exceto no que diz respeito aos estritos limites do pedido.

§ 2º Reconhecido o processo estrangeiro, o representante estrangeiro está autorizado a:

I – ajuizar pedido de falência do devedor, desde que presentes os requisitos para isso, de acordo com esta Lei;

II – participar do processo de recuperação judicial, de recuperação extrajudicial ou de falência do mesmo devedor, em curso no Brasil;

III – intervir em qualquer processo em que o devedor seja parte, atendidas as exigências do direito brasileiro.

Art. 167-G. Os credores estrangeiros têm os mesmos direitos conferidos aos credores nacionais nos processos de recuperação judicial, de recuperação extrajudicial ou de falência.

§ 1º Os credores estrangeiros receberão o mesmo tratamento dos credores nacionais, respeitada a ordem de classificação dos créditos prevista nesta Lei, e não serão discriminados em razão de sua nacionalidade ou da localização de sua sede, estabelecimento, residência ou domicílio, respeitado o seguinte:

I – os créditos estrangeiros de natureza tributária e previdenciária, bem como as penas pecuniárias por infração de leis penais ou administrativas, inclusive as multas tributárias devidas a Estados estrangeiros, não serão considerados nos processos de recuperação judicial e serão classificados como créditos subordinados nos processos de falência, independentemente de sua classificação nos países em que foram constituídos;

II – o crédito do representante estrangeiro será equiparado ao do administrador judicial nos casos em que fizer jus a remuneração, exceto quando for o próprio devedor ou seu representante;

III – os créditos que não tiverem correspondência com a classificação prevista nesta Lei serão classificados como quirografários, independentemente da classificação atribuída pela lei do país em que foram constituídos.

§ 2º O juiz deve determinar as medidas apropriadas, no caso concreto, para que os credores que não tiverem domicílio ou estabelecimento no Brasil tenham acesso às notificações e às informações dos processos de recuperação judicial, de recuperação extrajudicial ou de falência.

§ 3º As notificações e as informações aos credores que não tiverem domicílio ou estabelecimento no Brasil serão realizadas por qualquer meio considerado adequado pelo juiz, dispensada a expedição de carta rogatória para essa finalidade.

§ 4º A comunicação do início de um processo de recuperação judicial ou de falência para credores estrangeiros deverá conter as informações sobre providências necessárias para que o credor possa fazer valer seu direito, inclusive quanto ao prazo para apresentação de habilitação ou de divergência e à necessidade de os credores garantidos habilitarem seus créditos.

§ 5º O juiz brasileiro deverá expedir os ofícios e os mandados necessários ao Banco Central do Brasil para permitir a remessa ao exterior dos valores recebidos por credores domiciliados no estrangeiro.

▸ Arts. 167-F e 167-G acrescidos pela Lei nº 14.112, de 24-12-2020.

Seção III

DO RECONHECIMENTO DE PROCESSOS ESTRANGEIROS

▸ Seção III acrescida pela Lei nº 14.112, de 24-12-2020.

Art. 167-H. O representante estrangeiro pode ajuizar, perante o juiz, pedido de reconhecimento do processo estrangeiro em que atua.

§ 1º O pedido de reconhecimento do processo estrangeiro deve ser acompanhado dos seguintes documentos:

I – cópia apostilada da decisão que determine a abertura do processo estrangeiro e nomeie o representante estrangeiro;

II – certidão apostilada expedida pela autoridade estrangeira que ateste a existência do processo estrangeiro e a nomeação do representante estrangeiro; ou

III – qualquer outro documento emitido por autoridade estrangeira que permita ao juiz atingir plena convicção da existência do processo estrangeiro e da identificação do representante estrangeiro.

§ 2º O pedido de reconhecimento do processo estrangeiro deve ser acompanhado por uma relação de todos os processos estrangeiros relativos ao devedor que sejam de conhecimento do representante estrangeiro.

§ 3º Os documentos redigidos em língua estrangeira devem estar acompanhados de tradução oficial para a língua portuguesa, salvo quando, sem prejuízo aos credores, for expressamente dispensada pelo juiz e substituída por tradução simples para a língua portuguesa, declarada fiel e autêntica pelo próprio advogado, sob sua responsabilidade pessoal.

Art. 167-I. Independentemente de outras medidas, o juiz poderá reconhecer:

I – a existência do processo estrangeiro e a identificação do representante estrangeiro, a partir da decisão ou da certidão referidas no § 1º do art. 167-H desta Lei que os indicarem como tal;

II – a autenticidade de todos ou de alguns documentos juntados com o pedido de reconhecimento do processo estrangeiro, mesmo que não tenham sido apostilados;

III – o país onde se localiza o domicílio do devedor, no caso dos empresários individuais, ou o país da sede estatutária do devedor, no caso das sociedades, como seu centro de interesses principais, salvo prova em contrário.

Art. 167-J. Ressalvado o disposto no § 4º do art. 167-A desta Lei, o juiz reconhecerá o processo estrangeiro quando:

I – o processo enquadrar-se na definição constante do inciso I do *caput* do art. 167-B desta Lei;

II – o representante que tiver requerido o reconhecimento do processo enquadrar-se na definição de representante estrangeiro constante do inciso IV do *caput* do art. 167-B desta Lei;

III – o pedido cumprir os requisitos estabelecidos no art. 167-H desta Lei; e

IV – o pedido tiver sido endereçado ao juiz, conforme o disposto no art. 167-D desta Lei.

§ 1º Satisfeitos os requisitos previstos no *caput* deste artigo, o processo estrangeiro deve ser reconhecido como:

I – processo estrangeiro principal, caso tenha sido aberto no local em que o devedor tenha o seu centro de interesses principais; ou

II – processo estrangeiro não principal, caso tenha sido aberto em local em que o devedor tenha bens ou estabelecimento, na forma definida no inciso VI do *caput* do art. 167-B desta Lei.

§ 2º Não obstante o previsto nos incisos I e II do § 1º deste artigo, o processo estrangeiro será reconhecido como processo estrangeiro não principal se o centro de interesses principais do devedor tiver sido transferido ou de outra forma manipulado com o objetivo de transferir para outro Estado a competência jurisdicional para abertura do processo.

§ 3º A decisão de reconhecimento do processo estrangeiro poderá ser modificada ou revogada, a qualquer momento, a pedido de qualquer parte interessada, se houver elementos que comprovem que os requisitos para o reconhecimento foram descumpridos, total ou parcialmente, ou deixaram de existir.

§ 4º Da decisão que acolher o pedido de reconhecimento caberá agravo, e da sentença que o julgar improcedente caberá apelação.

Art. 167-K. Após o pedido de reconhecimento do processo estrangeiro, o representante estrangeiro deverá imediatamente informar ao juiz:

I – qualquer modificação significativa no estado do processo estrangeiro reconhecido ou no estado de sua nomeação como representante estrangeiro;

II – qualquer outro processo estrangeiro relativo ao mesmo devedor de que venha a ter conhecimento.

Art. 167-L. Após o ajuizamento do pedido de reconhecimento do processo estrangeiro, e antes de sua decisão, o juiz poderá conceder liminarmente as medidas de tutela provisória, fundadas em urgência ou evidência, necessárias para o cumprimento desta Lei, para a proteção da massa falida ou para a eficiência da administração.

§ 1º Salvo no caso do disposto no inciso IV do *caput* do art. 167-N desta Lei, as medidas de natureza provisória encerram-se com a decisão sobre o pedido de reconhecimento.

§ 2º O juiz poderá recusar-se a conceder as medidas de assistência provisória que possam interferir na administração do processo estrangeiro principal.

Art. 167-M. Com o reconhecimento de processo estrangeiro principal, decorrem automaticamente:

I – a suspensão do curso de quaisquer processos de execução ou de quaisquer outras medidas individualmente tomadas por credores relativas ao patrimônio do devedor, respeitadas as demais disposições desta Lei;

II – a suspensão do curso da prescrição de quaisquer execuções judiciais contra o devedor, respeitadas as demais disposições desta Lei;

III – a ineficácia de transferência, de oneração ou de qualquer forma de disposição de bens do ativo não circulante do devedor realizadas sem prévia autorização judicial.

§ 1º A extensão, a modificação ou a cessação dos efeitos previstos nos incisos I, II e III do *caput* deste artigo subordinam-se ao disposto nesta Lei.

§ 2º Os credores conservam o direito de ajuizar quaisquer processos judiciais e arbitrais, e de neles prosseguir, que visem à condenação do devedor ou ao reconhecimento ou à liquidação de seus créditos, e, em qualquer caso, as medidas executórias deverão permanecer suspensas.

§ 3º As medidas previstas neste artigo não afetam os credores que não estejam sujeitos aos processos de recuperação judicial, de recuperação extrajudicial ou de falência, salvo nos limites permitidos por esta Lei.

Art. 167-N. Com a decisão de reconhecimento do processo estrangeiro, tanto principal como não principal, o juiz poderá determinar, a pedido do representante estrangeiro e desde que necessárias para a proteção dos bens do devedor e no interesse dos credores, entre outras, as seguintes medidas:

I – a ineficácia de transferência, de oneração ou de qualquer forma de disposição de bens do ativo não circulante do devedor realizadas sem prévia autorização judicial, caso não tenham decorrido automaticamente do reconhecimento previsto no art. 167-M desta Lei;

II – a oitiva de testemunhas, a colheita de provas ou o fornecimento de informações relativas a bens, a direitos, a obrigações, à responsabilidade e à atividade do devedor;

III – a autorização do representante estrangeiro ou de outra pessoa para administrar e/ou realizar o ativo do devedor, no todo ou em parte, localizado no Brasil;

IV – a conversão, em definitiva, de qualquer medida de assistência provisória concedida anteriormente;

V – a concessão de qualquer outra medida que seja necessária.

§ 1º Com o reconhecimento do processo estrangeiro, tanto principal como não principal, o juiz poderá, a requerimento do representante estrangeiro, autorizá-lo, ou outra pessoa nomeada por aquele, a promover a destinação do ativo do devedor, no todo ou em parte, localizado no Brasil, desde que os interesses dos credores domiciliados ou estabelecidos no Brasil estejam adequadamente protegidos.

§ 2º Ao conceder medida de assistência prevista neste artigo requerida pelo representante estrangeiro de um processo estrangeiro não principal, o juiz deverá certificar-se de que as medidas para efetivá-la se referem a bens que, de acordo com o direito brasileiro, devam ser submetidos à disciplina aplicável ao processo estrangeiro não principal, ou certificar-se de que elas digam respeito a informações nele exigidas.

Art. 167-O. Ao conceder ou denegar uma das medidas previstas nos arts. 167-L e 167-N desta Lei, bem como ao modificá-las ou revogá-las nos termos do § 2º deste artigo, o juiz deverá certificar-se de que o interesse dos credores, do devedor e de terceiros interessados será adequadamente protegido.

§ 1º O juiz poderá condicionar a concessão das medidas previstas nos arts. 167-L e 167-N desta Lei ao atendimento de condições que considerar apropriadas.

§ 2º A pedido de qualquer interessado, do representante estrangeiro ou de ofício, o juiz poderá modificar ou revogar, a qualquer momento, medidas concedidas com fundamento nos arts. 167-L e 167-N desta Lei.

§ 3º Com o reconhecimento do processo estrangeiro, tanto principal quanto não principal, o representante estrangeiro poderá ajuizar medidas com o objetivo de tornar ineficazes quaisquer atos realizados, nos termos dos arts. 129 e 130, observado ainda o disposto no art. 131, todos desta Lei.

§ 4º No caso de processo estrangeiro não principal, a ineficácia referida no § 3º deste artigo dependerá da verificação, pelo juiz, de que, de acordo com a lei brasileira, os bens devam ser submetidos à disciplina aplicável ao processo estrangeiro não principal.

▸ Arts. 167-H a 167-O acrescidos pela Lei nº 14.112, de 24-12-2020.

Seção IV
DA COOPERAÇÃO COM AUTORIDADES E REPRESENTANTES ESTRANGEIROS

▸ Seção IV acrescida pela Lei nº 14.112, de 24-12-2020.

Art. 167-P. O juiz deverá cooperar diretamente ou por meio do administrador judicial, na máxima extensão possível, com a autoridade estrangeira ou com representantes estrangeiros, na persecução dos objetivos estabelecidos no art. 167-A desta Lei.

§ 1º O juiz poderá comunicar-se diretamente com autoridades estrangeiras ou com representantes estrangeiros, ou deles solicitar informação e assistência, sem a necessidade de expedição de cartas rogatórias, de procedimento de auxílio direto ou de outras formalidades semelhantes.

§ 2º O administrador judicial, no exercício de suas funções e sob a supervisão do juiz, deverá cooperar, na máxima extensão possível, com a autoridade estrangeira ou com representantes estrangeiros, na persecução dos objetivos estabelecidos no art. 167-A desta Lei.

§ 3º O administrador judicial, no exercício de suas funções, poderá comunicar-se com as autoridades estrangeiras ou com os representantes estrangeiros.

Art. 167-Q. A cooperação a que se refere o art. 167-P desta Lei poderá ser implementada por quaisquer meios, inclusive pela:

I – nomeação de uma pessoa, natural ou jurídica, para agir sob a supervisão do juiz;

II – comunicação de informações por quaisquer meios considerados apropriados pelo juiz;

III – coordenação da administração e da supervisão dos bens e das atividades do devedor;

IV – aprovação ou implementação, pelo juiz, de acordos ou de protocolos de cooperação para a coordenação dos processos judiciais; e

V – coordenação de processos concorrentes relativos ao mesmo devedor.

▸ Arts. 167-P e 167-Q acrescidos pela Lei nº 14.112, de 24-12-2020.

Seção V
DOS PROCESSOS CONCORRENTES

▸ Seção V acrescida pela Lei nº 14.112, de 24-12-2020.

Art. 167-R. Após o reconhecimento de um processo estrangeiro principal, somente se iniciará no Brasil um processo de recuperação judicial, de recuperação extrajudicial ou de falência se o devedor possuir bens ou estabelecimento no País.

Parágrafo único. Os efeitos do processo ajuizado no Brasil devem restringir-se aos bens e ao estabelecimento do devedor localizados no Brasil e podem estender-se a outros, desde que esta medida seja necessária para a cooperação e a coordenação com o processo estrangeiro principal.

Art. 167-S. Sempre que um processo estrangeiro e um processo de recuperação judicial, de recuperação extrajudicial ou de falência relativos ao mesmo devedor estiverem em curso simultaneamente, o juiz deverá buscar a cooperação e a coordenação entre eles, respeitadas as seguintes disposições:

I – se o processo no Brasil já estiver em curso quando o pedido de reconhecimento do processo estrangeiro tiver sido ajuizado, qualquer medida de assistência determinada pelo juiz nos termos dos arts. 167-L ou 167-N desta Lei deve ser compatível com o processo brasileiro, e o previsto no art. 167-M desta Lei não será aplicável se o processo estrangeiro for reconhecido como principal;

II – se o processo no Brasil for ajuizado após o reconhecimento do processo estrangeiro ou após o ajuizamento do pedido de seu reconhecimento, todas as medidas de assistência concedidas nos termos dos arts. 167-L ou 167-N desta Lei deverão ser revistas pelo juiz e modificadas ou revogadas se forem incompatíveis com o processo no Brasil e, quando o processo estrangeiro for reconhecido como principal, os efeitos referidos nos incisos I, II e III do *caput* do art. 167-M serão modificados ou cessados, nos termos do § 1º do art. 167-M desta Lei, se incompatíveis com os demais dispositivos desta Lei;

III – qualquer medida de assistência a um processo estrangeiro não principal deverá restringir-se a bens e a estabelecimento que, de acordo com o ordenamento jurídico brasileiro, devam ser submetidos à disciplina aplicável ao processo estrangeiro não principal, ou a informações nele exigidas.

Art. 167-T. Na hipótese de haver mais de um processo estrangeiro relativo ao mesmo devedor, o juiz deverá buscar a cooperação e a coordenação de acordo com as disposições dos arts. 167-P e 167-Q desta Lei, bem como observar o seguinte:

I – qualquer medida concedida ao representante de um processo estrangeiro não principal após o reconhecimento de um processo estrangeiro principal deve ser compatível com este último;

II – se um processo estrangeiro principal for reconhecido após o reconhecimento ou o pedido de reconhecimento de um processo estrangeiro não principal, qualquer medida concedida nos termos dos arts. 167-L ou 167-N desta Lei deverá ser revista pelo juiz, que a modificará ou a revogará se for incompatível com o processo estrangeiro principal;

III – se, após o reconhecimento de um processo estrangeiro não principal, outro processo estrangeiro não principal for reconhecido, o juiz poderá, com a finalidade de facilitar a coordenação dos processos, conceder, modificar ou revogar qualquer medida antes concedida.

Art. 167-U. Na ausência de prova em contrário, presume-se a insolvência do devedor cujo processo estrangeiro principal tenha sido reconhecido no Brasil.

Parágrafo único. O representante estrangeiro, o devedor ou os credores podem requerer a falência do devedor cujo processo estrangeiro principal tenha sido reconhecido no Brasil, atendidos os pressupostos previstos nesta Lei.

Art. 167-V. O juízo falimentar responsável por processo estrangeiro não principal deve prestar ao juízo principal as seguintes informações, entre outras:

I – valor dos bens arrecadados e do passivo;

II – valor dos créditos admitidos e sua classificação;

III – classificação, segundo a lei nacional, dos credores não domiciliados ou sediados nos países titulares de créditos sujeitos à lei estrangeira;

IV – relação de ações judiciais em curso de que seja parte o falido, como autor, réu ou interessado;

V – ocorrência do término da liquidação e o saldo, credor ou devedor, bem como eventual ativo remanescente.

Art. 167-W. No processo falimentar transnacional, principal ou não principal, nenhum ativo, bem ou recurso remanescente da liquidação será entregue ao falido se ainda houver passivo não satisfeito em qualquer outro processo falimentar transnacional.

Art. 167-X. O processo de falência transnacional principal somente poderá ser finalizado após o encerramento dos processos não principais ou após a constatação de que, nesses últimos, não haja ativo líquido remanescente.

Art. 167-Y. Sem prejuízo dos direitos sobre bens ou decorrentes de garantias reais, o credor que tiver recebido pagamento parcial de seu crédito em processo de insolvência no exterior não poderá ser pago pelo mesmo crédito em processo no Brasil referente ao mesmo devedor enquanto os pagamentos aos credores da mesma classe forem proporcionalmente inferiores ao valor já recebido no exterior.

▸ Arts. 167-R a 167-Y acrescidos pela Lei nº 14.112, de 24-12-2020.

CAPÍTULO VII
DISPOSIÇÕES PENAIS

Seção I
DOS CRIMES EM ESPÉCIE

Fraude a Credores

Art. 168. Praticar, antes ou depois da sentença que decretar a falência, conceder a recuperação judicial ou homologar a recuperação extrajudicial, ato fraudulento de que resulte ou possa resultar prejuízo aos credores, com o fim de obter ou assegurar vantagem indevida para si ou para outrem.

Pena – reclusão, de 3 (três) a 6 (seis) anos, e multa.

Aumento da pena

§ 1º A pena aumenta-se de 1/6 (um sexto) a 1/3 (um terço), se o agente:

I – elabora escrituração contábil ou balanço com dados inexatos;

II – omite, na escrituração contábil ou no balanço, lançamento que deles deveria constar, ou altera escrituração ou balanço verdadeiros;

III – destrói, apaga ou corrompe dados contábeis ou negociais armazenados em computador ou sistema informatizado;

IV – simula a composição do capital social;

V – destrói, oculta ou inutiliza, total ou parcialmente, os documentos de escrituração contábil obrigatórios.

Contabilidade paralela e distribuição de lucros ou dividendos a sócios e acionistas até a aprovação do plano de recuperação judicial

▸ Título renomeado pela Lei nº 14.112, de 24-12-2020.

§ 2º A pena é aumentada de 1/3 (um terço) até metade se o devedor manteve ou movimentou recursos ou valores paralelamente à contabilidade exigida pela legislação, inclusive na hipótese de violação do disposto no art. 6º-A desta Lei.

▸ § 2º com a redação dada pela Lei nº 14.112, de 24-12-2020.

Concurso de pessoas

§ 3º Nas mesmas penas incidem os contadores, técnicos contábeis, auditores e outros profissionais que, de qualquer modo, concorrerem para as condutas criminosas descritas neste artigo, na medida de sua culpabilidade.

Redução ou substituição da pena

§ 4º Tratando-se de falência de microempresa ou de empresa de pequeno porte, e não se constatando prática habitual de condutas fraudulentas por parte do falido, poderá o juiz reduzir a pena de reclusão de 1/3 (um terço) a 2/3 (dois terços) ou substituí-la pelas penas restritivas de direitos, pelas de perda de bens e valores ou pelas de prestação de serviços à comunidade ou a entidades públicas.

Violação de sigilo empresarial

Art. 169. Violar, explorar ou divulgar, sem justa causa, sigilo empresarial ou dados confidenciais sobre operações ou serviços, contribuindo para a condução do devedor a estado de inviabilidade econômica ou financeira:

Pena – reclusão, de 2 (dois) a 4 (quatro) anos, e multa.

Divulgação de informações falsas

Art. 170. Divulgar ou propalar, por qualquer meio, informação falsa sobre devedor em recuperação judicial, com o fim de levá-lo à falência ou de obter vantagem:

Pena – reclusão, de 2 (dois) a 4 (quatro) anos, e multa.

Indução a erro

Art. 171. Sonegar ou omitir informações ou prestar informações falsas no processo de falência, de recuperação judicial ou de recuperação extrajudicial, com o fim de induzir a erro o juiz, o Ministério Público, os credores, a assembleia-geral de credores, o Comitê ou o administrador judicial:

Pena – reclusão, de 2 (dois) a 4 (quatro) anos, e multa.

Favorecimento de credores

Art. 172. Praticar, antes ou depois da sentença que decretar a falência, conceder a recuperação judicial ou homologar plano de recuperação extrajudicial, ato de disposição ou oneração patrimonial ou gerador de obrigação, destinado a favorecer um ou mais credores em prejuízo dos demais:

Pena – reclusão, de 2 (dois) a 5 (cinco) anos, e multa.

Parágrafo único. Nas mesmas penas incorre o credor que, em conluio, possa beneficiar-se de ato previsto no *caput* deste artigo.

Desvio, ocultação ou apropriação de bens

Art. 173. Apropriar-se, desviar ou ocultar bens pertencentes ao devedor sob recuperação judicial ou à massa falida, inclusive por meio da aquisição por interposta pessoa:

Pena – reclusão, de 2 (dois) a 4 (quatro) anos, e multa.

Aquisição, recebimento ou uso ilegal de bens

Art. 174. Adquirir, receber, usar, ilicitamente, bem que sabe pertencer à massa falida ou influir para que terceiro, de boa-fé, o adquira, receba ou use:

Pena – reclusão, de 2 (dois) a 4 (quatro) anos, e multa.

Habilitação ilegal de crédito

Art. 175. Apresentar, em falência, recuperação judicial ou recuperação extrajudicial, relação de créditos, habilitação de créditos ou reclamação falsas, ou juntar a elas título falso ou simulado:

Pena – reclusão, de 2 (dois) a 4 (quatro) anos, e multa.

Exercício ilegal de atividade

Art. 176. Exercer atividade para a qual foi inabilitado ou incapacitado por decisão judicial, nos termos desta Lei:

Pena – reclusão, de 1 (um) a 4 (quatro) anos, e multa.

Violação de impedimento

Art. 177. Adquirir o juiz, o representante do Ministério Público, o administrador judicial, o gestor judicial, o perito, o avaliador, o escrivão, o oficial de justiça ou o leiloeiro, por si ou por interposta pessoa, bens de massa falida ou de devedor em recuperação judicial, ou, em relação a estes, entrar em alguma especulação de lucro, quando tenham atuado nos respectivos processos:

Pena – reclusão, de 2 (dois) a 4 (quatro) anos, e multa.

Omissão dos documentos contábeis obrigatórios

Art. 178. Deixar de elaborar, escriturar ou autenticar, antes ou depois da sentença que decretar a falência, conceder a recuperação judicial ou homologar o plano de recuperação extrajudicial, os documentos de escrituração contábil obrigatórios:

Pena – detenção, de 1 (um) a 2 (dois) anos, e multa, se o fato não constitui crime mais grave.

Seção II

DISPOSIÇÕES COMUNS

Art. 179. Na falência, na recuperação judicial e na recuperação extrajudicial de sociedades, os seus sócios, diretores, gerentes, administradores e conselheiros, de fato ou de direito, bem como o administrador judicial, equiparam-se ao devedor ou falido para todos os efeitos penais decorrentes desta Lei, na medida de sua culpabilidade.

Art. 180. A sentença que decreta a falência, concede a recuperação judicial ou concede a recuperação extrajudicial de que trata o art. 163 desta Lei é condição objetiva de punibilidade das infrações penais descritas nesta Lei.

Art. 181. São efeitos da condenação por crime previsto nesta Lei:

I – a inabilitação para o exercício de atividade empresarial;

II – o impedimento para o exercício de cargo ou função em conselho de administração, diretoria ou gerência das sociedades sujeitas a esta Lei;

III – a impossibilidade de gerir empresa por mandato ou por gestão de negócio.

§ 1º Os efeitos de que trata este artigo não são automáticos, devendo ser motivadamente declarados na sentença, e perdurarão até 5 (cinco) anos após a extinção da punibilidade, podendo, contudo, cessar antes pela reabilitação penal.

▸ Art. 102 desta Lei.

§ 2º Transitada em julgado a sentença penal condenatória, será notificado o Registro Público de Empresas para que tome as medidas necessárias para impedir novo registro em nome dos inabilitados.

Art. 182. A prescrição dos crimes previstos nesta Lei reger-se-á pelas disposições do Decreto-Lei nº 2.848, de 7 de dezembro de 1940 – Código Penal, começando a correr do dia da decretação da falência, da concessão da recuperação judicial ou da homologação do plano de recuperação extrajudicial.

Parágrafo único. A decretação da falência do devedor interrompe a prescrição cuja contagem tenha iniciado com a concessão da recuperação judicial ou com a homologação do plano de recuperação extrajudicial.

Seção III

DO PROCEDIMENTO PENAL

Art. 183. Compete ao juiz criminal da jurisdição onde tenha sido decretada a falência, concedida a recuperação judicial ou homologado o plano de recuperação extrajudicial, conhecer da ação penal pelos crimes previstos nesta Lei.

Art. 184. Os crimes previstos nesta Lei são de ação penal pública incondicionada.

Parágrafo único. Decorrido o prazo a que se refere o art. 187, § 1º, sem que o representante do Ministério Público ofereça denúncia, qualquer credor habilitado ou o administrador judicial poderá oferecer ação penal privada subsidiária da pública, observado o prazo decadencial de 6 (seis) meses.

Art. 185. Recebida a denúncia ou a queixa, observar-se-á o rito previsto nos arts. 531 a 540 do Decreto-Lei nº 3.689, de 3 de outubro de 1941 – Código de Processo Penal.

Art. 186. No relatório previsto na alínea e do inciso III do *caput* do art. 22 desta Lei, o administrador judicial apresentará ao juiz da falência exposição circunstanciada, considerando as causas da falência, o procedimento do devedor, antes e depois da sentença, e outras informações detalhadas a respeito da conduta do devedor e de outros responsáveis, se houver, por atos que possam constituir crime relacionado com a recuperação judicial ou com a falência, ou outro delito conexo a estes.

▸ Art. 22, III, *e*, desta Lei.

Parágrafo único. A exposição circunstanciada será instruída com laudo do contador encarregado do exame da escrituração do devedor.

Art. 187. Intimado da sentença que decreta a falência ou concede a recuperação judicial, o Ministério Público, verificando a ocorrência de qualquer crime previsto nesta Lei, promoverá imediatamente a competente ação penal ou, se entender necessário, requisitará a abertura de inquérito policial.

§ 1º O prazo para oferecimento da denúncia regula-se pelo art. 46 do Decreto-Lei nº 3.689, de 3 de outubro de 1941 – Código de Processo Penal, salvo se o Ministério Público, estando o réu solto ou afiançado, decidir aguardar a apresentação da exposição circunstanciada de que trata o art. 186 desta Lei, devendo, em seguida, oferecer a denúncia em 15 (quinze) dias.

▸ Art. 184, parágrafo único, desta Lei.

▸ Súm. nº 564 do STF.

§ 2º Em qualquer fase processual, surgindo indícios da prática dos crimes previstos nesta Lei, o juiz da falência ou da recuperação judicial ou da recuperação extrajudicial cientificará o Ministério Público.

Art. 188. Aplicam-se subsidiariamente as disposições do Código de Processo Penal, no que não forem incompatíveis com esta Lei.

CAPÍTULO VIII
DISPOSIÇÕES FINAIS E TRANSITÓRIAS

Art. 189. Aplica-se, no que couber, aos procedimentos previstos nesta Lei, o disposto na Lei nº 13.105, de 16 de março de 2015 (Código de Processo Civil), desde que não seja incompatível com os princípios desta Lei.

▸ *Caput* com a redação dada pela Lei nº 14.112, de 24-12-2020.

§ 1º Para os fins do disposto nesta Lei:

I – todos os prazos nela previstos ou que dela decorram serão contados em dias corridos; e

II – as decisões proferidas nos processos a que se refere esta Lei serão passíveis de agravo de instrumento, exceto nas hipóteses em que esta Lei previr de forma diversa.

§ 2º Para os fins do disposto no art. 190 da Lei nº 13.105, de 16 de março de 2015 (Código de Processo Civil), a manifestação de vontade do devedor será expressa e a dos credores será obtida por maioria, na forma prevista no art. 42 desta Lei.

▸ §§ 1º e 2º acrescidos pela Lei nº 14.112, de 24-12-2020.

Art. 189-A. Os processos disciplinados nesta Lei e os respectivos recursos, bem como os processos, os procedimentos e a execução dos atos e das diligências judiciais em que figure como parte empresário individual ou sociedade empresária em regime de recuperação judicial ou extrajudicial ou de falência terão prioridade sobre todos os atos judiciais, salvo o *habeas corpus* e as prioridades estabelecidas em leis especiais.

▸ Art. 189-A acrescido pela Lei nº 14.112, de 24-12-2020.

Art. 190. Todas as vezes que esta Lei se referir a devedor ou falido, compreender-se-á que a disposição também se aplica aos sócios ilimitadamente responsáveis.

Art. 191. Ressalvadas as disposições específicas desta Lei, as publicações ordenadas serão feitas em sítio eletrônico próprio, na internet, dedicado à recuperação judicial e à falência, e as intimações serão realizadas por notificação direta por meio de dispositivos móveis previamente cadastrados e autorizados pelo interessado.

▸ *Caput* com a redação dada pela Lei nº 14.112, de 24-12-2020.

Parágrafo único. As publicações ordenadas nesta Lei conterão a epígrafe "recuperação judicial de", "recuperação extrajudicial de" ou "falência de".

Art. 192. Esta Lei não se aplica aos processos de falência ou de concordata ajuizados anteriormente ao início de sua vigência, que serão concluídos nos termos do Decreto-Lei nº 7.661, de 21 de junho de 1945.

§ 1º Fica vedada a concessão de concordata suspensiva nos processos de falência em curso, podendo ser promovida a alienação dos bens da massa falida assim que concluída sua arrecadação, independentemente da formação do quadro geral de credores e da conclusão do inquérito judicial.

§ 2º A existência de pedido de concordata anterior à vigência desta Lei não obsta o pedido de recuperação judicial pelo devedor que não houver descumprido obrigação no âmbito da concordata, vedado, contudo, o pedido baseado no plano especial de recuperação judicial para microempresas e empresas de pequeno porte a que se refere a Seção V do Capítulo III desta Lei.

§ 3º No caso do § 2º deste artigo, se deferido o processamento da recuperação judicial, o processo de concordata será extinto e os créditos submetidos à concordata serão inscritos por seu valor original na recuperação judicial, deduzidas as parcelas pagas pelo concordatário.

§ 4º Esta Lei aplica-se às falências decretadas em sua vigência resultantes de convolação de concordatas ou de pedidos de falência anteriores, às quais se aplica, até a decretação, o Decreto-Lei nº 7.661, de 21 de junho de 1945, observado, na decisão que decretar a falência, o disposto no art. 99 desta Lei.

§ 5º O juiz poderá autorizar a locação ou arrendamento de bens imóveis ou móveis a fim de evitar a sua deterioração, cujos resultados reverterão em favor da massa.

▸ § 5º acrescido pela Lei nº 11.127, de 28-6-2005.

Art. 193. O disposto nesta Lei não afeta as obrigações assumidas no âmbito das câmaras ou prestadoras de serviços de compensação e de liquidação financeira, que serão ultimadas e liquidadas pela câmara ou prestador de serviços, na forma de seus regulamentos.

Art. 193-A. O pedido de recuperação judicial, o deferimento de seu processamento ou a homologação do plano de recuperação judicial não afetarão ou suspenderão, nos termos da legislação aplicável, o exercício dos direitos de vencimento antecipado e de compensação no âmbito de operações compromissadas e de derivativos, de modo que essas operações poderão ser vencidas antecipadamente, desde que assim previsto nos contratos celebrados entre as partes ou em regulamento, proibidas, no entanto, medidas que impliquem a redução, sob qualquer forma, das garantias ou de sua condição de excussão, a restrição do exercício de direitos, inclusive de vencimento antecipado por inexecução, e a compensação previstas contratualmente ou em regulamento.

§ 1º Em decorrência do vencimento antecipado das operações compromissadas e de derivativos conforme previsto no *caput* deste artigo, os créditos e débitos delas decorrentes serão compensados e extinguirão as obrigações até onde se compensarem.

§ 2º Se houver saldo remanescente contra o devedor, será este considerado crédito sujeito à recuperação judicial, ressalvada a existência de garantia de alienação ou de cessão fiduciária.

▸ Art. 193-A acrescido pela Lei nº 14.112, de 24-12-2020.

Art. 194. O produto da realização das garantias prestadas pelo participante das câmaras ou prestadores de serviços de compensação e de liquidação financeira submetidos aos regimes de que trata esta Lei, assim como os títulos, valores mobiliários e quaisquer outros de seus ativos objetos de compensação ou liquidação serão destinados à liquidação das obrigações assumidas no âmbito das câmaras ou prestadoras de serviços.

Art. 195. A decretação da falência das concessionárias de serviços públicos implica extinção da concessão, na forma da lei.

Art. 196. Os Registros Públicos de Empresas, em cooperação com os Tribunais de Justiça, manterão banco de dados público e gratuito, disponível na internet, com a relação de todos os devedores falidos ou em recuperação judicial.

Parágrafo único. Os Registros Públicos de Empresas, em cooperação com o Conselho Nacional de Justiça, deverão promover a integração de seus bancos de dados em âmbito nacional.

▸ Art. 196 com a redação dada pela Lei nº 14.112, de 24-12-2020.

Art. 197. Enquanto não forem aprovadas as respectivas leis específicas, esta Lei aplica-se subsidiariamente, no que couber, aos regimes previstos no Decreto-Lei nº 73, de 21 de novembro de 1966, na Lei nº 6.024, de 13 de março de 1974, no Decreto-Lei nº 2.321, de 25 de fevereiro de 1987, e na Lei nº 9.514, de 20 de novembro de 1997.

Art. 198. Os devedores proibidos de requerer concordata nos termos da legislação específica em vigor na data da publicação desta Lei ficam proibidos de requerer recuperação judicial ou extrajudicial nos termos desta Lei.

Art. 199. Não se aplica o disposto no art. 198 desta Lei às sociedades a que se refere o art. 187 da Lei nº 7.565, de 19 de dezembro de 1986.

§ 1º Na recuperação judicial e na falência das sociedades de que trata o *caput* deste artigo, em nenhuma hipótese ficará suspenso o exercício de direitos derivados de contratos de locação, arrendamento mercantil ou de qualquer outra modalidade de arrendamento de aeronaves ou de suas partes.

§ 2º Os créditos decorrentes dos contratos mencionados no § 1º deste artigo não se submeterão aos efeitos da recuperação judicial ou extrajudicial, prevalecendo os direitos de propriedade sobre a coisa e as condições contratuais, não se lhes aplicando a ressalva contida na parte final do § 3º do art. 49 desta Lei.

§ 3º Na hipótese de falência das sociedades de que trata o *caput* deste artigo, prevalecerão os direitos de propriedade sobre a coisa relativos a contratos de locação, de arrendamento mercantil ou de qualquer outra modalidade de arrendamento de aeronaves ou de suas partes.

▸ §§ 1º a 3º acrescidos pela Lei nº 11.196, de 21-11-2005.

Art. 200. Ressalvado o disposto no art. 192 desta Lei, ficam revogados o Decreto-lei nº 7.661, de 21 de junho de 1945, e os arts. 503 a 512 do Decreto-Lei nº 3.689, de 3 de outubro de 1941 – Código de Processo Penal.

Art. 201. Esta Lei entra em vigor 120 (cento e vinte) dias após sua publicação.

Brasília, 9 de fevereiro de 2005;
184º da Independência e
117º da República.

Luiz Inácio Lula da Silva

LEI Nº 11.340, DE 7 DE AGOSTO DE 2006

Cria mecanismos para coibir a violência doméstica e familiar contra a mulher, nos termos do § 8º do art. 226 da Constituição Federal, da Convenção sobre a Eliminação de Todas as Formas de Discriminação contra as Mulheres e da Convenção Interamericana para Prevenir, Punir e Erradicar a Violência contra a Mulher; dispõe sobre a criação dos Juizados de Violência Doméstica e Familiar contra a Mulher; altera o Código de Processo Penal, o Código Penal e a Lei de Execução Penal; e dá outras providências.

▸ Publicada no *DOU* de 8-8-2006.

▸ Lei nº 12.227, de 12-4-2010, cria o Relatório Anual Socioeconômico da Mulher.

▸ Dec. nº 1.973, de 1º-8-1996, promulga a Convenção Interamericana para Prevenir, Punir e Erradicar a Violência contra a Mulher.

▸ Dec. nº 4.377, de 13-9-2002, promulga a Convenção sobre a Eliminação de Todas as Formas de Discriminação contra a Mulher.

▸ Súm. nº 542 do STJ.

TÍTULO I – DISPOSIÇÕES PRELIMINARES

Art. 1º Esta Lei cria mecanismos para coibir e prevenir a violência doméstica e familiar contra a mulher, nos termos do § 8º do art. 226 da Constituição Federal, da Convenção sobre a Eliminação de Todas as Formas de Violência contra a Mulher, da Convenção Interamericana para Prevenir, Punir e Erradicar a Violência contra a Mulher e de outros tratados internacionais ratificados pela República Federativa do Brasil; dispõe sobre a criação dos Juizados de Violência Doméstica e Familiar contra a Mulher; e estabelece medidas de assistência e proteção às mulheres em situação de violência doméstica e familiar.

▸ O STF, por unanimidade de votos, julgou procedente a ADC nº 19, para declarar a constitucionalidade deste artigo (*DOU* de 17-2-2012).

Art. 2º Toda mulher, independentemente de classe, raça, etnia, orientação sexual, renda, cultura, nível educacional, idade e religião, goza dos direitos fundamentais inerentes à pessoa humana, sendo-lhe asseguradas as oportunidades e facilidades para viver sem violência, preservar sua saúde física e mental e seu aperfeiçoamento moral, intelectual e social.

Art. 3º Serão asseguradas às mulheres as condições para o exercício efetivo dos direitos à vida, à segurança, à saúde, à alimentação, à educação, à cultura, à moradia, ao acesso à justiça, ao esporte, ao lazer, ao trabalho, à cidadania, à liberdade, à dignidade, ao respeito e à convivência familiar e comunitária.

▸ Art. 6º da CF.

§ 1º O poder público desenvolverá políticas que visem garantir os direitos humanos das mulheres no âmbito das relações domésticas e familiares no sentido de resguardá-las de toda forma de negligência, discriminação, exploração, violência, crueldade e opressão.

§ 2º Cabe à família, à sociedade e ao poder público criar as condições necessárias para o efetivo exercício dos direitos enunciados no *caput*.

Art. 4º Na interpretação desta Lei, serão considerados os fins sociais a que ela se destina e, especialmente, as condições peculiares das mulheres em situação de violência doméstica e familiar.

TÍTULO II – DA VIOLÊNCIA DOMÉSTICA E FAMILIAR CONTRA A MULHER

CAPÍTULO I

DISPOSIÇÕES GERAIS

Art. 5º Para os efeitos desta Lei, configura violência doméstica e familiar contra a mulher qualquer ação ou omissão baseada no gênero que lhe cause morte, lesão, sofrimento físico, sexual ou psicológico e dano moral ou patrimonial:

I – no âmbito da unidade doméstica, compreendida como o espaço de convívio permanente de pessoas, com ou sem vínculo familiar, inclusive as esporadicamente agregadas;

II – no âmbito da família, compreendida como a comunidade formada por indivíduos que são ou se consideram aparentados, unidos por laços naturais, por afinidade ou por vontade expressa;

III – em qualquer relação íntima de afeto, na qual o agressor conviva ou tenha convivido com a ofendida, independentemente de coabitação.

Parágrafo único. As relações pessoais enunciadas neste artigo independem de orientação sexual.

Art. 6º A violência doméstica e familiar contra a mulher constitui uma das formas de violação dos direitos humanos.

CAPÍTULO II

DAS FORMAS DE VIOLÊNCIA DOMÉSTICA E FAMILIAR CONTRA A MULHER

Art. 7º São formas de violência doméstica e familiar contra a mulher, entre outras:

I – a violência física, entendida como qualquer conduta que ofenda sua integridade ou saúde corporal;

II – a violência psicológica, entendida como qualquer conduta que lhe cause dano emocional e diminuição da autoestima ou que lhe prejudique e perturbe o pleno desenvolvimento ou que vise degradar ou controlar suas ações, comportamentos, crenças e decisões, mediante ameaça, constrangimento, humilhação, manipulação, isolamento, vigilância constante, perseguição contumaz, insulto, chantagem, violação de sua intimidade, ridicularização, exploração e limitação do direito de ir e vir ou qualquer outro meio que lhe cause prejuízo à saúde psicológica e à autodeterminação;

► Inciso II com a redação dada pela Lei nº 13.772, de 19-12-2018.

III – a violência sexual, entendida como qualquer conduta que a constranja a presenciar, a manter ou a participar de relação sexual não desejada, mediante intimidação, ameaça, coação ou uso da força; que a induza a comercializar ou a utilizar, de qualquer modo, a sua sexualidade, que a impeça de usar qualquer método contraceptivo ou que a force ao matrimônio, à gravidez, ao aborto ou à prostituição, mediante coação, chantagem, suborno ou manipulação; ou que limite ou anule o exercício de seus direitos sexuais e reprodutivos;

► Lei nº 12.845, de 1º-8-2013, dispõe sobre o atendimento obrigatório e integral de pessoas em situação de violência sexual.

IV – a violência patrimonial, entendida como qualquer conduta que configure retenção, subtração, destruição parcial ou total de seus objetos, instrumentos de trabalho, documentos pessoais, bens, valores e direitos ou recursos econômicos, incluindo os destinados a satisfazer suas necessidades;

V – a violência moral, entendida como qualquer conduta que configure calúnia, difamação ou injúria.

TÍTULO III – DA ASSISTÊNCIA À MULHER EM SITUAÇÃO DE VIOLÊNCIA DOMÉSTICA E FAMILIAR

► Dec. nº 11.431, de 8-3-2023, institui o Programa Mulher Viver sem Violência.

CAPÍTULO I

DAS MEDIDAS INTEGRADAS DE PREVENÇÃO

Art. 8º A política pública que visa coibir a violência doméstica e familiar contra a mulher far-se-á por meio de um conjunto articulado de ações da União, dos Estados, do Distrito Federal e dos Municípios e de ações não governamentais, tendo por diretrizes:

I – a integração operacional do Poder Judiciário, do Ministério Público e da Defensoria Pública com as áreas de segurança pública, assistência social, saúde, educação, trabalho e habitação;

II – a promoção de estudos e pesquisas, estatísticas e outras informações relevantes, com a perspectiva de gênero e de raça ou etnia, concernentes às causas, às consequências e à frequência da violência doméstica e familiar contra a mulher, para a sistematização de dados, a serem unificados nacionalmente, e a avaliação periódica dos resultados das medidas adotadas;

III – o respeito, nos meios de comunicação social, dos valores éticos e sociais da pessoa e da família, de forma a coibir os papéis estereotipados que legitimem ou exacerbem a violência doméstica e familiar, de acordo com o estabelecido no inciso III do art. 1º, no inciso IV do art. 3º e no inciso IV do art. 221 da Constituição Federal;

IV – a implementação de atendimento policial especializado para as mulheres, em particular nas Delegacias de Atendimento à Mulher;

V – a promoção e a realização de campanhas educativas de prevenção da violência doméstica e familiar contra a mulher, voltadas ao público escolar e à sociedade em geral, e a difusão desta Lei e dos instrumentos de proteção aos direitos humanos das mulheres;

VI – a celebração de convênios, protocolos, ajustes, termos ou outros instrumentos de promoção de parceria entre órgãos governamentais ou entre estes e entidades não governamentais, tendo por objetivo a implementação de programas de erradicação da violência doméstica e familiar contra a mulher;

VII – a capacitação permanente das Polícias Civil e Militar, da Guarda Municipal, do Corpo de Bombeiros e dos profissionais pertencentes aos órgãos e às áreas enunciados no inciso I quanto às questões de gênero e de raça ou etnia;

VIII – a promoção de programas educacionais que disseminem valores éticos de irrestrito respeito à dignidade da pessoa humana com a perspectiva de gênero e de raça ou etnia;

IX – o destaque, nos currículos escolares de todos os níveis de ensino, para os conteúdos relativos aos direitos humanos, à equidade de gênero e de raça ou etnia e ao problema da violência doméstica e familiar contra a mulher.

CAPÍTULO II

DA ASSISTÊNCIA À MULHER EM SITUAÇÃO DE VIOLÊNCIA DOMÉSTICA E FAMILIAR

***Art. 9º** A assistência à mulher em situação de violência doméstica e familiar será prestada em caráter prioritário no Sistema Único de Saúde (SUS) e no Sistema Único de Segurança Pública (SUSP), de forma articulada e conforme os princípios e as diretrizes previstos na Lei nº 8.742, de 7 de dezembro de 1993 (Lei Orgânica da Assistência Social), e em outras normas e políticas públicas de proteção, e emergencialmente, quando for o caso.*

► *Caput* com a redação dada pela Lei nº 14.887, de 12-6-2024.

§ 1º O juiz determinará, por prazo certo, a inclusão da mulher em situação de violência doméstica e familiar no cadastro de programas assistenciais do governo federal, estadual e municipal.

§ 2º O juiz assegurará à mulher em situação de violência doméstica e familiar, para preservar sua integridade física e psicológica:

I – acesso prioritário à remoção quando servidora pública, integrante da administração direta ou indireta;

II – manutenção do vínculo trabalhista, quando necessário o afastamento do local de trabalho, por até seis meses;

III – encaminhamento à assistência judiciária, quando for o caso, inclusive para eventual ajuizamento da ação de separação judicial, de divórcio, de anulação de casamento ou de dissolução de união estável perante o juízo competente.

► Inciso III acrescido pela Lei nº 13.894, de 29-10-2019.

§ 3º A assistência à mulher em situação de violência doméstica e familiar compreenderá o acesso aos benefícios decorrentes do desenvolvimento científico e tecnológico, incluindo os serviços de contracepção de emergência, a profilaxia das Doenças Sexualmente Transmissíveis (DST) e da Síndrome da Imunodeficiência Adquirida (AIDS) e outros procedimentos médicos necessários e cabíveis nos casos de violência sexual.

► Lei nº 12.845, de 1º-8-2013, dispõe sobre o atendimento obrigatório e integral de pessoas em situação de violência sexual.

§ 4º Aquele que, por ação ou omissão, causar lesão, violência física, sexual ou psicológica e dano moral ou patrimonial a mulher fica obrigado a ressarcir todos os danos causados, inclusive ressarcir ao Sistema Único de Saúde (SUS), de acordo com a tabela SUS, os custos relativos aos serviços de saúde prestados para o total tratamento das vítimas em situação de violência doméstica e familiar, recolhidos os recursos assim arrecadados ao Fundo de Saúde do ente federado responsável pelas unidades de saúde que prestarem os serviços.

§ 5º Os dispositivos de segurança destinados ao uso em caso de perigo iminente e disponibilizados para o monitoramento das vítimas de violência doméstica ou familiar amparadas por medidas protetivas terão seus custos ressarcidos pelo agressor.

§ 6º O ressarcimento de que tratam os §§ 4º e 5º deste artigo não poderá importar ônus de qualquer natureza ao patrimônio da mulher e dos seus dependentes, nem configurar atenuante ou ensejar possibilidade de substituição da pena aplicada.

▸ §§ 4º a 6º acrescidos pela Lei nº 13.871, de 17-9-2019.

§ 7º A mulher em situação de violência doméstica e familiar tem prioridade para matricular seus dependentes em instituição de educação básica mais próxima de seu domicílio, ou transferi-los para essa instituição, mediante a apresentação dos documentos comprobatórios do registro da ocorrência policial ou do processo de violência doméstica e familiar em curso.

§ 8º Serão sigilosos os dados da ofendida e de seus dependentes matriculados ou transferidos conforme o disposto no § 7º deste artigo, e o acesso às informações será reservado ao juiz, ao Ministério Público e aos órgãos competentes do poder público.

▸ §§ 7º e 8º acrescidos pela Lei nº 13.882, de 8-10-2019.

CAPÍTULO III

DO ATENDIMENTO PELA AUTORIDADE POLICIAL

Art. 10. Na hipótese da iminência ou da prática de violência doméstica e familiar contra a mulher, a autoridade policial que tomar conhecimento da ocorrência adotará, de imediato, as providências legais cabíveis.

Parágrafo único. Aplica-se o disposto no *caput* deste artigo ao descumprimento de medida protetiva de urgência deferida.

Art. 10-A. É direito da mulher em situação de violência doméstica e familiar o atendimento policial e pericial especializado, ininterrupto e prestado por servidores – preferencialmente do sexo feminino – previamente capacitados.

§ 1º A inquirição de mulher em situação de violência doméstica e familiar ou de testemunha de violência doméstica, quando se tratar de crime contra a mulher, obedecerá às seguintes diretrizes:

I – salvaguarda da integridade física, psíquica e emocional da depoente, considerada a sua condição peculiar de pessoa em situação de violência doméstica e familiar;

II – garantia de que, em nenhuma hipótese, a mulher em situação de violência doméstica e familiar, familiares e testemunhas terão contato direto com investigados ou suspeitos e pessoas a eles relacionadas;

III – não revitimização da depoente, evitando sucessivas inquirições sobre o mesmo fato nos âmbitos criminal, cível e administrativo, bem como questionamentos sobre a vida privada.

§ 2º Na inquirição de mulher em situação de violência doméstica e familiar ou de testemunha de delitos de que trata esta Lei, adotar-se-á, preferencialmente, o seguinte procedimento:

I – a inquirição será feita em recinto especialmente projetado para esse fim, o qual conterá os equipamentos próprios e adequados à idade da mulher em situação de violência doméstica e familiar ou testemunha e ao tipo e à gravidade da violência sofrida;

II – quando for o caso, a inquirição será intermediada por profissional especializado em violência doméstica e familiar designado pela autoridade judiciária ou policial;

III – o depoimento será registrado em meio eletrônico ou magnético, devendo a degravação e a mídia integrar o inquérito.

▸ Art. 10-A acrescido pela Lei nº 13.505, de 8-11-2017.

Art. 11. No atendimento à mulher em situação de violência doméstica e familiar, a autoridade policial deverá, entre outras providências:

I – garantir proteção policial, quando necessário, comunicando de imediato ao Ministério Público e ao Poder Judiciário;

II – encaminhar a ofendida ao hospital ou posto de saúde e ao Instituto Médico Legal;

III – fornecer transporte para a ofendida e seus dependentes para abrigo ou local seguro, quando houver risco de vida;

IV – se necessário, acompanhar a ofendida para assegurar a retirada de seus pertences do local da ocorrência ou do domicílio familiar;

V – informar à ofendida os direitos a ela conferidos nesta Lei e os serviços disponíveis, inclusive os de assistência judiciária para o eventual ajuizamento perante o juízo competente da ação de separação judicial, de divórcio, de anulação de casamento ou de dissolução de união estável.

▸ Inciso V com a redação dada pela Lei nº 13.894, de 29-10-2019.

Art. 12. Em todos os casos de violência doméstica e familiar contra a mulher, feito o registro da ocorrência, deverá a autoridade policial adotar, de imediato, os seguintes procedimentos, sem prejuízo daqueles previstos no Código de Processo Penal:

I – ouvir a ofendida, lavrar o boletim de ocorrência e tomar a representação a termo, se apresentada;

▸ O STF, por maioria de votos, julgou procedente a ADI nº 4.424, para dar a este inciso interpretação conforme a CF, assentando a natureza incondicionada da ação penal em caso de crime de lesão, pouco importando a extensão desta, praticado contra a mulher no ambiente doméstico (*DOU* de 17-2-2012).

II – colher todas as provas que servirem para o esclarecimento do fato e de suas circunstâncias;

III – remeter, no prazo de 48 (quarenta e oito) horas, expediente apartado ao juiz com o pedido da ofendida, para a concessão de medidas protetivas de urgência;

IV – determinar que se proceda ao exame de corpo de delito da ofendida e requisitar outros exames periciais necessários;

V – ouvir o agressor e as testemunhas;

VI – ordenar a identificação do agressor e fazer juntar aos autos sua folha de antecedentes criminais, indicando a existência de mandado de prisão ou registro de outras ocorrências policiais contra ele;

VI-A – verificar se o agressor possui registro de porte ou posse de arma de fogo e, na hipótese de existência, juntar aos autos essa informação, bem como notificar a ocorrência à instituição responsável pela concessão do registro ou da emissão do porte, nos termos da Lei nº 10.826, de 22 de dezembro de 2003 (Estatuto do Desarmamento);

▸ Inciso VI-A acrescido pela Lei nº 13.880, de 8-10-2019.

VII – remeter, no prazo legal, os autos do inquérito policial ao juiz e ao Ministério Público.

§ 1º O pedido da ofendida será tomado a termo pela autoridade policial e deverá conter:

I – qualificação da ofendida e do agressor;

II – nome e idade dos dependentes;

III – descrição sucinta do fato e das medidas protetivas solicitadas pela ofendida;

IV – informação sobre a condição de a ofendida ser pessoa com deficiência e se da violência sofrida resultou deficiência ou agravamento de deficiência preexistente.

▸ Inciso IV acrescido pela Lei nº 13.836, de 4-6-2019.

§ 2º A autoridade policial deverá anexar ao documento referido no § 1º o boletim de ocorrência e cópia de todos os documentos disponíveis em posse da ofendida.

§ 3º Serão admitidos como meios de prova os laudos ou prontuários médicos fornecidos por hospitais e postos de saúde.

Art. 12-A. Os Estados e o Distrito Federal, na formulação de suas políticas e planos de atendimento à mulher em situação de violência doméstica e familiar, darão prioridade, no âmbito da Polícia Civil, à criação de Delegacias Especializadas de Atendimento à Mulher (DEAMS), de Núcleos Investigativos de Feminicídio e de equipes especializadas para o atendimento e a investigação das violências graves contra a mulher.

▸ Art. 12-A acrescido pela Lei nº 13.505, de 8-11-2017.

Art. 12-B. VETADO. Lei nº 13.505, de 8-11-2017.

§§ 1º e 2º VETADOS. Lei nº 13.505, de 8-11-2017.

§ 3º A autoridade policial poderá requisitar os serviços públicos necessários à defesa da mulher em situação de violência doméstica e familiar e de seus dependentes.

▸ § 3º acrescido pela Lei nº 13.505, de 8-11-2017.

Art. 12-C. Verificada a existência de risco atual ou iminente à vida ou à integridade física ou psicológica da mulher em situação de violência doméstica e familiar, ou de seus dependentes, o agressor será imediatamente afastado do lar, domicílio ou local de convivência com a ofendida:

▸ *Caput* com a redação dada pela Lei nº 14.188, de 28-7-2021.

I – pela autoridade judicial;

II – pelo delegado de polícia, quando o Município não for sede de comarca; ou

III – pelo policial, quando o Município não for sede de comarca e não houver delegado disponível no momento da denúncia.

▸ Incisos I a III acrescidos pela Lei nº 13.827, de 13-5-2019.

§ 1º Nas hipóteses dos incisos II e III do *caput* deste artigo, o juiz será comunicado no prazo máximo de 24 (vinte e quatro) horas e decidirá, em igual prazo, sobre a manutenção ou a revogação da medida aplicada, devendo dar ciência ao Ministério Público concomitantemente.

§ 2º Nos casos de risco à integridade física da ofendida ou à efetividade da medida protetiva de urgência, não será concedida liberdade provisória ao preso.

► §§ 1º e 2º acrescidos pela Lei nº 13.827, de 13-5-2019.

TÍTULO IV – DOS PROCEDIMENTOS

CAPÍTULO I
DISPOSIÇÕES GERAIS

Art. 13. Ao processo, ao julgamento e à execução das causas cíveis e criminais decorrentes da prática de violência doméstica e familiar contra a mulher aplicar-se-ão as normas dos Códigos de Processo Penal e Processo Civil e da legislação específica relativa à criança, ao adolescente e ao idoso que não conflitarem com o estabelecido nesta Lei.

Art. 14. Os Juizados de Violência Doméstica e Familiar contra a Mulher, órgãos da Justiça Ordinária com competência cível e criminal, poderão ser criados pela União, no Distrito Federal e nos Territórios, e pelos Estados, para o processo, o julgamento e a execução das causas decorrentes da prática de violência doméstica e familiar contra a mulher.

Parágrafo único. Os atos processuais poderão realizar-se em horário noturno, conforme dispuserem as normas de organização judiciária.

Art. 14-A. A ofendida tem a opção de propor ação de divórcio ou de dissolução de união estável no Juizado de Violência Doméstica e Familiar contra a Mulher.

§ 1º Exclui-se da competência dos Juizados de Violência Doméstica e Familiar contra a Mulher a pretensão relacionada à partilha de bens.

§ 2º Iniciada a situação de violência doméstica e familiar após o ajuizamento da ação de divórcio ou de dissolução de união estável, a ação terá preferência no juízo onde estiver.

► Art. 14-A acrescido pela Lei nº 13.894, de 29-10-2019, promulgado nos termos do art. 66, § 5º, da CF (*DOU* de 11-12-2019).

Art. 15. É competente, por opção da ofendida, para os processos cíveis regidos por esta Lei, o Juizado:

I – do seu domicílio ou de sua residência;

II – do lugar do fato em que se baseou a demanda;

III – do domicílio do agressor.

Art. 16. Nas ações penais públicas condicionadas à representação da ofendida de que trata esta Lei, só será admitida a renúncia à representação perante o juiz, em audiência especialmente designada com tal finalidade, antes do recebimento da denúncia e ouvido o Ministério Público.

► O STF, por maioria de votos, julgou procedente a ADI nº 4.424, para dar a este artigo interpretação conforme a CF, assentando a natureza incondicionada da ação penal em caso de crime de lesão, pouco importando a extensão desta, praticado contra a mulher no ambiente doméstico (*DOU* de 17-2-2012).

► O STF, por unanimidade, no julgamento da ADI nº 7.267, conferiu interpretação conforme a Constituição Federal a este artigo, de modo a reconhecer a inconstitucionalidade da designação, de ofício, da audiência nele prevista, assim como da inconstitucionalidade do reconhecimento de que eventual não comparecimento da vítima de violência doméstica implique "retratação tácita" ou "renúncia tácita ao direito de representação" (*DOU* de 4-9-2023).

Art. 17. É vedada a aplicação, nos casos de violência doméstica e familiar contra a mulher, de penas de cesta básica ou outras de prestação pecuniária, bem como a substituição de pena que implique o pagamento isolado de multa.

Art. 17-A. *O nome da ofendida ficará sob sigilo nos processos em que se apuram crimes praticados no contexto de violência doméstica e familiar contra a mulher.*

Parágrafo único. *O sigilo referido no caput deste artigo não abrange o nome do autor do fato, tampouco os demais dados do processo.*

► Art. 17-A acrescido pela Lei nº 14.857, de 21-5-2024.

CAPÍTULO II
DAS MEDIDAS PROTETIVAS DE URGÊNCIA

Seção I
DISPOSIÇÕES GERAIS

Art. 18. Recebido o expediente com o pedido da ofendida, caberá ao juiz, no prazo de 48 (quarenta e oito) horas:

I – conhecer do expediente e do pedido e decidir sobre as medidas protetivas de urgência;

II – determinar o encaminhamento da ofendida ao órgão de assistência judiciária, quando for o caso, inclusive para o ajuizamento da ação de separação judicial, de divórcio, de anulação de casamento ou de dissolução de união estável perante o juízo competente;

► Inciso II com a redação dada pela Lei nº 13.894, de 29-10-2019.

III – comunicar ao Ministério Público para que adote as providências cabíveis;

IV – determinar a apreensão imediata de arma de fogo sob a posse do agressor.

► Inciso IV acrescido pela Lei nº 13.880, de 8-10-2019.

Art. 19. As medidas protetivas de urgência poderão ser concedidas pelo juiz, a requerimento do Ministério Público ou a pedido da ofendida.

§ 1º As medidas protetivas de urgência poderão ser concedidas de imediato, independentemente de audiência das partes e de manifestação do Ministério Público, devendo este ser prontamente comunicado.

§ 2º As medidas protetivas de urgência serão aplicadas isolada ou cumulativamente, e poderão ser substituídas a qualquer tempo por outras de maior eficácia, sempre que os direitos reconhecidos nesta Lei forem ameaçados ou violados.

§ 3º Poderá o juiz, a requerimento do Ministério Público ou a pedido da ofendida, conceder novas medidas protetivas de urgência ou rever aquelas já concedidas, se entender necessário à proteção da ofendida, de seus familiares e de seu patrimônio, ouvido o Ministério Público.

§ 4º As medidas protetivas de urgência serão concedidas em juízo de cognição sumária a partir do depoimento da ofendida perante a autoridade policial ou da apresentação de suas alegações escritas e poderão ser indeferidas no caso de avaliação pela autoridade de inexistência de risco à integridade física, psicológica, sexual, patrimonial ou moral da ofendida ou de seus dependentes.

§ 5º As medidas protetivas de urgência serão concedidas independentemente da tipificação penal da violência, do ajuizamento de ação penal ou cível, da existência de inquérito policial ou do registro de boletim de ocorrência.

§ 6º As medidas protetivas de urgência vigorarão enquanto persistir risco à integridade física, psicológica, sexual, patrimonial ou moral da ofendida ou de seus dependentes.

► §§ 4º a 6º acrescidos pela Lei nº 14.550, de 19-4-2023.

Art. 20. Em qualquer fase do inquérito policial ou da instrução criminal, caberá a prisão preventiva do agressor, decretada pelo juiz, de ofício, a requerimento do Ministério Público ou mediante representação da autoridade policial.

► Art. 311 do CPP.

Parágrafo único. O juiz poderá revogar a prisão preventiva se, no curso do processo, verificar a falta de motivo para que subsista, bem como de novo decretá-la, se sobrevierem razões que a justifiquem.

► Art. 316 do CPP.

Art. 21. A ofendida deverá ser notificada dos atos processuais relativos ao agressor, especialmente dos pertinentes ao ingresso e à saída da prisão, sem prejuízo da intimação do advogado constituído ou do defensor público.

Parágrafo único. A ofendida não poderá entregar intimação ou notificação ao agressor.

Seção II
DAS MEDIDAS PROTETIVAS DE URGÊNCIA QUE OBRIGAM O AGRESSOR

Art. 22. Constatada a prática de violência doméstica e familiar contra a mulher, nos termos desta Lei, o juiz poderá aplicar, de imediato, ao agressor, em conjunto ou separadamente, as seguintes medidas protetivas de urgência, entre outras:

I – suspensão da posse ou restrição do porte de armas, com comunicação ao órgão competente, nos termos da Lei nº 10.826, de 22 de dezembro de 2003;

II – afastamento do lar, domicílio ou local de convivência com a ofendida;

III – proibição de determinadas condutas, entre as quais:

a) aproximação da ofendida, de seus familiares e das testemunhas, fixando o limite mínimo de distância entre estes e o agressor;

b) contato com a ofendida, seus familiares e testemunhas por qualquer meio de comunicação;

c) frequentação de determinados lugares a fim de preservar a integridade física e psicológica da ofendida;

IV – restrição ou suspensão de visitas aos dependentes menores, ouvida a equipe de atendimento multidisciplinar ou serviço similar;

V – prestação de alimentos provisionais ou provisórios;

VI – comparecimento do agressor a programas de recuperação e reeducação; e

VII – acompanhamento psicossocial do agressor, por meio de atendimento individual e/ou em grupo de apoio.

► Incisos VI e VII acrescidos pela Lei nº 13.984, de 3-4-2020.

§ 1º As medidas referidas neste artigo não impedem a aplicação de outras previstas na legislação em vigor, sempre que a segurança da ofendida ou as circunstâncias o exigirem, devendo a providência ser comunicada ao Ministério Público.

§ 2º Na hipótese de aplicação do inciso I, encontrando-se o agressor nas condições mencionadas no *caput* e incisos do art. 6º da Lei nº 10.826, de 22 de dezembro de 2003, o juiz comunicará ao respectivo órgão, corporação ou instituição as medidas protetivas de urgência concedidas e determinará a restrição do porte de armas, ficando o superior imediato do agressor responsável pelo cumprimento da determinação judicial, sob pena de incorrer nos crimes de prevaricação ou de desobediência, conforme o caso.

§ 3º Para garantir a efetividade das medidas protetivas de urgência, poderá o juiz requisitar, a qualquer momento, auxílio da força policial.

§ 4º Aplica-se às hipóteses previstas neste artigo, no que couber, o disposto no *caput* e nos §§ 5º e 6º do art. 461 da Lei nº 5.869, de 11 de janeiro de 1973 (Código de Processo Civil).

▸ Arts. 139, IV, 536, § 1º, e 537, § 1º, I, do CPC/2015.

§ 5º *Nos casos previstos neste artigo, a medida protetiva de urgência poderá ser cumulada com a sujeição do agressor a monitoração eletrônica, disponibilizando-se à vítima dispositivo de segurança que alerte sobre sua eventual aproximação.*

▸ § 5º acrescido pela Lei nº 15.125, de 24-4-2025.

Seção III

DAS MEDIDAS PROTETIVAS DE URGÊNCIA À OFENDIDA

Art. 23. Poderá o juiz, quando necessário, sem prejuízo de outras medidas:

I – encaminhar a ofendida e seus dependentes a programa oficial ou comunitário de proteção ou de atendimento;

II – determinar a recondução da ofendida e a de seus dependentes ao respectivo domicílio, após afastamento do agressor;

III – determinar o afastamento da ofendida do lar, sem prejuízo dos direitos relativos a bens, guarda dos filhos e alimentos;

IV – determinar a separação de corpos;

V – determinar a matrícula dos dependentes da ofendida em instituição de educação básica mais próxima do seu domicílio, ou a transferência deles para essa instituição, independentemente da existência de vaga;

▸ Inciso V acrescido pela Lei nº 13.882, de 8-10-2019.

VI – conceder à ofendida auxílio-aluguel, com valor fixado em função de sua situação de vulnerabilidade social e econômica, por período não superior a 6 (seis) meses.

▸ Inciso VI acrescido pela Lei nº 14.674, de 14-9-2023.

Art. 24. Para a proteção patrimonial dos bens da sociedade conjugal ou daqueles de propriedade particular da mulher, o juiz poderá determinar, liminarmente, as seguintes medidas, entre outras:

I – restituição de bens indevidamente subtraídos pelo agressor à ofendida;

II – proibição temporária para a celebração de atos e contratos de compra, venda e locação de propriedade em comum, salvo expressa autorização judicial;

III – suspensão das procurações conferidas pela ofendida ao agressor;

IV – prestação de caução provisória, mediante depósito judicial, por perdas e danos materiais decorrentes da prática de violência doméstica e familiar contra a ofendida.

Parágrafo único. Deverá o juiz oficiar ao cartório competente para os fins previstos nos incisos II e III deste artigo.

Seção IV

DO CRIME DE DESCUMPRIMENTO DE MEDIDAS PROTETIVAS DE URGÊNCIA

▸ Seção IV acrescida pela Lei nº 13.641, de 3-4-2018.

Art. 24-A. Descumprir decisão judicial que defere medidas protetivas de urgência previstas nesta Lei:

▸ *Caput* acrescido pela Lei nº 13.641, de 3-4-2018.

Pena – reclusão, de 2 (dois) a 5 (cinco) anos, e multa.

▸ Pena com a redação dada pela Lei nº 14.994, de 9-10-2024.

§ 1º A configuração do crime independe da competência civil ou criminal do juiz que deferiu as medidas.

§ 2º Na hipótese de prisão em flagrante, apenas a autoridade judicial poderá conceder fiança.

§ 3º O disposto neste artigo não exclui a aplicação de outras sanções cabíveis.

▸ §§ 1º a 3º acrescidos pela Lei nº 13.641, de 3-4-2018.

CAPÍTULO III
DA ATUAÇÃO DO MINISTÉRIO PÚBLICO

Art. 25. O Ministério Público intervirá, quando não for parte, nas causas cíveis e criminais decorrentes da violência doméstica e familiar contra a mulher.

▸ Arts. 127 a 129 da CF.

Art. 26. Caberá ao Ministério Público, sem prejuízo de outras atribuições, nos casos de violência doméstica e familiar contra a mulher, quando necessário:

I – requisitar força policial e serviços públicos de saúde, de educação, de assistência social e de segurança, entre outros;

II – fiscalizar os estabelecimentos públicos e particulares de atendimento à mulher em situação de violência doméstica e familiar, e adotar, de imediato, as medidas administrativas ou judiciais cabíveis no tocante a quaisquer irregularidades constatadas;

III – cadastrar os casos de violência doméstica e familiar contra a mulher.

CAPÍTULO IV
DA ASSISTÊNCIA JUDICIÁRIA

Art. 27. Em todos os atos processuais, cíveis e criminais, a mulher em situação de violência doméstica e familiar deverá estar acompanhada de advogado, ressalvado o previsto no art. 19 desta Lei.

Art. 28. É garantido a toda mulher em situação de violência doméstica e familiar o acesso aos serviços de Defensoria Pública ou de Assistência Judiciária Gratuita, nos termos da lei, em sede policial e judicial, mediante atendimento específico e humanizado.

TÍTULO V – DA EQUIPE DE ATENDIMENTO MULTIDISCIPLINAR

Art. 29. Os Juizados de Violência Doméstica e Familiar contra a Mulher que vierem a ser criados poderão contar com uma equipe de atendimento multidisciplinar, a ser integrada por profissionais especializados nas áreas psicossocial, jurídica e de saúde.

Art. 30. Compete à equipe de atendimento multidisciplinar, entre outras atribuições que lhe forem reservadas pela legislação local, fornecer subsídios por escrito ao juiz, ao Ministério Público e à Defensoria Pública, mediante laudos ou verbalmente em audiência, e desenvolver trabalhos de orientação, encaminhamento, prevenção e outras medidas, voltados para a ofendida, o agressor e os familiares, com especial atenção às crianças e aos adolescentes.

Art. 31. Quando a complexidade do caso exigir avaliação mais aprofundada, o juiz poderá determinar a manifestação de profissional especializado, mediante a indicação da equipe de atendimento multidisciplinar.

Art. 32. O Poder Judiciário, na elaboração de sua proposta orçamentária, poderá prever recursos para a criação e manutenção da equipe de atendimento multidisciplinar, nos termos da Lei de Diretrizes Orçamentárias.

TÍTULO VI – DISPOSIÇÕES TRANSITÓRIAS

Art. 33. Enquanto não estruturados os Juizados de Violência Doméstica e Familiar contra a Mulher, as varas criminais acumularão as competências cível e criminal para conhecer e julgar as causas decorrentes da prática de violência doméstica e familiar contra a mulher, observadas as previsões do Título IV desta Lei, subsidiada pela legislação processual pertinente.

Parágrafo único. Será garantido o direito de preferência, nas varas criminais, para o processo e o julgamento das causas referidas no *caput*.

▸ O STF, por unanimidade de votos, julgou procedente a ADC nº 19, para declarar a constitucionalidade deste artigo (*DOU* de 17-2-2012).

TÍTULO VII – DISPOSIÇÕES FINAIS

Art. 34. A instituição dos Juizados de Violência Doméstica e Familiar contra a Mulher poderá ser acompanhada pela implantação das curadorias necessárias e do serviço de assistência judiciária.

Art. 35. A União, o Distrito Federal, os Estados e os Municípios poderão criar e promover, no limite das respectivas competências:

I – centros de atendimento integral e multidisciplinar para mulheres e respectivos dependentes em situação de violência doméstica e familiar;

II – casas abrigos para mulheres e respectivos dependentes menores em situação de violência doméstica e familiar;

III – delegacias, núcleos de defensoria pública, serviços de saúde e centros de perícia médico-legal especializados no atendimento à mulher em situação de violência doméstica e familiar;

IV – programas e campanhas de enfrentamento da violência doméstica e familiar;

V – centros de educação e de reabilitação para os agressores.

Art. 36. A União, os Estados, o Distrito Federal e os Municípios promoverão a adaptação de seus órgãos e de seus programas às diretrizes e aos princípios desta Lei.

Art. 37. A defesa dos interesses e direitos transindividuais previstos nesta Lei poderá ser exercida, concorrentemente, pelo Ministério Público e por associação de atuação na área, regularmente constituída há pelo menos um ano, nos termos da legislação civil.

Parágrafo único. O requisito da pré-constituição poderá ser dispensado pelo juiz quando entender que não há outra entidade com representatividade adequada para o ajuizamento da demanda coletiva.

Art. 38. As estatísticas sobre a violência doméstica e familiar contra a mulher serão incluídas nas bases de dados dos órgãos oficiais do Sistema de Justiça e Segurança a fim de subsidiar o sistema nacional de dados e informações relativo às mulheres.

Parágrafo único. As Secretarias de Segurança Pública dos Estados e do Distrito Federal poderão remeter suas informações criminais para a base de dados do Ministério da Justiça.

Art. 38-A. O juiz competente providenciará o registro da medida protetiva de urgência.

▶ *Caput* do art. 38-A acrescido pela Lei nº 13.827, de 13-5-2019.

Parágrafo único. As medidas protetivas de urgência serão, após sua concessão, imediatamente registradas em banco de dados mantido e regulamentado pelo Conselho Nacional de Justiça, garantido o acesso instantâneo do Ministério Público, da Defensoria Pública e dos órgãos de segurança pública e de assistência social, com vistas à fiscalização e à efetividade das medidas protetivas.

▶ Parágrafo único com a redação dada pela Lei nº 14.310, de 8-3-2022.

▶ Res. do CNJ nº 417, 20-9-2021, institui e regulamenta o Banco Nacional de Medidas Penais e Prisões (BNMP 3.0) e dá outras providências.

Art. 39. A União, os Estados, o Distrito Federal e os Municípios, no limite de suas competências e nos termos das respectivas leis de diretrizes orçamentárias, poderão estabelecer dotações orçamentárias específicas, em cada exercício financeiro, para a implementação das medidas estabelecidas nesta Lei.

Art. 40. As obrigações previstas nesta Lei não excluem outras decorrentes dos princípios por ela adotados.

Art. 40-A. Esta Lei será aplicada a todas as situações previstas no seu art. 5º, independentemente da causa ou da motivação dos atos de violência e da condição do ofensor ou da ofendida.

▶ Art. 40-A acrescido pela Lei nº 14.550, de 19-4-2023.

Art. 41. Aos crimes praticados com violência doméstica e familiar contra a mulher, independentemente da pena prevista, não se aplica a Lei nº 9.099, de 26 de setembro de 1995.

▶ O STF, por unanimidade de votos, julgou procedente a ADC nº 19, para declarar a constitucionalidade deste artigo (*DOU* de 17-2-2012).

▶ Lei nº 9.099, de 26-9-1995 (Lei dos Juizados Especiais).

▶ Súm. nº 536 do STJ.

Art. 42. O art. 313 do Decreto-Lei nº 3.689, de 3 de outubro de 1941 (Código de Processo Penal), passa a vigorar acrescido do seguinte inciso IV:

▶ O inciso IV do art. 313 do CPP foi revogado pela Lei nº 12.403, de 4-5-2011.

Art. 43. A alínea *f* do inciso II do art. 61 do Decreto-Lei nº 2.848, de 7 de dezembro de 1940 (Código Penal), passa a vigorar com a seguinte redação:

▶ Alteração inserida no texto do referido Código.

Art. 44. O art. 129 do Decreto-Lei nº 2.848, de 7 de dezembro de 1940 (Código Penal), passa a vigorar com as seguintes alterações:

▶ Alteração inserida no texto do referido Código.

Art. 45. O art. 152 da Lei nº 7.210, de 11 de julho de 1984 (Lei de Execução Penal), passa a vigorar com a seguinte redação:

▶ Alteração inserida no texto da referida Lei.

Art. 46. Esta Lei entra em vigor 45 (quarenta e cinco) dias após sua publicação.

Brasília, 7 de agosto de 2006;
185º da Independência e
118º da República.

Luiz Inácio Lula da Silva

LEI Nº 11.343, DE 23 DE AGOSTO DE 2006

Institui o Sistema Nacional de Políticas Públicas sobre Drogas – SISNAD; prescreve medidas para prevenção do uso indevido, atenção e reinserção social de usuários e dependentes de drogas; estabelece normas para repressão à produção não autorizada e ao tráfico ilícito de drogas; define crimes e dá outras providências.

▶ Publicada no *DOU* de 24-8-2006.

TÍTULO I – DISPOSIÇÕES PRELIMINARES

Art. 1º Esta Lei institui o Sistema Nacional de Políticas Públicas sobre Drogas – SISNAD; prescreve medidas para prevenção do uso indevido, atenção e reinserção social de usuários e dependentes de drogas; estabelece normas para repressão à produção não autorizada e ao tráfico ilícito de drogas e define crimes.

Parágrafo único. Para fins desta Lei, consideram-se como drogas as substâncias ou os produtos capazes de causar dependência, assim especificados em lei ou relacionados em listas atualizadas periodicamente pelo Poder Executivo da União.

Art. 2º Ficam proibidas, em todo o território nacional, as drogas, bem como o plantio, a cultura, a colheita e a exploração de vegetais e substratos dos quais possam ser extraídas ou produzidas drogas, ressalvada a hipótese de autorização legal ou regulamentar, bem como o que estabelece a Convenção de Viena, das Nações Unidas, sobre Substâncias Psicotrópicas, de 1971, a respeito de plantas de uso estritamente ritualístico-religioso.

▶ Art. 243 da CF.

Parágrafo único. Pode a União autorizar o plantio, a cultura e a colheita dos vegetais referidos no *caput* deste artigo, exclusivamente para fins medicinais ou científicos, em local e prazo predeterminados, mediante fiscalização, respeitadas as ressalvas supramencionadas.

TÍTULO II – DO SISTEMA NACIONAL DE POLÍTICAS PÚBLICAS SOBRE DROGAS

Art. 3º O SISNAD tem a finalidade de articular, integrar, organizar e coordenar as atividades relacionadas com:

I – a prevenção do uso indevido, a atenção e a reinserção social de usuários e dependentes de drogas;

II – a repressão da produção não autorizada e do tráfico ilícito de drogas.

§ 1º Entende-se por SISNAD o conjunto ordenado de princípios, regras, critérios e recursos materiais e humanos que envolvem as políticas, planos, programas, ações e projetos sobre drogas, incluindo-se nele, por adesão, os Sistemas de Políticas Públicas sobre Drogas dos Estados, Distrito Federal e Municípios.

§ 2º O SISNAD atuará em articulação com o Sistema Único de Saúde – SUS, e com o Sistema Único de Assistência Social – SUAS.

▶ §§ 1º e 2º acrescidos pela Lei nº 13.840, de 5-6-2019.

CAPÍTULO I – DOS PRINCÍPIOS E DOS OBJETIVOS DO SISTEMA NACIONAL DE POLÍTICAS PÚBLICAS SOBRE DROGAS

Art. 4º São princípios do SISNAD:

I – o respeito aos direitos fundamentais da pessoa humana, especialmente quanto à sua autonomia e à sua liberdade;

II – o respeito à diversidade e às especificidades populacionais existentes;

III – a promoção dos valores éticos, culturais e de cidadania do povo brasileiro, reconhecendo-os como fatores de proteção para o uso indevido de drogas e outros comportamentos correlacionados;

IV – a promoção de consensos nacionais, de ampla participação social, para o estabelecimento dos fundamentos e estratégias do SISNAD;

V – a promoção da responsabilidade compartilhada entre Estado e Sociedade, reconhecendo a importância da participação social nas atividades do SISNAD;

VI – o reconhecimento da intersetorialidade dos fatores correlacionados com o uso indevido de drogas, com a sua produção não autorizada e o seu tráfico ilícito;

VII – a integração das estratégias nacionais e internacionais de prevenção do uso indevido, atenção e reinserção social de usuários e dependentes de drogas e de repressão à sua produção não autorizada e ao seu tráfico ilícito;

VIII – a articulação com os órgãos do Ministério Público e dos Poderes Legislativo e Judiciário visando à cooperação mútua nas atividades do SISNAD;

IX – a adoção de abordagem multidisciplinar que reconheça a interdependência e a natureza complementar das atividades de prevenção do uso indevido, atenção e reinserção social de usuários e dependentes de drogas, repressão da produção não autorizada e do tráfico ilícito de drogas;

X – a observância do equilíbrio entre as atividades de prevenção do uso indevido, atenção e reinserção social de usuários e dependentes de drogas e de repressão à sua produção não autorizada e ao seu tráfico ilícito, visando a garantir a estabilidade e o bem-estar social;

XI – a observância às orientações e normas emanadas do Conselho Nacional Antidrogas – CONAD.

Art. 5º O SISNAD tem os seguintes objetivos:

I – contribuir para a inclusão social do cidadão, visando a torná-lo menos vulnerável a assumir comportamentos de risco para o uso indevido de drogas, seu tráfico ilícito e outros comportamentos correlacionados;

II – promover a construção e a socialização do conhecimento sobre drogas no país;

III – promover a integração entre as políticas de prevenção do uso indevido, atenção e reinserção social de usuários e dependentes de drogas e de repressão à sua produção não autorizada e ao tráfico ilícito e as políticas públicas setoriais dos órgãos do Poder Executivo da União, Distrito Federal, Estados e Municípios;

IV – assegurar as condições para a coordenação, a integração e a articulação das atividades de que trata o art. 3º desta Lei.

CAPÍTULO II
DO SISTEMA NACIONAL DE POLÍTICAS PÚBLICAS SOBRE DROGAS

▸ Capítulo II com a denominação dada pela Lei nº 13.840, de 5-6-2019.

Seção I
DA COMPOSIÇÃO DO SISTEMA NACIONAL DE POLÍTICAS PÚBLICAS SOBRE DROGAS

▸ Seção I acrescida pela Lei nº 13.840, de 5-6-2019.

Art. 6º VETADO.

Art. 7º A organização do SISNAD assegura a orientação central e a execução descentralizada das atividades realizadas em seu âmbito, nas esferas federal, distrital, estadual e municipal e se constitui matéria definida no regulamento desta Lei.

Art. 7º-A. VETADO. Lei nº 13.840, de 5-6-2019.

Art. 8º VETADO.

Seção II
DAS COMPETÊNCIAS

▸ Seção II acrescida pela Lei nº 13.840, de 5-6-2019.

Art. 8º-A. Compete à União:

I – formular e coordenar a execução da Política Nacional sobre Drogas;

II – elaborar o Plano Nacional de Políticas sobre Drogas, em parceria com Estados, Distrito Federal, Municípios e a sociedade;

III – coordenar o SISNAD;

IV – estabelecer diretrizes sobre a organização e funcionamento do SISNAD e suas normas de referência;

V – elaborar objetivos, ações estratégicas, metas, prioridades, indicadores e definir formas de financiamento e gestão das políticas sobre drogas;

VI e VII – VETADOS. Lei nº 13.840, de 5-6-2019;

VIII – promover a integração das políticas sobre drogas com os Estados, o Distrito Federal e os Municípios;

IX – financiar, com Estados, Distrito Federal e Municípios, a execução das políticas sobre drogas, observadas as obrigações dos integrantes do SISNAD;

X – estabelecer formas de colaboração com Estados, Distrito Federal e Municípios para a execução das políticas sobre drogas;

XI – garantir publicidade de dados e informações sobre repasses de recursos para financiamento das políticas sobre drogas;

XII – sistematizar e divulgar os dados estatísticos nacionais de prevenção, tratamento, acolhimento, reinserção social e econômica e repressão ao tráfico ilícito de drogas;

XIII – adotar medidas de enfretamento aos crimes transfronteiriços; e

XIV – estabelecer uma política nacional de controle de fronteiras, visando a coibir o ingresso de drogas no País.

▸ Art. 8º-A acrescido pela Lei nº 13.840, de 5-6-2019.

Arts. 8º-B e 8º-C. VETADOS. Lei nº 13.840, de 5-6-2019.

CAPÍTULO II-A
DA FORMULAÇÃO DAS POLÍTICAS SOBRE DROGAS

▸ Capítulo II-A acrescido pela Lei nº 13.840, de 5-6-2019.

Seção I
DO PLANO NACIONAL DE POLÍTICAS SOBRE DROGAS

▸ Seção I acrescida pela Lei nº 13.840, de 5-6-2019.

Art. 8º-D. São objetivos do Plano Nacional de Políticas sobre Drogas, dentre outros:

I – promover a interdisciplinaridade e integração dos programas, ações, atividades e projetos dos órgãos e entidades públicas e privadas nas áreas de saúde, educação, trabalho, assistência social, previdência social, habitação, cultura, desporto e lazer, visando à prevenção do uso de drogas, atenção e reinserção social dos usuários ou dependentes de drogas;

II – viabilizar a ampla participação social na formulação, implementação e avaliação das políticas sobre drogas;

III – priorizar programas, ações, atividades e projetos articulados com os estabelecimentos de ensino, com a sociedade e com a família para a prevenção do uso de drogas;

IV – ampliar as alternativas de inserção social e econômica do usuário ou dependente de drogas, promovendo programas que priorizem a melhoria de sua escolarização e a qualificação profissional;

V – promover o acesso do usuário ou dependente de drogas a todos os serviços públicos;

VI – estabelecer diretrizes para garantir a efetividade dos programas, ações e projetos das políticas sobre drogas;

VII – fomentar a criação de serviço de atendimento telefônico com orientações e informações para apoio aos usuários ou dependentes de drogas;

VIII – articular programas, ações e projetos de incentivo ao emprego, renda e capacitação para o trabalho, com objetivo de promover a inserção profissional da pessoa que haja cumprido o plano individual de atendimento nas fases de tratamento ou acolhimento;

IX – promover formas coletivas de organização para o trabalho, redes de economia solidária e o cooperativismo, como forma de promover autonomia ao usuário ou dependente de drogas egresso de tratamento ou acolhimento, observando-se as especificidades regionais;

X – propor a formulação de políticas públicas que conduzam à efetivação das diretrizes e princípios previstos no art. 22;

XI – articular as instâncias de saúde, assistência social e de justiça no enfrentamento ao abuso de drogas; e

XII – promover estudos e avaliação dos resultados das políticas sobre drogas.

§ 1º O plano de que trata o *caput* terá duração de 5 (cinco) anos a contar de sua aprovação.

§ 2º O poder público deverá dar a mais ampla divulgação ao conteúdo do Plano Nacional de Políticas sobre Drogas.

▸ Art. 8º-D acrescido pela Lei nº 13.840, de 5-6-2019.

Seção II
DOS CONSELHOS DE POLÍTICAS SOBRE DROGAS

▸ Seção II acrescida pela Lei nº 13.840, de 5-6-2019.

Art. 8º-E. Os conselhos de políticas sobre drogas, constituídos por Estados, Distrito Federal e Municípios, terão os seguintes objetivos:

I – auxiliar na elaboração de políticas sobre drogas;

II – colaborar com os órgãos governamentais no planejamento e na execução das políticas sobre drogas, visando à efetividade das políticas sobre drogas;

III – propor a celebração de instrumentos de cooperação, visando à elaboração de programas, ações, atividades e projetos voltados à prevenção, tratamento, acolhimento, reinserção social e econômica e repressão ao tráfico ilícito de drogas;

IV – promover a realização de estudos, com o objetivo de subsidiar o planejamento das políticas sobre drogas;

V – propor políticas públicas que permitam a integração e a participação do usuário ou dependente de drogas no processo social, econômico, político e cultural no respectivo ente federado; e

VI – desenvolver outras atividades relacionadas às políticas sobre drogas em consonância com o SISNAD e com os respectivos planos.

▸ Art. 8º-E acrescido pela Lei nº 13.840, de 5-6-2019.

Seção III
DOS MEMBROS DOS CONSELHOS DE POLÍTICAS SOBRE DROGAS

▸ Seção III acrescida pela Lei nº 13.840, de 5-6-2019.

Art. 8º-F. VETADO. Lei nº 13.840, de 5-6-2019.

CAPÍTULO III
(VETADO)

Arts. 9º a 14. VETADOS.

CAPÍTULO IV
DO ACOMPANHAMENTO E DA AVALIAÇÃO DAS POLÍTICAS SOBRE DROGAS

▸ Capítulo IV com a denominação dada pela Lei nº 13.840, de 5-6-2019.

Art. 15. VETADO.

Art. 16. As instituições com atuação nas áreas da atenção à saúde e da assistência social que atendam usuários ou dependentes de drogas devem comunicar ao órgão competente do respectivo sistema municipal de saúde os casos atendidos e os óbitos ocorridos, preservando a identidade das pessoas, conforme orientações emanadas da União.

Art. 17. Os dados estatísticos nacionais de repressão ao tráfico ilícito de drogas integrarão sistema de informações do Poder Executivo.

▸ A alteração que seria inserida neste artigo pela Lei nº 13.840, de 5-6-2019, foi vetada, razão pela qual mantivemos a redação.

TÍTULO III – DAS ATIVIDADES DE PREVENÇÃO DO USO INDEVIDO, ATENÇÃO E REINSERÇÃO SOCIAL DE USUÁRIOS E DEPENDENTES DE DROGAS

CAPÍTULO I
DA PREVENÇÃO

Seção I
DAS DIRETRIZES

▸ Seção I acrescida pela Lei nº 13.840, de 5-6-2019.

Art. 18. Constituem atividades de prevenção do uso indevido de drogas, para efeito desta

Lei, aquelas direcionadas para a redução dos fatores de vulnerabilidade e risco e para a promoção e o fortalecimento dos fatores de proteção.

Art. 19. As atividades de prevenção do uso indevido de drogas devem observar os seguintes princípios e diretrizes:

I – o reconhecimento do uso indevido de drogas como fator de interferência na qualidade de vida do indivíduo e na sua relação com a comunidade à qual pertence;

II – a adoção de conceitos objetivos e de fundamentação científica como forma de orientar as ações dos serviços públicos comunitários e privados e de evitar preconceitos e estigmatização das pessoas e dos serviços que as atendam;

III – o fortalecimento da autonomia e da responsabilidade individual em relação ao uso indevido de drogas;

IV – o compartilhamento de responsabilidades e a colaboração mútua com as instituições do setor privado e com os diversos segmentos sociais, incluindo usuários e dependentes de drogas e respectivos familiares, por meio do estabelecimento de parcerias;

V – a adoção de estratégias preventivas diferenciadas e adequadas às especificidades socioculturais das diversas populações, bem como das diferentes drogas utilizadas;

VI – o reconhecimento do "não uso", do "retardamento do uso" e da redução de riscos como resultados desejáveis das atividades de natureza preventiva, quando da definição dos objetivos a serem alcançados;

VII – o tratamento especial dirigido às parcelas mais vulneráveis da população, levando em consideração as suas necessidades específicas;

VIII – a articulação entre os serviços e organizações que atuam em atividades de prevenção do uso indevido de drogas e a rede de atenção a usuários e dependentes de drogas e respectivos familiares;

IX – o investimento em alternativas esportivas, culturais, artísticas, profissionais, entre outras, como forma de inclusão social e de melhoria da qualidade de vida;

X – o estabelecimento de políticas de formação continuada na área da prevenção do uso indevido de drogas para profissionais de educação nos 3 (três) níveis de ensino;

XI – a implantação de projetos pedagógicos de prevenção do uso indevido de drogas, nas instituições de ensino público e privado, alinhados às Diretrizes Curriculares Nacionais e aos conhecimentos relacionados a drogas;

XII – a observância das orientações e normas emanadas do CONAD;

XIII – o alinhamento às diretrizes dos órgãos de controle social de políticas setoriais específicas.

Parágrafo único. As atividades de prevenção do uso indevido de drogas dirigidas à criança e ao adolescente deverão estar em consonância com as diretrizes emanadas pelo Conselho Nacional dos Direitos da Criança e do Adolescente – CONANDA.

Seção II

DA SEMANA NACIONAL DE POLÍTICAS SOBRE DROGAS

▸ Seção II acrescida pela Lei nº 13.840, de 5-6-2019.

Art. 19-A. Fica instituída a Semana Nacional de Políticas sobre Drogas, comemorada anualmente, na quarta semana de junho.

§ 1º No período de que trata o *caput*, serão intensificadas as ações de:

I – difusão de informações sobre os problemas decorrentes do uso de drogas;

II – promoção de eventos para o debate público sobre as políticas sobre drogas;

III – difusão de boas práticas de prevenção, tratamento, acolhimento e reinserção social e econômica de usuários de drogas;

IV – divulgação de iniciativas, ações e campanhas de prevenção do uso indevido de drogas;

V – mobilização da comunidade para a participação nas ações de prevenção e enfrentamento às drogas;

VI – mobilização dos sistemas de ensino previstos na Lei nº 9.394, de 20 de dezembro de 1996 – Lei de Diretrizes e Bases da Educação Nacional, na realização de atividades de prevenção ao uso de drogas.

▸ Art. 19-A acrescido pela Lei nº 13.840, de 5-6-2019.

CAPÍTULO II

DAS ATIVIDADES DE PREVENÇÃO, TRATAMENTO, ACOLHIMENTO E DE REINSERÇÃO SOCIAL E ECONÔMICA DE USUÁRIOS OU DEPENDENTES DE DROGAS

▸ Capítulo II com a denominação dada pela Lei nº 13.840, de 5-6-2019.

Seção I

DISPOSIÇÕES GERAIS

▸ Seção I acrescida pela Lei nº 13.840, de 5-6-2019.

Art. 20. Constituem atividades de atenção ao usuário e dependente de drogas e respectivos familiares, para efeito desta Lei, aquelas que visem à melhoria da qualidade de vida e à redução dos riscos e dos danos associados ao uso de drogas.

Art. 21. Constituem atividades de reinserção social do usuário ou do dependente de drogas e respectivos familiares, para efeito desta Lei, aquelas direcionadas para sua integração ou reintegração em redes sociais.

Art. 22. As atividades de atenção e as de reinserção social do usuário e do dependente de drogas e respectivos familiares devem observar os seguintes princípios e diretrizes:

I – respeito ao usuário e ao dependente de drogas, independentemente de quaisquer condições, observados os direitos fundamentais da pessoa humana, os princípios e diretrizes do Sistema Único de Saúde e da Política Nacional de Assistência Social;

II – a adoção de estratégias diferenciadas de atenção e reinserção social do usuário e do dependente de drogas e respectivos familiares que considerem as suas peculiaridades socioculturais;

III – definição de projeto terapêutico individualizado, orientado para a inclusão social e para a redução de riscos e de danos sociais e à saúde;

IV – atenção ao usuário ou dependente de drogas e aos respectivos familiares, sempre que possível, de forma multidisciplinar e por equipes multiprofissionais;

V – observância das orientações e normas emanadas do CONAD;

VI – o alinhamento às diretrizes dos órgãos de controle social de políticas setoriais específicas;

VII – estímulo à capacitação técnica e profissional;

VIII – efetivação de políticas de reinserção social voltadas à educação continuada e ao trabalho;

IX – observância do plano individual de atendimento na forma do art. 23-B desta Lei;

X – orientação adequada ao usuário ou dependente de drogas quanto às consequências lesivas do uso de drogas, ainda que ocasional.

▸ Incisos VII a X acrescidos pela Lei nº 13.840, de 5-6-2019.

Seção II

DA EDUCAÇÃO NA REINSERÇÃO SOCIAL E ECONÔMICA

▸ Seção II acrescida pela Lei nº 13.840, de 5-6-2019.

Art. 22-A. As pessoas atendidas por órgãos integrantes do SISNAD terão atendimento nos programas de educação profissional e tecnológica, educação de jovens e adultos e alfabetização.

▸ Art. 22-A acrescido pela Lei nº 13.840, de 5-6-2019.

Seção III

DO TRABALHO NA REINSERÇÃO SOCIAL E ECONÔMICA

▸ Seção III acrescida pela Lei nº 13.840, de 5-6-2019.

Art. 22-B. VETADO. Lei nº 13.840, de 5-6-2019.

Seção IV

DO TRATAMENTO DO USUÁRIO OU DEPENDENTE DE DROGAS

▸ Seção IV acrescida pela Lei nº 13.840, de 5-6-2019.

Art. 23. As redes dos serviços de saúde da União, dos Estados, do Distrito Federal, dos Municípios desenvolverão programas de atenção ao usuário e ao dependente de drogas, respeitadas as diretrizes do Ministério da Saúde e os princípios explicitados no art. 22 desta Lei, obrigatória a previsão orçamentária adequada.

Art. 23-A. O tratamento do usuário ou dependente de drogas deverá ser ordenado em uma rede de atenção à saúde, com prioridade para as modalidades de tratamento ambulatorial, incluindo excepcionalmente formas de internação em unidades de saúde e hospitais gerais nos termos de normas dispostas pela União e articuladas com os serviços de assistência social e em etapas que permitam:

I – articular a atenção com ações preventivas que atinjam toda a população;

II – orientar-se por protocolos técnicos predefinidos, baseados em evidências científicas, oferecendo atendimento individualizado ao usuário ou dependente de drogas com abordagem preventiva e, sempre que indicado, ambulatorial;

III – preparar para a reinserção social e econômica, respeitando as habilidades e projetos individuais por meio de programas que articulem educação, capacitação para o trabalho, esporte, cultura e acompanhamento individualizado; e

IV – acompanhar os resultados pelo SUS, SUAS e SISNAD, de forma articulada.

§ 1º Caberá à União dispor sobre os protocolos técnicos de tratamento, em âmbito nacional.

§ 2º A internação de dependentes de drogas somente será realizada em unidades de saúde ou hospitais gerais, dotados de equipes multidisciplinares e deverá ser obrigatoriamente autorizada por médico devidamente registrado no Conselho Regional de Medicina – CRM do Estado onde se localize o estabelecimento no qual se dará a internação.

§ 3º São considerados 2 (dois) tipos de internação:

I – internação voluntária: aquela que se dá com o consentimento do dependente de drogas;

II – internação involuntária: aquela que se dá, sem o consentimento do dependente, a pedido de familiar ou do responsável legal ou, na absoluta falta deste, de servidor público da área de saúde, da assistência social ou dos órgãos públicos integrantes do SISNAD, com exceção de servidores da área de segurança pública, que constate a existência de motivos que justifiquem a medida.

§ 4º A internação voluntária:

I – deverá ser precedida de declaração escrita da pessoa solicitante de que optou por este regime de tratamento;

II – seu término dar-se-á por determinação do médico responsável ou por solicitação escrita da pessoa que deseja interromper o tratamento.

§ 5º A internação involuntária:

I – deve ser realizada após a formalização da decisão por médico responsável;

II – será indicada depois da avaliação sobre o tipo de droga utilizada, o padrão de uso e na hipótese comprovada da impossibilidade de utilização de outras alternativas terapêuticas previstas na rede de atenção à saúde;

III – perdurará apenas pelo tempo necessário à desintoxicação, no prazo máximo de 90 (noventa) dias, tendo seu término determinado pelo médico responsável;

IV – a família ou o representante legal poderá, a qualquer tempo, requerer ao médico a interrupção do tratamento.

§ 6º A internação, em qualquer de suas modalidades, só será indicada quando os recursos extra-hospitalares se mostrarem insuficientes.

§ 7º Todas as internações e altas de que trata esta Lei deverão ser informadas, em, no máximo, de 72 (setenta e duas) horas, ao Ministério Público, à Defensoria Pública e a outros órgãos de fiscalização, por meio de sistema informatizado único, na forma do regulamento desta Lei.

§ 8º É garantido o sigilo das informações disponíveis no sistema referido no § 7º e o acesso será permitido apenas às pessoas autorizadas a conhecê-las, sob pena de responsabilidade.

§ 9º É vedada a realização de qualquer modalidade de internação nas comunidades terapêuticas acolhedoras.

§ 10. O planejamento e a execução do projeto terapêutico individual deverão observar, no que couber, o previsto na Lei nº 10.216, de 6 de abril de 2001, que dispõe sobre a proteção e os direitos das pessoas portadoras de transtornos mentais e redireciona o modelo assistencial em saúde mental.

▸ Art. 23-A acrescido pela Lei nº 13.840, de 5-6-2019.

Seção V
DO PLANO INDIVIDUAL DE ATENDIMENTO

▸ Seção V acrescida pela Lei nº 13.840, de 5-6-2019.

Art. 23-B. O atendimento ao usuário ou dependente de drogas na rede de atenção à saúde dependerá de:

I – avaliação prévia por equipe técnica multidisciplinar e multissetorial; e

II – elaboração de um Plano Individual de Atendimento – PIA.

§ 1º A avaliação prévia da equipe técnica subsidiará a elaboração e execução do projeto terapêutico individual a ser adotado, levantando no mínimo:

I – o tipo de droga e o padrão de seu uso; e

II – o risco à saúde física e mental do usuário ou dependente de drogas ou das pessoas com as quais convive.

§ 2º VETADO. Lei nº 13.840, de 5-6-2019.

§ 3º O PIA deverá contemplar a participação dos familiares ou responsáveis, os quais têm o dever de contribuir com o processo, sendo esses, no caso de crianças e adolescentes, passíveis de responsabilização civil, administrativa e criminal, nos termos da Lei nº 8.069, de 13 de julho de 1990 – Estatuto da Criança e do Adolescente.

§ 4º O PIA será inicialmente elaborado sob a responsabilidade da equipe técnica do primeiro projeto terapêutico que atender o usuário ou dependente de drogas e será atualizado ao longo das diversas fases do atendimento.

§ 5º Constarão do plano individual, no mínimo:

I – os resultados da avaliação multidisciplinar;

II – os objetivos declarados pelo atendido;

III – a previsão de suas atividades de integração social ou capacitação profissional;

IV – atividades de integração e apoio à família;

V – formas de participação da família para efetivo cumprimento do plano individual;

VI – designação do projeto terapêutico mais adequado para o cumprimento do previsto no plano; e

VII – as medidas específicas de atenção à saúde do atendido.

§ 6º O PIA será elaborado no prazo de até 30 (trinta) dias da data do ingresso no atendimento.

§ 7º As informações produzidas na avaliação e as registradas no plano individual de atendimento são consideradas sigilosas.

▸ Art. 23-B acrescido pela Lei nº 13.840, de 5-6-2019.

Art. 24. A União, os Estados, o Distrito Federal e os Municípios poderão conceder benefícios às instituições privadas que desenvolverem programas de reinserção no mercado de trabalho, do usuário e do dependente de drogas encaminhados por órgão oficial.

Art. 25. As instituições da sociedade civil, sem fins lucrativos, com atuação nas áreas da atenção à saúde e da assistência social, que atendam usuários ou dependentes de drogas poderão receber recursos do FUNAD, condicionados à sua disponibilidade orçamentária e financeira.

Art. 26. O usuário e o dependente de drogas que, em razão da prática de infração penal, estiverem cumprindo pena privativa de liberdade ou submetidos a medida de segurança, têm garantidos os serviços de atenção à sua saúde, definidos pelo respectivo sistema penitenciário.

Seção VI
DO ACOLHIMENTO EM COMUNIDADE TERAPÊUTICA ACOLHEDORA

▸ Seção VI acrescida pela Lei nº 13.840, de 5-6-2019.

Art. 26-A. O acolhimento do usuário ou dependente de drogas na comunidade terapêutica acolhedora caracteriza-se por:

I – oferta de projetos terapêuticos ao usuário ou dependente de drogas que visam à abstinência;

II – adesão e permanência voluntária, formalizadas por escrito, entendida como uma etapa transitória para a reinserção social e econômica do usuário ou dependente de drogas;

III – ambiente residencial, propício à formação de vínculos, com a convivência entre os pares, atividades práticas de valor educativo e a promoção do desenvolvimento pessoal, vocacionada para acolhimento ao usuário ou dependente de drogas em vulnerabilidade social;

IV – avaliação médica prévia;

V – elaboração de plano individual de atendimento na forma do art. 23-B desta Lei; e

VI – vedação de isolamento físico do usuário ou dependente de drogas.

§ 1º Não são elegíveis para o acolhimento as pessoas com comprometimentos biológicos e psicológicos de natureza grave que mereçam atenção médico-hospitalar contínua ou de emergência, caso em que deverão ser encaminhadas à rede de saúde.

§§ 2º a 5º VETADOS. Lei nº 13.840, de 5-6-2019.

▸ Art. 26-A acrescido pela Lei nº 13.840, de 5-6-2019.

CAPÍTULO III
DOS CRIMES E DAS PENAS

Art. 27. As penas previstas neste Capítulo poderão ser aplicadas isolada ou cumulativamente, bem como substituídas a qualquer tempo, ouvidos o Ministério Público e o defensor.

Art. 28. Quem adquirir, guardar, tiver em depósito, transportar ou trouxer consigo, para consumo pessoal, drogas sem autorização ou em desacordo com determinação legal ou regulamentar será submetido às seguintes penas:

▸ Art. 48 desta Lei.

I – advertência sobre os efeitos das drogas;

II – prestação de serviços à comunidade;

III – medida educativa de comparecimento a programa ou curso educativo.

§ 1º As mesmas medidas submete-se quem, para seu consumo pessoal, semeia, cultiva ou colhe plantas destinadas à preparação de pequena quantidade de substância ou produto capaz de causar dependência física ou psíquica.

▸ Art. 243 da CF.

§ 2º Para determinar se a droga destinava-se a consumo pessoal, o juiz atenderá à natureza e à quantidade da substância apreendida, ao local e às condições em que se desenvolveu a ação, às circunstâncias sociais e pessoais, bem como à conduta e aos antecedentes do agente.

§ 3º As penas previstas nos incisos II e III do *caput* deste artigo serão aplicadas pelo prazo máximo de 5 (cinco) meses.

§ 4º Em caso de reincidência, as penas previstas nos incisos II e III do *caput* deste artigo serão aplicadas pelo prazo máximo de 10 (dez) meses.

§ 5º A prestação de serviços à comunidade será cumprida em programas comunitários, entidades educacionais ou assistenciais, hospitais, estabelecimentos congêneres, públicos ou privados sem fins lucrativos, que se ocupem, preferencialmente, da prevenção do consumo ou da recuperação de usuários e dependentes de drogas.

§ 6º Para garantia do cumprimento das medidas educativas a que se refere o *caput*, nos incisos I, II e III, a que injustificadamente se recuse o agente, poderá o juiz submetê-lo, sucessivamente a:

I – admoestação verbal;

II – multa.

§ 7º O juiz determinará ao Poder Público que coloque à disposição do infrator, gratuitamente, estabelecimento de saúde, preferencialmente ambulatorial, para tratamento especializado.

Art. 29. Na imposição da medida educativa a que se refere o inciso II do § 6º do art. 28, o juiz, atendendo à reprovabilidade da conduta, fixará o número de dias-multa, em quantidade nunca inferior a 40 (quarenta) nem superior a 100 (cem), atribuindo depois a cada um, segundo a capacidade econômica do agente, o valor de um trinta avos até 3 (três) vezes o valor do maior salário mínimo.

Parágrafo único. Os valores decorrentes da imposição da multa a que se refere o § 6º do art. 28 serão creditados à conta do Fundo Nacional Antidrogas.

Art. 30. Prescrevem em 2 (dois) anos a imposição e a execução das penas, observado, no tocante à interrupção do prazo, o disposto nos arts. 107 e seguintes do Código Penal.

TÍTULO IV – DA REPRESSÃO À PRODUÇÃO NÃO AUTORIZADA E AO TRÁFICO ILÍCITO DE DROGAS

CAPÍTULO I – DISPOSIÇÕES GERAIS

Art. 31. É indispensável a licença prévia da autoridade competente para produzir, extrair, fabricar, transformar, preparar, possuir, manter em depósito, importar, exportar, reexportar, remeter, transportar, expor, oferecer, vender, comprar, trocar, ceder ou adquirir, para qualquer fim, drogas ou matéria-prima destinada à sua preparação, observadas as demais exigências legais.

Art. 32. As plantações ilícitas serão imediatamente destruídas pelo delegado de polícia na forma do art. 50-A, que recolherá quantidade suficiente para exame pericial, de tudo lavrando auto de levantamento das condições encontradas, com a delimitação do local, asseguradas as medidas necessárias para a preservação da prova.

▶ *Caput* com a redação dada pela Lei nº 12.961, de 4-4-2014.

§§ 1º e 2º *Revogados*. Lei nº 12.961, de 4-4-2014.

§ 3º Em caso de ser utilizada a queimada para destruir a plantação, observar-se-á, além das cautelas necessárias à proteção ao meio ambiente, o disposto no Decreto nº 2.661, de 8 de julho de 1998, no que couber, dispensada a autorização prévia do órgão próprio do Sistema Nacional do Meio Ambiente – SISNAMA.

§ 4º As glebas cultivadas com plantações ilícitas serão expropriadas, conforme o disposto no art. 243 da Constituição Federal, de acordo com a legislação em vigor.

CAPÍTULO II – DOS CRIMES

Art. 33. Importar, exportar, remeter, preparar, produzir, fabricar, adquirir, vender, expor à venda, oferecer, ter em depósito, transportar, trazer consigo, guardar, prescrever, ministrar, entregar a consumo ou fornecer drogas, ainda que gratuitamente, sem autorização ou em desacordo com determinação legal ou regulamentar:

▶ Art. 44 desta Lei.

▶ Súm. nº 528 do STJ.

Pena – reclusão de 5 (cinco) a 15 (quinze) anos e pagamento de 500 (quinhentos) a 1.500 (mil e quinhentos) dias-multa.

§ 1º Nas mesmas penas incorre quem:

▶ Art. 44 desta Lei.

I – importa, exporta, remete, produz, fabrica, adquire, vende, expõe à venda, oferece, fornece, tem em depósito, transporta, traz consigo ou guarda, ainda que gratuitamente, sem autorização ou em desacordo com determinação legal ou regulamentar, matéria-prima, insumo ou produto químico destinado à preparação de drogas;

II – semeia, cultiva ou faz a colheita, sem autorização ou em desacordo com determinação legal ou regulamentar, de plantas que se constituam em matéria-prima para a preparação de drogas;

▶ Art. 243 da CF.

III – utiliza local ou bem de qualquer natureza de que tem a propriedade, posse, administração, guarda ou vigilância, ou consente que outrem dele se utilize, ainda que gratuitamente, sem autorização ou em desacordo com determinação legal ou regulamentar, para o tráfico ilícito de drogas;

IV – vende ou entrega drogas ou matéria-prima, insumo ou produto químico destinado à preparação de drogas, sem autorização ou em desacordo com a determinação legal ou regulamentar, a agente policial disfarçado, quando presentes elementos probatórios razoáveis de conduta criminal preexistente.

▶ Inciso IV acrescido pela Lei nº 13.964, de 24-12-2019.

§ 2º Induzir, instigar ou auxiliar alguém ao uso indevido de droga:

▶ Art. 62, II e III, do CP.

Pena – detenção, de 1 (um) a 3 (três) anos, e multa de 100 (cem) a 300 (trezentos) dias-multa.

▶ O STF, por unanimidade de votos, julgou procedente a ADI nº 4.274 para dar a este parágrafo interpretação conforme à Constituição, para dele excluir qualquer significado que enseje a proibição de manifestações e debates públicos acerca da descriminalização ou legalização do uso de drogas ou de qualquer substância que leve o ser humano ao entorpecimento episódico, ou então viciado, das suas faculdades psicofísicas (*DOU* de 2-12-2011).

§ 3º Oferecer droga, eventualmente e sem objetivo de lucro, a pessoa de seu relacionamento, para juntos a consumirem:

Pena – detenção, de 6 (seis) meses a 1 (um) ano, e pagamento de 700 (setecentos) a 1.500 (mil e quinhentos) dias-multa, sem prejuízo das penas previstas no art. 28.

§ 4º Nos delitos definidos no *caput* e no § 1º deste artigo, as penas poderão ser reduzidas de um sexto a dois terços, vedada a conversão em penas restritivas de direitos, desde que o agente seja primário, de bons antecedentes, não se dedique às atividades criminosas nem integre organização criminosa.

▶ A alteração que seria inserida neste artigo pela Lei nº 13.840, de 5-6-2019, foi vetada, razão pela qual mantivemos a redação.

▶ Res. do Senado Federal nº 5, de 15-2-2012, suspende a expressão "vedada a conversão em penas restritivas de direitos", contida neste parágrafo.

▶ Súm. nº 501 do STJ.

Art. 34. Fabricar, adquirir, utilizar, transportar, oferecer, vender, distribuir, entregar a qualquer título, possuir, guardar ou fornecer, ainda que gratuitamente, maquinário, aparelho, instrumento ou qualquer objeto destinado à fabricação, preparação, produção ou transformação de drogas, sem autorização ou em desacordo com determinação legal ou regulamentar:

Pena – reclusão, de 3 (três) a 10 (dez) anos, e pagamento de 1.200 (mil e duzentos) a 2.000 (dois mil) dias-multa.

Art. 35. Associarem-se duas ou mais pessoas para o fim de praticar, reiteradamente ou não, qualquer dos crimes previstos nos arts. 33, *caput* e § 1º, e 34 desta Lei:

▶ Art. 44 desta Lei.

▶ Art. 288 do CP.

Pena – reclusão, de 3 (três) a 10 (dez) anos, e pagamento de 700 (setecentos) a 1.200 (mil e duzentos) dias-multa.

Parágrafo único. Nas mesmas penas do *caput* deste artigo incorre quem se associa para a prática reiterada do crime definido no art. 36 desta Lei.

Art. 36. Financiar ou custear a prática de qualquer dos crimes previstos nos arts. 33, *caput* e § 1º, e 34 desta Lei:

▶ Art. 44 desta Lei.

Pena – reclusão, de 8 (oito) a 20 (vinte) anos, e pagamento de 1.500 (mil e quinhentos) a 4.000 (quatro mil) dias-multa.

Art. 37. Colaborar, como informante, com grupo, organização ou associação destinados à prática de qualquer dos crimes previstos nos arts. 33, *caput* e § 1º, e 34 desta Lei:

▶ Art. 44 desta Lei.

Pena – reclusão, de 2 (dois) a 6 (seis) anos, e pagamento de 300 (trezentos) a 700 (setecentos) dias-multa.

Art. 38. Prescrever ou ministrar, culposamente, drogas, sem que delas necessite o paciente, ou fazê-lo em doses excessivas ou em desacordo com determinação legal ou regulamentar:

Pena – detenção, de 6 (seis) meses a 2 (dois) anos, e pagamento de 50 (cinquenta) a 200 (duzentos) dias-multa.

Parágrafo único. O juiz comunicará a condenação ao Conselho Federal da categoria profissional a que pertença o agente.

Art. 39. Conduzir embarcação ou aeronave após o consumo de drogas, expondo a dano potencial a incolumidade de outrem:

Pena – detenção, de 6 (seis) meses a 3 (três) anos, além da apreensão do veículo, cassação da habilitação respectiva ou proibição de obtê-la, pelo mesmo prazo da pena privativa de liberdade aplicada, e pagamento de 200 (duzentos) a 400 (quatrocentos) dias-multa.

Parágrafo único. As penas de prisão e multa, aplicadas cumulativamente com as demais, serão de 4 (quatro) a 6 (seis) anos e de 400 (quatrocentos) a 600 (seiscentos) dias-multa, se o veículo referido no *caput* deste artigo for de transporte coletivo de passageiros.

Art. 40. As penas previstas nos arts. 33 a 37 desta Lei são aumentadas de um sexto a dois terços, se:

I – a natureza, a procedência da substância ou do produto apreendido e as circunstâncias do fato evidenciarem a transnacionalidade do delito;

- ▶ Arts. 5º e 7º do CP.
- ▶ Súm. nº 528 do STJ.

II – o agente praticar o crime prevalecendo-se de função pública ou no desempenho de missão de educação, poder familiar, guarda ou vigilância;

III – a infração tiver sido cometida nas dependências ou imediações de estabelecimentos prisionais, de ensino ou hospitalares, de sedes de entidades estudantis, sociais, culturais, recreativas, esportivas, ou beneficentes, de locais de trabalho coletivo, de recintos onde se realizem espetáculos ou diversões de qualquer natureza, de serviços de tratamento de dependentes de drogas ou de reinserção social, de unidades militares ou policiais ou em transportes públicos;

IV – o crime tiver sido praticado com violência, grave ameaça, emprego de arma de fogo, ou qualquer processo de intimidação difusa ou coletiva;

V – caracterizado o tráfico entre Estados da Federação ou entre estes e o Distrito Federal;

VI – sua prática envolver ou visar a atingir criança ou adolescente ou a quem tenha, por qualquer motivo, diminuída ou suprimida a capacidade de entendimento e determinação;

VII – o agente financiar ou custear a prática do crime.

Art. 41. O indiciado ou acusado que colaborar voluntariamente com a investigação policial e o processo criminal na identificação dos demais coautores ou partícipes do crime e na recuperação total ou parcial do produto do crime, no caso de condenação, terá pena reduzida de um terço a dois terços.

- ▶ Arts. 13 a 15 da Lei nº 9.807, de 13-7-1999 (Lei de Proteção a Vítimas e Testemunhas).
- ▶ Arts. 4º a 7º da Lei nº 12.850, 2-8-2013 (Nova Lei do Crime Organizado).

Art. 42. O juiz, na fixação das penas, considerará, com preponderância sobre o previsto no art. 59 do Código Penal, a natureza e a quantidade da substância ou do produto, a personalidade e a conduta social do agente.

Art. 43. Na fixação da multa a que se referem os arts. 33 a 39 desta Lei, o juiz, atendendo ao que dispõe o art. 42 desta Lei, determinará o número de dias-multa, atribuindo a cada um, segundo as condições econômicas dos acusados, valor não inferior a um trinta avos nem superior a 5 (cinco) vezes o maior salário mínimo.

- ▶ Art. 49, § 1º, do CP.

Parágrafo único. As multas, que em caso de concurso de crimes serão impostas sempre cumulativamente, podem ser aumentadas até o décuplo se, em virtude da situação econômica do acusado, considerá-las o juiz ineficazes, ainda que aplicadas no máximo.

Art. 44. Os crimes previstos nos arts. 33, *caput* e § 1º, e 34 a 37 desta Lei são inafiançáveis e insuscetíveis de sursis, graça, indulto, anistia e liberdade provisória, vedada a conversão de suas penas em restritivas de direitos.

- ▶ Art. 5º, XLIII, da CF.

Parágrafo único. Nos crimes previstos no *caput* deste artigo, dar-se-á o livramento condicional após o cumprimento de dois terços da pena, vedada sua concessão ao reincidente específico.

Art. 45. É isento de pena o agente que, em razão da dependência, ou sob o efeito, proveniente de caso fortuito ou força maior, de droga, era, ao tempo da ação ou da omissão, qualquer que tenha sido a infração penal praticada, inteiramente incapaz de entender o caráter ilícito do fato ou de determinar-se de acordo com esse entendimento.

- ▶ Art. 28, § 1º, do CP.

Parágrafo único. Quando absolver o agente, reconhecendo, por força pericial, que este apresentava, à época do fato previsto neste artigo, as condições referidas no caput deste artigo, poderá determinar o juiz, na sentença, o seu encaminhamento para tratamento médico adequado.

Art. 46. As penas podem ser reduzidas de um terço a dois terços se, por força das circunstâncias previstas no art. 45 desta Lei, o agente não possuía, ao tempo da ação ou da omissão, a plena capacidade de entender o caráter ilícito do fato ou de determinar-se de acordo com esse entendimento.

- ▶ Art. 28, § 2º, do CP.

Art. 47. Na sentença condenatória, o juiz, com base em avaliação que ateste a necessidade de encaminhamento do agente para tratamento, realizada por profissional de saúde com competência específica na forma da lei, determinará que a tal se proceda, observado o disposto no art. 26 desta Lei.

CAPÍTULO III
DO PROCEDIMENTO PENAL

Art. 48. O procedimento relativo aos processos por crimes definidos neste Título rege-se pelo disposto neste Capítulo, aplicando-se, subsidiariamente, as disposições do Código de Processo Penal e da Lei de Execução Penal.

§ 1º O agente de qualquer das condutas previstas no art. 28 desta Lei, salvo se houver concurso com os crimes previstos nos arts. 33 a 37 desta Lei, será processado e julgado na forma dos arts. 60 e seguintes da Lei nº 9.099, de 26 de setembro de 1995, que dispõe sobre os Juizados Especiais Criminais.

§ 2º Tratando-se da conduta prevista no art. 28 desta Lei, não se imporá prisão em flagrante, devendo o autor do fato ser imediatamente encaminhado ao juízo competente ou, na falta deste, assumir o compromisso de a ele comparecer, lavrando-se termo circunstanciado e providenciando-se as requisições dos exames e perícias necessários.

§ 3º Se ausente a autoridade judicial, as providências previstas no § 2º deste artigo serão tomadas de imediato pela autoridade policial, no local em que se encontrar, vedada a detenção do agente.

§ 4º Concluídos os procedimentos de que trata o § 2º deste artigo, o agente será submetido a exame de corpo de delito, se o requerer ou se a autoridade de polícia judiciária entender conveniente, e em seguida liberado.

§ 5º Para os fins do disposto no art. 76 da Lei nº 9.099, de 1995, que dispõe sobre os Juizados Especiais Criminais, o Ministério Público poderá propor a aplicação imediata de pena prevista no art. 28 desta Lei, a ser especificada na proposta.

Art. 49. Tratando-se de condutas tipificadas nos arts. 33, *caput* e § 1º, e 34 a 37 desta Lei, o juiz, sempre que as circunstâncias o recomendem, empregará os instrumentos protetivos de colaboradores e testemunhas previstos na Lei nº 9.807, de 13 de julho de 1999.

SEÇÃO I
DA INVESTIGAÇÃO

Art. 50. Ocorrendo prisão em flagrante, a autoridade de polícia judiciária fará, imediatamente, comunicação ao juiz competente, remetendo-lhe cópia do auto lavrado, do qual será dada vista ao órgão do Ministério Público, em 24 (vinte e quatro) horas.

§ 1º Para efeito da lavratura do auto de prisão em flagrante e estabelecimento da materialidade do delito, é suficiente o laudo de constatação da natureza e quantidade da droga, firmado por perito oficial ou, na falta deste, por pessoa idônea.

§ 2º O perito que subscrever o laudo a que se refere o § 1º deste artigo não ficará impedido de participar da elaboração do laudo definitivo.

§ 3º Recebida cópia do auto de prisão em flagrante, o juiz, no prazo de 10 (dez) dias, certificará a regularidade formal do laudo de constatação e determinará a destruição das drogas apreendidas, guardando-se amostra necessária à realização do laudo definitivo.

§ 4º A destruição das drogas será executada pelo delegado de polícia competente no prazo de 15 (quinze) dias na presença do Ministério Público e da autoridade sanitária.

§ 5º O local será vistoriado antes e depois de efetivada a destruição das drogas referida no § 3º, sendo lavrado auto circunstanciado pelo delegado de polícia, certificando-se neste a destruição total delas.

- ▶ §§ 3º a 5º acrescidos pela Lei nº 12.961, de 4-4-2014.
- ▶ A alteração que seria inserida neste artigo pela Lei nº 13.840, de 5-6-2019, foi vetada, razão pela qual mantivemos a redação.

Art. 50-A. A destruição das drogas apreendidas sem a ocorrência de prisão em flagrante será feita por incineração, no prazo máximo de 30 (trinta) dias contados da data da apreensão, guardando-se amostra necessária à realização do laudo definitivo.

- ▶ Art. 50-A com a redação dada pela Lei nº 13.840, de 5-6-2019.

Art. 51. O inquérito policial será concluído no prazo de 30 (trinta) dias, se o indiciado estiver preso, e de 90 (noventa) dias, quando solto.

- ▶ Art. 10 do CPP.

Parágrafo único. Os prazos a que se refere este artigo podem ser duplicados pelo juiz, ouvido o Ministério Público, mediante pedido justificado da autoridade de polícia judiciária.

Art. 52. Findos os prazos a que se refere o art. 51 desta Lei, a autoridade de polícia judiciária, remetendo os autos do inquérito ao juízo:

I – relatará sumariamente as circunstâncias do fato, justificando as razões que a levaram à classificação do delito, indicando a quantidade e natureza da substância ou do produto apreendido, o local e as condições em que se desenvolveu a ação criminosa, as circunstâncias da prisão, a conduta, a qualificação e os antecedentes do agente; ou

II – requererá sua devolução para a realização de diligências necessárias.

Parágrafo único. A remessa dos autos far-se-á sem prejuízo de diligências complementares:

I – necessárias ou úteis à plena elucidação do fato, cujo resultado deverá ser encaminhado ao juízo competente até 3 (três) dias antes da audiência de instrução e julgamento;

II – necessárias ou úteis à indicação dos bens, direitos e valores de que seja titular o agente, ou que figurem em seu nome, cujo resultado deverá ser encaminhado ao juízo competente até 3 (três) dias antes da audiência de instrução e julgamento.

Art. 53. Em qualquer fase da persecução criminal relativa aos crimes previstos nesta Lei, são permitidos, além dos previstos em lei, mediante autorização judicial e ouvido o Ministério Público, os seguintes procedimentos investigatórios:

I – a infiltração por agentes de polícia, em tarefas de investigação, constituída pelos órgãos especializados pertinentes;

II – a não atuação policial sobre os portadores de drogas, seus precursores químicos ou outros produtos utilizados em sua produção, que se encontrem no território brasileiro, com a finalidade de identificar e responsabilizar maior número de integrantes de operações de tráfico e distribuição, sem prejuízo da ação penal cabível.

Parágrafo único. Na hipótese do inciso II deste artigo, a autorização será concedida desde que sejam conhecidos o itinerário provável e a identificação dos agentes do delito ou de colaboradores.

SEÇÃO II

DA INSTRUÇÃO CRIMINAL

Art. 54. Recebidos em juízo os autos do inquérito policial, de Comissão Parlamentar de Inquérito ou peças de informação, dar-se-á vista ao Ministério Público para, no prazo de 10 (dez) dias, adotar uma das seguintes providências:

I – requerer o arquivamento;

II – requisitar as diligências que entender necessárias;

III – oferecer denúncia, arrolar até 5 (cinco) testemunhas e requerer as demais provas que entender pertinentes.

Art. 55. Oferecida a denúncia, o juiz ordenará a notificação do acusado para oferecer defesa prévia, por escrito, no prazo de 10 (dez) dias.

§ 1º Na resposta, consistente em defesa preliminar e exceções, o acusado poderá arguir preliminares e invocar todas as razões de defesa, oferecer documentos e justificações, especificar as provas que pretende produzir e, até o número de 5 (cinco), arrolar testemunhas.

§ 2º As exceções serão processadas em apartado, nos termos dos arts. 95 a 113 do Decreto-Lei nº 3.689, de 3 de outubro de 1941 – Código de Processo Penal.

§ 3º Se a resposta não for apresentada no prazo, o juiz nomeará defensor para oferecê-la em 10 (dez) dias, concedendo-lhe vista dos autos no ato de nomeação.

§ 4º Apresentada a defesa, o juiz decidirá em 5 (cinco) dias.

§ 5º Se entender imprescindível, o juiz, no prazo máximo de 10 (dez) dias, determinará a apresentação do preso, realização de diligências, exames e perícias.

Art. 56. Recebida a denúncia, o juiz designará dia e hora para a audiência de instrução e julgamento, ordenará a citação pessoal do acusado, a intimação do Ministério Público, do assistente, se for o caso, e requisitará os laudos periciais.

§ 1º Tratando-se de condutas tipificadas como infração do disposto nos arts. 33, *caput* e § 1º, e 34 a 37 desta Lei, o juiz, ao receber a denúncia, poderá decretar o afastamento cautelar do denunciado de suas atividades, se for funcionário público, comunicando ao órgão respectivo.

§ 2º A audiência a que se refere o *caput* deste artigo será realizada dentro dos 30 (trinta) dias seguintes ao recebimento da denúncia, salvo se determinada a realização de avaliação para atestar dependência de drogas, quando se realizará em 90 (noventa) dias.

Art. 57. Na audiência de instrução e julgamento, após o interrogatório do acusado e a inquirição das testemunhas, será dada a palavra, sucessivamente, ao representante do Ministério Público e ao defensor do acusado, para sustentação oral, pelo prazo de 20 (vinte) minutos para cada um, prorrogável por mais 10 (dez), a critério do juiz.

Parágrafo único. Após proceder ao interrogatório, o juiz indagará das partes se restou algum fato para ser esclarecido, formulando as perguntas correspondentes se o entender pertinente e relevante.

Art. 58. Encerrados os debates, proferirá o juiz sentença de imediato, ou o fará em 10 (dez) dias, ordenando que os autos para isso lhe sejam conclusos.

§§ 1º e 2º *Revogados.* Lei nº 12.961, de 4-4-2014.

Art. 59. Nos crimes previstos nos arts. 33, *caput* e § 1º, e 34 a 37 desta Lei, o réu não poderá apelar sem recolher-se à prisão, salvo se for primário e de bons antecedentes, assim reconhecido na sentença condenatória.

▸ Dec. nº 5.912, de 27-9-2006, regulamenta esta Lei.

CAPÍTULO IV

DA APREENSÃO, ARRECADAÇÃO E DESTINAÇÃO DE BENS DO ACUSADO

Art. 60. O juiz, a requerimento do Ministério Público ou do assistente de acusação, ou mediante representação da autoridade de polícia judiciária, poderá decretar, no curso do inquérito ou da ação penal, a apreensão e outras medidas assecuratórias nos casos em que haja suspeita de que os bens, direitos ou valores sejam produto do crime ou constituam proveito dos crimes previstos nesta Lei, procedendo-se na forma dos arts. 125 e seguintes do Decreto-Lei nº 3.689, de 3 de outubro de 1941 – Código de Processo Penal.

▸ *Caput* com a redação dada pela Lei nº 13.840, de 5-6-2019.

§§ 1º e 2º *Revogados.* Lei nº 13.840, de 5-6-2019.

§ 3º Na hipótese do art. 366 do Decreto-Lei nº 3.689, de 3 de outubro de 1941 – Código de Processo Penal, o juiz poderá determinar a prática de atos necessários à conservação dos bens, direitos ou valores.

§ 4º A ordem de apreensão ou sequestro de bens, direitos ou valores poderá ser suspensa pelo juiz, ouvido o Ministério Público, quando a sua execução imediata puder comprometer as investigações.

▸ §§ 3º e 4º com a redação dada pela Lei nº 13.840, de 5-6-2019.

§ 5º Decretadas quaisquer das medidas previstas no *caput* deste artigo, o juiz facultará ao acusado que, no prazo de 5 (cinco) dias, apresente provas, ou requeira a produção delas, acerca da origem lícita do bem ou do valor objeto da decisão, exceto no caso de veículo apreendido em transporte de droga ilícita.

§ 6º Provada a origem lícita do bem ou do valor, o juiz decidirá por sua liberação, exceto no caso de veículo apreendido em transporte de droga ilícita, cuja destinação observará o disposto nos arts. 61 e 62 desta Lei, ressalvado o direito de terceiro de boa-fé.

▸ §§ 5º e 6º acrescidos pela Lei nº 14.322, de 6-4-2022.

Art. 60-A. Se as medidas assecuratórias de que trata o art. 60 desta Lei recaírem sobre moeda estrangeira, títulos, valores mobiliários ou cheques emitidos como ordem de pagamento, será determinada, imediatamente, a sua conversão em moeda nacional.

§ 1º A moeda estrangeira apreendida em espécie deve ser encaminhada a instituição financeira, ou equiparada, para alienação na forma prevista pelo Conselho Monetário Nacional.

§ 2º Na hipótese de impossibilidade da alienação a que se refere o § 1º deste artigo, a moeda estrangeira será custodiada pela instituição financeira até decisão sobre o seu destino.

§ 3º Após a decisão sobre o destino da moeda estrangeira a que se refere o § 2º deste artigo, caso seja verificada a inexistência de valor de mercado, seus espécimes poderão ser destruídos ou doados à representação diplomática do país de origem.

§ 4º Os valores relativos às apreensões feitas antes da data de entrada em vigor da Medida Provisória nº 885, de 17 de junho de 2019, e que estejam custodiados nas dependências do Banco Central do Brasil devem ser transferidos à Caixa Econômica Federal, no prazo de 360 (trezentos e sessenta) dias, para que se proceda à alienação ou custódia, de acordo com o previsto nesta Lei.

▸ Art. 60-A acrescido pela Lei nº 13.886, de 17-10-2019.

Art. 61. A apreensão de veículos, embarcações, aeronaves e quaisquer outros meios de transporte e dos maquinários, utensílios, instrumentos e objetos de qualquer natureza utilizados para a prática, habitual ou não, dos crimes definidos nesta Lei será imediatamente comunicada pela autoridade de polícia judiciária responsável pela investigação ao juízo competente.

▸ *Caput* com a redação dada pela Lei nº 14.322, de 6-4-2022.

§ 1º O juiz, no prazo de 30 (trinta) dias contado da comunicação de que trata o *caput*, determinará a alienação dos bens apreendidos, excetuadas as armas, que serão recolhidas na forma da legislação específica.

§ 2º A alienação será realizada em autos apartados, dos quais constará a exposição sucinta do nexo de instrumentalidade entre o delito e os bens apreendidos, a descrição e especificação dos objetos, as informações sobre quem os tiver sob custódia e o local em que se encontrem.

§ 3º O juiz determinará a avaliação dos bens apreendidos, que será realizada por oficial de justiça, no prazo de 5 (cinco) dias a contar da autuação, ou, caso sejam necessários conhecimentos especializados, por avaliador nomeado pelo juiz, em prazo não superior a 10 (dez) dias.

§ 4º Feita a avaliação, o juiz intimará o órgão gestor do FUNAD, o Ministério Público e o interessado para se manifestarem no prazo de 5 (cinco) dias e, dirimidas eventuais divergências, homologará o valor atribuído aos bens.

▸ §§ 1º a 4º acrescidos pela Lei nº 13.840, de 5-6-2019.

§ 5º VETADO. Lei nº 13.840, de 5-6-2019.

§§ 6º a 8º *Revogados*. Lei nº 13.886, de 17-10-2019.

§ 9º O Ministério Público deve fiscalizar o cumprimento da regra estipulada no § 1º deste artigo.

§ 10. Aplica-se a todos os tipos de bens confiscados a regra estabelecida no § 1º deste artigo.

§ 11. Os bens móveis e imóveis devem ser vendidos por meio de hasta pública, preferencialmente por meio eletrônico, assegurada a venda pelo maior lance, por preço não inferior a 50% (cinquenta por cento) do valor da avaliação judicial.

§ 12. O juiz ordenará às secretarias de fazenda e aos órgãos de registro e controle que efetuem as averbações necessárias, tão logo tenha conhecimento da apreensão.

§ 13. Na alienação de veículos, embarcações ou aeronaves, a autoridade de trânsito ou o órgão congênere competente para o registro, bem como as secretarias de fazenda, devem proceder à regularização dos bens no prazo de 30 (trinta) dias, ficando o arrematante isento do pagamento de multas, encargos e tributos anteriores, sem prejuízo de execução fiscal em relação ao antigo proprietário.

§ 14. Eventuais multas, encargos ou tributos pendentes de pagamento não podem ser cobrados do arrematante ou do órgão público alienante como condição para regularização dos bens.

§ 15. Na hipótese de que trata o § 13 deste artigo, a autoridade de trânsito ou o órgão congênere competente para o registro poderá emitir novos identificadores dos bens.

▸ §§ 9º a 15 acrescidos pela Lei nº 13.886, de 17-10-2019.

Art. 62. Comprovado o interesse público na utilização de quaisquer dos bens de que trata o art. 61, os órgãos de polícia judiciária, militar e rodoviária poderão deles fazer uso, sob sua responsabilidade e com o objetivo de sua conservação, mediante autorização judicial, ouvido o Ministério Público e garantida a prévia avaliação dos respectivos bens.

▸ *Caput* com a redação dada pela Lei nº 13.840, de 5-6-2019.

§ 1º *Revogado*. Lei nº 13.886, de 17-10-2019.

§ 1º-A. O juízo deve cientificar o órgão gestor do FUNAD para que, em 10 (dez) dias, avalie a existência do interesse público mencionado no *caput* deste artigo e indique o órgão que deve receber o bem.

§ 1º-B. Têm prioridade, para os fins do § 1º-A deste artigo, os órgãos de segurança pública que participaram das ações de investigação ou repressão ao crime que deu causa à medida.

▸ §§ 1º-A e 1º-B acrescidos pela Lei nº 13.886, de 17-10-2019.

§ 2º A autorização judicial de uso de bens deverá conter a descrição do bem e a respectiva avaliação e indicar o órgão responsável por sua utilização.

§ 3º O órgão responsável pela utilização do bem deverá enviar ao juiz periodicamente, ou a qualquer momento quando por este solicitado, informações sobre seu estado de conservação.

§ 4º Quando a autorização judicial recair sobre veículos, embarcações ou aeronaves, o juiz ordenará à autoridade ou ao órgão de registro e controle a expedição de certificado provisório de registro e licenciamento em favor do órgão ao qual tenha deferido o uso ou custódia, ficando este livre do pagamento de multas, encargos e tributos anteriores à decisão de utilização do bem até o trânsito em julgado da decisão que decretar o seu perdimento em favor da União.

§ 5º Na hipótese de levantamento, se houver indicação de que os bens utilizados na forma deste artigo sofreram depreciação superior àquela esperada em razão do transcurso do tempo e do uso, poderá o interessado requerer nova avaliação judicial.

§ 6º Constatada a depreciação de que trata o § 5º, o ente federado ou a entidade que utilizou o bem indenizará o detentor ou proprietário dos bens.

▸ §§ 2º a 6º com a redação dada pela Lei nº 13.840, de 5-6-2019.

§§ 7º a 11. *Revogados*. Lei nº 13.840, de 5-6-2019.

Art. 62-A. O depósito, em dinheiro, de valores referentes ao produto da alienação ou a numerários apreendidos ou que tenham sido convertidos deve ser efetuado na Caixa Econômica Federal, por meio de documento de arrecadação destinado a essa finalidade.

§ 1º Os depósitos a que se refere o *caput* deste artigo devem ser transferidos, pela Caixa Econômica Federal, para a conta única do Tesouro Nacional, independentemente de qualquer formalidade, no prazo de 24 (vinte e quatro) horas, contado do momento da realização do depósito, onde ficarão à disposição do FUNAD.

§ 2º Revogado. *Lei nº 14.973, de 16-9-2024*.

§ 3º Na hipótese de decretação do seu perdimento em favor da União, o valor do depósito será transformado em pagamento definitivo, respeitados os direitos de eventuais lesados e de terceiros de boa-fé.

§ 4º Os valores devolvidos pela Caixa Econômica Federal, por decisão judicial, devem ser efetuados como anulação de receita do FUNAD no exercício em que ocorrer a devolução.

§ 5º A Caixa Econômica Federal deve manter o controle dos valores depositados ou devolvidos.

▸ Art. 62-A acrescido pela Lei nº 13.886, de 17-10-2019.

Art. 63. Ao proferir a sentença, o juiz decidirá sobre:

▸ *Caput* com a redação dada pela Lei nº 13.840, de 5-6-2019.

I – o perdimento do produto, bem, direito ou valor apreendido ou objeto de medidas assecuratórias; e

II – o levantamento dos valores depositados em conta remunerada e a liberação dos bens utilizados nos termos do art. 62.

▸ Incisos I e II acrescidos pela Lei nº 13.840, de 5-6-2019.

§ 1º Os bens, direitos ou valores apreendidos em decorrência dos crimes tipificados nesta Lei ou objeto de medidas assecuratórias, após decretado seu perdimento em favor da União, serão revertidos diretamente ao FUNAD.

§ 2º O juiz remeterá ao órgão gestor do FUNAD relação dos bens, direitos e valores declarados perdidos, indicando o local em que se encontram e a entidade ou o órgão em cujo poder estejam, para os fins de sua destinação nos termos da legislação vigente.

▸ §§ 1º e 2º com a redação dada pela Lei nº 13.840, de 5-6-2019.

§ 3º *Revogado*. Lei nº 13.886, de 17-10-2019.

§ 4º Transitada em julgado a sentença condenatória, o juiz do processo, de ofício ou a requerimento do Ministério Público, remeterá à SENAD relação dos bens, direitos e valores declarados perdidos em favor da União, indicando, quanto aos bens, o local em que se encontram e a entidade ou o órgão em cujo poder estejam, para os fins de sua destinação nos termos da legislação vigente.

▸ A alteração que seria inserida neste parágrafo pela Lei nº 13.840, de 5-6-2019, foi vetada, razão pela qual mantivemos a redação.

§ 4º-A. Antes de encaminhar os bens ao órgão gestor do FUNAD, o juiz deve:

I – ordenar às secretarias de fazenda e aos órgãos de registro e controle que efetuem as averbações necessárias, caso não tenham sido realizadas quando da apreensão; e

II – determinar, no caso de imóveis, o registro de propriedade em favor da União no cartório de registro de imóveis competente, nos termos do *caput* e do parágrafo único do art. 243 da Constituição Federal, afastada a responsabilidade de terceiros prevista no inciso VI do *caput* do art. 134 da Lei nº 5.172, de 25 de outubro de 1966 (Código Tributário Nacional), bem como determinar à Secretaria de Coordenação e Governança do Patrimônio da União a incorporação e entrega do imóvel, tornando-o livre e desembaraçado de quaisquer ônus para sua destinação.

▸ § 4º-A acrescido pela Lei nº 13.886, de 17-10-2019.

§ 5º VETADO. Lei nº 13.840, de 5-6-2019.

§ 6º Na hipótese do inciso II do *caput*, decorridos 360 (trezentos e sessenta) dias do trânsito em julgado e do conhecimento da sentença pelo interessado, os bens apreendidos, os que tenham sido objeto de medidas assecuratórias ou os valores depositados que não forem reclamados serão revertidos ao FUNAD.

▸ § 6º acrescido pela Lei nº 13.840, de 5-6-2019.

Art. 63-A. Nenhum pedido de restituição será conhecido sem o comparecimento pessoal do acusado, podendo o juiz determinar a prática de atos necessários à conservação de bens, direitos ou valores.

Art. 63-B. O juiz determinará a liberação total ou parcial dos bens, direitos e objeto de medidas assecuratórias quando comprovada a licitude de sua origem, mantendo-se a constrição dos bens, direitos e valores necessários e suficientes à reparação dos danos e ao pagamento de prestações pecuniárias, multas e custas decorrentes da infração penal.

▶ Arts. 63-A e 63-B acrescidos pela Lei nº 13.840, de 5-6-2019.

Art. 63-C. Compete à SENAD, do Ministério da Justiça e Segurança Pública, proceder à destinação dos bens apreendidos e não leiloados em caráter cautelar, cujo perdimento seja decretado em favor da União, por meio das seguintes modalidades:

I – alienação, mediante:

a) licitação;

b) doação com encargo a entidades ou órgãos públicos, bem como a comunidades terapêuticas acolhedoras que contribuam para o alcance das finalidades do FUNAD; ou

c) venda direta, observado o disposto no inciso II do *caput* do art. 24 da Lei nº 8.666, de 21 de junho de 1993;

▶ A Lei nº 8.666, de 21-6-1993, foi revogada pela Lei nº 14.133, de 1º-4-2021.

▶ Art. 75, II, da Lei nº 14.133, de 1º-4-2021 (Nova Lei de Licitações e Contratos Administrativos).

II – incorporação ao patrimônio de órgão da administração pública, observadas as finalidades do FUNAD;

III – destruição; ou

IV – inutilização.

§ 1º A alienação por meio de licitação deve ser realizada na modalidade leilão, para bens móveis e imóveis, independentemente do valor de avaliação, isolado ou global, de bem ou de lotes, assegurada a venda pelo maior lance, por preço não inferior a 50% (cinquenta por cento) do valor da avaliação.

§ 2º O edital do leilão a que se refere o § 1º deste artigo será amplamente divulgado em jornais de grande circulação e em sítios eletrônicos oficiais, principalmente no Município em que será realizado, dispensada a publicação em diário oficial.

§ 3º Nas alienações realizadas por meio de sistema eletrônico da administração pública, a publicidade dada pelo sistema substituirá a publicação em diário oficial e em jornais de grande circulação.

§ 4º Na alienação de imóveis, o arrematante fica livre do pagamento de encargos e tributos anteriores, sem prejuízo de execução fiscal em relação ao antigo proprietário.

§ 5º Na alienação de veículos, embarcações ou aeronaves deverão ser observadas as disposições dos §§ 13 e 15 do art. 61 desta Lei.

§ 6º Aplica-se às alienações de que trata este artigo a proibição relativa à cobrança de multas, encargos ou tributos prevista no § 14 do art. 61 desta Lei.

§ 7º A SENAD, do Ministério da Justiça e Segurança Pública, pode celebrar convênios ou instrumentos congêneres com órgãos e entidades da União, dos Estados, do Distrito Federal ou dos Municípios, bem como com comunidades terapêuticas acolhedoras, a fim de dar imediato cumprimento ao estabelecido neste artigo.

§ 8º Observados os procedimentos licitatórios previstos em lei, fica autorizada a contratação da iniciativa privada para a execução das ações de avaliação, de administração e de alienação dos bens a que se refere esta Lei.

Art. 63-D. Compete ao Ministério da Justiça e Segurança Pública regulamentar os procedimentos relativos à administração, à preservação e à destinação dos recursos provenientes de delitos e atos ilícitos e estabelecer os valores abaixo dos quais se deve proceder à sua destruição ou inutilização.

Art. 63-E. O produto da alienação dos bens apreendidos ou confiscados será revertido integralmente ao FUNAD, nos termos do parágrafo único do art. 243 da Constituição Federal, vedada a sub-rogação sobre o valor da arrematação para saldar eventuais multas, encargos ou tributos pendentes de pagamento.

Parágrafo único. O disposto no *caput* deste artigo não prejudica o ajuizamento de execução fiscal em relação aos antigos devedores.

Art. 63-F. Na hipótese de condenação por infrações às quais esta Lei comine pena máxima superior a 6 (seis) anos de reclusão, poderá ser decretada a perda, como produto ou proveito do crime, dos bens correspondentes à diferença entre o valor do patrimônio do condenado e aquele compatível com o seu rendimento lícito.

§ 1º A decretação da perda prevista no *caput* deste artigo fica condicionada à existência de elementos probatórios que indiquem conduta criminosa habitual, reiterada ou profissional do condenado ou sua vinculação a organização criminosa.

§ 2º Para efeito da perda prevista no *caput* deste artigo, entende-se por patrimônio do condenado todos os bens:

I – de sua titularidade, ou sobre os quais tenha domínio e benefício direto ou indireto, na data da infração penal, ou recebidos posteriormente; e

II – transferidos a terceiros a título gratuito ou mediante contraprestação irrisória, a partir do início da atividade criminal.

§ 3º O condenado poderá demonstrar a inexistência da incompatibilidade ou a procedência lícita do patrimônio.

▶ Arts. 63-C a 63-F acrescidos pela Lei nº 13.886, de 17-10-2019.

Art. 64. A União, por intermédio da SENAD, poderá firmar convênio com os Estados, com o Distrito Federal e com organismos orientados para a prevenção do uso indevido de drogas, a atenção e a reinserção social de usuários ou dependentes e a atuação na repressão à produção não autorizada e ao tráfico ilícito de drogas, com vistas na liberação de equipamentos e de recursos por ela arrecadados, para a implantação e execução de programas relacionados à questão das drogas.

▶ A alteração que seria inserida neste artigo pela Lei nº 13.840, de 5-6-2019, foi vetada, razão pela qual mantivemos a redação.

TÍTULO V – DA COOPERAÇÃO INTERNACIONAL

Art. 65. De conformidade com os princípios da não intervenção em assuntos internos, da igualdade jurídica e do respeito à integridade territorial dos Estados e às leis e aos regulamentos nacionais em vigor, e observado o espírito das Convenções das Nações Unidas e outros instrumentos jurídicos internacionais relacionados à questão das drogas, de que o Brasil é parte, o governo brasileiro prestará, quando solicitado, cooperação a outros países e organismos internacionais e, quando necessário, deles solicitará a colaboração, nas áreas de:

I – intercâmbio de informações sobre legislações, experiências, projetos e programas voltados para atividades de prevenção do uso indevido, de atenção e de reinserção social de usuários e dependentes de drogas;

II – intercâmbio de inteligência policial sobre produção e tráfico de drogas e delitos conexos, em especial o tráfico de armas, a lavagem de dinheiro e o desvio de precursores químicos;

III – intercâmbio de informações policiais e judiciais sobre produtores e traficantes de drogas e seus precursores químicos.

TÍTULO V-A – DO FINANCIAMENTO DAS POLÍTICAS SOBRE DROGAS

▶ Título V-A acrescido pela Lei nº 13.840, de 5-6-2019.

Art. 65-A. VETADO. Lei nº 13.840, de 5-6-2019.

TÍTULO VI – DISPOSIÇÕES FINAIS E TRANSITÓRIAS

Art. 66. Para fins do disposto no parágrafo único do art. 1º desta Lei, até que seja atualizada a terminologia da lista mencionada no preceito, denominam-se drogas substâncias entorpecentes, psicotrópicas, precursoras e outras sob controle especial, da Portaria SVS/MS nº 344, de 12 de maio de 1998.

Art. 67. A liberação dos recursos previstos na Lei nº 7.560, de 19 de dezembro de 1986, em favor de Estados e do Distrito Federal, dependerá de sua adesão e respeito às diretrizes básicas contidas nos convênios firmados e do fornecimento de dados necessários à atualização do sistema previsto no art. 17 desta Lei, pelas respectivas polícias judiciárias.

Art. 67-A. Os gestores e entidades que recebam recursos públicos para execução das políticas sobre drogas deverão garantir o acesso às suas instalações, à documentação e a todos os elementos necessários à efetiva fiscalização pelos órgãos competentes.

▶ Art. 67-A acrescido pela Lei nº 13.840, de 5-6-2019.

Art. 68. A União, os Estados, o Distrito Federal e os Municípios poderão criar estímulos fiscais e outros, destinados às pessoas físicas e jurídicas que colaborem na prevenção do uso indevido de drogas, atenção e reinserção social de usuários e dependentes e na repressão da produção não autorizada e do tráfico ilícito de drogas.

Art. 69. No caso de falência ou liquidação extrajudicial de empresas ou estabelecimentos hospitalares, de pesquisa, de ensino, ou congêneres, assim como nos serviços de saúde que produzirem, venderem, adquirirem, consumirem, prescreverem ou fornecerem drogas ou de qualquer outro em que existam essas substâncias ou produtos, incumbe ao juízo perante o qual tramite o feito:

I – determinar, imediatamente à ciência da falência ou liquidação, sejam lacradas suas instalações;

II – ordenar à autoridade sanitária competente a urgente adoção das medidas necessárias ao recebimento e guarda, em depósito, das drogas arrecadadas;

III – dar ciência ao órgão do Ministério Público, para acompanhar o feito.

§ 1º Da licitação para alienação de substâncias ou produtos não proscritos referidos no inciso II do *caput* deste artigo, só podem participar pessoas jurídicas regularmente habilitadas na área de saúde ou de pesquisa científica que comprovem a destinação lícita a ser dada ao produto a ser arrematado.

§ 2º Ressalvada a hipótese de que trata o § 3º deste artigo, o produto não arrematado será, ato contínuo à hasta pública, destruído pela autoridade sanitária, na presença dos Conselhos Estaduais sobre Drogas e do Ministério Público.

§ 3º Figurando entre o praceado e não arrematadas especialidades farmacêuticas em condições de emprego terapêutico, ficarão elas depositadas sob a guarda do Ministério da Saúde, que as destinará à rede pública de saúde.

Art. 70. O processo e o julgamento dos crimes previstos nos arts. 33 a 37 desta Lei, se caracterizado ilícito transnacional, são da competência da Justiça Federal.

Parágrafo único. Os crimes praticados nos Municípios que não sejam sede de vara federal serão processados e julgados na vara federal da circunscrição respectiva.

Art. 71. VETADO.

Art. 72. Encerrado o processo criminal ou arquivado o inquérito policial, o juiz, de ofício, mediante representação da autoridade de polícia judiciária, ou a requerimento do Ministério Público, determinará a destruição das amostras guardadas para contraprova, certificando nos autos.

▸ Artigo com a redação dada pela Lei nº 13.840, de 5-6-2019.

Art. 73. A União poderá estabelecer convênios com os Estados e o com o Distrito Federal, visando à prevenção e repressão do tráfico ilícito e do uso indevido de drogas, e com os Municípios, com o objetivo de prevenir o uso indevido delas e de possibilitar a atenção e reinserção social de usuários e dependentes de drogas.

▸ Artigo com a redação dada pela Lei nº 12.219, de 31-3-2010.

Art. 74. Esta Lei entra em vigor 45 (quarenta e cinco) dias após a sua publicação.

Art. 75. Revogam-se a Lei nº 6.368, de 21 de outubro de 1976, e a Lei nº 10.409, de 11 de janeiro de 2002.

Brasília, 23 de agosto de 2006;
185º da Independência e
118º da República.

Luiz Inácio Lula da Silva

LEI COMPLEMENTAR Nº 123, DE 14 DE DEZEMBRO DE 2006

Institui o Estatuto Nacional da Microempresa e da Empresa de Pequeno Porte; altera dispositivos das Leis nºs 8.212 e 8.213, ambas de 24 de julho de 1991, da Consolidação das Leis do Trabalho – CLT, aprovada pelo Decreto-Lei nº 5.452, de 1º de maio de 1943, da Lei nº 10.189, de 14 de fevereiro de 2001, da Lei Complementar nº 63, de 11 de janeiro de 1990; e revoga as Leis nºs 9.317, de 5 de dezembro de 1996, e 9.841, de 5 de outubro de 1999.

▸ Publicada no *DOU* de 15-12-2006 e republicada no *DOU* de 31-1-2009, Edição Extra. Houve nova republicação no *DOU* de 6-3-2012, em atendimento ao disposto no art. 5º da LC nº 139, de 10-11-2011.

▸ Arts. 146, parágrafo único, e 179 da CF.

▸ Arts. 47, I, e 94 do ADCT.

▸ Lei nº 11.488, de 15-6-2007, cria o Regime Especial de Incentivos para o Desenvolvimento da Infraestrutura – REIDI; reduz para 24 (vinte e quatro) meses o prazo mínimo para utilização dos créditos da Contribuição para o PIS/PASEP e da Contribuição para o Financiamento da Seguridade Social – COFINS decorrentes da aquisição de edificações; e amplia o prazo para pagamento de impostos e contribuições.

▸ Dec. nº 6.038, de 7-2-2007, institui o Comitê Gestor do Simples Nacional – CGSN.

CAPÍTULO I
DISPOSIÇÕES PRELIMINARES

Art. 1º Esta Lei Complementar estabelece normas gerais relativas ao tratamento diferenciado e favorecido a ser dispensado às microempresas e empresas de pequeno porte no âmbito dos Poderes da União, dos Estados, do Distrito Federal e dos Municípios, especialmente no que se refere:

I – à apuração e recolhimento dos impostos e contribuições da União, dos Estados, do Distrito Federal e dos Municípios, mediante regime único de arrecadação, inclusive obrigações acessórias;

II – ao cumprimento de obrigações trabalhistas e previdenciárias, inclusive obrigações acessórias;

III – ao acesso a crédito e ao mercado, inclusive quanto à preferência nas aquisições de bens e serviços pelos Poderes Públicos, à tecnologia, ao associativismo e às regras de inclusão;

IV – *ao cadastro nacional único de contribuintes a que se refere o inciso IV do § 1º do art. 146 da Constituição Federal.*

▸ Inciso IV com a redação dada pela LC nº 214, de 16-1-2025.

§ 1º Cabe ao Comitê Gestor do SIMPLES Nacional (CGSN) apreciar a necessidade de revisão, a partir de 1º de janeiro de 2015, dos valores expressos em moeda nesta Lei Complementar.

▸ § 1º com a redação dada pela LC nº 139, de 10-11-2011.

§ 2º VETADO.

§ 3º Ressalvado o disposto no Capítulo IV, toda nova obrigação que atinja as microempresas e empresas de pequeno porte deverá apresentar, no instrumento que a instituiu, especificação do tratamento diferenciado, simplificado e favorecido para cumprimento.

§ 4º Na especificação do tratamento diferenciado, simplificado e favorecido de que trata o § 3º, deverá constar prazo máximo, quando forem necessários procedimentos adicionais, para que os órgãos fiscalizadores cumpram as medidas necessárias à emissão de documentos, realização de vistorias e atendimento das demandas realizadas pelas microempresas e empresas de pequeno porte com o objetivo de cumprir a nova obrigação.

§ 5º Caso o órgão fiscalizador descumpra os prazos estabelecidos na especificação do tratamento diferenciado e favorecido, conforme o disposto no § 4º, a nova obrigação será inexigível até que seja realizada visita para fiscalização orientadora e seja reiniciado o prazo para regularização.

§ 6º A ausência de especificação do tratamento diferenciado, simplificado e favorecido ou da determinação de prazos máximos, de acordo com os §§ 3º e 4º, tornará a nova obrigação inexigível para as microempresas e empresas de pequeno porte.

§ 7º A inobservância do disposto nos §§ 3º a 6º resultará em atentado aos direitos e garantias legais assegurados ao exercício profissional da atividade empresarial.

▸ §§ 3º a 7º acrescidos pela LC nº 147, de 7-8-2014.

Art. 2º O tratamento diferenciado e favorecido a ser dispensado às microempresas e empresas de pequeno porte de que trata o art. 1º desta Lei Complementar será gerido pelas instâncias a seguir especificadas:

I – *Comitê Gestor do Simples Nacional, vinculado ao Ministério da Fazenda, composto de 4 (quatro) representantes da União, 2 (dois) dos Estados e do Distrito Federal, 2 (dois) dos Municípios, 1 (um) do Serviço Brasileiro de Apoio às Micro e Pequenas Empresas (SEBRAE) e 1 (um) das confederações nacionais de representação do segmento de microempresas e empresas de pequeno porte referidas no art. 11 da Lei Complementar nº 147, de 7 de agosto de 2014, para tratar dos aspectos tributários;*

▸ Inciso I com a redação dada pela LC nº 214, de 16-1-2025.

II – Fórum Permanente das Microempresas e Empresas de Pequeno Porte, com a participação dos órgãos federais competentes e das entidades vinculadas ao setor, para tratar dos demais aspectos, ressalvado o disposto no inciso III do *caput* deste artigo;

▸ Inciso II com a redação dada pela LC nº 128, de 19-12-2008.

III – *Comitê para Integração das Administrações Tributárias e Gestão da Rede Nacional para Simplificação do Registro e da Legalização de Empresas e Negócios – CGSIM, vinculado ao Ministério da Fazenda, composto por representantes da União, Estados, Municípios e Distrito Federal e demais órgãos de apoio e de registro, na forma definida pelo Poder Executivo, para tratar dos atos cadastrais tributários e do processo de registro e de legalização de empresários e de pessoas jurídicas.*

▸ Inciso III com a redação dada pela LC nº 214, de 16-1-2025.

§ 1º Os Comitês de que tratam os incisos I e III do *caput* deste artigo serão presididos e coordenados por representantes da União.

§ 2º Os representantes dos Estados e do Distrito Federal nos Comitês referidos nos incisos I e III do *caput* deste artigo serão indicados pelo Conselho Nacional de Política Fazendária – CONFAZ e os dos Municípios serão indicados, um pela entidade representativa das Secretarias de Finanças das Capitais e outro pelas entidades de representação nacional dos Municípios brasileiros.

§ 3º As entidades de representação referidas no inciso III do *caput* e no § 2º deste artigo serão aquelas regularmente constituídas há pelo menos 1 (um) ano antes da publicação desta Lei Complementar.

▶ §§ 1º a 3º com a redação dada pela LC nº 128, de 19-12-2008.

§ 4º Os comitês de que tratam os incisos I e III do *caput* deste artigo elaborarão seus regimentos internos mediante resolução, observado, quanto ao CGSN, o disposto nos §§ 4º-A e 4º-B deste artigo.

▶ § 4º com a redação dada pela LC nº 188, de 31-12-2021.

§ 4º-A. *O quórum mínimo para a realização das reuniões do CGSN será de 3/4 (três quartos) dos membros, dos quais um deles será necessariamente o Presidente ou seu substituto.*

▶ § 4º-A com a redação dada pela LC nº 214, de 16-1-2025.

§ 4º-B. As deliberações do CGSN serão tomadas por 3/4 (três quartos) dos componentes presentes às reuniões, presenciais ou virtuais, ressalvadas as decisões que determinem a exclusão de ocupações autorizadas a atuar na qualidade de Microempreendedor Individual (MEI), quando a deliberação deverá ser unânime.

▶ § 4º-B acrescido pela LC nº 188, de 31-12-2021.

§ 5º O Fórum referido no inciso II do *caput* deste artigo tem por finalidade orientar e assessorar a formulação e coordenação da política nacional de desenvolvimento das microempresas e empresas de pequeno porte, bem como acompanhar e avaliar a sua implantação, sendo presidido e coordenado pela Secretaria da Micro e Pequena Empresa da Presidência da República.

▶ § 5º com a redação dada pela Lei nº 12.792, de 28-3-2013.

§ 6º Ao Comitê de que trata o inciso I do *caput* deste artigo compete regulamentar a opção, exclusão, tributação, fiscalização, arrecadação, cobrança, dívida ativa, recolhimento e demais itens relativos ao regime de que trata o art. 12 desta Lei Complementar, observadas as demais disposições desta Lei Complementar.

§ 7º Ao Comitê de que trata o inciso III do *caput* deste artigo compete, na forma da lei, regulamentar a inscrição, cadastro, abertura, alvará, arquivamento, licenças, permissão, autorização, registros e demais itens relativos à abertura, legalização e funcionamento de empresários e de pessoas jurídicas de qualquer porte, atividade econômica ou composição societária.

§ 8º *Os membros do CGSN e do CGSIM serão designados pelo Ministro de Estado da Fazenda, mediante indicação dos órgãos e entidades vinculados.*

§ 8º-A. *Dos membros da União que compõem o CGSN, 3 (três) serão representantes da Secretaria Especial da Receita Federal do Brasil e 1 (um) do Ministério do Empreendedorismo, da Microempresa e da Empresa de Pequeno Porte ou do órgão que vier a substituí-lo.*

▶ §§ 8º e 8º-A com a redação dada pela LC nº 214, de 16-1-2025.

§ 8º-B. A vaga das confederações nacionais de representação do segmento de microempresas e empresas de pequeno porte no comitê de que trata o inciso I do *caput* deste artigo será ocupada em regime de rodízio anual entre as confederações.

▶ § 8º-B acrescido pela LC nº 188, de 31-12-2021.

§ 9º O CGSN poderá determinar, com relação à microempresa e à empresa de pequeno porte optante pelo Simples Nacional, a forma, a periodicidade e o prazo:

I – de entrega à Secretaria da Receita Federal do Brasil – RFB de uma única declaração com dados relacionados a fatos geradores, base de cálculo e valores da contribuição para a Seguridade Social devida sobre a remuneração do trabalho, inclusive a descontada dos trabalhadores a serviço da empresa, do Fundo de Garantia do Tempo de Serviço – FGTS e outras informações de interesse do Ministério do Trabalho e Emprego – MTE, do Instituto Nacional do Seguro Social – INSS e do Conselho Curador do FGTS, observado o disposto no § 7º deste artigo; e

II – do recolhimento das contribuições descritas no inciso I e do FGTS.

§ 10. O recolhimento de que trata o inciso II do § 9º deste artigo poderá se dar de forma unificada relativamente aos tributos apurados na forma do Simples Nacional.

§ 11. A entrega da declaração de que trata o inciso I do § 9º substituirá, na forma regulamentada pelo CGSN, a obrigatoriedade de entrega de todas as informações, formulários e declarações a que estão sujeitas as demais empresas ou equiparados que contratam trabalhadores, inclusive relativamente ao recolhimento do FGTS, à Relação Anual de Informações Sociais e ao Cadastro Geral de Empregados e Desempregados.

§ 12. Na hipótese de recolhimento do FGTS na forma do inciso II do § 9º deste artigo, deve-se assegurar a transferência dos recursos e dos elementos identificadores do recolhimento ao gestor desse fundo para crédito na conta vinculada do trabalhador.

§ 13. O documento de que trata o inciso I do § 9º tem caráter declaratório, constituindo instrumento hábil e suficiente para a exigência dos tributos, contribuições e dos débitos fundiários que não tenham sido recolhidos resultantes das informações nele prestadas.

▶ §§ 9º a 13 acrescidos pela LC nº 147, de 7-8-2014.

CAPÍTULO II

DA DEFINIÇÃO DE MICROEMPRESA E DE EMPRESA DE PEQUENO PORTE

Art. 3º Para os efeitos desta Lei Complementar, consideram-se microempresas ou empresas de pequeno porte a sociedade empresária, a sociedade simples, a empresa individual de responsabilidade limitada e o empresário a que se refere o art. 966 da Lei nº 10.406, de 10 de janeiro de 2002 (Código Civil), devidamente registrados no Registro de Empresas Mercantis ou no Registro Civil de Pessoas Jurídicas, conforme o caso, desde que:

▶ *Caput* com a redação dada pela LC nº 139, de 10-11-2011.

▶ Art. 6º da Lei nº 13.988, de 14-4-2020 (Lei da Transação Tributária).

I – no caso da microempresa, aufira, em cada ano-calendário, receita bruta igual ou inferior a R$ 360.000,00 (trezentos e sessenta mil reais); e

▶ Inciso I com a redação dada pela LC nº 139, de 10-11-2011.

II – no caso de empresa de pequeno porte, aufira, em cada ano-calendário, receita bruta superior a R$ 360.000,00 (trezentos e sessenta mil reais) e igual ou inferior a R$ 4.800.000,00 (quatro milhões e oitocentos mil reais).

▶ Inciso II com a redação dada pela LC nº 155, de 27-10-2016.

▶ Art. 16, § 1º, desta Lei Complementar.

§ 1º *Considera-se receita bruta, para fins do disposto no caput, o produto da venda de bens e serviços nas operações de conta própria, o preço dos serviços prestados, o resultado nas operações em conta alheia e as demais receitas da atividade ou objeto principal das microempresas ou das empresas de pequeno porte, não incluídas as vendas canceladas e os descontos incondicionais concedidos.*

▶ § 1º com a redação dada pela LC nº 214, de 16-1-2025.

§ 1º-A. *A receita bruta de que trata o § 1º também compreende as receitas com operações com bens materiais ou imateriais, inclusive direitos, ou com serviços.*

▶ § 1º-A acrescido pela LC nº 214, de 16-1-2025.

§ 2º No caso de início de atividade no próprio ano-calendário, o limite a que se refere o *caput* deste artigo será proporcional ao número de meses em que a microempresa ou a empresa de pequeno porte houver exercido atividade, inclusive as frações de meses.

§ 3º O enquadramento do empresário ou da sociedade simples ou empresária como microempresa ou empresa de pequeno porte bem como o seu desenquadramento não implicarão alteração, denúncia ou qualquer restrição em relação a contratos por elas anteriormente firmados.

§ 4º Não poderá se beneficiar do tratamento jurídico diferenciado previsto nesta Lei Complementar, incluído o regime de que trata o art. 12 desta Lei Complementar, para nenhum efeito legal, a pessoa jurídica:

▶ *Caput* do § 4º com a redação dada pela LC nº 128, de 19-12-2008.

I – de cujo capital participe outra pessoa jurídica;

II – que seja filial, sucursal, agência ou representação, no País, de pessoa jurídica com sede no exterior;

III – de cujo capital participe pessoa física que seja inscrita como empresário ou seja sócia de outra empresa que receba tratamento jurídico diferenciado nos termos desta Lei Complementar, desde que a receita bruta global ultrapasse o limite de que trata o inciso II do *caput* deste artigo;

IV – cujo titular ou sócio participe com mais de 10% (dez por cento) do capital de outra empresa não beneficiada por esta Lei Complementar, desde que a receita bruta global ultrapasse o limite de que trata o inciso II do *caput* deste artigo;

V – *cujo sócio ou titular de fato ou de direito seja administrador ou equiparado de outra pessoa jurídica com fins lucrativos, desde que a receita bruta global ultrapasse o limite de que trata o inciso II do caput;*

▶ Inciso V com a redação dada pela LC nº 214, de 16-1-2025.

VI – constituída sob a forma de cooperativas, salvo as de consumo;

VII – que participe do capital de outra pessoa jurídica;

VIII – que exerça atividade de banco comercial, de investimentos e de desenvolvimento, de caixa econômica, de sociedade de crédito, financiamento e investimento ou de crédito imobiliário, de corretora ou de distribuidora de títulos, valores mobiliários e câmbio, de empresa de arrendamento mercantil, de seguros privados e de capitalização ou de previdência complementar;

IX – resultante ou remanescente de cisão ou qualquer outra forma de desmembramento de pessoa jurídica que tenha ocorrido em um dos 5 (cinco) anos-calendário anteriores;

X – constituída sob a forma de sociedade por ações;

XI – cujos titulares ou sócios guardem, cumulativamente, com o contratante do serviço, relação de pessoalidade, subordinação e habitualidade;

▶ Inciso XI acrescido pela LC nº 147, de 7-8-2014.

▶ Art. 3º da CLT.

XII – *que tenha filial, sucursal, agência ou representação no exterior.*

▶ Inciso XII acrescido pela LC nº 214, de 16-1-2025.

§ 5º O disposto nos incisos IV e VII do § 4º deste artigo não se aplica à participação no capital de cooperativas de crédito, bem como em centrais de compras, bolsas de subcontratação, no consórcio referido no art. 50 desta Lei Complementar e na sociedade de propósito específico prevista no art. 56 desta Lei Complementar, e em associações assemelhadas, sociedades de interesse econômico, sociedades de garantia solidária e outros tipos de sociedade, que tenham como objetivo social a defesa exclusiva dos interesses econômicos das microempresas e empresas de pequeno porte.

▶ § 5º com a redação dada pela LC nº 128, de 19-12-2008.

§ 6º Na hipótese de a microempresa ou empresa de pequeno porte incorrer em alguma das situações previstas nos incisos do § 4º, será excluída do tratamento jurídico diferenciado previsto nesta Lei Complementar, bem como do regime de que trata o art. 12, com efeitos a partir do mês seguinte ao que incorrida a situação impeditiva.

▶ § 6º com a redação dada pela LC nº 139, de 10-11-2011.

§ 7º Observado o disposto no § 2º deste artigo, no caso de início de atividades, a microempresa que, no ano-calendário, exceder o limite de receita bruta anual previsto no inciso I do *caput* deste artigo passa, no ano-calendário seguinte, à condição de empresa de pequeno porte.

§ 8º Observado o disposto no § 2º deste artigo, no caso de início de atividades, a empresa de pequeno porte que, no ano-calendário, não ultrapassar o limite de receita bruta anual previsto no inciso I do *caput* deste artigo passa, no ano-calendário seguinte, à condição de microempresa.

§ 9º A empresa de pequeno porte que, no ano-calendário, exceder o limite de receita bruta anual previsto no inciso II do *caput* fica excluída, no mês subsequente à ocorrência do excesso, do tratamento jurídico diferenciado previsto nesta Lei Complementar, incluído o regime de que trata o art. 12, para todos os efeitos legais, ressalvado o disposto nos §§ 9º-A, 10 e 12.

▶ § 9º com a redação dada pela LC nº 139, de 10-11-2011.

§ 9º-A. Os efeitos da exclusão prevista no § 9º dar-se-ão no ano-calendário subsequente se o excesso verificado em relação à receita bruta não for superior a 20% (vinte por cento) do limite referido no inciso II do *caput*.

▶ § 9º-A acrescido pela LC nº 139, de 10-11-2011.

§ 10. A empresa de pequeno porte que no decurso do ano-calendário de início de atividade ultrapassar o limite proporcional de receita bruta de que trata o § 2º estará excluída do tratamento jurídico diferenciado previsto nesta Lei Complementar, bem como do regime de que trata o art. 12 desta Lei Complementar, com efeitos retroativos ao início de suas atividades.

▶ Art. 31, III, *b*, desta Lei Complementar.

§ 11. *Na hipótese de excesso do limite previsto no art. 13-A, caso a receita bruta auferida pela empresa durante o ano-calendário de início de atividade ultrapasse 1/12 (um doze avos) do limite estabelecido multiplicado pelo número de meses de funcionamento nesse período, a empresa não poderá recolher o ICMS, o ISS e o IBS na forma do Simples Nacional, com efeitos retroativos ao início de suas atividades.*

▶ § 11 com a redação dada pela LC nº 214, de 16-1-2025.

★ **Nova redação do dispositivo alterado:** "§ 11. Na hipótese de excesso do limite previsto no art. 13-A, caso a receita bruta auferida pela empresa durante o ano-calendário de início de atividade ultrapasse 1/12 (um doze avos) do limite estabelecido multiplicado pelo número de meses de funcionamento nesse período, a empresa não poderá recolher o IBS na forma do Simples Nacional, com efeitos retroativos ao início de suas atividades."

▶ § 11 com a redação dada pela LC nº 214, de 16-1-2025, produzindo efeitos a partir de 1º-1-2033.

§ 12. A exclusão de que trata o § 10 não retroagirá ao início das atividades se o excesso verificado em relação à receita bruta não for superior a 20% (vinte por cento) do respectivo limite referido naquele parágrafo, hipótese em que os efeitos da exclusão dar-se-ão no ano-calendário subsequente.

▶ § 12 com a redação dada pela LC nº 139, de 10-11-2011.

§ 13. *O impedimento de que trata o § 11 não retroagirá ao início das atividades se o excesso verificado em relação à receita bruta não for superior a 20% (vinte por cento) do limite referido naquele parágrafo, hipótese em que os efeitos do impedimento ocorrerão no ano-calendário subsequente.*

▶ § 13 com a redação dada pela LC nº 214, de 16-1-2025.

§ 14. Para fins de enquadramento como microempresa ou empresa de pequeno porte, poderão ser auferidas receitas no mercado interno até o limite previsto no inciso II do *caput* ou no § 2º, conforme o caso, e, adicionalmente, receitas decorrentes da exportação de mercadorias ou serviços, inclusive quando realizada por meio de comercial exportadora ou da sociedade de propósito específico prevista no art. 56 desta Lei Complementar, desde que as receitas de exportação também não excedam os referidos limites de receita bruta anual.

▶ § 14 com a redação dada pela LC nº 147, de 7-8-2014.

§ 15. *Na hipótese do § 14, para fins de determinação da alíquota de que trata o § 1º do art. 18, da base de cálculo prevista em seu § 3º e da aplicação de alíquota sobre a parcela excedente de receita bruta prevista em seus §§ 16, 16-A, 17, 17-A, 17-B e 17-C, serão consideradas separadamente as receitas brutas auferidas no mercado interno e aquelas decorrentes da exportação.*

▶ § 15 com a redação dada pela LC nº 214, de 16-1-2025.

§ 16. O disposto neste artigo será regulamentado por resolução do CGSN.

▶ § 16 acrescido pela LC nº 147, de 7-8-2014.

§§ 17 e 18. VETADOS. LC nº 155, de 27-10-2016.

§ 19. *Para fins do disposto nesta Lei Complementar, devem ser consideradas todas as atividades econômicas exercidas, as receitas brutas auferidas e os débitos tributários das entidades de que trata o caput e o art. 18-A, ainda que em inscrições cadastrais distintas ou na qualidade de contribuinte individual, em um mesmo ano-calendário.*

▶ § 19 acrescido pela LC nº 214, de 16-1-2025.

Art. 3º-A. Aplica-se ao produtor rural pessoa física e ao agricultor familiar conceituado na Lei nº 11.326, de 24 de julho de 2006, com situação regular na Previdência Social e no Município que tenham auferido receita bruta anual até o limite de que trata o inciso II do *caput* do art. 3º o disposto nos arts. 6º e 7º, nos Capítulos V a X, na Seção IV do Capítulo XI e no Capítulo XII desta Lei Complementar, ressalvadas as disposições da Lei nº 11.718, de 20 de junho de 2008.

Parágrafo único. A equiparação de que trata o *caput* não se aplica às disposições do Capítulo IV desta Lei Complementar.

Art. 3º-B. Os dispositivos desta Lei Complementar, com exceção dos dispostos no Capítulo IV, são aplicáveis a todas as microempresas e empresas de pequeno porte, assim definidas pelos incisos I e II do *caput* e § 4º do art. 3º, ainda que não enquadradas no regime tributário do Simples Nacional, por vedação ou por opção.

▶ Arts. 3º-A e 3º-B acrescidos pela LC nº 147, de 7-8-2014.

CAPÍTULO III
DA INSCRIÇÃO E DA BAIXA

Art. 4º Na elaboração de normas de sua competência, os órgãos e entidades envolvidos na abertura e fechamento de empresas, dos 3 (três) âmbitos de governo, deverão considerar a unicidade do processo de registro e de legalização de empresários e de pessoas jurídicas, para tanto devendo articular as competências próprias com aquelas dos demais membros, e buscar, em conjunto, compatibilizar e integrar procedimentos, de modo a evitar a duplicidade de exigências e garantir a linearidade do processo, da perspectiva do usuário.

§ 1º O processo de abertura, registro, alteração e baixa da microempresa e empresa de pequeno porte, bem como qualquer exigência para o início de seu funcionamento, deverão ter trâmite especial e simplificado, preferencialmente eletrônico, opcional para o empreendedor, observado o seguinte:

▸ *Caput* do § 1º com a redação dada pela LC nº 147, de 7-8-2014.

I – poderão ser dispensados o uso da firma, com a respectiva assinatura autógrafa, o capital, requerimentos, demais assinaturas, informações relativas ao estado civil e regime de bens, bem como remessa de documentos, na forma estabelecida pelo CGSIM; e

▸ Inciso I acrescido pela LC nº 139 de 10-11-2011.

II – *Revogado*. LC nº 147, de 7-8-2014.

§ 2º *Revogado*. LC nº 139, de 10-11-2011.

§ 3º Ressalvado o disposto nesta Lei Complementar, ficam reduzidos a 0 (zero) todos os custos, inclusive prévios, relativos à abertura, à inscrição, ao registro, ao funcionamento, ao alvará, à licença, ao cadastro, às alterações e procedimentos de baixa e encerramento e aos demais itens relativos ao Microempreendedor Individual, incluindo os valores referentes a taxas, a emolumentos e a demais contribuições relativas aos órgãos de registro, de licenciamento, sindicais, de regulamentação, de anotação de responsabilidade técnica, de vistoria e de fiscalização do exercício de profissões regulamentadas.

▸ § 3º com a redação dada pela LC nº 147, de 7-8-2014.

§ 3º-A. O agricultor familiar, definido conforme a Lei nº 11.326, de 24 de julho de 2006, e identificado pela Declaração de Aptidão ao PRONAF – DAP física ou jurídica, bem como o MEI e o empreendedor de economia solidária ficam isentos de taxas e outros valores relativos à fiscalização da vigilância sanitária.

§ 4º No caso do MEI, de que trata o art. 18-A desta Lei Complementar, a cobrança associativa ou oferta de serviços privados relativos aos atos de que trata o § 3º deste artigo somente poderá ser efetuada a partir de demanda prévia do próprio MEI, firmado por meio de contrato com assinatura autógrafa, observando-se que:

I – para a emissão de boletos de cobrança, os bancos públicos e privados deverão exigir das instituições sindicais e associativas autorização prévia específica a ser emitida pelo CGSIM;

II – o desrespeito ao disposto neste parágrafo configurará vantagem ilícita pelo induzimento ao erro em prejuízo do MEI, aplicando-se as sanções previstas em lei.

▸ §§ 3º-A a 4º acrescidos pela LC nº 147, de 7-8-2014.

§ 5º VETADO. LC nº 147, de 7-8-2014.

§ 6º Na ocorrência de fraude no registro do Microempreendedor Individual – MEI feito por terceiros, o pedido de baixa deve ser feito por meio exclusivamente eletrônico, com efeitos retroativos à data de registro, na forma a ser regulamentada pelo CGSIM, não sendo aplicáveis os efeitos do § 1º do art. 29 desta Lei Complementar.

▸ § 6º acrescido pela LC nº 155, de 27-10-2016.

Art. 5º Os órgãos e entidades envolvidos na abertura e fechamento de empresas, dos 3 (três) âmbitos de governo, no âmbito de suas atribuições, deverão manter à disposição dos usuários, de forma presencial e pela rede mundial de computadores, informações, orientações e instrumentos, de forma integrada e consolidada, que permitam pesquisas prévias às etapas de registro ou inscrição, alteração e baixa de empresários e pessoas jurídicas, de modo a prover ao usuário certeza quanto à documentação exigível e quanto à viabilidade do registro ou inscrição.

Parágrafo único. As pesquisas prévias à elaboração de ato constitutivo ou de sua alteração deverão bastar a que o usuário seja informado pelos órgãos e entidades competentes:

I – da descrição oficial do endereço de seu interesse e da possibilidade de exercício da atividade desejada no local escolhido;

II – de todos os requisitos a serem cumpridos para obtenção de licenças de autorização de funcionamento, segundo a atividade pretendida, o porte, o grau de risco e a localização; e

III – da possibilidade de uso do nome empresarial de seu interesse.

Art. 6º Os requisitos de segurança sanitária, metrologia, controle ambiental e prevenção contra incêndios, para os fins de registro e legalização de empresários e pessoas jurídicas, deverão ser simplificados, racionalizados e uniformizados pelos órgãos envolvidos na abertura e fechamento de empresas, no âmbito de suas competências.

§ 1º Os órgãos e entidades envolvidos na abertura e fechamento de empresas que sejam responsáveis pela emissão de licenças e autorizações de funcionamento somente realizarão vistorias após o início de operação do estabelecimento, quando a atividade, por sua natureza, comportar grau de risco compatível com esse procedimento.

§ 2º Os órgãos e entidades competentes definirão, em 6 (seis) meses, contados da publicação desta Lei Complementar, as atividades cujo grau de risco seja considerado alto e que exigirão vistoria prévia.

§ 3º Na falta de legislação estadual, distrital ou municipal específica relativa à definição do grau de risco da atividade aplicar-se-á resolução do CGSIM.

§ 4º A classificação de baixo grau de risco permite ao empresário ou à pessoa jurídica a obtenção do licenciamento de atividade mediante o simples fornecimento de dados e a substituição da comprovação prévia do cumprimento de exigências e restrições por declarações do titular ou responsável.

§ 5º O disposto neste artigo não é impeditivo da inscrição fiscal.

▸ §§ 3º a 5º acrescidos pela LC nº 147, de 7-8-2014.

Art. 7º Exceto nos casos em que o grau de risco da atividade seja considerado alto, os Municípios emitirão Alvará de Funcionamento Provisório, que permitirá o início de operação do estabelecimento imediatamente após o ato de registro.

Parágrafo único. Nos casos referidos no *caput* deste artigo, poderá o Município conceder Alvará de Funcionamento Provisório para o microempreendedor individual, para microempresas e para empresas de pequeno porte:

▸ *Caput* do parágrafo único acrescido pela LC nº 128, de 19-12-2008.

I – instaladas em área ou edificação desprovidas de regulação fundiária e imobiliária, inclusive habite-se; ou

▸ Inciso I com a redação dada pela LC nº 147, de 7-8-2014.

II – em residência do microempreendedor individual ou do titular ou sócio da microempresa ou empresa de pequeno porte, na hipótese em que a atividade não gere grande circulação de pessoas.

▸ Inciso II acrescido pela LC nº 128, de 19-12-2008.

Art. 8º Será assegurado aos empresários e pessoas jurídicas:

I – entrada única de dados e documentos;

II – processo de registro e legalização integrado entre os órgãos e entes envolvidos, por meio de sistema informatizado que garanta:

a) sequenciamento das seguintes etapas: consulta prévia de nome empresarial e de viabilidade de localização, registro empresarial, inscrições fiscais e licenciamento de atividade;

b) criação da base nacional cadastral única de empresas;

III – identificação nacional cadastral única que corresponderá ao número de inscrição no Cadastro Nacional de Pessoas Jurídicas – CNPJ.

§ 1º O sistema de que trata o inciso II do *caput* deve garantir aos órgãos e entidades integrados:

I – compartilhamento irrestrito dos dados da base nacional única de empresas;

II – autonomia na definição das regras para comprovação do cumprimento de exigências nas respectivas etapas do processo.

§ 2º A identificação nacional cadastral única substituirá para todos os efeitos as demais inscrições, sejam elas federais, estaduais ou municipais, após a implantação do sistema a que se refere o inciso II do *caput*, no prazo e na forma estabelecidos pelo CGSIM.

§ 3º É vedado aos órgãos e entidades integrados ao sistema informatizado de que trata o inciso II do *caput* o estabelecimento de exigências não previstas em lei.

§ 4º A coordenação do desenvolvimento e da implantação do sistema de que trata o inciso II do *caput* ficará a cargo do CGSIM.

▸ Art. 8º com a redação dada pela LC nº 147, de 7-8-2014.

Art. 9º O registro dos atos constitutivos, de suas alterações e extinções (baixas), referentes a empresários e pessoas jurídicas em qualquer órgão dos 3 (três) âmbitos de governo ocorrerá independentemente da regularidade de obrigações tributárias, previdenciárias ou trabalhistas, principais ou acessórias, do empresário, da sociedade, dos sócios, dos administradores ou de empresas de que participem, sem prejuízo das responsabilidades do empresário, dos titulares, dos sócios ou dos administradores por tais obrigações, apuradas antes ou após o ato de extinção.

▸ *Caput* com a redação dada pela LC nº 147, de 7-8-2014.

§ 1º O arquivamento, nos órgãos de registro, dos atos constitutivos de empresários, de sociedades empresárias e de demais equiparados que se enquadrarem como microempresa ou empresa de pequeno porte bem como o arquivamento de suas alterações são dispensados das seguintes exigências:

I – certidão de inexistência de condenação criminal, que será substituída por declaração do titular ou administrador, firmada sob as penas da lei, de não estar impedido de exercer atividade mercantil ou a administração de sociedade, em virtude de condenação criminal;

II – prova de quitação, regularidade ou inexistência de débito referente a tributo ou contribuição de qualquer natureza.

§ 2º Não se aplica às microempresas e às empresas de pequeno porte o disposto no § 2º do art. 1º da Lei nº 8.906, de 4 de julho de 1994.

§ 3º *Revogado*. LC nº 147, de 7-8-2014.

§ 4º A baixa do empresário ou da pessoa jurídica não impede que, posteriormente, sejam lançados ou cobrados tributos, contribuições e respectivas penalidades, decorrentes da falta do cumprimento de obrigações ou da prática comprovada e apurada em processo administrativo ou judicial de outras irregularidades praticadas pelos empresários, pelas pessoas jurídicas ou por seus titulares, sócios ou administradores.

§ 5º A solicitação de baixa do empresário ou da pessoa jurídica importa responsabilidade solidária dos empresários, dos titulares, dos sócios e dos administradores no período da ocorrência dos respectivos fatos geradores.

▸ §§ 4º e 5º com a redação dada pela LC nº 147, de 7-8-2014.

§ 6º Os órgãos referidos no *caput* deste artigo terão o prazo de 60 (sessenta) dias para efetivar a baixa nos respectivos cadastros.

§ 7º Ultrapassado o prazo previsto no § 6º deste artigo sem manifestação do órgão competente, presumir-se-á a baixa dos registros das microempresas e a das empresas de pequeno porte.

§§ 8º a 12. *Revogados*. LC nº 147, de 7-8-2014.

Art. 10. Não poderão ser exigidos pelos órgãos e entidades envolvidos na abertura e fechamento de empresas, dos 3 (três) âmbitos de governo:

I – excetuados os casos de autorização prévia, quaisquer documentos adicionais aos requeridos pelos órgãos executores do Registro Público de Empresas Mercantis e Atividades Afins e do Registro Civil de Pessoas Jurídicas;

II – documento de propriedade ou contrato de locação do imóvel onde será instalada a sede, filial ou outro estabelecimento, salvo para comprovação do endereço indicado;

III – comprovação de regularidade de prepostos dos empresários ou pessoas jurídicas com seus órgãos de classe, sob qualquer forma, como requisito para deferimento de ato de inscrição, alteração ou baixa de empresa, bem como para autenticação de instrumento de escrituração.

Art. 11. Fica vedada a instituição de qualquer tipo de exigência de natureza documental ou formal, restritiva ou condicionante, pelos órgãos envolvidos na abertura e fechamento de empresas, dos 3 (três) âmbitos de governo, que exceda o estrito limite dos requisitos pertinentes à essência do ato de registro, alteração ou baixa da empresa.

CAPÍTULO IV
DOS TRIBUTOS E CONTRIBUIÇÕES

Seção I
DA INSTITUIÇÃO E ABRANGÊNCIA

Art. 12. Fica instituído o Regime Especial Unificado de Arrecadação de Tributos e Contribuições devidos pelas Microempresas e Empresas de Pequeno Porte – SIMPLES Nacional.

▸ Arts. 1º, 2º e 7º da Lei nº 11.898, de 8-1-2009, que institui o Regime de Tributação Unificada – RTU na importação, por via terrestre, de mercadorias procedentes do Paraguai; e altera as Leis nºs 10.637, de 30 de dezembro de 2002, e 10.833, de 29 de dezembro de 2003.

§ 1º *VETADO. LC nº 155, de 27-10-2016.*

▸ Parágrafo único transformado em § 1º pela LC nº 214, de 16-1-2025.

§ 2º *O Simples Nacional deve observar os princípios da simplicidade, da transparência, da justiça tributária, da cooperação e integração das administrações tributárias da União, dos Estados, do Distrito Federal e dos Municípios e da defesa do meio ambiente.*

§ 3º *A União, os Estados, o Distrito Federal e os Municípios exercerão a administração tributária do Simples Nacional de forma integrada, nos termos e limites estabelecidos pela Constituição Federal e por esta Lei Complementar.*

▸ §§ 2º e 3º acrescidos pela LC nº 214, de 16-1-2025.

Art. 13. O SIMPLES Nacional implica o recolhimento mensal, mediante documento único de arrecadação, dos seguintes impostos e contribuições:

I – Imposto sobre a Renda da Pessoa Jurídica – IRPJ;

II – Imposto sobre Produtos Industrializados – IPI, observado o disposto no inciso XII do § 1º deste artigo;

III – Contribuição Social sobre o Lucro Líquido – CSLL;

IV – Contribuição para o Financiamento da Seguridade Social – COFINS, observado o disposto no inciso XII do § 1º deste artigo;

V – Contribuição para o PIS/PASEP, observado o disposto no inciso XII do § 1º deste artigo;

▸ Incisos IV e V estarão revogados pela LC nº 214, de 16-1-2025, a partir de 1º-1-2027.

VI – Contribuição Patronal Previdenciária – CPP para a Seguridade Social, a cargo da pessoa jurídica, de que trata o art. 22 da Lei nº 8.212, de 24 de julho de 1991, exceto no caso da microempresa e da empresa de pequeno porte que se dedique às atividades de prestação de serviços referidas no § 5º-C do art. 18 desta Lei Complementar;

▸ Inciso VI com a redação dada pela LC nº 128, de 19-12-2008.

▸ Arts. 18, § 5º-C, desta Lei Complementar.

▸ Súm. nº 425 do STJ.

VII – Imposto sobre Operações Relativas à Circulação de Mercadorias e Sobre Prestações de Serviços de Transporte Interestadual e Intermunicipal e de Comunicação – ICMS;

VIII – Imposto sobre Serviços de Qualquer Natureza – ISS;

▸ Incisos VII e VIII estarão revogados pela LC nº 214, de 16-1-2025, a partir de 1º-1-2033.

IX – *Imposto sobre Bens e Serviços – IBS;*

X – *Contribuição Social sobre Bens e Serviços – CBS.*

▸ Incisos IX e X acrescidos pela LC nº 214, de 16-1-2025.

§ 1º O recolhimento na forma deste artigo não exclui a incidência dos seguintes impostos ou contribuições, devidos na qualidade de contribuinte ou responsável, em relação aos quais será observada a legislação aplicável às demais pessoas jurídicas:

I – Imposto sobre Operações de Crédito, Câmbio e Seguro, ou Relativas a Títulos ou Valores Mobiliários – IOF;

II – Imposto sobre a Importação de Produtos Estrangeiros – II;

III – Imposto sobre a Exportação, para o Exterior, de Produtos Nacionais ou Nacionalizados – IE;

IV – Imposto sobre a Propriedade Territorial Rural – ITR;

▸ Inciso IV com a redação dada pela LC nº 128, de 19-12-2008.

V – Imposto de Renda, relativo aos rendimentos ou ganhos líquidos auferidos em aplicações de renda fixa ou variável;

VI – Imposto de Renda relativo aos ganhos de capital auferidos na alienação de bens do ativo permanente;

VII – Revogado. *LC nº 214, de 16-1-2025.*

VIII – Contribuição para o Fundo de Garantia do Tempo de Serviço – FGTS;

IX – Contribuição para manutenção da Seguridade Social, relativa ao trabalhador;

X – Contribuição para a Seguridade Social, relativa à pessoa do empresário, na qualidade de contribuinte individual;

XI – Imposto de Renda relativo aos pagamentos ou créditos efetuados pela pessoa jurídica a pessoas físicas;

XII – Contribuição para o PIS/PASEP, COFINS e IPI incidentes na importação de bens e serviços;

XII-A – *IBS e CBS incidentes sobre:*

a) *a importação de bens materiais ou imateriais, inclusive direitos, ou de serviços;*

b) *VETADA. LC nº 214, de 16-1-2025.*

▸ Inciso XII-A acrescido pela LC nº 214, de 16-1-2025.

XIII – ICMS devido:

a) nas operações sujeitas ao regime de substituição tributária, tributação concentrada em uma única etapa (monofásica) e sujeitas ao regime de antecipação do recolhimento do imposto com encerramento de tributação, envolvendo combustíveis e lubrificantes; energia elétrica; cigarros e outros produtos derivados do fumo; bebidas; óleos e azeites vegetais comestíveis; farinha de trigo e misturas de farinha de trigo; massas alimentícias; açúcares; produtos lácteos; carnes e suas preparações; preparações à base de cereais; chocolates; produtos de padaria e da indústria de bolachas e biscoitos; sorvetes e preparados para fabricação de sorvetes em máquinas; cafés e mates, seus extratos, essências e concentrados; preparações para molhos e molhos preparados; preparações de produtos vegetais; rações para animais domésticos; veículos automotivos e automotores, suas peças, componentes e acessórios; pneumáticos; câmaras de ar e protetores de borracha; medicamentos e outros produtos farmacêuticos para uso humano ou veterinário; cosméticos; produtos de perfumaria e de higiene pessoal; papéis; plásticos; canetas e malas; cimentos; cal e argamassas; produtos cerâmicos; vidros; obras de metal e plástico para construção; telhas e caixas d'água; tintas e vernizes; produtos eletrônicos, eletroeletrônicos e eletrodomésticos; fios; cabos e outros condutores; transformadores elétricos e reatores; disjuntores; interruptores e tomadas; isoladores; para-raios e lâmpadas; máquinas e aparelhos de ar-condicionado; centrifugadores de uso doméstico; aparelhos e instrumentos de pesagem de uso doméstico; extintores;

aparelhos ou máquinas de barbear; máquinas de cortar o cabelo ou de tosquiar; aparelhos de depilar, com motor elétrico incorporado; aquecedores elétricos de água para uso doméstico e termômetros; ferramentas; álcool etílico; sabões em pó e líquidos para roupas; detergentes; alvejantes; esponjas; palhas de aço e amaciantes de roupas; venda de mercadorias pelo sistema porta a porta; nas operações sujeitas ao regime de substituição tributária pelas operações anteriores; e nas prestações de serviços sujeitas aos regimes de substituição tributária e de antecipação de recolhimento do imposto com encerramento de tributação;

- Alínea *a* com a redação dada pela LC nº 147, de 7-8-2014.
- O STF, por unanimidade, julgou improcedente o pedido formulado na ADI nº 6.030 para declarar a constitucionalidade desta alínea (*DOU* de 10-9-2024).

b) por terceiro, a que o contribuinte se ache obrigado, por força da legislação estadual ou distrital vigente;

c) na entrada, no território do Estado ou do Distrito Federal, de petróleo, inclusive lubrificantes e combustíveis líquidos e gasosos dele derivados, bem como energia elétrica, quando não destinados à comercialização ou industrialização;

d) por ocasião do desembaraço aduaneiro;

e) na aquisição ou manutenção em estoque de mercadoria desacobertada de documento fiscal;

f) na operação ou prestação desacobertada de documento fiscal;

g) nas operações com bens ou mercadorias sujeitas ao regime de antecipação do recolhimento do imposto, nas aquisições em outros Estados e Distrito Federal:

- *Caput* da alínea *g* com a redação dada pela LC nº 128, de 19-12-2008.

1. com encerramento da tributação, observado o disposto no inciso IV do § 4º do art. 18 desta Lei Complementar;
2. sem encerramento da tributação, hipótese em que será cobrada a diferença entre a alíquota interna e a interestadual, sendo vedada a agregação de qualquer valor;

- Itens 1 e 2 acrescidos pela LC nº 128, de 19-12-2008.
- O STF, por unanimidade, julgou improcedente o pedido formulado na ADI nº 6.030 para declarar a constitucionalidade deste item (*DOU* de 10-9-2024).

h) nas aquisições em outros Estados e no Distrito Federal de bens ou mercadorias, não sujeitas ao regime de antecipação do recolhimento do imposto, relativo à diferença entre a alíquota interna e a interestadual;

- Alínea *h* acrescida pela LC nº 128, de 19-12-2008.
- O STF, por unanimidade, julgou improcedente o pedido formulado na ADI nº 6.030 para declarar a constitucionalidade desta alínea (*DOU* de 10-9-2024).

XIV – ISS devido:

a) em relação aos serviços sujeitos à substituição tributária ou retenção na fonte;

b) na importação de serviços;

- Incisos XIII e XIV estarão revogados pela LC nº 214, de 16-1-2025, a partir de 1º-1-2033.

XIV-A – *Imposto Seletivo – IS sobre produção, extração, comercialização ou importação de bens e serviços prejudiciais à saúde ou ao meio ambiente;*

- Inciso XIV-A acrescido pela LC nº 214, de 16-1-2025.

XV – demais tributos de competência da União, dos Estados, do Distrito Federal ou dos Municípios, não relacionados nos incisos anteriores.

§ 1º-A. Os valores repassados aos profissionais de que trata a Lei nº 12.592, de 18 de janeiro de 2012, contratados por meio de parceria, nos termos da legislação civil, não integrarão a receita bruta da empresa contratante para fins de tributação, cabendo ao contratante a retenção e o recolhimento dos tributos devidos pelo contratado.

- § 1º-A acrescido pela LC nº 155, de 27-10-2016.

§ 2º Observada a legislação aplicável, a incidência do imposto de renda na fonte, na hipótese do inciso V do § 1º deste artigo, será definitiva.

§ 3º As microempresas e empresas de pequeno porte optantes pelo SIMPLES Nacional ficam dispensadas do pagamento das demais contribuições instituídas pela União, inclusive as contribuições para as entidades privadas de serviço social e de formação profissional vinculadas ao sistema sindical, de que trata o art. 240 da Constituição Federal, e demais entidades de serviço social autônomo.

§ 4º VETADO.

§ 5º A diferença entre a alíquota interna e a interestadual de que tratam as alíneas *g* e *h* do inciso XIII do § 1º deste artigo será calculada tomando-se por base as alíquotas aplicáveis às pessoas jurídicas não optantes pelo SIMPLES Nacional.

§ 6º O Comitê Gestor do SIMPLES Nacional:

I – disciplinará a forma e as condições em que será atribuída à microempresa ou empresa de pequeno porte optante pelo Simples Nacional a qualidade de substituta tributária; e

II – poderá disciplinar a forma e as condições em que será estabelecido o regime de antecipação do ICMS previsto na alínea *g* do inciso XIII do § 1º deste artigo.

- §§ 5º e 6º acrescidos pela LC nº 128, de 19-12-2008.
- Este inciso estará revogado pela LC nº 214, de 16-1-2025, a partir de 1º-1-2033.

§ 7º O disposto na alínea *a* do inciso XIII do § 1º será disciplinado por convênio celebrado pelos Estados e pelo Distrito Federal, ouvidos o CGSN e os representantes dos segmentos econômicos envolvidos.

§ 8º Em relação às bebidas não alcoólicas, massas alimentícias, produtos lácteos, carnes e suas preparações, preparações à base de cereais, chocolates, produtos de padaria e da indústria de bolachas e biscoitos, preparações para molhos e molhos preparados, preparações de produtos vegetais, telhas e outros produtos cerâmicos para construção e detergentes, aplica-se o disposto na alínea *a* do inciso XIII do § 1º aos fabricados em escala industrial relevante em cada segmento, observado o disposto no § 7º.

- §§ 7º e 8º acrescidos pela LC nº 147, de 7-8-2014.

§ 10. *É facultado ao optante pelo Simples Nacional apurar e recolher o IBS e a CBS de acordo com o regime regular aplicável a esses tributos, hipótese em que as parcelas a eles relativas não serão cobradas pelo regime único.*

§ 11. *A opção a que se refere o § 10 será exercida para os semestres iniciados em janeiro e julho de cada ano, sendo irretratável para cada um desses períodos, devendo ser exercida nos meses de setembro e abril imediatamente anteriores a cada semestre.*

- §§ 10 e 11 acrescidos pela LC nº 214, de 16-1-2025.
- Mantivemos a numeração conforme publicação oficial, porém, entendemos que o correto seria §§ 9º e 10, respectivamente.

Art. 13-A. *Para efeito de recolhimento do ICMS, do ISS e do IBS no Simples Nacional, o limite máximo de que trata o inciso II do caput do art. 3º será de R$ 3.600.000,00 (três milhões e seiscentos mil reais), observado o disposto nos §§ 9º a 15 do mesmo artigo, e nos §§ 17 a 17-C do art. 18.*

- Art. 13-A com a redação dada pela LC nº 214, de 16-1-2025.

★ **Nova redação do dispositivo alterado:** "Art. 13-A. Para efeito de recolhimento do IBS no Simples Nacional, o limite máximo de que trata o inciso II do *caput* do art. 3º será de R$ 3.600.000,00 (três milhões e seiscentos mil reais), observado o disposto nos §§ 9º a 15 do mesmo artigo, e nos §§ 17 e 17-A a 17-C do art. 18."

- Art. 13-A com a redação dada pela LC nº 214, de 16-1-2025, produzindo efeitos a partir de 1º-1-2033.

Art. 14. Consideram-se isentos do imposto de renda, na fonte e na declaração de ajuste do beneficiário, os valores efetivamente pagos ou distribuídos ao titular ou sócio da microempresa ou empresa de pequeno porte optante pelo SIMPLES Nacional, salvo os que corresponderem a pró-labore, aluguéis ou serviços prestados.

§ 1º A isenção de que trata o *caput* deste artigo fica limitada ao valor resultante da aplicação dos percentuais de que trata o art. 15 da Lei nº 9.249, de 26 de dezembro de 1995, sobre a receita bruta mensal, no caso de antecipação de fonte, ou da receita bruta total anual, tratando-se de declaração de ajuste, subtraído do valor devido na forma do SIMPLES Nacional no período.

- Lei nº 9.249, de 26-12-1995, altera a legislação do Imposto de Renda das pessoas jurídicas, bem como da Contribuição Social sobre o Lucro Líquido.

§ 2º O disposto no § 1º deste artigo não se aplica na hipótese de a pessoa jurídica manter escrituração contábil e evidenciar lucro superior àquele limite.

Art. 15. VETADO.

Art. 16. A opção pelo SIMPLES Nacional da pessoa jurídica enquadrada na condição de microempresa e empresa de pequeno porte dar-se-á na forma a ser estabelecida em ato do Comitê Gestor, sendo irretratável para todo o ano-calendário.

§ 1º Para efeito de enquadramento no SIMPLES Nacional, considerar-se-á microempresa ou empresa de pequeno porte aquela cuja receita bruta no ano-calendário anterior ao da opção esteja compreendida dentro dos limites previstos no art. 3º desta Lei Complementar.

§ 1º-A. A opção pelo SIMPLES Nacional implica aceitação de sistema de comunicação eletrônica, destinado, dentre outras finalidades, a:

I – cientificar o sujeito passivo de quaisquer tipos de atos administrativos, incluídos os re-

LEGISLAÇÃO COMPLEMENTAR

lativos ao indeferimento de opção, à exclusão do regime e a ações fiscais;

II – encaminhar notificações e intimações; e

III – expedir avisos em geral.

§ 1º-B. O sistema de comunicação eletrônica de que trata o § 1º-A será regulamentado pelo CGSN, observando-se o seguinte:

I – as comunicações serão feitas, por meio eletrônico, em portal próprio, dispensando-se a sua publicação no *Diário Oficial* e o envio por via postal;

II – a comunicação feita na forma prevista no *caput* será considerada pessoal para todos os efeitos legais;

III – a ciência por meio do sistema de que trata o § 1º-A com utilização de certificação digital ou de código de acesso possuirá os requisitos de validade;

IV – considerar-se-á realizada a comunicação no dia em que o sujeito passivo efetivar a consulta eletrônica ao teor da comunicação; e

V – na hipótese do inciso IV, nos casos em que a consulta se dê em dia não útil, a comunicação será considerada como realizada no primeiro dia útil seguinte.

§ 1º-C. A consulta referida nos incisos IV e V do § 1º-B deverá ser feita em até 45 (quarenta e cinco) dias contados da data da disponibilização da comunicação no portal a que se refere o inciso I do § 1º-B, ou em prazo superior estipulado pelo CGSN, sob pena de ser considerada automaticamente realizada na data do término desse prazo.

§ 1º-D. Enquanto não editada a regulamentação de que trata o § 1º-B, os entes federativos poderão utilizar sistemas de comunicação eletrônica, com regras próprias, para as finalidades previstas no § 1º-A, podendo a referida regulamentação prever a adoção desses sistemas como meios complementares de comunicação.

► §§ 1º-A a 1º-D acrescidos pela LC nº 139, de 10-11-2011.

§ 2º A opção de que trata o caput deste artigo deverá ser realizada no mês de setembro, até o seu último dia útil, produzindo efeitos a partir do primeiro dia do ano-calendário seguinte ao da opção, ressalvado o disposto no § 3º deste artigo.

► § 2º com a redação dada pela LC nº 214, de 16-1-2025.

§ 3º A opção produzirá efeitos a partir da data do início de atividade, desde que exercida nos termos, prazo e condições a serem estabelecidos no ato do Comitê Gestor a que se refere o *caput* deste artigo.

§ 4º Serão consideradas inscritas no Simples Nacional, em 1º de julho de 2007, as microempresas e empresas de pequeno porte regularmente optantes pelo regime tributário de que trata a Lei nº 9.317, de 5 de dezembro de 1996, salvo as que estiverem impedidas de optar por alguma vedação imposta por esta Lei Complementar.

► § 4º com redação dada pela LC nº 127, de 14-8-2007.

► A Lei nº 9.317, de 5-12-1996, foi revogada pelo art. 89 desta Lei Complementar.

§ 5º O Comitê Gestor regulamentará a opção automática prevista no § 4º deste artigo.

§ 6º O indeferimento da opção pelo SIMPLES Nacional será formalizado mediante ato da Administração Tributária segundo regulamentação do Comitê Gestor.

► Art. 3º, IV, do Dec. nº 6.038, de 7-2-2007, que institui o Comitê Gestor do Simples Nacional – CGSN.

Seção II

DAS VEDAÇÕES AO INGRESSO NO SIMPLES NACIONAL

Art. 17. Não poderão recolher os impostos e contribuições na forma do SIMPLES Nacional a microempresa ou empresa de pequeno porte:

► *Caput* com a redação dada pela LC nº 167, de 24-4-2019.

I – que explore atividade de prestação cumulativa e contínua de serviços de assessoria creditícia, gestão de crédito, seleção e riscos, administração de contas a pagar e a receber, gerenciamento de ativos (*asset management*) ou compra de direitos creditórios resultantes de vendas mercantis a prazo ou de prestação de serviços (*factoring*) ou que execute operações de empréstimo, de financiamento e de desconto de títulos de crédito, exclusivamente com recursos próprios, tendo como contrapartes microempreendedores individuais, microempresas e empresas de pequeno porte, inclusive sob a forma de empresa simples de crédito;

► Inciso I com a redação dada pela LC nº 167, de 24-4-2019.

II – cujo titular ou sócio seja domiciliado no exterior;

► Inciso II com a redação dada pela LC nº 214, de 16-1-2025.

III – de cujo capital participe entidade da administração pública, direta ou indireta, federal, estadual ou municipal;

IV – *Revogado.* LC nº 128, de 19-12-2008;

V – que possua débito com o Instituto Nacional do Seguro Social – INSS, ou com as Fazendas Públicas Federal, Estadual ou Municipal, cuja exigibilidade não esteja suspensa;

► Art. 31, IV, e § 2º, desta Lei Complementar.

VI – que preste serviço de transporte intermunicipal e interestadual de passageiros, exceto quando na modalidade fluvial ou quando possuir características de transporte urbano ou metropolitano ou realizar-se sob fretamento contínuo em área metropolitana para o transporte de estudantes ou trabalhadores;

► Inciso VI com a redação dada pela LC nº 147, de 7-8-2014.

VII – que seja geradora, transmissora, distribuidora ou comercializadora de energia elétrica;

VIII – que exerça atividade de importação ou fabricação de automóveis e motocicletas;

IX – que exerça atividade de importação de combustíveis;

X – que exerça atividade de produção ou venda no atacado de:

► *Caput* com a redação dada pela LC nº 128, de 19-12-2008.

a) cigarros, cigarrilhas, charutos, filtros para cigarros, armas de fogo, munições e pólvoras, explosivos e detonantes;

► *Alínea a* com a redação dada pela LC nº 128, de 19-12-2008.

b) bebidas não alcoólicas a seguir descritas:

► *Caput* da alínea *b* com a redação dada pela LC nº 155, de 27-10-2016.

1. *Revogado.* LC nº 155, de 27-10-2016.

2 e 3. *Revogados.* LC nº 147, de 7-8-2014;

4. cervejas sem álcool;

► Item 4 com a redação dada pela LC nº 128, de 19-12-2008.

c) bebidas alcoólicas, exceto aquelas produzidas ou vendidas no atacado por:

1. micro e pequenas cervejarias;
2. micro e pequenas vinícolas;
3. produtores de licores;
4. micro e pequenas destilarias;

► Alínea *c* acrescida pela LC nº 155, de 27-10-2016.

XI – *Revogado.* LC nº 147, de 7-8-2014;

XII – que realize cessão ou locação de mão de obra;

XIII – *Revogado.* LC nº 147, de 7-8-2014;

XIV – que se dedique ao loteamento e à incorporação de imóveis;

XV – que realize atividade de locação de imóveis próprios;

► Inciso XV com a redação dada pela LC nº 214, de 16-1-2025.

XVI – com ausência de inscrição ou com irregularidade em cadastro fiscal federal, municipal ou estadual, quando exigível.

► Inciso XVI acrescido pela LC nº 139, de 10-11-2011.

§ 1º As vedações relativas a exercício de atividades previstas no *caput* deste artigo não se aplicam às pessoas jurídicas que se dediquem exclusivamente às atividades referidas nos §§ 5º-B a 5º-E do art. 18 desta Lei Complementar, ou as exerçam em conjunto com outras atividades que não tenham sido objeto de vedação no *caput* deste artigo.

► *Caput* do § 1º com a redação dada pela LC nº 128, de 19-12-2008.

I a XXI – *Revogados.* LC nº 128, de 19-12-2008;

XXII – VETADO;

XXIII a XXVII – *Revogados.* LC nº 128, de 19-12-2008;

XXVIII – VETADO.

§ 2º Também poderá optar pelo SIMPLES Nacional a microempresa ou empresa de pequeno porte que se dedique à prestação de outros serviços que não tenham sido objeto de vedação expressa neste artigo, desde que não incorra em nenhuma das hipóteses de vedação previstas nesta Lei Complementar.

► § 2º com a redação dada pela LC nº 127, de 14-8-2007.

► Arts. 13, VI, e 18, § 5º, V, desta Lei Complementar.

§ 3º VETADO.

§ 4º Na hipótese do inciso XVI do *caput*, deverá ser observado, para o MEI, o disposto no art. 4º desta Lei Complementar.

► § 4º acrescido pela LC nº 139, de 10-11-2011.

§ 5º As empresas que exerçam as atividades previstas nos itens da alínea c do inciso X do *caput* deste artigo deverão obrigatoriamente ser registradas no Ministério da Agricultura, Pecuária e Abastecimento e obedecerão também à regulamentação da Agência Nacional de Vigilância Sanitária e da Secretaria da Receita Federal do Brasil quanto à produção e à comercialização de bebidas alcoólicas.

► § 5º acrescido pela LC nº 155, de 27-10-2016.

Seção III

DAS ALÍQUOTAS E BASE DE CÁLCULO

Art. 18. O valor devido mensalmente pela microempresa ou empresa de pequeno porte optante pelo Simples Nacional será determinado mediante aplicação das alíquotas efetivas, calculadas a partir das alíquotas nominais constantes das tabelas dos Anexos I a V desta Lei Complementar, sobre a base de cálculo de que trata o § 3º deste artigo, observado o disposto no § 15 do art. 3º.

▶ *Caput* com a redação dada pela LC nº 155, de 27-10-2016.

▶ Arts. 19 e 21 desta Lei Complementar.

§ 1º *Para fins de determinação da alíquota nominal, o sujeito passivo utilizará a receita bruta acumulada nos doze meses antecedentes ao mês anterior ao do período de apuração.*

▶ § 1º com a redação dada pela LC nº 214, de 16-1-2025.

§ 1º-A. A alíquota efetiva é o resultado de: RBT12 x Aliq-PD, em que:
RBT12

▶ *Caput* do § 1º-A acrescido pela LC nº 155, de 27-10-2016.

I – *RBT12: receita bruta acumulada nos doze meses antecedentes ao mês anterior ao do período de apuração;*

▶ Inciso I com a redação dada pela LC nº 214, de 16-1-2025.

II – Aliq: alíquota nominal constante dos Anexos I a V desta Lei Complementar;

III – PD: parcela a deduzir constante dos Anexos I a V desta Lei Complementar.

▶ Incisos II e III acrescidos pela LC nº 155, de 27-10-2016.

§ 1º-B. Os percentuais efetivos de cada tributo serão calculados a partir da alíquota efetiva, multiplicada pelo percentual de repartição constante dos Anexos I a V desta Lei Complementar, observando-se que:

I – o percentual efetivo máximo destinado ao ISS será de 5% (cinco por cento), transferindo-se eventual diferença, de forma proporcional, aos tributos federais da mesma faixa de receita bruta anual;

II – eventual diferença centesimal entre o total dos percentuais e a alíquota efetiva será transferida para o tributo com maior percentual de repartição na respectiva faixa de receita bruta.

§ 1º-C. Na hipótese de transformação, extinção, fusão ou sucessão dos tributos referidos nos incisos IV e V do art. 13, serão mantidas as alíquotas nominais e efetivas previstas neste artigo e nos Anexos I a V desta Lei Complementar, e lei ordinária disporá sobre a repartição dos valores arrecadados para os tributos federais, sem alteração no total dos percentuais de repartição a eles devidos, e mantidos os percentuais de repartição destinados ao ICMS e ao ISS.

▶ §§ 1º-B e 1º-C acrescidos pela LC nº 155, de 27-10-2016.

§ 2º Em caso de início de atividade, os valores de receita bruta acumulada constantes dos Anexos I a V desta Lei Complementar devem ser proporcionalizados ao número de meses de atividade no período.

▶ § 2º com a redação dada pela LC nº 155, de 27-10-2016.

§ 3º *Sobre a receita bruta auferida no mês incidirá a alíquota efetiva determinada na forma do caput e dos §§ 1º, 1º-A e 2º.*

▶ § 3º com a redação dada pela LC nº 214, de 16-1-2025.

▶ Art. 3º, III, do Dec. nº 6.038, de 7-2-2007, que institui o Comitê Gestor do Simples Nacional – CGSN.

§ 4º O contribuinte deverá considerar, destacadamente, para fim de pagamento, as receitas decorrentes da:

▶ *Caput* do § 4º com a redação dada pela LC nº 147, de 7-8-2014.

I – *revenda de mercadorias e da venda de mercadorias industrializadas pelo contribuinte, que serão tributadas na forma do Anexo I desta Lei Complementar, observado o inciso II;*

II – *venda de mercadorias industrializadas pelo contribuinte sujeitas ao IPI mantido nos termos da alínea a do inciso III do art. 126 do Ato das Disposições Constitucionais Transitórias da Constituição Federal, de 1988, que serão tributadas na forma do Anexo II desta Lei Complementar;*

▶ Incisos I e II com a redação dada pela LC nº 214, de 16-1-2025.

III – prestação de serviços de que trata o § 5º-B deste artigo e dos serviços vinculados à locação de bens imóveis e corretagem de imóveis desde que observado o disposto no inciso XV do art. 17, que serão tributados na forma do Anexo III desta Lei Complementar;

IV – prestação de serviços de que tratam os §§ 5º-C a 5º-F e 5º-I deste artigo, que serão tributadas na forma prevista naqueles parágrafos;

V – locação de bens móveis, que serão tributadas na forma do Anexo III desta Lei Complementar, deduzida a parcela correspondente ao ISS;

VI – atividade com incidência simultânea de IPI e de ISS, que serão tributadas na forma do Anexo II desta Lei Complementar, deduzida a parcela correspondente ao ICMS e acrescida a parcela correspondente ao ISS prevista no Anexo III desta Lei Complementar;

VII – comercialização de medicamentos e produtos magistrais produzidos por manipulação de fórmulas:

a) sob encomenda para entrega posterior ao adquirente, em caráter pessoal, mediante prescrições de profissionais habilitados ou indicação pelo farmacêutico, produzidos no próprio estabelecimento após o atendimento inicial, que serão tributadas na forma do Anexo III desta Lei Complementar;

b) nos demais casos, quando serão tributadas na forma do Anexo I desta Lei Complementar.

▶ Incisos III a VII com a redação dada pela LC nº 147, de 7-8-2014.

§ 4º-A. O contribuinte deverá segregar, também, as receitas:

▶ *Caput* do § 4º-A acrescido pela LC nº 147, de 7-8-2014.

I – *decorrentes de operações ou prestações sujeitas à tributação concentrada em uma única etapa (monofásica), bem como, em relação ao ICMS, ao IBS e à CBS, que o imposto já tenha sido recolhido por substituto tributário ou por antecipação tributária com encerramento de tributação;*

▶ Inciso I com a redação dada pela LC nº 214, de 16-1-2025.

II – sobre as quais houve retenção de ISS na forma do § 6º deste artigo e § 4º do art. 21 desta Lei Complementar, ou, na hipótese do § 22-A deste artigo, seja devido em valor fixo ao respectivo Município;

III – sujeitas à tributação em valor fixo ou que tenham sido objeto de isenção ou redução de ISS ou de ICMS na forma prevista nesta Lei Complementar;

IV – decorrentes da exportação para o exterior, inclusive as vendas realizadas por meio de comercial exportadora ou da sociedade de propósito específico prevista no art. 56 desta Lei Complementar;

V – sobre as quais o ISS seja devido a Município diverso do estabelecimento prestador, quando será recolhido no Simples Nacional.

▶ Incisos II a V acrescidos pela LC nº 147, de 7-8-2014.

§ 5º *As atividades industriais serão tributadas na forma do Anexo I desta Lei Complementar, ressalvada a venda de mercadorias industrializadas pelo contribuinte sujeitas ao IPI mantido nos termos da alínea a do inciso III do art. 126 do Ato das Disposições Constitucionais Transitórias da Constituição Federal, de 1988, que serão tributadas na forma do Anexo II desta Lei Complementar.*

▶ *Caput* do § 5º com a redação dada pela LC nº 214, de 16-1-2025.

I a VII – *Revogados*. LC nº 128, de 19-12-2008.

§ 5º-A. *Revogado*. LC nº 147, de 7-8-2014.

§ 5º-B. Sem prejuízo do disposto no § 1º do art. 17 desta Lei Complementar, serão tributadas na forma do Anexo III desta Lei Complementar as seguintes atividades de prestação de serviços:

▶ *Caput* do § 5º-B com a redação dada pela LC nº 128, de 19-12-2008.

I – creche, pré-escola e estabelecimento de ensino fundamental, escolas técnicas, profissionais e de ensino médio, de línguas estrangeiras, de artes, cursos técnicos de pilotagem, preparatórios para concursos, gerenciais e escolas livres, exceto as previstas nos incisos II e III do § 5º-D deste artigo;

▶ Inciso I com a redação dada pela LC nº 128, de 19-12-2008.

▶ Súm. nº 448 do STJ.

II – agência terceirizada de correios;

III – agência de viagem e turismo;

IV – centro de formação de condutores de veículos automotores de transporte terrestre de passageiros e de carga;

V – agência lotérica;

▶ Incisos II a V acrescidos pela LC nº 128, de 19-12-2008.

VI a VIII – *Revogados*. LC nº 128, de 19-12-2008;

IX – serviços de instalação, de reparos e de manutenção em geral, bem como de usinagem, solda, tratamento e revestimento em metais;

▶ Inciso IX com a redação dada pela LC nº 128, de 19-12-2008.

X a XII – *Revogados*. LC nº 128, de 19-12-2008;

XIII – transporte municipal de passageiros; e

▶ Inciso XIII com a redação dada pela LC nº 128, de 19-12-2008.

XIV – escritórios de serviços contábeis, observado o disposto nos §§ 22-B e 22-C deste artigo;

▶ Inciso XIV acrescido pela LC nº 128, de 19-12-2008.

XV – produções cinematográficas, audiovisuais, artísticas e culturais, sua exibição ou apresentação, inclusive no caso de música, literatura, artes cênicas, artes visuais, cinematográficas e audiovisuais;

▶ Inciso XV acrescido pela LC nº 133, de 28-12-2009.

XVI – fisioterapia;

XVII – corretagem de seguros;

▸ Incisos XVI e XVII acrescidos pela LC nº 147, de 7-8-2014.

XVIII – arquitetura e urbanismo;

XIX – medicina, inclusive laboratorial, e enfermagem;

XX – odontologia e prótese dentária;

XXI – psicologia, psicanálise, terapia ocupacional, acupuntura, podologia, fonoaudiologia, clínicas de nutrição e de vacinação e bancos de leite.

▸ Incisos XVIII a XXI acrescidos pela LC nº 155, de 27-10-2016.

§ 5º-C. Sem prejuízo do disposto no § 1º do art. 17 desta Lei Complementar, as atividades de prestação de serviços seguintes serão tributadas na forma do anexo IV desta Lei Complementar, hipótese em que não estará incluída no SIMPLES Nacional a contribuição prevista no inciso VI do *caput* do art. 13 desta Lei Complementar, devendo ela ser recolhida segundo a legislação prevista para os demais contribuintes ou responsáveis:

▸ *Caput* do § 5º-C com a redação dada pela LC nº 128, de 19-12-2008.

I – construção de imóveis e obras de engenharia em geral, inclusive sob a forma de subempreitada, execução de projetos e serviços de paisagismo, bem como decoração de interiores;

▸ Inciso I com a redação dada pela LC nº 128, de 19-12-2008.

II a V – *Revogados*. LC nº 128, de 19-12-2008;

VI – serviço de vigilância, limpeza ou conservação;

▸ Inciso VI com a redação dada pela LC nº 128, de 19-12-2008.

VII – serviços advocatícios.

▸ Inciso VII acrescido pela LC nº 147, de 7-8-2014.

§ 5º-D. Sem prejuízo do disposto no § 1º do art. 17 desta Lei Complementar, as seguintes atividades de prestação de serviços serão tributadas na forma do Anexo III desta Lei Complementar:

▸ *Caput* do § 5º-D com a redação dada pela LC nº 155, de 27-10-2016.

I – administração e locação de imóveis de terceiros;

▸ Inciso I com a redação dada LC nº 147, de 7-8-2014.

II – academias de dança, de capoeira, de ioga e de artes marciais;

III – academias de atividades físicas, desportivas, de natação e escolas de esportes;

IV – elaboração de programas de computadores, inclusive jogos eletrônicos, desde que desenvolvidos em estabelecimento do optante;

V – licenciamento ou cessão de direito de uso de programas de computação;

VI – planejamento, confecção, manutenção e atualização de páginas eletrônicas, desde que realizados em estabelecimento do optante;

▸ Incisos II a VI acrescidos pela LC nº 128, de 19-12-2008.

VII e VIII – *Revogados*. LC nº 128, de 19-12-2008;

IX – empresas montadoras de estandes para feiras;

▸ Inciso IX acrescido pela LC nº 128, de 19-12-2008.

X e XI – *Revogados*. LC nº 133, de 28-12-2009;

XII – laboratórios de análises clínicas ou de patologia clínica;

XIII – serviços de tomografia, diagnósticos médicos por imagem, registros gráficos e métodos óticos, bem como ressonância magnética;

XIV – serviços de prótese em geral.

▸ Incisos XII a XIV acrescidos pela LC nº 128, de 19-12-2008.

§ 5º-E. Sem prejuízo do disposto no § 1º do art. 17 desta Lei Complementar, as atividades de prestação de serviços de comunicação e de transportes interestadual e intermunicipal de cargas, e de transportes autorizados no inciso VI do *caput* do art. 17, inclusive na modalidade fluvial, serão tributadas na forma do Anexo III, deduzida a parcela correspondente ao ISS e acrescida a parcela correspondente ao ICMS prevista no Anexo I.

▸ § 5º-E com a redação dada pela LC nº 147, de 7-8-2014.

▸ Este parágrafo estará revogado pela LC nº 214, de 16-1-2025, a partir de 1º-1-2033.

§ 5º-F. As atividades de prestação de serviços referidas no § 2º do art. 17 desta Lei Complementar serão tributadas na forma do Anexo III desta Lei Complementar, salvo se, para alguma dessas atividades, houver previsão expressa de tributação na forma dos Anexos IV ou V desta Lei Complementar.

▸ § 5º-F com a redação dada pela LC nº 155, de 27-10-2016.

§ 5º-G. *Revogado*. LC nº 147, de 7-8-2014.

§ 5º-H. A vedação de que trata o inciso XII do *caput* do art. 17 desta Lei Complementar não se aplica às atividades referidas no § 5º-C deste artigo.

▸ § 5º-H acrescido pela LC nº 128, de 19-12-2008.

§ 5º-I. Sem prejuízo do disposto no § 1º do art. 17 desta Lei Complementar, as seguintes atividades de prestação de serviços serão tributadas na forma do Anexo V desta Lei Complementar:

▸ *Caput* do § 5º-I com a redação dada pela LC nº 155, de 27-10-2016.

I – *Revogado*. LC nº 155, de 27-10-2016;

II – medicina veterinária;

▸ Inciso II acrescido pela LC nº 147, de 7-8-2014.

III e IV – *Revogados*. LC nº 155, de 27-10-2016;

V – serviços de comissaria, de despachantes, de tradução e de interpretação;

▸ Inciso V acrescido pela LC nº 147, de 7-8-2014.

VI – engenharia, medição, cartografia, topografia, geologia, geodésia, testes, suporte e análises técnicas e tecnológicas, pesquisa, *design*, desenho e agronomia;

▸ Inciso VI com a redação dada pela LC nº 155, de 27-10-2016.

VII – representação comercial e demais atividades de intermediação de negócios e serviços de terceiros;

VIII – perícia, leilão e avaliação;

IX – auditoria, economia, consultoria, gestão, organização, controle e administração;

X – jornalismo e publicidade;

XI – agenciamento, exceto de mão de obra;

▸ Incisos VII a XI acrescidos pela LC nº 147, de 7-8-2014.

XII – outras atividades do setor de serviços que tenham por finalidade a prestação de serviços decorrentes do exercício de atividade intelectual, de natureza técnica, científica, desportiva, artística ou cultural, que constitua profissão regulamentada ou não, desde que não sujeitas à tributação na forma dos Anexos III ou IV desta Lei Complementar.

▸ Inciso XII com a redação dada pela LC nº 155, de 27-10-2016.

§ 5º-J. As atividades de prestação de serviços a que se refere o § 5º-I serão tributadas na forma do Anexo III desta Lei Complementar caso a razão entre a folha de salários e a receita bruta da pessoa jurídica seja igual ou superior a 28% (vinte e oito por cento).

▸ § 5º-J acrescido pela LC nº 155, de 27-10-2016.

§ 5º-K. *Para o cálculo da razão a que se referem os §§ 5º-J e 5º-M, serão considerados, respectivamente, os montantes pagos e auferidos nos doze meses antecedentes ao mês anterior ao do período de apuração para fins de enquadramento no regime tributário do Simples Nacional.*

▸ § 5º-K com a redação dada pela LC nº 214, de 16-1-2025.

§ 5º-L. VETADO. LC nº 155, de 27-10-2016.

§ 5º-M. Quando a relação entre a folha de salários e a receita bruta da microempresa ou da empresa de pequeno porte for inferior a 28% (vinte e oito por cento), serão tributadas na forma do Anexo V desta Lei Complementar as atividades previstas:

I – nos incisos XVI, XVIII, XIX, XX e XXI do § 5º-B deste artigo;

II – no § 5º-D deste artigo.

▸ § 5º-M acrescido pela LC nº 155, de 27-10-2016.

§ 6º No caso dos serviços previstos no § 2º do art. 6º da Lei Complementar nº 116, de 31 de julho de 2003, prestados pelas microempresas e pelas empresas de pequeno porte, o tomador do serviço deverá reter o montante correspondente na forma da legislação do município onde estiver localizado, observado o disposto no § 4º do art. 21 desta Lei Complementar.

▸ § 6º com a redação dada LC nº 128, de 19-12-2008.

§ 7º A sociedade de propósito específico de que trata o art. 56 desta Lei Complementar que houver adquirido mercadorias de microempresa ou empresa de pequeno porte que seja sua sócia, bem como a empresa comercial exportadora que houver adquirido mercadorias ou serviços de empresa optante pelo SIMPLES Nacional, com o fim específico de exportação para o exterior, que, no prazo de 180 (cento e oitenta) dias, contado da data da emissão da nota fiscal pela vendedora, não comprovar o seu embarque para o exterior ficará sujeita ao pagamento de todos os impostos e contribuições que deixaram de ser pagos pela empresa vendedora, acrescidos de juros de mora e multa, de mora ou de ofício, calculados na forma da legislação relativa à cobrança do tributo não pago, aplicável à sociedade de propósito específico ou à própria comercial exportadora.

▸ § 7º com a redação dada pela LC nº 147, de 7-8-2014.

§ 8º Para efeito do disposto no § 7º deste artigo, considera-se vencido o prazo para o pagamento na data em que a empresa vendedora deveria fazê-lo, caso a venda houvesse sido efetuada para o mercado interno.

§ 9º Relativamente à contribuição patronal previdenciária, devida pela vendedora, a sociedade de propósito específico de que trata o art. 56 desta Lei Complementar ou a comercial exportadora deverão recolher, no prazo previsto no § 8º deste artigo, o valor correspondente a 11% (onze por cento) do valor das mercadorias não exportadas nos termos do § 7º deste artigo.

▶ § 9º com a redação dada pela LC nº 128, de 19-12-2008.

§ 10. *Na hipótese do § 7º, a sociedade de propósito específico de que trata o art. 56 desta Lei Complementar ou a empresa comercial exportadora não poderão deduzir do montante devido qualquer valor a título de crédito de IPI, IBS e CBS, decorrente da aquisição das mercadorias e serviços objeto da incidência.*

▶ § 10 com a redação dada pela LC nº 214, de 16-1-2025.

§ 11. Na hipótese do § 7º deste artigo, a sociedade de propósito específico ou a empresa comercial exportadora deverão pagar, também, os impostos e contribuições devidos nas vendas para o mercado interno, caso, por qualquer forma, tenham alienado ou utilizado as mercadorias.

▶ § 11 com a redação dada pela LC nº 128, de 19-12-2008.

§ 12. Na apuração do montante devido no mês relativo a cada tributo, para o contribuinte que apure receitas mencionadas nos incisos I a III e V do § 4º-A deste artigo, serão consideradas as reduções relativas aos tributos já recolhidos, ou sobre os quais tenha havido tributação monofásica, isenção, redução ou, no caso do ISS, que o valor tenha sido objeto de retenção ou seja devido diretamente ao Município.

▶ § 12 com a redação dada pela LC nº 147, de 7-8-2014.

§ 13. Para efeito de determinação da redução de que trata o § 12 deste artigo, as receitas serão discriminadas em comerciais, industriais ou de prestação de serviços, na forma dos Anexos I, II, III, IV e V desta Lei Complementar.

▶ § 13 com a redação dada pela LC nº 155, de 27-10-2016.

§ 14. *Observado o disposto no § 14-A, a redução no montante a ser recolhido no Simples Nacional relativo aos valores das receitas decorrentes da exportação de que trata o inciso IV do § 4º-A deste artigo também corresponderá às alíquotas efetivas relativas ao ICMS e ao ISS, apuradas com base nos Anexos I a V desta Lei Complementar.*

▶ *Caput* do § 14 com a redação dada pela LC nº 214, de 16-1-2025.

I e II – *Revogados*. LC nº 147, de 7-8-2014.

▶ Este parágrafo estará revogado pela LC nº 214, de 16-1-2025, a partir de 1º-1-2033.

§ 14-A. *A redução no montante a ser recolhido no Simples Nacional relativo aos valores das receitas decorrentes da exportação de que trata o inciso IV do § 4º-A deste artigo corresponderá às alíquotas efetivas relativas ao IPI, ao IBS e à CBS, apuradas com base nos Anexos I a V desta Lei Complementar.*

▶ § 14-A acrescido pela LC nº 214, de 16-1-2025.

§ 15. Será disponibilizado sistema eletrônico para realização do cálculo simplificado do valor mensal devido referente ao SIMPLES Nacional.

§ 15-A. As informações prestadas no sistema eletrônico de cálculo de que trata o § 15:

▶ Este parágrafo estará revogado pela LC nº 214, de 16-1-2025, a partir de 1º-1-2027.

I – têm caráter declaratório, constituindo confissão de dívida e instrumento hábil e suficiente para a exigência dos tributos e contribuições que não tenham sido recolhidos resultantes das informações nele prestadas; e

II – deverão ser fornecidas à Secretaria da Receita Federal do Brasil até o vencimento do prazo para pagamento dos tributos devidos no SIMPLES Nacional em cada mês, relativamente aos fatos geradores ocorridos no mês anterior.

▶ § 15-A acrescido pela LC nº 139, de 10-11-2011.

§ 16. *Na hipótese do § 12 do art. 3º, a parcela de receita bruta que exceder o montante determinado no § 10 daquele artigo será tributada conjuntamente com a parcela que não o exceder, conforme alíquotas efetivas de que trata o § 1º-A.*

▶ § 16 com a redação dada pela LC nº 214, de 16-1-2025.

§ 16-A. O disposto no § 16 aplica-se, ainda, às hipóteses de que trata o § 9º do art. 3º, a partir do mês em que ocorrer o excesso do limite da receita bruta anual e até o mês anterior aos efeitos da exclusão.

▶ § 16-A acrescido pela LC nº 139, de 10-11-2011.

§ 17. *Observado o disposto no § 17-B, na hipótese do § 13 do art. 3º, a parcela de receita bruta que exceder o montante determinado no § 11 daquele artigo, em relação aos percentuais aplicáveis ao ICMS e ao ISS, será tributada conjuntamente com a parcela que não o exceder, conforme alíquotas efetivas de que trata o § 1º-A.*

▶ § 17 com a redação dada pela LC nº 214, de 16-1-2025.

▶ Este parágrafo estará revogado pela LC nº 214, de 16-1-2025, a partir de 1º-1-2033.

§ 17-A. O disposto no § 17 aplica-se, ainda, à hipótese de que trata o § 1º do art. 20, a partir do mês em que ocorrer o excesso do limite da receita bruta anual e até o mês anterior aos efeitos do impedimento.

▶ § 17-A acrescido pela LC nº 139, de 10-11-2011.

▶ Este parágrafo estará revogado pela LC nº 214, de 16-1-2025, a partir de 1º-1-2033.

§ 17-B. *Na hipótese do § 13 do art. 3º, a parcela de receita bruta que exceder o montante determinado no § 11 daquele artigo estará sujeita, em relação aos percentuais aplicáveis ao IBS, será tributada conjuntamente com a parcela que não o exceder, conforme alíquotas efetivas de que trata o § 1º-A.*

§ 17-C. *O disposto no § 17-B aplica-se, ainda, à hipótese de que trata o art. 13-A, a partir do mês em que ocorrer o excesso do limite da receita bruta anual e até o mês anterior aos efeitos do impedimento.*

▶ §§ 17-B e 17-C acrescidos pela LC nº 214, de 16-1-2025.

§ 18. Os Estados, o Distrito Federal e os Municípios, no âmbito das respectivas competências, poderão estabelecer, na forma definida pelo Comitê Gestor, independentemente da receita bruta recebida no mês pelo contribuinte, valores fixos mensais para o recolhimento do ICMS e do ISS devido por microempresa que aufira receita bruta, no ano-calendário anterior, de até o limite máximo previsto na segunda faixa de receitas brutas anuais constantes dos Anexos I a VI, ficando a microempresa sujeita a esses valores durante todo o ano-calendário, ressalvado o disposto no § 18-A.

▶ § 18 com a redação dada pela LC nº 147, de 7-8-2014.

§ 18-A. A microempresa que, no ano-calendário, exceder o limite de receita bruta previsto no § 18 fica impedida de recolher o ICMS ou o ISS pela sistemática de valor fixo, a partir do mês subsequente à ocorrência do excesso, sujeitando-se à apuração desses tributos na forma das demais empresas optantes pelo Simples Nacional.

▶ § 18-A acrescido pela LC nº 147, de 7-8-2014.

§ 19. Os valores estabelecidos no § 18 deste artigo não poderão exceder a 50% (cinquenta por cento) do maior recolhimento possível do tributo para a faixa de enquadramento prevista na tabela do *caput* deste artigo, respeitados os acréscimos decorrentes do tipo de atividade da empresa estabelecidos no § 5º deste artigo.

§ 20. Na hipótese em que o Estado, o Município ou o Distrito Federal concedam isenção ou redução do ICMS ou do ISS devido por microempresa ou empresa de pequeno porte, ou ainda determine recolhimento de valor fixo para esses tributos, na forma do § 18 deste artigo, será realizada redução proporcional ou ajuste do valor a ser recolhido, na forma definida em resolução do Comitê Gestor.

§ 20-A. A concessão dos benefícios de que trata o § 20 deste artigo poderá ser realizada:

I – mediante deliberação exclusiva e unilateral do Estado, do Distrito Federal ou do Município concedente;

II – de modo diferenciado para cada ramo de atividade.

▶ § 20-A acrescido pela LC nº 128, de 19-12-2008.

§ 20-B. A União, os Estados e o Distrito Federal poderão, em lei específica destinada à ME ou EPP optante pelo SIMPLES Nacional, estabelecer isenção ou redução de COFINS, Contribuição para o PIS/PASEP e ICMS para produtos da cesta básica, discriminando a abrangência da sua concessão.

▶ § 20-B acrescido pela LC nº 147, de 7-8-2014.

§ 21. O valor a ser recolhido na forma do disposto no § 20 deste artigo, exclusivamente na hipótese de isenção, não integrará o montante a ser partilhado com o respectivo Município, Estado ou Distrito Federal.

§ 22. *Revogado*. LC nº 128, de 19-12-2008.

§ 22-A. A atividade constante do inciso XIV do § 5º-B deste artigo recolherá o ISS em valor fixo, na forma da legislação municipal.

▶ Este parágrafo estará revogado pela LC nº 214, de 16-1-2025, a partir de 1º-1-2033.

§ 22-B. Os escritórios de serviços contábeis, individualmente ou por meio de suas entidades representativas de classe, deverão:

I – promover atendimento gratuito relativo à inscrição, à opção de que trata o art. 18-A desta Lei Complementar e à primeira declaração anual simplificada da microempresa individual, podendo, para tanto, por meio de suas entidades representativas de classe, firmar convênios e acordos com a União, os Estados, o Distrito Federal e os Municípios, por intermédio dos seus órgãos vinculados;

II – fornecer, na forma estabelecida pelo Comitê Gestor, resultados de pesquisas quantitativas e qualitativas relativas às microempresas e empresas de pequeno porte optantes pelo SIMPLES Nacional por eles atendidas;

III – promover eventos de orientação fiscal, contábil e tributária para as microempresas e empresas de pequeno porte optantes pelo SIMPLES Nacional por eles atendidas.

§ 22-C. Na hipótese de descumprimento das obrigações de que trata o § 22-B deste artigo, o escritório será excluído do SIMPLES Nacional, com efeitos a partir do mês subsequente ao do descumprimento, na forma regulamentada pelo Comitê Gestor.

▶ §§ 22-A a 22-C acrescidos pela LC nº 128, de 19-12-2008.

§ 23. Da base de cálculo do ISS será abatido o material fornecido pelo prestador dos serviços previstos nos itens 7.02 e 7.05 da lista de serviços anexa à Lei Complementar nº 116, de 31 de julho de 2003.

▶ Este parágrafo estará revogado pela LC nº 214, de 16-1-2025, a partir de 1º-1-2033.

▶ LC nº 116, de 31-7-2003 (Lei do ISS).

§ 24. *Para efeito de aplicação do § 5º-K, considera-se folha de salários, incluídos encargos, o montante pago, nos doze meses antecedentes ao mês anterior ao do período de apuração, a título de remunerações a pessoas físicas decorrentes do trabalho, acrescido do montante efetivamente recolhido a título de contribuição patronal previdenciária e FGTS, incluídas as retiradas de pró-labore.*

▶ § 24 com a redação dada pela LC nº 214, de 16-1-2025.

§ 25. Para efeito do disposto no § 24 deste artigo, deverão ser consideradas tão somente as remunerações informadas na forma prevista no inciso IV do *caput* do art. 32 da Lei nº 8.212, de 24 de julho de 1991.

▶ § 25 com a redação dada pela LC nº 139, de 10-11-2011.

§ 26. Não são considerados, para efeito do disposto no § 24, valores pagos a título de aluguéis e de distribuição de lucros, observado o disposto no § 1º do art. 14.

▶ § 26 acrescido pela LC nº 139, de 10-11-2011.

§ 27. VETADO. LC nº 155, de 27-10-2016.

Art. 18-A. O Microempreendedor Individual – MEI poderá optar pelo recolhimento dos impostos e contribuições abrangidos pelo SIMPLES Nacional em valores fixos mensais, independentemente da receita bruta por ele auferida no mês, na forma prevista neste artigo.

▶ *Caput* do art. 18-A acrescido pela LC nº 128, de 19-12-2008.

§ 1º Para os efeitos desta Lei Complementar, considera-se MEI quem tenha auferido receita bruta, no ano-calendário anterior, de até R$ 81.000,00 (oitenta e um mil reais), que seja optante pelo SIMPLES Nacional e que não esteja impedido de optar pela sistemática prevista neste artigo, e seja empresário individual que se enquadre na definição do art. 966 da Lei nº 10.406, de 10 de janeiro de 2002 (Código Civil), ou o empreendedor que exerça:

▶ *Caput* do § 1º com a redação dada pela LC nº 188, de 31-12-2021.

I – as atividades de que trata o § 4º-A deste artigo;

II – as atividades de que trata o § 4º-B deste artigo estabelecidas pelo CGSN; e

III – as atividades de industrialização, comercialização e prestação de serviços no âmbito rural.

▶ Incisos I a III acrescidos pela LC nº 188, de 31-12-2021.

§ 2º No caso de início de atividades, o limite de que trata o § 1º será de R$ 6.750,00 (seis mil, setecentos e cinquenta reais) multiplicados pelo número de meses compreendido entre o início da atividade e o final do respectivo ano-calendário, consideradas as frações de meses como um mês inteiro.

▶ § 2º com a redação dada pela LC nº 155, de 27-10-2016.

§ 3º Na vigência da opção pela sistemática de recolhimento prevista no *caput* deste artigo:

▶ § 3º acrescido pela LC nº 128, de 19-12-2008.

I – não se aplica o disposto no § 18 do art. 18 desta Lei Complementar;

II – não se aplica a redução prevista no § 20 do art. 18 desta Lei Complementar ou qualquer dedução na base de cálculo;

▶ Incisos I e II acrescidos pela LC nº 128, de 19-12-2008.

III – não se aplicam as isenções específicas para as microempresas e empresas de pequeno porte concedidas pelo Estado, Município ou Distrito Federal a partir de 1º de julho de 2007 que abranjam integralmente a faixa de receita bruta anual até o limite previsto no § 1º;

▶ Inciso III com a redação dada pela LC nº 139, de 10-11-2011.

IV – *a opção pelo enquadramento como Microempreendedor Individual importa opção pelo recolhimento:*

▶ *Caput* do inciso IV com a redação dada pela LC nº 214, de 16-1-2025.

a) *da contribuição referida no inciso X do § 1º do art. 13 desta Lei Complementar na forma prevista no § 2º do art. 21 da Lei nº 8.212, de 24 de julho de 1991;*

b) *do ICMS, do ISS, do IBS e da CBS nos valores fixos previstos no inciso V deste parágrafo;*

▶ Alíneas *a* e *b* acrescidas pela LC nº 214, de 16-1-2025.

★ **Nova redação do dispositivo alterado:** "*b*) do IBS e da CBS nos valores fixos previstos no inciso V deste parágrafo;"

▶ Alínea *b* com a redação dada pela LC nº 214, de 16-1-2025, produzindo efeitos a partir de 1º-1-2033.

V – *o MEI, com receita bruta anual igual ou inferior a R$ 81.000,00 (oitenta e um mil reais), recolherá, na forma regulamentada pelo Comitê Gestor, valor mensal correspondente à soma das seguintes parcelas:*

▶ *Caput* do inciso V com a redação dada pela LC nº 214, de 16-1-2025.

a) R$ 45,65 (quarenta e cinco reais e sessenta e cinco centavos), a título da contribuição prevista no inciso IV deste parágrafo;

b) R$ 1,00 (um real), a título do imposto referido no inciso VII do *caput* do art. 13 desta Lei Complementar, caso seja contribuinte do ICMS; e

c) R$ 5,00 (cinco reais), a título do imposto referido no inciso VIII do *caput* do art. 13 desta Lei Complementar, caso seja contribuinte do ISS;

▶ Alíneas *a* a *c* acrescidas pela LC nº 128, de 19-12-2008.

▶ Alíneas *b* e *c* estarão revogadas pela LC nº 214, de 16-1-2025, a partir de 1º-1-2027.

d) *IBS e CBS nos valores discriminados no Anexo VII desta Lei Complementar;*

e) *ICMS e ISS nos valores discriminados no Anexo VII desta Lei Complementar;*

▶ Alíneas *d* e *e* acrescidas pela LC nº 214, de 16-1-2025.

▶ Esta alínea *e* estará revogada pela LC nº 214, de 16-1-2025, a partir de 1º-1-2033.

VI – sem prejuízo do disposto nos §§ 1º a 3º do art. 13, o MEI terá isenção dos tributos referidos nos incisos I a VI do *caput* daquele artigo, ressalvado o disposto no art. 18-C.

▶ Inciso VI com a redação dada pela LC nº 139, de 10-11-2011.

§ 4º Não poderá optar pela sistemática de recolhimento prevista no *caput* deste artigo o MEI:

▶ *Caput* acrescido pela LC nº 128, de 19-12-2008.

I – cuja atividade seja tributada na forma dos Anexos V ou VI desta Lei Complementar, salvo autorização relativa a exercício de atividade isolada na forma regulamentada pelo CGSN;

▶ Inciso I com a redação dada pela LC nº 147, de 7-8-2014.

II – que possua mais de um estabelecimento;

III – que participe de outra empresa como titular, sócio ou administrador; ou

▶ Incisos II e III acrescidos pela LC nº 128, de 19-12-2008.

IV – *Revogado*. LC nº 155, de 27-10-2016;

V – constituído na forma de *startup*.

▶ Inciso V acrescido pela LC nº 167, de 24-4-2019.

§ 4º-A. Observadas as demais condições deste artigo, poderá optar pela sistemática de recolhimento prevista no *caput* o empresário individual que exerça atividade de comercialização e processamento de produtos de natureza extrativista.

§ 4º-B. *O CGSN determinará as atividades autorizadas a optar pela sistemática de recolhimento de que trata este artigo, de forma a evitar a fragilização das relações de trabalho.*

▶ § 4º-B com a redação dada pela LC nº 214, de 16-1-2025.

§ 5º A opção de que trata o *caput* deste artigo dar-se-á na forma a ser estabelecida em ato do Comitê Gestor, observando-se que:

I – será irretratável para todo o ano-calendário;

II – deverá ser realizada no início do ano-calendário, na forma disciplinada pelo Comitê Gestor, produzindo efeitos a partir do primeiro dia do ano-calendário da opção, ressalvado o disposto no inciso III;

III – produzirá efeitos a partir da data do início de atividade desde que exercida nos termos, prazo e condições a serem estabelecidos em ato do Comitê Gestor a que se refere o *caput* deste parágrafo.

§ 6º O desenquadramento da sistemática de que trata o *caput* deste artigo será realizado de ofício ou mediante comunicação do MEI.

§ 7º O desenquadramento mediante comunicação do MEI à Secretaria da Receita Federal do Brasil – RFB dar-se-á:

I – por opção, que deverá ser efetuada no início do ano-calendário, na forma disciplinada pelo Comitê Gestor, produzindo efeitos a partir de 1º de janeiro do ano-calendário da comunicação;

II – obrigatoriamente, quando o MEI incorrer em alguma das situações previstas no § 4º deste artigo, devendo a comunicação ser efetuada até o último dia útil do mês subsequente àquele em que ocorrida a situação de vedação, produzindo efeitos a partir do mês subsequente ao da ocorrência da situação impeditiva;

III – obrigatoriamente, quando o MEI exceder, no ano-calendário, o limite de receita bruta previsto no § 1º deste artigo, devendo a comunicação ser efetuada até o último dia útil do mês subsequente àquele em que ocorrido o excesso, produzindo efeitos:

a) a partir de 1º de janeiro do ano-calendário subsequente ao da ocorrência do excesso, na hipótese de não ter ultrapassado o referido limite em mais de 20% (vinte por cento);

b) retroativamente a 1º de janeiro do ano-calendário da ocorrência do excesso, na hipótese de ter ultrapassado o referido limite em mais de 20% (vinte por cento);

IV – obrigatoriamente, quando o MEI exceder o limite de receita bruta previsto no § 2º deste artigo, devendo a comunicação ser efetuada até o último dia útil do mês subsequente àquele em que ocorrido o excesso, produzindo efeitos:

a) a partir de 1º de janeiro do ano-calendário subsequente ao da ocorrência do excesso, na hipótese de não ter ultrapassado o referido limite em mais de 20% (vinte por cento);

b) retroativamente ao início de atividade, na hipótese de ter ultrapassado o referido limite em mais de 20% (vinte por cento).

§ 8º O desenquadramento de ofício dar-se-á quando verificada a falta de comunicação de que trata o § 7º deste artigo.

§ 9º O Empresário Individual desenquadrado da sistemática de recolhimento prevista no *caput* deste artigo passará a recolher os tributos devidos pela regra geral do SIMPLES Nacional a partir da data de início dos efeitos do desenquadramento, ressalvado o disposto no § 10 deste artigo.

§ 10. Nas hipóteses previstas nas alíneas *a* dos incisos III e IV do § 7º deste artigo, o MEI deverá recolher a diferença, sem acréscimos, em parcela única, juntamente com a da apuração do mês de janeiro do ano-calendário subsequente ao do excesso, na forma a ser estabelecida em ato do Comitê Gestor.

§ 11. O valor referido na alínea *a* do inciso V do § 3º deste artigo será reajustado, na forma prevista em lei ordinária, na mesma data de reajustamento dos benefícios de que trata a Lei nº 8.213, de 24 de julho de 1991, de forma a manter equivalência com a contribuição de que trata o § 2º do art. 21 da Lei nº 8.212, de 24 de julho de 1991.

§ 12. Aplica-se ao MEI que tenha optado pela contribuição na forma do § 1º deste artigo o disposto no § 4º do art. 55 e no § 2º do art. 94, ambos da Lei nº 8.213, de 24 de julho de 1991, exceto se optar pela complementação da contribuição previdenciária a que se refere o § 3º do art. 21 da Lei nº 8.212, de 24 de julho de 1991.

▶ §§ 5º a 12 acrescidos pela LC nº 128, de 19-12-2008.

§ 13. O MEI está dispensado, ressalvado o disposto no art. 18-C desta Lei Complementar, de:

▶ *Caput* do § 13 com a redação dada pela LC nº 139, de 10-11-2011.

I – atender o disposto no inciso IV do *caput* do art. 32 da Lei nº 8.212, de 24 de julho de 1991;

II – apresentar a Relação Anual de Informações Sociais (RAIS); e

III – declarar ausência de fato gerador para a Caixa Econômica Federal para emissão da Certidão de Regularidade Fiscal perante o FGTS.

▶ Incisos I a III acrescidos pela LC nº 139, de 10-11-2011.

§ 14. O Comitê Gestor disciplinará o disposto neste artigo.

▶ § 14 acrescido pela LC nº 128, de 19-12-2008.

§ 15. A inadimplência do recolhimento do valor previsto na alínea *a* do inciso V do § 3º tem como consequência a não contagem da competência em atraso para fins de carência para obtenção dos benefícios previdenciários respectivos.

▶ § 15 acrescido pela LC nº 139, de 10-11-2011.

§ 15-A. Ficam autorizados os Estados, o Distrito Federal e os Municípios a promover a remissão dos débitos decorrentes dos valores previstos nas alíneas *b* e *c* do inciso V do § 3º, inadimplidos isolada ou simultaneamente.

§ 15-B. O MEI poderá ter sua inscrição automaticamente cancelada após período de 12 (doze) meses consecutivos sem recolhimento ou declarações, independentemente de qualquer notificação, devendo a informação ser publicada no Portal do Empreendedor, na forma regulamentada pelo CGSIM.

▶ §§ 15-A e 15-B acrescidos pela LC nº 147, de 7-8-2014.

§ 16. O CGSN estabelecerá, para o MEI, critérios, procedimentos, prazos e efeitos diferenciados para desenquadramento da sistemática de que trata este artigo, cobrança, inscrição em dívida ativa e exclusão do SIMPLES Nacional.

▶ § 16 acrescido pela LC nº 139, de 10-11-2011.

§ 16-A. A baixa do MEI via portal eletrônico dispensa a comunicação aos órgãos da administração pública.

▶ § 16-A acrescido pela LC nº 155, de 27-10-2016.

§ 17. A alteração de dados no CNPJ informada pelo empresário à Secretaria da Receita Federal do Brasil equivalerá à comunicação obrigatória de desenquadramento da sistemática de recolhimento de que trata este artigo, nas seguintes hipóteses:

I – alteração para natureza jurídica distinta de empresário individual a que se refere o art. 966 da Lei nº 10.406, de 10 de janeiro de 2002 (Código Civil);

II – inclusão de atividade econômica não autorizada pelo CGSN;

III – abertura de filial.

▶ § 17 acrescido pela LC nº 139, de 10-11-2011.

§ 18. Os Municípios somente poderão realizar o cancelamento da inscrição do MEI caso tenham regulamentação própria de classificação de risco e o respectivo processo simplificado de inscrição e legalização, em conformidade com esta Lei Complementar e com as resoluções do CGSIM.

§ 19. Fica vedada aos conselhos representativos de categorias econômicas a exigência de obrigações diversas das estipuladas nesta Lei Complementar para inscrição do MEI em seus quadros, sob pena de responsabilidade.

▶ §§ 18 e 19 acrescidos pela LC nº 147, de 7-8-2014.

§ 19-A. O MEI inscrito no conselho profissional de sua categoria na qualidade de pessoa física é dispensado de realizar nova inscrição no mesmo conselho na qualidade de empresário individual. .

§ 19-B. São vedadas aos conselhos profissionais, sob pena de responsabilidade, a exigência de inscrição e a execução de qualquer tipo de ação fiscalizadora quando a ocupação do MEI não exigir registro profissional da pessoa física.

▶ §§ 19-A e 19-B acrescidos pela LC nº 155, de 27-10-2016.

§ 20. Os documentos fiscais das microempresas e empresas de pequeno porte poderão ser emitidos diretamente por sistema nacional informatizado e pela internet, sem custos para o empreendedor, na forma regulamentada pelo Comitê Gestor do SIMPLES Nacional.

§ 21. Assegurar-se-á o registro nos cadastros oficiais ao guia de turismo inscrito como MEI.

§ 22. Fica vedado às concessionárias de serviço público o aumento das tarifas pagas pelo MEI por conta da modificação da sua condição de pessoa física para pessoa jurídica.

▶ §§ 20 a 22 acrescidos pela LC nº 147, de 7-8-2014.

§ 23. VETADO. LC nº 147, de 7-8-2014.

§ 24. Aplica-se ao MEI o disposto no inciso XI do § 4º do art. 3º.

▶ § 24 acrescido pela LC nº 147, de 7-8-2014.

§ 25. O MEI poderá utilizar sua residência como sede do estabelecimento, quando não for indispensável a existência de local próprio para o exercício da atividade.

▶ § 25 acrescido pela LC nº 154, de 18-4-2016.

Art. 18-B. A empresa contratante de serviços executados por intermédio do MEI mantém, em relação a esta contratação, a obrigatoriedade de recolhimento da contribuição a que se refere o inciso III do *caput* e o § 1º do art. 22 da Lei nº 8.212, de 24 de julho de 1991, e o cumprimento das obrigações acessórias relativas à contratação de contribuinte individual.

▶ *Caput* acrescido pela LC nº 128, de 19-12-2008.

§ 1º Aplica-se o disposto neste artigo exclusivamente em relação ao MEI que for contratado para prestar serviços de hidráulica, eletricidade, pintura, alvenaria, carpintaria e de manutenção ou reparo de veículos.

▶ § 1º com a redação dada pela LC nº 147, de 7-8-2014.

§ 2º O disposto no *caput* e no § 1º não se aplica quando presentes os elementos da relação de emprego, ficando a contratante sujeita a todas as obrigações dela decorrentes, inclusive trabalhistas, tributárias e previdenciárias.

▶ § 2º acrescido pela LC nº 139, de 10-11-2011.

Art. 18-C. Observado o disposto no *caput* e nos §§ 1º a 25 do art. 18-A desta Lei Complementar, poderá enquadrar-se como MEI o empresário individual ou o empreendedor que exerça as atividades de industrialização, comercialização e prestação de serviços no âmbito rural que possua um único empregado que receba exclusivamente um salário mínimo ou o piso salarial da categoria profissional.

▶ *Caput* com a redação dada pela LC nº 155, de 27-10-2016.

§ 1º Na hipótese referida no *caput*, o MEI:

▶ Antigo parágrafo único transformado em § 1º e com a redação dada pela LC nº 139, de 10-11-2011.

I – deverá reter e recolher a contribuição previdenciária relativa ao segurado a seu serviço na forma da lei, observados prazo e condições estabelecidos pelo CGSN;

II – é obrigado a prestar informações relativas ao segurado a seu serviço, na forma estabelecida pelo CGSN; e

III – está sujeito ao recolhimento da contribuição de que trata o inciso VI do *caput* do art. 13, calculada à alíquota de 3% (três por cento) sobre o salário de contribuição previsto no *caput*, na forma e prazos estabelecidos pelo CGSN.

▶ Incisos I a III com a redação dada pela LC nº 139, de 10-11-2011.

§ 2º Para os casos de afastamento legal do único empregado do MEI, será permitida a contratação de outro empregado, inclusive por prazo determinado, até que cessem as condições do afastamento, na forma estabelecida pelo Ministério do Trabalho e Emprego.

§ 3º O CGSN poderá determinar, com relação ao MEI, a forma, a periodicidade e o prazo:

I – de entrega à Secretaria da Receita Federal do Brasil de uma única declaração com dados relacionados a fatos geradores, base de cálculo e valores dos tributos previstos nos arts. 18-A e 18-C, da contribuição para a Seguridade Social descontada do empregado e do Fundo de Garantia do Tempo de Serviço (FGTS), e outras informações de interesse do Ministério do Trabalho e Emprego, do Instituto Nacional do Seguro Social (INSS) e do Conselho Curador do FGTS, observado o disposto no § 7º do art. 26;

II – do recolhimento dos tributos previstos nos arts. 18-A e 18-C, bem como do FGTS e da contribuição para a Seguridade Social descontada do empregado.

§ 4º A entrega da declaração única de que trata o inciso I do § 3º substituirá, na forma regulamentada pelo CGSN, a obrigatoriedade de entrega de todas as informações, formulários e declarações a que estão sujeitas as demais empresas ou equiparados que contratam empregados, inclusive as relativas ao recolhimento do FGTS, à Relação Anual de Informações Sociais (RAIS) e ao Cadastro Geral de Empregados e Desempregados (CAGED).

§ 5º Na hipótese de recolhimento do FGTS na forma do inciso II do § 3º, deve-se assegurar a transferência dos recursos e dos elementos identificadores do recolhimento ao gestor desse fundo para crédito na conta vinculada do trabalhador.

▶ §§ 2º a 5º acrescidos pela LC nº 139, de 10-11-2011.

§ 6º O documento de que trata o inciso I do § 3º deste artigo tem caráter declaratório, constituindo instrumento hábil e suficiente para a exigência dos tributos e dos débitos fundiários que não tenham sido recolhidos resultantes das informações nele prestadas.

▶ § 6º acrescido pela LC nº 147, de 7-8-2014.

Art. 18-D. A tributação municipal do imposto sobre imóveis prediais urbanos deverá assegurar tratamento mais favorecido ao MEI para realização de sua atividade no mesmo local em que residir, mediante aplicação da menor alíquota vigente para aquela localidade, seja residencial ou comercial, nos termos da lei, sem prejuízo de eventual isenção ou imunidade existente.

▶ Art. 18-D acrescido pela LC nº 147, de 7-8-2014.

Art. 18-E. O instituto do MEI é uma política pública que tem por objetivo a formalização de pequenos empreendimentos e a inclusão social e previdenciária.

▶ *Caput* do art. 18-E acrescido pela LC nº 147, de 7-8-2014.

§ 1º A formalização de MEI não tem caráter eminentemente econômico ou fiscal.

§ 2º Todo benefício previsto nesta Lei Complementar aplicável à microempresa estende-se ao MEI sempre que lhe for mais favorável.

§ 3º O MEI é modalidade de microempresa.

▶ §§ 1º a 3º acrescidos pela LC nº 147, de 7-8-2014.

§ 4º É vedado impor restrições ao MEI relativamente ao exercício de profissão ou participação em licitações, em função da sua natureza jurídica, inclusive por ocasião da contratação dos serviços previstos no § 1º do art. 18-B desta Lei Complementar.

▶ § 4º com a redação dada pela LC nº 155, de 27-10-2016.

§ 5º O empreendedor que exerça as atividades de industrialização, comercialização e prestação de serviços no âmbito rural que efetuar seu registro como MEI não perderá a condição de segurado especial da Previdência Social.

§ 6º O disposto no § 5º e o licenciamento simplificado de atividades para o empreendedor que exerça as atividades de industrialização, comercialização e prestação de serviços no âmbito rural serão regulamentados pelo CGSIM em até cento e oitenta dias.

§ 7º O empreendedor que exerça as atividades de industrialização, comercialização e prestação de serviços no âmbito rural manterá todas as suas obrigações relativas à condição de produtor rural ou de agricultor familiar.

▶ §§ 5º a 7º acrescidos pela LC nº 155, de 27-10-2016.

Art. 18-F. Para o transportador autônomo de cargas inscrito como MEI, nos termos do art. 18-A desta Lei Complementar:

I – o limite da receita bruta de que trata o § 1º e o inciso V do § 3º do art. 18-A desta Lei Complementar será de R$ 251.600,00 (duzentos e cinquenta e um mil e seiscentos reais);

II – o limite será de R$ 20.966,67 (vinte mil novecentos e sessenta e seis reais e sessenta e sete centavos) multiplicados pelo número de meses compreendidos entre o início da atividade e o final do respectivo ano-calendário, consideradas as frações de meses como um mês inteiro, no caso de início de atividades de que trata o § 2º do art. 18-A desta Lei Complementar;

III – o valor mensal da contribuição de que trata o inciso X do § 1º do art. 13 desta Lei Complementar corresponderá ao valor resultante da aplicação da alíquota de 12% (doze por cento) sobre o salário mínimo mensal.

▶ Art. 18-F acrescido pela LC nº 188, de 31-12-2021.

Art. 19. Sem prejuízo da possibilidade de adoção de todas as faixas de receita previstas nos Anexos I a V desta Lei Complementar, os Estados cuja participação no Produto Interno Bruto brasileiro seja de até 1% (um por cento) poderão optar pela aplicação de sublimite para efeito de recolhimento do ICMS na forma do Simples Nacional nos respectivos territórios, para empresas com receita bruta anual de até R$ 1.800.000,00 (um milhão e oitocentos mil reais).

▶ *Caput* com a redação dada pela LC nº 155, de 27-10-2016.

▶ Arts. 20, *caput* e § 3º, e 21 desta Lei Complementar.

▶ Art. 3º, III, do Dec. nº 6.038, de 7-2-2007, que institui o Comitê Gestor do Simples Nacional – CGSN.

I a III – *Revogados*. pela LC nº 155, de 27-10-2016.

§ 1º A participação no Produto Interno Bruto brasileiro será apurada levando em conta o último resultado divulgado pelo Instituto Brasileiro de Geografia e Estatística ou outro órgão que o substitua.

§ 2º A opção prevista no *caput* produzirá efeitos somente para o ano-calendário subsequente, salvo deliberação do CGSN.

▶ § 2º com a redação dada pela LC nº 155, de 27-10-2016.

§ 3º O disposto neste artigo aplica-se ao Distrito Federal.

▶ Art. 20, § 4º, desta Lei Complementar.

§ 4º Para os Estados que não tenham adotado sublimite na forma do *caput* e para aqueles cuja participação no Produto Interno Bruto brasileiro seja superior a 1% (um por cento), para efeito de recolhimento do ICMS e do ISS, observar-se-á obrigatoriamente o sublimite no valor de R$ 3.600.000,00 (três milhões e seiscentos mil reais).

▶ § 4º acrescido pela LC nº 155, de 27-10-2016.

Art. 20. A opção feita na forma do art. 19 desta Lei Complementar pelos Estados importará adoção do mesmo limite de receita bruta anual para efeito de recolhimento na forma do ISS dos Municípios nele localizados, bem como para o do ISS devido no Distrito Federal.

▶ Arts. 19 e 20 estarão revogados pela LC nº 214, de 16-1-2025, a partir de 1º-1-2027.

▶ Arts. 3º, § 11, 18, § 17, 21 e 30, III, desta Lei Complementar.

▶ Art. 3º, III, do Dec. nº 6.038, de 7-2-2007, que institui o Comitê Gestor do Simples Nacional – CGSN.

§ 1º A empresa de pequeno porte que ultrapassar os limites a que se referem o *caput* e o § 4º do art. 19 estará automaticamente impedida de recolher o ICMS e o ISS na forma do Simples Nacional, a partir do mês subsequente àquele em que tiver ocorrido o excesso, relativamente aos seus estabelecimentos localizados na unidade da Federação que os houver adotado, ressalvado o disposto nos §§ 11 e 13 do art. 3º.

▶ § 1º com a redação dada pela LC nº 155, de 27-10-2016.

§ 1º-A. Os efeitos do impedimento previsto no § 1º ocorrerão no ano-calendário subsequente se o excesso verificado não for superior a 20% (vinte por cento) dos limites referidos.

▶ § 1º-A acrescido pela LC nº 139, de 10-11-2011.

§ 2º O disposto no § 1º deste artigo não se aplica na hipótese de o Estado ou de o Distrito Federal adotarem, compulsoriamente ou por opção, a aplicação de faixa de receita bruta superior à que vinha sendo utilizada no ano-calendário em que ocorreu o excesso da receita bruta.

§ 3º Na hipótese em que o recolhimento do ICMS ou do ISS não esteja sendo efetuado por meio do Simples Nacional por força do disposto neste artigo e no art. 19 desta Lei Complementar, as faixas de receita do Simples Nacional superiores àquela que tenha sido objeto de opção pelos Estados ou pelo Distrito Federal sofrerão, para efeito de recolhimento do Simples Nacional, redução da alíquota efetiva desses impostos, apurada de acordo com os Anexos I a V desta Lei Complementar, conforme o caso.

▶ § 3º com a redação dada pela LC nº 155, de 27-10-2016.

§ 4º O Comitê Gestor regulamentará o disposto neste artigo e no art. 19 desta Lei Complementar.

Seção IV

DO RECOLHIMENTO DOS TRIBUTOS DEVIDOS

Art. 21. Os tributos devidos, apurados na forma dos arts. 18 a 20 desta Lei Complementar, deverão ser pagos:

I – por meio de documento único de arrecadação, instituído pelo Comitê Gestor;

II – *Revogado*. LC nº 127, de 14-8-2007;

III – enquanto não regulamentado pelo Comitê Gestor, até o último dia útil da primeira quinzena do mês subsequente àquele a que se referir;

IV – em banco integrante da rede arrecadadora do SIMPLES Nacional, na forma regulamentada pelo Comitê Gestor.

▶ Inciso IV com a redação dada pela LC nº 127, de 14-8-2007.

§ 1º Na hipótese de a microempresa ou a empresa de pequeno porte possuir filiais, o recolhimento dos tributos do SIMPLES Nacional dar-se-á por intermédio da matriz.

§ 2º Poderá ser adotado sistema simplificado de arrecadação do SIMPLES Nacional, inclusive sem utilização da rede bancária, mediante requerimento do Estado, Distrito Federal ou Município ao Comitê Gestor.

§ 3º O valor não pago até a data do vencimento sujeitar-se-á à incidência de encargos legais na forma prevista na legislação do imposto sobre a renda.

§ 3º-A. *Os débitos do IBS e da CBS poderão ser extintos mediante recolhimento:*

I – *na liquidação financeira da operação (split payment), observado o disposto nos arts. 31 a 35 da lei instituidora do IBS e da CBS;*

II – *efetuado pelo adquirente, nos termos do art. 36 da lei instituidora do IBS e da CBS.*

▶ § 3º-A acrescido pela LC nº 214, de 16-1-2025.

§ 4º A retenção na fonte de ISS das microempresas ou das empresas de pequeno porte optantes pelo SIMPLES Nacional somente será permitida se observado o disposto no art. 3º da Lei Complementar nº 116, de 31 de julho de 2003, e deverá observar as seguintes normas:

▶ *Caput* do § 4º com a redação dada pela LC nº 128, de 19-12-2008.

▶ Art. 18, § 6º, desta Lei Complementar.

I – a alíquota aplicável na retenção na fonte deverá ser informada no documento fiscal e corresponderá à alíquota efetiva de ISS a que a microempresa ou a empresa de pequeno porte estiver sujeita no mês anterior ao da prestação;

II – na hipótese de o serviço sujeito à retenção ser prestado no mês de início de atividades da microempresa ou da empresa de pequeno porte, deverá ser aplicada pelo tomador a alíquota efetiva de 2% (dois por cento);

▶ Incisos I e II com a redação dada pela LC nº 155, de 27-10-2016.

III – na hipótese do inciso II deste parágrafo, constatando-se que houve diferença entre a alíquota utilizada e a efetivamente apurada, caberá à microempresa ou empresa de pequeno porte prestadora dos serviços efetuar o recolhimento dessa diferença no mês subsequente ao do início de atividade em guia própria do Município;

IV – na hipótese de a microempresa ou empresa de pequeno porte estar sujeita à tributação do ISS no SIMPLES Nacional por valores fixos mensais, não caberá a retenção a que se refere o *caput* deste parágrafo;

▶ Incisos III e IV acrescidos pela LC nº 128, de 19-12-2008.

V – na hipótese de a microempresa ou a empresa de pequeno porte não informar a alíquota de que tratam os incisos I e II deste parágrafo no documento fiscal, aplicar-se-á a alíquota efetiva de 5% (cinco por cento);

▶ Inciso V com a redação dada pela LC nº 155, de 27-10-2016.

VI – não será eximida a responsabilidade do prestador de serviços quando a alíquota do ISS informada no documento fiscal for inferior à devida, hipótese em que o recolhimento dessa diferença será realizado em guia própria do Município;

VII – o valor retido, devidamente recolhido, será definitivo, não sendo objeto de partilha com os municípios, e sobre a receita de prestação de serviços que sofreu a retenção não haverá incidência de ISS a ser recolhido no SIMPLES Nacional.

▶ Incisos VI e VII acrescidos pela LC nº 128, de 19-12-2008.

§ 4º-A. Na hipótese de que tratam os incisos I e II do § 4º, a falsidade na prestação dessas informações sujeitará o responsável, o titular, os sócios ou os administradores da microempresa e da empresa de pequeno porte, juntamente com as demais pessoas que para ela concorrerem, às penalidades previstas na legislação criminal e tributária.

▶ § 4º-A acrescido pela LC nº 128, de 19-12-2008.

▶ §§ 4º e 4º-A estarão revogados pela LC nº 214, de 16-1-2025, a partir de 1º-1-2033.

§ 5º O CGSN regulará a compensação e a restituição dos valores do SIMPLES Nacional recolhidos indevidamente ou em montante superior ao devido.

▶ § 5º com a redação dada pela LC nº 139, de 10-11-2011.

§ 6º O valor a ser restituído ou compensado será acrescido de juros obtidos pela aplicação da taxa referencial do Sistema Especial de Liquidação e de Custódia (SELIC) para títulos federais, acumulada mensalmente, a partir do mês subsequente ao do pagamento indevido ou a maior que o devido até o mês anterior ao da compensação ou restituição, e de 1% (um por cento) relativamente ao mês em que estiver sendo efetuada.

§ 7º Os valores compensados indevidamente serão exigidos com os acréscimos moratórios de que trata o art. 35.

§ 8º Na hipótese de compensação indevida, quando se comprove falsidade de declaração apresentada pelo sujeito passivo, o contribuinte estará sujeito à multa isolada aplicada no percentual previsto no inciso I do *caput* do art. 44 da Lei nº 9.430, de 27 de dezembro de 1996, aplicado em dobro, e terá como base de cálculo o valor total do débito indevidamente compensado.

§ 9º É vedado o aproveitamento de créditos não apurados no SIMPLES Nacional, inclusive de natureza não tributária, para extinção de débitos do SIMPLES Nacional.

§ 10. Os créditos apurados no SIMPLES Nacional não poderão ser utilizados para extinção de outros débitos para com as Fazendas Públicas, salvo por ocasião da compensação de ofício oriunda de deferimento em processo de restituição ou após a exclusão da empresa do SIMPLES Nacional.

§ 11. No SIMPLES Nacional, é permitida a compensação tão somente de créditos para extinção de débitos para com o mesmo ente federado e relativos ao mesmo tributo.

§ 12. Na restituição e compensação no SIMPLES Nacional serão observados os prazos de decadência e prescrição previstos na Lei nº 5.172, de 25 de outubro de 1966 (Código Tributário Nacional).

§ 13. É vedada a cessão de créditos para extinção de débitos no SIMPLES Nacional.

§ 14. Aplica-se aos processos de restituição e de compensação o rito estabelecido pelo CGSN.

▶ §§ 6º a 14 acrescidos pela LC nº 139, de 10-11-2011.

§ 14-A. *Em caso de pagamento indevido, a restituição do IBS e da CBS somente será devida ao contribuinte na hipótese em que:*

I – *a operação não tenha gerado crédito para o adquirente dos bens ou serviços; e*

II – *tenha sido observado o disposto no art. 166 da Lei nº 5.172, de 25 de outubro de 1966 (Código Tributário Nacional).*

▶ § 14-A acrescido pela LC nº 214, de 16-1-2025.

§ 15. Compete ao CGSN fixar critérios, condições para rescisão, prazos, valores mínimos de amortização e demais procedimentos para parcelamento dos recolhimentos em atraso dos débitos tributários apurados no SIMPLES Nacional, observado o disposto no § 3º deste artigo e no art. 35 e ressalvado o disposto no § 19 deste artigo.

▶ Art. 1º, *caput*, e § 6º, da LC nº 162, de 6-4-2018, que institui o Programa Especial de Regularização Tributária das Microempresas e Empresas de Pequeno Porte optantes pelo Simples Nacional (PERT-SN).

§ 16. Os débitos de que trata o § 15 poderão ser parcelados em até 60 (sessenta) parcelas mensais, na forma e condições previstas pelo CGSN.

▶ Art. 1º, § 6º, da LC nº 162, de 6-4-2018, que Institui o Programa Especial de Regularização Tributária das Microempresas e Empresas de Pequeno Porte optantes pelo Simples Nacional (PERT-SN).

§ 17. O valor de cada prestação mensal, por ocasião do pagamento, será acrescido de juros equivalentes à taxa referencial do Sistema Especial de Liquidação e de Custódia (SELIC) para títulos federais, acumulada mensalmente, calculados a partir do mês subsequente ao da consolidação até o mês anterior ao do pagamento, e de 1% (um por cento) relativamente ao mês em que o pagamento estiver sendo efetuado, na forma regulamentada pelo CGSN.

▶ Art. 1º, § 6º, da LC nº 162, de 6-4-2018, que Institui o Programa Especial de Regularização Tributária das Microempresas e Empresas de Pequeno Porte optantes pelo Simples Nacional (PERT-SN).

§ 18. Será admitido reparcelamento de débitos constantes de parcelamento em curso ou que tenha sido rescindido, podendo ser incluídos novos débitos, na forma regulamentada pelo CGSN.

▶ Art. 1º, § 6º, da LC nº 162, de 6-4-2018, que Institui o Programa Especial de Regularização Tributária das Microempresas e Empresas de Pequeno Porte optantes pelo Simples Nacional (PERT-SN).

§ 19. Os débitos constituídos de forma isolada por parte de Estado, do Distrito Federal ou de

Município, em face de ausência de aplicativo para lançamento unificado, relativo a tributo de sua competência, que não estiverem inscritos em Dívida Ativa da União, poderão ser parcelados pelo ente responsável pelo lançamento de acordo com a respectiva legislação, na forma regulamentada pelo CGSN.

▶ Art. 1º, § 6º, da LC nº 162, de 6-4-2018, que Institui o Programa Especial de Regularização Tributária das Microempresas e Empresas de Pequeno Porte optantes pelo Simples Nacional (PERT-SN).

§ 20. O pedido de parcelamento deferido importa confissão irretratável do débito e configura confissão extrajudicial.

▶ Art. 1º, § 6º, da LC nº 162, de 6-4-2018, que Institui o Programa Especial de Regularização Tributária das Microempresas e Empresas de Pequeno Porte optantes pelo Simples Nacional (PERT-SN).

§ 21. Serão aplicadas na consolidação as reduções das multas de lançamento de ofício previstas na legislação federal, conforme regulamentação do CGSN.

▶ Art. 1º, § 6º, da LC nº 162, de 6-4-2018, que Institui o Programa Especial de Regularização Tributária das Microempresas e Empresas de Pequeno Porte optantes pelo Simples Nacional (PERT-SN).

§ 22. O repasse para os entes federados dos valores pagos e da amortização dos débitos parcelados será efetuado proporcionalmente ao valor de cada tributo na composição da dívida consolidada.

▶ Art. 1º, § 6º, da LC nº 162, de 6-4-2018, que Institui o Programa Especial de Regularização Tributária das Microempresas e Empresas de Pequeno Porte optantes pelo Simples Nacional (PERT-SN).

§ 23. No caso de parcelamento de débito inscrito em dívida ativa, o devedor pagará custas, emolumentos e demais encargos legais.

▶ Art. 1º, § 6º, da LC nº 162, de 6-4-2018, que Institui o Programa Especial de Regularização Tributária das Microempresas e Empresas de Pequeno Porte optantes pelo Simples Nacional (PERT-SN).

§ 24. Implicará imediata rescisão do parcelamento e remessa do débito para inscrição em dívida ativa ou prosseguimento da execução, conforme o caso, até deliberação do CGSN, a falta de pagamento:

▶ Art. 1º, § 6º, da LC nº 162, de 6-4-2018, que Institui o Programa Especial de Regularização Tributária das Microempresas e Empresas de Pequeno Porte optantes pelo Simples Nacional (PERT-SN).

I – de 3 (três) parcelas, consecutivas ou não; ou
II – de 1 (uma) parcela, estando pagas todas as demais.

▶ §§ 15 a 24 acrescidos pela LC nº 139, de 10-11-2011.

§ 25. O documento previsto no inciso I do *caput* deste artigo deverá conter a partilha discriminada de cada um dos tributos abrangidos pelo Simples Nacional, bem como os valores destinados a cada ente federado.

▶ § 25 acrescido pela LC nº 155, de 27-10-2016.

Art. 21-A. A inscrição de microempresa ou empresa de pequeno porte no Cadastro Informativo dos créditos não quitados do setor público federal – CADIN, somente ocorrerá mediante notificação prévia com prazo para contestação.

▶ Artigo acrescido pela LC nº 147, de 7-8-2014.

Art. 21-B. Os Estados e o Distrito Federal deverão observar, em relação ao ICMS, o prazo mínimo de 60 (sessenta) dias, contado a partir do primeiro dia do mês do fato gerador da obrigação tributária, para estabelecer a data de vencimento do imposto devido por substituição tributária, tributação concentrada em uma única etapa (monofásica) e por antecipação tributária com ou sem encerramento de tributação, nas hipóteses em que a responsabilidade recair sobre operações ou prestações subsequentes, na forma regulamentada pelo Comitê Gestor.

▶ Artigo acrescido pela LC nº 147, de 7-8-2014.

▶ Este artigo estará revogado pela LC nº 214, de 16-1-2025, a partir de 1º-1-2033.

SEÇÃO V
DO REPASSE DO PRODUTO DA ARRECADAÇÃO

Art. 22. O Comitê Gestor definirá o sistema de repasses do total arrecadado, inclusive encargos legais, para o:

I – Município ou Distrito Federal, do valor correspondente ao ISS;
II – Estado ou Distrito Federal, do valor correspondente ao ICMS;

▶ Incisos I e II estarão revogados pela LC nº 214, de 16-1-2025, a partir de 1º-1-2033.

III – Instituto Nacional do Seguro Social, do valor correspondente à Contribuição para manutenção da Seguridade Social.

Parágrafo único. Enquanto o Comitê Gestor não regulamentar o prazo para o repasse previsto no inciso II do *caput* deste artigo, esse será efetuado nos prazos estabelecidos nos convênios celebrados no âmbito do colegiado a que se refere a alínea *g* do inciso XII do § 2º do art. 155 da Constituição Federal.

▶ Este parágrafo estará revogado pela LC nº 214, de 16-1-2025, a partir de 1º-1-2027.

SEÇÃO VI
DOS CRÉDITOS

Art. 23. As microempresas e as empresas de pequeno porte optantes pelo SIMPLES Nacional não farão jus à apropriação nem transferirão créditos relativos a impostos ou contribuições abrangidos pelo SIMPLES Nacional.

§ 1º *As pessoas jurídicas e aquelas a elas equiparadas pela legislação tributária não optantes pelo Simples Nacional terão direito a crédito correspondente ao ICMS, ao IBS e à CBS incidentes sobre as suas aquisições de bens materiais ou imateriais, inclusive direitos, e de serviços de microempresa ou empresa de pequeno porte optante pelo Simples Nacional, em montante equivalente ao cobrado por meio desse regime único.*

§ 2º *A alíquota aplicável ao cálculo do crédito de que trata o § 1º deverá ser informada no documento fiscal e corresponderá aos percentuais de ICMS, IBS e CBS previstos nos Anexos I a V desta Lei Complementar para a faixa de receita bruta a que a microempresa ou a empresa de pequeno porte estiver sujeita no mês de operação.*

§ 3º *Na hipótese de a operação ocorrer no mês de início de atividades da microempresa ou empresa de pequeno porte optante pelo Simples Nacional, a alíquota aplicável ao cálculo do crédito de que trata o § 1º corresponderá aos percentuais de ICMS, IBS e CBS referentes à menor alíquota prevista nos Anexos I a V desta Lei Complementar.*

▶ §§ 1º a 3º com a redação dada pela LC nº 214, de 16-1-2025.

§ 4º Não se aplica o disposto nos §§ 1º a 3º deste artigo quando:

▶ *Caput* do § 4º acrescido pela LC nº 128, de 19-1-2008.

I – *a microempresa ou empresa de pequeno porte estiver sujeita à tributação do ICMS no Simples Nacional por valores fixos mensais, em relação ao direito de crédito desse tributo ao adquirente;*

▶ Inciso I com a redação dada pela LC nº 214, de 16-1-2025.

II – a microempresa ou a empresa de pequeno porte não informar a alíquota de que trata o § 2º deste artigo no documento fiscal;
III – houver isenção estabelecida pelo Estado ou Distrito Federal que abranja a faixa de receita bruta a que a microempresa ou a empresa de pequeno porte estiver sujeita no mês da operação;
IV – o remetente da operação ou prestação considerar, por opção, que a alíquota determinada na forma do *caput* e dos §§ 1º e 2º do art. 18 desta Lei Complementar deverá incidir sobre a receita recebida no mês.

▶ Incisos II a IV acrescidos pela LC nº 128, de 19-1-2008.

▶ Este inciso estará revogado pela LC nº 214, de 16-1-2025, a partir de 1º-1-2027.

§ 5º Mediante deliberação exclusiva e unilateral dos Estados e do Distrito Federal, poderá ser concedido às pessoas jurídicas e àquelas a elas equiparadas pela legislação tributária não optantes pelo SIMPLES Nacional crédito correspondente ao ICMS incidente sobre os insumos utilizados nas mercadorias adquiridas de indústria optante pelo SIMPLES Nacional, sendo vedado o estabelecimento de diferenciação no valor do crédito em razão da procedência dessas mercadorias.

▶ Este parágrafo estará revogado pela LC nº 214, de 16-1-2025, a partir de 1º-1-2033.

§ 6º O Comitê Gestor do SIMPLES Nacional disciplinará o disposto neste artigo.

▶ §§ 5º e 6º acrescidos pela LC nº 128, de 19-1-2008.

Art. 24. As microempresas e as empresas de pequeno porte optantes pelo SIMPLES Nacional não poderão utilizar ou destinar qualquer valor a título de incentivo fiscal.

§ 1º Não serão consideradas quaisquer alterações em bases de cálculo, alíquotas e percentuais ou outros fatores que alterem o valor de imposto ou contribuição apurado na forma do SIMPLES Nacional, estabelecidas pela União, Estado, Distrito Federal ou Município, exceto as previstas ou autorizadas nesta Lei Complementar.

▶ Parágrafo único transformado em § 1º pela LC nº 155, de 27-10-2016.

§ 2º VETADO. LC nº 155, de 27-10-2016.

SEÇÃO VII
DAS OBRIGAÇÕES FISCAIS ACESSÓRIAS

Art. 25. *As informações relativas aos fatos geradores do Simples Nacional deverão ser prestadas pela microempresa ou empresa de pequeno porte optante no mês subsequente ao de sua ocorrência, no prazo estabelecido para o pagamento dos respectivos tributos, no sistema eletrônico de cálculo de que trata o § 15 do art. 18, mediante declaração simplificada transmitida à Secretaria Especial da Receita Federal do Brasil, observado, em* *relação às informações, o modelo aprovado pelo CGSN.*

▶ *Caput* com a redação dada pela LC nº 214, de 16-1-2025.

▶ Art. 38 desta Lei Complementar.

§ 1º A declaração de que trata o *caput* deste artigo constitui confissão de dívida e instrumento hábil e suficiente para a exigência dos tributos e contribuições que não tenham sido recolhidos resultantes das informações nela prestadas.

▶ Antigo parágrafo único transformado em § 1º pela LC nº 128, de 19-12-2008.

§ 2º *A declaração de trata o caput conterá as informações socioeconômicas e fiscais do optante conforme forma e prazos definidos pelo CGSN.*

▶ § 2º com a redação dada pela LC nº 214, de 16-1-2025.

§ 3º Para efeito do disposto no § 2º deste artigo, considera-se em situação de inatividade a microempresa ou a empresa de pequeno porte que não apresente mutação patrimonial e atividade operacional durante todo o ano-calendário.

§ 4º A declaração de que trata o *caput* deste artigo, relativa ao MEI definido no art. 18-A desta Lei Complementar, conterá, para efeito do disposto no art. 3º da Lei Complementar nº 63, de 11 de janeiro de 1990, tão somente as informações relativas à receita bruta total sujeita ao ICMS, sendo vedada a instituição de declarações adicionais em decorrência da referida Lei Complementar.

▶ §§ 3º e 4º acrescidos pela LC nº 128, de 19-1-2008.

§ 5º A declaração de que trata o *caput*, a partir das informações relativas ao ano-calendário de 2012, poderá ser prestada por meio da declaração de que trata o § 15-A do art. 18 desta Lei Complementar, na periodicidade e prazos definidos pelo CGSN.

▶ § 5º acrescido pela LC nº 147, de 7-8-2014.

▶ §§ 3º a 5º estarão revogados pela LC nº 214, de 16-1-2025, a partir de 1º-1-2027.

§ 6º *A Secretaria da Receita Federal do Brasil poderá apresentar ao optante declaração assistida no sistema eletrônico de que trata o caput, na forma e prazo previstos pelo CGSN.*

§ 7º *A declaração assistida realizada nos termos do § 6º deste artigo, caso o contribuinte a confirme ou nela realize ajustes, constitui confissão de dívida em relação às operações ocorridas no período.*

§ 8º *Na ausência de manifestação do contribuinte sobre a declaração assistida no prazo de que trata o caput, presume-se correto o saldo apurado e considera-se constituído o crédito tributário.*

§ 9º *O disposto nos §§ 6º a 8º não afasta a prerrogativa de lançamento de ofício de crédito tributário relativo a diferenças posteriormente verificadas pela administração tributária.*

▶ §§ 6º a 9º acrescidos pela LC nº 214, de 16-1-2025.

Art. 25-A. *Os dados dos documentos fiscais e declarações de qualquer espécie serão compartilhados entre as administrações tributárias da União, dos Estados, do Distrito Federal e dos Municípios, na forma estabelecida pelo CGSN.*

Art. 25-B. *O MEI, definido no art. 18-A, deverá apresentar anualmente à Secretaria Especial da Receita Federal do Brasil declaração única e simplificada de informações socioeconômicas e fiscais, observados prazo e modelo aprovados pelo CGSN.*

Parágrafo único. *As informações da declaração referida no caput têm caráter declaratório, constituindo confissão de dívida e instrumento hábil e suficiente para a exigência dos tributos e contribuições que não tenham sido recolhidos resultantes das informações nela prestadas.*

▶ Arts. 25-A e 25-B acrescidos pela LC nº 214, de 16-1-2025.

Art. 26. As microempresas e empresas de pequeno porte optantes pelo SIMPLES Nacional ficam obrigadas a:

I – emitir documento fiscal de venda ou prestação de serviço, de acordo com instruções expedidas pelo Comitê Gestor;

II – *manter em boa ordem e guarda os documentos que fundamentaram a apuração dos impostos e contribuições devidos e o cumprimento das obrigações acessórias a que se referem os arts. 25 e 25-B desta Lei Complementar enquanto não decorrido o prazo decadencial e não prescritas eventuais ações que lhes sejam pertinentes.*

▶ Inciso II com a redação dada pela LC nº 214, de 16-1-2025.

§ 1º *O MEI fará a comprovação da receita bruta mediante apresentação do registro de vendas ou de prestação de serviços na forma estabelecida pelo CGSN.*

▶ *Caput* do § 1º com a redação dada pela LC nº 214, de 16-1-2025.

I a III – *Revogados*. LC nº 128, de 19-12-2008.

§ 2º As demais microempresas e as empresas de pequeno porte, além do disposto nos incisos I e II do *caput* deste artigo, deverão, ainda, manter o livro-caixa em que será escriturada sua movimentação financeira e bancária.

§ 3º *A exigência das declarações a que se referem os arts. 25 e 25-B não desobriga a prestação de informações relativas a terceiros.*

▶ § 3º com a redação dada pela LC nº 214, de 16-1-2025.

§ 4º É vedada a exigência de obrigações tributárias acessórias relativas aos tributos apurados na forma do SIMPLES Nacional além daquelas estipuladas pelo CGSN e atendidas por meio do Portal do SIMPLES Nacional, bem como, o estabelecimento de exigências adicionais e unilaterais pelos entes federativos, exceto os programas de cidadania fiscal.

▶ § 4º com a redação dada pela LC nº 147, de 7-8-2014.

§ 4º-A. A escrituração fiscal digital ou obrigação equivalente não poderá ser exigida da microempresa ou empresa de pequeno porte optante pelo SIMPLES Nacional, salvo se, cumulativamente, houver:

▶ *Caput* do § 4º-A acrescido pela LC nº 147, de 7-8-2014.

I – autorização específica do CGSN, que estabelecerá as condições para a obrigatoriedade;

▶ Inciso I acrescido pela LC nº 147, de 7-8-2014.

II – *disponibilização por parte da administração tributária estipulante de programa gratuito para uso da empresa optante.*

▶ Inciso II com a redação dada pela LC nº 214, de 16-1-2025.

§ 4º-B. A exigência de apresentação de livros fiscais em meio eletrônico aplicar-se-á somente na hipótese de substituição da entrega em meio convencional, cuja obrigatoriedade tenha sido prévia e especificamente estabelecida pelo CGSN.

§ 4º-C. Até a implantação de sistema nacional uniforme estabelecido pelo CGSN com compartilhamento de informações com os entes federados, permanece válida norma publicada por ente federado até o primeiro trimestre de 2014 que tenha veiculado exigência vigente de a microempresa ou empresa de pequeno porte apresentar escrituração fiscal digital ou obrigação equivalente.

▶ §§ 4º-B e 4º-C acrescidos pela LC nº 147, de 7-8-2014.

§ 5º As microempresas e empresas de pequeno porte ficam sujeitas à entrega de declaração eletrônica que deva conter os dados referentes aos serviços prestados ou tomados de terceiros, na conformidade do que dispuser o Comitê Gestor.

§ 6º Na hipótese do § 1º deste artigo:

▶ *Caput* do § 6º acrescido pela LC nº 128, de 19-12-2008.

I – deverão ser anexados ao registro de vendas ou de prestação de serviços, na forma regulamentada pelo Comitê Gestor, os documentos fiscais comprobatórios das entradas de mercadorias e serviços tomados referentes ao período, bem como os documentos fiscais relativos às operações ou prestações realizadas eventualmente emitidos;

▶ Inciso I acrescido pela LC nº 128, de 19-12-2008.

II – *será obrigatória a emissão de documento fiscal nas vendas e nas prestações de serviços realizadas pelo MEI.*

▶ Inciso II com a redação dada pela LC nº 214, de 16-1-2025.

§ 7º Cabe ao CGSN dispor sobre a exigência da certificação digital para o cumprimento de obrigações principais e acessórias por parte da microempresa, inclusive o MEI, ou empresa de pequeno porte optante pelo SIMPLES Nacional, inclusive para o recolhimento do FGTS.

▶ § 7º acrescido pela LC nº 139, de 10-11-2011.

§ 8º O CGSN poderá disciplinar sobre a disponibilização, no portal do SIMPLES Nacional, de documento fiscal eletrônico de venda ou de prestação de serviço para o MEI, microempresa ou empresa de pequeno porte optante pelo SIMPLES Nacional.

§ 9º O desenvolvimento e a manutenção das soluções de tecnologia, capacitação e orientação aos usuários relativas ao disposto no § 8º, bem como as demais relativas ao SIMPLES Nacional, poderão ser apoiadas pelo Serviço Brasileiro de Apoio às Micro e Pequenas Empresas – SEBRAE.

▶ §§ 8º e 9º acrescidos pela LC nº 147, de 7-8-2014.

§ 10. *O ato de emissão ou de recepção de documento fiscal por meio eletrônico estabelecido pelas administrações tributárias, em qualquer modalidade, de entrada, de saída ou de prestação, na forma estabelecida pelo CGSN, representa sua própria escrituração fiscal e elemento suficiente para a fundamentação e a constituição do crédito tributário,*

LEGISLAÇÃO COMPLEMENTAR

possuindo caráter declaratório e constituindo confissão do valor devido dos tributos.

▶ § 10 com a redação dada pela LC nº 214, de 16-1-2025.

§ 11. Os dados dos documentos fiscais de qualquer espécie podem ser compartilhados entre as administrações tributárias da União, Estados, Distrito Federal e Municípios e, quando emitidos por meio eletrônico, na forma estabelecida pelo CGSN, a microempresa ou empresa de pequeno porte optante pelo SIMPLES Nacional fica desobrigada de transmitir seus dados às administrações tributárias.

§ 12. As informações a serem prestadas relativas ao ICMS devido na forma prevista nas alíneas *a*, *g* e *h* do inciso XIII do § 1º do art. 13 serão fornecidas por meio de aplicativo único.

▶ §§ 11 e 12 acrescidos pela LC nº 147, de 7-8-2014.

§ 12-A. *A escrituração fiscal, nos termos do § 4º-A, acarreta a dispensa de prestação da informação prevista no § 12.*

▶ § 12-A acrescido pela LC nº 214, de 16-1-2025.

§ 13. Fica estabelecida a obrigatoriedade de utilização de documentos fiscais eletrônicos estabelecidos pelo Confaz nas operações e prestações relativas ao ICMS efetuadas por microempresas e empresas de pequeno porte nas hipóteses previstas nas alíneas *a*, *g* e *h* do inciso XIII do § 1º do art. 13.

§ 14. Os aplicativos necessários ao cumprimento do disposto nos §§ 12 e 13 deste artigo serão disponibilizados, de forma gratuita, no portal do SIMPLES Nacional.

▶ §§ 12 a 14 estarão revogados pela LC nº 214, de 16-1-2025, a partir de 1º-1-2033.

§ 15. O CGSN regulamentará o disposto neste artigo.

▶ §§ 13 a 15 acrescidos pela LC nº 147, de 7-8-2014.

Art. 27. As microempresas e empresas de pequeno porte optantes pelo SIMPLES Nacional poderão, opcionalmente, adotar contabilidade simplificada para os registros e controles das operações realizadas, conforme regulamentação do Comitê Gestor.

Seção VIII
DA EXCLUSÃO DO SIMPLES NACIONAL

Art. 28. A exclusão do SIMPLES Nacional será feita de ofício ou mediante comunicação das empresas optantes.

Parágrafo único. As regras previstas nesta seção e o modo de sua implementação serão regulamentados pelo Comitê Gestor.

Art. 29. A exclusão de ofício das empresas optantes pelo SIMPLES Nacional dar-se-á quando:

▶ Art. 33 desta Lei Complementar.

I – verificada a falta de comunicação de exclusão obrigatória;

II – for oferecido embaraço à fiscalização, caracterizado pela negativa não justificada de exibição de livros e documentos a que estiverem obrigadas, bem como pelo não fornecimento de informações sobre bens, movimentação financeira, negócio ou atividade que estiverem intimadas a apresentar, e nas demais hipóteses que autorizam a requisição de auxílio da força pública;

III – for oferecida resistência à fiscalização, caracterizada pela negativa de acesso ao estabelecimento, ao domicílio fiscal ou a qualquer outro local onde desenvolvam suas atividades ou se encontrem bens de sua propriedade;

IV – a sua constituição ocorrer por interpostas pessoas;

V – tiver sido constatada prática reiterada de infração ao disposto nesta Lei Complementar;

VI – a empresa for declarada inapta, na forma dos arts. 81 e 82 da Lei nº 9.430, de 27 de dezembro de 1996, e alterações posteriores;

▶ Lei nº 9.430, de 27-12-1996, dispõe sobre a legislação tributária federal, as contribuições para a seguridade social e o processo administrativo de consulta.

VII – comercializar mercadorias objeto de contrabando ou descaminho;

VIII – houver falta de escrituração do livro-caixa ou não permitir a identificação da movimentação financeira, inclusive bancária;

IX – for constatado que durante o ano-calendário o valor das despesas pagas supera em 20% (vinte por cento) o valor de ingressos de recursos no mesmo período, excluído o ano de início de atividade;

X – for constatado que durante o ano-calendário o valor das aquisições de mercadorias para comercialização ou industrialização, ressalvadas hipóteses justificadas de aumento de estoque, for superior a 80% (oitenta por cento) dos ingressos de recursos no mesmo período, excluído o ano de início de atividade;

XI – houver descumprimento reiterado da obrigação contida no inciso I do *caput* do art. 26;

XII – omitir de forma reiterada da folha de pagamento da empresa ou de documento de informações previsto pela legislação previdenciária, trabalhista ou tributária, segurado empregado, trabalhador avulso ou contribuinte individual que lhe preste serviço.

▶ Incisos XI e XII com a redação dada pela LC nº 139, de 10-11-2011.

§ 1º Nas hipóteses previstas nos incisos II a XII do *caput* deste artigo, a exclusão produzirá efeitos a partir do próprio mês em que incorridas, impedindo a opção pelo regime diferenciado e favorecido desta Lei Complementar pelos próximos 3 (três) anos-calendário seguintes.

▶ § 1º com a redação dada pela LC nº 127, de 14-8-2007.

§ 2º O prazo de que trata o § 1º deste artigo será elevado para 10 (dez) anos caso seja constatada a utilização de artifício, ardil ou qualquer outro meio fraudulento que induza ou mantenha a fiscalização em erro, com o fim de suprimir ou reduzir o pagamento de tributo apurável segundo o regime especial previsto nesta Lei Complementar.

§ 3º A exclusão de ofício será realizada na forma regulamentada pelo Comitê Gestor, cabendo o lançamento dos tributos e contribuições apurados aos respectivos entes tributantes.

§ 4º *Revogado*. LC nº 128, de 19-12-2008.

§ 5º A competência para exclusão de ofício do SIMPLES Nacional obedece ao disposto no art. 33, e o julgamento administrativo, ao disposto no art. 39, ambos desta Lei Complementar.

§ 6º Nas hipóteses de exclusão previstas no *caput*, a notificação:

▶ *Caput* do § 6º com a redação dada pela LC nº 139, de 10-11-2011.

I – será efetuada pelo ente federativo que promoveu a exclusão; e

II – poderá ser feita por meio eletrônico, observada a regulamentação do CGSN.

▶ Incisos I e II acrescidos pela LC nº 139, de 10-11-2011.

§ 7º *Revogado*. LC nº 139, de 10-10-2011.

§ 8º A notificação de que trata o § 6º aplica-se ao indeferimento da opção pelo SIMPLES Nacional.

▶ § 8º com a redação dada pela LC nº 139, de 10-11-2011.

§ 9º Considera-se prática reiterada, para fins do disposto nos incisos V, XI e XII do *caput*:

I – a ocorrência, em 2 (dois) ou mais períodos de apuração, consecutivos ou alternados, de idênticas infrações, inclusive de natureza acessória, verificada em relação aos últimos 5 (cinco) anos-calendário, formalizadas por intermédio de auto de infração ou notificação de lançamento; ou

II – a segunda ocorrência de idênticas infrações, caso seja constatada a utilização de artifício, ardil ou qualquer outro meio fraudulento que induza ou mantenha a fiscalização em erro, com o fim de suprimir ou reduzir o pagamento de tributo.

▶ § 9º acrescido pela LC nº 139, de 10-11-2011.

Art. 30. A exclusão do SIMPLES Nacional, mediante comunicação das microempresas ou das empresas de pequeno porte, dar-se-á:

I – por opção;

II – obrigatoriamente, quando elas incorrerem em qualquer das situações de vedação previstas nesta Lei Complementar; ou

III – obrigatoriamente, quando ultrapassado, no ano-calendário de início de atividade, o limite proporcional de receita bruta de que trata o § 2º do art. 3º;

▶ Inciso III com a redação dada pela LC nº 139, de 10-11-2011.

IV – obrigatoriamente, quando ultrapassado, no ano-calendário, o limite de receita bruta previsto no inciso II do *caput* do art. 3º, quando não estiver no ano-calendário de início de atividade.

▶ Inciso IV acrescido pela LC nº 139, de 10-11-2011.

§ 1º A exclusão deverá ser comunicada à Secretaria da Receita Federal:

I – na hipótese do inciso I do *caput* deste artigo, até o último dia útil do mês de janeiro;

II – na hipótese do inciso II do *caput* deste artigo, até o último dia útil do mês subsequente àquele em que ocorrida a situação de vedação;

III – na hipótese do inciso III do *caput*:

▶ *Caput* do inciso III com a redação dada pela LC nº 139, de 10-11-2011.

a) até o último dia útil do mês seguinte àquele em que tiver ultrapassado em mais de 20% (vinte por cento) o limite proporcional de que trata o § 10 do art. 3º; ou

b) até o último dia útil do mês de janeiro do ano-calendário subsequente ao de início de atividades, caso o excesso seja inferior a 20% (vinte por cento) do respectivo limite;

▶ Alíneas *a* e *b* acrescidas pela LC nº 139, de 10-11-2011.

▶ Art. 36 desta Lei Complementar.

IV – na hipótese do inciso IV do *caput*:

a) até o último dia útil do mês subsequente à ultrapassagem em mais de 20% (vinte por cento) do limite de receita bruta previsto no inciso II do *caput* do art. 3º; ou *b)* até o último dia útil do mês de janeiro do ano-calendário subsequente, na hipótese de não ter ultrapassado em mais de 20% (vinte por cento) o limite de receita bruta previsto no inciso II do *caput* do art. 3º.

▶ Inciso IV acrescido pela LC nº 139, de 10-11-2011.

§ 2º A comunicação de que trata o *caput* deste artigo dar-se-á na forma a ser estabelecida pelo Comitê Gestor.

§ 3º A alteração de dados no CNPJ, informada pela ME ou EPP à Secretaria da Receita Federal do Brasil, equivalerá à comunicação obrigatória de exclusão do SIMPLES Nacional nas seguintes hipóteses:

I – alteração de natureza jurídica para Sociedade Anônima, Sociedade Empresária em Comandita por Ações, Sociedade em Conta de Participação ou Estabelecimento, no Brasil, de Sociedade Estrangeira;

II – inclusão de atividade econômica vedada à opção pelo SIMPLES Nacional;

III – inclusão de sócio pessoa jurídica;

IV – inclusão de sócio domiciliado no exterior;

V – cisão parcial; ou

VI – extinção da empresa.

▶ § 3º acrescido pela LC nº 139, de 10-11-2011.

Art. 31. A exclusão das microempresas ou das empresas de pequeno porte do SIMPLES Nacional produzirá efeitos:

I – na hipótese do inciso I do *caput* do art. 30 desta Lei Complementar, a partir de 1º de janeiro do ano-calendário subsequente, ressalvado o disposto no § 4º deste artigo;

II – na hipótese do inciso II do *caput* do art. 30 desta Lei Complementar, a partir do mês seguinte da ocorrência da situação impeditiva;

III – na hipótese do inciso III do *caput* do art. 30 desta Lei Complementar:

a) desde o início das atividades;

b) a partir de 1º de janeiro do ano-calendário subsequente, na hipótese de não ter ultrapassado em mais de 20% (vinte por cento) o limite proporcional de que trata o § 10 do art. 3º;

▶ Alínea *b* com a redação dada pela LC nº 139, de 10-11-2011.

IV – na hipótese do inciso V do *caput* do art. 17 desta Lei Complementar, a partir do ano-calendário subsequente ao da ciência da comunicação da exclusão;

V – na hipótese do inciso IV do *caput* do art. 30:

a) a partir do mês subsequente à ultrapassagem em mais de 20% (vinte por cento) do limite de receita bruta previsto no inciso II do art. 3º;

b) a partir de 1º de janeiro do ano-calendário subsequente, na hipótese de não ter ultrapassado em mais de 20% (vinte por cento) o limite de receita bruta previsto no inciso II do art. 3º.

▶ Inciso V acrescido pela LC nº 139, de 10-11-2011.

§ 1º Na hipótese prevista no inciso III do *caput* do art. 30 desta Lei Complementar, a microempresa ou empresa de pequeno porte não poderá optar, no ano-calendário subsequente ao do início de atividades, pelo SIMPLES Nacional.

§ 2º Na hipótese dos incisos V e XVI do *caput* do art. 17, será permitida a permanência da pessoa jurídica como optante pelo SIMPLES Nacional mediante a comprovação da regularização do débito ou do cadastro fiscal no prazo de até 30 (trinta) dias contados a partir da ciência da comunicação da exclusão.

▶ § 2º com a redação dada pela LC nº 139, de 10-11-2011.

§ 3º O CGSN regulamentará os procedimentos relativos ao impedimento de recolher o ICMS, o ISS e o IBS na forma do Simples Nacional, em face da ultrapassagem do limite estabelecido na forma do art. 13-A.

▶ § 3º com a redação dada pela LC nº 214, de 16-1-2025.

★ **Nova redação do dispositivo alterado:** "§ 3º O CGSN regulamentará os procedimentos relativos ao impedimento de recolher o IBS na forma do Simples Nacional, em face da ultrapassagem do limite estabelecido na forma do art. 13-A."

▶ § 3º com a redação dada pela LC nº 214, de 16-1-2025, produzindo efeitos a partir de 1º-1-2033.

§ 4º No caso de a microempresa ou a empresa de pequeno porte ser excluída do SIMPLES Nacional no mês de janeiro, na hipótese do inciso I do *caput* do art. 30 desta Lei Complementar, os efeitos da exclusão dar-se-ão nesse mesmo ano.

§ 5º Na hipótese do inciso II do *caput* deste artigo, uma vez que o motivo da exclusão deixe de existir, havendo a exclusão retroativa de ofício no caso do inciso I do *caput* do art. 29 desta Lei Complementar, o efeito desta dar-se-á a partir do mês seguinte ao da ocorrência da situação impeditiva, limitado, porém, ao último dia do ano-calendário em que a referida situação deixou de existir.

▶ § 5º acrescido pela LC nº 128, de 19-12-2008.

Art. 32. As microempresas ou as empresas de pequeno porte excluídas do SIMPLES Nacional sujeitar-se-ão, a partir do período em que se processarem os efeitos da exclusão, às normas de tributação aplicáveis às demais pessoas jurídicas.

§ 1º Para efeitos do disposto no *caput* deste artigo, na hipótese da alínea *a* do inciso III do *caput* do art. 31 desta Lei Complementar, a microempresa ou a empresa de pequeno porte desenquadrada ficará sujeita ao pagamento da totalidade ou diferença dos respectivos impostos e contribuições, devidos de conformidade com as normas gerais de incidência, acrescidos, tão somente, de juros de mora, quando efetuado antes do início de procedimento de ofício.

§ 2º Para efeito do disposto no *caput* deste artigo, o sujeito passivo poderá optar pelo recolhimento do imposto de renda e da Contribuição Social sobre o Lucro Líquido na forma do lucro presumido, lucro real trimestral ou anual.

§ 3º Aplica-se o disposto no caput e no § 1º em relação ao ICMS, ao ISS e ao IBS à empresa impedida de recolher esses impostos na forma do Simples Nacional, em face da ultrapassagem do limite a que se refere o art. 13-A.

▶ § 3º com a redação dada pela LC nº 214, de 16-1-2025.

★ **Nova redação do dispositivo alterado:** "§ 3º Aplica-se o disposto no *caput* e no § 1º em relação ao IBS à empresa impedida de recolher esses impostos na forma do Simples Nacional, em face da ultrapassagem do limite a que se refere o art. 13-A."

▶ § 3º com a redação dada pela LC nº 214, de 16-1-2025, produzindo efeitos a partir de 1º-1-2033.

Seção IX

DA FISCALIZAÇÃO

Art. 33. A competência para fiscalizar o cumprimento das obrigações principais e acessórias relativas ao SIMPLES Nacional e para verificar a ocorrência das hipóteses previstas no art. 29 desta Lei Complementar é da Secretaria da Receita Federal e das Secretarias de Fazenda ou de Finanças do Estado ou do Distrito Federal, segundo a localização do estabelecimento, e, tratando-se de prestação de serviços incluídos na competência tributária municipal, a competência será também do respectivo Município.

▶ Art. 29, § 5º, desta Lei Complementar.

§ 1º As Secretarias de Fazenda ou Finanças dos Estados poderão celebrar convênio com os Municípios de sua jurisdição para atribuir a estes a fiscalização a que se refere o *caput* deste artigo.

§ 1º-A. Dispensa-se o convênio de que trata o § 1º na hipótese de ocorrência de prestação de serviços sujeita ao ISS por estabelecimento localizado no Município.

§ 1º-B. A fiscalização de que trata o *caput*, após iniciada, poderá abranger todos os demais estabelecimentos da microempresa ou da empresa de pequeno porte, independentemente da atividade por eles exercida ou de sua localização, na forma e condições estabelecidas pelo CGSN.

§ 1º-C. As autoridades fiscais de que trata o *caput* têm competência para efetuar o lançamento de todos os tributos previstos nos incisos I a VIII do art. 13, apurados na forma do SIMPLES Nacional, relativamente a todos os estabelecimentos da empresa, independentemente do ente federado instituidor.

§ 1º-D. A competência para autuação por descumprimento de obrigação acessória é privativa da administração tributária perante a qual a obrigação deveria ter sido cumprida.

▶ §§ 1º-A a 1º-D acrescidos pela LC nº 139, de 10-11-2011.

§ 2º Na hipótese de a microempresa ou empresa de pequeno porte exercer alguma das atividades de prestação de serviços previstas no § 5º-C do art. 18 desta Lei Complementar, caberá à Secretaria da Receita Federal do Brasil a fiscalização da Contribuição para a Seguridade Social, a cargo da empresa, de que trata o art. 22 da Lei nº 8.212, de 24 de julho de 1991.

▶ § 2º com a redação dada pela LC nº 128, de 19-12-2008.

▶ Lei nº 8.212, de 24-7-1991 (Lei Orgânica da Seguridade Social).

§ 3º O valor não pago, apurado em procedimento de fiscalização, será exigido em lançamento de ofício pela autoridade competente que realizou a fiscalização.

§ 4º O Comitê Gestor disciplinará o disposto neste artigo.

Seção X

DA OMISSÃO DE RECEITA

Art. 34. Aplicam-se à microempresa e à empresa de pequeno porte optantes pelo SIMPLES Nacional todas as presunções de omissão de receita existentes nas legislações de regência dos impostos e contribuições incluídos no SIMPLES Nacional.

▶ A alteração que seria introduzida neste artigo pela LC nº 139, de 10-11-2011, foi vetada, razão pela qual mantivemos a sua redação.

§ 1º É permitida a prestação de assistência mútua e a permuta de informações entre a Fazenda Pública da União e as dos Estados, do Distrito Federal e dos Municípios, relativas às microempresas e às empresas de pequeno porte, para fins de planejamento ou de execução de procedimentos fiscais ou preparatórios.

▸ § 1º acrescido pela LC nº 155, de 27-10-2016.

§ 2º VETADO. LC nº 155, de 27-10-2016;

§ 3º Sem prejuízo de ação fiscal individual, as administrações tributárias poderão utilizar procedimento de notificação prévia visando à autorregularização, na forma e nos prazos a serem regulamentados pelo CGSN, que não constituirá início de procedimento fiscal.

▸ § 3º acrescido pela LC nº 155, de 27-10-2016.

§ 4º VETADO. LC nº 155, de 27-10-2016.

Seção XI
Dos Acréscimos Legais

Art. 35. *Aplicam-se aos impostos e contribuições devidos pela microempresa e pela empresa de pequeno porte, inscritas no Simples Nacional, as normas relativas aos juros e multa de mora e de ofício previstas para o imposto de renda.*

▸ Artigo com a redação dada pela LC nº 214, de 16-1-2025.

Art. 36. A falta de comunicação, quando obrigatória, da exclusão da pessoa jurídica do SIMPLES Nacional, nos prazos determinados no § 1º do art. 30 desta Lei Complementar, sujeitará a pessoa jurídica a multa correspondente a 10% (dez por cento) do total dos impostos e contribuições devidos de conformidade com o SIMPLES Nacional no mês que anteceder o início dos efeitos da exclusão, não inferior a R$ 200,00 (duzentos reais), insusceptível de redução.

▸ Artigo com a redação dada pela LC nº 128, de 19-12-2008.

Art. 36-A. A falta de comunicação, quando obrigatória, do desenquadramento do microempreendedor individual da sistemática de recolhimento prevista no art. 18-A desta Lei Complementar nos prazos determinados em seu § 7º sujeitará o microempreendedor individual a multa no valor de R$ 50,00 (cinquenta reais), insusceptível de redução.

▸ Artigo acrescido pela LC nº 128, de 19-12-2008.

Art. 37. A imposição das multas de que trata esta Lei Complementar não exclui a aplicação das sanções previstas na legislação penal, inclusive em relação a declaração falsa, adulteração de documentos e emissão de nota fiscal em desacordo com a operação efetivamente praticada, a que estão sujeitos o titular ou sócio da pessoa jurídica.

Art. 38. *O Microempreendedor Individual que deixar de apresentar a Declaração Simplificada a que se refere o art. 25-B desta Lei Complementar, no prazo fixado, ou que a apresentar com incorreções ou omissões, será intimado a apresentar declaração original, no caso de não apresentação, ou a prestar esclarecimentos, nos demais casos, na forma e prazos definidos pelo Comitê Gestor, e sujeitar-se-á às seguintes multas:*

▸ *Caput* com a redação dada pela LC nº 214, de 16-1-2025.

I – de 2% (dois por cento) ao mês-calendário ou fração, incidentes sobre o montante dos tributos e contribuições informados na Declaração Simplificada, ainda que integralmente pago, no caso de falta de entrega da declaração ou entrega após o prazo, limitada a 20% (vinte por cento), observado o disposto no § 3º deste artigo;

▸ Inciso I com a redação dada pela LC nº 214, de 16-1-2025.

II – de R$ 100,00 (cem reais) para cada grupo de 10 (dez) informações incorretas ou omitidas.

▸ Este inciso estará revogado pela LC nº 214, de 16-1-2025, a partir de 1º-1-2027.

§ 1º Para efeito de aplicação da multa prevista no inciso I do *caput* deste artigo, será considerado como termo inicial o dia seguinte ao término do prazo originalmente fixado para a entrega da declaração e como termo final a data da efetiva entrega ou, no caso de não apresentação, da lavratura do auto de infração.

§ 2º Observado o disposto no § 3º deste artigo, as multas serão reduzidas:

I – à metade, quando a declaração for apresentada após o prazo, mas antes de qualquer procedimento de ofício;

II – a 75% (setenta e cinco por cento), se houver a apresentação da declaração no prazo fixado em intimação.

§ 3º A multa mínima a ser aplicada será de R$ 50,00 (cinquenta reais).

▸ § 3º com a redação dada pela LC nº 214, de 16-1-2025.

§ 4º Considerar-se-á não entregue a declaração que não atender às especificações técnicas estabelecidas pelo Comitê Gestor.

§ 5º Na hipótese do § 4º deste artigo, o sujeito passivo será intimado a apresentar nova declaração, no prazo de 10 (dez) dias, contados da ciência da intimação, e sujeitar-se-á à multa prevista no inciso I do *caput* deste artigo, observado o disposto nos §§ 1º a 3º deste artigo.

§ 6º A multa mínima de que trata o § 3º deste artigo a ser aplicada ao Microempreendedor Individual na vigência da opção de que trata o art. 18-A desta Lei Complementar será de R$ 50,00 (cinquenta reais).

▸ § 6º acrescido pela LC nº 128, de 19-12-2008.

▸ Este parágrafo estará revogado pela LC nº 214, de 16-1-2025, a partir de 1º-1-2027.

Art. 38-A. *O sujeito passivo que deixar de prestar as informações previstas no art. 25, no prazo referido em seu caput, ou que as prestar com incorreções ou omissões, será intimado a fazê-lo, no caso de não apresentação, ou a prestar esclarecimentos, nos demais casos, no prazo estipulado pela autoridade fiscal, na forma definida pelo CGSN, e sujeitar-se-á às seguintes multas, para cada mês de referência:*

▸ *Caput* do art. 38-A com a redação dada pela LC nº 214, de 16-1-2025.

I – de 2% (dois por cento) ao mês-calendário ou fração, a partir do dia seguinte ao término do prazo originalmente fixado para a entrega da declaração, incidentes sobre o montante dos impostos e contribuições decorrentes das informações prestadas no sistema eletrônico de cálculo de que trata o § 15 do art. 18, ainda que integralmente pago, no caso de ausência de prestação de informações ou sua efetuação após o prazo, limitada a 20% (vinte por cento), observado o disposto no § 2º deste artigo; e

▸ Inciso I com a redação dada pela LC nº 214, de 16-1-2025.

II – de R$ 20,00 (vinte reais) para cada grupo de 10 (dez) informações incorretas ou omitidas.

▸ Inciso II acrescido pela LC nº 139, de 10-11-2021.

§ 1º Para fins de aplicação da multa prevista no inciso I do caput, será considerado como termo inicial o dia seguinte ao término do prazo originalmente fixado para a entrega da declaração e como termo final a data da efetiva prestação ou, no caso de não prestação, da lavratura do auto de infração.

▸ § 1º com a redação dada pela LC nº 214, de 16-1-2025.

§ 2º A multa mínima a ser aplicada será de R$ 50,00 (cinquenta reais) para cada mês de referência.

▸ § 2º acrescido pela LC nº 139, de 10-11-2021.

§ 3º Observado o disposto no § 2º, as multas serão reduzidas:

I – à metade, quando a declaração for apresentada após o prazo, mas antes de qualquer procedimento de ofício;

II – a 75% (setenta e cinco por cento), caso haja apresentação da declaração no prazo fixado em intimação.

▸ § 3º com a redação dada pela LC nº 214, de 16-1-2025.

§ 4º O CGSN poderá estabelecer data posterior à prevista no inciso I do *caput* e no § 1º.

▸ § 4º acrescido pela LC nº 139, de 10-11-2021.

§ 5º Considerar-se-á não entregue a declaração que não atender às especificações técnicas estabelecidas pelo CGSN.

§ 6º Na hipótese prevista no § 5º, o sujeito passivo será intimado a apresentar nova declaração, no prazo de 10 (dez) dias, contado da ciência da intimação, e sujeitar-se-á à multa prevista no inciso I do caput, observado o disposto nos §§ 1º e 2º.

▸ §§ 5º e 6º acrescidos pela LC nº 214, de 16-1-2025.

Art. 38-B. As multas relativas à falta de prestação ou à incorreção no cumprimento de obrigações acessórias para com os órgãos e entidades federais, estaduais, distritais e municipais, quando em valor fixo ou mínimo, e na ausência de previsão legal de valores específicos e mais favoráveis para MEI, microempresa ou empresa de pequeno porte, terão redução de:

I – 90% (noventa por cento) para os MEI;

II – 50% (cinquenta por cento) para as microempresas ou empresas de pequeno porte optantes pelo Simples Nacional.

Parágrafo único. As reduções de que tratam os incisos I e II do *caput* não se aplicam na:

I – hipótese de fraude, resistência ou embaraço à fiscalização;

II – ausência de pagamento da multa no prazo de 30 (trinta) dias após a notificação.

▸ Art. 38-B acrescido pela LC nº 147, de 7-8-2014.

Seção XII
Do Processo Administrativo Fiscal

▸ Dec. nº 70.235, de 6-3-1972 (Lei do Processo Administrativo Fiscal).

Art. 39. O contencioso administrativo relativo ao SIMPLES Nacional será de competência do órgão julgador integrante da estrutura administrativa do ente federativo que efetuar o lançamento, o indeferimento da opção ou a exclusão de ofício, observados os dispositivos legais atinentes aos processos administrativos fiscais desse ente.

▶ *Caput* com a redação dada pela LC nº 139, de 10-11-2011.

▶ Arts. 29, § 5º, e 55, § 4º, desta Lei Complementar.

§ 1º O Município poderá, mediante convênio, transferir a atribuição de julgamento exclusivamente ao respectivo Estado em que se localiza.

§ 2º No caso em que o contribuinte do SIMPLES Nacional exerça atividades incluídas no campo de incidência do ICMS e do ISS e seja apurada omissão de receita de que não se consiga identificar a origem, a autuação será feita utilizando a maior alíquota prevista nesta Lei Complementar, e a parcela autuada que não seja correspondente aos tributos e contribuições federais será rateada entre Estados e Municípios ou Distrito Federal.

§ 3º Na hipótese referida no § 2º deste artigo, o julgamento caberá ao Estado ou ao Distrito Federal.

§ 4º A intimação eletrônica dos atos do contencioso administrativo observará o disposto nos §§ 1º-A a 1º-D do art. 16.

▶ § 4º com a redação dada pela LC nº 139, de 10-11-2011.

§ 5º A impugnação relativa ao indeferimento da opção ou à exclusão poderá ser decidida em órgão diverso do previsto no *caput*, na forma estabelecida pela respectiva administração tributária.

§ 6º Na hipótese prevista no § 5º, o CGSN poderá disciplinar procedimentos e prazos, bem como, no processo de exclusão, prever efeito suspensivo na hipótese de apresentação de impugnação, defesa ou recurso.

▶ §§ 5º e 6º acrescidos pela LC nº 139, de 10-11-2011.

Art. 40. As consultas relativas ao SIMPLES Nacional serão solucionadas pela Secretaria da Receita Federal, salvo quando se referirem a tributos e contribuições de competência estadual ou municipal, que serão solucionadas conforme a respectiva competência tributária, na forma disciplinada pelo Comitê Gestor.

▶ Art. 55, § 4º, desta Lei Complementar.

Seção XIII

DO PROCESSO JUDICIAL

Art. 41. Os processos relativos a impostos e contribuições abrangidos pelo SIMPLES Nacional serão ajuizados em face da União, que será representada em juízo pela Procuradoria-Geral da Fazenda Nacional, observado o disposto no § 5º deste artigo.

▶ *Caput* com a redação dada pela LC nº 128, de 19-12-2008.

§ 1º Os Estados, Distrito Federal e Municípios prestarão auxílio à Procuradoria-Geral da Fazenda Nacional, em relação aos tributos de sua competência, na forma a ser disciplinada por ato do Comitê Gestor.

§ 2º Os créditos tributários oriundos da aplicação desta Lei Complementar serão apurados, inscritos em Dívida Ativa da União e cobrados judicialmente pela Procuradoria-Geral da Fazenda Nacional, observado o disposto no inciso V do § 5º deste artigo.

▶ § 2º com a redação dada pela LC nº 139, de 10-11-2011.

§ 3º Mediante convênio, a Procuradoria-Geral da Fazenda Nacional poderá delegar aos Estados e Municípios a inscrição em dívida ativa estadual e municipal e a cobrança judicial dos tributos estaduais e municipais a que se refere esta Lei Complementar.

§ 4º *Aplica-se o disposto neste artigo aos impostos e contribuições que não tenham sido recolhidos resultantes das informações prestadas nas declarações a que se referem os arts. 25 e 25-B.*

▶ *Caput* do § 4º com a redação dada pela LC nº 214, de 16-1-2025.

I – no sistema eletrônico de cálculo dos valores devidos no SIMPLES Nacional de que trata o § 15 do art. 18;

II – na declaração a que se refere o art. 25.

▶ Incisos I e II acrescidos pela LC nº 139, de 10-11-2011.

▶ Incisos I e II estarão revogados pela LC nº 214, de 16-1-2025, a partir de 1º-1-2027.

§ 5º Excetuam-se do disposto no *caput* deste artigo:

▶ *Caput* do § 5º acrescido pela LC nº 128, de 19-12-2008.

I – os mandados de segurança nos quais se impugnem atos de autoridade coatora pertencente a Estado, Distrito Federal ou Município;

II – as ações que tratem exclusivamente de tributos de competência dos Estados, do Distrito Federal ou dos Municípios, as quais serão propostas em face desses entes federativos, representados em juízo por suas respectivas procuradorias;

III – as ações promovidas na hipótese de celebração do convênio de que trata o § 3º deste artigo;

▶ Incisos I a III acrescidos pela LC nº 128, de 19-12-2008.

IV – o crédito tributário decorrente de auto de infração lavrado exclusivamente em face de descumprimento de obrigação acessória, observado o disposto no § 1º-D do art. 33;

▶ Inciso IV acrescido pela LC nº 139, de 10-11-2011.

V – o crédito tributário relativo ao ICMS e ao ISS de que tratam as alíneas *b* e *c* do inciso V do § 3º do art. 18-A desta Lei Complementar;

▶ Inciso V com a redação dada pela LC nº 147, de 7-8-2014.

▶ Este inciso estará revogado pela LC nº 214, de 16-1-2025, a partir de 1º-1-2033.

VI – *o crédito tributário relativo ao IBS.*

▶ Inciso VI acrescido pela LC nº 214, de 16-1-2025.

CAPÍTULO V

DO ACESSO AOS MERCADOS

Seção I

DAS AQUISIÇÕES PÚBLICAS

▶ Seção Única renumerada para Seção I pela LC nº 147, de 7-8-2014.

Art. 42. Nas licitações públicas, a comprovação de regularidade fiscal e trabalhista das microempresas e das empresas de pequeno porte somente será exigida para efeito de assinatura do contrato.

▶ Artigo com a redação dada pela LC nº 155, de 27-10-2016.

▶ Lei nº 14.133, de 1º-4-2021 (Nova Lei de Licitações e Contratos Administrativos).

▶ Dec. nº 8.538, de 6-10-2015, regulamenta o tratamento favorecido, diferenciado e simplificado para microempresas, empresas de pequeno porte, agricultores familiares, produtores rurais pessoa física, microempreendedores individuais e sociedades cooperativas nas contratações públicas de bens, serviços e obras no âmbito da administração pública federal.

Art. 43. As microempresas e as empresas de pequeno porte, por ocasião da participação em certames licitatórios, deverão apresentar toda a documentação exigida para efeito de comprovação de regularidade fiscal e trabalhista, mesmo que esta apresente alguma restrição.

▶ *Caput* com a redação dada pela LC nº 155, de 27-10-2016.

§ 1º Havendo alguma restrição na comprovação da regularidade fiscal e trabalhista, será assegurado o prazo de cinco dias úteis, cujo termo inicial corresponderá ao momento em que o proponente for declarado vencedor do certame, prorrogável por igual período, a critério da administração pública, para regularização da documentação, para pagamento ou parcelamento do débito e para emissão de eventuais certidões negativas ou positivas com efeito de certidão negativa.

▶ § 1º com a redação dada pela LC nº 155, de 27-10-2016.

§ 2º A não regularização da documentação, no prazo previsto no § 1º deste artigo, implicará decadência do direito à contratação, sem prejuízo das sanções previstas no art. 81 da Lei nº 8.666, de 21 de junho de 1993, sendo facultado à Administração convocar os licitantes remanescentes, na ordem de classificação, para a assinatura do contrato, ou revogar a licitação.

▶ A Lei nº 8.666, de 21-6-1993, foi revogada pela Lei nº 14.133, de 1º-4-2021.

▶ Art. 89, § 5º, da Lei nº 14.133, de 1º-4-2021 (Nova Lei de Licitações e Contratos Administrativos).

Art. 44. Nas licitações será assegurada, como critério de desempate, preferência de contratação para as microempresas e empresas de pequeno porte.

§ 1º Entende-se por empate aquelas situações em que as propostas apresentadas pelas microempresas e empresas de pequeno porte sejam iguais ou até 10% (dez por cento) superiores à proposta mais bem classificada.

§ 2º Na modalidade de pregão, o intervalo percentual estabelecido no § 1º deste artigo será de até 5% (cinco por cento) superior ao melhor preço.

▶ Art. 60 da Lei nº 14.133, de 1º-4-2021 (Nova Lei de Licitações e Contratos Administrativos).

Art. 45. Para efeito do disposto no art. 44 desta Lei Complementar, ocorrendo o empate, proceder-se-á da seguinte forma:

I – a microempresa ou empresa de pequeno porte mais bem classificada poderá apresentar proposta de preço inferior àquela considerada vencedora do certame, situação em que será adjudicado em seu favor o objeto licitado;

II – não ocorrendo a contratação da microempresa ou empresa de pequeno porte, na forma do inciso I do *caput* deste artigo, serão convocadas as remanescentes que porventura se enquadrem na hipótese dos §§ 1º e 2º do art. 44 desta Lei Complementar, na ordem classificatória, para o exercício do mesmo direito;

III – no caso de equivalência dos valores apresentados pelas microempresas e empresas de pequeno porte que se encontrem nos intervalos estabelecidos nos §§ 1º e 2º do art. 44 desta Lei Complementar, será realizado sorteio entre elas para que se identifique aquela que primeiro poderá apresentar melhor oferta.

§ 1º Na hipótese da não contratação nos termos previstos no *caput* deste artigo, o objeto licitado será adjudicado em favor da proposta originalmente vencedora do certame.

§ 2º O disposto neste artigo somente se aplicará quando a melhor oferta inicial não tiver sido apresentada por microempresa ou empresa de pequeno porte.

§ 3º No caso de pregão, a microempresa ou empresa de pequeno porte mais bem classificada será convocada para apresentar nova proposta no prazo máximo de 5 (cinco) minutos após o encerramento dos lances, sob pena de preclusão.

Art. 46. A microempresa e a empresa de pequeno porte titular de direitos creditórios decorrentes de empenhos liquidados por órgãos e entidades da União, Estados, Distrito Federal e Município não pagos em até 30 (trinta) dias contados da data de liquidação poderão emitir cédula de crédito microempresarial.

Parágrafo único. *Revogado*. LC nº 147, de 7-8-2014.

Art. 47. Nas contratações públicas da administração direta e indireta, autárquica e fundacional, federal, estadual e municipal, deverá ser concedido tratamento diferenciado e simplificado para as microempresas e empresas de pequeno porte objetivando a promoção do desenvolvimento econômico e social no âmbito municipal e regional, a ampliação da eficiência das políticas públicas e o incentivo à inovação tecnológica.

Parágrafo único. No que diz respeito às compras públicas, enquanto não sobrevier legislação estadual, municipal ou regulamento específico de cada órgão mais favorável à microempresa e empresa de pequeno porte, aplica-se a legislação federal.

▸ Art. 47 com a redação dada pela LC nº 147, de 7-8-2014.

▸ Arts. 48 e 49 desta Lei Complementar.

Art. 48. Para o cumprimento do disposto no art. 47 desta Lei Complementar, a administração pública:

▸ *Caput* com a redação dada pela LC nº 147, de 7-8-2014.

I – deverá realizar processo licitatório destinado exclusivamente à participação de microempresas e empresas de pequeno porte nos itens de contratação cujo valor seja de até R$ 80.000,00 (oitenta mil reais);

II – poderá, em relação aos processos licitatórios destinados à aquisição de obras e serviços, exigir dos licitantes a subcontratação de microempresa ou empresa de pequeno porte;

III – deverá estabelecer, em certames para aquisição de bens de natureza divisível, cota de até 25% (vinte e cinco por cento) do objeto para a contratação de microempresas e empresas de pequeno porte.

▸ Incisos I a III com a redação dada pela LC nº 147, de 7-8-2014.

§ 1º *Revogado*. LC nº 147, de 7-8-2014.

§ 2º Na hipótese do inciso II do *caput* deste artigo, os empenhos e pagamentos do órgão ou entidade da administração pública poderão ser destinados diretamente às microempresas e empresas de pequeno porte subcontratadas.

§ 3º Os benefícios referidos no *caput* deste artigo poderão, justificadamente, estabelecer a prioridade de contratação para as microempresas e empresas de pequeno porte sediadas local ou regionalmente, até o limite de 10% (dez por cento) do melhor preço válido.

▸ § 3º acrescido pela LC nº 147, de 7-8-2014.

Art. 49. Não se aplica o disposto nos arts. 47 e 48 desta Lei Complementar quando:

I – *Revogado*. LC nº 147, de 7-8-2014;

II – não houver um mínimo de 3 (três) fornecedores competitivos enquadrados como microempresas ou empresas de pequeno porte sediados local ou regionalmente e capazes de cumprir as exigências estabelecidas no instrumento convocatório;

III – o tratamento diferenciado e simplificado para as microempresas e empresas de pequeno porte não for vantajoso para a administração pública ou representar prejuízo ao conjunto ou complexo do objeto a ser contratado;

IV – a licitação for dispensável ou inexigível, nos termos dos arts. 24 e 25 da Lei nº 8.666, de 21 de junho de 1993, excetuando-se as dispensas tratadas pelos incisos I e II do art. 24 da mesma Lei, nas quais a compra deverá ser feita preferencialmente de microempresas e empresas de pequeno porte, aplicando-se o disposto no inciso I do art. 48.

▸ Inciso IV com a redação dada pela LC nº 147, de 7-8-2014.

▸ A Lei nº 8.666, de 21-6-1993, foi revogada pela Lei nº 14.133, de 1º-4-2021.

▸ Arts. 74 e 75 da Lei nº 14.133, de 1º-4-2021 (Nova Lei de Licitações e Contratos Administrativos).

Seção II
ACESSO AO MERCADO EXTERNO

▸ Seção II acrescida pela LC nº 147, de 7-8-2014.

Art. 49-A. A microempresa e a empresa de pequeno porte beneficiárias do SIMPLES usufruirão de regime de exportação que contemplará procedimentos simplificados de habilitação, licenciamento, despacho aduaneiro e câmbio, na forma do regulamento.

▸ *Caput* acrescido pela LC nº 147, de 7-8-2014.

▸ Dec. nº 8.870, de 5-10-2016, dispõe sobre a aplicação de procedimentos simplificados nas operações de exportação realizadas por microempresas e empresas de pequeno porte optantes pelo Simples Nacional.

Parágrafo único. As pessoas jurídicas prestadoras de serviço de logística internacional, quando contratadas pelas empresas descritas nesta Lei Complementar, estão autorizadas a realizar atividades relativas a licenciamento administrativo, despacho aduaneiro, consolidação e desconsolidação de carga e a contratar seguro, câmbio, transporte e armazenagem de mercadorias, objeto da prestação do serviço, de forma simplificada e por meio eletrônico, na forma de regulamento.

▸ Parágrafo único com a redação dada pela LC nº 155, de 27-10-2016.

Art. 49-B. VETADO. LC nº 155, de 27-10-2016.

CAPÍTULO VI
DA SIMPLIFICAÇÃO DAS RELAÇÕES DE TRABALHO

Seção I
DA SEGURANÇA E DA MEDICINA DO TRABALHO

Art. 50. As microempresas e as empresas de pequeno porte serão estimuladas pelo poder público e pelos Serviços Sociais Autônomos a formar consórcios para acesso a serviços especializados em segurança e medicina do trabalho.

▸ Artigo com a redação dada pela LC nº 127, de 14-8-2007.

Seção II
DAS OBRIGAÇÕES TRABALHISTAS

Art. 51. As microempresas e as empresas de pequeno porte são dispensadas:

▸ Arts. 52 e 53 desta Lei Complementar.

I – da afixação de Quadro de Trabalho em suas dependências;

II – da anotação das férias dos empregados nos respectivos livros ou fichas de registro;

III – de empregar e matricular seus aprendizes nos cursos dos Serviços Nacionais de Aprendizagem;

IV – da posse do livro intitulado "Inspeção do Trabalho"; e

V – de comunicar ao Ministério do Trabalho e Emprego a concessão de férias coletivas.

Art. 52. O disposto no art. 51 desta Lei Complementar não dispensa as microempresas e as empresas de pequeno porte dos seguintes procedimentos:

I – anotações na Carteira de Trabalho e Previdência Social – CTPS;

II – arquivamento dos documentos comprobatórios de cumprimento das obrigações trabalhistas e previdenciárias, enquanto não prescreverem essas obrigações;

III – apresentação da Guia de Recolhimento do Fundo de Garantia do Tempo de Serviço e Informações à Previdência Social – GFIP;

IV – apresentação das Relações Anuais de Empregados e da Relação Anual de Informações Sociais – RAIS e do Cadastro Geral de Empregados e Desempregados – CAGED.

Parágrafo único. (VETADO).

Art. 53. *Revogado*. LC nº 127, de 14-8-2007.

Seção III
DO ACESSO À JUSTIÇA DO TRABALHO

Art. 54. É facultado ao empregador de microempresa ou de empresa de pequeno porte fazer-se substituir ou representar perante a Justiça do Trabalho por terceiros que conheçam dos fatos, ainda que não possuam vínculo trabalhista ou societário.

▸ Art. 843, § 1º, da CLT.

CAPÍTULO VII
DA FISCALIZAÇÃO ORIENTADORA

Art. 55. A fiscalização, no que se refere aos aspectos trabalhista, metrológico, sanitário, ambiental, de segurança, de relações de consumo e de uso e ocupação do solo das microempresas e das empresas de pequeno porte, deverá ser prioritariamente orientadora quando a atividade ou situação, por sua natureza, comportar grau de risco compatível com esse procedimento.

▶ *Caput* com a redação dada pela LC nº 155, de 27-10-2016.

▶ Art. 8º do Dec. nº 9.405, de 11-6-2018, que dispõe sobre o tratamento diferenciado, simplificado e favorecido às microempresas e às empresas de pequeno porte, previsto no art. 122 do Estatuto da Pessoa com Deficiência.

§ 1º Será observado o critério de dupla visita para lavratura de autos de infração, salvo quando for constatada infração por falta de registro de empregado ou anotação da Carteira de Trabalho e Previdência Social – CTPS, ou, ainda, na ocorrência de reincidência, fraude, resistência ou embaraço à fiscalização.

▶ IN da SIT nº 84, de 13-7-2010, dispõe sobre a fiscalização do Fundo de Garantia do Tempo de Serviço – FGTS e das Contribuições Sociais instituídas pela LC nº 110, de 29-6-2001.

§ 2º VETADO.

§ 3º Os órgãos e entidades competentes definirão, em 12 (doze) meses, as atividades e situações cujo grau de risco seja considerado alto, as quais não se sujeitarão ao disposto neste artigo.

§ 4º O disposto neste artigo não se aplica ao processo administrativo fiscal relativo a tributos, que se dará na forma dos arts. 39 e 40 desta Lei Complementar.

§ 5º O disposto no § 1º aplica-se à lavratura de multa pelo descumprimento de obrigações acessórias relativas às matérias do *caput*, inclusive quando previsto seu cumprimento de forma unificada com matéria de outra natureza, exceto a trabalhista.

§ 6º A inobservância do critério de dupla visita implica nulidade do auto de infração lavrado sem cumprimento ao disposto neste artigo, independentemente da natureza principal ou acessória da obrigação.

§ 7º Os órgãos e entidades da administração pública federal, estadual, distrital e municipal deverão observar o princípio do tratamento diferenciado, simplificado e favorecido por ocasião da fixação de valores decorrentes de multas e demais sanções administrativas.

§ 8º A inobservância do disposto no *caput* deste artigo implica atentado aos direitos e garantias legais assegurados ao exercício profissional da atividade empresarial.

§ 9º O disposto no *caput* deste artigo não se aplica a infrações relativas à ocupação irregular da reserva de faixa não edificável, de área destinada a equipamentos urbanos, de áreas de preservação permanente e nas faixas de domínio público das rodovias, ferrovias e dutovias ou de vias e logradouros públicos.

▶ §§ 5º a 9º acrescidos pela LC nº 147, de 7-8-2014.

CAPÍTULO VIII
DO ASSOCIATIVISMO

Seção Única
DA SOCIEDADE DE PROPÓSITO ESPECÍFICO FORMADA POR MICROEMPRESAS E EMPRESAS DE PEQUENO PORTE OPTANTES PELO SIMPLES NACIONAL

▶ Denominação da Seção dada pela LC nº 128, de 19-12-2008.

Art. 56. As microempresas ou as empresas de pequeno porte poderão realizar negócios de compra e venda de bens e serviços para os mercados nacional e internacional, por meio de sociedade de propósito específico, nos termos e condições estabelecidos pelo Poder Executivo federal.

▶ *Caput* com a redação dada pela LC nº 147, de 7-8-2014.

▶ Lei nº 11.079, de 30-12-2004 (Lei de Parceria Público-Privada).

§ 1º Não poderão integrar a sociedade de que trata o *caput* deste artigo pessoas jurídicas não optantes pelo SIMPLES Nacional.

▶ § 1º com a redação dada pela LC nº 128, de 19-12-2008.

§ 2º A sociedade de propósito específico de que trata este artigo:

▶ *Caput* do § 2º com a redação dada pela LC nº 128, de 19-12-2008.

I – terá seus atos arquivados no Registro Público de Empresas Mercantis;

II – terá por finalidade realizar:

a) operações de compras para revenda às microempresas ou empresas de pequeno porte que sejam suas sócias;

b) operações de venda de bens adquiridos das microempresas e empresas de pequeno porte que sejam suas sócias para pessoas jurídicas que não sejam suas sócias;

III – poderá exercer atividades de promoção dos bens referidos na alínea *b* do inciso II deste parágrafo;

IV – apurará o imposto de renda das pessoas jurídicas com base no lucro real, devendo manter a escrituração dos livros Diário e Razão;

V – apurará a COFINS e a Contribuição para o PIS/PASEP de modo não cumulativo;

VI – exportará, exclusivamente, bens a ela destinados pelas microempresas e empresas de pequeno porte que dela façam parte;

VII – será constituída como sociedade limitada;

VIII – deverá, nas revendas às microempresas ou empresas de pequeno porte que sejam suas sócias, observar preço no mínimo igual ao das aquisições realizadas para revenda; e

IX – deverá, nas revendas de bens adquiridos de microempresas ou empresas de pequeno porte que sejam suas sócias, observar preço no mínimo igual ao das aquisições desses bens.

▶ Incisos I a IX acrescidos pela LC nº 128, de 19-12-2008.

§ 3º A aquisição de bens destinados à exportação pela sociedade de propósito específico não gera direito a créditos relativos a impostos ou contribuições abrangidos pelo SIMPLES Nacional.

§ 4º A microempresa ou a empresa de pequeno porte não poderá participar simultaneamente de mais de uma sociedade de propósito específico de que trata este artigo.

§ 5º A sociedade de propósito específico de que trata este artigo não poderá:

I – ser filial, sucursal, agência ou representação, no País, de pessoa jurídica com sede no exterior;

II – ser constituída sob a forma de cooperativas, inclusive de consumo;

III – participar do capital de outra pessoa jurídica;

IV – exercer atividade de banco comercial, de investimentos e de desenvolvimento, de caixa econômica, de sociedade de crédito, financiamento e investimento ou de crédito imobiliário, de corretora ou de distribuidora de títulos, valores mobiliários e câmbio, de empresa de arrendamento mercantil, de seguros privados e de capitalização ou de previdência complementar;

V – ser resultante ou remanescente de cisão ou qualquer outra forma de desmembramento de pessoa jurídica que tenha ocorrido em um dos 5 (cinco) anos-calendário anteriores;

VI – exercer a atividade vedada às microempresas e empresas de pequeno porte optantes pelo SIMPLES Nacional.

§ 6º A inobservância do disposto no § 4º deste artigo acarretará a responsabilidade solidária das microempresas ou empresas de pequeno porte sócias da sociedade de propósito específico de que trata este artigo na hipótese em que seus titulares, sócios ou administradores conhecessem ou devessem conhecer tal inobservância.

§ 7º O Poder Executivo regulamentará o disposto neste artigo até 31 de dezembro de 2008.

▶ §§ 3º a 7º acrescidos pela LC nº 128, de 19-12-2008.

§ 8º VETADO . LC nº 155, de 27-10-2016.

CAPÍTULO IX
DO ESTÍMULO AO CRÉDITO E À CAPITALIZAÇÃO

Seção I
DISPOSIÇÕES GERAIS

Art. 57. O Poder Executivo federal proporá, sempre que necessário, medidas no sentido de melhorar o acesso das microempresas e empresas de pequeno porte aos mercados de crédito e de capitais, objetivando a redução do custo de transação, a elevação da eficiência alocativa, o incentivo ao ambiente concorrencial e a qualidade do conjunto informacional, em especial o acesso e portabilidade das informações cadastrais relativas ao crédito.

Art. 58. Os bancos comerciais públicos e os bancos múltiplos públicos com carteira comercial, a Caixa Econômica Federal e o Banco Nacional do Desenvolvimento Econômico e Social – BNDES manterão linhas de crédito específicas para as microempresas e para as empresas de pequeno porte, vinculadas à reciprocidade social, devendo o montante disponível e suas condições de acesso ser expressos nos respectivos orçamentos e amplamente divulgados.

▶ *Caput* com a redação dada pela LC nº 155, de 27-10-2016.

§ 1º As instituições mencionadas no *caput* deste artigo deverão publicar, juntamente com os respectivos balanços, relatório circunstanciado dos recursos alocados às linhas de crédito referidas no *caput* e daqueles efetivamente utilizados, consignando, obrigatoriamente, as justificativas do desempenho alcançado.

▶ Parágrafo único transformado em § 1º e com a redação dada pela LC nº 155, de 27-10-2016.

§ 2º O acesso às linhas de crédito específicas previstas no *caput* deste artigo deverá ter tratamento simplificado e ágil, com divulgação ampla das respectivas condições e exigências.

▶ § 2º acrescido pela LC nº 147, de 7-8-2014.

§ 3º VETADO. LC nº 155, de 27-10-2016.

§ 4º O Conselho Monetário Nacional – CMN regulamentará o percentual mínimo de direcionamento dos recursos de que trata o *caput*, inclusive no tocante aos recursos de que trata a alínea b do inciso III do art. 10 da Lei nº 4.595, de 31 de dezembro de 1964.

▶ § 4º acrescido pela LC nº 155, de 27-10-2016.

Art. 58-A. Os bancos públicos e privados não poderão contabilizar, para cumprimento de metas, empréstimos realizados a pessoas físicas, ainda que sócios de empresas, como disponibilização de crédito para microempresas e empresas de pequeno porte.

▸ Artigo acrescido pela LC nº 147, de 7-8-2014.

Art. 59. As instituições referidas no *caput* do art. 58 desta Lei Complementar devem se articular com as respectivas entidades de apoio e representação das microempresas e empresas de pequeno porte, no sentido de proporcionar e desenvolver programas de treinamento, desenvolvimento gerencial e capacitação tecnológica.

Art. 60. VETADO.

Art. 60-A. Poderá ser instituído Sistema Nacional de Garantias de Crédito pelo Poder Executivo, com o objetivo de facilitar o acesso das microempresas e empresas de pequeno porte a crédito e demais serviços das instituições financeiras, o qual, na forma de regulamento, proporcionará a elas tratamento diferenciado, favorecido e simplificado, sem prejuízo de atendimento a outros públicos-alvo.

▸ Dec. nº 10.780, de 25-8-2021, institui o Sistema Nacional de Garantias de Crédito, nos termos do disposto neste artigo.

Parágrafo único. O Sistema Nacional de Garantias de Crédito integrará o Sistema Financeiro Nacional.

▸ Art. 60-A acrescido pela LC nº 127, de 14-8-2007.

Art. 60-B. Os fundos garantidores de risco de crédito empresarial que possuam participação da União na composição do seu capital atenderão, sempre que possível, as operações de crédito que envolvam microempresas e empresas de pequeno porte, definidas na forma do art. 3º desta Lei.

▸ Artigo acrescido pela LC nº 147, de 7-8-2014.

Art. 60-C. VETADO. LC nº 147, de 7-8-2014.

Art. 61. Para fins de apoio creditício às operações de comércio exterior das microempresas e das empresas de pequeno porte, serão utilizados os parâmetros de enquadramento ou outros instrumentos de alta significância para as microempresas, empresas de pequeno porte exportadoras segundo o porte de empresas, aprovados pelo Mercado Comum do Sul – MERCOSUL.

Art. 61-A. Para incentivar as atividades de inovação e os investimentos produtivos, a sociedade enquadrada como microempresa ou empresa de pequeno porte, nos termos desta Lei Complementar, poderá admitir o aporte de capital, que não integrará o capital social da empresa.

▸ *Caput* acrescido pela LC nº 155, de 27-10-2016.

§ 1º As finalidades de fomento a inovação e investimentos produtivos deverão constar do contrato de participação, com vigência não superior a sete anos.

▸ § 1º acrescido pela LC nº 155, de 27-10-2016.

§ 2º O aporte de capital poderá ser realizado por pessoa física, por pessoa jurídica ou por fundos de investimento, conforme regulamento da Comissão de Valores Mobiliários, que serão denominados investidoresanjos.

▸ § 2º com a redação dada pela LC nº 182, de 1º-6-2021.

§ 3º A atividade constitutiva do objeto social é exercida unicamente por sócios regulares, em seu nome individual e sob sua exclusiva responsabilidade.

▸ § 3º acrescido pela LC nº 155, de 27-10-2016.

§ 4º O investidor-anjo:

▸ *Caput* do § 4º acrescido pela LC nº 155, de 27-10-2016.

I – não será considerado sócio nem terá qualquer direito a gerência ou a voto na administração da empresa, resguardada a possibilidade de participação nas deliberações em caráter estritamente consultivo, conforme pactuação contratual;

▸ Inciso I com a redação dada pela LC nº 182, de 1º-6-2021.

II – não responderá por qualquer dívida da empresa, inclusive em recuperação judicial, não se aplicando a ele o art. 50 da Lei nº 10.406, de 10 de janeiro de 2002 – Código Civil;

▸ Inciso II acrescido pela LC nº 155, de 27-10-2016.

III – será remunerado por seus aportes, nos termos do contrato de participação, pelo prazo máximo de 7 (sete) anos;

▸ Inciso III com a redação dada pela LC nº 182, de 1º-6-2021.

IV – poderá exigir dos administradores as contas justificadas de sua administração e, anualmente, o inventário, o balanço patrimonial e o balanço de resultado econômico; e

V – poderá examinar, a qualquer momento, os livros, os documentos e o estado do caixa e da carteira da sociedade, exceto se houver pactuação contratual que determine época própria para isso.

▸ Incisos IV e V acrescidos pela LC nº 182, de 1º-6-2021.

§ 5º Para fins de enquadramento da sociedade como microempresa ou empresa de pequeno porte, os valores de capital aportado não são considerados receitas da sociedade.

▸ § 5º acrescido pela LC nº 155, de 27-10-2016.

§ 6º As partes contratantes poderão:

I – estipular remuneração periódica, ao final de cada período, ao investidor-anjo, conforme contrato de participação; ou

II – prever a possibilidade de conversão do aporte de capital em participação societária.

§ 7º O investidor-anjo somente poderá exercer o direito de resgate depois de decorridos, no mínimo, 2 (dois) anos do aporte de capital, ou prazo superior estabelecido no contrato de participação, e seus haveres serão pagos na forma prevista no art. 1.031 da Lei nº 10.406, de 10 de janeiro de 2002 (Código Civil), não permitido ultrapassar o valor investido devidamente corrigido por índice previsto em contrato.

▸ §§ 6º e 7º com a redação dada pela LC nº 182, de 1º-6-2021.

§ 8º O disposto no § 7º deste artigo não impede a transferência da titularidade do aporte para terceiros.

§ 9º A transferência da titularidade do aporte para terceiro alheio à sociedade dependerá do consentimento dos sócios, salvo estipulação contratual expressa em contrário.

§ 10. O Ministério da Fazenda poderá regulamentar a tributação sobre retirada do capital investido.

▸ §§ 8º a 10 acrescidos pela LC nº 155, de 27-10-2016.

Art. 61-B. A emissão e a titularidade de aportes especiais não impedem a fruição do Simples Nacional.

Art. 61-C. Caso os sócios decidam pela venda da empresa, o investidor-anjo terá direito de preferência na aquisição, bem como direito de venda conjunta da titularidade do aporte de capital, nos mesmos termos e condições que forem ofertados aos sócios regulares.

▸ Arts. 61-B e 61-C acrescidos pela LC nº 155, de 27-10-2016.

Art. 61-D. Os fundos de investimento poderão aportar capital como investidores-anjos em microempresas e em empresas de pequeno porte, conforme regulamentação da Comissão de Valores Mobiliários.

▸ Art. 61-D com a redação dada pela LC nº 182, de 1º-6-2021.

Seção I-A

DA SOCIEDADE DE GARANTIA SOLIDÁRIA E DA SOCIEDADE DE CONTRAGARANTIA

▸ Seção I-A acrescida pela LC nº 169, de 2-12-2019.

Art. 61-E. É autorizada a constituição de sociedade de garantia solidária (SGS), sob a forma de sociedade por ações, para a concessão de garantia a seus sócios participantes.

§ 1º VETADO.

§ 2º VETADO.

§ 3º Os atos da sociedade de garantia solidária serão arquivados no Registro Público de Empresas Mercantis e Atividades Afins.

§ 4º É livre a negociação, entre sócios participantes, de suas ações na respectiva sociedade de garantia solidária, respeitada a participação máxima que cada sócio pode atingir.

§ 5º Podem ser admitidos como sócios participantes os pequenos empresários, microempresários e microempreendedores e as pessoas jurídicas constituídas por esses associados.

§ 6º VETADO.

§ 7º Sem prejuízo do disposto nesta Lei Complementar, aplicam-se à sociedade de garantia solidária as disposições da lei que rege as sociedades por ações.

Art. 61-F. O contrato de garantia solidária tem por finalidade regular a concessão da garantia pela sociedade ao sócio participante, mediante o recebimento de taxa de remuneração pelo serviço prestado, devendo fixar as cláusulas necessárias ao cumprimento das obrigações do sócio beneficiário perante a sociedade.

Parágrafo único. Para a concessão da garantia, a sociedade de garantia solidária poderá exigir contragarantia por parte do sócio participante beneficiário, respeitados os princípios que orientam a existência daquele tipo de sociedade.

Art. 61-G. A sociedade de garantia solidária pode conceder garantia sobre o montante de recebíveis de seus sócios participantes que sejam objeto de securitização.

Art. 61-H. É autorizada a constituição de sociedade de contragarantia, que tem como finalidade o oferecimento de contragarantias à sociedade de garantia solidária, nos termos a serem definidos por regulamento.

Art. 61-I. A sociedade de garantia solidária e a sociedade de contragarantia integrarão o Sistema Financeiro Nacional e terão sua constituição, organização e funcionamento disciplinados pelo Conselho Monetário Nacional, observado o disposto nesta Lei Complementar.

▶ Arts. 61-E a 61-I acrescidos pela LC nº 169, de 2-12-2019.

Seção II

DAS RESPONSABILIDADES DO BANCO CENTRAL DO BRASIL

Art. 62. O Banco Central do Brasil disponibilizará dados e informações das instituições financeiras integrantes do Sistema Financeiro Nacional, inclusive por meio do Sistema de Informações de Crédito – SCR, de modo a ampliar o acesso ao crédito para microempresas e empresas de pequeno porte e fomentar a competição bancária.

▶ *Caput* com a redação dada pela LC nº 147, de 7-8-2014.

§ 1º O disposto no *caput* deste artigo alcança a disponibilização de dados e informações específicas relativas ao histórico de relacionamento bancário e creditício das microempresas e das empresas de pequeno porte, apenas aos próprios titulares.

§ 2º O Banco Central do Brasil poderá garantir o acesso simplificado, favorecido e diferenciado dos dados e informações constantes no § 1º deste artigo aos seus respectivos interessados, podendo a instituição optar por realizá-lo por meio das instituições financeiras, com as quais o próprio cliente tenha relacionamento.

Seção III

DAS CONDIÇÕES DE ACESSO AOS DEPÓSITOS ESPECIAIS DO FUNDO DE AMPARO AO TRABALHADOR – FAT

Art. 63. O CODEFAT poderá disponibilizar recursos financeiros por meio da criação de programa específico para as cooperativas de crédito de cujos quadros de cooperados participem microempreendedores, empreendedores de microempresa e empresa de pequeno porte bem como suas empresas.

Parágrafo único. Os recursos referidos no *caput* deste artigo deverão ser destinados exclusivamente às microempresas e empresas de pequeno porte.

▶ Lei nº 7.998, de 11-1-1990 (Lei do Seguro-Desemprego).

Seção IV. VETADA. LC nº 155, de 27-10-2016.

CAPÍTULO X

DO ESTÍMULO À INOVAÇÃO

Seção I

DISPOSIÇÕES GERAIS

Art. 64. Para os efeitos desta Lei Complementar considera-se:

I – inovação: a concepção de um novo produto ou processo de fabricação, bem como a agregação de novas funcionalidades ou características ao produto ou processo que implique melhorias incrementais e efetivo ganho de qualidade ou produtividade, resultando em maior competitividade no mercado;

II – agência de fomento: órgão ou instituição de natureza pública ou privada que tenha entre os seus objetivos o financiamento de ações que visem a estimular e promover o desenvolvimento da ciência, da tecnologia e da inovação;

III – Instituição Científica e Tecnológica – ICT: órgão ou entidade da administração pública que tenha por missão institucional, dentre outras, executar atividades de pesquisa básica ou aplicada de caráter científico ou tecnológico;

IV – núcleo de inovação tecnológica: núcleo ou órgão constituído por uma ou mais ICT com a finalidade de gerir sua política de inovação;

V – instituição de apoio: instituições criadas sob o amparo da Lei nº 8.958, de 20 de dezembro de 1994, com a finalidade de dar apoio a projetos de pesquisa, ensino e extensão e de desenvolvimento institucional, científico e tecnológico;

▶ Lei nº 8.958, de 20-12-1994, dispõe sobre as relações entre as instituições federais de ensino superior e de pesquisa científica e tecnológica e as fundações de apoio.

VI – instrumentos de apoio tecnológico para a inovação: qualquer serviço disponibilizado presencialmente ou na internet que possibilite acesso a informações, orientações, bancos de dados de soluções de informações, respostas técnicas, pesquisas e atividades de apoio complementar desenvolvidas pelas instituições previstas nos incisos II a V deste artigo.

▶ Inciso VI acrescido pela LC nº 147, de 7-8-2014.

Seção II

DO APOIO À INOVAÇÃO E DO INOVA SIMPLES DA EMPRESA SIMPLES DE INOVAÇÃO

▶ Seção II com a denominação dada pela LC nº 167, de 24-4-2019.

Art. 65. A União, os Estados, o Distrito Federal e os Municípios, e as respectivas agências de fomento, as ICT, os núcleos de inovação tecnológica e as instituições de apoio manterão programas específicos para as microempresas e para as empresas de pequeno porte, inclusive quando estas revestirem a forma de incubadoras, observando-se o seguinte:

I – as condições de acesso serão diferenciadas, favorecidas e simplificadas;

II – o montante disponível e suas condições de acesso deverão ser expressos nos respectivos orçamentos e amplamente divulgados.

§ 1º As instituições deverão publicar, juntamente com as respectivas prestações de contas, relatório circunstanciado das estratégias para maximização da participação do segmento, assim como dos recursos alocados às ações referidas no *caput* deste artigo e aqueles efetivamente utilizados, consignando, obrigatoriamente, as justificativas do desempenho alcançado no período.

§ 2º As pessoas jurídicas referidas no *caput* deste artigo terão por meta a aplicação de, no mínimo, 20% (vinte por cento) dos recursos destinados à inovação para o desenvolvimento de tal atividade nas microempresas ou nas empresas de pequeno porte.

§ 3º Os órgãos e entidades integrantes da administração pública federal, estadual e municipal atuantes em pesquisa, desenvolvimento ou capacitação tecnológica terão por meta efetivar suas aplicações, no percentual mínimo fixado neste artigo, em programas e projetos de apoio às microempresas ou às empresas de pequeno porte, transmitindo ao Ministério da Ciência, Tecnologia e Inovação, no primeiro trimestre de cada ano, informação relativa aos valores alocados e a respectiva relação percentual em relação ao total dos recursos destinados para esse fim.

▶ § 3º com a redação dada pela LC nº 147, de 7-8-2014.

§ 4º Ficam autorizados a reduzir a 0 (zero) as alíquotas dos impostos e contribuições a seguir indicados, incidentes na aquisição, ou importação, de equipamentos, máquinas, aparelhos, instrumentos, acessórios, sobressalentes e ferramentas que os acompanhem, na forma definida em regulamento, quando adquiridos, ou importados, diretamente por microempresas ou empresas de pequeno porte para incorporação ao seu ativo imobilizado:

▶ *Caput* do § 4º com a redação dada pela LC nº 128, de 19-12-2008.

I – *a União, em relação ao IPI;*

▶ Inciso I com a redação dada pela LC nº 214, de 16-1-2025.

II – os Estados e o Distrito Federal, em relação ao ICMS.

▶ Inciso II acrescido pela LC nº 128, de 19-12-2008.

▶ Este inciso estará revogado pela LC nº 214, de 16-1-2025, a partir de 1º-1-2033.

§ 5º A microempresa ou empresa de pequeno porte, adquirente de bens com o benefício previsto no § 4º deste artigo, fica obrigada, nas hipóteses previstas em regulamento, a recolher os impostos e contribuições que deixaram de ser pagos, acrescidos de juros e multa, de mora ou de ofício, contados a partir da data da aquisição, no mercado interno, ou do registro da declaração de importação – DI, calculados na forma da legislação que rege a cobrança do tributo não pago.

▶ § 5º acrescido pela LC nº 128, de 19-12-2008.

§ 6º Para efeito da execução do orçamento previsto neste artigo, os órgãos e instituições poderão alocar os recursos destinados à criação e ao custeio de ambientes de inovação, incluindo incubadoras, parques e centros vocacionais tecnológicos, laboratórios metrológicos, de ensaio, de pesquisa ou apoio ao treinamento, bem como custeio de bolsas de extensão e remuneração de professores, pesquisadores e agentes envolvidos nas atividades de apoio tecnológico complementar.

▶ § 6º acrescido pela LC nº 147, de 7-8-2014.

Art. 65-A. Fica criado o Inova SIMPLES, regime especial simplificado que concede às iniciativas empresariais de caráter incremental ou disruptivo que se autodeclarem como empresas de inovação tratamento diferenciado com vistas a estimular sua criação, formalização, desenvolvimento e consolidação como agentes indutores de avanços tecnológicos e da geração de emprego e renda.

▶ *Caput* do art. 65-A com a redação dada pela LC nº 182, de 1º-6-2021.

§§ 1º e 2º *Revogados*. LC nº 182, de 1º-6-2021.

§ 3º O tratamento diferenciado a que se refere o *caput* deste artigo consiste na fixação de rito sumário para abertura e fechamento de empresas sob o regime do Inova SIMPLES, que se dará de forma simplificada e automática, no mesmo ambiente digital do portal da Rede Nacional para a Simplificação do Registro e da Legalização de Empresas e Negócios (REDESIM), em sítio eletrônico oficial do governo federal, por meio da utilização de formulário digital próprio, disponível em janela ou ícone intitulado Inova SIMPLES.

▶ § 3º acrescido pela LC nº 167, de 24-4-2019.

§ 4º Os titulares de empresa submetida ao regime do Inova SIMPLES preencherão cadastro básico com as seguintes informações:

▶ *Caput* do § 4º acrescido pela LC nº 167, de 24-4-2019.

LEGISLAÇÃO COMPLEMENTAR

I – qualificação civil, domicílio e CPF;

▸ Inciso I acrescido pela LC nº 167, de 24-4-2019.

II – descrição do escopo da intenção empresarial inovadora, que utilize modelos de negócios inovadores para a geração de produtos ou serviços, e definição do nome empresarial, que conterá a expressão "Inova SIMPLES (IS)";

▸ Inciso II com a redação dada pela LC nº 182, de 1º-6-2021.

III – autodeclaração, sob as penas da lei, de que o funcionamento da empresa submetida ao regime do Inova SIMPLES não produzirá poluição, barulho e aglomeração de tráfego de veículos, para fins de caracterizar baixo grau de risco, nos termos do § 4º do art. 6º desta Lei Complementar;

IV – definição do local da sede, que poderá ser comercial, residencial ou de uso misto, sempre que não proibido pela legislação municipal ou distrital, admitindo-se a possibilidade de sua instalação em locais onde funcionam parques tecnológicos, instituições de ensino, empresas juniores, incubadoras, aceleradoras e espaços compartilhados de trabalho na forma de *coworking*; e

V – em caráter facultativo, a existência de apoio ou validação de instituto técnico, científico ou acadêmico, público ou privado, bem como de incubadoras, aceleradoras e instituições de ensino, nos parques tecnológicos e afins.

▸ Incisos III a V acrescidos pela LC nº 167, de 24-4-2019.

§ 5º Realizado o correto preenchimento das informações, será gerado automaticamente número de CNPJ específico, em nome da denominação da empresa Inova SIMPLES, em código próprio Inova SIMPLES.

§ 6º A empresa submetida ao regime do Inova SIMPLES constituída na forma deste artigo deverá abrir, imediatamente, conta bancária de pessoa jurídica, para fins de captação e integralização de capital, proveniente de aporte próprio de seus titulares ou de investidor domiciliado no exterior, de linha de crédito público ou privado e de outras fontes previstas em lei.

▸ §§ 5º e 6º acrescidos pela LC nº 167, de 24-4-2019.

§ 7º No portal da REDESIM, no espaço destinado ao preenchimento de dados do Inova SIMPLES, será disponibilizado ícone que direcionará a ambiente virtual do Instituto Nacional da Propriedade Industrial (INPI), do qual constarão orientações para o depósito de pedido de patente ou de registro de marca.

§ 8º O exame dos pedidos de patente ou de registro de marca, nos termos deste artigo, que tenham sido depositados por empresas participantes do Inova SIMPLES será realizado em caráter prioritário.

▸ §§ 7º e 8º com a redação dada pela LC nº 182, de 1º-6-2021.

§ 9º *Revogado*. LC nº 182, de 1º-6-2021.

§ 10. É permitida a comercialização experimental do serviço ou produto até o limite fixado para o MEI nesta Lei Complementar.

§ 11. Na eventualidade de não lograr êxito no desenvolvimento do escopo pretendido, a baixa do CNPJ será automática, mediante procedimento de autodeclaração no portal da REDESIM.

§ 12. VETADO. LC nº 167, de 24-4-2019.

§ 13. O disposto neste artigo será regulamentado pelo Comitê Gestor do SIMPLES Nacional.

▸ §§ 10 a 13 acrescidos pela LC nº 167, de 24-4-2019.

Art. 66. No primeiro trimestre do ano subsequente, os órgãos e entidades a que alude o art. 67 desta Lei Complementar transmitirão ao Ministério da Ciência e Tecnologia relatório circunstanciado dos projetos realizados, compreendendo a análise do desempenho alcançado.

Art. 67. Os órgãos congêneres ao Ministério da Ciência e Tecnologia estaduais e municipais deverão elaborar e divulgar relatório anual indicando o valor dos recursos recebidos, inclusive por transferência de terceiros, que foram aplicados diretamente ou por organizações vinculadas, por Fundos Setoriais e outros, no segmento das microempresas e empresas de pequeno porte, retratando e avaliando os resultados obtidos e indicando as previsões de ações e metas para ampliação de sua participação no exercício seguinte.

Seção III – DO APOIO À CERTIFICAÇÃO

▸ Seção III acrescida pela LC nº 155, de 27-10-2016.

Art. 67-A. O órgão competente do Poder Executivo disponibilizará na internet informações sobre certificação de qualidade de produtos e processos para microempresas e empresas de pequeno porte.

Parágrafo único. Os órgãos da administração direta e indireta e as entidades certificadoras privadas, responsáveis pela criação, regulação e gestão de processos de certificação de qualidade de produtos e processos, deverão, sempre que solicitados, disponibilizar ao órgão competente do Poder Executivo informações referentes a procedimentos e normas aplicáveis aos processos de certificação em seu escopo de atuação.

▸ Art. 67-A acrescido pela LC nº 155, de 27-10-2016.

CAPÍTULO XI – DAS REGRAS CIVIS E EMPRESARIAIS

Seção I – DAS REGRAS CIVIS

Subseção I – DO PEQUENO EMPRESÁRIO

Art. 68. Considera-se pequeno empresário, para efeito de aplicação do disposto nos arts. 970 e 1.179 da Lei nº 10.406, de 10 de janeiro de 2002 (Código Civil), o empresário individual caracterizado como microempresa na forma desta Lei Complementar que aufira receita bruta anual até o limite previsto no § 1º do art. 18-A.

▸ Artigo com a redação dada pela LC nº 139, de 10-11-2011.

Subseção II – VETADO.

Art. 69. VETADO.

Seção II – DAS DELIBERAÇÕES SOCIAIS E DA ESTRUTURA ORGANIZACIONAL

Art. 70. As microempresas e as empresas de pequeno porte são desobrigadas da realização de reuniões e assembleias em qualquer das situações previstas na legislação civil, as quais serão substituídas por deliberação representativa do primeiro número inteiro superior à metade do capital social.

§ 1º O disposto no *caput* deste artigo não se aplica caso haja disposição contratual em contrário, caso ocorra hipótese de justa causa que enseje a exclusão de sócio ou caso um ou mais sócios ponham em risco a continuidade da empresa em virtude de atos de inegável gravidade.

§ 2º Nos casos referidos no § 1º deste artigo, realizar-se-á reunião ou assembleia de acordo com a legislação civil.

Art. 71. Os empresários e as sociedades de que trata esta Lei Complementar, nos termos da legislação civil, ficam dispensados da publicação de qualquer ato societário.

Seção III – DO NOME EMPRESARIAL

▸ Arts. 1.155 a 1.168 do CC.

Art. 72. *Revogado*. LC nº 155, de 27-10-2016.

Seção IV – DO PROTESTO DE TÍTULOS

▸ Lei nº 9.492, de 10-9-1997 (Lei do Protesto de Títulos).

Art. 73. O protesto de título, quando o devedor for microempresário ou empresa de pequeno porte, é sujeito às seguintes condições:

I – sobre os emolumentos do tabelião não incidirão quaisquer acréscimos a título de taxas, custas e contribuições para o Estado ou Distrito Federal, carteira de previdência, fundo de custeio de atos gratuitos, fundos especiais do Tribunal de Justiça, bem como de associação de classe, criados ou que venham a ser criados sob qualquer título ou denominação, ressalvada a cobrança do devedor das despesas de correio, condução e publicação de edital para realização da intimação;

II – para o pagamento do título em cartório, não poderá ser exigido cheque de emissão de estabelecimento bancário, mas, feito o pagamento por meio de cheque, de emissão de estabelecimento bancário ou não, a quitação dada pelo tabelionato de protesto será condicionada à efetiva liquidação do cheque;

III – o cancelamento do registro de protesto, fundado no pagamento do título, será feito independentemente de declaração de anuência do credor, salvo no caso de impossibilidade de apresentação do original protestado;

IV – para os fins do disposto no *caput* e nos incisos I, II e III do *caput* deste artigo, o devedor deverá provar sua qualidade de microempresa ou de empresa de pequeno porte perante o tabelionato de protestos de títulos, mediante documento expedido pela Junta Comercial ou pelo Registro Civil das Pessoas Jurídicas, conforme o caso;

V – quando o pagamento do título ocorrer com cheque sem a devida provisão de fundos, serão automaticamente suspensos pelos cartórios de protesto, pelo prazo de 1 (um) ano, todos os benefícios previstos para o devedor neste artigo, independentemente da lavratura e registro do respectivo protesto.

Art. 73-A. São vedadas cláusulas contratuais relativas à limitação da emissão ou circulação de títulos de crédito ou direitos creditórios originados de operações de compra e venda de produtos e serviços por microempresas e empresas de pequeno porte.

▸ Artigo acrescido pela LC nº 147, de 7-8-2014.

CAPÍTULO XII
DO ACESSO À JUSTIÇA

Seção I
DO ACESSO AOS JUIZADOS ESPECIAIS

Art. 74. Aplica-se às microempresas e às empresas de pequeno porte de que trata esta Lei Complementar o disposto no § 1º do art. 8º da Lei nº 9.099, de 26 de setembro de 1995, e no inciso I do *caput* do art. 6º da Lei nº 10.259, de 12 de julho de 2001, as quais, assim como as pessoas físicas capazes, passam a ser admitidas como proponentes de ação perante o Juizado Especial, excluídos os cessionários de direito de pessoas jurídicas.

- Lei nº 9.099, de 26-9-1995 (Lei dos Juizados Especiais).
- Lei nº 10.259, de 12-7-2001 (Lei dos Juizados Especiais Federais).

Art. 74-A. O Poder Judiciário, especialmente por meio do Conselho Nacional de Justiça – CNJ, e o Ministério da Justiça implementarão medidas para disseminar o tratamento diferenciado e favorecido às microempresas e empresas de pequeno porte em suas respectivas áreas de competência.

- Artigo acrescido pela LC nº 147, de 7-8-2014.

Seção II
DA CONCILIAÇÃO PRÉVIA, MEDIAÇÃO E ARBITRAGEM

- Lei nº 9.307, de 23-9-1996 (Lei da Arbitragem).

Art. 75. As microempresas e empresas de pequeno porte deverão ser estimuladas a utilizar os institutos de conciliação prévia, mediação e arbitragem para solução dos seus conflitos.

§ 1º Serão reconhecidos de pleno direito os acordos celebrados no âmbito das comissões de conciliação prévia.

- Arts. 625-A a 625-H da CLT.

§ 2º O estímulo a que se refere o *caput* deste artigo compreenderá campanhas de divulgação, serviços de esclarecimento e tratamento diferenciado, simplificado e favorecido no tocante aos custos administrativos e honorários cobrados.

Seção III
DAS PARCERIAS

- Seção acrescida pela LC nº 128, de 19-12-2008.

Art. 75-A. Para fazer face às demandas originárias do estímulo previsto nos arts. 74 e 75 desta Lei Complementar, entidades privadas, públicas, inclusive o Poder Judiciário, poderão firmar parcerias entre si, objetivando a instalação ou utilização de ambientes propícios para a realização dos procedimentos inerentes a busca da solução de conflitos.

- Artigo acrescido pela LC nº 128, de 19-12-2008.

Art. 75-B. VETADO. LC nº 155, de 27-10-2016.

CAPÍTULO XIII
DO APOIO E DA REPRESENTAÇÃO

Art. 76. Para o cumprimento do disposto nesta Lei Complementar, bem como para desenvolver e acompanhar políticas públicas voltadas às microempresas e empresas de pequeno porte, o poder público, em consonância com o Fórum Permanente das Microempresas e Empresas de Pequeno Porte, sob a coordenação da Secretaria da Micro e Pequena Empresa da Presidência da República, deverá incentivar e apoiar a criação de fóruns com participação dos órgãos públicos competentes e das entidades vinculadas ao setor.

- Art. 2º, II, desta Lei Complementar.

Parágrafo único. A Secretaria da Micro e Pequena Empresa da Presidência da República coordenará com as entidades representativas das microempresas e empresas de pequeno porte a implementação dos fóruns regionais nas unidades da federação.

- Art. 76 com a redação dada pela Lei nº 12.792, de 28-3-2013.

Art. 76-A. As instituições de representação e apoio empresarial deverão promover programas de sensibilização, de informação, de orientação e apoio, de educação fiscal, de regularidade dos contratos de trabalho e de adoção de sistemas informatizados e eletrônicos, como forma de estímulo à formalização de empreendimentos, de negócios e empregos, à ampliação da competitividade e à disseminação do associativismo entre as microempresas, os microempreendedores individuais, as empresas de pequeno porte e equiparados.

- Artigo acrescido pela LC nº 147, de 7-8-2014.

CAPÍTULO XIV
DISPOSIÇÕES FINAIS E TRANSITÓRIAS

Art. 77. Promulgada esta Lei Complementar, o Comitê Gestor expedirá, em 30 (trinta) meses, as instruções que se fizerem necessárias à sua execução.

- *Caput* com a redação dada pela LC nº 128, de 19-12-2008.

§ 1º O Ministério do Trabalho e Emprego, a Secretaria da Receita Federal, a Secretaria da Receita Previdenciária, os Estados, o Distrito Federal e os Municípios deverão editar, em 1 (um) ano, as leis e demais atos necessários para assegurar o pronto e imediato tratamento jurídico diferenciado, simplificado e favorecido às microempresas e às empresas de pequeno porte.

§ 2º A administração direta e indireta federal, estadual e municipal e as entidades paraestatais acordarão, no prazo previsto no § 1º deste artigo, as providências necessárias à adaptação dos respectivos atos normativos ao disposto nesta Lei Complementar.

- § 2º com a redação dada pela LC nº 128, de 19-12-2008.

§ 3º VETADO.

§ 4º O Comitê Gestor regulamentará o disposto no inciso I do § 6º do art. 13 desta Lei Complementar até 31 de dezembro de 2008.

§ 5º A partir de 1º de janeiro de 2009, perderão eficácia as substituições tributárias que não atenderem à disciplina estabelecida na forma do § 4º deste artigo.

§ 6º O Comitê de que trata o inciso III do *caput* do art. 2º desta Lei Complementar expedirá, até 31 de dezembro de 2009, as instruções que se fizerem necessárias relativas a sua competência.

- §§ 4º a 6º acrescidos pela LC nº 128, de 19-12-2008.

Art. 78. *Revogado*. LC nº 128, de 19-12-2008.

Art. 79. Será concedido, para ingresso no SIMPLES Nacional, parcelamento, em até 100 (cem) parcelas mensais e sucessivas, dos débitos com o Instituto Nacional do Seguro Social – INSS, ou com as Fazendas Públicas federal, estadual ou municipal, de responsabilidade da microempresa ou empresa de pequeno porte e de seu titular ou sócio, com vencimento até 30 de junho de 2008.

- *Caput* com a redação dada pela LC nº 128, de 19-12-2008.
- Art. 3º, III, do Dec. nº 6.038, de 7-2-2007, que institui o Comitê Gestor do Simples Nacional – CGSN.

§ 1º O valor mínimo da parcela mensal será de R$ 100,00 (cem reais), considerados isoladamente os débitos para com a Fazenda Nacional, para com a Seguridade Social, para com a Fazenda dos Estados, dos Municípios ou do Distrito Federal.

§ 2º Esse parcelamento alcança inclusive débitos inscritos em dívida ativa.

§ 3º O parcelamento será requerido à respectiva Fazenda para com a qual o sujeito passivo esteja em débito.

§ 3º-A. O parcelamento deverá ser requerido no prazo estabelecido em regulamentação do Comitê Gestor.

- § 3º-A acrescido pela LC nº 128, de 19-12-2008.

§ 4º Aplicam-se ao disposto neste artigo as demais regras vigentes para parcelamento de tributos e contribuições federais, na forma regulamentada pelo Comitê Gestor.

§§ 5º a 8º VETADOS. LC nº 127, de 14-8-2007.

§ 9º O parcelamento de que trata o *caput* deste artigo não se aplica na hipótese de reingresso de microempresa ou empresa de pequeno porte no SIMPLES Nacional.

- § 9º acrescido pela LC nº 128, de 19-12-2008.

Art. 79-A. VETADO. LC nº 127, de 14-8-2007.

Art. 79-B. Excepcionalmente para os fatos geradores ocorridos em julho de 2007, os tributos apurados na forma dos arts. 18 a 20 desta Lei Complementar deverão ser pagos até o último dia útil de agosto de 2007.

- Artigo acrescido pela LC nº 127, de 14-8-2007.

Art. 79-C. A microempresa e a empresa de pequeno porte que, em 30 de junho de 2007, se enquadravam no regime previsto na Lei nº 9.317, de 5 de dezembro de 1996, e que não ingressaram no regime previsto no art. 12 desta Lei Complementar sujeitar-se-ão, a partir de 1º de julho de 2007, às normas de tributação aplicáveis às demais pessoas jurídicas.

§ 1º Para efeito do disposto no *caput* deste artigo, o sujeito passivo poderá optar pelo recolhimento do Imposto sobre a Renda da Pessoa Jurídica – IRPJ e da Contribuição Social sobre o Lucro Líquido – CSLL na forma do lucro real, trimestral ou anual, ou do lucro presumido.

§ 2º A opção pela tributação com base no lucro presumido dar-se-á pelo pagamento, no vencimento, do IRPJ e da CSLL devidos, correspondente ao 3º (terceiro) trimestre de 2007 e, no caso do lucro real anual, com o pagamento do IRPJ e da CSLL relativos ao mês de julho de 2007 com base na estimativa mensal.

- Art. 79-C acrescido pela LC nº 127, de 14-8-2007.

Art. 79-D. Excepcionalmente, para os fatos geradores ocorridos entre 1º de julho de 2007 e 31 de dezembro de 2008, as pessoas jurídicas que exerçam atividade sujeita simultaneamente à incidência do IPI e do ISS deverão recolher o ISS diretamente ao Município em que este imposto é devido até o último dia útil de fevereiro de 2009, aplicando-se, até esta data, o disposto no parágrafo único do art. 100 da

Lei nº 5.172, de 25 de outubro de 1966 – Código Tributário Nacional – CTN.

▸ Artigo acrescido pela LC nº 128, de 19-12-2008.

Art. 79-E. A empresa de pequeno porte optante pelo Simples Nacional em 31 de dezembro de 2017 que durante o ano-calendário de 2017 auferir receita bruta total anual entre R$ 3.600.000,01 (três milhões, seiscentos mil reais e um centavo) e R$ 4.800.000,00 (quatro milhões e oitocentos mil reais) continuará automaticamente incluída no Simples Nacional com efeitos a partir de 1º de janeiro de 2018, ressalvado o direito de exclusão por comunicação da optante.

▸ Art. 79-E com a redação dada pela LC nº 155, de 27-10-2016.

Art. 80. O art. 21 da Lei nº 8.212, de 24 de julho de 1991, fica acrescido dos seguintes §§ 2º e 3º, passando o parágrafo único a vigorar como § 1º:

▸ Alterações inseridas no texto da referida Lei.

▸ Lei nº 12.470, de 31-8-2011, deu nova redação aos §§ 2º e 3º do art. 21 da Lei nº 8.212, de 24-7-1991.

Art. 81. O art. 45 da Lei nº 8.212, de 24 de julho de 1991, passa a vigorar com as seguintes alterações:

▸ O art. 45 foi revogado pela LC nº 128, de 19-12-2008.

Art. 82. A Lei nº 8.213, de 24 de julho de 1991, passa a vigorar com as seguintes alterações:

▸ Alterações inseridas no texto da referida Lei.

Art. 83. O art. 94 da Lei nº 8.213, de 24 de julho de 1991, fica acrescido do seguinte § 2º, passando o parágrafo único a vigorar como § 1º:

▸ Alteração inserida no texto da referida Lei.

Art. 84. O art. 58 da Consolidação das Leis do Trabalho – CLT, aprovada pelo Decreto-Lei nº 5.452, de 1º de maio de 1943, passa a vigorar acrescido do seguinte § 3º:

▸ Alteração inserida no texto da CLT.

Art. 85. VETADO.

Art. 85-A. Caberá ao Poder Público Municipal designar Agente de Desenvolvimento para a efetivação do disposto nesta Lei Complementar, observadas as especificidades locais.

▸ *Caput* acrescido pela LC nº 128, de 19-12-2008.

§ 1º A função de Agente de Desenvolvimento caracteriza-se pelo exercício de articulação das ações públicas para a promoção do desenvolvimento local e territorial, mediante ações locais ou comunitárias, individuais ou coletivas, que visem ao cumprimento das disposições e diretrizes contidas nesta Lei Complementar, sob supervisão do órgão gestor local responsável pelas políticas de desenvolvimento.

▸ § 1º acrescido pela LC nº 128, de 19-12-2008.

§ 2º O Agente de Desenvolvimento deverá preencher os seguintes requisitos:

▸ *Caput* do § 2º acrescido pela LC nº 128, de 19-12-2008.

I – residir na área da comunidade em que atuar;

II – haver concluído, com aproveitamento, curso de qualificação básica para a formação de Agente de Desenvolvimento; e

▸ Incisos I e II acrescidos pela LC nº 128, de 19-12-2008.

III – possuir formação ou experiência compatível com a função a ser exercida;

▸ Inciso III com a redação dada pela LC nº 147, de 7-8-2014.

IV – ser preferencialmente servidor efetivo do Município.

▸ Inciso IV acrescido pela LC nº 147, de 7-8-2014.

§ 3º A Secretaria da Micro e Pequena Empresa da Presidência da República juntamente com as entidades municipalistas e de apoio e representação empresarial prestarão suporte aos referidos agentes na forma de capacitação, estudos e pesquisas, publicações, promoção de intercâmbio de informações e experiências.

▸ § 3º com a redação dada pela Lei nº 12.792, de 28-3-2013.

Art. 86. As matérias tratadas nesta Lei Complementar que não sejam reservadas constitucionalmente a lei complementar poderão ser objeto de alteração por lei ordinária.

Art. 87. O § 1º do art. 3º da Lei Complementar nº 63, de 11 de janeiro de 1990, passa a vigorar com a seguinte redação:

▸ Alterações inseridas no texto da referida Lei Complementar.

Art. 87-A. Os Poderes Executivos da União, Estados, Distrito Federal e Municípios expedirão, anualmente, até o dia 30 de novembro, cada um, em seus respectivos âmbitos de competência, decretos de consolidação da regulamentação aplicável relativamente às microempresas e empresas de pequeno porte.

▸ Artigo acrescido pela LC nº 147, de 7-8-2014.

Art. 87-B. *Para os efeitos da opção de que trata o § 2º do art. 16, para o ano-calendário de 2027, a opção de que trata o caput do art. 16 será exercida no mês de setembro de 2026.*

▸ Art. 87-B acrescido pela LC nº 214, de 16-1-2025.

Art. 88. Esta Lei Complementar entra em vigor na data de sua publicação, ressalvado o regime de tributação das microempresas e empresas de pequeno porte, que entra em vigor em 1º de julho de 2007.

Art. 89. Ficam revogadas, a partir de 1º de julho de 2007, a Lei nº 9.317, de 5 de dezembro de 1996, e a Lei nº 9.841, de 5 de outubro de 1999.

Brasília, 14 de dezembro de 2006;
185º da Independência e
118º da República.

Luiz Inácio Lula da Silva

▸ A LC nº 214, de 16-1-2025, dá nova redação aos Anexos I a IV e acrescenta o Anexo VI, produzindo efeitos a partir de 1º-1-2027. Disponibilizamos estes Anexos no *QR Code* ao lado.

ANEXO I

ALÍQUOTAS E PARTILHA DO SIMPLES NACIONAL – COMÉRCIO

▸ Anexo I com a redação dada pela LC nº 155, de 27-10-2016.

	Receita Bruta em 12 Meses (em R$)	Alíquota	Valor a Deduzir (em R$)
1ª Faixa	Até 180.000,00	4,00%	–
2ª Faixa	De 180.000,01 a 360.000,00	7,30%	5.940,00
3ª Faixa	De 360.000,01 a 720.000,00	9,50%	13.860,00
4ª Faixa	De 720.000,01 a 1.800.000,00	10,70%	22.500,00
5ª Faixa	De 1.800.000,01 a 3.600.000,00	14,30%	87.300,00
6ª Faixa	De 3.600.000,01 a 4.800.000,00	19,00%	378.000,00

Faixas	Percentual de Repartição dos Tributos					
	IRPJ	CSLL	COFINS	PIS/PASEP	CPP	ICMS
1ª Faixa	5,50%	3,50%	12,74%	2,76%	41,50%	34,00%
2ª Faixa	5,50%	3,50%	12,74%	2,76%	41,50%	34,00%
3ª Faixa	5,50%	3,50%	12,74%	2,76%	42,00%	33,50%
4ª Faixa	5,50%	3,50%	12,74%	2,76%	42,00%	33,50%
5ª Faixa	5,50%	3,50%	12,74%	2,76%	42,00%	33,50%
6ª Faixa	13,50%	10,00%	28,27%	6,13%	42,10%	–

ANEXO II

ALÍQUOTAS E PARTILHA DO SIMPLES NACIONAL – INDÚSTRIA

▸ Anexo II com a redação dada pela LC nº 155, de 27-10-2016.

	Receita Bruta em 12 Meses (em R$)	Alíquota	Valor a Deduzir (em R$)
1ª Faixa	Até 180.000,00	4,50%	–
2ª Faixa	De 180.000,01 a 360.000,00	7,80%	5.940,00
3ª Faixa	De 360.000,01 a 720.000,00	10,00%	13.860,00
4ª Faixa	De 720.000,01 a 1.800.000,00	11,20%	22.500,00
5ª Faixa	De 1.800.000,01 a 3.600.000,00	14,70%	85.500,00
6ª Faixa	De 3.600.000,01 a 4.800.000,00	30,00%	720.000,00

Faixas	Percentual de Repartição dos Tributos						
	IRPJ	CSLL	COFINS	PIS/PASEP	CPP	IPI	ICMS
1ª Faixa	5,50%	3,50%	11,51%	2,49%	37,50%	7,50%	32,00%
2ª Faixa	5,50%	3,50%	11,51%	2,49%	37,50%	7,50%	32,00%
3ª Faixa	5,50%	3,50%	11,51%	2,49%	37,50%	7,50%	32,00%
4ª Faixa	5,50%	3,50%	11,51%	2,49%	37,50%	7,50%	32,00%
5ª Faixa	5,50%	3,50%	11,51%	2,49%	37,50%	7,50%	32,00%
6ª Faixa	8,50%	7,50%	20,96%	4,54%	23,50%	35,00%	–

ANEXO III

ALÍQUOTAS E PARTILHA DO SIMPLES NACIONAL – RECEITAS DE LOCAÇÃO DE BENS MÓVEIS E DE PRESTAÇÃO DE SERVIÇOS NÃO RELACIONADOS NO § 5º-C DO ART. 18 DESTA LEI COMPLEMENTAR

▸ Anexo III com a redação dada pela LC nº 155, de 27-10-2016.

	Receita Bruta em 12 Meses (em R$)	Alíquota	Valor a Deduzir (em R$)
1ª Faixa	Até 180.000,00	6,00%	–
2ª Faixa	De 180.000,01 a 360.000,00	11,20%	9.360,00
3ª Faixa	De 360.000,01 a 720.000,00	13,50%	17.640,00
4ª Faixa	De 720.000,01 a 1.800.000,00	16,00%	35.640,00
5ª Faixa	De 1.800.000,01 a 3.600.000,00	21,00%	125.640,00
6ª Faixa	De 3.600.000,01 a 4.800.000,00	33,00%	648.000,00

Faixas	Percentual de Repartição dos Tributos					
	IRPJ	CSLL	COFINS	PIS/PASEP	CPP	ISS (*)
1ª Faixa	4,00%	3,50%	12,82%	2,78%	43,40%	33,50%
2ª Faixa	4,00%	3,50%	14,05%	3,05%	43,40%	32,00%
3ª Faixa	4,00%	3,50%	13,64%	2,96%	43,40%	32,50%
4ª Faixa	4,00%	3,50%	13,64%	2,96%	43,40%	32,50%
5ª Faixa	4,00%	3,50%	12,82%	2,78%	43,40%	33,50% (*)
6ª Faixa	35,00%	15,00%	16,03%	3,47%	30,50%	–

(*) O percentual efetivo máximo devido ao ISS será de 5%, transferindo-se a diferença, de forma proporcional, aos tributos federais da mesma faixa de receita bruta anual. Sendo assim, na 5ª faixa, quando a alíquota efetiva for superior a 14,92537%, a repartição será:

	IRPJ	CSLL	COFINS	PIS/PASEP	CPP	ISS
5ª Faixa, com alíquota efetiva superior a 14,92537%	(Alíquota efetiva –5%) x 6,02%	(Alíquota efetiva –5%) x 5,26%	(Alíquota efetiva – 5%) x 19,28%	(Alíquota efetiva – 5%) x 4,18%	(Alíquota efetiva – 5%) x 65,26%	Percentual de ISS fixo em 5%

ANEXO IV

ALÍQUOTAS E PARTILHA DO SIMPLES NACIONAL – RECEITAS DECORRENTES DA PRESTAÇÃO DE SERVIÇOS RELACIONADOS NO § 5º-C DO ART. 18 DESTA LEI COMPLEMENTAR

▸ Anexo IV com a redação dada pela LC nº 155, de 27-10-2016.

	Receita Bruta em 12 Meses (em R$)	Alíquota	Valor a Deduzir (em R$)
1ª Faixa	Até 180.000,00	4,50%	–
2ª Faixa	De 180.000,01 a 360.000,00	9,00%	8.100,00
3ª Faixa	De 360.000,01 a 720.000,00	10,20%	12.420,00
4ª Faixa	De 720.000,01 a 1.800.000,00	14,00%	39.780,00
5ª Faixa	De 1.800.000,01 a 3.600.000,00	22,00%	183.780,00
6ª Faixa	De 3.600.000,01 a 4.800.000,00	33,00%	828.000,00

LEGISLAÇÃO COMPLEMENTAR

Faixas	Percentual de Repartição dos Tributos				
	IRPJ	CSLL	COFINS	PIS/PASEP	ISS (*)
1ª Faixa	18,80%	15,20%	17,67%	3,83%	44,50%
2ª Faixa	19,80%	15,20%	20,55%	4,45%	40,00%
3ª Faixa	20,80%	15,20%	19,73%	4,27%	40,00%
4ª Faixa	17,80%	19,20%	18,90%	4,10%	40,00%
5ª Faixa	18,80%	19,20%	18,08%	3,92%	40,00% (*)
6ª Faixa	53,50%	21,50%	20,55%	4,45%	–

(*) O percentual efetivo máximo devido ao ISS será de 5%, transferindo-se a diferença, de forma proporcional, aos tributos federais da mesma faixa de receita bruta anual. Sendo assim, na 5ª faixa, quando a alíquota efetiva for superior a 12,5%, a repartição será:

Faixa	IRPJ	CSLL	COFINS	PIS/PASEP	ISS
5ª Faixa, com alíquota efetiva superior a 12,5%	Alíquota efetiva – 5%) x 31,33%	(Alíquota efetiva – 5%) x 32,00%	(Alíquota efetiva – 5%) x 30,13%	Alíquota efetiva – 5%) x 6,54%	Percentual de ISS fixo em 5%

ANEXO V

ALÍQUOTAS E PARTILHA DO SIMPLES NACIONAL – RECEITAS DECORRENTES DA PRESTAÇÃO DE SERVIÇOS RELACIONADOS NO § 5º-I DO ART. 18 DESTA LEI COMPLEMENTAR

▸ Anexo V com a redação dada pela LC nº 155, de 27-10-2016.

	Receita Bruta em 12 Meses (em R$)	Alíquota	Valor a Deduzir (em R$)
1ª Faixa	Até 180.000,00	15,50%	–
2ª Faixa	De 180.000,01 a 360.000,00	18,00%	4.500,00
3ª Faixa	De 360.000,01 a 720.000,00	19,50%	9.900,00
4ª Faixa	De 720.000,01 a 1.800.000,00	20,50%	17.100,00
5ª Faixa	De 1.800.000,01 a 3.600.000,00	23,00%	62.100,00
6ª Faixa	De 3.600.000,01 a 4.800.000,00	30,50%	540.000,00

Faixas	Percentual de Repartição dos Tributos					
	IRPJ	CSLL	COFINS	PIS/PASEP	CPP	ISS
1ª Faixa	25,00%	15,00%	14,10%	3,05%	28,85%	14,00%
2ª Faixa	23,00%	15,00%	14,10%	3,05%	27,85%	17,00%
3ª Faixa	24,00%	15,00%	14,92%	3,23%	23,85%	19,00%
4ª Faixa	21,00%	15,00%	15,74%	3,41%	23,85%	21,00%
5ª Faixa	23,00%	12,50%	14,10%	3,05%	23,85%	23,50%
6ª Faixa	35,00%	15,50%	16,44%	3,56%	29,50%	–

ANEXO VI

Revogado. LC nº 155, de 27-10-2016.

LEI Nº 11.417, DE 19 DE DEZEMBRO DE 2006

Regulamenta o art. 103-A da Constituição Federal e altera a Lei nº 9.784, de 29 de janeiro de 1999, disciplinando a edição, a revisão e o cancelamento de enunciado de súmula vinculante pelo Supremo Tribunal Federal, e dá outras providências.

▸ Publicada no *DOU* de 20-12-2006.

Art. 1º Esta Lei disciplina a edição, a revisão e o cancelamento de enunciado de súmula vinculante pelo Supremo Tribunal Federal e dá outras providências.

Art. 2º O Supremo Tribunal Federal poderá, de ofício ou por provocação, após reiteradas decisões sobre matéria constitucional, editar enunciado de súmula que, a partir de sua publicação na imprensa oficial, terá efeito vinculante em relação aos demais órgãos do Poder Judiciário e à administração pública direta e indireta, nas esferas federal, estadual e municipal, bem como proceder à sua revisão ou cancelamento, na forma prevista nesta Lei.

§ 1º O enunciado da súmula terá por objeto a validade, a interpretação e a eficácia de normas determinadas, acerca das quais haja, entre órgãos judiciários ou entre esses e a administração pública, controvérsia atual que acarrete grave insegurança jurídica e relevante multiplicação de processos sobre idêntica questão.

§ 2º O Procurador-Geral da República, nas propostas que não houver formulado, manifestar-se-á previamente à edição, revisão ou cancelamento de enunciado de súmula vinculante.

§ 3º A edição, a revisão e o cancelamento de enunciado de súmula com efeito vinculante dependerão de decisão tomada por 2/3 (dois terços) dos membros do Supremo Tribunal Federal, em sessão plenária.

§ 4º No prazo de 10 (dez) dias após a sessão em que editar, rever ou cancelar enunciado de súmula com efeito vinculante, o Supremo Tribunal Federal fará publicar, em seção especial do *Diário da Justiça* e do *Diário Oficial da União*, o enunciado respectivo.

Art. 3º São legitimados a propor a edição, a revisão ou o cancelamento de enunciado de súmula vinculante:

I – o Presidente da República;

II – a Mesa do Senado Federal;

III – a Mesa da Câmara dos Deputados;

IV – o Procurador-Geral da República;

V – o Conselho Federal da Ordem dos Advogados do Brasil;

VI – o Defensor Público Geral da União;

VII – partido político com representação no Congresso Nacional;

VIII – confederação sindical ou entidade de classe de âmbito nacional;

IX – a Mesa de Assembleia Legislativa ou da Câmara Legislativa do Distrito Federal;

X – o Governador de Estado ou do Distrito Federal;

XI – os Tribunais Superiores, os Tribunais de Justiça de Estados ou do Distrito Federal e Territórios, os Tribunais Regionais Federais, os Tribunais Regionais do Trabalho, os Tribunais Regionais Eleitorais e os Tribunais Militares.

§ 1º O Município poderá propor, incidentalmente ao curso de processo em que seja parte, a edição, a revisão ou o cancelamento de enunciado de súmula vinculante, o que não autoriza a suspensão do processo.

§ 2º No procedimento de edição, revisão ou cancelamento de enunciado da súmula vinculante, o relator poderá admitir, por decisão irrecorrível, a manifestação de terceiros na questão, nos termos do Regimento Interno do Supremo Tribunal Federal.

Art. 4º A súmula com efeito vinculante tem eficácia imediata, mas o Supremo Tribunal Federal, por decisão de 2/3 (dois terços) dos seus membros, poderá restringir os efeitos vinculantes ou decidir que só tenha eficácia a partir de outro momento, tendo em vista razões de segurança jurídica ou de excepcional interesse público.

Art. 5º Revogada ou modificada a lei em que se fundou a edição de enunciado de súmula vinculante, o Supremo Tribunal Federal, de ofício ou por provocação, procederá à sua revisão ou cancelamento, conforme o caso.

Art. 6º A proposta de edição, revisão ou cancelamento de enunciado de súmula vinculante não autoriza a suspensão dos processos em que se discuta a mesma questão.

Art. 7º Da decisão judicial ou do ato administrativo que contrariar enunciado de súmula vinculante, negar-lhe vigência ou aplicá-lo indevidamente caberá reclamação ao Supremo Tribunal Federal, sem prejuízo dos recursos ou outros meios admissíveis de impugnação.

§ 1º Contra omissão ou ato da administração pública, o uso da reclamação só será admitido após esgotamento das vias administrativas.

§ 2º Ao julgar procedente a reclamação, o Supremo Tribunal Federal anulará o ato administrativo ou cassará a decisão judicial impugnada, determinando que outra seja proferida com ou sem aplicação da súmula, conforme o caso.

Art. 8º O art. 56 da Lei nº 9.784, de 29 de janeiro de 1999, passa a vigorar acrescido do seguinte § 3º:

▸ Alteração inserida no texto da referida Lei.

Art. 9º A Lei nº 9.784, de 29 de janeiro de 1999, passa a vigorar acrescida dos seguintes arts. 64-A e 64-B:

▸ Alterações inseridas no texto da referida Lei.

Art. 10. O procedimento de edição, revisão ou cancelamento de enunciado de súmula com efeito vinculante obedecerá, subsidiariamente, ao disposto no Regimento Interno do Supremo Tribunal Federal.

Art. 11. Esta Lei entra em vigor 3 (três) meses após a sua publicação.

Brasília, 19 de dezembro de 2006;
185º da Independência e
118º da República.

Luiz Inácio Lula da Silva

LEI Nº 11.419, DE 19 DE DEZEMBRO DE 2006

Dispõe sobre a informatização do processo judicial; altera a Lei nº 5.869, de 11 de janeiro de 1973 – Código de Processo Civil; e dá outras providências.

▸ Publicada no *DOU* de 20-12-2006.
▸ Arts. 193 a 199 e 229, § 2º, do CPC/2015.
▸ Lei nº 8.038, de 28-5-1990, institui normas procedimentais para os processos que especifica, perante o Superior Tribunal de Justiça e o Supremo Tribunal Federal.
▸ IN do TST nº 30, de 13-9-2007, regulamenta, no âmbito da Justiça do Trabalho, o disposto nesta Lei.
▸ Res. do CNJ nº 100, de 24-11-2009, dispõe sobre a comunicação oficial, por meio eletrônico, no âmbito do Poder Judiciário.
▸ Res. do STF nº 693, de 17-7-2020, regulamenta o processo eletrônico no âmbito do Supremo Tribunal Federal.
▸ Res. do STJ nº 1, de 10-2-2010, regulamenta o processo judicial eletrônico no âmbito do Superior Tribunal de Justiça.

CAPÍTULO I
DA INFORMATIZAÇÃO DO PROCESSO JUDICIAL

Art. 1º O uso de meio eletrônico na tramitação de processos judiciais, comunicação de atos e transmissão de peças processuais será admitido nos termos desta Lei.

§ 1º Aplica-se o disposto nesta Lei, indistintamente, aos processos civil, penal e trabalhista, bem como aos juizados especiais, em qualquer grau de jurisdição.

§ 2º Para o disposto nesta Lei, considera-se:

I – meio eletrônico qualquer forma de armazenamento ou tráfego de documentos e arquivos digitais;

II – transmissão eletrônica toda forma de comunicação a distância com a utilização de redes de comunicação, preferencialmente a rede mundial de computadores;

III – assinatura eletrônica as seguintes formas de identificação inequívoca do signatário:

a) assinatura digital baseada em certificado digital emitido por Autoridade Certificadora credenciada, na forma de lei específica;

b) mediante cadastro de usuário no Poder Judiciário, conforme disciplinado pelos órgãos respectivos.

Art. 2º O envio de petições, de recursos e a prática de atos processuais em geral por meio eletrônico serão admitidos mediante uso de assinatura eletrônica, na forma do art. 1º desta Lei, sendo obrigatório o credenciamento prévio no Poder Judiciário, conforme disciplinado pelos órgãos respectivos.

§ 1º O credenciamento no Poder Judiciário será realizado mediante procedimento no qual esteja assegurada a adequada identificação presencial do interessado.

§ 2º Ao credenciado será atribuído registro e meio de acesso ao sistema, de modo a preservar o sigilo, a identificação e a autenticidade de suas comunicações.

§ 3º Os órgãos do Poder Judiciário poderão criar um cadastro único para o credenciamento previsto neste artigo.

Art. 3º Consideram-se realizados os atos processuais por meio eletrônico no dia e hora do seu envio ao sistema do Poder Judiciário, do que deverá ser fornecido protocolo eletrônico.

Parágrafo único. Quando a petição eletrônica for enviada para atender prazo processual, serão consideradas tempestivas as transmitidas até as 24 (vinte e quatro) horas do seu último dia.

CAPÍTULO II
DA COMUNICAÇÃO ELETRÔNICA DOS ATOS PROCESSUAIS

Art. 4º Os tribunais poderão criar *Diário da Justiça eletrônico*, disponibilizado em sítio da rede mundial de computadores, para publicação de atos judiciais e administrativos próprios e dos órgãos a eles subordinados, bem como comunicações em geral.

§ 1º O sítio e o conteúdo das publicações de que trata este artigo deverão ser assinados digitalmente com base em certificado emitido por Autoridade Certificadora credenciada na forma da lei específica.

§ 2º A publicação eletrônica na forma deste artigo substitui qualquer outro meio e publicação oficial, para quaisquer efeitos legais, à exceção dos casos que, por lei, exigem intimação ou vista pessoal.

§ 3º Considera-se como data da publicação o primeiro dia útil seguinte ao da disponibilização da informação no *Diário da Justiça eletrônico*.

§ 4º Os prazos processuais terão início no primeiro dia útil que seguir ao considerado como data da publicação.

§ 5º A criação do *Diário da Justiça eletrônico* deverá ser acompanhada de ampla divulgação, e o ato administrativo correspondente será publicado durante 30 (trinta) dias no diário oficial em uso.

Art. 5º As intimações serão feitas por meio eletrônico em portal próprio aos que se cadastrarem na forma do art. 2º desta Lei, dispensando-se a publicação no órgão oficial, inclusive eletrônico.

§ 1º Considerar-se-á realizada a intimação no dia em que o intimando efetivar a consulta eletrônica ao teor da intimação, certificando-se nos autos a sua realização.

§ 2º Na hipótese do § 1º deste artigo, nos casos em que a consulta se dê em dia não útil, a intimação será considerada como realizada no primeiro dia útil seguinte.

§ 3º A consulta referida nos §§ 1º e 2º deste artigo deverá ser feita em até 10 (dez) dias corridos contados da data do envio da intimação, sob pena de considerar-se a intimação automaticamente realizada na data do término desse prazo.

§ 4º Em caráter informativo, poderá ser efetivada remessa de correspondência eletrônica, comunicando o envio da intimação e a abertura automática do prazo processual nos termos do § 3º deste artigo, aos que manifestarem interesse por esse serviço.

§ 5º Nos casos urgentes em que a intimação feita na forma deste artigo possa causar prejuízo a quaisquer das partes ou nos casos em que for evidenciada qualquer tentativa de burla ao sistema, o ato processual deverá ser realizado por outro meio que atinja a sua finalidade, conforme determinado pelo juiz.

§ 6º As intimações feitas na forma deste artigo, inclusive da Fazenda Pública, serão consideradas pessoais para todos os efeitos legais.

▸ Res. do STF nº 404, de 7-8-2009, dispõe sobre as intimações das decisões proferidas no âmbito do STF em processos físicos ou eletrônicos.

Art. 6º Observadas as formas e as cautelas do art. 5º desta Lei, as citações, inclusive da Fazenda Pública, excetuadas as dos Direitos

Processuais Criminal e Infracional, poderão ser feitas por meio eletrônico, desde que a íntegra dos autos seja acessível ao citando.

Art. 7º As cartas precatórias, rogatórias, de ordem e, de um modo geral, todas as comunicações oficiais que transitem entre órgãos do Poder Judiciário, bem como entre os deste e os dos demais Poderes, serão feitas preferentemente por meio eletrônico.

▶ Res. do CNJ nº 100, de 24-11-2009, dispõe sobre a comunicação oficial, por meio eletrônico, no âmbito do Poder Judiciário.

CAPÍTULO III
DO PROCESSO ELETRÔNICO

Art. 8º Os órgãos do Poder Judiciário poderão desenvolver sistemas eletrônicos de processamento de ações judiciais por meio de autos total ou parcialmente digitais, utilizando, preferencialmente, a rede mundial de computadores e acesso por meio de redes internas e externas.

Parágrafo único. Todos os atos processuais do processo eletrônico serão assinados eletronicamente na forma estabelecida nesta Lei.

Art. 9º No processo eletrônico, todas as citações, intimações e notificações, inclusive da Fazenda Pública, serão feitas por meio eletrônico, na forma desta Lei.

§ 1º As citações, intimações, notificações e remessas que viabilizem o acesso à íntegra do processo correspondente serão consideradas vista pessoal do interessado para todos os efeitos legais.

§ 2º Quando, por motivo técnico, for inviável o uso do meio eletrônico para a realização de citação, intimação ou notificação, esses atos processuais poderão ser praticados segundo as regras ordinárias, digitalizando-se o documento físico, que deverá ser posteriormente destruído.

Art. 10. A distribuição da petição inicial e a juntada da contestação, dos recursos e das petições em geral, todos em formato digital, nos autos de processo eletrônico, podem ser feitas diretamente pelos advogados públicos e privados, sem necessidade da intervenção do cartório ou secretaria judicial, situação em que a autuação deverá se dar de forma automática, fornecendo-se recibo eletrônico de protocolo.

§ 1º Quando o ato processual tiver que ser praticado em determinado prazo, por meio de petição eletrônica, serão considerados tempestivos os efetivados até as 24 (vinte e quatro) horas do último dia.

▶ Art. 213 do CPC/2015.

§ 2º No caso do § 1º deste artigo, se o Sistema do Poder Judiciário se tornar indisponível por motivo técnico, o prazo fica automaticamente prorrogado para o primeiro dia útil seguinte à resolução do problema.

§ 3º Os órgãos do Poder Judiciário deverão manter equipamentos de digitalização e de acesso à rede mundial de computadores à disposição dos interessados para distribuição de peças processuais.

Art. 11. Os documentos produzidos eletronicamente e juntados aos processos eletrônicos com garantia da origem e de seu signatário, na forma estabelecida nesta Lei, serão considerados originais para todos os efeitos legais.

§ 1º Os extratos digitais e os documentos digitalizados e juntados aos autos pelos órgãos da Justiça e seus auxiliares, pelo Ministério Público e seus auxiliares, pelas procuradorias, pelas autoridades policiais, pelas repartições públicas em geral e por advogados públicos e privados têm a mesma força probante dos originais, ressalvada a alegação motivada e fundamentada de adulteração antes ou durante o processo de digitalização.

§ 2º A arguição de falsidade do documento original será processada eletronicamente na forma da lei processual em vigor.

§ 3º Os originais dos documentos digitalizados, mencionados no § 2º deste artigo, deverão ser preservados pelo seu detentor até o trânsito em julgado da sentença ou, quando admitida, até o final do prazo para interposição de ação rescisória.

§ 4º VETADO.

§ 5º Os documentos cuja digitalização seja tecnicamente inviável devido ao grande volume ou por motivo de ilegibilidade deverão ser apresentados ao cartório ou secretaria ou encaminhados por meio de protocolo integrado judicial nacional no prazo de 10 (dez) dias contado do envio de petição eletrônica comunicando o fato, os quais serão devolvidos à parte após o trânsito em julgado.

▶ § 5º com a redação dada pela Lei nº 14.318, de 29-3-2022.

§ 6º Os documentos digitalizados juntados em processo eletrônico estarão disponíveis para acesso por meio da rede externa pelas respectivas partes processuais, pelos advogados, independentemente de procuração nos autos, pelos membros do Ministério Público e pelos magistrados, sem prejuízo da possibilidade de visualização nas secretarias dos órgãos julgadores, exceção daqueles que tramitarem em segredo de justiça.

▶ § 6º com a redação dada pela Lei nº 13.793, de 3-1-2019.

§ 7º Os sistemas de informações pertinentes a processos eletrônicos devem possibilitar que advogados, procuradores e membros do Ministério Público cadastrados, mas não vinculados a processo previamente identificado, acessem automaticamente todos os atos e documentos processuais armazenados em meio eletrônico, desde que demonstrado interesse para fins apenas de registro, salvo nos casos de processos em segredo de justiça.

▶ § 7º acrescido pela Lei nº 13.793, de 3-1-2019.

Art. 12. A conservação dos autos do processo poderá ser efetuada total ou parcialmente por meio eletrônico.

§ 1º Os autos dos processos eletrônicos deverão ser protegidos por meio de sistemas de segurança de acesso e armazenados em meio que garanta a preservação e integridade dos dados, sendo dispensada a formação de autos suplementares.

§ 2º Os autos de processos eletrônicos que tiverem de ser remetidos a outro juízo ou instância superior que não disponham de sistema compatível deverão ser impressos em papel, autuados na forma dos arts. 166 a 168 da Lei nº 5.869, de 11 de janeiro de 1973 – Código de Processo Civil, ainda que de natureza criminal ou trabalhista, ou pertinentes a juizado especial.

▶ Arts. 206 a 208 do CPC/2015.

§ 3º No caso do § 2º deste artigo, o escrivão ou o chefe de secretaria certificará os autores ou a origem dos documentos produzidos nos autos, acrescentando, ressalvada a hipótese de existir segredo de justiça, a forma pela qual o banco de dados poderá ser acessado para aferir a autenticidade das peças e das respectivas assinaturas digitais.

§ 4º Feita a autuação na forma estabelecida no § 2º deste artigo, o processo seguirá a tramitação legalmente estabelecida para os processos físicos.

§ 5º A digitalização de autos em mídia não digital, em tramitação ou já arquivados, será precedida de publicação de editais de intimações ou da intimação pessoal das partes e de seus procuradores, para que, no prazo preclusivo de 30 (trinta) dias, se manifestem sobre o desejo de manterem pessoalmente a guarda de algum dos documentos originais.

Art. 13. O magistrado poderá determinar que sejam realizados por meio eletrônico a exibição e o envio de dados e de documentos necessários à instrução do processo.

§ 1º Consideram-se cadastros públicos, para os efeitos deste artigo, dentre outros existentes ou que venham a ser criados, ainda que mantidos por concessionárias de serviço público ou empresas privadas, os que contenham informações indispensáveis ao exercício da função judicante.

§ 2º O acesso de que trata este artigo dar-se-á por qualquer meio tecnológico disponível, preferentemente o de menor custo, considerada sua eficiência.

§ 3º VETADO.

CAPÍTULO IV
DISPOSIÇÕES GERAIS E FINAIS

Art. 14. Os sistemas a serem desenvolvidos pelos órgãos do Poder Judiciário deverão usar, preferencialmente, programas com código aberto, acessíveis ininterruptamente por meio da rede mundial de computadores, priorizando-se a sua padronização.

Parágrafo único. Os sistemas devem buscar identificar os casos de ocorrência de prevenção, litispendência e coisa julgada.

Art. 15. Salvo impossibilidade que comprometa o acesso à justiça, a parte deverá informar, ao distribuir a petição inicial de qualquer ação judicial, o número no cadastro de pessoas físicas ou jurídicas, conforme o caso, perante a Secretaria da Receita Federal.

▶ Súm. nº 558 do STJ.

Parágrafo único. Da mesma forma, as peças de acusação criminais deverão ser instruídas pelos membros do Ministério Público ou pelas autoridades policiais com os números de registros dos acusados no Instituto Nacional de Identificação do Ministério da Justiça, se houver.

Art. 16. Os livros cartorários e demais repositórios dos órgãos do Poder Judiciário poderão ser gerados e armazenados em meio totalmente eletrônico.

Art. 17. VETADO.

Art. 18. Os órgãos do Poder Judiciário regulamentarão esta Lei, no que couber, no âmbito de suas respectivas competências.

Art. 19. Ficam convalidados os atos processuais praticados por meio eletrônico até a data de publicação desta Lei, desde que tenham atingido sua finalidade e não tenha havido prejuízo para as partes.

Art. 20. A Lei nº 5.869, de 11 de janeiro de 1973 – Código de Processo Civil, passa a vigorar com as seguintes alterações:

▶ Refere-se ao CPC/1973.

Art. 21. VETADO.

Art. 22. Esta Lei entra em vigor 90 (noventa) dias depois de sua publicação.

Brasília, 19 de dezembro de 2006; 185º da Independência e 118º da República.

Luiz Inácio Lula da Silva

LEI Nº 11.457, DE 16 DE MARÇO DE 2007

Dispõe sobre a Administração Tributária Federal; altera as Leis nºs 10.593, de 6 de dezembro de 2002, 10.683, de 28 de maio de 2003, 8.212, de 24 de julho de 1991, 10.910, de 15 de julho de 2004, o Decreto-Lei nº 5.452, de 1º de maio de 1943, e o Decreto nº 70.235, de 6 de março de 1972; revoga dispositivos das Leis nºs 8.212, de 24 de julho de 1991, 10.593, de 6 de dezembro de 2002, 10.910, de 15 de julho de 2004, 11.098, de 13 de janeiro de 2005, e 9.317, de 5 de dezembro de 1996; e dá outras providências.

▶ Publicada no *DOU* de 19-3-2007.

CAPÍTULO I – DA SECRETARIA DA RECEITA FEDERAL DO BRASIL

Art. 1º A Secretaria da Receita Federal passa a denominar-se Secretaria da Receita Federal do Brasil, órgão essencial ao funcionamento do Estado, de caráter permanente, estruturado de forma hierárquica e diretamente subordinado ao Ministro de Estado da Fazenda e que tem por finalidade a administração tributária e aduaneira da União.

Parágrafo único. São essenciais e indelegáveis as atividades da administração tributária e aduaneira da União exercidas pelos servidores dos quadros funcionais da Secretaria da Receita Federal do Brasil.

▶ Art. 1º com a redação dada pela Lei nº 13.464, de 10-7-2017.

Art. 2º Além das competências atribuídas pela legislação vigente à Secretaria da Receita Federal, cabe à Secretaria da Receita Federal do Brasil planejar, executar, acompanhar e avaliar as atividades relativas a tributação, fiscalização, arrecadação, cobrança e recolhimento das contribuições sociais previstas nas alíneas *a*, *b* e *c* do parágrafo único do art. 11 da Lei nº 8.212, de 24 de julho de 1991, e das contribuições instituídas a título de substituição.

▶ Dec. nº 6.103, de 30-4-2007, antecipa para 2-5-2007 a aplicação do Dec. nº 70.235, de 6-3-1972, relativamente aos prazos processuais e à competência para julgamento em primeira instância, de processos administrativos-fiscais relativos às contribuições de que tratam os arts. 2º e 3º da Lei nº 11.457, de 16-3-2007 (Lei da Super-Receita).

§ 1º O produto da arrecadação das contribuições especificadas no *caput* deste artigo e acréscimos legais incidentes serão destinados, em caráter exclusivo, ao pagamento de benefícios do Regime Geral de Previdência Social e creditados diretamente ao Fundo do Regime Geral de Previdência Social, de que trata o art. 68 da Lei Complementar nº 101, de 4 de maio de 2000.

§ 2º Nos termos do art. 58 da Lei Complementar nº 101, de 4 de maio de 2000, a Secretaria da Receita Federal do Brasil prestará contas anualmente ao Conselho Nacional de Previdência Social dos resultados da arrecadação das contribuições sociais destinadas ao financiamento do Regime Geral de Previdência Social e das compensações a elas referentes.

§ 3º As obrigações previstas na Lei nº 8.212, de 24 de julho de 1991, relativas às contribuições sociais de que trata o *caput* deste artigo serão cumpridas perante a Secretaria da Receita Federal do Brasil.

§ 4º Fica extinta a Secretaria da Receita Previdenciária do Ministério da Previdência Social.

Art. 3º As atribuições de que trata o art. 2º desta Lei se estendem às contribuições devidas a terceiros, assim entendidas outras entidades e fundos, na forma da legislação em vigor, aplicando-se em relação a essas contribuições, no que couber, as disposições desta Lei.

▶ Dec. nº 6.103, de 30-4-2007, antecipa para 2-5-2007 a aplicação do Dec. nº 70.235, de 6-3-1972, relativamente aos prazos processuais e à competência para julgamento em primeira instância, de processos administrativos-fiscais relativos às contribuições de que tratam os arts. 2º e 3º da Lei nº 11.457, de 16-3-2007 (Lei da Super-Receita).

§ 1º A retribuição pelos serviços referidos no *caput* deste artigo será de 3,5% (três inteiros e cinco décimos por cento) do montante arrecadado, salvo percentual diverso estabelecido em lei específica.

§ 2º O disposto no *caput* deste artigo abrangerá exclusivamente contribuições cuja base de cálculo seja a mesma das que incidem sobre a remuneração paga, devida ou creditada a segurados do Regime Geral de Previdência Social ou instituídas sobre outras bases a título de substituição.

§ 3º As contribuições de que trata o *caput* deste artigo sujeitam-se aos mesmos prazos, condições, sanções e privilégios daquelas referidas no art. 2º desta Lei, inclusive no que diz respeito à cobrança judicial.

§ 4º A remuneração de que trata o § 1º deste artigo será creditada ao Fundo Especial de Desenvolvimento e Aperfeiçoamento das Atividades de Fiscalização – FUNDAF, instituído pelo Decreto-Lei nº 1.437, de 17 de dezembro de 1975.

§ 5º Durante a vigência da isenção pelo atendimento cumulativo aos requisitos constantes dos incisos I a V do *caput* do art. 55 da Lei nº 8.212, de 24 de julho de 1991, deferida pelo Instituto Nacional do Seguro Social – INSS, pela Secretaria da Receita Previdenciária ou pela Secretaria da Receita Federal do Brasil, não são devidas pela entidade beneficente de assistência social as contribuições sociais previstas em lei a outras entidades ou fundos.

▶ O referido art. 55 foi revogado pela Lei nº 12.101, de 27-11-2009.

§ 6º Equiparam-se a contribuições de terceiros, para fins desta Lei, as destinadas ao Fundo Aeroviário – FA, à Diretoria de Portos e Costas do Comando da Marinha – DPC e ao Instituto Nacional de Colonização e Reforma Agrária – INCRA e a do salário-educação.

Art. 4º São transferidos para a Secretaria da Receita Federal do Brasil os processos administrativo-fiscais, inclusive os relativos aos créditos já constituídos ou em fase de constituição, e as guias e declarações apresentadas ao Ministério da Previdência Social ou ao Instituto Nacional do Seguro Social – INSS, referentes às contribuições de que tratam os arts. 2º e 3º desta Lei.

Art. 5º Além das demais competências estabelecidas na legislação que lhe é aplicável, cabe ao INSS:

I – emitir certidão relativa a tempo de contribuição;

II – gerir o Fundo do Regime Geral de Previdência Social;

III – calcular o montante das contribuições referidas no art. 2º desta Lei e emitir o correspondente documento de arrecadação, com vistas no atendimento conclusivo para concessão ou revisão de benefício requerido.

Art. 6º Ato conjunto da Secretaria da Receita Federal do Brasil e do INSS definirá a forma de transferência recíproca de informações relacionadas com as contribuições sociais a que se referem os arts. 2º e 3º desta Lei.

Parágrafo único. Com relação às informações de que trata o *caput* deste artigo, a Secretaria da Receita Federal do Brasil e o INSS são responsáveis pela preservação do sigilo fiscal previsto no art. 198 da Lei nº 5.172, de 25 de outubro de 1966.

Art. 7º Fica criado o cargo de Natureza Especial de Secretário da Receita Federal do Brasil, com a remuneração prevista no parágrafo único do art. 39 da Lei nº 10.683, de 28 de maio de 2003.

Parágrafo único. O Secretário da Receita Federal do Brasil será escolhido entre brasileiros de reputação ilibada e ampla experiência na área tributária, sendo nomeado pelo Presidente da República.

Art. 7º-A. As atribuições e competências anteriormente conferidas ao Secretário da Receita Federal ou ao Secretário da Receita Previdenciária, relativas ao exercício dos respectivos cargos, transferem-se para o Secretário da Receita Federal do Brasil.

▶ Art. 7º-A acrescido pela Lei nº 11.490, de 20-6-2007.

Art. 8º Ficam redistribuídos, na forma do § 1º do art. 37 da Lei nº 8.112, de 11 de dezembro de 1990, dos Quadros de Pessoal do Ministério da Previdência Social e do INSS para a Secretaria da Receita Federal do Brasil os cargos ocupados e vagos da Carreira Auditoria Fiscal da Previdência Social, de que trata o art. 7º da Lei nº 10.593, de 6 de dezembro de 2002.

▶ O art. 7º da Lei nº 10.593, 6-12-2002, foi revogado pela Lei nº 11.890, de 24-12-2008, dispõe sobre a reestruturação da composição remuneratória das Carreiras de Auditoria da Receita Federal do Brasil e Auditoria Fiscal do Trabalho.

Art. 9º A Lei nº 10.593, de 6 de dezembro de 2002, passa a vigorar com a seguinte redação:

> "Art. 3º O ingresso nos cargos das Carreiras disciplinadas nesta Lei far-se-á no primeiro padrão da classe inicial da respectiva tabela de vencimentos, mediante concurso público de provas ou de provas e títulos, exigindo-se curso superior em nível de graduação concluído ou habilitação legal equivalente.
> ....

LEGISLAÇÃO COMPLEMENTAR

§ 3º Sem prejuízo dos requisitos estabelecidos neste artigo, o ingresso nos cargos de que trata o *caput* deste artigo depende da inexistência de:

I – registro de antecedentes criminais decorrentes de decisão condenatória transitada em julgado de crime cuja descrição envolva a prática de ato de improbidade administrativa ou incompatível com a idoneidade exigida para o exercício do cargo;

II – punição em processo disciplinar por ato de improbidade administrativa mediante decisão de que não caiba recurso hierárquico."

"Art. 4º ....

§ 3º O servidor em estágio probatório será objeto de avaliação específica, sem prejuízo da progressão funcional durante o período, observados o interstício mínimo de 12 (doze) e máximo de 18 (dezoito) meses em cada padrão e o resultado de avaliação de desempenho efetuada para esta finalidade, na forma do regulamento."

"Carreira de Auditoria da Receita Federal do Brasil

Art. 5º Fica criada a Carreira de Auditoria da Receita Federal do Brasil, composta pelos cargos de nível superior de Auditor- Fiscal da Receita Federal do Brasil e de Analista Tributário da Receita Federal do Brasil.

Parágrafo único. *Revogado.*"

"Art. 6º São atribuições dos ocupantes do cargo de Auditor Fiscal da Receita Federal do Brasil:

I – no exercício da competência da Secretaria da Receita Federal do Brasil e em caráter privativo:

a) constituir, mediante lançamento, o crédito tributário e de contribuições;

b) elaborar e proferir decisões ou delas participar em processo administrativo-fiscal, bem como em processos de consulta, restituição ou compensação de tributos e contribuições e de reconhecimento de benefícios fiscais;

c) executar procedimentos de fiscalização, praticando os atos definidos na legislação específica, inclusive os relacionados com o controle aduaneiro, apreensão de mercadorias, livros, documentos, materiais, equipamentos e assemelhados;

d) examinar a contabilidade de sociedades empresariais, empresários, órgãos, entidades, fundos e demais contribuintes, não se lhes aplicando as restrições previstas nos arts. 1.190 a 1.192 do Código Civil e observado o disposto no art. 1.193 do mesmo diploma legal;

e) proceder à orientação do sujeito passivo no tocante à interpretação da legislação tributária;

f) supervisionar as demais atividades de orientação ao contribuinte;

II – em caráter geral, exercer as demais atividades inerentes à competência da Secretaria da Receita Federal do Brasil.

§ 1º O Poder Executivo poderá cometer o exercício de atividades abrangidas pelo inciso II do *caput* deste artigo em caráter privativo ao Auditor Fiscal da Receita Federal do Brasil.

§ 2º Incumbe ao Analista Tributário da Receita Federal do Brasil, resguardadas as atribuições privativas referidas no inciso I do *caput* e no § 1º deste artigo:

I – exercer atividades de natureza técnica, acessórias ou preparatórias ao exercício das atribuições privativas dos Auditores Fiscais da Receita Federal do Brasil;

II – atuar no exame de matérias e processos administrativos, ressalvado o disposto na alínea *b* do inciso I do *caput* deste artigo;

III – exercer, em caráter geral e concorrente, as demais atividades inerentes às competências da Secretaria da Receita Federal do Brasil.

§ 3º Observado o disposto neste artigo, o Poder Executivo regulamentará as atribuições dos cargos de Auditor Fiscal da Receita Federal do Brasil e Analista Tributário da Receita Federal do Brasil.

§ 4º VETADO."

"Art. 20-A. O Poder Executivo regulamentará a forma de transferência de informações entre a Secretaria da Receita Federal do Brasil e a Secretaria de Inspeção do Trabalho para o desenvolvimento coordenado das atribuições a que se referem os arts. 6º e 11 desta Lei."

Art. 10. Ficam transformados:

I – em cargos de Auditor Fiscal da Receita Federal do Brasil, de que trata o art. 5º da Lei nº 10.593, de 6 de dezembro de 2002, com a redação conferida pelo art. 9º desta Lei, os cargos efetivos, ocupados e vagos de Auditor Fiscal da Receita Federal da Carreira Auditoria da Receita Federal prevista na redação original do art. 5º da Lei nº 10.593, de 6 de dezembro de 2002, e de Auditor Fiscal da Previdência Social da Carreira Auditoria Fiscal da Previdência Social, de que trata o art. 7º da Lei nº 10.593, de 6 de dezembro de 2002;

▸ O art. 7º da Lei nº 10.593, 6-12-2002, foi revogado pela Lei nº 11.890, de 24-12-2008, que dispõe sobre a reestruturação da composição remuneratória das Carreiras de Auditoria da Receita Federal do Brasil e Auditoria Fiscal do Trabalho.

II – em cargos de Analista-Tributário da Receita Federal do Brasil, de que trata o art. 5º da Lei nº 10.593, de 6 de dezembro de 2002, com a redação conferida pelo art. 9º desta Lei, os cargos efetivos, ocupados e vagos, de Técnico da Receita Federal da Carreira Auditoria da Receita Federal prevista na redação original do art. 5º da Lei nº 10.593, de 6 de dezembro de 2002, e os cargos efetivos, ocupados e vagos, dos servidores de que trata o art. 12 desta Lei redistribuídos para a Secretaria da Receita Federal do Brasil até a data da publicação da Medida Provisória nº 440, de 29 de agosto de 2008.

▸ Inciso II com a redação dada pela Lei nº 11.907, de 2-2-2009, promulgado nos termos do art. 66, § 5º, da CF (*DOU* de 30-4-2021).

▸ O STF, por unanimidade, no julgamento da ADI nº 4.151, conferiu interpretação conforme à Constituição a este inciso de maneira a incluir em seus preceitos e efeitos o cargo de Analista Previdenciário (*DOU* de 21-2-2024).

§ 1º Aos servidores titulares dos cargos transformados nos termos deste artigo fica assegurado o posicionamento na classe e padrão de vencimento em que estiverem enquadrados, sem prejuízo da remuneração e das demais vantagens a que façam jus na data de início da vigência desta Lei, observando-se, para todos os fins, o tempo no cargo anterior, inclusive o prestado a partir da publicação desta Lei.

§ 2º O disposto neste artigo aplica-se aos servidores aposentados, bem como aos pensionistas.

§ 3º A nomeação dos aprovados em concursos públicos para os cargos transformados na forma do *caput* deste artigo cujo edital tenha sido publicado antes do início da vigência desta Lei far-se-á nos cargos vagos alcançados pela respectiva transformação.

§ 4º Ficam transportados para a folha de pessoal inativo do Ministério da Fazenda os proventos e as pensões decorrentes do exercício dos cargos de Auditor Fiscal da Previdência Social transformados nos termos deste artigo.

§ 5º Os atuais ocupantes dos cargos a que se refere o § 4º deste artigo e os servidores inativos que se aposentaram em seu exercício, bem como os respectivos pensionistas, poderão optar por permanecer filiados ao plano de saúde a que se vinculavam na origem, hipótese em que a contribuição será custeada pelo servidor e pelo Ministério da Fazenda.

§ 6º Ficam extintas a Carreira Auditoria da Receita Federal, mencionada na redação original do art. 5º da Lei nº 10.593, de 6 de dezembro de 2002, e a Carreira Auditoria Fiscal da Previdência Social, de que trata o art. 7º daquela Lei.

Art. 11. Os Auditores Fiscais da Receita Federal do Brasil cedidos a outros órgãos que não satisfaçam as condições previstas nos incisos I e II do § 8º do art. 4º da Lei nº 10.910, de 15 de julho de 2004, deverão entrar em exercício na Secretaria da Receita Federal do Brasil no prazo de 180 (cento e oitenta) dias da vigência desta Lei.

▸ O art. 4º da Lei nº 10.910, de 15-7-2004, foi revogado pela Lei nº 11.980, de 24-12-2008, dispõe sobre a reestruturação da composição remuneratória das Carreiras de Auditoria da Receita Federal do Brasil e Auditoria Fiscal do Trabalho.

§ 1º Excluem-se do disposto no *caput* deste artigo cessões para o exercício dos cargos de Secretário de Estado, do Distrito Federal, de prefeitura de capital ou de dirigente máximo de autarquia no mesmo âmbito.

§ 2º O Poder Executivo poderá fixar o exercício de até 385 (trezentos e oitenta e cinco) Auditores Fiscais da Receita Federal do Brasil no Ministério da Previdência Social ou na Superintendência Nacional de Previdência Complementar – PREVIC, garantidos os direitos e vantagens inerentes ao cargo, lotação de origem, remuneração e gratificações, ainda que na condição de ocupante de cargo em comissão ou função de confiança.

▸ § 2º com a redação dada pela Lei nº 12.154, de 23-12-2009.

▸ Dec. nº 6.131, de 21-6-2007, regulamenta este parágrafo.

§ 3º Os Auditores Fiscais da Receita Federal do Brasil a que se refere o § 2º executarão, em caráter privativo, os procedimentos de fiscalização das atividades e operações das entidades fechadas de previdência complementar, de competência da PREVIC, assim como das entidades e fundos dos regimes próprios de previdência social.

▸ § 3º com a redação dada pela Lei nº 12.154, de 23-12-2009.

§ 4º No exercício da competência prevista no § 3º deste artigo, os Auditores Fiscais da Receita Federal do Brasil poderão, relativamente ao objeto da fiscalização:

I – praticar os atos definidos na legislação específica, inclusive os relacionados com a apreensão e guarda de livros, documentos, materiais, equipamentos e assemelhados;

II – examinar registros contábeis, não se lhes aplicando as restrições previstas nos arts. 1.190 a 1.192 do Código Civil e observado o disposto no art. 1.193 do mesmo diploma legal;

III – lavrar ou propor a lavratura de auto de infração;

IV – aplicar ou propor a aplicação de penalidade administrativa ao responsável por infração objeto de processo administrativo decorrente de ação fiscal, representação, denúncia ou outras situações previstas em lei.

▸ Incisos III e IV acrescidos pela Lei nº 12.154, de 23-12-2009.

§ 5º Na execução dos procedimentos de fiscalização referidos no § 3º, ao Auditor Fiscal da Receita Federal do Brasil é assegurado o livre acesso às dependências e às informações dos entes objeto da ação fiscal, de acordo com as respectivas áreas de competência, caracterizando-se embaraço à fiscalização, punível nos termos da lei, qualquer dificuldade oposta à consecução desse objetivo.

§ 6º É facultado ao Auditor Fiscal da Receita Federal do Brasil a que se refere o § 2º exercer, em caráter geral e concorrente, outras atividades inerentes às competências do Ministério da Previdência Social e da PREVIC.

§ 7º Caberá aos Auditores Fiscais da Receita Federal do Brasil em exercício na PREVIC constituir em nome desta, mediante lançamento, os créditos pelo não recolhimento da Taxa de Fiscalização e Controle da Previdência Complementar – TAFIC e promover a sua cobrança administrativa.

▶ §§ 5º a 7º acrescidos pela Lei nº 12.154, de 23-12-2009.

Art. 12. Sem prejuízo do disposto no art. 49 desta Lei, são redistribuídos, na forma do disposto no art. 37 da Lei nº 8.112, de 11 de dezembro de 1990, para a Secretaria da Receita Federal do Brasil, os cargos dos servidores que, na data da publicação desta Lei, se encontravam em efetivo exercício na Secretaria de Receita Previdenciária ou nas unidades técnicas e administrativas a ela vinculadas e sejam titulares de cargos integrantes:

I – do Plano de Classificação de cargos , instituído pela Lei nº 5.645, de 10 de dezembro de 1970, ou do Plano Geral de cargos do Poder Executivo de que trata a Lei nº 11.357, de 19 de outubro de 2006;

II – das Carreiras:

a) Previdenciária, instituída pela Lei nº 10.355, de 26 de dezembro de 2001;

b) da Seguridade Social e do Trabalho, instituída pela Lei nº 10.483, de 3 de julho de 2002;

c) do Seguro Social, instituída pela Lei nº 10.855, de 1º de abril de 2004;

d) da Previdência, da Saúde e do Trabalho, instituída pela Lei nº 11.355, de 19 de outubro de 2006.

§§ 1º a 3º VETADOS.

§ 4º Os servidores referidos neste artigo poderão, no prazo de 180 (cento e oitenta) dias contado da data referida no inciso II do *caput* do art. 51 desta Lei, optar por sua permanência no órgão de origem.

§ 5º Os servidores a que se refere este artigo perceberão seus respectivos vencimentos e vantagens como se em exercício estivessem no órgão de origem, até a vigência da Lei que disporá sobre suas carreiras, cargos, remuneração, lotação e exercício.

▶ §§ 4º e 5º acrescidos pela Lei nº 11.501, de 11-7-2007.

§§ 6º a 8º VETADOS. Lei nº 11.501, de 11-7-2007.

Art. 13. Ficam transferidos os cargos em comissão e funções gratificadas da estrutura da extinta Secretaria da Receita Previdenciária do Ministério da Previdência Social para a Secretaria da Receita Federal do Brasil.

Art. 14. Fica o Poder Executivo federal autorizado a proceder à transformação, sem aumento de despesa, dos cargos em comissão e das funções de confiança existentes na Secretaria Especial da Receita Federal do Brasil do Ministério da Economia.

▶ *Caput* com a redação dada pela Lei nº 13.844, de 18-6-2019.

Parágrafo único. Sem prejuízo das situações em curso, os cargos em comissão e as funções de confiança a que se refere o *caput* deste artigo, com exceção daqueles destinados ao assessoramento direto e ao gabinete do Secretário Especial da Receita Federal do Brasil, são privativos de servidores:

▶ *Caput* do parágrafo único com a redação dada pela Lei nº 13.844, de 18-6-2019.

I – ocupantes de cargos efetivos da Secretaria Especial da Receita Federal do Brasil do Ministério da Economia ou de servidores que tenham obtido aposentadoria nessa condição, hipótese esta restrita à ocupação de cargo em comissão; e

▶ Inciso I com a redação dada pela Lei nº 13.844, de 18-6-2019.

II – alcançados pelo disposto no art. 12 desta Lei.

Art. 15. Os incisos XII e XVIII do *caput* do art. 29 da Lei nº 10.683, de 28 de maio de 2003, passam a vigorar com a seguinte redação:

"Art. 29. ....

....

XII – do Ministério da Fazenda o Conselho Monetário Nacional, o Conselho Nacional de Política Fazendária, o Conselho de Recursos do Sistema Financeiro Nacional, o Conselho Nacional de Seguros Privados, o Conselho de Recursos do Sistema Nacional de Seguros Privados, de Previdência Privada Aberta e de Capitalização, o Conselho de Controle de Atividades Financeiras, a Câmara Superior de Recursos Fiscais, os 1º, 2º e 3º Conselhos de Contribuintes, o Conselho Diretor do Fundo de Garantia à Exportação – CFGE, o Comitê Brasileiro de Nomenclatura, o Comitê de Avaliação de Créditos ao Exterior, a Secretaria da Receita Federal do Brasil, a Procuradoria-Geral da Fazenda Nacional, a Escola de Administração Fazendária e até 5 (cinco) Secretarias;

....

XVIII – do Ministério da Previdência Social o Conselho Nacional de Previdência Social, o Conselho de Recursos da Previdência Social, o Conselho de Gestão da Previdência Complementar e até 2 (duas) Secretarias;

...."

CAPÍTULO II
DA PROCURADORIA-GERAL DA FAZENDA NACIONAL

Art. 16. A partir do 1º (primeiro) dia do 2º (segundo) mês subsequente ao da publicação desta Lei, o débito original e seus acréscimos legais, além de outras multas previstas em lei, relativos às contribuições de que tratam os arts. 2º e 3º desta Lei, constituem dívida ativa da União.

§ 1º A partir do 1º (primeiro) dia do 13º (décimo terceiro) mês subsequente ao da publicação desta Lei, o disposto no *caput* deste artigo se estende à dívida ativa do Instituto Nacional do Seguro Social – INSS e do Fundo Nacional de Desenvolvimento da Educação – FNDE decorrente das contribuições a que se referem os arts. 2º e 3º desta Lei.

§ 2º Aplica-se à arrecadação da dívida ativa decorrente das contribuições de que trata o art. 2º desta Lei o disposto no § 1º daquele artigo.

§ 3º Compete à Procuradoria-Geral Federal representar judicial e extrajudicialmente:

I – o INSS e o FNDE, em processos que tenham por objeto a cobrança de contribuições previdenciárias, inclusive nos que pretendam a contestação do crédito tributário, até a data prevista no § 1º deste artigo;

II – a União, nos processos da Justiça do Trabalho relacionados com a cobrança de contribuições previdenciárias, de imposto de renda retido na fonte e de multas impostas aos empregadores pelos órgãos de fiscalização das relações do trabalho, mediante delegação da Procuradoria-Geral da Fazenda Nacional.

§ 4º A delegação referida no inciso II do § 3º deste artigo será comunicada aos órgãos judiciários e não alcançará a competência prevista no inciso II do art. 12 da Lei Complementar nº 73, de 10 de fevereiro de 1993.

§ 5º Recebida a comunicação aludida no § 4º deste artigo, serão destinadas à Procuradoria-Geral Federal as citações, intimações e notificações efetuadas em processos abrangidos pelo objeto da delegação.

§ 6º Antes de efetivar a transferência de atribuições decorrente do disposto no § 1º deste artigo, a Procuradoria-Geral Federal concluirá os atos que se encontrarem pendentes.

§ 7º A inscrição na dívida ativa da União das contribuições de que trata o art. 3º desta Lei, na forma do *caput* e do § 1º deste artigo, não altera a destinação final do produto da respectiva arrecadação.

Art. 17. O art. 39 da Lei nº 8.212, de 24 de julho de 1991, passa a vigorar com a seguinte redação:

▶ Alterações inseridas no texto da referida Lei.

Art. 18. Ficam criados na Carreira de Procurador da Fazenda Nacional 1.200 (mil e duzentos) cargos efetivos de Procurador da Fazenda Nacional.

Parágrafo único. Os cargos referidos no *caput* deste artigo serão providos na medida das necessidades do serviço e das disponibilidades de recursos orçamentários, nos termos do § 1º do art. 169 da Constituição Federal.

Art. 18-A. Compete ao Advogado-Geral da União e ao Ministro de Estado da Fazenda, mediante ato conjunto, distribuir os cargos de Procurador da Fazenda Nacional pelas 3 (três) categorias da Carreira.

▶ Artigo acrescido pela Lei nº 11.518, de 5-9-2007.

Art. 19. Ficam criadas, na Procuradoria-Geral da Fazenda Nacional, 120 (cento e vinte) Procuradorias Seccionais da Fazenda Nacional, a serem instaladas por ato do Ministro de Estado da Fazenda em cidades-sede de Varas da Justiça Federal ou do Trabalho.

Parágrafo único. Para estruturação das Procuradorias Seccionais a que se refere o *caput* deste artigo, ficam criados 60 (sessenta) cargos em comissão do Grupo Direção e Assessoramento Superiores DAS-2 e 60 (sessenta) DAS-1, a serem providos na medida das necessidades do serviço e das disponibilidades de recursos orçamentários, nos termos do § 1º do art. 169 da Constituição Federal.

Art. 20. VETADO.

Art. 21. Sem prejuízo do disposto no art. 49 desta Lei e da percepção da remuneração do respectivo cargo, será fixado o exercício na Procuradoria-Geral da Fazenda Nacional, a partir da data fixada no § 1º do art. 16 desta Lei, dos servidores que se encontrarem em efetivo exercício nas unidades vinculadas ao contencioso fiscal e à cobrança da dívida ativa na Coordenação-Geral de Matéria Tributária da Procuradoria-Geral Federal, na Procuradoria Federal Especializada junto ao INSS, nos respectivos órgãos descentralizados ou nas unidades locais, e forem titulares de cargos integrantes:

I – do Plano de Classificação de Cargos instituído pela Lei nº 5.645, de 10 dezembro de 1970, ou do Plano Geral de Cargos do Poder Executivo de que trata a Lei nº 11.357, de 19 de outubro de 2006;

▸ Inciso I com a redação dada pela Lei nº 11.501, de 11-7-2007.

II – das Carreiras:

a) Previdenciária, instituída pela Lei nº 10.355, de 26 de dezembro de 2001;

b) da Seguridade Social e do Trabalho, instituída pela Lei nº 10.483, de 3 de julho de 2002;

c) do Seguro Social, instituída pela Lei nº 10.855, de 1º de abril de 2004;

d) da Previdência, da Saúde e do Trabalho, instituída pela Lei nº 11.355, de 19 de outubro de 2006.

Parágrafo único. Fica o Poder Executivo autorizado, de acordo com as necessidades do serviço, a fixar o exercício dos servidores a que se refere o *caput* deste artigo no órgão ou entidade ao qual estiverem vinculados.

Art. 22. As autarquias e fundações públicas federais darão apoio técnico, logístico e financeiro, pelo prazo de 24 (vinte e quatro) meses a partir da publicação desta Lei, para que a Procuradoria-Geral Federal assuma, de forma centralizada, nos termos dos §§ 11 e 12 do art. 10 da Lei nº 10.480, de 2 de julho de 2002, a execução de sua dívida ativa.

Art. 23. Compete à Procuradoria-Geral da Fazenda Nacional a representação judicial na cobrança de créditos de qualquer natureza inscritos em Dívida Ativa da União.

Art. 24. É obrigatório que seja proferida decisão administrativa no prazo máximo de 360 (trezentos e sessenta) dias a contar do protocolo de petições, defesas ou recursos administrativos do contribuinte.

§§ 1º e 2º VETADOS.

▸ Art. 43 da Lei nº 14.596, de 14-6-2023, que dispõe sobre regras de preços de transferência relativas ao Imposto sobre a Renda das Pessoas Jurídicas (IRPJ) e à Contribuição Social sobre o Lucro Líquido (CSLL).

CAPÍTULO III
DO PROCESSO ADMINISTRATIVO FISCAL

Art. 25. Passam a ser regidos pelo Decreto nº 70.235, de 6 de março de 1972:

I – a partir da data fixada no § 1º do art. 16 desta Lei, os procedimentos fiscais e os processos administrativo-fiscais de determinação e exigência de créditos tributários referentes às contribuições de que tratam os arts. 2º e 3º desta Lei;

II – a partir da data fixada no *caput* do art. 16 desta Lei, os processos administrativos de consulta relativos às contribuições sociais mencionadas no art. 2º desta Lei.

§ 1º O Poder Executivo poderá antecipar ou postergar a data a que se refere o inciso I do *caput* deste artigo, relativamente a:

I – procedimentos fiscais, instrumentos de formalização do crédito tributário e prazos processuais;

II – competência para julgamento em 1ª (primeira) instância pelos órgãos de deliberação interna e natureza colegiada.

§ 2º *Revogado.* Lei nº 13.670, de 30-5-2018.

§ 3º Aplicam-se, ainda, aos processos a que se refere o inciso II do *caput* deste artigo os arts. 48 e 49 da Lei nº 9.430, de 27 de dezembro de 1996.

Art. 26. O valor correspondente à compensação de débitos relativos às contribuições de que trata o art. 2º desta Lei será repassado ao Fundo do Regime Geral de Previdência Social no prazo máximo de 30 (trinta) dias úteis, contado da data em que ela for promovida de ofício ou em que for apresentada a declaração de compensação.

▸ *Caput* com a redação dada pela Lei nº 13.670, de 30-5-2018.

Parágrafo único. *Revogado.* Lei nº 13.670, de 30-5-2018.

Art. 26-A. O disposto no art. 74 da Lei nº 9.430, de 27 de dezembro de 1996:

I – aplica-se à compensação das contribuições a que se referem os arts. 2º e 3º desta Lei efetuada pelo sujeito passivo que utilizar o Sistema de Escrituração Digital das Obrigações Fiscais, Previdenciárias e Trabalhistas (eSocial), para apuração das referidas contribuições, observado o disposto no § 1º deste artigo;

II – não se aplica à compensação das contribuições a que se referem os arts. 2º e 3º desta Lei efetuada pelos demais sujeitos passivos; e

III – não se aplica ao regime unificado de pagamento de tributos, de contribuições e dos demais encargos do empregador doméstico (Simples Doméstico).

§ 1º Não poderão ser objeto da compensação de que trata o inciso I do *caput* deste artigo:

I – o débito das contribuições a que se referem os arts. 2º e 3º desta Lei:

a) relativo a período de apuração anterior à utilização do eSocial para a apuração das referidas contribuições; e

b) relativo a período de apuração posterior à utilização do eSocial com crédito dos demais tributos administrados pela Secretaria da Receita Federal do Brasil concernente a período de apuração anterior à utilização do eSocial para apuração das referidas contribuições; e

II – o débito dos demais tributos administrados pela Secretaria da Receita Federal do Brasil:

a) relativo a período de apuração anterior à utilização do eSocial para apuração de tributos com crédito concernente às contribuições a que se referem os arts. 2º e 3º desta Lei; e

b) com crédito das contribuições a que se referem os arts. 2º e 3º desta Lei relativo a período de apuração anterior à utilização do eSocial para apuração das referidas contribuições.

§ 2º A Secretaria da Receita Federal do Brasil disciplinará o disposto neste artigo.

▸ Art. 26-A acrescido pela Lei nº 13.670, de 30-5-2018.

Art. 27. Observado o disposto no art. 25 desta Lei, os procedimentos fiscais e os processos administrativo-fiscais referentes às contribuições sociais de que tratam os arts. 2º e 3º desta Lei permanecem regidos pela legislação precedente.

Art. 28. Ficam criadas, na Secretaria da Receita Federal do Brasil, 5 (cinco) Delegacias de Julgamento e 60 (sessenta) Turmas de Julgamento com competência para julgar, em 1ª (primeira) instância, os processos de exigência de tributos e contribuições arrecadados pela Secretaria da Receita Federal do Brasil, a serem instaladas mediante ato do Ministro de Estado da Fazenda.

Parágrafo único. Para estruturação dos órgãos de que trata o *caput* deste artigo, ficam criados 5 (cinco) cargos em comissão do Grupo Direção e Assessoramento Superiores DAS-3 e 55 (cinquenta e cinco) DAS-2, a serem providos na medida das necessidades do serviço e das disponibilidades de recursos orçamentários, nos termos do § 1º do art. 169 da Constituição Federal.

Art. 29. Fica transferida do Conselho de Recursos da Previdência Social para o 2º Conselho de Contribuintes do Ministério da Fazenda a competência para julgamento de recursos referentes às contribuições de que tratam os arts. 2º e 3º desta Lei.

§ 1º Para o exercício da competência a que se refere o *caput* deste artigo, serão instaladas no 2º Conselho de Contribuintes, na forma da regulamentação pertinente, Câmaras especializadas, observada a composição prevista na parte final do inciso VII do *caput* do art. 194 da Constituição Federal.

§ 2º Fica autorizado o funcionamento das Câmaras dos Conselhos de Contribuintes nas sedes das Regiões Fiscais da Secretaria da Receita Federal do Brasil.

Art. 30. No prazo de 30 (trinta) dias da publicação do ato de instalação das Câmaras previstas no § 1º do art. 29 desta Lei, os processos administrativo-fiscais referentes às contribuições de que tratam os arts. 2º e 3º desta Lei que se encontrarem no Conselho de Recursos da Previdência Social serão encaminhados para o 2º Conselho de Contribuintes.

Parágrafo único. Fica prorrogada a competência do Conselho de Recursos da Previdência Social durante o prazo a que se refere o *caput* deste artigo.

Art. 31. São transferidos, na data da publicação do ato a que se refere o *caput* do art. 30 desta Lei, 2 (dois) cargos em comissão do Grupo Direção e Assessoramento Superiores DAS-101.2 e 2 (dois) DAS-101.1 do Conselho de Recursos da Previdência Social para o 2º Conselho de Contribuintes.

CAPÍTULO IV
DO PARCELAMENTO DOS DÉBITOS PREVIDENCIÁRIOS DOS ESTADOS E DO DISTRITO FEDERAL

Art. 32. Os débitos de responsabilidade dos Estados e do Distrito Federal, de suas autarquias e fundações, relativos às contribuições sociais de que tratam as alíneas a e c do parágrafo único do art. 11 da Lei nº 8.212, de 24 de julho de 1991, com vencimento até o mês anterior ao da entrada em vigor desta Lei, poderão ser parcelados em até 240 (duzentas e quarenta) prestações mensais e consecutivas.

§ 1º Os débitos referidos no *caput* deste artigo são aqueles originários de contribuições sociais e obrigações acessórias, constituídos ou não, inscritos ou não em dívida ativa, incluídos os que estiverem em fase de execução fiscal ajuizada, e os que tenham sido objeto de parcelamento anterior não integralmente quitado ou cancelado por falta de pagamento.

§ 2º Os débitos ainda não constituídos deverão ser confessados de forma irretratável e irrevogável.

§ 3º Poderão ser parcelados em até 60 (sessenta) prestações mensais e consecutivas os débitos de que tratam o *caput* e os §§ 1º e 2º deste artigo com vencimento até o mês anterior ao da entrada em vigor desta Lei, relativos a contribuições não recolhidas:

I – descontadas dos segurados empregado, trabalhador avulso e contribuinte individual;

II – retidas na forma do art. 31 da Lei nº 8.212, de 24 de julho de 1991;

III – decorrentes de sub-rogação.

§ 4º Caso a prestação mensal não seja paga na data do vencimento, serão retidos e repassados à Secretaria da Receita Federal do Brasil recursos do Fundo de Participação dos Estados e do Distrito Federal suficientes para sua quitação, acrescidos de juros equivalentes à taxa referencial do Sistema Especial de Liquidação e de Custódia – SELIC para títulos federais, acumulada mensalmente a partir do primeiro dia do mês subsequente ao da consolidação do débito até o mês anterior ao do pagamento, acrescido de 1% (um por cento) no mês do pagamento da prestação.

Art. 33. Até 90 (noventa) dias após a entrada em vigor desta Lei, a opção pelo parcelamento será formalizada na Secretaria da Receita Federal do Brasil, que se responsabilizará pela cobrança das prestações e controle dos créditos originários dos parcelamentos concedidos.

▸ Art. 3º da Lei nº 11.531, de 24-10-2007, que prorroga até o dia 31-12-2007 o prazo deste artigo.

Art. 34. A concessão do parcelamento objeto deste Capítulo está condicionada:

I – à apresentação pelo Estado ou Distrito Federal, na data da formalização do pedido, do demonstrativo referente à apuração da Receita Corrente Líquida Estadual, na forma do disposto na Lei Complementar nº 101, de 4 de maio de 2000, referente ao ano-calendário imediatamente anterior ao da entrada em vigor desta Lei;

II – ao adimplemento das obrigações vencidas a partir do primeiro dia do mês da entrada em vigor desta Lei.

Art. 35. Os débitos serão consolidados por Estado e Distrito Federal na data do pedido do parcelamento, reduzindo-se os valores referentes a juros de mora em 50% (cinquenta por cento).

Art. 36. Os débitos de que trata este Capítulo serão parcelados em prestações mensais equivalentes a, no mínimo, 1,5% (um inteiro e cinco décimos por cento) da média da Receita Corrente Líquida do Estado e do Distrito Federal prevista na Lei Complementar nº 101, de 4 de maio de 2000.

§ 1º A média de que trata o *caput* deste artigo corresponderá a 1/12 (um doze avos) da Receita Corrente Líquida do ano anterior ao do vencimento da prestação.

§ 2º Para fins deste artigo, os Estados e o Distrito Federal se obrigam a encaminhar à Secretaria da Receita Federal do Brasil o demonstrativo de apuração da Receita Corrente Líquida de que trata o inciso I do art. 53 da Lei Complementar nº 101, de 4 de maio de 2000, até o último dia útil do mês de fevereiro de cada ano.

§ 3º A falta de apresentação das informações a que se refere o § 2º deste artigo implicará, para fins de apuração e cobrança da prestação mensal, a aplicação da variação do Índice Geral de Preços, Disponibilidade Interna – IGP-DI, acrescida de juros de 0,5% (cinco décimos por cento) ao mês, sobre a última Receita Corrente Líquida publicada nos termos da legislação.

§ 4º Às prestações vencíveis em janeiro, fevereiro e março aplicar-se-á o valor mínimo do ano anterior.

Art. 37. As prestações serão exigíveis no último dia útil de cada mês, a contar do mês subsequente ao da formalização do pedido de parcelamento.

§ 1º No período compreendido entre a formalização do pedido e o mês da consolidação, o ente beneficiário do parcelamento deverá recolher mensalmente prestações correspondentes a 1,5% (um inteiro e cinco décimos por cento) da média da Receita Corrente Líquida do Estado e do Distrito Federal prevista na Lei Complementar nº 101, de 4 de maio de 2000, sob pena de indeferimento do pleito, que só se confirma com o pagamento da prestação inicial.

§ 2º A partir do mês seguinte à consolidação, o valor da prestação será obtido mediante a divisão do montante do débito parcelado, deduzidos os valores das prestações recolhidas nos termos do § 1º deste artigo, pelo número de prestações restantes, observado o valor mínimo de 1,5% (um inteiro e cinco décimos por cento) da média da Receita Corrente Líquida do Estado e do Distrito Federal prevista na Lei Complementar nº 101, de 4 de maio de 2000.

Art. 38. O parcelamento será rescindido na hipótese do inadimplemento:

I – de 3 (três) meses consecutivos ou 6 (seis) meses alternados, prevalecendo o que primeiro ocorrer;

II – das obrigações correntes referentes às contribuições sociais de que trata este Capítulo;

III – da parcela da prestação que exceder à retenção dos recursos do Fundo de Participação dos Estados e do Distrito Federal promovida na forma deste Capítulo.

Art. 39. O Poder Executivo disciplinará, em regulamento, os atos necessários à execução do disposto neste Capítulo.

Parágrafo único. Os débitos referidos no *caput* deste artigo serão consolidados no âmbito da Secretaria da Receita Federal do Brasil.

CAPÍTULO V

DISPOSIÇÕES GERAIS

Art. 40. Sem prejuízo do disposto nas Leis nºs 4.516, de 1º de dezembro de 1964, e 5.615, de 13 de outubro de 1970, a Empresa de Tecnologia e Informações da Previdência Social – DATAPREV fica autorizada a prestar serviços de tecnologia da informação ao Ministério da Fazenda, necessários ao desempenho das atribuições abrangidas por esta Lei, observado o disposto no inciso VIII do art. 24 da Lei nº 8.666, de 21 de junho de 1993, nas condições estabelecidas em ato do Poder Executivo.

▸ A Lei nº 8.666, de 21-6-1993, foi revogada pela Lei nº 14.133, de 1º-4-2021.

▸ Art. 75 da Lei nº 14.133, de 1º-4-2021 (Nova Lei de Licitações e Contratos Administrativos).

Art. 41. Fica autorizada a transferência para o patrimônio da União dos imóveis que compõem o Fundo do Regime Geral de Previdência Social identificados pelo Poder Executivo como necessários ao funcionamento da Secretaria da Receita Federal do Brasil e da Procuradoria-Geral da Fazenda Nacional.

Parágrafo único. No prazo de 3 (três) anos, de acordo com o resultado de avaliação realizada nos termos da legislação aplicável, a União compensará financeiramente o Fundo do Regime Geral de Previdência Social pelos imóveis transferidos na forma do *caput* deste artigo.

Art. 42. A Consolidação das Leis do Trabalho – CLT, aprovada pelo Decreto-Lei nº 5.452, de 1º de maio de 1943, passa a vigorar com a seguinte redação:

▸ Alterações inseridas no texto da CLT.

Art. 43. A Lei nº 10.910, de 15 de julho de 2004, passa a vigorar com a redação seguinte, dando-se aos seus Anexos a forma dos Anexos I e II desta Lei:

"Art. 1º As Carreiras de Auditoria da Receita Federal do Brasil e Auditoria Fiscal do Trabalho compõem-se de cargos efetivos agrupados nas classes A, B e Especial, compreendendo a 1a (primeira) 5 (cinco) padrões, e as 2 (duas) últimas, 4 (quatro) padrões, na forma do Anexo I desta Lei."

"Art. 3º A Gratificação de Desempenho de Atividade Tributária – GDAT de que trata o art. 15 da Lei nº 10.593, de 6 de dezembro de 2002, devida aos integrantes das Carreiras de Auditoria da Receita Federal do Brasil e Auditoria Fiscal do Trabalho, é transformada em Gratificação de Atividade Tributária – GAT, em valor equivalente a 75% (setenta e cinco por cento) do vencimento básico do servidor.

I – revogado pela Lei nº 11.356, de 2006;

II – revogado pela Lei nº 11.356, de 2006.

...."

"Art. 4º Fica criada a Gratificação de Incremento da Fiscalização e da Arrecadação – GIFA, devida aos ocupantes dos cargos efetivos das Carreiras de Auditoria da Receita Federal do Brasil e Auditoria Fiscal do Trabalho, de que trata a Lei nº 10.593, de 6 de dezembro de 2002, no percentual de até 95% (noventa e cinco por cento), incidente sobre o maior vencimento básico de cada cargo das Carreiras.

§ 1º A GIFA será paga aos Auditores Fiscais da Receita Federal do Brasil e aos Analistas-Tributários da Receita Federal do Brasil de acordo com os seguintes parâmetros:

....

II – 2/3 (dois terços), no mínimo, em decorrência da avaliação do resultado institucional do conjunto de unidades da Secretaria da Receita Federal do Brasil no cumprimento de metas de arrecadação, computadas em âmbito nacional e de forma individualizada para cada órgão.

....

§ 8º ....

....

II – ocupantes dos cargos efetivos da Carreira de Auditoria da Receita Federal do Brasil, em exercício nos seguintes órgãos do Ministério da Fazenda:

....

III – ocupantes dos cargos de Auditor Fiscal da Receita Federal do Brasil da Carreira de Auditoria da Receita Federal do Brasil, em exercício no Ministério da Previdência Social e órgãos vinculados;

IV – ocupantes dos cargos efetivos da Carreira Auditoria Fiscal do Trabalho, em exercício no Ministério do Trabalho e Emprego, exclusivamente nas unidades não integrantes do Sistema Federal de Inspeção do Trabalho definidas em regulamento."

"Art. 6º VETADO."

Art. 44. O art. 23 do Decreto nº 70.235, de 6 de março de 1972, passa a vigorar acrescido dos §§ 7º, 8º e 9º, com a seguinte redação:

▸ Alterações inseridas no texto do referido Decreto.

Art. 45. As repartições da Secretaria da Receita Federal do Brasil deverão, durante seu horário regular de funcionamento, dar vista dos autos de processo administrativo, permitindo a obtenção de cópias reprográficas, assim como receber requerimentos e petições.

Parágrafo único. A Secretaria da Receita Federal do Brasil adotará medidas para disponibilizar o atendimento a que se refere o *caput* deste artigo por intermédio da rede mundial de computadores e o recebimento de petições e requerimentos digitalizados.

CAPÍTULO VI
DISPOSIÇÕES TRANSITÓRIAS E FINAIS

Art. 46. A Fazenda Nacional poderá celebrar convênios com entidades públicas e privadas para a divulgação de informações previstas nos incisos II e III do § 3º do art. 198 da Lei nº 5.172, de 25 de outubro de 1966 – Código Tributário Nacional – CTN.

Art. 47. Fica o Poder Executivo autorizado a:

I – transferir, depois de realizado inventário, do INSS, do Ministério da Previdência Social e da Procuradoria-Geral Federal para a Secretaria da Receita Federal do Brasil e para a Procuradoria-Geral da Fazenda Nacional acervos técnicos e patrimoniais, inclusive bens imóveis, obrigações, direitos, contratos, convênios, processos administrativos e demais instrumentos relacionados com as atividades transferidas em decorrência desta Lei;

II – remanejar e transferir para a Secretaria da Receita Federal do Brasil dotações em favor do Ministério da Previdência Social e do INSS aprovadas na Lei Orçamentária em vigor, mantida a classificação funcional-programática, subprojetos, subatividades e grupos de despesas.

§ 1º Até que sejam implementados os ajustes necessários, o Ministério da Previdência Social e o INSS continuarão a executar as despesas de pessoal e de manutenção relativas às atividades transferidas, inclusive as decorrentes do disposto no § 5º do art. 10 desta Lei.

§ 2º Enquanto não ocorrerem as transferências previstas no *caput* deste artigo, o Ministério da Previdência Social, o INSS e a Procuradoria-Geral Federal prestarão à Secretaria da Receita Federal do Brasil e à Procuradoria-Geral da Fazenda Nacional o necessário apoio técnico, financeiro e administrativo.

§ 3º Inclui-se no apoio de que trata o § 2º deste artigo a manutenção dos espaços físicos atualmente ocupados.

Art. 48. Fica mantida, enquanto não modificados pela Secretaria da Receita Federal do Brasil, a vigência dos convênios celebrados e dos atos normativos e administrativos editados:

I – pela Secretaria da Receita Previdenciária;

II – pelo Ministério da Previdência Social e pelo INSS relativos à administração das contribuições a que se referem os arts. 2º e 3º desta Lei;

III – pelo Ministério da Fazenda relativos à administração dos tributos e contribuições de competência da Secretaria da Receita Federal do Brasil;

IV – pela Secretaria da Receita Federal.

Art. 49. VETADO.

Art. 50. No prazo de 1 (um) ano da data de publicação desta Lei, o Poder Executivo encaminhará ao Congresso Nacional projeto de lei orgânica das Auditorias Federais, dispondo sobre direitos, deveres, garantias e prerrogativas dos servidores integrantes das Carreiras de que trata a Lei nº 10.593, de 6 de dezembro de 2002.

Art. 51. Esta Lei entra em vigor:

I – na data de sua publicação, para o disposto nos arts. 40, 41, 47, 48, 49 e 50 desta Lei;

II – no primeiro dia útil do segundo mês subsequente à data de sua publicação, em relação aos demais dispositivos desta Lei.

Art. 52. Ficam revogados:

I – VETADO;

II – a partir da data da publicação desta Lei, o parágrafo único do art. 5º da Lei nº 10.593, de 6 dezembro de 2002.

Brasília, 16 de março de 2007;
186º da Independência e
119º da República.

Luiz Inácio Lula da Silva

▸ Optamos por não publicar os Anexos desta Lei.

LEI Nº 11.577, DE 22 NOVEMBRO DE 2007

Torna obrigatória a divulgação pelos meios que especifica de mensagem relativa à exploração sexual e tráfico de crianças e adolescentes apontando formas para efetuar denúncias.

▸ Publicada no *DOU* de 23-11-2007.

Art. 1º Esta Lei dispõe sobre a obrigatoriedade de divulgação de mensagem relativa à exploração sexual e tráfico de crianças e adolescentes indicando como proceder à denúncia.

Art. 2º É obrigatória a afixação de letreiro, nos termos dispostos nesta Lei, nos seguintes estabelecimentos:

I – hotéis, motéis, pousadas e outros que prestem serviços de hospedagem;

II – bares, restaurantes, lanchonetes e similares;

III – casas noturnas de qualquer natureza;

IV – clubes sociais e associações recreativas ou desportivas cujo quadro de associados seja de livre acesso ou que promovam eventos com entrada paga;

V – salões de beleza, agências de modelos, casas de massagem, saunas, academias de fisiculturismo, dança, ginástica e atividades físicas correlatas;

VI – outros estabelecimentos comerciais que, mesmo sem fins lucrativos, ofereçam serviços, mediante pagamento, voltados ao mercado ou ao culto da estética pessoal;

VII – postos de gasolina e demais locais de acesso público que se localizem junto às rodovias.

§ 1º O letreiro de que trata o *caput* deste artigo deverá:

I – ser afixado em local que permita sua observação desimpedida pelos usuários do respectivo estabelecimento;

II – conter versões idênticas aos dizeres nas línguas portuguesa, inglesa e espanhola;

III – informar os números telefônicos por meio dos quais qualquer pessoa, sem necessidade de identificação, poderá fazer denúncias acerca das práticas consideradas crimes pela legislação brasileira;

IV – estar apresentado com caracteres de tamanho que permita a leitura à distância.

§ 2º O texto contido no letreiro será EXPLORAÇÃO SEXUAL E TRÁFICO DE CRIANÇAS E ADOLESCENTES SÃO CRIMES: DENUNCIE JÁ!.

§ 3º O poder público, por meio do serviço público competente, poderá fornecer aos estabelecimentos o material de que trata este artigo.

Art. 3º Os materiais de propaganda e informação turística publicados ou exibidos por qualquer via eletrônica, inclusive internet, deverão conter menção, nos termos que explicitará o Ministério da Justiça, aos crimes tipificados no Título VI da Parte Especial do Decreto-Lei nº 2.848, de 7 de dezembro de 1940 – Código Penal, sobretudo àqueles cometidos contra crianças e adolescentes.

Art. 4º VETADO.

Art. 5º Esta Lei entra em vigor no prazo de 30 (trinta) dias contados de sua publicação.

Brasília, 22 de novembro de 2007;
186º da Independência e
119º da República.

Luiz Inácio Lula da Silva

LEI Nº 11.598, DE 3 DEZEMBRO DE 2007

Estabelece diretrizes e procedimentos para a simplificação e integração do processo de registro e legalização de empresários e de pessoas jurídicas, cria a Rede Nacional para a Simplificação do Registro e da Legalização de Empresas e Negócios – REDESIM; altera a Lei nº 8.934, de 18 de novembro de 1994; revoga dispositivos do Decreto-Lei nº 1.715, de 22 de novembro de 1979, e das Leis nºs 7.711, de 22 de dezembro de 1988, 8.036, de 11 de maio de 1990, 8.212, de 24 de julho de 1991, e 8.906, de 4 de julho de 1994; e dá outras providências.

▸ Publicada no *DOU* de 4-12-2007.

Art. 1º Esta Lei estabelece normas gerais de simplificação e integração do processo de registro e legalização de empresários e pessoas jurídicas no âmbito da União, dos Estados, do Distrito Federal e dos Municípios.

CAPÍTULO I
DA REDESIM E DAS DIRETRIZES PARA SUA ESTRUTURAÇÃO E FUNCIONAMENTO

Art. 2º Fica criada a Rede Nacional para a Simplificação do Registro e da Legalização de Empresas e Negócios – REDESIM, com a finalidade de propor ações e normas aos seus integrantes, cuja participação na sua composição será obrigatória para os órgãos federais e voluntária, por adesão mediante consórcio, para os órgãos, autoridades e entidades não federais com competências e atribuições vinculadas aos assuntos de interesse da REDESIM.

§ 1º A REDESIM será administrada pelo Comitê para Gestão da Rede Nacional para Simplificação do Registro e da Legalização de Empresas e Negócios (CGSIM), presidido por representante indicado pelo Ministro de Estado da Economia, nos termos de regulamento.

▸ Parágrafo único transformado em § 1º e com a redação dada pela Lei nº 14.195, de 26-8-2021.

§ 2º A composição, a estrutura e o funcionamento do CGSIM serão definidos em regulamento, que contemplará representação dos órgãos e das entidades envolvidos no processo de registro e de legalização de empresários, incluídos produtores rurais estabelecidos como pessoas físicas, e de pessoas jurídicas e no processo de licenciamento e de autorizações de funcionamento.

§ 3º A plataforma tecnológica de integração do processo relativa à REDESIM poderá abranger produtos artesanais alimentícios, inclusive de origem animal ou vegetal, e as obras de construção civil, de empresários e de pessoas jurídicas.

▸ §§ 2º e 3º acrescidos pela Lei nº 14.195, de 26-8-2021.

Art. 3º Na elaboração de normas de sua competência, os órgãos e entidades que componham a REDESIM deverão considerar a integração do processo de registro e de legalização de empresários e de pessoas jurídicas e articular as competências próprias com aquelas dos demais membros, buscando, em conjunto, compatibilizar e integrar procedimentos, de modo a evitar a duplicidade de exigências e garantir a linearidade do processo, da perspectiva do usuário.

Art. 4º Os órgãos e as entidades envolvidos no processo de registro e de legalização de empresas, no âmbito de suas competências, deverão manter à disposição dos usuários, de forma gratuita, por meio presencial e da internet, ficha cadastral simplificada, da qual constem os dados atualizados da empresa, bem como informações, orientações e instrumentos que permitam pesquisas prévias sobre as etapas de registro ou de inscrição, de alteração e de baixa de empresários, incluídos produtores rurais estabelecidos como pessoas físicas, e de pessoas jurídicas e de licenciamento e de autorizações de funcionamento, de modo a fornecer ao usuário clareza quanto à documentação exigível e à viabilidade locacional, de nome empresarial, de registro, de licenciamento ou de inscrição.

▸ *Caput* com a redação dada pela Lei nº 14.195, de 26-8-2021.

§§ 1º a 4º *Revogados.* Lei nº 14.195, de 26-8-2021.

§ 5º Ato do Poder Executivo federal disporá sobre a classificação mínima de atividades de baixo risco, válida para todos os integrantes da REDESIM, observada a Classificação Nacional de Atividades Econômicas, hipótese em que a autodeclaração de enquadramento será requerimento suficiente, até que seja apresentada prova em contrário.

▸ § 5º acrescido pela Lei nº 13.874, de 20-9-2019.

Art. 5º Para os fins de registro e legalização de empresários e pessoas jurídicas, os requisitos de segurança sanitária, controle ambiental e prevenção contra incêndios deverão ser simplificados, racionalizados e uniformizados pelos órgãos e entidades que componham a REDESIM, no âmbito das respectivas competências.

§ 1º As vistorias necessárias à emissão de licenças e de autorizações de funcionamento poderão ser realizadas após o início de operação do estabelecimento quando a atividade, por sua natureza, comportar grau de risco compatível com esse procedimento.

§ 2º As vistorias de interesse dos órgãos fazendários deverão ser realizadas a partir do início de operação do estabelecimento, exceto quando, em relação à atividade, lei federal dispuser sobre a impossibilidade da mencionada operação sem prévia anuência da administração tributária.

Art. 5º-A. Resolução do CGSIM disporá sobre a classificação de risco das atividades, válida para todos os integrantes da REDESIM, a ser observada na ausência de legislação estadual, distrital ou municipal específica, sem prejuízo do disposto no § 1º do art. 3º da Lei nº 13.874, de 20 de setembro de 2019, e observado o disposto no § 5º do art. 4º desta Lei.

§ 1º Na hipótese de sobrevir legislação estadual, distrital ou municipal específica que disponha sobre a classificação de atividades, o ente federativo que editar a norma específica informará a alteração realizada ao CGSIM.

§ 2º As licenças, os alvarás e os demais atos públicos de liberação serão considerados válidos até o cancelamento ou a cassação por meio de ato posterior, caso seja constatado o descumprimento de requisitos ou de condições, vedada a atribuição de prazo de vigência por tempo indeterminado.

▸ Art. 5º-A acrescido pela Lei nº 14.195, de 26-8-2021.

Art. 6º *Revogado.* Lei nº 14.195, de 26-8-2021.

Art. 6º-A. Sem prejuízo do disposto no inciso I do *caput* do art. 3º da Lei nº 13.874, de 20 de setembro de 2019, nos casos em que o grau de risco da atividade seja considerado médio, na forma prevista no art. 5º-A desta Lei, o alvará de funcionamento e as licenças serão emitidos automaticamente, sem análise humana, por intermédio de sistema responsável pela integração dos órgãos e das entidades de registro, nos termos estabelecidos em resolução do CGSIM.

§ 1º O alvará de funcionamento será emitido com a assinatura de termo de ciência e responsabilidade do empresário, sócio ou responsável legal pela sociedade, que firmará compromisso, sob as penas da lei, de observar os requisitos exigidos para o funcionamento e o exercício das atividades econômicas constantes do objeto social, para efeito de cumprimento das normas de segurança sanitária, ambientais e de prevenção contra incêndio.

§ 2º Do termo de ciência e responsabilidade constarão informações sobre as exigências que deverão ser cumpridas antes do início da atividade empresarial.

§ 3º O CGSIM comunicará ao responsável pela integração nos Estados e no Distrito Federal sobre o recebimento de classificação própria prevista em legislação estadual, distrital ou municipal específica, caso em que o sistema aplicará a classificação respectiva e não a estabelecida pelo CGSIM na forma prevista no *caput* do art. 5º-A desta Lei.

§ 4º A emissão automática de que trata o *caput* deste artigo não obsta a fiscalização pelos órgãos ou pelas entidades estaduais, distritais ou municipais competentes.

§ 5º A assinatura de termo de ciência e responsabilidade do empresário, sócio ou responsável legal pela sociedade, referido no § 1º deste artigo, poderá ser realizada eletronicamente mediante o uso de assinaturas eletrônicas nos termos da Lei nº 14.063, de 23 de setembro de 2020.

§ 6º As disposições deste artigo não afastam as regras de licenças ambientais e outros atos autorizativos previstos na Lei Complementar nº 140, de 8 de dezembro de 2011.

▸ Art. 6º-A acrescido pela Lei nº 14.195, de 26-8-2021.

Art. 7º Para os atos de registro, inscrição, alteração e baixa de empresários ou pessoas jurídicas, fica vedada a instituição de qualquer tipo de exigência de natureza documental ou formal, restritiva ou condicionante, que exceda o estrito limite dos requisitos pertinentes à essência de tais atos, observado o disposto nos arts. 5º e 9º desta Lei, não podendo também ser exigidos, de forma especial:

I – quaisquer documentos adicionais aos requeridos pelos órgãos executores do Registro Público de Empresas Mercantis e Atividades Afins e do Registro Civil de Pessoas Jurídicas, excetuados os casos de autorização legal prévia;

II – documento de propriedade, contrato de locação ou comprovação de regularidade de obrigações tributárias referentes ao imóvel onde será instalada a sede, filial ou outro estabelecimento;

III – comprovação de regularidade de prepostos dos empresários ou pessoas jurídicas com seus órgãos de classe, sob qualquer forma, como requisito para deferimento de ato de inscrição, alteração ou baixa de empresários ou pessoas jurídicas, bem como para autenticação de instrumento de escrituração;

IV – certidão de inexistência de condenação criminal, que será substituída por declaração do titular ou administrador, firmada sob as penas da lei, de não estar impedido de exercer atividade mercantil ou a administração de sociedade, em virtude de condenação criminal;

V – VETADO.

§ 1º Eventuais exigências no curso de processo de registro e legalização de empresário ou de pessoa jurídica serão objeto de comunicação pelo órgão competente ao requerente, com indicação das disposições legais que as fundamentam.

§ 2º Os atos de inscrição fiscal e tributária, suas alterações e baixas efetuados diretamente por órgãos e entidades da administração direta que integrem a REDESIM não importarão em ônus, a qualquer título, para os empresários ou pessoas jurídicas.

Art. 7º-A. O registro dos atos constitutivos, de suas alterações e extinções (baixas), referentes a empresários e pessoas jurídicas em qualquer órgão dos 3 (três) âmbitos de governo, ocorrerá independentemente da regularidade de obrigações tributárias, previdenciárias ou trabalhistas, principais ou acessórias, do empresário, da sociedade, dos sócios, dos administradores ou de empresas de que participem, sem prejuízo das responsabilidades do empresário, dos titulares, dos sócios ou dos administradores por tais obrigações, apuradas antes ou após o ato de extinção.

§ 1º A baixa referida no *caput* deste artigo não impede que, posteriormente, sejam lançados ou cobrados impostos, contribuições e respectivas penalidades, decorrentes da simples falta de recolhimento ou da prática comprovada e apurada em processo administrativo ou judicial de outras irregularidades praticadas pelos empresários ou por seus titulares, sócios ou administradores.

§ 2º A solicitação de baixa na hipótese prevista no *caput* deste artigo importa responsabilidade solidária dos titulares, dos sócios e dos administradores do período de ocorrência dos respectivos fatos geradores.

▸ Art. 7-A acrescido pela LC nº 147, de 7-8-2014.

Art. 8º Verificada pela fiscalização de qualquer órgão componente da REDESIM divergência em dado cadastral do empresário ou da pessoa jurídica originário de instrumento de constituição, alteração ou baixa, deverá constar do auto a que seja reduzido o ato de fiscalização a obrigatoriedade de atualização ou correção daquele, no prazo de 30 (trinta) dias, mediante registro de instrumento próprio no órgão executor do Registro Público de Empresas Mercantis e Atividades Afins ou do Registro Civil de Pessoas Jurídicas, conforme o caso.

CAPÍTULO II
DOS SISTEMAS INFORMATIZADOS DE APOIO AO REGISTRO E À LEGALIZAÇÃO DE EMPRESAS

Art. 9º Será assegurada ao usuário da REDESIM entrada única de dados cadastrais e de documentos, resguardada a independência das bases de dados e observada a necessidade de informações por parte dos órgãos e entidades que a integrem.

§ 1º Os órgãos executores do Registro Público de Empresas Mercantis e Atividades Afins e do Registro Civil das Pessoas Jurídicas colocarão à disposição dos demais integrantes da REDESIM, por meio eletrônico:

I – os dados de registro de empresários ou pessoas jurídicas, imediatamente após o arquivamento dos atos;

II – as imagens digitalizadas dos atos arquivados, no prazo de 5 (cinco) dias úteis após o arquivamento.

§ 2º As imagens digitalizadas suprirão a eventual exigência de apresentação do respectivo documento a órgão ou entidade que integre a REDESIM.

§ 3º Deverão ser utilizadas, nos cadastros e registros administrativos no âmbito da REDESIM, as classificações aprovadas por órgão do Poder Executivo Federal designado em regulamento, devendo os órgãos e entidades integrantes zelar pela uniformidade e consistência das informações.

Art. 10. Para maior segurança no cumprimento de suas competências institucionais no processo de registro, com vistas na verificação de dados de identificação de empresários, sócios ou administradores, os órgãos executores do Registro Público de Empresas Mercantis e Atividades Afins e do Registro Civil de Pessoas Jurídicas realizarão consultas automatizadas e gratuitas:

I – ao Cadastro Nacional de Documentos Extraviados, Roubados ou Furtados;

II – a sistema nacional de informações sobre pessoas falecidas;

III – a outros cadastros de órgãos públicos.

Art. 11. O Poder Executivo Federal criará e manterá, na rede mundial de computadores – internet, sistema pelo qual:

I – promover orientação e informação sobre as etapas e os requisitos para processamento de registro, de inscrição, de alteração e de baixa de pessoas jurídicas ou de empresários;

II – prestar os serviços prévios ao registro e à legalização de empresários e de pessoas jurídicas, incluída a disponibilização de aplicativo de pesquisa on-line e com resposta imediata sobre a existência de nome empresarial idêntico;

▸ Incisos I e II com a redação dada pela Lei nº 14.195, de 26-8-2021.

III – *Revogado*. Lei nº 14.195, de 26-8-2021;

IV – realizar o registro e as inscrições de empresários e pessoas jurídicas sem estabelecimento físico;

V – prestar serviço de consulta sobre a possibilidade de exercício da atividade empresarial no local indicado para o funcionamento do estabelecimento comercial, no caso de os Municípios disponibilizarem resposta automática e imediata e seguirem as orientações constantes de resolução do CGSIM;

VI – prestar os serviços posteriores ao registro e à legalização, incluída a coleta de informações relativas aos empregados contratados pelo empresário ou pela pessoa jurídica; e

VII – oferecer serviço de pagamento on-line e unificado das taxas e dos preços públicos envolvidos no processo de registro e de legalização de empresas.

▸ Incisos IV a VII acrescidos pela Lei nº 14.195, de 26-8-2021.

Parágrafo único. O sistema mencionado no *caput* deste artigo deverá contemplar o conjunto de ações a cargo dos órgãos e das entidades federais, estaduais, distritais e municipais, observado o disposto no art. 2º desta Lei.

▸ Parágrafo único com a redação dada pela Lei nº 14.195, de 26-8-2021.

Art. 11-A. Não poderão ser exigidos, no processo de registro de empresários, incluídos produtores rurais estabelecidos como pessoas físicas, e de pessoas jurídicas realizado pela REDESIM:

I – quaisquer outros números de identificação além do Cadastro Nacional da Pessoa Jurídica (CNPJ), número de identificação cadastral única, nos termos do inciso III do *caput* do art. 8º da Lei Complementar nº 123, de 14 de dezembro de 2006;

II – dados ou informações que constem da base de dados do governo federal;

III – coletas adicionais à realizada no âmbito do sistema responsável pela integração, a qual deverá ser suficiente para a realização do registro e das inscrições, inclusive no CNPJ, e para a emissão das licenças e dos alvarás para o funcionamento do empresário ou da pessoa jurídica.

§ 1º Para os fins de implementação do disposto no inciso I do *caput* deste artigo, os respectivos entes federativos deverão adaptar seus sistemas, de modo que o CNPJ seja o único identificador cadastral.

§ 2º A inscrição no CNPJ, a partir dos dados informados no sistema responsável pela integração nos Estados, elimina a necessidade de coleta de dados adicionais pelos Estados e pelos Municípios para emissão de inscrições fiscais, devendo o sistema federal compartilhar os dados coletados com os órgãos estaduais e municipais.

§ 3º Os dados coletados para inscrições e para licenças deverão ser previamente aprovados pelo CGSIM.

▸ Art. 11-A acrescido pela Lei nº 14.195, de 26-8-2021.

CAPÍTULO III
DA CENTRAL DE ATENDIMENTO EMPRESARIAL – FÁCIL

Art. 12. As Centrais de Atendimento Empresarial – FÁCIL, unidades de atendimento presencial da REDESIM, serão instaladas preferencialmente nas capitais e funcionarão como centros integrados para a orientação, registro e a legalização de empresários e pessoas jurídicas, com o fim de promover a integração, em um mesmo espaço físico, dos serviços prestados pelos órgãos que integrem, localmente, a REDESIM.

§ 1º Deverá funcionar uma Central de Atendimento Empresarial – FÁCIL em toda capital cuja municipalidade, assim como os órgãos ou entidades dos respectivos Estados, adiram à REDESIM, inclusive no Distrito Federal, se for o caso.

§ 2º Poderão fazer parte das Centrais de Atendimento Empresarial – FÁCIL, na qualidade de parceiros, as entidades representativas do setor empresarial, em especial das microempresas e empresas de pequeno porte, e outras entidades da sociedade civil que tenham como foco principal de atuação o apoio e a orientação empresarial.

§ 3º Em cada unidade da Federação, os centros integrados de registro e legalização de empresários e pessoas jurídicas poderão ter seu nome próprio definido pelos parceiros locais, sem prejuízo de sua apresentação juntamente com a marca "FÁCIL".

Art. 13. As Centrais de Atendimento Empresarial – FÁCIL serão compostas por:

I – um Núcleo de Orientação e Informação, que fornecerá serviços de apoio empresarial, com a finalidade de auxiliar o usuário na decisão de abertura do negócio, prestar orientação e informações completas e prévias para realização do registro e da legalização de empresas, inclusive as consultas prévias necessárias, de modo que o processo não seja objeto de restrições após a sua protocolização no Núcleo Operacional;

II – um Núcleo Operacional, que receberá e dará tratamento, de forma conclusiva, ao processo único de cada requerente, contemplando as exigências documentais, formais e de informação referentes aos órgãos e entidades que integrem a REDESIM.

Parágrafo único. As Centrais de Atendimento Empresarial – FÁCIL que forem criadas fora das capitais e do Distrito Federal poderão ter suas atividades restritas ao Núcleo de Orientação e Informação.

CAPÍTULO IV

DISPOSIÇÕES TRANSITÓRIAS

Art. 14. No prazo de:

I – 180 (cento e oitenta) dias, serão definidas pelos órgãos e entidades integrantes da REDESIM competentes para emissão de licenças e autorizações de funcionamento as atividades cujo grau de risco seja considerado alto e que exigirão vistoria prévia;

II – 18 (dezoito) meses, serão implementados:

a) pelo Poder Executivo federal o cadastro a que se refere o inciso I do *caput* do art. 10 desta Lei, no âmbito do Ministério da Justiça, para ser disponibilizado na rede mundial de computadores – internet;

b) pelos Municípios com mais de 20.000 (vinte mil) habitantes que aderirem à REDESIM os procedimentos de consulta prévia a que se referem os incisos I e II do § 1º do art. 4º desta Lei;

III – promover a unificação da identificação nacional cadastral única, correspondente ao número da inscrição no CNPJ.

▸ Inciso III com a redação dada pela Lei nº 14.195, de 26-8-2021.

Parágrafo único. Até que seja implementado o sistema de que trata o inciso III do *caput* deste artigo, os órgãos integrantes da REDESIM deverão:

I – promover entre si a unificação da atribuição de códigos da Classificação Nacional de Atividades Econômicas-Fiscal – CNAE-Fiscal aos estabelecimentos empresariais de uma mesma jurisdição, com a utilização dos instrumentos de apoio à codificação disponibilizados pela Fundação Instituto Brasileiro de Geografia e Estatística – IBGE;

II – buscar condições para atualização permanente da codificação atribuída aos agentes econômicos registrados.

Art. 15. VETADO.

CAPÍTULO V

DISPOSIÇÕES FINAIS

Art. 16. O disposto no art. 7º desta Lei aplica-se a todos os órgãos e entidades da União, dos Estados, do Distrito Federal e dos Municípios competentes para o registro e a legalização de empresários e pessoas jurídicas, relativamente aos seus atos constitutivos, de inscrição, alteração e baixa.

Art. 16-A. O CGSIM poderá instituir outras iniciativas de integração entre União, Distrito Federal, Estados e Municípios, que visem à facilitação do ambiente de negócios no exercício de competências e de atuações que envolvam os entes federativos.

§ 1º O CGSIM poderá instituir a obrigatoriedade da adesão à iniciativa de integração referida no *caput* deste artigo para os membros da REDESIM.

§ 2º O CGSIM poderá instituir a adesão condicionada ou tácita, decorrente de não manifestação de contrariedade, à iniciativa de integração referida no *caput* deste artigo para os entes que não sejam membros da REDESIM, caso a iniciativa recaia em matérias sobre as quais a União tenha competência privativa ou concorrente para legislar, na forma dos arts. 22 e 24 da Constituição Federal.

▸ Art. 16-A acrescido pela Lei nº 14.195, de 26-8-2021.

Art. 17. Os arts. 43 e 45 da Lei nº 8.934, de 18 de novembro de 1994, passam a vigorar com as seguintes alterações:

▸ Alterações inseridas no texto da referida Lei.

Art. 18. Esta Lei entra em vigor na data de sua publicação.

Art. 19. VETADO.

Brasília, 3 de dezembro de 2007;
186º da Independência e
119º da República.

Luiz Inácio Lula da Silva

LEI Nº 11.636, DE 28 DE DEZEMBRO DE 2007

Dispõe sobre as custas judiciais devidas no âmbito do Superior Tribunal de Justiça.

▸ Publicada no *DOU* de 28-12-2007, Edição Extra.

Art. 1º Esta Lei dispõe sobre a incidência e a cobrança das custas devidas à União que tenham como fato gerador a prestação de serviços públicos de natureza forense, no âmbito do Superior Tribunal de Justiça, nos processos de competência originária ou recursal.

Art. 2º Os valores e as hipóteses de incidência das custas são os constantes do Anexo desta Lei.

Parágrafo único. Os valores das custas judiciais do Superior Tribunal de Justiça constantes das Tabelas do Anexo desta Lei serão corrigidos anualmente pela variação do Índice Nacional de Preços ao Consumidor Amplo – IPCA, do IBGE, observado o disposto no art. 15 desta Lei.

Art. 3º As custas previstas nesta Lei não excluem as despesas estabelecidas em legislação processual específica, inclusive o porte de remessa e retorno dos autos.

Art. 4º O pagamento das custas deverá ser feito em bancos oficiais, mediante preenchimento de guia de recolhimento de receita da União, de conformidade com as normas estabelecidas pela Secretaria da Receita Federal do Ministério da Fazenda e por resolução do presidente do Superior Tribunal de Justiça.

Art. 5º Exceto em caso de isenção legal, nenhum feito será distribuído sem o respectivo preparo, nem se praticarão nele atos processuais, salvo os que forem ordenados de ofício pelo relator.

Parágrafo único. O preparo compreende todos os atos do processo, inclusive a baixa dos autos.

Art. 6º Quando autor e réu recorrerem, cada recurso estará sujeito a preparo integral e distinto, composto de custas e porte de remessa e retorno.

§ 1º Se houver litisconsortes necessários, bastará que um dos recursos seja preparado para que todos sejam julgados, ainda que não coincidam suas pretensões.

§ 2º Para efeito do disposto no § 1º deste artigo, o assistente é equiparado ao litisconsorte.

§ 3º O terceiro prejudicado que recorrer fará o preparo do seu recurso, independentemente do preparo dos recursos que, porventura, tenham sido interpostos pelo autor ou pelo réu.

Art. 7º Não são devidas custas nos processos de *habeas data*, *habeas corpus* e recursos em *habeas corpus*, e nos demais processos criminais, salvo a ação penal privada.

Art. 8º Não haverá restituição das custas quando se declinar da competência do Superior Tribunal de Justiça para outros órgãos jurisdicionais.

Art. 9º Quando se tratar de feitos de competência originária, o comprovante do recolhimento das custas deverá ser apresentado na unidade competente do Superior Tribunal de Justiça, no ato de protocolo.

Art. 10. Quando se tratar de recurso, o recolhimento do preparo, composto de custas e porte de remessa e retorno, será feito no tribunal de origem, perante as suas secretarias e no prazo da sua interposição.

Parágrafo único. Nenhum recurso subirá ao Superior Tribunal de Justiça, salvo caso de isenção, sem a juntada aos autos do comprovante de recolhimento do preparo.

Art. 11. O abandono ou desistência do feito, ou a existência de transação que lhe ponha termo, em qualquer fase do processo, não dispensa a parte do pagamento das custas nem lhe dá o direito à restituição.

Art. 12. Extinto o processo, se a parte responsável pelo pagamento das custas ou porte de remessa e retorno, devidamente intimada, não o fizer dentro de 15 (quinze) dias, o responsável pela unidade administrativa competente do órgão julgador a que estiver afeto o processo encaminhará os elementos necessários ao relator e este à Procuradoria-Geral da Fazenda Nacional, para sua inscrição como dívida ativa da União.

Art. 13. A assistência judiciária, perante o Superior Tribunal de Justiça, será requerida ao presidente antes da distribuição, e, nos demais casos, ao relator.

Parágrafo único. Prevalecerá no Superior Tribunal de Justiça a assistência judiciária já concedida em outra instância.

Art. 14. O regimento interno do Superior Tribunal de Justiça disporá sobre os atos complementares necessários ao cumprimento desta Lei.

Art. 15. Esta Lei entra em vigor na data de sua publicação, produzindo efeitos respeitando-se o disposto nas alíneas *b* e *c* do inciso III do *caput* do art. 150 da Constituição Federal.

Brasília, 28 de dezembro de 2007;
186º da Independência e
119º da República.

Luiz Inácio Lula da Silva

ANEXO I

▸ Anexo I com a redação dada pela Res. do STJ nº 4, de 1º-2-2013.

TABELA DE CUSTAS JUDICIAIS DO SUPERIOR TRIBUNAL DE JUSTIÇA

TABELA "A"

FEITOS DE COMPETÊNCIA ORIGINÁRIA

FEITO	VALOR (em R$)
I – Ação Penal	131,87
II – Ação Rescisória	263,75
III – Comunicação	65,94
IV – Conflito de Competência	65,94
V – Conflito de Atribuições	65,94
VI – Exceção de Impedimento	65,94
VII – Exceção de Suspeição	65,94
VIII – Exceção da Verdade	65,94
IX – Inquérito	65,94
X – Interpelação Judicial	65,94
XI – Intervenção Federal	65,94
XII – Mandado de Injunção	65,94
XIII – Mandado de Segurança:	
a) um impetrante	131,87
b) mais de um impetrante (cada excedente)	65,94
XIV – Medida Cautelar	263,75
XV – Petição	263,75
XVI – Reclamação	65,94
XVII – Representação	65,94
XVIII – Revisão Criminal	263,75
XIX – Suspensão de Liminar e de Sentença	263,75
XX – Suspensão de Segurança	131,87
XXI – Embargos de Divergência	65,94
XXII – Ação de Improbidade Administrativa	65,94
XXIII – Homologação de Sentença Estrangeira	131,87

TABELA "B"

RECURSOS INTERPOSTOS EM INSTÂNCIA INFERIOR

RECURSO	VALOR (em R$)
I – Recurso em Mandado de Segurança	131,87
II – Recurso Especial	131,87
III – Apelação Cível (art. 105, inciso II, alínea c, da Constituição Federal)	263,75

TABELA "C"

PORTE DE REMESSA E RETORNO DOS AUTOS

Sede do Tribunal Número de folhas (kg)	DF	GO/MG/TO	MT/MS/RJ/SP	BA/ES/PR/PI/SC/SE	AL/MA/PA/RS	AP/AM/CE/PB/PE/RN/RO	AC/RR
	R$	R$	R$	R$	R$	R$	R$
Até 180 (1 kg)	30,80	47,00	64,00	78,00	87,00	93,80	111,40
181 a 360 (2 kg)	33,60	55,60	73,40	93,40	104,00	113,20	139,00
361 a 540 (3 kg)	36,20	64,00	84,20	109,80	121,40	133,80	168,80
541 a 720 (4 kg)	39,20	72,40	93,00	125,80	139,00	154,60	198,60
721 a 900 (5 kg)	41,40	79,40	102,60	140,80	156,20	174,40	227,40
901 a 1.080 (6 kg)	44,00	86,40	112,60	153,00	171,20	194,40	252,20
1.081 a 1.260 (7 kg)	46,80	94,80	124,00	170,20	191,60	216,80	280,00
Acima de 1.260 fls. por lote adicional de 180 folhas	2,80	8,40	11,40	17,20	20,40	22,40	27,80

ANEXO II

▶ Anexo II com a redação dada pela Port. do STJ nº 4, de 5-2-2013.

TRIBUNAIS QUE ADERIRAM À DEVOLUÇÃO ELETRÔNICA DE AUTOS

Tribunal Regional Federal da 1ª Região
Tribunal Regional Federal da 3ª Região
Tribunal de Justiça do Distrito Federal e dos Territórios
Tribunal de Justiça do Estado de Alagoas
Tribunal de Justiça do Estado da Bahia
Tribunal de Justiça do Estado de Minas Gerais
Tribunal de Justiça do Estado da Paraíba
Tribunal de Justiça do Estado do Paraná
Tribunal de Justiça do Estado do Rio Grande do Norte
Tribunal de Justiça do Estado de Rondônia
Tribunal de Justiça do Estado de Santa Catarina
Tribunal de Justiça do Estado de São Paulo
Tribunal de Justiça do Estado de Sergipe
Tribunal de Justiça do Estado do Tocantins

LEI Nº 11.638, DE 28 DE DEZEMBRO DE 2007

Altera e revoga dispositivos da Lei nº 6.404, de 15 de dezembro de 1976, e da Lei nº 6.385, de 7 de dezembro de 1976, e estende às sociedades de grande porte disposições relativas à elaboração e divulgação de demonstrações financeiras.

▶ Publicada no *DOU* de 28-12-2007, edição extra.

Art. 1º Os arts. 176 a 179, 181 a 184, 187, 188, 197, 199, 226 e 248 da Lei nº 6.404, de 15 de dezembro de 1976, passam a vigorar com a seguinte redação:

▶ Alterações inseridas no texto da referida lei.

Art. 2º A Lei nº 6.404, de 15 de dezembro de 1976, passa a vigorar acrescida do seguinte art. 195-A:

▶ Alteração inserida no texto da referida lei.

Demonstrações Financeiras de Sociedades de Grande Porte

Art. 3º Aplicam-se às sociedades de grande porte, ainda que não constituídas sob a forma de sociedades por ações, as disposições da Lei nº 6.404, de 15 de dezembro de 1976, sobre escrituração e elaboração de demonstrações financeiras e a obrigatoriedade de auditoria independente por auditor registrado na Comissão de Valores Mobiliários.

Parágrafo único. Considera-se de grande porte, para os fins exclusivos desta Lei, a sociedade ou conjunto de sociedades sob controle comum que tiver, no exercício social anterior, ativo total superior a R$ 240.000.000,00 (duzentos e quarenta milhões de reais) ou receita bruta anual superior a R$ 300.000.000,00 (trezentos milhões de reais).

Art. 4º As normas de que tratam os incisos I, II e IV do § 1º do art. 22 da Lei nº 6.385, de 7 de dezembro de 1976, poderão ser especificadas por categorias de companhias abertas e demais emissores de valores mobiliários em função do seu porte e das espécies e classes dos valores mobiliários por eles emitidos e negociados no mercado.

Art. 5º A Lei nº 6.385, de 7 de dezembro de 1976, passa a vigorar acrescida do seguinte art. 10-A:

▶ Alteração inserida no texto da referida lei.

Art. 6º Os saldos existentes nas reservas de reavaliação deverão ser mantidos até a sua efetiva realização ou estornados até o final do exercício social em que esta Lei entrar em vigor.

Art. 7º As demonstrações referidas nos incisos IV e V do *caput* do art. 176 da Lei nº 6.404, de 15 de dezembro de 1976, poderão ser divulgadas, no primeiro ano de vigência desta Lei, sem a indicação dos valores correspondentes ao exercício anterior.

Art. 8º Os textos consolidados das Leis nºs 6.404, de 15 de dezembro de 1976, e 6.385, de 7 de dezembro de 1976, com todas as alterações nelas introduzidas pela legislação posterior, inclusive esta Lei, serão publicados no *Diário Oficial da União* pelo Poder Executivo.

Art. 9º Esta Lei entra em vigor no primeiro dia do exercício seguinte ao de sua publicação.

Art. 10. Ficam revogadas as alíneas *c* e *d* do § 1º do art. 182 e o § 2º do art. 187 da Lei nº 6.404, de 15 de dezembro de 1976.

Brasília, 28 de dezembro de 2007;
186º da Independência e
119º da República.

Luiz Inácio Lula da Silva

LEI Nº 11.648, DE 31 DE MARÇO DE 2008

Dispõe sobre o reconhecimento formal das centrais sindicais para os fins que especifica, altera a Consolidação das Leis do Trabalho – CLT, aprovada pelo Decreto-Lei nº 5.452, de 1º de maio de 1943, e dá outras providências.

▶ Publicada no *DOU* de 31-3-2008, Edição Extra.

▶ Port. do MTE nº 186, de 10-4-2008, dispõe sobre os pedidos de registro sindical no MTE.

▶ Port. do MTE nº 194, de 17-4-2008, aprova as instruções para a aferição dos requisitos de representatividade das centrais sindicais exigidas por esta lei.

Art. 1º A central sindical, entidade de representação geral dos trabalhadores, constituída em âmbito nacional, terá as seguintes atribuições e prerrogativas:

I – coordenar a representação dos trabalhadores por meio das organizações sindicais a ela filiadas; e

II – participar de negociações em fóruns, colegiados de órgãos públicos e demais espaços de diálogo social que possuam composição tripartite, nos quais estejam em discussão assuntos de interesse geral dos trabalhadores.

Parágrafo único. Considera-se central sindical, para os efeitos do disposto nesta Lei, a entidade associativa de direito privado composta por organizações sindicais de trabalhadores.

Art. 2º Para o exercício das atribuições e prerrogativas a que se refere o inciso II do *caput* do art. 1 desta Lei, a central sindical deverá cumprir os seguintes requisitos:

I – filiação de, no mínimo, 100 (cem) sindicatos distribuídos nas 5 (cinco) regiões do País;

II – filiação em pelo menos 3 (três) regiões do País de, no mínimo, 20 (vinte) sindicatos em cada uma;

III – filiação de sindicatos em, no mínimo, 5 (cinco) setores de atividade econômica; e

IV – filiação de sindicatos que representem, no mínimo, 7% (sete por cento) do total de empregados sindicalizados em âmbito nacional.

Parágrafo único. O índice previsto no inciso IV do *caput* deste artigo será de 5% (cinco por cento) do total de empregados sindicalizados em âmbito nacional no período de 24 (vinte e quatro) meses a contar da publicação desta Lei.

Art. 3º A indicação pela central sindical de representantes nos fóruns tripartites, conselhos e colegiados de órgãos públicos a que se refere o inciso II do *caput* do art. 1º desta Lei será em número proporcional ao índice de representatividade previsto no inciso IV do *caput* do art. 2º desta Lei, salvo acordo entre centrais sindicais.

§ 1º O critério de proporcionalidade, bem como a possibilidade de acordo entre as centrais, previsto no *caput* deste artigo não poderá prejudicar a participação de outras centrais sindicais que atenderem aos requisitos estabelecidos no art. 2º desta Lei.

§ 2º A aplicação do disposto no *caput* deste artigo deverá preservar a paridade de representação de trabalhadores e empregadores em qualquer organismo mediante o qual sejam levadas a cabo as consultas.

Art. 4º A aferição dos requisitos de representatividade de que trata o art. 2º desta Lei será realizada pelo Ministério do Trabalho e Emprego.

§ 1º O Ministro de Estado do Trabalho e Emprego, mediante consulta às centrais sindicais, poderá baixar instruções para disciplinar os procedimentos necessários à aferição dos requisitos de representatividade, bem como para alterá-los com base na análise dos índices de sindicalização dos sindicatos filiados às centrais sindicais.

§ 2º Ato do Ministro de Estado do Trabalho e Emprego divulgará, anualmente, relação das centrais sindicais que atendem aos requisitos de que trata o art. 2º desta Lei, indicando seus índices de representatividade.

Art. 5º Os arts. 589, 590, 591 e 593 da Consolidação das Leis do Trabalho – CLT, aprovada pelo Decreto-Lei nº 5.452, de 1º de maio de 1943, passam a vigorar com a seguinte redação:

▶ Alterações inseridas no texto da CLT.

Art. 6º VETADO.

Art. 7º Os arts. 578 a 610 da Consolidação das Leis do Trabalho – CLT, aprovada pelo Decreto-Lei nº 5.452, de 1º de maio de 1943, vigorarão até que a lei venha a disciplinar a contribuição negocial, vinculada ao exercício efetivo da negociação coletiva e à aprovação em assembleia-geral da categoria.

Art. 8º Esta Lei entra em vigor na data de sua publicação.

Brasília, 31 de março de 2008;
187º da Independência e
120º da República.

Luiz Inácio Lula da Silva

LEI Nº 11.649, DE 4 DE ABRIL DE 2008

Dispõe sobre procedimento na operação de arrendamento mercantil de veículo automotivo (leasing), e dá outras providências.

▶ Publicada no *DOU* de 7-4-2008.

Art. 1º Nos contratos de arrendamento mercantil de veículos automotivos, após a quitação de todas as parcelas vencidas e vincendas, das obrigações pecuniárias previstas em contrato, e do envio ao arrendador de comprovante de pagamento dos IPVAs e dos DPVATs, bem como das multas pagas nas esferas Federal, Estaduais e Municipais, documentos esses acompanhados de carta na qual a arrendatária manifesta formalmente sua opção pela compra do bem, exigida pela Lei nº 6.099, de 12 de setembro de 1974, a sociedade de arrendamento mercantil, na qualidade de arrendadora, deverá, no prazo de até trinta dias úteis, após recebimento destes documentos, remeter ao arrendatário:

I – o documento único de transferência (DUT) do veículo devidamente assinado pela arrendadora, a fim de possibilitar que o arrendatário providencie a respectiva transferência de propriedade do veículo junto ao departamento de trânsito do Estado;

II – a nota promissória vinculada ao contrato e emitida pelo arrendatário, se houver, com o devido carimbo de "liquidada" ou "sem efeito", bem como o termo de quitação do respectivo contrato de arrendamento mercantil (*leasing*).

Parágrafo único. Considerar-se-á como nula de pleno direito qualquer cláusula contratual relativa à operação de arrendamento mercantil de veículo automotivo que disponha de modo contrário ao disposto neste artigo.

Art. 2º O descumprimento do disposto no art. 1º sujeitará a parte infratora, sociedade de arrendamento mercantil ou arrendatário, ao pagamento de multa equivalente a dois por cento do valor da venda do bem, podendo a parte credora cobrá-la por meio de processo de execução.

Art. 3º Esta Lei entra em vigor na data de sua publicação, produzindo efeitos após decorridos sessenta dias.

Brasília, 4 de abril de 2008;
187º da Independência e
120º da República.

Luiz Inácio Lula da Silva

LEI Nº 11.671, DE 8 DE MAIO DE 2008

Dispõe sobre a transferência e inclusão de presos em estabelecimentos penais federais de segurança máxima e dá outras providências.

▶ Publicada no *DOU* de 9-5-2008.

▶ Dec. nº 6.877, de 18-6-2009, regulamenta esta Lei.

Art. 1º A inclusão de presos em estabelecimentos penais federais de segurança máxima e a transferência de presos de outros estabelecimentos para aqueles obedecerão ao disposto nesta Lei.

▶ Dec. nº 6.049, de 27-2-2007 (Regulamento Penitenciário Federal).

Art. 2º A atividade jurisdicional de execução penal nos estabelecimentos penais federais será desenvolvida pelo juízo federal da seção ou subseção judiciária em que estiver localizado o estabelecimento penal federal de segurança máxima ao qual for recolhido o preso.

Parágrafo único. O juízo federal de execução penal será competente para as ações de natureza penal que tenham por objeto fatos ou incidentes relacionados à execução da pena ou infrações penais ocorridas no estabelecimento penal federal.

▶ Parágrafo único acrescido pela Lei nº 13.964, de 24-12-2019.

Art. 3º Serão incluídos em estabelecimentos penais federais de segurança máxima aqueles para quem a medida se justifique no interesse da segurança pública ou do próprio preso, condenado ou provisório.

§ 1º A inclusão em estabelecimento penal federal de segurança máxima, no atendimento do interesse da segurança pública, será em regime fechado de segurança máxima, com as seguintes características:

I – recolhimento em cela individual;

II – visita do cônjuge, do companheiro, de parentes e de amigos somente em dias determinados, por meio virtual ou no parlatório, com o máximo de 2 (duas) pessoas por vez, além de eventuais crianças, separados por vidro e comunicação por meio de interfone, com filmagem e gravações;

III – banho de sol de até 2 (duas) horas diárias; e

IV – monitoramento de todos os meios de comunicação, inclusive de correspondência escrita.

§ 2º Os estabelecimentos penais federais de segurança máxima deverão dispor de monitoramento de áudio e vídeo no parlatório e nas áreas comuns, para fins de preservação da ordem interna e da segurança pública, vedado seu uso nas celas e no atendimento advocatício, salvo expressa autorização judicial em contrário.

§ 3º As gravações das visitas não poderão ser utilizadas como meio de prova de infrações penais pretéritas ao ingresso do preso no estabelecimento.

§ 4º Os diretores dos estabelecimentos penais federais de segurança máxima ou o Diretor do Sistema Penitenciário Federal poderão suspender e restringir o direito de visitas previsto no inciso II do § 1º deste artigo por meio de ato fundamentado.

§ 5º Configura o crime do art. 325 do Decreto-Lei nº 2.848, de 7 de dezembro de 1940 (Código Penal), a violação ao disposto no § 2º deste artigo.

▶ Art. 3º com a redação dada pela Lei nº 13.964, de 24-12-2019.

Art. 4º A admissão do preso, condenado ou provisório, dependerá de decisão prévia e fundamentada do juízo federal competente, após receber os autos de transferência enviados pelo juízo responsável pela execução penal ou pela prisão provisória.

§ 1º A execução penal da pena privativa de liberdade, no período em que durar a transferência, ficará a cargo do juízo federal competente.

§ 2º Apenas a fiscalização da prisão provisória será deprecada, mediante carta precatória, pelo juízo de origem ao juízo federal competente, mantendo aquele juízo a competência para o processo e para os respectivos incidentes.

Art. 5º São legitimados para requerer o processo de transferência, cujo início se dá com a admissibilidade pelo juiz da origem da necessidade da transferência do preso para estabelecimento penal federal de segurança máxima, a autoridade administrativa, o Ministério Público e o próprio preso.

§ 1º Caberá à Defensoria Pública da União a assistência jurídica ao preso que estiver nos estabelecimentos penais federais de segurança máxima.

§ 2º Instruídos os autos do processo de transferência, serão ouvidos, no prazo de 5 (cinco) dias cada, quando não requerentes, a autoridade administrativa, o Ministério Público e a defesa, bem como o Departamento Penitenciário Nacional – DEPEN, a quem é facultado indicar o estabelecimento penal federal mais adequado.

§ 3º A instrução dos autos do processo de transferência será disciplinada no regulamento para fiel execução desta Lei.

§ 4º Na hipótese de imprescindibilidade de diligências complementares, o juiz federal ouvirá, no prazo de 5 (cinco) dias, o Ministério Público Federal e a defesa e, em seguida, decidirá acerca da transferência no mesmo prazo.

§ 5º A decisão que admitir o preso no estabelecimento penal federal de segurança máxima indicará o período de permanência.

§ 6º Havendo extrema necessidade, o juiz federal poderá autorizar a imediata transferência do preso e, após a instrução dos autos, na forma do § 2º deste artigo, decidir pela manutenção ou revogação da medida adotada.

§ 7º A autoridade policial será comunicada sobre a transferência do preso provisório quando a autorização da transferência ocorrer antes da conclusão do inquérito policial que presidir.

Art. 6º Admitida a transferência do preso condenado, o juízo de origem deverá encaminhar ao juízo federal os autos da execução penal.

Art. 7º Admitida a transferência do preso provisório, será suficiente a carta precatória remetida pelo juízo de origem, devidamente instruída, para que o juízo federal competente dê início à fiscalização da prisão no estabelecimento penal federal de segurança máxima.

Art. 8º As visitas feitas pelo juiz responsável ou por membro do Ministério Público, às quais se referem os arts. 66 e 68 da Lei nº 7.210, de 11 de julho de 1984, serão registradas em livro próprio, mantido no respectivo estabelecimento.

Art. 9º Rejeitada a transferência, o juízo de origem poderá suscitar o conflito de competência perante o tribunal competente, que o apreciará em caráter prioritário.

Art. 10. A inclusão de preso em estabelecimento penal federal de segurança máxima será excepcional e por prazo determinado.

§ 1º O período de permanência será de até 3 (três) anos, renovável por iguais períodos, quando solicitado motivadamente pelo juízo de origem, observados os requisitos da transferência, e se persistirem os motivos que a determinaram.

▶ § 1º com a redação dada pela Lei nº 13.964, de 24-12-2019.

§ 2º Decorrido o prazo, sem que seja feito, imediatamente após seu decurso, pedido de renovação da permanência do preso em estabelecimento penal federal de segurança máxima, ficará o juízo de origem obrigado a receber o preso no estabelecimento penal sob sua jurisdição.

§ 3º Tendo havido pedido de renovação, o preso, recolhido no estabelecimento federal em que estiver, aguardará que o juízo federal profira decisão.

§ 4º Aceita a renovação, o preso permanecerá no estabelecimento federal de segurança máxima em que estiver, retroagindo o termo inicial do prazo ao dia seguinte ao término do prazo anterior.

§ 5º Rejeitada a renovação, o juízo de origem poderá suscitar o conflito de competência, que o tribunal apreciará em caráter prioritário.

§ 6º Enquanto não decidido o conflito de competência em caso de renovação, o preso permanecerá no estabelecimento penal federal.

Art. 11. A lotação máxima do estabelecimento penal federal de segurança máxima não será ultrapassada.

§ 1º O número de presos, sempre que possível, será mantido aquém do limite de vagas, para que delas o juízo federal competente possa dispor em casos emergenciais.

§ 2º No julgamento dos conflitos de competência, o tribunal competente observará a vedação estabelecida no *Caput* deste artigo.

Art. 11-A. As decisões relativas à transferência ou à prorrogação da permanência do preso em estabelecimento penal federal de segurança máxima, à concessão ou à denegação de benefícios prisionais ou à imposição de sanções ao preso federal poderão ser tomadas por órgão colegiado de juízes, na forma das normas de organização interna dos tribunais.

Art. 11-B. Os Estados e o Distrito Federal poderão construir estabelecimentos penais de segurança máxima, ou adaptar os já existentes, aos quais será aplicável, no que couber, o disposto nesta Lei.

▶ Arts. 11-A e 11-B acrescidos pela Lei nº 13.964, de 24-12-2019.

Art. 12. Esta Lei entra em vigor na data de sua publicação.

Brasília, 8 de maio de 2008;
187º da Independência e
120º da República.

Luiz Inácio Lula da Silva

LEI Nº 11.705, DE 19 JUNHO DE 2008

Altera a Lei nº 9.503, de 23 de setembro de 1997, que "institui o Código de Trânsito Brasileiro", e a Lei nº 9.294, de 15 de julho de 1996, que dispõe sobre as restrições ao uso e à propaganda de produtos fumígeros, bebidas alcoólicas, medicamentos, terapias e defensivos agrícolas, nos termos do § 4º do art. 220 da Constituição Federal, para inibir o consumo de bebida alcoólica por condutor de veículo automotor, e dá outras providências.

▶ Publicada no *DOU* de 20-6-2008.

▶ Dec. nº 6.489, de 19-6-2008, regulamenta esta Lei.

Art. 1º Esta Lei altera dispositivos da Lei nº 9.503, de 23 de setembro de 1997, que institui o Código de Trânsito Brasileiro, com a finalidade de estabelecer alcoolemia 0 (zero) e de impor penalidades mais severas para o condutor que dirigir sob a influência do álcool, e da Lei nº 9.294, de 15 de julho de 1996, que dispõe sobre as restrições ao uso e à propaganda de produtos fumígeros, bebidas alcoólicas, medicamentos, terapias e defensivos agrícolas, nos termos do § 4º do art. 220 da Constituição Federal, para obrigar os estabelecimentos comerciais em que se vendem ou oferecem bebidas alcoólicas a estampar, no recinto, aviso de que constitui crime dirigir sob a influência de álcool.

Art. 2º São vedados, na faixa de domínio de rodovia federal ou em terrenos contíguos à faixa de domínio com acesso direto à rodovia, a venda varejista ou o oferecimento de bebidas alcoólicas para consumo no local.

§ 1º A violação do disposto no *caput* deste artigo implica multa de R$ 1.500,00 (um mil e quinhentos reais).

§ 2º Em caso de reincidência, dentro do prazo de 12 (doze) meses, a multa será aplicada em dobro, e suspensa a autorização de acesso à rodovia, pelo prazo de até 1 (um) ano.

§ 3º Não se aplica o disposto neste artigo em área urbana, de acordo com a delimitação dada pela legislação de cada município ou do Distrito Federal.

▶ O STF, no julgamento das Ações Diretas de Inconstitucionalidade nºs 4.013 e 4.017, por maioria, declarou a constitucionalidade deste artigo (*DOU* de 5-10-2023).

Art. 3º Ressalvado o disposto no § 3º do art. 2º desta Lei, o estabelecimento comercial situado na faixa de domínio de rodovia federal ou em terreno contíguo à faixa de domínio com acesso direto à rodovia, que inclua entre suas atividades a venda varejista ou o fornecimento de bebidas ou alimentos, deverá afixar, em local de ampla visibilidade, aviso da vedação de que trata o art. 2º desta Lei.

Parágrafo único. O descumprimento do disposto no *caput* deste artigo implica multa de R$ 300,00 (trezentos reais).

▶ O STF, no julgamento das Ações Diretas de Inconstitucionalidade nºs 4.013 e 4.017, por maioria, declarou a constitucionalidade deste artigo (*DOU* de 5-10-2023).

Art. 4º Competem à Polícia Rodoviária Federal a fiscalização e a aplicação das multas previstas nos arts. 2º e 3º desta Lei.

§ 1º A União poderá firmar convênios com Estados, Municípios e com o Distrito Federal, a fim de que estes também possam exercer a fiscalização e aplicar as multas de que tratam os arts. 2º e 3º desta Lei.

§ 2º Configurada a reincidência, a Polícia Rodoviária Federal ou ente conveniado comunicará o fato ao Departamento Nacional de Infraestrutura de Transportes – DNIT ou, quando se tratar de rodovia concedida, à Agência Nacional de Transportes Terrestres – ANTT, para a aplicação da penalidade de suspensão da autorização de acesso à rodovia.

▶ O STF, no julgamento das Ações Diretas de Inconstitucionalidade nºs 4.013 e 4.017, por maioria, declarou a constitucionalidade deste artigo (*DOU* de 5-10-2023).

Art. 5º A Lei nº 9.503, de 23 de setembro de 1997, passa a vigorar com as seguintes modificações:

▶ Alterações inseridas no texto da referida Lei.

Art. 6º Consideram-se bebidas alcoólicas, para efeitos desta Lei, as bebidas potáveis que contenham álcool em sua composição, com grau de concentração igual ou superior a meio grau Gay-Lussac.

Art. 7º A Lei nº 9.294, de 15 de julho de 1996, passa a vigorar acrescida do seguinte art. 4º-A:

"Art. 4º-A. Na parte interna dos locais em que se vende bebida alcoólica, deverá ser afixado advertência escrita de forma legível e ostensiva de que é crime dirigir sob a influência de álcool, punível com detenção."

Art. 8º Esta Lei entra em vigor na data de sua publicação.

Art. 9º Fica revogado o inciso V do parágrafo único do art. 302 da Lei nº 9.503, de 23 de setembro de 1997.

Brasília, 16 de junho de 2008;
187º da Independência e
120º da República.
Luiz Inácio Lula da Silva

LEI Nº 11.770, DE 9 DE SETEMBRO DE 2008

Cria o Programa Empresa Cidadã, destinado à prorrogação da licença-maternidade mediante concessão de incentivo fiscal, e altera a Lei nº 8.212, de 24 de julho de 1991.

- Publicada no *DOU* de 10-9-2008.
- Art. 7º, XVIII, da CF.
- Arts. 392 e 392-A da CLT.
- Dec. nº 6.690, de 11-12-2008, institui o Programa de Prorrogação da Licença à Gestante e à Adotante e estabelece os critérios de adesão ao Programa.
- Arts. 137 a 142 do Dec. nº 10.854, de 10-11-2021, que regulamenta disposições relativas à legislação trabalhista

Art. 1º É instituído o Programa Empresa Cidadã, destinado a prorrogar:

- *Caput* do art. 1º com a redação dada pela Lei nº 13.257, de 8-3-2016, produzindo efeitos a partir do primeiro dia do exercício subsequente àquele em que for implementado o disposto no art. 39 da referida lei.

I – por 60 (sessenta) dias a duração da licença-maternidade prevista no inciso XVIII do *caput* do art. 7º da Constituição Federal;

II – por 15 (quinze) dias a duração da licença-paternidade, nos termos desta Lei, além dos 5 (cinco) dias estabelecidos no § 1º do art. 10 do Ato das Disposições Constitucionais Transitórias.

- Incisos I e II com a redação dada pela Lei nº 13.257, de 8-3-2016, produzindo efeitos a partir do primeiro dia do exercício subsequente àquele em que for implementado o disposto no art. 39 da referida lei.

§ 1º A prorrogação de que trata este artigo:

I – será garantida à empregada da pessoa jurídica que aderir ao Programa, desde que a empregada a requeira até o final do primeiro mês após o parto, e será concedida imediatamente após a fruição da licença-maternidade de que trata o inciso XVIII do *caput* do art. 7º da Constituição Federal;

II – será garantida ao empregado da pessoa jurídica que aderir ao Programa, desde que o empregado a requeira no prazo de 2 (dois) dias úteis após o parto e comprove participação em programa ou atividade de orientação sobre paternidade responsável.

§ 2º A prorrogação será garantida, na mesma proporção, à empregada e ao empregado que adotar ou obtiver guarda judicial para fins de adoção de criança.

- §§ 1º e 2º com a redação dada pela Lei nº 13.257, de 8-3-2016, produzindo efeitos a partir do primeiro dia do exercício subsequente àquele em que for implementado o disposto no art. 39 da referida lei.

§ 3º A prorrogação de que trata o inciso I do *caput* deste artigo poderá ser compartilhada entre a empregada e o empregado requerente, desde que ambos sejam empregados de pessoa jurídica aderente ao Programa e que a decisão seja adotada conjuntamente, na forma estabelecida em regulamento.

§ 4º Na hipótese prevista no § 3º deste artigo, a prorrogação poderá ser usufruída pelo empregado da pessoa jurídica que aderir ao Programa somente após o término da licença-maternidade, desde que seja requerida com 30 (trinta) dias de antecedência.

- §§ 3º e 4º acrescidos pela Lei nº 14.457, de 21-9-2022.

Art. 1º-A. Fica a empresa participante do Programa Empresa Cidadã autorizada a substituir o período de prorrogação da licença-maternidade de que trata o inciso I do *caput* do art. 1º desta Lei pela redução de jornada de trabalho em 50% (cinquenta por cento) pelo período de 120 (cento e vinte) dias.

§ 1º São requisitos para efetuar a substituição de que trata o *caput* deste artigo:

I – pagamento integral do salário à empregada ou ao empregado pelo período de 120 (cento e vinte) dias; e

II – acordo individual firmado entre o empregador e a empregada ou o empregado interessados em adotar a medida.

§ 2º A substituição de que trata o *caput* deste artigo poderá ser concedida na forma prevista no § 3º do art. 1º desta Lei.

- Art. 1º-A acrescido pela Lei nº 14.457, de 21-9-2022.

Art. 2º É a administração pública, direta, indireta e fundacional, autorizada a instituir programa que garanta prorrogação da licença-maternidade para suas servidoras, nos termos do que prevê o art. 1º desta Lei.

Art. 3º Durante o período de prorrogação da licença-maternidade e da licença-paternidade:

I – a empregada terá direito à remuneração integral, nos mesmos moldes devidos no período de percepção do salário-maternidade pago pelo Regime Geral de Previdência Social (RGPS);

II – o empregado terá direito à remuneração integral.

Art. 4º No período de prorrogação da licença-maternidade e da licença-paternidade de que trata esta Lei, a empregada e o empregado não poderão exercer nenhuma atividade remunerada, e a criança deverá ser mantida sob seus cuidados.

Parágrafo único. Em caso de descumprimento do disposto no *caput* deste artigo, a empregada e o empregado perderão o direito à prorrogação.

Art. 5º A pessoa jurídica tributada com base no lucro real poderá deduzir do imposto devido, em cada período de apuração, o total da remuneração integral da empregada e do empregado pago nos dias de prorrogação de sua licença-maternidade e de sua licença-paternidade, vedada a dedução como despesa operacional.

- Arts. 3º a 5º com a redação dada pela Lei nº 13.257, de 8-3-2016, produzindo efeitos a partir do primeiro dia do exercício subsequente àquele em que for implementado o disposto no art. 39 da referida lei.

Parágrafo único. VETADO.

Art. 6º VETADO.

Art. 7º O Poder Executivo, com vistas no cumprimento do disposto no inciso II do *caput* do art. 5º e nos arts. 12 e 14 da Lei Complementar nº 101, de 4 de maio de 2000, estimará o montante da renúncia fiscal decorrente do disposto nesta Lei e o incluirá no demonstrativo a que se refere o § 6º do art. 165 da Constituição Federal, que acompanhará o projeto de lei orçamentária cuja apresentação se der após decorridos 60 (sessenta) dias da publicação desta Lei.

Art. 8º Esta Lei entra em vigor na data de sua publicação, produzindo efeitos a partir do primeiro dia do exercício subsequente àquele em que for implementado o disposto no seu art. 7º.

Brasília, 9 de setembro de 2008;
187º da Independência e
120º da República.
Luiz Inácio Lula da Silva

CÓDIGO DE ÉTICA DA MAGISTRATURA NACIONAL

- Aprovado na 68ª Sessão Ordinária do Conselho Nacional de Justiça, do dia 6 de agosto de 2008, nos autos do Processo nº 200820000007337.
- Publicado no *DJU* de 18-9-2008.

CAPÍTULO I – DISPOSIÇÕES GERAIS

Art. 1º O exercício da magistratura exige conduta compatível com os preceitos deste Código e do Estatuto da Magistratura, norteando-se pelos princípios da independência, da imparcialidade, do conhecimento e capacitação, da cortesia, da transparência, do segredo profissional, da prudência, da diligência, da integridade profissional e pessoal, da dignidade, da honra e do decoro.

Art. 2º Ao magistrado impõe-se primar pelo respeito à Constituição da República e às leis do País, buscando o fortalecimento das instituições e a plena realização dos valores democráticos.

Art. 3º A atividade judicial deve desenvolver-se de modo a garantir e fomentar a dignidade da pessoa humana, objetivando assegurar e promover a solidariedade e a justiça na relação entre as pessoas.

CAPÍTULO II – INDEPENDÊNCIA

Art. 4º Exige-se do magistrado que seja eticamente independente e que não interfira, de qualquer modo, na atuação jurisdicional de outro colega, exceto em respeito às normas legais.

Art. 5º Impõe-se ao magistrado pautar-se no desempenho de suas atividades sem receber indevidas influências externas e estranhas à justa convicção que deve formar para a solução dos casos que lhe sejam submetidos.

Art. 6º É dever do magistrado denunciar qualquer interferência que vise a limitar sua independência.

Art. 7º A independência judicial implica que ao magistrado é vedado participar de atividade político-partidária.

CAPÍTULO III – IMPARCIALIDADE

Art. 8º O magistrado imparcial é aquele que busca nas provas a verdade dos fatos, com objetividade e fundamento, mantendo ao longo de todo o processo uma distância equivalente das partes, e evita todo o tipo de comportamento que possa refletir favoritismo, predisposição ou preconceito.

Art. 9º Ao magistrado, no desempenho de sua atividade, cumpre dispensar às partes igualdade de tratamento, vedada qualquer espécie de injustificada discriminação.

Parágrafo único. Não se considera tratamento discriminatório injustificado:

I – a audiência concedida a apenas uma das partes ou seu advogado, contanto que se assegure igual direito à parte contrária, caso seja solicitado;

II – o tratamento diferenciado resultante de lei.

CAPÍTULO IV
TRANSPARÊNCIA

Art. 10. A atuação do magistrado deve ser transparente, documentando-se seus atos, sempre que possível, mesmo quando não legalmente previsto, de modo a favorecer sua publicidade, exceto nos casos de sigilo contemplado em lei.

Art. 11. O magistrado, obedecido o segredo de justiça, tem o dever de informar ou mandar informar aos interessados acerca dos processos sob sua responsabilidade, de forma útil, compreensível e clara.

Art. 12. Cumpre ao magistrado, na sua relação com os meios de comunicação social, comportar-se de forma prudente e equitativa, e cuidar especialmente:

I – para que não sejam prejudicados direitos e interesses legítimos de partes e seus procuradores;

II – de abster-se de emitir opinião sobre processo pendente de julgamento, seu ou de outrem, ou juízo depreciativo sobre despachos, votos, sentenças ou acórdãos, de órgãos judiciais, ressalvada a crítica nos autos, doutrinária ou no exercício do magistério.

Art. 13. O magistrado deve evitar comportamentos que impliquem a busca injustificada e desmesurada por reconhecimento social, mormente a autopromoção em publicação de qualquer natureza.

Art. 14. Cumpre ao magistrado ostentar conduta positiva e de colaboração para com os órgãos de controle e de aferição de seu desempenho profissional.

CAPÍTULO V
INTEGRIDADE PESSOAL E PROFISSIONAL

Art. 15. A integridade de conduta do magistrado fora do âmbito estrito da atividade jurisdicional contribui para uma fundada confiança dos cidadãos na judicatura.

Art. 16. O magistrado deve comportar-se na vida privada de modo a dignificar a função, cônscio de que o exercício da atividade jurisdicional impõe restrições e exigências pessoais distintas das acometidas aos cidadãos em geral.

Art. 17. É dever do magistrado recusar benefícios ou vantagens de ente público, de empresa privada ou de pessoa física que possam comprometer sua independência funcional.

Art. 18. Ao magistrado é vedado usar para fins privados, sem autorização, os bens públicos ou os meios disponibilizados para o exercício de suas funções.

Art. 19. Cumpre ao magistrado adotar as medidas necessárias para evitar que possa surgir qualquer dúvida razoável sobre a legitimidade de suas receitas e de sua situação econômico-patrimonial.

CAPÍTULO VI
DILIGÊNCIA E DEDICAÇÃO

Art. 20. Cumpre ao magistrado velar para que os atos processuais se celebrem com a máxima pontualidade e para que os processos a seu cargo sejam solucionados em um prazo razoável, reprimindo toda e qualquer iniciativa dilatória ou atentatória à boa-fé processual.

Art. 21. O magistrado não deve assumir encargos ou contrair obrigações que perturbem ou impeçam o cumprimento apropriado de suas funções específicas, ressalvadas as acumulações permitidas constitucionalmente.

§ 1º O magistrado que acumular, de conformidade com a Constituição Federal, o exercício da judicatura com o magistério deve sempre priorizar a atividade judicial, dispensando-lhe efetiva disponibilidade e dedicação.

§ 2º O magistrado, no exercício do magistério, deve observar conduta adequada à sua condição de juiz, tendo em vista que, aos olhos de alunos e da sociedade, o magistério e a magistratura são indissociáveis, e faltas éticas na área do ensino refletirão necessariamente no respeito à função judicial.

CAPÍTULO VII
CORTESIA

Art. 22. O magistrado tem o dever de cortesia para com os colegas, os membros do Ministério Público, os advogados, os servidores, as partes, as testemunhas e todos quantos se relacionem com a administração da Justiça.

Parágrafo único. Impõe-se ao magistrado a utilização de linguagem escorreita, polida, respeitosa e compreensível.

Art. 23. A atividade disciplinar, de correição e de fiscalização serão exercidas sem infringência ao devido respeito e consideração pelos correicionados.

CAPÍTULO VIII
PRUDÊNCIA

Art. 24. O magistrado prudente é o que busca adotar comportamentos e decisões que sejam o resultado de juízo justificado racionalmente, após haver meditado e valorado os argumentos e contra-argumentos disponíveis, à luz do Direito aplicável.

Art. 25. Especialmente ao proferir decisões, incumbe ao magistrado atuar de forma cautelosa, atento às consequências que pode provocar.

Art. 26. O magistrado deve manter atitude aberta e paciente para receber argumentos ou críticas lançados de forma cortês e respeitosa, podendo confirmar ou retificar posições anteriormente assumidas nos processos em que atua.

CAPÍTULO IX
SIGILO PROFISSIONAL

Art. 27. O magistrado tem o dever de guardar absoluta reserva, na vida pública e privada, sobre dados ou fatos pessoais de que haja tomado conhecimento no exercício de sua atividade.

Art. 28. Aos juízes integrantes de órgãos colegiados impõe-se preservar o sigilo de votos que ainda não hajam sido proferidos e daqueles de cujo teor tomem conhecimento, eventualmente, antes do julgamento.

CAPÍTULO X
CONHECIMENTO E CAPACITAÇÃO

Art. 29. A exigência de conhecimento e de capacitação permanente dos magistrados tem como fundamento o direito dos jurisdicionados e da sociedade em geral à obtenção de um serviço de qualidade na administração de Justiça.

Art. 30. O magistrado bem formado é o que conhece o Direito vigente e desenvolveu as capacidades técnicas e as atitudes éticas adequadas para aplicá-lo corretamente.

Art. 31. A obrigação de formação contínua dos magistrados estende-se tanto às matérias especificamente jurídicas quanto no que se refere aos conhecimentos e técnicas que possam favorecer o melhor cumprimento das funções judiciais.

Art. 32. O conhecimento e a capacitação dos magistrados adquirem uma intensidade especial no que se relaciona com as matérias, as técnicas e as atitudes que levem à máxima proteção dos direitos humanos e ao desenvolvimento dos valores constitucionais.

Art. 33. O magistrado deve facilitar e promover, na medida do possível, a formação dos outros membros do órgão judicial.

Art. 34. O magistrado deve manter uma atitude de colaboração ativa em todas as atividades que conduzem à formação judicial.

Art. 35. O magistrado deve esforçar-se para contribuir com os seus conhecimentos teóricos e práticos ao melhor desenvolvimento do Direito e à administração da Justiça.

Art. 36. É dever do magistrado atuar no sentido de que a instituição de que faz parte ofereça os meios para que sua formação seja permanente.

CAPÍTULO XI
DIGNIDADE, HONRA E DECORO

Art. 37. Ao magistrado é vedado procedimento incompatível com a dignidade, a honra e o decoro de suas funções.

Art. 38. O magistrado não deve exercer atividade empresarial, exceto na condição de acionista ou cotista e desde que não exerça o controle ou gerência.

Art. 39. É atentatório à dignidade do cargo qualquer ato ou comportamento do(a) magistrado(a), no exercício profissional ou em razão dele, que configure assédio moral, assédio sexual ou implique discriminação injusta ou arbitrária.

▸ *Caput* com a redação dada pela Res. do CNJ nº 538, de 13-12-2023.

Parágrafo único. Enquadra-se na conduta descrita no *caput* a violência contra a mulher praticada por magistrado, ainda que dissociada do exercício profissional.

▸ Parágrafo único acrescido pela Res. do CNJ nº 538, de 13-12-2023.

CAPÍTULO XII
DISPOSIÇÕES FINAIS

Art. 40. Os preceitos do presente Código complementam os deveres funcionais dos juízes que emanam da Constituição Federal, do Estatuto da Magistratura e das demais disposições legais.

Art. 41. Os Tribunais brasileiros, por ocasião da posse de todo Juiz, entregar-lhe-ão um exemplar do Código de Ética da Magistratura Nacional, para fiel observância durante todo o tempo de exercício da judicatura.

Art. 42. Este Código entra em vigor, em todo o território nacional, na data de sua publicação, cabendo ao Conselho Nacional de Justiça promover-lhe ampla divulgação.

Brasília, 26 de agosto de 2008.

LEI Nº 11.788, DE 25 DE SETEMBRO DE 2008

Dispõe sobre o estágio de estudantes; altera a redação do art. 428 da Consolidação das Leis do Trabalho – CLT, aprovada pelo Decreto-Lei nº 5.452, de 1º de maio de 1943, e a Lei nº 9.394, de 20 de dezembro de 1996; revoga as Leis nºs 6.494, de 7 de dezembro de 1977, e 8.859, de 23 de março de 1994, o parágrafo único do art. 82 da Lei nº 9.394, de 20 de dezembro de 1996, e o art. 6º da Medida Provisória nº 2.164-41, de 24 de agosto de 2001; e dá outras providências.

▸ Publicada no *DOU* de 26-9-2008.

CAPÍTULO I – DA DEFINIÇÃO, CLASSIFICAÇÃO E RELAÇÕES DE ESTÁGIO

Art. 1º Estágio é ato educativo escolar supervisionado, desenvolvido no ambiente de trabalho, que visa à preparação para o trabalho produtivo de educandos que estejam frequentando o ensino regular em instituições de educação superior, de educação profissional, de ensino médio, da educação especial e dos anos finais do ensino fundamental, na modalidade profissional da educação de jovens e adultos.

§ 1º O estágio faz parte do projeto pedagógico do curso, além de integrar o itinerário formativo do educando.

§ 2º O estágio visa ao aprendizado de competências próprias da atividade profissional e à contextualização curricular, objetivando o desenvolvimento do educando para a vida cidadã e para o trabalho.

Art. 2º O estágio poderá ser obrigatório ou não obrigatório, conforme determinação das diretrizes curriculares da etapa, modalidade e área de ensino e do projeto pedagógico do curso.

§ 1º Estágio obrigatório é aquele definido como tal no projeto do curso, cuja carga horária é requisito para aprovação e obtenção de diploma.

§ 2º Estágio não obrigatório é aquele desenvolvido como atividade opcional, acrescida à carga horária regular e obrigatória.

§ 3º *Na educação superior, as atividades de extensão, de monitorias, de iniciação científica e de intercâmbio no exterior desenvolvidas pelo estudante poderão ser equiparadas ao estágio em caso de previsão no projeto pedagógico do curso.*

▸ § 3º com a redação dada pela Lei nº 14.913, de 3-7-2024.

Art. 3º O estágio, tanto na hipótese do § 1º do art. 2º desta Lei quanto na prevista no § 2º do mesmo dispositivo, não cria vínculo empregatício de qualquer natureza, observados os seguintes requisitos:

I – matrícula e frequência regular do educando em curso de educação superior, de educação profissional, de ensino médio, da educação especial e nos anos finais do ensino fundamental, na modalidade profissional da educação de jovens e adultos e atestados pela instituição de ensino;

II – celebração de termo de compromisso entre o educando, a parte concedente do estágio e a instituição de ensino;

III – compatibilidade entre as atividades desenvolvidas no estágio e aquelas previstas no termo de compromisso.

§ 1º O estágio, como ato educativo escolar supervisionado, deverá ter acompanhamento efetivo pelo professor orientador da instituição de ensino e por supervisor da parte concedente, comprovado por vistos nos relatórios referidos no inciso IV do *caput* do art. 7º desta Lei e por menção de aprovação final.

§ 2º O descumprimento de qualquer dos incisos deste artigo ou de qualquer obrigação contida no termo de compromisso caracteriza vínculo de emprego do educando com a parte concedente do estágio para todos os fins da legislação trabalhista e previdenciária.

Art. 4º *As disposições desta Lei relativas aos estágios aplicam-se aos estudantes estrangeiros ou brasileiros regularmente matriculados em cursos superiores no País, autorizados ou reconhecidos, ou no exterior, observado o prazo do visto temporário de estudante, na forma da legislação aplicável.*

▸ Artigo com a redação dada pela Lei nº 14.913, de 3-7-2024.

▸ Res. Norm. do CNI nº 87, de 15-9-2010, disciplina a concessão de visto a estrangeiro, vinculado a empresa estrangeira, para treinamento profissional junto à filial, subsidiária ou matriz brasileira de mesmo grupo econômico.

Art. 5º As instituições de ensino e as partes cedentes de estágio podem, a seu critério, recorrer a serviços de agentes de integração públicos e privados, mediante condições acordadas em instrumento jurídico apropriado, devendo ser observada, no caso de contratação com recursos públicos, a legislação que estabelece as normas gerais de licitação.

§ 1º Cabe aos agentes de integração, como auxiliares no processo de aperfeiçoamento do instituto do estágio:

I – identificar oportunidades de estágio;

II – ajustar suas condições de realização;

III – fazer o acompanhamento administrativo;

IV – encaminhar negociação de seguros contra acidentes pessoais;

V – cadastrar os estudantes.

§ 2º É vedada a cobrança de qualquer valor dos estudantes, a título de remuneração pelos serviços referidos nos incisos deste artigo.

§ 3º Os agentes de integração serão responsabilizados civilmente se indicarem estagiários para a realização de atividades não compatíveis com a programação curricular estabelecida para cada curso, assim como estagiários matriculados em cursos ou instituições para as quais não há previsão de estágio curricular.

Art. 6º O local de estágio pode ser selecionado a partir de cadastro de partes cedentes, organizado pelas instituições de ensino ou pelos agentes de integração.

CAPÍTULO II – DA INSTITUIÇÃO DE ENSINO

Art. 7º São obrigações das instituições de ensino, em relação aos estágios de seus educandos:

I – celebrar termo de compromisso com o educando ou com seu representante ou assistente legal, quando ele for absoluta ou relativamente incapaz, e com a parte concedente, indicando as condições de adequação do estágio à proposta pedagógica do curso, à etapa e modalidade da formação escolar do estudante e ao horário e calendário escolar;

II – avaliar as instalações da parte concedente do estágio e sua adequação à formação cultural e profissional do educando;

III – indicar professor orientador, da área a ser desenvolvida no estágio, como responsável pelo acompanhamento e avaliação das atividades do estagiário;

IV – exigir do educando a apresentação periódica, em prazo não superior a 6 (seis) meses, de relatório das atividades;

V – zelar pelo cumprimento do termo de compromisso, reorientando o estagiário para outro local em caso de descumprimento de suas normas;

VI – elaborar normas complementares e instrumentos de avaliação dos estágios de seus educandos;

VII – comunicar à parte concedente do estágio, no início do período letivo, as datas de realização de avaliações escolares ou acadêmicas.

Parágrafo único. O plano de atividades do estagiário, elaborado em acordo das 3 (três) partes a que se refere o inciso II do *caput* do art. 3º desta Lei, será incorporado ao termo de compromisso por meio de aditivos à medida que for avaliado, progressivamente, o desempenho do estudante.

Art. 8º É facultado às instituições de ensino celebrar com entes públicos e privados convênio de concessão de estágio, nos quais se explicitem o processo educativo compreendido nas atividades programadas para seus educandos e as condições de que tratam os arts. 6º a 14 desta Lei.

Parágrafo único. A celebração de convênio de concessão de estágio entre a instituição de ensino e a parte concedente não dispensa a celebração do termo de compromisso de que trata o inciso II do *caput* do art. 3º desta Lei.

CAPÍTULO III – DA PARTE CONCEDENTE

Art. 9º As pessoas jurídicas de direito privado e os órgãos da administração pública direta, autárquica e fundacional de qualquer dos Poderes da União, dos Estados, do Distrito Federal e dos Municípios, bem como profissionais liberais de nível superior devidamente registrados em seus respectivos conselhos de fiscalização profissional, podem oferecer estágio, observadas as seguintes obrigações:

I – celebrar termo de compromisso com a instituição de ensino e o educando, zelando por seu cumprimento;

II – ofertar instalações que tenham condições de proporcionar ao educando atividades de aprendizagem social, profissional e cultural;

III – indicar funcionário de seu quadro de pessoal, com formação ou experiência profissional na área de conhecimento desenvolvida no curso do estagiário, para orientar e supervisionar até 10 (dez) estagiários simultaneamente;

IV – contratar em favor do estagiário seguro contra acidentes pessoais, cuja apólice seja compatível com valores de mercado, conforme fique estabelecido no termo de compromisso;

V – por ocasião do desligamento do estagiário, entregar termo de realização do estágio com indicação resumida das atividades desenvolvidas, dos períodos e da avaliação de desempenho;

VI – manter à disposição da fiscalização documentos que comprovem a relação de estágio;

VII – enviar à instituição de ensino, com periodicidade mínima de 6 (seis) meses, relatório de atividades, com vista obrigatória ao estagiário.

§ 1º *No caso de estágio obrigatório, a responsabilidade pela contratação do seguro de que trata o inciso IV do caput deste artigo poderá, alternativamente, ser assumida pela instituição de ensino.*

▸ Parágrafo único transformado em § 1º e com a redação dada pela Lei nº 14.913, de 3-7-2024.

§ 2º O termo de compromisso referido no inciso I do caput deste artigo também poderá ser celebrado com a instituição de ensino superior:

I – a que esteja vinculado o intercambista estrangeiro;

II – em que se realizar o intercâmbio, no caso de estudante brasileiro intercambista.

▸ § 2º acrescido pela Lei nº 14.913, de 3-7-2024.

CAPÍTULO IV
DO ESTAGIÁRIO

Art. 10. A jornada de atividade em estágio será definida de comum acordo entre a instituição de ensino, a parte concedente e o aluno estagiário ou seu representante legal, devendo constar do termo de compromisso ser compatível com as atividades escolares e não ultrapassar:

I – 4 (quatro) horas diárias e 20 (vinte) horas semanais, no caso de estudantes de educação especial e dos anos finais do ensino fundamental, na modalidade profissional de educação de jovens e adultos;

II – 6 (seis) horas diárias e 30 (trinta) horas semanais, no caso de estudantes do ensino superior, da educação profissional de nível médio e do ensino médio regular.

§ 1º O estágio relativo a cursos que alternam teoria e prática, nos períodos em que não estão programadas aulas presenciais, poderá ter jornada de até 40 (quarenta) horas semanais, desde que isso esteja previsto no projeto pedagógico do curso e da instituição de ensino.

§ 2º Se a instituição de ensino adotar verificações de aprendizagem periódicas ou finais, nos períodos de avaliação, a carga horária do estágio será reduzida pelo menos à metade, segundo estipulado no termo de compromisso, para garantir o bom desempenho do estudante.

Art. 11. A duração do estágio, na mesma parte concedente, não poderá exceder 2 (dois) anos, exceto quando se tratar de estagiário portador de deficiência.

Art. 12. O estagiário poderá receber bolsa ou outra forma de contraprestação que venha a ser acordada, sendo compulsória a sua concessão, bem como a do auxílio-transporte, na hipótese de estágio não obrigatório.

§ 1º A eventual concessão de benefícios relacionados a transporte, alimentação e saúde, entre outros, não caracteriza vínculo empregatício.

§ 2º Poderá o educando inscrever-se e contribuir como segurado facultativo do Regime Geral de Previdência Social.

Art. 13. É assegurado ao estagiário, sempre que o estágio tenha duração igual ou superior a 1 (um) ano, período de recesso de 30 (trinta) dias, a ser gozado preferencialmente durante suas férias escolares.

§ 1º O recesso de que trata este artigo deverá ser remunerado quando o estagiário receber bolsa ou outra forma de contraprestação.

§ 2º Os dias de recesso previstos neste artigo serão concedidos de maneira proporcional, nos casos de o estágio ter duração inferior a 1 (um) ano.

Art. 14. Aplica-se ao estagiário a legislação relacionada à saúde e segurança no trabalho, sendo sua implementação de responsabilidade da parte concedente do estágio.

CAPÍTULO V
DA FISCALIZAÇÃO

Art. 15. A manutenção de estagiários em desconformidade com esta Lei caracteriza vínculo de emprego do educando com a parte concedente do estágio para todos os fins da legislação trabalhista e previdenciária.

§ 1º A instituição privada ou pública que reincidir na irregularidade de que trata este artigo ficará impedida de receber estagiários por 2 (dois) anos, contados da data da decisão definitiva do processo administrativo correspondente.

§ 2º A penalidade de que trata o § 1º deste artigo limita-se à filial ou agência em que for cometida a irregularidade.

CAPÍTULO VI
DAS DISPOSIÇÕES GERAIS

Art. 16. O termo de compromisso deverá ser firmado pelo estagiário ou com seu representante ou assistente legal e pelos representantes legais da parte concedente e da instituição de ensino, vedada a atuação dos agentes de integração a que se refere o art. 5º desta Lei como representante de qualquer das partes.

Art. 17. O número máximo de estagiários em relação ao quadro de pessoal das entidades concedentes de estágio deverá atender às seguintes proporções:

I – de 1 (um) a 5 (cinco) empregados: 1 (um) estagiário;

II – de 6 (seis) a 10 (dez) empregados: até 2 (dois) estagiários;

III – de 11 (onze) a 25 (vinte e cinco) empregados: até 5 (cinco) estagiários;

IV – acima de 25 (vinte e cinco) empregados: até 20% (vinte por cento) de estagiários.

§ 1º Para efeito desta Lei, considera-se quadro de pessoal o conjunto de trabalhadores empregados existentes no estabelecimento do estágio.

§ 2º Na hipótese de a parte concedente contar com várias filiais ou estabelecimentos, os quantitativos previstos nos incisos deste artigo serão aplicados a cada um deles.

§ 3º Quando o cálculo do percentual disposto no inciso IV do *caput* deste artigo resultar em fração, poderá ser arredondado para o número inteiro imediatamente superior.

§ 4º Não se aplica o disposto no *caput* deste artigo aos estágios de nível superior e de nível médio profissional.

§ 5º Fica assegurado às pessoas portadoras de deficiência o percentual de 10% (dez por cento) das vagas oferecidas pela parte concedente do estágio.

Art. 18. A prorrogação dos estágios contratados antes do início da vigência desta Lei apenas poderá ocorrer se ajustada às suas disposições.

Art. 19. O art. 428 da Consolidação das Leis do Trabalho – CLT, aprovada pelo Decreto-lei nº 5.452, de 1º de maio de 1943, passa a vigorar com as seguintes alterações:

▸ Alteração inserida no texto da referida Consolidação.

Art. 20. O art. 82 da Lei nº 9.394, de 20 de dezembro de 1996, passa a vigorar com a seguinte redação:

▸ Alteração inserida no texto da referida Lei.

Art. 21. Esta Lei entra em vigor na data de sua publicação.

Art. 22. Revogam-se as Leis nºs 6.494, de 7 de dezembro de 1977, e 8.859, de 23 de março de 1994, o parágrafo único do art. 82 da Lei nº 9.394, de 20 de dezembro de 1996, e o art. 6º da Medida Provisória nº 2.164-41, de 24 de agosto de 2001.

Brasília, 25 de setembro de 2008;
187º da Independência e
120º da República.

Luiz Inácio Lula da Silva

LEI Nº 11.795, DE 8 DE OUTUBRO DE 2008

Dispõe sobre o Sistema de Consórcio.

▸ Publicada no *DOU* de 9-10-2008.

CAPÍTULO I
DO SISTEMA DE CONSÓRCIOS

Seção I
DOS CONCEITOS FUNDAMENTAIS

Art. 1º O Sistema de Consórcios, instrumento de progresso social que se destina a propiciar o acesso ao consumo de bens e serviços, constituído por administradoras de consórcio e grupos de consórcio, será regulado por esta Lei.

Art. 2º Consórcio é a reunião de pessoas naturais e jurídicas em grupo, com prazo de duração e número de cotas previamente determinados, promovida por administradora de consórcio, com a finalidade de propiciar a seus integrantes, de forma isonômica, a aquisição de bens ou serviços, por meio de autofinanciamento.

▸ Art. 10 desta lei.

Art. 3º Grupo de consórcio é uma sociedade não personificada constituída por consorciados para os fins estabelecidos no art. 2º.

§ 1º O grupo de consórcio será representado por sua administradora, em caráter irrevogável e irretratável, ativa ou passivamente, em juízo ou fora dele, na defesa dos direitos e interesses coletivamente considerados e para a execução do contrato de participação em grupo de consórcio, por adesão.

§ 2º O interesse do grupo de consórcio prevalece sobre o interesse individual do consorciado.

§ 3º O grupo de consórcio é autônomo em relação aos demais e possui patrimônio próprio, que não se confunde com o de outro grupo, nem com o da própria administradora.

§ 4º Os recursos dos grupos geridos pela administradora de consórcio serão contabilizados separadamente.

Art. 4º Consorciado é a pessoa natural ou jurídica que integra o grupo e assume a obrigação de contribuir para o cumprimento integral de seus objetivos, observado o disposto no art. 2º.

Seção II
DA ADMINISTRAÇÃO DE CONSÓRCIOS

Art. 5º A administradora de consórcios é a pessoa jurídica prestadora de serviços com objeto social principal voltado à administração de grupos de consórcio, constituída sob a forma de sociedade limitada ou sociedade anônima, nos termos do art. 7º, inciso I.

§ 1º A administradora de consórcio deve figurar no contrato de participação em grupo de consórcio, por adesão, na qualidade de gestora dos negócios dos grupos e de mandatária de seus interesses e direitos.

§ 2º Os diretores, gerentes, prepostos e sócios com função de gestão na administradora de consórcio são depositários, para todos os efeitos, das quantias que a administradora receber dos consorciados na sua gestão, até o cumprimento da obrigação assumida no contrato de participação em grupo de consórcio, por adesão, respondendo pessoal e solidariamente, independentemente da verificação de culpa, pelas obrigações perante os consorciados.

§ 3º A administradora de consórcio tem direito à taxa de administração, a título de remuneração pela formação, organização e administração do grupo de consórcio até o encerramento deste, conforme o art. 32, bem como o recebimento de outros valores, expressamente previstos no contrato de participação em grupo de consórcio, por adesão, observados ainda os arts. 28 e 35.

§ 4º VETADO.

§ 5º Os bens e direitos adquiridos pela administradora em nome do grupo de consórcio, inclusive os decorrentes de garantia, bem como seus frutos e rendimentos, não se comunicam com o seu patrimônio, observado que:

I – não integram o ativo da administradora;

II – não respondem direta ou indiretamente por qualquer obrigação da administradora;

III – não compõem o elenco de bens e direitos da administradora, para efeito de liquidação judicial ou extrajudicial;

IV – não podem ser dados em garantia de débito da administradora.

§ 6º A administradora estará desobrigada de apresentar certidão negativa de débitos, expedida pelo Instituto Nacional da Seguridade Social, e Certidão Negativa de Tributos e Contribuições, expedida pela Secretaria da Receita Federal, relativamente à própria empresa, quando alienar imóvel integrante do patrimônio do grupo de consórcio.

§ 7º No caso de o bem recebido ser um imóvel, as restrições enumeradas nos incisos II a IV do § 5º deste artigo deverão ser averbadas no registro de imóveis competente.

Seção III

DO ÓRGÃO REGULADOR E FISCALIZADOR

Art. 6º A normatização, coordenação, supervisão, fiscalização e controle das atividades do sistema de consórcios serão realizados pelo Banco Central do Brasil.

Art. 7º Compete ao Banco Central do Brasil:

I – conceder autorização para funcionamento, transferência do controle societário e reorganização da sociedade e cancelar a autorização para funcionar das administradoras de consórcio, segundo abrangência e condições que fixar;

▶ Art. 5º desta lei.

II – aprovar atos administrativos ou societários das administradoras de consórcio, segundo abrangência e condições que fixar;

III – baixar normas disciplinando as operações de consórcio, inclusive no que refere à supervisão prudencial, à contabilização, ao oferecimento de garantias, à aplicação financeira dos recursos dos grupos de consórcio, às condições mínimas que devem constar do contrato de participação em grupo de consórcio, por adesão, à prestação de contas e ao encerramento do grupo de consórcio;

IV – *Revogado*. Lei nº 13.506, de 13-11-2017.

V – fiscalizar as operações de consórcio, as administradoras de consórcio e os atos dos respectivos administradores e aplicar as sanções;

VI – estabelecer os procedimentos relativos ao processo administrativo e o julgamento das infrações a esta Lei, às normas infralegais e aos termos dos contratos de participação em grupo de consórcio, por adesão, formalizados;

VII – intervir nas administradoras de consórcio e decretar sua liquidação extrajudicial na forma e condições previstas na legislação especial aplicável às instituições financeiras.

Art. 8º No exercício da fiscalização prevista no art. 7º, o Banco Central do Brasil poderá exigir das administradoras de consórcio, bem como de seus administradores, a exibição a funcionários seus, expressamente credenciados, de documentos, papéis, livros de escrituração e acesso aos dados armazenados nos sistemas eletrônicos, considerando-se a negativa de atendimento como embaraço à fiscalização, sujeita às penalidades previstas nesta Lei, sem prejuízo de outras medidas e sanções cabíveis.

Art. 9º VETADO.

CAPÍTULO II

DO CONTRATO DE CONSÓRCIO

Art. 10. O contrato de participação em grupo de consórcio, por adesão, é o instrumento plurilateral de natureza associativa cujo escopo é a constituição de fundo pecuniário para as finalidades previstas no art. 2º.

§ 1º O contrato de participação em grupo de consórcio, por adesão, criará vínculos obrigacionais entre os consorciados, e destes com a administradora, para proporcionar a todos igual condição de acesso ao mercado de consumo de bens ou serviços.

§ 2º VETADO.

§ 3º A proposta de participação é o instrumento pelo qual o interessado formaliza seu pedido de participação no grupo de consórcio, que se converterá no contrato, observada a disposição constante do § 4º, se aprovada pela administradora.

§ 4º O contrato de participação em grupo de consórcio aperfeiçoar-se-á na data de constituição do grupo, observado o art. 16.

§ 5º É facultada a estipulação de multa pecuniária em virtude de descumprimento de obrigação contratual, que a parte que lhe der causa pagará à outra.

§ 6º O contrato de participação em grupo de consórcio, por adesão, de consorciado contemplado é título executivo extrajudicial.

Art. 11. O contrato de participação em grupo de consórcio, por adesão, implicará atribuição de uma cota de participação no grupo, numericamente identificada, nela caracterizada o bem ou serviço.

Art. 12. O contrato de participação em grupo de consórcio, por adesão, poderá ter como referência bem móvel, imóvel ou serviço de qualquer natureza.

Parágrafo único. O contrato de grupo para a aquisição de bem imóvel poderá estabelecer a aquisição de imóvel em empreendimento imobiliário.

Art. 13. Os direitos e obrigações decorrentes do contrato de participação em grupo de consórcio, por adesão, poderão ser transferidos a terceiros, mediante prévia anuência da administradora.

Art. 14. No contrato de participação em grupo de consórcio, por adesão, devem estar previstas, de forma clara, as garantias que serão exigidas do consorciado para utilizar o crédito.

§ 1º As garantias iniciais em favor do grupo devem recair sobre o bem adquirido por meio do consórcio.

§ 2º No caso de consórcio de bem imóvel, é facultado à administradora aceitar em garantia outro imóvel de valor suficiente para assegurar o cumprimento das obrigações pecuniárias do contemplado em face do grupo.

§ 3º Admitem-se garantias reais ou pessoais, sem vinculação ao bem referenciado, no caso de consórcio de serviço de qualquer natureza, ou quando, na data de utilização do crédito, o bem estiver sob produção, incorporação ou situação análoga definida pelo Banco Central do Brasil.

§ 4º A administradora pode exigir garantias complementares proporcionais ao valor das prestações vincendas.

§ 5º A administradora deve indenizar o grupo na ocorrência de eventuais prejuízos decorrentes:

I – de aprovação de garantias insuficientes, inclusive no caso de substituição de garantias dadas na forma dos §§ 1º, 2º e 3º;

II – de liberação de garantias enquanto o consorciado não tiver quitado sua participação no grupo.

§ 6º Para os fins do disposto neste artigo, o oferecedor de garantia por meio de alienação fiduciária de imóvel ficará responsável pelo pagamento integral das obrigações pecuniárias estabelecidas no contrato de participação em grupo de consórcio, por adesão, inclusive da parte que remanescer após a execução dessa garantia.

§ 7º A anotação da alienação fiduciária de veículo automotor ofertado em garantia ao grupo de consórcio no certificado de registro a que se refere o Código de Trânsito Brasileiro, Lei nº 9.503, de 23 de setembro de 1997, produz efeitos probatórios contra terceiros, dispensado qualquer outro registro público.

Art. 15. A participação de um mesmo consorciado em um grupo de consórcio, para os grupos constituídos a partir da edição desta Lei, fica limitada ao percentual de cotas, a ser fixado pelo Banco Central do Brasil.

§ 1º A administradora de consórcio pode adquirir cotas de grupo de consórcio, inclusive sob sua administração.

§ 2º A administradora de consórcio, em qualquer hipótese, somente poderá concorrer a sorteio ou lance após a contemplação de todos os demais consorciados.

§ 3º O disposto nos §§ 1º e 2º aplica-se, inclusive:

I – aos administradores e pessoas com função de gestão na administradora;

II – aos administradores e pessoas com função de gestão em empresas coligadas, controladas ou controladoras da administradora;

III – às empresas coligadas, controladas ou controladoras da administradora.

§ 4º O percentual referido no *caput* aplica-se cumulativamente às pessoas relacionadas nos §§ 1º a 3º.

CAPÍTULO III
DO FUNCIONAMENTO DO GRUPO

Seção I
DA CONSTITUIÇÃO

Art. 16. Considera-se constituído o grupo de consórcio com a realização da primeira assembleia, que será designada pela administradora de consórcio quando houver adesões em número e condições suficientes para assegurar a viabilidade econômico-financeira do empreendimento.

▶ Art. 10, § 4º, desta lei.

Art. 17. O grupo deve escolher, na primeira assembleia-geral ordinária, até 3 (três) consorciados, que o representarão perante a administradora com a finalidade de acompanhar a regularidade de sua gestão, com mandato igual à duração do grupo, facultada a substituição por decisão da maioria dos consorciados em assembleia-geral.

Parágrafo único. No exercício de sua função, os representantes terão, a qualquer tempo, acesso a todos os documentos e demonstrativos pertinentes às operações do grupo, podendo solicitar informações e representar contra a administradora na defesa dos interesses do grupo, perante o órgão regulador e fiscalizador.

Seção II
DAS ASSEMBLEIAS

Art. 18. A assembleia-geral ordinária será realizada na periodicidade prevista no contrato de participação em grupo de consórcio, por adesão, e destina-se a apreciação de contas prestadas pela administradora e a realização de contemplações.

Art. 19. A assembleia-geral extraordinária será convocada pela administradora, por iniciativa própria ou por solicitação de 30% (trinta por cento) dos consorciados ativos do grupo, para deliberar sobre quaisquer outros assuntos que não os afetos à assembleia-geral ordinária.

Art. 20. A cada cota de consorciado ativo corresponderá um voto nas deliberações das assembleias-gerais ordinárias e extraordinárias, que serão tomadas por maioria simples.

§ 1º A representação do ausente pela administradora na assembleia-geral ordinária dar-se-á com a outorga de poderes, desde que prevista no contrato de participação em grupo de consórcio, por adesão.

§ 2º A representação de ausentes nas assembleias-gerais extraordinárias dar-se-á com a outorga de poderes específicos, inclusive à administradora, constando obrigatoriamente informações relativas ao dia, hora e local e assuntos a serem deliberados.

§ 3º Somente o consorciado ativo não contemplado participará da tomada de decisões em assembleia-geral extraordinária convocada para deliberar sobre:

I – suspensão ou retirada de produção do bem ou extinção do serviço objeto do contrato;

II – extinção do índice de atualização do valor do crédito e das parcelas, indicado no contrato;

III – encerramento antecipado do grupo;

IV – assuntos de seus interesses exclusivos.

Art. 21. Para os fins do disposto nos arts. 19 e 20, é consorciado ativo aquele que mantém vínculo obrigacional com o grupo, excetuado o participante inadimplente não contemplado e o excluído, conforme definição do art. 29.

Seção III
DAS CONTEMPLAÇÕES

Art. 22. A contemplação é a atribuição ao consorciado do crédito para a aquisição de bem ou serviço, bem como para a restituição das parcelas pagas, no caso dos consorciados excluídos, nos termos do art. 30.

§ 1º A contemplação ocorre por meio de sorteio ou de lance, na forma prevista no contrato de participação em grupo de consórcio, por adesão.

§ 2º Somente concorrerá à contemplação o consorciado ativo, de que trata o art. 21, e os excluídos, para efeito de restituição dos valores pagos, na forma do art. 30.

§ 3º O contemplado poderá destinar o crédito para a quitação total de financiamento de sua titularidade, sujeita à prévia anuência da administradora e ao atendimento de condições estabelecidas no contrato de consórcio de participação em grupo.

Art. 23. A contemplação está condicionada à existência de recursos suficientes no grupo para a aquisição do bem, conjunto de bens ou serviços em que o grupo esteja referenciado e para a restituição aos excluídos.

Art. 24. O crédito a que faz jus o consorciado contemplado será o valor equivalente ao do bem ou serviço indicado no contrato, vigente na data da assembleia-geral ordinária de contemplação.

§ 1º O crédito de que trata este artigo será acrescido dos rendimentos líquidos financeiros proporcionais ao período que ficar aplicado, compreendido entre a data em que colocado à disposição até a sua utilização pelo consorciado contemplado.

§ 2º Nos casos em que o objeto do contrato não possa ser perfeitamente identificado, o valor do crédito e a sua atualização deverão estar previstos no contrato, sem prejuízo do acréscimo dos rendimentos líquidos de que trata o § 1º.

§ 3º A restituição ao consorciado excluído, calculada nos termos do art. 30, será considerada crédito parcial.

Seção IV
DOS RECURSOS DO GRUPO E DAS OBRIGAÇÕES FINANCEIRAS DO CONSORCIADO

Art. 25. Considera-se fundo comum, para os fins desta Lei, os recursos do grupo destinados à atribuição de crédito aos consorciados contemplados para aquisição do bem ou serviço e à restituição aos consorciados excluídos dos respectivos grupos, bem como para outros pagamentos previstos no contrato de participação em grupo de consórcio, por adesão.

Parágrafo único. O fundo comum é constituído pelo montante de recursos representados por prestações pagas pelos consorciados para esse fim e por valores correspondentes a multas e juros moratórios destinados ao grupo de consórcio, bem como pelos rendimentos provenientes de sua aplicação financeira.

Art. 26. Os recursos dos grupos de consórcio, coletados pela administradora, a qualquer tempo, serão depositados em instituição financeira e devem ser aplicados na forma estabelecida pelo Banco Central do Brasil, desde a sua disponibilidade e enquanto não utilizados para as finalidades previstas no contrato de participação em grupo de consórcio, por adesão.

▶ Art. 35 desta lei.

Art. 27. O consorciado obriga-se a pagar prestação cujo valor corresponde à soma das importâncias referentes à parcela destinada ao fundo comum do grupo, à taxa de administração e às demais obrigações pecuniárias que forem estabelecidas expressamente no contrato de participação em grupo de consórcio, por adesão.

§ 1º As obrigações e os direitos do consorciado que tiverem expressão pecuniária são identificados em percentual do preço do bem ou serviço referenciado no contrato de participação em grupo de consórcio, por adesão.

§ 2º O fundo de reserva, se estabelecido no grupo de consórcio, somente poderá ser utilizado para as finalidades previstas no contrato de participação, inclusive para restituição a consorciado excluído.

§ 3º É facultado estipular no contrato de participação em grupo de consórcio, por adesão, a cobrança de valor a título de antecipação de taxa de administração, destinado ao pagamento de despesas imediatas vinculadas à venda de cotas de grupo de consórcio e remuneração de representantes e corretores, devendo ser:

I – destacado do valor da taxa de administração que compõe a prestação, sendo exigível apenas no ato da assinatura do contrato de participação em grupo de consórcio, por adesão;

II – deduzido do valor total da taxa de administração durante o prazo de duração do grupo.

Art. 28. O valor da multa e de juros moratórios a cargo do consorciado, se previstos no contrato de participação em grupo de consórcio, por adesão, será destinado ao grupo e à administradora, não podendo o contrato estipular para o grupo percentual inferior a 50% (cinquenta por cento).

▶ Art. 5º, § 3º, desta lei.

Seção V
DA EXCLUSÃO DO GRUPO

Art. 29. VETADO.

Art. 30. O consorciado excluído não contemplado terá direito à restituição da importância paga ao fundo comum do grupo, cujo valor deve ser calculado com base no percentual amortizado do valor do bem ou serviço vigente na data da assembleia de contemplação, acrescido dos rendimentos da aplicação financeira a que estão sujeitos os recursos dos consorciados enquanto não utilizados pelo participante, na forma do art. 24, § 1º.

▶ Art. 22 desta lei.

§§ 1º a 3º VETADOS.

CAPÍTULO IV
DO ENCERRAMENTO DO GRUPO

Art. 31. Dentro de 60 (sessenta) dias, contados da data da realização da última assembleia de contemplação do grupo de consórcio, a administradora deverá comunicar:

I – aos consorciados que não tenham utilizado os respectivos créditos, que os mesmos estão à disposição para recebimento em espécie;

II e III – VETADOS.

Art. 32. O encerramento do grupo deve ocorrer no prazo máximo de 120 (cento e vinte) dias, contado da data da realização da última assembleia de contemplação do grupo de consórcio e desde que decorridos, no mínimo, 30 (trinta) dias da comunicação de que trata o art. 31, ocasião em que se deve proceder à definitiva prestação de contas do grupo, discriminando-se:

I – as disponibilidades remanescentes dos respectivos consorciados e participantes excluídos;

II – os valores pendentes de recebimento, objeto de cobrança judicial.

▶ Art. 5º, § 3º, desta lei.

§ 1º Os valores pendentes de recebimento, uma vez recuperados, devem ser rateados proporcionalmente entre os beneficiários, devendo a administradora, até 120 (cento e vinte) dias após o seu recebimento, comunicar-lhes que os respectivos saldos estão à disposição para devolução em espécie.

§ 2º Prescreverá em 5 (cinco) anos a pretensão do consorciado ou do excluído contra o grupo ou a administradora, e destes contra aqueles, a contar da data referida no *caput*.

CAPÍTULO V
DOS RECURSOS NÃO PROCURADOS

Art. 33. As disponibilidades financeiras remanescentes na data do encerramento do grupo são consideradas recursos não procurados pelos respectivos consorciados e participantes excluídos.

Art. 34. A administradora de consórcio assumirá a condição de gestora dos recursos não procurados, os quais devem ser aplicados e remunerados em conformidade com os recursos de grupos de consórcio em andamento, nos termos estabelecidos no art. 26.

Art. 35. É facultada a cobrança de taxa de permanência sobre o saldo de recursos não procurados pelos respectivos consorciados e participantes excluídos, apresentado ao final de cada mês, oriundos de contratos firmados a partir da vigência desta Lei, nos termos do contrato de participação em grupo de consórcio, por adesão.

▶ Art. 5º, § 3º, desta lei.

Art. 36. As administradoras de consórcio deverão providenciar o pagamento no prazo máximo de 30 (trinta) dias corridos a contar do comparecimento do consorciado com direito a recursos não procurados.

Art. 37. VETADO.

Art. 38. Os recursos não procurados, independentemente de sua origem, devem ter tratamento contábil específico, de maneira independente dos registros contábeis da administradora de consórcio.

CAPÍTULO VI
DA ADMINISTRAÇÃO ESPECIAL E LIQUIDAÇÃO EXTRAJUDICIAL

Art. 39. A administração especial e a liquidação extrajudicial de administradora de consórcio são regidas pela Lei nº 6.024, de 13 de março de 1974, pelo Decreto-Lei nº 2.321, de 25 de fevereiro de 1987, pela Lei nº 9.447, de 14 de março de 1997, e por legislação superveniente aplicável às instituições financeiras, observado o disposto nesta Lei.

Art. 40. A decretação da administração especial temporária ou da liquidação extrajudicial da administradora de consórcio não prejudicará a continuidade das operações dos grupos por ela administrados, devendo o conselho diretor ou o liquidante dar prioridade ao funcionamento regular dos grupos.

§ 1º No caso de administração especial, o conselho diretor poderá convocar assembleia-geral extraordinária para propor ao grupo as medidas que atendam a seus interesses, inclusive a de transferir sua administração.

§ 2º No caso de liquidação extrajudicial, o liquidante, de posse do relatório da situação financeira de cada grupo, publicará edital, em que constarão os requisitos necessários à habilitação de administradoras de consórcio interessadas na administração dos grupos.

§ 3º Expirado o prazo para a habilitação, o liquidante convocará assembleia-geral extraordinária do grupo, a fim de deliberar sobre as propostas recebidas.

§ 4º Os recursos pertencentes aos grupos de consórcio, administrados por empresa submetida aos regimes especial temporário ou de liquidação extrajudicial, serão obrigatória e exclusivamente destinados ao atendimento dos objetivos dos contratos de participação em grupo de consórcio, por adesão.

CAPÍTULO VII
DAS PENALIDADES

Art. 41. VETADO.

Art. 42. Às infrações aos dispositivos desta Lei e às normas regulamentares aplica-se a ação punitiva do Banco Central do Brasil, nos termos definidos pela legislação em vigor.

▶ *Caput* com a redação dada pela Lei nº 13.506, de 13-11-2017.

I a VIII – *Revogados*. Lei nº 13.506, de 13-11-2017.

Parágrafo único. *Revogado*. Lei nº 13.506, de 13-11-2017.

Arts. 43 e 44. *Revogados*. Lei nº 13.506, de 13-11-2017.

CAPÍTULO VIII
DAS DISPOSIÇÕES FINAIS

Art. 45. O registro e a averbação referentes à aquisição de imóvel por meio do Sistema de Consórcios serão considerados, para efeito de cálculo de taxas, emolumentos e custas, como um único ato.

Parágrafo único. O contrato de compra e venda de imóvel por meio do Sistema de Consórcios poderá ser celebrado por instrumento particular.

Art. 46. Ficam convalidadas as autorizações para administrar grupos de consórcio concedidas até a data da publicação desta Lei às administradoras e às associações e entidades sem fins lucrativos.

Art. 47. VETADO.

Art. 48. Revogam-se os incisos I e V do art. 7º da Lei nº 5.768, de 20 de dezembro de 1971, os incisos I e V do art. 31 do Decreto nº 70.951, de 9 de agosto de 1972, o Decreto nº 97.384, de 22 de dezembro de 1988, o art. 10 da Lei nº 7.691, de 15 de dezembro de 1988, e o art. 33 da Lei nº 8.177, de 1º de março de 1991.

Art. 49. Esta Lei entra em vigor após decorridos 120 (cento e vinte) dias de sua publicação.

Brasília, 8 de outubro de 2008;
187º da Independência e
120º da República.

Luiz Inácio Lula da Silva

LEI Nº 11.804, DE 5 DE NOVEMBRO DE 2008

Disciplina o direito a alimentos gravídicos e a forma como ele será exercido e dá outras providências.

▶ Publicada no *DOU* de 6-11-2008.
▶ Art. 5º, LXVII, da CF.
▶ Arts. 1.740, I, 1.920 e 1.928, parágrafo único, do CC.
▶ Arts. 53, I, *a*, 528 e 911 a 913 do CPC/2015.
▶ Art. 244 do CP.
▶ Lei nº 5.478, de 25-7-1968 (Lei da Ação de Alimentos).

Art. 1º Esta Lei disciplina o direito de alimentos da mulher gestante e a forma como será exercido.

Art. 2º Os alimentos de que trata esta Lei compreenderão os valores suficientes para cobrir as despesas adicionais do período de gravidez e que sejam dela decorrentes, da concepção ao parto, inclusive as referentes a alimentação especial, assistência médica e psicológica, exames complementares, internações, parto, medicamentos e demais prescrições preventivas e terapêuticas indispensáveis, a juízo do médico, além de outras que o juiz considere pertinentes.

Parágrafo único. Os alimentos de que trata este artigo referem-se à parte das despesas que deverá ser custeada pelo futuro pai, considerando-se a contribuição que também deverá ser dada pela mulher grávida, na proporção dos recursos de ambos.

Arts. 3º a 5º VETADOS.

Art. 6º Convencido da existência de indícios da paternidade, o juiz fixará alimentos gravídicos que perdurarão até o nascimento da criança, sopesando as necessidades da parte autora e as possibilidades da parte ré.

Parágrafo único. Após o nascimento com vida, os alimentos gravídicos ficam convertidos em pensão alimentícia em favor do menor até que uma das partes solicite a sua revisão.

Art. 7º O réu será citado para apresentar resposta em 5 (cinco) dias.

Arts. 8º a 10. VETADOS.

Art. 11. Aplicam-se supletivamente nos processos regulados por esta Lei as disposições das Leis nºs 5.478, de 25 de julho de 1968, e 5.869, de 11 de janeiro de 1973 – Código de Processo Civil.

▶ Lei nº 5.478, de 25-7-1968 (Lei da Ação de Alimentos).
▶ Lei nº 13.105, de 16-3-2015 (Código de Processo Civil).

Art. 12. Esta Lei entra em vigor na data de sua publicação.

Brasília, 5 de novembro de 2008;
187º da Independência e
120º da República.

Luiz Inácio Lula da Silva

LEI Nº 12.007, DE 29 DE JULHO DE 2009

Dispõe sobre a emissão de declaração de quitação anual de débitos pelas pessoas jurídicas prestadoras de serviços públicos ou privados.

▶ Publicada no *DOU* de 30-7-2009.

Art. 1º As pessoas jurídicas prestadoras de serviços públicos ou privados são obrigadas a emitir e a encaminhar ao consumidor declaração de quitação anual de débitos.

Art. 2º A declaração de quitação anual de débitos compreenderá os meses de janeiro a dezembro de cada ano, tendo como referência a data do vencimento da respectiva fatura.

§ 1º Somente terão direito à declaração de quitação anual de débitos os consumidores que quitarem todos os débitos relativos ao ano em referência.

§ 2º Caso o consumidor não tenha utilizado os serviços durante todos os meses do ano anterior, terá ele o direito à declaração de quitação dos meses em que houve faturamento dos débitos.

§ 3º Caso exista algum débito sendo questionado judicialmente, terá o consumidor o direito à declaração de quitação dos meses em que houve faturamento dos débitos.

Art. 3º A declaração de quitação anual deverá ser encaminhada ao consumidor por ocasião do encaminhamento da fatura a vencer no mês de maio do ano seguinte ou no mês subsequente à completa quitação dos débitos do ano anterior ou dos anos anteriores, podendo ser emitida em espaço da própria fatura.

Art. 4º Da declaração de quitação anual deverá constar a informação de que ela substitui, para a comprovação do cumprimento das obrigações do consumidor, as quitações dos faturamentos mensais dos débitos do ano a que se refere e dos anos anteriores.

Art. 5º O descumprimento do disposto nesta Lei sujeitará os infratores às sanções previstas na Lei nº 8.987, de 13 de fevereiro de 1995, sem prejuízo daquelas determinadas pela legislação de defesa do consumidor.

Art. 6º Esta Lei entra em vigor na data de sua publicação.

Brasília, 29 de julho de 2009;
188º da Independência e
121º da República.

Luiz Inácio Lula da Silva

LEI Nº 12.010, DE 3 DE AGOSTO DE 2009

Dispõe sobre adoção; altera as Leis nºs 8.069, de 13 de julho de 1990 – Estatuto da Criança e do Adolescente, 8.560, de 29 de dezembro de 1992; revoga dispositivos da Lei nº 10.406, de 10 de janeiro de 2002 – Código Civil, e da Consolidação das Leis do Trabalho – CLT, aprovada pelo Decreto-Lei nº 5.452, de 1o de maio de 1943; e dá outras providências.

▶ Publicada no *DOU* de 4-8-2009.

Art. 1º Esta Lei dispõe sobre o aperfeiçoamento da sistemática prevista para garantia do direito à convivência familiar a todas as crianças e adolescentes, na forma prevista pela Lei nº 8.069, de 13 de julho de 1990, Estatuto da Criança e do Adolescente.

§ 1º A intervenção estatal, em observância ao disposto no *caput* do art. 226 da Constituição Federal, será prioritariamente voltada à orientação, apoio e promoção social da família natural, junto à qual a criança e o adolescente devem permanecer, ressalvada absoluta impossibilidade, demonstrada por decisão judicial fundamentada.

§ 2º Na impossibilidade de permanência na família natural, a criança e o adolescente serão colocados sob adoção, tutela ou guarda, observadas as regras e princípios contidos na Lei nº 8.069, de 13 de julho de 1990, e na Constituição Federal.

Art. 2º A Lei nº 8.069, de 13 de julho de 1990, Estatuto da Criança e do Adolescente, passa a vigorar com as seguintes alterações:

▶ Alterações inseridas no texto da referida Lei.

Art. 3º A expressão "pátrio poder" contida nos arts. 21, 23, 24, no parágrafo único do art. 36, no § 1º do art. 45, no art. 49, no inciso X do *caput* do art. 129, nas alíneas *b* e *d* do parágrafo único do art. 148, nos arts. 155, 157, 163, 166, 169, no inciso III do *caput* do art. 201 e no art. 249, todos da Lei nº 8.069, de 13 de julho de 1990, bem como na Seção II do Capítulo III do Título VI da Parte Especial do mesmo Diploma Legal, fica substituída pela expressão "poder familiar".

Art. 4º Os arts. 1.618, 1.619 e 1.734 da Lei nº 10.406, de 10 de janeiro de 2002 – Código Civil, passam a vigorar com a seguinte redação:

▶ Alterações inseridas no texto do referido Código.

Art. 5º O art. 2º da Lei nº 8.560, de 29 de dezembro de 1992, fica acrescido do seguinte § 5º, renumerando-se o atual § 5º para § 6º, com a seguinte redação:

▶ Alterações inseridas no texto da referida Lei.

Art. 6º As pessoas e casais já inscritos nos cadastros de adoção ficam obrigados a frequentar, no prazo máximo de 1 (um) ano, contado da entrada em vigor desta Lei, a preparação psicossocial e jurídica a que se referem os §§ 3º e 4º do art. 50 da Lei nº 8.069, de 13 de julho de 1990, acrescidos pelo art. 2º desta Lei, sob pena de cassação de sua inscrição no cadastro.

Art. 7º Esta Lei entra em vigor 90 (noventa) dias após a sua publicação.

Art. 8º Revogam-se o § 4º do art. 51 e os incisos IV, V e VI do *caput* do art. 198 da Lei nº 8.069, de 13 de julho de 1990, bem como o parágrafo único do art. 1.618, o inciso III do *caput* do art. 10 e os arts. 1.620 a 1.629 da Lei nº 10.406, de 10 de janeiro de 2002 – Código Civil, e os §§ 1º a 3º do art. 392-A da Consolidação das Leis do Trabalho, aprovada pelo Decreto-Lei nº 5.452, de 1º de maio de 1943.

Brasília, 3 de agosto de 2009;
188º da Independência e
121º da República.

Luiz Inácio Lula da Silva

LEI Nº 12.016, DE 7 DE AGOSTO DE 2009

Disciplina o mandado de segurança individual e coletivo e dá outras providências.

▶ Publicada no *DOU* de 10-8-2009.
▶ Arts. 5º, LXIX e LXX, 102, I, *d*, e II, *a*, 105, I, *b*, e II, *b*, 108, I, *c*, 109, VIII, e 121, § 4º, V, da CF.
▶ Lei nº 8.437, de 30-6-1992 (Lei de Medidas Cautelares).
▶ Lei nº 9.494, de 10-9-1997, dispõe sobre a aplicação da tutela antecipada contra a Fazenda Pública.
▶ Lei nº 13.300, de 23-6-2016 (Lei do Mandado de Injunção).
▶ Súmulas nºs 622 a 632 do STF.
▶ Súmulas nºs 41 e 460 do STJ.

Art. 1º Conceder-se-á mandado de segurança para proteger direito líquido e certo, não amparado por *habeas corpus* ou *habeas data*, sempre que, ilegalmente ou com abuso de poder, qualquer pessoa física ou jurídica sofrer violação ou houver justo receio de sofrê-la por parte de autoridade, seja de que categoria for e sejam quais forem as funções que exerça.

▶ Art. 5º, LXIX, da CF.
▶ Súm. nº 625 do STF.

§ 1º Equiparam-se às autoridades, para os efeitos desta Lei, os representantes ou órgãos de partidos políticos e os administradores de entidades autárquicas, bem como os dirigentes de pessoas jurídicas ou as pessoas naturais no exercício de atribuições do poder público, somente no que disser respeito a essas atribuições.

§ 2º Não cabe mandado de segurança contra os atos de gestão comercial praticados pelos administradores de empresas públicas, de sociedade de economia mista e de concessionárias de serviço público.

§ 3º Quando o direito ameaçado ou violado couber a várias pessoas, qualquer delas poderá requerer o mandado de segurança.

Art. 2º Considerar-se-á federal a autoridade coatora se as consequências de ordem patrimonial do ato contra o qual se requer o mandado houverem de ser suportadas pela União ou entidade por ela controlada.

Art. 3º O titular de direito líquido e certo decorrente de direito, em condições idênticas, de terceiro poderá impetrar mandado de segurança a favor do direito originário, se o seu titular não o fizer, no prazo de 30 (trinta) dias, quando notificado judicialmente.

Parágrafo único. O exercício do direito previsto no *caput* deste artigo submete-se ao prazo fixado no art. 23 desta Lei, contado da notificação.

Art. 4º Em caso de urgência, é permitido, observados os requisitos legais, impetrar mandado de segurança por telegrama, radiograma, fax ou outro meio eletrônico de autenticidade comprovada.

§ 1º Poderá o juiz, em caso de urgência, notificar a autoridade por telegrama, radiograma ou outro meio que assegure a autenticidade do documento e a imediata ciência pela autoridade.

▶ Art. 11 desta Lei.

§ 2º O texto original da petição deverá ser apresentado nos 5 (cinco) dias úteis seguintes.

§ 3º Para os fins deste artigo, em se tratando de documento eletrônico, serão observadas as regras da Infraestrutura de Chaves Públicas Brasileira – ICP-Brasil.

Art. 5º Não se concederá mandado de segurança quando se tratar:

I – de ato do qual caiba recurso administrativo com efeito suspensivo, independentemente de caução;

▶ Art. 5º, XXXV, da CF.
▶ Súm. nº 429 do STF.

II – de decisão judicial da qual caiba recurso com efeito suspensivo;

▶ Súm. nº 267 do STF.
▶ Súm. nº 202 do STJ.

III – de decisão judicial transitada em julgado.

▶ Súm. nº 268 do STF.

Parágrafo único. VETADO.

Art. 6º A petição inicial, que deverá preencher os requisitos estabelecidos pela lei processual, será apresentada em 2 (duas) vias com os documentos que instruírem a primeira reproduzidos na segunda e indicará, além da autoridade coatora, a pessoa jurídica que esta integra, à qual se acha vinculada ou da qual exerce atribuições.

§ 1º No caso em que o documento necessário à prova do alegado se ache em repartição ou estabelecimento público ou em poder de autoridade que se recuse a fornecê-lo por certidão ou de terceiro, o juiz ordenará, preliminarmente, por ofício, a exibição desse documento em original ou em cópia autêntica e marcará, para o cumprimento da ordem, o prazo de 10 (dez) dias. O escrivão extrairá cópias do documento para juntá-las à segunda via da petição.

▶ Art. 438 do CPC/2015.

§ 2º Se a autoridade que tiver procedido dessa maneira for a própria coatora, a ordem far-se-á no próprio instrumento da notificação.

§ 3º Considera-se autoridade coatora aquela que tenha praticado o ato impugnado ou da qual emane a ordem para a sua prática.

▶ Súm. nº 627 do STF.

§ 4º VETADO.

§ 5º Denega-se o mandado de segurança nos casos previstos pelo art. 267 da Lei nº 5.869, de 11 de janeiro de 1973 – Código de Processo Civil.

▶ Art. 485 do CPC/2015.

§ 6º O pedido de mandado de segurança poderá ser renovado dentro do prazo decadencial, se a decisão denegatória não lhe houver apreciado o mérito.

▶ Art. 23 desta Lei.

Art. 7º Ao despachar a inicial, o juiz ordenará:

I – que se notifique o coator do conteúdo da petição inicial, enviando-lhe a segunda via apresentada com as cópias dos documentos, a fim de que, no prazo de 10 (dez) dias, preste as informações;

▶ Art. 12 desta Lei.

II – que se dê ciência do feito ao órgão de representação judicial da pessoa jurídica interessada, enviando-lhe cópia da inicial sem documentos, para que, querendo, ingresse no feito;

III – que se suspenda o ato que deu motivo ao pedido, quando houver fundamento relevante e do ato impugnado puder resultar a ineficácia da medida, caso seja finalmente deferida, sendo facultado exigir do impetrante caução, fiança ou depósito, com o objetivo de assegurar o ressarcimento à pessoa jurídica.

▶ Art. 151, IV, do CTN.

▶ Súm. nº 405 do STF.

§ 1º Da decisão do juiz de primeiro grau que conceder ou denegar a liminar caberá agravo de instrumento, observado o disposto na Lei nº 5.869, de 11 de janeiro de 1973 – Código de Processo Civil.

§ 2º Não será concedida medida liminar que tenha por objeto a compensação de créditos tributários, a entrega de mercadorias e bens provenientes do exterior, a reclassificação ou equiparação de servidores públicos e a concessão de aumento ou a extensão de vantagens ou pagamento de qualquer natureza.

▶ O STF, por maioria dos votos, julgou parcialmente procedente o pedido formulado na ADI nº 4.296, para declarar a inconstitucionalidade deste parágrafo (*DOU* de 28-6-2021).

▶ Art. 170-A do CTN.

▶ Lei nº 2.770, de 4-5-1956, suprime a concessão de medidas liminares nas ações e procedimentos judiciais de qualquer natureza que visem à liberação de bens, mercadorias ou coisas de procedência estrangeira.

▶ Art. 1º, § 4º, da Lei nº 8.437, de 30-6-1992 (Lei de Medidas Cautelares).

▶ Art. 2º-B da Lei nº 9.494, de 10-9-1997, que disciplina a aplicação da tutela antecipada contra a Fazenda Pública.

▶ Súmulas nºs 212 e 213 do STJ.

§ 3º Os efeitos da medida liminar, salvo se revogada ou cassada, persistirão até a prolação da sentença.

§ 4º Deferida a medida liminar, o processo terá prioridade para julgamento.

§ 5º As vedações relacionadas com a concessão de liminares previstas neste artigo se estendem à tutela antecipada a que se referem os arts. 273 e 461 da Lei nº 5.869, de 11 de janeiro de 1973 – Código de Processo Civil.

Art. 8º Será decretada a perempção ou caducidade da medida liminar *ex officio* ou a requerimento do Ministério Público quando, concedida a medida, o impetrante criar obstáculo ao normal andamento do processo ou deixar de promover, por mais de 3 (três) dias úteis, os atos e as diligências que lhe cumprirem.

▶ Súm. nº 631 do STF.

Art. 9º As autoridades administrativas, no prazo de 48 (quarenta e oito) horas da notificação da medida liminar, remeterão ao Ministério ou órgão a que se acham subordinadas e ao Advogado-Geral da União ou a quem tiver a representação judicial da União, do Estado, do Município ou da entidade apontada como coatora cópia autenticada do mandado notificatório, assim como indicações e elementos outros necessários às providências a serem tomadas para a eventual suspensão da medida e defesa do ato apontado como ilegal ou abusivo de poder.

Art. 10. A inicial será desde logo indeferida, por decisão motivada, quando não for o caso de mandado de segurança ou lhe faltar algum dos requisitos legais ou quando decorrido o prazo legal para a impetração.

§ 1º Do indeferimento da inicial pelo juiz de primeiro grau caberá apelação e, quando a competência para o julgamento do mandado de segurança couber originariamente a um dos tribunais, do ato do relator caberá agravo para o órgão competente do tribunal que integre.

▶ Arts. 938, § 1º, 995 e 1.009 a 1.014 do CPC/2015.

▶ Súm. nº 41 do STJ.

§ 2º O ingresso de litisconsorte ativo não será admitido após o despacho da petição inicial.

Art. 11. Feitas as notificações, o serventuário em cujo cartório corra o feito juntará aos autos cópia autêntica dos ofícios endereçados ao coator e ao órgão de representação judicial da pessoa jurídica interessada, bem como a prova da entrega a estes ou da sua recusa em aceitá-los ou dar recibo e, no caso do art. 4º desta Lei, a comprovação da remessa.

Art. 12. Findo o prazo a que se refere o inciso I do *caput* do art. 7º desta Lei, o juiz ouvirá o representante do Ministério Público, que opinará, dentro do prazo improrrogável de 10 (dez) dias.

Parágrafo único. Com ou sem o parecer do Ministério Público, os autos serão conclusos ao juiz, para a decisão, a qual deverá ser necessariamente proferida em 30 (trinta) dias.

Art. 13. Concedido o mandado, o juiz transmitirá em ofício, por intermédio do oficial do juízo, ou pelo correio, mediante correspondência com aviso de recebimento, o inteiro teor da sentença à autoridade coatora e à pessoa jurídica interessada.

Parágrafo único. Em caso de urgência, poderá o juiz observar o disposto no art. 4º desta Lei.

Art. 14. Da sentença, denegando ou concedendo o mandado, cabe apelação.

▶ Arts. 938, § 1º, 995 e 1.009 a 1.014 do CPC/2015.

▶ Súm. nº 405 do STF.

▶ Súmulas nºs 169 e 177 do STJ.

§ 1º Concedida a segurança, a sentença estará sujeita obrigatoriamente ao duplo grau de jurisdição.

▶ Art. 496 do CPC/2015.

§ 2º Estende-se à autoridade coatora o direito de recorrer.

§ 3º A sentença que conceder o mandado de segurança pode ser executada provisoriamente, salvo nos casos em que for vedada a concessão da medida liminar.

▶ Art. 7º, § 2º, desta Lei.

▶ Arts. 520 a 522 e 527 do CPC/2015.

§ 4º O pagamento de vencimentos e vantagens pecuniárias assegurados em sentença concessiva de mandado de segurança a servidor público da administração direta ou autárquica federal, estadual e municipal somente será efetuado relativamente às prestações que se vencerem a contar da data do ajuizamento da inicial.

Art. 15. Quando, a requerimento de pessoa jurídica de direito público interessada ou do Ministério Público e para evitar grave lesão à ordem, à saúde, à segurança e à economia públicas, o presidente do tribunal ao qual couber o conhecimento do respectivo recurso suspender, em decisão fundamentada, a execução da liminar e da sentença, dessa decisão caberá agravo, sem efeito suspensivo, no prazo de 5 (cinco) dias, que será levado a julgamento na sessão seguinte à sua interposição.

▶ Art. 4º da Lei nº 8.437, de 30-6-1992 (Lei de Medidas Cautelares).

▶ Súm. nº 626 do STF.

§ 1º Indeferido o pedido de suspensão ou provido o agravo a que se refere o *caput* deste artigo, caberá novo pedido de suspensão ao presidente do tribunal competente para conhecer de eventual recurso especial ou extraordinário.

§ 2º É cabível também o pedido de suspensão a que se refere o § 1º deste artigo, quando negado provimento a agravo de instrumento interposto contra a liminar a que se refere este artigo.

§ 3º A interposição de agravo de instrumento contra liminar concedida nas ações movidas contra o poder público e seus agentes não prejudica nem condiciona o julgamento do pedido de suspensão a que se refere este artigo.

§ 4º O presidente do tribunal poderá conferir ao pedido efeito suspensivo liminar se constatar, em juízo prévio, a plausibilidade do direito invocado e a urgência na concessão da medida.

§ 5º As liminares cujo objeto seja idêntico poderão ser suspensas em uma única decisão, podendo o presidente do tribunal estender os efeitos da suspensão a liminares supervenientes, mediante simples aditamento do pedido original.

Art. 16. Nos casos de competência originária dos tribunais, caberá ao relator a instrução do processo, sendo assegurada a defesa oral na sessão do julgamento do mérito ou do pedido liminar.

▶ *Caput* com a redação dada pela Lei nº 13.676, de 11-6-2018.

▶ Súm. nº 624 do STF.

Parágrafo único. Da decisão do relator que conceder ou denegar a medida liminar caberá agravo ao órgão competente do tribunal que integre.

Art. 17. Nas decisões proferidas em mandado de segurança e nos respectivos recursos, quando não publicado, no prazo de 30 (trinta) dias, contado da data do julgamento, o acórdão será substituído pelas respectivas notas taquigráficas, independentemente de revisão.

Art. 18. Das decisões em mandado de segurança proferidas em única instância pelos tribunais cabe recurso especial e extraordinário, nos casos legalmente previstos, e recurso ordinário, quando a ordem for denegada.

▶ Arts. 102, III, e 105, III, da CF.

▶ Arts. 995 e 1.027 a 1.043 do CPC/2015.

▶ Arts. 33 a 35 da Lei nº 8.038, de 28-5-1990, que institui normas procedimentais para os processos que especifica, perante o STJ e o STF.

Art. 19. A sentença ou o acórdão que denegar mandado de segurança, sem decidir o mérito, não impedirá que o requerente, por ação própria, pleiteie os seus direitos e os respectivos efeitos patrimoniais.

▶ Súmulas nºs 271 e 304 do STF.

Art. 20. Os processos de mandado de segurança e os respectivos recursos terão prioridade sobre todos os atos judiciais, salvo *habeas corpus*.

§ 1º Na instância superior, deverão ser levados a julgamento na primeira sessão que se seguir à data em que forem conclusos ao relator.

§ 2º O prazo para a conclusão dos autos não poderá exceder de 5 (cinco) dias.

Art. 21. O mandado de segurança coletivo pode ser impetrado por partido político com representação no Congresso Nacional, na defesa de seus interesses legítimos relativos a seus integrantes ou à finalidade partidária, ou por organização sindical, entidade de classe ou associação legalmente constituída e em funcionamento há, pelo menos, 1 (um) ano, em defesa de direitos líquidos e certos da totalidade, ou de parte, dos seus membros ou associados, na forma dos seus estatutos e desde que pertinentes às suas finalidades, dispensada, para tanto, autorização especial.

▶ Art. 5º, LXX, da CF.

▶ Súmulas nºs 629 e 630 do STF.

Parágrafo único. Os direitos protegidos pelo mandado de segurança coletivo podem ser:

I – coletivos, assim entendidos, para efeito desta Lei, os transindividuais, de natureza indivisível, de que seja titular grupo ou categoria de pessoas ligadas entre si ou com a parte contrária por uma relação jurídica básica;

II – individuais homogêneos, assim entendidos, para efeito desta Lei, os decorrentes de origem comum e da atividade ou situação específica da totalidade ou de parte dos associados ou membros do impetrante.

▶ Art. 2º-A da Lei nº 9.494, de 10-9-1997, que dispõe sobre a aplicação da tutela antecipada contra a Fazenda Pública.

▶ Súm. nº 630 do STF.

Art. 22. No mandado de segurança coletivo, a sentença fará coisa julgada limitadamente aos membros do grupo ou categoria substituídos pelo impetrante.

▶ Art. 2º-A da Lei nº 9.494, de 10-9-1997, que disciplina a aplicação da tutela antecipada contra a Fazenda Pública.

§ 1º O mandado de segurança coletivo não induz litispendência para as ações individuais, mas os efeitos da coisa julgada não beneficiarão o impetrante a título individual se não requerer a desistência de seu mandado de segurança no prazo de 30 (trinta) dias a contar da ciência comprovada da impetração da segurança coletiva.

§ 2º No mandado de segurança coletivo, a liminar só poderá ser concedida após a audiência do representante judicial da pessoa jurídica de direito público, que deverá se pronunciar no prazo de 72 (setenta e duas) horas.

▶ O STF, por maioria dos votos, julgou parcialmente procedente o pedido formulado na ADI nº 4.296, para declarar a inconstitucionalidade deste parágrafo (*DOU* de 28-6-2021).

▶ Art. 2º da Lei nº 8.437, de 30-6-1992 (Lei de Medidas Cautelares).

Art. 23. O direito de requerer mandado de segurança extinguir-se-á decorridos 120 (cento e vinte) dias, contados da ciência, pelo interessado, do ato impugnado.

▶ Art. 6º, § 6º, desta Lei.

▶ Súm. nº 632 do STF.

Art. 24. Aplicam-se ao mandado de segurança os arts. 46 a 49 da Lei nº 5.869, de 11 de janeiro de 1973 – Código de Processo Civil.

▶ Arts. 113 a 115, 117 e 118 do CPC/2015.

▶ Súm. nº 631 do STF.

Art. 25. Não cabem, no processo de mandado de segurança, a interposição de embargos infringentes e a condenação ao pagamento dos honorários advocatícios, sem prejuízo da aplicação de sanções no caso de litigância de má-fé.

▶ Súmulas nºs 294, 512 e 597 do STF.

▶ Súmulas nºs 105 e 169 do STJ.

Art. 26. Constitui crime de desobediência, nos termos do art. 330 do Decreto-Lei nº 2.848, de 7 de dezembro de 1940, o não cumprimento das decisões proferidas em mandado de segurança, sem prejuízo das sanções administrativas e da aplicação da Lei nº 1.079, de 10 de abril de 1950, quando cabíveis.

Art. 27. Os regimentos dos tribunais e, no que couber, as leis de organização judiciária deverão ser adaptados às disposições desta Lei no prazo de 180 (cento e oitenta) dias, contado da sua publicação.

Art. 28. Esta Lei entra em vigor na data de sua publicação.

Art. 29. Revogam-se as Leis nºs 1.533, de 31 de dezembro de 1951, 4.166, de 4 de dezembro de 1962, 4.348, de 26 de junho de 1964, 5.021, de 9 de junho de 1966; o art. 3º da Lei nº 6.014, de 27 de dezembro de 1973, o art. 1º da Lei nº 6.071, de 3 de julho de 1974, o art. 12 da Lei nº 6.978, de 19 de janeiro de 1982, e o art. 2º da Lei nº 9.259, de 9 de janeiro de 1996.

Brasília, 7 de agosto de 2009; 188º da Independência e 121º da República.

Luiz Inácio Lula da Silva

LEI Nº 12.030, DE 17 DE SETEMBRO DE 2009

Dispõe sobre as perícias oficiais e dá outras providências.

▶ Publicada no *DOU* de 18-9-2009.

Art. 1º Esta Lei estabelece normas gerais para as perícias oficiais de natureza criminal.

Art. 2º No exercício da atividade de perícia oficial de natureza criminal, é assegurado autonomia técnica, científica e funcional, exigido concurso público, com formação acadêmica específica, para o provimento do cargo de perito oficial.

Art. 3º Em razão do exercício das atividades de perícia oficial de natureza criminal, os peritos de natureza criminal estão sujeitos a regime especial de trabalho, observada a legislação específica de cada ente a que se encontrem vinculados.

Art. 4º VETADO.

Art. 5º Observado o disposto na legislação específica de cada ente a que o perito se encontra vinculado, são peritos de natureza criminal os peritos criminais, peritos médico-legistas e peritos odontolegistas com formação superior específica detalhada em regulamento, de acordo com a necessidade de cada órgão e por área de atuação profissional.

Art. 6º Esta Lei entra em vigor 90 (noventa) dias após a data de sua publicação.

Brasília, 17 de setembro de 2009; 188º da Independência e 121º da República.

Luiz Inácio Lula da Silva

LEI Nº 12.034, DE 29 DE SETEMBRO DE 2009

Altera as Leis nºs 9.096, de 19 de setembro de 1995 – Lei dos Partidos Políticos, 9.504, de 30 de setembro de 1997, que estabelece normas para as eleições, e 4.737, de 15 de julho de 1965 – Código Eleitoral.

▶ Publicada no *DOU* de 30-9-2009.

Art. 1º Esta Lei altera as Leis nºs 9.096, de 19 de setembro de 1995, 9.504, de 30 de setembro de 1997, e 4.737, de 15 de julho de 1965 – Código Eleitoral.

Art. 2º A Lei nº 9.096, de 19 de setembro de 1995, passa a vigorar com as seguintes alterações:

▶ Alterações inseridas no texto da referida Lei.

Art. 3º A Lei nº 9.504, de 30 de setembro de 1997, passa a vigorar com as seguintes alterações:

▶ Alterações inseridas no texto da referida Lei.

Art. 4º A Lei nº 9.504, de 30 de setembro de 1997, passa a vigorar acrescida dos seguintes artigos:

▸ Alterações inseridas no texto da referida Lei.

Art. 5º Fica criado, a partir das eleições de 2014, inclusive, o voto impresso conferido pelo eleitor, garantido o total sigilo do voto e observadas as seguintes regras:

§ 1º A máquina de votar exibirá para o eleitor, primeiramente, as telas referentes às eleições proporcionais; em seguida, as referentes às eleições majoritárias; finalmente, o voto completo para conferência visual do eleitor e confirmação final do voto.

§ 2º Após a confirmação final do voto pelo eleitor, a urna eletrônica imprimirá um número único de identificação do voto associado à sua própria assinatura digital.

§ 3º O voto deverá ser depositado de forma automática, sem contato manual do eleitor, em local previamente lacrado.

§ 4º Após o fim da votação, a Justiça Eleitoral realizará, em audiência pública, auditoria independente do software mediante o sorteio de 2% (dois por cento) das urnas eletrônicas de cada Zona Eleitoral, respeitado o limite mínimo de 3 (três) máquinas por município, que deverão ter seus votos em papel contados e comparados com os resultados apresentados pelo respectivo boletim de urna.

§ 5º É permitido o uso de identificação do eleitor por sua biometria ou pela digitação do seu nome ou número de eleitor, desde que a máquina de identificar não tenha nenhuma conexão com a urna eletrônica.

▸ O STF, por unanimidade de votos, julgou procedente a ADI nº 4.543, para declarar a inconstitucionalidade deste artigo (*DJE* de 18-11-2013).

Art. 6º A Lei nº 4.737, de 15 de julho de 1965 – Código Eleitoral, passa a vigorar acrescida do seguinte art. 233-A:

▸ Alteração inserida no texto da referida Lei.

Art. 7º Não se aplica a vedação constante do parágrafo único do art. 240 da Lei nº 4.737, de 15 de julho de 1965 – Código Eleitoral, à propaganda eleitoral veiculada gratuitamente na internet, no sítio eleitoral, *blog*, sítio interativo ou social, ou outros meios eletrônicos de comunicação do candidato, ou no sítio do partido ou coligação, nas formas previstas no art. 57-B da Lei nº 9.504, de 30 de setembro de 1997.

Art. 8º Esta Lei entra em vigor na data de sua publicação.

Art. 9º Fica revogado o § 3º do art. 45 da Lei nº 9.504, de 30 de setembro de 1997.

Brasília, 17 de setembro de 2009;
188º da Independência e
121º da República.

Luiz Inácio Lula da Silva

LEI Nº 12.037, DE 1º DE OUTUBRO DE 2009

Dispõe sobre a identificação criminal do civilmente identificado, regulamentando o art. 5º, inciso LVIII, da Constituição Federal.

▸ Publicada no *DOU* de 2-10-2009.
▸ Art. 5º, LVIII, da CF.
▸ Art. 6º, VIII, do CPP.

Art. 1º O civilmente identificado não será submetido a identificação criminal, salvo nos casos previstos nesta Lei.

Art. 2º A identificação civil é atestada por qualquer dos seguintes documentos:

I – carteira de identidade;
II – carteira de trabalho;
III – carteira profissional;
IV – passaporte;
V – carteira de identificação funcional;
VI – outro documento público que permita a identificação do indiciado.

Parágrafo único. Para as finalidades desta Lei, equiparam-se aos documentos de identificação civis os documentos de identificação militares.

Art. 3º Embora apresentado documento de identificação, poderá ocorrer identificação criminal quando:

I – o documento apresentar rasura ou tiver indício de falsificação;
II – o documento apresentado for insuficiente para identificar cabalmente o indiciado;
III – o indiciado portar documentos de identidade distintos, com informações conflitantes entre si;
IV – a identificação criminal for essencial às investigações policiais, segundo despacho da autoridade judiciária competente, que decidirá de ofício ou mediante representação da autoridade policial, do Ministério Público ou da defesa;
V – constar de registros policiais o uso de outros nomes ou diferentes qualificações;
VI – o estado de conservação ou a distância temporal ou da localidade da expedição do documento apresentado impossibilite a completa identificação dos caracteres essenciais.

Parágrafo único. As cópias dos documentos apresentados deverão ser juntadas aos autos do inquérito, ou outra forma de investigação, ainda que consideradas insuficientes para identificar o indiciado.

Art. 4º Quando houver necessidade de identificação criminal, a autoridade encarregada tomará as providências necessárias para evitar o constrangimento do identificado.

Art. 5º A identificação criminal incluirá o processo datiloscópico e o fotográfico, que serão juntados aos autos da comunicação da prisão em flagrante, ou do inquérito policial ou outra forma de investigação.

Parágrafo único. Na hipótese do inciso IV do art. 3º, a identificação criminal poderá incluir a coleta de material biológico para a obtenção do perfil genético.

▸ Parágrafo único acrescido pela Lei nº 12.654, de 28-5-2012.

Art. 5º-A. Os dados relacionados à coleta do perfil genético deverão ser armazenados em banco de dados de perfis genéticos, gerenciado por unidade oficial de perícia criminal.

§ 1º As informações genéticas contidas nos bancos de dados de perfis genéticos não poderão revelar traços somáticos ou comportamentais das pessoas, exceto determinação genética de gênero, consoante as normas constitucionais e internacionais sobre direitos humanos, genoma humano e dados genéticos.

§ 2º Os dados constantes dos bancos de dados de perfis genéticos terão caráter sigiloso, respondendo civil, penal e administrativamente aquele que permitir ou promover sua utilização para fins diversos dos previstos nesta Lei ou em decisão judicial.

§ 3º As informações obtidas a partir da coincidência de perfis genéticos deverão ser consignadas em laudo pericial firmado por perito oficial devidamente habilitado.

▸ Art. 5º-A acrescido pela Lei nº 12.654, de 28-5-2012.
▸ Dec. nº 7.950, de 12-3-2013, institui o Banco Nacional de Perfis Genéticos e a Rede Integrada de Bancos de Perfis Genéticos.

Art. 6º É vedado mencionar a identificação criminal do indiciado em atestados de antecedentes ou em informações não destinadas ao juízo criminal, antes do trânsito em julgado da sentença condenatória.

Art. 7º No caso de não oferecimento da denúncia, ou sua rejeição, ou absolvição, é facultado ao indiciado ou ao réu, após o arquivamento definitivo do inquérito, ou trânsito em julgado da sentença, requerer a retirada da identificação fotográfica do inquérito ou processo, desde que apresente provas de sua identificação civil.

Art. 7º-A. A exclusão dos perfis genéticos dos bancos de dados ocorrerá:

I – no caso de absolvição do acusado; ou
II – no caso de condenação do acusado, mediante requerimento, após decorridos 20 (vinte) anos do cumprimento da pena.

▸ Art. 7º-A com a redação dada pela Lei nº 13.964, de 24-12-2019.

Art. 7º-B. A identificação do perfil genético será armazenada em banco de dados sigiloso, conforme regulamento a ser expedido pelo Poder Executivo.

▸ Art. 7º-B acrescido pela Lei nº 12.654, de 28-5-2012.
▸ Dec. nº 7.950, de 12-3-2013, institui o Banco Nacional de Perfis Genéticos e a Rede Integrada de Bancos de Perfis Genéticos.

Art. 7º-C. Fica autorizada a criação, no Ministério da Justiça e Segurança Pública, do Banco Nacional Multibiométrico e de Impressões Digitais.

§ 1º A formação, a gestão e o acesso ao Banco Nacional Multibiométrico e de Impressões Digitais serão regulamentados em ato do Poder Executivo federal.

§ 2º O Banco Nacional Multibiométrico e de Impressões Digitais tem como objetivo armazenar dados de registros biométricos, de impressões digitais e, quando possível, de íris, face e voz, para subsidiar investigações criminais federais, estaduais ou distritais.

§ 3º O Banco Nacional Multibiométrico e de Impressões Digitais será integrado pelos registros biométricos, de impressões digitais, de íris, face e voz colhidos em investigações criminais ou por ocasião da identificação criminal.

§ 4º Poderão ser colhidos os registros biométricos, de impressões digitais, de íris, face e voz dos presos provisórios ou definitivos quando não tiverem sido extraídos por ocasião da identificação criminal.

§ 5º Poderão integrar o Banco Nacional Multibiométrico e de Impressões Digitais, ou com ele interoperar, os dados de registros constantes em quaisquer bancos de dados geridos por órgãos dos Poderes Executivo, Legislativo e Judiciário das esferas federal, estadual e distrital, inclusive pelo Tribunal Superior Eleitoral e pelos Institutos de Identificação Civil.

§ 6º No caso de bancos de dados de identificação de natureza civil, administrativa ou eleitoral, a integração ou o compartilhamento dos registros do Banco Nacional Multibiométrico e de Impressões Digitais será limitado às impressões digitais e às informações necessárias para identificação do seu titular.

§ 7º A integração ou a interoperação dos dados de registros multibiométricos constantes de outros bancos de dados com o Banco Nacional Multibiométrico e de Impressões Digitais ocorrerá por meio de acordo ou convênio com a unidade gestora.

§ 8º Os dados constantes do Banco Nacional Multibiométrico e de Impressões Digitais terão caráter sigiloso, e aquele que permitir ou promover sua utilização para fins diversos dos previstos nesta Lei ou em decisão judicial responderá civil, penal e administrativamente.

§ 9º As informações obtidas a partir da coincidência de registros biométricos relacionados a crimes deverão ser consignadas em laudo pericial firmado por perito oficial habilitado.

§ 10. É vedada a comercialização, total ou parcial, da base de dados do Banco Nacional Multibiométrico e de Impressões Digitais.

§ 11. A autoridade policial e o Ministério Público poderão requerer ao juiz competente, no caso de inquérito ou ação penal instaurados, o acesso ao Banco Nacional Multibiométrico e de Impressões Digitais.

▶ Art. 7º-C acrescido pela Lei nº 13.964, de 24-12-2019.

Art. 8º Esta Lei entra em vigor na data de sua publicação.

Art. 9º Revoga-se a Lei nº 10.054, de 7 de dezembro de 2000.

Brasília, 1º de outubro de 2009;
188º da Independência e
121º da República.

José Alencar Gomes da Silva

LEI Nº 12.153, DE 22 DE DEZEMBRO DE 2009

Dispõe sobre os Juizados Especiais da Fazenda Pública no âmbito dos Estados, do Distrito Federal, dos Territórios e dos Municípios.

▶ Publicada no *DOU* de 23-12-2009.
▶ Art. 98, I, da CF.
▶ Lei nº 9.099, de 26-9-1995 (Lei dos Juizados Especiais).
▶ Lei nº 10.259, de 12-7-2001 (Lei dos Juizados Especiais Federais).

Art. 1º Os Juizados Especiais da Fazenda Pública, órgãos da justiça comum e integrantes do Sistema dos Juizados Especiais, serão criados pela União, no Distrito Federal e nos Territórios, e pelos Estados, para conciliação, processo, julgamento e execução, nas causas de sua competência.

Parágrafo único. O sistema dos Juizados Especiais dos Estados e do Distrito Federal é formado pelos Juizados Especiais Cíveis, Juizados Especiais Criminais e Juizados Especiais da Fazenda Pública.

Art. 2º É de competência dos Juizados Especiais da Fazenda Pública processar, conciliar e julgar causas cíveis de interesse dos Estados, do Distrito Federal, dos Territórios e dos Municípios, até o valor de 60 (sessenta) salários mínimos.

§ 1º Não se incluem na competência do Juizado Especial da Fazenda Pública:

I – as ações de mandado de segurança, de desapropriação, de divisão e demarcação, populares, por improbidade administrativa, execuções fiscais e as demandas sobre direitos ou interesses difusos e coletivos;

II – as causas sobre bens imóveis dos Estados, Distrito Federal, Territórios e Municípios, autarquias e fundações públicas a eles vinculadas;

III – as causas que tenham como objeto a impugnação da pena de demissão imposta a servidores públicos civis ou sanções disciplinares aplicadas a militares.

§ 2º Quando a pretensão versar sobre obrigações vincendas, para fins de competência do Juizado Especial, a soma de 12 (doze) parcelas vincendas e de eventuais parcelas vencidas não poderá exceder o valor referido no *caput* deste artigo.

§ 3º VETADO.

§ 4º No foro onde estiver instalado Juizado Especial da Fazenda Pública, a sua competência é absoluta.

Art. 3º O juiz poderá, de ofício ou a requerimento das partes, deferir quaisquer providências cautelares e antecipatórias no curso do processo, para evitar dano de difícil ou de incerta reparação.

▶ Arts. 294 a 310, 311, I, 497, 499, 500, 536, § 1º, e 537, *caput* e § 1º, do CPC/2015.

Art. 4º Exceto nos casos do art. 3º, somente será admitido recurso contra a sentença.

Art. 5º Podem ser partes no Juizado Especial da Fazenda Pública:

I – como autores, as pessoas físicas e as microempresas e empresas de pequeno porte, assim definidas na Lei Complementar nº 123, de 14 de dezembro de 2006;

II – como réus, os Estados, o Distrito Federal, os Territórios e os Municípios, bem como autarquias, fundações e empresas públicas a eles vinculadas.

Art. 6º Quanto às citações e intimações, aplicam-se as disposições contidas na Lei nº 5.869, de 11 de janeiro de 1973 – Código de Processo Civil.

▶ Arts. 238 a 275 do CPC/2015.

Art. 7º Não haverá prazo diferenciado para a prática de qualquer ato processual pelas pessoas jurídicas de direito público, inclusive a interposição de recursos, devendo a citação para a audiência de conciliação ser efetuada com antecedência mínima de 30 (trinta) dias.

Art. 8º Os representantes judiciais dos réus presentes à audiência poderão conciliar, transigir ou desistir nos processos da competência dos Juizados Especiais, nos termos e nas hipóteses previstas na lei do respectivo ente da Federação.

Art. 9º A entidade ré deverá fornecer ao Juizado a documentação de que disponha para o esclarecimento da causa, apresentando-a até a instalação da audiência de conciliação.

Art. 10. Para efetuar o exame técnico necessário à conciliação ou ao julgamento da causa, o juiz nomeará pessoa habilitada, que apresentará o laudo até 5 (cinco) dias antes da audiência.

Art. 11. Nas causas de que trata esta Lei, não haverá reexame necessário.

Art. 12. O cumprimento do acordo ou da sentença, com trânsito em julgado, que imponham obrigação de fazer, não fazer ou entrega de coisa certa, será efetuado mediante ofício do juiz à autoridade citada para a causa, com cópia da sentença ou do acordo.

Art. 13. Tratando-se de obrigação de pagar quantia certa, após o trânsito em julgado da decisão, o pagamento será efetuado:

I – no prazo máximo de 60 (sessenta) dias, contado da entrega da requisição do juiz à autoridade citada para a causa, independentemente de precatório, na hipótese do § 3º do art. 100 da Constituição Federal; ou

II – mediante precatório, caso o montante da condenação exceda o valor definido como obrigação de pequeno valor.

§ 1º Desatendida a requisição judicial, o juiz, imediatamente, determinará o sequestro do numerário suficiente ao cumprimento da decisão, dispensada a audiência da Fazenda Pública.

§ 2º As obrigações definidas como de pequeno valor a serem pagas independentemente de precatório terão como limite o que for estabelecido na lei do respectivo ente da Federação.

§ 3º Até que se dê a publicação das leis de que trata o § 2º, os valores serão:

I – 40 (quarenta) salários mínimos, quanto aos Estados e ao Distrito Federal;

II – 30 (trinta) salários mínimos, quanto aos Municípios.

§ 4º São vedados o fracionamento, a repartição ou a quebra do valor da execução, de modo que o pagamento se faça, em parte, na forma estabelecida no inciso I do *caput* e, em parte, mediante expedição de precatório, bem como a expedição de precatório complementar ou suplementar do valor pago.

§ 5º Se o valor da execução ultrapassar o estabelecido para pagamento independentemente do precatório, o pagamento far-se-á, sempre, por meio do precatório, sendo facultada à parte exequente a renúncia ao crédito do valor excedente, para que possa optar pelo pagamento do saldo sem o precatório.

§ 6º O saque do valor depositado poderá ser feito pela parte autora, pessoalmente, em qualquer agência do banco depositário, independentemente de alvará.

§ 7º O saque por meio de procurador somente poderá ser feito na agência destinatária do depósito, mediante procuração específica, com firma reconhecida, da qual constem o valor originalmente depositado e sua procedência.

Art. 14. Os Juizados Especiais da Fazenda Pública serão instalados pelos Tribunais de Justiça dos Estados e do Distrito Federal.

Parágrafo único. Poderão ser instalados Juizados Especiais Adjuntos, cabendo ao Tribunal designar a Vara onde funcionará.

Art. 15. Serão designados, na forma da legislação dos Estados e do Distrito Federal, conciliadores e juízes leigos dos Juizados Especiais da Fazenda Pública, observadas as atribuições previstas nos arts. 22, 37 e 40 da Lei nº 9.099, de 26 de setembro de 1995.

▸ Lei nº 9.099, de 26-9-1995 (Lei dos Juizados Especiais).

§ 1º Os conciliadores e juízes leigos são auxiliares da Justiça, recrutados, os primeiros, preferentemente, entre os bacharéis em Direito, e os segundos, entre advogados com mais de 2 (dois) anos de experiência.

§ 2º Os juízes leigos ficarão impedidos de exercer a advocacia perante todos os Juizados Especiais da Fazenda Pública instalados em território nacional, enquanto no desempenho de suas funções.

Art. 16. Cabe ao conciliador, sob a supervisão do juiz, conduzir a audiência de conciliação.

▸ Art. 26 desta Lei.

§ 1º Poderá o conciliador, para fins de encaminhamento da composição amigável, ouvir as partes e testemunhas sobre os contornos fáticos da controvérsia.

§ 2º Não obtida a conciliação, caberá ao juiz presidir a instrução do processo, podendo dispensar novos depoimentos, se entender suficientes para o julgamento da causa os esclarecimentos já constantes dos autos, e não houver impugnação das partes.

Art. 17. As Turmas Recursais do Sistema dos Juizados Especiais são compostas por juízes em exercício no primeiro grau de jurisdição, na forma da legislação dos Estados e do Distrito Federal, com mandato de 2 (dois) anos, e integradas, preferencialmente, por juízes do Sistema dos Juizados Especiais.

§ 1º A designação dos juízes das Turmas Recursais obedecerá aos critérios de antiguidade e merecimento.

§ 2º Não será permitida a recondução, salvo quando não houver outro juiz na sede da Turma Recursal.

Art. 18. Caberá pedido de uniformização de interpretação de lei quando houver divergência entre decisões proferidas por Turmas Recursais sobre questões de direito material.

§ 1º O pedido fundado em divergência entre Turmas do mesmo Estado será julgado em reunião conjunta das Turmas em conflito, sob a presidência de desembargador indicado pelo Tribunal de Justiça.

▸ Art. 19, *caput*, desta Lei.

§ 2º No caso do § 1º, a reunião de juízes domiciliados em cidades diversas poderá ser feita por meio eletrônico.

§ 3º Quando as Turmas de diferentes Estados derem a lei federal interpretações divergentes, ou quando a decisão proferida estiver em contrariedade com súmula do Superior Tribunal de Justiça, o pedido será por este julgado.

▸ Art. 19, § 2º, desta Lei.

Art. 19. Quando a orientação acolhida pelas Turmas de Uniformização de que trata o § 1º do art. 18 contrariar súmula do Superior Tribunal de Justiça, a parte interessada poderá provocar a manifestação deste, que dirimirá a divergência.

▸ Art. 21 desta Lei.

§ 1º Eventuais pedidos de uniformização fundados em questões idênticas e recebidos subsequentemente em quaisquer das Turmas Recursais ficarão retidos nos autos, aguardando pronunciamento do Superior Tribunal de Justiça.

§ 2º Nos casos do *caput* deste artigo e do § 3º do art. 18, presente a plausibilidade do direito invocado e havendo fundado receio de dano de difícil reparação, poderá o relator conceder, de ofício ou a requerimento do interessado, medida liminar determinando a suspensão dos processos nos quais a controvérsia esteja estabelecida.

§ 3º Se necessário, o relator pedirá informações ao Presidente da Turma Recursal ou Presidente da Turma de Uniformização e, nos casos previstos em lei, ouvirá o Ministério Público, no prazo de 5 (cinco) dias.

§ 4º VETADO.

§ 5º Decorridos os prazos referidos nos §§ 3º e 4º, o relator incluirá o pedido em pauta na sessão, com preferência sobre todos os demais feitos, ressalvados os processos com réus presos, os *habeas corpus* e os mandados de segurança.

§ 6º Publicado o acórdão respectivo, os pedidos retidos referidos no § 1º serão apreciados pelas Turmas Recursais, que poderão exercer juízo de retratação ou os declararão prejudicados, se veicularem tese não acolhida pelo Superior Tribunal de Justiça.

Art. 20. Os Tribunais de Justiça, o Superior Tribunal de Justiça e o Supremo Tribunal Federal, no âmbito de suas competências, expedirão normas regulamentando os procedimentos a serem adotados para o processamento e o julgamento do pedido de uniformização e do recurso extraordinário.

Art. 21. O recurso extraordinário, para os efeitos desta Lei, será processado e julgado segundo o estabelecido no art. 19, além da observância das normas do Regimento.

Art. 22. Os Juizados Especiais da Fazenda Pública serão instalados no prazo de até 2 (dois) anos da vigência desta Lei, podendo haver o aproveitamento total ou parcial das estruturas das atuais Varas da Fazenda Pública.

Art. 23. Os Tribunais de Justiça poderão limitar, por até 5 (cinco) anos, a partir da entrada em vigor desta Lei, a competência dos Juizados Especiais da Fazenda Pública, atendendo à necessidade da organização dos serviços judiciários e administrativos.

Art. 24. Não serão remetidas aos Juizados Especiais da Fazenda Pública as demandas ajuizadas até a data de sua instalação, assim como as ajuizadas fora do Juizado Especial por força do disposto no art. 23.

Art. 25. Competirá aos Tribunais de Justiça prestar o suporte administrativo necessário ao funcionamento dos Juizados Especiais.

Art. 26. O disposto no art. 16 aplica-se aos Juizados Especiais Federais instituídos pela Lei nº 10.259, de 12 de julho de 2001.

Art. 27. Aplica-se subsidiariamente o disposto nas Leis nºs 5.869, de 11 de janeiro de 1973 – Código de Processo Civil, 9.099, de 26 de setembro de 1995, e 10.259, de 12 de julho de 2001.

▸ Lei nº 9.099, de 26-9-1995 (Lei dos Juizados Especiais).

▸ Lei nº 10.259, de 12-7-2001 (Lei dos Juizados Especiais Federais).

▸ Lei nº 13.105, de 16-3-2015 (Código de Processo Civil).

Art. 28. Esta Lei entra em vigor após decorridos 6 (seis) meses de sua publicação oficial.

Brasília, 22 de dezembro de 2009; 188º da Independência e 121º da República.

Luiz Inácio Lula da Silva

DECRETO Nº 7.203, DE 4 DE JUNHO DE 2010

Dispõe sobre a vedação do nepotismo no âmbito da administração pública federal.

▸ Publicado no *DOU* de 7-6-2010.

▸ Art. 37, II, da CF.

▸ Art. 117, VIII, da Lei nº 8.112, de 11-12-1990 (Estatuto dos Servidores Públicos Civis da União, Autarquias e Fundações Públicas Federais).

▸ Res. do CNJ nº 7, de 18-10-2005, disciplina o exercício de cargos, empregos e funções por parentes, cônjuges e companheiros de magistrados e de servidores investidos em cargos de direção e assessoramento, no âmbito dos órgãos do Poder Judiciário.

▸ Súm. Vinc. nº 13 do STF.

Art. 1º A vedação do nepotismo no âmbito dos órgãos e entidades da administração pública federal direta e indireta observará o disposto neste Decreto.

Art. 2º Para os fins deste Decreto considera-se:

I – órgão:

a) a Presidência da República, compreendendo a Vice-Presidência, a Casa Civil, o Gabinete Pessoal e a Assessoria Especial;

b) os órgãos da Presidência da República comandados por Ministro de Estado ou autoridade equiparada; e

c) os Ministérios;

II – entidade: autarquia, fundação, empresa pública e sociedade de economia mista; e

III – familiar: o cônjuge, o companheiro ou o parente em linha reta ou colateral, por consanguinidade ou afinidade, até o terceiro grau.

Parágrafo único. Para fins das vedações previstas neste Decreto, serão consideradas como incluídas no âmbito de cada órgão as autarquias e fundações a ele vinculadas.

Art. 3º No âmbito de cada órgão e de cada entidade, são vedadas as nomeações, contratações ou designações de familiar de Ministro de Estado, familiar da máxima autoridade administrativa correspondente ou, ainda, familiar de ocupante de cargo em comissão ou função de confiança de direção, chefia ou assessoramento, para:

I – cargo em comissão ou função de confiança;

II – atendimento a necessidade temporária de excepcional interesse público, salvo quando a contratação tiver sido precedida de regular processo seletivo; e

III – estágio, salvo se a contratação for precedida de processo seletivo que assegure o princípio da isonomia entre os concorrentes.

§ 1º Aplicam-se as vedações deste Decreto também quando existirem circunstâncias caracterizadoras de ajuste para burlar as restrições ao nepotismo, especialmente mediante nomeações ou designações recíprocas, envolvendo órgão ou entidade da administração pública federal.

§ 2º As vedações deste artigo estendem-se aos familiares do Presidente e do Vice-Presidente da República e, nesta hipótese, abrangem todo o Poder Executivo Federal.

§ 3º É vedada também a contratação direta, sem licitação, por órgão ou entidade da administração pública federal de pessoa jurídica na qual haja administrador ou sócio com poder de direção, familiar de detentor de cargo em comissão ou função de confiança que atue na área responsável pela demanda ou contratação ou de autoridade a ele hierarquicamente superior no âmbito de cada órgão e de cada entidade.

Art. 4º Não se incluem nas vedações deste Decreto as nomeações, designações ou contratações:

I – de servidores federais ocupantes de cargo de provimento efetivo, bem como de empregados federais permanentes, inclusive aposentados, observada a compatibilidade do grau de escolaridade do cargo ou emprego de origem, ou a compatibilidade da atividade que lhe seja afeta e a complexidade inerente ao cargo em comissão ou função comissionada a ocupar, além da qualificação profissional do servidor ou empregado;

II – de pessoa, ainda que sem vinculação funcional com a administração pública, para a ocupação de cargo em comissão de nível hierárquico mais alto que o do agente público referido no art. 3º;

III – realizadas anteriormente ao início do vínculo familiar entre o agente público e o nomeado, designado ou contratado, desde que não se caracterize ajuste prévio para burlar a vedação do nepotismo; ou

IV – de pessoa já em exercício no mesmo órgão ou entidade antes do início do vínculo familiar com o agente público, para cargo, função ou emprego de nível hierárquico igual ou mais baixo que o anteriormente ocupado.

Parágrafo único. Em qualquer caso, é vedada a manutenção de familiar ocupante de cargo em comissão ou função de confiança sob subordinação direta do agente público.

Art. 5º Cabe aos titulares dos órgãos e entidades da administração pública federal exonerar ou dispensar agente público em situação de nepotismo, de que tenham conhecimento, ou requerer igual providência à autoridade encarregada de nomear, designar ou contratar, sob pena de responsabilidade.

Parágrafo único. Cabe à Controladoria-Geral da União notificar os casos de nepotismo de que tomar conhecimento às autoridades competentes, sem prejuízo da responsabilidade permanente delas de zelar pelo cumprimento deste Decreto, assim como de apurar situações irregulares, de que tenham conhecimento, nos órgãos e entidades correspondentes.

Art. 6º Serão objeto de apuração específica os casos em que haja indícios de influência dos agentes públicos referidos no art. 3º:

I – na nomeação, designação ou contratação de familiares em hipóteses não previstas neste Decreto;

II – na contratação de familiares por empresa prestadora de serviço terceirizado ou entidade que desenvolva projeto no âmbito de órgão ou entidade da administração pública federal.

Art. 7º Os editais de licitação para a contratação de empresa prestadora de serviço terceirizado, assim como os convênios e instrumentos equivalentes para contratação de entidade que desenvolva projeto no âmbito de órgão ou entidade da administração pública federal, deverão estabelecer vedação de que familiar de agente público preste serviços no órgão ou entidade em que este exerça cargo em comissão ou função de confiança.

Art. 8º Os casos omissos ou que suscitem dúvidas serão disciplinados e dirimidos pela Controladoria-Geral da União.

Art. 9º Este Decreto entra em vigor na data de sua publicação.

Brasília, 4 de junho de 2010;
189º da Independência e
122º da República.

Luiz Inácio Lula da Silva

LEI Nº 12.288, DE 20 DE JULHO DE 2010

Institui o Estatuto da Igualdade Racial; altera as Leis nºs 7.716, de 5 de janeiro de 1989, 9.029, de 13 de abril de 1995, 7.347, de 24 de julho de 1985, e 10.778, de 24 de novembro de 2003.

- Publicada no *DOU* de 21-7-2010.
- Arts. 3º, IV, e 4º, VIII, da CF.
- Lei nº 7.716, de 5-1-1989 (Lei do Racismo).
- Declaração Universal dos Direitos Humanos (Res. da AGNU nº 217, adotada em 10-12-1948).
- Dec. nº 65.810, de 8-12-1969, promulga a Convenção Internacional sobre a Eliminação de todas as Formas de Discriminação Racial.
- Dec. nº 678, de 6-11-1992, promulga a Convenção Americana sobre Direitos Humanos – Pacto de São José da Costa Rica.

TÍTULO I – DISPOSIÇÕES PRELIMINARES

Art. 1º Esta Lei institui o Estatuto da Igualdade Racial, destinado a garantir à população negra a efetivação da igualdade de oportunidades, a defesa dos direitos étnicos individuais, coletivos e difusos e o combate à discriminação e às demais formas de intolerância étnica.

Parágrafo único. Para efeito deste Estatuto, considera-se:

I – discriminação racial ou étnico-racial: toda distinção, exclusão, restrição ou preferência baseada em raça, cor, descendência ou origem nacional ou étnica que tenha por objeto anular ou restringir o reconhecimento, gozo ou exercício, em igualdade de condições, de direitos humanos e liberdades fundamentais nos campos político, econômico, social, cultural ou em qualquer outro campo da vida pública ou privada;

II – desigualdade racial: toda situação injustificada de diferenciação de acesso e fruição de bens, serviços e oportunidades, nas esferas pública e privada, em virtude de raça, cor, descendência ou origem nacional ou étnica;

III – desigualdade de gênero e raça: assimetria existente no âmbito da sociedade que acentua a distância social entre mulheres negras e os demais segmentos sociais;

IV – população negra: o conjunto de pessoas que se autodeclaram pretas e pardas, conforme o quesito cor ou raça usado pela Fundação Instituto Brasileiro de Geografia e Estatística (IBGE), ou que adotam autodefinição análoga;

V – políticas públicas: as ações, iniciativas e programas adotados pelo Estado no cumprimento de suas atribuições institucionais;

VI – ações afirmativas: os programas e medidas especiais adotados pelo Estado e pela iniciativa privada para a correção das desigualdades raciais e para a promoção da igualdade de oportunidades.

Art. 2º É dever do Estado e da sociedade garantir a igualdade de oportunidades, reconhecendo a todo cidadão brasileiro, independentemente da etnia ou da cor da pele, o direito à participação na comunidade, especialmente nas atividades políticas, econômicas, empresariais, educacionais, culturais e esportivas, defendendo sua dignidade e seus valores religiosos e culturais.

- Arts. 3º e 4º, VIII, da CF.
- Dec. nº 591, de 6-7-1992, promulga o Pacto Internacional sobre Direitos Econômicos, Sociais e Culturais.
- Dec. nº 592, de 6-7-1992, promulga o Pacto Internacional sobre Direitos Civis e Políticos.

Art. 3º Além das normas constitucionais relativas aos princípios fundamentais, aos direitos e garantias fundamentais e aos direitos sociais, econômicos e culturais, o Estatuto da Igualdade Racial adota como diretriz político-jurídica a inclusão das vítimas de desigualdade étnico-racial, a valorização da igualdade étnica e o fortalecimento da identidade nacional brasileira.

Art. 4º A participação da população negra, em condição de igualdade de oportunidade, na vida econômica, social, política e cultural do País será promovida, prioritariamente, por meio de:

I – inclusão nas políticas públicas de desenvolvimento econômico e social;

II – adoção de medidas, programas e políticas de ação afirmativa;

III – modificação das estruturas institucionais do Estado para o adequado enfrentamento e a superação das desigualdades étnicas decorrentes do preconceito e da discriminação étnica;

IV – promoção de ajustes normativos para aperfeiçoar o combate à discriminação étnica e às desigualdades étnicas em todas as suas manifestações individuais, institucionais e estruturais;

V – eliminação dos obstáculos históricos, socioculturais e institucionais que impedem a representação da diversidade étnica nas esferas pública e privada;

VI – estímulo, apoio e fortalecimento de iniciativas oriundas da sociedade civil direcionadas à promoção da igualdade de oportunidades e ao combate às desigualdades étnicas, inclusive mediante a implementação de incentivos e critérios de condicionamento e prioridade no acesso aos recursos públicos;

VII – implementação de programas de ação afirmativa destinados ao enfrentamento das desigualdades étnicas no tocante à educação, cultura, esporte e lazer, saúde, segurança, trabalho, moradia, meios de comunicação de massa, financiamentos públicos, acesso à terra, à Justiça, e outros.

Parágrafo único. Os programas de ação afirmativa constituir-se-ão em políticas públicas destinadas a reparar as distorções e desigualdades sociais e demais práticas discriminatórias adotadas, nas esferas pública e privada, durante o processo de formação social do País.

Art. 5º Para a consecução dos objetivos desta Lei, é instituído o Sistema Nacional de Promoção da Igualdade Racial (SINAPIR), conforme estabelecido no Título III.

TÍTULO II – DOS DIREITOS FUNDAMENTAIS

CAPÍTULO I
DO DIREITO À SAÚDE

Art. 6º O direito à saúde da população negra será garantido pelo poder público mediante políticas universais, sociais e econômicas destinadas à redução do risco de doenças e de outros agravos.

▸ Arts. 6º e 196 a 200 da CF.

§ 1º O acesso universal e igualitário ao Sistema Único de Saúde (SUS) para promoção, proteção e recuperação da saúde da população negra será de responsabilidade dos órgãos e instituições públicas federais, estaduais, distritais e municipais, da administração direta e indireta.

§ 2º O poder público garantirá que o segmento da população negra vinculado aos seguros privados de saúde seja tratado sem discriminação.

Art. 7º O conjunto de ações de saúde voltadas à população negra constitui a Política Nacional de Saúde Integral da População Negra, organizada de acordo com as diretrizes abaixo especificadas:

I – ampliação e fortalecimento da participação de lideranças dos movimentos sociais em defesa da saúde da população negra nas instâncias de participação e controle social do SUS;

II – produção de conhecimento científico e tecnológico em saúde da população negra;

III – desenvolvimento de processos de informação, comunicação e educação para contribuir com a redução das vulnerabilidades da população negra.

Art. 8º Constituem objetivos da Política Nacional de Saúde Integral da População Negra:

I – a promoção da saúde integral da população negra, priorizando a redução das desigualdades étnicas e o combate à discriminação nas instituições e serviços do SUS;

II – a melhoria da qualidade dos sistemas de informação do SUS no que tange à coleta, ao processamento e à análise dos dados desagregados por cor, etnia e gênero;

III – o fomento à realização de estudos e pesquisas sobre racismo e saúde da população negra;

IV – a inclusão do conteúdo da saúde da população negra nos processos de formação e educação permanente dos trabalhadores da saúde;

V – a inclusão da temática saúde da população negra nos processos de formação política das lideranças de movimentos sociais para o exercício da participação e controle social no SUS.

Parágrafo único. Os moradores das comunidades de remanescentes de quilombos serão beneficiários de incentivos específicos para a garantia do direito à saúde, incluindo melhorias nas condições ambientais, no saneamento básico, na segurança alimentar e nutricional e na atenção integral à saúde.

CAPÍTULO II
DO DIREITO À EDUCAÇÃO, À CULTURA, AO ESPORTE E AO LAZER

SEÇÃO I
DISPOSIÇÕES GERAIS

Art. 9º A população negra tem direito a participar de atividades educacionais, culturais, esportivas e de lazer adequadas a seus interesses e condições, de modo a contribuir para o patrimônio cultural de sua comunidade e da sociedade brasileira.

Art. 10. Para o cumprimento do disposto no art. 9º, os governos federal, estaduais, distrital e municipais adotarão as seguintes providências:

I – promoção de ações para viabilizar e ampliar o acesso da população negra ao ensino gratuito e às atividades esportivas e de lazer;

II – apoio à iniciativa de entidades que mantenham espaço para promoção social e cultural da população negra;

III – desenvolvimento de campanhas educativas, inclusive nas escolas, para que a solidariedade aos membros da população negra faça parte da cultura de toda a sociedade;

IV – implementação de políticas públicas para o fortalecimento da juventude negra brasileira.

SEÇÃO II
DA EDUCAÇÃO

▸ Arts. 205 a 216 da CF.

Art. 11. Nos estabelecimentos de ensino fundamental e de ensino médio, públicos e privados, é obrigatório o estudo da história geral da África e da história da população negra no Brasil, observado o disposto na Lei nº 9.394, de 20 de dezembro de 1996.

▸ Lei nº 9.394, de 20-12-1996 (Lei das Diretrizes e Bases da Educação Nacional).

§ 1º Os conteúdos referentes à história da população negra no Brasil serão ministrados no âmbito de todo o currículo escolar, resgatando sua contribuição decisiva para o desenvolvimento social, econômico, político e cultural do País.

§ 2º O órgão competente do Poder Executivo fomentará a formação inicial e continuada de professores e a elaboração de material didático específico para o cumprimento do disposto no *caput* deste artigo.

§ 3º Nas datas comemorativas de caráter cívico, os órgãos responsáveis pela educação incentivarão a participação de intelectuais e representantes do movimento negro para debater com os estudantes suas vivências relativas ao tema em comemoração.

Art. 12. Os órgãos federais, distritais e estaduais de fomento à pesquisa e à pós-graduação poderão criar incentivos a pesquisas e a programas de estudo voltados para temas referentes às relações étnicas, aos quilombos e às questões pertinentes à população negra.

Art. 13. O Poder Executivo federal, por meio dos órgãos competentes, incentivará as instituições de ensino superior públicas e privadas, sem prejuízo da legislação em vigor, a:

I – resguardar os princípios da ética em pesquisa e apoiar grupos, núcleos e centros de pesquisa, nos diversos programas de pós-graduação que desenvolvam temáticas de interesse da população negra;

II – incorporar nas matrizes curriculares dos cursos de formação de professores temas que incluam valores concernentes à pluralidade étnica e cultural da sociedade brasileira;

III – desenvolver programas de extensão universitária destinados a aproximar jovens negros de tecnologias avançadas, assegurado o princípio da proporcionalidade de gênero entre os beneficiários;

IV – estabelecer programas de cooperação técnica, nos estabelecimentos de ensino públicos, privados e comunitários, com as escolas de educação infantil, ensino fundamental, ensino médio e ensino técnico, para a formação docente baseada em princípios de equidade, de tolerância e de respeito às diferenças étnicas.

Art. 14. O poder público estimulará e apoiará ações socioeducacionais realizadas por entidades do movimento negro que desenvolvam atividades voltadas para a inclusão social, mediante cooperação técnica, intercâmbios, convênios e incentivos, entre outros mecanismos.

Art. 15. O poder público adotará programas de ação afirmativa.

Art. 16. O Poder Executivo federal, por meio dos órgãos responsáveis pelas políticas de promoção da igualdade e de educação, acompanhará e avaliará os programas de que trata esta Seção.

SEÇÃO III
DA CULTURA

Art. 17. O poder público garantirá o reconhecimento das sociedades negras, clubes e outras formas de manifestação coletiva da população negra, com trajetória histórica comprovada, como patrimônio histórico e cultural, nos termos dos arts. 215 e 216 da Constituição Federal.

Art. 18. É assegurado aos remanescentes das comunidades dos quilombos o direito à preservação de seus usos, costumes, tradições e manifestos religiosos, sob a proteção do Estado.

Parágrafo único. A preservação dos documentos e dos sítios detentores de reminiscências históricas dos antigos quilombos, tombados nos termos do § 5º do art. 216 da Constituição Federal, receberá especial atenção do poder público.

Art. 19. O poder público incentivará a celebração das personalidades e das datas comemorativas relacionadas à trajetória do samba e de outras manifestações culturais de matriz africana, bem como sua comemoração nas instituições de ensino públicas e privadas.

Art. 20. O poder público garantirá o registro e a proteção da capoeira, em todas as suas modalidades, como bem de natureza imaterial e de formação da identidade cultural brasileira, nos termos do art. 216 da Constituição Federal.

Parágrafo único. O poder público buscará garantir, por meio dos atos normativos necessários, a preservação dos elementos formadores tradicionais da capoeira nas suas relações internacionais.

SEÇÃO IV
DO ESPORTE E LAZER

Art. 21. O poder público fomentará o pleno acesso da população negra às práticas desportivas, consolidando o esporte e o lazer como direitos sociais.

Art. 22. A capoeira é reconhecida como desporto de criação nacional, nos termos do art. 217 da Constituição Federal.

§ 1º A atividade de capoeirista será reconhecida em todas as modalidades em que a capoeira se manifesta, seja como esporte, luta, dança ou música, sendo livre o exercício em todo o território nacional.

§ 2º É facultado o ensino da capoeira nas instituições públicas e privadas pelos capoeiristas e mestres tradicionais, pública e formalmente reconhecidos.

CAPÍTULO III
DO DIREITO À LIBERDADE DE CONSCIÊNCIA E DE CRENÇA E AO LIVRE EXERCÍCIO DOS CULTOS RELIGIOSOS

Art. 23. É inviolável a liberdade de consciência e de crença, sendo assegurado o livre exercício dos cultos religiosos e garantida, na forma da lei, a proteção aos locais de culto e a suas liturgias.

▸ Art. 5º, VI, da CF.

Art. 24. O direito à liberdade de consciência e de crença e ao livre exercício dos cultos religiosos de matriz africana compreende:

I – a prática de cultos, a celebração de reuniões relacionadas à religiosidade e a fundação e manutenção, por iniciativa privada, de lugares reservados para tais fins;

II – a celebração de festividades e cerimônias de acordo com preceitos das respectivas religiões;

III – a fundação e a manutenção, por iniciativa privada, de instituições beneficentes ligadas às respectivas convicções religiosas;

IV – a produção, a comercialização, a aquisição e o uso de artigos e materiais religiosos adequados aos costumes e às práticas fundadas na respectiva religiosidade, ressalvadas as condutas vedadas por legislação específica;

V – a produção e a divulgação de publicações relacionadas ao exercício e à difusão das religiões de matriz africana;

VI – a coleta de contribuições financeiras de pessoas naturais e jurídicas de natureza privada para a manutenção das atividades religiosas e sociais das respectivas religiões;

VII – o acesso aos órgãos e aos meios de comunicação para divulgação das respectivas religiões;

VIII – a comunicação ao Ministério Público para abertura de ação penal em face de atitudes e práticas de intolerância religiosa nos meios de comunicação e em quaisquer outros locais.

Art. 25. É assegurada a assistência religiosa aos praticantes de religiões de matrizes africanas internados em hospitais ou em outras instituições de internação coletiva, inclusive àqueles submetidos à pena privativa de liberdade.

Art. 26. O poder público adotará as medidas necessárias para o combate à intolerância com as religiões de matrizes africanas e à discriminação de seus seguidores, especialmente com o objetivo de:

I – coibir a utilização dos meios de comunicação social para a difusão de proposições, imagens ou abordagens que exponham pessoa ou grupo ao ódio ou ao desprezo por motivos fundados na religiosidade de matrizes africanas;

II – inventariar, restaurar e proteger os documentos, obras e outros bens de valor artístico e cultural, os monumentos, mananciais, flora e sítios arqueológicos vinculados às religiões de matrizes africanas;

III – assegurar a participação proporcional de representantes das religiões de matrizes africanas, ao lado da representação das demais religiões, em comissões, conselhos, órgãos e outras instâncias de deliberação vinculadas ao poder público.

CAPÍTULO IV
DO ACESSO À TERRA E À MORADIA ADEQUADA

Seção I
DO ACESSO À TERRA

Art. 27. O poder público elaborará e implementará políticas públicas capazes de promover o acesso da população negra à terra e às atividades produtivas no campo.

Art. 28. Para incentivar o desenvolvimento das atividades produtivas da população negra no campo, o poder público promoverá ações para viabilizar e ampliar o seu acesso ao financiamento agrícola.

Art. 29. Serão assegurados à população negra a assistência técnica rural, a simplificação do acesso ao crédito agrícola e o fortalecimento da infraestrutura de logística para a comercialização da produção.

Art. 30. O poder público promoverá a educação e a orientação profissional agrícola para os trabalhadores negros e as comunidades negras rurais.

Art. 31. Aos remanescentes das comunidades dos quilombos que estejam ocupando suas terras é reconhecida a propriedade definitiva, devendo o Estado emitir-lhes os títulos respectivos.

Art. 32. O Poder Executivo federal elaborará e desenvolverá políticas públicas especiais voltadas para o desenvolvimento sustentável dos remanescentes das comunidades dos quilombos, respeitando as tradições de proteção ambiental das comunidades.

Art. 33. Para fins de política agrícola, os remanescentes das comunidades dos quilombos receberão dos órgãos competentes tratamento especial diferenciado, assistência técnica e linhas especiais de financiamento público, destinados à realização de suas atividades produtivas e de infraestrutura.

Art. 34. Os remanescentes das comunidades dos quilombos se beneficiarão de todas as iniciativas previstas nesta e em outras leis para a promoção da igualdade étnica.

Seção II
DA MORADIA

Art. 35. O poder público garantirá a implementação de políticas públicas para assegurar o direito à moradia adequada da população negra que vive em favelas, cortiços, áreas urbanas subutilizadas, degradadas ou em processo de degradação, a fim de reintegrá-las à dinâmica urbana e promover melhorias no ambiente e na qualidade de vida.

Parágrafo único. O direito à moradia adequada, para os efeitos desta Lei, inclui não apenas o provimento habitacional, mas também a garantia da infraestrutura urbana e dos equipamentos comunitários associados à função habitacional, bem como a assistência técnica e jurídica para a construção, a reforma ou a regularização fundiária da habitação em área urbana.

Art. 36. Os programas, projetos e outras ações governamentais realizadas no âmbito do Sistema Nacional de Habitação de Interesse Social (SNHIS), regulado pela Lei nº 11.124, de 16 de junho de 2005, devem considerar as peculiaridades sociais, econômicas e culturais da população negra.

Parágrafo único. Os Estados, o Distrito Federal e os Municípios estimularão e facilitarão a participação de organizações e movimentos representativos da população negra na composição dos conselhos constituídos para fins de aplicação do Fundo Nacional de Habitação de Interesse Social (FNHIS).

Art. 37. Os agentes financeiros, públicos ou privados, promoverão ações para viabilizar o acesso da população negra aos financiamentos habitacionais.

CAPÍTULO V
DO TRABALHO

▸ Art. 7º da CF.

Art. 38. A implementação de políticas voltadas para a inclusão da população negra no mercado de trabalho será de responsabilidade do poder público, observando-se:

I – o instituído neste Estatuto;

II – os compromissos assumidos pelo Brasil ao ratificar a Convenção Internacional sobre a Eliminação de Todas as Formas de Discriminação Racial, de 1965;

▸ Dec. nº 65.810, de 8-12-1969, promulga a Convenção Internacional sobre a Eliminação de todas as Formas de Discriminação Racial.

III – os compromissos assumidos pelo Brasil ao ratificar a Convenção nº 111, de 1958, da Organização Internacional do Trabalho (OIT), que trata da discriminação no emprego e na profissão;

IV – os demais compromissos formalmente assumidos pelo Brasil perante a comunidade internacional.

Art. 39. O poder público promoverá ações que assegurem a igualdade de oportunidades no mercado de trabalho para a população negra, inclusive mediante a implementação de medidas visando à promoção da igualdade nas contratações do setor público e o incentivo à adoção de medidas similares nas empresas e organizações privadas.

§ 1º A igualdade de oportunidades será lograda mediante a adoção de políticas e programas de formação profissional, de emprego e de geração de renda voltados para a população negra.

§ 2º As ações visando a promover a igualdade de oportunidades na esfera da administração pública far-se-ão por meio de normas estabelecidas ou a serem estabelecidas em legislação específica e em seus regulamentos.

§ 3º O poder público estimulará, por meio de incentivos, a adoção de iguais medidas pelo setor privado.

§ 4º As ações de que trata o *caput* deste artigo assegurarão o princípio da proporcionalidade de gênero entre os beneficiários.

§ 5º Será assegurado o acesso ao crédito para a pequena produção, nos meios rural e urbano, com ações afirmativas para mulheres negras.

§ 6º O poder público promoverá campanhas de sensibilização contra a marginalização da mulher negra no trabalho artístico e cultural.

§ 7º O poder público promoverá ações com o objetivo de elevar a escolaridade e a qualificação profissional nos setores da economia que contem com alto índice de ocupação por trabalhadores negros de baixa escolarização.

§ 8º Os registros administrativos direcionados a órgãos e entidades da Administração Pública, a empregadores privados e a trabalhadores que lhes sejam subordinados conterão campos destinados a identificar o segmento étnico e racial a que pertence o trabalhador retratado no respectivo documento, com utilização do critério da autoclassificação em grupos previamente delimitados.

§ 9º Sem prejuízo de extensão obrigatória a outros documentos ou registros de mesma natureza identificados em regulamento, aplica-se o disposto no § 8º deste artigo a:

I – formulários de admissão e demissão no emprego;

II – formulários de acidente de trabalho;

III – instrumentos de registro do Sistema Nacional de Emprego (SINE), ou de estrutura que venha a suceder-lhe em suas finalidades;

IV – Relação Anual de Informações Sociais (RAIS), ou outro documento criado posteriormente com conteúdo e propósitos a ela assemelhados;

V – documentos, inclusive os disponibilizados em meio eletrônico, destinados à inscrição de segurados e dependentes no Regime Geral de Previdência Social;

VI – questionários de pesquisas levadas a termo pela Fundação Instituto Brasileiro de Geografia e Estatística (IBGE), ou por órgão ou entidade posteriormente incumbida das atribuições imputadas a essa autarquia.

▸ §§ 8º e 9º acrescidos pela Lei nº 14.553, de 20-4-2023.

Art. 40. O Conselho Deliberativo do Fundo de Amparo ao Trabalhador (CODEFAT) formulará políticas, programas e projetos voltados para a inclusão da população negra no mercado de trabalho e orientará a destinação de recursos para seu financiamento.

Art. 41. As ações de emprego e renda, promovidas por meio de financiamento para constituição e ampliação de pequenas e médias empresas e de programas de geração de renda, contemplarão o estímulo à promoção de empresários negros.

Parágrafo único. O poder público estimulará as atividades voltadas ao turismo étnico com enfoque nos locais, monumentos e cidades que retratem a cultura, os usos e os costumes da população negra.

Art. 42. O Poder Executivo federal poderá implementar critérios para provimento de cargos em comissão e funções de confiança destinados a ampliar a participação de negros, buscando reproduzir a estrutura da distribuição étnica nacional ou, quando for o caso, estadual, observados os dados demográficos oficiais.

CAPÍTULO VI
DOS MEIOS DE COMUNICAÇÃO

Art. 43. A produção veiculada pelos órgãos de comunicação valorizará a herança cultural e a participação da população negra na história do País.

Art. 44. Na produção de filmes e programas destinados à veiculação pelas emissoras de televisão e em salas cinematográficas, deverá ser adotada a prática de conferir oportunidades de emprego para atores, figurantes e técnicos negros, sendo vedada toda e qualquer discriminação de natureza política, ideológica, étnica ou artística.

Parágrafo único. A exigência disposta no *caput* não se aplica aos filmes e programas que abordem especificidades de grupos étnicos determinados.

Art. 45. Aplica-se à produção de peças publicitárias destinadas à veiculação pelas emissoras de televisão e em salas cinematográficas o disposto no art. 44.

Art. 46. Os órgãos e entidades da administração pública federal direta, autárquica ou fundacional, as empresas públicas e as sociedades de economia mista federais deverão incluir cláusulas de participação de artistas negros nos contratos de realização de filmes, programas ou quaisquer outras peças de caráter publicitário.

§ 1º Os órgãos e entidades de que trata este artigo incluirão, nas especificações para contratação de serviços de consultoria, conceituação, produção e realização de filmes, programas ou peças publicitárias, a obrigatoriedade da prática de iguais oportunidades de emprego para as pessoas relacionadas com o projeto ou serviço contratado.

§ 2º Entende-se por prática de iguais oportunidades de emprego o conjunto de medidas sistemáticas executadas com a finalidade de garantir a diversidade étnica, de sexo e de idade na equipe vinculada ao projeto ou serviço contratado.

§ 3º A autoridade contratante poderá, se considerar necessário para garantir a prática de iguais oportunidades de emprego, requerer auditoria por órgão do poder público federal.

§ 4º A exigência disposta no *caput* não se aplica às produções publicitárias quando abordarem especificidades de grupos étnicos determinados.

TÍTULO III – DO SISTEMA NACIONAL DE PROMOÇÃO DA IGUALDADE RACIAL (SINAPIR)

CAPÍTULO I
DISPOSIÇÃO PRELIMINAR

Art. 47. É instituído o Sistema Nacional de Promoção da Igualdade Racial (SINAPIR) como forma de organização e de articulação voltadas à implementação do conjunto de políticas e serviços destinados a superar as desigualdades étnicas existentes no País, prestados pelo poder público federal.

§ 1º Os Estados, o Distrito Federal e os Municípios poderão participar do SINAPIR mediante adesão.

§ 2º O poder público federal incentivará a sociedade e a iniciativa privada a participar do SINAPIR.

CAPÍTULO II
DOS OBJETIVOS

Art. 48. São objetivos do SINAPIR:

I – promover a igualdade étnica e o combate às desigualdades sociais resultantes do racismo, inclusive mediante adoção de ações afirmativas;

II – formular políticas destinadas a combater os fatores de marginalização e a promover a integração social da população negra;

III – descentralizar a implementação de ações afirmativas pelos governos estaduais, distrital e municipais;

IV – articular planos, ações e mecanismos voltados à promoção da igualdade étnica;

V – garantir a eficácia dos meios e dos instrumentos criados para a implementação das ações afirmativas e o cumprimento das metas a serem estabelecidas.

CAPÍTULO III
DA ORGANIZAÇÃO E COMPETÊNCIA

Art. 49. O Poder Executivo federal elaborará plano nacional de promoção da igualdade racial contendo as metas, princípios e diretrizes para a implementação da Política Nacional de Promoção da Igualdade Racial (PNPIR).

§ 1º A elaboração, implementação, coordenação, avaliação e acompanhamento da PNPIR, bem como a organização, articulação e coordenação do SINAPIR, serão efetivados pelo órgão responsável pela política de promoção da igualdade étnica em âmbito nacional.

§ 2º É o Poder Executivo federal autorizado a instituir fórum intergovernamental de promoção da igualdade étnica, a ser coordenado pelo órgão responsável pelas políticas de promoção da igualdade étnica, com o objetivo de implementar estratégias que visem à incorporação da política nacional de promoção da igualdade étnica nas ações governamentais de Estados e Municípios.

§ 3º As diretrizes das políticas nacional e regional de promoção da igualdade étnica serão elaboradas por órgão colegiado que assegure a participação da sociedade civil.

§ 4º A Fundação Instituto Brasileiro de Geografia e Estatística (IBGE) realizará, a cada 5 (cinco) anos, pesquisa destinada a identificar o percentual de ocupação por parte de segmentos étnicos e raciais no âmbito do setor público, a fim de obter subsídios direcionados à implementação da PNPIR.

▸ § 4º acrescido pela Lei nº 14.553, de 20-4-2023.

Art. 50. Os Poderes Executivos estaduais, distrital e municipais, no âmbito das respectivas esferas de competência, poderão instituir conselhos de promoção da igualdade étnica, de caráter permanente e consultivo, compostos por igual número de representantes de órgãos e entidades públicas e de organizações da sociedade civil representativas da população negra.

Parágrafo único. O Poder Executivo priorizará o repasse dos recursos referentes aos programas e atividades previstos nesta Lei aos Estados, Distrito Federal e Municípios que tenham criado conselhos de promoção da igualdade étnica.

CAPÍTULO IV
DAS OUVIDORIAS PERMANENTES E DO ACESSO À JUSTIÇA E À SEGURANÇA

Art. 51. O poder público federal instituirá, na forma da lei e no âmbito dos Poderes Legislativo e Executivo, Ouvidorias Permanentes em Defesa da Igualdade Racial, para receber e encaminhar denúncias de preconceito e discriminação com base em etnia ou cor e acompanhar a implementação de medidas para a promoção da igualdade.

Art. 52. É assegurado às vítimas de discriminação étnica o acesso aos órgãos de Ouvidoria Permanente, à Defensoria Pública, ao Ministério Público e ao Poder Judiciário, em todas as suas instâncias, para a garantia do cumprimento de seus direitos.

Parágrafo único. O Estado assegurará atenção às mulheres negras em situação de violência, garantida a assistência física, psíquica, social e jurídica.

Art. 53. O Estado adotará medidas especiais para coibir a violência policial incidente sobre a população negra.

Parágrafo único. O Estado implementará ações de ressocialização e proteção da juventude negra em conflito com a lei e exposta a experiências de exclusão social.

Art. 54. O Estado adotará medidas para coibir atos de discriminação e preconceito praticados por servidores públicos em detrimento da população negra, observado, no que couber, o disposto na Lei nº 7.716, de 5 de janeiro de 1989.

▸ Lei nº 7.716, de 5-1-1989 (Lei do Racismo).

Art. 55. Para a apreciação judicial das lesões e das ameaças de lesão aos interesses da população negra decorrentes de situações de desigualdade étnica, recorrer-se-á, entre outros instrumentos, à ação civil pública, disciplinada na Lei nº 7.347, de 24 de julho de 1985.

CAPÍTULO V
DO FINANCIAMENTO DAS INICIATIVAS DE PROMOÇÃO DA IGUALDADE RACIAL

Art. 56. Na implementação dos programas e das ações constantes dos planos plurianuais e dos orçamentos anuais da União, deverão ser observadas as políticas de ação afirmativa a que se refere o inciso VII do art. 4º desta Lei e outras políticas públicas que tenham como objetivo promover a igualdade de oportunidades e a inclusão social da população negra, especialmente no que tange a:

I – promoção da igualdade de oportunidades em educação, emprego e moradia;

II – financiamento de pesquisas, nas áreas de educação, saúde e emprego, voltadas para a melhoria da qualidade de vida da população negra;

III – incentivo à criação de programas e veículos de comunicação destinados à divulgação de matérias relacionadas aos interesses da população negra;

IV – incentivo à criação e à manutenção de microempresas administradas por pessoas autodeclaradas negras;

V – iniciativas que incrementem o acesso e a permanência das pessoas negras na educação fundamental, média, técnica e superior;

VI – apoio a programas e projetos dos governos estaduais, distrital e municipais e de entidades da sociedade civil voltados para a promoção da igualdade de oportunidades para a população negra;

VII – apoio a iniciativas em defesa da cultura, da memória e das tradições africanas e brasileiras.

§ 1º O Poder Executivo federal é autorizado a adotar medidas que garantam, em cada exercício, a transparência na alocação e na execução dos recursos necessários ao financiamento das ações previstas neste Estatuto, explicitando, entre outros, a proporção dos recursos orçamentários destinados aos programas de promoção da igualdade, especialmente nas áreas de educação, saúde, emprego e renda, desenvolvimento agrário, habitação popular, desenvolvimento regional, cultura, esporte e lazer.

§ 2º Durante os 5 (cinco) primeiros anos, a contar do exercício subsequente à publicação deste Estatuto, os órgãos do Poder Executivo federal que desenvolvem políticas e programas nas áreas referidas no § 1º deste artigo discriminarão em seus orçamentos anuais a participação nos programas de ação afirmativa referidos no inciso VII do art. 4º desta Lei.

§ 3º O Poder Executivo é autorizado a adotar as medidas necessárias para a adequada implementação do disposto neste artigo, podendo estabelecer patamares de participação crescente dos programas de ação afirmativa nos orçamentos anuais a que se refere o § 2º deste artigo.

§ 4º O órgão colegiado do Poder Executivo federal responsável pela promoção da igualdade racial acompanhará e avaliará a programação das ações referidas neste artigo nas propostas orçamentárias da União.

Art. 57. Sem prejuízo da destinação de recursos ordinários, poderão ser consignados nos orçamentos fiscal e da seguridade social para financiamento das ações de que trata o art. 56:

I – transferências voluntárias dos Estados, do Distrito Federal e dos Municípios;

II – doações voluntárias de particulares;

III – doações de empresas privadas e organizações não governamentais, nacionais ou internacionais;

IV – doações voluntárias de fundos nacionais ou internacionais;

V – doações de Estados estrangeiros, por meio de convênios, tratados e acordos internacionais.

TÍTULO IV – DISPOSIÇÕES FINAIS

Art. 58. As medidas instituídas nesta Lei não excluem outras em prol da população negra que tenham sido ou venham a ser adotadas no âmbito da União, dos Estados, do Distrito Federal ou dos Municípios.

Art. 59. O Poder Executivo federal criará instrumentos para aferir a eficácia social das medidas previstas nesta Lei e efetuará seu monitoramento constante, com a emissão e a divulgação de relatórios periódicos, inclusive pela rede mundial de computadores.

Art. 60. Os arts. 3º e 4º da Lei nº 7.716, de 1989, passam a vigorar com a seguinte redação:

▸ Alterações inseridas no texto da referida Lei.

Art. 61. Os arts. 3º e 4º da Lei nº 9.029, de 13 de abril de 1995, passam a vigorar com a seguinte redação:

▸ Alterações inseridas no texto da referida Lei.

Art. 62. O art. 13 da Lei nº 7.347, de 1985, passa a vigorar acrescido do seguinte § 2º, renumerando-se o atual parágrafo único como § 1º:

▸ Alterações inseridas no texto da referida Lei.

Art. 63. O § 1º do art. 1º da Lei nº 10.778, de 24 de novembro de 2003, passa a vigorar com a seguinte redação:

"Art. 1º ....

§ 1º Para os efeitos desta Lei, entende-se por violência contra a mulher qualquer ação ou conduta, baseada no gênero, inclusive decorrente de discriminação ou desigualdade étnica, que cause morte, dano ou sofrimento físico, sexual ou psicológico à mulher, tanto no âmbito público quanto no privado.

...."

Art. 64. O § 3º do art. 20 da Lei nº 7.716, de 1989, passa a vigorar acrescido do seguinte inciso III:

▸ Alterações inseridas no texto da referida Lei.

Art. 65. Esta Lei entra em vigor 90 (noventa) dias após a data de sua publicação.

Brasília, 20 de julho de 2010;
189º da Independência e
122º da República.

Luiz Inácio Lula da Silva

LEI Nº 12.291, DE 20 DE JULHO DE 2010

Torna obrigatória a manutenção de exemplar do Código de Defesa do Consumidor nos estabelecimentos comerciais e de prestação de serviços.

▸ Publicada no *DOU* de 21-7-2010.

Art. 1º São os estabelecimentos comerciais e de prestação de serviços obrigados a manter, em local visível e de fácil acesso ao público, 1 (um) exemplar do Código de Defesa do Consumidor.

▸ Lei nº 8.078, de 11-9-1990 (CDC).

Art. 2º O não cumprimento do disposto nesta Lei implicará as seguintes penalidades, a serem aplicadas aos infratores pela autoridade administrativa no âmbito de sua atribuição:

I – multa no montante de até R$ 1.064,10 (mil e sessenta e quatro reais e dez centavos);

II e III – VETADOS.

Art. 3º Esta Lei entra em vigor na data de sua publicação.

Brasília, 20 de julho de 2010;
189º da Independência e
122º da República.

Luiz Inácio Lula da Silva

LEI Nº 12.318, DE 26 DE AGOSTO DE 2010

Dispõe sobre a alienação parental e altera o art. 236 da Lei nº 8.069, de 13 de julho de1990.

▸ Publicada no *DOU* de 27-8-2010.

▸ Art. 227 da CF.

▸ Lei nº 8.069, de 13-7-1990 (Estatuto da Criança e do Adolescente).

▸ Art. 5º da Lei nº 14.340, de 18-5-2022: "Art. 5º Os processos em curso a que se refere a Lei nº 12.318, de 26 de agosto de 2010, que estejam pendentes de laudo psicológico ou biopsicossocial há mais de 6 (seis) meses, quando da publicação desta Lei, terão prazo de 3 (três) meses para a apresentação da avaliação requisitada."

Art. 1º Esta Lei dispõe sobre a alienação parental.

Art. 2º Considera-se ato de alienação parental a interferência na formação psicológica da criança ou do adolescente promovida ou induzida por um dos genitores, pelos avós ou pelos que tenham a criança ou adolescente sob a sua autoridade, guarda ou vigilância para que repudie genitor ou que cause prejuízo ao estabelecimento ou à manutenção de vínculos com este.

Parágrafo único. São formas exemplificativas de alienação parental, além dos atos assim declarados pelo juiz ou constatados por perícia, praticados diretamente ou com auxílio de terceiros:

I – realizar campanha de desqualificação da conduta do genitor no exercício da paternidade ou maternidade;

II – dificultar o exercício da autoridade parental;

III – dificultar contato de criança ou adolescente com genitor;

IV – dificultar o exercício do direito regulamentado de convivência familiar;

V – omitir deliberadamente a genitor informações pessoais relevantes sobre a criança ou adolescente, inclusive escolares, médicas e alterações de endereço;

VI – apresentar falsa denúncia contra genitor, contra familiares deste ou contra avós, para obstar ou dificultar a convivência deles com a criança ou adolescente;

VII – mudar o domicílio para local distante, sem justificativa, visando a dificultar a convivência da criança ou adolescente com o outro genitor, com familiares deste ou com avós.

Art. 3º A prática de ato de alienação parental fere direito fundamental da criança ou do adolescente de convivência familiar saudável, prejudica a realização de afeto nas relações com genitor e com o grupo familiar, constitui abuso moral contra a criança ou o adolescente e descumprimento dos deveres inerentes à autoridade parental ou decorrentes de tutela ou guarda.

Art. 4º Declarado indício de ato de alienação parental, a requerimento ou de ofício, em qualquer momento processual, em ação autônoma ou incidentalmente, o processo terá tramitação prioritária, e o juiz determinará, com urgência, ouvido o Ministério Público, as medidas provisórias necessárias para preservação da integridade psicológica da criança ou do adolescente, inclusive para assegurar sua convivência com genitor ou viabilizar a efetiva reaproximação entre ambos, se for o caso.

Parágrafo único. Assegurar-se-á à criança ou ao adolescente e ao genitor garantia mínima de visitação assistida no fórum em que tramita a ação ou em entidades conveniadas com a Justiça, ressalvados os casos em que há iminente risco de prejuízo à integridade física ou psicológica da criança ou do adolescente, atestado por profissional eventualmente designado pelo juiz para acompanhamento das visitas.

▸ Parágrafo único com a redação dada pela Lei nº 14.340, de 18-5-2022.

Art. 5º Havendo indício da prática de ato de alienação parental, em ação autônoma ou incidental, o juiz, se necessário, determinará perícia psicológica ou biopsicossocial.

§ 1º O laudo pericial terá base em ampla avaliação psicológica ou biopsicossocial, conforme o caso, compreendendo, inclusive, entrevista pessoal com as partes, exame de documentos dos autos, histórico do relacionamento do casal e da separação, cronologia de incidentes, avaliação da personalidade dos envolvidos e exame da forma como a criança ou adolescente se manifesta acerca de eventual acusação contra genitor.

§ 2º A perícia será realizada por profissional ou equipe multidisciplinar habilitados, exigido, em qualquer caso, aptidão comprovada por histórico profissional ou acadêmico para diagnosticar atos de alienação parental.

§ 3º O perito ou equipe multidisciplinar designada para verificar a ocorrência de alienação parental terá prazo de 90 (noventa) dias para apresentação do laudo, prorrogável exclusivamente por autorização judicial baseada em justificativa circunstanciada.

§ 4º Na ausência ou insuficiência de serventuários responsáveis pela realização de estudo psicológico, biopsicossocial ou qualquer outra espécie de avaliação técnica exigida por esta Lei ou por determinação judicial, a autoridade judiciária poderá proceder à nomeação de perito com qualificação e experiência pertinentes ao tema, nos termos dos arts. 156 e 465 da Lei nº 13.105, de 16 de março de 2015 (Código de Processo Civil).

▸ § 4º acrescido pela Lei nº 14.340, de 18-5-2022.

Art. 6º Caracterizados atos típicos de alienação parental ou qualquer conduta que dificulte a convivência de criança ou adolescente com genitor, em ação autônoma ou incidental, o juiz poderá, cumulativamente ou não, sem prejuízo da decorrente responsabilidade civil ou criminal e da ampla utilização de instrumentos processuais aptos a inibir ou atenuar seus efeitos, segundo a gravidade do caso:

I – declarar a ocorrência de alienação parental e advertir o alienador;

II – ampliar o regime de convivência familiar em favor do genitor alienado;

III – estipular multa ao alienador;

IV – determinar acompanhamento psicológico e/ou biopsicossocial;

V – determinar a alteração da guarda para guarda compartilhada ou sua inversão;

VI – determinar a fixação cautelar do domicílio da criança ou adolescente;

VII – *Revogado*. Lei nº 14.340, de 18-5-2022.

§ 1º Caracterizado mudança abusiva de endereço, inviabilização ou obstrução à convivência familiar, o juiz também poderá inverter a obrigação de levar para ou retirar a criança ou adolescente da residência do genitor, por ocasião das alternâncias dos períodos de convivência familiar.

▸ Parágrafo único renumerado para § 1º pela Lei nº 14.340, de 18-5-2022.

§ 2º O acompanhamento psicológico ou o biopsicossocial deve ser submetido a avaliações periódicas, com a emissão, pelo menos, de um laudo inicial, que contenha a avaliação do caso e o indicativo da metodologia a ser empregada, e de um laudo final, ao término do acompanhamento.

▸ § 2º acrescido pela Lei nº 14.340, de 18-5-2022.

Art. 7º A atribuição ou alteração da guarda dar-se-á por preferência ao genitor que viabiliza a efetiva convivência da criança ou adolescente com o outro genitor nas hipóteses em que seja inviável a guarda compartilhada.

Art. 8º A alteração de domicílio da criança ou adolescente é irrelevante para a determinação da competência relacionada às ações fundadas em direito de convivência familiar, salvo se decorrente de consenso entre os genitores ou de decisão judicial.

Art. 8º-A. Sempre que necessário o depoimento ou a oitiva de crianças e de adolescentes em casos de alienação parental, eles serão realizados obrigatoriamente nos termos da Lei nº 13.431, de 4 de abril de 2017, sob pena de nulidade processual.

▸ Art. 8º-A acrescido pela Lei nº 14.340, de 18-5-2022.

Arts. 9º e 10. VETADOS.

Art. 11. Esta Lei entra em vigor na data de sua publicação.

Brasília, 26 de agosto de 2010;
189º da Independência e
122º da República.

Luiz Inácio Lula da Silva

LEI Nº 12.353, DE 28 DE DEZEMBRO DE 2010

Dispõe sobre a participação de empregados nos conselhos de administração das empresas públicas e sociedades de economia mista, suas subsidiárias e controladas e demais empresas em que a União, direta ou indiretamente, detenha a maioria do capital social com direito a voto e dá outras providências.

▸ Publicada no *DOU* de 29-12-2010.

Art. 1º Esta Lei dispõe sobre a participação de representante dos empregados nos conselhos de administração das empresas públicas e sociedades de economia mista, suas subsidiárias e controladas e demais empresas em que a União, direta ou indiretamente, detenha a maioria do capital social com direito a voto.

Art. 2º Os estatutos das empresas públicas e sociedades de economia mista de que trata esta Lei deverão prever a participação nos seus conselhos de administração de representante dos trabalhadores, assegurado o direito da União de eleger a maioria dos seus membros.

§ 1º O representante dos trabalhadores será escolhido dentre os empregados ativos da empresa pública ou sociedade de economia mista, pelo voto direto de seus pares, em eleição organizada pela empresa em conjunto com as entidades sindicais que os representem.

§ 2º O representante dos empregados está sujeito a todos os critérios e exigências para o cargo de conselheiro de administração previstos em lei e no estatuto da respectiva empresa.

§ 3º Sem prejuízo da vedação aos administradores de intervirem em qualquer operação social em que tiverem interesse conflitante com o da empresa, o conselheiro de administração representante dos empregados não participará das discussões e deliberações sobre assuntos que envolvam relações sindicais, remuneração, benefícios e vantagens, inclusive matérias de previdência complementar e assistenciais, hipóteses em que fica configurado o conflito de interesse.

Art. 3º No caso de os representantes do acionista majoritário deixarem de totalizar a maioria dos membros do conselho de administração, em razão da modificação da composição do colegiado para fins de cumprimento ao disposto nesta Lei, fica autorizado o aumento suficiente do número de conselheiros para assegurar o direito do acionista controlador de eleger a maioria dos conselheiros.

Art. 4º Para os fins do disposto nesta Lei, fica autorizada a alteração do número máximo de membros dos conselhos de administração das empresas públicas e sociedades de economia mista federais.

Art. 5º O disposto nesta Lei não se aplica às empresas que tenham um número inferior a 200 (duzentos) empregados próprios.

Art. 6º Observar-se-á, quanto aos direitos e deveres dos membros dos conselhos de que trata esta Lei e ao respectivo funcionamento, o disposto na Lei nº 6.404, de 15 de dezembro de 1976, no que couber.

Art. 7º O Poder Executivo, por intermédio do Ministério do Planejamento, Orçamento e Gestão, editará as instruções necessárias ao cumprimento do disposto nesta Lei.

Art. 8º Observar-se-á, quanto aos requisitos e impedimentos para a participação nos conselhos de que trata esta Lei, além do disposto na legislação sobre conflitos de interesse no âmbito da administração pública federal, subsidiariamente, o disposto na Lei nº 6.404, de 15 de dezembro de 1976.

Art. 9º Esta Lei entra em vigor na data de sua publicação.

Brasília, 28 de dezembro de 2010; 189º da Independência e 122º da República.

Luiz Inácio Lula da Silva

LEI Nº 12.414, DE 9 DE JUNHO DE 2011

Disciplina a formação e consulta a bancos de dados com informações de adimplemento, de pessoas naturais ou de pessoas jurídicas, para formação de histórico de crédito.

▸ Publicada no *DOU* de 10-6-2011.

▸ Arts. 43, 44 e 72 do CDC.

▸ Dec. nº 9.936, de 24-7-2019, regulamenta esta lei.

Art. 1º Esta Lei disciplina a formação e consulta a bancos de dados com informações de adimplemento, de pessoas naturais ou de pessoas jurídicas, para formação de histórico de crédito, sem prejuízo do disposto na Lei nº 8.078, de 11 de setembro de 1990 – Código de Proteção e Defesa do Consumidor.

Parágrafo único. Os bancos de dados instituídos ou mantidos por pessoas jurídicas de direito público interno serão regidos por legislação específica.

Art. 2º Para os efeitos desta Lei, considera-se:

I – banco de dados: conjunto de dados relativo a pessoa natural ou jurídica armazenados com a finalidade de subsidiar a concessão de crédito, a realização de venda a prazo ou de outras transações comerciais e empresariais que impliquem risco financeiro;

II – gestor: pessoa jurídica que atenda aos requisitos mínimos de funcionamento previstos nesta Lei e em regulamentação complementar, responsável pela administração de banco de dados, bem como pela coleta, pelo armazenamento, pela análise e pelo acesso de terceiros aos dados armazenados;

III – cadastrado: pessoa natural ou jurídica cujas informações tenham sido incluídas em banco de dados;

IV – fonte: pessoa natural ou jurídica que conceda crédito, administre operações de autofinanciamento ou realize venda a prazo ou outras transações comerciais e empresariais que lhe impliquem risco financeiro, inclusive as instituições autorizadas a funcionar pelo Banco Central do Brasil e os prestadores de serviços continuados de água, esgoto, eletricidade, gás, telecomunicações e assemelhados;

▸ Incisos II a IV com a redação dada pela LC nº 166, de 8-4-2019.

V – consulente: pessoa natural ou jurídica que acesse informações em bancos de dados para qualquer finalidade permitida por esta Lei;

VI – anotação: ação ou efeito de anotar, assinalar, averbar, incluir, inscrever ou registrar informação relativa ao histórico de crédito em banco de dados; e

VII – histórico de crédito: conjunto de dados financeiros e de pagamentos, relativos às operações de crédito e obrigações de pagamento adimplidas ou em andamento por pessoa natural ou jurídica.

▸ Inciso VII com a redação dada pela LC nº 166, de 8-4-2019.

Art. 3º Os bancos de dados poderão conter informações de adimplemento do cadastrado, para a formação do histórico de crédito, nas condições estabelecidas nesta Lei.

§ 1º Para a formação do banco de dados, somente poderão ser armazenadas informações objetivas, claras, verdadeiras e de fácil compreensão, que sejam necessárias para avaliar a situação econômica do cadastrado.

§ 2º Para os fins do disposto no § 1º, consideram-se informações:

I – objetivas: aquelas descritivas dos fatos e que não envolvam juízo de valor;

II – claras: aquelas que possibilitem o imediato entendimento do cadastrado independentemente de remissão a anexos, fórmulas, siglas, símbolos, termos técnicos ou nomenclatura específica;

III – verdadeiras: aquelas exatas, completas e sujeitas à comprovação nos termos desta Lei; e

IV – de fácil compreensão: aquelas em sentido comum que assegurem ao cadastrado o pleno conhecimento do conteúdo, do sentido e do alcance dos dados sobre ele anotados.

§ 3º Ficam proibidas as anotações de:

I – informações excessivas, assim consideradas aquelas que não estiverem vinculadas à análise de risco de crédito ao consumidor; e

II – informações sensíveis, assim consideradas aquelas pertinentes à origem social e étnica, à saúde, à informação genética, à orientação sexual e às convicções políticas, religiosas e filosóficas.

▸ Súm. nº 550 do STJ.

Art. 4º O gestor está autorizado, nas condições estabelecidas nesta Lei, a:

▸ *Caput* com a redação dada pela LC nº 166, de 8-4-2019.

I – abrir cadastro em banco de dados com informações de adimplemento de pessoas naturais e jurídicas;

II – fazer anotações no cadastro de que trata o inciso I do *caput* deste artigo;

III – compartilhar as informações cadastrais e de adimplemento armazenadas com outros bancos de dados; e

IV – disponibilizar a consulentes:

a) a nota ou pontuação de crédito elaborada com base nas informações de adimplemento armazenadas; e

b) o histórico de crédito, mediante prévia autorização específica do cadastrado.

▸ Incisos I a IV acrescidos pela LC nº 166, de 8-4-2019.

§§ 1º e 2º *Revogados*. LC nº 166, de 8-4-2019.

§ 3º VETADO.

§ 4º A comunicação ao cadastrado deve:

I – ocorrer em até 30 (trinta) dias após a abertura do cadastro no banco de dados, sem custo para o cadastrado;

II – ser realizada pelo gestor, diretamente ou por intermédio de fontes; e

III – informar de maneira clara e objetiva os canais disponíveis para o cancelamento do cadastro no banco de dados.

§ 5º Fica dispensada a comunicação de que trata o § 4º deste artigo caso o cadastrado já tenha cadastro aberto em outro banco de dados.

§ 6º Para o envio da comunicação de que trata o § 4º deste artigo, devem ser utilizados os dados pessoais, como endereço residencial, comercial, eletrônico, fornecidos pelo cadastrado à fonte.

§ 7º As informações do cadastrado somente poderão ser disponibilizadas a consulentes 60 (sessenta) dias após a abertura do cadastro, observado o disposto no § 8º deste artigo e no art. 15 desta Lei.

§ 8º É obrigação do gestor manter procedimentos adequados para comprovar a autenticidade e a validade da autorização de que trata a alínea *b* do inciso IV do *caput* deste artigo.

▸ §§ 4º a 8º acrescidos pela LC nº 166, de 8-4-2019.

Art. 5º São direitos do cadastrado:

I – obter o cancelamento ou a reabertura do cadastro, quando solicitado;

II – acessar gratuitamente, independentemente de justificativa, as informações sobre ele existentes no banco de dados, inclusive seu histórico e sua nota ou pontuação de crédito, cabendo ao gestor manter sistemas seguros, por telefone ou por meio eletrônico, de consulta às informações pelo cadastrado;

III – solicitar a impugnação de qualquer informação sobre ele erroneamente anotada em banco de dados e ter, em até 10 (dez) dias, sua correção ou seu cancelamento em todos os bancos de dados que compartilharam a informação;

▸ Incisos I a III com a redação dada pela LC nº 166, de 8-4-2019.

IV – conhecer os principais elementos e critérios considerados para a análise de risco, resguardado o segredo empresarial;

▸ Súm. nº 550 do STJ.

V – ser informado previamente sobre a identidade do gestor e sobre o armazenamento e o objetivo do tratamento dos dados pessoais;

▸ Inciso V com a redação dada pela LC nº 166, de 8-4-2019.

VI – solicitar ao consulente a revisão de decisão realizada exclusivamente por meios automatizados; e

VII – ter os seus dados pessoais utilizados somente de acordo com a finalidade para a qual eles foram coletados.

§§ 1º e 2º VETADOS.

§ 3º O prazo para disponibilização das informações de que tratam os incisos II e IV do *caput* deste artigo será de 10 (dez) dias.

LEGISLAÇÃO COMPLEMENTAR

§ 4º O cancelamento e a reabertura de cadastro somente serão processados mediante solicitação gratuita do cadastrado ao gestor.

§ 5º O cadastrado poderá realizar a solicitação de que trata o § 4º deste artigo a qualquer gestor de banco de dados, por meio telefônico, físico e eletrônico.

§ 6º O gestor que receber a solicitação de que trata o § 4º deste artigo é obrigado a, no prazo de até 2 (dois) dias úteis:

I – encerrar ou reabrir o cadastro, conforme solicitado; e

II – transmitir a solicitação aos demais gestores, que devem também atender, no mesmo prazo, à solicitação do cadastrado.

§ 7º O gestor deve proceder automaticamente ao cancelamento de pessoa natural ou jurídica que tenha manifestado previamente, por meio telefônico, físico ou eletrônico, a vontade de não ter aberto seu cadastro.

§ 8º O cancelamento de cadastro implica a impossibilidade de uso das informações do histórico de crédito pelos gestores, para os fins previstos nesta Lei, inclusive para a composição de nota ou pontuação de crédito de terceiros cadastrados, na forma do art. 7º-A desta Lei.

► §§ 3º a 8º acrescidos pela LC nº 166, de 8-4-2019.

Art. 6º Ficam os gestores de bancos de dados obrigados, quando solicitados, a fornecer ao cadastrado:

I – todas as informações sobre ele constantes de seus arquivos, no momento da solicitação;

II – indicação das fontes relativas às informações de que trata o inciso I, incluindo endereço e telefone para contato;

III – indicação dos gestores de bancos de dados com os quais as informações foram compartilhadas;

IV – indicação de todos os consulentes que tiveram acesso a qualquer informação sobre ele nos 6 (seis) meses anteriores à solicitação;

V – cópia de texto com o sumário dos seus direitos, definidos em lei ou em normas infralegais pertinentes à sua relação com gestores, bem como a lista dos órgãos governamentais aos quais poderá ele recorrer, caso considere que esses direitos foram infringidos; e

► Incisos IV e V com a redação dada pela LC nº 166, de 8-4-2019.

VI – confirmação de cancelamento do cadastro.

► Inciso VI acrescido pela LC nº 166, de 8-4-2019.

§ 1º É vedado aos gestores de bancos de dados estabelecerem políticas ou realizarem operações que impeçam, limitem ou dificultem o acesso do cadastrado previsto no inciso II do art. 5º.

§ 2º O prazo para atendimento das informações de que tratam os incisos II, III, IV e V do *caput* deste artigo será de 10 (dez) dias.

► § 2º com a redação dada pela LC nº 166, de 8-4-2019.

Art. 7º As informações disponibilizadas nos bancos de dados somente poderão ser utilizadas para:

I – realização de análise de risco de crédito do cadastrado; ou

► Súm. nº 550 do STJ.

II – subsidiar a concessão ou extensão de crédito e a realização de venda a prazo ou outras transações comerciais e empresariais que impliquem risco financeiro ao consulente.

Parágrafo único. Cabe ao gestor manter sistemas seguros, por telefone ou por meio eletrônico, de consulta para informar aos consulentes as informações de adimplemento do cadastrado.

Art. 7º-A. Nos elementos e critérios considerados para composição da nota ou pontuação de crédito de pessoa cadastrada em banco de dados de que trata esta Lei, não podem ser utilizadas informações:

I – que não estiverem vinculadas à análise de risco de crédito e aquelas relacionadas à origem social e étnica, à saúde, à informação genética, ao sexo e às convicções políticas, religiosas e filosóficas;

II – de pessoas que não tenham com o cadastrado relação de parentesco de primeiro grau ou de dependência econômica; e

III – relacionadas ao exercício regular de direito pelo cadastrado, previsto no inciso II do *caput* do art. 5º desta Lei.

§ 1º O gestor de banco de dados deve disponibilizar em seu sítio eletrônico, de forma clara, acessível e de fácil compreensão, a sua política de coleta e utilização de dados pessoais para fins de elaboração de análise de risco de crédito.

§ 2º A transparência da política de coleta e utilização de dados pessoais de que trata o § 1º deste artigo deve ser objeto de verificação, na forma de regulamentação a ser expedida pelo Poder Executivo.

► Art. 7º-A acrescido pela LC nº 166, de 8-4-2019.

Art. 8º São obrigações das fontes:

I e II – *Revogados*. LC nº 166, de 8-4-2019;

III – verificar e confirmar, ou corrigir, em prazo não superior a 2 (dois) dias úteis, informação impugnada, sempre que solicitado por gestor de banco de dados ou diretamente pelo cadastrado;

IV – atualizar e corrigir informações enviadas aos gestores, em prazo não superior a 10 (dez) dias;

► Inciso IV com a redação dada pela LC nº 166, de 8-4-2019.

V – manter os registros adequados para verificar informações enviadas aos gestores de bancos de dados; e

VI – fornecer informações sobre o cadastrado, em bases não discriminatórias, a todos os gestores de bancos de dados que as solicitarem, no mesmo formato e contendo as mesmas informações fornecidas a outros bancos de dados.

Parágrafo único. É vedado às fontes estabelecer políticas ou realizar operações que impeçam, limitem ou dificultem a transmissão a banco de dados de informações de cadastrados.

► Parágrafo único com a redação dada pela LC nº 166, de 8-4-2019.

Art. 9º O compartilhamento de informações de adimplemento entre gestores é permitido na forma do inciso III do *caput* do art. 4º desta Lei.

► *Caput* com a redação dada pela LC nº 166, de 8-4-2019.

§ 1º O gestor que receber informação por meio de compartilhamento equipara-se, para todos os efeitos desta Lei, ao gestor que anotou originariamente a informação, inclusive quanto à responsabilidade por eventuais prejuízos a que der causa e ao dever de receber e processar impugnações ou cancelamentos e realizar retificações.

§ 2º O gestor originário é responsável por manter atualizadas as informações cadastrais nos demais bancos de dados com os quais compartilhou informações, sem nenhum ônus para o cadastrado.

► §§ 1º e 2º com a redação dada pela LC nº 166, de 8-4-2019.

§ 3º *Revogado*. LC nº 166, de 8-4-2019.

§ 4º O gestor deverá assegurar, sob pena de responsabilidade, a identificação da pessoa que promover qualquer inscrição ou atualização de dados relacionados com o cadastrado, registrando a data desta ocorrência, bem como a identificação exata da fonte, do nome do agente que a efetuou e do equipamento ou terminal a partir do qual foi processada tal ocorrência.

Art. 10. É proibido ao gestor exigir exclusividade das fontes de informações.

Art. 11. *Revogado*. LC nº 166, de 8-4-2019.

Art. 12. As instituições autorizadas a funcionar pelo Banco Central do Brasil fornecerão as informações relativas a suas operações de crédito, de arrendamento mercantil e de autofinanciamento realizadas por meio de grupos de consórcio e a outras operações com características de concessão de crédito somente aos gestores registrados no Banco Central do Brasil.

► *Caput* com a redação dada pela LC nº 166, de 8-4-2019.

§§ 1º e 2º *Revogados*. LC nº 166, de 8-4-2019.

§ 3º O Conselho Monetário Nacional adotará as medidas e normas complementares necessárias para a aplicação do disposto neste artigo.

§ 4º O compartilhamento de que trata o inciso III do *caput* do art. 4º desta Lei, quando referente a informações provenientes de instituições autorizadas a funcionar pelo Banco Central do Brasil, deverá ocorrer apenas entre gestores registrados na forma deste artigo.

§ 5º As infrações à regulamentação de que trata o § 3º deste artigo sujeitam o gestor ao cancelamento do seu registro no Banco Central do Brasil, assegurado o devido processo legal, na forma da Lei nº 9.784, de 29 de janeiro de 1999.

§ 6º O órgão administrativo competente poderá requerer aos gestores, na forma e no prazo que estabelecer, as informações necessárias para o desempenho das atribuições de que trata este artigo.

§ 7º Os gestores não se sujeitam à legislação aplicável às instituições financeiras e às demais instituições autorizadas a funcionar pelo Banco Central do Brasil, inclusive quanto às disposições sobre processo administrativo sancionador, regime de administração especial temporária, intervenção e liquidação extrajudicial.

§ 8º O disposto neste artigo não afasta a aplicação pelos órgãos integrantes do Sistema Nacional de Defesa do Consumidor (SNDC), na forma do art. 17 desta Lei, das penalidades cabíveis por violação das normas de proteção do consumidor.

► §§ 4º a 8º acrescidos pela LC nº 166, de 8-4-2019.

Art. 13. O Poder Executivo regulamentará o disposto nesta Lei, em especial quanto:

▶ *Caput* com a redação dada pela LC nº 166, de 8-4-2019.

I – ao uso, à guarda, ao escopo e ao compartilhamento das informações recebidas por bancos de dados;

II – aos procedimentos aplicáveis aos gestores de banco de dados na hipótese de vazamento de informações dos cadastrados, inclusive com relação à comunicação aos órgãos responsáveis pela sua fiscalização, nos termos do § 1º do art. 17 desta Lei; e

III – ao disposto nos arts. 5º e 7º-A desta Lei.

▶ Incisos I a III acrescidos pela LC nº 166, de 8-4-2019.

Art. 14. As informações de adimplemento não poderão constar de bancos de dados por período superior a 15 (quinze) anos.

Art. 15. As informações sobre o cadastrado constantes dos bancos de dados somente poderão ser acessadas por consulentes que com ele mantiverem ou pretenderem manter relação comercial ou creditícia.

Art. 16. O banco de dados, a fonte e o consulente são responsáveis, objetiva e solidariamente, pelos danos materiais e morais que causarem ao cadastrado, nos termos da Lei nº 8.078, de 11 de setembro de 1990 (Código de Proteção e Defesa do Consumidor).

▶ Artigo com a redação dada pela LC nº 166, de 8-4-2019.

Art. 17. Nas situações em que o cadastrado for consumidor, caracterizado conforme a Lei nº 8.078, de 11 de setembro de 1990 – Código de Proteção e Defesa do Consumidor, aplicam-se as sanções e penas nela previstas e o disposto no § 2º.

§ 1º Nos casos previstos no *caput*, a fiscalização e a aplicação das sanções serão exercidas concorrentemente pelos órgãos de proteção e defesa do consumidor da União, dos Estados, do Distrito Federal e dos Municípios, nas respectivas áreas de atuação administrativa.

§ 2º Sem prejuízo do disposto no *caput* e no § 1º deste artigo, os órgãos de proteção e defesa do consumidor poderão aplicar medidas corretivas e estabelecer aos bancos de dados que descumprirem o previsto nesta Lei a obrigação de excluir do cadastro informações incorretas, no prazo de 10 (dez) dias, bem como de cancelar os cadastros de pessoas que solicitaram o cancelamento, conforme disposto no inciso I do *caput* do art. 5º desta Lei.

▶ § 2º com a redação dada pela LC nº 166, de 8-4-2019.

Art. 17-A. A quebra do sigilo previsto na Lei Complementar nº 105, de 10 de janeiro de 2001, sujeita os responsáveis às penalidades previstas no art. 10 da referida Lei, sem prejuízo do disposto na Lei nº 8.078, de 11 de setembro de 1990 (Código de Proteção e Defesa do Consumidor).

▶ Artigo acrescido pela LC nº 166, de 8-4-2019.

Art. 18. Esta Lei entra em vigor na data de sua publicação.

Brasília, 9 de junho de 2011;
190º da Independência e
123º da República.

Dilma Rousseff

LEI Nº 12.506, DE 11 DE OUTUBRO DE 2011

Dispõe sobre o aviso prévio e dá outras providências.

▶ Publicada no *DOU* de 13-10-2011.
▶ Art. 7º, XXI, da CF.
▶ Arts. 487 a 491 da CLT.
▶ Súm. nº 380 do TST.

Art. 1º O aviso prévio, de que trata o Capítulo VI do Título IV da Consolidação das Leis do Trabalho – CLT, aprovada pelo Decreto-Lei nº 5.452, de 1º de maio de 1943, será concedido na proporção de 30 (trinta) dias aos empregados que contem até 1 (um) ano de serviço na mesma empresa.

Parágrafo único. Ao aviso prévio previsto neste artigo serão acrescidos 3 (três) dias por ano de serviço prestado na mesma empresa, até o máximo de 60 (sessenta) dias, perfazendo um total de até 90 (noventa) dias.

Art. 2º Esta Lei entra em vigor na data de sua publicação.

Brasília, 11 de outubro de 2011;
190º da Independência e
123º da República.

Dilma Rousseff

LEI Nº 12.527, DE 18 DE NOVEMBRO DE 2011

Regula o acesso a informações previsto no inciso XXXIII do art. 5º, no inciso II do § 3º do art. 37 e no § 2º do art. 216 da Constituição Federal; altera a Lei nº 8.112, de 11 de dezembro de 1990; revoga a Lei nº 11.111, de 5 de maio de 2005, e dispositivos da Lei nº 8.159, de 8 de janeiro de 1991; e dá outras providências.

▶ Publicada no *DOU* de 18-11-2011, edição extra.
▶ Lei nº 8.159, de 8-1-1991, dispõe sobre a Política Nacional de Arquivos Públicos e Privados.
▶ Dec. nº 7.724, de 16-5-2012, regulamenta esta Lei.
▶ Port. do MJ nº 600, de 12-4-2012, institui, no âmbito do Ministério da Justiça, a Rede de Serviços de Informações ao Cidadão – Rede SIC.

CAPÍTULO I – DISPOSIÇÕES GERAIS

Art. 1º Esta Lei dispõe sobre os procedimentos a serem observados pela União, Estados, Distrito Federal e Municípios, com o fim de garantir o acesso a informações previsto no inciso XXXIII do art. 5º, no inciso II do § 3º do art. 37 e no § 2º do art. 216 da Constituição Federal.

Parágrafo único. Subordinam-se ao regime desta Lei:

I – os órgãos públicos integrantes da administração direta dos Poderes Executivo, Legislativo, incluindo as Cortes de Contas, e Judiciário e do Ministério Público;

II – as autarquias, as fundações públicas, as empresas públicas, as sociedades de economia mista e demais entidades controladas direta ou indiretamente pela União, Estados, Distrito Federal e Municípios.

Art. 2º Aplicam-se as disposições desta Lei, no que couber, às entidades privadas sem fins lucrativos que recebam, para realização de ações de interesse público, recursos públicos diretamente do orçamento ou mediante subvenções sociais, contrato de gestão, termo de parceria, convênios, acordo, ajustes ou outros instrumentos congêneres.

Parágrafo único. A publicidade a que estão submetidas as entidades citadas no *caput* refere-se à parcela dos recursos públicos recebidos e à sua destinação, sem prejuízo das prestações de contas a que estejam legalmente obrigadas.

Art. 3º Os procedimentos previstos nesta Lei destinam-se a assegurar o direito fundamental de acesso à informação e devem ser executados em conformidade com os princípios básicos da administração pública e com as seguintes diretrizes:

I – observância da publicidade como preceito geral e do sigilo como exceção;

II – divulgação de informações de interesse público, independentemente de solicitações;

III – utilização de meios de comunicação viabilizados pela tecnologia da informação;

IV – fomento ao desenvolvimento da cultura de transparência na administração pública;

V – desenvolvimento do controle social da administração pública.

Art. 4º Para os efeitos desta Lei, considera-se:

I – informação: dados, processados ou não, que podem ser utilizados para produção e transmissão de conhecimento, contidos em qualquer meio, suporte ou formato;

II – documento: unidade de registro de informações, qualquer que seja o suporte ou formato;

III – informação sigilosa: aquela submetida temporariamente à restrição de acesso público em razão de sua imprescindibilidade para a segurança da sociedade e do Estado;

IV – informação pessoal: aquela relacionada à pessoa natural identificada ou identificável;

V – tratamento da informação: conjunto de ações referentes à produção, recepção, classificação, utilização, acesso, reprodução, transporte, transmissão, distribuição, arquivamento, armazenamento, eliminação, avaliação, destinação ou controle da informação;

VI – disponibilidade: qualidade da informação que pode ser conhecida e utilizada por indivíduos, equipamentos ou sistemas autorizados;

VII – autenticidade: qualidade da informação que tenha sido produzida, expedida, recebida ou modificada por determinado indivíduo, equipamento ou sistema;

VIII – integridade: qualidade da informação não modificada, inclusive quanto à origem, trânsito e destino;

IX – primariedade: qualidade da informação coletada na fonte, com o máximo de detalhamento possível, sem modificações.

Art. 5º É dever do Estado garantir o direito de acesso à informação, que será franqueada, mediante procedimentos objetivos e ágeis, de forma transparente, clara e em linguagem de fácil compreensão.

CAPÍTULO II – DO ACESSO A INFORMAÇÕES E DA SUA DIVULGAÇÃO

Art. 6º Cabe aos órgãos e entidades do poder público, observadas as normas e procedimentos específicos aplicáveis, assegurar a:

I – gestão transparente da informação, propiciando amplo acesso a ela e à sua divulgação;

II – proteção da informação, garantindo-se sua disponibilidade, autenticidade e integridade; e

III – proteção da informação sigilosa e da informação pessoal, observada a sua disponibilidade, autenticidade, integridade e eventual restrição de acesso.

Art. 7º O acesso à informação de que trata esta Lei compreende, entre outros, os direitos de obter:

I – orientação sobre os procedimentos para a consecução de acesso, bem como sobre o local onde poderá ser encontrada ou obtida a informação almejada;

II – informação contida em registros ou documentos, produzidos ou acumulados por seus órgãos ou entidades, recolhidos ou não a arquivos públicos;

III – informação produzida ou custodiada por pessoa física ou entidade privada decorrente de qualquer vínculo com seus órgãos ou entidades, mesmo que esse vínculo já tenha cessado;

IV – informação primária, íntegra, autêntica e atualizada;

V – informação sobre atividades exercidas pelos órgãos e entidades, inclusive as relativas à sua política, organização e serviços;

VI – informação pertinente à administração do patrimônio público, utilização de recursos públicos, licitação, contratos administrativos; e

VII – informação relativa:

a) à implementação, acompanhamento e resultados dos programas, projetos e ações dos órgãos e entidades públicas, bem como metas e indicadores propostos;

b) ao resultado de inspeções, auditorias, prestações e tomadas de contas realizadas pelos órgãos de controle interno e externo, incluindo prestações de contas relativas a exercícios anteriores.

VIII – VETADO. Lei nº 14.345, de 24-5-2022.

§ 1º O acesso à informação previsto no *caput* não compreende as informações referentes a projetos de pesquisa e desenvolvimento científicos ou tecnológicos cujo sigilo seja imprescindível à segurança da sociedade e do Estado.

§ 2º Quando não for autorizado acesso integral à informação por ser ela parcialmente sigilosa, é assegurado o acesso à parte não sigilosa por meio de certidão, extrato ou cópia com ocultação da parte sob sigilo.

§ 3º O direito de acesso aos documentos ou às informações neles contidas utilizados como fundamento da tomada de decisão e do ato administrativo será assegurado com a edição do ato decisório respectivo.

§ 4º A negativa de acesso às informações objeto de pedido formulado aos órgãos e entidades referidas no art. 1º, quando não fundamentada, sujeitará o responsável a medidas disciplinares, nos termos do art. 32 desta Lei.

§ 5º Informado do extravio da informação solicitada, poderá o interessado requerer à autoridade competente a imediata abertura de sindicância para apurar o desaparecimento da respectiva documentação.

§ 6º Verificada a hipótese prevista no § 5º deste artigo, o responsável pela guarda da informação extraviada deverá, no prazo de 10 (dez) dias, justificar o fato e indicar testemunhas que comprovem sua alegação.

Art. 8º É dever dos órgãos e entidades públicas promover, independentemente de requerimentos, a divulgação em local de fácil acesso, no âmbito de suas competências, de informações de interesse coletivo ou geral por eles produzidas ou custodiadas.

§ 1º Na divulgação das informações a que se refere o *caput*, deverão constar, no mínimo:

I – registro das competências e estrutura organizacional, endereços e telefones das respectivas unidades e horários de atendimento ao público;

II – registros de quaisquer repasses ou transferências de recursos financeiros;

III – registros das despesas;

IV – informações concernentes a procedimentos licitatórios, inclusive os respectivos editais e resultados, bem como a todos os contratos celebrados;

V – dados gerais para o acompanhamento de programas, ações, projetos e obras de órgãos e entidades; e

VI – respostas a perguntas mais frequentes da sociedade.

§ 2º Para cumprimento do disposto no *caput*, os órgãos e entidades públicas deverão utilizar todos os meios e instrumentos legítimos de que dispuserem, sendo obrigatória a divulgação em sítios oficiais da rede mundial de computadores (internet).

§ 3º Os sítios de que trata o § 2º deverão, na forma de regulamento, atender, entre outros, aos seguintes requisitos:

I – conter ferramenta de pesquisa de conteúdo que permita o acesso à informação de forma objetiva, transparente, clara e em linguagem de fácil compreensão;

II – possibilitar a gravação de relatórios em diversos formatos eletrônicos, inclusive abertos e não proprietários, tais como planilhas e texto, de modo a facilitar a análise das informações;

III – possibilitar o acesso automatizado por sistemas externos em formatos abertos, estruturados e legíveis por máquina;

IV – divulgar em detalhes os formatos utilizados para estruturação da informação;

V – garantir a autenticidade e a integridade das informações disponíveis para acesso;

VI – manter atualizadas as informações disponíveis para acesso;

VII – indicar local e instruções que permitam ao interessado comunicar-se, por via eletrônica ou telefônica, com o órgão ou entidade detentora do sítio; e

VIII – adotar as medidas necessárias para garantir a acessibilidade de conteúdo para pessoas com deficiência, nos termos do art. 17 da Lei nº 10.098, de 19 de dezembro de 2000, e do art. 9º da Convenção sobre os Direitos das Pessoas com Deficiência, aprovada pelo Decreto Legislativo nº 186, de 9 de julho de 2008.

§ 4º Os Municípios com população de até 10.000 (dez mil) habitantes ficam dispensados da divulgação obrigatória na internet a que se refere o § 2º, mantida a obrigatoriedade de divulgação, em tempo real, de informações relativas à execução orçamentária e financeira, nos critérios e prazos previstos no art. 73-B da Lei Complementar nº 101, de 4 de maio de 2000 (Lei de Responsabilidade Fiscal).

Art. 8º-A. *As entidades com personalidade jurídica de direito privado, constituídas sob a forma de serviço social autônomo, que sejam destinatárias de contribuições ou de recursos públicos federais decorrentes de contrato de gestão deverão divulgar as seguintes informações relativas aos respectivos empregados:*

I – o plano de cargos e salários, inclusive com a divulgação dos critérios para a evolução na carreira e para a fixação da política salarial;

II – o quantitativo total de empregados da entidade, discriminado por cargo e por faixas salariais, acompanhado do nome do empregado e do cargo por ele ocupado;

III – lista, discriminada por faixas salariais, das parcelas remuneratórias e indenizatórias, ainda que eventuais, incluídos os auxílios, as ajudas de custo, as gratificações, os jetons e quaisquer outras vantagens pecuniárias, que os empregados possam receber em virtude de condições específicas; e

IV – o quantitativo de funções gratificadas, os critérios para sua ocupação e o rol dos empregados que ocupam cada espécie de função gratificada.

Art. 8º-B. *Os conselhos de fiscalização profissional devem divulgar, de forma nominal e individualizada, lista das parcelas remuneratórias e indenizatórias, ainda que eventuais, incluídos os auxílios, as ajudas de custo, as gratificações, os jetons e quaisquer outras vantagens pecuniárias, que os empregados possam receber em virtude de condições específicas.*

▶ Arts. 8º-A e 8º-B acrescidos pela Lei nº 15.141, de 2-6-2025.

Art. 9º O acesso a informações públicas será assegurado mediante:

I – criação de serviço de informações ao cidadão, nos órgãos e entidades do poder público, em local com condições apropriadas para:

a) atender e orientar o público quanto ao acesso a informações;

b) informar sobre a tramitação de documentos nas suas respectivas unidades;

c) protocolizar documentos e requerimentos de acesso a informações; e

II – realização de audiências ou consultas públicas, incentivo à participação popular ou a outras formas de divulgação.

CAPÍTULO III
DO PROCEDIMENTO DE ACESSO À INFORMAÇÃO

Seção I
DO PEDIDO DE ACESSO

Art. 10. Qualquer interessado poderá apresentar pedido de acesso a informações aos órgãos e entidades referidos no art. 1º desta Lei, por qualquer meio legítimo, devendo o pedido conter a identificação do requerente e a especificação da informação requerida.

§ 1º Para o acesso a informações de interesse público, a identificação do requerente não pode conter exigências que inviabilizem a solicitação.

§ 2º Os órgãos e entidades do poder público devem viabilizar alternativa de encaminhamento de pedidos de acesso por meio de seus sítios oficiais na internet.

§ 3º São vedadas quaisquer exigências relativas aos motivos determinantes da solicitação de informações de interesse público.

Art. 11. O órgão ou entidade pública deverá autorizar ou conceder o acesso imediato à informação disponível.

§ 1º Não sendo possível conceder o acesso imediato, na forma disposta no *caput*, o órgão ou entidade que receber o pedido deverá, em prazo não superior a 20 (vinte) dias:

I – comunicar a data, local e modo para se realizar a consulta, efetuar a reprodução ou obter a certidão;

II – indicar as razões de fato ou de direito da recusa, total ou parcial, do acesso pretendido; ou

III – comunicar que não possui a informação, indicar, se for do seu conhecimento, o órgão ou a entidade que a detém, ou, ainda, remeter o requerimento a esse órgão ou entidade, cientificando o interessado da remessa de seu pedido de informação.

§ 2º O prazo referido no § 1º poderá ser prorrogado por mais 10 (dez) dias, mediante justificativa expressa, da qual será cientificado o requerente.

§ 3º Sem prejuízo da segurança e da proteção das informações e do cumprimento da legislação aplicável, o órgão ou entidade poderá oferecer meios para que o próprio requerente possa pesquisar a informação de que necessitar.

§ 4º Quando não for autorizado o acesso por se tratar de informação total ou parcialmente sigilosa, o requerente deverá ser informado sobre a possibilidade de recurso, prazos e condições para sua interposição, devendo, ainda, ser-lhe indicada a autoridade competente para sua apreciação.

§ 5º A informação armazenada em formato digital será fornecida nesse formato, caso haja anuência do requerente.

§ 6º Caso a informação solicitada esteja disponível ao público em formato impresso, eletrônico ou em qualquer outro meio de acesso universal, serão informados ao requerente, por escrito, o lugar e a forma pela qual se poderá consultar, obter ou reproduzir a referida informação, procedimento esse que desonerará o órgão ou entidade pública da obrigação de seu fornecimento direto, salvo se o requerente declarar não dispor de meios para realizar por si mesmo tais procedimentos.

Art. 12. O serviço de busca e de fornecimento de informação é gratuito.

§ 1º O órgão ou a entidade poderá cobrar exclusivamente o valor necessário ao ressarcimento dos custos dos serviços e dos materiais utilizados, quando o serviço de busca e de fornecimento da informação exigir reprodução de documentos pelo órgão ou pela entidade pública consultada.

§ 2º Estará isento de ressarcir os custos previstos no § 1º deste artigo aquele cuja situação econômica não lhe permita fazê-lo sem prejuízo do sustento próprio ou da família, declarada nos termos da Lei nº 7.115, de 29 de agosto de 1983.

▶ Art. 12 com a redação dada pela Lei nº 14.129, de 29-3-2021.

Art. 13. Quando se tratar de acesso à informação contida em documento cuja manipulação possa prejudicar sua integridade, deverá ser oferecida a consulta de cópia, com certificação de que esta confere com o original.

Parágrafo único. Na impossibilidade de obtenção de cópias, o interessado poderá solicitar que, a suas expensas e sob supervisão de servidor público, a reprodução seja feita por outro meio que não ponha em risco a conservação do documento original.

Art. 14. É direito do requerente obter o inteiro teor de decisão de negativa de acesso, por certidão ou cópia.

Seção II
DOS RECURSOS

Art. 15. No caso de indeferimento de acesso a informações ou às razões da negativa do acesso, poderá o interessado interpor recurso contra a decisão no prazo de 10 (dez) dias a contar da sua ciência.

Parágrafo único. O recurso será dirigido à autoridade hierarquicamente superior à que exarou a decisão impugnada, que deverá se manifestar no prazo de 5 (cinco) dias.

Art. 16. Negado o acesso a informação pelos órgãos ou entidades do Poder Executivo Federal, o requerente poderá recorrer à Controladoria-Geral da União, que deliberará no prazo de 5 (cinco) dias se:

I – o acesso à informação não classificada como sigilosa for negado;

II – a decisão de negativa de acesso à informação total ou parcialmente classificada como sigilosa não indicar a autoridade classificadora ou a hierarquicamente superior a quem possa ser dirigido pedido de acesso ou desclassificação;

III – os procedimentos de classificação de informação sigilosa estabelecidos nesta Lei não tiverem sido observados; e

IV – estiverem sendo descumpridos prazos ou outros procedimentos previstos nesta Lei.

§ 1º O recurso previsto neste artigo somente poderá ser dirigido à Controladoria-Geral da União depois de submetido à apreciação de pelo menos uma autoridade hierarquicamente superior àquela que exarou a decisão impugnada, que deliberará no prazo de 5 (cinco) dias.

§ 2º Verificada a procedência das razões do recurso, a Controladoria-Geral da União determinará ao órgão ou entidade que adote as providências necessárias para dar cumprimento ao disposto nesta Lei.

§ 3º Negado o acesso à informação pela Controladoria-Geral da União, poderá ser interposto recurso à Comissão Mista de Reavaliação de Informações, a que se refere o art. 35.

Art. 17. No caso de indeferimento de pedido de desclassificação de informação protocolado em órgão da administração pública federal, poderá o requerente recorrer ao Ministro de Estado da área, sem prejuízo das competências da Comissão Mista de Reavaliação de Informações, previstas no art. 35, e do disposto no art. 16.

§ 1º O recurso previsto neste artigo somente poderá ser dirigido às autoridades mencionadas depois de submetido à apreciação de pelo menos uma autoridade hierarquicamente superior à autoridade que exarou a decisão impugnada e, no caso das Forças Armadas, ao respectivo Comando.

§ 2º Indeferido o recurso previsto no *caput* que tenha como objeto a desclassificação de informação secreta ou ultrassecreta, caberá recurso à Comissão Mista de Reavaliação de Informações prevista no art. 35.

Art. 18. Os procedimentos de revisão de decisões denegatórias proferidas no recurso previsto no art. 15 e de revisão de classificação de documentos sigilosos serão objeto de regulamentação própria dos Poderes Legislativo e Judiciário e do Ministério Público, em seus respectivos âmbitos, assegurado ao solicitante, em qualquer caso, o direito de ser informado sobre o andamento de seu pedido.

Art. 19. VETADO.

§ 1º VETADO.

§ 2º Os órgãos do Poder Judiciário e do Ministério Público informarão ao Conselho Nacional de Justiça e ao Conselho Nacional do Ministério Público, respectivamente, as decisões que, em grau de recurso, negarem acesso a informações de interesse público.

Art. 20. Aplica-se subsidiariamente, no que couber, a Lei nº 9.784, de 29 de janeiro de 1999, ao procedimento de que trata este Capítulo.

▶ Lei nº 9.784, de 29-1-1999 (Lei do Processo Administrativo Federal).

CAPÍTULO IV
DAS RESTRIÇÕES DE ACESSO À INFORMAÇÃO

Seção I
DISPOSIÇÕES GERAIS

Art. 21. Não poderá ser negado acesso à informação necessária à tutela judicial ou administrativa de direitos fundamentais.

Parágrafo único. As informações ou documentos que versem sobre condutas que impliquem violação dos direitos humanos praticada por agentes públicos ou a mando de autoridades públicas não poderão ser objeto de restrição de acesso.

Art. 22. O disposto nesta Lei não exclui as demais hipóteses legais de sigilo e de segredo de justiça nem as hipóteses de segredo industrial decorrentes da exploração direta de atividade econômica pelo Estado ou por pessoa física ou entidade privada que tenha qualquer vínculo com o poder público.

Seção II
DA CLASSIFICAÇÃO DA INFORMAÇÃO QUANTO AO GRAU E PRAZOS DE SIGILO

Art. 23. São consideradas imprescindíveis à segurança da sociedade ou do Estado e, portanto, passíveis de classificação as informações cuja divulgação ou acesso irrestrito possam:

I – pôr em risco a defesa e a soberania nacionais ou a integridade do território nacional;

II – prejudicar ou pôr em risco a condução de negociações ou as relações internacionais do País, ou as que tenham sido fornecidas em caráter sigiloso por outros Estados e organismos internacionais;

III – pôr em risco a vida, a segurança ou a saúde da população;

IV – oferecer elevado risco à estabilidade financeira, econômica ou monetária do País;

V – prejudicar ou causar risco a planos ou operações estratégicos das Forças Armadas;

VI – prejudicar ou causar risco a projetos de pesquisa e desenvolvimento científico ou tecnológico, assim como a sistemas, bens, instalações ou áreas de interesse estratégico nacional;

VII – pôr em risco a segurança de instituições ou de altas autoridades nacionais ou estrangeiras e seus familiares; ou

VIII – comprometer atividades de inteligência, bem como de investigação ou fiscalização em andamento, relacionadas com a prevenção ou repressão de infrações.

Art. 24. A informação em poder dos órgãos e entidades públicas, observado o seu teor e em razão de sua imprescindibilidade à segurança da sociedade ou do Estado, poderá ser classificada como ultrassecreta, secreta ou reservada.

§ 1º Os prazos máximos de restrição de acesso à informação, conforme a classificação prevista no *caput*, vigoram a partir da data de sua produção e são os seguintes:

I – ultrassecreta: 25 (vinte e cinco) anos;

II – secreta: 15 (quinze) anos; e

III – reservada: 5 (cinco) anos.

§ 2º As informações que puderem colocar em risco a segurança do Presidente e Vice-Presidente da República e respectivos cônjuges e filhos(as) serão classificadas como reservadas e ficarão sob sigilo até o término do mandato em exercício ou do último mandato, em caso de reeleição.

§ 3º Alternativamente aos prazos previstos no § 1º, poderá ser estabelecida como termo final de restrição de acesso a ocorrência de determinado evento, desde que este ocorra antes do transcurso do prazo máximo de classificação.

§ 4º Transcorrido o prazo de classificação ou consumado o evento que defina o seu termo final, a informação tornar-se-á, automaticamente, de acesso público.

§ 5º Para a classificação da informação em determinado grau de sigilo, deverá ser observado o interesse público da informação e utilizado o critério menos restritivo possível, considerados:

I – a gravidade do risco ou dano à segurança da sociedade e do Estado; e

II – o prazo máximo de restrição de acesso ou o evento que defina seu termo final.

Seção III
DA PROTEÇÃO E DO CONTROLE DE INFORMAÇÕES SIGILOSAS

Art. 25. É dever do Estado controlar o acesso e a divulgação de informações sigilosas produzidas por seus órgãos e entidades, assegurando a sua proteção.

§ 1º O acesso, a divulgação e o tratamento de informação classificada como sigilosa ficarão restritos a pessoas que tenham necessidade de conhecê-la e que sejam devidamente credenciadas na forma do regulamento, sem prejuízo das atribuições dos agentes públicos autorizados por lei.

§ 2º O acesso à informação classificada como sigilosa cria a obrigação para aquele que a obteve de resguardar o sigilo.

§ 3º Regulamento disporá sobre procedimentos e medidas a serem adotados para o tratamento de informação sigilosa, de modo a protegê-la contra perda, alteração indevida, acesso, transmissão e divulgação não autorizados.

Art. 26. As autoridades públicas adotarão as providências necessárias para que o pessoal a elas subordinado hierarquicamente conheça as normas e observe as medidas e procedimentos de segurança para tratamento de informações sigilosas.

Parágrafo único. A pessoa física ou entidade privada que, em razão de qualquer vínculo com o poder público, executar atividades de tratamento de informações sigilosas adotará as providências necessárias para que seus empregados, prepostos ou representantes observem as medidas e procedimentos de segurança das informações resultantes da aplicação desta Lei.

Seção IV
DOS PROCEDIMENTOS DE CLASSIFICAÇÃO, RECLASSIFICAÇÃO E DESCLASSIFICAÇÃO

Art. 27. A classificação do sigilo de informações no âmbito da administração pública federal é de competência:

I – no grau de ultrassecreto, das seguintes autoridades:

a) Presidente da República;

b) Vice-Presidente da República;

c) Ministros de Estado e autoridades com as mesmas prerrogativas;

d) Comandantes da Marinha, do Exército e da Aeronáutica; e

e) Chefes de Missões Diplomáticas e Consulares permanentes no exterior;

II – no grau de secreto, das autoridades referidas no inciso I, dos titulares de autarquias, fundações ou empresas públicas e sociedades de economia mista; e

III – no grau de reservado, das autoridades referidas nos incisos I e II e das que exerçam funções de direção, comando ou chefia, nível DAS 101.5, ou superior, do Grupo-Direção e Assessoramento Superiores, ou de hierarquia equivalente, de acordo com regulamentação específica de cada órgão ou entidade, observado o disposto nesta Lei.

§ 1º A competência prevista nos incisos I e II, no que se refere à classificação como ultrassecreta e secreta, poderá ser delegada pela autoridade responsável a agente público, inclusive em missão no exterior, vedada a subdelegação.

§ 2º A classificação de informação no grau de sigilo ultrassecreto pelas autoridades previstas nas alíneas *d* e *e* do inciso I deverá ser ratificada pelos respectivos Ministros de Estado, no prazo previsto em regulamento.

§ 3º A autoridade ou outro agente público que classificar informação como ultrassecreta deverá encaminhar a decisão de que trata o art. 28 à Comissão Mista de Reavaliação de Informações, a que se refere o art. 35, no prazo previsto em regulamento.

Art. 28. A classificação de informação em qualquer grau de sigilo deverá ser formalizada em decisão que conterá, no mínimo, os seguintes elementos:

I – assunto sobre o qual versa a informação;

II – fundamento da classificação, observados os critérios estabelecidos no art. 24;

III – indicação do prazo de sigilo, contado em anos, meses ou dias, ou do evento que defina o seu termo final, conforme limites previstos no art. 24; e

IV – identificação da autoridade que a classificou.

Parágrafo único. A decisão referida no *caput* será mantida no mesmo grau de sigilo da informação classificada.

Art. 29. A classificação das informações será reavaliada pela autoridade classificadora ou por autoridade hierarquicamente superior, mediante provocação ou de ofício, nos termos e prazos previstos em regulamento, com vistas à sua desclassificação ou à redução do prazo de sigilo, observado o disposto no art. 24.

§ 1º O regulamento a que se refere o *caput* deverá considerar as peculiaridades das informações produzidas no exterior por autoridades ou agentes públicos.

§ 2º Na reavaliação a que se refere o *caput*, deverão ser examinadas a permanência dos motivos do sigilo e a possibilidade de danos decorrentes do acesso ou da divulgação da informação.

§ 3º Na hipótese de redução do prazo de sigilo da informação, o novo prazo de restrição manterá como termo inicial a data da sua produção.

Art. 30. A autoridade máxima de cada órgão ou entidade publicará, anualmente, em sítio à disposição na internet e destinado à veiculação de dados e informações administrativas, nos termos de regulamento:

I – rol das informações que tenham sido desclassificadas nos últimos 12 (doze) meses;

II – rol de documentos classificados em cada grau de sigilo, com identificação para referência futura;

III – relatório estatístico contendo a quantidade de pedidos de informação recebidos, atendidos e indeferidos, bem como informações genéricas sobre os solicitantes.

§ 1º Os órgãos e entidades deverão manter exemplar da publicação prevista no *caput* para consulta pública em suas sedes.

§ 2º Os órgãos e entidades manterão extrato com a lista de informações classificadas, acompanhadas da data, do grau de sigilo e dos fundamentos da classificação.

Seção V
DAS INFORMAÇÕES PESSOAIS

Art. 31. O tratamento das informações pessoais deve ser feito de forma transparente e com respeito à intimidade, vida privada, honra e imagem das pessoas, bem como às liberdades e garantias individuais.

§ 1º As informações pessoais, a que se refere este artigo, relativas à intimidade, vida privada, honra e imagem:

I – terão seu acesso restrito, independentemente de classificação de sigilo e pelo prazo máximo de 100 (cem) anos a contar da sua data de produção, a agentes públicos legalmente autorizados e à pessoa a que elas se referirem; e

II – poderão ter autorizada sua divulgação ou acesso por terceiros diante de previsão legal ou consentimento expresso da pessoa a que elas se referirem.

§ 2º Aquele que obtiver acesso às informações de que trata este artigo será responsabilizado por seu uso indevido.

§ 3º O consentimento referido no inciso II do § 1º não será exigido quando as informações forem necessárias:

I – à prevenção e diagnóstico médico, quando a pessoa estiver física ou legalmente incapaz, e para utilização única e exclusivamente para o tratamento médico;

II – à realização de estatísticas e pesquisas científicas de evidente interesse público ou geral, previstos em lei, sendo vedada a identificação da pessoa a que as informações se referirem;

III – ao cumprimento de ordem judicial;

IV – à defesa de direitos humanos; ou

V – à proteção do interesse público e geral preponderante.

§ 4º A restrição de acesso à informação relativa à vida privada, honra e imagem de pessoa não poderá ser invocada com o intuito de prejudicar processo de apuração de irregularidades em que o titular das informações estiver envolvido, bem como em ações voltadas para a recuperação de fatos históricos de maior relevância.

§ 5º Regulamento disporá sobre os procedimentos para tratamento de informação pessoal.

CAPÍTULO V
DAS RESPONSABILIDADES

Art. 32. Constituem condutas ilícitas que ensejam responsabilidade do agente público ou militar:

I – recusar-se a fornecer informação requerida nos termos desta Lei, retardar deliberadamente o seu fornecimento ou fornecê-la intencionalmente de forma incorreta, incompleta ou imprecisa;

II – utilizar indevidamente, bem como subtrair, destruir, inutilizar, desfigurar, alterar ou ocultar, total ou parcialmente, informação que se encontre sob sua guarda ou a que tenha acesso ou conhecimento em razão do exercício das atribuições de cargo, emprego ou função pública;

III – agir com dolo ou má-fé na análise das solicitações de acesso à informação;

IV – divulgar ou permitir a divulgação ou acessar ou permitir acesso indevido à informação sigilosa ou informação pessoal;

V – impor sigilo à informação para obter proveito pessoal ou de terceiro, ou para fins de ocultação de ato ilegal cometido por si ou por outrem;

VI – ocultar da revisão de autoridade superior competente informação sigilosa para beneficiar a si ou a outrem, ou em prejuízo de terceiros; e

VII – destruir ou subtrair, por qualquer meio, documentos concernentes a possíveis violações de direitos humanos por parte de agentes do Estado.

§ 1º Atendido o princípio do contraditório, da ampla defesa e do devido processo legal, as condutas descritas no *caput* serão consideradas:

I – para fins dos regulamentos disciplinares das Forças Armadas, transgressões militares médias ou graves, segundo os critérios neles estabelecidos, desde que não tipificadas em lei como crime ou contravenção penal; ou

II – para fins do disposto na Lei nº 8.112, de 11 de dezembro de 1990, e suas alterações, infrações administrativas, que deverão ser apenadas, no mínimo, com suspensão, segundo os critérios nela estabelecidos.

§ 2º Pelas condutas descritas no *caput*, poderá o militar ou agente público responder, também, por improbidade administrativa, conforme o disposto nas Leis nºs 1.079, de 10 de abril de 1950, e 8.429, de 2 de junho de 1992.

Art. 33. A pessoa física ou entidade privada que detiver informações em virtude de vínculo de qualquer natureza com o poder público e deixar de observar o disposto nesta Lei estará sujeita às seguintes sanções:

I – advertência;

II – multa;

III – rescisão do vínculo com o poder público;

IV – suspensão temporária de participar em licitação e impedimento de contratar com a administração pública por prazo não superior a 2 (dois) anos; e

V – declaração de inidoneidade para licitar ou contratar com a administração pública, até que seja promovida a reabilitação perante a própria autoridade que aplicou a penalidade.

§ 1º As sanções previstas nos incisos I, III e IV poderão ser aplicadas juntamente com a do inciso II, assegurado o direito de defesa do interessado, no respectivo processo, no prazo de 10 (dez) dias.

§ 2º A reabilitação referida no inciso V será autorizada somente quando o interessado efetivar o ressarcimento ao órgão ou entidade dos prejuízos resultantes e após decorrido o prazo da sanção aplicada com base no inciso IV.

§ 3º A aplicação da sanção prevista no inciso V é de competência exclusiva da autoridade máxima do órgão ou entidade pública, facultada a defesa do interessado, no respectivo processo, no prazo de 10 (dez) dias da abertura de vista.

Art. 34. Os órgãos e entidades públicas respondem diretamente pelos danos causados em decorrência da divulgação não autorizada ou utilização indevida de informações sigilosas ou informações pessoais, cabendo a apuração de responsabilidade funcional nos casos de dolo ou culpa, assegurado o respectivo direito de regresso.

Parágrafo único. O disposto neste artigo aplica-se à pessoa física ou entidade privada que, em virtude de vínculo de qualquer natureza com órgãos ou entidades, tenha acesso a informação sigilosa ou pessoal e a submeta a tratamento indevido.

CAPÍTULO VI
DISPOSIÇÕES FINAIS E TRANSITÓRIAS

Art. 35. VETADO.

§ 1º É instituída a Comissão Mista de Reavaliação de Informações, que decidirá, no âmbito da administração pública federal, sobre o tratamento e a classificação de informações sigilosas e terá competência para:

I – requisitar da autoridade que classificar informação como ultrassecreta e secreta esclarecimento ou conteúdo, parcial ou integral da informação;

II – rever a classificação de informações ultrassecretas ou secretas, de ofício ou mediante provocação de pessoa interessada, observado o disposto no art. 7º e demais dispositivos desta Lei; e

III – prorrogar o prazo de sigilo de informação classificada como ultrassecreta, sempre por prazo determinado, enquanto o seu acesso ou divulgação puder ocasionar ameaça externa à soberania nacional ou à integridade do território nacional ou grave risco às relações internacionais do País, observado o prazo previsto no § 1º do art. 24.

§ 2º O prazo referido no inciso III é limitado a uma única renovação.

§ 3º A revisão de ofício a que se refere o inciso II do § 1º deverá ocorrer, no máximo, a cada 4 (quatro) anos, após a reavaliação prevista no art. 39, quando se tratar de documentos ultrassecretos ou secretos.

§ 4º A não deliberação sobre a revisão pela Comissão Mista de Reavaliação de Informações nos prazos previstos no § 3º implicará a desclassificação automática das informações.

§ 5º Regulamento disporá sobre a composição, organização e funcionamento da Comissão Mista de Reavaliação de Informações, observado o mandato de 2 (dois) anos para seus integrantes e demais disposições desta Lei.

Art. 36. O tratamento de informação sigilosa resultante de tratados, acordos ou atos internacionais atenderá às normas e recomendações constantes desses instrumentos.

Art. 37. É instituído, no âmbito do Gabinete de Segurança Institucional da Presidência da República, o Núcleo de Segurança e Credenciamento (NSC), que tem por objetivos:

I – promover e propor a regulamentação do credenciamento de segurança de pessoas físicas, empresas, órgãos e entidades para tratamento de informações sigilosas; e

II – garantir a segurança de informações sigilosas, inclusive aquelas provenientes de países ou organizações internacionais com os quais a República Federativa do Brasil tenha firmado tratado, acordo, contrato ou qualquer outro ato internacional, sem prejuízo das atribuições do Ministério das Relações Exteriores e dos demais órgãos competentes.

Parágrafo único. Regulamento disporá sobre a composição, organização e funcionamento do NSC.

Art. 38. Aplica-se, no que couber, a Lei nº 9.507, de 12 de novembro de 1997, em relação à informação de pessoa, física ou jurídica, constante de registro ou banco de dados de entidades governamentais ou de caráter público.

▶ Lei nº 9.507, de 12-11-1997 (Lei do *Habeas Data*).

Art. 39. Os órgãos e entidades públicas deverão proceder à reavaliação das informações classificadas como ultrassecretas e secretas no prazo máximo de 2 (dois) anos, contado do termo inicial de vigência desta Lei.

§ 1º A restrição de acesso a informações, em razão da reavaliação prevista no *caput*, deverá observar os prazos e condições previstos nesta Lei.

§ 2º No âmbito da administração pública federal, a reavaliação prevista no *caput* poderá ser revista, a qualquer tempo, pela Comissão Mista de Reavaliação de Informações, observados os termos desta Lei.

§ 3º Enquanto não transcorrido o prazo de reavaliação previsto no *caput*, será mantida a classificação da informação nos termos da legislação precedente.

§ 4º As informações classificadas como secretas e ultrassecretas não reavaliadas no prazo previsto no *caput* serão consideradas, automaticamente, de acesso público.

Art. 40. No prazo de 60 (sessenta) dias, a contar da vigência desta Lei, o dirigente máximo de cada órgão ou entidade da administração pública federal direta e indireta designará autoridade que lhe seja diretamente subordinada para, no âmbito do respectivo órgão ou entidade, exercer as seguintes atribuições:

▶ Port. do MJ nº 600, de 12-4-2012, institui, no âmbito do Ministério da Justiça, a Rede de Serviços de Informações ao Cidadão – Rede SIC e designa a autoridade de que trata este artigo.

I – assegurar o cumprimento das normas relativas ao acesso a informação, de forma eficiente e adequada aos objetivos desta Lei;

II – monitorar a implementação do disposto nesta Lei e apresentar relatórios periódicos sobre o seu cumprimento;

III – recomendar as medidas indispensáveis à implementação e ao aperfeiçoamento das normas e procedimentos necessários ao correto cumprimento do disposto nesta Lei; e

IV – orientar as respectivas unidades no que se refere ao cumprimento do disposto nesta Lei e seus regulamentos.

Art. 41. O Poder Executivo Federal designará órgão da administração pública federal responsável:

I – pela promoção de campanha de abrangência nacional de fomento à cultura da transparência na administração pública e conscientização do direito fundamental de acesso à informação;

II – pelo treinamento de agentes públicos no que se refere ao desenvolvimento de práticas relacionadas à transparência na administração pública;

III – pelo monitoramento da aplicação da lei no âmbito da administração pública federal, concentrando e consolidando a publicação de informações estatísticas relacionadas no art. 30;

IV – pelo encaminhamento ao Congresso Nacional de relatório anual com informações atinentes à implementação desta Lei.

Art. 42. O Poder Executivo regulamentará o disposto nesta Lei no prazo de 180 (cento e oitenta) dias a contar da data de sua publicação.

Art. 43. O inciso VI do art. 116 da Lei nº 8.112, de 11 de dezembro de 1990, passa a vigorar com a seguinte redação:

▶ Alterações inseridas no texto da referida Lei.

Art. 44. O Capítulo IV do Título IV da Lei nº 8.112, de 1990, passa a vigorar acrescido do seguinte art. 126-A:

▶ Alterações inseridas no texto da referida Lei.

Art. 45. Cabe aos Estados, ao Distrito Federal e aos Municípios, em legislação própria, obedecidas as normas gerais estabelecidas nesta Lei, definir regras específicas, especialmente quanto ao disposto no art. 9º e na Seção II do Capítulo III.

Art. 46. Revogam-se:

I – a Lei nº 11.111, de 5 de maio de 2005; e

II – os arts. 22 a 24 da Lei nº 8.159, de 8 de janeiro de 1991.

Art. 47. Esta Lei entra em vigor 180 (cento e oitenta) dias após a data de sua publicação.

Brasília, 18 de novembro de 2011; 190º da Independência e 123º da República.

Dilma Rousseff

LEI Nº 12.529, DE 30 DE NOVEMBRO DE 2011

Estrutura o Sistema Brasileiro de Defesa da Concorrência; dispõe sobre a prevenção e repressão às infrações contra a ordem econômica; altera a Lei nº 8.137, de 27 de dezembro de 1990, o Decreto-Lei nº 3.689, de 3 de outubro de 1941 – Código de Processo Penal, e a Lei nº 7.347, de 24 de julho de 1985; revoga dispositivos da Lei nº 8.884, de 11 de junho de 1994, e a Lei nº 9.781, de 19 de janeiro de 1999; e dá outras providências.

▶ Publicada no *DOU* de 1º-12-2011.

▶ Dec. nº 7.738, de 28-5-2012, aprova a Estrutura Regimental e o Quadro Demonstrativo dos Cargos em Comissão do Conselho Administrativo de Defesa Econômica – CADE.

TÍTULO I – DISPOSIÇÕES GERAIS

CAPÍTULO I
DA FINALIDADE

Art. 1º Esta Lei estrutura o Sistema Brasileiro de Defesa da Concorrência – SBDC e dispõe sobre a prevenção e a repressão às infrações contra a ordem econômica, orientada pelos ditames constitucionais de liberdade de iniciativa, livre concorrência, função social da propriedade, defesa dos consumidores e repressão ao abuso do poder econômico.

Parágrafo único. A coletividade é a titular dos bens jurídicos protegidos por esta Lei.

CAPÍTULO II
DA TERRITORIALIDADE

Art. 2º Aplica-se esta Lei, sem prejuízo de convenções e tratados de que seja signatário o Brasil, às práticas cometidas no todo ou em parte no território nacional ou que nele produzam ou possam produzir efeitos.

§ 1º Reputa-se domiciliada no território nacional a empresa estrangeira que opere ou tenha no Brasil filial, agência, sucursal, escritório, estabelecimento, agente ou representante.

§ 2º A empresa estrangeira será notificada e intimada de todos os atos processuais previstos nesta Lei, independentemente de procuração ou de disposição contratual ou estatutária, na pessoa do agente ou representante ou pessoa responsável por sua filial, agência, sucursal, estabelecimento ou escritório instalado no Brasil.

TÍTULO II – DO SISTEMA BRASILEIRO DE DEFESA DA CONCORRÊNCIA

CAPÍTULO I
DA COMPOSIÇÃO

Art. 3º O SBDC é formado pelo Conselho Administrativo de Defesa Econômica – CADE e pela Secretaria de Acompanhamento Econômico do Ministério da Fazenda, com as atribuições previstas nesta Lei.

CAPÍTULO II
DO CONSELHO ADMINISTRATIVO DE DEFESA ECONÔMICA – CADE

Art. 4º O CADE é entidade judicante com jurisdição em todo o território nacional, que se constitui em autarquia federal, vinculada ao Ministério da Justiça, com sede e foro no Distrito Federal, e competências previstas nesta Lei.

Seção I
DA ESTRUTURA ORGANIZACIONAL DO CADE

Art. 5º O CADE é constituído pelos seguintes órgãos:

I – Tribunal Administrativo de Defesa Econômica;

II – Superintendência-Geral; e

III – Departamento de Estudos Econômicos.

Seção II
DO TRIBUNAL ADMINISTRATIVO DE DEFESA ECONÔMICA

Art. 6º O Tribunal Administrativo, órgão judicante, tem como membros um Presidente e seis Conselheiros escolhidos dentre cidadãos com mais de 30 (trinta) anos de idade, de notório saber jurídico ou econômico e reputação ilibada, nomeados pelo Presidente da República, depois de aprovados pelo Senado Federal.

§ 1º O mandato do Presidente e dos Conselheiros é de 4 (quatro) anos, não coincidentes, vedada a recondução.

§ 2º Os cargos de Presidente e de Conselheiro são de dedicação exclusiva, não se admitindo qualquer acumulação, salvo as constitucionalmente permitidas.

§ 3º No caso de renúncia, morte, impedimento, falta ou perda de mandato do Presidente do Tribunal, assumirá o Conselheiro mais antigo no cargo ou o mais idoso, nessa ordem, até nova nomeação, sem prejuízo de suas atribuições.

§ 4º No caso de renúncia, morte ou perda de mandato de Conselheiro, proceder-se-á a nova nomeação, para completar o mandato do substituído.

§ 5º Se, nas hipóteses previstas no § 4º deste artigo, ou no caso de encerramento de mandato dos Conselheiros, a composição do Tribunal ficar reduzida a número inferior ao estabelecido no § 1º do art. 9º desta Lei, considerar-se-ão automaticamente suspensos os prazos previstos nesta Lei, e suspensa a tramitação de processos, continuando-se a contagem imediatamente após a recomposição do *quorum*.

Art. 7º A perda de mandato do Presidente ou dos Conselheiros do CADE só poderá ocorrer em virtude de decisão do Senado Federal, por provocação do Presidente da República, ou em razão de condenação penal irrecorrível por crime doloso, ou de processo disciplinar de conformidade com o que prevê a Lei nº 8.112, de 11 de dezembro de 1990 e a Lei nº 8.429, de 2 de junho de 1992, e por infringência de quaisquer das vedações previstas no art. 8º desta Lei.

Parágrafo único. Também perderá o mandato, automaticamente, o membro do Tribunal que faltar a 3 (três) reuniões ordinárias consecutivas, ou 20 (vinte) intercaladas, ressalvados os afastamentos temporários autorizados pelo Plenário.

Art. 8º Ao Presidente e aos Conselheiros é vedado:

I – receber, a qualquer título, e sob qualquer pretexto, honorários, percentagens ou custas;

II – exercer profissão liberal;

III – participar, na forma de controlador, diretor, administrador, gerente, preposto ou mandatário, de sociedade civil, comercial ou empresas de qualquer espécie;

IV – emitir parecer sobre matéria de sua especialização, ainda que em tese, ou funcionar como consultor de qualquer tipo de empresa;

V – manifestar, por qualquer meio de comunicação, opinião sobre processo pendente de julgamento, ou juízo depreciativo sobre despachos, votos ou sentenças de órgãos judiciais, ressalvada a crítica nos autos, em obras técnicas ou no exercício do magistério; e

VI – exercer atividade político-partidária.

§ 1º É vedado ao Presidente e aos Conselheiros, por um período de 120 (cento e vinte) dias, contado da data em que deixar o cargo, representar qualquer pessoa, física ou jurídica, ou interesse perante o SBDC, ressalvada a defesa de direito próprio.

§ 2º Durante o período mencionado no § 1º deste artigo, o Presidente e os Conselheiros receberão a mesma remuneração do cargo que ocupavam.

§ 3º Incorre na prática de advocacia administrativa, sujeitando-se à pena prevista no art. 321 do Decreto-Lei nº 2.848, de 7 de dezembro de 1940 – Código Penal, o ex-presidente ou ex-conselheiro que violar o impedimento previsto no § 1º deste artigo.

§ 4º É vedado, a qualquer tempo, ao Presidente e aos Conselheiros utilizar informações privilegiadas obtidas em decorrência do cargo exercido.

Subseção I

DA COMPETÊNCIA DO PLENÁRIO DO TRIBUNAL

Art. 9º Compete ao Plenário do Tribunal, dentre outras atribuições previstas nesta Lei:

I – zelar pela observância desta Lei e seu regulamento e do regimento interno;

II – decidir sobre a existência de infração à ordem econômica e aplicar as penalidades previstas em lei;

III – decidir os processos administrativos para imposição de sanções administrativas por infrações à ordem econômica instaurados pela Superintendência-Geral;

IV – ordenar providências que conduzam à cessação de infração à ordem econômica, dentro do prazo que determinar;

V – aprovar os termos do compromisso de cessação de prática e do acordo em controle de concentrações, bem como determinar à Superintendência-Geral que fiscalize seu cumprimento;

VI – apreciar, em grau de recurso, as medidas preventivas adotadas pelo Conselheiro-Relator ou pela Superintendência-Geral;

VII – intimar os interessados de suas decisões;

VIII – requisitar dos órgãos e entidades da administração pública federal e requerer às autoridades dos Estados, Municípios, do Distrito Federal e dos Territórios as medidas necessárias ao cumprimento desta Lei;

IX – contratar a realização de exames, vistorias e estudos, aprovando, em cada caso, os respectivos honorários profissionais e demais despesas de processo, que deverão ser pagas pela empresa, se vier a ser punida nos termos desta Lei;

X – apreciar processos administrativos de atos de concentração econômica, na forma desta Lei, fixando, quando entender conveniente e oportuno, acordos em controle de atos de concentração;

XI – determinar à Superintendência-Geral que adote as medidas administrativas necessárias à execução e fiel cumprimento de suas decisões;

XII – requisitar serviços e pessoal de quaisquer órgãos e entidades do Poder Público Federal;

XIII – requerer à Procuradoria Federal junto ao CADE a adoção de providências administrativas e judiciais;

XIV – instruir o público sobre as formas de infração da ordem econômica;

XV – elaborar e aprovar regimento interno do CADE, dispondo sobre seu funcionamento, forma das deliberações, normas de procedimento e organização de seus serviços internos;

XVI – propor a estrutura do quadro de pessoal do CADE, observado o disposto no inciso II do *caput* do art. 37 da Constituição Federal;

XVII – elaborar proposta orçamentária nos termos desta Lei;

XVIII – requisitar informações de quaisquer pessoas, órgãos, autoridades e entidades públicas ou privadas, respeitando e mantendo o sigilo legal quando for o caso, bem como determinar as diligências que se fizerem necessárias ao exercício das suas funções; e

XIX – decidir pelo cumprimento das decisões, compromissos e acordos.

§ 1º As decisões do Tribunal serão tomadas por maioria, com a presença mínima de 4 (quatro) membros, sendo o *quorum* de deliberação mínimo de 3 (três) membros.

§ 2º As decisões do Tribunal não comportam revisão no âmbito do Poder Executivo, promovendo-se, de imediato, sua execução e comunicando-se, em seguida, ao Ministério Público, para as demais medidas legais cabíveis no âmbito de suas atribuições.

§ 3º As autoridades federais, os diretores de autarquia, fundação, empresa pública e sociedade de economia mista federais e agências reguladoras são obrigados a prestar, sob pena de responsabilidade, toda a assistência e colaboração que lhes for solicitada pelo CADE, inclusive elaborando pareceres técnicos sobre as matérias de sua competência.

§ 4º O Tribunal poderá responder consultas sobre condutas em andamento, mediante pagamento de taxa e acompanhadas dos respectivos documentos.

§ 5º O CADE definirá, em resolução, normas complementares sobre o procedimento de consultas previsto no § 4º deste artigo.

Subseção II

DA COMPETÊNCIA DO PRESIDENTE DO TRIBUNAL

Art. 10. Compete ao Presidente do Tribunal:

I – representar legalmente o CADE no Brasil ou no exterior, em juízo ou fora dele;

II – presidir, com direito a voto, inclusive o de qualidade, as reuniões do Plenário;

III – distribuir, por sorteio, os processos aos Conselheiros;

IV – convocar as sessões e determinar a organização da respectiva pauta;

V – solicitar, a seu critério, que a Superintendência-Geral auxilie o Tribunal na tomada de providências extrajudiciais para o cumprimento das decisões do Tribunal;

VI – fiscalizar a Superintendência-Geral na tomada de providências para execução das decisões e julgados do Tribunal;

VII – assinar os compromissos e acordos aprovados pelo Plenário;

VIII – submeter à aprovação do Plenário a proposta orçamentária e a lotação ideal do pessoal que prestará serviço ao CADE;

IX – orientar, coordenar e supervisionar as atividades administrativas do CADE;

X – ordenar as despesas atinentes ao CADE, ressalvadas as despesas da unidade gestora da Superintendência-Geral;

XI – firmar contratos e convênios com órgãos ou entidades nacionais e submeter, previamente, ao Ministro de Estado da Justiça os que devam ser celebrados com organismos estrangeiros ou internacionais; e

XII – determinar à Procuradoria Federal junto ao CADE as providências judiciais determinadas pelo Tribunal.

Subseção III

DA COMPETÊNCIA DOS CONSELHEIROS DO TRIBUNAL

Art. 11. Compete aos Conselheiros do Tribunal:

I – emitir voto nos processos e questões submetidas ao Tribunal;

II – proferir despachos e lavrar as decisões nos processos em que forem relatores;

III – requisitar informações e documentos de quaisquer pessoas, órgãos, autoridades e entidades públicas ou privadas, a serem mantidos sob sigilo legal, quando for o caso, bem como determinar as diligências que se fizerem necessárias;

IV – adotar medidas preventivas, fixando o valor da multa diária pelo seu descumprimento;

V – solicitar, a seu critério, que a Superintendência-Geral realize as diligências e a produção das provas que entenderem pertinentes nos autos do processo administrativo, na forma desta Lei;

VI – requerer à Procuradoria Federal junto ao CADE emissão de parecer jurídico nos processos em que forem relatores, quando entenderem necessário e em despacho fundamentado, na forma prevista no inciso VII do art. 15 desta Lei;

VII – determinar ao Economista-Chefe, quando necessário, a elaboração de pareceres nos processos em que forem relatores, sem prejuízo da tramitação normal do processo e sem que tal determinação implique a suspensão do prazo de análise ou prejuízo à tramitação normal do processo;

VIII – desincumbir-se das demais tarefas que lhes forem cometidas pelo regimento;

IX – propor termo de compromisso de cessação e acordos para aprovação do Tribunal;

X – prestar ao Poder Judiciário, sempre que solicitado, todas as informações sobre andamento dos processos, podendo, inclusive, fornecer cópias dos autos para instruir ações judiciais.

Seção III

DA SUPERINTENDÊNCIA-GERAL

Art. 12. O CADE terá em sua estrutura uma Superintendência-Geral, com 1 (um) Superintendente-Geral e 2 (dois) Superintendentes-Adjuntos, cujas atribuições específicas serão definidas em Resolução.

§ 1º O Superintendente-Geral será escolhido dentre cidadãos com mais de 30 (trinta) anos de idade, notório saber jurídico ou econômico e reputação ilibada, nomeado pelo Presidente da República, depois de aprovado pelo Senado Federal.

§ 2º O Superintendente-Geral terá mandato de 2 (dois) anos, permitida a recondução para um único período subsequente.

§ 3º Aplicam-se ao Superintendente-Geral as mesmas normas de impedimentos, perda de mandato, substituição e as vedações do art. 8º desta Lei, incluindo o disposto no § 2º do art. 8º desta Lei, aplicáveis ao Presidente e aos Conselheiros do Tribunal.

§ 4º Os cargos de Superintendente-Geral e de Superintendentes-Adjuntos são de dedicação exclusiva, não se admitindo qualquer acumulação, salvo as constitucionalmente permitidas.

§ 5º Durante o período de vacância que anteceder à nomeação de novo Superintendente-Geral, assumirá interinamente o cargo um dos superintendentes adjuntos, indicado pelo Presidente do Tribunal, o qual permanecerá no cargo até a posse do novo Superintendente-Geral, escolhido na forma do § 1º deste artigo.

§ 6º Se, no caso da vacância prevista no § 5º deste artigo, não houver nenhum Superintendente Adjunto nomeado na Superintendência do CADE, o Presidente do Tribunal indicará servidor em exercício no CADE, com conhecimento jurídico ou econômico na área de defesa da concorrência e reputação ilibada, para assumir interinamente o cargo, permanecendo neste até a posse do novo Superintendente-Geral, escolhido na forma do § 1º deste artigo.

§ 7º Os Superintendentes-Adjuntos serão indicados pelo Superintendente-Geral.

Art. 13. Compete à Superintendência-Geral:

I – zelar pelo cumprimento desta Lei, monitorando e acompanhando as práticas de mercado;

II – acompanhar, permanentemente, as atividades e práticas comerciais de pessoas físicas ou jurídicas que detiverem posição dominante em mercado relevante de bens ou serviços, para prevenir infrações da ordem econômica, podendo, para tanto, requisitar as informações e documentos necessários, mantendo o sigilo legal, quando for o caso;

III – promover, em face de indícios de infração da ordem econômica, procedimento preparatório de inquérito administrativo e inquérito administrativo para apuração de infrações à ordem econômica;

IV – decidir pela insubsistência dos indícios, arquivando os autos do inquérito administrativo ou de seu procedimento preparatório;

V – instaurar e instruir processo administrativo para imposição de sanções administrativas por infrações à ordem econômica, procedimento para apuração de ato de concentração, processo administrativo para análise de ato de concentração econômica e processo administrativo para imposição de sanções processuais incidentais instaurados para prevenção, apuração ou repressão de infrações à ordem econômica;

VI – no interesse da instrução dos tipos processuais referidos nesta Lei:

a) requisitar informações e documentos de quaisquer pessoas, físicas ou jurídicas, órgãos, autoridades e entidades, públicas ou privadas, mantendo o sigilo legal, quando for o caso, bem como determinar as diligências que se fizerem necessárias ao exercício de suas funções;

b) requisitar esclarecimentos orais de quaisquer pessoas, físicas ou jurídicas, órgãos, autoridades e entidades, públicas ou privadas, na forma desta Lei;

c) realizar inspeção na sede social, estabelecimento, escritório, filial ou sucursal de empresa investigada, de estoques, objetos, papéis de qualquer natureza, assim como livros comerciais, computadores e arquivos eletrônicos, podendo-se extrair ou requisitar cópias de quaisquer documentos ou dados eletrônicos;

d) requerer ao Poder Judiciário, por meio da Procuradoria Federal junto ao CADE, mandado de busca e apreensão de objetos, papéis de qualquer natureza, assim como de livros comerciais, computadores e arquivos magnéticos de empresa ou pessoa física, no interesse de inquérito administrativo ou de processo administrativo para imposição de sanções administrativas por infrações à ordem econômica, aplicando-se, no que couber, o disposto no art. 839 e seguintes da Lei nº 5.869, de 11 de janeiro de 1973 – Código de Processo Civil, sendo inexigível a propositura de ação principal;

▸ Arts. 538, 539, §§ 1º e 2º, 625 e 806, § 2º, do CPC/2015.

e) requisitar vista e cópia de documentos e objetos constantes de inquéritos e processos administrativos instaurados por órgãos ou entidades da administração pública federal;

f) requerer vista e cópia de inquéritos policiais, ações judiciais de quaisquer natureza, bem como de inquéritos e processos administrativos instaurados por outros entes da federação, devendo o Conselho observar as mesmas restrições de sigilo eventualmente estabelecidas nos procedimentos de origem;

VII – recorrer de ofício ao Tribunal quando decidir pelo arquivamento de processo administrativo para imposição de sanções administrativas por infrações à ordem econômica;

VIII – remeter ao Tribunal, para julgamento, os processos administrativos que instaurar, quando entender configurada infração da ordem econômica;

IX – propor termo de compromisso de cessação de prática por infração à ordem econômica, submetendo-o à aprovação do Tribunal, e fiscalizar o seu cumprimento;

X – sugerir ao Tribunal condições para a celebração de acordo em controle de concentrações e fiscalizar o seu cumprimento;

XI – adotar medidas preventivas que conduzam à cessação de prática que constitua infração da ordem econômica, fixando prazo para seu cumprimento e o valor da multa diária a ser aplicada, no caso de descumprimento;

XII – receber, instruir e aprovar ou impugnar perante o Tribunal os processos administrativos para análise de ato de concentração econômica;

XIII – orientar os órgãos e entidades da administração pública quanto à adoção de medidas necessárias ao cumprimento desta Lei;

XIV – desenvolver estudos e pesquisas objetivando orientar a política de prevenção de infrações da ordem econômica;

XV – instruir o público sobre as diversas formas de infração da ordem econômica e os modos de sua prevenção e repressão;

XVI – exercer outras atribuições previstas em lei;

XVII – prestar ao Poder Judiciário, sempre que solicitado, todas as informações sobre andamento das investigações, podendo, inclusive, fornecer cópias dos autos para instruir ações judiciais; e

XVIII – adotar as medidas administrativas necessárias à execução e ao cumprimento das decisões do Plenário.

Art. 14. São atribuições do Superintendente-Geral:

I – participar, quando entender necessário, sem direito a voto, das reuniões do Tribunal e proferir sustentação oral, na forma do regimento interno;

II – cumprir e fazer cumprir as decisões do Tribunal na forma determinada pelo seu Presidente;

III – requerer à Procuradoria Federal junto ao CADE as providências judiciais relativas ao exercício das competências da Superintendência-Geral;

IV – determinar ao Economista-Chefe a elaboração de estudos e pareceres;

V – ordenar despesas referentes à unidade gestora da Superintendência-Geral; e

VI – exercer outras atribuições previstas em lei.

Seção IV
DA PROCURADORIA FEDERAL JUNTO AO CADE

Art. 15. Funcionará junto ao CADE Procuradoria Federal Especializada, competindo-lhe:

I – prestar consultoria e assessoramento jurídico ao CADE;

II – representar o CADE judicial e extrajudicialmente;

III – promover a execução judicial das decisões e julgados do CADE;

IV – proceder à apuração da liquidez dos créditos do CADE, inscrevendo-os em dívida ativa para fins de cobrança administrativa ou judicial;

V – tomar as medidas judiciais solicitadas pelo Tribunal ou pela Superintendência-Geral, necessárias à cessação de infrações da ordem econômica ou à obtenção de documentos para a instrução de processos administrativos de qualquer natureza;

VI – promover acordos judiciais nos processos relativos a infrações contra a ordem econômica, mediante autorização do Tribunal;

VII – emitir, sempre que solicitado expressamente por Conselheiro ou pelo Superintendente-Geral, parecer nos processos de competência do CADE, sem que tal determinação implique a suspensão do prazo de análise ou prejuízo à tramitação normal do processo;

VIII – zelar pelo cumprimento desta Lei; e

IX – desincumbir-se das demais tarefas que lhe sejam atribuídas pelo regimento interno.

Parágrafo único. Compete à Procuradoria Federal junto ao CADE, ao dar execução judicial às decisões da Superintendência-Geral e do Tribunal, manter o Presidente do Tribunal, os Conselheiros e o Superintendente-Geral informados sobre o andamento das ações e medidas judiciais.

Art. 16. O Procurador-Chefe será nomeado pelo Presidente da República, depois de aprovado pelo Senado Federal, dentre cidadãos brasileiros com mais de 30 (trinta) anos de idade, de notório conhecimento jurídico e reputação ilibada.

§ 1º O Procurador-Chefe terá mandato de 2 (dois) anos, permitida sua recondução para um único período.

§ 2º O Procurador-Chefe poderá participar, sem direito a voto, das reuniões do Tribunal, prestando assistência e esclarecimentos, quando requisitado pelos Conselheiros, na forma do Regimento Interno do Tribunal.

§ 3º Aplicam-se ao Procurador-Chefe as mesmas normas de impedimento aplicáveis aos Conselheiros do Tribunal, exceto quanto ao comparecimento às sessões.

§ 4º Nos casos de faltas, afastamento temporário ou impedimento do Procurador-Chefe, o Plenário indicará e o Presidente do Tribunal designará o substituto eventual dentre os integrantes da Procuradoria Federal Especializada.

Seção V

DO DEPARTAMENTO DE ESTUDOS ECONÔMICOS

Art. 17. O CADE terá um Departamento de Estudos Econômicos, dirigido por um Economista-Chefe, a quem incumbirá elaborar estudos e pareceres econômicos, de ofício ou por solicitação do Plenário, do Presidente, do Conselheiro-Relator ou do Superintendente-Geral, zelando pelo rigor e atualização técnica e científica das decisões do órgão.

Art. 18. O Economista-Chefe será nomeado, conjuntamente, pelo Superintendente-Geral e pelo Presidente do Tribunal, dentre brasileiros de ilibada reputação e notório conhecimento econômico.

§ 1º O Economista-Chefe poderá participar das reuniões do Tribunal, sem direito a voto.

§ 2º Aplicam-se ao Economista-Chefe as mesmas normas de impedimento aplicáveis aos Conselheiros do Tribunal, exceto quanto ao comparecimento às sessões.

CAPÍTULO III

DA SECRETARIA DE ACOMPANHAMENTO ECONÔMICO

Art. 19. Compete à Secretaria de Acompanhamento Econômico promover a concorrência em órgãos de governo e perante a sociedade cabendo-lhe, especialmente, o seguinte:

I – opinar, nos aspectos referentes à promoção da concorrência, sobre propostas de alterações de atos normativos de interesse geral dos agentes econômicos, de consumidores ou usuários dos serviços prestados submetidos a consulta pública pelas agências reguladoras e, quando entender pertinente, sobre os pedidos de revisão de tarifas e as minutas;

II – opinar, quando considerar pertinente, sobre minutas de atos normativos elaborados por qualquer entidade pública ou privada submetidos à consulta pública, nos aspectos referentes à promoção da concorrência;

III – opinar, quando considerar pertinente, sobre proposições legislativas em tramitação no Congresso Nacional, nos aspectos referentes à promoção da concorrência;

IV – elaborar estudos avaliando a situação concorrencial de setores específicos da atividade econômica nacional, de ofício ou quando solicitada pelo CADE, pela Câmara de Comércio Exterior ou pelo Departamento de Proteção e Defesa do Consumidor do Ministério da Justiça ou órgão que vier a sucedê-lo;

V – elaborar estudos setoriais que sirvam de insumo para a participação do Ministério da Fazenda na formulação de políticas públicas setoriais nos fóruns em que este Ministério tem assento;

VI – propor a revisão de leis, regulamentos e outros atos normativos da administração pública federal, estadual, municipal e do Distrito Federal que afetem ou possam afetar a concorrência nos diversos setores econômicos do País;

VII – manifestar-se, de ofício ou quando solicitada, a respeito do impacto concorrencial de medidas em discussão no âmbito de fóruns negociadores relativos às atividades de alteração tarifária, ao acesso a mercados e à defesa comercial, ressalvadas as competências dos órgãos envolvidos;

VIII – encaminhar ao órgão competente representação para que este, a seu critério, adote as medidas legais cabíveis, sempre que for identificado ato normativo que tenha caráter anticompetitivo.

§ 1º Para o cumprimento de suas atribuições, a Secretaria de Acompanhamento Econômico poderá:

I – requisitar informações e documentos de quaisquer pessoas, órgãos, autoridades e entidades, públicas ou privadas, mantendo o sigilo legal quando for o caso;

II – celebrar acordos e convênios com órgãos ou entidades públicas ou privadas, federais, estaduais, municipais, do Distrito Federal e dos Territórios para avaliar e/ou sugerir medidas relacionadas à promoção da concorrência.

§ 2º A Secretaria de Acompanhamento Econômico divulgará anualmente relatório de suas ações voltadas para a promoção da concorrência.

TÍTULO III – DO MINISTÉRIO PÚBLICO FEDERAL PERANTE O CADE

Art. 20. O Procurador-Geral da República, ouvido o Conselho Superior, designará membro do Ministério Público Federal para, nesta qualidade, emitir parecer, nos processos administrativos para imposição de sanções administrativas por infrações à ordem econômica, de ofício ou a requerimento do Conselheiro-Relator.

TÍTULO IV – DO PATRIMÔNIO, DAS RECEITAS E DA GESTÃO ADMINISTRATIVA, ORÇAMENTÁRIA E FINANCEIRA

Art. 21. Compete ao Presidente do Tribunal orientar, coordenar e supervisionar as atividades administrativas do CADE, respeitadas as atribuições dos dirigentes dos demais órgãos previstos no art. 5º desta Lei.

§ 1º A Superintendência-Geral constituirá unidade gestora, para fins administrativos e financeiros, competindo ao seu Superintendente-Geral ordenar as despesas pertinentes às respectivas ações orçamentárias.

§ 2º Para fins administrativos e financeiros, o Departamento de Estudos Econômicos estará ligado ao Tribunal.

Art. 22. Anualmente, o Presidente do Tribunal, ouvido o Superintendente-Geral, encaminhará ao Poder Executivo a proposta de orçamento do CADE e a lotação ideal do pessoal que prestará serviço àquela autarquia.

Art. 23. Instituem-se taxas processuais sobre os processos de competência do CADE, no valor de R$ 85.000,00 (oitenta e cinco mil reais), para os processos que têm como fato gerador a apresentação dos atos previstos no art. 88 desta Lei, e no valor de R$ 15.000,00 (quinze mil reais), para os processos que têm como fato gerador a apresentação das consultas referidas no § 4º do art. 9º desta Lei.

▸ Artigo com a redação dada pela Lei nº 13.196, de 1º-12-2015.

Art. 24. São contribuintes da taxa processual que tem como fato gerador a apresentação dos atos previstos no art. 88 desta Lei qualquer das requerentes.

Art. 25. O recolhimento da taxa processual que tem como fato gerador a apresentação dos atos previstos no art. 88 desta Lei deverá ser comprovado no momento da protocolização do ato.

§ 1º A taxa processual não recolhida no momento fixado no *caput* deste artigo será cobrada com os seguintes acréscimos:

I – juros de mora, contados do mês seguinte ao do vencimento, à razão de 1% (um por cento), calculados na forma da legislação aplicável aos tributos federais;

II – multa de mora de 20% (vinte por cento).

§ 2º Os juros de mora não incidem sobre o valor da multa de mora.

Art. 26. VETADO.

Art. 27. As taxas de que tratam os arts. 23 e 26 desta Lei serão recolhidas ao Tesouro Nacional na forma regulamentada pelo Poder Executivo.

Art. 28. Constituem receitas próprias do CADE:

I – o produto resultante da arrecadação das taxas previstas nos arts. 23 e 26 desta Lei;

II – a retribuição por serviços de qualquer natureza prestados a terceiros;

III – as dotações consignadas no Orçamento Geral da União, créditos especiais, créditos adicionais, transferências e repasses que lhe forem conferidos;

IV – os recursos provenientes de convênios, acordos ou contratos celebrados com entidades ou organismos nacionais e internacionais;

V – as doações, legados, subvenções e outros recursos que lhe forem destinados;

VI – os valores apurados na venda ou aluguel de bens móveis e imóveis de sua propriedade;

VII – o produto da venda de publicações, material técnico, dados e informações;

VIII – os valores apurados em aplicações no mercado financeiro das receitas previstas neste artigo, na forma definida pelo Poder Executivo; e

IX – quaisquer outras receitas, afetas às suas atividades, não especificadas nos incisos I a VIII do *caput* deste artigo.

§§ 1º e 2º VETADOS.

§ 3º O produto da arrecadação das multas aplicadas pelo CADE, inscritas ou não em dívida ativa, será destinado ao Fundo de Defesa de Direitos Difusos de que trata o art. 13 da Lei nº 7.347, de 24 de julho de 1985, e a Lei nº 9.008, de 21 de março de 1995.

§ 4º As multas arrecadadas na forma desta Lei serão recolhidas ao Tesouro Nacional na forma regulamentada pelo Poder Executivo.

Art. 29. O CADE submeterá anualmente ao Ministério da Justiça a sua proposta de orçamento, que será encaminhada ao Ministério do Planejamento, Orçamento e Gestão para inclusão na lei orçamentária anual, a que se refere o § 5º do art. 165 da Constituição Federal.

§ 1º O CADE fará acompanhar as propostas orçamentárias de quadro demonstrativo do planejamento plurianual das receitas e despesas, visando ao seu equilíbrio orçamentário e financeiro nos 5 (cinco) exercícios subsequentes.

§ 2º A lei orçamentária anual consignará as dotações para as despesas de custeio e capital do CADE, relativas ao exercício a que ela se referir.

Art. 30. Somam-se ao atual patrimônio do CADE os bens e direitos pertencentes ao Ministério da Justiça atualmente afetados às atividades do Departamento de Proteção e Defesa Econômica da Secretaria de Direito Econômico.

TÍTULO V – DAS INFRAÇÕES DA ORDEM ECONÔMICA

CAPÍTULO I – DISPOSIÇÕES GERAIS

Art. 31. Esta Lei aplica-se às pessoas físicas ou jurídicas de direito público ou privado, bem como a quaisquer associações de entidades ou pessoas, constituídas de fato ou de direito, ainda que temporariamente, com ou sem personalidade jurídica, mesmo que exerçam atividade sob regime de monopólio legal.

Art. 32. As diversas formas de infração da ordem econômica implicam a responsabilidade da empresa e a responsabilidade individual de seus dirigentes ou administradores, solidariamente.

Art. 33. Serão solidariamente responsáveis as empresas ou entidades integrantes de grupo econômico, de fato ou de direito, quando pelo menos uma delas praticar infração à ordem econômica.

Art. 34. A personalidade jurídica do responsável por infração da ordem econômica poderá ser desconsiderada quando houver da parte deste abuso de direito, excesso de poder, infração da lei, fato ou ato ilícito ou violação dos estatutos ou contrato social.

Parágrafo único. A desconsideração também será efetivada quando houver falência, estado de insolvência, encerramento ou inatividade da pessoa jurídica provocados por má administração.

Art. 35. A repressão das infrações da ordem econômica não exclui a punição de outros ilícitos previstos em lei.

CAPÍTULO II – DAS INFRAÇÕES

Art. 36. Constituem infração da ordem econômica, independentemente de culpa, os atos sob qualquer forma manifestados, que tenham por objeto ou possam produzir os seguintes efeitos, ainda que não sejam alcançados:

I – limitar, falsear ou de qualquer forma prejudicar a livre concorrência ou a livre-iniciativa;

II – dominar mercado relevante de bens ou serviços;

III – aumentar arbitrariamente os lucros; e

IV – exercer de forma abusiva posição dominante.

§ 1º A conquista de mercado resultante de processo natural fundado na maior eficiência de agente econômico em relação a seus competidores não caracteriza o ilícito previsto no inciso II do *caput* deste artigo.

§ 2º Presume-se posição dominante sempre que uma empresa ou grupo de empresas for capaz de alterar unilateral ou coordenadamente as condições de mercado ou quando controlar 20% (vinte por cento) ou mais do mercado relevante, podendo este percentual ser alterado pelo CADE para setores específicos da economia.

§ 3º As seguintes condutas, além de outras, na medida em que configurem hipótese prevista no *caput* deste artigo e seus incisos, caracterizam infração da ordem econômica:

I – acordar, combinar, manipular ou ajustar com concorrente, sob qualquer forma:

a) os preços de bens ou serviços ofertados individualmente;

b) a produção ou a comercialização de uma quantidade restrita ou limitada de bens ou a prestação de um número, volume ou frequência restrita ou limitada de serviços;

c) a divisão de partes ou segmentos de um mercado atual ou potencial de bens ou serviços, mediante, dentre outros, a distribuição de clientes, fornecedores, regiões ou períodos;

d) preços, condições, vantagens ou abstenção em licitação pública;

II – promover, obter ou influenciar a adoção de conduta comercial uniforme ou concertada entre concorrentes;

III – limitar ou impedir o acesso de novas empresas ao mercado;

IV – criar dificuldades à constituição, ao funcionamento ou ao desenvolvimento de empresa concorrente ou de fornecedor, adquirente ou financiador de bens ou serviços;

V – impedir o acesso de concorrente às fontes de insumo, matérias-primas, equipamentos ou tecnologia, bem como aos canais de distribuição;

VI – exigir ou conceder exclusividade para divulgação de publicidade nos meios de comunicação de massa;

VII – utilizar meios enganosos para provocar a oscilação de preços de terceiros;

VIII – regular mercados de bens ou serviços, estabelecendo acordos para limitar ou controlar a pesquisa e o desenvolvimento tecnológico, a produção de bens ou prestação de serviços, ou para dificultar investimentos destinados à produção de bens ou serviços ou à sua distribuição;

IX – impor, no comércio de bens ou serviços, a distribuidores, varejistas e representantes preços de revenda, descontos, condições de pagamento, quantidades mínimas ou máximas, margem de lucro ou quaisquer outras condições de comercialização relativos a negócios destes com terceiros;

X – discriminar adquirentes ou fornecedores de bens ou serviços por meio da fixação diferenciada de preços, ou de condições operacionais de venda ou prestação de serviços;

XI – recusar a venda de bens ou a prestação de serviços, dentro das condições de pagamento normais aos usos e costumes comerciais;

XII – dificultar ou romper a continuidade ou desenvolvimento de relações comerciais de prazo indeterminado em razão de recusa da outra parte em submeter-se a cláusulas e condições comerciais injustificáveis ou anticoncorrenciais;

XIII – destruir, inutilizar ou açambarcar matérias-primas, produtos intermediários ou acabados, assim como destruir, inutilizar ou dificultar a operação de equipamentos destinados a produzi-los, distribuí-los ou transportá-los;

XIV – açambarcar ou impedir a exploração de direitos de propriedade industrial ou intelectual ou de tecnologia;

XV – vender mercadoria ou prestar serviços injustificadamente abaixo do preço de custo;

XVI – reter bens de produção ou de consumo, exceto para garantir a cobertura dos custos de produção;

XVII – cessar parcial ou totalmente as atividades da empresa sem justa causa comprovada;

XVIII – subordinar a venda de um bem à aquisição de outro ou à utilização de um serviço, ou subordinar a prestação de um serviço à utilização de outro ou à aquisição de um bem; e

XIX – exercer ou explorar abusivamente direitos de propriedade industrial, intelectual, tecnologia ou marca.

CAPÍTULO III – DAS PENAS

Art. 37. A prática de infração da ordem econômica sujeita os responsáveis às seguintes penas:

I – no caso de empresa, multa de 0,1% (um décimo por cento) a 20% (vinte por cento) do valor do faturamento bruto da empresa, grupo ou conglomerado obtido, no último exercício anterior à instauração do processo administrativo, no ramo de atividade empresarial em que ocorreu a infração, a qual nunca será inferior à vantagem auferida, quando for possível sua estimação;

II – no caso das demais pessoas físicas ou jurídicas de direito público ou privado, bem como quaisquer associações de entidades ou pessoas constituídas de fato ou de direito, ainda que temporariamente, com ou sem personalidade jurídica, que não exerçam atividade empresarial, não sendo possível utilizar-se o critério do valor do faturamento bruto, a multa será entre R$ 50.000,00 (cinquenta mil reais) e R$ 2.000.000.000,00 (dois bilhões de reais);

III – no caso de administrador, direta ou indiretamente responsável pela infração cometida, quando comprovada a sua culpa ou dolo, multa de 1% (um por cento) a 20% (vinte por cento) daquela aplicada à empresa, no caso previsto no inciso I do *caput* deste artigo, ou às pessoas jurídicas ou entidades, nos casos previstos no inciso II do *caput* deste artigo.

§ 1º Em caso de reincidência, as multas cominadas serão aplicadas em dobro.

§ 2º No cálculo do valor da multa de que trata o inciso I do *caput* deste artigo, o CADE poderá considerar o faturamento total da empresa ou grupo de empresas, quando não dispuser do valor do faturamento no ramo de atividade empresarial em que ocorreu a infração, definido pelo CADE, ou quando este for apresentado de forma incompleta e/ou não demonstrado de forma inequívoca e idônea.

Art. 38. Sem prejuízo das penas cominadas no art. 37 desta Lei, quando assim exigir a gravidade dos fatos ou o interesse público geral, poderão ser impostas as seguintes penas, isolada ou cumulativamente:

I – a publicação, em meia página e a expensas do infrator, em jornal indicado na decisão, de extrato da decisão condenatória, por 2 (dois) dias seguidos, de 1 (uma) a 3 (três) semanas consecutivas;

II – a proibição de contratar com instituições financeiras oficiais e participar de licitação tendo por objeto aquisições, alienações, realização de obras e serviços, concessão de serviços públicos, na administração pública federal, estadual, municipal e do Distrito Federal, bem como em entidades da administração indireta, por prazo não inferior a 5 (cinco) anos;

III – a inscrição do infrator no Cadastro Nacional de Defesa do Consumidor;

IV – a recomendação aos órgãos públicos competentes para que:

a) seja concedida licença compulsória de direito de propriedade intelectual de titularidade do infrator, quando a infração estiver relacionada ao uso desse direito;

b) não seja concedido ao infrator parcelamento de tributos federais por ele devidos ou para que sejam cancelados, no todo ou em parte, incentivos fiscais ou subsídios públicos;

V – a cisão de sociedade, transferência de controle societário, venda de ativos ou cessação parcial de atividade;

VI – a proibição de exercer o comércio em nome próprio ou como representante de pessoa jurídica, pelo prazo de até 5 (cinco) anos; e

VII – qualquer outro ato ou providência necessários para a eliminação dos efeitos nocivos à ordem econômica.

Art. 39. Pela continuidade de atos ou situações que configurem infração da ordem econômica, após decisão do Tribunal determinando sua cessação, bem como pelo não cumprimento de obrigações de fazer ou não fazer impostas, ou pelo descumprimento de medida preventiva ou termo de compromisso de cessação previstos nesta Lei, o responsável fica sujeito a multa diária fixada em valor de R$ 5.000,00 (cinco mil reais), podendo ser aumentada em até 50 (cinquenta) vezes, se assim recomendar a situação econômica do infrator e a gravidade da infração.

Art. 40. A recusa, omissão ou retardamento injustificado de informação ou documentos solicitados pelo CADE ou pela Secretaria de Acompanhamento Econômico constitui infração punível com multa diária de R$ 5.000,00 (cinco mil reais), podendo ser aumentada em até 20 (vinte) vezes, se necessário para garantir sua eficácia, em razão da situação econômica do infrator.

§ 1º O montante fixado para a multa diária de que trata o *caput* deste artigo constará do documento que contiver a requisição da autoridade competente.

§ 2º Compete à autoridade requisitante a aplicação da multa prevista no *caput* deste artigo.

§ 3º Tratando-se de empresa estrangeira, responde solidariamente pelo pagamento da multa de que trata o *caput* sua filial, sucursal, escritório ou estabelecimento situado no País.

Art. 41. A falta injustificada do representado ou de terceiros, quando intimados para prestar esclarecimentos, no curso de inquérito ou processo administrativo, sujeitará o faltante à multa de R$ 500,00 (quinhentos reais) a R$ 15.000,00 (quinze mil reais) para cada falta, aplicada conforme sua situação econômica.

Parágrafo único. A multa a que se refere o *caput* deste artigo será aplicada mediante auto de infração pela autoridade competente.

Art. 42. Impedir, obstruir ou de qualquer outra forma dificultar a realização de inspeção autorizada pelo Plenário do Tribunal, pelo Conselheiro-Relator ou pela Superintendência-Geral no curso de procedimento preparatório, inquérito administrativo, processo administrativo ou qualquer outro procedimento sujeitará o inspecionado ao pagamento de multa de R$ 20.000,00 (vinte mil reais) a R$ 400.000,00 (quatrocentos mil reais), conforme a situação econômica do infrator, mediante a lavratura de auto de infração pelo órgão competente.

Art. 43. A enganosidade ou a falsidade de informações, de documentos ou de declarações prestadas por qualquer pessoa ao CADE ou à Secretaria de Acompanhamento Econômico será punível com multa pecuniária no valor de R$ 5.000,00 (cinco mil reais) a R$ 5.000.000,00 (cinco milhões de reais), de acordo com a gravidade dos fatos e a situação econômica do infrator, sem prejuízo das demais cominações legais cabíveis.

Art. 44. Aquele que prestar serviços ao CADE ou a SEAE, a qualquer título, e que der causa, mesmo que por mera culpa, à disseminação indevida de informação acerca de empresa, coberta por sigilo, será punível com multa pecuniária de R$ 1.000,00 (mil reais) a R$ 20.000,00 (vinte mil reais), sem prejuízo de abertura de outros procedimentos cabíveis.

§ 1º Se o autor da disseminação indevida estiver servindo o CADE em virtude de mandato, ou na qualidade de Procurador Federal ou Economista-Chefe, a multa será em dobro.

§ 2º O Regulamento definirá o procedimento para que uma informação seja tida como sigilosa, no âmbito do CADE e da SEAE.

Art. 45. Na aplicação das penas estabelecidas nesta Lei, levar-se-á em consideração:

I – a gravidade da infração;

II – a boa-fé do infrator;

III – a vantagem auferida ou pretendida pelo infrator;

IV – a consumação ou não da infração;

V – o grau de lesão, ou perigo de lesão, à livre concorrência, à economia nacional, aos consumidores, ou a terceiros;

VI – os efeitos econômicos negativos produzidos no mercado;

VII – a situação econômica do infrator; e

VIII – a reincidência.

CAPÍTULO IV
DA PRESCRIÇÃO

Art. 46. Prescrevem em 5 (cinco) anos as ações punitivas da administração pública federal, direta e indireta, objetivando apurar infrações da ordem econômica, contados da data da prática do ilícito ou, no caso de infração permanente ou continuada, do dia em que tiver cessada a prática do ilícito.

§ 1º Interrompe a prescrição qualquer ato administrativo ou judicial que tenha por objeto a apuração da infração contra a ordem econômica mencionada no *caput* deste artigo, bem como a notificação ou a intimação da investigada.

§ 2º Suspende-se a prescrição durante a vigência do compromisso de cessação ou do acordo em controle de concentrações.

§ 3º Incide a prescrição no procedimento administrativo paralisado por mais de 3 (três) anos, pendente de julgamento ou despacho, cujos autos serão arquivados de ofício ou mediante requerimento da parte interessada, sem prejuízo da apuração da responsabilidade funcional decorrente da paralisação, se for o caso.

§ 4º Quando o fato objeto da ação punitiva da administração também constituir crime, a prescrição reger-se-á pelo prazo previsto na lei penal.

Art. 46-A. Quando a ação de indenização por perdas e danos originar-se do direito previsto no art. 47 desta Lei, não correrá a prescrição durante o curso do inquérito ou do processo administrativo no âmbito do CADE.

§ 1º Prescreve em 5 (cinco) anos a pretensão à reparação pelos danos causados pelas infrações à ordem econômica previstas no art. 36 desta Lei, iniciando-se sua contagem a partir da ciência inequívoca do ilícito.

§ 2º Considera-se ocorrida a ciência inequívoca do ilícito por ocasião da publicação do julgamento final do processo administrativo pelo CADE.

► Art. 46-A acrescido pela Lei nº 14.470, de 16-11-2022.

CAPÍTULO V
DO DIREITO DE AÇÃO

Art. 47. Os prejudicados, por si ou pelos legitimados referidos no art. 82 da Lei nº 8.078, de 11 de setembro de 1990, poderão ingressar em juízo para, em defesa de seus interesses individuais ou individuais homogêneos, obter a cessação de práticas que constituam infração da ordem econômica, bem como o recebimento de indenização por perdas e danos sofridos, independentemente do inquérito ou processo administrativo, que não será suspenso em virtude do ajuizamento de ação.

§ 1º Os prejudicados terão direito a ressarcimento em dobro pelos prejuízos sofridos em razão de infrações à ordem econômica previstas nos incisos I e II do § 3º do art. 36 desta Lei, sem prejuízo das sanções aplicadas nas esferas administrativa e penal.

§ 2º Não se aplica o disposto no § 1º deste artigo aos coautores de infração à ordem econômica que tenham celebrado acordo de leniência ou termo de compromisso de cessação de prática cujo cumprimento tenha sido declarado pelo CADE, os quais responderão somente pelos prejuízos causados aos prejudicados.

§ 3º Os signatários do acordo de leniência e do termo de compromisso de cessação de prática são responsáveis apenas pelo dano que causaram aos prejudicados, não incidindo sobre eles responsabilidade solidária pelos danos causados pelos demais autores da infração à ordem econômica.

§ 4º Não se presume o repasse de sobrepreço nos casos das infrações à ordem econômica previstas nos incisos I e II do § 3º do art. 36 desta Lei, cabendo a prova ao réu que o alegar.

► §§ 1º a 4º acrescidos pela Lei nº 14.470, de 16-11-2022.

Art. 47-A. A decisão do Plenário do Tribunal referida no art. 93 desta Lei é apta a fundamentar a concessão de tutela da evidência, permitindo ao juiz decidir liminarmente nas ações previstas no art. 47 desta Lei.

► Art. 47-A acrescido pela Lei nº 14.470, de 16-11-2022.

TÍTULO VI – DAS DIVERSAS ESPÉCIES DE PROCESSO ADMINISTRATIVO

CAPÍTULO I
DISPOSIÇÕES GERAIS

Art. 48. Esta Lei regula os seguintes procedimentos administrativos instaurados para prevenção, apuração e repressão de infrações à ordem econômica:

I – procedimento preparatório de inquérito administrativo para apuração de infrações à ordem econômica;

II – inquérito administrativo para apuração de infrações à ordem econômica;

III – processo administrativo para imposição de sanções administrativas por infrações à ordem econômica;

IV – processo administrativo para análise de ato de concentração econômica;

V – procedimento administrativo para apuração de ato de concentração econômica; e

VI – processo administrativo para imposição de sanções processuais incidentais.

Art. 49. O Tribunal e a Superintendência-Geral assegurarão nos procedimentos previstos nos incisos II, III, IV e VI do *caput* do art. 48 desta Lei o tratamento sigiloso de documentos, informações e atos processuais necessários à elucidação dos fatos ou exigidos pelo interesse da sociedade.

Parágrafo único. As partes poderão requerer tratamento sigiloso de documentos ou informações, no tempo e modo definidos no regimento interno.

Art. 50. A Superintendência-Geral ou o Conselheiro-Relator poderá admitir a intervenção no processo administrativo de:

I – terceiros titulares de direitos ou interesses que possam ser afetados pela decisão a ser adotada; ou

II – legitimados à propositura de ação civil pública pelos incisos III e IV do art. 82 da Lei nº 8.078, de 11 de setembro de 1990.

Art. 51. Na tramitação dos processos no CADE, serão observadas as seguintes disposições, além daquelas previstas no regimento interno:

I – os atos de concentração terão prioridade sobre o julgamento de outras matérias;

II – a sessão de julgamento do Tribunal é pública, salvo nos casos em que for determinado tratamento sigiloso ao processo, ocasião em que as sessões serão reservadas;

III – nas sessões de julgamento do Tribunal, poderão o Superintendente-Geral, o Economista-Chefe, o Procurador-Chefe e as partes do processo requerer a palavra, que lhes será concedida, nessa ordem, nas condições e no prazo definido pelo regimento interno, a fim de sustentarem oralmente suas razões perante o Tribunal;

IV – a pauta das sessões de julgamento será definida pelo Presidente, que determinará sua publicação, com pelo menos 120 (cento e vinte) horas de antecedência; e

V – os atos e termos a serem praticados nos autos dos procedimentos enumerados no art. 48 desta Lei poderão ser encaminhados de forma eletrônica ou apresentados em meio magnético ou equivalente, nos termos das normas do CADE.

Art. 52. O cumprimento das decisões do Tribunal e de compromissos e acordos firmados nos termos desta Lei poderá, a critério do Tribunal, ser fiscalizado pela Superintendência-Geral, com o respectivo encaminhamento dos autos, após a decisão final do Tribunal.

§ 1º Na fase de fiscalização da execução das decisões do Tribunal, bem como do cumprimento de compromissos e acordos firmados nos termos desta Lei, poderá a Superintendência-Geral valer-se de todos os poderes instrutórios que lhe são assegurados nesta Lei.

§ 2º Cumprida integralmente a decisão do Tribunal ou os acordos em controle de concentrações e compromissos de cessação, a Superintendência-Geral, de ofício ou por provocação do interessado, manifestar-se-á sobre seu cumprimento.

CAPÍTULO II
DO PROCESSO ADMINISTRATIVO NO CONTROLE DE ATOS DE CONCENTRAÇÃO ECONÔMICA

Seção I
DO PROCESSO ADMINISTRATIVO NA SUPERINTENDÊNCIA-GERAL

Art. 53. O pedido de aprovação dos atos de concentração econômica a que se refere o art. 88 desta Lei deverá ser endereçado ao CADE e instruído com as informações e documentos indispensáveis à instauração do processo administrativo, definidos em resolução do CADE, além do comprovante de recolhimento da taxa respectiva.

§ 1º Ao verificar que a petição não preenche os requisitos exigidos no *caput* deste artigo ou apresenta defeitos e irregularidades capazes de dificultar o julgamento de mérito, a Superintendência-Geral determinará, uma única vez, que os requerentes a emendem, sob pena de arquivamento.

§ 2º Após o protocolo da apresentação do ato de concentração, ou de sua emenda, a Superintendência-Geral fará publicar edital, indicando o nome dos requerentes, a natureza da operação e os setores econômicos envolvidos.

Art. 54. Após cumpridas as providências indicadas no art. 53, a Superintendência-Geral:

I – conhecerá diretamente do pedido, proferindo decisão terminativa, quando o processo dispensar novas diligências ou nos casos de menor potencial ofensivo à concorrência, assim definidos em resolução do CADE; ou

II – determinará a realização da instrução complementar, especificando as diligências a serem produzidas.

Art. 55. Concluída a instrução complementar determinada na forma do inciso II do *caput* do art. 54 desta Lei, a Superintendência-Geral deverá manifestar-se sobre seu satisfatório cumprimento, recebendo-a como adequada ao exame de mérito ou determinando que seja refeita, por estar incompleta.

Art. 56. A Superintendência-Geral poderá, por meio de decisão fundamentada, declarar a operação como complexa e determinar a realização de nova instrução complementar, especificando as diligências a serem produzidas.

Parágrafo único. Declarada a operação como complexa, poderá a Superintendência-Geral requerer ao Tribunal a prorrogação do prazo de que trata o § 2º do art. 88 desta Lei.

Art. 57. Concluídas as instruções complementares de que tratam o inciso II do art. 54 e o art. 56 desta Lei, a Superintendência-Geral:

I – proferirá decisão aprovando o ato sem restrições;

II – oferecerá impugnação perante o Tribunal, caso entenda que o ato deva ser rejeitado, aprovado com restrições ou que não existam elementos conclusivos quanto aos seus efeitos no mercado.

Parágrafo único. Na impugnação do ato perante o Tribunal, deverão ser demonstrados, de forma circunstanciada, o potencial lesivo do ato à concorrência e as razões pelas quais não deve ser aprovado integralmente ou rejeitado.

Seção II
DO PROCESSO ADMINISTRATIVO NO TRIBUNAL

Art. 58. O requerente poderá oferecer, no prazo de 30 (trinta) dias da data de impugnação da Superintendência-Geral, em petição escrita, dirigida ao Presidente do Tribunal, manifestação expondo as razões de fato e de direito com que se opõe à impugnação do ato de concentração da Superintendência-Geral e juntando todas as provas, estudos e pareceres que corroboram seu pedido.

Parágrafo único. Em até 48 (quarenta e oito) horas da decisão de que trata a impugnação pela Superintendência-Geral, disposta no inciso II do *caput* do art. 57 desta Lei e na hipótese do inciso I do art. 65 desta Lei, o processo será distribuído, por sorteio, a um Conselheiro-Relator.

Art. 59. Após a manifestação do requerente, o Conselheiro-Relator:

I – proferirá decisão determinando a inclusão do processo em pauta para julgamento, caso entenda que se encontre suficientemente instruído;

II – determinará a realização de instrução complementar, se necessário, podendo, a seu critério, solicitar que a Superintendência-Geral a realize, declarando os pontos controversos e especificando as diligências a serem produzidas.

§ 1º O Conselheiro-Relator poderá autorizar, conforme o caso, precária e liminarmente, a realização do ato de concentração econômica, impondo as condições que visem à preservação da reversibilidade da operação, quando assim recomendarem as condições do caso concreto.

§ 2º O Conselheiro-Relator poderá acompanhar a realização das diligências referidas no inciso II do *caput* deste artigo.

Art. 60. Após a conclusão da instrução, o Conselheiro-Relator determinará a inclusão do processo em pauta para julgamento.

Art. 61. No julgamento do pedido de aprovação do ato de concentração econômica, o Tribunal poderá aprová-lo integralmente, rejeitá-lo ou aprová-lo parcialmente, caso em que determinará as restrições que deverão ser observadas como condição para a validade e eficácia do ato.

§ 1º O Tribunal determinará as restrições cabíveis no sentido de mitigar os eventuais efeitos nocivos do ato de concentração sobre os mercados relevantes afetados.

§ 2º As restrições mencionadas no § 1º deste artigo incluem:

I – a venda de ativos ou de um conjunto de ativos que constitua uma atividade empresarial;

II – a cisão de sociedade;

III – a alienação de controle societário;

IV – a separação contábil ou jurídica de atividades;

V – o licenciamento compulsório de direitos de propriedade intelectual; e

VI – qualquer outro ato ou providência necessários para a eliminação dos efeitos nocivos à ordem econômica.

§ 3º Julgado o processo no mérito, o ato não poderá ser novamente apresentado nem revisto no âmbito do Poder Executivo.

Art. 62. Em caso de recusa, omissão, enganosidade, falsidade ou retardamento injustificado, por parte dos requerentes, de informações ou documentos cuja apresentação for determinada pelo CADE, sem prejuízo das demais sanções cabíveis, poderá o pedido de aprovação do ato de concentração ser rejeitado por falta de provas, caso em que o requerente somente poderá realizar o ato mediante apresentação de novo pedido, nos termos do art. 53 desta Lei.

Art. 63. Os prazos previstos neste Capítulo não se suspendem ou interrompem por qualquer motivo, ressalvado o disposto no § 5º do art. 6º desta Lei, quando for o caso.

Art. 64. VETADO.

Seção III – *DO RECURSO CONTRA DECISÃO DE APROVAÇÃO DO ATO PELA SUPERINTENDÊNCIA-GERAL*

Art. 65. No prazo de 15 (quinze) dias contado a partir da publicação da decisão da Superintendência-Geral que aprovar o ato de concentração, na forma do inciso I do *caput* do art. 54 e do inciso I do *caput* do art. 57 desta Lei:

I – caberá recurso da decisão ao Tribunal, que poderá ser interposto por terceiros interessados ou, em se tratando de mercado regulado, pela respectiva agência reguladora;

II – o Tribunal poderá, mediante provocação de um de seus Conselheiros e em decisão fundamentada, avocar o processo para julgamento ficando prevento o Conselheiro que encaminhou a provocação.

§ 1º Em até 5 (cinco) dias úteis a partir do recebimento do recurso, o Conselheiro-Relator:

I – conhecerá do recurso e determinará a sua inclusão em pauta para julgamento;

II – conhecerá do recurso e determinará a realização de instrução complementar, podendo, a seu critério, solicitar que a Superintendência-Geral a realize, declarando os pontos controversos e especificando as diligências a serem produzidas; ou

III – não conhecerá do recurso, determinando o seu arquivamento.

§ 2º As requerentes poderão manifestar-se acerca do recurso interposto, em até 5 (cinco) dias úteis do conhecimento do recurso no Tribunal ou da data do recebimento do relatório com a conclusão da instrução complementar elaborada pela Superintendência-Geral, o que ocorrer por último.

§ 3º O litigante de má-fé arcará com multa, em favor do Fundo de Defesa de Direitos Difusos, a ser arbitrada pelo Tribunal entre R$ 5.000,00 (cinco mil reais) e R$ 5.000.000,00 (cinco milhões de reais), levando-se em consideração sua condição econômica, sua atuação no processo e o retardamento injustificado causado à aprovação do ato.

§ 4º A interposição do recurso a que se refere o *caput* deste artigo ou a decisão de avocar suspende a execução do ato de concentração econômica até decisão final do Tribunal.

§ 5º O Conselheiro-Relator poderá acompanhar a realização das diligências referidas no inciso II do § 1º deste artigo.

CAPÍTULO III – DO INQUÉRITO ADMINISTRATIVO PARA APURAÇÃO DE INFRAÇÕES À ORDEM ECONÔMICA E DO PROCEDIMENTO PREPARATÓRIO

Art. 66. O inquérito administrativo, procedimento investigatório de natureza inquisitorial, será instaurado pela Superintendência-Geral para apuração de infrações à ordem econômica.

§ 1º O inquérito administrativo será instaurado de ofício ou em face de representação fundamentada de qualquer interessado, ou em decorrência de peças de informação, quando os indícios de infração à ordem econômica não forem suficientes para a instauração de processo administrativo.

§ 2º A Superintendência-Geral poderá instaurar procedimento preparatório de inquérito administrativo para apuração de infrações à ordem econômica para apurar se a conduta sob análise trata de matéria de competência do Sistema Brasileiro de Defesa da Concorrência, nos termos desta Lei.

§ 3º As diligências tomadas no âmbito do procedimento preparatório de inquérito administrativo para apuração de infrações à ordem econômica deverão ser realizadas no prazo máximo de 30 (trinta) dias.

§ 4º Do despacho que ordenar o arquivamento de procedimento preparatório, indeferir o requerimento de abertura de inquérito administrativo, ou seu arquivamento, caberá recurso de qualquer interessado ao Superintendente-Geral, na forma determinada em regulamento, que decidirá em última instância.

§ 5º VETADO.

§ 6º A representação de Comissão do Congresso Nacional, ou de qualquer de suas Casas, bem como da Secretaria de Acompanhamento Econômico, das agências reguladoras e da Procuradoria Federal junto ao CADE, independe de procedimento preparatório, instaurando-se desde logo o inquérito administrativo ou processo administrativo.

§ 7º O representante e o indiciado poderão requerer qualquer diligência, que será realizada ou não, a juízo da Superintendência-Geral.

§ 8º A Superintendência-Geral poderá solicitar o concurso da autoridade policial ou do Ministério Público nas investigações.

§ 9º O inquérito administrativo deverá ser encerrado no prazo de 180 (cento e oitenta) dias, contado da data de sua instauração, prorrogáveis por até 60 (sessenta) dias, por meio de despacho fundamentado e quando o fato for de difícil elucidação e o justificarem as circunstâncias do caso concreto.

§ 10. Ao procedimento preparatório, assim como ao inquérito administrativo, poderá ser dado tratamento sigiloso, no interesse das investigações, a critério da Superintendência-Geral.

Art. 67. Até 10 (dez) dias úteis a partir da data de encerramento do inquérito administrativo, a Superintendência-Geral decidirá pela instauração do processo administrativo ou pelo seu arquivamento.

§ 1º O Tribunal poderá, mediante provocação de um Conselheiro e em decisão fundamentada, avocar o inquérito administrativo ou procedimento preparatório de inquérito administrativo arquivado pela Superintendência-Geral, ficando prevento o Conselheiro que encaminhou a provocação.

§ 2º Avocado o inquérito administrativo, o Conselheiro-Relator terá o prazo de 30 (trinta) dias úteis para:

I – confirmar a decisão de arquivamento da Superintendência-Geral, podendo, se entender necessário, fundamentar sua decisão;

II – transformar o inquérito administrativo em processo administrativo, determinando a realização de instrução complementar, podendo, a seu critério, solicitar que a Superintendência-Geral a realize, declarando os pontos controversos e especificando as diligências a serem produzidas.

§ 3º Ao inquérito administrativo poderá ser dado tratamento sigiloso, no interesse das investigações, a critério do Plenário do Tribunal.

Art. 68. O descumprimento dos prazos fixados neste Capítulo pela Superintendência-Geral, assim como por seus servidores, sem justificativa devidamente comprovada nos autos, poderá resultar na apuração da respectiva responsabilidade administrativa, civil e criminal.

CAPÍTULO IV – DO PROCESSO ADMINISTRATIVO PARA IMPOSIÇÃO DE SANÇÕES ADMINISTRATIVAS POR INFRAÇÕES À ORDEM ECONÔMICA

Art. 69. O processo administrativo, procedimento em contraditório, visa a garantir ao acusado a ampla defesa a respeito das conclusões do inquérito administrativo, cuja nota técnica final, aprovada nos termos das normas do CADE, constituirá peça inaugural.

Art. 70. Na decisão que instaurar o processo administrativo, será determinada a notificação do representado para, no prazo de 30 (trinta) dias, apresentar defesa e especificar as provas que pretende sejam produzidas, declinando a qualificação completa de até 3 (três) testemunhas.

§ 1º A notificação inicial conterá o inteiro teor da decisão de instauração do processo administrativo e da representação, se for o caso.

§ 2º A notificação inicial do representado será feita pelo correio, com aviso de recebimento em nome próprio, ou outro meio que assegure a certeza da ciência do interessado ou, não tendo êxito a notificação postal, por edital publicado no *Diário Oficial da União* e em jornal de grande circulação no Estado em que resida ou tenha sede, contando-se os prazos da juntada do aviso de recebimento, ou da publicação, conforme o caso.

§ 3º A intimação dos demais atos processuais será feita mediante publicação no *Diário Oficial da União*, da qual deverá constar o nome do representado e de seu procurador, se houver.

§ 4º O representado poderá acompanhar o processo administrativo por seu titular e seus diretores ou gerentes, ou por seu procurador, assegurando-se-lhes amplo acesso aos autos no Tribunal.

§ 5º O prazo de 30 (trinta) dias mencionado no *caput* deste artigo poderá ser dilatado por até

10 (dez) dias, improrrogáveis, mediante requisição do representado.

Art. 71. Considerar-se-á revel o representado que, notificado, não apresentar defesa no prazo legal, incorrendo em confissão quanto à matéria de fato, contra ele correndo os demais prazos, independentemente de notificação.

Parágrafo único. Qualquer que seja a fase do processo, nele poderá intervir o revel, sem direito à repetição de qualquer ato já praticado.

Art. 72. Em até 30 (trinta) dias úteis após o decurso do prazo previsto no art. 70 desta Lei, a Superintendência-Geral, em despacho fundamentado, determinará a produção de provas que julgar pertinentes, sendo-lhe facultado exercer os poderes de instrução previstos nesta Lei, mantendo-se o sigilo legal, quando for o caso.

Art. 73. Em até 5 (cinco) dias úteis da data de conclusão da instrução processual determinada na forma do art. 72 desta Lei, a Superintendência-Geral notificará o representado para apresentar novas alegações, no prazo de 5 (cinco) dias úteis.

Art. 74. Em até 15 (quinze) dias úteis contados do decurso do prazo previsto no art. 73 desta Lei, a Superintendência-Geral remeterá os autos do processo ao Presidente do Tribunal, opinando, em relatório circunstanciado, pelo seu arquivamento ou pela configuração da infração.

Art. 75. Recebido o processo, o Presidente do Tribunal o distribuirá, por sorteio, ao Conselheiro-Relator, que poderá, caso entenda necessário, solicitar à Procuradoria Federal junto ao CADE que se manifeste no prazo de 20 (vinte) dias.

Art. 76. O Conselheiro-Relator poderá determinar diligências, em despacho fundamentado, podendo, a seu critério, solicitar que a Superintendência-Geral as realize, no prazo assinado.

Parágrafo único. Após a conclusão das diligências determinadas na forma deste artigo, o Conselheiro-Relator notificará o representado para, no prazo de 15 (quinze) dias úteis, apresentar alegações finais.

Art. 77. No prazo de 15 (quinze) dias úteis contado da data de recebimento das alegações finais, o Conselheiro-Relator solicitará a inclusão do processo em pauta para julgamento.

Art. 78. A convite do Presidente, por indicação do Conselheiro-Relator, qualquer pessoa poderá apresentar esclarecimentos ao Tribunal, a propósito de assuntos que estejam em pauta.

Art. 79. A decisão do Tribunal, que em qualquer hipótese será fundamentada, quando for pela existência de infração da ordem econômica, conterá:

I – especificação dos fatos que constituam a infração apurada e a indicação das providências a serem tomadas pelos responsáveis para fazê-la cessar;

II – prazo dentro do qual devam ser iniciadas e concluídas as providências referidas no inciso I do *caput* deste artigo;

III – multa estipulada;

IV – multa diária em caso de continuidade da infração; e

V – multa em caso de descumprimento das providências estipuladas.

Parágrafo único. A decisão do Tribunal será publicada dentro de 5 (cinco) dias úteis no *Diário Oficial da União*.

Art. 80. Aplicam-se às decisões do Tribunal o disposto na Lei nº 8.437, de 30 de junho de 1992.

Art. 81. Descumprida a decisão, no todo ou em parte, será o fato comunicado ao Presidente do Tribunal, que determinará à Procuradoria Federal junto ao CADE que providencie sua execução judicial.

Art. 82. O descumprimento dos prazos fixados neste Capítulo pelos membros do CADE, assim como por seus servidores, sem justificativa devidamente comprovada nos autos, poderá resultar na apuração da respectiva responsabilidade administrativa, civil e criminal.

Art. 83. O CADE disporá de forma complementar sobre o inquérito e o processo administrativo.

CAPÍTULO V
DA MEDIDA PREVENTIVA

Art. 84. Em qualquer fase do inquérito administrativo para apuração de infrações ou do processo administrativo para imposição de sanções por infrações à ordem econômica, poderá o Conselheiro-Relator ou o Superintendente-Geral, por iniciativa própria ou mediante provocação do Procurador-Chefe do CADE, adotar medida preventiva, quando houver indício ou fundado receio de que o representado, direta ou indiretamente, cause ou possa causar ao mercado lesão irreparável ou de difícil reparação, ou torne ineficaz o resultado final do processo.

§ 1º Na medida preventiva, determinar-se-á a imediata cessação da prática e será ordenada, quando materialmente possível, a reversão à situação anterior, fixando multa diária nos termos do art. 39 desta Lei.

§ 2º Da decisão que adotar medida preventiva caberá recurso voluntário ao Plenário do Tribunal, em 5 (cinco) dias, sem efeito suspensivo.

CAPÍTULO VI
DO COMPROMISSO DE CESSAÇÃO

Art. 85. Nos procedimentos administrativos mencionados nos incisos I, II e III do art. 48 desta Lei, o CADE poderá tomar do representado compromisso de cessação da prática sob investigação ou dos seus efeitos lesivos, sempre que, em juízo de conveniência e oportunidade, devidamente fundamentado, entender que atende aos interesses protegidos por lei.

§ 1º Do termo de compromisso deverão constar os seguintes elementos:

I – a especificação das obrigações do representado no sentido de não praticar a conduta investigada ou seus efeitos lesivos, bem como obrigações que julgar cabíveis;

II – a fixação do valor da multa para o caso de descumprimento, total ou parcial, das obrigações compromissadas;

III – a fixação do valor da contribuição pecuniária ao Fundo de Defesa de Direitos Difusos quando cabível.

§ 2º Tratando-se da investigação da prática de infração relacionada ou decorrente das condutas previstas nos incisos I e II do § 3º do art. 36 desta Lei, entre as obrigações a que se refere o inciso I do § 1º deste artigo figurará, necessariamente, a obrigação de recolher ao Fundo de Defesa de Direitos Difusos um valor pecuniário que não poderá ser inferior ao mínimo previsto no art. 37 desta Lei.

§ 3º VETADO.

§ 4º A proposta de termo de compromisso de cessação de prática somente poderá ser apresentada uma única vez.

§ 5º A proposta de termo de compromisso de cessação de prática poderá ter caráter confidencial.

§ 6º A apresentação de proposta de termo de compromisso de cessação de prática não suspende o andamento do processo administrativo.

§ 7º O termo de compromisso de cessação de prática terá caráter público, devendo o acordo ser publicado no sítio do CADE em 5 (cinco) dias após a sua celebração.

§ 8º O termo de compromisso de cessação de prática constitui título executivo extrajudicial.

§ 9º O processo administrativo ficará suspenso enquanto estiver sendo cumprido o compromisso e será arquivado ao término do prazo fixado, se atendidas todas as condições estabelecidas no termo.

§ 10. A suspensão do processo administrativo a que se refere o § 9º deste artigo dar-se-á somente em relação ao representado que firmou o compromisso, seguindo o processo seu curso regular para os demais representados.

§ 11. Declarado o descumprimento do compromisso, o CADE aplicará as sanções nele previstas e determinará o prosseguimento do processo administrativo e as demais medidas administrativas e judiciais cabíveis para sua execução.

§ 12. As condições do termo de compromisso poderão ser alteradas pelo CADE se se comprovar sua excessiva onerosidade para o representado, desde que a alteração não acarrete prejuízo para terceiros ou para a coletividade.

§ 13. A proposta de celebração do compromisso de cessação de prática será indeferida quando a autoridade não chegar a um acordo com os representados quanto aos seus termos.

§ 14. O CADE definirá, em resolução, normas complementares sobre o termo de compromisso de cessação.

§ 15. Aplica-se o disposto no art. 50 desta Lei ao Compromisso de Cessação da Prática.

§ 16. VETADO. Lei nº 14.470, de 16-11-2022.

CAPÍTULO VII
DO PROGRAMA DE LENIÊNCIA

Art. 86. O CADE, por intermédio da Superintendência-Geral, poderá celebrar acordo de leniência, com a extinção da ação punitiva da administração pública ou a redução de 1 (um) a 2/3 (dois terços) da penalidade aplicável, nos termos deste artigo, com pessoas físicas e jurídicas que forem autoras de infração à ordem econômica, desde que colaborem efetivamente com as investigações e o processo administrativo e que dessa colaboração resulte:

I – a identificação dos demais envolvidos na infração; e

II – a obtenção de informações e documentos que comprovem a infração noticiada ou sob investigação.

§ 1º O acordo de que trata o *caput* deste artigo somente poderá ser celebrado se preenchidos, cumulativamente, os seguintes requisitos:

I – a empresa seja a primeira a se qualificar com respeito à infração noticiada ou sob investigação;

II – a empresa cesse completamente seu envolvimento na infração noticiada ou sob investigação a partir da data de propositura do acordo;

III – a Superintendência-Geral não disponha de provas suficientes para assegurar a condenação da empresa ou pessoa física por ocasião da propositura do acordo; e

IV – a empresa confesse sua participação no ilícito e coopere plena e permanentemente com as investigações e o processo administrativo, comparecendo, sob suas expensas, sempre que solicitada, a todos os atos processuais, até seu encerramento.

§ 2º Com relação às pessoas físicas, elas poderão celebrar acordos de leniência desde que cumpridos os requisitos II, III e IV do § 1º deste artigo.

§ 3º O acordo de leniência firmado com o CADE, por intermédio da Superintendência-Geral, estipulará as condições necessárias para assegurar a efetividade da colaboração e o resultado útil do processo.

§ 4º Compete ao Tribunal, por ocasião do julgamento do processo administrativo, verificado o cumprimento do acordo:

I – decretar a extinção da ação punitiva da administração pública em favor do infrator, nas hipóteses em que a proposta de acordo tiver sido apresentada à Superintendência-Geral sem que essa tivesse conhecimento prévio da infração noticiada; ou

II – nas demais hipóteses, reduzir de 1 (um) a 2/3 (dois terços) as penas aplicáveis, observado o disposto no art. 45 desta Lei, devendo ainda considerar na gradação da pena a efetividade da colaboração prestada e a boa-fé do infrator no cumprimento do acordo de leniência.

§ 5º Na hipótese do inciso II do § 4º deste artigo, a pena sobre a qual incidirá o fator redutor não será superior à menor das penas aplicadas aos demais coautores da infração, relativamente aos percentuais fixados para a aplicação das multas de que trata o inciso I do art. 37 desta Lei.

§ 6º Serão estendidos às empresas do mesmo grupo, de fato ou de direito, e aos seus dirigentes, administradores e empregados envolvidos na infração os efeitos do acordo de leniência, desde que o firmem em conjunto, respeitadas as condições impostas.

§ 7º A empresa ou pessoa física que não obtiver, no curso de inquérito ou processo administrativo, habilitação para a celebração do acordo de que trata este artigo, poderá celebrar com a Superintendência-Geral, até a remessa do processo para julgamento, acordo de leniência relacionado a uma outra infração, da qual o CADE não tenha qualquer conhecimento prévio.

§ 8º Na hipótese do § 7º deste artigo, o infrator se beneficiará da redução de 1/3 (um terço) da pena que lhe for aplicável naquele processo, sem prejuízo da obtenção dos benefícios de que trata o inciso I do § 4º deste artigo em relação à nova infração denunciada.

§ 9º Considera-se sigilosa a proposta de acordo de que trata este artigo, salvo no interesse das investigações e do processo administrativo.

§ 10. Não importará em confissão quanto à matéria de fato, nem reconhecimento de ilicitude da conduta analisada, a proposta de acordo de leniência rejeitada, da qual não se fará qualquer divulgação.

§ 11. A aplicação do disposto neste artigo observará as normas a serem editadas pelo Tribunal.

§ 12. Em caso de descumprimento do acordo de leniência, o beneficiário ficará impedido de celebrar novo acordo de leniência pelo prazo de 3 (três) anos, contado da data de seu julgamento.

Art. 87. Nos crimes contra a ordem econômica, tipificados na Lei nº 8.137, de 27 de dezembro de 1990, e nos demais crimes diretamente relacionados à prática de cartel, tais como os tipificados na Lei nº 8.666, de 21 de junho de 1993, e os tipificados no art. 288 do Decreto-Lei nº 2.848, de 7 de dezembro de 1940 – Código Penal, a celebração de acordo de leniência, nos termos desta Lei, determina a suspensão do curso do prazo prescricional e impede o oferecimento da denúncia com relação ao agente beneficiário da leniência.

- A Lei nº 8.666, de 21-6-1993, foi revogada pela Lei nº 14.133, de 1º-4-2021.
- Arts. 337-E a 337-P do CP.

Parágrafo único. Cumprido o acordo de leniência pelo agente, extingue-se automaticamente a punibilidade dos crimes a que se refere o *caput* deste artigo.

TÍTULO VII – DO CONTROLE DE CONCENTRAÇÕES

CAPÍTULO I – DOS ATOS DE CONCENTRAÇÃO

Art. 88. Serão submetidos ao CADE pelas partes envolvidas na operação os atos de concentração econômica em que, cumulativamente:

I – pelo menos um dos grupos envolvidos na operação tenha registrado, no último balanço, faturamento bruto anual ou volume de negócios total no País, no ano anterior à operação, equivalente ou superior a R$ 400.000.000,00 (quatrocentos milhões de reais); e

- Port. Intermin. MJ/MF nº 994, de 30-5-2012, dispõe que os valores mínimos de faturamento bruto anual ou volume de negócios no país, passam a ser de R$ 750.000.000,00, para a hipótese prevista neste inciso.

II – pelo menos um outro grupo envolvido na operação tenha registrado, no último balanço, faturamento bruto anual ou volume de negócios total no País, no ano anterior à operação, equivalente ou superior a R$ 30.000.000,00 (trinta milhões de reais).

- Port. Intermin. MJ/MF nº 994, de 30-5-2012, dispõe que os valores mínimos de faturamento bruto anual ou volume de negócios no país, passam a ser de R$ 75.000.000,00, para a hipótese prevista neste inciso.

§ 1º Os valores mencionados nos incisos I e II do *caput* deste artigo poderão ser adequados, simultânea ou independentemente, por indicação do Plenário do CADE, por portaria interministerial dos Ministros de Estado da Fazenda e da Justiça.

§ 2º O controle dos atos de concentração de que trata o *caput* deste artigo será prévio e realizado em, no máximo, 240 (duzentos e quarenta) dias, a contar do protocolo de petição ou de sua emenda.

§ 3º Os atos que se subsumirem ao disposto no *caput* deste artigo não podem ser consumados antes de apreciados, nos termos deste artigo e do procedimento previsto no Capítulo II do Título VI desta Lei, sob pena de nulidade, sendo ainda imposta multa pecuniária, de valor não inferior a R$ 60.000,00 (sessenta mil reais) nem superior a R$ 60.000.000,00 (sessenta milhões de reais), a ser aplicada nos termos da regulamentação, sem prejuízo da abertura de processo administrativo, nos termos do art. 69 desta Lei.

§ 4º Até a decisão final sobre a operação, deverão ser preservadas as condições de concorrência entre as empresas envolvidas, sob pena de aplicação das sanções previstas no § 3º deste artigo.

§ 5º Serão proibidos os atos de concentração que impliquem eliminação da concorrência em parte substancial de mercado relevante, que possam criar ou reforçar uma posição dominante ou que possam resultar na dominação de mercado relevante de bens ou serviços, ressalvado o disposto no § 6º deste artigo.

§ 6º Os atos a que se refere o § 5º deste artigo poderão ser autorizados, desde que sejam observados os limites estritamente necessários para atingir os seguintes objetivos:

I – cumulada ou alternativamente:

a) aumentar a produtividade ou a competitividade;

b) melhorar a qualidade de bens ou serviços; ou

c) propiciar a eficiência e o desenvolvimento tecnológico ou econômico; e

II – sejam repassados aos consumidores parte relevante dos benefícios decorrentes.

§ 7º É facultado ao CADE, no prazo de 1 (um) ano a contar da respectiva data de consumação, requerer a submissão dos atos de concentração que não se enquadrem no disposto neste artigo.

§ 8º As mudanças de controle acionário de companhias abertas e os registros de fusão, sem prejuízo da obrigação das partes envolvidas, devem ser comunicados ao CADE pela Comissão de Valores Mobiliários – CVM e pelo Departamento Nacional do Registro do Comércio do Ministério do Desenvolvimento, Indústria e Comércio Exterior, respectivamente, no prazo de 5 (cinco) dias úteis para, se for o caso, ser examinados.

§ 9º O prazo mencionado no § 2º deste artigo somente poderá ser dilatado:

I – por até 60 (sessenta) dias, improrrogáveis, mediante requisição das partes envolvidas na operação; ou

II – por até 90 (noventa) dias, mediante decisão fundamentada do Tribunal, em que sejam especificados as razões para a extensão, o prazo da prorrogação, que será não renovável, e as providências cuja realização seja necessária para o julgamento do processo.

Art. 89. Para fins de análise do ato de concentração apresentado, serão obedecidos os procedimentos estabelecidos no Capítulo II do Título VI desta Lei.

Parágrafo único. O CADE regulamentará, por meio de Resolução, a análise prévia de atos de concentração realizados com o propósito específico de participação em leilões, licitações e operações de aquisição de ações por meio de oferta pública.

Art. 90. Para os efeitos do art. 88 desta Lei, realiza-se um ato de concentração quando:

I – 2 (duas) ou mais empresas anteriormente independentes se fundem;

II – 1 (uma) ou mais empresas adquirem, direta ou indiretamente, por compra ou permuta de ações, quotas, títulos ou valores mobiliários conversíveis em ações, ou ativos, tangíveis ou intangíveis, por via contratual ou por qualquer outro meio ou forma, o controle ou partes de uma ou outras empresas;

III – 1 (uma) ou mais empresas incorporam outra ou outras empresas; ou

IV – 2 (duas) ou mais empresas celebram contrato associativo, consórcio ou *joint venture*.

Parágrafo único. Não serão considerados atos de concentração, para os efeitos do disposto no art. 88 desta Lei, os descritos no inciso IV do *caput*, quando destinados às licitações promovidas pela administração pública direta e indireta e aos contratos delas decorrentes.

Art. 91. A aprovação de que trata o art. 88 desta Lei poderá ser revista pelo Tribunal, de ofício ou mediante provocação da Superintendência-Geral, se a decisão for baseada em informações falsas ou enganosas prestadas pelo interessado, se ocorrer o descumprimento de quaisquer das obrigações assumidas ou não forem alcançados os benefícios visados.

Parágrafo único. Na hipótese referida no *caput* deste artigo, a falsidade ou enganosidade será punida com multa pecuniária, de valor não inferior a R$ 60.000,00 (sessenta mil reais) nem superior a R$ 6.000.000,00 (seis milhões de reais), a ser aplicada na forma das normas do CADE, sem prejuízo da abertura de processo administrativo, nos termos do art. 67 desta Lei, e da adoção das demais medidas cabíveis.

CAPÍTULO II – DO ACORDO EM CONTROLE DE CONCENTRAÇÕES

Art. 92. VETADO.

TÍTULO VIII – DA EXECUÇÃO JUDICIAL DAS DECISÕES DO CADE

CAPÍTULO I – DO PROCESSO

Art. 93. A decisão do Plenário do Tribunal, cominando multa ou impondo obrigação de fazer ou não fazer, constitui título executivo extrajudicial.

Art. 94. A execução que tenha por objeto exclusivamente a cobrança de multa pecuniária será feita de acordo com o disposto na Lei nº 6.830, de 22 de setembro de 1980.

Art. 95. Na execução que tenha por objeto, além da cobrança de multa, o cumprimento de obrigação de fazer ou não fazer, o Juiz concederá a tutela específica da obrigação, ou determinará providências que assegurem o resultado prático equivalente ao do adimplemento.

§ 1º A conversão da obrigação de fazer ou não fazer em perdas e danos somente será admissível se impossível a tutela específica ou a obtenção do resultado prático correspondente.

§ 2º A indenização por perdas e danos far-se-á sem prejuízo das multas.

Art. 96. A execução será feita por todos os meios, inclusive mediante intervenção na empresa, quando necessária.

Art. 97. A execução das decisões do CADE será promovida na Justiça Federal do Distrito Federal ou da sede ou domicílio do executado, à escolha do CADE.

Art. 98. O oferecimento de embargos ou o ajuizamento de qualquer outra ação que vise à desconstituição do título executivo não suspenderá a execução, se não for garantido o juízo no valor das multas aplicadas, para que se garanta o cumprimento da decisão final proferida nos autos, inclusive no que tange a multas diárias.

§ 1º Para garantir o cumprimento das obrigações de fazer, deverá o juiz fixar caução idônea.

§ 2º Revogada a liminar, o depósito do valor da multa converter-se-á em renda do Fundo de Defesa de Direitos Difusos.

§ 3º O depósito em dinheiro não suspenderá a incidência de juros de mora e atualização monetária, podendo o CADE, na hipótese do § 2º deste artigo, promover a execução para cobrança da diferença entre o valor revertido ao Fundo de Defesa de Direitos Difusos e o valor da multa atualizado, com os acréscimos legais, como se sua exigibilidade do crédito jamais tivesse sido suspensa.

§ 4º *Revogado*. Lei nº 13.105, de 16-3-2015.

Art. 99. Em razão da gravidade da infração da ordem econômica, e havendo fundado receio de dano irreparável ou de difícil reparação, ainda que tenha havido o depósito das multas e prestação de caução, poderá o Juiz determinar a adoção imediata, no todo ou em parte, das providências contidas no título executivo.

Art. 100. No cálculo do valor da multa diária pela continuidade da infração, tomar-se-á como termo inicial a data final fixada pelo CADE para a adoção voluntária das providências contidas em sua decisão, e como termo final o dia do seu efetivo cumprimento.

Art. 101. O processo de execução em juízo das decisões do CADE terá preferência sobre as demais espécies de ação, exceto *habeas corpus* e mandado de segurança.

CAPÍTULO II – DA INTERVENÇÃO JUDICIAL

Art. 102. O Juiz decretará a intervenção na empresa quando necessária para permitir a execução específica, nomeando o interventor.

Parágrafo único. A decisão que determinar a intervenção deverá ser fundamentada e indicará, clara e precisamente, as providências a serem tomadas pelo interventor nomeado.

Art. 103. Se, dentro de 48 (quarenta e oito) horas, o executado impugnar o interventor por motivo de inaptidão ou inidoneidade, feita a prova da alegação em 3 (três) dias, o juiz decidirá em igual prazo.

Art. 104. Sendo a impugnação julgada procedente, o juiz nomeará novo interventor no prazo de 5 (cinco) dias.

Art. 105. A intervenção poderá ser revogada antes do prazo estabelecido, desde que comprovado o cumprimento integral da obrigação que a determinou.

Art. 106. A intervenção judicial deverá restringir-se aos atos necessários ao cumprimento da decisão judicial que a determinar e terá duração máxima de 180 (cento e oitenta) dias, ficando o interventor responsável por suas ações e omissões, especialmente em caso de abuso de poder e desvio de finalidade.

§ 1º Aplica-se ao interventor, no que couber, o disposto nos arts. 153 a 159 da Lei nº 6.404, de 15 de dezembro de 1976.

§ 2º A remuneração do interventor será arbitrada pelo Juiz, que poderá substituí-lo a qualquer tempo, sendo obrigatória a substituição quando incorrer em insolvência civil, quando for sujeito passivo ou ativo de qualquer forma de corrupção ou prevaricação, ou infringir quaisquer de seus deveres.

Art. 107. O juiz poderá afastar de suas funções os responsáveis pela administração da empresa que, comprovadamente, obstarem o cumprimento de atos de competência do interventor, devendo eventual substituição dar-se na forma estabelecida no contrato social da empresa.

§ 1º Se, apesar das providências previstas no *caput* deste artigo, um ou mais responsáveis pela administração da empresa persistirem em obstar a ação do interventor, o juiz procederá na forma do disposto no § 2º deste artigo.

§ 2º Se a maioria dos responsáveis pela administração da empresa recusar colaboração ao interventor, o juiz determinará que este assuma a administração total da empresa.

Art. 108. Compete ao interventor:

I – praticar ou ordenar que sejam praticados os atos necessários à execução;

II – denunciar ao Juiz quaisquer irregularidades praticadas pelos responsáveis pela empresa e das quais venha a ter conhecimento; e

III – apresentar ao Juiz relatório mensal de suas atividades.

Art. 109. As despesas resultantes da intervenção correrão por conta do executado contra quem ela tiver sido decretada.

Art. 110. Decorrido o prazo da intervenção, o interventor apresentará ao juiz relatório circunstanciado de sua gestão, propondo a extinção e o arquivamento do processo ou pedindo a prorrogação do prazo na hipótese de não ter sido possível cumprir integralmente a decisão exequenda.

Art. 111. Todo aquele que se opuser ou obstaculizar a intervenção ou, cessada esta, praticar quaisquer atos que direta ou indiretamente anulem seus efeitos, no todo ou em parte, ou desobedecer a ordens legais do interventor será, conforme o caso, responsabilizado criminalmente por resistência, desobediência ou coação no curso do processo, na forma dos arts. 329, 330 e 344 do Decreto-Lei nº 2.848, de 7 de dezembro de 1940 – Código Penal.

TÍTULO IX – DISPOSIÇÕES FINAIS E TRANSITÓRIAS

Art. 112. VETADO.

Art. 113. Visando a implementar a transição para o sistema de mandatos não coincidentes, as nomeações dos Conselheiros observarão os seguintes critérios de duração dos mandatos, nessa ordem:

I – 2 (dois) anos para os primeiros 2 (dois) mandatos vagos; e

II – 3 (três) anos para o terceiro e o quarto mandatos vagos.

§ 1º Os mandatos dos membros do CADE e do Procurador-Chefe em vigor na data de promulgação desta Lei serão mantidos e exercidos até o seu término original, devendo as nomeações subsequentes à extinção desses mandatos observar o disposto neste artigo.

§ 2º Na hipótese do § 1º deste artigo, o Conselheiro que estiver exercendo o seu primeiro mandato no CADE, após o término de seu mandato original, poderá ser novamente nomeado no mesmo cargo, observado o disposto nos incisos I e II do *caput* deste artigo.

§ 3º O Conselheiro que estiver exercendo o seu segundo mandato no CADE, após o término de seu mandato original, não poderá ser novamente nomeado para o período subsequente.

§ 4º Não haverá recondução para o Procurador-Chefe que estiver exercendo mandato no CADE, após o término de seu mandato original, podendo ele ser indicado para permanecer no cargo na forma do art. 16 desta Lei.

Art. 114. VETADO.

Art. 115. Aplicam-se subsidiariamente aos processos administrativo e judicial previstos nesta Lei as disposições das Leis nºs 5.869, de 11 de janeiro de 1973 – Código de Processo Civil, 7.347, de 24 de julho de 1985, 8.078, de 11 de setembro de 1990, e 9.784, de 29 de janeiro de 1999.

▸ Lei nº 13.105, de 16-3-2015 (Novo Código de Processo Civil).

Art. 116. O art. 4º da Lei nº 8.137, de 27 de dezembro de 1990, passa a vigorar com a seguinte redação:

▸ Alterações inseridas no texto da referida Lei.

Art. 117. O *caput* e o inciso V do art. 1º da Lei nº 7.347, de 24 de julho de 1985, passam a vigorar com a seguinte redação:

▸ Alterações inseridas no texto da referida Lei.

Art. 118. Nos processos judiciais em que se discuta a aplicação desta Lei, o CADE deverá ser intimado para, querendo, intervir no feito na qualidade de assistente.

Art. 119. O disposto nesta Lei não se aplica aos casos de *dumping* e subsídios de que tratam os Acordos Relativos à Implementação do Artigo VI do Acordo Geral sobre Tarifas Aduaneiras e Comércio, promulgados pelos Decretos nºs 93.941 e 93.962, de 16 e 22 de janeiro de 1987, respectivamente.

Art. 120. VETADO.

Art. 121. Ficam criados, para exercício na Secretaria de Acompanhamento Econômico e, prioritariamente, no CADE, observadas as diretrizes e quantitativos estabelecidos pelo Órgão Supervisor da Carreira, 200 (duzentos) cargos de Especialistas em Políticas Públicas e Gestão Governamental, integrantes da Carreira de Especialista em Políticas Públicas e Gestão Governamental, para o exercício das atribuições referidas no art. 1º da Lei nº 7.834, de 6 de outubro de 1989, a serem providos gradualmente, observados os limites e a autorização específica da lei de diretrizes orçamentárias, nos termos do inciso II do § 1º do art. 169 da Constituição Federal.

Parágrafo único. Ficam transferidos para o CADE os cargos pertencentes ao Ministério da Justiça atualmente alocados no Departamento de Proteção e Defesa Econômica da Secretaria de Direito Econômico, bem como o DAS-6 do Secretário de Direito Econômico.

Art. 122. Os órgãos do SBDC poderão requisitar servidores da administração pública federal direta, autárquica ou fundacional para neles ter exercício, independentemente do exercício de cargo em comissão ou função de confiança.

Parágrafo único. Ao servidor requisitado na forma deste artigo são assegurados todos os direitos e vantagens a que façam jus no órgão ou entidade de origem, considerando-se o período de requisição para todos os efeitos da vida funcional, como efetivo exercício no cargo que ocupe no órgão ou entidade de origem.

Art. 123. Ato do Ministro de Estado do Planejamento, Orçamento e Gestão fixará o quantitativo ideal de cargos efetivos, ocupados, a serem mantidos, mediante lotação, requisição ou exercício, no âmbito do CADE e da Secretaria de Acompanhamento Econômico, bem como fixará cronograma para que sejam atingidos os seus quantitativos, observadas as dotações consignadas nos Orçamentos da União.

Art. 124. Ficam criados, no âmbito do Poder Executivo Federal, para alocação ao CADE, os seguintes cargos em comissão do Grupo-Direção e Assessoramento Superiores – DAS: 2 (dois) cargos de natureza especial NES de Presidente do CADE e Superintendente-Geral do CADE, 7 (sete) DAS-6, 16 (dezesseis) DAS-4, 8 (oito) DAS-3, 11 (onze) DAS-2 e 21 (vinte e um) DAS-1.

Art. 125. O Poder Executivo disporá sobre a estrutura regimental do CADE, sobre as competências e atribuições, denominação das unidades e especificações dos cargos, promovendo a alocação, nas unidades internas da autarquia, dos cargos em comissão e das funções gratificadas.

Art. 126. Ficam extintos, no âmbito do Poder Executivo Federal, os seguintes cargos em comissão do Grupo-Direção e Assessoramento Superiores – DAS e Funções Gratificadas – FG: 3 (três) DAS-5, 2 (duas) FG-1 e 16 (dezesseis) FG-3.

Art. 127. Ficam revogados a Lei nº 9.781, de 19 de janeiro de 1999, os arts. 5º e 6º da Lei nº 8.137, de 27 de dezembro de 1990, e os arts. 1º a 85 e 88 a 93 da Lei nº 8.884, de 11 de junho de 1994.

Art. 128. Esta Lei entra em vigor após decorridos 180 (cento e oitenta) dias de sua publicação oficial.

Brasília, 30 de novembro de 2011; 190º da Independência e 123º da República.

Dilma Rousseff

LEI Nº 12.562, DE 23 DE DEZEMBRO DE 2011

Regulamenta o inciso III do art. 36 da Constituição Federal, para dispor sobre o processo e julgamento da representação interventiva perante o Supremo Tribunal Federal.

▸ Publicada no *DOU* de 26-12-2011.

Art. 1º Esta Lei dispõe sobre o processo e julgamento da representação interventiva prevista no inciso III do art. 36 da Constituição Federal.

Art. 2º A representação será proposta pelo Procurador-Geral da República, em caso de violação aos princípios referidos no inciso VII do art. 34 da Constituição Federal, ou de recusa, por parte de Estado-Membro, à execução de lei federal.

Art. 3º A petição inicial deverá conter:

I – a indicação do princípio constitucional que se considera violado ou, se for o caso de recusa à aplicação de lei federal, das disposições questionadas;

II – a indicação do ato normativo, do ato administrativo, do ato concreto ou da omissão questionados;

III – a prova da violação do princípio constitucional ou da recusa de execução de lei federal;

IV – o pedido, com suas especificações.

Parágrafo único. A petição inicial será apresentada em 2 (duas) vias, devendo conter, se for o caso, cópia do ato questionado e dos documentos necessários para comprovar a impugnação.

Art. 4º A petição inicial será indeferida liminarmente pelo relator, quando não for o caso de representação interventiva, faltar algum dos requisitos estabelecidos nesta Lei ou for inepta.

Parágrafo único. Da decisão de indeferimento da petição inicial caberá agravo, no prazo de 5 (cinco) dias.

Art. 5º O Supremo Tribunal Federal, por decisão da maioria absoluta de seus membros, poderá deferir pedido de medida liminar na representação interventiva.

§ 1º O relator poderá ouvir os órgãos ou autoridades responsáveis pelo ato questionado, bem como o Advogado-Geral da União ou o Procurador-Geral da República, no prazo comum de 5 (cinco) dias.

§ 2º A liminar poderá consistir na determinação de que se suspenda o andamento de processo ou os efeitos de decisões judiciais ou administrativas ou de qualquer outra medida que apresente relação com a matéria objeto da representação interventiva.

Art. 6º Apreciado o pedido de liminar ou, logo após recebida a petição inicial, se não houver pedido de liminar, o relator solicitará as informações às autoridades responsáveis pela prática do ato questionado, que as prestarão em até 10 (dez) dias.

§ 1º Decorrido o prazo para prestação das informações, serão ouvidos, sucessivamente, o Advogado-Geral da União e o Procurador-Geral da República, que deverão manifestar-se, cada qual, no prazo de 10 (dez) dias.

§ 2º Recebida a inicial, o relator deverá tentar dirimir o conflito que dá causa ao pedido, utilizando-se dos meios que julgar necessários, na forma do regimento interno.

Art. 7º Se entender necessário, poderá o relator requisitar informações adicionais, designar perito ou comissão de peritos para que elabore laudo sobre a questão ou, ainda, fixar data para declarações, em audiência pública, de pessoas com experiência e autoridade na matéria.

Parágrafo único. Poderão ser autorizadas, a critério do relator, a manifestação e a juntada de documentos por parte de interessados no processo.

Art. 8º Vencidos os prazos previstos no art. 6º ou, se for o caso, realizadas as diligências de que trata o art. 7º, o relator lançará o relatório, com cópia para todos os Ministros, e pedirá dia para julgamento.

Art. 9º A decisão sobre a representação interventiva somente será tomada se presentes na sessão pelo menos 8 (oito) Ministros.

Art. 10. Realizado o julgamento, proclamar-se-á a procedência ou improcedência do pedido formulado na representação interventiva se num ou noutro sentido se tiverem manifestado pelo menos 6 (seis) Ministros.

Parágrafo único. Estando ausentes Ministros em número que possa influir na decisão sobre a representação interventiva, o julgamento será suspenso, a fim de se aguardar o comparecimento dos Ministros ausentes, até que se atinja o número necessário para a prolação da decisão.

Art. 11. Julgada a ação, far-se-á a comunicação às autoridades ou aos órgãos responsáveis pela prática dos atos questionados, e, se a decisão final for pela procedência do pedido formulado na representação interventiva, o Presidente do Supremo Tribunal Federal, publicado o acórdão, levá-lo-á ao conhecimento do Presidente da República para, no prazo improrrogável de até 15 (quinze) dias, dar cumprimento aos §§ 1º e 3º do art. 36 da Constituição Federal.

Parágrafo único. Dentro do prazo de 10 (dez) dias, contado a partir do trânsito em julgado da decisão, a parte dispositiva será publicada em seção especial do *Diário da Justiça* e do *Diário Oficial da União*.

Art. 12. A decisão que julgar procedente ou improcedente o pedido da representação interventiva é irrecorrível, sendo insuscetível de impugnação por ação rescisória.

Art. 13. Esta Lei entra em vigor na data de sua publicação.

Brasília, 23 de dezembro de 2011;
190º da Independência e
123º da República.

Dilma Rousseff

LEI Nº 12.594, DE 18 DE JANEIRO DE 2012

Institui o Sistema Nacional de Atendimento Socioeducativo (SINASE), regulamenta a execução das medidas socioeducativas destinadas a adolescente que pratique ato infracional; e altera as Leis nºs 8.069, de 13 de julho de 1990 (Estatuto da Criança e do Adolescente); 7.560, de 19 de dezembro de 1986, 7.998, de 11 de janeiro de 1990, 5.537, de 21 de novembro de 1968, 8.315, de 23 de dezembro de 1991, 8.706, de 14 de setembro de 1993, os Decretos-Leis nºs 4.048, de 22 de janeiro de 1942, 8.621, de 10 de janeiro de 1946, e a Consolidação das Leis do Trabalho (CLT), aprovada pelo Decreto-Lei nº 5.452, de 1º de maio de 1943.

▸ Publicada no *DOU* de 19-1-2012.

TÍTULO I – DO SISTEMA NACIONAL DE ATENDIMENTO SOCIOEDUCATIVO (SINASE)

CAPÍTULO I
DISPOSIÇÕES GERAIS

Art. 1º Esta Lei institui o Sistema Nacional de Atendimento Socioeducativo (SINASE) e regulamenta a execução das medidas destinadas a adolescente que pratique ato infracional.

§ 1º Entende-se por SINASE o conjunto ordenado de princípios, regras e critérios que envolvem a execução de medidas socioeducativas, incluindo-se nele, por adesão, os sistemas estaduais, distrital e municipais, bem como todos os planos, políticas e programas específicos de atendimento a adolescente em conflito com a lei.

§ 2º Entendem-se por medidas socioeducativas as previstas no art. 112 da Lei nº 8.069, de 13 de julho de 1990 (Estatuto da Criança e do Adolescente), as quais têm por objetivos:

I – a responsabilização do adolescente quanto às consequências lesivas do ato infracional, sempre que possível incentivando a sua reparação;

II – a integração social do adolescente e a garantia de seus direitos individuais e sociais, por meio do cumprimento de seu plano individual de atendimento; e

III – a desaprovação da conduta infracional, efetivando as disposições da sentença como parâmetro máximo de privação de liberdade ou restrição de direitos, observados os limites previstos em lei.

§ 3º Entendem-se por programa de atendimento a organização e o funcionamento, por unidade, das condições necessárias para o cumprimento das medidas socioeducativas.

§ 4º Entende-se por unidade a base física necessária para a organização e o funcionamento de programa de atendimento.

§ 5º Entendem-se por entidade de atendimento a pessoa jurídica de direito público ou privado que instala e mantém a unidade e os recursos humanos e materiais necessários ao desenvolvimento de programas de atendimento.

Art. 2º O SINASE será coordenado pela União e integrado pelos sistemas estaduais, distrital e municipais responsáveis pela implementação dos seus respectivos programas de atendimento a adolescente ao qual seja aplicada medida socioeducativa, com liberdade de organização e funcionamento, respeitados os termos desta Lei.

CAPÍTULO II
DAS COMPETÊNCIAS

Art. 3º Compete à União:

I – formular e coordenar a execução da política nacional de atendimento socioeducativo;

II – elaborar o Plano Nacional de Atendimento Socioeducativo, em parceria com os Estados, o Distrito Federal e os Municípios;

III – prestar assistência técnica e suplementação financeira aos Estados, ao Distrito Federal e aos Municípios para o desenvolvimento de seus sistemas;

IV – instituir e manter o Sistema Nacional de Informações sobre o Atendimento Socioeducativo, seu funcionamento, entidades, programas, incluindo dados relativos a financiamento e população atendida;

V – contribuir para a qualificação e ação em rede dos Sistemas de Atendimento Socioeducativo;

VI – estabelecer diretrizes sobre a organização e funcionamento das unidades e programas de atendimento e as normas de referência destinadas ao cumprimento das medidas socioeducativas de internação e semiliberdade;

VII – instituir e manter processo de avaliação dos Sistemas de Atendimento Socioeducativo, seus planos, entidades e programas;

VIII – financiar, com os demais entes federados, a execução de programas e serviços do SINASE; e

IX – garantir a publicidade de informações sobre repasses de recursos aos gestores estaduais, distrital e municipais, para financiamento de programas de atendimento socioeducativo.

§ 1º São vedados à União o desenvolvimento e a oferta de programas próprios de atendimento.

§ 2º Ao Conselho Nacional dos Direitos da Criança e do Adolescente (CONANDA) competem as funções normativa, deliberativa, de avaliação e de fiscalização do SINASE, nos termos previstos na Lei nº 8.242, de 12 de outubro de 1991, que cria o referido Conselho.

§ 3º O Plano de que trata o inciso II do *caput* deste artigo será submetido à deliberação do CONANDA.

§ 4º À Secretaria de Direitos Humanos da Presidência da República (SDH/PR) competem as funções executiva e de gestão do SINASE.

Art. 4º Compete aos Estados:

I – formular, instituir, coordenar e manter Sistema Estadual de Atendimento Socioeducativo, respeitadas as diretrizes fixadas pela União;

II – elaborar o Plano Estadual de Atendimento Socioeducativo em conformidade com o Plano Nacional;

III – criar, desenvolver e manter programas para a execução das medidas socioeducativas de semiliberdade e internação;

IV – editar normas complementares para a organização e funcionamento do seu sistema de atendimento e dos sistemas municipais;

V – estabelecer com os Municípios formas de colaboração para o atendimento socioeducativo em meio aberto;

VI – prestar assessoria técnica e suplementação financeira aos Municípios para a oferta regular de programas de meio aberto;

VII – garantir o pleno funcionamento do plantão interinstitucional, nos termos previstos no inciso V do art. 88 da Lei nº 8.069, de 13 de julho de 1990 (Estatuto da Criança e do Adolescente);

VIII – garantir defesa técnica do adolescente a quem se atribua prática de ato infracional;

IX – cadastrar-se no Sistema Nacional de Informações sobre o Atendimento Socioeducativo e fornecer regularmente os dados necessários ao povoamento e à atualização do Sistema; e

X – cofinanciar, com os demais entes federados, a execução de programas e ações destinados ao atendimento inicial de adolescente apreendido para apuração de ato infracional, bem como aqueles destinados a adolescente a quem foi aplicada medida socioeducativa privativa de liberdade.

§ 1º Ao Conselho Estadual dos Direitos da Criança e do Adolescente competem as funções deliberativas e de controle do Sistema Estadual de Atendimento Socioeducativo, nos termos previstos no inciso II do art. 88 da Lei nº 8.069, de 13 de julho de 1990 (Estatuto da Criança e do Adolescente), bem como outras definidas na legislação estadual ou distrital.

§ 2º O Plano de que trata o inciso II do *caput* deste artigo será submetido à deliberação do

Conselho Estadual dos Direitos da Criança e do Adolescente.

§ 3º Competem ao órgão a ser designado no Plano de que trata o inciso II do *caput* deste artigo as funções executiva e de gestão do Sistema Estadual de Atendimento Socioeducativo.

Art. 5º Compete aos Municípios:

I – formular, instituir, coordenar e manter o Sistema Municipal de Atendimento Socioeducativo, respeitadas as diretrizes fixadas pela União e pelo respectivo Estado;

II – elaborar o Plano Municipal de Atendimento Socioeducativo, em conformidade com o Plano Nacional e o respectivo Plano Estadual;

III – criar e manter programas de atendimento para a execução das medidas socioeducativas em meio aberto;

IV – editar normas complementares para a organização e funcionamento dos programas do seu Sistema de Atendimento Socioeducativo;

V – cadastrar-se no Sistema Nacional de Informações sobre o Atendimento Socioeducativo e fornecer regularmente os dados necessários ao povoamento e à atualização do Sistema; e

VI – cofinanciar, conjuntamente com os demais entes federados, a execução de programas e ações destinados ao atendimento inicial de adolescente apreendido para apuração de ato infracional, bem como aqueles destinados a adolescente a quem foi aplicada medida socioeducativa em meio aberto.

§ 1º Para garantir a oferta de programa de atendimento socioeducativo de meio aberto, os Municípios podem instituir os consórcios dos quais trata a Lei nº 11.107, de 6 de abril de 2005, que dispõe sobre normas gerais de contratação de consórcios públicos e dá outras providências, ou qualquer outro instrumento jurídico adequado, como forma de compartilhar responsabilidades.

§ 2º Ao Conselho Municipal dos Direitos da Criança e do Adolescente competem as funções deliberativas e de controle do Sistema Municipal de Atendimento Socioeducativo, nos termos previstos no inciso II do art. 88 da Lei nº 8.069, de 13 de julho de 1990 (Estatuto da Criança e do Adolescente), bem como outras definidas na legislação municipal.

§ 3º O Plano de que trata o inciso II do *caput* deste artigo será submetido à deliberação do Conselho Municipal dos Direitos da Criança e do Adolescente.

§ 4º Competem ao órgão a ser designado no Plano de que trata o inciso II do *caput* deste artigo as funções executiva e de gestão do Sistema Municipal de Atendimento Socioeducativo.

Art. 6º Ao Distrito Federal cabem, cumulativamente, as competências dos Estados e dos Municípios.

CAPÍTULO III
DOS PLANOS DE ATENDIMENTO SOCIOEDUCATIVO

Art. 7º O Plano de que trata o inciso II do art. 3º desta Lei deverá incluir um diagnóstico da situação do SINASE, as diretrizes, os objetivos, as metas, as prioridades e as formas de financiamento e gestão das ações de atendimento para os 10 (dez) anos seguintes, em sintonia com os princípios elencados na Lei nº 8.069, de 13 de julho de 1990 (Estatuto da Criança e do Adolescente).

§ 1º As normas nacionais de referência para o atendimento socioeducativo devem constituir anexo ao Plano de que trata o inciso II do art. 3º desta Lei.

§ 2º Os Estados, o Distrito Federal e os Municípios deverão, com base no Plano Nacional de Atendimento Socioeducativo, elaborar seus planos decenais correspondentes, em até 360 (trezentos e sessenta) dias a partir da aprovação do Plano Nacional.

Art. 8º Os Planos de Atendimento Socioeducativo deverão, obrigatoriamente, prever ações articuladas nas áreas de educação, saúde, assistência social, cultura, capacitação para o trabalho e esporte, para os adolescentes atendidos, em conformidade com os princípios elencados na Lei nº 8.069, de 13 de julho de 1990 (Estatuto da Criança e do Adolescente).

Parágrafo único. Os Poderes Legislativos federal, estaduais, distrital e municipais, por meio de suas comissões temáticas pertinentes, acompanharão a execução dos Planos de Atendimento Socioeducativo dos respectivos entes federados.

CAPÍTULO IV
DOS PROGRAMAS DE ATENDIMENTO

Seção I
DISPOSIÇÕES GERAIS

Art. 9º Os Estados e o Distrito Federal inscreverão seus programas de atendimento e alterações no Conselho Estadual ou Distrital dos Direitos da Criança e do Adolescente, conforme o caso.

Art. 10. Os Municípios inscreverão seus programas e alterações, bem como as entidades de atendimento executoras, no Conselho Municipal dos Direitos da Criança e do Adolescente.

Art. 11. Além da especificação do regime, são requisitos obrigatórios para a inscrição de programa de atendimento:

I – a exposição das linhas gerais dos métodos e técnicas pedagógicas, com a especificação das atividades de natureza coletiva;

II – a indicação da estrutura material, dos recursos humanos e das estratégias de segurança compatíveis com as necessidades da respectiva unidade;

III – regimento interno que regule o funcionamento da entidade, no qual deverá constar, no mínimo:

a) o detalhamento das atribuições e responsabilidades do dirigente, de seus prepostos, dos membros da equipe técnica e dos demais educadores;

b) a previsão das condições do exercício da disciplina e concessão de benefícios e o respectivo procedimento de aplicação; e

c) a previsão da concessão de benefícios extraordinários e enaltecimento, tendo em vista tornar público o reconhecimento ao adolescente pelo esforço realizado na consecução dos objetivos do plano individual;

IV – a política de formação dos recursos humanos;

V – a previsão das ações de acompanhamento do adolescente após o cumprimento de medida socioeducativa;

VI – a indicação da equipe técnica, cuja quantidade e formação devem estar em conformidade com as normas de referência do sistema e dos conselhos profissionais e com o atendimento socioeducativo a ser realizado; e

VII – a adesão ao Sistema de Informações sobre o Atendimento Socioeducativo, bem como sua operação efetiva.

Parágrafo único. O não cumprimento do previsto neste artigo sujeita as entidades de atendimento, os órgãos gestores, seus dirigentes ou prepostos à aplicação das medidas previstas no art. 97 da Lei nº 8.069, de 13 de julho de 1990 (Estatuto da Criança e do Adolescente).

Art. 12. A composição da equipe técnica do programa de atendimento deverá ser interdisciplinar, compreendendo, no mínimo, profissionais das áreas de saúde, educação e assistência social, de acordo com as normas de referência.

§ 1º Outros profissionais podem ser acrescentados às equipes para atender necessidades específicas do programa.

§ 2º Regimento interno deve discriminar as atribuições de cada profissional, sendo proibida a sobreposição dessas atribuições na entidade de atendimento.

§ 3º O não cumprimento do previsto neste artigo sujeita as entidades de atendimento, seus dirigentes ou prepostos à aplicação das medidas previstas no art. 97 da Lei nº 8.069, de 13 de julho de 1990 (Estatuto da Criança e do Adolescente).

Seção II
DOS PROGRAMAS DE MEIO ABERTO

Art. 13. Compete à direção do programa de prestação de serviços à comunidade ou de liberdade assistida:

I – selecionar e credenciar orientadores, designando-os, caso a caso, para acompanhar e avaliar o cumprimento da medida;

II – receber o adolescente e seus pais ou responsável e orientá-los sobre a finalidade da medida e a organização e funcionamento do programa;

III – encaminhar o adolescente para o orientador credenciado;

IV – supervisionar o desenvolvimento da medida; e

V – avaliar, com o orientador, a evolução do cumprimento da medida e, se necessário, propor à autoridade judiciária sua substituição, suspensão ou extinção.

Parágrafo único. O rol de orientadores credenciados deverá ser comunicado, semestralmente, à autoridade judiciária e ao Ministério Público.

Art. 14. Incumbe ainda à direção do programa de medida de prestação de serviços à comunidade selecionar e credenciar entidades assistenciais, hospitais, escolas ou outros estabelecimentos congêneres, bem como os programas comunitários ou governamentais, de acordo com o perfil do socioeducando e o ambiente no qual a medida será cumprida.

Parágrafo único. Se o Ministério Público impugnar o credenciamento, ou a autoridade judiciária considerá-lo inadequado, instaurará incidente de impugnação, com a aplicação subsidiária do procedimento de apuração de irregularidade em entidade de atendimento regulamentado na Lei nº 8.069, de 13 de julho de 1990 (Estatuto da Criança e do Adolescente), devendo citar o dirigente do programa e a direção da entidade ou órgão credenciado.

Seção III

DOS PROGRAMAS DE PRIVAÇÃO DA LIBERDADE

Art. 15. São requisitos específicos para a inscrição de programas de regime de semiliberdade ou internação:

I – a comprovação da existência de estabelecimento educacional com instalações adequadas e em conformidade com as normas de referência;

II – a previsão do processo e dos requisitos para a escolha do dirigente;

III – a apresentação das atividades de natureza coletiva;

IV – a definição das estratégias para a gestão de conflitos, vedada a previsão de isolamento cautelar, exceto nos casos previstos no § 2º do art. 49 desta Lei; e

V – a previsão de regime disciplinar nos termos do art. 72 desta Lei.

Art. 16. A estrutura física da unidade deverá ser compatível com as normas de referência do SINASE.

§ 1º É vedada a edificação de unidades socioeducacionais em espaços contíguos, anexos, ou de qualquer outra forma integrados a estabelecimentos penais.

§ 2º A direção da unidade adotará, em caráter excepcional, medidas para proteção do interno em casos de risco à sua integridade física, à sua vida, ou à de outrem, comunicando, de imediato, seu defensor e o Ministério Público.

Art. 17. Para o exercício da função de dirigente de programa de atendimento em regime de semiliberdade ou de internação, além dos requisitos específicos previstos no respectivo programa de atendimento, é necessário:

I – formação de nível superior compatível com a natureza da função;

II – comprovada experiência no trabalho com adolescentes de, no mínimo, 2 (dois) anos; e

III – reputação ilibada.

CAPÍTULO V

DA AVALIAÇÃO E ACOMPANHAMENTO DA GESTÃO DO ATENDIMENTO SOCIOEDUCATIVO

Art. 18. A União, em articulação com os Estados, o Distrito Federal e os Municípios, realizará avaliações periódicas da implementação dos Planos de Atendimento Socioeducativo em intervalos não superiores a 3 (três) anos.

§ 1º O objetivo da avaliação é verificar o cumprimento das metas estabelecidas e elaborar recomendações aos gestores e operadores dos Sistemas.

§ 2º O processo de avaliação deverá contar com a participação de representantes do Poder Judiciário, do Ministério Público, da Defensoria Pública e dos Conselhos Tutelares, na forma a ser definida em regulamento.

§ 3º A primeira avaliação do Plano Nacional de Atendimento Socioeducativo realizar-se-á no terceiro ano de vigência desta Lei, cabendo ao Poder Legislativo federal acompanhar o trabalho por meio de suas comissões temáticas pertinentes.

Art. 19. É instituído o Sistema Nacional de Avaliação e Acompanhamento do Atendimento Socioeducativo, com os seguintes objetivos:

I – contribuir para a organização da rede de atendimento socioeducativo;

II – assegurar conhecimento rigoroso sobre as ações do atendimento socioeducativo e seus resultados;

III – promover a melhora da qualidade da gestão e do atendimento socioeducativo; e

IV – disponibilizar informações sobre o atendimento socioeducativo.

§ 1º A avaliação abrangerá, no mínimo, a gestão, as entidades de atendimento, os programas e os resultados da execução das medidas socioeducativas.

§ 2º Ao final da avaliação, será elaborado relatório contendo histórico e diagnóstico da situação, as recomendações e os prazos para que essas sejam cumpridas, além de outros elementos a serem definidos em regulamento.

§ 3º O relatório da avaliação deverá ser encaminhado aos respectivos Conselhos de Direitos, Conselhos Tutelares e ao Ministério Público.

§ 4º Os gestores e entidades têm o dever de colaborar com o processo de avaliação, facilitando o acesso às suas instalações, à documentação e a todos os elementos necessários ao seu efetivo cumprimento.

§ 5º O acompanhamento tem por objetivo verificar o cumprimento das metas dos Planos de Atendimento Socioeducativo.

Art. 20. O Sistema Nacional de Avaliação e Acompanhamento da Gestão do Atendimento Socioeducativo assegurará, na metodologia a ser empregada:

I – a realização da autoavaliação dos gestores e das instituições de atendimento;

II – a avaliação institucional externa, contemplando a análise global e integrada das instalações físicas, relações institucionais, compromisso social, atividades e finalidades das instituições de atendimento e seus programas;

III – o respeito à identidade e à diversidade de entidades e programas;

IV – a participação do corpo de funcionários das entidades de atendimento e dos Conselhos Tutelares da área de atuação da entidade avaliada; e

V – o caráter público de todos os procedimentos, dados e resultados dos processos avaliativos.

Art. 21. A avaliação será coordenada por uma comissão permanente e realizada por comissões temporárias, essas compostas, no mínimo, por 3 (três) especialistas com reconhecida atuação na área temática e definidas na forma do regulamento.

Parágrafo único. É vedado à comissão permanente designar avaliadores:

I – que sejam titulares ou servidores dos órgãos gestores avaliados ou funcionários das entidades avaliadas;

II – que tenham relação de parentesco até o 3º grau com titulares ou servidores dos órgãos gestores avaliados e/ou funcionários das entidades avaliadas; e

III – que estejam respondendo a processos criminais.

Art. 22. A avaliação da gestão terá por objetivo:

I – verificar se o planejamento orçamentário e sua execução se processam de forma compatível com as necessidades do respectivo Sistema de Atendimento Socioeducativo;

II – verificar a manutenção do fluxo financeiro, considerando as necessidades operacionais do atendimento socioeducativo, as normas de referência e as condições previstas nos instrumentos jurídicos celebrados entre os órgãos gestores e as entidades de atendimento;

III – verificar a implementação de todos os demais compromissos assumidos por ocasião da celebração dos instrumentos jurídicos relativos ao atendimento socioeducativo; e

IV – a articulação interinstitucional e intersetorial das políticas.

Art. 23. A avaliação das entidades terá por objetivo identificar o perfil e o impacto de sua atuação, por meio de suas atividades, programas e projetos, considerando as diferentes dimensões institucionais e, entre elas, obrigatoriamente, as seguintes:

I – o plano de desenvolvimento institucional;

II – a responsabilidade social, considerada especialmente sua contribuição para a inclusão social e o desenvolvimento socioeconômico do adolescente e de sua família;

III – a comunicação e o intercâmbio com a sociedade;

IV – as políticas de pessoal quanto à qualificação, aperfeiçoamento, desenvolvimento profissional e condições de trabalho;

V – a adequação da infraestrutura física às normas de referência;

VI – o planejamento e a autoavaliação quanto aos processos, resultados, eficiência e eficácia do projeto pedagógico e da proposta socioeducativa;

VII – as políticas de atendimento para os adolescentes e suas famílias;

VIII – a atenção integral à saúde dos adolescentes em conformidade com as diretrizes do art. 60 desta Lei; e

IX – a sustentabilidade financeira.

Art. 24. A avaliação dos programas terá por objetivo verificar, no mínimo, o atendimento ao que determinam os arts. 94, 100, 117, 119, 120, 123 e 124 da Lei nº 8.069, de 13 de julho de 1990 (Estatuto da Criança e do Adolescente).

Art. 25. A avaliação dos resultados da execução de medida socioeducativa terá por objetivo, no mínimo:

I – verificar a situação do adolescente após cumprimento da medida socioeducativa, tomando por base suas perspectivas educacionais, sociais, profissionais e familiares; e

II – verificar reincidência de prática de ato infracional.

Art. 26. Os resultados da avaliação serão utilizados para:

I – planejamento de metas e eleição de prioridades do Sistema de Atendimento Socioeducativo e seu financiamento;

II – reestruturação e/ou ampliação da rede de atendimento socioeducativo, de acordo com as necessidades diagnosticadas;

III – adequação dos objetivos e da natureza do atendimento socioeducativo prestado pelas entidades avaliadas;

IV – celebração de instrumentos de cooperação com vistas à correção de problemas diagnosticados na avaliação;

V – reforço de financiamento para fortalecer a rede de atendimento socioeducativo;

VI – melhorar e ampliar a capacitação dos operadores do Sistema de Atendimento Socioeducativo; e

VII – os efeitos do art. 95 da Lei nº 8.069, de 13 de julho de 1990 (Estatuto da Criança e do Adolescente).

Parágrafo único. As recomendações originadas da avaliação deverão indicar prazo para seu cumprimento por parte das entidades de atendimento e dos gestores avaliados, ao fim do qual estarão sujeitos às medidas previstas no art. 28 desta Lei.

Art. 27. As informações produzidas a partir do Sistema Nacional de Informações sobre Atendimento Socioeducativo serão utilizadas para subsidiar a avaliação, o acompanhamento, a gestão e o financiamento dos Sistemas Nacional, Distrital, Estaduais e Municipais de Atendimento Socioeducativo.

CAPÍTULO VI
DA RESPONSABILIZAÇÃO DOS GESTORES, OPERADORES E ENTIDADES DE ATENDIMENTO

Art. 28. No caso do desrespeito, mesmo que parcial, ou do não cumprimento integral às diretrizes e determinações desta Lei, em todas as esferas, são sujeitos:

I – gestores, operadores e seus prepostos e entidades governamentais às medidas previstas no inciso I e no § 1º do art. 97 da Lei nº 8.069, de 13 de julho de 1990 (Estatuto da Criança e do Adolescente); e

II – entidades não governamentais, seus gestores, operadores e prepostos às medidas previstas no inciso II e no § 1º do art. 97 da Lei nº 8.069, de 13 de julho de 1990 (Estatuto da Criança e do Adolescente).

Parágrafo único. A aplicação das medidas previstas neste artigo dar-se-á a partir da análise de relatório circunstanciado elaborado após as avaliações, sem prejuízo do que determinam os arts. 191 a 197, 225 a 227, 230 a 236, 243 e 245 a 247 da Lei nº 8.069, de 13 de julho de 1990 (Estatuto da Criança e do Adolescente).

Art. 29. Àqueles que, mesmo não sendo agentes públicos, induzam ou concorram, sob qualquer forma, direta ou indireta, para o não cumprimento desta Lei, aplicam-se, no que couber, as penalidades dispostas na Lei nº 8.429, de 2 de junho de 1992, que dispõe sobre as sanções aplicáveis aos agentes públicos nos casos de enriquecimento ilícito no exercício de mandato, cargo, emprego ou função na administração pública direta, indireta ou fundacional e dá outras providências (Lei de Improbidade Administrativa).

CAPÍTULO VII
DO FINANCIAMENTO E DAS PRIORIDADES

Art. 30. O SINASE será cofinanciado com recursos dos orçamentos fiscal e da seguridade social, além de outras fontes.

§ 1º VETADO.

§ 2º Os entes federados que tenham instituído seus sistemas de atendimento socioeducativo terão acesso aos recursos na forma de transferência adotada pelos órgãos integrantes do SINASE.

§ 3º Os entes federados beneficiados com recursos dos orçamentos dos órgãos responsáveis pelas políticas integrantes do SINASE, ou de outras fontes, estão sujeitos às normas e procedimentos de monitoramento estabelecidos pelas instâncias dos órgãos das políticas setoriais envolvidas, sem prejuízo do disposto nos incisos IX e X do art. 4º, nos incisos V e VI do art. 5º e no art. 6º desta Lei.

Art. 31. Os Conselhos de Direitos, nas 3 (três) esferas de governo, definirão, anualmente, o percentual de recursos dos Fundos dos Direitos da Criança e do Adolescente a serem aplicados no financiamento das ações previstas nesta Lei, em especial para capacitação, sistemas de informação e de avaliação.

Parágrafo único. Os entes federados beneficiados com recursos do Fundo dos Direitos da Criança e do Adolescente para ações de atendimento socioeducativo prestarão informações sobre o desempenho dessas ações por meio do Sistema de Informações sobre Atendimento Socioeducativo.

Art. 32. A Lei nº 7.560, de 19 de dezembro de 1986, passa a vigorar com as seguintes alterações:

> "Art. 5º Os recursos do FUNAD serão destinados:
> ....
> X – às entidades governamentais e não governamentais integrantes do Sistema Nacional de Atendimento Socioeducativo (SINASE).
> ...."
>
> "Art. 5º-A. A Secretaria Nacional de Políticas sobre Drogas (SENAD), órgão gestor do Fundo Nacional Antidrogas (FUNAD), poderá financiar projetos das entidades do SINASE desde que:
> I – o ente federado de vinculação da entidade que solicita o recurso possua o respectivo Plano de Atendimento Socioeducativo aprovado;
> II – as entidades governamentais e não governamentais integrantes do SINASE que solicitem recursos tenham participado da avaliação nacional do atendimento socioeducativo;
> III – o projeto apresentado esteja de acordo com os pressupostos da Política Nacional sobre Drogas e legislação específica."

Art. 33. A Lei nº 7.998, de 11 de janeiro de 1990, passa a vigorar acrescida do seguinte art. 19-A:

▸ Alterações inseridas no texto da referida Lei.

Art. 34. O art. 2º da Lei nº 5.537, de 21 de novembro de 1968, passa a vigorar acrescido do seguinte § 3º:

> "Art. 2º ....
> ....
> § 3º O fundo de que trata o art. 1º poderá financiar, na forma das resoluções de seu conselho deliberativo, programas e projetos de educação básica relativos ao Sistema Nacional de Atendimento Socioeducativo (SINASE) desde que:
> I – o ente federado que solicitar o recurso possua o respectivo Plano de Atendimento Socioeducativo aprovado;
> II – as entidades de atendimento vinculadas ao ente federado que solicitar o recurso tenham se submetido à avaliação nacional do atendimento socioeducativo; e
> III – o ente federado tenha assinado o Plano de Metas Compromisso Todos pela Educação e elaborado o respectivo Plano de Ações Articuladas (PAR)."

TÍTULO II – DA EXECUÇÃO DAS MEDIDAS SOCIOEDUCATIVAS

CAPÍTULO I
DISPOSIÇÕES GERAIS

Art. 35. A execução das medidas socioeducativas reger-se-á pelos seguintes princípios:

I – legalidade, não podendo o adolescente receber tratamento mais gravoso do que o conferido ao adulto;

II – excepcionalidade da intervenção judicial e da imposição de medidas, favorecendo-se meios de autocomposição de conflitos;

III – prioridade a práticas ou medidas que sejam restaurativas e, sempre que possível, atendam às necessidades das vítimas;

IV – proporcionalidade em relação à ofensa cometida;

V – brevidade da medida em resposta ao ato cometido, em especial o respeito ao que dispõe o art. 122 da Lei nº 8.069, de 13 de julho de 1990 (Estatuto da Criança e do Adolescente);

VI – individualização, considerando-se a idade, capacidades e circunstâncias pessoais do adolescente;

VII – mínima intervenção, restrita ao necessário para a realização dos objetivos da medida;

VIII – não discriminação do adolescente, notadamente em razão de etnia, gênero, nacionalidade, classe social, orientação religiosa, política ou sexual, ou associação ou pertencimento a qualquer minoria ou *status*; e

IX – fortalecimento dos vínculos familiares e comunitários no processo socioeducativo.

CAPÍTULO II
DOS PROCEDIMENTOS

Art. 36. A competência para jurisdicionar a execução das medidas socioeducativas segue o determinado pelo art. 146 da Lei nº 8.069, de 13 de julho de 1990 (Estatuto da Criança e do Adolescente).

Art. 37. A defesa e o Ministério Público intervirão, sob pena de nulidade, no procedimento judicial de execução de medida socioeducativa, asseguradas aos seus membros as prerrogativas previstas na Lei nº 8.069, de 13 de julho de 1990 (Estatuto da Criança e do Adolescente), podendo requerer as providências necessárias para adequar a execução aos ditames legais e regulamentares.

Art. 38. As medidas de proteção, de advertência e de reparação do dano, quando aplicadas de forma isolada, serão executadas nos próprios autos do processo de conhecimento, respeitado o disposto nos arts. 143 e 144 da Lei nº 8.069, de 13 de julho de 1990 (Estatuto da Criança e do Adolescente).

Art. 39. Para aplicação das medidas socioeducativas de prestação de serviços à comunidade, liberdade assistida, semiliberdade ou internação, será constituído processo de execução para cada adolescente, respeitado o disposto nos arts. 143 e 144 da Lei nº 8.069, de 13 de julho de 1990 (Estatuto da Criança e do Adolescente), e com autuação das seguintes peças:

I – documentos de caráter pessoal do adolescente existentes no processo de conhecimento, especialmente os que comprovem sua idade; e

II – as indicadas pela autoridade judiciária, sempre que houver necessidade e, obrigatoriamente:

a) cópia da representação;
b) cópia da certidão de antecedentes;
c) cópia da sentença ou acórdão; e
d) cópia de estudos técnicos realizados durante a fase de conhecimento.

Parágrafo único. Procedimento idêntico será observado na hipótese de medida aplicada em sede de remissão, como forma de suspensão do processo.

Art. 40. Autuadas as peças, a autoridade judiciária encaminhará, imediatamente, cópia integral do expediente ao órgão gestor do atendimento socioeducativo, solicitando designação do programa ou da unidade de cumprimento da medida.

Art. 41. A autoridade judiciária dará vistas da proposta de plano individual de que trata o art. 53 desta Lei ao defensor e ao Ministério Público pelo prazo sucessivo de 3 (três) dias, contados do recebimento da proposta encaminhada pela direção do programa de atendimento.

§ 1º O defensor e o Ministério Público poderão requerer, e o Juiz da Execução poderá determinar, de ofício, a realização de qualquer avaliação ou perícia que entenderem necessárias para complementação do plano individual.

§ 2º A impugnação ou complementação do plano individual, requerida pelo defensor ou pelo Ministério Público, deverá ser fundamentada, podendo a autoridade judiciária indeferi-la, se entender insuficiente a motivação.

§ 3º Admitida a impugnação, ou se entender que o plano é inadequado, a autoridade judiciária designará, se necessário, audiência da qual cientificará o defensor, o Ministério Público, a direção do programa de atendimento, o adolescente e seus pais ou responsável.

§ 4º A impugnação não suspenderá a execução do plano individual, salvo determinação judicial em contrário.

§ 5º Findo o prazo sem impugnação, considerar-se-á o plano individual homologado.

Art. 42. As medidas socioeducativas de liberdade assistida, de semiliberdade e de internação deverão ser reavaliadas no máximo a cada 6 (seis) meses, podendo a autoridade judiciária, se necessário, designar audiência, no prazo máximo de 10 (dez) dias, cientificando o defensor, o Ministério Público, a direção do programa de atendimento, o adolescente e seus pais ou responsável.

§ 1º A audiência será instruída com o relatório da equipe técnica do programa de atendimento sobre a evolução do plano de que trata o art. 52 desta Lei e com qualquer outro parecer técnico requerido pelas partes e deferido pela autoridade judiciária.

§ 2º A gravidade do ato infracional, os antecedentes e o tempo de duração da medida não são fatores que, por si, justifiquem a não substituição da medida por outra menos grave.

§ 3º Considera-se mais grave a internação, em relação a todas as demais medidas, e mais grave a semiliberdade, em relação às medidas de meio aberto.

Art. 43. A reavaliação da manutenção, da substituição ou da suspensão das medidas de meio aberto ou de privação da liberdade e do respectivo plano individual pode ser solicitada a qualquer tempo, a pedido da direção do programa de atendimento, do defensor, do Ministério Público, do adolescente, de seus pais ou responsável.

§ 1º Justifica o pedido de reavaliação, entre outros motivos:

I – o desempenho adequado do adolescente com base no seu plano de atendimento individual, antes do prazo da reavaliação obrigatória;

II – a inadaptação do adolescente ao programa e o reiterado descumprimento das atividades do plano individual; e

III – a necessidade de modificação das atividades do plano individual que importem em maior restrição da liberdade do adolescente.

§ 2º A autoridade judiciária poderá indeferir o pedido, de pronto, se entender insuficiente a motivação.

§ 3º Admitido o processamento do pedido, a autoridade judiciária, se necessário, designará audiência, observando o princípio do § 1º do art. 42 desta Lei.

§ 4º A substituição por medida mais gravosa somente ocorrerá em situações excepcionais, após o devido processo legal, inclusive na hipótese do inciso III do art. 122 da Lei nº 8.069, de 13 de julho de 1990 (Estatuto da Criança e do Adolescente), e deve ser:

I – fundamentada em parecer técnico;

II – precedida de prévia audiência, e nos termos do § 1º do art. 42 desta Lei.

Art. 44. Na hipótese de substituição da medida ou modificação das atividades do plano individual, a autoridade judiciária remeterá o inteiro teor da decisão à direção do programa de atendimento, assim como as peças que entender relevantes à nova situação jurídica do adolescente.

Parágrafo único. No caso de a substituição da medida importar em vinculação do adolescente a outro programa de atendimento, o plano individual e o histórico do cumprimento da medida deverão acompanhar a transferência.

Art. 45. Se, no transcurso da execução, sobrevier sentença de aplicação de nova medida, a autoridade judiciária procederá à unificação, ouvidos, previamente, o Ministério Público e o defensor, no prazo de 3 (três) dias sucessivos, decidindo-se em igual prazo.

§ 1º É vedado à autoridade judiciária determinar reinício de cumprimento de medida socioeducativa, ou deixar de considerar os prazos máximos, e de liberação compulsória previstos na Lei nº 8.069, de 13 de julho de 1990 (Estatuto da Criança e do Adolescente), excetuada a hipótese de medida aplicada por ato infracional praticado durante a execução.

§ 2º É vedado à autoridade judiciária aplicar nova medida de internação, por atos infracionais praticados anteriormente, a adolescente que já tenha concluído cumprimento de medida socioeducativa dessa natureza, ou que tenha sido transferido para cumprimento de medida menos rigorosa, sendo tais atos absorvidos por aqueles aos quais se impôs a medida socioeducativa extrema.

Art. 46. A medida socioeducativa será declarada extinta:

I – pela morte do adolescente;

II – pela realização de sua finalidade;

III – pela aplicação de pena privativa de liberdade, a ser cumprida em regime fechado ou semiaberto, em execução provisória ou definitiva;

IV – pela condição de doença grave, que torne o adolescente incapaz de submeter-se ao cumprimento da medida; e

V – nas demais hipóteses previstas em lei.

§ 1º No caso de o maior de 18 (dezoito) anos, em cumprimento de medida socioeducativa, responder a processo-crime, caberá à autoridade judiciária decidir sobre eventual extinção da execução, cientificando da decisão o juízo criminal competente.

§ 2º Em qualquer caso, o tempo de prisão cautelar não convertida em pena privativa de liberdade deve ser descontado do prazo de cumprimento da medida socioeducativa.

Art. 47. O mandado de busca e apreensão do adolescente terá vigência máxima de 6 (seis) meses, a contar da data da expedição, podendo, se necessário, ser renovado, fundamentadamente.

Art. 48. O defensor, o Ministério Público, o adolescente e seus pais ou responsável poderão postular revisão judicial de qualquer sanção disciplinar aplicada, podendo a autoridade judiciária suspender a execução da sanção até decisão final do incidente.

§ 1º Postulada a revisão após ouvida a autoridade colegiada que aplicou a sanção e havendo provas a produzir em audiência, procederá o magistrado na forma do § 1º do art. 42 desta Lei.

§ 2º É vedada a aplicação de sanção disciplinar de isolamento a adolescente interno, exceto seja essa imprescindível para garantia da segurança de outros internos ou do próprio adolescente a quem seja imposta a sanção, sendo necessária ainda comunicação ao defensor, ao Ministério Público e à autoridade judiciária em até 24 (vinte e quatro) horas.

CAPÍTULO III
DOS DIREITOS INDIVIDUAIS

Art. 49. São direitos do adolescente submetido ao cumprimento de medida socioeducativa, sem prejuízo de outros previstos em lei:

I – ser acompanhado por seus pais ou responsável e por seu defensor, em qualquer fase do procedimento administrativo ou judicial;

II – ser incluído em programa de meio aberto quando inexistir vaga para o cumprimento de medida de privação da liberdade, exceto nos casos de ato infracional cometido mediante grave ameaça ou violência à pessoa, quando o adolescente deverá ser internado em Unidade mais próxima de seu local de residência;

III – ser respeitado em sua personalidade, intimidade, liberdade de pensamento e religião e em todos os direitos não expressamente limitados na sentença;

IV – peticionar, por escrito ou verbalmente, diretamente a qualquer autoridade ou órgão público, devendo, obrigatoriamente, ser respondido em até 15 (quinze) dias;

V – ser informado, inclusive por escrito, das normas de organização e funcionamento do programa de atendimento e também das previsões de natureza disciplinar;

VI – receber, sempre que solicitar, informações sobre a evolução de seu plano individual, participando, obrigatoriamente, de sua elaboração e, se for o caso, reavaliação;

VII – receber assistência integral à sua saúde, conforme o disposto no art. 60 desta Lei; e

VIII – ter atendimento garantido em creche e pré-escola aos filhos de 0 (zero) a 5 (cinco) anos.

§ 1º As garantias processuais destinadas a adolescente autor de ato infracional previstas na Lei nº 8.069, de 13 de julho de 1990 (Estatuto da Criança e do Adolescente), aplicam-se integralmente na execução das medidas socioeducativas, inclusive no âmbito administrativo.

§ 2º A oferta irregular de programas de atendimento socioeducativo em meio aberto não poderá ser invocada como motivo para aplicação ou manutenção de medida de privação da liberdade.

Art. 50. Sem prejuízo do disposto no § 1º do art. 121 da Lei nº 8.069, de 13 de julho de 1990 (Estatuto da Criança e do Adolescente), a direção do programa de execução de medida de privação da liberdade poderá autorizar a saída, monitorada, do adolescente nos casos de tratamento médico, doença grave ou falecimento, devidamente comprovados, de pai, mãe, filho, cônjuge, companheiro ou irmão, com imediata comunicação ao juízo competente.

Art. 51. A decisão judicial relativa à execução de medida socioeducativa será proferida após manifestação do defensor e do Ministério Público.

CAPÍTULO IV
DO PLANO INDIVIDUAL DE ATENDIMENTO (PIA)

Art. 52. O cumprimento das medidas socioeducativas, em regime de prestação de serviços à comunidade, liberdade assistida, semiliberdade ou internação, dependerá de Plano Individual de Atendimento (PIA), instrumento de previsão, registro e gestão das atividades a serem desenvolvidas com o adolescente.

Parágrafo único. O PIA deverá contemplar a participação dos pais ou responsáveis, os quais têm o dever de contribuir com o processo ressocializador do adolescente, sendo esses passíveis de responsabilização administrativa, nos termos do art. 249 da Lei nº 8.069, de 13 de julho de 1990 (Estatuto da Criança e do Adolescente), civil e criminal.

Art. 53. O PIA será elaborado sob a responsabilidade da equipe técnica do respectivo programa de atendimento, com a participação efetiva do adolescente e de sua família, representada por seus pais ou responsável.

Art. 54. Constarão do plano individual, no mínimo:

I – os resultados da avaliação interdisciplinar;
II – os objetivos declarados pelo adolescente;
III – a previsão de suas atividades de integração social e/ou capacitação profissional;
IV – atividades de integração e apoio à família;
V – formas de participação da família para efetivo cumprimento do plano individual; e
VI – as medidas específicas de atenção à sua saúde.

Art. 55. Para o cumprimento das medidas de semiliberdade ou de internação, o plano individual conterá, ainda:

I – a designação do programa de atendimento mais adequado para o cumprimento da medida;
II – a definição das atividades internas e externas, individuais ou coletivas, das quais o adolescente poderá participar; e
III – a fixação das metas para o alcance de desenvolvimento de atividades externas.

Parágrafo único. O PIA será elaborado no prazo de até 45 (quarenta e cinco) dias da data do ingresso do adolescente no programa de atendimento.

Art. 56. Para o cumprimento das medidas de prestação de serviços à comunidade e de liberdade assistida, o PIA será elaborado no prazo de até 15 (quinze) dias do ingresso do adolescente no programa de atendimento.

Art. 57. Para a elaboração do PIA, a direção do respectivo programa de atendimento, pessoalmente ou por meio de membro da equipe técnica, terá acesso aos autos do procedimento de apuração do ato infracional e aos dos procedimentos de apuração de outros atos infracionais atribuídos ao mesmo adolescente.

§ 1º O acesso aos documentos de que trata o *caput* deverá ser realizado por funcionário da entidade de atendimento, devidamente credenciado para tal atividade, ou por membro da direção, em conformidade com as normas a serem definidas pelo Poder Judiciário, de forma a preservar o que determinam os arts. 143 e 144 da Lei nº 8.069, de 13 de julho de 1990 (Estatuto da Criança e do Adolescente).

§ 2º A direção poderá requisitar, ainda:

I – ao estabelecimento de ensino, o histórico escolar do adolescente e as anotações sobre o seu aproveitamento;
II – os dados sobre o resultado de medida anteriormente aplicada e cumprida em outro programa de atendimento; e
III – os resultados de acompanhamento especializado anterior.

Art. 58. Por ocasião da reavaliação da medida, é obrigatória a apresentação pela direção do programa de atendimento de relatório da equipe técnica sobre a evolução do adolescente no cumprimento do plano individual.

Art. 59. O acesso ao plano individual será restrito aos servidores do respectivo programa de atendimento, ao adolescente e a seus pais ou responsável, ao Ministério Público e ao defensor, exceto expressa autorização judicial.

CAPÍTULO V
DA ATENÇÃO INTEGRAL À SAÚDE DE ADOLESCENTE EM CUMPRIMENTO DE MEDIDA SOCIOEDUCATIVA

Seção I
DISPOSIÇÕES GERAIS

Art. 60. A atenção integral à saúde do adolescente no Sistema de Atendimento Socioeducativo seguirá as seguintes diretrizes:

I – previsão, nos planos de atendimento socioeducativo, em todas as esferas, da implantação de ações de promoção da saúde, com o objetivo de integrar as ações socioeducativas, estimulando a autonomia, a melhoria das relações interpessoais e o fortalecimento de redes de apoio aos adolescentes e suas famílias;
II – inclusão de ações e serviços para a promoção, proteção, prevenção de agravos e doenças e recuperação da saúde;
III – cuidados especiais em saúde mental, incluindo os relacionados ao uso de álcool e outras substâncias psicoativas, e atenção aos adolescentes com deficiências;
IV – disponibilização de ações de atenção à saúde sexual e reprodutiva e à prevenção de doenças sexualmente transmissíveis;
V – garantia de acesso a todos os níveis de atenção à saúde, por meio de referência e contrarreferência, de acordo com as normas do Sistema Único de Saúde (SUS);
VI – capacitação das equipes de saúde e dos profissionais das entidades de atendimento, bem como daqueles que atuam nas unidades de saúde de referência voltadas às especificidades de saúde dessa população e de suas famílias;
VII – inclusão, nos Sistemas de Informação de Saúde do SUS, bem como no Sistema de Informações sobre Atendimento Socioeducativo, de dados e indicadores de saúde da população de adolescentes em atendimento socioeducativo; e
VIII – estruturação das unidades de internação conforme as normas de referência do SUS e do SINASE, visando ao atendimento das necessidades de Atenção Básica.

Art. 61. As entidades que ofereçam programas de atendimento socioeducativo em meio aberto e de semiliberdade deverão prestar orientações aos socioeducandos sobre o acesso aos serviços e às unidades do SUS.

Art. 62. As entidades que ofereçam programas de privação de liberdade deverão contar com uma equipe mínima de profissionais de saúde cuja composição esteja em conformidade com as normas de referência do SUS.

Art. 63. VETADO.

§ 1º O filho de adolescente nascido nos estabelecimentos referidos no *caput* deste artigo não terá tal informação lançada em seu registro de nascimento.

§ 2º Serão asseguradas as condições necessárias para que a adolescente submetida à execução de medida socioeducativa de privação de liberdade permaneça com o seu filho durante o período de amamentação.

Seção II
DO ATENDIMENTO A ADOLESCENTE COM TRANSTORNO MENTAL E COM DEPENDÊNCIA DE ÁLCOOL E DE SUBSTÂNCIA PSICOATIVA

Art. 64. O adolescente em cumprimento de medida socioeducativa que apresente indícios de transtorno mental, de deficiência mental, ou associadas, deverá ser avaliado por equipe técnica multidisciplinar e multissetorial.

§ 1º As competências, a composição e a atuação da equipe técnica de que trata o *caput* deverão seguir, conjuntamente, as normas de referência do SUS e do SINASE, na forma do regulamento.

§ 2º A avaliação de que trata o *caput* subsidiará a elaboração e execução da terapêutica a ser adotada, a qual será incluída no PIA do adolescente, prevendo, se necessário, ações voltadas para a família.

§ 3º As informações produzidas na avaliação de que trata o *caput* são consideradas sigilosas.

§ 4º Excepcionalmente, o juiz poderá suspender a execução da medida socioeducativa, ouvidos o defensor e o Ministério Público, com vistas a incluir o adolescente em programa de atenção integral à saúde mental que melhor atenda aos objetivos terapêuticos estabelecidos para o seu caso específico.

§ 5º Suspensa a execução da medida socioeducativa, o juiz designará o responsável por acompanhar e informar sobre a evolução do atendimento ao adolescente.

§ 6º A suspensão da execução da medida socioeducativa será avaliada, no mínimo, a cada 6 (seis) meses.

§ 7º O tratamento a que se submeterá o adolescente deverá observar o previsto na Lei nº 10.216, de 6 de abril de 2001, que dispõe sobre a proteção e os direitos das pessoas portadoras de transtornos mentais e redireciona o modelo assistencial em saúde mental.

§ 8º VETADO.

Art. 65. Enquanto não cessada a jurisdição da Infância e Juventude, a autoridade judiciária, nas hipóteses tratadas no art. 64, poderá remeter cópia dos autos ao Ministério Público para eventual propositura de interdição e outras providências pertinentes.

Art. 66. VETADO.

CAPÍTULO VI
DAS VISITAS A ADOLESCENTE EM CUMPRIMENTO DE MEDIDA DE INTERNAÇÃO

Art. 67. A visita do cônjuge, companheiro, pais ou responsáveis, parentes e amigos a adolescente a quem foi aplicada medida socioeducativa de internação observará dias e horários próprios definidos pela direção do programa de atendimento.

Art. 68. É assegurado ao adolescente casado ou que viva, comprovadamente, em união estável o direito à visita íntima.

Parágrafo único. O visitante será identificado e registrado pela direção do programa de atendimento, que emitirá documento de identificação, pessoal e intransferível, específico para a realização da visita íntima.

Art. 69. É garantido aos adolescentes em cumprimento de medida socioeducativa de internação o direito de receber visita dos filhos, independentemente da idade desses.

Art. 70. O regulamento interno estabelecerá as hipóteses de proibição da entrada de objetos na unidade de internação, vedando o acesso aos seus portadores.

CAPÍTULO VII
DOS REGIMES DISCIPLINARES

Art. 71. Todas as entidades de atendimento socioeducativo deverão, em seus respectivos regimentos, realizar a previsão de regime disciplinar que obedeça aos seguintes princípios:

I – tipificação explícita das infrações como leves, médias e graves e determinação das correspondentes sanções;

II – exigência da instauração formal de processo disciplinar para a aplicação de qualquer sanção, garantidos a ampla defesa e o contraditório;

III – obrigatoriedade de audiência do socioeducando nos casos em que seja necessária a instauração de processo disciplinar;

IV – sanção de duração determinada;

V – enumeração das causas ou circunstâncias que eximam, atenuem ou agravem a sanção a ser imposta ao socioeducando, bem como os requisitos para a extinção dessa;

VI – enumeração explícita das garantias de defesa;

VII – garantia de solicitação e rito de apreciação dos recursos cabíveis; e

VIII – apuração da falta disciplinar por comissão composta por, no mínimo, 3 (três) integrantes, sendo 1 (um), obrigatoriamente, oriundo da equipe técnica.

Art. 72. O regime disciplinar é independente da responsabilidade civil ou penal que advenha do ato cometido.

Art. 73. Nenhum socioeducando poderá desempenhar função ou tarefa de apuração disciplinar ou aplicação de sanção nas entidades de atendimento socioeducativo.

Art. 74. Não será aplicada sanção disciplinar sem expressa e anterior previsão legal ou regulamentar e o devido processo administrativo.

Art. 75. Não será aplicada sanção disciplinar ao socioeducando que tenha praticado a falta:

I – por coação irresistível ou por motivo de força maior;

II – em legítima defesa, própria ou de outrem.

CAPÍTULO VIII
DA CAPACITAÇÃO PARA O TRABALHO

Art. 76. O art. 2º do Decreto-Lei nº 4.048, de 22 de janeiro de 1942, passa a vigorar acrescido do seguinte § 1º, enumerando-se o atual parágrafo único para § 2º:

"Art. 2º ....

§ 1º As escolas do SENAI poderão ofertar vagas aos usuários do Sistema Nacional de Atendimento Socioeducativo (SINASE) nas condições a serem dispostas em instrumentos de cooperação celebrados entre os operadores do SENAI e os gestores dos Sistemas de Atendimento Socioeducativo locais.

§ 2º ...."

Art. 77. O art. 3º do Decreto-Lei nº 8.621, de 10 de janeiro de 1946, passa a vigorar acrescido do seguinte § 1º, renumerando-se o atual parágrafo único para § 2º:

"Art. 3º ....

§ 1º As escolas do SENAC poderão ofertar vagas aos usuários do Sistema Nacional de Atendimento Socioeducativo (SINASE) nas condições a serem dispostas em instrumentos de cooperação celebrados entre os operadores do SENAC e os gestores dos Sistemas de Atendimento Socioeducativo locais.

§ 2º ...."

Art. 78. O art. 1º da Lei nº 8.315, de 23 de dezembro de 1991, passa a vigorar acrescido do seguinte parágrafo único:

"Art. 1º ....

Parágrafo único. Os programas de formação profissional rural do SENAR poderão ofertar vagas aos usuários do Sistema Nacional de Atendimento Socioeducativo (SINASE) nas condições a serem dispostas em instrumentos de cooperação celebrados entre os operadores do SENAR e os gestores dos Sistemas de Atendimento Socioeducativo locais."

Art. 79. O art. 3º da Lei nº 8.706, de 14 de setembro de 1993, passa a vigorar acrescido do seguinte parágrafo único:

"Art. 3º ....

Parágrafo único. Os programas de formação profissional do SENAT poderão ofertar vagas aos usuários do Sistema Nacional de Atendimento Socioeducativo (SINASE) nas condições a serem dispostas em instrumentos de cooperação celebrados entre os operadores do SENAT e os gestores dos Sistemas de Atendimento Socioeducativo locais."

Art. 80. O art. 429 do Decreto-Lei nº 5.452, de 1º de maio de 1943, passa a vigorar acrescido do seguinte § 2º:

▸ Alterações inseridas no texto da referida Consolidação.

TÍTULO III – DISPOSIÇÕES FINAIS E TRANSITÓRIAS

Art. 81. As entidades que mantenham programas de atendimento têm o prazo de até 6 (seis) meses após a publicação desta Lei para encaminhar ao respectivo Conselho Estadual ou Municipal dos Direitos da Criança e do Adolescente proposta de adequação da sua inscrição, sob pena de interdição.

Art. 82. Os Conselhos dos Direitos da Criança e do Adolescente, em todos os níveis federados, com os órgãos responsáveis pelo sistema de educação pública e as entidades de atendimento, deverão, no prazo de 1 (um) ano a partir da publicação desta Lei, garantir a inserção de adolescentes em cumprimento de medida socioeducativa na rede pública de educação, em qualquer fase do período letivo, contemplando as diversas faixas etárias e níveis de instrução.

Art. 83. Os programas de atendimento socioeducativo sob a responsabilidade do Poder Judiciário serão, obrigatoriamente, transferidos ao Poder Executivo no prazo máximo de 1 (um) ano a partir da publicação desta Lei e de acordo com a política de oferta dos programas aqui definidos.

Art. 84. Os programas de internação e semiliberdade sob a responsabilidade dos Municípios serão, obrigatoriamente, transferidos para o Poder Executivo do respectivo Estado no prazo máximo de 1 (um) ano a partir da publicação desta Lei e de acordo com a política de oferta dos programas aqui definidos.

Art. 85. A não transferência de programas de atendimento para os devidos entes responsáveis, no prazo determinado nesta Lei, importará na interdição do programa e caracterizará ato de improbidade administrativa do agente responsável, vedada, ademais, ao Poder Judiciário e ao Poder Executivo municipal, ao final do referido prazo, a realização de despesas para a sua manutenção.

Art. 86. Os arts. 90, 97, 121, 122, 198 e 208 da Lei nº 8.069, de 13 de julho de 1990 (Estatuto da Criança e do Adolescente), passam a vigorar com a seguinte redação:

▸ Alterações inseridas no texto do referido Estatuto.

Art. 87. A Lei nº 8.069, de 13 de julho de 1990 (Estatuto da Criança e do Adolescente), passa a vigorar com as seguintes alterações:

▸ Alterações inseridas no texto do referido Estatuto.

Art. 88. O parágrafo único do art. 3º da Lei nº 12.213, de 20 de janeiro de 2010, passa a vigorar com a seguinte redação:

"Art. 3º ....

Parágrafo único. A dedução a que se refere o *caput* deste artigo não poderá ultrapassar 1% (um por cento) do imposto devido."

Art. 89. VETADO.

Art. 90. Esta Lei entra em vigor após decorridos 90 (noventa) dias de sua publicação oficial.

Brasília, 18 de janeiro de 2012;
191º da Independência e
124º da República

Dilma Rousseff

LEI Nº 12.662, DE 5 DE JUNHO DE 2012

Assegura validade nacional à Declaração de Nascido Vivo – DNV, regula sua expedição, altera a Lei nº 6.015, de 31 de dezembro de 1973, e dá outras providências.

▸ Publicada no *DOU* de 6-6-2012.

Art. 1º Esta Lei regula a expedição e a validade nacional da Declaração de Nascido Vivo.

Art. 2º A Declaração de Nascido Vivo tem validade em todo o território nacional até que seja lavrado o assento do registro do nascimento.

Art. 3º A Declaração de Nascido Vivo será emitida para todos os nascimentos com vida ocorridos no País e será válida exclusivamente para fins de elaboração de políticas públicas e lavratura do assento de nascimento.

§ 1º A Declaração de Nascido Vivo deverá ser emitida por profissional de saúde responsável pelo acompanhamento da gestação, do parto ou do recém-nascido, inscrito no Cadastro Nacional de Estabelecimentos de Saúde – CNES ou no respectivo Conselho profissional.

§ 2º A Declaração de Nascido Vivo não substitui ou dispensa, em qualquer hipótese, o registro civil de nascimento, obrigatório e gratuito, nos termos da Lei.

Art. 4º A Declaração de Nascido Vivo deverá conter número de identificação nacionalmente unificado, a ser gerado exclusivamente pelo Ministério da Saúde, além dos seguintes dados:

I – nome e prenome do indivíduo;

II – dia, mês, ano, hora e Município de nascimento;

III – sexo do indivíduo;

IV – informação sobre gestação múltipla, quando for o caso;

V – nome e prenome, naturalidade, profissão, endereço de residência da mãe e sua idade na ocasião do parto;

VI – nome e prenome do pai; e

VII – outros dados a serem definidos em regulamento.

§ 1º O prenome previsto no inciso I não pode expor seu portador ao ridículo.

§ 2º Caso não seja possível determinar a hora do nascimento, prevista no inciso II, admite-se a declaração da hora aproximada.

§ 3º A declaração e o preenchimento dos dados do inciso VI são facultativos.

§ 4º A Declaração de Nascido Vivo deverá conter inscrição indicando que o registro civil de nascimento permanece obrigatório, não sendo substituído por esse documento.

§ 5º A Declaração de Nascido Vivo deverá conter campo para que sejam descritas, quando presentes, as anomalias ou malformações congênitas observadas.

▸ § 5º acrescido pela Lei nº 13.685, de 25-6-2018.

Art. 5º Os dados colhidos nas Declarações de Nascido Vivo serão consolidados em sistema de informação do Ministério da Saúde.

§ 1º Os dados do sistema previsto no *caput* poderão ser compartilhados com outros órgãos públicos, para elaboração de estatísticas voltadas ao desenvolvimento, avaliação e monitoramento de políticas públicas, respeitadas as normas do Ministério da Saúde sobre acesso a informações que exigem confidencialidade.

§ 2º O sistema previsto no *caput* deverá assegurar a interoperabilidade com o sistema de registro eletrônico determinado pela Lei nº 11.977, de 7 de julho de 2009, de modo a permitir a troca de dados com os serviços de registro civil de pessoas naturais.

§ 3º O sistema previsto no *caput* deverá assegurar a interoperabilidade com o Sistema Nacional de Informações de Registro Civil (Sirc).

§ 4º Os estabelecimentos de saúde públicos e privados que realizam partos terão prazo de 1 (um) ano para se interligarem, mediante sistema informatizado, às serventias de registro civil existentes nas unidades federativas que aderirem ao sistema interligado previsto em regramento do Conselho Nacional de Justiça (CNJ).

▸ §§ 3º e 4º acrescidos pela Lei nº 13.257, de 8-3-2016.

Art. 6º Os arts. 49 e 54 da Lei nº 6.015, de 31 de dezembro de 1973, passam a vigorar com a seguinte redação:

▸ Alterações inseridas no texto da referida Lei.

Art. 7º Esta Lei entra em vigor na data de sua publicação.

Brasília, 5 de junho de 2012;
191º da Independência e
124º da República.

Dilma Rousseff

LEI Nº 12.682, DE 9 DE JULHO DE 2012

Dispõe sobre a elaboração e o arquivamento de documentos em meios eletromagnéticos.

▸ Publicada no *DOU* de 10-7-2012.

Art. 1º A digitalização, o armazenamento em meio eletrônico, óptico ou equivalente e a reprodução de documentos públicos e privados serão regulados pelo disposto nesta Lei.

Parágrafo único. Entende-se por digitalização a conversão da fiel imagem de um documento para código digital.

Art. 2º VETADO.

Art. 2º-A. Fica autorizado o armazenamento, em meio eletrônico, óptico ou equivalente, de documentos públicos ou privados, compostos por dados ou por imagens, observado o disposto nesta Lei, nas legislações específicas e no regulamento.

▸ Dec. nº 10.278, de 18-3-2020, regulamenta este artigo.

§ 1º Após a digitalização, constatada a integridade do documento digital nos termos estabelecidos no regulamento, o original poderá ser destruído, ressalvados os documentos de valor histórico, cuja preservação observará o disposto na legislação específica.

§ 2º O documento digital e a sua reprodução, em qualquer meio, realizada de acordo com o disposto nesta Lei e na legislação específica, terão o mesmo valor probatório do documento original, para todos os fins de direito, inclusive para atender ao poder fiscalizatório do Estado.

§ 3º Decorridos os respectivos prazos de decadência ou de prescrição, os documentos armazenados em meio eletrônico, óptico ou equivalente poderão ser eliminados.

§ 4º Os documentos digitalizados conforme o disposto neste artigo terão o mesmo efeito jurídico conferido aos documentos microfilmados, nos termos da Lei nº 5.433, de 8 de maio de 1968, e de regulamentação posterior.

§ 5º Ato do Secretário de Governo Digital da Secretaria Especial de Desburocratização, Gestão e Governo Digital do Ministério da Economia estabelecerá os documentos cuja reprodução conterá código de autenticação verificável.

§ 6º Ato do Conselho Monetário Nacional disporá sobre o cumprimento do disposto no § 1º deste artigo, relativamente aos documentos referentes a operações e transações realizadas no sistema financeiro nacional.

§ 7º É lícita a reprodução de documento digital, em papel ou em qualquer outro meio físico, que contiver mecanismo de verificação de integridade e autenticidade, na maneira e com a técnica definidas pelo mercado, e cabe ao particular o ônus de demonstrar integralmente a presença de tais requisitos.

§ 8º Para a garantia de preservação da integridade, da autenticidade e da confidencialidade de documentos públicos será usada certificação digital no padrão da Infraestrutura de Chaves Públicas Brasileira (ICP-Brasil).

▸ Art. 2º-A acrescido pela Lei nº 13.874, de 20-9-2019.

Art. 3º O processo de digitalização deverá ser realizado de forma a manter a integridade, a autenticidade e, se necessário, a confidencialidade do documento digital, com o emprego de assinatura eletrônica.

▸ *Caput* com redação dada pela Lei nº 14.129, de 29-3-2021.

Parágrafo único. Os meios de armazenamento dos documentos digitais deverão protegê-los de acesso, uso, alteração, reprodução e destruição não autorizados.

Art. 4º As empresas privadas ou os órgãos da Administração Pública direta ou indireta que utilizarem procedimentos de armazenamento de documentos em meio eletrônico, óptico ou equivalente deverão adotar sistema de indexação que possibilite a sua precisa localização, permitindo a posterior conferência da regularidade das etapas do processo adotado.

Art. 5º VETADO.

Art. 6º Os registros públicos originais, ainda que digitalizados, deverão ser preservados de acordo com o disposto na legislação pertinente.

Art. 7º VETADO.

Art. 8º Esta Lei entra em vigor na data de sua publicação.

Brasília, 9 de julho de 2012;
191º da Independência e
124º da República.

Dilma Rousseff

LEI Nº 12.690, DE 19 DE JULHO DE 2012

Dispõe sobre a organização e o funcionamento das Cooperativas de Trabalho; institui o Programa Nacional de Fomento às Cooperativas de Trabalho – PRONACOOP; e revoga o parágrafo único do art. 442 da Consolidação das Leis do Trabalho – CLT, aprovada pelo Decreto-Lei nº 5.452, de 1º de maio de 1943.

▸ Publicada no *DOU* de 20-7-2012.

▸ Arts. 1.093 a 1.096 do CC.

▸ Lei nº 5.764, de 16-12-1971 (Lei das Cooperativas).

CAPÍTULO I
DAS COOPERATIVAS DE TRABALHO

Art. 1º A Cooperativa de Trabalho é regulada por esta Lei e, no que com ela não colidir, pelas Leis nºs 5.764, de 16 de dezembro de 1971, e 10.406, de 10 de janeiro de 2002 – Código Civil.

Parágrafo único. Estão excluídas do âmbito desta Lei:

I – as cooperativas de assistência à saúde na forma da legislação de saúde suplementar;

II – as cooperativas que atuam no setor de transporte regulamentado pelo poder público e que detenham, por si ou por seus sócios, a qualquer título, os meios de trabalho;

III – as cooperativas de profissionais liberais cujos sócios exerçam as atividades em seus próprios estabelecimentos; e

IV – as cooperativas de médicos cujos honorários sejam pagos por procedimento.

Art. 2º Considera-se Cooperativa de Trabalho a sociedade constituída por trabalhadores para o exercício de suas atividades laborativas ou profissionais com proveito comum, autonomia e autogestão para obterem melhor qualificação, renda, situação socioeconômica e condições gerais de trabalho.

§ 1º A autonomia de que trata o *caput* deste artigo deve ser exercida de forma coletiva e coordenada, mediante a fixação, em Assembleia-Geral, das regras de funcionamento da cooperativa e da forma de execução dos trabalhos, nos termos desta Lei.

§ 2º Considera-se autogestão o processo democrático no qual a Assembleia-Geral define as diretrizes para o funcionamento e as operações da cooperativa, e os sócios decidem sobre a forma de execução dos trabalhos, nos termos da lei.

Art. 3º A Cooperativa de Trabalho rege-se pelos seguintes princípios e valores:

I – adesão voluntária e livre;

II – gestão democrática;

III – participação econômica dos membros;

IV – autonomia e independência;

V – educação, formação e informação;

VI – intercooperação;

VII – interesse pela comunidade;

VIII – preservação dos direitos sociais, do valor social do trabalho e da livre-iniciativa;

IX – não precarização do trabalho;

X – respeito às decisões de assembleia, observado o disposto nesta Lei;

XI – participação na gestão em todos os níveis de decisão de acordo com o previsto em lei e no Estatuto Social.

Art. 4º A Cooperativa de Trabalho pode ser:

I – de produção, quando constituída por sócios que contribuem com trabalho para a produção em comum de bens e a cooperativa detém, a qualquer título, os meios de produção; e

II – de serviço, quando constituída por sócios para a prestação de serviços especializados a terceiros, sem a presença dos pressupostos da relação de emprego.

Parágrafo único. VETADO.

Art. 5º A Cooperativa de Trabalho não pode ser utilizada para intermediação de mão de obra subordinada.

Parágrafo único. VETADO.

Art. 6º A Cooperativa de Trabalho poderá ser constituída com número mínimo de 7 (sete) sócios.

Art. 7º A Cooperativa de Trabalho deve garantir aos sócios os seguintes direitos, além de outros que a Assembleia-Geral venha a instituir:

I – retiradas não inferiores ao piso da categoria profissional e, na ausência deste, não inferiores ao salário mínimo, calculadas de forma proporcional às horas trabalhadas ou às atividades desenvolvidas;

II – duração do trabalho normal não superior a 8 (oito) horas diárias e 44 (quarenta e quatro) horas semanais, exceto quando a atividade, por sua natureza, demandar a prestação de trabalho por meio de plantões ou escalas, facultada a compensação de horários;

III – repouso semanal remunerado, preferencialmente aos domingos;

IV – repouso anual remunerado;

V – retirada para o trabalho noturno superior à do diurno;

VI – adicional sobre a retirada para as atividades insalubres ou perigosas;

VII – seguro de acidente de trabalho.

§ 1º Não se aplica o disposto nos incisos III e IV do *caput* deste artigo nos casos em que as operações entre o sócio e a cooperativa sejam eventuais, salvo decisão assemblear em contrário.

§ 2º A Cooperativa de Trabalho buscará meios, inclusive mediante provisionamento de recursos, com base em critérios que devem ser aprovados em Assembleia-Geral, para assegurar os direitos previstos nos incisos I, III, IV, V, VI e VII do *caput* deste artigo e outros que a Assembleia-Geral venha a instituir.

§ 3º A Cooperativa de Trabalho, além dos fundos obrigatórios previstos em lei, poderá criar, em Assembleia-Geral, outros fundos, inclusive rotativos, com recursos destinados a fins específicos, fixando o modo de formação, custeio, aplicação e liquidação.

§ 4º VETADO.

§ 5º A Cooperativa de Trabalho constituída nos termos do inciso I do *caput* do art. 4º desta Lei poderá, em Assembleia-Geral Extraordinária, estabelecer carência na fruição dos direitos previstos nos incisos I e VII do *caput* deste artigo.

§ 6º As atividades identificadas com o objeto social da Cooperativa de Trabalho prevista no inciso II do *caput* do art. 4º desta Lei, quando prestadas fora do estabelecimento da cooperativa, deverão ser submetidas a uma coordenação com mandato nunca superior a 1 (um) ano ou ao prazo estipulado para a realização dessas atividades, eleita em reunião específica pelos sócios que se disponham a realizá-las, em que serão expostos os requisitos para sua consecução, os valores contratados e a retribuição pecuniária de cada sócio partícipe.

Art. 8º As Cooperativas de Trabalho devem observar as normas de saúde e segurança do trabalho previstas na legislação em vigor e em atos normativos expedidos pelas autoridades competentes.

Art. 9º O contratante da Cooperativa de Trabalho prevista no inciso II do *caput* do art. 4º desta Lei responde solidariamente pelo cumprimento das normas de saúde e segurança do trabalho quando os serviços forem prestados no seu estabelecimento ou em local por ele determinado.

CAPÍTULO II
DO FUNCIONAMENTO DAS COOPERATIVAS DE TRABALHO

Art. 10. A Cooperativa de Trabalho poderá adotar por objeto social qualquer gênero de serviço, operação ou atividade, desde que previsto no seu Estatuto Social.

§ 1º É obrigatório o uso da expressão "Cooperativa de Trabalho" na denominação social da cooperativa.

▸ Art. 1.159 do CC.

§ 2º A Cooperativa de Trabalho não poderá ser impedida de participar de procedimentos de licitação pública que tenham por escopo os mesmos serviços, operações e atividades previstas em seu objeto social.

§ 3º A admissão de sócios na cooperativa estará limitada consoante as possibilidades de reunião, abrangência das operações, controle e prestação de serviços e congruente com o objeto estatuído.

§ 4º Para o cumprimento dos seus objetivos sociais, o sócio poderá exercer qualquer atividade da cooperativa, conforme deliberado em Assembleia-Geral.

Art. 11. Além da realização da Assembleia-Geral Ordinária e Extraordinária para deliberar nos termos dos e sobre os assuntos previstos na Lei nº 5.764, de 16 de dezembro de 1971, e no Estatuto Social, a Cooperativa de Trabalho deverá realizar anualmente, no mínimo, mais uma Assembleia-Geral Especial para deliberar, entre outros assuntos especificados no edital de convocação, sobre gestão da cooperativa, disciplina, direitos e deveres dos sócios, planejamento e resultado econômico dos projetos e contratos firmados e organização do trabalho.

§ 1º O destino das sobras líquidas ou o rateio dos prejuízos será decidido em Assembleia-Geral Ordinária.

§ 2º As Cooperativas de Trabalho deverão estabelecer, em Estatuto Social ou Regimento Interno, incentivos à participação efetiva dos sócios na Assembleia-Geral e eventuais sanções em caso de ausências injustificadas.

§ 3º O *quorum* mínimo de instalação das Assembleias-Gerais será de:

I – 2/3 (dois terços) do número de sócios, em primeira convocação;

II – metade mais 1 (um) dos sócios, em segunda convocação;

III – 50 (cinquenta) sócios ou, no mínimo, 20% (vinte por cento) do total de sócios, prevalecendo o menor número, em terceira convocação, exigida a presença de, no mínimo, 4 (quatro) sócios para as cooperativas que possuam até 19 (dezenove) sócios matriculados.

§ 4º As decisões das assembleias serão consideradas válidas quando contarem com a aprovação da maioria absoluta dos sócios presentes.

§ 5º Comprovada fraude ou vício nas decisões das assembleias, serão elas nulas de pleno direito, aplicando-se, conforme o caso, a legislação civil e penal.

§ 6º A Assembleia-Geral Especial de que trata este artigo deverá ser realizada no segundo semestre do ano.

Art. 12. A notificação dos sócios para participação das assembleias será pessoal e ocorrerá com antecedência mínima de 10 (dez) dias de sua realização.

§ 1º Na impossibilidade de notificação pessoal, a notificação dar-se-á por via postal, respeitada a antecedência prevista no *caput* deste artigo.

§ 2º Na impossibilidade de realização das notificações pessoal e postal, os sócios serão notificados mediante edital afixado na sede e em outros locais previstos nos estatutos e publicado em jornal de grande circulação na região da sede da cooperativa ou na região onde ela exerça suas atividades, respeitada a antecedência prevista no *caput* deste artigo.

Art. 13. É vedado à Cooperativa de Trabalho distribuir verbas de qualquer natureza entre os sócios, exceto a retirada devida em razão do exercício de sua atividade como sócio ou retribuição por conta de reembolso de despesas comprovadamente realizadas em proveito da Cooperativa.

Art. 14. A Cooperativa de Trabalho deverá deliberar, anualmente, na Assembleia-Geral Ordinária, sobre a adoção ou não de diferentes faixas de retirada dos sócios.

Parágrafo único. No caso de fixação de faixas de retirada, a diferença entre as de maior e as de menor valor deverá ser fixada na Assembleia.

Art. 15. O Conselho de Administração será composto por, no mínimo, 3 (três) sócios, eleitos pela Assembleia-Geral, para um prazo de gestão não superior a 4 (quatro) anos, sendo obrigatória a renovação de, no mínimo, 1/3 (um terço) do colegiado, ressalvada a hipótese do art. 16 desta Lei.

Art. 16. A Cooperativa de Trabalho constituída por até 19 (dezenove) sócios poderá estabelecer, em Estatuto Social, composição para o Conselho de Administração e para o Conselho Fiscal distinta da prevista nesta Lei e no art. 56 da Lei nº 5.764, de 16 de dezembro de 1971, assegurados, no mínimo, 3 (três) conselheiros fiscais.

CAPÍTULO III
DA FISCALIZAÇÃO E DAS PENALIDADES

Art. 17. Cabe ao Ministério do Trabalho e Emprego, no âmbito de sua competência, a fiscalização do cumprimento do disposto nesta Lei.

§ 1º A Cooperativa de Trabalho que intermediar mão de obra subordinada e os contratantes de seus serviços estarão sujeitos à multa de R$ 500,00 (quinhentos reais) por trabalhador prejudicado, dobrada na reincidência, a ser revertida em favor do Fundo de Amparo ao Trabalhador – FAT.

§ 2º Presumir-se-á intermediação de mão de obra subordinada a relação contratual estabelecida entre a empresa contratante e as Cooperativas de Trabalho que não cumprirem o disposto no § 6º do art. 7º desta Lei.

§ 3º As penalidades serão aplicadas pela autoridade competente do Ministério do Trabalho e Emprego, de acordo com o estabelecido no Título VII da Consolidação das Leis do Trabalho – CLT, aprovada pelo Decreto-Lei nº 5.452, de 1º de maio de 1943.

▸ Arts. 626 a 642 da CLT.

Art. 18. A constituição ou utilização de Cooperativa de Trabalho para fraudar deliberadamente a legislação trabalhista, previdenciária e o disposto nesta Lei acarretará aos responsáveis as sanções penais, cíveis e administrativas cabíveis, sem prejuízo da ação judicial visando à dissolução da Cooperativa.

§ 1º VETADO.

§ 2º Fica inelegível para qualquer cargo em Cooperativa de Trabalho, pelo período de até 5 (cinco) anos, contado a partir da sentença transitada em julgado, o sócio, dirigente ou o administrador condenado pela prática das fraudes elencadas no *caput* deste artigo.

CAPÍTULO IV
DO PROGRAMA NACIONAL DE FOMENTO ÀS COOPERATIVAS DE TRABALHO – PRONACOOP

Art. 19. É instituído, no âmbito do Ministério do Trabalho e Emprego, o Programa Nacional de Fomento às Cooperativas de Trabalho – PRONACOOP, com a finalidade de promover o desenvolvimento e a melhoria do desempenho econômico e social da Cooperativa de Trabalho.

Parágrafo único. O PRONACOOP tem como finalidade apoiar:

I – a produção de diagnóstico e plano de desenvolvimento institucional para as Cooperativas de Trabalho dele participantes;

II – a realização de acompanhamento técnico visando ao fortalecimento financeiro, de gestão, de organização do processo produtivo ou de trabalho, bem como à qualificação dos recursos humanos;

III – a viabilização de linhas de crédito;

IV – o acesso a mercados e à comercialização da produção;

V – o fortalecimento institucional, a educação cooperativista e a constituição de cooperativas centrais, federações e confederações de cooperativas;

VI – outras ações que venham a ser definidas por seu Comitê Gestor no cumprimento da finalidade estabelecida no *caput* deste artigo.

Art. 20. É criado o Comitê Gestor do PRONACOOP, com as seguintes atribuições:

I – acompanhar a implementação das ações previstas nesta Lei;

II – estabelecer as diretrizes e metas para o PRONACOOP;

III – definir as normas operacionais para o PRONACOOP;

IV – propor o orçamento anual do PRONACOOP;

V e VI – VETADOS.

§ 1º O Comitê Gestor terá composição paritária entre o governo e entidades representativas do cooperativismo de trabalho.

§ 2º O número de membros, a organização e o funcionamento do Comitê Gestor serão estabelecidos em regulamento.

Art. 21. O Ministério do Trabalho e Emprego poderá celebrar convênios, acordos, ajustes e outros instrumentos que objetivem a cooperação técnico-científica com órgãos do setor público e entidades privadas sem fins lucrativos, no âmbito do PRONACOOP.

Art. 22. As despesas decorrentes da implementação do PRONACOOP correrão à conta das dotações orçamentárias consignadas anualmente ao Ministério do Trabalho e Emprego.

Art. 23. Os recursos destinados às linhas de crédito do PRONACOOP serão provenientes:

I – do Fundo de Amparo ao Trabalhador – FAT;

II – de recursos orçamentários da União; e

III – de outros recursos que venham a ser alocados pelo poder público.

Parágrafo único. O Conselho Deliberativo do Fundo de Amparo ao Trabalhador – CODEFAT definirá as diretrizes para a aplicação, no âmbito do PRONACOOP, dos recursos oriundos do Fundo de Amparo ao Trabalhador – FAT.

Art. 24. As instituições financeiras autorizadas a operar com os recursos do PRONACOOP poderão realizar operações de crédito destinadas a empreendimentos inscritos no Programa sem a exigência de garantias reais, que poderão ser substituídas por garantias alternativas, observadas as condições estabelecidas em regulamento.

Parágrafo único. VETADO.

Art. 25. VETADO.

CAPÍTULO V
DISPOSIÇÕES FINAIS

Art. 26. É instituída a Relação Anual de Informações das Cooperativas de Trabalho – RAICT, a ser preenchida pelas Cooperativas de Trabalho, anualmente, com informações relativas ao ano-base anterior.

Parágrafo único. O Poder Executivo regulamentará o modelo de formulário da RAICT, os critérios para entrega das informações e as responsabilidades institucionais sobre a coleta, processamento, acesso e divulgação das informações.

Art. 27. A Cooperativa de Trabalho constituída antes da vigência desta Lei terá prazo de 12 (doze) meses, contado de sua publicação, para adequar seus estatutos às disposições nela previstas.

Art. 28. A Cooperativa de Trabalho prevista no inciso II do *caput* do art. 4º desta Lei constituída antes da vigência desta Lei terá prazo de 12 (doze) meses, contado de sua publicação, para assegurar aos sócios as garantias previstas nos incisos I, IV, V, VI e VII do *caput* do art. 7º desta Lei, conforme deliberado em Assembleia-Geral.

Art. 29. Esta Lei entra em vigor na data de sua publicação.

Art. 30. VETADO.

Brasília, 19 de julho de 2012;
191º da Independência e
124º da República.

Dilma Rousseff

LEI Nº 12.694, DE 24 DE JULHO DE 2012

Dispõe sobre o processo e o julgamento colegiado em primeiro grau de jurisdição de crimes praticados por organizações criminosas; altera o Decreto-Lei nº 2.848, de 7 de dezembro de 1940 – Código Penal, o Decreto-Lei nº 3.689, de 3 de outubro de 1941 – Código de Processo Penal, e as Leis nºs 9.503, de 23 de setembro de 1997 – Código de Trânsito Brasileiro, e 10.826, de 22 de dezembro de 2003; e dá outras providências.

▸ Publicada no *DOU* de 25-7-2012.

▸ Lei nº 12.850, de 2-8-2013 (Nova Lei do Crime Organizado).

Art. 1º Em processos ou procedimentos que tenham por objeto crimes praticados por organizações criminosas, o juiz poderá decidir pela formação de colegiado para a prática de qualquer ato processual, especialmente:

I – decretação de prisão ou de medidas assecuratórias;

II – concessão de liberdade provisória ou revogação de prisão;

III – sentença;

IV – progressão ou regressão de regime de cumprimento de pena;

V – concessão de liberdade condicional;

VI – transferência de preso para estabelecimento prisional de segurança máxima; e

VII – inclusão do preso no regime disciplinar diferenciado.

§ 1º O juiz poderá instaurar o colegiado, indicando os motivos e as circunstâncias que acarretam risco à sua integridade física em decisão fundamentada, da qual será dado conhecimento ao órgão correicional.

§ 2º O colegiado será formado pelo juiz do processo e por 2 (dois) outros juízes escolhidos por sorteio eletrônico dentre aqueles de competência criminal em exercício no primeiro grau de jurisdição.

§ 3º A competência do colegiado limita-se ao ato para o qual foi convocado.

§ 4º As reuniões poderão ser sigilosas sempre que houver risco de que a publicidade resulte em prejuízo à eficácia da decisão judicial.

§ 5º A reunião do colegiado composto por juízes domiciliados em cidades diversas poderá ser feita pela via eletrônica.

§ 6º As decisões do colegiado, devidamente fundamentadas e firmadas, sem exceção, por todos os seus integrantes, serão publicadas sem qualquer referência a voto divergente de qualquer membro.

§ 7º Os tribunais, no âmbito de suas competências, expedirão normas regulamentando a composição do colegiado e os procedimentos a serem adotados para o seu funcionamento.

Art. 1º-A. Os Tribunais de Justiça e os Tribunais Regionais Federais poderão instalar, nas comarcas sedes de Circunscrição ou Seção Judiciária, mediante resolução, Varas Criminais Colegiadas com competência para o processo e julgamento:

I – de crimes de pertinência a organizações criminosas armadas ou que tenham armas à disposição;

II – do crime do art. 288-A do Decreto-Lei nº 2.848, de 7 de dezembro de 1940 (Código Penal); e

III – das infrações penais conexas aos crimes a que se referem os incisos I e II do *caput* deste artigo.

§ 1º As Varas Criminais Colegiadas terão competência para todos os atos jurisdicionais no decorrer da investigação, da ação penal e da execução da pena, inclusive a transferência do preso para estabelecimento prisional de segurança máxima ou para regime disciplinar diferenciado.

§ 2º Ao receber, segundo as regras normais de distribuição, processos ou procedimentos que tenham por objeto os crimes mencionados no *caput* deste artigo, o juiz deverá declinar da competência e remeter os autos, em qualquer fase em que se encontrem, à Vara Criminal Colegiada de sua Circunscrição ou Seção Judiciária.

§ 3º Feita a remessa mencionada no § 2º deste artigo, a Vara Criminal Colegiada terá competência para todos os atos processuais posteriores, incluindo os da fase de execução.

▶ Art. 1º-A acrescido pela Lei nº 13.964, de 24-12-2019.

Art. 2º Para os efeitos desta Lei, considera-se organização criminosa a associação, de 3 (três) ou mais pessoas, estruturalmente ordenada e caracterizada pela divisão de tarefas, ainda que informalmente, com objetivo de obter, direta ou indiretamente, vantagem de qualquer natureza, mediante a prática de crimes cuja pena máxima seja igual ou superior a 4 (quatro) anos ou que sejam de caráter transnacional.

Art. 3º Os tribunais, no âmbito de suas competências, são autorizados a tomar medidas para reforçar a segurança dos prédios da Justiça, especialmente:

I – controle de acesso, com identificação, aos seus prédios, especialmente aqueles com varas criminais, ou às áreas dos prédios com varas criminais;

II – instalação de câmeras de vigilância nos seus prédios, especialmente nas varas criminais e áreas adjacentes;

III – instalação de aparelhos detectores de metais, aos quais se devem submeter todos que queiram ter acesso aos seus prédios, especialmente às varas criminais ou às respectivas salas de audiência, ainda que exerçam qualquer cargo ou função pública, ressalvados os integrantes de missão policial, a escolta de presos e os agentes ou inspetores de segurança próprios.

Art. 4º O art. 91 do Decreto-Lei nº 2.848, de 7 de dezembro de 1940 – Código Penal, passa a vigorar acrescido dos seguintes §§ 1º e 2º:

▶ Alterações inseridas no texto do referido Código.

Art. 5º O Decreto-Lei nº 3.689, de 3 de outubro de 1941 – Código de Processo Penal, passa a vigorar acrescido do seguinte art. 144-A:

▶ Alterações inseridas no texto do referido Código.

Art. 6º O art. 115 da Lei nº 9.503, de 23 de setembro de 1997 – Código de Trânsito Brasileiro, passa a vigorar acrescido do seguinte § 7º:

▶ Alterações inseridas no texto do referido Código.

Art. 7º O art. 6º da Lei nº 10.826, de 22 de dezembro de 2003, passa a vigorar acrescido do seguinte inciso XI:

▶ Alterações inseridas no texto da referida Lei.

Art. 8º A Lei nº 10.826, de 22 de dezembro de 2003, passa a vigorar acrescida do seguinte art. 7º-A:

▶ Alterações inseridas no texto da referida Lei.

Art. 9º Diante de situação de risco, decorrente do exercício da função, das autoridades judiciais ou membros do Ministério Público e de seus familiares, o fato será comunicado à polícia judiciária, que avaliará a necessidade, o alcance e os parâmetros da proteção pessoal.

▶ O STF, por unanimidade, julgou procedente a ADI nº 5.157 para declarar a inconstitucionalidade da expressão "que avaliará a necessidade, o alcance e os parâmetros da proteção pessoal", constante neste *caput* (*DOU* de 12-2-2025).

§ 1º A proteção pessoal será prestada de acordo com a avaliação realizada pela polícia judiciária e após a comunicação à autoridade judicial ou ao membro do Ministério Público, conforme o caso:

▶ O STF, por unanimidade, julgou procedente a ADI nº 5.157 para declarar a inconstitucionalidade da expressão "de acordo com a avaliação realizada pela polícia judiciária", constante neste parágrafo (*DOU* de 12-2-2025).

I – pela própria polícia judiciária;

II – pelos órgãos de segurança institucional;

III – por outras forças policiais;

IV – de forma conjunta pelos citados nos incisos I, II e III.

§ 1º-A. A proteção pessoal compreende as seguintes medidas, entre outras, aplicadas isolada ou cumulativamente, conforme os critérios da necessidade e da adequação:

I – reforço de segurança orgânica;

II – escolta total ou parcial;

III – colete balístico;

IV – veículo blindado;

V – remoção provisória, mediante provocação do próprio membro do Poder Judiciário, do Ministério Público ou da Defensoria Pública ou do oficial de justiça, asseguradas a garantia de custeio com mudança e transporte e a garantia de vaga em instituições públicas de ensino para seus filhos e dependentes;

VI – trabalho remoto.

▶ § 1º-A acrescido pela Lei nº 15.134, de 6-5-2025.

§ 2º Será prestada proteção pessoal imediata nos casos urgentes, sem prejuízo da adequação da medida, segundo a avaliação a que se referem o *caput* e o § 1º deste artigo.

▶ O STF, por unanimidade, julgou procedente a ADI nº 5.157 para declarar a inconstitucionalidade da expressão "segundo a avaliação a que se referem o *caput* e o § 1º deste artigo", constante neste parágrafo (*DOU* de 12-2-2025).

§ 2º-A. VETADO. Lei nº 15.134, de 6-5-2025.

§ 3º A prestação de proteção pessoal será comunicada ao Conselho Nacional de Justiça ou ao Conselho Nacional do Ministério Público, conforme o caso.

§ 4º Verificado o descumprimento dos procedimentos de segurança definidos pela polícia judiciária, esta encaminhará relatório ao Conselho Nacional de Justiça – CNJ ou ao Conselho Nacional do Ministério Público – CNMP.

▶ O STF, por unanimidade, julgou procedente a ADI nº 5.157 para declarar a inconstitucionalidade da expressão "definidos pela polícia judiciária", constante neste parágrafo (*DOU* de 12-2-2025).

Art. 10. Esta Lei entra em vigor após decorridos 90 (noventa) dias de sua publicação oficial.

Brasília, 24 de julho de 2012;
191º da Independência e
124º da República.

Dilma Rousseff

LEI Nº 12.714, DE 14 DE SETEMBRO DE 2012

Dispõe sobre o sistema de acompanhamento da execução das penas, da prisão cautelar e da medida de segurança.

▶ Publicada no *DOU* de 17-9-2012.

Art. 1º Os dados e as informações da execução da pena, da prisão cautelar e da medida de segurança deverão ser mantidos e atualizados em sistema informatizado de acompanhamento da execução da pena.

§ 1º Os sistemas informatizados de que trata o *caput* serão, preferencialmente, de tipo aberto.

§ 2º Considera-se sistema ou programa aberto aquele cuja licença de uso não restrinja sob nenhum aspecto a sua cessão, distribuição, utilização ou modificação, assegurando ao usuário o acesso irrestrito e sem custos adicionais ao seu código fonte e documentação associada, permitindo a sua modificação parcial ou total, garantindo-se os direitos autorais do programador.

§ 3º Os dados e as informações previstos no *caput* serão acompanhados pelo magistrado, pelo representante do Ministério Público e pelo defensor e estarão disponíveis à pessoa presa ou custodiada.

§ 4º O sistema de que trata o *caput* deverá permitir o cadastramento do defensor, dos representantes dos conselhos penitenciários estaduais e do Distrito Federal e dos conselhos da comunidade para acesso aos dados e informações.

Art. 2º O sistema previsto no art. 1º deverá conter o registro dos seguintes dados e informações:

I – nome, filiação, data de nascimento e sexo;

II – data da prisão ou da internação;

III – comunicação da prisão à família e ao defensor;

IV – tipo penal e pena em abstrato;

V – tempo de condenação ou da medida aplicada;

VI – dias de trabalho ou estudo;

VII – dias remidos;

VIII – atestado de comportamento carcerário expedido pelo diretor do estabelecimento prisional;

IX – faltas graves;

X – exame de cessação de periculosidade, no caso de medida de segurança; e

XI – utilização de equipamento de monitoração eletrônica pelo condenado.

Art. 3º O lançamento dos dados ou das informações de que trata o art. 2º ficará sob a responsabilidade:

I – da autoridade policial, por ocasião da prisão, quanto ao disposto nos incisos I a IV do *caput* do art. 2º;

II – do magistrado que proferir a decisão ou acórdão, quanto ao disposto nos incisos V, VII e XI do *caput* do art. 2º;

III – do diretor do estabelecimento prisional, quanto ao disposto nos incisos VI, VIII e IX do *caput* do art. 2º; e

IV – do diretor da unidade de internação, quanto ao disposto no inciso X do *caput* do art. 2º.

Parágrafo único. Os dados e informações previstos no inciso II do *caput* do art. 2º poderão, a qualquer momento, ser revistos pelo magistrado.

Art. 4º O sistema referido no art. 1º deverá conter ferramentas que:

I – informem as datas estipuladas para:

a) conclusão do inquérito;

b) oferecimento da denúncia;

c) obtenção da progressão de regime;

d) concessão do livramento condicional;

e) realização do exame de cessação de periculosidade; e

f) enquadramento nas hipóteses de indulto ou de comutação de pena;

II – calculem a remição da pena; e

III – identifiquem a existência de outros processos em que tenha sido determinada a prisão do réu ou acusado.

§ 1º O sistema deverá ser programado para informar tempestiva e automaticamente, por aviso eletrônico, as datas mencionadas no inciso I do *caput*:

I – ao magistrado responsável pela investigação criminal, processo penal ou execução da pena ou cumprimento da medida de segurança;

II – ao Ministério Público; e

III – ao defensor.

§ 2º Recebido o aviso previsto no § 1º, o magistrado verificará o cumprimento das condições legalmente previstas para soltura ou concessão de outros benefícios à pessoa presa ou custodiada e dará vista ao Ministério Público.

Art. 5º O Poder Executivo federal instituirá sistema nacional, visando à interoperabilidade das bases de dados e informações dos sistemas informatizados instituídos pelos Estados e pelo Distrito Federal.

Parágrafo único. A União poderá apoiar os Estados e o Distrito Federal no desenvolvimento, implementação e adequação de sistemas próprios que permitam interoperabilidade com o sistema nacional de que trata o *caput*.

Art. 6º Esta Lei entra em vigor após decorridos 365 (trezentos e sessenta e cinco) dias de sua publicação oficial.

Brasília, 14 de setembro de 2012;
191º da Independência e
124º da República.

Dilma Rousseff

LEI Nº 12.741, DE 8 DE DEZEMBRO DE 2012

Dispõe sobre as medidas de esclarecimento ao consumidor, de que trata o § 5º do artigo 150 da Constituição Federal; altera o inciso III do art. 6º e o inciso IV do art. 106 da Lei nº 8.078, de 11 de setembro de 1990 – Código de Defesa do Consumidor.

▸ Publicada no *DOU* de 10-12-2012.

▸ Dec. nº 8.264, de 5-6-2014, regulamenta esta Lei.

Art. 1º Emitidos por ocasião da venda ao consumidor de mercadorias e serviços, em todo território nacional, deverá constar, dos documentos fiscais ou equivalentes, a informação do valor aproximado correspondente à totalidade dos tributos federais, estaduais e municipais, cuja incidência influi na formação dos respectivos preços de venda.

§ 1º A apuração do valor dos tributos incidentes deverá ser feita em relação a cada mercadoria ou serviço, separadamente, inclusive nas hipóteses de regimes jurídicos tributários diferenciados dos respectivos fabricantes, varejistas e prestadores de serviços, quando couber.

§ 2º A informação de que trata este artigo poderá constar de painel afixado em local visível do estabelecimento, ou por qualquer outro meio eletrônico ou impresso, de forma a demonstrar o valor ou percentual, ambos aproximados, dos tributos incidentes sobre todas as mercadorias ou serviços postos à venda.

§ 3º Na hipótese do § 2º, as informações a serem prestadas serão elaboradas em termos de percentuais sobre o preço a ser pago, quando se tratar de tributo com alíquota *ad valorem*, ou em valores monetários (no caso de alíquota específica); no caso de se utilizar meio eletrônico, este deverá estar disponível ao consumidor no âmbito do estabelecimento comercial.

§ 4º VETADO.

§ 5º Os tributos que deverão ser computados são os seguintes:

I – Imposto sobre Operações relativas a Circulação de Mercadorias e sobre Prestações de Serviços de Transporte Interestadual e Intermunicipal e de Comunicação (ICMS);

II – Imposto sobre Serviços de Qualquer Natureza (ISS);

III – Imposto sobre Produtos Industrializados (IPI);

IV – Imposto sobre Operações de Crédito, Câmbio e Seguro, ou Relativas a Títulos ou Valores Mobiliários (IOF);

V e VI – VETADOS;

VII – Contribuição Social para o Programa de Integração Social (PIS) e para o Programa de Formação do Patrimônio do Servidor Público (PASEP) – (PIS/PASEP);

VIII – Contribuição para o Financiamento da Seguridade Social (COFINS);

IX – Contribuição de Intervenção no Domínio Econômico, incidente sobre a importação e a comercialização de petróleo e seus derivados, gás natural e seus derivados, e álcool etílico combustível (CIDE).

§ 6º Serão informados ainda os valores referentes ao imposto de importação, PIS/PASEP/Importação e COFINS/Importação, na hipótese de produtos cujos insumos ou componentes sejam oriundos de operações de comércio exterior e representem percentual superior a 20% (vinte por cento) do preço de venda.

§ 7º Na hipótese de incidência do imposto sobre a importação, nos termos do § 6º, bem como da incidência do Imposto sobre Produtos Industrializados – IPI, todos os fornecedores constantes das diversas cadeias produtivas deverão fornecer aos adquirentes, em meio magnético, os valores dos 2 (dois) tributos individualizados por item comercializado.

§ 8º Em relação aos serviços de natureza financeira, quando não seja legalmente prevista a emissão de documento fiscal, as informações de que trata este artigo deverão ser feitas em tabelas afixadas nos respectivos estabelecimentos.

§ 9º VETADO.

§ 10. A indicação relativa ao IOF (prevista no inciso IV do § 5º) restringe-se aos produtos financeiros sobre os quais incida diretamente aquele tributo.

§ 11. A indicação relativa ao PIS e à COFINS (incisos VII e VIII do § 5º), limitar-se-á à tributação incidente sobre a operação de venda ao consumidor.

§ 12. Sempre que o pagamento de pessoal constituir item de custo direto do serviço ou produto fornecido ao consumidor, deve ser divulgada, ainda, a contribuição previdenciária dos empregados e dos empregadores incidente, alocada ao serviço ou produto.

Art. 2º Os valores aproximados de que trata o art. 1º serão apurados sobre cada operação, e poderão, a critério das empresas vendedoras, ser calculados e fornecidos, semestralmente, por instituição de âmbito nacional reconhecidamente idônea, voltada primordialmente à apuração e análise de dados econômicos.

Art. 3º O inciso III do art. 6º da Lei nº 8.078, de 11 de setembro de 1990, passa a vigorar com a seguinte redação:

▸ Alterações inseridas no texto do referido Código.

Art. 4º VETADO.

Art. 5º Decorrido o prazo de 12 (doze) meses, contado do início de vigência desta Lei, o descumprimento de suas disposições sujeitará o infrator às sanções previstas no Capítulo VII do Título I da Lei nº 8.078, de 11 de setembro de 1990.

▸ Artigo com a redação dada pela Lei nº 12.868, de 15-10-2013.

Art. 6º Esta Lei entra em vigor 6 (seis) meses após a data de sua publicação.

Brasília, 8 de dezembro de 2012;
191º da Independência e
124º da República.

Dilma Rousseff

LEI Nº 12.761, DE 27 DE DEZEMBRO DE 2012

Institui o Programa de Cultura do Trabalhador; cria o vale-cultura; altera as Leis nºs 8.212, de 24 de julho de 1991, e 7.713, de 22 de dezembro de 1988, e a Consolidação das Leis do Trabalho – CLT, aprovada pelo Decreto-Lei nº 5.452, de 1º de maio de 1943; e dá outras providências.

▸ Publicada no *DOU* de 27-12-2012, Edição Extra.

▸ Dec. nº 8.084, de 26-8-2013, regulamenta esta Lei.

Art. 1º Fica instituído, sob a gestão do Ministério da Cultura, o Programa de Cultura do Trabalhador, destinado a fornecer aos trabalhadores meios para o exercício dos direitos culturais e acesso às fontes da cultura.

Art. 2º O Programa de Cultura do Trabalhador tem os seguintes objetivos:

I – possibilitar o acesso e a fruição dos produtos e serviços culturais;

II – estimular a visitação a estabelecimentos culturais e artísticos; e

III – incentivar o acesso a eventos e espetáculos culturais e artísticos.

§ 1º Para os fins deste Programa, são definidos os serviços e produtos culturais da seguinte forma:

I – serviços culturais: atividades de cunho artístico e cultural fornecidas por pessoas jurídicas, cujas características se enquadrem nas áreas culturais previstas no § 2º; e

II – produtos culturais: materiais de cunho artístico, cultural e informativo, produzidos em qualquer formato ou mídia por pessoas físicas ou jurídicas, cujas características se enquadrem nas áreas culturais previstas no § 2º.

§ 2º Consideram-se áreas culturais para fins do disposto nos incisos I e II do § 1º:

I – artes visuais;

II – artes cênicas;

III – audiovisual;

IV – literatura, humanidades e informação;

V – música; e

VI – patrimônio cultural.

§ 3º O Poder Executivo poderá ampliar as áreas culturais previstas no § 2º.

Art. 3º Fica criado o vale-cultura, de caráter pessoal e intransferível, válido em todo o território nacional, para acesso e fruição de produtos e serviços culturais, no âmbito do Programa de Cultura do Trabalhador.

Art. 4º O vale-cultura será confeccionado e comercializado por empresas operadoras e disponibilizado aos usuários pelas empresas beneficiárias para ser utilizado nas empresas recebedoras.

Art. 5º Para os efeitos desta Lei, entende-se por:

I – empresa operadora: pessoa jurídica cadastrada no Ministério da Cultura, possuidora do Certificado de Inscrição no Programa de Cultura do Trabalhador e autorizada a produzir e comercializar o vale-cultura;

II – empresa beneficiária: pessoa jurídica optante pelo Programa de Cultura do Trabalhador e autorizada a distribuir o vale-cultura a seus trabalhadores com vínculo empregatício;

▸ Inciso II com a redação dada pela Lei nº 12.868, de 15-10-2013.

III – usuário: trabalhador com vínculo empregatício com a empresa beneficiária;

IV – empresa recebedora: pessoa jurídica habilitada pela empresa operadora para receber o vale-cultura como forma de pagamento de serviço ou produto cultural.

Art. 6º O vale-cultura será fornecido aos usuários pelas empresas beneficiárias e disponibilizado preferencialmente por meio magnético, com o seu valor expresso em moeda corrente, na forma do regulamento.

Parágrafo único. Somente será admitido o fornecimento do vale-cultura impresso quando comprovadamente inviável a adoção do meio magnético.

Art. 7º O vale-cultura deverá ser fornecido ao trabalhador que perceba até 5 (cinco) salários mínimos mensais.

Parágrafo único. Os trabalhadores com renda superior a 5 (cinco) salários mínimos poderão receber o vale-cultura, desde que garantido o atendimento à totalidade dos empregados com a remuneração prevista no *caput*, na forma que dispuser o regulamento.

Art. 8º O valor mensal do vale-cultura, por usuário, será de R$ 50,00 (cinquenta reais).

§ 1º O trabalhador de que trata o *caput* do art. 7º poderá ter descontado de sua remuneração o percentual máximo de 10% (dez por cento) do valor do vale-cultura, na forma definida em regulamento.

§ 2º Os trabalhadores que percebem mais de 5 (cinco) salários mínimos poderão ter descontados de sua remuneração, em percentuais entre 20% (vinte por cento) e 90% (noventa por cento) do valor do vale-cultura, de acordo com a respectiva faixa salarial, obedecido o disposto no parágrafo único do art. 7º e na forma que dispuser o regulamento.

§ 3º É vedada, em qualquer hipótese, a reversão do valor do vale-cultura em pecúnia.

§ 4º O trabalhador de que trata o art. 7º poderá optar pelo não recebimento do vale-cultura, mediante procedimento a ser definido em regulamento.

Art. 9º Os prazos de validade e condições de utilização do vale-cultura serão definidos em regulamento.

Art. 10. Até o exercício de 2017, ano-calendário de 2016, o valor despendido a título de aquisição do vale-cultura poderá ser deduzido do imposto sobre a renda devido pela pessoa jurídica beneficiária tributada com base no lucro real.

§ 1º A dedução de que trata o *caput* fica limitada a 1% (um por cento) do imposto sobre a renda devido, observado o disposto no § 4º do art. 3º da Lei nº 9.249, de 26 de dezembro de 1995.

§ 2º A pessoa jurídica inscrita no Programa de Cultura do Trabalhador como beneficiária, de que trata o inciso II do art. 5º, poderá deduzir o valor despendido a título de aquisição do vale-cultura como despesa operacional para fins de apuração do imposto sobre a renda, desde que tributada com base no lucro real.

§ 3º A pessoa jurídica deverá adicionar o valor deduzido como despesa operacional, de que trata o § 2º, para fins de apuração da base de cálculo da Contribuição Social sobre o Lucro Líquido – CSLL.

§ 4º As deduções de que tratam os §§ 1º e 2º somente se aplicam em relação ao valor do vale-cultura distribuído ao usuário.

§ 5º *Revogado*. Lei nº 12.872, de 24-10-2013.

Art. 11. A parcela do valor do vale-cultura cujo ônus seja da empresa beneficiária:

I – não tem natureza salarial nem se incorpora à remuneração para quaisquer efeitos;

II – não constitui base de incidência de contribuição previdenciária ou do Fundo de Garantia do Tempo de Serviço – FGTS; e

III – não se configura como rendimento tributável do trabalhador.

Art. 12. A execução inadequada do Programa de Cultura do Trabalhador ou qualquer ação que acarrete desvio de suas finalidades pela empresa operadora ou pela empresa beneficiária acarretará cumulativamente:

I – cancelamento do Certificado de Inscrição no Programa de Cultura do Trabalhador;

II – pagamento do valor que deixou de ser recolhido relativo ao imposto sobre a renda, à contribuição previdenciária e ao depósito para o FGTS;

III – aplicação de multa correspondente a 2 (duas) vezes o valor da vantagem recebida indevidamente no caso de dolo, fraude ou simulação;

IV – perda ou suspensão de participação em linhas de financiamento em estabelecimentos oficiais de crédito pelo período de 2 (dois) anos;

V – proibição de contratar com a administração pública pelo período de até 2 (dois) anos; e

VI – suspensão ou proibição de usufruir de benefícios fiscais pelo período de até 2 (dois) anos.

Art. 13. O § 9º do art. 28 da Lei nº 8.212, de 24 de julho de 1991, passa a vigorar acrescido da seguinte alínea *y*:

▸ Alteração inserida no texto da referida Lei.

Art. 14. O § 2º do art. 458 da Consolidação das Leis do Trabalho – CLT, aprovada pelo Decreto-Lei nº 5.452, de 1º de maio de 1943, passa a vigorar acrescido do seguinte inciso VIII:

▸ Alteração inserida no texto da referida Consolidação.

Art. 15. O art. 6º da Lei nº 7.713, de 22 de dezembro de 1988, passa a vigorar acrescido do seguinte inciso XXIII:

"Art. 6º ....

....

XXIII – o valor recebido a título de vale-cultura.

...."

Art. 16. O Poder Executivo regulamentará esta Lei no prazo de 60 (sessenta) dias, contados da data de sua publicação.

Art. 17. Esta Lei entra em vigor na data de sua publicação.

Brasília, 27 de dezembro de 2012;
191º da Independência e
124º da República.
Dilma Rousseff

DECRETO Nº 7.962, DE 15 DE MARÇO DE 2013

Regulamenta a Lei nº 8.078, de 11 de setembro de 1990, para dispor sobre a contratação no comércio eletrônico.

▸ Publicado no *DOU* de 15-3-2013, edição extra.
▸ Lei nº 12.965, de 23-4-2014 (Marco Civil da Internet).

Art. 1º Este Decreto regulamenta a Lei nº 8.078, de 11 de setembro de 1990, para dispor sobre a contratação no comércio eletrônico, abrangendo os seguintes aspectos:

I – informações claras a respeito do produto, serviço e do fornecedor;
II – atendimento facilitado ao consumidor; e
III – respeito ao direito de arrependimento.

Art. 2º Os sítios eletrônicos ou demais meios eletrônicos utilizados para oferta ou conclusão de contrato de consumo devem disponibilizar, em local de destaque e de fácil visualização, as seguintes informações:

I – nome empresarial e número de inscrição do fornecedor, quando houver, no Cadastro Nacional de Pessoas Físicas ou no Cadastro Nacional de Pessoas Jurídicas do Ministério da Fazenda;
II – endereço físico e eletrônico, e demais informações necessárias para sua localização e contato;
III – características essenciais do produto ou do serviço, incluídos os riscos à saúde e à segurança dos consumidores;
IV – discriminação, no preço, de quaisquer despesas adicionais ou acessórias, tais como as de entrega ou seguros;
V – condições integrais da oferta, incluídas modalidades de pagamento, disponibilidade, forma e prazo da execução do serviço ou da entrega ou disponibilização do produto; e
VI – informações claras e ostensivas a respeito de quaisquer restrições à fruição da oferta.

Art. 3º Os sítios eletrônicos ou demais meios eletrônicos utilizados para ofertas de compras coletivas ou modalidades análogas de contratação deverão conter, além das informações previstas no art. 2º, as seguintes:

I – quantidade mínima de consumidores para a efetivação do contrato;
II – prazo para utilização da oferta pelo consumidor; e
III – identificação do fornecedor responsável pelo sítio eletrônico e do fornecedor do produto ou serviço ofertado, nos termos dos incisos I e II do art. 2º.

Art. 4º Para garantir o atendimento facilitado ao consumidor no comércio eletrônico, o fornecedor deverá:

I – apresentar sumário do contrato antes da contratação, com as informações necessárias ao pleno exercício do direito de escolha do consumidor, enfatizadas as cláusulas que limitem direitos;
II – fornecer ferramentas eficazes ao consumidor para identificação e correção imediata de erros ocorridos nas etapas anteriores à finalização da contratação;
III – confirmar imediatamente o recebimento da aceitação da oferta;
IV – disponibilizar o contrato ao consumidor em meio que permita sua conservação e reprodução, imediatamente após a contratação;
V – manter serviço adequado e eficaz de atendimento em meio eletrônico, que possibilite ao consumidor a resolução de demandas referentes a informação, dúvida, reclamação, suspensão ou cancelamento do contrato;
VI – confirmar imediatamente o recebimento das demandas do consumidor referidas no inciso, pelo mesmo meio empregado pelo consumidor; e
VII – utilizar mecanismos de segurança eficazes para pagamento e para tratamento de dados do consumidor.

Parágrafo único. A manifestação do fornecedor às demandas previstas no inciso V do *caput* será encaminhada em até cinco dias ao consumidor.

Art. 5º O fornecedor deve informar, de forma clara e ostensiva, os meios adequados e eficazes para o exercício do direito de arrependimento pelo consumidor.

▸ Art. 49 do CDC.

§ 1º O consumidor poderá exercer seu direito de arrependimento pela mesma ferramenta utilizada para a contratação, sem prejuízo de outros meios disponibilizados.

§ 2º O exercício do direito de arrependimento implica a rescisão dos contratos acessórios, sem qualquer ônus para o consumidor.

§ 3º O exercício do direito de arrependimento será comunicado imediatamente pelo fornecedor à instituição financeira ou à administradora do cartão de crédito ou similar, para que:

I – a transação não seja lançada na fatura do consumidor; ou
II – seja efetivado o estorno do valor, caso o lançamento na fatura já tenha sido realizado.

§ 4º O fornecedor deve enviar ao consumidor confirmação imediata do recebimento da manifestação de arrependimento.

Art. 6º As contratações no comércio eletrônico deverão observar o cumprimento das condições da oferta, com a entrega dos produtos e serviços contratados, observados prazos, quantidade, qualidade e adequação.

Art. 7º A inobservância das condutas descritas neste Decreto ensejará aplicação das sanções previstas no art. 56 da Lei nº 8.078, de 1990.

Art. 8º O Decreto nº 5.903, de 20 de setembro de 2006, passa a vigorar com as seguintes alterações:

> "Art. 10. ....
>
> Parágrafo único. O disposto nos arts. 2º, 3º e 9º deste Decreto aplica-se às contratações no comércio eletrônico."

Art. 9º Este Decreto entra em vigor sessenta dias após a data de sua publicação.

Brasília, 15 de março de 2013;
192º da Independência e
125º da República.
Dilma Rousseff

RESOLUÇÃO DO CNJ Nº 175, DE 14 DE MAIO DE 2013

Dispõe sobre a habilitação, celebração de casamento civil, ou de conversão de união estável em casamento, entre pessoas de mesmo sexo.

▸ Publicada no *DJE* de 15-5-2013.

Art. 1º É vedada às autoridades competentes a recusa de habilitação, celebração de casamento civil ou de conversão de união estável em casamento entre pessoas de mesmo sexo.

▸ Art. 1.525 e seguintes do CC.

Art. 2º A recusa prevista no artigo 1º implicará a imediata comunicação ao respectivo juiz corregedor para as providências cabíveis.

Art. 3º Esta resolução entra em vigor na data de sua publicação.

Brasília, 14 de maio de 2013
Ministro Joaquim Barbosa

LEI Nº 12.810, DE 15 DE MAIO DE 2013

Dispõe sobre o parcelamento de débitos com a Fazenda Nacional relativos às contribuições previdenciárias de responsabilidade dos Estados, do Distrito Federal e dos Municípios; altera as Leis nºs 8.212, de 24 de julho de 1991, 9.715, de 25 de novembro de 1998, 11.828, de 20 de novembro de 2008, 10.522, de 19 de julho de 2002, 10.222, de 9 de maio de 2001, 12.249, de 11 de junho de 2010, 11.110, de 25 de abril de 2005, 5.869, de 11 de janeiro de 1973 – Código de Processo Civil, 6.404, de 15 de dezembro de 1976, 6.385, de 7 de dezembro de 1976, 6.015, de 31 de dezembro de 1973, e 9.514, de 20 de novembro de 1997; e revoga dispositivo da Lei nº 12.703, de 7 de agosto de 2012.

▸ Publicada no *DOU* de 16-5-2013.

Art. 1º Os débitos com a Fazenda Nacional de responsabilidade dos Estados, do Distrito Federal, dos Municípios e das respectivas autarquias e fundações públicas, relativos às contribuições sociais de que tratam as alíneas a e c do parágrafo único do art. 11 da Lei nº 8.212, de 24 de julho de 1991, e às respectivas obrigações acessórias, provenientes de competências vencidas até 28 de fevereiro de 2013, inclusive décimo terceiro salário, constituídos ou não, inscritos ou não em dívida ativa da União, ainda que em fase de execução fiscal já ajuizada, ou que tenham sido objeto de parcelamento anterior não integralmente quitado, serão consolidados e pagos em 240 (duzentas e quarenta) parcelas a serem retidas no respectivo Fundo de Participação dos Estados – FPE e Fundo de Participação dos Municípios – FPM e repassadas à União, ou em prestações equivalentes a 1% (um por cento) da média mensal da receita corrente líquida do Estado, do Distrito Federal ou do Município, o que for de menor prestação.

§ 1º Os débitos cujos fatos geradores ocorrerem até 28 de fevereiro de 2013, que forem apurados posteriormente, serão incorporados ao parcelamento de que trata o *caput*, mediante aumento do número de parcelas, não implicando no aumento do valor das prestações.

§ 2º Os débitos parcelados terão redução de 100% (cem por cento) das multas de mora ou de ofício, de 50% (cinquenta por cento) dos juros de mora e de 100% (cem por cento) dos encargos legais, inclusive honorários advocatícios.

§ 3º Os contribuintes que tiverem optado pelos parcelamentos previstos no art. 1º da Medida Provisória nº 589, de 13 de novembro de 2012, poderão optar, na forma de regulamento, pelo reparcelamento dos respectivos débitos segundo as regras previstas neste artigo até o último dia útil do 3º (terceiro) mês subsequente ao da publicação desta Lei.

§ 4º A multa isolada de que trata o § 10 do art. 89 da Lei nº 8.212, de 24 de julho de 1991, cujo fato gerador ocorra até a data estabelecida no *caput*, poderá ser incluída no parcelamento, sem a aplicação das reduções de que trata o § 2º.

▸ § 4º acrescido pela Lei nº 13.137, de 19-6-2015.

Art. 2º Para fins do disposto nesta Lei, entende-se como receita corrente líquida aquela definida nos termos do inciso IV do art. 2º da Lei Complementar nº 101, de 4 de maio de 2000.

§ 1º O percentual de 1% (um por cento) será aplicado sobre a média mensal da receita corrente líquida referente ao ano anterior ao do vencimento da parcela, publicada de acordo com o previsto nos arts. 52, 53 e 63 da Lei Complementar nº 101, de 4 de maio de 2000.

§ 2º Para fins de cálculo das parcelas mensais, os Estados, o Distrito Federal e os Municípios obrigam-se a encaminhar à Secretaria da Receita Federal do Brasil do Ministério da Fazenda, até o último dia útil do mês de fevereiro de cada ano, o demonstrativo de apuração da receita corrente líquida de que trata o inciso I do *caput* do art. 53 da Lei Complementar nº 101, de 4 de maio de 2000.

§ 3º Às parcelas com vencimento em janeiro, fevereiro e março de cada ano serão aplicados os limites utilizados no ano anterior, nos termos do § 1º.

§ 4º As informações de que trata o § 2º, prestadas pelo ente político, poderão ser revistas de ofício.

Art. 3º A adesão ao parcelamento de que trata o art. 1º desta Lei implica autorização pelo Estado, pelo Distrito Federal ou pelo Município para a retenção, no FPE ou no FPM, e repasse à União do valor correspondente às obrigações previdenciárias correntes dos meses anteriores ao do recebimento do respectivo Fundo de Participação, no caso de não pagamento no vencimento.

§ 1º A retenção e o repasse serão efetuados a partir do mês seguinte ao vencimento da obrigação previdenciária não paga, com a incidência dos encargos legais devidos até a data da retenção

§ 2º Na hipótese de não apresentação da Guia de Recolhimento do Fundo de Garantia do Tempo de Serviço e de Informações à Previdência Social – GFIP no prazo legal, o valor a ser retido nos termos do § 1º corresponderá à média das últimas 12 (doze) competências recolhidas ou devidas, sem prejuízo da cobrança, da restituição ou da compensação de eventuais diferenças.

§ 3º A retenção e o repasse do FPE ou do FPM serão efetuados obedecendo-se à seguinte ordem de preferência:

I – as obrigações correntes não pagas no vencimento;

II – as prestações do parcelamento de que trata o art. 1º desta Lei; e

III – as prestações dos demais parcelamentos que tenham essa previsão.

§ 4º Na hipótese de o FPE ou o FPM não ser suficiente para retenção do somatório dos valores correspondentes às obrigações devidas na forma do § 3º, o valor da diferença não retida deverá ser recolhido por meio de Guia da Previdência Social – GPS.

Art. 4º O deferimento do pedido de parcelamento de que trata o art. 1º desta Lei fica condicionado à apresentação pelo Estado, pelo Distrito Federal ou pelo Município, na data da formalização do pedido, do demonstrativo referente à apuração da receita corrente líquida do ano calendário anterior ao da publicação desta Lei.

Art. 5º As prestações do parcelamento de que trata o art. 1º desta Lei serão exigíveis mensalmente, a partir do último dia útil do 2º (segundo) mês subsequente ao mês do seu pedido.

Art. 6º O parcelamento de que trata o art. 1º desta Lei será rescindido nas seguintes hipóteses:

I – falta de recolhimento de diferença não retida no FPE ou no FPM por 3 (três) meses, consecutivos ou alternados;

II – inadimplência de débitos referente aos tributos abrangidos pelo parcelamento com competência igual ou posterior a março de 2013, por 3 (três) meses consecutivos ou alternados;

III – constatação, caracterizada por lançamento de ofício, de diferença de débito correspondente à obrigação previdenciária abrangida pelo parcelamento de que trata o art. 1º desta Lei, salvo se integralmente pago no prazo de 60 (sessenta dias), contado da ciência do lançamento ou da decisão definitiva na esfera administrativa ou judicial; ou

IV – falta de apresentação das informações relativas ao demonstrativo de apuração da receita corrente líquida referido no § 2º do art. 2º.

Parágrafo único. A critério do ente político, a diferença de que trata o inciso III do *caput* poderá ser incluída no parcelamento de que trata o art. 1º desta Lei.

Art. 7º Os pedidos de parcelamento de que trata o art. 1º desta Lei deverão ser formalizados até o último dia útil do terceiro mês subsequente ao da publicação desta Lei, na unidade da Receita Federal do Brasil de circunscrição do requerente, sendo vedada, a partir da adesão, qualquer retenção referente a débitos de parcelamentos anteriores incluídos no parcelamento de que trata esta Lei.

§ 1º A existência de outras modalidades de parcelamento em curso não impede a concessão do parcelamento de que trata o art. 1º desta Lei.

§ 2º Ao ser protocolado pelo ente federativo o pedido de parcelamento, fica suspensa a exigibilidade dos débitos incluídos no parcelamento perante a Fazenda Nacional, que emitirá certidão positiva do ente, com efeito negativo, em relação aos referidos débitos.

§ 3º Em seguida à formalização do pedido de parcelamento e até que seja consolidado o débito e calculado o valor das parcelas a serem pagas na forma do art. 1º desta Lei, será retido o correspondente a 0,5% (cinco décimos por cento) da média mensal da receita corrente líquida do ano anterior do respectivo Fundo de Participação dos Estados – FPE e Fundo de Participação dos Municípios – FPM e repassadas à União, como antecipação dos pagamentos a serem efetuados no momento do início efetivo do parcelamento.

§ 4º A adesão ao parcelamento de que trata o art. 1º desta Lei não afeta os termos e condições de abatimentos e reduções de parcelamentos concedidos anteriormente.

Art. 8º Ao parcelamento de que trata o art. 1º desta Lei aplica-se, no que couber, o disposto nos arts. 12, 13 e 14-B da Lei nº 10.522, de 19 de julho de 2002.

Art. 9º A Secretaria da Receita Federal do Brasil do Ministério da Fazenda e a Procuradoria-Geral da Fazenda Nacional, no âmbito das respectivas competências, editarão os atos necessários à execução do parcelamento de que trata o art. 1º desta Lei.

Art. 10. A Lei nº 8.212, de 24 de julho de 1991, passa a vigorar acrescida do seguinte art. 32-B:

▸ Alterações inseridas no texto da referida lei.

Art. 11. VETADO.

Art. 12. Os débitos com a Fazenda Nacional de responsabilidade dos Estados, do Distrito Federal, dos Municípios e das respectivas autarquias e fundações públicas, relativos ao Programa de Formação do Patrimônio do Servidor Público – PASEP, instituído pela Lei Complementar nº 8, de 3 de dezembro de 1970, vencidos até 28 de fevereiro de 2013, constituídos ou não, inscritos ou não em dívida ativa da União, ainda que em fase de execução fiscal já ajuizada, ou que tenham sido objeto de parcelamento anterior não integralmente quitado, serão consolidados e pagos em 240 (duzentas e quarenta) parcelas a serem retidas no Fundo de Participação dos Estados – FPE e Fundo de Participação dos Municípios – FPM e repassadas à União.

§ 1º Os débitos cujos fatos geradores ocorrerem até 28 de fevereiro de 2013, que forem apurados posteriormente, poderão ser incorporados ao parcelamento de que trata o *caput*, mediante aumento do número de parcelas, não implicando no aumento do valor das prestações.

§ 2º Os débitos parcelados terão redução de 100% (cem por cento) das multas de mora ou de ofício, de 50% (cinquenta por cento) dos juros de mora e de 100% (cem por cento) dos encargos legais.

§ 3º Os pedidos de parcelamento de que trata o *caput* deste artigo deverão ser formalizados até o último dia útil do terceiro mês subsequente ao da publicação desta Lei, na unidade da Receita Federal do Brasil de circunscrição do requerente, sendo vedada, a partir da adesão, qualquer retenção referente a débitos de parcelamentos anteriores incluídos no parcelamento de que trata esta Lei.

§ 4º A Secretaria da Receita Federal do Brasil e a Procuradoria-Geral da Fazenda Nacional, do Ministério da Fazenda, editarão os atos necessários à execução do parcelamento de que trata o *caput*.

Art. 13. O art. 2º da Lei nº 9.715, de 25 de novembro de 1998, passa a vigorar acrescido do seguinte § 7º:

"Art. 2º ....

....

§ 7º Excluem-se do disposto no inciso III do *caput* deste artigo os valores de transferências decorrentes de convênio, contrato de repasse ou instrumento congênere com objeto definido."

Art. 14. O art. 1º da Lei nº 11.828, de 20 de novembro de 2008, passa a vigorar com a seguinte redação:

"Art. 1º No caso de doações em espécie recebidas por instituições financeiras públicas controladas pela União e destinadas a ações de prevenção, monitoramento e combate ao desmatamento, inclusive programas de remuneração por serviços ambientais, e de promoção da conservação e do uso sustentável dos biomas brasileiros, na forma estabelecida em regulamento, há isenção da incidência da Contribuição para o PIS/PASEP e da Contribuição para o Financiamento da Seguridade Social – COFINS.

...."

Art. 15. O art. 26 da Lei nº 10.522, de 19 de julho de 2002, passa a vigorar com a seguinte redação:

▶ Alteração inserida no texto da referida lei.

Art. 16. A Lei nº 10.522, de 19 de julho de 2002, passa a vigorar acrescida do seguinte art. 26-A:

▶ Alteração inserida no texto da referida lei.

Art. 17. O art. 56 da Lei nº 8.212, de 24 de julho de 1991, passa a vigorar acrescido do seguinte § 2º, renumerando o parágrafo único para § 1º:

▶ Alteração inserida no texto da referida lei.

Art. 19. *Revogado*. Lei nº 14.537, de 28-2-2023.

Art. 20. Os arts. 2º, 3º e 4º-A da Lei nº 11.110, de 25 de abril de 2005, passam a vigorar com a seguinte redação:

"Art. 2º ....

....

§ 2º As instituições financeiras públicas federais que se enquadrem nas disposições do § 5º do art. 1º desta Lei poderão atuar no PNMPO por intermédio de sociedade na qual participe direta ou indiretamente, desde que tal sociedade tenha por objeto prestar serviços necessários à contratação e acompanhamento de operações de microcrédito produtivo orientado e que esses serviços não representem atividades privativas de instituições financeiras, devendo essa sociedade habilitar-se no Ministério do Trabalho e Emprego.

§ 3º Para o atendimento do disposto no § 2º deste artigo, as instituições financeiras públicas federais, diretamente ou por intermédio de suas subsidiárias, poderão constituir sociedade ou adquirir participação em sociedade sediada no Brasil, sendo vedada a aquisição das instituições de microcrédito produtivo orientado relacionadas no § 6º do art. 1º desta Lei.

I – (revogado);

II – (revogado);

III – (revogado);

IV – (revogado).

§ 4º As operações de microcrédito produtivo rural efetuadas no âmbito do Pronaf com agricultores familiares enquadrados na Lei nº 11.326, de 24 de julho de 2006, desde que obedeçam à metodologia definida no § 3º do art. 1º desta Lei, podem ser consideradas como microcrédito produtivo orientado, integrante do PNMPO.

§ 5º Na operacionalização do microcrédito produtivo rural de que trata o § 4º deste artigo, as instituições de microcrédito produtivo orientado, de que trata o § 6º do art. 1º desta Lei, poderão, sob responsabilidade da instituição financeira mandante, prestar os seguintes serviços:

I – recepção e encaminhamento à instituição financeira de propostas de abertura de contas de depósitos à vista e de conta de poupança;

II – recepção e encaminhamento à instituição financeira de pedidos de empréstimos, de financiamentos e de renegociação;

III – elaboração e análise da proposta de crédito e preenchimento de ficha cadastral e dos instrumentos de crédito, com a conferência da exatidão das informações prestadas pelo proponente, à vista de documentação competente;

IV – execução de serviços de cobrança não judicial;

V – realização de visitas de acompanhamento e de orientação, e elaboração dos respectivos laudos e/ou relatórios;

VI – guarda de documentos, na qualidade de fiel depositário."

"Art. 3º ....

....

III – os requisitos para a habilitação das instituições de microcrédito produtivo orientado e das sociedades de que trata o § 2º do art. 2º desta Lei, no PNMPO, dentre os quais deverão constar:

....

§ 1º ....

....

III – o acompanhamento, por amostragem, pelas instituições financeiras operadoras nas instituições de microcrédito produtivo orientado, nas sociedades de que trata o § 2º do art. 2º desta Lei e nos tomadores finais dos recursos;

...."

"Art. 4º-A. ....

§ 1º A subvenção de que trata o *caput* fica limitada à respectiva dotação orçamentária fixada para o exercício.

...."

Art. 21. A Lei nº 5.869, de 11 de janeiro de 1973 – Código de Processo Civil, passa a vigorar acrescida do seguinte art. 285-B:

"Art. 285-B. Nos litígios que tenham por objeto obrigações decorrentes de empréstimo, financiamento ou arrendamento mercantil, o autor deverá discriminar na petição inicial, dentre as obrigações contratuais, aquelas que pretende controverter, quantificando o valor incontroverso.

Parágrafo único. O valor incontroverso deverá continuar sendo pago no tempo e modo contratados."

Art. 22. Compete ao Banco Central do Brasil e à Comissão de Valores Mobiliários, no âmbito das respectivas competências:

I – autorizar e supervisionar o exercício da atividade de depósito centralizado de ativos financeiros e de valores mobiliários; e

II – estabelecer as condições para o exercício da atividade prevista no inciso I.

Art. 23. O depósito centralizado, realizado por entidades qualificadas como depositários centrais, compreende a guarda centralizada de ativos financeiros e de valores mobiliários, fungíveis e infungíveis, o controle de sua titularidade efetiva e o tratamento de seus eventos.

Parágrafo único. As entidades referidas no *caput* são responsáveis pela integridade dos sistemas por elas mantidos e dos registros correspondentes aos ativos financeiros e valores mobiliários sob sua guarda centralizada.

Art. 24. Para fins do depósito centralizado, os ativos financeiros e valores mobiliários, em forma física ou eletrônica, serão transferidos no regime de titularidade fiduciária para o depositário central.

§ 1º A constituição e a extinção da titularidade fiduciária em favor do depositário central serão realizadas, inclusive para fins de publicidade e eficácia perante terceiros, exclusivamente com a inclusão e a baixa dos ativos financeiros e valores mobiliários nos controles de titularidade da entidade.

§ 2º Os registros do emissor ou do escriturador dos ativos financeiros e dos valores mobiliários devem refletir fielmente os controles de titularidade do depositário central.

§ 3º Os ativos financeiros e valores mobiliários transferidos na forma do *caput*:

I – não se comunicarão com o patrimônio geral ou com outros patrimônios especiais das entidades qualificadas como depositário central;

II – devem permanecer nas contas de depósito centralizado em nome do respectivo titular efetivo ou, quando admitido pela regulamentação pertinente, de seu representante, até que sejam resgatados, retirados de circulação ou restituídos aos seus titulares efetivos; e

III – não são passíveis de constituição de garantia pelas entidades qualificadas como depositários centrais e não respondem pelas suas obrigações.

§ 4º O depositário central não pode dispor dos ativos financeiros e dos valores mobiliários recebidos em titularidade fiduciária e fica obrigado a restituí-los ao seu titular efetivo ou, quando admitido pela regulamentação pertinente, ao seu representante, com todos os direitos e ônus que lhes tiverem sido atribuídos enquanto mantidos em depósito centralizado.

Art. 25. A titularidade efetiva dos ativos financeiros e dos valores mobiliários objeto de depósito centralizado se presume pelos controles de titularidade mantidos pelo depositário central.

Parágrafo único. A transferência dos ativos financeiros e dos valores mobiliários de que trata o *caput* dá-se exclusivamente em conformidade com instruções recebidas.

Art. 26. A constituição de gravames e ônus, inclusive para fins de publicidade e eficácia perante terceiros, sobre ativos financeiros e valores mobiliários objeto de registro ou de depósito centralizado será realizada, exclusivamente, nas entidades registradoras ou nos depositários centrais em que os ativos financeiros e valores mobiliários estejam registrados ou depositados, independentemente da natureza do negócio jurídico a que digam respeito.

▶ *Caput* com a redação dada pela Lei nº 13.476, de 28-8-2017.

§ 1º Para fins de constituição de gravames e ônus sobre ativos financeiros e valores mobiliários que não estejam registrados ou depositados nas entidades registradoras ou nos depositários centrais, aplica-se o disposto nas respectivas legislações específicas.

§ 2º A constituição de gravames e ônus de que trata o *caput* deste artigo poderá ser realizada de forma individualizada ou universal, por meio de mecanismos de identificação e agrupamento definidos pelas entidades registradoras ou pelos depositários centrais de ativos financeiros e valores mobiliários.

§ 3º Nas hipóteses em que a lei exigir instrumento ou disposição contratual específica para a constituição de gravames e ônus, deverá o instrumento ser registrado na entidade registradora ou no depositário central, para os fins previstos no *caput* deste artigo.

LEGISLAÇÃO COMPLEMENTAR

§ 4º Compete ao Banco Central do Brasil e à Comissão de Valores Mobiliários, no âmbito de suas competências, estabelecer as condições para a constituição de gravames e ônus prevista neste artigo pelas entidades registradoras ou pelos depositários centrais, inclusive no que concerne ao acesso à informação.

§ 5º Compete ao Banco Central do Brasil, no âmbito de suas atribuições legais, monitorar as operações de crédito afetadas pelo disposto neste artigo, com a verificação do nível de redução do custo médio dessas operações, a ser divulgado mensalmente, na forma do regulamento.

▶ §§ 1º a 5º acrescidos pela Lei nº 13.476, de 28-8-2017.

Art. 26-A. Compete ao Conselho Monetário Nacional:

I – disciplinar a exigência de registro ou de depósito centralizado de ativos financeiros e valores mobiliários por instituições financeiras e demais instituições autorizadas a funcionar pelo Banco Central do Brasil, inclusive no que se refere à constituição dos gravames e ônus prevista no art. 26 desta Lei; e

II – dispor sobre os ativos financeiros que serão considerados para fins do registro e do depósito centralizado de que trata esta Lei, inclusive no que se refere à constituição de gravames e ônus referida no art. 26 desta Lei, em função de sua inserção em operações no âmbito do sistema financeiro nacional.

▶ Art. 26-A acrescido pela Lei nº 13.476, de 28-8-2017.

Art. 27. Permanece aplicável às ações e aos valores mobiliários emitidos com amparo no regime da Lei nº 6.404, de 15 de dezembro de 1976, o disposto no seu art. 41, observando-se, no que couber, os procedimentos fixados nesta Lei.

Art. 28. Compete ainda ao Banco Central do Brasil e à Comissão de Valores Mobiliários, no âmbito das respectivas competências:

I – autorizar e supervisionar o exercício da atividade de registro de ativos financeiros e de valores mobiliários; e

II – estabelecer as condições para o exercício da atividade prevista no inciso I.

Parágrafo único. O registro de ativos financeiros e de valores mobiliários compreende o armazenamento e a publicidade de informações referentes a transações financeiras, ressalvados os sigilos legais.

▶ Parágrafo único com a redação dada pela Lei nº 13.986, de 7-4-2020.

Art. 29. A infração às normas legais e regulamentares que regem as atividades de depósito centralizado e de registro de ativos financeiros e de valores mobiliários sujeita as entidades autorizadas a exercer essas atividades, seus administradores e membros de conselhos fiscais, consultivos e assemelhados ao disposto na Lei nº 6.385, de 7 de dezembro de 1976, aplicável pela Comissão de Valores Mobiliários, e às demais disposições legais.

▶ Artigo com a redação dada pela Lei nº 13.506, de 13-11-2017.

Art. 30. O § 2º do art. 34 da Lei nº 6.404, de 15 de dezembro de 1976, passa a vigorar com a seguinte redação:

▶ Alteração inserida no texto da referida lei.

Art. 31. *Revogado.* Lei nº 14.430, de 3-8-2022.

Art. 32. *Revogado.* Lei nº 14.382, de 27-6-2022.

Art. 33. O art. 31 da Lei nº 9.514, de 20 de novembro de 1997, passa a vigorar acrescido do seguinte parágrafo único:

▶ Alteração inserida no texto da referida lei.

Art. 34. A Lei nº 9.514, de 20 de dezembro de 1997, passa a vigorar acrescida do seguinte Capítulo II-A:

▶ Alterações inseridas no texto da referida lei.

Art. 35. Esta Lei entra em vigor na data de sua publicação.

Art. 36. Revogam-se os §§ 1º e 3º do art. 1º e o art. 3º da Lei nº 11.828, de 20 de novembro de 2008.

Art. 37. Revoga-se o parágrafo único do art. 293 da Lei nº 6.404, de 15 de dezembro de 1976.

Art. 38. Revogam-se o § 3º do art. 25 da Lei nº 9.514, de 20 de novembro de 1997, e o art. 6º da Lei nº 12.703, de 7 de agosto de 2012.

Brasília, 15 de maio de 2013;
192º da Independência e
125º da República.

Dilma Rousseff

LEI Nº 12.815, DE 5 DE JUNHO DE 2013

Dispõe sobre a exploração direta e indireta pela União de portos e instalações portuárias e sobre as atividades desempenhadas pelos operadores portuários; altera as Leis nºs 5.025, de 10 de junho de 1966, 10.233, de 5 de junho de 2001, 10.683, de 28 de maio de 2003, 9.719, de 27 de novembro de 1998, e 8.213, de 24 de julho de 1991; revoga as Leis nºs 8.630, de 25 de fevereiro de 1993, e 11.610, de 12 de dezembro de 2007, e dispositivos das Leis nºs 11.314, de 3 de julho de 2006, e 11.518, de 5 de setembro de 2007; e dá outras providências.

▶ Publicada no *DOU* de 5-6-2013, edição extra.

▶ Dec. nº 8.033, de 27-6-2013, regulamenta esta Lei.

CAPÍTULO I
DEFINIÇÕES E OBJETIVOS

Art. 1º Esta Lei regula a exploração pela União, direta ou indiretamente, dos portos e instalações portuárias e as atividades desempenhadas pelos operadores portuários.

§ 1º A exploração indireta do porto organizado e das instalações portuárias nele localizadas ocorrerá mediante concessão e arrendamento de bem público.

§ 2º A exploração indireta das instalações portuárias localizadas fora da área do porto organizado ocorrerá mediante autorização, nos termos desta Lei.

§ 3º As concessões, os arrendamentos e as autorizações de que trata esta Lei serão outorgados a pessoa jurídica que demonstre capacidade para seu desempenho, por sua conta e risco.

Art. 2º Para os fins desta Lei, consideram-se:

I – porto organizado: bem público construído e aparelhado para atender a necessidades de navegação, de movimentação de passageiros ou de movimentação e armazenagem de mercadorias, e cujo tráfego e operações portuárias estejam sob jurisdição de autoridade portuária;

II – área do porto organizado: área delimitada por ato do Poder Executivo que compreende as instalações portuárias e a infraestrutura de proteção e de acesso ao porto organizado;

III – instalação portuária: instalação localizada dentro ou fora da área do porto organizado e utilizada em movimentação de passageiros, em movimentação ou armazenagem de mercadorias, destinadas ou provenientes de transporte aquaviário;

IV – terminal de uso privado: instalação portuária explorada mediante autorização e localizada fora da área do porto organizado;

V – estação de transbordo de cargas: instalação portuária explorada mediante autorização, localizada fora da área do porto organizado e utilizada exclusivamente para operação de transbordo de mercadorias em embarcações de navegação interior ou cabotagem;

VI – instalação portuária pública de pequeno porte: instalação portuária explorada mediante autorização, localizada fora do porto organizado e utilizada em movimentação de passageiros ou mercadorias em embarcações de navegação interior;

VII – instalação portuária de turismo: instalação portuária explorada mediante arrendamento ou autorização e utilizada em embarque, desembarque e trânsito de passageiros, tripulantes e bagagens, e de insumos para o provimento e abastecimento de embarcações de turismo;

VIII – VETADO:

a a c) VETADAS.

IX – concessão: cessão onerosa do porto organizado, com vistas à administração e à exploração de sua infraestrutura por prazo determinado;

X – delegação: transferência, mediante convênio, da administração e da exploração do porto organizado para Municípios ou Estados, ou a consórcio público, nos termos da Lei nº 9.277, de 10 de maio de 1996;

XI – arrendamento: cessão onerosa de área e infraestrutura públicas localizadas dentro do porto organizado, para exploração por prazo determinado;

XII – autorização: outorga de direito à exploração de instalação portuária localizada fora da área do porto organizado e formalizada mediante contrato de adesão; e

XIII – operador portuário: pessoa jurídica pré-qualificada para exercer as atividades de movimentação de passageiros ou movimentação e armazenagem de mercadorias, destinadas ou provenientes de transporte aquaviário, dentro da área do porto organizado.

Art. 3º A exploração dos portos organizados e instalações portuárias, com o objetivo de aumentar a competitividade e o desenvolvimento do País, deve seguir as seguintes diretrizes:

I – expansão, modernização e otimização da infraestrutura e da superestrutura que integram os portos organizados e instalações portuárias;

II – garantia da modicidade e da publicidade das tarifas e preços praticados no setor, da qualidade da atividade prestada e da efetividade dos direitos dos usuários;

▶ A alteração que seria inserida neste inciso pela Lei nº 14.047, de 24-8-2020, foi vetada, razão pela qual mantivemos a redação.

III – estímulo à modernização e ao aprimoramento da gestão dos portos organizados e instalações portuárias, à valorização e à qualificação da mão de obra portuária e à eficiência das atividades prestadas;

IV – promoção da segurança da navegação na entrada e na saída das embarcações dos portos;

V – estímulo à concorrência, por meio do incentivo à participação do setor privado e da garantia de amplo acesso aos portos organizados, às instalações e às atividades portuárias; e

- Incisos IV e V com a redação dada pela Lei nº 14.047, de 24-8-2020.

VI – liberdade de preços nas operações portuárias, reprimidos qualquer prática prejudicial à competição e o abuso do poder econômico.

- Inciso VI acrescido pela Lei nº 14.047, de 24-8-2020.

CAPÍTULO II
DA CONCESSÃO DE PORTO ORGANIZADO, DO ARRENDAMENTO E DO USO TEMPORÁRIO DE INSTALAÇÃO PORTUÁRIA

- Denominação do Capítulo com a redação dada pela Lei nº 14.047, de 24-8-2020.

Seção I
DA CONCESSÃO DE PORTO ORGANIZADO E DO ARRENDAMENTO DE INSTALAÇÃO PORTUÁRIA

Subseção I
DA CONCESSÃO DE PORTO ORGANIZADO

- Subseção I acrescida pela Lei nº 14.047, de 24-8-2020.

Art. 4º A concessão de bem público destinado à exploração do porto organizado será realizada mediante a celebração de contrato, sempre precedida de licitação, em conformidade com o disposto nesta Lei e no seu regulamento.

- Artigo com a redação dada pela Lei nº 14.047, de 24-8-2020.

Art. 5º São essenciais aos contratos de concessão as cláusulas relativas:

- *Caput* com a redação dada pela Lei nº 14.047, de 24-8-2020.

I – ao objeto, à área e ao prazo;

II – ao modo, forma e condições da exploração do porto organizado ou instalação portuária;

III – aos critérios, indicadores, fórmulas e parâmetros definidores da qualidade da atividade prestada, assim como às metas e prazos para o alcance de determinados níveis de serviço;

IV – ao valor do contrato, às tarifas praticadas e aos critérios e procedimentos de revisão e reajuste;

V – aos investimentos de responsabilidade do contratado;

VI – aos direitos e deveres dos usuários, com as obrigações correlatas do contratado e as sanções respectivas;

VII – às responsabilidades das partes;

VIII – à reversão de bens;

IX – aos direitos, garantias e obrigações do contratante e do contratado, inclusive os relacionados a necessidades futuras de suplementação, alteração e expansão da atividade e consequente modernização, aperfeiçoamento e ampliação das instalações;

X – à forma de fiscalização das instalações, dos equipamentos e dos métodos e práticas de execução das atividades, bem como à indicação dos órgãos ou entidades competentes para exercê-las;

XI – às garantias para adequada execução do contrato;

XII – à responsabilidade do titular da instalação portuária pela inexecução ou deficiente execução das atividades;

XIII – às hipóteses de extinção do contrato;

XIV – à obrigatoriedade da prestação de informações de interesse do poder concedente, da Agência Nacional de Transportes Aquaviários – ANTAQ e das demais autoridades que atuam no setor portuário, inclusive as de interesse específico da Defesa Nacional, para efeitos de mobilização;

XV – à adoção e ao cumprimento das medidas de fiscalização aduaneira de mercadorias, veículos e pessoas;

XVI – ao acesso ao porto organizado ou à instalação portuária pelo poder concedente, pela ANTAQ e pelas demais autoridades que atuam no setor portuário;

XVII – às penalidades e sua forma de aplicação; e

XVIII – ao foro.

§ 1º VETADO.

§ 2º Findo o prazo dos contratos, os bens vinculados à concessão ou ao arrendamento reverterão ao patrimônio da União, na forma prevista no contrato.

Art. 5º-A. Os contratos celebrados entre a concessionária e terceiros, inclusive os que tenham por objeto a exploração das instalações portuárias, serão regidos pelas normas de direito privado, não se estabelecendo qualquer relação jurídica entre os terceiros e o poder concedente, sem prejuízo das atividades regulatória e fiscalizatória da ANTAQ.

- Art. 5º-A acrescido pela Lei nº 14.047, de 24-8-2020.

Subseção II
DO ARRENDAMENTO DE INSTALAÇÃO PORTUÁRIA

- Subseção II acrescida pela Lei nº 14.047, de 24-8-2020.

Art. 5º-B. O arrendamento de bem público destinado à atividade portuária será realizado mediante a celebração de contrato, precedida de licitação, em conformidade com o disposto nesta Lei e no seu regulamento.

Parágrafo único. Poderá ser dispensada a realização da licitação de área no porto organizado, nos termos do regulamento, quando for comprovada a existência de um único interessado em sua exploração e estiverem presentes os seguintes requisitos:

I – realização de chamamento público pela autoridade portuária com vistas a identificar interessados na exploração econômica da área; e

II – conformidade com o plano de desenvolvimento e zoneamento do porto.

Art. 5º-C. São essenciais aos contratos de arrendamento as cláusulas relativas:

I – ao objeto, à área e ao prazo;

II – ao modo, à forma e às condições da exploração da instalação portuária;

III – ao valor do contrato e aos critérios e procedimentos de revisão e reajuste;

IV – aos investimentos de responsabilidade do contratado;

V – às responsabilidades das partes;

VI – aos direitos, às garantias e às obrigações do contratante e do contratado;

VII – à responsabilidade do titular da instalação portuária pela inexecução ou deficiente execução das atividades;

VIII – às hipóteses de extinção do contrato;

IX – à obrigatoriedade da prestação de informações de interesse do poder concedente, da ANTAQ e das demais autoridades que atuam no setor portuário, inclusive as de interesse específico da defesa nacional, para efeitos de mobilização;

X – ao acesso à instalação portuária pelo poder concedente, pela ANTAQ e pelas demais autoridades que atuam no setor portuário;

XI – às penalidades e sua forma de aplicação; e

XII – ao foro.

- Arts. 5º-B e 5º-C acrescidos pela Lei nº 14.047, de 24-8-2020.

Subseção III
DO USO TEMPORÁRIO E DAS LICITAÇÕES

- Subseção III acrescida pela Lei nº 14.047, de 24-8-2020.

Art. 5º-D. A administração do porto organizado poderá pactuar com o interessado na movimentação de cargas com mercado não consolidado o uso temporário de áreas e instalações portuárias localizadas na poligonal do porto organizado, dispensada a realização de licitação.

§ 1º O contrato de uso temporário terá o prazo improrrogável de até 48 (quarenta e oito) meses.

§ 2º Na hipótese de haver mais de um interessado na utilização de áreas e instalações portuárias e inexistir disponibilidade física para alocar todos os interessados concomitantemente, a administração do porto organizado promoverá processo seletivo simplificado para a escolha do projeto que melhor atenda ao interesse público e do porto, assegurados os princípios da isonomia e da impessoalidade na realização do certame.

§ 3º Os investimentos vinculados ao contrato de uso temporário ocorrerão exclusivamente a expensas do interessado, sem direito a indenização de qualquer natureza.

§ 4º Após 24 (vinte e quatro) meses de eficácia do uso temporário da área e da instalação portuária, ou, em prazo inferior, por solicitação do contratado, e verificada a viabilidade do uso da área e da instalação, a administração do porto organizado adotará as medidas necessárias ao encaminhamento de proposta de licitação da área e das instalações existentes.

§ 5º Decreto regulamentador disporá sobre os termos, os procedimentos e as condições para o uso temporário de áreas e instalações portuárias localizadas na poligonal do porto organizado.

- Art. 5º-D acrescido pela Lei nº 14.047, de 24-8-2020.

Art. 6º Nas licitações dos contratos de concessão e arrendamento, serão considerados como critérios para julgamento, de forma isolada ou combinada, a maior capacidade de movimentação, a menor tarifa ou o menor tempo de movimentação de carga, e outros estabelecidos no edital, na forma do regulamento.

§ 1º As licitações de que trata este artigo poderão ser realizadas na modalidade leilão, conforme regulamento.

§ 2º Compete à ANTAQ, com base nas diretrizes do poder concedente, realizar os procedimentos licitatórios de que trata este artigo.

§ 3º Os editais das licitações de que trata este artigo serão elaborados pela ANTAQ, observadas as diretrizes do poder concedente.

§ 4º VETADO.

§ 5º Sem prejuízo das diretrizes previstas no art. 3º, o poder concedente poderá determinar a transferência das competências de elaboração do edital e a realização dos procedimentos licitatórios de que trata este artigo à Administração do Porto, delegado ou não.

§ 6º O poder concedente poderá autorizar, mediante requerimento do arrendatário, na forma do regulamento, expansão da área arrendada para área contígua dentro da poligonal do porto organizado, sempre que a medida trouxer comprovadamente eficiência na operação portuária.

Art. 7º A ANTAQ poderá disciplinar a utilização em caráter excepcional, por qualquer interessado, de instalações portuárias arrendadas ou exploradas pela concessionária, assegurada a remuneração adequada ao titular do contrato.

Seção II
DA AUTORIZAÇÃO DE INSTALAÇÕES PORTUÁRIAS

Art. 8º Serão exploradas mediante autorização, precedida de chamada ou anúncio públicos e, quando for o caso, processo seletivo público, as instalações portuárias localizadas fora da área do porto organizado, compreendendo as seguintes modalidades:

I – terminal de uso privado;

II – estação de transbordo de carga;

III – instalação portuária pública de pequeno porte;

IV – instalação portuária de turismo;

V – VETADO.

§ 1º A autorização será formalizada por meio de contrato de adesão, que conterá as cláusulas essenciais previstas no *caput* do art. 5º-C desta Lei, com exceção da cláusula prevista em seu inciso III.

▸ § 1º com a redação dada pela Lei nº 14.047, de 24-8-2020.

§ 2º A autorização de instalação portuária terá prazo de até 25 (vinte e cinco) anos, prorrogável por períodos sucessivos, desde que:

I – a atividade portuária seja mantida; e

II – o autorizatário promova os investimentos necessários para a expansão e modernização das instalações portuárias, na forma do regulamento.

§ 3º A ANTAQ adotará as medidas para assegurar o cumprimento dos cronogramas de investimento previstos nas autorizações e poderá exigir garantias ou aplicar sanções, inclusive a cassação da autorização.

§ 4º VETADO.

Art. 9º Os interessados em obter a autorização de instalação portuária poderão requerê-la à ANTAQ a qualquer tempo, na forma do regulamento.

§ 1º Recebido o requerimento de autorização de instalação portuária, a ANTAQ deverá:

I – publicar o extrato do requerimento, inclusive na internet; e

II – promover a abertura de processo de anúncio público, com prazo de 30 (trinta) dias, para identificar a existência de outros interessados na obtenção de autorização de instalação portuária na mesma região e com características semelhantes.

§§ 2º e 3º VETADOS.

Art. 10. O poder concedente poderá determinar à ANTAQ, a qualquer momento e em consonância com as diretrizes do planejamento e das políticas do setor portuário, a abertura de processo de chamada pública para identificar a existência de interessados na obtenção de autorização de instalação portuária, na forma do regulamento e observado o prazo previsto no inciso II do § 1º do art. 9º.

Art. 11. O instrumento da abertura de chamada ou anúncio público indicará obrigatoriamente os seguintes parâmetros:

I – a região geográfica na qual será implantada a instalação portuária;

II – o perfil das cargas a serem movimentadas; e

III – a estimativa do volume de cargas ou de passageiros a ser movimentado nas instalações portuárias.

Parágrafo único. O interessado em autorização de instalação portuária deverá apresentar título de propriedade, inscrição de ocupação, certidão de aforamento, cessão de direito real ou outro instrumento jurídico que assegure o direito de uso e fruição do respectivo terreno, além de outros documentos previstos no instrumento de abertura.

Art. 12. Encerrado o processo de chamada ou anúncio público, o poder concedente deverá analisar a viabilidade locacional das propostas e sua adequação às diretrizes do planejamento e das políticas do setor portuário.

§ 1º Observado o disposto no regulamento, poderão ser expedidas diretamente as autorizações de instalação portuária quando:

I – o processo de chamada ou anúncio público seja concluído com a participação de um único interessado; ou

II – havendo mais de uma proposta, não haja impedimento locacional à implantação de todas elas de maneira concomitante.

§ 2º Havendo mais de uma proposta e impedimento locacional que inviabilize sua implantação de maneira concomitante, a ANTAQ deverá promover processo seletivo público, observados os princípios da legalidade, impessoalidade, moralidade, publicidade e eficiência.

§ 3º O processo seletivo público de que trata o § 2º atenderá ao disposto no regulamento e considerará como critério de julgamento, de forma isolada ou combinada, a maior capacidade de movimentação, a menor tarifa ou o menor tempo de movimentação de carga, e outros estabelecidos no edital.

§ 4º Em qualquer caso, somente poderão ser autorizadas as instalações portuárias compatíveis com as diretrizes do planejamento e das políticas do setor portuário, na forma do *caput*.

Art. 13. A ANTAQ poderá disciplinar as condições de acesso, por qualquer interessado, em caráter excepcional, às instalações portuárias autorizadas, assegurada remuneração adequada ao titular da autorização.

Seção III
DOS REQUISITOS PARA A INSTALAÇÃO DOS PORTOS E INSTALAÇÕES PORTUÁRIAS

Art. 14. A celebração do contrato de concessão ou arrendamento e a expedição de autorização serão precedidas de:

I – consulta à autoridade aduaneira;

II – consulta ao respectivo poder público municipal; e

III – emissão, pelo órgão licenciador, do termo de referência para os estudos ambientais com vistas ao licenciamento.

Seção IV
DA DEFINIÇÃO DA ÁREA DE PORTO ORGANIZADO

Art. 15. Ato do Presidente da República disporá sobre a definição da área dos portos organizados, a partir de proposta da Secretaria de Portos da Presidência da República.

Parágrafo único. A delimitação da área deverá considerar a adequação dos acessos marítimos e terrestres, os ganhos de eficiência e competitividade decorrente da escala das operações e as instalações portuárias já existentes.

CAPÍTULO III
DO PODER CONCEDENTE

Art. 16. Ao poder concedente compete:

I – elaborar o planejamento setorial em conformidade com as políticas e diretrizes de logística integrada;

II – definir as diretrizes para a realização dos procedimentos licitatórios, das chamadas públicas e dos processos seletivos de que trata esta Lei, inclusive para os respectivos editais e instrumentos convocatórios;

III – celebrar os contratos de concessão e arrendamento e expedir as autorizações de instalação portuária, devendo a ANTAQ fiscalizá-los em conformidade com o disposto na Lei nº 10.233, de 5 de junho de 2001; e

IV – estabelecer as normas, os critérios e os procedimentos para a pré-qualificação dos operadores portuários.

§ 1º Para os fins do disposto nesta Lei, o poder concedente poderá celebrar convênios ou instrumentos congêneres de cooperação técnica e administrativa com órgãos e entidades da administração pública federal, dos Estados, do Distrito Federal e dos Municípios, inclusive com repasse de recursos.

§ 2º No exercício da competência prevista no inciso II do *caput*, o poder concedente deverá ouvir previamente a Agência Nacional do Petróleo, Gás Natural e Biocombustíveis sempre que a licitação, a chamada pública ou o processo seletivo envolver instalações portuárias voltadas à movimentação de petróleo, gás natural, seus derivados e biocombustíveis.

CAPÍTULO IV
DA ADMINISTRAÇÃO DO PORTO ORGANIZADO

Seção I
DAS COMPETÊNCIAS

Art. 17. A administração do porto é exercida diretamente pela União, pela delegatária ou pela entidade concessionária do porto organizado.

§ 1º Compete à administração do porto organizado, denominada autoridade portuária:

I – cumprir e fazer cumprir as leis, os regulamentos e os contratos de concessão;

II – assegurar o gozo das vantagens decorrentes do melhoramento e aparelhamento do porto ao comércio e à navegação;

III – pré-qualificar os operadores portuários, de acordo com as normas estabelecidas pelo poder concedente;

IV – arrecadar os valores das tarifas relativas às suas atividades;

V – fiscalizar ou executar as obras de construção, reforma, ampliação, melhoramento e conservação das instalações portuárias;

VI – fiscalizar a operação portuária, zelando pela realização das atividades com regularidade, eficiência, segurança e respeito ao meio ambiente;

VII – promover a remoção de embarcações ou cascos de embarcações que possam prejudicar o acesso ao porto;

VIII – autorizar a entrada e saída, inclusive atracação e desatracação, o fundeio e o tráfego de embarcação na área do porto, ouvidas as demais autoridades do porto;

IX – autorizar a movimentação de carga das embarcações, ressalvada a competência da autoridade marítima em situações de assistência e salvamento de embarcação, ouvidas as demais autoridades do porto;

X – suspender operações portuárias que prejudiquem o funcionamento do porto, ressalvados os aspectos de interesse da autoridade marítima responsável pela segurança do tráfego aquaviário;

XI – reportar infrações e representar perante a ANTAQ, visando à instauração de processo administrativo e aplicação das penalidades previstas em lei, em regulamento e nos contratos;

XII – adotar as medidas solicitadas pelas demais autoridades no porto;

XIII – prestar apoio técnico e administrativo ao conselho de autoridade portuária e ao órgão de gestão de mão de obra;

XIV – estabelecer o horário de funcionamento do porto, observadas as diretrizes da Secretaria de Portos da Presidência da República, e as jornadas de trabalho no cais de uso público; e

XV – organizar a guarda portuária, em conformidade com a regulamentação expedida pelo poder concedente.

§ 2º A autoridade portuária elaborará e submeterá à aprovação da Secretaria de Portos da Presidência da República o respectivo Plano de Desenvolvimento e Zoneamento do Porto.

§ 3º O disposto nos incisos IX e X do § 1º não se aplica à embarcação militar que não esteja praticando comércio.

§ 4º A autoridade marítima responsável pela segurança do tráfego pode intervir para assegurar aos navios da Marinha do Brasil a prioridade para atracação no porto.

§ 5º VETADO.

Art. 18. Dentro dos limites da área do porto organizado, compete à administração do porto:

I – sob coordenação da autoridade marítima:

a) estabelecer, manter e operar o balizamento do canal de acesso e da bacia de evolução do porto;

b) delimitar as áreas de fundeadouro, de fundeio para carga e descarga, de inspeção sanitária e de polícia marítima;

c) delimitar as áreas destinadas a navios de guerra e submarinos, plataformas e demais embarcações especiais, navios em reparo ou aguardando atracação e navios com cargas inflamáveis ou explosivas;

d) estabelecer e divulgar o calado máximo de operação dos navios, em função dos levantamentos batimétricos efetuados sob sua responsabilidade; e

e) estabelecer e divulgar o porte bruto máximo e as dimensões máximas dos navios que trafegarão, em função das limitações e características físicas do cais do porto;

II – sob coordenação da autoridade aduaneira:

a) delimitar a área de alfandegamento; e

b) organizar e sinalizar os fluxos de mercadorias, veículos, unidades de cargas e de pessoas.

Art. 19. A administração do porto poderá, a critério do poder concedente, explorar direta ou indiretamente áreas não afetas às operações portuárias, observado o disposto no respectivo Plano de Desenvolvimento e Zoneamento do Porto.

Parágrafo único. O disposto no *caput* não afasta a aplicação das normas de licitação e contratação pública quando a administração do porto for exercida por órgão ou entidade sob controle estatal.

Art. 20. Será instituído em cada porto organizado um conselho de autoridade portuária, órgão consultivo da administração do porto.

§ 1º O regulamento disporá sobre as atribuições, o funcionamento e a composição dos conselhos de autoridade portuária, assegurada a participação de representantes da classe empresarial, dos trabalhadores portuários e do poder público.

§ 2º A representação da classe empresarial e dos trabalhadores no conselho a que alude o *caput* será paritária.

§ 3º A distribuição das vagas no conselho a que alude o *caput* observará a seguinte proporção:

I – 50% (cinquenta por cento) de representantes do poder público;

II – 25% (vinte e cinco por cento) de representantes da classe empresarial; e

III – 25% (vinte e cinco por cento) de representantes da classe trabalhadora.

Art. 21. Fica assegurada a participação de um representante da classe empresarial e outro da classe trabalhadora no conselho de administração ou órgão equivalente da administração do porto, quando se tratar de entidade sob controle estatal, na forma do regulamento.

Parágrafo único. A indicação dos representantes das classes empresarial e trabalhadora a que alude o *caput* será feita pelos respectivos representantes no conselho de autoridade portuária.

Art. 22. A Secretaria de Portos da Presidência da República coordenará a atuação integrada dos órgãos e entidades públicos nos portos organizados e instalações portuárias, com a finalidade de garantir a eficiência e a qualidade de suas atividades, nos termos do regulamento.

Seção II
DA ADMINISTRAÇÃO ADUANEIRA NOS PORTOS ORGANIZADOS E NAS INSTALAÇÕES PORTUÁRIAS ALFANDEGADAS

Art. 23. A entrada ou a saída de mercadorias procedentes do exterior ou a ele destinadas somente poderá efetuar-se em portos ou instalações portuárias alfandegados.

Parágrafo único. O alfandegamento de portos organizados e instalações portuárias destinados à movimentação e armazenagem de mercadorias importadas ou à exportação será efetuado após cumpridos os requisitos previstos na legislação específica.

Art. 24. Compete ao Ministério da Fazenda, por intermédio das repartições aduaneiras:

I – cumprir e fazer cumprir a legislação que regula a entrada, a permanência e a saída de quaisquer bens ou mercadorias do País;

II – fiscalizar a entrada, a permanência, a movimentação e a saída de pessoas, veículos, unidades de carga e mercadorias, sem prejuízo das atribuições das outras autoridades no porto;

III – exercer a vigilância aduaneira e reprimir o contrabando e o descaminho, sem prejuízo das atribuições de outros órgãos;

IV – arrecadar os tributos incidentes sobre o comércio exterior;

V – proceder ao despacho aduaneiro na importação e na exportação;

VI – proceder à apreensão de mercadoria em situação irregular, nos termos da legislação fiscal;

VII – autorizar a remoção de mercadorias da área portuária para outros locais, alfandegados ou não, nos casos e na forma prevista na legislação aduaneira;

VIII – administrar a aplicação de regimes suspensivos, exonerativos ou devolutivos de tributos às mercadorias importadas ou a exportar;

IX – assegurar o cumprimento de tratados, acordos ou convenções internacionais no plano aduaneiro; e

X – zelar pela observância da legislação aduaneira e pela defesa dos interesses fazendários nacionais.

§ 1º No exercício de suas atribuições, a autoridade aduaneira terá livre acesso a quaisquer dependências do porto ou instalação portuária, às embarcações atracadas ou não e aos locais onde se encontrem mercadorias procedentes do exterior ou a ele destinadas.

§ 2º No exercício de suas atribuições, a autoridade aduaneira poderá, sempre que julgar necessário, requisitar documentos e informações e o apoio de força pública federal, estadual ou municipal.

CAPÍTULO V
DA OPERAÇÃO PORTUÁRIA

Art. 25. A pré-qualificação do operador portuário será efetuada perante a administração do porto, conforme normas estabelecidas pelo poder concedente.

§ 1º As normas de pré-qualificação devem obedecer aos princípios da legalidade, impessoalidade, moralidade, publicidade e eficiência.

§ 2º A administração do porto terá prazo de 30 (trinta) dias, contado do pedido do interessado, para decidir sobre a pré-qualificação.

§ 3º Em caso de indeferimento do pedido mencionado no § 2º, caberá recurso, no prazo de 15 (quinze) dias, dirigido à Secretaria de Portos da Presidência da República, que deverá apreciá-lo no prazo de 30 (trinta) dias, nos termos do regulamento.

§ 4º Considera-se pré-qualificada como operador portuário a administração do porto.

Art. 26. O operador portuário responderá perante:

I – a administração do porto pelos danos culposamente causados à infraestrutura, às instalações e ao equipamento de que a administração do porto seja titular, que se encontre a seu serviço ou sob sua guarda;

II – o proprietário ou consignatário da mercadoria pelas perdas e danos que ocorrerem durante as operações que realizar ou em decorrência delas;

III – o armador pelas avarias ocorridas na embarcação ou na mercadoria dada a transporte;

IV – o trabalhador portuário pela remuneração dos serviços prestados e respectivos encargos;

V – o órgão local de gestão de mão de obra do trabalho avulso pelas contribuições não recolhidas;

VI – os órgãos competentes pelo recolhimento dos tributos incidentes sobre o trabalho portuário avulso; e

VII – a autoridade aduaneira pelas mercadorias sujeitas a controle aduaneiro, no período em que lhe estejam confiadas ou quando tenha controle ou uso exclusivo de área onde se encontrem depositadas ou devam transitar.

Parágrafo único. Compete à administração do porto responder pelas mercadorias a que se referem os incisos II e VII do *caput* quando estiverem em área por ela controlada e após o seu recebimento, conforme definido pelo regulamento de exploração do porto.

Art. 27. As atividades do operador portuário estão sujeitas às normas estabelecidas pela ANTAQ.

§ 1º O operador portuário é titular e responsável pela coordenação das operações portuárias que efetuar.

§ 2º A atividade de movimentação de carga a bordo da embarcação deve ser executada de acordo com a instrução de seu comandante ou de seus prepostos, responsáveis pela segurança da embarcação nas atividades de arrumação ou retirada da carga, quanto à segurança da embarcação.

Art. 28. É dispensável a intervenção de operadores portuários em operações:

I – que, por seus métodos de manipulação, suas características de automação ou mecanização, não requeiram a utilização de mão de obra ou possam ser executadas exclusivamente pela tripulação das embarcações;

II – de embarcações empregadas:

a) em obras de serviços públicos nas vias aquáticas do País, executadas direta ou indiretamente pelo poder público;

b) no transporte de gêneros de pequena lavoura e da pesca, para abastecer mercados de âmbito municipal;

c) na navegação interior e auxiliar;

d) no transporte de mercadorias líquidas a granel; e

e) no transporte de mercadorias sólidas a granel, quando a carga ou descarga for feita por aparelhos mecânicos automáticos, salvo quanto às atividades de rechego;

III – relativas à movimentação de:

a) cargas em área sob controle militar, quando realizadas por pessoal militar ou vinculado a organização militar;

b) materiais por estaleiros de construção e reparação naval; e

c) peças sobressalentes, material de bordo, mantimentos e abastecimento de embarcações; e

IV – relativas ao abastecimento de aguada, combustíveis e lubrificantes para a navegação.

Parágrafo único. VETADO.

Art. 29. As cooperativas formadas por trabalhadores portuários avulsos, registrados de acordo com esta Lei, poderão estabelecer-se como operadores portuários.

Art. 30. A operação portuária em instalações localizadas fora da área do porto organizado será disciplinada pelo titular da respectiva autorização, observadas as normas estabelecidas pelas autoridades marítima, aduaneira, sanitária, de saúde e de polícia marítima.

Art. 31. O disposto nesta Lei não prejudica a aplicação das demais normas referentes ao transporte marítimo, inclusive as decorrentes de convenções internacionais ratificadas, enquanto vincularem internacionalmente o País.

CAPÍTULO VI
DO TRABALHO PORTUÁRIO

► Lei nº 9.719, de 27-11-1998, dispõe sobre normas e condições gerais de proteção ao trabalho portuário.

Art. 32. Os operadores portuários devem constituir em cada porto organizado um órgão de gestão de mão de obra do trabalho portuário, destinado a:

I – administrar o fornecimento da mão de obra do trabalhador portuário e do trabalhador portuário avulso;

II – manter, com exclusividade, o cadastro do trabalhador portuário e o registro do trabalhador portuário avulso;

III – treinar e habilitar profissionalmente o trabalhador portuário, inscrevendo-o no cadastro;

IV – selecionar e registrar o trabalhador portuário avulso;

V – estabelecer o número de vagas, a forma e a periodicidade para acesso ao registro do trabalhador portuário avulso;

VI – expedir os documentos de identificação do trabalhador portuário; e

VII – arrecadar e repassar aos beneficiários os valores devidos pelos operadores portuários relativos à remuneração do trabalhador portuário avulso e aos correspondentes encargos fiscais, sociais e previdenciários.

Parágrafo único. Caso celebrado contrato, acordo ou convenção coletiva de trabalho entre trabalhadores e tomadores de serviços, o disposto no instrumento precederá o órgão gestor e dispensará sua intervenção nas relações entre capital e trabalho no porto.

Art. 33. Compete ao órgão de gestão de mão de obra do trabalho portuário avulso:

I – aplicar, quando couber, normas disciplinares previstas em lei, contrato, convenção ou acordo coletivo de trabalho, no caso de transgressão disciplinar, as seguintes penalidades:

a) repreensão verbal ou por escrito;

b) suspensão do registro pelo período de 10 (dez) a 30 (trinta) dias; ou

c) cancelamento do registro;

II – promover:

a) a formação profissional do trabalhador portuário e do trabalhador portuário avulso, adequando-a aos modernos processos de movimentação de carga e de operação de aparelhos e equipamentos portuários;

b) o treinamento multifuncional do trabalhador portuário e do trabalhador portuário avulso; e

c) a criação de programas de realocação e de cancelamento do registro, sem ônus para o trabalhador;

III – arrecadar e repassar aos beneficiários contribuições destinadas a incentivar o cancelamento do registro e a aposentadoria voluntária;

IV – arrecadar as contribuições destinadas ao custeio do órgão;

V – zelar pelas normas de saúde, higiene e segurança no trabalho portuário avulso; e

VI – submeter à administração do porto propostas para aprimoramento da operação portuária e valorização econômica do porto.

§ 1º O órgão não responde por prejuízos causados pelos trabalhadores portuários avulsos aos tomadores dos seus serviços ou a terceiros.

§ 2º O órgão responde, solidariamente com os operadores portuários, pela remuneração devida ao trabalhador portuário avulso e pelas indenizações decorrentes de acidente de trabalho.

§ 3º O órgão pode exigir dos operadores portuários garantia prévia dos respectivos pagamentos, para atender a requisição de trabalhadores portuários avulsos.

§ 4º As matérias constantes nas alíneas *a* e *b* do inciso II deste artigo serão discutidas em fórum permanente, composto, em caráter paritário, por representantes do governo e da sociedade civil.

§ 5º A representação da sociedade civil no fórum previsto no § 4º será paritária entre trabalhadores e empresários.

Art. 34. O exercício das atribuições previstas nos arts. 32 e 33 pelo órgão de gestão de mão de obra do trabalho portuário avulso não implica vínculo empregatício com trabalhador portuário avulso.

Art. 35. O órgão de gestão de mão de obra pode ceder trabalhador portuário avulso, em caráter permanente, ao operador portuário.

Art. 36. A gestão da mão de obra do trabalho portuário avulso deve observar as normas do contrato, convenção ou acordo coletivo de trabalho.

Art. 37. Deve ser constituída, no âmbito do órgão de gestão de mão de obra, comissão paritária para solucionar litígios decorrentes da aplicação do disposto nos arts. 32, 33 e 35.

§ 1º Em caso de impasse, as partes devem recorrer à arbitragem de ofertas finais.

§ 2º Firmado o compromisso arbitral, não será admitida a desistência de qualquer das partes.

§ 3º Os árbitros devem ser escolhidos de comum acordo entre as partes, e o laudo arbitral proferido para solução da pendência constitui título executivo extrajudicial.

§ 4º As ações relativas aos créditos decorrentes da relação de trabalho avulso prescrevem em 5 (cinco) anos até o limite de 2 (dois) anos após o cancelamento do registro ou do cadastro no órgão gestor de mão de obra.

Art. 38. O órgão de gestão de mão de obra terá obrigatoriamente 1 (um) conselho de supervisão e 1 (uma) diretoria executiva.

§ 1º O conselho de supervisão será composto por 3 (três) membros titulares e seus suplentes, indicados na forma do regulamento, e terá como competência:

I – deliberar sobre a matéria contida no inciso V do *caput* do art. 32;

II – editar as normas a que se refere o art. 42; e

III – fiscalizar a gestão dos diretores, examinar, a qualquer tempo, os livros e papéis do órgão e solicitar informações sobre quaisquer atos praticados pelos diretores ou seus prepostos.

§ 2º A diretoria executiva será composta por 1 (um) ou mais diretores, designados e destituíveis na forma do regulamento, cujo prazo de gestão será de 3 (três) anos, permitida a redesignação.

§ 3º Até 1/3 (um terço) dos membros do conselho de supervisão poderá ser designado para cargos de diretores.

§ 4º No silêncio do estatuto ou contrato social, competirá a qualquer diretor a representação do órgão e a prática dos atos necessários ao seu funcionamento regular.

Art. 39. O órgão de gestão de mão de obra é reputado de utilidade pública, sendo-lhe vedado ter fins lucrativos, prestar serviços a terceiros ou exercer qualquer atividade não vinculada à gestão de mão de obra.

Art. 40. O trabalho portuário de capatazia, estiva, conferência de carga, conserto de carga, bloco e vigilância de embarcações, nos portos organizados, será realizado por trabalhadores portuários com vínculo empregatício por prazo indeterminado e por trabalhadores portuários avulsos.

§ 1º Para os fins desta Lei, consideram-se:

I – capatazia: atividade de movimentação de mercadorias nas instalações dentro do porto, compreendendo o recebimento, conferência, transporte interno, abertura de volumes para a conferência aduaneira, manipulação, arrumação e entrega, bem como o carregamento e descarga de embarcações, quando efetuados por aparelhamento portuário;

II – estiva: atividade de movimentação de mercadorias nos conveses ou nos porões das embarcações principais ou auxiliares, incluindo o transbordo, arrumação, peação e despeação, bem como o carregamento e a descarga, quando realizados com equipamentos de bordo;

III – conferência de carga: contagem de volumes, anotação de suas características, procedência ou destino, verificação do estado das mercadorias, assistência à pesagem, conferência do manifesto e demais serviços correlatos, nas operações de carregamento e descarga de embarcações;

IV – conserto de carga: reparo e restauração das embalagens de mercadorias, nas operações de carregamento e descarga de embarcações, reembalagem, marcação, remarcação, carimbagem, etiquetagem, abertura de volumes para vistoria e posterior recomposição;

V – vigilância de embarcações: atividade de fiscalização da entrada e saída de pessoas a bordo das embarcações atracadas ou fundeadas ao largo, bem como da movimentação de mercadorias nos portalós, rampas, porões, conveses, plataformas e em outros locais da embarcação; e

VI – bloco: atividade de limpeza e conservação de embarcações mercantes e de seus tanques, incluindo batimento de ferrugem, pintura, reparos de pequena monta e serviços correlatos.

§ 2º A contratação de trabalhadores portuários de capatazia, bloco, estiva, conferência de carga, conserto de carga e vigilância de embarcações com vínculo empregatício por prazo indeterminado será feita exclusivamente dentre trabalhadores portuários avulsos registrados.

§ 3º O operador portuário, nas atividades a que alude o *caput*, não poderá locar ou tomar mão de obra sob o regime de trabalho temporário de que trata a Lei nº 6.019, de 3 de janeiro de 1974.

§ 4º As categorias previstas no *caput* constituem categorias profissionais diferenciadas.

§ 5º Desde que possuam a qualificação necessária, os trabalhadores portuários avulsos registrados e cadastrados poderão desempenhar quaisquer das atividades de que trata o § 1º deste artigo, vedada a exigência de novo registro ou cadastro específico, independentemente de acordo ou convenção coletiva.

▸ § 5º acrescido pela Lei nº 14.047, de 24-8-2020.

Art. 41. O órgão de gestão de mão de obra:

I – organizará e manterá cadastro de trabalhadores portuários habilitados ao desempenho das atividades referidas no § 1º do art. 40; e

II – organizará e manterá o registro dos trabalhadores portuários avulsos.

§ 1º A inscrição no cadastro do trabalhador portuário dependerá exclusivamente de prévia habilitação profissional do trabalhador interessado, mediante treinamento realizado em entidade indicada pelo órgão de gestão de mão de obra.

§ 2º O ingresso no registro do trabalhador portuário avulso depende de prévia seleção e inscrição no cadastro de que trata o inciso I do *caput*, obedecidas a disponibilidade de vagas e a ordem cronológica de inscrição no cadastro.

§ 3º A inscrição no cadastro e o registro do trabalhador portuário extinguem-se por morte ou cancelamento.

Art. 42. A seleção e o registro do trabalhador portuário avulso serão feitos pelo órgão de gestão de mão de obra avulsa, de acordo com as normas estabelecidas em contrato, convenção ou acordo coletivo de trabalho.

Art. 43. A remuneração, a definição das funções, a composição dos ternos, a multifuncionalidade e as demais condições do trabalho avulso serão objeto de negociação entre as entidades representativas dos trabalhadores portuários avulsos e dos operadores portuários.

Parágrafo único. A negociação prevista no *caput* contemplará a garantia de renda mínima inserida no item 2 do artigo 2 da Convenção nº 137 da Organização Internacional do Trabalho – OIT.

Art. 44. É facultada aos titulares de instalações portuárias sujeitas a regime de autorização a contratação de trabalhadores a prazo indeterminado, observado o disposto no contrato, convenção ou acordo coletivo de trabalho.

Art. 45. VETADO.

CAPÍTULO VII
DAS INFRAÇÕES E PENALIDADES

Art. 46. Constitui infração toda ação ou omissão, voluntária ou involuntária, que importe em:

I – realização de operações portuárias com infringência ao disposto nesta Lei ou com inobservância dos regulamentos do porto;

II – recusa injustificada, por parte do órgão de gestão de mão de obra, da distribuição de trabalhadores a qualquer operador portuário; ou

III – utilização de terrenos, área, equipamentos e instalações portuárias, dentro ou fora do porto organizado, com desvio de finalidade ou com desrespeito à lei ou aos regulamentos.

Parágrafo único. Responde pela infração, conjunta ou isoladamente, qualquer pessoa física ou jurídica que, intervindo na operação portuária, concorra para sua prática ou dela se beneficie.

Art. 47. As infrações estão sujeitas às seguintes penas, aplicáveis separada ou cumulativamente, de acordo com a gravidade da falta:

I – advertência;

II – multa;

III – proibição de ingresso na área do porto por período de 30 (trinta) a 180 (cento e oitenta) dias;

IV – suspensão da atividade de operador portuário, pelo período de 30 (trinta) a 180 (cento e oitenta) dias; ou

V – cancelamento do credenciamento do operador portuário.

Parágrafo único. Sem prejuízo do disposto nesta Lei, aplicam-se subsidiariamente às infrações previstas no art. 46 as penalidades estabelecidas na Lei nº 10.233, de 5 de junho de 2001, separada ou cumulativamente, de acordo com a gravidade da falta.

Art. 48. Apurada, no mesmo processo, a prática de 2 (duas) ou mais infrações pela mesma pessoa física ou jurídica, aplicam-se cumulativamente as penas a elas cominadas, se as infrações não forem idênticas.

§ 1º Serão reunidos em um único processo os diversos autos ou representações de infração continuada, para aplicação da pena.

§ 2º Serão consideradas continuadas as infrações quando se tratar de repetição de falta ainda não apurada ou objeto do processo, de cuja instauração o infrator não tenha conhecimento, por meio de intimação.

Art. 49. Na falta de pagamento de multa no prazo de 30 (trinta) dias, contado da ciência pelo infrator da decisão final que impuser a penalidade, será realizado processo de execução.

Art. 50. As importâncias pecuniárias resultantes da aplicação das multas previstas nesta Lei reverterão para a ANTAQ, na forma do inciso V do *caput* do art. 77 da Lei nº 10.233, de 5 de junho de 2001.

Art. 51. O descumprimento do disposto nos arts. 36, 39 e 42 desta Lei sujeitará o infrator à multa prevista no inciso I do art. 10 da Lei nº 9.719, de 27 de novembro de 1998, sem prejuízo das demais sanções cabíveis.

Art. 52. O descumprimento do disposto no *caput* e no § 3º do art. 40 desta Lei sujeitará o infrator à multa prevista no inciso III do art. 10 da Lei nº 9.719, de 27 de novembro de 1998, sem prejuízo das demais sanções cabíveis.

CAPÍTULO VIII
DO PROGRAMA NACIONAL DE DRAGAGEM PORTUÁRIA E HIDROVIÁRIA II

Art. 53. Fica instituído o Programa Nacional de Dragagem Portuária e Hidroviária II, a ser implantado pela Secretaria de Portos da Presidência da República e pelo Ministério dos Transportes, nas respectivas áreas de atuação.

§ 1º O Programa de que trata o *caput* abrange, dentre outras atividades:

I – as obras e serviços de engenharia de dragagem para manutenção ou ampliação de áreas portuárias e de hidrovias, inclusive canais de navegação, bacias de evolução e de fundeio, e berços de atracação, compreendendo a remoção do material submerso e a escavação ou derrocamento do leito;

II – o serviço de sinalização e balizamento, incluindo a aquisição, instalação, reposição, manutenção e modernização de sinais náuticos e equipamentos necessários às hidrovias e ao acesso aos portos e terminais portuários;

III – o monitoramento ambiental; e

IV – o gerenciamento da execução dos serviços e obras.

§ 2º Para fins do Programa de que trata o *caput*, consideram-se:

I – dragagem: obra ou serviço de engenharia que consiste na limpeza, desobstrução, remoção, derrocamento ou escavação de material do fundo de rios, lagos, mares, baías e canais;

II – draga: equipamento especializado acoplado à embarcação ou à plataforma fixa, móvel ou flutuante, utilizado para execução de obras ou serviços de dragagem;

III – material dragado: material retirado ou deslocado do leito dos corpos d'água decorrente da atividade de dragagem e transferido para local de despejo autorizado pelo órgão competente;

IV – empresa de dragagem: pessoa jurídica que tenha por objeto a realização de obra ou serviço de dragagem com a utilização ou não de embarcação; e

V – sinalização e balizamento: sinais náuticos para o auxílio à navegação e à transmissão de informações ao navegante, de forma a possibilitar posicionamento seguro de acesso e tráfego.

Art. 54. A dragagem por resultado compreende a contratação de obras de engenharia destinadas ao aprofundamento, alargamento ou expansão de áreas portuárias e de hidrovias, inclusive canais de navegação, bacias de evolução e de fundeio e berços de atracação, bem como os serviços de sinalização, balizamento, monitoramento ambiental e outros com o objetivo de manter as condições de profundidade e segurança estabelecidas no projeto implantado.

§ 1º As obras ou serviços de dragagem por resultado poderão contemplar mais de um porto, num mesmo contrato, quando essa medida for mais vantajosa para a administração pública.

§ 2º Na contratação de dragagem por resultado, é obrigatória a prestação de garantia pelo contratado.

§ 3º A duração dos contratos de que trata este artigo será de até 10 (dez) anos, improrrogável.

§ 4º As contratações das obras e serviços no âmbito do Programa Nacional de Dragagem Portuária e Hidroviária II poderão ser feitas por meio de licitações internacionais e utilizar o Regime Diferenciado de Contratações Públicas, de que trata a Lei nº 12.462, de 4 de agosto de 2011.

§ 5º A administração pública poderá contratar empresa para gerenciar e auditar os serviços e obras contratados na forma do *caput*.

Art. 55. As embarcações destinadas à dragagem sujeitam-se às normas específicas de segurança da navegação estabelecidas pela autoridade marítima e não se submetem ao disposto na Lei nº 9.432, de 8 de janeiro de 1997.

CAPÍTULO IX
DISPOSIÇÕES FINAIS E TRANSITÓRIAS

Art. 56. VETADO.

Parágrafo único. VETADO.

Art. 56-A. As infraestruturas ferroviárias no interior do perímetro dos portos e instalações portuárias não se constituem em ferrovias autônomas e são administradas pela respectiva autoridade portuária ou autorizatário, dispensada a realização de outorga específica para sua exploração.

Parágrafo único. As infraestruturas ferroviárias de que dispõe o *caput* deste artigo observarão as normas nacionais para a segurança do trânsito e do transporte ferroviários, e caberá ao regulador ferroviário federal fiscalizar sua aplicação.

► Art. 56-A acrescido pela Lei nº 14.273, de 23-12-2021.

Art. 57. Os contratos de arrendamento em vigor firmados sob a Lei nº 8.630, de 25 de fevereiro de 1993, que possuam previsão expressa de prorrogação ainda não realizada, poderão ter sua prorrogação antecipada, a critério do poder concedente.

§ 1º A prorrogação antecipada de que trata o *caput* dependerá da aceitação expressa de obrigação de realizar investimentos, segundo plano elaborado pelo arrendatário e aprovado pelo poder concedente em até 60 (sessenta) dias.

§ 2º VETADO.

§ 3º Caso, a critério do poder concedente, a antecipação das prorrogações de que trata o *caput* não seja efetivada, tal decisão não implica obrigatoriamente na recusa da prorrogação contratual prevista originalmente.

§ 4º VETADO.

§ 5º O Poder Executivo deverá encaminhar ao Congresso Nacional, até o último dia útil do mês de março de cada ano, relatório detalhado sobre a implementação das iniciativas tomadas com base nesta Lei, incluindo, pelo menos, as seguintes informações:

I – relação dos contratos de arrendamento e concessão em vigor até 31 de dezembro do ano anterior, por porto organizado, indicando data dos contratos, empresa detentora, objeto detalhado, área, prazo de vigência e situação de adimplemento com relação às cláusulas contratuais;

II – relação das instalações portuárias exploradas mediante autorizações em vigor até 31 de dezembro do ano anterior, segundo a localização, se dentro ou fora do porto organizado, indicando data da autorização, empresa detentora, objeto detalhado, área, prazo de vigência e situação de adimplemento com relação às cláusulas dos termos de adesão e autorização;

III – relação dos contratos licitados no ano anterior com base no disposto no art. 56 desta Lei, por porto organizado, indicando data do contrato, modalidade da licitação, empresa detentora, objeto, área, prazo de vigência e valor dos investimentos realizados e previstos nos contratos de concessão ou arrendamento;

IV – relação dos termos de autorização e os contratos de adesão adaptados no ano anterior, com base no disposto nos arts. 58 e 59 desta Lei, indicando data do contrato de autorização, empresa detentora, objeto, área, prazo de vigência e valor dos investimentos realizados e previstos nos termos de adesão e autorização;

V – relação das instalações portuárias operadas no ano anterior com base no previsto no art. 7º desta Lei, indicando empresa concessionária, empresa que utiliza efetivamente a instalação portuária, motivo e justificativa da utilização por interessado não detentor do arrendamento ou concessão e prazo de utilização.

Art. 58. Os termos de autorização e os contratos de adesão em vigor deverão ser adaptados ao disposto nesta Lei, em especial ao previsto nos §§ 1º a 4º do art. 8º, independentemente de chamada pública ou processo seletivo.

Parágrafo único. A ANTAQ deverá promover a adaptação de que trata o *caput* no prazo de 1 (um) ano, contado da data de publicação desta Lei.

Art. 59. As instalações portuárias enumeradas nos incisos I a IV do *caput* do art. 8º, localizadas dentro da área do porto organizado, terão assegurada a continuidade das suas atividades, desde que realizada a adaptação nos termos do art. 58.

Parágrafo único. Os pedidos de autorização para exploração de instalações portuárias enumeradas nos incisos I a IV do art. 8º, localizadas dentro da área do porto organizado, protocolados na ANTAQ até dezembro de 2012, poderão ser deferidos pelo poder concedente, desde que tenha sido comprovado até a referida data o domínio útil da área.

Art. 60. Os procedimentos licitatórios para contratação de dragagem homologados e os contratos de dragagem em vigor na data da publicação desta Lei permanecem regidos pelo disposto na Lei nº 11.610, de 12 de dezembro de 2007.

Art. 61. Até a publicação do regulamento previsto nesta Lei, ficam mantidas as regras para composição dos conselhos da autoridade portuária e dos conselhos de supervisão e diretorias executivas dos órgãos de gestão de mão de obra.

Art. 62. O inadimplemento, pelas concessionárias, arrendatárias, autorizatárias e operadoras portuárias no recolhimento de tarifas portuárias e outras obrigações financeiras perante a administração do porto e a ANTAQ, assim declarado em decisão final, impossibilita a inadimplente de celebrar ou prorrogar contratos de concessão e arrendamento, bem como obter novas autorizações.

§ 1º Para dirimir litígios relativos aos débitos a que se refere o *caput*, poderá ser utilizada a arbitragem, nos termos da Lei nº 9.307, de 23 de setembro de 1996.

▶ Dec. nº 10.025, de 20-9-2019, regulamenta este parágrafo.

§ 2º O impedimento previsto no *caput* também se aplica às pessoas jurídicas, direta ou indiretamente, controladoras, controladas, coligadas, ou de controlador comum com a inadimplente.

Art. 63. As Companhias Docas observarão regulamento simplificado para contratação de serviços e aquisição de bens, observados os princípios constitucionais da publicidade, impessoalidade, moralidade, economicidade e eficiência.

Art. 64. As Companhias Docas firmarão com a Secretaria de Portos da Presidência da República compromissos de metas e desempenho empresarial que estabelecerão, nos termos do regulamento:

I – objetivos, metas e resultados a serem atingidos, e prazos para sua consecução;

II – indicadores e critérios de avaliação de desempenho;

III – retribuição adicional em virtude do seu cumprimento; e

IV – critérios para a profissionalização da gestão das Docas.

Art. 65. Ficam transferidas à Secretaria de Portos da Presidência da República as competências atribuídas ao Ministério dos Transportes e ao Departamento Nacional de Infraestrutura de Transportes – DNIT em leis gerais e específicas relativas a portos fluviais e lacustres, exceto as competências relativas a instalações portuárias públicas de pequeno porte.

Art. 66. Aplica-se subsidiariamente às licitações de concessão de porto organizado e de arrendamento de instalação portuária o disposto nas Leis nºs 12.462, de 4 de agosto de 2011, 8.987, de 13 de fevereiro de 1995, e 8.666, de 21 de junho de 1993.

▶ A Lei nº 8.666, de 21-6-1993, foi revogada pela Lei nº 14.133, de 1º-4-2021.

▶ Lei nº 14.133, de 1º-4-2021 (Nova Lei de Licitações e Contratos Administrativos).

Art. 67. Aplica-se subsidiariamente a esta Lei o disposto na Lei nº 10.233, de 5 de junho de 2001, em especial no que se refere às competências e atribuições da ANTAQ.

Art. 68. As poligonais de áreas de portos organizados que não atendam ao disposto no art. 15 deverão ser adaptadas no prazo de 1 (um) ano.

Art. 69. VETADO.

Art. 70. O art. 29 da Lei nº 5.025, de 10 de junho de 1966, passa a vigorar com a seguinte redação:

"Art. 29. Os serviços públicos necessários à importação e exportação deverão ser centralizados pela administração pública em todos os portos organizados.

§ 1º Os serviços de que trata o *caput* serão prestados em horário corrido e coincidente com a operação de cada porto, em turnos, inclusive aos domingos e feriados.

§ 2º O horário previsto no § 1º poderá ser reduzido por ato do Poder Executivo, desde que não haja prejuízo à segurança nacional e à operação portuária.

...."

Art. 71. A Lei nº 10.233, de 5 de junho de 2001, passa a vigorar com as seguintes alterações:

"Art. 13. Ressalvado o disposto em legislação específica, as outorgas a que se refere o inciso I do *caput* do art. 12 serão realizadas sob a forma de:"

....

"Art. 14. Ressalvado o disposto em legislação específica, o disposto no art. 13 aplica-se conforme as seguintes diretrizes:

....

III – depende de autorização:

....

c) a construção e a exploração das instalações portuárias de que trata o art. 8º da Lei na qual foi convertida a Medida Provisória nº 595, de 6 de dezembro de 2012;

....

g) (Revogada);

h) (Revogada);

...."

"Art. 20. ....

I – implementar, nas respectivas esferas de atuação, as políticas formuladas pelo Conselho Nacional de Integração de Políticas de Transporte, pelo Ministério dos Transportes e pela Secretaria de Portos da Presidência da República, nas respectivas áreas de competência, segundo os princípios e diretrizes estabelecidos nesta Lei;

...."

"Art. 21. Ficam instituídas a Agência Nacional de Transportes Terrestres – ANTT e a Agência Nacional de Transportes Aquaviários – ANTAQ, entidades integrantes da administração federal indireta, submetidas ao regime autárquico especial e vinculadas, respectivamente, ao Ministério dos Transportes e à Secretaria de Portos da Presidência da República, nos termos desta Lei.

...."

"Art. 23. Constituem a esfera de atuação da ANTAQ:

....

II – os portos organizados e as instalações portuárias neles localizadas;

III – as instalações portuárias de que trata o art. 8º da Lei na qual foi convertida a Medida Provisória nº 595, de 6 de dezembro de 2012;

....

§ 1º A ANTAQ articular-se-á com órgãos e entidades da administração, para resolução das interfaces do transporte aquaviário com as outras modalidades de transporte, com a finalidade de promover a movimentação intermodal mais econômica e segura de pessoas e bens.

...."

"Art. 27. ....

I – promover estudos específicos de demanda de transporte aquaviário e de atividades portuárias;

....

III – propor ao Ministério dos Transportes o plano geral de outorgas de exploração da infraestrutura aquaviária e de prestação de serviços de transporte aquaviário;

a) (revogada);

b) (revogada);

....

VII – promover as revisões e os reajustes das tarifas portuárias, assegurada a comunicação prévia, com antecedência mínima de 15 (quinze) dias úteis, ao poder concedente e ao Ministério da Fazenda;

....

XIV – estabelecer normas e padrões a serem observados pelas administrações portuárias, concessionários, arrendatários, autorizatários e operadores portuários, nos termos da Lei na qual foi convertida a Medida Provisória nº 595, de 6 de dezembro de 2012;

XV – elaborar editais e instrumentos de convocação e promover os procedimentos de licitação e seleção para concessão, arrendamento ou autorização da exploração de portos organizados ou instalações portuárias, de acordo com as diretrizes do poder concedente, em obediência ao disposto na Lei na qual foi convertida a Medida Provisória nº 595, de 6 de dezembro de 2012;

XVI – cumprir e fazer cumprir as cláusulas e condições dos contratos de concessão de porto organizado ou dos contratos de arrendamento de instalações portuárias quanto à manutenção e reposição dos bens e equipamentos reversíveis à União de que trata o inciso VIII do *caput* do art. 5º da Lei na qual foi convertida a Medida Provisória nº 595, de 6 de dezembro de 2012;

....

XXII – fiscalizar a execução dos contratos de adesão das autorizações de instalação portuária de que trata o art. 8º da Lei na qual foi convertida a Medida Provisória nº 595, de 6 de dezembro de 2012;

....

XXV – celebrar atos de outorga de concessão para a exploração da infraestrutura aquaviária, gerindo e fiscalizando os respectivos contratos e demais instrumentos administrativos;

XXVI – fiscalizar a execução dos contratos de concessão de porto organizado e de arrendamento de instalação portuária, em conformidade com o disposto na Lei na qual foi convertida a Medida Provisória nº 595, de 6 de dezembro de 2012;

XXVII – (revogado).

§ 1º ....

II – participar de foros internacionais, sob a coordenação do Poder Executivo; e

....

§ 3º (Revogado).

§ 4º (Revogado)."

"Art. 33. Ressalvado o disposto em legislação específica, os atos de outorga de autorização, concessão ou permissão editados e celebrados pela ANTT e pela ANTAQ obedecerão ao disposto na Lei nº 8.987, de 13 de fevereiro de 1995, nas Subseções II, III, IV e V desta Seção e nas regulamentações complementares editadas pelas Agências."

"Art. 34-A. ....

§ 2º O edital de licitação indicará obrigatoriamente, ressalvado o disposto em legislação específica:

...."

"Art. 35. O contrato de concessão deverá refletir fielmente as condições do edital e da proposta vencedora e terá como cláusulas essenciais, ressalvado o disposto em legislação específica, as relativas a:

...."

"Art. 43. A autorização, ressalvado o disposto em legislação específica, será outorgada segundo as diretrizes estabelecidas nos arts. 13 e 14 e apresenta as seguintes características:

...."

"Art. 44. A autorização, ressalvado o disposto em legislação específica, será disciplinada em regulamento próprio e será outorgada mediante termo que indicará:

...."

"Art. 51-A. Fica atribuída à ANTAQ a competência de fiscalização das atividades desenvolvidas pelas administrações de portos organizados, pelos operadores portuários e pelas arrendatárias ou autorizatárias de instalações portuárias, observado o disposto na Lei na qual foi convertida a Medida Provisória nº 595, de 6 de dezembro de 2012.

§ 1º Na atribuição citada no *caput* incluem-se as administrações dos portos objeto de convênios de delegação celebrados nos termos da Lei nº 9.277, de 10 de maio de 1996.

§ 2º A ANTAQ prestará ao Ministério dos Transportes ou à Secretaria de Portos da Presidência da República todo apoio necessário à celebração dos convênios de delegação.

...."

"Art. 56. ....

Parágrafo único. Cabe ao Ministro de Estado dos Transportes ou ao Ministro de Estado Chefe da Secretaria de Portos da Presidência da República, conforme o caso, instaurar o processo administrativo disciplinar, competindo ao Presidente da República determinar o afastamento preventivo, quando for o caso, e proferir o julgamento.

.... "

"Art. 67. *Revogado.* Lei nº 14.301, de 7-1-2022.

.... "

"Art. 78. *Revogado.* Lei nº 14.301, de 7-1-2022.

.... "

"Art. 78-A. ....

§ 1º Na aplicação das sanções referidas no *caput*, a ANTAQ observará o disposto na Lei na qual foi convertida a Medida Provisória nº 595, de 6 de dezembro de 2012.

§ 2º A aplicação da sanção prevista no inciso IV do *caput*, quando se tratar de concessão de porto organizado ou arrendamento e autorização de instalação portuária, caberá ao poder concedente, mediante proposta da ANTAQ.

.... "

"Art. 81. ....

III – *Revogado.* Lei nº 14.301, de 7-1-2022;

IV – (revogado).

.... "

"Art. 82. ....

§ 2º No exercício das atribuições previstas neste artigo e relativas a vias navegáveis, o DNIT observará as prerrogativas específicas da autoridade marítima.

.... "

Art. 72. *Revogado.* Lei nº 14.301, de 7-1-2022.

Art. 73. A Lei nº 9.719, de 27 de novembro de 1998, passa a vigorar acrescida do seguinte art. 10-A:

"Art. 10-A. É assegurado, na forma do regulamento, benefício assistencial mensal, de até 1 (um) salário mínimo, aos trabalhadores portuários avulsos, com mais de 60 (sessenta) anos, que não cumprirem os requisitos para a aquisição das modalidades de aposentadoria previstas nos arts. 42, 48, 52 e 57 da Lei nº 8.213, de 24 de julho de 1991, e que não possuam meios para prover a sua subsistência.

Parágrafo único. O benefício de que trata este artigo não pode ser acumulado pelo beneficiário com qualquer outro no âmbito da seguridade social ou de outro regime, salvo os da assistência médica e da pensão especial de natureza indenizatória."

Art. 74. VETADO.

Art. 75. Esta Lei entra em vigor na data de sua publicação.

Art. 76. Ficam revogados:

I – a Lei nº 8.630, de 25 de fevereiro de 1993;

II – a Lei nº 11.610, de 12 de dezembro de 2007;

III – o art. 21 da Lei nº 11.314, de 3 de julho de 2006;

IV – o art. 14 da Lei nº 11.518, de 5 de setembro de 2007;

V – os seguintes dispositivos da Lei nº 10.233, de 5 de junho de 2001:

a) as alíneas *g* e *h* do inciso III do *caput* do art. 14;

b) as alíneas *a* e *b* do inciso III do *caput* do art. 27;

c) o inciso XXVII do *caput* do art. 27;

d) os §§ 3º e 4º do art. 27; e

e) o inciso IV do *caput* do art. 81; e

VI – o art. 11 da Lei nº 9.719, de 27 de novembro de 1998.

Brasília, 5 de junho de 2013;
192º da Independência e
125º da República.

Dilma Rousseff

LEI Nº 12.830, DE 20 DE JUNHO DE 2013

Dispõe sobre a investigação criminal conduzida pelo delegado de polícia.

▶ Publicada no *DOU* de 21-6-2013.

Art. 1º Esta Lei dispõe sobre a investigação criminal conduzida pelo delegado de polícia.

Art. 2º As funções de polícia judiciária e a apuração de infrações penais exercidas pelo delegado de polícia são de natureza jurídica, essenciais e exclusivas de Estado.

§ 1º Ao delegado de polícia, na qualidade de autoridade policial, cabe a condução da investigação criminal por meio de inquérito policial ou outro procedimento previsto em lei, que tem como objetivo a apuração das circunstâncias, da materialidade e da autoria das infrações penais.

▶ O STF, por unanimidade, julgou procedente a ADI nº 5.043, para declarar a inconstitucionalidade parcial, sem redução de texto, da interpretação deste parágrafo que confere aos delegados de polícia a atribuição privativa ou exclusiva para condução de investigação criminal (*DOU* de 24-4-2025).

§ 2º Durante a investigação criminal, cabe ao delegado de polícia a requisição de perícia, informações, documentos e dados que interessem à apuração dos fatos.

§ 3º VETADO.

§ 4º O inquérito policial ou outro procedimento previsto em lei em curso somente poderá ser avocado ou redistribuído por superior hierárquico, mediante despacho fundamentado, por motivo de interesse público ou nas hipóteses de inobservância dos procedimentos previstos em regulamento da corporação que prejudique a eficácia da investigação.

§ 5º A remoção do delegado de polícia dar-se-á somente por ato fundamentado.

§ 6º O indiciamento, privativo do delegado de polícia, dar-se-á por ato fundamentado, mediante análise técnico-jurídica do fato, que deverá indicar a autoria, materialidade e suas circunstâncias.

Art. 3º O cargo de delegado de polícia é privativo de bacharel em Direito, devendo-lhe ser dispensado o mesmo tratamento protocolar que recebem os magistrados, os membros da Defensoria Pública e do Ministério Público e os advogados.

Art. 4º Esta Lei entra em vigor na data de sua publicação.

Brasília, 20 de junho de 2013;
192º da Independência e
125º da República.

Dilma Rousseff

LEI Nº 12.845, DE 1º DE AGOSTO DE 2013

Dispõe sobre o atendimento obrigatório e integral de pessoas em situação de violência sexual.

▶ Publicada no *DOU* de 2-8-2013.

Art. 1º Os hospitais devem oferecer às vítimas de violência sexual atendimento emergencial, integral e multidisciplinar, visando ao controle e ao tratamento dos agravos físicos e psíquicos decorrentes de violência sexual, e encaminhamento, se for o caso, aos serviços de assistência social.

Art. 2º Considera-se violência sexual, para os efeitos desta Lei, qualquer forma de atividade sexual não consentida.

Art. 3º O atendimento imediato, obrigatório em todos os hospitais integrantes da rede do SUS, compreende os seguintes serviços:

I – diagnóstico e tratamento das lesões físicas no aparelho genital e nas demais áreas afetadas;

II – amparo médico, psicológico e social imediatos;

III – facilitação do registro da ocorrência e encaminhamento ao órgão de medicina legal e às delegacias especializadas com informações que possam ser úteis à identificação do agressor e à comprovação da violência sexual;

IV – profilaxia da gravidez;

V – profilaxia das Doenças Sexualmente Transmissíveis – DST;

VI – coleta de material para realização do exame de HIV para posterior acompanhamento e terapia;

VII – fornecimento de informações às vítimas sobre os direitos legais e sobre todos os serviços sanitários disponíveis.

§ 1º Os serviços de que trata esta Lei são prestados de forma gratuita aos que deles necessitarem.

§ 2º No tratamento das lesões, caberá ao médico preservar materiais que possam ser coletados no exame médico-legal.

§ 3º Cabe ao órgão de medicina legal o exame de DNA para identificação do agressor.

Art. 4º Esta Lei entra em vigor após decorridos 90 (noventa) dias de sua publicação oficial.

Brasília, 1º de agosto de 2013;
192º da Independência e
125º da República.

Dilma Rousseff

LEI Nº 12.847, DE 2 DE AGOSTO DE 2013

Institui o Sistema Nacional de Prevenção e Combate à Tortura; cria o Comitê Nacional de Prevenção e Combate à Tortura e o Mecanismo Nacional de Prevenção e Combate à Tortura; e dá outras providências.

▶ Publicada no *DOU* de 5-8-2013, edição extra.

CAPÍTULO I
DO SISTEMA NACIONAL DE PREVENÇÃO E COMBATE À TORTURA – SNPCT

Art. 1º Fica instituído o Sistema Nacional de Prevenção e Combate à Tortura – SNPCT, com o objetivo de fortalecer a prevenção e o combate à tortura, por meio de articulação e atuação cooperativa de seus integrantes, dentre outras formas, permitindo as trocas de informações e o intercâmbio de boas práticas.

Art. 2º O SNPCT será integrado por órgãos e entidades públicas e privadas com atribuições legais ou estatutárias de realizar o monitoramento, a supervisão e o controle de estabelecimentos e unidades onde se encontrem pessoas privadas de liberdade, ou de promover a defesa dos direitos e interesses dessas pessoas.

§ 1º O SNPCT será composto pelo Comitê Nacional de Prevenção e Combate à Tortura – CNPCT, pelo Mecanismo Nacional de Prevenção e Combate à Tortura – MNPCT, pelo Conselho Nacional de Política Criminal e Penitenciária – CNPCP e pelo órgão do Ministério da Justiça responsável pelo sistema penitenciário nacional.

§ 2º O SNPCT poderá ser integrado, ainda, pelos seguintes órgãos e entidades, dentre outros:

I – comitês e mecanismos estaduais e distrital de prevenção e combate à tortura;

II – órgãos do Poder Judiciário com atuação nas áreas de infância, de juventude, militar e de execução penal;

III – comissões de direitos humanos dos poderes legislativos federal, estaduais, distrital e municipais;

IV – órgãos do Ministério Público com atuação no controle externo da atividade policial, pelas promotorias e procuradorias militares, da infância e da juventude e de proteção ao cidadão ou pelos vinculados à execução penal;

V – defensorias públicas;

VI – conselhos da comunidade e conselhos penitenciários estaduais e distrital;

VII – corregedorias e ouvidorias de polícia, dos sistemas penitenciários federal, estaduais e distrital e demais ouvidorias com atuação relacionada à prevenção e combate à tortura, incluídas as agrárias;

VIII – conselhos estaduais, municipais e distrital de direitos humanos;

IX – conselhos tutelares e conselhos de direitos de crianças e adolescentes; e

X – organizações não governamentais que reconhecidamente atuem no combate à tortura.

§ 3º Ato do Poder Executivo disporá sobre o funcionamento do SNPCT.

Art. 3º Para os fins desta Lei, considera-se:

I – tortura: os tipos penais previstos na Lei nº 9.455, de 7 de abril de 1997, respeitada a definição constante do artigo 1 da Convenção Contra a Tortura e Outros Tratamentos ou Penas Cruéis, Desumanos ou Degradantes, promulgada pelo Decreto nº 40, de 15 de fevereiro de 1991; e

II – pessoas privadas de liberdade: aquelas obrigadas, por mandado ou ordem de autoridade judicial, ou administrativa ou policial, a permanecerem em determinados locais públicos ou privados, dos quais não possam sair de modo independente de sua vontade, abrangendo locais de internação de longa permanência, centros de detenção, estabelecimentos penais, hospitais psiquiátricos, casas de custódia, instituições socioeducativas para adolescentes em conflito com a lei e centros de detenção disciplinar em âmbito militar, bem como nas instalações mantidas pelos órgãos elencados no art. 61 da Lei nº 7.210, de 11 de julho de 1984.

Art. 4º São princípios do SNPCT:

I – proteção da dignidade da pessoa humana;

II – universalidade;

III – objetividade;

IV – igualdade;

V – imparcialidade;

VI – não seletividade; e

VII – não discriminação.

Art. 5º São diretrizes do SNPCT:

I – respeito integral aos direitos humanos, em especial aos direitos das pessoas privadas de liberdade;

II – articulação com as demais esferas de governo e de poder e com os órgãos responsáveis pela segurança pública, pela custódia de pessoas privadas de liberdade, por locais de internação de longa permanência e pela proteção de direitos humanos; e

III – adoção das medidas necessárias, no âmbito de suas competências, para a prevenção e o combate à tortura e a outros tratamentos ou penas cruéis, desumanos ou degradantes.

CAPÍTULO II
DO COMITÊ NACIONAL DE PREVENÇÃO E COMBATE À TORTURA – CNPCT

Art. 6º Fica instituído no âmbito da Secretaria de Direitos Humanos da Presidência da República o Comitê Nacional de Prevenção e Combate à Tortura – CNPCT, com a função de prevenir e combater a tortura e outros tratamentos ou penas cruéis, desumanos ou degradantes, mediante o exercício das seguintes atribuições, entre outras:

I – acompanhar, avaliar e propor aperfeiçoamentos às ações, aos programas, aos projetos e aos planos de prevenção e combate à tortura e a outros tratamentos ou penas cruéis, desumanos ou degradantes desenvolvidos em âmbito nacional;

II – acompanhar, avaliar e colaborar para o aprimoramento da atuação de órgãos de âmbito nacional, estadual, distrital e municipal cuja função esteja relacionada com suas finalidades;

III – acompanhar a tramitação dos procedimentos de apuração administrativa e judicial, com vistas ao seu cumprimento e celeridade;

IV – acompanhar a tramitação de propostas normativas;

V – avaliar e acompanhar os projetos de cooperação firmados entre o Governo brasileiro e organismos internacionais;

VI – recomendar a elaboração de estudos e pesquisas e incentivar a realização de campanhas;

VII – apoiar a criação de comitês ou comissões semelhantes na esfera estadual e distrital para o monitoramento e a avaliação das ações locais;

VIII – articular-se com organizações e organismos locais, regionais, nacionais e internacionais, em especial no âmbito do Sistema Interamericano e da Organização das Nações Unidas;

IX – participar da implementação das recomendações do MNPCT e com ele se empenhar em diálogo sobre possíveis medidas de implementação;

X – subsidiar o MNPCT com dados e informações;

XI – construir e manter banco de dados, com informações sobre a atuação dos órgãos governamentais e não governamentais;

XII – construir e manter cadastro de alegações, denúncias criminais e decisões judiciais;

XIII – difundir as boas práticas e as experiências exitosas de órgãos e entidades;

XIV – elaborar relatório anual de atividades, na forma e no prazo dispostos em seu regimento interno;

XV – fornecer informações relativas ao número, tratamento e condições de detenção das pessoas privadas de liberdade; e

XVI – elaborar e aprovar o seu regimento interno.

Art. 7º O CNPCT será composto por 23 (vinte e três) membros, escolhidos e designados pelo Presidente da República, sendo 11 (onze) representantes de órgãos do Poder Executivo federal e 12 (doze) de conselhos de classes profissionais e de organizações da sociedade civil, tais como entidades representativas de trabalhadores, estudantes, empresários, instituições de ensino e pesquisa, movimentos de direitos humanos e outras cuja atuação esteja relacionada com a temática de que trata esta Lei.

§ 1º O CNPCT será presidido pelo Ministro de Estado Chefe da Secretaria de Direitos Humanos da Presidência da República.

§ 2º O Vice-Presidente será eleito pelos demais membros do CNPCT e exercerá mandato fixo de 1 (um) ano, assegurando-se a alternância entre os representantes do Poder Executivo federal e os representantes de conselhos de classes profissionais e de organizações da sociedade civil, na forma do regulamento.

§ 3º Haverá 1 (um) suplente para cada membro titular do CNPCT.

§ 4º Representantes do Ministério Público, do Poder Judiciário, da Defensoria Pública e de outras instituições públicas participarão do CNPCT na condição de convidados em caráter permanente, com direito a voz.

§ 5º Poderão participar das reuniões do CNPCT, a convite de seu Presidente, e na qualidade de observadores, especialistas e representantes de instituições públicas ou privadas que exerçam relevantes atividades no enfrentamento à tortura.

§ 6º A participação no CNPCT será considerada prestação de serviço público relevante, não remunerada.

§ 7º Ato do Poder Executivo disporá sobre a composição e o funcionamento do CNPCT.

§ 8º Para a composição do CNPCT – Comitê Nacional de Prevenção e Combate à Tortura, será assegurada a realização de prévia consulta pública para a escolha dos membros de classe e da sociedade civil, observadas a representatividade e a diversidade da representação.

CAPÍTULO III
DO MECANISMO NACIONAL DE PREVENÇÃO E COMBATE À TORTURA – MNPCT

Art. 8º Fica criado o Mecanismo Nacional de Prevenção e Combate à Tortura – MNPCT, órgão integrante da estrutura da Secretaria de Direitos Humanos da Presidência da República, responsável pela prevenção e combate à tortura e a outros tratamentos ou penas cruéis, desumanos ou degradantes, nos termos do artigo 3 do Protocolo Facultativo à Convenção das Nações Unidas contra a Tortura e Outros Tratamentos ou Penas Cruéis, Desumanos ou Degradantes, promulgado pelo Decreto nº 6.085, de 19 de abril de 2007.

§ 1º O MNPCT será composto por 11 (onze) peritos, escolhidos pelo CNPCT entre pessoas com notório conhecimento e formação de nível superior, atuação e experiência na área de prevenção e combate à tortura e a outros tratamentos ou penas cruéis, desumanos ou degradantes, e nomeados pelo Presidente da República, para mandato fixo de 3 (três) anos, permitida uma recondução.

§ 2º Os membros do MNPCT terão independência na sua atuação e garantia do seu mandato, do qual não serão destituídos senão pelo Presidente da República nos casos de condenação penal transitada em julgado, ou de processo disciplinar, em conformidade com as Leis nºs 8.112, de 11 de dezembro de 1990, e 8.429, de 2 de junho de 1992.

§ 3º O afastamento cautelar de membro do MNPCT poderá ser determinado por decisão fundamentada do CNPCT, no caso de constatação de indício de materialidade e autoria de crime ou de grave violação ao dever funcional, o que perdurará até a conclusão do procedimento disciplinar de que trata o § 2º.

§ 4º Não poderão compor o MNPCT, na condição de peritos, aqueles que:

I – exerçam cargos executivos em agremiação partidária;

II – não tenham condições de atuar com imparcialidade no exercício das competências do MNPCT.

§ 5º Os Estados poderão criar o Mecanismo Estadual de Prevenção e Combate à Tortura – MEPCT, órgão responsável pela prevenção e combate à tortura e a outros tratamentos ou penas cruéis, desumanos ou degradantes, no âmbito estadual.

§ 6º A visita periódica a que se refere o inciso I do *caput* e o § 2º, ambos do art. 9º, deverá ser realizada em conjunto com o Mecanismo Estadual, que será avisado com antecedência de 24 (vinte e quatro) horas.

§ 7º A inexistência, a recusa ou a impossibilidade de o Mecanismo Estadual acompanhar a visita periódica no dia e hora marcados não impede a atuação do MNPCT.

Art. 9º Compete ao MNPCT:

I – planejar, realizar e monitorar visitas periódicas e regulares a pessoas privadas de liberdade em todas as unidades da Federação, para verificar as condições de fato e de direito a que se encontram submetidas;

II – articular-se com o Subcomitê de Prevenção da Organização das Nações Unidas, previsto no artigo 2 do Protocolo Facultativo à Convenção das Nações Unidas contra a Tortura e Outros Tratamentos ou Penas Cruéis, Desumanos ou Degradantes, promulgado pelo Decreto nº 6.085, de 19 de abril de 2007, de forma a dar apoio a suas missões no território nacional, com o objetivo de unificar as estratégias e políticas de prevenção da tortura e de outros tratamentos e práticas cruéis, desumanos ou degradantes;

III – requerer à autoridade competente que instaure procedimento criminal e administrativo mediante a constatação de indícios da prática de tortura e de outros tratamentos e práticas cruéis, desumanos ou degradantes;

IV – elaborar relatório circunstanciado de cada visita realizada nos termos do inciso I e, no prazo máximo de 30 (trinta) dias, apresentá-lo ao CNPCT, à Procuradoria-Geral da República e às autoridades responsáveis pela detenção e outras autoridades competentes;

V – elaborar, anualmente, relatório circunstanciado e sistematizado sobre o conjunto de visitas realizadas e recomendações formuladas, comunicando ao dirigente imediato do estabelecimento ou da unidade visitada e ao dirigente máximo do órgão ou da instituição a que esteja vinculado o estabelecimento ou unidade visitada de qualquer dos entes federativos, ou ao particular responsável, do inteiro teor do relatório produzido, a fim de que sejam solucionados os problemas identificados e o sistema aprimorado;

VI – fazer recomendações e observações às autoridades públicas ou privadas, responsáveis pelas pessoas em locais de privação de liberdade, com vistas a garantir a observância dos direitos dessas pessoas;

VII – publicar os relatórios de visitas periódicas e regulares realizadas e o relatório anual e promover a difusão deles;

VIII – sugerir propostas e observações a respeito da legislação existente; e

IX – elaborar e aprovar o seu regimento interno.

§ 1º A atuação do MNPCT dar-se-á sem prejuízo das competências atribuídas aos demais órgãos e entidades que exerçam funções semelhantes.

§ 2º Nas visitas previstas no inciso I do *caput*, o MNPCT poderá ser representado por todos os seus membros ou por grupos menores e poderá convidar representantes de entidades da sociedade civil, peritos e especialistas com atuação em áreas afins.

§ 3º A seleção de projetos que utilizem recursos oriundos do Fundo Penitenciário Nacional, do Fundo Nacional de Segurança Pública, do Fundo Nacional do Idoso e do Fundo Nacional para a Criança e o Adolescente deverá levar em conta as recomendações formuladas pelo MNPCT.

§ 4º O Departamento de Polícia Federal e o Departamento de Polícia Rodoviária Federal prestarão o apoio necessário à atuação do MNPCT.

Art. 10. São assegurados ao MNPCT e aos seus membros:

I – a autonomia das posições e opiniões adotadas no exercício de suas funções;

II – o acesso, independentemente de autorização, a todas as informações e registros relativos ao número, à identidade, às condições de detenção e ao tratamento conferido às pessoas privadas de liberdade;

III – o acesso ao número de unidades de detenção ou execução de pena privativa de liberdade e a respectiva lotação e localização de cada uma;

IV – o acesso a todos os locais arrolados no inciso II do *caput* do art. 3º, públicos e privados, de privação de liberdade e a todas as instalações e equipamentos do local;

V – a possibilidade de entrevistar pessoas privadas de liberdade ou qualquer outra pessoa que possa fornecer informações relevantes, reservadamente e sem testemunhas, em local que garanta a segurança e o sigilo necessários;

VI – a escolha dos locais a visitar e das pessoas a serem entrevistadas, com a possibilidade, inclusive, de fazer registros por meio da utilização de recursos audiovisuais, respeitada a intimidade das pessoas envolvidas; e

VII – a possibilidade de solicitar a realização de perícias oficiais, em consonância com as normas e diretrizes internacionais e com o art. 159 do Decreto-Lei nº 3.689, de 3 de outubro de 1941 – Código de Processo Penal.

§ 1º As informações obtidas pelo MNPCT serão públicas, observado o disposto na Lei nº 12.527, de 18 de novembro de 2011.

§ 2º O MNPCT deverá proteger as informações pessoais das pessoas privadas de liberdade, de modo a preservar sua segurança, intimidade, vida privada, honra ou imagem, sendo vedada a publicação de qualquer dado pessoal sem o seu consentimento expresso.

§ 3º Os documentos e relatórios elaborados no âmbito das visitas realizadas pelo MNPCT nos termos do inciso I do *caput* do art. 9º poderão produzir prova em juízo, de acordo com a legislação vigente.

§ 4º Não se prejudicará pessoa, órgão ou entidade por ter fornecido informação ao MNPCT, assim como não se permitirá que nenhum servidor público ou autoridade tolere ou lhes ordene, aplique ou permita sanção relacionada com esse fato.

Art. 11. O MNPCT trabalhará de forma articulada com os demais órgãos que compõem o SNPCT e, anualmente, prestará contas das atividades realizadas ao CNPCT.

CAPÍTULO IV
DISPOSIÇÕES FINAIS E TRANSITÓRIAS

Art. 12. A Secretaria de Direitos Humanos da Presidência da República garantirá o apoio técnico, financeiro e administrativo necessários ao funcionamento do SNPCT, do CNPCT e do MNPCT, em especial à realização das visitas periódicas e regulares previstas no inciso I do *caput* do art. 9º por parte do MNPCT, em todas as unidades da Federação.

Art. 13. A Secretaria de Direitos Humanos da Presidência da República fomentará a criação de mecanismos preventivos de combate à tortura no âmbito dos Estados ou do Distrito Federal, em consonância com o Protocolo Facultativo à Convenção das Nações Unidas contra a Tortura e Outros Tratamentos ou Penas Cruéis, Desumanos ou Degradantes, promulgado pelo Decreto nº 6.085, de 19 de abril de 2007.

Art. 14. Os primeiros membros do MNPCT cumprirão mandatos diferenciados, nos seguintes termos:

I – 3 (três) peritos serão nomeados para cumprir mandato de 2 (dois) anos;

II – 4 (quatro) peritos serão nomeados para cumprir mandato de 3 (três) anos; e

III – 4 (quatro) peritos serão nomeados para cumprir mandato de 4 (quatro) anos.

Parágrafo único. Nos mandatos subsequentes deverá ser aplicado o disposto no § 1º do art. 8º.

Art. 15. Esta Lei entra em vigor na data de sua publicação.

Brasília, 2 de agosto de 2013;
192º da Independência e
125º da República.

Dilma Rousseff

LEI Nº 12.850, DE 2 DE AGOSTO DE 2013

Define organização criminosa e dispõe sobre a investigação criminal, os meios de obtenção da prova, infrações penais correlatas e o procedimento criminal; altera o Decreto-Lei nº 2.848, de 7 de dezembro de 1940 (Código Penal); revoga a Lei nº 9.034, de 3 de maio de 1995; e dá outras providências.

- Publicada no *DOU* de 5-8-2013, edição extra.
- Lei nº 12.694, de 24-7-2012, dispõe sobre o processo e o julgamento colegiado em primeiro grau de jurisdição de crimes praticados por organizações criminosas.
- Art. 16 da Lei nº 13.260, de 16-3-2016 (Lei de Terrorismo).

CAPÍTULO I
DA ORGANIZAÇÃO CRIMINOSA

Art. 1º Esta Lei define organização criminosa e dispõe sobre a investigação criminal, os meios de obtenção da prova, infrações penais correlatas e o procedimento criminal a ser aplicado.

§ 1º Considera-se organização criminosa a associação de 4 (quatro) ou mais pessoas estruturalmente ordenada e caracterizada pela divisão de tarefas, ainda que informalmente, com objetivo de obter, direta ou indiretamente, vantagem de qualquer natureza, mediante a prática de infrações penais cujas penas máximas sejam superiores a 4 (quatro) anos, ou que sejam de caráter transnacional.

- Art. 2º da Lei nº 12.694, de 24-7-2012, que dispõe sobre o processo e o julgamento colegiado em primeiro grau de jurisdição de crimes praticados por organizações criminosas.

§ 2º Esta Lei se aplica também:

I – às infrações penais previstas em tratado ou convenção internacional quando, iniciada a execução no País, o resultado tenha ou devesse ter ocorrido no estrangeiro, ou reciprocamente;

II – às organizações terroristas, entendidas como aquelas voltadas para a prática dos atos de terrorismo legalmente definidos.

- Inciso II com redação dada pela Lei nº 13.260, de 16-3-2016 (*DOU* de 17-3-2016 – edição extra).
- Lei nº 13.260, de 16-3-2016 (Lei Antiterrorismo).

Art. 2º Promover, constituir, financiar ou integrar, pessoalmente ou por interposta pessoa, organização criminosa:

Pena – reclusão, de 3 (três) a 8 (oito) anos, e multa, sem prejuízo das penas correspondentes às demais infrações penais praticadas.

§ 1º Nas mesmas penas incorre quem impede ou, de qualquer forma, embaraça a investigação de infração penal que envolva organização criminosa.

- O STF, por maioria, no julgamento da ADI nº 5.567, reconheceu a constitucionalidade deste parágrafo (*DOU* de 1º-12-2023).

§ 2º As penas aumentam-se até a metade se na atuação da organização criminosa houver emprego de arma de fogo.

§ 3º A pena é agravada para quem exerce o comando, individual ou coletivo, da organização criminosa, ainda que não pratique pessoalmente atos de execução.

§ 4º A pena é aumentada de 1/6 (um sexto) a 2/3 (dois terços):

I – se há participação de criança ou adolescente;

II – se há concurso de funcionário público, valendo-se a organização criminosa dessa condição para a prática de infração penal;

III – se o produto ou proveito da infração penal destinar-se, no todo ou em parte, ao exterior;

IV – se a organização criminosa mantém conexão com outras organizações criminosas independentes;

V – se as circunstâncias do fato evidenciarem a transnacionalidade da organização.

§ 5º Se houver indícios suficientes de que o funcionário público integra organização criminosa, poderá o juiz determinar seu afastamento cautelar do cargo, emprego ou função, sem prejuízo da remuneração, quando a medida se fizer necessária à investigação ou instrução processual.

§ 6º A condenação com trânsito em julgado acarretará ao funcionário público a perda do cargo, função, emprego ou mandato eletivo e a interdição para o exercício de função ou cargo público pelo prazo de 8 (oito) anos subsequentes ao cumprimento da pena.

- O STF, por maioria, no julgamento da ADI nº 5.567, reconheceu a constitucionalidade deste parágrafo (*DOU* de 1º-12-2023).

§ 7º Se houver indícios de participação de policial nos crimes de que trata esta Lei, a Corregedoria de Polícia instaurará inquérito policial e comunicará ao Ministério Público, que designará membro para acompanhar o feito até a sua conclusão.

- O STF, por maioria, no julgamento da ADI nº 5.567, reconheceu a constitucionalidade deste parágrafo (*DOU* de 1º-12-2023).
- Art. 129, VII e VIII, da CF.

§ 8º As lideranças de organizações criminosas armadas ou que tenham armas à disposição deverão iniciar o cumprimento da pena em estabelecimentos penais de segurança máxima.

§ 9º O condenado expressamente em sentença por integrar organização criminosa ou por crime praticado por meio de organização criminosa não poderá progredir de regime de cumprimento de pena ou obter livramento condicional ou outros benefícios prisionais se houver elementos probatórios que indiquem a manutenção do vínculo associativo.

- §§ 8º e 9º acrescidos pela Lei nº 13.964, de 24-12-2019.

CAPÍTULO II
DA INVESTIGAÇÃO E DOS MEIOS DE OBTENÇÃO DA PROVA

Art. 3º Em qualquer fase da persecução penal, serão permitidos, sem prejuízo de outros já previstos em lei, os seguintes meios de obtenção da prova:

I – colaboração premiada;

II – captação ambiental de sinais eletromagnéticos, ópticos ou acústicos;

III – ação controlada;

IV – acesso a registros de ligações telefônicas e telemáticas, a dados cadastrais constantes de bancos de dados públicos ou privados e a informações eleitorais ou comerciais;

V – interceptação de comunicações telefônicas e telemáticas, nos termos da legislação específica;

VI – afastamento dos sigilos financeiro, bancário e fiscal, nos termos da legislação específica;

- LC nº 105, de 10-1-2001 (Lei do Sigilo Bancário).

VII – infiltração, por policiais, em atividade de investigação, na forma do art. 11;

VIII – cooperação entre instituições e órgãos federais, distritais, estaduais e municipais na busca de provas e informações de interesse da investigação ou da instrução criminal.

§ 1º Havendo necessidade justificada de manter sigilo sobre a capacidade investigatória, poderá ser dispensada licitação para contratação de serviços técnicos especializados, aquisição ou locação de equipamentos destinados à polícia judiciária para o rastreamento e obtenção de provas previstas nos incisos II e V.

§ 2º No caso do § 1º, fica dispensada a publicação de que trata o parágrafo único do art. 61 da Lei nº 8.666, de 21 de junho de 1993, devendo ser comunicado o órgão de controle interno da realização da contratação.

- §§ 1º e 2º acrescidos pela Lei nº 13.097, de 19-1-2015.
- A Lei nº 8.666, de 21-6-1993, foi revogada pela Lei nº 14.133, de 1º-4-2021.
- Art. 94 da Lei nº 14.133, de 1º-4-2021 (Nova Lei de Licitações e Contratos Administrativos).

SEÇÃO I
DA COLABORAÇÃO PREMIADA

Art. 3º-A. O acordo de colaboração premiada é negócio jurídico processual e meio de obtenção de prova, que pressupõe utilidade e interesse públicos.

Art. 3º-B. O recebimento da proposta para formalização de acordo de colaboração demarca o início das negociações e constitui também marco de confidencialidade, configurando violação de sigilo e quebra da confiança e da boa-fé a divulgação de tais tratativas iniciais ou de documento que as formalize, até o levantamento de sigilo por decisão judicial.

§ 1º A proposta de acordo de colaboração premiada poderá ser sumariamente indeferida, com a devida justificativa, cientificando-se o interessado.

§ 2º Caso não haja indeferimento sumário, as partes deverão firmar Termo de Confidencialidade para prosseguimento das tratativas, o que vinculará os órgãos envolvidos na negociação e impedirá o indeferimento posterior sem justa causa.

§ 3º O recebimento de proposta de colaboração para análise ou o Termo de Confidencialidade não implica, por si só, a suspensão da investigação, ressalvado acordo em contrário quanto à propositura de medidas processuais penais cautelares e assecuratórias, bem como medidas processuais cíveis admitidas pela legislação processual civil em vigor.

§ 4º O acordo de colaboração premiada poderá ser precedido de instrução, quando houver necessidade de identificação ou complementação de seu objeto, dos fatos narrados, sua definição jurídica, relevância, utilidade e interesse público.

§ 5º Os termos de recebimento de proposta de colaboração e de confidencialidade serão elaborados pelo celebrante e assinados por ele, pelo colaborador e pelo advogado ou defensor público com poderes específicos.

§ 6º Na hipótese de não ser celebrado o acordo por iniciativa do celebrante, esse não poderá se valer de nenhuma das informações ou provas apresentadas pelo colaborador, de boa-fé, para qualquer outra finalidade.

Art. 3º-C. A proposta de colaboração premiada deve estar instruída com procuração do interessado com poderes específicos para iniciar o procedimento de colaboração e suas tratativas, ou firmada pessoalmente pela parte que pretende a colaboração e seu advogado ou defensor público.

§ 1º Nenhuma tratativa sobre colaboração premiada deve ser realizada sem a presença de advogado constituído ou defensor público.

§ 2º Em caso de eventual conflito de interesses, ou de colaborador hipossuficiente, o celebrante deverá solicitar a presença de outro advogado ou a participação de defensor público.

§ 3º No acordo de colaboração premiada, o colaborador deve narrar todos os fatos ilícitos para os quais concorreu e que tenham relação direta com os fatos investigados.

§ 4º Incumbe à defesa instruir a proposta de colaboração e os anexos com os fatos adequadamente descritos, com todas as suas circunstâncias, indicando as provas e os elementos de corroboração.

▸ Arts. 3º-A a 3º-C acrescidos pela Lei nº 13.964, de 24-12-2019.

Art. 4º O juiz poderá, a requerimento das partes, conceder o perdão judicial, reduzir em até 2/3 (dois terços) a pena privativa de liberdade ou substituí-la por restritiva de direitos daquele que tenha colaborado efetiva e voluntariamente com a investigação e com o processo criminal, desde que dessa colaboração advenha um ou mais dos seguintes resultados:

▸ Arts. 13 a 15 da Lei nº 9.807, de 13-7-1999 (Lei de Proteção a Vítimas e Testemunhas).

▸ Art. 41 da Lei nº 11.343, de 23-8-2006 (Lei Antidrogas).

I – a identificação dos demais coautores e partícipes da organização criminosa e das infrações penais por eles praticadas;

II – a revelação da estrutura hierárquica e da divisão de tarefas da organização criminosa;

III – a prevenção de infrações penais decorrentes das atividades da organização criminosa;

IV – a recuperação total ou parcial do produto ou do proveito das infrações penais praticadas pela organização criminosa;

V – a localização de eventual vítima com a sua integridade física preservada.

§ 1º Em qualquer caso, a concessão do benefício levará em conta a personalidade do colaborador, a natureza, as circunstâncias, a gravidade e a repercussão social do fato criminoso e a eficácia da colaboração.

§ 2º Considerando a relevância da colaboração prestada, o Ministério Público, a qualquer tempo, e o delegado de polícia, nos autos do inquérito policial, com a manifestação do Ministério Público, poderão requerer ou representar ao juiz pela concessão de perdão judicial ao colaborador, ainda que esse benefício não tenha sido previsto na proposta inicial, aplicando-se, no que couber, o art. 28 do Decreto-Lei nº 3.689, de 3 de outubro de 1941 (Código de Processo Penal).

§ 3º O prazo para oferecimento de denúncia ou o processo, relativos ao colaborador, poderá ser suspenso por até 6 (seis) meses, prorrogáveis por igual período, até que sejam cumpridas as medidas de colaboração, suspendendo-se o respectivo prazo prescricional.

§ 4º Nas mesmas hipóteses do *caput* deste artigo, o Ministério Público poderá deixar de oferecer denúncia se a proposta de acordo de colaboração referir-se a infração de cuja existência não tenha prévio conhecimento e o colaborador:

▸ *Caput* do § 4º com a redação dada pela Lei nº 13.964, de 24-12-2019.

I – não for o líder da organização criminosa;

II – for o primeiro a prestar efetiva colaboração nos termos deste artigo.

§ 4º-A. Considera-se existente o conhecimento prévio da infração quando o Ministério Público ou a autoridade policial competente tenha instaurado inquérito ou procedimento investigatório para apuração dos fatos apresentados pelo colaborador.

▸ § 4º-A acrescido pela Lei nº 13.964, de 24-12-2019.

§ 5º Se a colaboração for posterior à sentença, a pena poderá ser reduzida até a metade ou será admitida a progressão de regime ainda que ausentes os requisitos objetivos.

§ 6º O juiz não participará das negociações realizadas entre as partes para a formalização do acordo de colaboração, que ocorrerá entre o delegado de polícia, o investigado e o defensor, com a manifestação do Ministério Público, ou, conforme o caso, entre o Ministério Público e o investigado ou acusado e seu defensor.

§ 7º Realizado o acordo na forma do § 6º deste artigo, serão remetidos ao juiz, para análise, o respectivo termo, as declarações do colaborador e cópia da investigação, devendo o juiz ouvir sigilosamente o colaborador, acompanhado de seu defensor, oportunidade em que analisará os seguintes aspectos na homologação:

I – regularidade e legalidade;

II – adequação dos benefícios pactuados àqueles previstos no *caput* e nos §§ 4º e 5º deste artigo, sendo nulas as cláusulas que violem o critério de definição do regime inicial de cumprimento de pena do art. 33 do Decreto-Lei nº 2.848, de 7 de dezembro de 1940 (Código Penal), as regras de cada um dos regimes previstos no Código Penal e na Lei nº 7.210, de 11 de julho de 1984 (Lei de Execução Penal) e os requisitos de progressão de regime não abrangidos pelo § 5º deste artigo;

III – adequação dos resultados da colaboração aos resultados mínimos exigidos nos incisos I, II, III, IV e V do *caput* deste artigo;

IV – voluntariedade da manifestação de vontade, especialmente nos casos em que o colaborador está ou esteve sob efeito de medidas cautelares.

▸ § 7º com a redação dada pela Lei nº 13.964, de 24-12-2019.

§ 7º-A. O juiz ou o tribunal deve proceder à análise fundamentada do mérito da denúncia, do perdão judicial e das primeiras etapas de aplicação da pena, nos termos do Decreto-Lei nº 2.848, de 7 de dezembro de 1940 (Código Penal) e do Decreto-Lei nº 3.689, de 3 de outubro de 1941 (Código de Processo Penal), antes de conceder os benefícios pactuados, exceto quando o acordo prever o não oferecimento da denúncia na forma dos §§ 4º e 4º-A deste artigo ou já tiver sido proferida sentença.

§ 7º-B. São nulas de pleno direito as previsões de renúncia ao direito de impugnar a decisão homologatória.

▸ §§ 7º-A e 7º-B acrescidos pela Lei nº 13.964, de 24-12-2019.

§ 8º O juiz poderá recusar a homologação da proposta que não atender aos requisitos legais, devolvendo-a às partes para as adequações necessárias.

▸ § 8º com a redação dada pela Lei nº 13.964, de 24-12-2019.

§ 9º Depois de homologado o acordo, o colaborador poderá, sempre acompanhado pelo seu defensor, ser ouvido pelo membro do Ministério Público ou pelo delegado de polícia responsável pelas investigações.

§ 10. As partes podem retratar-se da proposta, caso em que as provas autoincriminatórias produzidas pelo colaborador não poderão ser utilizadas exclusivamente em seu desfavor.

§ 10-A. Em todas as fases do processo, deve-se garantir ao réu delatado a oportunidade de manifestar-se após o decurso do prazo concedido ao réu que o delatou.

▸ § 10-A acrescido pela Lei nº 13.964, de 24-12-2019.

§ 11. A sentença apreciará os termos do acordo homologado e sua eficácia.

§ 12. Ainda que beneficiado por perdão judicial ou não denunciado, o colaborador poderá ser ouvido em juízo a requerimento das partes ou por iniciativa da autoridade judicial.

§ 13. O registro das tratativas e dos atos de colaboração deverá ser feito pelos meios ou recursos de gravação magnética, estenotipia, digital ou técnica similar, inclusive audiovisual, destinados a obter maior fidelidade das informações, garantindo-se a disponibilização de cópia do material ao colaborador.

▸ § 13 com a redação dada pela Lei nº 13.964, de 24-12-2019.

§ 14. Nos depoimentos que prestar, o colaborador renunciará, na presença de seu defensor, ao direito ao silêncio e estará sujeito ao compromisso legal de dizer a verdade.

▸ O STF, por maioria, no julgamento da ADI nº 5.567, conferiu interpretação conforme à Constituição a este parágrafo (*DOU* de 1º-12-2023).

§ 15. Em todos os atos de negociação, confirmação e execução da colaboração, o colaborador deverá estar assistido por defensor.

§ 16. Nenhuma das seguintes medidas será decretada ou proferida com fundamento apenas nas declarações do colaborador:

I – medidas cautelares reais ou pessoais;

II – recebimento de denúncia ou queixa-crime;

III – sentença condenatória.

▸ § 16 com a redação dada pela Lei nº 13.964, de 24-12-2019.

§ 17. O acordo homologado poderá ser rescindido em caso de omissão dolosa sobre os fatos objeto da colaboração.

§ 18. O acordo de colaboração premiada pressupõe que o colaborador cesse o envolvimento em conduta ilícita relacionada ao objeto da colaboração, sob pena de rescisão.

▸ §§ 17 e 18 acrescidos pela Lei nº 13.964, de 24-12-2019.

Art. 5º São direitos do colaborador:

I – usufruir das medidas de proteção previstas na legislação específica;

II – ter nome, qualificação, imagem e demais informações pessoais preservados;

III – ser conduzido, em juízo, separadamente dos demais coautores e partícipes;

IV – participar das audiências sem contato visual com os outros acusados;

V – não ter sua identidade revelada pelos meios de comunicação, nem ser fotografado ou filmado, sem sua prévia autorização por escrito;

VI – cumprir pena ou prisão cautelar em estabelecimento penal diverso dos demais corréus ou condenados.

▸ Inciso VI com a redação dada pela Lei nº 13.964, de 24-12-2019.

Art. 6º O termo de acordo da colaboração premiada deverá ser feito por escrito e conter:

I – o relato da colaboração e seus possíveis resultados;

II – as condições da proposta do Ministério Público ou do delegado de polícia;

III – a declaração de aceitação do colaborador e de seu defensor;

IV – as assinaturas do representante do Ministério Público ou do delegado de polícia, do colaborador e de seu defensor;

V – a especificação das medidas de proteção ao colaborador e à sua família, quando necessário.

Art. 7º O pedido de homologação do acordo será sigilosamente distribuído, contendo apenas informações que não possam identificar o colaborador e o seu objeto.

§ 1º As informações pormenorizadas da colaboração serão dirigidas diretamente ao juiz a que recair a distribuição, que decidirá no prazo de 48 (quarenta e oito) horas.

§ 2º O acesso aos autos será restrito ao juiz, ao Ministério Público e ao delegado de polícia, como forma de garantir o êxito das investigações, assegurando-se ao defensor, no interesse do representado, amplo acesso aos elementos de prova que digam respeito ao exercício do direito de defesa, devidamente precedido de autorização judicial, ressalvados os referentes às diligências em andamento.

§ 3º O acordo de colaboração premiada e os depoimentos do colaborador serão mantidos em sigilo até o recebimento da denúncia ou da queixa-crime, sendo vedado ao magistrado decidir por sua publicidade em qualquer hipótese.

► § 3º com a redação dada pela Lei nº 13.964, de 24-12-2019.

Seção II – DA AÇÃO CONTROLADA

Art. 8º Consiste a ação controlada em retardar a intervenção policial ou administrativa relativa à ação praticada por organização criminosa ou a ela vinculada, desde que mantida sob observação e acompanhamento para que a medida legal se concretize no momento mais eficaz à formação de provas e obtenção de informações.

§ 1º O retardamento da intervenção policial ou administrativa será previamente comunicado ao juiz competente que, se for o caso, estabelecerá os seus limites e comunicará ao Ministério Público.

§ 2º A comunicação será sigilosamente distribuída de forma a não conter informações que possam indicar a operação a ser efetuada.

§ 3º Até o encerramento da diligência, o acesso aos autos será restrito ao juiz, ao Ministério Público e ao delegado de polícia, como forma de garantir o êxito das investigações.

§ 4º Ao término da diligência, elaborar-se-á auto circunstanciado acerca da ação controlada.

Art. 9º Se a ação controlada envolver transposição de fronteiras, o retardamento da intervenção policial ou administrativa somente poderá ocorrer com a cooperação das autoridades dos países que figurem como provável itinerário ou destino do investigado, de modo a reduzir os riscos de fuga e extravio do produto, objeto, instrumento ou proveito do crime.

Seção III – DA INFILTRAÇÃO DE AGENTES

Art. 10. A infiltração de agentes de polícia em tarefas de investigação, representada pelo delegado de polícia ou requerida pelo Ministério Público, após manifestação técnica do delegado de polícia quando solicitada no curso de inquérito policial, será precedida de circunstanciada, motivada e sigilosa autorização judicial, que estabelecerá seus limites.

§ 1º Na hipótese de representação do delegado de polícia, o juiz competente, antes de decidir, ouvirá o Ministério Público.

§ 2º Será admitida a infiltração se houver indícios de infração penal de que trata o art. 1º e se a prova não puder ser produzida por outros meios disponíveis.

§ 3º A infiltração será autorizada pelo prazo de até 6 (seis) meses, sem prejuízo de eventuais renovações, desde que comprovada sua necessidade.

§ 4º Findo o prazo previsto no § 3º, o relatório circunstanciado será apresentado ao juiz competente, que imediatamente cientificará o Ministério Público.

§ 5º No curso do inquérito policial, o delegado de polícia poderá determinar aos seus agentes, e o Ministério Público poderá requisitar, a qualquer tempo, relatório da atividade de infiltração.

Art. 10-A. Será admitida a ação de agentes de polícia infiltrados virtuais, obedecidos os requisitos do *caput* do art. 10, na internet, com o fim de investigar os crimes previstos nesta Lei e a eles conexos, praticados por organizações criminosas, desde que demonstrada sua necessidade e indicados o alcance das tarefas dos policiais, os nomes ou apelidos das pessoas investigadas e, quando possível, os dados de conexão ou cadastrais que permitam a identificação dessas pessoas.

§ 1º Para efeitos do disposto nesta Lei, consideram-se:

I – dados de conexão: informações referentes a hora, data, início, término, duração, endereço de Protocolo de Internet (IP) utilizado e terminal de origem da conexão;

II – dados cadastrais: informações referentes a nome e endereço de assinante ou de usuário registrado ou autenticado para a conexão a quem endereço de IP, identificação de usuário ou código de acesso tenha sido atribuído no momento da conexão.

§ 2º Na hipótese de representação do delegado de polícia, o juiz competente, antes de decidir, ouvirá o Ministério Público.

§ 3º Será admitida a infiltração se houver indícios de infração penal de que trata o art. 1º desta Lei e se as provas não puderem ser produzidas por outros meios disponíveis.

§ 4º A infiltração será autorizada pelo prazo de até 6 (seis) meses, sem prejuízo de eventuais renovações, mediante ordem judicial fundamentada e desde que o total não exceda a 720 (setecentos e vinte) dias e seja comprovada sua necessidade.

§ 5º Findo o prazo previsto no § 4º deste artigo, o relatório circunstanciado, juntamente com todos os atos eletrônicos praticados durante a operação, deverão ser registrados, gravados, armazenados e apresentados ao juiz competente, que imediatamente cientificará o Ministério Público.

§ 6º No curso do inquérito policial, o delegado de polícia poderá determinar aos seus agentes, e o Ministério Público e o juiz competente poderão requisitar, a qualquer tempo, relatório da atividade de infiltração.

§ 7º É nula a prova obtida sem a observância do disposto neste artigo.

Art. 10-B. As informações da operação de infiltração serão encaminhadas diretamente ao juiz responsável pela autorização da medida, que zelará por seu sigilo.

Parágrafo único. Antes da conclusão da operação, o acesso aos autos será reservado ao juiz, ao Ministério Público e ao delegado de polícia responsável pela operação, com o objetivo de garantir o sigilo das investigações.

Art. 10-C. Não comete crime o policial que oculta a sua identidade para, por meio da internet, colher indícios de autoria e materialidade dos crimes previstos no art. 1º desta Lei.

Parágrafo único. O agente policial infiltrado que deixar de observar a estrita finalidade da investigação responderá pelos excessos praticados.

Art. 10-D. Concluída a investigação, todos os atos eletrônicos praticados durante a operação deverão ser registrados, gravados, armazenados e encaminhados ao juiz e ao Ministério Público, juntamente com relatório circunstanciado.

Parágrafo único. Os atos eletrônicos registrados citados no *caput* deste artigo serão reunidos em autos apartados e apensados ao processo criminal juntamente com o inquérito policial, assegurando-se a preservação da identidade do agente policial infiltrado e a intimidade dos envolvidos.

► Arts. 10-A a 10-D acrescidos pela Lei nº 13.964, de 24-12-2019.

Art. 11. O requerimento do Ministério Público ou a representação do delegado de polícia para a infiltração de agentes conterão a demonstração da necessidade da medida, o alcance das tarefas dos agentes e, quando possível, os nomes ou apelidos das pessoas investigadas e o local da infiltração.

Parágrafo único. Os órgãos de registro e cadastro público poderão incluir nos bancos de dados próprios, mediante procedimento sigiloso e requisição da autoridade judicial, as informações necessárias à efetividade da identidade fictícia criada, nos casos de infiltração de agentes na internet.

► Parágrafo único acrescido pela Lei nº 13.964, de 24-12-2019.

Art. 12. O pedido de infiltração será sigilosamente distribuído, de forma a não conter informações que possam indicar a operação a ser efetivada ou identificar o agente que será infiltrado.

§ 1º As informações quanto à necessidade da operação de infiltração serão dirigidas diretamente ao juiz competente, que decidirá no prazo de 24 (vinte e quatro) horas, após manifestação do Ministério Público na hipótese de representação do delegado de polícia, devendo-se adotar as medidas necessárias para o êxito das investigações e a segurança do agente infiltrado.

§ 2º Os autos contendo as informações da operação de infiltração acompanharão a denúncia do Ministério Público, quando serão disponibilizados à defesa, assegurando-se a preservação da identidade do agente.

§ 3º Havendo indícios seguros de que o agente infiltrado sofre risco iminente, a operação será sustada mediante requisição do Ministério

Público ou pelo delegado de polícia, dando-se imediata ciência ao Ministério Público e à autoridade judicial.

Art. 13. O agente que não guardar, em sua atuação, a devida proporcionalidade com a finalidade da investigação, responderá pelos excessos praticados.

Parágrafo único. Não é punível, no âmbito da infiltração, a prática de crime pelo agente infiltrado no curso da investigação, quando inexigível conduta diversa.

Art. 14. São direitos do agente:

I – recusar ou fazer cessar a atuação infiltrada;

II – ter sua identidade alterada, aplicando-se, no que couber, o disposto no art. 9º da Lei nº 9.807, de 13 de julho de 1999, bem como usufruir das medidas de proteção a testemunhas;

III – ter seu nome, sua qualificação, sua imagem, sua voz e demais informações pessoais preservadas durante a investigação e o processo criminal, salvo se houver decisão judicial em contrário;

IV – não ter sua identidade revelada, nem ser fotografado ou filmado pelos meios de comunicação, sem sua prévia autorização por escrito.

Seção IV

DO ACESSO A REGISTROS, DADOS CADASTRAIS, DOCUMENTOS E INFORMAÇÕES

Art. 15. O delegado de polícia e o Ministério Público terão acesso, independentemente de autorização judicial, apenas aos dados cadastrais do investigado que informem exclusivamente a qualificação pessoal, a filiação e o endereço mantidos pela Justiça Eleitoral, empresas telefônicas, instituições financeiras, provedores de internet e administradoras de cartão de crédito.

Art. 16. As empresas de transporte possibilitarão, pelo prazo de 5 (cinco) anos, acesso direto e permanente do juiz, do Ministério Público ou do delegado de polícia aos bancos de dados de reservas e registro de viagens.

Art. 17. As concessionárias de telefonia fixa ou móvel manterão, pelo prazo de 5 (cinco) anos, à disposição das autoridades mencionadas no art. 15, registros de identificação dos números dos terminais de origem e de destino das ligações telefônicas internacionais, interurbanas e locais.

Seção V

DOS CRIMES OCORRIDOS NA INVESTIGAÇÃO E NA OBTENÇÃO DA PROVA

Art. 18. Revelar a identidade, fotografar ou filmar o colaborador, sem sua prévia autorização por escrito:

Pena – reclusão, de 1 (um) a 3 (três) anos, e multa.

Art. 19. Imputar falsamente, sob pretexto de colaboração com a Justiça, a prática de infração penal a pessoa que sabe ser inocente, ou revelar informações sobre a estrutura de organização criminosa que sabe inverídicas:

Pena – reclusão, de 1 (um) a 4 (quatro) anos, e multa.

Art. 20. Descumprir determinação de sigilo das investigações que envolvam a ação controlada e a infiltração de agentes:

Pena – reclusão, de 1 (um) a 4 (quatro) anos, e multa.

Art. 21. Recusar ou omitir dados cadastrais, registros, documentos e informações requisitadas pelo juiz, Ministério Público ou delegado de polícia, no curso de investigação ou do processo:

Pena – reclusão, de 6 (seis) meses a 2 (dois) anos, e multa.

Parágrafo único. Na mesma pena incorre quem, de forma indevida, se apossa, propala, divulga ou faz uso dos dados cadastrais de que trata esta Lei.

CAPÍTULO III

DISPOSIÇÕES FINAIS

Art. 22. Os crimes previstos nesta Lei e as infrações penais conexas serão apurados mediante procedimento ordinário previsto no Decreto-Lei nº 3.689, de 3 de outubro de 1941 (Código de Processo Penal), observado o disposto no parágrafo único deste artigo.

Parágrafo único. A instrução criminal deverá ser encerrada em prazo razoável, o qual não poderá exceder a 120 (cento e vinte) dias quando o réu estiver preso, prorrogáveis em até igual período, por decisão fundamentada, devidamente motivada pela complexidade da causa ou por fato procrastinatório atribuível ao réu.

Art. 23. O sigilo da investigação poderá ser decretado pela autoridade judicial competente, para garantia da celeridade e da eficácia das diligências investigatórias, assegurando-se ao defensor, no interesse do representado, amplo acesso aos elementos de prova que digam respeito ao exercício do direito de defesa, devidamente precedido de autorização judicial, ressalvados os referentes às diligências em andamento.

Parágrafo único. Determinado o depoimento do investigado, seu defensor terá assegurada a prévia vista dos autos, ainda que classificados como sigilosos, no prazo mínimo de 3 (três) dias que antecedem ao ato, podendo ser ampliado, a critério da autoridade responsável pela investigação.

Art. 24. O art. 288 do Decreto-Lei nº 2.848, de 7 de dezembro de 1940 (Código Penal), passa a vigorar com a seguinte redação:

▸ Alteração inserida no texto do referido Código.

Art. 25. O art. 342 do Decreto-Lei nº 2.848, de 7 de dezembro de1940 (Código Penal), passa a vigorar com a seguinte redação:

▸ Alteração inserida no texto do referido Código.

Art. 26. Revoga-se a Lei nº 9.034, de 3 de maio de 1995.

Art. 27. Esta Lei entra em vigor após decorridos 45 (quarenta e cinco) dias de sua publicação oficial.

Brasília, 2 de agosto de 2013;
192º da Independência e
125º da República.

Dilma Rousseff

LEI Nº 12.852, DE 5 DE AGOSTO DE 2013

Institui o Estatuto da Juventude e dispõe sobre os direitos dos jovens, os princípios e diretrizes das políticas públicas de juventude e o Sistema Nacional de Juventude – SINAJUVE.

▸ Publicada no *DOU* de 6-8-2013.
▸ Art. 227 da CF.
▸ Lei nº 8.069, de 13-7-1990 (Estatuto da Criança e do Adolescente).
▸ Dec. nº 9.306, de 15-3-2018, dispõe sobre o Sistema Nacional de Juventude.

TÍTULO I – DOS DIREITOS E DAS POLÍTICAS PÚBLICAS DE JUVENTUDE

CAPÍTULO I

DOS PRINCÍPIOS E DIRETRIZES DAS POLÍTICAS PÚBLICAS DE JUVENTUDE

Art. 1º Esta Lei institui o Estatuto da Juventude e dispõe sobre os direitos dos jovens, os princípios e diretrizes das políticas públicas de juventude e o Sistema Nacional de Juventude – SINAJUVE.

§ 1º Para os efeitos desta Lei, são consideradas jovens as pessoas com idade entre 15 (quinze) e 29 (vinte e nove) anos de idade.

§ 2º Aos adolescentes com idade entre 15 (quinze) e 18 (dezoito) anos aplica-se a Lei nº 8.069, de 13 de julho de 1990 – Estatuto da Criança e do Adolescente, e, excepcionalmente, este Estatuto, quando não conflitar com as normas de proteção integral do adolescente.

Seção I

DOS PRINCÍPIOS

Art. 2º O disposto nesta Lei e as políticas públicas de juventude são regidos pelos seguintes princípios:

I – promoção da autonomia e emancipação dos jovens;

II – valorização e promoção da participação social e política, de forma direta e por meio de suas representações;

III – promoção da criatividade e da participação no desenvolvimento do País;

IV – reconhecimento do jovem como sujeito de direitos universais, geracionais e singulares;

V – promoção do bem-estar, da experimentação e do desenvolvimento integral do jovem;

VI – respeito à identidade e à diversidade individual e coletiva da juventude;

VII – promoção da vida segura, da cultura da paz, da solidariedade e da não discriminação; e

VIII – valorização do diálogo e convívio do jovem com as demais gerações.

Parágrafo único. A emancipação dos jovens a que se refere o inciso I do *caput* refere-se à trajetória de inclusão, liberdade e participação do jovem na vida em sociedade, e não ao instituto da emancipação disciplinado pela Lei nº 10.406, de 10 de janeiro de 2002 – Código Civil.

Seção II

DIRETRIZES GERAIS

Art. 3º Os agentes públicos ou privados envolvidos com políticas públicas de juventude devem observar as seguintes diretrizes:

I – desenvolver a intersetorialidade das políticas estruturais, programas e ações;

II – incentivar a ampla participação juvenil em sua formulação, implementação e avaliação;

III – ampliar as alternativas de inserção social do jovem, promovendo programas que priorizem o seu desenvolvimento integral e participação ativa nos espaços decisórios;

IV – proporcionar atendimento de acordo com suas especificidades perante os órgãos públicos e privados prestadores de serviços à população, visando ao gozo de direitos simultaneamente nos campos da saúde, educacional, político, econômico, social, cultural e ambiental;

V – garantir meios e equipamentos públicos que promovam o acesso à produção cultural, à prática esportiva, à mobilidade territorial e à fruição do tempo livre;

VI – promover o território como espaço de integração;

VII – fortalecer as relações institucionais com os entes federados e as redes de órgãos, gestores e conselhos de juventude;

VIII – estabelecer mecanismos que ampliem a gestão de informação e produção de conhecimento sobre juventude;

IX – promover a integração internacional entre os jovens, preferencialmente no âmbito da América Latina e da África, e a cooperação internacional;

X – garantir a integração das políticas de juventude com os Poderes Legislativo e Judiciário, com o Ministério Público e com a Defensoria Pública; e

XI – zelar pelos direitos dos jovens com idade entre 18 (dezoito) e 29 (vinte e nove) anos privados de liberdade e egressos do sistema prisional, formulando políticas de educação e trabalho, incluindo estímulos à sua reinserção social e laboral, bem como criando e estimulando oportunidades de estudo e trabalho que favoreçam o cumprimento do regime semiaberto.

CAPÍTULO II
DOS DIREITOS DOS JOVENS

Seção I
DO DIREITO À CIDADANIA, À PARTICIPAÇÃO SOCIAL E POLÍTICA E À REPRESENTAÇÃO JUVENIL

Art. 4º O jovem tem direito à participação social e política e na formulação, execução e avaliação das políticas públicas de juventude.

Parágrafo único. Entende-se por participação juvenil:

I – a inclusão do jovem nos espaços públicos e comunitários a partir da sua concepção como pessoa ativa, livre, responsável e digna de ocupar uma posição central nos processos políticos e sociais;

II – o envolvimento ativo dos jovens em ações de políticas públicas que tenham por objetivo o próprio benefício, o de suas comunidades, cidades e regiões e o do País;

III – a participação individual e coletiva do jovem em ações que contemplem a defesa dos direitos da juventude ou de temas afetos aos jovens; e

IV – a efetiva inclusão dos jovens nos espaços públicos de decisão com direito a voz e voto.

Art. 5º A interlocução da juventude com o poder público pode realizar-se por intermédio de associações, redes, movimentos e organizações juvenis.

Parágrafo único. É dever do poder público incentivar a livre associação dos jovens.

Art. 6º São diretrizes da interlocução institucional juvenil:

I – a definição de órgão governamental específico para a gestão das políticas públicas de juventude;

II – o incentivo à criação de conselhos de juventude em todos os entes da Federação.

Parágrafo único. Sem prejuízo das atribuições do órgão governamental específico para a gestão das políticas públicas de juventude e dos conselhos de juventude com relação aos direitos previstos neste Estatuto, cabe ao órgão governamental de gestão e aos conselhos dos direitos da criança e do adolescente a interlocução institucional com adolescentes de idade entre 15 (quinze) e 18 (dezoito) anos.

Seção II
DO DIREITO À EDUCAÇÃO

Art. 7º O jovem tem direito à educação de qualidade, com a garantia de educação básica, obrigatória e gratuita, inclusive para os que a ela não tiveram acesso na idade adequada.

§ 1º A educação básica será ministrada em língua portuguesa, assegurada aos jovens indígenas e de povos e comunidades tradicionais a utilização de suas línguas maternas e de processos próprios de aprendizagem.

§ 2º É dever do Estado oferecer aos jovens que não concluíram a educação básica programas na modalidade da educação de jovens e adultos, adaptados às necessidades e especificidades da juventude, inclusive no período noturno, ressalvada a legislação educacional específica.

§ 3º São assegurados aos jovens com surdez o uso e o ensino da Língua Brasileira de Sinais – LIBRAS, em todas as etapas e modalidades educacionais.

§ 4º É assegurada aos jovens com deficiência a inclusão no ensino regular em todos os níveis e modalidades educacionais, incluindo o atendimento educacional especializado, observada a acessibilidade a edificações, transportes, espaços, mobiliários, equipamentos, sistemas e meios de comunicação e assegurados os recursos de tecnologia assistiva e adaptações necessárias a cada pessoa.

§ 5º A Política Nacional de Educação no Campo contemplará a ampliação da oferta de educação para os jovens do campo, em todos os níveis e modalidades educacionais.

Art. 8º O jovem tem direito à educação superior, em instituições públicas ou privadas, com variados graus de abrangência do saber ou especialização do conhecimento, observadas as regras de acesso de cada instituição.

§ 1º É assegurado aos jovens negros, indígenas e alunos oriundos da escola pública o acesso ao ensino superior nas instituições públicas por meio de políticas afirmativas, nos termos da lei.

§ 2º O poder público promoverá programas de expansão da oferta de educação superior nas instituições públicas, de financiamento estudantil e de bolsas de estudos nas instituições privadas, em especial para jovens com deficiência, negros, indígenas e alunos oriundos da escola pública.

Art. 9º O jovem tem direito à educação profissional e tecnológica, articulada com os diferentes níveis e modalidades de educação, ao trabalho, à ciência e à tecnologia, observada a legislação vigente.

Art. 10. É dever do Estado assegurar ao jovem com deficiência o atendimento educacional especializado gratuito, preferencialmente, na rede regular de ensino.

Art. 11. O direito ao programa suplementar de transporte escolar de que trata o art. 4º da Lei nº 9.394, de 20 de dezembro de 1996, será progressivamente estendido ao jovem estudante do ensino fundamental, do ensino médio e da educação superior, no campo e na cidade.

§§ 1º e 2º VETADOS.

Art. 12. É garantida a participação efetiva do segmento juvenil, respeitada sua liberdade de organização, nos conselhos e instâncias deliberativas de gestão democrática das escolas e universidades.

Art. 13. As escolas e as universidades deverão formular e implantar medidas de democratização do acesso e permanência, inclusive programas de assistência estudantil, ação afirmativa e inclusão social para os jovens estudantes.

Seção III
DO DIREITO À PROFISSIONALIZAÇÃO, AO TRABALHO E À RENDA

Art. 14. O jovem tem direito à profissionalização, ao trabalho e à renda, exercido em condições de liberdade, equidade e segurança, adequadamente remunerado e com proteção social.

Art. 15. A ação do poder público na efetivação do direito do jovem à profissionalização, ao trabalho e à renda contempla a adoção das seguintes medidas:

I – promoção de formas coletivas de organização para o trabalho, de redes de economia solidária e da livre associação;

II – oferta de condições especiais de jornada de trabalho por meio de:

a) compatibilização entre os horários de trabalho e de estudo;

b) oferta dos níveis, formas e modalidades de ensino em horários que permitam a compatibilização da frequência escolar com o trabalho regular;

III – criação de linha de crédito especial destinada aos jovens empreendedores;

IV – atuação estatal preventiva e repressiva quanto à exploração e precarização do trabalho juvenil;

V – adoção de políticas públicas voltadas para a promoção do estágio, aprendizagem e trabalho para a juventude;

VI – apoio ao jovem trabalhador rural na organização da produção da agricultura familiar e dos empreendimentos familiares rurais, por meio das seguintes ações:

a) estímulo à produção e à diversificação de produtos;

b) fomento à produção sustentável baseada na agroecologia, nas agroindústrias familiares, na integração entre lavoura, pecuária e floresta e no extrativismo sustentável;

c) investimento em pesquisa de tecnologias apropriadas à agricultura familiar e aos empreendimentos familiares rurais;

d) estímulo à comercialização direta da produção da agricultura familiar, aos empreendimentos familiares rurais e à formação de cooperativas;

e) garantia de projetos de infraestrutura básica de acesso e escoamento de produção, priorizando a melhoria das estradas e do transporte;

f) promoção de programas que favoreçam o acesso ao crédito, à terra e à assistência técnica rural;

VII – apoio ao jovem trabalhador com deficiência, por meio das seguintes ações:

a) estímulo à formação e à qualificação profissional em ambiente inclusivo;

b) oferta de condições especiais de jornada de trabalho;

c) estímulo à inserção no mercado de trabalho por meio da condição de aprendiz.

Art. 16. O direito à profissionalização e à proteção no trabalho dos adolescentes com idade entre 15 (quinze) e 18 (dezoito) anos de idade será regido pelo disposto na Lei nº 8.069, de 13 de julho de 1990 – Estatuto da Criança e do Adolescente, e em leis específicas, não se aplicando o previsto nesta Seção.

SEÇÃO IV

DO DIREITO À DIVERSIDADE E À IGUALDADE

Art. 17. O jovem tem direito à diversidade e à igualdade de direitos e de oportunidades e não será discriminado por motivo de:

I – etnia, raça, cor da pele, cultura, origem, idade e sexo;

II – orientação sexual, idioma ou religião;

III – opinião, deficiência e condição social ou econômica.

Art. 18. A ação do poder público na efetivação do direito do jovem à diversidade e à igualdade contempla a adoção das seguintes medidas:

I – adoção, nos âmbitos federal, estadual, municipal e do Distrito Federal, de programas governamentais destinados a assegurar a igualdade de direitos aos jovens de todas as raças e etnias, independentemente de sua origem, relativamente à educação, à profissionalização, ao trabalho e renda, à cultura, à saúde, à segurança, à cidadania e ao acesso à justiça;

II – capacitação dos professores dos ensinos fundamental e médio para a aplicação das diretrizes curriculares nacionais no que se refere ao enfrentamento de todas as formas de discriminação;

III – inclusão de temas sobre questões étnicas, raciais, de deficiência, de orientação sexual, de gênero e de violência doméstica e sexual praticada contra a mulher na formação dos profissionais de educação, de saúde e de segurança pública e dos operadores do direito;

IV – observância das diretrizes curriculares para a educação indígena como forma de preservação dessa cultura;

V – inclusão, nos conteúdos curriculares, de informações sobre a discriminação na sociedade brasileira e sobre o direito de todos os grupos e indivíduos a tratamento igualitário perante a lei; e

VI – inclusão, nos conteúdos curriculares, de temas relacionados à sexualidade, respeitando a diversidade de valores e crenças.

SEÇÃO V

DO DIREITO À SAÚDE

Art. 19. O jovem tem direito à saúde e à qualidade de vida, considerando suas especificidades na dimensão da prevenção, promoção, proteção e recuperação da saúde de forma integral.

Art. 20. A política pública de atenção à saúde do jovem será desenvolvida em consonância com as seguintes diretrizes:

I – acesso universal e gratuito ao Sistema Único de Saúde – SUS e a serviços de saúde humanizados e de qualidade, que respeitem as especificidades do jovem;

II – atenção integral à saúde, com especial ênfase ao atendimento e à prevenção dos agravos mais prevalentes nos jovens;

III – desenvolvimento de ações articuladas entre os serviços de saúde e os estabelecimentos de ensino, a sociedade e a família, com vistas à prevenção de agravos;

IV – garantia da inclusão de temas relativos ao consumo de álcool, tabaco e outras drogas, à saúde sexual e reprodutiva, com enfoque de gênero e dos direitos sexuais e reprodutivos nos projetos pedagógicos dos diversos níveis de ensino;

V – reconhecimento do impacto da gravidez planejada ou não, sob os aspectos médico, psicológico, social e econômico;

VI – capacitação dos profissionais de saúde, em uma perspectiva multiprofissional, para lidar com temas relativos à saúde sexual e reprodutiva dos jovens, inclusive com deficiência, e ao abuso de álcool, tabaco e outras drogas pelos jovens;

VII – habilitação dos professores e profissionais de saúde e de assistência social para a identificação dos problemas relacionados ao uso abusivo e à dependência de álcool, tabaco e outras drogas e o devido encaminhamento aos serviços assistenciais e de saúde;

VIII – valorização das parcerias com instituições da sociedade civil na abordagem das questões de prevenção, tratamento e reinserção social dos usuários e dependentes de álcool, tabaco e outras drogas;

IX – proibição de propagandas de bebidas contendo qualquer teor alcoólico com a participação de pessoa com menos de 18 (dezoito) anos de idade;

X – veiculação de campanhas educativas relativas ao álcool, ao tabaco e a outras drogas como causadores de dependência; e

XI – articulação das instâncias de saúde e justiça na prevenção do uso e abuso de álcool, tabaco e outras drogas, inclusive esteróides anabolizantes e, especialmente, *crack*.

SEÇÃO VI

DO DIREITO À CULTURA

Art. 21. O jovem tem direito à cultura, incluindo a livre criação, o acesso aos bens e serviços culturais e a participação nas decisões de política cultural, à identidade e diversidade cultural e à memória social.

Art. 22. Na consecução dos direitos culturais da juventude, compete ao poder público:

I – garantir ao jovem a participação no processo de produção, reelaboração e fruição dos bens culturais;

II – propiciar ao jovem o acesso aos locais e eventos culturais, mediante preços reduzidos, em âmbito nacional;

III – incentivar os movimentos de jovens a desenvolver atividades artístico-culturais e ações voltadas à preservação do patrimônio histórico;

IV – valorizar a capacidade criativa do jovem, mediante o desenvolvimento de programas e projetos culturais;

V – propiciar ao jovem o conhecimento da diversidade cultural, regional e étnica do País;

VI – promover programas educativos e culturais voltados para a problemática do jovem nas emissoras de rádio e televisão e nos demais meios de comunicação de massa;

VII – promover a inclusão digital dos jovens, por meio do acesso às novas tecnologias da informação e comunicação;

VIII – assegurar ao jovem do campo o direito à produção e à fruição cultural e aos equipamentos públicos que valorizem a cultura camponesa; e

IX – garantir ao jovem com deficiência acessibilidade e adaptações razoáveis.

Parágrafo único. A aplicação dos incisos I, III e VIII do *caput* deve observar a legislação específica sobre o direito à profissionalização e à proteção no trabalho dos adolescentes.

Art. 23. É assegurado aos jovens de até 29 (vinte e nove) anos pertencentes a famílias de baixa renda e aos estudantes, na forma do regulamento, o acesso a salas de cinema, cineclubes, teatros, espetáculos musicais e circenses, eventos educativos, esportivos, de lazer e entretenimento, em todo o território nacional, promovidos por quaisquer entidades e realizados em estabelecimentos públicos ou particulares, mediante pagamento da metade do preço do ingresso cobrado do público em geral.

§ 1º Terão direito ao benefício previsto no *caput* os estudantes regularmente matriculados nos níveis e modalidades de educação e ensino previstos no Título V da Lei nº 9.394, de 20 de dezembro de 1996 – Lei de Diretrizes e Bases da Educação Nacional, que comprovem sua condição de discente, mediante apresentação, no momento da aquisição do ingresso e na portaria do local de realização do evento, da Carteira de Identificação Estudantil – CIE.

§ 2º A CIE será expedida preferencialmente pela Associação Nacional de Pós-Graduandos, pela União Nacional dos Estudantes, pela União Brasileira dos Estudantes Secundaristas e por entidades estudantis estaduais e municipais a elas filiadas.

§ 3º É garantida a gratuidade na expedição da CIE para estudantes pertencentes a famílias de baixa renda, nos termos do regulamento.

§ 4º As entidades mencionadas no § 2º deste artigo deverão tornar disponível, para eventuais consultas pelo poder público e pelos estabelecimentos referidos no *caput*, banco de dados com o nome e o número de registro dos estudantes portadores da Carteira de Identificação Estudantil, expedida nos termos do § 3º deste artigo.

§ 5º A CIE terá validade até o dia 31 de março do ano subsequente à data de sua expedição.

§ 6º As entidades mencionadas no § 2º deste artigo são obrigadas a manter o documento comprobatório do vínculo do aluno com o estabelecimento escolar, pelo mesmo prazo de validade da respectiva Carteira de Identificação Estudantil.

§ 7º Caberá aos órgãos públicos competentes federais, estaduais, municipais e do Distrito Federal a fiscalização do cumprimento do disposto neste artigo e a aplicação das sanções cabíveis, nos termos do regulamento.

§ 8º Os benefícios previstos neste artigo não incidirão sobre os eventos esportivos de que tratam as Leis nºs 12.663, de 5 de junho de 2012, e 12.780, de 9 de janeiro de 2013.

§ 9º Considera-se de baixa renda, para os fins do disposto no *caput*, a família inscrita no Cadastro Único para Programas Sociais do Governo Federal – CadÚnico cuja renda mensal seja de até 2 (dois) salários mínimos.

§ 10. A concessão do benefício da meia-entrada de que trata o *caput* é limitada a 40% (quarenta por cento) do total de ingressos disponíveis para cada evento.

Art. 24. O poder público destinará, no âmbito dos respectivos orçamentos, recursos financeiros para o fomento dos projetos culturais destinados aos jovens e por eles produzidos.

Art. 25. Na destinação dos recursos do Fundo Nacional da Cultura – FNC, de que trata a Lei nº 8.313, de 23 de dezembro de 1991, serão consideradas as necessidades específicas dos jovens em relação à ampliação do acesso à cultura e à melhoria das condições para o exercício do protagonismo no campo da produção cultural.

Parágrafo único. As pessoas físicas ou jurídicas poderão optar pela aplicação de parcelas do imposto sobre a renda a título de doações ou patrocínios, de que trata a Lei nº 8.313, de 23 de dezembro de 1991, no apoio a projetos culturais apresentados por entidades juvenis legalmente constituídas há, pelo menos, 1 (um) ano.

Seção VII

DO DIREITO À COMUNICAÇÃO E À LIBERDADE DE EXPRESSÃO

Art. 26. O jovem tem direito à comunicação e à livre expressão, à produção de conteúdo, individual e colaborativo, e ao acesso às tecnologias de informação e comunicação.

Art. 27. A ação do poder público na efetivação do direito do jovem à comunicação e à liberdade de expressão contempla a adoção das seguintes medidas:

I – incentivar programas educativos e culturais voltados para os jovens nas emissoras de rádio e televisão e nos demais meios de comunicação de massa;

II – promover a inclusão digital dos jovens, por meio do acesso às novas tecnologias de informação e comunicação;

III – promover as redes e plataformas de comunicação dos jovens, considerando a acessibilidade para os jovens com deficiência;

IV – incentivar a criação e manutenção de equipamentos públicos voltados para a promoção do direito do jovem à comunicação; e

V – garantir a acessibilidade à comunicação por meio de tecnologias assistivas e adaptações razoáveis para os jovens com deficiência.

Seção VIII

DO DIREITO AO DESPORTO E AO LAZER

Art. 28. O jovem tem direito à prática desportiva destinada a seu pleno desenvolvimento, com prioridade para o desporto de participação.

Parágrafo único. O direito à prática desportiva dos adolescentes deverá considerar sua condição peculiar de pessoa em desenvolvimento.

Art. 29. A política pública de desporto e lazer destinada ao jovem deverá considerar:

I – a realização de diagnóstico e estudos estatísticos oficiais acerca da educação física e dos desportos e dos equipamentos de lazer no Brasil;

II – a adoção de lei de incentivo fiscal para o esporte, com critérios que priorizem a juventude e promovam a equidade;

III – a valorização do desporto e do paradesporto educacional;

IV – a oferta de equipamentos comunitários que permitam a prática desportiva, cultural e de lazer.

Art. 30. Todas as escolas deverão buscar pelo menos um local apropriado para a prática de atividades poliesportivas.

Seção IX

DO DIREITO AO TERRITÓRIO E À MOBILIDADE

Art. 31. O jovem tem direito ao território e à mobilidade, incluindo a promoção de políticas públicas de moradia, circulação e equipamentos públicos, no campo e na cidade.

Parágrafo único. Ao jovem com deficiência devem ser garantidas a acessibilidade e as adaptações necessárias.

Art. 32. No sistema de transporte coletivo interestadual, observar-se-á, nos termos da legislação específica:

I – a reserva de 2 (duas) vagas gratuitas por veículo para jovens de baixa renda;

II – a reserva de 2 (duas) vagas por veículo com desconto de 50% (cinquenta por cento), no mínimo, no valor das passagens, para os jovens de baixa renda, a serem utilizadas após esgotadas as vagas previstas no inciso I.

Parágrafo único. Os procedimentos e os critérios para o exercício dos direitos previstos nos incisos I e II serão definidos em regulamento.

Art. 33. A União envidará esforços, em articulação com os Estados, o Distrito Federal e os Municípios, para promover a oferta de transporte público subsidiado para os jovens, com prioridade para os jovens em situação de pobreza e vulnerabilidade, na forma do regulamento.

Seção X

DO DIREITO À SUSTENTABILIDADE E AO MEIO AMBIENTE

Art. 34. O jovem tem direito à sustentabilidade e ao meio ambiente ecologicamente equilibrado, bem de uso comum do povo, essencial à sadia qualidade de vida, e o dever de defendê-lo e preservá-lo para a presente e as futuras gerações.

Art. 35. O Estado promoverá, em todos os níveis de ensino, a educação ambiental voltada para a preservação do meio ambiente e a sustentabilidade, de acordo com a Política Nacional do Meio Ambiente.

Art. 36. Na elaboração, na execução e na avaliação de políticas públicas que incorporem a dimensão ambiental, o poder público deverá considerar:

I – o estímulo e o fortalecimento de organizações, movimentos, redes e outros coletivos de juventude que atuem no âmbito das questões ambientais e em prol do desenvolvimento sustentável;

II – o incentivo à participação dos jovens na elaboração das políticas públicas de meio ambiente;

III – a criação de programas de educação ambiental destinados aos jovens; e

IV – o incentivo à participação dos jovens em projetos de geração de trabalho e renda que visem ao desenvolvimento sustentável nos âmbitos rural e urbano.

Parágrafo único. A aplicação do disposto no inciso IV do *caput* deve observar a legislação específica sobre o direito à profissionalização e à proteção no trabalho dos adolescentes.

Seção XI

DO DIREITO À SEGURANÇA PÚBLICA E AO ACESSO À JUSTIÇA

Art. 37. Todos os jovens têm direito de viver em um ambiente seguro, sem violência, com garantia da sua incolumidade física e mental, sendo-lhes asseguradas a igualdade de oportunidades e facilidades para seu aperfeiçoamento intelectual, cultural e social.

Art. 38. As políticas de segurança pública voltadas para os jovens deverão articular ações da União, dos Estados, do Distrito Federal e dos Municípios e ações não governamentais, tendo por diretrizes:

I – a integração com as demais políticas voltadas à juventude;

II – a prevenção e enfrentamento da violência;

III – a promoção de estudos e pesquisas e a obtenção de estatísticas e informações relevantes para subsidiar as ações de segurança pública e permitir a avaliação periódica dos impactos das políticas públicas quanto às causas, às consequências e à frequência da violência contra os jovens;

IV – a priorização de ações voltadas para os jovens em situação de risco, vulnerabilidade social e egressos do sistema penitenciário nacional;

V – a promoção do acesso efetivo dos jovens à Defensoria Pública, considerando as especificidades da condição juvenil; e

VI – a promoção do efetivo acesso dos jovens com deficiência à justiça em igualdade de condições com as demais pessoas, inclusive mediante a provisão de adaptações processuais adequadas a sua idade.

TÍTULO II – DO SISTEMA NACIONAL DE JUVENTUDE

CAPÍTULO I

DO SISTEMA NACIONAL DE JUVENTUDE – SINAJUVE

Art. 39. É instituído o Sistema Nacional de Juventude – SINAJUVE, cujos composição, organização, competência e funcionamento serão definidos em regulamento.

Art. 40. O financiamento das ações e atividades realizadas no âmbito do SINAJUVE será definido em regulamento.

CAPÍTULO II

DAS COMPETÊNCIAS

Art. 41. Compete à União:

▶ Dec. nº 8.074, de 14-8-2013, institui o Comitê Interministerial da Política de Juventude.

I – formular e coordenar a execução da Política Nacional de Juventude;

II – coordenar e manter o SINAJUVE;

III – estabelecer diretrizes sobre a organização e o funcionamento do SINAJUVE;

IV – elaborar o Plano Nacional de Políticas de Juventude, em parceria com os Estados, o Distrito Federal, os Municípios e a sociedade, em especial a juventude;

V – convocar e realizar, em conjunto com o Conselho Nacional de Juventude, as Conferências Nacionais de Juventude, com intervalo máximo de 4 (quatro) anos;

VI – prestar assistência técnica e suplementação financeira aos Estados, ao Distrito Federal e aos Municípios para o desenvolvimento de seus sistemas de juventude;

VII – contribuir para a qualificação e ação em rede do SINAJUVE em todos os entes da Federação;

VIII – financiar, com os demais entes federados, a execução das políticas públicas de juventude;

IX – estabelecer formas de colaboração com os Estados, o Distrito Federal e os Municípios para a execução das políticas públicas de juventude; e

X – garantir a publicidade de informações sobre repasses de recursos para financiamento das políticas públicas de juventude aos conselhos e gestores estaduais, do Distrito Federal e municipais.

Art. 42. Compete aos Estados:

I – coordenar, em âmbito estadual, o SINAJUVE;

II – elaborar os respectivos planos estaduais de juventude, em conformidade com o Plano Nacional, com a participação da sociedade, em especial da juventude;

III – criar, desenvolver e manter programas, ações e projetos para a execução das políticas públicas de juventude;

IV – convocar e realizar, em conjunto com o Conselho Estadual de Juventude, as Conferências Estaduais de Juventude, com intervalo máximo de 4 (quatro) anos;

V – editar normas complementares para a organização e o funcionamento do SINAJUVE, em âmbito estadual e municipal;

VI – estabelecer com a União e os Municípios formas de colaboração para a execução das políticas públicas de juventude; e

VII – cofinanciar, com os demais entes federados, a execução de programas, ações e projetos das políticas públicas de juventude.

Parágrafo único. Serão incluídos nos censos demográficos dados relativos à população jovem do País.

Art. 43. Compete aos Municípios:

I – coordenar, em âmbito municipal, o SINAJUVE;

II – elaborar os respectivos planos municipais de juventude, em conformidade com os respectivos Planos Nacional e Estadual, com a participação da sociedade, em especial da juventude;

III – criar, desenvolver e manter programas, ações e projetos para a execução das políticas públicas de juventude;

IV – convocar e realizar, em conjunto com o Conselho Municipal de Juventude, as Conferências Municipais de Juventude, com intervalo máximo de 4 (quatro) anos;

V – editar normas complementares para a organização e funcionamento do SINAJUVE, em âmbito municipal;

VI – cofinanciar, com os demais entes federados, a execução de programas, ações e projetos das políticas públicas de juventude; e

VII – estabelecer mecanismos de cooperação com os Estados e a União para a execução das políticas públicas de juventude.

Parágrafo único. Para garantir a articulação federativa com vistas ao efetivo cumprimento das políticas públicas de juventude, os Municípios podem instituir os consórcios de que trata a Lei nº 11.107, de 6 de abril de 2005, ou qualquer outro instrumento jurídico adequado, como forma de compartilhar responsabilidades.

Art. 44. As competências dos Estados e Municípios são atribuídas, cumulativamente, ao Distrito Federal.

CAPÍTULO III
DOS CONSELHOS DE JUVENTUDE

Art. 45. Os conselhos de juventude são órgãos permanentes e autônomos, não jurisdicionais, encarregados de tratar das políticas públicas de juventude e da garantia do exercício dos direitos do jovem, com os seguintes objetivos:

I – auxiliar na elaboração de políticas públicas de juventude que promovam o amplo exercício dos direitos dos jovens estabelecidos nesta Lei;

II – utilizar instrumentos de forma a buscar que o Estado garanta aos jovens o exercício dos seus direitos;

III – colaborar com os órgãos da administração no planejamento e na implementação das políticas de juventude;

IV – estudar, analisar, elaborar, discutir e propor a celebração de instrumentos de cooperação, visando à elaboração de programas, projetos e ações voltados para a juventude;

V – promover a realização de estudos relativos à juventude, objetivando subsidiar o planejamento das políticas públicas de juventude;

VI – estudar, analisar, elaborar, discutir e propor políticas públicas que permitam e garantam a integração e a participação do jovem nos processos social, econômico, político e cultural no respectivo ente federado;

VII – propor a criação de formas de participação da juventude nos órgãos da administração pública;

VIII – promover e participar de seminários, cursos, congressos e eventos correlatos para o debate de temas relativos à juventude;

IX – desenvolver outras atividades relacionadas às políticas públicas de juventude.

§ 1º A lei, em âmbito federal, estadual, do Distrito Federal e municipal, disporá sobre a organização, o funcionamento e a composição dos conselhos de juventude, observada a participação da sociedade civil mediante critério, no mínimo, paritário com os representantes do poder público.

§ 2º VETADO.

Art. 46. São atribuições dos conselhos de juventude:

I – encaminhar ao Ministério Público notícia de fato que constitua infração administrativa ou penal contra os direitos do jovem garantidos na legislação;

II – encaminhar à autoridade judiciária os casos de sua competência;

III – expedir notificações;

IV – solicitar informações das autoridades públicas;

V – assessorar o Poder Executivo local na elaboração dos planos, programas, projetos, ações e proposta orçamentária das políticas públicas de juventude.

Art. 47. Sem prejuízo das atribuições dos conselhos de juventude com relação aos direitos previstos neste Estatuto, cabe aos conselhos de direitos da criança e do adolescente deliberar e controlar as ações em todos os níveis relativas aos adolescentes com idade entre 15 (quinze) e 18 (dezoito) anos.

Art. 48. Esta Lei entra em vigor após decorridos 180 (cento e oitenta) dias de sua publicação oficial.

Brasília, 5 de agosto de 2013;
192º da Independência e
125º da República.

Dilma Rousseff

LEI Nº 12.853,
DE 14 DE AGOSTO DE 2013

Altera os arts. 5º, 68, 97, 98, 99 e 100, acrescenta arts. 98-A, 98-B, 98-C, 99-A, 99-B, 100-A, 100-B e 109-A e revoga o art. 94 da Lei nº 9.610, de 19 de fevereiro de 1998, para dispor sobre a gestão coletiva de direitos autorais, e dá outras providências.

▸ Publicada no *DOU* de 15-8-2013.

Art. 1º Esta Lei dispõe sobre a gestão coletiva de direitos autorais, altera, revoga e acrescenta dispositivos à Lei nº 9.610, de 19 de fevereiro de 1998.

Art. 2º Os arts. 5º, 68, 97, 98, 99 e 100 da Lei nº 9.610, de 19 de fevereiro de 1998, passam a vigorar com as seguintes alterações:

▸ Alterações inseridas no texto da referida Lei.

Art. 3º A Lei nº 9.610, de 1998, passa a vigorar acrescida dos seguintes arts. 98-A, 98-B, 98-C, 99-A, 99-B, 100-A, 100-B e 109-A:

▸ Alterações inseridas no texto da referida Lei.

Art. 4º As associações de gestão coletiva de direitos autorais que, antes da vigência da presente Lei, estejam legalmente constituídas e arrecadando e distribuindo os direitos autorais de obras e fonogramas considerar-se-ão habilitadas para exercerem a atividade econômica de cobrança pelo prazo definido em regulamento, devendo obedecer às disposições constantes do art. 98-A da Lei nº 9.610, de 1998.

Art. 5º As associações a que se refere o art. 4º desta Lei terão 60 (sessenta) dias para adaptar seus estatutos ao § 13 do art. 98 da Lei nº 9.610, de 1998, permitindo-se que seus dirigentes concluam os mandatos em curso quando do início da vigência desta Lei até o prazo originalmente previsto, após o qual poderão candidatar-se para mandato de 3 (três) anos, com possibilidade de 1 (uma) recondução, nos termos desta Lei.

Art. 6º Desde que se comprove a observância de todas as exigências para a constituição do novo ente arrecadador unificado, constantes do *caput* do art. 99 da Lei nº 9.610, de 1998, as associações referidas no art. 4º desta Lei poderão requerer ao Ministério da Cultura, no prazo estabelecido em regulamento, que reconheça a pessoa jurídica já constituída como ente arrecadador.

Art. 7º O Ministério da Cultura constituirá, no prazo e nos termos dispostos em regulamento, comissão permanente para aperfeiçoamento da gestão coletiva, que promoverá o aprimoramento contínuo da gestão coletiva de direitos autorais no Brasil por meio da análise da atuação e dos resultados obtidos pelas entidades brasileiras, bem como do exame das melhores práticas internacionais.

Art. 8º Admite-se a delegação, pelo Ministério da Cultura, das competências a ele atribuídas por esta Lei a outro órgão.

Art. 9º Revoga-se o art. 94 da Lei nº 9.610, de 19 de fevereiro de 1998.

Art. 10. Esta Lei entra em vigor após decorridos 120 (cento e vinte) dias de sua publicação oficial.

Brasília, 14 de agosto de 2013;
192º da Independência e
125º da República.

Dilma Rousseff

LEI Nº 12.879, DE 5 DE NOVEMBRO DE 2013

Dispõe sobre a gratuidade dos atos de registro, pelas associações de moradores, necessários à adaptação estatutária à Lei nº 10.406, de 10 de janeiro de 2002 – Código Civil, e para fins de enquadramento dessas entidades como Organizações da Sociedade Civil de Interesse Público.

▶ Publicada no *DOU* de 6-11-2013.

Art. 1º As associações de moradores são isentas do pagamento de preços, taxas e emolumentos remuneratórios do registro necessário à sua adaptação estatutária à Lei nº 10.406, de 10 de janeiro de 2002 – Código Civil, consoante o disposto no art. 2.031 desse diploma legal, assim como para fins de sua qualificação como Organizações da Sociedade Civil de Interesse Público, de que trata a Lei nº 9.790, de 23 de março de 1999.

Art. 2º Esta Lei entra em vigor na data de sua publicação.

Brasília, 5 de novembro de 2013;
192º da Independência e
125º da República.

Dilma Rousseff

LEI Nº 12.965, DE 23 DE ABRIL DE 2014

Estabelece princípios, garantias, direitos e deveres para o uso da Internet no Brasil.

▶ Publicada no *DOU* de 24-4-2014.

▶ Dec. nº 4.829, de 3-9-2003 (Comitê Gestor da Internet no Brasil).

▶ Dec. nº 7.962, de 15-3-2013, regulamenta o CDC, para dispor sobre a contratação no comércio eletrônico.

▶ Dec. nº 8.771, de 11-5-2016, regulamenta esta lei.

CAPÍTULO I
DISPOSIÇÕES PRELIMINARES

Art. 1º Esta Lei estabelece princípios, garantias, direitos e deveres para o uso da internet no Brasil e determina as diretrizes para atuação da União, dos Estados, do Distrito Federal e dos Municípios em relação à matéria.

Art. 2º A disciplina do uso da internet no Brasil tem como fundamento o respeito à liberdade de expressão, bem como:

I – o reconhecimento da escala mundial da rede;

II – os direitos humanos, o desenvolvimento da personalidade e o exercício da cidadania em meios digitais;

III – a pluralidade e a diversidade;

IV – a abertura e a colaboração;

V – a livre iniciativa, a livre concorrência e a defesa do consumidor; e

▶ Art. 170, IV e V, da CF.

▶ Lei nº 8.078, de 11-9-1990 (Código de Defesa do Consumidor).

▶ Lei nº 12.529, de 30-11-2011 (Lei do Sistema Brasileiro de Defesa da Concorrência).

VI – a finalidade social da rede.

Art. 3º A disciplina do uso da internet no Brasil tem os seguintes princípios:

I – garantia da liberdade de expressão, comunicação e manifestação de pensamento, nos termos da Constituição Federal;

▶ Art. 5º, IV e IX, da CF.

II – proteção da privacidade;

▶ Art. 5º, X, da CF.

▶ Art. 21 do CC.

▶ Art. 8º desta Lei.

III – proteção dos dados pessoais, na forma da lei;

IV – preservação e garantia da neutralidade de rede;

V – preservação da estabilidade, segurança e funcionalidade da rede, por meio de medidas técnicas compatíveis com os padrões internacionais e pelo estímulo ao uso de boas práticas;

VI – responsabilização dos agentes de acordo com suas atividades, nos termos da lei;

VII – preservação da natureza participativa da rede;

VIII – liberdade dos modelos de negócios promovidos na internet, desde que não conflitem com os demais princípios estabelecidos nesta Lei.

Parágrafo único. Os princípios expressos nesta Lei não excluem outros previstos no ordenamento jurídico pátrio relacionados à matéria ou nos tratados internacionais em que a República Federativa do Brasil seja parte.

Art. 4º A disciplina do uso da internet no Brasil tem por objetivo a promoção:

I – do direito de acesso à internet a todos;

II – do acesso à informação, ao conhecimento e à participação na vida cultural e na condução dos assuntos públicos;

III – da inovação e do fomento à ampla difusão de novas tecnologias e modelos de uso e acesso; e

IV – da adesão a padrões tecnológicos abertos que permitam a comunicação, a acessibilidade e a interoperabilidade entre aplicações e bases de dados.

Art. 5º Para os efeitos desta Lei, considera-se:

I – internet: o sistema constituído do conjunto de protocolos lógicos, estruturado em escala mundial para uso público e irrestrito, com a finalidade de possibilitar a comunicação de dados entre terminais por meio de diferentes redes;

II – terminal: o computador ou qualquer dispositivo que se conecte à internet;

III – endereço de protocolo de internet (endereço IP): o código atribuído a um terminal de uma rede para permitir sua identificação, definido segundo parâmetros internacionais;

IV – administrador de sistema autônomo: a pessoa física ou jurídica que administra blocos de endereço IP específicos e o respectivo sistema autônomo de roteamento, devidamente cadastrada no ente nacional responsável pelo registro e distribuição de endereços IP geograficamente referentes ao País;

V – conexão à internet: a habilitação de um terminal para envio e recebimento de pacotes de dados pela internet, mediante a atribuição ou autenticação de um endereço IP;

VI – registro de conexão: o conjunto de informações referentes à data e hora de início e término de uma conexão à internet, sua duração e o endereço IP utilizado pelo terminal para o envio e recebimento de pacotes de dados;

VII – aplicações de internet: o conjunto de funcionalidades que podem ser acessadas por meio de um terminal conectado à internet; e

VIII – registros de acesso a aplicações de internet: o conjunto de informações referentes à data e hora de uso de uma determinada aplicação de internet a partir de um determinado endereço IP.

Art. 6º Na interpretação desta Lei serão levados em conta, além dos fundamentos, princípios e objetivos previstos, a natureza da internet, seus usos e costumes particulares e sua importância para a promoção do desenvolvimento humano, econômico, social e cultural.

CAPÍTULO II
DOS DIREITOS E GARANTIAS DOS USUÁRIOS

Art. 7º O acesso à internet é essencial ao exercício da cidadania, e ao usuário são assegurados os seguintes direitos:

▶ Art. 10, § 1º, desta Lei.

I – inviolabilidade da intimidade e da vida privada, sua proteção e indenização pelo dano material ou moral decorrente de sua violação;

▶ Art. 5º, X, da CF.

▶ Art. 21 do CC.

II – inviolabilidade e sigilo do fluxo de suas comunicações pela internet, salvo por ordem judicial, na forma da lei;

III – inviolabilidade e sigilo de suas comunicações privadas armazenadas, salvo por ordem judicial;

▶ Art. 5º, XII, da CF.

IV – não suspensão da conexão à internet, salvo por débito diretamente decorrente de sua utilização;

V – manutenção da qualidade contratada da conexão à internet;

VI – informações claras e completas constantes dos contratos de prestação de serviços, com detalhamento sobre o regime de proteção aos registros de conexão e aos registros de acesso a aplicações de internet, bem como sobre práticas de gerenciamento da rede que possam afetar sua qualidade;

▶ Arts. 6º, III, e 31 do CDC.

VII – não fornecimento a terceiros de seus dados pessoais, inclusive registros de conexão, e de acesso a aplicações de internet, salvo mediante consentimento livre, expresso e informado ou nas hipóteses previstas em lei;

VIII – informações claras e completas sobre coleta, uso, armazenamento, tratamento e proteção de seus dados pessoais, que somente poderão ser utilizados para finalidades que:

a) justifiquem sua coleta;

b) não sejam vedadas pela legislação; e

c) estejam especificadas nos contratos de prestação de serviços ou em termos de uso de aplicações de internet;

IX – consentimento expresso sobre coleta, uso, armazenamento e tratamento de dados pessoais, que deverá ocorrer de forma destacada das demais cláusulas contratuais;

X – exclusão definitiva dos dados pessoais que tiver fornecido a determinada aplicação de internet, a seu requerimento, ao término da relação entre as partes, ressalvadas as hipóteses de guarda obrigatória de registros previstas nesta Lei e na que dispõe sobre a proteção de dados pessoais;

▸ Inciso X com a redação dada pela Lei nº 13.709, de 14-8-2018.

XI – publicidade e clareza de eventuais políticas de uso dos provedores de conexão à internet e de aplicações de internet;

XII – acessibilidade, consideradas as características físico-motoras, perceptivas, sensoriais, intelectuais e mentais do usuário, nos termos da lei; e

XIII – aplicação das normas de proteção e defesa do consumidor nas relações de consumo realizadas na internet.

▸ Lei nº 8.078, de 11-9-1990 (Código de Defesa do Consumidor).

Art. 8º A garantia do direito à privacidade e à liberdade de expressão nas comunicações é condição para o pleno exercício do direito de acesso à internet.

▸ Art. 5º, IV, IX e X, da CF.

▸ Art. 21 do CC.

▸ Art. 3º, I e II, desta Lei.

Parágrafo único. São nulas de pleno direito as cláusulas contratuais que violem o disposto no *caput*, tais como aquelas que:

I – impliquem ofensa à inviolabilidade e ao sigilo das comunicações privadas, pela internet; ou

II – em contrato de adesão, não ofereçam como alternativa ao contratante a adoção do foro brasileiro para solução de controvérsias decorrentes de serviços prestados no Brasil.

▸ Art. 21, II e III, do CPC/2015.

▸ Art. 54 do CDC.

CAPÍTULO III
DA PROVISÃO DE CONEXÃO E DE APLICAÇÕES DE INTERNET

Seção I
DA NEUTRALIDADE DE REDE

Art. 9º O responsável pela transmissão, comutação ou roteamento tem o dever de tratar de forma isonômica quaisquer pacotes de dados, sem distinção por conteúdo, origem e destino, serviço, terminal ou aplicação.

§ 1º A discriminação ou degradação do tráfego será regulamentada nos termos das atribuições privativas do Presidente da República previstas no inciso IV do art. 84 da Constituição Federal, para a fiel execução desta Lei, ouvidos o Comitê Gestor da Internet e a Agência Nacional de Telecomunicações, e somente poderá decorrer de:

▸ Dec. nº 4.829, de 3-9-2003 (Comitê Gestor da Internet no Brasil).

I – requisitos técnicos indispensáveis à prestação adequada dos serviços e aplicações; e

II – priorização de serviços de emergência.

§ 2º Na hipótese de discriminação ou degradação do tráfego prevista no § 1º, o responsável mencionado no *caput* deve:

I – abster-se de causar dano aos usuários, na forma do art. 927 da Lei nº 10.406, de 10-1-2002 – Código Civil;

II – agir com proporcionalidade, transparência e isonomia;

III – informar previamente de modo transparente, claro e suficientemente descritivo aos seus usuários sobre as práticas de gerenciamento e mitigação de tráfego adotadas, inclusive as relacionadas à segurança da rede; e

IV – oferecer serviços em condições comerciais não discriminatórias e abster-se de praticar condutas anticoncorrenciais.

▸ Lei nº 12.529, de 30-11-2011 (Lei do Sistema Brasileiro de Defesa da Concorrência).

§ 3º Na provisão de conexão à internet, onerosa ou gratuita, bem como na transmissão, comutação ou roteamento, é vedado bloquear, monitorar, filtrar ou analisar o conteúdo dos pacotes de dados, respeitado o disposto neste artigo.

Seção II
DA PROTEÇÃO AOS REGISTROS, AOS DADOS PESSOAIS E ÀS COMUNICAÇÕES PRIVADAS

Art. 10. A guarda e a disponibilização dos registros de conexão e de acesso a aplicações de internet de que trata esta Lei, bem como de dados pessoais e do conteúdo de comunicações privadas, devem atender à preservação da intimidade, da vida privada, da honra e da imagem das partes direta ou indiretamente envolvidas.

▸ Art. 5º, X e XII, da CF.

▸ Art. 21 do CC.

§ 1º O provedor responsável pela guarda somente será obrigado a disponibilizar os registros mencionados no *caput*, de forma autônoma ou associados a dados pessoais ou a outras informações que possam contribuir para a identificação do usuário ou do terminal, mediante ordem judicial, na forma do disposto na Seção IV deste Capítulo, respeitado o disposto no art. 7º.

§ 2º O conteúdo das comunicações privadas somente poderá ser disponibilizado mediante ordem judicial, nas hipóteses e na forma que a lei estabelecer, respeitado o disposto nos incisos II e III do art. 7º.

▸ Art. 5º, XII, da CF.

§ 3º O disposto no *caput* não impede o acesso aos dados cadastrais que informem qualificação pessoal, filiação e endereço, na forma da lei, pelas autoridades administrativas que detenham competência legal para a sua requisição.

§ 4º As medidas e os procedimentos de segurança e de sigilo devem ser informados pelo responsável pela provisão de serviços de forma clara e atender a padrões definidos em regulamento, respeitado seu direito de confidencialidade quanto a segredos empresariais.

Art. 11. Em qualquer operação de coleta, armazenamento, guarda e tratamento de registros, de dados pessoais ou de comunicações por provedores de conexão e de aplicações de internet em que pelo menos um desses atos ocorra em território nacional, deverão ser obrigatoriamente respeitados a legislação brasileira e os direitos à privacidade, à proteção dos dados pessoais e ao sigilo das comunicações privadas e dos registros.

▸ O STF, por maioria, julgou procedente a ADC nº 51, declarando a constitucionalidade deste artigo (*DOU* de 28-4-2023).

§ 1º O disposto no *caput* aplica-se aos dados coletados em território nacional e ao conteúdo das comunicações, desde que pelo menos um dos terminais esteja localizado no Brasil.

§ 2º O disposto no *caput* aplica-se mesmo que as atividades sejam realizadas por pessoa jurídica sediada no exterior, desde que oferte serviço ao público brasileiro ou pelo menos uma integrante do mesmo grupo econômico possua estabelecimento no Brasil.

§ 3º Os provedores de conexão e de aplicações de internet deverão prestar, na forma da regulamentação, informações que permitam a verificação quanto ao cumprimento da legislação brasileira referente à coleta, à guarda, ao armazenamento ou ao tratamento de dados, bem como quanto ao respeito à privacidade e ao sigilo de comunicações.

▸ Art. 5º, X e XII, da CF.

▸ Art. 21 do CC.

§ 4º Decreto regulamentará o procedimento para apuração de infrações ao disposto neste artigo.

Art. 12. Sem prejuízo das demais sanções cíveis, criminais ou administrativas, as infrações às normas previstas nos arts. 10 e 11 ficam sujeitas, conforme o caso, às seguintes sanções, aplicadas de forma isolada ou cumulativa:

I – advertência, com indicação de prazo para adoção de medidas corretivas;

II – multa de até 10% (dez por cento) do faturamento do grupo econômico no Brasil no seu último exercício, excluídos os tributos, considerados a condição econômica do infrator e o princípio da proporcionalidade entre a gravidade da falta e a intensidade da sanção;

III – suspensão temporária das atividades que envolvam os atos previstos no art. 11; ou

IV – proibição de exercício das atividades que envolvam os atos previstos no art. 11.

Parágrafo único. Tratando-se de empresa estrangeira, responde solidariamente pelo pagamento da multa de que trata o *caput* sua filial, sucursal, escritório ou estabelecimento situado no País.

Subseção I
DA GUARDA DE REGISTROS DE CONEXÃO

Art. 13. Na provisão de conexão à internet, cabe ao administrador de sistema autônomo respectivo o dever de manter os registros de conexão, sob sigilo, em ambiente controlado e de segurança, pelo prazo de 1 (um) ano, nos termos do regulamento.

§ 1º A responsabilidade pela manutenção dos registros de conexão não poderá ser transferida a terceiros.

§ 2º A autoridade policial ou administrativa ou o Ministério Público poderá requerer cautelarmente que os registros de conexão sejam guardados por prazo superior ao previsto no *caput*.

§ 3º Na hipótese do § 2º, a autoridade requerente terá o prazo de 60 (sessenta) dias, contados a partir do requerimento, para ingressar com o pedido de autorização judicial de acesso aos registros previstos no *caput*.

§ 4º O provedor responsável pela guarda dos registros deverá manter sigilo em relação ao requerimento previsto no § 2º, que perderá sua eficácia caso o pedido de autorização judicial seja indeferido ou não tenha sido protocolado no prazo previsto no § 3º.

§ 5º Em qualquer hipótese, a disponibilização ao requerente dos registros de que trata este artigo deverá ser precedida de autorização judicial, conforme disposto na Seção IV deste Capítulo.

§ 6º Na aplicação de sanções pelo descumprimento ao disposto neste artigo, serão considerados a natureza e a gravidade da infração, os danos dela resultantes, eventual vantagem auferida pelo infrator, as circunstâncias agravantes, os antecedentes do infrator e a reincidência.

Subseção II – DA GUARDA DE REGISTROS DE ACESSO A APLICAÇÕES DE INTERNET NA PROVISÃO DE CONEXÃO

Art. 14. Na provisão de conexão, onerosa ou gratuita, é vedado guardar os registros de acesso a aplicações de internet.

Subseção III – DA GUARDA DE REGISTROS DE ACESSO A APLICAÇÕES DE INTERNET NA PROVISÃO DE APLICAÇÕES

Art. 15. O provedor de aplicações de internet constituído na forma de pessoa jurídica e que exerça essa atividade de forma organizada, profissionalmente e com fins econômicos deverá manter os respectivos registros de acesso a aplicações de internet, sob sigilo, em ambiente controlado e de segurança, pelo prazo de 6 (seis) meses, nos termos do regulamento.

§ 1º Ordem judicial poderá obrigar, por tempo certo, os provedores de aplicações de internet que não estão sujeitos ao disposto no *caput* a guardarem registros de acesso a aplicações de internet, desde que se trate de registros relativos a fatos específicos em período determinado.

§ 2º A autoridade policial ou administrativa ou o Ministério Público poderão requerer cautelarmente a qualquer provedor de aplicações de internet que os registros de acesso a aplicações de internet sejam guardados, inclusive por prazo superior ao previsto no *caput*, observado o disposto nos §§ 3º e 4º do art. 13.

§ 3º Em qualquer hipótese, a disponibilização ao requerente dos registros de que trata este artigo deverá ser precedida de autorização judicial, conforme disposto na Seção IV deste Capítulo.

§ 4º Na aplicação de sanções pelo descumprimento ao disposto neste artigo, serão considerados a natureza e a gravidade da infração, os danos dela resultantes, eventual vantagem auferida pelo infrator, as circunstâncias agravantes, os antecedentes do infrator e a reincidência.

Art. 16. Na provisão de aplicações de internet, onerosa ou gratuita, é vedada a guarda:

I – dos registros de acesso a outras aplicações de internet sem que o titular dos dados tenha consentido previamente, respeitado o disposto no art. 7º; ou

II – de dados pessoais que sejam excessivos em relação à finalidade para a qual foi dado consentimento pelo seu titular, exceto nas hipóteses previstas na Lei que dispõe sobre a proteção de dados pessoais.

▸ Inciso II com a redação dada pela Lei nº 13.709, de 14-8-2018.

Art. 17. Ressalvadas as hipóteses previstas nesta Lei, a opção por não guardar os registros de acesso a aplicações de internet não implica responsabilidade sobre danos decorrentes do uso desses serviços por terceiros.

Seção III – DA RESPONSABILIDADE POR DANOS DECORRENTES DE CONTEÚDO GERADO POR TERCEIROS

Art. 18. O provedor de conexão à internet não será responsabilizado civilmente por danos decorrentes de conteúdo gerado por terceiros.

Art. 19. Com o intuito de assegurar a liberdade de expressão e impedir a censura, o provedor de aplicações de internet somente poderá ser responsabilizado civilmente por danos decorrentes de conteúdo gerado por terceiros se, após ordem judicial específica, não tomar as providências para, no âmbito e nos limites técnicos do seu serviço e dentro do prazo assinalado, tornar indisponível o conteúdo apontado como infringente, ressalvadas as disposições legais em contrário.

§ 1º A ordem judicial de que trata o *caput* deverá conter, sob pena de nulidade, identificação clara e específica do conteúdo apontado como infringente, que permita a localização inequívoca do material.

§ 2º A aplicação do disposto neste artigo para infrações a direitos de autor ou a direitos conexos depende de previsão legal específica, que deverá respeitar a liberdade de expressão e demais garantias previstas no art. 5º da Constituição Federal.

▸ Art. 5º, XXVII e XXVIII, da CF.

▸ Art. 31 desta Lei.

▸ Lei nº 9.610, de 19-2-1998 (Lei de Direitos Autorais).

§ 3º As causas que versem sobre ressarcimento por danos decorrentes de conteúdos disponibilizados na internet relacionados à honra, à reputação ou a direitos de personalidade, bem como sobre a indisponibilização desses conteúdos por provedores de aplicações de internet, poderão ser apresentadas perante os juizados especiais.

▸ Arts. 20, 21 e 927 do CC.

▸ Lei nº 9.099, de 26-9-1995 (Lei dos Juizados Especiais).

§ 4º O juiz, inclusive no procedimento previsto no § 3º, poderá antecipar, total ou parcialmente, os efeitos da tutela pretendida no pedido inicial, existindo prova inequívoca do fato e considerado o interesse da coletividade na disponibilização do conteúdo na internet, desde que presentes os requisitos de verossimilhança da alegação do autor e de fundado receio de dano irreparável ou de difícil reparação.

▸ Arts. 296, 297, parágrafo único, 298, 300, *caput* e § 3º, 311, I, 497, 499, 500, 536, § 1º, e 537, *caput* e § 1º, do CPC/2015.

Art. 20. Sempre que tiver informações de contato do usuário diretamente responsável pelo conteúdo a que se refere o art. 19, caberá ao provedor de aplicações de internet comunicar-lhe os motivos e informações relativos à indisponibilização de conteúdo, com informações que permitam o contraditório e a ampla defesa em juízo, salvo expressa previsão legal ou expressa determinação judicial fundamentada em contrário.

▸ Art. 5º, LV, da CF.

Parágrafo único. Quando solicitado pelo usuário que disponibilizou o conteúdo tornado indisponível, o provedor de aplicações de internet que exerce essa atividade de forma organizada, profissionalmente e com fins econômicos substituirá o conteúdo tornado indisponível pela motivação ou pela ordem judicial que deu fundamento à indisponibilização.

Art. 21. O provedor de aplicações de internet que disponibilize conteúdo gerado por terceiros será responsabilizado subsidiariamente pela violação da intimidade decorrente da divulgação, sem autorização de seus participantes, de imagens, de vídeos ou de outros materiais contendo cenas de nudez ou de atos sexuais de caráter privado quando, após o recebimento de notificação pelo participante ou seu representante legal, deixar de promover, de forma diligente, no âmbito e nos limites técnicos do seu serviço, a indisponibilização desse conteúdo.

▸ Arts. 20 e 21 do CC.

Parágrafo único. A notificação prevista no *caput* deverá conter, sob pena de nulidade, elementos que permitam a identificação específica do material apontado como violador da intimidade do participante e a verificação da legitimidade para apresentação do pedido.

Seção IV – DA REQUISIÇÃO JUDICIAL DE REGISTROS

Art. 22. A parte interessada poderá, com o propósito de formar conjunto probatório em processo judicial cível ou penal, em caráter incidental ou autônomo, requerer ao juiz que ordene ao responsável pela guarda o fornecimento de registros de conexão ou de registros de acesso a aplicações de internet.

Parágrafo único. Sem prejuízo dos demais requisitos legais, o requerimento deverá conter, sob pena de inadmissibilidade:

I – fundados indícios da ocorrência do ilícito;

II – justificativa motivada da utilidade dos registros solicitados para fins de investigação ou instrução probatória; e

III – período ao qual se referem os registros.

Art. 23. Cabe ao juiz tomar as providências necessárias à garantia do sigilo das informações recebidas e à preservação da intimidade, da vida privada, da honra e da imagem do usuário, podendo determinar segredo de justiça, inclusive quanto aos pedidos de guarda de registro.

▸ Arts. 20 e 21 do CC.

▸ Art. 189 do CPC/2015.

CAPÍTULO IV – DA ATUAÇÃO DO PODER PÚBLICO

Art. 24. Constituem diretrizes para a atuação da União, dos Estados, do Distrito Federal e dos Municípios no desenvolvimento da internet no Brasil:

I – estabelecimento de mecanismos de governança multiparticipativa, transparente, colaborativa e democrática, com a participação do governo, do setor empresarial, da sociedade civil e da comunidade acadêmica;

II – promoção da racionalização da gestão, expansão e uso da internet, com participação do Comitê Gestor da internet no Brasil;

III – promoção da racionalização e da interoperabilidade tecnológica dos serviços de governo eletrônico, entre os diferentes Poderes e âmbitos da Federação, para permitir o intercâmbio de informações e a celeridade de procedimentos;

IV – promoção da interoperabilidade entre sistemas e terminais diversos, inclusive entre os diferentes âmbitos federativos e diversos setores da sociedade;

V – adoção preferencial de tecnologias, padrões e formatos abertos e livres;

VI – publicidade e disseminação de dados e informações públicos, de forma aberta e estruturada;

VII – otimização da infraestrutura das redes e estímulo à implantação de centros de armazenamento, gerenciamento e disseminação de dados no País, promovendo a qualidade técnica, a inovação e a difusão das aplicações de internet, sem prejuízo à abertura, à neutralidade e à natureza participativa;

VIII – desenvolvimento de ações e programas de capacitação para uso da internet;

IX – promoção da cultura e da cidadania; e

X – prestação de serviços públicos de atendimento ao cidadão de forma integrada, eficiente, simplificada e por múltiplos canais de acesso, inclusive remotos.

Art. 25. As aplicações de internet de entes do poder público devem buscar:

I – compatibilidade dos serviços de governo eletrônico com diversos terminais, sistemas operacionais e aplicativos para seu acesso;

II – acessibilidade a todos os interessados, independentemente de suas capacidades físico-motoras, perceptivas, sensoriais, intelectuais, mentais, culturais e sociais, resguardados os aspectos de sigilo e restrições administrativas e legais;

III – compatibilidade tanto com a leitura humana quanto com o tratamento automatizado das informações;

IV – facilidade de uso dos serviços de governo eletrônico; e

V – fortalecimento da participação social nas políticas públicas.

Art. 26. O cumprimento do dever constitucional do Estado na prestação da educação, em todos os níveis de ensino, inclui a capacitação, integrada a outras práticas educacionais, para o uso seguro, consciente e responsável da internet como ferramenta para o exercício da cidadania, a promoção da cultura e o desenvolvimento tecnológico.

Art. 27. As iniciativas públicas de fomento à cultura digital e de promoção da internet como ferramenta social devem:

I – promover a inclusão digital;

II – buscar reduzir as desigualdades, sobretudo entre as diferentes regiões do País, no acesso às tecnologias da informação e comunicação e no seu uso; e

III – fomentar a produção e circulação de conteúdo nacional.

Art. 28. O Estado deve, periodicamente, formular e fomentar estudos, bem como fixar metas, estratégias, planos e cronogramas, referentes ao uso e desenvolvimento da internet no País.

CAPÍTULO V
DISPOSIÇÕES FINAIS

Art. 29. O usuário terá a opção de livre escolha na utilização de programa de computador em seu terminal para exercício do controle parental de conteúdo entendido por ele como impróprio a seus filhos menores, desde que respeitados os princípios desta Lei e da Lei nº 8.069, de 13-7-1990 – Estatuto da Criança e do Adolescente.

Parágrafo único. Cabe ao poder público, em conjunto com os provedores de conexão e de aplicações de internet e a sociedade civil, promover a educação e fornecer informações sobre o uso dos programas de computador previstos no *caput*, bem como para a definição de boas práticas para a inclusão digital de crianças e adolescentes.

Art. 30. A defesa dos interesses e dos direitos estabelecidos nesta Lei poderá ser exercida em juízo, individual ou coletivamente, na forma da lei.

Art. 31. Até a entrada em vigor da lei específica prevista no § 2º do art. 19, a responsabilidade do provedor de aplicações de internet por danos decorrentes de conteúdo gerado por terceiros, quando se tratar de infração a direitos de autor ou a direitos conexos, continuará a ser disciplinada pela legislação autoral vigente aplicável na data da entrada em vigor desta Lei.

▶ Art. 5º, XXVII e XXVIII, da CF.

▶ Lei nº 9.610, de 19-2-1998 (Lei de Direitos Autorais).

Art. 32. Esta Lei entra em vigor após decorridos 60 (sessenta) dias de sua publicação oficial.

Brasília, 23 de abril de 2014;
193º da Independência e
126º da República.

Dilma Rousseff

LEI Nº 12.984, DE 2 DE JUNHO DE 2014

Define o crime de discriminação dos portadores do vírus da imunodeficiência humana (HIV) e doentes de AIDS.

▶ Publicada no *DOU* de 3-6-2014.

Art. 1º Constitui crime punível com reclusão, de 1 (um) a 4 (quatro) anos, e multa, as seguintes condutas discriminatórias contra o portador do HIV e o doente de AIDS, em razão da sua condição de portador ou de doente:

I – recusar, procrastinar, cancelar ou segregar a inscrição ou impedir que permaneça como aluno em creche ou estabelecimento de ensino de qualquer curso ou grau, público ou privado;

II – negar emprego ou trabalho;

III – exonerar ou demitir de seu cargo ou emprego;

IV – segregar no ambiente de trabalho ou escolar;

V – divulgar a condição do portador do HIV ou de doente de AIDS, com intuito de ofender-lhe a dignidade;

VI – recusar ou retardar atendimento de saúde.

Art. 2º Esta Lei entra em vigor na data de sua publicação.

Brasília, 2 de junho de 2014;
193º da Independência e
126º da República.

Dilma Rousseff

DECRETO Nº 8.264, DE 5 DE JUNHO DE 2014

Regulamenta a Lei nº 12.741, de 8 de dezembro de 2012, que dispõe sobre as medidas de esclarecimento ao consumidor quanto à carga tributária incidente sobre mercadorias e serviços.

▶ Publicado no *DOU* de 6-6-2014.

Art. 1º Este Decreto regulamenta a Lei nº 12.741, de 8 de dezembro de 2012, que dispõe sobre as medidas de esclarecimento ao consumidor quanto à carga tributária incidente sobre mercadorias e serviços, de que trata o § 5º do art. 150 da Constituição.

Art. 2º Nas vendas ao consumidor, a informação, nos documentos fiscais, relativa ao valor aproximado dos tributos federais, estaduais e municipais que influem na formação dos preços de mercadorias e serviços, constará de três resultados segregados para cada ente tributante, que aglutinarão as somas dos valores ou percentuais apurados em cada ente.

Parágrafo único. Para fins do disposto no *caput*, a informação deverá ser aposta em campo próprio ou no campo "Informações Complementares" do respectivo documento fiscal.

Art. 3º A informação a que se refere o art. 2º compreenderá os seguintes tributos, quando influírem na formação dos preços de venda:

I – Imposto sobre Operações relativas a Circulação de Mercadorias e sobre Prestações de Serviços de Transporte Interestadual e Intermunicipal e de Comunicação – ICMS;

II – Imposto sobre Serviços de Qualquer Natureza – ISS;

III – Imposto sobre Produtos Industrializados – IPI;

IV – Imposto sobre Operações de Crédito, Câmbio e Seguro, ou Relativas a Títulos ou Valores Mobiliários – IOF;

V – Contribuição Social para o Programa de Integração Social – PIS e para o Programa de Formação do Patrimônio do Servidor Público – PASEP;

VI – Contribuição para o Financiamento da Seguridade Social – COFINS; e

VII – Contribuição de Intervenção no Domínio Econômico, incidente sobre a importação e a comercialização de petróleo e seus derivados, gás natural e seus derivados, e álcool etílico combustível – CIDE.

§ 1º Em relação à estimativa do valor dos tributos referidos no *caput*, não serão computados valores que tenham sido eximidos por força de imunidades, isenções, reduções e não incidências eventualmente ocorrentes.

§ 2º Serão informados ainda os valores referentes ao Imposto de Importação, ao PIS/PASEP – Importação e à COFINS – Importação, na hipótese de produtos cujos insumos ou componentes sejam oriundos de operações de comércio exterior e representem percentual superior a vinte por cento do preço de venda.

§ 3º Em relação aos serviços de natureza financeira, quando não seja legalmente prevista a emissão de documento fiscal, as informações de que trata o art. 2º deverão ser feitas em tabelas afixadas nos estabelecimentos.

§ 4º A indicação relativa ao IOF restringe-se aos produtos financeiros sobre os quais incida diretamente aquele tributo.

§ 5º A indicação relativa ao PIS e à COFINS, de que tratam os incisos V e VI do *caput*, limitar-se-á à tributação incidente sobre a operação de venda ao consumidor.

§ 6º Sempre que o pagamento de pessoal constituir item de custo direto do serviço ou produto fornecido ao consumidor, também deverão ser divulgados os valores aproximados referentes à contribuição previdenciária dos empregados e dos empregadores incidente, alocada ao serviço ou produto.

§ 7º A carga tributária a ser informada, quando da venda ao consumidor final, pode ser aquela pertinente à última etapa da cadeia produtiva, desde que acrescida de percentual ou valor nominal estimado a título de IPI, substituição tributária e outra incidência tributária anterior monofásica eventualmente ocorrida.

Art. 4º A forma de disponibilizar ao consumidor o valor estimado dos tributos mencionados no art. 3º, relativamente a cada mercadoria ou serviço oferecido, poderá ser feita por meio de painel afixado em local visível do estabelecimento.

Parágrafo único. Nos casos em que não seja obrigatória a emissão de documento fiscal ou equivalente, a informação poderá ser prestada na forma deste artigo.

Art. 5º O valor estimado dos tributos mencionados no art. 3º será apurado sobre cada operação e, a critério das empresas vendedoras, poderá ser calculado e fornecido, semestralmente, por instituição de âmbito nacional reconhecidamente idônea, voltada primordialmente à apuração e análise de dados econômicos.

Parágrafo único. Os cálculos poderão ser elaborados com médias estimadas dos diversos tributos e baseados nas tabelas da Nomenclatura Comum do Mercosul – NCM e da Nomenclatura Brasileira de Serviços – NBS.

Art. 6º Os valores e percentuais de que trata o art. 2º têm caráter meramente informativo, visando somente ao esclarecimento dos consumidores.

Art. 7º O descumprimento do disposto neste Decreto sujeita o infrator às sanções previstas no Capítulo VII do Título I da Lei nº 8.078, de 11 de setembro de 1990.

Art. 8º O disposto neste Decreto é facultativo para o Microempreendedor Individual – MEI a que se refere a Lei Complementar nº 123, de 14 de dezembro de 2006, optante do Simples Nacional.

Art. 9º A Microempresa e a Empresa de Pequeno Porte a que se refere a Lei Complementar nº 123, de 2006, optantes do Simples Nacional, poderão informar apenas a alíquota a que se encontram sujeitas nos termos do referido regime, desde que acrescida de percentual ou valor nominal estimado a título de IPI, substituição tributária e outra incidência tributária anterior monofásica eventualmente ocorrida.

Art. 10. O Ministério da Fazenda, o Ministério da Justiça e a Secretaria da Micro e Pequena Empresa da Presidência da República editarão normas complementares para a execução do disposto neste Decreto, no âmbito de suas competências.

Art. 11. Este Decreto entra em vigor na data de sua publicação.

Brasília, 5 de junho de 2014; 193º da Independência e 126º da República.

Dilma Rousseff

LEI COMPLEMENTAR Nº 146, DE 25 DE JUNHO DE 2014

Estende a estabilidade provisória prevista na alínea b do inciso II do art. 10 do Ato das Disposições Constitucionais Transitórias à trabalhadora gestante, nos casos de morte desta, a quem detiver a guarda de seu filho.

▶ Publicada no *DOU* de 26-6-2014.

Art. 1º O direito prescrito na alínea *b* do inciso II do art. 10 do Ato das Disposições Constitucionais Transitórias, nos casos em que ocorrer o falecimento da genitora, será assegurado a quem detiver a guarda do seu filho.

Art. 2º Esta Lei Complementar entra em vigor na data de sua publicação.

Brasília, 25 de junho de 2014; 193º da Independência e 126º da República.

Dilma Rousseff

ATO DO TST Nº 491, DE 23 DE SETEMBRO DE 2014

*Fixa parâmetros procedimentais mínimos para dar efetividade à Lei nº 13.015, de 21 de julho de 2014.**

▶ Publicado no *DJe* de 23-9-2014 e republicado no *DJe* de 14-11-2014.

▶ Referendado pela Res. Administrativa do TST nº 1.699, de 6-10-2014.

Art. 1º A Lei nº 13.015, de 21 de julho de 2014, aplica-se aos recursos interpostos das decisões publicadas a partir da data de sua vigência.

Parágrafo único. As normas procedimentais da Lei nº 13.015/2014 e as que não afetarem o direito processual adquirido de qualquer das partes aplicam-se aos recursos interpostos anteriormente à data de sua vigência, em especial as que regem o sistema de julgamento de recursos de revista repetitivos, o efeito interruptivo dos embargos de declaração e a afetação do recurso de embargos ao Tribunal Pleno do TST, dada a relevância da matéria (art. 7º).

Art. 2º Sem prejuízo da competência do Ministro Relator do recurso de embargos prevista no § 3º do artigo 894 da CLT, o Presidente de Turma, na forma do Regimento Interno do Tribunal Superior do Trabalho, denegar-lhe-á seguimento nas hipóteses ali previstas e quando a divergência apresentada não se revelar atual, nos termos do § 2º do mesmo dispositivo legal.

Art. 3º Para efeito de aplicação dos §§ 4º e 5º do artigo 896 da CLT, persistindo decisão conflitante com a jurisprudência já uniformizada do Tribunal Regional do Trabalho de origem, deverão os autos retornar à instância a quo para sua adequação à súmula regional ou à tese jurídica prevalecente no Tribunal Regional do Trabalho, desde que não conflitante com súmula ou orientação jurisprudencial do Tribunal Superior do Trabalho.

Art. 4º A comprovação da existência da súmula regional ou da tese jurídica prevalecente no Tribunal Regional do Trabalho e não conflitante com súmula ou orientação jurisprudencial do Tribunal Superior do Trabalho servirá para os efeitos do artigo 896, a, da CLT, desde que regularmente demonstrada sua fonte de publicação.

Art. 5º No caso de decisão regional em consonância com súmula ou orientação jurisprudencial do Tribunal Superior do Trabalho, o Relator denegará seguimento ao recurso.

Art. 6º Os Tribunais Regionais do Trabalho deverão manter e dar publicidade a suas súmulas e teses jurídicas prevalecentes mediante banco de dados, organizando-as por questão jurídica decidida e divulgando-as, preferencialmente, na rede mundial de computadores.

Arts. 7º a 22. *Revogados.* Instrução Normativa do TST nº 38, de 10-11-2015.

Art. 23. A dispensa de depósito recursal a que se refere o § 8º do artigo 899 da CLT não será aplicável aos casos em que o agravo de instrumento se refira a uma parcela de condenação, pelo menos, que não seja objeto de arguição de contrariedade a súmula ou a orientação jurisprudencial do Tribunal Superior do Trabalho.

Parágrafo único. Quando a arguição a que se refere o *caput* deste artigo revelar-se manifestamente infundada, temerária ou artificiosa, o agravo de instrumento será considerado deserto.

Publique-se.

Antonio José de Barros Levenhagen

* Ementa Rideel – texto não oficial.

LEI Nº 13.060, DE 22 DE DEZEMBRO DE 2014

Disciplina o uso dos instrumentos de menor potencial ofensivo pelos agentes de segurança pública, em todo território nacional.

▶ Publicada no *DOU* de 23-12-2014.

▶ Dec. nº 12.341, de 23-12-2024, regulamenta esta Lei.

Art. 1º Esta Lei disciplina o uso dos instrumentos de menor potencial ofensivo pelos agentes de segurança pública em todo território nacional.

Art. 2º Os órgãos de segurança pública deverão priorizar a utilização dos instrumentos de menor potencial ofensivo, desde que o seu uso não coloque em risco a integridade física ou psíquica dos policiais, e deverão obedecer aos seguintes princípios:

I – legalidade;

II – necessidade;

III – razoabilidade e proporcionalidade.

Parágrafo único. Não é legítimo o uso de arma de fogo:

I – contra pessoa em fuga que esteja desarmada ou que não represente risco imediato de morte ou de lesão aos agentes de segurança pública ou a terceiros; e

II – contra veículo que desrespeite bloqueio policial em via pública, exceto quando o ato represente risco de morte ou lesão aos agentes de segurança pública ou a terceiros.

Art. 3º Os cursos de formação e capacitação dos agentes de segurança pública deverão incluir conteúdo programático que os habilite ao uso dos instrumentos não letais.

Art. 4º Para os efeitos desta Lei, consideram-se instrumentos de menor potencial ofensivo aqueles projetados especificamente para, com baixa probabilidade de causar mortes ou lesões permanentes, conter, debilitar ou incapacitar temporariamente pessoas.

Art. 5º O poder público tem o dever de fornecer a todo agente de segurança pública instrumentos de menor potencial ofensivo para o uso racional da força.

Art. 6º Sempre que do uso da força praticada pelos agentes de segurança pública decorrerem ferimentos em pessoas, deverá ser assegurada a imediata prestação de assistência e socorro médico aos feridos, bem como a comunicação do ocorrido à família ou à pessoa por eles indicada.

Art. 7º O Poder Executivo editará regulamento classificando e disciplinando a utilização dos instrumentos não letais.

Art. 8º Esta Lei entra em vigor na data de sua publicação.

Brasília, 22 de dezembro de 2014;
193º da Independência e
126º da República.

Dilma Rousseff

LEI Nº 13.111, DE 25 DE MARÇO DE 2015

Dispõe sobre a obrigatoriedade de os empresários que comercializam veículos automotores informarem ao comprador o valor dos tributos incidentes sobre a venda e a situação de regularidade do veículo quanto a furto, multas, taxas anuais, débitos de impostos, alienação fiduciária ou quaisquer outros registros que limitem ou impeçam a circulação do veículo.

▶ Publicada no *DOU* de 26-3-2015.

Art. 1º Esta Lei dispõe sobre a obrigatoriedade de os empresários que comercializam veículos automotores, novos ou usados, informarem ao comprador:

I – o valor dos tributos incidentes sobre a comercialização do veículo;

II – a situação de regularidade do veículo quanto a:

a) furto;

b) multas e taxas anuais legalmente devidas;

c) débitos de impostos;

d) alienação fiduciária; ou

e) quaisquer outros registros que limitem ou impeçam a circulação do veículo.

Art. 2º Os empresários que comercializam veículos automotores, novos ou usados, são obrigados a informar ao comprador a situação de regularidade do veículo junto às autoridades policiais, de trânsito e fazendária das unidades da Federação onde o veículo for registrado e estiver sendo comercializado, relativa a:

I – furto;

II – multas e taxas anuais legalmente devidas;

III – débitos quanto ao pagamento de impostos;

IV – alienação fiduciária; ou

V – quaisquer outros registros que limitem ou impeçam a circulação do veículo.

Parágrafo único. No contrato de compra e venda assinado entre vendedor e comprador devem constar cláusulas contendo informações sobre a natureza e o valor dos tributos incidentes sobre a comercialização do veículo, bem como sobre a situação de regularidade em que se encontra o bem quanto às eventuais restrições previstas no *caput*.

Art. 3º O descumprimento do disposto nesta Lei implica a obrigação de os empresários que comercializam veículos automotores, novos ou usados, arcarem com:

I – o pagamento do valor correspondente ao montante dos tributos, taxas, emolumentos e multas incidentes sobre o veículo e existentes até o momento da aquisição do bem pelo comprador;

II – a restituição do valor integral pago pelo comprador, no caso de o veículo ter sido objeto de furto.

Parágrafo único. As sanções previstas neste artigo serão aplicadas sem prejuízo das demais sanções previstas na Lei nº 8.078, de 11 de setembro de 1990.

Art. 4º Esta Lei entra em vigor após decorridos 60 (sessenta) dias de sua publicação oficial.

Brasília, 25 de março de 2015;
194º da Independência e
127º da República.

Dilma Rousseff

LEI COMPLEMENTAR Nº 150, DE 1º DE JUNHO DE 2015

Dispõe sobre o contrato de trabalho doméstico; altera as Leis nº 8.212, de 24 de julho de 1991, nº 8.213, de 24 de julho de 1991, e nº 11.196, de 21 de novembro de 2005; revoga o inciso I do art. 3º da Lei nº 8.009, de 29 de março de 1990, o art. 36 da Lei nº 8.213, de 24 de julho de 1991, a Lei nº 5.859, de 11 de dezembro de 1972, e o inciso VII do art. 12 da Lei nº 9.250, de 26 de dezembro 1995; e dá outras providências.

▶ Publicada no *DOU* de 2-6-2015.

CAPÍTULO I
DO CONTRATO DE TRABALHO DOMÉSTICO

Art. 1º Ao empregado doméstico, assim considerado aquele que presta serviços de forma contínua, subordinada, onerosa e pessoal e de finalidade não lucrativa à pessoa ou à família, no âmbito residencial destas, por mais de 2 (dois) dias por semana, aplica-se o disposto nesta Lei.

Parágrafo único. É vedada a contratação de menor de 18 (dezoito) anos para desempenho de trabalho doméstico, de acordo com a Convenção nº 182, de 1999, da Organização Internacional do Trabalho (OIT) e com o Decreto nº 6.481, de 12 de junho de 2008.

Art. 2º A duração normal do trabalho doméstico não excederá 8 (oito) horas diárias e 44 (quarenta e quatro) semanais, observado o disposto nesta Lei.

§ 1º A remuneração da hora extraordinária será, no mínimo, 50% (cinquenta por cento) superior ao valor da hora normal.

§ 2º O salário-hora normal, em caso de empregado mensalista, será obtido dividindo-se o salário mensal por 220 (duzentas e vinte) horas, salvo se o contrato estipular jornada mensal inferior que resulte em divisor diverso.

§ 3º O salário-dia normal, em caso de empregado mensalista, será obtido dividindo-se o salário mensal por 30 (trinta) e servirá de base para pagamento do repouso remunerado e dos feriados trabalhados.

§ 4º Poderá ser dispensado o acréscimo de salário e instituído regime de compensação de horas, mediante acordo escrito entre empregador e empregado, se o excesso de horas de um dia for compensado em outro dia.

§ 5º No regime de compensação previsto no § 4º:

I – será devido o pagamento, como horas extraordinárias, na forma do § 1º, das primeiras 40 (quarenta) horas mensais excedentes ao horário normal de trabalho;

II – das 40 (quarenta) horas referidas no inciso I, poderão ser deduzidas, sem o correspondente pagamento, as horas não trabalhadas, em função de redução do horário normal de trabalho ou de dia útil não trabalhado, durante o mês;

III – o saldo de horas que excederem as 40 (quarenta) primeiras horas mensais de que trata o inciso I, com a dedução prevista no inciso II, quando for o caso, será compensado no período máximo de 1 (um) ano.

§ 6º Na hipótese de rescisão do contrato de trabalho sem que tenha havido a compensação integral da jornada extraordinária, na forma do § 5º, o empregado fará jus ao pagamento das horas extras não compensadas, calculadas sobre o valor da remuneração na data de rescisão.

§ 7º Os intervalos previstos nesta Lei, o tempo de repouso, as horas não trabalhadas, os feriados e os domingos livres em que o empregado que mora no local de trabalho nele permaneça não serão computados como horário de trabalho.

§ 8º O trabalho não compensado prestado em domingos e feriados deve ser pago em dobro, sem prejuízo da remuneração relativa ao repouso semanal.

Art. 3º Considera-se trabalho em regime de tempo parcial aquele cuja duração não exceda 25 (vinte e cinco) horas semanais.

§ 1º O salário a ser pago ao empregado sob regime de tempo parcial será proporcional a sua jornada, em relação ao empregado que cumpre, nas mesmas funções, tempo integral.

§ 2º A duração normal do trabalho do empregado em regime de tempo parcial poderá ser acrescida de horas suplementares, em número não excedente a 1 (uma) hora diária, mediante acordo escrito entre empregador e empregado, aplicando-se-lhe, ainda, o disposto nos §§ 2º e 3º do art. 2º, com o limite máximo de 6 (seis) horas diárias.

§ 3º Na modalidade do regime de tempo parcial, após cada período de 12 (doze) meses de vigência do contrato de trabalho, o empregado terá direito a férias, na seguinte proporção:

I – 18 (dezoito) dias, para a duração do trabalho semanal superior a 22 (vinte e duas) horas, até 25 (vinte e cinco) horas;

II – 16 (dezesseis) dias, para a duração do trabalho semanal superior a 20 (vinte) horas, até 22 (vinte e duas) horas;

III – 14 (quatorze) dias, para a duração do trabalho semanal superior a 15 (quinze) horas, até 20 (vinte) horas;

IV – 12 (doze) dias, para a duração do trabalho semanal superior a 10 (dez) horas, até 15 (quinze) horas;

V – 10 (dez) dias, para a duração do trabalho semanal superior a 5 (cinco) horas, até 10 (dez) horas;

VI – 8 (oito) dias, para a duração do trabalho semanal igual ou inferior a 5 (cinco) horas.

Art. 4º É facultada a contratação, por prazo determinado, do empregado doméstico:

I – mediante contrato de experiência;

II – para atender necessidades familiares de natureza transitória e para substituição temporária de empregado doméstico com contrato de trabalho interrompido ou suspenso.

Parágrafo único. No caso do inciso II deste artigo, a duração do contrato de trabalho é limitada ao término do evento que motivou a contratação, obedecido o limite máximo de 2 (dois) anos.

Art. 5º O contrato de experiência não poderá exceder 90 (noventa) dias.

§ 1º O contrato de experiência poderá ser prorrogado 1 (uma) vez, desde que a soma dos 2 (dois) períodos não ultrapasse 90 (noventa) dias.

§ 2º O contrato de experiência que, havendo continuidade do serviço, não for prorrogado após o decurso de seu prazo previamente estabelecido ou que ultrapassar o período de 90 (noventa) dias passará a vigorar como contrato de trabalho por prazo indeterminado.

Art. 6º Durante a vigência dos contratos previstos nos incisos I e II do art. 4º, o empregador que, sem justa causa, despedir o empregado é obrigado a pagar-lhe, a título de indenização, metade da remuneração a que teria direito até o termo do contrato.

Art. 7º Durante a vigência dos contratos previstos nos incisos I e II do art. 4º, o empregado não poderá se desligar do contrato sem justa causa, sob pena de ser obrigado a indenizar o empregador dos prejuízos que desse fato lhe resultarem.

Parágrafo único. A indenização não poderá exceder aquela a que teria direito o empregado em idênticas condições.

Art. 8º Durante a vigência dos contratos previstos nos incisos I e II do art. 4º, não será exigido aviso prévio.

Art. 9º A Carteira de Trabalho e Previdência Social será obrigatoriamente apresentada, contra recibo, pelo empregado ao empregador que o admitir, o qual terá o prazo de 48 (quarenta e oito) horas para nela anotar, especificamente, a data de admissão, a remuneração e, quando for o caso, os contratos previstos nos incisos I e II do art. 4º.

Art. 10. É facultado às partes, mediante acordo escrito entre essas, estabelecer horário de trabalho de 12 (doze) horas seguidas por 36 (trinta e seis) horas ininterruptas de descanso, observados ou indenizados os intervalos para repouso e alimentação.

§ 1º A remuneração mensal pactuada pelo horário previsto no *caput* deste artigo abrange os pagamentos devidos pelo descanso semanal remunerado e pelo descanso em feriados, e serão considerados compensados os feriados e as prorrogações de trabalho noturno, quando houver, de que tratam o art. 70 e o § 5º do art. 73 da Consolidação das Leis do Trabalho (CLT), aprovada pelo Decreto-lei nº 5.452, de 1º de maio de 1943, e o art. 9º da Lei nº 605, de 5 de janeiro de 1949.

§ 2º VETADO.

Art. 11. Em relação ao empregado responsável por acompanhar o empregador prestando serviços em viagem, serão consideradas apenas as horas efetivamente trabalhadas no período, podendo ser compensadas as horas extraordinárias em outro dia, observado o art. 2º.

§ 1º O acompanhamento do empregador pelo empregado em viagem será condicionado à prévia existência de acordo escrito entre as partes.

§ 2º A remuneração-hora do serviço em viagem será, no mínimo, 25% (vinte e cinco por cento) superior ao valor do salário hora normal.

§ 3º O disposto no § 2º deste artigo poderá ser, mediante acordo, convertido em acréscimo no banco de horas, a ser utilizado a critério do empregado.

Art. 12. É obrigatório o registro do horário de trabalho do empregado doméstico por qualquer meio manual, mecânico ou eletrônico, desde que idôneo.

Art. 13. É obrigatória a concessão de intervalo para repouso ou alimentação pelo período de, no mínimo, 1 (uma) hora e, no máximo, 2 (duas) horas, admitindo-se, mediante prévio acordo escrito entre empregador e empregado, sua redução a 30 (trinta) minutos.

§ 1º Caso o empregado resida no local de trabalho, o período de intervalo poderá ser desmembrado em 2 (dois) períodos, desde que cada um deles tenha, no mínimo, 1 (uma) hora, até o limite de 4 (quatro) horas ao dia.

§ 2º Em caso de modificação do intervalo, na forma do § 1º, é obrigatória a sua anotação no registro diário de horário, vedada sua prenotação.

Art. 14. Considera-se noturno, para os efeitos desta Lei, o trabalho executado entre as 22 horas de um dia e as 5 horas do dia seguinte.

§ 1º A hora de trabalho noturno terá duração de 52 (cinquenta e dois) minutos e 30 (trinta) segundos.

§ 2º A remuneração do trabalho noturno deve ter acréscimo de, no mínimo, 20% (vinte por cento) sobre o valor da hora diurna.

§ 3º Em caso de contratação, pelo empregador, de empregado exclusivamente para desempenhar trabalho noturno, o acréscimo será calculado sobre o salário anotado na Carteira de Trabalho e Previdência Social.

§ 4º Nos horários mistos, assim entendidos os que abrangem períodos diurnos e noturnos, aplica-se às horas de trabalho noturno o disposto neste artigo e seus parágrafos.

Art. 15. Entre 2 (duas) jornadas de trabalho deve haver período mínimo de 11 (onze) horas consecutivas para descanso.

Art. 16. É devido ao empregado doméstico descanso semanal remunerado de, no mínimo, 24 (vinte e quatro) horas consecutivas, preferencialmente aos domingos, além de descanso remunerado em feriados.

Art. 17. O empregado doméstico terá direito a férias anuais remuneradas de 30 (trinta) dias, salvo o disposto no § 3º do art. 3º, com acréscimo de, pelo menos, um terço do salário normal, após cada período de 12 (doze) meses de trabalho prestado à mesma pessoa ou família.

§ 1º Na cessação do contrato de trabalho, o empregado, desde que não tenha sido demitido por justa causa, terá direito à remuneração relativa ao período incompleto de férias, na proporção de um doze avos por mês de serviço ou fração superior a 14 (quatorze) dias.

§ 2º O período de férias poderá, a critério do empregador, ser fracionado em até 2 (dois) períodos, sendo 1 (um) deles de, no mínimo, 14 (quatorze) dias corridos.

§ 3º É facultado ao empregado doméstico converter um terço do período de férias a que tiver direito em abono pecuniário, no valor da remuneração que lhe seria devida nos dias correspondentes.

§ 4º O abono de férias deverá ser requerido até 30 (trinta) dias antes do término do período aquisitivo.

§ 5º É lícito ao empregado que reside no local de trabalho nele permanecer durante as férias.

§ 6º As férias serão concedidas pelo empregador nos 12 (doze) meses subsequentes à data em que o empregado tiver adquirido o direito.

Art. 18. É vedado ao empregador doméstico efetuar descontos no salário do empregado por fornecimento de alimentação, vestuário, higiene ou moradia, bem como por despesas com transporte, hospedagem e alimentação em caso de acompanhamento em viagem.

§ 1º É facultado ao empregador efetuar descontos no salário do empregado em caso de adiantamento salarial e, mediante acordo escrito entre as partes, para a inclusão do empregado em planos de assistência médico-hospitalar e odontológica, de seguro e de previdência privada, não podendo a dedução ultrapassar 20% (vinte por cento) do salário.

§ 2º Poderão ser descontadas as despesas com moradia de que trata o *caput* deste artigo quando essa se referir a local diverso da residência em que ocorrer a prestação de serviço, desde que essa possibilidade tenha sido expressamente acordada entre as partes.

§ 3º As despesas referidas no *caput* deste artigo não têm natureza salarial nem se incorporam à remuneração para quaisquer efeitos.

§ 4º O fornecimento de moradia ao empregado doméstico na própria residência ou em morada anexa, de qualquer natureza, não gera ao empregado qualquer direito de posse ou de propriedade sobre a referida moradia.

Art. 19. Observadas as peculiaridades do trabalho doméstico, a ele também se aplicam as Leis nº 605, de 5 de janeiro de 1949, nº 4.090, de 13 de julho de 1962, nº 4.749, de 12 de agosto de 1965, e nº 7.418, de 16 de dezembro de 1985, e, subsidiariamente, a Consolidação das Leis do Trabalho (CLT), aprovada pelo Decreto-lei nº 5.452, de 1º de maio de 1943.

Parágrafo único. A obrigação prevista no art. 4º da Lei nº 7.418, de 16 de dezembro de 1985, poderá ser substituída, a critério do empregador, pela concessão, mediante recibo, dos valores para a aquisição das passagens necessárias ao custeio das despesas decorrentes do deslocamento residência-trabalho e vice-versa.

Art. 20. O empregado doméstico é segurado obrigatório da Previdência Social, sendo-lhe devidas, na forma da Lei nº 8.213, de 24 de julho de 1991, as prestações nela arroladas, atendido o disposto nesta Lei e observadas as características especiais do trabalho doméstico.

Art. 21. É devida a inclusão do empregado doméstico no Fundo de Garantia do Tempo de Serviço (FGTS), na forma do regulamento a ser editado pelo Conselho Curador e pelo agente operador do FGTS, no âmbito de suas competências, conforme disposto nos arts. 5º e 7º da Lei nº 8.036, de 11 de maio de 1990, inclusive no que tange aos aspectos técnicos de depósitos, saques, devolução de valores e emissão de extratos, entre outros determinados na forma da lei.

Parágrafo único. O empregador doméstico somente passará a ter obrigação de promover a inscrição e de efetuar os recolhimentos referentes a seu empregado após a entrada em vigor do regulamento referido no *caput*.

Art. 22. O empregador doméstico depositará a importância de 3,2% (três inteiros e dois décimos por cento) sobre a remuneração devida, no mês anterior, a cada empregado, destinada ao pagamento da indenização compensatória da perda do emprego, sem justa causa ou por culpa do empregador, não se aplicando ao empregado doméstico o disposto nos §§ 1º a 3º do art. 18 da Lei nº 8.036, de 11 de maio de 1990.

§ 1º Nas hipóteses de dispensa por justa causa ou a pedido, de término do contrato de trabalho por prazo determinado, de aposentadoria e de falecimento do empregado doméstico, os valores previstos no *caput* serão movimentados pelo empregador.

§ 2º Na hipótese de culpa recíproca, metade dos valores previstos no *caput* será movimentada pelo empregado, enquanto a outra metade será movimentada pelo empregador.

§ 3º Os valores previstos no *caput* serão depositados na conta vinculada do empregado, em variação distinta daquela em que se encontrarem os valores oriundos dos depósitos de que trata o inciso IV do art. 34 desta Lei, e somente poderão ser movimentados por ocasião da rescisão contratual.

§ 4º À importância monetária de que trata o *caput*, aplicam-se as disposições da Lei nº 8.036, de 11 de maio de 1990, e da Lei nº 8.844, de 20 de janeiro de 1994, inclusive quanto a sujeição passiva e equiparações, prazo de recolhimento, administração, fiscalização, lançamento, consulta, cobrança, garantias, processo administrativo de determinação e exigência de créditos tributários federais.

Art. 23. Não havendo prazo estipulado no contrato, a parte que, sem justo motivo, quiser rescindi-lo deverá avisar a outra de sua intenção.

§ 1º O aviso prévio será concedido na proporção de 30 (trinta) dias ao empregado que conte com até 1 (um) ano de serviço para o mesmo empregador.

§ 2º Ao aviso prévio previsto neste artigo, devido ao empregado, serão acrescidos 3 (três) dias por ano de serviço prestado para o mesmo empregador, até o máximo de 60 (sessenta) dias, perfazendo um total de até 90 (noventa) dias.

§ 3º A falta de aviso prévio por parte do empregador dá ao empregado o direito aos salários correspondentes ao prazo do aviso, garantida sempre a integração desse período ao seu tempo de serviço.

§ 4º A falta de aviso prévio por parte do empregado dá ao empregador o direito de descontar os salários correspondentes ao prazo respectivo.

§ 5º O valor das horas extraordinárias habituais integra o aviso prévio indenizado.

Art. 24. O horário normal de trabalho do empregado durante o aviso prévio, quando a rescisão tiver sido promovida pelo empregador, será reduzido de 2 (duas) horas diárias, sem prejuízo do salário integral.

Parágrafo único. É facultado ao empregado trabalhar sem a redução das 2 (duas) horas diárias previstas no *caput* deste artigo, caso em que poderá faltar ao serviço, sem prejuízo do salário integral, por 7 (sete) dias corridos, na hipótese dos §§ 1º e 2º do art. 23.

Art. 25. A empregada doméstica gestante tem direito a licença-maternidade de 120 (cento e vinte) dias, sem prejuízo do emprego e do salário, nos termos da Seção V do Capítulo III do Título III da Consolidação das Leis do Trabalho (CLT), aprovada pelo Decreto-lei nº 5.452, de 1º de maio de 1943.

Parágrafo único. A confirmação do estado de gravidez durante o curso do contrato de trabalho, ainda que durante o prazo do aviso prévio trabalhado ou indenizado, garante à empregada gestante a estabilidade provisória prevista na alínea *b* do inciso II do art. 10 do Ato das Disposições Constitucionais Transitórias.

Art. 26. O empregado doméstico que for dispensado sem justa causa fará jus ao benefício do seguro-desemprego, na forma da Lei nº 7.998, de 11 de janeiro de 1990, no valor de 1 (um) salário mínimo, por período máximo de 3 (três) meses, de forma contínua ou alternada.

§ 1º O benefício de que trata o *caput* será concedido ao empregado nos termos do regulamento do Conselho Deliberativo do Fundo de Amparo ao Trabalhador (CODEFAT).

§ 2º O benefício do seguro-desemprego será cancelado, sem prejuízo das demais sanções cíveis e penais cabíveis:

I – pela recusa, por parte do trabalhador desempregado, de outro emprego condizente com sua qualificação registrada ou declarada e com sua remuneração anterior;

II – por comprovação de falsidade na prestação das informações necessárias à habilitação;

III – por comprovação de fraude visando à percepção indevida do benefício do seguro-desemprego; ou

IV – por morte do segurado.

Art. 27. Considera-se justa causa para os efeitos desta Lei:

I – submissão a maus tratos de idoso, de enfermo, de pessoa com deficiência ou de criança sob cuidado direto ou indireto do empregado;

II – prática de ato de improbidade;

III – incontinência de conduta ou mau procedimento;

IV – condenação criminal do empregado transitada em julgado, caso não tenha havido suspensão da execução da pena;

V – desídia no desempenho das respectivas funções;

VI – embriaguez habitual ou em serviço;

VII – VETADO;

VIII – ato de indisciplina ou de insubordinação;

IX – abandono de emprego, assim considerada a ausência injustificada ao serviço por, pelo menos, 30 (trinta) dias corridos;

X – ato lesivo à honra ou à boa fama ou ofensas físicas praticadas em serviço contra qualquer pessoa, salvo em caso de legítima defesa, própria ou de outrem;

XI – ato lesivo à honra ou à boa fama ou ofensas físicas praticadas contra o empregador doméstico ou sua família, salvo em caso de legítima defesa, própria ou de outrem;

XII – prática constante de jogos de azar.

Parágrafo único. O contrato de trabalho poderá ser rescindido por culpa do empregador quando:

I – o empregador exigir serviços superiores às forças do empregado doméstico, defesos por lei, contrários aos bons costumes ou alheios ao contrato;

II – o empregado doméstico for tratado pelo empregador ou por sua família com rigor excessivo ou de forma degradante;

III – o empregado doméstico correr perigo manifesto de mal considerável;

IV – o empregador não cumprir as obrigações do contrato;

V – o empregador ou sua família praticar, contra o empregado doméstico ou pessoas de sua família, ato lesivo à honra e à boa fama;

VI – o empregador ou sua família ofender o empregado doméstico ou sua família fisicamente, salvo em caso de legítima defesa, própria ou de outrem;

VII – o empregador praticar qualquer das formas de violência doméstica ou familiar contra mulheres de que trata o art. 5º da Lei nº 11.340, de 7 de agosto de 2006.

Art. 28. Para se habilitar ao benefício do seguro-desemprego, o trabalhador doméstico deverá apresentar ao órgão competente do Ministério do Trabalho e Emprego:

I – Carteira de Trabalho e Previdência Social, na qual deverão constar a anotação do contrato de trabalho doméstico e a data de dispensa, de modo a comprovar o vínculo empregatício, como empregado doméstico, durante pelo menos 15 (quinze) meses nos últimos 24 (vinte e quatro) meses;

II – termo de rescisão do contrato de trabalho;

III – declaração de que não está em gozo de benefício de prestação continuada da Previdência Social, exceto auxílio-acidente e pensão por morte; e

IV – declaração de que não possui renda própria de qualquer natureza suficiente à sua manutenção e de sua família.

Art. 29. O seguro-desemprego deverá ser requerido de 7 (sete) a 90 (noventa) dias contados da data de dispensa.

Art. 30. Novo seguro-desemprego só poderá ser requerido após o cumprimento de novo período aquisitivo, cuja duração será definida pelo CODEFAT.

CAPÍTULO II
DO SIMPLES DOMÉSTICO

Art. 31. É instituído o regime unificado de pagamento de tributos, de contribuições e dos demais encargos do empregador doméstico (Simples Doméstico), que deverá ser regulamentado no prazo de 120 (cento e vinte) dias a contar da data de entrada em vigor desta Lei.

Art. 32. A inscrição do empregador e a entrada única de dados cadastrais e de informações trabalhistas, previdenciárias e fiscais no âmbito do Simples Doméstico dar-se-ão mediante registro em sistema eletrônico a ser disponibilizado em portal na internet, conforme regulamento.

Parágrafo único. A impossibilidade de utilização do sistema eletrônico será objeto de regulamento, a ser editado pelo Ministério da Fazenda e pelo agente operador do FGTS.

Art. 33. O Simples Doméstico será disciplinado por ato conjunto dos Ministros de Estado da Fazenda, da Previdência Social e do Trabalho e Emprego que disporá sobre a apuração, o recolhimento e a distribuição dos recursos recolhidos por meio do Simples Doméstico, observadas as disposições do art. 21 desta Lei.

§ 1º O ato conjunto a que se refere o *caput* deverá dispor também sobre o sistema eletrônico de registro das obrigações trabalhistas, previdenciárias e fiscais e sobre o cálculo e o recolhimento dos tributos e encargos trabalhistas vinculados ao Simples Doméstico.

§ 2º As informações prestadas no sistema eletrônico de que trata o § 1º:

I – têm caráter declaratório, constituindo instrumento hábil e suficiente para a exigência dos tributos e encargos trabalhistas delas resultantes e que não tenham sido recolhidos no prazo consignado para pagamento; e

II – deverão ser fornecidas até o vencimento do prazo para pagamento dos tributos e encargos trabalhistas devidos no Simples Doméstico em cada mês, relativamente aos fatos geradores ocorridos no mês anterior.

§ 3º O sistema eletrônico de que trata o § 1º deste artigo e o sistema de que trata o *caput* do art. 32 substituirão, na forma regulamentada pelo ato conjunto previsto no *caput*, a obrigatoriedade de entrega de todas as informações, formulários e declarações a que estão sujeitos os empregadores domésticos, inclusive os relativos ao recolhimento do FGTS.

Art. 34. O Simples Doméstico assegurará o recolhimento mensal, mediante documento único de arrecadação, dos seguintes valores:

I – 8% (oito por cento) a 11% (onze por cento) de contribuição previdenciária, a cargo do segurado empregado doméstico, nos termos do art. 20 da Lei nº 8.212, de 24 de julho de 1991;

II – 8% (oito por cento) de contribuição patronal previdenciária para a seguridade social, a cargo do empregador doméstico, nos termos do art. 24 da Lei nº 8.212, de 24 de julho de 1991;

III – 0,8% (oito décimos por cento) de contribuição social para financiamento do seguro contra acidentes do trabalho;

IV – 8% (oito por cento) de recolhimento para o FGTS;

V – 3,2% (três inteiros e dois décimos por cento), na forma do art. 22 desta Lei; e

VI – imposto sobre a renda retido na fonte de que trata o inciso I do art. 7º da Lei nº 7.713, de 22 de dezembro de 1988, se incidente.

§ 1º As contribuições, os depósitos e o imposto arrolados nos incisos I a VI incidem sobre a remuneração paga ou devida no mês anterior, a cada empregado, incluída na remuneração a gratificação de Natal a que se refere a Lei nº 4.090, de 13 de julho de 1962, e a Lei nº 4.749, de 12 de agosto de 1965.

§ 2º A contribuição e o imposto previstos nos incisos I e VI do *caput* deste artigo serão descontados da remuneração do empregado pelo empregador, que é responsável por seu recolhimento.

§ 3º O produto da arrecadação das contribuições, dos depósitos e do imposto de que trata o *caput* será centralizado na Caixa Econômica Federal.

§ 4º A Caixa Econômica Federal, com base nos elementos identificadores do recolhimento, disponíveis no sistema de que trata o § 1º do art. 33, transferirá para a Conta Única do Tesouro Nacional o valor arrecadado das contribuições e do imposto previstos nos incisos I, II, III e VI do *caput*.

§ 5º O recolhimento de que trata o *caput* será efetuado em instituições financeiras integrantes da rede arrecadadora de receitas federais.

§ 6º O empregador fornecerá, mensalmente, ao empregado doméstico cópia do documento previsto no *caput*.

§ 7º O recolhimento mensal, mediante documento único de arrecadação, e a exigência das contribuições, dos depósitos e do imposto, nos valores definidos nos incisos I a VI do *caput*, somente serão devidos após 120 (cento e vinte) dias da data de publicação desta Lei.

Art. 35. O empregador doméstico é obrigado a pagar a remuneração devida ao empregado doméstico e a arrecadar e a recolher a contribuição prevista no inciso I do art. 34, assim como a arrecadar e a recolher as contribuições, os depósitos e o imposto a seu cargo discriminados nos incisos II, III, IV, V e VI do *caput* do art. 34, até o dia 7 do mês seguinte ao da competência.

§ 1º Os valores previstos nos incisos I, II, III e VI do *caput* do art. 34 não recolhidos até a data de vencimento sujeitar-se-ão à incidência de encargos legais na forma prevista na legislação do imposto sobre a renda.

§ 2º Os valores previstos nos incisos IV e V, referentes ao FGTS, não recolhidos até a data de vencimento serão corrigidos e terão a incidência da respectiva multa, conforme a Lei nº 8.036, de 11 de maio de 1990.

CAPÍTULO III
DA LEGISLAÇÃO PREVIDENCIÁRIA E TRIBUTÁRIA

Art. 36. O inciso V do art. 30 da Lei nº 8.212, de 24 de julho de 1991, passa a vigorar com a seguinte redação:

► Alteração inserida no texto da referida Lei.

Art. 37. A Lei nº 8.213, de 24 de julho de 1991, passa a vigorar com as seguintes alterações:

► Alterações inseridas no texto da referida Lei.

Art. 38. O art. 70 da Lei nº 11.196, de 21 de novembro de 2005, passa a vigorar com a seguinte redação:

"Art. 70. ....

I – ....

....

d) até o dia 7 do mês subsequente ao mês de ocorrência dos fatos geradores, no caso de pagamento de rendimentos provenientes do trabalho assalariado a empregado doméstico; e

e) até o último dia útil do segundo decêndio do mês subsequente ao mês de ocorrência dos fatos geradores, nos demais casos;

...."

CAPÍTULO IV
DO PROGRAMA DE RECUPERAÇÃO PREVIDENCIÁRIA DOS EMPREGADORES DOMÉSTICOS (REDOM)

Art. 39. É instituído o Programa de Recuperação Previdenciária dos Empregadores Domésticos (REDOM), nos termos desta Lei.

Art. 40. Será concedido ao empregador doméstico o parcelamento dos débitos com o Instituto Nacional do Seguro Social (INSS) relativos à contribuição de que tratam os arts. 20 e 24 da Lei nº 8.212, de 24 de julho de 1991, com vencimento até 30 de abril de 2013.

§ 1º O parcelamento abrangerá todos os débitos existentes em nome do empregado e do empregador, na condição de contribuinte, inclusive débitos inscritos em dívida ativa, que poderão ser:

I – pagos com redução de 100% (cem por cento) das multas aplicáveis, de 60% (sessenta por cento) dos juros de mora e de 100% (cem por cento) sobre os valores dos encargos legais e advocatícios;

II – parcelados em até 120 (cento e vinte) vezes, com prestação mínima no valor de R$ 100,00 (cem reais).

§ 2º O parcelamento deverá ser requerido no prazo de 120 (cento e vinte) dias após a entrada em vigor desta Lei.

§ 3º A manutenção injustificada em aberto de 3 (três) parcelas implicará, após comunicação ao sujeito passivo, a imediata rescisão do parcelamento e, conforme o caso, o prosseguimento da cobrança.

§ 4º Na hipótese de rescisão do parcelamento com o cancelamento dos benefícios concedidos:

I – será efetuada a apuração do valor original do débito, com a incidência dos acréscimos legais, até a data de rescisão;

II – serão deduzidas do valor referido no inciso I deste parágrafo as parcelas pagas, com a incidência dos acréscimos legais, até a data de rescisão.

Art. 41. A opção pelo REDOM sujeita o contribuinte a:

I – confissão irrevogável e irretratável dos débitos referidos no art. 40;

II – aceitação plena e irretratável de todas as condições estabelecidas;

III – pagamento regular das parcelas do débito consolidado, assim como das contribuições com vencimento posterior a 30 de abril de 2013.

CAPÍTULO V

DISPOSIÇÕES GERAIS

Art. 42. É de responsabilidade do empregador o arquivamento de documentos comprobatórios do cumprimento das obrigações fiscais, trabalhistas e previdenciárias, enquanto essas não prescreverem.

Art. 43. O direito de ação quanto a créditos resultantes das relações de trabalho prescreve em 5 (cinco) anos até o limite de 2 (dois) anos após a extinção do contrato de trabalho.

Art. 44. A Lei nº 10.593, de 6 de dezembro de 2002, passa a vigorar acrescida do seguinte art. 11-A:

"Art. 11-A. A verificação, pelo Auditor-Fiscal do Trabalho, do cumprimento das normas que regem o trabalho do empregado doméstico, no âmbito do domicílio do empregador, dependerá de agendamento e de entendimento prévios entre a fiscalização e o empregador.

§ 1º A fiscalização deverá ter natureza prioritariamente orientadora.

§ 2º Será observado o critério de dupla visita para lavratura de auto de infração, salvo quando for constatada infração por falta de anotação na Carteira de Trabalho e Previdência Social ou, ainda, na ocorrência de reincidência, fraude, resistência ou embaraço à fiscalização.

§ 3º Durante a inspeção do trabalho referida no *caput*, o Auditor-Fiscal do Trabalho far-se-á acompanhar pelo empregador ou por alguém de sua família por este designado."

Art. 45. As matérias tratadas nesta Lei Complementar que não sejam reservadas constitucionalmente a lei complementar poderão ser objeto de alteração por lei ordinária.

Art. 46. Revogam-se o inciso I do art. 3º da Lei nº 8.009, de 29 de março de 1990, e a Lei nº 5.859, de 11 de dezembro de 1972.

Art. 47. Esta Lei entra em vigor na data de sua publicação.

Brasília, 1º de junho de 2015;
194º da Independência e
127º da República.

Dilma Rousseff

LEI Nº 13.140, DE 26 DE JUNHO DE 2015

Dispõe sobre a mediação entre particulares como meio de solução de controvérsias e sobre a autocomposição de conflitos no âmbito da administração pública; altera a Lei nº 9.469, de 10 de julho de 1997, e o Decreto nº 70.235, de 6 de março de 1972; e revoga o § 2º do art. 6º da Lei nº 9.469, de 10 de julho de 1997.

▸ Publicada no *DOU* de 29-6-2015.

▸ Art. 47 desta Lei.

Art. 1º Esta Lei dispõe sobre a mediação como meio de solução de controvérsias entre particulares e sobre a autocomposição de conflitos no âmbito da administração pública.

Parágrafo único. Considera-se mediação a atividade técnica exercida por terceiro imparcial sem poder decisório, que, escolhido ou aceito pelas partes, as auxilia e estimula a identificar ou desenvolver soluções consensuais para a controvérsia.

CAPÍTULO I

DA MEDIAÇÃO

Seção I

DISPOSIÇÕES GERAIS

Art. 2º A mediação será orientada pelos seguintes princípios:

I – imparcialidade do mediador;
II – isonomia entre as partes;
III – oralidade;
IV – informalidade;
V – autonomia da vontade das partes;
VI – busca do consenso;
VII – confidencialidade;
VIII – boa-fé.

§ 1º Na hipótese de existir previsão contratual de cláusula de mediação, as partes deverão comparecer à primeira reunião de mediação.

§ 2º Ninguém será obrigado a permanecer em procedimento de mediação.

Art. 3º Pode ser objeto de mediação o conflito que verse sobre direitos disponíveis ou sobre direitos indisponíveis que admitam transação.

§ 1º A mediação pode versar sobre todo o conflito ou parte dele.

§ 2º O consenso das partes envolvendo direitos indisponíveis, mas transigíveis, deve ser homologado em juízo, exigida a oitiva do Ministério Público.

Seção II

DOS MEDIADORES

Subseção I

DISPOSIÇÕES COMUNS

Art. 4º O mediador será designado pelo tribunal ou escolhido pelas partes.

§ 1º O mediador conduzirá o procedimento de comunicação entre as partes, buscando o entendimento e o consenso e facilitando a resolução do conflito.

§ 2º Aos necessitados será assegurada a gratuidade da mediação.

Art. 5º Aplicam-se ao mediador as mesmas hipóteses legais de impedimento e suspeição do juiz.

Parágrafo único. A pessoa designada para atuar como mediador tem o dever de revelar às partes, antes da aceitação da função, qualquer fato ou circunstância que possa suscitar dúvida justificada em relação à sua imparcialidade para mediar o conflito, oportunidade em que poderá ser recusado por qualquer delas.

Art. 6º O mediador fica impedido, pelo prazo de um ano, contado do término da última audiência em que atuou, de assessorar, representar ou patrocinar qualquer das partes.

Art. 7º O mediador não poderá atuar como árbitro nem funcionar como testemunha em processos judiciais ou arbitrais pertinentes a conflito em que tenha atuado como mediador.

Art. 8º O mediador e todos aqueles que o assessoram no procedimento de mediação, quando no exercício de suas funções ou em razão delas, são equiparados a servidor público, para os efeitos da legislação penal.

Subseção II

DOS MEDIADORES EXTRAJUDICIAIS

Art. 9º Poderá funcionar como mediador extrajudicial qualquer pessoa capaz que tenha a confiança das partes e seja capacitada para fazer mediação, independentemente de integrar qualquer tipo de conselho, entidade de classe ou associação, ou nele inscrever-se.

Art. 10. As partes poderão ser assistidas por advogados ou defensores públicos.

Parágrafo único. Comparecendo uma das partes acompanhada de advogado ou defensor público, o mediador suspenderá o procedimento, até que todas estejam devidamente assistidas.

Subseção III

DOS MEDIADORES JUDICIAIS

Art. 11. Poderá atuar como mediador judicial a pessoa capaz, graduada há pelo menos dois anos em curso de ensino superior de instituição reconhecida pelo Ministério da Educação e que tenha obtido capacitação em escola ou instituição de formação de mediadores, reconhecida pela Escola Nacional de Formação e Aperfeiçoamento de Magistrados – ENFAM ou pelos tribunais, observados os requisitos mínimos estabelecidos pelo Conselho Nacional de Justiça em conjunto com o Ministério da Justiça.

Art. 12. Os tribunais criarão e manterão cadastros atualizados dos mediadores habilitados e autorizados a atuar em mediação judicial.

§ 1º A inscrição no cadastro de mediadores judiciais será requerida pelo interessado ao tribunal com jurisdição na área em que pretenda exercer a mediação.

§ 2º Os tribunais regulamentarão o processo de inscrição e desligamento de seus mediadores.

Art. 13. A remuneração devida aos mediadores judiciais será fixada pelos tribunais e custeada pelas partes, observado o disposto no § 2º do art. 4º desta Lei.

Seção III

DO PROCEDIMENTO DE MEDIAÇÃO

Subseção I

DISPOSIÇÕES COMUNS

Art. 14. No início da primeira reunião de mediação, e sempre que julgar necessário, o mediador deverá alertar as partes acerca das regras de confidencialidade aplicáveis ao procedimento.

Art. 15. A requerimento das partes ou do mediador, e com anuência daquelas, poderão ser admitidos outros mediadores para funcionarem no mesmo procedimento, quando isso for recomendável em razão da natureza e da complexidade do conflito.

Art. 16. Ainda que haja processo arbitral ou judicial em curso, as partes poderão submeter-se à mediação, hipótese em que requererão ao juiz ou árbitro a suspensão do processo por prazo suficiente para a solução consensual do litígio.

§ 1º É irrecorrível a decisão que suspende o processo nos termos requeridos de comum acordo pelas partes.

§ 2º A suspensão do processo não obsta a concessão de medidas de urgência pelo juiz ou pelo árbitro.

Art. 17. Considera-se instituída a mediação na data para a qual for marcada a primeira reunião de mediação.

Parágrafo único. Enquanto transcorrer o procedimento de mediação, ficará suspenso o prazo prescricional.

Art. 18. Iniciada a mediação, as reuniões posteriores com a presença das partes somente poderão ser marcadas com a sua anuência.

Art. 19. No desempenho de sua função, o mediador poderá reunir-se com as partes, em conjunto ou separadamente, bem como solicitar das partes as informações que entender necessárias para facilitar o entendimento entre aquelas.

Art. 20. O procedimento de mediação será encerrado com a lavratura do seu termo final, quando for celebrado acordo ou quando não se justificarem novos esforços para a obtenção de consenso, seja por declaração do mediador nesse sentido ou por manifestação de qualquer das partes.

Parágrafo único. O termo final de mediação, na hipótese de celebração de acordo, constitui título executivo extrajudicial e, quando homologado judicialmente, título executivo judicial.

Subseção II
DA MEDIAÇÃO EXTRAJUDICIAL

Art. 21. O convite para iniciar o procedimento de mediação extrajudicial poderá ser feito por qualquer meio de comunicação e deverá estipular o escopo proposto para a negociação, a data e o local da primeira reunião.

Parágrafo único. O convite formulado por uma parte à outra considerar-se-á rejeitado se não for respondido em até trinta dias da data de seu recebimento.

Art. 22. A previsão contratual de mediação deverá conter, no mínimo:

I – prazo mínimo e máximo para a realização da primeira reunião de mediação, contado a partir da data de recebimento do convite;

II – local da primeira reunião de mediação;

III – critérios de escolha do mediador ou equipe de mediação;

IV – penalidade em caso de não comparecimento da parte convidada à primeira reunião de mediação.

§ 1º A previsão contratual pode substituir a especificação dos itens acima enumerados pela indicação de regulamento, publicado por instituição idônea prestadora de serviços de mediação, no qual constem critérios claros para a escolha do mediador e realização da primeira reunião de mediação.

§ 2º Não havendo previsão contratual completa, deverão ser observados os seguintes critérios para a realização da primeira reunião de mediação:

I – prazo mínimo de dez dias úteis e prazo máximo de três meses, contados a partir do recebimento do convite;

II – local adequado a uma reunião que possa envolver informações confidenciais;

III – lista de cinco nomes, informações de contato e referências profissionais de mediadores capacitados; a parte convidada poderá escolher, expressamente, qualquer um dos cinco mediadores e, caso a parte convidada não se manifeste, considerar-se-á aceito o primeiro nome da lista;

IV – o não comparecimento da parte convidada à primeira reunião de mediação acarretará a assunção por parte desta de cinquenta por cento das custas e honorários sucumbenciais caso venha a ser vencedora em procedimento arbitral ou judicial posterior, que envolva o escopo da mediação para a qual foi convidada.

§ 3º Nos litígios decorrentes de contratos comerciais ou societários que não contenham cláusula de mediação, o mediador extrajudicial somente cobrará por seus serviços caso as partes decidam assinar o termo inicial de mediação e permanecer, voluntariamente, no procedimento de mediação.

Art. 23. Se, em previsão contratual de cláusula de mediação, as partes se comprometerem a não iniciar procedimento arbitral ou processo judicial durante certo prazo ou até o implemento de determinada condição, o árbitro ou o juiz suspenderá o curso da arbitragem ou da ação pelo prazo previamente acordado ou até o implemento dessa condição.

Parágrafo único. O disposto no *caput* não se aplica às medidas de urgência em que o acesso ao Poder Judiciário seja necessário para evitar o perecimento de direito.

Subseção III
DA MEDIAÇÃO JUDICIAL

Art. 24. Os tribunais criarão centros judiciários de solução consensual de conflitos, responsáveis pela realização de sessões e audiências de conciliação e mediação, pré-processuais e processuais, e pelo desenvolvimento de programas destinados a auxiliar, orientar e estimular a autocomposição.

Parágrafo único. A composição e a organização do centro serão definidas pelo respectivo tribunal, observadas as normas do Conselho Nacional de Justiça.

Art. 25. Na mediação judicial, os mediadores não estarão sujeitos à prévia aceitação das partes, observado o disposto no art. 5º desta Lei.

Art. 26. As partes deverão ser assistidas por advogados ou defensores públicos, ressalvadas as hipóteses previstas nas Leis nº 9.099, de 26 de setembro de 1995, e 10.259, de 12 de julho de 2001.

Parágrafo único. Aos que comprovarem insuficiência de recursos será assegurada assistência pela Defensoria Pública.

Art. 27. Se a petição inicial preencher os requisitos essenciais e não for o caso de improcedência liminar do pedido, o juiz designará audiência de mediação.

Art. 28. O procedimento de mediação judicial deverá ser concluído em até sessenta dias, contados da primeira sessão, salvo quando as partes, de comum acordo, requererem sua prorrogação.

Parágrafo único. Se houver acordo, os autos serão encaminhados ao juiz, que determinará o arquivamento do processo e, desde que requerido pelas partes, homologará o acordo, por sentença, e o termo final da mediação e determinará o arquivamento do processo.

Art. 29. Solucionado o conflito pela mediação antes da citação do réu, não serão devidas custas judiciais finais.

Seção IV
DA CONFIDENCIALIDADE E SUAS EXCEÇÕES

Art. 30. Toda e qualquer informação relativa ao procedimento de mediação será confidencial em relação a terceiros, não podendo ser revelada sequer em processo arbitral ou judicial salvo se as partes expressamente decidirem de forma diversa ou quando sua divulgação for exigida por lei ou necessária para cumprimento de acordo obtido pela mediação.

§ 1º O dever de confidencialidade aplica-se ao mediador, às partes, a seus prepostos, advogados, assessores técnicos e a outras pessoas de sua confiança que tenham, direta ou indiretamente, participado do procedimento de mediação, alcançando:

I – declaração, opinião, sugestão, promessa ou proposta formulada por uma parte à outra na busca de entendimento para o conflito;

II – reconhecimento de fato por qualquer das partes no curso do procedimento de mediação;

III – manifestação de aceitação de proposta de acordo apresentada pelo mediador;

IV – documento preparado unicamente para os fins do procedimento de mediação.

§ 2º A prova apresentada em desacordo com o disposto neste artigo não será admitida em processo arbitral ou judicial.

§ 3º Não está abrigada pela regra de confidencialidade a informação relativa à ocorrência de crime de ação pública.

§ 4º A regra da confidencialidade não afasta o dever de as pessoas discriminadas no *caput* prestarem informações à administração tributária após o termo final da mediação, aplicando-se aos seus servidores a obrigação de manterem sigilo das informações compartilhadas nos termos do art. 198 da Lei nº 5.172, de 25 de outubro de 1966 – Código Tributário Nacional.

Art. 31. Será confidencial a informação prestada por uma parte em sessão privada, não podendo o mediador revelá-la às demais, exceto se expressamente autorizado.

CAPÍTULO II
DA AUTOCOMPOSIÇÃO DE CONFLITOS EM QUE FOR PARTE PESSOA JURÍDICA DE DIREITO PÚBLICO

Seção I
DISPOSIÇÕES COMUNS

Art. 32. A União, os Estados, o Distrito Federal e os Municípios poderão criar câmaras de prevenção e resolução administrativa de conflitos, no âmbito dos respectivos órgãos da Advocacia Pública, onde houver, com competência para:

I – dirimir conflitos entre órgãos e entidades da administração pública;

II – avaliar a admissibilidade dos pedidos de resolução de conflitos, por meio de composição, no caso de controvérsia entre particular e pessoa jurídica de direito público;

III – promover, quando couber, a celebração de termo de ajustamento de conduta.

§ 1º O modo de composição e funcionamento das câmaras de que trata o *caput* será estabelecido em regulamento de cada ente federado.

§ 2º A submissão do conflito às câmaras de que trata o *caput* é facultativa e será cabível apenas nos casos previstos no regulamento do respectivo ente federado.

§ 3º Se houver consenso entre as partes, o acordo será reduzido a termo e constituirá título executivo extrajudicial.

§ 4º Não se incluem na competência dos órgãos mencionados no *caput* deste artigo as controvérsias que somente possam ser resolvidas por atos ou concessão de direitos sujeitos à autorização do Poder Legislativo.

§ 5º Compreendem-se na competência das câmaras de que trata o *caput* a prevenção e a resolução de conflitos que envolvam equilíbrio econômico-financeiro de contratos celebrados pela administração com particulares.

Art. 33. Enquanto não forem criadas as câmaras de mediação, os conflitos poderão ser dirimidos nos termos do procedimento de mediação previsto na Subseção I da Seção III do Capítulo I desta Lei.

Parágrafo único. A Advocacia Pública da União, dos Estados, do Distrito Federal e dos Municípios, onde houver, poderá instaurar, de ofício ou mediante provocação, procedimento de mediação coletiva de conflitos relacionados à prestação de serviços públicos.

Art. 34. A instauração de procedimento administrativo para a resolução consensual de conflito no âmbito da administração pública suspende a prescrição.

§ 1º Considera-se instaurado o procedimento quando o órgão ou entidade pública emitir juízo de admissibilidade, retroagindo a suspensão da prescrição à data de formalização do pedido de resolução consensual do conflito.

§ 2º Em se tratando de matéria tributária, a suspensão da prescrição deverá observar o disposto na Lei nº 5.172, de 25 de outubro de 1966 – Código Tributário Nacional.

Seção II
DOS CONFLITOS ENVOLVENDO A ADMINISTRAÇÃO PÚBLICA FEDERAL DIRETA, SUAS AUTARQUIAS E FUNDAÇÕES

Art. 35. As controvérsias jurídicas que envolvam a administração pública federal direta, suas autarquias e fundações poderão ser objeto de transação por adesão, com fundamento em:

I – autorização do Advogado-Geral da União, com base na jurisprudência pacífica do Supremo Tribunal Federal ou de tribunais superiores; ou

II – parecer do Advogado-Geral da União, aprovado pelo Presidente da República.

§ 1º Os requisitos e as condições da transação por adesão serão definidos em resolução administrativa própria.

§ 2º Ao fazer o pedido de adesão, o interessado deverá juntar prova de atendimento aos requisitos e às condições estabelecidos na resolução administrativa.

§ 3º A resolução administrativa terá efeitos gerais e será aplicada aos casos idênticos, tempestivamente habilitados mediante pedido de adesão, ainda que solucione apenas parte da controvérsia.

§ 4º A adesão implicará renúncia do interessado ao direito sobre o qual se fundamenta a ação ou o recurso, eventualmente pendentes, de natureza administrativa ou judicial, no que tange aos pontos compreendidos pelo objeto da resolução administrativa.

§ 5º Se o interessado for parte em processo judicial inaugurado por ação coletiva, a renúncia ao direito sobre o qual se fundamenta a ação deverá ser expressa, mediante petição dirigida ao juiz da causa.

§ 6º A formalização de resolução administrativa destinada à transação por adesão não implica a renúncia tácita à prescrição nem sua interrupção ou suspensão.

Art. 36. No caso de conflitos que envolvam controvérsia jurídica entre órgãos ou entidades de direito público que integram a administração pública federal, a Advocacia-Geral da União deverá realizar composição extrajudicial do conflito, observados os procedimentos previstos em ato do Advogado-Geral da União.

§ 1º Na hipótese do *caput*, se não houver acordo quanto à controvérsia jurídica, caberá ao Advogado-Geral da União dirimi-la, com fundamento na legislação afeta.

§ 2º Nos casos em que a resolução da controvérsia implicar o reconhecimento da existência de créditos da União, de suas autarquias e fundações em face de pessoas jurídicas de direito público federais, a Advocacia-Geral da União poderá solicitar ao Ministério do Planejamento, Orçamento e Gestão a adequação orçamentária para quitação das dívidas reconhecidas como legítimas.

§ 3º A composição extrajudicial do conflito não afasta a apuração de responsabilidade do agente público que deu causa à dívida, sempre que se verificar que sua ação ou omissão constitui, em tese, infração disciplinar.

§ 4º Nas hipóteses em que a matéria objeto do litígio esteja sendo discutida em ação de improbidade administrativa ou sobre ela haja decisão do Tribunal de Contas da União, a conciliação de que trata o *caput* dependerá da anuência expressa do juiz da causa ou do Ministro Relator.

Art. 37. É facultado aos Estados, ao Distrito Federal e aos Municípios, suas autarquias e fundações públicas, bem como às empresas públicas e sociedades de economia mista federais, submeter seus litígios com órgãos ou entidades da administração pública federal à Advocacia-Geral da União, para fins de composição extrajudicial do conflito.

Art. 38. Nos casos em que a controvérsia jurídica seja relativa a tributos administrados pela Secretaria da Receita Federal do Brasil ou a créditos inscritos em dívida ativa da União:

I – não se aplicam as disposições dos incisos II e III do *caput* do art. 32;

II – as empresas públicas, sociedades de economia mista e suas subsidiárias que explorem atividade econômica de produção ou comercialização de bens ou de prestação de serviços em regime de concorrência não poderão exercer a faculdade prevista no art. 37;

III – quando forem partes as pessoas a que alude o *caput* do art. 36:

a) a submissão do conflito à composição extrajudicial pela Advocacia-Geral da União implica renúncia do direito de recorrer ao Conselho Administrativo de Recursos Fiscais;

b) a redução ou o cancelamento do crédito dependerá de manifestação conjunta do Advogado-Geral da União e do Ministro de Estado da Fazenda.

Parágrafo único. O disposto neste artigo não afasta a competência do Advogado-Geral da União prevista nos incisos VI, X e XI do art. 4º da Lei Complementar nº 73, de 10 de fevereiro de 1993, e na Lei nº 9.469, de 10 de julho de 1997.

▸ Parágrafo único com a redação dada pela Lei nº 13.327, de 29-7-2016.

Art. 39. A propositura de ação judicial em que figurem concomitantemente nos polos ativo e passivo órgãos ou entidades de direito público que integrem a administração pública federal deverá ser previamente autorizada pelo Advogado-Geral da União.

Art. 40. Os servidores e empregados públicos que participarem do processo de composição extrajudicial do conflito, somente poderão ser responsabilizados civil, administrativa ou criminalmente quando, mediante dolo ou fraude, receberem qualquer vantagem patrimonial indevida, permitirem ou facilitarem sua recepção por terceiro, ou para tal concorrerem.

▸ Art. 5º da Lei nº 14.057, de 11-9-2020, que estabelece que o disposto neste artigo aplica-se aos servidores e aos agentes públicos, inclusive ocupantes de cargo em comissão, que participarem do processo de composição judicial disciplinado pela Lei nº 14.057/2020.

CAPÍTULO III
DISPOSIÇÕES FINAIS

Art. 41. A Escola Nacional de Mediação e Conciliação, no âmbito do Ministério da Justiça, poderá criar banco de dados sobre boas práticas em mediação, bem como manter relação de mediadores e de instituições de mediação.

Art. 42. Aplica-se esta Lei, no que couber, às outras formas consensuais de resolução de conflitos, tais como mediações comunitárias e escolares, e àquelas levadas a efeito nas serventias extrajudiciais, desde que no âmbito de suas competências.

Parágrafo único. A mediação nas relações de trabalho será regulada por lei própria.

Art. 43. Os órgãos e entidades da administração pública poderão criar câmaras para a resolução de conflitos entre particulares, que versem sobre atividades por eles reguladas ou supervisionadas.

Art. 44. Os arts. 1º e 2º da Lei nº 9.469, de 10 de julho de 1997, passam a vigorar com a seguinte redação:

"Art. 1º O Advogado-Geral da União, diretamente ou mediante delegação, e os dirigentes máximos das empresas públicas federais, em conjunto com o dirigente estatutário da área afeta ao assunto, poderão autorizar a realização de acordos ou transações para prevenir ou terminar litígios, inclusive os judiciais.

§ 1º Poderão ser criadas câmaras especializadas, compostas por servidores públicos ou empregados públicos efetivos, com o objetivo de analisar e formular propostas de acordos ou transações.

§ 3º Regulamento disporá sobre a forma de composição das câmaras de que trata o § 1º, que deverão ter como integrante pelo menos um membro efetivo da Advocacia-Geral da União ou, no caso das empresas públicas, um assistente jurídico ou ocupante de função equivalente.

§ 4º Quando o litígio envolver valores superiores aos fixados em regulamento, o acordo ou a transação, sob pena de nulidade, dependerá de prévia e expressa autorização do Advogado-Geral da União e do Ministro de Estado a cuja área de competência estiver afeto o assunto, ou ainda do Presidente da Câmara dos Deputados, do Senado Federal, do Tribunal de Contas da União, de Tribunal ou Conselho, ou do Procurador-Geral da República, no caso de interesse dos órgãos dos Poderes Legislativo e Judiciário ou do Ministério Público da União, excluídas as empresas públicas federais não dependentes, que necessitarão apenas de prévia e expressa autorização dos dirigentes de que trata o *caput*.

§ 5º Na transação ou acordo celebrado diretamente pela parte ou por intermédio de procurador para extinguir ou encerrar processo judicial, inclusive os casos de extensão administrativa de pagamentos postulados em juízo, as partes poderão definir a responsabilidade de cada uma pelo pagamento dos honorários dos respectivos advogados."

"Art. 2º O Procurador-Geral da União, o Procurador-Geral Federal, o Procurador-Geral do Banco Central do Brasil e os dirigentes das empresas públicas federais mencionadas no *caput* do art. 1º poderão autorizar, diretamente ou mediante delegação, a realização de acordos para prevenir ou terminar, judicial ou extrajudicialmente, litígio que envolver valores inferiores aos fixados em regulamento.

§ 1º No caso das empresas públicas federais, a delegação é restrita a órgão colegiado formalmente constituído, composto por pelo menos um dirigente estatutário.

§ 2º O acordo de que trata o *caput* poderá consistir no pagamento do débito em parcelas mensais e sucessivas, até o limite máximo de sessenta.

§ 3º O valor de cada prestação mensal, por ocasião do pagamento, será acrescido de juros equivalentes à taxa referencial do Sistema Especial de Liquidação e de Custódia – SELIC para títulos federais, acumulada mensalmente, calculados a partir do mês subsequente ao da consolidação até o mês anterior ao do pagamento e de um por cento relativamente ao mês em que o pagamento estiver sendo efetuado.

§ 4º Inadimplida qualquer parcela, após trinta dias, instaurar-se-á o processo de execução ou nele prosseguir-se-á, pelo saldo."

Art. 45. O Decreto nº 70.235, de 6 de março de 1972, passa a vigorar acrescido do seguinte art. 14-A:

▶ Alteração inserida no texto do referido Decreto.

Art. 46. A mediação poderá ser feita pela internet ou por outro meio de comunicação que permita a transação à distância, desde que as partes estejam de acordo.

Parágrafo único. É facultado à parte domiciliada no exterior submeter-se à mediação segundo as regras estabelecidas nesta Lei.

Art. 47. Esta Lei entra em vigor após decorridos cento e oitenta dias de sua publicação oficial.

Art. 48. Revoga-se o § 2º do art. 6º da Lei nº 9.469, de 10 de julho de 1997.

Brasília, 26 de junho de 2015;
194º da Independência e
127º da República.

Dilma Rousseff

LEI Nº 13.146, DE 6 DE JULHO DE 2015

Institui a Lei Brasileira de Inclusão da Pessoa com Deficiência (Estatuto da Pessoa com Deficiência).

▶ Publicada no *DOU* de 7-7-2015.

LIVRO I – PARTE GERAL

TÍTULO I – DISPOSIÇÕES PRELIMINARES

CAPÍTULO I – DISPOSIÇÕES GERAIS

Art. 1º É instituída a Lei Brasileira de Inclusão da Pessoa com Deficiência (Estatuto da Pessoa com Deficiência), destinada a assegurar e a promover, em condições de igualdade, o exercício dos direitos e das liberdades fundamentais por pessoa com deficiência, visando à sua inclusão social e cidadania.

Parágrafo único. Esta Lei tem como base a Convenção sobre os Direitos das Pessoas com Deficiência e seu Protocolo Facultativo, ratificados pelo Congresso Nacional por meio do Decreto Legislativo nº 186, de 9 de julho de 2008, em conformidade com o procedimento previsto no § 3º do art. 5º da Constituição da República Federativa do Brasil, em vigor para o Brasil, no plano jurídico externo, desde 31 de agosto de 2008, e promulgados pelo Decreto nº 6.949, de 25 de agosto de 2009, data de início de sua vigência no plano interno.

Art. 2º Considera-se pessoa com deficiência aquela que tem impedimento de longo prazo de natureza física, mental, intelectual ou sensorial, o qual, em interação com uma ou mais barreiras, pode obstruir sua participação plena e efetiva na sociedade em igualdade de condições com as demais pessoas.

§ 1º A avaliação da deficiência, quando necessária, será biopsicossocial, realizada por equipe multiprofissional e interdisciplinar e considerará:

I – os impedimentos nas funções e nas estruturas do corpo;

II – os fatores socioambientais, psicológicos e pessoais;

III – a limitação no desempenho de atividades; e

IV – a restrição de participação.

§ 2º O Poder Executivo criará instrumentos para avaliação da deficiência.

▶ Art. 1º, parágrafo único, da Lei nº 14.126, de 22-3-2021, que classifica a visão monocular como deficiência sensorial do tipo visual.

▶ Art. 2º do Dec. nº 9.345, de 16-4-2018, que altera o Regulamento do FGTS, para dispor sobre as normas de movimentação da conta vinculada do FGTS para aquisição de órtese e prótese pelo trabalhador com deficiência.

§ 3º O exame médico-pericial componente da avaliação biopsicossocial da deficiência de que trata o § 1º deste artigo poderá ser realizado com o uso de tecnologia de telemedicina ou por análise documental conforme situações e requisitos definidos em regulamento.

▶ § 3º acrescido pela Lei nº 14.724, de 14-11-2023.

Art. 2º-A. É instituído o cordão de fita com desenhos de girassóis como símbolo nacional de identificação de pessoas com deficiências ocultas.

§ 1º O uso do símbolo de que trata o *caput* deste artigo é opcional, e sua ausência não prejudica o exercício de direitos e garantias previstos em lei.

§ 2º A utilização do símbolo de que trata o *caput* deste artigo não dispensa a apresentação de documento comprobatório da deficiência, caso seja solicitado pelo atendente ou pela autoridade competente.

▶ Art. 2º-A acrescido pela Lei nº 14.624, de 17-7-2023.

Art. 3º Para fins de aplicação desta Lei, consideram-se:

I – acessibilidade: possibilidade e condição de alcance para utilização, com segurança e autonomia, de espaços, mobiliários, equipamentos urbanos, edificações, transportes, informação e comunicação, inclusive seus sistemas e tecnologias, bem como de outros serviços e instalações abertos ao público, de uso público ou privados de uso coletivo, tanto na zona urbana como na rural, por pessoa com deficiência ou com mobilidade reduzida;

II – desenho universal: concepção de produtos, ambientes, programas e serviços a serem usados por todas as pessoas, sem necessidade de adaptação ou de projeto específico, incluindo os recursos de tecnologia assistiva;

III – tecnologia assistiva ou ajuda técnica: produtos, equipamentos, dispositivos, recursos, metodologias, estratégias, práticas e serviços que objetivem promover a funcionalidade, relacionada à atividade e à participação da pessoa com deficiência ou com mobilidade reduzida, visando à sua autonomia, independência, qualidade de vida e inclusão social;

IV – barreiras: qualquer entrave, obstáculo, atitude ou comportamento que limite ou impeça a participação social da pessoa, bem como o gozo, a fruição e o exercício de seus direitos à acessibilidade, à liberdade de movimento e de expressão, à comunicação, ao acesso à informação, à compreensão, à circulação com segurança, entre outros, classificadas em:

a) barreiras urbanísticas: as existentes nas vias e nos espaços públicos e privados abertos ao público ou de uso coletivo;

b) barreiras arquitetônicas: as existentes nos edifícios públicos e privados;

c) barreiras nos transportes: as existentes nos sistemas e meios de transportes;

d) barreiras nas comunicações e na informação: qualquer entrave, obstáculo, atitude ou comportamento que dificulte ou impossibilite a expressão ou o recebimento de mensagens e de informações por intermédio de sistemas de comunicação e de tecnologia da informação;

e) barreiras atitudinais: atitudes ou comportamentos que impeçam ou prejudiquem a participação social da pessoa com deficiência em igualdade de condições e oportunidades com as demais pessoas;

f) barreiras tecnológicas: as que dificultam ou impedem o acesso da pessoa com deficiência às tecnologias;

V – comunicação: forma de interação dos cidadãos que abrange, entre outras opções, as línguas, inclusive a Língua Brasileira de Sinais (LIBRAS), a visualização de textos, o Braille, o sistema de sinalização ou de comunicação tátil, os caracteres ampliados, os dispositivos multimídia, assim como a linguagem simples, escrita e oral, os sistemas auditivos e os meios de voz digitalizados e os modos, meios e formatos aumentativos e alternativos de comunicação, incluindo as tecnologias da informação e das comunicações;

VI – adaptações razoáveis: adaptações, modificações e ajustes necessários e adequados que não acarretem ônus desproporcional e indevido, quando requeridos em cada caso, a fim de assegurar que a pessoa com deficiência possa gozar ou exercer, em igualdade de condições e oportunidades com as demais pessoas, todos os direitos e liberdades fundamentais;

VII – elemento de urbanização: quaisquer componentes de obras de urbanização, tais como os referentes a pavimentação, saneamento, encanamento para esgotos, distribuição de energia elétrica e de gás, iluminação pública, serviços de comunicação, abastecimento e distribuição de água, paisagismo e os que materializam as indicações do planejamento urbanístico;

VIII – mobiliário urbano: conjunto de objetos existentes nas vias e nos espaços públicos, superpostos ou adicionados aos elementos de urbanização ou de edificação, de forma que sua modificação ou seu traslado não provoque alterações substanciais nesses elementos, tais como semáforos, postes de sinalização e similares, terminais e pontos de acesso coletivo às telecomunicações, fontes de água, lixeiras, toldos, marquises, bancos, quiosques e quaisquer outros de natureza análoga;

IX – pessoa com mobilidade reduzida: aquela que tenha, por qualquer motivo, dificuldade de movimentação, permanente ou temporária, gerando redução efetiva da mobilidade, da flexibilidade, da coordenação motora ou da percepção, incluindo idoso, gestante, lactante, pessoa com criança de colo e obeso;

X – residências inclusivas: unidades de oferta do Serviço de Acolhimento do Sistema Único de Assistência Social (SUAS) localizadas em áreas residenciais da comunidade, com estruturas adequadas, que possam contar com apoio psicossocial para o atendimento das necessidades da pessoa acolhida, destinadas a jovens e adultos com deficiência, em situação de dependência, que não dispõem de condições de autossustentabilidade e com vínculos familiares fragilizados ou rompidos;

XI – moradia para a vida independente da pessoa com deficiência: moradia com estruturas adequadas capazes de proporcionar serviços de apoio coletivos e individualizados que respeitem e ampliem o grau de autonomia de jovens e adultos com deficiência;

XII – atendente pessoal: pessoa, membro ou não da família, que, com ou sem remuneração, assiste ou presta cuidados básicos e essenciais à pessoa com deficiência no exercício de suas atividades diárias, excluídas as técnicas ou os procedimentos identificados com profissões legalmente estabelecidas;

XIII – profissional de apoio escolar: pessoa que exerce atividades de alimentação, higiene e locomoção do estudante com deficiência e atua em todas as atividades escolares nas quais se fizer necessária, em todos os níveis e modalidades de ensino, em instituições públicas e privadas, excluídas as técnicas ou os procedimentos identificados com profissões legalmente estabelecidas;

XIV – acompanhante: aquele que acompanha a pessoa com deficiência, podendo ou não desempenhar as funções de atendente pessoal.

CAPÍTULO II
DA IGUALDADE E DA NÃO DISCRIMINAÇÃO

Art. 4º Toda pessoa com deficiência tem direito à igualdade de oportunidades com as demais pessoas e não sofrerá nenhuma espécie de discriminação.

§ 1º Considera-se discriminação em razão da deficiência toda forma de distinção, restrição ou exclusão, por ação ou omissão, que tenha o propósito ou o efeito de prejudicar, impedir ou anular o reconhecimento ou o exercício dos direitos e das liberdades fundamentais de pessoa com deficiência, incluindo a recusa de adaptações razoáveis e de fornecimento de tecnologias assistivas.

§ 2º A pessoa com deficiência não está obrigada à fruição de benefícios decorrentes de ação afirmativa.

Art. 5º A pessoa com deficiência será protegida de toda forma de negligência, discriminação, exploração, violência, tortura, crueldade, opressão e tratamento desumano ou degradante.

Parágrafo único. Para os fins da proteção mencionada no *caput* deste artigo, são considerados especialmente vulneráveis a criança, o adolescente, a mulher e o idoso, com deficiência.

Art. 6º A deficiência não afeta a plena capacidade civil da pessoa, inclusive para:

I – casar-se e constituir união estável;

II – exercer direitos sexuais e reprodutivos;

III – exercer o direito de decidir sobre o número de filhos e de ter acesso a informações adequadas sobre reprodução e planejamento familiar;

IV – conservar sua fertilidade, sendo vedada a esterilização compulsória;

V – exercer o direito à família e à convivência familiar e comunitária; e

VI – exercer o direito à guarda, à tutela, à curatela e à adoção, como adotante ou adotando, em igualdade de oportunidades com as demais pessoas.

Art. 7º É dever de todos comunicar à autoridade competente qualquer forma de ameaça ou de violação aos direitos da pessoa com deficiência.

Parágrafo único. Se, no exercício de suas funções, os juízes e os tribunais tiverem conhecimento de fatos que caracterizem as violações previstas nesta Lei, devem remeter peças ao Ministério Público para as providências cabíveis.

Art. 8º É dever do Estado, da sociedade e da família assegurar à pessoa com deficiência, com prioridade, a efetivação dos direitos referentes à vida, à saúde, à sexualidade, à paternidade e à maternidade, à alimentação, à habitação, à educação, à profissionalização, ao trabalho, à previdência social, à habilitação e à reabilitação, ao transporte, à acessibilidade, à cultura, ao desporto, ao turismo, ao lazer, à informação, à comunicação, aos avanços científicos e tecnológicos, à dignidade, ao respeito, à liberdade, à convivência familiar e comunitária, entre outros decorrentes da Constituição Federal, da Convenção sobre os Direitos das Pessoas com Deficiência e seu Protocolo Facultativo e das leis e de outras normas que garantam seu bem-estar pessoal, social e econômico.

SEÇÃO ÚNICA
DO ATENDIMENTO PRIORITÁRIO

Art. 9º A pessoa com deficiência tem direito a receber atendimento prioritário, sobretudo com a finalidade de:

I – proteção e socorro em quaisquer circunstâncias;

II – atendimento em todas as instituições e serviços de atendimento ao público;

III – disponibilização de recursos, tanto humanos quanto tecnológicos, que garantam atendimento em igualdade de condições com as demais pessoas;

IV – disponibilização de pontos de parada, estações e terminais acessíveis de transporte coletivo de passageiros e garantia de segurança no embarque e no desembarque;

V – acesso a informações e disponibilização de recursos de comunicação acessíveis;

VI – recebimento de restituição de imposto de renda;

VII – tramitação processual e procedimentos judiciais e administrativos em que for parte ou interessada, em todos os atos e diligências.

§ 1º Os direitos previstos neste artigo são extensivos ao acompanhante da pessoa com deficiência ou ao seu atendente pessoal, exceto quanto ao disposto nos incisos VI e VII deste artigo.

§ 2º Nos serviços de emergência públicos e privados, a prioridade conferida por esta Lei é condicionada aos protocolos de atendimento médico.

TÍTULO II – DOS DIREITOS FUNDAMENTAIS

CAPÍTULO I
DO DIREITO À VIDA

Art. 10. Compete ao poder público garantir a dignidade da pessoa com deficiência ao longo de toda a vida.

Parágrafo único. Em situações de risco, emergência ou estado de calamidade pública, a pessoa com deficiência será considerada vulnerável, devendo o poder público adotar medidas para sua proteção e segurança.

Art. 11. A pessoa com deficiência não poderá ser obrigada a se submeter a intervenção clínica ou cirúrgica, a tratamento ou a institucionalização forçada.

Parágrafo único. O consentimento da pessoa com deficiência em situação de curatela poderá ser suprido, na forma da lei.

Art. 12. O consentimento prévio, livre e esclarecido da pessoa com deficiência é indispensável para a realização de tratamento, procedimento, hospitalização e pesquisa científica.

§ 1º Em caso de pessoa com deficiência em situação de curatela, deve ser assegurada sua participação, no maior grau possível, para a obtenção de consentimento.

§ 2º A pesquisa científica envolvendo pessoa com deficiência em situação de tutela ou de curatela deve ser realizada, em caráter excepcional, apenas quando houver indícios de benefício direto para sua saúde ou para a saúde de outras pessoas com deficiência e desde que não haja outra opção de pesquisa de eficácia comparável com participantes não tutelados ou curatelados.

Art. 13. A pessoa com deficiência somente será atendida sem seu consentimento prévio, livre e esclarecido em casos de risco de morte e de emergência em saúde, resguardado seu superior interesse e adotadas as salvaguardas legais cabíveis.

CAPÍTULO II
DO DIREITO À HABILITAÇÃO E À REABILITAÇÃO

Art. 14. O processo de habilitação e de reabilitação é um direito da pessoa com deficiência.

Parágrafo único. O processo de habilitação e de reabilitação tem por objetivo o desenvolvimento de potencialidades, talentos, habilidades e aptidões físicas, cognitivas, sensoriais, psicossociais, atitudinais, profissionais e artísticas que contribuam para a conquista da autonomia da pessoa com deficiência e de sua participação social em igualdade de condições e oportunidades com as demais pessoas.

Art. 15. O processo mencionado no art. 14 desta Lei baseia-se em avaliação multidisciplinar das necessidades, habilidades e potencialidades de cada pessoa, observadas as seguintes diretrizes:

I – diagnóstico e intervenção precoces;

II – adoção de medidas para compensar perda ou limitação funcional, buscando o desenvolvimento de aptidões;

III – atuação permanente, integrada e articulada de políticas públicas que possibilitem a plena participação social da pessoa com deficiência;

IV – oferta de rede de serviços articulados, com atuação intersetorial, nos diferentes níveis de complexidade, para atender às necessidades específicas da pessoa com deficiência;

V – prestação de serviços próximo ao domicílio da pessoa com deficiência, inclusive na zona rural, respeitadas a organização das Redes de Atenção à Saúde (RAS) nos territórios locais e as normas do Sistema Único de Saúde (SUS).

Art. 16. Nos programas e serviços de habilitação e de reabilitação para a pessoa com deficiência, são garantidos:

I – organização, serviços, métodos, técnicas e recursos para atender às características de cada pessoa com deficiência;

II – acessibilidade em todos os ambientes e serviços;

III – tecnologia assistiva, tecnologia de reabilitação, materiais e equipamentos adequados e apoio técnico profissional, de acordo com as especificidades de cada pessoa com deficiência;

IV – capacitação continuada de todos os profissionais que participem dos programas e serviços.

Art. 17. Os serviços do SUS e do SUAS deverão promover ações articuladas para garantir à pessoa com deficiência e sua família a aquisição de informações, orientações e formas de acesso às políticas públicas disponíveis, com a finalidade de propiciar sua plena participação social.

Parágrafo único. Os serviços de que trata o *caput* deste artigo podem fornecer informações e orientações nas áreas de saúde, de educação, de cultura, de esporte, de lazer, de transporte, de previdência social, de assistência social, de habitação, de trabalho, de empreendedorismo, de acesso ao crédito, de promoção, proteção e defesa de direitos e nas demais áreas que possibilitem à pessoa com deficiência exercer sua cidadania.

CAPÍTULO III
DO DIREITO À SAÚDE

Art. 18. É assegurada atenção integral à saúde da pessoa com deficiência em todos os níveis de complexidade, por intermédio do SUS, garantido acesso universal e igualitário.

§ 1º É assegurada a participação da pessoa com deficiência na elaboração das políticas de saúde a ela destinadas.

§ 2º É assegurado atendimento segundo normas éticas e técnicas, que regulamentarão a atuação dos profissionais de saúde e contemplarão aspectos relacionados aos direitos e às especificidades da pessoa com deficiência, incluindo temas como sua dignidade e autonomia.

§ 3º Aos profissionais que prestam assistência à pessoa com deficiência, especialmente em serviços de habilitação e de reabilitação, deve ser garantida capacitação inicial e continuada.

§ 4º As ações e os serviços de saúde pública destinados à pessoa com deficiência devem assegurar:

I – diagnóstico e intervenção precoces, realizados por equipe multidisciplinar;

II – serviços de habilitação e de reabilitação sempre que necessários, para qualquer tipo de deficiência, inclusive para a manutenção da melhor condição de saúde e qualidade de vida;

III – atendimento domiciliar multidisciplinar, tratamento ambulatorial e internação;

IV – campanhas de vacinação;

V – atendimento psicológico, inclusive para seus familiares e atendentes pessoais;

VI – respeito à especificidade, à identidade de gênero e à orientação sexual da pessoa com deficiência;

VII – atenção sexual e reprodutiva, incluindo o direito à fertilização assistida;

VIII – informação adequada e acessível à pessoa com deficiência e a seus familiares sobre sua condição de saúde;

IX – serviços projetados para prevenir a ocorrência e o desenvolvimento de deficiências e agravos adicionais;

X – promoção de estratégias de capacitação permanente das equipes que atuam no SUS, em todos os níveis de atenção, no atendimento à pessoa com deficiência, bem como orientação a seus atendentes pessoais;

XI – oferta de órteses, próteses, meios auxiliares de locomoção, medicamentos, insumos e fórmulas nutricionais, conforme as normas vigentes do Ministério da Saúde.

§ 5º As diretrizes deste artigo aplicam-se também às instituições privadas que participem de forma complementar do SUS ou que recebam recursos públicos para sua manutenção.

Art. 19. Compete ao SUS desenvolver ações destinadas à prevenção de deficiências por causas evitáveis, inclusive por meio de:

I – acompanhamento da gravidez, do parto e do puerpério, com garantia de parto humanizado e seguro;

II – promoção de práticas alimentares adequadas e saudáveis, vigilância alimentar e nutricional, prevenção e cuidado integral dos agravos relacionados à alimentação e nutrição da mulher e da criança;

III – aprimoramento e expansão dos programas de imunização e de triagem neonatal;

IV – identificação e controle da gestante de alto risco;

V – aprimoramento do atendimento neonatal, com a oferta de ações e serviços de prevenção de danos cerebrais e sequelas neurológicas em recém-nascidos, inclusive por telessaúde.

▸ Inciso V acrescido pela Lei nº 14.510, de 27-12-2022.

Art. 20. As operadoras de planos e seguros privados de saúde são obrigadas a garantir à pessoa com deficiência, no mínimo, todos os serviços e produtos ofertados aos demais clientes.

Art. 21. Quando esgotados os meios de atenção à saúde da pessoa com deficiência no local de residência, será prestado atendimento fora de domicílio, para fins de diagnóstico e de tratamento, garantidos o transporte e a acomodação da pessoa com deficiência e de seu acompanhante.

Art. 22. À pessoa com deficiência internada ou em observação é assegurado o direito a acompanhante ou a atendente pessoal, devendo o órgão ou a instituição de saúde proporcionar condições adequadas para sua permanência em tempo integral.

§ 1º Na impossibilidade de permanência do acompanhante ou do atendente pessoal junto à pessoa com deficiência, cabe ao profissional de saúde responsável pelo tratamento justificá-la por escrito.

§ 2º Na ocorrência da impossibilidade prevista no § 1º deste artigo, o órgão ou a instituição de saúde deve adotar as providências cabíveis para suprir a ausência do acompanhante ou do atendente pessoal.

Art. 23. São vedadas todas as formas de discriminação contra a pessoa com deficiência, inclusive por meio de cobrança de valores diferenciados por planos e seguros privados de saúde, em razão de sua condição.

Art. 24. É assegurado à pessoa com deficiência o acesso aos serviços de saúde, tanto públicos como privados, e às informações prestadas e recebidas, por meio de recursos de tecnologia assistiva e de todas as formas de comunicação previstas no inciso V do art. 3º desta Lei.

Art. 25. Os espaços dos serviços de saúde, tanto públicos quanto privados, devem assegurar o acesso da pessoa com deficiência, em conformidade com a legislação em vigor, mediante a remoção de barreiras, por meio de projetos arquitetônico, de ambientação de interior e de comunicação que atendam às especificidades das pessoas com deficiência física, sensorial, intelectual e mental.

Art. 26. Os casos de suspeita ou de confirmação de violência praticada contra a pessoa com deficiência serão objeto de notificação compulsória pelos serviços de saúde públicos e privados à autoridade policial e ao Ministério Público, além dos Conselhos dos Direitos da Pessoa com Deficiência.

Parágrafo único. Para os efeitos desta Lei, considera-se violência contra a pessoa com deficiência qualquer ação ou omissão, praticada em local público ou privado, que lhe cause morte ou dano ou sofrimento físico ou psicológico.

CAPÍTULO IV
DO DIREITO À EDUCAÇÃO

Art. 27. A educação constitui direito da pessoa com deficiência, assegurados sistema educacional inclusivo em todos os níveis e aprendizado ao longo de toda a vida, de forma a alcançar o máximo desenvolvimento possível de seus talentos e habilidades físicas, sensoriais, intelectuais e sociais, segundo suas características, interesses e necessidades de aprendizagem.

Parágrafo único. É dever do Estado, da família, da comunidade escolar e da sociedade assegurar educação de qualidade à pessoa com deficiência, colocando-a a salvo de toda forma de violência, negligência e discriminação.

Art. 28. Incumbe ao poder público assegurar, criar, desenvolver, implementar, incentivar, acompanhar e avaliar:

I – sistema educacional inclusivo em todos os níveis e modalidades, bem como o aprendizado ao longo de toda a vida;

II – aprimoramento dos sistemas educacionais, visando a garantir condições de acesso, permanência, participação e aprendizagem, por meio da oferta de serviços e de recursos de acessibilidade que eliminem as barreiras e promovam a inclusão plena;

III – projeto pedagógico que institucionalize o atendimento educacional especializado, assim como os demais serviços e adaptações razoáveis, para atender às características dos estudantes com deficiência e garantir o seu pleno acesso ao currículo em condições de igualdade, promovendo a conquista e o exercício de sua autonomia;

IV – oferta de educação bilíngue, em LIBRAS como primeira língua e na modalidade escrita da língua portuguesa como segunda língua, em escolas e classes bilíngues e em escolas inclusivas;

V – adoção de medidas individualizadas e coletivas em ambientes que maximizem o desenvolvimento acadêmico e social dos estudantes com deficiência, favorecendo o acesso, a permanência, a participação e a aprendizagem em instituições de ensino;

VI – pesquisas voltadas para o desenvolvimento de novos métodos e técnicas pedagógicas, de materiais didáticos, de equipamentos e de recursos de tecnologia assistiva;

VII – planejamento de estudo de caso, de elaboração de plano de atendimento educacional especializado, de organização de recursos e serviços de acessibilidade e de disponibilização e usabilidade pedagógica de recursos de tecnologia assistiva;

VIII – participação dos estudantes com deficiência e de suas famílias nas diversas instâncias de atuação da comunidade escolar;

IX – adoção de medidas de apoio que favoreçam o desenvolvimento dos aspectos linguísticos, culturais, vocacionais e profissionais, levando-se em conta o talento, a criatividade, as habilidades e os interesses do estudante com deficiência;

X – adoção de práticas pedagógicas inclusivas pelos programas de formação inicial e continuada de professores e oferta de formação continuada para o atendimento educacional especializado;

XI – formação e disponibilização de professores para o atendimento educacional especializado, de tradutores e intérpretes da LIBRAS, de guias intérpretes e de profissionais de apoio;

XII – oferta de ensino da LIBRAS, do Sistema Braille e de uso de recursos de tecnologia assistiva, de forma a ampliar habilidades funcionais dos estudantes, promovendo sua autonomia e participação;

XIII – acesso à educação superior e à educação profissional e tecnológica em igualdade de oportunidades e condições com as demais pessoas;

XIV – inclusão em conteúdos curriculares, em cursos de nível superior e de educação profissional técnica e tecnológica, de temas relacionados à pessoa com deficiência nos respectivos campos de conhecimento;

XV – acesso da pessoa com deficiência, em igualdade de condições, a jogos e a atividades recreativas, esportivas e de lazer, no sistema escolar;

XVI – acessibilidade para todos os estudantes, trabalhadores da educação e demais integrantes da comunidade escolar às edificações, aos ambientes e às atividades concernentes a todas as modalidades, etapas e níveis de ensino;

XVII – oferta de profissionais de apoio escolar;

XVIII – articulação intersetorial na implementação de políticas públicas.

§ 1º Às instituições privadas, de qualquer nível e modalidade de ensino, aplica-se obrigatoriamente o disposto nos incisos I, II, III, V, VII, VIII, IX, X, XI, XII, XIII, XIV, XV, XVI, XVII e XVIII do *caput* deste artigo, sendo vedada a cobrança de valores adicionais de qualquer natureza em suas mensalidades, anuidades e matrículas no cumprimento dessas determinações.

§ 2º Na disponibilização de tradutores e intérpretes da LIBRAS a que se refere o inciso XI do *caput* deste artigo, deve-se observar o seguinte:

I – os tradutores e intérpretes da LIBRAS atuantes na educação básica devem, no mínimo, possuir ensino médio completo e certificado de proficiência na LIBRAS;

II – os tradutores e intérpretes da LIBRAS, quando direcionados à tarefa de interpretar nas salas de aula dos cursos de graduação e pós-graduação, devem possuir nível superior, com habilitação, prioritariamente, em Tradução e Interpretação em LIBRAS.

Art. 29. VETADO.

Art. 30. Nos processos seletivos para ingresso e permanência nos cursos oferecidos pelas instituições de ensino superior e de educação profissional e tecnológica, públicas e privadas, devem ser adotadas as seguintes medidas:

I – atendimento preferencial à pessoa com deficiência nas dependências das Instituições de Ensino Superior (IES) e nos serviços;

II – disponibilização de formulário de inscrição de exames com campos específicos para que o candidato com deficiência informe os recursos de acessibilidade e de tecnologia assistiva necessários para sua participação;

III – disponibilização de provas em formatos acessíveis para atendimento às necessidades específicas do candidato com deficiência;

IV – disponibilização de recursos de acessibilidade e de tecnologia assistiva adequados, previamente solicitados e escolhidos pelo candidato com deficiência;

V – dilação de tempo, conforme demanda apresentada pelo candidato com deficiência, tanto na realização de exame para seleção quanto nas atividades acadêmicas, mediante prévia solicitação e comprovação da necessidade;

VI – adoção de critérios de avaliação das provas escritas, discursivas ou de redação que considerem a singularidade linguística da pessoa com deficiência, no domínio da modalidade escrita da língua portuguesa;

VII – tradução completa do edital e de suas retificações em LIBRAS.

CAPÍTULO V
DO DIREITO À MORADIA

Art. 31. A pessoa com deficiência tem direito à moradia digna, no seio da família natural ou substituta, com seu cônjuge ou companheiro ou desacompanhada, ou em moradia para a vida independente da pessoa com deficiência, ou, ainda, em residência inclusiva.

§ 1º O poder público adotará programas e ações estratégicas para apoiar a criação e a manutenção de moradia para a vida independente da pessoa com deficiência.

§ 2º A proteção integral na modalidade de residência inclusiva será prestada no âmbito do SUAS à pessoa com deficiência em situação de dependência que não disponha de condições de autossustentabilidade, com vínculos familiares fragilizados ou rompidos.

Art. 32. Nos programas habitacionais, públicos ou subsidiados com recursos públicos, a pessoa com deficiência ou o seu responsável goza de prioridade na aquisição de imóvel para moradia própria, observado o seguinte:

I – reserva de, no mínimo, 3% (três por cento) das unidades habitacionais para pessoa com deficiência;

II – VETADO;

III – em caso de edificação multifamiliar, garantia de acessibilidade nas áreas de uso comum e nas unidades habitacionais no piso térreo e de acessibilidade ou de adaptação razoável nos demais pisos;

IV – disponibilização de equipamentos urbanos comunitários acessíveis;

V – elaboração de especificações técnicas no projeto que permitam a instalação de elevadores.

§ 1º O direito à prioridade, previsto no *caput* deste artigo, será reconhecido à pessoa com deficiência beneficiária apenas uma vez.

§ 2º Nos programas habitacionais públicos, os critérios de financiamento devem ser compatíveis com os rendimentos da pessoa com deficiência ou de sua família.

§ 3º Caso não haja pessoa com deficiência interessada nas unidades habitacionais reservadas por força do disposto no inciso I do *caput* deste artigo, as unidades não utilizadas serão disponibilizadas às demais pessoas.

Art. 33. Ao poder público compete:

I – adotar as providências necessárias para o cumprimento do disposto nos arts. 31 e 32 desta Lei; e

II – divulgar, para os agentes interessados e beneficiários, a política habitacional prevista nas legislações federal, estaduais, distrital e municipais, com ênfase nos dispositivos sobre acessibilidade.

CAPÍTULO VI
DO DIREITO AO TRABALHO

Seção I
Disposições Gerais

Art. 34. A pessoa com deficiência tem direito ao trabalho de sua livre escolha e aceitação, em ambiente acessível e inclusivo, em igualdade de oportunidades com as demais pessoas.

§ 1º As pessoas jurídicas de direito público, privado ou de qualquer natureza são obrigadas a garantir ambientes de trabalho acessíveis e inclusivos.

§ 2º A pessoa com deficiência tem direito, em igualdade de oportunidades com as demais pessoas, a condições justas e favoráveis de trabalho, incluindo igual remuneração por trabalho de igual valor.

§ 3º É vedada restrição ao trabalho da pessoa com deficiência e qualquer discriminação em razão de sua condição, inclusive nas etapas de recrutamento, seleção, contratação, admissão, exames admissional e periódico, permanência no emprego, ascensão profissional e reabilitação profissional, bem como exigência de aptidão plena.

§ 4º A pessoa com deficiência tem direito à participação e ao acesso a cursos, treinamentos, educação continuada, planos de carreira, promoções, bonificações e incentivos profissionais oferecidos pelo empregador, em igualdade de oportunidades com os demais empregados.

§ 5º É garantida aos trabalhadores com deficiência acessibilidade em cursos de formação e de capacitação.

Art. 35. É finalidade primordial das políticas públicas de trabalho e emprego promover e garantir condições de acesso e de permanência da pessoa com deficiência no campo de trabalho.

Parágrafo único. Os programas de estímulo ao empreendedorismo e ao trabalho autônomo, incluídos o cooperativismo e o associativismo, devem prever a participação da pessoa com deficiência e a disponibilização de linhas de crédito, quando necessárias.

Seção II

DA HABILITAÇÃO PROFISSIONAL E REABILITAÇÃO PROFISSIONAL

Art. 36. O poder público deve implementar serviços e programas completos de habilitação profissional e de reabilitação profissional para que a pessoa com deficiência possa ingressar, continuar ou retornar ao campo do trabalho, respeitados sua livre escolha, sua vocação e seu interesse.

§ 1º Equipe multidisciplinar indicará, com base em critérios previstos no § 1º do art. 2º desta Lei, programa de habilitação ou de reabilitação que possibilite à pessoa com deficiência restaurar sua capacidade e habilidade profissional ou adquirir novas capacidades e habilidades de trabalho.

§ 2º A habilitação profissional corresponde ao processo destinado a propiciar à pessoa com deficiência aquisição de conhecimentos, habilidades e aptidões para exercício de profissão ou de ocupação, permitindo nível suficiente de desenvolvimento profissional para ingresso no campo de trabalho.

§ 3º Os serviços de habilitação profissional, de reabilitação profissional e de educação profissional devem ser dotados de recursos necessários para atender a toda pessoa com deficiência, independentemente de sua característica específica, a fim de que ela possa ser capacitada para trabalho que lhe seja adequado e ter perspectivas de obtê-lo, de conservá-lo e de nele progredir.

§ 4º Os serviços de habilitação profissional, de reabilitação profissional e de educação profissional deverão ser oferecidos em ambientes acessíveis e inclusivos.

§ 5º A habilitação profissional e a reabilitação profissional devem ocorrer articuladas com as redes públicas e privadas, especialmente de saúde, de ensino e de assistência social, em todos os níveis e modalidades, em entidades de formação profissional ou diretamente com o empregador.

§ 6º A habilitação profissional pode ocorrer em empresas por meio de prévia formalização do contrato de emprego da pessoa com deficiência, que será considerada para o cumprimento da reserva de vagas prevista em lei, desde que por tempo determinado e concomitante com a inclusão profissional na empresa, observado o disposto em regulamento.

§ 7º A habilitação profissional e a reabilitação profissional atenderão à pessoa com deficiência.

Seção III

DA INCLUSÃO DA PESSOA COM DEFICIÊNCIA NO TRABALHO

Art. 37. Constitui modo de inclusão da pessoa com deficiência no trabalho a colocação competitiva, em igualdade de oportunidades com as demais pessoas, nos termos da legislação trabalhista e previdenciária, na qual devem ser atendidas as regras de acessibilidade, o fornecimento de recursos de tecnologia assistiva e a adaptação razoável no ambiente de trabalho.

Parágrafo único. A colocação competitiva da pessoa com deficiência pode ocorrer por meio de trabalho com apoio, observadas as seguintes diretrizes:

I – prioridade no atendimento à pessoa com deficiência com maior dificuldade de inserção no campo de trabalho;

II – provisão de suportes individualizados que atendam a necessidades específicas da pessoa com deficiência, inclusive a disponibilização de recursos de tecnologia assistiva, de agente facilitador e de apoio no ambiente de trabalho;

III – respeito ao perfil vocacional e ao interesse da pessoa com deficiência apoiada;

IV – oferta de aconselhamento e de apoio aos empregadores, com vistas à definição de estratégias de inclusão e de superação de barreiras, inclusive atitudinais;

V – realização de avaliações periódicas;

VI – articulação intersetorial das políticas públicas;

VII – possibilidade de participação de organizações da sociedade civil.

Art. 38. A entidade contratada para a realização de processo seletivo público ou privado para cargo, função ou emprego está obrigada à observância do disposto nesta Lei e em outras normas de acessibilidade vigentes.

CAPÍTULO VII

DO DIREITO À ASSISTÊNCIA SOCIAL

Art. 39. Os serviços, os programas, os projetos e os benefícios no âmbito da política pública de assistência social à pessoa com deficiência e sua família têm como objetivo a garantia da segurança de renda, da acolhida, da habilitação e da reabilitação, do desenvolvimento da autonomia e da convivência familiar e comunitária, para a promoção do acesso a direitos e da plena participação social.

§ 1º A assistência social à pessoa com deficiência, nos termos do *caput* deste artigo, deve envolver conjunto articulado de serviços do âmbito da Proteção Social Básica e da Proteção Social Especial, ofertados pelo SUAS, para a garantia de seguranças fundamentais no enfrentamento de situações de vulnerabilidade e de risco, por fragilização de vínculos e ameaça ou violação de direitos.

§ 2º Os serviços socioassistenciais destinados à pessoa com deficiência em situação de dependência deverão contar com cuidadores sociais para prestar-lhe cuidados básicos e instrumentais.

Art. 40. É assegurado à pessoa com deficiência que não possua meios para prover sua subsistência nem de tê-la provida por sua família o benefício mensal de 1 (um) salário mínimo, nos termos da Lei nº 8.742, de 7 de dezembro de 1993.

CAPÍTULO VIII

DO DIREITO À PREVIDÊNCIA SOCIAL

Art. 41. A pessoa com deficiência segurada do Regime Geral de Previdência Social (RGPS) tem direito à aposentadoria nos termos da Lei Complementar nº 142, de 8 de maio de 2013.

CAPÍTULO IX

DO DIREITO À CULTURA, AO ESPORTE, AO TURISMO E AO LAZER

Art. 42. A pessoa com deficiência tem direito à cultura, ao esporte, ao turismo e ao lazer em igualdade de oportunidades com as demais pessoas, sendo-lhe garantido o acesso:

I – a bens culturais em formato acessível;

II – a programas de televisão, cinema, teatro e outras atividades culturais e desportivas em formato acessível; e

III – a monumentos e locais de importância cultural e a espaços que ofereçam serviços ou eventos culturais e esportivos.

§ 1º É vedada a recusa de oferta de obra intelectual em formato acessível à pessoa com deficiência, sob qualquer argumento, inclusive sob a alegação de proteção dos direitos de propriedade intelectual.

§ 2º O poder público deve adotar soluções destinadas à eliminação, à redução ou à superação de barreiras para a promoção do acesso a todo patrimônio cultural, observadas as normas de acessibilidade, ambientais e de proteção do patrimônio histórico e artístico nacional.

Art. 43. O poder público deve promover a participação da pessoa com deficiência em atividades artísticas, intelectuais, culturais, esportivas e recreativas, com vistas ao seu protagonismo, devendo:

I – incentivar a provisão de instrução, de treinamento e de recursos adequados, em igualdade de oportunidades com as demais pessoas;

II – assegurar acessibilidade nos locais de eventos e nos serviços prestados por pessoa ou entidade envolvida na organização das atividades de que trata este artigo; e

III – assegurar a participação da pessoa com deficiência em jogos e atividades recreativas, esportivas, de lazer, culturais e artísticas, inclusive no sistema escolar, em igualdade de condições com as demais pessoas.

Art. 44. Nos teatros, cinemas, auditórios, estádios, ginásios de esporte, locais de espetáculos e de conferências e similares, serão reservados espaços livres e assentos para a pessoa com deficiência, de acordo com a capacidade de lotação da edificação, observado o disposto em regulamento.

§ 1º Os espaços e assentos a que se refere este artigo devem ser distribuídos pelo recinto em locais diversos, de boa visibilidade, em todos os setores, próximos aos corredores, devidamente sinalizados, evitando-se áreas segregadas de público e obstrução das saídas, em conformidade com as normas de acessibilidade.

§ 2º No caso de não haver comprovada procura pelos assentos reservados, esses podem, excepcionalmente, ser ocupados por pessoas sem deficiência ou que não tenham mobilidade reduzida, observado o disposto em regulamento.

§ 3º Os espaços e assentos a que se refere este artigo devem situar-se em locais que garantam a acomodação de, no mínimo, 1 (um) acompanhante da pessoa com deficiência ou com mobilidade reduzida, resguardado o direito de se acomodar proximamente a grupo familiar e comunitário.

§ 4º Nos locais referidos no *caput* deste artigo, deve haver, obrigatoriamente, rotas de fuga e saídas de emergência acessíveis, conforme padrões das normas de acessibilidade, a fim de permitir a saída segura da pessoa com deficiência ou com mobilidade reduzida, em caso de emergência.

§ 5º Todos os espaços das edificações previstas no *caput* deste artigo devem atender às normas de acessibilidade em vigor.

§ 6º As salas de cinema devem oferecer, em todas as sessões, recursos de acessibilidade para a pessoa com deficiência.

§ 7º O valor do ingresso da pessoa com deficiência não poderá ser superior ao valor cobrado das demais pessoas.

Art. 45. Os hotéis, pousadas e similares devem ser construídos observando-se os princípios do desenho universal, além de adotar todos os meios de acessibilidade, conforme legislação em vigor.

▸ Dec. nº 9.296, de 1º-3-2018, regulamenta este artigo.

§ 1º Os estabelecimentos já existentes deverão disponibilizar, pelo menos, 10% (dez por cento) de seus dormitórios acessíveis, garantida, no mínimo, 1 (uma) unidade acessível.

§ 2º Os dormitórios mencionados no § 1º deste artigo deverão ser localizados em rotas acessíveis.

§ 3º *Os meios de hospedagem já existentes que, por impossibilidade técnica decorrente de riscos estruturais da edificação, não possam cumprir o percentual estipulado no § 1º deste artigo, ficam dispensados dessa exigência mediante comprovação por laudo técnico estrutural, que deverá ser renovado a cada 5 (cinco) anos.*

▸ § 3º acrescido pela Lei nº 14.978, de 18-9-2024.

CAPÍTULO X
DO DIREITO AO TRANSPORTE E À MOBILIDADE

Art. 46. O direito ao transporte e à mobilidade da pessoa com deficiência ou com mobilidade reduzida será assegurado em igualdade de oportunidades com as demais pessoas, por meio de identificação e de eliminação de todos os obstáculos e barreiras ao seu acesso.

§ 1º Para fins de acessibilidade aos serviços de transporte coletivo terrestre, aquaviário e aéreo, em todas as jurisdições, consideram-se como integrantes desses serviços os veículos, os terminais, as estações, os pontos de parada, o sistema viário e a prestação do serviço.

§ 2º São sujeitas ao cumprimento das disposições desta Lei, sempre que houver interação com a matéria nela regulada, a outorga, a concessão, a permissão, a autorização, a renovação ou a habilitação de linhas e de serviços de transporte coletivo.

§ 3º Para colocação do símbolo internacional de acesso nos veículos, as empresas de transporte coletivo de passageiros dependem da certificação de acessibilidade emitida pelo gestor público responsável pela prestação do serviço.

Art. 47. Em todas as áreas de estacionamento aberto ao público, de uso público ou privado de uso coletivo e em vias públicas, devem ser reservadas vagas próximas aos acessos de circulação de pedestres, devidamente sinalizadas, para veículos que transportem pessoa com deficiência com comprometimento de mobilidade, desde que devidamente identificados.

§ 1º As vagas a que se refere o *caput* deste artigo devem equivaler a 2% (dois por cento) do total, garantida, no mínimo, 1 (uma) vaga devidamente sinalizada e com as especificações de desenho e traçado de acordo com as normas técnicas vigentes de acessibilidade.

§ 2º Os veículos estacionados nas vagas reservadas devem exibir, em local de ampla visibilidade, a credencial de beneficiário, a ser confeccionada e fornecida pelos órgãos de trânsito, que disciplinarão suas características e condições de uso.

§ 3º A utilização indevida das vagas de que trata este artigo sujeita os infratores às sanções previstas no inciso XX do art. 181 da Lei nº 9.503, de 23 de setembro de 1997 (Código de Trânsito Brasileiro).

▸ § 3º com a redação dada pela Lei nº 13.281, de 4-5-2016.

§ 4º A credencial a que se refere o § 2º deste artigo é vinculada à pessoa com deficiência que possui comprometimento de mobilidade e é válida em todo o território nacional.

Art. 48. Os veículos de transporte coletivo terrestre, aquaviário e aéreo, as instalações, as estações, os portos e os terminais em operação no País devem ser acessíveis, de forma a garantir o seu uso por todas as pessoas.

§ 1º Os veículos e as estruturas de que trata o *caput* deste artigo devem dispor de sistema de comunicação acessível que disponibilize informações sobre todos os pontos do itinerário.

§ 2º São asseguradas à pessoa com deficiência prioridade e segurança nos procedimentos de embarque e de desembarque nos veículos de transporte coletivo, de acordo com as normas técnicas.

§ 3º Para colocação do símbolo internacional de acesso nos veículos, as empresas de transporte coletivo de passageiros dependem da certificação de acessibilidade emitida pelo gestor público responsável pela prestação do serviço.

Art. 49. As empresas de transporte de fretamento e de turismo, na renovação de suas frotas, são obrigadas ao cumprimento do disposto nos arts. 46 e 48 desta Lei.

Art. 50. O poder público incentivará a fabricação de veículos acessíveis e a sua utilização como táxis e *vans*, de forma a garantir o seu uso por todas as pessoas.

Art. 51. As frotas de empresas de táxi devem reservar 10% (dez por cento) de seus veículos acessíveis à pessoa com deficiência.

▸ Dec. nº 9.762, de 11-4-2019, regulamenta este artigo.

§ 1º É proibida a cobrança diferenciada de tarifas ou de valores adicionais pelo serviço de táxi prestado à pessoa com deficiência.

§ 2º O poder público é autorizado a instituir incentivos fiscais com vistas a possibilitar a acessibilidade dos veículos a que se refere o *caput* deste artigo.

Art. 52. As locadoras de veículos são obrigadas a oferecer 1 (um) veículo adaptado para uso de pessoa com deficiência, a cada conjunto de 20 (vinte) veículos de sua frota.

▸ Dec. nº 9.762, de 11-4-2019, regulamenta este artigo.

Parágrafo único. O veículo adaptado deverá ter, no mínimo, câmbio automático, direção hidráulica, vidros elétricos e comandos manuais de freio e de embreagem.

TÍTULO III – DA ACESSIBILIDADE

CAPÍTULO I
DISPOSIÇÕES GERAIS

Art. 53. A acessibilidade é direito que garante à pessoa com deficiência ou com mobilidade reduzida viver de forma independente e exercer seus direitos de cidadania e de participação social.

Art. 54. São sujeitas ao cumprimento das disposições desta Lei e de outras normas relativas à acessibilidade, sempre que houver interação com a matéria nela regulada:

I – a aprovação de projeto arquitetônico e urbanístico ou de comunicação e informação, a fabricação de veículos de transporte coletivo, a prestação do respectivo serviço e a execução de qualquer tipo de obra, quando tenham destinação pública ou coletiva;

II – a outorga ou a renovação de concessão, permissão, autorização ou habilitação de qualquer natureza;

III – a aprovação de financiamento de projeto com utilização de recursos públicos, por meio de renúncia ou de incentivo fiscal, contrato, convênio ou instrumento congênere; e

IV – a concessão de aval da União para obtenção de empréstimo e de financiamento internacionais por entes públicos ou privados.

Art. 55. A concepção e a implantação de projetos que tratem do meio físico, de transporte, de informação e comunicação, inclusive de sistemas e tecnologias da informação e comunicação, e de outros serviços, equipamentos e instalações abertos ao público, de uso público ou privado de uso coletivo, tanto na zona urbana como na rural, devem atender aos princípios do desenho universal, tendo como referência as normas de acessibilidade.

§ 1º O desenho universal será sempre tomado como regra de caráter geral.

§ 2º Nas hipóteses em que comprovadamente o desenho universal não possa ser empreendido, deve ser adotada adaptação razoável.

§ 3º Caberá ao poder público promover a inclusão de conteúdos temáticos referentes ao desenho universal nas diretrizes curriculares da educação profissional e tecnológica e do ensino superior e na formação das carreiras de Estado.

§ 4º Os programas, os projetos e as linhas de pesquisa a serem desenvolvidos com o apoio de organismos públicos de auxílio à pesquisa e de agências de fomento deverão incluir temas voltados para o desenho universal.

§ 5º Desde a etapa de concepção, as políticas públicas deverão considerar a adoção do desenho universal.

Art. 56. A construção, a reforma, a ampliação ou a mudança de uso de edificações abertas ao público, de uso público ou privadas de uso coletivo deverão ser executadas de modo a serem acessíveis.

§ 1º As entidades de fiscalização profissional das atividades de Engenharia, de Arquitetura e correlatas, ao anotarem a responsabilidade técnica de projetos, devem exigir a responsabilidade profissional declarada de atendimento às regras de acessibilidade previstas em legislação e em normas técnicas pertinentes.

§ 2º Para a aprovação, o licenciamento ou a emissão de certificado de projeto executivo arquitetônico, urbanístico e de instalações e equipamentos temporários ou permanentes e para o licenciamento ou a emissão de certificado de conclusão de obra ou de serviço, deve ser atestado o atendimento às regras de acessibilidade.

§ 3º O poder público, após certificar a acessibilidade de edificação ou de serviço, determinará a colocação, em espaços ou em locais de ampla visibilidade, do símbolo internacional de acesso, na forma prevista em legislação e em normas técnicas correlatas.

Art. 57. As edificações públicas e privadas de uso coletivo já existentes devem garantir acessibilidade à pessoa com deficiência em todas as suas dependências e serviços, tendo como referência as normas de acessibilidade vigentes.

Art. 58. O projeto e a construção de edificação de uso privado multifamiliar devem atender aos preceitos de acessibilidade, na forma regulamentar.

▸ Dec. nº 9.451, de 26-7-2018, regulamenta o disposto neste artigo.

§ 1º As construtoras e incorporadoras responsáveis pelo projeto e pela construção das edificações a que se refere o *caput* deste artigo devem assegurar percentual mínimo de suas unidades internamente acessíveis, na forma regulamentar.

§ 2º É vedada a cobrança de valores adicionais para a aquisição de unidades internamente acessíveis a que se refere o § 1º deste artigo.

Art. 59. Em qualquer intervenção nas vias e nos espaços públicos, o poder público e as empresas concessionárias responsáveis pela execução das obras e dos serviços devem garantir, de forma segura, a fluidez do trânsito e a livre circulação e acessibilidade das pessoas, durante e após sua execução.

Art. 60. Orientam-se, no que couber, pelas regras de acessibilidade previstas em legislação e em normas técnicas, observado o disposto na Lei nº 10.098, de 19 de dezembro de 2000, nº 10.257, de 10 de julho de 2001, e nº 12.587, de 3 de janeiro de 2012:

I – os planos diretores municipais, os planos diretores de transporte e trânsito, os planos de mobilidade urbana e os planos de preservação de sítios históricos elaborados ou atualizados a partir da publicação desta Lei;

II – os códigos de obras, os códigos de postura, as leis de uso e ocupação do solo e as leis do sistema viário;

III – os estudos prévios de impacto de vizinhança;

IV – as atividades de fiscalização e a imposição de sanções; e

V – a legislação referente à prevenção contra incêndio e pânico.

§ 1º A concessão e a renovação de alvará de funcionamento para qualquer atividade são condicionadas à observação e à certificação das regras de acessibilidade.

§ 2º A emissão de carta de habite-se ou de habilitação equivalente e sua renovação, quando esta tiver sido emitida anteriormente às exigências de acessibilidade, é condicionada à observação e à certificação das regras de acessibilidade.

Art. 61. A formulação, a implementação e a manutenção das ações de acessibilidade atenderão às seguintes premissas básicas:

I – eleição de prioridades, elaboração de cronograma e reserva de recursos para implementação das ações; e

II – planejamento contínuo e articulado entre os setores envolvidos.

Art. 62. É assegurado à pessoa com deficiência, mediante solicitação, o recebimento de contas, boletos, recibos, extratos e cobranças de tributos em formato acessível.

CAPÍTULO II
DO ACESSO À INFORMAÇÃO E À COMUNICAÇÃO

Art. 63. É obrigatória a acessibilidade nos sítios da internet mantidos por empresas com sede ou representação comercial no País ou por órgãos de governo, para uso da pessoa com deficiência, garantindo-lhe acesso às informações disponíveis, conforme as melhores práticas e diretrizes de acessibilidade adotadas internacionalmente.

§ 1º Os sítios devem conter símbolo de acessibilidade em destaque.

§ 2º Telecentros comunitários que receberem recursos públicos federais para seu custeio ou sua instalação e *lan houses* devem possuir equipamentos e instalações acessíveis.

§ 3º Os telecentros e as *lan houses* de que trata o § 2º deste artigo devem garantir, no mínimo, 10% (dez por cento) de seus computadores com recursos de acessibilidade para pessoa com deficiência visual, sendo assegurado pelo menos 1 (um) equipamento, quando o resultado percentual for inferior a 1 (um).

Art. 64. A acessibilidade nos sítios da internet de que trata o art. 63 desta Lei deve ser observada para obtenção do financiamento de que trata o inciso III do art. 54 desta Lei.

Art. 65. As empresas prestadoras de serviços de telecomunicações deverão garantir pleno acesso à pessoa com deficiência, conforme regulamentação específica.

Art. 66. Cabe ao poder público incentivar a oferta de aparelhos de telefonia fixa e móvel celular com acessibilidade que, entre outras tecnologias assistivas, possuam possibilidade de indicação e de ampliação sonoras de todas as operações e funções disponíveis.

Art. 67. Os serviços de radiodifusão de sons e imagens devem permitir o uso dos seguintes recursos, entre outros:

I – subtitulação por meio de legenda oculta;

II – janela com intérprete da LIBRAS;

III – audiodescrição.

Art. 68. O poder público deve adotar mecanismos de incentivo à produção, à edição, à difusão, à distribuição e à comercialização de livros em formatos acessíveis, inclusive em publicações da administração pública ou financiadas com recursos públicos, com vistas a garantir à pessoa com deficiência o direito de acesso à leitura, à informação e à comunicação.

§ 1º Nos editais de compras de livros, inclusive para o abastecimento ou a atualização de acervos de bibliotecas em todos os níveis e modalidades de educação e de bibliotecas públicas, o poder público deverá adotar cláusulas de impedimento à participação de editoras que não ofertem sua produção também em formatos acessíveis.

§ 2º Consideram-se formatos acessíveis os arquivos digitais que possam ser reconhecidos e acessados por *softwares* leitores de telas ou outras tecnologias assistivas que vierem a substituí-los, permitindo leitura com voz sintetizada, ampliação de caracteres, diferentes contrastes e impressão em Braille.

§ 3º O poder público deve estimular e apoiar a adaptação e a produção de artigos científicos em formato acessível, inclusive em LIBRAS.

Art. 69. O poder público deve assegurar a disponibilidade de informações corretas e claras sobre os diferentes produtos e serviços ofertados, por quaisquer meios de comunicação empregados, inclusive em ambiente virtual, contendo a especificação correta de quantidade, qualidade, características, composição e preço, bem como sobre os eventuais riscos à saúde e à segurança do consumidor com deficiência, em caso de sua utilização, aplicando-se, no que couber, os arts. 30 a 41 da Lei nº 8.078, de 11 de setembro de 1990.

§ 1º Os canais de comercialização virtual e os anúncios publicitários veiculados na imprensa escrita, na internet, no rádio, na televisão e nos demais veículos de comunicação abertos ou por assinatura devem disponibilizar, conforme a compatibilidade do meio, os recursos de acessibilidade de que trata o art. 67 desta Lei, a expensas do fornecedor do produto ou do serviço, sem prejuízo da observância do disposto nos arts. 36 a 38 da Lei nº 8.078, de 11 de setembro de 1990.

§ 2º Os fornecedores devem disponibilizar, mediante solicitação, exemplares de bulas, prospectos, textos ou qualquer outro tipo de material de divulgação em formato acessível.

Art. 70. As instituições promotoras de congressos, seminários, oficinas e demais eventos de natureza científico-cultural devem oferecer à pessoa com deficiência, no mínimo, os recursos de tecnologia assistiva previstos no art. 67 desta Lei.

Art. 71. Os congressos, os seminários, as oficinas e os demais eventos de natureza científico-cultural promovidos ou financiados pelo Poder Público devem garantir as condições de acessibilidade e os recursos de tecnologia assistiva.

Art. 72. Os programas, as linhas de pesquisa e os projetos a serem desenvolvidos com o apoio de agências de financiamento e de órgãos e entidades integrantes da administração pública que atuem no auxílio à pesquisa devem contemplar temas voltados à tecnologia assistiva.

Art. 73. Caberá ao poder público, diretamente ou em parceria com organizações da sociedade civil, promover a capacitação de tradutores e intérpretes da LIBRAS, de guias intérpretes e de profissionais habilitados em Braille, audiodescrição, estenotipia e legendagem.

***Art. 73-A.** As campanhas sociais, preventivas e educativas devem ser acessíveis à pessoa com deficiência.*

▸ Art. 73-A acrescido pela Lei nº 14.863, de 27-5-2024.

CAPÍTULO III
DA TECNOLOGIA ASSISTIVA

Art. 74. É garantido à pessoa com deficiência acesso a produtos, recursos, estratégias, práticas, processos, métodos e serviços de tecnologia assistiva que maximizem sua autonomia, mobilidade pessoal e qualidade de vida.

Art. 75. O poder público desenvolverá plano específico de medidas, a ser renovado em cada período de 4 (quatro) anos, com a finalidade de:

▸ Dec. nº 10.645, de 11-3-2021, regulamenta este artigo, para dispor sobre diretrizes e objetivos e os eixos do Plano Nacional de Tecnologia Assistiva.

I – facilitar o acesso a crédito especializado, inclusive com oferta de linhas de crédito subsidiadas, específicas para aquisição de tecnologia assistiva;

II – agilizar, simplificar e priorizar procedimentos de importação de tecnologia assistiva, especialmente as questões atinentes a procedimentos alfandegários e sanitários;

III – criar mecanismos de fomento à pesquisa e à produção nacional de tecnologia assistiva, inclusive por meio de concessão de linhas de crédito subsidiado e de parcerias com institutos de pesquisa oficiais;

IV – eliminar ou reduzir a tributação da cadeia produtiva e de importação de tecnologia assistiva;

V – facilitar e agilizar o processo de inclusão de novos recursos de tecnologia assistiva no rol de produtos distribuídos no âmbito do SUS e por outros órgãos governamentais.

Parágrafo único. Para fazer cumprir o disposto neste artigo, os procedimentos constantes do plano específico de medidas deverão ser avaliados, pelo menos, a cada 2 (dois) anos.

CAPÍTULO IV
DO DIREITO À PARTICIPAÇÃO NA VIDA PÚBLICA E POLÍTICA

Art. 76. O poder público deve garantir à pessoa com deficiência todos os direitos políticos e a oportunidade de exercê-los em igualdade de condições com as demais pessoas.

§ 1º À pessoa com deficiência será assegurado o direito de votar e de ser votada, inclusive por meio das seguintes ações:

I – garantia de que os procedimentos, as instalações, os materiais e os equipamentos para votação sejam apropriados, acessíveis a todas as pessoas e de fácil compreensão e uso, sendo vedada a instalação de seções eleitorais exclusivas para a pessoa com deficiência;

II – incentivo à pessoa com deficiência a candidatar-se e a desempenhar quaisquer funções públicas em todos os níveis de governo, inclusive por meio do uso de novas tecnologias assistivas, quando apropriado;

III – garantia de que os pronunciamentos oficiais, a propaganda eleitoral obrigatória e os debates transmitidos pelas emissoras de televisão possuam, pelo menos, os recursos elencados no art. 67 desta Lei;

IV – garantia do livre exercício do direito ao voto e, para tanto, sempre que necessário e a seu pedido, permissão para que a pessoa com deficiência seja auxiliada na votação por pessoa de sua escolha.

§ 2º O poder público promoverá a participação da pessoa com deficiência, inclusive quando institucionalizada, na condução das questões públicas, sem discriminação e em igualdade de oportunidades, observado o seguinte:

I – participação em organizações não governamentais relacionadas à vida pública e à política do País e em atividades e administração de partidos políticos;

II – formação de organizações para representar a pessoa com deficiência em todos os níveis;

III – participação da pessoa com deficiência em organizações que a representem.

TÍTULO IV – DA CIÊNCIA E TECNOLOGIA

Art. 77. O poder público deve fomentar o desenvolvimento científico, a pesquisa e a inovação e a capacitação tecnológicas, voltados à melhoria da qualidade de vida e ao trabalho da pessoa com deficiência e sua inclusão social.

§ 1º O fomento pelo poder público deve priorizar a geração de conhecimentos e técnicas que visem à prevenção e ao tratamento de deficiências e ao desenvolvimento de tecnologias assistiva e social.

§ 2º A acessibilidade e as tecnologias assistiva e social devem ser fomentadas mediante a criação de cursos de pós-graduação, a formação de recursos humanos e a inclusão do tema nas diretrizes de áreas do conhecimento.

§ 3º Deve ser fomentada a capacitação tecnológica de instituições públicas e privadas para o desenvolvimento de tecnologias assistiva e social que sejam voltadas para melhoria da funcionalidade e da participação social da pessoa com deficiência.

§ 4º As medidas previstas neste artigo devem ser reavaliadas periodicamente pelo poder público, com vistas ao seu aperfeiçoamento.

Art. 78. Devem ser estimulados a pesquisa, o desenvolvimento, a inovação e a difusão de tecnologias voltadas para ampliar o acesso da pessoa com deficiência às tecnologias da informação e comunicação e às tecnologias sociais.

Parágrafo único. Serão estimulados, em especial:

I – o emprego de tecnologias da informação e comunicação como instrumento de superação de limitações funcionais e de barreiras à comunicação, à informação, à educação e ao entretenimento da pessoa com deficiência;

II – a adoção de soluções e a difusão de normas que visem a ampliar a acessibilidade da pessoa com deficiência à computação e aos sítios da internet, em especial aos serviços de governo eletrônico.

Livro II – PARTE ESPECIAL

TÍTULO I – DO ACESSO À JUSTIÇA

CAPÍTULO I
DISPOSIÇÕES GERAIS

Art. 79. O poder público deve assegurar o acesso da pessoa com deficiência à justiça, em igualdade de oportunidades com as demais pessoas, garantindo, sempre que requeridos, adaptações e recursos de tecnologia assistiva.

§ 1º A fim de garantir a atuação da pessoa com deficiência em todo o processo judicial, o poder público deve capacitar os membros e os servidores que atuam no Poder Judiciário, no Ministério Público, na Defensoria Pública, nos órgãos de segurança pública e no sistema penitenciário quanto aos direitos da pessoa com deficiência.

§ 2º Devem ser assegurados à pessoa com deficiência submetida a medida restritiva de liberdade todos os direitos e garantias a que fazem jus os apenados sem deficiência, garantida a acessibilidade.

§ 3º A Defensoria Pública e o Ministério Público tomarão as medidas necessárias à garantia dos direitos previstos nesta Lei.

Art. 80. Devem ser oferecidos todos os recursos de tecnologia assistiva disponíveis para que a pessoa com deficiência tenha garantido o acesso à justiça, sempre que figure em um dos polos da ação ou atue como testemunha, partícipe da lide posta em juízo, advogado, defensor público, magistrado ou membro do Ministério Público.

Parágrafo único. A pessoa com deficiência tem garantido o acesso ao conteúdo de todos os atos processuais de seu interesse, inclusive no exercício da advocacia.

Art. 81. Os direitos da pessoa com deficiência serão garantidos por ocasião da aplicação de sanções penais.

Art. 82. VETADO.

Art. 83. Os serviços notariais e de registro não podem negar ou criar óbices ou condições diferenciadas à prestação de seus serviços em razão de deficiência do solicitante, devendo reconhecer sua capacidade legal plena, garantida a acessibilidade.

Parágrafo único. O descumprimento do disposto no *caput* deste artigo constitui discriminação em razão de deficiência.

CAPÍTULO II
DO RECONHECIMENTO IGUAL PERANTE A LEI

Art. 84. A pessoa com deficiência tem assegurado o direito ao exercício de sua capacidade legal em igualdade de condições com as demais pessoas.

§ 1º Quando necessário, a pessoa com deficiência será submetida à curatela, conforme a lei.

§ 2º É facultado à pessoa com deficiência a adoção de processo de tomada de decisão apoiada.

§ 3º A definição de curatela de pessoa com deficiência constitui medida protetiva extraordinária, proporcional às necessidades e às circunstâncias de cada caso, e durará o menor tempo possível.

§ 4º Os curadores são obrigados a prestar, anualmente, contas de sua administração ao juiz, apresentando o balanço do respectivo ano.

Art. 85. A curatela afetará tão somente os atos relacionados aos direitos de natureza patrimonial e negocial.

§ 1º A definição da curatela não alcança o direito ao próprio corpo, à sexualidade, ao matrimônio, à privacidade, à educação, à saúde, ao trabalho e ao voto.

§ 2º A curatela constitui medida extraordinária, devendo constar da sentença as razões e motivações de sua definição, preservados os interesses do curatelado.

§ 3º No caso de pessoa em situação de institucionalização, ao nomear curador, o juiz deve dar preferência a pessoa que tenha vínculo de natureza familiar, afetiva ou comunitária com o curatelado.

Art. 86. Para emissão de documentos oficiais, não será exigida a situação de curatela da pessoa com deficiência.

Art. 87. Em casos de relevância e urgência e a fim de proteger os interesses da pessoa com deficiência em situação de curatela, será lícito ao juiz, ouvido o Ministério Público, de ofício ou a requerimento do interessado, nomear, desde logo, curador provisório, o qual estará sujeito, no que couber, às disposições do Código de Processo Civil.

TÍTULO II – DOS CRIMES E DAS INFRAÇÕES ADMINISTRATIVAS

Art. 88. Praticar, induzir ou incitar discriminação de pessoa em razão de sua deficiência:

Pena – reclusão, de 1 (um) a 3 (três) anos, e multa.

§ 1º Aumenta-se a pena em 1/3 (um terço) se a vítima encontrar-se sob cuidado e responsabilidade do agente.

§ 2º Se qualquer dos crimes previstos no *caput* deste artigo é cometido por intermédio de meios de comunicação social ou de publicação de qualquer natureza:

Pena – reclusão, de 2 (dois) a 5 (cinco) anos, e multa.

§ 3º Na hipótese do § 2º deste artigo, o juiz poderá determinar, ouvido o Ministério Público ou a pedido deste, ainda antes do inquérito policial, sob pena de desobediência:

I – recolhimento ou busca e apreensão dos exemplares do material discriminatório;

II – interdição das respectivas mensagens ou páginas de informação na internet.

§ 4º Na hipótese do § 2º deste artigo, constitui efeito da condenação, após o trânsito em julgado da decisão, a destruição do material apreendido.

Art. 89. Apropriar-se de ou desviar bens, proventos, pensão, benefícios, remuneração ou qualquer outro rendimento de pessoa com deficiência:

Pena – reclusão, de 1 (um) a 4 (quatro) anos, e multa.

Parágrafo único. Aumenta-se a pena em 1/3 (um terço) se o crime é cometido:

I – por tutor, curador, síndico, liquidatário, inventariante, testamenteiro ou depositário judicial; ou

II – por aquele que se apropriou em razão de ofício ou de profissão.

Art. 90. Abandonar pessoa com deficiência em hospitais, casas de saúde, entidades de abrigamento ou congêneres:

Pena – reclusão, de 2 (dois) a 5 (cinco) anos, e multa.

▸ Pena com a redação dada pela Lei nº 15.163, de 3-7-2025.

§ 1º Se do abandono resulta lesão corporal de natureza grave:

Pena – reclusão, de 3 (três) a 7 (sete) anos, e multa.

▸ Parágrafo único transformado em § 1º e com a redação dada pela Lei nº 15.163, de 3-7-2025.

§ 2º Se do abandono resulta morte:

Pena – reclusão, de 8 (oito) a 14 (quatorze) anos, e multa.

§ 3º Nas mesmas penas incorre quem não prover as necessidades básicas de pessoa com deficiência quando obrigado por lei ou mandado.

▸ §§ 2º e 3º acrescidos pela Lei nº 15.163, de 3-7-2025.

Art. 91. Reter ou utilizar cartão magnético, qualquer meio eletrônico ou documento de pessoa com deficiência destinados ao recebimento de benefícios, proventos, pensões ou remuneração ou à realização de operações financeiras, com o fim de obter vantagem indevida para si ou para outrem:

Pena – detenção, de 6 (seis) meses a 2 (dois) anos, e multa.

Parágrafo único. Aumenta-se a pena em 1/3 (um terço) se o crime é cometido por tutor ou curador.

TÍTULO III – DISPOSIÇÕES FINAIS E TRANSITÓRIAS

Art. 92. É criado o Cadastro Nacional de Inclusão da Pessoa com Deficiência (Cadastro-Inclusão), registro público eletrônico com a finalidade de coletar, processar, sistematizar e disseminar informações georreferenciadas que permitam a identificação e a caracterização socioeconômica da pessoa com deficiência, bem como das barreiras que impedem a realização de seus direitos.

§ 1º O Cadastro-Inclusão será administrado pelo Poder Executivo federal e constituído por base de dados, instrumentos, procedimentos e sistemas eletrônicos.

§ 2º Os dados constituintes do Cadastro-Inclusão serão obtidos pela integração dos sistemas de informação e da base de dados de todas as políticas públicas relacionadas aos direitos da pessoa com deficiência, bem como por informações coletadas, inclusive em censos nacionais e nas demais pesquisas realizadas no País, de acordo com os parâmetros estabelecidos pela Convenção sobre os Direitos das Pessoas com Deficiência e seu Protocolo Facultativo.

§ 3º Para coleta, transmissão e sistematização de dados, é facultada a celebração de convênios, acordos, termos de parceria ou contratos com instituições públicas e privadas, observados os requisitos e procedimentos previstos em legislação específica.

§ 4º Para assegurar a confidencialidade, a privacidade e as liberdades fundamentais da pessoa com deficiência e os princípios éticos que regem a utilização de informações, devem ser observadas as salvaguardas estabelecidas em lei.

§ 5º Os dados do Cadastro-Inclusão somente poderão ser utilizados para as seguintes finalidades:

I – formulação, gestão, monitoramento e avaliação das políticas públicas para a pessoa com deficiência e para identificar as barreiras que impedem a realização de seus direitos;

II – realização de estudos e pesquisas.

§ 6º As informações a que se refere este artigo devem ser disseminadas em formatos acessíveis.

Art. 93. Na realização de inspeções e de auditorias pelos órgãos de controle interno e externo, deve ser observado o cumprimento da legislação relativa à pessoa com deficiência e das normas de acessibilidade vigentes.

Art. 94. Terá direito a auxílio-inclusão, nos termos da lei, a pessoa com deficiência moderada ou grave que:

I – receba o benefício de prestação continuada previsto no art. 20 da Lei nº 8.742, de 7 de dezembro de 1993, e que passe a exercer atividade remunerada que a enquadre como segurado obrigatório do RGPS;

II – tenha recebido, nos últimos 5 (cinco) anos, o benefício de prestação continuada previsto no art. 20 da Lei nº 8.742, de 7 de dezembro de 1993, e que exerça atividade remunerada que a enquadre como segurado obrigatório do RGPS.

Art. 95. É vedado exigir o comparecimento de pessoa com deficiência perante os órgãos públicos quando seu deslocamento, em razão de sua limitação funcional e de condições de acessibilidade, imponha-lhe ônus desproporcional e indevido, hipótese na qual serão observados os seguintes procedimentos:

I – quando for de interesse do poder público, o agente promoverá o contato necessário com a pessoa com deficiência em sua residência;

II – quando for de interesse da pessoa com deficiência, ela apresentará solicitação de atendimento domiciliar ou fará representar-se por procurador constituído para essa finalidade.

Parágrafo único. É assegurado à pessoa com deficiência atendimento domiciliar pela perícia médica e social do Instituto Nacional do Seguro Social (INSS), pelo serviço público de saúde ou pelo serviço privado de saúde, contratado ou conveniado, que integre o SUS e pelas entidades da rede socioassistencial integrantes do SUAS, quando seu deslocamento, em razão de sua limitação funcional e de condições de acessibilidade, imponha-lhe ônus desproporcional e indevido.

Art. 96. O § 6º-A do art. 135 da Lei nº 4.737, de 15 de julho de 1965 (Código Eleitoral), passa a vigorar com a seguinte redação:

▸ Alteração inserida no texto do referido Código.

Art. 97. A Consolidação das Leis do Trabalho (CLT), aprovada pelo Decreto-Lei nº 5.452, de 1º de maio de 1943, passa a vigorar com as seguintes alterações:

▸ Alterações inseridas no texto da referida Consolidação.

Art. 98. A Lei nº 7.853, de 24 de outubro de 1989, passa a vigorar com as seguintes alterações:

> "Art. 3º As medidas judiciais destinadas à proteção de interesses coletivos, difusos, individuais homogêneos e individuais indisponíveis da pessoa com deficiência poderão ser propostas pelo Ministério Público, pela Defensoria Pública, pela União, pelos Estados, pelos Municípios, pelo Distrito Federal, por associação constituída há mais de 1 (um) ano, nos termos da lei civil, por autarquia, por empresa pública e por fundação ou sociedade de economia mista que inclua, entre suas finalidades institucionais, a proteção dos interesses e a promoção de direitos da pessoa com deficiência.
>
> ...."
>
> "Art. 8º Constitui crime punível com reclusão de 2 (dois) a 5 (cinco) anos e multa:
>
> I – recusar, cobrar valores adicionais, suspender, procrastinar, cancelar ou fazer cessar inscrição de aluno em estabelecimento de ensino de qualquer curso ou grau, público ou privado, em razão de sua deficiência;
>
> II – obstar inscrição em concurso público ou acesso de alguém a qualquer cargo ou emprego público, em razão de sua deficiência;
>
> III – negar ou obstar emprego, trabalho ou promoção à pessoa em razão de sua deficiência;

IV – recusar, retardar ou dificultar internação ou deixar de prestar assistência médico-hospitalar e ambulatorial à pessoa com deficiência;

V – deixar de cumprir, retardar ou frustrar execução de ordem judicial expedida na ação civil a que alude esta Lei;

VI – recusar, retardar ou omitir dados técnicos indispensáveis à propositura da ação civil pública objeto desta Lei, quando requisitados.

§ 1º Se o crime for praticado contra pessoa com deficiência menor de 18 (dezoito) anos, a pena é agravada em 1/3 (um terço).

§ 2º A pena pela adoção deliberada de critérios subjetivos para indeferimento de inscrição, de aprovação e de cumprimento de estágio probatório em concursos públicos não exclui a responsabilidade patrimonial pessoal do administrador público pelos danos causados.

§ 3º Incorre nas mesmas penas quem impede ou dificulta o ingresso de pessoa com deficiência em planos privados de assistência à saúde, inclusive com cobrança de valores diferenciados.

§ 4º Se o crime for praticado em atendimento de urgência e emergência, a pena é agravada em 1/3 (um terço)."

Art. 99. O art. 20 da Lei nº 8.036, de 11 de maio de 1990, passa a vigorar acrescido do seguinte inciso XVIII:

▸ Alteração inserida no texto da referida Lei.

Art. 100. A Lei nº 8.078, de 11 de setembro de 1990 (Código de Defesa do Consumidor), passa a vigorar com as seguintes alterações:

▸ Alterações inseridas no texto do referido Código.

Art. 101. A Lei nº 8.213, de 24 de julho de 1991, passa a vigorar com as seguintes alterações:

▸ Alterações inseridas no texto da referida Lei.

Art. 102. O art. 2º da Lei nº 8.313, de 23 de dezembro de 1991, passa a vigorar acrescido do seguinte § 3º:

"Art. 2º ....

§ 3º Os incentivos criados por esta Lei somente serão concedidos a projetos culturais que forem disponibilizados, sempre que tecnicamente possível, também em formato acessível à pessoa com deficiência, observado o disposto em regulamento."

Art. 103. O art. 11 da Lei nº 8.429, de 2 de junho de 1992, passa a vigorar acrescido do seguinte inciso IX:

▸ Alteração inserida no texto da referida Lei.

Art. 104. A Lei nº 8.666, de 21 de junho de 1993, passa a vigorar com as seguintes alterações:

▸ Alterações inseridas no texto da referida Lei.

Art. 105. O art. 20 da Lei nº 8.742, de 7 de dezembro de 1993, passa a vigorar com as seguintes alterações:

▸ Alterações inseridas no texto da referida Lei.

Art. 106. VETADO.

Art. 107. A Lei nº 9.029, de 13 de abril de 1995, passa a vigorar com as seguintes alterações:

▸ Alterações inseridas no texto da referida Lei.

Art. 108. O art. 35 da Lei nº 9.250, de 26 de dezembro de 1995, passa a vigorar acrescido do seguinte § 5º:

"Art. 35. ....

§ 5º Sem prejuízo do disposto no inciso IX do parágrafo único do art. 3º da Lei nº 10.741, de 1º de outubro de 2003, a pessoa com deficiência, ou o contribuinte que tenha dependente nessa condição, tem preferência na restituição referida no inciso III do art. 4º e na alínea *c* do inciso II do art. 8º."

Art. 109. A Lei nº 9.503, de 23 de setembro de 1997 (Código de Trânsito Brasileiro), passa a vigorar com as seguintes alterações:

▸ Alterações inseridas no texto do referido Código.

Art. 110. O inciso VI e o § 1º do art. 56 da Lei nº 9.615, de 24 de março de 1998, passam a vigorar com a seguinte redação:

"Art. 56. ....

....

VI – 2,7% (dois inteiros e sete décimos por cento) da arrecadação bruta dos concursos de prognósticos e loterias federais e similares cuja realização estiver sujeita a autorização federal, deduzindo-se esse valor do montante destinado aos prêmios;

....

§ 1º Do total de recursos financeiros resultantes do percentual de que trata o inciso VI do *caput*, 62,96% (sessenta e dois inteiros e noventa e seis centésimos por cento) serão destinados ao Comitê Olímpico Brasileiro (COB) e 37,04% (trinta e sete inteiros e quatro centésimos por cento) ao Comitê Paralímpico Brasileiro (CPB), devendo ser observado, em ambos os casos, o conjunto de normas aplicáveis à celebração de convênios pela União."

Art. 111. O art. 1º da Lei nº 10.048, de 8 de novembro de 2000, passa a vigorar com a seguinte redação:

▸ Alterações inseridas no texto da referida Lei.

Art. 112. A Lei nº 10.098, de 19 de dezembro de 2000, passa a vigorar com as seguintes alterações:

▸ Alterações inseridas no texto da referida Lei.

Art. 113. A Lei nº 10.257, de 10 de julho de 2001 (Estatuto da Cidade), passa a vigorar com as seguintes alterações:

▸ Alterações inseridas no texto da referida Lei.

Art. 114. A Lei nº 10.406, de 10 de janeiro de 2002 (Código Civil), passa a vigorar com as seguintes alterações:

▸ Alterações inseridas no texto do referido Código.

Art. 115. O Título IV do Livro IV da Parte Especial da Lei nº 10.406, de 10 de janeiro de 2002 (Código Civil), passa a vigorar com a seguinte redação:

▸ Alteração inserida no texto do referido Código.

Art. 116. O Título IV do Livro IV da Parte Especial da Lei nº 10.406, de 10 de janeiro de 2002 (Código Civil), passa a vigorar acrescido do seguinte Capítulo III:

▸ Alterações inseridas no texto do referido Código.

Art. 117. O art. 1º da Lei nº 11.126, de 27 de junho de 2005, passa a vigorar com a seguinte redação:

"Art. 1º É assegurado à pessoa com deficiência visual acompanhada de cão-guia o direito de ingressar e de permanecer com o animal em todos os meios de transporte e em estabelecimentos abertos ao público, de uso público e privados de uso coletivo, desde que observadas as condições impostas por esta Lei.

....

§ 2º O disposto no *caput* deste artigo aplica-se a todas as modalidades e jurisdições do serviço de transporte coletivo de passageiros, inclusive em esfera internacional com origem no território brasileiro."

Art. 118. O inciso IV do art. 46 da Lei nº 11.904, de 14 de janeiro de 2009, passa a vigorar acrescido da seguinte alínea *k*:

"Art. 46. ....

....

IV – ....

k) de acessibilidade a todas as pessoas.

...."

Art. 119. A Lei nº 12.587, de 3 de janeiro de 2012, passa a vigorar acrescida do seguinte art. 12-B:

▸ Alterações inseridas no texto da referida Lei.

Art. 120. Cabe aos órgãos competentes, em cada esfera de governo, a elaboração de relatórios circunstanciados sobre o cumprimento dos prazos estabelecidos por força das Leis nº 10.048, de 8 de novembro de 2000, e nº 10.098, de 19 de dezembro de 2000, bem como o seu encaminhamento ao Ministério Público e aos órgãos de regulação para adoção das providências cabíveis.

Parágrafo único. Os relatórios a que se refere o *caput* deste artigo deverão ser apresentados no prazo de 1 (um) ano a contar da entrada em vigor desta Lei.

Art. 121. Os direitos, os prazos e as obrigações previstos nesta Lei não excluem os já estabelecidos em outras legislações, inclusive em pactos, tratados, convenções e declarações internacionais aprovados e promulgados pelo Congresso Nacional, e devem ser aplicados em conformidade com as demais normas internas e acordos internacionais vinculantes sobre a matéria.

Parágrafo único. Prevalecerá a norma mais benéfica à pessoa com deficiência.

Art. 122. Regulamento disporá sobre a adequação do disposto nesta Lei ao tratamento diferenciado, simplificado e favorecido a ser dispensado às microempresas e às empresas de pequeno porte, previsto no § 3º do art. 1º da Lei Complementar nº 123, de 14 de dezembro de 2006.

Art. 123. Revogam-se os seguintes dispositivos:

I – o inciso II do § 2º do art. 1º da Lei nº 9.008, de 21 de março de 1995;

II – os incisos I, II e III do art. 3º da Lei nº 10.406, de 10 de janeiro de 2002 (Código Civil);

III – os incisos II e III do art. 228 da Lei nº 10.406, de 10 de janeiro de 2002 (Código Civil);

IV – o inciso I do art. 1.548 da Lei nº 10.406, de 10 de janeiro de 2002 (Código Civil);

V – o inciso IV do art. 1.557 da Lei nº 10.406, de 10 de janeiro de 2002 (Código Civil);

VI – os incisos II e IV do art. 1.767 da Lei nº 10.406, de 10 de janeiro de 2002 (Código Civil);

VII – os arts. 1.776 e 1.780 da Lei nº 10.406, de 10 de janeiro de 2002 (Código Civil).

Art. 124. O § 1º do art. 2º desta Lei deverá entrar em vigor em até 2 (dois) anos, contados da entrada em vigor desta Lei.

Art. 125. Devem ser observados os prazos a seguir discriminados, a partir da entrada em vigor desta Lei, para o cumprimento dos seguintes dispositivos:

I – incisos I e II do § 2º do art. 28, 48 (quarenta e oito) meses;

II – § 6º do art. 44, 84 (oitenta e quatro) meses;

▸ Inciso II com a redação dada pela Lei nº 14.159, de 2-6-2021.

III – art. 45, 24 (vinte e quatro) meses;

IV – art. 49, 48 (quarenta e oito) meses.

Art. 126. Prorroga-se até 31 de dezembro de 2021 a vigência da Lei nº 8.989, de 24 de fevereiro de 1995.

Art. 127. Esta Lei entra em vigor após decorridos 180 (cento e oitenta) dias de sua publicação oficial.

Brasília, 6 de julho de 2015; 194º da Independência e 127º da República.

Dilma Rousseff

LEI Nº 13.152, DE 29 DE JULHO DE 2015

Dispõe sobre a política de valorização do salário mínimo e dos benefícios pagos pelo Regime Geral de Previdência Social (RGPS) para o período de 2016 a 2019.

► Publicada no *DOU* de 30-7-2015.

► Dec. nº 9.661, de 1º-1-2019, regulamenta esta lei.

Art. 1º São estabelecidas as diretrizes a vigorar entre 2016 e 2019, inclusive, a serem aplicadas em 1º de janeiro do respectivo ano, para:

I – a política de valorização do salário mínimo; e

II – VETADO.

§ 1º Os reajustes para a preservação do poder aquisitivo do salário mínimo corresponderão à variação do Índice Nacional de Preços ao Consumidor (INPC), calculado e divulgado pela Fundação Instituto Brasileiro de Geografia e Estatística (IBGE), acumulada nos 12 (doze) meses anteriores ao mês do reajuste.

§ 2º Na hipótese de não divulgação do INPC referente a um ou mais meses compreendidos no período do cálculo até o último dia útil imediatamente anterior à vigência do reajuste, o Poder Executivo estimará os índices dos meses não disponíveis.

§ 3º Verificada a hipótese de que trata o § 2º, os índices estimados permanecerão válidos para os fins desta Lei, sem qualquer revisão, sendo os eventuais resíduos compensados no reajuste subsequente, sem retroatividade.

§ 4º A título de aumento real, serão aplicados os seguintes percentuais:

I – em 2016, será aplicado o percentual equivalente à taxa de crescimento real do Produto Interno Bruto (PIB), apurada pelo IBGE, para o ano de 2014;

II – em 2017, será aplicado o percentual equivalente à taxa de crescimento real do PIB, apurada pelo IBGE, para o ano de 2015;

III – em 2018, será aplicado o percentual equivalente à taxa de crescimento real do PIB, apurada pelo IBGE, para o ano de 2016; e

IV – em 2019, será aplicado o percentual equivalente à taxa de crescimento real do PIB, apurada pelo IBGE, para o ano de 2017.

§ 5º Para fins do disposto no § 4º, será utilizada a taxa de crescimento real do PIB para o ano de referência, divulgada pelo IBGE até o último dia útil do ano imediatamente anterior ao de aplicação do respectivo aumento real.

§ 6º VETADO.

Art. 2º Os reajustes e os aumentos fixados na forma do art. 1º serão estabelecidos pelo Poder Executivo, por meio de decreto, nos termos desta Lei.

Parágrafo único. O decreto do Poder Executivo a que se refere o *caput* divulgará a cada ano os valores mensal, diário e horário do salário mínimo decorrentes do disposto neste artigo, correspondendo o valor diário a 1/30 (um trinta avos) e o valor horário a 1/220 (um duzentos e vinte avos) do valor mensal.

Art. 3º VETADO.

Art. 4º Esta Lei entra em vigor na data de sua publicação.

Brasília, 29 de julho de 2015; 194º da Independência e 127º da República.

Dilma Rousseff

PROVIMENTO DO CNJ Nº 51, DE 22 DE SETEMBRO DE 2015

Dispõe sobre a averbação de carta de sentença expedida após homologação de sentença estrangeira relativa a divórcio ou separação Judicial.

► Publicado no *DJe* de 28-9-2015.

Art. 1º Ficam autorizados os Cartórios de Registros Civis de Pessoas Naturais, a promoverem a averbação de Carta de Sentença de Divórcio ou Separação Judicial, oriunda de homologação de sentença estrangeira pelo Superior Tribunal de Justiça, independentemente de seu cumprimento ou execução em Juízo Federal.

Art. 2º Este provimento entra em vigor na data de sua publicação.

Brasília, 22 de setembro de 2015.

Ministra Nancy Andrighi

LEI Nº 13.165, DE 29 DE SETEMBRO DE 2015

Altera as Leis nº 9.504, de 30 de setembro de 1997, 9.096, de 19 de setembro de 1995, e 4.737, de 15 de julho de 1965 – Código Eleitoral, para reduzir os custos das campanhas eleitorais, simplificar a administração dos Partidos Políticos e incentivar a participação feminina.

(EXCERTOS)

► Publicada no *DOU* de 29-9-2015, edição extra, republicada no *DOU* de 26-11-2015.

...

Arts. 5º a 8º *Revogados*. Lei nº 13.488, de 6-10-2017.

Art. 9º Nas três eleições que se seguirem à publicação desta Lei, os partidos reservarão, em contas bancárias específicas para este fim, no mínimo 5% (cinco por cento) e no máximo 15% (quinze por cento) do montante do Fundo Partidário destinado ao financiamento das campanhas eleitorais para aplicação nas campanhas de suas candidatas, incluídos nesse valor os recursos a que se refere o inciso V do art. 44 da Lei nº 9.096, de 19 de setembro de 1995.

► O STF, por maioria de votos, julgou procedente a ADI nº 5.617 para (i) declarar a inconstitucionalidade da expressão "três" contida neste artigo, (ii) dar interpretação conforme a CF a este artigo "de modo a (a) equiparar o patamar legal mínimo de candidaturas femininas (hoje o do art. 10, § 3º, da Lei nº 9.504/1997, isto é, ao menos 30% de cidadãs), ao mínimo de recursos do Fundo Partidário a lhes serem destinados, que deve ser interpretado como também de 30% do montante do fundo alocado a cada partido, para eleições majoritárias e proporcionais, e (b) fixar que, havendo percentual mais elevado de candidaturas femininas, o mínimo de recursos globais do partido destinados a campanhas lhes seja alocado na mesma proporção. (*DJe* de 21-3-2019 e *DOU* de 22-3-2019).

Arts. 10 e 11. *Revogados*. Lei nº 13.488, de 6-10-2017.

Art. 12. Até a primeira eleição geral subsequente à aprovação desta Lei, será implantado o processo de votação eletrônica com impressão do registro do voto a que se refere o art. 59-A da Lei nº 9.504, de 30 de setembro de 1997.

Art. 13. O disposto no § 1º do art. 7º da Lei nº 9.096, de 19 de setembro de 1995, no tocante ao prazo de dois anos para comprovação do apoiamento de eleitores, não se aplica aos pedidos protocolizados até a data de publicação desta Lei.

Art. 14. Esta Lei entra em vigor na data de sua publicação.

...

Brasília, 29 de setembro de 2015; 194º da Independência e 127º da República.

Dilma Rousseff

CÓDIGO DE ÉTICA E DISCIPLINA DA ORDEM DOS ADVOGADOS DO BRASIL – OAB

► Publicado no *DOU* de 4-11-2015.

► Aprovado pela Res. nº 2 do Conselho Pleno do CFOAB, de 19-10-2015.

TÍTULO I – DA ÉTICA DO ADVOGADO

CAPÍTULO I – DOS PRINCÍPIOS FUNDAMENTAIS

Art. 1º O exercício da advocacia exige conduta compatível com os preceitos deste Código, do Estatuto, do Regulamento Geral, dos Provimentos e com os princípios da moral individual, social e profissional.

Art. 2º O advogado, indispensável à administração da Justiça, é defensor do Estado Democrático de Direito, dos direitos humanos e garantias fundamentais, da cidadania, da moralidade, da Justiça e da paz social, cumprindo-lhe exercer o seu ministério em consonância com a sua elevada função pública e com os valores que lhe são inerentes.

Parágrafo único. São deveres do advogado:

I – preservar, em sua conduta, a honra, a nobreza e a dignidade da profissão, zelando pelo caráter de essencialidade e indispensabilidade da advocacia;

II – atuar com destemor, independência, honestidade, decoro, veracidade, lealdade, dignidade e boa-fé;

III – velar por sua reputação pessoal e profissional;

IV – empenhar-se, permanentemente, no aperfeiçoamento pessoal e profissional;

V – contribuir para o aprimoramento das instituições, do Direito e das leis;

VI – estimular, a qualquer tempo, a conciliação e a mediação entre os litigantes, prevenindo, sempre que possível, a instauração de litígios;

VII – desaconselhar lides temerárias, a partir de um juízo preliminar de viabilidade jurídica;

VIII – abster-se de:

a) utilizar de influência indevida, em seu benefício ou do cliente;

b) vincular seu nome ou nome social a empreendimentos sabidamente escusos;

▸ Alínea *b* com a redação dada pela Res. nº 7 do Conselho Pleno do CFOAB, de 7-6-2016.

c) emprestar concurso aos que atentem contra a ética, a moral, a honestidade e a dignidade da pessoa humana;

d) entender-se diretamente com a parte adversa que tenha patrono constituído, sem o assentimento deste;

e) ingressar ou atuar em pleitos administrativos ou judiciais perante autoridades com as quais tenha vínculos negociais ou familiares;

f) contratar honorários advocatícios em valores aviltantes.

IX – pugnar pela solução dos problemas da cidadania e pela efetivação dos direitos individuais, coletivos e difusos;

X – adotar conduta consentânea com o papel de elemento indispensável à administração da Justiça;

XI – cumprir os encargos assumidos no âmbito da Ordem dos Advogados do Brasil ou na representação da classe;

XII – zelar pelos valores institucionais da OAB e da advocacia;

XIII – ater-se, quando no exercício da função de defensor público, à defesa dos necessitados.

Art. 3º O advogado deve ter consciência de que o Direito é um meio de mitigar as desigualdades para o encontro de soluções justas e que a lei é um instrumento para garantir a igualdade de todos.

Art. 3º-A. *O advogado e a advogada devem atuar com perspectiva interseccional de gênero e raça em todas as etapas dos procedimentos judicial, administrativo e disciplinar, afastando estereótipos, preconceitos e problemas estruturais que possam causar indevido desequilíbrio na relação entre os sujeitos.*

▸ Art. 3º-A acrescido pela Res. do CFOAB nº 5, de 19-8-2024.

▸ Prov. do CFOAB nº 228, de 19-8-2024, regulamenta este artigo.

Art. 4º O advogado, ainda que vinculado ao cliente ou constituinte, mediante relação empregatícia ou por contrato de prestação permanente de serviços, ou como integrante de departamento jurídico, ou de órgão de assessoria jurídica, público ou privado, deve zelar pela sua liberdade e independência.

Parágrafo único. É legítima a recusa, pelo advogado, do patrocínio de causa e de manifestação, no âmbito consultivo, de pretensão concernente a direito que também lhe seja aplicável ou contrarie orientação que tenha manifestado anteriormente.

Art. 5º O exercício da advocacia é incompatível com qualquer procedimento de mercantilização.

Art. 6º É defeso ao advogado expor os fatos em Juízo ou na via administrativa falseando deliberadamente a verdade e utilizando de má-fé.

Art. 7º É vedado o oferecimento de serviços profissionais que implique, direta ou indiretamente, angariar ou captar clientela.

CAPÍTULO II
DA ADVOCACIA PÚBLICA

Art. 8º As disposições deste Código obrigam igualmente os órgãos de advocacia pública, e advogados públicos, incluindo aqueles que ocupem posição de chefia e direção jurídica.

§ 1º O advogado público exercerá suas funções com independência técnica, contribuindo para a solução ou redução de litigiosidade, sempre que possível.

§ 2º O advogado público, inclusive o que exerce cargo de chefia ou direção jurídica, observará nas relações com os colegas, autoridades, servidores e o público em geral, o dever de urbanidade, tratando a todos com respeito e consideração, ao mesmo tempo em que preservará suas prerrogativas e o direito de receber igual tratamento das pessoas com as quais se relacione.

CAPÍTULO III
DAS RELAÇÕES COM O CLIENTE

Art. 9º O advogado deve informar o cliente, de modo claro e inequívoco, quanto a eventuais riscos da sua pretensão, e das consequências que poderão advir da demanda. Deve, igualmente, denunciar, desde logo, a quem lhe solicite parecer ou patrocínio, qualquer circunstância que possa influir na resolução de submeter-lhe a consulta ou confiar-lhe a causa.

Art. 10. As relações entre advogado e cliente baseiam-se na confiança recíproca. Sentindo o advogado que essa confiança lhe falta, é recomendável que externe ao cliente sua impressão e, não se dissipando as dúvidas existentes, promova, em seguida, o substabelecimento do mandato ou a ele renuncie.

Art. 11. O advogado, no exercício do mandato, atua como patrono da parte, cumprindo-lhe, por isso, imprimir à causa orientação que lhe pareça mais adequada, sem se subordinar a intenções contrárias do cliente, mas, antes, procurando esclarecê-lo quanto à estratégia traçada.

Art. 12. A conclusão ou desistência da causa, tenha havido, ou não, extinção do mandato, obriga o advogado a devolver ao cliente bens, valores e documentos que lhe hajam sido confiados e ainda estejam em seu poder, bem como a prestar-lhe contas, pormenorizadamente, sem prejuízo de esclarecimentos complementares que se mostrem pertinentes e necessários.

Parágrafo único. A parcela dos honorários paga pelos serviços até então prestados não se inclui entre os valores a ser devolvidos.

Art. 13. Concluída a causa ou arquivado o processo, presume-se cumprido e extinto o mandato.

Art. 14. O advogado não deve aceitar procuração de quem já tenha patrono constituído, sem prévio conhecimento deste, salvo por motivo plenamente justificável ou para adoção de medidas judiciais urgentes e inadiáveis.

Art. 15. O advogado não deve deixar ao abandono ou ao desamparo as causas sob seu patrocínio, sendo recomendável que, em face de dificuldades insuperáveis ou inércia do cliente quanto a providências que lhe tenham sido solicitadas, renuncie ao mandato.

Art. 16. A renúncia ao patrocínio deve ser feita sem menção do motivo que a determinou, fazendo cessar a responsabilidade profissional pelo acompanhamento da causa, uma vez decorrido o prazo previsto em lei (EAOAB, art. 5º, § 3º).

§ 1º A renúncia ao mandato não exclui responsabilidade por danos eventualmente causados ao cliente ou a terceiros.

§ 2º O advogado não será responsabilizado por omissão do cliente quanto a documento ou informação que lhe devesse fornecer para a prática oportuna de ato processual do seu interesse.

Art. 17. A revogação do mandato judicial por vontade do cliente não o desobriga do pagamento das verbas honorárias contratadas, assim como não retira o direito do advogado de receber o quanto lhe seja devido em eventual verba honorária de sucumbência, calculada proporcionalmente em face do serviço efetivamente prestado.

Art. 18. O mandato judicial ou extrajudicial não se extingue pelo decurso de tempo, salvo se o contrário for consignado no respectivo instrumento.

Art. 19. Os advogados integrantes da mesma sociedade profissional, ou reunidos em caráter permanente para cooperação recíproca, não podem representar, em juízo ou fora dele, clientes com interesses opostos.

Art. 20. Sobrevindo conflitos de interesse entre seus constituintes e não conseguindo o advogado harmonizá-los, caber-lhe-á optar, com prudência e discrição, por um dos mandatos, renunciando aos demais, resguardado sempre o sigilo profissional.

Art. 21. O advogado, ao postular em nome de terceiros, contra ex-cliente ou ex-empregador, judicial e extrajudicialmente, deve resguardar o sigilo profissional.

Art. 22. Ao advogado cumpre abster-se de patrocinar causa contrária à validade ou legitimidade de ato jurídico em cuja formação haja colaborado ou intervindo de qualquer maneira; da mesma forma, deve declinar seu impedimento ou o da sociedade que integre quando houver conflito de interesses motivado por intervenção anterior no trato de assunto que se prenda ao patrocínio solicitado.

Art. 23. É direito e dever do advogado assumir a defesa criminal, sem considerar sua própria opinião sobre a culpa do acusado.

Parágrafo único. Não há causa criminal indigna de defesa, cumprindo ao advogado agir, como defensor, no sentido de que a todos seja concedido tratamento condizente com a dignidade da pessoa humana, sob a égide das garantias constitucionais.

Art. 24. O advogado não se sujeita à imposição do cliente que pretenda ver com ele atuando outros advogados, nem fica na contingência de aceitar a indicação de outro profissional para com ele trabalhar no processo.

Art. 25. É defeso ao advogado funcionar no mesmo processo, simultaneamente, como patrono e preposto do empregador ou cliente.

Art. 26. O substabelecimento do mandato, com reserva de poderes, é ato pessoal do advogado da causa.

§ 1º O substabelecimento do mandato sem reserva de poderes exige o prévio e inequívoco conhecimento do cliente.

§ 2º O substabelecido com reserva de poderes deve ajustar antecipadamente seus honorários com o substabelecente.

CAPÍTULO IV
DAS RELAÇÕES COM OS COLEGAS, AGENTES POLÍTICOS, AUTORIDADES, SERVIDORES PÚBLICOS E TERCEIROS

Art. 27. O advogado observará, nas suas relações com os colegas de profissão, agentes políticos, autoridades, servidores públicos e terceiros em geral, o dever de urbanidade, tratando a todos com respeito e consideração, ao mesmo tempo em que preservará seus direitos e prerrogativas, devendo exigir igual tratamento de todos com quem se relacione.

§ 1º O dever de urbanidade há de ser observado, da mesma forma, nos atos e manifestações relacionados aos pleitos eleitorais no âmbito da Ordem dos Advogados do Brasil.

§ 2º No caso de ofensa à honra do advogado ou à imagem da instituição, adotar-se-ão as medidas cabíveis, instaurando-se processo ético-disciplinar e dando-se ciência às autoridades competentes para apuração de eventual ilícito penal.

Art. 28. Consideram-se imperativos de uma correta atuação profissional o emprego de linguagem escorreita e polida, bem como a observância da boa técnica jurídica.

Art. 29. O advogado que se valer do concurso de colegas na prestação de serviços advocatícios, seja em caráter individual, seja no âmbito de sociedade de advogados ou de empresa ou entidade em que trabalhe, dispensar-lhes-á tratamento condigno, que não os torne subalternos seus nem lhes avilte os serviços prestados mediante remuneração incompatível com a natureza do trabalho profissional ou inferior ao mínimo fixado pela Tabela de Honorários que for aplicável.

Parágrafo único. Quando o aviltamento de honorários for praticado por empresas ou entidades públicas ou privadas, os advogados responsáveis pelo respectivo departamento ou gerência jurídica serão instados a corrigir o abuso, inclusive intervindo junto aos demais órgãos competentes e com poder de decisão da pessoa jurídica de que se trate, sem prejuízo das providências que a Ordem dos Advogados do Brasil possa adotar com o mesmo objetivo.

CAPÍTULO V
DA ADVOCACIA *PRO BONO*

▶ Provimento do CFOAB nº 166, de 9-11-2015.

Art. 30. No exercício da advocacia *pro bono*, e ao atuar como defensor nomeado, conveniado ou dativo, o advogado empregará o zelo e a dedicação habituais, de forma que a parte por ele assistida se sinta amparada e confie no seu patrocínio.

§ 1º Considera-se advocacia *pro bono* a prestação gratuita, eventual e voluntária de serviços jurídicos em favor de instituições sociais sem fins econômicos e aos seus assistidos, sempre que os beneficiários não dispuserem de recursos para a contratação de profissional.

§ 2º A advocacia *pro bono* pode ser exercida em favor de pessoas naturais que, igualmente, não dispuserem de recursos para, sem prejuízo do próprio sustento, contratar advogado.

§ 3º A advocacia *pro bono* não pode ser utilizada para fins político-partidários ou eleitorais, nem beneficiar instituições que visem a tais objetivos, ou como instrumento de publicidade para captação de clientela.

CAPÍTULO VI
DO EXERCÍCIO DE CARGOS E FUNÇÕES NA OAB E NA REPRESENTAÇÃO DA CLASSE

Art. 31. O advogado, no exercício de cargos ou funções em órgãos da Ordem dos Advogados do Brasil ou na representação da classe junto a quaisquer instituições, órgãos ou comissões, públicos ou privados, manterá conduta consentânea com as disposições deste Código e que revele plena lealdade aos interesses, direitos e prerrogativas da classe dos advogados que representa.

Art. 32. Não poderá o advogado, enquanto exercer cargos ou funções em órgãos da OAB ou representar a classe junto a quaisquer instituições, órgãos ou comissões, públicos ou privados, firmar contrato oneroso de prestação de serviços ou fornecimento de produtos com tais entidades nem adquirir bens imóveis ou móveis infungíveis de quaisquer órgãos da OAB, ou a estes aliená-los.

▶ *Caput* com a redação dada pela Res. do CFOAB nº 4, de 7-6-2016.

Parágrafo único. Não há impedimento ao exercício remunerado de atividade de magistério na Escola Nacional de Advocacia – ENA, nas Escolas de Advocacia – ESAs e nas Bancas do Exame de Ordem, observados os princípios da moralidade e da modicidade dos valores estabelecidos a título de remuneração.

▶ Parágrafo único acrescido pela Res. do CFOAB nº 4, de 7-6-2016.

Art. 33. Salvo em causa própria, não poderá o advogado, enquanto exercer cargos ou funções em órgãos da OAB ou tiver assento, em qualquer condição, nos seus Conselhos, atuar em processos que tramitem perante a entidade nem oferecer pareceres destinados a instruí-los.

Parágrafo único. A vedação estabelecida neste artigo não se aplica aos dirigentes de Seccionais quando atuem, nessa qualidade, como legitimados a recorrer nos processos em trâmite perante os órgãos da OAB.

Art. 34. Ao submeter seu nome à apreciação do Conselho Federal ou dos Conselhos Seccionais com vistas à inclusão em listas destinadas ao provimento de vagas reservadas à classe nos tribunais, no Conselho Nacional de Justiça, no Conselho Nacional do Ministério Público e em outros colegiados, o candidato assumirá o compromisso de respeitar os direitos e prerrogativas do advogado, não praticar nepotismo nem agir em desacordo com a moralidade administrativa e com os princípios deste Código, no exercício de seu mister.

CAPÍTULO VII
DO SIGILO PROFISSIONAL

Art. 35. O advogado tem o dever de guardar sigilo dos fatos de que tome conhecimento no exercício da profissão.

Parágrafo único. O sigilo profissional abrange os fatos de que o advogado tenha tido conhecimento em virtude de funções desempenhadas na Ordem dos Advogados do Brasil.

Art. 36. O sigilo profissional é de ordem pública, independendo de solicitação de reserva que lhe seja feita pelo cliente.

§ 1º Presumem-se confidenciais as comunicações de qualquer natureza entre advogado e cliente.

§ 2º O advogado, quando no exercício das funções de mediador, conciliador e árbitro, se submete às regras de sigilo profissional.

Art. 37. O sigilo profissional cederá em face de circunstâncias excepcionais que configurem justa causa, como nos casos de grave ameaça ao direito à vida e à honra ou que envolvam defesa própria.

Art. 38. O advogado não é obrigado a depor, em processo ou procedimento judicial, administrativo ou arbitral, sobre fatos a cujo respeito deva guardar sigilo profissional.

CAPÍTULO VIII
DA PUBLICIDADE PROFISSIONAL

Art. 39. A publicidade profissional do advogado tem caráter meramente informativo e deve primar pela discrição e sobriedade, não podendo configurar captação de clientela ou mercantilização da profissão.

Art. 40. Os meios utilizados para a publicidade de profissional hão de ser compatíveis com a diretriz estabelecida no artigo anterior, sendo vedados:

I – a veiculação da publicidade por meio de rádio, cinema e televisão;
II – o uso de outdoors, painéis luminosos ou formas assemelhadas de publicidade;
III – as inscrições em muros, paredes, veículos, elevadores ou em qualquer espaço público;
IV – a divulgação de serviços de advocacia juntamente com a de outras atividades ou a indicação de vínculos entre uns e outras;
V – o fornecimento de dados de contato, como endereço e telefone, em colunas ou artigos literários, culturais, acadêmicos ou jurídicos, publicados na imprensa, bem assim quando de eventual participação em programas de rádio ou televisão, ou em veiculação de matérias pela internet, sendo permitida a referência a *e-mail*;
VI – a utilização de mala direta, a distribuição de panfletos ou formas assemelhadas de publicidade, com o intuito de captação de clientela.

Parágrafo único. Exclusivamente para fins de identificação dos escritórios de advocacia, é permitida a utilização de placas, painéis luminosos e inscrições em suas fachadas, desde que respeitadas as diretrizes previstas no artigo 39.

Art. 41. As colunas que o advogado mantiver nos meios de comunicação social ou os textos que por meio deles divulgar não deverão induzir o leitor a litigar nem promover, dessa forma, captação de clientela.

Art. 42. É vedado ao advogado:

I – responder com habitualidade a consulta sobre matéria jurídica, nos meios de comunicação social;
II – debater, em qualquer meio de comunicação, causa sob o patrocínio de outro advogado;
III – abordar tema de modo a comprometer a dignidade da profissão e da instituição que o congrega;
IV – divulgar ou deixar que sejam divulgadas listas de clientes e demandas;
V – insinuar-se para reportagens e declarações públicas.

Art. 43. O advogado que eventualmente participar de programa de televisão ou de rádio, de entrevista na imprensa, de reportagem televisionada ou veiculada por qualquer outro meio, para manifestação profissional, deve visar a objetivos exclusivamente ilustrativos, educacionais e instrutivos, sem propósito de promoção pessoal ou profissional, vedados pronunciamentos sobre métodos de trabalho usados por seus colegas de profissão.

Parágrafo único. Quando convidado para manifestação pública, por qualquer modo e forma, visando ao esclarecimento de tema jurídico de interesse geral, deve o advogado evitar insinuações com o sentido de promoção pessoal ou profissional, bem como o debate de caráter sensacionalista.

Art. 44. Na publicidade profissional que promover ou nos cartões e material de escritório de que se utilizar, o advogado fará constar seu nome, nome social ou o da sociedade de advogados, o número ou os números de inscrição na OAB.

▶ *Caput* com a redação dada pela Res. nº 7 do Conselho Pleno do CFOAB, de 7-6-2016.

§ 1º Poderão ser referidos apenas os títulos acadêmicos do advogado e as distinções honoríficas relacionadas à vida profissional, bem como as instituições jurídicas de que faça parte, e as especialidades a que se dedicar, o endereço, *e-mail*, *site*, página eletrônica, QR Code, logotipo e a fotografia do escritório, o horário de atendimento e os idiomas em que o cliente poderá ser atendido.

§ 2º É vedada a inclusão de fotografias pessoais ou de terceiros nos cartões de visitas do advogado, bem como menção a qualquer emprego, cargo ou função ocupado, atual ou pretérito, em qualquer órgão ou instituição, salvo o de professor universitário.

Art. 45. São admissíveis como formas de publicidade o patrocínio de eventos ou publicações de caráter científico ou cultural, assim como a divulgação de boletins, por meio físico ou eletrônico, sobre matéria cultural de interesse dos advogados, desde que sua circulação fique adstrita a clientes e a interessados do meio jurídico.

Art. 46. A publicidade veiculada pela internet ou por outros meios eletrônicos deverá observar as diretrizes estabelecidas neste capítulo.

Parágrafo único. A telefonia e a internet podem ser utilizadas como veículo de publicidade, inclusive para o envio de mensagens a destinatários certos, desde que estas não impliquem o oferecimento de serviços ou representem forma de captação de clientela.

Art. 47. As normas sobre publicidade profissional constantes deste capítulo poderão ser complementadas por outras que o Conselho Federal aprovar, observadas as diretrizes do presente Código.

Art. 47-A. Será admitida a celebração de termo de ajustamento de conduta no âmbito dos Conselhos Seccionais e do Conselho Federal para fazer cessar a publicidade irregular praticada por advogados e estagiários.

Parágrafo único. O termo previsto neste artigo será regulamentado mediante edição de provimento do Conselho Federal, que estabelecerá seus requisitos e condições.

▶ Art. 47-A acrescido pela Res. do CFOAB nº 4, de 27-10-2020.

▶ Prov. da OAB nº 200, de 27-10-2020, regulamenta o disposto neste artigo, no tocante à celebração de Termo de Ajustamento de Conduta (TAC) diante da prática de publicidade irregular no âmbito da advocacia e das infrações ético-disciplinares puníveis com censura.

CAPÍTULO IX
DOS HONORÁRIOS PROFISSIONAIS

Art. 48. A prestação de serviços profissionais por advogado, individualmente ou integrado em sociedades, será contratada, preferentemente, por escrito.

§ 1º O contrato de prestação de serviços de advocacia não exige forma especial, devendo estabelecer, porém, com clareza e precisão, o seu objeto, os honorários ajustados, a forma de pagamento, a extensão do patrocínio, esclarecendo se este abrangerá todos os atos do processo ou limitar-se-á a determinado grau de jurisdição, além de dispor sobre a hipótese de a causa encerrar-se mediante transação ou acordo.

§ 2º A compensação de créditos, pelo advogado, de importâncias devidas ao cliente, somente será admissível quando o contrato de prestação de serviços a autorizar ou quando houver autorização especial do cliente para esse fim, por este firmada.

§ 3º O contrato de prestação de serviços poderá dispor sobre a forma de contratação de profissionais para serviços auxiliares, bem como sobre o pagamento de custas e emolumentos, os quais, na ausência de disposição em contrário, presumem-se devam ser atendidos pelo cliente. Caso o contrato preveja que o advogado antecipe tais despesas, ser-lhe-á lícito reter o respectivo valor atualizado, no ato de prestação de contas, mediante comprovação documental.

§ 4º As disposições deste capítulo aplicam-se à mediação, à conciliação, à arbitragem ou a qualquer outro método adequado de solução dos conflitos.

§ 5º É vedada, em qualquer hipótese, a diminuição dos honorários contratados em decorrência da solução do litígio por qualquer mecanismo adequado de solução extrajudicial.

§ 6º Deverá o advogado observar o valor mínimo da Tabela de Honorários instituída pelo respectivo Conselho Seccional onde for realizado o serviço, inclusive aquele referente às diligências, sob pena de caracterizar-se aviltamento de honorários.

§ 7º O advogado promoverá, preferentemente, de forma destacada a execução dos honorários contratuais ou sucumbenciais.

Art. 49. Os honorários profissionais devem ser fixados com moderação, atendidos os elementos seguintes:

I – a relevância, o vulto, a complexidade e a dificuldade das questões versadas;

II – o trabalho e o tempo a ser empregados;

III – a possibilidade de ficar o advogado impedido de intervir em outros casos, ou de se desavir com outros clientes ou terceiros;

IV – o valor da causa, a condição econômica do cliente e o proveito para este resultante do serviço profissional;

V – o caráter da intervenção, conforme se trate de serviço a cliente eventual, frequente ou constante;

VI – o lugar da prestação dos serviços, conforme se trate do domicílio do advogado ou de outro;

VII – a competência do profissional;

VIII – a praxe do foro sobre trabalhos análogos.

Art. 50. Na hipótese da adoção de cláusula *quota litis*, os honorários devem ser necessariamente representados por pecúnia e, quando acrescidos dos honorários da sucumbência, não podem ser superiores às vantagens advindas a favor do cliente.

§ 1º A participação do advogado em bens particulares do cliente só é admitida em caráter excepcional, quando esse, comprovadamente, não tiver condições pecuniárias de satisfazer o débito de honorários e ajustar com o seu patrono, em instrumento contratual, tal forma de pagamento.

§ 2º Quando o objeto do serviço jurídico versar sobre prestações vencidas e vincendas, os honorários advocatícios poderão incidir sobre o valor de umas e outras, atendidos os requisitos da moderação e da razoabilidade.

Art. 51. Os honorários da sucumbência e os honorários contratuais, pertencendo ao advogado que houver atuado na causa, poderão ser por ele executados, assistindo-lhe direito autônomo para promover a execução do capítulo da sentença que os estabelecer ou para postular, quando for o caso, a expedição de precatório ou requisição de pequeno valor em seu favor.

§ 1º No caso de substabelecimento, a verba correspondente aos honorários da sucumbência será repartida entre o substabelecente e o substabelecido, proporcionalmente à atuação de cada um no processo ou conforme haja sido entre eles ajustado.

§ 2º Quando for o caso, a Ordem dos Advogados do Brasil ou os seus Tribunais de Ética e Disciplina poderão ser solicitados a indicar mediador que contribua no sentido de que a distribuição dos honorários da sucumbência, entre advogados, se faça segundo o critério estabelecido no § 1º.

§ 3º Nos processos disciplinares que envolverem divergência sobre a percepção de honorários da sucumbência, entre advogados, deverá ser tentada a conciliação destes, preliminarmente, pelo relator.

Art. 52. O crédito por honorários advocatícios, seja do advogado autônomo, seja de sociedade de advogados, não autoriza o saque de duplicatas ou qualquer outro título de crédito de natureza mercantil, podendo, apenas, ser emitida fatura, quando o cliente assim pretender, com fundamento no contrato de prestação de serviços, a qual, porém, não poderá ser levada a protesto.

Parágrafo único. Pode, todavia, ser levado a protesto o cheque ou a nota promissória emitido pelo cliente em favor do advogado, depois de frustrada a tentativa de recebimento amigável.

Art. 53. É lícito ao advogado ou à sociedade de advogados empregar, para o recebimento de honorários, sistema de cartão de crédito, mediante credenciamento junto a empresa operadora do ramo.

Parágrafo único. Eventuais ajustes com a empresa operadora que impliquem pagamento antecipado não afetarão a responsabilidade do advogado perante o cliente, em caso de rescisão do contrato de prestação de serviços, devendo ser observadas as disposições deste quanto à hipótese.

Art. 54. Havendo necessidade de promover arbitramento ou cobrança judicial de honorários, deve o advogado renunciar previamente ao mandato que recebera do cliente em débito.

TÍTULO II – DO PROCESSO DISCIPLINAR

CAPÍTULO I – DOS PROCEDIMENTOS

Art. 55. O processo disciplinar instaura-se de ofício ou mediante representação do interessado.

§ 1º A instauração, de ofício, do processo disciplinar dar-se-á em função do conhecimento do fato, quando obtido por meio de fonte idônea ou em virtude de comunicação da autoridade competente.

§ 2º Não se considera fonte idônea a que consistir em denúncia anônima.

***Art. 55-A.** Os procedimentos na OAB observarão a tramitação e o julgamento com perspectiva de gênero e raça, a ser reconhecida de ofício ou por solicitação da parte interessada.*

***Parágrafo único.** O Conselho Federal regulamentará o disposto no caput do presente artigo, mediante edição de Provimento.*

- Art. 55-A acrescido pela Res. do CFOAB nº 5, de 19-8-2024.
- Prov. do CFOAB nº 228, de 19-8-2024, regulamenta este artigo.

Art. 56. A representação será formulada ao Presidente do Conselho Seccional ou ao Presidente da Subseção, por escrito ou verbalmente, devendo, neste último caso, ser reduzida a termo.

Parágrafo único. Nas Seccionais cujos Regimentos Internos atribuírem competência ao Tribunal de Ética e Disciplina para instaurar o processo ético disciplinar, a representação poderá ser dirigida ao seu Presidente ou será a este encaminhada por qualquer dos dirigentes referidos no *caput* deste artigo que a houver recebido.

Art. 57. A representação deverá conter:

I – a identificação do representante, com a sua qualificação civil e endereço;

II – a narração dos fatos que a motivam, de forma que permita verificar a existência, em tese, de infração disciplinar;

III – os documentos que eventualmente a instruam e a indicação de outras provas a ser produzidas, bem como, se for o caso, o rol de testemunhas, até o máximo de cinco;

IV – a assinatura do representante ou a certificação de quem a tomou por termo, na impossibilidade de obtê-la.

Art. 58. Recebida a representação, o Presidente do Conselho Seccional ou o da Subseção, quando esta dispuser de Conselho, designa relator, por sorteio, um de seus integrantes, para presidir a instrução processual.

§ 1º Os atos de instrução processual podem ser delegados ao Tribunal de Ética e Disciplina, conforme dispuser o regimento interno do Conselho Seccional, caso em que caberá ao seu Presidente, por sorteio, designar relator.

§ 2º Antes do encaminhamento dos autos ao relator, serão juntadas a ficha cadastral do representado e certidão negativa ou positiva sobre a existência de punições anteriores, com menção das faltas atribuídas. Será providenciada, ainda, certidão sobre a existência ou não de representações em andamento, a qual, se positiva, será acompanhada da informação sobre as faltas imputadas.

- Res. do CFOAB nº 1, de 6-6-2016, institui o modelo de certidão de representações em andamento, nos termos deste parágrafo.

§ 3º O relator, atendendo aos critérios de admissibilidade, emitirá parecer propondo a instauração de processo disciplinar ou o arquivamento liminar da representação, no prazo de 30 (trinta) dias, sob pena de redistribuição do feito pelo Presidente do Conselho Seccional ou da Subseção para outro relator, observando-se o mesmo prazo.

§ 4º O Presidente do Conselho competente ou, conforme o caso, o do Tribunal de Ética e Disciplina, proferirá despacho declarando instaurado o processo disciplinar ou determinando o arquivamento da representação, nos termos do parecer do relator ou segundo os fundamentos que adotar.

§ 5º A representação contra membros do Conselho Federal e Presidentes de Conselhos Seccionais é processada e julgada pelo Conselho Federal, sendo competente a Segunda Câmara reunida em sessão plenária. A representação contra membros da diretoria do Conselho Federal, Membros Honorários Vitalícios e detentores da Medalha Rui Barbosa será processada e julgada pelo Conselho Federal, sendo competente o Conselho Pleno.

§ 6º A representação contra dirigente de Subseção é processada e julgada pelo Pleno do Conselho Seccional e, respeitadas as competências originárias previstas no § 5º deste artigo, a representação a que se refere a parte final do caput do art. 70 do Estatuto da Advocacia e da OAB tramitará perante as Turmas da Segunda Câmara (art. 89-A, RG).

- § 6º com a redação dada pela Res. do CFOAB nº 1, de 17-3-2025.

§ 7º Os Conselhos Seccionais poderão instituir Comissões de Admissibilidade no âmbito dos Tribunais de Ética e Disciplina, compostas por seus membros ou por Conselheiros Seccionais, com atribuição de análise prévia dos pressupostos de admissibilidade das representações ético-disciplinares, podendo propor seu arquivamento liminar.

- § 7º acrescido pela Res. do CFOAB nº 4, 7-6-2016.

Art. 58-A. Nos casos de infração ético-disciplinar punível com censura, será admissível a celebração de termo de ajustamento de conduta, se o fato apurado não tiver gerado repercussão negativa à advocacia.

Parágrafo único. O termo de ajustamento de conduta previsto neste artigo será regulamentado em provimento do Conselho Federal da OAB.

- Art. 58-A acrescido pela Res. do CFOAB nº 4, de 27-10-2020.
- Prov. do CFOAB nº 200, de 27-10-2020, regulamenta o disposto neste artigo, no tocante à celebração de Termo de Ajustamento de Conduta (TAC) diante da prática de publicidade irregular no âmbito da advocacia e das infrações ético-disciplinares puníveis com censura.

Art. 59. Compete ao relator do processo disciplinar determinar a notificação dos interessados para prestar esclarecimentos ou a do representado para apresentar defesa prévia, no prazo de 15 (quinze) dias, em qualquer caso.

§ 1º A notificação será expedida para o endereço constante do cadastro de inscritos do Conselho Seccional, observando-se, quanto ao mais, o disposto no Regulamento Geral.

§ 2º Se o representado não for encontrado ou ficar revel, o Presidente do Conselho competente ou, conforme o caso, o do Tribunal de Ética e Disciplina designar-lhe-á defensor dativo.

§ 3º Oferecida a defesa prévia, que deve ser acompanhada dos documentos que possam instruí-la e do rol de testemunhas, até o limite de 5 (cinco), será proferido despacho saneador e, ressalvada a hipótese do § 2º do art. 73 do EAOAB, designada, se for o caso, audiência para oitiva do representante, do representado e das testemunhas.

§ 4º O representante e o representado incumbir-se-ão do comparecimento de suas testemunhas, salvo se, ao apresentarem o respectivo rol, requererem, por motivo justificado, sejam elas notificadas a comparecer à audiência de instrução do processo.

§ 5º O relator pode determinar a realização de diligências que julgar convenientes, cumprindo-lhe dar andamento ao processo, de modo que este se desenvolva por impulso oficial.

§ 6º O relator somente indeferirá a produção de determinado meio de prova quando esse for ilícito, impertinente, desnecessário ou protelatório, devendo fazê-lo fundamentadamente.

§ 7º Concluída a instrução, o relator profere parecer preliminar fundamentado, a ser submetido ao Tribunal de Ética e Disciplina, dando enquadramento legal aos fatos imputados ao representado.

- § 7º com a redação dada pela Res. do CFOAB nº 2, de 27-9-2022.

§ 8º Abre-se, em seguida, prazo sucessivo de 15 (quinze) dias, ao interessado e ao representado, para apresentação de razões finais.

- § 8º com a redação dada pela Res. do CFOAB nº 9, de 9-11-2021 (*Diário Eletrônico OAB* de 21-2-2022).

Art. 60. O Presidente do Tribunal de Ética e Disciplina, após o recebimento do processo, devidamente instruído, designa, por sorteio, relator para proferir voto.

§ 1º Se o processo já estiver tramitando perante o Tribunal de Ética e Disciplina ou perante o Conselho competente, o relator não será o mesmo designado na fase de instrução.

§ 2º O processo será incluído em pauta na primeira sessão de julgamentos após a distribuição ao relator.

- § 2º com a redação dada pela Res. da OAB nº 1, de 24-2-2016 (*DOU* de 29-2-2016).

§ 3º O representante e o representado são notificados pela Secretaria do Tribunal, com 15 (quinze) dias de antecedência, para comparecerem à sessão de julgamento.

§ 4º Na sessão de julgamento, após o voto do relator, é facultada a sustentação oral pelo tempo de 15 (quinze) minutos, primeiro pelo representante e, em seguida, pelo representado.

Art. 61. Do julgamento do processo disciplinar lavrar-se-á acórdão, do qual constarão, quando procedente a representação, o enquadramento legal da infração, a sanção aplicada, o quórum de instalação e o de deliberação, a indicação de haver sido esta adotada com base no voto do relator ou em voto divergente, bem como as circunstâncias agravantes ou atenuantes consideradas e as razões determinantes de eventual conversão da censura aplicada em advertência sem registro nos assentamentos do inscrito.

Art. 62. Nos acórdãos serão observadas, ainda, as seguintes regras:

§ 1º O acórdão trará sempre a ementa, contendo a essência da decisão.

§ 2º O autor do voto divergente que tenha prevalecido figurará como redator para o acórdão.

§ 3º O voto condutor da decisão deverá ser lançado nos autos, com os seus fundamentos.

§ 4º O voto divergente, ainda que vencido, deverá ter seus fundamentos lançados nos autos, em voto escrito ou em transcrição na ata de julgamento do voto oral proferido, com seus fundamentos.

§ 5º Será atualizado nos autos o relatório de antecedentes do representado, sempre que o relator o determinar.

Art. 63. Na hipótese prevista no art. 70, § 3º, do EAOAB, em sessão especial designada pelo Presidente do Tribunal, serão facultadas ao representado ou ao seu defensor a apresentação de defesa, a produção de prova e a sustentação oral.

Art. 64. As consultas submetidas ao Tribunal de Ética e Disciplina receberão autuação própria, sendo designado relator, por sorteio, para o seu exame, podendo o Presidente, em face da complexidade da questão, designar, subsequentemente, revisor.

Parágrafo único. O relator e o revisor têm prazo de 10 (dez) dias cada um para elaboração de seus pareceres, apresentando-os na primeira sessão seguinte, para deliberação.

Art. 65. As sessões do Tribunal de Ética e Disciplina obedecerão ao disposto no respectivo Regimento Interno, aplicando-se-lhes, subsidiariamente, o do Conselho Seccional.

Art. 66. A conduta dos interessados, no processo disciplinar, que se revele temerária ou caracterize a intenção de alterar a verdade dos fatos, assim como a interposição de recursos com intuito manifestamente protelatório, contrariam os princípios deste Código, sujeitando os responsáveis à correspondente sanção.

Art. 67. Os recursos contra decisões do Tribunal de Ética e Disciplina, ao Conselho Seccional, regem-se pelas disposições do Estatuto da Advocacia e da Ordem dos Advogados do Brasil, do Regulamento Geral e do Regimento Interno do Conselho Seccional.

Parágrafo único. O Tribunal dará conhecimento de todas as suas decisões ao Conselho Seccional, para que determine periodicamente a publicação de seus julgados.

Art. 68. Cabe revisão do processo disciplinar, na forma prevista no Estatuto da Advocacia e da Ordem dos Advogados do Brasil (art. 73, § 5º).

§ 1º Tem legitimidade para requerer a revisão o advogado punido com a sanção disciplinar.

§ 2º A competência para processar e julgar o processo de revisão é do órgão de que emanou a condenação final.

§ 3º Quando o órgão competente for o Conselho Federal, a revisão processar-se-á perante a Segunda Câmara, reunida em sessão plenária.

§ 4º Observar-se-á, na revisão, o procedimento do processo disciplinar, no que couber.

§ 5º O pedido de revisão terá autuação própria, devendo os autos respectivos ser apensados aos do processo disciplinar a que se refira.

§ 6º O pedido de revisão não suspende os efeitos da decisão condenatória, salvo quando o relator, ante a relevância dos fundamentos e o risco de consequências irreparáveis para o requerente, conceder tutela cautelar para que se suspenda a execução.

§ 7º A parte representante somente será notificada para integrar o processo de revisão quando o relator entender que deste poderá resultar dano ao interesse jurídico que haja motivado a representação.

▸ §§ 6º e 7º acrescidos pela Res. do CFOAB nº 4, 7-6-2016.

Art. 69. O advogado que tenha sofrido sanção disciplinar poderá requerer reabilitação, no prazo e nas condições previstos no Estatuto da Advocacia e da Ordem dos Advogados do Brasil (art. 41).

§ 1º A competência para processar e julgar o pedido de reabilitação é do Conselho Seccional em que tenha sido aplicada a sanção disciplinar. Nos casos de competência originária do Conselho Federal, perante este tramitará o pedido de reabilitação.

§ 2º Observar-se-á, no pedido de reabilitação, o procedimento do processo disciplinar, no que couber.

§ 3º O pedido de reabilitação terá autuação própria, devendo os autos respectivos ser apensados aos do processo disciplinar a que se refira.

§ 4º O pedido de reabilitação será instruído com provas de bom comportamento, no exercício da advocacia e na vida social, cumprindo à Secretaria do Conselho competente certificar, nos autos, o efetivo cumprimento da sanção disciplinar pelo requerente.

§ 5º Quando o pedido não estiver suficientemente instruído, o relator assinará prazo ao requerente para que complemente a documentação; não cumprida a determinação, o pedido será liminarmente arquivado.

CAPÍTULO II

DOS ÓRGÃOS DISCIPLINARES

Seção I

DOS TRIBUNAIS DE ÉTICA E DISCIPLINA

Art. 70. O Tribunal de Ética e Disciplina poderá funcionar dividido em órgãos fracionários, de acordo com seu regimento interno.

Art. 71. Compete aos Tribunais de Ética e Disciplina:

I – julgar, em primeiro grau, os processos ético-disciplinares;

II – responder a consultas formuladas, em tese, sobre matéria ético-disciplinar;

III – exercer as competências que lhe sejam conferidas pelo Regimento Interno da Seccional ou por este Código para a instauração, instrução e julgamento de processos ético-disciplinares;

IV – suspender, preventivamente, o acusado, em caso de conduta suscetível de acarretar repercussão prejudicial à advocacia, nos termos do Estatuto da Advocacia e da Ordem dos Advogados do Brasil;

V – organizar, promover e ministrar cursos, palestras, seminários e outros eventos da mesma natureza acerca da ética profissional do advogado ou estabelecer parcerias com as Escolas de Advocacia, com o mesmo objetivo;

VI – atuar como órgão mediador ou conciliador nas questões que envolvam:

a) dúvidas e pendências entre advogados;

b) partilha de honorários contratados em conjunto ou decorrentes de substabelecimento, bem como os que resultem de sucumbência, nas mesmas hipóteses;

c) controvérsias surgidas quando da dissolução de sociedade de advogados;

VII – em conjunto com o Conselho Federal e o Comitê de Acompanhamento e Capacitação sobre Julgamento com Perspectiva de Gênero e Raça, organizar, promover e desenvolver cursos, palestras, seminários e discussões a respeito de Julgamento com Perspectiva de Gênero e Raça, visando à formação da consciência dos julgadores, Conselheiros(as), servidores(as) e membros para afastar estereótipos, preconceitos e problemas estruturais que possam causar indevido desequilíbrio na relação entre os sujeitos.

▸ Inciso VII acrescido pela Res. do CFOAB nº 5, de 19-8-2024.

▸ Prov. do CFOAB nº 228, de 19-8-2024, regulamenta este artigo.

Seção II

DAS CORREGEDORIAS-GERAIS

Art. 72. As Corregedorias-Gerais integram o sistema disciplinar da Ordem dos Advogados do Brasil.

§ 1º O Secretário-Geral Adjunto exerce, no âmbito do Conselho Federal, as funções de Corregedor-Geral, cuja competência é definida em Provimento.

§ 2º Nos Conselhos Seccionais, as Corregedorias-Gerais terão atribuições da mesma natureza, observando, no que couber, Provimento do Conselho Federal sobre a matéria.

§ 3º A Corregedoria-Geral do Processo Disciplinar coordenará ações do Conselho Federal e dos Conselhos Seccionais voltadas para o objetivo de reduzir a ocorrência das infrações disciplinares mais frequentes.

TÍTULO III – DAS DISPOSIÇÕES GERAIS E TRANSITÓRIAS

Art. 73. O Conselho Seccional deve oferecer os meios e o suporte de apoio material, logístico, de informática e de pessoal necessários ao pleno funcionamento e ao desenvolvimento das atividades do Tribunal de Ética e Disciplina.

§ 1º Os Conselhos Seccionais divulgarão, trimestralmente, na internet, a quantidade de processos ético-disciplinares em andamento e as punições decididas em caráter definitivo, preservadas as regras de sigilo.

§ 2º A divulgação das punições referidas no parágrafo anterior destacará cada infração tipificada no artigo 34 da Lei nº 8.906/94.

Art. 74. Em até 180 (cento e oitenta) dias após o início da vigência do presente Código de Ética e Disciplina da OAB, os Conselhos Seccionais e os Tribunais de Ética e Disciplina deverão elaborar ou rever seus Regimentos Internos, adaptando-os às novas regras e disposições deste Código. No caso dos Tribunais de Ética e Disciplina, os Regimentos Internos serão submetidos à aprovação do respectivo Conselho Seccional e, subsequentemente, do Conselho Federal.

Art. 75. A pauta de julgamentos do Tribunal é publicada no *Diário Eletrônico da OAB* e no quadro de avisos gerais, na sede do Conselho Seccional, com antecedência de 15 (quinze) dias, devendo ser dada prioridade, nos julgamentos, aos processos cujos interessados estiverem presentes à respectiva sessão.

▶ Artigo com a redação dada pela Res. do CFOAB nº 5, de 2-10-2018.

Art. 76. As disposições deste Código obrigam igualmente as sociedades de advogados, os consultores e as sociedades consultoras em direito estrangeiro e os estagiários, no que lhes forem aplicáveis.

Art. 77. As disposições deste Código aplicam-se, no que couber, à mediação, à conciliação e à arbitragem, quando exercidas por advogados.

Art. 78. Os autos do processo disciplinar podem ter caráter virtual, mediante adoção de processo eletrônico.

Parágrafo único. O Conselho Federal da OAB regulamentará em Provimento o processo ético-disciplinar por meio eletrônico.

Art. 79. Este Código entra em vigor a 1º de setembro de 2016, cabendo ao Conselho Federal e aos Conselhos Seccionais, bem como às Subseções da OAB, promover-lhe ampla divulgação.

▶ Artigo com a redação dada pela Res. do CFOAB nº 3, de 12-4-2016.

▶ Em vez de "Este Código entre em vigor a", leia-se "Este Código entra em vigor em".

Art. 80. Fica revogado o Código de Ética e Disciplina editado em 13 de fevereiro de 1995, bem como as demais disposições em contrário.

Brasília, 19 de outubro de 2015.

Marcus Vinicius Furtado Coêlho

LEI Nº 13.185, DE 6 DE NOVEMBRO DE 2015

Institui o Programa de Combate à Intimidação Sistemática (Bullying).

▶ Publicada no *DOU* de 9-11-2015.

▶ Lei nº 13.277, de 29-4-2016, Institui o dia 7 de abril como o Dia Nacional de Combate ao *Bullying* e à Violência na Escola.

Art. 1º Fica instituído o Programa de Combate à Intimidação Sistemática (*Bullying*) em todo o território nacional.

§ 1º No contexto e para os fins desta Lei, considera-se intimidação sistemática (*bullying*) todo ato de violência física ou psicológica, intencional e repetitivo que ocorre sem motivação evidente, praticado por indivíduo ou grupo, contra uma ou mais pessoas, com o objetivo de intimidá-la ou agredi-la, causando dor e angústia à vítima, em uma relação de desequilíbrio de poder entre as partes envolvidas.

§ 2º O Programa instituído no *caput* poderá fundamentar as ações do Ministério da Educação e das Secretarias Estaduais e Municipais de Educação, bem como de outros órgãos, aos quais a matéria diz respeito.

Art. 2º Caracteriza-se a intimidação sistemática (*bullying*) quando há violência física ou psicológica em atos de intimidação, humilhação ou discriminação e, ainda:

I – ataques físicos;

II – insultos pessoais;

III – comentários sistemáticos e apelidos pejorativos;

IV – ameaças por quaisquer meios;

V – grafites depreciativos;

VI – expressões preconceituosas;

VII – isolamento social consciente e premeditado;

VIII – pilhérias.

Parágrafo único. Há intimidação sistemática na rede mundial de computadores (*cyberbullying*), quando se usarem os instrumentos que lhe são próprios para depreciar, incitar a violência, adulterar fotos e dados pessoais com o intuito de criar meios de constrangimento psicossocial.

Art. 3º A intimidação sistemática (*bullying*) pode ser classificada, conforme as ações praticadas, como:

I – verbal: insultar, xingar e apelidar pejorativamente;

II – moral: difamar, caluniar, disseminar rumores;

III – sexual: assediar, induzir e/ou abusar;

IV – social: ignorar, isolar e excluir;

V – psicológica: perseguir, amedrontar, aterrorizar, intimidar, dominar, manipular, chantagear e infernizar;

VI – físico: socar, chutar, bater;

VII – material: furtar, roubar, destruir pertences de outrem;

VIII – virtual: depreciar, enviar mensagens intrusivas da intimidade, enviar ou adulterar fotos e dados pessoais que resultem em sofrimento ou com o intuito de criar meios de constrangimento psicológico e social.

Art. 4º Constituem objetivos do Programa referido no *caput* do art. 1º:

I – prevenir e combater a prática da intimidação sistemática (*bullying*) em toda a sociedade;

II – capacitar docentes e equipes pedagógicas para a implementação das ações de discussão, prevenção, orientação e solução do problema;

III – implementar e disseminar campanhas de educação, conscientização e informação;

IV – instituir práticas de conduta e orientação de pais, familiares e responsáveis diante da identificação de vítimas e agressores;

V – dar assistência psicológica, social e jurídica às vítimas e aos agressores;

VI – integrar os meios de comunicação de massa com as escolas e a sociedade, como forma de identificação e conscientização do problema e forma de preveni-lo e combatê-lo;

VII – promover a cidadania, a capacidade empática e o respeito a terceiros, nos marcos de uma cultura de paz e tolerância mútua;

VIII – evitar, tanto quanto possível, a punição dos agressores, privilegiando mecanismos e instrumentos alternativos que promovam a efetiva responsabilização e a mudança de comportamento hostil;

IX – promover medidas de conscientização, prevenção e combate a todos os tipos de violência, com ênfase nas práticas recorrentes de intimidação sistemática (*bullying*), ou constrangimento físico e psicológico, cometidas por alunos, professores e outros profissionais integrantes de escola e de comunidade escolar.

Art. 5º É dever do estabelecimento de ensino, dos clubes e das agremiações recreativas assegurar medidas de conscientização, prevenção, diagnose e combate à violência e à intimidação sistemática (*bullying*).

Art. 6º Serão produzidos e publicados relatórios bimestrais das ocorrências de intimidação sistemática (*bullying*) nos Estados e Municípios para planejamento das ações.

Art. 7º Os entes federados poderão firmar convênios e estabelecer parcerias para a implementação e a correta execução dos objetivos e diretrizes do Programa instituído por esta Lei.

Art. 8º Esta Lei entra em vigor após decorridos 90 (noventa) dias da data de sua publicação oficial.

Brasília, 6 de novembro de 2015;
194º da Independência e
127º da República.

Dilma Rousseff

LEI Nº 13.188, DE 11 DE NOVEMBRO DE 2015

Dispõe sobre o direito de resposta ou retificação do ofendido em matéria divulgada, publicada ou transmitida por veículo de comunicação social.

▶ Publicada no *DOU* de 12-11-2015.

Art. 1º Esta Lei disciplina o exercício do direito de resposta ou retificação do ofendido em matéria divulgada, publicada ou transmitida por veículo de comunicação social.

Art. 2º Ao ofendido em matéria divulgada, publicada ou transmitida por veículo de comunicação social é assegurado o direito de resposta ou retificação, gratuito e proporcional ao agravo.

§ 1º Para os efeitos desta Lei, considera-se matéria qualquer reportagem, nota ou notícia divulgada por veículo de comunicação social, independentemente do meio ou da plataforma de distribuição, publicação ou transmissão que utilize, cujo conteúdo atente, ainda que por equívoco de informação, contra a honra, a intimidade, a reputação, o conceito, o nome, a marca ou a imagem de pessoa física ou jurídica identificada ou passível de identificação.

§ 2º São excluídos da definição de matéria estabelecida no § 1º deste artigo os comentários realizados por usuários da internet nas páginas eletrônicas dos veículos de comunicação social.

§ 3º A retratação ou retificação espontânea, ainda que a elas sejam conferidos os mesmos destaque, publicidade, periodicidade e dimensão do agravo, não impedem o exercício do direito de resposta pelo ofendido nem prejudicam a ação de reparação por dano moral.

Art. 3º O direito de resposta ou retificação deve ser exercido no prazo decadencial de 60 (sessenta) dias, contado da data de cada divulgação, publicação ou transmissão da matéria ofensiva, mediante correspondência com aviso de recebimento encaminhada diretamente ao veículo de comunicação social ou, inexistindo pessoa jurídica constituída, a quem por ele responda, independentemente de quem seja o responsável intelectual pelo agravo.

§ 1º O direito de resposta ou retificação poderá ser exercido, de forma individualizada, em face de todos os veículos de comunicação social que tenham divulgado, publicado, republicado, transmitido ou retransmitido o agravo original.

§ 2º O direito de resposta ou retificação poderá ser exercido, também, conforme o caso:

I – pelo representante legal do ofendido incapaz ou da pessoa jurídica;

II – pelo cônjuge, descendente, ascendente ou irmão do ofendido que esteja ausente do País ou tenha falecido depois do agravo, mas antes de decorrido o prazo de decadência do direito de resposta ou retificação.

§ 3º No caso de divulgação, publicação ou transmissão continuada e ininterrupta da mesma matéria ofensiva, o prazo será contado da data em que se iniciou o agravo.

Art. 4º A resposta ou retificação atenderá, quanto à forma e à duração, ao seguinte:

I – praticado o agravo em mídia escrita ou na internet, terá a resposta ou retificação o destaque, a publicidade, a periodicidade e a dimensão da matéria que a ensejou;

II – praticado o agravo em mídia televisiva, terá a resposta ou retificação o destaque, a publicidade, a periodicidade e a duração da matéria que a ensejou;

III – praticado o agravo em mídia radiofônica, terá a resposta ou retificação o destaque, a publicidade, a periodicidade e a duração da matéria que a ensejou.

§ 1º Se o agravo tiver sido divulgado, publicado, republicado, transmitido ou retransmitido em mídia escrita ou em cadeia de rádio ou televisão para mais de um Município ou Estado, será conferido proporcional alcance à divulgação da resposta ou retificação.

§ 2º O ofendido poderá requerer que a resposta ou retificação seja divulgada, publicada ou transmitida nos mesmos espaço, dia da semana e horário do agravo.

§ 3º A resposta ou retificação cuja divulgação, publicação ou transmissão não obedeça ao disposto nesta Lei é considerada inexistente.

§ 4º Na delimitação do agravo, deverá ser considerado o contexto da informação ou matéria que gerou a ofensa.

Art. 5º Se o veículo de comunicação social ou quem por ele responda não divulgar, publicar ou transmitir a resposta ou retificação no prazo de 7 (sete) dias, contado do recebimento do respectivo pedido, na forma do art. 3º, restará caracterizado o interesse jurídico para a propositura de ação judicial.

§ 1º É competente para conhecer do feito o juízo do domicílio do ofendido ou, se este assim o preferir, aquele do lugar onde o agravo tenha apresentado maior repercussão.

§ 2º A ação de rito especial de que trata esta Lei será instruída com as provas do agravo e do pedido de resposta ou retificação não atendido, bem como com o texto da resposta ou retificação a ser divulgado, publicado ou transmitido, sob pena de inépcia da inicial, e processada no prazo máximo de 30 (trinta) dias, vedados:

I – a cumulação de pedidos;

II – a reconvenção;

III – o litisconsórcio, a assistência e a intervenção de terceiros.

§ 3º VETADO.

Art. 6º Recebido o pedido de resposta ou retificação, o juiz, dentro de 24 (vinte e quatro) horas, mandará citar o responsável pelo veículo de comunicação social para que:

I – em igual prazo, apresente as razões pelas quais não o divulgou, publicou ou transmitiu;

II – no prazo de 3 (três) dias, ofereça contestação.

Parágrafo único. O agravo consistente em injúria não admitirá a prova da verdade.

Art. 7º O juiz, nas 24 (vinte e quatro) horas seguintes à citação, tenha ou não se manifestado o responsável pelo veículo de comunicação, conhecerá do pedido e, havendo prova capaz de convencer sobre a verossimilhança da alegação ou justificado receio de ineficácia do provimento final, fixará desde logo as condições e a data para a veiculação, em prazo não superior a 10 (dez) dias, da resposta ou retificação.

§ 1º Se o agravo tiver sido divulgado ou publicado por veículo de mídia impressa cuja circulação seja periódica, a resposta ou retificação será divulgada na edição seguinte à da ofensa ou, ainda, excepcionalmente, em edição extraordinária, apenas nos casos em que o prazo entre a ofensa e a próxima edição indique desproporcionalidade entre a ofensa e a resposta ou retificação.

§ 2º A medida antecipatória a que se refere o *caput* deste artigo poderá ser reconsiderada ou modificada a qualquer momento, em decisão fundamentada.

§ 3º O juiz poderá, a qualquer tempo, impor multa diária ao réu, independentemente de pedido do autor, bem como modificar-lhe o valor ou a periodicidade, caso verifique que se tornou insuficiente ou excessiva.

§ 4º Para a efetivação da tutela específica de que trata esta Lei, poderá o juiz, de ofício ou mediante requerimento, adotar as medidas cabíveis para o cumprimento da decisão.

Art. 8º Não será admitida a divulgação, publicação ou transmissão de resposta ou retificação que não tenha relação com as informações contidas na matéria a que pretende responder nem se enquadre no § 1º do art. 2º desta Lei.

Art. 9º O juiz prolatará a sentença no prazo máximo de 30 (trinta) dias, contado do ajuizamento da ação, salvo na hipótese de conversão do pedido em reparação por perdas e danos.

Parágrafo único. As ações judiciais destinadas a garantir a efetividade do direito de resposta ou retificação previsto nesta Lei processam-se durante as férias forenses e não se suspendem pela superveniência delas.

Art. 10. Das decisões proferidas nos processos submetidos ao rito especial estabelecido nesta Lei, poderá ser concedido efeito suspensivo pelo tribunal competente, desde que constatadas, em juízo colegiado prévio, a plausibilidade do direito invocado e a urgência na concessão da medida.

▸ O STF, por maioria dos votos, julgou procedente o pedido formulado na ADI nº 5.415, para declarar a inconstitucionalidade da expressão "em juízo colegiado prévio", prevista neste artigo, e conferir interpretação conforme ao dispositivo, no sentido de permitir ao magistrado integrante do tribunal respectivo decidir monocraticamente sobre a concessão de efeito suspensivo a recurso interposto em face de decisão proferida segundo o rito especial do direito de resposta (*DOU* de 7-6-2021).

Art. 11. A gratuidade da resposta ou retificação divulgada pelo veículo de comunicação, em caso de ação temerária, não abrange as custas processuais nem exime o autor do ônus da sucumbência.

Parágrafo único. Incluem-se entre os ônus da sucumbência os custos com a divulgação, publicação ou transmissão da resposta ou retificação, caso a decisão judicial favorável ao autor seja reformada em definitivo.

Art. 12. Os pedidos de reparação ou indenização por danos morais, materiais ou à imagem serão deduzidos em ação própria, salvo se o autor, desistindo expressamente da tutela específica de que trata esta Lei, os requerer, caso em que o processo seguirá pelo rito ordinário.

§ 1º O ajuizamento de ação cível ou penal contra o veículo de comunicação ou seu responsável com fundamento na divulgação, publicação ou transmissão ofensiva não prejudica o exercício administrativo ou judicial do direito de resposta ou retificação previsto nesta Lei.

§ 2º A reparação ou indenização dar-se-á sem prejuízo da multa a que se refere o § 3º do art. 7º.

Art. 13. O art. 143 do Decreto-Lei nº 2.848, de 7 de dezembro de 1940 (Código Penal), passa a vigorar acrescido do seguinte parágrafo único:

▸ Alteração inserida no texto do referido Código.

Art. 14. Esta Lei entra em vigor na data de sua publicação.

Brasília, 11 de novembro de 2015;
194º da Independência e
127º da República.

Dilma Rousseff

LEI Nº 13.189, DE 19 DE NOVEMBRO DE 2015

Institui o Programa Seguro-Emprego (PSE).

▸ Publicada no *DOU* de 20-11-2015.

▸ Ementa com a redação dada pela Lei nº 13.456, de 26-6-2017.

Art. 1º Fica instituído o Programa Seguro-Emprego (PSE), com os seguintes objetivos:

▸ *Caput* com a redação dada pela Lei nº 13.456, de 26-6-2017.

I – possibilitar a preservação dos empregos em momentos de retração da atividade econômica;

II – favorecer a recuperação econômico-financeira das empresas;

III – sustentar a demanda agregada durante momentos de adversidade, para facilitar a recuperação da economia;

IV – estimular a produtividade do trabalho por meio do aumento da duração do vínculo empregatício; e

V – fomentar a negociação coletiva e aperfeiçoar as relações de emprego.

Parágrafo único. O PSE consiste em ação para auxiliar os trabalhadores na preservação do emprego, nos termos do inciso II do *caput* do art. 2º da Lei nº 7.998, de 11 de janeiro de 1990.

▸ Parágrafo único com a redação dada pela Lei nº 13.456, de 26-6-2017.

Art. 2º Podem aderir ao PSE as empresas de todos os setores em situação de dificuldade econômico-financeira que celebrarem acordo coletivo de trabalho específico de redução de jornada e de salário.

§ 1º A adesão ao PSE pode ser feita perante o Ministério do Trabalho até o dia 31 de dezembro de 2017, observado o prazo máximo de permanência de vinte e quatro meses, na forma definida em regulamento, respeitada a data de extinção do programa.

§ 2º Têm prioridade de adesão ao PSE, observados os critérios definidos pelo Poder Executivo federal:

I – a empresa que demonstre observar a cota de pessoas com deficiência;

II – as microempresas e empresas de pequeno porte; e

III – a empresa que possua em seus quadros programa de reinserção profissional de egressos do sistema penitenciário.

§ 3º As microempresas e as empresas de pequeno porte poderão contar com o apoio técnico do Serviço Brasileiro de Apoio às Micro e Pequenas Empresas (Sebrae), conforme disposto em regulamento.

▶ Art. 2º com a redação dada pela Lei nº 13.456, de 26-6-2017.

Art. 3º Poderão aderir ao PSE as empresas que se enquadrem nas condições estabelecidas pelo Comitê do Programa de Proteção ao Emprego, criado pelo Decreto nº 8.479, de 6 de julho de 2015, independentemente do setor econômico, e que cumprirem os seguintes requisitos:

▶ *Caput* com a redação dada pela Lei nº 13.456, de 26-6-2017.

I – celebrar e apresentar acordo coletivo de trabalho específico, nos termos do art. 5º;

II – apresentar ao Ministério do Trabalho solicitação de adesão ao PSE;

▶ Inciso II com a redação dada pela Lei nº 13.456, de 26-6-2017.

III – apresentar a relação dos empregados abrangidos, especificando o salário individual;

IV – ter registro no Cadastro Nacional da Pessoa Jurídica – CNPJ há, no mínimo, dois anos;

V – comprovar a regularidade fiscal, previdenciária e relativa ao Fundo de Garantia do Tempo de Serviço – FGTS; e

VI – comprovar a situação de dificuldade econômico-financeira, fundamentada no Indicador Líquido de Empregos (ILE), considerando-se nesta situação a empresa cujo ILE seja igual ou inferior ao percentual a ser definido em ato do Poder Executivo federal, apurado com base nas informações disponíveis no Cadastro Geral de Empregados e Desempregados (CAGED), consistindo o ILE no percentual representado pela diferença entre admissões e demissões acumulada nos doze meses anteriores ao da solicitação de adesão ao PSE dividida pelo número de empregados no mês anterior ao início desse período.

▶ Inciso VI com a redação dada pela Lei nº 13.456, de 26-6-2017.

§ 1º Para fins do disposto no inciso IV do *caput*, em caso de solicitação de adesão por filial de empresa, pode ser considerado o tempo de registro no CNPJ da matriz.

§ 2º A regularidade de que trata o inciso V do *caput* deste artigo deverá ser observada durante o período de adesão do PSE, como condição para permanência no Programa.

▶ § 2º com a redação dada pela Lei nº 13.456, de 26-6-2017.

§ 3º No cálculo do indicador de que trata o inciso VI do *caput* deste artigo, não serão computados os eventos de transferência por entrada, de transferência por saída e de admissão ou desligamento de aprendizes.

▶ § 3º acrescido pela Lei nº 13.456, de 26-6-2017.

Art. 4º Os empregados de empresas que aderirem ao PSE e que tiverem o seu salário reduzido, nos termos do art. 5º desta Lei, fazem jus à compensação pecuniária equivalente a 50% (cinquenta por cento) do valor da redução salarial e limitada a 65% (sessenta e cinco por cento) do valor máximo da parcela do seguro-desemprego, enquanto perdurar o período de redução temporária da jornada de trabalho.

▶ *Caput* com a redação dada pela Lei nº 13.456, de 26-6-2017.

§ 1º Ato do Poder Executivo federal deve dispor sobre a forma de pagamento da compensação pecuniária de que trata o *caput*, custeada pelo Fundo de Amparo ao Trabalhador – FAT.

§ 2º O valor do salário pago pelo empregador, após a redução de que trata o *caput* do art. 5º, não pode ser inferior ao valor do salário mínimo.

Art. 5º O acordo coletivo de trabalho específico para adesão ao PSE, celebrado entre a empresa e o sindicato de trabalhadores representativo da categoria da atividade econômica preponderante da empresa, pode reduzir em até 30% (trinta por cento) a jornada e o salário.

▶ *Caput* com a redação dada pela Lei nº 13.456, de 26-6-2017.

§ 1º O acordo deve ser aprovado em assembleia dos trabalhadores abrangidos pelo programa e deve dispor sobre:

I – número total de empregados abrangidos pela redução e sua identificação;

II – estabelecimentos ou setores específicos da empresa abrangidos;

III – percentual de redução da jornada e redução proporcional ou menor do salário;

IV – período pretendido de adesão ao PSE e de redução temporária da jornada de trabalho, que deve ter duração de até seis meses, podendo ser prorrogado por períodos de seis meses, desde que o período total não ultrapasse vinte e quatro meses;

▶ Inciso IV com a redação dada pela Lei nº 13.456, de 26-6-2017.

V – período de garantia no emprego, que deve ser equivalente, no mínimo, ao período de redução de jornada acrescido de um terço;

VI – constituição de comissão paritária, composta por representantes do empregador e dos empregados abrangidos pelo PSE, para acompanhar e fiscalizar o cumprimento do acordo e do Programa, exceto nas microempresas e empresas de pequeno porte.

▶ Inciso VI com a redação dada pela Lei nº 13.456, de 26-6-2017.

§ 2º O acordo coletivo de trabalho específico de que trata este artigo não disporá sobre outras condições de trabalho que não aquelas decorrentes da adesão ao PSE.

▶ § 2º com a redação dada pela Lei nº 13.456, de 26-6-2017.

§ 3º A empresa deve demonstrar ao sindicato que foram esgotados os bancos de horas, além de fornecer as informações econômico-financeiras.

§ 4º É facultada a celebração de acordo coletivo múltiplo de trabalho específico a grupo de microempresas e empresas de pequeno porte, do mesmo setor econômico, com o sindicato de trabalhadores representativo da categoria da atividade econômica preponderante.

§ 5º Na hipótese do § 4º, a comissão paritária de que trata o inciso VI do § 1º será composta por representantes do empregador e do sindicato de trabalhadores que celebrar o acordo coletivo múltiplo de trabalho específico.

§ 6º Para fins dos incisos I e II do § 1º, o acordo deve abranger todos os empregados da empresa ou, no mínimo, os empregados de setor ou estabelecimento específico.

§ 7º Para fins do disposto no § 4º deste artigo, cada microempresa e empresa de pequeno porte deverá demonstrar individualmente o cumprimento dos requisitos exigidos para adesão ao PSE, com o apoio técnico do Serviço Brasileiro de Apoio às Micro e Pequenas Empresas (Sebrae).

▶ § 7º com a redação dada pela Lei nº 13.456, de 26-6-2017.

§ 8º A redução de que trata o *caput* está condicionada à celebração de acordo coletivo de trabalho específico com o sindicato de trabalhadores representativo da categoria, observado o disposto no art. 511 da Consolidação das Leis do Trabalho – CLT, aprovada pelo Decreto-Lei nº 5.452, de 1º de maio de 1943.

§ 9º O número total de trabalhadores e de setores abrangidos pelo Programa de que tratam os incisos I e II do § 1º deste artigo e a redução do percentual de que trata o inciso III do § 1º deste artigo poderão ser alterados durante o período de adesão ao Programa, desde que aprovados em assembleia dos trabalhadores abrangidos pelo Programa, dispensada a formalização de termo aditivo ao acordo, observados os critérios a serem estabelecidos em ato do Poder Executivo federal.

▶ § 9º acrescido pela Lei nº 13.456, de 26-6-2017.

Art. 6º A empresa que aderir ao PSE fica proibida de:

▶ *Caput* com a redação dada pela Lei nº 13.456, de 26-6-2017.

I – dispensar arbitrariamente ou sem justa causa os empregados que tiverem sua jornada de trabalho temporariamente reduzida enquanto vigorar a adesão ao PSE e, após o seu término, durante o prazo equivalente a um terço do período de adesão; e

▶ Inciso I com a redação dada pela Lei nº 13.456, de 26-6-2017.

II – contratar empregado para executar, total ou parcialmente, as mesmas atividades exercidas por empregado abrangido pelo programa, exceto nas hipóteses de:

a) reposição;

b) aproveitamento de concluinte de curso de aprendizagem na empresa, nos termos do art. 429 da Consolidação das Leis do Trabalho – CLT, aprovada pelo Decreto-Lei nº 5.452, de 1º de maio de 1943;

c) efetivação de estagiário;

d) contratação de pessoas com deficiência ou idosas; e

e) contratação de egresso dos sistemas prisional e de medidas socioeducativas.

▶ Alíneas *c* a *e* acrescidas pela Lei nº 13.456, de 26-6-2017.

§ 1º Nas hipóteses de contratação previstas no inciso II do *caput* deste artigo, o empregado deve ser abrangido pelo acordo coletivo de trabalho específico.

► § 1º com a redação dada pela Lei nº 13.456, de 26-6-2017.

§ 2º Durante o período de adesão, é proibida a realização de horas extraordinárias pelos empregados abrangidos pelo programa.

Art. 7º A empresa pode denunciar o PSE a qualquer momento, desde que comunique o ato ao sindicato que celebrou o acordo coletivo de trabalho específico, aos seus trabalhadores e ao Poder Executivo federal, com antecedência mínima de trinta dias, demonstrando as razões e a superação da situação de dificuldade econômico-financeira.

► *Caput* com a redação dada pela Lei nº 13.456, de 26-6-2017.

§ 1º Somente após o prazo de trinta dias, pode a empresa exigir o cumprimento da jornada integral de trabalho.

§ 2º Deve ser mantida a garantia de emprego, nos termos da adesão original ao PSE e aos seus acréscimos.

§ 3º Somente após seis meses da denúncia, pode a empresa aderir novamente ao PSE, caso demonstre que enfrenta nova situação de dificuldade econômico-financeira.

► §§ 2º e 3º com a redação dada pela Lei nº 13.456, de 26-6-2017.

Art. 8º Fica excluída do PSE e impedida de aderir ao Programa novamente a empresa que:

► *Caput* com a redação dada pela Lei nº 13.456, de 26-6-2017.

I – descumprir os termos do acordo coletivo de trabalho específico relativo à redução temporária da jornada de trabalho ou qualquer outro dispositivo desta Lei ou de sua regulamentação;

II – cometer fraude no âmbito do PSE, assim entendida como a situação em que empresa obtiver, para si ou para outrem, vantagem ilícita, em prejuízo alheio, induzindo ou mantendo alguém em erro, mediante artifício, ardil ou qualquer outro meio fraudulento, relativamente ao Programa, como atos praticados quanto à burla das condições e dos critérios para adesão e permanência no Programa, fornecimento de informações não verídicas, apresentação de documentos falsos ou desvio dos recursos da compensação financeira do Programa destinada aos empregados abrangidos; ou

► Inciso II com a redação dada pela Lei nº 13.456, de 26-6-2017.

III – for condenada por decisão judicial transitada em julgado ou autuada administrativamente após decisão final no processo administrativo por prática de trabalho análogo ao de escravo, trabalho infantil ou degradante.

§ 1º A empresa que descumprir o acordo coletivo ou as normas relativas ao PSE fica obrigada a restituir ao FAT os recursos recebidos, devidamente corrigidos, e a pagar multa administrativa correspondente a 100% (cem por cento) desse valor, calculada em dobro no caso de fraude, a ser aplicada conforme o Título VII da Consolidação das Leis do Trabalho (CLT), aprovada pelo Decreto-Lei nº 5.452, de 1º de maio de 1943, e revertida ao FAT.

► § 1º com a redação dada pela Lei nº 13.456, de 26-6-2017.

§ 2º Para fins do disposto no inciso I do *caput*, a denúncia de que trata o art. 7º não é considerada descumprimento dos termos do acordo coletivo de trabalho específico.

§ 3º Para fins de correção dos recursos de que trata o § 1º deste artigo, o valor a ser restituído ao FAT, por ocasião do pagamento, será acrescido de juros equivalentes à taxa referencial do Sistema Especial de Liquidação e de Custódia (Selic) para títulos federais, calculada na forma de capitalização simples, ou seja, pela soma aritmética dos valores mensais da taxa Selic, adicionando-se 1% (um por cento) no último mês de atualização e utilizando-se para o cálculo do débito o Sistema Débito Web disponibilizado no sítio eletrônico do Tribunal de Contas da União.

► § 3º com a redação dada pela Lei nº 13.456, de 26-6-2017.

Art. 9º A compensação pecuniária integra as parcelas remuneratórias para efeito do disposto no inciso I do art. 22 e no § 8º do art. 28 da Lei nº 8.212, de 24 de julho de 1991, e do disposto no art. 15 da Lei nº 8.036, de 11 de maio de 1990.

Art. 10. Permanecem regidas pela Medida Provisória nº 680, de 6 de julho de 2015, as adesões ao PPE já aprovadas, aplicando-se esta Lei às solicitações de adesão ou de prorrogação em tramitação na data de sua publicação ou protocoladas a partir dessa data, sendo facultadas às empresas a prorrogação dos prazos e a adoção das demais condições previstas nesta Lei mediante aditivo ao acordo coletivo de trabalho específico.

Art. 11. O PSE extingue-se em 31 de dezembro de 2018.

► Artigo com a redação dada pela Lei nº 13.456, de 26-6-2017.

Art. 11-A. Até o final do mês de fevereiro de cada exercício, o Poder Executivo federal estabelecerá o limite máximo anual para as despesas totais do PSE, observados os parâmetros econômicos oficiais utilizados na gestão fiscal.

§ 1º Para fins de estimativa do cálculo das despesas totais referidas no *caput* deste artigo, será considerado o somatório do estoque de benefícios concedidos com os novos benefícios a serem desembolsados no exercício.

§ 2º A gestão fiscal de que trata o *caput* deste artigo compreende a elaboração dos orçamentos anuais e as avaliações de receitas e despesas para cumprimento do disposto no art. 9º da Lei Complementar nº 101, de 4 de maio de 2000.

§ 3º O Poder Executivo federal, por meio de regulamento, poderá fixar orçamento do PSE dedicado exclusivamente a microempresas e empresas de pequeno porte.

Art. 11-B. O Ministério do Trabalho enviará semestralmente, pelo período de duração do PSE, aos Ministérios da Fazenda e do Planejamento, Desenvolvimento e Gestão e à Casa Civil da Presidência da República, informações que permitam avaliar a efetividade do PSE como política pública em relação aos objetivos pretendidos.

► Arts. 11-A a 11-B acrescidos pela Lei nº 13.456, de 26-6-2017.

Art. 12. Esta Lei entra em vigor na data de sua publicação, com exceção do disposto no art. 9º, quanto à Lei nº 8.212, de 24 de julho de 1991, que entra em vigor no dia 1º de novembro de 2015.

Brasília, 19 de novembro de 2015;
194º da Independência e
127º da República.

Dilma Rousseff

LEI Nº 13.239, DE 30 DE DEZEMBRO DE 2015

Dispõe sobre a oferta e a realização, no âmbito do Sistema Único de Saúde – SUS, de cirurgia plástica reparadora de sequelas de lesões causadas por atos de violência contra a mulher.

► Publicada no *DOU* de 31-12-2015.

Art. 1º Esta Lei dispõe sobre a oferta e a realização, no âmbito do Sistema Único de Saúde – SUS, de cirurgia plástica reparadora de sequelas de lesões causadas por atos de violência contra a mulher.

Art. 2º São obrigatórias, nos serviços do SUS, próprios, contratados e conveniados, a oferta e a realização de cirurgia plástica reparadora de sequelas de lesões causadas por atos de violência contra a mulher.

Art. 3º Os hospitais e os centros de saúde pública, ao receberem vítimas de violência, deverão informá-las da possibilidade de acesso gratuito à cirurgia plástica para reparação das lesões ou sequelas de agressão comprovada.

§ 1º A mulher vítima de violência grave que necessitar de cirurgia deverá procurar unidade que a realize, portando o registro oficial de ocorrência da agressão.

§ 2º O profissional de medicina que indicar a necessidade da cirurgia deverá fazê-lo em diagnóstico formal, expresso, encaminhando-o ao responsável pela unidade de saúde respectiva, para sua autorização.

§ 3º Deverão ser encaminhados para clínicas especializadas os casos indicados para complementação diagnóstica ou tratamento, quando necessário.

§ 4º *A mulher vítima de violência terá atendimento prioritário entre os casos de mesma gravidade.*

► § 4º acrescido pela Lei nº 14.887, de 12-6-2024.

Art. 4º Os recursos financeiros destinados a cobrir as despesas decorrentes desta Lei serão alocados para o ano subsequente à sua publicação e provenientes da programação orçamentária de saúde.

Art. 5º A ausência do informe previsto no *caput* do art. 3º sujeita o responsável pelo hospital ou centro de saúde às seguintes penalidades, a serem aplicadas cumulativamente:

I – multa no valor do décuplo de sua remuneração mensal;

II – perda da função pública;

III – proibição de contratar com o poder público e de receber benefícios ou incentivos fiscais ou creditícios, direta ou indiretamente, ainda que por intermédio de pessoa jurídica da qual seja sócio majoritário, pelo prazo de quatro anos.

Parágrafo único. Os recursos provenientes da arrecadação da multa prevista no inciso I serão aplicados em campanhas educativas de combate à violência contra a mulher.

Art. 6º Esta Lei entra em vigor na data de sua publicação.

Brasília, 30 de dezembro de 2015;
194º da Independência e
127º da República.

Dilma Rousseff

LEI Nº 13.257, DE 8 DE MARÇO DE 2016

Dispõe sobre as políticas públicas para a primeira infância e altera a Lei nº 8.069, de 13 de julho de 1990 (Estatuto da Criança e do Adolescente), o Decreto-Lei nº 3.689, de 3 de outubro de 1941 (Código de Processo Penal), a Consolidação das Leis do Trabalho (CLT), aprovada pelo Decreto-Lei nº 5.452, de 1º de maio de 1943, a Lei nº 11.770, de 9 de setembro de 2008, e a Lei nº 12.662, de 5 de junho de 2012.

▸ Publicada no *DOU* de 9-3-2016.

Art. 1º Esta Lei estabelece princípios e diretrizes para a formulação e a implementação de políticas públicas para a primeira infância em atenção à especificidade e à relevância dos primeiros anos de vida no desenvolvimento infantil e no desenvolvimento do ser humano, em consonância com os princípios e diretrizes da Lei nº 8.069, de 13 de julho de 1990 (Estatuto da Criança e do Adolescente); altera a Lei nº 8.069, de 13 de julho de 1990 (Estatuto da Criança e do Adolescente); altera os arts. 6º, 185, 304 e 318 do Decreto-Lei nº 3.689, de 3 de outubro de 1941 (Código de Processo Penal); acrescenta incisos ao art. 473 da Consolidação das Leis do Trabalho (CLT), aprovada pelo Decreto-Lei nº 5.452, de 1º de maio de 1943; altera os arts. 1º, 3º, 4º e 5º da Lei nº 11.770, de 9 de setembro de 2008; e acrescenta parágrafos ao art. 5º da Lei nº 12.662, de 5 de junho de 2012.

Art. 2º Para os efeitos desta Lei, considera-se primeira infância o período que abrange os primeiros 6 (seis) anos completos ou 72 (setenta e dois) meses de vida da criança.

Art. 3º A prioridade absoluta em assegurar os direitos da criança, do adolescente e do jovem, nos termos do art. 227 da Constituição Federal e do art. 4º da Lei nº 8.069, de 13 de julho de 1990, implica o dever do Estado de estabelecer políticas, planos, programas e serviços para a primeira infância que atendam às especificidades dessa faixa etária, visando a garantir seu desenvolvimento integral.

§ 1º *É instituída a Política Nacional de Atendimento Educacional Especializado a Crianças de Zero a Três Anos (Atenção Precoce), viabilizada por meio da criação e da articulação de serviços multiprofissionais e intersetoriais de atenção precoce destinados a potencializar o processo de desenvolvimento e aprendizagem das crianças de 0 (zero) a 3 (três) anos, em cooperação, preferencialmente, com os serviços de saúde e assistência social.*

§ 2º *A Atenção Precoce priorizará as crianças de 0 (zero) a 3 (três) anos que necessitem de atendimento educacional especializado e os bebês que tenham nascido em condição de risco, como os prematuros, os acometidos por asfixia perinatal ou os que apresentem problemas neurológicos, malformações congênitas, síndromes genéticas, entre outros.*

▸ §§ 1º e 2º acrescidos pela Lei nº 14.880, de 4-6-2024.

Art. 4º As políticas públicas voltadas ao atendimento dos direitos da criança na primeira infância serão elaboradas e executadas de forma a:

I – atender ao interesse superior da criança e à sua condição de sujeito de direitos e de cidadã;

II – incluir a participação da criança na definição das ações que lhe digam respeito, em conformidade com suas características etárias e de desenvolvimento;

III – respeitar a individualidade e os ritmos de desenvolvimento das crianças e valorizar a diversidade da infância brasileira, assim como as diferenças entre as crianças em seus contextos sociais e culturais;

IV – reduzir as desigualdades no acesso aos bens e serviços que atendam aos direitos da criança na primeira infância, priorizando o investimento público na promoção da justiça social, da equidade e da inclusão sem discriminação da criança;

V – articular as dimensões ética, humanista e política da criança cidadã com as evidências científicas e a prática profissional no atendimento da primeira infância;

VI – adotar abordagem participativa, envolvendo a sociedade, por meio de suas organizações representativas, os profissionais, os pais e as crianças, no aprimoramento da qualidade das ações e na garantia da oferta dos serviços;

VII – articular as ações setoriais com vistas ao atendimento integral e integrado;

VIII – descentralizar as ações entre os entes da Federação;

IX – promover a formação da cultura de proteção e promoção da criança, com apoio dos meios de comunicação social;

X – *promover o desenvolvimento das potencialidades das crianças de 0 (zero) a 3 (três) anos com deficiência, transtornos globais do desenvolvimento, altas habilidades ou superdotação e dos bebês que nasceram em condição de risco, no que se refere aos aspectos físico, cognitivo, psicoafetivo, social e cultural, de forma a priorizar o processo de interação e comunicação mediante atividades significativas e lúdicas;*

XI – *garantir o conjunto de serviços, apoios e recursos necessários para atender às necessidades das crianças de 0 (zero) a 3 (três) anos e às necessidades de suas famílias, com vistas à promoção do desenvolvimento infantil pleno e inclusivo, em colaboração interfederativa.*

▸ Incisos X e XI acrescidos pela Lei nº 14.880, de 4-6-2024.

Parágrafo único. A participação da criança na formulação das políticas e das ações que lhe dizem respeito tem o objetivo de promover sua inclusão social como cidadã e dar-se-á de acordo com a especificidade de sua idade, devendo ser realizada por profissionais qualificados em processos de escuta adequados às diferentes formas de expressão infantil.

Art. 5º Constituem áreas prioritárias para as políticas públicas para a primeira infância a saúde, a alimentação e a nutrição, a educação infantil, a convivência familiar e comunitária, a assistência social à família da criança, a cultura, o brincar e o lazer, o espaço e o meio ambiente, bem como a proteção contra toda forma de violência e de pressão consumista, a prevenção de acidentes e a adoção de medidas que evitem a exposição precoce à comunicação mercadológica.

Parágrafo único. *Será conferida às crianças de 0 (zero) a 3 (três) anos referidas no § 2º do art. 3º desta Lei prioridade absoluta na oferta de serviços, apoios e recursos necessários ao seu pleno desenvolvimento infantil.*

▸ Parágrafo único acrescido pela Lei nº 14.880, de 4-6-2024.

Art. 6º A Política Nacional Integrada para a primeira infância será formulada e implementada mediante abordagem e coordenação intersetorial que articule as diversas políticas setoriais a partir de uma visão abrangente de todos os direitos da criança na primeira infância.

Art. 7º A União, os Estados, o Distrito Federal e os Municípios poderão instituir, nos respectivos âmbitos, comitê intersetorial de políticas públicas para a primeira infância com a finalidade de assegurar a articulação das ações voltadas à proteção e à promoção dos direitos da criança, garantida a participação social por meio dos conselhos de direitos.

§ 1º Caberá ao Poder Executivo no âmbito da União, dos Estados, do Distrito Federal e dos Municípios indicar o órgão responsável pela coordenação do comitê intersetorial previsto no *caput* deste artigo.

§ 2º O órgão indicado pela União nos termos do § 1º deste artigo manterá permanente articulação com as instâncias de coordenação das ações estaduais, distrital e municipais de atenção à criança na primeira infância, visando à complementaridade das ações e ao cumprimento do dever do Estado na garantia dos direitos da criança.

Art. 8º O pleno atendimento dos direitos da criança na primeira infância constitui objetivo comum de todos os entes da Federação, segundo as respectivas competências constitucionais e legais, a ser alcançado em regime de colaboração entre a União, os Estados, o Distrito Federal e os Municípios.

Parágrafo único. A União buscará a adesão dos Estados, do Distrito Federal e dos Municípios à abordagem multi e intersetorial no atendimento dos direitos da criança na primeira infância e oferecerá assistência técnica na elaboração de planos estaduais, distrital e municipais para a primeira infância que articulem os diferentes setores.

Art. 9º As políticas para a primeira infância serão articuladas com as instituições de formação profissional, visando à adequação dos cursos às características e necessidades das crianças e à formação de profissionais qualificados, para possibilitar a expansão com qualidade dos diversos serviços.

Art. 10. Os profissionais que atuam nos diferentes ambientes de execução das políticas e programas destinados à criança na primeira infância terão acesso garantido e prioritário à qualificação, sob a forma de especialização e atualização, em programas que contemplem, entre outros temas, a especificidade da primeira infância, a estratégia da intersetorialidade na promoção do desenvolvimento integral e a prevenção e a proteção contra toda forma de violência contra a criança.

Art. 11. As políticas públicas terão, necessariamente, componentes de monitoramento e coleta sistemática de dados, avaliação periódica dos elementos que constituem a oferta dos serviços à criança e divulgação dos seus resultados.

§ 1º A União manterá instrumento individual de registro unificado de dados do crescimento e desenvolvimento da criança, assim como sistema informatizado, que inclua as redes pública e privada de saúde, para atendimento ao disposto neste artigo.

§ 2º A União informará à sociedade a soma dos recursos aplicados anualmente no conjunto dos programas e serviços para a primeira infância e o percentual que os valores representam em relação ao respectivo orçamento realizado, bem como colherá informações sobre os valores aplicados pelos demais entes da Federação.

Art. 12. A sociedade participa solidariamente com a família e o Estado da proteção e da promoção da criança na primeira infância, nos termos do *caput* e do § 7º do art. 227, combinado com o inciso II do art. 204 da Constituição Federal, entre outras formas:

I – formulando políticas e controlando ações, por meio de organizações representativas;

II – integrando conselhos, de forma paritária com representantes governamentais, com funções de planejamento, acompanhamento, controle social e avaliação;

III – executando ações diretamente ou em parceria com o poder público;

IV – desenvolvendo programas, projetos e ações compreendidos no conceito de responsabilidade social e de investimento social privado;

V – criando, apoiando e participando de redes de proteção e cuidado à criança nas comunidades;

VI – promovendo ou participando de campanhas e ações que visem a aprofundar a consciência social sobre o significado da primeira infância no desenvolvimento do ser humano.

Art. 13. A União, os Estados, o Distrito Federal e os Municípios apoiarão a participação das famílias em redes de proteção e cuidado da criança em seus contextos sociofamiliar e comunitário visando, entre outros objetivos, à formação e ao fortalecimento dos vínculos familiares e comunitários, com prioridade aos contextos que apresentem riscos ao desenvolvimento da criança.

Art. 14. As políticas e programas governamentais de apoio às famílias, incluindo as visitas domiciliares e os programas de promoção da paternidade e maternidade responsáveis, buscarão a articulação das áreas de saúde, nutrição, educação, assistência social, cultura, trabalho, habitação, meio ambiente e direitos humanos, entre outras, com vistas ao desenvolvimento integral da criança.

§ 1º Os programas que se destinam ao fortalecimento da família no exercício de sua função de cuidado e educação de seus filhos na primeira infância promoverão atividades centradas na criança, focadas na família e baseadas na comunidade.

§ 2º As famílias identificadas nas redes de saúde, educação e assistência social e nos órgãos do Sistema de Garantia dos Direitos da Criança e do Adolescente que se encontrem em situação de vulnerabilidade e de risco ou com direitos violados para exercer seu papel protetivo de cuidado e educação da criança na primeira infância, bem como as que têm crianças com indicadores de risco ou deficiência, terão prioridade nas políticas sociais públicas.

§ 3º As gestantes e as famílias com crianças na primeira infância deverão receber orientação e formação sobre maternidade e paternidade responsáveis, aleitamento materno, alimentação complementar saudável, crescimento e desenvolvimento infantil integral, prevenção de acidentes e educação sem uso de castigos físicos, nos termos da Lei nº 13.010, de 26 de junho de 2014, com o intuito de favorecer a formação e a consolidação de vínculos afetivos e estimular o desenvolvimento integral na primeira infância.

§ 4º A oferta de programas e de ações de visita domiciliar e de outras modalidades que estimulem o desenvolvimento integral na primeira infância será considerada estratégia de atuação sempre que respaldada pelas políticas públicas sociais e avaliada pela equipe profissional responsável.

§ 5º Os programas de visita domiciliar voltados ao cuidado e educação na primeira infância deverão contar com profissionais qualificados, apoiados por medidas que assegurem sua permanência e formação continuada.

§ 6º *Os programas de visita domiciliar deverão dar prioridade de atendimento às crianças referidas no § 2º do art. 3º desta Lei, com o objetivo de identificar de forma precoce necessidades específicas de atenção e promover o desenvolvimento integral dessas crianças, encaminhadas, inclusive, por meio de serviços estruturados de atenção precoce.*

▸ § 6º acrescido pela Lei nº 14.880, de 4-6-2024.

Art. 15. As políticas públicas criarão condições e meios para que, desde a primeira infância, a criança tenha acesso à produção cultural e seja reconhecida como produtora de cultura.

Art. 16. A expansão da educação infantil deverá ser feita de maneira a assegurar a qualidade da oferta, com instalações e equipamentos que obedeçam a padrões de infraestrutura estabelecidos pelo Ministério da Educação, com profissionais qualificados conforme dispõe a Lei nº 9.394, de 20 de dezembro de 1996 (Lei de Diretrizes e Bases da Educação Nacional), e com currículo e materiais pedagógicos adequados à proposta pedagógica.

§ 1º *A expansão da educação infantil das crianças de 0 (zero) a 3 (três) anos de idade, no cumprimento da meta do Plano Nacional de Educação, atenderá aos critérios definidos no território nacional pelo competente sistema de ensino, em articulação com as demais políticas sociais.*

▸ Parágrafo único transformado em § 1º pela Lei nº 14.880, de 4-6-2024.

§ 2º *Os serviços de atenção precoce atinentes à faixa etária de 0 (zero) a 3 (três) anos, expressão do atendimento educacional especializado em uma perspectiva inclusiva, serão realizados em espaços físicos adequados ou adaptados às necessidades da criança, que contarão com infraestrutura e recursos pedagógicos e de acessibilidade apropriados ao trabalho a ser desenvolvido, bem como com profissionais qualificados.*

§ 3º *Os serviços de atenção precoce e sua operacionalização deverão ter como eixos a perspectiva inclusiva e o processo de aprendizagem global das crianças e deverão fixar objetivos pedagógicos, enfatizar a construção do conhecimento e desenvolver trabalhos coletivos direcionados à aquisição de competências humanas e sociais.*

▸ §§ 2º e 3º acrescidos pela Lei nº 14.880, de 4-6-2024.

Art. 17. A União, os Estados, o Distrito Federal e os Municípios deverão organizar e estimular a criação de espaços lúdicos que propiciem o bem-estar, o brincar e o exercício da criatividade em locais públicos e privados onde haja circulação de crianças, bem como a fruição de ambientes livres e seguros em suas comunidades.

Art. 18. O art. 3º da Lei nº 8.069, de 13 de julho de 1990 (Estatuto da Criança e do Adolescente), passa a vigorar acrescido do seguinte parágrafo único:

▸ Alteração inserida no texto da referida Lei.

Art. 19. O art. 8º da Lei nº 8.069, de 13 de julho de 1990, passa a vigorar com a seguinte redação:

▸ Alteração inserida no texto da referida Lei.

Art. 20. O art. 9º da Lei nº 8.069, de 13 de julho de 1990, passa a vigorar acrescido dos seguintes §§ 1º e 2º:

▸ Alterações inseridas no texto da referida Lei.

Art. 21. O art. 11 da Lei nº 8.069, de 13 de julho de 1990, passa a vigorar com a seguinte redação:

▸ Alteração inserida no texto da referida Lei.

Art. 22. O art. 12 da Lei nº 8.069, de 13 de julho de 1990, passa a vigorar com a seguinte redação:

▸ Alteração inserida no texto da referida Lei.

Art. 23. O art. 13 da Lei nº 8.069, de 13 de julho de 1990, passa a vigorar acrescido do seguinte § 2º, numerando-se o atual parágrafo único como § 1º:

▸ Alterações inseridas no texto da referida Lei.

Art. 24. O art. 14 da Lei nº 8.069, de 13 de julho de 1990, passa a vigorar acrescido dos seguintes §§ 2º, 3º e 4º, numerando-se o atual parágrafo único como § 1º:

▸ Alterações inseridas no texto da referida Lei.

Art. 25. O art. 19 da Lei nº 8.069, de 13 de julho de 1990, passa a vigorar com a seguinte redação:

▸ Alteração inserida no texto da referida Lei.

Art. 26. O art. 22 da Lei nº 8.069, de 13 de julho de 1990, passa a vigorar acrescido do seguinte parágrafo único:

▸ Alteração inserida no texto da referida Lei.

Art. 27. O § 1º do art. 23 da Lei nº 8.069, de 13 de julho de 1990, passa a vigorar com a seguinte redação:

▸ Alteração inserida no texto da referida Lei.

Art. 28. O art. 34 da Lei nº 8.069, de 13 de julho de 1990, passa a vigorar acrescido dos seguintes §§ 3º e 4º:

▸ Alterações inseridas no texto da referida Lei.

Art. 29. O inciso II do art. 87 da Lei nº 8.069, de 13 de julho de 1990, passa a vigorar com a seguinte redação:

▸ Alteração inserida no texto da referida Lei.

Art. 30. O art. 88 da Lei nº 8.069, de 13 de julho de 1990, passa a vigorar acrescido dos seguintes incisos VIII, IX e X:

▸ Alterações inseridas no texto da referida Lei.

Art. 31. O art. 92 da Lei nº 8.069, de 13 de julho de 1990, passa a vigorar acrescido do seguinte § 7º:

▸ Alteração inserida no texto da referida Lei.

Art. 32. O inciso IV do *caput* do art. 101 da Lei nº 8.069, de 13 de julho de 1990, passa a vigorar com a seguinte redação:

▸ Alteração inserida no texto da referida Lei.

Art. 33. O art. 102 da Lei nº 8.069, de 13 de julho de 1990, passa a vigorar acrescido dos seguintes §§ 5º e 6º:

▸ Alterações inseridas no texto da referida Lei.

Art. 34. O inciso I do art. 129 da Lei nº 8.069, de 13 de julho de 1990, passa a vigorar com a seguinte redação:

▸ Alteração inserida no texto da referida Lei.

Art. 35. Os §§ 1º-A e 2º do art. 260 da Lei nº 8.069, de 13 de julho de 1990, passam a vigorar com a seguinte redação:

▸ Alterações inseridas no texto da referida Lei.

Art. 36. A Lei nº 8.069, de 13 de julho de 1990, passa a vigorar acrescida do seguinte art. 265-A:

▸ Alteração inserida no texto da referida Lei.

Art. 37. O art. 473 da Consolidação das Leis do Trabalho (CLT), aprovada pelo Decreto-Lei nº 5.452, de 1º de maio de 1943, passa a vigorar acrescido dos seguintes incisos X e XI:

▸ Alterações inseridas no texto da referida Consolidação.

Art. 38. Os arts. 1º, 3º, 4º e 5º da Lei nº 11.770, de 9 de setembro de 2008, passam a vigorar com as seguintes alterações:

▸ Alterações inseridas no texto da referida Lei.

Art. 39. O Poder Executivo, com vistas ao cumprimento do disposto no inciso II do *caput* do art. 5º e nos arts. 12 e 14 da Lei Complementar nº 101, de 4 de maio de 2000, estimará o montante da renúncia fiscal decorrente do disposto no art. 38 desta Lei e o incluirá no demonstrativo a que se refere o § 6º do art. 165 da Constituição Federal, que acompanhará o projeto de lei orçamentária cuja apresentação se der após decorridos 60 (sessenta) dias da publicação desta Lei.

Art. 40. Os arts. 38 e 39 desta Lei produzem efeitos a partir do primeiro dia do exercício subsequente àquele em que for implementado o disposto no art. 39.

Art. 41. Os arts. 6º, 185, 304 e 318 do Decreto-Lei nº 3.689, de 3 de outubro de 1941 (Código de Processo Penal), passam a vigorar com as seguintes alterações:

▸ Alterações inseridas no texto do referido Código.

Art. 42. O art. 5º da Lei nº 12.662, de 5 de junho de 2012, passa a vigorar acrescido dos seguintes §§ 3º e 4º:

▸ Alterações inseridas no texto da referida Lei.

Art. 43. Esta Lei entra em vigor na data de sua publicação.

Brasília, 8 de março de 2016;
195º da Independência e
128º da República.

Dilma Rousseff

INSTRUÇÃO NORMATIVA DO TST Nº 39, DE 15 DE MARÇO DE 2016

Dispõe sobre as normas do Código de Processo Civil de 2015 aplicáveis e inaplicáveis ao Processo do Trabalho, de forma não exaustiva.

▸ Publicada no *DJe* de 16-3-2016.

▸ IN editada pela Res. do TST nº 203, de 15-3-2016.

Art. 1º Aplica-se o Código de Processo Civil, subsidiária e supletivamente, ao Processo do Trabalho, em caso de omissão e desde que haja compatibilidade com as normas e princípios do Direito Processual do Trabalho, na forma dos arts. 769 e 889 da CLT e do art. 15 da Lei nº 13.105, de 17.03.2015.

§ 1º Observar-se-á, em todo caso, o princípio da irrecorribilidade em separado das decisões interlocutórias, de conformidade com o art. 893, § 1º da CLT e Súmula nº 214 do TST.

§ 2º O prazo para interpor e contra-arrazoar todos os recursos trabalhistas, inclusive agravo interno e agravo regimental, é de oito dias (art. 6º da Lei nº 5.584/70 e art. 893 da CLT), exceto embargos de declaração (CLT, art. 897-A).

Art. 2º Sem prejuízo de outros, não se aplicam ao Processo do Trabalho, em razão de inexistência de omissão ou por incompatibilidade, os seguintes preceitos do Código de Processo Civil:

I – art. 63 (modificação da competência territorial e eleição de foro);
II – art. 190 e parágrafo único (negociação processual);
III – art. 219 (contagem de prazos em dias úteis);
IV – art. 334 (audiência de conciliação ou de mediação);
V – art. 335 (prazo para contestação);
VI – art. 362, III (adiamento da audiência em razão de atraso injustificado superior a 30 minutos);
VII – art. 373, §§ 3º e 4º (distribuição diversa do ônus da prova por convenção das partes);
VIII – *Revogado*. IN do TST nº 41, de 21-6-2018.
IX – art. 942 e parágrafos (prosseguimento de julgamento não unânime de apelação);
X – art. 944 (notas taquigráficas para substituir acórdão);
XI – art. 1010, § 3º (desnecessidade de o juízo a quo exercer controle de admissibilidade na apelação);
XII – arts. 1.043 e 1.044 (embargos de divergência);
XIII – art. 1.070 (prazo para interposição de agravo).

Art. 3º Sem prejuízo de outros, aplicam-se ao Processo do Trabalho, em face de omissão e compatibilidade, os preceitos do Código de Processo Civil que regulam os seguintes temas:

I – art. 76, §§ 1º e 2º (saneamento de incapacidade processual ou de irregularidade de representação);
II – art. 138 e parágrafos (*amicus curiae*);
III – art. 139, exceto a parte final do inciso V (poderes, deveres e responsabilidades do juiz);
IV – art. 292, V (valor pretendido na ação indenizatória, inclusive a fundada em dano moral);
V – art. 292, § 3º (correção de ofício do valor da causa);
VI – arts. 294 a 311 (tutela provisória);
VII – art. 373, §§ 1º e 2º (distribuição dinâmica do ônus da prova);
VIII – art. 485, § 7º (juízo de retratação no recurso ordinário);
IX – art. 489 (fundamentação da sentença);
X – art. 496 e parágrafos (remessa necessária);
XI – arts. 497 a 501 (tutela específica);
XII – arts. 536 a 538 (cumprimento de sentença que reconheça a exigibilidade de obrigação de fazer, de não fazer ou de entregar coisa);
XIII – arts. 789 a 796 (responsabilidade patrimonial);
XIV – art. 805 e parágrafo único (obrigação de o executado indicar outros meios mais eficazes e menos onerosos para promover a execução);
XV – art. 833, incisos e parágrafos (bens impenhoráveis);
XVI – art. 835, incisos e §§ 1º e 2º (ordem preferencial de penhora);
XVII – art. 836, §§ 1º e 2º (procedimento quando não encontrados bens penhoráveis);
XVIII – art. 841, §§ 1º e 2º (intimação da penhora);
XIX – art. 854 e parágrafos (BacenJUD);
XX – art. 895 (pagamento parcelado do lanço);
XXI – art. 916 e parágrafos (parcelamento do crédito exequendo);
XXII – art. 918 e parágrafo único (rejeição liminar dos embargos à execução);
XXIII – arts. 926 a 928 (jurisprudência dos tribunais);
XXIV – art. 940 (vista regimental);
XXV – art. 947 e parágrafos (incidente de assunção de competência);
XXVI – arts. 966 a 975 (ação rescisória);
XXVII – arts. 988 a 993 (reclamação);
XXVIII – arts. 1.013 a 1.014 (efeito devolutivo do recurso ordinário – força maior);
XXIX – art. 1.021 (salvo quanto ao prazo do agravo interno).

Art. 4º Aplicam-se ao Processo do Trabalho as normas do CPC que regulam o princípio do contraditório, em especial os artigos 9º e 10, no que vedam a decisão surpresa.

§ 1º Entende-se por "decisão surpresa" a que, no julgamento final do mérito da causa, em qualquer grau de jurisdição, aplicar fundamento jurídico ou embasar-se em fato não submetido à audiência prévia de uma ou de ambas as partes.

§ 2º Não se considera "decisão surpresa" a que, à luz do ordenamento jurídico nacional e dos princípios que informam o Direito Processual do Trabalho, as partes tinham obrigação de prever, concernente às condições da ação, aos pressupostos de admissibilidade de recurso e aos pressupostos processuais, salvo disposição legal expressa em contrário.

Art. 5º Aplicam-se ao Processo do Trabalho as normas do art. 356, §§ 1º a 4º, do CPC que regem o julgamento antecipado parcial do mérito, cabendo recurso ordinário de imediato da sentença.

Art. 6º *Revogado*. IN do TST nº 41, de 21-6-2018.

Art. 7º Aplicam-se ao Processo do Trabalho as normas do art. 332 do CPC, com as necessárias adaptações à legislação processual trabalhista, cumprindo ao juiz do trabalho julgar liminarmente improcedente o pedido que contrariar:

I – enunciado de súmula do Supremo Tribunal Federal ou do Tribunal Superior do Trabalho (CPC, art. 927, inciso V);
II – acórdão proferido pelo Supremo Tribunal Federal ou pelo Tribunal Superior do Trabalho

em julgamento de recursos repetitivos (CLT, art. 896-B; CPC, art. 1046, § 4º);

III – entendimento firmado em incidente de resolução de demandas repetitivas ou de assunção de competência;

IV – enunciado de súmula de Tribunal Regional do Trabalho sobre direito local, convenção coletiva de trabalho, acordo coletivo de trabalho, sentença normativa ou regulamento empresarial de observância obrigatória em área territorial que não exceda à jurisdição do respectivo Tribunal (CLT, art. 896, *b*, *a contrario sensu*).

Parágrafo único. O juiz também poderá julgar liminarmente improcedente o pedido se verificar, desde logo, a ocorrência de decadência.

Art. 8º Aplicam-se ao Processo do Trabalho as normas dos arts. 976 a 986 do CPC que regem o incidente de resolução de demandas repetitivas (IRDR).

§ 1º Admitido o incidente, o relator suspenderá o julgamento dos processos pendentes, individuais ou coletivos, que tramitam na Região, no tocante ao tema objeto de IRDR, sem prejuízo da instrução integral das causas e do julgamento dos eventuais pedidos distintos e cumulativos igualmente deduzidos em tais processos, inclusive, se for o caso, do julgamento antecipado parcial do mérito.

§ 2º Do julgamento do mérito do incidente caberá recurso de revista para o Tribunal Superior do Trabalho, dotado de efeito meramente devolutivo, nos termos dos arts. 896 e 899 da CLT.

§ 3º Apreciado o mérito do recurso, a tese jurídica adotada pelo Tribunal Superior do Trabalho será aplicada no território nacional a todos os processos, individuais ou coletivos, que versem sobre idêntica questão de direito.

Art. 9º O cabimento dos embargos de declaração no Processo do Trabalho, para impugnar qualquer decisão judicial, rege-se pelo art. 897-A da CLT e, supletivamente, pelo Código de Processo Civil (arts. 1.022 a 1.025; §§ 2º, 3º e 4º do art. 1026), excetuada a garantia de prazo em dobro para litisconsortes (§ 1º do art. 1023).

Parágrafo único. A omissão para fins do prequestionamento ficto a que alude o art. 1025 do CPC dá-se no caso de o Tribunal Regional do Trabalho, mesmo instado mediante embargos de declaração, recusar-se a emitir tese sobre questão jurídica pertinente, na forma da Súmula nº 297, item III, do Tribunal Superior do Trabalho.

Art. 10. Aplicam-se ao Processo do Trabalho as normas do parágrafo único do art. 932 do CPC, §§ 1º a 4º do art. 938 e §§ 2º e 7º do art. 1007.

Parágrafo único. *Revogado.* Res. do TST nº 218, de 17-4-2017 (*DJe* de 20-4-2017).

Art. 11. Não se aplica ao Processo do Trabalho a norma do art. 459 do CPC no que permite a inquirição direta das testemunhas pela parte (CLT, art. 820).

Art. 12. Aplica-se ao Processo do Trabalho o parágrafo único do art. 1.034 do CPC. Assim, admitido o recurso de revista por um fundamento, devolve-se ao Tribunal Superior do Trabalho o conhecimento dos demais fundamentos para a solução apenas do capítulo impugnado.

Art. 13. Por aplicação supletiva do art. 784, I (art. 15 do CPC), o cheque e a nota promissória emitidos em reconhecimento de dívida inequivocamente de natureza trabalhista também são títulos extrajudiciais para efeito de execução perante a Justiça do Trabalho, na forma do art. 876 e segs. da CLT.

Art. 14. Não se aplica ao Processo do Trabalho o art. 165 do CPC salvo nos conflitos coletivos de natureza econômica (Constituição Federal, art. 114, §§ 1º e 2º).

Art. 15. O atendimento à exigência legal de fundamentação das decisões judiciais (CPC, art. 489, § 1º) no Processo do Trabalho observará o seguinte:

I – por força dos arts. 332 e 927 do CPC, adaptados ao Processo do Trabalho, para efeito dos incisos V e VI do § 1º do art. 489 considera-se "precedente" apenas:

a) acórdão proferido pelo Supremo Tribunal Federal ou pelo Tribunal Superior do Trabalho em julgamento de recursos repetitivos (CLT, art. 896-B; CPC, art. 1046, § 4º);

b) entendimento firmado em incidente de resolução de demandas repetitivas ou de assunção de competência;

c) decisão do Supremo Tribunal Federal em controle concentrado de constitucionalidade;

d) tese jurídica prevalecente em Tribunal Regional do Trabalho e não conflitante com súmula ou orientação jurisprudencial do Tribunal Superior do Trabalho (CLT, art. 896, § 6º);

e) decisão do plenário, do órgão especial ou de seção especializada competente para uniformizar a jurisprudência do tribunal a que o juiz estiver vinculado ou do Tribunal Superior do Trabalho.

II – para os fins do art. 489, § 1º, incisos V e VI do CPC, considerar-se-ão unicamente os precedentes referidos no item anterior, súmulas do Supremo Tribunal Federal, orientação jurisprudencial e súmula do Tribunal Superior do Trabalho, súmula de Tribunal Regional do Trabalho não conflitante com súmula ou orientação jurisprudencial do TST, que contenham explícita referência aos fundamentos determinantes da decisão (*ratio decidendi*).

III – não ofende o art. 489, § 1º, inciso IV do CPC a decisão que deixar de apreciar questões cujo exame haja ficado prejudicado em razão da análise anterior de questão subordinante.

IV – o art. 489, § 1º, IV, do CPC não obriga o juiz ou o Tribunal a enfrentar os fundamentos jurídicos invocados pela parte, quando já tenham sido examinados na formação dos precedentes obrigatórios ou nos fundamentos determinantes de enunciado de súmula.

V – decisão que aplica a tese jurídica firmada em precedente, nos termos do item I, não precisa enfrentar os fundamentos já analisados na decisão paradigma, sendo suficiente, para fins de atendimento das exigências constantes no art. 489, § 1º, do CPC, a correlação fática e jurídica entre o caso concreto e aquele apreciado no incidente de solução concentrada.

VI – é ônus da parte, para os fins do disposto no art. 489, § 1º, V e VI, do CPC, identificar os fundamentos determinantes ou demonstrar a existência de distinção no caso em julgamento ou a superação do entendimento, sempre que invocar precedente ou enunciado de súmula.

Art. 16. Para efeito de aplicação do § 5º do art. 272 do CPC, não é causa de nulidade processual a intimação realizada na pessoa de advogado regularmente habilitado nos autos, ainda que conste pedido expresso para que as comunicações dos atos processuais sejam feitas em nome de outro advogado, se o profissional indicado não se encontra previamente cadastrado no Sistema de Processo Judicial Eletrônico, impedindo a serventia judicial de atender ao requerimento de envio da intimação direcionada. A decretação de nulidade não pode ser acolhida em favor da parte que lhe deu causa (CPC, art. 276).

Art. 17. Sem prejuízo da inclusão do devedor no Banco Nacional de Devedores Trabalhistas (CLT, art. 642-A), aplicam-se à execução trabalhista as normas dos artigos 495, 517 e 782, §§ 3º, 4º e 5º do CPC, que tratam respectivamente da hipoteca judiciária, do protesto de decisão judicial e da inclusão do nome do executado em cadastros de inadimplentes.

Art. 18. Esta Instrução Normativa entrará em vigor na data da sua publicação.

Ministro Ives Gandra da Silva Martins Filho

Presidente do Tribunal Superior do Trabalho

LEI Nº 13.260, DE 16 DE MARÇO DE 2016

Regulamenta o disposto no inciso XLIII do art. 5º da Constituição Federal, disciplinando o terrorismo, tratando de disposições investigatórias e processuais e reformulando o conceito de organização terrorista; e altera as Leis nºs 7.960, de 21 de dezembro de 1989, e 12.850, de 2 de agosto de 2013.

▸ Publicada no *DOU* de 17-3-2016 – edição extra.

Art. 1º Esta Lei regulamenta o disposto no inciso XLIII do art. 5º da Constituição Federal, disciplinando o terrorismo, tratando de disposições investigatórias e processuais e reformulando o conceito de organização terrorista.

Art. 2º O terrorismo consiste na prática por um ou mais indivíduos dos atos previstos neste artigo, por razões de xenofobia, discriminação ou preconceito de raça, cor, etnia e religião, quando cometidos com a finalidade de provocar terror social ou generalizado, expondo a perigo pessoa, patrimônio, a paz pública ou a incolumidade pública.

§ 1º São atos de terrorismo:

I – usar ou ameaçar usar, transportar, guardar, portar ou trazer consigo explosivos, gases tóxicos, venenos, conteúdos biológicos, químicos, nucleares ou outros meios capazes de causar danos ou promover destruição em massa;

II e III – VETADOS;

IV – sabotar o funcionamento ou apoderar-se, com violência, grave ameaça a pessoa ou servindo-se de mecanismos cibernéticos, do controle total ou parcial, ainda que de modo temporário, de meio de comunicação ou de transporte, de portos, aeroportos, estações ferroviárias ou rodoviárias, hospitais, casas de saúde, escolas, estádios esportivos, instalações públicas ou locais onde funcionem serviços públicos essenciais, instalações de geração ou transmissão de energia, instalações militares, instalações de exploração, refino e processamento de petróleo e gás e instituições bancárias e sua rede de atendimento;

V – atentar contra a vida ou a integridade física de pessoa:

Pena – reclusão, de doze a trinta anos, além das sanções correspondentes à ameaça ou à violência.

§ 2º O disposto neste artigo não se aplica à conduta individual ou coletiva de pessoas em manifestações políticas, movimentos sociais, sindicais, religiosos, de classe ou de categoria profissional, direcionados por propósitos sociais ou reivindicatórios, visando a contestar, criticar, protestar ou apoiar, com o objetivo de defender direitos, garantias e liberdades constitucionais, sem prejuízo da tipificação penal contida em lei.

Art. 3º Promover, constituir, integrar ou prestar auxílio, pessoalmente ou por interposta pessoa, a organização terrorista:

Pena – reclusão, de cinco a oito anos, e multa.

§§ 1º e 2º VETADOS.

Art. 4º VETADO.

Art. 5º Realizar atos preparatórios de terrorismo com o propósito inequívoco de consumar tal delito:

Pena – a correspondente ao delito consumado, diminuída de um quarto até a metade.

§ 1º Incorre nas mesmas penas o agente que, com o propósito de praticar atos de terrorismo:

I – recrutar, organizar, transportar ou municiar indivíduos que viajem para país distinto daquele de sua residência ou nacionalidade; ou

II – fornecer ou receber treinamento em país distinto daquele de sua residência ou nacionalidade.

§ 2º Nas hipóteses do § 1º, quando a conduta não envolver treinamento ou viagem para país distinto daquele de sua residência ou nacionalidade, a pena será a correspondente ao delito consumado, diminuída de metade a dois terços.

Art. 6º Receber, prover, oferecer, obter, guardar, manter em depósito, solicitar, investir, de qualquer modo, direta ou indiretamente, recursos, ativos, bens, direitos, valores ou serviços de qualquer natureza, para o planejamento, a preparação ou a execução dos crimes previstos nesta Lei:

Pena – reclusão, de quinze a trinta anos.

Parágrafo único. Incorre na mesma pena quem oferecer ou receber, obtiver, guardar, mantiver em depósito, solicitar, investir ou de qualquer modo contribuir para a obtenção de ativo, bem ou recurso financeiro, com a finalidade de financiar, total ou parcialmente, pessoa, grupo de pessoas, associação, entidade, organização criminosa que tenha como atividade principal ou secundária, mesmo em caráter eventual, a prática dos crimes previstos nesta Lei.

Art. 7º Salvo quando for elementar da prática de qualquer crime previsto nesta Lei, se de algum deles resultar lesão corporal grave, aumenta-se a pena de um terço, se resultar morte, aumenta-se a pena da metade.

Arts. 8º e 9º VETADOS.

Art. 10. Mesmo antes de iniciada a execução do crime de terrorismo, na hipótese do art. 5º desta Lei, aplicam-se as disposições do art. 15 do Decreto-Lei nº 2.848, de 7 de dezembro de 1940 – Código Penal.

Art. 11. Para todos os efeitos legais, considera-se que os crimes previstos nesta Lei são praticados contra o interesse da União, cabendo à Polícia Federal a investigação criminal, em sede de inquérito policial, e à Justiça Federal o seu processamento e julgamento, nos termos do inciso IV do art. 109 da Constituição Federal.

Parágrafo único. VETADO.

Art. 12. O juiz, de ofício, a requerimento do Ministério Público ou mediante representação do delegado de polícia, ouvido o Ministério Público em vinte e quatro horas, havendo indícios suficientes de crime previsto nesta Lei, poderá decretar, no curso da investigação ou da ação penal, medidas assecuratórias de bens, direitos ou valores do investigado ou acusado, ou existentes em nome de interpostas pessoas, que sejam instrumento, produto ou proveito dos crimes previstos nesta Lei.

§ 1º Proceder-se-á à alienação antecipada para preservação do valor dos bens sempre que estiverem sujeitos a qualquer grau de deterioração ou depreciação, ou quando houver dificuldade para sua manutenção.

§ 2º O juiz determinará a liberação, total ou parcial, dos bens, direitos e valores quando comprovada a licitude de sua origem e destinação, mantendo-se a constrição dos bens, direitos e valores necessários e suficientes à reparação dos danos e ao pagamento de prestações pecuniárias, multas e custas decorrentes da infração penal.

§ 3º Nenhum pedido de liberação será conhecido sem o comparecimento pessoal do acusado ou de interposta pessoa a que se refere o *caput* deste artigo, podendo o juiz determinar a prática de atos necessários à conservação de bens, direitos ou valores, sem prejuízo do disposto no § 1º.

§ 4º Poderão ser decretadas medidas assecuratórias sobre bens, direitos ou valores para reparação do dano decorrente da infração penal antecedente ou da prevista nesta Lei ou para pagamento de prestação pecuniária, multa e custas.

Art. 13. Quando as circunstâncias o aconselharem, o juiz, ouvido o Ministério Público, nomeará pessoa física ou jurídica qualificada para a administração dos bens, direitos ou valores sujeitos a medidas assecuratórias, mediante termo de compromisso.

Art. 14. A pessoa responsável pela administração dos bens:

I – fará jus a uma remuneração, fixada pelo juiz, que será satisfeita preferencialmente com o produto dos bens objeto da administração;

II – prestará, por determinação judicial, informações periódicas da situação dos bens sob sua administração, bem como explicações e detalhamentos sobre investimentos e reinvestimentos realizados.

Parágrafo único. Os atos relativos à administração dos bens serão levados ao conhecimento do Ministério Público, que requererá o que entender cabível.

Art. 15. O juiz determinará, na hipótese de existência de tratado ou convenção internacional e por solicitação de autoridade estrangeira competente, medidas assecuratórias sobre bens, direitos ou valores oriundos de crimes descritos nesta Lei praticados no estrangeiro.

§ 1º Aplica-se o disposto neste artigo, independentemente de tratado ou convenção internacional, quando houver reciprocidade do governo do país da autoridade solicitante.

§ 2º Na falta de tratado ou convenção, os bens, direitos ou valores sujeitos a medidas assecuratórias por solicitação de autoridade estrangeira competente ou os recursos provenientes da sua alienação serão repartidos entre o Estado requerente e o Brasil, na proporção de metade, ressalvado o direito do lesado ou de terceiro de boa-fé.

Art. 16. Aplicam-se as disposições da Lei nº 12.850, de 2 agosto de 2013, para a investigação, processo e julgamento dos crimes previstos nesta Lei.

Art. 17. Aplicam-se as disposições da Lei nº 8.072, de 25 de julho de 1990, aos crimes previstos nesta Lei.

Art. 18. O inciso III do art. 1º da Lei nº 7.960, de 21 de dezembro de 1989, passa a vigorar acrescido da seguinte alínea *p*:

▶ Alteração inserida no texto da referida Lei.

Art. 19. O art. 1º da Lei nº 12.850, de 2 de agosto de 2013, passa a vigorar com a seguinte alteração:

▶ Alteração inserida no texto da referida Lei.

Art. 20. Esta Lei entra em vigor na data de sua publicação.

Brasília, 16 de março de 2016;
195º da Independência e
128º da República.

Dilma Rousseff

LEI Nº 13.271, DE 15 DE ABRIL DE 2016

Dispõe sobre a proibição de revista íntima de funcionárias nos locais de trabalho e trata da revista íntima em ambientes prisionais.

▶ Publicada no *DOU* de 18-4-2016.

Art. 1º As empresas privadas, os órgãos e entidades da administração pública, direta e indireta, ficam proibidos de adotar qualquer prática de revista íntima de suas funcionárias e de clientes do sexo feminino.

Art. 2º Pelo não cumprimento do art. 1º, ficam os infratores sujeitos a:

I – multa de R$ 20.000,00 (vinte mil reais) ao empregador, revertidos aos órgãos de proteção dos direitos da mulher;

II – multa em dobro do valor estipulado no inciso I, em caso de reincidência, independentemente da indenização por danos morais e materiais e sanções de ordem penal.

Art. 3º VETADO.

Art. 4º Esta Lei entra em vigor na data de sua publicação.

Brasília, 15 de abril de 2016;
195º da Independência e
128º da República.

Dilma Rousseff

LEI Nº 13.294, DE 6 DE JUNHO DE 2016

Dispõe sobre o prazo para emissão de recibo de quitação integral de débitos de qualquer natureza pelas instituições integrantes do Sistema Financeiro Nacional, nos termos da Lei nº 4.595, de 31 de dezembro de 1964.

▸ Publicada no *DOU* de 7-6-2016.

Art. 1º As instituições integrantes do Sistema Financeiro Nacional, nos termos da Lei nº 4.595, de 31 de dezembro de 1964, são obrigadas a emitir recibo de quitação integral de débitos de qualquer natureza, quando requerido pelo interessado, no prazo de dez dias úteis, contado da comprovação de liquidação integral do débito, por meios próprios ou por demonstração efetuada pelo interessado.

§ 1º O disposto no *caput* não se aplica às hipóteses em que a lei haja determinado procedimentos e prazos específicos, devendo a instituição financeira esclarecer tais situações excepcionais no documento ou protocolo que fornecer em resposta ao requerimento do interessado.

§ 2º No caso de contratos de financiamento imobiliário, a instituição financeira fornecerá o termo de quitação no prazo de trinta dias a contar da data de liquidação da dívida.

Art. 2º VETADO.

Art. 3º Esta Lei entra em vigor após decorridos noventa dias de sua publicação oficial.

Brasília, 6 de junho de 2016;
195º da Independência e
128º da República.

Michel Temer

LEI Nº 13.300, DE 23 DE JUNHO DE 2016

Disciplina o processo e o julgamento dos mandados de injunção individual e coletivo e dá outras providências.

▸ Publicada no *DOU* de 24-6-2016.

Art. 1º Esta Lei disciplina o processo e o julgamento dos mandados de injunção individual e coletivo, nos termos do inciso LXXI do art. 5º da Constituição Federal.

Art. 2º Conceder-se-á mandado de injunção sempre que a falta total ou parcial de norma regulamentadora torne inviável o exercício dos direitos e liberdades constitucionais e das prerrogativas inerentes à nacionalidade, à soberania e à cidadania.

Parágrafo único. Considera-se parcial a regulamentação quando forem insuficientes as normas editadas pelo órgão legislador competente.

Art. 3º São legitimados para o mandado de injunção, como impetrantes, as pessoas naturais ou jurídicas que se afirmam titulares dos direitos, das liberdades ou das prerrogativas referidos no art. 2º e, como impetrado, o Poder, o órgão ou a autoridade com atribuição para editar a norma regulamentadora.

Art. 4º A petição inicial deverá preencher os requisitos estabelecidos pela lei processual e indicará, além do órgão impetrado, a pessoa jurídica que ele integra ou aquela a que está vinculado.

§ 1º Quando não for transmitida por meio eletrônico, a petição inicial e os documentos que a instruem serão acompanhados de tantas vias quantos forem os impetrados.

§ 2º Quando o documento necessário à prova do alegado encontrar-se em repartição ou estabelecimento público, em poder de autoridade ou de terceiro, havendo recusa em fornecê-lo por certidão, no original, ou em cópia autêntica, será ordenada, a pedido do impetrante, a exibição do documento no prazo de 10 (dez) dias, devendo, nesse caso, ser juntada cópia à segunda via da petição.

§ 3º Se a recusa em fornecer o documento for do impetrado, a ordem será feita no próprio instrumento da notificação.

Art. 5º Recebida a petição inicial, será ordenada:

I – a notificação do impetrado sobre o conteúdo da petição inicial, devendo-lhe ser enviada a segunda via apresentada com as cópias dos documentos, a fim de que, no prazo de 10 (dez) dias, preste informações;

II – a ciência do ajuizamento da ação ao órgão de representação judicial da pessoa jurídica interessada, devendo-lhe ser enviada cópia da petição inicial, para que, querendo, ingresse no feito.

Art. 6º A petição inicial será desde logo indeferida quando a impetração for manifestamente incabível ou manifestamente improcedente.

Parágrafo único. Da decisão de relator que indeferir a petição inicial, caberá agravo, em 5 (cinco) dias, para o órgão colegiado competente para o julgamento da impetração.

Art. 7º Findo o prazo para apresentação das informações, será ouvido o Ministério Público, que opinará em 10 (dez) dias, após o que, com ou sem parecer, os autos serão conclusos para decisão.

Art. 8º Reconhecido o estado de mora legislativa, será deferida a injunção para:

I – determinar prazo razoável para que o impetrado promova a edição da norma regulamentadora;

II – estabelecer as condições em que se dará o exercício dos direitos, das liberdades ou das prerrogativas reclamados ou, se for o caso, as condições em que poderá o interessado promover ação própria visando a exercê-los, caso não seja suprida a mora legislativa no prazo determinado.

Parágrafo único. Será dispensada a determinação a que se refere o inciso I do *caput* quando comprovado que o impetrado deixou de atender, em mandado de injunção anterior, ao prazo estabelecido para a edição da norma.

Art. 9º A decisão terá eficácia subjetiva limitada às partes e produzirá efeitos até o advento da norma regulamentadora.

§ 1º Poderá ser conferida eficácia *ultra partes* ou *erga omnes* à decisão, quando isso for inerente ou indispensável ao exercício do direito, da liberdade ou da prerrogativa objeto da impetração.

§ 2º Transitada em julgado a decisão, seus efeitos poderão ser estendidos aos casos análogos por decisão monocrática do relator.

§ 3º O indeferimento do pedido por insuficiência de prova não impede a renovação da impetração fundada em outros elementos probatórios.

Art. 10. Sem prejuízo dos efeitos já produzidos, a decisão poderá ser revista, a pedido de qualquer interessado, quando sobrevierem relevantes modificações das circunstâncias de fato ou de direito.

Parágrafo único. A ação de revisão observará, no que couber, o procedimento estabelecido nesta Lei.

Art. 11. A norma regulamentadora superveniente produzirá efeitos *ex nunc* em relação aos beneficiados por decisão transitada em julgado, salvo se a aplicação da norma editada lhes for mais favorável.

Parágrafo único. Estará prejudicada a impetração se a norma regulamentadora for editada antes da decisão, caso em que o processo será extinto sem resolução de mérito.

Art. 12. O mandado de injunção coletivo pode ser promovido:

I – pelo Ministério Público, quando a tutela requerida for especialmente relevante para a defesa da ordem jurídica, do regime democrático ou dos interesses sociais ou individuais indisponíveis;

II – por partido político com representação no Congresso Nacional, para assegurar o exercício de direitos, liberdades e prerrogativas de seus integrantes ou relacionados com a finalidade partidária;

III – por organização sindical, entidade de classe ou associação legalmente constituída e em funcionamento há pelo menos 1 (um) ano, para assegurar o exercício de direitos, liberdades e prerrogativas em favor da totalidade ou de parte de seus membros ou associados, na forma de seus estatutos e desde que pertinentes a suas finalidades, dispensada, para tanto, autorização especial;

IV – pela Defensoria Pública, quando a tutela requerida for especialmente relevante para a promoção dos direitos humanos e a defesa dos direitos individuais e coletivos dos necessitados, na forma do inciso LXXIV do art. 5º da Constituição Federal.

Parágrafo único. Os direitos, as liberdades e as prerrogativas protegidos por mandado de injunção coletivo são os pertencentes, indistintamente, a uma coletividade indeterminada de pessoas ou determinada por grupo, classe ou categoria.

Art. 13. No mandado de injunção coletivo, a sentença fará coisa julgada limitadamente às pessoas integrantes da coletividade, do grupo, da classe ou da categoria substituídos pelo impetrante, sem prejuízo do disposto nos §§ 1º e 2º do art. 9º.

Parágrafo único. O mandado de injunção coletivo não induz litispendência em relação aos individuais, mas os efeitos da coisa julgada não beneficiarão o impetrante que não requerer a desistência da demanda individual no prazo de 30 (trinta) dias a contar da ciência comprovada da impetração coletiva.

Art. 14. Aplicam-se subsidiariamente ao mandado de injunção as normas do mandado de segurança, disciplinado pela Lei nº 12.016, de 7 de agosto de 2009, e do Código de Processo Civil, instituído pela Lei nº 5.869, de 11 de janeiro de 1973, e pela Lei nº 13.105, de 16 de março de 2015, observado o disposto em seus arts. 1.045 e 1.046.

Art. 15. Esta Lei entra em vigor na data de sua publicação.

Brasília, 23 de junho de 2016;
195º da Independência e
128º da República.

Michel Temer

DECRETO Nº 8.858, DE 26 DE SETEMBRO DE 2016

Regulamenta o disposto no art. 199 da Lei nº 7.210, de 11 de julho de 1984 – Lei de Execução Penal.

▶ Publicado no *DOU* de 27-9-2016.

Art. 1º O emprego de algemas observará o disposto neste Decreto e terá como diretrizes:

I – o inciso III do *caput* do art. 1º e o inciso III do *caput* do art. 5º da Constituição, que dispõem sobre a proteção e a promoção da dignidade da pessoa humana e sobre a proibição de submissão ao tratamento desumano e degradante;

II – a Resolução nº 2010/16, de 22 de julho de 2010, das Nações Unidas sobre o tratamento de mulheres presas e medidas não privativas de liberdade para mulheres infratoras (Regras de Bangkok); e

III – o Pacto de San José da Costa Rica, que determina o tratamento humanitário dos presos e, em especial, das mulheres em condição de vulnerabilidade.

Art. 2º É permitido o emprego de algemas apenas em casos de resistência e de fundado receio de fuga ou de perigo à integridade física própria ou alheia, causado pelo preso ou por terceiros, justificada a sua excepcionalidade por escrito.

▶ Art. 474, § 3º, do CPP.
▶ Art. 234, § 1º, do CPPM.
▶ Súm. Vinc. nº 11 do STF.

Art. 3º É vedado emprego de algemas em mulheres presas em qualquer unidade do sistema penitenciário nacional durante o trabalho de parto, no trajeto da parturiente entre a unidade prisional e a unidade hospitalar e após o parto, durante o período em que se encontrar hospitalizada.

Art. 4º Este Decreto entra em vigor na data de sua publicação.

Brasília, 26 de setembro de 2016;
195º da Independência e
128º da República.

Michel Temer

LEI Nº 13.344, DE 6 DE OUTUBRO DE 2016

Dispõe sobre prevenção e repressão ao tráfico interno e internacional de pessoas e sobre medidas de atenção às vítimas; altera a Lei nº 6.815, de 19 de agosto de 1980, o Decreto-Lei nº 3.689, de 3 de outubro de 1941 (Código de Processo Penal), e o Decreto- Lei nº 2.848, de 7 de dezembro de 1940 (Código Penal); e revoga dispositivos do Decreto-Lei nº 2.848, de 7 de dezembro de 1940 (Código Penal).

▶ Publicada no *DOU* de 7-10-2016.

Art. 1º Esta Lei dispõe sobre o tráfico de pessoas cometido no território nacional contra vítima brasileira ou estrangeira e no exterior contra vítima brasileira.

Parágrafo único. O enfrentamento ao tráfico de pessoas compreende a prevenção e a repressão desse delito, bem como a atenção às suas vítimas.

CAPÍTULO I
DOS PRINCÍPIOS E DAS DIRETRIZES

Art. 2º O enfrentamento ao tráfico de pessoas atenderá aos seguintes princípios:

I – respeito à dignidade da pessoa humana;

II – promoção e garantia da cidadania e dos direitos humanos;

III – universalidade, indivisibilidade e interdependência;

IV – não discriminação por motivo de gênero, orientação sexual, origem étnica ou social, procedência, nacionalidade, atuação profissional, raça, religião, faixa etária, situação migratória ou outro *status*;

V – transversalidade das dimensões de gênero, orientação sexual, origem étnica ou social, procedência, raça e faixa etária nas políticas públicas;

VI – atenção integral às vítimas diretas e indiretas, independentemente de nacionalidade e de colaboração em investigações ou processos judiciais;

VII – proteção integral da criança e do adolescente.

Art. 3º O enfrentamento ao tráfico de pessoas atenderá às seguintes diretrizes:

I – fortalecimento do pacto federativo, por meio da atuação conjunta e articulada das esferas de governo no âmbito das respectivas competências;

II – articulação com organizações governamentais e não governamentais nacionais e estrangeiras;

III – incentivo à participação da sociedade em instâncias de controle social e das entidades de classe ou profissionais na discussão das políticas sobre tráfico de pessoas;

IV – estruturação da rede de enfrentamento ao tráfico de pessoas, envolvendo todas as esferas de governo e organizações da sociedade civil;

V – fortalecimento da atuação em áreas ou regiões de maior incidência do delito, como as de fronteira, portos, aeroportos, rodovias e estações rodoviárias e ferroviárias;

VI – estímulo à cooperação internacional;

VII – incentivo à realização de estudos e pesquisas e ao seu compartilhamento;

VIII – preservação do sigilo dos procedimentos administrativos e judiciais, nos termos da lei;

IX – gestão integrada para coordenação da política e dos planos nacionais de enfrentamento ao tráfico de pessoas.

CAPÍTULO II
DA PREVENÇÃO AO TRÁFICO DE PESSOAS

Art. 4º A prevenção ao tráfico de pessoas dar-se-á por meio:

I – da implementação de medidas intersetoriais e integradas nas áreas de saúde, educação, trabalho, segurança pública, justiça, turismo, assistência social, desenvolvimento rural, esportes, comunicação, cultura e direitos humanos;

II – de campanhas socioeducativas e de conscientização, considerando as diferentes realidades e linguagens;

III – de incentivo à mobilização e à participação da sociedade civil; e

IV – de incentivo a projetos de prevenção ao tráfico de pessoas.

CAPÍTULO III
DA REPRESSÃO AO TRÁFICO DE PESSOAS

Art. 5º A repressão ao tráfico de pessoas dar-se-á por meio:

I – da cooperação entre órgãos do sistema de justiça e segurança, nacionais e estrangeiros;

II – da integração de políticas e ações de repressão aos crimes correlatos e da responsabilização dos seus autores;

III – da formação de equipes conjuntas de investigação.

CAPÍTULO IV
DA PROTEÇÃO E DA ASSISTÊNCIA ÀS VÍTIMAS

Art. 6º A proteção e o atendimento à vítima direta ou indireta do tráfico de pessoas compreendem:

I – assistência jurídica, social, de trabalho e emprego e de saúde;

II – acolhimento e abrigo provisório;

III – atenção às suas necessidades específicas, especialmente em relação a questões de gênero, orientação sexual, origem étnica ou social, procedência, nacionalidade, raça, religião, faixa etária, situação migratória, atuação profissional, diversidade cultural, linguagem, laços sociais e familiares ou outro status;

IV – preservação da intimidade e da identidade;

V – prevenção à revitimização no atendimento e nos procedimentos investigatórios e judiciais;

VI – atendimento humanizado;

VII – informação sobre procedimentos administrativos e judiciais.

§ 1º A atenção às vítimas dar-se-á com a interrupção da situação de exploração ou violência, a sua reinserção social, a garantia de facilitação do acesso à educação, à cultura, à formação profissional e ao trabalho e, no caso de crianças e adolescentes, a busca de sua reinserção familiar e comunitária.

§ 2º No exterior, a assistência imediata a vítimas brasileiras estará a cargo da rede consular brasileira e será prestada independentemente de sua situação migratória, ocupação ou outro *status*.

§ 3º A assistência à saúde prevista no inciso I deste artigo deve compreender os aspectos de recuperação física e psicológica da vítima.

Art. 7º A Lei nº 6.815, de 19 de agosto de 1980, passa a vigorar acrescida dos seguintes artigos:

▶ A Lei nº 6.815, de 19-8-1980 (Estatuto do Estrangeiro), foi revogada pela Lei nº 13.445, de 24-5-2017 (Lei de Migração).

CAPÍTULO V
DISPOSIÇÕES PROCESSUAIS

Art. 8º O juiz, de ofício, a requerimento do Ministério Público ou mediante representação do delegado de polícia, ouvido o Ministério Público, havendo indícios suficientes de infração penal, poderá decretar medidas assecuratórias relacionadas a bens, direitos ou valores pertencentes ao investigado ou acusado, ou existentes em nome de interpostas pessoas, que sejam instrumento, produto ou proveito do crime de tráfico de pessoas, procedendo-se na forma dos arts. 125 a 144-A do Decreto-Lei nº 3.689, de 3 de outubro de 1941 (Código de Processo Penal).

§ 1º Proceder-se-á à alienação antecipada para preservação do valor dos bens sempre que estiverem sujeitos a qualquer grau de deterioração ou depreciação, ou quando houver dificuldade para sua manutenção.

§ 2º O juiz determinará a liberação total ou parcial dos bens, direitos e valores quando comprovada a licitude de sua origem, mantendo-se a constrição dos bens, direitos e valores necessários e suficientes à reparação dos danos e ao pagamento de prestações pecuniárias, multas e custas decorrentes da infração penal.

§ 3º Nenhum pedido de liberação será conhecido sem o comparecimento pessoal do acusado ou investigado, ou de interposta pessoa a que se refere o *caput*, podendo o juiz determinar a prática de atos necessários à conservação de bens, direitos ou valores, sem prejuízo do disposto no § 1º.

§ 4º Ao proferir a sentença de mérito, o juiz decidirá sobre o perdimento do produto, bem ou valor apreendido, sequestrado ou declarado indisponível.

Art. 9º Aplica-se subsidiariamente, no que couber, o disposto na Lei nº 12.850, de 2 de agosto de 2013.

Art. 10. O Poder Público é autorizado a criar sistema de informações visando à coleta e à gestão de dados que orientem o enfrentamento ao tráfico de pessoas.

Art. 11. O Decreto-Lei nº 3.689, de 3 de outubro de 1941 (Código de Processo Penal), passa a vigorar acrescido dos seguintes arts. 13-A e 13-B:

▸ Alterações inseridas no texto do CPP.

Art. 12. O inciso V do art. 83 do Decreto-Lei nº 2.848, de 7 de dezembro de 1940 (Código Penal), passa a vigorar com a seguinte redação:

▸ Alterações inseridas no texto do CP.

Art. 13. O Decreto-Lei nº 2.848, de 7 de dezembro de 1940 (Código Penal), passa a vigorar acrescido do seguinte art. 149-A:

▸ Alterações inseridas no texto do CP.

CAPÍTULO VI
DAS CAMPANHAS RELACIONADAS AO ENFRENTAMENTO AO TRÁFICO DE PESSOAS

Art. 14. É instituído o Dia Nacional de Enfrentamento ao Tráfico de Pessoas, a ser comemorado, anualmente, em 30 de julho.

Art. 15. Serão adotadas campanhas nacionais de enfrentamento ao tráfico de pessoas, a serem divulgadas em veículos de comunicação, visando à conscientização da sociedade sobre todas as modalidades de tráfico de pessoas.

CAPÍTULO VII
DISPOSIÇÕES FINAIS

Art. 16. Revogam-se os arts. 231 e 231-A do Decreto-Lei nº 2.848, de 7 de dezembro de 1940 (Código Penal).

Art. 17. Esta Lei entra em vigor após decorridos 45 (quarenta e cinco) dias de sua publicação oficial.

Brasília, 6 de outubro de 2016;
195º da Independência e
128º da República.

Michel Temer

LEI Nº 13.431, DE 4 DE ABRIL DE 2017

Estabelece o sistema de garantia de direitos da criança e do adolescente vítima ou testemunha de violência e altera a Lei nº 8.069, de 13 de julho de 1990 (Estatuto da Criança e do Adolescente).

▸ Publicada no *DOU* de 5-4-2017.

TÍTULO I – DISPOSIÇÕES GERAIS

Art. 1º Esta Lei normatiza e organiza o sistema de garantia de direitos da criança e do adolescente vítima ou testemunha de violência, cria mecanismos para prevenir e coibir a violência, nos termos do art. 227 da Constituição Federal, da Convenção sobre os Direitos da Criança e seus protocolos adicionais, da Resolução nº 20/2005 do Conselho Econômico e Social das Nações Unidas e de outros diplomas internacionais, e estabelece medidas de assistência e proteção à criança e ao adolescente em situação de violência.

Art. 2º A criança e o adolescente gozam dos direitos fundamentais inerentes à pessoa humana, sendo-lhes asseguradas a proteção integral e as oportunidades e facilidades para viver sem violência e preservar sua saúde física e mental e seu desenvolvimento moral, intelectual e social, e gozam de direitos específicos à sua condição de vítima ou testemunha.

Parágrafo único. A União, os Estados, o Distrito Federal e os Municípios desenvolverão políticas integradas e coordenadas que visem a garantir os direitos humanos da criança e do adolescente no âmbito das relações domésticas, familiares e sociais, para resguardá-los de toda forma de negligência, discriminação, exploração, violência, abuso, crueldade e opressão.

Art. 3º Na aplicação e interpretação desta Lei, serão considerados os fins sociais a que ela se destina e, especialmente, as condições peculiares da criança e do adolescente como pessoas em desenvolvimento, às quais o Estado, a família e a sociedade devem assegurar a fruição dos direitos fundamentais com absoluta prioridade.

Parágrafo único. A aplicação desta Lei é facultativa para as vítimas e testemunhas de violência entre 18 (dezoito) e 21 (vinte e um) anos, conforme disposto no parágrafo único do art. 2º da Lei nº 8.069, de 13 de julho de 1990 (Estatuto da Criança e do Adolescente).

Art. 4º Para os efeitos desta Lei, sem prejuízo da tipificação das condutas criminosas, são formas de violência:

I – violência física, entendida como a ação infligida à criança ou ao adolescente que ofenda sua integridade ou saúde corporal ou que lhe cause sofrimento físico;

II – violência psicológica:

a) qualquer conduta de discriminação, depreciação ou desrespeito em relação à criança ou ao adolescente mediante ameaça, constrangimento, humilhação, manipulação, isolamento, agressão verbal e xingamento, ridicularização, indiferença, exploração ou intimidação sistemática (*bullying*) que possa comprometer seu desenvolvimento psíquico ou emocional;

b) o ato de alienação parental, assim entendido como a interferência na formação psicológica da criança ou do adolescente, promovida ou induzida por um dos genitores, pelos avós ou por quem os tenha sob sua autoridade, guarda ou vigilância, que leve ao repúdio de genitor ou que cause prejuízo ao estabelecimento ou à manutenção de vínculo com este;

c) qualquer conduta que exponha a criança ou o adolescente, direta ou indiretamente, a crime violento contra membro de sua família ou de sua rede de apoio, independentemente do ambiente em que cometido, particularmente quando isto a torna testemunha;

III – violência sexual, entendida como qualquer conduta que constranja a criança ou o adolescente a praticar ou presenciar conjunção carnal ou qualquer outro ato libidinoso, inclusive exposição do corpo em foto ou vídeo por meio eletrônico ou não, que compreenda:

a) abuso sexual, entendido como toda ação que se utiliza da criança ou do adolescente para fins sexuais, seja conjunção carnal ou outro ato libidinoso, realizado de modo presencial ou por meio eletrônico, para estimulação sexual do agente ou de terceiro;

b) exploração sexual comercial, entendida como o uso da criança ou do adolescente em atividade sexual em troca de remuneração ou qualquer outra forma de compensação, de forma independente ou sob patrocínio, apoio ou incentivo de terceiro, seja de modo presencial ou por meio eletrônico;

c) tráfico de pessoas, entendido como o recrutamento, o transporte, a transferência, o alojamento ou o acolhimento da criança ou do adolescente, dentro do território nacional ou para o estrangeiro, com o fim de exploração sexual, mediante ameaça, uso de força ou outra forma de coação, rapto, fraude, engano, abuso de autoridade, aproveitamento de situação de vulnerabilidade ou entrega ou aceitação de pagamento, entre os casos previstos na legislação;

IV – violência institucional, entendida como a praticada por instituição pública ou conveniada, inclusive quando gerar revitimização;

V – violência patrimonial, entendida como qualquer conduta que configure retenção, subtração, destruição parcial ou total de seus documentos pessoais, bens, valores e direitos ou recursos econômicos, incluídos os destinados a satisfazer suas necessidades, desde que a medida não se enquadre como educacional.

▸ Inciso V acrescido pela Lei nº 14.344, de 24-5-2022.

§ 1º Para os efeitos desta Lei, a criança e o adolescente serão ouvidos sobre a situação de violência por meio de escuta especializada e depoimento especial.

§ 2º Os órgãos de saúde, assistência social, educação, segurança pública e justiça adotarão os procedimentos necessários por ocasião da revelação espontânea da violência.

§ 3º Na hipótese de revelação espontânea da violência, a criança e o adolescente serão chamados a confirmar os fatos na forma especificada no § 1º deste artigo, salvo em caso de intervenções de saúde.

§ 4º O não cumprimento do disposto nesta Lei implicará a aplicação das sanções previstas na Lei nº 8.069, de 13 de julho de 1990 (Estatuto da Criança e do Adolescente).

TÍTULO II – DOS DIREITOS E GARANTIAS

Art. 5º A aplicação desta Lei, sem prejuízo dos princípios estabelecidos nas demais normas nacionais e internacionais de proteção dos direitos da criança e do adolescente, terá como base, entre outros, os direitos e garantias fundamentais da criança e do adolescente a:

I – receber prioridade absoluta e ter considerada a condição peculiar de pessoa em desenvolvimento;

II – receber tratamento digno e abrangente;

III – ter a intimidade e as condições pessoais protegidas quando vítima ou testemunha de violência;

IV – ser protegido contra qualquer tipo de discriminação, independentemente de classe, sexo, raça, etnia, renda, cultura, nível educacional, idade, religião, nacionalidade, procedência regional, regularidade migratória, deficiência ou qualquer outra condição sua, de seus pais ou de seus representantes legais;

V – receber informação adequada à sua etapa de desenvolvimento sobre direitos, inclusive sociais, serviços disponíveis, representação jurídica, medidas de proteção, reparação de danos e qualquer procedimento a que seja submetido;

VI – ser ouvido e expressar seus desejos e opiniões, assim como permanecer em silêncio;

VII – receber assistência qualificada jurídica e psicossocial especializada, que facilite a sua participação e o resguarde contra comportamento inadequado adotado pelos demais órgãos atuantes no processo;

VIII – ser resguardado e protegido de sofrimento, com direito a apoio, planejamento de sua participação, prioridade na tramitação do processo, celeridade processual, idoneidade do atendimento e limitação das intervenções;

IX – ser ouvido em horário que lhe for mais adequado e conveniente, sempre que possível;

X – ter segurança, com avaliação contínua sobre possibilidades de intimidação, ameaça e outras formas de violência;

XI – ser assistido por profissional capacitado e conhecer os profissionais que participam dos procedimentos de escuta especializada e depoimento especial;

XII – ser reparado quando seus direitos forem violados;

XIII – conviver em família e em comunidade;

XIV – ter as informações prestadas tratadas confidencialmente, sendo vedada a utilização ou o repasse a terceiro das declarações feitas pela criança e pelo adolescente vítima, salvo para os fins de assistência à saúde e de persecução penal;

XV – prestar declarações em formato adaptado à criança e ao adolescente com deficiência ou em idioma diverso do português.

Parágrafo único. O planejamento referido no inciso VIII, no caso de depoimento especial, será realizado entre os profissionais especializados e o juízo.

Art. 6º A criança e o adolescente vítima ou testemunha de violência têm direito a pleitear, por meio de seu representante legal, medidas protetivas contra o autor da violência.

Parágrafo único. Os casos omissos nesta Lei serão interpretados à luz do disposto na Lei nº 8.069, de 13 de julho de 1990 (Estatuto da Criança e do Adolescente), na Lei nº 11.340, de 7 de agosto de 2006 (Lei Maria da Penha), e em normas conexas.

TÍTULO III – DA ESCUTA ESPECIALIZADA E DO DEPOIMENTO ESPECIAL

Art. 7º Escuta especializada é o procedimento de entrevista sobre situação de violência com criança ou adolescente perante órgão da rede de proteção, limitado o relato estritamente ao necessário para o cumprimento de sua finalidade.

Art. 8º Depoimento especial é o procedimento de oitiva de criança ou adolescente vítima ou testemunha de violência perante autoridade policial ou judiciária.

Art. 9º A criança ou o adolescente será resguardado de qualquer contato, ainda que visual, com o suposto autor ou acusado, ou com outra pessoa que represente ameaça, coação ou constrangimento.

Art. 10. A escuta especializada e o depoimento especial serão realizados em local apropriado e acolhedor, com infraestrutura e espaço físico que garantam a privacidade da criança ou do adolescente vítima ou testemunha de violência.

Art. 11. O depoimento especial reger-se-á por protocolos e, sempre que possível, será realizado uma única vez, em sede de produção antecipada de prova judicial, garantida a ampla defesa do investigado.

§ 1º O depoimento especial seguirá o rito cautelar de antecipação de prova:

I – quando a criança ou o adolescente tiver menos de 7 (sete) anos;

II – em caso de violência sexual.

§ 2º Não será admitida a tomada de novo depoimento especial, salvo quando justificada a sua imprescindibilidade pela autoridade competente e houver a concordância da vítima ou da testemunha, ou de seu representante legal.

Art. 12. O depoimento especial será colhido conforme o seguinte procedimento:

I – os profissionais especializados esclarecerão a criança ou o adolescente sobre a tomada do depoimento especial, informando-lhe os seus direitos e os procedimentos a serem adotados e planejando sua participação, sendo vedada a leitura da denúncia ou de outras peças processuais;

II – é assegurada à criança ou ao adolescente a livre narrativa sobre a situação de violência, podendo o profissional especializado intervir quando necessário, utilizando técnicas que permitam a elucidação dos fatos;

III – no curso do processo judicial, o depoimento especial será transmitido em tempo real para a sala de audiência, preservado o sigilo;

IV – findo o procedimento previsto no inciso II deste artigo, o juiz, após consultar o Ministério Público, o defensor e os assistentes técnicos, avaliará a pertinência de perguntas complementares, organizadas em bloco;

V – o profissional especializado poderá adaptar as perguntas à linguagem de melhor compreensão da criança ou do adolescente;

VI – o depoimento especial será gravado em áudio e vídeo.

§ 1º À vítima ou testemunha de violência é garantido o direito de prestar depoimento diretamente ao juiz, se assim o entender.

§ 2º O juiz tomará todas as medidas apropriadas para a preservação da intimidade e da privacidade da vítima ou testemunha.

§ 3º O profissional especializado comunicará ao juiz se verificar que a presença, na sala de audiência, do autor da violência pode prejudicar o depoimento especial ou colocar o depoente em situação de risco, caso em que, fazendo constar em termo, será autorizado o afastamento do imputado.

§ 4º Nas hipóteses em que houver risco à vida ou à integridade física da vítima ou testemunha, o juiz tomará as medidas de proteção cabíveis, inclusive a restrição do disposto nos incisos III e VI deste artigo.

§ 5º As condições de preservação e de segurança da mídia relativa ao depoimento da criança ou do adolescente serão objeto de regulamentação, de forma a garantir o direito à intimidade e à privacidade da vítima ou testemunha.

§ 6º O depoimento especial tramitará em segredo de justiça.

TÍTULO IV – DA INTEGRAÇÃO DAS POLÍTICAS DE ATENDIMENTO

CAPÍTULO I

DISPOSIÇÕES GERAIS

Art. 13. Qualquer pessoa que tenha conhecimento ou presencie ação ou omissão, praticada em local público ou privado, que constitua violência contra criança ou adolescente tem o dever de comunicar o fato imediatamente ao serviço de recebimento e monitoramento de denúncias, ao conselho tutelar ou à autoridade policial, os quais, por sua vez, cientificarão imediatamente o Ministério Público.

Parágrafo único. A União, os Estados, o Distrito Federal e os Municípios poderão promover, periodicamente, campanhas de conscientização da sociedade, promovendo a identificação das violações de direitos e garantias de crianças e adolescentes e a divulgação dos serviços de proteção e dos fluxos de atendimento, como forma de evitar a violência institucional.

Art. 14. As políticas implementadas nos sistemas de justiça, segurança pública, assistência social, educação e saúde deverão adotar ações articuladas, coordenadas e efetivas voltadas ao acolhimento e ao atendimento integral às vítimas de violência.

§ 1º As ações de que trata o *caput* observarão as seguintes diretrizes:

I – abrangência e integralidade, devendo comportar avaliação e atenção de todas as necessidades da vítima decorrentes da ofensa sofrida;

II – capacitação interdisciplinar continuada, preferencialmente conjunta, dos profissionais;

III – estabelecimento de mecanismos de informação, referência, contrarreferência e monitoramento;

IV – planejamento coordenado do atendimento e do acompanhamento, respeitadas as especificidades da vítima ou testemunha e de suas famílias;

V – celeridade do atendimento, que deve ser realizado imediatamente – ou tão logo quanto possível – após a revelação da violência;

VI – priorização do atendimento em razão da idade ou de eventual prejuízo ao desenvolvimento psicossocial, garantida a intervenção preventiva;

VII – mínima intervenção dos profissionais envolvidos; e

VIII – monitoramento e avaliação periódica das políticas de atendimento.

§ 2º Nos casos de violência sexual, cabe ao responsável da rede de proteção garantir a urgência e a celeridade necessárias ao atendimento de saúde e à produção probatória, preservada a confidencialidade.

Art. 15. A União, os Estados, o Distrito Federal e os Municípios poderão criar serviços de atendimento, de ouvidoria ou de resposta, pelos meios de comunicação disponíveis, integrados às redes de proteção, para receber denúncias de violações de direitos de crianças e adolescentes.

Parágrafo único. As denúncias recebidas serão encaminhadas:

I – à autoridade policial do local dos fatos, para apuração;

II – ao conselho tutelar, para aplicação de medidas de proteção; e

III – ao Ministério Público, nos casos que forem de sua atribuição específica.

Art. 16. O poder público poderá criar programas, serviços ou equipamentos que proporcionem atenção e atendimento integral e interinstitucional às crianças e adolescentes vítimas ou testemunhas de violência, compostos por equipes multidisciplinares especializadas.

Parágrafo único. Os programas, serviços ou equipamentos públicos poderão contar com delegacias especializadas, serviços de saúde, perícia médico-legal, serviços socioassistenciais, varas especializadas, Ministério Público e Defensoria Pública, entre outros possíveis de integração, e deverão estabelecer parcerias em caso de indisponibilidade de serviços de atendimento.

CAPÍTULO II
DA SAÚDE

Art. 17. A União, os Estados, o Distrito Federal e os Municípios poderão criar, no âmbito do Sistema Único de Saúde (SUS), serviços para atenção integral à criança e ao adolescente em situação de violência, de forma a garantir o atendimento acolhedor.

Art. 18. A coleta, guarda provisória e preservação de material com vestígios de violência serão realizadas pelo Instituto Médico Legal (IML) ou por serviço credenciado do sistema de saúde mais próximo, que entregará o material para perícia imediata, observado o disposto no art. 5º desta Lei.

CAPÍTULO III
DA ASSISTÊNCIA SOCIAL

Art. 19. A União, os Estados, o Distrito Federal e os Municípios poderão estabelecer, no âmbito do Sistema Único de Assistência Social (SUAS), os seguintes procedimentos:

I – elaboração de plano individual e familiar de atendimento, valorizando a participação da criança e do adolescente e, sempre que possível, a preservação dos vínculos familiares;

II – atenção à vulnerabilidade indireta dos demais membros da família decorrente da situação de violência, e solicitação, quando necessário, aos órgãos competentes, de inclusão da vítima ou testemunha e de suas famílias nas políticas, programas e serviços existentes;

III – avaliação e atenção às situações de intimidação, ameaça, constrangimento ou discriminação decorrentes da vitimização, inclusive durante o trâmite do processo judicial, as quais deverão ser comunicadas imediatamente à autoridade judicial para tomada de providências; e

IV – representação ao Ministério Público, nos casos de falta de responsável legal com capacidade protetiva em razão da situação de violência, para colocação da criança ou do adolescente sob os cuidados da família extensa, de família substituta ou de serviço de acolhimento familiar ou, em sua falta, institucional.

CAPÍTULO IV
DA SEGURANÇA PÚBLICA

Art. 20. O poder público poderá criar delegacias especializadas no atendimento de crianças e adolescentes vítimas de violência.

§ 1º Na elaboração de suas propostas orçamentárias, as unidades da Federação alocarão recursos para manutenção de equipes multidisciplinares destinadas a assessorar as delegacias especializadas.

§ 2º Até a criação do órgão previsto no *caput* deste artigo, a vítima será encaminhada prioritariamente a delegacia especializada em temas de direitos humanos.

§ 3º A tomada de depoimento especial da criança ou do adolescente vítima ou testemunha de violência observará o disposto no art. 14 desta Lei.

Art. 21. Constatado que a criança ou o adolescente está em risco, a autoridade policial requisitará à autoridade judicial responsável, em qualquer momento dos procedimentos de investigação e responsabilização dos suspeitos, as medidas de proteção pertinentes, entre as quais:

I – evitar o contato direto da criança ou do adolescente vítima ou testemunha de violência com o suposto autor da violência;

II – solicitar o afastamento cautelar do investigado da residência ou local de convivência, em se tratando de pessoa que tenha contato com a criança ou o adolescente;

III – requerer a prisão preventiva do investigado, quando houver suficientes indícios de ameaça à criança ou adolescente vítima ou testemunha de violência;

IV – solicitar aos órgãos socioassistenciais a inclusão da vítima e de sua família nos atendimentos a que têm direito;

V – requerer a inclusão da criança ou do adolescente em programa de proteção a vítimas ou testemunhas ameaçadas; e

VI – representar ao Ministério Público para que proponha ação cautelar de antecipação de prova, resguardados os pressupostos legais e as garantias previstas no art. 5º desta Lei, sempre que a demora possa causar prejuízo ao desenvolvimento da criança ou do adolescente.

Art. 22. Os órgãos policiais envolvidos envidarão esforços investigativos para que o depoimento especial não seja o único meio de prova para o julgamento do réu.

CAPÍTULO V
DA JUSTIÇA

Art. 23. Os órgãos responsáveis pela organização judiciária poderão criar juizados ou varas especializadas em crimes contra a criança e o adolescente.

Parágrafo único. Até a implementação do disposto no *caput* deste artigo, o julgamento e a execução das causas decorrentes das práticas de violência ficarão, preferencialmente, a cargo dos juizados ou varas especializadas em violência doméstica e temas afins.

TÍTULO V – DOS CRIMES

Art. 24. Violar sigilo processual, permitindo que depoimento de criança ou adolescente seja assistido por pessoa estranha ao processo, sem autorização judicial e sem o consentimento do depoente ou de seu representante legal.

Pena – reclusão, de 1 (um) a 4 (quatro) anos, e multa.

TÍTULO VI – DISPOSIÇÕES FINAIS E TRANSITÓRIAS

Art. 25. O art. 208 da Lei nº 8.069, de 13 de julho de 1990 (Estatuto da Criança e do Adolescente), passa a vigorar acrescido do seguinte inciso XI:

▸ Alterações inseridas no texto da referida lei.

Art. 26. Cabe ao poder público, no prazo máximo de 60 (sessenta) dias contado da entrada em vigor desta Lei, emanar atos normativos necessários à sua efetividade.

Art. 27. Cabe aos Estados, ao Distrito Federal e aos Municípios, no prazo máximo de 180 (cento e oitenta) dias contado da entrada em vigor desta Lei, estabelecer normas sobre o sistema de garantia de direitos da criança e do adolescente vítima ou testemunha de violência, no âmbito das respectivas competências.

Art. 28. Revoga-se o art. 248 da Lei nº 8.069, de 13 de julho de 1990 (Estatuto da Criança e do Adolescente).

Art. 29. Esta Lei entra em vigor após decorrido 1 (um) ano de sua publicação oficial.

Brasília, 4 de abril de 2017;
196º da Independência e
129º da República.

Michel Temer

LEI Nº 13.455, DE 26 DE JUNHO DE 2017

Dispõe sobre a diferenciação de preços de bens e serviços oferecidos ao público em função do prazo ou do instrumento de pagamento utilizado, e altera a Lei nº 10.962, de 11 de outubro de 2004.

▸ Publicada no *DOU* de 27-6-2017.

Art. 1º Fica autorizada a diferenciação de preços de bens e serviços oferecidos ao público em função do prazo ou do instrumento de pagamento utilizado.

Parágrafo único. É nula a cláusula contratual, estabelecida no âmbito de arranjos de pagamento ou de outros acordos para prestação de serviço de pagamento, que proíba ou restrinja a diferenciação de preços facultada no *caput* deste artigo.

Art. 2º A Lei nº 10.962, de 11 de outubro de 2004, passa a vigorar acrescida do seguinte art. 5º-A:

▸ Alterações inseridas no texto da referida lei.

Art. 3º Esta Lei entra em vigor na data de sua publicação.

Brasília, 26 de junho de 2017;
196º da Independência e
129º da República.

Michel Temer

LEI COMPLEMENTAR Nº 160, DE 7 DE AGOSTO DE 2017

Dispõe sobre convênio que permite aos Estados e ao Distrito Federal deliberar sobre a remissão dos créditos tributários, constituídos ou não, decorrentes das isenções, dos incentivos e dos benefícios fiscais ou financeiro-fiscais instituídos em desacordo com o disposto na alínea g do inciso XII do § 2º do art. 155 da Constituição Federal e a reinstituição das respectivas isenções, incentivos e benefícios fiscais ou financeiro-fiscais; e altera a Lei nº 12.973, de 13 de maio de 2014.

▸ Publicada no *DOU* de 8-8-2017.

▸ Esta Lei Complementar estará revogada pela LC nº 214, de 16-1-2025, a partir de 1º-1-2033.

Art. 1º Mediante convênio celebrado nos termos da Lei Complementar nº 24, de 7 de janeiro de 1975, os Estados e o Distrito Federal poderão deliberar sobre:

I – a remissão dos créditos tributários, constituídos ou não, decorrentes das isenções, dos incentivos e dos benefícios fiscais ou financeiro-fiscais instituídos em desacordo com o disposto na alínea *g* do inciso XII do § 2º do art. 155 da Constituição Federal por legislação estadual publicada até a data de início de produção de efeitos desta Lei Complementar;

II – a reinstituição das isenções, dos incentivos e dos benefícios fiscais ou financeiro-fiscais referidos no inciso I deste artigo que ainda se encontrem em vigor.

Art. 2º O convênio a que se refere o art. 1º desta Lei Complementar poderá ser aprovado e ratificado com o voto favorável de, no mínimo:

I – 2/3 (dois terços) das unidades federadas; e

II – 1/3 (um terço) das unidades federadas integrantes de cada uma das 5 (cinco) regiões do País.

Art. 3º O convênio de que trata o art. 1º desta Lei Complementar atenderá, no mínimo, às seguintes condicionantes, a serem observadas pelas unidades federadas:

I – publicar, em seus respectivos diários oficiais, relação com a identificação de todos os atos normativos relativos às isenções, aos incentivos e aos benefícios fiscais ou financeiro-fiscais abrangidos pelo art. 1º desta Lei Complementar;

II – efetuar o registro e o depósito, na Secretaria Executiva do Conselho Nacional de Política Fazendária (CONFAZ), da documentação comprobatória correspondente aos atos concessivos das isenções, dos incentivos e dos benefícios fiscais ou financeiro-fiscais mencionados no inciso I deste artigo, que serão publicados no Portal Nacional da Transparência Tributária, que será instituído pelo CONFAZ e disponibilizado em seu sítio eletrônico.

§ 1º O disposto no art. 1º desta Lei Complementar não se aplica aos atos relativos às isenções, aos incentivos e aos benefícios fiscais ou financeiro-fiscais vinculados ao Imposto sobre Operações Relativas à Circulação de Mercadorias e sobre Prestações de Serviços de Transporte Interestadual e Intermunicipal e de Comunicação (ICMS) cujas exigências de publicação, registro e depósito, nos termos deste artigo, não tenham sido atendidas, devendo ser revogados os respectivos atos concessivos.

§ 2º A unidade federada que editou o ato concessivo relativo às isenções, aos incentivos e aos benefícios fiscais ou financeiro-fiscais vinculados ao ICMS de que trata o art. 1º desta Lei Complementar cujas exigências de publicação, registro e depósito, nos termos deste artigo, foram atendidas é autorizada a concedê-los e a prorrogá-los, nos termos do ato vigente na data de publicação do respectivo convênio, não podendo seu prazo de fruição ultrapassar:

I – 31 de dezembro do décimo quinto ano posterior à produção de efeitos do respectivo convênio, quanto àqueles destinados ao fomento das atividades agropecuária e industrial, inclusive agroindustrial, e ao investimento em infraestrutura rodoviária, aquaviária, ferroviária, portuária, aeroportuária e de transporte urbano, bem como quanto àqueles destinados a templos de qualquer culto e a entidades beneficentes de assistência social;

▸ Inciso I com a redação dada pela LC 170, de 19-12-2019.

II – 31 de dezembro do décimo quinto ano posterior à produção de efeitos do respectivo convênio, quanto àqueles destinados à manutenção ou ao incremento das atividades portuária e aeroportuária vinculadas ao comércio internacional, incluída a operação subsequente à da importação, praticada pelo contribuinte importador;

III – 31 de dezembro do décimo quinto ano posterior à produção de efeitos do respectivo convênio, quanto àqueles destinados à manutenção ou ao incremento das atividades comerciais, desde que o beneficiário seja o real remetente da mercadoria;

IV – 31 de dezembro do décimo quinto ano posterior à produção de efeitos do respectivo convênio, quanto àqueles destinados às operações e às prestações interestaduais com produtos agropecuários e extrativos vegetais *in natura*;

▸ Incisos II a IV com a redação dada pela LC nº 186, de 27-10-2021.

V – 31 de dezembro do primeiro ano posterior à produção de efeitos do respectivo convênio, quanto aos demais.

§ 2º-A. A partir de 1º de janeiro do décimo segundo ano posterior à produção de efeitos do respectivo convênio, a concessão e a prorrogação de que trata o § 2º deste artigo deverão observar a redução em 20% (vinte por cento) ao ano com relação ao direito de fruição das isenções, dos incentivos e dos benefícios fiscais ou financeiros-fiscais vinculados ao ICMS destinados à manutenção ou ao incremento das atividades comerciais, às prestações interestaduais com produtos agropecuários e extrativos vegetais *in natura* e à manutenção ou ao incremento das atividades portuária e aeroportuária vinculadas ao comércio internacional.

▸ § 2º-A acrescido pela LC nº 186, de 27-10-2021.

§ 3º Os atos concessivos cujas exigências de publicação, de registro e de depósito, nos termos deste artigo, foram atendidas permanecerão vigentes e produzindo efeitos como normas regulamentadoras nas respectivas unidades federadas concedentes das isenções, dos incentivos e dos benefícios fiscais ou financeiro-fiscais vinculados ao ICMS, nos termos dos §§ 2º e 2º-A deste artigo.

▸ § 3º com a redação dada pela LC nº 186, de 27-10-2021.

§ 4º A unidade federada concedente poderá revogar ou modificar o ato concessivo ou reduzir o seu alcance ou o montante das isenções, dos incentivos e dos benefícios fiscais ou financeiro-fiscais antes do termo final de fruição.

§ 5º O disposto no § 4º deste artigo não poderá resultar em isenções, incentivos ou benefícios fiscais ou financeiro-fiscais em valor superior ao que o contribuinte podia usufruir antes da modificação do ato concessivo.

§ 6º As unidades federadas deverão prestar informações sobre as isenções, os incentivos e os benefícios fiscais ou financeiro-fiscais vinculados ao ICMS e mantê-las atualizadas no Portal Nacional da Transparência Tributária a que se refere o inciso II do *caput* deste artigo.

§ 7º As unidades federadas poderão estender a concessão das isenções, dos incentivos e dos benefícios fiscais ou financeiro-fiscais referidos no § 2º deste artigo a outros contribuintes estabelecidos em seu território, sob as mesmas condições e nos prazos-limites de fruição.

§ 8º As unidades federadas poderão aderir às isenções, aos incentivos e aos benefícios fiscais ou financeiro-fiscais concedidos ou prorrogados por outra unidade federada da mesma região na forma dos §§ 2º e 2º-A deste artigo, enquanto vigentes.

▸ § 8º com a redação dada pela LC nº 186, de 27-10-2021.

Art. 4º São afastadas as restrições decorrentes da aplicação do art. 14 da Lei Complementar nº 101, de 4 de maio de 2000, que possam comprometer a implementação das disposições desta Lei Complementar.

Art. 5º A remissão ou a não constituição de créditos concedidas por lei da unidade federada de origem da mercadoria, do bem ou do serviço afastam as sanções previstas no art. 8º da Lei Complementar nº 24, de 7 de janeiro de 1975, retroativamente à data original de concessão da isenção, do incentivo ou do benefício fiscal ou financeiro-fiscal, vedadas a restituição e a compensação de tributo e a apropriação de crédito extemporâneo por sujeito passivo.

Art. 6º Ressalvado o disposto nesta Lei Complementar, a concessão ou a manutenção de isenções, incentivos e benefícios fiscais ou financeiro-fiscais em desacordo com a Lei Complementar nº 24, de 7 de janeiro de 1975, implica a sujeição da unidade federada responsável aos impedimentos previstos nos incisos I, II e III do § 3º do art. 23 da Lei Complementar nº 101, de 4 de maio de 2000, pelo prazo em que perdurar a concessão ou a manutenção das isenções, dos incentivos e dos benefícios fiscais ou financeiro-fiscais.

§ 1º A aplicação do disposto no *caput* deste artigo é condicionada ao acolhimento, pelo Ministro de Estado da Fazenda, de representação apresentada por Governador de Estado ou do Distrito Federal.

§ 2º Admitida a representação e ouvida, no prazo de 30 (trinta) dias, a unidade federada interessada, o Ministro de Estado da Fazenda, em até 90 (noventa) dias:

I – determinará o arquivamento da representação, caso não seja constatada a infração;

II – editará portaria declarando a existência da infração, a qual produzirá efeitos a partir de sua publicação.

§ 3º Compete ao Tribunal de Contas da União verificar a aplicação, pela União, da sanção prevista no *caput* deste artigo.

LEGISLAÇÃO COMPLEMENTAR

Art. 7º Para fins de aprovação e de ratificação do convênio previsto no art. 1º desta Lei Complementar, aplicam-se os demais preceitos contidos na Lei Complementar nº 24, de 7 de janeiro de 1975, que não sejam contrários aos dispositivos desta Lei Complementar.

Art. 8º O convênio de que trata o art. 1º desta Lei Complementar deverá ser aprovado pelo CONFAZ no prazo de 180 (cento e oitenta) dias, a contar da data de publicação desta Lei Complementar, sob pena de perderem eficácia as disposições dos arts. 1º a 6º desta Lei Complementar.

Art. 9º O art. 30 da Lei nº 12.973, de 13 de maio de 2014, passa a vigorar acrescido dos seguintes §§ 4º e 5º:

"Art. 30. ...

§ 4º Os incentivos e os benefícios fiscais ou financeiro-fiscais relativos ao imposto previsto no inciso II do *caput* do art. 155 da Constituição Federal, concedidos pelos Estados e pelo Distrito Federal, são considerados subvenções para investimento, vedada a exigência de outros requisitos ou condições não previstos neste artigo.

§ 5º O disposto no § 4º deste artigo aplica-se inclusive aos processos administrativos e judiciais ainda não definitivamente julgados."

Art. 10. O disposto nos §§ 4º e 5º do art. 30 da Lei nº 12.973, de 13 de maio de 2014, aplica-se inclusive aos incentivos e aos benefícios fiscais ou financeiro-fiscais de ICMS instituídos em desacordo com o disposto na alínea *g* do inciso XII do § 2º do art. 155 da Constituição Federal por legislação estadual publicada até a data de início de produção de efeitos desta Lei Complementar, desde que atendidas as respectivas exigências de registro e depósito, nos termos do art. 3º desta Lei Complementar.

▸ Arts. 9º e 10 promulgados nos termos do art. 66, § 5º da CF (*DOU* de 23-11-2017).

Art. 11. Esta Lei Complementar entra em vigor na data de sua publicação.

Brasília, 7 de agosto de 2017;
196º da Independência e
129º da República.

Michel Temer

LEI Nº 13.675, DE 11 DE JUNHO DE 2018

Disciplina a organização e o funcionamento dos órgãos responsáveis pela segurança pública, nos termos do § 7º do art. 144 da Constituição Federal; cria a Política Nacional de Segurança Pública e Defesa Social (PNSPDS); institui o Sistema Único de Segurança Pública (SUSP); altera a Lei Complementar nº 79, de 7 de janeiro de 1994, a Lei nº 10.201, de 14 de fevereiro de 2001, e a Lei nº 11.530, de 24 de outubro de 2007; e revoga dispositivos da Lei nº 12.681, de 4 de julho de 2012.

▸ Publicada no *DOU* de 12-6-2018.

▸ Dec. nº 9.489, de 30-8-2018, regulamenta esta lei.

CAPÍTULO I
DISPOSIÇÕES PRELIMINARES

Art. 1º Esta Lei institui o Sistema Único de Segurança Pública (SUSP) e cria a Política Nacional de Segurança Pública e Defesa Social (PNSPDS), com a finalidade de preservação da ordem pública e da incolumidade das pessoas e do patrimônio, por meio de atuação conjunta, coordenada, sistêmica e integrada dos órgãos de segurança pública e defesa social da União, dos Estados, do Distrito Federal e dos Municípios, em articulação com a sociedade.

Art. 2º A segurança pública é dever do Estado e responsabilidade de todos, compreendendo a União, os Estados, o Distrito Federal e os Municípios, no âmbito das competências e atribuições legais de cada um.

CAPÍTULO II
DA POLÍTICA NACIONAL DE SEGURANÇA PÚBLICA E DEFESA SOCIAL (PNSPDS)

Seção I
DA COMPETÊNCIA PARA ESTABELECIMENTO DAS POLÍTICAS DE SEGURANÇA PÚBLICA E DEFESA SOCIAL

Art. 3º Compete à União estabelecer a Política Nacional de Segurança Pública e Defesa Social (PNSPDS) e aos Estados, ao Distrito Federal e aos Municípios estabelecer suas respectivas políticas, observadas as diretrizes da política nacional, especialmente para análise e enfrentamento dos riscos à harmonia da convivência social, com destaque às situações de emergência e aos crimes interestaduais e transnacionais.

Seção II
DOS PRINCÍPIOS

▸ Art. 41, I, do Dec. nº 9.489, de 30-8-2018, que regulamenta esta lei.

Art. 4º São princípios da PNSPDS:

I – respeito ao ordenamento jurídico e aos direitos e garantias individuais e coletivos;

II – proteção, valorização e reconhecimento dos profissionais de segurança pública;

III – proteção dos direitos humanos, respeito aos direitos fundamentais e promoção da cidadania e da dignidade da pessoa humana;

IV – eficiência na prevenção e no controle das infrações penais;

V – eficiência na repressão e na apuração das infrações penais;

VI – eficiência na prevenção e na redução de riscos em situações de emergência e desastres que afetam a vida, o patrimônio e o meio ambiente;

VII – participação e controle social;

VIII – resolução pacífica de conflitos;

IX – uso comedido e proporcional da força pelos agentes da segurança pública, pautado nos documentos internacionais de proteção aos direitos humanos de que o Brasil seja signatário;

▸ Inciso IX com a redação dada pela Lei nº 14.751, de 12-12-2023.

X – proteção da vida, do patrimônio e do meio ambiente;

XI – publicidade das informações não sigilosas;

XII – promoção da produção de conhecimento sobre segurança pública;

XIII – otimização dos recursos materiais, humanos e financeiros das instituições;

XIV – simplicidade, informalidade, economia procedimental e celeridade no serviço prestado à sociedade;

XV – relação harmônica e colaborativa entre os Poderes;

XVI – transparência, responsabilização e prestação de contas.

Art. 4º-A. A lei do ente federado deverá conter como critério para ingresso na instituição ser aprovado em exame de saúde e exame toxicológico com larga janela de detecção.

Parágrafo único. Além dos exames do *caput* deste artigo, o regulamento desta Lei estabelecerá as regras do exame toxicológico aleatório.

▸ Art. 4º-A acrescido pela Lei nº 14.751, de 12-12-2023.

Seção III
DAS DIRETRIZES

Art. 5º São diretrizes da PNSPDS:

I – atendimento imediato ao cidadão;

II – planejamento estratégico e sistêmico;

III – fortalecimento das ações de prevenção e resolução pacífica de conflitos, priorizando políticas de redução da letalidade violenta, com ênfase para os grupos vulneráveis;

IV – atuação integrada entre a União, os Estados, o Distrito Federal e os Municípios em ações de segurança pública e políticas transversais para a preservação da vida, do meio ambiente e da dignidade da pessoa humana;

V – coordenação, cooperação e colaboração dos órgãos e instituições de segurança pública nas fases de planejamento, execução, monitoramento e avaliação das ações, respeitando-se as respectivas atribuições legais e promovendo-se a racionalização de meios com base nas melhores práticas;

VI – formação e capacitação continuada e qualificada dos profissionais de segurança pública, em consonância com a matriz curricular nacional;

VII – fortalecimento das instituições de segurança pública por meio de investimentos e do desenvolvimento de projetos estruturantes e de inovação tecnológica;

VIII – sistematização e compartilhamento das informações de segurança pública, prisionais e sobre drogas, em âmbito nacional;

IX – atuação com base em pesquisas, estudos e diagnósticos em áreas de interesse da segurança pública;

X – atendimento prioritário, qualificado e humanizado às pessoas em situação de vulnerabilidade;

XI – padronização de estruturas, de capacitação, de tecnologia e de equipamentos de interesse da segurança pública;

XII – ênfase nas ações de policiamento de proximidade, com foco na resolução de problemas;

XIII – modernização do sistema e da legislação de acordo com a evolução social;

XIV – participação social nas questões de segurança pública;

XV – integração entre os Poderes Legislativo, Executivo e Judiciário no aprimoramento e na aplicação da legislação penal;

XVI – colaboração do Poder Judiciário, do Ministério Público e da Defensoria Pública na elaboração de estratégias e metas para alcançar os objetivos desta Política;

XVII – fomento de políticas públicas voltadas à reinserção social dos egressos do sistema prisional;

XVIII – VETADO;

XIX – incentivo ao desenvolvimento de programas e projetos com foco na promoção da cultura de paz, na segurança comunitária e na integração das políticas de segurança com as políticas sociais existentes em outros órgãos e entidades não pertencentes ao sistema de segurança pública;

XX – distribuição do efetivo de acordo com critérios técnicos;

XXI – deontologia policial e de bombeiro militar comuns, respeitados os regimes jurídicos e as peculiaridades de cada instituição;

XXII – unidade de registro de ocorrência policial;

XXIII – uso de sistema integrado de informações e dados eletrônicos;

XXIV – VETADO;

XXV – incentivo à designação de servidores da carreira para os cargos de chefia, levando em consideração a graduação, a capacitação, o mérito e a experiência do servidor na atividade policial específica;

XXVI – celebração de termo de parceria e protocolos com agências de vigilância privada, respeitada a lei de licitações.

Seção IV

DOS OBJETIVOS

Art. 6º São objetivos da PNSPDS:

▸ Art. 4º do Dec. nº 9.489, de 30-8-2018, que regulamenta esta lei.

I – fomentar a integração em ações estratégicas e operacionais, em atividades de inteligência de segurança pública e em gerenciamento de crises e incidentes;

II – apoiar as ações de manutenção da ordem pública e da incolumidade das pessoas, do patrimônio, do meio ambiente e de bens e direitos;

III – incentivar medidas para a modernização de equipamentos, da investigação e da perícia e para a padronização de tecnologia dos órgãos e das instituições de segurança pública;

IV – estimular e apoiar a realização de ações de prevenção à violência e à criminalidade, com prioridade para aquelas relacionadas à letalidade da população jovem negra, das mulheres e de outros grupos vulneráveis;

V – promover a participação social nos Conselhos de segurança pública;

VI – estimular a produção e a publicação de estudos e diagnósticos para a formulação e a avaliação de políticas públicas;

VII – promover a interoperabilidade dos sistemas de segurança pública;

VIII – incentivar e ampliar as ações de prevenção, controle e fiscalização para a repressão aos crimes transfronteiriços;

IX – estimular o intercâmbio de informações de inteligência de segurança pública com instituições estrangeiras congêneres;

X – integrar e compartilhar as informações de segurança pública, prisionais e sobre drogas;

XI – estimular a padronização da formação, da capacitação e da qualificação dos profissionais de segurança pública, respeitadas as especificidades e as diversidades regionais, em consonância com esta Política, nos âmbitos federal, estadual, distrital e municipal;

XII – fomentar o aperfeiçoamento da aplicação e do cumprimento de medidas restritivas de direito e de penas alternativas à prisão;

XIII – fomentar o aperfeiçoamento dos regimes de cumprimento de pena restritiva de liberdade em relação à gravidade dos crimes cometidos;

XIV – VETADO;

XV – racionalizar e humanizar o sistema penitenciário e outros ambientes de encarceramento;

XVI – fomentar estudos, pesquisas e publicações sobre a política de enfrentamento às drogas e de redução de danos relacionados aos seus usuários e aos grupos sociais com os quais convivem;

XVII – fomentar ações permanentes para o combate ao crime organizado e à corrupção;

XVIII – estabelecer mecanismos de monitoramento e de avaliação das ações implementadas;

XIX – promover uma relação colaborativa entre os órgãos de segurança pública e os integrantes do sistema judiciário para a construção das estratégias e o desenvolvimento das ações necessárias ao alcance das metas estabelecidas;

XX – estimular a concessão de medidas protetivas em favor de pessoas em situação de vulnerabilidade;

XXI – estimular a criação de mecanismos de proteção dos agentes públicos que compõem o sistema nacional de segurança pública e de seus familiares;

XXII – estimular e incentivar a elaboração, a execução e o monitoramento de ações nas áreas de valorização profissional, de saúde, de qualidade de vida e de segurança dos servidores que compõem o sistema nacional de segurança pública;

XXIII – priorizar políticas de redução da letalidade violenta;

XXIV – fortalecer os mecanismos de investigação de crimes hediondos e de homicídios;

XXV – fortalecer as ações de fiscalização de armas de fogo e munições, com vistas à redução da violência armada;

XXVI – fortalecer as ações de prevenção e repressão aos crimes cibernéticos.

Parágrafo único. Os objetivos estabelecidos direcionarão a formulação do Plano Nacional de Segurança Pública e Defesa Social, documento que estabelecerá as estratégias, as metas, os indicadores e as ações para o alcance desses objetivos.

Seção V

DAS ESTRATÉGIAS

Art. 7º A PNSPDS será implementada por estratégias que garantam integração, coordenação e cooperação federativa, interoperabilidade, liderança situacional, modernização da gestão das instituições de segurança pública, valorização e proteção dos profissionais, complementaridade, dotação de recursos humanos, diagnóstico dos problemas a serem enfrentados, excelência técnica, avaliação continuada dos resultados e garantia da regularidade orçamentária para execução de planos e programas de segurança pública.

Seção VI

DOS MEIOS E INSTRUMENTOS

Art. 8º São meios e instrumentos para a implementação da PNSPDS:

I – os planos de segurança pública e defesa social;

II – o Sistema Nacional de Informações e de Gestão de Segurança Pública e Defesa Social, que inclui:

a) o Sistema Nacional de Acompanhamento e Avaliação das Políticas de Segurança Pública e Defesa Social (SINAPED);

b) o Sistema Nacional de Informações de Segurança Pública, Prisionais, de Rastreabilidade de Armas e Munições, de Material Genético, de Digitais e de Drogas (SINESP);

▸ Alínea *b* com a redação dada pela Lei nº 13.756, de 12-12-2018.

c) o Sistema Integrado de Educação e Valorização Profissional (SIEVAP);

d) a Rede Nacional de Altos Estudos em Segurança Pública (RENAESP);

e) o Programa Nacional de Qualidade de Vida para Profissionais de Segurança Pública (Pró-Vida);

III – VETADO;

IV – o Plano Nacional de Enfrentamento de Homicídios de Jovens;

V – os mecanismos formados por órgãos de prevenção e controle de atos ilícitos contra a Administração Pública e referentes a ocultação ou dissimulação de bens, direitos e valores;

VI – o Plano Nacional de Prevenção e Enfrentamento à Violência contra a Mulher, nas ações pertinentes às políticas de segurança, implementadas em conjunto com os órgãos e instâncias estaduais, municipais e do Distrito Federal responsáveis pela rede de prevenção e de atendimento das mulheres em situação de violência.

▸ Inciso VI acrescido pela Lei nº 14.330, de 4-5-2022.

CAPÍTULO III

DO SISTEMA ÚNICO DE SEGURANÇA PÚBLICA

Seção I

DA COMPOSIÇÃO DO SISTEMA

Art. 9º É instituído o Sistema Único de Segurança Pública (SUSP), que tem como órgão central o Ministério Extraordinário da Segurança Pública e é integrado pelos órgãos de que trata o art. 144 da Constituição Federal, pelos agentes penitenciários, pelas guardas municipais e pelos demais integrantes estratégicos e operacionais, que atuarão nos limites de suas competências, de forma cooperativa, sistêmica e harmônica.

▸ O STF, por maioria, no julgamento da ADPF nº 995, conferiu interpretação conforme a Constituição Federal a este artigo, declarando inconstitucional todas as interpretações judiciais que excluem as Guardas Municipais, devidamente criadas e instituídas, como integrantes do Sistema de Segurança Pública (*DOU* de 4-9-2023).

▸ Art. 6º do Dec. nº 9.489, de 30-8-2018, que regulamenta esta lei.

§ 1º São integrantes estratégicos do SUSP:

I – a União, os Estados, o Distrito Federal e os Municípios, por intermédio dos respectivos Poderes Executivos;

II – os Conselhos de Segurança Pública e Defesa Social dos três entes federados.

§ 2º São integrantes operacionais do SUSP:

I – polícia federal;

II – polícia rodoviária federal;

III – VETADO;

IV – polícias civis;

V – polícias militares;

VI – corpos de bombeiros militares;

VII – guardas municipais;

VIII – órgãos do sistema penitenciário;

IX – VETADO;

X – institutos oficiais de criminalística, medicina legal e identificação;

XI – Secretaria Nacional de Segurança Pública (SENASP);

XII – secretarias estaduais de segurança pública ou congêneres;

XIII – Secretaria Nacional de Proteção e Defesa Civil (SEDEC);

XIV – Secretaria Nacional de Política Sobre Drogas (SENAD);

XV – agentes de trânsito;
XVI – guarda portuária;
XVII – polícia legislativa, prevista no § 3º do art. 27, no inciso IV do *caput* do art. 51 e no inciso XIII do *caput* do art. 52 da Constituição Federal.

▸ Inciso XVII com a redação dada pela Lei nº 14.531, de 10-1-2023, promulgado nos termos do art. 66, § 5º, da CF (*DOU* de 19-7-2023).

§ 3º VETADO.

§ 4º Os sistemas estaduais, distrital e municipais serão responsáveis pela implementação dos respectivos programas, ações e projetos de segurança pública, com liberdade de organização e funcionamento, respeitado o disposto nesta Lei.

Seção II
DO FUNCIONAMENTO

Art. 10. A integração e a coordenação dos órgãos integrantes do SUSP dar-se-ão nos limites das respectivas competências, por meio de:

I – operações com planejamento e execução integrados;
II – estratégias comuns para atuação na prevenção e no controle qualificado de infrações penais;
III – aceitação mútua de registro de ocorrência policial;
IV – compartilhamento de informações, inclusive com o Sistema Brasileiro de Inteligência (SISBIN);
V – intercâmbio de conhecimentos técnicos e científicos;
VI – integração das informações e dos dados de segurança pública por meio do SINESP.

§ 1º O SUSP será coordenado pelo Ministério Extraordinário da Segurança Pública.

§ 2º As operações combinadas, planejadas e desencadeadas em equipe poderão ser ostensivas, investigativas, de inteligência ou mistas, e contar com a participação de órgãos integrantes do SUSP e, nos limites de suas competências, com o SISBIN e outros órgãos dos sistemas federal, estadual, distrital ou municipal, não necessariamente vinculados diretamente aos órgãos de segurança pública e defesa social, especialmente quando se tratar de enfrentamento a organizações criminosas.

§ 3º O planejamento e a coordenação das operações referidas no § 2º deste artigo serão exercidos conjuntamente pelos participantes.

§ 4º O compartilhamento de informações será feito preferencialmente por meio eletrônico, com acesso recíproco aos bancos de dados, nos termos estabelecidos pelo Ministério Extraordinário da Segurança Pública.

§ 5º O intercâmbio de conhecimentos técnicos e científicos para qualificação dos profissionais de segurança pública e defesa social dar-se-á, entre outras formas, pela reciprocidade na abertura de vagas nos cursos de especialização, aperfeiçoamento e estudos estratégicos, respeitadas as peculiaridades e o regime jurídico de cada instituição, e observada, sempre que possível, a matriz curricular nacional.

Art. 11. O Ministério Extraordinário da Segurança Pública fixará, anualmente, metas de excelência no âmbito das respectivas competências, visando à prevenção e à repressão das infrações penais e administrativas e à prevenção dos desastres, e utilizará indicadores públicos que demonstrem de forma objetiva os resultados pretendidos.

Art. 12. A aferição anual de metas deverá observar os seguintes parâmetros:

I – as atividades de polícia judiciária e de apuração das infrações penais serão aferidas, entre outros fatores, pelos índices de elucidação dos delitos, a partir dos registros de ocorrências policiais, especialmente os de crimes dolosos com resultado em morte e de roubo, pela identificação, prisão dos autores e cumprimento de mandados de prisão de condenados a crimes com penas de reclusão, e pela recuperação do produto de crime em determinada circunscrição;
II – as atividades periciais serão aferidas mediante critérios técnicos emitidos pelo órgão responsável pela coordenação das perícias oficiais, considerando os laudos periciais e o resultado na produção qualificada das provas relevantes à instrução criminal;
III – as atividades de polícia ostensiva e de preservação da ordem pública serão aferidas, entre outros fatores, pela maior ou menor incidência de infrações penais e administrativas em determinada área, seguindo os parâmetros do SINESP;
IV – as atividades dos corpos de bombeiros militares serão aferidas, entre outros fatores, pelas ações de prevenção, preparação para emergências e desastres, índices de tempo de resposta aos desastres e de recuperação de locais atingidos, considerando-se áreas determinadas;
V – a eficiência do sistema prisional será aferida com base nos seguintes fatores, entre outros:
a) o número de vagas ofertadas no sistema;
b) a relação existente entre o número de presos e a quantidade de vagas ofertadas;
c) o índice de reiteração criminal dos egressos;
d) a quantidade de presos condenados atendidos de acordo com os parâmetros estabelecidos pelos incisos do *caput* deste artigo, com observância de critérios objetivos e transparentes.

§ 1º A aferição considerará aspectos relativos à estrutura de trabalho físico e de equipamentos, bem como de efetivo.

§ 2º A aferição de que trata o inciso I do *caput* deste artigo deverá distinguir as autorias definidas em razão de prisão em flagrante das autorias resultantes de diligências investigatórias.

Art. 13. O Ministério Extraordinário da Segurança Pública, responsável pela gestão do SUSP, deverá orientar e acompanhar as atividades dos órgãos integrados ao Sistema, além de promover as seguintes ações:

I – apoiar os programas de aparelhamento e modernização dos órgãos de segurança pública e defesa social do País;
II – implementar, manter e expandir, observadas as restrições previstas em lei quanto a sigilo, o Sistema Nacional de Informações e de Gestão de Segurança Pública e Defesa Social;
III – efetivar o intercâmbio de experiências técnicas e operacionais entre os órgãos policiais federais, estaduais, distrital e as guardas municipais;
IV – valorizar a autonomia técnica, científica e funcional dos institutos oficiais de criminalística, medicina legal e identificação, garantindo-lhes condições plenas para o exercício de suas funções;
V – promover a qualificação profissional dos integrantes da segurança pública e defesa social, especialmente nas dimensões operacional, ética e técnico-científica;
VI – realizar estudos e pesquisas nacionais e consolidar dados e informações estatísticas sobre criminalidade e vitimização;
VII – coordenar as atividades de inteligência da segurança pública e defesa social integradas ao SISBIN;
VIII – desenvolver a doutrina de inteligência policial.

Art. 14. É de responsabilidade do Ministério Extraordinário da Segurança Pública:

I – disponibilizar sistema padronizado, informatizado e seguro que permita o intercâmbio de informações entre os integrantes do SUSP;
II – apoiar e avaliar periodicamente a infraestrutura tecnológica e a segurança dos processos, das redes e dos sistemas;
III – estabelecer cronograma para adequação dos integrantes do SUSP às normas e aos procedimentos de funcionamento do Sistema.

Art. 15. A União poderá apoiar os Estados, o Distrito Federal e os Municípios, quando não dispuserem de condições técnicas e operacionais necessárias à implementação do SUSP.

Art. 16. Os órgãos integrantes do SUSP poderão atuar em vias urbanas, rodovias, terminais rodoviários, ferrovias e hidrovias federais, estaduais, distrital ou municipais, portos e aeroportos, no âmbito das respectivas competências, em efetiva integração com o órgão cujo local de atuação esteja sob sua circunscrição, ressalvado o sigilo das investigações policiais.

Art. 17. Regulamento disciplinará os critérios de aplicação de recursos do Fundo Nacional de Segurança Pública (FNSP) e do Fundo Penitenciário Nacional (FUNPEN), respeitando-se a atribuição constitucional dos órgãos que integram o SUSP, os aspectos geográficos, populacionais e socioeconômicos dos entes federados, bem como o estabelecimento de metas e resultados a serem alcançados.

Parágrafo único. Entre os critérios de aplicação dos recursos do FNSP serão incluídos metas e resultados relativos à prevenção e ao combate à violência contra a mulher.

▸ Parágrafo único acrescido pela Lei nº 14.316, de 29-3-2022.

Art. 18. As aquisições de bens e serviços para os órgãos integrantes do SUSP terão por objetivo a eficácia de suas atividades e obedecerão a critérios técnicos de qualidade, modernidade, eficiência e resistência, observadas as normas de licitação e contratos.

Parágrafo único. VETADO.

CAPÍTULO IV
DOS CONSELHOS DE SEGURANÇA PÚBLICA E DEFESA SOCIAL

Seção I
DA COMPOSIÇÃO

Art. 19. A estrutura formal do SUSP dar-se-á pela formação de Conselhos permanentes a serem criados na forma do art. 21 desta Lei.

Art. 20. Serão criados Conselhos de Segurança Pública e Defesa Social, no âmbito da União, dos Estados, do Distrito Federal e dos Municípios, mediante proposta dos chefes dos Poderes Executivos, encaminhadas aos respectivos Poderes Legislativos.

§ 1º O Conselho Nacional de Segurança Pública e Defesa Social, com atribuições, funcionamento e composição estabelecidos em regulamento, terá a participação de representantes da União, dos Estados, do Distrito Federal e dos Municípios.

§ 2º Os Conselhos de Segurança Pública e Defesa Social congregarão representantes com poder de decisão dentro de suas estruturas governamentais e terão natureza de colegiado, com competência consultiva, sugestiva e de acompanhamento social das atividades de segurança pública e defesa social, respeitadas as instâncias decisórias e as normas de organização da Administração Pública.

§ 3º Os Conselhos de Segurança Pública e Defesa Social exercerão o acompanhamento das instituições referidas no § 2º do art. 9º desta Lei e poderão recomendar providências legais às autoridades competentes.

§ 4º O acompanhamento de que trata o § 3º deste artigo considerará, entre outros, os seguintes aspectos:

I – as condições de trabalho, a valorização e o respeito pela integridade física e moral dos seus integrantes;

II – o atingimento das metas previstas nesta Lei;

III – o resultado célere na apuração das denúncias em tramitação nas respectivas corregedorias;

IV – o grau de confiabilidade e aceitabilidade do órgão pela população por ele atendida.

§ 5º Caberá aos Conselhos propor diretrizes para as políticas públicas de segurança pública e defesa social, com vistas à prevenção e à repressão da violência e da criminalidade.

§ 6º A organização, o funcionamento e as demais competências dos Conselhos serão regulamentados por ato do Poder Executivo, nos limites estabelecidos por esta Lei.

§ 7º Os Conselhos Estaduais, Distrital e Municipais de Segurança Pública e Defesa Social, que contarão também com representantes da sociedade civil organizada e de representantes dos trabalhadores, poderão ser descentralizados ou congregados por região para melhor atuação e intercâmbio comunitário.

Seção II

DOS CONSELHEIROS

Art. 21. Os Conselhos serão compostos por:

I – representantes de cada órgão ou entidade integrante do SUSP;

II – representante do Poder Judiciário;

III – representante do Ministério Público;

IV – representante da Ordem dos Advogados do Brasil (OAB);

V – representante da Defensoria Pública;

VI – representantes de entidades e organizações da sociedade cuja finalidade esteja relacionada com políticas de segurança pública e defesa social;

VII – representantes de entidades de profissionais de segurança pública.

§ 1º Os representantes das entidades e organizações referidas nos incisos VI e VII do *caput* deste artigo serão eleitos por meio de processo aberto a todas as entidades e organizações cuja finalidade seja relacionada com as políticas de segurança pública, conforme convocação pública e critérios objetivos previamente definidos pelos Conselhos.

§ 2º Cada conselheiro terá 1 (um) suplente, que substituirá o titular em sua ausência.

§ 3º Os mandatos eletivos dos membros referidos nos incisos VI e VII do *caput* deste artigo e a designação dos demais membros terão a duração de 2 (dois) anos, permitida apenas uma recondução ou reeleição.

§ 4º Na ausência de representantes dos órgãos ou entidades referidos no *caput* deste artigo, aplica-se o disposto no § 7º do art. 20 desta Lei.

CAPÍTULO V

DA FORMULAÇÃO DOS PLANOS DE SEGURANÇA PÚBLICA E DEFESA SOCIAL

Seção I

DOS PLANOS

Art. 22. A União instituirá Plano Nacional de Segurança Pública e Defesa Social, destinado a articular as ações do poder público, com a finalidade de:

▸ Art. 4º do Dec. nº 9.489, de 30-8-2018, que regulamenta esta lei.

I – promover a melhora da qualidade da gestão das políticas sobre segurança pública e defesa social;

II – contribuir para a organização dos Conselhos de Segurança Pública e Defesa Social;

III – assegurar a produção de conhecimento no tema, a definição de metas e a avaliação dos resultados das políticas de segurança pública e defesa social;

IV – priorizar ações preventivas e fiscalizatórias de segurança interna nas divisas, fronteiras, portos e aeroportos.

§ 1º As políticas públicas de segurança não se restringem aos integrantes do SUSP, pois devem considerar um contexto social amplo, com abrangência de outras áreas do serviço público, como educação, saúde, lazer e cultura, respeitadas as atribuições e as finalidades de cada área do serviço público.

§ 2º O Plano de que trata o *caput* deste artigo terá duração de 10 (dez) anos a contar de sua publicação.

§ 3º As ações de prevenção à criminalidade devem ser consideradas prioritárias na elaboração do Plano de que trata o *caput* deste artigo.

§ 4º A União, por intermédio do Ministério Extraordinário da Segurança Pública, deverá elaborar os objetivos, as ações estratégicas, as metas, as prioridades, os indicadores e as formas de financiamento e gestão das Políticas de Segurança Pública e Defesa Social.

§ 5º Os Estados, o Distrito Federal e os Municípios deverão, com base no Plano Nacional de Segurança Pública e Defesa Social, elaborar e implantar seus planos correspondentes em até 2 (dois) anos a partir da publicação do documento nacional, sob pena de não poderem receber recursos da União para a execução de programas ou ações de segurança pública e defesa social.

§ 6º O poder público deverá dar ampla divulgação ao conteúdo das Políticas e dos Planos de segurança pública e defesa social.

Art. 23. A União, em articulação com os Estados, o Distrito Federal e os Municípios, realizará avaliações anuais sobre a implementação do Plano Nacional de Segurança Pública e Defesa Social, com o objetivo de verificar o cumprimento das metas estabelecidas e elaborar recomendações aos gestores e operadores das políticas públicas.

Parágrafo único. A primeira avaliação do Plano Nacional de Segurança Pública e Defesa Social realizar-se-á no segundo ano de vigência desta Lei, cabendo ao Poder Legislativo Federal acompanhá-la.

Seção II

DAS DIRETRIZES GERAIS

Art. 24. Os agentes públicos deverão observar as seguintes diretrizes na elaboração e na execução dos planos:

▸ Art. 4º, § 1º, do Dec. nº 9.489, de 30-8-2018, que regulamenta esta lei.

I – adotar estratégias de articulação entre órgãos públicos, entidades privadas, corporações policiais e organismos internacionais, a fim de implantar parcerias para a execução de políticas de segurança pública e defesa social;

II – realizar a integração de programas, ações, atividades e projetos dos órgãos e entidades públicas e privadas nas áreas de saúde, planejamento familiar, educação, trabalho, assistência social, previdência social, cultura, desporto e lazer, visando à prevenção da criminalidade e à prevenção de desastres;

III – viabilizar ampla participação social na formulação, na implementação e na avaliação das políticas de segurança pública e defesa social;

IV – desenvolver programas, ações, atividades e projetos articulados com os estabelecimentos de ensino, com a sociedade e com a família para a prevenção da criminalidade e a prevenção de desastres;

V – incentivar a inclusão das disciplinas de prevenção da violência e de prevenção de desastres nos conteúdos curriculares dos diversos níveis de ensino;

VI – ampliar as alternativas de inserção econômica e social dos egressos do sistema prisional, promovendo programas que priorizem a melhoria de sua escolarização e a qualificação profissional;

VII – garantir a efetividade dos programas, ações, atividades e projetos das políticas de segurança pública e defesa social;

VIII – promover o monitoramento e a avaliação das políticas de segurança pública e defesa social;

IX – fomentar a criação de grupos de estudos formados por agentes públicos dos órgãos integrantes do SUSP, professores e pesquisadores, para produção de conhecimento e reflexão sobre o fenômeno da criminalidade, com o apoio e a coordenação dos órgãos públicos de cada unidade da Federação;

X – fomentar a harmonização e o trabalho conjunto dos integrantes do SUSP;

XI – garantir o planejamento e a execução de políticas de segurança pública e defesa social;

XII – fomentar estudos de planejamento urbano para que medidas de prevenção da criminalidade façam parte do plano diretor das cidades, de forma a estimular, entre outras ações, o reforço na iluminação pública e a verificação de pessoas e de famílias em situação de risco social e criminal.

Seção III

DAS METAS PARA ACOMPANHAMENTO E AVALIAÇÃO DAS POLÍTICAS DE SEGURANÇA PÚBLICA E DEFESA SOCIAL

Art. 25. Os integrantes do SUSP fixarão, anualmente, metas de excelência no âmbito das respectivas competências, visando à prevenção e à repressão de infrações penais e administrativas e à prevenção de desastres, que tenham como finalidade:

I – planejar, pactuar, implementar, coordenar e supervisionar as atividades de educação gerencial, técnica e operacional, em cooperação com as unidades da Federação;

II – apoiar e promover educação qualificada, continuada e integrada;

III – identificar e propor novas metodologias e técnicas de educação voltadas ao aprimoramento de suas atividades;

IV – identificar e propor mecanismos de valorização profissional;

V – apoiar e promover o sistema de saúde para os profissionais de segurança pública e defesa social;

VI – apoiar e promover o sistema habitacional para os profissionais de segurança pública e defesa social.

Seção IV
DA COOPERAÇÃO, DA INTEGRAÇÃO E DO FUNCIONAMENTO HARMÔNICO DOS MEMBROS DO SUSP

▸ Art. 11 do Dec. nº 9.489, de 30-8-2018, que regulamenta esta lei.

Art. 26. É instituído, no âmbito do SUSP, o Sistema Nacional de Acompanhamento e Avaliação das Políticas de Segurança Pública e Defesa Social (SINAPED), com os seguintes objetivos:

I – contribuir para organização e integração dos membros do SUSP, dos projetos das políticas de segurança pública e defesa social e dos respectivos diagnósticos, planos de ação, resultados e avaliações;

II – assegurar o conhecimento sobre os programas, ações e atividades e promover a melhora da qualidade da gestão dos programas, ações, atividades e projetos de segurança pública e defesa social;

III – garantir que as políticas de segurança pública e defesa social abranjam, no mínimo, o adequado diagnóstico, a gestão e os resultados das políticas e dos programas de prevenção e de controle da violência, com o objetivo de verificar:

a) a compatibilidade da forma de processamento do planejamento orçamentário e de sua execução com as necessidades do respectivo sistema de segurança pública e defesa social;

b) a eficácia da utilização dos recursos públicos;

c) a manutenção do fluxo financeiro, consideradas as necessidades operacionais dos programas, as normas de referência e as condições previstas nos instrumentos jurídicos celebrados entre os entes federados, os órgãos gestores e os integrantes do SUSP;

d) a implementação dos demais compromissos assumidos por ocasião da celebração dos instrumentos jurídicos relativos à efetivação das políticas de segurança pública e defesa social;

e) a articulação interinstitucional e intersetorial das políticas.

Art. 27. Ao final da avaliação do Plano Nacional de Segurança Pública e Defesa Social, será elaborado relatório com o histórico e a caracterização do trabalho, as recomendações e os prazos para que elas sejam cumpridas, além de outros elementos a serem definidos em regulamento.

▸ Art. 6º, § 2º, do Dec. nº 9.489, de 30-8-2018, que regulamenta esta lei.

§ 1º Os resultados da avaliação das políticas serão utilizados para:

I – planejar as metas e eleger as prioridades para execução e financiamento;

II – reestruturar ou ampliar os programas de prevenção e controle;

III – adequar os objetivos e a natureza dos programas, ações e projetos;

IV – celebrar instrumentos de cooperação com vistas à correção de problemas constatados na avaliação;

V – aumentar o financiamento para fortalecer o sistema de segurança pública e defesa social;

VI – melhorar e ampliar a capacitação dos operadores do SUSP.

§ 2º O relatório da avaliação deverá ser encaminhado aos respectivos Conselhos de Segurança Pública e Defesa Social.

Art. 28. As autoridades, os gestores, as entidades e os órgãos envolvidos com a segurança pública e defesa social têm o dever de colaborar com o processo de avaliação, facilitando o acesso às suas instalações, à documentação e a todos os elementos necessários ao seu efetivo cumprimento.

Art. 29. O processo de avaliação das políticas de segurança pública e defesa social deverá contar com a participação de representantes dos Poderes Legislativo, Executivo e Judiciário, do Ministério Público, da Defensoria Pública e dos Conselhos de Segurança Pública e Defesa Social, observados os parâmetros estabelecidos nesta Lei.

Art. 30. Cabe ao Poder Legislativo acompanhar as avaliações do respectivo ente federado.

Art. 31. O SINAPED assegurará, na metodologia a ser empregada:

▸ Art. 13, § 1º, do Dec. nº 9.489, de 30-8-2018, que regulamenta esta lei.

I – a realização da autoavaliação dos gestores e das corporações;

II – a avaliação institucional externa, contemplando a análise global e integrada das instalações físicas, relações institucionais, compromisso social, atividades e finalidades das corporações;

III – a análise global e integrada dos diagnósticos, estruturas, compromissos, finalidades e resultados das políticas de segurança pública e defesa social;

IV – o caráter público de todos os procedimentos, dados e resultados dos processos de avaliação.

Art. 32. A avaliação dos objetivos e das metas do Plano Nacional de Segurança Pública e Defesa Social será coordenada por comissão permanente e realizada por comissões temporárias, essas compostas, no mínimo, por 3 (três) membros, na forma do regulamento próprio.

▸ Art. 12, § 4º, do Dec. nº 9.489, de 30-8-2018, que regulamenta esta lei.

Parágrafo único. É vedado à comissão permanente designar avaliadores que sejam titulares ou servidores dos órgãos gestores avaliados, caso:

I – tenham relação de parentesco até terceiro grau com titulares ou servidores dos órgãos gestores avaliados;

II – estejam respondendo a processo criminal ou administrativo.

CAPÍTULO VI
DO CONTROLE E DA TRANSPARÊNCIA

Seção I
DO CONTROLE INTERNO

Art. 33. Aos órgãos de correição, dotados de autonomia no exercício de suas competências, caberá o gerenciamento e a realização dos processos e procedimentos de apuração de responsabilidade funcional, por meio de sindicância e processo administrativo disciplinar, e a proposição de subsídios para o aperfeiçoamento das atividades dos órgãos de segurança pública e defesa social.

Seção II
DO ACOMPANHAMENTO PÚBLICO DA ATIVIDADE POLICIAL

Art. 34. A União, os Estados, o Distrito Federal e os Municípios deverão instituir órgãos de ouvidoria dotados de autonomia e independência no exercício de suas atribuições.

▸ Art. 9º do Dec. nº 9.489, de 30-8-2018, que regulamenta esta lei.

Parágrafo único. À ouvidoria competirá o recebimento e tratamento de representações, elogios e sugestões de qualquer pessoa sobre as ações e atividades dos profissionais e membros integrantes do SUSP, devendo encaminhá-los ao órgão com atribuição para as providências legais e a resposta ao requerente.

Seção III
DA TRANSPARÊNCIA E DA INTEGRAÇÃO DE DADOS E INFORMAÇÕES

Art. 35. É instituído o Sistema Nacional de Informações de Segurança Pública, Prisionais, de Rastreabilidade de Armas e Munições, de Material Genético, de Digitais e de Drogas (SINESP), com a finalidade de armazenar, tratar e integrar dados e informações para auxiliar na formulação, implementação, execução, acompanhamento e avaliação das políticas relacionadas com:

▸ Art. 17 do Dec. nº 9.489, de 30-8-2018, que regulamenta esta lei.

I – segurança pública e defesa social;

II – sistema prisional e execução penal;

III – rastreabilidade de armas e munições;

IV – banco de dados de perfil genético e digitais;

V – enfrentamento do tráfico de drogas ilícitas;

VI – *enfrentamento da violência doméstica e familiar contra a mulher.*

▸ Inciso VI acrescido pela Lei nº 14.899, de 17-6-2024.

***Parágrafo único.** Para fins de ampliação da integração dos dados e informações relacionados ao disposto no inciso VI do caput deste artigo, será garantida a interoperabilidade, no que couber, do SINESP com o Registro Unificado de Dados e Informações sobre Violência contra as Mulheres, de que trata a Lei nº 14.232, de 28 de outubro de 2021, observadas as restrições de publicidade disciplinadas na legislação.*

▸ Parágrafo único acrescido pela Lei nº 14.899, de 17-6-2024.

Art. 36. O SINESP tem por objetivos:

I – proceder à coleta, análise, atualização, sistematização, integração e interpretação de dados e informações relativos às políticas de segurança pública e defesa social;

II – disponibilizar estudos, estatísticas, indicadores e outras informações para auxiliar na formulação, implementação, execução, monitoramento e avaliação de políticas públicas;

III – promover a integração das redes e sistemas de dados e informações de segurança pública e defesa social, criminais, do sistema prisional e sobre drogas;

IV – garantir a interoperabilidade dos sistemas de dados e informações, conforme os padrões definidos pelo conselho gestor;

V – produzir dados sobre a qualidade de vida e a saúde dos profissionais de segurança pública e defesa social;

VI – produzir dados sobre a vitimização dos profissionais de segurança pública e defesa social, inclusive fora do horário de trabalho;

VII – produzir dados sobre os profissionais de segurança pública e defesa social com deficiência em decorrência de vitimização na atividade;

VIII – produzir dados sobre os profissionais de segurança pública e defesa social que sejam dependentes químicos em decorrência da atividade;

IX – produzir dados sobre transtornos mentais e comportamento suicida dos profissionais de segurança pública e defesa social.

▸ Incisos V a IX acrescidos pela Lei nº 14.531, de 10-1-2023.

Parágrafo único. O SINESP adotará os padrões de integridade, disponibilidade, confidencialidade, confiabilidade e tempestividade dos sistemas informatizados do governo federal.

Art. 37. Integram o SINESP todos os entes federados, por intermédio de órgãos criados ou designados para esse fim.

§ 1º Os dados e as informações de que trata esta Lei deverão ser padronizados e categorizados e serão fornecidos e atualizados pelos integrantes do SINESP.

§ 2º O integrante que deixar de fornecer ou atualizar seus dados e informações no SINESP poderá não receber recursos nem celebrar parcerias com a União para financiamento de programas, projetos ou ações de segurança pública e defesa social e do sistema prisional, na forma do regulamento.

▸ Art. 19, VIII, do Dec. nº 9.489, de 30-8-2018, que regulamenta esta lei.

§ 3º O Ministério Extraordinário da Segurança Pública é autorizado a celebrar convênios com órgãos do Poder Executivo que não integrem o SUSP, com o Poder Judiciário e com o Ministério Público, para compatibilização de sistemas de informação e integração de dados, ressalvadas as vedações constitucionais de sigilo e desde que o objeto fundamental dos acordos seja a prevenção e a repressão da violência.

§ 4º A omissão no fornecimento das informações legais implica responsabilidade administrativa do agente público.

CAPÍTULO VII
DA CAPACITAÇÃO E DA VALORIZAÇÃO DO PROFISSIONAL EM SEGURANÇA PÚBLICA E DEFESA SOCIAL

Seção I
DO SISTEMA INTEGRADO DE EDUCAÇÃO E VALORIZAÇÃO PROFISSIONAL (SIEVAP)

▸ Art. 32 do Dec. nº 9.489, de 30-8-2018, que regulamenta esta lei.

Art. 38. É instituído o Sistema Integrado de Educação e Valorização Profissional (SIEVAP), com a finalidade de:

▸ Art. 32, parágrafo único, do Dec. nº 9.489, de 30-8-2018, que regulamenta esta lei.

I – planejar, pactuar, implementar, coordenar e supervisionar as atividades de educação gerencial, técnica e operacional, em cooperação com as unidades da Federação;

II – identificar e propor novas metodologias e técnicas de educação voltadas ao aprimoramento de suas atividades;

III – apoiar e promover educação qualificada, continuada e integrada;

IV – identificar e propor mecanismos de valorização profissional.

§ 1º O SIEVAP é constituído, entre outros, pelos seguintes programas:

I – matriz curricular nacional;

II – Rede Nacional de Altos Estudos em Segurança Pública (RENAESP);

III – Rede Nacional de Educação a Distância em Segurança Pública (Rede EaD-SENASP);

IV – programa nacional de qualidade de vida para segurança pública e defesa social.

§ 2º Os órgãos integrantes do SUSP terão acesso às ações de educação do SIEVAP, conforme política definida pelo Ministério Extraordinário da Segurança Pública.

Art. 39. A matriz curricular nacional constitui-se em referencial teórico, metodológico e avaliativo para as ações de educação aos profissionais de segurança pública e defesa social e deverá ser observada nas atividades formativas de ingresso, aperfeiçoamento, atualização, capacitação e especialização na área de segurança pública e defesa social, nas modalidades presencial e a distância, respeitados o regime jurídico e as peculiaridades de cada instituição.

§ 1º A matriz curricular é pautada nos direitos humanos, nos princípios da andragogia e nas teorias que enfocam o processo de construção do conhecimento.

§ 2º Os programas de educação deverão estar em consonância com os princípios da matriz curricular nacional.

Art. 40. A RENAESP, integrada por instituições de ensino superior, observadas as normas de licitação e contratos, tem como objetivo:

I – promover cursos de graduação, extensão e pós-graduação em segurança pública e defesa social;

II – fomentar a integração entre as ações dos profissionais, em conformidade com as políticas nacionais de segurança pública e defesa social;

III – promover a compreensão do fenômeno da violência;

IV – difundir a cidadania, os direitos humanos e a educação para a paz;

V – articular o conhecimento prático dos profissionais de segurança pública e defesa social com os conhecimentos acadêmicos;

VI – difundir e reforçar a construção de cultura de segurança pública e defesa social fundada nos paradigmas da contemporaneidade, da inteligência, da informação e do exercício de atribuições estratégicas, técnicas e científicas;

VII – incentivar produção técnico-científica que contribua para as atividades desenvolvidas pelo SUSP.

Art. 41. A Rede EaD-SENASP é escola virtual destinada aos profissionais de segurança pública e defesa social e tem como objetivo viabilizar o acesso aos processos de aprendizagem, independentemente das limitações geográficas e sociais existentes, com o propósito de democratizar a educação em segurança pública e defesa social.

Seção II
DO PROGRAMA NACIONAL DE QUALIDADE DE VIDA PARA PROFISSIONAIS DE SEGURANÇA PÚBLICA (PRÓ-VIDA)

Art. 42. O Programa Nacional de Qualidade de Vida para Profissionais de Segurança Pública (Pró-Vida) tem por objetivo elaborar, implementar, apoiar, monitorar e avaliar, entre outros, os projetos de programas de atenção psicossocial e de saúde no trabalho dos profissionais de segurança pública e defesa social, bem como a integração sistêmica das unidades de saúde dos órgãos que compõem o SUSP.

§ 1º O Pró-Vida desenvolverá durante todo o ano ações direcionadas à saúde biopsicossocial, à saúde ocupacional e à segurança do trabalho e mecanismos de proteção e de valorização dos profissionais de segurança pública e defesa social.

§ 2º O Pró-Vida publicará, anualmente, as informações de que tratam os incisos V, VI, VII, VIII e IX do *caput* do art. 36 desta Lei, de todo o território nacional, conforme regulamentação a ser editada pelo Poder Executivo federal.

§ 3º O Pró-Vida também deverá desenvolver ações de prevenção e de enfrentamento a todas as formas de violência sofrida pelos profissionais de segurança pública e defesa social, a fim de promover uma cultura de respeito aos seus direitos humanos.

§ 4º A implementação das ações de que trata o § 1º deste artigo será pactuada, nos termos dos respectivos planos de segurança pública, entre:

I – a União;

II – os Estados;

III – o Distrito Federal; e

IV – os Municípios.

▸ §§ 1º a 4º acrescidos pela Lei nº 14.531, de 10-1-2023.

Art. 42-A. O Pró-Vida produzirá diretrizes direcionadas à prevenção da violência autoprovocada e do suicídio.

§ 1º O Ministério da Justiça e Segurança Pública divulgará, no âmbito do Pró-Vida, em conjunto com a Rede Nacional de Qualidade de Vida para os Profissionais de Segurança Pública (Rede Pró-Vida), diretrizes de prevenção e de atendimento dos casos de emergência psiquiátrica que envolvam violência autoprovocada e comportamento suicida dos profissionais de segurança pública e defesa social, a ser adaptadas aos contextos e às competências de cada órgão.

§ 2º As políticas e as ações de prevenção da violência autoprovocada e do comportamento suicida dos profissionais de segurança pública e defesa social desenvolvidas pelas instituições de segurança pública e defesa social deverão observar, no momento da pactuação de que trata o § 4º do art. 42 desta Lei, as seguintes diretrizes:

I – perspectiva multiprofissional na abordagem;
II – atendimento e escuta multidisciplinar e de proximidade;
III – discrição e respeito à intimidade nos atendimentos;
IV – integração e intersetorialidade das ações;
V – ações baseadas em evidências científicas;
VI – atendimento não compulsório;
VII – respeito à dignidade humana;
VIII – ações de sensibilização dos agentes;
IX – articulação com a rede de saúde pública e outros parceiros;
X – realização de ações diversificadas ou cumprimento de disciplinas curriculares específicas durante os cursos de formação;
XI – desenvolvimento de ações integradas de assistência social e promoção da saúde mental de forma preventiva e inclusiva para a família;
XII – melhoria da infraestrutura das unidades;
XIII – incentivo ao estabelecimento de carga horária de trabalho humanizada;
XIV – incentivo ao estabelecimento de política remuneratória condizente com a responsabilidade do trabalho policial;
XV – incentivo à gestão administrativa humanizada.

§ 3º As políticas e as ações de prevenção institucional da violência autoprovocada, nos termos dos §§ 1º e 2º deste artigo, serão executadas por meio de estratégias de prevenção primária, secundária e terciária.

§ 4º A prevenção primária referida no § 3º deste artigo destina-se a todos os profissionais da segurança pública e defesa social e deve ser executada por meio de estratégias como:

I – estímulo ao convívio social, proporcionando a aproximação da família de seu local de trabalho;
II – promoção da qualidade de vida do profissional de segurança pública e defesa social;
III – elaboração e/ou divulgação de programas de conscientização, de informação e de sensibilização sobre o suicídio;
IV – realização de ciclos de palestras e de campanhas que sensibilizem e relacionem qualidade de vida e ambiente de trabalho;
V – abordagem do tema referente a saúde mental em todos os níveis de formação e de qualificação profissional;
VI – capacitação dos profissionais de segurança pública e defesa social no que se refere à identificação e ao encaminhamento dos casos de risco;
VII – criação de espaços de escuta destinados a ouvir o profissional de segurança pública e defesa social, para que ele se sinta seguro a expor suas questões.

§ 5º A prevenção secundária referida no § 3º deste artigo destina-se aos profissionais de segurança pública e defesa social que já se encontram em situação de risco de prática de violência autoprovocada, por meio de estratégias como:

I – criação de programas de atenção para o uso e abuso de álcool e outras drogas;
II – organização de rede de cuidado como fluxo assistencial que permita o diagnóstico precoce dos profissionais de segurança pública e defesa social em situação de risco, com o envolvimento de todo o corpo da instituição, de modo a sinalizar a mudança de comportamento ou a preocupação com o colega de trabalho;
III – incorporação da notificação dos casos de ideação e de tentativa de suicídio no Sistema Nacional de Vigilância Epidemiológica, resguardada a identidade do profissional;
IV – acompanhamento psicológico regular;
V – acompanhamento psicológico para profissionais de segurança pública e defesa social que tenham se envolvido em ocorrência de risco e em experiências traumáticas;
VI – acompanhamento psicológico para profissionais de segurança pública e defesa social que estejam presos ou respondendo a processos administrativos ou judiciais.

§ 6º A prevenção terciária referida no § 3º deste artigo destina-se aos cuidados dos profissionais de segurança pública e defesa social que tenham comunicado ideação suicida ou que tenham histórico de violência autoprovocada, por meio de estratégias como:

I – aproximação da família para envolvimento e acompanhamento no processo de tratamento;
II – enfrentamento a toda forma de isolamento ou de desqualificação ou a qualquer forma de violência eventualmente sofrida pelo profissional em seu ambiente de trabalho;
III – restrição do porte e uso de arma de fogo;
IV – acompanhamento psicológico e, sempre que for o caso, médico, regular;
V – outras ações de apoio institucional ao profissional.

§ 7º O disposto neste artigo aplica-se aos integrantes das carreiras policiais previstas no § 3º do art. 27, no inciso IV do *caput* do art. 51 e no inciso XIII do *caput* do art. 52 da Constituição Federal, conforme regulamentação das respectivas Casas Legislativas.

▸ § 7º acrescido pela Lei nº 14.531, de 10-1-2023, promulgado nos termos do art. 66, § 5º, da CF (*DOU* de 19-7-2023).

Art. 42-B. Os mecanismos de proteção de que trata o § 1º do art. 42 desta Lei quanto à proteção, à promoção e à defesa dos direitos humanos dos profissionais de segurança pública e defesa social observarão:

I – adequação das leis e dos regulamentos disciplinares que versam sobre direitos e deveres dos profissionais de segurança pública e defesa social à Constituição Federal e aos instrumentos internacionais de direitos humanos;
II – valorização da participação dos profissionais de segurança pública e defesa social nos processos de formulação das políticas públicas relacionadas com a área;
III – VETADO. Lei nº 14.531, de 10-1-2023;
IV – acesso a equipamentos de proteção individual e coletiva, em quantidade e qualidade adequadas, garantindo a instrução e o treinamento continuado quanto ao uso correto dos equipamentos e a sua reposição permanente, considerados o desgaste e os prazos de validade;
V – zelo pela adequação, pela manutenção e pela permanente renovação de todos os veículos utilizados no exercício profissional, bem como garantia de instalações dignas em todas as instituições, com ênfase nas condições de segurança, de higiene, de saúde e de ambiente de trabalho;
VI – adoção de orientações, de medidas e de práticas concretas direcionadas à prevenção, à identificação e ao enfrentamento de qualquer modalidade de discriminação;
VII – salvaguarda do respeito integral aos direitos constitucionais das profissionais de segurança pública, consideradas as especificidades relativas à gestação e à amamentação, bem como as exigências permanentes de cuidado com os filhos que sejam crianças e adolescentes, assegurando a elas instalações físicas e equipamentos individuais específicos sempre que necessário;
VIII – estímulo e valorização do conhecimento e da vivência dos profissionais de segurança pública e defesa social idosos, impulsionando a criação de espaços institucionais para transmissão de experiências, bem como a formação de equipes de trabalho compostas de profissionais de diferentes faixas etárias para exercitar a integração intergeracional;
IX – estabelecimento de rotinas e de serviços internos que contemplem a preparação para o período de aposentadoria dos profissionais de segurança pública e defesa social, de forma a estimular o prosseguimento em atividades de participação cidadã após a fase de serviço ativo;
X – incentivo à acessibilidade e à empregabilidade das pessoas com deficiência em instalações e equipamentos do sistema de segurança pública, assegurada a reserva constitucional de vagas nos concursos públicos;
XI – promoção do aperfeiçoamento profissional e da formação continuada como direitos do profissional de segurança pública e defesa social, estabelecendo como objetivo a universalização da graduação universitária;
XII – utilização dos dados sobre os processos disciplinares e administrativos movidos contra profissionais de segurança pública e defesa social para identificar vulnerabilidades dos treinamentos e inadequações na gestão de recursos humanos;
XIII – garantia a assistência jurídica para fins de recebimento de seguro, de pensão, de auxílio ou de outro direito de familiares, em caso de morte do profissional de segurança pública e defesa social;
XIV – amparo aos profissionais de segurança pública e defesa social que tenham sido vitimados ou que tenham ficado com deficiência ou sequela;
XV – critérios de promoção estabelecidos na legislação do respectivo ente federado, sendo a promoção por merecimento com critérios objetivos previamente definidos, de acesso universal e em percentual da antiguidade.

Art. 42-C. As ações de saúde ocupacional e de segurança no trabalho de que trata o § 1º do art. 42 desta Lei observarão:

I – a atuação preventiva em relação aos acidentes ou doenças relacionados aos processos laborais por meio de mapeamento de riscos inerentes à atividade;
II – o aprofundamento e a sistematização dos conhecimentos epidemiológicos de doenças ocupacionais entre profissionais de segurança pública e defesa social;
III – a mitigação dos riscos e dos danos à saúde e à segurança;
IV – a melhoria das condições de trabalho dos profissionais de segurança pública e defesa social, para prevenir ou evitar a morte prematura do profissional ou a incapacidade total ou parcial para o trabalho;

V – a criação de dispositivos de transmissão e de formação em temas referentes a segurança, a saúde e a higiene, com periodicidade regular, por meio de eventos de sensibilização, de palestras e de inclusão de disciplinas nos cursos regulares das instituições;

VI – a adoção de orientações, de medidas e de práticas concretas direcionadas à prevenção, à identificação e ao enfrentamento de qualquer discriminação nas instituições de segurança pública e defesa social;

VII – a implementação de paradigmas de acessibilidade e de empregabilidade das pessoas com deficiência em instalações e equipamentos do sistema de segurança pública e defesa social, assegurada a reserva constitucional de vagas nos concursos públicos;

VIII – a promoção de reabilitação e a reintegração dos profissionais ao trabalho, em casos de lesões, de traumas, de deficiências ou de doenças ocupacionais, em decorrência do exercício de suas atividades;

IX – a viabilidade de mecanismos de readaptação dos profissionais de segurança pública e defesa social e de deslocamento para novas funções ou postos de trabalho como alternativa ao afastamento definitivo e à inatividade em decorrência de acidente de trabalho e de ferimento ou sequela;

X – a garantia aos profissionais de segurança pública e defesa social de acesso ágil e permanente a toda informação necessária para o correto desempenho de suas funções, especialmente quanto à legislação a ser observada;

XI – a erradicação de todas as formas de punição que envolvam maus-tratos ou tratamento cruel, desumano ou degradante contra os profissionais de segurança pública e defesa social tanto no cotidiano funcional quanto em atividades de formação e treinamento;

XII – o combate ao assédio sexual e moral nas instituições, por meio de veiculação de campanhas internas de educação e de garantia de canais para o recebimento e a apuração de denúncias;

XIII – a garantia de que todos os atos decisórios de superiores hierárquicos que disponham sobre punições, escalas, lotação e transferências sejam devidamente motivados, fundamentados e publicados;

XIV – a regulamentação da jornada de trabalho dos profissionais de segurança pública e defesa social, de forma a garantir o exercício do direito à convivência familiar e comunitária; e

XV – a adoção de Comissão Interna de Prevenção de Acidentes e de Assédio (CIPA) com composição paritária de representação dos profissionais e da direção das instituições.

Art. 42-D. São objeto da atenção especial das diretrizes de saúde ocupacional e de segurança no trabalho dos profissionais de segurança pública e defesa social:

I – as jornadas de trabalho;

II – a proteção à maternidade;

III – o trabalho noturno;

IV – os equipamentos de proteção individual;

V – o trabalho em ambiente de risco e/ou insalubre;

VI – a higiene de alojamentos, de banheiros e de unidades de conforto e descanso para os profissionais;

VII – a política remuneratória com negociação coletiva para recomposição do poder aquisitivo da remuneração, com a participação de entidades representativas; e

VIII – segurança no processo de trabalho.

Art. 42-E. As ações de saúde biopsicossocial de que trata o § 1º do art. 42 desta Lei observarão as seguintes diretrizes:

I – a realização de avaliação em saúde multidisciplinar periódica, consideradas as especificidades das atividades realizadas por cada profissional, incluídos exames clínicos e laboratoriais;

II – o acesso ao atendimento em saúde mental, de forma a viabilizar o enfrentamento da depressão, do estresse e de outras alterações psíquicas;

III – o desenvolvimento de programas de acompanhamento e de tratamento dos profissionais envolvidos em ações com resultado letal ou com alto nível de estresse;

IV – a implementação de políticas de prevenção, de apoio e de tratamento do alcoolismo, do tabagismo ou de outras formas de drogadição e de dependência química;

V – o desenvolvimento de programas de prevenção do suicídio, por meio de atendimento psiquiátrico, de núcleos terapêuticos de apoio e de divulgação de informações sobre o assunto;

VI – o estímulo à prática regular de exercícios físicos, garantindo a adoção de mecanismos que permitam o cômputo de horas de atividade física como parte da jornada semanal de trabalho;

VII – a implementação de política que permita o cômputo das horas presenciais em audiência judicial ou policial em decorrência da atividade; e

VIII – a elaboração de cartilhas direcionadas à reeducação alimentar como forma de diminuição de condições de risco à saúde e como fator de bem-estar profissional e de autoestima.

▸ Arts. 42-A a 42-E acrescidos pela Lei nº 14.531, de 10-1-2023.

CAPÍTULO VIII
DISPOSIÇÕES FINAIS

Art. 43. Os documentos de identificação funcional dos profissionais da área de segurança pública e defesa social serão padronizados mediante ato do Ministro de Estado Extraordinário da Segurança Pública e terão fé pública e validade em todo o território nacional.

Art. 44. VETADO.

Art. 45. Deverão ser realizadas conferências a cada 5 (cinco) anos para debater as diretrizes dos planos nacional, estaduais e municipais de segurança pública e defesa social.

Art. 46. O art. 3º da Lei Complementar nº 79, de 7 de janeiro de 1994, passa a vigorar com as seguintes alterações:

"Art. 3º ....

§ 1º VETADO.

....

§ 4º Os entes federados integrantes do Sistema Nacional de Informações de Segurança Pública, Prisionais, de Rastreabilidade de Armas e Munições, de Material Genético, de Digitais e de Drogas (SINESP) que deixarem de fornecer ou atualizar seus dados no Sistema não poderão receber recursos do FUNPEN.

...."

Art. 47. O inciso II do § 3º e o § 5º do art. 4º da Lei nº 10.201, de 14 de fevereiro de 2001, passam a vigorar com a seguinte redação:

"Art. 4º ....

....

§ 3º ....

....

II – os integrantes do Sistema Nacional de Informações de Segurança Pública, Prisionais, de Rastreabilidade de Armas e Munições, de Material Genético, de Digitais e de Drogas (SINESP) que cumprirem os prazos estabelecidos pelo órgão competente para o fornecimento de dados e informações ao Sistema;

....

§ 5º VETADO

...."

Art. 48. O § 2º do art. 9º da Lei nº 11.530, de 24 de outubro de 2007, passa a vigorar com a seguinte redação:

"Art. 9º ....

....

§ 2º Os entes federados integrantes do Sistema Nacional de Informações de Segurança Pública, Prisionais, de Rastreabilidade de Armas e Munições, de Material Genético, de Digitais e de Drogas (SINESP) que deixarem de fornecer ou de atualizar seus dados e informações no Sistema não poderão receber recursos do PRONASCI."

Art. 49. Revogam-se os arts. 1º a 8º da Lei nº 12.681, de 4 de julho de 2012.

Art. 50. Esta Lei entra em vigor após decorridos 30 (trinta) dias de sua publicação oficial.

Brasília, 11 de junho de 2018;
197º da Independência e
130º da República.

Michel Temer

INSTRUÇÃO NORMATIVA DO TST Nº 41, DE 21 DE JUNHO DE 2018

Dispõe sobre a aplicação das normas processuais da Consolidação das Leis do Trabalho alteradas pela Lei nº 13.467, de 13 de julho de 2017.

▸ Publicada no *DJe* de 21-6-2018.

Art. 1º A aplicação das normas processuais previstas na Consolidação das Leis do Trabalho, alteradas pela Lei nº 13.467, de 13 de julho de 2017, com eficácia a partir de 11 de novembro de 2017, é imediata, sem atingir, no entanto, situações pretéritas iniciadas ou consolidadas sob a égide da lei revogada.

Art. 2º O fluxo da prescrição intercorrente conta-se a partir do descumprimento da determinação judicial a que alude o § 1º do art. 11-A da CLT, desde que feita após 11 de novembro de 2017 (Lei nº 13.467/2017).

Art. 3º A obrigação de formar o litisconsórcio necessário a que se refere o art. 611-A, § 5º, da CLT dar-se-á nos processos iniciados a partir de 11 de novembro de 2017 (Lei nº 13.467/2017).

Art. 4º O art. 789, *caput*, da CLT aplica-se nas decisões que fixem custas, proferidas a partir da entrada em vigor da Lei nº 13.467/2017.

Art. 5º O art. 790-B, *caput* e §§ 1º a 4º, da CLT, não se aplica aos processos iniciados antes de 11 de novembro de 2017 (Lei nº 13.467/2017).

Art. 6º Na Justiça do Trabalho, a condenação em honorários advocatícios sucumbenciais, prevista no art. 791-A, e parágrafos, da CLT, será aplicável apenas às ações propostas após 11 de novembro de 2017 (Lei nº 13.467/2017). Nas ações propostas anteriormente, subsistem as diretrizes do art. 14 da Lei nº 5.584/1970 e das Súmulas nºs 219 e 329 do TST.

Art. 7º Os arts. 793-A, 793-B e 793-C, § 1º, da CLT têm aplicação autônoma e imediata.

Art. 8º A condenação de que trata o art. 793-C, *caput*, da CLT, aplica-se apenas às ações ajuizadas a partir de 11 de novembro de 2017 (Lei nº 13.467/2017).

Art. 9º O art. 793-C, §§ 2º e 3º, da CLT tem aplicação apenas nas ações ajuizadas a partir de 11 de novembro de 2017 (Lei nº 13.467/2017).

Art. 10. O disposto no *caput* do art. 793-D será aplicável às ações ajuizadas a partir de 11 de novembro de 2017 (Lei nº 13.467/2017).

Parágrafo único. Após a colheita da prova oral, a aplicação de multa à testemunha dar-se-á na sentença e será precedida de instauração de incidente mediante o qual o juiz indicará o ponto ou os pontos controvertidos no depoimento, assegurados o contraditório, a defesa, com os meios a ela inerentes, além de possibilitar a retratação.

Art. 11. A exceção de incompetência territorial, disciplinada no art. 800 da CLT, é imediatamente aplicável aos processos trabalhistas em curso, desde que o recebimento da notificação seja posterior a 11 de novembro de 2017 (Lei nº 13.467/2017).

Art. 12. Os arts. 840 e 844, §§ 2º, 3º e 5º, da CLT, com as redações dadas pela Lei nº 13.467, de 13 de julho de 2017, não retroagirão, aplicando-se, exclusivamente, às ações ajuizadas a partir de 11 de novembro de 2017.

§ 1º Aplica-se o disposto no art. 843, § 3º, da CLT somente às audiências trabalhistas realizadas após 11 de novembro de 2017.

§ 2º Para fim do que dispõe o art. 840, §§ 1º e 2º, da CLT, o valor da causa será estimado, observando-se, no que couber, o disposto nos arts. 291 a 293 do Código de Processo Civil.

§ 3º Nos termos do art. 843, § 3º, e do art. 844, § 5º, da CLT, não se admite a cumulação das condições de advogado e preposto.

Art. 13. A partir da vigência da Lei nº 13.467/2017, a iniciativa do juiz na execução de que trata o art. 878 da CLT e no incidente de desconsideração da personalidade jurídica a que alude o art. 855-A da CLT ficará limitada aos casos em que as partes não estiverem representadas por advogado.

Art. 14. A regra inscrita no art. 879, § 2º, da CLT, quanto ao dever de o juiz conceder prazo comum de oito dias para impugnação fundamentada da conta de liquidação, não se aplica à liquidação de julgado iniciada antes de 11 de novembro de 2017.

Art. 15. O prazo previsto no art. 883-A da CLT, para as medidas de execução indireta nele especificadas, aplica-se somente às execuções iniciadas a partir de 11 de novembro de 2017.

Art. 16. O art. 884, § 6º, da CLT aplica-se às entidades filantrópicas e seus diretores, em processos com execuções iniciadas após 11 de novembro de 2017.

Art. 17. O incidente de desconsideração da personalidade jurídica, regulado pelo CPC (artigos 133 a 137), aplica-se ao processo do trabalho, com as inovações trazidas pela Lei nº 13.467/2017.

Art. 18. O dever de os Tribunais Regionais do Trabalho uniformizarem a sua jurisprudência faz incidir, subsidiariamente ao processo do trabalho, o art. 926 do CPC, por meio do qual os Tribunais deverão manter sua jurisprudência íntegra, estável e coerente.

§ 1º Os incidentes de uniformização de jurisprudência suscitados ou iniciados antes da vigência da Lei nº 13.467/2017, no âmbito dos Tribunais Regionais do Trabalho ou por iniciativa de decisão do Tribunal Superior do Trabalho, deverão observar e serão concluídos sob a égide da legislação vigente ao tempo da interposição do recurso, segundo o disposto nos respectivos Regimentos Internos.

§ 2º Aos recursos de revista e de agravo de instrumento no âmbito do Tribunal Superior do Trabalho, conclusos aos relatores e ainda não julgados até a edição da Lei nº 13.467/2017, não se aplicam as disposições contidas nos §§ 3º a 6º do artigo 896 da Consolidação das Leis do Trabalho.

§ 3º As teses jurídicas prevalecentes e os enunciados de Súmulas decorrentes do julgamento dos incidentes de uniformização de jurisprudência suscitados ou iniciados anteriormente à edição da Lei nº 13.467/2017, no âmbito dos Tribunais Regionais do Trabalho, conservam sua natureza vinculante à luz dos arts. 926, §§ 1º e 2º, e 927, III e V, do CPC.

Art. 19. O exame da transcendência seguirá a regra estabelecida no art. 246 do Regimento Interno do Tribunal Superior do Trabalho, incidindo apenas sobre os acórdãos proferidos pelos Tribunais Regionais do Trabalho publicados a partir de 11 de novembro de 2017, excluídas as decisões em embargos de declaração.

Art. 20. As disposições contidas nos §§ 4º, 9º, 10 e 11 do artigo 899 da CLT, com a redação dada pela Lei nº 13.467/2017, serão observadas para os recursos interpostos contra as decisões proferidas a partir de 11 de novembro de 2017.

Art. 21. Esta Instrução Normativa entrará em vigor na data da sua publicação. Ficam revogados os art. 2º, VIII, e 6º da Instrução Normativa nº 39/2016 do TST.

João Batista Brito Pereira

Ministro Presidente do TST

LEI Nº 13.709, DE 14 DE AGOSTO DE 2018

Lei Geral de Proteção de Dados Pessoais (LGPD).

▸ Publicada no *DOU* de 15-8-2018.

▸ Ementa com a redação dada pela Lei nº 13.853, de 8-7-2019.

CAPÍTULO I
DISPOSIÇÕES PRELIMINARES

Art. 1º Esta Lei dispõe sobre o tratamento de dados pessoais, inclusive nos meios digitais, por pessoa natural ou por pessoa jurídica de direito público ou privado, com o objetivo de proteger os direitos fundamentais de liberdade e de privacidade e o livre desenvolvimento da personalidade da pessoa natural.

Parágrafo único. As normas gerais contidas nesta Lei são de interesse nacional e devem ser observadas pela União, Estados, Distrito Federal e Municípios.

▸ Parágrafo único acrescido pela Lei nº 13.853, de 8-7-2019.

Art. 2º A disciplina da proteção de dados pessoais tem como fundamentos:

I – o respeito à privacidade;

II – a autodeterminação informativa;

III – a liberdade de expressão, de informação, de comunicação e de opinião;

IV – a inviolabilidade da intimidade, da honra e da imagem;

V – o desenvolvimento econômico e tecnológico e a inovação;

VI – a livre iniciativa, a livre concorrência e a defesa do consumidor; e

VII – os direitos humanos, o livre desenvolvimento da personalidade, a dignidade e o exercício da cidadania pelas pessoas naturais.

Art. 3º Esta Lei aplica-se a qualquer operação de tratamento realizada por pessoa natural ou por pessoa jurídica de direito público ou privado, independentemente do meio, do país de sua sede ou do país onde estejam localizados os dados, desde que:

I – a operação de tratamento seja realizada no território nacional;

II – a atividade de tratamento tenha por objetivo a oferta ou o fornecimento de bens ou serviços ou o tratamento de dados de indivíduos localizados no território nacional; ou

▸ Inciso II com a redação dada pela Lei nº 13.853, de 8-7-2019.

III – os dados pessoais objeto do tratamento tenham sido coletados no território nacional.

§ 1º Consideram-se coletados no território nacional os dados pessoais cujo titular nele se encontre no momento da coleta.

§ 2º Excetua-se do disposto no inciso I deste artigo o tratamento de dados previsto no inciso IV do *caput* do art. 4º desta Lei.

Art. 4º Esta Lei não se aplica ao tratamento de dados pessoais:

I – realizado por pessoa natural para fins exclusivamente particulares e não econômicos;

II – realizado para fins exclusivamente:

a) jornalístico e artísticos; ou

b) acadêmicos, aplicando-se a esta hipótese os arts. 7º e 11 desta Lei;

III – realizado para fins exclusivos de:

a) segurança pública;

b) defesa nacional;

c) segurança do Estado; ou

d) atividades de investigação e repressão de infrações penais; ou

IV – provenientes de fora do território nacional e que não sejam objeto de comunicação, uso compartilhado de dados com agentes de tratamento brasileiros ou objeto de transferência internacional de dados com outro país que não o de proveniência, desde que o país de proveniência proporcione grau de proteção de dados pessoais adequado ao previsto nesta Lei.

§ 1º O tratamento de dados pessoais previsto no inciso III será regido por legislação específica, que deverá prever medidas proporcionais e estritamente necessárias ao atendimento do interesse público, observados o devido processo legal, os princípios gerais de proteção e os direitos do titular previstos nesta Lei.

§ 2º É vedado o tratamento dos dados a que se refere o inciso III do *caput* deste artigo por pessoa de direito privado, exceto em procedimentos sob tutela de pessoa jurídica de direito público, que serão objeto de informe especíco à autoridade nacional e que deverão observar a limitação imposta no § 4º deste artigo.

§ 3º A autoridade nacional emitirá opiniões técnicas ou recomendações referentes às exceções previstas no inciso III do *caput* deste artigo e deverá solicitar aos responsáveis relatórios de impacto à proteção de dados pessoais.

§ 4º Em nenhum caso a totalidade dos dados pessoais de banco de dados de que trata o inciso III do *caput* deste artigo poderá ser tratada por pessoa de direito privado, salvo por aquela que possua capital integralmente constituído pelo poder público.

▶ § 4º com a redação dada pela Lei nº 13.853, de 8-7-2019.

Art. 5º Para os fins desta Lei, considera-se:

I – dado pessoal: informação relacionada a pessoa natural identificada ou identificável;

II – dado pessoal sensível: dado pessoal sobre origem racial ou étnica, convicção religiosa, opinião política, filiação a sindicato ou a organização de caráter religioso, filosófico ou político, dado referente à saúde ou à vida sexual, dado genético ou biométrico, quando vinculado a uma pessoa natural;

III – dado anonimizado: dado relativo a titular que não possa ser identificado, considerando a utilização de meios técnicos razoáveis e disponíveis na ocasião de seu tratamento;

IV – banco de dados: conjunto estruturado de dados pessoais, estabelecido em um ou em vários locais, em suporte eletrônico ou físico;

V – titular: pessoa natural a quem se referem os dados pessoais que são objeto de tratamento;

VI – controlador: pessoa natural ou jurídica, de direito público ou privado, a quem competem as decisões referentes ao tratamento de dados pessoais;

VII – operador: pessoa natural ou jurídica, de direito público ou privado, que realiza o tratamento de dados pessoais em nome do controlador;

VIII – encarregado: pessoa indicada pelo controlador e operador para atuar como canal de comunicação entre o controlador, os titulares dos dados e a Autoridade Nacional de Proteção de Dados (ANPD);

▶ Inciso VIII com a redação dada pela Lei nº 13.853, de 8-7-2019.

IX – agentes de tratamento: o controlador e o operador;

X – tratamento: toda operação realizada com dados pessoais, como as que se referem a coleta, produção, recepção, classificação, utilização, acesso, reprodução, transmissão, distribuição, processamento, arquivamento, armazenamento, eliminação, avaliação ou controle da informação, modificação, comunicação, transferência, difusão ou extração;

XI – anonimização: utilização de meios técnicos razoáveis e disponíveis no momento do tratamento, por meio dos quais um dado perde a possibilidade de associação, direta ou indireta, a um indivíduo;

XII – consentimento: manifestação livre, informada e inequívoca pela qual o titular concorda com o tratamento de seus dados pessoais para uma finalidade determinada;

XIII – bloqueio: suspensão temporária de qualquer operação de tratamento, mediante guarda do dado pessoal ou do banco de dados;

XIV – eliminação: exclusão de dado ou de conjunto de dados armazenados em banco de dados, independentemente do procedimento empregado;

XV – transferência internacional de dados: transferência de dados pessoais para país estrangeiro ou organismo internacional do qual o país seja membro;

XVI – uso compartilhado de dados: comunicação, difusão, transferência internacional, interconexão de dados pessoais ou tratamento compartilhado de bancos de dados pessoais por órgãos e entidades públicos no cumprimento de suas competências legais, ou entre esses e entes privados, reciprocamente, com autorização específica, para uma ou mais modalidades de tratamento permitidas por esses entes públicos, ou entre entes privados;

XVII – relatório de impacto à proteção de dados pessoais: documentação do controlador que contém a descrição dos processos de tratamento de dados pessoais que podem gerar riscos às liberdades civis e aos direitos fundamentais, bem como medidas, salvaguardas e mecanismos de mitigação de risco;

XVIII – órgão de pesquisa: órgão ou entidade da administração pública direta ou indireta ou pessoa jurídica de direito privado sem fins lucrativos legalmente constituída sob as leis brasileiras, com sede e foro no País, que inclua em sua missão institucional ou em seu objetivo social ou estatutário a pesquisa básica ou aplicada de caráter histórico, científico, tecnológico ou estatístico; e

XIX – autoridade nacional: órgão da administração pública responsável por zelar, implementar e fiscalizar o cumprimento desta Lei em todo o território nacional.

▶ Incisos XVIII e XIX com a redação dada pela Lei nº 13.853, de 8-7-2019.

Art. 6º As atividades de tratamento de dados pessoais deverão observar a boa-fé e os seguintes princípios:

I – finalidade: realização do tratamento para propósitos legítimos, específicos, explícitos e informados ao titular, sem possibilidade de tratamento posterior de forma incompatível com essas finalidades;

II – adequação: compatibilidade do tratamento com as finalidades informadas ao titular, de acordo com o contexto do tratamento;

III – necessidade: limitação do tratamento ao mínimo necessário para a realização de suas finalidades, com abrangência dos dados pertinentes, proporcionais e não excessivos em relação às finalidades do tratamento de dados;

IV – livre acesso: garantia, aos titulares, de consulta facilitada e gratuita sobre a forma e a duração do tratamento, bem como sobre a integralidade de seus dados pessoais;

V – qualidade dos dados: garantia, aos titulares, de exatidão, clareza, relevância e atualização dos dados, de acordo com a necessidade e para o cumprimento da finalidade de seu tratamento;

VI – transparência: garantia, aos titulares, de informações claras, precisas e facilmente acessíveis sobre a realização do tratamento e os respectivos agentes de tratamento, observados os segredos comercial e industrial;

VII – segurança: utilização de medidas técnicas e administrativas aptas a proteger os dados pessoais de acessos não autorizados e de situações acidentais ou ilícitas de destruição, perda, alteração, comunicação ou difusão;

VIII – prevenção: adoção de medidas para prevenir a ocorrência de danos em virtude do tratamento de dados pessoais;

IX – não discriminação: impossibilidade de realização do tratamento para fins discriminatórios ilícitos ou abusivos;

X – responsabilização e prestação de contas: demonstração, pelo agente, da adoção de medidas eficazes e capazes de comprovar a observância e o cumprimento das normas de proteção de dados pessoais e, inclusive, da eficácia dessas medidas.

CAPÍTULO II
DO TRATAMENTO DE DADOS PESSOAIS

Seção I
DOS REQUISITOS PARA O TRATAMENTO DE DADOS PESSOAIS

Art. 7º O tratamento de dados pessoais somente poderá ser realizado nas seguintes hipóteses:

I – mediante o fornecimento de consentimento pelo titular;

II – para o cumprimento de obrigação legal ou regulatória pelo controlador;

III – pela administração pública, para o tratamento e uso compartilhado de dados necessários à execução de políticas públicas previstas em leis e regulamentos ou respaldadas em contratos, convênios ou instrumentos congêneres, observadas as disposições do Capítulo IV desta Lei;

IV – para a realização de estudos por órgão de pesquisa, garantida, sempre que possível, a anonimização dos dados pessoais;

V – quando necessário para a execução de contrato ou de procedimentos preliminares relacionados a contrato do qual seja parte o titular, a pedido do titular dos dados;

VI – para o exercício regular de direitos em processo judicial, administrativo ou arbitral, esse último nos termos da Lei nº 9.307, de 23 de setembro de 1996 (Lei de Arbitragem);

VII – para a proteção da vida ou da incolumidade física do titular ou de terceiro;

VIII – para a tutela da saúde, exclusivamente, em procedimento realizado por profissionais de saúde, serviços de saúde ou autoridade sanitária;

▶ Inciso VIII com a redação dada pela Lei nº 13.853, de 8-7-2019.

IX – quando necessário para atender aos interesses legítimos do controlador ou de terceiro, exceto no caso de prevalecerem direitos e liberdades fundamentais do titular que exijam a proteção dos dados pessoais; ou

X – para a proteção do crédito, inclusive quanto ao disposto na legislação pertinente.

§§ 1º e 2º *Revogados*. Lei nº 13.853, de 8-7-2019.

§ 3º O tratamento de dados pessoais cujo acesso é público deve considerar a finalidade, a boa-fé e o interesse público que justificaram sua disponibilização.

§ 4º É dispensada a exigência do consentimento previsto no *caput* deste artigo para os dados tornados manifestamente públicos pelo titular, resguardados os direitos do titular e os princípios previstos nesta Lei.

§ 5º O controlador que obteve o consentimento referido no inciso I do *caput* deste artigo que necessitar comunicar ou compartilhar dados pessoais com outros controladores deverá obter consentimento específico do titular para esse fim, ressalvadas as hipóteses de dispensa do consentimento previstas nesta Lei.

§ 6º A eventual dispensa da exigência do consentimento não desobriga os agentes de tratamento das demais obrigações previstas nesta Lei, especialmente da observância dos princípios gerais e da garantia dos direitos do titular.

§ 7º O tratamento posterior dos dados pessoais a que se referem os §§ 3º e 4º deste artigo poderá ser realizado para novas finalidades, desde que observados os propósitos legítimos e específicos para o novo tratamento e a preservação dos direitos do titular, assim como os fundamentos e os princípios previstos nesta Lei.

► § 7º acrescido pela Lei nº 13.853, de 8-7-2019.

Art. 8º O consentimento previsto no inciso I do art. 7º desta Lei deverá ser fornecido por escrito ou por outro meio que demonstre a manifestação de vontade do titular.

§ 1º Caso o consentimento seja fornecido por escrito, esse deverá constar de cláusula destacada das demais cláusulas contratuais.

§ 2º Cabe ao controlador o ônus da prova de que o consentimento foi obtido em conformidade com o disposto nesta Lei.

§ 3º É vedado o tratamento de dados pessoais mediante vício de consentimento.

§ 4º O consentimento deverá referir-se a finalidades determinadas, e as autorizações genéricas para o tratamento de dados pessoais serão nulas.

§ 5º O consentimento pode ser revogado a qualquer momento mediante manifestação expressa do titular, por procedimento gratuito e facilitado, ratificados os tratamentos realizados sob amparo do consentimento anteriormente manifestado enquanto não houver requerimento de eliminação, nos termos do inciso VI do *caput* do art. 18 desta Lei.

§ 6º Em caso de alteração de informação referida nos incisos I, II, III ou V do art. 9º desta Lei, o controlador deverá informar ao titular, com destaque de forma específica do teor das alterações, podendo o titular, nos casos em que o seu consentimento é exigido, revogá-lo caso discorde da alteração.

Art. 9º O titular tem direito ao acesso facilitado às informações sobre o tratamento de seus dados, que deverão ser disponibilizadas de forma clara, adequada e ostensiva acerca de, entre outras características previstas em regulamentação para o atendimento do princípio do livre acesso:

I – finalidade específica do tratamento;

II – forma e duração do tratamento, observados os segredos comercial e industrial;

III – identificação do controlador;

IV – informações de contato do controlador;

V – informações acerca do uso compartilhado de dados pelo controlador e a finalidade;

VI – responsabilidades dos agentes que realizarão o tratamento; e

VII – direitos do titular, com menção explícita aos direitos contidos no art. 18 desta Lei.

§ 1º Na hipótese em que o consentimento é requerido, esse será considerado nulo caso as informações fornecidas ao titular tenham conteúdo enganoso ou abusivo ou não tenham sido apresentadas previamente com transparência, de forma clara e inequívoca.

§ 2º Na hipótese em que o consentimento é requerido, se houver mudanças da finalidade para o tratamento de dados pessoais não compatíveis com o consentimento original, o controlador deverá informar previamente o titular sobre as mudanças de finalidade, podendo o titular revogar o consentimento, caso discorde das alterações.

§ 3º Quando o tratamento de dados pessoais for condição para o fornecimento de produto ou de serviço ou para o exercício de direito, o titular será informado com destaque sobre esse fato e sobre os meios pelos quais poderá exercer os direitos do titular elencados no art. 18 desta Lei.

Art. 10. O legítimo interesse do controlador somente poderá fundamentar tratamento de dados pessoais para finalidades legítimas, consideradas a partir de situações concretas, que incluem, mas não se limitam a:

I – apoio e promoção de atividades do controlador; e

II – proteção, em relação ao titular, do exercício regular de seus direitos ou prestação de serviços que o beneficiem, respeitadas as legítimas expectativas dele e os direitos e liberdades fundamentais, nos termos desta Lei.

§ 1º Quando o tratamento for baseado no legítimo interesse do controlador, somente os dados pessoais estritamente necessários para a finalidade pretendida poderão ser tratados.

§ 2º O controlador deverá adotar medidas para garantir a transparência do tratamento de dados baseado em seu legítimo interesse.

§ 3º A autoridade nacional poderá solicitar ao controlador relatório de impacto à proteção de dados pessoais, quando o tratamento tiver como fundamento seu interesse legítimo, observados os segredos comercial e industrial.

Seção II — *DO TRATAMENTO DE DADOS PESSOAIS SENSÍVEIS*

Art. 11. O tratamento de dados pessoais sensíveis somente poderá ocorrer nas seguintes hipóteses:

I – quando o titular ou seu responsável legal consentir, de forma específica e destacada, para finalidades específicas;

II – sem fornecimento de consentimento do titular, nas hipóteses em que for indispensável para:

a) cumprimento de obrigação legal ou regulatória pelo controlador;

b) tratamento compartilhado de dados necessários à execução, pela administração pública, de políticas públicas previstas em leis ou regulamentos;

c) realização de estudos por órgão de pesquisa, garantida, sempre que possível, a anonimização dos dados pessoais sensíveis;

d) exercício regular de direitos, inclusive em contrato e em processo judicial, administrativo e arbitral, este último nos termos da Lei nº 9.307, de 23 de setembro de 1996 (Lei de Arbitragem);

e) proteção da vida ou da incolumidade física do titular ou de terceiro;

f) tutela da saúde, exclusivamente, em procedimento realizado por profissionais de saúde, serviços de saúde ou autoridade sanitária; ou

► Alínea *f* com a redação dada pela Lei nº 13.853, de 8-7-2019.

g) garantia da prevenção à fraude e à segurança do titular, nos processos de identificação e autenticação de cadastro em sistemas eletrônicos, resguardados os direitos mencionados no art. 9º desta Lei e exceto no caso de prevalecerem direitos e liberdades fundamentais do titular que exijam a proteção dos dados pessoais.

§ 1º Aplica-se o disposto neste artigo a qualquer tratamento de dados pessoais que revele dados pessoais sensíveis e que possa causar dano ao titular, ressalvado o disposto em legislação específica.

§ 2º Nos casos de aplicação do disposto nas alíneas *a* e *b* do inciso II do *caput* deste artigo pelos órgãos e pelas entidades públicas, será dada publicidade à referida dispensa de consentimento, nos termos do inciso I do *caput* do art. 23 desta Lei.

§ 3º A comunicação ou o uso compartilhado de dados pessoais sensíveis entre controladores com objetivo de obter vantagem econômica poderá ser objeto de vedação ou de regulamentação por parte da autoridade nacional, ouvidos os órgãos setoriais do Poder Público, no âmbito de suas competências.

§ 4º É vedada a comunicação ou o uso compartilhado entre controladores de dados pessoais sensíveis referentes à saúde com objetivo de obter vantagem econômica, exceto nas hipóteses relativas a prestação de serviços de saúde, de assistência farmacêutica e de assistência à saúde, desde que observado o § 5º deste artigo, incluídos os serviços auxiliares de diagnose e terapia, em benefício dos interesses dos titulares de dados, e para permitir:

I – a portabilidade de dados quando solicitada pelo titular; ou

II – as transações financeiras e administrativas resultantes do uso e da prestação dos serviços de que trata este parágrafo.

► § 4º com a redação dada pela Lei nº 13.853, de 8-7-2019.

§ 5º É vedado às operadoras de planos privados de assistência à saúde o tratamento de dados de saúde para a prática de seleção de riscos na contratação de qualquer modalidade, assim como na contratação e exclusão de beneficiários.

► § 5º acrescido pela Lei nº 13.853, de 8-7-2019.

Art. 12. Os dados anonimizados não serão considerados dados pessoais para os fins desta Lei, salvo quando o processo de anonimização ao qual foram submetidos for revertido, utilizando exclusivamente meios próprios, ou quando, com esforços razoáveis, puder ser revertido.

§ 1º A determinação do que seja razoável deve levar em consideração fatores objetivos, tais como custo e tempo necessários para reverter o processo de anonimização, de acordo com as tecnologias disponíveis, e a utilização exclusiva de meios próprios.

§ 2º Poderão ser igualmente considerados como dados pessoais, para os fins desta Lei, aqueles utilizados para formação do perfil comportamental de determinada pessoa natural, se identificada.

§ 3º A autoridade nacional poderá dispor sobre padrões e técnicas utilizados em processos de anonimização e realizar verificações acerca de sua segurança, ouvido o Conselho Nacional de Proteção de Dados Pessoais.

Art. 13. Na realização de estudos em saúde pública, os órgãos de pesquisa poderão ter acesso a bases de dados pessoais, que serão tratados exclusivamente dentro do órgão e estritamente para a finalidade de realização de estudos e pesquisas e mantidos em ambiente controlado e seguro, conforme práticas de segurança previstas em regulamento específico e que incluam, sempre que possível, a anonimização ou pseudonimização dos dados, bem como considerem os devidos padrões éticos relacionados a estudos e pesquisas.

§ 1º A divulgação dos resultados ou de qualquer excerto do estudo ou da pesquisa de que trata o *caput* deste artigo em nenhuma hipótese poderá revelar dados pessoais.

§ 2º O órgão de pesquisa será o responsável pela segurança da informação prevista no *caput* deste artigo, não permitida, em circunstância alguma, a transferência dos dados a terceiro.

§ 3º O acesso aos dados de que trata este artigo será objeto de regulamentação por parte da autoridade nacional e das autoridades da área de saúde e sanitárias, no âmbito de suas competências.

§ 4º Para os efeitos deste artigo, a pseudonimização é o tratamento por meio do qual um dado perde a possibilidade de associação, direta ou indireta, a um indivíduo, senão pelo uso de informação adicional mantida separadamente pelo controlador em ambiente controlado e seguro.

Seção III
DO TRATAMENTO DE DADOS PESSOAIS DE CRIANÇAS E DE ADOLESCENTES

Art. 14. O tratamento de dados pessoais de crianças e de adolescentes deverá ser realizado em seu melhor interesse, nos termos deste artigo e da legislação pertinente.

§ 1º O tratamento de dados pessoais de crianças deverá ser realizado com o consentimento específico e em destaque dado por pelo menos um dos pais ou pelo responsável legal.

§ 2º No tratamento de dados de que trata o § 1º deste artigo, os controladores deverão manter pública a informação sobre os tipos de dados coletados, a forma de sua utilização e os procedimentos para o exercício dos direitos a que se refere o art. 18 desta Lei.

§ 3º Poderão ser coletados dados pessoais de crianças sem o consentimento a que se refere o § 1º deste artigo quando a coleta for necessária para contatar os pais ou o responsável legal, utilizados uma única vez e sem armazenamento, ou para sua proteção, e em nenhum caso poderão ser repassados a terceiro sem o consentimento de que trata o § 1º deste artigo.

§ 4º Os controladores não deverão condicionar a participação dos titulares de que trata o § 1º deste artigo em jogos, aplicações de internet ou outras atividades ao fornecimento de informações pessoais além das estritamente necessárias à atividade.

§ 5º O controlador deve realizar todos os esforços razoáveis para verificar que o consentimento a que se refere o § 1º deste artigo foi dado pelo responsável pela criança, consideradas as tecnologias disponíveis.

§ 6º As informações sobre o tratamento de dados referidas neste artigo deverão ser fornecidas de maneira simples, clara e acessível, consideradas as características físico-motoras, perceptivas, sensoriais, intelectuais e mentais do usuário, com uso de recursos audiovisuais quando adequado, de forma a proporcionar a informação necessária aos pais ou ao responsável legal e adequada ao entendimento da criança.

Seção IV
DO TÉRMINO DO TRATAMENTO DE DADOS

Art. 15. O término do tratamento de dados pessoais ocorrerá nas seguintes hipóteses:

I – verificação de que a finalidade foi alcançada ou de que os dados deixaram de ser necessários ou pertinentes ao alcance da finalidade específica almejada;

II – fim do período de tratamento;

III – comunicação do titular, inclusive no exercício de seu direito de revogação do consentimento conforme disposto no § 5º do art. 8º desta Lei, resguardado o interesse público; ou

IV – determinação da autoridade nacional, quando houver violação ao disposto nesta Lei.

Art. 16. Os dados pessoais serão eliminados após o término de seu tratamento, no âmbito e nos limites técnicos das atividades, autorizada a conservação para as seguintes finalidades:

I – cumprimento de obrigação legal ou regulatória pelo controlador;

II – estudo por órgão de pesquisa, garantida, sempre que possível, a anonimização dos dados pessoais;

III – transferência a terceiro, desde que respeitados os requisitos de tratamento de dados dispostos nesta Lei; ou

IV – uso exclusivo do controlador, vedado seu acesso por terceiro, e desde que anonimizados os dados.

CAPÍTULO III
DOS DIREITOS DO TITULAR

Art. 17. Toda pessoa natural tem assegurada a titularidade de seus dados pessoais e garantidos os direitos fundamentais de liberdade, de intimidade e de privacidade, nos termos desta Lei.

Art. 18. O titular dos dados pessoais tem direito a obter do controlador, em relação aos dados do titular por ele tratados, a qualquer momento e mediante requisição:

I – confirmação da existência de tratamento;

II – acesso aos dados;

III – correção de dados incompletos, inexatos ou desatualizados;

IV – anonimização, bloqueio ou eliminação de dados desnecessários, excessivos ou tratados em desconformidade com o disposto nesta Lei;

V – portabilidade dos dados a outro fornecedor de serviço ou produto, mediante requisição expressa, de acordo com a regulamentação da autoridade nacional, observados os segredos comercial e industrial;

▸ Inciso V com a redação dada pela Lei nº 13.853, de 8-7-2019.

VI – eliminação dos dados pessoais tratados com o consentimento do titular, exceto nas hipóteses previstas no art. 16 desta Lei;

VII – informação das entidades públicas e privadas com as quais o controlador realizou uso compartilhado de dados;

VIII – informação sobre a possibilidade de não fornecer consentimento e sobre as consequências da negativa;

IX – revogação do consentimento, nos termos do § 5º do art. 8º desta Lei.

§ 1º O titular dos dados pessoais tem o direito de peticionar em relação aos seus dados contra o controlador perante a autoridade nacional.

§ 2º O titular pode opor-se a tratamento realizado com fundamento em uma das hipóteses de dispensa de consentimento, em caso de descumprimento ao disposto nesta Lei.

§ 3º Os direitos previstos neste artigo serão exercidos mediante requerimento expresso do titular ou de representante legalmente constituído, a agente de tratamento.

§ 4º Em caso de impossibilidade de adoção imediata da providência de que trata o § 3º deste artigo, o controlador enviará ao titular resposta em que poderá:

I – comunicar que não é agente de tratamento dos dados e indicar, sempre que possível, o agente; ou

II – indicar as razões de fato ou de direito que impedem a adoção imediata da providência.

§ 5º O requerimento referido no § 3º deste artigo será atendido sem custos para o titular, nos prazos e nos termos previstos em regulamento.

§ 6º O responsável deverá informar, de maneira imediata, aos agentes de tratamento com os quais tenha realizado uso compartilhado de dados a correção, a eliminação, a anonimização ou o bloqueio dos dados, para que repitam idêntico procedimento, exceto nos casos em que esta comunicação seja comprovadamente impossível ou implique esforço desproporcional.

▸ § 6º com a redação dada pela Lei nº 13.853, de 8-7-2019.

§ 7º A portabilidade dos dados pessoais a que se refere o inciso V do *caput* deste artigo não inclui dados que já tenham sido anonimizados pelo controlador.

§ 8º O direito a que se refere o § 1º deste artigo também poderá ser exercido perante os organismos de defesa do consumidor.

Art. 19. A confirmação de existência ou o acesso a dados pessoais serão providenciados, mediante requisição do titular:

I – em formato simplificado, imediatamente; ou

II – por meio de declaração clara e completa, que indique a origem dos dados, a inexistência de registro, os critérios utilizados e a finalidade do tratamento, observados os segredos comercial e industrial, fornecida no prazo de até 15 (quinze) dias, contado da data do requerimento do titular.

§ 1º Os dados pessoais serão armazenados em formato que favoreça o exercício do direito de acesso.

§ 2º As informações e os dados poderão ser fornecidos, a critério do titular:

I – por meio eletrônico, seguro e idôneo para esse fim; ou

II – sob forma impressa.

§ 3º Quando o tratamento tiver origem no consentimento do titular ou em contrato, o titular poderá solicitar cópia eletrônica integral de seus dados pessoais, observados os segredos comercial e industrial, nos termos de regulamentação da autoridade nacional, em formato que permita a sua utilização subsequente, inclusive em outras operações de tratamento.

§ 4º A autoridade nacional poderá dispor de forma diferenciada acerca dos prazos previstos nos incisos I e II do *caput* deste artigo para os setores específicos.

Art. 20. O titular dos dados tem direito a solicitar a revisão de decisões tomadas unicamente com base em tratamento automatizado de dados pessoais que afetem seus interesses, incluídas as decisões destinadas a definir o seu perfil pessoal, profissional, de consumo e de crédito ou os aspectos de sua personalidade.

▶ *Caput* com a redação dada pela Lei nº 13.853, de 8-7-2019.

§ 1º O controlador deverá fornecer, sempre que solicitadas, informações claras e adequadas a respeito dos critérios e dos procedimentos utilizados para a decisão automatizada, observados os segredos comercial e industrial.

§ 2º Em caso de não oferecimento de informações de que trata o § 1º deste artigo baseado na observância de segredo comercial e industrial, a autoridade nacional poderá realizar auditoria para verificação de aspectos discriminatórios em tratamento automatizado de dados pessoais.

§ 3º VETADO. Lei nº 13.853, de 8-7-2019.

Art. 21. Os dados pessoais referentes ao exercício regular de direitos pelo titular não podem ser utilizados em seu prejuízo.

Art. 22. A defesa dos interesses e dos direitos dos titulares de dados poderá ser exercida em juízo, individual ou coletivamente, na forma do disposto na legislação pertinente, acerca dos instrumentos de tutela individual e coletiva.

CAPÍTULO IV
DO TRATAMENTO DE DADOS PESSOAIS PELO PODER PÚBLICO

Seção I
DAS REGRAS

Art. 23. O tratamento de dados pessoais pelas pessoas jurídicas de direito público referidas no parágrafo único do art. 1º da Lei nº 12.527, de 18 de novembro de 2011 (Lei de Acesso à Informação), deverá ser realizado para o atendimento de sua finalidade pública, na persecução do interesse público, com o objetivo de executar as competências legais ou cumprir as atribuições legais do serviço público, desde que:

I – sejam informadas as hipóteses em que, no exercício de suas competências, realizam o tratamento de dados pessoais, fornecendo informações claras e atualizadas sobre a previsão legal, a finalidade, os procedimentos e as práticas utilizadas para a execução dessas atividades, em veículos de fácil acesso, preferencialmente em seus sítios eletrônicos;

II – VETADO ; e

III – seja indicado um encarregado quando realizarem operações de tratamento de dados pessoais, nos termos do art. 39 desta Lei; e

▶ Inciso III com a redação dada pela Lei nº 13.853, de 8-7-2019.

IV – VETADO. Lei nº 13.853, de 8-7-2019.

§ 1º A autoridade nacional poderá dispor sobre as formas de publicidade das operações de tratamento.

§ 2º O disposto nesta Lei não dispensa as pessoas jurídicas mencionadas no *caput* deste artigo de instituir as autoridades de que trata a Lei nº 12.527, de 18 de novembro de 2011 (Lei de Acesso à Informação).

§ 3º Os prazos e procedimentos para exercício dos direitos do titular perante o Poder Público observarão o disposto em legislação específica, em especial as disposições constantes da Lei nº 9.507, de 12 de novembro de 1997 (Lei do *Habeas Data*), da Lei nº 9.784, de 29 de janeiro de 1999 (Lei Geral do Processo Administrativo), e da Lei nº 12.527, de 18 de novembro de 2011 (Lei de Acesso à Informação).

§ 4º Os serviços notariais e de registro exercidos em caráter privado, por delegação do Poder Público, terão o mesmo tratamento dispensado às pessoas jurídicas referidas no *caput* deste artigo, nos termos desta Lei.

§ 5º Os órgãos notariais e de registro devem fornecer acesso aos dados por meio eletrônico para a administração pública, tendo em vista as finalidades de que trata o *caput* deste artigo.

Art. 24. As empresas públicas e as sociedades de economia mista que atuam em regime de concorrência, sujeitas ao disposto no art. 173 da Constituição Federal, terão o mesmo tratamento dispensado às pessoas jurídicas de direito privado particulares, nos termos desta Lei.

Parágrafo único. As empresas públicas e as sociedades de economia mista, quando estiverem operacionalizando políticas públicas e no âmbito da execução delas, terão o mesmo tratamento dispensado aos órgãos e às entidades do Poder Público, nos termos deste Capítulo.

Art. 25. Os dados deverão ser mantidos em formato interoperável e estruturado para o uso compartilhado, com vistas à execução de políticas públicas, à prestação de serviços públicos, à descentralização da atividade pública e à disseminação e ao acesso das informações pelo público em geral.

Art. 26. O uso compartilhado de dados pessoais pelo Poder Público deve atender a finalidades específicas de execução de políticas públicas e atribuição legal pelos órgãos e pelas entidades públicas, respeitados os princípios de proteção de dados pessoais elencados no art. 6º desta Lei.

§ 1º É vedado ao Poder Público transferir a entidades privadas dados pessoais constantes de bases de dados a que tenha acesso, exceto:

I – em casos de execução descentralizada de atividade pública que exija a transferência, exclusivamente para esse fim específico e determinado, observado o disposto na Lei nº 12.527, de 18 de novembro de 2011 (Lei de Acesso à Informação);

II – VETADO;

III – nos casos em que os dados forem acessíveis publicamente, observadas as disposições desta Lei.

IV – quando houver previsão legal ou a transferência for respaldada em contratos, convênios ou instrumentos congêneres; ou

V – na hipótese de a transferência dos dados objetivar exclusivamente a prevenção de fraudes e irregularidades, ou proteger e resguardar a segurança e a integridade do titular dos dados, desde que vedado o tratamento para outras finalidades.

▶ Incisos IV e V acrescidos pela Lei nº 13.853, de 8-7-2019.

§ 2º Os contratos e convênios de que trata o § 1º deste artigo deverão ser comunicados à autoridade nacional.

Art. 27. A comunicação ou o uso compartilhado de dados pessoais de pessoa jurídica de direito público a pessoa de direito privado será informado à autoridade nacional e dependerá de consentimento do titular, exceto:

I – nas hipóteses de dispensa de consentimento previstas nesta Lei;

II – nos casos de uso compartilhado de dados, em que será dada publicidade nos termos do inciso I do *caput* do art. 23 desta Lei; ou

III – nas exceções constantes do § 1º do art. 26 desta Lei.

Parágrafo único. A informação à autoridade nacional de que trata o *caput* deste artigo será objeto de regulamentação.

▶ Parágrafo único acrescido pela Lei nº 13.853, de 8-7-2019.

Art. 28. VETADO.

Art. 29. A autoridade nacional poderá solicitar, a qualquer momento, aos órgãos e às entidades do poder público a realização de operações de tratamento de dados pessoais, informações específicas sobre o âmbito e a natureza dos dados e outros detalhes do tratamento realizado e poderá emitir parecer técnico complementar para garantir o cumprimento desta Lei.

▶ Artigo com a redação dada pela Lei nº 13.853, de 8-7-2019.

Art. 30. A autoridade nacional poderá estabelecer normas complementares para as atividades de comunicação e de uso compartilhado de dados pessoais.

Seção II
DA RESPONSABILIDADE

Art. 31. Quando houver infração a esta Lei em decorrência do tratamento de dados pessoais por órgãos públicos, a autoridade nacional poderá enviar informe com medidas cabíveis para fazer cessar a violação.

Art. 32. A autoridade nacional poderá solicitar a agentes do Poder Público a publicação de relatórios de impacto à proteção de dados pessoais e sugerir a adoção de padrões e de boas práticas para os tratamentos de dados pessoais pelo Poder Público.

CAPÍTULO V
DA TRANSFERÊNCIA INTERNACIONAL DE DADOS

Art. 33. A transferência internacional de dados pessoais somente é permitida nos seguintes casos:

I – para países ou organismos internacionais que proporcionem grau de proteção de dados pessoais adequado ao previsto nesta Lei;

II – quando o controlador oferecer e comprovar garantias de cumprimento dos princípios, dos direitos do titular e do regime de proteção de dados previstos nesta Lei, na forma de:

a) cláusulas contratuais específicas para determinada transferência;

b) cláusulas-padrão contratuais;

c) normas corporativas globais;

d) selos, certificados e códigos de conduta regularmente emitidos;

III – quando a transferência for necessária para a cooperação jurídica internacional entre órgãos públicos de inteligência, de investigação e de persecução, de acordo com os instrumentos de direito internacional;

IV – quando a transferência for necessária para a proteção da vida ou da incolumidade física do titular ou de terceiro;

V – quando a autoridade nacional autorizar a transferência;

VI – quando a transferência resultar em compromisso assumido em acordo de cooperação internacional;

VII – quando a transferência for necessária para a execução de política pública ou atribuição legal do serviço público, sendo dada publicidade nos termos do inciso I do *caput* do art. 23 desta Lei;

VIII – quando o titular tiver fornecido o seu consentimento específico e em destaque para a transferência, com informação prévia sobre o caráter internacional da operação, distinguindo claramente esta de outras finalidades; ou

IX – quando necessário para atender as hipóteses previstas nos incisos II, V e VI do art. 7º desta Lei.

Parágrafo único. Para os fins do inciso I deste artigo, as pessoas jurídicas de direito público referidas no parágrafo único do art. 1º da Lei nº 12.527, de 18 de novembro de 2011 (Lei de Acesso à Informação), no âmbito de suas competências legais, e responsáveis, no âmbito de suas atividades, poderão requerer à autoridade nacional a avaliação do nível de proteção a dados pessoais conferido por país ou organismo internacional.

Art. 34. O nível de proteção de dados do país estrangeiro ou do organismo internacional mencionado no inciso I do *caput* do art. 33 desta Lei será avaliado pela autoridade nacional, que levará em consideração:

I – as normas gerais e setoriais da legislação em vigor no país de destino ou no organismo internacional;

II – a natureza dos dados;

III – a observância dos princípios gerais de proteção de dados pessoais e direitos dos titulares previstos nesta Lei;

IV – a adoção de medidas de segurança previstas em regulamento;

V – a existência de garantias judiciais e institucionais para o respeito aos direitos de proteção de dados pessoais; e

VI – outras circunstâncias específicas relativas à transferência.

Art. 35. A definição do conteúdo de cláusulas-padrão contratuais, bem como a verificação de cláusulas contratuais específicas para uma determinada transferência, normas corporativas globais ou selos, certificados e códigos de conduta, a que se refere o inciso II do *caput* do art. 33 desta Lei, será realizada pela autoridade nacional.

§ 1º Para a verificação do disposto no *caput* deste artigo, deverão ser considerados os requisitos, as condições e as garantias mínimas para a transferência que observem os direitos, as garantias e os princípios desta Lei.

§ 2º Na análise de cláusulas contratuais, de documentos ou de normas corporativas globais submetidas à aprovação da autoridade nacional, poderão ser requeridas informações suplementares ou realizadas diligências de verificação quanto às operações de tratamento, quando necessário.

§ 3º A autoridade nacional poderá designar organismos de certificação para a realização do previsto no *caput* deste artigo, que permanecerão sob sua fiscalização nos termos definidos em regulamento.

§ 4º Os atos realizados por organismo de certificação poderão ser revistos pela autoridade nacional e, caso em desconformidade com esta Lei, submetidos a revisão ou anulados.

§ 5º As garantias suficientes de observância dos princípios gerais de proteção e dos direitos do titular referidas no *caput* deste artigo serão também analisadas de acordo com as medidas técnicas e organizacionais adotadas pelo operador, de acordo com o previsto nos §§ 1º e 2º do art. 46 desta Lei.

Art. 36. As alterações nas garantias apresentadas como suficientes de observância dos princípios gerais de proteção e dos direitos do titular referidas no inciso II do art. 33 desta Lei deverão ser comunicadas à autoridade nacional.

CAPÍTULO VI
DOS AGENTES DE TRATAMENTO DE DADOS PESSOAIS

Seção I
DO CONTROLADOR E DO OPERADOR

Art. 37. O controlador e o operador devem manter registro das operações de tratamento de dados pessoais que realizarem, especialmente quando baseado no legítimo interesse.

Art. 38. A autoridade nacional poderá determinar ao controlador que elabore relatório de impacto à proteção de dados pessoais, inclusive de dados sensíveis, referente a suas operações de tratamento de dados, nos termos de regulamento, observados os segredos comercial e industrial.

Parágrafo único. Observado o disposto no *caput* deste artigo, o relatório deverá conter, no mínimo, a descrição dos tipos de dados coletados, a metodologia utilizada para a coleta e para a garantia da segurança das informações e a análise do controlador com relação a medidas, salvaguardas e mecanismos de mitigação de risco adotados.

Art. 39. O operador deverá realizar o tratamento segundo as instruções fornecidas pelo controlador, que verificará a observância das próprias instruções e das normas sobre a matéria.

Art. 40. A autoridade nacional poderá dispor sobre padrões de interoperabilidade para fins de portabilidade, livre acesso aos dados e segurança, assim como sobre o tempo de guarda dos registros, tendo em vista especialmente a necessidade e a transparência.

Seção II
DO ENCARREGADO PELO TRATAMENTO DE DADOS PESSOAIS

Art. 41. O controlador deverá indicar encarregado pelo tratamento de dados pessoais.

§ 1º A identidade e as informações de contato do encarregado deverão ser divulgadas publicamente, de forma clara e objetiva, preferencialmente no sítio eletrônico do controlador.

§ 2º As atividades do encarregado consistem em:

I – aceitar reclamações e comunicações dos titulares, prestar esclarecimentos e adotar providências;

II – receber comunicações da autoridade nacional e adotar providências;

III – orientar os funcionários e os contratados da entidade a respeito das práticas a serem tomadas em relação à proteção de dados pessoais; e

IV – executar as demais atribuições determinadas pelo controlador ou estabelecidas em normas complementares.

§ 3º A autoridade nacional poderá estabelecer normas complementares sobre a definição e as atribuições do encarregado, inclusive hipóteses de dispensa da necessidade de sua indicação, conforme a natureza e o porte da entidade ou o volume de operações de tratamento de dados.

§ 4º VETADO. Lei nº 13.853, de 8-7-2019.

Seção III
DA RESPONSABILIDADE E DO RESSARCIMENTO DE DANOS

Art. 42. O controlador ou o operador que, em razão do exercício de atividade de tratamento de dados pessoais, causar a outrem dano patrimonial, moral, individual ou coletivo, em violação à legislação de proteção de dados pessoais, é obrigado a repará-lo.

§ 1º A fim de assegurar a efetiva indenização ao titular dos dados:

I – o operador responde solidariamente pelos danos causados pelo tratamento quando descumprir as obrigações da legislação de proteção de dados ou quando não tiver seguido as instruções lícitas do controlador, hipótese em que o operador equipara-se ao controlador, salvo nos casos de exclusão previstos no art. 43 desta Lei;

II – os controladores que estiverem diretamente envolvidos no tratamento do qual decorreram danos ao titular dos dados respondem solidariamente, salvo nos casos de exclusão previstos no art. 43 desta Lei.

§ 2º O juiz, no processo civil, poderá inverter o ônus da prova a favor do titular dos dados quando, a seu juízo, for verossímil a alegação, houver hipossuficiência para fins de produção de prova ou quando a produção de prova pelo titular resultar-lhe excessivamente onerosa.

§ 3º As ações de reparação por danos coletivos que tenham por objeto a responsabilização nos termos do *caput* deste artigo podem ser exercidas coletivamente em juízo, observado o disposto na legislação pertinente.

§ 4º Aquele que reparar o dano ao titular tem direito de regresso contra os demais responsáveis, na medida de sua participação no evento danoso.

Art. 43. Os agentes de tratamento só não serão responsabilizados quando provarem:

I – que não realizaram o tratamento de dados pessoais que lhes é atribuído;

II – que, embora tenham realizado o tratamento de dados pessoais que lhes é atribuído, não houve violação à legislação de proteção de dados; ou

III – que o dano é decorrente de culpa exclusiva do titular dos dados ou de terceiro.

Art. 44. O tratamento de dados pessoais será irregular quando deixar de observar a legislação ou quando não fornecer a segurança que o titular dele pode esperar, consideradas as circunstâncias relevantes, entre as quais:

I – o modo pelo qual é realizado;

II – o resultado e os riscos que razoavelmente dele se esperam;

III – as técnicas de tratamento de dados pessoais disponíveis à época em que foi realizado.

Parágrafo único. Responde pelos danos decorrentes da violação da segurança dos dados o controlador ou o operador que, ao deixar de adotar as medidas de segurança previstas no art. 46 desta Lei, der causa ao dano.

Art. 45. As hipóteses de violação do direito do titular no âmbito das relações de consumo permanecem sujeitas às regras de responsabilidade previstas na legislação pertinente.

CAPÍTULO VII
DA SEGURANÇA E DAS BOAS PRÁTICAS

Seção I
DA SEGURANÇA E DO SIGILO DE DADOS

Art. 46. Os agentes de tratamento devem adotar medidas de segurança, técnicas e administrativas aptas a proteger os dados pessoais de acessos não autorizados e de situações acidentais ou ilícitas de destruição, perda, alteração, comunicação ou qualquer forma de tratamento inadequado ou ilícito.

§ 1º A autoridade nacional poderá dispor sobre padrões técnicos mínimos para tornar aplicável o disposto no *caput* deste artigo, considerados a natureza das informações tratadas, as características específicas do tratamento e o estado atual da tecnologia, especialmente no caso de dados pessoais sensíveis, assim como os princípios previstos no *caput* do art. 6º desta Lei.

§ 2º As medidas de que trata o *caput* deste artigo deverão ser observadas desde a fase de concepção do produto ou do serviço até a sua execução.

Art. 47. Os agentes de tratamento ou qualquer outra pessoa que intervenha em uma das fases do tratamento obriga-se a garantir a segurança da informação prevista nesta Lei em relação aos dados pessoais, mesmo após o seu término.

Art. 48. O controlador deverá comunicar à autoridade nacional e ao titular a ocorrência de incidente de segurança que possa acarretar risco ou dano relevante aos titulares.

§ 1º A comunicação será feita em prazo razoável, conforme definido pela autoridade nacional, e deverá mencionar, no mínimo:

I – a descrição da natureza dos dados pessoais afetados;

II – as informações sobre os titulares envolvidos;

III – a indicação das medidas técnicas e de segurança utilizadas para a proteção dos dados, observados os segredos comercial e industrial;

IV – os riscos relacionados ao incidente;

V – os motivos da demora, no caso de a comunicação não ter sido imediata; e

VI – as medidas que foram ou que serão adotadas para reverter ou mitigar os efeitos do prejuízo.

§ 2º A autoridade nacional verificará a gravidade do incidente e poderá, caso necessário para a salvaguarda dos direitos dos titulares, determinar ao controlador a adoção de providências, tais como:

I – ampla divulgação do fato em meios de comunicação; e

II – medidas para reverter ou mitigar os efeitos do incidente.

§ 3º No juízo de gravidade do incidente, será avaliada eventual comprovação de que foram adotadas medidas técnicas adequadas que tornem os dados pessoais afetados ininteligíveis, no âmbito e nos limites técnicos de seus serviços, para terceiros não autorizados a acessá-los.

Art. 49. Os sistemas utilizados para o tratamento de dados pessoais devem ser estruturados de forma a atender aos requisitos de segurança, aos padrões de boas práticas e de governança e aos princípios gerais previstos nesta Lei e às demais normas regulamentares.

Seção II
DAS BOAS PRÁTICAS E DA GOVERNANÇA

Art. 50. Os controladores e operadores, no âmbito de suas competências, pelo tratamento de dados pessoais, individualmente ou por meio de associações, poderão formular regras de boas práticas e de governança que estabeleçam as condições de organização, o regime de funcionamento, os procedimentos, incluindo reclamações e petições de titulares, as normas de segurança, os padrões técnicos, as obrigações específicas para os diversos envolvidos no tratamento, as ações educativas, os mecanismos internos de supervisão e de mitigação de riscos e outros aspectos relacionados ao tratamento de dados pessoais.

§ 1º Ao estabelecer regras de boas práticas, o controlador e o operador levarão em consideração, em relação ao tratamento e aos dados, a natureza, o escopo, a finalidade e a probabilidade e a gravidade dos riscos e dos benefícios decorrentes de tratamento de dados do titular.

§ 2º Na aplicação dos princípios indicados nos incisos VII e VIII do *caput* do art. 6º desta Lei, o controlador, observados a estrutura, a escala e o volume de suas operações, bem como a sensibilidade dos dados tratados e a probabilidade e a gravidade dos danos para os titulares dos dados, poderá:

I – implementar programa de governança em privacidade que, no mínimo:

a) demonstre o comprometimento do controlador em adotar processos e políticas internas que assegurem o cumprimento, de forma abrangente, de normas e boas práticas relativas à proteção de dados pessoais;

b) seja aplicável a todo o conjunto de dados pessoais que estejam sob seu controle, independentemente do modo como se realizou sua coleta;

c) seja adaptado à estrutura, à escala e ao volume de suas operações, bem como à sensibilidade dos dados tratados;

d) estabeleça políticas e salvaguardas adequadas com base em processo de avaliação sistemática de impactos e riscos à privacidade;

e) tenha o objetivo de estabelecer relação de confiança com o titular, por meio de atuação transparente e que assegure mecanismos de participação do titular;

f) esteja integrado a sua estrutura geral de governança e estabeleça e aplique mecanismos de supervisão internos e externos;

g) conte com planos de resposta a incidentes e remediação; e

h) seja atualizado constantemente com base em informações obtidas a partir de monitoramento contínuo e avaliações periódicas;

II – demonstrar a efetividade de seu programa de governança em privacidade quando apropriado e, em especial, a pedido da autoridade nacional ou de outra entidade responsável por promover o cumprimento de boas práticas ou códigos de conduta, os quais, de forma independente, promovam o cumprimento desta Lei.

§ 3º As regras de boas práticas e de governança deverão ser publicadas e atualizadas periodicamente e poderão ser reconhecidas e divulgadas pela autoridade nacional.

Art. 51. A autoridade nacional estimulará a adoção de padrões técnicos que facilitem o controle pelos titulares dos seus dados pessoais.

CAPÍTULO VIII
DA FISCALIZAÇÃO

Seção I
DAS SANÇÕES ADMINISTRATIVAS

Art. 52. Os agentes de tratamento de dados, em razão das infrações cometidas às normas previstas nesta Lei, ficam sujeitos às seguintes sanções administrativas aplicáveis pela autoridade nacional:

I – advertência, com indicação de prazo para adoção de medidas corretivas;

II – multa simples, de até 2% (dois por cento) do faturamento da pessoa jurídica de direito privado, grupo ou conglomerado no Brasil no seu último exercício, excluídos os tributos, limitada, no total, a R$ 50.000.000,00 (cinquenta milhões de reais) por infração;

III – multa diária, observado o limite total a que se refere o inciso II;

IV – publicização da infração após devidamente apurada e confirmada a sua ocorrência;

V – bloqueio dos dados pessoais a que se refere a infração até a sua regularização;

VI – eliminação dos dados pessoais a que se refere a infração;

VII a IX – VETADOS;

X – suspensão parcial do funcionamento do banco de dados a que se refere a infração pelo período máximo de 6 (seis) meses, prorrogável por igual período, até a regularização da atividade de tratamento pelo controlador;

XI – suspensão do exercício da atividade de tratamento dos dados pessoais a que se refere a infração pelo período máximo de 6 (seis) meses, prorrogável por igual período;

XII – proibição parcial ou total do exercício de atividades relacionadas a tratamento de dados.

► Incisos X a XII com a redação dada pela Lei nº 13.853, de 8-7-2019, promulgado nos termos do art. 66, § 5º, da CF (*DOU* de 20-12-2019).

§ 1º As sanções serão aplicadas após procedimento administrativo que possibilite a oportunidade da ampla defesa, de forma gradativa, isolada ou cumulativa, de acordo com as peculiaridades do caso concreto e considerados os seguintes parâmetros e critérios:

I – a gravidade e a natureza das infrações e dos direitos pessoais afetados;

II – a boa-fé do infrator;

III – a vantagem auferida ou pretendida pelo infrator;

IV – a condição econômica do infrator;
V – a reincidência;
VI – o grau do dano;
VII – a cooperação do infrator;
VIII – a adoção reiterada e demonstrada de mecanismos e procedimentos internos capazes de minimizar o dano, voltados ao tratamento seguro e adequado de dados, em consonância com o disposto no inciso II do § 2º do art. 48 desta Lei;
IX – a adoção de política de boas práticas e governança;
X – a pronta adoção de medidas corretivas; e
XI – a proporcionalidade entre a gravidade da falta e a intensidade da sanção.

§ 2º O disposto neste artigo não substitui a aplicação de sanções administrativas, civis ou penais definidas na Lei nº 8.078, de 11 de setembro de 1990, e em legislação específica.

▶ § 2º com a redação dada pela Lei nº 13.853, de 8-7-2019.

§ 3º O disposto nos incisos I, IV, V, VI, X, XI e XII do *caput* deste artigo poderá ser aplicado às entidades e aos órgãos públicos, sem prejuízo do disposto na Lei nº 8.112, de 11 de dezembro de 1990, na Lei nº 8.429, de 2 de junho de 1992, e na Lei nº 12.527, de 18 de novembro de 2011.

▶ § 3º com a redação dada pela Lei nº 13.853, de 8-7-2019, promulgado nos termos do art. 66, § 5º, da CF (*DOU* de 20-12-2019).

§ 4º No cálculo do valor da multa de que trata o inciso II do *caput* deste artigo, a autoridade nacional poderá considerar o faturamento total da empresa ou grupo de empresas, quando não dispuser do valor do faturamento no ramo de atividade empresarial em que ocorreu a infração, definido pela autoridade nacional, ou quando o valor for apresentado de forma incompleta ou não for demonstrado de forma inequívoca e idônea.

▶ Art. 52 republicado no *DOU* de 15-8-2018 – edição extra, em virtude de erro material.

§ 5º O produto da arrecadação das multas aplicadas pela ANPD, inscritas ou não em dívida ativa, será destinado ao Fundo de Defesa de Direitos Difusos de que tratam o art. 13 da Lei nº 7.347, de 24 de julho de 1985, e a Lei nº 9.008, de 21 de março de 1995.

▶ § 5º acrescido pela Lei nº 13.853, de 8-7-2019.

§ 6º As sanções previstas nos incisos X, XI e XII do *caput* deste artigo serão aplicadas:
I – somente após já ter sido imposta ao menos 1 (uma) das sanções de que tratam os incisos II, III, IV, V e VI do *caput* deste artigo para o mesmo caso concreto; e
II – em caso de controladores submetidos a outros órgãos e entidades com competências sancionatórias, ouvidos esses órgãos.

▶ § 6º com a redação dada pela Lei nº 13.853, de 8-7-2019, promulgado nos termos do art. 66, § 5º, da CF (*DOU* de 20-12-2019).

§ 7º Os vazamentos individuais ou os acessos não autorizados de que trata o *caput* do art. 46 desta Lei poderão ser objeto de conciliação direta entre controlador e titular e, caso não haja acordo, o controlador estará sujeito à aplicação das penalidades de que trata este artigo.

▶ § 7º acrescido pela Lei nº 13.853, de 8-7-2019.

Art. 53. A autoridade nacional definirá, por meio de regulamento próprio sobre sanções administrativas a infrações a esta Lei, que deverá ser objeto de consulta pública, as metodologias que orientarão o cálculo do valor-base das sanções de multa.

§ 1º As metodologias a que se refere o *caput* deste artigo devem ser previamente publicadas, para ciência dos agentes de tratamento, e devem apresentar objetivamente as formas e dosimetrias para o cálculo do valor-base das sanções de multa, que deverão conter fundamentação detalhada de todos os seus elementos, demonstrando a observância dos critérios previstos nesta Lei.

§ 2º O regulamento de sanções e metodologias correspondentes deve estabelecer as circunstâncias e as condições para a adoção de multa simples ou diária.

Art. 54. O valor da sanção de multa diária aplicável às infrações a esta Lei deve observar a gravidade da falta e a extensão do dano ou prejuízo causado e ser fundamentado pela autoridade nacional.

Parágrafo único. A intimação da sanção de multa diária deverá conter, no mínimo, a descrição da obrigação imposta, o prazo razoável e estipulado pelo órgão para o seu cumprimento e o valor da multa diária a ser aplicada pelo seu descumprimento.

CAPÍTULO IX
DA AUTORIDADE NACIONAL DE PROTEÇÃO DE DADOS (ANPD) E DO CONSELHO NACIONAL DE PROTEÇÃO DE DADOS PESSOAIS E DA PRIVACIDADE

Seção I
DA AUTORIDADE NACIONAL DE PROTEÇÃO DE DADOS (ANPD)

Art. 55. VETADO.

Art. 55-A. Fica criada a Autoridade Nacional de Proteção de Dados (ANPD), autarquia de natureza especial, dotada de autonomia técnica e decisória, com patrimônio próprio e com sede e foro no Distrito Federal.

▶ *Caput* do art. 55-A com a redação dada pela Lei nº 14.460, de 25-10-2022.

§§ 1º a 3º *Revogados*. Lei nº 14.460, de 25-10-2022.

Art. 55-B. *Revogado*. Lei nº 14.460, de 25-10-2022.

Art. 55-C. A ANPD é composta de:

▶ *Caput* do art. 55-C acrescido pela Lei nº 13.853, de 8-7-2019.

I – Conselho Diretor, órgão máximo de direção;
II – Conselho Nacional de Proteção de Dados Pessoais e da Privacidade;
III – Corregedoria;
IV – Ouvidoria;

▶ Incisos I a IV acrescidos pela Lei nº 13.853, de 8-7-2019.

V – *Revogado*. Lei nº 14.460, de 25-10-2022;
V-A – Procuradoria; e

▶ Inciso V-A acrescido pela Lei nº 14.460, de 25-10-2022.

VI – unidades administrativas e unidades especializadas necessárias à aplicação do disposto nesta Lei.

▶ Inciso VI acrescido pela Lei nº 13.853, de 8-7-2019.

Art. 55-D. O Conselho Diretor da ANPD será composto de 5 (cinco) diretores, incluído o Diretor-Presidente.

§ 1º Os membros do Conselho Diretor da ANPD serão escolhidos pelo Presidente da República e por ele nomeados, após aprovação pelo Senado Federal, nos termos da alínea *f* do inciso III do art. 52 da Constituição Federal, e ocuparão cargo em comissão do Grupo-Direção e Assessoramento Superiores – DAS, no mínimo, de nível 5.

§ 2º Os membros do Conselho Diretor serão escolhidos dentre brasileiros que tenham reputação ilibada, nível superior de educação e elevado conceito no campo de especialidade dos cargos para os quais serão nomeados.

§ 3º O mandato dos membros do Conselho Diretor será de 4 (quatro) anos.

§ 4º Os mandatos dos primeiros membros do Conselho Diretor nomeados serão de 2 (dois), de 3 (três), de 4 (quatro), de 5 (cinco) e de 6 (seis) anos, conforme estabelecido no ato de nomeação.

§ 5º Na hipótese de vacância do cargo no curso do mandato de membro do Conselho Diretor, o prazo remanescente será completado pelo sucessor.

Art. 55-E. Os membros do Conselho Diretor somente perderão seus cargos em virtude de renúncia, condenação judicial transitada em julgado ou pena de demissão decorrente de processo administrativo disciplinar.

§ 1º Nos termos do *caput* deste artigo, cabe ao Ministro de Estado Chefe da Casa Civil da Presidência da República instaurar o processo administrativo disciplinar, que será conduzido por comissão especial constituída por servidores públicos federais estáveis.

§ 2º Compete ao Presidente da República determinar o afastamento preventivo, somente quando assim recomendado pela comissão especial de que trata o § 1º deste artigo, e proferir o julgamento.

Art. 55-F. Aplica-se aos membros do Conselho Diretor, após o exercício do cargo, o disposto no art. 6º da Lei nº 12.813, de 16 de maio de 2013.

Parágrafo único. A infração ao disposto no *caput* deste artigo caracteriza ato de improbidade administrativa.

Art. 55-G. Ato do Presidente da República disporá sobre a estrutura regimental da ANPD.

§ 1º Até a data de entrada em vigor de sua estrutura regimental, a ANPD receberá o apoio técnico e administrativo da Casa Civil da Presidência da República para o exercício de suas atividades.

§ 2º O Conselho Diretor disporá sobre o regimento interno da ANPD.

Art. 55-H. Os cargos em comissão e as funções de confiança da ANPD serão remanejados de outros órgãos e entidades do Poder Executivo federal.

Art. 55-I. Os ocupantes dos cargos em comissão e das funções de confiança da ANPD serão indicados pelo Conselho Diretor e nomeados ou designados pelo Diretor-Presidente.

Art. 55-J. Compete à ANPD:
I – zelar pela proteção dos dados pessoais, nos termos da legislação;
II – zelar pela observância dos segredos comercial e industrial, observada a proteção de dados pessoais e do sigilo das informações quando protegido por lei ou quando a quebra do sigilo violar os fundamentos do art. 2º desta Lei;

III – elaborar diretrizes para a Política Nacional de Proteção de Dados Pessoais e da Privacidade;

IV – fiscalizar e aplicar sanções em caso de tratamento de dados realizado em descumprimento à legislação, mediante processo administrativo que assegure o contraditório, a ampla defesa e o direito de recurso;

V – apreciar petições de titular contra controlador após comprovada pelo titular a apresentação de reclamação ao controlador não solucionada no prazo estabelecido em regulamentação;

VI – promover na população o conhecimento das normas e das políticas públicas sobre proteção de dados pessoais e das medidas de segurança;

VII – promover e elaborar estudos sobre as práticas nacionais e internacionais de proteção de dados pessoais e privacidade;

VIII – estimular a adoção de padrões para serviços e produtos que facilitem o exercício de controle dos titulares sobre seus dados pessoais, os quais deverão levar em consideração as especificidades das atividades e o porte dos responsáveis;

IX – promover ações de cooperação com autoridades de proteção de dados pessoais de outros países, de natureza internacional ou transnacional;

X – dispor sobre as formas de publicidade das operações de tratamento de dados pessoais, respeitados os segredos comercial e industrial;

XI – solicitar, a qualquer momento, às entidades do poder público que realizem operações de tratamento de dados pessoais informe específico sobre o âmbito, a natureza dos dados e os demais detalhes do tratamento realizado, com a possibilidade de emitir parecer técnico complementar para garantir o cumprimento desta Lei;

XII – elaborar relatórios de gestão anuais acerca de suas atividades;

XIII – editar regulamentos e procedimentos sobre proteção de dados pessoais e privacidade, bem como sobre relatórios de impacto à proteção de dados pessoais para os casos em que o tratamento representar alto risco à garantia dos princípios gerais de proteção de dados pessoais previstos nesta Lei;

XIV – ouvir os agentes de tratamento e a sociedade em matérias de interesse relevante e prestar contas sobre suas atividades e planejamento;

XV – arrecadar e aplicar suas receitas e publicar, no relatório de gestão a que se refere o inciso XII do *caput* deste artigo, o detalhamento de suas receitas e despesas;

XVI – realizar auditorias, ou determinar sua realização, no âmbito da atividade de fiscalização de que trata o inciso IV e com a devida observância do disposto no inciso II do *caput* deste artigo, sobre o tratamento de dados pessoais efetuado pelos agentes de tratamento, incluído o poder público;

XVII – celebrar, a qualquer momento, compromisso com agentes de tratamento para eliminar irregularidade, incerteza jurídica ou situação contenciosa no âmbito de processos administrativos, de acordo com o previsto no Decreto-Lei nº 4.657, de 4 de setembro de 1942;

XVIII – editar normas, orientações e procedimentos simplificados e diferenciados, inclusive quanto aos prazos, para que microempresas e empresas de pequeno porte, bem como iniciativas empresariais de caráter incremental ou disruptivo que se autodeclarem *startups* ou empresas de inovação, possam adequar-se a esta Lei;

XIX – garantir que o tratamento de dados de idosos seja efetuado de maneira simples, clara, acessível e adequada ao seu entendimento, nos termos desta Lei e da Lei nº 10.741, de 1º de outubro de 2003 (Estatuto do Idoso);

XX – deliberar, na esfera administrativa, em caráter terminativo, sobre a interpretação desta Lei, as suas competências e os casos omissos;

XXI – comunicar às autoridades competentes as infrações penais das quais tiver conhecimento;

XXII – comunicar aos órgãos de controle interno o descumprimento do disposto nesta Lei por órgãos e entidades da administração pública federal;

XXIII – articular-se com as autoridades reguladoras públicas para exercer suas competências em setores específicos de atividades econômicas e governamentais sujeitas à regulação; e

XXIV – implementar mecanismos simplificados, inclusive por meio eletrônico, para o registro de reclamações sobre o tratamento de dados pessoais em desconformidade com esta Lei.

§ 1º Ao impor condicionantes administrativas ao tratamento de dados pessoais por agente de tratamento privado, sejam eles limites, encargos ou sujeições, a ANPD deve observar a exigência de mínima intervenção, assegurados os fundamentos, os princípios e os direitos dos titulares previstos no art. 170 da Constituição Federal e nesta Lei.

§ 2º Os regulamentos e as normas editados pela ANPD devem ser precedidos de consulta e audiência públicas, bem como de análises de impacto regulatório.

§ 3º A ANPD e os órgãos e entidades públicos responsáveis pela regulação de setores específicos da atividade econômica e governamental devem coordenar suas atividades, nas correspondentes esferas de atuação, com vistas a assegurar o cumprimento de suas atribuições com a maior eficiência e promover o adequado funcionamento dos setores regulados, conforme legislação específica, e o tratamento de dados pessoais, na forma desta Lei.

§ 4º A ANPD manterá fórum permanente de comunicação, inclusive por meio de cooperação técnica, com órgãos e entidades da administração pública responsáveis pela regulação de setores específicos da atividade econômica e governamental, a fim de facilitar as competências regulatória, fiscalizatória e punitiva da ANPD.

§ 5º No exercício das competências de que trata o *caput* deste artigo, a autoridade competente deverá zelar pela preservação do segredo empresarial e do sigilo das informações, nos termos da lei.

§ 6º As reclamações colhidas conforme o disposto no inciso V do *caput* deste artigo poderão ser analisadas de forma agregada, e as eventuais providências delas decorrentes poderão ser adotadas de forma padronizada.

Art. 55-K. A aplicação das sanções previstas nesta Lei compete exclusivamente à ANPD, e suas competências prevalecerão, no que se refere à proteção de dados pessoais, sobre as competências correlatas de outras entidades ou órgãos da administração pública.

Parágrafo único. A ANPD articulará sua atuação com outros órgãos e entidades com competências sancionatórias e normativas afetas ao tema de proteção de dados pessoais e será o órgão central de interpretação desta Lei e do estabelecimento de normas e diretrizes para a sua implementação.

Art. 55-L. Constituem receitas da ANPD:

I – as dotações, consignadas no orçamento geral da União, os créditos especiais, os créditos adicionais, as transferências e os repasses que lhe forem conferidos;

II – as doações, os legados, as subvenções e outros recursos que lhe forem destinados;

III – os valores apurados na venda ou aluguel de bens móveis e imóveis de sua propriedade;

IV – os valores apurados em aplicações no mercado financeiro das receitas previstas neste artigo;

V – VETADO. Lei nº 13.853, de 8-7-2019;

VI – os recursos provenientes de acordos, convênios ou contratos celebrados com entidades, organismos ou empresas, públicos ou privados, nacionais ou internacionais;

VII – o produto da venda de publicações, material técnico, dados e informações, inclusive para fins de licitação pública.

► Arts. 55-D a 55-L acrescidos pela Lei nº 13.853, de 8-7-2019.

Art. 55-M. Constituem o patrimônio da ANPD os bens e os direitos:

I – que lhe forem transferidos pelos órgãos da Presidência da República; e

II – que venha a adquirir ou a incorporar.

► Art. 55-M acrescido pela Lei nº 14.460, de 25-10-2022.

Arts. 56 e 57. VETADOS.

Seção II

DO CONSELHO NACIONAL DE PROTEÇÃO DE DADOS PESSOAIS E DA PRIVACIDADE

Art. 58. VETADO.

Art. 58-A. O Conselho Nacional de Proteção de Dados Pessoais e da Privacidade será composto de 23 (vinte e três) representantes, titulares e suplentes, dos seguintes órgãos:

I – 5 (cinco) do Poder Executivo federal;

II – 1 (um) do Senado Federal;

III – 1 (um) da Câmara dos Deputados;

IV – 1 (um) do Conselho Nacional de Justiça;

V – 1 (um) do Conselho Nacional do Ministério Público;

VI – 1 (um) do Comitê Gestor da Internet no Brasil;

VII – 3 (três) de entidades da sociedade civil com atuação relacionada a proteção de dados pessoais;

VIII – 3 (três) de instituições científicas, tecnológicas e de inovação;

IX – 3 (três) de confederações sindicais representativas das categorias econômicas do setor produtivo;

X – 2 (dois) de entidades representativas do setor empresarial relacionado à área de tratamento de dados pessoais; e

XI – 2 (dois) de entidades representativas do setor laboral.

§ 1º Os representantes serão designados por ato do Presidente da República, permitida a delegação.

§ 2º Os representantes de que tratam os incisos I, II, III, IV, V e VI do *caput* deste artigo e seus suplentes serão indicados pelos titulares dos respectivos órgãos e entidades da administração pública.

§ 3º Os representantes de que tratam os incisos VII, VIII, IX, X e XI do *caput* deste artigo e seus suplentes:

I – serão indicados na forma de regulamento;

II – não poderão ser membros do Comitê Gestor da Internet no Brasil;

III – terão mandato de 2 (dois) anos, permitida 1 (uma) recondução.

§ 4º A participação no Conselho Nacional de Proteção de Dados Pessoais e da Privacidade será considerada prestação de serviço público relevante, não remunerada.

Art. 58-B. Compete ao Conselho Nacional de Proteção de Dados Pessoais e da Privacidade:

I – propor diretrizes estratégicas e fornecer subsídios para a elaboração da Política Nacional de Proteção de Dados Pessoais e da Privacidade e para a atuação da ANPD;

II – elaborar relatórios anuais de avaliação da execução das ações da Política Nacional de Proteção de Dados Pessoais e da Privacidade;

III – sugerir ações a serem realizadas pela ANPD;

IV – elaborar estudos e realizar debates e audiências públicas sobre a proteção de dados pessoais e da privacidade; e

V – disseminar o conhecimento sobre a proteção de dados pessoais e da privacidade à população.

▶ Arts. 58-A e 58-B acrescidos pela Lei nº 13.853, de 8-7-2019.

Art. 59. VETADO.

CAPÍTULO X
DISPOSIÇÕES FINAIS E TRANSITÓRIAS

Art. 60. A Lei nº 12.965, de 23 de abril de 2014 (Marco Civil da Internet), passa a vigorar com as seguintes alterações:

▶ Alterações inseridas no texto da referida Lei.

Art. 61. A empresa estrangeira será notificada e intimada de todos os atos processuais previstos nesta Lei, independentemente de procuração ou de disposição contratual ou estatutária, na pessoa do agente ou representante ou pessoa responsável por sua filial, agência, sucursal, estabelecimento ou escritório instalado no Brasil.

Art. 62. A autoridade nacional e o Instituto Nacional de Estudos e Pesquisas Educacionais Anísio Teixeira (INEP), no âmbito de suas competências, editarão regulamentos específicos para o acesso a dados tratados pela União para o cumprimento do disposto no § 2º do art. 9º da Lei nº 9.394, de 20 de dezembro de 1996 (Lei de Diretrizes e Bases da Educação Nacional), e aos referentes ao Sistema Nacional de Avaliação da Educação Superior (SINAES), de que trata a Lei nº 10.861, de 14 de abril de 2004.

Art. 63. A autoridade nacional estabelecerá normas sobre a adequação progressiva de bancos de dados constituídos até a data de entrada em vigor desta Lei, consideradas a complexidade das operações de tratamento e a natureza dos dados.

Art. 64. Os direitos e princípios expressos nesta Lei não excluem outros previstos no ordenamento jurídico pátrio relacionados à matéria ou nos tratados internacionais em que a República Federativa do Brasil seja parte.

Art. 65. Esta Lei entra em vigor:

▶ *Caput* com a redação dada pela Lei nº 13.853, de 8-7-2019.

I – dia 28 de dezembro de 2018, quanto aos arts. 55-A, 55-B, 55-C, 55-D, 55-E, 55-F, 55-G, 55-H, 55-I, 55-J, 55-K, 55-L, 58-A e 58-B; e

▶ Inciso I com a redação dada pela Lei nº 13.853, de 8-7-2019.

I-A – dia 1º de agosto de 2021, quanto aos arts. 52, 53 e 54;

▶ Inciso I-A acrescido pela Lei nº 14.010, de 10-6-2020.

II – 24 (vinte e quatro) meses após a data de sua publicação, quanto aos demais artigos.

▶ Inciso II acrescido pela Lei nº 13.853, de 8-7-2019.

Brasília, 14 de agosto de 2018;
197º da Independência e
130º da República.

Michel Temer

LEI Nº 13.775, DE 20 DE DEZEMBRO DE 2018

Dispõe sobre a emissão de duplicata sob a forma escritural; altera a Lei nº 9.492, de 10 de setembro de 1997; e dá outras providências.

▶ Publicada no *DOU* de 21-12-2018.

Art. 1º Esta Lei dispõe sobre a emissão de duplicata sob a forma escritural.

Art. 2º A duplicata de que trata a Lei nº 5.474, de 18 de julho de 1968, pode ser emitida sob a forma escritural, para circulação como efeito comercial, observadas as disposições desta Lei.

Art. 3º A emissão de duplicata sob a forma escritural far-se-á mediante lançamento em sistema eletrônico de escrituração gerido por quaisquer das entidades que exerçam a atividade de escrituração de duplicatas escriturais.

▶ Dec. nº 9.769, de 16-4-2019, estabelece a competência para autorizar o exercício da atividade de escrituração de duplicatas escriturais.

§ 1º As entidades de que trata o *caput* deste artigo deverão ser autorizadas por órgão ou entidade da administração federal direta ou indireta a exercer a atividade de escrituração de duplicatas.

§ 2º No caso da escrituração de que trata o *caput* deste artigo, feita por Central Nacional de Registro de Títulos e Documentos, após autorizada a exercer a atividade prevista no *caput* deste artigo, nos termos do § 1º deste artigo, a referida escrituração caberá ao oficial de registro do domicílio do emissor da duplicata.

§ 3º Se o oficial de registro não estiver integrado ao sistema central, a competência de que trata o § 2º deste artigo será transferida para a Capital da respectiva entidade federativa.

§ 4º O valor total dos emolumentos cobrados pela central nacional de que trata o § 2º deste artigo para a prática dos atos descritos nesta Lei será fixado pelos Estados e pelo Distrito Federal, observado o valor máximo de R$ 1,00 (um real) por duplicata.

Art. 4º Deverá ocorrer no sistema eletrônico de que trata o art. 3º desta Lei, relativamente à duplicata emitida sob a forma escritural, a escrituração, no mínimo, dos seguintes aspectos:

I – apresentação, aceite, devolução e formalização da prova do pagamento;

II – controle e transferência da titularidade;

III – prática de atos cambiais sob a forma escritural, tais como endosso e aval;

IV – inclusão de indicações, informações ou de declarações referentes à operação com base na qual a duplicata foi emitida ou ao próprio título; e

V – inclusão de informações a respeito de ônus e gravames constituídos sobre as duplicatas.

§ 1º O gestor do sistema eletrônico de escrituração deverá realizar as comunicações dos atos de que trata o *caput* deste artigo ao devedor e aos demais interessados.

§ 2º O órgão ou entidade da administração federal de que trata o § 1º do art. 3º desta Lei poderá definir a forma e os procedimentos que deverão ser observados para a realização das comunicações previstas no § 1º deste artigo.

§ 3º O sistema eletrônico de escrituração de que trata o *caput* deste artigo disporá de mecanismos que permitam ao sacador e ao sacado comprovarem, por quaisquer meios de prova admitidos em direito, a entrega e o recebimento das mercadorias ou a prestação do serviço, devendo a apresentação das provas ser efetuada em meio eletrônico.

§ 4º Os endossantes e avalistas indicados pelo apresentante ou credor como garantidores do cumprimento da obrigação constarão como tal dos extratos de que trata o art. 6º desta Lei.

Art. 5º Constituirá prova de pagamento, total ou parcial, da duplicata emitida sob a forma escritural a liquidação do pagamento em favor do legítimo credor, utilizando-se qualquer meio de pagamento existente no âmbito do Sistema de Pagamentos Brasileiro.

Parágrafo único. A prova de pagamento de que trata o *caput* deste artigo deverá ser informada no sistema eletrônico de escrituração previsto no art. 3º desta Lei, com referência expressa à duplicata amortizada ou liquidada.

Art. 6º Os gestores dos sistemas eletrônicos de escrituração de que trata o art. 3º desta Lei ou os depositários centrais, na hipótese de a duplicata emitida sob a forma escritural ter sido depositada de acordo com a Lei nº 12.810, de 15 de maio de 2013, expedirão, a pedido de qualquer solicitante, extrato do registro eletrônico da duplicata.

§ 1º Deverão constar do extrato expedido, no mínimo:

I – a data da emissão e as informações referentes ao sistema eletrônico de escrituração no âmbito do qual a duplicata foi emitida;

II – os elementos necessários à identificação da duplicata, nos termos do art. 2º da Lei nº 5.474, de 18 de julho de 1968;

III – a cláusula de inegociabilidade; e

IV – as informações acerca dos ônus e gravames.

§ 2º O extrato de que trata o *caput* deste artigo pode ser emitido em forma eletrônica, observados requisitos de segurança que garantam a autenticidade do documento.

§ 3º O sistema eletrônico de escrituração de que trata o art. 3º desta Lei deverá manter em seus arquivos cópia eletrônica dos extratos emitidos.

§ 4º Será gratuita a qualquer solicitante a informação, prestada por meio da rede mundial de computadores, de inadimplementos registrados em relação a determinado devedor.

Art. 7º A duplicata emitida sob a forma escritural e o extrato de que trata o art. 6º desta Lei são títulos executivos extrajudiciais, devendo-se observar, para sua cobrança judicial, o disposto no art. 15 da Lei nº 5.474, de 18 de julho de 1968.

Art. 8º A Lei nº 9.492, de 10 de setembro de 1997, passa a vigorar com as seguintes alterações:

► Alterações inseridas no texto da referida Lei.

Art. 9º Os lançamentos no sistema eletrônico de que trata o art. 3º desta Lei substituem o Livro de Registro de Duplicatas, previsto no art. 19 da Lei nº 5.474, de 18 de julho de 1968.

Art. 10. São nulas de pleno direito as cláusulas contratuais que vedam, limitam ou oneram, de forma direta ou indireta, a emissão ou a circulação de duplicatas emitidas sob a forma cartular ou escritural.

Art. 11. O órgão ou entidade da administração federal de que trata o § 1º do art. 3º desta Lei poderá regulamentar o disposto nesta Lei, inclusive quanto à forma e periodicidade do compartilhamento de registros, à fiscalização da atividade de escrituração de duplicatas escriturais, aos requisitos de funcionamento do sistema eletrônico de escrituração e às condições de emissão, de negociação, de liquidação e de escrituração da duplicata emitida sob a forma escritural.

Parágrafo único. Em caso de descumprimento desta Lei ou da regulamentação de que trata o *caput* deste artigo, serão aplicáveis as disposições da Lei nº 13.506, de 13 de novembro de 2017, pelo órgão ou entidade da administração federal de que trata o § 1º do art. 3º desta Lei.

Art. 12. Às duplicatas escriturais são aplicáveis, de forma subsidiária, as disposições da Lei nº 5.474, de 18 de julho de 1968.

§ 1º A apresentação da duplicata escritural será efetuada por meio eletrônico, observados os prazos determinados pelo órgão ou entidade da administração federal de que trata o § 1º do art. 3º desta Lei ou, na ausência dessa determinação, o prazo de 2 (dois) dias úteis contados de sua emissão.

§ 2º O devedor poderá, por meio eletrônico, recusar, no prazo, nas condições e pelos motivos previstos nos arts. 7º e 8º da Lei nº 5.474, de 18 de julho de 1968, a duplicata escritural apresentada ou, no mesmo prazo acrescido de sua metade, aceitá-la.

§ 3º Para fins de protesto, a praça de pagamento das duplicatas escriturais de que trata o inciso VI do § 1º do art. 2º da Lei nº 5.474, de 18 de julho de 1968, deverá coincidir com o domicílio do devedor, segundo a regra geral do § 1º do art. 75 e do art. 327 da Lei nº 10.406, de 10 de janeiro de 2002 (Código Civil), salvo convenção expressa entre as partes que demonstre a concordância inequívoca do devedor.

Art. 13. Esta Lei entra em vigor após decorridos 120 (cento e vinte) dias de sua publicação oficial.

Brasília, 20 de dezembro de 2018;
197º da Independência e
130º da República.

Michel Temer

LEI COMPLEMENTAR Nº 167, DE 24 DE ABRIL DE 2019

Dispõe sobre a Empresa Simples de Crédito (ESC) e altera a Lei nº 9.613, de 3 de março de 1998 (Lei de Lavagem de Dinheiro), a Lei nº 9.249, de 26 de dezembro de 1995, e a Lei Complementar nº 123, de 14 de dezembro de 2006 (Lei do Simples Nacional), para regulamentar a ESC e instituir o Inova Simples.

► Publicada no *DOU* de 25-4-2019.

Art. 1º A Empresa Simples de Crédito (ESC), de âmbito municipal ou distrital, com atuação exclusivamente no Município de sua sede e em Municípios limítrofes, ou, quando for o caso, no Distrito Federal e em Municípios limítrofes, destina-se à realização de operações de empréstimo, de financiamento e de desconto de títulos de crédito, exclusivamente com recursos próprios, tendo como contrapartes microempreendedores individuais, microempresas e empresas de pequeno porte, nos termos da Lei Complementar nº 123, de 14 de dezembro de 2006 (Lei do SIMPLES Nacional).

Art. 2º A ESC deve adotar a forma de empresa individual de responsabilidade limitada (EIRELI), empresário individual ou sociedade limitada constituída exclusivamente por pessoas naturais e terá por objeto social exclusivo as atividades enumeradas no art. 1º desta Lei Complementar.

§ 1º O nome empresarial de que trata o *caput* deste artigo conterá a expressão "Empresa Simples de Crédito", e não poderá constar dele, ou de qualquer texto de divulgação de suas atividades, a expressão "banco" ou outra expressão identificadora de instituição autorizada a funcionar pelo Banco Central do Brasil.

§ 2º O capital inicial da ESC e os posteriores aumentos de capital deverão ser realizados integralmente em moeda corrente.

§ 3º O valor total das operações de empréstimo, de financiamento e de desconto de títulos de crédito da ESC não poderá ser superior ao capital realizado.

§ 4º A mesma pessoa natural não poderá participar de mais de uma ESC, ainda que localizadas em Municípios distintos ou sob a forma de filial.

Art. 3º É vedada à ESC a realização de:

I – qualquer captação de recursos, em nome próprio ou de terceiros, sob pena de enquadramento no crime previsto no art. 16 da Lei nº 7.492, de 16 de junho de 1986 (Lei dos Crimes contra o Sistema Financeiro Nacional); e

II – operações de crédito, na qualidade de credora, com entidades integrantes da administração pública direta, indireta e fundacional de qualquer dos poderes da União, dos Estados, do Distrito Federal e dos Municípios.

Art. 4º A receita bruta anual da ESC não poderá exceder o limite de receita bruta para Empresa de Pequeno Porte (EPP) definido na Lei Complementar nº 123, de 14 de dezembro de 2006 (Lei do Simples Nacional).

Parágrafo único. Considera-se receita bruta, para fins do disposto no *caput* deste artigo, a remuneração auferida pela ESC com a cobrança de juros, inclusive quando cobertos pela venda do valor do bem objeto de alienação fiduciária.

Art. 5º Nas operações referidas no art. 1º desta Lei Complementar, devem ser observadas as seguintes condições:

I – a remuneração da ESC somente pode ocorrer por meio de juros remuneratórios, vedada a cobrança de quaisquer outros encargos, mesmo sob a forma de tarifa;

II – a formalização do contrato deve ser realizada por meio de instrumento próprio, cuja cópia deverá ser entregue à contraparte da operação;

III – a movimentação dos recursos deve ser realizada exclusivamente mediante débito e crédito em contas de depósito de titularidade da ESC e da pessoa jurídica contraparte na operação.

§ 1º A ESC poderá utilizar o instituto da alienação fiduciária em suas operações de empréstimo, de financiamento e de desconto de títulos de crédito.

§ 2º A ESC deverá providenciar a anotação, em bancos de dados, de informações de adimplemento e de inadimplemento de seus clientes, na forma da legislação em vigor.

§ 3º É condição de validade das operações de que trata o *caput* deste artigo o registro delas em entidade registradora autorizada pelo Banco Central do Brasil ou pela Comissão de Valores Mobiliários, nos termos do art. 28 da Lei nº 12.810, de 15 de maio de 2013.

§ 4º Não se aplicam à ESC as limitações à cobrança de juros previstas no Decreto nº 22.626, de 7 de abril de 1933 (Lei da Usura), e no art. 591 da Lei nº 10.406, de 10 de janeiro de 2002 (Código Civil).

Art. 6º É facultado ao Banco Central do Brasil, não constituindo violação ao dever de sigilo, o acesso às informações decorrentes do registro de que trata o § 3º do art. 5º desta Lei Complementar, para fins estatísticos e de controle macroprudencial do risco de crédito.

Art. 7º As ESCs estão sujeitas aos regimes de recuperação judicial e extrajudicial e ao regime falimentar regulados pela Lei nº 11.101, de 9 de fevereiro de 2005 (Lei de Falências).

Art. 8º A ESC deverá manter escrituração com observância das leis comerciais e fiscais e transmitir a Escrituração Contábil Digital (ECD) por meio do Sistema Público de Escrituração Digital (SPED).

Art. 9º Constitui crime o descumprimento do disposto no art. 1º, no § 3º do art. 2º, no art. 3º e no *caput* do art. 5º desta Lei Complementar.

Pena – reclusão, de 1 (um) a 4 (quatro) anos, e multa.

Art. 10. O Serviço Brasileiro de Apoio às Micro e Pequenas Empresas (SEBRAE) poderá apoiar a constituição e o fortalecimento das ESCs.

Art. 11. O art. 9º da Lei nº 9.613, de 3 de março de 1998 (Lei de Lavagem de Dinheiro), passa a vigorar com a seguinte redação:

► Alterações inseridas no texto da referida Lei.

Art. 12. Os arts. 15 e 20 da Lei nº 9.249, de 26 de dezembro de 1995, passam a vigorar com a seguinte redação:

► Alterações inseridas no texto da referida Lei.

Art. 13. A Lei Complementar nº 123, de 14 de dezembro de 2006 (Lei do SIMPLES Nacional), passa a vigorar com as seguintes alterações:

► Alterações inseridas no texto da referida Lei Complementar.

Art. 14. Esta Lei Complementar entra em vigor na data de sua publicação.

Brasília, 24 de abril de 2019;
198º da Independência e
131º da República.
Jair Messias Bolsonaro

LEI Nº 13.819, DE 26 DE ABRIL DE 2019

Institui a Política Nacional de Prevenção da Automutilação e do Suicídio, a ser implementada pela União, em cooperação com os Estados, o Distrito Federal e os Municípios; e altera a Lei nº 9.656, de 3 de junho de 1998.

- Publicada no *DOU* de 29-4-2019.
- Dec. nº 10.225, de 5-2-2020, institui o Comitê Gestor da Política Nacional de Prevenção da Automutilação e do Suicídio, regulamenta a Política Nacional de Prevenção da Automutilação e do Suicídio e estabelece normas relativas à notificação compulsória de violência autoprovocada.

Art. 1º Esta Lei institui a Política Nacional de Prevenção da Automutilação e do Suicídio, a ser implementada pela União, pelos Estados, pelos Municípios e pelo Distrito Federal.

Art. 2º Fica instituída a Política Nacional de Prevenção da Automutilação e do Suicídio, como estratégia permanente do poder público para a prevenção desses eventos e para o tratamento dos condicionantes a eles associados.

Parágrafo único. A Política Nacional de Prevenção da Automutilação e do Suicídio será implementada pela União, em cooperação com os Estados, o Distrito Federal e os Municípios, e com a participação da sociedade civil e de instituições privadas.

Art. 3º São objetivos da Política Nacional de Prevenção da Automutilação e do Suicídio:

I – promover a saúde mental;

II – prevenir a violência autoprovocada;

III – controlar os fatores determinantes e condicionantes da saúde mental;

IV – garantir o acesso à atenção psicossocial das pessoas em sofrimento psíquico agudo ou crônico, especialmente daquelas com histórico de ideação suicida, automutilações e tentativa de suicídio;

V – abordar adequadamente os familiares e as pessoas próximas das vítimas de suicídio e garantir-lhes assistência psicossocial;

VI – informar e sensibilizar a sociedade sobre a importância e a relevância das lesões autoprovocadas como problemas de saúde pública passíveis de prevenção;

VII – promover a articulação intersetorial para a prevenção do suicídio, envolvendo entidades de saúde, educação, comunicação, imprensa, polícia, entre outras;

VIII – promover a notificação de eventos, o desenvolvimento e o aprimoramento de métodos de coleta e análise de dados sobre automutilações, tentativas de suicídio e suicídios consumados, envolvendo a União, os Estados, o Distrito Federal, os Municípios e os estabelecimentos de saúde e de medicina legal, para subsidiar a formulação de políticas e tomadas de decisão;

IX – promover a educação permanente de gestores e de profissionais de saúde em todos os níveis de atenção quanto ao sofrimento psíquico e às lesões autoprovocadas.

Parágrafo único. A Política Nacional de Prevenção da Automutilação e do Suicídio deverá assegurar, no curso das políticas e das ações previstas, recortes específicos direcionados à prevenção do suicídio dos integrantes das carreiras policiais previstas no § 3º do art. 27, no inciso IV do *caput* do art. 51 e no inciso XIII do *caput* do art. 52 da Constituição Federal e dos órgãos referidos no art. 9º da Lei nº 13.675, de 11 de junho de 2018.

- Parágrafo único acrescido pela Lei nº 14.531, de 10-1-2023.

Art. 4º O poder público manterá serviço telefônico para recebimento de ligações, destinado ao atendimento gratuito e sigiloso de pessoas em sofrimento psíquico.

§ 1º Deverão ser adotadas outras formas de comunicação, além da prevista no *caput* deste artigo, que facilitem o contato, observados os meios mais utilizados pela população.

§ 2º Os atendentes do serviço previsto no *caput* deste artigo deverão ter qualificação adequada, na forma de regulamento.

§ 3º O serviço previsto no *caput* deste artigo deverá ter ampla divulgação em estabelecimentos com alto fluxo de pessoas, assim como por meio de campanhas publicitárias.

Art. 5º O poder público poderá celebrar parcerias com empresas provedoras de conteúdo digital, mecanismos de pesquisa da internet, gerenciadores de mídias sociais, entre outros, para a divulgação dos serviços de atendimento a pessoas em sofrimento psíquico.

Art. 6º Os casos suspeitos ou confirmados de violência autoprovocada são de notificação compulsória pelos:

I – estabelecimentos de saúde públicos e privados às autoridades sanitárias;

II – estabelecimentos de ensino públicos e privados ao conselho tutelar.

§ 1º Para os efeitos desta Lei, entende-se por violência autoprovocada:

I – o suicídio consumado;

II – a tentativa de suicídio;

III – o ato de automutilação, com ou sem ideação suicida.

§ 2º Nos casos que envolverem criança ou adolescente, o conselho tutelar deverá receber a notificação de que trata o inciso I do *caput* deste artigo, nos termos de regulamento.

§ 3º A notificação compulsória prevista no *caput* deste artigo tem caráter sigiloso, e as autoridades que a tenham recebido ficam obrigadas a manter o sigilo.

§ 4º Os estabelecimentos de saúde públicos e privados previstos no inciso I do *caput* deste artigo deverão informar e treinar os profissionais que atendem pacientes em seu recinto quanto aos procedimentos de notificação estabelecidos nesta Lei.

§ 5º Os estabelecimentos de ensino públicos e privados de que trata o inciso II do *caput* deste artigo deverão informar e treinar os profissionais que trabalham em seu recinto quanto aos procedimentos de notificação estabelecidos nesta Lei.

§ 6º Regulamento disciplinará a forma de comunicação entre o conselho tutelar e a autoridade sanitária, de forma a integrar suas ações nessa área.

Art. 7º Nos casos que envolverem investigação de suspeita de suicídio, a autoridade competente deverá comunicar à autoridade sanitária a conclusão do inquérito policial que apurou as circunstâncias da morte.

Art. 8º VETADO.

Art. 9º Aplica-se, no que couber, à notificação compulsória prevista nesta Lei, o disposto na Lei nº 6.259, de 30 de outubro de 1975.

Art. 10. A Lei nº 9.656, de 3 de junho de 1998, passa a vigorar acrescida do seguinte art. 10-C:

> "Art. 10-C. Os produtos de que tratam o inciso I do *caput* e o § 1º do art. 1º desta Lei deverão incluir cobertura de atendimento à violência autoprovocada e às tentativas de suicídio."

Art. 11. Esta Lei entra em vigor após decorridos 90 (noventa) dias de sua publicação oficial.

Brasília, 26 de abril de 2019;
198º da Independência e
131º da República.
Jair Messias Bolsonaro

DECRETO Nº 9.830, DE 10 DE JUNHO DE 2019

Regulamenta o disposto nos art. 20 ao art. 30 do Decreto-Lei nº 4.657, de 4 de setembro de 1942, que institui a Lei de Introdução às normas do Direito brasileiro.

- Publicado no *DOU* de 11-6-2019.

CAPÍTULO I – DISPOSIÇÕES PRELIMINARES

Objeto

Art. 1º Este Decreto regulamenta o disposto nos art. 20 ao art. 30 do Decreto-Lei nº 4.657, de 4 de setembro de 1942, que institui a Lei de Introdução às normas do Direito brasileiro.

CAPÍTULO II – DA DECISÃO

Motivação e decisão

Art. 2º A decisão será motivada com a contextualização dos fatos, quando cabível, e com a indicação dos fundamentos de mérito e jurídicos.

§ 1º A motivação da decisão conterá os seus fundamentos e apresentará a congruência entre as normas e os fatos que a embasaram, de forma argumentativa.

§ 2º A motivação indicará as normas, a interpretação jurídica, a jurisprudência ou a doutrina que a embasaram.

§ 3º A motivação poderá ser constituída por declaração de concordância com o conteúdo de notas técnicas, pareceres, informações, decisões ou propostas que precederam a decisão.

Motivação e decisão baseadas em valores jurídicos abstratos

Art. 3º A decisão que se basear exclusivamente em valores jurídicos abstratos observará o disposto no art. 2º e as consequências práticas da decisão.

§ 1º Para fins do disposto neste Decreto, consideram-se valores jurídicos abstratos aqueles previstos em normas jurídicas com alto grau de indeterminação e abstração.

§ 2º Na indicação das consequências práticas da decisão, o decisor apresentará as aquelas consequências práticas que, no exercício diligente de sua atuação, consiga vislumbrar diante dos fatos e fundamentos de mérito e jurídicos.

§ 3º A motivação demonstrará a necessidade e a adequação da medida imposta, inclusive consideradas as possíveis alternativas e observados os critérios de adequação, proporcionalidade e de razoabilidade.

Motivação e decisão na invalidação

Art. 4º A decisão que decretar invalidação de atos, contratos, ajustes, processos ou normas administrativos observará o disposto no art. 2º e indicará, de modo expresso, as suas consequências jurídicas e administrativas.

§ 1º A consideração das consequências jurídicas e administrativas é limitada aos fatos e fundamentos de mérito e jurídicos que se espera do decisor no exercício diligente de sua atuação.

§ 2º A motivação demonstrará a necessidade e a adequação da medida imposta, consideradas as possíveis alternativas e observados os critérios de proporcionalidade e de razoabilidade.

§ 3º Quando cabível, a decisão a que se refere o *caput* indicará, na modulação de seus efeitos, as condições para que a regularização ocorra de forma proporcional e equânime e sem prejuízo aos interesses gerais.

§ 4º Na declaração de invalidade de atos, contratos, ajustes, processos ou normas administrativos, o decisor poderá, consideradas as consequências jurídicas e administrativas da decisão para a administração pública e para o administrado:

I – restringir os efeitos da declaração; ou

II – decidir que sua eficácia se iniciará em momento posteriormente definido.

§ 5º A modulação dos efeitos da decisão buscará a mitigação dos ônus ou das perdas dos administrados ou da administração pública que sejam anormais ou excessivos em função das peculiaridades do caso.

Revisão quanto à validade por mudança de orientação geral

Art. 5º A decisão que determinar a revisão quanto à validade de atos, contratos, ajustes, processos ou normas administrativos cuja produção de efeitos esteja em curso ou que tenha sido concluída levará em consideração as orientações gerais da época.

§ 1º É vedado declarar inválida situação plenamente constituída devido à mudança posterior de orientação geral.

§ 2º O disposto no § 1º não exclui a possibilidade de suspensão de efeitos futuros de relação em curso.

§ 3º Para fins do disposto neste artigo, consideram-se orientações gerais as interpretações e as especificações contidas em atos públicos de caráter geral ou em jurisprudência judicial ou administrativa majoritária e as adotadas por prática administrativa reiterada e de amplo conhecimento público.

§ 4º A decisão a que se refere o *caput* será motivada na forma do disposto nos art. 2º, art. 3º ou art. 4º.

[illegible]tivação e decisão na nova interpretação [illegible]orma de conteúdo indeterminado

Ar[illegible] A decisão administrativa que estabelece[illegible]nterpretação ou orientação nova sobre norma de conteúdo indeterminado e impuser novo dever ou novo condicionamento de direito, preverá regime de transição, quando indispensável para que o novo dever ou o novo condicionamento de direito seja cumprido de modo proporcional, equânime e eficiente e sem prejuízo aos interesses gerais.

§ 1º A instituição do regime de transição será motivada na forma do disposto nos art. 2º, art. 3º ou art. 4º.

§ 2º A motivação considerará as condições e o tempo necessário para o cumprimento proporcional, equânime e eficiente do novo dever ou do novo condicionamento de direito e os eventuais prejuízos aos interesses gerais.

§ 3º Considera-se nova interpretação ou nova orientação aquela que altera o entendimento anterior consolidado.

Regime de transição

Art. 7º Quando cabível, o regime de transição preverá:

I – os órgãos e as entidades da administração pública e os terceiros destinatários;

II – as medidas administrativas a serem adotadas para adequação à interpretação ou à nova orientação sobre norma de conteúdo indeterminado; e

III – o prazo e o modo para que o novo dever ou novo condicionamento de direito seja cumprido.

Interpretação de normas sobre gestão pública

Art. 8º Na interpretação de normas sobre gestão pública, serão considerados os obstáculos, as dificuldades reais do agente público e as exigências das políticas públicas a seu cargo, sem prejuízo dos direitos dos administrados.

§ 1º Na decisão sobre a regularidade de conduta ou a validade de atos, contratos, ajustes, processos ou normas administrativos, serão consideradas as circunstâncias práticas que impuseram, limitaram ou condicionaram a ação do agente público.

§ 2º A decisão a que se refere o § 1º observará o disposto nos art. 2º, art. 3º ou art. 4º.

Compensação

Art. 9º A decisão do processo administrativo poderá impor diretamente à pessoa obrigada a compensação por benefícios indevidos ou prejuízos anormais ou injustos resultantes do processo ou da conduta dos envolvidos, com a finalidade de evitar procedimentos contenciosos de ressarcimento de danos.

§ 1º A decisão do processo administrativo é de competência da autoridade pública, que poderá exigir compensação por benefícios indevidamente fruídos pelo particular ou por prejuízos resultantes do processo ou da conduta do particular.

§ 2º A compensação prevista no *caput* será motivada na forma do disposto nos art. 2º, art. 3º ou art. 4º e será precedida de manifestação das partes obrigadas sobre seu cabimento, sua forma e, se for o caso, seu valor.

§ 3º A compensação poderá ser efetivada por meio do compromisso com os interessados a que se refere o art. 10.

CAPÍTULO III
DOS INSTRUMENTOS

Compromisso

Art. 10. Na hipótese de a autoridade entender conveniente para eliminar irregularidade, incerteza jurídica ou situações contenciosas na aplicação do direito público, poderá celebrar compromisso com os interessados, observada a legislação aplicável e as seguintes condições:

I – após oitiva do órgão jurídico;

II – após realização de consulta pública, caso seja cabível; e

III – presença de razões de relevante interesse geral.

§ 1º A decisão de celebrar o compromisso a que se refere o *caput* será motivada na forma do disposto no art. 2º.

§ 2º O compromisso:

I – buscará solução proporcional, equânime, eficiente e compatível com os interesses gerais;

II – não poderá conferir desoneração permanente de dever ou condicionamento de direito reconhecido por orientação geral; e

III – preverá:

a) as obrigações das partes;

b) o prazo e o modo para seu cumprimento;

c) a forma de fiscalização quanto a sua observância;

d) os fundamentos de fato e de direito;

e) a sua eficácia de título executivo extrajudicial; e

f) as sanções aplicáveis em caso de descumprimento.

§ 3º O compromisso firmado somente produzirá efeitos a partir de sua publicação.

§ 4º O processo que subsidiar a decisão de celebrar o compromisso será instruído com:

I – o parecer técnico conclusivo do órgão competente sobre a viabilidade técnica, operacional e, quando for o caso, sobre as obrigações orçamentário-financeiras a serem assumidas;

II – o parecer conclusivo do órgão jurídico sobre a viabilidade jurídica do compromisso, que conterá a análise da minuta proposta;

III – a minuta do compromisso, que conterá as alterações decorrentes das análises técnica e jurídica previstas nos incisos I e II; e

IV – a cópia de outros documentos que possam auxiliar na decisão de celebrar o compromisso.

§ 5º Na hipótese de o compromisso depender de autorização do Advogado-Geral da União e de Ministro de Estado, nos termos do disposto no § 4º do art. 1º ou no art. 4º-A da Lei nº 9.469, de 10 de julho de 1997, ou ser firmado pela Advocacia-Geral da União, o processo de que trata o § 3º será acompanhado de manifestação de interesse da autoridade máxima do órgão ou da entidade da administração pública na celebração do compromisso.

§ 6º Na hipótese de que trata o § 5º, a decisão final quanto à celebração do compromisso será do Advogado-Geral da União, nos termos do disposto no parágrafo único do art. 4º-A da Lei nº 9.469, de 1997.

Termo de ajustamento de gestão

Art. 11. Poderá ser celebrado termo de ajustamento de gestão entre os agentes públicos e os órgãos de controle interno da administração pública com a finalidade de corrigir falhas apontadas em ações de controle, aprimorar procedimentos, assegurar a continuidade da execução do objeto, sempre que possível, e garantir o atendimento do interesse geral.

§ 1º A decisão de celebrar o termo de ajustamento de gestão será motivada na forma do disposto no art. 2º.

§ 2º Não será celebrado termo de ajustamento de gestão na hipótese de ocorrência de dano ao erário praticado por agentes públicos que agirem com dolo ou erro grosseiro.

§ 3º A assinatura de termo de ajustamento de gestão será comunicada ao órgão central do sistema de controle interno.

CAPÍTULO IV
DA RESPONSABILIZAÇÃO DO AGENTE PÚBLICO

Responsabilização na hipótese de dolo ou erro grosseiro

Art. 12. O agente público somente poderá ser responsabilizado por suas decisões ou opiniões técnicas se agir ou se omitir com dolo, direto ou eventual, ou cometer erro grosseiro, no desempenho de suas funções.

§ 1º Considera-se erro grosseiro aquele manifesto, evidente e inescusável praticado com culpa grave, caracterizado por ação ou omissão com elevado grau de negligência, imprudência ou imperícia.

§ 2º Não será configurado dolo ou erro grosseiro do agente público se não restar comprovada, nos autos do processo de responsabilização, situação ou circunstância fática capaz de caracterizar o dolo ou o erro grosseiro.

§ 3º O mero nexo de causalidade entre a conduta e o resultado danoso não implica responsabilização, exceto se comprovado o dolo ou o erro grosseiro do agente público.

§ 4º A complexidade da matéria e das atribuições exercidas pelo agente público serão consideradas em eventual responsabilização do agente público.

§ 5º O montante do dano ao erário, ainda que expressivo, não poderá, por si só, ser elemento para caracterizar o erro grosseiro ou o dolo.

§ 6º A responsabilização pela opinião técnica não se estende de forma automática ao decisor que a adotou como fundamento de decidir e somente se configurará se estiverem presentes elementos suficientes para o decisor aferir o dolo ou o erro grosseiro da opinião técnica ou se houver conluio entre os agentes.

§ 7º No exercício do poder hierárquico, só responderá por culpa in vigilando aquele cuja omissão caracterizar erro grosseiro ou dolo.

§ 8º O disposto neste artigo não exime o agente público de atuar de forma diligente e eficiente no cumprimento dos seus deveres constitucionais e legais.

Análise de regularidade da decisão

Art. 13. A análise da regularidade da decisão não poderá substituir a atribuição do agente público, dos órgãos ou das entidades da administração pública no exercício de suas atribuições e competências, inclusive quanto à definição de políticas públicas.

§ 1º A atução de órgãos de controle privilegiará ações de prevenção antes de processos sancionadores.

▸ Mantivemos "atução" conforme publicação oficial, no entanto, entendemos que o correto seria "atuação".

§ 2º A eventual estimativa de prejuízo causado ao erário não poderá ser considerada isolada e exclusivamente como motivação para se concluir pela irregularidade de atos, contratos, ajustes, processos ou normas administrativos.

Direito de regresso, defesa judicial e extrajudicial

Art. 14. No âmbito do Poder Executivo federal, o direito de regresso previsto no § 6º do art. 37 da Constituição somente será exercido na hipótese de o agente público ter agido com dolo ou erro grosseiro em suas decisões ou opiniões técnicas, nos termos do disposto no art. 28 do Decreto-Lei nº 4.657, de 1942, e com observância aos princípios constitucionais da proporcionalidade e da razoabilidade.

Art. 15. O agente público federal que tiver que se defender, judicial ou extrajudicialmente, por ato ou conduta praticada no exercício regular de suas atribuições institucionais, poderá solicitar à Advocacia-Geral da União que avalie a verossimilhança de suas alegações e a consequente possibilidade de realizar sua defesa, nos termos do disposto no art. 22 da Lei nº 9.028, de 12 de abril de 1995, e nas demais normas de regência.

Decisão que impuser sanção ao agente público

Art. 16. A decisão que impuser sanção ao agente público considerará:

I – a natureza e a gravidade da infração cometida;

II – os danos que dela provierem para a administração pública;

III – as circunstâncias agravantes ou atenuantes;

IV – os antecedentes do agente;

V – o nexo de causalidade; e

VI – a culpabilidade do agente.

§ 1º A motivação da decisão a que se refere o *caput* observará o disposto neste Decreto.

§ 2º As sanções aplicadas ao agente público serão levadas em conta na dosimetria das demais sanções da mesma natureza e relativas ao mesmo fato.

Art. 17. O disposto no art. 12 não afasta a possibilidade de aplicação de sanções previstas em normas disciplinares, inclusive nos casos de ação ou de omissão culposas de natureza leve.

CAPÍTULO V
DA SEGURANÇA JURÍDICA NA APLICAÇÃO DAS NORMAS

Consulta pública para edição de atos normativos

***Art. 18.** Revogado. Dec. nº 12.002, de 22-4-2024.*

Segurança jurídica na aplicação das normas

Art. 19. As autoridades públicas atuarão com vistas a aumentar a segurança jurídica na aplicação das normas, inclusive por meio de normas complementares, orientações normativas, súmulas, enunciados e respostas a consultas.

Parágrafo único. Os instrumentos previstos no *caput* terão caráter vinculante em relação ao órgão ou à entidade da administração pública a que se destinarem, até ulterior revisão.

Parecer do Advogado-Geral da União e de consultorias jurídicas e súmulas da Advocacia-Geral da União

Art. 20. O parecer do Advogado-Geral da União de que tratam os art. 40 e art. 41 da Lei Complementar nº 73, 10 de fevereiro de 1993, aprovado pelo Presidente da República e publicado no *Diário Oficial da União* juntamente com o despacho presidencial, vincula os órgãos e as entidades da administração pública federal, que ficam obrigados a lhe dar fiel cumprimento.

§ 1º O parecer do Advogado-Geral da União aprovado pelo Presidente da República, mas não publicado, obriga apenas as repartições interessadas, a partir do momento em que dele tenham ciência.

§ 2º Os pareceres de que tratam o *caput* e o § 1º têm prevalência sobre outros mecanismos de uniformização de entendimento.

Art. 21. Os pareceres das consultorias jurídicas e dos órgãos de assessoramento jurídico, de que trata o art. 42 da Lei Complementar nº 73, de 1993, aprovados pelo respectivo Ministro de Estado, vinculam o órgão e as respectivas entidades vinculadas.

Orientações normativas

Art. 22. A autoridade que representa órgão central de sistema poderá editar orientações normativas ou enunciados que vincularão os órgãos setoriais e seccionais.

§ 1º As controvérsias jurídicas sobre a interpretação de norma, instrução ou orientação de órgão central de sistema poderão ser submetidas à Advocacia-Geral da União.

§ 2º A submissão à Advocacia-Geral da União de que trata o § 1º será instruída com a posição do órgão jurídico do órgão central de sistema, do órgão jurídico que divergiu e dos outros órgãos que se pronunciaram sobre o caso.

Enunciados

Art. 23. A autoridade máxima de órgão ou da entidade da administração pública poderá editar enunciados que vinculem o próprio órgão ou a entidade e os seus órgãos subordinados.

Transparência

Art. 24. Compete aos órgãos e às entidades da administração pública manter atualizados, em seus sítios eletrônicos, as normas complementares, as orientações normativas, as súmulas e os enunciados a que se referem os art. 19 ao art. 23.

Vigência

Art. 25. Este Decreto entra em vigor na data de sua publicação.

Brasília, 10 de junho de 2019;
198º da Independência e
131º da República.

Jair Messias Bolsonaro

DECRETO Nº 9.921, DE 18 DE JULHO DE 2019

Consolida atos normativos editados pelo Poder Executivo federal que dispõem sobre a temática da pessoa idosa.

▸ Publicado no *DOU* de 19-7-2019.

TÍTULO I – DISPOSIÇÕES PRELIMINARES

Art. 1º Este Decreto consolida os atos normativos editados pelo Poder Executivo federal, que dispõem sobre a temática da pessoa idosa, em observância ao disposto na Lei Complementar nº 95, de 26 de fevereiro de 1998, e no Decreto nº 9.191, de 1º de novembro de 2017.

§ 1º Para fins do disposto neste Decreto, considera-se consolidação a reunião de atos normativos pertinentes a determinada matéria em um único diploma legal, com a revogação formal daqueles atos normativos incorporados à consolidação e sem a modificação do alcance nem da interrupção da força normativa dos dispositivos consolidados, nos termos do disposto no art. 13, § 1º, da Lei Complementar nº 95, de 1998, e no art. 45 do Decreto nº 9.191, de 2017.

§ 2º A consolidação de atos normativos tem por objetivo eliminar do ordenamento jurídico brasileiro normas de conteúdo idêntico ou divergente, observado o disposto no art. 46 do Decreto nº 9.191, de 2017.

Art. 2º Para fins do disposto neste Decreto, considera-se pessoa idosa aquela com idade igual ou superior a sessenta anos, em observância ao disposto na Lei nº 10.741, de 1º de outubro de 2003 – Estatuto do Idoso.

TÍTULO II – DOS DIREITOS FUNDAMENTAIS DA PESSOA IDOSA

CAPÍTULO I – DA POLÍTICA NACIONAL DO IDOSO

► Capítulo I renomeado pelo Dec. nº 10.604, de 20-1-2021.

Art. 3º As competências dos órgãos e das entidades da administração pública federal, na implementação da Política Nacional do Idoso, são as estabelecidas neste Capítulo.

► Artigo com a redação dada pelo Dec. nº 10.604, de 20-1-2021.

Seção I – Das Competências e da Implementação da Política Nacional do Idoso

► Seção I renomeada pelo Dec. nº 10.604, de 20-1-2021.

Art. 4º Compete ao Ministério da Mulher, da Família e dos Direitos Humanos:

I – coordenar a Política Nacional do Idoso;

► Inciso I com a redação dada pelo Dec. nº 10.604, de 20-1-2021.

II – articular e apoiar a estruturação de rede nacional de proteção e defesa dos direitos da pessoa idosa;

III – apoiar a capacitação de recursos humanos para atendimento da pessoa idosa junto aos órgãos e às entidades da administração pública;

IV – participar, em conjunto com os demais órgãos e entidades da administração pública referidos neste Decreto, da formulação, do acompanhamento e da avaliação da Política Nacional do Idoso;

► Inciso IV com a redação dada pelo Dec. nº 10.604, de 20-1-2021.

V – promover eventos específicos para a discussão de questões relativas ao envelhecimento e à velhice;

VI – coordenar, financiar e apoiar estudos, levantamentos, pesquisas e publicações sobre a situação da pessoa idosa, de forma direta ou em parceria com outros órgãos ou entidades da administração pública;

VII – encaminhar as denúncias relacionadas com a violação dos direitos da pessoa idosa aos órgãos públicos competentes; e

VIII – zelar, em conjunto com o Conselho Nacional dos Direitos da Pessoa Idosa, pela aplicação das normas que dispõem sobre a proteção da pessoa idosa.

Art. 5º Compete ao Instituto Nacional do Seguro Social – INSS:

I – prestar atendimento preferencial à pessoa idosa:

a) nas áreas do seguro social, com vistas a garantir a habilitação e a manutenção dos benefícios; e

b) nas áreas de exame médico pericial, de inscrição de beneficiários, de serviço social e nos setores de informações;

II – prestar atendimento, preferencialmente, nas áreas da arrecadação e fiscalização, com vistas à prestação de informações e ao cálculo de contribuições individuais; e

III – estabelecer critérios para viabilizar o atendimento preferencial à pessoa idosa.

Art. 6º Compete ao INSS esclarecer a pessoa idosa sobre os seus direitos previdenciários e os meios de exercê-los.

§ 1º Nos postos do seguro social, o atendimento às pessoas idosas beneficiárias, que estejam em via de aposentadoria, será prioritário.

§ 2º O serviço social, em parceria com os órgãos governamentais e não governamentais, estimulará a criação e a manutenção de programas de preparação para aposentadorias, por meio do assessoramento às entidades de classes, às instituições de natureza social, às empresas e aos órgãos e às entidades da administração pública, por meio de suas unidades de gestão de pessoas.

Art. 7º A pessoa idosa aposentada, exceto por invalidez, que retornar ao trabalho nas atividades abrangidas pelo Regime Geral de Previdência Social, quando acidentada no trabalho, será encaminhada ao programa de reabilitação do INSS e não fará jus a outras prestações de serviço, exceto aquelas decorrentes de sua condição de aposentada.

Art. 8º Compete ao Ministério do Desenvolvimento Regional, por meio da Secretaria Nacional de Desenvolvimento Regional e Urbano:

I – observar, nos programas habitacionais com recursos da União ou por ela geridos, os seguintes critérios:

a) identificação da população idosa e das suas necessidades habitacionais, dentro da população-alvo dos programas;

b) alternativas habitacionais adequadas para a população idosa identificada;

c) previsão de equipamentos urbanos de uso público que atendam às necessidades da população idosa; e

d) estabelecimento de diretrizes para que os projetos eliminem barreiras arquitetônicas e urbanas, que não utilizam tipologias habitacionais adequadas para a população idosa identificada;

II – promover a viabilização da concessão de linhas de crédito com vistas ao acesso à moradia para a pessoa idosa, junto:

a) às entidades de crédito habitacional;

b) aos governos dos Estados e do Distrito Federal; e

c) a entidades, públicas ou privadas, relacionadas com os investimentos habitacionais;

III – incentivar e promover, em articulação com os Ministérios da Educação, da Saúde, da Ciência, Tecnologia e Inovações e da Cidadania e, ainda, junto às instituições de ensino e de pesquisa, a elaboração de estudos para aprimorar as condições de habitabilidade para as pessoas idosas, além de sua divulgação e de sua aplicação aos padrões habitacionais vigentes; e

► Inciso III com a redação dada pelo Dec. nº 10.604, de 20-1-2021.

IV – estimular a inclusão no ordenamento jurídico brasileiro de:

a) mecanismos que induzam a eliminação de barreiras arquitetônicas para a pessoa idosa em equipamentos urbanos de uso público; e

b) adaptação, em programas habitacionais, dos critérios estabelecidos no inciso I do *caput*.

Art. 9º Compete ao Ministério da Saúde, por meio da Secretaria de Atenção Primária à Saúde, em articulação com as secretarias de saúde dos Estados, do Distrito Federal e dos Municípios:

I – garantir à pessoa idosa a assistência integral à saúde, entendida como o conjunto articulado e contínuo das ações e dos serviços preventivos e curativos, nos diversos níveis de atendimento do Sistema Único de Saúde – SUS;

II – hierarquizar o atendimento à pessoa idosa a partir das unidades básicas e da implantação da unidade de referência, com equipe multiprofissional e interdisciplinar, de acordo com as normas específicas do Ministério da Saúde;

III – estruturar centros de referência de acordo com as normas específicas do Ministério da Saúde, com características de assistência à saúde, de pesquisa, de avaliação e de treinamento;

IV – garantir à pessoa idosa o acesso à assistência hospitalar;

V – fornecer medicamentos, órteses e próteses necessários à recuperação e à reabilitação da saúde da pessoa idosa;

VI – estimular a participação da pessoa idosa nas instâncias de controle social do SUS;

VII – desenvolver política de prevenção para que a população envelheça de forma a manter bom estado de saúde;

VIII – desenvolver e apoiar programas de prevenção, de educação e de promoção à saúde da pessoa idosa, de forma a:

a) estimular a permanência da pessoa idosa na comunidade, junto à família, e o desempenho de papel social ativo, com a autonomia e a independência que lhe for própria;

b) estimular o autocuidado e o cuidado informal;

c) envolver a população nas ações de promoção da saúde da pessoa idosa;

d) estimular a formação de grupos de autoajuda e de grupos de convivência, em integração com instituições que atuam no campo social; e

e) produzir e difundir material educativo sobre a saúde da pessoa idosa;

IX – adotar e aplicar normas de funcionamento às instituições geriátricas e similares, com fiscalização pelos gestores do SUS;

X – elaborar normas de serviços geriátricos hospitalares e acompanhar a sua implementação;

XI – desenvolver formas de cooperação entre as secretarias de saúde dos Estados, do Distrito Federal, dos Municípios, as organizações não governamentais e entre os centros de referência em geriatria e gerontologia, para treinamento dos profissionais de saúde;

XII – incluir a geriatria como especialidade clínica, para efeito de concursos públicos federais;
XIII – elaborar e apoiar estudos e pesquisas de caráter epidemiológico com vistas à ampliação do conhecimento sobre a pessoa idosa e subsidiar as ações de prevenção, de tratamento e de reabilitação; e
XIV – estimular a criação, na rede de serviços do SUS, de centros de cuidados diurno, a saber hospital-dia e centro-dia, de unidades de atendimento domiciliar e de outros serviços alternativos para a pessoa idosa.

Art. 10. Compete ao Ministério da Educação, em articulação com órgãos e entidades da administração pública federal, estadual, distrital e municipal de educação:

▸ *Caput* com a redação dada pelo Dec. nº 10.604, de 20-1-2021.

I – viabilizar a implementação de programa educacional destinado à pessoa idosa, de modo a atender ao disposto no inciso III do *caput* do art. 10 da Lei nº 8.842, de 4 de janeiro de 1994;
II – incentivar a inclusão da pessoa idosa nos programas educacionais de conteúdos sobre o processo de envelhecimento;
III – estimular e apoiar a admissão da pessoa idosa na universidade, de forma a propiciar a integração intergeracional;
IV – incentivar o desenvolvimento de programas educativos destinados à comunidade, à pessoa idosa e à sua família, por meio dos meios de comunicação de massa; e
V – incentivar a inclusão de disciplinas de Gerontologia e Geriatria nos currículos dos cursos superiores.

Art. 11. Compete ao Ministério da Economia, por meio dos seus órgãos e de suas entidades vinculadas, garantir a implementação de mecanismos que impeçam a discriminação da pessoa idosa quanto à sua participação no mercado de trabalho.

Art. 12. Compete ao Ministério do Turismo, por meio dos seus órgãos e de suas entidades vinculadas, criar programa de âmbito nacional, com vistas a:

▸ *Caput* com a redação dada pelo Dec. nº 10.604, de 20-1-2021.

I – garantir à pessoa idosa a participação no processo de produção, de reelaboração e de fruição dos bens culturais;
II – garantir à pessoa idosa o acesso aos locais e aos eventos culturais, com preços reduzidos;
III – valorizar o registro da memória e a transmissão de informações e habilidades da pessoa idosa aos mais jovens, como meio de garantir a continuidade e a identidade cultural; e
IV – incentivar os movimentos sociais que promovem os direitos das pessoas idosas a desenvolver atividades culturais.

Parágrafo único. Compete às entidades vinculadas ao Ministério do Turismo, no âmbito de suas competências, a implementação de atividades específicas, conjugadas à Política Nacional do Idoso.

▸ Parágrafo único com a redação dada pelo Dec. nº 10.604, de 20-1-2021.

Art. 13. Os Ministérios que atuam nas áreas de habitação e urbanismo, de saúde, de educação e desporto, de trabalho, de previdência e assistência social, de cultura e de justiça elaborarão proposta orçamentária, no âmbito de suas competências, que contemple o financiamento de programas compatíveis com a Política Nacional do Idoso.

▸ Artigo com a redação dada pelo Dec. nº 10.604, de 20-1-2021.

Art. 14. Compete aos Ministérios envolvidos na Política Nacional do Idoso, no âmbito de suas competências, promover a capacitação de recursos humanos destinados ao atendimento da pessoa idosa.

▸ *Caput* com a redação dada pelo Dec. nº 10.604, de 20-1-2021.

Parágrafo único. Para viabilizar a capacitação de recursos humanos a que se refere o *caput*, os Ministérios poderão firmar convênios com instituições governamentais e não governamentais, nacionais, estrangeiras ou internacionais.

Art. 15. Compete aos conselhos setoriais, no âmbito da seguridade social, a formulação, a coordenação, a supervisão e a avaliação da Política Nacional do Idoso, respeitadas as suas esferas de atribuições administrativas.

▸ Artigo com a redação dada pelo Dec. nº 10.604, de 20-1-2021.

Seção II
DAS MODALIDADES DE ATENDIMENTO

Art. 16. Para fins do disposto neste Capítulo, entende-se por modalidade asilar o atendimento, em regime de internato, à pessoa idosa sem vínculo familiar ou sem condições de prover a própria subsistência, de modo a satisfazer as suas necessidades de moradia, de alimentação, de saúde e de convivência social.

Parágrafo único. A assistência na modalidade de asilar de atendimento ocorre na hipótese de inexistência de grupo familiar, de abandono, ou de carência de recursos financeiros próprios ou da própria família.

Art. 17. Para fins do disposto neste Capítulo, entende-se por modalidade não asilar de atendimento:

I – centro de convivência – local destinado à permanência diurna da pessoa idosa, onde são desenvolvidas atividades físicas, laborativas, recreativas, culturais, associativas e de educação para a cidadania;
II – centro de cuidados diurno: hospital-dia e centro-dia – local destinado à permanência diurna da pessoa idosa dependente ou que possua deficiência temporária e necessite de assistência médica ou de assistência multiprofissional;
III – casa-lar – residência, em sistema participativo, cedida por órgãos ou entidades da administração pública, ou por entidades privadas, destinada às pessoas idosas detentoras de renda insuficiente para a sua manutenção e sem família;
IV – oficina abrigada de trabalho – local destinado ao desenvolvimento, pela pessoa idosa, de atividades produtivas, que lhe proporcione a oportunidade de elevar sua renda, regido por normas específicas;
V – atendimento domiciliar – serviço prestado no lar da pessoa idosa dependente e que vive sozinha, por profissionais da área da saúde ou pessoas da própria comunidade, com a finalidade de suprir as suas necessidades da vida diária; e
VI – outras formas de atendimento – iniciativas desenvolvidas na própria comunidade, com vistas à promoção e à integração da pessoa idosa na família e na sociedade.

Seção III
DO ATENDIMENTO PREFERENCIAL E DA ASSISTÊNCIA ASILAR

Art. 18. A pessoa idosa terá atendimento preferencial nos órgãos e nas entidades da administração pública e nas instituições privadas prestadores de serviços à população.

Parágrafo único. A pessoa idosa que não tenha meios de prover a sua própria subsistência, que não tenha família ou cuja família não tenha condições de prover a sua manutenção, terá assegurada a assistência asilar, pela União, pelos Estados, pelo Distrito Federal e pelos Municípios, na forma prevista em lei.

Art. 19. Fica proibida a permanência em instituições asilares, de caráter social, de pessoas idosas que tenham doenças que exijam assistência médica permanente ou assistência de enfermagem intensiva, cuja falta possa agravar ou pôr em risco a sua vida ou a vida de terceiros.

Parágrafo único. A permanência ou não da pessoa idosa doente em instituições asilares, de caráter social, dependerá de avaliação médica prestada pelo serviço de saúde local.

Art. 20. Para implementar as condições estabelecidas no art. 19, as instituições asilares poderão firmar contratos ou convênios com o sistema de saúde local.

CAPÍTULO II
DO DIREITO AO ENVELHECIMENTO ATIVO E SAUDÁVEL

Seção I
DA ESTRATÉGIA BRASIL AMIGO DA PESSOA IDOSA

Art. 21. Este Capítulo regulamenta a Estratégia Brasil Amigo da Pessoa Idosa para incentivar as comunidades e as cidades a promoverem ações destinadas ao envelhecimento ativo, saudável, sustentável e cidadão da população, principalmente das pessoas mais vulneráveis.

Parágrafo único. O Ministério da Mulher, da Família e dos Direitos Humanos, por meio da Secretaria Nacional de Promoção e Defesa dos Direitos da Pessoa Idosa, operacionalizará a Estratégia Brasil Amigo da Pessoa Idosa.

▸ Parágrafo único acrescido pelo Dec. nº 10.604, de 20-1-2021.

Art. 22. A Estratégia Brasil Amigo da Pessoa Idosa tem como diretrizes:

I – o protagonismo da pessoa idosa;
II – *Revogado*. Dec. nº 10.604, de 20-1-2021;
III – a orientação por políticas públicas destinadas ao envelhecimento populacional e à efetivação da Política Nacional do Idoso, de que trata a Lei nº 8.842, de 1994, e do Estatuto do Idoso, instituído pela Lei nº 10.741, de 2003;

▸ Inciso III com a redação dada pelo Dec. nº 10.604, de 20-1-2021.

IV – o fortalecimento dos serviços públicos destinados à pessoa idosa, no âmbito das políticas de assistência social, de saúde, de desenvolvimento urbano, de direitos humanos, de educação e de comunicação; e
V – a intersetorialidade e a interinstitucionalidade, por meio da atuação conjunta de órgãos e entidades públicas e privadas, conselhos nacional, estaduais, distrital e municipais de direitos da pessoa idosa e organismos internacionais na abordagem do envelhecimento e da pessoa idosa.

Art. 23. Para fins do disposto neste Capítulo, considera-se:

I – envelhecimento ativo – o processo de melhoria das condições de saúde, da participação e da segurança, de modo a melhorar a qualidade de vida durante o envelhecimento;

II – envelhecimento saudável – o processo de desenvolvimento e manutenção da capacidade funcional que permita o bem-estar da pessoa idosa;

III – envelhecimento cidadão – aquele em que há o exercício de direitos civis, políticos e sociais;

IV – envelhecimento sustentável – aquele que garante o bem-estar da pessoa idosa em relação a direitos, renda, saúde, atividades, respeito, e em relação à sociedade, nos aspectos de produção, de convivência intergeracional e de harmonia, com o amplo conceito de desenvolvimento econômico; e

V – comunidade e cidade amiga das pessoas idosas – aquela que estimula o envelhecimento ativo ao propiciar oportunidades para a melhoria da saúde, da participação e da segurança, de forma a melhorar a qualidade de vida da pessoa idosa durante o processo de envelhecimento.

Seção II – Dos Objetivos da Estratégia Brasil Amigo da Pessoa Idosa

Art. 24. São objetivos da Estratégia Brasil Amigo da Pessoa Idosa:

I – fomentar programas, ações, serviços e benefícios que promovam o envelhecimento ativo, saudável, cidadão e sustentável por meio de comunidades e de cidades amigas das pessoas idosas;

II – contribuir para a efetivação de políticas públicas, programas, ações, benefícios e serviços destinados à população idosa, principalmente a mais vulnerável;

III – fortalecer os conselhos de direitos das pessoas idosas e a rede nacional de proteção e defesa dos direitos da pessoa idosa;

IV – promover a articulação governamental com vistas à integração das políticas setoriais;

V – planejar e implementar estudos, pesquisas e publicações sobre a situação social das pessoas idosas; e

VI – fortalecer o ordenamento jurídico para o favorecimento da qualidade de vida da pessoa idosa.

Art. 25. A Estratégia Brasil Amigo da Pessoa Idosa tem como principais atividades:

I – o apoio técnico aos entes federativos que aderirem à Estratégia, com vistas à promoção das comunidades e das cidades amigas das pessoas idosas;

II – a realização de diagnóstico que contemple o protagonismo e a participação da população idosa, além de informações sobre a gestão das ações, dos programas, dos benefícios e dos serviços ofertados à população idosa;

III – a elaboração de plano que contemple as ações a serem executadas pelos Municípios para a população idosa;

IV – *Revogado*. Dec. nº 10.604, de 20-1-2021;

V – o reconhecimento pelo Governo federal de políticas públicas, programas, ações, serviços ou benefícios, implementados pelos Municípios, que promovam o envelhecimento ativo, saudável, cidadão e sustentável da população idosa.

Parágrafo único. O reconhecimento de que trata o inciso V do *caput* ocorrerá por meio da concessão de certificados, selos ou instrumentos congêneres.

Art. 26. A participação dos entes federativos na Estratégia Brasil Amigo da Pessoa Idosa ocorrerá por meio da assinatura de termo de adesão, hipótese em que caberá:

I – aos Estados:

a) indicar o órgão responsável pela Estratégia;

b) indicar os servidores que participarão das capacitações, presenciais ou a distância, oferecidas;

c) auxiliar o Governo federal na sensibilização, na mobilização e na capacitação dos Municípios para a adesão e a implementação da Estratégia;

d) fornecer apoio logístico para a realização de capacitações presenciais de servidores e de lideranças comunitárias nos Municípios;

e) apoiar tecnicamente os Municípios na elaboração do diagnóstico e do plano de que tratam os incisos II e III do *caput* do art. 25 e na execução das suas ações, em conjunto com os demais parceiros;

▸ Alínea *e* com a redação dada pelo Dec. nº 10.604, de 20-1-2021.

f) monitorar, em sistema próprio da Estratégia, a sua implementação, inclusive a partir da verificação das políticas públicas, dos programas, das ações, dos serviços ou dos benefícios implementados pelos Municípios; e

g) identificar os Municípios que atendam aos critérios estabelecidos pelo Ministério da Mulher, da Família e dos Direitos Humanos, com vistas a habilitá-los ao reconhecimento de que trata o inciso V do *caput* do art. 25; e

▸ Alínea *g* com a redação dada pelo Dec. nº 10.604, de 20-1-2021.

II – aos Municípios:

a) indicar o órgão responsável pela Estratégia;

b) indicar os servidores que participarão das capacitações, presenciais ou a distância, oferecidas;

c) divulgar as capacitações oferecidas, presenciais ou a distância, para as lideranças comunitárias;

d) instituir o Conselho Municipal de Direitos da Pessoa Idosa, como condição imprescindível para a adesão à Estratégia ou, quando já instituído, mantê-lo ativo, de forma a garantir as condições para o exercício de suas competências legais;

e) elaborar o diagnóstico e o plano de que tratam, respectivamente, os incisos II e III do *caput* do art. 25;

f) executar as ações do plano de que trata o inciso III do *caput* do art. 25; e

g) inserir informações em sistema próprio da Estratégia.

Parágrafo único. Ao Distrito Federal caberá exercer, no que couber, as atribuições de que tratam os incisos I e II do *caput*.

Art. 27. Poderão ser firmadas parcerias com órgãos e entidades da administração pública ou privadas para a implementação da Estratégia Brasil Amigo da Pessoa Idosa.

Art. 28. As ações da Estratégia Brasil Amigo da Pessoa Idosa serão executadas de forma descentralizada e integrada, por meio da conjugação de esforços entre a União, os Estados, o Distrito Federal e os Municípios, observados a intersetorialidade, as especificidades das políticas públicas setoriais, a participação da sociedade civil e o controle social.

Parágrafo único. A Estratégia Brasil Amigo da Pessoa Idosa será implementada a partir da articulação entre as políticas de assistência social, de saúde, de direitos humanos, de educação, de trabalho, de cultura e de esporte, entre outras.

Seção III – Do Comitê Gestor da Estratégia Brasil Amigo da Pessoa Idosa

Art. 29. *Revogado*. Dec. nº 10.604, de 20-1-2021.

Seção IV – Das Competências do Comitê Gestor da Estratégia Brasil Amigo da Pessoa Idosa

Arts. 30 a 33. *Revogados*. Dec. nº 10.604, de 20-1-2021.

Capítulo III – Do Acesso Preferencial ao Transporte Coletivo pela Pessoa Idosa

Art. 34. Este Capítulo dispõe sobre o acesso preferencial ao transporte coletivo pela pessoa idosa, no sistema de transporte coletivo interestadual nos modais rodoviário, ferroviário e aquaviário.

Parágrafo único. Para fins do disposto neste Capítulo, compete à Agência Nacional de Transportes Terrestres e à Agência Nacional de Transportes Aquaviários, no âmbito de suas competências, editar as normas complementares para dispor sobre o detalhamento das medidas necessárias para conceder o acesso preferencial ao transporte coletivo pela pessoa idosa.

Art. 35. No sistema de transporte coletivo interestadual serão observados, em conformidade com o disposto neste Capítulo e no art. 40 da Lei nº 10.741, de 2003 – Estatuto do Idoso:

I – a reserva de duas vagas gratuitas por veículo para pessoa idosa com renda igual ou inferior a dois salários mínimos; e

II – o desconto de cinquenta por cento, no mínimo, no valor das passagens, para a pessoa idosa que exceder as vagas gratuitas, com renda igual ou inferior a dois salários-mínimos.

Parágrafo único. Caberá aos órgãos competentes definir os mecanismos e os critérios para o exercício dos direitos previstos nos incisos I e II do *caput*.

Art. 36. Observado o disposto na legislação local, deverá ser assegurada a reserva de cinco por cento das vagas nos estacionamentos públicos e privados para a pessoa idosa, as quais deverão ser posicionadas de forma a garantir a sua comodidade.

Art. 37. Serão asseguradas a prioridade e a segurança da pessoa idosa nos procedimentos de embarque e de desembarque nos veículos do sistema de transporte coletivo.

Art. 38. Para fins do disposto neste Capítulo, considera-se:

I – serviço de transporte interestadual de passageiros – serviço que transpõe o limite do Estado, do Distrito Federal ou do Território;

II – linha – serviço de transporte coletivo de passageiros executado em uma ligação de dois pontos terminais, nela incluídos os seccionamentos e as alterações operacionais efetivadas, aberto ao público em geral, de natureza regular e permanente, com itinerário definido no ato de sua delegação ou outorga;

III – seção – serviço realizado em trecho do itinerário de linha do serviço de transporte, com fracionamento do preço de passagem; e

IV – bilhete de viagem da pessoa idosa – documento que comprove a concessão do transporte gratuito da pessoa idosa, fornecido pela empresa prestadora do serviço de transporte, para possibilitar o ingresso da pessoa idosa no veículo.

Art. 39. Serão reservadas duas vagas gratuitas em cada veículo, comboio ferroviário ou embarcação do serviço convencional de transporte interestadual de passageiros, à pessoa idosa com renda igual ou inferior a dois salários-mínimos, observado o disposto no inciso I do *caput* do art. 35.

§ 1º Para fins do disposto no *caput*, estão incluídos na condição de serviço convencional:

I – os serviços de transporte rodoviário interestadual convencional de passageiros, prestado com veículo de características básicas, com ou sem sanitários, em linhas regulares;

II – os serviços de transporte ferroviário interestadual de passageiros, em linhas regulares; e

III – os serviços de transporte aquaviário interestadual, abertos ao público, realizados em rios, lagos, lagoas e baías, que operam linhas regulares, inclusive travessias.

§ 2º A pessoa idosa, para fazer uso da reserva de que trata o *caput*:

I – solicitará um único Bilhete de Viagem da Pessoa Idosa, nos pontos de venda próprios da transportadora, com antecedência de, no mínimo, três horas em relação ao horário de partida do ponto inicial da linha do serviço de transporte; e

II – poderá solicitar a emissão do bilhete de viagem de retorno, respeitados os procedimentos da venda de bilhete de passagem.

§ 3º Na existência de seções, nos pontos de seção devidamente autorizados para embarque de passageiros, a reserva de assentos também estará disponível até o horário definido para o ponto inicial da linha, observado o disposto no § 2º.

§ 4º Transcorrido o prazo a que se refere o § 2º, na hipótese de os bilhetes das vagas reservadas de que trata o *caput* não terem sido concedidos à pessoa idosa com renda igual ou inferior a dois salários-mínimos, as empresas prestadoras dos serviços de transporte poderão comercializá-los.

§ 5º Na hipótese prevista no § 4º, as vagas reservadas de que trata o *caput* continuarão disponíveis para a concessão da gratuidade à pessoa idosa com renda igual ou inferior a dois salários-mínimos enquanto os seus bilhetes não forem vendidos.

§ 6º Na data da viagem, a pessoa idosa comparecerá ao terminal de embarque com, no mínimo, trinta minutos de antecedência em relação ao horário previsto para o início da viagem, sob pena da perda do benefício.

§ 7º O Bilhete de Viagem da Pessoa Idosa e o bilhete com desconto do valor da passagem são intransferíveis.

Art. 40. Observado o disposto no inciso II do *caput* do art. 35, além das vagas previstas no art. 39, a pessoa idosa com renda igual ou inferior a dois salários-mínimos terá direito ao desconto mínimo de cinquenta por cento do valor da passagem para os demais assentos do veículo, do comboio ferroviário ou da embarcação do serviço convencional de transporte interestadual de passageiros.

Parágrafo único. Para ter direito ao desconto previsto no *caput*, a pessoa idosa deverá adquirir o bilhete de passagem, de maneira a obedecer os seguintes prazos:

I – para viagens com distância de até quinhentos quilômetros, adquiri-lo com, no máximo, seis horas de antecedência; e

II – para viagens com distância acima de quinhentos quilômetros, adquiri-lo com, no máximo, doze horas de antecedência.

Art. 41. O Bilhete de Viagem da Pessoa Idosa será emitido pela empresa prestadora do serviço, em, no mínimo, duas vias.

§ 1º Uma via do bilhete de viagem da pessoa idosa será destinada ao passageiro e não poderá ser recolhida pela empresa prestadora do serviço de transporte.

§ 2º A segunda via do Bilhete de Viagem da Pessoa Idosa será arquivada e mantida pela empresa prestadora do serviço de transporte, pelo prazo de um ano, contado da data do término da viagem.

§ 3º As empresas prestadoras dos serviços de transporte informarão à ANTT e à ANTAQ, na periodicidade definida em seus regulamentos, a movimentação de usuários titulares do benefício, por seção e por situação.

Art. 42. No ato de solicitação do bilhete de viagem da pessoa idosa ou do desconto no valor da passagem, o interessado apresentará documento pessoal que comprove a sua idade e a renda igual ou inferior a dois salários mínimos.

§ 1º A comprovação de idade da pessoa idosa será feita por meio da apresentação de documento pessoal de identidade original, com fé pública, que contenha foto.

§ 2º A comprovação de renda igual ou inferior a dois salários-mínimos será feita por meio da apresentação de um dos seguintes documentos:

I – Carteira de Trabalho e Previdência Social com anotações atualizadas;

II – contracheque de pagamento ou documento expedido pelo empregador;

III – carnê de contribuição para o INSS;

IV – extrato de pagamento de benefício ou declaração fornecida pelo INSS ou por outro regime de previdência social público ou privado; e

V – documento ou carteira emitida pelas secretarias estaduais, distrital ou municipais de assistência social ou congêneres.

Art. 43. A pessoa idosa ficará sujeita aos procedimentos de identificação de passageiros ao se apresentar para o embarque, de acordo com as normas estabelecidas pela ANTT e pela ANTAQ, no âmbito de suas competências.

Art. 44. O benefício concedido à pessoa idosa assegura os mesmos direitos garantidos aos demais passageiros.

Parágrafo único. As tarifas de pedágio e de utilização dos terminais e as despesas com alimentação não estão incluídas no benefício tarifário.

Art. 45. A ANTT, a ANTAQ e a concessionária ou a permissionária, quando disponibilizado o benefício tarifário, adotarão as providências necessárias ao atendimento ao disposto no *caput* do art. 35 da Lei nº 9.074, de 7 de julho de 1995.

Parágrafo único. A concessionária ou a permissionária apresentará a documentação necessária para a comprovação do impacto do benefício no equilíbrio econômico-financeiro do contrato, observados os termos estabelecidos na legislação aplicável.

Art. 46. Aos infratores ao disposto neste Capítulo serão aplicadas as sanções previstas no art. 78-A e a 78-K da Lei nº 10.233, de 5 de junho de 2001.

TÍTULO III – DISPOSIÇÕES FINAIS

Art. 47. Ficam revogados:

I – o Decreto nº 1.948, de 3 de julho de 1996;

II – o Decreto nº 5.934, de 18 de outubro de 2006;

III – o Decreto nº 6.800, de 18 de março de 2009;

IV – o Decreto nº 8.114, de 30 de setembro de 2013; e

V – o Decreto nº 9.328, de 3 de abril de 2018.

Art. 48. Este Decreto entra em vigor cento e vinte dias após a data de sua publicação.

Brasília, 18 de julho de 2019;
198º da Independência e
131º da República.

Jair Messias Bolsonaro

LEI Nº 13.869, DE 5 DE SETEMBRO DE 2019

Dispõe sobre os crimes de abuso de autoridade; altera a Lei nº 7.960, de 21 de dezembro de 1989, a Lei nº 9.296, de 24 de julho de 1996, a Lei nº 8.069, de 13 de julho de 1990, e a Lei nº 8.906, de 4 de julho de 1994; e revoga a Lei nº 4.898, de 9 de dezembro de 1965, e dispositivos do Decreto-Lei nº 2.848, de 7 de dezembro de 1940 (Código Penal).

► Publicada no *DOU* de 5-9-2019, edição extra – A e retificada no *DOU* de 18-9-2019.

CAPÍTULO I – DISPOSIÇÕES GERAIS

Art. 1º Esta Lei define os crimes de abuso de autoridade, cometidos por agente público, servidor ou não, que, no exercício de suas funções ou a pretexto de exercê-las, abuse do poder que lhe tenha sido atribuído.

§ 1º As condutas descritas nesta Lei constituem crime de abuso de autoridade quando praticadas pelo agente com a finalidade específica de prejudicar outrem ou beneficiar a si mesmo ou a terceiro, ou, ainda, por mero capricho ou satisfação pessoal.

§ 2º A divergência na interpretação de lei ou na avaliação de fatos e provas não configura abuso de autoridade.

CAPÍTULO II
DOS SUJEITOS DO CRIME

Art. 2º É sujeito ativo do crime de abuso de autoridade qualquer agente público, servidor ou não, da administração direta, indireta ou fundacional de qualquer dos Poderes da União, dos Estados, do Distrito Federal, dos Municípios e de Território, compreendendo, mas não se limitando a:

I – servidores públicos e militares ou pessoas a eles equiparadas;
II – membros do Poder Legislativo;
III – membros do Poder Executivo;
IV – membros do Poder Judiciário;
V – membros do Ministério Público;
VI – membros dos tribunais ou conselhos de contas.

Parágrafo único. Reputa-se agente público, para os efeitos desta Lei, todo aquele que exerce, ainda que transitoriamente ou sem remuneração, por eleição, nomeação, designação, contratação ou qualquer outra forma de investidura ou vínculo, mandato, cargo, emprego ou função em órgão ou entidade abrangidos pelo *caput* deste artigo.

CAPÍTULO III
DA AÇÃO PENAL

Art. 3º Os crimes previstos nesta Lei são de ação penal pública incondicionada.

▶ Art. 129, I, da CF.

§ 1º Será admitida ação privada se a ação penal pública não for intentada no prazo legal, cabendo ao Ministério Público aditar a queixa, repudiá-la e oferecer denúncia substitutiva, intervir em todos os termos do processo, fornecer elementos de prova, interpor recurso e, a todo tempo, no caso de negligência do querelante, retomar a ação como parte principal.

▶ Art. 5º, LIX, da CF.

§ 2º A ação privada subsidiária será exercida no prazo de 6 (seis) meses, contado da data em que se esgotar o prazo para oferecimento da denúncia.

▶ Art. 3º promulgado nos termos do art. 66, § 5º, da CF.

CAPÍTULO IV
DOS EFEITOS DA CONDENAÇÃO E DAS PENAS RESTRITIVAS DE DIREITOS

Seção I
DOS EFEITOS DA CONDENAÇÃO

Art. 4º São efeitos da condenação:

▶ Arts. 91 e 92 do CP.
▶ Art. 109 do CPM.

I – tornar certa a obrigação de indenizar o dano causado pelo crime, devendo o juiz, a requerimento do ofendido, fixar na sentença o valor mínimo para reparação dos danos causados pela infração, considerando os prejuízos por ele sofridos;
II – a inabilitação para o exercício de cargo, mandato ou função pública, pelo período de 1 (um) a 5 (cinco) anos;
III – a perda do cargo, do mandato ou da função pública.

Parágrafo único. Os efeitos previstos nos incisos II e III do *caput* deste artigo são condicionados à ocorrência de reincidência em crime de abuso de autoridade e não são automáticos, devendo ser declarados motivadamente na sentença.

Seção II
DAS PENAS RESTRITIVAS DE DIREITOS

Art. 5º As penas restritivas de direitos substitutivas das privativas de liberdade previstas nesta Lei são:

▶ Arts. 43 a 48 do CP.

I – prestação de serviços à comunidade ou a entidades públicas;
II – suspensão do exercício do cargo, da função ou do mandato, pelo prazo de 1 (um) a 6 (seis) meses, com a perda dos vencimentos e das vantagens;
III – VETADO.

Parágrafo único. As penas restritivas de direitos podem ser aplicadas autônoma ou cumulativamente.

CAPÍTULO V
DAS SANÇÕES DE NATUREZA CIVIL E ADMINISTRATIVA

Art. 6º As penas previstas nesta Lei serão aplicadas independentemente das sanções de natureza civil ou administrativa cabíveis.

Parágrafo único. As notícias de crimes previstos nesta Lei que descreverem falta funcional serão informadas à autoridade competente com vistas à apuração.

Art. 7º As responsabilidades civil e administrativa são independentes da criminal, não se podendo mais questionar sobre a existência ou a autoria do fato quando essas questões tenham sido decididas no juízo criminal.

Art. 8º Faz coisa julgada em âmbito cível, assim como no administrativo-disciplinar, a sentença penal que reconhecer ter sido o ato praticado em estado de necessidade, em legítima defesa, em estrito cumprimento de dever legal ou no exercício regular de direito.

CAPÍTULO VI
DOS CRIMES E DAS PENAS

Art. 9º Decretar medida de privação da liberdade em manifesta desconformidade com as hipóteses legais:

Pena – detenção, de 1 (um) a 4 (quatro) anos, e multa.

Parágrafo único. Incorre na mesma pena a autoridade judiciária que, dentro de prazo razoável, deixar de:

I – relaxar a prisão manifestamente ilegal;
II – substituir a prisão preventiva por medida cautelar diversa ou de conceder liberdade provisória, quando manifestamente cabível;
III – deferir liminar ou ordem de *habeas corpus*, quando manifestamente cabível.

▶ Art. 9º promulgado nos termos do art. 66, § 5º, da CF.

Art. 10. Decretar a condução coercitiva de testemunha ou investigado manifestamente descabida ou sem prévia intimação de comparecimento ao juízo:

Pena – detenção, de 1 (um) a 4 (quatro) anos, e multa.

Art. 11. VETADO.

Art. 12. Deixar injustificadamente de comunicar prisão em flagrante à autoridade judiciária no prazo legal:

Pena – detenção, de 6 (seis) meses a 2 (dois) anos, e multa.

Parágrafo único. Incorre na mesma pena quem:

I – deixa de comunicar, imediatamente, a execução de prisão temporária ou preventiva à autoridade judiciária que a decretou;
II – deixa de comunicar, imediatamente, a prisão de qualquer pessoa e o local onde se encontra à sua família ou à pessoa por ela indicada;
III – deixa de entregar ao preso, no prazo de 24 (vinte e quatro) horas, a nota de culpa, assinada pela autoridade, com o motivo da prisão e os nomes do condutor e das testemunhas;
IV – prolonga a execução de pena privativa de liberdade, de prisão temporária, de prisão preventiva, de medida de segurança ou de internação, deixando, sem motivo justo e excepcionalíssimo, de executar o alvará de soltura imediatamente após recebido ou de promover a soltura do preso quando esgotado o prazo judicial ou legal.

Art. 13. Constranger o preso ou o detento, mediante violência, grave ameaça ou redução de sua capacidade de resistência, a:

I – exibir-se ou ter seu corpo ou parte dele exibido à curiosidade pública;
II – submeter-se a situação vexatória ou a constrangimento não autorizado em lei;
III – produzir prova contra si mesmo ou contra terceiro.

▶ Inciso III promulgado nos termos do art. 66, § 5º, da CF.

Pena – detenção, de 1 (um) a 4 (quatro) anos, e multa, sem prejuízo da pena cominada à violência.

▶ Art. 13 com a redação retificada no *DOU* de 18-9-2019.

Art. 14. VETADO.

Art. 15. Constranger a depor, sob ameaça de prisão, pessoa que, em razão de função, ministério, ofício ou profissão, deva guardar segredo ou resguardar sigilo:

Pena – detenção, de 1 (um) a 4 (quatro) anos, e multa.

Parágrafo único. Incorre na mesma pena quem prossegue com o interrogatório:

I – de pessoa que tenha decidido exercer o direito ao silêncio; ou
II – de pessoa que tenha optado por ser assistida por advogado ou defensor público, sem a presença de seu patrono.

▶ Parágrafo único promulgado nos termos do art. 66, § 5º, da CF.
▶ Prov. do CFOAB nº 201, de 27-10-2020, dispõe sobre a participação da OAB no cumprimento do disposto neste artigo.

Violência Institucional

Art. 15-A. Submeter a vítima de infração penal ou a testemunha de crimes violentos a procedimentos desnecessários, repetitivos ou invasivos, que a leve a reviver, sem estrita necessidade:

I – a situação de violência; ou
II – outras situações potencialmente geradoras de sofrimento ou estigmatização:

Pena – detenção, de 3 (três) meses a 1 (um) ano, e multa.

§ 1º Se o agente público permitir que terceiro intimide a vítima de crimes violentos, gerando indevida revitimização, aplica-se a pena aumentada de 2/3 (dois terços).

§ 2º Se o agente público intimidar a vítima de crimes violentos, gerando indevida revitimização, aplica-se a pena em dobro.

▸ Art. 15-A acrescido pela Lei nº 14.321, de 31-3-2022.

Art. 16. Deixar de identificar-se ou identificar-se falsamente ao preso por ocasião de sua captura ou quando deva fazê-lo durante sua detenção ou prisão:

Pena – detenção, de 6 (seis) meses a 2 (dois) anos, e multa.

Parágrafo único. Incorre na mesma pena quem, como responsável por interrogatório em sede de procedimento investigatório de infração penal, deixa de identificar-se ao preso ou atribui a si mesmo falsa identidade, cargo ou função.

▸ Art. 16 promulgado nos termos do art. 66, § 5º, da CF.

Art. 17. VETADO.

Art. 18. Submeter o preso a interrogatório policial durante o período de repouso noturno, salvo se capturado em flagrante delito ou se ele, devidamente assistido, consentir em prestar declarações:

Pena – detenção, de 6 (seis) meses a 2 (dois) anos, e multa.

Art. 19. Impedir ou retardar, injustificadamente, o envio de pleito de preso à autoridade judiciária competente para a apreciação da legalidade de sua prisão ou das circunstâncias de sua custódia:

Pena – detenção, de 1 (um) a 4 (quatro) anos, e multa.

Parágrafo único. Incorre na mesma pena o magistrado que, ciente do impedimento ou da demora, deixa de tomar as providências tendentes a saná-lo ou, não sendo competente para decidir sobre a prisão, deixa de enviar o pedido à autoridade judiciária que o seja.

Art. 20. Impedir, sem justa causa, a entrevista pessoal e reservada do preso com seu advogado:

Pena – detenção, de 6 (seis) meses a 2 (dois) anos, e multa.

Parágrafo único. Incorre na mesma pena quem impede o preso, o réu solto ou o investigado de entrevistar-se pessoal e reservadamente com seu advogado ou defensor, por prazo razoável, antes de audiência judicial, e de sentar-se ao seu lado e com ele comunicar-se durante a audiência, salvo no curso de interrogatório ou no caso de audiência realizada por videoconferência.

▸ Art. 20 promulgado nos termos do art. 66, § 5º, da CF.

▸ Prov. do CFOAB nº 201, de 27-10-2020, dispõe sobre a participação da OAB no cumprimento do disposto neste artigo.

Art. 21. Manter presos de ambos os sexos na mesma cela ou espaço de confinamento:

Pena – detenção, de 1 (um) a 4 (quatro) anos, e multa.

Parágrafo único. Incorre na mesma pena quem mantém, na mesma cela, criança ou adolescente na companhia de maior de idade ou em ambiente inadequado, observado o disposto na Lei nº 8.069, de 13 de julho de 1990 (Estatuto da Criança e do Adolescente).

Art. 22. Invadir ou adentrar, clandestina ou astuciosamente, ou à revelia da vontade do ocupante, imóvel alheio ou suas dependências, ou nele permanecer nas mesmas condições, sem determinação judicial ou fora das condições estabelecidas em lei:

Pena – detenção, de 1 (um) a 4 (quatro) anos, e multa.

§ 1º Incorre na mesma pena, na forma prevista no *caput* deste artigo, quem:

I – coage alguém, mediante violência ou grave ameaça, a franquear-lhe o acesso a imóvel ou suas dependências;

II – VETADO;

III – cumpre mandado de busca e apreensão domiciliar após as 21h (vinte e uma horas) ou antes das 5h (cinco horas).

§ 2º Não haverá crime se o ingresso for para prestar socorro, ou quando houver fundados indícios que indiquem a necessidade do ingresso em razão de situação de flagrante delito ou de desastre.

Art. 23. Inovar artificiosamente, no curso de diligência, de investigação ou de processo, o estado de lugar, de coisa ou de pessoa, com o fim de eximir-se de responsabilidade ou de responsabilizar criminalmente alguém ou agravar-lhe a responsabilidade:

Pena – detenção, de 1 (um) a 4 (quatro) anos, e multa.

Parágrafo único. Incorre na mesma pena quem pratica a conduta com o intuito de:

I – eximir-se de responsabilidade civil ou administrativa por excesso praticado no curso de diligência;

II – omitir dados ou informações ou divulgar dados ou informações incompletos para desviar o curso da investigação, da diligência ou do processo.

Art. 24. Constranger, sob violência ou grave ameaça, funcionário ou empregado de instituição hospitalar pública ou privada a admitir para tratamento pessoa cujo óbito já tenha ocorrido, com o fim de alterar local ou momento de crime, prejudicando sua apuração:

Pena – detenção, de 1 (um) a 4 (quatro) anos, e multa, além da pena correspondente à violência.

Art. 25. Proceder à obtenção de prova, em procedimento de investigação ou fiscalização, por meio manifestamente ilícito:

Pena – detenção, de 1 (um) a 4 (quatro) anos, e multa.

Parágrafo único. Incorre na mesma pena quem faz uso de prova, em desfavor do investigado ou fiscalizado, com prévio conhecimento de sua ilicitude.

Art. 26. VETADO.

Art. 27. Requisitar instauração ou instaurar procedimento investigatório de infração penal ou administrativa, em desfavor de alguém, à falta de qualquer indício da prática de crime, de ilícito funcional ou de infração administrativa:

Pena – detenção, de 6 (seis) meses a 2 (dois) anos, e multa.

Parágrafo único. Não há crime quando se tratar de sindicância ou investigação preliminar sumária, devidamente justificada.

Art. 28. Divulgar gravação ou trecho de gravação sem relação com a prova que se pretenda produzir, expondo a intimidade ou a vida privada ou ferindo a honra ou a imagem do investigado ou acusado:

Pena – detenção, de 1 (um) a 4 (quatro) anos, e multa.

Art. 29. Prestar informação falsa sobre procedimento judicial, policial, fiscal ou administrativo com o fim de prejudicar interesse de investigado:

Pena – detenção, de 6 (seis) meses a 2 (dois) anos, e multa.

Parágrafo único. VETADO.

Art. 30. Dar início ou proceder à persecução penal, civil ou administrativa sem justa causa fundamentada ou contra quem sabe inocente:

Pena – detenção, de 1 (um) a 4 (quatro) anos, e multa.

▸ Art. 30 promulgado nos termos do art. 66, § 5º, da CF.

Art. 31. Estender injustificadamente a investigação, procrastinando-a em prejuízo do investigado ou fiscalizado:

Pena – detenção, de 6 (seis) meses a 2 (dois) anos, e multa.

Parágrafo único. Incorre na mesma pena quem, inexistindo prazo para execução ou conclusão de procedimento, o estende de forma imotivada, procrastinando-o em prejuízo do investigado ou do fiscalizado.

Art. 32. Negar ao interessado, seu defensor ou advogado acesso aos autos de investigação preliminar, ao termo circunstanciado, ao inquérito ou a qualquer outro procedimento investigatório de infração penal, civil ou administrativa, assim como impedir a obtenção de cópias, ressalvado o acesso a peças relativas a diligências em curso, ou que indiquem a realização de diligências futuras, cujo sigilo seja imprescindível:

Pena – detenção, de 6 (seis) meses a 2 (dois) anos, e multa.

▸ Art. 32 promulgado nos termos do art. 66, § 5º, da CF.

▸ Prov. do CFOAB nº 201, de 27-10-2020, dispõe sobre a participação da OAB no cumprimento do disposto neste artigo.

Art. 33. Exigir informação ou cumprimento de obrigação, inclusive o dever de fazer ou de não fazer, sem expresso amparo legal:

Pena – detenção, de 6 (seis) meses a 2 (dois) anos, e multa.

Parágrafo único. Incorre na mesma pena quem se utiliza de cargo ou função pública ou invoca a condição de agente público para se eximir de obrigação legal ou para obter vantagem ou privilégio indevido.

Arts. 34 e 35. VETADOS.

Art. 36. Decretar, em processo judicial, a indisponibilidade de ativos financeiros em quantia que extrapole exacerbadamente o valor estimado para a satisfação da dívida da parte e, ante a demonstração, pela parte, da excessividade da medida, deixar de corrigi-la:

Pena – detenção, de 1 (um) a 4 (quatro) anos, e multa.

Art. 37. Demorar demasiada e injustificadamente no exame de processo de que tenha requerido vista em órgão colegiado, com o intuito de procrastinar seu andamento ou retardar o julgamento:

▸ Prov. do CFOAB nº 201, de 27-10-2020, dispõe sobre a participação da OAB no cumprimento do disposto neste artigo.

Pena – detenção, de 6 (seis) meses a 2 (dois) anos, e multa.

Art. 38. Antecipar o responsável pelas investigações, por meio de comunicação, inclusive rede social, atribuição de culpa, antes de concluídas as apurações e formalizada a acusação:

Pena – detenção, de 6 (seis) meses a 2 (dois) anos, e multa.

▸ Art. 38 promulgado nos termos do art. 66, § 5º, da CF.

CAPÍTULO VII
DO PROCEDIMENTO

Art. 39. Aplicam-se ao processo e ao julgamento dos delitos previstos nesta Lei, no que couber, as disposições do Decreto-Lei nº 3.689, de 3 de outubro de 1941 (Código de Processo Penal), e da Lei nº 9.099, de 26 de setembro de 1995.

CAPÍTULO VIII
DISPOSIÇÕES FINAIS

Art. 40. O art. 2º da Lei nº 7.960, de 21 de dezembro de 1989, passa a vigorar com a seguinte redação:

▸ Alterações inseridas no texto da referida Lei.

Art. 41. O art. 10 da Lei nº 9.296, de 24 de julho de 1996, passa a vigorar com a seguinte redação:

▸ Alterações inseridas no texto da referida Lei.

Art. 42. A Lei nº 8.069, de 13 de julho de 1990 (Estatuto da Criança e do Adolescente), passa a vigorar acrescida do seguinte art. 227-A:

▸ Alterações inseridas no texto da referida Lei.

Art. 43. A Lei nº 8.906, de 4 de julho de 1994, passa a vigorar acrescida do seguinte art. 7º-B:

▸ Alterações inseridas no texto da referida Lei.

▸ Art. 43 promulgado nos termos do art. 66, § 5º, da CF.

Art. 44. Revogam-se a Lei nº 4.898, de 9 de dezembro de 1965, e o § 2º do art. 150 e o art. 350, ambos do Decreto-Lei nº 2.848, de 7 de dezembro de 1940 (Código Penal).

Art. 45. Esta Lei entra em vigor após decorridos 120 (cento e vinte) dias de sua publicação oficial.

Brasília, 5 de setembro de 2019;
198º da Independência e
131º da República.

Jair Messias Bolsonaro

LEI Nº 13.874, DE 20 DE SETEMBRO DE 2019

Institui a Declaração de Direitos de Liberdade Econômica; estabelece garantias de livre mercado; altera as Leis nºs 10.406, de 10 de janeiro de 2002 (Código Civil), 6.404, de 15 de dezembro de 1976, 11.598, de 3 de dezembro de 2007, 12.682, de 9 de julho de 2012, 6.015, de 31 de dezembro de 1973, 10.522, de 19 de julho de 2002, 8.934, de 18 de novembro 1994, o Decreto-Lei nº 9.760, de 5 de setembro de 1946 e a Consolidação das Leis do Trabalho, aprovada pelo Decreto-Lei nº 5.452, de 1º de maio de 1943; revoga a Lei Delegada nº 4, de 26 de setembro de 1962, a Lei nº 11.887, de 24 de dezembro de 2008, e dispositivos do Decreto-Lei nº 73, de 21 de novembro de 1966; e dá outras providências.

▸ Publicada no *DOU* de 20-9-2019, edição extra – B.

▸ Dec. nº 10.178, de 18-12-2019, regulamenta dispositivos desta Lei.

CAPÍTULO I
DISPOSIÇÕES GERAIS

Art. 1º Fica instituída a Declaração de Direitos de Liberdade Econômica, que estabelece normas de proteção à livre iniciativa e ao livre exercício de atividade econômica e disposições sobre a atuação do Estado como agente normativo e regulador, nos termos do inciso IV do *caput* do art. 1º, do parágrafo único do art. 170 e do *caput* do art. 174 da Constituição Federal.

§ 1º O disposto nesta Lei será observado na aplicação e na interpretação do direito civil, empresarial, econômico, urbanístico e do trabalho nas relações jurídicas que se encontrem no seu âmbito de aplicação e na ordenação pública, inclusive sobre exercício das profissões, comércio, juntas comerciais, registros públicos, trânsito, transporte e proteção ao meio ambiente.

§ 2º Interpretam-se em favor da liberdade econômica, da boa-fé e do respeito aos contratos, aos investimentos e à propriedade todas as normas de ordenação pública sobre atividades econômicas privadas.

§ 3º O disposto neste Capítulo e nos Capítulos II e III desta Lei não se aplica ao direito tributário e ao direito financeiro, ressalvado o disposto no inciso X do *caput* do art. 3º desta Lei.

▸ § 3º com a redação dada pela Lei nº 14.195, de 26-8-2021.

§ 4º O disposto nos arts. 1º, 2º, 3º e 4º desta Lei constitui norma geral de direito econômico, conforme o disposto no inciso I do *caput* e nos §§ 1º, 2º, 3º e 4º do art. 24 da Constituição Federal, e será observado para todos os atos públicos de liberação da atividade econômica executados pelos Estados, pelo Distrito Federal e pelos Municípios, nos termos do § 2º deste artigo.

§ 5º O disposto no inciso IX do *caput* do art. 3º desta Lei não se aplica aos Estados, ao Distrito Federal e aos Municípios, exceto se:

I – o ato público de liberação da atividade econômica for derivado ou delegado por legislação ordinária federal; ou

II – o ente federativo ou o órgão responsável pelo ato decidir vincular-se ao disposto no inciso IX do *caput* do art. 3º desta Lei por meio de instrumento válido e próprio.

§ 6º Para fins do disposto nesta Lei, consideram-se atos públicos de liberação a licença, a autorização, a concessão, a inscrição, a permissão, o alvará, o cadastro, o credenciamento, o estudo, o plano, o registro e os demais atos exigidos, sob qualquer denominação, por órgão ou entidade da administração pública na aplicação de legislação, como condição para o exercício de atividade econômica, inclusive o início, a continuação e o fim para a instalação, a construção, a operação, a produção, o funcionamento, o uso, o exercício ou a realização, no âmbito público ou privado, de atividade, serviço, estabelecimento, profissão, instalação, operação, produto, equipamento, veículo, edificação e outros.

Art. 2º São princípios que norteiam o disposto nesta Lei:

I – a liberdade como uma garantia no exercício de atividades econômicas;

II – a boa-fé do particular perante o poder público;

III – a intervenção subsidiária e excepcional do Estado sobre o exercício de atividades econômicas; e

IV – o reconhecimento da vulnerabilidade do particular perante o Estado.

Parágrafo único. Regulamento disporá sobre os critérios de aferição para afastamento do inciso IV do *caput* deste artigo, limitados a questões de má-fé, hipersuficiência ou reincidência.

CAPÍTULO II
DA DECLARAÇÃO DE DIREITOS DE LIBERDADE ECONÔMICA

Art. 3º São direitos de toda pessoa, natural ou jurídica, essenciais para o desenvolvimento e o crescimento econômicos do País, observado o disposto no parágrafo único do art. 170 da Constituição Federal:

I – desenvolver atividade econômica de baixo risco, para a qual se valha exclusivamente de propriedade privada própria ou de terceiros consensuais, sem a necessidade de quaisquer atos públicos de liberação da atividade econômica;

II – desenvolver atividade econômica em qualquer horário ou dia da semana, inclusive feriados, sem que para isso esteja sujeita a cobranças ou encargos adicionais, observadas:

a) as normas de proteção ao meio ambiente, incluídas as de repressão à poluição sonora e à perturbação do sossego público;

b) as restrições advindas de contrato, de regulamento condominial ou de outro negócio jurídico, bem como as decorrentes das normas de direito real, incluídas as de direito de vizinhança; e

c) a legislação trabalhista;

III – definir livremente, em mercados não regulados, o preço de produtos e de serviços como consequência de alterações da oferta e da demanda;

IV – receber tratamento isonômico de órgãos e de entidades da administração pública quanto ao exercício de atos de liberação da atividade econômica, hipótese em que o ato de liberação estará vinculado aos mesmos critérios de interpretação adotados em decisões administrativas análogas anteriores, observado o disposto em regulamento;

V – gozar de presunção de boa-fé nos atos praticados no exercício da atividade econômica, para os quais as dúvidas de interpretação do direito civil, empresarial, econômico e urbanístico serão resolvidas de forma a preservar a autonomia privada, exceto se houver expressa disposição legal em contrário;

VI – desenvolver, executar, operar ou comercializar novas modalidades de produtos e de serviços quando as normas infralegais se tornarem desatualizadas por força de desenvolvimento tecnológico consolidado internacionalmente, nos termos estabelecidos em regulamento, que disciplinará os requisitos para aferição da situação concreta, os procedimentos, o momento e as condições dos efeitos;

▶ Dec. nº 10.229, de 5-2-2020, regulamenta o direito de desenvolver, executar, operar ou comercializar produto ou serviço em desacordo com a norma técnica desatualizada de que trata este inciso.

VII – VETADO;

VIII – ter a garantia de que os negócios jurídicos empresariais paritários serão objeto de livre estipulação das partes pactuantes, de forma a aplicar todas as regras de direito empresarial apenas de maneira subsidiária ao avençado, exceto normas de ordem pública;

IX – ter a garantia de que, nas solicitações de atos públicos de liberação da atividade econômica que se sujeitam ao disposto nesta Lei, apresentados todos os elementos necessários à instrução do processo, o particular será cientificado expressa e imediatamente do prazo máximo estipulado para a análise de seu pedido e de que, transcorrido o prazo fixado, o silêncio da autoridade competente importará aprovação tácita para todos os efeitos, ressalvadas as hipóteses expressamente vedadas em lei;

X – arquivar qualquer documento por meio de microfilme ou por meio digital, conforme técnica e requisitos estabelecidos em regulamento, hipótese em que se equiparará a documento físico para todos os efeitos legais e para a comprovação de qualquer ato de direito público;

▶ Dec. nº 10.278, de 18-3-2020, regulamenta este inciso.

XI – não ser exigida medida ou prestação compensatória ou mitigatória abusiva, em sede de estudos de impacto ou outras liberações de atividade econômica no direito urbanístico, entendida como aquela que:

a) VETADO;

b) requeira medida que já era planejada para execução antes da solicitação pelo particular, sem que a atividade econômica altere a demanda para execução da referida medida;

c) utilize-se do particular para realizar execuções que compensem impactos que existiriam independentemente do empreendimento ou da atividade econômica solicitada;

d) requeira a execução ou prestação de qualquer tipo para áreas ou situação além daquelas diretamente impactadas pela atividade econômica; ou

e) mostre-se sem razoabilidade ou desproporcional, inclusive utilizada como meio de coação ou intimidação; e

XII – não ser exigida pela administração pública direta ou indireta certidão sem previsão expressa em lei.

§ 1º Para fins do disposto no inciso I do *caput* deste artigo:

I – ato do Poder Executivo federal disporá sobre a classificação de atividades de baixo risco a ser observada na ausência de legislação estadual, distrital ou municipal específica;

II – na hipótese de ausência de ato do Poder Executivo federal de que trata o inciso I deste parágrafo, será aplicada resolução do Comitê para Gestão da Rede Nacional para a Simplificação do Registro e da Legalização de Empresas e Negócios (CGSIM), independentemente da aderência do ente federativo à Rede Nacional para a Simplificação do Registro e da Legalização de Empresas e Negócios (REDESIM); e

III – na hipótese de existência de legislação estadual, distrital ou municipal sobre a classificação de atividades de baixo risco, o ente federativo que editar ou tiver editado norma específica encaminhará notificação ao Ministério da Economia sobre a edição de sua norma.

§ 2º A fiscalização do exercício do direito de que trata o inciso I do *caput* deste artigo será realizada posteriormente, de ofício ou como consequência de denúncia encaminhada à autoridade competente.

§ 3º O disposto no inciso III do *caput* deste artigo não se aplica:

I – às situações em que o preço de produtos e de serviços seja utilizado com a finalidade de reduzir o valor do tributo, de postergar a sua arrecadação ou de remeter lucros em forma de custos ao exterior; e

II – à legislação de defesa da concorrência, aos direitos do consumidor e às demais disposições protegidas por lei federal.

§ 4º *Revogado*. Lei nº 14.011, de 10-6-2020.

§ 5º O disposto no inciso VIII do *caput* deste artigo não se aplica à empresa pública e à sociedade de economia mista definidas nos arts. 3º e 4º da Lei nº 13.303, de 30 de junho de 2016.

§ 6º O disposto no inciso IX do *caput* deste artigo não se aplica quando:

I – versar sobre questões tributárias de qualquer espécie ou de concessão de registro de marcas;

II – a decisão importar em compromisso financeiro da administração pública; e

III – houver objeção expressa em tratado em vigor no País.

§ 7º A aprovação tácita prevista no inciso IX do *caput* deste artigo não se aplica quando a titularidade da solicitação for de agente público ou de seu cônjuge, companheiro ou parente em linha reta ou colateral, por consanguinidade ou afinidade, até o 3º (terceiro) grau, dirigida a autoridade administrativa ou política do próprio órgão ou entidade da administração pública em que desenvolva suas atividades funcionais.

§ 8º O prazo a que se refere o inciso IX do *caput* deste artigo será definido pelo órgão ou pela entidade da administração pública solicitada, observados os princípios da impessoalidade e da eficiência e os limites máximos estabelecidos em regulamento.

§ 9º VETADO.

§ 10. O disposto no inciso XI do *caput* deste artigo não se aplica às situações de acordo resultantes de ilicitude.

§ 11. Para os fins do inciso XII do *caput* deste artigo, é ilegal delimitar prazo de validade de certidão emitida sobre fato imutável, inclusive sobre óbito.

CAPÍTULO III
DAS GARANTIAS DE LIVRE INICIATIVA

Art. 4º É dever da administração pública e das demais entidades que se vinculam a esta Lei, no exercício de regulamentação de norma pública pertencente à legislação sobre a qual esta Lei versa, exceto se em estrito cumprimento a previsão explícita em lei, evitar o abuso do poder regulatório de maneira a, indevidamente:

I – criar reserva de mercado ao favorecer, na regulação, grupo econômico, ou profissional, em prejuízo dos demais concorrentes;

II – redigir enunciados que impeçam a entrada de novos competidores nacionais ou estrangeiros no mercado;

III – exigir especificação técnica que não seja necessária para atingir o fim desejado;

IV – redigir enunciados que impeçam ou retardem a inovação e a adoção de novas tecnologias, processos ou modelos de negócios, ressalvadas as situações consideradas em regulamento como de alto risco;

V – aumentar os custos de transação sem demonstração de benefícios;

VI – criar demanda artificial ou compulsória de produto, serviço ou atividade profissional, inclusive de uso de cartórios, registros ou cadastros;

VII – introduzir limites à livre formação de sociedades empresariais ou de atividades econômicas;

VIII – restringir o uso e o exercício da publicidade e propaganda sobre um setor econômico, ressalvadas as hipóteses expressamente vedadas em lei federal; e

IX – exigir, sob o pretexto de inscrição tributária, requerimentos de outra natureza de maneira a mitigar os efeitos do inciso I do *caput* do art. 3º desta Lei.

Art. 4º-A. É dever da administração pública e das demais entidades que se sujeitam a esta Lei, na aplicação da ordenação pública sobre atividades econômicas privadas:

I – dispensar tratamento justo, previsível e isonômico entre os agentes econômicos;

II – proceder à lavratura de autos de infração ou aplicar sanções com base em termos subjetivos ou abstratos somente quando estes forem propriamente regulamentados por meio de critérios claros, objetivos e previsíveis; e

III – observar o critério de dupla visita para lavratura de autos de infração decorrentes do exercício de atividade considerada de baixo ou médio risco.

§ 1º Os órgãos e as entidades competentes, na forma do inciso II do *caput* deste artigo, editarão atos normativos para definir a aplicação e a incidência de conceitos subjetivos ou abstratos por meio de critérios claros, objetivos e previsíveis, observado que:

I – nos casos de imprescindibilidade de juízo subjetivo para a aplicação da sanção, o ato normativo determinará o procedimento para sua aferição, de forma a garantir a maior previsibilidade e impessoalidade possível;

II – a competência da edição dos atos normativos infralegais equivalentes a que se refere este parágrafo poderá ser delegada pelo Poder competente conforme sua autonomia, bem como pelo órgão ou pela entidade responsável pela lavratura do auto de infração.

§ 2º Para os fins administrativos, controladores e judiciais, consideram-se plenamente atendidos pela administração pública os requisitos previstos no inciso II do *caput* deste artigo, quando a advocacia pública, no âmbito da União, dos Estados, do Distrito Federal e dos Municípios, nos limites da respectiva competência, tiver previamente analisado o ato de que trata o § 1º deste artigo.

§ 3º Os órgãos e as entidades deverão editar os atos normativos previstos no § 1º deste artigo no prazo de 4 (quatro) anos, podendo o Poder Executivo estabelecer prazo inferior em regulamento.

§ 4º O disposto no inciso II do *caput* deste artigo aplica-se exclusivamente ao ato de lavratura decorrente de infrações referentes a matérias nas quais a atividade foi considerada de baixo ou médio risco, não se aplicando a órgãos e a entidades da administração pública que não a tenham assim classificado, de forma direta ou indireta, de acordo com os seguintes critérios:

I – direta, quando realizada pelo próprio órgão ou entidade da administração pública que procede à lavratura; e

II – indireta, quando o nível de risco aplicável decorre de norma hierarquicamente superior ou subsidiária, por força de lei, desde que a classificação refira-se explicitamente à matéria sobre a qual se procederá a lavratura.

▶ Art. 4º-A acrescido pela Lei nº 14.195, de 26-8-2021.

CAPÍTULO IV
DA ANÁLISE DE IMPACTO REGULATÓRIO

Art. 5º As propostas de edição e de alteração de atos normativos de interesse geral de agentes econômicos ou de usuários dos serviços prestados, editadas por órgão ou entidade da administração pública federal, incluídas as autarquias e as fundações públicas, serão precedidas da realização de análise de impacto regulatório, que conterá informações e dados sobre os possíveis efeitos do ato normativo para verificar a razoabilidade do seu impacto econômico.

Parágrafo único. Regulamento disporá sobre a data de início da exigência de que trata o *caput* deste artigo e sobre o conteúdo, a metodologia da análise de impacto regulatório, os quesitos mínimos a serem objeto de exame, as hipóteses em que será obrigatória sua realização e as hipóteses em que poderá ser dispensada.

▶ Dec. nº 10.411, de 30-6-2020, regulamenta este artigo.

CAPÍTULO V
DAS ALTERAÇÕES LEGISLATIVAS E DISPOSIÇÕES FINAIS

Art. 6º Fica extinto o Fundo Soberano do Brasil (FSB), fundo especial de natureza contábil e financeira, vinculado ao Ministério da Economia, criado pela Lei nº 11.887, de 24 de dezembro de 2008.

Art. 7º A Lei nº 10.406, de 10 de janeiro de 2002 (Código Civil), passa a vigorar com as seguintes alterações:

▶ Alterações inseridas no texto do referido Código.

Art. 8º O art. 85 da Lei nº 6.404, de 15 de dezembro de 1976, passa a vigorar com as seguintes alterações:

▶ Alterações inseridas no texto da referida Lei.

Art. 9º O art. 4º da Lei nº 11.598, de 3 de dezembro de 2007, passa a vigorar acrescido do seguinte § 5º:

▶ Alteração inserida no texto da referida Lei.

Art. 10. A Lei nº 12.682, de 9 de julho de 2012, passa a vigorar acrescida do seguinte art. 2º-A:

▶ Alterações inseridas no texto da referida Lei.

Art. 11. O Decreto-Lei nº 9.760, de 5 de setembro de 1946, passa a vigorar com as seguintes alterações:

▶ Alterações inseridas no texto do referido Dec.-Lei.

Art. 12. O art. 1º da Lei nº 6.015, de 31 de dezembro de 1973, passa a vigorar acrescido do seguinte § 3º:

▶ Alteração inserida no texto da referida Lei.

Art. 13. A Lei nº 10.522, de 19 de julho de 2002, passa a vigorar com as seguintes alterações:

▶ Alterações inseridas no texto da referida Lei.

Art. 14. A Lei nº 8.934, de 18 de novembro de 1994, passa a vigorar com as seguintes alterações:

▶ Alterações inseridas no texto da referida Lei.

Art. 15. A Consolidação das Leis do Trabalho, aprovada pelo Decreto-Lei nº 5.452, de 1º de maio de 1943, passa a vigorar com as seguintes alterações:

▶ Alterações inseridas no texto da referida Consolidação.

Art. 16. O Sistema de Escrituração Digital das Obrigações Fiscais, Previdenciárias e Trabalhistas (eSocial) será substituído, em nível federal, por sistema simplificado de escrituração digital de obrigações previdenciárias, trabalhistas e fiscais.

Parágrafo único. Aplica-se o disposto no *caput* deste artigo às obrigações acessórias à versão digital gerenciadas pela Receita Federal do Brasil do Livro de Controle de Produção e Estoque da Secretaria Especial da Receita Federal do Brasil (Bloco K).

Art. 17. Ficam resguardados a vigência e a eficácia ou os efeitos dos atos declaratórios do Procurador-Geral da Fazenda Nacional, aprovados pelo Ministro de Estado respectivo e editados até a data de publicação desta Lei, nos termos do inciso II do *caput* do art. 19 da Lei nº 10.522, de 19 de julho de 2002.

Art. 18. A eficácia do disposto no inciso X do *caput* do art. 3º desta Lei fica condicionada à regulamentação em ato do Poder Executivo federal, observado que:

I – para documentos particulares, qualquer meio de comprovação da autoria, integridade e, se necessário, confidencialidade de documentos em forma eletrônica é válido, desde que escolhido de comum acordo pelas partes ou aceito pela pessoa a quem for oposto o documento; e

II – independentemente de aceitação, o processo de digitalização que empregar o uso da certificação no padrão da Infraestrutura de Chaves Públicas Brasileira (ICP-Brasil) terá garantia de integralidade, autenticidade e confidencialidade para documentos públicos e privados.

Art. 19. Ficam revogados:

I – a Lei Delegada nº 4, de 26 de setembro de 1962;

II – os seguintes dispositivos do Decreto-Lei nº 73, de 21 de novembro de 1966:

a) inciso III do *caput* do art. 5º; e

b) inciso X do *caput* do art. 32;

III – a Lei nº 11.887, de 24 de dezembro de 2008;

IV – VETADO;

V – os seguintes dispositivos da Consolidação das Leis do Trabalho, aprovada pelo Decreto-Lei nº 5.452, de 1º de maio de 1943:

a) art. 17;

b) art. 20;

c) art. 21;

d) art. 25;

e) art. 26;

f) art. 30;

g) art. 31;

h) art. 32;

i) art. 33;

j) art. 34;

k) inciso II do art. 40;

l) art. 53;

m) art. 54;

n) art. 56;

o) art. 141;

p) parágrafo único do art. 415;

q) art. 417;

r) art. 419;

s) art. 420;

t) art. 421;

u) art. 422; e

v) art. 633;

VI – os seguintes dispositivos da Lei nº 8.934, de 18 de novembro de 1994:

a) parágrafo único do art. 2º;

b) inciso VIII do *caput* do art. 35;

c) art. 43; e

d) parágrafo único do art. 47.

Art. 20. Esta Lei entra em vigor:

I – VETADO;

II – na data de sua publicação, para os demais artigos.

Brasília, 20 de setembro de 2019;
198º da Independência e
131º da República.

Jair Messias Bolsonaro

LEI Nº 13.966,
DE 26 DE DEZEMBRO DE 2019

Dispõe sobre o sistema de franquia empresarial e revoga a Lei nº 8.955, de 15 de dezembro de 1994 (Lei de Franquia).

▶ Publicada no *DOU* de 27-12-2019.

Art. 1º Esta Lei disciplina o sistema de franquia empresarial, pelo qual um franqueador autoriza por meio de contrato um franqueado a usar marcas e outros objetos de propriedade intelectual, sempre associados ao direito de produção ou distribuição exclusiva ou não exclusiva de produtos ou serviços e também ao direito de uso de métodos e sistemas de implantação e administração de negócio ou sistema operacional desenvolvido ou detido pelo franqueador, mediante remuneração direta ou indireta, sem caracterizar relação de consumo ou vínculo empregatício em relação ao franqueado ou a seus empregados, ainda que durante o período de treinamento.

§ 1º Para os fins da autorização referida no *caput*, o franqueador deve ser titular ou requerente de direitos sobre as marcas e outros objetos de propriedade intelectual negociados no âmbito do contrato de franquia, ou estar expressamente autorizado pelo titular.

§ 2º A franquia pode ser adotada por empresa privada, empresa estatal ou entidade sem fins lucrativos, independentemente do segmento em que desenvolva as atividades.

Art. 2º Para a implantação da franquia, o franqueador deverá fornecer ao interessado Circular de Oferta de Franquia, escrita em lingua portuguesa, de forma objetiva e acessível, contendo obrigatoriamente:

I – histórico resumido do negócio franqueado;

II – qualificação completa do franqueador e das empresas a que esteja ligado, identificando-as com os respectivos números de inscrição no Cadastro Nacional da Pessoa Jurídica (CNPJ);

III – balanços e demonstrações financeiras da empresa franqueadora, relativos aos 2 (dois) últimos exercícios;

IV – indicação das ações judiciais relativas à franquia que questionem o sistema ou que possam comprometer a operação da franquia no País, nas quais sejam parte o franqueador, as empresas controladoras, o subfranqueador e os titulares de marcas e demais direitos de propriedade intelectual;

V – descrição detalhada da franquia e descrição geral do negócio e das atividades que serão desempenhadas pelo franqueado;

VI – perfil do franqueado ideal no que se refere a experiência anterior, escolaridade e outras características que deve ter, obrigatória ou preferencialmente;

VII – requisitos quanto ao envolvimento direto do franqueado na operação e na administração do negócio;

VIII – especificações quanto ao:

a) total estimado do investimento inicial necessário à aquisição, à implantação e à entrada em operação da franquia;

b) valor da taxa inicial de filiação ou taxa de franquia;

c) valor estimado das instalações, dos equipamentos e do estoque inicial e suas condições de pagamento;

IX – informações claras quanto a taxas periódicas e outros valores a serem pagos pelo franqueado ao franqueador ou a terceiros por este indicados, detalhando as respectivas bases de cálculo e o que elas remuneram ou o fim a que se destinam, indicando, especificamente, o seguinte:

a) remuneração periódica pelo uso do sistema, da marca, de outros objetos de propriedade intelectual do franqueador ou sobre os quais este detém direitos ou, ainda, pelos serviços prestados pelo franqueador ao franqueado;

b) aluguel de equipamentos ou ponto comercial;

c) taxa de publicidade ou semelhante;

d) seguro mínimo;

X – relação completa de todos os franqueados, subfranqueados ou subfranqueadores da rede e, também, dos que se desligaram nos últimos 24 (vinte quatro) meses, com os respectivos nomes, endereços e telefones;

XI – informações relativas à política de atuação territorial, devendo ser especificado:

a) se é garantida ao franqueado a exclusividade ou a preferência sobre determinado território de atuação e, neste caso, sob que condições;

b) se há possibilidade de o franqueado realizar vendas ou prestar serviços fora de seu território ou realizar exportações;

c) se há e quais são as regras de concorrência territorial entre unidades próprias e franqueadas;

XII – informações claras e detalhadas quanto à obrigação do franqueado de adquirir quaisquer bens, serviços ou insumos necessários à implantação, operação ou administração de sua franquia apenas de fornecedores indicados e aprovados pelo franqueador, incluindo relação completa desses fornecedores;

XIII – indicação do que é oferecido ao franqueado pelo franqueador e em quais condições, no que se refere a:

a) suporte;

b) supervisão de rede;

c) serviços;

d) incorporação de inovações tecnológicas às franquias;

e) treinamento do franqueado e de seus funcionários, especificando duração, conteúdo e custos;

f) manuais de franquia;

g) auxílio na análise e na escolha do ponto onde será instalada a franquia; e

h) leiaute e padrões arquitetônicos das instalações do franqueado, incluindo arranjo físico de equipamentos e instrumentos, memorial descritivo, composição e croqui;

XIV – informações sobre a situação da marca franqueada e outros direitos de propriedade intelectual relacionados à franquia, cujo uso será autorizado em contrato pelo franqueador, incluindo a caracterização completa, com o número do registro ou do pedido protocolizado, com a classe e subclasse, nos órgãos competentes, e, no caso de cultivares, informações sobre a situação perante o Serviço Nacional de Proteção de Cultivares (SNPC);

XV – situação do franqueado, após a expiração do contrato de franquia, em relação a:

a) *know-how* da tecnologia de produto, de processo ou de gestão, informações confidenciais e segredos de indústria, comércio, finanças e negócios a que venha a ter acesso em função da franquia;

b) implantação de atividade concorrente à da franquia;

XVI – modelo do contrato-padrão e, se for o caso, também do pré-contrato-padrão de franquia adotado pelo franqueador, com texto completo, inclusive dos respectivos anexos, condições e prazos de validade;

XVII – indicação da existência ou não de regras de transferência ou sucessão e, caso positivo, quais são elas;

XVIII – indicação das situações em que são aplicadas penalidades, multas ou indenizações e dos respectivos valores, estabelecidos no contrato de franquia;

XIX – informações sobre a existência de cotas mínimas de compra pelo franqueado junto ao franqueador, ou a terceiros por este designados, e sobre a possibilidade e as condições para a recusa dos produtos ou serviços exigidos pelo franqueador;

XX – indicação de existência de conselho ou associação de franqueados, com as atribuições, os poderes e os mecanismos de representação perante o franqueador, e detalhamento das competências para gestão e fiscalização da aplicação dos recursos de fundos existentes;

XXI – indicação das regras de limitação à concorrência entre o franqueador e os franqueados, e entre os franqueados, durante a vigência do contrato de franquia, e detalhamento da abrangência territorial, do prazo de vigência da restrição e das penalidades em caso de descumprimento;

XXII – especificação precisa do prazo contratual e das condições de renovação, se houver;

XXIII – local, dia e hora para recebimento da documentação proposta, bem como para início da abertura dos envelopes, quando se tratar de órgão ou entidade pública.

§ 1º A Circular de Oferta de Franquia deverá ser entregue ao candidato a franqueado, no mínimo, 10 (dez) dias antes da assinatura do contrato ou pré-contrato de franquia ou, ainda, do pagamento de qualquer tipo de taxa pelo franqueado ao franqueador ou a empresa ou a pessoa ligada a este, salvo no caso de licitação ou pré-qualificação promovida por órgão ou entidade pública, caso em que a Circular de Oferta de Franquia será divulgada logo no início do processo de seleção.

§ 2º Na hipótese de não cumprimento do disposto no § 1º, o franqueado poderá arguir anulabilidade ou nulidade, conforme o caso, e exigir a devolução de todas e quaisquer quantias já pagas ao franqueador, ou a terceiros por este indicados, a título de filiação ou de *royalties*, corrigidas monetariamente.

Art. 3º Nos casos em que o franqueador subloque ao franqueado o ponto comercial onde se acha instalada a franquia, qualquer uma das partes terá legitimidade para propor a renovação do contrato de locação do imóvel, vedada a exclusão de qualquer uma delas do contrato de locação e de sublocação por ocasião da sua renovação ou prorrogação, salvo nos casos de inadimplência dos respectivos contratos ou do contrato de franquia.

Parágrafo único. O valor do aluguel a ser pago pelo franqueado ao franqueador, nas sublocações de que trata o *caput*, poderá ser superior ao valor que o franqueador paga ao proprietário do imóvel na locação originária do ponto comercial, desde que:

I – essa possibilidade esteja expressa e clara na Circular de Oferta de Franquia e no contrato; e

II – o valor pago a maior ao franqueador na sublocação não implique excessiva onerosidade ao franqueado, garantida a manutenção do equilíbrio econômico-financeiro da sublocação na vigência do contrato de franquia.

Art. 4º Aplica-se ao franqueador que omitir informações exigidas por lei ou veicular informações falsas na Circular de Oferta de Franquia a sanção prevista no § 2º do art. 2º desta Lei, sem prejuízo das sanções penais cabíveis.

Art. 5º Para os fins desta Lei, as disposições referentes ao franqueador ou ao franqueado aplicam-se, no que couber, ao subfranqueador e ao subfranqueado, respectivamente.

Art. 6º VETADO.

Art. 7º Os contratos de franquia obedecerão às seguintes condições:

I – os que produzirem efeitos exclusivamente no território nacional serão escritos em língua portuguesa e regidos pela legislação brasileira;

II – os contratos de franquia internacional serão escritos originalmente em língua portuguesa ou terão tradução certificada para a língua portuguesa custeada pelo franqueador, e os contratantes poderão optar, no contrato, pelo foro de um de seus países de domicílio.

§ 1º As partes poderão eleger juízo arbitral para solução de controvérsias relacionadas ao contrato de franquia.

§ 2º Para os fins desta Lei, entende-se como contrato internacional de franquia aquele que, pelos atos concernentes à sua conclusão ou execução, à situação das partes quanto a nacionalidade ou domicílio, ou à localização de seu objeto, tem liames com mais de um sistema jurídico.

§ 3º Caso expresso o foro de opção no contrato internacional de franquia, as partes deverão constituir e manter representante legal ou procurador devidamente qualificado e domiciliado no país do foro definido, com poderes para representá-las administrativa e judicialmente, inclusive para receber citações.

Art. 8º A aplicação desta Lei observará o disposto na legislação de propriedade intelectual vigente no País.

Art. 9º Revoga-se a Lei nº 8.955, de 15 de dezembro de 1994 (Lei de Franquia).

Art. 10. Esta Lei entra em vigor após decorridos 90 (noventa) dias de sua publicação oficial.

Brasília, 26 de dezembro de 2019; 198º da Independência e 131º da República.

Jair Messias Bolsonaro

DECRETO Nº 10.271, DE 6 DE MARÇO DE 2020

Dispõe sobre a execução da Resolução GMC nº 37/19, de 15 de julho de 2019, do Grupo Mercado Comum, que dispõe sobre a proteção dos consumidores nas operações de comércio eletrônico.

▸ Publicado no *DOU* de 9-3-2020.

Art. 1º A Resolução GMC nº 37/19 adotada pelo Grupo Mercado Comum em 15 de julho de 2019, anexa a este Decreto, será executada e cumprida integralmente em seus termos.

Art. 2º Este Decreto entra em vigor na data de sua publicação.

Brasília, 6 de março de 2020; 199º da Independência e 132º da República.

Jair Messias Bolsonaro

MERCOSUL/GMC/RES. Nº 37/19 DEFESA DO CONSUMIDOR PROTEÇÃO AO CONSUMIDOR NO COMÉRCIO ELETRÔNICO

TENDO EM VISTA: O Tratado de Assunção, o Protocolo de Ouro Preto, a Decisão nº 64/10 do Conselho do Mercado Comum e as Resoluções nºs 123/96, 124/96 e 34/11 do Grupo Mercado Comum.

CONSIDERANDO:

Que é importante aprofundar a harmonização de legislações na área de defesa do consumidor no âmbito do Mercosul.

Que é necessário avançar e impulsionar ações no âmbito da proteção dos direitos do consumidor.

Que, nesse sentido, é pertinente regular a proteção dos consumidores no comércio eletrônico.

O GRUPO MERCADO COMUM

RESOLVE:

Art. 1º No comércio eletrônico, deve-se garantir aos consumidores, durante todo o processo da transação, o direito à informação clara, suficiente, verídica e de fácil acesso sobre o fornecedor, o produto e/ou serviço e a transação realizada.

Art. 2º O fornecedor deve colocar à disposição dos consumidores, em seu sítio na internet e demais meios eletrônicos, em localização de fácil visualização e previamente à formalização do contrato, a seguinte informação:

I – nome comercial e social do fornecedor;

II – endereço físico e eletrônico do fornecedor;

III – endereço de correio eletrônico de serviço de atendimento ao consumidor;

IV – número de identificação tributária do fornecedor;

V – identificação do fabricante, se corresponder;

VI – identificação de registros dos produtos sujeitos a regimes de autorização prévia, se corresponder;

VII – as características essenciais do produto ou serviço, incluídos os riscos para a saúde e a segurança dos consumidores;

VIII – o preço, incluídos os impostos e a discriminação de qualquer custo adicional ou acessório, tais como custos de entrega ou seguro;

IX – as modalidades de pagamento, detalhando a quantidade de parcelas, sua periodicidade e o custo financeiro total da operação, para o caso de vendas a prazo;

X – os termos, condições e/ou limitações da oferta e disponibilidade do produto ou serviço;

XI – as condições a que se sujeitam a garantia legal e/ou contratual do produto ou serviço; e

XII – qualquer outra condição ou característica relevante do produto ou serviço que deva ser de conhecimento dos consumidores.

Art. 3º O fornecedor deve assegurar um acesso fácil e de clara visibilidade aos termos da contratação, assegurando que esses possam ser lidos, guardados e/ou armazenados pelo consumidor, de maneira inalterável.

Art. 4º A redação do contrato deve ser realizada de forma completa, clara e facilmente legível, sem menções, referências ou remissões a textos ou documentos que não forem entregues simultaneamente. O fornecedor deve apresentar um resumo do contrato antes de sua formalização, enfatizando as cláusulas de maior significância para o consumidor.

Art. 5º O fornecedor deve outorgar ao consumidor os meios técnicos para conhecimento e correção de erros na introdução de dados, antes de realizar a transação. Igualmente, deve proporcionar um mecanismo de confirmação expressa da decisão de efetuar a transação, de forma que o silêncio do consumidor não seja considerado como consentimento.

Art. 6º O consumidor poderá exercer seu direito de arrependimento ou retratação nos prazos que a norma aplicável estabelecer.

Art. 7º O fornecedor deve proporcionar um serviço eficiente de atendimento de consultas e reclamações dos consumidores.

Art. 8º Os Estados-Partes propiciarão que os fornecedores adotem mecanismos de resolução de controvérsias *on-line* ágeis, justos, transparentes, acessíveis e de baixo custo, a fim de que os consumidores possam obter satisfação às suas reclamações.

Deverão considerar-se, especialmente, os casos de reclamação por parte de consumidores em situação vulnerável e de desvantagem.

Art. 9º Nas atividades relacionadas com o comércio eletrônico transfronteiriço, as agências de proteção ao consumidor ou outros organismos competentes dos Estados-Partes procurarão cooperar entre si para a adequada proteção dos consumidores.

Art. 10. A presente Resolução abrange os fornecedores radicados ou estabelecidos em algum dos Estados-Partes ou que operem comercialmente sob algum de seus domínios de internet.

Art. 11. Esta Resolução deverá ser incorporada ao ordenamento jurídico dos Estados-Partes antes de 15-1-2020.

LI GMC Ext. – Santa Fé, 15-7-2019.

LEI Nº 13.988, DE 14 DE ABRIL DE 2020

Dispõe sobre a transação nas hipóteses que especifica; e altera as Leis nºs 13.464, de 10 de julho de 2017, e 10.522, de 19 de julho de 2002.

▸ Publicada no *DOU* de 14-4-2020 – edição extra.

CAPÍTULO I
DISPOSIÇÕES GERAIS

Art. 1º Esta Lei estabelece os requisitos e as condições para que a União, as suas autarquias e fundações, e os devedores ou as partes adversas realizem transação resolutiva de litígio relativo à cobrança de créditos da Fazenda Pública, de natureza tributária ou não tributária.

§ 1º A União, em juízo de oportunidade e conveniência, poderá celebrar transação em quaisquer das modalidades de que trata esta Lei, sempre que, motivadamente, entender que a medida atende ao interesse público.

§ 2º Para fins de aplicação e regulamentação desta Lei, serão observados, entre outros, os princípios da isonomia, da capacidade contributiva, da transparência, da moralidade, da razoável duração dos processos e da eficiência e, resguardadas as informações protegidas por sigilo, o princípio da publicidade.

§ 3º A observância do princípio da transparência será efetivada, entre outras ações, pela divulgação em meio eletrônico de todos os termos de transação celebrados, com informações que viabilizem o atendimento do princípio da isonomia, resguardadas as legalmente protegidas por sigilo.

§ 4º Aplica-se o disposto nesta Lei:

I – aos créditos tributários sob a administração da Secretaria Especial da Receita Federal do Brasil do Ministério da Economia;

▸ Inciso I com a redação dada pela Lei nº 14.375, de 21-6-2022.

II – à dívida ativa e aos tributos da União, cujas inscrição, cobrança e representação incumbam à Procuradoria-Geral da Fazenda Nacional, nos termos do art. 12 da Lei Complementar nº 73, de 10 de fevereiro de 1993; e

III – no que couber, à dívida ativa das autarquias e das fundações públicas federais cujas inscrição, cobrança e representação incumbam à Procuradoria-Geral Federal ou à Procuradoria-Geral do Banco Central e aos créditos cuja cobrança seja competência da Procuradoria-Geral da União, nos termos de ato do Advogado-Geral da União e sem prejuízo do disposto na Lei nº 9.469, de 10 de julho de 1997.

▸ Inciso III com a redação dada pela Lei nº 14.689, de 20-9-2023.

§ 5º A transação de créditos de natureza tributária será realizada nos termos do art. 171 da Lei nº 5.172, de 25 de outubro de 1966 (Código Tributário Nacional)

Art. 2º Para fins desta Lei, são modalidades de transação as realizadas:

I – por proposta individual ou por adesão, na cobrança de créditos inscritos na dívida ativa da União, de suas autarquias e fundações públicas, na cobrança de créditos que seja da competência da Procuradoria-Geral da União, ou em contencioso administrativo fiscal;

▸ Inciso I com a redação dada pela Lei nº 14.375, de 21-6-2022.

II – por adesão, nos demais casos de contencioso judicial ou administrativo tributário; e

III – por adesão, no contencioso tributário de pequeno valor.

Parágrafo único. A transação por adesão implica aceitação pelo devedor de todas as condições fixadas no edital que a propõe.

Art. 3º A proposta de transação deverá expor os meios para a extinção dos créditos nela contemplados e estará condicionada, no mínimo, à assunção pelo devedor dos compromissos de:

I – não utilizar a transação de forma abusiva, com a finalidade de limitar, de falsear ou de prejudicar, de qualquer forma, a livre concorrência ou a livre iniciativa econômica;

II – não utilizar pessoa natural ou jurídica interposta para ocultar ou dissimular a origem ou a destinação de bens, de direitos e de valores, os seus reais interesses ou a identidade dos beneficiários de seus atos, em prejuízo da Fazenda Pública federal;

III – não alienar nem onerar bens ou direitos sem a devida comunicação ao órgão da Fazenda Pública competente, quando exigido em lei;

IV – desistir das impugnações ou dos recursos administrativos que tenham por objeto os créditos incluídos na transação e renunciar a quaisquer alegações de direito sobre as quais se fundem as referidas impugnações ou recursos; e

V – renunciar a quaisquer alegações de direito, atuais ou futuras, sobre as quais se fundem ações judiciais, inclusive as coletivas, ou recursos que tenham por objeto os créditos incluídos na transação, por meio de requerimento de extinção do respectivo processo com resolução de mérito, nos termos da alínea c do inciso III do *caput* do art. 487 da Lei nº 13.105, de 16 de março de 2015 (Código de Processo Civil).

§ 1º A proposta de transação deferida importa em aceitação plena e irretratável de todas as condições estabelecidas nesta Lei e em sua regulamentação, de modo a constituir confissão irrevogável e irretratável dos créditos abrangidos pela transação, nos termos dos arts. 389 a 395 da Lei nº 13.105, de 16 de março de 2015 (Código de Processo Civil).

§ 2º Quando a transação envolver moratória ou parcelamento, aplica-se, para todos os fins, o disposto nos incisos I e VI do *caput* do art. 151 da Lei nº 5.172, de 25 de outubro de 1966.

§ 3º Os créditos abrangidos pela transação somente serão extintos quando integralmente cumpridas as condições previstas no respectivo termo.

Art. 4º Implica a rescisão da transação:

I – o descumprimento das condições, das cláusulas ou dos compromissos assumidos;

II – a constatação, pelo credor, de ato tendente ao esvaziamento patrimonial do devedor como forma de fraudar o cumprimento da transação, ainda que realizado anteriormente à sua celebração;

III – a decretação de falência ou de extinção, pela liquidação, da pessoa jurídica transigente;

IV – a comprovação de prevaricação, de concussão ou de corrupção passiva na sua formação;

V – a ocorrência de dolo, de fraude, de simulação ou de erro essencial quanto à pessoa ou quanto ao objeto do conflito;

VI – a ocorrência de alguma das hipóteses rescisórias adicionalmente previstas no respectivo termo de transação; ou

VII – a inobservância de quaisquer disposições desta Lei ou do edital.

§ 1º O devedor será notificado sobre a incidência de alguma das hipóteses de rescisão da transação e poderá impugnar o ato, na forma da Lei nº 9.784, de 29 de janeiro de 1999, no prazo de 30 (trinta) dias.

§ 2º Quando sanável, é admitida a regularização do vício que ensejaria a rescisão durante o prazo concedido para a impugnação, preservada a transação em todos os seus termos.

§ 3º A rescisão da transação implicará o afastamento dos benefícios concedidos e a cobrança integral das dívidas, deduzidos os valores já pagos, sem prejuízo de outras consequências previstas no edital.

§ 4º Aos contribuintes com transação rescindida é vedada, pelo prazo de 2 (dois) anos, contado da data de rescisão, a formalização de nova transação, ainda que relativa a débitos distintos.

Art. 5º É vedada a transação que:

I – reduza multas de natureza penal;

II – conceda descontos a créditos relativos ao:

a) Regime Especial Unificado de Arrecadação de Tributos e Contribuições devidos pelas Microempresas e Empresas de Pequeno Porte (Simples Nacional), enquanto não editada lei complementar autorizativa;

b) Fundo de Garantia do Tempo de Serviço (FGTS), enquanto não autorizado pelo seu Conselho Curador;

III – envolva devedor contumaz, conforme definido em lei específica.

§ 1º É vedada a acumulação das reduções oferecidas pelo edital com quaisquer outras asseguradas na legislação em relação aos créditos abrangidos pela proposta de transação.

§ 2º Nas propostas de transação que envolvam redução do valor do crédito, os encargos legais acrescidos aos débitos inscritos em dívida ativa da União de que trata o art. 1º do Decreto-Lei nº 1.025, de 21 de outubro de 1969, serão obrigatoriamente reduzidos em percentual não inferior ao aplicado às multas e aos juros de mora relativos aos créditos a serem transacionados.

§ 3º A rejeição da autorização referida na alínea *b* do inciso II do *caput* deste artigo exigirá manifestação expressa e fundamentada do Conselho Curador do FGTS, sem a qual será reputada a anuência tácita após decorrido prazo superior a 20 (vinte) dias úteis da comunicação, pela Procuradoria-Geral da Fazenda Nacional, da abertura do edital para adesão ou da proposta de transação individual.

Art. 6º Para fins do disposto nesta Lei, considera-se microempresa ou empresa de pequeno porte a pessoa jurídica cuja receita bruta esteja nos limites fixados nos incisos I e II do *caput* do art. 3º da Lei Complementar nº 123, de 14 de dezembro de 2006, não aplicados os demais critérios para opção pelo regime especial por ela estabelecido.

Art. 7º A proposta de transação e a sua eventual adesão por parte do sujeito passivo ou devedor não autorizam a restituição ou a compensação de importâncias pagas, compensadas ou incluídas em parcelamentos pelos quais tenham optado antes da celebração do respectivo termo.

Art. 8º Na hipótese de a proposta de transação envolver valores superiores aos fixados em ato do Ministro de Estado da Economia ou do Advogado-Geral da União, a transação, sob pena de nulidade, dependerá de prévia e expressa autorização ministerial, admitida a delegação.

Art. 9º Os atos que dispuserem sobre a transação poderão, quando for o caso, condicionar sua concessão à observância das normas orçamentárias e financeiras.

CAPÍTULO II
DA TRANSAÇÃO NA COBRANÇA DE CRÉDITOS DA UNIÃO E DE SUAS AUTARQUIAS E FUNDAÇÕES PÚBLICAS

Art. 10. A transação na cobrança da dívida ativa da União, das autarquias e das fundações públicas federais poderá ser proposta pela Procuradoria-Geral da Fazenda Nacional, pela Procuradoria-Geral Federal e pela Procuradoria-Geral do Banco Central, de forma individual ou por adesão, ou por iniciativa do devedor, ou pela Procuradoria-Geral da União, em relação aos créditos sob sua responsabilidade.

▸ Artigo com a redação dada pela Lei nº 14.689, de 20-9-2023.

Art. 10-A. A transação na cobrança de créditos tributários em contencioso administrativo fiscal poderá ser proposta pela Secretaria Especial da Receita Federal do Brasil, de forma individual ou por adesão, ou por iniciativa do devedor, observada a Lei Complementar nº 73, de 10 de fevereiro de 1993.

▸ Art. 10-A acrescido pela Lei nº 14.375, de 21-6-2022.

Art. 11. A transação poderá contemplar os seguintes benefícios:

I – a concessão de descontos nas multas, nos juros e nos encargos legais relativos a créditos a serem transacionados que sejam classificados como irrecuperáveis ou de difícil recuperação, conforme critérios estabelecidos pela autoridade competente, nos termos do parágrafo único do art. 14 desta Lei;

▸ Inciso I com a redação dada pela Lei nº 14.375, de 21-6-2022.

II – o oferecimento de prazos e formas de pagamento especiais, incluídos o diferimento e a moratória; e

III – o oferecimento, a substituição ou a alienação de garantias e de constrições;

IV – a utilização de créditos de prejuízo fiscal e de base de cálculo negativa da Contribuição

Social sobre o Lucro Líquido (CSLL), na apuração do Imposto sobre a Renda das Pessoas Jurídicas (IRPJ) e da CSLL, até o limite de 70% (setenta por cento) do saldo remanescente após a incidência dos descontos, se houver;

V – o uso de precatórios ou de direito creditório com sentença de valor transitada em julgado para amortização de dívida tributária principal, multa e juros.

▶ Incisos IV e V acrescidos pela Lei nº 14.375, de 21-6-2022.

§ 1º É permitida a utilização de mais de uma das alternativas previstas nos incisos I, II, III, IV e V do *caput* deste artigo para o equacionamento dos créditos inscritos em dívida ativa da União.

▶ § 1º com a redação dada pela Lei nº 14.375, de 21-6-2022.

§ 1º-A. Após a incidência dos descontos previstos no inciso I do *caput* deste artigo, se houver, a liquidação de valores será realizada no âmbito do processo administrativo de transação para fins da amortização do saldo devedor transacionado a que se refere o inciso IV do *caput* deste artigo e será de critério exclusivo da Secretaria Especial da Receita Federal do Brasil, para créditos em contencioso administrativo fiscal, ou da Procuradoria-Geral da Fazenda Nacional, para créditos inscritos em dívida ativa da União, sendo adotada em casos excepcionais para a melhor e efetiva composição do plano de regularização.

▶ § 1º-A acrescido pela Lei nº 14.375, de 21-6-2022.

§ 2º É vedada a transação que:

I – reduza o montante principal do crédito, assim compreendido seu valor originário, excluídos os acréscimos de que trata o inciso I do *caput* deste artigo;

II – implique redução superior a 65% (sessenta e cinco por cento) do valor total dos créditos a serem transacionados;

III – conceda prazo de quitação dos créditos superior a 120 (cento e vinte) meses;

IV – envolva créditos não inscritos em dívida ativa da União, exceto aqueles sob responsabilidade da Procuradoria-Geral da União ou em contencioso administrativo fiscal de que trata o art. 10-A desta Lei.

▶ Incisos II a IV com a redação dada pela Lei nº 14.375, de 21-6-2022.

§ 3º Na hipótese de transação que envolva pessoa natural, microempresa ou empresa de pequeno porte, a redução máxima de que trata o inciso II do § 2º deste artigo será de até 70% (setenta por cento), ampliando-se o prazo máximo de quitação para até 145 (cento e quarenta e cinco) meses, respeitado o disposto no § 11 do art. 195 da Constituição Federal.

§ 4º O disposto no § 3º deste artigo aplica-se também às:

I – Santas Casas de Misericórdia, sociedades cooperativas e demais organizações da sociedade civil de que trata a Lei nº 13.019, de 31 de julho de 2014; e

II – instituições de ensino.

§ 5º Incluem-se como créditos irrecuperáveis ou de difícil recuperação, para os fins do disposto no inciso I do *caput* deste artigo, aqueles devidos por empresas em processo de recuperação judicial, liquidação judicial, liquidação extrajudicial ou falência.

§ 6º Na transação, poderão ser aceitas quaisquer modalidades de garantia previstas em lei, inclusive garantias reais ou fidejussórias, cessão fiduciária de direitos creditórios e alienação fiduciária de bens móveis ou imóveis ou de direitos, bem como créditos líquidos e certos do contribuinte em desfavor da União reconhecidos em decisão transitada em julgado, observado, entretanto, que não constitui óbice à realização da transação a impossibilidade material de prestação de garantias pelo devedor ou de garantias adicionais às já formalizadas em processos judiciais.

▶ § 6º com a redação dada pela Lei nº 14.375, de 21-6-2022.

§ 7º Para efeito do disposto no inciso IV do *caput* deste artigo, a transação poderá compreender a utilização de créditos de prejuízo fiscal e de base de cálculo negativa da CSLL de titularidade do responsável tributário ou corresponsável pelo débito, de pessoa jurídica controladora ou controlada, de forma direta ou indireta, ou de sociedades que sejam controladas direta ou indiretamente por uma mesma pessoa jurídica, apurados e declarados à Secretaria Especial da Receita Federal do Brasil, independentemente do ramo de atividade, no período previsto pela legislação tributária.

§ 8º O valor dos créditos de que trata o § 1º-A deste artigo será determinado, na forma da regulamentação:

I – por meio da aplicação das alíquotas do imposto sobre a renda previstas no art. 3º da Lei nº 9.249, de 26 de dezembro de 1995, sobre o montante do prejuízo fiscal; e

II – por meio da aplicação das alíquotas da CSLL previstas no art. 3º da Lei nº 7.689, de 15 de dezembro de 1988, sobre o montante da base de cálculo negativa da contribuição.

§ 9º A utilização dos créditos a que se refere o § 1º-A deste artigo extingue os débitos sob condição resolutória de sua ulterior homologação.

§ 10. A Secretaria Especial da Receita Federal do Brasil dispõe do prazo de 5 (cinco) anos para a análise dos créditos utilizados na forma do § 1º-A deste artigo.

§ 11. Os benefícios concedidos em programas de parcelamento anteriores ainda em vigor serão mantidos, considerados e consolidados para efeitos da transação, que será limitada ao montante referente ao saldo remanescente do respectivo parcelamento, considerando-se quitadas as parcelas vencidas e liquidadas, na respectiva proporção do montante devido, desde que o contribuinte se encontre em situação regular no programa e, quando for o caso, esteja submetido a contencioso administrativo ou judicial, vedada a acumulação de reduções entre a transação e os respectivos programas de parcelamento.

§ 12. Os descontos concedidos nas hipóteses de transação na cobrança de que trata este Capítulo não serão computados na apuração da base de cálculo:

I – do imposto sobre a renda e da CSLL; e

II – da contribuição para os Programas de Integração Social e de Formação do Patrimônio do Servidor Público (PIS/PASEP) e da Contribuição para o Financiamento da Seguridade Social (COFINS).

▶ §§ 7º a 12 acrescidos pela Lei nº 14.375, de 21-6-2022.

▶ Este inciso estará revogado pela LC nº 214, de 16-1-2025, a partir de 1º-1-2027.

§ 13. *Sempre que possível, na celebração das transações, serão considerados e perseguidos objetivos e ações de desenvolvimento sustentável, devendo-se buscar efeitos socioambientais positivos a partir das concessões recíprocas que decorrerem do negócio.*

▶ § 13 acrescido pela Lei nº 15.103, de 22-1-2025.

Art. 12. A proposta de transação não suspende a exigibilidade dos créditos por ela abrangidos nem o andamento das respectivas execuções fiscais.

§ 1º O disposto no *caput* deste artigo não afasta a possibilidade de suspensão do processo por convenção das partes, conforme o disposto no inciso II do *caput* do art. 313 da Lei nº 13.105, de 16 de março de 2015 (Código de Processo Civil).

§ 2º O termo de transação preverá, quando cabível, a anuência das partes para fins da suspensão convencional do processo de que trata o inciso II do *caput* do art. 313 da Lei nº 13.105, de 16 de março de 2015 (Código de Processo Civil), até a extinção dos créditos nos termos do § 3º do art. 3º desta Lei ou eventual rescisão.

§ 3º A proposta de transação aceita não implica novação dos créditos por ela abrangidos.

Art. 13. Compete ao Procurador-Geral da Fazenda Nacional, quanto aos créditos inscritos em dívida ativa, e ao Secretário Especial da Receita Federal do Brasil, quanto aos créditos em contencioso administrativo fiscal, assinar o termo de transação realizado de forma individual, diretamente ou por autoridade delegada, observada a Lei Complementar nº 73, de 10 de fevereiro de 1993.

▶ *Caput* com a redação dada pela Lei nº 14.375, de 21-6-2022.

§ 1º A delegação de que trata o *caput* deste artigo poderá ser subdelegada, prever valores de alçada e exigir a aprovação de múltiplas autoridades.

§ 2º A transação por adesão será realizada exclusivamente por meio eletrônico.

Art. 14. Compete ao Procurador-Geral da Fazenda Nacional, observado o disposto na Lei Complementar nº 73, de 10 de fevereiro de 1993, e no art. 131 da Constituição Federal, quanto aos créditos inscritos em dívida ativa, e ao Secretário Especial da Receita Federal do Brasil, quanto aos créditos em contencioso administrativo fiscal, disciplinar, por ato próprio:

▶ *Caput* com a redação dada pela Lei nº 14.375, de 21-6-2022.

I – os procedimentos necessários à aplicação do disposto neste Capítulo, inclusive quanto à rescisão da transação, em conformidade com a Lei nº 9.784, de 29 de janeiro de 1999;

II – a possibilidade de condicionar a transação ao pagamento de entrada, à apresentação de garantia e à manutenção das garantias já existentes;

III – as situações em que a transação somente poderá ser celebrada por adesão, autorizado o não conhecimento de eventuais propostas de transação individual;

IV – o formato e os requisitos da proposta de transação e os documentos que deverão ser apresentados;

V – *Revogado.* Lei nº 14.375, de 21-6-2022.

Art. 15. Ato do Advogado-Geral da União disciplinará a transação no caso dos créditos previstos no inciso III do § 4º do art. 1º desta Lei.

Parágrafo único. Caberá ao Procurador-Geral da Fazenda Nacional disciplinar, por ato próprio, os critérios para aferição do grau de recuperabilidade das dívidas, os parâmetros para aceitação da transação individual e a concessão de descontos, entre eles o insucesso dos meios ordinários e convencionais de cobrança e a vinculação dos benefícios a critérios preferencialmente objetivos que incluam ainda a sua temporalidade, a capacidade contributiva do devedor e os custos da cobrança.

▸ Parágrafo único acrescido pela Lei nº 14.375, de 21-6-2022.

CAPÍTULO II-A

▸ Capítulo II-A acrescido pela Lei nº 14.973, de 16-9-2024.

Art. 15-A. *VETADO. Lei nº 14.973, de 16-9-2024.*

CAPÍTULO III

DA TRANSAÇÃO POR ADESÃO NO CONTENCIOSO TRIBUTÁRIO DE RELEVANTE E DISSEMINADA CONTROVÉRSIA JURÍDICA

Art. 16. O Ministro de Estado da Economia poderá propor aos sujeitos passivos transação resolutiva de litígios aduaneiros ou tributários decorrentes de relevante e disseminada controvérsia jurídica, com base em manifestação da Procuradoria-Geral da Fazenda Nacional e da Secretaria Especial da Receita Federal do Brasil do Ministério da Economia.

§ 1º A proposta de transação e a eventual adesão por parte do sujeito passivo não poderão ser invocadas como fundamento jurídico ou prognose de sucesso da tese sustentada por qualquer das partes e serão compreendidas exclusivamente como medida vantajosa diante das concessões recíprocas.

§ 2º A proposta de transação deverá, preferencialmente, versar sobre controvérsia restrita a segmento econômico ou produtivo, a grupo ou universo de contribuintes ou a responsáveis delimitados, vedada, em qualquer hipótese, a alteração de regime jurídico tributário.

§ 3º Considera-se controvérsia jurídica relevante e disseminada a que trate de questões tributárias que ultrapassem os interesses subjetivos da causa.

Art. 17. A proposta de transação por adesão será divulgada na imprensa oficial e nos sítios dos respectivos órgãos na internet, mediante edital que especifique, de maneira objetiva, as hipóteses fáticas e jurídicas nas quais a Fazenda Nacional propõe a transação no contencioso tributário, aberta à adesão de todos os sujeitos passivos que se enquadrem nessas hipóteses e que satisfaçam às condições previstas nesta Lei e no edital.

§ 1º O edital a que se refere o *caput* deste artigo:

I – definirá:

a) as exigências a serem cumpridas, as reduções ou concessões oferecidas, os prazos e as formas de pagamento admitidas;

b) o prazo para adesão à transação;

II – poderá limitar os créditos contemplados pela transação, considerados:

a) a etapa em que se encontre o respectivo processo tributário, administrativo ou judicial; ou

b) os períodos de competência a que se refiram;

III – poderá estabelecer a necessidade de conformação do contribuinte ou do responsável ao entendimento da administração tributária acerca de fatos geradores futuros ou não consumados.

▸ Inciso III com a redação dada pela Lei nº 14.689, de 20-9-2023.

§ 2º As reduções e concessões de que trata a alínea *a* do inciso I do § 1º deste artigo são limitadas ao desconto de 65% (sessenta e cinco por cento) do crédito, com prazo máximo de quitação de 120 (cento e vinte) meses.

▸ § 2º com a redação dada pela Lei nº 14.689, de 20-9-2023.

§ 3º A celebração da transação, nos termos definidos no edital de que trata o *caput* deste artigo, compete:

I – à Secretaria Especial da Receita Federal do Brasil do Ministério da Economia, no âmbito do contencioso administrativo; e

II – à Procuradoria-Geral da Fazenda Nacional, nas demais hipóteses legais.

§ 4º Na hipótese de transação que envolva pessoa natural, microempresa ou empresa de pequeno porte, a redução máxima de que trata o § 2º deste artigo será de até 70% (setenta por cento), com ampliação do prazo máximo de quitação para até 145 (cento e quarenta e cinco) meses, respeitado o disposto no § 11 do art. 195 da Constituição Federal.

▸ § 4º acrescido pela Lei nº 14.689, de 20-9-2023.

Art. 18. A transação somente será celebrada se constatada a existência, na data de publicação do edital, de inscrição em dívida ativa, de ação judicial, de embargos à execução fiscal ou de reclamação ou recurso administrativo pendente de julgamento definitivo, relativamente à tese objeto da transação.

Parágrafo único. A transação será rescindida quando contrariar decisão judicial definitiva prolatada antes da celebração da transação.

Art. 19. Atendidas as condições estabelecidas no edital, o sujeito passivo da obrigação tributária poderá solicitar sua adesão à transação, observado o procedimento estabelecido em ato do Ministro de Estado da Economia.

§ 1º O sujeito passivo que aderir à transação deverá:

I – requerer a homologação judicial do acordo, para fins do disposto nos incisos II e III do *caput* do art. 515 da Lei nº 13.105, de 16 de março de 2015 (Código de Processo Civil);

II – *Revogado*. Lei nº 14.689, de 20-9-2023.

§ 2º Será indeferida a adesão que não importar extinção do litígio administrativo ou judicial, ressalvadas as hipóteses em que ficar demonstrada a inequívoca cindibilidade do objeto, nos termos do ato a que se refere o *caput* deste artigo.

§ 3º O edital poderá estabelecer que a solicitação de adesão abranja todos os litígios relacionados à tese objeto da transação existentes na data do pedido, ainda que não definitivamente julgados.

▸ § 3º com a redação dada pela Lei nº 14.689, de 20-9-2023.

§ 4º A apresentação da solicitação de adesão suspende a tramitação dos processos administrativos referentes aos créditos tributários envolvidos enquanto perdurar sua apreciação.

§ 5º A apresentação da solicitação de adesão não suspende a exigibilidade dos créditos tributários definitivamente constituídos aos quais se refira.

Art. 20. São vedadas:

I – a celebração de nova transação relativa ao mesmo crédito tributário;

II – a oferta de transação por adesão nas hipóteses:

a) previstas no art. 19 da Lei nº 10.522, de 19 de julho de 2002, quando o ato ou a jurisprudência for em sentido integralmente desfavorável à Fazenda Nacional; e

b) *Revogada*. Lei nº 14.689, de 20-9-2023.

III – a proposta de transação com efeito prospectivo que resulte, direta ou indiretamente, em regime especial, diferenciado ou individual de tributação.

Parágrafo único. O disposto no inciso II do *caput* deste artigo não obsta a oferta de transação relativa a controvérsia no âmbito da liquidação da sentença ou não abrangida na jurisprudência ou ato referidos no art. 19 da Lei nº 10.522, de 19 de julho de 2002.

Art. 21. Ato do Ministro de Estado da Economia regulamentará o disposto neste Capítulo.

Art. 22. Compete ao Secretário Especial da Receita Federal do Brasil, no que couber, disciplinar o disposto nesta Lei no que se refere à transação de créditos tributários não judicializados no contencioso administrativo tributário.

§ 1º Compete ao Secretário Especial da Receita Federal do Brasil, diretamente ou por autoridade por ele delegada, assinar o termo de transação.

§ 2º A delegação de que trata o § 1º deste artigo poderá ser subdelegada, prever valores de alçada e exigir a aprovação de múltiplas autoridades.

§ 3º A transação por adesão será realizada exclusivamente por meio eletrônico.

Art. 22-A. Aplica-se à transação por adesão no contencioso tributário de relevante e disseminada controvérsia jurídica o disposto no inciso IV do *caput* e nos §§ 7º e 12 do art. 11 desta Lei.

▸ Art. 22-A acrescido pela Lei nº 14.689, de 20-9-2023.

Art. 22-B. *O disposto neste Capítulo também se aplica, no que couber, à dívida ativa das autarquias e das fundações públicas federais cujas inscrição, cobrança e representação incumbam à Procuradoria-Geral Federal e à Procuradoria-Geral do Banco Central e aos créditos cuja cobrança seja competência da Procuradoria-Geral da União, sem prejuízo do disposto na Lei nº 9.469, de 10 de julho de 1997.*

Parágrafo único. *Ato do Advogado-Geral da União disciplinará a transação dos créditos referidos neste artigo.*

▸ Art. 22-B acrescido pela Lei nº 14.973, de 16-9-2024.

CAPÍTULO III-A

DA TRANSAÇÃO NA COBRANÇA DE RELEVANTE INTERESSE REGULATÓRIO PARA AS AUTARQUIAS E FUNDAÇÕES PÚBLICAS FEDERAIS

▸ Capítulo III-A acrescido pela Lei nº 14.973, de 16-9-2024.

Art. 22-C. *A Procuradoria-Geral Federal poderá propor aos devedores transação na cobrança da dívida ativa das autarquias e* *fundações públicas federais, de natureza não tributária, quando houver relevante interesse regulatório previamente reconhecido por ato do Advogado-Geral da União.*

§ 1º Considera-se presente o relevante interesse regulatório quando o equacionamento de dívidas for necessário para assegurar as políticas públicas ou os serviços públicos prestados pelas autarquias e fundações públicas federais credoras.

§ 2º Ato do Advogado-Geral da União reconhecerá o relevante interesse regulatório, com base em manifestação fundamentada dos dirigentes máximos das autarquias e fundações públicas federais cujo conteúdo observará as seguintes diretrizes:

I – a delimitação, com base em critérios objetivos, do grupo ou universo de devedores alcançado, observados os princípios da isonomia e da impessoalidade, vedado o reconhecimento de relevante interesse regulatório de alcance geral;

II – a indicação dos pressupostos de fato e de direito que determinam o relevante interesse regulatório, considerando, quando possível:

a) a manutenção das atividades dos agentes econômicos regulados e do atendimento aos usuários de serviços prestados regulados pela autarquia ou fundação pública federal credora;

b) o desempenho da política pública ou dos serviços públicos regulados pela autarquia ou fundação pública federal credora;

c) a preservação da função social da regulação, em especial o seu caráter pedagógico, quando envolver multas decorrentes do exercício do poder de polícia;

d) as vantagens sociais, ambientais, econômicas, de segurança ou de saúde em substituir os meios ordinários e convencionais de cobrança pelo equacionamento das dívidas e obrigações através da transação, com a finalidade de evitar o agravamento de problema regulatório ou na prestação de serviço público;

III – o tempo necessário à execução da medida, vedado o seu reconhecimento por prazo indeterminado;

IV – a prévia elaboração de Análise de Impacto Regulatório (AIR) prevista no art. 6º da Lei nº 13.848, de 25 de junho de 2019, no caso das agências reguladoras.

***Art. 22-D.** A Procuradoria-Geral Federal poderá, em juízo de oportunidade e conveniência, propor a transação de que trata este Capítulo, de forma individual ou por adesão, sempre que, motivadamente, entender que a medida atende ao interesse público, vedada a apresentação de proposta de transação individual pelo devedor.*

§ 1º A apresentação da proposta individual ou a solicitação de adesão do devedor à proposta suspenderá o andamento das execuções fiscais, salvo oposição justificada da Procuradoria-Geral Federal.

§ 2º Nos processos administrativos de constituição de crédito em tramitação nas autarquias e fundações públicas federais, os devedores poderão renunciar aos direitos para que os créditos sejam constituídos, inscritos em dívida ativa e incluídos na transação.

§ 3º Os seguintes compromissos adicionais serão exigidos do devedor, sem prejuízo do disposto no art. 3º desta Lei, quando for o caso:

I – manter a prestação dos serviços públicos, nos termos do ato de delegação;

II – concluir a obra de construção, total ou parcial, conservação, reforma, ampliação ou melhoramento, nos termos do ato de delegação;

III – manter a regularidade dos pagamentos à autarquia ou fundação pública federal detentora do poder concedente, nos termos do ato de delegação;

IV – apresentar à autarquia ou fundação pública federal credora plano de conformidade regulatória.

§ 4º Os prazos ou os descontos na transação de que trata este Capítulo serão definidos pela Procuradoria-Geral Federal de acordo com o grau de recuperabilidade do crédito.

§ 5º Os descontos poderão ser concedidos sobre o valor total do crédito, incluídos os acréscimos de que trata o inciso I do caput do art. 11 desta Lei, desde que o valor resultante da transação não seja inferior ao montante principal do crédito, assim compreendido o seu valor originário.

§ 6º A limitação prevista no inciso I do § 2º do art. 11 desta Lei e no § 5º deste artigo não se aplica à transação que envolva pagamento à vista de créditos que consistirem em multa decorrente de processo administrativo sancionador.

§ 7º O limite de que trata o inciso III do § 2º do art. 11 desta Lei poderá ser ampliado em até 12 (doze) meses adicionais quando o devedor comprovar que desenvolve projetos de interesse social vinculados à política pública ou aos serviços públicos prestados pela autarquia ou fundação pública federal credora.

***Art. 22-E.** Ato do Advogado-Geral da União disciplinará a transação de que trata este Capítulo.*

▸ Arts. 22-C a 22-E acrescidos pela Lei nº 14.973, de 16-9-2024.

CAPÍTULO IV
DA TRANSAÇÃO POR ADESÃO NO CONTENCIOSO DE PEQUENO VALOR

▸ Capítulo IV com a redação dada pela Lei nº 14.375, de 21-6-2022.

Art. 23. Observados os princípios da racionalidade, da economicidade e da eficiência, ato do Ministro de Estado da Economia regulamentará:

I – o contencioso administrativo fiscal de pequeno valor, assim considerado aquele cujo lançamento fiscal ou controvérsia não supere 60 (sessenta) salários mínimos;

II – a adoção de métodos alternativos de solução de litígio, inclusive transação, envolvendo processos de pequeno valor.

Parágrafo único. No contencioso administrativo de pequeno valor, observados o contraditório, a ampla defesa e a vinculação aos entendimentos do Conselho Administrativo de Recursos Fiscais, o julgamento será realizado em última instância por órgão colegiado da Delegacia da Receita Federal do Brasil de Julgamento da Secretaria Especial da Receita Federal do Brasil, aplicado o disposto no Decreto nº 70.235, de 6 de março de 1972, apenas subsidiariamente.

Art. 24. A transação relativa a crédito tributário de pequeno valor será realizada na pendência de impugnação, de recurso ou de reclamação administrativa ou no processo de cobrança da dívida ativa da União.

Parágrafo único. Considera-se contencioso tributário de pequeno valor aquele cujo crédito tributário em discussão não supere o limite previsto no inciso I do *caput* do art. 23 desta Lei e que tenha como sujeito passivo pessoa natural, microempresa ou empresa de pequeno porte.

Art. 25. A transação de que trata este Capítulo poderá contemplar os seguintes benefícios:

I – concessão de descontos, observado o limite máximo de 50% (cinquenta por cento) do valor total do crédito;

II – oferecimento de prazos e formas de pagamento especiais, incluídos o diferimento e a moratória, obedecido o prazo máximo de quitação de 60 (sessenta) meses; e

III – oferecimento, substituição ou alienação de garantias e de constrições.

§ 1º É permitida a cumulação dos benefícios previstos nos incisos I, II e III do *caput* deste artigo.

§ 2º A celebração da transação competirá:

I – à Secretaria Especial da Receita Federal do Brasil, no âmbito do contencioso administrativo de pequeno valor; e

II – à Procuradoria-Geral da Fazenda Nacional, nas demais hipóteses previstas neste Capítulo.

Art. 26. A proposta de transação poderá ser condicionada ao compromisso do contribuinte ou do responsável de requerer a homologação judicial do acordo, para fins do disposto nos incisos II e III do *caput* do art. 515 da Lei nº 13.105, de 16 de março de 2015 (Código de Processo Civil).

Art. 27. Caberá ao Procurador-Geral da Fazenda Nacional e ao Secretário Especial da Receita Federal do Brasil, em seu âmbito de atuação, disciplinar a aplicação do disposto neste Capítulo.

Art. 27-A. O disposto neste Capítulo também se aplica:

▸ *Caput* do art. 27-A acrescido pela Lei nº 14.375, de 21-6-2022.

I – à dívida ativa da União de natureza não tributária cujas inscrição, cobrança e representação incumbam à Procuradoria-Geral da Fazenda Nacional, nos termos do art. 12 da Lei Complementar nº 73, de 10 de fevereiro de 1993;

II – aos créditos inscritos em dívida ativa do FGTS, vedada a redução de valores devidos aos trabalhadores e desde que autorizado pelo seu Conselho Curador; e

▸ Incisos I e II acrescidos pela Lei nº 14.375, de 21-6-2022.

III – no que couber, à dívida ativa das autarquias e das fundações públicas federais cujas inscrição, cobrança e representação incumbam à Procuradoria-Geral Federal e à Procuradoria-Geral do Banco Central e aos créditos cuja cobrança seja competência da Procuradoria-Geral da União, sem prejuízo do disposto na Lei nº 9.469, de 10 de julho de 1997.

▸ Inciso III com a redação dada pela Lei nº 14.689, de 20-9-2023.

Parágrafo único. Ato do Advogado-Geral da União disciplinará a transação dos créditos referidos no inciso III do *caput* deste artigo.

▸ Parágrafo único acrescido pela Lei nº 14.375, de 21-6-2022.

CAPÍTULO V
DAS ALTERAÇÕES LEGISLATIVAS

Art. 28. A Lei nº 10.522, de 19 de julho de 2002, passa a vigorar acrescida do seguinte art. 19-E:

▸ Alteração inserida no texto da referida Lei.

CAPÍTULO VI
DISPOSIÇÕES FINAIS

Art. 29. Os agentes públicos que participarem do processo de composição do conflito, judicial ou extrajudicialmente, com o objetivo de celebração de transação nos termos desta Lei somente poderão ser responsabilizados, inclusive perante os órgãos públicos de controle interno e externo, quando agirem com dolo ou fraude para obter vantagem indevida para si ou para outrem.

Art. 30. Esta Lei entra em vigor:

I – em 120 (cento e vinte) dias contados da data da sua publicação, em relação ao inciso I do *caput* e ao parágrafo único do art. 23; e

II – na data de sua publicação, em relação aos demais dispositivos.

Brasília, 14 de abril de 2020;
199º da Independência e
132º da República.

Jair Messias Bolsonaro

LEI COMPLEMENTAR Nº 174, DE 5 DE AGOSTO DE 2020

Autoriza a extinção de créditos tributários apurados na forma do Regime Especial Unificado de Arrecadação de Tributos e Contribuições devidos pelas Microempresas e Empresas de Pequeno Porte (SIMPLES Nacional), mediante celebração de transação resolutiva de litígio; e prorroga o prazo para enquadramento no SIMPLES Nacional em todo o território brasileiro, no ano de 2020, para microempresas e empresas de pequeno porte em início de atividade.

▸ Publicada no *DOU* de 6-8-2020.

Art. 1º Esta Lei Complementar autoriza a extinção de créditos tributários apurados na forma do Regime Especial Unificado de Arrecadação de Tributos e Contribuições devidos pelas Microempresas e Empresas de Pequeno Porte (SIMPLES Nacional), mediante celebração de transação resolutiva de litígio, e prorroga o prazo para enquadramento no SIMPLES Nacional em todo o território brasileiro, no ano de 2020, para microempresas e empresas de pequeno porte em início de atividade.

Art. 2º Os créditos da Fazenda Pública apurados na forma do SIMPLES Nacional, instituído pela Lei Complementar nº 123, de 14 de dezembro de 2006, em fase de contencioso administrativo ou judicial ou inscritos em dívida ativa poderão ser extintos mediante transação resolutiva de litígio, nos termos do art. 171 da Lei nº 5.172, de 25 de outubro de 1966 (Código Tributário Nacional).

Parágrafo único. Na hipótese do *caput* deste artigo, a transação será celebrada nos termos da Lei nº 13.988, de 14 de abril de 2020, ressalvada a hipótese prevista no § 3º do art. 41 da Lei Complementar nº 123, de 14 dezembro de 2006.

Art. 3º A transação resolutiva de litígio relativo à cobrança de créditos da Fazenda Pública não caracteriza renúncia de receita para fins do disposto no art. 14 da Lei Complementar nº 101, de 4 de maio de 2000.

Art. 4º As microempresas e empresas de pequeno porte em início de atividade inscritas no Cadastro Nacional da Pessoa Jurídica (CNPJ) em 2020 poderão fazer a opção pelo SIMPLES Nacional, prevista no art. 16 da Lei Complementar nº 123, de 14 de dezembro de 2006, no prazo de 180 (cento e oitenta) dias, contado da data de abertura constante do CNPJ.

§ 1º A opção prevista no *caput* deste artigo:

I – deverá observar o prazo de até 30 (trinta) dias, contado do último deferimento de inscrição, seja ela a municipal, seja, caso exigível, a estadual; e

II – não afastará as vedações previstas na Lei Complementar nº 123, de 14 de dezembro de 2006.

§ 2º O disposto neste artigo será regulamentado por resolução do Comitê Gestor do SIMPLES Nacional.

Art. 5º Esta Lei Complementar entra em vigor na data de sua publicação.

Brasília, 5 de agosto de 2020;
199º da Independência e
132º da República.

Jair Messias Bolsonaro

LEI Nº 14.043, DE 19 DE AGOSTO DE 2020

Institui o Programa Emergencial de Suporte a Empregos; altera as Leis nºs 9.430, de 27 de dezembro de 1996, e 13.999, de 18 de maio de 2020; e dá outras providências.

▸ Publicada no *DOU* de 20-8-2020.

CAPÍTULO I
DISPOSIÇÕES PRELIMINARES

Art. 1º Fica instituído o Programa Emergencial de Suporte a Empregos, destinado à realização de operações de crédito com os seguintes agentes econômicos, com a finalidade de pagamento de folha salarial de seus empregados ou de verbas trabalhistas, na forma desta Lei:

I – empresários;

II – sociedades simples;

III – sociedades empresárias e sociedades cooperativas, exceto as sociedades de crédito;

IV – organizações da sociedade civil, definidas no inciso I do *caput* do art. 2º da Lei nº 13.019, de 31 de julho de 2014, e no inciso IV do *caput* do art. 44 da Lei nº 10.406, de 10 de janeiro de 2002 (Código Civil); e

V – empregadores rurais, definidos no art. 3º da Lei nº 5.889, de 8 de junho de 1973.

CAPÍTULO II
DO PROGRAMA EMERGENCIAL DE SUPORTE A EMPREGOS

Art. 2º O Programa Emergencial de Suporte a Empregos é destinado aos agentes econômicos a que se refere o art. 1º desta Lei com receita bruta anual superior a R$ 360.000,00 (trezentos e sessenta mil reais) e igual ou inferior a R$ 50.000.000,00 (cinquenta milhões de reais), calculada com base no exercício de 2019.

§ 1º As linhas de crédito concedidas no âmbito do Programa:

I – abrangerão até 100% (cem por cento) da folha de pagamento do contratante, pelo período de 4 (quatro) meses, limitadas ao valor equivalente a até 2 (duas) vezes o salário mínimo por empregado; e

II – serão destinadas exclusivamente às finalidades previstas no art. 1º desta Lei.

§ 2º Poderão participar do Programa todas as instituições financeiras sujeitas à supervisão do Banco Central do Brasil.

§ 3º As pessoas a que se refere o art. 1º desta Lei que contratarem as linhas de crédito no âmbito do Programa assumirão contratualmente as seguintes obrigações:

I – fornecer informações verídicas;

II – não utilizar os recursos para finalidade distinta do pagamento de seus empregados;

III – efetuar o pagamento de seus empregados com os recursos do Programa, por meio de transferência para a conta de depósito, para a conta-salário ou para a conta de pagamento pré-paga de titularidade de cada um deles, mantida em instituição autorizada a funcionar pelo Banco Central do Brasil; e

IV – não rescindir sem justa causa o contrato de trabalho de seus empregados, no período compreendido entre a data da contratação da linha de crédito e o sexagésimo dia após a liberação dos valores referentes à última parcela da linha de crédito pela instituição financeira.

§ 4º Caso a folha de pagamento seja processada por instituição financeira participante do Programa, o pagamento de que trata o inciso III do § 3º deste artigo dar-se-á mediante depósito direto feito pela instituição financeira nas contas dos empregados.

§ 5º A vedação a que se refere o inciso IV do § 3º deste artigo incidirá na mesma proporção do total da folha de pagamento que, por opção do contratante, tiver sido paga com recursos do Programa.

§ 6º O não atendimento a qualquer das obrigações de que tratam os §§ 3º, 4º e 5º deste artigo implica o vencimento antecipado da dívida.

Art. 3º O Programa Emergencial de Suporte a Empregos poderá ser utilizado para financiar a quitação das seguintes verbas trabalhistas devidas pelos contratantes:

I e II – VETADOS; e

III – verbas rescisórias pagas ou pendentes de adimplemento decorrentes de demissões sem justa causa ocorridas entre a data de publicação da Lei nº 13.979, de 6 de fevereiro de 2020, e a data de publicação desta Lei, incluídos os eventuais débitos relativos ao Fundo de Garantia do Tempo de Serviço (FGTS) correspondentes, para fins de recontratação do empregado demitido.

§ 1º Os contratantes que optarem pela modalidade de financiamento de que trata este artigo não poderão estar com suas atividades encerradas, com falência decretada ou em estado de insolvência civil.

§ 2º Não estão sujeitas ao financiamento de que trata este artigo as verbas trabalhistas de natureza exclusivamente indenizatória ou que

LEGISLAÇÃO COMPLEMENTAR

tenham como fato gerador o trabalho escravo ou infantil.

§§ 3º a 6º VETADOS.

§ 7º A contratação das linhas de crédito previstas neste artigo, observado o disposto no § 6º deste artigo, constitui confissão de dívida irrevogável e irretratável e implica a renúncia tácita a qualquer impugnação ou recurso em relação ao montante principal devido, às verbas sucumbenciais e às respectivas contribuições previdenciárias decorrentes da condenação ou do acordo homologado.

§§ 8º e 9º VETADOS.

§ 10. Os agentes econômicos a que se refere o art. 1º desta Lei que contratarem o financiamento para os fins de que trata este artigo assumirão contratualmente as seguintes obrigações:

I – fornecer informações atualizadas e verídicas;

II – não utilizar os recursos para finalidade distinta da quitação dos débitos referidos no *caput* deste artigo; e

III – manter, na hipótese prevista no inciso III do *caput* deste artigo, o vínculo empregatício do trabalhador readmitido pelo período de, no mínimo, 60 (sessenta) dias.

§ 11. O não atendimento a qualquer das obrigações de que trata o § 10 deste artigo implica o vencimento antecipado da dívida.

Art. 4º As instituições financeiras participantes do Programa Emergencial de Suporte a Empregos deverão assegurar que os recursos sejam utilizados exclusivamente para os fins previstos nos arts. 2º e 3º desta Lei.

Parágrafo único. A obrigação de que trata o *caput* deste artigo será cumprida pelas instituições financeiras participantes do Programa por meio da inclusão das obrigações de que tratam o § 3º do art. 2º e o § 10 do art. 3º desta Lei no instrumento que formalizar a contratação da operação de crédito.

Art. 5º Nas operações de crédito contratadas no âmbito do Programa Emergencial de Suporte a Empregos:

I – 15% (quinze por cento) do valor de cada financiamento serão custeados com recursos próprios das instituições financeiras participantes; e

II – 85% (oitenta e cinco por cento) do valor de cada financiamento serão custeados com recursos da União alocados ao Programa.

Parágrafo único. O risco de inadimplemento das operações de crédito e as eventuais perdas financeiras decorrentes serão suportados na mesma proporção da participação estabelecida no *caput* deste artigo.

Art. 6º As instituições financeiras participantes do Programa Emergencial de Suporte a Empregos poderão formalizar operações de crédito no âmbito do Programa até 31 de outubro de 2020, observados os seguintes requisitos:

I – taxa de juros de 3,75% (três inteiros e setenta e cinco centésimos por cento) ao ano sobre o valor concedido;

II – carência de 6 (seis) meses para início do pagamento, com capitalização de juros durante esse período; e

III – prazo de 36 (trinta e seis) meses para o pagamento, já incluído o prazo de carência de que trata o inciso II do *caput* deste artigo.

Parágrafo único. É vedada às instituições financeiras participantes do Programa a cobrança de tarifas por saques, totais ou parciais, ou pela transferência a outras contas dos valores creditados nas contas dos empregados com recursos do Programa.

Art. 7º Para fins de concessão de crédito no âmbito do Programa Emergencial de Suporte a Empregos, as instituições financeiras dele participantes observarão políticas próprias de crédito e poderão considerar eventuais restrições em sistemas de proteção ao crédito na data da contratação e registros de inadimplência no sistema de informações de crédito mantido pelo Banco Central do Brasil nos 6 (seis) meses anteriores à contratação, sem prejuízo do disposto na legislação vigente.

§ 1º Para fins de contratação das operações de crédito no âmbito do Programa, as instituições financeiras privadas e públicas estaduais dele participantes ficam dispensadas de observar as seguintes disposições:

I – § 1º do art. 362 da CLT, aprovada pelo Decreto-Lei nº 5.452, de 1º de maio de 1943;

II – inciso IV do § 1º do art. 7º da Lei nº 4.737, de 15 de julho de 1965;

III – alíneas *b* e *c* do *caput* do art. 27 da Lei nº 8.036, de 11 de maio de 1990;

IV – alínea *a* do inciso I do *caput* do art. 47 da Lei nº 8.212, de 24 de julho de 1991;

V – art. 10 da Lei nº 8.870, de 15 de abril de 1994;

VI – art. 1º da Lei nº 9.012, de 30 de março de 1995;

VII – art. 20 da Lei nº 9.393, de 19 de dezembro de 1996; e

VIII – art. 6º da Lei nº 10.522, de 19 de julho de 2002.

§ 2º Aplica-se às instituições financeiras públicas federais a dispensa prevista no § 1º deste artigo, observado o disposto na Lei nº 13.898, de 11 de novembro de 2019.

Art. 8º Na hipótese de inadimplemento do contratante, as instituições financeiras participantes do Programa Emergencial de Suporte a Empregos farão a cobrança da dívida em nome próprio, em conformidade com as suas políticas de crédito, e recolherão os valores recuperados ao Banco Nacional de Desenvolvimento Econômico e Social (BNDES), que os restituirá à União, observados os mesmos critérios de atualização previstos no § 1º do art. 9º desta Lei.

§ 1º Na cobrança do crédito inadimplido, lastreado em recursos públicos, não se admitirá, por parte das instituições financeiras participantes do Programa, a adoção de procedimento para recuperação de crédito menos rigoroso do que aqueles usualmente empregados nas próprias operações de crédito.

§ 2º As instituições financeiras participantes do Programa arcarão com todas as despesas necessárias para a recuperação dos créditos inadimplidos.

§ 3º As instituições financeiras participantes do Programa, em conformidade com as suas políticas de crédito, deverão empregar os melhores esforços e adotar os procedimentos necessários à recuperação dos créditos no âmbito do Programa e não poderão interromper ou negligenciar o acompanhamento.

§ 4º As instituições financeiras participantes do Programa serão responsáveis pela veracidade das informações fornecidas e pela exatidão dos valores a serem reembolsados à União, por intermédio do BNDES.

§ 5º A repartição dos recursos recuperados observará a proporção de participação estabelecida no art. 5º desta Lei.

§ 6º As instituições financeiras participantes do Programa deverão leiloar, após o período de amortização da última parcela passível de vencimento no âmbito do Programa, observados os limites, as condições e os prazos estabelecidos no ato de que trata o § 8º deste artigo, todos os créditos eventualmente remanescentes a título de recuperação e recolher o saldo final à União por intermédio do BNDES.

§ 7º Após a realização do último leilão de que trata o § 6º deste artigo pelas instituições financeiras participantes do Programa, a parcela do crédito lastreado em recursos públicos eventualmente não alienada será considerada extinta de pleno direito.

§ 8º Ato do Conselho Monetário Nacional estabelecerá mecanismos de controle e de aferição de resultados quanto ao cumprimento do disposto nos §§ 4º, 5º, 6º e 7º deste artigo e os limites, as condições e os prazos para a realização de leilão dos créditos de que tratam os §§ 6º e 7º deste artigo.

CAPÍTULO III

DA TRANSFERÊNCIA DE RECURSOS DA UNIÃO PARA O BANCO NACIONAL DE DESENVOLVIMENTO ECONÔMICO E SOCIAL (BNDES) E DA ATUAÇÃO DO BNDES COMO AGENTE FINANCEIRO DA UNIÃO

Art. 9º Fica o Poder Executivo autorizado a transferir até R$ 17.000.000.000,00 (dezessete bilhões de reais) da União para o BNDES, destinados à execução do Programa Emergencial de Suporte a Empregos.

§ 1º Os recursos transferidos ao BNDES são de titularidade da União e serão remunerados, *pro rata die*, pela:

I – taxa média referencial do Sistema Especial de Liquidação e de Custódia (SELIC), enquanto mantidos nas disponibilidades do BNDES; e

II – taxa de juros de 3,75% (três inteiros e setenta e cinco centésimos por cento) ao ano, enquanto aplicados nas operações de crédito contratadas no âmbito do Programa.

§ 2º O aporte de que trata o *caput* deste artigo não transferirá a propriedade dos recursos ao BNDES, que permanecerão de titularidade da União, de acordo com instrumento firmado entre as partes.

Art. 10. O BNDES atuará como agente financeiro da União no Programa Emergencial de Suporte a Empregos.

§ 1º A atuação do BNDES será a título gratuito.

§ 2º Caberá ao BNDES, na condição de agente financeiro da União:

I – realizar os repasses dos recursos da União às instituições financeiras que protocolarem no BNDES operações de crédito a serem contratadas no âmbito do Programa;

II – receber os reembolsos de recursos das instituições financeiras participantes do Programa decorrentes dos repasses;

III – repassar à União, no prazo de 30 (trinta) dias, contado da data do recebimento, os reembolsos de recursos recebidos; e

IV – prestar as informações solicitadas pela Secretaria do Tesouro Nacional da Secretaria

Especial de Fazenda do Ministério da Economia e pelo Banco Central do Brasil.

§ 3º Ato do BNDES regulamentará os aspectos operacionais referentes ao protocolo das operações de crédito.

§ 4º Os eventuais recursos aportados ao BNDES pela União e não repassados às instituições financeiras participantes para o Programa até o término do prazo para formalização dos contratos serão devolvidos à União no prazo de 30 (trinta) dias, observado o disposto no inciso I do § 1º do art. 9º desta Lei.

§ 5º A partir de 30 de setembro de 2020, a União poderá demandar a devolução de até 50% (cinquenta por cento) dos recursos não repassados às instituições financeiras, os quais deverão ser devolvidos em até 30 (trinta) dias após a solicitação.

Art. 11. Na hipótese de a operação de crédito protocolada no BNDES atender aos requisitos formais do Programa Emergencial de Suporte a Empregos, não haverá cláusula *del credere* nem remuneração às instituições financeiras participantes do Programa, e o risco de crédito da parcela das operações de crédito lastreadas em recursos públicos ficará a cargo da União.

Art. 12. O BNDES não se responsabilizará pela solvabilidade das instituições financeiras participantes do Programa Emergencial de Suporte a Empregos nem pela sua atuação na realização das operações de crédito, especialmente quanto ao cumprimento da finalidade dessas operações, dos requisitos exigidos para a sua realização e das condições de recuperação dos créditos lastreados em recursos públicos.

Art. 13. Nas hipóteses de falência, de liquidação extrajudicial ou de intervenção em instituição financeira participante do Programa Emergencial de Suporte a Empregos, a União ficará sub-rogada automaticamente, de pleno direito, na proporção estabelecida no inciso II do *caput* do art. 5º desta Lei, nos créditos e garantias constituídos em favor da instituição financeira, decorrentes das respectivas operações de crédito lastreadas em recursos públicos realizadas no âmbito do Programa.

Parágrafo único. Caberá ao BNDES informar à União os dados relativos às operações de crédito lastreadas em recursos públicos realizadas no âmbito do Programa, com vistas ao seu encaminhamento ao liquidante, ao interventor ou ao juízo responsável ou, ainda, à cobrança judicial dos valores envolvidos.

Art. 14. As receitas provenientes do retorno dos empréstimos à União, nos termos desta Lei, serão integralmente utilizadas para pagamento da dívida pública de responsabilidade do Tesouro Nacional.

CAPÍTULO IV
DA REGULAÇÃO E DA SUPERVISÃO DAS OPERAÇÕES DE CRÉDITO REALIZADAS NO ÂMBITO DO PROGRAMA EMERGENCIAL DE SUPORTE A EMPREGOS

Art. 15. Compete ao Banco Central do Brasil fiscalizar o cumprimento, pelas instituições financeiras participantes do Programa Emergencial de Suporte a Empregos, das condições estabelecidas para as operações de crédito realizadas no âmbito do Programa.

Art. 16. O Conselho Monetário Nacional e o Banco Central do Brasil, no âmbito de suas competências, poderão regulamentar os aspectos necessários para operacionalizar e para fiscalizar as instituições financeiras participantes do Programa Emergencial de Suporte a Empregos quanto ao disposto nesta Lei, observado o disposto na Lei nº 13.506, de 13 de novembro de 2017.

Parágrafo único. A regulamentação prevista no *caput* deste artigo deverá prever um sistema de garantia mínima e suficiente para as operações, de forma simplificada e sem entraves burocráticos, de modo a facilitar o acesso ao crédito.

CAPÍTULO V
DISPOSIÇÕES FINAIS

Art. 17. VETADO.

Art. 18. A Lei nº 9.430, de 27 de dezembro de 1996, passa a vigorar acrescida do seguinte art. 9º-A:

▸ Alteração inserida no texto da referida Lei.

Art. 19. O art. 2º da Lei nº 13.999, de 18 de maio de 2020, passa a vigorar acrescido do seguinte § 11:

▸ Alteração inserida no texto da referida Lei.

Art. 20. A União poderá aumentar sua participação no Fundo Garantidor de Operações (FGO), adicionalmente aos recursos previstos no art. 6º da Lei nº 13.999, de 18 de maio de 2020, em R$ 12.000.000.000,00 (doze bilhões de reais), para a concessão de garantias no âmbito do Programa Nacional de Apoio às Microempresas e Empresas de Pequeno Porte (PRONAMPE).

Art. 21. Esta Lei entra em vigor na data de sua publicação.

Brasília, 19 de agosto de 2020;
199º da Independência e
132º da República.

Jair Messias Bolsonaro

LEI COMPLEMENTAR Nº 182, DE 1º DE JUNHO DE 2021

Institui o marco legal das startups *e do empreendedorismo inovador; e altera a Lei nº 6.404, de 15 de dezembro de 1976, e a Lei Complementar nº 123, de 14 de dezembro de 2006.*

▸ Publicada no *DOU* de 2-6-2021.

CAPÍTULO I
DAS DEFINIÇÕES, DOS PRINCÍPIOS E DAS DIRETRIZES FUNDAMENTAIS

Art. 1º Esta Lei Complementar institui o marco legal das *startups* e do empreendedorismo inovador.

Parágrafo único. Esta Lei Complementar:

I – estabelece os princípios e as diretrizes para a atuação da administração pública no âmbito da União, dos Estados, do Distrito Federal e dos Municípios;

II – apresenta medidas de fomento ao ambiente de negócios e ao aumento da oferta de capital para investimento em empreendedorismo inovador; e

III – disciplina a licitação e a contratação de soluções inovadoras pela administração pública.

Art. 2º Para os efeitos desta Lei Complementar, considera-se:

I – investidor-anjo: investidor que não é considerado sócio nem tem qualquer direito a gerência ou a voto na administração da empresa, não responde por qualquer obrigação da empresa e é remunerado por seus aportes;

II – ambiente regulatório experimental (*sandbox* regulatório): conjunto de condições especiais simplificadas para que as pessoas jurídicas participantes possam receber autorização temporária dos órgãos ou das entidades com competência de regulamentação setorial para desenvolver modelos de negócios inovadores e testar técnicas e tecnologias experimentais, mediante o cumprimento de critérios e de limites previamente estabelecidos pelo órgão ou entidade reguladora e por meio de procedimento facilitado.

Art. 3º Esta Lei Complementar é pautada pelos seguintes princípios e diretrizes:

I – reconhecimento do empreendedorismo inovador como vetor de desenvolvimento econômico, social e ambiental;

II – incentivo à constituição de ambientes favoráveis ao empreendedorismo inovador, com valorização da segurança jurídica e da liberdade contratual como premissas para a promoção do investimento e do aumento da oferta de capital direcionado a iniciativas inovadoras;

III – importância das empresas como agentes centrais do impulso inovador em contexto de livre mercado;

IV – modernização do ambiente de negócios brasileiro, à luz dos modelos de negócios emergentes;

V – fomento ao empreendedorismo inovador como meio de promoção da produtividade e da competitividade da economia brasileira e de geração de postos de trabalho qualificados;

VI – aperfeiçoamento das políticas públicas e dos instrumentos de fomento ao empreendedorismo inovador;

VII – promoção da cooperação e da interação entre os entes públicos, entre os setores público e privado e entre empresas, como relações fundamentais para a conformação de ecossistema de empreendedorismo inovador efetivo;

VIII – incentivo à contratação, pela administração pública, de soluções inovadoras elaboradas ou desenvolvidas por *startups*, reconhecidos o papel do Estado no fomento à inovação e as potenciais oportunidades de economicidade, de benefício e de solução de problemas públicos com soluções inovadoras; e

IX – promoção da competitividade das empresas brasileiras e da internacionalização e da atração de investimentos estrangeiros.

CAPÍTULO II
DO ENQUADRAMENTO DE EMPRESAS STARTUPS

Art. 4º São enquadradas como *startups* as organizações empresariais ou societárias, nascentes ou em operação recente, cuja atuação caracteriza-se pela inovação aplicada a modelo de negócios ou a produtos ou serviços ofertados.

§ 1º Para fins de aplicação desta Lei Complementar, são elegíveis para o enquadramento na modalidade de tratamento especial destinada ao fomento de *startup* o empresário individual, a empresa individual de responsabilidade limitada, as sociedades empresárias, as sociedades cooperativas e as sociedades simples:

I – com receita bruta de até R$ 16.000.000,00 (dezesseis milhões de reais) no ano-calendário anterior ou de R$ 1.333.334,00 (um milhão, trezentos e trinta e três mil trezentos e trinta e quatro reais) multiplicado pelo número de meses de atividade no ano-calendário anterior, quando inferior a 12 (doze) meses, independentemente da forma societária adotada;

II – com até 10 (dez) anos de inscrição no Cadastro Nacional da Pessoa Jurídica (CNPJ) da Secretaria Especial da Receita Federal do Brasil do Ministério da Economia; e

III – que atendam a um dos seguintes requisitos, no mínimo:

a) declaração em seu ato constitutivo ou alterador e utilização de modelos de negócios inovadores para a geração de produtos ou serviços, nos termos do inciso IV do *caput* do art. 2º da Lei nº 10.973, de 2 de dezembro de 2004; ou

b) enquadramento no regime especial Inova Simples, nos termos do art. 65-A da Lei Complementar nº 123, de 14 de dezembro de 2006.

§ 2º Para fins de contagem do prazo estabelecido no inciso II do § 1º deste artigo, deverá ser observado o seguinte:

I – para as empresas decorrentes de incorporação, será considerado o tempo de inscrição da empresa incorporadora;

II – para as empresas decorrentes de fusão, será considerado o maior tempo de inscrição entre as empresas fundidas; e

III – para as empresas decorrentes de cisão, será considerado o tempo de inscrição da empresa cindida, na hipótese de criação de nova sociedade, ou da empresa que a absorver, na hipótese de transferência de patrimônio para a empresa existente.

CAPÍTULO III
DOS INSTRUMENTOS DE INVESTIMENTO EM INOVAÇÃO

Art. 5º As *startups* poderão admitir aporte de capital por pessoa física ou jurídica, que poderá resultar ou não em participação no capital social da *startup*, a depender da modalidade de investimento escolhida pelas partes.

§ 1º Não será considerado como integrante do capital social da empresa o aporte realizado na *startup* por meio dos seguintes instrumentos:

I – contrato de opção de subscrição de ações ou de quotas celebrado entre o investidor e a empresa;

II – contrato de opção de compra de ações ou de quotas celebrado entre o investidor e os acionistas ou sócios da empresa;

III – debênture conversível emitida pela empresa nos termos da Lei nº 6.404, de 15 de dezembro de 1976;

IV – contrato de mútuo conversível em participação societária celebrado entre o investidor e a empresa;

V – estruturação de sociedade em conta de participação celebrada entre o investidor e a empresa;

VI – contrato de investimento-anjo na forma da Lei Complementar nº 123, de 14 de dezembro 2006;

VII – outros instrumentos de aporte de capital em que o investidor, pessoa física ou jurídica, não integre formalmente o quadro de sócios da *startup* e/ou não tenha subscrito qualquer participação representativa do capital social da empresa.

§ 2º Realizado o aporte por qualquer das formas previstas neste artigo, a pessoa física ou jurídica somente será considerada quotista, acionista ou sócia da *startup* após a conversão do instrumento do aporte em efetiva e formal participação societária.

§ 3º Os valores recebidos por empresa e oriundos dos instrumentos jurídicos estabelecidos neste artigo serão registrados contabilmente, de acordo com a natureza contábil do instrumento.

Art. 6º A Comissão de Valores Mobiliários (CVM) estabelecerá em regulamento as regras para aporte de capital na forma do art. 5º desta Lei Complementar por parte de fundos de investimento.

Art. 7º VETADO.

Art. 8º O investidor que realizar o aporte de capital a que se refere o art. 5º desta Lei Complementar:

I – não será considerado sócio ou acionista nem possuirá direito a gerência ou a voto na administração da empresa, conforme pactuação contratual;

II – não responderá por qualquer dívida da empresa, inclusive em recuperação judicial, e a ele não se estenderá o disposto no art. 50 da Lei nº 10.406, de 10 de janeiro de 2002 (Código Civil), no art. 855-A da Consolidação das Leis do Trabalho (CLT), aprovada pelo Decreto-Lei nº 5.452, de 1º de maio de 1943, nos arts. 124, 134 e 135 da Lei nº 5.172, de 25 de outubro de 1966 (Código Tributário Nacional), e em outras disposições atinentes à desconsideração da personalidade jurídica existentes na legislação vigente.

Parágrafo único. As disposições do inciso II do *caput* deste artigo não se aplicam às hipóteses de dolo, de fraude ou de simulação com o envolvimento do investidor.

CAPÍTULO IV
DO FOMENTO À PESQUISA, AO DESENVOLVIMENTO E À INOVAÇÃO

Art. 9º As empresas que possuem obrigações de investimento em pesquisa, desenvolvimento e inovação, decorrentes de outorgas ou de delegações firmadas por meio de agências reguladoras, ficam autorizadas a cumprir seus compromissos com aporte de recursos em *startups* por meio de:

I – fundos patrimoniais de que trata a Lei nº 13.800, de 4 de janeiro de 2019, destinados à inovação, na forma do regulamento;

II – Fundos de Investimento em Participações (FIP), autorizados pela CVM, nas categorias:

a) capital semente;

b) empresas emergentes; e

c) empresas com produção econômica intensiva em pesquisa, desenvolvimento e inovação; e

III – investimentos em programas, em editais ou em concursos destinados a financiamento, a aceleração e a escalabilidade de *startups*, gerenciados por instituições públicas, tais como empresas públicas direcionadas ao desenvolvimento de pesquisa, inovação e novas tecnologias, fundações universitárias, entidades paraestatais e bancos de fomento que tenham como finalidade o desenvolvimento de empresas de base tecnológica, de ecossistemas empreendedores e de estímulo à inovação.

§ 1º O disposto no *caput* deste artigo não se aplica aos percentuais mínimos legais ou contratuais estabelecidos para serem aportados em fundos públicos.

§ 2º O representante legal do FIP, do fundo patrimonial ou da instituição pública que receber recursos nos termos do *caput* deste artigo emitirá certificado comprobatório para fins de eficácia liberatória quanto às obrigações legais ou contratuais de investimento em pesquisa, desenvolvimento e inovação, na exata proporção do seu aporte, por ocasião:

I – da efetiva transferência do recurso ao fundo patrimonial, após a celebração de instrumento de transferência de recursos, no valor das despesas qualificadas para esse fim;

II – do efetivo comprometimento do recurso, após a assinatura do boletim de subscrição do FIP, nos termos do regulamento editado pela CVM; e

III – do efetivo recebimento do recurso pela instituição pública para efetivação de programas e de editais direcionados às atividades referidas no inciso III do *caput* do art. 9º desta Lei Complementar.

§ 3º Para que o fundo patrimonial ou o FIP capte recursos perante as empresas que possuem obrigações legais ou contratuais de investimento em pesquisa, desenvolvimento e inovação, e para que essa captação tenha eficácia liberatória quanto às obrigações, a sua destinação estará adstrita às diretivas indicadas pela entidade setorial responsável por fiscalizar tais obrigações.

Art. 10. Ato do Poder Executivo federal regulamentará a forma de prestação de contas do FIP, do fundo patrimonial ou da instituição pública que receber recursos nos termos do art. 9º desta Lei Complementar e a fiscalização das obrigações legais ou contratuais de investimento em pesquisa, desenvolvimento e inovação.

CAPÍTULO V
DOS PROGRAMAS DE AMBIENTE REGULATÓRIO EXPERIMENTAL (*SANDBOX* REGULATÓRIO)

Art. 11. Os órgãos e as entidades da administração pública com competência de regulamentação setorial poderão, individualmente ou em colaboração, no âmbito de programas de ambiente regulatório experimental (*sandbox* regulatório), afastar a incidência de normas sob sua competência em relação à entidade regulada ou aos grupos de entidades reguladas.

§ 1º A colaboração a que se refere o *caput* deste artigo poderá ser firmada entre os órgãos e as entidades, observadas suas competências.

§ 2º Entende-se por ambiente regulatório experimental (*sandbox* regulatório) o disposto no inciso II do *caput* do art. 2º desta Lei Complementar.

§ 3º O órgão ou a entidade a que se refere o *caput* deste artigo disporá sobre o funcionamento do programa de ambiente regulatório experimental e estabelecerá:

I – os critérios para seleção ou para qualificação do regulado;

II – a duração e o alcance da suspensão da incidência das normas; e

III – as normas abrangidas.

CAPÍTULO VI
DA CONTRATAÇÃO DE SOLUÇÕES INOVADORAS PELO ESTADO

Seção I
DISPOSIÇÕES GERAIS

Art. 12. As licitações e os contratos a que se refere este Capítulo têm por finalidade:

I – resolver demandas públicas que exijam solução inovadora com emprego de tecnologia; e

II – promover a inovação no setor produtivo por meio do uso do poder de compra do Estado.

§ 1º Os órgãos e as entidades da administração pública direta, autárquica e fundacional de quaisquer dos Poderes da União, dos Estados, do Distrito Federal e dos Municípios subordinam-se ao regime disposto neste Capítulo.

§ 2º As empresas públicas, as sociedades de economia mista e suas subsidiárias poderão adotar, no que couber, as disposições deste Capítulo, nos termos do regulamento interno de licitações e contratações de que trata o art. 40 da Lei nº 13.303, de 30 de junho de 2016, e seus conselhos de administração poderão estabelecer valores diferenciados para os limites de que tratam o § 2º do art. 14 e o § 3º do art. 15 desta Lei Complementar.

§ 3º Os valores estabelecidos neste Capítulo poderão ser anualmente atualizados pelo Poder Executivo federal, de acordo com o Índice Nacional de Preços ao Consumidor Amplo (IPCA) ou outro que venha a substituí-lo.

Seção II
DA LICITAÇÃO

Art. 13. A administração pública poderá contratar pessoas físicas ou jurídicas, isoladamente ou em consórcio, para o teste de soluções inovadoras por elas desenvolvidas ou a ser desenvolvidas, com ou sem risco tecnológico, por meio de licitação na modalidade especial regida por esta Lei Complementar.

§ 1º A delimitação do escopo da licitação poderá restringir-se à indicação do problema a ser resolvido e dos resultados esperados pela administração pública, incluídos os desafios tecnológicos a serem superados, dispensada a descrição de eventual solução técnica previamente mapeada e suas especificações técnicas, e caberá aos licitantes propor diferentes meios para a resolução do problema.

§ 2º O edital da licitação será divulgado, com antecedência de, no mínimo, 30 (trinta) dias corridos até a data de recebimento das propostas:

I – em sítio eletrônico oficial centralizado de divulgação de licitações ou mantido pelo ente público licitante; e

II – no diário oficial do ente federativo.

§ 3º As propostas serão avaliadas e julgadas por comissão especial integrada por, no mínimo, 3 (três) pessoas de reputação ilibada e reconhecido conhecimento no assunto, das quais:

I – 1 (uma) deverá ser servidor público integrante do órgão para o qual o serviço está sendo contratado; e

II – 1 (uma) deverá ser professor de instituição pública de educação superior na área relacionada ao tema da contratação.

§ 4º Os critérios para julgamento das propostas deverão considerar, sem prejuízo de outros definidos no edital:

I – o potencial de resolução do problema pela solução proposta e, se for o caso, da provável economia para a administração pública;

II – o grau de desenvolvimento da solução proposta;

III – a viabilidade e a maturidade do modelo de negócio da solução;

IV – a viabilidade econômica da proposta, considerados os recursos financeiros disponíveis para a celebração dos contratos; e

V – a demonstração comparativa de custo e benefício da proposta em relação às opções funcionalmente equivalentes.

§ 5º O preço indicado pelos proponentes para execução do objeto será critério de julgamento somente na forma disposta nos incisos IV e V do § 4º deste artigo.

§ 6º A licitação poderá selecionar mais de uma proposta para a celebração do contrato de que trata o art. 14 desta Lei Complementar, hipótese em que caberá ao edital limitar a quantidade de propostas selecionáveis.

§ 7º A análise da documentação relativa aos requisitos de habilitação será posterior à fase de julgamento das propostas e contemplará somente os proponentes selecionados.

§ 8º Ressalvado o disposto no § 3º do art. 195 da Constituição Federal, a administração pública poderá, mediante justificativa expressa, dispensar, no todo ou em parte:

I – a documentação de habilitação de que tratam os incisos I, II e III, bem como a regularidade fiscal prevista no inciso IV do *caput* do art. 27 da Lei nº 8.666, de 21 de junho de 1993; e

▶ A Lei nº 8.666, de 21-6-1993, foi revogada pela Lei nº 14.133, de 1º-4-2021.

▶ Art. 68, III e V, da Lei nº 14.133, de 1º-4-2021 (Nova Lei de Licitações e Contratos Administrativos).

II – a prestação de garantia para a contratação.

§ 9º Após a fase de julgamento das propostas, a administração pública poderá negociar com os selecionados as condições econômicas mais vantajosas para a administração e os critérios de remuneração que serão adotados, observado o disposto no § 3º do art. 14 desta Lei Complementar.

§ 10. Encerrada a fase de julgamento e de negociação de que trata o § 9º deste artigo, na hipótese de o preço ser superior à estimativa, a administração pública poderá, mediante justificativa expressa, com base na demonstração comparativa entre o custo e o benefício da proposta, aceitar o preço ofertado, desde que seja superior em termos de inovações, de redução do prazo de execução ou de facilidade de manutenção ou operação, limitado ao valor máximo que se propõe a pagar.

Seção III
DO CONTRATO PÚBLICO PARA SOLUÇÃO INOVADORA

Art. 14. Após homologação do resultado da licitação, a administração pública celebrará Contrato Público para Solução Inovadora (CPSI) com as proponentes selecionadas, com vigência limitada a 12 (doze) meses, prorrogável por mais um período de até 12 (doze) meses.

§ 1º O CPSI deverá conter, entre outras cláusulas:

I – as metas a serem atingidas para que seja possível a validação do êxito da solução inovadora e a metodologia para a sua aferição;

II – a forma e a periodicidade da entrega à administração pública de relatórios de andamento da execução contratual, que servirão de instrumento de monitoramento, e do relatório final a ser entregue pela contratada após a conclusão da última etapa ou meta do projeto;

III – a matriz de riscos entre as partes, incluídos os riscos referentes a caso fortuito, força maior, risco tecnológico, fato do príncipe e álea econômica extraordinária;

IV – a definição da titularidade dos direitos de propriedade intelectual das criações resultantes do CPSI; e

V – a participação nos resultados de sua exploração, assegurados às partes os direitos de exploração comercial, de licenciamento e de transferência da tecnologia de que são titulares.

§ 2º O valor máximo a ser pago à contratada será de R$ 1.600.000,00 (um milhão e seiscentos mil reais) por CPSI, sem prejuízo da possibilidade de o edital de que trata o art. 13 desta Lei Complementar estabelecer limites inferiores.

§ 3º A remuneração da contratada deverá ser feita de acordo com um dos seguintes critérios:

I – preço fixo;

II – preço fixo mais remuneração variável de incentivo;

III – reembolso de custos sem remuneração adicional;

IV – reembolso de custos mais remuneração variável de incentivo; ou

V – reembolso de custos mais remuneração fixa de incentivo.

§ 4º Nas hipóteses em que houver risco tecnológico, os pagamentos serão efetuados proporcionalmente aos trabalhos executados, de acordo com o cronograma físico-financeiro aprovado, observado o critério de remuneração previsto contratualmente.

§ 5º Com exceção das remunerações variáveis de incentivo vinculadas ao cumprimento das metas contratuais, a administração pública deverá efetuar o pagamento conforme o critério adotado, ainda que os resultados almejados não sejam atingidos em decorrência do risco tecnológico, sem prejuízo da rescisão antecipada do contrato caso seja comprovada a inviabilidade técnica ou econômica da solução.

§ 6º Na hipótese de a execução do objeto ser dividida em etapas, o pagamento relativo a cada etapa poderá adotar critérios distintos de remuneração.

§ 7º Os pagamentos serão feitos após a execução dos trabalhos, e, a fim de garantir os meios financeiros para que a contratada implemente a etapa inicial do projeto, a administração pública deverá prever em edital o pagamento antecipado de uma parcela do preço anteriormente ao início da execução do objeto, mediante justificativa expressa.

§ 8º Na hipótese prevista no § 7º deste artigo, a administração pública certificar-se-á da execução da etapa inicial e, se houver inexecução injustificada, exigirá a devolução do valor antecipado ou efetuará as glosas necessárias nos pagamentos subsequentes, se houver.

Seção IV

DO CONTRATO DE FORNECIMENTO

Art. 15. Encerrado o contrato de que trata o art. 14 desta Lei Complementar, a administração pública poderá celebrar com a mesma contratada, sem nova licitação, contrato para o fornecimento do produto, do processo ou da solução resultante do CPSI ou, se for o caso, para integração da solução à infraestrutura tecnológica ou ao processo de trabalho da administração pública.

§ 1º Na hipótese prevista no § 6º do art. 13 desta Lei Complementar, quando mais de uma contratada cumprir satisfatoriamente as metas estabelecidas no CPSI, o contrato de fornecimento será firmado, mediante justificativa, com aquela cujo produto, processo ou solução atenda melhor às demandas públicas em termos de relação de custo e benefício com dimensões de qualidade e preço.

§ 2º A vigência do contrato de fornecimento será limitada a 24 (vinte e quatro) meses, prorrogável por mais um período de até 24 (vinte e quatro) meses.

§ 3º Os contratos de fornecimento serão limitados a 5 (cinco) vezes o valor máximo definido no § 2º do art. 14 desta Lei Complementar para o CPSI, incluídas as eventuais prorrogações, hipótese em que o limite poderá ser ultrapassado nos casos de reajuste de preços e dos acréscimos de que trata o § 1º do art. 65 da Lei nº 8.666, de 21 de junho de 1993.

▸ A Lei nº 8.666, de 21-6-1993, foi revogada pela Lei nº 14.133, de 1º-4-2021.

▸ Art. 125 da Lei nº 14.133, de 1º-4-2021 (Nova Lei de Licitações e Contratos Administrativos).

CAPÍTULO VII

DISPOSIÇÕES FINAIS

Art. 16. A Lei nº 6.404, de 15 de dezembro de 1976, passa a vigorar com as seguintes alterações:

▸ Alterações inseridas no texto da referida Lei.

Art. 17. A Lei Complementar nº 123, de 14 de dezembro de 2006, passa a vigorar com as seguintes alterações:

▸ Alterações inseridas no texto da referida Lei Complementar.

Art. 18. Ficam revogados os seguintes dispositivos:

I – incisos I e II do *caput* do art. 294 da Lei nº 6.404, de 15 de dezembro de 1976; e

II – os §§ 1º, 2º e 9º do art. 65-A da Lei Complementar nº 123, de 14 de dezembro de 2006.

Art. 19. Esta Lei Complementar entra em vigor após decorridos 90 (noventa) dias de sua publicação oficial.

Brasília, 1º de junho de 2021;
200º da Independência e
133º da República.

Jair Messias Bolsonaro

LEI Nº 14.192, DE 4 DE AGOSTO DE 2021

Estabelece normas para prevenir, reprimir e combater a violência política contra a mulher; e altera a Lei nº 4.737, de 15 de julho de 1965 (Código Eleitoral), a Lei nº 9.096, de 19 de setembro de 1995 (Lei dos Partidos Políticos), e a Lei nº 9.504, de 30 de setembro de 1997 (Lei das Eleições), para dispor sobre os crimes de divulgação de fato ou vídeo com conteúdo inverídico no período de campanha eleitoral, para criminalizar a violência política contra a mulher e para assegurar a participação de mulheres em debates eleitorais proporcionalmente ao número de candidatas às eleições proporcionais.

▸ Publicada no *DOU* de 5-8-2021.

Art. 1º Esta Lei estabelece normas para prevenir, reprimir e combater a violência política contra a mulher, nos espaços e atividades relacionados ao exercício de seus direitos políticos e de suas funções públicas, e para assegurar a participação de mulheres em debates eleitorais e dispõe sobre os crimes de divulgação de fato ou vídeo com conteúdo inverídico no período de campanha eleitoral.

Art. 2º Serão garantidos os direitos de participação política da mulher, vedadas a discriminação e a desigualdade de tratamento em virtude de sexo ou de raça no acesso às instâncias de representação política e no exercício de funções públicas.

Parágrafo único. As autoridades competentes priorizarão o imediato exercício do direito violado, conferindo especial importância às declarações da vítima e aos elementos indiciários.

Art. 3º Considera-se violência política contra a mulher toda ação, conduta ou omissão com a finalidade de impedir, obstaculizar ou restringir os direitos políticos da mulher.

Parágrafo único. Constituem igualmente atos de violência política contra a mulher qualquer distinção, exclusão ou restrição no reconhecimento, gozo ou exercício de seus direitos e de suas liberdades políticas fundamentais, em virtude do sexo.

Art. 4º A Lei nº 4.737, de 15 de julho de 1965 (Código Eleitoral), passa a vigorar com as seguintes alterações:

▸ Alterações inseridas no texto do referido Código.

Art. 5º O *caput* do art. 15 da Lei nº 9.096, de 19 de setembro de 1995 (Lei dos Partidos Políticos), passa a vigorar acrescido do seguinte inciso X:

▸ Alteração inserida no texto da referida Lei.

Art. 6º O inciso II do *caput* do art. 46 da Lei nº 9.504, de 30 de setembro de 1997 (Lei das Eleições), passa a vigorar com a seguinte redação:

▸ Alteração inserida no texto da referida Lei.

Art. 7º Os partidos políticos deverão adequar seus estatutos ao disposto nesta Lei no prazo de 120 (cento e vinte) dias, contado da data de sua publicação.

Art. 8º Esta Lei entra em vigor na data de sua publicação.

Brasília, 4 de agosto de 2021;
200º da Independência e
133º da República.

Jair Messias Bolsonaro

LEI Nº 14.195, DE 26 DE AGOSTO DE 2021

Dispõe sobre a facilitação para abertura de empresas, sobre a proteção de acionistas minoritários, sobre a facilitação do comércio exterior, sobre o Sistema Integrado de Recuperação de Ativos (SIRA), sobre as cobranças realizadas pelos conselhos profissionais, sobre a profissão de tradutor e intérprete público, sobre a obtenção de eletricidade, sobre a desburocratização societária e de atos processuais e a prescrição intercorrente na Lei nº 10.406, de 10 de janeiro de 2002 (Código Civil); altera as Leis nºs 11.598, de 3 de dezembro de 2007, 8.934, de 18 de novembro de 1994, 6.404, de 15 de dezembro de 1976, 7.913, de 7 de dezembro de 1989, 12.546, de 14 de dezembro 2011, 9.430, de 27 de dezembro de 1996, 10.522, de 19 de julho de 2002, 12.514, de 28 de outubro de 2011, 6.015, de 31 de dezembro de 1973, 10.406, de 10 de janeiro de 2002 (Código Civil), 13.105, de 16 de março de 2015 (Código de Processo Civil), 4.886, de 9 de dezembro de 1965, 5.764, de 16 de dezembro de 1971, 6.385, de 7 de dezembro de 1976, e 13.874, de 20 de setembro de 2019, e o Decreto-Lei nº 341, de 17 de março de 1938; e revoga as Leis nºs 2.145, de 29 de dezembro de 1953, 2.807, de 28 de junho de 1956, 2.815, de 6 de julho de 1956, 3.187, de 28 de junho de 1957, 3.227, de 27 de julho de 1957, 4.557, de 10 de dezembro de 1964, 7.409, de 25 de novembro de 1985, e 7.690, de 15 de dezembro de 1988, os Decretos nºs 13.609, de 21 de outubro de 1943, 20.256, de 20 de dezembro de 1945, e 84.248, de 28 de novembro de 1979, e os Decretos-Lei nºs 1.416, de 25 de agosto de 1975, e 1.427, de 2 de dezembro de 1975, e dispositivos das Leis nºs 2.410, de 29 de janeiro de 1955, 2.698, de 27 de dezembro de 1955, 3.053, de 22 de dezembro de 1956, 5.025, de 10 de junho de 1966, 6.137, de 7 de novembro de 1974, 8.387, de 30 de dezembro de 1991, 9.279, de 14 de maio de 1996, e 9.472, de 16 de julho de 1997, e dos Decretos-Lei nºs 491, de 5 de março de 1969, 666, de 2 de julho de 1969, e 687, de 18 de julho de 1969; e dá outras providências.

▸ Publicada no *DOU* de 27-8-2021.

CAPÍTULO I

DO OBJETO

Art. 1º Esta Lei dispõe sobre a facilitação para abertura de empresas, sobre a proteção de acionistas minoritários, sobre a facilitação do comércio exterior, sobre o Sistema Integrado de Recuperação de Ativos (SIRA), sobre as cobranças realizadas pelos conselhos profissionais, sobre a profissão de tradutor e intérprete público, sobre a obtenção de eletricidade, sobre a desburocratização societária e de atos processuais e a prescrição intercorrente na Lei nº 10.406, de 10 de janeiro de 2002 (Código Civil).

CAPÍTULO II

DA FACILITAÇÃO PARA ABERTURA DE EMPRESAS

Art. 2º A Lei nº 11.598, de 3 de dezembro de 2007, passa a vigorar com as seguintes alterações:

▸ Alterações inseridas no texto da referida Lei.

Art. 3º A Lei nº 8.934, de 18 de novembro de 1994, passa a vigorar com as seguintes alterações:

▸ Alterações inseridas no texto da referida Lei.

Art. 4º Os órgãos, as entidades e as autoridades competentes disporão do prazo de 60

(sessenta) dias, contado da data de publicação desta Lei, para se adequar às alterações promovidas na Lei nº 11.598, de 3 de dezembro de 2007, de que trata o art. 2º desta Lei.

§ 1º Compete ao Ministério da Economia notificar os órgãos, as entidades e as autoridades competentes quanto às alterações promovidas na Lei nº 11.598, de 3 de dezembro de 2007, no prazo de 5 (cinco) dias úteis, contado da data de publicação desta Lei.

§ 2º Será assegurado aos Municípios o direito de denunciar, a qualquer tempo, a sua adesão à Rede Nacional para Simplificação do Registro e da Legalização de Empresas e Negócios (REDESIM) por meio do consórcio de que trata o art. 2º da Lei nº 11.598, de 3 de dezembro de 2007.

§ 3º Será assegurado aos integradores estaduais o direito de solicitar a sua substituição por outro órgão ao Comitê para Gestão da Rede Nacional para Simplificação do Registro e da Legalização de Empresas e Negócios (CGSIM), no prazo de 30 (trinta) dias, contado da data de publicação desta Lei.

§ 4º Na hipótese prevista no § 3º deste artigo ou de descumprimento das normas da REDESIM pelo integrador estadual, o CGSIM definirá o órgão que assumirá a função de integrador estadual.

CAPÍTULO III
DA PROTEÇÃO DE ACIONISTAS MINORITÁRIOS

Art. 5º A Lei nº 6.404, de 15 de dezembro de 1976, passa a vigorar com as seguintes alterações:

▶ Alterações inseridas no texto da referida Lei.

Art. 6º O *caput* do art. 1º da Lei nº 7.913, de 7 de dezembro de 1989, passa a vigorar com a seguinte alteração:

▶ Alteração inserida no texto da referida Lei.

Art. 7º A Comissão de Valores Mobiliários poderá estabelecer regras de transição para as obrigações decorrentes do disposto neste Capítulo.

CAPÍTULO IV
DA FACILITAÇÃO DO COMÉRCIO EXTERIOR

Seção I
DAS LICENÇAS, DAS AUTORIZAÇÕES OU DAS EXIGÊNCIAS ADMINISTRATIVAS PARA IMPORTAÇÕES OU PARA EXPORTAÇÕES

Art. 8º Será provida aos importadores, aos exportadores e aos demais intervenientes no comércio exterior solução de guichê único eletrônico por meio do qual possam encaminhar documentos, dados ou informações aos órgãos e às entidades da administração pública federal direta e indireta como condição para a importação ou a exportação de bens a ponto único acessível por meio da internet, bem como acesso às instituições autorizadas a operar no mercado de câmbio, exclusivamente para consulta a tais dados, informações e documentos, desde que autorizadas por seus clientes.

§ 1º O órgão ou a entidade responsável pela exigência administrativa, após a análise dos documentos, dos dados ou das informações recebidos por meio da solução referida no *caput* deste artigo, notificará o demandante do resultado por meio do guichê único eletrônico, nos prazos previstos na legislação.

§ 2º A solução de que trata o *caput* deste artigo deverá:

I – permitir aos importadores, aos exportadores e aos demais intervenientes no comércio exterior, inclusive as instituições autorizadas a operar no mercado de câmbio, conhecer as exigências administrativas impostas por órgãos e por entidades da administração pública federal direta e indireta para a concretização de operações de importação ou de exportação; e

II – atender ao disposto no artigo 10, parágrafo 4, do Acordo sobre a Facilitação do Comércio anexo ao Protocolo de Emenda ao Acordo Constitutivo da Organização Mundial do Comércio, promulgado pelo Decreto nº 9.326, de 3 de abril de 2018.

§ 3º O recolhimento das taxas impostas por órgãos e por entidades da administração pública federal direta e indireta, em razão do exercício do poder de polícia ou da prestação de serviço público, bem como qualquer outra receita federal relacionada a operações de comércio exterior, ocorrerá por meio de Documento de Arrecadação de Receitas Federais (DARF) em transação financeira eletrônica, preferencialmente em pagamento unificado por meio da solução de guichê único eletrônico a que se refere o *caput* deste artigo.

§ 4º Compete ao Ministério da Economia a gestão da solução de guichê único eletrônico a que se refere o *caput* deste artigo.

§ 5º O acesso de usuários ao guichê único eletrônico a que se refere o *caput* deste artigo ocorrerá nos termos da Lei nº 14.063, de 23 de setembro de 2020.

§ 6º É garantido o livre acesso do cidadão às informações públicas do guichê único eletrônico a que se refere o *caput* deste artigo, atendidos os requisitos de dado acessível ao público conforme definição constante do inciso V do *caput* do art. 4º da Lei nº 14.129, de 29 de março de 2021.

Art. 9º Fica vedado aos órgãos e às entidades da administração pública federal direta e indireta exigir o preenchimento de formulários em papel ou em formato eletrônico ou a apresentação de documentos, de dados ou de informações para a realização de importações ou de exportações por outros meios, distintos da solução de guichê único eletrônico a que se refere o art. 8º desta Lei.

§ 1º O disposto no *caput* deste artigo não se aplica:

I – quando, em razão de circunstâncias técnicas ou operacionais excepcionais relacionadas a determinada exportação ou importação, não for possível o uso da solução de guichê único eletrônico a que se refere o art. 8º desta Lei; e

II – aos procedimentos de habilitação, de registro ou de certificação de estabelecimentos, de produtos ou de processos produtivos relacionados com o comércio doméstico ou de modo análogo a ele.

§ 2º As exigências vigentes na data de publicação desta Lei serão revisadas na forma estabelecida em ato do Poder Executivo federal.

Art. 10. Somente será admitida a imposição de licenças ou de autorizações como requisito para importações ou para exportações em razão de características das mercadorias quando tais restrições estiverem previstas em lei ou em ato normativo editado por órgão ou por entidade competente da administração pública federal.

§ 1º As propostas de edição ou de alteração dos atos normativos a que se refere o *caput* deste artigo serão objeto de consulta pública prévia e da análise de impacto regulatório de que trata a Lei nº 13.874, de 20 de setembro de 2019.

§ 2º O guichê único eletrônico a que se refere o art. 8º desta Lei deverá exibir em seu sítio eletrônico todas as licenças, autorizações ou exigências administrativas, como requisitos a importações ou a exportações, impostas por órgãos e por entidades da administração pública federal direta e indireta, bem como o ato normativo que lhes deu origem.

§ 3º As exigências de que trata o *caput* deste artigo, vigentes na data de publicação desta Lei, serão revisadas na forma estabelecida em ato do Poder Executivo federal.

Seção II
DO COMÉRCIO EXTERIOR DE SERVIÇOS, DE INTANGÍVEIS E DE OUTRAS OPERAÇÕES QUE PRODUZAM VARIAÇÕES NO PATRIMÔNIO DAS PESSOAS FÍSICAS, DAS PESSOAS JURÍDICAS OU DOS ENTES DESPERSONALIZADOS

Art. 11. A Lei nº 12.546, de 14 de dezembro de 2011, passa a vigorar com as seguintes alterações:

"Art. 25. Os órgãos e as entidades da administração pública federal direta e indireta, ressalvada a Secretaria Especial da Receita Federal do Brasil do Ministério da Economia, compartilharão com a Secretaria Especial de Comércio Exterior e Assuntos Internacionais do Ministério da Economia dados e informações relativos às transações entre residentes ou domiciliados no País e residentes ou domiciliados no exterior que compreendam serviços, intangíveis e outras operações que produzam variações no patrimônio das pessoas físicas, das pessoas jurídicas ou dos entes despersonalizados.

§ 1º O compartilhamento de que trata o *caput* deste artigo:

I – será realizado nos termos estabelecidos em ato do Poder Executivo federal;

II – (Revogado);

III – (Revogado);

IV – observará os requisitos de sigilo e segurança da informação previstos em lei;

V – poderá abranger dados e informações obtidos:

a) no cumprimento de obrigações tributárias acessórias;

b) na realização de operações no mercado de câmbio; e

c) em pesquisas realizadas para produção, análise e disseminação de informações de natureza estatística; e

VI – observará o disposto na Lei nº 13.709, de 14 de agosto de 2018.

§ 2º (Revogado).

§ 3º (Revogado).

I – (Revogado);

II – (Revogado);

III – (Revogado).

§ 4º (Revogado).

I – (Revogado);

II – (Revogado).

§ 5º (Revogado).

§ 6º (Revogado).

§ 7º Ato conjunto do Ministro de Estado da Economia e do dirigente máximo do órgão ou da entidade da administração pública federal direta e indireta que detiver os dados e as informações estabelecerá as regras complementares para o compartilhamento de que trata o *caput* deste artigo."

"Art. 26. Os dados e as informações de que trata o art. 25 desta Lei serão utilizados pela Secretaria Especial de Comércio Exterior e Assuntos Internacionais do Ministério da Economia para a elaboração e a compilação de dados estatísticos e para o exercício de outras competências institucionais definidas em ato do Poder Executivo federal.

§ 1º (Revogado).

§ 2º (Revogado).

§ 3º (Revogado).

§ 4º (Revogado)."

"Art. 27. Ato do Ministro de Estado da Economia estabelecerá normas complementares ao cumprimento do disposto nos arts. 24, 25 e 26 desta Lei."

Seção III

DA ORIGEM NÃO PREFERENCIAL

Art. 12. A Lei nº 12.546, de 14 de dezembro de 2011, passa a vigorar com as seguintes alterações:

"Art. 29. As investigações de defesa comercial sob a competência da Secretaria de Comércio Exterior da Secretaria Especial de Comércio Exterior e Assuntos Internacionais do Ministério da Economia serão baseadas na origem declarada do produto.

...."

"Art. 31. ....

§ 1º ....

I – ....

....

h) mercadorias obtidas por pessoa jurídica de país do leito do mar ou do subsolo marinho, sempre que o país tenha direitos para explorar esse fundo do mar ou subsolo marinho;

i) bens obtidos no espaço extraterrestre, sempre que sejam obtidos por pessoa jurídica ou por pessoa natural do país; e

j) mercadorias produzidas exclusivamente com materiais listados nas alíneas *a* a *i* deste inciso;

....

§ 2º Entende-se ter passado por transformação substancial, para fins do disposto nos arts. 28 a 45 desta Lei:

I – o produto em cuja elaboração tenham sido utilizados materiais não originários do país, quando resultante de processo de transformação que lhe confira uma nova individualidade, caracterizada pelo fato de estar classificado em posição tarifária, identificada pelos primeiros quatro dígitos do Sistema Harmonizado de Designação e de Codificação de Mercadorias, diferente da posição dos mencionados materiais, ressalvado o disposto no § 3º deste artigo; ou

II – o produto em cuja elaboração tenham sido utilizados materiais não originários do país, quando o valor aduaneiro desses materiais não exceder 50% (cinquenta por cento) do valor *Free on Board* (FOB) do produto, ressalvado o disposto no § 3º deste artigo.

§ 3º Não será considerado originário do país exportador o produto resultante de operação ou de processo efetuado no seu território pelo qual adquira a forma final em que será comercializado quando, na operação ou no processo, for utilizado material não originário do país e consista apenas em montagem, embalagem, fracionamento em lotes ou volumes, seleção, classificação, marcação, composição de sortimentos de mercadorias ou simples diluições em água ou outra substância que não altere as características do produto como originário ou outras operações ou processos equivalentes, ainda que esses resultem no cumprimento do disposto no § 2º deste artigo ou em outros critérios estabelecidos pelo Poder Executivo federal na forma do disposto no art. 32 desta Lei.

§ 4º Caso não sejam atendidos os requisitos referidos no § 2º deste artigo, o produto será considerado originário do país de origem dos materiais que representem a maior participação no valor FOB."

"Art. 34. ....

....

V – ao índice de materiais não originários utilizados na obtenção do produto.

§ 1º A apresentação das informações a que se refere o *caput* deste artigo não exclui a possibilidade de realização de diligência ou de fiscalização nos estabelecimentos do produtor estrangeiro, do importador ou do exportador.

....

§ 3º Na hipótese de o produtor estrangeiro, o exportador ou o importador negarem acesso às informações referidas neste artigo, não as fornecerem tempestivamente ou criarem obstáculos ao procedimento de verificação de origem não preferencial, a mercadoria será presumida como originária do país gravado com a medida de defesa comercial que motivou a abertura de investigação de origem não preferencial."

"Art. 36. Compete à Secretaria de Comércio Exterior da Secretaria Especial de Comércio Exterior e Assuntos Internacionais do Ministério da Economia realizar a verificação de origem não preferencial, por meio da apresentação de denúncia ou de ofício, quando houver indícios da não observância ao disposto nos arts. 31, 32 e 34 desta Lei.

§ 1º Iniciado o procedimento de verificação de origem não preferencial, o produtor estrangeiro será notificado para a apresentação das informações de que trata o art. 34 desta Lei.

§ 2º A origem determinada pela Secretaria de Comércio Exterior da Secretaria Especial de Comércio Exterior e Assuntos Internacionais do Ministério da Economia com a conclusão do procedimento de verificação de origem não preferencial será aplicada a todas as importações de mercadorias idênticas do mesmo exportador ou produtor.

§ 3º A Secretaria de Comércio Exterior da Secretaria Especial de Comércio Exterior e Assuntos Internacionais do Ministério da Economia poderá rever a origem a que se refere o § 2º deste artigo por meio da apresentação, por parte do interessado, das informações referidas no art. 34 desta Lei, de modo a demonstrar o atendimento às regras de origem não preferenciais a que se referem os arts. 31 e 32 desta Lei."

"Art. 40. ....

§ 1º ....

§ 2º Na hipótese de restrição quantitativa relativa à aplicação de cotas, a devolução ao exterior estará limitada ao que exceder a cota."

CAPÍTULO V

DO SISTEMA INTEGRADO DE RECUPERAÇÃO DE ATIVOS

Art. 13. Fica o Poder Executivo federal autorizado a instituir, sob a governança da Procuradoria-Geral da Fazenda Nacional, o Sistema Integrado de Recuperação de Ativos (SIRA), constituído de um conjunto de instrumentos, mecanismos e iniciativas destinados a facilitar a identificação e a localização de bens e de devedores, bem como a constrição e a alienação de ativos.

Art. 14. São objetivos do SIRA:

I – promover o desenvolvimento nacional e o bem-estar social por meio da redução dos custos de transação de concessão de créditos mediante aumento do índice de efetividade das ações que envolvam a recuperação de ativos;

II – conferir efetividade às decisões judiciais que visem à satisfação das obrigações de qualquer natureza, em âmbito nacional;

III – reunir dados cadastrais, relacionamentos e bases patrimoniais de pessoas físicas e jurídicas para subsidiar a tomada de decisão, no âmbito de processo judicial em que seja demandada a recuperação de créditos públicos ou privados;

IV – fornecer aos usuários, conforme os respectivos níveis de acesso, os dados cadastrais, os relacionamentos e as bases patrimoniais das pessoas requisitadas, de forma estruturada e organizada; e

V – garantir, com a quantidade, a qualidade e a tempestividade necessárias, os insumos de dados e informações relevantes para a recuperação de créditos públicos ou privados.

Parágrafo único. O SIRA zelará pela liberdade de acesso, de uso e de gerenciamento dos dados pelo seu titular, na forma do art. 9º da Lei nº 13.709, de 14 de agosto de 2018, e obedecerá ao regime geral de proteção de dados aplicável.

Art. 15. São princípios do SIRA:

I – melhoria da efetividade e eficiência das ações de recuperação de ativos;

II – promoção da transformação digital e estímulo ao uso de soluções tecnológicas na recuperação de créditos públicos e privados;

III – racionalização e sustentabilidade econômico-financeira das soluções de tecnologia da informação e comunicação de dados, permitida a atribuição aos usuários, quando houver, dos custos de operacionalização do serviço, na forma prevista em regulamento;

IV – respeito à privacidade, à inviolabilidade da intimidade, da honra e da imagem das pessoas e às instituições, na forma prevista em lei; e

V – ampla interoperabilidade e integração com os demais sistemas semelhantes, em especial aqueles utilizados pelo Poder Judiciário, de forma a subsidiar a tomada de decisão, bem como de racionalizar e permitir o cumprimento eficaz de ordens judiciais relacionadas à recuperação de ativos.

Art. 16. Ato do Presidente da República disporá sobre:

I – as regras e as diretrizes para o compartilhamento de dados e informações, observado que, para usuários privados, apenas poderão ser fornecidos dados públicos não sujeitos a nenhuma restrição de acesso;

II – a relação nominal das bases mínimas que comporão o SIRA;

III – a periodicidade com que a Procuradoria-Geral da Fazenda Nacional apresentará ao Ministério da Economia e ao Conselho Nacional de Justiça relatório sobre as bases geridas e integradas;

IV – o procedimento administrativo para o exercício, na forma prevista em lei, do poder de requisição das informações contidas em bancos de dados geridos por órgãos e por entidades públicos e privados e o prazo para o atendimento da requisição, sem prejuízo da celebração de acordos de cooperação, de convênios e de ajustes de qualquer natureza, quando necessário;

V – a forma de sustentação econômico-financeira do SIRA; e

VI – as demais competências da Procuradoria-Geral da Fazenda Nacional e do órgão central de tecnologia da informação no âmbito do SIRA.

Art. 17. Fica o Poder Executivo federal autorizado a instituir, sob governança da Procuradoria-Geral da Fazenda Nacional, o Cadastro Fiscal Positivo, com o objetivo de:

I – criar condições para construção permanente de um ambiente de confiança entre os contribuintes e a administração tributária federal;

II – garantir a previsibilidade das ações da Procuradoria-Geral da Fazenda Nacional em face dos contribuintes inscritos no referido cadastro;

III – criar condições para solução consensual dos conflitos tributários, com incentivo à redução da litigiosidade;

IV – reduzir os custos de conformidade em relação aos créditos inscritos em dívida ativa da União e à situação fiscal do contribuinte, a partir das informações constantes do SIRA;

V – tornar mais eficientes a gestão de risco dos contribuintes inscritos no referido cadastro e a realização de negócios jurídicos processuais;

VI – melhorar a compreensão das atividades empresariais e dos gargalos fiscais.

Parágrafo único. A Procuradoria-Geral da Fazenda Nacional poderá estabelecer convênio com Estados, com Municípios e com o Distrito Federal para compartilhamento de informações que contribuam para a formação do Cadastro Fiscal Positivo.

Art. 18. Compete ao Procurador-Geral da Fazenda Nacional regulamentar o Cadastro Fiscal Positivo, o qual poderá dispor sobre atendimento, sobre concessões inerentes a garantias, sobre prazos para apreciação de requerimentos, sobre recursos e demais solicitações do contribuinte, sobre cumprimento de obrigações perante a Procuradoria-Geral da Fazendo Nacional e sobre atos de cobrança administrativa ou judicial, especialmente:

I – criação de canais de atendimento diferenciado, inclusive para recebimento de pedidos de transação no contencioso judicial ou na cobrança da dívida ativa da União, nos termos da Lei nº 13.988, de 14 de abril de 2020, ou para esclarecimento sobre esses pedidos;

II – flexibilização das regras para aceitação ou para substituição de garantias, inclusive sobre a possibilidade de substituição de depósito judicial por seguro-garantia ou por outras garantias baseadas na capacidade de geração de resultados dos contribuintes;

III – possibilidade de antecipar a oferta de garantias para regularização de débitos futuros;

IV – execução de garantias em execução fiscal somente após o trânsito em julgado da discussão judicial relativa ao título executado.

Parágrafo único. Será conferido, exclusivamente ao contribuinte, mediante solicitação, acesso aos dados próprios, relacionados ao seu enquadramento no Cadastro Fiscal Positivo.

Art. 19. A Lei nº 9.430, de 27 de dezembro de 1996, passa a vigorar com as seguintes alterações:

▸ Alterações inseridas no texto da referida Lei.

Art. 20. A Lei nº 10.522, de 19 de julho de 2002, passa a vigorar com as seguintes alterações:

▸ Alterações inseridas no texto da referida Lei.

CAPÍTULO VI
DAS COBRANÇAS REALIZADAS POR CONSELHOS PROFISSIONAIS

Art. 21. A Lei nº 12.514, de 28 de outubro de 2011, passa a vigorar com as seguintes alterações:

"Art. 4º ....

Parágrafo único. O inadimplemento ou o atraso no pagamento das anuidades previstas no inciso II do *caput* deste artigo não ensejará a suspensão do registro ou o impedimento de exercício da profissão."

"Art. 7º Os Conselhos poderão, nos termos e nos limites de norma do respectivo Conselho Federal, independentemente do disposto no art. 8º desta Lei e sem renunciar ao valor devido, deixar de cobrar:

I – administrativamente, os valores definidos como irrisórios; ou

II – judicialmente, os valores considerados irrecuperáveis, de difícil recuperação ou com custo de cobrança superior ao valor devido."

"Art. 8º Os Conselhos não executarão judicialmente dívidas, de quaisquer das origens previstas no art. 4º desta Lei, com valor total inferior a 5 (cinco) vezes o constante do inciso I do *caput* do art. 6º desta Lei, observado o disposto no seu § 1º.

§ 1º O disposto no *caput* deste artigo não obsta ou limita a realização de medidas administrativas de cobrança, tais como a notificação extrajudicial, a inclusão em cadastros de inadimplentes e o protesto de certidões de dívida ativa.

§ 2º Os executivos fiscais de valor inferior ao previsto no *caput* deste artigo serão arquivados, sem baixa na distribuição das execuções fiscais, sem prejuízo do disposto no art. 40 da Lei nº 6.830, de 22 de setembro de 1980."

CAPÍTULO VII
DA PROFISSÃO DE TRADUTOR E INTÉRPRETE PÚBLICO

Art. 22. São requisitos para o exercício da profissão de tradutor e intérprete público:

I – ter capacidade civil;

II – ter formação em curso superior completo em qualquer área do conhecimento;

III – ser brasileiro ou estrangeiro residente no País;

IV – ser aprovado em concurso para aferição de aptidão;

V – não estar enquadrado nas hipóteses de inelegibilidade previstas na alínea e do inciso I do *caput* do art. 1º da Lei Complementar nº 64, de 18 de maio de 1990; e

VI – ter registro na junta comercial do local de seu domicílio ou de atuação mais frequente.

Parágrafo único. A exigência do concurso previsto no inciso IV do *caput* deste artigo poderá ser dispensada àqueles que obtiverem grau de excelência em exames nacionais e internacionais de proficiência, nos termos do regulamento do Departamento Nacional de Registro Empresarial e Integração da Secretaria de Governo Digital da Secretaria Especial de Desburocratização, Gestão e Governo Digital do Ministério da Economia.

Art. 23. O tradutor e intérprete público poderá habilitar-se e registrar-se para um ou mais idiomas estrangeiros ou, ainda, em Língua Brasileira de Sinais (LIBRAS).

Art. 24. O cumprimento do disposto no art. 22 desta Lei habilita o tradutor e intérprete público a atuar em qualquer Estado e no Distrito Federal e a manter inscrição apenas no local de seu domicílio ou de atuação mais frequente.

Art. 25. O concurso para aferição de aptidão de que trata o inciso IV do *caput* do art. 22 desta Lei:

I – será válido por prazo indefinido;

II – incluirá prova escrita e prova oral, com simulação de interpretação consecutiva, para avaliar a compreensão das sutilezas e das dificuldades de cada um dos idiomas;

III – será organizado nacionalmente pelo Departamento Nacional de Registro Empresarial e Integração da Secretaria de Governo Digital da Secretaria Especial de Desburocratização, Gestão e Governo Digital do Ministério da Economia, com apoio das juntas comerciais dos Estados e do Distrito Federal; e

IV – será regido pelas normas editadas pelo Diretor do Departamento Nacional de Registro Empresarial e Integração da Secretaria de Governo Digital da Secretaria Especial de Desburocratização, Gestão e Governo Digital do Ministério da Economia.

Art. 26. São atividades privativas do tradutor e intérprete público:

I – traduzir qualquer documento que tenha de ser apresentado em outro idioma perante pessoa jurídica de direito público interno ou perante serviços notariais e de registro de notas ou de títulos e documentos;

II – realizar traduções oficiais, quando exigido por lei;

III – interpretar e verter verbalmente perante ente público a manifestação de pessoa que não domine a língua portuguesa se não houver agente público apto a realizar a atividade ou se for exigido por lei específica;

IV – transcrever, traduzir ou verter mídia eletrônica de áudio ou vídeo, em outro idioma, certificada por ato notarial; e

V – realizar, quando solicitados pela autoridade competente, os exames necessários à verificação da exatidão de qualquer tradução que tenha sido arguida como incompleta, imprecisa, errada ou fraudulenta.

Parágrafo único. O disposto no *caput* deste artigo não impede:

I – a designação pela autoridade competente de tradutor e intérprete público *ad hoc* no caso de inexistência, de impedimento ou de indisponibilidade de tradutor e intérprete público habilitado para o idioma; e

II – a realização da atividade por agente público:

a) ocupante de cargo ou emprego com atribuições relacionadas com a atividade de tradutor ou intérprete; ou

b) com condições de realizar traduções e interpretações simples e correlatas com as atribuições de seu cargo ou emprego.

Art. 27. Presumem-se fiéis e exatas as traduções realizadas por tradutor e intérprete público.

§ 1º Nenhuma tradução terá fé pública se não for realizada por tradutor e intérprete público, exceto as traduções:

I – feitas por corretores de navios, em sua área de atuação;

II – relativas aos manifestos e documentos que as embarcações estrangeiras tiverem de apresentar para despacho aduaneiro;

III – feitas por agente público com cargo ou emprego de tradutor ou intérprete ou que sejam inerentes às atividades do cargo ou emprego; e

IV – enquadradas nas hipóteses previstas em ato do Poder Executivo federal.

§ 2º A presunção de que trata o *caput* deste artigo não afasta:

I – a obrigação de o documento na língua original acompanhar a sua respectiva tradução; e

II – a possibilidade de ente público ou qualquer interessado impugnar, nos termos estabelecidos nas normas de processo administrativo ou de processo judicial aplicáveis ao caso concreto, a fidedignidade ou a exatidão da tradução.

Art. 28. O tradutor e intérprete público que realizar tradução incompleta, imprecisa, errada ou fraudulenta estará sujeito, além de eventual responsabilização civil e criminal, às seguintes sanções:

I – advertência;

II – suspensão do registro por até 1 (um) ano; e

III – cassação do registro, vedada nova habilitação em prazo inferior a 15 (quinze) anos.

Parágrafo único. Para a dosimetria da pena, deverão ser consideradas:

I – as punições recebidas pelo tradutor e intérprete público nos últimos 10 (dez) anos;

II – a existência ou não de má-fé; e

III – a gravidade do erro ou a configuração de culpa grave.

Art. 29. O processo administrativo contra o tradutor e intérprete público seguirá o disposto na Lei nº 9.784, de 29 de janeiro de 1999.

Art. 30. O processo administrativo será processado e julgado pela junta comercial do Estado ou do Distrito Federal no qual o tradutor e intérprete público estiver inscrito.

Parágrafo único. Caberá recurso da decisão da junta comercial ao Diretor do Departamento Nacional de Registro Empresarial e Integração da Secretaria de Governo Digital da Secretaria Especial de Desburocratização, Gestão e Governo Digital do Ministério da Economia, que decidirá em última instância.

Art. 31. Os tradutores públicos e intérpretes comerciais que, na data de entrada em vigor desta Lei, já estavam habilitados na forma prevista no regulamento aprovado pelo Decreto nº 13.609, de 21 de outubro de 1943, poderão continuar a exercer as atividades no território nacional, nos termos deste Capítulo.

Art. 32. O tradutor e intérprete público poderá optar por organizar-se na forma de sociedade unipessoal.

Art. 33. O tradutor e intérprete público poderá realizar os seus atos em meio eletrônico, atendido o disposto na Lei nº 14.063, de 23 de setembro de 2020.

Art. 34. O Diretor do Departamento Nacional de Registro Empresarial e Integração da Secretaria de Governo Digital da Secretaria Especial de Desburocratização, Gestão e Governo Digital do Ministério da Economia poderá editar normas complementares para a execução do disposto neste Capítulo.

CAPÍTULO VIII
DA OBTENÇÃO DE ELETRICIDADE

Art. 35. Na execução de obras de extensão de redes aéreas de distribuição de responsabilidade da concessionária ou permissionária de serviço público de distribuição de energia elétrica, a licença ou autorização para realização de obras em vias públicas, quando for exigida e não houver prazo estabelecido pelo poder público local, será emitida pelo órgão público competente no prazo de 5 (cinco) dias úteis, contado da data de apresentação do requerimento.

§ 1º Na hipótese de não haver decisão do órgão competente após o encerramento do prazo estabelecido no *caput* deste artigo ou na legislação local, a concessionária ou permissionária de serviço público de distribuição de energia elétrica ficará autorizada a realizar a obra em conformidade com as condições estabelecidas no requerimento apresentado, observada a legislação aplicável.

§ 2º Na hipótese de descumprimento das condições estabelecidas no requerimento ou na legislação aplicável, o órgão público poderá cassar, a qualquer tempo, a licença ou autorização a que se refere o § 1º deste artigo, assegurado o direito à ampla defesa e ao contraditório à concessionária ou permissionária.

§ 3º O disposto neste artigo aplica-se exclusivamente às solicitações de conexão, com potência contratada de até 140 kVA (cento e quarenta quilovolts-amperes), desde que não haja a necessidade de realização de obras de ampliação, de reforço ou de melhoria no sistema de distribuição de energia elétrica existente, e que:

I – em área urbana, a distância até a rede de distribuição mais próxima seja de, no máximo, 150 m (cento e cinquenta metros);

II – em área semiurbana e rural, a distância até a rede de distribuição mais próxima seja de, no máximo, 1.000 m (mil metros).

Art. 36. A obtenção da eletricidade deve ser solicitada à concessionária ou permissionária local que presta o serviço público de distribuição de energia elétrica no Município do solicitante e observará as seguintes condições:

I – os procedimentos necessários para a obtenção da eletricidade, desde a solicitação até o início do fornecimento, devem ser realizados em até 45 (quarenta e cinco) dias para as unidades consumidoras em área urbana, enquadradas no Grupo A e que respeitem as condições previstas no inciso I do § 3º do art. 35 desta Lei; e

II – os procedimentos necessários para a obtenção de eletricidade para os demais casos não previstos no inciso I deste *caput* devem atender aos prazos e condições regulamentados pela Agência Nacional de Energia Elétrica (ANEEL).

Art. 37. Para a obtenção da eletricidade de que trata o inciso I do *caput* do art. 36 desta Lei, o projeto e a execução das instalações elétricas internas do imóvel deverão possuir responsável técnico, que responderá administrativa, civil e criminalmente em caso de danos e de acidentes decorrentes de eventuais erros de projeto ou de execução, dispensada a exigibilidade de:

I – VETADO; e

II – aprovação prévia de projeto pela concessionária ou permissionária local.

Parágrafo único. O responsável técnico deverá fornecer, no pedido de obtenção de eletricidade, seu número de registro válido no conselho profissional competente.

CAPÍTULO IX
DA DESBUROCRATIZAÇÃO EMPRESARIAL E DOS ATOS PROCESSUAIS E DA PRESCRIÇÃO INTERCORRENTE

Arts. 38 a 40. VETADOS.

Art. 41. As empresas individuais de responsabilidade limitada existentes na data da entrada em vigor desta Lei serão transformadas em sociedades limitadas unipessoais independentemente de qualquer alteração em seu ato constitutivo.

Parágrafo único. Ato do DREI disciplinará a transformação referida neste artigo.

Art. 42. VETADO.

Art. 43. *Revogado*. Lei nº 14.382, de 27-6-2022.

Capítulo X
DA RACIONALIZAÇÃO PROCESSUAL

Art. 44. A Lei nº 13.105, de 16 de março de 2015 (Código de Processo Civil), passa a vigorar com as seguintes alterações:

► Alterações inseridas no texto do referido Código.

CAPÍTULO XI
DA NOTA COMERCIAL

Art. 45. A nota comercial, valor mobiliário de que trata o inciso VI do *caput* do art. 2º da Lei nº 6.385, de 7 de dezembro de 1976, é título de crédito não conversível em ações, de livre negociação, representativo de promessa de pagamento em dinheiro, emitido exclusivamente sob a forma escritural por meio de instituições autorizadas a prestar o serviço de escrituração pela Comissão de Valores Mobiliários.

Art. 46. Podem emitir a nota comercial as sociedades anônimas, as sociedades limitadas e as sociedades cooperativas.

Parágrafo único. A deliberação sobre emissão de nota comercial é de competência dos órgãos de administração, quando houver, ou do administrador do emissor, observado o que dispuser a respeito o respectivo ato constitutivo.

Art. 47. A nota comercial terá as seguintes características, que deverão constar de seu termo constitutivo:

I – a denominação "Nota Comercial";

II – o nome ou razão social do emitente;

III – o local e a data de emissão;

IV – o número da emissão e a divisão em séries, quando houver;

V – o valor nominal;

VI – o local de pagamento;

VII – a descrição da garantia real ou fidejussória, quando houver;

VIII – a data e as condições de vencimento;

IX – a taxa de juros, fixa ou flutuante, admitida a capitalização;

X – a cláusula de pagamento de amortização e de rendimentos, quando houver;

XI – a cláusula de correção por índice de preço, quando houver; e

XII – os aditamentos e as retificações, quando houver.

§ 1º As notas comerciais de uma mesma série terão igual valor nominal e conferirão a seus titulares os mesmos direitos.

§ 2º A alteração das características a que se refere o *caput* deste artigo dependerá de aprovação da maioria simples dos titulares de notas comerciais em circulação, presentes em assembleia, se maior quórum não for estabelecido no termo de emissão.

§ 3º Aplica-se à convocação e ao funcionamento da assembleia prevista no § 2º deste artigo, entre outros aspectos, o disposto na Lei nº 6.404, de 15 de dezembro de 1976, sobre assembleia-geral de debenturistas.

Art. 48. A nota comercial é título executivo extrajudicial, que pode ser executado independentemente de protesto, com base em certidão emitida pelo escriturador ou pelo depositário central, quando esse título for objeto de depósito centralizado.

Parágrafo único. A nota comercial poderá ser considerada vencida na hipótese de inadimplemento de obrigação constante do respectivo termo de emissão.

Art. 49. A titularidade da nota comercial será atribuída exclusivamente por meio de controle realizado nos sistemas informatizados do escriturador ou no depositário central, quando esse título for objeto de depósito centralizado.

Art. 50. A Comissão de Valores Mobiliários poderá estabelecer requisitos adicionais aos previstos nesta Lei, inclusive a eventual necessidade de contratação de agente fiduciário, relativos à nota comercial que seja:

I – ofertada publicamente; ou

II – admitida à negociação em mercados regulamentados de valores mobiliários.

Art. 51. Nas distribuições privadas, o serviço de escrituração deverá ser efetuado em sistemas que atendam aos seguintes requisitos:

I – comprovação da observância de padrões técnicos adequados, em conformidade com os Princípios para Infraestruturas do Mercado Financeiro do *Bank for International Settlements* (BIS), inclusive no que diz respeito à segurança, à governança e à continuidade de negócios;

II – garantia de acesso integral às informações mantidas por si ou por terceiros por elas contratados para realizar atividades relacionadas com a escrituração;

III – garantia de acesso amplo a informações claras e objetivas aos participantes do mercado, sempre observadas as restrições legais de acesso a informações; e

IV – observância de requisitos e emprego de mecanismos que assegurem a interoperabilidade com os demais sistemas de escrituração autorizados pela Comissão de Valores Mobiliários.

§ 1º As instituições autorizadas a prestar o serviço de escrituração não poderão escriturar títulos em que sejam participantes como credoras ou emissoras, direta ou indiretamente.

§ 2º A oferta privada de nota comercial poderá conter cláusula de conversibilidade em participação societária, exceto em relação às sociedades anônimas.

CAPÍTULO XII
DISPOSIÇÕES GERAIS

Art. 52. O Decreto-Lei nº 341, de 17 de março de 1938, passa a vigorar acrescido do seguinte art. 15-A:

"Art. 15-A. Os documentos previstos nos arts. 2º, 4º e 7º deste Decreto-Lei poderão ser substituídos por sua versão eletrônica, na forma de regulamento do Departamento Nacional de Registro Empresarial e Integração (DREI) da Secretaria de Governo Digital da Secretaria Especial de Desburocratização, Gestão e Governo Digital do Ministério da Economia."

Art. 53. O art. 44 da Lei nº 4.886, de 9 de dezembro de 1965, passa a vigorar com a seguinte redação:

▶ Alterações inseridas no texto da referida Lei.

Art. 54. O parágrafo único do art. 22 da Lei nº 5.764, de 16 de dezembro de 1971, passa a vigorar com a seguinte redação:

▶ Alteração inserida no texto da referida Lei.

Art. 55. O inciso III do *caput* do art. 15 da Lei nº 6.385, de 7 de dezembro de 1976, passa a vigorar com a seguinte redação:

▶ Alteração inserida no texto da referida Lei.

Art. 56. A Lei nº 13.874, de 20 de setembro de 2019, passa a vigorar com as seguintes alterações:

▶ Alterações inseridas no texto da referida Lei.

CAPÍTULO XIII
DISPOSIÇÕES FINAIS

Art. 57. Ficam revogados:

I – o Decreto nº 13.609, de 21 de outubro de 1943;

II – o Decreto nº 20.256, de 20 de dezembro de 1945;

III – a Lei nº 2.145, de 29 de dezembro de 1953;

IV – o art. 1º da Lei nº 2.410, de 29 de janeiro de 1955;

V – o art. 1º da Lei nº 2.698, de 27 de dezembro de 1955;

VI – a Lei nº 2.807, de 28 de junho de 1956;

VII – a Lei nº 2.815, de 6 de julho de 1956;

VIII – o art. 1º da Lei nº 3.053, de 22 de dezembro de 1956;

IX – a Lei nº 3.187, de 28 de junho de 1957;

X – a Lei nº 3.227, de 27 de julho de 1957;

XI – a Lei nº 4.557, de 10 de dezembro de 1964;

XII – os arts. 14 e 15 da Lei nº 5.025, de 10 de junho de 1966;

XIII – o art. 15 do Decreto-Lei nº 491, de 5 de março de 1969;

XIV – o art. 2º do Decreto-Lei nº 666, de 2 de julho de 1969;

XV – a parte do art. 1º do Decreto-Lei nº 687, de 18 de julho de 1969, que altera o art. 2º do Decreto-Lei nº 666, de 2 de julho de 1969;

XVI – VETADO;

XVII – o art. 2º da Lei nº 6.137, de 7 de novembro de 1974;

XVIII – o Decreto-Lei nº 1.416, de 25 de agosto de 1975;

XIX – o Decreto-Lei nº 1.427, de 2 de dezembro de 1975;

XX – o § 2º do art. 110 da Lei nº 6.404, de 15 de dezembro de 1976;

XXI – o Decreto nº 84.248, de 28 de novembro de 1979;

XXII – a Lei nº 7.409, de 25 de novembro de 1985;

XXIII – a Lei nº 7.690, de 15 de dezembro de 1988;

XXIV – o art. 5º da Lei nº 8.387, de 30 de dezembro de 1991;

XXV – os seguintes dispositivos da Lei nº 8.934, de 18 de novembro de 1994:

a) VETADO;

b) inciso IV do *caput* do art. 35;

c) art. 58; e

d) art. 60;

XXVI – o parágrafo único do art. 40 e o art. 229-C da Lei nº 9.279, de 14 de maio de 1996;

XXVII – os seguintes dispositivos da Lei nº 9.430, de 27 de dezembro de 1996:

a) §§ 1º, 2º, 3º e 4º do art. 80;

b) arts. 80-A, 80-B e 80-C; e

c) §§ 1º e 5º do art. 81;

XXVIII – o parágrafo único do art. 18 da Lei nº 9.472, de 16 de julho de 1997;

XXIX – os seguintes dispositivos da Lei nº 10.406, de 10 de janeiro de 2002 (Código Civil):

a e b) VETADAS;

c) parágrafo único do art. 1.015;

d) inciso IV do *caput* e o parágrafo único do art. 1.033; e

e) VETADO;

XXX – os seguintes dispositivos da Lei nº 11.598, de 3 de dezembro de 2007:

a) §§ 1º, 2º, 3º e 4º do art. 4º;

b) art. 6º; e

c) inciso III do *caput* do art. 11;

XXXI – os seguintes dispositivos da Lei nº 12.546, de 14 de dezembro de 2011:

a) incisos II e III do § 1º e §§ 2º, 3º, 4º, 5º e 6º do art. 25;

b) §§ 1º, 2º, 3º e 4º do art. 26; e

c) art. 37;

XXXII – os incisos I, II, III, IV e V do *caput* do art. 246 da Lei nº 13.105, de 16 de março de 2015 (Código de Processo Civil).

Art. 58. Esta Lei entra em vigor na data de sua publicação e produzirá efeitos:

I – em 3 (três) anos, contados da data de sua publicação, quanto ao inciso I do *caput* do art. 36, podendo a ANEEL determinar a antecipação da produção de efeitos em cada área de concessão ou permissão;

II – em 360 (trezentos e sessenta) dias, contados da data de sua publicação, quanto à parte do art. 5º que altera o § 3º do art. 138 da Lei nº 6.404, de 15 de dezembro de 1976;

III – em 180 (cento e oitenta) dias, contados da data de sua publicação, quanto ao § 3º do art. 8º;

IV – no primeiro dia útil do primeiro mês subsequente ao da data de sua publicação, quanto aos arts. 8º, 9º, 10, 11 e 12 e aos incisos III a XV, XVIII, XXIII e XXXI do *caput* do art. 57; e

V – na data de sua publicação, quanto aos demais dispositivos.

Brasília, 26 de agosto de 2021;
200º da Independência e
133º da República.

Jair Messias Bolsonaro

LEI Nº 14.238, DE 19 DE NOVEMBRO DE 2021

Institui o Estatuto da Pessoa com Câncer; e dá outras providências.

▶ Publicada no *DOU* de 22-11-2021.

CAPÍTULO I
DISPOSIÇÕES PRELIMINARES

Art. 1º Fica instituído o Estatuto da Pessoa com Câncer, destinado a assegurar e a promover, em condições de igualdade, o acesso ao tratamento adequado e o exercício dos direitos e das liberdades fundamentais da pessoa com câncer, com vistas a garantir o respeito à dignidade, à cidadania e à sua inclusão social.

Parágrafo único. Esta Lei estabelece princípios e objetivos essenciais à proteção dos direitos da pessoa com câncer e à efetivação de políticas públicas de prevenção e combate ao câncer.

CAPÍTULO II
DOS PRINCÍPIOS E DOS OBJETIVOS

Art. 2º São princípios essenciais deste Estatuto:

I – respeito à dignidade da pessoa humana, à igualdade, à não discriminação e à autonomia individual;

II – acesso universal e equânime ao tratamento adequado;

III – diagnóstico precoce;

IV – estímulo à prevenção;

V – informação clara e confiável sobre a doença e o seu tratamento;

VI – transparência das informações dos órgãos e das entidades em seus processos, prazos e fluxos;

VII – oferecimento de tratamento sistêmico referenciado em acordo com diretrizes preestabelecidas por órgãos competentes;

VIII – fomento à formação e à especialização dos profissionais envolvidos;

IX – estímulo à conscientização, à educação e ao apoio familiar;

X – ampliação da rede de atendimento e de sua infraestrutura;

XI – sustentabilidade dos tratamentos, garantida, inclusive, a tomada de decisão com vistas à prevenção de agravamentos e à socioeficiência;

XII – humanização da atenção ao paciente e à sua família.

Art. 3º São objetivos essenciais deste Estatuto:

I – garantir e viabilizar o pleno exercício dos direitos sociais da pessoa com câncer;

II – promover mecanismos adequados para o diagnóstico precoce da doença;

III – garantir o tratamento adequado, nos termos das Leis nºs 8.080, de 19 de setembro de 1990, e 12.732, de 22 de novembro de 2012;

IV – fomentar a comunicação, a publicidade e a conscientização sobre a doença, sua prevenção, seus tratamentos e os direitos da pessoa com câncer;

V – garantir transparência das informações dos órgãos e das entidades em seus processos, prazos e fluxos e o acesso às informações imprescindíveis acerca da doença e do seu tratamento pelos pacientes e por seus familiares;

VI – garantir o cumprimento da legislação vigente com vistas a reduzir as dificuldades da pessoa com câncer desde o diagnóstico até a realização do tratamento;

VII – fomentar e promover instrumentos para viabilização da Política Nacional para a Prevenção e Controle do Câncer na Rede de Atenção à Saúde das Pessoas com Doenças Crônicas no âmbito do Sistema Único de Saúde (SUS);

VIII – fomentar a criação e o fortalecimento de políticas públicas de prevenção e combate ao câncer;

IX – promover a articulação entre países, órgãos e entidades sobre tecnologias, conhecimentos, métodos e práticas na prevenção e no tratamento da doença;

X – promover a formação, a qualificação e a especialização dos recursos humanos envolvidos no processo de prevenção e tratamento do câncer;

XI – viabilizar métodos e sistemas para aferição qualificada do número de pessoas acometidas pela doença;

XII – combater a desinformação e o preconceito;

XIII – contribuir para melhoria na qualidade de vida e no tratamento da pessoa com câncer e de seus familiares;

XIV – reduzir a incidência da doença por meio de ações de prevenção;

XV – reduzir a mortalidade e a incapacidade causadas pela doença;

XVI – fomentar a educação e o apoio ao paciente e à sua família;

XVII – incentivar a criação, a manutenção e a utilização de fundos especiais, nacionais, estaduais e municipais de prevenção e combate ao câncer;

XVIII – garantir tratamento diferenciado, universal e integral às crianças e aos adolescentes, priorizando a prevenção e o diagnóstico precoce;

XIX – estimular a expansão contínua, sustentável e responsável da rede de atendimento e de sua infraestrutura;

XX – estimular a humanização do tratamento, prestando atenção diferenciada ao paciente e à sua família.

CAPÍTULO III
DOS DIREITOS FUNDAMENTAIS

Art. 4º São direitos fundamentais da pessoa com câncer:

I – obtenção de diagnóstico precoce;

II – acesso a tratamento universal, equânime, adequado e menos nocivo;

III – acesso a informações transparentes e objetivas relativas à doença e ao seu tratamento;

IV – assistência social e jurídica;

V – prioridade;

VI – proteção do seu bem-estar pessoal, social e econômico;

VII – presença de acompanhante durante o atendimento e o período de tratamento;

VIII – acolhimento, preferencialmente, por sua própria família, em detrimento de abrigo ou de instituição de longa permanência, exceto da que careça de condições de manutenção da própria sobrevivência;

IX – tratamento domiciliar priorizado;

X – atendimento educacional em classe hospitalar ou regime domiciliar, conforme interesse da pessoa com câncer e de sua família, nos termos do respectivo sistema de ensino.

§ 1º Para os efeitos desta Lei, considera-se pessoa com câncer aquela que tenha o regular diagnóstico, nos termos de relatório elaborado por médico devidamente inscrito no conselho profissional, acompanhado pelos laudos e exames diagnósticos complementares necessários para a correta caracterização da doença.

§ 2º Entende-se por direito à prioridade, previsto no inciso V do *caput* deste artigo, as seguintes garantias concedidas à pessoa com câncer clinicamente ativo, respeitadas e conciliadas as normas que garantem o mesmo direito aos idosos, às gestantes e às pessoas com deficiência:

I – assistência preferencial, respeitada a precedência dos casos mais graves e outras prioridades legais;

II – atendimento nos serviços públicos nos órgãos públicos e privados prestadores de serviços à população, respeitada a precedência dos casos mais graves e de outras prioridades legais;

III – prioridade no acesso a mecanismos que favoreçam a divulgação de informações relativas à prevenção e ao tratamento da doença;

IV – prioridade na tramitação dos processos judiciais e administrativos.

CAPÍTULO IV
DOS DEVERES

Art. 5º É dever da família, da comunidade, da sociedade e do poder público assegurar à pessoa com câncer, prioritariamente, a plena efetivação dos direitos referentes à vida, à saúde, à alimentação, à assistência social e jurídica, à convivência familiar e comunitária, entre outros decorrentes da Constituição Federal e das leis.

Art. 6º Nenhuma pessoa com câncer será objeto de qualquer tipo de negligência, discriminação ou violência, e todo atentado aos seus direitos, por ação ou omissão, será punido na forma da lei.

§ 1º Considera-se discriminação qualquer distinção, restrição ou exclusão em razão da doença, mediante ação ou omissão, que tenha o propósito ou o efeito de prejudicar, de impedir ou de anular o reconhecimento dos direitos assegurados nesta Lei.

§ 2º Todo cidadão tem o dever de comunicar à autoridade competente qualquer forma de violação a esta Lei que tenha testemunhado ou de que tenha conhecimento.

Art. 7º É dever do Estado desenvolver políticas públicas de saúde específicas direcionadas à pessoa com câncer, que incluam, entre outras medidas:

I – promover ações e campanhas preventivas da doença;

II – garantir acesso universal, igualitário e gratuito aos serviços de saúde;

III – (VETADO);

IV – promover avaliação periódica do tratamento ofertado ao paciente com câncer na rede pública de saúde e adotar as medidas necessárias para diminuir as desigualdades existentes;

V – estabelecer normas técnicas e padrões de conduta a serem observados pelos serviços públicos e privados de saúde no atendimento à pessoa com câncer;

VI – estimular o desenvolvimento científico e tecnológico para promoção de avanços na prevenção, no diagnóstico e no combate à doença;

VII – promover processos contínuos de capacitação dos profissionais que atuam diretamente nas fases de prevenção, de diagnóstico e de tratamento da pessoa com câncer;

VIII – capacitar e orientar familiares, cuidadores, entidades assistenciais e grupos de autoajuda de pessoas com câncer;

IX – organizar programa de rastreamento e diagnóstico que favoreça o início precoce do tratamento;

X – promover campanhas de conscientização a respeito de direitos e de benefícios previdenciários, tributários, trabalhistas, processuais e de tratamentos de saúde, entre outros, da pessoa com câncer.

Art. 8º O direito à assistência social, previsto no inciso IV do *caput* do art. 4º desta Lei, será prestado de forma articulada e com base nos princípios e diretrizes previstos na Lei nº 8.742, de 7 de dezembro de 1993 (Lei Orgânica da Assistência Social), de forma harmonizada com as demais políticas sociais, observadas as demais normas pertinentes.

§ 1º O poder público deverá promover o acesso da pessoa com câncer ao Ministério Público, à Defensoria Pública e ao Poder Judiciário em todas suas instâncias.

§ 2º O poder público estimulará, por meio de assistência jurídica, o conhecimento e o acesso aos incentivos fiscais e aos subsídios devidos à pessoa com câncer.

Art. 9º O Estado deverá formular políticas direcionadas à pessoa com câncer que esteja em situação de vulnerabilidade social, de forma a facilitar o andamento dos procedimentos de diagnóstico e de tratamento.

CAPÍTULO V
DO ATENDIMENTO ESPECIAL ÀS CRIANÇAS E AOS ADOLESCENTES

Art. 10. O atendimento prestado às crianças e aos adolescentes com câncer, ou em suspeição, deverá ser especial em todas suas fases, devendo ser garantido tratamento universal e integral, priorizados a prevenção e o diagnóstico precoce.

CAPÍTULO VI
DISPOSIÇÕES FINAIS

Art. 11. O direito à saúde da pessoa com câncer será assegurado mediante a efetivação de políticas sociais públicas, de modo a garantir seu bem-estar físico, psíquico, emocional e social com vistas à preservação ou à recuperação de sua saúde.

Art. 12. É obrigatório o atendimento integral à saúde da pessoa com câncer por intermédio do SUS, na forma de regulamento.

§ 1º Para efeitos desta Lei, entende-se por atendimento integral aquele realizado nos diversos níveis de complexidade e hierarquia, bem como nas diversas especialidades médicas, de acordo com as necessidades de saúde da pessoa com câncer, incluídos assistência médica e de fármacos, assistência psicológica, atendimentos especializados e, sempre que possível, atendimento e internação domiciliares.

§ 2º O atendimento integral deverá garantir, ainda, tratamento adequado da dor, atendimento multidisciplinar e cuidados paliativos.

Art. 13. A conscientização e o apoio à família da pessoa com câncer constituem compromissos fundamentais do Estado e fazem parte indispensáveis deste Estatuto.

Art. 14. Os direitos e as garantias previstos nesta Lei não excluem os já resguardados em outras legislações.

Art. 15. Esta Lei entra em vigor na data de sua publicação.

Brasília, 19 de novembro de 2021;
200º da Independência e
133º da República.

Jair Messias Bolsonaro

DECRETO Nº 11.034, DE 5 DE ABRIL DE 2022

Regulamenta a Lei nº 8.078, de 11 de setembro de 1990 – Código de Defesa do Consumidor, para estabelecer diretrizes e normas sobre o Serviço de Atendimento ao Consumidor.

▶ Publicado no *DOU* de 6-4-2022.

CAPÍTULO I
DISPOSIÇÕES GERAIS

Art. 1º Este Decreto regulamenta a Lei nº 8.078, de 11 de setembro de 1990 – Código de Defesa do Consumidor, para estabelecer diretrizes e normas sobre o Serviço de Atendimento ao Consumidor – SAC, no âmbito dos fornecedores dos serviços regulados pelo Poder Executivo federal, com vistas a garantir o direito do consumidor:

I – à obtenção de informação adequada sobre os serviços contratados; e

II – ao tratamento de suas demandas.

Parágrafo único. Para fins do disposto neste Decreto, os órgãos ou as entidades reguladoras considerarão o porte do fornecedor do serviço regulado.

Art. 2º Para fins do disposto neste Decreto, considera-se Serviço de Atendimento ao Consumidor – SAC o serviço de atendimento realizado por diversos canais integrados dos fornecedores de serviços regulados com a finalidade de dar tratamento às demandas dos consumidores, tais como informação, dúvida, reclamação, contestação, suspensão ou cancelamento de contratos e de serviços.

Parágrafo único. O disposto neste Decreto não se aplica à oferta e à contratação de produtos e serviços.

CAPÍTULO II
DO ATENDIMENTO AO CONSUMIDOR

Art. 3º O acesso ao SAC será gratuito e o atendimento das demandas não acarretará ônus para o consumidor.

Art. 4º O acesso ao SAC estará disponível, ininterruptamente, durante vinte e quatro horas por dia, sete dias por semana.

§ 1º O acesso de que trata o *caput* será garantido por meio de, no mínimo, um dos canais de atendimento integrados, cujo funcionamento será amplamente divulgado.

§ 2º O acesso ao SAC prestado por atendimento telefônico será obrigatório, nos termos do disposto no art. 5º.

§ 3º Na hipótese de o serviço ofertado não estar disponível para fruição ou contratação nos termos do disposto no *caput*, o acesso ao SAC poderá ser interrompido, observada a regulamentação dos órgãos ou das entidades reguladoras competentes.

§ 4º O acesso inicial ao atendente não será condicionado ao fornecimento prévio de dados pelo consumidor.

§ 5º É vedada a veiculação de mensagens publicitárias durante o tempo de espera para o atendimento, exceto se houver consentimento prévio do consumidor.

§ 6º Sem prejuízo do disposto no § 5º, é admitida a veiculação de mensagens de caráter informativo durante o tempo de espera, desde que tratem dos direitos e deveres dos consumidores ou dos outros canais de atendimento disponíveis.

Art. 5º Os órgãos ou as entidades reguladoras competentes observarão as seguintes condições mínimas para o atendimento telefônico do consumidor:

I – horário de atendimento não inferior a oito horas diárias, com disponibilização de atendimento por humano;

II – opções mínimas constantes do primeiro menu, incluídas, obrigatoriamente, as opções de reclamação e de cancelamento de contratos e serviços; e

III – tempo máximo de espera para:

a) o contato direto com o atendente, quando essa opção for selecionada; e

b) a transferência ao setor competente para atendimento definitivo da demanda, quando o primeiro atendente não tiver essa atribuição.

Parágrafo único. Os órgãos ou as entidades reguladoras competentes poderão estabelecer, para o setor regulado, horário de atendimento telefônico por humano superior ao previsto no inciso I do *caput*.

Art. 6º É obrigatória a acessibilidade em canais do SAC mantidos pelos fornecedores de que trata este Decreto, para uso da pessoa com deficiência, garantido o acesso pleno para atendimento de suas demandas.

Parágrafo único. Ato da Secretaria Nacional do Consumidor do Ministério da Justiça e Segurança Pública disporá sobre a acessibilidade de canais de SAC, consideradas as especificidades das deficiências.

Art. 7º As opções de acesso ao SAC constarão de maneira clara:

I – em todos os documentos e materiais impressos entregues ao consumidor na contratação do serviço e durante o seu fornecimento; e

II – nos canais eletrônicos do fornecedor.

CAPÍTULO III
DA QUALIDADE DO TRATAMENTO DAS DEMANDAS

Art. 8º No tratamento das demandas, o SAC garantirá a:

I – tempestividade;

II – segurança;

III – privacidade; e

IV – resolutividade da demanda.

Parágrafo único. No tratamento das demandas serão observados ainda os princípios da:

I – dignidade;

II – boa-fé;

III – transparência;

IV – eficiência;

V – eficácia;

VI – celeridade; e

VII – cordialidade.

Art. 9º Os dados pessoais do consumidor serão coletados, armazenados, tratados, transferidos e utilizados exclusivamente nos termos do disposto na Lei nº 13.709, de 14 de agosto de 2018.

Art. 10. É vedado solicitar a repetição da demanda do consumidor após o seu registro no primeiro atendimento.

Art. 11. Caso a chamada telefônica seja finalizada pelo fornecedor antes da conclusão do atendimento, o fornecedor deverá:

I – retornar a chamada ao consumidor;

II – informar o registro numérico de que trata o art. 12; e

III – concluir o atendimento.

CAPÍTULO IV
DO ACOMPANHAMENTO DAS DEMANDAS

Art. 12. É direito do consumidor acompanhar, nos diversos canais de atendimento integrados, todas as suas demandas, por meio de registro numérico ou outro tipo de procedimento eletrônico.

§ 1º O consumidor terá o direito de acesso ao histórico de suas demandas, sem ônus.

§ 2º O histórico das demandas a que se refere o § 1º:

I – será enviado ao consumidor, mediante solicitação, no prazo de cinco dias corridos, contado da data da solicitação, por correspondência ou por meio eletrônico, a critério do consumidor; e

II – conterá todas as informações relacionadas à demanda, incluído o conteúdo da resposta do fornecedor, observado o disposto no § 2º do art. 13.

§ 3º Quando se tratar de chamada telefônica, a manutenção da gravação da chamada efetuada para o SAC é obrigatória, pelo prazo mínimo de noventa dias, contado da data do atendimento.

§ 4º Durante o prazo de que trata o § 3º, o consumidor poderá requerer acesso ao conteúdo da chamada efetuada.

§ 5º O registro do atendimento será mantido à disposição do consumidor e do órgão ou da entidade fiscalizadora pelo prazo mínimo de dois anos, contado da data de resolução da demanda.

CAPÍTULO V
DO TRATAMENTO DAS DEMANDAS

Art. 13. As demandas do consumidor serão respondidas no prazo de sete dias corridos, contado da data de seu registro.

§ 1º O consumidor será informado sobre a conclusão do tratamento de sua demanda e, mediante solicitação, receberá do fornecedor a comprovação pertinente por correspondência ou por meio eletrônico, a critério do consumidor.

§ 2º A resposta do fornecedor:

I – será clara, objetiva e conclusiva; e

II – abordará todos os pontos da demanda do consumidor.

§ 3º Quando a demanda tratar de serviço não solicitado ou de cobrança indevida, o fornecedor adotará imediatamente as medidas necessárias à suspensão da cobrança.

§ 4º Os órgãos ou as entidades reguladoras competentes poderão estabelecer, no setor regulado, prazo para resolução das demandas no SAC.

Art. 14. O recebimento e o processamento imediato do pedido de cancelamento de serviço feito pelo consumidor, por meio do SAC, observará as seguintes diretrizes:

I – o pedido de cancelamento será permitido e assegurado ao consumidor por todos os meios disponíveis para a contratação do serviço, observadas as condições aplicáveis à rescisão e as multas decorrentes de cláusulas contratuais;

II – os efeitos do pedido de cancelamento serão imediatos, independentemente do adimplemento contratual, exceto quando for necessário o processamento técnico da demanda;

III – será assegurada ao consumidor a informação sobre eventuais condições aplicáveis à rescisão e as multas incidentes por descumprimento de cláusulas contratuais de permanência mínima, quando cabíveis;

IV – o comprovante do pedido de cancelamento será encaminhado por correspondência ou por meio eletrônico, a critério do consumidor; e

V – poderá ser oferecida a opção para cancelamento programado, sujeita à anuência do consumidor.

Parágrafo único. Os órgãos ou as entidades reguladoras competentes fixarão prazo para a conclusão do processamento técnico da demanda de que trata o inciso II do *caput*.

CAPÍTULO VI
DA EFETIVIDADE

Art. 15. À Secretaria Nacional do Consumidor do Ministério da Justiça e Segurança Pública competirá desenvolver a metodologia e implementar a ferramenta de acompanhamento da efetividade dos SAC, ouvidos os órgãos e as entidades reguladoras, os integrantes do Sistema Nacional de Defesa do Consumidor e os representantes de prestadores de serviços de relacionamento com consumidores.

§ 1º No desenvolvimento da metodologia e na implementação da ferramenta de que trata o *caput*, serão considerados, no mínimo, os seguintes parâmetros:

I – quantidade de reclamações referentes ao SAC, ponderada por quantidade de clientes ou de unidades de produção;

II – taxa de resolução das demandas, sob a ótica do consumidor;

III – índice de reclamações junto aos órgãos de defesa do consumidor, principalmente no Sistema Nacional de Informações de Defesa do Consumidor e no sítio eletrônico do consumidor.gov.br, ou nas plataformas que venham a substituí-los;

IV – índice de reclamações no órgão ou na entidade reguladora setorial; e

V – grau de satisfação do consumidor.

§ 2º A Secretaria Nacional do Consumidor do Ministério da Justiça e Segurança Pública dará transparência à metodologia e à ferramenta de acompanhamento da efetividade dos SAC de que trata o *caput*, divulgados, no mínimo, uma vez ao ano, os resultados da implementação da ferramenta.

§ 3º A Secretaria Nacional do Consumidor do Ministério da Justiça e Segurança Pública poderá solicitar dados e informações aos fornecedores, observadas as hipóteses legais de sigilo, com vistas ao acompanhamento da efetividade dos SAC.

§ 4º Os dados e as informações de que trata o § 3º poderão ser compartilhados com os órgãos ou as entidades reguladoras competentes, nos termos do disposto no Decreto nº 10.046, de 9 de outubro de 2019.

§ 5º Com base na ferramenta de que trata o *caput*, a Secretaria Nacional do Consumidor do Ministério da Justiça e Segurança Pública poderá, ao averiguar a baixa efetividade dos SAC de determinados fornecedores, estabelecer horário de atendimento telefônico por humano superior ao previsto no inciso I do *caput* do art. 5º.

CAPÍTULO VII
DISPOSIÇÕES FINAIS

Art. 16. A inobservância ao disposto neste Decreto acarretará a aplicação das sanções estabelecidas no art. 56 da Lei nº 8.078, de 1990 – Código de Defesa do Consumidor, sem prejuízo da aplicação das sanções constantes dos regulamentos específicos dos órgãos e das entidades reguladoras.

Art. 17. Fica revogado o Decreto nº 6.523, de 31 de julho de 2008.

Art. 18. Este Decreto entra em vigor cento e oitenta dias após a data de sua publicação.

Brasília, 5 de abril de 2022;
201º da Independência e
134º da República.

Jair Messias Bolsonaro

LEI Nº 14.344, DE 24 DE MAIO DE 2022

Cria mecanismos para a prevenção e o enfrentamento da violência doméstica e familiar contra a criança e o adolescente, nos termos do § 8º do art. 226 e do § 4º do art. 227 da Constituição Federal e das disposições específicas previstas em tratados, convenções ou acordos internacionais de que o Brasil seja parte; altera o Decreto-Lei nº 2.848, de 7 de dezembro de 1940 (Código Penal), e as Leis nºs 7.210, de 11 de julho de 1984 (Lei de Execução Penal), 8.069, de 13 de julho de 1990 (Estatuto da Criança e do Adolescente), 8.072, de 25 de julho de 1990 (Lei de Crimes Hediondos), e 13.431, de 4 de abril de 2017, que estabelece o sistema de garantia de direitos da criança e do adolescente vítima ou testemunha de violência; e dá outras providências.

▸ Publicada no *DOU* de 25-5-2022.

Art. 1º Esta Lei cria mecanismos para a prevenção e o enfrentamento da violência doméstica e familiar contra a criança e o adolescente, nos termos do § 8º do art. 226 e do § 4º do art. 227 da Constituição Federal e das disposições específicas previstas em tratados, convenções e acordos internacionais ratificados pela República Federativa do Brasil, e altera o Decreto-Lei nº 2.848, de 7 de dezembro de 1940 (Código Penal), e as Leis nºs 7.210, de 11 de julho de 1984 (Lei de Execução Penal), 8.069, de 13 de julho de 1990, (Estatuto da Criança e do Adolescente), 8.072, de 25 de julho de 1990 (Lei de Crimes Hediondos), e 13.431, de 4 de abril de 2017, que estabelece o sistema de garantia de direitos da criança e do adolescente vítima ou testemunha de violência.

CAPÍTULO I
DA VIOLÊNCIA DOMÉSTICA E FAMILIAR CONTRA A CRIANÇA E O ADOLESCENTE

Art. 2º Configura violência doméstica e familiar contra a criança e o adolescente qualquer ação ou omissão que lhe cause morte, lesão, sofrimento físico, sexual, psicológico ou dano patrimonial:

I – no âmbito do domicílio ou da residência da criança e do adolescente, compreendida como o espaço de convívio permanente de pessoas, com ou sem vínculo familiar, inclusive as esporadicamente agregadas;

II – no âmbito da família, compreendida como a comunidade formada por indivíduos que compõem a família natural, ampliada ou substituta, por laços naturais, por afinidade ou por vontade expressa;

III – em qualquer relação doméstica e familiar na qual o agressor conviva ou tenha convivido com a vítima, independentemente de coabitação.

Parágrafo único. Para a caracterização da violência prevista no *caput* deste artigo, deverão ser observadas as definições estabelecidas na Lei nº 13.431, de 4 de abril de 2017.

Art. 3º A violência doméstica e familiar contra a criança e o adolescente constitui uma das formas de violação dos direitos humanos.

Art. 4º As estatísticas sobre a violência doméstica e familiar contra a criança e o adolescente serão incluídas nas bases de dados dos órgãos oficiais do Sistema de Garantia dos Direitos da Criança e do Adolescente, do Sistema Único de Saúde, do Sistema Único de Assistência Social e do Sistema de Justiça e Segurança, de forma integrada, a fim de subsidiar o sistema nacional de dados e informações relativo às crianças e aos adolescentes.

§ 1º Por meio da descentralização político-administrativa que prevê o Sistema de Garantia dos Direitos da Criança e do Adolescente, os entes federados poderão remeter suas informações para a base de dados do Ministério da Justiça e Segurança Pública e do Ministério da Mulher, da Família e dos Direitos Humanos.

§ 2º Os serviços deverão compartilhar entre si, de forma integrada, as informações coletadas das vítimas, dos membros da família e de outros sujeitos de sua rede afetiva, por meio de relatórios, em conformidade com o fluxo estabelecido, preservado o sigilo das informações.

§ 3º O compartilhamento completo do registro de informações será realizado por meio de encaminhamento ao serviço, ao programa ou ao equipamento do sistema de garantia de direitos da criança e do adolescente vítima ou testemunha de violência, que acolherá, em seguida, a criança ou o adolescente vítima ou testemunha de violência.

§ 4º O compartilhamento de informações de que trata o § 3º deste artigo deverá zelar pelo sigilo dos dados pessoais da criança e do adolescente vítima ou testemunha de violência.

§ 5º Será adotado modelo de registro de informações para compartilhamento do sistema de garantia de direitos da criança e do adolescente vítima ou testemunha de violência, que conterá, no mínimo:

I – os dados pessoais da criança ou do adolescente;
II – a descrição do atendimento;
III – o relato espontâneo da criança ou do adolescente, quando houver;
IV – os encaminhamentos efetuados.

Art. 5º O Sistema de Garantia dos Direitos da Criança e do Adolescente intervirá nas situações de violência contra a criança e o adolescente com a finalidade de:

I – mapear as ocorrências das formas de violência e suas particularidades no território nacional;
II – prevenir os atos de violência contra a criança e o adolescente;
III – fazer cessar a violência quando esta ocorrer;
IV – prevenir a reiteração da violência já ocorrida;
V – promover o atendimento da criança e do adolescente para minimizar as sequelas da violência sofrida; e
VI – promover a reparação integral dos direitos da criança e do adolescente;
VII – *promover a parentalidade positiva e o direito ao brincar como estratégias de prevenção à violência doméstica contra a criança e o adolescente.*

▸ Inciso VII acrescido pela Lei nº 14.826, de 20-3-2024.

CAPÍTULO II
DA ASSISTÊNCIA À CRIANÇA E AO ADOLESCENTE EM SITUAÇÃO DE VIOLÊNCIA DOMÉSTICA E FAMILIAR

Art. 6º A assistência à criança e ao adolescente em situação de violência doméstica e familiar será prestada de forma articulada e conforme os princípios e as diretrizes previstos nas Leis nºs 8.069, de 13 de julho de 1990 (Estatuto da Criança e do Adolescente), e 8.742, de 7 de dezembro de 1993, no Sistema Único de Saúde, no Sistema Único de Segurança Pública, entre outras normas e políticas públicas de proteção, e emergencialmente, quando for o caso.

Art. 7º A União, o Distrito Federal, os Estados e os Municípios poderão criar e promover, para a criança e o adolescente em situação de violência doméstica e familiar, no limite das respectivas competências e de acordo com o art. 88 da Lei nº 8.069, de 13 de julho de 1990 (Estatuto da Criança e do Adolescente):

I – centros de atendimento integral e multidisciplinar;
II – espaços para acolhimento familiar e institucional e programas de apadrinhamento;
III – delegacias, núcleos de defensoria pública, serviços de saúde e centros de perícia médico-legal especializados;
IV – programas e campanhas de enfrentamento da violência doméstica e familiar;
V – centros de educação e de reabilitação para os agressores.

Art. 8º O Sistema de Garantia dos Direitos da Criança e do Adolescente, juntamente com os sistemas de justiça, de saúde, de segurança pública e de assistência social, os Conselhos Tutelares e a comunidade escolar, poderão, na esfera de sua competência, adotar ações articuladas e efetivas direcionadas à identificação da agressão, à agilidade no atendimento da criança e do adolescente vítima de violência doméstica e familiar e à responsabilização do agressor.

Art. 9º Os Estados e o Distrito Federal, na formulação de suas políticas e planos de atendimento à criança e ao adolescente em situação de violência doméstica e familiar, darão prioridade, no âmbito da Polícia Civil, à criação de Delegacias Especializadas de Proteção à Criança e ao Adolescente.

Art. 10. A União, os Estados, o Distrito Federal e os Municípios poderão estabelecer dotações orçamentárias específicas, em cada exercício financeiro, para a implementação das medidas estabelecidas nesta Lei.

CAPÍTULO III
DO ATENDIMENTO PELA AUTORIDADE POLICIAL

Art. 11. Na hipótese de ocorrência de ação ou omissão que implique a ameaça ou a prática de violência doméstica e familiar contra a criança e o adolescente, a autoridade policial que tomar conhecimento da ocorrência adotará, de imediato, as providências legais cabíveis.

Parágrafo único. Aplica-se o disposto no *caput* deste artigo ao descumprimento de medida protetiva de urgência deferida.

Art. 12. O depoimento da criança e do adolescente vítima ou testemunha de violência doméstica e familiar será colhido nos termos da Lei nº 13.431, de 4 de abril de 2017, observadas as disposições da Lei nº 8.069, de 13 de julho de 1990 (Estatuto da Criança e do Adolescente).

Art. 13. No atendimento à criança e ao adolescente em situação de violência doméstica e familiar, a autoridade policial deverá, entre outras providências:

I – encaminhar a vítima ao Sistema Único de Saúde e ao Instituto Médico-Legal imediatamente;
II – encaminhar a vítima, os familiares e as testemunhas, caso sejam crianças ou adolescentes, ao Conselho Tutelar para os encaminhamentos necessários, inclusive para a adoção das medidas protetivas adequadas;
III – garantir proteção policial, quando necessário, comunicados de imediato o Ministério Público e o Poder Judiciário;
IV – fornecer transporte para a vítima e, quando necessário, para seu responsável ou acompanhante, para serviço de acolhimento existente ou local seguro, quando houver risco à vida.

Art. 14. Verificada a ocorrência de ação ou omissão que implique a ameaça ou a prática de violência doméstica e familiar, com a existência de risco atual ou iminente à vida ou à integridade física da criança e do adolescente, ou de seus familiares, o agressor será imediatamente afastado do lar, do domicílio ou do local de convivência com a vítima:

I – pela autoridade judicial;
II – pelo delegado de polícia, quando o Município não for sede de comarca;
III – pelo policial, quando o Município não for sede de comarca e não houver delegado disponível no momento da denúncia.

§ 1º O Conselho Tutelar poderá representar às autoridades referidas nos incisos I, II e III do *caput* deste artigo para requerer o afastamento do agressor do lar, do domicílio ou do local de convivência com a vítima.

§ 2º Nas hipóteses previstas nos incisos II e III do *caput* deste artigo, o juiz será comunicado no prazo máximo de 24 (vinte e quatro) horas e decidirá, em igual prazo, sobre a manutenção ou a revogação da medida aplicada, bem como dará ciência ao Ministério Público concomitantemente.

§ 3º Nos casos de risco à integridade física da vítima ou à efetividade da medida protetiva de urgência, não será concedida liberdade provisória ao preso.

CAPÍTULO IV
DOS PROCEDIMENTOS

Seção I
DAS MEDIDAS PROTETIVAS DE URGÊNCIA

Art. 15. Recebido o expediente com o pedido em favor de criança e de adolescente em situação de violência doméstica e familiar, caberá ao juiz, no prazo de 24 (vinte e quatro) horas:

I – conhecer do expediente e do pedido e decidir sobre as medidas protetivas de urgência;
II – determinar o encaminhamento do responsável pela criança ou pelo adolescente ao órgão de assistência judiciária, quando for o caso;
III – comunicar ao Ministério Público para que adote as providências cabíveis;
IV – determinar a apreensão imediata de arma de fogo sob a posse do agressor.

Art. 16. As medidas protetivas de urgência poderão ser concedidas pelo juiz, a requerimento do Ministério Público, da autoridade policial, do Conselho Tutelar ou a pedido da pessoa que atue em favor da criança e do adolescente.

§ 1º As medidas protetivas de urgência poderão ser concedidas de imediato, independentemente de audiência das partes e de manifestação do Ministério Público, o qual deverá ser prontamente comunicado.

§ 2º As medidas protetivas de urgência serão aplicadas isolada ou cumulativamente e poderão ser substituídas a qualquer tempo por outras de maior eficácia, sempre que os direitos reconhecidos nesta Lei forem ameaçados ou violados.

§ 3º Poderá o juiz, a requerimento do Ministério Público ou do Conselho Tutelar, ou a pedido da vítima ou de quem esteja atuando em seu favor, conceder novas medidas protetivas de urgência ou rever aquelas já concedidas, se entender necessário à proteção da vítima, de seus familiares e de seu patrimônio, ouvido o Ministério Público.

Art. 17. Em qualquer fase do inquérito policial ou da instrução criminal, caberá a prisão preventiva do agressor, decretada pelo juiz, a requerimento do Ministério Público ou mediante representação da autoridade policial.

Parágrafo único. O juiz poderá revogar a prisão preventiva se, no curso do processo, verificar a falta de motivo para que subsista, bem como decretá-la novamente, se sobrevierem razões que a justifiquem.

Art. 18. O responsável legal pela criança ou pelo adolescente vítima ou testemunha de violência doméstica e familiar, desde que não seja o autor das agressões, deverá ser notificado dos atos processuais relativos ao agressor, especialmente dos pertinentes ao ingresso e à saída da prisão, sem prejuízo da intimação do advogado constituído ou do defensor público.

Art. 19. O juiz competente providenciará o registro da medida protetiva de urgência.

Parágrafo único. As medidas protetivas de urgência serão, após sua concessão, imediatamente registradas em banco de dados mantido e regulamentado pelo Conselho Nacional de Justiça, garantido o acesso instantâneo do Ministério Público, da Defensoria Pública, dos órgãos de segurança pública e de assistência social e dos integrantes do Sistema de Garantia dos Direitos da Criança e do Adolescente, com vistas à fiscalização e à efetividade das medidas protetivas.

Seção II

DAS MEDIDAS PROTETIVAS DE URGÊNCIA QUE OBRIGAM O AGRESSOR

Art. 20. Constatada a prática de violência doméstica e familiar contra a criança e o adolescente nos termos desta Lei, o juiz poderá determinar ao agressor, de imediato, em conjunto ou separadamente, a aplicação das seguintes medidas protetivas de urgência, entre outras:

I – a suspensão da posse ou a restrição do porte de armas, com comunicação ao órgão competente, nos termos da Lei nº 10.826, de 22 de dezembro de 2003;

II – o afastamento do lar, do domicílio ou do local de convivência com a vítima;

III – a proibição de aproximação da vítima, de seus familiares, das testemunhas e de noticiantes ou denunciantes, com a fixação do limite mínimo de distância entre estes e o agressor;

IV – a vedação de contato com a vítima, com seus familiares, com testemunhas e com noticiantes ou denunciantes, por qualquer meio de comunicação;

V – a proibição de frequentação de determinados lugares a fim de preservar a integridade física e psicológica da criança ou do adolescente, respeitadas as disposições da Lei nº 8.069, de 13 de julho de 1990 (Estatuto da Criança e do Adolescente);

VI – a restrição ou a suspensão de visitas à criança ou ao adolescente;

VII – a prestação de alimentos provisionais ou provisórios;

VIII – o comparecimento a programas de recuperação e reeducação;

IX – o acompanhamento psicossocial, por meio de atendimento individual e/ou em grupo de apoio.

§ 1º As medidas referidas neste artigo não impedem a aplicação de outras previstas na legislação em vigor, sempre que a segurança da vítima ou as circunstâncias o exigirem, e todas as medidas devem ser comunicadas ao Ministério Público.

§ 2º Na hipótese de aplicação da medida prevista no inciso I do *caput* deste artigo, encontrando-se o agressor nas condições referidas no art. 6º da Lei nº 10.826, de 22 de dezembro de 2003, o juiz comunicará ao respectivo órgão, corporação ou instituição as medidas protetivas de urgência concedidas e determinará a restrição do porte de armas, e o superior imediato do agressor ficará responsável pelo cumprimento da determinação judicial, sob pena de incorrer nos crimes de prevaricação ou de desobediência, conforme o caso.

§ 3º Para garantir a efetividade das medidas protetivas de urgência, poderá o juiz requisitar, a qualquer momento, auxílio da força policial.

Seção III

DAS MEDIDAS PROTETIVAS DE URGÊNCIA À VÍTIMA

Art. 21. Poderá o juiz, quando necessário, sem prejuízo de outras medidas, determinar:

I – a proibição do contato, por qualquer meio, entre a criança ou o adolescente vítima ou testemunha de violência e o agressor;

II – o afastamento do agressor da residência ou do local de convivência ou de coabitação;

III – a prisão preventiva do agressor, quando houver suficientes indícios de ameaça à criança ou ao adolescente vítima ou testemunha de violência;

IV – a inclusão da vítima e de sua família natural, ampliada ou substituta nos atendimentos a que têm direito nos órgãos de assistência social;

V – a inclusão da criança ou do adolescente, de familiar ou de noticiante ou denunciante em programa de proteção a vítimas ou a testemunhas;

VI – no caso da impossibilidade de afastamento do lar do agressor ou de prisão, a remessa do caso para o juízo competente, a fim de avaliar a necessidade de acolhimento familiar, institucional ou colação em família substituta;

VII – a realização da matrícula da criança ou do adolescente em instituição de educação mais próxima de seu domicílio ou do local de trabalho de seu responsável legal, ou sua transferência para instituição congênere, independentemente da existência de vaga.

§ 1º A autoridade policial poderá requisitar e o Conselho Tutelar requerer ao Ministério Público a propositura de ação cautelar de antecipação de produção de prova nas causas que envolvam violência contra a criança e o adolescente, observadas as disposições da Lei nº 13.431, de 4 de abril de 2017.

▸ O STF, por unanimidade, julgou parcialmente procedente a ADI nº 7.192 para dar interpretação conforme à Constituição a este parágrafo (*DOU* de 26-6-2024).

§ 2º O juiz poderá determinar a adoção de outras medidas cautelares previstas na legislação em vigor, sempre que as circunstâncias o exigirem, com vistas à manutenção da integridade ou da segurança da criança ou do adolescente, de seus familiares e de noticiante ou denunciante.

CAPÍTULO V

DO MINISTÉRIO PÚBLICO

Art. 22. Caberá ao Ministério Público, sem prejuízo de outras atribuições, nos casos de violência doméstica e familiar contra a criança e o adolescente, quando necessário:

I – registrar em seu sistema de dados os casos de violência doméstica e familiar contra a criança e o adolescente;

II – requisitar força policial e serviços públicos de saúde, de educação, de assistência social e de segurança, entre outros;

III – fiscalizar os estabelecimentos públicos e particulares de atendimento à criança e ao adolescente em situação de violência doméstica e familiar e adotar, de imediato, as medidas administrativas ou judiciais cabíveis no tocante a quaisquer irregularidades constatadas.

CAPÍTULO VI

DA PROTEÇÃO AO NOTICIANTE OU DENUNCIANTE DE VIOLÊNCIA DOMÉSTICA E FAMILIAR

Art. 23. Qualquer pessoa que tenha conhecimento ou presencie ação ou omissão, praticada em local público ou privado, que constitua violência doméstica e familiar contra a criança e o adolescente tem o dever de comunicar o fato imediatamente ao serviço de recebimento e monitoramento de denúncias, ao Disque 100 da Ouvidoria Nacional de Direitos Humanos do Ministério da Mulher, da Família e dos Direitos Humanos, ao Conselho Tutelar ou à autoridade policial, os quais, por sua vez, tomarão as providências cabíveis.

Art. 24. O poder público garantirá meios e estabelecerá medidas e ações para a proteção e a compensação da pessoa que noticiar informações ou denunciar a prática de violência, de tratamento cruel ou degradante ou de formas violentas de educação, correção ou disciplina contra a criança e o adolescente.

§ 1º A União, os Estados, o Distrito Federal e os Municípios poderão estabelecer programas de proteção e compensação das vítimas, das testemunhas e dos noticiantes ou denunciantes das condutas previstas no *caput* deste artigo.

§ 2º O noticiante ou denunciante poderá requerer que a revelação das informações de que tenha conhecimento seja feita perante a autoridade policial, o Conselho Tutelar, o Ministério Público ou o juiz, caso em que a autoridade competente solicitará sua presença, designando data e hora para audiência especial com esse fim.

§ 3º O noticiante ou denunciante poderá condicionar a revelação de informações de que tenha conhecimento à execução das medidas de proteção necessárias para assegurar sua integridade física e psicológica, e caberá à autoridade competente requerer e deferir a adoção das medidas necessárias.

§ 4º Ninguém será submetido a retaliação, a represália, a discriminação ou a punição pelo fato ou sob o fundamento de ter reportado ou denunciado as condutas descritas no *caput* deste artigo.

§ 5º O noticiante ou denunciante que, na iminência de revelar as informações de que tenha conhecimento, ou após tê-lo feito, ou que, no curso de investigação, de procedimento ou de processo instaurado a partir de revelação realizada, seja coagido ou exposto a grave ameaça, poderá requerer a execução das medidas de proteção previstas na Lei nº 9.807, de 13 de julho de 1999, que lhe sejam aplicáveis.

§ 6º O Ministério Público manifestar-se-á sobre a necessidade e a utilidade das medidas de proteção formuladas pelo noticiante ou denunciante e requererá ao juiz competente o deferimento das que entender apropriadas.

§ 7º Para a adoção das medidas de proteção, considerar-se-á, entre outros aspectos, a gravidade da coação ou da ameaça à integridade física ou psicológica, a dificuldade de preveni-las ou de reprimi-las pelos meios convencionais e a sua importância para a produção de provas.

§ 8º Em caso de urgência e levando em consideração a procedência, a gravidade e a iminência da coação ou ameaça, o juiz competente, de ofício ou a requerimento do Ministério Público, determinará que o noticiante ou denunciante seja colocado provisoriamente sob a proteção de órgão de segurança pública, até que o conselho deliberativo decida sobre sua inclusão no programa de proteção.

§ 9º Quando entender necessário, o juiz competente, de ofício, a requerimento do Ministério Público, da autoridade policial, do Conselho Tutelar ou por solicitação do órgão deliberativo concederá as medidas cautelares direta ou indiretamente relacionadas à eficácia da proteção.

CAPÍTULO VII

DOS CRIMES

Art. 25. Descumprir decisão judicial que defere medida protetiva de urgência prevista nesta Lei:

Pena – detenção, de 3 (três) meses a 2 (dois) anos.

§ 1º A configuração do crime independe da competência civil ou criminal do juiz que deferiu a medida.

§ 2º Na hipótese de prisão em flagrante, apenas a autoridade judicial poderá conceder fiança.

§ 3º O disposto neste artigo não exclui a aplicação de outras sanções cabíveis.

Art. 26. Deixar de comunicar à autoridade pública a prática de violência, de tratamento cruel ou degradante ou de formas violentas de educação, correção ou disciplina contra criança ou adolescente ou o abandono de incapaz:

Pena – detenção, de 6 (seis) meses a 3 (três) anos.

§ 1º A pena é aumentada de metade, se da omissão resulta lesão corporal de natureza grave, e triplicada, se resulta morte.

§ 2º Aplica-se a pena em dobro se o crime é praticado por ascendente, parente consanguíneo até terceiro grau, responsável legal, tutor, guardião, padrasto ou madrasta da vítima.

CAPÍTULO VIII

DISPOSIÇÕES FINAIS

Art. 27. Fica instituído, em todo o território nacional, o dia 3 de maio de cada ano como Dia Nacional de Combate à Violência Doméstica e Familiar contra a Criança e o Adolescente, em homenagem ao menino Henry Borel.

Art. 28. O *caput* do art. 4º da Lei nº 13.431, de 4 de abril de 2017, passa a vigorar acrescido do seguinte inciso V:

▸ Alterações inseridas no texto da referida Lei.

Art. 29. Os arts. 18-B, 70-A, 70-B, 136, 201 e 226 da Lei nº 8.069, de 13 de julho de 1990 (Estatuto da Criança e do Adolescente), passam a vigorar com as seguintes alterações:

▸ Alterações inseridas no texto da referida Lei.

Art. 30. O parágrafo único do art. 152 da Lei nº 7.210, de 11 de julho de 1984 (Lei de Execução Penal), passa a vigorar com a seguinte redação:

▸ Alterações inseridas no texto da referida Lei.

Art. 31. Os arts. 111, 121 e 141 do Decreto-Lei nº 2.848, de 7 de dezembro de 1940 (Código Penal), passam a vigorar com as seguintes alterações:

▸ Alterações inseridas no texto do referido Código.

Art. 32. O inciso I do *caput* do art. 1º da Lei nº 8.072, de 25 de julho de 1990 (Lei de Crimes Hediondos), passa a vigorar com a seguinte redação:

▸ Alterações inseridas no texto da referida Lei.

Art. 33. Aos procedimentos regulados nesta Lei aplicam-se subsidiariamente, no que couber, as disposições das Leis nºs 8.069, de 13 de julho de 1990 (Estatuto da Criança e do Adolescente), 11.340, de 7 de agosto de 2006 (Lei Maria da Penha), e 13.431, de 4 de abril de 2017.

Art. 34. Esta Lei entra em vigor após decorridos 45 (quarenta e cinco) dias de sua publicação oficial.

Brasília, 24 de maio de 2022;
201º da Independência e
134º da República.

Jair Messias Bolsonaro

LEI Nº 14.442, DE 2 DE SETEMBRO DE 2022

Dispõe sobre o pagamento de auxílio-alimentação ao empregado e altera a Lei nº 6.321, de 14 de abril de 1976, e a Consolidação das Leis do Trabalho, aprovada pelo Decreto-Lei nº 5.452, de 1º de maio de 1943.

▸ Publicada no *DOU* de 5-9-2022.

Art. 1º Esta Lei dispõe sobre o pagamento de auxílio-alimentação ao empregado, bem como altera a Lei nº 6.321, de 14 de abril de 1976, e a Consolidação das Leis do Trabalho, aprovada pelo Decreto-Lei nº 5.452, de 1º de maio de 1943.

Art. 2º As importâncias pagas pelo empregador a título de auxílio-alimentação de que trata o § 2º do art. 457 da Consolidação das Leis do Trabalho, aprovada pelo Decreto-Lei nº 5.452, de 1º de maio de 1943, deverão ser utilizadas para o pagamento de refeições em restaurantes e estabelecimentos similares ou para a aquisição de gêneros alimentícios em estabelecimentos comerciais.

Art. 3º O empregador, ao contratar pessoa jurídica para o fornecimento do auxílio-alimentação de que trata o art. 2º desta Lei, não poderá exigir ou receber:

I – qualquer tipo de deságio ou imposição de descontos sobre o valor contratado;

II – prazos de repasse ou pagamento que descaracterizem a natureza pré-paga dos valores a serem disponibilizados aos empregados; ou

III – outras verbas e benefícios diretos ou indiretos de qualquer natureza não vinculados diretamente à promoção de saúde e segurança alimentar do empregado, no âmbito de contratos firmados com empresas emissoras de instrumentos de pagamento de auxílio-alimentação.

§ 1º A vedação de que trata o *caput* deste artigo não se aplica aos contratos de fornecimento de auxílio-alimentação vigentes, até seu encerramento ou até que tenha decorrido o prazo de 14 (quatorze) meses, contado da data de publicação desta Lei, o que ocorrer primeiro.

§ 2º É vedada a prorrogação de contrato de fornecimento de auxílio-alimentação em desconformidade com o disposto no *caput* deste artigo.

Art. 4º A execução inadequada, o desvio ou o desvirtuamento das finalidades do auxílio-alimentação de que trata o § 2º do art. 457 da Consolidação das Leis do Trabalho, aprovada pelo Decreto-Lei nº 5.452, de 1º de maio de 1943, pelos empregadores ou pelas empresas emissoras de instrumentos de pagamento de auxílio-alimentação, sem prejuízo da aplicação de outras penalidades cabíveis pelos órgãos competentes, acarretará a aplicação de multa no valor de R$ 5.000,00 (cinco mil reais) a R$ 50.000,00 (cinquenta mil reais), a qual será aplicada em dobro em caso de reincidência ou de embaraço à fiscalização.

§ 1º Os critérios de cálculo e os parâmetros de gradação da multa prevista no *caput* deste artigo serão estabelecidos em ato do Ministro de Estado do Trabalho e Previdência.

§ 2º O estabelecimento que comercializa produtos não relacionados à alimentação do empregado e a empresa que o credenciou sujeitam-se à aplicação da multa prevista no *caput* deste artigo.

Art. 5º A Lei nº 6.321, de 14 de abril de 1976, passa a vigorar com as seguintes alterações:

> "Art. 1º As pessoas jurídicas poderão deduzir do lucro tributável, para fins de apuração do imposto sobre a renda, o dobro das despesas comprovadamente realizadas no período-base em programas de alimentação do trabalhador previamente aprovados pelo Ministério do Trabalho e Previdência, na forma e de acordo com os limites dispostos no decreto que regulamenta esta Lei.
>
> ....
>
> § 3º As despesas destinadas aos programas de alimentação do trabalhador deverão abranger exclusivamente o pagamento de refeições em restaurantes e estabelecimentos similares e a aquisição de gêneros alimentícios em estabelecimentos comerciais.
>
> § 4º As pessoas jurídicas beneficiárias não poderão exigir ou receber:

I – qualquer tipo de deságio ou imposição de descontos sobre o valor contratado;

II – prazos de repasse ou pagamento que descaracterizem a natureza pré-paga dos valores a serem disponibilizados aos trabalhadores; ou

III – outras verbas e benefícios diretos ou indiretos de qualquer natureza não vinculados diretamente à promoção de saúde e segurança alimentar do trabalhador, no âmbito do contrato firmado com empresas emissoras de instrumentos de pagamento de auxílio-alimentação.

§ 5º A vedação de que trata o § 4º deste artigo terá vigência conforme definido em regulamento para os programas de alimentação do trabalhador."

"Art. 1º-A. Os serviços de pagamentos de alimentação contratados para execução dos programas de alimentação de que trata esta Lei observarão o seguinte:

I – a operacionalização por meio de arranjo de pagamento fechado ou aberto, devendo as empresas organizadas na forma de arranjo de pagamento fechado permitir a interoperabilidade entre si e com arranjos abertos, indistintamente, com o objetivo de compartilhar a rede credenciada de estabelecimentos comerciais, a partir de 1º de maio de 2023;

II – a portabilidade gratuita do serviço, mediante solicitação expressa do trabalhador, além de outras normas fixadas em decreto do Poder Executivo, a partir de 1º de maio de 2023;

III – (VETADO)."

"Art. 3º-A. A execução inadequada, o desvio ou o desvirtuamento das finalidades dos programas de alimentação do trabalhador pelas pessoas jurídicas beneficiárias ou pelas empresas registradas no Ministério do Trabalho e Previdência, sem prejuízo da aplicação de outras penalidades cabíveis pelos órgãos competentes, acarretarão:

I – a aplicação de multa no valor de R$ 5.000,00 (cinco mil reais) a R$ 50.000,00 (cinquenta mil reais), a qual será aplicada em dobro em caso de reincidência ou de embaraço à fiscalização;

II – o cancelamento da inscrição da pessoa jurídica beneficiária ou do registro das empresas vinculadas aos programas de alimentação do trabalhador cadastradas no Ministério do Trabalho e Previdência, desde a data da primeira irregularidade passível de cancelamento, conforme estabelecido em ato específico; e

III – a perda do incentivo fiscal da pessoa jurídica beneficiária, em consequência do cancelamento previsto no inciso II deste *caput*.

§ 1º Os critérios de cálculo e os parâmetros de gradação da multa prevista no inciso I do *caput* deste artigo serão estabelecidos em ato do Ministro de Estado do Trabalho e Previdência.

§ 2º O estabelecimento que comercializa produtos não relacionados à alimentação do trabalhador e a empresa que o credenciou sujeitam-se à aplicação da multa prevista no inciso I do *caput* deste artigo.

§ 3º Na hipótese do cancelamento previsto no inciso II do *caput* deste artigo, novo registro ou inscrição perante o Ministério do Trabalho e Previdência somente poderá ser pleiteado decorrido o prazo a ser definido em regulamento."

Art. 6º A Consolidação das Leis do Trabalho, aprovada pelo Decreto-Lei nº 5.452, de 1º de maio de 1943, passa a vigorar com as seguintes alterações:

▸ Alterações inseridas no texto da referida Consolidação.

Art. 7º VETADO.

Art. 8º Esta Lei entra em vigor na data de sua publicação.

Brasília, 2 de setembro de 2022;
201º da Independência e
134º da República.
Jair Messias Bolsonaro

LEI Nº 14.457, DE 21 DE SETEMBRO DE 2022

Institui o Programa Emprega + Mulheres; e altera a Consolidação das Leis do Trabalho, aprovada pelo Decreto-Lei nº 5.452, de 1º de maio de 1943, e as Leis nºs 11.770, de 9 de setembro de 2008, 13.999, de 18 de maio de 2020, e 12.513, de 26 de outubro de 2011.

▸ Publicada no *DOU* de 22-9-2022.

CAPÍTULO I
DO PROGRAMA EMPREGA + MULHERES

Art. 1º Fica instituído o Programa Emprega + Mulheres, destinado à inserção e à manutenção de mulheres no mercado de trabalho por meio da implementação das seguintes medidas:

I – para apoio à parentalidade na primeira infância:

a) pagamento de reembolso-creche; e

b) manutenção ou subvenção de instituições de educação infantil pelos serviços sociais autônomos;

II – para apoio à parentalidade por meio da flexibilização do regime de trabalho:

a) teletrabalho;

b) regime de tempo parcial;

c) regime especial de compensação de jornada de trabalho por meio de banco de horas;

d) jornada de 12 (doze) horas trabalhadas por 36 (trinta e seis) horas ininterruptas de descanso, quando a atividade permitir;

e) antecipação de férias individuais; e

f) horários de entrada e de saída flexíveis;

III – para qualificação de mulheres, em áreas estratégicas para a ascensão profissional:

a) suspensão do contrato de trabalho para fins de qualificação profissional; e

b) estímulo à ocupação das vagas em cursos de qualificação dos serviços nacionais de aprendizagem por mulheres e priorização de mulheres hipossuficientes vítimas de violência doméstica e familiar;

IV – para apoio ao retorno ao trabalho das mulheres após o término da licença-maternidade:

a) suspensão do contrato de trabalho de pais empregados para acompanhamento do desenvolvimento dos filhos; e

b) flexibilização do usufruto da prorrogação da licença-maternidade, conforme prevista na Lei nº 11.770, de 9 de setembro de 2008;

V – reconhecimento de boas práticas na promoção da empregabilidade das mulheres, por meio da instituição do Selo Emprega + Mulher;

VI – prevenção e combate ao assédio sexual e a outras formas de violência no âmbito do trabalho; e

VII – estímulo ao microcrédito para mulheres.

Parágrafo único. Para os efeitos desta Lei, parentalidade é o vínculo socioafetivo maternal, paternal ou qualquer outro que resulte na assunção legal do papel de realizar as atividades parentais, de forma compartilhada entre os responsáveis pelo cuidado e pela educação das crianças e dos adolescentes, nos termos do parágrafo único do art. 22 da Lei nº 8.069, de 13 de julho de 1990 (Estatuto da Criança e do Adolescente).

CAPÍTULO II
DO APOIO À PARENTALIDADE NA PRIMEIRA INFÂNCIA

Seção I
DO REEMBOLSO-CRECHE

Art. 2º Ficam os empregadores autorizados a adotar o benefício de reembolso-creche, de que trata a alínea *s* do § 9º do art. 28 da Lei nº 8.212, de 24 de julho de 1991, desde que cumpridos os seguintes requisitos:

I – ser o benefício destinado ao pagamento de creche ou de pré-escola de livre escolha da empregada ou do empregado, bem como ao ressarcimento de gastos com outra modalidade de prestação de serviços de mesma natureza, comprovadas as despesas realizadas;

II – ser o benefício concedido à empregada ou ao empregado que possua filhos com até 5 (cinco) anos e 11 (onze) meses de idade, sem prejuízo dos demais preceitos de proteção à maternidade;

III – ser dada ciência pelos empregadores às empregadas e aos empregados da existência do benefício e dos procedimentos necessários à sua utilização; e

IV – ser o benefício oferecido de forma não discriminatória e sem a sua concessão configurar premiação.

Parágrafo único. Ato do Poder Executivo federal disporá sobre os limites de valores para a concessão do reembolso-creche e as modalidades de prestação de serviços aceitas, incluído o pagamento de pessoa física.

Art. 3º A implementação do reembolso-creche ficará condicionada à formalização de acordo individual, de acordo coletivo ou de convenção coletiva de trabalho.

Parágrafo único. O acordo ou a convenção a que se refere o *caput* deste artigo estabelecerá condições, prazos e valores, sem prejuízo do cumprimento dos demais preceitos de proteção à maternidade.

Art. 4º Os valores pagos a título de reembolso-creche:

I – não possuem natureza salarial;

II – não se incorporam à remuneração para quaisquer efeitos;

III – não constituem base de incidência de contribuição previdenciária ou do Fundo de Garantia do Tempo de Serviço (FGTS); e

IV – não configuram rendimento tributável da empregada ou do empregado.

Art. 5º Os estabelecimentos em que trabalharem pelo menos 30 (trinta) mulheres com mais de 16 (dezesseis) anos de idade terão local apropriado onde seja permitido às empregadas guardar sob vigilância e assistência os seus filhos no período da amamentação.

Parágrafo único. Os empregadores que adotarem o benefício do reembolso-creche previsto nos arts. 2º, 3º e 4º desta Lei para todos os empregados e empregadas que possuam filhos com até 5 (cinco) anos e 11 (onze) meses de idade ficam desobrigados da instalação de local apropriado para a guarda e a assistência de filhos de empregadas no período da amamentação, nos termos do *caput* deste artigo.

Seção II

DA MANUTENÇÃO OU SUBVENÇÃO DE INSTITUIÇÕES DE EDUCAÇÃO INFANTIL PELOS SERVIÇOS SOCIAIS AUTÔNOMOS

Art. 6º Os seguintes serviços sociais autônomos poderão, observado o disposto em suas leis de regência e regulamentos, manter instituições de educação infantil destinadas aos dependentes dos empregados e das empregadas vinculados à atividade econômica a eles correspondente:

I – Serviço Social da Indústria (SESI), de que trata o Decreto-Lei nº 9.403, de 25 de junho de 1946;

II – Serviço Social do Comércio (SESC), de que trata o Decreto-Lei nº 9.853, de 13 de setembro de 1946; e

III – Serviço Social do Transporte (SEST), de que trata a Lei nº 8.706, de 14 de setembro de 1993.

CAPÍTULO III

DO APOIO À PARENTALIDADE POR MEIO DA FLEXIBILIZAÇÃO DO REGIME DE TRABALHO

Seção I

DO TELETRABALHO

Art. 7º Na alocação de vagas para as atividades que possam ser efetuadas por meio de teletrabalho, trabalho remoto ou trabalho a distância, nos termos do Capítulo II-A do Título II da Consolidação das Leis do Trabalho, aprovada pelo Decreto-Lei nº 5.452, de 1º de maio de 1943, os empregadores deverão conferir prioridade:

I – às empregadas e aos empregados com filho, enteado ou criança sob guarda judicial com até 6 (seis) anos de idade; e

II – às empregadas e aos empregados com filho, enteado ou pessoa sob guarda judicial com deficiência, sem limite de idade.

Seção II

DA FLEXIBILIZAÇÃO DO REGIME DE TRABALHO E DAS FÉRIAS

Art. 8º No âmbito dos poderes diretivo e gerencial dos empregadores, e considerada a vontade expressa dos empregados e das empregadas, haverá priorização na concessão de uma ou mais das seguintes medidas de flexibilização da jornada de trabalho aos empregados e às empregadas que tenham filho, enteado ou pessoa sob sua guarda com até 6 (seis) anos de idade ou com deficiência, com vistas a promover a conciliação entre o trabalho e a parentalidade:

I – regime de tempo parcial, nos termos do art. 58-A da Consolidação das Leis do Trabalho, aprovada pelo Decreto-Lei nº 5.452, de 1º de maio de 1943;

II – regime especial de compensação de jornada de trabalho por meio de banco de horas, nos termos do art. 59 da Consolidação das Leis do Trabalho, aprovada pelo Decreto-Lei nº 5.452, de 1º de maio de 1943;

III – jornada de 12 (doze) horas trabalhadas por 36 (trinta e seis) horas ininterruptas de descanso, nos termos do art. 59-A da Consolidação das Leis do Trabalho, aprovada pelo Decreto-Lei nº 5.452, de 1º de maio de 1943;

IV – antecipação de férias individuais; e

V – horários de entrada e de saída flexíveis.

§ 1º As medidas de que tratam os incisos I e IV do *caput* deste artigo somente poderão ser adotadas até o segundo ano:

I – do nascimento do filho ou enteado;

II – da adoção; ou

III – da guarda judicial.

§ 2º As medidas de que trata este artigo deverão ser formalizadas por meio de acordo individual, de acordo coletivo ou de convenção coletiva de trabalho.

§ 3º O prazo fixado no § 1º deste artigo aplica-se inclusive para o empregado ou a empregada que tiver filho, enteado ou pessoa sob guarda judicial com deficiência.

Seção III

DO REGIME ESPECIAL DE COMPENSAÇÃO DE JORNADA DE TRABALHO POR MEIO DE BANCO DE HORAS

Art. 9º Na hipótese de rescisão do contrato de trabalho de empregado ou empregada em regime de compensação de jornada por meio de banco de horas, as horas acumuladas ainda não compensadas serão:

I – descontadas das verbas rescisórias devidas ao empregado ou à empregada, na hipótese de banco de horas em favor do empregador, quando a demissão for a pedido e o empregado ou empregada não tiver interesse ou não puder compensar a jornada devida durante o prazo do aviso prévio; ou

II – pagas juntamente com as verbas rescisórias, na hipótese de banco de horas em favor do empregado ou da empregada.

Seção IV

DA ANTECIPAÇÃO DE FÉRIAS INDIVIDUAIS

Art. 10. A antecipação de férias individuais poderá ser concedida ao empregado ou à empregada que se enquadre nos critérios estabelecidos no § 1º do art. 8º desta Lei, ainda que não tenha transcorrido o seu período aquisitivo.

Parágrafo único. As férias antecipadas não poderão ser usufruídas em período inferior a 5 (cinco) dias corridos.

Art. 11. Para as férias concedidas na forma prevista no art. 10 desta Lei, o empregador poderá optar por efetuar o pagamento do adicional de 1/3 (um terço) de férias após a sua concessão, até a data em que for devida a gratificação natalina prevista no art. 1º da Lei nº 4.749, de 12 de agosto de 1965.

Art. 12. O pagamento da remuneração da antecipação das férias na forma do art. 10 desta Lei poderá ser efetuado até o quinto dia útil do mês subsequente ao início do gozo das férias, hipótese em que não se aplicará o disposto no art. 145 da Consolidação das Leis do Trabalho, aprovada pelo Decreto-Lei nº 5.452, de 1º de maio de 1943.

Art. 13. Na hipótese de rescisão do contrato de trabalho, os valores das férias ainda não usufruídas serão pagos juntamente com as verbas rescisórias devidas.

Parágrafo único. Na hipótese de período aquisitivo não cumprido, as férias antecipadas e usufruídas serão descontadas das verbas rescisórias devidas ao empregado no caso de pedido de demissão.

Seção V

DOS HORÁRIOS DE ENTRADA E SAÍDA FLEXÍVEIS

Art. 14. Quando a atividade permitir, os horários fixos da jornada de trabalho poderão ser flexibilizados ao empregado ou à empregada que se enquadre nos critérios estabelecidos no *caput* do art. 8º desta Lei.

Parágrafo único. A flexibilização de que trata o *caput* deste artigo ocorrerá em intervalo de horário previamente estabelecido, considerados os limites inicial e final de horário de trabalho diário.

CAPÍTULO IV

DAS MEDIDAS PARA QUALIFICAÇÃO DE MULHERES

Seção I

DA SUSPENSÃO DO CONTRATO DE TRABALHO PARA QUALIFICAÇÃO PROFISSIONAL

Art. 15. Mediante requisição formal da empregada interessada, para estimular a qualificação de mulheres e o desenvolvimento de habilidades e de competências em áreas estratégicas ou com menor participação feminina, o empregador poderá suspender o contrato de trabalho para participação em curso ou em programa de qualificação profissional oferecido pelo empregador.

§ 1º Na hipótese prevista no *caput* deste artigo, a suspensão do contrato de trabalho será formalizada por meio de acordo individual, de acordo coletivo ou de convenção coletiva de trabalho, nos termos do art. 476-A da Consolidação das Leis do Trabalho, aprovada pelo Decreto-Lei nº 5.452, de 1º de maio de 1943.

§ 2º O curso ou o programa de qualificação profissional oferecido pelo empregador priorizará áreas que promovam a ascensão profissional da empregada ou áreas com baixa participação feminina, tais como ciência, tecnologia, desenvolvimento e inovação.

§ 3º Durante o período de suspensão do contrato de trabalho, a empregada fará jus à bolsa de qualificação profissional de que trata o art. 2º-A da Lei nº 7.998, de 11 de janeiro de 1990.

§ 4º Além da bolsa de qualificação profissional, durante o período de suspensão do contrato de trabalho, o empregador poderá conceder à empregada ajuda compensatória mensal, sem natureza salarial.

§ 5º Para fins de pagamento da bolsa de qualificação profissional, o empregador encaminhará ao Ministério do Trabalho e Previdência os dados referentes às empregadas que terão o contrato de trabalho suspenso.

§ 6º Se ocorrer a dispensa da empregada no transcurso do período de suspensão ou nos 6 (seis) meses subsequentes ao seu retorno ao trabalho, o empregador pagará à empregada, além das parcelas indenizatórias previstas na legislação, multa a ser estabelecida em convenção ou em acordo coletivo, que será de, no mínimo, 100% (cem por cento) sobre o valor da última remuneração mensal anterior à suspensão do contrato de trabalho.

Seção II

DO ESTÍMULO À OCUPAÇÃO DAS VAGAS DE GRATUIDADE DOS SERVIÇOS SOCIAIS AUTÔNOMOS

Art. 16. As entidades dos serviços nacionais de aprendizagem, observadas suas leis de regência e regulamentos, mediante a celebração de ajustes e de parcerias com a União, poderão implementar medidas que estimulem a matrícula de mulheres em cursos de qualificação, em todos os níveis e áreas de conhecimento.

§ 1º Se ocorrer a celebração dos termos de ajustes ou de parcerias a que se refere o *caput* deste artigo, os serviços nacionais de aprendizagem desenvolverão ferramentas de monitoramento e estratégias para a inscrição e a conclusão dos cursos por mulheres, especialmente nas áreas de ciência, de tecnologia, de desenvolvimento e de inovação.

§ 2º Para fins do disposto no *caput* deste artigo, serão priorizadas as mulheres hipossuficientes vítimas de violência doméstica e familiar com registro de ocorrência policial.

CAPÍTULO V

DO APOIO AO RETORNO AO TRABALHO APÓS O TÉRMINO DA LICENÇA-MATERNIDADE

Seção I

DA SUSPENSÃO DO CONTRATO DE TRABALHO DE PAIS EMPREGADOS

Art. 17. Mediante requisição formal do empregado interessado, o empregador poderá suspender o contrato de trabalho do empregado com filho cuja mãe tenha encerrado o período da licença-maternidade para:

I – prestar cuidados e estabelecer vínculos com os filhos;

II – acompanhar o desenvolvimento dos filhos; e

III – apoiar o retorno ao trabalho de sua esposa ou companheira.

§ 1º A suspensão do contrato de trabalho ocorrerá nos termos do art. 476-A da Consolidação das Leis do Trabalho, aprovada pelo Decreto-Lei nº 5.452, de 1º de maio de 1943, para participação em curso ou em programa de qualificação profissional oferecido pelo empregador, formalizada por meio de acordo individual, de acordo coletivo ou de convenção coletiva de trabalho.

§ 2º A suspensão do contrato de trabalho será efetuada após o término da licença-maternidade da esposa ou companheira do empregado.

§ 3º O curso ou o programa de qualificação profissional deverá ser oferecido pelo empregador, terá carga horária máxima de 20 (vinte) horas semanais e será realizado exclusivamente na modalidade não presencial, preferencialmente, de forma assíncrona.

§ 4º A limitação prevista no § 2º do art. 476-A da Consolidação das Leis do Trabalho, aprovada pelo Decreto-Lei nº 5.452, de 1º de maio de 1943, não se aplica à suspensão do contrato de trabalho de que trata este artigo.

§ 5º O empregado fará jus à bolsa de qualificação profissional de que trata o art. 2º-A da Lei nº 7.998, de 11 de janeiro de 1990.

§ 6º Além da bolsa de qualificação profissional, durante o período de suspensão do contrato de trabalho, o empregador poderá conceder ao empregado ajuda compensatória mensal, sem natureza salarial.

§ 7º Se ocorrer a dispensa do empregado no transcurso do período de suspensão ou nos 6 (seis) meses subsequentes ao seu retorno ao trabalho, o empregador pagará ao empregado, além das parcelas indenizatórias previstas na legislação em vigor, multa a ser estabelecida em convenção ou em acordo coletivo, que será de, no mínimo, 100% (cem por cento) sobre o valor da última remuneração mensal anterior à suspensão do contrato.

Art. 18. São deveres do empregador:

I – dar ampla divulgação aos seus empregados sobre a possibilidade de apoiar o retorno ao trabalho de suas esposas ou companheiras após o término do período da licença-maternidade;

II – orientar sobre os procedimentos necessários para firmar acordo individual para suspensão do contrato de trabalho com qualificação; e

III – promover ações periódicas de conscientização sobre parentalidade responsiva e igualitária para impulsionar a adoção da medida pelos seus empregados.

Art. 19. Para fins de pagamento da bolsa de qualificação profissional, o empregador encaminhará ao Ministério do Trabalho e Previdência os dados referentes aos empregados que terão o contrato de trabalho suspenso para apoiar o retorno ao trabalho de suas esposas ou companheiras.

Seção II

DAS ALTERAÇÕES NO PROGRAMA EMPRESA CIDADÃ

Art. 20. A Lei nº 11.770, de 9 de setembro de 2008, passa a vigorar com as seguintes alterações:

▶ Alterações inseridas no texto da referida lei.

CAPÍTULO VI

DAS REGRAS PARA FORMALIZAÇÃO DE ACORDOS INDIVIDUAIS

Art. 21. A opção por acordo individual para formalizar as medidas previstas no art. 3º, no § 2º do art. 8º, no § 1º do art. 15 e no § 1º do art. 17 desta Lei somente poderá ser realizada:

I – nos casos de empresas ou de categorias de trabalhadores para as quais não haja acordo coletivo ou convenção coletiva de trabalho celebrados; ou

II – se houver acordo coletivo ou convenção coletiva de trabalho celebrados, se o acordo individual a ser celebrado contiver medidas mais vantajosas à empregada ou ao empregado que o instrumento coletivo vigente.

▶ Art. 21 promulgado nos termos do art. 66, § 5º, da CF (*DOU* de 22-12-2022).

Art. 22. Tanto na priorização para vagas em regime de teletrabalho, trabalho remoto ou trabalho a distância quanto na adoção das medidas de flexibilização e de suspensão do contrato de trabalho previstas nos Capítulos III, IV e V desta Lei, deverá sempre ser levada em conta a vontade expressa da empregada ou do empregado beneficiado pelas medidas de apoio ao exercício da parentalidade.

CAPÍTULO VII

DAS MEDIDAS DE PREVENÇÃO E DE COMBATE AO ASSÉDIO SEXUAL E A OUTRAS FORMAS DE VIOLÊNCIA NO ÂMBITO DO TRABALHO

Art. 23. Para a promoção de um ambiente laboral sadio, seguro e que favoreça a inserção e a manutenção de mulheres no mercado de trabalho, as empresas com Comissão Interna de Prevenção de Acidentes e de Assédio (CIPA) deverão adotar as seguintes medidas, além de outras que entenderem necessárias, com vistas à prevenção e ao combate ao assédio sexual e às demais formas de violência no âmbito do trabalho:

I – inclusão de regras de conduta a respeito do assédio sexual e de outras formas de violência nas normas internas da empresa, com ampla divulgação do seu conteúdo aos empregados e às empregadas;

II – fixação de procedimentos para recebimento e acompanhamento de denúncias, para apuração dos fatos e, quando for o caso, para aplicação de sanções administrativas aos responsáveis diretos e indiretos pelos atos de assédio sexual e de violência, garantido o anonimato da pessoa denunciante, sem prejuízo dos procedimentos jurídicos cabíveis;

III – inclusão de temas referentes à prevenção e ao combate ao assédio sexual e a outras formas de violência nas atividades e nas práticas da CIPA; e

IV – realização, no mínimo a cada 12 (doze) meses, de ações de capacitação, de orientação e de sensibilização dos empregados e das empregadas de todos os níveis hierárquicos da empresa sobre temas relacionados à violência, ao assédio, à igualdade e à diversidade no âmbito do trabalho, em formatos acessíveis, apropriados e que apresentem máxima efetividade de tais ações.

§ 1º O recebimento de denúncias a que se refere o inciso II do *caput* deste artigo não substitui o procedimento penal correspondente, caso a conduta denunciada pela vítima se encaixe na tipificação de assédio sexual contida no art. 216-A do Decreto-Lei nº 2.848, de 7 de dezembro de 1940 (Código Penal), ou em outros crimes de violência tipificados na legislação brasileira.

§ 2º O prazo para adoção das medidas previstas nos incisos I, II, III e IV do *caput* deste artigo é de 180 (cento e oitenta) dias após a entrada em vigor desta Lei.

CAPÍTULO VIII

DO SELO EMPREGA + MULHER

Art. 24. Fica instituído o Selo Emprega + Mulher.

§ 1º São objetivos do Selo Emprega + Mulher:

I – reconhecer as empresas que se destaquem pela organização, pela manutenção e pelo provimento de creches e pré-escolas para atender às necessidades de suas empregadas e de seus empregados; e

II – reconhecer as boas práticas de empregadores que visem, entre outros objetivos:

a) ao estímulo à contratação, à ocupação de postos de liderança e à ascensão profissional de mulheres, especialmente em áreas com baixa participação feminina, tais como ciência, tecnologia, desenvolvimento e inovação;

b) à divisão igualitária das responsabilidades parentais;
c) à promoção da cultura de igualdade entre mulheres e homens;
d) à oferta de acordos flexíveis de trabalho;
e) à concessão de licenças para mulheres e homens que permitam o cuidado e a criação de vínculos com seus filhos;
f) ao efetivo apoio às empregadas de seu quadro de pessoal e das que prestem serviços no seu estabelecimento em caso de assédio, violência física ou psicológica ou qualquer violação de seus direitos no local de trabalho; e
g) à implementação de programas de contratação de mulheres desempregadas em situação de violência doméstica e familiar e de acolhimento e de proteção às suas empregadas em situação de violência doméstica e familiar.

§ 2º Para fins do disposto neste artigo, consideram-se violência doméstica e familiar contra a mulher as ações ou as omissões previstas no art. 5º da Lei nº 11.340, de 7 de agosto de 2006 (Lei Maria da Penha).

Art. 25. As microempresas e as empresas de pequeno porte que receberem o Selo Emprega + Mulher serão beneficiadas com estímulos creditícios adicionais, nos termos dos incisos I e II do § 5º do art. 3º da Lei nº 13.999, de 18 de maio de 2020.

Art. 26. As empresas que se habilitarem para o recebimento do Selo Emprega + Mulher deverão prestar contas anualmente quanto ao atendimento dos requisitos previstos nesta Lei.

Art. 27. A pessoa jurídica detentora do Selo Emprega + Mulher poderá utilizá-lo para os fins de divulgação de sua marca, produtos e serviços, vedada a extensão do uso para grupo econômico ou em associação com outras empresas que não detenham o selo.

Art. 28. Ato do Ministro de Estado do Trabalho e Previdência disporá sobre o regulamento completo do Selo Emprega + Mulher.

CAPÍTULO IX
DO ESTÍMULO AO MICROCRÉDITO PARA MULHERES

Art. 29. Nas operações de crédito do Programa de Simplificação do Microcrédito Digital para Empreendedores (SIM Digital), de que trata a Lei nº 14.438, de 24 de agosto de 2022, serão aplicadas condições diferenciadas, exclusivamente quando os beneficiários forem:

I – mulheres que exerçam alguma atividade produtiva ou de prestação de serviços, urbana ou rural, de forma individual ou coletiva, na condição de pessoas naturais;

II – mulheres, na condição de pessoas naturais e de microempreendedoras individuais no âmbito do Programa Nacional de Microcrédito Produtivo Orientado (PNMPO).

§ 1º A primeira linha de crédito a ser concedida à beneficiária pessoa natural corresponderá ao valor máximo de R$ 2.000,00 (dois mil reais) e, às microempreendedoras individuais, de R$ 5.000,00 (cinco mil reais), considerada a soma de todos os contratos de operação, ativos e inativos, efetuados no âmbito do SIM Digital.

§ 2º A taxa de juros máxima será correspondente a 85% (oitenta e cinco por cento) da taxa máxima permitida pelo Conselho Monetário Nacional para operações de microcrédito, e o prazo será de até 30 (trinta) meses para o pagamento.

§ 3º A cobertura da garantia a ser prestada pelos fundos garantidores, observado o disposto na Lei nº 14.438, de 24 de agosto de 2022, será de até 85% (oitenta e cinco por cento) do valor desembolsado em cada operação incluída nas carteiras garantidas, e o limite de cobertura será de 80% (oitenta por cento) do total de desembolsos efetuados nas operações das carteiras, sempre que forem formadas exclusivamente por mulheres, nas condições dos incisos I e II do *caput* deste artigo, observados as atenuantes de risco aplicáveis e o disposto nos regulamentos dos fundos.

CAPÍTULO X
DISPOSIÇÕES FINAIS

Art. 30. Às mulheres empregadas é garantido igual salário em relação aos empregados que exerçam idêntica função prestada ao mesmo empregador, nos termos dos arts. 373-A e 461 da Consolidação das Leis do Trabalho, aprovada pelo Decreto-Lei nº 5.452, de 1º de maio de 1943.

Art. 31. O Sistema Nacional de Emprego (SINE) implementará iniciativas com vistas à melhoria da empregabilidade de mulheres, especialmente daquelas:

I – que tenham filho, enteado ou guarda judicial de crianças de até 5 (cinco) anos de idade;

II – que sejam chefe de família monoparental; ou

III – com deficiência ou com filho com deficiência.

Art. 32. A Consolidação das Leis do Trabalho, aprovada pelo Decreto-Lei nº 5.452, de 1º de maio de 1943, passa a vigorar com as seguintes alterações:

▸ Alterações inseridas no texto da referida Consolidação.

Art. 33. O art. 3º da Lei nº 13.999, de 18 de maio de 2020, passa a vigorar acrescido do seguinte § 5º:

"Art. 3º ....

§ 5º Nos casos em que a empresa contratante tenha sido reconhecida pelo Poder Executivo federal com o Selo Emprega + Mulher, aplicam-se os seguintes parâmetros:

I – o limite do empréstimo referido no § 1º do art. 2º desta Lei corresponderá a até 50% (cinquenta por cento) da receita bruta anual calculada com base no exercício anterior ao da contratação, salvo o caso das empresas que tenham menos de 1 (um) ano de funcionamento, hipótese em que corresponderá a até 50% (cinquenta por cento) do seu capital social ou a até 50% (cinquenta por cento) de 12 (doze) vezes a média da sua receita bruta mensal apurada no período, desde o início de suas atividades, o que for mais vantajoso; e

II – prazo de 60 (sessenta) meses para o pagamento."

Art. 34. O *caput* do art. 2º da Lei nº 12.513, de 26 de outubro de 2011, passa a vigorar acrescido do seguinte inciso V:

"Art. 2º ....
....
V – mulheres vítimas de violência doméstica e familiar com registro de ocorrência policial.
...."

Art. 35. Esta Lei entra em vigor na data de sua publicação.

Brasília, 21 de setembro de 2022;
201º da Independência e
134º da República.
Jair Messias Bolsonaro

LEI Nº 14.478, DE 21 DE DEZEMBRO DE 2022

Dispõe sobre diretrizes a serem observadas na prestação de serviços de ativos virtuais e na regulamentação das prestadoras de serviços de ativos virtuais; altera o Decreto-Lei nº 2.848, de 7 de dezembro de 1940 (Código Penal), para prever o crime de fraude com a utilização de ativos virtuais, valores mobiliários ou ativos financeiros; e altera a Lei nº 7.492, de 16 de junho de 1986, que define crimes contra o sistema financeiro nacional, e a Lei nº 9.613, de 3 de março de 1998, que dispõe sobre lavagem de dinheiro, para incluir as prestadoras de serviços de ativos virtuais no rol de suas disposições.

▸ Publicada no *DOU* de 22-12-2022.
▸ Dec. nº 11.563, de 14-6-2023, regulamenta esta Lei.

Art. 1º Esta Lei dispõe sobre diretrizes a serem observadas na prestação de serviços de ativos virtuais e na regulamentação das prestadoras de serviços de ativos virtuais.

Parágrafo único. O disposto nesta Lei não se aplica aos ativos representativos de valores mobiliários sujeitos ao regime da Lei nº 6.385, de 7 de dezembro de 1976, e não altera nenhuma competência da Comissão de Valores Mobiliários.

Art. 2º As prestadoras de serviços de ativos virtuais somente poderão funcionar no País mediante prévia autorização de órgão ou entidade da Administração Pública federal.

Parágrafo único. Ato do órgão ou da entidade da Administração Pública federal a que se refere o *caput* estabelecerá as hipóteses e os parâmetros em que a autorização de que trata o *caput* deste artigo poderá ser concedida mediante procedimento simplificado.

Art. 3º Para os efeitos desta Lei, considera-se ativo virtual a representação digital de valor que pode ser negociada ou transferida por meios eletrônicos e utilizada para realização de pagamentos ou com propósito de investimento, não incluídos:

I – moeda nacional e moedas estrangeiras;

II – moeda eletrônica, nos termos da Lei nº 12.865, de 9 de outubro de 2013;

III – instrumentos que provejam ao seu titular acesso a produtos ou serviços especificados ou a benefício proveniente desses produtos ou serviços, a exemplo de pontos e recompensas de programas de fidelidade; e

IV – representações de ativos cuja emissão, escrituração, negociação ou liquidação esteja prevista em lei ou regulamento, a exemplo de valores mobiliários e de ativos financeiros.

Parágrafo único. Competirá a órgão ou entidade da Administração Pública federal definido em ato do Poder Executivo estabelecer quais serão os ativos financeiros regulados, para fins desta Lei.

Art. 4º A prestação de serviço de ativos virtuais deve observar as seguintes diretrizes, segundo parâmetros a serem estabelecidos pelo órgão ou pela entidade da Administração Pública federal definido em ato do Poder Executivo:

I – livre iniciativa e livre concorrência;

II – boas práticas de governança, transparência nas operações e abordagem baseada em riscos;

III – segurança da informação e proteção de dados pessoais;

IV – proteção e defesa de consumidores e usuários;

V – proteção à poupança popular;

VI – solidez e eficiência das operações; e

VII – prevenção à lavagem de dinheiro e ao financiamento do terrorismo e da proliferação de armas de destruição em massa, em alinhamento com os padrões internacionais.

Art. 5º Considera-se prestadora de serviços de ativos virtuais a pessoa jurídica que executa, em nome de terceiros, pelo menos um dos serviços de ativos virtuais, entendidos como:

I – troca entre ativos virtuais e moeda nacional ou moeda estrangeira;

II – troca entre um ou mais ativos virtuais;

III – transferência de ativos virtuais;

IV – custódia ou administração de ativos virtuais ou de instrumentos que possibilitem controle sobre ativos virtuais; ou

V – participação em serviços financeiros e prestação de serviços relacionados à oferta por um emissor ou venda de ativos virtuais.

Parágrafo único. O órgão ou a entidade da Administração Pública federal indicado em ato do Poder Executivo poderá autorizar a realização de outros serviços que estejam, direta ou indiretamente, relacionados à atividade da prestadora de serviços de ativos virtuais de que trata o *caput* deste artigo.

Art. 6º Ato do Poder Executivo atribuirá a um ou mais órgãos ou entidades da Administração Pública federal a disciplina do funcionamento e a supervisão da prestadora de serviços de ativos virtuais.

Art. 7º Compete ao órgão ou à entidade reguladora indicada em ato do Poder Executivo Federal:

I – autorizar funcionamento, transferência de controle, fusão, cisão e incorporação da prestadora de serviços de ativos virtuais;

II – estabelecer condições para o exercício de cargos em órgãos estatutários e contratuais em prestadora de serviços de ativos virtuais e autorizar a posse e o exercício de pessoas para cargos de administração;

III – supervisionar a prestadora de serviços de ativos virtuais e aplicar as disposições da Lei nº 13.506, de 13 de novembro de 2017, em caso de descumprimento desta Lei ou de sua regulamentação;

IV – cancelar, de ofício ou a pedido, as autorizações de que tratam os incisos I e II deste *caput*; e

V – dispor sobre as hipóteses em que as atividades ou operações de que trata o art. 5º desta Lei serão incluídas no mercado de câmbio ou em que deverão submeter-se à regulamentação de capitais brasileiros no exterior e capitais estrangeiros no País.

Parágrafo único. O órgão ou a entidade da Administração Pública federal de que trata o *caput* definirá as hipóteses que poderão provocar o cancelamento previsto no inciso IV do *caput* deste artigo e o respectivo procedimento.

Art. 8º As instituições autorizadas a funcionar pelo Banco Central do Brasil poderão prestar exclusivamente o serviço de ativos virtuais ou cumulá-lo com outras atividades, na forma da regulamentação a ser editada por órgão ou entidade da Administração Pública federal indicada em ato do Poder Executivo federal.

Art. 9º O órgão ou a entidade da Administração Pública federal de que trata o *caput* do art. 2º desta Lei estabelecerá condições e prazos, não inferiores a 6 (seis) meses, para adequação das prestadoras de serviços de ativos virtuais que estiverem em atividade às disposições desta Lei e às normas por ele estabelecidas.

Art. 10. O Decreto-Lei nº 2.848, de 7 de dezembro de 1940 (Código Penal), passa a vigorar acrescido do seguinte art. 171-A:

▸ Alteração inserida no texto do referido Código.

Art. 11. O parágrafo único do art. 1º da Lei nº 7.492, de 16 de junho de 1986, passa a vigorar com as seguintes alterações:

▸ Alteração inserida no texto da referida Lei.

Art. 12. A Lei nº 9.613, de 3 de março de 1998, passa a vigorar com as seguintes alterações:

▸ Alterações inseridas no texto da referida Lei.

Art. 13. Aplicam-se às operações conduzidas no mercado de ativos virtuais, no que couber, as disposições da Lei nº 8.078, de 11 de setembro de 1990 (Código de Defesa do Consumidor).

Art. 14. Esta Lei entra em vigor após decorridos 180 (cento e oitenta) dias de sua publicação oficial.

Brasília, 21 de dezembro de 2022; 201º da Independência e 134º da República.

Jair Messias Bolsonaro

LEI Nº 14.597, DE 14 DE JUNHO DE 2023

Institui a Lei Geral do Esporte.

▸ Publicada no *DOU* de 15-6-2023.

TÍTULO I – DO ORDENAMENTO ESPORTIVO NACIONAL

CAPÍTULO I – DA INSTITUIÇÃO DA LEI GERAL DO ESPORTE

Seção I – DISPOSIÇÕES PRELIMINARES

Art. 1º É instituída a Lei Geral do Esporte, que dispõe sobre o Sistema Nacional do Esporte (SINESP) e o Sistema Nacional de Informações e Indicadores Esportivos (SNIIE), a ordem econômica esportiva, a integridade esportiva e o Plano Nacional pela Cultura de Paz no Esporte.

§ 1º Entende-se por esporte toda forma de atividade predominantemente física que, de modo informal ou organizado, tenha por objetivo a prática de atividades recreativas, a promoção da saúde, o alto rendimento esportivo ou o entretenimento.

§§ 2º e 3º VETADOS.

Seção II – DOS PRINCÍPIOS FUNDAMENTAIS

Art. 2º São princípios fundamentais do esporte:

I – autonomia;

II – democratização;

III – descentralização;

IV – diferenciação;

V – educação;

VI – eficiência;

VII – especificidade;

VIII – gestão democrática;

IX – identidade nacional;

X – inclusão;

XI – integridade;

XII – liberdade;

XIII – participação;

XIV – qualidade;

XV – saúde;

XVI – segurança.

Parágrafo único. Considerado o esporte como de alto interesse social, sua exploração e gestão sujeitam-se à observância dos seguintes princípios:

I – transparência financeira e administrativa e conformidade com as leis e os regulamentos externos e internos;

II – moralidade na gestão esportiva;

III – responsabilidade social de seus dirigentes.

Seção III – DO DIREITO FUNDAMENTAL AO ESPORTE

Art. 3º Todos têm direito à prática esportiva em suas múltiplas e variadas manifestações.

§ 1º A promoção, o fomento e o desenvolvimento de atividades físicas para todos, como direito social, notadamente às pessoas com deficiência e às pessoas em vulnerabilidade social, são deveres do Estado e possuem caráter de interesse público geral.

§ 2º VETADO.

§ 3º É direito da mulher, em qualquer idade, ter oportunidades iguais de participar em todos os níveis e em todas as funções de direção, de supervisão e de decisão na educação física, na atividade física e no esporte, para fins recreativos, para a promoção da saúde ou para o alto rendimento esportivo.

Seção IV – DOS NÍVEIS DA PRÁTICA ESPORTIVA

Subseção I – DISPOSIÇÕES GERAIS

Art. 4º A prática esportiva é dividida em 3 (três) níveis distintos, mas integrados, e sem relação de hierarquia entre si, que compreendem:

I – a formação esportiva;

II – a excelência esportiva;

III – o esporte para toda a vida.

Subseção II – DA FORMAÇÃO ESPORTIVA

Art. 5º A formação esportiva visa ao acesso à prática esportiva por meio de ações planejadas, inclusivas, educativas, culturais e lúdicas para crianças e adolescentes, desde os primeiros anos de idade, direcionada ao desenvolvimento integral, e compreende os seguintes serviços:

I – vivência esportiva, com vistas à aproximação a uma base ampla e variada de movimentos, atitudes e conhecimentos relacionados ao esporte, por meio de práticas corporais inclusivas e lúdicas;

II – fundamentação esportiva, com vistas a ampliar e a aprofundar o conhecimento e a cultura esportiva, tendo por objetivo o autocontrole da conduta humana e a autodeterminação dos sujeitos, bem como a construção de bases amplas e sistemáticas de elementos constitutivos de todo e qualquer esporte;

III – aprendizagem da prática esportiva, com vistas à oferta sistemática de múltiplas práticas corporais esportivas para as aprendizagens básicas de diferentes modalidades esportivas, por meio de conhecimentos científicos, habilidades, técnicas, táticas e regras.

§ 1º A formação esportiva também compreende a possibilidade de participação de crianças e adolescentes em competições esportivas enquanto parte de seu aprendizado, sendo permitido o estabelecimento de vínculo de natureza meramente esportiva entre o menor de 12 (doze) anos e a organização esportiva.

§ 2º O menor, de 12 (doze) a 14 (quatorze) anos, não poderá ser alojado nas dependências do clube, ficando vedada a sua residência em domicílio estranho ao de seus familiares.

§ 3º O menor, de 12 (doze) a 14 (quatorze) anos, está sujeito ao pátrio poder e à decisão exclusiva de seus familiares, condicionada sua participação em competições à expressa autorização dos pais ou responsáveis e sua efetiva presença durante a participação do menor na competição.

Subseção III

DA EXCELÊNCIA ESPORTIVA

Art. 6º A excelência esportiva abrange o treinamento sistemático direcionado à formação de atletas na busca do alto rendimento de diferentes modalidades esportivas, e compreende os seguintes serviços:

I – especialização esportiva, direcionada ao treinamento sistematizado em modalidades específicas, buscando a consolidação do potencial dos atletas em formação, com vistas a propiciar a transição para outros serviços;

II – aperfeiçoamento esportivo, com vistas ao treinamento sistematizado e especializado para aumentar as capacidades e habilidades de atletas em competições regionais e nacionais;

III – alto rendimento esportivo, com vistas ao treinamento especializado para alcançar e manter o desempenho máximo de atletas em competições nacionais e internacionais;

IV – transição de carreira, com a finalidade de assegurar ao atleta a conciliação da educação formal com o treinamento, para que ao final da carreira possa ter acesso a outras áreas de trabalho, inclusive esportivas.

Subseção IV

DO ESPORTE PARA TODA A VIDA

Art. 7º O esporte para toda a vida consolida a aquisição de hábitos saudáveis ao longo da vida, a partir da aprendizagem esportiva, do lazer, da atividade física e do esporte competitivo para jovens e adultos, e envolve os seguintes serviços:

I – aprendizagem esportiva para todos, para dar acesso ao esporte àqueles que nunca o praticaram, inclusive às pessoas com deficiência e em processo de reabilitação física;

II – esporte de lazer, para incorporar práticas corpóreas lúdicas como mecanismo de desenvolvimento humano, bem-estar e cidadania;

III – atividade física, para sedimentar hábitos, costumes e condutas corporais regulares com repercussões benéficas na educação, na saúde e no lazer dos praticantes;

IV – esporte competitivo, para manter a prática cotidiana do esporte, ao propiciar competições por faixas etárias àqueles advindos de outros níveis;

V – esporte social, como meio de inclusão de pessoas em vulnerabilidade social, com deficiência, em regime prisional, idosas e em instituições de acolhimento para crianças e adolescentes, entre outros segmentos de demanda de atenção social especial;

VI – esporte como meio de reabilitação, habilitação e saúde, para proporcionar à pessoa a continuidade, a manutenção e a estimulação corporal para o seu bem-estar físico, psíquico e social, com atenção primária aos idosos e às pessoas com deficiência.

Subseção V

DOS OBJETIVOS COMUNS AOS NÍVEIS DA PRÁTICA ESPORTIVA

Art. 8º Todos os níveis da prática esportiva também compreendem o serviço de fomento, difusão e aplicação do conhecimento científico e tecnológico e da inovação, por meio do apoio a pesquisas e produções científicas, a programas de formação, certificação e avaliação de profissionais envolvidos, à realização de cursos, seminários, congressos, intercâmbios científicos, tecnológicos e esportivos e a outros tipos de processos de transmissão de conhecimento no âmbito do esporte.

Art. 9º *Em todos os níveis e serviços da prática esportiva haverá a adoção de medidas que conscientizem, previnam e combatam a prática de intimidação sistemática (bullying), bem como as práticas atentatórias à integridade esportiva e ao resultado esportivo.*

▸ *Caput* com a redação dada pela Lei nº 14.911, de 3-7-2024.

Parágrafo único. *Entende-se por intimidação sistemática (bullying) todo ato de violência, física ou psicológica, intencional e repetitivo que ocorre sem motivação evidente, praticado por indivíduo ou grupo, contra 1 (uma) ou mais pessoas, com o objetivo de intimidar ou agredir, causando humilhação, dor e angústia à vítima, em uma relação de desequilíbrio de poder entre as partes envolvidas.*

▸ Parágrafo único acrescido pela Lei nº 14.911, de 3-7-2024.

Art. 10. Considera-se esporte educacional aquele praticado nos sistemas de ensino e em formas assistemáticas de educação, evitando-se a seletividade e a hipercompetitividade de seus praticantes, com a finalidade de alcançar o desenvolvimento integral, físico e intelectual, do indivíduo e a sua formação para o exercício da cidadania e para a prática do lazer, visando à integração social dos estudantes e à melhoria de sua qualidade de vida.

CAPÍTULO II

DO SISTEMA NACIONAL DO ESPORTE E DO SISTEMA NACIONAL DE INFORMAÇÕES E INDICADORES ESPORTIVOS

Seção I

DISPOSIÇÕES GERAIS

Art. 11. O planejamento, a formulação, a implementação e a avaliação de políticas públicas, de programas e de ações para o esporte, nas diferentes esferas governamentais, realizam-se por meio do Sistema Nacional do Esporte (SINESP), sistema descentralizado, democrático e participativo, que tem por objetivos:

I – integrar os entes federativos e as organizações que atuam na área esportiva;

II – atuar de modo a efetivar políticas que visem à gestão compartilhada, ao cofinanciamento e à cooperação técnica entre seus integrantes;

III – estabelecer as responsabilidades dos entes federativos na estruturação, na regulação, na manutenção e na expansão das atividades e das políticas públicas na área esportiva;

IV – definir os níveis de gestão, respeitadas as peculiaridades de cada um dos integrantes;

V – apoiar a universalização da prática esportiva, com atenção especial ao atendimento ao nível da formação esportiva;

VI – promover a inclusão social, de forma a ampliar as possibilidades de acesso à prática esportiva regular para a população;

VII – estimular o desenvolvimento das práticas esportivas como forma de expressão da cultura, de promoção do ser humano, de fortalecimento da saúde e de prevenção de doenças;

VIII – promover a descentralização e a articulação da política esportiva e de lazer;

IX – atender à capacitação dos recursos humanos já inseridos no segmento e à formação de novos recursos humanos qualificados;

X – garantir adequada infraestrutura física, tecnológica e de pessoal para a prática esportiva, inclusive quanto à acessibilidade;

XI – articular níveis e serviços da prática esportiva, para implementação conjunta de políticas, de programas e de ações;

XII – racionalizar a aplicação dos recursos públicos vinculados ao esporte, coordenando esforços entre os entes federados e as organizações esportivas;

XIII – assegurar a participação democrática nos processos de planejamento, coordenação, gestão e avaliação;

XIV – elaborar e cumprir os planos de esporte em todos os níveis da Federação;

XV – instituir instâncias permanentes de colaboração para estruturar e desenvolver a cooperação federativa;

XVI – combater as assimetrias regionais, estaduais e municipais, cooperando na equalização de oportunidades e meios em matéria de prática esportiva, e contribuir para que o desenvolvimento do esporte seja realizado de forma harmoniosa e integrada;

XVII – adotar as medidas necessárias para erradicar ou reduzir as manifestações antiesportivas, como a violência, a corrupção, o racismo, a xenofobia, a homofobia, o sexismo e qualquer outra forma de discriminação, o uso de substâncias ilegais e os métodos tipificáveis como dopagem;

XVIII – proporcionar a capacitação técnica e acadêmica aos atletas e aos ex-atletas com vistas à integração social de forma saudável e produtiva ao término de suas carreiras competitivas.

§ 1º O esporte militar desenvolve-se nos diferentes níveis segundo seu próprio regramento, sem prejuízo do disposto nesta Lei, e faz parte do SINESP.

§ 2º A gestão e a promoção de políticas relacionadas ao esporte militar realizam-se por meio do Subsistema Nacional do Esporte Militar (SNEM), com estrutura e funcionamento próprios.

Art. 12. O SINESP será organizado com observância dos seguintes princípios e diretrizes:

I – esporte como direito social;

II – igualdade de condições para o acesso ao esporte;

III – governança com base no princípio da gestão democrática e participação social;

IV – avaliação, controle social, acesso à informação e transparência da aplicação dos recursos públicos;

V – integração do planejamento, por meio de planos decenais de esporte dos Estados, do Distrito Federal e dos Municípios, em consonância com o Plano Nacional do Esporte (PNEsporte);

VI – colaboração intersetorial entre esporte e outras áreas, como saúde, educação, cultura, proteção da criança e do adolescente, trabalho e emprego e assistência social;

VII – utilização do esporte para promoção dos direitos humanos, da diversidade sociocultural e da sustentabilidade socioambiental;

VIII – fomento da implementação e da ampliação das políticas que visem à inclusão social, ao atendimento aos povos e às comunidades tradicionais e à valorização das pessoas com deficiência e necessidades especiais;

IX – descentralização e articulação da política esportiva e de lazer.

Art. 13. É criado o Sistema Nacional de Informações e Indicadores Esportivos (SNIIE), que tem os seguintes objetivos:

I – coletar, sistematizar e interpretar dados, fornecer metodologias e estabelecer parâmetros à mensuração da atividade da área esportiva e das necessidades sociais por manifestação esportiva, que permitam a formulação, o monitoramento, a gestão e a avaliação das políticas públicas do esporte, de forma a verificar e a racionalizar a implementação do PNEsporte e sua revisão nos prazos previstos;

II – disponibilizar estatísticas, indicadores e outras informações relevantes para a caracterização da demanda e oferta de bens esportivos, para a construção de modelos de economia e sustentabilidade do esporte, e para a adoção de mecanismos de indução e regulação da atividade econômica na área esportiva, de forma a dar apoio aos gestores esportivos públicos e privados;

III – exercer e facilitar o monitoramento e a avaliação das políticas públicas do esporte, de forma a assegurar ao poder público e à sociedade civil o acompanhamento do desempenho do PNEsporte.

§ 1º O SNIIE tem as seguintes características:

I – obrigatoriedade da inserção e da atualização permanente de dados pela União, pelos Estados, pelo Distrito Federal e pelos Municípios que aderirem ao SINESP;

II – caráter declaratório;

III – processos informatizados de declaração, de armazenamento e de extração de dados;

IV – ampla publicidade e transparência para as informações declaradas e sistematizadas, preferencialmente em meios digitais, atualizados tecnologicamente e disponíveis na rede mundial de computadores.

§ 2º O declarante é responsável pela inserção de dados no programa de declaração e pela veracidade das informações inseridas na base de dados.

§ 3º O Ministério do Esporte pode promover parcerias e convênios com instituições especializadas na área de pesquisas socioeconômicas e demográficas e com universidades especializadas em pesquisas na área esportiva para a constituição do SNIIE.

Seção II

DA COMPOSIÇÃO E DAS ATRIBUIÇÕES

Art. 14. O SINESP é integrado pela União e pelos outros entes federativos que a ele aderirem, bem como pelos respectivos conselhos e fundos de esporte e pelas organizações que atuam na área esportiva, de modo a formar subsistemas de acordo com cada nível de prática esportiva.

§ 1º As disposições do Título I desta Lei que imponham aos Estados, ao Distrito Federal ou aos Municípios a criação de órgãos, de fundos, de planos e de programas vincularão apenas os entes que, por meio de lei própria, aderirem ao SINESP.

§ 2º O esporte master e suas organizações esportivas são reconhecidos como integrantes do SINESP e desenvolvem-se nos níveis da excelência esportiva e do esporte para toda a vida.

Art. 15. *As ações das três esferas de governo na área esportiva realizam-se de forma articulada, observado que, entre outras atribuições, cabem a coordenação e edição de normas gerais à esfera federal e a coordenação e execução dos programas descentralizados, nas respectivas esferas, aos Estados, ao Distrito Federal e aos Municípios, devendo promover a execução de políticas públicas direcionadas ao esporte, inclusive com a cooperação dos clubes e das associações esportivas de cada modalidade.*

▶ Artigo promulgado nos termos do art. 66, § 5º, da CF.

Art. 16. Compete à União:

I – VETADO;

II – manter programas e projetos próprios ou em colaboração com o objetivo de desenvolvimento e manutenção de ações no nível da excelência esportiva;

III – coordenar o processo de monitoramento e de avaliação do PNEsporte, em colaboração com os Estados, o Distrito Federal, os Municípios e demais entidades e organizações previstas nas leis instituidoras dos planos decenais de esporte;

IV – coordenar o SINESP e efetuar a formulação democrática da política nacional de esporte;

V – articular e coordenar os diferentes níveis e serviços de prática esportiva;

VI – prestar assistência técnica e financeira aos Estados, ao Distrito Federal e aos Municípios, com vistas a assegurar a oferta da prática esportiva de qualidade nos níveis e serviços esportivos, inclusive para a formação de recursos humanos;

VII – promover articulação com órgãos educacionais e com entidades representativas para formação de recursos humanos na área do esporte;

VIII – manter e gerir a Rede Nacional de Treinamento, com foco, principalmente, no serviço de excelência esportiva;

IX – manter e gerir o Cadastro Nacional de Organizações Esportivas;

X – manter e gerir banco de dados e informações para produção e divulgação de dados e informações que contribuam para o aprimoramento, a transparência e o controle social das políticas esportivas, orientando sua formulação e revisão;

XI – elaborar normas para regular as relações entre o SINESP e as instituições privadas por meio de Planos de Desenvolvimento Institucional;

XII – estruturar e manter o SNIIE, de forma a assegurar o processo nacional de avaliação do esporte, em colaboração com os demais entes federativos.

Parágrafo único. Compete ao Poder Executivo coordenar as ações intersetoriais no âmbito da União.

Art. 17. Compete aos Estados:

I – cofinanciar, por meio de transferência automática ou voluntária, o aprimoramento da gestão, dos serviços, dos programas e dos projetos esportivos em âmbito regional ou local;

II – atender às ações esportivas, prioritariamente nos níveis da formação esportiva e do esporte para toda a vida, em conjunto com os Municípios;

III – destinar recursos prioritariamente para programas e ações que visem ao desenvolvimento e à manutenção do esporte educacional;

IV – estimular e apoiar técnica e financeiramente as associações e os consórcios municipais na execução de políticas públicas na área do esporte;

V – executar políticas públicas cujos custos ou cuja ausência de demanda municipal justifiquem uma rede regional de serviços, desconcentrada, no âmbito do respectivo Estado;

VI – realizar o monitoramento e a avaliação do plano estadual do esporte e assessorar os Municípios para seu desenvolvimento;

VII – promover articulação com órgãos estaduais de educação e com entidades representativas para a formação de pessoas na área do esporte;

VIII – contribuir para a coleta de informações estaduais para a atualização do SNIIE, de forma a assegurar o processo nacional e estadual de avaliação do esporte;

IX – organizar e manter centros regionais de treinamento com a oferta do serviço de aperfeiçoamento esportivo no nível da excelência esportiva;

X – atuar na construção, na reforma, na implantação, na ampliação, na adaptação e na modernização da infraestrutura e dos equipamentos esportivos públicos para a população, com prioridade aos Municípios com baixo Índice de Desenvolvimento Humano (IDH).

Art. 18. Compete aos Municípios:

I – cofinanciar o aprimoramento da gestão, dos serviços, dos programas e dos projetos esportivos em âmbito local;

II – executar políticas públicas esportivas em todos os níveis, com fomento prioritário ao esporte educacional;

III – dispor de profissionais e de locais adequados para a prática esportiva, inclusive no ambiente escolar;

IV – realizar o monitoramento e a avaliação do plano municipal de esporte em seu âmbito;

V – organizar e manter centros municipais de treinamento com o serviço de especialização esportiva no nível da excelência esportiva;

VI – contribuir para a coleta de informações municipais para a atualização do SNIIE, de forma a assegurar o processo nacional, estadual e municipal de avaliação do esporte.

Art. 19. Ao Distrito Federal compete realizar as atividades previstas nos arts. 17 e 18 desta Lei e as que lhes sejam correlatas.

Seção III

Arts. 20 a 22. VETADOS.

Seção IV

DAS CONFERÊNCIAS DE ESPORTE

Art. 23. Sem prejuízo das funções do Poder Legislativo, a formulação de políticas públicas para o esporte deverá ser conduzida de modo democrático e transparente, com a participação de agentes públicos estatais e privados, incluídos, mas não exclusivamente, os praticantes, os profissionais esportivos, os educadores, os beneficiários das políticas públicas esportivas, os usuários das instalações esportivas, os representantes do setor produtivo e os integrantes do SINESP.

§ 1º O SINESP contará, em cada esfera de governo, com instâncias colegiadas denominadas conferências de esporte, que, em conjunto com os demais integrantes do SINESP, serão um espaço adequado para interação e debate entre os diferentes agentes e para formulação de políticas para o setor, observadas as diretrizes do PNEsporte.

§ 2º A conferência de esporte reunir-se-á a cada 4 (quatro) anos com a representação dos vários segmentos sociais, para avaliar a situação do esporte e propor as diretrizes para a formulação da política de esporte nos níveis correspondentes, cuja convocação, ordinariamente, dar-se-á pelo Poder Executivo.

§ 3º A conferência de esporte poderá ser convocada, extraordinariamente, por ela própria ou pelo conselho de esporte do respectivo ente.

§ 4º A conferência de esporte proporá diretrizes para a elaboração dos planos decenais de esporte do respectivo ente e do PNEsporte.

Seção V

Art. 24. VETADO.

Seção VI

DA INTERAÇÃO ENTRE ENTES PÚBLICOS E PRIVADOS NO ESPORTE

Subseção I

DISPOSIÇÕES GERAIS

Art. 25. As pessoas jurídicas de direito privado ou públicas não estatais que se dedicam ao fomento, à promoção, à gestão, à regulação, à inclusão, ao ensino, à tecnologia e à pesquisa na área do esporte, à resolução de conflitos e à manutenção da integridade esportiva relacionam-se com os órgãos e as entidades do poder público em todos os níveis por meio dos mecanismos e das instâncias presentes no SINESP e nos subsistemas dos demais entes, sem prejuízo das atribuições do Congresso Nacional.

§ 1º As políticas públicas esportivas devem ser prioritariamente executadas por meio de mecanismos que permitam a colaboração com as pessoas citadas no *caput* deste artigo, de modo a garantir a descentralização dos programas e das ações e a cooperação com instituições que demonstrem maior especialidade para o desenvolvimento das referidas atividades.

§ 2º As pessoas naturais que atuam na área do esporte relacionam-se com o poder público pelos canais de interação direta, por meio de seus representantes, ou como beneficiários das políticas públicas desenvolvidas na área.

§ 3º As conferências e os conselhos de esporte devem propiciar canais permanentes de interação com a sociedade civil na área do esporte.

Subseção II

DA AUTONOMIA ESPORTIVA

Art. 26. A autonomia é atributo da organização esportiva em todo o mundo, na forma disposta na Carta Olímpica, e limita a atuação do Estado, conforme reconhecido pela Assembleia Geral da Organização das Nações Unidas (ONU) e inscrito na Constituição Federal, e visa a assegurar que não haja interferência externa indevida que ameace a garantia da incerteza do resultado esportivo, a integridade do esporte e a harmonia do sistema transnacional denominado *Lex Sportiva*.

§ 1º Entende-se por *Lex Sportiva* o sistema privado transnacional autônomo composto de organizações esportivas, suas normas e regras e dos órgãos de resolução de controvérsias, incluídos seus tribunais.

§ 2º O esporte de alto rendimento é regulado por normas nacionais e internacionais e pelas regras de prática esportiva de cada modalidade, aceitas pelas respectivas organizações nacionais de administração e regulação do esporte.

Art. 27. As organizações esportivas, qualquer que seja sua natureza jurídica ou forma de estruturação, ainda que integrantes do SINESP, são autônomas quanto à normatização interna para realizar a autorregulação, o autogoverno e a autoadministração, inclusive no que se refere ao regramento próprio da prática do esporte e de competições nas modalidades esportivas que rejam ou de que participem, à sua estruturação interna e à forma de escolha de seus dirigentes e membros, bem como quanto à associação a outras organizações ou instituições, sendo-lhes assegurado:

I – estabelecer, emendar e interpretar livremente as regras apropriadas ao seu esporte, sem influências políticas ou econômicas;

II – VETADO;

III – escolher seus gestores democraticamente, sem interferência do poder público ou de terceiros;

IV – obter recursos de fontes públicas ou de outra natureza, sem obrigações desproporcionais; e

V – VETADO.

Parágrafo único. *É admitida a arbitragem, nos termos da Lei nº 9.307, de 23 de setembro de 1996, como meio para resolução de conflitos de natureza esportiva, no que se refere à disciplina e à prática esportiva, bem como para questões patrimoniais, inclusive de trabalho e emprego.*

▸ Parágrafo único promulgado nos termos do art. 66, § 5º, da CF.

Art. 28. As organizações esportivas possuem liberdade de associação na área esportiva no âmbito interno e externo, podendo escolher a natureza jurídica que melhor se conformar a suas especificidades, independentemente da denominação adotada, da modalidade esportiva ou da forma de promoção do esporte com que se envolvam, assim como, no caso de organização esportiva de caráter geral, respeitados os direitos e garantias fundamentais, decidir a forma e os critérios para que outra organização possa a ela filiar-se.

Subseção III

Art. 29. VETADO.

Subseção III-A

DOS SUBSISTEMAS ESPORTIVOS PRIVADOS

▸ Subseção III-A acrescida pela Lei nº 15.041, de 9-12-2024.

Art. 29-A. *O Comitê Olímpico do Brasil (COB), o Comitê Paralímpico Brasileiro (CPB), o Comitê Brasileiro de Clubes (CBC) e o Comitê Brasileiro de Clubes Paralímpicos (CBCP), integrantes do SINESP, constituem subsistemas esportivos próprios com as pessoas jurídicas ou naturais que estejam em sua base, nas áreas dos movimentos olímpico, paralímpico e clubístico, conforme sua autorregulação.*

§ 1º O esporte escolar e o esporte universitário praticados por estudantes têm, respectivamente, a Confederação Brasileira do Desporto Escolar (CBDE) e a Confederação Brasileira do Desporto Universitário (CBDU) como constituintes dos próprios subsistemas, integrantes do SINESP, na forma de sua autorregulação.

§ 2º Compete às organizações referidas neste artigo o planejamento das atividades de seus subsistemas específicos.

§ 3º Outros subsistemas compostos de integrantes de outros movimentos ou esportes não representados pelas organizações referidas neste artigo também integram o SINESP, incluído o subsistema formado pelas organizações sociais sem fins lucrativos que atuam nos níveis da formação esportiva e do esporte para toda a vida.

▸ Art. 29-A acrescido pela Lei nº 15.041, de 9-12-2024.

Subseção IV

DAS REPRESENTAÇÕES OLÍMPICA E PARALÍMPICA BRASILEIRAS

Art. 30. Ao COB, entidade jurídica de direito privado, compete representar o País nos eventos olímpicos, pan-americanos e outros de igual natureza, no Comitê Olímpico Internacional (COI) e nos movimentos olímpicos internacionais e fomentar o movimento olímpico no território nacional, em conformidade com as disposições da Constituição Federal, bem como com as disposições estatutárias e regulamentares do COI e da Carta Olímpica.

§ 1º Caberá ao COB representar o olimpismo brasileiro perante o poder público.

§ 2º As disposições deste artigo são aplicáveis ao CPB no que se refere ao esporte paralímpico.

Art. 31. É privativo do COB e do CPB o uso das bandeiras, dos lemas, dos hinos e dos símbolos olímpicos e paralímpicos, bem como das denominações "jogos olímpicos", "olimpíadas", "jogos paralímpicos" e "paralimpíadas", permitida a utilização delas quando se tratar de eventos vinculados ao nível da formação esportiva, especialmente no que se refere ao esporte educacional.

Parágrafo único. São vedados o registro e o uso por terceiros, para qualquer fim, das expressões referidas no *caput* deste artigo e de marcas que configurem flagrante reprodução ou imitação, no todo ou em parte, dos símbolos olímpicos e paralímpicos oficiais.

Subseção V
DO SUBSISTEMA NACIONAL DO ESPORTE MILITAR

Art. 32. O Subsistema Nacional do Esporte Militar (SNEM) congrega as ações, os programas e os projetos do Ministério da Defesa e das Forças Armadas e será coordenado pela Comissão Desportiva Militar do Brasil, pelas Comissões de Desportos do Exército, da Marinha e da Aeronáutica e pelas comissões ou entidades similares das Forças Auxiliares.

§ 1º O SNEM tem por finalidade aprimorar as práticas esportivas em seus diversos níveis, no âmbito das Forças Armadas e em apoio ao esporte nacional, e promover inclusão social por meio do esporte nas organizações militares.

§ 2º As ações relacionadas ao esporte militar congregam o esporte nos 3 (três) níveis de prática esportiva desenvolvidos no âmbito das Forças Armadas e das Forças Auxiliares, as atividades de capacitação e educação física e, subsidiariamente, as atividades de sustentação e inclusão social por meio do esporte, conduzidas por intermédio de programas e projetos específicos, incluídos detecção e aproveitamento de novos talentos.

§ 3º O Ministério da Defesa deverá ser previamente consultado nas questões atinentes ao esporte militar e aos programas esportivos que incluam a participação de militares ou das Forças Armadas e das Forças Auxiliares.

Seção VII
DAS FONTES DE RECURSOS DAS ORGANIZAÇÕES ESPORTIVAS PRIVADAS

Subseção I
DISPOSIÇÕES GERAIS

Art. 33. As organizações esportivas constituir-se-ão como pessoas jurídicas de direito privado, financiadas por meio das próprias atividades, admitido o seu fomento pelo poder público, para a realização dos objetivos previstos no PNEsporte, bem como para a execução descentralizada de programas e ações públicos relacionados ao esporte.

Art. 34. As organizações esportivas que receberem recursos oriundos da exploração de concursos de prognósticos, sorteios e loterias administrarão esses recursos em consonância com os princípios gerais da administração pública, podendo empregá-los diretamente ou de forma descentralizada por meio das organizações que compõem seus respectivos subsistemas, e serão fiscalizadas, nessa atividade, pelo Tribunal de Contas da União.

***Parágrafo único.** As compras e contratações das organizações esportivas com os recursos previstos no caput deste artigo serão por elas realizadas na forma de regulamentos específicos autonomamente editados, sempre consoantes aos princípios gerais da administração pública, sem prejuízo à preservação da natureza privada das referidas organizações.*

▸ Parágrafo único promulgado nos termos do art. 66, § 5º, da CF.

Art. 35. Os recursos oriundos da exploração de concursos de prognósticos, de sorteios e de loterias recebidos pelas organizações esportivas privadas, na forma da Lei nº 13.756, de 12 de dezembro de 2018, serão empregados na manutenção e no desenvolvimento de atividades esportivas congruentes com seus objetivos institucionais, em conformidade com o disposto no art. 23 da referida Lei.

Subseção II
DAS CONTRAPARTIDAS NA GESTÃO ESPORTIVA

Art. 36. Somente serão beneficiadas com repasses de recursos públicos federais da administração direta e indireta e de valores provenientes de concursos de prognósticos e de loterias, nos termos desta Lei e do inciso II do *caput* do art. 217 da Constituição Federal, as organizações de administração e de prática esportiva do SINESP que:

I – possuam viabilidade e autonomia financeiras, segundo demonstrações constantes de seus últimos balanços, bem como por declaração para esse fim firmada por seu dirigente máximo;

II – estejam em situação regular com suas obrigações fiscais e trabalhistas, mediante a expedição das respectivas certidões negativas, ou, na hipótese de refinanciamento, da respectiva certidão positiva com efeitos de negativa;

III – demonstrem compatibilidade entre as ações promovidas para o desenvolvimento esportivo em sua área de atuação e o PNEsporte;

IV – demonstrem que seu presidente ou dirigente máximo tenha mandato de até 4 (quatro) anos, permitida uma única recondução consecutiva, e que são inelegíveis, na eleição que suceder o presidente ou dirigente máximo, seu cônjuge e seus parentes consanguíneos ou afins até o segundo grau ou por adoção;

V – atendam às disposições previstas nas alíneas *b* a e do § 2º e no § 3º do art. 12 da Lei nº 9.532, de 10 de dezembro de 1997;

VI – destinem integralmente os resultados financeiros à manutenção e ao desenvolvimento dos seus objetivos sociais;

VII – sejam transparentes na gestão, inclusive quanto aos dados econômicos e financeiros, contratos, patrocinadores, direitos de imagem, propriedade intelectual e quaisquer outros aspectos de gestão;

VIII – garantam, nas organizações que administram e regulam modalidade esportiva, a representação da categoria de atletas das respectivas modalidades no âmbito dos órgãos da entidade incumbidos diretamente de assuntos esportivos e dos órgãos e conselhos técnicos responsáveis pela aprovação de todos os seus regulamentos;

IX – assegurem a existência e a autonomia do seu conselho fiscal e a presença mínima de 30% (trinta por cento) de mulheres nos cargos de direção;

X – estabeleçam em seus estatutos:

a) princípios definidores de gestão democrática;

b) instrumentos de controle social da prestação de contas dos recursos públicos recebidos;

c) transparência da gestão da movimentação de recursos;

d) mecanismos de controle interno;

e) alternância no exercício dos cargos de presidente ou dirigente máximo, com mandato limitado a 4 (quatro) anos, permitida uma única reeleição consecutiva, por igual período;

f) aprovação das prestações de contas anuais pelo órgão competente na forma do seu estatuto, precedida por parecer do conselho fiscal;

g) participação de atletas, no caso de organizações que administram e regulam modalidade esportiva, no órgão competente por aprovar regulamentos de competições e na eleição para os cargos da organização;

h) colégio eleitoral constituído de representantes de todos os filiados no gozo de seus direitos, observado que a categoria de atleta deverá possuir o equivalente a, no mínimo, 1/3 (um terço) do valor total dos votos, já computada a eventual diferenciação de valor de que trata o § 1º do art. 60 desta Lei;

i) possibilidade de apresentação de candidatura ao cargo de presidente ou dirigente máximo da entidade com exigência de apoiamento limitada a, no máximo, 5% (cinco por cento) do colégio eleitoral;

j) publicação prévia do calendário de reuniões da assembleia geral e posterior publicação sequencial das atas das reuniões realizadas durante o ano;

k) participação de atletas nos colegiados de direção e no colégio eleitoral por meio de representantes de atletas eleitos diretamente e de forma independente pelos atletas filiados da entidade, assegurado, ao menos, 1/5 (um quinto) de representação de cada sexo;

XI – garantam isonomia nos valores pagos a atletas ou paratletas homens e mulheres nas premiações concedidas nas competições que organizarem ou de que participarem;

XII – comprovem o cumprimento da obrigação de contratar aprendizes e pessoas com deficiência, nos percentuais previstos na legislação específica;

XIII – *assinem e garantam à entidade de administração pública provedora dos recursos públicos, inclusive patrocínios, a que se refere o caput deste artigo, compromisso de adoção de medidas para proteção de crianças e de adolescentes contra abusos e quaisquer formas de violência sexual, o qual deverá conter as seguintes obrigações:*

a) apoio a campanhas educativas, em seu âmbito, que alertem para os riscos da exploração sexual e do trabalho infantil;

b) apoio às linhas e aos valores orçamentários adequados para a efetivação plena das campanhas educativas de que trata a alínea a deste inciso;

c) qualificação dos profissionais envolvidos no treinamento esportivo de crianças e de adolescentes para a atuação preventiva e de proteção aos direitos de crianças e de adolescentes;

d) adoção de providências para prevenção contra os tráficos interno e externo de atletas;

e) *instituição de ouvidoria para recebimento de denúncia de maus-tratos e de exploração sexual de crianças e de adolescentes;*

f) *solicitação do registro de escolas de formação de atletas nas entidades de prática desportiva, nos conselhos municipais e distrital dos direitos da criança e do adolescente e nas respectivas entidades regionais de administração do desporto;*

g) *esclarecimento aos pais acerca das condições a que são submetidos os alunos das escolas de formação de atletas destinadas a crianças e a adolescentes;*

h) *prestação de contas anual perante os conselhos dos direitos da criança e do adolescente e o Ministério Público sobre o devido cumprimento das medidas previstas neste inciso.*

▸ Inciso XIII acrescido pela Lei nº 15.031, de 21-11-2024.

§ 1º *As organizações que somente se dedicam à prática esportiva, sem administrar a modalidade, estão isentas do disposto no inciso VIII e na alínea g do inciso X do caput deste artigo, no que se refere à eleição para os cargos de direção da entidade, e nas alíneas h, i, j e k do inciso X do caput deste artigo, no que se refere à escolha de atletas para participação no colégio eleitoral, observado que, no caso das sociedades anônimas do futebol, submetidas à Lei nº 14.193, de 6 de agosto de 2021, não se aplicam o inciso VI e a alínea e do inciso X do caput deste artigo.*

▸ § 1º promulgado nos termos do art. 66, § 5º, da CF.

§ 2º A verificação do cumprimento das exigências previstas neste artigo será de responsabilidade do Ministério do Esporte.

§ 3º VETADO.

§ 4º As organizações a que se refere o *caput* deste artigo deverão dar publicidade às seguintes informações:

I – cópia do estatuto social atualizado da organização;

II – relação nominal atualizada dos dirigentes da organização e seus efetivos salários;

III – cópia integral dos convênios, contratos, termos de parcerias, acordos, ajustes ou instrumentos congêneres realizados com o Poder Executivo federal, e dos respectivos aditivos, e relatórios finais de prestação de contas, na forma da legislação aplicável;

IV – documentos e informações relativos à prestação de contas e, no caso de organização que administra e regula a modalidade esportiva, documentos e informações relacionados à sua gestão, ressalvados, em qualquer caso, os contratos comerciais celebrados com cláusula de confidencialidade, sem embargo da competência de fiscalização do conselho fiscal e da obrigação do correto registro contábil de receita e despesa deles decorrente.

§ 5º As informações de que trata o § 4º deste artigo serão divulgadas no sítio eletrônico da organização e em quadro de avisos de amplo acesso público em sua sede.

§§ 6º a 8º VETADOS.

§ 9º O disposto neste artigo aplica-se, no que couber, ao CBC e ao CBCP.

§ 10. *O descumprimento das determinações legais de proteção de crianças e de adolescentes previstas no inciso XIII do caput deste artigo acarretará a suspensão da transferência de recursos públicos para a entidade desportiva ou, em caso de patrocínio, o encerramento desse contrato.*

▸ § 10 acrescido pela Lei nº 15.031, de 21-11-2024.

Art. 37. *O disposto nesta Subseção não se aplica à Sociedade Anônima do Futebol, regida exclusivamente pela Lei nº 14.193, de 6 de agosto de 2021.*

▸ Artigo promulgado nos termos do art. 66, § 5º, da CF.

SUBSEÇÃO III

DOS PACTOS PARA OS CICLOS OLÍMPICOS E PARALÍMPICOS

Art. 38. O COB, o CPB e as organizações esportivas de atuação nacional que lhes são filiadas, bem como o CBC e o CBCP, firmarão com o Ministério do Esporte, até o mês de dezembro do ano em que se realizarem os Jogos Olímpicos e Paralímpicos de Verão, seus pactos para os ciclos olímpicos e paralímpicos seguintes.

§ 1º A CBDE e a CBDU firmarão pactos idênticos aos previstos no *caput* deste artigo, mas com adaptação dos períodos de início e fim aos ciclos, respectivamente, da principal competição internacional de que participem.

§ 2º Os pactos de que trata este artigo serão obrigatórios para os fins de recebimento dos recursos previstos no art. 33 desta Lei e terão por objetivo a harmonização das atividades das organizações referidas no *caput* deste artigo com o previsto no PNEsporte em vigor, estabelecendo metas a serem atingidas e diretrizes de trabalho conjunto.

§§ 3º e 4º VETADOS.

CAPÍTULO III
DO FINANCIAMENTO PÚBLICO AO ESPORTE

SEÇÃO I

DISPOSIÇÕES GERAIS

Art. 39. O poder público fomentará a prática esportiva, com a destinação de recursos que possibilitem sua universalização, e sempre priorizará o esporte educacional.

Art. 40. *O fomento das atividades esportivas no SINESP deverá ser efetuado mediante cofinanciamento das 3 (três) esferas de governo, por meio dos fundos de esporte.*

Parágrafo único. *Os entes federados atuarão em harmonia para a otimização e a racionalidade na instalação de equipamentos esportivos, e deverá ser ouvida a respectiva organização que administra ou regula a modalidade no caso de construção de centros esportivos ou arenas destinados à excelência esportiva.*

▸ Art. 40 promulgado nos termos do art. 66, § 5º, da CF.

SEÇÃO II

DOS FUNDOS DE ESPORTE

Art. 41. *O SINESP contará, em cada esfera de governo, com um fundo de esporte, de natureza contábil, com o objetivo de centralizar recursos e de fomentar as atividades esportivas.*

Parágrafo único. *O fundo de esporte de cada ente federado será gerido pelo órgão da administração pública responsável pelas políticas de fomento às atividades esportivas, sob orientação e controle do respectivo conselho de esporte.*

Art. 42. *O cofinanciamento dos serviços, dos programas e dos projetos, no que couber, e o aprimoramento da gestão da política de esporte no SINESP efetuar-se-ão por meio de transferências automáticas ou voluntárias entre os fundos de esporte e mediante alocação de recursos próprios nesses fundos nas 3 (três) esferas de governo.*

Art. 43. *São condições para os repasses aos Estados, ao Distrito Federal e aos Municípios dos recursos de que trata esta Lei a efetiva instituição e o funcionamento de:*

I – *conselho de esporte, de composição paritária entre governo e sociedade civil;*

II – *fundo de esporte, com orientação e controle dos respectivos conselhos de esporte;*

III – *plano de esporte.*

§ 1º *É também condição para transferência de recursos dos fundos de esporte aos Estados, ao Distrito Federal e aos Municípios a comprovação orçamentária dos recursos próprios destinados ao esporte, alocados nos respectivos fundos de esporte.*

§ 2º *O não atendimento pelos Municípios, ou pelos Estados, ou pelo Distrito Federal, dos requisitos estabelecidos neste artigo fará com que os recursos concernentes sejam administrados, respectivamente, pelos Estados ou pela União.*

Art. 44. *A fiscalização do emprego dos recursos alocados no fundo de esporte de cada ente pelos respectivos órgãos de controle interno e externo não elide, no que se refere aos recursos provenientes de repasse de outro ente federado, a fiscalização a cargo dos órgãos de controle interno e externo deste último.*

Art. 45. *Os Estados, o Distrito Federal e os Municípios prestarão, anualmente, contas do regular uso dos recursos federais repassados a seus fundos de esporte, que serão acompanhadas da decisão do respectivo conselho de esporte sobre o relatório de gestão a ele apresentado e do demonstrativo da execução das ações previstas no plano de esporte do ente federado.*

Parágrafo único. *Os entes transferidores poderão requisitar informações referentes à aplicação dos recursos oriundos do seu fundo de esporte, para fins de análise e acompanhamento de sua boa e regular utilização.*

Art. 46. *Constituem recursos dos fundos de esporte os previstos na Constituição Federal e na legislação de cada ente federativo.*

▸ Arts. 41 a 46 promulgados nos termos do art. 66, § 5º, da CF.

SEÇÃO III

DO FUNDO NACIONAL DO ESPORTE

Art. 47. *O Fundo Nacional do Esporte (FUNDESPORTE) tem como objetivo viabilizar:*

I – *o acesso a práticas esportivas;*

II – *a prática de educação física em todos os níveis educacionais e a valorização dos profissionais que a ela se dedicam;*

III – *a universalização e a descentralização dos programas de esporte;*

IV – *a construção, a acessibilidade e a manutenção de instalações esportivas;*

V – *a destinação de equipamentos adequados e adaptados à prática esportiva;*

VI – a realização de competições esportivas e o estímulo para que os atletas delas participem;

VII – a criação de programas de transição de carreira para atletas;

VIII – o fomento de estudo, pesquisa e avanço tecnológico na área do esporte; e

IX – a criação de programas de capacitação e formação de treinadores.

§ 1º É vedada a utilização dos recursos do FUNDESPORTE para remuneração de pessoal e para pagamento de encargos sociais.

§ 2º O percentual máximo do FUNDESPORTE a ser destinado às despesas administrativas será definido a cada ano pelo CNE.

§ 3º Na aplicação dos recursos do FUNDESPORTE, terão prioridade os serviços que compõem a formação esportiva, de que trata o art. 5º desta Lei, e o esporte para toda a vida, de que trata o art. 7º desta Lei.

§ 4º Para fazer jus aos recursos do FUNDESPORTE, as organizações esportivas deverão estar inseridas no Cadastro Nacional de Organizações Esportivas, de que trata o inciso IX do caput do art. 16 desta Lei.

***Art. 48.** Constituem receitas do FUNDESPORTE:*

I – recursos do Tesouro Nacional, inclusive os de emendas parlamentares;

II – doações, legados e patrocínios, nos termos da legislação vigente;

III – subvenções e auxílios de entidades de qualquer natureza, inclusive de organismos internacionais;

IV – receitas oriundas da exploração de modalidades lotéricas previstas no § 1º do art. 14 da Lei nº 13.756, de 12 de dezembro de 2018;

V – VETADO;

VI – reembolso das operações de empréstimo realizadas por meio do FUNDESPORTE a título de financiamento reembolsável, observados critérios de remuneração que, no mínimo, lhes preserve o valor real;

VII – saldos não utilizados na execução dos projetos a que se refere o art. 132 desta Lei;

VIII – devolução de recursos de projetos previstos no art. 128 desta Lei e não iniciados ou interrompidos, com ou sem justa causa;

IX – resultado das aplicações em títulos públicos federais, obedecida a legislação vigente sobre a matéria;

X – conversão da dívida externa com entidades e órgãos estrangeiros, unicamente mediante doações, no limite a ser fixado pelo Ministro de Estado da Fazenda, observados as normas e os procedimentos do Banco Central do Brasil;

XI – saldos de exercícios anteriores;

XII – recursos de outras fontes.

***Art. 49.** Do total dos recursos destinados ao FUNDESPORTE provenientes da previsão contida no inciso IV do art. 48, 1/3 (um terço) será repassado aos fundos de esporte dos Estados e do Distrito Federal, proporcionalmente ao montante das apostas efetuadas em cada unidade da Federação, para aplicação prioritária em esporte educacional, inclusive em jogos escolares.*

***Parágrafo único.** No mínimo 50% (cinquenta por cento) dos recursos dispostos no caput deste artigo serão investidos em projetos apresentados pelos Municípios ou, na falta de projetos, em ações governamentais em benefício dos Municípios.*

▸ Arts. 47 a 49 promulgados nos termos do art. 66, § 5º, da CF.

Seção IV

DOS AUXÍLIOS DIRETOS AOS ATLETAS E DA BOLSA-ATLETA

Art. 50. O poder público fomentará a formação, o desenvolvimento e a manutenção de atletas em formação e de rendimento por meio de auxílios diretos denominados bolsa.

Art. 51. É instituída a Bolsa-Atleta, destinada prioritariamente aos atletas praticantes do esporte de alto rendimento em modalidades olímpicas, paralímpicas e surdolímpicas, sem prejuízo da análise e deliberação acerca das demais modalidades, a serem feitas de acordo com o art. 54 desta Lei.

§ 1º A Bolsa-Atleta garantirá aos atletas benefício financeiro conforme os valores fixados no Anexo desta Lei, que serão revistos em ato do Poder Executivo, com base em estudos técnicos sobre o tema, observado o limite definido na lei orçamentária anual.

§ 2º Para efeito do disposto no § 1º deste artigo, são criadas as seguintes categorias de Bolsa-Atleta:

I – categoria atleta de base: destinada aos atletas que participem com destaque das categorias iniciantes, a serem determinadas pela respectiva organização nacional que administra e regula a modalidade esportiva, em conjunto com o Ministério do Esporte;

II – categoria estudantil: destinada aos atletas que tenham participado de eventos nacionais estudantis reconhecidos pelo Ministério do Esporte;

III – categoria atleta nacional: destinada aos atletas que tenham participado de competição esportiva em âmbito nacional, indicada pela respectiva organização nacional que administra e regula a modalidade esportiva e que atende aos critérios fixados pelo Ministério do Esporte;

IV – categoria atleta internacional: destinada aos atletas que tenham participado, integrando seleção brasileira ou representando o Brasil em sua modalidade, de competição esportiva de âmbito internacional reconhecida pela respectiva organização esportiva internacional e indicada pela organização nacional que administra e regula a modalidade esportiva;

V – categoria atleta olímpico, paralímpico ou surdolímpico: destinada aos atletas que tenham participado de jogos olímpicos, paralímpicos ou surdolímpicos e cumpram os critérios fixados pelo Ministério do Esporte em regulamento;

VI – categoria atleta pódio: destinada aos atletas de modalidades individuais olímpicas, paralímpicas e surdolímpicas, de acordo com os critérios a serem definidos pelas respectivas organizações nacionais que administram e regulam a modalidade esportiva em conjunto com o COB, o CPB, a CBDS e o Ministério do Esporte, obrigatoriamente vinculados ao Programa Atleta Pódio.

§ 3º A Bolsa-Atleta será concedida prioritariamente aos atletas de alto rendimento das modalidades olímpicas, paralímpicas e surdolímpicas filiadas, respectivamente, ao COB, ao CPB e à CBDS e, subsidiariamente, aos atletas das modalidades que não fazem parte do programa olímpico, paralímpico ou surdolímpico.

§ 4º A concessão da Bolsa-Atleta para os atletas participantes de modalidades individuais e coletivas que não fizerem parte do programa olímpico, paralímpico ou surdolímpico ficará limitada a 15% (quinze por cento) dos recursos orçamentários disponíveis para a Bolsa-Atleta.

§ 5º Não serão beneficiados com a Bolsa-Atleta os atletas pertencentes à categoria master ou similar.

§ 6º O beneficiário da Bolsa-Atleta com idade igual ou superior a 16 (dezesseis) anos que não seja filiado a regime próprio de previdência social ou que não esteja enquadrado em uma das hipóteses do art. 11 da Lei nº 8.213, de 24 de julho de 1991, poderá filiar-se ao Regime Geral de Previdência Social como segurado facultativo.

§ 7º Os atletas-guia, os atletas assistentes e os similares poderão ser beneficiários da Bolsa-Atleta, na forma definida pelo regulamento.

§ 8º O regulamento estabelecerá os limites, em cada categoria de bolsa, para o acúmulo do benefício com outras fontes de renda do atleta.

Art. 52. Para pleitear a concessão da Bolsa-Atleta, o atleta deverá preencher, cumulativamente, os seguintes requisitos:

I – possuir idade mínima de 14 (quatorze) anos para a obtenção das Bolsas-Atleta Nacional, Internacional, Olímpico, Paralímpico ou Surdolímpico e Pódio, e possuir idade máxima de 20 (vinte) anos para a obtenção da Bolsa-Atleta Estudantil, até o término das inscrições;

II – estar vinculado a alguma organização que promova a prática esportiva;

III – estar em plena atividade esportiva;

IV – apresentar declaração sobre valores recebidos a título de patrocínio de pessoas jurídicas públicas ou privadas, incluído todo e qualquer montante percebido eventual ou regularmente, diverso do salário, bem como qualquer tipo de apoio em troca de vinculação de marca;

V – ter participado de competição esportiva em âmbito nacional ou internacional no ano imediatamente anterior em que tiver sido pleiteada a concessão da Bolsa-Atleta, com exceção da categoria atleta pódio;

VI – estar regularmente matriculado em instituição de ensino pública ou privada, exclusivamente para os atletas que pleitearem a Bolsa-Atleta na categoria estudantil;

VII – encaminhar, para aprovação, plano esportivo anual, com plano de treinamento, objetivos e metas esportivas para o ano de recebimento do benefício, conforme critérios e modelos a serem estabelecidos pelo Ministério do Esporte;

VIII – estar ranqueado na respectiva organização esportiva internacional entre os 20 (vinte) primeiros colocados do mundo em sua modalidade ou prova específica, exclusivamente para os atletas que pleitearem a Bolsa-Atleta na categoria atleta pódio.

§ 1º Não poderá candidatar-se à Bolsa-Atleta o atleta que tiver sido condenado por dopagem, na forma do regulamento.

§ 2º Os atletas beneficiados com a Bolsa-Atleta na categoria estudantil poderão recebê-la cumulativamente com outras bolsas ou benefícios oriundos de programas de incentivo ao ensino, à pesquisa, à iniciação científica e à extensão, inclusive os matriculados em cursos de graduação ou pós-graduação stricto sensu em instituição de ensino superior.

Art. 53. A Bolsa-Atleta será concedida pelo prazo de 1 (um) ano e deverá ser paga em até 12 (doze) parcelas mensais.

Parágrafo único. Encerrado o prazo previsto no *caput* deste artigo, terão prioridade para a renovação da Bolsa-Atleta:

I – os atletas de qualquer categoria da Bolsa-Atleta que conquistarem medalhas nos jogos olímpicos, paralímpicos ou surdolímpicos;

II – os atletas da categoria atleta pódio;

III – as atletas gestantes ou puérperas.

▸ Parágrafo único acrescido pela Lei nº 14.614, de 3-7-2023.

Art. 53-A. O Ministério do Esporte garantirá às atletas gestantes ou puérperas, no âmbito da Bolsa-Atleta, o respeito à maternidade e aos direitos que as protegem.

§ 1º Caso a atleta não possa comprovar a participação em competição nacional ou internacional no ano imediatamente anterior ao pedido de concessão da Bolsa-Atleta em decorrência de afastamento determinado pela gestação ou pelo puerpério, poderá ser utilizado o resultado esportivo obtido no ano antecedente ao da gestação ou do puerpério para pleitear o benefício.

§ 2º Será garantido à atleta gestante ou puérpera o recebimento regular das parcelas mensais da Bolsa-Atleta até que possa retomar a atividade esportiva, hipótese em que não se aplicará o prazo previsto no *caput* do art. 53 desta Lei.

§ 3º A comprovação de plena atividade esportiva não será exigida da atleta na prestação de contas referente aos recursos financeiros recebidos no âmbito da Bolsa-Atleta durante o período da gestação ou do puerpério.

§ 4º Para fins do disposto neste artigo, a concessão da Bolsa-Atleta será garantida à atleta gestante ou puérpera durante o período da gestação acrescido de até 6 (seis) meses após o nascimento da criança, desde que o período adicional do benefício não exceda a 15 (quinze) parcelas mensais consecutivas.

§ 5º Retomada a atividade esportiva ou encerrado o prazo previsto no § 4º deste artigo, as obrigações assumidas pela atleta no âmbito da Bolsa-Atleta voltarão a ser exigidas.

§ 6º Os direitos reconhecidos à atleta gestante ou puérpera não afastarão a possibilidade de a beneficiária da Bolsa-Atleta, respeitada a orientação de seu médico e de seu treinador, continuar ou retomar a atividade esportiva previamente ao encerramento do prazo previsto no § 4º deste artigo.

§ 7º Os direitos reconhecidos à atleta gestante ou puérpera de que tratam este artigo e o inciso III do parágrafo único do art. 53 desta Lei aplicam-se à hipótese de adoção.

§ 8º A concessão dos direitos reconhecidos à atleta gestante ou puérpera de que trata este artigo fica condicionada à disponibilidade orçamentária e financeira do Ministério do Esporte.

▸ Art. 53-A acrescido pela Lei nº 14.614, de 3-7-2023.

Art. 54. O Ministro de Estado do Esporte submeterá ao CNE a análise e deliberação acerca de pleito de concessão de bolsas para atletas de modalidades não olímpicas, não paralímpicas e não surdolímpicas, e respectivas categorias, que serão atendidas pela Bolsa-Atleta no exercício subsequente, observados o PNEsporte e as disponibilidades financeiras.

Art. 55. VETADO.

Art. 56. Os critérios complementares para concessão, suspensão e cancelamento de bolsas, inclusive quanto às modalidades não olímpicas, não paralímpicas e não surdolímpicas, e as formas e os prazos para a inscrição dos interessados na obtenção do benefício e para a prestação de contas dos recursos financeiros recebidos e dos resultados esportivos propostos e alcançados pelos atletas beneficiados serão fixados em regulamento.

Parágrafo único. O regulamento referido no *caput* deste artigo deverá assegurar ao atleta:

I – o direito de recurso contra a decisão;

II – a garantia do efeito suspensivo imediato da eficácia da decisão para os casos de suspensão ou cancelamento de bolsas.

TÍTULO II – DA ORDEM ECONÔMICA ESPORTIVA

CAPÍTULO I
DA RESPONSABILIDADE NA GESTÃO ESPORTIVA

Seção I
DISPOSIÇÕES GERAIS

Art. 57. A ordem econômica esportiva visa a assegurar as relações sociais oriundas de atividades esportivas, e cabe ao poder público zelar pela sua higidez, em razão do relevante interesse social.

Art. 58. Para a promoção e a manutenção da higidez da ordem econômica esportiva, os gestores da área do esporte submetem-se a regras de gestão corporativa, de conformidade legal e regulatória, de transparência e de manutenção da integridade da prática e das competições esportivas.

Seção II
DOS PRINCÍPIOS E DAS DIRETRIZES

Art. 59. São princípios da gestão na área esportiva, sem prejuízo de outros preceitos correlatos:

I – responsabilidade corporativa: caracterizada pelo dever de zelar pela viabilidade econômico-financeira da organização, especialmente por meio da adoção de procedimentos de planejamento de riscos e de padrões de conformidade;

II – transparência: consistente na disponibilização pública das informações referentes ao desempenho econômico-financeiro, gerenciais e pertinentes à preservação e ao desenvolvimento do patrimônio da organização;

III – prestação de contas: referente ao dever de o gestor prestar contas de sua atuação de modo claro, conciso, compreensível e tempestivo, assumindo integralmente as consequências de seus atos e omissões e atuando com diligência e responsabilidade no âmbito de sua competência;

IV – equidade: caracterizada pelo tratamento justo e isonômico de todos os gestores e membros da organização, considerados seus direitos, seus deveres, suas necessidades, seus interesses e suas expectativas;

V – participação: consubstanciada na adoção de práticas democráticas de gestão direcionadas à adoção de meios que possibilitem a participação de todos os membros da organização;

VI – integridade esportiva: referente, no âmbito da gestão do esporte, à adoção de medidas que evitem qualquer interferência indevida que possa afetar a incerteza do resultado esportivo, a igualdade e a integridade dos competidores.

Art. 60. Os processos eleitorais das organizações esportivas assegurarão:

I – colégio eleitoral constituído por todos os filiados no gozo de seus direitos, admitida a diferenciação de valor dos seus votos, bem como por representação de atletas e, quando for o caso, de técnicos e de árbitros participantes de competições coordenadas pela organização responsável pelo pleito, na forma e segundo critérios decididos por seus associados;

II – defesa prévia, em caso de impugnação do direito de participar da eleição;

III – eleição convocada no sítio eletrônico da organização esportiva e mediante edital publicado em órgão de imprensa de grande circulação, por 3 (três) vezes;

IV – sistema de recolhimento dos votos imune a fraude, admitida votação não presencial;

V – acompanhamento da apuração pelos candidatos e pelos meios de comunicação.

§ 1º Na hipótese da adoção de critério diferenciado de valoração dos votos, este não poderá exceder à proporção de 1 (um) para 6 (seis) entre o de menor e o de maior valor.

§ 2º Nas organizações esportivas que administram e regulam modalidade esportiva, o colégio eleitoral será integrado, no mínimo, por representantes das agremiações participantes das 2 (duas) principais categorias do campeonato que aquelas organizam.

§ 3º VETADO.

Art. 61. VETADO.

§ 1º Todos os integrantes das assembleias gerais terão acesso aos documentos, às informações e aos comprovantes de despesas de contas de que trata o *caput* deste artigo, facultado estabelecer que a análise será realizada somente na sede da organização esportiva.

§ 2º As organizações esportivas a que se refere o *caput* deste artigo poderão oferecer em garantia seus bens patrimoniais, esportivos ou sociais, inclusive imobiliários ou de propriedade intelectual, na forma de seu estatuto, ou, se omisso este, mediante aprovação de mais da metade dos associados presentes à assembleia geral especialmente convocada para deliberar sobre o tema.

§ 3º Sem prejuízo de outros requisitos previstos em lei e do disposto no § 3º do art. 195 da Constituição Federal, as organizações esportivas de que trata o *caput* deste artigo somente poderão obter financiamento com recursos públicos ou fazer jus a programas de recuperação econômico-financeiros se, cumulativamente, atenderem às seguintes condições:

I – realizar todos os atos necessários para permitir a identificação exata de sua situação financeira;

II – apresentar plano de resgate, plano de investimento e plano de provimento de credores trabalhistas;

III – garantir a independência de seus conselhos de fiscalização e de administração, quando houver;

IV – adotar modelo profissional e transparente; e

V – apresentar suas demonstrações financeiras juntamente com os respectivos relatórios de auditoria.

§ 4º Os recursos do financiamento direcionados à implementação do plano de resgate serão utilizados:

I – prioritariamente, para quitação de débitos fiscais e trabalhistas; e

II – subsidiariamente, para construção ou melhoria de arena esportiva própria ou de arenas por elas utilizadas para mando de suas provas ou partidas, com a finalidade de atender aos critérios de segurança, saúde e bem-estar do espectador.

§ 5º Na hipótese do inciso II do § 4º deste artigo, a organização esportiva deverá apresentar à instituição financiadora o orçamento das obras pretendidas.

§ 6º VETADO.

Art. 62. Nenhuma pessoa natural ou jurídica que, direta ou indiretamente, seja detentora de parcela do capital com direito a voto ou, de qualquer forma, participe da administração de qualquer organização esportiva que promova a prática esportiva profissional poderá ter participação simultânea no capital social ou na gestão de outra organização esportiva congênere disputante da mesma competição que envolva a prática esportiva profissional.

§ 1º É vedado que 2 (duas) ou mais organizações esportivas que promovam a prática esportiva profissional disputem a mesma competição ou a mesma série ou divisão de uma competição, quando for o caso, das diversas modalidades esportivas disputadas profissionalmente quando:

I – uma mesma pessoa natural ou jurídica, direta ou indiretamente, por meio de relação contratual, explore, controle ou administre direitos que integrem seus patrimônios; ou

II – uma mesma pessoa natural ou jurídica, direta ou indiretamente, seja detentora de parcela do capital com direito a voto ou, de qualquer forma, participe da administração de mais de uma sociedade ou associação que explore, controle ou administre direitos que integrem os seus patrimônios.

§ 2º A vedação de que trata este artigo aplica-se:

I – ao cônjuge e aos parentes até o segundo grau das pessoas naturais; e

II – às sociedades controladoras, às controladas e às coligadas das mencionadas pessoas jurídicas, bem como a fundo de investimento, a condomínio de investidores ou outra forma assemelhada que resulte na participação concomitante vedada neste artigo.

§ 3º Ficam excluídos da vedação de que trata este artigo os contratos de administração e investimentos em arenas esportivas, de patrocínio, de licenciamento de uso de marcas e símbolos e de publicidade e propaganda, desde que não importem na administração direta ou na cogestão das atividades esportivas profissionais das organizações esportivas, bem como os contratos individuais ou coletivos de licenciamento de direitos para transmissão de eventos esportivos.

§ 4º A infringência a este artigo implica a inabilitação da organização esportiva quanto à percepção de recursos públicos e verbas de concursos de prognósticos e de loterias.

Art. 63. As organizações esportivas envolvidas em qualquer competição de atletas profissionais, independentemente da forma jurídica adotada, exceto as de pequeno porte, nos termos do § 6º do art. 61 desta Lei, ficam obrigadas a:

I – elaborar demonstração financeira passível de separação por atividade econômica, de modo distinto das atividades recreativas e sociais, nos termos da lei e de acordo com os padrões e os critérios estabelecidos pelo Conselho Federal de Contabilidade, e, após terem sido submetidas a auditoria independente, providenciar sua publicação, até o último dia útil do mês de abril do ano subsequente, por período não inferior a 3 (três) meses, em sítio eletrônico próprio ou da respectiva organização regional que administra e regula a modalidade esportiva;

II – apresentar contas juntamente com os relatórios da auditoria a que se refere o inciso I do *caput* ao CNE, sempre que forem beneficiárias de recursos públicos, na forma do regulamento.

§ 1º Sem prejuízo da aplicação das penalidades previstas na legislação tributária, trabalhista, previdenciária, cambial e das consequentes responsabilidades civil e penal, a infringência a este artigo implica:

I – para organizações esportivas que administram e regulam a prática esportiva, a inelegibilidade por 10 (dez) anos de seus dirigentes para o desempenho de cargos ou funções eletivas ou de livre nomeação em quaisquer organizações esportivas;

II – para as organizações que promovem a prática esportiva, a inelegibilidade por 10 (dez) anos de seus dirigentes para cargos ou funções eletivas ou de livre nomeação em qualquer organização ou empresa direta ou indiretamente vinculada às competições que envolvam atletas profissionais da respectiva modalidade esportiva.

§ 2º As organizações esportivas que violarem o disposto neste artigo ficam ainda sujeitas:

I – ao afastamento de seus dirigentes; e

II – à nulidade de todos os atos praticados por seus dirigentes em nome da organização, após a prática da infração, respeitado o direito de terceiros de boa-fé.

§ 3º Para fins de aplicação do § 2º deste artigo, consideram-se dirigentes:

I – o presidente da organização esportiva, ou aquele que lhe faça as vezes; e

II – o dirigente que cometeu a infração, ainda que por omissão.

Seção III

DOS DEVERES DO GESTOR

Art. 64. Para os fins do disposto nesta Lei, gestor esportivo é aquele que exerce, de fato ou de direito, poder de decisão na gestão da organização, inclusive seus administradores.

Parágrafo único. É dever do gestor esportivo agir com cautela e planejamento de risco, atentando-se especialmente aos deveres de:

I – diligência: caracterizada pela obrigação de gerir a organização com a competência e o cuidado que seriam usualmente empregados por todo homem digno e de boa-fé na condução dos próprios negócios;

II – lealdade: caracterizada pela proibição de o gestor utilizar em proveito próprio ou de terceiro informações referentes aos planos e aos interesses da organização, sobre os quais somente teve acesso em razão do cargo que ocupa;

III – informação: caracterizada pela necessária transparência dos negócios da organização, com a obrigação de o gestor, sempre de forma imediata, informar os interessados sobre qualquer situação que possa acarretar risco financeiro ou de gestão, bem como de informar sobre eventuais interesses que possua e que possam ensejar conflito de interesse com as atividades da organização.

Seção IV

DOS REQUISITOS E DOS IMPEDIMENTOS PESSOAIS NA GESTÃO ESPORTIVA

Art. 65. São inelegíveis e impedidas de exercer funções de direção das organizações esportivas, independentemente de sua natureza jurídica, as pessoas inelegíveis para o exercício de cargos públicos na forma da legislação eleitoral, pelo período de inelegibilidade nela fixado.

§ 1º São também impedidas de exercer as funções de direção em organização esportiva as pessoas afastadas por decisão interna ou judicial em razão de gestão temerária ou fraudulenta no esporte por, no mínimo, 10 (dez) anos ou enquanto perdurarem os efeitos da condenação judicial.

§ 2º São também inelegíveis, para o desempenho de cargos e funções eletivos ou de livre nomeação, por 10 (dez) anos, os dirigentes:

I – inadimplentes na prestação de contas de recursos públicos em decisão administrativa definitiva;

II – inadimplentes na prestação de contas da própria organização esportiva, por decisão definitiva judicial ou da respectiva organização, respeitados o devido processo legal, o contraditório e a ampla defesa;

III – inadimplentes com as contribuições previdenciárias e trabalhistas de responsabilidade da organização esportiva e cuja inadimplência tenha ocorrido durante sua gestão, desde que os débitos tenham sido inscritos em dívida ativa;

IV – administradores, sócios-gerentes ou dirigentes de empresas que tenham tido sua falência decretada.

Seção V

DA GESTÃO TEMERÁRIA NO ESPORTE

Art. 66. Os dirigentes das organizações esportivas, independentemente da forma jurídica adotada, têm seus bens particulares sujeitos ao disposto no art. 50 da Lei nº 10.406, de 10 de janeiro de 2002 (Código Civil).

§ 1º Para os fins do disposto nesta Lei, dirigente é aquele que exerce, de fato ou de direito, poder de decisão na gestão da entidade, inclusive seus administradores.

§ 2º Os dirigentes de organizações esportivas respondem solidária e ilimitadamente pelos atos ilícitos praticados e pelos atos de gestão irregular ou temerária ou contrários ao previsto no contrato social ou estatuto.

§ 3º O dirigente que tiver conhecimento do não cumprimento dos deveres estatutários ou contratuais por seu predecessor ou pelo administrador competente e deixar de comunicar o fato ao órgão estatutário competente será responsabilizado solidariamente.

Art. 67. Consideram-se atos de gestão irregular ou temerária praticados pelo dirigente aqueles que revelem desvio de finalidade na direção da organização ou que gerem risco excessivo e irresponsável para seu patrimônio, tais como:

I – aplicar créditos ou bens sociais em proveito próprio ou de terceiros;

II – obter, para si ou para outrem, vantagem a que não faz jus e de que resulte ou possa resultar prejuízo para a organização esportiva;

III – celebrar contrato com empresa da qual o dirigente, seu cônjuge ou companheiro ou parentes, em linha reta, colateral ou por afinidade, até o terceiro grau sejam sócios ou administradores, exceto no caso de contratos de patrocínio ou doação em benefício da organização esportiva;

IV – receber qualquer pagamento, doação ou outra forma de repasse de recursos oriundos de terceiros que, no prazo de até 1 (um) ano, antes ou depois do repasse, tenham celebrado contrato com a organização esportiva;

V – antecipar ou comprometer receitas em desconformidade com o previsto em lei;

VI – não divulgar de forma transparente informações de gestão aos associados;

VII – deixar de prestar contas de recursos públicos recebidos.

§ 1º Em qualquer hipótese, o dirigente não será responsabilizado caso:

I – não tenha agido com culpa grave ou dolo; ou

II – comprove que agiu de boa-fé e que as medidas realizadas visavam a evitar prejuízo maior à entidade.

§ 2º Para os fins do disposto no inciso IV do *caput* deste artigo, também será considerado ato de gestão irregular ou temerária o recebimento de qualquer pagamento, doação ou outra forma de repasse de recursos por:

I – cônjuge ou companheiro do dirigente;

II – parentes do dirigente, em linha reta, colateral ou por afinidade, até o terceiro grau;

III – empresa ou sociedade civil da qual o dirigente, seu cônjuge ou companheiro ou parentes, em linha reta, colateral ou por afinidade, até o terceiro grau sejam sócios ou administradores.

Art. 68. Os dirigentes que praticarem atos de gestão irregular ou temerária poderão ser responsabilizados por meio de mecanismos de controle social internos da organização, sem prejuízo da adoção das providências necessárias à apuração das eventuais responsabilidades civil e penal.

§ 1º Na ausência de disposição específica, caberá à assembleia geral da organização deliberar sobre a instauração de procedimentos de apuração de responsabilidade.

§ 2º A assembleia geral poderá ser convocada por 30% (trinta por cento) dos associados com direito a voto para deliberar sobre a instauração de procedimento de apuração de responsabilidade dos dirigentes caso, após 3 (três) meses da ciência do ato tido como de gestão irregular ou temerária:

I – não tenha sido instaurado o referido procedimento; ou

II – não tenha sido convocada assembleia geral para deliberar sobre os procedimentos internos de apuração da responsabilidade.

§ 3º Em organizações em cuja estrutura não haja assembleia geral, competem ao conselho fiscal os procedimentos previstos nos §§ 1º e 2º deste artigo.

§ 4º Caso constatada a responsabilidade, o dirigente será considerado inelegível por 10 (dez) anos para cargos eletivos em qualquer organização esportiva.

Art. 69. Compete à organização esportiva, mediante prévia deliberação da assembleia geral, adotar medida judicial cabível contra os dirigentes para ressarcimento dos prejuízos causados ao seu patrimônio.

§ 1º Os dirigentes contra os quais deva ser proposta medida judicial ficarão impedidos e deverão ser substituídos na mesma assembleia.

§ 2º O impedimento previsto no § 1º deste artigo será suspenso caso a medida judicial não tenha sido proposta após 3 (três) meses da deliberação da assembleia geral.

§ 3º Em organizações em cuja estrutura não haja assembleia geral, competem ao conselho fiscal os procedimentos previstos neste artigo.

CAPÍTULO II
DAS RELAÇÕES DE TRABALHO NO ESPORTE

Seção I
DO TRABALHADOR ESPORTIVO

Subseção I
DISPOSIÇÕES GERAIS

Art. 70. No nível da excelência esportiva, as relações econômicas que advêm da prática do esporte devem basear-se nas premissas do desenvolvimento social e econômico e no primado da proteção do trabalho, da garantia dos direitos sociais do trabalhador esportivo e da valorização da organização esportiva empregadora.

Art. 71. O trabalhador da área do esporte desempenha atividades laborais permeadas por peculiaridades e especificidades, estabelecendo relações com as organizações esportivas, independentemente de sua natureza jurídica, por meio das formas previstas na legislação civil ou trabalhista.

Subseção II
DOS ATLETAS

Art. 72. A profissão de atleta é reconhecida e regulada por esta Lei, sem prejuízo das disposições não colidentes contidas na legislação vigente, no respectivo contrato de trabalho ou em acordos ou convenções coletivas.

Parágrafo único. Considera-se atleta profissional o praticante de esporte de alto nível que se dedica à atividade esportiva de forma remunerada e permanente e que tem nessa atividade de sua principal fonte de renda por meio do trabalho, independentemente da forma como recebe sua remuneração.

Art. 73. Qualquer cessão ou transferência de atleta profissional ou não profissional depende de sua formal e expressa anuência.

Art. 74. São deveres do atleta profissional, em especial:

I – participar dos jogos, dos treinos, dos estágios e de outras sessões preparatórias de competições com aplicação e dedicação correspondentes às suas condições psicofísicas e técnicas;

II – preservar as condições físicas que lhe permitam participar das competições esportivas, submetendo-se às intervenções médicas e assistências especializadas necessárias à prática esportiva;

III – exercitar a atividade esportiva profissional de acordo com as regras da respectiva modalidade esportiva e as normas que regem a disciplina e a ética esportivas.

Subseção III
DOS TREINADORES

Art. 75. A profissão de treinador esportivo é reconhecida e regulada por esta Lei, sem prejuízo das disposições não colidentes constantes da legislação vigente, do respectivo contrato de trabalho ou de acordos ou convenções coletivas.

§ 1º Considera-se treinador esportivo profissional a pessoa que possui como principal atividade remunerada a preparação e a supervisão da atividade esportiva de um ou vários atletas profissionais.

§ 2º O exercício da profissão de treinador esportivo em organização de prática esportiva profissional fica assegurado exclusivamente:

I – aos portadores de diploma de educação física;

II – aos portadores de diploma de formação profissional em nível superior em curso de formação profissional oficial de treinador esportivo, devidamente reconhecido pelo Ministério da Educação, ou em curso de formação profissional ministrado pela organização nacional que administra e regula a respectiva modalidade esportiva;

III – aos que, na data da publicação desta Lei, estejam exercendo, comprovadamente, há mais de 3 (três) anos, a profissão de treinador esportivo em organização de prática esportiva profissional.

§ 3º Os ex-atletas podem exercer a atividade de treinador esportivo, desde que:

I – comprovem ter exercido a atividade de atleta por 3 (três) anos consecutivos ou por 5 (cinco) anos alternados, devidamente comprovados pela respectiva organização que administra e regula a modalidade esportiva; e

II – participem de curso de formação de treinadores, reconhecido pela respectiva organização que administra e regula a modalidade esportiva.

§ 4º É permitido o exercício da profissão a treinadores estrangeiros, desde que comprovem ter licença de sua associação nacional de origem.

§ 5º O disposto no § 2º deste artigo não se aplica aos profissionais que exerçam trabalho voluntário e aos que atuem em organização esportiva de pequeno porte, nos termos do § 6º do art. 61 desta Lei.

Art. 76. São direitos do treinador esportivo profissional:

I – ter ampla e total liberdade na orientação técnica e tática esportiva;

II – ter apoio e assistência moral e material assegurada pelo contratante, para que possa desempenhar bem suas atividades;

III – exigir do contratante o cumprimento das determinações dos organismos esportivos atinentes à sua profissão.

Art. 77. São deveres do treinador esportivo profissional:

I – zelar pela disciplina dos atletas sob sua orientação, ministrando os treinamentos no intuito de dotar os atletas da máxima eficiência tática e técnica em favor do contratante;

II – manter o sigilo profissional.

Subseção IV

DOS ÁRBITROS

Art. 78. A atividade de árbitro esportivo é reconhecida e regulada por esta Lei, sem prejuízo das disposições não colidentes constantes da legislação vigente.

§ 1º Considera-se árbitro esportivo profissional a pessoa que possui como principal atividade remunerada a direção de disciplina e conformidade com as regras esportivas durante uma prova ou partida de prática esportiva.

§ 2º O trabalho do árbitro esportivo é regulado pelas organizações esportivas responsáveis pela atividade referida no § 1º deste artigo, mas não há relação de subordinação de natureza laboral entre esses profissionais e a organização esportiva que o contrata ou regula seu trabalho.

Art. 79. O árbitro esportivo exercerá atribuições relacionadas às atividades esportivas disciplinadas nesta Lei, destacando-se aquelas inerentes ao árbitro de partidas e as de seus auxiliares.

Art. 80. É facultado aos árbitros esportivos organizar-se em associações profissionais e em sindicatos.

Art. 81. É facultado aos árbitros esportivos prestar serviços às organizações esportivas, qualquer que seja sua natureza jurídica ou forma de estruturação, ressalvado o seu impedimento para atuar em campeonato, em partida ou em prova de organização de prática esportiva à qual tenha vinculado os seus serviços, ou que a beneficie direta ou indiretamente na disputa da competição.

Subseção V

DISPOSIÇÕES COMUNS AOS TRABALHADORES ESPORTIVOS

Art. 82. A atividade assalariada não é a única forma de caracterização da profissionalização do atleta, do treinador e do árbitro esportivo, sendo possível também definir como profissional quem é remunerado por meio de contratos de natureza cível, vedada a sua participação como sócio ou acionista da organização esportiva.

Parágrafo único. A atividade profissional do atleta, do treinador e do árbitro esportivo não constitui por si relação de emprego com a organização com a qual ele mantenha vínculo de natureza meramente esportiva, caracterizado pela liberdade de contratação.

Seção II

DAS ORGANIZAÇÕES ESPORTIVAS DIRECIONADAS À PRÁTICA PROFISSIONAL

Art. 83. Considera-se direcionada à prática esportiva profissional a organização esportiva, independentemente de sua natureza jurídica, que mantenha atletas profissionais em seus quadros.

Art. 84. São deveres da organização esportiva direcionada à prática esportiva profissional, em especial:

I – registrar o atleta profissional na organização esportiva que regula a respectiva modalidade para fins de vínculo esportivo;

II – proporcionar aos atletas profissionais as condições necessárias à participação nas competições esportivas, nos treinos e em outras atividades preparatórias ou instrumentais;

III – submeter os atletas profissionais aos exames médicos e clínicos necessários à prática esportiva;

IV – proporcionar condições de trabalho dignas aos demais profissionais esportivos que componham seus quadros ou que a ela prestem serviços, incluídos os treinadores e, quando pertinente, os árbitros;

V – promover obrigatoriamente exames periódicos para avaliar a saúde dos atletas, nos termos da regulamentação;

VI – contratar seguro de vida e de acidentes pessoais, com o objetivo de cobrir os riscos aos quais os atletas e os treinadores estão sujeitos, inclusive a organização esportiva que o convoque para seleção;

VII – assegurar que a importância segurada garanta ao atleta profissional ou ao beneficiário por ele indicado no contrato de seguro o direito a indenização mínima correspondente ao valor anual da remuneração pactuada.

§ 1º A organização esportiva contratante é responsável pelas despesas médico-hospitalares, fisioterapêuticas e de medicamentos necessárias ao restabelecimento do atleta ou do treinador enquanto a seguradora não fizer o pagamento da indenização a que se refere este artigo, independentemente do pagamento de salário.

§ 2º As despesas com seguro a que se refere o inciso VI do *caput* deste artigo serão custeadas, conforme a hipótese, com recursos oriundos da exploração de loteria destinados ao COB e ao CPB.

§ 3º A CBDE e a CBDU, quando convocarem atletas para seleção, são obrigadas a contratar o seguro a que se refere o inciso VI do *caput* deste artigo, e podem utilizar-se, para o custeamento das despesas, de recursos oriundos da exploração de loteria que lhes são destinados.

§ 4º É vedada a participação em competições esportivas profissionais de atletas não profissionais com idade superior a 21 (vinte e um) anos de idade.

Seção III

DO CONTRATO ESPECIAL DE TRABALHO ESPORTIVO

Subseção I

DAS CARACTERÍSTICAS DO CONTRATO ESPECIAL DE TRABALHO ESPORTIVO

Art. 85. A relação do atleta profissional com seu empregador esportivo regula-se pelas normas desta Lei, pelos acordos e pelas convenções coletivas, pelas cláusulas estabelecidas no contrato especial de trabalho esportivo e, subsidiariamente, pelas disposições da legislação trabalhista e da seguridade social.

§ 1º Os prêmios por performance ou resultado, o direito de imagem e o valor das luvas, caso ajustadas, não possuem natureza salarial e constarão de contrato avulso de natureza exclusivamente civil.

§ 2º Consideram-se prêmios por performance as liberalidades concedidas pela organização que se dedique à prática esportiva empregadora em dinheiro a atleta, a grupo de atletas, a treinadores e a demais integrantes de comissões técnicas e delegações, em razão do seu desempenho individual ou do desempenho coletivo da equipe da organização que se dedique à prática esportiva, previstas em contrato especial de trabalho esportivo ou não.

Art. 86. O atleta profissional poderá manter relação de emprego com organização que se dedique à prática esportiva, com remuneração pactuada em contrato especial de trabalho esportivo, escrito e com prazo determinado, cuja vigência não poderá ser inferior a 3 (três) meses nem superior a 5 (cinco) anos, firmado com a respectiva organização esportiva, do qual deverá constar, obrigatoriamente:

I – cláusula indenizatória esportiva, devida exclusivamente à organização esportiva empregadora à qual está vinculado o atleta, nas seguintes hipóteses:

a) transferência do atleta para outra organização, nacional ou estrangeira, durante a vigência do contrato especial de trabalho esportivo;

b) retorno do atleta às atividades profissionais em outra organização esportiva, no prazo de até 30 (trinta) meses; ou

c) VETADO.

II – cláusula compensatória esportiva, devida pela organização que promova prática esportiva ao atleta, nas hipóteses dos incisos III, IV e V do *caput* do art. 90 desta Lei.

§ 1º O valor da cláusula indenizatória esportiva a que se refere o inciso I do *caput* deste artigo será livremente pactuado pelas partes e expressamente quantificado no instrumento contratual:

I – até o limite máximo de 2.000 (duas mil) vezes o valor médio do salário contratual, para as transferências nacionais;

II – sem qualquer limitação, para as transferências internacionais.

§ 2º Serão solidariamente responsáveis pelo pagamento da cláusula indenizatória esportiva de que trata o inciso I do *caput* deste artigo o atleta e a nova organização esportiva empregadora.

§ 3º O valor da cláusula compensatória esportiva a que se refere o inciso II do *caput* deste artigo será livremente pactuado entre as partes e formalizado no contrato especial de trabalho esportivo, observando-se, como limite máximo, 400 (quatrocentas) vezes o valor do salário mensal no momento da rescisão e, como limite mínimo, o valor total de salários mensais a que teria direito o atleta até o término do referido contrato.

§§ 4º e 5º VETADOS.

§ 6º Se ocorrer o atraso no pagamento das parcelas da cláusula compensatória esportiva superior a 2 (dois) meses, vencer-se-á automaticamente toda a dívida.

§ 7º VETADO.

§ 8º O contrato especial de trabalho esportivo vigerá independentemente de registro em organização esportiva e não se confundirá com o vínculo esportivo.

§ 9º Não constituirá nem gerará vínculo de emprego a remuneração eventual de atleta de qualquer modalidade por participação em prova ou partida, inclusive as premiações por resultado alcançado, concedidas eventualmente e em razão de desempenho superior ao ordinariamente esperado no exercício de suas atividades, bem como a percepção de auxílios na forma de bolsas ou de remuneração não permanente por meio de patrocínios ou direito sobre a exploração comercial de sua imagem.

§ 10. Os contratos celebrados com atletas mulheres, ainda que de natureza cível, não poderão ter qualquer tipo de condicionante relativo a gravidez, a licença-maternidade ou a questões referentes a maternidade em geral.

§ 11. VETADO.

§ 12. Será aplicado ao contrato especial de trabalho esportivo o disposto no parágrafo único do art. 444 da Consolidação das Leis do Trabalho, aprovada pelo Decreto-Lei nº 5.452, de 1º de maio de 1943, dispensada a exigência do diploma de nível superior quando o atleta profissional for assistido na celebração do contrato por advogado de sua escolha.

▸ § 12 promulgado nos termos do art. 66, § 5º, da CF.

Art. 87. Convenção ou acordo coletivo de trabalho disporá sobre a regulação do trabalho do atleta profissional, respeitadas as peculiaridades de cada modalidade esportiva e do trabalho das mulheres, bem como sobre a proteção ao trabalho do menor.

Parágrafo único. O poder público, especialmente os órgãos do Poder Judiciário, atenderão à prevalência das normas convencionadas ou acordadas na forma do *caput* deste artigo sobre as disposições legais, inclusive quanto às disposições desta Lei e das normas que se aplicarem subsidiariamente a ela, respeitados os direitos sociais de caráter heterônomo constantes da Constituição Federal.

Art. 88. A organização que promove prática esportiva poderá suspender o contrato especial de trabalho esportivo do atleta profissional, ficando dispensada do pagamento da remuneração nesse período, quando o atleta for impedido de atuar, por prazo ininterrupto superior a 90 (noventa) dias, em decorrência de ato ou evento de sua exclusiva responsabilidade, desvinculado da atividade profissional, conforme previsto no referido contrato.

Parágrafo único. O contrato especial de trabalho esportivo deverá conter cláusula expressa reguladora de sua prorrogação automática na ocorrência da hipótese de suspensão contratual prevista no *caput* deste artigo.

Art. 89. Quando o contrato especial de trabalho esportivo possuir prazo inferior a 12 (doze) meses, o atleta profissional terá direito a saldo proporcional aos meses trabalhados durante a vigência do contrato, referente a férias, a abono de férias e a décimo terceiro salário.

Subseção II

DO TÉRMINO DO CONTRATO ESPECIAL DE TRABALHO ESPORTIVO

Art. 90. O vínculo de emprego e o vínculo esportivo do atleta profissional com a organização esportiva empregadora cessam para todos os efeitos legais com:

I – o término da vigência do contrato ou o seu distrato;

II – VETADO;

III – a rescisão decorrente do inadimplemento salarial ou do contrato de direito de imagem a ele vinculado, de responsabilidade da organização esportiva empregadora, nos termos desta Lei;

IV – a rescisão indireta, nas demais hipóteses previstas na legislação trabalhista;

V – a dispensa imotivada do atleta.

§ 1º É hipótese de rescisão indireta do contrato especial de trabalho esportivo a inadimplência da organização esportiva empregadora com as obrigações contratuais referentes à remuneração do atleta profissional ou ao contrato de direito de imagem, por período igual ou superior a 2 (dois) meses, ficando o atleta livre para transferir-se a qualquer outra organização esportiva, nacional ou estrangeira, e exigir a cláusula compensatória esportiva e os haveres devidos.

§ 2º Consideram-se salário, para efeitos da remuneração prevista no § 1º deste artigo, o abono de férias, o décimo terceiro salário, as gratificações e as demais verbas inclusas no contrato de trabalho.

§ 3º Caracteriza também mora contumaz o não recolhimento do FGTS e das contribuições previdenciárias.

§ 4º O atleta com contrato especial de trabalho esportivo rescindido na forma do § 1º deste artigo fica autorizado a transferir-se para outra organização esportiva, independentemente do número de partidas das quais tenha participado na competição, bem como a disputar a competição que estiver em andamento por ocasião da rescisão contratual, respeitada a data-limite de inscrições prevista nos regulamentos de cada modalidade esportiva.

§ 5º É lícito ao atleta profissional recusar-se a competir por organização esportiva quando seus salários, no todo ou em parte, estiverem atrasados em 2 (dois) ou mais meses.

§ 6º VETADO.

§ 7º Ao atleta profissional não nacional de modalidade esportiva poderá ser concedida autorização de trabalho, observadas as exigências da legislação específica, por prazo não excedente a 5 (cinco) anos e correspondente à duração fixada no respectivo contrato especial de trabalho esportivo, permitida a renovação.

§ 8º A organização que administra e regula o esporte na respectiva modalidade será obrigada a exigir da organização esportiva contratante a comprovação da autorização de trabalho concedida ao atleta não nacional emitida pelo Ministério do Trabalho e Emprego, sob pena de cancelamento da inscrição esportiva.

§§ 9º e 10. VETADOS.

Subseção III

DA CESSÃO DE ATLETAS A OUTRA ORGANIZAÇÃO ESPORTIVA

Art. 91. Será facultada a cessão de atleta profissional, desde que este aquiesça, da organização esportiva contratante para outra, durante a vigência de seu contrato especial de trabalho esportivo.

§ 1º A cessão de que trata o *caput* deste artigo consistirá na disponibilização temporária do atleta profissional pela organização esportiva empregadora para prestar trabalho a outra organização, observado que o poder de direção passará à cessionária e o vínculo contratual inicial ficará suspenso.

§ 2º O atleta profissional cedido que estiver com sua remuneração ou valores estabelecidos em contrato de direito de imagem em atraso, no todo ou em parte, por mais de 2 (dois) meses, notificará a organização esportiva cedente para, se quiser, purgar a mora, no prazo de 15 (quinze) dias, não se aplicando, nesse caso, o disposto no § 1º do art. 90 desta Lei.

§ 3º O não pagamento ao atleta de salário e de contribuições previstas em lei por parte da organização esportiva cessionária, por 2 (dois) meses, implicará a rescisão do contrato de cessão e a incidência da cláusula compensatória esportiva nele prevista, a ser paga ao atleta pela organização esportiva cessionária.

§ 4º Se ocorrer a rescisão referida no § 3º deste artigo, o atleta deverá retornar à organização esportiva cedente para cumprir o antigo contrato especial de trabalho esportivo.

§ 5º O contrato de cessão de atleta profissional celebrado entre organizações esportivas poderá prever multa a ser paga pela organização esportiva que descumprir os termos ajustados.

Art. 92. A participação de atletas profissionais em seleções será estabelecida na forma como acordarem a organização esportiva convocadora e a cedente.

§ 1º A organização esportiva convocadora indenizará a cedente dos encargos previstos no contrato de trabalho, pelo período em que durar a convocação do atleta, sem prejuízo de eventuais ajustes celebrados entre este e a organização convocadora.

§ 2º O período de convocação estender-se-á até a reintegração do atleta, apto a exercer sua atividade, à organização esportiva que o cedeu.

Subseção IV

DAS TRANSFERÊNCIAS E CESSÕES INTERNACIONAIS

Art. 93. Na cessão ou na transferência de atleta profissional para organização esportiva estrangeira, serão observadas as normas regulatórias da modalidade esportiva no Brasil a qual se vincula a organização transferente ou cedente.

§ 1º As condições para transferência do atleta profissional para o exterior deverão integrar obrigatoriamente os contratos de trabalho entre o atleta e a organização esportiva brasileira que o contratou.

§ 2º O valor da cláusula indenizatória esportiva internacional originalmente pactuada entre o atleta e a organização cedente, independentemente do pagamento da cláusula indenizatória esportiva nacional, será devido à organização cedente pela cessionária caso esta venha a concretizar transferência internacional do mesmo atleta, em prazo inferior a 3 (três) meses, caracterizando o conluio com a congênere estrangeira.

Subseção V

DOS DIREITOS ECONÔMICOS

Art. 94. Entende-se por direitos econômicos todo e qualquer resultado ou proveito econômico oriundo da transferência, temporária ou definitiva, do vínculo esportivo de atleta profissional entre organizações esportivas empregadoras, do pagamento de cláusula indenizatória esportiva prevista em contrato especial de trabalho esportivo ou de compensação por rescisão de contrato fixada por órgão ou tribunal competente.

Parágrafo único. A cessão ou a negociação de direitos econômicos dos atletas submete-se às regras e aos regulamentos próprios de cada organização de administração esportiva e à legislação internacional das federações internacionais esportivas.

Seção IV

DOS CONTRATOS DE INTERMEDIAÇÃO, DE REPRESENTAÇÃO E DE AGENCIAMENTO ESPORTIVOS

Art. 95. Entende-se por agente esportivo a pessoa natural ou jurídica que exerce a atividade de intermediação na celebração de contratos esportivos e no agenciamento de carreiras de atletas.

§ 1º É facultado aos parentes em primeiro grau, ao cônjuge e ao advogado do atleta representar, quando outorgados expressamente, os interesses do atleta na condição de intermediadores do contrato esportivo ou de agenciadores de sua carreira, sem necessidade de registro ou de licenciamento pela organização esportiva de abrangência nacional que administra e regula a respectiva modalidade esportiva em que pretende atuar ou pela federação internacional respectiva.

§ 2º A atuação de intermediação, de representação e de agenciamento esportivo submete-se às regras e aos regulamentos próprios de cada organização de administração esportiva e à legislação internacional das federações internacionais esportivas.

§ 3º A organização de administração do esporte da respectiva modalidade fiscalizará o exercício da profissão de agente esportivo, de modo a coibir a prática de suas funções por pessoas não autorizadas por esta Lei, e informará à Secretaria Especial da Receita Federal do Brasil do Ministério da Fazenda todos os valores envolvidos e pagos na cessão e na transferência dos atletas.

Seção V

Art. 96. VETADO.

Seção VI

DISPOSIÇÕES ESPECÍFICAS AO FUTEBOL

Art. 97. Aplicar-se-ão aos atletas profissionais da modalidade futebol as disposições desta Lei e, especificamente, o seguinte:

I – não poderá a concentração, se conveniente à organização esportiva contratante, ser superior a 3 (três) dias consecutivos por semana, desde que esteja programada qualquer partida, prova ou equivalente, amistosa ou oficial, e deverá o atleta ficar à disposição do empregador por ocasião da realização de competição fora da localidade onde tenha sua sede;

II – poderá ser ampliado o prazo de concentração, independentemente de qualquer pagamento adicional, quando o atleta estiver à disposição da organização que regula a modalidade;

III – não serão devidos acréscimos remuneratórios em razão de períodos de concentração, de viagens, de pré-temporada fora da sede e de participação do atleta em partida, em prova ou equivalente, salvo previsão contratual diversa;

IV – VETADO;

V – serão devidas férias anuais remuneradas de 30 (trinta) dias, acrescidas do abono de férias, ficando a critério da entidade de prática de futebol conceder as férias coincidindo ou não com o recesso das atividades esportivas, admitido ajuste individual entre as partes de forma diversa;

VI – deverá ser observado período de trabalho semanal regular de 44 (quarenta e quatro) horas;

VII – será assegurada, no caso de participação em jogos e em competições realizados em período noturno, remuneração com acréscimo de pelo menos 20% (vinte por cento) sobre a hora diurna, salvo condições mais benéficas previstas em convenção ou acordo coletivo;

VIII – será caracterizada a atividade do atleta profissional da modalidade futebol por remuneração pactuada em contrato especial de trabalho esportivo firmado com organização que se dedique à prática esportiva.

§ 1º Convenção ou acordo coletivo poderá dispor de forma diversa ao estabelecido neste artigo.

§ 2º Disposição contratual ou constante de convenção ou acordo coletivo poderá estender aos atletas profissionais de outras modalidades as previsões deste artigo.

§ 3º Para os efeitos do inciso VII do *caput* deste artigo, considera-se trabalho noturno a participação em jogos e em competições realizados entre as 23h59 (vinte e três horas e cinquenta e nove minutos) de um dia e as 6h59 (seis horas e cinquenta e nove minutos) do dia seguinte.

§ 4º A hora do trabalho noturno será calculada como de 52 (cinquenta e dois) minutos e 30 (trinta) segundos.

Art. 98. No que se refere às disposições específicas aplicáveis aos treinadores profissionais de futebol, considera-se:

I – empregadora: a organização esportiva que, mediante qualquer modalidade de remuneração, utiliza os serviços de treinador profissional de futebol, na forma definida nesta Lei;

II – empregado: o treinador profissional de futebol especificamente contratado por organização esportiva que promove a prática profissional de futebol, com a finalidade de treinar atletas da modalidade, ministrando-lhes técnicas e regras de futebol, com o objetivo de assegurar-lhes conhecimentos táticos e técnicos suficientes para a prática desse esporte.

§ 1º Da anotação do contrato de trabalho do treinador profissional de futebol na carteira profissional, deverá obrigatoriamente constar:

I – o prazo de vigência, o qual, em nenhuma hipótese, poderá ser inferior a 6 (seis) meses ou superior a 2 (dois) anos;

II – o salário, as gratificações e as bonificações.

§ 2º Os prêmios por performance ou resultado, o direito de imagem e o valor das luvas, caso ajustadas, não possuem natureza salarial e constarão de contrato avulso de natureza exclusivamente civil.

§ 3º O contrato de trabalho será registrado no prazo improrrogável de 10 (dez) dias na organização que regula o futebol, não constituindo o registro, contudo, condição de validade do referido contrato.

§ 4º O treinador profissional de futebol somente poderá atuar pela organização esportiva empregadora após registro e publicação de seu nome em boletim informativo ou em documento similar por parte da organização que administra e regula a modalidade esportiva.

§ 5º Aplica-se ao treinador profissional de futebol a legislação do trabalho e da previdência social, ressalvadas as incompatibilidades com as disposições desta Lei.

Seção VII

DO CONTRATO DE FORMAÇÃO ESPORTIVA

Subseção I

DAS CARACTERÍSTICAS DO CONTRATO DE FORMAÇÃO ESPORTIVA

Art. 99. A organização esportiva formadora de atleta terá o direito de assinar com ele, a partir de 16 (dezesseis) anos de idade, o primeiro contrato especial de trabalho esportivo, cujo prazo não poderá ser superior a 3 (três) anos para a prática do futebol e a 5 (cinco) anos para outros esportes.

§ 1º Considera-se formadora de atleta a organização esportiva que:

I – forneça aos atletas programas de treinamento nas categorias de base e complementação educacional; e

II – satisfaça cumulativamente os seguintes requisitos:

a) tenha inscrito o atleta em formação na respectiva organização esportiva que administra e regula a modalidade há, pelo menos, 1 (um) ano;

b) comprove que, efetivamente, o atleta em formação está inscrito em competições oficiais;

c) garanta ao atleta em formação assistência educacional, psicológica, médica, fisioterapêutica e odontológica, bem como alimentação, transporte e convivência familiar;

d) mantenha, quando tiver alojamento de atletas, instalações de moradia adequadas, sobretudo quanto a alimentação, higiene, segurança e salubridade;

e) mantenha corpo de profissionais especializados em formação técnico-esportiva;

f) ajuste o tempo destinado à efetiva atividade de formação do atleta, não superior a 4 (quatro) horas por dia, aos horários do currículo escolar ou de curso profissionalizante e propicie a ele a matrícula escolar, com exigência de frequência e de satisfatório aproveitamento;

g) assegure a formação gratuita do atleta, a expensas da organização esportiva contratante;

h) comprove que participa anualmente de competições organizadas por organização esportiva que administra e regula o esporte em, pelo menos, 2 (duas) categorias da respectiva modalidade esportiva;

i) garanta que o período de seleção não coincida com os horários escolares;

j) realize exames médicos admissionais e periódicos, com resultados arquivados em prontuário médico;

k) proporcione ao atleta em formação convivência familiar, com visitas regulares à sua família;

l) ofereça programa contínuo de orientação e suporte contra o abuso e a exploração sexual;

m) qualifique os profissionais que atuam no treinamento esportivo para a atuação preventiva e de proteção aos direitos da criança e do adolescente;

n) institua ouvidoria para receber denúncia de maus-tratos a crianças e adolescentes e de exploração sexual deles;

o) propicie ao atleta em formação a participação em atividades culturais e de lazer, nos horários livres; e

p) apresente ao Ministério Público dos Estados e do Distrito Federal, anualmente, os laudos técnicos expedidos pelos órgãos e pelas autoridades competentes pela vistoria das condições de segurança dos alojamentos que mantenha para atletas em formação.

§ 2º A organização esportiva nacional que administra e regula o esporte certificará como organização esportiva formadora aquela que, comprovadamente, por meio de laudos de vistoria e de documentos, preencha os requisitos estabelecidos nesta Lei.

§ 3º O atleta não profissional em formação, maior de 14 (quatorze) e menor de 20 (vinte) anos de idade, poderá receber auxílio financeiro da organização esportiva formadora, sob a forma de bolsa de aprendizagem livremente pactuada mediante contrato formal, sem que seja gerado vínculo empregatício entre as partes.

§ 4º No período de formação dos 12 (doze) aos 14 (quatorze) anos é garantido ao atleta menor os direitos a que se refere o § 1º deste artigo, não se exigindo da organização formadora do atleta o disposto nas alíneas *b*, *d* e *h* do inciso II.

§ 5º A organização esportiva formadora fará jus a valor indenizatório se ficar impossibilitada de assinar o primeiro contrato especial de trabalho esportivo por oposição do atleta, ou quando ele se vincular, sob qualquer forma, a outra organização esportiva, sem autorização expressa da organização esportiva formadora, observado o seguinte:

I – o atleta deverá estar regularmente registrado e não poderá ter sido desligado da organização esportiva formadora;

II – a indenização será limitada ao montante correspondente a 200 (duzentas) vezes os gastos comprovadamente efetuados com a formação do atleta, especificados no contrato referido no § 3º deste artigo;

III – o pagamento do valor indenizatório somente poderá ser efetuado por outra organização esportiva e deverá ser efetivado diretamente à organização esportiva formadora no prazo máximo de 15 (quinze) dias, contado da data da vinculação do atleta à nova organização esportiva, para efeito de permitir novo registro em organização esportiva que administra e regula o esporte.

§ 6º O contrato de formação esportiva a que se refere o § 3º deste artigo sempre será firmado na forma escrita e deverá obrigatoriamente incluir:

I – identificação das partes e dos seus representantes legais;

II – duração do contrato;

III – direitos e deveres das partes contratantes, inclusive garantia de seguro de vida e de acidentes pessoais para cobrir as atividades do atleta contratado; e

IV – especificação da natureza das despesas individuais ou coletivas com o atleta em formação, para fins de cálculo da indenização com a formação esportiva.

§ 7º A organização esportiva formadora e detentora do primeiro contrato especial de trabalho esportivo com o atleta por ela profissionalizado terá o direito de preferência para a primeira renovação desse contrato, cujo prazo não poderá ser superior a 3 (três) anos, salvo para equiparação de proposta de terceiro.

§ 8º Para assegurar seu direito de preferência, a organização esportiva formadora e detentora do primeiro contrato especial de trabalho esportivo deverá apresentar, até 45 (quarenta e cinco) dias antes do término do contrato em curso, proposta ao atleta, de cujo teor deverá ser cientificada a organização que administra e regula a respectiva modalidade, indicando as novas condições contratuais e os salários ofertados, devendo o atleta apresentar resposta à organização esportiva formadora, de cujo teor deverá ser notificada a referida organização esportiva que administra e regula a respectiva modalidade, no prazo de 15 (quinze) dias, contado da data do recebimento da proposta, sob pena de aceitação tácita.

§ 9º Na hipótese de outra organização esportiva oferecer proposta mais vantajosa a atleta vinculado à organização esportiva que o formou, dever-se-á observar o seguinte:

I – a organização proponente deverá apresentar à organização esportiva formadora proposta da qual deverão constar todas as condições remuneratórias;

II – a organização proponente deverá dar conhecimento da proposta à organização que regula o respectivo esporte;

III – a organização esportiva formadora poderá, no prazo máximo de 15 (quinze) dias, contado do recebimento da proposta, comunicar se exercerá o direito de preferência de que trata o § 8º deste artigo, nas mesmas condições oferecidas.

§ 10. A organização que regula o esporte deverá publicar o recebimento das propostas de que tratam os §§ 8º e 9º deste artigo nos seus meios oficiais de divulgação no prazo de 5 (cinco) dias, contado da data do recebimento.

§ 11. Caso a organização esportiva formadora oferte as mesmas condições e, mesmo assim, o atleta se opuser à renovação do primeiro contrato especial de trabalho esportivo, ela poderá exigir da nova organização esportiva contratante o valor indenizatório correspondente a 200 (duzentas) vezes o valor do salário mensal constante da proposta.

§ 12. A contratação do atleta em formação será feita diretamente pela organização esportiva formadora, vedada a realização por meio de terceiros.

§ 13. A organização esportiva formadora deverá registrar o contrato de formação esportiva do atleta em formação na organização esportiva que administra e regula a respectiva modalidade.

§ 14. Somente poderá manter alojamento para os atletas em formação a organização esportiva formadora certificada na forma do § 2º deste artigo.

§ 15. VETADO.

§ 16. O atleta em formação menor de 14 (quatorze) anos poderá desligar-se a qualquer tempo da organização esportiva formadora, mesmo que se vincule a outra organização esportiva, sem que haja a cobrança de qualquer tipo de multa ou outros valores a título de indenização.

§ 17. O disposto nas alíneas *h* e *o* do inciso II do § 1º deste artigo será obrigatório exclusivamente para atletas e entidades de prática profissional da modalidade de futebol.

Art. 100. A fiscalização do cumprimento das normas de que trata o § 1º do art. 99 desta Lei será realizada de forma contínua e ficará a cargo do conselho tutelar a que se refere o art. 131 da Lei nº 8.069, de 13 de julho de 1990 (Estatuto da Criança e do Adolescente), da organização que administra e regula a modalidade esportiva e do Ministério Público do Trabalho, sem prejuízo das atribuições dos demais órgãos e instituições fiscalizadores, no que lhes couber.

Art. 101. Aos atletas em formação são garantidos os seguintes direitos, além dos existentes na Lei nº 8.069, de 13 de julho de 1990 (Estatuto da Criança e do Adolescente), e na Lei nº 12.852, de 5 de agosto de 2013 (Estatuto da Juventude):

I – participação em programas de treinamento nas categorias de base;

II – treinamento com corpo de profissionais especializados em formação técnico-esportiva;

III – segurança nos locais de treinamento;

IV – assistência educacional, complementação educacional e auxílio com material didático-escolar;

V – tempo, não superior a 4 (quatro) horas diárias, destinado à efetiva atividade de formação do atleta;

VI – matrícula escolar;

VII – assistência psicológica, médica, odontológica, farmacêutica e fisioterapêutica;

VIII – alimentação suficiente, saudável e adequada à faixa etária;

IX – garantia de transporte adequado para o deslocamento de ida e volta entre sua residência e o local de treinamento.

§ 1º A organização esportiva formadora proporcionará ao atleta em formação que morar em alojamento por ela mantido:

I – instalações físicas certificadas pelos órgãos e pelas autoridades competentes com relação à habitabilidade, à higiene, à salubridade e às medidas de prevenção e combate a incêndio e a desastres;

II – assistência de monitor responsável durante todo o dia;

III – convivência familiar;

IV – participação em atividades culturais e de lazer, nos horários livres;

V – assistência religiosa àqueles que a desejarem, de acordo com suas crenças.

§ 2º A organização esportiva formadora apresentará ao Ministério Público dos Estados e do Distrito Federal e à organização que administra e regula a modalidade esportiva, anualmente, os laudos técnicos expedidos pelos órgãos e pelas autoridades competentes pela vistoria das condições de segurança dos alojamentos que mantiver para atletas em formação.

§ 3º O não cumprimento do disposto no § 2º deste artigo implicará suspensão imediata da certificação como organização esportiva formadora.

§ 4º O não cumprimento das garantias aos atletas em formação previstas neste artigo implicará a aplicação de penalidades progressivas, na seguinte forma:

I – advertência para promover a regularização no prazo de 60 (sessenta) dias;

II – perda da certificação como organização esportiva formadora, não fazendo jus ao percentual estipulado no art. 102 desta Lei referente a todos os atletas que estejam em seu quadro de formação no momento do descumprimento, de forma definitiva, com averbação da penalidade no respectivo registro perante a organização que administra e regula a modalidade esportiva;

III – suspensão da organização esportiva formadora de participação em competições oficiais a partir da temporada seguinte.

§ 5º A organização esportiva formadora e seus dirigentes respondem pelos prejuízos causados a atleta em formação que decorram de falhas de segurança nos locais de treinamento e nos alojamentos.

§ 6º A organização esportiva formadora oferecerá à família do atleta em formação documento no qual se responsabiliza por sua segurança e integridade física, durante o período em que o atleta estiver sob sua responsabilidade, em suas instalações ou em outro local.

Subseção II

DO MECANISMO DE SOLIDARIEDADE NA FORMAÇÃO ESPORTIVA

Art. 102. Sempre que ocorrer transferência nacional, definitiva ou temporária, de atleta profissional, até 6% (seis por cento) do valor pago pela nova organização esportiva serão obrigatoriamente distribuídos entre as organizações esportivas que contribuíram para a formação do atleta, na proporção de:

I – 0,5% (cinco décimos por cento) para cada ano de formação, dos 12 (doze) aos 13 (treze) anos de idade;

II – 1% (um por cento) para cada ano de formação, dos 14 (quatorze) aos 17 (dezessete) anos de idade, inclusive; e

III – 0,5% (cinco décimos por cento) para cada ano de formação, dos 18 (dezoito) aos 19 (dezenove) anos de idade, inclusive.

§ 1º Caberá à organização esportiva cessionária do atleta reter do valor a ser pago à organização esportiva cedente 6% (seis por cento) do valor acordado para a transferência e distribuí-los às organizações esportivas que contribuíram para a formação do atleta.

§ 2º Como exceção à regra estabelecida no § 1º deste artigo, caso o atleta se desvincule da organização esportiva de forma unilateral, mediante pagamento da cláusula indenizatória esportiva prevista no inciso I do *caput* do art. 86 desta Lei, caberá à organização esportiva que recebeu a cláusula indenizatória esportiva distribuir 6% (seis por cento) de tal montante às organizações esportivas responsáveis pela formação do atleta.

§ 3º O percentual devido às organizações esportivas formadoras do atleta deverá ser calculado sempre de acordo com certidão a ser fornecida pela organização esportiva que regula o esporte nacionalmente, cabendo a esta exigir o cumprimento do disposto neste parágrafo, e os valores deverão ser distribuídos proporcionalmente em até 30 (trinta) dias da efetiva transferência.

CAPÍTULO III

Seção I

Arts. 103 e 104. VETADOS.

Seção II

Subseção I

Arts. 105 a 108. VETADOS.

Subseção II

Arts. 109 e 110. VETADOS.

Subseção III

Art. 111. VETADO.

Subseção IV

Arts. 112 a 114. VETADOS.

Subseção V

Art. 115. VETADO.

Subseção VI

Arts. 116 a 118. VETADOS.

Subseção VII

Arts. 119 e 120. VETADOS.

Subseção VIII

Arts. 121 a 126. VETADOS.

Seção III

Arts. 127 a 139. VETADOS.

Art. 140. A divulgação das atividades, dos bens ou dos serviços resultantes de projetos esportivos, culturais e de produção audiovisual e artística financiados com recursos públicos mencionará o apoio institucional com a inserção da Bandeira Nacional, nos termos da Lei nº 5.700, de 1º de setembro de 1971.

Art. 141. VETADO.

CAPÍTULO IV

DAS RELAÇÕES DE CONSUMO NOS EVENTOS ESPORTIVOS

Seção I

DISPOSIÇÕES GERAIS

Art. 142. As relações de consumo em eventos esportivos regulam-se especialmente por esta Lei, sem prejuízo da aplicação das normas gerais de proteção ao consumidor.

§ 1º Para os efeitos desta Lei e para fins de aplicação do disposto na Lei nº 8.078, de 11 de setembro de 1990 (Código de Defesa do Consumidor), consideram-se consumidor o espectador do evento esportivo, torcedor ou não, que tenha adquirido o direito de ingressar no local onde se realiza o referido evento e fornecedora a organização esportiva responsável pela organização da competição em conjunto com a organização esportiva detentora do mando de campo, se pertinente, ou, alternativamente, as duas organizações esportivas competidoras, bem como as demais pessoas naturais ou jurídicas que detenham os direitos de realização da prova ou partida.

§ 2º As organizações esportivas que administram e regulam modalidade esportiva em âmbito nacional caracterizam-se como fornecedoras relativamente a eventos esportivos por elas organizados, ainda que o cumprimento das tarefas materiais locais a eles pertinentes seja incumbência de terceiros ou de outras organizações esportivas.

Seção II

DOS DIREITOS DO ESPECTADOR

Subseção I

DOS INGRESSOS

Art. 143. É direito do espectador que os ingressos para as partidas integrantes de competições em que compitam atletas profissionais sejam colocados à venda até 48 (quarenta e oito) horas antes do início da partida correspondente.

§ 1º A venda deverá ser realizada por sistema que assegure a sua agilidade e o amplo acesso à informação.

§ 2º É assegurado ao espectador o fornecimento de comprovante de pagamento, logo após a aquisição dos ingressos.

§ 3º Não será exigida, em qualquer hipótese, a devolução do comprovante referido no § 2º deste artigo.

§ 4º Nas partidas que compõem as competições de âmbito nacional ou regional de primeira e segunda divisões, a venda de ingressos será realizada em, no mínimo, 5 (cinco) postos de venda localizados em distritos diferentes da cidade, exceto se a venda de ingressos pela internet suprir com eficiência a venda em locais físicos.

Art. 144. A organização esportiva que administra a competição e a organização de prática esportiva mandante da partida, prova ou equivalente, implementarão, na sistematização da emissão e venda de ingressos, sistema de segurança contra falsificações, fraudes e outras práticas que contribuam para a evasão da receita decorrente do evento esportivo.

Parágrafo único. VETADO.

Art. 145. São direitos do espectador do evento esportivo:

I – que todos os ingressos emitidos sejam numerados; e

II – ocupar o local correspondente ao número constante do ingresso.

§ 1º O disposto no inciso II do *caput* deste artigo não se aplica aos locais já existentes para assistência em pé, nas competições que o permitirem, limitando-se, nesses locais, o número de pessoas, de acordo com critérios de saúde, de segurança e de bem-estar.

§ 2º A emissão de ingressos e o acesso à arena esportiva nas provas ou nas partidas que reúnam mais de 20.000 (vinte mil) pessoas deverão ser realizados por meio de sistema eletrônico que viabilize a fiscalização e o controle da quantidade de público e do movimento financeiro da partida.

§ 3º É direito do espectador que conste do ingresso o preço pago por ele.

§ 4º Os valores estampados nos ingressos destinados a um mesmo setor da arena esportiva não podem ser diferentes entre si nem daqueles divulgados antes da prova ou partida pelos responsáveis pelo evento.

§ 5º O disposto no § 4º deste artigo não se aplica aos casos de venda antecipada de carnê para um conjunto de, no mínimo, 3 (três) partidas de uma mesma equipe, bem como de venda de ingresso com redução de preço decorrente de previsão legal.

Subseção II

DA SEGURANÇA NAS ARENAS ESPORTIVAS E DO TRANSPORTE PÚBLICO

Art. 146. O espectador tem direito a segurança nos locais onde são realizados os eventos esportivos antes, durante e após a realização das provas ou partidas.

Parágrafo único. Deve ser assegurada acessibilidade ao espectador com deficiência ou com mobilidade reduzida.

Art. 147. Os responsáveis pela organização da competição apresentarão à Autoridade Nacional para Prevenção e Combate à Violência e à Discriminação no Esporte (ANESPORTE) e ao Ministério Público dos Estados e do Distrito Federal, previamente à sua realização, os laudos técnicos expedidos pelos órgãos e pelas autoridades competentes pela vistoria das condições de segurança das arenas esportivas a serem utilizadas na competição.

§ 1º Os laudos atestarão a real capacidade de público das arenas esportivas, bem como suas condições de segurança.

§ 2º Será proibida de competir em arenas esportivas localizadas no mesmo Município de sua sede e na respectiva região metropolitana, por até 6 (seis) meses, sem prejuízo das demais sanções cabíveis, a organização esportiva que:

I – tenha colocado à venda número de ingressos maior do que a capacidade de público da arena esportiva;

II – tenha permitido o acesso de pessoas em número maior do que a capacidade de público da arena esportiva;

III – tenha disponibilizado locais de acesso à arena esportiva em número inferior ao recomendado pela autoridade pública.

Art. 148. O controle e a fiscalização do acesso do público a arena esportiva com capacidade para mais de 20.000 (vinte mil) pessoas deverão contar com meio de monitoramento por imagem das catracas e com identificação biométrica dos espectadores, assim como deverá haver central técnica de informações, com infraestrutura suficiente para viabilizar o monitoramento por imagem do público presente e o cadastramento biométrico dos espectadores.

Parágrafo único. O disposto no *caput* deste artigo deverá ser implementado no prazo máximo de até 2 (dois) anos a contar da entrada em vigor desta Lei.

Art. 149. Sem prejuízo do disposto nos arts. 12, 13 e 14 da Lei nº 8.078, de 11 de setembro de 1990 (Código de Defesa do Consumidor), a responsabilidade pela segurança do espectador em evento esportivo será da organização esportiva diretamente responsável pela realização do evento esportivo e de seus dirigentes, que deverão:

I – solicitar ao poder público competente a presença de agentes públicos de segurança, devidamente identificados, responsáveis pela segurança dos espectadores dentro e fora dos estádios e dos demais locais de realização de eventos esportivos;

II – informar imediatamente após a decisão acerca da realização da partida, entre outros, aos órgãos públicos de segurança, de transporte e de higiene os dados necessários à segurança do evento, especialmente:

a) o local;

b) o horário de abertura da arena esportiva;

c) a capacidade de público da arena esportiva;

d) a expectativa de público;

III – colocar à disposição do espectador orientadores e serviço de atendimento para que ele encaminhe suas reclamações no momento do evento, em local:

a) amplamente divulgado e de fácil acesso, especialmente pela internet; e

b) situado na arena;

IV – disponibilizar 1 (um) médico e 2 (dois) profissionais de enfermagem, devidamente registrados nos respectivos conselhos profissionais, para cada 10.000 (dez mil) torcedores presentes ao evento;

V – comunicar previamente à autoridade de saúde a realização do evento.

§ 1º O detentor do direito de arena ou similar deverá disponibilizar 1 (uma) ambulância para cada 10.000 (dez mil) torcedores presentes ao evento.

§ 2º A organização esportiva diretamente responsável pela promoção do evento deverá solucionar imediatamente, sempre que possível, as reclamações dirigidas ao serviço de atendimento referido no inciso III do *caput* deste artigo, bem como reportá-las ao ouvidor da competição, e, nos casos relacionados à violação de direitos e interesses de consumidores, aos órgãos de proteção e defesa do consumidor.

Art. 150. É dever da organização esportiva responsável pela organização da competição:

I – confirmar, com até 48 (quarenta e oito) horas de antecedência, o horário e o local da realização das provas ou das partidas para as quais a definição das equipes dependa de resultado anterior;

II – contratar seguro de acidentes pessoais, cujo beneficiário será o espectador portador de ingresso, válido a partir do momento em que ingressar no estádio;

III – aplicar as disposições dos arts. 5º a 9º da lei que cria o protocolo "Não é Não".

▶ Inciso III acrescido pela Lei nº 14.786, de 28-12-2023.

▶ Lei nº 14.786, de 28-12-2023, cria o protocolo "Não é Não", para prevenção ao constrangimento e à violência contra a mulher e para proteção à vítima; institui o selo "Não é Não – Mulheres Seguras".

Art. 151. É direito do espectador a implementação de planos de ação referentes a segurança, a transporte e a contingências durante a realização de eventos esportivos com público superior a 20.000 (vinte mil) pessoas.

§ 1º Os planos de ação de que trata o *caput* deste artigo serão elaborados pela organização esportiva responsável pela realização da competição, com a participação das organizações esportivas que a disputarão e dos órgãos das localidades em que se realizarão as partidas da competição responsáveis pela segurança pública, pelo transporte e por eventuais contingências.

§ 2º Planos de ação especiais poderão ser apresentados em relação a eventos esportivos com excepcional expectativa de público.

§ 3º Os planos de ação serão divulgados no sítio eletrônico dedicado à competição, no mesmo prazo de publicação de seu regulamento definitivo.

Art. 152. As organizações esportivas regionais responsáveis diretamente pela realização da prova ou da partida, bem como seus dirigentes, responderão solidariamente com as organizações esportivas que disputarão a prova ou a partida e seus dirigentes, independentemente de culpa, pelos prejuízos causados ao espectador decorrentes de falhas de segurança nos estádios ou da inobservância do disposto neste Capítulo.

Art. 153. *Os eventos esportivos realizados em vias públicas que requeiram inscrições dos participantes ou dos competidores deverão ser autorizados e supervisionados pela organização esportiva que administra e regula a respectiva modalidade, independentemente da denominação adotada.*

▶ Artigo promulgado nos termos do art. 66, § 5º, da CF.

Art. 154. Em relação ao transporte de espectadores para eventos esportivos, ficam a eles assegurados:

I – acesso a transporte seguro e organizado;

II – ampla divulgação das providências tomadas em relação ao acesso ao local do evento esportivo, em transporte público ou privado;

III – organização das imediações da arena esportiva em que será realizado o evento, bem como de suas entradas e saídas, de modo a viabilizar, sempre que possível, o acesso seguro e rápido ao evento, na entrada, e aos meios de transporte, na saída.

Art. 155. A organização esportiva responsável pela organização da competição e a organização esportiva que detém o direito sobre a realização da prova ou da partida solicitarão formalmente, de forma direta ou mediante convênio, ao poder público competente:

I – serviços de estacionamento para uso por espectadores durante a realização de eventos esportivos, assegurado a eles acesso a serviço organizado de transporte para a arena esportiva, ainda que oneroso;

II – meio de transporte, ainda que oneroso, para condução de idosos, de crianças e de pessoas com deficiência física às arenas esportivas, com partida de locais de fácil acesso previamente determinados.

Parágrafo único. Ficará dispensado o cumprimento do disposto neste artigo quando se tratar de evento esportivo realizado em arena com capacidade inferior a 10.000 (dez mil) pessoas.

Subseção III
DA ALIMENTAÇÃO E DA HIGIENE

Art. 156. O espectador de eventos esportivos tem direito à higiene e à qualidade das instalações físicas das arenas esportivas e dos produtos alimentícios vendidos no local.

§ 1º O poder público, por meio de seus órgãos de vigilância sanitária, deve verificar o cumprimento do disposto neste artigo, na forma da legislação em vigor.

§ 2º É vedado impor preços excessivos ou aumentar sem justa causa os preços dos produtos alimentícios comercializados no local de realização do evento esportivo.

Art. 157. É direito do espectador que as arenas esportivas possuam sanitários em número compatível com sua capacidade de público, em plenas condições de limpeza e funcionamento.

Parágrafo único. Os laudos de que trata o art. 147 desta Lei devem aferir o número de sanitários em condições de uso, e deve ser emitido parecer sobre a sua compatibilidade com a capacidade de público do estádio.

Subseção IV
DAS CONDIÇÕES DE ACESSO E DE PERMANÊNCIA DO ESPECTADOR NAS ARENAS ESPORTIVAS

Art. 158. São condições de acesso e de permanência do espectador no recinto esportivo, independentemente da forma de seu ingresso, sem prejuízo de outras condições previstas em lei:

I – estar na posse de ingresso válido;

II – não portar materiais que possam ser utilizados para a prática de atos de violência;
III – consentir com a revista pessoal de prevenção e segurança;
IV – não portar ou ostentar cartazes, bandeiras, símbolos ou outros sinais com mensagens ofensivas, ou entoar cânticos que atentem contra a dignidade da pessoa humana, especialmente de caráter racista, homofóbico, sexista ou xenófobo;
V – não arremessar objetos de qualquer natureza no interior do recinto esportivo;
VI – não portar ou utilizar fogos de artifício ou quaisquer outros engenhos pirotécnicos ou produtores de efeitos análogos;
VII – não incitar e não praticar atos de violência no estádio, qualquer que seja a sua natureza;
VIII – não invadir e não incitar a invasão, de qualquer forma, da área restrita aos competidores;
IX – não estar embriagado ou sob efeito de drogas;
X – não utilizar bandeiras, inclusive com mastro de bambu ou similares, para outros fins que não seja o de manifestação festiva e amigável;
XI – VETADO;
XII – para espectador com mais de 16 (dezesseis) anos de idade, estar devidamente cadastrado no sistema de controle biométrico para efeito do art. 148 desta Lei.

Parágrafo único. O não cumprimento das condições estabelecidas neste artigo implicará a impossibilidade de acesso do espectador ao recinto esportivo ou, se for o caso, o seu afastamento imediato do recinto, sem prejuízo de outras sanções administrativas, civis ou penais eventualmente cabíveis.

CAPÍTULO V

DOS MEIOS DE DIFUSÃO DOS EVENTOS ESPORTIVOS

Seção I

DISPOSIÇÕES GERAIS

Art. 159. A difusão de imagens captadas em eventos esportivos é passível de exploração comercial.

Art. 160. Pertence às organizações esportivas mandantes o direito de arena, que consiste no direito de exploração e comercialização de difusão de imagens, abrangendo a prerrogativa privativa de negociar, de autorizar ou de proibir a captação, a fixação, a emissão, a transmissão, a retransmissão e a reprodução de imagens, por qualquer meio ou processo, de evento esportivo de que participem.

§ 1º Salvo convenção ou acordo coletivo de trabalho em contrário, 5% (cinco por cento) da receita proveniente da exploração de direitos de difusão de imagens de eventos esportivos serão repassados pelas organizações esportivas de que trata o caput deste artigo aos atletas profissionais participantes do evento, proporcionalmente à quantidade de partidas ou provas por estes disputadas, como parcela indenizatória de natureza civil.

▶ § 1º promulgado nos termos do art. 66, § 5º, da CF.

§ 2º O pagamento da verba de que trata o § 1º deste artigo será realizado por intermédio dos sindicatos das respectivas categorias, que serão responsáveis pelo recebimento e pela logística de repasse aos participantes do evento, no prazo de até 72 (setenta e duas) horas, contado do recebimento das verbas pelo sindicato.

§ 3º É facultado à organização esportiva detentora do direito de arena e dos direitos comerciais inerentes ao evento esportivo cedê-los no todo ou em parte, por meio de documento escrito, a outras organizações esportivas que regulam a modalidade e organizam competições.

§ 4º Na hipótese prevista no § 3º deste artigo, pertence às organizações esportivas responsáveis pela organização da competição o direito de autorizar ou de proibir a captação, a fixação, a emissão, a transmissão, a retransmissão e a reprodução de imagens, por qualquer meio ou processo, de eventos esportivos compreendidos em quaisquer das competições por elas organizadas, bem como de autorizar ou de proibir a exploração comercial de nome, de símbolos, de marcas, de publicidade estática e das demais propriedades inerentes às competições que organizem.

§ 5º Fica vedada a prática de proveito publicitário indevido e ilegítimo, obtido mediante o emprego de qualquer artifício ou ardil, sem amparo em contrato regular celebrado entre partes legítimas e com objeto lícito e sem a prévia concordância dos titulares dos direitos envolvidos.

§ 6º Na hipótese de realização de eventos esportivos sem definição do mando de jogo, a captação, a fixação, a emissão, a transmissão, a retransmissão e a reprodução de imagens, por qualquer meio ou processo, dependerão da anuência das organizações esportivas participantes.

§ 7º As disposições deste artigo não se aplicam a contratos que tenham por objeto direitos de transmissão celebrados previamente à vigência desta Lei, os quais permanecem regidos pela legislação em vigor na data de sua celebração.

§ 8º Os contratos referidos no § 7º deste artigo não podem atingir as organizações esportivas que não cederam seus direitos de transmissão a terceiros previamente à vigência desta Lei, as quais poderão cedê-los livremente, conforme as disposições previstas no *caput* deste artigo.

§ 9º Não constitui prática de proveito econômico indevido ou ilegítimo a veiculação, pelas empresas detentoras de concessão, de permissão ou de autorização para exploração de serviço de radiodifusão sonora e de sons e imagens, bem como de televisão por assinatura, da própria marca e a de seus canais e dos títulos de seus programas nos uniformes de competições das entidades esportivas e nos demais meios de comunicação que se localizem nas instalações dos recintos esportivos.

Art. 161. A difusão de imagens de eventos esportivos na rede mundial de computadores deve respeitar as disposições deste Capítulo.

Seção II

DOS DIREITOS DE DIFUSÃO DE IMAGENS

Art. 162. A comercialização de direitos de difusão de imagens de eventos esportivos deve resguardar os seguintes princípios:
I – o interesse público na difusão dos eventos esportivos do modo mais abrangente possível;
II – o direito do torcedor de acompanhar a organização esportiva, a competição e os atletas de seu interesse;
III – a liberdade de comunicação;
IV – a liberdade de mercado;
V – a livre concorrência e a prevenção às práticas de mercado anticompetitivas;
VI – a integridade do esporte, a igualdade entre os competidores e a solidariedade esportiva;
VII – a proteção da empresa nacional e da produção de conteúdo próprio local.

Seção III

DA DISPONIBILIZAÇÃO DE IMAGENS PARA FINS JORNALÍSTICOS

Art. 163. O detentor dos direitos de difusão de imagens de eventos esportivos é obrigado a disponibilizar, em prazo não superior a 2 (duas) horas após o término do evento esportivo, imagens de parcela dos eventos aos veículos de comunicação interessados em sua retransmissão para fins exclusivamente jornalísticos, observado o seguinte:
I – a retransmissão destina-se à inclusão em noticiário, após a realização da partida ou do evento esportivo, sempre com finalidade informativa, proibida a associação de parcela de imagens a qualquer forma de patrocínio, de promoção, de publicidade ou de atividade de marketing;
II – a duração da exibição das imagens disponibilizadas restringe-se a 3% (três por cento) do tempo da prova ou da partida, limitada a 30 (trinta) segundos, exceto quando o evento tiver duração inferior, vedada a exibição por mais de uma vez por programa no qual as imagens sejam inseridas e quando ultrapassar 1 (um) ano da data de captação das imagens;
III – os veículos de comunicação interessados devem comunicar ao detentor dos direitos a intenção de ter acesso ao conteúdo das imagens disponibilizadas da prova ou da partida, por escrito, em até 72 (setenta e duas) horas antes do evento;
IV – a retransmissão deve ocorrer somente na programação dos canais distribuídos exclusivamente no território nacional.

Parágrafo único. O disposto no *caput* e no inciso III deste artigo não se aplica aos casos em que o detentor dos direitos de difusão de imagens de eventos esportivos autorizar o organizador do evento a reservar espaço na arena para que os não detentores de direitos realizem a captação das imagens para a exibição de flagrante de espetáculo ou evento esportivo.

Seção IV

DO DIREITO À EXPLORAÇÃO DA IMAGEM DO ATLETA

Art. 164. O direito ao uso da imagem do atleta profissional ou não profissional pode ser por ele cedido ou explorado por terceiros, inclusive por pessoa jurídica da qual seja sócio, mediante ajuste contratual de natureza civil e com fixação de direitos, deveres e condições inconfundíveis com o contrato especial de trabalho esportivo.

§ 1º Não há impedimento a que o atleta empregado, concomitantemente à existência de contrato especial de trabalho esportivo, ceda seu direito de imagem à organização esportiva empregadora, mas a remuneração pela cessão de direito de imagem não substitui a remuneração devida quando configurada a relação de emprego entre o atleta e a organização esportiva contratante.

§ 2º A remuneração devida a título de imagem ao atleta pela organização esportiva não poderá ser superior a 50% (cinquenta por cento) de sua remuneração.

§ 3º A utilização da imagem do atleta pela organização esportiva poderá ocorrer, durante a vigência do vínculo esportivo e contratual, das seguintes formas, entre outras:

I – divulgação da imagem do atleta no sítio eletrônico da organização e nos demais canais oficiais de comunicação, tais como redes sociais, revistas e vídeos institucionais;

II – realização de campanhas de divulgação da organização esportiva e de sua equipe competitiva;

III – participação nos eventos de lançamento da equipe e comemoração dos resultados.

§ 4º Deve ser efetivo o uso comercial da exploração do direito de imagem do atleta, de modo a se combater a simulação e a fraude.

§ 5º Fica permitida a exploração da imagem dos atletas e dos membros das comissões técnicas, de forma coletiva, assim considerada, no mínimo, 3 (três) atletas ou membros das respectivas comissões técnicas agrupados, em atividade profissional, em campo ou fora dele, captada no contexto das atividades esportivas e utilizada para fins promocionais, institucionais e de fomento ao esporte, pelas organizações que administram e regulam o esporte e pelas organizações que se dediquem à prática esportiva, respeitado o disposto neste artigo no que se refere ao direito de imagem de cada atleta e membro da comissão técnica, quando individualmente considerados.

CAPÍTULO VI – DOS CRIMES CONTRA A ORDEM ECONÔMICA ESPORTIVA

Seção I – DO CRIME DE CORRUPÇÃO PRIVADA NO ESPORTE

Art. 165. Exigir, solicitar, aceitar ou receber vantagem indevida, como representante de organização esportiva privada, para favorecer a si ou a terceiros, direta ou indiretamente, ou aceitar promessa de vantagem indevida, a fim de realizar ou de omitir ato inerente às suas atribuições:

Pena – reclusão, de 2 (dois) a 4 (quatro) anos, e multa.

Parágrafo único. Nas mesmas penas incorre quem oferece, promete, entrega ou paga, direta ou indiretamente, ao representante da organização esportiva privada, vantagem indevida.

Seção II – DOS CRIMES NA RELAÇÃO DE CONSUMO EM EVENTOS ESPORTIVOS

Art. 166. Vender ou portar para venda ingressos de evento esportivo, por preço superior ao estampado no bilhete:

Pena – reclusão, de 1 (um) a 2 (dois) anos, e multa.

Art. 167. Fornecer, desviar ou facilitar a distribuição de ingressos para venda por preço superior ao estampado no bilhete:

Pena – reclusão, de 2 (dois) a 4 (quatro) anos, e multa.

Parágrafo único. A pena será aumentada de 1/3 (um terço) até a metade se o agente for servidor público, dirigente ou funcionário de organização esportiva que se relacione com a promoção do evento ou competição, de empresa contratada para o processo de emissão, distribuição e venda de ingressos ou de torcida organizada e se utilizar dessa condição para os fins previstos neste artigo.

Seção III – DOS CRIMES CONTRA A PROPRIEDADE INTELECTUAL DAS ORGANIZAÇÕES ESPORTIVAS

Utilização indevida de símbolos oficiais

Art. 168. Reproduzir, imitar, falsificar ou modificar indevidamente quaisquer sinais visivelmente distintivos, emblemas, marcas, logomarcas, mascotes, lemas, hinos e qualquer outro símbolo de titularidade de organização esportiva:

Pena – detenção, de 3 (três) meses a 1 (um) ano, ou multa.

Art. 169. Importar, exportar, vender, distribuir, oferecer ou expor à venda, ocultar ou manter em estoque quaisquer sinais visivelmente distintivos, emblemas, marcas, logomarcas, mascotes, lemas, hinos e qualquer outro símbolo de titularidade de organização esportiva ou produtos resultantes de sua reprodução, imitação, falsificação ou modificação não autorizadas para fins comerciais ou de publicidade:

Pena – reclusão, de 2 (dois) a 4 (quatro) anos, e multa.

Marketing de Emboscada por Associação

Art. 170. Divulgar marcas, produtos ou serviços, com o fim de alcançar vantagem econômica ou publicitária, por meio de associação com sinais visivelmente distintivos, emblemas, marcas, logomarcas, mascotes, lemas, hinos e qualquer outro símbolo de titularidade de organização esportiva, sem sua autorização ou de pessoa por ela indicada, induzindo terceiros a acreditar que tais marcas, produtos ou serviços são aprovados, autorizados ou endossados pela organização esportiva titular dos direitos violados:

Pena – detenção, de 3 (três) meses a 1 (um) ano, ou multa.

Parágrafo único. Na mesma pena incorre quem, sem autorização da organização esportiva promotora de evento esportivo ou de pessoa por ela indicada, vincular o uso de ingressos, de convites ou de qualquer espécie de autorização de acesso aos eventos esportivos a ações de publicidade ou a atividades comerciais, com o intuito de obter vantagem econômica.

Marketing de Emboscada por Intrusão

Art. 171. Expor marcas, negócios, estabelecimentos, produtos ou serviços ou praticar atividade promocional, não autorizados pela organização esportiva proprietária ou por pessoa por ela indicada, atraindo de qualquer forma a atenção pública nos locais da ocorrência de eventos esportivos, com o fim de obter vantagem econômica ou publicitária:

Pena – detenção, de 3 (três) meses a 1 (um) ano, ou multa.

Art. 172. Nos crimes previstos nesta Seção, somente se procede mediante representação da organização esportiva titular dos direitos violados, com exceção do crime previsto no art. 169 desta Lei, em que a ação é pública incondicionada.

TÍTULO III – DA INTEGRIDADE ESPORTIVA E DA CULTURA DE PAZ NO ESPORTE

CAPÍTULO I – DA GARANTIA À INCERTEZA DO RESULTADO ESPORTIVO

Seção I – DISPOSIÇÕES GERAIS

Art. 173. A prática esportiva no nível da excelência esportiva, caracterizada por ser disputada por atletas de alto rendimento esportivo, e a busca pela melhor performance não prejudicam a conformidade com o princípio da igualdade de condições entre os competidores.

Seção II – DA PREVENÇÃO E DO CONTROLE DE DOPAGEM

Art. 174. O controle de dopagem tem por objetivo garantir o direito de os atletas e as organizações participarem de competições livres de dopagem, promover a conservação da saúde e preservar a justiça e a igualdade entre os competidores.

§ 1º O controle de dopagem será realizado por meio de programas harmonizados, coordenados e eficazes em nível nacional e internacional no âmbito da detecção, da punição e da prevenção da dopagem.

§ 2º Considera-se dopagem no esporte a violação de regra antidopagem cometida por atleta, por terceiro ou por organização esportiva.

§ 3º As instituições destinadas à prevenção e ao controle de dopagem deverão observar as disposições do Código Mundial Antidopagem, editado pela Agência Mundial Antidopagem.

Art. 175. A Autoridade Brasileira de Controle de Dopagem (ABCD), órgão vinculado ao Ministério do Esporte, é a organização nacional antidopagem, à qual compete, privativamente:

I – VETADO;

II – coordenar nacionalmente o combate à dopagem no esporte, respeitadas as diretrizes estabelecidas pelo CNE;

III – conduzir os testes de controle de dopagem, durante os períodos de competição e em seus intervalos, a gestão de resultados, as investigações e outras atividades relacionadas à antidopagem, respeitadas as atribuições de organizações internacionais previstas no Código Mundial Antidopagem;

IV – expedir autorizações de uso terapêutico, respeitadas as atribuições de organizações internacionais previstas no Código Mundial Antidopagem;

V – certificar e identificar profissionais, órgãos e entidades para atuar no controle de dopagem;

VI – editar resoluções sobre os procedimentos técnicos de controle de dopagem, observadas as normas previstas no Código Mundial Antidopagem e a legislação correlata;

VII – manter interlocução com os organismos internacionais envolvidos com matérias relacionadas à antidopagem, respeitadas as competências dos demais órgãos da União;

VIII – divulgar e adotar as normas técnicas internacionais relacionadas ao controle de dopagem e a lista de substâncias e métodos proibidos no esporte, editada pela Agência Mundial Antidopagem;

IX – informar à Justiça Desportiva Antidopagem as violações às regras de dopagem, participando do processo na condição de fiscal da legislação antidopagem.

§ 1º A ABCD poderá delegar a competência para a coleta de amostras e a prática dos demais atos materiais relacionados ao controle de dopagem.

§ 2º A ABCD poderá propor ao CNE a edição e as alterações de normas antidopagem, atualizando-as conforme o Código Mundial Antidopagem e as normas expedidas pela Agência Mundial Antidopagem.

Art. 176. Às organizações privadas componentes do SINESP incumbem a adoção, a implementação e a aplicação de regras antidopagem, nos termos estabelecidos nesta Lei e em normas regulamentares expedidas pelo CNE e pela ABCD.

Seção III — *DA PREVENÇÃO E DO COMBATE À MANIPULAÇÃO DE RESULTADOS ESPORTIVOS*

Art. 177. A prevenção e o combate à manipulação de resultados esportivos têm por objetivo afastar a possibilidade de conluio intencional, ato ou omissão que visem a alteração indevida do resultado ou do curso de competição esportiva, atentando contra a imprevisibilidade da competição, prova ou partida esportiva com vistas à obtenção de benefício indevido para si ou para outros.

Parágrafo único. A administração pública federal estabelecerá parcerias com as organizações esportivas que administram e regulam a prática do esporte para promover mecanismos de monitoramento das competições esportivas com vistas a possibilitar a prevenção e o combate à manipulação de resultados esportivos.

CAPÍTULO II — DO TORCEDOR

Art. 178. Torcedor é toda pessoa que aprecia, apoia ou se associa a qualquer organização esportiva que promove a prática esportiva do País e acompanha a prática de determinada modalidade esportiva, incluído o espectador-consumidor do espetáculo esportivo.

§ 1º É facultado ao torcedor organizar-se em entidades associativas, denominadas torcidas organizadas.

§ 2º Considera-se torcida organizada, para os efeitos desta Lei, a pessoa jurídica de direito privado ou existente de fato que se organiza para fins lícitos, especialmente torcer por organização esportiva de qualquer natureza ou modalidade.

§ 3º Não se confunde a torcida organizada com a organização esportiva por ela apoiada.

§ 4º É obrigatório à torcida organizada manter cadastro atualizado de seus associados ou membros, o qual deverá conter, pelo menos, as seguintes informações:

I – nome completo;
II – fotografia;
III – filiação;
IV – número do registro civil;
V – número de inscrição no Cadastro de Pessoas Físicas (CPF);
VI – data de nascimento;
VII – estado civil;
VIII – profissão;
IX – endereço completo;
X – escolaridade.

§ 5º A torcida organizada responde civilmente, de forma objetiva e solidária, pelos danos causados por qualquer de seus associados ou membros no local do evento esportivo, em suas imediações ou no trajeto de ida e volta para o evento.

§ 6º O dever de reparar o dano, nos termos do § 5º deste artigo, é responsabilidade da própria torcida organizada e de seus dirigentes e membros, que respondem solidariamente, inclusive com o próprio patrimônio.

CAPÍTULO III — DA PROMOÇÃO DA CULTURA DE PAZ NO ESPORTE

Seção I — *DISPOSIÇÕES GERAIS*

Art. 179. É obrigação do poder público em todos os níveis, das organizações esportivas, dos torcedores e dos espectadores de eventos esportivos promover e manter a paz no esporte.

Parágrafo único. Os promotores de eventos esportivos, assim considerados todos os envolvidos na organização da referida atividade, respondem pela prevenção da violência nos eventos que promovam.

Art. 180. Os juizados do torcedor, órgãos da justiça comum com competência cível e criminal, poderão ser criados pelos Estados e pelo Distrito Federal para o processamento, o julgamento e a execução das causas decorrentes das atividades reguladas nesta Lei.

Seção II — *DO PLANO NACIONAL PELA CULTURA DE PAZ NO ESPORTE*

Art. 181. A administração pública federal direcionará suas atividades à promoção e à manutenção da paz nas atividades esportivas por meio do Plano Nacional pela Cultura de Paz no Esporte, anexo ao PNEsporte.

Parágrafo único. São diretrizes do Plano Nacional pela Cultura de Paz no Esporte:

I – a adoção de medidas preventivas e educativas direcionadas ao controle dos atos de violência relacionados ao esporte;

II – a promoção de atividades que busquem o afastamento do torcedor violento das arenas esportivas e consequente trabalho de reinserção na assistência de eventos esportivos com comportamento pacífico;

III – a permanente difusão de práticas e de procedimentos que promovam a cultura de paz no esporte;

IV – o estabelecimento de procedimentos padronizados de segurança e de resolução de conflitos em eventos esportivos;

V – a valorização da experiência dos juizados do torcedor.

Seção III — *DA AUTORIDADE NACIONAL PARA PREVENÇÃO E COMBATE À VIOLÊNCIA E À DISCRIMINAÇÃO NO ESPORTE (ANESPORTE)*

Art. 182. VETADO.

Art. 183. VETADO:

I a III – VETADOS.

§ 1º VETADO.

§ 2º A torcida organizada que em evento esportivo promover tumulto, praticar ou incitar a violência, praticar condutas discriminatórias, racistas, xenófobas, homofóbicas ou transfóbicas ou invadir local restrito aos competidores, aos árbitros, aos fiscais, aos dirigentes, aos organizadores ou aos jornalistas será impedida, bem como seus associados ou membros, de comparecer a eventos esportivos pelo prazo de até 5 (cinco) anos.

§§ 3º a 5º VETADOS.

Art. 184. O disposto no § 5º do art. 178 e no § 2º do art. 183 desta Lei aplica-se à torcida organizada e a seus associados ou membros envolvidos, mesmo que em local ou data distintos dos relativos à competição esportiva, nos casos de:

I – invasão de local de treinamento;

II – confronto, ou induzimento ou auxílio a confronto, entre torcedores;

III – ilícitos praticados contra esportistas, competidores, árbitros, fiscais ou organizadores de eventos esportivos e jornalistas direcionados principal ou exclusivamente à cobertura de competições esportivas, mesmo que no momento não estejam atuando na competição ou diretamente envolvidos com o evento.

Seção IV

Art. 185. VETADO.

Seção V

Art. 186. VETADO.

CAPÍTULO IV — DA GARANTIA DA ÉTICA E DO JOGO LIMPO NAS COMPETIÇÕES

Seção I — *DISPOSIÇÕES GERAIS*

Art. 187. As organizações esportivas promoverão a prática esportiva com base em padrões éticos e morais que garantam o *fair play* ou jogo limpo nas competições.

Art. 188. Cada organização esportiva de abrangência nacional que administra e regula a respectiva modalidade esportiva deverá criar regulamento de *fair play* financeiro aplicável no âmbito das competições que promover e ao qual se submeterão as organizações esportivas associadas ou filiadas.

Parágrafo único. O regulamento disposto no *caput* deste artigo deverá prever regras e sanções referentes, mas não limitadas, a:

I – equilíbrio financeiro, patrimônio líquido e níveis de endividamento;

II – limites financeiros para contratação de atletas por temporada;

III – limites para aportes financeiros de acionistas; e

IV – garantia de continuidade operacional mediante auditoria externa.

Seção II

Arts. 189 a 191. VETADOS.

Seção III — *DOS PROCEDIMENTOS REFERENTES AO REGULAMENTO DA COMPETIÇÃO*

Art. 192. O regulamento, as tabelas e o nome do ouvidor da competição deverão ser divulgados até 45 (quarenta e cinco) dias antes de seu início.

§ 1º Nos 10 (dez) dias subsequentes à divulgação de que trata o *caput* deste artigo, qualquer interessado poderá manifestar-se sobre o regulamento diretamente ao ouvidor da competição.

§ 2º O ouvidor da competição elaborará em 72 (setenta e duas) horas relatório com as principais propostas e sugestões encaminhadas.

§ 3º Após o exame do relatório, a organização esportiva responsável pela competição decidirá em 48 (quarenta e oito) horas, motivadamente, sobre a conveniência da aceitação das propostas e das sugestões relatadas e as submeterá em seguida, para deliberação por maioria, ao conselho arbitral, que deverá reunir todas as organizações de prática esportiva integrantes da competição.

§ 4º O regulamento definitivo da competição será divulgado 30 (trinta) dias antes de seu início.

§ 5º É vedado proceder a alterações no regulamento da competição desde sua divulgação definitiva, exceto nos seguintes casos:

I – apresentação de novo calendário anual de eventos oficiais para o ano subsequente, desde que aprovado pela maioria das organizações esportivas participantes;

II – transcurso de 2 (dois) anos de vigência do mesmo regulamento, observado o procedimento de que trata este artigo;

III – interrupção das competições por motivo de surtos, de epidemias e de pandemias que possam comprometer a integridade física e o bem-estar dos atletas, desde que aprovada pela maioria das organizações participantes do evento.

Art. 193. A participação de organizações esportivas em competições de responsabilidade das organizações esportivas que administram e regulam a respectiva modalidade dar-se-á em virtude de critério técnico previamente definido, conforme os próprios regulamentos.

§ 1º Para os fins do disposto neste artigo, considera-se critério técnico a habilitação de organização esportiva em razão de colocação obtida em competição anterior.

§ 2º Fica vedada a adoção de qualquer outro critério não previsto no regulamento da respectiva organização esportiva, especialmente o convite.

Art. 194. A arbitragem das competições esportivas será independente, imparcial, previamente remunerada e isenta de pressões.

Art. 195. O árbitro e seus auxiliares deverão entregar, em até 4 (quatro) horas contadas do término da partida, a súmula e os relatórios da partida ao representante da organização responsável pela competição.

Parágrafo único. Em casos excepcionais, de grave tumulto ou de necessidade de laudo médico, os relatórios da partida poderão ser complementados em até 24 (vinte e quatro) horas após o seu término.

Art. 196. A organização esportiva responsável pela competição dará publicidade à súmula e aos relatórios da partida no seu sítio eletrônico até as 14 (quatorze) horas do terceiro dia útil subsequente ao da realização da partida.

Art. 197. Os árbitros de cada partida serão escolhidos de acordo com critérios definidos pelos regulamentos de cada organização que administra e regula a modalidade esportiva.

CAPÍTULO V
DOS CRIMES CONTRA A INTEGRIDADE E A PAZ NO ESPORTE

Seção I
DOS CRIMES CONTRA A INCERTEZA DO RESULTADO ESPORTIVO

Art. 198. Solicitar ou aceitar, para si ou para outrem, vantagem ou promessa de vantagem patrimonial ou não patrimonial para qualquer ato ou omissão destinado a alterar ou falsear o resultado de competição esportiva ou evento a ela associado:

Pena – reclusão, de 2 (dois) a 6 (seis) anos, e multa.

Art. 199. Dar ou prometer vantagem patrimonial ou não patrimonial com o fim de alterar ou falsear o resultado de competição esportiva ou evento a ela associado:

Pena – reclusão, de 2 (dois) a 6 (seis) anos, e multa.

Art. 200. Fraudar, por qualquer meio, ou contribuir para que se fraude, de qualquer forma, o resultado de competição esportiva ou evento a ela associado:

Pena – reclusão, de 2 (dois) a 6 (seis) anos, e multa.

Seção II
DOS CRIMES CONTRA A PAZ NO ESPORTE

Art. 201. Promover tumulto, praticar ou incitar a violência ou invadir local restrito aos competidores ou aos árbitros e seus auxiliares em eventos esportivos:

Pena – reclusão, de 1 (um) a 2 (dois) anos, e multa.

§ 1º Incorrerá nas mesmas penas o torcedor que:

I – promover tumulto, praticar ou incitar a violência em um raio de 5.000 m (cinco mil metros) ao redor do local de realização do evento esportivo ou durante o trajeto de ida e volta do local da realização do evento;

II – portar, deter ou transportar, no interior da arena esportiva, em suas imediações ou no seu trajeto, em dia de realização de evento esportivo, quaisquer instrumentos que possam servir para a prática de violência;

III – participar de brigas de torcidas.

§ 2º Na sentença penal condenatória, o juiz deverá converter a pena de reclusão em pena impeditiva de comparecimento às proximidades da arena esportiva, bem como a qualquer local em que se realize evento esportivo, pelo prazo de 3 (três) meses a 3 (três) anos, de acordo com a gravidade da conduta, na hipótese de o agente ser primário, ter bons antecedentes e não ter sido punido anteriormente pela prática de condutas previstas neste artigo.

§ 3º A pena impeditiva de comparecimento às proximidades da arena esportiva, bem como a qualquer local em que se realize evento esportivo, converter-se-á em privativa de liberdade quando ocorrer o descumprimento injustificado da restrição imposta.

§ 4º Na conversão de pena prevista no § 2º deste artigo, a sentença deverá determinar ainda a obrigatoriedade suplementar de o agente permanecer em estabelecimento indicado pelo juiz, no período compreendido entre as 2 (duas) horas antecedentes e as 2 (duas) horas posteriores à realização de provas ou de partidas de organização esportiva ou de competição determinada.

§ 5º No caso de o representante do Ministério Público propor aplicação da pena restritiva de direito prevista no art. 76 da Lei nº 9.099, de 26 de setembro de 1995, o juiz aplicará a sanção prevista no § 2º deste artigo.

§ 6º A pena prevista neste artigo será aumentada de 1/3 (um terço) até a metade para aquele que organiza ou prepara o tumulto ou incita a sua prática, inclusive nas formas dispostas no § 1º deste artigo, não lhe sendo aplicáveis as medidas constantes dos §§ 2º, 3º, 4º e 5º deste artigo.

§ 7º As penalidades previstas neste artigo serão aplicadas em dobro quando se tratar de casos de racismo no esporte brasileiro ou de infrações cometidas contra as mulheres.

TÍTULO IV – DISPOSIÇÕES FINAIS E TRANSITÓRIAS

Art. 202. VETADO.

Art. 203. Os dirigentes, as unidades ou os órgãos de organizações esportivas inscritas ou não no registro de comércio não exercem função delegada pelo poder público nem são considerados autoridades públicas para os efeitos desta Lei.

Art. 204. As organizações esportivas transnacionais com sede permanente ou temporária no País receberão do poder público o mesmo tratamento dispensado às organizações esportivas nacionais.

Art. 205. Será considerado como efetivo exercício, para todos os efeitos legais, o período em que o atleta servidor público civil ou militar, da administração pública direta ou indireta, autárquica ou fundacional, estiver convocado para integrar representação nacional em treinamento ou em competição esportiva no País ou no exterior.

§ 1º O período de convocação de que trata o *caput* deste artigo será definido pela organização esportiva de âmbito nacional que administra e regula a respectiva modalidade, e caberá a ela, ao COB ou ao CPB fazer a devida comunicação e solicitar ao órgão de origem do servidor civil ou militar a liberação do afastamento do atleta, árbitro ou assistente.

§ 2º O disposto neste artigo aplica-se também aos árbitros, aos treinadores, aos profissionais especializados e aos dirigentes, quando indispensáveis à composição da delegação.

Art. 206. Os sistemas de ensino da União, dos Estados, do Distrito Federal e dos Municípios, bem como as instituições de ensino superior, definirão normas específicas para verificação do rendimento e controle de frequência dos estudantes que integrarem representação esportiva nacional, de forma a harmonizar a atividade esportiva com os interesses relacionados ao aproveitamento e à promoção escolar.

Art. 207. É instituído o Dia Nacional do Esporte, a ser comemorado, anualmente, no dia 23 de junho, Dia Mundial do Esporte Olímpico.

Art. 208. É vedado aos administradores e aos membros de conselho fiscal de organização que se dedica à prática esportiva o exercício de cargo ou função em organização esportiva que administra ou regula as modalidades praticadas por aquela organização.

Art. 209. O atleta classificado como refugiado pelos órgãos competentes e que participe de competições esportivas será equiparado ao nacional, sem necessidade de se submeter ao processo de concessão de autorização de trabalho.

Art. 210. É permitida a alteração da destinação e do uso, bem como o parcelamento dos bens imóveis da organização esportiva, por decisão de sua assembleia geral.

Art. 211. Para todos os efeitos desta Lei, incluem-se as ligas esportivas no conceito de organização esportiva que administra e regula o esporte.

Art. 212. *Os profissionais credenciados pelas associações de cronistas esportivos, quando em serviço, têm acesso a praças, estádios, arenas e ginásios esportivos em todo o território nacional, assegurando-se a eles ocupar, pelo menos, 80% (oitenta por cento) dos locais reservados à imprensa pelas respectivas organizações que administram e regulam a modalidade.*

Parágrafo único. *Os demais credenciamentos deverão ser disponibilizados a profissionais do jornalismo esportivo que estejam vinculados a veículos de rádio, TV e jornalismo impresso e digital dedicados à comunicação esportiva.*

▶ Art. 212 promulgado nos termos do art. 66, § 5º, da CF.

Art. 213. VETADO.

Art. 214. À Sociedade Anônima do Futebol, regida pela Lei nº 14.193, de 6 de agosto de 2021, aplica-se subsidiariamente esta Lei, no que com aquela não for conflitante.

Arts. 215 e 216. VETADOS.

Art. 217. Revogam-se:

I – a Lei nº 8.650, de 20 de abril de 1993;

II – VETADO;

III – a Lei nº 10.671, de 15 de maio de 2003;

IV – a Lei nº 10.891, de 9 de julho de 2004;

V – VETADO;

VI – a Lei nº 12.867, de 10 de outubro de 2013.

Art. 218. Esta Lei entra em vigor na data de sua publicação.

Brasília, 14 de junho de 2023;
202º da Independência e
135º da República.

Luiz Inácio Lula da Silva

ANEXO

Categoria de Atleta	Valor Base Mensal da Bolsa-Atleta
Categoria atleta de base: Atletas de até 19 (dezenove) anos de idade com destaque nas categorias de base do esporte de alto rendimento, que tenham obtido até a terceira colocação nas modalidades individuais de categorias e de eventos previamente indicados pela respectiva organização nacional de administração e regulação da modalidade esportiva ou que tenham sido eleitos entre os 10 (dez) melhores atletas do ano anterior em cada modalidade coletiva, na categoria indicada pela respectiva organização, e que continuem treinando e participando de competições nacionais.	R$ 370,00 (trezentos e setenta reais)
Categoria estudantil: Atletas de até 20 (vinte) anos de idade, que tenham participado de eventos nacionais estudantis reconhecidos pelo Ministério do Esporte e obtido até a terceira colocação nas modalidades individuais ou que tenham sido eleitos entre os 6 (seis) melhores atletas em cada modalidade coletiva do referido evento e que continuem treinando e participando de competições nacionais.	R$ 370,00 (trezentos e setenta reais)
Categoria atleta nacional: Atletas que tenham participado do evento máximo da temporada nacional ou que integrem o *ranking* nacional da modalidade divulgado oficialmente pela respectiva organização nacional de administração da modalidade, tendo obtido, em ambas as situações, até a terceira colocação, e que continuem treinando e participando de competições nacionais. Os eventos máximos serão indicados pelas respectivas confederações ou associações nacionais da modalidade.	R$ 925,00 (novecentos e vinte e cinco reais)
Categoria atleta internacional: Atletas que tenham integrado a seleção brasileira de sua modalidade esportiva, representando o Brasil em campeonatos sul-americanos, pan-americanos ou mundiais reconhecidos pelo Comitê Olímpico do Brasil (COB), pelo Comitê Paralímpico Brasileiro (CPB), pela Confederação Brasileira de Desportos de Surdos (CBDS) ou pela entidade internacional de administração da modalidade, tendo obtido até a terceira colocação, e que continuem treinando e participando de competições internacionais.	R$ 1.850,00 (mil oitocentos e cinquenta reais)
Categoria atleta olímpico, paralímpico ou surdolímpico: Atletas que tenham integrado as delegações olímpica, paralímpica ou surdolímpica brasileiras de sua modalidade esportiva, que continuem treinando e participando de competições internacionais e que cumpram critérios definidos pelo Ministério do Esporte.	R$ 3.100,00 (três mil e cem reais)
Categoria atleta pódio: Atletas de modalidades olímpicas, paralímpicas e surdolímpicas individuais que estejam entre os 20 (vinte) melhores do mundo em sua prova, segundo *ranking* oficial da entidade internacional de administração da modalidade, e que sejam indicados pelas respectivas organizações nacionais de administração e regulação da modalidade esportiva em conjunto, respectivamente, com o COB, o CPB, a CBDS e com o Ministério do Esporte.	Até R$ 15.000,00 (quinze mil reais)

LEI Nº 14.611, DE 3 DE JULHO DE 2023

Dispõe sobre a igualdade salarial e de critérios remuneratórios entre mulheres e homens; e altera a Consolidação das Leis do Trabalho, aprovada pelo Decreto-Lei nº 5.452, de 1º de maio de 1943.

▶ Publicada no *DOU* de 3-7-2023.

▶ Dec. nº 11.795, de 23-11-2023, regulamenta esta lei.

Art. 1º Esta Lei dispõe sobre a igualdade salarial e de critérios remuneratórios, nos termos da regulamentação, entre mulheres e homens para a realização de trabalho de igual valor ou no exercício da mesma função e altera a Consolidação das Leis do Trabalho, aprovada pelo Decreto-Lei nº 5.452, de 1º de maio de 1943.

Art. 2º A igualdade salarial e de critérios remuneratórios entre mulheres e homens para a realização de trabalho de igual valor ou no exercício da mesma função é obrigatória e será garantida nos termos desta Lei.

Art. 3º O art. 461 da Consolidação das Leis do Trabalho, aprovada pelo Decreto-Lei nº 5.452, de 1º de maio de 1943, passa a vigorar com a seguinte redação:

▶ Alterações inseridas no texto da referida Consolidação.

Art. 4º A igualdade salarial e de critérios remuneratórios entre mulheres e homens será garantida por meio das seguintes medidas:

I – estabelecimento de mecanismos de transparência salarial e de critérios remuneratórios;

II – incremento da fiscalização contra a discriminação salarial e de critérios remuneratórios entre mulheres e homens;

III – disponibilização de canais específicos para denúncias de discriminação salarial;

IV – promoção e implementação de programas de diversidade e inclusão no ambiente de trabalho que abranjam a capacitação de gestores, de lideranças e de empregados a respeito do tema da equidade entre homens e mulheres no mercado de trabalho, com aferição de resultados; e

V – fomento à capacitação e à formação de mulheres para o ingresso, a permanência e a ascensão no mercado de trabalho em igualdade de condições com os homens.

Art. 5º Fica determinada a publicação semestral de relatórios de transparência salarial e de critérios remuneratórios pelas pessoas jurídicas de direito privado com 100 (cem) ou mais empregados, observada a proteção de dados pessoais de que trata a Lei nº 13.709, de 14 de agosto de 2018 (Lei Geral de Proteção de Dados Pessoais).

§ 1º Os relatórios de transparência salarial e de critérios remuneratórios conterão dados anonimizados e informações que permitam a comparação objetiva entre salários, remunerações e a proporção de ocupação de cargos de direção, gerência e chefia preenchidos por mulheres e homens, acompanhados de informações que possam fornecer dados estatísticos sobre outras possíveis desigualdades decorrentes de raça, etnia, nacionalidade e idade, observada a legislação de proteção de dados pessoais e regulamento específico.

§ 2º Nas hipóteses em que for identificada desigualdade salarial ou de critérios remuneratórios, independentemente do descumprimento do disposto no art. 461 da Consolidação das Leis do Trabalho, aprovada pelo Decreto-Lei nº 5.452, de 1º de maio de 1943, a pessoa jurídica de direito privado apresentará e implementará plano de ação para mitigar a desigualdade, com metas e prazos, garantida a participação de representantes das entidades sindicais e de representantes dos empregados nos locais de trabalho.

§ 3º Na hipótese de descumprimento do disposto no *caput* deste artigo, será aplicada multa administrativa cujo valor corresponderá a até 3% (três por cento) da folha de salários do empregador, limitado a 100 (cem) salários mínimos, sem prejuízo das sanções aplicáveis aos casos de discriminação salarial e de critérios remuneratórios entre mulheres e homens.

§ 4º O Poder Executivo federal disponibilizará de forma unificada, em plataforma digital de acesso público, observada a proteção de dados pessoais de que trata a Lei nº 13.709, de 14 de agosto de 2018 (Lei Geral de Proteção de Dados Pessoais), além das informações previstas no § 1º deste artigo, indicadores atualizados periodicamente sobre mercado de trabalho e renda desagregados por sexo, inclusive indicadores de violência contra a mulher, de vagas em creches públicas, de acesso à formação técnica e superior e de serviços de saúde, bem como demais dados públicos que impactem o acesso ao emprego e à renda pelas mulheres e que possam orientar a elaboração de políticas públicas.

Art. 6º Ato do Poder Executivo instituirá protocolo de fiscalização contra a discriminação salarial e de critérios remuneratórios entre mulheres e homens.

Art. 7º Esta Lei entra em vigor na data de sua publicação.

Brasília, 3 de julho de 2023;
202º da Independência e
135º da República.

Luiz Inácio Lula da Silva

LEI COMPLEMENTAR Nº 199, DE 1º DE AGOSTO DE 2023

Institui o Estatuto Nacional de Simplificação de Obrigações Tributárias Acessórias; e dá outras providências.

▶ Publicada no *DOU* de 2-8-2023.

CAPÍTULO I
DO ESTATUTO NACIONAL DE SIMPLIFICAÇÃO DE OBRIGAÇÕES TRIBUTÁRIAS ACESSÓRIAS

Art. 1º Esta Lei Complementar institui o Estatuto Nacional de Simplificação de Obrigações Tributárias Acessórias, em observância ao disposto na alínea *b* do inciso III do *caput* do art. 146 da Constituição Federal, com a finalidade de diminuir os custos de cumprimento das obrigações tributárias e de incentivar a conformidade por parte dos contribuintes, no âmbito dos Poderes da União, dos Estados, do Distrito Federal e dos Municípios, especialmente no que se refere à:

I – emissão unificada de documentos fiscais eletrônicos;

II – instituição da Nota Fiscal Brasil Eletrônica (NFB-e);

▶ Inciso II promulgado nos termos do art. 66, § 5º, da CF (*DOU* de 22-12-2023 – ed. extra C).

III – VETADO.

IV – utilização dos dados de documentos fiscais para a apuração de tributos e para o fornecimento de declarações pré-preenchidas e respectivas guias de recolhimento de tributos pelas administrações tributárias;

V – facilitação dos meios de pagamento de tributos e contribuições, por meio da unificação dos documentos de arrecadação;

VI – unificação de cadastros fiscais e seu compartilhamento em conformidade com a competência legal;

VII – instituição do Registro Cadastral Unificado (RCU).

▶ Inciso VII promulgado nos termos do art. 66, § 5º, da CF (*DOU* de 22-12-2023 – ed. extra C).

§ 1º Para a emissão unificada de documentos fiscais eletrônicos referida no inciso I do *caput* deste artigo, considerar-se-ão os sistemas, as legislações, os regimes especiais, as dispensas e os sistemas fiscais eletrônicos existentes, de forma a promover a sua integração, inclusive com redução de custos para os contribuintes.

§ 2º O Estatuto Nacional de Simplificação de Obrigações Tributárias Acessórias objetiva a padronização das legislações e dos respectivos sistemas direcionados ao cumprimento de obrigações acessórias, de forma a possibilitar a redução de custos para as administrações tributárias das unidades federadas e para os contribuintes.

§§ 3º e 4º VETADOS.

§ 5º Esta Lei Complementar não se aplica às obrigações tributárias acessórias decorrentes dos impostos previstos nos incisos III e V do *caput* do art. 153 da Constituição Federal.

Art. 2º As administrações tributárias da União, dos Estados, do Distrito Federal e dos Municípios poderão compartilhar dados fiscais e cadastrais, sempre que necessário para reduzir obrigações acessórias e aumentar a efetividade da fiscalização.

Parágrafo único. É autorizada a solicitação devidamente motivada de autoridade administrativa ou de órgão público para confirmação de informação prestada por beneficiário, inclusive de pessoa relacionada, de ação ou de programa que acarrete despesa pública.

Art. 3º As ações de simplificação de obrigações tributárias acessórias serão geridas pelo Comitê Nacional de Simplificação de Obrigações Tributárias Acessórias (CNSOA), vinculado ao Ministério responsável pela Fazenda Pública Nacional, composto dos seguintes membros:

I – 6 (seis) representantes da Secretaria Especial da Receita Federal do Brasil, como representantes da União;

II – 6 (seis) representantes dos Estados e do Distrito Federal;

III – 6 (seis) representantes dos Municípios; e

IV – VETADO.

§ 1º Ao CNSOA compete:

I – instituir e aperfeiçoar os processos de que tratam os incisos I, II, III, IV, V, VI e VII do *caput* do art. 1º desta Lei Complementar, bem como quaisquer obrigações acessórias, com a definição de padrões nacionais;

II – disciplinar as obrigações tributárias acessórias de que trata o art. 1º desta Lei Complementar, ressalvadas as competências do Comitê Gestor do Simples Nacional (CGSN) de que trata o § 6º do art. 2º da Lei Complementar nº 123, de 14 de dezembro de 2006.

▶ Inciso II promulgado nos termos do art. 66, § 5º, da CF (*DOU* de 22-12-2023 – ed. extra C).

§ 2º O disposto neste artigo não impede que a União, os Estados, o Distrito Federal e os Municípios disponham sobre as obrigações tributárias acessórias relativas aos tributos de sua competência, ressalvada a obrigação de cumprir o disciplinado pelo CNSOA.

§ 3º O CNSOA será presidido e coordenado por representante da União indicado pelo Ministério responsável pela Fazenda Pública Nacional.

§ 4º A escolha dos membros do CNSOA dar-se-á por:

I – indicação do Secretário Especial da Receita Federal do Brasil, quanto aos 6 (seis) representantes desse órgão que comporão o Comitê;

II – indicação dos Secretários de Fazenda, Finanças e Tributação dos Estados e do Distrito Federal, quanto aos 6 (seis) representantes dos Estados e do Distrito Federal que comporão o Comitê, mediante reunião deliberativa no âmbito do Conselho Nacional de Política Fazendária (CONFAZ);

III – indicação, por meio de entidade representativa das Secretarias de Finanças ou Fazenda das Capitais, quanto a 3 (três) dos representantes municipais que comporão o Comitê;

IV – indicação, por meio de entidade da Confederação Nacional de Municípios (CNM), quanto a 3 (três) dos representantes municipais que comporão o Comitê; e

V – VETADO.

§ 5º As indicações ao CNSOA deverão ser de representantes titulares e suplentes, respectivamente.

§ 6º As entidades de representação referidas no § 4º deste artigo serão aquelas regularmente constituídas pelo menos 1 (um) ano antes da publicação desta Lei Complementar.

§ 7º O mandato dos membros do CNSOA será de 2 (dois) anos, permitidas reconduções, observado o disposto no § 4º deste artigo.

§ 8º A participação dos representantes no CNSOA será considerada serviço público relevante, não remunerado.

§ 9º O CNSOA elaborará seu regimento interno, aprovado pela maioria absoluta de seus membros, que disporá sobre seu funcionamento.

§ 10. O quórum de aprovação do CNSOA será de 3/5 (três quintos) dos seus membros quando a votação tratar de disciplinar assuntos de sua competência delimitados no art. 1º desta Lei Complementar.

§ 11. As deliberações do CNSOA, salvo as de mera organização interna, serão precedidas

LEGISLAÇÃO COMPLEMENTAR

de consulta pública, em conformidade com o art. 29 do Decreto-Lei nº 4.657, de 4 de setembro de 1942 (Lei de Introdução às Normas do Direito Brasileiro).

CAPÍTULO II
DISPOSIÇÕES FINAIS

Art. 4º A União, os Estados, o Distrito Federal e os Municípios atuarão de forma integrada e poderão ter acesso às bases de dados dos documentos fiscais eletrônicos, das declarações fiscais, do RCU, dos documentos de arrecadação e dos demais documentos fiscais que vierem a ser instituídos, na forma disciplinada pelo CNSOA.

Parágrafo único. O CNSOA terá como objetivo a automatização da escrituração fiscal de todos os tributos abrangidos por esta Lei Complementar, com mínima intervenção do contribuinte, gerada a partir dos documentos fiscais eletrônicos por ele emitidos.

Art. 5º Observado o § 5º do art. 1º, o disposto nesta Lei Complementar aplica-se a todos os tributos, mesmo os que venham a ser instituídos após sua publicação.

Art. 6º VETADO.

Art. 7º Cabe ao Poder Executivo federal adotar as medidas necessárias para o CNSOA executar as atividades definidas nesta Lei Complementar.

Art. 8º VETADO.

Art. 9º O disposto nesta Lei Complementar não afasta o tratamento diferenciado e favorecido dispensado às microempresas e empresas de pequeno porte e ao microempreendedor individual optantes pelo regime do Simples Nacional, nos termos da Lei Complementar nº 123, de 14 de dezembro de 2006, e das legislações correlatas.

Art. 10. VETADO.

Art. 11. Esta Lei Complementar entra em vigor na data de sua publicação.

Brasília, 1º de agosto de 2023;
202º da Independência e
135º da República.

Luiz Inácio Lula da Silva

LEI Nº 14.689, DE 20 DE SETEMBRO DE 2023

Disciplina a proclamação de resultados de julgamentos na hipótese de empate na votação no âmbito do Conselho Administrativo de Recursos Fiscais (CARF); dispõe sobre a autorregularização de débitos e a conformidade tributária no âmbito da Secretaria Especial da Receita Federal do Brasil do Ministério da Fazenda, sobre o contencioso administrativo fiscal e sobre a transação na cobrança de créditos da Fazenda Pública; altera o Decreto nº 70.235, de 6 de março de 1972, e as Leis nºs 6.830, de 22 de setembro de 1980 (Lei de Execução Fiscal), 9.430, de 27 de dezembro de 1996, 13.988, de 14 de abril de 2020, 5.764, de 16 de dezembro de 1971, 9.249, de 26 de dezembro de 1995, e 10.150, de 21 de dezembro de 2000; e revoga dispositivo da Lei nº 10.522, de 19 de julho de 2002.

▸ Publicada no *DOU* de 21-9-2023.

Art. 1º Os resultados dos julgamentos no âmbito do Conselho Administrativo de Recursos Fiscais (CARF), na hipótese de empate na votação, serão proclamados na forma do disposto no § 9º do art. 25 do Decreto nº 70.235, de 6 de março de 1972, nos termos desta Lei.

Art. 2º O Decreto nº 70.235, de 6 de março de 1972, passa a vigorar com as seguintes alterações:

▸ Alterações inseridas no texto do referido Decreto.

Art. 3º Os créditos inscritos em dívida ativa da União em discussão judicial que tiverem sido resolvidos favoravelmente à Fazenda Pública pelo voto de qualidade previsto no § 9º do art. 25 do Decreto nº 70.235, de 6 de março de 1972, poderão ser objeto de proposta de acordo de transação tributária específica, de iniciativa do sujeito passivo.

Parágrafo único. VETADO.

Art. 4º Aos contribuintes com capacidade de pagamento, fica dispensada a apresentação de garantia para a discussão judicial dos créditos resolvidos favoravelmente à Fazenda Pública pelo voto de qualidade previsto no § 9º do art. 25 do Decreto nº 70.235, de 6 de março de 1972.

§ 1º O disposto no *caput* deste artigo não se aplica aos contribuintes que, nos 12 (doze) meses que antecederam o ajuizamento da medida judicial que tenha por objeto o crédito, não tiveram certidão de regularidade fiscal válida por mais de 3 (três) meses, consecutivos ou não, expedida conjuntamente pela Secretaria Especial da Receita Federal do Brasil e pela Procuradoria-Geral da Fazenda Nacional.

§ 2º Para os fins do disposto no *caput* deste artigo, a capacidade de pagamento será aferida considerando-se o patrimônio líquido do sujeito passivo, desde que o contribuinte:

I – apresente relatório de auditoria independente sobre as demonstrações financeiras, caso seja pessoa jurídica;

II – apresente relação de bens livres e desimpedidos para futura garantia do crédito tributário, em caso de decisão desfavorável em primeira instância;

III – comunique à Procuradoria-Geral da Fazenda Nacional a alienação ou a oneração dos bens de que trata o inciso II deste parágrafo e apresente outros bens livres e desimpedidos para fins de substituição daqueles, sob pena de propositura de medida cautelar fiscal; e

IV – não possua outros créditos para com a Fazenda Pública, presentes e futuros, em situação de exigibilidade.

§ 3º Nos casos em que seja exigível a apresentação de garantia para a discussão judicial de créditos resolvidos favoravelmente à Fazenda Pública pelo voto de qualidade previsto no § 9º do art. 25 do Decreto nº 70.235, de 6 de março de 1972, não será admitida a execução da garantia até o trânsito em julgado da medida judicial, ressalvados os casos de alienação antecipada previstos na legislação.

§ 4º O disposto neste artigo não impede a celebração de negócio jurídico ou qualquer outra solução consensual com a Fazenda Pública credora que verse sobre a aceitação, a avaliação, o modo de constrição e a substituição de garantias.

§ 5º Caberá ao Procurador-Geral da Fazenda Nacional disciplinar a aplicação do disposto neste artigo.

Arts. 5º e 6º VETADOS.

Art. 7º Para aplicação das medidas de incentivo à conformidade tributária, a Secretaria Especial da Receita Federal do Brasil considerará os seguintes critérios:

I – regularidade cadastral;

II – histórico de regularidade fiscal do sujeito passivo;

III – compatibilidade entre escriturações ou declarações e os atos praticados pelo contribuinte;

IV – consistência das informações prestadas nas declarações e nas escriturações.

§ 1º Como incentivo à conformidade tributária, deverão ser adotadas as seguintes medidas, com vistas à autorregularização:

I – procedimentos de orientação tributária e aduaneira prévia;

II – não aplicação de eventual penalidade administrativa;

III – concessão de prazo para o recolhimento de tributos devidos sem a aplicação de penalidades;

IV – VETADO;

V – prioridade de análise em processos administrativos, inclusive quanto a pedidos de restituição, de compensação ou de ressarcimento de direitos creditórios; e

VI – atendimento preferencial em serviços presenciais ou virtuais.

§ 2º VETADO.

§ 3º Os benefícios previstos no § 1º deste artigo poderão ser graduados e condicionados em função de:

I – apresentação voluntária, antes do início do procedimento fiscal, de atos ou negócios jurídicos relevantes para fins tributários para os quais não haja posicionamento prévio da administração tributária;

II – atendimento tempestivo a requisição de informações realizada pela autoridade administrativa; ou

III – recolhimento em prazos e em condições definidos pela Secretaria Especial da Receita Federal do Brasil.

Art. 8º O art. 44 da Lei nº 9.430, de 27 de dezembro de 1996, passa a vigorar com as seguintes alterações:

▸ Alterações inseridas no texto da referida Lei.

Art. 9º A Lei nº 13.988, de 14 de abril de 2020, passa a vigorar com as seguintes alterações:

▸ Alterações inseridas no texto da referida Lei.

Art. 10. VETADO.

Art. 11. O art. 13 da Lei nº 9.249, de 26 de dezembro de 1995, passa a vigorar acrescido do seguinte § 3º:

▸ Alteração inserida no texto da referida Lei.

Art. 12. A exclusão da parcela da produção que não seja objeto de repasse ao cooperado por meio de fixação de preço, em relação à receita bruta sujeita à contribuição prevista no *caput* e nos §§ 3º e 16 do art. 25 da Lei nº 8.212, de 24 de julho de 1991, aplica-se a atos ou fatos pretéritos, nos termos do inciso I do *caput* do art. 106 da Lei nº 5.172, de 25 de outubro de 1966 (Código Tributário Nacional), e tornam-se insubsistentes eventuais créditos tributários lançados ou constituídos em desconformidade com a norma e ainda não extintos.

Arts. 13 e 14. VETADOS.

Art. 15. O disposto no § 9º-A do art. 25 do Decreto nº 70.235, de 6 de março de 1972, aplica-se inclusive aos casos já julgados pelo CARF e ainda pendentes de apreciação do mérito pelo Tribunal Regional Federal competente na data da publicação desta Lei.

Art. 16. Nos processos administrativos decididos favoravelmente à Fazenda Pública pelo voto de qualidade previsto no § 9º do art. 25 do Decreto nº 70.235, de 6 de março de 1972, durante o prazo de vigência da Medida Provisória nº 1.160, de 12 de janeiro de 2023, com fundamento em seus arts. 1º e 5º, aplicar-se-á o disposto no § 9º-A do art. 25 e no art. 25-A do referido Decreto e nos arts. 3º e 4º desta Lei.

Art. 17. Revogam-se:

I – VETADO;

II – o art. 19-E da Lei nº 10.522, de 19 de julho de 2002; e

III – os seguintes dispositivos da Lei nº 13.988, de 14 de abril de 2020:

a) inciso II do § 1º do art. 19; e

b) alínea *b* do inciso II do *caput* do art. 20.

Art. 18. Esta Lei entra em vigor na data de sua publicação.

Brasília, 20 de setembro de 2023; 202º da Independência e 135º da República.

Geraldo José Rodrigues Alckmin Filho

LEI Nº 14.751, DE 12 DE DEZEMBRO DE 2023

Institui a Lei Orgânica Nacional das Polícias Militares e dos Corpos de Bombeiros Militares dos Estados, do Distrito Federal e dos Territórios, nos termos do inciso XXI do caput do art. 22 da Constituição Federal, altera a Lei nº 13.675, de 11 de junho de 2018, e revoga dispositivos do Decreto-Lei nº 667, de 2 de julho de 1969.

▸ Publicada no *DOU* de 13-12-2023.

Art. 1º Esta Lei institui a Lei Orgânica Nacional das Polícias Militares e dos Corpos de Bombeiros Militares dos Estados, do Distrito Federal e dos Territórios.

CAPÍTULO I
DISPOSIÇÕES GERAIS

Art. 2º As polícias militares e os corpos de bombeiros militares dos Estados, do Distrito Federal e dos Territórios são instituições militares permanentes, exclusivas e típicas de Estado, essenciais à Justiça Militar, na condição de forças auxiliares e reserva do Exército, nos termos do § 6º do art. 144 da Constituição Federal, indispensáveis à preservação da ordem pública, à segurança pública, à incolumidade das pessoas e do patrimônio e ao regime democrático, organizadas com base na hierarquia e na disciplina militares e comandadas por oficial da ativa do último posto, integrante do Quadro de Oficiais de Estado-Maior (QOEM) da respectiva instituição.

§ 1º As polícias militares dos Estados, do Distrito Federal e dos Territórios, integrantes do Sistema Único de Segurança Pública (SUSP), cabe a proteção dos direitos fundamentais no âmbito da preservação da ordem pública, da polícia ostensiva e da polícia judiciária militar dos Estados, do Distrito Federal e dos Territórios, com a finalidade de preservação da ordem pública e da incolumidade das pessoas e do patrimônio, além de outras atribuições previstas em lei.

§ 2º Aos corpos de bombeiros militares dos Estados, do Distrito Federal e dos Territórios, integrantes do SUSP, cabem a proteção dos direitos fundamentais no âmbito da defesa civil, a prevenção e o combate a incêndios, o atendimento a emergências relativas a busca, salvamento e resgate, a perícia administrativa de incêndio e explosão e a polícia judiciária militar dos Estados, do Distrito Federal e dos Territórios, com a finalidade de preservação da ordem pública e da incolumidade das pessoas e do patrimônio, além de outras atribuições previstas em lei.

§ 3º As polícias militares e os corpos de bombeiros militares dos Estados, do Distrito Federal e dos Territórios são instituições:

I – militares;

II – permanentes;

III – indispensáveis à preservação da ordem pública;

IV – vinculadas ao sistema de governança da política de segurança pública dos Estados, do Distrito Federal e dos Territórios; e

V – integrantes:

a) do Sistema Único de Segurança Pública (SUSP);

b) da Defesa Nacional;

c) do Sistema Nacional de Proteção e Defesa Civil (SINPDEC); e

d) do Sistema Nacional do Meio Ambiente (SISNAMA).

Art. 3º São princípios básicos a serem observados pelas polícias militares e pelos corpos de bombeiros militares dos Estados, do Distrito Federal e dos Territórios, além de outros previstos na legislação e em regulamentos, no âmbito de suas atribuições constitucionais e legais:

I – hierarquia;

II – disciplina;

III – proteção, promoção e respeito aos direitos humanos, inclusive os decorrentes de compromissos internacionais assumidos pelo Brasil;

IV – legalidade;

V – impessoalidade;

VI – publicidade, com transparência e prestação de contas;

VII – moralidade;

VIII – eficiência;

IX – efetividade;

X – razoabilidade e proporcionalidade;

XI – universalidade na prestação do serviço;

XII – participação e interação comunitária.

Art. 4º São diretrizes a serem observadas pelas polícias militares e pelos corpos de bombeiros militares dos Estados, do Distrito Federal e dos Territórios, além de outras previstas na legislação e em regulamentos, no âmbito de suas atribuições constitucionais e legais:

I – atendimento permanente ao cidadão e à sociedade;

II – planejamento estratégico e sistêmico;

III – integração com a comunidade, com o Poder Judiciário, com os órgãos do sistema de segurança pública e com demais instituições públicas;

IV – planejamento e distribuição do efetivo proporcionalmente ao número de habitantes na circunscrição, obedecidos indicadores, peculiaridades e critérios técnicos regionais, salvo o caso de unidades especializadas, quando houver apenas uma unidade para determinada área geográfica;

V – racionalidade e imparcialidade nas ações das instituições militares estaduais, do Distrito Federal e dos Territórios;

VI – caráter técnico e científico no planejamento e no emprego;

VII – padronização de procedimentos operacionais, formais e administrativos e da identidade visual e funcional, com publicidade, ressalvados aqueles para os quais a Constituição ou a lei determinem sigilo;

VIII – prevenção especializada;

IX – cooperação e compartilhamento recíproco das experiências entre os órgãos de segurança pública, mediante instrumentos próprios, na forma da lei;

X – utilização recíproca de sistema integrado de informações e acesso a dados cadastrais, observados os credenciamentos e os sigilos legais, nos limites de suas atribuições;

XI – capacitação profissional continuada;

XII – instituição de base de dados *on-line* e unificada por Estado da Federação, em conformidade com graus de sigilo estabelecidos pelo Ministério da Justiça e Segurança Pública, com compartilhamento recíproco dos dados entre os órgãos e instituições integrantes do SUSP, por meio de cadastro prévio de servidor de cargo efetivo;

XIII – utilização dos meios tecnológicos disponíveis e atualização das metodologias de trabalho para a constante melhoria dos processos de prevenção;

XIV – uso racional da força e uso progressivo dos meios;

XV – integração ao sistema de segurança pública com aprimoramento contínuo de mecanismos de governança;

XVI – instituição de programas e projetos vinculados às políticas públicas e ao plano nacional, estadual e distrital de segurança pública, nas suas atribuições, baseados em evidências técnicas e científicas;

XVII – gestão da proteção e compartilhamento de seus bancos de dados e demais sistemas de informação;

XVIII – livre convencimento técnico-jurídico do oficial no exercício da polícia judiciária militar;

XIX – desempenho de funções de polícia judiciária militar e apuração de infrações penais militares, mediante presidência do oficial, com natureza jurídica essencial e exclusiva de Estado;

XX – edição de atos administrativos normativos no âmbito de suas atribuições constitucionais e legais.

Art. 5º Compete às polícias militares dos Estados, do Distrito Federal e dos Territórios, nos termos de suas atribuições constitucionais e legais, respeitado o pacto federativo:

I – planejar, coordenar e dirigir a polícia de preservação da ordem pública, a polícia ostensiva e a polícia judiciária militar dos Estados, do Distrito Federal e dos Territórios;

II – executar, ressalvada a competência da União, a polícia de preservação da ordem pública, a polícia ostensiva e, privativamente, a polícia judiciária militar dos Estados, do Distrito Federal e dos Territórios;

III – realizar a prevenção e a repressão dos ilícitos penais militares e cumprir mandados de prisão, busca e apreensão e demais medidas cautelares, bem como ordens judiciais expedidas no interesse da apuração criminal militar, da Justiça Militar dos Estados, do Distrito Federal e dos Territórios, referentes à apuração das infrações penais militares praticadas pelos seus membros, ressalvada a competência da União;

IV – realizar a prevenção dos ilícitos penais, com adoção das ações necessárias ao pronto restabelecimento da ordem pública, no âmbito de suas atribuições constitucionais e legais;

V – exercer a polícia ostensiva rodoviária e de trânsito no âmbito dos Estados, do Distrito Federal e dos Territórios, como integrantes do Sistema Nacional de Trânsito, nos termos do art. 23 da Lei nº 9.503, de 23 de setembro de 1997 (Código de Trânsito Brasileiro), ressalvada a competência da União, dos Estados, do Distrito Federal e dos Municípios e as específicas do cargo de agente de trânsito concursado instituído em carreira própria, na forma da lei;

VI – exercer, por meio de delegação ou convênio, outras atribuições para prevenir e reprimir atos relacionados com a segurança pública com vistas a garantir a obediência às normas relativas à segurança de trânsito, de forma a assegurar a livre circulação e a evitar acidentes, sem prejuízo das atribuições dos agentes de trânsito e concomitantemente a estes;

VII – exercer a polícia de preservação da ordem pública e a polícia ostensiva, com vistas à proteção ambiental, a fim de:

a) prevenir as condutas e as atividades lesivas ao meio ambiente;

b) lavrar auto de infração ambiental;

c) aplicar as sanções e as penalidades administrativas;

d) promover ações de educação ambiental, como integrante do SISNAMA;

VIII – exercer, por meio de delegação ou de convênio, outras atribuições na prevenção e na repressão a atividades lesivas ao meio ambiente;

IX – VETADO;

X – realizar coleta, busca e análise de dados, inclusive estatísticos, sobre a criminalidade e as infrações administrativas de interesse da preservação da ordem pública, da polícia ostensiva e da polícia judiciária militar, destinadas a orientar o planejamento e a execução de suas atribuições;

XI – produzir, difundir, planejar, orientar, coordenar, supervisionar e executar ações de inteligência e contrainteligência destinadas à execução e ao acompanhamento de assuntos de segurança pública, da polícia judiciária militar e da preservação da ordem pública, subsidiando ações para prever, prevenir e neutralizar ilícitos e ameaças de qualquer natureza que possam afetar a ordem pública e a incolumidade das pessoas e do patrimônio, na esfera de sua competência, observados os direitos e garantias individuais;

XII – realizar correições, inspeções e auditorias, em caráter permanente, ordinário ou extraordinário, em relação aos seus órgãos e membros;

XIII – organizar e realizar manifestações técnico-científicas e estatísticas relacionadas com as atividades de polícia ostensiva, de polícia de preservação da ordem pública e de polícia judiciária militar;

XIV – recrutar, selecionar e formar seus membros militares e desenvolver as atividades de ensino, extensão e pesquisa em caráter permanente com vistas à sua educação continuada e ao aprimoramento de suas atividades, por meio do seu sistema de ensino militar, em órgãos próprios ou de instituições congêneres, inclusive mediante convênio, termo de parceria ou outro ajuste com instituições públicas, na forma prevista em lei;

XV – ter acesso, na apuração das infrações penais militares praticadas pelos seus membros, aos bancos de dados existentes nos órgãos de segurança pública relativos à identificação civil e criminal e a armas, veículos e objetos, observado o disposto no inciso X do *caput* do art. 5º da Constituição Federal, no âmbito de suas atribuições constitucionais e legais, bem como ter acesso a outros bancos de dados mediante convênio ou outro instrumento de cooperação;

XVI – emitir manifestação técnica, no âmbito de suas atribuições constitucionais e legais, quando exigida a autorização de órgão competente em eventos e atividades em locais públicos ou abertos ao público que demandem o emprego de policiamento ostensivo ou gerem repercussão na preservação da ordem pública, realizar a fiscalização e aplicar as medidas legais, sem prejuízo das prerrogativas dos demais órgãos de segurança pública da União, dos Estados, do Distrito Federal e dos Municípios;

XVII – custodiar, na forma da lei, por meio de órgão próprio ou, na ausência deste, em unidade militar, o militar condenado ou preso provisoriamente, à disposição da autoridade competente;

XVIII – participar, no âmbito dos Estados e do Distrito Federal, do planejamento das políticas públicas e desenvolver políticas de prevenção de caráter educativo e informativo direcionadas à família, à infância, à juventude, a grupos vulneráveis, ao meio ambiente, ao trânsito, à prevenção e ao combate às drogas, entre outras, na forma da lei;

XIX – VETADO;

XX – realizar ações de polícia comunitária para prevenção de conflitos;

XXI – atuar de forma integrada e cooperada com outras instituições constantes do art. 144 da Constituição Federal, com os demais órgãos públicos e com a comunidade, nos limites de suas atribuições constitucionais e da Lei nº 13.675, de 11 de junho de 2018, de forma a garantir a eficiência de suas atividades;

XXII – administrar as tecnologias da instituição, tais como sistemas, comunicações, aplicações, aplicativos, bancos de dados, *sites* na internet, rede lógica e segurança da informação, entre outros recursos de suporte;

XXIII – exercer todas as prerrogativas inerentes ao poder de polícia ostensiva, de preservação da ordem pública e de polícia judiciária militar para o cumprimento de suas missões e finalidades;

XXIV – implementar ações e programas contínuos e permanentes de prevenção, de orientação e de reeducação relacionados ao desvio de conduta ética policial militar;

XXV – desempenhar outras atribuições previstas na legislação, obedecidos os limites à capacidade de auto-organização dos Estados, do Distrito Federal, dos Territórios e dos Municípios, decorrentes do art. 144 da Constituição Federal.

§ 1º VETADO.

§ 2º No exercício de suas atribuições constitucionais e legais, ressalvadas as competências dos órgãos e instituições municipais, os membros das polícias militares dos Estados, do Distrito Federal e dos Territórios são autoridades de polícia administrativa, de polícia ostensiva, de polícia de preservação da ordem pública e de polícia judiciária militar nos termos do Decreto-Lei nº 1.002, de 21 de outubro de 1969 (Código de Processo Penal Militar).

§ 3º As funções constitucionais das polícias militares dos Estados e do Distrito Federal somente serão exercidas pelos militares que as integram, admitida a celebração de convênio e de acordos de cooperação técnica, nos casos autorizados em lei.

§ 4º Para os fins do disposto nesta Lei considera-se função de polícia judiciária militar a atividade exercida no âmbito do Decreto-Lei nº 1.001, de 21 de outubro de 1969 (Código Penal Militar), e do Decreto-Lei nº 1.002, de 21 de outubro de 1969 (Código de Processo Penal Militar).

Art. 6º Compete aos corpos de bombeiros militares dos Estados, do Distrito Federal e dos Territórios, nos termos de suas atribuições constitucionais e legais:

I – planejar, coordenar e dirigir as ações de prevenção, extinção e perícia administrativa de incêndios, de atendimento a emergências, de busca, salvamento e resgate e de polícia judiciária militar, além de exercer poder de polícia nas ações que lhes competem;

II – executar, prioritariamente, ressalvada as competências da União e dos Municípios, as ações de busca, salvamento e resgate e, privativamente, as ações de prevenção, combate e perícia administrativa de incêndios e de polícia judiciária militar;

III – editar atos normativos de segurança contra incêndio, pânico e emergência;

IV – fiscalizar, no âmbito de sua competência, os serviços de armazenamento e o transporte de produtos especiais e perigosos, com vistas à proteção das pessoas, do patrimônio público e privado e do meio ambiente;

V – emitir pareceres, no âmbito de suas atribuições legais, acerca de sinistros e emergências e de proteção do patrimônio ambiental, de riscos de colapso em estruturas e de riscos de incêndio florestal, bem como executar as perícias administrativas;

VI – exercer atividades, no âmbito de sua competência constitucional, na gestão, direção, planejamento, coordenação e articulação perante os sistemas estaduais de proteção e defesa civil, além de ações articuladas em todas as fases e âmbitos no Sistema Nacional de Proteção e Defesa Civil e nos sistemas municipais de proteção e defesa civil para redução de desastres e apoio às comunidades atingidas;

VII – proteger o meio ambiente mediante a realização de atividades de:

a) prevenção, combate e extinção de incêndio florestal, a fim de prevenir ou mitigar as condutas lesivas ao meio ambiente;

b) promoção de ações de educação ambiental, como integrante do SISNAMA;

VIII – lavrar, nos termos da legislação e do respectivo instrumento de parceria, o auto de infração ambiental nos casos de infração de incêndio florestal e aplicar as sanções e as penalidades administrativas;

IX – exercer, sem prejuízo das atribuições dos demais órgãos públicos, a realização de vistorias, o licenciamento e a fiscalização de edificações, eventos e locais de circulação e concentração de público, além de áreas de risco, aplicando as medidas previstas na legislação, e, privativamente, exercer a segurança contra incêndio, pânico e emergência;

X – VETADO;

XI – exercer privativamente as funções de polícia judiciária militar dos Estados, do Distrito Federal e dos Territórios e, nos termos da lei federal, realizar a prevenção e a repressão dos ilícitos penais militares e cumprir mandados de prisão, busca e apreensão e demais medidas cautelares, bem como ordens judiciais expedidas no interesse da apuração criminal militar, referentes à apuração das infrações penais militares praticadas pelos seus membros, ressalvada a competência da União;

XII – realizar coleta, busca e análise de dados, inclusive estatísticos, sobre a criminalidade e as infrações administrativas de interesse da polícia judiciária militar, destinadas a orientar o planejamento e a execução de suas atribuições legais;

XIII – regulamentar, credenciar e fiscalizar as empresas de fabricação e comercialização de produtos, bem como as escolas formadoras e profissionais, na prestação de serviços relativos à segurança contra incêndio, pânico e emergência, a brigadas de incêndio e aos serviços civis e auxiliares de bombeiros;

XIV – produzir, difundir, planejar, orientar, coordenar, supervisionar e executar ações de inteligência e contrainteligência destinadas a instrumentalizar o exercício das atividades de prevenção e extinção de incêndios e emergências, de proteção e defesa civil e de prevenção e repressão da polícia judiciária militar, na esfera de sua competência, observados os direitos e garantias individuais;

XV – realizar correições, inspeções e auditorias, em caráter permanente, ordinário ou extraordinário, na esfera de sua competência;

XVI – organizar e realizar pesquisas técnico-científicas, testes e manifestações técnicas relacionados com suas atividades;

XVII – recrutar, selecionar, formar e desenvolver as atividades de educação continuada dos seus membros militares, por meio de seu sistema de ensino militar, em órgãos próprios ou de instituições congêneres, inclusive mediante convênio com instituições públicas, na forma prevista em lei;

XVIII – desenvolver políticas de prevenção de caráter educativo e informativo, no âmbito da defesa civil, relativas a prevenção contra acidentes, a prevenção contra incêndio e emergência e a socorros de urgência e concernentes a ações em caso de sinistros, entre outras, na forma da lei;

XIX – custodiar, na forma da lei, por meio de órgão próprio ou, na ausência deste, em unidade militar, o militar condenado ou preso provisoriamente, à disposição da autoridade competente;

XX – participar do planejamento e atuar na elaboração das políticas estaduais de proteção de defesa civil, de atividades de proteção da incolumidade e de socorro das pessoas, do meio ambiente e do patrimônio, no âmbito de sua competência;

XXI – exercer, no âmbito da instituição, o poder hierárquico e o poder disciplinar concernentes à administração pública militar dos Estados, do Distrito Federal e dos Territórios;

XXII – atender às requisições do Poder Judiciário e do Ministério Público no cumprimento de suas decisões, no exercício de suas atribuições constitucionais e legais, especialmente em relação aos mandados expedidos pela Justiça Militar dos Estados, do Distrito Federal e dos Territórios;

XXIII – atuar de forma integrada e cooperada com outras instituições constantes do art. 144 da Constituição Federal, com os demais órgãos públicos e com a comunidade, nos limites de suas atribuições constitucionais e da Lei nº 13.675, de 11 de junho de 2018, de forma a garantir a eficiência de suas atividades;

XXIV – administrar as tecnologias da instituição, tais como sistemas, comunicações, aplicações, aplicativos, bancos de dados, *sites* na internet, rede lógica e segurança da informação, entre outros recursos de suporte;

XXV – exercer todas as prerrogativas inerentes ao poder de polícia para o cumprimento de suas missões e finalidades;

XXVI – ter acesso, na sua atribuição de polícia judiciária militar, aos bancos de dados existentes nos órgãos de segurança pública relativos a identificação civil e criminal e a armas, veículos e objetos, observado o disposto no inciso X do *caput* do art. 5º da Constituição Federal, bem como acesso a outros bancos mediante convênio;

XXVII – desempenhar outras atribuições previstas em lei, obedecidos os limites à capacidade de auto-organização dos Estados, do Distrito Federal, dos Territórios e dos Municípios, decorrentes do art. 144 da Constituição Federal.

§ 1º VETADO.

§ 2º No exercício de suas atribuições constitucionais e legais, ressalvadas as competências dos órgãos e das instituições municipais, os membros dos corpos de bombeiros militares dos Estados, do Distrito Federal e dos Territórios são autoridades de polícia administrativa e de polícia judiciária militar nos termos do Decreto-Lei nº 1.002, de 21 de outubro de 1969 (Código de Processo Penal Militar).

§ 3º As competências previstas neste artigo serão exercidas pelos corpos de bombeiros orgânicos das polícias militares, respeitadas as particularidades decorrentes da estrutura organizacional das referidas polícias militares.

§ 4º As funções constitucionais dos corpos de bombeiros militares dos Estados, do Distrito Federal e dos Territórios somente serão exercidas pelos militares que os integram, admitida a celebração de convênios e de acordos de cooperação técnica, nos casos autorizados em lei.

§ 5º A perícia administrativa dos corpos de bombeiros militares dos Estados, do Distrito Federal e dos Territórios será feita depois de liberado o local pelo perito criminal, salvo manifesta impossibilidade de presença da perícia criminal, e consistirá em fornecer subsídios para o complexo que envolve o sistema de segurança contra incêndio, pânico e sinistros, com a finalidade de levantar dados necessários à prevenção, verificando a adequabilidade e o cumprimento das normas técnicas vigentes, o emprego eficiente dos recursos preventivos existentes e o desenvolvimento das operações de socorro, bem como coletar dados técnico-científicos com vistas à adequação de equipamentos, normatização técnica e adestramento da tropa.

§ 6º Aplica-se aos bombeiros militares dos Estados, do Distrito Federal e dos Territórios o disposto no § 4º do art. 5º desta Lei.

Art. 7º As polícias militares e os corpos de bombeiros militares dos Estados, do Distrito Federal e dos Territórios, instituições militares permanentes, subordinam-se aos governadores dos Estados, do Distrito Federal e dos Territórios.

Parágrafo único. As polícias militares e os corpos de bombeiros militares dos Estados, do Distrito Federal e dos Territórios poderão promover, mediante convênios e intercâmbios operacionais, entre outros instrumentos, a integração de suas atividades com as dos demais órgãos públicos, direcionada, no caso das áreas de ensino, a pesquisa, extensão, informações e conhecimentos técnicos, vedados o esvaziamento e a substituição de funções de outros órgãos e instituições.

Art. 8º As polícias militares e os corpos de bombeiros militares dos Estados, do Distrito Federal e dos Territórios poderão cooperar nas comunicações de centro de operações, na formação, no treinamento e no aperfeiçoamento de outras instituições e órgãos de segurança pública federal, estadual, distrital e municipal, no âmbito de suas atribuições constitucionais e legais.

Parágrafo único. É vedada a cooperação para formação e treinamento de natureza militar para as instituições civis.

CAPÍTULO II
DA ORGANIZAÇÃO

Art. 9º A organização das polícias militares e dos corpos de bombeiros militares dos Estados, do Distrito Federal e dos Territórios será fixada em lei de iniciativa privativa do governador, observados as normas gerais previstas nesta Lei e os fundamentos de organização das Forças Armadas.

Parágrafo único. As polícias militares e os corpos de bombeiros militares do Distrito Federal e dos Territórios, instituições organizadas e mantidas pela União, nos termos do inciso XIV do *caput* do art. 21 da Constituição Federal, serão reguladas em lei federal de iniciativa do Presidente da República, observadas as normas gerais previstas nesta Lei.

Art. 10. A organização das polícias militares e dos corpos de bombeiros militares dos Estados, do Distrito Federal e dos Territórios, prevista em lei de iniciativa privativa do governador, deve observar preferencialmente a seguinte estrutura básica:

I – órgãos de direção;
II – órgãos de assessoramento;
III – órgãos de apoio;
IV – órgãos de execução;
V – órgãos de correição.

§ 1º Os órgãos de direção referidos no inciso I do *caput* deste artigo compreendem:

I – os órgãos de direção-geral, destinados a efetuar a direção geral, o planejamento estratégico e a administração superior da instituição;

II – os órgãos de direção setorial, destinados a realizar a administração setorial das atividades de inteligência, recursos humanos, saúde, ensino e instrução, pesquisa e desenvolvimento, logística e gestão orçamentária, financeira e ambiental, entre outras.

§ 2º Os órgãos de assessoramento referidos no inciso II do *caput* deste artigo destinam-se a prestar assessoria, consultoria, recomendação e orientação técnica e política e a expedir nota técnica, para auxiliar as decisões dos órgãos de direção em assuntos especializados.

§ 3º Os órgãos de apoio referidos no inciso III do *caput* deste artigo destinam-se, entre outras atribuições, ao atendimento das necessidades de recursos humanos, saúde, ensino, pesquisa, logística e gestão orçamentária e financeira e são responsáveis pela realização das atividades-meio da instituição.

§ 4º Os órgãos de execução referidos no inciso IV do *caput* deste artigo destinam-se à realização das atividades-fim da instituição, de acordo com as peculiaridades da unidade federada ou dos Territórios.

§ 5º Os órgãos de correição referidos no inciso V do *caput* deste artigo, com atuação desconcentrada, destinam-se a exercer as funções de corregedoria-geral, mediante regulamentação de procedimentos internos, para a prevenção, fiscalização e apuração dos desvios de conduta em atos disciplinares e penais militares, a promoção da qualidade e eficiência do serviço de segurança pública e a instrumentalização da Justiça Militar, bem como a acompanhar o cumprimento de quaisquer medidas cautelares restritivas de direitos e mandados de prisão judicialmente deferidos em desfavor de militares dentro da instituição, sem suprimir a responsabilidade do poder hierárquico e disciplinar das autoridades locais.

§ 6º As polícias militares e os corpos de bombeiros militares dos Estados, do Distrito Federal e dos Territórios poderão ainda contar com órgãos especializados de execução, para missões específicas, com responsabilidade sobre toda a área da unidade federada ou dos Territórios.

§ 7º As instituições militares estaduais poderão, nos termos em que a lei do ente federado estabelecer, criar e manter as assessorias militares.

§ 8º VETADO.

CAPÍTULO III
DOS EFETIVOS

Art. 11. Os efetivos das polícias militares e dos corpos de bombeiros militares dos Estados, do Distrito Federal e dos Territórios, integrados pelos membros militares das instituições, nos termos do art. 42 da Constituição Federal, são fixados em lei estadual, bem como em lei federal, no caso do Distrito Federal e dos Territórios, considerados a extensão da área territorial, a população, os índices de criminalidade, os riscos potenciais de desastres, o índice de desenvolvimento humano e as condições socioeconômicas da unidade federada ou dos Territórios, entre outros, conforme as peculiaridades locais.

Art. 12. A hierarquia nas polícias militares e nos corpos de bombeiros militares dos Estados, do Distrito Federal e dos Territórios, em razão de seu regime jurídico constitucional militar e dos fundamentos das Forças Armadas, deve observar a seguinte estrutura básica:

I – oficiais:

a) oficiais superiores:

1. coronel;
2. tenente-coronel;
3. major;

b) oficiais intermediários: capitão;

c) oficiais subalternos:

1. primeiro-tenente;
2. segundo-tenente;

II – praças especiais:

a) aspirante a oficial;

b) cadete;

c) aluno-oficial;

III – praças:

a) subtenente;

b) primeiro-sargento;

c) segundo-sargento;

d) terceiro-sargento;

e) aluno-sargento;

f) cabo;

g) soldado;

h) aluno-soldado.

Parágrafo único. A todos os postos e graduações de que trata este artigo será acrescida a designação "PM" ou "BM".

Art. 13. São condições básicas para ingresso nas polícias militares e nos corpos de bombeiros militares dos Estados, do Distrito Federal e dos Territórios, além do previsto na lei do ente federado:

I – ser brasileiro;

II – estar quite com as obrigações militares e eleitorais;

III – não registrar antecedentes penais dolosos incompatíveis com a atividade, nos termos da legislação do ente federado;

IV – estar no gozo dos direitos políticos;

V – ser aprovado em concurso público de provas ou de provas e títulos;

VI – ter procedimento social e idoneidade moral irrepreensíveis, compatíveis com a função pública militar, apurados por meio de investigação;

VII – ter capacitação física e psicológica compatível com o cargo, verificada por meio de exame de aptidão com critérios técnicos e objetivos definidos no edital;

VIII – ser aprovado em exame de saúde e exame toxicológico com larga janela de detecção;

IX – comprovar, na data de admissão, de incorporação ou de formatura, o grau de escolaridade superior, nos termos do art. 15 desta Lei e da legislação do ente federado; e

X – não possuir tatuagens visíveis, quando em uso dos diversos uniformes, de suásticas, de obscenidades e de ideologias terroristas ou que façam apologia à violência, às drogas ilícitas ou à discriminação de raça, credo, sexo ou origem.

Parágrafo único. Além do tratamento previsto na legislação militar, os militares têm direito ao tratamento protocolar deferido às carreiras que tenham o mesmo requisito de ingresso no cargo ou na atividade.

Art. 14. A progressão do militar na hierarquia militar, pelos fundamentos das Forças Armadas, independentemente da sua lotação no quadro de organização, será fundamentada no valor moral e profissional, de forma seletiva, gradual e sucessiva, e será feita mediante promoções, pelos critérios de antiguidade e merecimento, este com parâmetros objetivos, em conformidade com a legislação e a regulamentação de promoções de oficiais e de praças do ente federado, de modo a garantir fluxo regular e equilibrado de carreira para os militares.

Parágrafo único. Além do disposto no *caput* deste artigo, serão admitidas as promoções por bravura e *post mortem* e a promoção por completar o militar os requisitos para transferência a pedido ou compulsória para a inatividade, sem prejuízo da promoção em ressarcimento de preterição.

Art. 15. As polícias militares e os corpos de bombeiros militares dos Estados, do Distrito Federal e dos Territórios, regulamentados pelo ente federado, constituir-se-ão, entre outros, dos seguintes quadros:

I – Quadro de Oficiais de Estado-Maior (QOEM), destinado ao exercício, entre outras, das funções de comando, chefia, direção e administração superior dos diversos órgãos da instituição e integrado por oficiais aprovados em concurso público, exigido bacharelado em direito, observado o disposto no inciso IX do *caput* do art. 13 desta Lei, facultada, para os oficiais dos corpos de bombeiros militares, outra graduação prevista na legislação do ente federado, e possuidores do respectivo curso de formação de oficiais, realizado em estabelecimento de ensino próprio ou de polícia militar ou de corpo de bombeiros militar de outra unidade federada ou de Territórios;

II – Quadro de Oficiais Especialistas (QOE), destinado ao exercício de atividades complementares àquelas previstas para o quadro constante do inciso I deste *caput* e integrado por oficiais oriundos do quadro de praças, nos termos da legislação do ente federado, possuidores do respectivo curso de habilitação, realizado em estabelecimento de ensino próprio ou de polícia militar ou de corpo de bombeiros militar de outra unidade federada ou de Territórios, admitida a promoção até o posto de tenente-coronel;

III – Quadro de Oficiais de Saúde (QOS), destinado ao desempenho de atividades de saúde e de direção e administração de órgãos de saúde das polícias militares e dos corpos de bombeiros militares e integrado por oficiais possuidores de cursos de graduação superior na área de saúde de interesse da instituição, com emprego obrigatório e exclusivo na área de saúde das corporações;

IV – Quadro de Oficiais da Reserva e Reformados (QORR), destinado aos oficiais das polícias militares e dos corpos de bombeiros militares da reserva remunerada e aos reformados;

V – Quadro de Praças (QP), destinado às atividades dos diversos órgãos da instituição e integrado por praças aprovadas em concurso público de nível de escolaridade superior ou possuidoras do respectivo curso de formação, desde que oficialmente reconhecido como de nível de educação superior, oferecido pelo sistema de ensino da respectiva instituição ou de outra unidade federada ou de Territórios, observado o disposto no inciso IX do *caput* do art. 13 desta Lei, com progressão até a graduação de subtenente;

VI – Quadro de Praças da Reserva e Reformados (QPRR), destinado às praças das polícias militares e dos corpos de bombeiros militares da reserva remunerada e aos reformados.

§ 1º VETADO.

§ 2º ***Os integrantes da instituição militar não terão limite de idade para o concurso público de ingresso no QOEM de que trata o inciso I do caput deste artigo.***

▶ § 2º promulgado nos termos do art. 66, § 5º, da CF (*DOU* de 13-6-2024).

§ 3º O tempo de atividade militar e os cursos de formação, aperfeiçoamento e especialização realizados na instituição militar do concurso serão contados como título para fins de classificação no concurso público e no processo seletivo interno, nos termos da pontuação prevista no edital.

§ 4º A critério das corporações, poderão ser instituídos Quadro de Oficial Temporário (QOT) e Quadro de Praça Temporário (QPT), por tempo determinado, nos termos da legislação do ente federado.

§ 5º A critério das corporações, poderão ser estabelecidas especialidades dentro dos quadros.

§ 6º VETADO.

Art. 16. As polícias militares e os corpos de bombeiros militares dos Estados, do Distrito Federal e dos Territórios manterão o seu sistema de ensino militar, podendo incluir os colégios militares de ensino fundamental e médio, e ter cursos de graduação ou pós-graduação *lato sensu* ou *stricto sensu* e, se atendidos os requisitos do Ministério da Educação, terão integração e plena equivalência com os demais cursos regulares de universidades públicas.

§ 1º Os cursos previstos no sistema de ensino militar observarão o seguinte:

I – os cursos de formação, adaptação e habilitação serão realizados em instituição de ensino militar;

II – os cursos de aperfeiçoamento ou especialização poderão ser realizados em unidade de ensino militar ou em instituições públicas conveniadas, no País ou no exterior.

§ 2º Os cursos existentes nas instituições militares, além de habilitarem aqueles aprovados em concurso público ou interno para o desempenho das atribuições do cargo, também serão requisitos para promoção, nos seguintes termos:

I – para os oficiais:

a) curso de formação de oficiais (CFO), destinado aos aprovados no concurso público para o QOEM, com o ingresso na condição de cadete e habilitação à promoção a aspirante a oficial;

b) curso de aperfeiçoamento de oficiais (CAO), destinado aos capitães e à habilitação à promoção ao posto de major;

c) curso de comando e estado-maior (CCEM), destinado aos majores e tenentes-coronéis do QOEM e do QOS e à promoção ao posto de coronel;

d) curso de habilitação de oficial do Quadro de Oficiais de Saúde (CHOS) e curso de habilitação de oficial do Quadro de Oficiais Especialistas (CHOE), com ingresso na condição de aluno-oficial e à habilitação à promoção ao posto de segundo-tenente;

II – para as praças:

a) curso de formação de praças (CFP), destinado aos aprovados em concurso público, na graduação de aluno-soldado, e habilitação à promoção à graduação de soldado;

b) curso de formação de sargentos (CFS), com ingresso na graduação de aluno-sargento e habilitação à promoção à graduação de terceiro-sargento;

c) curso de aperfeiçoamento de praças (CAP), destinado aos segundos-sargentos e habilitação à promoção à graduação de primeiro-sargento.

§ 3º Os cursos de formação, adaptação e habilitação terão carga horária mínima.

§ 4º Os cursos previstos neste artigo poderão ser realizados nas instituições militares federais, estaduais e do Distrito Federal.

§ 5º VETADO.

CAPÍTULO IV

DO MATERIAL DE SEGURANÇA PÚBLICA

Art. 17. O material de segurança pública das instituições militares, que tem as mesmas prerrogativas legais de material bélico, constituir-se-á de frotas operacionais e administrativas, armas de porte ou portáteis, munições e apetrechos para suprir a segurança de suas instalações e garantir o exercício de suas competências constitucionais e legais, adquiridos no mercado nacional ou internacional, observada a legislação de licitações, e constituir-se-á, entre outros, de:

I – armamentos;

II – munições;

III – explosivos e propelentes;

IV – blindagens balísticas;

V – equipamentos, armas e munições menos letais;

VI – produtos controlados de uso restrito.

§ 1º A dotação do material de segurança pública classificado como produto controlado de uso permitido será estabelecida por ato do governo local, mediante proposição do comando-geral da corporação, conforme planejamento estratégico institucional, comunicado o órgão federal competente para fins de registro e controle.

§ 2º A dotação do material de segurança pública classificado como produto controlado de uso restrito será estabelecida, quanto à quantidade e ao tipo, em planejamento estratégico da corporação, para atendimento de necessidades operacionais, observadas as condições previstas em lei específica.

§ 3º Serão cadastradas no Sistema de Gerenciamento Militar de Armas (SIGMA) as armas de fogo institucionais das polícias militares e dos corpos de bombeiros militares dos Estados, do Distrito Federal e dos Territórios, bem como as armas particulares de seus integrantes que constem dos seus registros próprios.

§ 4º As polícias militares e os corpos de bombeiros militares dos Estados, do Distrito Federal e dos Territórios certificarão o cumprimento dos requisitos para aquisição de armas e munições e habilitação para o porte e remeterão as informações para o registro no SIGMA.

CAPÍTULO V

DAS GARANTIAS

Art. 18. São garantias das polícias militares e dos corpos de bombeiros militares dos Estados, do Distrito Federal e dos Territórios, bem como de seus membros ativos e veteranos da reserva remunerada e reformados, entre outras:

I – uso dos títulos e designações hierárquicas;

II – uso privativo dos uniformes, das insígnias e dos distintivos das respectivas instituições, vedada a utilização por qualquer entidade pública ou privada;

III – exercício de cargo, função ou comissão correspondentes ao respectivo grau hierárquico;

IV – expedição, pela respectiva instituição, de documento de identidade militar com livre porte de arma, com fé pública em todo o território nacional, na ativa, na reserva remunerada e na reforma, nos termos da regulamentação do comandante-geral e observado o padrão nacional;

V – prisão criminal ou civil, antes de decisão com trânsito em julgado e enquanto não perder o posto e a patente ou a graduação, em unidade prisional militar do respectivo ente e, na falta desta, em unidade militar estadual, à disposição de autoridade judiciária competente;

VI – cumprimento de pena privativa de liberdade decorrente de sentença transitada em julgado, em unidade prisional militar e, na falta desta, em unidade prisional especial, separado dos demais presos do sistema penitenciário comum, quando a disciplina ou a ordem carcerária exigirem, quando perder o posto e a patente ou a graduação;

VII – comunicação ao superior hierárquico, no caso de prisão;

VIII – permanência na repartição policial, quando do preso em flagrante, apenas o tempo necessário para a lavratura do auto respectivo, com transferência imediata para estabelecimento a que se refere o inciso V do *caput* deste artigo;

IX – acesso livre, em razão do serviço, aos locais sujeitos à fiscalização de policiais militares e de bombeiros militares;

X – prioridade nos serviços de transporte e comunicação, públicos e privados, quando em cumprimento de missão de caráter de urgência;

XI – assistência jurídica perante qualquer juízo ou tribunal ou perante a administração, quando acusado de prática de infração penal, civil ou administrativa decorrente do exercício da função ou em razão dela, na forma da lei do ente federado;

XII – ***seguro de vida e de acidentes ou indenização fixada em lei do ente federado, quando vitimado no exercício da função ou em razão dela;***

▸ Inciso XII promulgado nos termos do art. 66, § 5º, da CF (*DOU* de 13-6-2024).

XIII – assistência médica, psicológica, odontológica e social para o militar e para os seus dependentes, na forma da lei do ente federado;

XIV – remuneração com escalonamento vertical entre os postos e as graduações estabelecido na lei do ente federado, observado o previsto no inciso XI do *caput* do art. 37 da Constituição Federal, podendo a lei estabelecer diferença mínima e máxima entre postos e graduações;

XV – patente, em todos os níveis e na sua plenitude, aos oficiais, e graduação às praças, com as vantagens, prerrogativas, direitos e deveres a eles inerentes, na ativa, na reserva ou na reforma, nos termos dos arts. 42 e 142 da Constituição Federal;

XVI – perda do posto e da patente, em qualquer hipótese, somente se for julgado indigno do oficialato ou com ele incompatível, por decisão do Tribunal de Justiça Militar, onde este existir, ou do Tribunal de Justiça da unidade federada, em tempo de paz, ou de tribunal especial, em tempo de guerra, mediante representação pela autoridade competente, nos termos do § 1º do art. 42 e dos incisos VI e VII do § 3º do art. 142 da Constituição Federal;

XVII – processo e julgamento de seus membros, nos crimes militares definidos em lei, nos termos dos §§ 4º e 5º do art. 125 da Constituição Federal;

XVIII – direito de desconto em folha das contribuições das respectivas entidades associativas de classe, bem como de consignações em folha das entidades e das cooperativas das quais seja associado;

XIX – carreiras com acesso a hierarquia de forma seletiva, gradual e sucessiva, de modo a se obter fluxo regular e equilibrado;

XX a XXII – VETADOS;

XXIII – carga horária com duração máxima estabelecida na legislação do ente federado, ressalvadas situações excepcionais;

XXIV – tempo mínimo de 1 (um) ano de permanência na unidade militar, ressalvada a transferência a pedido ou compulsória prevista na legislação, devidamente justificada;

XXV – transferência de ofício para instituição de ensino congênere, nos termos do parágrafo único do art. 49 da Lei nº 9.394, de 20 de dezembro de 1996, e da Lei nº 9.536, de 11 de dezembro de 1997;

XXVI – estabilidade dos militares de carreira após 3 (três) anos de efetivo serviço nas corporações militares;

XXVII – direito a equipamentos de proteção individual, em quantidade e qualidade adequadas ao desempenho das funções, nos termos da legislação do ente federado, dentro dos parâmetros editados pelo governo federal;

XXVIII – VETADO;

XXIX – atendimento prioritário e imediato pelos membros do Ministério Público, da Defensoria Pública, do Poder Judiciário, da Polícia Judiciária e dos órgãos de perícia criminal quando em serviço ou em razão do serviço, quando for vítima de infração penal;

XXX – precedência em audiências judiciais na qualidade de testemunha, em serviço ou em razão do serviço;

XXXI – ajuda de custo, quando removido de sua lotação para outro Município, no interesse da administração pública, na forma da lei do ente federado;

XXXII – pagamento antecipado de diárias por deslocamento fora de sua lotação ou sede para o desempenho de sua atribuição, na forma da lei do ente federado;

XXXIII – regime disciplinar regulado em código de ética, na forma de lei do ente federado, com penas disciplinares, assegurados o devido processo legal, a ampla defesa e o contraditório;

XXXIV – aplicação ao militar veterano da reserva remunerada do disposto na Lei nº 7.524, de 17 de julho de 1986, quanto ao direito de expressão e manifestação;

XXXV – VETADO;

XXXVI – voluntariedade nas hipóteses de reversão ao serviço ativo do militar da reserva remunerada, nos termos da lei do ente federado;

XXXVII – compulsoriedade nas hipóteses de convocação ao serviço ativo do militar da reserva remunerada, nos termos da lei do ente federado.

Parágrafo único. Salvo as prisões disciplinares militares, os militares dos Estados, do Distrito Federal e dos Territórios têm a prerrogativa inerente ao exercício do cargo de serem presos somente por ordem escrita da autoridade judiciária competente ou em flagrante delito, caso em que a autoridade respectiva fará imediata comunicação ao chefe do órgão de direção superior da respectiva instituição militar.

CAPÍTULO VI

DAS VEDAÇÕES, DOS DIREITOS, DOS DEVERES, DA REMUNERAÇÃO, DAS PRERROGATIVAS, DA INATIVIDADE E DA PENSÃO

Art. 19. Além das vedações previstas na legislação específica, é vedado aos militares, enquanto em atividade:

I – participar de sociedade comercial, salvo como cotista, acionista e comanditário, e exercer atividade gerencial ou administrativa nessas empresas, salvo na hipótese de licença para tratar de interesse particular;

II a V – VETADOS;

VI – divulgar imagens de pessoas sob sua custódia sem prévia autorização judicial.

Arts. 20 e 21. VETADOS.

Art. 22. O militar alistável é elegível, atendidas as seguintes prescrições:

I – o militar com menos de 10 (dez) anos de serviço que for candidato a mandato eletivo será afastado do serviço ativo no dia posterior ao pedido de registro de sua candidatura na Justiça Eleitoral;

II – o militar com mais de 10 (dez) anos de serviço que for candidato a mandato eletivo será agregado no dia posterior ao pedido de registro de sua candidatura na Justiça Eleitoral com remuneração, enquanto perdurar o pleito eleitoral, e, se eleito, no ato da diplomação passará para a reserva remunerada com remuneração proporcional ao tempo de serviço; e

III – o militar eleito e que tomar posse como suplente será agregado ao respectivo quadro, enquanto perdurar o mandato temporário, devendo optar por uma das remunerações.

§ 1º O afastamento ou a agregação previstos neste artigo somente serão remunerados nos prazos fixados na legislação eleitoral.

§ 2º Nas hipóteses do inciso II do caput deste artigo, após o término do mandato do militar, contar-se-á o tempo de exercício do mandato para recálculo de sua remuneração na inatividade, se não for integral.

▶ § 2º promulgado nos termos do art. 66, § 5º, da CF (*DOU* de 13-6-2024).

Art. 23. A precedência entre militares observará o previsto nos arts. 17, 18 e 19 da Lei nº 6.880, de 9 de dezembro de 1980, salvo os casos de precedência funcional estabelecida em lei.

CAPÍTULO VII

DA CONVOCAÇÃO, DA MOBILIZAÇÃO E DO EMPREGO DAS POLÍCIAS MILITARES E DOS CORPOS DE BOMBEIROS MILITARES DOS ESTADOS, DO DISTRITO FEDERAL E DOS TERRITÓRIOS

Art. 24. Nas suas atribuições constitucionais, as polícias militares e os corpos de bombeiros militares dos Estados, do Distrito Federal e dos Territórios são titulares da polícia ostensiva e da preservação da ordem pública, bem como da defesa civil, respectivamente, subordinados aos governadores, e, nas situações extraordinárias, nos termos do § 6º do art. 144 da Constituição Federal, podem ser convocados ou mobilizados pela União, no todo ou em parte, pelo Ministério competente, além de outras hipóteses previstas em lei federal, nos casos de:

I – decretação de intervenção federal, de estado de defesa ou de estado de sítio, precedendo o emprego das Forças Armadas; ou

II – apoio aos órgãos federais mediante convênio ou com anuência do governador do Estado ou do Distrito Federal.

Art. 25. As polícias militares e os corpos de bombeiros militares dos Estados, do Distrito Federal e dos Territórios poderão ser mobilizados pela União no caso de guerra e integrarão a força terrestre designada, que delimitará os aspectos operacionais e táticos de seu emprego, obedecidas as suas missões específicas e constitucionais.

Art. 26. Nas hipóteses previstas nos incisos I e II do *caput* do art. 24 desta Lei, deverá ser observado o seguinte:

I – o ato de convocação fixará o prazo, o local e as condições de sua execução;

II – o militar estadual, do Distrito Federal ou de Território convocado ou mobilizado que vier a responder a inquérito policial ou a processo judicial por sua atuação efetiva no período de convocação ou mobilização será representado judicialmente pela Advocacia-Geral da União, nos termos do inciso II do § 1º do art. 22 da Lei nº 9.028, de 12 de abril de 1995;

III – os atos de polícia judiciária militar ou civil, e os atos processuais deles decorrentes, em que se fizer necessária a presença do militar estadual integrante de instituição militar de diversa unidade da Federação ou Território realizar-se-ão prioritariamente de forma remota, por videoconferência ou meio equivalente; e

IV – a competência para o processamento e o julgamento dos crimes militares imputados ao militar investigado ou denunciado, mesmo os que forem praticados em outra unidade da Federação, será da Justiça Militar do ente federado a que ele pertencer.

Art. 27. Os governadores dos Estados, do Distrito Federal e dos Territórios poderão celebrar termos de parceria, convênios, consórcios e acordos de colaboração com unidades limítrofes para atuação integrada nas regiões de fronteiras e divisas, bem como com unidades federadas não limítrofes para atuação por tempo determinado e em missões específicas, nos termos do art. 241 da Constituição Federal.

Art. 28. A Inspetoria-Geral das Polícias Militares e dos Corpos de Bombeiros Militares (IGPM/BM), integrante do Comando do Exército, incumbe-se dos estudos, da coleta e do registro de dados e da assessoria referente ao controle e à coordenação, no âmbito federal, dos dispositivos desta Lei relativos à condição de força auxiliar e reserva do Exército, nos termos do § 6º do art. 144 da Constituição Federal.

§ 1º Compete ao Comando do Exército, por meio da IGPM/BM:

I – centralizar todos os assuntos da competência do Comando do Exército relativos às polícias militares e aos corpos de bombeiros militares dos Estados, do Distrito Federal e dos Territórios;

II – promover as visitas de orientação técnica das polícias militares e dos corpos de bombeiros militares dos Estados, do Distrito Federal e dos Territórios;

III – proceder ao registro dos dados e da dotação, da organização, dos efetivos, do armamento e do material bélico, incluída a frota operacional militar, composta de aeronaves, veículos e embarcações, das polícias militares e dos corpos de bombeiros militares dos Estados, do Distrito Federal e dos Territórios, com vistas ao emprego, nas hipóteses de convocação ou mobilização, em suas missões específicas como participantes da defesa territorial.

§ 2º O cargo de inspetor-geral das polícias militares e dos corpos de bombeiros militares dos Estados, do Distrito Federal e dos Territórios será exercido por oficial-general da ativa, nos termos da legislação do Exército Brasileiro.

§ 3º *Caberá ao Ministério da Justiça e Segurança Pública proceder ao controle da regularidade da legislação de proteção social prevista no parágrafo único do art. 24-D do Decreto-Lei nº 667, de 2 de julho de 1969, e no Decreto nº 10.418, de 7 de julho de 2020.*

► § 3º promulgado nos termos do art. 66, § 5º, da CF (*DOU* de 13-6-2024).

CAPÍTULO VIII
DISPOSIÇÕES FINAIS

Art. 29. Os comandantes-gerais das polícias militares e dos corpos de bombeiros militares dos Estados, do Distrito Federal e dos Territórios serão nomeados por ato do governador entre os oficiais da ativa do último posto do quadro a que se refere o inciso I do *caput* do art. 15 desta Lei e serão responsáveis, no âmbito da administração direta, perante os governadores das respectivas unidades federativas e Territórios, pela administração e emprego da instituição.

§ 1º A escolha a que se refere o *caput* deste artigo deverá recair em oficial possuidor do curso de comando e estado-maior (CCEM), e o comandante-geral poderá permanecer, a critério do governador, nos termos da lei do ente federado, durante o governo da autoridade que o nomeou.

§ 2º O comandante-geral nomeado deverá apresentar, em até 60 (sessenta) dias da posse, plano de comando com metas, indicadores, prestação de contas e participação da sociedade, ajustado aos planos estratégicos da instituição, que contenha:

I – metas qualitativas e quantitativas de produtividade e de redução de índices de criminalidade;

II – diagnóstico da necessidade de recursos humanos e materiais e medidas de otimização e de busca da eficiência;

III – programas de capacitação do efetivo;

IV – planejamento das ações específicas direcionadas ao melhor exercício das atribuições do órgão;

V – previsão de criação ou extinção de unidades policiais e de estrutura organizacional.

§ 3º Compete aos comandantes-gerais indicar os nomes para nomeação aos cargos que lhes são privativos, realizar a promoção das praças e apresentar ao governador a lista de promoção dos oficiais, nos termos da lei que estabelece as regras de promoção.

§ 4º Compete ao comandante-geral certificar o atendimento do direito ao porte de arma de seus militares, bem como as hipóteses excepcionais de suspensão e cassação de porte de arma.

§ 5º O comandante-geral deverá assegurar a divulgação pública de relatório anual sobre:

I – representações recebidas e apuradas contra membros da instituição, o tipo de procedimento apuratório e as sanções aplicadas;

II – número de ocorrências policiais atendidas, por tipo;

III – letalidade e vitimização de policiais;

IV – letalidade e vitimização de civis;

V – orçamento previsto e executado.

§ 6º *Ao coronel nomeado para o cargo de comandante-geral, enquanto permanecer no cargo, serão asseguradas, para fins de precedência e sinais de respeito, as prerrogativas de general de brigada.*

► § 6º promulgado nos termos do art. 66, § 5º, da CF (*DOU* de 13-6-2024).

Art. 30. O comandante-geral da polícia militar deverá regulamentar e estabelecer protocolos operacionais com vistas a apoiar o militar em suas atividades.

Parágrafo único. Os protocolos operacionais referidos no *caput* deste artigo deverão:

I – incluir as situações em que as unidades policiais militares poderão ser empregadas, a cadeia de comando e as responsabilidades dos comandantes e supervisores;

II – ser encaminhados aos conselhos estaduais de segurança pública e defesa social previstos na Lei nº 13.675, de 11 de junho de 2018;

III – ser atualizados e corrigidos periodicamente para o aperfeiçoamento da atividade policial militar e a melhoria das relações da instituição com o público.

Art. 31. Para todos os efeitos legais, consideram-se equivalentes os cursos existentes na instituição na data de publicação desta Lei.

Art. 32. A remuneração dos militares do Distrito Federal, dos Territórios, do ex-Distrito Federal e dos ex-Territórios será estabelecida em lei federal.

Art. 33. No cumprimento de sua missão constitucional, ressalvadas as atividades sigilosas, as polícias militares e os corpos de bombeiros militares dos Estados, do Distrito Federal e dos Territórios atuarão de forma ostensiva, visivelmente identificados por meio de uniforme, armamento, viatura e equipamentos próprios autorizados em lei.

Art. 34. O Poder Executivo federal editará decreto com a definição de parâmetros mínimos para:

I – insígnias dos postos dos oficiais;

II – divisas das graduações das praças;

III – coloração e tonalidade das peças básicas de fardamento;

IV – carteira de identidade militar;

V – padrão e cor básica das viaturas das polícias militares e dos corpos de bombeiros militares dos Estados, do Distrito Federal e dos Territórios;

VI – núcleo comum curricular mínimo para os cursos de formação, habilitação e aperfeiçoamento, que conterá as disciplinas de direitos humanos e polícia comunitária, entre outras.

Parágrafo único. O decreto de que trata o *caput* deste artigo não estabelecerá prazo para adoção da padronização, respeitada a autonomia administrativa e orçamentária do ente federado, bem como deverá preservar as fardas e as cores históricas das viaturas das instituições.

Art. 35. É assegurada a exclusividade da utilização das consagradas denominações "brigada militar" e "força pública" para a polícia militar e "bombeiros militares" e "corpo de bombeiros" para o corpo de bombeiros militar.

§ 1º São instituídas as datas comemorativas nacionais de 21 de abril para as polícias militares e de 2 de julho para os corpos de bombeiros militares, facultada a definição de datas comemorativas estaduais com base na história e tradição de cada corporação.

§ 2º É vedado, sob pena de responsabilização administrativa e judicial, o uso dos uniformes, símbolos e cores das polícias militares e dos corpos de bombeiros militares dos Estados, do Distrito Federal e dos Territórios por qualquer instituição, pública ou privada, ou por pessoa física.

§ 3º VETADO.

Art. 36. Para os efeitos desta Lei, as definições de segurança pública, ordem pública, preservação da ordem pública, poder de polícia, polícia ostensiva, polícia de preservação da ordem pública, defesa civil, segurança contra incêndio, prevenção e combate a incêndio, pânico e emergência, busca, salvamento e resgate e polícia judiciária militar, bem como outras definições pertinentes, serão regulamentadas em ato do Poder Executivo federal, em razão das atividades dos órgãos e instituições, respeitadas as competências constitucionais e a auto-organização dos Estados, do Distrito Federal, dos Territórios e dos Municípios.

Art. 37. São instituídos o Conselho Nacional de Comandantes-Gerais de Polícia Militar (CNCGPM) e o Conselho Nacional de Comandantes-Gerais de Bombeiros Militares (CNCGBM), de natureza oficial, integrados por todos os comandantes-gerais.

Parágrafo único. O Poder Executivo editará decreto para estabelecer a estrutura, a competência e o funcionamento dos conselhos referidos no *caput* deste artigo.

Art. 38. As polícias militares e os corpos de bombeiros militares dos Estados, do Distrito Federal e dos Territórios devem promover instâncias de participação social, bem como nomear os representantes a que façam jus no Conselho de Segurança Pública e Defesa Social, previsto na Lei nº 13.675, de 11 de junho de 2018, a fim de garantir espaço de diálogo com a sociedade, de modo a fomentar a participação cidadã no processo decisório e a melhoria na gestão de políticas públicas na área de segurança.

Parágrafo único. No Conselho de Segurança Pública e Defesa Social, previsto na Lei nº 13.675, de 11 de junho de 2018, o representante da instituição militar deverá:

I – divulgar todas as informações solicitadas, ressalvadas as exceções relativas a sigilo previstas em lei, de forma a permitir que sejam feitas propostas de políticas e ações para modernizar as relações de trabalho, a carreira, a gestão de pessoas e os modelos de atuação da instituição;

II – apresentar procedimentos e protocolos empregados pela instituição, de forma a permitir maior transparência quanto ao trabalho realizado e a possibilitar o recebimento de considerações que foquem na melhoria dos procedimentos e protocolos e da relação entre a instituição e a comunidade;

III – apresentar o relatório anual;

IV – pronunciar-se sobre outros assuntos que lhe sejam submetidos em sua área de competência.

Art. 39. A adoção do requisito de escolaridade para ingresso na instituição militar será processada no prazo de até 6 (seis) anos a contar da publicação desta Lei.

Parágrafo único. Na forma da legislação de ensino do ente federado, a instituição poderá optar por formar o militar do Estado e do Distrito Federal em curso de formação de educação superior com equivalência àqueles definidos no art. 44 da Lei nº 9.394, de 20 de dezembro de 1996 (Lei de Diretrizes e Bases da Educação Nacional), concedendo-lhe o requisito para ingresso previsto no inciso IX do *caput* do art. 13 desta Lei, ensino superior, e no art. 15 desta Lei, bacharel em direito ou em ciências policiais.

***Art. 40.** São estabelecidas as seguintes regras de transição, na data de publicação desta Lei:*

I – os integrantes dos diversos quadros de oficiais oriundos da carreira de praça terão 180 (cento e oitenta) dias para fazer a opção de permanecer no seu quadro ou ingressar no QOE;

II – os integrantes dos diversos quadros de praças que tenham supressão de graduações terão 180 (cento e oitenta) dias para fazer a opção de permanecer no seu quadro ou ingressar na nova carreira.

***Art. 41.** Após solicitação dos interessados, os integrantes dos cargos das polícias militares e dos corpos de bombeiros militares dos Estados, do Distrito Federal e dos Territórios poderão exercer funções no âmbito de outro ente federado, mediante permuta ou cessão, condicionada à autorização expressa dos respectivos comandantes-gerais e à legislação aplicável, sem qualquer prejuízo, asseguradas todas as prerrogativas, direitos e vantagens de seu Estado de origem.*

▸ Arts. 40 e 41 promulgados nos termos do art. 66, § 5º, da CF (*DOU* de 13-6-2024).

Art. 42. A Lei nº 13.675, de 11 de junho de 2018, passa a vigorar com as seguintes alterações:

▸ Alterações inseridas no texto da referida Lei.

Art. 43. Revogam-se os seguintes dispositivos do Decreto-Lei nº 667, de 2 de julho de 1969:

I – arts. 1º e 2º;

II – alíneas *d* e *e* do *caput* e §§ 1º, 2º e 3º do art. 3º;

III – arts. 4º a 17;

IV – arts. 21 a 23;

V – arts. 25 a 28.

Art. 44. Esta Lei entra em vigor na data de sua publicação.

Brasília, 12 de dezembro de 2023;
202º da Independência e
135º da República.

Luiz Inácio Lula da Silva

NOVA

LEI Nº 14.852, DE 3 DE MAIO DE 2024

Cria o marco legal para a indústria de jogos eletrônicos; e altera as Leis nºs 8.313, de 23 de dezembro de 1991, 8.685, de 20 de julho de 1993, e 9.279, de 14 de maio de 1996.

▸ Publicada no *DOU* de 6-5-2024.

CAPÍTULO I – DISPOSIÇÕES PRELIMINARES

Art. 1º Esta Lei cria o marco legal para a indústria de jogos eletrônicos.

Art. 2º A fabricação, a importação, a comercialização, o desenvolvimento e o uso comercial de jogos eletrônicos são regulados por esta Lei.

Art. 3º São livres a fabricação, a importação, a comercialização, o desenvolvimento e o uso comercial de jogos eletrônicos, observado o disposto no art. 173 da Constituição Federal e na legislação vigente.

§ 1º O Estado realizará a classificação etária indicativa, dispensada autorização estatal prévia para o desenvolvimento e a exploração dos jogos eletrônicos abrangidos por esta Lei.

§ 2º Na realização da classificação etária indicativa de jogos eletrônicos, levar-se-ão em conta os riscos relacionados ao uso de mecanismos de microtransações.

CAPÍTULO II – DOS JOGOS ELETRÔNICOS

Seção I – DAS DEFINIÇÕES, DOS PRINCÍPIOS E DAS DIRETRIZES FUNDAMENTAIS

Art. 4º Relativamente aos jogos eletrônicos, esta Lei:

I – estabelece os princípios e as diretrizes para sua utilização;

II – apresenta medidas de fomento ao ambiente de negócios e ao aumento de oferta de capital para investimento em empreendedorismo inovador.

Art. 5º Para os efeitos desta Lei, considera-se jogo eletrônico:

I – a obra audiovisual interativa desenvolvida como programa de computador, conforme definido na Lei nº 9.609, de 19 de fevereiro de 1998, em que as imagens são alteradas em tempo real a partir de ações e interações do jogador com a interface;

II – o dispositivo central e acessórios, para uso privado ou comercial, especialmente dedicados a executar jogos eletrônicos;

III – o *software* para uso como aplicativo de celular e/ou página de internet, jogos de console de videogames e jogos em realidade virtual, realidade aumentada, realidade mista e realidade estendida, consumidos por *download* ou por *streaming*.

Parágrafo único. As promoções comerciais ou as modalidades lotéricas regulamentadas pelas Leis nºs 13.756, de 12 de dezembro de 2018, e 14.790, de 29 de dezembro de 2023, ou qualquer tipo de jogo que ofereça algum tipo de aposta, com prêmios em ativos reais ou virtuais, ou que envolva resultado aleatório ou de prognóstico, não são considerados jogo eletrônico, vedado às empresas e aos profissionais envolvidos na produção ou na distribuição dessas atividades beneficiar-se de alguma vantagem definida nesta Lei.

Art. 6º São princípios e diretrizes desta Lei:

I – reconhecimento do empreendedorismo inovador em jogos eletrônicos como vetor de desenvolvimento econômico, social, ambiental e cultural;

II – fomento ao empreendedorismo inovador como meio de promoção da produtividade e da competitividade da economia brasileira e de geração de postos de trabalho qualificados;

III – promoção da diversidade cultural e das fontes de informação, produção e programação;

IV – respeito aos direitos fundamentais e aos valores democráticos;

V – defesa do consumidor e educação e informação de fornecedores e consumidores quanto aos seus direitos e deveres;

VI – proteção integral da criança e do adolescente, nos termos do art. 5º da Lei nº 8.069, de 13 de julho de 1990 (Estatuto da Criança e do Adolescente);

VII – preservação da privacidade, proteção de dados pessoais e autodeterminação informativa, nos termos da Lei nº 13.709, de 14 de agosto de 2018 (Lei Geral de Proteção de Dados Pessoais).

Seção II – DO ENQUADRAMENTO DAS EMPRESAS DESENVOLVEDORAS DE JOGOS ELETRÔNICOS

Art. 7º Consideram-se empresas desenvolvedoras de jogos eletrônicos as organizações empresariais e societárias que tenham por objetivo criar jogos eletrônicos, conforme definição do art. 5º desta Lei.

§ 1º Enquadram-se como profissionais da área de jogos eletrônicos, sem prejuízo de outras profissões, o artista visual para jogos, o artista de áudio para jogos, o designer de narrativa de jogos, o designer de jogos, o programador de jogos, o testador de jogos e o produtor de jogos.

§ 2º Aos profissionais referidos no § 1º deste artigo aplica-se, no que couber, o disposto nas Leis Complementares nºs 123, de 14 de dezembro de 2006 (Lei do Simples Nacional), e 128, de 19 de dezembro de 2008, para fins de inscrição e constituição na forma de microempreendedor individual (MEI), de microempresas e de empresas de pequeno porte.

§ 3º Para os fins desta Lei, considera-se:

I – artista visual para jogos: profissional especializado em criar elementos visuais estáticos e/ou dinâmicos para jogos eletrônicos;

II – artista de áudio para jogos: profissional especializado em conceber, projetar, desenvolver e implementar elementos sonoros para jogos eletrônicos;

III – designer de narrativa de jogos: profissional especializado em conceber, projetar, desenvolver e implementar a narrativa, a história e a estrutura narrativa de jogos eletrônicos;

IV – designer de jogos: profissional especializado em conceber, projetar, corrigir, balancear, aprimorar e expandir a experiência interativa de jogos eletrônicos;

V – programador de jogos: profissional especializado em desenvolver a lógica e o código que permitem o funcionamento dos jogos eletrônicos;

VI – testador de jogos: profissional especializado em testar e avaliar jogos eletrônicos em desenvolvimento, a fim de identificar falhas ou gargalos durante a sessão de jogo e outros defeitos possíveis;

VII – produtor de jogos: profissional especializado em liderar e supervisionar o desenvolvimento de jogos eletrônicos, desde a concepção até o lançamento.

§ 4º A Fundação Instituto Brasileiro de Geografia e Estatística (IBGE) disponibilizará código específico na Classificação Nacional de Atividades Econômicas (CNAE) para empresas desenvolvedoras de jogos eletrônicos.

Art. 8º Para fins de aplicação desta Lei, são elegíveis para o enquadramento na modalidade de tratamento especial ao fomento de jogos eletrônicos o empresário individual, as sociedades empresárias, as sociedades cooperativas, as sociedades simples e os MEIs, com receita bruta de até R$ 16.000.000,00 (dezesseis milhões de reais) no ano-calendário anterior, ou de R$ 1.333.334,00 (um milhão, trezentos e trinta e três mil, trezentos e trinta e quatro reais) multiplicado pelo número de meses de atividade do ano-calendário anterior, quando inferior a 12 (doze) meses, independentemente da forma societária adotada.

§ 1º Para o enquadramento a que se refere o *caput* deste artigo, aplicam-se os seguintes critérios:

I – utilização de modelos de negócios inovadores para a geração de produtos ou serviços, nos termos do inciso IV do *caput* do art. 2º da Lei nº 10.973, de 2 de dezembro de 2004; ou

II – enquadramento no regime especial Inova Simples, nos termos do art. 65-A da Lei Complementar nº 123, de 14 de dezembro de 2006.

§ 2º O desenvolvimento de jogos eletrônicos é elegível para fomento em inovação, em desenvolvimento de recursos humanos e em cultura.

Seção III

DOS REQUISITOS PARA O DESENVOLVIMENTO DE JOGOS ELETRÔNICOS

Art. 9º Consideram-se ferramentas essenciais ao desenvolvimento de jogos eletrônicos:

I – computadores, entendidos como dispositivos eletrônicos que executam os programas de computadores dedicados à criação de jogos;

II – equipamentos especializados, comercializados ou não, essenciais à fabricação de jogo para uma determinada plataforma;

III – programas de computadores dedicados à criação de jogos, com capacidade de gerar a versão executável do jogo para uma ou mais plataformas;

IV – programas de computadores e licenças necessários ao time de especialidades multidisciplinares na construção do jogo;

V – SDK (*software development kit*).

§ 1º Para os efeitos desta Lei, SDKs (*software development kits*), também denominados DevKits, são consoles de videogames e/ou protótipos de equipamentos para o desenvolvimento de jogos eletrônicos, criados pelas empresas que produzem consoles comerciais, na qualidade de ferramentas cedidas pelas empresas aos desenvolvedores cadastrados e com contratos de responsabilidade assinados.

§ 2º O poder público regulamentará o desembaraço aduaneiro e as taxas de importação incidentes, com vistas a fomentar a inovação no setor de empresas desenvolvedoras de jogos eletrônicos.

Seção IV

DO USO DE JOGOS ELETRÔNICOS

Art. 10. Os jogos eletrônicos, observada sua classificação etária indicativa, podem ser utilizados para entretenimento ou para qualquer outra atividade lícita, inclusive:

I – para fins de entretenimento ou contemplação artística;

II – em ambiente escolar, para fins didáticos, em conformidade com a Base Nacional Comum Curricular (BNCC), e de recreação, observadas as disposições normativas dos sistemas de ensino e os regimentos escolares;

III – para fins terapêuticos;

IV – para fins de treinamento e capacitação, por meio de simulação ou emulação de ação em ambiente institucional;

V – para fins de comunicação e propaganda.

§ 1º O Poder Executivo regulamentará o disposto nos incisos III e IV do *caput* deste artigo.

§ 2º O poder público poderá promover políticas públicas para a utilização de jogos eletrônicos nas escolas públicas, no âmbito da Política Nacional de Educação Digital, de que trata a Lei nº 14.533, de 11 de janeiro de 2023.

§ 3º O poder público poderá criar repositório de jogos eletrônicos financiados com recursos públicos, com uso livre por instituições públicas de ensino, pesquisa e saúde.

§ 4º A utilização de jogos eletrônicos para fins de comunicação e propaganda deverá observar o disposto na Lei nº 8.069, de 13 de julho de 1990 (Estatuto da Criança e do Adolescente).

Seção V

DO FOMENTO À PESQUISA, AO DESENVOLVIMENTO, À INOVAÇÃO E À CULTURA

Art. 11. Aplica-se às empresas desenvolvedoras de jogos eletrônicos, constituídas na forma do art. 7º desta Lei, o disposto na Lei nº 8.685, de 20 de julho de 1993.

Parágrafo único. Para fins do disposto no *caput* deste artigo, o investimento em desenvolvimento de jogos eletrônicos é considerado investimento em pesquisa, desenvolvimento, inovação e cultura.

Art. 12. O desenvolvimento de jogos eletrônicos é considerado segmento cultural para fins da Lei nº 8.313, de 23 de dezembro de 1991.

Seção VI

DO APOIO À FORMAÇÃO DE RECURSOS HUMANOS E ESPAÇOS FORMATIVOS

Art. 13. O Estado apoiará a formação de recursos humanos para a indústria de jogos eletrônicos, nos termos do ordenamento jurídico vigente.

§ 1º O apoio poderá ser feito, entre outros, por meio de:

I – incentivo à criação de cursos de educação profissional e tecnológica e de cursos superiores direcionados a jogos eletrônicos;

II – criação ou apoio a oficinas profissionalizantes direcionadas a jogos eletrônicos;

III – criação ou apoio a cursos de formação profissional técnica e tecnológica e de especialização destinados aos profissionais que desenvolvem jogos eletrônicos;

IV – incentivo à pesquisa, ao desenvolvimento e ao aperfeiçoamento de jogos eletrônicos direcionados à educação, inclusive mediante a criação de plataforma de jogos eletrônicos educativos.

§ 2º Os cursos de capacitação e formação poderão ser feitos de forma presencial ou a distância.

§ 3º Aos profissionais referidos no § 1º do art. 7º desta Lei não será exigida qualificação especial ou licença do Estado para o exercício da profissão.

§ 4º Observados os direitos das crianças e dos adolescentes e a legislação trabalhista, os adolescentes serão incentivados às profissões referidas no § 1º do art. 7º desta Lei com vistas à programação e ao desenvolvimento de jogos eletrônicos.

Art. 14. O poder público poderá estabelecer incentivos para a criação de espaços formativos de recursos humanos especializados para o setor de jogos eletrônicos.

CAPÍTULO III

DA PROTEÇÃO DAS CRIANÇAS E DOS ADOLESCENTES

Art. 15. A concepção, o design, a gestão e o funcionamento dos jogos eletrônicos de acesso por crianças e adolescentes devem ter como parâmetro o superior interesse da criança e do adolescente, de acordo com a legislação vigente.

§ 1º Nos jogos eletrônicos a que se refere o *caput* deste artigo deverão ser adotadas medidas adequadas e proporcionais para mitigar os riscos aos direitos de crianças e adolescentes que possam advir da concepção ou do funcionamento desses jogos, bem como para fomentar a efetivação de seus direitos relacionados ao ambiente digital.

§ 2º Para o adequado cumprimento do disposto no *caput* e no § 1º deste artigo, os desenvolvedores de jogos eletrônicos devem envidar esforços para criar canais de escuta e diálogo com crianças e adolescentes.

§ 3º Os fornecedores de jogos eletrônicos devem garantir que os seus serviços, sistemas e comunidades oficiais relacionados não fomentem ou gerem ambiente propício para:

I – quaisquer formas de negligência, discriminação, exploração, violência, crueldade ou opressão contra crianças e adolescentes;

II – discriminação de crianças e adolescentes com deficiência, devendo implementar medidas técnicas que garantam o desenho universal e a acessibilidade do serviço a todas as crianças e adolescentes, nos termos da Lei nº 13.146, de 6 de julho de 2015 (Estatuto da Pessoa com Deficiência).

Art. 16. Nos jogos eletrônicos direcionados a crianças e adolescentes que possibilitem a interação entre usuários por meio de mensagens de texto, áudio, vídeo ou troca de conteúdos, de forma síncrona ou assíncrona, deve ser garantida a aplicação de salvaguardas a direitos de crianças e adolescentes, com a disponibilização de, no mínimo:

I – sistema para recebimento e processamento de reclamações e denúncias de abusos e irregularidades cometidos por usuários;

II – informações aos usuários denunciantes, em prazo razoável, sobre o resultado das denúncias realizadas;

III – instrumentos para solicitar revisão de decisão e reversão de penalidades impostas;

IV – transparência social sobre:

a) a quantidade de denúncias recebidas e as categorias de violações cometidas;

b) o detalhamento dos métodos empregados para análise de denúncias, remoção de conteúdos e gerenciamento de comunidades;

c) o detalhamento dos métodos empregados para mitigação de riscos e aplicação de salvaguardas a direitos de crianças e adolescentes que utilizam a plataforma;

d) as sanções a serem aplicadas aos usuários infratores, incluídas as medidas utilizadas para impedir que os usuários criem contas adicionais em caso de banimento;

e) as ações proativas adotadas para conscientização, educação e promoção de direitos fundamentais na comunidade e nos mecanismos internos;

V – vedação, em seus termos de uso, de práticas, de trocas de conteúdos e de interações que violem direitos de crianças e adolescentes, respeitada a legislação brasileira;

VI – atualização e manutenção de ferramentas de supervisão e de moderação parental que respeitem o desenvolvimento progressivo das capacidades e a autonomia das crianças e dos adolescentes usuários, garantindo, ainda, seu direito à informação sobre a ativação e os parâmetros do mecanismo de supervisão;

VII – transparência e atualização e melhoria contínuas dos mecanismos de proteção contra risco de contato com outros usuários, garantindo, inclusive, a possibilidade de desativação de mecanismos de interação;

VIII – informações referentes ao disposto nos incisos I, II e III deste *caput* em língua portuguesa e em linguagem simples e de fácil compreensão para crianças, adolescentes e seus responsáveis.

Art. 17. As ferramentas de compras dentro de jogos eletrônicos devem garantir, por padrão, a restrição da realização de compras e de transações comerciais por crianças, quando aplicável, de forma a garantir o consentimento dos responsáveis.

CAPÍTULO IV
DAS ALTERAÇÕES LEGISLATIVAS

Art. 18. A Lei nº 8.313, de 23 de dezembro de 1991, passa a vigorar com as seguintes alterações:

"Art. 1º ....

....

X – estimular a produção ou a coprodução de jogos eletrônicos brasileiros independentes."

"Art. 18. ....

....

§ 3º ....

....

i) produção ou coprodução de jogos eletrônicos brasileiros independentes, bem como formação de profissionais do setor."

"Art. 25. ....

....

X – produção ou coprodução de jogos eletrônicos brasileiros independentes, bem como formação de profissionais do setor.

...."

Art. 19. VETADO.

Art. 20. O *caput* do art. 2º da Lei nº 9.279, de 14 de maio de 1996, passa a vigorar acrescido do seguinte inciso VI:

▶ Alteração inserida no texto da referida Lei.

CAPÍTULO V
DISPOSIÇÕES FINAIS

Art. 21. Esta Lei entra em vigor na data de sua publicação.

Brasília, 3 de maio de 2024;
203º da Independência e
136º da República.

Luiz Inácio Lula da Silva

NOVA

LEI Nº 15.040, DE 9 DE DEZEMBRO DE 2024

Dispõe sobre normas de seguro privado; e revoga dispositivos da Lei nº 10.406, de 10 de janeiro de 2002 (Código Civil), e do Decreto-Lei nº 73, de 21 de novembro de 1966.

▶ Publicada no *DOU* de 10-12-2024, para vigorar após 1 (um) ano de sua publicação.

CAPÍTULO I
DISPOSIÇÕES GERAIS

Seção I
DO OBJETO E DO ÂMBITO DE APLICAÇÃO

Art. 1º Pelo contrato de seguro, a seguradora obriga-se, mediante o pagamento do prêmio equivalente, a garantir interesse legítimo do segurado ou do beneficiário contra riscos predeterminados.

Art. 2º Somente podem pactuar contratos de seguro entidades que se encontrem devidamente autorizadas na forma da lei.

Art. 3º A seguradora que ceder sua posição contratual a qualquer título, no todo ou em parte, sem concordância prévia dos segurados e de seus beneficiários conhecidos, ou sem autorização prévia e específica da autoridade fiscalizadora, será solidariamente responsável com a seguradora cessionária.

§ 1º A cessão parcial ou total de carteira por iniciativa da seguradora sempre deverá ser autorizada pela autoridade fiscalizadora.

§ 2º A cessão de carteira mantém a cedente solidária perante o cedido, caso a cessionária se encontre ou venha a tornar-se insolvente no período de vigência do seguro ou no prazo de 24 (vinte e quatro) meses, contado da cessão da carteira, o que for menor.

Art. 4º O contrato de seguro, em suas distintas modalidades, será regido por esta Lei.

§ 1º Sem prejuízo do disposto no art. 20 da Lei Complementar nº 126, de 15 de janeiro de 2007, aplica-se exclusivamente a lei brasileira:

I – aos contratos de seguro celebrados por seguradora autorizada a operar no Brasil;

II – quando o segurado ou o proponente tiver residência ou domicílio no País; ou

III – quando os bens sobre os quais recaírem os interesses garantidos se situarem no Brasil.

§ 2º O disposto nesta Lei aplica-se, no que couber, aos seguros regidos por leis próprias.

Seção II
DO INTERESSE

Art. 5º A eficácia do contrato de seguro depende da existência de interesse legítimo.

§ 1º A superveniência de interesse legítimo torna eficaz o contrato desde então.

§ 2º Se for parcial o interesse legítimo, a ineficácia não atingirá a parte útil.

§ 3º Se for impossível a existência do interesse, o contrato será nulo.

Art. 6º Extinto o interesse, resolve-se o contrato com a redução proporcional do prêmio, ressalvado, na mesma proporção, o direito da seguradora às despesas realizadas com a contratação.

Parágrafo único. Se ocorrer redução relevante do interesse, o valor do prêmio será proporcionalmente reduzido, ressalvado, na mesma proporção, o direito da seguradora às despesas realizadas com a contratação.

Art. 7º Quando o contrato de seguro for nulo ou ineficaz, o segurado ou o tomador terá direito à devolução do prêmio, deduzidas as despesas realizadas, salvo se provado que o vício decorreu de sua má-fé.

Art. 8º No seguro sobre a vida e a integridade física de terceiro, o proponente é obrigado a declarar, sob pena de nulidade do contrato, seu interesse sobre a vida e a incolumidade do segurado.

Parágrafo único. Presume-se o interesse referido no *caput* deste artigo quando o segurado for cônjuge, companheiro, ascendente ou descendente do terceiro cuja vida ou integridade física seja objeto do seguro celebrado.

Seção III
DO RISCO

Art. 9º O contrato cobre os riscos relativos à espécie de seguro contratada.

§ 1º Os riscos e os interesses excluídos devem ser descritos de forma clara e inequívoca.

§ 2º Se houver divergência entre a garantia delimitada no contrato e a prevista no modelo de contrato ou nas notas técnicas e atuariais apresentados ao órgão fiscalizador competente, prevalecerá o texto mais favorável ao segurado.

§ 3º Quando a seguradora se obrigar a garantir diferentes interesses e riscos, deverá o contrato preencher os requisitos exigidos para a garantia de cada um dos interesses e riscos abrangidos, de modo que a nulidade ou a ineficácia de uma garantia não prejudique as demais.

§ 4º Nos seguros de transporte de bens e de responsabilidade civil pelos danos relacionados a essa atividade, a garantia começa quando as mercadorias são de fato recebidas pelo transportador e cessa com a efetiva entrega ao destinatário.

§ 5º O contrato não poderá conter cláusula que permita sua extinção unilateral pela seguradora ou que, por qualquer modo, subtraia sua eficácia além das situações previstas em lei.

Art. 10. O contrato pode ser celebrado para toda classe de risco, salvo vedação legal.

Parágrafo único. São nulas as garantias, sem prejuízo de outras vedadas em lei:

I – de interesses patrimoniais relativos aos valores das multas e outras penalidades aplicadas em virtude de atos cometidos pessoalmente pelo segurado que caracterizem ilícito criminal; e

II – contra risco de ato doloso do segurado, do beneficiário ou de representante de um ou de outro, salvo o dolo do representante do segurado ou do beneficiário em prejuízo desses.

Art. 11. O contrato é nulo quando qualquer das partes souber, no momento de sua conclusão, que o risco é impossível ou já se realizou.

Parágrafo único. A parte que tiver conhecimento da impossibilidade ou da prévia realização do risco e, não obstante, celebrar o contrato pagará à outra o dobro do valor do prêmio.

Art. 12. Desaparecido o risco, resolve-se o contrato com a redução do prêmio pelo valor equivalente ao risco a decorrer, ressalvado, na mesma proporção, o direito da seguradora às despesas incorridas com a contratação.

Art. 13. Sob pena de perder a garantia, o segurado não deve agravar intencionalmente e de forma relevante o risco objeto do contrato de seguro.

§ 1º Será relevante o agravamento que conduza ao aumento significativo e continuado da probabilidade de realização do risco descrito no questionário de avaliação de risco referido no art. 44 desta Lei ou da severidade dos efeitos de tal realização.

§ 2º Se a seguradora, comunicada nos termos do art. 14 desta Lei, anuir com a continuidade da garantia, cobrando ou não prêmio adicional, será afastada a consequência estabelecida no *caput* deste artigo.

Art. 14. O segurado deve comunicar à seguradora relevante agravamento do risco tão logo dele tome conhecimento.

§ 1º Ciente do agravamento, a seguradora poderá, no prazo de 20 (vinte) dias, cobrar a diferença de prêmio ou, se não for tecnicamente possível garantir o novo risco, resolver o contrato, hipótese em que este perderá efeito em 30 (trinta) dias contados do recebimento da notificação de resolução.

§ 2º A resolução deve ser feita por qualquer meio idôneo que comprove o recebimento da notificação pelo segurado, e a seguradora deverá restituir a eventual diferença de prêmio, ressalvado, na mesma proporção, seu direito ao ressarcimento das despesas incorridas com a contratação.

§ 3º O segurado que dolosamente descumprir o dever previsto no *caput* deste artigo perde a garantia, sem prejuízo da dívida de prêmio e da obrigação de ressarcir as despesas incorridas pela seguradora.

§ 4º O segurado que culposamente descumprir o dever previsto no *caput* deste artigo fica obrigado a pagar a diferença de prêmio apurada ou, se a garantia for tecnicamente impossível ou o fato corresponder a tipo de risco que não seja normalmente subscrito pela seguradora, não fará jus à garantia.

Art. 15. Se, em consequência do relevante agravamento do risco, o aumento do prêmio for superior a 10% (dez por cento) do valor originalmente pactuado, o segurado poderá recusar a modificação no contrato, resolvendo-o no prazo de 15 (quinze) dias, contado da ciência da alteração no prêmio, com eficácia desde o momento em que o estado de risco foi agravado.

Art. 16. Sobrevindo o sinistro, a seguradora somente poderá recusar-se a indenizar caso prove o nexo causal entre o relevante agravamento do risco e o sinistro caracterizado.

Art. 17. Nos seguros sobre a vida e a integridade física, mesmo em caso de relevante agravamento do risco, a seguradora somente poderá cobrar a diferença de prêmio.

Art. 18. Se houver relevante redução do risco, o valor do prêmio será proporcionalmente reduzido, ressalvado, na mesma proporção, o direito da seguradora ao ressarcimento das despesas realizadas com a contratação.

Seção IV
DO PRÊMIO

Art. 19. O prêmio deverá ser pago no tempo, no lugar e na forma convencionados.

§ 1º Salvo disposição em contrário, o prêmio deverá ser pago à vista e no domicílio do devedor.

§ 2º É vedado o recebimento do prêmio antes de formado o contrato, salvo o caso de cobertura provisória.

Art. 20. A mora relativa à prestação única ou à primeira parcela do prêmio resolve de pleno direito o contrato, salvo convenção, uso ou costume em contrário.

§ 1º A mora relativa às demais parcelas suspenderá a garantia contratual, sem prejuízo do crédito da seguradora ao prêmio, após notificação do segurado concedendo-lhe prazo não inferior a 15 (quinze) dias, contado do recebimento, para a purgação da mora.

§ 2º A notificação deve ser feita por qualquer meio idôneo que comprove o seu recebimento pelo segurado e conter as advertências de que o não pagamento no novo prazo suspenderá a garantia e de que, não purgada a mora, a seguradora não efetuará pagamento algum relativo a sinistros ocorridos a partir do vencimento original da parcela não paga.

§ 3º Caso o segurado recuse o recebimento da notificação ou, por qualquer razão, não seja encontrado no último endereço informado à seguradora, o prazo previsto no § 1º deste artigo terá início na data da frustração da notificação.

Art. 21. A resolução do contrato, salvo quando se tratar de mora da prestação única ou da primeira parcela do prêmio, está condicionada a notificação prévia e não poderá ocorrer em prazo inferior a 30 (trinta) dias após a suspensão da garantia.

§ 1º A resolução libera integralmente a seguradora por sinistros e despesas de salvamento ocorridos a partir de então.

§ 2º Nos seguros coletivos sobre a vida e a integridade física, a resolução somente ocorrerá 90 (noventa) dias após a última notificação feita ao estipulante.

§ 3º Nos seguros sobre a vida e a integridade física estruturados com reserva matemática, o não pagamento de parcela do prêmio que não a primeira implicará a redução proporcional da garantia ou a devolução da reserva, conforme a escolha do segurado ou de seus beneficiários, a ser feita dentro de 30 (trinta) dias contados da notificação do inadimplemento, da qual deve constar a advertência de que, se houver abstenção nessa escolha, a decisão caberá à seguradora.

§ 4º O prazo previsto no *caput* deste artigo terá início na data da frustração da notificação sempre que o segurado ou o estipulante recusar o recebimento ou, por qualquer razão, não for encontrado no último endereço informado à seguradora ou no que constar dos cadastros normalmente utilizados pelas instituições financeiras.

§ 5º Dispensa-se a notificação a que se refere o *caput* deste artigo quando a notificação de suspensão da garantia, de que tratam os §§ 1º, 2º e 3º do art. 20 desta Lei, advertir para a resolução do contrato caso não purgada a mora.

Art. 22. Nos seguros sobre a vida e a integridade física, o prêmio pode ser convencionado por prazo limitado ou por toda a vida do segurado.

Art. 23. Caberá execução para a cobrança do prêmio, se infrutífera a notificação realizada pela seguradora, e sempre que esta houver suportado o risco que recai sobre o interesse garantido.

Seção V
DO SEGURO EM FAVOR DE TERCEIRO

Art. 24. O seguro será estipulado em favor de terceiro quando garantir interesse de titular distinto do estipulante, determinado ou determinável.

§ 1º O beneficiário será identificado por lei, por ato de vontade anterior à ocorrência do sinistro ou pela titularidade do interesse garantido.

§ 2º Sendo determinado o beneficiário a título oneroso, a seguradora e o estipulante deverão entregar-lhe, tão logo quanto possível, cópia dos instrumentos probatórios do contrato.

Art. 25. O interesse alheio, sempre que conhecido pelo proponente, deve ser declarado à seguradora.

§ 1º Presume-se que o seguro é por conta própria, salvo quando, em razão das circunstâncias ou dos termos do contrato, a seguradora tiver ciência de que o seguro é em favor de terceiro.

§ 2º Na contratação do seguro em favor de terceiro, ainda que decorrente de cumprimento de dever, não poderá ser suprimida a escolha da seguradora e do corretor de seguro por parte do estipulante.

Art. 26. O seguro em favor de terceiro pode coexistir com o seguro por conta própria, ainda que no âmbito do mesmo contrato.

Parágrafo único. Salvo disposição em contrário, se houver concorrência de interesses garantidos, prevalecerá a garantia por conta própria, sendo considerada, naquilo que ultrapassar o valor do interesse próprio, como em favor de terceiro, sempre respeitado o limite da garantia.

Art. 27. O estipulante deverá cumprir as obrigações e os deveres do contrato, salvo os que por sua natureza devam ser cumpridos pelo segurado ou pelo beneficiário.

Art. 28. O estipulante poderá substituir processualmente o segurado ou o beneficiário para exigir, em favor exclusivo destes, o cumprimento das obrigações derivadas do contrato.

Art. 29. Cabe ao estipulante, além de outras atribuições que decorram de lei ou de convenção, assistir o segurado ou o beneficiário durante a execução do contrato.

Art. 30. Considera-se estipulante de seguro coletivo aquele que contrata em proveito de um grupo de pessoas, pactuando com a seguradora os termos do contrato para a adesão de eventuais interessados.

Art. 31. Admite-se como estipulante de seguro coletivo apenas aquele que tiver vínculo anterior e não securitário com o grupo de pessoas em proveito do qual contratar o seguro, sem o que o seguro será considerado individual.

§ 1º As quantias eventualmente pagas ao estipulante de seguro coletivo pelos serviços prestados deverão ser informadas com destaque aos segurados ou aos beneficiários nas propos-

LEGISLAÇÃO COMPLEMENTAR

tas de adesão, nos questionários e nos demais documentos do contrato.

§ 2º Salvo disposição em contrário, o estipulante de seguro coletivo sobre a vida e a integridade física do segurado é o único responsável perante a seguradora pelo cumprimento de todas as obrigações contratuais, inclusive a de pagar o prêmio.

Art. 32. O estipulante de seguro coletivo representa os segurados e os beneficiários durante a formação e a execução do contrato e responde perante eles e a seguradora por seus atos e omissões.

Parágrafo único. Para que possam valer as exceções e as defesas da seguradora em razão das declarações prestadas para a formação do contrato, o documento de adesão ao seguro deverá ter seu conteúdo preenchido pessoalmente pelos segurados ou pelos beneficiários.

Seção VI
DO COSSEGURO E DO SEGURO CUMULATIVO

Art. 33. Ocorre cosseguro quando 2 (duas) ou mais seguradoras, por acordo expresso entre si e o segurado ou o estipulante, garantem o mesmo interesse contra o mesmo risco, ao mesmo tempo, cada uma delas assumindo uma cota de garantia.

Art. 34. O cosseguro poderá ser documentado em 1 (um) ou mais instrumentos contratuais emitidos por cada uma das cosseguradoras com o mesmo conteúdo.

§ 1º O documento probatório do contrato deverá destacar a existência do cosseguro, as seguradoras participantes e a cota da garantia assumida por cada uma.

§ 2º Se não houver inequívoca identificação da cosseguradora líder, os interessados devem dirigir-se àquela que emitiu o documento probatório ou a cada uma das emitentes, se o contrato for documentado em diversos instrumentos.

Art. 35. A cosseguradora líder administra o cosseguro, representando as demais na formação e na execução do contrato, e as substitui, ativa ou passivamente, nas arbitragens e nos processos judiciais.

§ 1º Quando a ação for proposta apenas contra a líder, esta deverá, no prazo de sua resposta, comunicar a existência do cosseguro e promover a notificação judicial ou extrajudicial das cosseguradoras.

§ 2º A sentença proferida contra a líder fará coisa julgada em relação às demais, que serão executadas nos mesmos autos.

§ 3º Não há solidariedade entre as cosseguradoras, arcando cada uma exclusivamente com sua cota de garantia, salvo previsão contratual diversa.

§ 4º O descumprimento de obrigações entre as cosseguradoras não prejudicará o segurado, o beneficiário ou o terceiro.

Art. 36. Ocorre seguro cumulativo quando a distribuição entre várias seguradoras for feita pelo segurado ou pelo estipulante por força de contratações independentes, sem limitação a uma cota de garantia.

§ 1º Nos seguros cumulativos de dano, o segurado deverá comunicar a cada uma das seguradoras a existência dos contratos com as demais.

§ 2º Será reduzida proporcionalmente a importância segurada de cada contrato celebrado, quando a soma das importâncias seguradas, nos seguros cumulativos de dano, superar o valor do interesse, desde que haja coincidência de garantia entre os seguros cumulados.

§ 3º Na redução proporcional prevista no § 2º deste artigo não se levarão em conta os contratos celebrados com seguradoras que se encontrarem insolventes.

Seção VII
DOS INTERVENIENTES NO CONTRATO

Art. 37. Os intervenientes são obrigados a agir com lealdade e boa-fé e prestar informações completas e verídicas sobre todas as questões envolvendo a formação e a execução do contrato.

Art. 38. Os representantes e os prepostos da seguradora, ainda que temporários ou a título precário, vinculam-na para todos os fins quanto a seus atos e omissões.

Art. 39. O corretor de seguro é responsável pela efetiva entrega ao destinatário dos documentos e outros dados que lhe forem confiados, no prazo máximo de 5 (cinco) dias úteis.

Parágrafo único. Sempre que for conhecido o iminente perecimento de direito, a entrega deve ser feita em prazo hábil.

Art. 40. Pelo exercício de sua atividade, o corretor de seguro fará jus à comissão de corretagem.

Parágrafo único. A renovação ou a prorrogação do seguro, quando não automática ou se implicar alteração de conteúdo de cobertura ou financeiro mais favorável aos segurados e aos beneficiários, poderá ser intermediada por outro corretor de seguro, de livre escolha do segurado ou do estipulante.

Seção VIII
DA FORMAÇÃO E DA DURAÇÃO DO CONTRATO

Art. 41. A proposta de seguro poderá ser feita diretamente, pelo potencial segurado ou estipulante ou pela seguradora, ou por intermédio de seus representantes.

Parágrafo único. O corretor de seguro poderá representar o proponente na formação do contrato, na forma da lei.

Art. 42. A proposta feita pela seguradora não poderá ser condicional e deverá conter, em suporte duradouro, mantido à disposição dos interessados, todos os requisitos necessários para a contratação, o conteúdo integral do contrato e o prazo máximo para sua aceitação.

§ 1º Entende-se por suporte duradouro qualquer meio idôneo, durável e legível, capaz de ser admitido como meio de prova.

§ 2º A seguradora não poderá invocar omissões em sua proposta depois da formação do contrato.

§ 3º A aceitação da proposta feita pela seguradora somente se dará pela manifestação expressa de vontade ou por ato inequívoco do destinatário.

Art. 43. A proposta feita pelo potencial segurado ou estipulante não exige forma escrita.

Parágrafo único. O simples pedido de cotação à seguradora não equivale à proposta, mas as informações prestadas pelas partes e por terceiros intervenientes integram o contrato que vier a ser celebrado.

Art. 44. O potencial segurado ou estipulante é obrigado a fornecer as informações necessárias à aceitação da proposta e à fixação da taxa para cálculo do valor do prêmio, de acordo com o questionário que lhe submeta a seguradora.

§ 1º O descumprimento doloso do dever de informar previsto no *caput* deste artigo importará em perda da garantia, sem prejuízo da dívida de prêmio e da obrigação de ressarcir as despesas efetuadas pela seguradora.

§ 2º O descumprimento culposo do dever de informar previsto no *caput* deste artigo implicará a redução da garantia proporcionalmente à diferença entre o prêmio pago e o que seria devido caso prestadas as informações posteriormente reveladas.

§ 3º Se, diante dos fatos não revelados, a garantia for tecnicamente impossível, ou se tais fatos corresponderem a um tipo de interesse ou risco que não seja normalmente subscrito pela seguradora, o contrato será extinto, sem prejuízo da obrigação de ressarcir as despesas efetuadas pela seguradora.

Art. 45. As partes e os terceiros intervenientes no contrato, ao responderem ao questionário, devem informar tudo de relevante que souberem ou que deveriam saber a respeito do interesse e do risco a serem garantidos, de acordo com as regras ordinárias de conhecimento.

Art. 46. A seguradora deverá alertar o potencial segurado ou estipulante sobre quais são as informações relevantes a serem prestadas na formação do contrato de seguro e esclarecer, em suas comunicações e questionários, as consequências do descumprimento do dever de informar.

Art. 47. Quando o seguro, por sua natureza ou por expressa disposição, for do tipo que exige informações contínuas ou averbações de globalidade de riscos e interesses, a omissão do segurado, desde que comprovada, implicará a perda da garantia, sem prejuízo da dívida do prêmio.

§ 1º A sanção de perda da garantia será aplicável ainda que a omissão seja detectada após a ocorrência do sinistro.

§ 2º O segurado poderá afastar a aplicação da sanção de perda da garantia consignando a diferença de prêmio e provando a casualidade da omissão e sua boa-fé.

Art. 48. O proponente deverá ser cientificado com antecedência sobre o conteúdo do contrato, obrigatoriamente redigido em língua portuguesa e inscrito em suporte duradouro, nos termos do § 1º do art. 42 desta Lei.

§ 1º As regras sobre perda de direitos, exclusão de interesses, prejuízos e riscos, imposição de obrigações e restrições de direitos serão redigidas de forma clara, compreensível e colocadas em destaque, sob pena de nulidade.

§ 2º Serão nulas as cláusulas redigidas em idioma estrangeiro ou que se limitem a referir-se a regras de uso internacional.

§ 3º O contrato celebrado sem atender ao previsto no *caput* deste artigo, naquilo que não contrariar a proposta, será regido pelas condições contratuais previstas nos modelos que vierem a ser tempestivamente depositados pela seguradora no órgão fiscalizador de seguros, para o ramo e a modalidade de garantia constantes da proposta, prevalecendo, quando mencionado na proposta o número do processo administrativo, o clausulado correspondente cuja vigência abranja a época da contratação do seguro, ou o mais favorável ao segurado, caso haja diversos clausulados depositados para o mesmo ramo e modalidade de seguro e não exista menção específica a nenhum deles na proposta.

Art. 49. Recebida a proposta, a seguradora terá o prazo máximo de 25 (vinte e cinco) dias para cientificar sua recusa ao proponente, ao final do qual será considerada aceita.

§ 1º Considera-se igualmente aceita a proposta pela prática de atos inequívocos, tais como o recebimento total ou parcial do prêmio ou sua cobrança pela seguradora.

§ 2º A seguradora poderá solicitar esclarecimentos ou produção de exames periciais, e o prazo para a recusa terá novo início, a partir do atendimento da solicitação ou da conclusão do exame pericial.

§ 3º Em qualquer hipótese, para a validade da recusa, a seguradora deverá comunicar sua justificativa ao proponente.

Art. 50. A seguradora poderá garantir provisoriamente o interesse, sem obrigar-se à aceitação definitiva do negócio.

Art. 51. Os critérios comerciais e técnicos de subscrição ou aceitação de riscos devem promover a solidariedade e o desenvolvimento econômico e social, vedadas políticas técnicas e comerciais conducentes à discriminação social ou prejudiciais à livre iniciativa empresarial.

Art. 52. O contrato presume-se celebrado para vigorar pelo prazo de 1 (um) ano, salvo quando outro prazo decorrer de sua natureza, do interesse, do risco ou da vontade das partes.

Art. 53. Nos seguros com previsão de renovação automática, a seguradora deverá, em até 30 (trinta) dias antes de seu término, cientificar o contratante de sua decisão de não renovar ou das eventuais modificações que pretenda fazer para a renovação.

§ 1º Se a seguradora for omissa, o contrato será automaticamente renovado.

§ 2º O segurado poderá recusar o novo contrato a qualquer tempo antes do início de sua vigência, comunicando-o à seguradora ou, caso não tenha promovido averbações de riscos, simplesmente deixando de efetuar o pagamento da única ou da primeira parcela do prêmio.

Seção IX

DA PROVA DO CONTRATO

Art. 54. O contrato de seguro prova-se por todos os meios admitidos em direito, vedada a prova exclusivamente testemunhal.

Art. 55. A seguradora é obrigada a entregar ao contratante, no prazo de até 30 (trinta) dias, contado da aceitação, documento probatório do contrato, do qual constarão os seguintes elementos:

I – a denominação, a qualificação completa e o número de registro da seguradora no órgão fiscalizador de seguros;

II – o nome do segurado e, caso distinto, o do beneficiário, se nomeado;

III – o nome do estipulante;

IV – o dia e o horário do início e fim de vigência do contrato, bem como o modo de sua determinação;

V – o valor do seguro e a demonstração da regra de atualização monetária;

VI – os interesses e os riscos garantidos;

VII – os locais de risco compreendidos pela garantia;

VIII – os interesses, os prejuízos e os riscos excluídos;

IX – o nome, a qualificação e o domicílio do corretor de seguro que intermediou a contratação do seguro;

X – em caso de cosseguro organizado em apólice única, a denominação, a qualificação completa, o número de registro no órgão fiscalizador de seguros e a cota de garantia de cada cosseguradora, bem como a identificação da cosseguradora líder, de forma destacada;

XI – se existir, o número de registro do produto no órgão fiscalizador competente;

XII – o valor, o parcelamento e a composição do prêmio.

§ 1º A quantia segurada será expressa em moeda nacional, observadas as exceções legais.

§ 2º A apólice conterá glossário dos termos técnicos nela empregados.

Seção X

DA INTERPRETAÇÃO DO CONTRATO

Art. 56. O contrato de seguro deve ser interpretado e executado segundo a boa-fé.

Art. 57. Se da interpretação de quaisquer documentos elaborados pela seguradora, tais como peças publicitárias, impressos, instrumentos contratuais ou pré-contratuais, resultarem dúvidas, contradições, obscuridades ou equivocidades, elas serão resolvidas no sentido mais favorável ao segurado, ao beneficiário ou ao terceiro prejudicado.

Art. 58. As condições particulares do seguro prevalecem sobre as especiais, e estas, sobre as gerais.

Art. 59. As cláusulas referentes a exclusão de riscos e prejuízos ou que impliquem limitação ou perda de direitos e garantias são de interpretação restritiva quanto à sua incidência e abrangência, cabendo à seguradora a prova do seu suporte fático.

Seção XI

DO RESSEGURO

Art. 60. Pelo contrato de resseguro, a resseguradora, mediante o pagamento do prêmio equivalente, garante o interesse da seguradora contra os riscos próprios de sua atividade, decorrentes da celebração e da execução de contratos de seguro.

§ 1º O contrato de resseguro é funcional ao exercício da atividade seguradora e será formado pelo silêncio da resseguradora no prazo de 20 (vinte) dias, contado da recepção da proposta.

§ 2º Em caso de comprovada necessidade técnica, a autoridade fiscalizadora poderá aumentar o prazo de aceitação pelo silêncio da resseguradora estabelecido no § 1º deste artigo.

Art. 61. A resseguradora, salvo disposição em contrário, e sem prejuízo do previsto no § 2º do art. 62 desta Lei, não responde, com fundamento no negócio de resseguro, perante o segurado, o beneficiário do seguro ou o terceiro prejudicado.

Parágrafo único. É válido o pagamento feito diretamente pela resseguradora ao segurado, quando a seguradora se encontrar insolvente.

Art. 62. Demandada para revisão ou cumprimento do contrato de seguro que motivou a contratação de resseguro facultativo, a seguradora, no prazo da resposta, deverá promover a notificação judicial ou extrajudicial da resseguradora, comunicando-lhe o ajuizamento da ação, salvo disposição contratual em contrário.

§ 1º A resseguradora poderá intervir na causa como assistente simples.

§ 2º A seguradora não poderá opor ao segurado, ao beneficiário ou ao terceiro o descumprimento de obrigações por parte de sua resseguradora.

Art. 63. As prestações de resseguro adiantadas à seguradora a fim de provê-la financeiramente para o cumprimento do contrato de seguro deverão ser imediatamente utilizadas para o adiantamento ou o pagamento da indenização ou do capital ao segurado, ao beneficiário ou ao terceiro prejudicado.

Art. 64. Salvo disposição em contrário, o resseguro abrangerá a totalidade do interesse ressegurado, incluído o interesse da seguradora relacionado à recuperação dos efeitos da mora no cumprimento dos contratos de seguro, bem como as despesas de salvamento e as efetuadas em virtude da regulação e liquidação dos sinistros.

Art. 65. Sem prejuízo do disposto no parágrafo único do art. 14 da Lei Complementar nº 126, de 15 de janeiro de 2007, os créditos do segurado, do beneficiário e do terceiro prejudicado têm preferência absoluta perante quaisquer outros créditos em relação aos montantes devidos pela resseguradora à seguradora, caso esta se encontre sob direção fiscal, intervenção ou liquidação.

Seção XII

DO SINISTRO

Art. 66. Ao tomar ciência do sinistro ou da iminência de seu acontecimento, com o objetivo de evitar prejuízos à seguradora, o segurado é obrigado a:

I – tomar as providências necessárias e úteis para evitar ou minorar seus efeitos;

II – avisar prontamente a seguradora, por qualquer meio idôneo, e seguir suas instruções para a contenção ou o salvamento;

III – prestar todas as informações de que disponha sobre o sinistro, suas causas e consequências, sempre que questionado a respeito pela seguradora.

§ 1º O descumprimento doloso dos deveres previstos neste artigo implica a perda do direito à indenização ou ao capital pactuado, sem prejuízo da dívida de prêmio e da obrigação de ressarcir as despesas efetuadas pela seguradora.

§ 2º O descumprimento culposo dos deveres previstos neste artigo implica a perda do direito à indenização do valor equivalente aos danos decorrentes da omissão.

§ 3º Não se aplica o disposto nos §§ 1º e 2º, no caso dos deveres previstos nos incisos II e III do *caput* deste artigo, quando o interessado provar que a seguradora tomou ciência oportunamente do sinistro e das informações por outros meios.

LEGISLAÇÃO COMPLEMENTAR

§ 4º Incumbe também ao beneficiário, no que couber, o cumprimento das disposições deste artigo, sujeitando-se às mesmas sanções.

§ 5º As providências previstas no inciso I do *caput* deste artigo não serão exigíveis se colocarem em perigo interesses relevantes do segurado, do beneficiário ou de terceiros, ou se implicarem sacrifício acima do razoável.

Art. 67. As despesas com as medidas de contenção ou de salvamento para evitar o sinistro iminente ou atenuar seus efeitos, mesmo que realizadas por terceiros, correm por conta da seguradora, até o limite pactuado pelas partes, sem reduzir a garantia do seguro.

§ 1º A obrigação prevista no *caput* deste artigo subsistirá ainda que os prejuízos não superem o valor da franquia contratada ou que as medidas de contenção ou de salvamento tenham sido ineficazes.

§ 2º Não constituem despesas de salvamento as realizadas com prevenção ordinária, incluída qualquer espécie de manutenção.

§ 3º A seguradora não estará obrigada ao pagamento de despesas com medidas notoriamente inadequadas, observada a garantia contratada para o tipo de sinistro iminente ou verificado.

§ 4º Se não for pactuado limite diverso, o reembolso das despesas de contenção ou de salvamento será limitado ao equivalente a 20% (vinte por cento) do limite máximo de indenização ou capital garantido aplicável ao tipo de sinistro iminente ou verificado.

§ 5º A seguradora suportará a totalidade das despesas efetuadas com a adoção de medidas de contenção ou de salvamento que expressamente recomendar para o caso específico, ainda que excedam o limite pactuado.

Art. 68. É vedado ao segurado e ao beneficiário promover modificações no local do sinistro, bem como destruir ou alterar elementos relacionados ao sinistro.

§ 1º O descumprimento culposo do dever previsto no *caput* deste artigo implica obrigação de suportar as despesas acrescidas para a regulação e a liquidação do sinistro.

§ 2º O descumprimento doloso do dever previsto no *caput* deste artigo exonera a seguradora do dever de indenizar ou pagar o capital segurado.

Art. 69. A provocação dolosa de sinistro determina a perda do direito à indenização ou ao capital segurado, sem prejuízo da dívida de prêmio e da obrigação de ressarcir as despesas incorridas pela seguradora.

§ 1º A conduta prevista no inciso I do parágrafo único do art. 10 desta Lei implica, além da perda do direito à indenização ou ao capital segurado, a perda da garantia, sem prejuízo da dívida de prêmio e da obrigação de ressarcir as despesas incorridas pela seguradora.

§ 2º Sucede a mesma consequência prevista no *caput* deste artigo quando o segurado ou o beneficiário tiver prévia ciência da prática delituosa e não tentar evitá-la.

§ 3º Nos seguros sobre a vida e a integridade física, o capital segurado, ou a reserva matemática devida, será pago ao segurado ou a seus herdeiros quando o sinistro for dolosamente provocado pelo beneficiário.

§ 4º A fraude cometida por ocasião da reclamação de sinistro leva à perda pelo infrator do direito à garantia, liberando a seguradora do dever de prestar o capital segurado ou a indenização.

Art. 70. A seguradora responde pelos efeitos do sinistro caracterizado na vigência do contrato, ainda que se manifestem ou perdurem após o seu término.

Art. 71. Salvo disposição em contrário, a seguradora não responde pelos efeitos manifestados durante a vigência do contrato quando decorrentes de sinistro anterior.

Art. 72. Salvo disposição em contrário, a ocorrência de sinistros com efeitos parciais não importa em redução do valor da garantia.

Art. 73. A seguradora poderá opor ao segurado e ao beneficiário todas as defesas e exceções fundadas no contrato e anteriores ao sinistro e, salvo o caso dos seguros em que o risco coberto seja a vida ou a integridade física, também as posteriores ao sinistro.

Art. 74. Apresentados pelo interessado elementos que indiquem a existência de lesão ao interesse garantido, cabe à seguradora provar que a lesão não existiu ou que não foi, no todo ou em parte, consequência dos riscos predeterminados no contrato.

Seção XIII

DA REGULAÇÃO E DA LIQUIDAÇÃO DE SINISTROS

Art. 75. A reclamação de pagamento por sinistro, feita pelo segurado, pelo beneficiário ou pelo terceiro prejudicado, determinará a prestação dos serviços de regulação e liquidação, que têm por objetivo identificar as causas e os efeitos do fato comunicado pelo interessado e quantificar em dinheiro os valores devidos pela seguradora, salvo quando convencionada reposição em espécie.

Art. 76. Cabem exclusivamente à seguradora a regulação e a liquidação do sinistro.

Parágrafo único. A seguradora poderá contratar regulador e liquidante de sinistro para desenvolverem a prestação dos serviços em seu lugar, sempre reservando para si a decisão sobre a cobertura do fato comunicado pelo interessado e o valor devido ao segurado.

Art. 77. A regulação e a liquidação do sinistro devem ser realizadas simultaneamente, sempre que possível.

Parágrafo único. Apurando a existência de sinistro e de quantias parciais a pagar, a seguradora deverá adequar suas provisões e efetuar, em favor do segurado ou do beneficiário, no prazo máximo de 30 (trinta) dias, adiantamentos por conta do pagamento final.

Art. 78. O regulador e o liquidante do sinistro devem prontamente informar à seguradora as quantias apuradas a fim de que possam ser efetuados os pagamentos devidos ao segurado ou ao beneficiário.

Parágrafo único. O descumprimento da obrigação prevista no *caput* deste artigo acarretará a responsabilidade solidária do regulador e do liquidante pelos danos decorrentes da demora.

Art. 79. O regulador e o liquidante de sinistro atuam por conta da seguradora.

Parágrafo único. É vedada a fixação da remuneração do regulador, do liquidante, dos peritos, dos inspetores e dos demais auxiliares com base na economia proporcionada à seguradora.

Art. 80. Cumpre ao regulador e ao liquidante de sinistro:

I – exercer suas atividades com probidade e celeridade;

II – informar os interessados de todo o conteúdo de suas apurações, quando solicitado, respeitada a exceção prevista no parágrafo único do art. 83 desta Lei;

III – empregar peritos especializados, sempre que necessário.

Art. 81. Em caso de dúvida sobre critérios e fórmulas destinados à apuração do valor da dívida da seguradora, serão adotados aqueles que forem mais favoráveis ao segurado ou ao beneficiário, vedado o enriquecimento sem causa.

Art. 82. O relatório de regulação e liquidação do sinistro é documento comum às partes.

Art. 83. Negada a cobertura, no todo ou em parte, a seguradora deverá entregar ao interessado os documentos produzidos ou obtidos durante a regulação e a liquidação do sinistro que fundamentem sua decisão.

Parágrafo único. A seguradora não está obrigada a entregar documentos e demais elementos probatórios que sejam considerados confidenciais ou sigilosos por lei ou que possam causar danos a terceiros, salvo em razão de decisão judicial ou arbitral.

Art. 84. Correm por conta da seguradora todas as despesas com a regulação e a liquidação do sinistro, salvo as realizadas para a apresentação dos documentos predeterminados para comunicação da ocorrência e para prova da identificação e legitimidade do interessado, além de outros documentos ordinariamente em poder do interessado.

Art. 85. A execução dos procedimentos de regulação e liquidação de sinistro não importa em reconhecimento de nenhuma obrigação de pagamento do valor do seguro por parte da seguradora.

Art. 86. A seguradora terá o prazo máximo de 30 (trinta) dias para manifestar-se sobre a cobertura, sob pena de decair do direito de recusá-la, contado da data de apresentação da reclamação ou do aviso de sinistro pelo interessado, acompanhados de todos os elementos necessários à decisão a respeito da existência de cobertura.

§ 1º Os elementos necessários à decisão sobre a cobertura devem ser expressamente arrolados nos documentos probatórios do seguro.

§ 2º A seguradora ou o regulador do sinistro poderão solicitar documentos complementares, de forma justificada, ao interessado, desde que lhe seja possível produzi-los.

§ 3º Solicitados documentos complementares dentro do prazo estabelecido no *caput* deste artigo, o prazo para a manifestação sobre a cobertura suspende-se por no máximo 2 (duas) vezes, recomeçando a correr no primeiro dia útil subsequente àquele em que for atendida a solicitação.

§ 4º O prazo estabelecido no *caput* deste artigo somente pode ser suspenso 1 (uma) vez nos sinistros relacionados a seguros de veículos automotores e em todos os demais seguros em que a importância segurada não exceda o correspondente a 500 (quinhentas) vezes o salário mínimo vigente.

§ 5º A autoridade fiscalizadora poderá fixar prazo superior ao disposto no *caput* deste artigo para tipos de seguro em que a verificação da existência de cobertura implique maior complexidade na apuração, respeitado o limite máximo de 120 (cento e vinte) dias.

§ 6º A recusa de cobertura deve ser expressa e motivada, não podendo a seguradora inovar posteriormente o fundamento, salvo quando, depois da recusa, vier a tomar conhecimento de fatos que anteriormente desconhecia.

Art. 87. Reconhecida a cobertura, a seguradora terá o prazo máximo de 30 (trinta) dias para pagar a indenização ou o capital estipulado.

§ 1º Os elementos necessários à quantificação dos valores devidos devem ser expressamente arrolados nos documentos probatórios do seguro.

§ 2º A seguradora ou o liquidante do sinistro poderão solicitar documentos complementares, de forma justificada, ao interessado, desde que lhe seja possível produzi-los.

§ 3º Solicitados documentos complementares dentro do prazo estabelecido no *caput* deste artigo, o prazo para o pagamento da indenização ou do capital estipulado suspende-se por no máximo 2 (duas) vezes, recomeçando a correr no primeiro dia útil subsequente àquele em que for atendida a solicitação.

§ 4º O prazo estabelecido no *caput* deste artigo somente pode ser suspenso 1 (uma) vez nos sinistros relacionados a seguros de veículos automotores e seguros de vida e integridade física, assim como em todos os demais seguros em que a importância segurada não exceda o correspondente a 500 (quinhentas) vezes o salário mínimo vigente.

§ 5º A autoridade fiscalizadora poderá fixar prazo superior ao disposto no *caput* deste artigo para tipos de seguro em que a liquidação dos valores devidos implique maior complexidade na apuração, respeitado o limite máximo de 120 (cento e vinte) dias.

§ 6º O valor devido apurado deve ser apresentado de forma fundamentada ao interessado, não podendo a seguradora inovar posteriormente, salvo quando vier a tomar conhecimento de fatos que anteriormente desconhecia.

Art. 88. A mora da seguradora fará incidir multa de 2% (dois por cento) sobre o montante devido, corrigido monetariamente, sem prejuízo dos juros legais e da responsabilidade por perdas e danos desde a data em que a indenização ou o capital segurado deveriam ter sido pagos, conforme disposto nos arts. 86 e 87 desta Lei.

CAPÍTULO II
DOS SEGUROS DE DANO

Seção I
DISPOSIÇÕES GERAIS

Art. 89. Os valores da garantia e da indenização não poderão superar o valor do interesse, ressalvadas as exceções previstas nesta Lei.

Art. 90. A indenização não poderá exceder o valor da garantia, ainda que o valor do interesse lhe seja superior.

Art. 91. Na hipótese de sinistro parcial, o valor da indenização devida não será objeto de rateio em razão de seguro contratado por valor inferior ao do interesse, salvo disposição em contrário.

§ 1º Quando expressamente pactuado o rateio, a seguradora exemplificará na apólice a fórmula para cálculo da indenização.

§ 2º A aplicação do rateio em razão de infrasseguro superveniente será limitada aos casos em que for expressamente afastado na apólice o regime de ajustamento final de prêmio, e o aumento do valor do interesse lesado decorrer de ato voluntário do segurado.

Art. 92. É lícito contratar o seguro a valor de novo.

§ 1º É lícito convencionar a reposição ou a reconstrução paulatina com pagamentos correspondentes, salvo quando esse regime impedir a reposição ou a reconstrução.

§ 2º Nos seguros de que trata este artigo, não são admitidas cláusulas de rateio.

Art. 93. Não se presume na garantia do seguro a obrigação de indenizar o vício não aparente e não declarado no momento da contratação do seguro, nem seus efeitos exclusivos.

§ 1º Salvo disposição em contrário, se houver cobertura para o vício, a garantia compreende tanto os danos ao bem no qual se manifestou o vício quanto aqueles decorrentes do vício.

§ 2º A simples inspeção prévia pela seguradora de riscos relacionados com atividades empresariais não autoriza a presunção de conhecimento do vício.

Art. 94. A seguradora sub-roga-se nos direitos do segurado pelas indenizações pagas nos seguros de dano.

§ 1º É ineficaz qualquer ato do segurado que diminua ou extinga a sub-rogação.

§ 2º O segurado é obrigado a colaborar no exercício dos direitos derivados da sub-rogação, respondendo pelos prejuízos que causar à seguradora.

§ 3º A sub-rogação da seguradora não poderá implicar prejuízo ao direito remanescente do segurado ou do beneficiário contra terceiros.

Art. 95. A seguradora não terá ação própria ou derivada de sub-rogação quando o sinistro decorrer de culpa não grave de:

I – cônjuge ou parentes até o segundo grau, consanguíneos ou por afinidade, do segurado ou do beneficiário;

II – empregados ou pessoas sob a responsabilidade do segurado.

Parágrafo único. Quando o culpado pelo sinistro for garantido por seguro de responsabilidade civil, é admitido o exercício do direito excluído pelo *caput* deste artigo contra a seguradora que o garantir.

Art. 96. A seguradora e o segurado ratearão os bens atingidos pelo sinistro, na proporção do prejuízo suportado.

Art. 97. Os seguros contra os riscos de morte e de perda de integridade física de pessoa que visem a garantir direito patrimonial de terceiro ou que tenham finalidade indenizatória submetem-se, no que couber, às regras do seguro de dano.

Parágrafo único. Quando, no momento do sinistro, o valor da garantia superar o valor do direito patrimonial garantido, o excedente sujeitar-se-á às regras do seguro de vida, e será credor da diferença aquele sobre cuja vida ou integridade física foi contratado o seguro e, no caso de morte, o beneficiário, observando-se as disposições do Capítulo III desta Lei.

Seção II
DO SEGURO DE RESPONSABILIDADE CIVIL

Art. 98. O seguro de responsabilidade civil garante o interesse do segurado contra os efeitos da imputação de responsabilidade e do seu reconhecimento, assim como o dos terceiros prejudicados à indenização.

§ 1º No seguro de responsabilidade civil, o risco pode caracterizar-se pela ocorrência do fato gerador, da manifestação danosa ou da imputação de responsabilidade.

§ 2º Na garantia de gastos com a defesa contra a imputação de responsabilidade, deverá ser estabelecido um limite específico e diverso daquele destinado à indenização dos prejudicados.

Art. 99. A indenização, no seguro de responsabilidade civil, está sujeita aos mesmos acessórios legais incidentes sobre a dívida do responsável.

Art. 100. O responsável garantido pelo seguro que não colaborar com a seguradora ou praticar atos em detrimento dela responderá pelos prejuízos a que der causa, cabendo-lhe:

I – informar prontamente a seguradora das comunicações recebidas que possam gerar reclamação futura;

II – fornecer os documentos e outros elementos a que tiver acesso e que lhe forem solicitados pela seguradora;

III – comparecer aos atos processuais para os quais for intimado;

IV – abster-se de agir em detrimento dos direitos e das pretensões da seguradora.

Art. 101. Quando a pretensão do prejudicado for exercida exclusivamente contra o segurado, este será obrigado a cientificar a seguradora, tão logo seja citado para responder à demanda, e a disponibilizar os elementos necessários para o conhecimento do processo.

Parágrafo único. O segurado poderá chamar a seguradora a integrar o processo, na condição de litisconsorte, sem responsabilidade solidária.

Art. 102. Os prejudicados poderão exercer seu direito de ação contra a seguradora, desde que em litisconsórcio passivo com o segurado.

Parágrafo único. O litisconsórcio será dispensado quando o segurado não tiver domicílio no Brasil.

Art. 103. Salvo disposição legal em contrário, a seguradora poderá opor aos prejudicados as defesas fundadas no contrato de seguro que tiver contra o segurado antes do sinistro.

Art. 104. A seguradora poderá opor aos terceiros prejudicados todas as defesas que contra eles possuir.

Art. 105. O segurado deverá empreender os melhores esforços para informar os terceiros prejudicados sobre a existência e o conteúdo do seguro contratado.

Art. 106. Salvo disposição em contrário, a seguradora poderá celebrar transação com os prejudicados, o que não implicará o reconhecimento de responsabilidade do segurado nem prejudicará aqueles a quem é imputada a responsabilidade.

Art. 107. Se houver pluralidade de prejudicados em um mesmo evento, a seguradora ficará liberada com a prestação da totalidade das indenizações decorrentes da garantia do seguro a um ou mais prejudicados, sempre que ignorar a existência dos demais.

Seção III

DA TRANSFERÊNCIA DO INTERESSE

Art. 108. A transferência do interesse garantido implica a cessão do seguro correspondente, obrigando-se o cessionário no lugar do cedente.

§ 1º A cessão do seguro não ocorrerá sem anuência prévia da seguradora quando o cessionário exercer atividade capaz de aumentar de forma relevante o risco ou não preencher os requisitos exigidos pela técnica de seguro, hipóteses em que o contrato será resolvido com a devolução proporcional do prêmio, ressalvado, na mesma proporção, o direito da seguradora às despesas incorridas.

§ 2º Caso a cessão do seguro implique alteração da taxa de prêmio, será feito o ajuste e creditada a diferença à parte favorecida.

§ 3º As bonificações, as taxações especiais e outras vantagens personalíssimas do cedente não se comunicam com o novo titular do interesse.

Art. 109. A cessão do seguro correspondente deixará de ser eficaz se não for comunicada à seguradora nos 30 (trinta) dias posteriores à transferência do interesse garantido.

§ 1º A seguradora poderá, no prazo de 15 (quinze) dias, contado da comunicação, resolver o contrato.

§ 2º A recusa deverá ser notificada ao cedente e ao cessionário e produzirá efeitos após 15 (quinze) dias contados do recebimento da notificação.

§ 3º Se a seguradora resolver o contrato nos termos do § 1º deste artigo, o segurado fará jus à devolução proporcional do prêmio, ressalvado, na mesma proporção, o direito da seguradora às despesas incorridas.

Art. 110. Nos seguros obrigatórios, a transferência do interesse garantido implica a cessão do seguro correspondente, independentemente da comunicação à seguradora.

Art. 111. A cessão do direito à indenização somente deverá ser comunicada para evitar que a seguradora efetue pagamento válido ao credor putativo.

CAPÍTULO III

DOS SEGUROS SOBRE A VIDA E A INTEGRIDADE FÍSICA

Art. 112. Nos seguros sobre a vida e a integridade física, o capital segurado é livremente estipulado pelo proponente, que pode contratar mais de um seguro sobre o mesmo interesse, com a mesma ou com diversas seguradoras.

§ 1º O capital segurado, conforme convencionado, será pago sob a forma de renda ou de pagamento único.

§ 2º É lícita a estruturação de seguro sobre a vida e a integridade física com prêmio e capital variáveis.

Art. 113. É livre a indicação do beneficiário nos seguros sobre a vida e a integridade física.

Art. 114. Salvo renúncia do segurado, é lícita a substituição do beneficiário do seguro sobre a vida e a integridade física por ato entre vivos ou por declaração de última vontade.

Parágrafo único. A seguradora não cientificada da substituição será exonerada pagando ao antigo beneficiário.

Art. 115. Na falta de indicação do beneficiário ou se não prevalecer a indicação feita, o capital segurado será pago ou, se for o caso, será devolvida a reserva matemática por metade ao cônjuge, se houver, e o restante aos demais herdeiros do segurado.

§ 1º Considera-se ineficaz a indicação quando o beneficiário falecer antes da ocorrência do sinistro ou se ocorrer comoriência.

§ 2º Se o segurado for separado, ainda que de fato, caberá ao companheiro a metade que caberia ao cônjuge.

§ 3º Se não houver beneficiários indicados ou legais, o valor será pago àqueles que provarem que a morte do segurado os privou de meios de subsistência.

§ 4º Se a seguradora, ciente do sinistro, não identificar beneficiário ou dependente do segurado para subsistência no prazo prescricional da respectiva pretensão, o capital segurado será tido por abandonado, nos termos do inciso III do *caput* do art. 1.275 da Lei nº 10.406, de 10 de janeiro de 2002 (Código Civil), e será aportado no Fundo Nacional para Calamidades Públicas, Proteção e Defesa Civil (FUNCAP).

§ 5º Não prevalecerá a indicação de beneficiário nas hipóteses de revogação da doação, observados o disposto nos arts. 555, 556 e 557 da Lei nº 10.406, de 10 de janeiro de 2002 (Código Civil).

Art. 116. O capital segurado devido em razão de morte não é considerado herança para nenhum efeito.

Parágrafo único. Para os fins deste artigo, equipara-se ao seguro de vida a garantia de risco de morte do participante nos planos de previdência complementar.

Art. 117. É nulo, no seguro sobre a vida e a integridade física próprias, qualquer negócio jurídico que direta ou indiretamente implique renúncia ou redução do crédito ao capital segurado ou à reserva matemática, ressalvadas as atribuições feitas em favor do segurado ou dos beneficiários a título de empréstimo técnico ou resgate.

Art. 118. Nos seguros sobre a vida própria para o caso de morte e sobre a integridade física própria para o caso de invalidez por doença, é lícito estipular-se prazo de carência, durante o qual a seguradora não responde pela ocorrência do sinistro.

§ 1º O prazo de carência não pode ser convencionado quando se tratar de renovação ou de substituição de contrato existente, ainda que seja outra a seguradora.

§ 2º O prazo de carência não pode ser pactuado de forma a tornar inócua a garantia e em nenhum caso pode exceder a metade da vigência do contrato.

§ 3º Ocorrendo o sinistro no prazo de carência, legal ou contratual, a seguradora é obrigada a entregar ao segurado ou ao beneficiário o valor do prêmio pago, ou a reserva matemática, se houver.

§ 4º Convencionada a carência, a seguradora não poderá negar o pagamento do capital sob a alegação de preexistência de estado patológico.

Art. 119. É lícito, nos seguros sobre a vida e a integridade física, excluir da garantia os sinistros cuja causa exclusiva ou principal corresponda a estados patológicos preexistentes ao início da relação contratual.

Parágrafo único. A exclusão somente poderá ser alegada quando não convencionado prazo de carência e desde que o segurado, questionado claramente, omita voluntariamente a informação da preexistência.

Art. 120. O beneficiário não terá direito ao recebimento do capital segurado quando o suicídio voluntário do segurado ocorrer antes de completados 2 (dois) anos de vigência do seguro de vida.

§ 1º Quando o segurado aumentar o capital, o beneficiário não terá direito à quantia acrescida se ocorrer o suicídio no prazo previsto no *caput* deste artigo.

§ 2º É vedada a fixação de novo prazo de carência, nas hipóteses de renovação e de substituição do contrato, ainda que seja outra a seguradora.

§ 3º O suicídio em razão de grave ameaça ou de legítima defesa de terceiro não está compreendido no prazo de carência.

§ 4º É nula a cláusula de exclusão de cobertura de suicídio de qualquer espécie.

§ 5º Ocorrendo o suicídio no prazo de carência, é assegurado o direito à devolução do montante da reserva matemática formada.

Art. 121. A seguradora não se exime do pagamento do capital segurado, ainda que previsto contratualmente, quando a morte ou a incapacidade decorrer do trabalho, da prestação de serviços militares, de atos humanitários, da utilização de meio de transporte arriscado ou da prática desportiva.

Art. 122. Os capitais segurados devidos em razão de morte ou de perda da integridade física não implicam sub-rogação, quando pagos, e são impenhoráveis.

Art. 123. Nos seguros coletivos sobre a vida e a integridade física, a modificação dos termos do contrato em vigor que possa gerar efeitos contrários aos interesses dos segurados e dos beneficiários dependerá da anuência expressa de segurados que representem pelo menos 3/4 (três quartos) do grupo.

Parágrafo único. Quando não prevista no contrato anterior, a modificação do conteúdo dos seguros coletivos sobre a vida e a integridade física, em caso de renovação, dependerá da anuência expressa de segurados que representem pelo menos 3/4 (três quartos) do grupo.

Art. 124. Salvo se a seguradora encerrar operações no ramo ou na modalidade, a recusa de renovação de seguros individuais sobre a vida e a integridade física que tenham sido renovados sucessiva e automaticamente por mais de 10 (dez) anos deverá ser precedida de comunicação ao segurado e acompanhada de oferta de outro seguro que contenha garantia similar e preços atuarialmente repactuados, em função da realidade e do equilíbrio da carteira, com antecedência mínima de 90 (noventa) dias, vedados carências e direito de recusa de prestação em virtude de fatos preexistentes.

CAPÍTULO IV
DOS SEGUROS OBRIGATÓRIOS

Art. 125. As garantias dos seguros obrigatórios terão conteúdo e valores mínimos, de modo a permitir o cumprimento de sua função social.

Parágrafo único. É nulo, nos seguros obrigatórios, o negócio jurídico que direta ou indiretamente implique renúncia total ou parcial da indenização ou do capital segurado para os casos de morte ou de invalidez.

CAPÍTULO V
DA PRESCRIÇÃO

Art. 126. Prescrevem:

I – em 1 (um) ano, contado da ciência do respectivo fato gerador:

a) a pretensão da seguradora para a cobrança do prêmio ou qualquer outra pretensão contra o segurado e o estipulante do seguro;

b) a pretensão dos intervenientes corretores de seguro, agentes ou representantes de seguro e estipulantes para a cobrança de suas remunerações;

c) as pretensões das cosseguradoras entre si;

d) as pretensões entre seguradoras, resseguradoras e retrocessionárias;

II – em 1 (um) ano, contado da ciência da recepção da recusa expressa e motivada da seguradora, a pretensão do segurado para exigir indenização, capital, reserva matemática, prestações vencidas de rendas temporárias ou vitalícias e restituição de prêmio em seu favor;

III – em 3 (três) anos, contados da ciência do respectivo fato gerador, a pretensão dos beneficiários ou terceiros prejudicados para exigir da seguradora indenização, capital, reserva matemática e prestações vencidas de rendas temporárias ou vitalícias.

Art. 127. Além das causas previstas na Lei nº 10.406, de 10 de janeiro de 2002 (Código Civil), a prescrição da pretensão relativa ao recebimento de indenização ou capital segurado será suspensa uma única vez, quando a seguradora receber pedido de reconsideração da recusa de pagamento.

Parágrafo único. Cessa a suspensão no dia em que o interessado for comunicado pela seguradora de sua decisão final.

CAPÍTULO VI
DISPOSIÇÕES FINAIS E TRANSITÓRIAS

Art. 128. A autoridade fiscalizadora poderá expedir atos normativos que não contrariem esta Lei, atuando para a proteção dos interesses dos segurados e de seus beneficiários.

Art. 129. Nos contratos de seguro sujeitos a esta Lei, poderá ser pactuada, mediante instrumento assinado pelas partes, a resolução de litígios por meios alternativos, que será feita no Brasil e submetida às regras do direito brasileiro, inclusive na modalidade de arbitragem.

Parágrafo único. A autoridade fiscalizadora disciplinará a divulgação obrigatória dos conflitos e das decisões respectivas, sem identificações particulares, em repositório de fácil acesso aos interessados.

Art. 130. É absoluta a competência da justiça brasileira para a composição de litígios relativos aos contratos de seguro sujeitos a esta Lei, sem prejuízo do previsto no art. 129 desta Lei.

Art. 131. O foro competente para as ações de seguro é o do domicílio do segurado ou do beneficiário, salvo se eles ajuizarem a ação optando por qualquer domicílio da seguradora ou de agente dela.

Parágrafo único. A seguradora, a resseguradora e a retrocessionária, para as ações e as arbitragens promovidas entre si, em que sejam discutidos conflitos que possam interferir diretamente na execução dos contratos de seguro sujeitos a esta Lei, respondem no foro de seu domicílio no Brasil.

Art. 132. Os contratos de seguro sobre a vida são títulos executivos extrajudiciais.

Parágrafo único. O título executivo extrajudicial será constituído por qualquer documento que se mostre hábil para a prova da existência do contrato e do qual constem os elementos essenciais para a verificação da certeza e da liquidez da dívida, acompanhado dos documentos necessários à prova de sua exigibilidade.

Art. 133. Ficam revogados o inciso II do § 1º do art. 206 e os arts. 757 a 802 da Lei nº 10.406, de 10 de janeiro de 2002 (Código Civil), bem como os arts. 9º a 14 do Decreto-Lei nº 73, de 21 de novembro de 1966.

Art. 134. Esta Lei entra em vigor após decorrido 1 (um) ano de sua publicação oficial.

Brasília, 9 de dezembro de 2024;
203º da Independência e
136º da República.

Luiz Inácio Lula da Silva

NOVA

LEI COMPLEMENTAR Nº 214, DE 16 DE JANEIRO DE 2025

Institui o Imposto sobre Bens e Serviços (IBS), a Contribuição Social sobre Bens e Serviços (CBS) e o Imposto Seletivo (IS); cria o Comitê Gestor do IBS e altera a legislação tributária.

▶ Publicada no *DOU* de 16-1-2025 e republicada no *DOU* – edição extra de 23-1-2025.

LIVRO I – DO IMPOSTO SOBRE BENS E SERVIÇOS (IBS) E DA CONTRIBUIÇÃO SOCIAL SOBRE BENS E SERVIÇOS (CBS)

TÍTULO I – DAS NORMAS GERAIS DO IBS E DA CBS

CAPÍTULO I
DISPOSIÇÕES PRELIMINARES

Art. 1º Ficam instituídos:

I – o Imposto sobre Bens e Serviços (IBS), de competência compartilhada entre Estados, Municípios e Distrito Federal, de que trata o art. 156-A da Constituição Federal; e

II – a Contribuição Social sobre Bens e Serviços (CBS), de competência da União, de que trata o inciso V do *caput* do art. 195 da Constituição Federal.

Art. 2º O IBS e a CBS são informados pelo princípio da neutralidade, segundo o qual esses tributos devem evitar distorcer as decisões de consumo e de organização da atividade econômica, observadas as exceções previstas na Constituição Federal e nesta Lei Complementar.

Art. 3º Para fins desta Lei Complementar, consideram-se:

I – operações com:

a) bens todas e quaisquer que envolvam bens móveis ou imóveis, materiais ou imateriais, inclusive direitos;

b) serviços todas as demais que não sejam enquadradas como operações com bens nos termos da alínea a deste inciso;

II – fornecimento:

a) entrega ou disponibilização de bem material;

b) instituição, transferência, cessão, concessão, licenciamento ou disponibilização de bem imaterial, inclusive direito;

c) prestação ou disponibilização de serviço;

III – fornecedor: pessoa física ou jurídica que, residente ou domiciliado no País ou no exterior, realiza o fornecimento;

IV – adquirente:

a) aquele obrigado ao pagamento ou a qualquer outra forma de contraprestação pelo fornecimento de bem ou serviço;

b) nos casos de pagamento ou de qualquer outra forma de contraprestação por conta e ordem ou em nome de terceiros, aquele por conta de quem ou em nome de quem decorre a obrigação de pagamento ou de qualquer outra forma de contraprestação pelo fornecimento de bem ou serviço; e

V – destinatário: aquele a quem for fornecido o bem ou serviço, podendo ser o próprio adquirente ou não.

§ 1º Para fins desta Lei Complementar, equiparam-se a bens materiais as energias que tenham valor econômico.

§ 2º Incluem-se no conceito de fornecedor de que trata o inciso III do *caput* deste artigo as entidades sem personalidade jurídica, incluindo sociedade em comum, sociedade em conta de participação, consórcio, condomínio e fundo de investimento.

CAPÍTULO II
DO IBS E DA CBS SOBRE OPERAÇÕES COM BENS E SERVIÇOS

Seção I
DAS HIPÓTESES DE INCIDÊNCIA

Art. 4º O IBS e a CBS incidem sobre operações onerosas com bens ou com serviços.

§ 1º As operações não onerosas com bens ou com serviços serão tributadas nas hipóteses expressamente previstas nesta Lei Complementar.

§ 2º Para fins do disposto neste artigo, considera-se operação onerosa com bens ou com serviços qualquer fornecimento com contraprestação, incluindo o decorrente de:

I – compra e venda, troca ou permuta, dação em pagamento e demais espécies de alienação;

II – locação;

III – licenciamento, concessão, cessão;

IV – mútuo oneroso;

V – doação com contraprestação em benefício do doador;

VI – instituição onerosa de direitos reais;

VII – arrendamento, inclusive mercantil; e

VIII – prestação de serviços.

LEGISLAÇÃO COMPLEMENTAR

§ 3º São irrelevantes para a caracterização das operações de que trata este artigo:

I – o título jurídico pelo qual o bem encontra-se na posse do fornecedor;

II – a espécie, tipo ou forma jurídica, a validade jurídica e os efeitos dos atos ou negócios jurídicos;

III – a obtenção de lucro com a operação; e

IV – o cumprimento de exigências legais, regulamentares ou administrativas.

§ 4º O IBS e a CBS incidem sobre qualquer operação com bem ou com serviço realizada pelo contribuinte, incluindo aquelas realizadas com ativo não circulante ou no exercício de atividade econômica não habitual, observado o disposto no § 4º do art. 57 desta Lei Complementar.

§ 5º A incidência do IBS e da CBS sobre as operações de que trata o *caput* deste artigo não altera a base de cálculo do:

I – Imposto sobre a Transmissão *Causa Mortis* e Doação de Quaisquer Bens ou Direitos (ITCD), de que trata o inciso I do *caput* do art. 155 da Constituição Federal;

II – Imposto sobre a Transmissão *Inter Vivos* de Bens Imóveis e Direitos a eles relativos (ITBI), de que trata o inciso II do *caput* do art. 156 da Constituição Federal.

Art. 5º O IBS e a CBS também incidem sobre as seguintes operações:

I – fornecimento não oneroso ou a valor inferior ao de mercado de bens e serviços, nas hipóteses previstas nesta Lei Complementar;

II – fornecimento de brindes e bonificações;

III – transmissão, pelo contribuinte, para sócio ou acionista que não seja contribuinte no regime regular, por devolução de capital, dividendos *in natura* ou de outra forma, de bens cuja aquisição tenham permitido a apropriação de créditos pelo contribuinte, inclusive na produção; e

IV – demais fornecimentos não onerosos ou a valor inferior ao de mercado de bens e serviços por contribuinte a parte relacionada.

§ 1º O disposto no inciso II do *caput* deste artigo:

I – não se aplica às bonificações que constem do respectivo documento fiscal e que não dependam de evento posterior; e

II – aplica-se ao bem dado em bonificação sujeito a alíquota específica por unidade de medida, inclusive na hipótese do inciso I deste parágrafo.

§ 2º Para fins do disposto nesta Lei Complementar, considera-se que as partes são relacionadas quando no mínimo uma delas estiver sujeita à influência, exercida direta ou indiretamente por outra parte, que possa levar ao estabelecimento de termos e de condições em suas transações que divirjam daqueles que seriam estabelecidos entre partes não relacionadas em transações comparáveis.

§ 3º São consideradas partes relacionadas, sem prejuízo de outras hipóteses que se enquadrem no disposto no § 2º deste artigo:

I – o controlador e as suas controladas;

II – as coligadas;

III – as entidades incluídas nas demonstrações financeiras consolidadas ou que seriam incluídas caso o controlador final do grupo multinacional de que façam parte preparasse tais demonstrações se o seu capital fosse negociado nos mercados de valores mobiliários de sua jurisdição de residência;

IV – as entidades, quando uma delas possuir o direito de receber, direta ou indiretamente, no mínimo 25% (vinte e cinco por cento) dos lucros da outra ou de seus ativos em caso de liquidação;

V – as entidades que estiverem, direta ou indiretamente, sob controle comum ou em que o mesmo sócio, acionista ou titular detiver 20% (vinte por cento) ou mais do capital social de cada uma;

VI – as entidades em que os mesmos sócios ou acionistas, ou os seus cônjuges, companheiros, parentes, consanguíneos ou afins, até o terceiro grau, detiverem no mínimo 20% (vinte por cento) do capital social de cada uma; e

VII – a entidade e a pessoa física que for cônjuge, companheiro ou parente, consanguíneo ou afim, até o terceiro grau, de conselheiro, de diretor ou de controlador daquela entidade.

§ 4º Para fins da definição de partes relacionadas, o termo entidade compreende as pessoas físicas e jurídicas e as entidades sem personalidade jurídica.

§ 5º Para fins do disposto no § 3º deste artigo, fica caracterizada a relação de controle quando uma entidade:

I – detiver, de forma direta ou indireta, isoladamente ou em conjunto com outras entidades, inclusive em função da existência de acordos de votos, direitos que lhe assegurem preponderância nas deliberações sociais ou o poder de eleger ou destituir a maioria dos administradores de outra entidade;

II – participar, direta ou indiretamente, de mais de 50% (cinquenta por cento) do capital social de outra entidade; ou

III – detiver ou exercer o poder de administrar ou gerenciar, de forma direta ou indireta, as atividades de outra entidade.

§ 6º Para fins do disposto no inciso II do § 3º deste artigo, considera-se coligada a entidade que detenha influência significativa sobre outra entidade, conforme previsto nos §§ 1º, 4º e 5º do art. 243 da Lei nº 6.404, de 15 de dezembro de 1976.

§ 7º O regulamento poderá flexibilizar a exigência de verificação do valor de mercado de que trata o inciso IV do *caput* deste artigo nas operações entre partes relacionadas, desde que essas operações não estejam sujeitas a vedação à apropriação de créditos, no âmbito de programas de conformidade fiscal.

Art. 6º O IBS e a CBS não incidem sobre:

I – fornecimento de serviços por pessoas físicas em decorrência de:

a) relação de emprego com o contribuinte; ou

b) sua atuação como administradores ou membros de conselhos de administração e fiscal e comitês de assessoramento do conselho de administração do contribuinte previstos em lei;

II – transferência de bens entre estabelecimentos pertencentes ao mesmo contribuinte, observada a obrigatoriedade de emissão de documento fiscal eletrônico, nos termos do inciso II do § 2º do art. 60 desta Lei Complementar;

III – baixa, liquidação e transmissão, incluindo alienação, de participação societária, ressalvado o disposto no inciso III do *caput* do art. 5º desta Lei Complementar;

IV – transmissão de bens em decorrência de fusão, cisão e incorporação e de integralização e devolução de capital, ressalvado o disposto no inciso III do *caput* do art. 5º desta Lei Complementar;

V – rendimentos financeiros, exceto quando incluídos na base de cálculo no regime específico de serviços financeiros de que trata o Capítulo II do Título V deste Livro e da regra de apuração da base de cálculo prevista no inciso II do § 1º do art. 12 desta Lei Complementar;

VI – recebimento de dividendos e de juros sobre capital próprio, de juros ou remuneração ao capital pagos pelas cooperativas e os resultados de avaliação de participações societárias, ressalvado o disposto no inciso III do *caput* do art. 5º desta Lei Complementar;

VII – demais operações com títulos ou valores mobiliários, com exceção do disposto para essas operações no regime específico de serviços financeiros de que trata a Seção III do Capítulo II do Título V deste Livro, nos termos previstos nesse regime e das demais situações previstas expressamente nesta Lei Complementar;

VIII – doações sem contraprestação em benefício do doador;

IX – transferências de recursos públicos e demais bens públicos para organizações da sociedade civil constituídas como pessoas jurídicas sem fins lucrativos no País, por meio de termos de fomento, termos de colaboração, acordos de cooperação, termos de parceria, termos de execução descentralizada, contratos de gestão, contratos de repasse, subvenções, convênios e demais instrumentos celebrados pela administração pública direta, por autarquias e por fundações públicas;

X – destinação de recursos por sociedade cooperativa para os fundos previstos no art. 28 da Lei nº 5.764, de 16 de dezembro de 1971, e reversão dos recursos dessas reservas; e

XI – o repasse da cooperativa para os seus associados dos valores decorrentes das operações previstas no *caput* do art. 271 desta Lei Complementar e a distribuição em dinheiro das sobras por sociedade cooperativa aos associados, apuradas em demonstração do resultado do exercício, ressalvado o disposto no inciso III do *caput* do art. 5º desta Lei Complementar.

§ 1º O IBS e a CBS incidem sobre o conjunto de atos ou negócios jurídicos envolvendo as hipóteses previstas nos incisos III a VII do *caput* deste artigo que constituam, na essência, operação onerosa com bem ou com serviço.

§ 2º Caso as doações de que trata o inciso VIII do *caput* deste artigo tenham por objeto bens ou serviços que tenham permitido a apropriação de créditos pelo doador, inclusive na produção:

I – a doação será tributada com base no valor de mercado do bem ou serviço doado; ou

II – por opção do contribuinte, os créditos serão anulados.

Art. 7º Na hipótese de fornecimento de diferentes bens e de serviços em uma mesma operação, será obrigatória a especificação de cada fornecimento e de seu respectivo valor, exceto se:

I – todos os fornecimentos estiverem sujeitos ao mesmo tratamento tributário; ou

II – algum dos fornecimentos puder ser considerado principal e os demais seus acessórios, hipótese em que se considerará haver fornecimento único, aplicando-se a ele o tratamento tributário correspondente ao fornecimento principal.

§ 1º Para fins do disposto no inciso I do *caput* deste artigo, há tratamento tributário distinto caso os fornecimentos estejam sujeitos a regras diferentes em relação a incidência, regimes de tributação, isenção, momento de ocorrência do fato gerador, local da operação, alíquota, sujeição passiva e não cumulatividade.

§ 2º Para fins do disposto no inciso II do *caput* deste artigo, consideram-se fornecimentos acessórios aqueles que sejam condição ou meio para o fornecimento principal.

§ 3º Caso haja a cobrança unificada de diferentes fornecimentos em desacordo com o disposto neste artigo, cada fornecimento será considerado independente para todos os fins e a base de cálculo correspondente a cada um será arbitrada na forma do art. 13 desta Lei Complementar.

Seção II

DAS IMUNIDADES

Art. 8º São imunes ao IBS e à CBS as exportações de bens e de serviços, nos termos do Capítulo V deste Título.

Art. 9º São imunes também ao IBS e à CBS os fornecimentos:

I – realizados pela União, pelos Estados, pelo Distrito Federal e pelos Municípios;

II – realizados por entidades religiosas e templos de qualquer culto, inclusive suas organizações assistenciais e beneficentes;

III – realizados por partidos políticos, inclusive seus institutos e fundações, entidades sindicais dos trabalhadores e instituições de educação e de assistência social, sem fins lucrativos;

IV – de livros, jornais, periódicos e do papel destinado a sua impressão;

V – de fonogramas e videofonogramas musicais produzidos no Brasil contendo obras musicais ou literomusicais de autores brasileiros e/ou obras em geral interpretadas por artistas brasileiros, bem como os suportes materiais ou arquivos digitais que os contenham, salvo na etapa de replicação industrial de mídias ópticas de leitura a *laser*;

VI – de serviço de comunicação nas modalidades de radiodifusão sonora e de sons e imagens de recepção livre e gratuita; e

VII – de ouro, quando definido em lei como ativo financeiro ou instrumento cambial.

§ 1º A imunidade prevista no inciso I do *caput* deste artigo é extensiva às autarquias e às fundações instituídas e mantidas pelo poder público e à empresa pública prestadora de serviço postal, bem como:

I – compreende somente as operações relacionadas com as suas finalidades essenciais ou as delas decorrentes;

II – não se aplica às operações relacionadas com exploração de atividades econômicas regidas pelas normas aplicáveis a empreendimentos privados ou em que haja contraprestação ou pagamento de preços ou tarifas pelo usuário; e

III – não exonera o promitente comprador da obrigação de pagar tributo relativamente a bem imóvel.

§ 2º Para efeitos do disposto no inciso II do *caput* deste artigo, considera-se:

I – entidade religiosa e templo de qualquer culto a pessoa jurídica de direito privado sem fins lucrativos que tem como objetivos professar a fé religiosa e praticar a religião; e

II – organização assistencial e beneficente a pessoa jurídica de direito privado sem fins lucrativos vinculada e mantida por entidade religiosa e templo de qualquer culto, que fornece bens e serviços na área de assistência social, sem discriminação ou exigência de qualquer natureza aos assistidos.

§ 3º A imunidade prevista no inciso III do *caput* deste artigo aplica-se, exclusivamente, às pessoas jurídicas sem fins lucrativos que cumpram, de forma cumulativa, os requisitos previstos no art. 14 da Lei nº 5.172, de 25 de outubro de 1966 (Código Tributário Nacional).

§ 4º As imunidades das entidades previstas nos incisos I a III do *caput* deste artigo não se aplicam às suas aquisições de bens materiais e imateriais, inclusive direitos, e serviços.

Seção III

DO MOMENTO DE OCORRÊNCIA DO FATO GERADOR

Art. 10. Considera-se ocorrido o fato gerador do IBS e da CBS no momento do fornecimento nas operações com bens ou com serviços, ainda que de execução continuada ou fracionada.

§ 1º Para fins do disposto no *caput* deste artigo, considera-se ocorrido o fornecimento no momento:

I – do início do transporte, na prestação de serviço de transporte iniciado no País;

II – do término do transporte, na prestação de serviço de transporte de carga quando iniciado no exterior;

III – do término do fornecimento, no caso dos demais serviços;

IV – em que o bem for encontrado desacobertado de documentação fiscal idônea; e

V – da aquisição do bem nas hipóteses de:

a) licitação promovida pelo poder público de bem apreendido ou abandonado; ou

b) leilão judicial.

§ 2º Nas aquisições de bens e serviços pela administração pública direta, por autarquias e por fundações públicas, que estejam sujeitas ao disposto no art. 473 desta Lei Complementar, considera-se ocorrido o fato gerador no momento em que se realiza o pagamento.

§ 3º Nas operações de execução continuada ou fracionada em que não seja possível identificar o momento de entrega ou disponibilização do bem ou do término do fornecimento do serviço, como as relativas a abastecimento de água, saneamento básico, gás canalizado, serviços de telecomunicação, serviços de internet e energia elétrica, considera-se ocorrido o fato gerador no momento em que se torna devido o pagamento.

§ 4º Para fins do disposto no *caput* deste artigo, caso ocorra pagamento, integral ou parcial, antes do fornecimento:

I – na data de pagamento de cada parcela:

a) serão exigidas antecipações dos tributos, calculadas da seguinte forma:

1. a base de cálculo corresponderá ao valor de cada parcela paga;

2. as alíquotas serão aquelas vigentes na data do pagamento de cada parcela;

b) as antecipações de que trata a alínea *a* deste inciso constarão como débitos na apuração;

II – na data do fornecimento:

a) os valores definitivos dos tributos serão calculados da seguinte forma:

1. a base de cálculo será o valor total da operação, incluindo as parcelas pagas antecipadamente;

2. as alíquotas serão aquelas vigentes na data do fornecimento;

b) caso os valores das antecipações sejam inferiores aos definitivos, as diferenças constarão como débitos na apuração; e

c) caso os valores das antecipações sejam superiores aos definitivos, as diferenças serão apropriadas como créditos na apuração.

§ 5º Na hipótese do § 4º deste artigo, caso não ocorra o fornecimento a que se refere o pagamento, inclusive em decorrência de distrato, o fornecedor poderá apropriar créditos com base no valor das parcelas das antecipações devolvidas.

Seção IV

DO LOCAL DA OPERAÇÃO

Art. 11. Considera-se local da operação com:

I – bem móvel material, o local da entrega ou disponibilização do bem ao destinatário;

II – bem imóvel, bem móvel imaterial, inclusive direito, relacionado a bem imóvel, serviço prestado fisicamente sobre bem imóvel e serviço de administração e intermediação de bem imóvel, o local onde o imóvel estiver situado;

III – serviço prestado fisicamente sobre a pessoa física ou fruído presencialmente por pessoa física, o local da prestação do serviço;

IV – serviço de planejamento, organização e administração de feiras, exposições, congressos, espetáculos, exibições e congêneres, o local do evento a que se refere o serviço;

V – serviço prestado fisicamente sobre bem móvel material e serviços portuários, o local da prestação do serviço;

VI – serviço de transporte de passageiros, o local de início do transporte;

VII – serviço de transporte de carga, o local da entrega ou disponibilização do bem ao destinatário constante no documento fiscal;

VIII – serviço de exploração de via, mediante cobrança de valor a qualquer título, incluindo tarifas, pedágios e quaisquer outras formas de cobrança, o território de cada Município e Estado, ou do Distrito Federal, proporcionalmente à correspondente extensão da via explorada;

IX – serviço de telefonia fixa e demais serviços de comunicação prestados por meio de cabos, fios, fibras e meios similares, o local de instalação do terminal; e

X – demais serviços e demais bens móveis imateriais, inclusive direitos, o local do domicílio principal do:

a) adquirente, nas operações onerosas;

b) destinatário, nas operações não onerosas.

§ 1º Para fins do disposto no inciso I do *caput* deste artigo:

I – em operação realizada de forma não presencial, assim entendida aquela em que a entrega ou disponibilização não ocorra na presença do adquirente ou destinatário no estabelecimento do fornecedor, considera-se local da entrega ou disponibilização do bem ao destinatário o destino final indicado pelo adquirente:

a) ao fornecedor, caso o serviço de transporte seja de responsabilidade do fornecedor; ou

LEGISLAÇÃO COMPLEMENTAR

b) ao terceiro responsável pelo transporte, caso o serviço de transporte seja de responsabilidade do adquirente;

II – considera-se ocorrida a operação no local do domicílio principal do destinatário, na aquisição de veículo automotor terrestre, aquático ou aéreo;

III – considera-se ocorrida a operação no local onde se encontra o bem móvel material:

a) na aquisição de bem nas hipóteses de:

1. licitação promovida pelo poder público de bem apreendido ou abandonado; ou
2. leilão judicial; e

b) na constatação de irregularidade pela falta de documentação fiscal ou pelo acobertamento por documentação inidônea.

§ 2º Para fins do disposto no inciso II do *caput* deste artigo, caso o bem imóvel esteja situado em mais de um Município, considera-se local do imóvel o Município onde está situada a maior parte da sua área.

§ 3º Para fins desta Lei Complementar, considera-se local do domicílio principal do adquirente ou, conforme o caso, do destinatário:

I – o local constante do cadastro com identificação única de que trata o art. 59 desta Lei Complementar, que deverá considerar:

a) para as pessoas físicas, o local da sua habitação permanente ou, na hipótese de inexistência ou de mais de uma habitação permanente, o local onde as suas relações econômicas forem mais relevantes; e

b) para as pessoas jurídicas e entidades sem personalidade jurídica, conforme aplicável, o local de cada estabelecimento para o qual seja fornecido o bem ou serviço;

II – na hipótese de adquirente ou destinatário não regularmente cadastrado, o que resultar da combinação de ao menos 2 (dois) critérios não conflitantes entre si, à escolha do fornecedor, entre os seguintes:

a) endereço declarado ao fornecedor;

b) endereço obtido mediante coleta de outras informações comercialmente relevantes no curso da execução da operação;

c) endereço do adquirente constante do cadastro do arranjo de pagamento utilizado para o pagamento da operação; e

d) endereço de Protocolo de Internet (IP) do dispositivo utilizado para contratação da operação ou obtido por emprego de método de geolocalização;

III – caso não seja possível cumprir o disposto no inciso II deste parágrafo, será considerado o endereço declarado ao fornecedor.

§ 4º Nas aquisições realizadas de forma centralizada por contribuinte sujeito ao regime regular do IBS e da CBS que possui mais de um estabelecimento e que não estejam sujeitas à vedação à apropriação de créditos:

I – os serviços de que trata o inciso IX do *caput* deste artigo serão considerados prestados no domicílio principal do adquirente; e

II – para fins do disposto no inciso X do *caput* deste artigo e no inciso I deste parágrafo, considera-se como domicílio principal do adquirente o local do seu estabelecimento matriz.

§ 5º Aplica-se aos serviços de que trata o inciso III do *caput* deste artigo que forem prestados à distância, ainda que parcialmente, o disposto no inciso X do *caput* deste artigo.

§ 6º Caso a autoridade tributária constate que as informações prestadas pelo adquirente nos termos do § 3º deste artigo estejam incorretas e resultem em pagamento a menor do IBS e da CBS, a diferença será exigida do adquirente, com acréscimos legais.

§ 7º Nas operações com abastecimento de água, gás canalizado e energia elétrica, considera-se como local da operação:

I – o local da entrega ou disponibilização, nas operações destinadas a consumo;

II – o local do estabelecimento principal do adquirente, definido nos termos do § 4º deste artigo:

a) no fornecimento de serviços de transmissão de energia elétrica; e

b) nas demais operações, inclusive nas hipóteses de geração, distribuição ou comercialização de energia elétrica.

§ 8º Na hipótese de que trata o inciso X do *caput* deste artigo, caso o adquirente seja residente ou domiciliado no exterior e o destinatário seja residente ou domiciliado no País, considera-se como local da operação o domicílio do destinatário.

§ 9º Nas aquisições de energia elétrica realizadas de forma multilateral, considera-se local da operação o do estabelecimento ou domicílio do agente que figure com balanço energético devedor.

§ 10. Nas operações de transporte dutoviário de gás natural, o local da operação será o do estabelecimento principal do:

I – fornecedor na contratação de capacidade de entrada de gás natural do duto, nos termos da legislação aplicável; e

II – adquirente, na contratação de capacidade de saída do gás natural do duto.

§ 11. Aplica-se o disposto no inciso X do *caput* deste artigo às operações de cessão de espaço para prestação de serviços publicitários.

Seção V

DA BASE DE CÁLCULO

Art. 12. A base de cálculo do IBS e da CBS é o valor da operação, salvo disposição em contrário prevista nesta Lei Complementar.

§ 1º O valor da operação compreende o valor integral cobrado pelo fornecedor a qualquer título, inclusive os valores correspondentes a:

I – acréscimos decorrentes de ajuste do valor da operação;

II – juros, multas, acréscimos e encargos;

III – descontos concedidos sob condição;

IV – valor do transporte cobrado como parte do valor da operação, no transporte efetuado pelo próprio fornecedor ou no transporte por sua conta e ordem;

V – tributos e preços públicos, inclusive tarifas, incidentes sobre a operação ou suportados pelo fornecedor, exceto aqueles previstos no § 2º deste artigo; e

VI – demais importâncias cobradas ou recebidas como parte do valor da operação, inclusive seguros e taxas.

§ 2º Não integram a base de cálculo do IBS e da CBS:

I – o montante do IBS e da CBS incidentes sobre a operação;

II – o montante do Imposto sobre Produtos Industrializados (IPI);

III – os descontos incondicionais;

IV – os reembolsos ou ressarcimentos recebidos por valores pagos relativos a operações por conta e ordem ou em nome de terceiros, desde que a documentação fiscal relativa a essas operações seja emitida em nome do terceiro; e

V – o montante incidente na operação dos tributos a que se referem o inciso II do *caput* do art. 155, o inciso III do *caput* do art. 156 e a alínea *b* do inciso I e o inciso IV do *caput* do art. 195 da Constituição Federal, e da Contribuição para os Programas de Integração Social e de Formação do Patrimônio do Servidor Público (Contribuição para o PIS/PASEP) a que se refere o art. 239 da Constituição Federal, de 1º de janeiro de 2026 a 31 de dezembro de 2032;

VI – a contribuição de que trata o art. 149-A da Constituição Federal.

§ 3º Para efeitos do disposto no inciso III do § 2º deste artigo, considera-se desconto incondicional a parcela redutora do preço da operação que conste do respectivo documento fiscal e não dependa de evento posterior, inclusive se realizado por meio de programa de fidelidade concedido de forma não onerosa pelo próprio fornecedor.

§ 4º A base de cálculo corresponderá ao valor de mercado dos bens ou serviços, entendido como o valor praticado em operações comparáveis entre partes não relacionadas, nas seguintes hipóteses:

I – falta do valor da operação;

II – operação sem valor determinado;

III – valor da operação não representado em dinheiro; e

IV – operação entre partes relacionadas, nos termos do inciso IV do *caput* do art. 5º, observado o disposto nos seus §§ 2º a 7º.

§ 5º Caso o valor da operação esteja expresso em moeda estrangeira, será feita sua conversão em moeda nacional por taxa de câmbio apurada pelo Banco Central do Brasil, de acordo com o disposto no regulamento.

§ 6º Caso o contribuinte contrate instrumentos financeiros derivativos fora de condições de mercado e que ocultem, parcial ou integralmente, o valor da operação, o ganho no derivativo comporá a base de cálculo do IBS e da CBS.

§ 7º A base de cálculo relativa à devolução ou ao cancelamento será a mesma utilizada na operação original.

§ 8º No transporte internacional de passageiros, caso os trechos de ida e volta sejam vendidos em conjunto, a base de cálculo será a metade do valor cobrado.

Art. 13. O valor da operação será arbitrado pela administração tributária quando:

I – não forem exibidos à fiscalização, inclusive sob alegação de perda, extravio, desaparecimento ou sinistro, os elementos necessários à comprovação do valor da operação nos casos em que:

a) for realizada a operação sem emissão de documento fiscal ou estiver acobertada por documentação inidônea; ou

b) for declarado em documento fiscal valor notoriamente inferior ao valor de mercado da operação;

II – em qualquer outra hipótese em que forem omissos, conflitantes ou não merecerem fé as declarações, informações ou documentos apresentados pelo sujeito passivo ou por terceiro legalmente obrigado.

Parágrafo único. Para fins do arbitramento de que trata este artigo, a base de cálculo do IBS e da CBS será:

I – o valor de mercado dos bens ou serviços fornecidos, entendido como o valor praticado em operações comparáveis entre partes não relacionadas; ou

II – quando não estiver disponível o valor de que trata o inciso I deste parágrafo, aquela calculada:

a) com base no custo do bem ou serviço, acrescido das despesas indispensáveis à manutenção das atividades do sujeito passivo ou do lucro bruto apurado com base na escrita contábil ou fiscal; ou

b) pelo valor fixado por órgão competente, pelo preço final a consumidor sugerido pelo fabricante ou importador ou pelo preço divulgado ou fornecido por entidades representativas dos respectivos setores, conforme o caso.

Seção VI
DAS ALÍQUOTAS

Subseção I
DAS ALÍQUOTAS-PADRÃO

Art. 14. As alíquotas da CBS e do IBS serão fixadas por lei específica do respectivo ente federativo, nos seguintes termos:

I – a União fixará a alíquota da CBS;

II – cada Estado fixará sua alíquota do IBS;

III – cada Município fixará sua alíquota do IBS; e

IV – o Distrito Federal exercerá as competências estadual e municipal na fixação de suas alíquotas.

§ 1º Para fins do disposto no inciso III do *caput* deste artigo, o Estado de Pernambuco exercerá a competência municipal relativamente às operações realizadas no Distrito Estadual de Fernando de Noronha, conforme o art. 15 do Ato das Disposições Constitucionais Transitórias (ADCT).

§ 2º Ao fixar sua alíquota, cada ente federativo poderá:

I – vinculá-la à alíquota de referência da respectiva esfera federativa, de que trata o art. 18 desta Lei Complementar, por meio de acréscimo ou decréscimo de pontos percentuais; ou

II – defini-la sem vinculação à alíquota de referência da respectiva esfera federativa.

§ 3º Na ausência de lei específica que estabeleça a alíquota do ente federativo, será aplicada a alíquota de referência da respectiva esfera federativa.

§ 4º As referências nesta Lei Complementar às alíquotas-padrão devem ser entendidas como remissões às alíquotas fixadas por cada ente federativo nos termos deste artigo.

Art. 15. A alíquota do IBS incidente sobre cada operação corresponderá:

I – à soma:

a) da alíquota do Estado de destino da operação; e

b) da alíquota do Município de destino da operação; ou

II – à alíquota do Distrito Federal, quando este for o destino da operação.

Parágrafo único. Para fins do disposto neste artigo, o destino da operação é o local da ocorrência da operação, definido nos termos do art. 11 desta Lei Complementar.

Art. 16. A alíquota fixada por cada ente federativo na forma do art. 14 desta Lei Complementar será a mesma para todas as operações com bens ou com serviços, ressalvadas as hipóteses previstas nesta Lei Complementar.

Parágrafo único. As reduções de alíquotas estabelecidas nos regimes diferenciados de que trata o Título IV deste Livro serão aplicadas sobre a alíquota de cada ente federativo.

Art. 17. A alíquota aplicada para fins de devolução ou cancelamento da operação será a mesma cobrada na operação original.

Subseção II
DAS ALÍQUOTAS DE REFERÊNCIA

Art. 18. As alíquotas de referência serão fixadas por resolução do Senado Federal:

I – para a CBS, de 2027 a 2035, nos termos dos arts. 353 a 359, 366, 368 e 369 desta Lei Complementar;

II – para o IBS, de 2029 a 2035, nos termos dos arts. 361 a 366 e 369 desta Lei Complementar;

III – para o IBS e a CBS, após 2035, as vigentes no ano anterior.

Art. 19. Qualquer alteração na legislação federal que reduza ou eleve a arrecadação do IBS ou da CBS:

I – deverá ser compensada pela elevação ou redução, pelo Senado Federal, da alíquota de referência da CBS e das alíquotas de referência estadual e municipal do IBS, de modo a preservar a arrecadação das esferas federativas;

II – somente entrará em vigor com o início da produção de efeitos do ajuste das alíquotas de referência de que trata o inciso I deste *caput*.

§ 1º Para fins do disposto no *caput* deste artigo:

I – deverá ser considerada qualquer alteração na legislação federal que reduza ou eleve a arrecadação do IBS ou da CBS, contemplando, entre outros:

a) alterações nos critérios relativos à devolução geral de IBS e de CBS a pessoas físicas, de que trata o Capítulo I do Título III deste Livro;

b) alterações nos regimes diferenciados, específicos ou favorecidos de tributação previstos nesta Lei Complementar, inclusive em decorrência da avaliação quinquenal de que trata o Capítulo I do Título III do Livro III desta Lei Complementar; e

c) alterações no regime favorecido de tributação do Regime Especial Unificado de Arrecadação de Tributos e Contribuições devidos pelas Microempresas e Empresas de Pequeno Porte (Simples Nacional) e do Microempreendedor Individual (MEI), de que trata a Lei Complementar nº 123, de 14 de dezembro de 2006;

II – não serão consideradas:

a) alterações na alíquota da CBS, nos termos do inciso I do *caput* e do § 2º do art. 14 desta Lei Complementar; e

b) alterações no montante da devolução específica da CBS a pessoas físicas por legislação federal, de que trata o Capítulo I do Título III deste Livro;

III – deverá o ajuste das alíquotas de referência ser estabelecido por resolução do Senado Federal, com base em cálculos elaborados pelo Comitê Gestor do IBS e pelo Poder Executivo da União e homologados pelo Tribunal de Contas da União, observada a anterioridade nonagesimal prevista na alínea c do inciso III do *caput* do art. 150 da Constituição Federal e, para o IBS, também a anterioridade anual prevista na alínea *b* do inciso III do *caput* do art. 150 da Constituição Federal.

§ 2º Para fins do disposto no inciso III do § 1º deste artigo:

I – os cálculos deverão ser enviados ao Tribunal de Contas da União, acompanhados da respectiva metodologia, no prazo de 60 (sessenta) dias após a promulgação da lei que reduzir ou elevar a arrecadação do IBS ou da CBS:

a) pelo Comitê Gestor do IBS, no caso de alterações legais que afetem apenas a receita do IBS;

b) pelo Poder Executivo da União, no caso de alterações legais que afetem apenas a receita da CBS; ou

c) em ato conjunto do Comitê Gestor do IBS e do Poder Executivo da União, no caso de alterações legais que afetem a receita do IBS e da CBS;

II – o Tribunal de Contas da União poderá solicitar ajustes na metodologia ou nos cálculos, no prazo de 60 (sessenta) dias após seu recebimento;

III – o Comitê Gestor do IBS e o Poder Executivo da União terão até 30 (trinta) dias para ajustar a metodologia ou os cálculos;

IV – o Tribunal de Contas da União decidirá de forma definitiva em relação aos cálculos e os encaminhará ao Senado Federal, no prazo de 30 (trinta) dias; e

V – o Senado Federal estabelecerá o ajuste das alíquotas de referência, no prazo de 30 (trinta) dias.

Art. 20. Os projetos de lei complementar que reduzam ou aumentem a arrecadação do IBS ou da CBS, nos termos do art. 19, somente serão apreciados pelo Congresso Nacional se estiverem acompanhados de estimativa de impacto nas alíquotas de referência do IBS e da CBS.

§ 1º A estimativa de impacto de que trata o *caput* deste artigo, acompanhada da respectiva metodologia, será elaborada:

I – pelo Poder Executivo da União, nos projetos de sua iniciativa, com a manifestação do Comitê Gestor do IBS no prazo de até 30 (trinta) dias; ou

II – pelo autor e pelo relator do projeto perante o órgão responsável por se manifestar em relação aos aspectos financeiros e orçamentários do projeto, nos demais casos.

§ 2º Para fins do disposto no inciso II do § 1º deste artigo, a Câmara dos Deputados, o Senado Federal, ou quaisquer de suas Comissões, poderão consultar o Poder Executivo da União, o Comitê Gestor do IBS ou o Tribunal de Contas da União, que deverão apresentar a estimativa de impacto no prazo de 60 (sessenta) dias.

Seção VII
DA SUJEIÇÃO PASSIVA

Art. 21. É contribuinte do IBS e da CBS:

I – o fornecedor que realizar operações:

a) no desenvolvimento de atividade econômica;

b) de modo habitual ou em volume que caracterize atividade econômica; ou

c) de forma profissional, ainda que a profissão não seja regulamentada;

II – o adquirente, ainda que não enquadrado no inciso I deste *caput*, na aquisição de bem:

a) apreendido ou abandonado, em licitação promovida pelo poder público; ou

b) em leilão judicial;

III – o importador;

IV – aquele previsto expressamente em outras hipóteses nesta Lei Complementar.

§ 1º O contribuinte de que trata o *caput* deste artigo é obrigado a se inscrever nos cadastros relativos ao IBS e à CBS.

§ 2º O fornecedor residente ou domiciliado no exterior fica obrigado a se cadastrar como contribuinte caso realize operações no País ou como responsável tributário no caso de importações, observada a definição do local da operação prevista no art. 11 e o disposto no art. 23 desta Lei Complementar.

§ 3º O regulamento também poderá exigir inscrição nos cadastros relativos ao IBS e à CBS dos responsáveis pelo cumprimento de obrigações principais ou acessórias previstas nesta Lei Complementar.

§ 4º Na importação de bens materiais, o disposto no § 2º deste artigo somente se aplica às remessas internacionais sujeitas a regime de tributação simplificada nos termos do art. 95.

Art. 22. As plataformas digitais, ainda que domiciliadas no exterior, são responsáveis pelo pagamento do IBS e da CBS relativos às operações e importações realizadas por seu intermédio, nas seguintes hipóteses:

I – solidariamente com o adquirente ou destinatário e em substituição ao fornecedor, caso este seja residente ou domiciliado no exterior; e

II – solidariamente com o fornecedor, caso este:

a) seja residente ou domiciliado no País;

b) seja contribuinte, ainda que não inscrito nos termos do § 1º do art. 21 desta Lei Complementar; e

c) não registre a operação em documento fiscal eletrônico.

§ 1º Considera-se plataforma digital aquela que:

I – atua como intermediária entre fornecedores e adquirentes nas operações e importações realizadas de forma não presencial ou por meio eletrônico; e

II – controla um ou mais dos seguintes elementos essenciais à operação:

a) cobrança;

b) pagamento;

c) definição dos termos e condições; ou

d) entrega.

§ 2º Não é considerada plataforma digital aquela que executa somente uma das seguintes atividades:

I – fornecimento de acesso à internet;

II – serviços de pagamentos prestados por instituições autorizadas a funcionar pelo Banco Central do Brasil;

III – publicidade; ou

IV – busca ou comparação de fornecedores, desde que não cobre pelo serviço com base nas vendas realizadas.

§ 3º Na hipótese de que trata o inciso I do *caput* deste artigo, o fornecedor residente ou domiciliado no exterior fica dispensado da inscrição de que trata o § 2º do art. 21 desta Lei Complementar se realizar operações exclusivamente por meio de plataforma digital inscrita no cadastro do IBS e da CBS no regime regular.

§ 4º Para fins de aplicação do disposto no inciso II do *caput* deste artigo, compete ao Comitê Gestor do IBS e à Secretaria Especial da Receita Federal do Brasil (RFB) informar à plataforma digital a condição de contribuinte do fornecedor residente ou domiciliado no País que não esteja inscrito no cadastro.

§ 5º A plataforma digital apresentará ao Comitê Gestor do IBS e à RFB, na forma do regulamento, informações sobre as operações e importações com bens ou com serviços realizadas por seu intermédio, inclusive identificando o fornecedor, ainda que não seja contribuinte.

§ 6º Na hipótese em que o processo de pagamento da operação ou importação seja iniciado pela plataforma digital, esta deverá apresentar as informações necessárias para a segregação e o recolhimento dos valores do IBS e da CBS devidos pelo fornecedor na liquidação financeira da operação (*split payment*), quando disponível, inclusive no procedimento simplificado, nos termos dos arts. 31 a 35 desta Lei Complementar.

§ 7º A plataforma digital que cumprir o disposto nos §§ 5º e 6º deste artigo não será responsável pelo pagamento de eventuais diferenças entre os valores do IBS e da CBS recolhidos e aqueles devidos na operação pelo fornecedor residente ou domiciliado no País.

§ 8º Na hipótese em que o fornecedor seja residente ou domiciliado no País e o processo de pagamento da operação não seja iniciado pela plataforma digital, esta não será responsável tributária caso cumpra o disposto no § 5º e o fornecedor emita documento fiscal eletrônico pelo valor da operação realizada por meio da plataforma.

§ 9º Aplica-se o disposto no § 8º, também, caso o processo de pagamento da operação seja iniciado pela plataforma digital e não seja realizado o *split payment*.

§ 10. Nas hipóteses em que a plataforma digital for responsável, nos termos dos incisos I e II do *caput* deste artigo:

I – a plataforma será responsável solidária pelos débitos de IBS e de CBS do fornecedor relativos à operação, de acordo com as regras tributárias a ele aplicáveis, caso o fornecedor seja residente ou domiciliado no País e esteja inscrito como contribuinte do IBS e da CBS, no regime regular ou em regime favorecido; e

II – nos demais casos, os débitos de IBS e de CBS serão calculados pelas regras do regime regular, inclusive quanto às alíquotas, regimes diferenciados e regimes específicos aplicáveis aos bens e serviços.

§ 11. A plataforma digital não será responsável tributária em relação às operações em que ela não controle nenhum dos elementos essenciais, nos termos do inciso II do § 1º deste artigo.

§ 12. A plataforma digital poderá optar, com anuência do fornecedor residente ou domiciliado no País, observados os critérios estabelecidos no regulamento:

I – por emitir documentos fiscais eletrônicos em nome do fornecedor, inclusive de forma consolidada; e

II – por pagar o IBS e a CBS, com base no valor e nas demais informações da operação intermediada pela plataforma, mantida a obrigação do fornecedor em relação a eventuais diferenças.

Art. 23. A plataforma digital, inclusive a domiciliada no exterior, deverá se inscrever no cadastro do IBS e da CBS no regime regular para fins de cumprimento do disposto no art. 22.

Parágrafo único. Caso o fornecedor ou a plataforma digital residentes ou domiciliados no exterior não se inscrevam no cadastro do IBS e da CBS no regime regular de que trata o *caput* deste artigo:

I – o IBS e a CBS serão segregados e recolhidos, pelas alíquotas de referência, nas remessas ao fornecedor ou à plataforma, pela instituição que realiza a operação de câmbio, observados os critérios estabelecidos em regulamento; e

II – eventual diferença do IBS e da CBS devidos na operação ou importação deverá ser:

a) paga pelo adquirente ou importador, caso as alíquotas incidentes sejam maiores que as alíquotas de referência; ou

b) devolvida ao adquirente ou importador, caso as alíquotas incidentes sejam menores que as alíquotas de referência.

Art. 24. Sem prejuízo das demais hipóteses previstas na Lei nº 5.172, de 25 de outubro de 1966 (Código Tributário Nacional) e na legislação civil, são solidariamente responsáveis pelo pagamento do IBS e da CBS:

I – a pessoa ou entidade sem personalidade jurídica que, a qualquer título, adquire, importa, recebe, dá entrada ou saída ou mantém em depósito bem, ou toma serviço, não acobertado por documento fiscal idôneo;

II – o transportador, inclusive empresa de serviço postal ou entrega expressa:

a) em relação a bem transportado desacobertado de documento fiscal idôneo;

b) quando efetuar a entrega de bem em local distinto daquele indicado no documento fiscal;

III – o leiloeiro, pelo IBS e pela CBS devidos na operação realizada em leilão;

IV – os desenvolvedores ou fornecedores de programas ou aplicativos utilizados para registro de operações com bens ou com serviços que contenham funções ou comandos inseridos com a finalidade de descumprir a legislação tributária;

V – qualquer pessoa física, pessoa jurídica ou entidade sem personalidade jurídica que concorra por seus atos e omissões para o descumprimento de obrigações tributárias, por meio de:

a) ocultação da ocorrência ou do valor da operação; ou

b) abuso da personalidade jurídica, caracterizado pelo desvio de finalidade ou pela confusão patrimonial; e

VI – o entreposto aduaneiro, o recinto alfandegado ou estabelecimento a ele equiparado, o depositário ou o despachante, em relação ao bem:

a) destinado para o exterior sem documentação fiscal correspondente;

b) recebido para exportação e não exportado;

c) destinado a pessoa ou entidade sem personalidade jurídica diversa daquela que o tiver importado ou arrematado; ou *d)* importado e entregue sem a devida autorização das administrações tributárias competentes.

§ 1º A imunidade de que trata o § 1º do art. 9º desta Lei Complementar não exime a empresa pública prestadora de serviço postal da responsabilidade solidária nas hipóteses previstas no inciso II do *caput* deste artigo.

§ 2º A responsabilidade a que se refere a alínea *a* do inciso V do *caput* deste artigo restringe-se ao valor ocultado da operação.

§ 3º Não enseja responsabilidade solidária a mera existência de grupo econômico quando inexistente qualquer ação ou omissão que se enquadre no disposto no inciso V do *caput* deste artigo.

§ 4º Os rerrefinadores ou coletores autorizados pela Agência Nacional do Petróleo, Gás Natural e Biocombustíveis (ANP) são solidariamente responsáveis pelo pagamento do IBS e da CBS incidentes na aquisição de óleo lubrificante usado ou contaminado de contribuinte sujeito ao regime regular.

§ 5º Na hipótese do § 4º, a emissão do documento fiscal eletrônico relativo à operação será efetuada pelos rerrefinadores ou coletores, na forma estabelecida em regulamento, que poderá prever, inclusive, que a emissão ocorra de forma periódica, englobando as operações realizadas no período.

Art. 25. As responsabilidades de que trata esta Lei Complementar compreendem a obrigação pelo pagamento do IBS e da CBS, acrescidos de correção e atualização monetária, multa de mora, multas punitivas e demais encargos.

Art. 26. Não são contribuintes do IBS e da CBS, ressalvado o disposto no inciso II do § 1º do art. 156-A da Constituição Federal:

I – condomínio edilício;

II – consórcio de que trata o art. 278 da Lei nº 6.404, de 15 de dezembro de 1976;

III – sociedade em conta de participação;

IV – nanoempreendedor, assim entendido a pessoa física que tenha auferido receita bruta inferior a 50% (cinquenta por cento) do limite estabelecido para adesão ao regime do MEI previsto no § 1º do art. 18-A observado ainda o disposto nos §§ 4º e 4º-B do referido artigo da Lei Complementar nº 123, de 14 de dezembro de 2006, e não tenha aderido a esse regime; e

V – fundos de investimento, observado o disposto nos §§ 5º a 8º deste artigo;

▸ Inciso V promulgado nos termos do art. 66, § 5º, da CF (*DOU* de 2-7-2025).

VI – produtor rural de que trata o art. 164 desta Lei Complementar;

VII – transportador autônomo de carga de que trata o art. 169 desta Lei Complementar;

VIII – entidade ou unidade de natureza econômico-contábil, sem fins lucrativos que presta serviços de planos de assistência à saúde sob a modalidade de autogestão;

IX – entidades de previdência complementar fechada, constituídas de acordo com a Lei Complementar nº 109, de 29 de maio de 2001; e

X – fundos patrimoniais instituídos nos termos da Lei nº 13.800, de 4 de janeiro de 2019.

▸ Inciso X promulgado nos termos do art. 66, § 5º, da CF (*DOU* de 2-7-2025).

§ 1º Poderão optar pelo regime regular do IBS e da CBS, observado o disposto no § 6º do art. 41 desta Lei Complementar:

I – as entidades sem personalidade jurídica de que tratam os incisos I a III do *caput* deste artigo;

II – a pessoa física de que trata o inciso IV do *caput* deste artigo; e

III – VETADO;

IV – o produtor rural de que trata o inciso VI do *caput* deste artigo, na forma do art. 165 desta Lei Complementar; e

V – o transportador autônomo de carga de que trata o inciso VII do *caput* deste artigo.

§ 2º Em relação ao condomínio edilício de que trata o inciso I do *caput* deste artigo:

I – caso exerça a opção pelo regime regular de que trata o § 1º deste artigo, o IBS e a CBS incidirão sobre todas as taxas e demais valores cobrados pelo condomínio dos seus condôminos e de terceiros; e

II – caso não exerça a opção pelo regime regular e desde que as taxas e demais valores condominiais cobrados de seus condôminos representem menos de 80% (oitenta por cento) da receita total do condomínio:

a) ficará sujeito à incidência do IBS e da CBS sobre as operações com bens e com serviços que realizar de acordo com o disposto no inciso I do *caput* do art. 21 desta Lei Complementar; e

b) apropriará créditos na proporção da receita decorrente das operações tributadas na forma da alínea a deste inciso, em relação à receita total do condomínio.

§ 3º Caso o consórcio de que trata o inciso II do *caput* não exerça a opção pelo regime regular de que trata o § 1º deste artigo, os consorciados ficarão obrigados ao pagamento do IBS e da CBS quanto às operações realizadas pelo consórcio, proporcionalmente às suas participações.

§ 4º Caso a sociedade em conta de participação de que trata o inciso III do *caput* não exerça a opção pelo regime regular de que trata o § 1º deste artigo, o sócio ostensivo ficará obrigado ao pagamento do IBS e da CBS quanto às operações realizadas pela sociedade, vedada a exclusão de valores devidos a sócios participantes.

§§ 5º e 6º VETADOS.

§ 7º São contribuintes do IBS e da CBS no regime regular os fundos de investimento que liquidem antecipadamente recebíveis, nos termos previstos no art. 193 ou no art. 219 desta Lei Complementar.

§ 8º VETADO.

§ 9º As entidades e as unidades de natureza econômico-contábil referidas nos incisos VIII e IX do *caput* deste artigo serão contribuintes do IBS e da CBS caso descumpram os requisitos previstos no art. 14 do Código Tributário Nacional.

§ 10. Para fins de enquadramento como nanoempreendedor, nos termos do inciso IV do *caput* deste artigo, será considerada como receita bruta da pessoa física prestadora de serviço de transporte privado individual de passageiros ou de entrega de bens intermediado por plataformas digitais 25% (vinte e cinco por cento) do valor bruto mensal recebido.

§ 11. O regulamento poderá estabelecer obrigações acessórias simplificadas para as pessoas e entes sem personalidade jurídica e as unidades de natureza econômico-contábil de que trata este artigo.

Seção VIII
DAS MODALIDADES DE EXTINÇÃO DOS DÉBITOS

Subseção I
DISPOSIÇÕES GERAIS

Art. 27. Os débitos do IBS e da CBS decorrentes da incidência sobre operações com bens ou com serviços serão extintos mediante as seguintes modalidades:

I – compensação com créditos, respectivamente, de IBS e de CBS apropriados pelo contribuinte, nos termos dos arts. 47 a 56 e das demais disposições desta Lei Complementar;

II – pagamento pelo contribuinte;

III – recolhimento na liquidação financeira da operação (*split payment*), nos termos dos arts. 31 a 35 desta Lei Complementar;

IV – recolhimento pelo adquirente, nos termos do art. 36 desta Lei Complementar; ou

V – pagamento por aquele a quem esta Lei Complementar atribuir responsabilidade.

Parágrafo único. A extinção de débitos de que trata o *caput* deste artigo:

I – nas hipóteses dos incisos I e II do *caput* deste artigo, será imputada aos valores dos débitos não extintos do IBS e da CBS incidentes sobre as operações ocorridas no período de apuração na ordem cronológica do documento fiscal, segundo critérios estabelecidos no regulamento;

II – nas hipóteses dos incisos III e IV do *caput* deste artigo, será vinculada à respectiva operação; e

III – na hipótese do inciso V do *caput* deste artigo, será vinculada à operação específica a que se refere ou, caso não se refira a uma operação específica, será imputada na forma do inciso I deste parágrafo.

Art. 28. Nas operações com energia elétrica ou com direitos a ela relacionados, o recolhimento do IBS e da CBS relativo à geração, comercialização e distribuição e transmissão será realizado exclusivamente:

I – pela distribuidora de energia elétrica, caso ocorra a venda para adquirente atendido no ambiente de contratação regulada;

II – pelo alienante de energia elétrica, caso se trate de aquisição no ambiente de contratação livre de energia para consumo do adquirente ou quando o adquirente não esteja sujeito ao regime regular do IBS e da CBS;

III – pelo adquirente, na condição de responsável, de energia elétrica caso se destine para consumo na aquisição de energia elétrica realizada de forma multilateral; ou

IV – pela transmissora de energia elétrica, na prestação de serviço de transmissão de energia elétrica a consumidor conectado diretamente à rede básica de transmissão.

§ 1º O recolhimento do IBS e da CBS incidentes nas operações com energia elétrica, ou com direitos a ela relacionados, relativas à geração, comercialização, distribuição e transmissão ocorrerá somente no fornecimento:

I – para consumo; ou

II – para contribuinte não sujeito ao regime regular do IBS e da CBS.

LEGISLAÇÃO COMPLEMENTAR

§ 2º No serviço de transmissão de energia elétrica, considera-se ocorrido o fornecimento no momento em que se tornar devido o pagamento relativo ao serviço de transmissão, nos termos da legislação aplicável.

§ 3º Exclui-se da base de cálculo da CBS e do IBS a energia elétrica fornecida pela distribuidora à unidade consumidora, na quantidade correspondente à energia injetada na rede de distribuição pela mesma unidade consumidora, acrescidos dos créditos de energia elétrica originados na própria unidade consumidora no mesmo mês, em meses anteriores ou em outra unidade consumidora do mesmo titular.

§ 4º A exclusão de que trata o § 3º deste artigo:

I – aplica-se somente a consumidores participantes do Sistema de Compensação de Energia Elétrica, de que trata a Lei nº 14.300, de 6 de janeiro de 2022;

II – aplica-se somente à compensação de energia elétrica produzida por microgeração e minigeração, cuja potência instalada seja, respectivamente, menor ou igual a 75 kW e superior a 75 kW e menor ou igual a 1 MW; e

III – não se aplica ao custo de disponibilidade, à energia reativa, à demanda de potência, aos encargos de conexão ou uso do sistema de distribuição, aos componentes tarifárias não associadas ao custo da energia e a quaisquer outros valores cobrados pela distribuidora.

Subseção II

DO PAGAMENTO PELO CONTRIBUINTE

Art. 29. O contribuinte deverá, até a data de vencimento, efetuar o pagamento do saldo a recolher de que trata o art. 45 desta Lei Complementar.

§ 1º Caso o pagamento efetuado pelo contribuinte seja maior do que o saldo a recolher, a parcela excedente, até o montante dos débitos do período de apuração que tenham sido extintos pelas modalidades previstas nos incisos III a V do *caput* do art. 27 desta Lei Complementar entre o final do período de apuração e o dia útil anterior ao do pagamento pelo contribuinte, será transferida ao contribuinte em até 3 (três) dias úteis.

§ 2º O pagamento efetuado após a data de vencimento será acrescido de:

I – multa de mora, calculada à taxa de 0,33% (trinta e três centésimos por cento), por dia de atraso; e

II – juros de mora, calculados à taxa referencial do Sistema Especial de Liquidação e de Custódia (SELIC), a partir do primeiro dia do mês subsequente ao vencimento do prazo até o mês anterior ao do pagamento, e de 1% (um por cento) no mês de pagamento.

§ 3º A multa de que trata o inciso I do § 2º deste artigo será calculada a partir do primeiro dia subsequente ao do vencimento do prazo previsto para o pagamento do tributo até o dia em que ocorrer o seu pagamento.

§ 4º O percentual da multa de que trata o inciso I do § 2º deste artigo fica limitado a 20% (vinte por cento).

Art. 30. O Comitê Gestor do IBS e a RFB poderão oferecer, como opção ao contribuinte, mecanismo automatizado de pagamento, respectivamente, do IBS e da CBS.

§ 1º A utilização do mecanismo previsto no *caput* deste artigo pelo contribuinte fica condicionada à sua prévia autorização.

§ 2º O mecanismo automatizado de que trata o *caput* deste artigo permitirá a retirada e o depósito de valores em contas de depósito e contas de pagamento de titularidade do contribuinte.

Subseção III

DO RECOLHIMENTO NA LIQUIDAÇÃO FINANCEIRA (SPLIT PAYMENT)

Art. 31. Nas transações de pagamento relativas a operações com bens ou com serviços, os prestadores de serviços de pagamento eletrônico e as instituições operadoras de sistemas de pagamento deverão segregar e recolher ao Comitê Gestor do IBS e à RFB, no momento da liquidação financeira da transação (*split payment*), os valores do IBS e da CBS, de acordo com o disposto nesta Subseção.

§ 1º Os procedimentos do *split payment* previstos nesta Subseção compreenderão a vinculação entre:

I – os documentos fiscais eletrônicos relativos a operações com bens ou com serviços; e

II – a transação de pagamento das respectivas operações.

§ 2º Atos conjuntos do Comitê Gestor do IBS e da RFB disciplinarão o disposto nesta Subseção, inclusive no que se refere às atribuições dos prestadores de serviços de pagamento eletrônico e das instituições operadoras de sistemas de pagamento, considerando as características de cada arranjo de pagamento e das operações com bens e serviços.

§ 3º O disposto nesta Subseção aplica-se a todos os prestadores de serviços de pagamento eletrônico de que trata o *caput* deste artigo, participantes de arranjos de pagamento, abertos e fechados, públicos e privados, inclusive os participantes e arranjos que não estão sujeitos à regulação do Banco Central do Brasil.

Art. 32. O procedimento padrão do *split payment* obedecerá ao disposto neste artigo.

§ 1º O fornecedor é obrigado a incluir no documento fiscal eletrônico informações que permitam:

I – a vinculação das operações com a transação de pagamento; e

II – a identificação dos valores dos débitos do IBS e da CBS incidentes sobre as operações.

§ 2º As informações previstas no § 1º deste artigo deverão ser transmitidas aos prestadores de serviço de pagamento:

I – pelo fornecedor;

II – pela plataforma digital, em relação às operações e importações realizadas por seu intermédio, nos termos do art. 22 desta Lei Complementar; ou

III – por outra pessoa ou entidade sem personalidade jurídica que receber o pagamento.

§ 3º Antes da disponibilização dos recursos ao fornecedor, o prestador de serviço de pagamento ou a instituição operadora do sistema de pagamento deverá, com base nas informações recebidas, consultar sistema do Comitê Gestor do IBS e da RFB sobre os valores a serem segregados e recolhidos, que corresponderão à diferença positiva entre:

I – os valores dos débitos do IBS e da CBS incidentes sobre a operação, destacados no documento fiscal eletrônico; e

II – as parcelas dos débitos referidos no inciso I deste parágrafo já extintas por quaisquer das modalidades previstas no art. 27 desta Lei Complementar.

§ 4º Caso a consulta não possa ser efetuada nos termos do § 3º deste artigo, deverá ser adotado o seguinte procedimento:

I – o prestador de serviços de pagamento ou a instituição operadora do sistema de pagamentos segregará e recolherá ao Comitê Gestor do IBS e à RFB o valor dos débitos do IBS e da CBS incidentes sobre as operações vinculadas à transação de pagamento, com base nas informações recebidas; e

II – o Comitê Gestor do IBS e a RFB:

a) efetuarão o cálculo dos valores dos débitos do IBS e da CBS das operações vinculadas à transação de pagamento, com a dedução das parcelas já extintas por quaisquer das modalidades previstas no art. 27 desta Lei Complementar; e

b) transferirão ao fornecedor, em até 3 (três) dias úteis, os valores recebidos que excederem ao montante de que trata a alínea *a* deste inciso.

Art. 33. O contribuinte poderá optar por procedimento simplificado do *split payment* para todas as operações cujo adquirente não seja contribuinte do IBS e da CBS no regime regular.

§ 1º No procedimento simplificado de que trata o *caput* deste artigo, os valores do IBS e da CBS a serem segregados e recolhidos pelo prestador de serviço de pagamento ou pela instituição operadora do sistema de pagamentos serão calculados com base em percentual preestabelecido do valor das operações.

§ 2º O percentual de que trata o § 1º deste artigo:

I – será estabelecido pelo Comitê Gestor do IBS, para o IBS, e pela RFB, para a CBS, vedada a aplicação de procedimento simplificado para apenas um desses tributos;

II – poderá ser diferenciado por setor econômico ou por contribuinte, a partir de cálculos baseados em metodologia uniforme previamente divulgada, incluindo dados da alíquota média incidente sobre as operações e do histórico de utilização de créditos; e

III – não guardará relação com o valor dos débitos do IBS e da CBS efetivamente incidentes sobre a operação.

§ 3º Os valores do IBS e da CBS recolhidos por meio do procedimento simplificado de que trata o *caput* serão utilizados para pagamento dos débitos não extintos do contribuinte decorrentes das operações de que trata o *caput* ocorridas no período de apuração, em ordem cronológica do documento fiscal, segundo critérios estabelecidos no regulamento.

§ 4º O Comitê Gestor do IBS e a RFB:

I – efetuarão o cálculo do saldo dos débitos do IBS e da CBS das operações de que trata o *caput* deste artigo, após a dedução das parcelas já extintas por quaisquer das modalidades previstas no art. 27 desta Lei Complementar, no período de apuração; e

II – transferirão ao fornecedor, em até 3 (três) dias úteis contados da conclusão da apuração, os valores recebidos que excederem o montante de que trata o inciso I deste parágrafo.

§ 5º A opção de que trata o *caput* deste artigo será irretratável para todo o período de apuração.

§ 6º Ato conjunto do Comitê Gestor do IBS e da RFB poderá determinar a utilização do procedimento simplificado de que trata este artigo para as operações mencionadas no *caput*, enquanto o procedimento padrão descrito no art. 32 não estiver em funcionamento em nível adequado para os principais instrumentos de pagamento eletrônico utilizados nessas operações.

Art. 34. Deverão ser observadas ainda as seguintes regras para o *split payment*:

I – a segregação e o recolhimento do IBS e da CBS ocorrerão na data da liquidação financeira da transação de pagamento, observados os fluxos de pagamento estabelecidos entre os participantes do arranjo;

II – nas operações com bens ou com serviços com pagamento parcelado pelo fornecedor, a segregação e o recolhimento do IBS e da CBS deverão ser efetuados, de forma proporcional, na liquidação financeira de todas as parcelas;

III – a liquidação antecipada de recebíveis não altera a obrigação de segregação e de recolhimento do IBS e da CBS na forma dos incisos I e II deste *caput*;

IV – o disposto nesta Subseção não afasta a responsabilidade do sujeito passivo pelo pagamento do eventual saldo a recolher do IBS e da CBS, observados o momento da ocorrência do fato gerador e o prazo de vencimento dos tributos; e

V – os prestadores de serviços de pagamentos e as instituições operadoras de sistemas de pagamento:

a) serão responsáveis por segregar e recolher os valores do IBS e da CBS de acordo com o disposto nesta Subseção; e

b) não serão responsáveis tributários pelo IBS e pela CBS incidentes sobre as operações com bens e com serviços cujos pagamentos eles liquidem.

Art. 35. O Poder Executivo da União e o Comitê Gestor do IBS deverão aprovar orçamento para desenvolvimento, implementação, operação e manutenção do sistema do *split payment*.

§ 1º O *split payment* deverá entrar em funcionamento de forma simultânea, nas operações com adquirentes que não são contribuintes do IBS e da CBS no regime regular, para os principais instrumentos de pagamento eletrônico utilizados nessas operações.

§ 2º Ato conjunto do Comitê Gestor do IBS e da RFB:

I – estabelecerá a implementação gradual do *split payment*; e

II – poderá prever hipóteses em que a adoção do *split payment* será facultativa.

§ 3º São instrumentos de pagamento eletrônico principais, para fins do disposto no § 1º deste artigo, aqueles preponderantemente utilizados no setor de varejo.

SUBSEÇÃO IV
DO RECOLHIMENTO PELO ADQUIRENTE

Art. 36. O adquirente de bens ou de serviços que seja contribuinte do IBS e da CBS pelo regime regular poderá pagar o IBS e a CBS incidentes sobre a operação caso o pagamento ao fornecedor seja efetuado mediante a utilização de instrumento de pagamento que não permita a segregação e o recolhimento nos termos dos arts. 32 e 33 desta Lei Complementar.

§ 1º A opção de que trata o *caput* deste artigo será exercida exclusivamente mediante o recolhimento, pelo adquirente, do IBS e da CBS incidentes sobre a operação.

§ 2º VETADO.

§ 3º O valor recolhido na forma deste artigo:

I – será utilizado exclusivamente para pagamento dos valores dos débitos ainda não extintos do IBS e da CBS relativos às respectivas operações; e

II – quando excedente ao valor utilizado nos termos do inciso I deste parágrafo, será transferido ao contribuinte em até 3 (três) dias úteis.

§ 4º O Comitê Gestor do IBS e a RFB estabelecerão mecanismo para acompanhamento, pelo fornecedor, do recolhimento pelo adquirente.

SUBSEÇÃO V
DO PAGAMENTO PELO RESPONSÁVEL

Art. 37. Aplica-se o disposto no art. 29 desta Lei Complementar, no que couber, ao pagamento do IBS e da CBS por aquele a quem esta Lei Complementar atribuir a condição de responsável.

SEÇÃO IX
DO PAGAMENTO INDEVIDO OU A MAIOR

Art. 38. Em caso de pagamento indevido ou a maior, a restituição do IBS e da CBS somente será devida ao contribuinte na hipótese em que:

I – a operação não tenha gerado crédito para o adquirente dos bens ou serviços; e

II – tenha sido observado o disposto no art. 166 da Lei nº 5.172, de 25 de outubro de 1966 (Código Tributário Nacional).

SEÇÃO X
DO RESSARCIMENTO

Art. 39. O contribuinte do IBS e da CBS que apurar saldo a recuperar na forma do art. 45 ao final do período de apuração poderá solicitar seu ressarcimento integral ou parcial.

§ 1º Caso o ressarcimento não seja solicitado ou a solicitação seja parcial, o valor remanescente do saldo a recuperar constituirá crédito do contribuinte, o qual poderá ser utilizado para compensação ou ressarcido em períodos posteriores.

§ 2º A solicitação de ressarcimento de que trata este artigo será apreciada pelo Comitê Gestor do IBS, em relação ao IBS, e pela RFB, em relação à CBS.

§ 3º O prazo para apreciação do pedido de ressarcimento será de:

I – até 30 (trinta) dias contados da data da solicitação de que trata o *caput* deste artigo, para pedidos de ressarcimento de contribuintes enquadrados em programas de conformidade desenvolvidos pelo Comitê Gestor do IBS e pela RFB que atendam ao disposto no art. 40 desta Lei Complementar;

II – até 60 (sessenta) dias contados da data de solicitação de que trata o *caput* deste artigo, para pedidos de ressarcimento que atendam ao disposto no art. 40 desta Lei Complementar, ressalvada a hipótese prevista no inciso I deste parágrafo; ou

III – até 180 (cento e oitenta) dias contados da data da solicitação de que trata o *caput* deste artigo, nos demais casos.

§ 4º Se não houver manifestação do Comitê Gestor do IBS ou da RFB nos prazos previstos no § 3º deste artigo, o crédito será ressarcido ao contribuinte nos 15 (quinze) dias subsequentes.

§ 5º Caso seja iniciado procedimento de fiscalização relativo ao pedido de ressarcimento antes do encerramento dos prazos estabelecidos no § 3º deste artigo serão:

I – suspensos os prazos; e

II – ressarcidos os créditos homologados em até 15 (quinze) dias contados da conclusão da fiscalização.

§ 6º O procedimento de fiscalização de que trata o § 5º deste artigo não poderá estender-se por mais de 360 (trezentos e sessenta) dias.

§ 7º Caso o procedimento de fiscalização não seja encerrado no prazo de que trata o § 6º deste artigo, o crédito será ressarcido ao contribuinte nos 15 (quinze) dias subsequentes.

§ 8º O ressarcimento efetuado nos termos deste artigo não afasta a possibilidade de fiscalização posterior dos créditos ressarcidos nem prejudica a conclusão do procedimento de que trata o § 6º deste artigo.

§ 9º O valor dos saldos credores cujo ressarcimento tenha sido solicitado nos termos deste artigo será corrigido, caso o pagamento ocorra a partir do primeiro dia do segundo mês seguinte ao do pedido, pela taxa SELIC acumulada mensalmente a partir desta data até o mês anterior ao pagamento, acrescido de 1% (um por cento) no mês de pagamento.

§ 10. Os prazos de que trata o § 3º serão suspensos, por até 5 (cinco) anos, não aplicado o disposto no § 9º deste artigo, caso o contribuinte realize a opção:

I – pelo Simples Nacional ou pelo MEI, exceto na hipótese de que trata o § 3º do art. 41 desta Lei Complementar; ou

II – por não ser contribuinte de IBS e de CBS, nas hipóteses autorizadas nesta Lei Complementar.

§ 11. Na hipótese de descumprimento dos prazos previstos nos §§ 3º a 5º deste artigo, o valor do saldo credor será corrigido diariamente pela taxa SELIC a partir do primeiro dia do início do prazo para apreciação do pedido até o dia anterior ao do ressarcimento.

Art. 40. Aplicam-se os prazos de ressarcimento previstos nos incisos I ou II do § 3º do art. 39 desta Lei Complementar para:

I – os créditos apropriados de IBS e de CBS relativos à aquisição de bens e serviços incorporados ao ativo imobilizado do contribuinte;

II – os pedidos de ressarcimento cujo valor seja igual ou inferior a 150% (cento e cinquenta por cento) do valor médio mensal da diferença entre:

a) os créditos de IBS e de CBS apropriados pelo contribuinte; e

b) os débitos de IBS e de CBS incidentes sobre as operações do contribuinte.

§ 1º O cálculo do valor médio mensal de que trata o inciso II do *caput* será realizado com base nas informações relativas aos 24 (vinte e quatro) meses anteriores ao período de apuração, excluídos do cálculo os créditos apropriados nos termos do inciso I do *caput* deste artigo.

§ 2º Cabe ao regulamento dispor sobre a forma de aplicação do disposto neste artigo, inclusive quanto:

I – à utilização de estimativas para os valores de que tratam as alíneas *a* e *b* do inciso II do *caput* deste artigo, durante os anos iniciais de cobrança do IBS e da CBS, enquanto as informações referidas nessas alíneas não estiverem disponíveis;

II – à possibilidade de ajuste no cálculo de que trata o inciso II do *caput* deste artigo, em decorrência da elevação da alíquota do IBS entre 2029 e 2033.

§ 3º O valor calculado nos termos do inciso II do *caput* deste artigo poderá ser ajustado, nos termos do regulamento, de modo a contemplar variações sazonais no valor das operações e das aquisições do contribuinte e variações decorrentes de expansão ou implantação de empreendimento econômico pelo contribuinte.

§ 4º Para os fins do disposto no inciso I do *caput* deste artigo, também serão considerados como bens e serviços incorporados ao ativo imobilizado aqueles com a mesma natureza que, em decorrência das normas contábeis aplicáveis, forem contabilizados por concessionárias de serviços públicos como ativo de contrato, intangível ou financeiro.

Seção XI

DOS REGIMES DE APURAÇÃO

Art. 41. O regime regular do IBS e da CBS compreende todas as regras de incidência e de apuração previstas nesta Lei Complementar, incluindo aquelas aplicáveis aos regimes diferenciados e aos regimes específicos.

§ 1º Fica sujeito ao regime regular do IBS e da CBS de que trata esta Lei Complementar o contribuinte que não realizar a opção pelo Simples Nacional ou pelo MEI, de que trata a Lei Complementar nº 123, de 14 de dezembro de 2006.

§ 2º Os contribuintes optantes pelo Simples Nacional ou pelo MEI ficam sujeitos às regras desses regimes.

§ 3º Os optantes pelo Simples Nacional poderão exercer a opção de apurar e recolher o IBS e a CBS pelo regime regular, hipótese na qual o IBS e a CBS serão apurados e recolhidos conforme o disposto nesta Lei Complementar.

§ 4º A opção a que se refere o § 3º será exercida nos termos da Lei Complementar nº 123, de 14 de dezembro de 2006.

§ 5º É vedado ao contribuinte do Simples Nacional ou ao contribuinte que venha a fazer a opção por esse regime retirar-se do regime regular do IBS e da CBS caso tenha recebido ressarcimento de créditos desses tributos no ano-calendário corrente ou anterior, nos termos do art. 39 desta Lei Complementar.

§ 6º Aplica-se o disposto no § 5º deste artigo, em relação às demais hipóteses em que a pessoa física, pessoa jurídica ou entidade sem personalidade jurídica exerça a opção facultativa pela condição de contribuinte sujeito ao regime regular, nos casos previstos nesta Lei Complementar.

Art. 42. A apuração relativa ao IBS e à CBS consolidará as operações realizadas por todos os estabelecimentos do contribuinte.

§ 1º O pagamento do IBS e da CBS e o pedido de ressarcimento serão centralizados em um único estabelecimento.

§ 2º A apuração consolidará todos os débitos e créditos do contribuinte no regime regular, inclusive aqueles decorrentes da apuração dos regimes diferenciados e específicos, salvo nas hipóteses previstas expressamente nesta Lei Complementar.

Art. 43. O período de apuração do IBS e da CBS será mensal.

Art. 44. O regulamento estabelecerá:

I – o prazo para conclusão da apuração; e

II – a data de vencimento dos tributos.

Art. 45. Para cada período de apuração, o contribuinte deverá apurar, separadamente, o saldo do IBS e da CBS, que corresponderá à diferença entre os valores:

I – dos débitos do IBS e da CBS decorrentes dos fatos geradores ocorridos no período de apuração;

II – dos créditos apropriados no mesmo período, incluindo os créditos presumidos, acrescido do saldo a recuperar de período ou períodos anteriores não utilizado para compensação ou ressarcimento.

§ 1º O contribuinte poderá realizar ajustes positivos ou negativos no saldo apurado na forma do *caput* deste artigo, nos termos previstos no regulamento.

§ 2º Inclui-se entre os ajustes de que trata o § 1º deste artigo o estorno de crédito apropriado em período de apuração anterior, aplicados os acréscimos de que tratam os §§ 2º a 4º do art. 29 desta Lei Complementar desde a data em que tiver ocorrido a apropriação indevida do crédito.

§ 3º Do saldo apurado na forma do *caput* e do § 1º deste artigo, serão deduzidos os valores extintos pelas modalidades previstas nos incisos III a V do *caput* do art. 27, que resultará:

I – quando positivo, saldo a recolher que deverá ser pago pelo contribuinte; e

II – quando negativo, saldo a recuperar que poderá ser utilizado para ressarcimento ou compensação na forma prevista nesta Lei Complementar.

§ 4º A apuração realizada nos termos deste artigo implica confissão de dívida pelo contribuinte e constitui o crédito tributário.

§ 5º A confissão de dívida de que trata o § 4º é instrumento hábil e suficiente para a exigência do valor do IBS e da CBS incidentes sobre as operações nela consignadas.

§ 6º A apuração de que trata este artigo deverá ser realizada e entregue ao Comitê Gestor do IBS e à RFB no prazo para conclusão da apuração, de que trata o inciso I do *caput* do art. 44 desta Lei Complementar.

Art. 46. O Comitê Gestor do IBS e a RFB poderão, respectivamente, apresentar ao sujeito passivo apuração assistida do saldo do IBS e da CBS do período de apuração.

§ 1º O saldo da apuração de que trata o *caput* deste artigo será calculado nos termos do *caput* do art. 45 desta Lei Complementar e terá por base:

I – documentos fiscais eletrônicos;

II – informações relativas à extinção dos débitos do IBS e da CBS por quaisquer das modalidades previstas no art. 27 desta Lei Complementar; e

III – outras informações prestadas pelo contribuinte ou a ele relativas.

§ 2º Caso haja a apresentação da apuração assistida de que trata o *caput* deste artigo, a apuração pelo contribuinte de que trata o art. 45 desta Lei Complementar somente poderá ser realizada mediante ajustes na apuração assistida.

§ 3º A apuração assistida realizada nos termos deste artigo, caso o contribuinte a confirme ou nela realize ajustes, implica confissão de dívida e constitui o crédito tributário.

§ 4º Na ausência de manifestação do contribuinte sobre a apuração assistida no prazo para conclusão da apuração de que trata o inciso I do *caput* do art. 44 desta Lei Complementar, presume-se correto o saldo apurado e considera-se constituído o crédito tributário.

§ 5º A confissão de dívida e a apuração assistida a que se referem, respectivamente, os §§ 3º e 4º deste artigo, são instrumentos hábeis e suficientes para a exigência dos valores do IBS e da CBS incidentes sobre as operações nelas consignadas.

§ 6º O saldo resultante da apuração de que trata este artigo constituirá saldo a recolher ou saldo a recuperar, conforme o caso, aplicado o disposto no § 3º do art. 45 desta Lei Complementar.

§ 7º O disposto neste artigo não afasta a prerrogativa de lançamento de ofício de crédito tributário relativo a diferenças posteriormente verificadas pela administração tributária.

§ 8º A apuração assistida de que trata o *caput* deste artigo deverá ser uniforme e sincronizada para o IBS e a CBS.

Seção XII

DA NÃO CUMULATIVIDADE

Art. 47. O contribuinte sujeito ao regime regular poderá apropriar créditos do IBS e da CBS quando ocorrer a extinção por qualquer das modalidades previstas no art. 27 dos débitos relativos às operações em que seja adquirente, excetuadas exclusivamente aquelas consideradas de uso ou consumo pessoal, nos termos do art. 57 desta Lei Complementar, e as demais hipóteses previstas nesta Lei Complementar.

§ 1º A apropriação dos créditos de que trata o *caput* deste artigo:

I – será realizada de forma segregada para o IBS e para a CBS, vedadas, em qualquer hipótese, a compensação de créditos de IBS com valores devidos de CBS e a compensação de créditos de CBS com valores devidos de IBS; e

II – está condicionada à comprovação da operação por meio de documento fiscal eletrônico idôneo.

§ 2º Os valores dos créditos do IBS e da CBS apropriados corresponderão:

I – aos valores dos débitos, respectivamente, do IBS e da CBS que tenham sido destacados no documento fiscal de aquisição e extintos por qualquer das modalidades previstas no art. 27; ou

II – aos valores de crédito presumido, nas hipóteses previstas nesta Lei Complementar.

§ 3º O disposto neste artigo aplica-se, inclusive, nas aquisições de bem ou serviço fornecido por optante pelo Simples Nacional.

§ 4º Nas operações em que o contribuinte seja adquirente de combustíveis tributados no regime específico de que trata o Capítulo I do Título V deste Livro, fica dispensada a comprovação de extinção dos débitos do IBS e da CBS para apropriação dos créditos.

§ 5º Na hipótese de que trata o § 4º, os créditos serão equivalentes aos valores do IBS e da CBS registrados em documento fiscal eletrônico idôneo.

§ 6º O adquirente deverá estornar o crédito apropriado caso o bem adquirido venha a perecer, deteriorar-se ou ser objeto de roubo, furto ou extravio.

§ 7º No caso de roubo ou furto de bem do ativo imobilizado, o estorno de crédito de que trata o § 6º deste artigo será feito proporcionalmente ao prazo de vida útil e às taxas de depreciação definidos em regulamento.

§ 8º Na devolução e no cancelamento de operações por adquirente não contribuinte no regime regular, o fornecedor sujeito ao regime regular poderá apropriar créditos com base nos valores dos débitos incidentes na operação devolvida ou cancelada.

§ 9º Na hipótese de o pagamento do IBS e da CBS ser realizado por meio do Simples Nacional, quando não for exercida a opção pelo regime regular de que trata o § 3º do art. 41 desta Lei Complementar:

I – não será permitida a apropriação de créditos do IBS e da CBS pelo optante pelo Simples Nacional; e

II – será permitida ao contribuinte sujeito ao regime regular do IBS e da CBS a apropriação de créditos do IBS e da CBS correspondentes aos valores desses tributos pagos na aquisição de bens e de serviços de optante pelo Simples Nacional, em montante equivalente ao devido por meio desse regime.

§ 10. A realização de operações sujeitas a alíquota reduzida não acarretará o estorno, parcial ou integral, dos créditos apropriados pelo contribuinte em suas aquisições, salvo quando expressamente previsto nesta Lei Complementar.

§ 11. O contribuinte do IBS e da CBS no regime regular poderá creditar-se dos valores dos débitos extintos relativos a fornecimentos de bens e serviços não pagos por adquirente que tenha a falência decretada, nos termos da Lei nº 11.101, de 9 de fevereiro de 2005, desde que:

I – a aquisição do bem ou serviço não tenha permitido a apropriação de créditos pelo adquirente;

II – a operação tenha sido registrada na contabilidade do contribuinte desde o período de apuração em que ocorreu o fato gerador do IBS e da CBS; e

III – o pagamento dos credores do adquirente falido tenha sido encerrado de forma definitiva.

Art. 48. Ficará dispensado o requisito de extinção dos débitos para fins de apropriação dos créditos de que trata o *caput* do art. 47 desta Lei Complementar, exclusivamente, se não houver sido implementada nenhuma das seguintes modalidades de extinção:

I – recolhimento na liquidação financeira da operação (*split payment*), nos termos dos arts. 31 e 32 desta Lei Complementar; ou

II – recolhimento pelo adquirente, nos termos do art. 36 desta Lei Complementar.

Parágrafo único. Na hipótese de que trata o *caput* deste artigo, a apropriação dos créditos ficará condicionada ao destaque dos valores corretos do IBS e da CBS no documento fiscal eletrônico relativo à aquisição.

Art. 49. As operações imunes, isentas ou sujeitas a alíquota zero, a diferimento ou a suspensão não permitirão a apropriação de créditos pelos adquirentes dos bens e serviços.

Parágrafo único. O disposto no *caput* deste artigo não impede a apropriação dos créditos presumidos previstos expressamente nesta Lei Complementar.

Art. 50. Nas hipóteses de suspensão, caso haja a exigência do crédito suspenso, a apropriação dos créditos será admitida somente no momento da extinção dos débitos por qualquer das modalidades previstas no art. 27 desta Lei Complementar, vedada a apropriação de créditos em relação aos acréscimos legais.

Art. 51. A imunidade e a isenção acarretarão a anulação dos créditos relativos às operações anteriores.

§ 1º A anulação dos créditos de que trata o *caput* deste artigo será proporcional ao valor das operações imunes e isentas sobre o valor de todas as operações do fornecedor.

§ 2º O disposto no *caput* e no § 1º deste artigo não se aplica às:

I – exportações; e

II – operações de que tratam os incisos IV e VI do *caput* do art. 9º desta Lei Complementar.

Art. 52. No caso de operações sujeitas a alíquota zero, serão mantidos os créditos relativos às operações anteriores.

Art. 53. Os créditos do IBS e da CBS apropriados em cada período de apuração poderão ser utilizados, na seguinte ordem, mediante:

I – compensação com o saldo a recolher do IBS e da CBS vencido, não extinto e não inscrito em dívida ativa relativo a períodos de apuração anteriores, inclusive os acréscimos legais; e

II – compensação com os débitos do IBS e da CBS decorrentes de fatos geradores do mesmo período de apuração, observada a ordem cronológica de que trata o inciso I do parágrafo único do art. 27 desta Lei Complementar; e

III – compensação, respectivamente, com os débitos do IBS e da CBS decorrentes de fatos geradores de períodos de apuração subsequentes, observada a ordem cronológica de que trata o inciso I do parágrafo único do art. 27 desta Lei Complementar.

§ 1º Alternativamente ao disposto no inciso III, o contribuinte poderá solicitar ressarcimento, nos termos da Seção X deste Capítulo.

§ 2º Os créditos do IBS e da CBS serão apropriados e compensados ou ressarcidos pelo seu valor nominal, vedadas correção ou atualização monetária, sem prejuízo das hipóteses de acréscimos de juros relativos a ressarcimento expressamente previstas nesta Lei Complementar.

Art. 54. O direito de utilização dos créditos extinguir-se-á após o prazo de 5 (cinco) anos, contado do primeiro dia do período subsequente ao de apuração em que tiver ocorrido a apropriação do crédito.

Art. 55. É vedada a transferência, a qualquer título, para outra pessoa ou entidade sem personalidade jurídica, de créditos do IBS e da CBS.

Parágrafo único. Na hipótese de fusão, cisão ou incorporação, os créditos apropriados e ainda não utilizados poderão ser transferidos para a pessoa jurídica sucessora, ficando preservada a data original da apropriação dos créditos para efeitos da contagem do prazo de que trata o art. 54 desta Lei Complementar.

Art. 56. O disposto nesta Seção aplica-se a todas as hipóteses de apropriação e de utilização de créditos do IBS e da CBS previstas nesta Lei Complementar.

Seção XIII
DOS BENS E SERVIÇOS DE USO OU CONSUMO PESSOAL

Art. 57. Consideram-se de uso ou consumo pessoal:

I – os seguintes bens e serviços:

a) joias, pedras e metais preciosos;

b) obras de arte e antiguidades de valor histórico ou arqueológico;

c) bebidas alcoólicas;

d) derivados do tabaco;

e) armas e munições;

f) bens e serviços recreativos, esportivos e estéticos;

II – os bens e serviços adquiridos ou produzidos pelo contribuinte e fornecidos de forma não onerosa ou a valor inferior ao de mercado para:

a) o próprio contribuinte, quando este for pessoa física;

b) as pessoas físicas que sejam sócios, acionistas, administradores e membros de conselhos de administração e fiscal e comitês de assessoramento do conselho de administração do contribuinte previstos em lei;

c) os empregados dos contribuintes de que tratam as alíneas *a* e *b* deste inciso; e

d) os cônjuges, companheiros ou parentes, consanguíneos ou afins, até o terceiro grau, das pessoas físicas referidas nas alíneas *a*, *b* e *c* deste inciso.

§ 1º Para fins do inciso II do *caput* deste artigo, consideram-se bens e serviços de uso ou consumo pessoal, entre outros:

I – bem imóvel residencial e os demais bens e serviços relacionados à sua aquisição e manutenção; e

II – veículo e os demais bens e serviços relacionados à sua aquisição e manutenção, inclusive seguro e combustível.

§ 2º No caso de sociedade que tenha como atividade principal a gestão de bens das pessoas físicas referidas no inciso II do *caput* deste artigo e dos ativos financeiros dessas pessoas físicas (*family office*), os bens e serviços relacionados à gestão serão considerados de uso e consumo pessoal.

§ 3º Não se consideram bens e serviços de uso ou consumo pessoal aqueles utilizados preponderantemente na atividade econômica do contribuinte, de acordo com os seguintes critérios:

I – os bens previstos nas alíneas *a* a *d* do inciso I do *caput* deste artigo que sejam comercializados ou utilizados para a fabricação de bens a serem comercializados;

II – os bens previstos na alínea e do inciso I do *caput* deste artigo que cumpram o disposto no inciso I deste parágrafo ou sejam utilizados por empresas de segurança;

III – os bens previstos na alínea *f* do inciso I do *caput* deste artigo que cumpram o disposto no inciso I deste parágrafo ou sejam utilizados exclusivamente em estabelecimento físico pelos seus clientes;

IV – os bens e serviços previstos no inciso II do *caput* deste artigo que consistam em:

a) uniformes e fardamentos;

b) equipamentos de proteção individual;

c) alimentação e bebida não alcoólica disponibilizada no estabelecimento do contribuinte para seus empregados e administradores durante a jornada de trabalho;
d) serviços de saúde disponibilizados no estabelecimento do contribuinte para seus empregados e administradores durante a jornada de trabalho;
e) serviços de creche disponibilizados no estabelecimento do contribuinte para seus empregados e administradores durante a jornada de trabalho;
f) serviços de planos de assistência à saúde e de fornecimento de vale-transporte, de vale-refeição e vale-alimentação destinados a empregados e seus dependentes em decorrência de acordo ou convenção coletiva de trabalho, sendo os créditos na aquisição desses serviços equivalentes aos respectivos débitos do fornecedor apurados e extintos de acordo com o disposto nos regimes específicos de planos de assistência à saúde e de serviços financeiros;
g) benefícios educacionais a seus empregados e dependentes em decorrência de acordo ou convenção coletiva de trabalho, inclusive mediante concessão de bolsas de estudo ou de descontos na contraprestação, desde que esses benefícios sejam oferecidos a todos os empregados, autorizada a diferenciação em favor dos empregados de menor renda ou com maior núcleo familiar; e

V – outros bens e serviços que obedeçam a critérios estabelecidos no regulamento.

§ 4º Os bens e serviços que não estejam relacionados ao desenvolvimento de atividade econômica por pessoa física caracterizada como contribuinte do regime regular serão considerados de uso ou consumo pessoal.

§ 5º Em relação aos bens e serviços de uso ou consumo pessoal de que trata este artigo, fica vedada a apropriação de créditos.

§ 6º Caso tenha havido a apropriação de créditos na aquisição de bens ou serviços de uso ou consumo pessoal, serão exigidos débitos em valores equivalentes aos dos créditos, com os acréscimos legais de que trata o § 2º do art. 29, calculados desde a data da apropriação.

§ 7º Na hipótese de fornecimento de bem do contribuinte para utilização temporária pelas pessoas físicas de que trata o inciso II do *caput* deste artigo, serão exigidos débitos em valores equivalentes aos dos créditos, calculados proporcionalmente ao tempo de vida útil do bem em relação ao tempo utilizado pelo contribuinte, com os acréscimos legais de que trata o § 2º do art. 29, na forma do regulamento.

§ 8º O regulamento disporá sobre a forma de identificação da pessoa física destinatária dos bens e serviços de que trata este artigo.

CAPÍTULO III
DA OPERACIONALIZAÇÃO DO IBS E DA CBS

Seção I
DISPOSIÇÕES GERAIS

Art. 58. O Comitê Gestor do IBS e a RFB atuarão de forma conjunta para implementar soluções integradas para a administração do IBS e da CBS, sem prejuízo das respectivas competências legais.

§ 1º O contribuinte acessará as informações da apuração e do pagamento do IBS e da CBS em plataforma eletrônica unificada, com gestão compartilhada entre o Comitê Gestor do IBS e a RFB.

§ 2º A plataforma eletrônica unificada de que trata o § 1º deste artigo disponibilizará canal de atendimento ao contribuinte para resolução de problemas operacionais relacionados à apuração e pagamento do IBS e da CBS.

§ 3º Sem prejuízo do disposto nos §§ 1º e 2º deste artigo, o Comitê Gestor do IBS e a RFB poderão manter seus próprios sistemas para administração do IBS e da CBS.

Seção II
DO CADASTRO COM IDENTIFICAÇÃO ÚNICA

Art. 59. As pessoas físicas e jurídicas e as entidades sem personalidade jurídica sujeitas ao IBS e à CBS são obrigadas a se registrar em cadastro com identificação única, observado o disposto nas alíneas *a* e *b* do inciso I do § 3º do art. 11 desta Lei Complementar.

§ 1º Para efeitos do disposto no *caput* deste artigo, consideram-se os seguintes cadastros administrados pela RFB:

I – de pessoas físicas, o Cadastro de Pessoas Físicas (CPF);

II – de pessoas jurídicas e entidades sem personalidade jurídica, o Cadastro Nacional da Pessoa Jurídica (CNPJ); e

III – de imóveis rurais e urbanos, o Cadastro Imobiliário Brasileiro (CIB).

§ 2º As informações cadastrais terão integração, sincronização, cooperação e compartilhamento obrigatório e tempestivo em ambiente nacional de dados entre as administrações tributárias federal, estaduais, distrital e municipais.

§ 3º O ambiente nacional de compartilhamento e integração das informações cadastrais terá gestão compartilhada por meio do Comitê para Gestão da Rede Nacional para Simplificação do Registro e da Legalização de Empresas e Negócios (CGSIM) de que trata o inciso III do *caput* do art. 2º da Lei Complementar nº 123, de 14 de dezembro de 2006.

§ 4º As administrações tributárias federal, estaduais, distrital e municipais poderão tratar dados complementares e atributos específicos para gestão fiscal do IBS e da CBS, observado o disposto no § 2º deste artigo.

§ 5º O Domicílio Tributário Eletrônico (DTE) previsto no art. 332 desta Lei Complementar será unificado e obrigatório para todas as entidades e demais pessoas jurídicas sujeitas à inscrição no CNPJ.

Seção III
DO DOCUMENTO FISCAL ELETRÔNICO

Art. 60. O sujeito passivo do IBS e da CBS, ao realizar operações com bens ou com serviços, inclusive exportações, e importações, deverá emitir documento fiscal eletrônico.

§ 1º As informações prestadas pelo sujeito passivo nos termos deste artigo possuem caráter declaratório e constituem confissão do valor devido de IBS e de CBS consignados no documento fiscal.

§ 2º A obrigação de emissão de documentos fiscais eletrônicos aplica-se inclusive:

I – a operações imunes, isentas ou contempladas com alíquota zero ou suspensão;

II – à transferência de bens entre estabelecimentos pertencentes ao mesmo contribuinte; e

III – a outras hipóteses previstas no regulamento.

§ 3º Para fins de apuração do IBS e da CBS, o Comitê Gestor do IBS e as administrações tributárias responsáveis pela autorização ou recepção de documentos fiscais eletrônicos observarão a forma, o conteúdo e os prazos previstos em ato conjunto do Comitê Gestor do IBS e da RFB.

§ 4º Os documentos fiscais eletrônicos relativos às operações com bens ou com serviços deverão ser compartilhados com todos os entes federativos no momento da autorização ou da recepção, com utilização de padrões técnicos uniformes.

§ 5º O regulamento poderá exigir do sujeito passivo a apresentação de informações complementares necessárias à apuração do IBS e da CBS.

§ 6º Considera-se documento fiscal idôneo o registro de informações que atenda às exigências estabelecidas no regulamento, observado o disposto nesta Lei Complementar.

Seção IV
DOS PROGRAMAS DE INCENTIVO À CIDADANIA FISCAL

Art. 61. O Comitê Gestor do IBS e a RFB poderão instituir programas de incentivo à cidadania fiscal por meio de estímulo à exigência, pelos consumidores, da emissão de documentos fiscais.

§ 1º Os programas de que trata o *caput* deste artigo poderão ser financiados pelo montante equivalente a até 0,05% (cinco centésimos por cento) da arrecadação do IBS e da CBS.

§ 2º O regulamento poderá prever hipóteses em que as informações apresentadas nos termos do inciso I do § 1º do art. 32 desta Lei Complementar poderão ser utilizadas para identificar o adquirente que não seja contribuinte do IBS e da CBS nos respectivos documentos fiscais eletrônicos, garantida a opção do adquirente por outra forma de identificação.

Seção V
DISPOSIÇÕES TRANSITÓRIAS

Art. 62. Ficam a União, os Estados, o Distrito Federal e os Municípios obrigados a:

I – adaptar os sistemas autorizadores e aplicativos de emissão simplificada de documentos fiscais eletrônicos vigentes para utilização de leiaute padronizado, que permita aos contribuintes informar os dados relativos ao IBS e à CBS, necessários à apuração desses tributos; e

II – compartilhar os documentos fiscais eletrônicos, após a recepção, validação e autorização, com o ambiente nacional de uso comum do Comitê Gestor do IBS e das administrações tributárias da União, dos Estados, do Distrito Federal e dos Municípios.

§ 1º Para fins do disposto no *caput* deste artigo, os Municípios e o Distrito Federal ficam obrigados, a partir de 1º de janeiro de 2026, a:

I – autorizar seus contribuintes a emitir a Nota Fiscal de Serviços Eletrônica de padrão nacional (NFS-e) no ambiente nacional ou, na hipótese de possuir emissor próprio, compartilhar os documentos fiscais eletrônicos gerados, conforme leiaute padronizado, para o ambiente de dados nacional da NFS-e; e

II – compartilhar o conteúdo de outras modalidades de declaração eletrônica, conforme leiaute padronizado definido no regulamento, para o ambiente de dados nacional da NFS-e.

§ 2º O disposto no § 1º deste artigo aplica-se até 31 de dezembro de 2032.

§ 3º Os dados do ambiente centralizador nacional da NFS-e deverão ser imediatamente compartilhados em ambiente nacional nos termos do inciso II do § 1º deste artigo.

§ 4º O padrão e o leiaute a que se referem os incisos I e II do § 1º deste artigo são aqueles definidos em convênio firmado entre a administração tributária da União, do Distrito Federal e dos Municípios que tiver instituído a NFS-e, desenvolvidos e geridos pelo Comitê Gestor da Nota Fiscal de Serviços Eletrônica de padrão nacional (CGNFS-e).

§ 5º O ambiente de dados nacional da NFS-e é o repositório que assegura a integridade e a disponibilidade das informações constantes dos documentos fiscais compartilhados.

§ 6º O Comitê Gestor do IBS e a RFB poderão definir soluções alternativas à plataforma NFS-e, respeitada a adoção do leiaute do padrão nacional da NFS-e para fins de compartilhamento em ambiente nacional.

§ 7º O não atendimento ao disposto no *caput* deste artigo implicará a suspensão temporária das transferências voluntárias.

CAPÍTULO IV

DO IBS E DA CBS SOBRE IMPORTAÇÕES

Seção I

DA HIPÓTESE DE INCIDÊNCIA

Art. 63. O IBS e a CBS incidem sobre a importação de bens ou de serviços do exterior realizada por pessoa física ou jurídica ou entidade sem personalidade jurídica, ainda que não inscrita ou obrigada a se inscrever no regime regular do IBS e da CBS, qualquer que seja a sua finalidade.

Parágrafo único. Salvo disposição específica prevista neste Capítulo, aplicam-se à importação de que trata o *caput* deste artigo as regras relativas às operações onerosas de que trata o Capítulo II deste Título.

Seção II

DA IMPORTAÇÃO DE BENS IMATERIAIS E SERVIÇOS

Art. 64. Para fins do disposto no art. 63 desta Lei Complementar, considera-se importação de serviço ou de bem imaterial, inclusive direitos, o fornecimento realizado por residente ou domiciliado no exterior cujo consumo ocorra no País, ainda que o fornecimento seja realizado no exterior.

§ 1º Consideram-se consumo de bens imateriais e serviços a utilização, a exploração, o aproveitamento, a fruição ou o acesso.

§ 2º Considera-se ainda importação de serviço a prestação por residente ou domiciliado no exterior:

I – executada no País;

II – relacionada a bem imóvel ou bem móvel localizado no País; ou

III – relacionada a bem móvel que seja remetido para o exterior para execução do serviço e retorne ao País após a sua conclusão.

§ 3º Na hipótese de haver consumo de serviços ou de bens imateriais, inclusive direitos, concomitantemente no território nacional e no exterior, apenas a parcela cujo consumo ocorrer no País será considerada importação.

§ 4º Os bens imateriais, inclusive direitos, e serviços cujo valor esteja incluído no valor aduaneiro de bens materiais importados nos termos do art. 69 desta Lei Complementar sujeitam-se à incidência do IBS e da CBS na forma da Seção III deste Capítulo.

§ 5º Na importação de bens imateriais ou de serviços a que se refere o *caput* deste artigo:

I – considera-se ocorrido o fato gerador do IBS e da CBS:

a) no momento definido conforme o disposto no art. 10 desta Lei Complementar;

b) no local definido conforme o disposto no art. 11 desta Lei Complementar;

II – a base de cálculo é o valor da operação nos termos do art. 12 desta Lei Complementar;

III – as alíquotas do IBS e da CBS incidentes sobre cada importação de bem imaterial ou de serviço são as mesmas incidentes no fornecimento do mesmo bem imaterial ou serviço no País, observadas as disposições próprias relativas à fixação das alíquotas nas importações de bens imateriais ou de serviços sujeitos aos regimes específicos de tributação;

IV – para fins da determinação das alíquotas estadual, distrital e municipal do IBS, o local da importação é o destino da operação definido nos termos do art. 11 desta Lei Complementar;

V – o adquirente é contribuinte do IBS e da CBS nas aquisições de bens imateriais, inclusive direitos, e serviços de fornecedor residente ou domiciliado no exterior;

VI – caso o adquirente seja residente ou domiciliado no exterior, o destinatário é contribuinte do IBS e da CBS nas aquisições de bens imateriais, inclusive direitos, e serviços de fornecedor residente ou domiciliado no exterior;

VII – o adquirente sujeito ao regime regular do IBS e da CBS pode apropriar e utilizar crédito conforme o disposto nos arts. 47 a 56 desta Lei Complementar;

VIII – o fornecedor residente ou domiciliado no exterior é responsável solidário pelo pagamento do IBS e da CBS com o contribuinte, observando-se o disposto nos arts. 21 e 23 desta Lei Complementar;

IX – as plataformas digitais, ainda que residentes e domiciliadas no exterior, serão responsáveis pelo pagamento do IBS e da CBS nas importações realizadas por seu intermédio, observando-se o disposto nos arts. 22 e 23 desta Lei Complementar.

§ 6º Aplicam-se também as regras específicas previstas no Título V deste Livro às importações de bens e serviços objeto de regimes específicos.

§ 7º Não será considerado como importação de serviço ou de bem imaterial, inclusive direitos, o consumo eventual por pessoa física não residente que permaneça temporariamente no País, nos termos do regulamento.

Seção III

DA IMPORTAÇÃO DE BENS MATERIAIS

Subseção I

DO FATO GERADOR

Art. 65. Para fins do disposto no art. 63 desta Lei Complementar, o fato gerador da importação de bens materiais é a entrada de bens de procedência estrangeira no território nacional.

Parágrafo único. Para efeitos do disposto no *caput* deste artigo, presumem-se entrados no território nacional os bens que constem como tendo sido importados e cujo extravio venha a ser apurado pela autoridade aduaneira, exceto quanto às malas e às remessas postais internacionais.

Art. 66. Não constituem fatos geradores do IBS e da CBS sobre a importação os bens materiais:

I – que retornem ao País nas seguintes hipóteses:

a) enviados em consignação e não vendidos no prazo autorizado;

b) devolvidos por motivo de defeito técnico, para reparo ou para substituição;

c) por motivo de modificações na sistemática de importação por parte do país importador;

d) por motivo de guerra ou de calamidade pública; ou

e) por outros fatores alheios à vontade do exportador;

II – que, corretamente descritos nos documentos de transporte, cheguem ao País por erro inequívoco ou comprovado de expedição e que sejam redestinados ou devolvidos para o exterior;

III – que sejam idênticos, em igual quantidade e valor, e que se destinem à reposição de outros anteriormente importados que se tenham revelado, após sua liberação pela autoridade aduaneira, defeituosos ou imprestáveis para o fim a que se destinavam, nos termos do regulamento;

IV – que tenham sido objeto de pena de perdimento antes de sua liberação pela autoridade aduaneira;

V – que tenham sido devolvidos para o exterior antes do registro da declaração de importação;

VI – que sejam considerados como pescado capturado fora das águas territoriais do País por empresa localizada no seu território, desde que satisfeitas as exigências que regulam a atividade pesqueira;

VII – aos quais tenha sido aplicado o regime de exportação temporária;

VIII – que estejam em trânsito aduaneiro de passagem, acidentalmente destruídos; e

IX – que tenham sido destruídos sob controle aduaneiro, sem ônus para o poder público, antes de sua liberação pela autoridade aduaneira.

Subseção II

DO MOMENTO DA APURAÇÃO

Art. 67. Para efeitos de cálculo do IBS e da CBS, considera-se ocorrido o fato gerador do IBS e da CBS na importação de bens materiais:

I – na liberação dos bens submetidos a despacho para consumo;

II – na liberação dos bens submetidos ao regime aduaneiro especial de admissão temporária para utilização econômica;

III – no lançamento do correspondente crédito tributário, quando se tratar de:

a) bens compreendidos no conceito de bagagem, acompanhada ou desacompanhada;

b) bens constantes de manifesto ou de outras declarações de efeito equivalente, cujo extravio tenha sido verificado pela autoridade aduaneira; ou

c) bens importados que não tenham sido objeto de declaração de importação.

§ 1º Para efeitos do inciso I do *caput* deste artigo, entende-se por despacho para consumo na importação o despacho aduaneiro a que são submetidos os bens importados a título definitivo.

§ 2º O disposto no inciso I do *caput* deste artigo aplica-se, inclusive, no caso de despacho para consumo de bens sob regime suspensivo de tributação e de bens contidos em remessa internacional ou conduzidos por viajante, sujeitos ao regime de tributação comum.

SUBSEÇÃO III

DO LOCAL DA IMPORTAÇÃO DE BENS MATERIAIS

Art. 68. Para efeitos do IBS e da CBS incidentes sobre as importações de bens materiais, o local da importação de bens materiais corresponde ao:

I – local da entrega dos bens ao destinatário final, nos termos do art. 11 desta Lei Complementar, inclusive na remessa internacional;

II – domicílio principal do adquirente de mercadoria entrepostada; ou

III – local onde ficou caracterizado o extravio.

SUBSEÇÃO IV

DA BASE DE CÁLCULO

Art. 69. A base de cálculo do IBS e da CBS na importação de bens materiais é o valor aduaneiro acrescido de:

I – Imposto sobre a Importação;

II – Imposto Seletivo (IS);

III – taxa de utilização do Sistema Integrado do Comércio Exterior (SISCOMEX);

IV – Adicional ao Frete para a Renovação da Marinha Mercante (AFRMM);

V – Contribuição de Intervenção no Domínio Econômico incidente sobre a importação e a comercialização de petróleo e seus derivados, gás natural e seus derivados, e álcool etílico combustível (CIDE-Combustíveis);

VI – direitos *antidumping*;

VII – direitos compensatórios;

VIII – medidas de salvaguarda; e

IX – quaisquer outros impostos, taxas, contribuições ou direitos incidentes sobre os bens importados até a sua liberação.

§ 1º A base de cálculo do IBS e da CBS na hipótese de que trata o § 2º do art. 71 desta Lei Complementar será o valor que servir ou que serviria de base para o cálculo do Imposto de Importação acrescido dos valores de que tratam o *caput*, ressalvado o disposto no § 2º deste artigo.

§ 2º Não compõem a base de cálculo do IBS e da CBS:

I – O Imposto sobre Produtos Industrializados (IPI), previsto no inciso IV do *caput* do art. 153 da Constituição Federal;

II – o Imposto sobre operações relativas à Circulação de Mercadorias e sobre prestações de Serviços de Transporte Interestadual e Intermunicipal e de Comunicação (ICMS), previsto no inciso II do *caput* do art. 155 da Constituição Federal; e

III – o Imposto sobre Serviços de Qualquer Natureza (ISS), previsto no inciso III do *caput* do art. 156 da Constituição Federal.

Art. 70. Para efeitos de apuração da base de cálculo, os valores expressos em moeda estrangeira deverão ser convertidos em moeda nacional pela taxa de câmbio utilizada para cálculo do Imposto sobre a Importação, sem qualquer ajuste posterior decorrente de eventual variação cambial.

Parágrafo único. Na hipótese de não ser devido o Imposto sobre a Importação, deverá ser utilizada a taxa de câmbio que seria empregada caso houvesse tributação.

SUBSEÇÃO V

DA ALÍQUOTA

Art. 71. As alíquotas do IBS e da CBS incidentes sobre cada importação de bem material são as mesmas incidentes sobre a aquisição do respectivo bem no País, observadas as disposições próprias relativas à fixação das alíquotas nas importações de bens sujeitos aos regimes específicos de tributação.

§ 1º Para fins da determinação das alíquotas estadual, distrital e municipal do IBS, o destino da operação é o local da importação, definido nos termos do art. 68 desta Lei Complementar.

§ 2º Na impossibilidade de identificação do bem material importado, em razão de seu extravio ou consumo, e de descrição genérica nos documentos comerciais e de transporte disponíveis, serão aplicadas, para fins de determinação do IBS e da CBS incidentes na importação, as alíquotas-padrão do destino da operação.

SUBSEÇÃO VI

DA SUJEIÇÃO PASSIVA

Art. 72. É contribuinte do IBS e da CBS na importação de bens materiais:

I – o importador, assim considerado qualquer pessoa ou entidade sem personalidade jurídica que promova a entrada de bens materiais de procedência estrangeira no território nacional; e

II – o adquirente de mercadoria entrepostada.

Parágrafo único. Na importação por conta e ordem de terceiro, quem promove a entrada de bens materiais de procedência estrangeira no território nacional é o adquirente dos bens no exterior.

Art. 73. É responsável pelo IBS e pela CBS na importação de bens materiais, em substituição ao contribuinte:

I – o transportador, em relação aos bens procedentes do exterior, ou sob controle aduaneiro, que transportar, quando constatado o extravio até a conclusão da descarga dos bens no local ou recinto alfandegado;

II – o depositário, em relação aos bens procedentes do exterior que se encontrarem sob controle aduaneiro e sob sua custódia, quando constatado o extravio após a conclusão da descarga no local ou recinto alfandegado;

III – o beneficiário de regime aduaneiro especial que não tiver promovido a entrada dos bens estrangeiros no território nacional; e

IV – o beneficiário que der causa ao descumprimento de aplicação de regime aduaneiro suspensivo destinado à industrialização para exportação, no caso de admissão de mercadoria no regime por outro beneficiário, mediante sua anuência, com vistas à execução de etapa da cadeia industrial do produto a ser exportado.

Art. 74. É responsável solidário pelo IBS e pela CBS na importação de bens materiais:

I – a pessoa que registra, em seu nome, a declaração de importação de bens de procedência estrangeira adquiridos no exterior por outra pessoa;

II – o encomendante predeterminado que adquire bens de procedência estrangeira de pessoa jurídica importadora;

III – o representante, no País, do transportador estrangeiro;

IV – o expedidor, o operador de transporte multimodal ou qualquer subcontratado para a realização do transporte multimodal; e

V – o tomador de serviço ou o contratante de afretamento de embarcação ou aeronave, em contrato internacional, em relação aos bens admitidos em regime aduaneiro especial por terceiro.

Art. 75. Os sujeitos passivos a que se referem os arts. 72 a 74 desta Lei Complementar devem se inscrever para cumprimento das obrigações relativas ao IBS e à CBS sobre importações, nos termos do regulamento.

SUBSEÇÃO VII

DO PAGAMENTO

Art. 76. O IBS e a CBS devidos na importação de bens materiais deverão ser pagos até a entrega dos bens submetidos a despacho para consumo, ainda que esta ocorra antes da liberação dos bens pela autoridade aduaneira.

§ 1º O sujeito passivo poderá optar por antecipar o pagamento do IBS e da CBS para o momento do registro da declaração de importação.

§ 2º Eventual diferença de tributos gerada pela antecipação do pagamento será cobrada do sujeito passivo na data de ocorrência do fato gerador para efeitos de cálculo do IBS e da CBS, sem a incidência de acréscimos moratórios.

§ 3º O regulamento poderá estabelecer hipóteses em que o pagamento do IBS e da CBS possa ocorrer em momento posterior ao definido no *caput* deste artigo, para os sujeitos passivos certificados no Programa Brasileiro de Operador Econômico Autorizado (Programa OEA) estabelecido na forma da legislação específica.

§ 4º O pagamento do IBS e da CBS é condição para a entrega dos bens, observado o disposto no § 3º deste artigo.

§ 5º O IBS e a CBS devidos na importação serão extintos exclusivamente mediante recolhimento pelo sujeito passivo.

Art. 77. As diferenças percentuais de bens a granel que, por sua natureza ou condições de manuseio, estejam sujeitos a quebra, a decréscimo ou a acréscimo, apuradas pela autoridade aduaneira, não serão consideradas para efeito de exigência do IBS e da CBS, até o limite percentual a ser definido no regulamento, o qual poderá ser diferenciado por tipo de bem.

SUBSEÇÃO VIII

DA NÃO CUMULATIVIDADE

Art. 78. Quando estiverem sujeitos ao regime regular do IBS e da CBS, os contribuintes de que trata o art. 72 e os adquirentes de bens tributados pelo regime de remessa internacional de que trata o art. 95 poderão apropriar e utilizar créditos correspondentes aos valores do IBS e da CBS efetivamente pagos na importação de bens materiais, observado o disposto nos arts. 47 a 56 desta Lei Complementar.

CAPÍTULO V

DO IBS E DA CBS SOBRE EXPORTAÇÕES

Seção I

DISPOSIÇÕES GERAIS

Art. 79. São imunes ao IBS e à CBS as exportações de bens e de serviços para o exterior, nos termos do art. 8º desta Lei Complementar, asseguradas ao exportador a apropriação e a utilização dos créditos relativos às operações nas quais seja adquirente de bem ou de serviço, observadas as vedações ao creditamento previstas nos arts. 49 e 51, as demais disposições dos arts. 47 e 52 a 57 desta Lei Complementar e o disposto neste Capítulo.

Seção II

DAS EXPORTAÇÕES DE BENS IMATERIAIS E DE SERVIÇOS

Art. 80. Para fins do disposto no art. 79 desta Lei Complementar, considera-se exportação de serviço ou de bem imaterial, inclusive direitos, o fornecimento para residente ou domiciliado no exterior e consumo no exterior.

§ 1º Considera-se ainda exportação:

I – a prestação de serviço para residente ou domiciliado no exterior relacionada a:

a) bem imóvel localizado no exterior;

b) bem móvel que ingresse no País para a prestação do serviço e retorne ao exterior após a sua conclusão, observado o prazo estabelecido no regulamento; e

II – a prestação dos seguintes serviços, desde que vinculados direta e exclusivamente à exportação de bens materiais ou associados à entrega no exterior de bens materiais:

a) intermediação na distribuição de mercadorias no exterior (comissão de agente);

b) seguro de cargas;

c) despacho aduaneiro;

d) armazenagem de mercadorias;

e) transporte rodoviário, ferroviário, aéreo, aquaviário ou multimodal de cargas;

f) manuseio de cargas;

g) manuseio de contêineres;

h) unitização ou desunitização de cargas;

i) consolidação ou desconsolidação documental de cargas;

j) agenciamento de transporte de cargas;

k) remessas expressas;

l) pesagem e medição de cargas;

m) refrigeração de cargas;

n) arrendamento mercantil operacional ou locação de contêineres;

o) instalação e montagem de mercadorias exportadas; e

p) treinamento para uso de mercadorias exportadas.

§ 2º Caso não seja possível ao fornecedor nacional identificar o local do consumo pelas condições e características do fornecimento, presumir-se-á local do consumo o local do domicílio do adquirente no exterior.

§ 3º Caso o consumo de que trata o § 2º ocorra no País, será considerada importação de serviço ou bem imaterial, inclusive direito, observado o disposto no art. 64 desta Lei Complementar.

§ 4º A pessoa que não promover a exportação dos bens materiais de que trata o inciso II do § 1º fica obrigada a recolher o IBS e a CBS, acrescidos de juros e multa de mora, na forma do § 2º do art. 29 desta Lei Complementar, contados a partir da data da ocorrência da operação, na condição de responsável.

§ 5º Na hipótese de haver fornecimento de serviços ou de bens imateriais, inclusive direitos, concomitantemente no território nacional e no exterior, apenas a parcela cuja execução ou consumo ocorrer no exterior será considerada exportação.

§ 6º Aplica-se o disposto no § 1º do art. 64 desta Lei Complementar para fins da definição de consumo no exterior de serviços ou de bens imateriais, inclusive direitos.

§ 7º Aplicam-se também as regras específicas previstas no Título V deste Livro às exportações de bens e serviços objeto de regimes específicos.

Seção III

DAS EXPORTAÇÕES DE BENS MATERIAIS

Art. 81. A imunidade do IBS e da CBS sobre a exportação de bens materiais a que se refere o art. 79 desta Lei Complementar aplica-se às exportações sem saída do território nacional, na forma disciplinada no regulamento, quando os bens exportados forem:

I – totalmente incorporados a bem que se encontre temporariamente no País, de propriedade do comprador estrangeiro, inclusive em regime de admissão temporária sob a responsabilidade de terceiro;

II – entregues a órgão da administração direta, autárquica ou fundacional da União, dos Estados, do Distrito Federal ou dos Municípios, em cumprimento de contrato decorrente de licitação internacional;

III – entregues no País a órgão do Ministério da Defesa, para ser incorporados a produto de interesse da defesa nacional em construção ou fabricação no território nacional, em decorrência de acordo internacional;

IV – entregues a empresa nacional autorizada a operar o regime de loja franca;

V – vendidos para empresa sediada no exterior, quando se tratar de aeronave industrializada no País e entregue a fornecedor de serviços de transporte aéreo regular sediado no território nacional;

VI – entregues no País para ser incorporados a embarcação ou plataforma em construção ou conversão contratada por empresa sediada no exterior ou a seus módulos, com posterior destinação às atividades de exploração, de desenvolvimento e de produção de petróleo, de gás natural e de outros hidrocarbonetos fluidos previstas na legislação específica; e

VII – destinados exclusivamente às atividades de exploração, de desenvolvimento e de produção de petróleo, de gás natural e de outros hidrocarbonetos fluidos previstas na legislação específica, quando vendidos a empresa sediada no exterior e conforme definido em legislação específica, ainda que se faça por terceiro sediado no País.

Art. 82. Poderá ser suspenso o pagamento do IBS e da CBS no fornecimento de bens materiais com o fim específico de exportação a empresa comercial exportadora que atenda cumulativamente aos seguintes requisitos:

I – seja certificada no Programa OEA;

II – possua patrimônio líquido igual ou superior ao maior entre os seguintes valores:

a) R$ 1.000.000,00 (um milhão de reais); e

b) uma vez o valor total dos tributos suspensos;

III – faça a opção pelo DTE, na forma da legislação específica;

IV – mantenha escrituração contábil e a apresente em meio digital; e

V – esteja em situação de regularidade fiscal perante as administrações tributárias federal, estadual ou municipal de seu domicílio.

§ 1º Para fins do disposto no *caput* deste artigo, a empresa comercial exportadora deverá ser habilitada em ato conjunto do Comitê Gestor do IBS e da RFB.

§ 2º Para fins da suspensão do pagamento do IBS, a certificação a que se refere o inciso I do *caput* deste artigo será condicionada à anuência das administrações tributárias estadual e municipal de domicílio da empresa.

§ 3º Consideram-se adquiridos com o fim específico de exportação os bens remetidos para embarque de exportação ou para recintos alfandegados, por conta e ordem da empresa comercial exportadora, sem que haja qualquer outra operação comercial ou industrial nesse interstício.

§ 4º A suspensão do pagamento do IBS e da CBS prevista no *caput* converte-se em alíquota zero após a efetiva exportação dos bens, desde que observado o prazo previsto no inciso I do § 5º deste artigo.

§ 5º A empresa comercial exportadora fica responsável pelo pagamento do IBS e da CBS que tiverem sido suspensos no fornecimento de bens para a empresa comercial exportadora, nas seguintes hipóteses:

I – transcorridos 180 (cento e oitenta) dias da data da emissão da nota fiscal pelo fornecedor, não houver sido efetivada a exportação;

II – forem os bens redestinados para o mercado interno;

III – forem os bens submetidos a processo de industrialização; ou

IV – ocorrer a destruição, o extravio, o furto ou o roubo antes da efetiva exportação dos bens.

§ 6º Para efeitos do disposto no § 5º deste artigo, consideram-se devidos o IBS e a CBS no momento de ocorrência do fato gerador, conforme definido no art. 10 desta Lei Complementar.

§ 7º Nas hipóteses do § 5º deste artigo, os valores que forem pagos espontaneamente ficarão sujeitos à incidência de multa e juros de mora, na forma do § 2º do art. 29 desta Lei Complementar.

§ 8º O valor fixado no inciso II do *caput* deste artigo será atualizado pelo Índice Nacional de Preços ao Consumidor Amplo (IPCA), em periodicidade não inferior a 12 (doze) meses, mediante ato conjunto do Comitê Gestor do IBS e da RFB, que fixará os termos inicial e final da atualização.

§ 9º O regulamento estabelecerá:

I – os requisitos específicos para o procedimento de habilitação a que se refere o § 1º deste artigo;

II – a periodicidade para apresentação da escrituração contábil a que se refere o inciso IV do *caput* deste artigo;

III – hipóteses em que os bens possam ser remetidos para locais diferentes daqueles previstos no § 3º deste artigo, sem que reste descaracterizado o fim específico de exportação; e

IV – requisitos e condições para a realização de operações de transbordo, baldeação, descarregamento ou armazenamento no curso da remessa a que se refere o § 3º deste artigo.

§ 10. O regulamento poderá estabelecer prazo estendido para aplicação do disposto no inciso I do § 5º deste artigo, em razão do tipo de bem.

§ 11. Também fica suspenso o pagamento do IBS e da CBS no fornecimento de produtos agropecuários *in natura* para contribuinte do regime regular que promova industrialização destinada a exportação para o exterior:

I – cuja receita bruta decorrente de exportação para o exterior, nos 3 (três) anos-calendário imediatamente anteriores ao da aquisição, tenha sido superior a 50% (cinquenta por cento) de sua receita bruta total de venda de bens e serviços no mesmo período, após excluídos os tributos incidentes sobre a venda; e

II – que cumpra o disposto nos incisos II a V do *caput* deste artigo.

§ 12. O adquirente a que se refere o § 11 fica responsável pelo pagamento do IBS e CBS suspensos, com os acréscimos previstos no § 2º do art. 29 desta Lei Complementar, caso, no prazo de 180 (cento e oitenta) dias contados da data da emissão da nota fiscal pelo fornecedor:

I – o produto agropecuário *in natura* adquirido com suspensão não seja utilizado para industrialização; ou

II – o produto industrializado resultante dos produtos agropecuários *in natura* adquiridos com suspensão:

a) não seja exportado para o exterior; ou

b) não seja comercializado no mercado doméstico, com a respectiva tributação.

§ 13. O regulamento poderá estabelecer:

I – critérios para enquadramento no disposto neste artigo para o contribuinte em início de atividade ou que tenha iniciado as suas atividades há menos de 3 (três) anos; e

II – hipóteses em que o prazo de que trata o § 12 deste artigo poderá ser estendido.

Art. 83. A habilitação a que se refere o § 1º do art. 82 desta Lei Complementar poderá ser cancelada nas seguintes hipóteses:

I – descumprimento dos requisitos estabelecidos nos incisos I a V do *caput* do art. 82 desta Lei Complementar; ou

II – pendência no pagamento a que se refere o § 5º do art. 82 desta Lei Complementar.

§ 1º O cancelamento da habilitação será realizado pela autoridade fiscal da RFB ou da administração tributária estadual, distrital ou municipal de domicílio da empresa comercial exportadora.

§ 2º Nas hipóteses previstas no *caput* deste artigo, será aberto processo de cancelamento da habilitação, instruído com termo de constatação, e a empresa comercial exportadora será intimada a se regularizar ou a apresentar impugnação no prazo de 30 (trinta) dias úteis, contado da data da ciência da intimação.

§ 3º A intimação a que se refere o § 2º deste artigo será efetuada preferencialmente por meio eletrônico, mediante envio ao domicílio tributário eletrônico da empresa comercial exportadora.

§ 4º Caso a empresa comercial exportadora se regularize por meio do cumprimento de todos os requisitos e condições estabelecidos no *caput* do art. 82, e desde que não haja pendência de pagamento relativo às hipóteses referidas no § 5º do art. 82 desta Lei Complementar, o processo de cancelamento de que trata o § 2º deste artigo será extinto.

§ 5º Fica caracterizada a revelia, e será dado prosseguimento ao processo de cancelamento, caso a empresa comercial exportadora não se regularize na forma do § 4º nem apresente a impugnação referida no § 2º deste artigo.

§ 6º Apresentada a impugnação referida no § 2º deste artigo, a autoridade preparadora terá o prazo de 15 (quinze) dias para remessa do processo a julgamento.

§ 7º Caberá recurso da decisão que cancelar a habilitação, a ser apresentado no prazo de 20 (vinte) dias úteis, contado da data da ciência da decisão, ao Comitê Gestor do IBS ou à RFB, de acordo com a autoridade fiscal que houver realizado o cancelamento da habilitação nos termos do § 1º deste artigo.

§ 8º O regulamento poderá prever atos procedimentais complementares ao disposto neste artigo.

TÍTULO II – DOS REGIMES ADUANEIROS ESPECIAIS E DOS REGIMES DE BAGAGEM, DE REMESSAS INTERNACIONAIS E DE FORNECIMENTO DE COMBUSTÍVEL PARA AERONAVES EM TRÁFEGO INTERNACIONAL

CAPÍTULO I – DOS REGIMES ADUANEIROS ESPECIAIS

Seção I – DO REGIME DE TRÂNSITO

Art. 84. Fica suspenso o pagamento do IBS e da CBS incidentes na importação enquanto os bens materiais estiverem submetidos ao regime aduaneiro especial de trânsito aduaneiro, em qualquer de suas modalidades, observada a disciplina estabelecida na legislação aduaneira.

Seção II – DOS REGIMES DE DEPÓSITO

Art. 85. Fica suspenso o pagamento do IBS e da CBS incidentes na importação enquanto os bens materiais estiverem submetidos a regime aduaneiro especial de depósito, observada a disciplina estabelecida na legislação aduaneira.

Parágrafo único. O regulamento discriminará as espécies de regimes aduaneiros especiais de depósito.

Art. 86. O disposto no *caput* do art. 85 desta Lei Complementar não se aplica aos bens admitidos no regime aduaneiro especial de depósito alfandegado certificado.

Parágrafo único. Consideram-se exportados os bens admitidos no regime aduaneiro especial de depósito alfandegado certificado, nos termos do regulamento.

Art. 87. Fica suspenso o pagamento do IBS e da CBS incidentes na importação e na aquisição no mercado interno de bens materiais submetidos a regime aduaneiro especial de lojas franca, observada a disciplina estabelecida na legislação aduaneira.

Parágrafo único. Aplica-se o regime previsto no *caput* ao fornecimento de bens materiais destinados ao uso ou consumo de bordo, em aeronaves exclusivamente em tráfego internacional com destino ao exterior e entregues em zona primária alfandegada ou área de porto organizado alfandegado.

Seção III – DOS REGIMES DE PERMANÊNCIA TEMPORÁRIA

Art. 88. Fica suspenso o pagamento do IBS e da CBS incidentes na importação enquanto os bens materiais estiverem submetidos a regime aduaneiro especial de permanência temporária no País ou de saída temporária do País, observada a disciplina estabelecida na legislação aduaneira.

Parágrafo único. O regulamento discriminará as espécies de regimes aduaneiros especiais de permanência temporária.

Art. 89. No caso de bens admitidos temporariamente no País para utilização econômica, a suspensão do pagamento do IBS e da CBS será parcial, devendo ser pagos o IBS e a CBS proporcionalmente ao tempo de permanência dos bens no País.

§ 1º A proporcionalidade a que se refere o *caput* deste artigo será obtida pela aplicação do percentual de 0,033% (trinta e três milésimos por cento), relativamente a cada dia compreendido no prazo de concessão do regime, sobre o montante do IBS e da CBS originalmente devidos.

§ 2º Na hipótese de pagamento após a data em que seriam devidos, conforme disposto no inciso II do *caput* do art. 67 desta Lei Complementar, o IBS e a CBS serão corrigidos pela taxa SELIC, calculados a partir da referida data, sem prejuízo dos demais acréscimos previstos na legislação.

§ 3º O disposto no *caput* deste artigo não se aplica:

I – até 31 de dezembro de 2040:

a) aos bens destinados às atividades de exploração, de desenvolvimento e de produção de petróleo e de gás natural, cuja permanência no País seja de natureza temporária, constantes de relação especificada no regulamento; e

b) aos bens destinados às atividades de transporte, de movimentação, de transferência, de armazenamento ou de regaseificação de gás natural liquefeito, constantes de relação especificada no regulamento; e

II – até a data estabelecida pelo art. 92-A do Ato das Disposições Constitucionais Transitórias, aos bens importados temporariamente e para utilização econômica por empresas que se enquadrem nas disposições do Decreto-Lei nº 288, de 28 de fevereiro de 1967, durante o período de sua permanência na Zona Franca de Manaus, os quais serão submetidos ao regime de admissão temporária com suspensão total do pagamento dos tributos.

§ 4º Na hipótese de a importação temporária de aeronaves ser realizada por contribuinte do regime regular do IBS e da CBS mediante contrato de arrendamento mercantil:

I – será dispensado o pagamento do IBS e da CBS na importação da aeronave; e

II – haverá a incidência do IBS e da CBS no pagamento das contraprestações pelo arrendamento mercantil de acordo com o disposto no regime específico de serviços financeiros para importações.

Seção IV

DOS REGIMES DE APERFEIÇOAMENTO

Art. 90. Fica suspenso o pagamento do IBS e da CBS incidentes na importação enquanto os bens materiais estiverem submetidos a regime aduaneiro especial de aperfeiçoamento, observada a disciplina estabelecida na legislação aduaneira.

§ 1º O regulamento discriminará as espécies de regimes aduaneiros especiais de aperfeiçoamento.

§ 2º A suspensão de que trata o *caput* deste artigo poderá alcançar bens materiais importados e aqueles adquiridos no mercado interno.

§ 3º O regulamento estabelecerá os requisitos e as condições para a admissão de bens materiais e serviços no regime aduaneiro especial de *drawback*, na modalidade de suspensão.

§ 4º Ficam sujeitos ao pagamento do IBS e da CBS os bens materiais submetidos ao regime aduaneiro especial de *drawback*, na modalidade de suspensão, que, no todo ou em parte:

I – deixarem de ser empregados ou consumidos no processo produtivo de bens finais exportados, conforme estabelecido no ato concessório; ou

II – sejam empregados em desacordo com o ato concessório, caso destinados para o mercado interno, no estado em que foram importados ou adquiridos ou, ainda, incorporados aos referidos bens finais.

§ 5º Na hipótese prevista no § 4º, caso a destinação para o mercado interno seja realizada após 30 (trinta) dias do prazo fixado para exportação os valores dos tributos devidos serão acrescidos de multa e juros de mora nos termos do § 2º do art. 29 desta Lei Complementarão.

§ 6º Para fins do disposto nesta Seção, o Regime Aduaneiro Especial de Entreposto Industrial sob Controle Informatizado (RECOF) é considerado regime aduaneiro especial de aperfeiçoamento.

Art. 91. Não se aplicam ao IBS e à CBS as modalidades de isenção e de restituição do regime aduaneiro especial de *drawback*.

Art. 92. No caso de os bens nacionais ou nacionalizados saírem, temporariamente, do País para operação de transformação, elaboração, beneficiamento ou montagem ou, ainda, para processo de conserto, reparo ou restauração, o IBS e a CBS devidos no retorno dos bens ao País serão calculados:

I – sobre a diferença entre o valor do IBS e da CBS incidentes sobre o produto da operação de transformação, elaboração, beneficiamento ou montagem e o valor do IBS e da CBS que incidiriam, na mesma data, sobre os bens objeto da saída, se estes estivessem sendo importados do mesmo país em que se deu a operação de exportação temporária; ou

II – sobre o valor dos bens e serviços empregados no processo de conserto, reparo ou restauração.

Parágrafo único. O regulamento poderá estabelecer outras operações de industrialização a que se aplicará o disposto no *caput* deste artigo.

Seção V

DO REGIME ADUANEIRO ESPECIAL APLICÁVEL AO SETOR DE PETRÓLEO E GÁS (REPETRO)

Art. 93. Observada a disciplina estabelecida na legislação aduaneira, fica suspenso o pagamento do IBS e da CBS nas seguintes operações:

I – importação de bens destinados às atividades de exploração, de desenvolvimento e de produção de petróleo, de gás natural e de outros hidrocarbonetos fluidos previstas na legislação específica, cuja permanência no País seja de natureza temporária, constantes de relação especificada no regulamento (REPETRO-Temporário);

II – importação de bens destinados às atividades de transporte, movimentação, transferência, armazenamento ou regaseificação de gás natural liquefeito constantes de relação especificada no regulamento (GNL-Temporário);

III – importação de bens constantes de relação especificada no regulamento cuja permanência no País seja definitiva e que sejam destinados às atividades a que se refere o inciso I deste *caput* (REPETRO-Permanente);

IV – importação ou aquisição no mercado interno de matérias-primas, produtos intermediários e materiais de embalagem para ser utilizados integralmente no processo produtivo de produto final a ser fornecido a empresa que o destine às atividades a que se refere o inciso I deste *caput* (REPETRO-Industrialização);

V – aquisição de produto final a que se refere o inciso IV deste *caput* (REPETRO-Nacional); e

VI – importação ou aquisição no mercado interno de bens constantes de relação especificada no regulamento, para conversão ou construção de outros bens no País, contratada por empresa sediada no exterior, cujo produto final deverá ser destinado às atividades a que se refere o inciso I deste *caput* (REPETRO-Entreposto).

§ 1º Fica vedada a suspensão prevista no inciso III do *caput* deste artigo para importação de embarcações destinadas à navegação de cabotagem e à navegação interior de percurso nacional, bem como à navegação de apoio portuário e à navegação de apoio marítimo, nos termos da legislação específica.

§ 2º A suspensão do pagamento do IBS e da CBS prevista no inciso III do *caput* deste artigo converte-se em alíquota zero após decorridos 5 (cinco) anos contados da data de registro da declaração de importação.

§ 3º O beneficiário que realizar importação com suspensão do pagamento nos termos do inciso III do *caput* deste artigo e não destinar os bens na forma nele prevista no prazo de 3 (três) anos, contado da data de registro da declaração de importação, fica obrigado a recolher o IBS e a CBS não pagos em decorrência da suspensão usufruída, acrescidos de multa e juros de mora nos termos do § 2º art. 29 desta Lei Complementar, calculados a partir da data de ocorrência dos respectivos fatos geradores.

§ 4º Fica também suspenso o pagamento do IBS e da CBS na importação ou na aquisição de bens no mercado interno por empresa denominada fabricante intermediário para a industrialização de produto intermediário a ser fornecido a empresa que o utilize no processo produtivo de que trata o inciso IV do *caput* deste artigo.

§ 5º Efetivado o fornecimento do produto final, as suspensões de que tratam o inciso IV do *caput* e o § 4º deste artigo convertem-se em alíquota zero.

§ 6º Efetivada a destinação do produto final, a suspensão de que trata o inciso V do *caput* deste artigo converte-se em alíquota zero.

§ 7º O beneficiário que realizar a aquisição no mercado interno com suspensão do pagamento nos termos do inciso V do *caput* e não destinar o bem às atividades de que trata o inciso I do *caput* deste artigo no prazo de 3 (três) anos, contado da data de aquisição, fica obrigado a recolher o IBS e a CBS não pagos em decorrência da suspensão usufruída, acrescidos de multa de mora e corrigidos pela taxa SELIC, calculados a partir da data de ocorrência dos respectivos fatos geradores.

§ 8º As suspensões do IBS e da CBS previstas no *caput* deste artigo somente serão aplicadas aos fatos geradores ocorridos até 31 de dezembro de 2040.

Seção VI

DOS REGIMES DE BAGAGEM E DE REMESSAS INTERNACIONAIS

Art. 94. São isentas do pagamento do IBS e da CBS na importação de bens materiais:

I – bagagens de viajantes e de tripulantes, acompanhadas ou desacompanhadas; e

II – remessas internacionais, desde que:

a) sejam isentas do Imposto sobre a Importação;

b) o remetente e o destinatário sejam pessoas físicas; e

c) não tenha ocorrido a intermediação de plataforma digital.

Art. 95. Na remessa internacional em que seja aplicado o regime de tributação simplificada, nos termos da legislação aduaneira, é responsável solidário do IBS e da CBS e obrigado a se inscrever no regime regular do IBS e da CBS o fornecedor dos bens materiais de procedência estrangeira, ainda que residente ou domiciliado no exterior, observado o disposto no § 2º do art. 21, no § 3º do art. 22 e no art. 23 desta Lei Complementar.

Art. 96. A plataforma digital, ainda que domiciliada no exterior, é responsável pelo pagamento do IBS e da CBS relativos aos bens materiais objeto de remessa internacional cuja operação ou importação tenha sido realizada por seu intermédio, observado o disposto nos arts. 22 e 23 desta Lei Complementar.

Art. 97. Nas hipóteses dos arts. 95 e 96 desta Lei Complementar, o destinatário de remessa internacional, ainda que não seja o importador, é solidariamente responsável pelo pagamento do IBS e da CBS relativos aos bens materiais objeto de remessa internacional caso:

I – o fornecedor residente ou domiciliado no exterior não esteja inscrito; ou

II – os tributos não tenham sido pagos pelo fornecedor residente ou domiciliado no exterior, ainda que inscrito, ou por plataforma digital.

Seção VII

DO REGIME DE FORNECIMENTO DE COMBUSTÍVEL PARA AERONAVE EM TRÁFEGO INTERNACIONAL

Art. 98. Considera-se exportação o fornecimento de combustível ou lubrificante para abastecimento de aeronaves em tráfego internacional e com destino ao exterior.

Parágrafo único. O disposto neste artigo somente se aplica no abastecimento de combustível ou lubrificante realizados exclusivamente em zona primária alfandegada ou área de porto organizado alfandegado.

CAPÍTULO II
DAS ZONAS DE PROCESSAMENTO DE EXPORTAÇÃO

Art. 99. As importações ou as aquisições no mercado interno de máquinas, de aparelhos, de instrumentos e de equipamentos realizadas por empresa autorizada a operar em zonas de processamento de exportação serão efetuadas com suspensão do pagamento do IBS e da CBS.

§ 1º A suspensão de que trata o *caput* deste artigo aplica-se apenas aos bens, novos ou usados, necessários às atividades da empresa autorizada a operar em zonas de processamento de exportação, para incorporação ao seu ativo imobilizado.

§ 2º Na hipótese de importação de bens usados, a suspensão de que trata o *caput* deste artigo será aplicada quando se tratar de conjunto industrial que seja elemento constitutivo da integralização do capital social da empresa.

§ 3º Na hipótese de utilização dos bens importados ou adquiridos no mercado interno com suspensão do pagamento do IBS e da CBS em desacordo com o disposto nos §§ 1º e 2º, ou de revenda dos bens antes que ocorra a conversão da suspensão em alíquota zero, na forma estabelecida no § 4º deste artigo, a empresa autorizada a operar em zonas de processamento de exportação fica obrigada a recolher o IBS e a CBS que se encontrem com o pagamento suspenso, acrescidos de multa e juros de mora nos termos do § 2º do art. 29 desta Lei Complementar, calculados a partir da data de ocorrência dos respectivos fatos geradores, na condição de:

I – contribuinte, em relação às operações de importação; ou

II – responsável, em relação às aquisições no mercado interno.

§ 4º Se não ocorrer as hipóteses previstas no § 3º, a suspensão de que trata o *caput* deste artigo converter-se-á em alíquota zero, decorrido o prazo de 2 (dois) anos, contado da data de ocorrência do fato gerador.

§ 5º Se não for efetuado o pagamento do IBS e da CBS na forma do § 3º deste artigo, caberá a exigência dos valores em procedimento de ofício, corrigidos pela taxa SELIC, e das penalidades aplicáveis.

Art. 100. As importações ou as aquisições no mercado interno de matérias-primas, de produtos intermediários e de materiais de embalagem realizadas por empresa autorizada a operar em zonas de processamento de exportação serão efetuadas com suspensão do pagamento do IBS e da CBS.

§ 1º As matérias-primas, os produtos intermediários e os materiais de embalagem de que trata o *caput* deste artigo deverão ser utilizados integralmente no processo produtivo do produto final a ser exportado, sem prejuízo do disposto no art. 101 desta Lei Complementar.

§ 2º A suspensão de que trata o *caput* deste artigo converter-se-á em alíquota zero com a exportação do produto final ou da prestação de serviços fornecidos ou destinados exclusivamente para o exterior, observado o disposto no § 4º.

§ 3º Considera-se matéria-prima para fins do disposto no *caput* a energia elétrica proveniente de fontes renováveis de geração utilizada por empresas instaladas em Zonas de Processamento de Exportação.

§ 4º A energia elétrica proveniente de fontes renováveis de geração utilizada por empresas prestadoras de serviço instaladas em zonas de processamento de exportação terá tratamento equivalente ao estabelecido no *caput* para matérias-primas, produtos intermediários e materiais de embalagem.

Art. 101. Os produtos industrializados ou adquiridos para industrialização por empresa autorizada a operar em zonas de processamento de exportação poderão ser vendidos para o mercado interno, desde que a pessoa jurídica efetue o pagamento:

I – do IBS e da CBS, na condição de contribuinte, que se encontrem com o pagamento sobre as importações suspenso em razão do disposto nos arts. 99 e 100 desta Lei Complementar, acrescidos de multa de mora e corrigidos pela taxa SELIC, calculados a partir da data de ocorrência dos respectivos fatos geradores;

II – do IBS e da CBS, na condição de responsável, que se encontrem com o pagamento relativo a aquisições no mercado interno suspenso em razão do disposto nos arts. 99 e 100 desta Lei Complementar, acrescidos de multa de mora e corrigidos pela taxa SELIC, calculados a partir da data de ocorrência dos respectivos fatos geradores;

III – do IBS e da CBS normalmente incidentes na operação de venda.

Art. 102. Aplica-se o tratamento estabelecido nos arts. 99 e 100 desta Lei Complementar às aquisições de máquinas, de aparelhos, de instrumentos, de equipamentos, de matérias-primas, de produtos intermediários e de materiais de embalagem realizadas entre empresas autorizadas a operar em zonas de processamento de exportação.

Art. 103. Ficam reduzidas a zero as alíquotas do IBS e da CBS incidentes sobre os serviços de transporte:

I – dos bens de que tratam os arts. 99 e 100 desta Lei Complementar, até as zonas de processamento de exportação; e

II – dos bens exportados a partir das zonas de processamento de exportação.

Art. 104. O disposto neste Capítulo observará a disciplina estabelecida na legislação aduaneira para as zonas de processamento de exportação.

CAPÍTULO III
DOS REGIMES DOS BENS DE CAPITAL

Seção I
DO REGIME TRIBUTÁRIO PARA INCENTIVO À MODERNIZAÇÃO E À AMPLIAÇÃO DA ESTRUTURA PORTUÁRIA (REPORTO)

Art. 105. Observada a disciplina estabelecida na legislação específica, serão efetuadas com suspensão do pagamento do IBS e da CBS as importações e as aquisições no mercado interno de máquinas, equipamentos, peças de reposição e outros bens realizadas diretamente pelos beneficiários do Regime Tributário para Incentivo à Modernização e à Ampliação da Estrutura Portuária (REPORTO) e destinadas ao seu ativo imobilizado para utilização exclusiva na execução de serviços de:

I – carga, descarga, armazenagem e movimentação de mercadorias e produtos, inclusive quando realizadas em recinto alfandegado de zona secundária;

II – sistemas suplementares de apoio operacional;

III – proteção ambiental;

IV – sistemas de segurança e de monitoramento de fluxo de pessoas, mercadorias, produtos, veículos e embarcações;

V – dragagens; e

VI – treinamento e formação de trabalhadores, inclusive na implantação de Centros de Treinamento Profissional.

§ 1º O disposto no *caput* deste artigo aplica-se também aos bens utilizados na execução de serviços de transporte de mercadorias em ferrovias, classificados nas posições 86.01, 86.02 e 86.06 da Nomenclatura Comum do Mercosul baseada no Sistema Harmonizado (NCM/SH), e aos trilhos e demais elementos de vias férreas, classificados na posição 73.02 da NCM/SH.

§ 2º A suspensão do pagamento do IBS e da CBS prevista no *caput* deste artigo converte-se em alíquota zero após decorridos 5 (cinco) anos contados da data de ocorrência dos respectivos fatos geradores.

§ 3º A transferência, a qualquer título, de propriedade dos bens importados ou adquiridos no mercado interno ao amparo do REPORTO, no prazo de 5 (cinco) anos, contado da data da ocorrência dos respectivos fatos geradores, deverá ser precedida de autorização do Comitê Gestor do IBS e da RFB e do recolhimento do IBS e da CBS com pagamento suspenso, acrescidos de multa e juros de mora nos termos do § 2º do art. 29 desta Lei Complementar.

§ 4º A transferência a que se refere o § 3º deste artigo, previamente autorizada pelo Comitê Gestor do IBS e pela RFB, para outro beneficiário do REPORTO será efetivada com suspensão do pagamento do IBS e da CBS desde que o adquirente assuma a responsabilidade, desde o momento de ocorrência dos respectivos fatos geradores, pelo IBS e pela CBS com pagamento suspenso.

§ 5º Os bens beneficiados pela suspensão referida no *caput* e no § 1º deste artigo serão relacionados no regulamento.

§ 6º As peças de reposição referidas no *caput* deverão ter seu valor igual ou superior a 20% (vinte por cento) do valor da máquina ou equipamento ao qual se destinam, de acordo com a respectiva declaração de importação ou nota fiscal.

§ 7º Os beneficiários do REPORTO poderão efetuar importações e aquisições no mercado interno amparadas pelo regime até 31 de dezembro de 2028.

§ 8º As pessoas jurídicas optantes pelo Simples Nacional não poderão aderir ao REPORTO.

Seção II
DO REGIME ESPECIAL DE INCENTIVOS PARA O DESENVOLVIMENTO DA INFRAESTRUTURA (REIDI)

Art. 106. Observada a disciplina estabelecida na legislação específica, serão efetuadas com suspensão do pagamento do IBS e da CBS as importações e as aquisições no mercado interno de máquinas, aparelhos, instrumentos e equipamentos, novos, e de materiais de construção, realizadas diretamente pelos beneficiários do Regime Especial de Incentivos para o Desenvolvimento da Infraestrutura (REIDI) para utilização ou incorporação em obras de infraestrutura destinadas ao ativo imobilizado.

§ 1º A suspensão do pagamento do IBS e da CBS prevista no *caput* deste artigo aplica-se também:

I – à importação de serviços destinados a obras de infraestrutura para incorporação ao ativo imobilizado;

II – à aquisição no mercado interno de serviços destinados a obras de infraestrutura para incorporação ao ativo imobilizado; e

III – à locação de máquinas, aparelhos, instrumentos e equipamentos destinados a obras de infraestrutura para incorporação ao ativo imobilizado.

§ 2º A suspensão do pagamento do IBS e da CBS prevista no *caput* e no § 1º deste artigo converte-se em alíquota zero após a utilização ou incorporação do bem, material de construção ou serviço na obra de infraestrutura.

§ 3º O beneficiário do REIDI que não utilizar ou incorporar o bem, material de construção ou serviço na obra de infraestrutura fica obrigado a recolher o IBS e a CBS que se encontrem com o pagamento suspenso, acrescidos de multa e juros de mora nos termos do § 2º do art. 29 desta Lei Complementar, calculados a partir da data de ocorrência dos respectivos fatos geradores, na condição de:

I – contribuinte, em relação às operações de importação de bens materiais; ou

II – responsável, em relação aos serviços, às locações ou às aquisições de bens materiais no mercado interno.

§ 4º Os benefícios previstos neste artigo aplicam-se também na hipótese de, em conformidade com as normas contábeis aplicáveis, as receitas das pessoas jurídicas titulares de contratos de concessão de serviços públicos reconhecidas durante a execução das obras de infraestrutura elegíveis ao REIDI terem como contrapartida ativo de contrato, ativo intangível representativo de direito de exploração ou ativo financeiro representativo de direito contratual incondicional de receber caixa ou outro ativo financeiro, estendendo-se, inclusive, aos projetos em andamento já habilitados perante a RFB.

§ 5º Os benefícios previstos neste artigo poderão ser usufruídos nas importações e aquisições no mercado interno realizadas no período de 5 (cinco) anos, contado da data da habilitação no REIDI da pessoa jurídica titular do projeto de infraestrutura.

§ 6º As pessoas jurídicas optantes pelo Simples Nacional não poderão aderir ao REIDI.

Seção III
DO REGIME TRIBUTÁRIO PARA INCENTIVO À ATIVIDADE NAVAL – RENAVAL

Art. 107. O Regime Tributário para Incentivo à Atividade Econômica Naval – RENAVAL permite aos beneficiários previamente habilitados suspensão do pagamento de IBS e CBS:

I – nos fornecimentos de embarcações registradas ou pré-registradas no Registro Especial Brasileiro – REB instituído pelo art. 11 da Lei nº 9.432, de 8 de janeiro de 1997, para incorporação ao ativo imobilizado de adquirente sujeito ao regime regular do IBS e da CBS;

II – nas importações e nas aquisições no mercado interno de máquinas, equipamentos e veículos destinados a utilização nas atividades de que trata o inciso III efetuadas para incorporação a seu ativo imobilizado; e

III – nas importações e nas aquisições no mercado interno de matérias-primas, produtos intermediários, partes, peças e componentes para utilização na construção, conservação, modernização e reparo de embarcações pré-registradas ou registradas no REB.

§ 1º Somente contribuintes sujeitos ao regime regular do IBS e da CBS que exercem precipuamente as atividades de construção, conservação, modernização e reparo de embarcações poderão ser habilitados como beneficiários do RENAVAL, nos termos do regulamento.

§ 2º A suspensão do pagamento do IBS e da CBS prevista no *caput* deste artigo converte-se em alíquota zero após:

I – 12 (doze) meses de permanência do bem no ativo imobilizado do adquirente, no caso do inciso I do *caput*;

II – 5 (cinco) anos de permanência do bem no ativo imobilizado do adquirente, no caso do inciso II do *caput*; e

III – a incorporação ou consumo nas atividades de que trata o inciso III do *caput*.

§ 3º O beneficiário do RENAVAL que não cumprir a condição estabelecida nos incisos I a III do *caput* fica obrigado a recolher o IBS e a CBS suspensos, com os acréscimos de que trata o § 2º do art. 29 desta Lei Complementar, calculados a partir da data de ocorrência dos respectivos fatos geradores, na condição de:

I – contribuinte, em relação às operações de importação de bens materiais; ou

II – responsável, em relação às operações no mercado interno.

§ 4º Aplica-se o disposto no § 3º ao beneficiário que transferir, a qualquer título, a propriedade dos bens importados ou adquiridos no mercado interno sob amparo do RENAVAL antes da conversão em alíquota zero.

§ 5º Para os fins do disposto neste artigo, também serão considerados como bens e serviços incorporados ao ativo imobilizado aqueles com a mesma natureza e que, em decorrência das normas contábeis aplicáveis, forem contabilizados por concessionárias de serviços públicos como ativo de contrato, intangível ou financeiro.

Seção IV
DA DESONERAÇÃO DA AQUISIÇÃO DE BENS DE CAPITAL

Art. 108. Fica assegurado o crédito integral e imediato de IBS e CBS, na forma do disposto nos arts. 47 a 56, na aquisição de bens de capital.

Art. 109. Ato conjunto do Poder Executivo da União e do Comitê Gestor do IBS poderá definir hipóteses em que importações e aquisições no mercado interno de bens de capital por contribuinte no regime regular serão realizadas com suspensão do pagamento do IBS e da CBS, não se aplicando o disposto no art. 108 desta Lei Complementar.

§ 1º O ato conjunto de que trata o *caput* deste artigo discriminará os bens alcançados e o prazo do benefício.

§ 2º A suspensão do pagamento do IBS e da CBS prevista no *caput* deste artigo converte-se em alíquota zero após a incorporação do bem ao ativo imobilizado do adquirente, observado o prazo de que trata o § 1º deste artigo.

§ 3º O beneficiário que não incorporar o bem ao seu ativo imobilizado fica obrigado a recolher o IBS e a CBS que se encontrem com o pagamento suspenso, acrescidos de multa e juros de mora na forma do § 2º do art. 29 desta Lei Complementar, calculados a partir da data de ocorrência dos respectivos fatos geradores, na condição de:

I – contribuinte, em relação às importações; ou

II – responsável, em relação às aquisições no mercado interno.

§ 4º O disposto neste artigo aplica-se também às pessoas jurídicas optantes pelo Simples Nacional inscritas no regime regular de que trata esta Lei Complementar.

Art. 110. Ficam reduzidas a zero as alíquotas do IBS e da CBS no fornecimento e na importação:

I – de tratores, máquinas e implementos agrícolas, destinados a produtor rural não contribuinte de que trata o art. 164; e

II – de veículos de transporte de carga destinados a transportador autônomo de carga pessoa física não contribuinte de que trata o art. 169.

Parágrafo único. O disposto neste artigo se aplica aos bens de capital listados no regulamento.

Art. 111. Para fins desta Seção, também serão considerados bens incorporados ao ativo imobilizado aqueles com a mesma natureza e que, em decorrência das normas contábeis aplicáveis, forem contabilizados por concessionárias de serviços públicos como ativo de contrato, intangível ou financeiro.

TÍTULO III – DA DEVOLUÇÃO PERSONALIZADA DO IBS E DA CBS (*CASHBACK*) E DA CESTA BÁSICA NACIONAL DE ALIMENTOS

CAPÍTULO I
DA DEVOLUÇÃO PERSONALIZADA DO IBS E DA CBS (*CASHBACK*)

Art. 112. Serão devolvidos, nos termos e limites previstos neste Capítulo, para pessoas físicas que forem integrantes de famílias de baixa renda:

I – a CBS, pela União; e

II – o IBS, pelos Estados, pelo Distrito Federal e pelos Municípios.

Art. 113. O destinatário das devoluções previstas neste Capítulo será aquele responsável por unidade familiar de família de baixa renda cadastrada no Cadastro Único para Programas Sociais do Governo Federal (CadÚnico), conforme o art. 6º-F da Lei nº 8.742, de 7 de dezembro de 1993, ou por norma equivalente que a suceder, e que observar, cumulativamente, os seguintes requisitos:

I – possuir renda familiar mensal *per capita* de até meio salário mínimo nacional;

II – ser residente no território nacional; e

III – possuir inscrição em situação regular no CPF.

LEGISLAÇÃO COMPLEMENTAR

§ 1º O destinatário será incluído de forma automática na sistemática de devoluções, podendo, a qualquer tempo, solicitar a sua exclusão.

§ 2º Os dados pessoais coletados na sistemática das devoluções serão tratados na forma da Lei nº 13.709, de 14 de agosto de 2018 (Lei Geral de Proteção de Dados Pessoais), e do art. 198 da Lei nº 5.172, de 25 de outubro de 1966 (Código Tributário Nacional), e somente poderão ser utilizados ou cedidos a órgãos da administração pública ou, de maneira anonimizada, a institutos de pesquisa para a execução de ações relacionadas às devoluções.

Art. 114. A devolução da CBS a que se refere o inciso I do *caput* do art. 112 desta Lei Complementar será gerida pela RFB, a quem caberá:

I – normatizar, coordenar, controlar e supervisionar sua execução;

II – definir os procedimentos para determinação do montante e a sistemática de pagamento dos valores devolvidos;

III – elaborar relatórios gerenciais e de prestação de contas relativos aos valores devolvidos; e

IV – adotar outras ações e iniciativas necessárias à operacionalização da devolução.

§ 1º A normatização a que se refere o inciso I do *caput* deste artigo definirá, especialmente:

I – o período de apuração da devolução;

II – o calendário e a periodicidade de pagamento;

III – as formas de creditamento às pessoas físicas destinatárias;

IV – a forma de ressarcimento de importâncias recebidas indevidamente pelas pessoas físicas;

V – os mecanismos de mitigação de fraudes ou erros;

VI – o tratamento em relação a indícios de irregularidades;

VII – as formas de transparência relativas à distribuição das devoluções; e

VIII – o prazo para utilização das devoluções, que não poderá ser superior a 24 (vinte e quatro) meses.

§ 2º Os procedimentos adotados para pagamentos das devoluções priorizarão mecanismos que estimulem a formalização do consumo das famílias destinatárias, por meio da emissão de documentos fiscais, de modo a estimular a cidadania fiscal e a mitigar a informalidade nas atividades econômicas, a sonegação fiscal e a concorrência desleal.

Art. 115. A devolução do IBS a que se refere o inciso II do *caput* do art. 112 será gerida pelo Comitê Gestor do IBS, a quem competirá as atribuições previstas no art. 114 desta Lei Complementar, respeitadas as especificidades.

Art. 116. As devoluções dos tributos previstas neste Capítulo serão concedidas no momento definido em regulamento.

§ 1º Caso se trate de fornecimento domiciliar de energia elétrica, abastecimento de água, esgotamento sanitário e gás canalizado e de fornecimento de serviços de telecomunicações as devoluções serão concedidas no momento da cobrança.

§ 2º Caso se trate de fornecimento de bens ou de serviços sujeitos à cobrança com periodicidade fixa, as devoluções serão concedidas, preferencialmente no momento da cobrança.

§ 3º Os valores serão disponibilizados para o agente financeiro no prazo máximo de 15 (quinze) dias após a apuração, observado o disposto no inciso I do § 1º do art. 114 e no art. 115 desta Lei Complementar.

§ 4º O agente financeiro deverá transferir os valores às famílias destinatárias em até 10 (dez) dias após a disponibilização de que trata o § 3º deste artigo.

Art. 117. As devoluções previstas neste Capítulo serão calculadas mediante aplicação de percentual sobre o valor do tributo relativo ao consumo, formalizado por meio da emissão de documentos fiscais.

§ 1º O regulamento estabelecerá regras de devolução por unidade familiar destinatária e por período de apuração das devoluções, de modo que a devolução seja compatível com a renda disponível da família.

§ 2º Para determinação do tributo a ser devolvido às pessoas físicas, nos termos do *caput* e do § 1º deste artigo, serão considerados:

I – o consumo total de produtos pelas famílias destinatárias, ressalvados os produtos sujeitos ao Imposto Seletivo, de que trata o Livro II desta Lei Complementar;

II – os dados extraídos de documentos fiscais vinculados ao CPF dos membros da unidade familiar, que acobertem operações de aquisição de bens ou serviços exclusivamente para consumo domiciliar;

III – a renda mensal familiar disponível, assim entendida a que resulta do somatório da renda declarada no CadÚnico a valores auferidos a título de transferência condicionada de renda;

IV – os dados extraídos de publicações oficiais relativos à estrutura de consumo das famílias;

V – as regras de tributação de bens e serviços previstas na legislação.

Art. 118. O percentual a ser aplicado nos termos do art. 117 desta Lei Complementar será de:

I – 100% (cem por cento) para a CBS e 20% (vinte por cento) para o IBS na aquisição de botijão de até 13 kg (treze quilogramas) de gás liquefeito de petróleo, nas operações de fornecimento domiciliar de energia elétrica, abastecimento de água, esgotamento sanitário e gás canalizado e nas operações de fornecimento de telecomunicações; e

II – 20% (vinte por cento) para a CBS e para o IBS, nos demais casos.

§ 1º A União, os Estados, o Distrito Federal e os Municípios poderão, por lei específica, fixar percentuais de devolução da sua parcela da CBS ou do IBS superiores aos previstos nos incisos I e II do *caput*, os quais poderão ser diferenciados:

I – em função da renda familiar dos destinatários, observado o disposto no art. 113 desta Lei Complementar;

II – entre os casos previstos nos incisos I e II do *caput*.

§ 2º Na ausência da fixação de percentuais próprios, as devoluções previstas neste Capítulo serão calculadas mediante aplicação dos percentuais de que tratam os incisos I e II do *caput*.

§ 3º O disposto no § 1º deste artigo não se aplica ao percentual de devolução da CBS de que trata o inciso I do *caput*.

Art. 119. Excepcionalmente, nas localidades com dificuldades operacionais que comprometam a eficácia da devolução do tributo na forma do art. 117 desta Lei Complementar, poderão ser adotados procedimentos simplificados para cálculo das devoluções.

§ 1º O procedimento simplificado de que trata este artigo não se aplica às devoluções concedidas no momento da cobrança da operação, nos termos dos §§ 1º e 2º do art. 116 desta Lei Complementar.

§ 2º Para fins do disposto no *caput* deste artigo, deverá ser observada a seguinte sequência de cálculos, respeitadas as faixas de renda das famílias destinatárias:

I – determinação do ônus dos tributos suportados nas diferentes faixas de renda, assim entendido como o produto do consumo mensal estimado dos bens e serviços, pelas alíquotas correspondentes;

II – determinação da pressão tributária nas diferentes faixas de renda, obtida pela razão entre o ônus dos tributos suportados, nos termos do inciso I deste parágrafo, e a renda mensal média estimada, expressa em termos percentuais;

III – determinação do ônus dos tributos suportados no nível da unidade familiar nas diferentes faixas de renda, que consiste na multiplicação da pressão tributária da faixa de renda pela renda mensal disponível da família destinatária, nos termos do inciso III do § 2º do art. 117 desta Lei Complementar;

IV – determinação do valor mensal da devolução no nível da unidade familiar, que resulta da multiplicação do ônus dos tributos suportados no nível da unidade familiar pelo percentual de devolução fixado nos termos do art. 118 desta Lei Complementar.

§ 3º Os dados relativos ao consumo dos bens e serviços e a renda média a que se referem, respectivamente, os incisos I e II do § 2º deste artigo, serão estimados a partir das informações da Pesquisa de Orçamentos Familiares (POF), produzida pela Fundação Instituto Brasileiro de Geografia e Estatística (IBGE), mais atualizada, com base em metodologia definida no regulamento.

§ 4º A definição das localidades com dificuldades operacionais de que trata o *caput* deste artigo levará em consideração o grau de eficácia da devolução do tributo, mediante metodologia de avaliação definida no regulamento.

Art. 120. Em nenhuma hipótese a parcela creditada individualmente à família beneficiária nos termos deste Capítulo poderá superar o ônus do tributo suportado relativo à CBS, no caso da devolução a que se refere o inciso I do *caput* do art. 112, e o ônus do tributo suportado relativo ao IBS, no caso da devolução a que se refere o inciso II do *caput* do art. 112 desta Lei Complementar, incidentes sobre o consumo das famílias.

Parágrafo único. Para efeito do disposto no *caput* deste artigo, o ônus do tributo suportado pelas famílias destinatárias poderá ser aferido com base em documentos fiscais emitidos ou pelos procedimentos de cálculo detalhados no art. 119 desta Lei Complementar.

Art. 121. As devoluções dos tributos a pessoas físicas de que trata este Capítulo serão deduzidas da arrecadação, mediante anulação da respectiva receita.

Art. 122. A União, por meio da RFB, e os Estados, o Distrito Federal e os Municípios, por meio do Comitê Gestor do IBS, poderão implementar soluções integradas para a administração de sistema que permita a devolução de forma unificada das parcelas a que se referem os incisos I e II do *caput* do art. 112 desta Lei Complementar.

Parágrafo único. A administração integrada inclui o exercício de competências previstas nos arts. 114 e 115 desta Lei Complementar, nos termos de convênio específico para esse fim.

Art. 123. As devoluções previstas no art. 112 desta Lei Complementar serão calculadas com base no consumo familiar realizado a partir do:

I – mês de janeiro de 2027, para a CBS; e

II – mês de janeiro de 2029, para o IBS.

Art. 124. Para os efeitos desta Lei Complementar, entende-se por:

I – devolução geral a pessoas físicas do IBS ou da CBS o valor apurado mediante a aplicação dos percentuais estabelecidos no art. 118 desta Lei Complementar;

II – devolução específica a pessoas físicas do IBS ou da CBS a diferença entre o valor apurado mediante a aplicação dos percentuais fixados pelos entes federativos nos termos do art. 118 desta Lei Complementar e o valor de que trata o inciso I deste *caput*.

Parágrafo único. A devolução geral de que trata o inciso I do *caput* deste artigo deverá ser considerada para fins de cálculo das alíquotas de referência, com vistas a reequilibrar a arrecadação das respectivas esferas federativas.

CAPÍTULO II
DA CESTA BÁSICA NACIONAL DE ALIMENTOS

Art. 125. Ficam reduzidas a zero as alíquotas do IBS e da CBS incidentes sobre as vendas de produtos destinados à alimentação humana relacionados no Anexo I desta Lei Complementar, com a especificação das respectivas classificações da NCM/SH, que compõem a Cesta Básica Nacional de Alimentos, criada nos termos do art. 8º da Emenda Constitucional nº 132, de 20 de dezembro de 2023.

Parágrafo único. Aplica-se o disposto nos §§ 1º e 2º do art. 126 desta Lei Complementar às reduções de alíquotas de que trata o *caput* deste artigo.

TÍTULO IV – DOS REGIMES DIFERENCIADOS DO IBS E DA CBS

CAPÍTULO I
DISPOSIÇÕES GERAIS

Art. 126. Ficam instituídos regimes diferenciados do IBS e da CBS, de maneira uniforme em todo o território nacional, conforme estabelecido neste Título, com a aplicação de alíquotas reduzidas ou com a concessão de créditos presumidos, assegurados os respectivos ajustes nas alíquotas de referência do IBS e da CBS, com vistas a reequilibrar a arrecadação.

§ 1º Atendidos os requisitos próprios, os regimes diferenciados de que trata este Capítulo aplicam-se, no que couber, à importação dos bens e serviços nele previstos.

§ 2º A alteração das operações com bens ou com serviços beneficiadas pelos regimes diferenciados de que trata este Capítulo, mediante acréscimo, exclusão ou substituição, somente entrará em vigor após o cumprimento do disposto nos §§ 9º e 11 do art. 156-A da Constituição Federal.

§ 3º O disposto no § 2º deste artigo não se aplica às hipóteses de que tratam o § 2º do art. 131, o § 2º do art. 132, o art. 134, o § 10 do art. 138, o § 2º do art. 144, o § 2º do art. 145 e o § 3º do art. 146 desta Lei Complementar desde que seus efeitos, considerados conjuntamente a cada período de revisão, não resultem em elevação superior a 0,02 (dois centésimos) ponto percentual da alíquota de referência da CBS, da alíquota de referência estadual do IBS ou da alíquota de referência municipal do IBS.

§ 4º As reduções de alíquotas de que trata este Título serão aplicadas sobre as alíquotas-padrão do IBS e da CBS de cada ente federativo, fixadas na forma do art. 14 desta Lei Complementar.

§ 5º A apropriação dos créditos presumidos previstos neste Título fica condicionada:

I – à emissão de documento fiscal eletrônico relativo à operação pelo adquirente, com identificação do respectivo fornecedor; e

II – ao efetivo pagamento ao fornecedor.

CAPÍTULO II
DA REDUÇÃO EM TRINTA POR CENTO DAS ALÍQUOTAS DO IBS E DA CBS

Art. 127. Ficam reduzidas em 30% (trinta por cento) as alíquotas do IBS e da CBS incidentes sobre a prestação de serviços pelos seguintes profissionais, que exercerem atividades intelectuais de natureza científica, literária ou artística, submetidas à fiscalização por conselho profissional:

I – administradores;

II – advogados;

III – arquitetos e urbanistas;

IV – assistentes sociais;

V – bibliotecários;

VI – biólogos;

VII – contabilistas;

VIII – economistas;

IX – economistas domésticos;

X – profissionais de educação física;

XI – engenheiros e agrônomos;

XII – estatísticos;

XIII – médicos veterinários e zootecnistas;

XIV – museólogos;

XV – químicos;

XVI – profissionais de relações públicas;

XVII – técnicos industriais; e

XVIII – técnicos agrícolas.

§ 1º A redução de alíquotas prevista no *caput* deste artigo aplica-se à prestação de serviços realizada por:

I – pessoa física, desde que os serviços prestados estejam vinculados à habilitação dos profissionais; e

II – pessoa jurídica que cumpra, cumulativamente, os seguintes requisitos:

a) possuam os sócios habilitações profissionais diretamente relacionadas com os objetivos da sociedade e estejam submetidos à fiscalização de conselho profissional;

b) não tenha como sócio pessoa jurídica;

c) não seja sócia de outra pessoa jurídica;

d) não exerça atividade diversa das habilitações profissionais dos sócios; e

e) sejam os serviços relacionados à atividade-fim prestados diretamente pelos sócios, admitido o concurso de auxiliares ou colaboradores.

§ 2º Para fins do disposto no inciso II do § 1º deste artigo, não impedem a redução de alíquotas de que trata este artigo:

I – a natureza jurídica da sociedade;

II – a união de diferentes profissionais previstos nos incisos I a XVIII do *caput* deste artigo, desde que a atuação de cada sócio seja na sua habilitação profissional; e

III – a forma de distribuição de lucros.

§ 3º Não se aplicam os §§ 1º e 2º deste artigo à prestação de serviços relacionada à profissão do inciso X do *caput* deste artigo efetuada por pessoa jurídica, desde que submetida à fiscalização de conselho profissional.

CAPÍTULO III
DA REDUÇÃO EM SESSENTA POR CENTO DAS ALÍQUOTAS DO IBS E DA CBS

Seção I
DISPOSIÇÕES GERAIS

Art. 128. Desde que observadas as definições e demais disposições deste Capítulo, ficam reduzidas em 60% (sessenta por cento) as alíquotas do IBS e da CBS incidentes sobre operações com:

I – serviços de educação;

II – serviços de saúde;

III – dispositivos médicos;

IV – dispositivos de acessibilidade próprios para pessoas com deficiência;

V – medicamentos;

VI – alimentos destinados ao consumo humano;

VII – produtos de higiene pessoal e limpeza majoritariamente consumidos por famílias de baixa renda;

VIII – produtos agropecuários, aquícolas, pesqueiros, florestais e extrativistas vegetais *in natura*;

IX – insumos agropecuários e aquícolas;

X – produções nacionais artísticas, culturais, de eventos, jornalísticas e audiovisuais;

XI – comunicação institucional;

XII – atividades desportivas; e

XIII – bens e serviços relacionados à soberania e à segurança nacional, à segurança da informação e à segurança cibernética.

Seção II
DOS SERVIÇOS DE EDUCAÇÃO

Art. 129. Ficam reduzidas em 60% (sessenta por cento) as alíquotas do IBS e da CBS incidentes sobre o fornecimento dos serviços de educação relacionados no Anexo II desta Lei Complementar, com a especificação das respectivas classificações da Nomenclatura Brasileira de Serviços, Intangíveis e Outras Operações que Produzam Variações no Patrimônio (NBS).

Parágrafo único. A redução de alíquotas prevista no *caput* deste artigo:

I – somente se aplica sobre os valores devidos pela contraprestação dos serviços listados no Anexo II desta Lei Complementar; e

II – não se aplica a outras operações eventualmente ocorridas no âmbito das escolas, das instituições ou dos estabelecimentos do fornecedor de serviços.

Seção III
DOS SERVIÇOS DE SAÚDE

Art. 130. Ficam reduzidas em 60% (sessenta por cento) as alíquotas do IBS e da CBS incidentes sobre o fornecimento dos serviços de saúde relacionados no Anexo III desta Lei Complementar, com a especificação das respectivas classificações da NBS.

Parágrafo único. Não integram a base de cálculo do IBS e da CBS dos serviços de saúde de que trata o *caput* deste artigo os valores glosados pela auditoria médica dos planos de assistência à saúde e não pagos.

Seção IV

DOS DISPOSITIVOS MÉDICOS

Art. 131. Ficam reduzidas em 60% (sessenta por cento) as alíquotas do IBS e da CBS incidentes sobre o fornecimento dos dispositivos médicos relacionados no Anexo IV desta Lei Complementar, com a especificação das respectivas classificações da NCM/SH.

§ 1º A redução de alíquotas prevista no *caput* deste artigo somente se aplica aos dispositivos listados no Anexo IV desta Lei Complementar regularizados perante a Agência Nacional de Vigilância Sanitária (ANVISA).

§ 2º Sem prejuízo da avaliação quinquenal de que trata o Capítulo I do Título III do Livro III desta Lei Complementar, o Ministro de Estado da Fazenda e o Comitê Gestor do IBS, ouvido o Ministério da Saúde, revisarão, a cada 120 (cento e vinte) dias, por meio de ato conjunto, a lista de que trata o Anexo IV desta Lei Complementar, tão somente para inclusão de dispositivos médicos inexistentes na data de publicação da revisão anterior que atendam às mesmas finalidades daqueles já constantes do referido anexo.

Seção V

DOS DISPOSITIVOS DE ACESSIBILIDADE PRÓPRIOS PARA PESSOAS COM DEFICIÊNCIA

Art. 132. Ficam reduzidas em 60% (sessenta por cento) as alíquotas do IBS e da CBS incidentes sobre o fornecimento dos dispositivos de acessibilidade próprios para pessoas com deficiência relacionados no Anexo V desta Lei Complementar, com a especificação das respectivas classificações da NCM/SH.

§ 1º A redução de alíquotas prevista no *caput* deste artigo somente se aplica aos dispositivos de acessibilidade listados no Anexo V desta Lei Complementar que atendam aos requisitos previstos em norma do órgão público competente.

§ 2º Sem prejuízo da avaliação quinquenal de que trata o Capítulo I do Título III do Livro III desta Lei Complementar, o Ministro de Estado da Fazenda e o Comitê Gestor do IBS, ouvido o órgão público competente, revisarão, a cada 120 (cento e vinte) dias, por meio de ato conjunto, a lista de que trata o Anexo V desta Lei Complementar, tão somente para inclusão de dispositivos de acessibilidade inexistentes na data de publicação da revisão anterior que atendam às mesmas finalidades daqueles já constantes do referido anexo.

Seção VI

DOS MEDICAMENTOS

Art. 133. Ficam reduzidas em 60% (sessenta por cento) as alíquotas do IBS e da CBS incidentes sobre o fornecimento dos medicamentos registrados na ANVISA ou produzidos por farmácias de manipulação, ressalvados os medicamentos sujeitos à alíquota zero de que trata o art. 146 desta Lei Complementar.

§ 1º A redução de alíquotas prevista no *caput* deste artigo aplica-se também às operações de fornecimento das composições para nutrição enteral e parenteral, composições especiais e fórmulas nutricionais destinadas às pessoas com erros inatos do metabolismo relacionadas no Anexo VI desta Lei Complementar, com a especificação das respectivas classificações da NCM/SH.

§ 2º Para fins de assegurar a repercussão nos preços da redução da carga tributária, a redução de que trata este artigo somente se aplica aos medicamentos industrializados ou importados pelas pessoas jurídicas que tenham firmado, com a União e o Comitê Gestor do IBS, compromisso de ajustamento de conduta ou cumpram a sistemática estabelecida pela Câmara de Regulação do Mercado de Medicamentos (CMED), na forma da lei.

Art. 134. Sem prejuízo da avaliação quinquenal de que trata o Capítulo I do Título III do Livro III desta Lei Complementar, o Ministro de Estado da Fazenda e o Comitê Gestor do IBS, ouvido o Ministério da Saúde, revisarão, a cada 120 (cento e vinte) dias, por meio de ato conjunto, a lista de que trata o Anexo VI, tão somente para inclusão de composições de que trata o § 1º do art. 133 desta Lei Complementar inexistentes na data de publicação da revisão anterior e que sirvam às mesmas finalidades daquelas já contempladas.

Seção VII

DOS ALIMENTOS DESTINADOS AO CONSUMO HUMANO

Art. 135. Ficam reduzidas em 60% (sessenta por cento) as alíquotas do IBS e da CBS incidentes sobre o fornecimento dos alimentos destinados ao consumo humano relacionados no Anexo VII desta Lei Complementar, com a especificação das respectivas classificações da NCM/SH.

Seção VIII

DOS PRODUTOS DE HIGIENE PESSOAL E LIMPEZA MAJORITARIAMENTE CONSUMIDOS POR FAMÍLIAS DE BAIXA RENDA

Art. 136. Ficam reduzidas em 60% (sessenta por cento) as alíquotas do IBS e da CBS incidentes sobre o fornecimento dos produtos de higiene pessoal e limpeza relacionados no Anexo VIII desta Lei Complementar, com a especificação das respectivas classificações da NCM/SH.

Seção IX

DOS PRODUTOS AGROPECUÁRIOS, AQUÍCOLAS, PESQUEIROS, FLORESTAIS E EXTRATIVISTAS VEGETAIS IN NATURA

Art. 137. Ficam reduzidas em 60% (sessenta por cento) as alíquotas do IBS e da CBS incidentes sobre o fornecimento de produtos agropecuários, aquícolas, pesqueiros, florestais e extrativistas vegetais *in natura*.

§ 1º Considera-se *in natura* o produto tal como se encontra na natureza, que não tenha sido submetido a nenhum processo de industrialização nem seja acondicionado em embalagem de apresentação, não perdendo essa condição o que apenas tiver sido submetido:

I – a secagem, limpeza, debulha de grãos ou descaroçamento; e

II – a congelamento, resfriamento ou simples acondicionamento, quando esses procedimentos se destinem apenas ao transporte, ao armazenamento ou à exposição para venda.

§ 2º O regulamento disporá sobre os produtos que não perderão a qualidade de *in natura* quando necessitarem de acondicionamento em embalagem de preservação, com adição de concentração ou conservantes para manter a integridade e características do produto.

§ 3º Para fins do disposto no *caput* deste artigo, considera-se fornecimento de produto florestal inclusive o fornecimento dos serviços ambientais de conservação ou recuperação da vegetação nativa, mesmo que fornecidos sob a forma de manejo sustentável de sistemas agrícolas, agroflorestais e agrossilvopastoris, em conformidade com as definições e requisitos da legislação específica.

Seção X

DOS INSUMOS AGROPECUÁRIOS E AQUÍCOLAS

Art. 138. Ficam reduzidas em 60% (sessenta por cento) as alíquotas do IBS e da CBS incidentes sobre o fornecimento dos insumos agropecuários e aquícolas relacionados no Anexo IX desta Lei Complementar, com a especificação das respectivas classificações da NCM/SH e da NBS.

§ 1º A redução de alíquotas prevista no *caput* deste artigo somente se aplica aos produtos de que trata o Anexo IX desta Complementar que, quando exigido, estejam registrados como insumos agropecuários ou aquícolas no órgão competente do Ministério da Agricultura e Pecuária.

§ 2º Fica diferido o recolhimento do IBS e da CBS incidentes nas seguintes operações com insumos agropecuários e aquícolas de que trata o *caput*:

I – fornecimento realizado por contribuinte sujeito ao regime regular do IBS e da CBS para:

a) contribuinte sujeito ao regime regular do IBS e da CBS; e

b) produtor rural não contribuinte do IBS e da CBS que utilize os insumos na produção de bem vendido para adquirentes que têm direito à apropriação dos créditos presumidos estabelecidos pelo art. 168 desta Lei Complementar; e

II – importação realizada por:

a) contribuinte sujeito ao regime regular do IBS e da CBS; e

b) produtor rural não contribuinte do IBS e da CBS que utilize os insumos na produção de bem vendido para adquirentes que têm direito à apropriação dos créditos presumidos estabelecidos pelo art. 168 desta Lei Complementar.

§ 3º O diferimento de que tratam a alínea *b* do inciso I e a alínea *b* do inciso II, ambos do § 2º, somente será aplicado sobre a parcela de insumos utilizada pelo produtor rural não contribuinte do IBS e da CBS na produção de bem vendido para adquirentes que têm direito à apropriação dos créditos presumidos estabelecidos pelo art. 168 desta Lei Complementar.

§ 4º VETADO.

§ 5º Nas hipóteses previstas na alínea *a* do inciso I e na alínea *a* do inciso II, ambas do

§ 2º deste artigo, o diferimento será encerrado caso:

I – o fornecimento do insumo agropecuário e aquícola, ou do produto deles resultante:

a) não esteja alcançado pelo diferimento; ou

b) seja isento, não tributado, inclusive em razão de suspensão do pagamento, ou sujeito à alíquota zero; ou

II – a operação seja realizada sem emissão do documento fiscal.

§ 6º O recolhimento do IBS e da CBS relativos ao diferimento será efetuado pelo contribuinte que promover a operação que encerrar a fase do diferimento, ainda que não tributada, na forma prevista nos §§ 7º e 8º deste artigo.

§ 7º Na hipótese a que se refere a alínea *a* do inciso I do § 5º deste artigo, a incidência do IBS e da CBS observará as regras aplicáveis à operação tributada.

§ 8º Na hipótese a que se refere a alínea *b* do inciso I do § 5º deste artigo, fica dispensado o recolhimento do IBS e da CBS caso seja permitida a apropriação de crédito, nos termos previstos nos arts. 47 a 56.

§ 9º Nas hipóteses previstas na alínea *b* do inciso I e na alínea *b* do inciso II, ambos do § 2º deste artigo, o diferimento será encerrado mediante:

I – a redução do valor dos créditos presumidos de IBS e de CBS estabelecidos pelo art. 168, na forma do § 3º do referido artigo; ou

II – VETADO.

§ 10. Sem prejuízo da avaliação quinquenal de que trata o Capítulo I do Título III do Livro III desta Lei Complementar, o Ministro de Estado da Fazenda e o Comitê Gestor do IBS, ouvido o Ministério da Agricultura e Pecuária, revisarão, a cada 120 (cento e vinte) dias, por meio de ato conjunto, a lista de que trata o Anexo IX, tão somente para inclusão de insumos de que trata o *caput* deste artigo que sirvam às mesmas finalidades daquelas já contempladas e de produtos destinados ao uso exclusivo para a fabricação de defensivos agropecuários.

Seção XI
DAS PRODUÇÕES NACIONAIS ARTÍSTICAS, CULTURAIS, DE EVENTOS, JORNALÍSTICAS E AUDIOVISUAIS

Art. 139. Ficam reduzidas em 60% (sessenta por cento) as alíquotas do IBS e da CBS incidentes sobre o fornecimento dos bens e serviços listados no Anexo X desta Lei Complementar, com a especificação das respectivas classificações da NCM/SH e NBS, nos casos relacionados com as seguintes produções nacionais artísticas, culturais, de eventos, jornalísticas e audiovisuais:

I – espetáculos teatrais, circenses e de dança;

II – *shows* musicais;

III – desfiles carnavalescos ou folclóricos;

IV – eventos acadêmicos e científicos, como congressos, conferências e simpósios;

V – feiras de negócios;

VI – exposições, feiras, galerias e mostras culturais, artísticas e literárias;

VII – programas de auditório ou jornalísticos, filmes, documentários, séries, novelas, entrevistas e clipes musicais; e

VIII – obras de arte.

§ 1º O disposto nos incisos I, II, III e VII do *caput* deste artigo somente se aplica a produções realizadas no País que contenham majoritariamente obras artísticas, musicais, literárias ou jornalísticas de autores brasileiros ou interpretadas majoritariamente por artistas brasileiros.

§ 2º No caso das obras cinematográficas ou videofonográficas de que trata o inciso VII do *caput* deste artigo, considera-se produção nacional aquela que atenda aos requisitos para obras audiovisuais nacionais definidos na legislação específica.

§ 3º O fornecimento de obras de arte de que trata o inciso VIII do *caput* deste artigo contempla apenas aqueles produzidos por artistas brasileiros.

Seção XII
DA COMUNICAÇÃO INSTITUCIONAL

Art. 140. Ficam reduzidas em 60% (sessenta por cento) as alíquotas do IBS e da CBS incidentes sobre o fornecimento dos seguintes serviços de comunicação institucional à administração pública direta, autarquias e fundações públicas:

I – serviços direcionados ao planejamento, criação, programação e manutenção de páginas eletrônicas da administração pública, ao monitoramento e gestão de suas redes sociais e à otimização de páginas e canais digitais para mecanismos de buscas e produção de mensagens, infográficos, painéis interativos e conteúdo institucional;

II – serviços de relações com a imprensa, que reúnem estratégias organizacionais para promover e reforçar a comunicação dos órgãos e das entidades contratantes com seus públicos de interesse, por meio da interação com profissionais da imprensa; e

III – serviços de relações públicas, que compreendem o esforço de comunicação planejado, coeso e contínuo que tem por objetivo estabelecer adequada percepção da atuação e dos objetivos institucionais, a partir do estímulo à compreensão mútua e da manutenção de padrões de relacionamento e fluxos de informação entre os órgãos e as entidades contratantes e seus públicos de interesse, no País e no exterior.

Parágrafo único. Os fornecedores dos serviços de comunicação institucional ficam sujeitos à alíquota-padrão em relação aos serviços fornecidos a adquirentes não mencionados no *caput* deste artigo.

Seção XIII
DAS ATIVIDADES DESPORTIVAS

Art. 141. Ficam reduzidas em 60% (sessenta por cento) as alíquotas do IBS e da CBS incidentes sobre as seguintes operações relacionadas a atividades desportivas:

I – fornecimento de serviço de educação desportiva, classificado no código 1.2205.12.00 da NBS;

II – gestão e exploração do desporto por associações e clubes esportivos filiados ao órgão estadual ou federal responsável pela coordenação dos desportos, inclusive por meio de venda de ingressos para eventos desportivos, fornecimento oneroso ou não de bens e serviços, inclusive ingressos, por meio de programas de sócio-torcedor, cessão dos direitos desportivos dos atletas e transferência de atletas para outra entidade desportiva ou seu retorno à atividade em outra entidade desportiva.

Seção XIV
DA SOBERANIA E DA SEGURANÇA NACIONAL, DA SEGURANÇA DA INFORMAÇÃO E DA SEGURANÇA CIBERNÉTICA

Art. 142. Ficam reduzidas em 60% (sessenta por cento) as alíquotas do IBS e da CBS sobre:

I – fornecimento à administração pública direta, autarquias e fundações públicas dos serviços e dos bens relativos à soberania e à segurança nacional, à segurança da informação e à segurança cibernética relacionados no Anexo XI desta Lei Complementar, com a especificação das respectivas classificações da NBS e da NCM/SH; e

II – operações e prestações de serviços de segurança da informação e segurança cibernética desenvolvidos por sociedade que tenha sócio brasileiro com o mínimo de 20% (vinte por cento) do seu capital social, relacionados no Anexo XI desta Lei Complementar, com a especificação das respectivas classificações da NBS e da NCM/SH.

CAPÍTULO IV
DA REDUÇÃO A ZERO DAS ALÍQUOTAS DO IBS E DA CBS

Seção I
DISPOSIÇÕES GERAIS

Art. 143. Desde que observadas as definições e demais disposições deste Capítulo, ficam reduzidas a zero as alíquotas do IBS e da CBS incidentes sobre operações com os seguintes bens e serviços:

I – dispositivos médicos;

II – dispositivos de acessibilidade próprios para pessoas com deficiência;

III – medicamentos;

IV – produtos de cuidados básicos à saúde menstrual;

V – produtos hortícolas, frutas e ovos;

VI – automóveis de passageiros adquiridos por pessoas com deficiência ou com transtorno do espectro autista;

VII – automóveis de passageiros adquiridos por motoristas profissionais que destinem o automóvel à utilização na categoria de aluguel (táxi); e

VIII – serviços prestados por Instituição Científica, Tecnológica e de Inovação (ICT) sem fins lucrativos.

Seção II
DOS DISPOSITIVOS MÉDICOS

Art. 144. Ficam reduzidas a zero as alíquotas do IBS e da CBS incidentes sobre o fornecimento dos dispositivos médicos relacionados:

I – no Anexo XII desta Lei Complementar, com a especificação das respectivas classificações da NCM/SH; e

II – no Anexo IV desta Lei Complementar, com a especificação das respectivas classificações da NCM/SH, caso adquiridos por:

a) órgãos da administração pública direta, autarquias e fundações públicas; e

b) as entidades de saúde imunes ao IBS e à CBS que possuam Certificação de Entidade Beneficente de Assistência Social (CEBAS) por comprovarem a prestação de serviços ao SUS, nos termos dos arts. 9º a 11 da Lei Complementar nº 187, de 16 de dezembro de 2021.

§ 1º A redução de alíquotas prevista no *caput* deste artigo somente se aplica aos dispositivos listados nos Anexos IV e XII desta Lei Complementar que atendam aos requisitos previstos em norma da ANVISA.

§ 2º Aplica-se aos produtos de que trata esta Seção o disposto no § 2º do art. 131 desta Lei Complementar.

§ 3º Em caso de emergência de saúde pública reconhecida pelo Poder Legislativo federal, estadual, distrital ou municipal competente, ato conjunto do Ministro de Estado da Fazenda e do Comitê Gestor do IBS poderá ser editado, a qualquer momento, para incluir dispositivos não listados no Anexo XII desta Lei Complementar, limitada a vigência do benefício ao período e à localidade da emergência de saúde pública.

Seção III

DOS DISPOSITIVOS DE ACESSIBILIDADE PRÓPRIOS PARA PESSOAS COM DEFICIÊNCIA

Art. 145. Ficam reduzidas a zero as alíquotas do IBS e da CBS incidentes sobre o fornecimento dos dispositivos de acessibilidade próprios para pessoas com deficiência relacionados:

I – no Anexo XIII desta Lei Complementar, com a especificação das respectivas classificações da NCM/SH; e

II – no Anexo V desta Lei Complementar, com a especificação das respectivas classificações da NCM/SH, quando adquiridos por:

a) órgãos da administração pública direta, autarquias e fundações públicas; e

b) as entidades de saúde imunes ao IBS e à CBS que possuam CEBAS por comprovarem a prestação de serviços ao SUS, nos termos dos arts. 9º a 11 da Lei Complementar nº 187, de 2021.

§ 1º A redução de alíquotas prevista no *caput* deste artigo somente se aplica aos dispositivos de acessibilidade listados nos Anexos V e XIII desta Lei Complementar que atendam aos requisitos previstos em norma de órgão público competente.

§ 2º Aplica-se aos produtos de que trata esta Seção o disposto no § 2º do art. 132 desta Lei Complementar.

Seção IV

DOS MEDICAMENTOS

Art. 146. Ficam reduzidas a zero as alíquotas do IBS e da CBS sobre o fornecimento dos medicamentos relacionados no Anexo XIV desta Lei Complementar, com a especificação das respectivas classificações da NCM/SH.

§ 1º Ficam também reduzidas a zero as alíquotas do IBS e da CBS sobre o fornecimento de medicamentos registrados na ANVISA, quando adquiridos por:

I – órgãos da administração pública direta, autarquias e fundações públicas; e

II – as entidades de saúde imunes ao IBS e à CBS que possuam CEBAS por comprovarem a prestação de serviços ao SUS, nos termos dos arts. 9º a 11 da Lei Complementar nº 187, de 2021.

§ 2º A redução de alíquotas de que trata o *caput* deste artigo aplica-se também ao fornecimento das composições para nutrição enteral e parenteral, composições especiais e fórmulas nutricionais destinadas às pessoas com erros inatos do metabolismo relacionadas no Anexo VI desta Lei Complementar, com a especificação das respectivas classificações da NCM/SH, quando adquiridas pelos órgãos e entidades mencionados nos incisos do § 1º deste artigo.

§ 3º Sem prejuízo da avaliação quinquenal de que trata o Capítulo I do Título III do Livro III desta Lei Complementar, o chefe do Poder Executivo da União e o Comitê Gestor do IBS, ouvido o Ministério da Saúde, poderão editar anualmente ato conjunto para revisar a lista de que trata o Anexo XIV desta Lei Complementar, tão somente para inclusão de medicamentos inexistentes na data de publicação da revisão anterior que atendam às mesmas finalidades daqueles constantes do referido anexo e cujos limites de preço já tenham sido estabelecidos pela CMED.

§ 4º Em caso de emergência de saúde pública reconhecida pelo Poder Legislativo federal, estadual, distrital ou municipal competente, ato conjunto do Ministro de Estado da Fazenda e do Comitê Gestor do IBS poderá ser editado, a qualquer momento, para incluir medicamentos não listados no Anexo XIV desta Lei Complementar, limitada a vigência do benefício ao período e à localidade da emergência de saúde pública.

Seção V

DOS PRODUTOS DE CUIDADOS BÁSICOS À SAÚDE MENSTRUAL

Art. 147. Ficam reduzidas a zero as alíquotas do IBS e da CBS incidentes sobre o fornecimento dos seguintes produtos de cuidados básicos à saúde menstrual:

I – tampões higiênicos classificados no código 9619.00.00 da NCM/SH;

II – absorventes higiênicos internos ou externos, descartáveis ou reutilizáveis, e calcinhas absorventes classificados no código 9619.00.00 da NCM/SH; e

III – coletores menstruais classificados no código 9619.00.00 da NCM/SH.

Parágrafo único. A redução de alíquotas prevista no *caput* deste artigo somente se aplica aos produtos de cuidados básicos à saúde menstrual que atendam aos requisitos previstos em norma da ANVISA.

Seção VI

DOS PRODUTOS HORTÍCOLAS, FRUTAS E OVOS

Art. 148. Ficam reduzidas a zero as alíquotas do IBS e da CBS incidentes sobre o fornecimento dos produtos hortícolas, frutas e ovos relacionados no Anexo XV desta Lei Complementar, com a especificação das respectivas classificações da NCM/SH.

Parágrafo único. Os produtos mencionados no *caput* deste artigo, observadas as regras de classificação da NCM/SH, podem apresentar-se inteiros, cortados em fatias ou em pedaços, ralados, torneados, descascados, desfolhados, lavados, higienizados, embalados, frescos, resfriados ou congelados, mesmo que misturados.

Seção VII

DOS AUTOMÓVEIS DE PASSAGEIROS ADQUIRIDOS POR PESSOAS COM DEFICIÊNCIA OU COM TRANSTORNO DO ESPECTRO AUTISTA E POR MOTORISTAS PROFISSIONAIS QUE DESTINEM O AUTOMÓVEL À UTILIZAÇÃO NA CATEGORIA DE ALUGUEL (TÁXI)

Art. 149. Ficam reduzidas a zero as alíquotas do IBS e da CBS incidentes sobre a venda de automóveis de passageiros de fabricação nacional de, no mínimo, 4 (quatro) portas, inclusive a de acesso ao bagageiro, quando adquiridos por:

I – motoristas profissionais que exerçam, comprovadamente, em automóvel de sua propriedade, atividade de condutor autônomo de passageiros, na condição de titular de autorização, permissão ou concessão do poder público, e que destinem o automóvel à utilização na categoria de aluguel (táxi);

II – pessoas com:

a) deficiência física, visual ou auditiva;

b) deficiência mental severa ou profunda; ou

c) transtorno do espectro autista, com prejuízos na comunicação social e em padrões restritos ou repetitivos de comportamento de nível moderado ou grave, nos termos da legislação relativa à matéria.

§ 1º Considera-se pessoa com deficiência aquela com impedimento de longo prazo de natureza física, mental, intelectual ou sensorial que, em interação com uma ou mais barreiras, pode obstruir sua participação plena e efetiva na sociedade em igualdade de condições com as demais pessoas, observados os critérios para reconhecimento da condição de deficiência previstos no art. 150 desta Lei Complementar.

§ 2º As reduções de alíquotas de que trata o *caput* deste artigo somente se aplicam:

I – na hipótese do inciso I do *caput* deste artigo, a automóvel de passageiros elétrico ou equipado com motor de cilindrada não superior a 2.000 cm³ (dois mil centímetros cúbicos) e movido a combustível de origem renovável, sistema reversível de combustão ou híbrido; e

II – na hipótese do inciso II do *caput* deste artigo, a automóvel cujo preço de venda ao consumidor, incluídos os tributos incidentes caso não houvesse as reduções e não incluídos os custos necessários para a adaptação a que se refere o § 3º deste artigo, não seja superior a R$ 200.000,00 (duzentos mil reais), limitado o benefício ao valor da operação de até R$ 70.000,00 (setenta mil reais).

§ 3º Na hipótese da alínea *a* do inciso II do *caput* deste artigo, quando a pessoa for fisicamente capaz de dirigir, o benefício alcançará somente automóveis adaptados, consideradas adaptações aquelas necessárias para viabilizar a condução e não ofertadas ao público em geral.

§ 4º Na hipótese do inciso II do *caput* deste artigo, os automóveis de passageiros serão adquiridos diretamente pelas pessoas que tenham plena capacidade jurídica ou por intermédio de seu representante legal ou mandatário.

§ 5º O representante legal ou mandatário de que trata o § 4º deste artigo responde solidariamente quanto ao tributo que deixar de ser pago em razão das reduções de alíquotas de que trata esta Seção.

§ 6º Os limites definidos no inciso II do § 2º deste artigo serão atualizados anualmente, em 1º de janeiro, somente para fins de sua ampliação, com base na variação do preço médio dos automóveis novos neles enquadrados na Tabela da Fundação Instituto de Pesquisas Econômicas (Tabela FIPE), nos termos de ato conjunto do Ministro de Estado da Fazenda e do Comitê Gestor do IBS.

Art. 150. Para fins de reconhecimento do direito às reduções de alíquotas de que trata esta Seção, considera-se pessoa com deficiência aquela que se enquadrar em, no mínimo, uma das seguintes categorias:

I – deficiência física: alteração completa ou parcial de um ou mais segmentos do corpo humano que acarrete o comprometimento da função física, sob a forma de:

a) paraplegia;
b) paraparesia;
c) monoplegia;
d) monoparesia;
e) tetraplegia;
f) tetraparesia;
g) triplegia;
h) triparesia;
i) hemiplegia;
j) hemiparesia;
k) ostomia;
l) amputação ou ausência de membro;
m) paralisia cerebral;
n) nanismo; ou
o) membros com deformidade congênita ou adquirida;

II – deficiência auditiva: perda bilateral, parcial ou total, de 41 dB (quarenta e um decibéis) ou mais, aferida por audiograma nas frequências de 500 Hz (quinhentos hertz), 1.000 Hz (mil hertz), 2.000 Hz (dois mil hertz) e 3.000 Hz (três mil hertz);

III – deficiência visual:

a) cegueira, na qual a acuidade visual seja igual ou menor que 0,05 (cinco centésimos) no melhor olho, com a melhor correção óptica;
b) baixa visão, na qual a acuidade visual esteja entre 0,3 (três décimos) e 0,05 (cinco centésimos) no melhor olho, com a melhor correção óptica;
c) casos em que a somatória da medida do campo visual em ambos os olhos seja igual ou menor que 60 (sessenta) graus;
d) ocorrência simultânea de quaisquer das condições previstas nas alíneas *a*, *b* e *c* deste inciso; ou
e) visão monocular, na qual a pessoa tem visão igual ou inferior a 20% (vinte por cento) em um dos olhos, enquanto no outro mantém visão normal;

IV – deficiência mental: funcionamento intelectual significativamente inferior à média, com manifestação antes dos 18 (dezoito) anos de idade e limitações associadas a duas ou mais áreas de habilidades adaptativas, tais como:

a) comunicação;
b) cuidado pessoal;
c) habilidades sociais;
d) utilização dos recursos da comunidade;
e) saúde e segurança;
f) habilidades acadêmicas;
g) lazer; e
h) trabalho.

§ 1º O disposto nos incisos I, II e III do *caput* deste artigo aplica-se às deficiências de grau moderado ou grave, assim entendidas aquelas que causem comprometimento parcial ou total das funções dos segmentos corpóreos que envolvam a segurança da direção veicular, acarretando o comprometimento da função física e a incapacidade total ou parcial para dirigir.

§ 2º Não se incluem no rol das deficiências físicas as deformidades estéticas e as que não produzam dificuldades para o desempenho das funções locomotoras da pessoa.

Art. 151. Para fins de concessão das reduções de alíquotas de que trata esta Seção, a comprovação da deficiência e da condição de pessoa com transtorno do espectro autista será realizada por meio de laudo de avaliação emitido:

I – por fornecedor de serviço público de saúde;

II – por fornecedor de serviço privado de saúde, contratado ou conveniado, que integre o Sistema Único de Saúde (SUS); ou

III – pelo Departamento de Trânsito (DETRAN) ou por suas clínicas credenciadas.

§ 1º O preenchimento do laudo de avaliação, nos termos deste artigo, atenderá ao disposto em ato conjunto do Comitê Gestor do IBS e da RFB.

§ 2º As clínicas credenciadas a que se refere o inciso III do *caput* deste artigo são solidariamente responsáveis pelos tributos que deixarem de ser recolhidos, com os acréscimos legais, caso se comprove a emissão fraudulenta de laudo de avaliação por seus agentes.

Art. 152. As reduções de alíquotas de que trata o art. 149 desta Lei Complementar poderão ser usufruídas:

I – na hipótese do inciso I do *caput* do art. 149 desta Lei Complementar, em intervalos não inferiores a 2 (dois) anos;

II – na hipótese do inciso II do *caput* do art. 149 desta Lei Complementar, em intervalos não inferiores a 4 (quatro) anos.

Parágrafo único. Nas hipóteses de perda total ou desaparecimento por furto ou roubo do automóvel, as reduções de alíquotas podem ser usufruídas a qualquer tempo.

Art. 153. O direito às reduções de alíquotas de que trata o art. 149 desta Lei Complementar será reconhecido pela administração tributária estadual ou distrital de domicílio do requerente e pela RFB, mediante prévia verificação de que o adquirente preenche os requisitos previstos nesta Seção.

Art. 154. Os tributos incidirão normalmente sobre quaisquer acessórios opcionais que não sejam equipamentos originais do automóvel adquirido.

Art. 155. A alienação do automóvel adquirido nos termos desta Seção que ocorrer em intervalos inferiores aos definidos no art. 152, contados da data de sua aquisição, a pessoas que não tenham o reconhecimento do direito de que trata o art. 153 desta Lei Complementar acarretará o pagamento pelo alienante dos tributos dispensados, atualizados na forma prevista na legislação tributária.

§ 1º A alienação antecipada a que se refere este artigo sujeita ainda o alienante ao pagamento de multa e juros moratórios previstos na legislação em vigor.

§ 2º O disposto no *caput* deste artigo não se aplica nos casos de:

I – transmissão do automóvel adquirido:

a) para a seguradora, nos casos de perda total ou desaparecimento por furto ou roubo;
b) em virtude do falecimento do beneficiário;

II – alienação fiduciária do automóvel em garantia.

Seção VIII
DOS SERVIÇOS PRESTADOS POR INSTITUIÇÃO CIENTÍFICA, TECNOLÓGICA E DE INOVAÇÃO (ICT) SEM FINS LUCRATIVOS

Art. 156. Ficam reduzidas a zero as alíquotas do IBS e da CBS incidentes sobre a prestação de serviços de pesquisa e desenvolvimento por Instituição Científica, Tecnológica e de Inovação (ICT) sem fins lucrativos para:

I – a administração pública direta, autarquias e fundações públicas; ou

II – contribuinte sujeito ao regime regular do IBS e da CBS.

Parágrafo único. A redução de alíquotas prevista no *caput* deste artigo aplica-se à ICT sem fins lucrativos que, cumulativamente:

I – inclua em seu objetivo social ou estatutário:

a) a pesquisa básica ou aplicada de caráter científico ou tecnológico; ou
b) o desenvolvimento de novos produtos, serviços ou processos;

II – cumpra as condições para gozo da imunidade prevista no inciso III do *caput* do art. 9º desta Lei Complementar para as operações realizadas por instituições de educação e de assistência social sem fins lucrativos.

CAPÍTULO V
DO TRANSPORTE PÚBLICO COLETIVO DE PASSAGEIROS RODOVIÁRIO E METROVIÁRIO DE CARÁTER URBANO, SEMIURBANO E METROPOLITANO

Art. 157. Fica isento do IBS e da CBS o fornecimento de serviços de transporte público coletivo de passageiros rodoviário e metroviário de caráter urbano, semiurbano e metropolitano, sob regime de autorização, permissão ou concessão pública.

Parágrafo único. Para fins do *caput* deste artigo, consideram-se:

I – serviço de transporte público coletivo de passageiros o acessível a toda a população mediante cobrança individualizada, com itinerários e preços fixados pelo poder público;

II – transporte rodoviário o serviço de transporte terrestre realizado sobre vias urbanas e rurais;

III – transporte metroviário o realizado por meio de ferrovias, abrangendo trens urbanos, metrôs, veículos leves sobre trilhos e monotrilhos;

IV – transporte de passageiros de caráter urbano o serviço de característica urbana prestado no território do Município;

V – transporte de passageiros de caráter semiurbano o serviço de deslocamento intermunicipal, interestadual ou internacional entre localidades próximas de característica urbana ou metropolitana; e

VI – transporte de passageiros de caráter metropolitano o serviço prestado entre municípios que pertencem a uma mesma região metropolitana.

CAPÍTULO VI

DA REABILITAÇÃO URBANA DE ZONAS HISTÓRICAS E DE ÁREAS CRÍTICAS DE RECUPERAÇÃO E RECONVERSÃO URBANÍSTICA

Art. 158. Observado o disposto neste Capítulo, ficam reduzidas em 60% (sessenta por cento) as alíquotas do IBS e da CBS sobre operações relacionadas a projetos de reabilitação urbana de zonas históricas e de áreas críticas de recuperação e reconversão urbanística dos Municípios ou do Distrito Federal, a serem delimitadas por lei municipal ou distrital.

Parágrafo único. Na hipótese de locação de imóveis prevista no inciso VI do *caput* do art. 162 desta Lei Complementar, a redução de alíquotas de que trata o *caput* deste artigo será de 80% (oitenta por cento).

Art. 159. A reabilitação urbana de zonas históricas e de áreas críticas de recuperação e reconversão urbanística dos Municípios tem por objetivo a preservação patrimonial, a qualificação de espaços públicos, a recuperação de áreas habitacionais, a restauração de imóveis e melhorias na infraestrutura urbana e de mobilidade.

Parágrafo único. Na utilização dos recursos do fundo de que trata o art. 159-A da Constituição Federal, os Estados e o Distrito Federal considerarão os objetivos de que trata o *caput* deste artigo em relação às suas zonas históricas e áreas críticas de recuperação e reconversão urbanística, inclusive por meio de estímulo à instalação de empresas no local e ao desenvolvimento da atividade econômica.

Art. 160. Para concessão do benefício de que trata o art. 158, os Municípios devem apresentar à Comissão Tripartite de que trata o art. 161 desta Lei Complementar projetos de desenvolvimento econômico e social das respectivas áreas de preservação, recuperação, reconversão e reabilitação urbana e das zonas históricas.

Art. 161. A Comissão Tripartite responsável pela análise dos projetos de que trata o art. 160 desta Lei Complementar será composta de:

I – 2 (dois) representantes do Ministério das Cidades;

II – 2 (dois) representantes do Ministério da Fazenda;

III – 4 (quatro) representantes do Comitê Gestor do IBS, dos quais 2 (dois) oriundos de representação dos Estados ou do Distrito Federal e 2 (dois) oriundos de representação dos Municípios ou do Distrito Federal.

Art. 162. O benefício de que trata o art. 158 restringir-se-á aos projetos aprovados conforme o art. 163 desta Lei Complementar e alcançará as seguintes operações:

I – prestação de serviços de elaboração de projetos arquitetônicos, urbanísticos, paisagísticos, ambientais, ecológicos, de engenharia, de infraestruturas e de mitigação de riscos e seus correspondentes projetos executivos;

II – prestação de serviços de execução por administração, gerenciamento, coordenação, empreitada ou subempreitada de construção civil, de todas as obras e serviços de edificações e de urbanização, de infraestruturas e outras obras semelhantes, inclusive serviços auxiliares ou complementares típicos da construção civil;

III – prestação de serviços de reparação, restauração, conservação e reforma de imóveis;

IV – prestação de serviços relativos a:

a) engenharia, topografia, mapeamentos e escaneamentos digitais, modelagens digitais, maquetes, sondagem, fundações, geologia, urbanismo, manutenção, performance ambiental, eficiência climática, limpeza, meio ambiente e saneamento; e

b) projetos complementares de instalações elétricas e hidráulicas, de prevenção e combate a incêndio e estruturais;

V – primeira alienação dos imóveis localizados nas zonas reabilitadas feita pelo proprietário no prazo de até 5 (cinco) anos, contado da data de expedição do habite-se;

VI – locação dos imóveis localizados nas zonas reabilitadas, pelo prazo de 5 (cinco) anos, contado da data de expedição do habite-se.

Parágrafo único. Os serviços mencionados nos incisos I a IV do *caput* deste artigo farão jus ao benefício até o prazo de conclusão previsto no projeto aprovado.

Art. 163. Lei ordinária federal estabelecerá:

I – os conceitos de preservação, recuperação, reconversão e reabilitação urbana;

II – a vinculação institucional e as competências da Comissão Tripartite;

III – os critérios para aprovação dos projetos apresentados à Comissão Tripartite; e

IV – a governança a ser adotada para recebimento e avaliação dos projetos.

CAPÍTULO VII

DO PRODUTOR RURAL E DO PRODUTOR RURAL INTEGRADO NÃO CONTRIBUINTE

Art. 164. O produtor rural pessoa física ou jurídica que auferir receita inferior a R$ 3.600.000,00 (três milhões e seiscentos mil reais) no ano-calendário e o produtor rural integrado não serão considerados contribuintes do IBS e da CBS.

§ 1º Considera-se produtor rural integrado o produtor agrossilvipastoril, pessoa física ou jurídica, que, individualmente ou de forma associativa, com ou sem a cooperação laboral de empregados, vincula-se ao integrador por meio de contrato de integração vertical, recebendo bens ou serviços para a produção e para o fornecimento de matéria-prima, bens intermediários ou bens de consumo final.

§ 2º Caso durante o ano-calendário o produtor rural exceda o limite de receita anual previsto no *caput* deste artigo, passará a ser contribuinte a partir do segundo mês subsequente à ocorrência do excesso.

§ 3º Os efeitos previstos no § 2º dar-se-ão no ano-calendário subsequente caso o excesso verificado em relação à receita anual não seja superior a 20% (vinte por cento) do limite de que trata o *caput* deste artigo.

§ 4º No caso de início de atividade, o limite a que se refere o *caput* deste artigo será proporcional ao número de meses em que o produtor houver exercido atividade, consideradas as frações de meses como um mês inteiro.

§ 5º Para fins do disposto no *caput*, considera-se pessoa jurídica inclusive a associação ou cooperativa de produtores rurais:

I – cuja receita seja inferior a R$ 3.600.000,00 (três milhões e seiscentos mil reais) no ano-calendário; e

II – seja integrada exclusivamente por produtores rurais pessoas físicas cuja receita seja inferior a R$ 3.600.000,00 (três milhões e seiscentos mil reais) no ano-calendário.

§ 6º Caso o produtor rural, pessoa física ou jurídica, tenha participação societária em outra pessoa jurídica que desenvolva atividade agropecuária, o limite previsto no *caput* deste artigo será verificado em relação à soma das receitas auferidas no ano-calendário por todas essas pessoas.

Art. 165. O produtor rural ou o produtor rural integrado poderão optar, a qualquer tempo, por se inscrever como contribuinte do IBS e da CBS no regime regular.

§ 1º Os efeitos da opção prevista no *caput* deste artigo iniciar-se-ão a partir do primeiro dia do mês subsequente àquele em que realizada a solicitação.

§ 2º A opção pela inscrição nos termos do *caput* deste artigo será irretratável para todo o ano-calendário e aplicar-se-á aos anos-calendário subsequentes, observado o disposto no art. 166 desta Lei Complementar.

§ 3º O produtor rural que tenha auferido receita igual ou superior a R$ 3.600.000,00 (três milhões e seiscentos mil reais) no ano-calendário anterior àquele da entrada em vigor desta Lei Complementar será considerado contribuinte a partir do início da produção de efeitos desta Lei Complementar, independentemente de qualquer providência.

Art. 166. O produtor rural ou o produtor rural integrado poderão renunciar à opção de que trata o art. 165 na forma do regulamento, observado o disposto no § 5º do art. 41 desta Lei Complementar.

Parágrafo único. Na hipótese do *caput* deste artigo, o produtor rural ou o produtor rural integrado deixarão de ser contribuintes do IBS e da CBS a partir do primeiro dia do ano-calendário seguinte à renúncia da opção, observado o disposto no art. 164 desta Lei Complementar.

Art. 167. O valor estabelecido no *caput* do art. 164 desta Lei Complementar será atualizado anualmente com base na variação do IPCA.

Art. 168. O contribuinte de IBS e de CBS sujeito ao regime regular poderá apropriar créditos presumidos dos referidos tributos relativos às aquisições de bens e serviços de produtor rural ou de produtor rural integrado, não contribuintes, de que trata o art. 164 desta Lei Complementar.

§ 1º O documento fiscal eletrônico relativo à aquisição deverá discriminar:

I – o valor da operação, que corresponderá ao valor pago ao fornecedor;

II – o valor do crédito presumido; e

III – o valor líquido para efeitos fiscais, que corresponderá à diferença entre os valores discriminados nos incisos I e II deste parágrafo.

§ 2º Na hipótese de bem ou serviço fornecido por produtor integrado, o valor da operação de que trata o inciso I do § 1º deste artigo será o valor da remuneração do produtor integrado determinado com base no contrato de integração.

§ 3º O valor do crédito presumido de que trata o inciso II do § 1º deste artigo será o resultado da aplicação dos percentuais de que trata o

§ 4º deste artigo sobre o valor da operação de que trata o inciso III do § 1º deste artigo.

§ 4º Os percentuais serão definidos e divulgados anualmente até o mês de setembro, por ato conjunto do Ministro de Estado da Fazenda e do Comitê Gestor do IBS, e entrarão em vigor a partir de primeiro de janeiro do ano subsequente.

§ 5º A definição dos percentuais de que trata o § 4º:

I – será realizada, nos termos do regulamento, com base nas informações fiscais disponíveis;

II – resultará da proporção entre:

a) montante do IBS e da CBS cobrados em relação ao valor total dos bens e serviços adquiridos pelos produtores rurais não contribuintes; e

b) valor total dos bens e serviços fornecidos pelos produtores rurais não contribuintes a que se refere o inciso III do § 1º deste artigo; e

III – tomará por base a média dos percentuais anuais relativos às operações realizadas nos 5 (cinco) anos-calendário anteriores ao do prazo da divulgação previsto no § 4º.

§ 6º Os percentuais de que trata o § 4º deste artigo poderão ser diferenciados, observadas as categorias estabelecidas em regulamento, em função do bem ou serviço fornecido pelo produtor rural ou pelo produtor rural integrado.

§ 7º Para efeito do disposto no § 5º deste artigo, não serão consideradas as aquisições de bens e serviços de que trata o inciso I do *caput* do art. 57 desta Lei Complementar, nem a aquisição de bens e serviços destinados ao uso e consumo pessoal do produtor rural ou de pessoas a ele relacionadas, nos termos do inciso II do *caput* do art. 57 desta Lei Complementar.

§ 8º Os créditos presumidos do IBS e da CBS de que trata o *caput* deste artigo poderão ser utilizados para dedução, respectivamente, do valor do IBS e da CBS devidos pelo contribuinte, permitido o ressarcimento na forma da Seção X do Capítulo II do Título I deste Livro.

§ 9º O direito à apropriação e à utilização do crédito presumido de que trata este artigo aplica-se também à sociedade cooperativa em relação ao recebimento de bens e serviços de seus associados não contribuintes do IBS e da CBS na forma do art. 164 desta Lei Complementar e não optantes pelo Simples Nacional, inclusive no caso de opção pelo regime específico de que trata o art. 271 desta Lei Complementar, exceto na hipótese em que o bem seja enviado para beneficiamento na cooperativa e retorne ao associado.

§ 10. Excepcionalmente, de 2027 a 2031, o período de que trata o inciso III do § 5º poderá ser inferior a 5 (cinco) anos, a depender da disponibilidade de informações.

CAPÍTULO VIII
DO TRANSPORTADOR AUTÔNOMO DE CARGA PESSOA FÍSICA NÃO CONTRIBUINTE

Art. 169. O contribuinte de IBS e de CBS sujeito ao regime regular poderá apropriar créditos presumidos dos referidos tributos relativos às aquisições de serviço de transporte de carga de transportador autônomo pessoa física que não seja contribuinte dos referidos tributos ou que seja inscrito como MEI.

§ 1º Os créditos presumidos de que trata o *caput* deste artigo:

I – somente se aplicam ao contribuinte que adquire bens e serviços e suporta a cobrança do valor do serviço de transporte de carga;

II – não se aplicam ao contribuinte que adquire bens e serviços e suporta a cobrança do valor do transporte como parte do valor da operação, ainda que especificado em separado nos documentos relativos à aquisição.

§ 2º O documento fiscal eletrônico relativo à aquisição deverá discriminar:

I – o valor da operação, que corresponderá ao valor pago ao fornecedor;

II – o valor do crédito presumido; e

III – o valor líquido para efeitos fiscais, que corresponderá à diferença entre os valores discriminados nos incisos I e II deste parágrafo.

§ 3º O valor do crédito presumido de que trata o inciso II do § 2º deste artigo será o resultado da aplicação dos percentuais de que trata o § 4º deste artigo sobre o valor da operação de que trata o inciso III do § 2º deste artigo.

§ 4º Os percentuais serão definidos e divulgados anualmente até o mês de setembro, por ato conjunto do Ministro de Estado da Fazenda e do Comitê Gestor do IBS, e entrarão em vigor a partir de primeiro de janeiro do ano subsequente.

§ 5º A definição dos percentuais de que trata o § 4º:

I – será realizada, nos termos do regulamento, com base nas informações fiscais disponíveis;

II – resultará da proporção entre:

a) montante do IBS e da CBS cobrados em relação ao valor total das aquisições realizadas pelos transportadores referidos no *caput* deste artigo; e

b) valor total a que se refere o inciso III do § 2º deste artigo em relação aos serviços fornecidos pelos transportadores de que trata o *caput* deste artigo; e

III – tomará por base as operações realizadas no ano-calendário anterior ao do prazo da divulgação previsto no § 4º deste artigo.

§ 6º Para efeito do disposto no § 5º deste artigo, não serão consideradas as aquisições de bens e serviços para uso e consumo pessoal de que trata o inciso I do *caput* do art. 57 nem a aquisição de bens e serviços destinados ao uso e consumo pessoal do transportador ou de pessoas a ele relacionadas, nos termos do inciso II do *caput* do art. 57 desta Lei Complementar.

§ 7º Os créditos presumidos do IBS e da CBS de que trata o *caput* deste artigo somente poderão ser utilizados para dedução, respectivamente, do valor do IBS e da CBS devidos pelo contribuinte.

§ 8º O direito à apropriação e à utilização do crédito presumido de que trata este artigo aplica-se também à sociedade cooperativa em relação ao recebimento de serviços de transporte de carga de seus associados transportadores autônomos pessoa física que não sejam contribuintes do IBS e da CBS, inclusive no caso de opção pelo regime específico de que trata o art. 271 desta Lei Complementar.

CAPÍTULO IX
DOS RESÍDUOS E DEMAIS MATERIAIS DESTINADOS À RECICLAGEM, REUTILIZAÇÃO OU LOGÍSTICA REVERSA ADQUIRIDOS DE PESSOA FÍSICA, COOPERATIVA OU OUTRA FORMA DE ORGANIZAÇÃO POPULAR

Art. 170. O contribuinte de IBS e de CBS sujeito ao regime regular poderá apropriar créditos presumidos dos referidos tributos relativos às aquisições de resíduos sólidos de coletores incentivados para utilização em processo de destinação final ambientalmente adequada.

§ 1º Para fins do *caput* deste artigo, consideram-se:

I – resíduos sólidos: material, substância, objeto ou bem descartado resultante de atividades humanas em sociedade, a cuja destinação final se procede, se propõe proceder ou se está obrigado a proceder, nos estados sólido ou semissólido, bem como gases contidos em recipientes e líquidos cujas particularidades tornem inviável o seu lançamento na rede pública de esgotos ou em corpos d'água ou exijam para isso soluções técnica ou economicamente inviáveis em face da melhor tecnologia disponível;

II – coletores incentivados:

a) pessoa física que executa a coleta ou a triagem de resíduos sólidos e a venda para contribuinte do IBS e da CBS que lhes confere destinação final ambientalmente adequada;

b) associação ou cooperativa de pessoas físicas que executa exclusivamente a atividade mencionada na alínea *a* deste inciso; e

c) associação ou cooperativa que congrega exclusivamente as pessoas de que trata a alínea *b* deste inciso;

III – destinação final ambientalmente adequada: destinação de resíduos sólidos para reutilização, reciclagem, compostagem e recuperação, bem como, na forma do regulamento, outras destinações admitidas pelos órgãos competentes, entre elas a disposição final.

§ 2º Os créditos presumidos de que trata o *caput* deste artigo somente poderão ser utilizados para dedução, respectivamente, do valor do IBS e da CBS devidos pelo contribuinte e serão calculados mediante aplicação dos seguintes percentuais sobre o valor da aquisição registrado em documento admitido pela administração tributária na forma do regulamento:

I – para o crédito presumido de IBS:

a) em 2029, 1,3% (um inteiro e três décimos por cento);

b) em 2030, 2,6% (dois inteiros e seis décimos por cento);

c) em 2031, 3,9% (três inteiros e nove décimos por cento);

d) em 2032, 5,2% (cinco inteiros e dois décimos por cento);

e) a partir de 2033, 13% (treze por cento); e

II – para o crédito presumido de CBS, 7% (sete por cento).

§ 3º Os créditos presumidos de IBS e de CBS de que trata o *caput* deste artigo não serão concedidos às aquisições de:

I – agrotóxicos, seus resíduos e embalagens;

II – medicamentos domiciliares, de uso humano, industrializados e manipulados e, observa-

LEGISLAÇÃO COMPLEMENTAR

dos critérios estabelecidos no regulamento, de suas embalagens;

III – pilhas e baterias;

IV – pneus;

V – produtos eletroeletrônicos e seus componentes de uso doméstico;

VI – óleos lubrificantes, seus resíduos e embalagens;

VII – lâmpadas fluorescentes, de vapor de sódio e mercúrio e de luz mista; e

VIII – sucata de cobre.

§ 4º Não se aplica o disposto no inciso VI do § 3º deste artigo às aquisições de óleo lubrificante usado ou contaminado por rerrefinador ou coletor autorizado pela Agência Nacional do Petróleo, Gás Natural e Biocombustíveis (ANP) a realizar a coleta, ficando permitida a concessão de créditos presumidos de IBS e de CBS conforme o disposto neste Capítulo.

CAPÍTULO X – DOS BENS MÓVEIS USADOS ADQUIRIDOS DE PESSOA FÍSICA NÃO CONTRIBUINTE PARA REVENDA

Art. 171. O contribuinte de IBS e de CBS sujeito ao regime regular poderá apropriar créditos presumidos dos referidos tributos relativos às aquisições, para revenda, de bem móvel usado de pessoa física que não seja contribuinte dos referidos tributos ou que seja inscrita como MEI.

§ 1º Os créditos presumidos de que trata o *caput* deste artigo serão calculados mediante aplicação dos seguintes percentuais sobre o valor da aquisição registrado em documento admitido pela administração tributária na forma do regulamento:

I – para o crédito presumido de IBS, o percentual equivalente à soma das alíquotas de IBS aplicáveis às operações com bem móvel de que trata o *caput* deste artigo, fixadas pelo Município e pelo Estado onde estiver localizado o estabelecimento em que tiver sido efetuada a aquisição vigentes:

a) na data da revenda, para aquisições realizadas até 31 de dezembro de 2032;

b) na data da aquisição, para aquisições realizadas a partir de 1º de janeiro de 2033;

II – para o crédito presumido de CBS, a alíquota da CBS aplicável às operações com o bem móvel de que trata o *caput* deste artigo, fixada pela União e vigente:

a) na data da revenda, para aquisições realizadas até 31 de dezembro de 2026;

b) na data da aquisição, para aquisições realizadas a partir de 1º de janeiro de 2027.

§ 2º Os créditos presumidos de que trata o *caput* deste artigo somente poderão ser utilizados para deduzir, respectivamente, o IBS e a CBS devidos pelo contribuinte, por ocasião da revenda do bem usado sobre o qual tenham sido calculados os respectivos créditos.

§ 3º O regulamento disporá sobre a forma de apropriação dos créditos presumidos na hipótese de não ser possível a vinculação desses créditos com o bem usado revendido.

§ 4º Para fins do disposto neste artigo, considera-se bem móvel usado aquele que tenha sido objeto de fornecimento para consumo final de pessoa física e tenha voltado à comercialização.

TÍTULO V – DOS REGIMES ESPECÍFICOS DO IBS E DA CBS

CAPÍTULO I – DOS COMBUSTÍVEIS

Seção I – DISPOSIÇÕES GERAIS

Art. 172. O IBS e a CBS incidirão uma única vez sobre as operações, ainda que iniciadas no exterior, com os seguintes combustíveis, qualquer que seja a sua finalidade:

I – gasolina;

II – etanol anidro combustível (EAC);

III – óleo diesel;

IV – biodiesel (B100);

V – gás liquefeito de petróleo (GLP), inclusive o gás liquefeito derivado de gás natural (GLGN);

VI – etanol hidratado combustível (EHC);

VII – querosene de aviação;

VIII – óleo combustível;

IX – gás natural processado;

X – biometano;

XI – gás natural veicular (GNV); e

XII – outros combustíveis especificados e autorizados pela Agência Nacional do Petróleo, Gás Natural e Biocombustíveis (ANP), relacionados em ato conjunto do Comitê Gestor do IBS e do Poder Executivo da União.

Seção II – DA BASE DE CÁLCULO

Art. 173. A base de cálculo do IBS e da CBS será a quantidade de combustível objeto da operação.

§ 1º A quantidade de combustível será aferida de acordo com a unidade de medida própria de cada combustível.

§ 2º O valor do IBS e da CBS, nos termos deste Capítulo, corresponderá à multiplicação da base de cálculo pela alíquota específica aplicável a cada combustível.

Seção III – DAS ALÍQUOTAS

Art. 174. As alíquotas do IBS e da CBS para os combustíveis de que trata o art. 172 desta Lei Complementar serão:

I – uniformes em todo o território nacional, específicas por unidade de medida e diferenciadas por produto;

II – reajustadas no ano anterior ao de sua vigência, observada, para a sua majoração, a anterioridade nonagesimal prevista na alínea *c* do inciso III do *caput* do art. 150 da Constituição Federal;

III – divulgadas:

a) quanto ao IBS, pelo Comitê Gestor do IBS;

b) quanto à CBS, pelo chefe do Poder Executivo da União.

§ 1º As alíquotas da CBS em 2027 serão fixadas de forma a não exceder a carga tributária incidente sobre os combustíveis dos tributos federais extintos ou reduzidos pela Emenda Constitucional nº 132, de 20 de dezembro de 2023, calculada nos termos do § 2º deste artigo.

§ 2º Na apuração da carga tributária de que trata o § 1º deste artigo deverá ser considerada:

I – a carga tributária direta das contribuições previstas na alínea *b* do inciso I e no inciso IV do *caput* do art. 195 da Constituição Federal e da Contribuição para o PIS/PASEP de que trata o art. 239 da Constituição Federal incidentes na produção, importação e comercialização dos combustíveis, calculada da seguinte forma:

a) a carga tributária por unidade de medida das contribuições de que trata este inciso será apurada para cada um dos meses de julho de 2025 a junho de 2026;

b) os valores apurados na forma da alínea *a* deste inciso serão reajustados a preços de julho de 2026, com base na variação do IPCA, somados e divididos por 12 (doze);

c) o valor apurado nos termos da alínea *b* deste inciso será atualizado a preços de 2027 por meio do acréscimo de percentual equivalente à meta para a inflação relativa a 2027, fixada pelo Conselho Monetário Nacional, vigente em julho de 2026; e

II – a carga tributária indireta decorrente das contribuições referidas no inciso I deste parágrafo, do imposto de que trata o inciso IV do *caput* do art. 153 da Constituição Federal e do imposto de que trata o inciso V do *caput* do mesmo artigo sobre operações de seguro, incidentes sobre os insumos, serviços e bens de capital utilizados na produção, importação e comercialização dos combustíveis e não recuperados como crédito, calculada da seguinte forma:

a) os valores serão apurados a preços de 2025 e divididos pelo volume consumido no país do respectivo combustível em 2025, de modo a resultar na carga tributária por unidade de medida;

b) os valores apurados na forma da alínea *a* deste inciso serão reajustados a preços de julho de 2026, com base na variação do IPCA;

c) o valor apurado nos termos da alínea *b* deste inciso será atualizado a preços de 2027 por meio do acréscimo de percentual equivalente à meta para a inflação relativa a 2027, fixada pelo Conselho Monetário Nacional, vigente em julho de 2026.

§ 3º Para os anos subsequentes a 2027, as alíquotas da CBS serão fixadas de modo a não exceder a carga tributária calculada nos termos do § 2º deste artigo reajustada por percentual equivalente à variação do preço médio ponderado de venda a consumidor final, obtido por meio de pesquisa realizada por órgão competente ou com base nos dados dos documentos fiscais eletrônicos de venda a consumidor, entre:

I – os 12 (doze) meses anteriores a julho do ano anterior àquele para o qual será fixada a alíquota; e

II – o período de julho de 2025 a junho de 2026.

§ 4º As alíquotas do IBS serão fixadas:

I – em 2029 de forma a não exceder a 10% (dez por cento) da carga tributária incidente sobre os combustíveis dos tributos estaduais e municipais extintos ou reduzidos pela Emenda Constitucional nº 132, de 20 de dezembro de 2023, calculada nos termos do § 5º deste artigo;

II – em 2030 de forma a não exceder a 20% (vinte por cento) da carga tributária calculada nos termos do § 5º, reajustada nos termos do § 6º deste artigo;

III – em 2031 de forma a não exceder a 30% (trinta por cento) da carga tributária calculada nos termos do § 5º, reajustada nos termos do § 6º deste artigo;

IV – em 2032 de forma a não exceder a 40% (quarenta por cento) da carga tributária calculada nos termos do § 5º, reajustada nos termos do § 6º deste artigo;

V – a partir de 2033 de forma a não exceder a carga tributária calculada nos termos do § 5º, reajustada nos termos do § 6º deste artigo.

§ 5º Na apuração da carga tributária de que tratam os incisos I a V do § 4º deste artigo, deverá ser considerada:

I – a carga tributária direta do imposto de que trata o inciso II do *caput* do art. 155 da Constituição Federal incidente na produção, importação e comercialização dos combustíveis, calculada da seguinte forma:

a) a carga tributária por unidade de medida do imposto de que trata este inciso será apurada para cada um dos meses de julho de 2027 a junho de 2028;

b) os valores apurados na forma da alínea *a* deste inciso serão reajustados a preços de julho de 2028, com base na variação do IPCA, somados e divididos por 12 (doze);

c) o valor apurado nos termos da alínea *b* deste inciso será atualizado a preços de 2029 por meio do acréscimo de percentual equivalente à meta para a inflação relativa a 2029, fixada pelo Conselho Monetário Nacional, vigente em julho de 2028; e

II – a carga tributária indireta decorrente dos impostos referidos no inciso II do *caput* do art. 155 e no inciso III do *caput* do art. 156 da Constituição Federal incidentes sobre os insumos, serviços e bens de capital utilizados na produção, importação e comercialização dos combustíveis e não recuperados como crédito, calculada da seguinte forma:

a) os valores serão apurados a preços de 2027 e divididos pelo volume consumido no país do respectivo combustível em 2027, de modo a resultar na carga tributária por unidade de medida;

b) os valores apurados na forma da alínea *a* deste inciso serão reajustados a preços de julho de 2028, com base na variação do IPCA;

c) o valor apurado nos termos da alínea *b* deste inciso será atualizado a preços de 2029 por meio do acréscimo de percentual equivalente à meta para a inflação relativa a 2029, fixada pelo Conselho Monetário Nacional, vigente em julho de 2028.

§ 6º Para os anos subsequentes a 2029, a alíquota do IBS será fixada de modo a não exceder a carga tributária calculada nos termos do § 5º deste artigo reajustada por percentual equivalente à variação do preço médio ponderado de venda a consumidor final, obtido por meio de pesquisa realizada por órgão competente ou com base nos dados dos documentos fiscais eletrônicos de venda a consumidor, entre:

I – os 12 (doze) meses anteriores a julho do ano anterior àquele para o qual será fixada a alíquota; e

II – o período de julho de 2027 a junho de 2028.

§ 7º A metodologia de cálculo da carga tributária para a fixação das alíquotas nos termos dos §§ 1º e 4º deste artigo será aprovada por ato conjunto do Ministro de Estado da Fazenda e do Comitê Gestor do IBS.

§ 8º Os cálculos para a fixação das alíquotas, com base na metodologia de que trata o § 7º deste artigo, serão realizados, para a CBS, pela RFB e, para o IBS, pelo Comitê Gestor do IBS.

§ 9º A União, os Estados, o Distrito Federal e os Municípios fornecerão ao Comitê Gestor do IBS e ao Poder Executivo da União os subsídios necessários ao cálculo das alíquotas do IBS e da CBS sobre combustíveis, mediante o compartilhamento de dados e informações.

§ 10. A alíquota do IBS calculada na forma dos §§ 4º a 6º deste artigo será distribuída entre a alíquota estadual do IBS e a alíquota municipal do IBS proporcionalmente às respectivas alíquotas de referência.

§ 11. Em relação aos combustíveis de que trata o inciso XII do *caput* do art. 172 desta Lei Complementar, será aplicada a mesma alíquota observada pelo combustível que possua a finalidade mais próxima, entre aqueles previstos nos incisos I a XI do *caput* do referido artigo, ponderada pela respectiva equivalência energética, observado, quando se tratar de biocombustíveis, o disposto no art. 175.

Art. 175. Fica assegurada aos biocombustíveis e ao hidrogênio de baixa emissão de carbono tributação inferior à incidente sobre os combustíveis fósseis, de forma a garantir o diferencial competitivo estabelecido no inciso VIII do § 1º do art. 225 da Constituição Federal.

§ 1º As alíquotas do IBS e da CBS relativas aos biocombustíveis e ao hidrogênio de baixa emissão de carbono não poderão ser inferiores a 40% (quarenta por cento) e não poderão exceder a 90% (noventa por cento) das alíquotas incidentes sobre os respectivos combustíveis fósseis comparados.

§ 2º A tributação reduzida de que trata este artigo será estabelecida considerando-se, nos termos do regulamento:

I – a equivalência energética, os preços de mercado e as unidades de medida dos combustíveis comparados;

II – o potencial de redução de impactos ambientais dos biocombustíveis ou do hidrogênio de baixa emissão de carbono em relação aos combustíveis fósseis de que sejam substitutos ou com os quais sejam misturados.

§ 3º Em relação ao etanol hidratado combustível (EHC), o diferencial de que trata o *caput* deste artigo será, no mínimo, aquele existente entre a carga tributária direta e indireta definida nos §§ 2º e 5º do art. 174 desta Lei Complementar sobre o referido combustível e a gasolina C no período de 1º de julho de 2023 a 30 de junho de 2024 para os seguintes tributos:

I – Contribuição para o PIS/PASEP e Contribuição para Financiamento da Seguridade Social (COFINS), para a CBS; e

II – Imposto sobre Operações relativas à Circulação de Mercadorias e sobre Prestações de Serviços de Transporte Interestadual e Intermunicipal e de Comunicação (ICMS), para o IBS.

§ 4º O cálculo da carga tributária de que trata o § 3º deste artigo será realizado a partir das alíquotas vigentes em 1º de julho de 2024, ponderadas pelo volume de venda dos respectivos produtos em cada unidade da Federação e considerado o Preço Médio Ponderado ao Consumidor Final (PMPF) observado no período entre 1º de julho de 2023 a 30 de junho de 2024.

§ 5º O diferencial de que trata o § 3º deste artigo será:

I – em 2027, para a CBS, e em 2029, para o IBS, a diferença de carga de que trata o § 3º deste artigo em termos percentuais e absolutos por unidade de medida;

II – nos anos-calendário posteriores, atualizado conforme sistemática estabelecida para as alíquotas do IBS e da CBS no art. 174 desta Lei Complementar.

§ 6º Ato do Poder Executivo Federal poderá reduzir as alíquotas específicas por unidade de medida da CBS para o biodiesel (B100) produzido com matéria-prima adquirida da agricultura familiar.

Seção IV

DA SUJEIÇÃO PASSIVA

Art. 176. São contribuintes do regime específico de IBS e de CBS de que trata este Capítulo:

I – o produtor nacional de biocombustíveis;

II – a refinaria de petróleo e suas bases;

III – a central de matéria-prima petroquímica (CPQ);

IV – a unidade de processamento de gás natural (UPGN) e o estabelecimento produtor e industrial a ele equiparado, definido e autorizado por órgão competente;

V – o formulador de combustíveis;

VI – o importador; e

VII – qualquer agente produtor não referido nos incisos I a VI deste *caput*, autorizado por órgão competente.

§ 1º O disposto neste artigo também se aplica ao distribuidor de combustíveis em suas operações como importador.

§ 2º Equipara-se ao produtor nacional de biocombustíveis a cooperativa de produtores de etanol autorizada por órgão competente.

Art. 177. Nas operações realizadas diretamente com os contribuintes de que trata o art. 176 desta Lei Complementar, o adquirente fica solidariamente responsável pelo pagamento do IBS e da CBS incidentes na operação, nos termos previstos neste artigo.

§ 1º A responsabilidade a que se refere o *caput*:

I – não se aplica na hipótese em que a transação de pagamento tenha sido liquidada por instrumento eletrônico que permita o recolhimento do IBS e da CBS na liquidação financeira da operação (*split payment*), nos termos dos arts. 31 a 35 desta Lei Complementar;

II – restringe-se ao valor do IBS e da CBS não extintos pelo contribuinte, na forma dos incisos I e II do *caput* do art. 27 desta Lei Complementar;

III – estende-se aos demais participantes da cadeia econômica, não referidos no *caput*, que realizarem operações subsequentes à tributação monofásica de que trata este Capítulo, se houver comprovação de que concorreram para o não pagamento do IBS e da CBS devidos pelo contribuinte.

§ 2º Para fins de definição do valor a que se refere o inciso II do § 1º será observada, em cada período de apuração, a ordem cronológica prevista no inciso I do parágrafo único do art. 27 desta Lei Complementar.

Seção V
DAS OPERAÇÕES COM ETANOL ANIDRO COMBUSTÍVEL (EAC)

Art. 178. Fica atribuída à refinaria de petróleo ou suas bases, à CPQ, ao formulador de combustíveis e ao importador, relativamente ao percentual de biocombustível utilizado na mistura, nas operações com gasolina A, a responsabilidade pela retenção e pelo recolhimento do IBS e da CBS incidentes nas importações de EAC ou sobre as saídas do estabelecimento produtor de EAC.

Art. 179. Nas operações com EAC:

I – o adquirente de EAC destinado à mistura com gasolina A que realizar a saída dos biocombustíveis com destinação diversa fica obrigado a recolher o IBS e a CBS incidentes sobre o biocombustível;

II – a distribuidora de combustíveis que realizar mistura de EAC com gasolina A em percentual:

a) superior ao obrigatório, fica obrigada a recolher o IBS e a CBS de que trata o art. 172 desta Lei Complementar em relação ao volume de biocombustível correspondente ao que exceder ao percentual obrigatório de mistura; e

b) inferior ao obrigatório, terá direito ao ressarcimento do IBS e da CBS de que trata o art. 172 desta Lei Complementar em relação ao volume de biocombustível correspondente ao misturado a menor do que o percentual obrigatório de mistura.

Seção VI
DOS CRÉDITOS NA AQUISIÇÃO DE COMBUSTÍVEIS SUBMETIDOS AO REGIME DE TRIBUTAÇÃO MONOFÁSICA

Art. 180. É vedada a apropriação de créditos em relação às aquisições de combustíveis sujeitos à incidência única do IBS e da CBS, quando destinadas à distribuição, à comercialização ou à revenda.

§ 1º Excetuadas as hipóteses previstas no *caput* deste artigo, o contribuinte no regime regular poderá apropriar créditos do IBS e da CBS em relação à aquisição de combustíveis, nos termos do § 4º do art. 47 desta Lei Complementar.

§ 2º Fica assegurado ao exportador de combustíveis o direito à apropriação e à utilização dos créditos do IBS e da CBS relativos às aquisições de que trata esta Seção, na forma do § 1º deste artigo.

CAPÍTULO II
DOS SERVIÇOS FINANCEIROS

Seção I
DISPOSIÇÕES GERAIS

Art. 181. Os serviços financeiros ficam sujeitos a regime específico de incidência do IBS e da CBS, de acordo com o disposto neste Capítulo.

Art. 182. Para fins desta Lei Complementar, consideram-se serviços financeiros:

I – operações de crédito, incluídas as operações de captação e repasse, adiantamento, empréstimo, financiamento, desconto de títulos, recuperação de créditos e prestação de garantias, com exceção da securitização, faturização e liquidação antecipada de recebíveis de arranjos de pagamento, de que tratam, respectivamente, os incisos IV, V e IX do *caput* deste artigo;

II – operações de câmbio;

III – operações com títulos e valores mobiliários, incluídas a aquisição, negociação, liquidação, custódia, corretagem, distribuição e outras formas de intermediação, bem como a atividade de assessor de investimento e de consultor de valores mobiliários;

IV – operações de securitização;

V – operações de faturização (*factoring*);

VI – arrendamento mercantil (*leasing*), operacional ou financeiro, de quaisquer bens, incluídos a cessão de direitos e obrigações, substituição de garantia, alteração, cancelamento e registro de contrato e demais serviços relacionados ao arrendamento mercantil;

VII – administração de consórcio;

VIII – gestão e administração de recursos, inclusive de fundos de investimento;

IX – arranjos de pagamento, incluídas as operações dos instituidores e das instituições de pagamentos e a liquidação antecipada de recebíveis desses arranjos;

X – atividades de entidades administradoras de mercados organizados, infraestruturas de mercado e depositárias centrais;

XI – operações de seguros, com exceção dos seguros de saúde de que trata o Capítulo III deste Título;

XII – operações de resseguros;

XIII – previdência privada, composta de operações de administração e gestão da previdência complementar aberta e fechada;

XIV – operações de capitalização;

XV – intermediação de consórcios, seguros, resseguros, previdência complementar e capitalização; e

XVI – serviços de ativos virtuais.

Parágrafo único. Aplica-se o disposto neste regime específico à totalidade da contraprestação pelos serviços financeiros previstos nos incisos I a XVI do *caput* deste artigo, independentemente da sua nomenclatura.

Art. 183. Os serviços financeiros ficam sujeitos ao regime específico deste Capítulo quando forem prestados por pessoas físicas e jurídicas supervisionadas pelos órgãos governamentais que compõem o Sistema Financeiro Nacional e pelos demais fornecedores de que trata este artigo, observado o disposto no art. 184.

§ 1º As pessoas físicas e jurídicas supervisionadas de que trata o *caput* deste artigo, na data da publicação desta Lei Complementar, são as seguintes:

I – bancos de qualquer espécie;

II – caixas econômicas;

III – cooperativas de crédito;

IV – corretoras de câmbio;

V – corretoras de títulos e valores mobiliários;

VI – distribuidoras de títulos e valores mobiliários;

VII – administradoras e gestoras de carteiras de valores mobiliários, inclusive de fundos de investimento;

VIII – assessores de investimento;

IX – consultores de valores mobiliários;

X – correspondentes registrados no Banco Central do Brasil;

XI – administradoras de consórcio;

XII – corretoras e demais intermediárias de consórcios;

XIII – sociedades de crédito direto;

XIV – sociedades de empréstimo entre pessoas;

XV – agências de fomento;

XVI – associações de poupança e empréstimo;

XVII – companhias hipotecárias;

XVIII – sociedades de crédito, financiamento e investimentos;

XIX – sociedades de crédito imobiliário;

XX – sociedades de arrendamento mercantil;

XXI – sociedades de crédito ao microempreendedor e à empresa de pequeno porte;

XXII – instituições de pagamento;

XXIII – entidades administradoras de mercados organizados de valores mobiliários, incluídos os mercados de bolsa e de balcão organizado, entidades de liquidação e compensação, depositárias centrais e demais entidades de infraestruturas do mercado financeiro;

XXIV – sociedades seguradoras;

XXV – resseguradores, incluídos resseguradores locais, resseguradores admitidos e resseguradores eventuais;

XXVI – entidades abertas de previdência complementar e fechadas que não atendam aos requisitos mencionados no art. 26, § 9º, desta Lei Complementar;

XXVII – sociedades de capitalização;

XXVIII – corretores de seguros, corretores de resseguros e demais intermediários de seguros, resseguros, previdência complementar e capitalização; e

XXIX – prestadores de serviços de ativos virtuais.

§ 2º Incluem-se também entre os fornecedores de que trata o *caput* deste artigo, ainda que não supervisionados pelos órgãos governamentais que compõem o Sistema Financeiro Nacional:

I – participantes de arranjos de pagamento que não são instituições de pagamento;

II – empresas que têm por objeto a securitização de créditos;

III – empresas de faturização (*factoring*);

IV – empresas simples de crédito;

V – correspondentes registrados no Banco Central do Brasil; e

VI – demais fornecedores que prestem serviço financeiro:

a) no desenvolvimento de atividade econômica;

b) de modo habitual ou em volume que caracterize atividade econômica; ou

c) de forma profissional, ainda que a profissão não seja regulamentada.

§ 3º Aplica-se o disposto neste Capítulo aos fornecedores que:

I – passarem a ser supervisionados pelos órgãos governamentais de que trata o *caput* deste artigo após a data de publicação desta Lei Complementar; ou

II – vierem a realizar as operações de que tratam os incisos I a XVI do *caput* do art. 182 desta Lei Complementar, nos termos do inciso VI do § 2º deste artigo, ainda que não supervisionados pelos órgãos governamentais de que trata o *caput* deste artigo.

§ 4º VETADO.

Art. 184. Os serviços que, por disposição regulatória, somente possam ser prestados pelas instituições financeiras bancárias e sejam remunerados por tarifas e comissões, incluídos os serviços de abertura, manutenção e encerramento de conta de depósito à vista e conta de poupança, fornecimento de cheques, de saque e de transferência de valores, ficam sujeitos às normas gerais de incidência do IBS e da CBS previstas no Título I deste Livro.

§ 1º Para fins do disposto no *caput* deste artigo, consideram-se instituições financeiras bancárias os bancos de qualquer espécie e as caixas econômicas, de que tratam os incisos I e II do § 1º do art. 183 desta Lei Complementar.

§ 2º Os serviços de manutenção e encerramento de conta de pagamento pré-paga e pós-paga prestados por instituições de pagamento e remunerados por tarifa e comissão também ficam sujeitos às normas gerais de incidência do IBS e da CBS previstas no Título I deste Livro.

§ 3º Também ficam sujeitos às normas gerais de incidência do IBS e da CBS previstas no Título I deste Livro e, se for o caso, aos regimes diferenciados de que trata o Título IV deste Livro e não se sujeitam ao disposto no regime específico deste Capítulo, os demais serviços que forem prestados pelos fornecedores de que trata o art. 183 e não forem definidos como serviços financeiros no art. 182 desta Lei Complementar.

Seção II

DISPOSIÇÕES COMUNS AOS SERVIÇOS FINANCEIROS

Art. 185. A base de cálculo do IBS e da CBS no regime específico de serviços financeiros será composta das receitas das operações, com as deduções previstas neste Capítulo.

Art. 186. As receitas de reversão de provisões e da recuperação de créditos baixados como prejuízo comporão a base de cálculo do IBS e da CBS, desde que a respectiva provisão ou baixa tenha sido deduzida da base de cálculo.

Art. 187. As deduções da base de cálculo previstas neste Capítulo restringem-se a operações autorizadas por órgão governamental, desde que realizadas nos limites operacionais previstos na legislação pertinente, vedada a dedução de qualquer despesa administrativa.

Art. 188. As sociedades cooperativas que fornecerem serviços financeiros e exercerem a opção de que trata o art. 271 desta Lei Complementar deverão reverter o efeito das deduções de base de cálculo previstas neste Capítulo proporcionalmente ao valor que as operações beneficiadas com redução a zero das alíquotas do IBS e da CBS representarem do total das operações da cooperativa.

Art. 189. Caso não haja previsão em contrário neste Capítulo, as alíquotas do IBS e da CBS incidentes sobre os serviços financeiros serão:

I – de 2027 a 2033, aquelas fixadas de acordo com as regras previstas no art. 233 desta Lei Complementar; e

II – a partir de 2034, aquelas fixadas para 2033.

§ 1º As alíquotas de que trata o *caput* deste artigo serão nacionalmente uniformes.

§ 2º A alíquota da CBS e as alíquotas estadual, distrital e municipal do IBS serão fixadas de modo a manter a proporção entre as respectivas alíquotas de referência.

Art. 190. Os créditos do IBS e da CBS na aquisição de serviços financeiros, nas hipóteses previstas neste Capítulo, serão apropriados com base nas informações prestadas pelos fornecedores ao Comitê Gestor do IBS e à RFB, na forma do regulamento, e ficarão sujeitos ao disposto nos arts. 47 a 56 desta Lei Complementar.

Art. 191. As entidades que realizam as operações com serviços financeiros de que trata este Capítulo devem prestar, a título de obrigação acessória, na forma do regulamento, informações sobre as operações realizadas, sem prejuízo de um conjunto mínimo de informações previsto nesta Lei Complementar.

Seção III

DAS OPERAÇÕES DE CRÉDITO, DE CÂMBIO, COM TÍTULOS E VALORES MOBILIÁRIOS, DE SECURITIZAÇÃO E DE FATURIZAÇÃO

Art. 192. Nas operações de crédito, de câmbio, e com títulos e valores mobiliários, de que tratam os incisos I a III do *caput* do art. 182 desta Lei Complementar, para fins de determinação da base de cálculo, serão consideradas as receitas dessas operações, com a dedução de:

I – despesas financeiras com a captação de recursos;

II – despesas de câmbio relativas às operações de que trata o inciso II do *caput* do art. 182 desta Lei Complementar;

III – perdas nas operações com títulos ou valores mobiliários de que trata o inciso III do *caput* do art. 182 desta Lei Complementar;

IV – encargos financeiros reconhecidos como despesas, ainda que contabilizados no patrimônio líquido, referentes a instrumentos de dívida emitidos pela pessoa jurídica;

V – perdas incorridas no recebimento de créditos decorrentes das atividades das instituições financeiras e das demais instituições autorizadas a funcionar pelo Banco Central do Brasil nas operações com serviços financeiros de que tratam os incisos I a V do *caput* do art. 182 desta Lei Complementar, e perdas na cessão desses créditos e na concessão de descontos, desde que sejam realizadas a valor de mercado, obedecidas, ainda, em todos os casos, as mesmas regras de dedutibilidade da legislação do imposto de renda aplicáveis a essas perdas para os períodos de apuração iniciados a partir de 1º de janeiro de 2027; e

VI – despesas com assessores de investimento, consultores de valores mobiliários e correspondentes registrados no Banco Central do Brasil, relativas às operações de que tratam os incisos I a III do *caput* do art. 182 desta Lei Complementar, desde que esses serviços não tenham sido prestados por empregados ou administradores da empresa.

§ 1º O conceito de receitas das operações:

I – não inclui o valor do principal, caso se trate de operações de crédito;

II – corresponde à diferença entre o valor de alienação do ativo e o seu custo de aquisição, caso se trate de alienação de títulos e valores mobiliários.

§ 2º As despesas financeiras com captação de recursos não incluem o pagamento do principal.

§ 3º Na hipótese de estorno por qualquer razão, em contrapartida à conta de patrimônio líquido a que se refere o inciso IV do *caput* deste artigo, os valores anteriormente deduzidos deverão ser adicionados na base de cálculo.

§ 4º O disposto no inciso IV do *caput* deste artigo não se aplica aos instrumentos patrimoniais, como ações, certificados de depósito de ações e bônus de subscrição.

§ 5º As receitas e despesas computadas na base de cálculo de que trata o *caput* deste artigo incluem as variações monetárias em função da taxa de câmbio, quando o resultado das operações variar conforme a cotação de moeda estrangeira.

§ 6º As receitas e despesas reconhecidas em contrapartida à avaliação a valor justo, no que exceder ao rendimento produzido nas operações de que trata o inciso III do *caput* do art. 182 desta Lei Complementar, devem ser evidenciadas em subconta e computadas na base de cálculo no momento da realização do respectivo ativo ou passivo.

§ 7º As receitas e despesas com instrumentos financeiros derivativos contratados pelas entidades que realizam as operações previstas neste artigo também serão computadas na base de cálculo.

§ 8º Não são consideradas receitas dos serviços de que trata o *caput* deste artigo, vedada a dedução das respectivas despesas financeiras de captação para apuração da base de cálculo, as auferidas em operações de crédito realizadas entre a cooperativa e o associado:

I – com recursos próprios da cooperativa ou dos associados; ou

II – com recursos públicos, direcionados, equalizados ou de fundos oficiais ou constitucionais.

Art. 193. Fica sujeito à incidência do IBS e da CBS pela alíquota prevista nesta Seção as operações de securitização e de faturização (*factoring*) de que tratam os incisos IV e V do *caput* do art. 182.

§ 1º A base de cálculo do IBS e da CBS corresponderá ao desconto aplicado na liquidação antecipada, com a dedução de:

I – despesas financeiras com a captação de recursos;

II – despesas da securitização, consistindo na emissão, distribuição, custódia, escrituração, registro, preparação e formalização de documentos, administração do patrimônio separado e atuação de agentes fiduciários, de cobrança e de classificação de risco, desde que esses serviços não tenham sido prestados por empregados ou administradores da empresa.

§ 2º Poderão ser deduzidas da base de cálculo referida no § 1º as perdas incorridas no recebimento de créditos e as perdas na cessão destes créditos e na concessão de descontos, desde que sejam realizados a valor de mercado.

§ 3º As perdas referidas no § 2º que não puderem ser integralmente deduzidas da base de cálculo de um determinado período de apuração, por excederem os valores tributáveis em tal período, poderão ser deduzidas nos períodos subsequentes.

§ 4º O Conselho Monetário Nacional e o Banco Central do Brasil, observadas as respectivas competências, regulamentarão as regras de enquadramento e desenquadramento dos requisitos previstos neste artigo.

§ 5º Aplica-se o disposto neste artigo ao Fundo de Investimento em Direitos Creditórios (FIDC) que liquide antecipadamente recebíveis comerciais por meio de desconto de duplicatas, notas promissórias, cheques e outros títulos mercantis, conforme definidos em regulamentação a ser expedida pelo Conselho Monetário Nacional, caso não seja classificado como entidade de investimento, de acordo com o disposto no art. 23 da Lei nº 14.754, de 12 de dezembro de 2023, e em sua regulamentação.

§ 6º Não ficam sujeitos à incidência do IBS e da CBS os cotistas dos fundos a que se refere o § 5º deste artigo.

Art. 194. Os contribuintes no regime regular que não estejam sujeitos ao regime específico desta Seção e sejam tomadores de operações de crédito de que trata o inciso I do *caput* do art. 182 desta Lei Complementar poderão apropriar créditos do IBS e da CBS pela mesma alíquota devida sobre essas operações de crédito, aplicada sobre as despesas financeiras relativas a essas operações efetivamente pagas, pelo regime de caixa e calculadas a partir das seguintes deduções sobre o valor de cada parcela, após a data de seu o pagamento:

I – o montante referente ao valor do principal contido em cada parcela, obedecidas as regras de amortização previstas no contrato; e

II – o montante correspondente à aplicação da taxa SELIC sobre o principal, calculada com base na taxa de juros média praticada nas operações compromissadas com títulos públicos federais com prazo de 1 (um) dia útil.

Art. 195. Os contribuintes no regime regular que não estejam sujeitos ao regime específico desta Seção e emitam títulos de dívida, incluídas as debêntures e notas comerciais, poderão apropriar créditos na forma do art. 194, durante o período em que o título ou valor mobiliário for detido por contribuinte no regime específico desta Seção.

§ 1º Na hipótese de que trata o *caput* deste artigo, quando o título de dívida for objeto de oferta pública, na forma regulamentada pela Comissão de Valores Mobiliários:

I – o credor no regime específico de que trata esta Seção excluirá da base de cálculo do IBS e da CBS o valor correspondente à parcela dos juros e dos rendimentos produzidos pelo título de dívida que for superior à taxa SELIC; e

II – o devedor não apropriará créditos.

§ 2º A sistemática de que trata o § 1º deste artigo também se aplicará ao credor no regime específico de que trata esta Seção que detiver os títulos de dívida por meio de fundo de investimento exclusivo, cuja carteira seja composta por, no mínimo, 95% (noventa e cinco por cento) desses títulos.

Art. 196. O tomador dos serviços de cessão de recebíveis, antecipação, desconto, securitização e faturização (*factoring*) de que tratam os incisos I, IV e V do *caput* do art. 182 desta Lei Complementar que seja contribuinte no regime regular e não esteja sujeito ao regime específico desta Seção poderá apropriar créditos nessas operações, em relação à parcela do deságio aplicado, no momento da liquidação antecipada do recebível, pelo regime de caixa, que for superior à curva de juros futuros da taxa DI, pelo prazo da antecipação.

Art. 197. Não poderão apropriar créditos na forma prevista nos arts. 194 a 196 os associados tomadores de operações de crédito com sociedades cooperativas que fornecerem serviços financeiros e exercerem a opção de que trata o art. 271 desta Lei Complementar.

Art. 198. Os contribuintes no regime regular que não estejam sujeitos ao regime específico desta Seção poderão apropriar créditos do IBS e da CBS, com base nos valores pagos pelo fornecedor, sobre as tarifas e comissões relativas às operações de que tratam os incisos I a V do *caput* do art. 182 desta Lei Complementar.

Parágrafo único. Aplica-se também o disposto no *caput* deste artigo às aquisições realizadas pelas entidades sujeitas ao regime específico desta Seção, desde que a respectiva despesa não seja deduzida da base de cálculo.

Art. 199. Fica vedada a apropriação de créditos do IBS e da CBS na aquisição dos serviços financeiros de que tratam os incisos I a V do *caput* do art. 182 da Lei Complementar que não estiverem permitidos expressamente nos arts. 194 a 198.

Art. 200. Na alienação de bens móveis ou imóveis que tenham sido objeto de garantia constituída em favor de credor sujeito ao regime específico desta Seção, cuja propriedade tenha sido por ele consolidada ou a ele transmitida em pagamento da dívida, deverá ser observado o seguinte:

I – a consolidação da propriedade do bem pelo credor não estará sujeita à incidência do IBS e da CBS; e

II – na alienação do bem pelo credor:

a) não haverá incidência do IBS e da CBS, se o prestador da garantia não for contribuinte desses tributos; ou

b) haverá incidência do IBS e da CBS pelas mesmas regras de apuração que seriam aplicáveis caso a alienação fosse realizada diretamente pelo prestador da garantia, se este for contribuinte do IBS e da CBS.

§ 1º Aplicam-se ao adquirente as mesmas regras relativas ao IBS e à CBS que seriam aplicáveis caso a alienação fosse realizada pelo prestador da garantia.

§ 2º Para efeitos de eventual devolução pelo credor ao prestador da garantia do valor da alienação em excesso ao da dívida, deverá ser considerado o valor de alienação do bem líquido do IBS e da CBS.

SEÇÃO IV
DO ARRENDAMENTO MERCANTIL

Art. 201. Para fins de determinação da base de cálculo, no arrendamento mercantil de que trata o inciso VI do *caput* do art. 182 desta Lei Complementar:

I – as receitas dos serviços ficarão sujeitas, na medida do recebimento, pelo regime de caixa:

a) em relação às parcelas das contraprestações do arrendamento mercantil operacional, pelas seguintes alíquotas:

1. no caso de bem imóvel, pela alíquota aplicável à locação, no respectivo regime específico; e
2. no caso dos demais bens, pela alíquota aplicável à locação do bem;

b) em relação à alienação de bem objeto de arrendamento mercantil operacional, pelas seguintes alíquotas:

1. no caso de bem imóvel, pela alíquota aplicável à venda, no respectivo regime específico; e
2. no caso dos demais bens, pela alíquota aplicável à venda do bem;

c) em relação às parcelas das contraprestações do arrendamento mercantil financeiro, pela alíquota prevista no art. 189 desta Lei Complementar;

d) em relação ao valor residual do bem arrendado, o valor residual garantido, ainda que parcelado, pactuado no contrato de arrendamento mercantil financeiro, pago por ocasião do efetivo exercício da opção de compra, pelas seguintes alíquotas:

1. no caso de bem imóvel, pela alíquota aplicável à venda, no respectivo regime específico; e
2. no caso dos demais bens, pela alíquota prevista nas normas gerais de incidência de que trata o Título I deste Livro aplicável à venda do bem;

II – a dedução será permitida, na proporção da participação das receitas obtidas em operações que não gerem créditos de IBS e de CBS para o arrendatário em relação ao total das receitas com as operações de arrendamento mercantil:

a) das despesas financeiras com a captação de recursos utilizados nas operações de arrendamento mercantil;

b) das despesas de arrendamento mercantil;

c) das provisões para créditos de liquidação duvidosa relativas às operações de arrendamento mercantil, observado o disposto no inciso V do *caput* do art. 192 desta Lei Complementar.

Parágrafo único. Para fins da incidência do IBS e da CBS no arrendamento mercantil financeiro:

I – as contraprestações tributadas nos termos da alínea *c* do inciso I do *caput* deste artigo deverão ser mensuradas considerando os efeitos dos ajustes a valor presente do fluxo de pagamento do contrato de arrendamento mercantil, pela taxa equivalente aos encargos financeiros, devidamente evidenciados em contas contábeis;

II – a parcela tributada nos termos da alínea *d* do inciso I do *caput* corresponderá, no mínimo, ao custo de aquisição do bem ou serviço arrendado, independentemente do montante previsto no contrato, aplicando-se a mesma regra se o bem for vendido a terceiro;

III – a soma das parcelas tributadas nos termos das alíneas *c* e *d* do inciso I do *caput* deste artigo deverá corresponder ao valor total recebido pela arrendadora pelo arrendamento mercantil financeiro e venda do bem, durante todo o prazo da operação.

Art. 202. Caso a pessoa jurídica apure receitas com serviços financeiros de que tratam os incisos I a VI do *caput* do art. 182 desta Lei Complementar, as despesas financeiras de captação serão deduzidas da base de cálculo na proporção das receitas de cada natureza.

Art. 203. O contratante de arrendamento mercantil que seja contribuinte do IBS e da CBS sujeito ao regime regular e não esteja sujeito ao regime específico desta Seção poderá aproveitar créditos desses tributos com base no valor das parcelas das contraprestações do arrendamento mercantil e do valor residual do bem, na medida do efetivo pagamento, pelo regime de caixa, pela mesma alíquota devida sobre esses serviços.

SEÇÃO V
DA ADMINISTRAÇÃO DE CONSÓRCIO

Art. 204. Na administração de consórcio de que trata o inciso VII do *caput* do art. 182 desta Lei Complementar, para fins de determinação da base de cálculo, as receitas dos serviços compreendem todas as tarifas, comissões e taxas, bem como os respectivos encargos, multas e juros, decorrentes de contrato de participação em grupo de consórcio, efetivamente pagas, pelo regime de caixa.

§ 1º A administradora do consórcio poderá deduzir da base de cálculo os valores referentes aos serviços de intermediação de que trata o inciso XV do *caput* do art. 182 desta Lei Complementar.

§ 2º As aquisições de bens e de serviços por consorciado com carta de crédito de consórcio ficam sujeitas às regras previstas nas normas gerais de incidência de que trata o Título I deste Livro, exceto no caso de bem imóvel, que fica sujeito ao respectivo regime específico, e de outros bens ou serviços sujeitos a regime diferenciado ou específico, nos termos desta Lei Complementar, não havendo responsabilidade da administradora do consórcio por esses tributos.

§ 3º Na execução de garantia de consorciado, com recebimento dos valores pelo grupo de consórcio, deverá ser observado o seguinte:

I – a consolidação da propriedade do bem pelo grupo de consórcio não estará sujeita à incidência do IBS e da CBS;

II – na alienação do bem pelo grupo de consórcio:

a) não haverá incidência do IBS e da CBS, se o consorciado não for contribuinte do IBS e da CBS;

b) haverá incidência do IBS e da CBS pelas mesmas regras que seriam aplicáveis caso a alienação fosse realizada pelo consorciado, se este for contribuinte do IBS e da CBS;

III – aplicam-se ao adquirente as mesmas regras relativas ao IBS e à CBS que seriam aplicáveis caso a alienação fosse realizada pelo consorciado; e

IV – a administradora do consórcio ficará sujeita à incidência do IBS e da CBS sobre a remuneração pelo serviço prestado e não será responsável pelos tributos devidos pelo consorciado nos termos da alínea *b* do inciso II deste parágrafo.

Art. 205. O contribuinte do IBS e da CBS no regime regular que adquirir serviços de administração de consórcio poderá apropriar créditos do IBS e da CBS com base nos valores pagos pelo fornecedor sobre esses serviços.

Art. 206. Os serviços de intermediação de consórcio de que trata o inciso XV do *caput* do art. 182 desta Lei Complementar ficarão sujeitos à incidência do IBS e da CBS sobre o valor da operação, pelas mesmas alíquotas aplicáveis aos serviços de administração de consórcios.

§ 1º Os prestadores de serviços de intermediação de consórcios que forem optantes pelo Simples Nacional:

I – permanecerão tributados de acordo com as regras do Simples Nacional, quando não exercerem a opção pelo regime regular do IBS e da CBS; e

II – ficarão sujeitos às mesmas alíquotas do IBS e da CBS aplicáveis aos serviços de administração de consórcios, quando exercerem a opção pelo regime regular do IBS e da CBS.

§ 2º Os créditos das operações de intermediação poderão ser aproveitados pelos adquirentes que forem contribuintes no regime regular, desde que o fornecedor da intermediação identifique os adquirentes destinatários, com base nos valores do IBS e da CBS pagos pelo intermediário e aplicando-se o disposto nos arts. 47 a 56 desta Lei Complementar.

Seção VI

DA GESTÃO E ADMINISTRAÇÃO DE RECURSOS, INCLUSIVE DE FUNDOS DE INVESTIMENTO

Art. 207. A gestão e a administração de recursos de que trata o inciso VIII do *caput* do art. 182 desta Lei Complementar ficam sujeitas à incidência do IBS e da CBS em regime específico, de acordo com o disposto nesta Seção.

Art. 208. As alíquotas do IBS e da CBS sobre os serviços prestados aos fundos de investimento que não forem serviços financeiros de que trata o art. 182 desta Lei Complementar seguirão o disposto nas normas gerais de incidência do IBS e da CBS previstas no Título I deste Livro e, se for o caso, nos regimes diferenciados de que trata o Título IV deste Livro.

Art. 209. O fundo de investimento e os seus cotistas não poderão aproveitar créditos do IBS e da CBS devidos pelos fornecedores de quaisquer bens ou serviços ao fundo, ressalvado o disposto no parágrafo único deste artigo.

Parágrafo único. Na hipótese de o fundo de investimento ser contribuinte do IBS e da CBS no regime regular, o fundo poderá apropriar créditos nas suas aquisições de bens e serviços, observado o disposto nos arts. 47 a 56 desta Lei Complementar.

Art. 210. O administrador de fundo de investimento e a distribuidora por conta e ordem de cotas de fundo de investimento deverão apresentar, na forma do regulamento, a título de obrigação acessória, informações sobre o fundo de investimento e cada cotista, ou do distribuidor por conta e ordem, ou do depositário central se a cota for negociada em bolsa de valores, e o valor das suas cotas, sem prejuízo de outras informações que o regulamento requisitar.

Parágrafo único. O Comitê Gestor do IBS poderá celebrar convênio com órgãos da administração pública para ter acesso às informações previstas no *caput*, podendo, nesse caso, dispensar o administrador e a distribuidora da obrigação acessória de que trata o *caput* deste artigo.

Art. 211. Os serviços de gestão e de administração de recursos prestados ao investidor e não ao fundo de investimento, como na gestão de carteiras administradas, ficam sujeitos ao IBS e à CBS pelas alíquotas previstas no art. 189 desta Lei Complementar, vedado o crédito do IBS e da CBS para o adquirente dos serviços.

Seção VII

DO FUNDO DE GARANTIA DO TEMPO DE SERVIÇO (FGTS) E DOS DEMAIS FUNDOS GARANTIDORES E EXECUTORES DE POLÍTICAS PÚBLICAS

Art. 212. As operações relacionadas ao Fundo de Garantia do Tempo de Serviço (FGTS) ficam sujeitas à incidência do IBS e da CBS, por alíquota nacionalmente uniforme, a ser fixada de modo a manter a carga tributária incidente sobre essas operações.

§ 1º O FGTS não é contribuinte do IBS e da CBS.

§ 2º As operações relacionadas ao FGTS são aquelas necessárias à aplicação da Lei nº 8.036, de 11 de maio de 1990, realizadas:

I – pelo agente operador do FGTS;

II – pelos agentes financeiros do FGTS; e

III – pelos demais estabelecimentos bancários.

§ 3º Ficam sujeitas:

I – à alíquota zero do IBS e da CBS, as operações previstas no inciso I do § 2º deste artigo;

II – às alíquotas necessárias para manter a carga tributária, as operações previstas nos incisos II e III do § 2º deste artigo.

Art. 213. Não ficam sujeitas à incidência do IBS e da CBS as operações relacionadas aos demais fundos garantidores e executores de políticas públicas, inclusive de habitação e de desenvolvimento regional, previstos em lei.

§ 1º As operações relacionadas aos fundos garantidores e executores de que trata o *caput* deste artigo incluem os serviços de administração e operacionalização prestados ao fundo.

§ 2º Os fundos de que trata o *caput* deste artigo não são contribuintes do IBS e da CBS.

§ 3º Aplica-se também o disposto neste artigo aos fundos de que trata o *caput* que vierem a ser constituídos após a data de publicação desta Lei Complementar.

§ 4º Caberá a ato conjunto do Comitê Gestor do IBS e da RFB listar os fundos garantidores e executores de políticas públicas previstos em lei na data da publicação desta Lei Complementar e atualizar a lista com os fundos da mesma natureza que vierem a ser constituídos posteriormente.

Seção VIII

DOS ARRANJOS DE PAGAMENTO

Art. 214. Os serviços de arranjos de pagamento de que trata o inciso IX do *caput* do art. 182 desta Lei Complementar ficam sujeitos à incidência do IBS e da CBS em regime específico, de acordo com o disposto nesta Seção.

§ 1º Os serviços de que trata o *caput* deste artigo compreendem todos aqueles relacionados ao credenciamento, captura, processamento e liquidação das transações de pagamento e aos demais bens e serviços fornecidos ao credenciado, a outro destinatário do arranjo e entre participantes do arranjo inclusive:

I – os serviços de arranjo remunerados pelo credenciado mediante taxa de desconto nas transações de pagamento;

II – a locação de terminais eletrônicos e o fornecimento de programas de computador (*software*) que viabilizam o funcionamento dos arranjos de pagamento; e

III – bens e serviços fornecidos pelos instituidores de arranjos de pagamento aos demais participantes do arranjo, ainda que a cobrança não esteja vinculada a cada transação de pagamento;

IV – bens e serviços importados das bandeiras de cartões pelos instituidores e participantes de arranjos de pagamentos.

§ 2º A relação jurídica entre o emissor e o portador do instrumento de pagamento fica sujeita às regras previstas nas normas gerais de incidência de que trata o Título I deste Livro, salvo as operações de crédito de que trata o inciso I do *caput* do art. 182 desta Lei Complementar, que ficam sujeitas ao respectivo regime específico.

§ 3º A base de cálculo do IBS e da CBS devidos pelos contribuintes sujeitos ao regime específico desta Seção corresponderá ao valor bruto da remuneração recebida diretamente do credenciado, acrescido das parcelas recebidas de outros participantes do arranjo de pagamento e diminuído das parcelas pagas a estes.

§ 4º Aplica-se o disposto no § 3º deste artigo para fins da determinação da base de cálculo dos participantes dos arranjos de que trata o *caput* do art. 216 desta Lei Complementar.

§ 5º Integram também a base de cálculo dos serviços de que trata o *caput* do art. 216 desta Lei Complementar os rendimentos auferidos em decorrência da aplicação de recursos disponíveis em contas de pagamento, conforme a regulamentação do Banco Central do Brasil e do Conselho Monetário Nacional, deduzidos os valores de rendimentos pagos em favor dos titulares dessas contas.

Art. 215. O credenciado será considerado como o tomador dos serviços de arranjos de pagamento relacionados ao credenciamento, captura, processamento e liquidação de transações de pagamento.

Art. 216. O destinatário do serviço será considerado como o tomador dos serviços no caso dos arranjos de pagamento que não estejam previstos no art. 215 desta Lei Complementar.

Art. 217. Sem prejuízo de outras informações requeridas em regulamento, os participantes de arranjos de pagamento deverão apresentar, na forma do regulamento, a título de obrigação acessória, as seguintes informações:

I – no caso da credenciadora, a identificação dos credenciados, os valores brutos da remuneração de cada credenciado e os valores repassados a cada um dos demais participantes do arranjo; e

II – no caso dos demais participantes do arranjo, os valores brutos da remuneração recebidos dos destinatários ou de outros participantes do arranjo e os valores pagos para outros participantes do arranjo.

Parágrafo único. No caso de subcredenciadora e de outras empresas que venham a participar de arranjos de pagamento e não estejam previstas nos incisos I e II do *caput* deste artigo, a forma das obrigações acessórias será disposta no regulamento.

Art. 218. O credenciado ou outro destinatário de arranjo que for contribuinte do IBS e da CBS sujeito ao regime regular poderá apropriar créditos do IBS e da CBS calculados com base nos valores brutos de remuneração devidos à credenciadora ou a outro participante do arranjo, pelos mesmos valores do IBS e da CBS pagos pelos participantes do arranjo de pagamentos incidentes sobre as operações.

Art. 219. A liquidação antecipada de recebíveis de arranjos de pagamento será tributada pelo IBS e pela CBS na forma deste artigo.

§ 1º A base de cálculo do IBS e da CBS corresponderá ao desconto aplicado na liquidação antecipada, com a dedução de valor correspondente à curva de juros futuros da taxa DI, pelo prazo da antecipação.

§ 2º Poderão ser deduzidas da base de cálculo referida no § 1º as perdas incorridas no recebimento de créditos e as perdas na cessão destes créditos e na concessão de descontos, desde que sejam realizados a valor de mercado.

§ 3º As perdas referidas no § 2º que não puderem ser integralmente deduzidas da base de cálculo de um determinado período de apuração, por excederem os valores tributáveis em tal período, poderão ser deduzidas nos períodos subsequentes.

§ 4º A alíquota do IBS e da CBS incidente sobre as operações de que trata o *caput* deste artigo será igual à alíquota aplicada aos demais serviços de arranjos de pagamento.

§ 5º O tomador dos serviços de liquidação antecipada de recebíveis de arranjos de pagamento que for contribuinte do IBS e da CBS sujeito ao regime regular poderá creditar-se do IBS e da CBS nessas operações, em relação à parcela do desconto aplicado, no momento da liquidação antecipada, pelo regime de caixa, que for superior à curva de juros futuros da taxa DI, pelo prazo da antecipação.

§ 6º O disposto neste artigo aplica-se também ao FIDC e aos demais fundos de investimentos que liquidem antecipadamente recebíveis de arranjos de pagamento, que serão considerados contribuintes do IBS e da CBS caso não sejam classificados como entidades de investimento, de acordo com o disposto no art. 23 da Lei nº 14.754, de 12 de dezembro de 2023, e em sua regulamentação.

§ 7º Não ficam sujeitos à incidência do IBS e da CBS os cotistas dos fundos a que se refere o § 6º deste artigo.

Seção IX

DAS ATIVIDADES DE ENTIDADES ADMINISTRADORAS DE MERCADOS ORGANIZADOS, INFRAESTRUTURAS DE MERCADO E DEPOSITÁRIAS CENTRAIS

Art. 220. As atividades das entidades administradoras de mercados organizados, infraestruturas de mercado e depositárias centrais de que trata o inciso X do *caput* do art. 182 ficam sujeitas à incidência do IBS e da CBS sobre o valor da operação de fornecimento de serviços, pelas alíquotas previstas no art. 189 desta Lei Complementar.

Art. 221. O contribuinte do IBS e da CBS sujeito ao regime regular que adquirir serviços de entidades administradoras de mercados organizados, infraestruturas de mercado e depositárias centrais de que trata o inciso X do *caput* do art. 182 poderá apropriar créditos desses tributos, com base nos valores pagos pelo fornecedor.

Art. 222. As entidades administradoras de mercados organizados, infraestruturas de mercado e depositárias centrais deverão prestar, a título de obrigação acessória, na forma do regulamento, informações sobre os adquirentes dos serviços e os valores pagos por cada um.

Seção X

DOS SEGUROS, RESSEGUROS, PREVIDÊNCIA COMPLEMENTAR E CAPITALIZAÇÃO

Art. 223. Para fins de determinação da base de cálculo, nas operações de seguros e resseguros de que tratam, respectivamente, os incisos XI e XII do *caput* do art. 182 desta Lei Complementar:

I – as receitas dos serviços compreendem as seguintes, na medida do efetivo recebimento, pelo regime de caixa:

a) aquelas auferidas com prêmios de seguros, de cosseguros aceitos, de resseguros e de retrocessão; e

b) as receitas financeiras dos ativos financeiros garantidores de provisões técnicas, na proporção das receitas de que trata a alínea *a* nas operações que não geram créditos de IBS e de CBS para os adquirentes e o total das receitas de que trata a alínea *a* deste inciso, observados critérios estabelecidos no regulamento;

II – serão deduzidas:

a) as despesas com indenizações referentes a seguros de ramos elementares e de pessoas sem cobertura por sobrevivência, exclusivamente quando forem referentes a segurados pessoas físicas e jurídicas que não forem contribuintes do IBS e da CBS sujeitas ao regime regular, correspondentes aos sinistros, efetivamente pagos, ocorridos em operações de seguro, depois de subtraídos os salvados e os demais ressarcimentos;

b) os valores pagos referentes e restituições de prêmios que houverem sido computados como receitas, inclusive por cancelamento; e

c) os valores pagos referentes aos serviços de intermediação de seguros e resseguros de que trata o inciso XV do *caput* do art. 182 desta Lei Complementar;

d) os valores pagos referentes ao prêmio das operações de cosseguro cedido;

e) as parcelas dos prêmios destinadas à constituição de provisões ou reservas técnicas referentes a seguro resgatável.

§ 1º O contribuinte do IBS e da CBS sujeito ao regime regular que adquirir e for segurado de serviços de seguro e resseguro poderá apropriar créditos de IBS e de CBS sobre os prêmios, pelo valor dos tributos pagos sobre esses serviços.

§ 2º O recebimento das indenizações de que trata a alínea *a* do inciso II do *caput* deste artigo não fica sujeito à incidência do IBS e da CBS e não dá direito a crédito de IBS e de CBS.

§ 3º Integra a base de cálculo de que trata este artigo a parcela da reversão das provisões ou reservas técnicas que for retida pela entidade como receita própria.

§ 4º As operações de resseguro e retrocessão ficam sujeitas à incidência à alíquota zero, inclusive quando os prêmios de resseguro e retrocessão forem cedidos ao exterior.

Art. 224. Para fins de determinação da base de cálculo, na previdência complementar, aberta e fechada, de que trata o inciso XIII do *caput* do art. 182 desta Lei Complementar e no seguro de pessoas com cobertura por sobrevivência:

I – as receitas dos serviços compreendem, na medida do efetivo recebimento, pelo regime de caixa:

a) as contribuições para planos de previdência complementar;

b) os prêmios de seguro de pessoas com cobertura de sobrevivência; e

c) o encargo do fundo decorrente de estruturação, manutenção de planos de previdência e seguro de pessoas com cobertura por sobrevivência;

II – serão deduzidas:

a) as parcelas das contribuições e dos prêmios destinadas à constituição de provisões ou reservas técnicas;

b) os valores pagos referentes a restituições de contribuições e prêmios que houverem sido computados como receitas, inclusive cancelamentos;

c) os valores pagos por serviços de intermediação de previdência complementar de que trata o inciso XV do *caput* do art. 182 desta Lei Complementar e de seguro de vida de pessoas com cobertura por sobrevivência; e

d) as despesas com indenizações referentes às coberturas de risco, correspondentes aos benefícios efetivamente pagos, ocorridos em operações de previdência complementar.

§ 1º Integra a base de cálculo de que trata este artigo a parcela da reversão das provisões ou reservas técnicas retida pela entidade como receita própria.

§ 2º Não integram a base de cálculo de que trata este artigo os rendimentos auferidos nas aplicações de recursos financeiros destinados ao pagamento de benefícios de aposentadoria, pensão, pecúlio e de resgates.

§ 3º O disposto no § 2º deste artigo aplica-se aos rendimentos:

I – de aplicações financeiras proporcionados pelos ativos garantidores das provisões técnicas, limitados esses ativos ao montante das referidas provisões; e

II – dos ativos financeiros garantidores das provisões técnicas de empresas de seguros privados destinadas exclusivamente a planos de benefícios de caráter previdenciário e a seguros de pessoas com cobertura por sobrevivência.

§ 4º Também não integram a base de cálculo de que trata este artigo os demais rendimentos de aplicações financeiras auferidos pelas entidades que prestam as atividades previstas no *caput* deste artigo.

Art. 225. Para fins de determinação da base de cálculo, na capitalização de que trata o inciso XIV do *caput* do art. 182 desta Lei Complementar:

I – as receitas dos serviços compreendem, na medida do efetivo recebimento, pelo regime de caixa:

a) a arrecadação com os títulos de capitalização; e

b) as receitas com prescrição e penalidades;

II – serão deduzidas:

a) as parcelas das contribuições destinadas à constituição de provisões ou reservas técnicas, inclusive provisões de sorteios a pagar;

b) os valores pagos referentes a cancelamentos e restituições de títulos que houverem sido computados como receitas; e

c) os valores pagos por serviços de intermediação de capitalização de que trata o inciso XV do *caput* do art. 182 desta Lei Complementar.

§ 1º Integra a base de cálculo de que trata este artigo a parcela da reversão das provisões ou reservas técnicas retida pela entidade como receita própria.

§ 2º Não integram a base de cálculo de que trata este artigo os rendimentos auferidos nas aplicações financeiras destinadas ao pagamento de resgate de títulos e sorteios de premiação.

§ 3º O disposto no § 2º deste artigo restringe-se aos rendimentos de aplicações financeiras proporcionados pelos ativos garantidores das provisões técnicas, limitados esses ativos ao montante das referidas provisões.

§ 4º Também não integram a base de cálculo de que trata este artigo os demais rendimentos de aplicações financeiras auferidos pelas entidades que prestam as atividades previstas no *caput* deste artigo.

§ 5º O contribuinte do IBS e da CBS sujeito ao regime regular que adquira títulos de capitalização poderá apropriar créditos de IBS e de CBS pelo valor dos tributos pagos sobre esse serviço.

Art. 226. Fica vedado o crédito de IBS e de CBS na aquisição de serviços de previdência complementar.

Art. 227. Sem prejuízo de outras informações requeridas em regulamento, as sociedades seguradoras, resseguradores, entidades abertas e fechadas de previdência complementar e sociedades de capitalização deverão apresentar, na forma do regulamento, a título de obrigação acessória, as seguintes informações:

I – as sociedades seguradoras e resseguradores, a identificação dos segurados ou, caso os segurados não sejam identificados na contratação do seguro, dos estipulantes e os valores dos prêmios pagos por cada um;

II – as entidades de previdência complementar, a identificação dos participantes e os valores das contribuições pagos por cada um; e

III – as sociedades de capitalização, a identificação dos titulares, subscritores ou distribuidores dos títulos e os valores da arrecadação com os títulos.

Art. 228. Os serviços de intermediação de seguros, resseguros, previdência complementar e capitalização de que trata o inciso XV do *caput* do art. 182 desta Lei Complementar ficarão sujeitos à incidência do IBS e da CBS sobre o valor da operação, pela mesma alíquota aplicável aos serviços de seguros, resseguros, previdência complementar e capitalização.

§ 1º Os prestadores de serviços de intermediação de seguros, resseguros, previdência complementar e capitalização que forem optantes pelo Simples Nacional:

I – permanecerão tributados de acordo com as regras do Simples Nacional, quando não exercerem a opção pelo regime regular do IBS e da CBS; e

II – ficarão sujeitos à mesma alíquota do IBS e da CBS aplicável aos serviços de seguros, resseguros, previdência complementar e capitalização, quando exercerem a opção pelo regime regular do IBS e da CBS.

§ 2º Os créditos das operações de intermediação poderão ser aproveitados pelos adquirentes segurados dos respectivos seguros, resseguros e pelos adquirentes de títulos de capitalização que sejam contribuintes do IBS e da CBS no regime regular, desde que o fornecedor da intermediação identifique os adquirentes e destinatários, com base nos valores do IBS e da CBS pagos pelo intermediário e aplicando-se o disposto nos arts. 47 a 56 desta Lei Complementar.

Seção XI
DOS SERVIÇOS DE ATIVOS VIRTUAIS

Art. 229. Os serviços de ativos virtuais de que trata o inciso XVI do *caput* do art. 182 desta Lei Complementar ficam sujeitos à incidência do IBS e da CBS sobre o valor prestação do serviço de ativos virtuais.

§ 1º Os ativos virtuais de que trata o *caput* deste artigo são as representações digitais de valor que podem ser negociadas ou transferidas por meios eletrônicos e utilizadas para realização de pagamentos ou com propósito de investimento, nos termos da Lei nº 14.478, de 21 de dezembro de 2022, não incluindo as representações digitais consideradas como valores mobiliários, que ficam sujeitas ao disposto na Seção III deste Capítulo.

§ 2º As aquisições de bens e de serviços com ativos virtuais ficam sujeitas às regras previstas nas normas gerais de incidência de que trata o Título I deste Livro ou ao respectivo regime diferenciado ou específico aplicável ao bem ou serviço adquirido, nos termos desta Lei Complementar.

Art. 230. O contribuinte no regime regular que adquirir serviços de ativos virtuais poderá apropriar créditos do IBS e da CBS, com base nos valores pagos pelo fornecedor.

Seção XII
DA IMPORTAÇÃO DE SERVIÇOS FINANCEIROS

Art. 231. Os serviços financeiros de que trata o art. 182 desta Lei Complementar, quando forem considerados importados, nos termos da Seção II do Capítulo IV do Título I deste Livro, ficam sujeitos à incidência do IBS e da CBS pela mesma alíquota aplicável aos respectivos serviços financeiros adquiridos de fornecedores domiciliados no País.

§ 1º Na importação de serviços financeiros:

I – a base de cálculo será o valor correspondente à receita auferida pelo fornecedor em razão da operação, com a aplicação de um fator de redução para contemplar uma margem presumida, a ser prevista no regulamento, observados os limites estabelecidos neste Capítulo para as deduções de base de cálculo dos mesmos serviços financeiros prestados no País, quando aplicável;

II – nas hipóteses em que o importador dos serviços financeiros seja contribuinte do IBS e da CBS sujeito ao regime regular e tenha direito de apropriação de créditos desses tributos na aquisição do mesmo serviço financeiro no País, de acordo com o disposto neste Capítulo, será aplicada alíquota zero na importação, e não serão apropriados créditos do IBS e da CBS; e

III – VETADO.

§ 2º Aplica-se o disposto no Capítulo IV do Título I deste Livro às importações de serviços financeiros, naquilo que não conflitar com o disposto neste artigo.

Seção XIII
DA EXPORTAÇÃO DE SERVIÇOS FINANCEIROS

Art. 232. Os serviços financeiros de que trata o art. 182 desta Lei Complementar, quando forem prestados para residentes ou domiciliados no exterior, serão considerados exportados e ficarão imunes à incidência do IBS e da CBS, para efeitos do disposto no Capítulo V do Título I deste Livro.

§ 1º A entidade que prestar serviços financeiros no País e mediante exportação deverá:

I – nas operações de que tratam os incisos I a V do *caput* do art. 182 desta Lei Complementar:

a) calcular a proporção da receita das exportações sobre a receita total com esses serviços financeiros;

b) reverter o efeito das deduções da base de cálculo permitidas para esses serviços financeiros na mesma proporção de que trata este inciso; e

II – nas demais operações sujeitas ao regime específico de serviços financeiros, deverá fazer o mesmo cálculo previsto no inciso I deste parágrafo, consideradas as receitas de operação de cada natureza, conforme o disposto neste Capítulo, e, quando aplicável, a permissão de dedução de despesas da base de cálculo das respectivas operações.

§ 2º Não são considerados exportados os serviços financeiros prestados a entidades no exterior que sejam filiais, controladas ou investidas, preponderantemente, por residentes ou domiciliados no País que não sejam contribuintes do IBS e da CBS no regime regular, individualmente ou em conjunto com partes relacionadas, conforme definidas nos §§ 2º a 6º do art. 5º desta Lei Complementar.

§ 3º No caso de operações realizadas nos mercados financeiro e de capitais nos termos da regulamentação do Conselho Monetário Nacional, o disposto no § 2º deste artigo aplicar-se-á exclusivamente nos casos em que a informação sobre a entidade no exterior ser controlada ou investida, preponderantemente, por residentes ou domiciliados no País, seja indicada, pelo representante legal de tal entidade no exterior, no cadastro a que se refere o art. 59 desta Lei Complementar, conforme previsto no regulamento.

Seção XIV

DISPOSIÇÕES TRANSITÓRIAS

Art. 233. De 2027 a 2033, as alíquotas do IBS e da CBS incidentes sobre os serviços financeiros de que trata o art. 189 desta Lei Complementar serão fixadas de modo a manter a carga tributária incidente sobre as operações de crédito das instituições financeiras bancárias.

§ 1º O cálculo da alíquota de que trata o *caput* deste artigo será feito de acordo com os seguintes critérios:

I – será calculada a proporção da base de cálculo da Contribuição para o PIS/PASEP e da COFINS das instituições financeiras bancárias que se refere a:

a) tarifas e comissões; e

b) demais receitas;

II – serão calculados os débitos da Contribuição para o PIS/PASEP e da COFINS das instituições financeiras bancárias sobre as demais receitas a que se refere a alínea *b* do inciso I deste parágrafo;

III – serão calculados os valores do IPI, do Imposto sobre Serviços de Qualquer Natureza (ISS), do ICMS, da Contribuição para o PIS/PASEP e da COFINS incidentes sobre as aquisições pelas instituições financeiras bancárias e não recuperados como créditos, na proporção que as demais receitas a que se refere a alínea *b* do inciso I deste parágrafo representam da base de cálculo total da Contribuição para o PIS/PASEP e da COFINS; e

IV – deverá o montante dos débitos do IBS e da CBS sobre a base de cálculo dos serviços financeiros de que tratam os incisos I a III do *caput* do art. 182 desta Lei Complementar prestado pelas instituições financeiras bancárias, sem levar em consideração as operações com títulos de dívida objeto de oferta pública excluídas da base de cálculo nos termos dos §§ 1º e 2º do art. 195 desta Lei Complementar, ser igual ao somatório do montante dos débitos da Contribuição para o PIS/PASEP e da COFINS de que trata o inciso II e dos valores dos tributos não recuperados como créditos de que trata o inciso III deste parágrafo.

§ 2º O cálculo de que trata o § 1º deste artigo será feito com base em dados do período de 1º de janeiro de 2022 a 31 de dezembro de 2023.

§ 3º Observada, a cada ano, a proporção entre as alíquotas da CBS e do IBS nos termos do § 2º do art. 189 desta Lei Complementar, as alíquotas da CBS e do IBS serão fixadas de modo a que o débito conjunto dos dois tributos atenda ao disposto no inciso IV do § 1º deste artigo.

§ 4º A metodologia de cálculo para a fixação das alíquotas de que trata o *caput* deste artigo será aprovada por ato conjunto do Ministro de Estado da Fazenda e do Comitê Gestor do IBS, após consulta e homologação pelo Tribunal de Contas da União em prazo não superior a 180 (cento e oitenta) dias.

§ 5º A União, os Estados, o Distrito Federal e os Municípios fornecerão ao Comitê Gestor do IBS e ao Poder Executivo da União os subsídios necessários para o cálculo das alíquotas do IBS e da CBS, mediante o compartilhamento de dados e informações.

§ 6º As alíquotas da CBS e do IBS serão divulgadas:

I – quanto ao IBS, pelos Estados, pelos Municípios e pelo Distrito Federal, de forma compartilhada e integrada, por ato do Comitê Gestor do IBS; e

II – quanto à CBS, por ato do chefe do Poder Executivo da União.

§ 7º Para fins do disposto neste artigo, consideram-se instituições financeiras bancárias os bancos de qualquer espécie e as caixas econômicas.

§ 8º As alíquotas definidas de acordo com o procedimento estabelecido neste artigo, em relação ao disposto no inciso III do § 1º, serão fixadas levando em consideração a regra de transição estabelecida no Título VIII deste Livro, de modo que o respectivo impacto nas alíquotas do IBS e da CBS seja introduzido proporcionalmente à redução e à supressão dos tributos que serão extintos.

CAPÍTULO III

DOS PLANOS DE ASSISTÊNCIA À SAÚDE

Art. 234. Os planos de assistência à saúde ficam sujeitos a regime específico de incidência do IBS e da CBS, de acordo com o disposto neste Capítulo, nos casos em que esses serviços sejam prestados por:

I – seguradoras de saúde;

II – administradoras de benefícios;

III – cooperativas operadoras de planos de saúde;

IV – cooperativas de seguro saúde; e

V – demais operadoras de planos de assistência à saúde.

Art. 235. A base de cálculo do IBS e da CBS no regime específico de planos de assistência de saúde será composta:

I – da receita dos serviços, compreendendo:

a) os prêmios e contraprestações, inclusive por corresponsabilidade assumida, efetivamente recebidos, pelo regime de caixa; e

b) as receitas financeiras, no período de apuração, dos ativos garantidores das reservas técnicas, efetivamente liquidadas;

II – com a dedução:

a) das indenizações correspondentes a eventos ocorridos, efetivamente pagas, pelo regime de caixa;

b) dos valores referentes a cancelamentos e restituições de prêmios e contraprestações que houverem sido computados como receitas;

c) dos valores pagos por serviços de intermediação de planos de saúde; e

d) da taxa de administração paga às administradoras de benefícios e dos demais valores pagos a outras entidades previstas no art. 234 desta Lei Complementar.

§ 1º Para fins do disposto na alínea *a* do inciso II do *caput* deste artigo, considera-se indenizações correspondentes a eventos ocorridos o total dos custos assistenciais decorrentes da utilização, pelos beneficiários, da cobertura oferecida pelos planos de saúde, compreendendo:

I – bens e serviços adquiridos diretamente pela entidade de pessoas físicas e jurídicas; e

II – reembolsos aos segurados ou beneficiários por bens e serviços adquiridos por estes de pessoas físicas e jurídicas.

§ 2º As operações a título de corresponsabilidade cedida entre as entidades previstas no art. 234 desta Lei Complementar também serão consideradas custos assistenciais nos termos do § 1º e serão deduzidas da base de cálculo para efeitos do disposto no *caput* deste artigo.

§ 3º Entende-se por corresponsabilidade cedida de que trata o § 2º deste artigo a disponibilização de serviços por uma operadora a beneficiários de outra, com a respectiva assunção do risco da prestação.

§ 4º Para efeitos do disposto na alínea *b* do inciso I do *caput* deste artigo, as receitas financeiras serão consideradas efetivamente liquidadas quando houver, cumulativamente:

I – a liquidação ou resgate do respectivo ativo garantidor; e

II – a redução das provisões técnicas lastreadas por ativo garantidor, considerando a diferença entre o valor total de provisões técnicas no período de apuração e no período imediatamente anterior.

§ 5º Os reembolsos aos segurados ou beneficiários de que trata o inciso II do § 1º deste artigo não ficam sujeitos à incidência do IBS e da CBS e não dão direito a créditos.

§ 6º Não integrarão a base de cálculo do IBS e da CBS as receitas financeiras que não guardem vinculação com a alocação de recursos oriundos do recebimento de prêmios e contraprestações pagos pelos contratantes dos planos de assistência à saúde.

Art. 236. Os planos de assistência funerária ficam sujeitos ao disposto nos arts. 234 a 242 desta Lei Complementar.

Art. 237. As alíquotas de IBS e de CBS no regime específico de planos de assistência à saúde são nacionalmente uniformes e correspondem às alíquotas de referência de cada esfera federativa, reduzidas em 60% (sessenta por cento).

Art. 238. Fica vedado o crédito de IBS e de CBS para os adquirentes de planos de assistência à saúde.

Parágrafo único. O disposto no *caput* deste artigo não se aplica à hipótese de que trata a alínea *f* do inciso IV do § 2º do art. 57 desta

Lei Complementar, em que os créditos do IBS e da CBS a serem aproveitados pelo contratante que seja contribuinte no regime regular:

I – serão equivalentes à multiplicação entre:

a) os valores dos débitos do IBS e da CBS pagos pela entidade sujeita ao regime específico de que trata este Capítulo no período de apuração; e

b) a proporção entre:

1. o total de prêmios e contraprestações correspondentes à cobertura dos titulares empregados do contratante e de seus dependentes, no período de apuração; e
2. o total de prêmios e contraprestações arrecadados pela entidade, no mesmo período de apuração;

II – não alcançam a parcela dos prêmios e contraprestações cujo ônus financeiro tenha sido repassado aos empregados; e

III – serão apropriados com base nas informações prestadas pelos fornecedores ao Comitê Gestor do IBS e à RFB, na forma do regulamento, e ficarão sujeitos ao disposto nos arts. 47 a 56 desta Lei Complementar.

Art. 239. As entidades de que trata este Capítulo deverão apresentar, a título de obrigação acessória, na forma do regulamento, informações sobre a identidade das pessoas físicas que forem as beneficiárias titulares dos planos de assistência à saúde e os valores dos prêmios e contraprestações de cada uma.

§ 1º Nos planos coletivos em que não houver a individualização do valor dos prêmios e contraprestações por pessoa física titular, a operadora poderá alocar, na obrigação acessória de que trata o *caput* deste artigo, o valor total recebido para cada pessoa física titular de acordo com critério a ser previsto no regulamento.

§ 2º Nos planos coletivos por adesão contratados com participação ou intermediação de administradora de benefícios, esta ficará responsável pela apresentação das informações previstas no *caput* e no § 1º deste artigo.

Art. 240. Os serviços de intermediação de planos de assistência à saúde ficam sujeitos à incidência do IBS e da CBS sobre o valor da operação pela mesma alíquota aplicável ao plano de assistência à saúde.

Parágrafo único. Os prestadores de serviços de intermediação de planos de assistência à saúde que forem optantes pelo Simples Nacional:

I – permanecerão tributados de acordo com as regras do Simples Nacional, na hipótese de não exercerem a opção pelo regime regular do IBS e da CBS; e

II – ficarão sujeitos à mesma alíquota do IBS e da CBS aplicável aos serviços de planos de assistência à saúde, na hipótese de exercerem a opção pelo regime regular do IBS e da CBS.

Art. 241. Caso venha a ser permitida a importação de serviços de planos de assistência à saúde, deverá haver a incidência de IBS e de CBS pela mesma alíquota aplicável às operações realizadas no País sobre o valor da operação, podendo regulamento prever fator de redução para contemplar uma margem presumida, observados os limites estabelecidos neste Capítulo para as deduções de base de cálculo desses serviços.

Parágrafo único. Aplica-se o disposto no Capítulo IV do Título I deste Livro às importações de que trata o *caput* deste artigo, naquilo que não conflitar com o disposto neste artigo.

Art. 242. Caso venha a ser permitido o fornecimento de serviços de planos de assistência à saúde para residentes ou domiciliados no exterior para utilização no exterior, esse fornecimento será considerado como uma exportação e ficará imune ao IBS e à CBS, para efeitos do disposto no Capítulo V do Título I deste Livro.

Art. 243. Os planos de assistência à saúde de animais domésticos ficam sujeitos ao disposto nos arts. 234 a 242 desta Lei Complementar, com exceção das alíquotas aplicáveis, que serão nacionalmente uniformes e corresponderão à soma das alíquotas de referência de cada esfera federativa, reduzidas em 30% (trinta por cento), vedado o crédito ao adquirente.

CAPÍTULO IV
DOS CONCURSOS DE PROGNÓSTICOS

Seção I
DISPOSIÇÕES GERAIS

Art. 244. Os concursos de prognósticos, em meio físico ou virtual, compreendidas todas as modalidades lotéricas, incluídos as apostas de quota fixa e os *sweepstakes*, as apostas de turfe e as demais apostas, ficam sujeitos a regime específico de incidência do IBS e da CBS, de acordo com o disposto neste Capítulo.

Parágrafo único. Aplica-se o disposto neste Capítulo ao *fantasy sport*.

Art. 245. A base de cálculo do IBS e da CBS sobre concursos de prognósticos é a receita própria da entidade decorrente dessa atividade, correspondente ao produto da arrecadação, com a dedução de:

I – premiações pagas; e

II – destinações obrigatórias por lei a órgão ou fundo público e aos demais beneficiários.

Parágrafo único. As premiações pagas não ficam sujeitas à incidência do IBS e da CBS.

Art. 246. As alíquotas do IBS e da CBS sobre concursos de prognósticos são nacionalmente uniformes e correspondem à soma das alíquotas de referência das esferas federativas.

Art. 247. Fica vedado o crédito de IBS e de CBS aos apostadores dos concursos de prognósticos.

Art. 248. A empresa que opera concursos de prognósticos deverá apresentar obrigação acessória, na forma do regulamento, contendo, no mínimo, informações sobre o local onde a aposta é efetuada e os valores das apostas e das premiações pagas.

Parágrafo único. Caso as apostas sejam efetuadas de forma virtual, na obrigação acessória de que trata o *caput* deste artigo, deverá ser identificado o apostador.

Seção II
DA IMPORTAÇÃO DE SERVIÇOS DE CONCURSOS DE PROGNÓSTICOS

Art. 249. Caso venha a ser permitida a importação de serviços de concursos de prognósticos, ficarão sujeitas à incidência do IBS e da CBS pela mesma alíquota prevista para concursos de prognósticos no País as entidades domiciliadas no exterior que prestarem, por meio virtual, serviços de concursos de prognósticos de que trata este Capítulo para apostadores residentes ou domiciliados no País.

§ 1º O fornecedor do serviço de que trata o *caput* deste artigo é o contribuinte do IBS e da CBS, podendo o apostador ser responsável solidário pelo pagamento nas hipóteses previstas no art. 24 desta Lei Complementar.

§ 2º A base de cálculo é a receita auferida pela entidade em razão da operação, com a aplicação de um fator de redução previsto no regulamento, calculado com base nas deduções da base de cálculo dos serviços de concursos de prognósticos no País.

§ 3º Aplica-se o disposto no Capítulo IV do Título I deste Livro às importações de que trata esta Seção, naquilo que não conflitar com o disposto neste artigo.

Seção III
DA EXPORTAÇÃO DE SERVIÇOS DE CONCURSOS DE PROGNÓSTICOS

Art. 250. Os serviços de concursos de prognósticos prestados, por meio virtual, a residentes ou domiciliados no exterior serão considerados exportados, ficando imunes à incidência do IBS e da CBS, para efeitos do disposto no Capítulo V do Título I deste Livro.

§ 1º O regulamento disporá sobre a forma de comprovação da residência ou domicílio no exterior para efeitos do disposto no *caput* deste artigo.

§ 2º Não se consideram exportados os serviços de concursos de prognósticos prestados na presença, no território nacional, de residente ou domiciliado no exterior.

CAPÍTULO V
DOS BENS IMÓVEIS

Seção I
DISPOSIÇÕES GERAIS

Art. 251. As operações com bens imóveis realizadas por contribuintes que apurarem o IBS e a CBS no regime regular ficam sujeitas ao regime específico previsto neste Capítulo.

§ 1º As pessoas físicas que realizarem operações com bens imóveis serão consideradas contribuintes do regime regular do IBS e da CBS e sujeitas ao regime de que trata este Capítulo, nos casos de:

I – locação, cessão onerosa e arrendamento de bem imóvel, desde que, no ano-calendário anterior:

a) a receita total com essas operações exceda R$ 240.000 (duzentos e quarenta mil reais); e

b) tenham por objeto mais de 3 (três) bens imóveis distintos;

II – alienação ou cessão de direitos de bem imóvel, desde que tenham por objeto mais de 3 (três) imóveis distintos no ano-calendário anterior;

III – alienação ou cessão de direitos, no ano-calendário anterior, de mais de 1 (um) bem imóvel construído pelo próprio alienante nos 5 (cinco) anos anteriores à data da alienação.

§ 2º Também será considerada contribuinte do regime regular do IBS e da CBS no próprio ano calendário, a pessoa física de que trata o *caput* do § 1º deste artigo, em relação às seguintes operações:

I – a alienação ou cessão de direitos de imóveis que exceda os limites previsto nos incisos II e III do § 1º deste artigo; e

II – a locação, cessão onerosa ou arrendamento de bem imóvel em valor que exceda em 20% (vinte por cento) o limite previsto na alínea *a* do inciso I do § 1º deste artigo.

§ 3º Para fins do disposto no inciso II do § 1º deste artigo os imóveis relativos às operações devem estar no patrimônio do contribuinte há menos de 5 (cinco) anos contados da data de sua aquisição.

§ 4º No caso de bem imóvel recebido por meação, doação ou herança, o prazo de que trata o § 3º deste artigo será contado desde a aquisição pelo cônjuge meeiro, de cujus ou pelo doador.

§ 5º O valor previsto na alínea *a* do inciso I do § 1º será atualizado mensalmente a partir da data de publicação desta Lei Complementar pelo IPCA ou por outro índice que vier a substituí-lo.

§ 6º O regulamento definirá o que são bens imóveis distintos, para fins no disposto nos incisos I e II do § 1º do *caput*.

§ 7º Aplica-se, no que couber, as disposições do Título I deste Livro quanto às demais regras não previstas neste Capítulo.

Art. 252. O IBS e a CBS incidem, nos termos deste Capítulo, sobre as seguintes operações com bens imóveis:

I – alienação, inclusive decorrente de incorporação imobiliária e de parcelamento de solo;

II – cessão e ato translativo ou constitutivo onerosos de direitos reais;

III – locação, cessão onerosa e arrendamento;

IV – serviços de administração e intermediação; e

V – serviços de construção civil.

§ 1º Sujeitam-se à tributação pelo IBS e pela CBS pelas mesmas regras da locação, cessão onerosa e arrendamento de bens imóveis:

I – a servidão, a cessão de uso ou de espaço;

II – a permissão de uso, o direito de passagem; e

III – VETADO.

§ 2º O IBS e a CBS não incidem nas seguintes hipóteses:

I – nas operações de permuta de bens imóveis, exceto sobre a torna, que será tributada nos termos deste Capítulo;

II – na constituição ou transmissão de direitos reais de garantia; e

III – nas operações previstas neste artigo, quando realizadas por organizações gestoras de fundo patrimonial, constituídas nos termos da Lei nº 13.800, de 4 de janeiro de 2019, para fins de investimento do fundo patrimonial.

§ 3º Na hipótese de que trata o inciso I do § 2º deste artigo, o valor permutado não será considerado no valor da operação para o cálculo do redutor de ajuste de que trata o art. 258 desta Lei Complementar.

§ 4º Para fins do disposto neste Capítulo, as operações com bens imóveis de que trata o inciso III do § 2º deste artigo, não são consideradas operações de contribuinte sujeito ao regime regular do IBS e da CBS.

§ 5º Nas permutas de imóveis realizadas entre contribuintes do regime regular do IBS e da CBS:

I – fica mantido o valor do redutor de ajuste do imóvel dado em permuta, que poderá ser utilizado em operações futuras com o imóvel recebido em permuta; e

II – no caso de permuta para entrega de unidades a construir, o redutor de ajuste será aplicado proporcionalmente à operação de cada permutante, tomando-se por base a fração ideal das unidades permutadas.

§ 6º O disposto no inciso I do § 2º e § 5º deste artigo também se aplica às operações quitadas de compra e venda de imóvel seguidas de confissão de dívida e promessa de dação, em pagamento, de unidade imobiliária construída ou a construir, desde que a alienação do imóvel e o compromisso de dação em pagamento sejam levados a efeito na mesma data, mediante instrumento público.

§ 7º Aplica-se o disposto no § 4º do art. 57 desta Lei Complementar às operações de alienação, locação, cessão onerosa e arrendamento de bem imóvel de propriedade de pessoa física sujeita ao regime regular do IBS e da CBS que não estejam relacionadas ao desenvolvimento de sua atividade econômica.

§ 8º O disposto no § 6º deste artigo não se aplica caso a quantidade e o valor das operações com os imóveis nele referidos caracterizem atividade econômica do contribuinte, nos termos dos §§ 1º e 2º do art. 251.

§ 9º Na alienação de imóveis que tenham sido objeto de garantia constituída em favor de credor sujeito ao regime específico deste Capítulo, cuja propriedade tenha sido por ele consolidada ou a ele transmitida em pagamento ou amortização da dívida, deverá ser observado o disposto no art. 200 desta Lei Complementar.

Art. 253. A locação, cessão onerosa ou arrendamento de bem imóvel residencial por contribuinte sujeito ao regime regular do IBS e da CBS, com período não superior a 90 (noventa) dias ininterruptos, serão tributados de acordo com as mesmas regras aplicáveis aos serviços de hotelaria, previstas na Seção II do Capítulo VII do Título V deste Livro.

Seção II

DO MOMENTO DA OCORRÊNCIA DO FATO GERADOR

Art. 254. Considera-se ocorrido o fato gerador do IBS e da CBS:

I – na alienação de bem imóvel, no momento do ato de alienação;

II – na cessão ou no ato oneroso translativo ou constitutivo de direitos reais sobre bens imóveis, no momento da celebração do ato, inclusive de quaisquer ajustes posteriores, exceto os de garantia;

III – na locação, cessão onerosa ou arrendamento de bem imóvel, no momento do pagamento;

IV – no serviço de administração e intermediação de bem imóvel, no momento do pagamento; e

V – no serviço de construção civil, no momento do fornecimento.

§ 1º Para fins do disposto no inciso I do *caput* deste artigo, considera-se alienação a adjudicação, a celebração, inclusive de quaisquer ajustes posteriores, do contrato de alienação, ainda que mediante instrumento de promessa, carta de reserva com princípio de pagamento ou qualquer outro documento representativo de compromisso, ou quando implementada a condição suspensiva a que estiver sujeita a alienação.

§ 2º Nas hipóteses de que tratam os incisos III e IV do *caput* deste artigo, o IBS e a CBS incidentes na operação serão devidos em cada pagamento.

Seção III

DA BASE DE CÁLCULO

Subseção I

DISPOSIÇÕES GERAIS

Art. 255. A base de cálculo do IBS e da CBS é o valor:

I – da operação de alienação do bem imóvel;

II – da locação, cessão onerosa ou arrendamento do bem imóvel;

III – da cessão ou do ato oneroso translativo ou constitutivo de direitos reais sobre bens imóveis;

IV – da operação de administração ou intermediação;

V – da operação nos serviços de construção civil.

§ 1º O valor da operação de que trata o *caput* deste artigo inclui:

I – o valor dos juros e das variações monetárias, em função da taxa de câmbio ou de índice ou coeficiente aplicáveis por disposição legal ou contratual;

II – a atualização monetária, nas vendas contratadas com cláusula de atualização monetária do saldo credor do preço, que venham a integrar os valores efetivamente recebidos pela alienação de bem imóvel;

III – os valores a que se referem os incisos I a III e VI do § 1º do art. 12 desta Lei Complementar.

§ 2º Não serão computados no valor da locação, cessão onerosa ou arrendamento de bem imóvel:

I – o valor dos tributos e dos emolumentos incidentes sobre o bem imóvel; e

II – as despesas de condomínio.

§ 3º Nos serviços de intermediação de bem imóvel, caso o ato ou negócio relativo a bem imóvel se conclua com a intermediação de mais de um corretor, pessoa física ou jurídica, será considerada como base de cálculo para incidência do IBS e da CBS a parte da remuneração ajustada com cada corretor pela intermediação, excluídos:

I – os valores pagos diretamente pelos contratantes da intermediação; e

II – os repassados entre os corretores de imóveis.

§ 4º Na hipótese de que trata o § 3º deste artigo, cada corretor é responsável pelo IBS e pela CBS incidente sobre a respectiva parte da remuneração.

§ 5º No caso de prestação de serviço de construção civil a não contribuinte do regime regular do IBS e da CBS em que haja fornecimento de materiais de construção, o prestador do serviço só poderá apropriar o crédito de IBS e CBS relativo à aquisição dos materiais de construção até o valor do débito relativo à prestação do serviço de construção civil.

§ 6º O disposto no § 5º deste artigo não se aplica na prestação de serviço de construção civil para a administração pública direta, autarquias e fundações públicas.

Art. 256. As administrações tributárias poderão apurar o valor de referência do imóvel, na forma do regulamento, por meio de metodologia específica para estimar o valor de mercado dos bens imóveis, que levará em consideração:

I – análise de preços praticados no mercado imobiliário;

II – informações enviadas pelas administrações tributárias dos Municípios, do Distrito Federal, dos Estados e da União;

III – informações prestadas pelos serviços registrais e notariais; e

IV – localização, tipologia, destinação e data, padrão e área de construção, entre outras características do bem imóvel.

§ 1º O valor de referência poderá ser utilizado como meio de prova nos casos de arbitramento do valor da operação nos termos do art. 13, em conjunto com as demais características da operação.

§ 2º O valor de referência dos bens imóveis deverá ser:

I – divulgado e disponibilizado no Sistema Nacional de Gestão de Informações Territoriais (SINTER);

II – estimado para todos os bens imóveis que integram o CIB a que se refere o inciso III do § 1º do art. 59 desta Lei Complementar; e

III – atualizado anualmente.

§ 3º O valor de referência poderá ser impugnado por meio de procedimento específico, nos termos do regulamento.

§ 4º Para fins de determinação do valor de referência, os serviços registrais e notariais deverão compartilhar as informações das operações com bens imóveis com as administrações tributárias por meio do SINTER.

Subseção II

DO REDUTOR DE AJUSTE

Art. 257. A partir de 1º de janeiro de 2027, será vinculado a cada imóvel de propriedade de contribuinte sujeito ao regime regular do IBS e da CBS valor correspondente ao respectivo redutor de ajuste, nos termos do regulamento.

§ 1º O redutor de ajuste de que trata este artigo será utilizado exclusivamente para reduzir a base de cálculo das operações de alienação do bem imóvel realizadas por contribuinte do regime regular do IBS e da CBS.

§ 2º O valor do redutor de ajuste é composto:

I – por seu valor inicial, nos termos do *caput* do art. 258; e

II – pelos valores dispostos no § 6º do art. 258.

§ 3º Os valores de que tratam os incisos I e II do § 2º deste artigo serão corrigidos pelo IPCA ou por outro índice que vier a substituí-lo da data de sua constituição até a data em que são devidos o IBS e a CBS incidentes na alienação do bem imóvel.

§ 4º Na alienação do bem imóvel, o redutor de ajuste:

I – será mantido com o mesmo valor e o mesmo critério de correção, no caso de o imóvel ser adquirido por contribuinte sujeito ao regime regular do IBS e da CBS;

II – será extinto nos demais casos.

§ 5º Na fusão, remembramento ou unificação de bens imóveis, o valor do redutor de ajuste do imóvel resultante da fusão, remembramento ou unificação corresponderá à soma do valor do redutor de ajuste dos imóveis fundidos ou unificados.

§ 6º Na divisão de bens imóveis, inclusive mediante subdivisão, desmembramento e parcelamento, o valor do redutor de ajuste dos imóveis resultantes da divisão deverá ser igual ao valor do redutor de ajuste do imóvel dividido, observados os seguintes critérios:

I – o valor do redutor de ajuste será alocado a cada imóvel resultante da divisão na proporção de seu valor de mercado; ou

II – caso não seja possível a identificação do valor de mercado de cada imóvel resultante da divisão, ou em outras hipóteses previstas em regulamento, o valor do redutor de ajuste será alocado a cada imóvel resultante da divisão na proporção de sua área.

§ 7º Na atividade de loteamento realizada por meio de contrato de parceria, o redutor de ajuste será aplicado proporcionalmente à operação de cada parceiro, tomando-se por base os percentuais definidos no contrato de parceria.

§ 8º A ausência de regulamentação da forma de utilização do redutor de ajuste de que trata este artigo não impede sua utilização nos termos desta Lei Complementar.

Art. 258. O valor inicial do redutor de ajuste corresponde:

I – no caso de bens imóveis de propriedade do contribuinte em 31 de dezembro de 2026:

a) ao valor de aquisição do imóvel atualizado nos termos do § 4º deste artigo; ou

b) por opção do contribuinte, ao valor de referência de que trata o art. 256 desta Lei Complementar;

II – no caso de bens imóveis em construção em 31 de dezembro de 2026, à soma:

a) do valor de aquisição do terreno, constante dos instrumentos mencionados na forma do § 1º do art. 254, atualizado nos termos do § 4º deste artigo; e

b) do valor dos bens e serviços que possam ser contabilizados como custo de produção do bem imóvel ou como despesa direta relacionada à produção ou comercialização do bem imóvel adquiridos anteriormente a 1º de janeiro de 2027, comprovado com base em documentos fiscais idôneos, atualizado nos termos do § 4º deste artigo;

III – no caso de bens imóveis adquiridos a partir de 1º de janeiro de 2027, ao valor de aquisição do bem imóvel.

§ 1º A data de constituição do redutor de ajuste é:

I – no caso dos incisos I e II do *caput* deste artigo, 31 de dezembro de 2026;

II – no caso do inciso III do *caput* deste artigo, a data da operação.

§ 2º Caso o valor de referência do imóvel não esteja disponível em 31 de dezembro de 2026, o contribuinte que não optar pela fixação do redutor de ajuste na forma do inciso I do *caput* deste artigo, poderá calculá-lo com base em estimativa de valor de mercado do bem imóvel realizada por meio de procedimento específico, nos termos do regulamento.

§ 3º Caso o valor de aquisição de que tratam os incisos I, alínea *a*, II, alínea *a*, e III do *caput* deste artigo seja baseado em declarações ou documentos que não estejam condizentes com o valor de mercado ou que não mereçam fé, poderá a autoridade fiscal instaurar processo administrativo, observado o contraditório e a ampla defesa, para determinar o efetivo valor de aquisição, nos termos do regulamento.

§ 4º Os valores a que se referem os incisos I, alínea *a*, e II, alíneas *a* e *b*, do *caput* deste artigo serão atualizados até 31 de dezembro de 2026 pelo IPCA ou por outro índice que vier a substituí-lo.

§ 5º Na hipótese do inciso III do *caput*, o valor do redutor de ajuste fica limitado ao valor de aquisição do bem imóvel pelo alienante, corrigido pelo IPCA ou por outro índice que vier a substituí-lo, caso:

I – a alienação ocorra em prazo inferior a 3 (três) anos, contados da data de aquisição do imóvel;

II – o imóvel tenha sido adquirido de contribuinte sem regime regular do IBS e da CBS; e

III – não seja comprovado o recolhimento, pelo alienante:

a) do Imposto de Renda sobre ganho de capital em relação à operação; e

b) do Imposto sobre Transmissão de Bens Imóveis, em relação à aquisição pelo alienante.

§ 6º Integram o redutor de ajuste relativo ao bem imóvel, na data do efetivo pagamento:

I – o valor do Imposto sobre a Transmissão de Bens Imóveis (ITBI) e do laudêmio incidentes na aquisição do imóvel ao qual se refere o redutor de ajuste; e

II – as contrapartidas de ordem urbanística e ambientais pagas ou entregues aos entes públicos em decorrência de legislação federal, estadual ou municipal, inclusive, mas não limitadas, aos valores despendidos a título de outorga onerosa do direito de construir, de outorga onerosa por alteração de uso, e de quaisquer outras contrapartidas devidas a órgãos públicos para a execução do empreendimento imobiliário, desde que não tenham sido incluídas no valor inicial do redutor de ajuste de que trata o *caput*.

§ 7º Incluem-se no conceito de contrapartidas municipais:

I – o valor correspondente ao percentual destinado a doação de áreas públicas nos termos do art. 22 da Lei nº 6.766, de 19 de dezembro de 1979, constante do registro do loteamento e de sua matrícula imobiliária, aplicado sobre o valor das operações, desde que o respectivo valor já não tenha sido considerado no redutor de ajuste; e

II – as contrapartidas estabelecidas no ato de aprovação do empreendimento registradas no cartório de registro de imóveis, nos termos do inciso V do *caput* do art. 18 da Lei nº 6.766, de 19 de dezembro de 1979.

§ 8º Fica vedada a apropriação de créditos em relação ao IBS e à CBS incidentes sobre os bens e serviços adquiridos para a realização das contrapartidas a que se refere o inciso II do § 6º deste artigo que integrem o redutor de ajuste, nos termos do referido parágrafo.

§ 9º A data de constituição dos valores incluídos ao redutor de ajuste nos termos do § 6º deste artigo é a data do pagamento dos tributos e das contrapartidas ou da transferência ao poder público dos bens cedidos em contrapartida.

Subseção III

DO REDUTOR SOCIAL

Art. 259. Na alienação de bem imóvel residencial novo ou de lote residencial realizada por contribuinte sujeito ao regime regular do IBS e da CBS, poderá ser deduzido da base de cálculo do IBS e da CBS redutor social no valor de R$ 100.000,00 (cem mil reais) por bem imóvel residencial novo e de R$ 30.000,00 (trinta mil reais) por lote residencial, até o limite do valor da base de cálculo, após a dedução do redutor de ajuste.

§ 1º Considera-se:

I – bem imóvel residencial a unidade construída em zona urbana ou rural para fins residenciais, segundo as normas disciplinadoras das edificações da localidade em que se situe e seja ocupada por pessoa como local de residência;

II – lote residencial a unidade imobiliária resultante de parcelamento do solo urbano nos termos da Lei nº 6.766, de 19 de dezembro de 1979, ou objeto de condomínio de lotes, nos termos do art. 1.358-A da Lei nº 10.406, de 10 de janeiro de 2002 (Código Civil); e

III – bem imóvel novo aquele que não tenha sido ocupado ou utilizado, nos termos do regulamento.

§ 2º Para cada bem imóvel, o redutor social de que trata este artigo poderá ser utilizado uma única vez.

§ 3º O valor do redutor social previsto no *caput* deste artigo será atualizado mensalmente a partir da publicação desta Lei Complementar pelo IPCA ou por outro índice que vier a substituí-lo.

§ 4º Quando a atividade de loteamento for realizada por meio de contrato de parceria, o redutor social será aplicado proporcionalmente à operação de cada parceiro, tomando-se por base os percentuais definidos no contrato de parceria.

Art. 260. Na operação de locação, cessão onerosa ou arrendamento de bem imóvel para uso residencial realizada por contribuinte sujeito ao regime regular do IBS e da CBS, poderá ser deduzido da base de cálculo do IBS e da CBS redutor social no valor de R$ 600,00 (seiscentos reais) por bem imóvel, até o limite do valor da base de cálculo.

Parágrafo único. O valor do redutor social previsto no *caput* deste artigo será atualizado mensalmente a partir da data de publicação desta Lei Complementar pelo IPCA ou por outro índice que vier a substituí-lo.

Seção IV

DA ALÍQUOTA

Art. 261. As alíquotas do IBS e da CBS relativas às operações de que trata este Capítulo ficam reduzidas em 50% (cinquenta por cento).

Parágrafo único. As alíquotas do IBS e da CBS relativas às operações de locação, cessão onerosa e arrendamento de bens imóveis ficam reduzidas em 70% (setenta por cento).

Seção V

DA INCORPORAÇÃO IMOBILIÁRIA E DO PARCELAMENTO DE SOLO

Art. 262. Na incorporação imobiliária e no parcelamento de solo, o IBS e a CBS incidentes na alienação das unidades imobiliárias serão devidos em cada pagamento.

§ 1º Considera-se unidade imobiliária:

I – o terreno adquirido para venda, com ou sem construção;

II – cada lote oriundo de desmembramento de terreno;

III – cada terreno decorrente de loteamento;

IV – cada unidade distinta resultante de incorporação imobiliária; e

V – o prédio construído para venda como unidade isolada ou autônoma.

§ 2º Dos valores de IBS e de CBS devidos em cada período de apuração, o alienante poderá compensar os créditos apropriados relativos ao IBS e à CBS pagos sobre a aquisição de bens e serviços.

§ 3º Eventual saldo credor poderá ser objeto:

I – de pedido de ressarcimento, desde que o ressarcimento seja realizado diretamente em conta-corrente vinculada ao patrimônio de afetação, na forma dos arts. 31-A a 31-E da Lei nº 4.591, de 16 de dezembro de 1964, e dos arts. 18-A a 18-E da Lei nº 6.766, de 19 de dezembro de 1979, até a conclusão, respectivamente, da incorporação ou do parcelamento do solo; ou

II – de pedido de ressarcimento ou compensação com os valores do IBS e da CBS relativos a outras operações tributadas do contribuinte, após a conclusão da incorporação ou do parcelamento do solo.

§ 4º Na alienação de imóveis de que trata este artigo, o redutor de ajuste de que trata o art. 258 e, quando cabível, o redutor social de que trata o art. 259 desta Lei Complementar deverão ser deduzidos da base de cálculo relativa a cada parcela, de forma proporcional ao valor total do bem imóvel.

§ 5º No caso de lotes residenciais e imóveis residenciais novos cujo pagamento tenha sido iniciado antes de 1º de janeiro de 2027, a aplicação dos redutores de que trata o § 4º deste artigo dar-se-á proporcionalmente ao valor total do imóvel, inclusive de parcelas pagas anteriormente à referida data.

Seção VI

DA SUJEIÇÃO PASSIVA

Art. 263. São contribuintes das operações de que trata este Capítulo:

I – o alienante de bem imóvel, na alienação de bem imóvel ou de direito a ele relativo;

II – aquele que cede, institui ou transmite direitos reais sobre bens imóveis, na cessão ou no ato oneroso instituidor ou translativo de direitos reais sobre bens imóveis, exceto os de garantia;

III – o locador, o cedente ou o arrendador, na locação, cessão onerosa ou arrendamento de bem imóvel;

IV – o adquirente, no caso de adjudicação, remição e arrematação em leilão judicial de bem imóvel;

V – o prestador de serviços de construção;

VI – o prestador de serviços de administração e intermediação de bem imóvel.

§ 1º No caso do inciso IV do *caput* deste artigo, a operação:

I – será tributada como alienação realizada por contribuinte do regime regular do IBS e da CBS, se houver redutor de ajuste vinculado ao imóvel, aplicando-se o disposto no art. 257, § 1º; ou

II – será tratada como alienação realizada por não contribuinte do regime regular do IBS e da CBS, se não houver redutor de ajuste vinculado ao imóvel.

§ 2º No caso de copropriedade de bem imóvel objeto de condomínio pro indiviso, poderão os coproprietários, nos termos do regulamento, optar pelo recolhimento unificado do IBS e da CBS em CNPJ único.

§ 3º No caso de copropriedade, o IBS e a CBS incidirão proporcionalmente sobre a parte do imóvel relativa ao coproprietário que se enquadrar na condição de contribuinte, nos termos do *caput* e do § 1º do art. 251 desta Lei Complementar.

Art. 264. Nas sociedades em conta de participação, o sócio ostensivo fica obrigado a efetuar o recolhimento do IBS e da CBS incidentes sobre as operações com bens imóveis, vedada a exclusão de valores devidos a sócios participantes.

Seção VII

DISPOSIÇÕES FINAIS

Art. 265. Os bens imóveis urbanos e rurais de que trata esta Seção deverão ser inscritos no CIB, integrante do SINTER, de que trata o inciso III do § 1º do art. 59 desta Lei Complementar.

§ 1º O CIB é o inventário dos bens imóveis urbanos e rurais constituído com dados enviados pelos cadastros de origem, que deverão atender aos critérios de atribuição do código de inscrição no CIB.

§ 2º O CIB deverá constar obrigatoriamente de todos os documentos relativos à obra de construção civil expedidos pelo Município.

Art. 266. Ficam estabelecidos os seguintes prazos de inscrição de todos os bens imóveis no CIB: Produção de efeitos

I – 12 (doze) meses para que:

a) os órgãos da administração federal direta e indireta realizem a adequação dos sistemas para adoção do CIB como código de identificação cadastral dos bens imóveis urbanos e rurais;

b) os serviços notariais e registrais realizem a adequação dos sistemas para adoção do CIB como código de identificação cadastral dos bens imóveis;

c) as capitais dos Estados e o Distrito Federal incluam o código CIB em seus sistemas;

II – 24 (vinte e quatro) meses para que:

a) os órgãos da administração estadual direta e indireta realizem a adequação dos sistemas para adoção do CIB como código de identificação cadastral dos bens imóveis urbanos e rurais;

b) os demais Municípios incluam o código CIB em seus sistemas.

Art. 267. Será emitida certidão negativa de débitos para os bens imóveis urbanos e rurais, nos termos do regulamento.

Art. 268. O Comitê Gestor do IBS e a RFB poderão estabelecer, mediante ato conjunto, obrigações acessórias no interesse da fiscalização e da administração tributária, para terceiros relacionados às operações de que trata este Capítulo, inclusive tabeliães, registradores de imóveis e juntas comerciais.

Art. 269. A obra de construção civil receberá identificação cadastral no cadastro a que se refere o art. 265 desta Lei Complementar.

Art. 270. A apuração do IBS e da CBS será feita para cada empreendimento de construção civil, vinculada a um CNPJ ou CPF específico, inclusive incorporação e parcelamento do solo, considerada cada obra de construção civil, incorporação ou parcelamento do solo como um centro de custo distinto.

Parágrafo único. No caso de apuração do IBS e da CBS nos termos do *caput* deste artigo, o documento fiscal deverá indicar o número do cadastro da obra nas aquisições de bens e serviços utilizados na obra de construção civil a que se destinam.

CAPÍTULO VI
DAS SOCIEDADES COOPERATIVAS

Art. 271. As sociedades cooperativas poderão optar por regime específico do IBS e da CBS no qual ficam reduzidas a zero as alíquotas do IBS e da CBS incidentes na operação em que:

I – o associado fornece bem ou serviço à cooperativa de que participa; e

II – a cooperativa fornece bem ou serviço a associado sujeito ao regime regular do IBS e da CBS.

§ 1º O disposto no *caput* deste artigo aplica-se também:

I – às operações realizadas entre cooperativas singulares, centrais, federações, confederações e às originárias dos seus respectivos bancos cooperativos de que as cooperativas participam; e

II – à operação de fornecimento de bem material pela cooperativa de produção agropecuária a associado não sujeito ao regime regular do IBS e da CBS, desde que anulados os créditos por ela apropriados referentes ao bem fornecido.

§ 2º O disposto no inciso II do *caput* deste artigo aplica-se também ao fornecimento, pelas cooperativas, de serviços financeiros a seus associados, inclusive cobrados mediante tarifas e comissões.

§ 3º A opção de que trata o *caput* deste artigo será exercida pela cooperativa no ano-calendário anterior ao de início de produção de efeitos ou no início de suas operações, nos termos do regulamento.

§ 4º O disposto no inciso II do § 1º não se aplica às operações com insumos agropecuários e aquícolas contempladas pelo diferimento estabelecido pelo § 3º do art. 138.

Art. 272. O associado sujeito ao regime regular do IBS e da CBS, inclusive as cooperativas singulares, que realizar operações com a redução de alíquota de que trata o inciso I do *caput* do art. 271 poderá transferir os créditos das operações antecedentes às operações em que fornece bens e serviços e os créditos presumidos à cooperativa de que participa, não se aplicando o disposto no art. 55 desta Lei Complementar.

Parágrafo único. A transferência de créditos de que trata o *caput* deste artigo alcança apenas os bens e serviços utilizados para produção do bem ou prestação do serviço fornecidos pelo associado à cooperativa de que participa, nos termos do regulamento.

CAPÍTULO VII
DOS BARES, RESTAURANTES, HOTELARIA, PARQUES DE DIVERSÃO E PARQUES TEMÁTICOS, TRANSPORTE COLETIVO DE PASSAGEIROS E AGÊNCIAS DE TURISMO

Seção I
DOS BARES E RESTAURANTES

Art. 273. As operações de fornecimento de alimentação por bares e restaurantes, inclusive lanchonetes, ficam sujeitas a regime específico de incidência do IBS e da CBS, de acordo com o disposto nesta Seção.

§ 1º O regime específico de que trata esta Seção aplica-se também ao fornecimento de bebidas não alcoólicas preparadas no estabelecimento.

§ 2º Não está sujeito ao regime específico de que trata esta Seção o fornecimento de:

I – alimentação para pessoa jurídica, sob contrato, classificada nas posições 1.0301.31.00, 1.0301.32.00 e 1.0301.39.00 da NBS ou por empresa classificada na posição 5620-1/01 da Classificação Nacional de Atividades Econômicas (CNAE);

II – produtos alimentícios e bebidas não alcoólicas adquiridos de terceiros, não submetidos a preparo no estabelecimento; e

III – bebidas alcoólicas, ainda que preparadas no estabelecimento.

Art. 274. A base de cálculo do IBS e da CBS é o valor da operação de fornecimento de alimentação e das bebidas de que trata o § 1º do art. 273 desta Lei Complementar.

Parágrafo único. Ficam excluídos da base de cálculo:

I – a gorjeta incidente no fornecimento de alimentação, desde que:

a) seja repassada integralmente ao empregado, sem prejuízo dos valores da gorjeta que forem retidos pelo empregador em virtude de determinação legal; e

b) seu valor não exceda a 15% (quinze por cento) do valor total do fornecimento de alimento e bebidas;

II – os valores não repassados aos bares e restaurantes pelo serviço de entrega e intermediação de pedidos de alimentação e bebidas por plataforma digital.

Art. 275. As alíquotas do IBS e da CBS relativas às operações de que trata este Capítulo ficam reduzidas em 40% (quarenta por cento).

Art. 276. Fica vedada a apropriação de créditos do IBS e da CBS pelos adquirentes de alimentação e bebidas fornecidas pelos bares e restaurantes, inclusive lanchonetes.

Seção II
DA HOTELARIA, PARQUES DE DIVERSÃO E PARQUES TEMÁTICOS

Art. 277. Os serviços de hotelaria, parques de diversão e parques temáticos ficam sujeitos a regime específico de incidência do IBS e da CBS, de acordo com o disposto nesta Seção.

Art. 278. Para efeitos do disposto nesta Lei Complementar, considera-se serviço de hotelaria o fornecimento de alojamento temporário, bem como de outros serviços incluídos no valor cobrado pela hospedagem, em:

I – unidades de uso exclusivo dos hóspedes, por estabelecimento destinado a essa finalidade; ou

II – imóvel residencial mobiliado, ainda que de uso não exclusivo dos hóspedes.

Parágrafo único. Não descaracteriza o fornecimento de serviços de hotelaria a divisão do empreendimento em unidades hoteleiras, assim entendida a atribuição de natureza jurídica autônoma às unidades habitacionais que o compõem, sob titularidade de diversas pessoas, desde que sua destinação funcional seja exclusivamente a de hospedagem.

Art. 279. Para efeitos do disposto nesta Lei Complementar, consideram-se:

I – parque de diversão: o estabelecimento ou empreendimento permanente ou itinerante, cuja atividade essencial é a disponibilização de atrações destinadas a entreter pessoas e fruídas presencialmente no local da disponibilização; e

II – parque temático: o parque de diversão com inspiração em tema histórico, cultural, etnográfico, lúdico ou ambiental.

Art. 280. A base de cálculo do IBS e da CBS é o valor da operação com serviços de hotelaria, parques de diversão e parques temáticos.

Art. 281. As alíquotas do IBS e da CBS relativas às operações de que trata este Capítulo ficam reduzidas em 40% (quarenta por cento).

Art. 282. Ficam permitidas a apropriação e a utilização de créditos de IBS e de CBS nas aquisições de bens e serviços pelos fornecedores de serviços de hotelaria, parques de diversão e parques temáticos, observado o disposto nos arts. 47 a 56 desta Lei Complementar.

Art. 283. Fica vedada a apropriação de créditos de IBS e de CBS pelo adquirente dos serviços de hotelaria, parques de diversão e parques temáticos.

Seção III
DO TRANSPORTE COLETIVO DE PASSAGEIROS RODOVIÁRIO INTERMUNICIPAL E INTERESTADUAL, FERROVIÁRIO, HIDROVIÁRIO E AÉREO REGIONAL E DO TRANSPORTE DE CARGA AÉREO REGIONAL

Art. 284. Ficam sujeitos a regime específico de incidência do IBS e da CBS, de acordo com o disposto nesta Seção, os seguintes serviços de transporte coletivo de passageiros:

I – rodoviário intermunicipal e interestadual;

II – ferroviário e hidroviário intermunicipal e interestadual;

III – ferroviário e hidroviário de caráter urbano, semiurbano e metropolitano; e

IV – aéreo regional.

§ 1º Para fins desta Lei Complementar, consideram-se:

I – transporte coletivo de passageiros o serviço de deslocamento de pessoas acessível a toda a população mediante cobrança individualizada;

II – transporte intermunicipal de passageiros o serviço de deslocamento de pessoas entre Municípios circunscritos a um mesmo Estado ou ao Distrito Federal;

III – transporte interestadual de passageiros o serviço de deslocamento de pessoas entre Municípios de Estados distintos ou de Estado e do Distrito Federal;

IV – transporte rodoviário de passageiros aquele definido conforme o disposto no inciso II do parágrafo único do art. 157 desta Lei Complementar;

V – transporte ferroviário de passageiros o serviço de deslocamento de pessoas executado por meio de locomoção de trens ou comboios sobre trilhos;

VI – transporte hidroviário de passageiros o serviço de deslocamento de pessoas executado por meio de rotas para o tráfego aquático;

VII – transporte de caráter urbano, semiurbano e metropolitano o definido conforme o disposto nos incisos IV a VI do parágrafo único do art. 157 desta Lei Complementar, com itinerários e preços fixados pelo poder público; e

VIII – transporte aéreo regional a aviação doméstica com voos com origem ou destino na Amazônia Legal ou em capitais regionais, centros sub-regionais, centros de zona ou centros locais, assim definidos pelo IBGE, e na forma regulamentada pelo Ministério de Portos e Aeroportos.

§ 2º Ficam permitidas a apropriação e a utilização de créditos de IBS e de CBS para os adquirentes dos serviços de transporte, obedecido o disposto nos arts. 47 a 56 desta Lei Complementar.

§ 3º As rotas previstas no inciso VIII do § 1º serão definidas por ato conjunto do Comitê Geral do IBS e do Ministro de Estado da Fazenda, com base em classificação da Agência Nacional de Aviação Civil (ANAC), vedada a exclusão de rotas em prazo inferior a 2 (dois) anos de sua inclusão.

§ 4º O regime específico de que tratam os incisos I a III do *caput* aplica-se apenas ao transporte público coletivo de passageiros, assim entendido como aquele sob regime de autorização, permissão ou concessão pública.

Art. 285. Em relação aos serviços de transporte público coletivo de passageiros ferroviário e hidroviário de caráter urbano, semiurbano e metropolitano:

I – ficam reduzidas em 100% (cem por cento) as alíquotas do IBS e da CBS incidentes sobre o fornecimento desses serviços;

II – fica vedada a apropriação de créditos de IBS e de CBS nas aquisições pelo fornecedor do serviço de transporte; e

III – fica vedada a apropriação de créditos de IBS e de CBS pelo adquirente dos serviços de transporte.

Art. 286. Em relação aos serviços de transporte coletivo de passageiros rodoviário, ferroviário e hidroviário intermunicipais e interestaduais, as alíquotas do IBS e da CBS do regime específico de que trata essa Seção ficam reduzidas em 40% (quarenta por cento).

Parágrafo único. Ficam permitidas a apropriação e a utilização de créditos de IBS e de CBS nas aquisições de bens e serviços pelos fornecedores dos serviços de transporte de que trata este artigo sujeitos ao regime regular do IBS e da CBS, observado o disposto nos arts. 47 a 56 desta Lei Complementar.

Art. 287. Ficam reduzidas em 40% (quarenta por cento) as alíquotas do IBS e da CBS incidentes sobre o fornecimento do serviço de transporte aéreo regional coletivo de passageiros ou de carga.

Seção IV
DAS AGÊNCIAS DE TURISMO

Art. 288. Os serviços de agências de turismo ficam sujeitos a regime específico de incidência do IBS e da CBS, de acordo com o disposto nesta Seção.

Art. 289. Na intermediação de serviços turísticos realizada por agências de turismo:

I – a base de cálculo do IBS e da CBS é o valor da operação, deduzidos os valores repassados para os fornecedores intermediados pela agência com base no documento que subsidia a operação de agenciamento; e

II – a alíquota é a mesma aplicável aos serviços de hotelaria, parques de diversão e parques temáticos.

§ 1º O valor da operação de que trata o inciso I do *caput* deste artigo compreende o valor total cobrado do usuário do serviço da agência, nele incluídos todos os bens e serviços prestados e usufruídos com a intermediação da agência, somados a sua margem de agregação e outros acréscimos cobrados do usuário.

§ 2º Integram também a base de cálculo e sujeitam-se ao disposto neste artigo os demais valores, comissões e incentivos pagos por terceiros, em virtude da atuação da agência.

Art. 290. Fica permitida a apropriação, pelo adquirente, dos créditos de IBS e de CBS relativos ao serviço de intermediação prestado pela agência de turismo, observado o disposto nos arts. 47 a 56 desta Lei Complementar.

Art. 291. Ficam permitidas a apropriação e a utilização de créditos de IBS e de CBS nas aquisições de bens e serviços pelas agências de turismo, vedado o crédito dos valores que sejam deduzidos da base de cálculo, nos termos do inciso I do *caput* do art. 289 desta Lei Complementar, observado o disposto nos arts. 47 a 56 desta Lei Complementar.

CAPÍTULO VIII
DA SOCIEDADE ANÔNIMA DO FUTEBOL – SAF

Art. 292. As operações com bens e com serviços realizadas por Sociedade Anônima do Futebol – SAF ficam sujeitas a regime específico do IBS e da CBS, de acordo com o disposto neste Capítulo.

Parágrafo único. Considera-se como SAF a companhia cuja atividade principal consista na prática do futebol, feminino e masculino, em competição profissional, sujeita às regras previstas na legislação específica.

Art. 293. A SAF fica sujeita ao Regime de Tributação Específica do Futebol – TEF instituído neste Capítulo.

§ 1º O TEF consiste no recolhimento mensal dos seguintes impostos e contribuições, a serem apurados seguindo o regime de caixa:

I – Imposto sobre a Renda das Pessoas Jurídicas – IRPJ;

II – Contribuição Social sobre o Lucro Líquido – CSLL;

III – contribuições previstas nos incisos I, II e III do *caput* e no § 6º do art. 22 da Lei nº 8.212, de 24 de julho de 1991;

IV – CBS; e

V – IBS.

§ 2º O recolhimento na forma deste Capítulo não exclui a incidência dos demais tributos federais, estaduais, distritais ou municipais, devidos na qualidade de contribuinte ou responsável, em relação aos quais será observada a legislação aplicável às demais pessoas jurídicas.

§ 3º A base de cálculo do pagamento mensal e unificado dos tributos referidos no § 1º deste artigo será a totalidade das receitas recebidas no mês, inclusive aquelas referentes a:

I – prêmios e programas de sócio-torcedor;

II – cessão dos direitos desportivos dos atletas;

III – cessão de direitos de imagem; e

IV – transferência do atleta para outra entidade desportiva ou seu retorno à atividade em outra entidade desportiva.

§ 4º O valor do pagamento mensal e unificado dos tributos referidos no § 1º deste artigo será calculado mediante aplicação das alíquotas de:

I – 4% (quatro por cento) para os tributos federais unificados de que tratam os incisos I a III do § 1º deste artigo;

II – 1,5% (um inteiro e cinco décimos por cento) para a CBS; e

III – 3% (três por cento) para o IBS, sendo:

a) metade desse percentual correspondente à alíquota estadual; e

b) metade desse percentual correspondente à alíquota municipal.

§ 5º A SAF somente poderá apropriar e utilizar créditos do IBS e da CBS em relação às operações em que seja adquirente de direitos desportivos de atletas, pela mesma alíquota devida sobre essas operações, observado, no que couber, o disposto nos arts. 47 a 56 desta Lei Complementar.

§ 6º Fica vedada a apropriação de créditos do IBS e da CBS para os adquirentes de bens e serviços da SAF, com exceção da aquisição de direitos desportivos de atletas, pela mesma alíquota devida sobre essas operações, observado, no que couber, o disposto nos arts. 47 a 56 desta Lei Complementar.

§ 7º Para fins de repartição de receita tributária, o valor recolhido na forma do pagamento mensal unificado de que trata o § 4º deste artigo será apropriado aos tributos abaixo especificados, mediante aplicação dos seguintes percentuais sobre o valor recolhido:

I – 43,5% (quarenta e três inteiros e cinco décimos por cento) ao IRPJ;

II – 18,6% (dezoito inteiros e seis décimos por cento) à CSLL; e

III – 37,9% (trinta e sete inteiros e nove décimos por cento) às contribuições previstas nos incisos I, II e III do *caput* e no § 6º do art. 22 da Lei nº 8.212, de 24 de julho de 1991, distribuídos conforme disciplinado por ato do Ministro de Estado da Fazenda.

§ 8º Ato conjunto da RFB e do Comitê Gestor do IBS regulamentará a forma de recolhimento do IBS e da CBS devidos na forma deste Capítulo.

Art. 294. De 1º de janeiro de 2027 a 31 de dezembro de 2032, as alíquotas dos tributos que compõem o TEF serão:

I – quanto aos tributos federais de que tratam os incisos I a III do § 1º do art. 293 a alíquota definida no inciso I do § 4º do art. 293 desta Lei Complementar;

II – quanto à CBS, a alíquota definida no inciso II do § 4º do art. 293 desta Lei Complementar, a qual será reduzida em 0,1% (um décimo por cento) para os anos-calendário de 2027 e 2028; e

III – quanto ao IBS:

a) 0,1% (um décimo por cento) em 2027 e 2028;

b) 0,3% (três décimos por cento) em 2029;
c) 0,6% (seis décimos por cento) em 2030;
d) 0,9% (nove décimos por cento) em 2031;
e) 1,2% (um inteiro e dois décimos por cento) em 2032; e
f) o percentual integral da alíquota, de 2033 em diante.

Parágrafo único. Aplica-se o disposto nas alíneas *a* e *b* do inciso III do § 4º e no § 7º do art. 293 desta Lei Complementar para a repartição da receita tributária dos tributos referidos no *caput* deste artigo durante o período de transição.

Art. 295. A importação de direitos desportivos de atletas fica sujeita à incidência do IBS e da CBS pelas mesmas alíquotas aplicáveis às operações realizadas no País, aplicando-se as regras das importações de bens imateriais, inclusive direitos, e de serviços previstas na Seção II do Capítulo IV do Título I deste Livro.

Art. 296. A cessão de direitos desportivos de atletas a residente ou domiciliado no exterior para a realização de atividades desportivas predominantemente no exterior será considerada exportação para fins da imunidade do IBS e da CBS, excluindo-se os percentuais de que tratam os incisos II e III do § 4º do art. 293 desta Lei Complementar da alíquota aplicável para cálculo do pagamento unificado de que trata o referido artigo.

CAPÍTULO IX
DAS MISSÕES DIPLOMÁTICAS, REPARTIÇÕES CONSULARES E OPERAÇÕES ALCANÇADAS POR TRATADO INTERNACIONAL

Art. 297. As operações com bens e com serviços alcançadas por tratado ou convenção internacional celebrados pela União e referendados pelo Congresso Nacional, nos termos do inciso VIII do art. 84 da Constituição Federal, inclusive referentes a missões diplomáticas, repartições consulares, representações de organismos internacionais e respectivos funcionários acreditados, ficam sujeitas a regime específico de incidência do IBS e da CBS, de acordo com o disposto neste Capítulo.

Art. 298. Os valores de IBS e CBS pagos em operações com bens ou serviços destinados a missões diplomáticas e repartições consulares de caráter permanente e respectivos funcionários acreditados, poderão ser reembolsados, nos termos do regulamento, mediante aprovação pelo Ministério das Relações Exteriores após verificação do regime tributário aplicado às representações diplomáticas brasileiras e respectivos funcionários naquele país.

Art. 299. A aplicação das normas referentes ao IBS e à CBS previstas em tratado ou convenção internacional internalizado, inclusive os referentes a organismos internacionais dos quais o Brasil seja membro e respectivos funcionários acreditados, e os vigentes na data de publicação desta Lei Complementar, será regulamentada por ato conjunto do Ministro de Estado da Fazenda e do Comitê Gestor do IBS, ouvido o Ministério das Relações Exteriores.

CAPÍTULO X
DISPOSIÇÕES COMUNS AOS REGIMES ESPECÍFICOS

Art. 300. O período de apuração do IBS e da CBS nos regimes específicos de serviços financeiros, planos de assistência à saúde e concursos de prognósticos a que se referem os Capítulos II, III e IV deste Título será mensal.

Art. 301. Caso a base de cálculo do IBS e da CBS nos regimes específicos de serviços financeiros, planos de assistência à saúde e concursos de prognósticos de que tratam os Capítulos II, III e IV deste Título no período de apuração seja negativa, o contribuinte poderá deduzir o valor negativo da base de cálculo, sem qualquer atualização, das bases de cálculo positivas dos períodos de apuração posteriores.

Parágrafo único. A dedução de que trata o *caput* poderá ser feita no prazo de até 5 (cinco) anos contados do último dia útil do período de apuração.

Art. 302. Os contribuintes sujeitos aos regimes específicos de serviços financeiros, planos de assistência à saúde, concursos de prognósticos e bens imóveis a que se referem os Capítulos II, III, IV e V deste Título poderão apropriar e utilizar o crédito de IBS e de CBS sobre as suas aquisições de bens e serviços, obedecido o disposto nos arts. 47 a 56, salvo quando houver regra própria em regime específico aplicável ao bem e serviço adquirido.

Parágrafo único. A apuração do IBS e CBS nos regimes específicos de que trata o *caput* não implica estorno, parcial ou integral, dos créditos relativos às aquisições de bens e serviços.

Art. 303. Fica vedada a apropriação de crédito de IBS e CBS sobre os valores que forem deduzidos da base de cálculo do IBS e da CBS nos regimes específicos, assim como a dedução em duplicidade de qualquer valor.

Art. 304. Aplicam-se as normas gerais de incidência do IBS e da CBS de que trata o Título I deste Livro para as operações, importações e exportações com bens e serviços realizadas pelos fornecedores sujeitos a regimes específicos e que não forem objeto de um desses regimes específicos.

Art. 305. As obrigações acessórias a serem cumpridas pelas pessoas jurídicas sujeitas a regimes específicos serão uniformes em todo o território nacional e poderão ser distintas daquelas aplicáveis à operacionalização do IBS e da CBS sobre operações, previstas nas normas gerais de incidência de que trata o Capítulo III do Título I deste Livro, inclusive em relação à sua periodicidade, e serão fixadas pelo regulamento.

§ 1º As obrigações acessórias de que trata o *caput* deverão conter as informações necessárias para apuração da base de cálculo, creditamento e distribuição do produto da arrecadação do IBS, além das demais informações exigidas em cada regime específico.

§ 2º Os dados a serem informados nas obrigações acessórias de que trata o *caput* poderão ser agregados por município, nos termos do regulamento.

§ 3º As informações prestadas pelo sujeito passivo nos termos deste artigo possuem caráter declaratório, constituindo confissão do valor devido de IBS e de CBS consignados na obrigação acessória.

§ 4º O regulamento preverá hipóteses em que o cumprimento da obrigação acessória de que trata este artigo dispensará a emissão do documento fiscal eletrônico de que trata o art. 60 desta Lei Complementar.

Art. 306. No caso de serviços financeiros e de planos de assistência à saúde adquiridos pela União, Estados, Distrito Federal e Municípios, serão aplicadas as mesmas regras previstas no art. 473 desta Lei Complementar para as demais aquisições de bens e serviços pela administração pública direta, por autarquias e por fundações públicas.

Art. 307. Aplicam-se as normas gerais de incidência do IBS e da CBS, de acordo com o disposto no Título I deste Livro, quanto às regras não previstas expressamente para os regimes específicos neste Título.

TÍTULO VI – DOS REGIMES DIFERENCIADOS DA CBS

CAPÍTULO I
DO PROGRAMA UNIVERSIDADE PARA TODOS – PROUNI

Art. 308. Fica reduzida a zero a alíquota da CBS incidente sobre o fornecimento de serviços de educação de ensino superior por instituição privada de ensino, com ou sem fins lucrativos, durante o período de adesão e vinculação ao Programa Universidade para Todos – PROUNI, instituído pela Lei nº 11.096, de 13 de janeiro de 2005.

§ 1º A redução de alíquotas de que trata o *caput* será aplicada:

I – sobre a receita decorrente da realização de atividades de ensino superior, proveniente de cursos de graduação ou cursos sequenciais de formação específica; e

II – na proporção da ocupação efetiva das bolsas devidas no âmbito do PROUNI, nos termos definidos em ato do Poder Executivo da União.

§ 2º Caso a instituição seja desvinculada do PROUNI, a CBS será exigida a partir do termo inicial estabelecido para a exigência dos demais tributos federais contemplados pelo PROUNI.

CAPÍTULO II
DO REGIME AUTOMOTIVO

Art. 309. Até 31 de dezembro de 2032, farão jus a crédito presumido da CBS, nos termos desta Lei Complementar, os projetos habilitados à fruição dos benefícios estabelecidos pelo art. 11-C da Lei nº 9.440, de 14 de março de 1997, e pelos arts. 1º a 4º da Lei nº 9.826, de 23 de agosto de 1999.

§ 1º O crédito presumido de que trata o *caput*:

I – incentivará exclusivamente a produção de veículos equipados com motor elétrico que tenha capacidade de tracionar o veículo somente com energia elétrica, permitida a associação com motor de combustão interna que utilize biocombustíveis isolada ou simultaneamente com combustíveis derivados de petróleo; e

II – será concedido exclusivamente a:

a) projetos aprovados até 31 de dezembro de 2024, de pessoas jurídicas que, em 20 de dezembro de 2023, estavam habilitadas à fruição dos benefícios estabelecidos pelo art. 11-C da Lei nº 9.440, de 14 de março de 1997, e pelos arts. 1º a 4º da Lei nº 9.826, de 23 de agosto de 1999; e

b) novos projetos, aprovados até 31 de dezembro de 2025, que ampliem ou reiniciem a produção em planta industrial utilizada em projetos ativos ou inativos habilitados à fruição dos benefícios de que trata a alínea *a* deste inciso.

§ 2º O benefício de que trata este artigo será estendido a projetos de pessoas jurídicas de que trata a alínea *a* do inciso II do § 1º relacionados à produção de veículos tracionados por motor de combustão interna que utilizem biocombustíveis isolada ou cumulativamente com combustíveis derivados de petróleo, desde que a pessoa jurídica habilitada:

I – inicie a produção de veículos de que trata o inciso I do § 1º até 1º de janeiro de 2028, no estabelecimento incentivado; e

II – assuma, nos termos do ato concessório do benefício, compromissos relativos:

a) ao volume mínimo de investimentos;

b) ao volume mínimo de produção;

c) ao cumprimento de processo produtivo básico; e

d) à manutenção da produção por prazo mínimo, inclusive após o encerramento do benefício.

§ 3º O benefício de que trata o *caput* fica condicionado:

I – à realização de investimentos em pesquisa, desenvolvimento e inovação tecnológica na região, inclusive na área de engenharia automotiva, correspondentes a, no mínimo, 10% (dez por cento) do valor do crédito presumido apurado, nos termos regulamentados pelo Ministério do Desenvolvimento, Indústria, Comércio e Serviços – MDIC; e

II – à regularidade fiscal da pessoa jurídica quanto a tributos federais.

§ 4º Ato do Poder Executivo da União definirá os requisitos e condições das exigências contidas no inciso II do § 2º e no inciso I do § 3º.

§ 5º O cumprimento dos requisitos e condições de que tratam o inciso II do § 2º e o inciso I do § 3º será comprovado perante o MDIC.

§ 6º O MDIC encaminhará à RFB, anualmente, os resultados das auditorias relativas ao cumprimento dos requisitos referidos no § 4º.

Art. 310. O crédito presumido de que trata o art. 309 não poderá ser usufruído cumulativamente com quaisquer outros benefícios fiscais federais da CBS destinados à beneficiária desse crédito presumido.

Art. 311. Em relação aos projetos habilitados à fruição dos benefícios estabelecidos pelo art. 11-C da Lei nº 9.440, de 14 de março de 1997, o crédito presumido de que trata o art. 309 desta Lei Complementar será calculado mediante a aplicação dos seguintes percentuais sobre o valor das vendas no mercado interno, em cada mês, dos produtos constantes nos projetos de que trata o art. 309, fabricados ou montados nos estabelecimentos incentivados:

I – 11,60% (onze inteiros e sessenta centésimos por cento) até o 12º (décimo segundo) mês de fruição do benefício;

II – 10% (dez inteiros por cento) do 13º (décimo terceiro) ao 48º (quadragésimo oitavo) mês de fruição do benefício;

III – 8,70% (oito inteiros e setenta centésimos por cento) do 49º (quadragésimo nono) ao 60º (sexagésimo) mês de fruição do benefício.

§ 1º No cálculo do crédito presumido de que trata o *caput* não serão incluídos os impostos e as contribuições incidentes sobre a operação de venda, e serão excluídos os descontos incondicionais concedidos.

§ 2º O crédito presumido de que trata o *caput* somente se aplica às vendas no mercado interno efetuadas com a exigência integral da CBS, não incluídas:

I – as vendas isentas, imunes, não alcançadas pela incidência da contribuição, com alíquota zero, com redução de alíquotas ou de base de cálculo, ou com suspensão da contribuição; e

II – as vendas canceladas e as devolvidas.

§ 3º Os percentuais de que tratam os incisos I a III do *caput* serão reduzidos à razão de 20% (vinte por cento) do percentual inicial ao ano, entre 2029 e 2032, até serem extintos a partir de 2033.

Art. 312. Em relação aos projetos habilitados à fruição dos benefícios estabelecidos pelos arts. 1º a 4º da Lei nº 9.826, de 23 de agosto de 1999, o crédito presumido de que trata o art. 309 desta Lei Complementar corresponderá ao produto da multiplicação dos seguintes fatores:

I – valor das vendas no mercado interno, em cada mês, dos produtos constantes nos projetos de que trata o art. 309 desta Lei Complementar, fabricados ou montados nos estabelecimentos incentivados;

II – alíquotas do Imposto sobre Produtos Industrializados – IPI vigentes em 31 de dezembro de 2025, conforme a Tabela de Incidência do Imposto sobre Produtos Industrializados – TIPI, inclusive Notas Complementares, referentes aos produtos classificados nas posições 8702 a 8704;

III – fator de eficiência, que será o resultado do cálculo de 1 (um inteiro) diminuído da alíquota referida no inciso II, para cada posição na TIPI; e

IV – fator multiplicador, que será de:

a) 32,00% (trinta e dois por cento) nos anos de 2027 e 2028;

b) 25,60% (vinte e cinco inteiros e sessenta centésimos por cento) no ano de 2029;

c) 19,20% (dezenove inteiros e vinte centésimos por cento) no ano de 2030;

d) 12,80% (doze inteiros e oitenta centésimos por cento) no ano de 2031; e

e) 6,40 % (seis inteiros e quarenta centésimos por cento) no ano de 2032.

Parágrafo único. Aplica-se a este artigo o disposto nos §§ 1º e 2º do art. 311 desta Lei Complementar.

Art. 313. Os créditos apurados em decorrência dos benefícios de que trata o art. 309 somente poderão ser utilizados para:

I – compensação com débitos da CBS; e

II – compensação com débitos próprios relativos a tributos administrados pela RFB, observadas as condições e limites vigentes para compensação na data da declaração.

§ 1º Os créditos de que trata este artigo:

I – não poderão ser transferidos a outro estabelecimento da pessoa jurídica;

II – devem ser utilizados somente para dedução e compensação de débitos próprios do estabelecimento habilitado e localizado na região incentivada; e

III – não podem ser objeto de ressarcimento.

§ 2º Consideram-se débitos próprios do estabelecimento habilitado e localizado na região incentivada a parcela dos débitos de impostos e contribuições federais da pessoa jurídica na forma de rateio estabelecida em Ato do Poder Executivo da União.

Art. 314. O descumprimento das condições exigidas para fruição do crédito presumido poderá acarretar as seguintes penalidades:

I – cancelamento da habilitação com efeitos retroativos; ou

II – suspensão da habilitação.

Parágrafo único. A suspensão da habilitação de que trata o inciso II do *caput* poderá ser aplicada na hipótese de verificação do não atendimento, pela pessoa jurídica habilitada, da condição de que trata o inciso II do § 3º do art. 309, ficando suspensa utilização do crédito presumido de que trata este Capítulo enquanto não forem sanados os motivos que deram causa à suspensão da habilitação.

Art. 315. O cancelamento da habilitação poderá ser aplicado na hipótese de descumprimento dos requisitos e condições de que tratam o art. 309, ainda que ocorrido após o período de apropriação do crédito presumido.

§ 1º O cancelamento da habilitação implicará a devolução de parcela do crédito presumido apurado no período e os seus acréscimos legais, a qual corresponderá ao produto da multiplicação dos seguintes fatores:

I – total do crédito presumido apurado no período fixado no ato concessório;

II – 100% (cem por cento) diminuído do produto da multiplicação dos seguintes valores percentuais:

a) F1%: resultado da divisão do somatório de investimentos realizados pelo estabelecimento no período do crédito, pelo volume mínimo de investimentos no período do crédito fixado no ato concessório do benefício, de modo que F1% não poderá ser superior a 100,0% (cem por cento);

b) F2%: resultado da divisão do somatório dos volumes de produção realizados pelo estabelecimento no período do crédito, pelo volume mínimo de produção no período do crédito fixado no ato concessório do benefício, de modo que F2% não poderá ser superior a 100,0% (cem por cento); e

c) F3%: resultado da divisão do prazo de manutenção da produção no estabelecimento, inclusive após o encerramento do benefício, pelo prazo mínimo de produção fixado no ato concessório do benefício, incluído o período após o encerramento do benefício, de modo que F3% não poderá ser superior a 100,0% (cem por cento).

§ 2º A parcela do crédito presumido a devolver de que trata o § 1º:

I – será apurada pelo MDIC, no encerramento do processo de cancelamento da habilitação, que deverá ser iniciado em até 5 (cinco) anos contados da ciência do descumprimento dos requisitos e condições de que trata o art. 309;

II – sofrerá incidência de juros de mora na mesma forma calculada sobre os tributos federais, nos termos da lei, contados a partir do período de apuração em que ocorrer o fato que deu causa ao cancelamento da habilitação; e

III – deverá ser recolhida até o último dia útil do mês seguinte ao cancelamento da habilitação.

§ 3º O direito de a administração tributária cobrar a devolução da parcela do crédito presumido de que trata este artigo será de 5 (cinco) anos contados a partir do primeiro dia do mês seguinte àquele em que o recolhimento deveria ter sido efetuado, na forma do inciso III do § 2º.

Art. 316. Ficam prorrogados, até 31 de dezembro de 2026, os benefícios do IPI instituídos pelo art. 11-C da Lei nº 9.440, de 14 de março de 1997, e pelos arts. 1º a 4º da Lei nº 9.826, de 23 de agosto de 1999, nos termos previstos nas referidas normas e neste artigo.

§ 1º Permanecem exigíveis, no prazo de que trata o *caput*, as condições e os requisitos para fruição dos benefícios prorrogados com as mesmas regras aplicáveis à pessoa jurídica beneficiária no ano de 2025, tanto em decorrência de lei quanto do ato concessório do benefício.

§ 2º O crédito presumido estabelecido pelo art. 11-C da Lei nº 9.440, de 14 de março de 1997, será equivalente ao resultado da aplicação das alíquotas previstas no art. 1º da Lei nº 10.485, de 3 de julho de 2002, sobre o valor das vendas no mercado interno, em cada mês, dos produtos constantes dos projetos aprovados para fruição do benefício, multiplicado por 0,75 (setenta e cinco centésimos).

TÍTULO VII – DA ADMINISTRAÇÃO DO IBS E DA CBS

CAPÍTULO I – DO REGULAMENTO DO IBS E DA CBS

Art. 317. Compete:

I – ao Comitê Gestor do IBS editar o regulamento do IBS; e

II – ao Poder Executivo da União editar o regulamento da CBS.

§ 1º As disposições comuns ao IBS e à CBS, inclusive suas alterações posteriores, serão aprovadas por ato conjunto do Comitê Gestor do IBS e do Poder Executivo da União e constarão, igualmente, do regulamento do IBS e do regulamento da CBS.

§ 2º Todas as referências feitas ao regulamento neste Livro consideram-se uma remissão:

I – ao regulamento do IBS, no caso do IBS; e

II – ao regulamento da CBS, no caso da CBS.

CAPÍTULO II – DA HARMONIZAÇÃO DO IBS E DA CBS

Art. 318. O Comitê Gestor do IBS, a RFB e a Procuradoria-Geral da Fazenda Nacional atuarão com vistas a harmonizar normas, interpretações, obrigações acessórias e procedimentos relativos ao IBS e à CBS.

Parágrafo único. Para fins do disposto no *caput*, os referidos órgãos poderão celebrar convênios para fins de prestação de assistência mútua e compartilhamento de informações relativas aos respectivos tributos.

Art. 319. A harmonização do IBS e da CBS será garantida pelas instâncias a seguir especificadas:

I – Comitê de Harmonização das Administrações Tributárias composto de:

a) 4 (quatro) representantes da RFB; e

b) 4 (quatro) representantes do Comitê Gestor do IBS, sendo 2 (dois) dos Estados ou do Distrito Federal e 2 (dois) dos Municípios ou do Distrito Federal; e

II – Fórum de Harmonização Jurídica das Procuradorias composto de:

a) 4 (quatro) representantes da Procuradoria-Geral da Fazenda Nacional, indicados pela União; e

b) 4 (quatro) representantes das Procuradorias, indicados pelo Comitê Gestor do IBS, sendo 2 (dois) Procuradores de Estado ou do Distrito Federal e 2 (dois) Procuradores de Município ou do Distrito Federal.

§ 1º O Comitê previsto no inciso I do *caput* será presidido e coordenado alternadamente por representante da RFB e por representante do Comitê Gestor do IBS, conforme dispuser o seu regimento interno.

§ 2º O Fórum previsto no inciso II do *caput* será presidido e coordenado alternadamente por representante da PGFN e por representante dos procuradores indicados pelo Comitê Gestor do IBS, conforme dispuser o seu regimento interno.

Art. 320. Os órgãos colegiados de que trata o art. 319:

I – realizarão reuniões periódicas, observado o quórum de participação mínimo de 3/4 (três quartos) dos representantes;

II – decidirão, na forma de seu regimento, por unanimidade dos presentes;

III – terão seus membros designados pelo Ministro de Estado da Fazenda, quanto aos representantes da União, e pelo Presidente do Comitê Gestor do IBS, quanto aos representantes dos Estados, Distrito Federal e Municípios; e

IV – elaborarão os seus regimentos internos mediante resolução.

Art. 321. Compete ao Comitê de Harmonização das Administrações Tributárias:

I – uniformizar a regulamentação e a interpretação da legislação relativa ao IBS e à CBS em relação às matérias comuns;

II – prevenir litígios relativos às normas comuns aplicáveis ao IBS e à CBS; e

III – deliberar sobre obrigações acessórias e procedimentos comuns relativos ao IBS e à CBS.

Parágrafo único. As resoluções aprovadas pelo Comitê de Harmonização das Administrações Tributárias, a partir de sua publicação no *Diário Oficial da União*, vincularão as administrações tributárias da União, dos Estados, do Distrito Federal e dos Municípios.

Art. 322. Compete ao Fórum de Harmonização Jurídica das Procuradorias:

I – atuar como órgão consultivo do Comitê de Harmonização das Administrações Tributárias nas atividades de uniformização e interpretação das normas comuns relativas ao IBS e à CBS; e

II – analisar relevantes e disseminadas controvérsias jurídicas relativas ao IBS e à CBS suscitadas nos termos do § 1º.

§ 1º O Fórum de Harmonização Jurídica das Procuradorias examinará as questões relacionadas a relevantes e disseminadas controvérsias jurídicas relativas ao IBS e à CBS suscitadas pelas seguintes autoridades:

I – o Presidente do Comitê Gestor do IBS; e

II – o Ministro de Estado da Fazenda.

§ 2º As resoluções aprovadas pelo Fórum de Harmonização Jurídica das Procuradorias, a partir de sua publicação no *Diário Oficial da União*, vincularão a Procuradoria-Geral da Fazenda Nacional e as Procuradorias dos Estados, do Distrito Federal e dos Municípios.

Art. 323. Ato conjunto do Comitê de Harmonização das Administrações Tributárias e do Fórum de Harmonização Jurídica das Procuradorias deverá ser observado, a partir de sua publicação no *Diário Oficial da União*, nos atos administrativos, normativos e decisórios praticados pelas administrações tributárias da União, dos Estados, do Distrito Federal e dos Municípios e nos atos da Procuradoria-Geral da Fazenda Nacional e das Procuradorias dos Estados, do Distrito Federal e dos Municípios.

Parágrafo único. Compete ao Comitê de Harmonização das Administrações Tributárias e ao Fórum de Harmonização Jurídica das Procuradorias, no âmbito das suas respectivas competências, propor o ato conjunto de que trata o *caput*.

CAPÍTULO III – DA FISCALIZAÇÃO E DO LANÇAMENTO DE OFÍCIO

SEÇÃO I – DA COMPETÊNCIA PARA FISCALIZAR

Art. 324. A fiscalização do cumprimento das obrigações tributárias principais e acessórias, bem como a constituição do crédito tributário relativo:

I – à CBS compete à autoridade fiscal integrante da administração tributária da União;

II – ao IBS compete às autoridades fiscais integrantes das administrações tributárias dos Estados, do Distrito Federal e dos Municípios.

Art. 325. A RFB e as administrações tributárias dos Estados, do Distrito Federal e dos Municípios:

I – poderão utilizar em seus respectivos lançamentos as fundamentações e provas decorrentes do processo administrativo de lançamento de ofício efetuado por outro ente federativo;

II – compartilharão, em um mesmo ambiente, os registros do início e do resultado das fiscalizações da CBS e do IBS.

§ 1º O ambiente a que se refere o inciso II do *caput* terá gestão compartilhada entre o Comitê Gestor do IBS e a RFB.

§ 2º Ato conjunto do Comitê Gestor e da RFB poderá prever outras hipóteses de informações a serem compartilhadas no ambiente a que se refere o inciso II do *caput*.

§ 3º A utilização das fundamentações e provas a que se refere o inciso I do *caput*, ainda que relativas a processos administrativos encerrados, não dispensa a oportunidade do contraditório e da ampla defesa pelo sujeito passivo.

Art. 326. A RFB e as administrações tributárias dos Estados, do Distrito Federal e dos Municípios poderão celebrar convênio para delegação recíproca da atividade de fiscalização do IBS e da CBS nos processos fiscais de pequeno valor, assim considerados aqueles cujo lançamento não supere limite único estabelecido no regulamento.

Art. 327. O Ministério da Fazenda e o Comitê Gestor do IBS poderão celebrar convênio para delegação recíproca do julgamento do contencioso administrativo relativo ao lançamento de ofício do IBS e da CBS efetuado nos termos do art. 326.

LEGISLAÇÃO COMPLEMENTAR

Seção II

DA FISCALIZAÇÃO E DO PROCEDIMENTO FISCAL

Art. 328. O procedimento fiscal tem início com:

I – a ciência do sujeito passivo, seu representante ou preposto, do primeiro ato de ofício, praticado por autoridade fiscal integrante das administrações tributárias da União, dos estados, do Distrito Federal e dos municípios, tendente à apuração de obrigação tributária ou infração;

II – a apreensão de bens;

III – apreensão de documentos ou livros, inclusive em meio digital;

IV – o começo do despacho aduaneiro de mercadoria importada.

§ 1º O início do procedimento fiscal exclui a espontaneidade do sujeito passivo em relação aos atos anteriores e, independentemente de intimação, a dos demais envolvidos nas infrações verificadas.

§ 2º Para os efeitos do disposto no § 1º, os atos referidos nos incisos I a III do *caput* valerão pelo prazo de 90 (noventa) dias, prorrogável, sucessivamente, por igual período, com qualquer outro ato que formalize o prosseguimento dos trabalhos.

Art. 329. As ações a seguir não excluem a espontaneidade do sujeito passivo:

I – cruzamento de dados, assim considerado o confronto entre as informações existentes na base de dados das administrações tributárias ou do Comitê Gestor do IBS, ou entre elas e outras fornecidas pelo sujeito passivo ou terceiros;

II – monitoramento, assim considerada a avaliação do comportamento fiscal-tributário de sujeito passivo, individualmente ou por setor econômico, mediante controle corrente do cumprimento de obrigações e análise de dados econômico-fiscais, apresentados ou obtidos pelas administrações tributárias ou pelo Comitê Gestor do IBS, inclusive mediante diligências ao estabelecimento.

Seção III

DO LANÇAMENTO DE OFÍCIO

Art. 330. Para a constituição do crédito tributário decorrente de procedimento fiscal, por lançamento de ofício, a autoridade fiscal integrante da administração tributária da União e as autoridades fiscais integrantes das administrações tributárias dos Estados, do Distrito Federal e dos Municípios deverão lavrar auto de infração.

Parágrafo único. O auto de infração conterá obrigatoriamente:

I – a qualificação do autuado;

II – o local, a data e a hora da lavratura;

III – a descrição do fato;

IV – a disposição legal infringida e a penalidade aplicável;

V – a determinação da exigência e a intimação para cumpri-la ou impugná-la no prazo legal;

VI – a assinatura do autuante, a indicação do cargo e o número de matrícula;

VII – a identificação do ente federativo responsável pelo lançamento, em se tratando de auto de infração relativo ao IBS.

Art. 331. A exigência do crédito tributário e a aplicação de penalidade isolada serão objeto de autos de infração distintos para cada tributo ou penalidade.

Parágrafo único. O disposto no *caput* deste artigo aplica-se também nas hipóteses em que, constatada infração à legislação tributária, dela não resulte exigência de crédito tributário.

Seção IV

DO DOMICÍLIO TRIBUTÁRIO ELETRÔNICO – DTE E DAS INTIMAÇÕES

Art. 332. As intimações dos atos do processo serão realizadas por meio de DTE, inclusive em se tratando de intimação de procurador.

§ 1º A intimação efetuada por meio de DTE considera-se pessoal, para todos os efeitos legais.

§ 2º VETADO.

§ 3º As administrações tributárias da União, dos Estados, do Distrito Federal e dos Municípios poderão realizar a intimação pessoalmente, pelo autor do procedimento ou por agente do órgão preparador do processo, na repartição ou fora dela, provada com a assinatura do sujeito passivo, seu mandatário, preposto ou representante legal, ou, no caso de recusa, com certidão escrita por quem o intimar, identificando a pessoa que recusou.

§ 4º A massa falida e a pessoa jurídica em liquidação extrajudicial serão intimadas no DTE da pessoa jurídica, competindo ao administrador judicial e ao liquidante, respectivamente, a atualização do endereço físico e eletrônico daquelas.

Art. 333. A RFB e o Comitê Gestor do IBS poderão estabelecer sistema de comunicação eletrônica, com governança compartilhada, a ser atribuído como DTE, que será utilizado pela RFB e pelas administrações tributárias dos Estados, do Distrito Federal e dos Municípios, para fins de notificação, intimação ou avisos previstos nas legislações da CBS e do IBS.

Art. 334. VETADO.

Seção V

DAS PRESUNÇÕES LEGAIS

Art. 335. Caracteriza omissão de receita e ocorrência de operações sujeitas à incidência da CBS e do IBS:

I – a ocorrência de operações com bens materiais ou imateriais, inclusive direitos, ou com serviços sem a emissão de documento fiscal ou sem a emissão de documento fiscal idôneo;

II – saldo credor na conta caixa, apresentado na escrituração ou apurado em procedimento fiscal;

III – manutenção, no passivo, de obrigações já pagas ou cuja exigibilidade não seja comprovada;

IV – falta de escrituração de pagamentos efetuados pela pessoa jurídica;

V – ativo oculto, cujo registro não consta na contabilidade no período compreendido no procedimento fiscal;

VI – falta de registro contábil de documento relativo às operações com bens materiais ou imateriais, inclusive direitos, ou com serviços;

VII – valores creditados em conta de depósito ou de investimento mantida em instituição financeira, em relação aos quais o titular, pessoa física ou jurídica, regularmente intimado, não comprove, mediante documentação idônea, a origem dos recursos utilizados nessas operações;

VIII – suprimento de caixa fornecido à empresa por administrador, sócio, titular da firma individual, acionista controlador da companhia, inclusive por terceiros, se a efetividade da entrega e a origem dos recursos não forem satisfatoriamente demonstrados;

IX – diferença apurada mediante o controle quantitativo das entradas e saídas das operações com bens materiais ou imateriais, inclusive direitos, ou com serviços em determinado período, levando em consideração os saldos inicial e final;

X – estoque avaliado em desacordo com o previsto na legislação tributária, para fins de inventário;

XI – baixa de exigibilidades cuja contrapartida não corresponda a uma efetiva quitação de dívida, reversão de provisão, permuta de valores no passivo, bem como justificada conversão da obrigação em receita ou transferência para contas do patrimônio líquido, de acordo com as normas contábeis de escrituração;

XII – valores recebidos pelo contribuinte, informados por instituições financeiras, administradoras de cartão de crédito e de débito, qualquer instituição participante de arranjo de pagamento, entidades prestadoras de intermediação comercial em ambiente virtual ou relacionados com comércio eletrônico, condomínios comerciais ou outra pessoa jurídica legalmente detentora de informações financeiras, superior ao valor das operações declaradas pelo sujeito passivo da obrigação tributária; e

XIII – montante da receita líquida inferior ao custo dos produtos vendidos, ao custo das mercadorias vendidas e ao custo dos serviços prestados no período analisado.

§ 1º O valor da receita omitida para apuração de tributos federais e do IBS, inclusive por presunções legais específicas, será considerado na determinação da base de cálculo para o lançamento da CBS e do IBS.

§ 2º Caberá ao sujeito passivo o ônus da prova de desconstituição das presunções de que trata este artigo.

§ 3º Na impossibilidade de se identificar o momento da ocorrência do fato gerador, nas hipóteses previstas neste artigo, presume-se que esse tenha ocorrido, observada a seguinte ordem, no último dia:

I – do período de apuração;

II – do exercício; ou

III – do período fiscalizado.

§ 4º Na impossibilidade de se identificar o local da operação, considera-se ocorrida no local do domicílio principal do sujeito passivo.

Seção VI

DA DOCUMENTAÇÃO FISCAL E AUXILIAR

Art. 336. Os comprovantes da escrituração da pessoa jurídica, relativos a fatos que repercutam em lançamentos contábeis de exercícios futuros, serão conservados até que se opere a decadência do direito de a Fazenda Pública constituir os créditos tributários relativos a esses exercícios.

Art. 337. O sujeito passivo usuário de sistema de processamento de dados deverá manter documentação técnica completa e atualizada do sistema, suficiente para possibilitar a sua auditoria, facultada a manutenção em meio digital, sem prejuízo da sua emissão gráfica, quando solicitada.

Seção VII

DO REGIME ESPECIAL DE FISCALIZAÇÃO – REF

Art. 338. Sem prejuízo de outras medidas previstas na legislação, a RFB e as administrações tributárias dos Estados, do Distrito Federal e dos Municípios poderão determinar Regime Especial de Fiscalização – REF para cumprimento de obrigações tributárias, nas seguintes hipóteses:

I – embaraço à fiscalização, caracterizado pela negativa não justificada do fornecimento de documentos ou informações, ainda que parciais, sobre operações com bens ou com serviços, movimentação financeira, negócio ou atividade, próprios ou de terceiros, quando intimado, e demais hipóteses que autorizam a requisição do auxílio da força pública, nos termos do art. 200 da Lei nº 5.172, de 25 de outubro de 1966 – Código Tributário Nacional;

II – resistência à fiscalização, caracterizada pela negativa de acesso ao estabelecimento, ao domicílio fiscal ou a qualquer outro local onde se desenvolvam as atividades do sujeito passivo, ou as atividades relacionadas aos bens ou serviços em sua posse ou de sua propriedade;

III – evidências de que a pessoa jurídica esteja constituída por interpostas pessoas que não sejam os verdadeiros sócios ou acionistas, ou o titular, no caso de firma individual;

IV – realização de operações sujeitas à incidência tributária sem a devida inscrição no cadastro de sujeitos passivos apropriado;

V – prática reiterada de infração da legislação tributária;

VI – comercialização de bens com evidências de contrabando ou descaminho;

VII – incidência em conduta que configure crime contra a ordem tributária.

§ 1º Nas hipóteses previstas nos incisos IV a VII do *caput*, a aplicação do REF independe da instauração prévia de procedimento de fiscalização.

§ 2º Para fins do disposto no inciso V do *caput* considera-se prática reiterada:

I – a segunda ocorrência de idênticas infrações à legislação tributária, inclusive de natureza acessória, verificada em relação aos últimos 5 (cinco) anos-calendário, formalizadas por intermédio de auto de infração; ou

II – a ocorrência, em 2 (dois) ou mais períodos de apuração, consecutivos ou alternados, de infrações à legislação tributária, caso seja constatada a utilização de artifício, ardil ou qualquer outro meio fraudulento com o fim de suprimir, postergar ou reduzir o pagamento de tributo.

§ 3º Não são consideradas para fins de aplicação do disposto no inciso I do § 2º as infrações de natureza acessória que não prejudiquem a apuração e o recolhimento das obrigações principais ou que não sejam requisito para aproveitamento de benefício fiscal, sem prejuízo da aplicação da sanção prevista para a conduta.

§ 4º A aplicação do REF deve estar fundamentada em relatório circunstanciado elaborado pela autoridade fiscal responsável, no qual deve constar, no mínimo:

I – a identificação do sujeito passivo submetido a procedimento de fiscalização;

II – o enquadramento em uma ou mais hipóteses previstas no *caput*;

III – a descrição dos fatos que justificam a aplicação do regime;

IV – a cópia dos termos lavrados e das intimações efetuadas;

V – a proposta de medidas previstas no art. 339 a serem adotadas e período de vigência do regime; e

VI – a identificação da autoridade fiscal responsável pela execução do procedimento fiscal.

§ 5º O REF terá início com a ciência, pelo sujeito passivo, de despacho fundamentado, no qual constarão a motivação, as medidas adotadas e o prazo de duração.

Art. 339. O regime especial de fiscalização pode consistir em:

I – manutenção de fiscalização ininterrupta no estabelecimento do sujeito passivo;

II – redução, à metade, dos períodos de apuração e dos prazos de recolhimento da CBS e do IBS;

III – utilização compulsória de controle eletrônico das operações realizadas;

IV – exigência de recolhimento diário da CBS e do IBS incidentes sobre as operações praticadas pelo sujeito passivo, sem prejuízo da utilização dos créditos desses tributos pelo contribuinte, nos termos do art. 53 desta Lei Complementar;

V – exigência de comprovação sistemática do cumprimento das obrigações tributárias; e

VI – controle especial da emissão de documentos comerciais e fiscais e acompanhamento da movimentação financeira.

Art. 340. A aplicação do REF será disciplinada:

I – pela RFB, em relação à CBS; e

II – pelo Comitê Gestor do IBS, em relação ao IBS.

§ 1º Na regulamentação do REF, a RFB e o Comitê Gestor deverão:

I – exigir que o despacho a que se refere o § 5º do art. 338 seja realizado por autoridade hierarquicamente superior à autoridade fiscal responsável pelo procedimento fiscal, para aplicação do REF; e

II – prever prazo máximo de duração para o REF, o qual só poderá ser renovado, por meio de novo despacho fundamentado, na hipótese de persistirem situações que ensejem a sua aplicação.

§ 2º Na definição das medidas previstas no art. 339 aplicáveis ao sujeito passivo, a autoridade fiscal deverá:

I – considerar a gravidade e a lesividade da conduta praticada; e

II – limitar-se às medidas necessárias para a atuação fiscal na situação específica.

Art. 341. A imposição do regime especial de fiscalização não elide a aplicação de penalidades previstas na legislação tributária, nem dispensa o sujeito passivo do cumprimento das demais obrigações, inclusive acessórias, não abrangidas pelo regime.

§ 1º As multas de ofício aplicáveis à CBS e ao IBS terão percentual duplicado para as infrações cometidas pelo sujeito passivo durante o período em que estiver submetido ao REF, sem prejuízo da adoção de outras medidas previstas na legislação tributária, administrativa ou penal.

§ 2º Na hipótese em que tenham sido aplicadas as medidas a que se referem os incisos II a IV do *caput* do art. 339, deverão ser observados, para o lançamento de ofício, os prazos de recolhimento estabelecidos no REF.

TÍTULO VIII – DA TRANSIÇÃO PARA O IBS E PARA A CBS

CAPÍTULO I

DA FIXAÇÃO DAS ALÍQUOTAS DURANTE A TRANSIÇÃO

Seção I

DA FIXAÇÃO DAS ALÍQUOTAS DO IBS DURANTE A TRANSIÇÃO

Art. 342. A transição para o IBS atenderá aos critérios estabelecidos nesta Seção e nos seguintes dispositivos:

I – art. 501 desta Lei Complementar, no que diz respeito à redução das alíquotas do imposto previsto no art. 155, II, da Constituição Federal, e à redução dos benefícios fiscais relacionados a este imposto entre 2029 e 2032;

II – art. 508 desta Lei Complementar, no que diz respeito à redução das alíquotas do imposto previsto no art. 156, III, da Constituição Federal, e à redução dos benefícios fiscais relacionados a este imposto entre 2029 e 2032;

III – arts. 361 a 365 desta Lei Complementar, no que diz respeito à fixação das alíquotas de referência do IBS de 2029 a 2033; e

IV – arts. 366 e 369 desta Lei Complementar, no que diz respeito à fixação das alíquotas de referência do IBS em 2034 e 2035.

Art. 343. Em relação aos fatos geradores ocorridos de 1º de janeiro a 31 de dezembro de 2026, o IBS será cobrado mediante aplicação da alíquota estadual de 0,1% (um décimo por cento).

Parágrafo único. Durante o período indicado no *caput* deste artigo a arrecadação do IBS não observará as vinculações, repartições e destinações previstas na Constituição Federal, devendo ser aplicada, integral e sucessivamente, para:

I – o financiamento do Comitê Gestor do IBS, nos termos do art. 156-B, § 2º, III, da Constituição Federal; e

II – compor o Fundo de Compensação de Benefícios Fiscais ou Financeiro-Fiscais do ICMS.

Art. 344. Em relação aos fatos geradores ocorridos de 1º de janeiro de 2027 a 31 de dezembro de 2028, o IBS será cobrado à alíquota estadual de 0,05% (cinco centésimos por cento) e à alíquota municipal de 0,05% (cinco centésimos por cento).

Parágrafo único. As alíquotas previstas no *caput*:

I – serão aplicadas com a respectiva redução no caso das operações sujeitas a alíquota reduzida, no âmbito de regimes diferenciados de tributação;

II – serão aplicadas em relação aos regimes específicos de que trata esta Lei Complementar, observadas as respectivas bases de cálculo, exceto em relação aos combustíveis sujeitos ao regime específico de que tratam os arts. 172 a 180 desta Lei Complementar; e

III – em relação aos combustíveis sujeitos ao regime específico de que tratam os arts. 172 a 180 desta Lei Complementar, as alíquotas de que trata o *caput* deste artigo serão aplicadas sobre o valor da operação no momento da incidência da CBS.

LEGISLAÇÃO COMPLEMENTAR

Seção II

DA FIXAÇÃO DAS ALÍQUOTAS DA CBS DURANTE A TRANSIÇÃO

Art. 345. A transição para a CBS atenderá aos critérios estabelecidos nesta Seção e nos seguintes dispositivos:

I – arts. 353 a 359 desta Lei Complementar, no que diz respeito à fixação da alíquota de referência da CBS de 2027 a 2033, observado o disposto no art. 368 para o período de 2030 a 2033; e

II – arts. 366 e 369 desta Lei Complementar, no que diz respeito à fixação da alíquota de referência da CBS em 2034 e 2035.

Art. 346. Em relação aos fatos geradores ocorridos de 1º de janeiro a 31 de dezembro de 2026, a CBS será cobrada mediante aplicação da alíquota de 0,9% (nove décimos por cento).

Art. 347. Em relação aos fatos geradores ocorridos de 1º de janeiro de 2027 a 31 de dezembro de 2028, a alíquota da CBS será aquela fixada nos termos do inciso I do *caput* e dos §§ 2º e 3º, todos do art. 14, reduzida em 0,1 (um décimo) ponto percentual, exceto em relação aos combustíveis sujeitos ao regime específico de que tratam os arts. 172 a 180 desta Lei Complementar.

§ 1º A redução da alíquota prevista no *caput* será:

I – proporcional à respectiva redução no caso das operações sujeitas a alíquota reduzida, no âmbito de regimes diferenciados de tributação;

II – aplicada em relação aos regimes específicos de que trata essa Lei Complementar, observadas as respectivas bases de cálculo.

§ 2º Durante o período de que trata o *caput* deste artigo, o montante de IBS recolhido nos termos do inciso III do parágrafo único do art. 344 poderá ser deduzido do montante da CBS a recolher pelos contribuintes sujeitos ao regime específico de combustíveis de que tratam os arts. 172 a 180 desta Lei Complementar.

Seção III

DISPOSIÇÕES COMUNS AO IBS E À CBS EM 2026

Art. 348. Em relação aos fatos geradores ocorridos de 1º de janeiro a 31 de dezembro de 2026:

I – o montante recolhido do IBS e da CBS será compensado com o valor devido, no mesmo período de apuração, das contribuições previstas no art. 195, inciso I, alínea *b*, e inciso IV, e da contribuição para o PIS a que se refere o art. 239, ambos da Constituição Federal;

II – caso o contribuinte não possua débitos suficientes para efetuar a compensação de que trata o inciso I, o valor recolhido poderá ser:

a) compensado com qualquer outro tributo federal, nos termos da legislação; ou

b) ressarcido em até 60 (sessenta) dias, mediante requerimento;

III – as alíquotas do IBS e da CBS previstas nos arts. 343 e 346 desta Lei Complementar:

a) serão aplicadas com a respectiva redução no caso das operações sujeitas a alíquota reduzida, no âmbito de regimes diferenciados de tributação;

b) serão aplicadas em relação aos regimes específicos de que trata esta Lei Complementar, observadas as respectivas bases de cálculo, exceto em relação aos combustíveis e biocombustíveis de que tratam os arts. 172 a 180;

c) não serão aplicadas em relação às operações dos contribuintes optantes pelo Simples Nacional.

§ 1º Fica dispensado o recolhimento do IBS e da CBS relativo aos fatos geradores ocorridos no período indicado no *caput* em relação aos sujeitos passivos que cumprirem as obrigações acessórias previstas na legislação.

§ 2º O sujeito passivo dispensado do recolhimento na forma do § 1º permanece obrigado ao pagamento integral das Contribuições previstas no art. 195, inciso I, alínea *b*, e inciso IV, e da contribuição para o Programa de Integração Social a que se refere o art. 239, ambos da Constituição Federal.

Seção IV

DA FIXAÇÃO DAS ALÍQUOTAS DE REFERÊNCIA DE 2027 A 2035

Subseção I

DISPOSIÇÕES GERAIS

Art. 349. Observadas a forma de cálculo e os limites previstos nesta Seção, resolução do Senado Federal fixará:

I – para os anos de 2027 a 2033, a alíquota de referência da CBS;

II – para os anos de 2029 a 2033:

a) a alíquota de referência do IBS para os Estados;

b) a alíquota de referência do IBS para os Municípios;

c) a alíquota de referência do IBS para o Distrito Federal, que corresponderá à soma das alíquotas de referência previstas nas alíneas *a* e *b* deste inciso;

III – para os anos de 2027 a 2033, o redutor a ser aplicado sobre as alíquotas da CBS e do IBS nas operações contratadas pela administração pública direta, por autarquias e por fundações públicas, inclusive suas importações.

§ 1º As alíquotas de referência e o redutor de que trata o inciso III do *caput* serão fixados no ano anterior ao de sua vigência, com base em cálculos realizados pelo Tribunal de Contas da União, observado o seguinte:

I – o Tribunal de Contas da União enviará ao Senado Federal os cálculos a que se refere este parágrafo até o dia 15 de setembro do ano anterior ao de vigência das alíquotas de referência e do redutor;

II – o Senado Federal fixará as alíquotas de referência e o redutor até o dia 31 de outubro do ano anterior ao de sua vigência, não se aplicando o disposto no art. 150, inciso III, alínea c, da Constituição Federal.

§ 2º Caso o prazo previsto no inciso II do § 1º ultrapasse a data de 22 de dezembro do ano anterior ao de sua vigência, enquanto não ocorrer a fixação das alíquotas pelo Senado Federal ou sua vigência serão utilizadas as alíquotas de referência calculadas pelo Tribunal de Contas da União, observadas as seguintes condições:

I – as alíquotas fixadas pelo Senado Federal vigerão a partir do início do segundo mês subsequente àquele em que ocorrer sua fixação;

II – deverá ser observado o disposto no art. 150, inciso III, alínea *b*, da Constituição Federal.

§ 3º Os cálculos atribuídos ao Tribunal de Contas da União nos termos do § 1º serão realizados com base em propostas encaminhadas:

I – pelo Poder Executivo da União, para os cálculos relativos à alíquota de referência da CBS;

II – pelo Comitê Gestor do IBS, para os cálculos relativos às alíquotas de referência do IBS;

III – em ato conjunto do Poder Executivo da União e do Comitê Gestor do IBS, para o redutor de que trata o inciso III do *caput*.

§ 4º O Poder Executivo da União e o Comitê Gestor do IBS atuarão em conjunto para harmonizar a metodologia dos cálculos a que se referem os incisos do § 3º.

§ 5º As propostas de que tratam os incisos do § 3º:

I – serão elaboradas com base na metodologia homologada nos termos do § 7º;

II – deverão ser enviadas ao Tribunal de Contas da União até o dia 31 de julho do ano anterior ao da vigência das alíquotas de referência e do redutor;

III – serão acompanhadas dos dados e informações necessários ao cálculo das alíquotas de referência e do redutor, que deverão ser complementados em tempo hábil, caso assim solicitado pelo Tribunal de Contas da União.

§ 6º Caso as propostas de que tratam os incisos do § 3º não sejam encaminhadas no prazo previsto no inciso II do § 5º, o Tribunal de Contas da União realizará os cálculos necessários à fixação das alíquotas de referência e do redutor de que trata o inciso III do *caput* com base nas informações a que tiver acesso.

§ 7º A metodologia de cálculo de que trata o inciso I do § 5º:

I – será elaborada pelo Comitê Gestor do IBS e pelo Poder Executivo da União, no âmbito das respectivas competências, com base nos critérios constantes dos arts. 350 a 369 desta Lei Complementar; e

II – será homologada pelo Tribunal de Contas da União.

§ 8º Na definição da metodologia de que trata o § 7º, o Poder Executivo da União e o Comitê Gestor do IBS poderão propor ajustes nos critérios constantes dos arts. 350 a 369 desta Lei Complementar, desde que estes sejam justificados.

§ 9º No processo de homologação da metodologia de que trata o § 7º:

I – o Comitê Gestor do IBS e o Poder Executivo da União deverão encaminhar ao Tribunal de Contas da União a proposta de metodologia a ser adotada até o final do mês de junho do segundo ano anterior àquele de vigência da alíquota de referência calculada com base na metodologia a ser homologada;

II – o Tribunal de Contas da União deverá homologar a metodologia no prazo de 180 (cento e oitenta) dias;

III – o Tribunal de Contas da União poderá solicitar ajustes na metodologia ao Comitê Gestor do IBS e ao Poder Executivo da União, que deverão, no prazo de 30 (trinta) dias:

a) implementar os ajustes; ou

b) apresentar ao Tribunal de Contas da União alternativa aos ajustes propostos.

§ 10. O Tribunal de Contas da União, e, no âmbito das respectivas competências, o Comitê Gestor do IBS e o Poder Executivo da União, poderão, de comum acordo, implementar ajustes posteriores na metodologia homologada nos termos do § 9º.

§ 11. Os entes federativos e o Comitê Gestor do IBS fornecerão ao Tribunal de Contas da União as informações necessárias para a elaboração dos cálculos a que se refere este artigo.

§ 12. O Poder Executivo da União e o Comitê Gestor do IBS fornecerão ao Tribunal de Contas da União todos os subsídios necessários à homologação da metodologia e à elaboração dos cálculos a que se refere este artigo, mediante compartilhamento de dados e informações.

§ 13. O compartilhamento de dados e informações de que trata este artigo observará o disposto no art. 198 da Lei nº 5.172, de 25 de outubro de 1966 – Código Tributário Nacional.

§ 14. Na fixação da alíquota de referência da CBS e das alíquotas de referência estadual, distrital e municipal do IBS, os valores calculados nos termos desta Seção deverão ser arredondados para o décimo de ponto percentual superior ou inferior que seja mais próximo.

Subseção II

DA RECEITA DE REFERÊNCIA

Art. 350. Na elaboração dos cálculos para a fixação das alíquotas de referência entende-se por:

I – receita de referência da União, a soma da receita, antes da compensação de que tratam os incisos I e II do *caput* do art. 348 desta Lei Complementar:

a) das contribuições previstas no art. 195, inciso I, alínea *b*, e inciso IV e da contribuição para o PIS, de que trata o art. 239, todos da Constituição Federal;

b) do imposto previsto no art. 153, inciso IV, da Constituição Federal; e

c) do imposto previsto no art. 153, inciso V, da Constituição Federal, sobre operações de seguros;

II – receita de referência dos Estados, a soma da receita dos Estados e do Distrito Federal:

a) com o imposto previsto no art. 155, inciso II, da Constituição Federal;

b) com as contribuições destinadas ao financiamento de fundos estaduais em funcionamento em 30 de abril de 2023 e estabelecidas como condição à aplicação de diferimento, regime especial ou outro tratamento diferenciado relativos ao imposto de que trata o art. 155, inciso II, da Constituição Federal;

III – receita de referência dos Municípios, a soma da receita dos Municípios e do Distrito Federal com o imposto previsto no art. 156, inciso III, da Constituição Federal.

§ 1º Para fins do disposto neste artigo, a receita dos tributos referidos no *caput* será apurada de modo a incluir:

I – a receita obtida na forma da Lei Complementar nº 123, de 14 de dezembro de 2006;

II – a receita obtida na forma do art. 82 do Ato das Disposições Constitucionais Transitórias; e

III – o montante total da arrecadação, incluindo os juros e multas, oriunda de valores inscritos ou não em dívida ativa.

§ 2º A receita das contribuições de que trata a alínea *b* do inciso II do *caput*:

I – não inclui a receita das contribuições sobre produtos primários e semielaborados substituídas por contribuições semelhantes, nos termos do art. 136 do Ato das Disposições Constitucionais Transitórias;

II – corresponderá, a cada período, ao valor médio das contribuições efetivamente arrecadadas de 2021 a 2023, corrigidas pela variação da receita do imposto de que trata o art. 155, inciso II, da Constituição Federal, do respectivo Estado ou Distrito Federal;

III – será calculada segundo metodologia a ser desenvolvida pelo Comitê Gestor do IBS e homologada pelo Tribunal de Contas da União.

§ 3º Para fins do disposto no inciso III do § 2º:

I – o Comitê Gestor do IBS deverá encaminhar a proposta de metodologia ao Tribunal de Contas da União até 31 de junho de 2026; e

II – serão observados os procedimentos previstos nos §§ 9º e 10 do art. 349.

Subseção III

DO CÁLCULO DAS ALÍQUOTAS DE REFERÊNCIA

Art. 351. Observada a disponibilidade de informações, os cálculos para a fixação da alíquota de referência considerarão a receita de IBS e de CBS discriminada entre:

I – a receita das operações e das importações sujeitas às normas gerais de incidências previstas no Título I deste Livro, discriminando:

a) operações e importações sujeitas à alíquota padrão;

b) operações e importações sujeitas à alíquota reduzida em 60% (sessenta por cento) da alíquota padrão;

c) operações e importações sujeitas à alíquota reduzida em 30% (trinta por cento) da alíquota padrão;

II – a receita das operações e das importações tributadas com base em cada um dos regimes específicos de tributação;

III – a receita das operações tributadas pelo Regime Especial Unificado de Arrecadação de Tributos e Contribuições devidos pelas Microempresas e Empresas de Pequeno Porte – Simples Nacional, de que trata a Lei Complementar nº 123, de 14 de dezembro de 2006, se necessário discriminadas para cada uma das faixas das tabelas constantes dos anexos da referida Lei Complementar;

IV – a receita auferida por cada esfera federativa nas aquisições de bens e serviços em que a receita é integralmente destinada ao ente federativo adquirente, nos termos do art. 473 desta Lei Complementar, discriminada para cada modalidade de operação e importação de que tratam os incisos I a III do *caput* deste artigo;

V – o valor da redução da receita em decorrência:

a) da concessão de créditos presumidos, discriminada para cada modalidade de crédito presumido prevista nesta Lei Complementar;

b) da devolução geral de IBS e da CBS a pessoas físicas, a que se refere o art. 118 desta Lei Complementar discriminada para cada modalidade de devolução;

VI – outros fatores que elevem ou reduzam a receita de IBS e de CBS não considerados nos incisos anteriores, discriminados por categoria.

§ 1º As receitas de que tratam os incisos I a III do *caput* deste artigo:

I – não considerarão as operações contratadas pela administração pública direta, por autarquias e por fundações públicas, inclusive suas importações, e sujeitas ao regime de que trata o art. 473 desta Lei Complementar;

II – corresponderão ao valor do IBS e da CBS incidentes nas operações que não geram direito a crédito para os adquirentes.

§ 2º Para fins da fixação da alíquota de referência, o valor da receita de IBS e de CBS de que trata o *caput*:

I – será apurado de modo a incluir:

a) a receita obtida na forma da Lei Complementar nº 123, de 14 de dezembro de 2006;

b) a receita obtida na forma do art. 82 do Ato das Disposições Constitucionais Transitórias; e

c) o montante total da arrecadação, incluindo os juros e multas, oriunda de valores inscritos ou não em dívida ativa;

II – não incluirá os valores de IBS retidos para posterior compensação ou ressarcimento.

§ 3º Os cálculos por categoria de receita ou de redução de receita de que tratam os incisos do *caput* poderão ser realizados com base nos valores constantes dos documentos fiscais, e ajustados posteriormente para que seu valor total corresponda ao apurado na forma do § 2º.

Subseção IV

DO CÁLCULO DA ALÍQUOTA DE REFERÊNCIA DA CBS

Art. 352. O cálculo da alíquota de referência da CBS para cada ano de vigência de 2027 a 2033 será realizado, nos termos dos arts. 353 a 359 desta Lei Complementar, com base:

I – na receita de referência da União em anos-base anteriores;

II – em uma estimativa de qual seria a receita de CBS caso fosse aplicada, em cada um dos anos-base, a alíquota de referência, as alíquotas dos regimes específicos e a legislação da CBS no ano de vigência; e

III – em estimativas de qual seria a receita do Imposto Seletivo e do IPI, caso fossem aplicadas, em cada um dos anos-base, as alíquotas e a legislação desses impostos no ano de vigência.

§ 1º A estimativa da receita de CBS de que trata o inciso II do *caput* será calculada, em valores do ano-base, para cada categoria de receita ou de redução de receita de que tratam os incisos do *caput* do art. 351 desta Lei Complementar, através da aplicação da alíquota de referência e das demais alíquotas previstas na legislação da CBS para o ano de vigência, sobre uma estimativa da base de cálculo no ano-base.

§ 2º As estimativas da receita dos impostos que trata o inciso III do *caput* serão calculadas, em valores do ano-base, através da aplicação das alíquotas previstas na legislação desses impostos para o ano de vigência, sobre uma estimativa da base de cálculo no ano-base.

§ 3º Observados os critérios específicos previstos nos arts. 353 a 359 desta Lei Complementar, a estimativa da base de cálculo de cada categoria de que tratam os §§ 1º e 2º deste artigo poderá tomar por referência, entre outros:

I – dados obtidos no processo de arrecadação de tributos sobre bens e serviços no ano-base;

II – dados públicos relativos a agregados macroeconômicos no ano-base e, em caso de indisponibilidade de dados específicos, dados relativos a agregados macroeconômicos de anos anteriores, corrigidos a valores do ano-base pela variação do valor de agregados macroeconômicos ou de indicadores de preços e quantidades adequados;

III – a base de cálculo de cada categoria de receita da CBS em anos posteriores ao ano-base, apurada a partir de documentos fiscais e da escrituração da CBS, corrigida a valores do ano-base pela variação do valor de agregados macroeconômicos ou de indicadores de preços e quantidades adequados a cada categoria de receita; ou

IV – a base de cálculo dos impostos a que se refere o inciso III do *caput* em anos posteriores ao ano-base, apurada a partir de documentos fiscais e da escrituração desses impostos, corrigida a valores do ano-base pela variação do valor de agregados macroeconômicos ou de indicadores de preços e quantidades específicos.

§ 4º No caso de alíquotas específicas (*ad rem*) ou de valores fixados em moeda corrente na legislação, os valores previstos na legislação para o ano de vigência serão corrigidos para valores do ano-base de modo a contemplar a variação de preços entre os dois períodos.

Art. 353. A alíquota de referência da CBS para 2027 será fixada com base na estimativa, para cada um dos anos-base de 2024 e 2025:

I – da receita da CBS no ano-base, calculada nos termos do inciso II do *caput* do art. 352 desta Lei Complementar com base na alíquota de referência, nas alíquotas dos regimes específicos e na legislação da CBS de 2027;

II – da receita do Imposto Seletivo no ano-base, calculada nos termos do inciso III do *caput* do art. 352 desta Lei Complementar com base nas alíquotas de 2027; e

III – da receita do IPI no ano-base, calculada nos termos do inciso III do *caput* do art. 352 desta Lei Complementar com base nas alíquotas de 2027.

§ 1º A alíquota de referência da CBS para 2027 será fixada de forma a que haja equivalência entre:

I – a média da razão entre a soma dos valores de que tratam os incisos do *caput* e o Produto Interno Bruto (PIB) nos anos-base referidos no *caput*; e

II – a média da razão entre a receita de referência da União e o PIB nos anos de 2012 a 2021.

§ 2º Para fins do disposto no inciso III do § 3º do art. 352 desta Lei Complementar, no ano de 2026, os prazos referidos nos incisos I e II do § 1º e no inciso II do § 5º, ambos do art. 349, serão prorrogados em 45 (quarenta e cinco) dias.

Art. 354. A alíquota de referência da CBS para 2028 será fixada com base na estimativa, para cada um dos anos-base de 2025 e 2026:

I – da receita da CBS no ano-base, calculada nos termos do inciso II do *caput* do art. 352 desta Lei Complementar com base na alíquota de referência, nas alíquotas dos regimes específicos e na legislação da CBS de 2028;

II – da receita do Imposto Seletivo no ano-base, calculada nos termos do inciso III do *caput* do art. 352 desta Lei Complementar com base nas alíquotas de 2028; e

III – da receita do IPI no ano-base, calculada nos termos do inciso III do *caput* do art. 352 desta Lei Complementar com base nas alíquotas de 2028.

Parágrafo único. A alíquota de referência da CBS para 2028 será fixada de forma a que haja equivalência entre:

I – a média da razão entre a soma dos valores de que tratam os incisos do *caput* e o PIB nos anos-base referidos no *caput*; e

II – a média da razão entre a receita de referência da União e ao PIB nos anos de 2012 a 2021.

Art. 355. A alíquota de referência da CBS para 2029 será fixada com base na estimativa:

I – da receita da CBS em 2027, calculada nos termos do inciso II do *caput* do art. 352 desta Lei Complementar com base na alíquota de referência, nas alíquotas dos regimes específicos e na legislação da CBS de 2029;

II – da receita do Imposto Seletivo em 2027, calculada nos termos do inciso III do *caput* do art. 352 desta Lei Complementar com base nas alíquotas de 2029; e

III – da receita do IPI em 2027, calculada nos termos do inciso III do *caput* do art. 352 desta Lei Complementar com base nas alíquotas de 2029.

Parágrafo único. A alíquota de referência da CBS para 2029 será fixada de forma a que haja equivalência entre:

I – a razão entre a soma dos valores de que tratam os incisos do *caput* e o PIB em 2027; e

II – a média da razão entre a receita de referência da União e o PIB nos anos de 2012 a 2021.

Art. 356. A alíquota de referência da CBS para 2030 será fixada com base na estimativa, para cada um dos anos-base de 2027 e 2028:

I – da receita da CBS no ano-base, calculada nos termos do inciso II do *caput* do art. 352 desta Lei Complementar com base na alíquota de referência, nas alíquotas dos regimes específicos e na legislação da CBS de 2030;

II – da receita do Imposto Seletivo no ano-base, calculada nos termos do inciso III do *caput* do art. 352 desta Lei Complementar com base nas alíquotas de 2030; e

III – da receita do IPI no ano-base, calculada nos termos do inciso III do *caput* do art. 352 desta Lei Complementar com base nas alíquotas de 2030.

Parágrafo único. A alíquota de referência da CBS para 2030 será fixada de forma a que haja equivalência entre:

I – a média da razão entre a soma dos valores de que tratam os incisos do *caput* e o PIB nos anos-base referidos no *caput*; e

II – a média da razão entre a receita de referência da União e o PIB nos anos de 2012 a 2021.

Art. 357. A alíquota de referência da CBS para 2031 será fixada com base na estimativa, para cada um dos anos-base de 2028 e 2029:

I – da receita da CBS no ano-base, calculada nos termos do inciso II do *caput* do art. 352 desta Lei Complementar com base na alíquota de referência, nas alíquotas dos regimes específicos e na legislação da CBS de 2031;

II – da receita do Imposto Seletivo no ano-base, calculada nos termos do inciso III do *caput* do art. 352 desta Lei Complementar com base nas alíquotas de 2031; e

III – da receita do IPI no ano-base, calculada nos termos do inciso III do *caput* do art. 352 desta Lei Complementar com base nas alíquotas de 2031.

Parágrafo único. A alíquota de referência da CBS para 2031 será fixada de forma a que haja equivalência entre:

I – a média da razão entre a soma dos valores de que tratam os incisos do *caput* e o PIB nos anos-base referidos no *caput*; e

II – a média da razão entre a receita de referência da União e o PIB nos anos de 2012 a 2021.

Art. 358. A alíquota de referência da CBS para 2032 será fixada com base na estimativa, para cada um dos anos-base de 2029 e 2030:

I – da receita da CBS no ano-base, calculada nos termos do inciso II do *caput* do art. 352 desta Lei Complementar com base na alíquota de referência, nas alíquotas dos regimes específicos e na legislação da CBS de 2032;

II – da receita do Imposto Seletivo no ano-base, calculada nos termos do inciso III do *caput* do art. 352 desta Lei Complementar com base nas alíquotas de 2032; e

III – da receita do IPI no ano-base, calculada nos termos do inciso III do *caput* do art. 352 desta Lei Complementar com base nas alíquotas de 2032.

Parágrafo único. A alíquota de referência da CBS para 2032 será fixada de forma a que haja equivalência entre:

I – a média da razão entre a soma dos valores de que tratam os incisos do *caput* e o PIB nos anos-base referidos no *caput*; e

II – a média da razão entre a receita de referência da União e o PIB nos anos de 2012 a 2021.

Art. 359. A alíquota de referência da CBS para 2033 será fixada com base na estimativa, para cada um dos anos-base de 2030 a 2031:

I – da receita da CBS no ano-base, calculada nos termos do inciso II do *caput* do art. 352 desta Lei Complementar com base na alíquota de referência, nas alíquotas dos regimes específicos e na legislação da CBS de 2033;

II – da receita do Imposto Seletivo no ano-base, calculada nos termos do inciso III do *caput* do art. 352 desta Lei Complementar com base nas alíquotas de 2033; e

III – da receita do IPI no ano-base, calculada nos termos do inciso III do *caput* do art. 352 desta Lei Complementar com base nas alíquotas de 2033.

Parágrafo único. A alíquota de referência da CBS para 2033 será fixada de forma a que haja equivalência entre:

I – a média da razão entre a soma dos valores de que tratam os incisos do *caput* e o PIB nos anos-base referidos no *caput*; e

II – a média da razão entre a receita de referência da União e o PIB nos anos de 2012 a 2021.

Subseção V
DO CÁLCULO DAS ALÍQUOTAS DE REFERÊNCIA DO IBS

Art. 360. O cálculo das alíquotas de referência estadual e municipal do IBS para cada ano de vigência de 2029 a 2033 será realizado, nos termos dos arts. 361 a 365 desta Lei Complementar, com base:

I – na receita de referência da respectiva esfera federativa em anos-base anteriores; e

II – em uma estimativa de qual seria a receita de IBS caso fosse aplicada, em cada um dos anos-base, a alíquota de referência, as alíquotas dos regimes específicos e a legislação do IBS do ano de vigência.

§ 1º A estimativa da receita de IBS de que trata o inciso II do *caput* será calculada, em valores do ano-base, para cada categoria de receita ou de redução de receita de que tratam os incisos do *caput* do art. 351 desta Lei Complementar, através da aplicação da alíquota de referência e das demais alíquotas previstas na legislação do IBS para o ano de vigência, sobre uma estimativa da base de cálculo no ano-base.

§ 2º Observados os critérios específicos previstos nos arts. 361 a 365 desta Lei Complementar, a estimativa da base de cálculo de cada categoria de que trata o § 1º deste artigo poderá tomar por referência, entre outros:

I – a base de cálculo de cada categoria de receita e de redução de receita da CBS no ano-base, ajustada de modo a contemplar as diferenças entre a legislação da CBS no ano-base e a legislação do IBS no ano de vigência;

II – a base de cálculo de cada categoria de receita e de redução de receita do IBS no ano-base, ajustada de modo a contemplar as diferenças na legislação do IBS entre o ano-base e o ano de vigência.

§ 3º No caso de alíquotas específicas (*ad rem*) ou de valores fixados em moeda corrente na legislação, os valores previstos na legislação para o ano de vigência serão corrigidos para valores do ano-base de modo a contemplar a variação de preços entre os dois períodos.

Art. 361. As alíquotas de referência estadual e municipal do IBS para 2029 serão fixadas de modo que:

I – a estimativa da parcela estadual da receita do IBS em 2027, calculada com base na alíquota de referência estadual, nas alíquotas estaduais dos regimes específicos e na legislação do IBS de 2029, nos termos do art. 360 desta Lei Complementar, seja equivalente a 10% da receita de referência dos Estados em 2027;

II – a estimativa da parcela municipal da receita do IBS em 2027, calculada com base na alíquota de referência municipal, nas alíquotas municipais dos regimes específicos e na legislação do IBS de 2029, nos termos do art. 360 desta Lei Complementar, seja equivalente a 10% da receita de referência dos Municípios em 2027.

Parágrafo único. Na elaboração dos cálculos a que se refere este artigo, a base de cálculo a ser utilizada nas estimativas tomará por referência:

I – prioritariamente, a receita da CBS em 2027, ajustada de modo a contemplar diferenças entre a legislação da CBS em 2027 e a legislação do IBS em 2029;

II – subsidiariamente, a receita do IBS em 2027, ajustada de modo a contemplar diferenças na legislação do IBS entre 2027 e 2029, ou outras fontes de informação.

Art. 362. As alíquotas de referência estadual e municipal do IBS para 2030 serão fixadas de modo que:

I – a média da estimativa da parcela estadual da receita do IBS em 2027 e em 2028, calculada com base na alíquota de referência estadual, nas alíquotas estaduais dos regimes específicos e na legislação do IBS de 2030, nos termos do art. 360 desta Lei Complementar, seja equivalente a 20% da média da receita de referência dos Estados em 2027 e em 2028;

II – a média da estimativa da parcela municipal da receita do IBS em 2027 e em 2028, calculada com base na alíquota de referência municipal, nas alíquotas municipais dos regimes específicos e na legislação do IBS de 2030, nos termos do art. 360 desta Lei Complementar, seja equivalente a 20% da média da receita de referência dos Municípios em 2027 e em 2028.

Parágrafo único. Na elaboração dos cálculos a que se refere este artigo, a base de cálculo a ser utilizada nas estimativas tomará por referência:

I – prioritariamente, a receita da CBS em 2027 e 2028, ajustada de modo a contemplar diferenças entre a legislação da CBS em 2027 e em 2028 e a legislação do IBS em 2030;

II – subsidiariamente, a receita do IBS em 2027 e 2028, ajustada de modo a contemplar diferenças na legislação do IBS entre esses anos e 2030, ou outras fontes de informação.

Art. 363. As alíquotas de referência estadual e municipal do IBS para 2031 serão fixadas de modo que:

I – a média da estimativa da parcela estadual da receita do IBS de 2028 e em 2029, calculada com base na alíquota de referência estadual, nas alíquotas estaduais dos regimes específicos e na legislação do IBS de 2031, nos termos do art. 360 desta Lei Complementar, seja equivalente a 30% da média:

a) da receita de referência dos Estados em 2028;

b) da receita de referência dos Estados em 2029, dividida por 9 (nove) e multiplicada por 10 (dez);

II – a média da estimativa da parcela municipal da receita do IBS em 2028 e em 2029, calculada com base na alíquota de referência municipal, nas alíquotas municipais dos regimes específicos e na legislação do IBS de 2031, nos termos do art. 360 desta Lei Complementar, seja equivalente a 30% da média:

a) da receita de referência dos Municípios em 2028;

b) da receita de referência dos Municípios em 2029, dividida por 9 (nove) e multiplicada por 10 (dez).

Parágrafo único. Na elaboração dos cálculos a que se refere este artigo, a base de cálculo a ser utilizada nas estimativas tomará por referência:

I – em 2028:

a) prioritariamente, a receita da CBS, ajustada de modo a contemplar diferenças entre a legislação da CBS em 2028 e a legislação do IBS em 2031;

b) subsidiariamente, a receita do IBS em 2028, ajustada de modo a contemplar diferenças na legislação do IBS entre esse ano e 2031, ou outras fontes de informação;

II – em 2029, prioritariamente a receita do IBS, ajustada de modo a contemplar diferenças na legislação do IBS entre esse ano e 2031 e, subsidiariamente, outras fontes de informação.

Art. 364. As alíquotas de referência estadual e municipal do IBS para 2032 serão fixadas de modo que:

I – a média da estimativa da parcela estadual da receita do IBS em 2029 e em 2030, calculada com base na alíquota de referência estadual, nas alíquotas estaduais dos regimes específicos e na legislação do IBS de 2032, nos termos do art. 360 desta Lei Complementar, seja equivalente a 40% (quarenta por cento) da média:

a) da receita de referência dos Estados em 2029, dividida por 9 (nove) e multiplicada por 10 (dez);

b) da receita de referência dos Estados em 2030, dividida por 8 (oito) e multiplicada por 10 (dez);

II – a média da estimativa da parcela municipal da receita do IBS em 2029 e em 2030, calculada com base na alíquota de referência municipal, nas alíquotas municipais dos regimes específicos e na legislação do IBS de 2032, nos termos do art. 360 desta Lei Complementar, seja equivalente a 40% (quarenta por cento) da média:

a) da receita de referência dos Municípios em 2029, dividida por 9 (nove) e multiplicada por 10 (dez);

b) da receita de referência dos Municípios em 2030, dividida por 8 (oito) e multiplicada por 10 (dez).

Parágrafo único. Na elaboração dos cálculos a que se refere este artigo, a base de cálculo a ser utilizada nas estimativas tomará por referência em 2029 e 2030, prioritariamente, a receita do IBS, ajustada de modo a contemplar diferenças na legislação do IBS entre esses anos e 2032 e, subsidiariamente, outras fontes de informação.

Art. 365. As alíquotas de referência estadual e municipal do IBS para 2033 serão fixadas de modo que:

I – a média da estimativa da parcela estadual da receita do IBS em 2030 e em 2031, calculada com base na alíquota de referência estadual, nas alíquotas estaduais dos regimes específicos e na legislação do IBS de 2033, nos termos do art. 360 desta Lei Complementar, seja equivalente à média da:

a) receita de referência dos Estados em 2030, dividida por 8 (oito) e multiplicada por 10 (dez);

b) receita de referência dos Estados em 2031, dividida por 7 (sete) e multiplicada por 10 (dez);

II – a média da estimativa da parcela municipal da receita do IBS em 2030 e em 2031, calculada com base na alíquota de referência municipal nas alíquotas municipais dos regimes específicos e na legislação do IBS de 2033, nos termos do art. 360 desta Lei Complementar, seja equivalente à média:

a) da receita de referência dos Municípios em 2030, dividida por 8 (oito) e multiplicada por 10 (dez);

b) da receita de referência dos municípios em 2031, dividida por 7 (sete) e multiplicada por 10 (dez).

Parágrafo único. Na elaboração dos cálculos a que se refere este artigo, a base de cálculo a ser utilizada nas estimativas tomará por referência em 2030 e em 2031, prioritariamente a receita do IBS, ajustada de modo a contemplar diferenças na legislação do IBS entre esses anos e 2033 e, subsidiariamente, outras fontes de informação.

Subseção VI

DA FIXAÇÃO DAS ALÍQUOTAS DE REFERÊNCIA EM 2034 E 2035

Art. 366. Observado o disposto nos arts. 19 e 369 desta Lei Complementar, a alíquota de referência da CBS e as alíquotas de referência estadual e municipal do IBS em 2034 e 2035 serão aquelas fixadas para 2033.

Subseção VII

DO LIMITE PARA AS ALÍQUOTAS DE REFERÊNCIA EM 2030 E 2035

Art. 367. Para fins do disposto nos arts. 368 e 369 desta Lei Complementar, entende-se por:

I – Teto de Referência da União: a média da receita no período de 2012 a 2021, apurada como proporção do PIB, do imposto previsto no art. 153, inciso IV, das contribuições previstas no art. 195, inciso I, alínea *b*, e inciso IV, da contribuição para o PIS de que trata o art. 239 e do imposto previsto no art. 153, inciso V, sobre operações de seguro, todos da Constituição Federal;

II – Teto de Referência Total: a média da receita no período de 2012 a 2021, apurada como proporção do PIB, dos impostos previstos nos arts. 153, inciso IV, 155, inciso II, e 156, inciso III, das contribuições previstas no art. 195, inciso I, alínea *b*, e inciso IV, da contribuição para o PIS de que trata o art. 239 e do imposto previsto no art. 153, inciso V, sobre operações de seguro, todos da Constituição Federal;

III – Receita-Base da União: a receita da União com a CBS e com o Imposto Seletivo, apurada como proporção do PIB;

IV – Receita-Base dos Entes Subnacionais: a receita dos Estados, do Distrito Federal e dos Municípios com o IBS, deduzida da parcela a que se refere a alínea *b* do inciso II do *caput* do art. 350 desta Lei Complementar, apurada como proporção do PIB;

V – Receita-Base Total: a soma da Receita-Base da União com a Receita-Base dos Entes Subnacionais, sendo essa última:

a) multiplicada por 10 (dez) em 2029;

b) multiplicada por 5 (cinco) em 2030;

c) multiplicada por 10 (dez) e dividida por 3 (três) em 2031;

d) multiplicada por 10 (dez) e dividida por 4 (quatro) em 2032;

e) multiplicada por 1 (um) em 2033.

Art. 368. A alíquota de referência da CBS em 2030 será reduzida caso a média da Receita-Base da União em 2027 e 2028 exceda o Teto de Referência da União.

§ 1º A redução de que trata esse artigo, caso existente:

I – será definida de forma a que, após sua aplicação, a média da Receita-Base da União em 2027 e 2028 seja igual ao Teto de Referência da União;

II – será fixada em pontos percentuais;

III – será aplicada sobre a alíquota de referência da União, apurada na forma dos arts. 356 a 359 desta Lei Complementar, para os anos de 2030 a 2033.

§ 2º O montante da redução de que trata esse artigo será fixado pelo Senado Federal no momento da fixação da alíquota de referência da CBS para os anos de 2030 a 2033, observados os critérios estabelecidos no art. 349 desta Lei Complementar.

§ 3º A revisão da alíquota de referência da CBS na forma deste artigo não implicará cobrança ou restituição da CBS relativa a anos anteriores.

Art. 369. As alíquotas de referência da CBS e do IBS em 2035 serão reduzidas caso a média da Receita-Base Total entre 2029 e 2033 exceda o Teto de Referência Total.

§ 1º A redução de que trata esse artigo, caso existente:

I – será definida de forma a que, após sua aplicação, a média da Receita-Base Total entre 2029 e 2033 seja igual ao Teto de Referência Total;

II – será fixada em pontos percentuais;

III – será distribuída proporcionalmente entre as alíquotas de referência da CBS, e as alíquotas de referência estadual e municipal do IBS.

§ 2º O montante da redução de que trata esse artigo será fixado pelo Senado Federal para o ano de 2035, observados os critérios e os prazos estabelecidos no art. 349 desta Lei Complementar.

§ 3º A revisão da alíquota de referência da CBS e do IBS na forma deste artigo não implicará cobrança ou restituição de tributo relativo a anos anteriores ou transferência de recursos entre os entes federativos.

Seção V

DO REDUTOR A SER APLICADO SOBRE AS ALÍQUOTAS DA CBS E DO IBS NAS OPERAÇÕES CONTRATADAS PELA ADMINISTRAÇÃO PÚBLICA DE 2027 A 2033

Art. 370. O cálculo do redutor a ser aplicado, em cada ano de vigência, sobre as alíquotas da CBS e do IBS nas operações contratadas pela administração pública direta, por autarquias e por fundações públicas, inclusive suas importações tomará por referência:

I – estimativa da receita de CBS e de IBS nas operações de que trata o *caput* para cada ano-base de 2024 a 2026, calculada nos termos dos arts. 352 e 360 desta Lei Complementar, considerando:

a) estimativa da base de cálculo dessas operações em cada ano-base; e

b) as alíquotas de CBS e de IBS do ano de vigência; e

II – estimativa da receita da União com os tributos de que tratam as alíneas do inciso I do art. 350 desta Lei Complementar sobre as operações de que trata o *caput* deste artigo;

III – estimativa da receita dos Estados, do Distrito Federal e dos Municípios com os impostos de que tratam a alínea *a* do inciso II e o inciso III do art. 350 desta Lei Complementar sobre as operações de que trata o *caput* deste artigo.

§ 1º Para o ano de vigência de 2027, o redutor de que trata o *caput* será fixado de modo a que haja equivalência entre:

I – a média da estimativa da receita de CBS para os anos-base de 2024 e 2025, calculada nos termos do inciso I do *caput*, aplicando-se sobre as alíquotas da CBS o redutor a ser aplicado em 2027; e

II – a média da estimativa da receita da União para os anos-base de 2024 e 2025, calculada nos termos do inciso II do *caput*.

§ 2º Para o ano de vigência de 2028, o redutor de que trata o *caput* será fixado de modo a que haja equivalência entre:

I – a média da estimativa da receita de CBS para os anos-base de 2024 a 2026, calculada nos termos do inciso I do *caput*, aplicando-se sobre as alíquotas da CBS o redutor a ser aplicado em 2028; e

II – a média da estimativa da receita da União para os anos-base de 2024 a 2026, calculada nos termos do inciso II do *caput*.

§ 3º Para o ano de vigência de 2033, o redutor de que trata o *caput* será fixado de modo a que haja equivalência entre:

I – a média da estimativa da receita de CBS e IBS para os anos-base de 2024 a 2026, calculada nos termos do inciso I do *caput*, aplicando-se sobre as alíquotas da CBS e do IBS o redutor a ser aplicado em 2033; e

II – a média da estimativa da receita da União, dos Estados, do Distrito Federal e dos Municípios para os anos-base de 2024 a 2026, calculada nos termos dos incisos II e III do *caput*.

§ 4º Para os anos de vigência de 2029 a 2032, o redutor de que trata o *caput* será fixado com base em uma média ponderada dos cálculos realizados na forma estabelecida nos §§ 2º e 3º deste artigo, considerando a evolução das alíquotas da CBS e do IBS.

CAPÍTULO II

DO LIMITE PARA REDUÇÃO DAS ALÍQUOTAS DO IBS DE 2029 A 2077

Art. 371. De 2029 a 2077 é vedado aos Estados, ao Distrito Federal e aos Municípios fixar alíquotas do IBS inferiores às necessárias para garantir as retenções de que tratam o § 1º do art. 131 e o art. 132, ambos do Ato das Disposições Constitucionais Transitórias da Constituição Federal.

§ 1º Para fins do disposto no *caput* deste artigo, as alíquotas do IBS fixadas pelos Estados, pelo Distrito Federal e pelos Municípios não poderão ser inferiores ao valor resultante da aplicação dos percentuais estabelecidos para cada ano no Anexo XVI, sobre a alíquota de referência da respectiva esfera federativa.

§ 2º Na hipótese de fixação da alíquota pelo ente em nível inferior ao previsto no § 1º, prevalecerá o limite inferior da alíquota, calculado nos termos do § 1º deste artigo.

CAPÍTULO III

DA TRANSIÇÃO APLICÁVEL AO REGIME DE COMPRAS GOVERNAMENTAIS

Art. 372. O regime de destinação integral do produto da arrecadação do IBS e da CBS ao ente federativo contratante nos termos do art. 473 desta Lei Complementar:

I – não se aplica:

a) ao IBS e à CBS, em relação aos fatos geradores ocorridos de 1º de janeiro a 31 de dezembro de 2026;

b) à CBS, em relação aos fatos geradores ocorridos de 1º de janeiro de 2027 a 31 de dezembro de 2028;

II – aplica-se integralmente:

a) ao IBS, em relação aos fatos geradores ocorridos a partir de 1º de janeiro de 2027;

b) à CBS, em relação aos fatos geradores ocorridos a partir de 1º de janeiro de 2033.

Parágrafo único. Em relação aos fatos geradores ocorridos de 1º de janeiro de 2029 a 31 de dezembro de 2032, a aplicação do regime de que trata o *caput* se dará nas seguintes proporções da CBS incidente nas aquisições de bens e serviços pela administração pública direta, por autarquias e por fundações públicas:

I – de 1º de janeiro a 31 de dezembro de 2029, 10% (dez por cento);

II – de 1º de janeiro a 31 de dezembro de 2030, 20% (vinte por cento);

III – de 1º de janeiro a 31 de dezembro de 2031, 30% (trinta por cento);

IV – de 1º de janeiro a 31 de dezembro de 2032, 40% (quarenta por cento).

CAPÍTULO IV
DO REEQUILÍBRIO DE CONTRATOS ADMINISTRATIVOS

Art. 373. Este Capítulo dispõe sobre os instrumentos de ajuste para os contratos firmados anteriormente à entrada em vigor desta Lei Complementar.

§ 1º Aplica-se o disposto neste Capítulo, no que couber, a contratos administrativos firmados posteriormente à vigência desta Lei Complementar cuja proposta tenha sido apresentada antes de sua entrada em vigor.

§ 2º O disposto neste Capítulo não se aplica aos contratos privados, os quais permanecem sujeitos às disposições da legislação específica.

Art. 374. Os contratos vigentes na entrada em vigor desta Lei Complementar celebrados pela administração pública direta ou indireta da União, dos Estados, do Distrito Federal e dos Municípios, inclusive concessões públicas, serão ajustados para assegurar o restabelecimento do equilíbrio econômico-financeiro em razão da alteração da carga tributária efetiva suportada pela contratada em decorrência do impacto da instituição do IBS e da CBS, nos casos em que o desequilíbrio for comprovado.

§ 1º Para os fins deste Capítulo, a determinação da carga tributária efetiva suportada pela contratada deve considerar, inclusive:

a) os efeitos da não cumulatividade nas aquisições e custos incorridos pela contratada, considerando as regras de apuração de créditos, e a forma de determinação da base de cálculo dos tributos de que trata o *caput*;

b) a possibilidade de repasse a terceiros, pela contratada, do encargo financeiro dos tributos de que trata o *caput*;

c) os impactos decorrentes da alteração dos tributos no período de transição previsto nos arts. 125 a 133 do ADCT; e

d) os benefícios ou incentivos fiscais ou financeiros da contratada relacionados aos tributos extintos pela Emenda Constitucional nº 132, de 20 de dezembro de 2023.

§ 2º O disposto neste Capítulo aplica-se inclusive àqueles contratos que já possuem previsão em matriz de risco que impactos tributários supervenientes são de responsabilidade da contratada.

Art. 375. A administração pública procederá à revisão de ofício para restabelecimento do equilíbrio econômico-financeiro quando constatada a redução da carga tributária efetiva suportada pela contratada, nos termos do art. 374 desta Lei Complementar, assegurada a esta a manifestação.

Art. 376. A contratada poderá pleitear o restabelecimento do equilíbrio econômico-financeiro de que trata o art. 374 desta Lei Complementar verificado no período de transição de que tratam os arts. 125 a 133 do ADCT por meio de procedimento administrativo específico e exclusivo, nos seguintes termos:

I – o pedido de restabelecimento do equilíbrio econômico-financeiro poderá ser realizado:

a) a cada nova alteração tributária que ocasione o comprovado desequilíbrio; ou

b) de forma a já abranger todas as alterações previstas para o período de que tratam os arts. 342 a 347 desta Lei Complementar;

II – o pedido de restabelecimento do equilíbrio econômico-financeiro deverá ser formulado durante a vigência do contrato e antes de eventual prorrogação;

III – o procedimento de que trata o *caput* deverá tramitar de forma prioritária;

IV – o pedido deverá ser instruído com cálculo e demais elementos que comprovem o efetivo desequilíbrio econômico-financeiro, observado o disposto no § 3º;

V – o reequilíbrio poderá ser feito por meio de:

a) revisão dos valores contratados;

b) compensações financeiras, ajustes tarifários ou outros valores contratualmente devidos à contratada, inclusive a título de aporte de recursos ou contraprestação pecuniária;

c) renegociação de prazos e condições de entrega ou fornecimento de serviços;

d) elevação ou redução de valores devidos à administração pública, inclusive direitos de outorga;

e) transferência a uma das partes de custos ou encargos originalmente atribuídos à outra; ou

f) outros métodos considerados aceitáveis pelas partes, observada a legislação do setor ou de regência do contrato.

§ 1º O pedido de que trata o *caput* deverá ser decidido de forma definitiva no prazo de 90 (noventa) dias contados do protocolo, prorrogável uma única vez por igual período caso seja necessária instrução probatória suplementar, ficando o referido prazo suspenso enquanto não restar atendida a requisição pela contratada.

§ 2º O reequilíbrio econômico-financeiro será implementado, preferencialmente, por meio de alteração na remuneração do contrato ou de ajuste tarifário, conforme o caso, sendo que formas alternativas apenas poderão ser adotadas pela Administração com a concordância da contratada, observados, em todos os casos, os termos do contrato administrativo.

§ 3º As pessoas jurídicas integrantes da administração pública com atribuição para decidir sobre procedimentos de reequilíbrio econômico-financeiro poderão regulamentar a forma de apresentação do pedido de que trata o *caput* e metodologias de cálculo recomendadas para demonstração do desequilíbrio, sem prejuízo do direito de a contratada solicitá-lo na ausência de tal regulamentação.

§ 4º Nos termos da regulamentação, o reequilíbrio econômico-financeiro poderá, a critério da administração pública, ser implementado de forma provisória nos casos em que a contratada demonstrar relevante impacto financeiro na execução contratual decorrente da alteração na carga tributária efetiva, devendo a compensação econômica ser revista e ajustada por ocasião da decisão definitiva do pedido.

§ 5º Deverá constar na decisão definitiva de que trata o § 4º a forma e os instrumentos de cobrança ou devolução dos valores pagos a menor ou a maior durante a aplicação da medida de ajuste provisório.

Art. 377. Nos casos de omissão deste Capítulo, aplicam-se, subsidiariamente, as disposições da legislação de regência do contrato.

CAPÍTULO V
DA UTILIZAÇÃO DO SALDO CREDOR DO PIS E DA COFINS

Art. 378. Os créditos da Contribuição para o PIS/PASEP e da COFINS, inclusive presumidos, não apropriados ou não utilizados até a data de extinção dessas contribuições:

I – permanecerão válidos e utilizáveis na forma deste Capítulo, mantida a fluência do prazo para sua utilização;

II – deverão estar devidamente registrados no ambiente de escrituração dos tributos mencionados no *caput*, nos termos da legislação aplicável;

III – poderão ser utilizados para compensação com o valor devido da CBS; e

IV – poderão ser ressarcidos em dinheiro ou compensados com outros tributos federais, desde que cumpram os requisitos para utilização nessas modalidades estabelecidos pela legislação das contribuições de que trata o *caput* na data de sua extinção, observados, na data do pedido ou da declaração, as condições e limites vigentes para ressarcimento ou compensação de créditos relativos a tributos administrados pela RFB.

Art. 379. Os bens recebidos em devolução a partir de 1º de janeiro de 2027, relativos a vendas realizadas anteriormente à referida data, darão direito à apropriação de crédito da CBS correspondente ao valor das contribuições referidas no *caput* do art. 378 que tenham incidido sobre as respectivas operações.

Parágrafo único. O crédito de que trata o *caput* somente poderá ser utilizado para compensação com a CBS, vedada a compensação com outros tributos e o ressarcimento.

Art. 380. Os créditos da Contribuição para o PIS/PASEP e da COFINS, que, até a data da extinção desses tributos, estiverem sendo apropriados com base na depreciação, amortização ou quota mensal de valor, deverão permanecer sendo apropriados, como créditos presumidos da CBS, na forma prevista:

I – no inciso III do § 1º e no § 21 do art. 3º da Lei nº 10.637, de 30 de dezembro de 2002;

II – no inciso III do § 1º e nos §§ 14, 16 e 29, todos do art. 3º, e no inciso II do *caput* do art. 15, todos da Lei nº 10.833, de 29 de dezembro de 2003;

III – nos §§ 4º e 7º do art. 15 da Lei nº 10.865, de 30 de abril de 2004; e

IV – no art. 6º da Lei nº 11.488, de 15 de junho de 2007.

§ 1º O disposto no *caput* também se aplica aos créditos que estejam aguardando cumprimento de requisitos para o início de apropriação com base na depreciação, amortização ou quota mensal de valor no dia imediatamente anterior à data da extinção dos tributos.

§ 2º A apropriação do crédito que trata o *caput* sujeita-se ao disposto na legislação vigente na data da extinção dos referidos tributos, inclusive em relação à alíquota aplicável no cálculo de seu valor, observado o disposto no art. 378 desta Lei Complementar.

§ 3º Na hipótese de alienação do bem que enseja a apropriação parcelada de créditos de que trata o *caput* antes de completada a apropriação, não será admitido, a partir da data da alienação, o creditamento em relação às parcelas ainda não apropriadas.

Art. 381. O contribuinte sujeito ao regime regular da CBS poderá apropriar crédito presumido sobre o estoque de bens materiais existente em 1º de janeiro de 2027 nas seguintes hipóteses:

I – caso o contribuinte, em 31 de dezembro de 2026, estivesse sujeito ao regime de apuração cumulativa da Contribuição para o PIS/PASEP e da COFINS, estabelecido precipuamente pela Lei nº 9.718, de 27 de novembro de 1998, em relação aos bens em estoque sobre os quais não houve apuração de créditos da Contribuição para o PIS/PASEP e da COFINS em razão da sujeição ao referido regime de apuração;

II – em relação aos bens em estoque sujeitos, na aquisição, à substituição tributária ou à incidência monofásica de que tratam os seguintes dispositivos:

a) inciso I do art. 1º da Lei nº 10.147, de 21 de dezembro de 2000;

b) *caput* do art. 1º, inciso II do art. 3º e *caput* do art. 5º da Lei nº 10.485, de 3 de julho de 2002;

c) art. 43 da Medida Provisória nº 2.158-35, de 24 de agosto de 2001;

d) art. 53 da Lei nº 9.532, de 10 de dezembro de 1997; e

e) inciso II do art. 6º da Lei nº 12.402, de 2 de maio de 2011;

III – em relação à parcela do valor dos bens em estoque sujeita à vedação parcial de creditamento estabelecida pelos §§ 7º a 9º do art. 3º da Lei nº 10.637, de 30 de dezembro de 2002, e da Lei nº 10.833, de 29 de dezembro 2003.

§ 1º O direito ao crédito presumido previsto no *caput*:

I – somente se aplica a bens novos adquiridos de pessoa jurídica domiciliada no País ou importados para revenda ou para utilização na produção de bens destinados à venda ou na prestação de serviços a terceiros;

II – não se aplica aos produtos cuja aquisição foi contemplada por alíquota zero, isenção, suspensão ou não sofreu a incidência da Contribuição para o PIS/PASEP e da COFINS;

III – não se aplica aos bens considerados de uso e consumo pessoal de que trata o art. 57 desta Lei Complementar;

IV – não se aplica:

a) a bens incorporados ao ativo imobilizado do contribuinte; e

b) a imóveis.

§ 2º Ato do Poder Executivo da União disciplinará a forma de verificação do estoque existente em 1º de janeiro de 2027, podendo determinar a realização de inventário e valoração do estoque ou método alternativo.

§ 3º O valor do crédito presumido de que trata o *caput*:

I – no caso de bens adquiridos no País, será calculado mediante aplicação de percentual de 9,25% (nove inteiros e vinte e cinco centésimos por cento) sobre o valor do estoque;

II – no caso de bens importados, será equivalente ao valor da Contribuição para o PIS/PASEP-Importação e da COFINS-Importação efetivamente pago na importação, vedada a apuração de crédito presumido em relação ao adicional de alíquota de que trata o § 21 do art. 8º da Lei nº 10.865, de 30 de abril de 2004.

§ 4º O crédito presumido de que trata o *caput*:

I – deverá ser apurado e apropriado até o último dia de junho de 2027;

II – deverá ser utilizado em 12 (doze) parcelas mensais iguais e sucessivas a partir do período subsequente ao da apropriação; e

III – somente poderá ser utilizado para compensação com a CBS, vedada a compensação com outros tributos e o ressarcimento.

§ 5º Para os fins deste artigo, também serão considerados bens incorporados ao ativo imobilizado aqueles com a mesma natureza e que, em decorrência das normas contábeis aplicáveis, forem contabilizados por concessionárias de serviços públicos como ativo de contrato, intangível ou financeiro.

Art. 382. A utilização dos créditos das contribuições de que trata este Capítulo para compensação terá preferência em relação aos créditos de CBS de que trata o art. 53 desta Lei Complementar.

Art. 383. O direito de utilização dos créditos de que tratam os arts. 379 a 381 desta Lei Complementar extinguir-se-á após o prazo de 5 (cinco) anos, contado do último dia do período de apuração em que tiver ocorrido a apropriação do crédito.

CAPÍTULO VI
DOS CRITÉRIOS, LIMITES E PROCEDIMENTOS RELATIVOS À COMPENSAÇÃO DE BENEFÍCIOS FISCAIS OU FINANCEIRO-FISCAIS DO ICMS

Seção I
DISPOSIÇÕES GERAIS

Art. 384. As pessoas físicas ou jurídicas titulares de benefícios onerosos relativos ao ICMS, em função da redução do nível desses benefícios prevista no § 1º do art. 128 do ADCT, no período entre 1º de janeiro de 2029 e 31 de dezembro de 2032, serão compensadas por recursos do Fundo de Compensação de Benefícios Fiscais ou Financeiro-Fiscais instituído pelo art. 12 da Emenda Constitucional nº 132, de 20 de dezembro de 2023, de acordo com os critérios e limites para apuração do nível de benefícios e de sua redução e com os procedimentos de análise dos requisitos para habilitação do requerente à compensação estabelecidos nesta Lei Complementar.

Parágrafo único. A compensação de que trata o *caput*:

I – aplica-se aos titulares de benefícios onerosos regularmente concedidos até 31 de maio de 2023, sem prejuízo de ulteriores prorrogações ou renovações, observados o prazo de 31 de dezembro de 2032 e, se aplicável, a exigência de registro e depósito estabelecida pelo art. 3º, inciso II, da Lei Complementar nº 160, de 7 de agosto de 2017, que tenham cumprido tempestivamente as condições exigidas pela norma concessiva do benefício;

II – aplica-se ainda a outros programas ou benefícios que tenham migrado por força de mudanças na legislação estadual entre 31 de maio de 2023 e a data de promulgação da Emenda Constitucional nº 132, de 20 de dezembro de 2023, ou que estavam em processo de migração na data de promulgação da referida Emenda Constitucional, desde que seu ato concessivo seja emitido pela unidade federada em até 90 (noventa) dias após a publicação desta Lei Complementar;

III – não se aplica aos titulares de benefícios decorrentes do disposto no § 2º-A do art. 3º da Lei Complementar nº 160, de 7 de agosto de 2017.

Art. 385. Para os fins da compensação de que trata o art. 384 desta Lei Complementar, consideram-se:

I – benefícios onerosos: as repercussões econômicas oriundas de isenções, incentivos e benefícios fiscais ou financeiro-fiscais concedidos pela unidade federada por prazo certo e sob condição, na forma do art. 178 da Lei nº 5.172, de 25 de outubro de 1966 – Código Tributário Nacional;

II – titulares de benefícios onerosos: as pessoas que detêm o direito à fruição de benefícios onerosos mediante ato ou norma concessiva, caso estejam adimplentes com as condições exigidas pela norma concessiva do benefício, observado o disposto no inciso III do parágrafo único do art. 384 desta Lei Complementar;

III – prazo certo: o prazo estabelecido para auferimento do benefício oneroso, observada a data limite de 31 de dezembro de 2032, nos termos do *caput* do art. 12 da Emenda Constitucional nº 132, de 20 de dezembro de 2023;

IV – condição, na forma do art. 178 da Lei nº 5.172, de 25 de outubro de 1966 – Código Tributário Nacional: as contrapartidas previstas no ato concessivo ou fixadas na legislação estadual ou distrital exigidas do titular do benefício das quais resulte ônus ou restrições à sua atividade, tais como as que:

a) têm por finalidade a implementação ou expansão de empreendimento econômico vinculado a processos de transformação ou industrialização aptos à agregação de valor;

b) estabelecem a geração de novos empregos; ou

c) impõem a limitação no preço de venda ou a restrição de contratação de determinados fornecedores;

V – repercussão econômica:

a) a parcela do ICMS incidente na operação apropriada pelo contribuinte do imposto em razão da concessão de benefício fiscal pela unidade federada, tal como crédito presumido de ICMS, crédito outorgado de ICMS, entre outros;

b) a parcela correspondente ao desconto concedido sobre o ICMS a recolher em função da antecipação do pagamento do imposto cujo prazo de pagamento havia sido ampliado; ou

c) na hipótese do benefício de ampliação do prazo de pagamento do ICMS, o ganho financeiro não realizado em função da redução das alíquotas do ICMS prevista no art. 128 do ADCT, tendo como parâmetros de cálculo, entre outros, a taxa SELIC acumulada entre o mês seguinte ao do vencimento ordinário do débito de ICMS e o mês para o qual o recolhimento foi diferido, limitado a dezembro de 2032;

VI – ato concessivo de benefícios onerosos: qualquer ato administrativo ou enquadramento em norma jurídica pelo qual se concretiza a concessão da titularidade de benefícios onerosos a pessoa física ou jurídica pela unidade federada;

VII – implementação de empreendimento econômico: o estabelecimento de empreendimento econômico para o desenvolvimento da atividade a ser explorada por pessoa jurídica não domiciliada na localização geográfica da unidade federada que concede a subvenção;

VIII – expansão de empreendimento econômico: a ampliação da capacidade, a modernização ou a diversificação do comércio ou da produçao de bens ou serviços do empreendimento econômico, inclusive mediante o estabelecimento de outra unidade, pela pessoa jurídica domiciliada na localização geográfica da unidade federada que concede a subvenção.

§ 1º Para fins do disposto no inciso IV do *caput*, não se enquadram no conceito de condição as contrapartidas previstas em atos ou normas concessivas de benefícios fiscais que:

I – importem mero cumprimento de deveres de observância obrigatória para todos os contribuintes e já previamente estabelecidos em legislação;

II – configurem mera declaração de intenções, sem o estabelecimento de ônus ou restrições efetivos; e

III – exijam contribuição a fundo estadual ou distrital vinculada à fruição do benefício.

§ 2º Para fins da compensação de que trata este Capítulo, considera-se benefício oneroso, não se aplicando o disposto no inciso III do § 1º deste artigo, o benefício cuja contrapartida seja contribuição a fundo estadual ou distrital cuja totalidade dos recursos sejam empregados em obras de infraestrutura pública ou em projetos que fomentem a atividade econômica do setor privado, inclusive quando exercida por empresas estatais, constituído até 31 de maio de 2023.

§ 3º Para o cálculo da repercussão econômica decorrente de benefício fiscal ou financeiro-fiscal, devem ser deduzidos todos os valores de natureza tributária correspondentes a direitos renunciados e obrigações assumidas, tais como créditos escriturais de ICMS que deixaram de ser aproveitados ou contribuições a fundos efetuadas para fruição do benefício, inclusive na hipótese do § 2º deste artigo.

§ 4º Não importam para o cálculo da repercussão econômica decorrente de benefício fiscal ou financeiro-fiscal os custos, despesas e investimentos realizados como condição para fruição dos benefícios onerosos.

§ 5º A RFB poderá elencar outras hipóteses com repercussões econômicas decorrentes de benefícios fiscais ou financeiro-fiscais relativos ao ICMS equivalentes às previstas no inciso V do *caput*.

Seção II
DAS COMPETÊNCIAS ATRIBUÍDAS À RFB

Art. 386. Em relação às compensações dos benefícios onerosos de que trata o art. 384 desta Lei Complementar, compete a RFB, observando o disposto nesta Lei Complementar:

I – estabelecer a forma e as informações dos requerimentos de habilitação;

II – expedir normas complementares relativas ao cumprimento das exigências a que estão sujeitos os requerentes para sua habilitação;

III – analisar os requerimentos de habilitação efetuados pelos titulares de benefícios onerosos e, se preenchidos os requisitos legais, deferi-los;

IV – estabelecer as informações a serem prestadas na escrituração fiscal e contábil-fiscal e o formato da demonstração de apuração do crédito;

V – processar e revisar as apurações de crédito transmitidas pelos titulares de benefícios onerosos habilitados perante o órgão e, se não constatada irregularidade, reconhecer os respectivos créditos, autorizando os seus pagamentos;

VI – estabelecer parâmetros de riscos com a finalidade de automatizar o reconhecimento do crédito e a autorização de pagamento;

VII – estabelecer critérios de análise para serem aplicados nos procedimentos de revisão;

VIII – disciplinar a forma de retificação das informações prestadas e o tratamento de suas consequências;

IX – disciplinar a forma de devolução do pagamento indevido em função do crédito irregularmente apurado e sobre a retenção de créditos subsequentes para compensar pagamentos indevidos;

X – disciplinar a padronização da representação por unidade federada de que trata o art. 398 desta Lei Complementar;

XI – regulamentar prazos que não estejam previstos neste Capítulo;

XII – regulamentar outros aspectos procedimentais não previstos acima, especialmente os concernentes à garantia do direito à ampla defesa e ao contraditório.

Parágrafo único. Para fins deste Capítulo, aplica-se subsidiariamente a regulamentação do processo administrativo prevista na Lei nº 9.784, de 29 de janeiro de 1999.

Art. 387. No âmbito da competência da RFB e em caráter privativo, compete ao Auditor-Fiscal da Receita Federal do Brasil, em relação ao direito assegurado aos titulares de benefícios onerosos à compensação de que trata o art. 384 desta Lei Complementar:

I – elaborar e proferir decisões ou delas participar em processo ou procedimento de análise do reconhecimento do direito à compensação referida no *caput* e do reconhecimento do crédito dele decorrente;

II – examinar a contabilidade e a escrituração fiscal de sociedades empresariais e de empresários com a finalidade de revisar a apuração do crédito apresentado, não se lhes aplicando as restrições previstas nos arts. 1.190 e 1.191 da Lei nº 10.406, de 10 de janeiro de 2002 – Código Civil, e observado o disposto no art. 1.193 do mesmo diploma legal;

III – proceder a orientação dos titulares do direito à compensação referida no *caput*; e

IV – proceder a constituição do crédito decorrente de indébitos gerados pela sistematização da compensação referida no *caput*.

Seção III
DA HABILITAÇÃO DO REQUERENTE À COMPENSAÇÃO

Art. 388. Poderá ser beneficiário da compensação de que trata o art. 384 desta Lei Complementar o titular de benefício oneroso habilitado pela RFB, exceto o benefício oneroso que, nos termos da Emenda Constitucional nº 132, de 20 de dezembro de 2023, seja alcançado por compensação prevista nos §§ 2º e 6º, todos do art. 92-B do ADCT, ou, ainda, por qualquer outra forma de compensação prevista na Constituição Federal, mesmo que parcial.

Parágrafo único. O requerimento para o procedimento de habilitação, na forma a ser regulamentada pela RFB, deverá ser apresentado no período de 1º de janeiro de 2026 a 31 de dezembro de 2028.

Art. 389. São requisitos para a concessão da habilitação ao requerente:

I – ser titular de benefício oneroso concedido por unidade federada;

II – haver ato concessivo do benefício oneroso emitido pela unidade federada:

a) até 31 de maio de 2023, ou no prazo previsto para a hipótese disposta no inciso II do parágrafo único do art. 384 desta Lei Complementar, sem prejuízo de ulteriores prorrogações ou renovações, conforme disposto no § 1º do mesmo artigo;

b) que estabeleça expressamente as condições e as contrapartidas a serem observadas pelo beneficiário;

c) cujo prazo de fruição não ultrapasse a data de 31 de dezembro de 2032; e

d) que esteja vigorando em todo ou em parte do período de que trata o *caput* do art. 384 desta Lei Complementar, ainda que mediante ato de prorrogação ou renovação;

III – ter sido efetuado o registro e o depósito previstos no inciso II do art. 3º da Lei Complementar nº 160, de 7 de agosto de 2017, se aplicável tal exigência;

IV – cumprir, tempestivamente, as condições exigidas pelo ato concessivo do benefício oneroso;

V – apresentar as obrigações acessórias com as informações necessárias à aferição do benefício oneroso objeto de compensação, bem assim as em que conste o registro do próprio benefício, quando for o caso;

VI – inexistir impedimento legal à fruição de benefícios fiscais;

VII – apresentar regularidade cadastral perante o cadastro nacional de pessoas jurídicas – CNPJ.

Parágrafo único. Para fins do preenchimento do requisito de habilitação previsto no inciso IV deste artigo, o titular do benefício oneroso deverá apresentar declaração que atende tempestivamente as condições, sendo obrigatória a manifestação prévia da unidade federada concedente à concessão da habilitação.

Art. 390. Observado o direito à ampla defesa e ao contraditório, a habilitação será:

I – indeferida, na hipótese de o requerente não atender aos requisitos de que trata o art. 389 desta Lei Complementar;

II – suspensa, na hipótese de o requerente deixar de atender temporariamente aos requisitos de que trata o art. 389 desta Lei Complementar;

III – cancelada, na hipótese de o requerente deixar de atender aos requisitos de que trata o art. 389 desta Lei Complementar.

Parágrafo único. A suspensão prevista no inciso II do *caput* será revertida em caso de modificação dos elementos que levaram à suspensão, mantida a mesma habilitação previamente concedida.

LEGISLAÇÃO COMPLEMENTAR

Seção IV

DA DEMONSTRAÇÃO E RECONHECIMENTO DO CRÉDITO APURADO E DA REVISÃO DA REGULARIDADE DO CRÉDITO RETIDO

Art. 391. O titular de benefício oneroso habilitado informará mensalmente na escrituração fiscal os elementos necessários para a quantificação da repercussão econômica de cada benefício fiscal ou financeiro-fiscal, conforme regulamentação a ser expedida pela RFB.

§ 1º O crédito será calculado para cada mês de competência em função do valor da repercussão econômica de cada benefício fiscal ou financeiro-fiscal e da redução de nível dos benefícios fiscais de que trata o *caput* do art. 384 desta Lei Complementar relativamente a cada ato concessivo e tipo de benefício fiscal habilitado.

§ 2º A apuração do crédito referente à compensação de que trata o art. 384 desta Lei Complementar será demonstrada na escrituração fiscal, de acordo com a regulamentação da RFB.

§ 3º O direito de pleitear a compensação de que trata o art. 384 desta Lei Complementar extingue-se com o decurso do prazo de 3 (três) anos, contado do vencimento do prazo para transmissão da escrituração fiscal estabelecida em norma regulamentar para conter a apuração do correspondente crédito.

Art. 392. A RFB processará o montante calculado para fins de compensação, na forma do art. 384 desta Lei Complementar, e, exceto se existirem indícios de irregularidade ou o montante incidir em parâmetros de risco, terá seu crédito automaticamente reconhecido e autorizado em pagamento em até 60 (sessenta) dias a contar do vencimento do prazo para transmissão da escrituração fiscal que contenha a sua demonstração.

§ 1º Caso a RFB não se manifeste no prazo previsto no *caput*, o reconhecimento do crédito e a autorização de pagamento serão tacitamente considerados na data final do prazo.

§ 2º A entrega dos recursos ao beneficiário ocorrerá em 30 (trinta) dias a contar da data da autorização de que trata o *caput*.

§ 3º O pagamento em data posterior ao previsto no § 2º será acrescido de juros, à Taxa SELIC para títulos federais, acumulados mensalmente, e de juros de 1% (um por cento) no mês em que a quantia for disponibilizada ao sujeito passivo, a partir do mês seguinte ao término do prazo previsto naquele parágrafo.

§ 4º Na hipótese de o montante mensal apurado situar-se em patamar superior ao limite tolerável de risco, a parcela superior será retida para revisão da regularidade da apuração.

§ 5º Na hipótese de existirem indícios de irregularidade, todo o montante apurado será retido para a sua revisão.

§ 6º As retenções efetuadas nas hipóteses descritas nos §§ 4º e 5º deste artigo devem ser cientificadas ao interessado.

§ 7º Sobre as retenções a que se referem os §§ 4º e 5º, incidem juros à mesma taxa estabelecida no § 3º, a partir do mês seguinte ao término do prazo de 90 (noventa) dias a contar do vencimento do prazo para transmissão da escrituração fiscal que contenha a sua demonstração.

§ 8º A revisão da regularidade da apuração de créditos retidos deve ser realizada nos seguintes prazos máximos a contar da data da prestação integral dos elementos de comprovação requeridos pela RFB na data de ciência descrita no § 6º deste artigo:

I – de 120 (cento e vinte) dias, na hipótese prevista no § 4º deste artigo; e

II – de 1 (um) ano, na hipótese prevista no § 5º deste artigo.

§ 9º A ausência de apresentação integral dos elementos de comprovação mencionados no § 8º deste artigo no prazo de 60 (sessenta) dias a contar da ciência do requerimento de apresentação implica o não reconhecimento da parcela do crédito retida, sem prejuízo do exame da regularidade da parcela do crédito eventualmente já paga.

§ 10. Na hipótese de vencimento do prazo estabelecido no § 8º deste artigo sem o término da revisão da apuração, o crédito retido será tacitamente autorizado em pagamento, devendo este ser realizado no prazo previsto no § 2º deste artigo, sem prejuízo da continuidade do procedimento em curso, se for o caso.

§ 11. Os critérios para definição do limite tolerável de risco não podem resultar em retenção de valores referentes a mais de 20% (vinte por cento) das apurações apresentadas no respectivo período mensal, não ingressando nesse cômputo as apurações sobre as quais existam indícios objetivos de irregularidade ou que pairem suspeitas fundamentadas de fraude.

§ 12. O percentual limitador de retenção previsto no § 11 deste artigo poderá ser ampliado no período em que o montante total dos créditos apurados indicarem que os recursos originalmente determinados para prover o Fundo instituído pelo *caput* do art. 12 da Emenda Constitucional nº 132, de 23 de dezembro de 2023, serão insuficientes para cobrir as compensações de que trata o *caput* do art. 384 desta Lei Complementar até o final do ano de 2032, e desde que o critério indicativo seja regulamentado e publicado pela Secretaria do Tesouro Nacional.

Seção V

DA AUTORREGULARIZAÇÃO DAS INFORMAÇÕES PRESTADAS

Art. 393. Constatada pelo interessado a irregularidade na apuração do crédito apresentado para pagamento, deverá ele proceder imediatamente a sua regularização, retificando as informações prestadas na escrituração fiscal, de acordo com a regulamentação a ser expedida pela RFB.

§ 1º Tendo recebido valores indevidos decorrentes do crédito apurado a maior na hipótese descrita no *caput*, o beneficiário deverá ainda efetuar a sua imediata devolução ao Fundo de que trata o art. 384 desta Lei Complementar, observado o § 2º deste artigo e na forma a ser regulamentada pela RFB.

§ 2º O montante recebido indevidamente deve ser acrescido de juros a partir do primeiro dia do mês subsequente à data de seu recebimento, equivalentes à Taxa SELIC, acumulados mensalmente, e de juros de 1% (um por cento) no mês em que a quantia for restituída ao Fundo de que trata o art. 12 da Emenda Constitucional nº 132, de 20 de dezembro de 2023.

§ 3º Caso o interessado efetue a regularização de que trata o *caput* e não efetue a imediata devolução integral do montante recebido indevidamente de que trata o § 1º deste artigo, a RFB fica autorizada a compensar de ofício o débito com créditos de mesma natureza apresentados em períodos subsequentes até que sejam suficientes para igualar com o montante do débito atualizado na forma do § 2º, sem prejuízo das retenções ordinárias relativas à revisão da regularidade da apuração dos créditos posteriormente apresentados.

§ 4º O interessado deve ser cientificado das compensações de ofício realizadas em conformidade com o previsto no § 3º deste artigo.

§ 5º Competirá à RFB constituir o crédito da União na forma do art. 395, caso antes da devolução integral do débito de que trata o § 1º deste artigo:

I – não seja apresentada pelo interessado a apuração de créditos de mesma natureza passíveis de compensação no primeiro período subsequente ao da hipótese descrita no § 3º deste artigo; ou

II – por qualquer motivo, os créditos de mesma natureza passíveis de compensação cessem por três meses consecutivos; ou

III – tiver decorrido o prazo de um ano da primeira compensação autorizada no § 3º deste artigo.

§ 6º A retificação das informações prestadas na escrituração fiscal de que trata o *caput* que impute ao interessado o dever imediato de devolução de valores recebidos indevidamente, conforme previsto no § 1º deste artigo, configura o dia da ocorrência do recebimento indevido de que trata o § 1º do art. 395, para fins de fixação do termo inicial do prazo decadencial em relação ao montante decorrente da retificação.

Seção VI

DOS PROCEDIMENTOS DE REVISÃO DA APURAÇÃO DO CRÉDITO E DO RITO PROCESSUAL

Art. 394. Caso seja constatada irregularidade em procedimento de revisão da apuração do crédito apresentado para pagamento, a autoridade competente lavrará despacho decisório que será cientificado ao interessado com os fundamentos e os elementos de prova necessários, denegando total ou parcialmente o crédito apresentado.

§ 1º Aplica-se ao disposto no *caput* o rito processual previsto na Lei nº 9.784, de 29 de janeiro de 1999, observadas as regras específicas estabelecidas neste capítulo.

§ 2º O procedimento de revisão da apuração do crédito poderá também ser efetuado após o pagamento ao beneficiário, de acordo com normas procedimentais a serem estabelecidas por ato da RFB.

§ 3º No curso do procedimento de revisão da apuração, a autoridade competente realizará atividades de instrução destinadas a averiguar e comprovar os dados necessários, inclusive a realização de diligências, se for o caso.

§ 4º Na hipótese de ter ocorrido o pagamento de valores para os quais sobrevier despacho decisório que denega total ou parcialmente o crédito apresentado, o interessado será notificado a devolver, no prazo de 30 (trinta) dias, os valores indevidamente recebidos acrescidos de juros calculados na forma do § 2º do art. 393.

§ 5º Alternativamente ao disposto no § 4º deste artigo, o interessado poderá autorizar a compensação de créditos regulares de mesma natureza a serem apresentados em períodos subsequentes até que sejam suficientes para igualar com o montante do débito atualizado na forma do § 2º do art. 393.

§ 6º A autorização prevista no § 5º deste artigo implica em confissão irretratável de dívida passível de inscrição em dívida ativa da União, caso, por qualquer motivo, cesse a compensação por três meses consecutivos e o interessado não efetue a devolução da integralidade do saldo residual.

§ 7º A parte interessada poderá interpor recurso no prazo de 30 (trinta) dias a contar da ciência do despacho decisório.

§ 8º O recurso interposto não impede a constituição de eventual crédito da União de que trata o art. 395 desta Lei Complementar, inclusive da multa incidente, mas sua exigibilidade ficará suspensa até 30 (trinta) dias a contar da ciência do interessado da decisão do julgamento do recurso, observado ainda o disposto no § 7º do art. 395.

§ 9º Julgado o recurso em caráter definitivo total ou parcialmente favorável ao interessado, havendo-lhe valor devido, em conformidade com a decisão exarada, deverá ser autorizado o pagamento do montante retido.

§ 10. Após o julgamento do recurso, mantida em caráter administrativo definitivo a denegação total ou parcial do crédito apresentado para pagamento e já tendo sido este efetuado, o interessado será notificado a efetuar a devolução do pagamento indevido acrescido de juros calculados na forma do § 2º do art. 393 no prazo de 30 dias contados da ciência da decisão, nos termos dela exarado.

Seção VII
DA CONSTITUIÇÃO DO CRÉDITO DA UNIÃO

Art. 395. Na hipótese do § 5º do art. 393 ou de constatação de irregularidade na apuração do crédito calculado pelo beneficiário após a efetivação do pagamento pela União e não ocorrendo a devolução integral com o acréscimo de juros previstos no § 2º do art. 393, no prazo do § 4º do art. 394, nem a autorização de que trata o § 5º do art. 394, a RFB deverá notificar de ofício, na forma a ser por ela disciplinada, a constituição do crédito da União composto por:

I – valor principal: equivalente ao montante recebido indevidamente que não foi devolvido ou compensado;

II – juros de mora: valor principal multiplicado pela Taxa SELIC para títulos federais, acumulada mensalmente, a partir do primeiro dia do mês subsequente à data do recebimento indevido até o mês que antecede a data da notificação;

III – multa de 20%: parcela resultante de 0,2 (dois décimos) multiplicado pela soma de juros de mora e valor principal.

§ 1º O direito de a RFB constituir o crédito decorrente da hipótese prevista no *caput* extingue-se após 3 (três) anos, contados do primeiro dia do exercício seguinte ao da ocorrência do recebimento indevido, observado o disposto no § 6º do art. 393.

§ 2º Sobre o crédito constituído incidem juros de mora à mesma taxa prevista no inciso II do *caput*, acumulada mensalmente a partir do mês em que foi constituído e de 1% (um por cento) no mês do seu pagamento.

§ 3º A notificação lavrada seguida da devida ciência do devedor, contendo todos os elementos exigidos pela lei, será instrumento apto para inscrição em dívida ativa da União.

§ 4º Aplica-se ao disposto no *caput* o rito processual previsto na Lei nº 9.784, de 29 de janeiro de 1999, observadas as regras específicas estabelecidas neste artigo.

§ 5º A parte interessada poderá interpor recurso no prazo de 30 (trinta) dias a contar da ciência da notificação que constituiu o crédito na hipótese prevista no *caput*.

§ 6º O recurso interposto não suspende a obrigação de pagamento do crédito constituído, exceto se a parte tiver também interposto o recurso de que trata o § 7º do art. 394 e este estiver pendente de julgamento, devendo, neste caso, ser observada a conexão entre ambos os recursos.

§ 7º Na hipótese de o interessado cumprir tempestivamente a notificação de que trata o § 10 do art. 394, o crédito da União constituído na forma do *caput* deste artigo será cancelado.

§ 8º Após a ciência da constituição do crédito da União o qual não esteja com a exigibilidade suspensa, haverá a compensação de ofício dos créditos do interessado ainda não pagos até atingido o montante do débito.

§ 9º Julgado o recurso de que trata o § 5º deste artigo em caráter definitivo total ou parcialmente a favor do interessado, deverá ser reduzido ou cancelado o montante constituído e pagos os valores eventualmente compensados na forma do § 7º deste artigo acrescidos de juros calculados na forma do § 2º do art. 393, em conformidade com a decisão exarada.

§ 10. A parcela do crédito correspondente ao valor principal e juros de mora proporcional que vier a ser arrecadada destina-se ao Fundo de que trata o art. 12 da Emenda Constitucional nº 132, de 23 de dezembro de 2023, na hipótese de a arrecadação ocorrer até 31 de dezembro de 2032, e ao Fundo de que trata o art. 159-A da Constituição Federal, se em data posterior.

§ 11. A multa de 20% (vinte por cento) prevista no inciso III do *caput*, acrescida dos juros de mora proporcional, será destinada ao Fundo Especial de Desenvolvimento e Aperfeiçoamento das Atividades de Fiscalização – FUNDAF, instituído pelo art. 6º do Decreto-lei nº 1.437, de 17 de dezembro de 1975.

Seção VIII
DA REPRESENTAÇÃO PARA FINS PENAIS

Art. 396. Em até 10 (dez) dias da lavratura do auto de infração previsto no art. 395 desta Lei Complementar, deverá ser procedida a correspondente representação criminal para o Ministério Público Federal, conforme normatização a ser expedida pela RFB.

Seção IX
DA COMUNICAÇÃO E DA REPRESENTAÇÃO FISCAL PELAS UNIDADES FEDERADAS

Art. 397. Caso a unidade federada constate o não cumprimento das condições exigidas pela norma concessiva do benefício oneroso, deverá comunicar em até 10 (dez) dias à RFB, a fim de que esta efetue a suspensão ou o cancelamento da habilitação.

Art. 398. Nos procedimentos fiscais em que a administração tributária estadual ou distrital constate irregularidade na fruição de benefício oneroso concedido pela unidade federada correspondente, quando a situação se enquadrar na hipótese de compensação de que trata o art. 384 desta Lei Complementar, deverá a autoridade competente, em até 10 (dez) dias do ato de constatação da irregularidade, representar os fatos acompanhados dos elementos de prova ao chefe do seu órgão, para que este providencie o encaminhamento à RFB.

Parágrafo único. É facultado à RFB e à administração tributária de unidade federada, mediante convênio, disciplinar sobre o formato da representação, seu direcionamento e, se for conveniente, pela periodicidade de encaminhamento.

Seção X
DISPOSIÇÕES FINAIS

Art. 399. Mediante ato requisitório por escrito, para fins de verificação do requisito previsto no inciso IV do art. 389 desta Lei Complementar, os órgãos públicos da União, Estados, Distrito Federal e Municípios e quaisquer outras entidades ou pessoas são obrigados a prestar à RFB todas as informações que disponham relacionadas ao cumprimento de condições estabelecidas em ato concessivo do benefício oneroso.

Art. 400. A RFB publicará, em transparência ativa, a relação mensal dos beneficiários da compensação de que trata o art. 384 desta Lei Complementar, identificando o beneficiário, a unidade federada concedente do benefício oneroso, o ato concessivo, o tipo de benefício fiscal, o montante pago em compensação e o valor do crédito eventualmente retido para verificação ou compensação.

Art. 401. Os valores pagos ao titular do benefício oneroso em função da compensação de que trata o art. 384 desta Lei Complementar terão o mesmo tratamento tributário do benefício fiscal concedido pelo Estado ou o Distrito Federal, para fins de incidência de IRPJ, CSLL, PIS e COFINS.

Art. 402. As Secretarias de Fazenda das unidades federadas e a RFB designarão servidores para compor grupo de trabalho com as finalidades de:

I – identificar os tipos de incentivos e benefícios fiscais ou financeiro-fiscais concedidos por prazo certo e sob condições;

II – identificar as respectivas formas de apuração das repercussões econômicas decorrentes;

III – propor ajustes nas obrigações acessórias a serem prestadas pelos titulares dos benefícios onerosos, para que nelas constem a demonstração da repercussão econômica sobre cada benefício fiscal ou financeiro-fiscal que lhes foi concedido.

Art. 403. A RFB especificará sistema eletrônico próprio para o processamento e tratamento das informações, atos e procedimentos descritos nesta Lei Complementar, devendo ser reservados recursos específicos em orçamento da União a partir do ano de 2025.

Art. 404. A União deverá complementar os recursos de que trata o § 1º do art. 12 da Emenda Constitucional nº 132, de 20 de dezembro de 2023, em caso de insuficiência de recursos para a compensação de que trata o § 2º do mesmo artigo, limitado aos montantes previstos no projeto de lei orçamentária anual.

Parágrafo único. Os recursos de que trata este Capítulo não serão objeto de retenção, desvinculação ou qualquer outra restrição de entrega, nem estarão sujeitos às limitações de empenho previstas no art. 9º e no inciso II do § 1º do art. 31 da Lei Complementar nº 101, de 4 de maio de 2000.

Art. 405. O saldo financeiro do Fundo de que trata o art. 12 da Emenda Constitucional nº 132, de 20 de dezembro de 2023, existente em 31 de dezembro de 2032, será provisionado no montante correspondente à soma:

I – da estimativa do valor total dos créditos em fase de processamento e dos créditos habilitados administrativamente e ainda sujeitos aos prazos legais de autorização e pagamento;

II – da estimativa do valor correspondente ao montante total de créditos retidos pela RFB nos termos dos §§ 4º e 5º do art. 392 desta Lei Complementar; e

III – do valor proporcional ao risco judicial relativo a eventuais ações que tenham como objeto o pagamento de compensações indeferidas no âmbito administrativo.

§ 1º O valor de que trata o inciso III do *caput* será revisado anualmente em ato conjunto do Advogado-Geral da União e do Ministro de Estado da Fazenda.

§ 2º O saldo do Fundo de que trata o art. 12 da Emenda Constitucional nº 132, de 20 de dezembro de 2023, existente em 31 de dezembro de 2032 e que exceder o provisionamento de que trata o *caput* será transferido ao Fundo Nacional de Desenvolvimento Regional, instituído pelo art. 159-A da Constituição Federal em 120 (cento e vinte) parcelas mensais de igual valor, sujeitas à atualização prevista no § 3º deste artigo, a partir de julho de 2033.

§ 3º O saldo a ser transferido ao Fundo Nacional de Desenvolvimento Regional e as parcelas correspondentes serão atualizados da seguinte forma:

I – a remuneração das disponibilidades e eventual devolução de pagamentos ao Fundo de Compensação de Benefícios Fiscais serão acrescidas ao saldo e as parcelas remanescentes serão aumentadas proporcionalmente;

II – eventual excesso de provisionamento, apurado após as revisões periódicas, será acrescido ao saldo e as parcelas remanescentes serão aumentadas proporcionalmente;

III – eventual insuficiência de provisionamento será descontada do saldo e as parcelas remanescentes serão reduzidas proporcionalmente.

§ 4º Na ausência de saldo financeiro na data de que trata o *caput*, o Fundo de Compensação de Benefícios Fiscais será dissolvido, sendo que:

I – eventual necessidade de compensação posterior será feita por intermédio de dotação orçamentária específica;

II – recursos que sejam posteriormente devolvidos ao Fundo de Compensação de Benefícios Fiscais serão transferidos diretamente ao Fundo Nacional de Desenvolvimento Regional, descontados dos montantes aportados nos termos do inciso I deste parágrafo.

CAPÍTULO VII
DA TRANSIÇÃO APLICÁVEL AOS BENS DE CAPITAL

Art. 406. A incidência do IBS e da CBS ficará sujeita às alíquotas estabelecidas neste artigo na venda de máquinas, veículos e equipamentos usados adquiridos até 31 de dezembro de 2032:

I – cuja aquisição tenha sido acobertada por documento fiscal idôneo; e

II – que tenham permanecido incorporados ao ativo imobilizado do vendedor por mais de 12 (doze) meses.

§ 1º Em relação à CBS, as alíquotas previstas neste artigo somente se aplicam na venda dos bens de que trata o *caput* cuja aquisição:

I – tenha ocorrido até 31 de dezembro de 2026; e

II – esteve sujeita à incidência da Contribuição para o PIS/PASEP e da COFINS com alíquota nominal positiva.

§ 2º A partir de 1º de janeiro de 2027, a alíquota da CBS incidente na venda dos bens de que trata o *caput* e o § 1º:

I – fica reduzida a zero para a parcela do valor da base de cálculo da CBS que seja inferior ou igual ao valor líquido de aquisição do bem; e

II – será aquela prevista para a operação, em relação à parcela da base de cálculo da CBS que exceder o valor líquido de aquisição do bem.

§ 3º Em relação ao IBS, as alíquotas previstas neste artigo somente se aplicam na venda dos bens de que trata o *caput* cuja aquisição:

I – tenha ocorrido até 31 de dezembro de 2032; e

II – esteve sujeita à incidência do ICMS com alíquota nominal positiva.

§ 4º A partir de 1º de janeiro de 2029, a alíquota do IBS incidente na venda dos bens de que trata o *caput* e o § 3º:

I – fica reduzida a zero para a parcela do valor da base de cálculo do IBS que seja inferior ou igual ao valor líquido de aquisição do bem multiplicado por:

a) 1 (um inteiro), no caso de bens adquiridos até 31 de dezembro de 2028;

b) 0,9 (nove décimos), no caso de bens adquiridos no ano-calendário de 2029;

c) 0,8 (oito décimos), no caso de bens adquiridos no ano-calendário de 2030;

d) 0,7 (sete décimos), no caso de bens adquiridos no ano-calendário de 2031; e

e) 0,6 (seis décimos), no caso de bens adquiridos no ano-calendário de 2032; e

II – será aquela prevista para a operação, em relação à parcela do valor da base de cálculo do IBS que exceder o valor líquido de aquisição apurado após os ajustes previstos no inciso I deste parágrafo.

§ 5º Na venda dos bens de que trata o *caput*, observar-se-á o disposto no § 3º do art. 380 desta Lei Complementar, em relação à CBS, e no inciso V do § 5º do art. 20 da Lei Complementar nº 87, de 13 de setembro de 1996, em relação ao ICMS.

§ 6º Para fins deste artigo, considera-se valor líquido de aquisição:

I – para bens adquiridos até 31 de dezembro de 2026, o montante correspondente à diferença entre:

a) o valor total de aquisição do bem registrado na nota fiscal; e

b) o valor do ICMS, da Contribuição para o PIS/PASEP e da COFINS incidentes na aquisição do bem, conforme registrados na nota fiscal, que tenham permitido a apropriação de créditos dos respectivos tributos; e

II – para bens adquiridos de 1º de janeiro de 2027 a 31 de dezembro de 2032, a base de cálculo do IBS e da CBS, conforme registrada na nota fiscal, acrescida do valor do ICMS incidente na aquisição que não tenha permitido a apropriação de créditos.

§ 7º Para fins do disposto no inciso I do § 6º, caso não haja informação sobre o valor da Contribuição para o PIS/PASEP e da COFINS incidentes na operação de aquisição do bem, utilizar-se-á no cálculo da diferença o valor correspondente à aplicação das alíquotas de 1,65% (um inteiro e sessenta e cinco centésimos por cento) para a Contribuição para o PIS/PASEP e de 7,6% (sete inteiros e seis décimos por cento) para a COFINS sobre o valor de aquisição do bem constante da nota fiscal.

§ 8º Para os fins deste artigo, também serão considerados bens incorporados ao ativo imobilizado aqueles com a mesma natureza e que, em decorrência das normas contábeis aplicáveis, forem contabilizados por concessionárias de serviços públicos como ativo de contrato, intangível ou financeiro.

Art. 407. A incidência do IBS e da CBS ficará sujeita às alíquotas estabelecidas neste artigo na revenda de máquinas, veículos e equipamentos adquiridos usados.

§ 1º O disposto neste artigo somente se aplica:

I – a revenda efetuada por contribuinte sujeito ao regime regular do IBS e da CBS; e

II – a máquina, veículo ou equipamento cuja aquisição e cuja revenda sejam acobertados por documento fiscal idôneo.

§ 2º Na revenda de bens de que trata o *caput* adquiridos até 31 de dezembro de 2026 e que não tenham permitido a apropriação de créditos da Contribuição para o PIS/PASEP e da COFINS, a alíquota da CBS:

I – fica reduzida a zero para a parcela do valor da base de cálculo da CBS que seja inferior ou igual ao valor líquido de aquisição do bem; e

II – será aquela prevista para a operação, em relação à parcela da base de cálculo da CBS que exceder o valor líquido de aquisição do bem.

§ 3º O disposto no § 2º não se aplica à revenda de bens de que trata o *caput* adquiridos de pessoa física.

§ 4º Na revenda de bens adquiridos pelo revendedor a partir de 1º de janeiro de 2027 e cuja aquisição tenha sido beneficiada pela redução a zero de alíquotas prevista estabelecida pelo art. 406 desta Lei Complementar:

I – a alíquota da CBS incidente na revenda do bem:

a) fica reduzida a zero para a parcela do valor da base de cálculo da CBS que tenha sido beneficiada pela redução a zero da alíquota da CBS nos termos do inciso I do § 2º do art. 406 desta Lei Complementar quando da aquisição do bem; e

b) será aquela prevista para a operação, em relação à parcela da base de cálculo da CBS que exceder o valor de que trata a alínea *a* deste inciso; e

II – a alíquota do IBS incidente na revenda do bem:

a) fica reduzida a zero para a parcela do valor da base de cálculo do IBS que tenha sido beneficiada pela redução a zero da alíquota do IBS nos termos do inciso I do § 4º do art. 406 desta Lei Complementar quando da aquisição do bem; e

b) será aquela prevista para a operação, em relação à parcela da base de cálculo do IBS que exceder o valor de que trata a alínea *a* deste inciso.

CAPÍTULO VIII
DISPOSIÇÕES FINAIS

Art. 408. Sem prejuízo das demais regras estabelecidas nesta Lei Complementar, durante o período de transição para o IBS e a CBS, observar-se-á o disposto neste artigo.

§ 1º Caso a mesma situação prevista em lei configure, até 31 de dezembro de 2025, fato gerador da Contribuição para o PIS/PASEP e da COFINS ou da Contribuição para o PIS/PASEP – Importação e da COFINS-Importação, e, a partir de 1º de janeiro de 2026, fato gerador da CBS, deverá ser observado o seguinte:

I – não será exigida a CBS;

II – serão exigidas, conforme o caso:

a) COFINS;

b) Contribuição para o PIS/PASEP;

c) COFINS – Importação;

d) Contribuição para o PIS/PASEP – Importação.

§ 2º Não se aplicará o disposto no § 1º deste artigo nas hipóteses em que a apuração e o recolhimento da CBS forem realizados nos termos de regimes opcionais previstos nesta Lei Complementar, caso em que será exigida a CBS e não serão exigidas as contribuições sociais de que trata o inciso II do § 1º deste artigo.

§ 3º Para operações ocorridas até 31 de dezembro de 2026, incluindo aquelas que configurem fato gerador pendente na data de publicação desta Lei Complementar, nas hipóteses em que a Contribuição para o PIS/PASEP e a COFINS forem exigidas à medida que recebida efetivamente a receita pelo regime de caixa:

I – considerar-se-á ocorrido o fato gerador da Contribuição para o PIS/PASEP e da COFINS na data do auferimento da receita pelo regime de competência;

II – serão exigidas a Contribuição para o PIS/PASEP e a COFINS no momento do recebimento da receita, ainda que ocorrido após a extinção das referidas contribuições; e

III – não será exigida a CBS sobre o recebimento da receita decorrente da operação, salvo no caso do § 2º deste artigo, hipótese na qual não serão exigidas a Contribuição para o PIS/PASEP e a COFINS.

§ 4º Durante o período de 2029 a 2032:

I – caso a mesma operação configure, em anos-calendários distintos, fatos geradores do Imposto sobre operações relativas à Circulação de Mercadorias e sobre prestações de Serviços de Transporte Interestadual e Intermunicipal e de Comunicação (ICMS) ou do Imposto sobre Serviços de Qualquer Natureza (ISS) e do IBS, prevalecerá a legislação vigente no ano-calendário da primeira ocorrência em relação aos referidos impostos; e

II – caso não tenha se aperfeiçoado, até 31 de dezembro de 2032, o elemento temporal da hipótese de incidência do ICMS ou do ISS:

a) os referidos impostos não incidirão na operação; e

b) será devido exclusivamente o IBS na operação.

§ 5º Na hipótese do inciso II do § 4º, o valor remanescente do IBS devido será apurado com base na legislação vigente em 1º de janeiro de 2033.

LIVRO II – DO IMPOSTO SELETIVO

TÍTULO I – DISPOSIÇÕES PRELIMINARES

Art. 409. Fica instituído o Imposto Seletivo, de que trata o inciso VIII do art. 153 da Constituição Federal, incidente sobre a produção, extração, comercialização ou importação de bens e serviços prejudiciais à saúde ou ao meio ambiente.

§ 1º Para fins de incidência do Imposto Seletivo, consideram-se prejudiciais à saúde ou ao meio ambiente os bens classificados nos códigos da NCM/SH e o carvão mineral, e os serviços listados no Anexo XVII, referentes a:

I – veículos;

II – embarcações e aeronaves;

III – produtos fumígenos;

IV – bebidas alcoólicas;

V – bebidas açucaradas;

VI – bens minerais;

VII – concursos de prognósticos e *fantasy sport*.

§ 2º Os bens a que se referem os incisos III e IV do § 1º estão sujeitos ao Imposto Seletivo quando acondicionados em embalagem primária, assim entendida aquela em contato direto com o produto e destinada ao consumidor final.

Art. 410. O Imposto Seletivo incidirá uma única vez sobre o bem ou serviço, sendo vedado qualquer tipo de aproveitamento de crédito do imposto com operações anteriores ou geração de créditos para operações posteriores.

Art. 411. Compete à RFB a administração e a fiscalização do Imposto Seletivo.

Parágrafo único. O contencioso administrativo no âmbito do Imposto Seletivo atenderá ao disposto no Decreto nº 70.235, de 6 de março de 1972.

TÍTULO II – DAS NORMAS GERAIS DO IMPOSTO SELETIVO

CAPÍTULO I
DO MOMENTO DE OCORRÊNCIA DO FATO GERADOR

Art. 412. Considera-se ocorrido o fato gerador do Imposto Seletivo no momento:

I – do primeiro fornecimento a qualquer título do bem, inclusive decorrente dos negócios jurídicos mencionados nos incisos I a VIII do § 2º do art. 4º desta Lei Complementar;

II – da arrematação em leilão público;

III – da transferência não onerosa de bem produzido;

IV – da incorporação do bem ao ativo imobilizado pelo fabricante;

V – da extração de bem mineral;

VI – do consumo do bem pelo fabricante;

VII – do fornecimento ou do pagamento do serviço, o que ocorrer primeiro; ou

VIII – da importação de bens e serviços.

CAPÍTULO II
DA NÃO INCIDÊNCIA

Art. 413. O Imposto Seletivo não incide sobre:

I – VETADO;

II – as operações com energia elétrica e com telecomunicações; e

III – os bens e serviços cujas alíquotas sejam reduzidas nos termos do § 1º do art. 9º da Emenda Constitucional nº 132, de 20 de dezembro de 2023.

CAPÍTULO III
DA BASE DE CÁLCULO

Art. 414. A base de cálculo do Imposto Seletivo é:

I – o valor de venda na comercialização;

II – o valor de arremate na arrematação;

III – o valor de referência na:

a) transação não onerosa ou no consumo do bem;

b) extração de bem mineral; ou

c) comercialização de produtos fumígenos;

IV – o valor contábil de incorporação do bem produzido ao ativo imobilizado;

V – a receita própria da entidade que promove a atividade, na hipótese de que trata o inciso VII do § 1º do art. 409 desta Lei Complementar, calculada nos termos do art. 245.

§ 1º Nas hipóteses em que se prevê a aplicação de alíquotas específicas, nos termos desta Lei Complementar, a base de cálculo é aquela expressa em unidade de medida.

§ 2º Ato do chefe do Poder Executivo da União definirá a metodologia para o cálculo do valor de referência mencionado no inciso III do *caput* deste artigo com base, entre outros, em cotações, índices ou preços vigentes na data do fato gerador, em bolsas de mercadorias e futuros, em agências de pesquisa ou em agências governamentais.

§ 3º Na comercialização de produtos fumígenos, o valor de referência levará em consideração o preço de venda no varejo.

Art. 415. Na comercialização de bem sujeito à alíquota *ad valorem*, a base de cálculo é o valor integral cobrado na operação a qualquer título, incluindo o valor correspondente a:

I – acréscimos decorrentes de ajuste do valor da operação;

II – juros, multas, acréscimos e encargos;

III – descontos concedidos sob condição;

IV – valor do transporte cobrado como parte do valor da operação, seja o transporte efetuado pelo próprio fornecedor ou por sua conta e ordem;

V – tributos e preços públicos, inclusive tarifas, incidentes sobre a operação ou suportados pelo fornecedor, exceto aqueles previstos no § 2º do art. 12 desta Lei Complementar; e

VI – demais importâncias cobradas ou recebidas como parte do valor da operação, inclusive seguros e taxas.

Parágrafo único. Caso o valor da operação esteja expresso em moeda estrangeira, será feita sua conversão em moeda nacional por taxa de câmbio apurada pelo Banco Central do Brasil, nos termos do regulamento.

Art. 416. Na comercialização entre partes relacionadas, na hipótese de incidência sujeita à alíquota *ad valorem* e na ausência do valor de referência de que trata o § 2º do art. 414, a base de cálculo não deverá ser inferior ao valor de mercado dos bens, entendido como o valor praticado em operações comparáveis entre partes não relacionadas.

Parágrafo único. Para fins do disposto no *caput*, consideram-se partes relacionadas aquelas definidas nos §§ 2º a 5º do art. 5º desta Lei Complementar.

Art. 417. Não integram a base de cálculo do Imposto Seletivo:

I – o montante da CBS, do IBS e do próprio Imposto Seletivo incidentes na operação; e

II – os descontos incondicionais.

§ 1º Para efeitos do disposto no inciso II do *caput*, considera-se desconto incondicional a parcela redutora do preço da operação que conste do respectivo documento fiscal e não dependa de evento posterior.

§ 2º Não integra a base de cálculo do Imposto Seletivo a bonificação que atenda as mesmas condições especificadas no § 1º para a caracterização dos descontos incondicionais.

§ 3º O disposto no § 2º não se aplica à tributação por meio de alíquota específica, em que a base de cálculo, expressa em unidade de medida, deve considerar os bens fornecidos em bonificação.

§ 4º Até 31 de dezembro de 2032, não integra a base de cálculo do Imposto Seletivo o montante do:

I – Imposto sobre operações relativas à Circulação de Mercadorias e sobre prestações de Serviços de Transporte Interestadual e Intermunicipal e de Comunicação (ICMS), previsto no inciso II do art. 155 da Constituição Federal;

II – Imposto sobre Serviços de Qualquer Natureza (ISS), previsto no inciso III do art. 156 da Constituição Federal.

Art. 418. As devoluções de bens vendidos geram direito ao abatimento do valor do Imposto Seletivo cobrado na respectiva operação no período de apuração em que ocorreu a devolução ou nos subsequentes.

CAPÍTULO IV – DAS ALÍQUOTAS

Seção I – DOS VEÍCULOS

Art. 419. As alíquotas do Imposto Seletivo aplicáveis aos veículos classificados nos códigos da NCM/SH relacionados no Anexo XVII serão estabelecidas em lei ordinária.

Parágrafo único. As alíquotas referidas no *caput* deste artigo serão graduadas em relação a cada veículo conforme enquadramento nos seguintes critérios, nos termos de lei ordinária:

I – potência do veículo;

II – eficiência energética;

III – desempenho estrutural e tecnologias assistivas à direção;

IV – reciclabilidade de materiais;

V – pegada de carbono;

VI – densidade tecnológica;

VII – emissão de dióxido de carbono (eficiência energético-ambiental), considerado o ciclo do poço à roda;

VIII – reciclabilidade veicular;

IX – realização de etapas fabris no País; e

X – categoria do veículo.

Art. 420. A alíquota do Imposto Seletivo fica reduzida a zero para veículos que sejam destinados a adquirentes cujo direito ao benefício do regime diferenciado de que trata o art. 149 desta Lei Complementar haja sido reconhecido pela RFB, nos termos do art. 153.

§ 1º No caso de o adquirente ser pessoa referida no inciso II do *caput* do art. 149 desta Lei Complementar, a redução de alíquota de que trata o *caput* alcança veículo cujo preço de venda ao consumidor, incluídos os tributos incidentes caso não houvesse as reduções, não seja superior a R$ 200.000,00 (duzentos mil reais).

§ 2º Observado o disposto no § 1º, aplicam-se ao Imposto Seletivo, no que couber, as disposições aplicáveis ao regime diferenciado de que trata a Seção VII do Capítulo IV do Título IV do Livro I, inclusive em relação à alienação do veículo e ao intervalo para a fruição do benefício.

Seção II – DAS AERONAVES E EMBARCAÇÕES

Art. 421. As alíquotas do Imposto Seletivo aplicáveis às aeronaves e embarcações classificadas nos códigos da NCM/SH relacionados no Anexo XVII serão estabelecidas em lei ordinária e poderão ser graduadas conforme critérios de sustentabilidade ambiental nos termos da lei ordinária.

Parágrafo único. A lei ordinária poderá prever alíquota zero para embarcações e aeronaves de zero emissão de dióxido de carbono ou com alta eficiência energético-ambiental.

Seção III – DOS DEMAIS PRODUTOS SUJEITOS AO IMPOSTO SELETIVO

Art. 422. Observado o disposto nos arts. 419 e 420, as alíquotas do Imposto Seletivo aplicáveis nas operações com os bens e os serviços referidos no Anexo XVII são aquelas previstas em lei ordinária.

§ 1º Serão aplicadas alíquotas ad valorem cumuladas com alíquotas específicas para:

I – produtos fumígenos classificados na posição 24.02 da NCM/SH; e

II – bebidas alcoólicas, em que as alíquotas específicas devem considerar o produto do teor alcoólico pelo volume dos produtos.

§ 2º As alíquotas do Imposto Seletivo estabelecidas nas operações com bens minerais extraídos respeitarão o percentual máximo de 0,25% (vinte e cinco centésimos por cento).

§ 3º Lei ordinária poderá estabelecer alíquotas específicas para os demais produtos fumígenos não referidos no inciso I do § 1º, as quais serão aplicadas cumulativamente com as alíquotas *ad valorem*.

§ 4º As alíquotas *ad valorem* estabelecidas nas operações com bebidas alcoólicas poderão ser diferenciadas por categoria de produto e progressivas em virtude do teor alcoólico.

§ 5º As alíquotas do Imposto Seletivo incidentes sobre bebidas alcoólicas e produtos fumígenos serão fixadas de forma escalonada, de modo a incorporar, a partir de 2029 até 2033, progressivamente, o diferencial entre as alíquotas de ICMS incidentes sobre as bebidas alcoólicas e os produtos fumígenos e as alíquotas modais desse imposto.

§ 6º O ajuste de que trata o § 5º:

I – no caso das bebidas alcoólicas poderá ser realizado por estimativa para o conjunto das bebidas ou ser diferenciado por categoria de bebidas; e

II – não condicionará a fixação das alíquotas do Imposto Seletivo à manutenção da carga tributária dos setores ou de categorias específicas.

§ 7º As alíquotas aplicáveis a bebidas alcoólicas poderão ser estabelecidas de modo a diferenciar as operações realizadas pelos pequenos produtores, definidos em lei ordinária.

§ 8º Para assegurar o disposto no § 7º, as alíquotas poderão ser:

I – progressivas em função do volume de produção; e

II – diferenciadas por categoria de produto.

Art. 423. Caso o gás natural seja destinado à utilização como insumo em processo industrial e como combustível para fins de transporte, a alíquota estabelecida na forma do § 2º do art. 422 desta Lei Complementar deverá ser fixada em zero.

§ 1º Para fins de aplicação do disposto no *caput*, o adquirente ou o importador deverá, na forma do regulamento, declarar que o gás natural será destinado à utilização como insumo em processo industrial.

§ 2º Na hipótese de ser dado ao gás natural adquirido ou importado com redução de alíquota destino diverso daquele previsto no *caput*, o adquirente ou o importador deverá recolher o Imposto Seletivo calculado com a aplicação da alíquota estabelecida na forma do § 2º do art. 422 desta Lei Complementar, acrescida de multa e juros de mora nos termos do § 2º do art. 29 desta Lei Complementar, na condição de:

I – responsável, para o adquirente; ou

II – contribuinte, para o importador.

CAPÍTULO V – DA SUJEIÇÃO PASSIVA

Art. 424. O contribuinte do Imposto Seletivo é:

I – o fabricante, na primeira comercialização, na incorporação do bem ao ativo imobilizado, na tradição do bem em transação não onerosa ou no consumo do bem;

II – o importador na entrada do bem de procedência estrangeira no território nacional;

III – o arrematante na arrematação;

IV – o produtor-extrativista que realiza a extração; ou

V – o fornecedor do serviço, ainda que residente ou domiciliado no exterior, na hipótese de que trata o inciso VII do § 1º do art. 409 desta Lei Complementar.

Art. 425. São obrigados ao pagamento do Imposto Seletivo como responsáveis, sem prejuízo das demais hipóteses previstas em lei e da aplicação da pena de perdimento:

I – o transportador, em relação aos produtos tributados que transportar desacompanhados da documentação fiscal comprobatória de sua procedência;

II – o possuidor ou detentor, em relação aos produtos tributados que possuir ou mantiver para fins de venda ou industrialização, desacompanhados da documentação fiscal comprobatória de sua procedência;

III – o proprietário, o possuidor, o transportador ou qualquer outro detentor de produtos nacionais saídos do fabricante com imunidade para exportação, encontrados no País em situação diversa, exceto quando os produtos estiverem em trânsito:

a) destinados ao uso ou ao consumo de bordo, em embarcações ou aeronaves de tráfego internacional, com pagamento em moeda conversível;

b) destinados a lojas francas, em operação de venda direta, nos termos e condições estabelecidos pelo art. 15 do Decreto-Lei nº 1.455, de 7 de abril de 1976;

c) adquiridos pela empresa comercial exportadora de que trata o art. 82 desta Lei Complementar, com o fim específico de exportação, e remetidos diretamente do estabelecimento industrial para embarque de exportação ou para recintos alfandegados, por conta e ordem da adquirente; ou

d) remetidos a recintos alfandegados ou a outros locais onde se processe o despacho aduaneiro de exportação.

Parágrafo único. Caso o fabricante tenha de qualquer forma concorrido para a hipótese prevista no inciso III do *caput*, ficará solidariamente responsável pelo pagamento do imposto.

CAPÍTULO VI – DA EMPRESA COMERCIAL EXPORTADORA

Art. 426. O Imposto Seletivo não incide no fornecimento de bens com o fim específico de exportação a empresa comercial exportadora que atenda ao disposto no *caput* e nos §§ 1º e 2º do art. 82 desta Lei Complementar.

Art. 427. A empresa comercial exportadora fica responsável pelo recolhimento do Imposto Seletivo que não foi pago no fornecimento de bens para a empresa comercial exportadora, nas hipóteses de que trata § 5º do art. 82 desta Lei Complementar.

§ 1º Para efeitos do disposto no *caput*, considera-se devido o Imposto Seletivo na data de ocorrência do fato gerador, conforme definido no art. 412 desta Lei Complementar.

§ 2º Os valores que não forem pagos ficarão sujeitos à incidência de multa e juros de mora nos termos do § 2º do art. 29 desta Lei Complementar.

§ 3º Aplica-se ao Imposto Seletivo o disposto no § 10 do art. 82 desta Lei Complementar.

CAPÍTULO VII – DA PENA DE PERDIMENTO

Art. 428. Sem prejuízo das demais hipóteses legais, aplica-se a pena de perdimento nas hipóteses de transporte, depósito ou exposição à venda dos produtos fumígenos relacionados no Anexo XVII desacompanhados da documentação fiscal comprobatória de sua procedência.

§ 1º A aplicação da pena de perdimento de que trata o *caput* deste artigo, não prejudica a cobrança do Imposto Seletivo devido.

§ 2º Na hipótese do *caput* deste artigo, caso os bens estejam em transporte, aplica-se também a pena de perdimento ao veículo utilizado, se as circunstâncias evidenciarem que o proprietário do veículo, seu possuidor ou seus prepostos, mediante ação ou omissão, contribuiu para a prática do ilícito, facilitou sua ocorrência ou dela se beneficiou.

§ 3º Para fins do disposto no § 2º:

I – considera-se omissão do proprietário do veículo, seu possuidor ou seus prepostos a não exigência de documentação idônea nas situações em que as características, volume ou quantidade de bens transportados por conta e ordem do contratante ou passageiro permita inferir a prática ilícita;

II – presume-se a concorrência do proprietário do veículo, seu possuidor ou seus prepostos na prática do ilícito nas situações em que constatada adaptação da estrutura veicular tendente a ocultar as mercadorias transportadas;

III – é irrelevante a titularidade do veículo e o valor dos bens transportados; e

IV – compete às locadoras de veículos acautelarem-se dos antecedentes dos locatários ou condutores habilitados, sob pena de presunção da sua colaboração para a prática do ilícito.

Art. 429. Ressalvado o caso de exportação, o tabaco em folhas tratadas, total ou parcialmente destaladas, aparadas ou não, mesmo cortadas em forma regular ou picadas, somente será vendido ou remetido a empresa industrializadora de charutos, cigarros, cigarrilhas ou de fumo desfiado, picado, migado ou em pó, em rolo ou em corda.

§ 1º Fica admitida a comercialização dos produtos de que trata o *caput* deste artigo entre estabelecimentos que exerçam a atividade de beneficiamento e acondicionamento por enfardamento.

§ 2º O Poder Executivo da União exigirá, para as operações de que trata este artigo, os meios de controle necessários.

§ 3º Os bens encontrados em transporte, depósito ou exposição a venda em desacordo à determinação do *caput* estão sujeitos à pena prevista no art. 428 desta Lei Complementar.

§ 4º VETADO.

CAPÍTULO VIII – DA APURAÇÃO

Art. 430. O período de apuração do Imposto Seletivo será mensal e o regulamento estabelecerá:

I – o prazo para conclusão da apuração; e

II – a data de vencimento.

Art. 431. A apuração relativa ao Imposto Seletivo deverá consolidar as operações realizadas por todos os estabelecimentos do contribuinte.

CAPÍTULO IX – DO PAGAMENTO

Art. 432. O Imposto Seletivo será pago mediante recolhimento do montante devido pelo sujeito passivo.

Art. 433. O pagamento do Imposto Seletivo será centralizado em um único estabelecimento e, na forma do seu regulamento, poderá ocorrer na liquidação financeira da operação (*split payment*), observado o disposto nos arts. 31 a 35 desta Lei Complementar.

TÍTULO III – DO IMPOSTO SELETIVO SOBRE IMPORTAÇÕES

Art. 434. Aplica-se ao Imposto Seletivo, na importação de bens materiais, o disposto:

I – no art. 65 desta Lei Complementar, em relação ao fato gerador;

II – no art. 66 e no inciso III do art. 413 desta Lei Complementar, em relação à não incidência;

III – no art. 67 desta Lei Complementar, em relação ao momento da ocorrência do fato gerador; e

IV – nos arts. 72, 73 e 74 desta Lei Complementar, em relação à sujeição passiva.

§ 1º As alíquotas do Imposto Seletivo incidentes na importação serão fixadas em lei ordinária.

§ 2º Caso a alíquota do Imposto Seletivo seja *ad valorem*, a sua base de cálculo, na importação, será o valor aduaneiro acrescido do montante do Imposto sobre a Importação.

§ 3º O Imposto Seletivo, na importação, deverá ser pago no registro da declaração de importação.

§ 4º Fica suspenso o pagamento do Imposto Seletivo incidente na importação de bens materiais quando admitidos nos regimes a que se referem os Capítulos I e II do Título II do Livro I, observada a disciplina estabelecida na legislação aduaneira.

§ 5º No caso de lojas francas, a suspensão de que trata o § 4º deste artigo alcança os bens importados e os bens adquiridos no mercado interno.

§ 6º No caso de bens admitidos temporariamente no País para utilização econômica, a suspensão do pagamento do Imposto Seletivo será parcial, devendo ser pago proporcionalmente ao tempo de permanência dos bens no País, nos termos do art. 89 desta Lei Complementar.

Art. 435. São isentas do pagamento do Imposto Seletivo na importação de bens materiais:

I – as bagagens de viajantes e de tripulantes, acompanhadas ou desacompanhadas, quando submetidas ao regime de tributação especial; e

II – as remessas internacionais, quando submetidas ao regime de tributação simplificada.

TÍTULO IV – DISPOSIÇÕES FINAIS

Art. 436. As alíquotas específicas referidas neste Livro serão atualizadas pelo IPCA uma vez ao ano, nos termos da lei ordinária.

Art. 437. A RFB poderá estabelecer sistema de comunicação eletrônica a ser atribuído como DTE, que será utilizado para fins de notificação, intimação ou avisos previstos na legislação do Imposto Seletivo.

Art. 438. O regulamento do Imposto Seletivo de que trata este Livro será editado pelo chefe do Poder Executivo da União.

LIVRO III – DAS DEMAIS DISPOSIÇÕES

TÍTULO I – DA ZONA FRANCA DE MANAUS, DAS ÁREAS DE LIVRE COMÉRCIO E DA DEVOLUÇÃO DO IBS E DA CBS AO TURISTA ESTRANGEIRO

CAPÍTULO I

DA ZONA FRANCA DE MANAUS

Art. 439. Os benefícios relativos à Zona Franca de Manaus estabelecidos neste Capítulo aplicam-se até a data estabelecida pelo art. 92-A do ADCT.

Art. 440. Para fins deste Capítulo, considera-se:

I – Zona Franca de Manaus a área definida e demarcada pela legislação específica;

II – indústria incentivada a pessoa jurídica contribuinte do IBS e da CBS e habilitada na forma do art. 442 desta Lei Complementar para fruição de benefícios fiscais na industrialização de bens na Zona Franca de Manaus, exceto aqueles de que trata o art. 441 desta Lei Complementar;

III – bem intermediário:

a) o produto industrializado destinado à incorporação ou ao consumo em processo de industrialização de outros bens, desde que o destinatário imediato seja estabelecimento industrial;

b) o produto destinado à embalagem pelos estabelecimentos industriais;

IV – bem final, aquele sobre o qual não se agrega mais valor no processo produtivo e que é destinado ao consumo.

Parágrafo único. Para fins deste Capítulo, em todas as operações entre partes relacionadas observar-se-á o disposto no § 4º do art. 12 desta Lei Complementar.

Art. 441. Não estão contemplados pelo regime favorecido da Zona Franca de Manaus:

a) armas e munições;

b) fumo e seus derivados;

c) bebidas alcoólicas;

d) automóveis de passageiros;

e) petróleo, lubrificantes e combustíveis líquidos e gasosos derivados de petróleo, exceto para a indústria de refino de petróleo localizada na Zona Franca de Manaus, em relação exclusivamente às saídas internas para aquela área incentivada, desde que cumprido o processo produtivo básico, permanecendo a vedação para todas as demais etapas; e

f) produtos de perfumaria ou de toucador, preparados e preparações cosméticas, salvo quanto a estes (posições 3303 a 3307 da Nomenclatura Comum do MERCOSUL), se destinados exclusivamente a consumo interno na Zona Franca de Manaus ou se produzidos com utilização de matérias-primas da fauna e da flora regionais, em conformidade com processo produtivo básico.

Art. 442. Nos termos definidos em regulamento, é condição para habilitação aos incentivos fiscais da Zona Franca de Manaus:

I – a inscrição específica em cadastro da Superintendência da Zona Franca de Manaus – SUFRAMA, para a pessoa jurídica que desenvolva atividade comercial ou fornecimento de serviços; e

II – a inscrição específica e aprovação de projeto técnico-econômico pelo Conselho de Administração da SUFRAMA, com base nos respectivos processos produtivos básicos, para pessoa jurídica que desenvolva atividade industrial.

Parágrafo único. No processo de aprovação dos projetos e dos processos produtivos básicos de que trata este artigo, deverão ser ouvidos o Estado do Amazonas e o Município de Manaus.

Art. 443. Fica suspensa a incidência do IBS e da CBS na importação de bem material realizada por indústria incentivada para utilização na Zona Franca de Manaus.

§ 1º Não se aplica a suspensão de que trata o *caput* às importações de:

I – bens não contemplados pelo regime favorecido da Zona Franca de Manaus previstos no art. 441 desta Lei Complementar; e

II – bens de uso e consumo pessoal de que trata o art. 57 desta Lei Complementar, salvo se demonstrado que são necessários ao desenvolvimento da atividade do contribuinte vinculada ao projeto técnico-econômico aprovado.

§ 2º A suspensão de que trata o *caput* converte-se em isenção:

I – quando os bens importados forem consumidos ou incorporados em processo produtivo do importador na Zona Franca de Manaus;

II – após a depreciação integral do bem ou a permanência por 48 (quarenta e oito) meses no ativo imobilizado do estabelecimento adquirente, o que ocorrer primeiro.

§ 3º Caso os bens importados com a suspensão de que trata o *caput* sejam remetidos para fora da Zona Franca de Manaus antes da conversão em isenção de que trata o § 2º deste artigo, o importador deverá recolher os tributos suspensos com os acréscimos legais cabíveis, na forma dos § 2º do art. 29 desta Lei Complementar, permitida a apropriação e a utilização de créditos na forma dos arts. 47 a 56 desta Lei Complementar em relação aos valores efetivamente pagos, exceto em relação aos acréscimos legais.

Art. 444. Fica concedido ao contribuinte habilitado na forma do art. 442 e sujeito ao regime regular ou ao Simples Nacional crédito presumido de IBS relativo à importação de bem material para revenda presencial na Zona Franca de Manaus.

§ 1º O crédito presumido de que trata o *caput* será calculado mediante aplicação de percentual correspondente 50% (cinquenta por cento) da alíquota do IBS aplicável na importação.

§ 2º O crédito presumido de que trata este artigo deverá ser deduzido do valor do IBS devido na importação.

§ 3º Ao importador dos bens de que trata o *caput* sujeito ao regime regular do IBS, é garantida a apropriação e a utilização dos créditos integrais de IBS pelo valor do tributo incidente na importação, observadas as regras previstas nos arts. 47 a 56 desta Lei Complementar.

§ 4º O importador deverá recolher IBS corresponde ao valor do crédito presumido deduzido do valor devido na importação com os acréscimos legais cabíveis, na forma do § 2º do art. 29, desde a data da importação, caso:

I – a revenda não cumpra a exigência disposta no *caput*;

II – não se comprove o ingresso do bem no estabelecimento de destino na Zona Franca de Manaus nos prazos estabelecidos em regulamento; e

II – o bem seja revendido para fora da Zona Franca de Manaus ou transferido para fora da Zona Franca de Manaus.

§ 5º VETADO.

Art. 445. Ficam reduzidas a zero as alíquotas do IBS e da CBS incidentes sobre operação originada fora da Zona Franca de Manaus que destine bem material industrializado de origem nacional a contribuinte estabelecido na Zona Franca de Manaus que seja:

I – habilitado nos termos do art. 442 desta Lei Complementar; e

II – sujeito ao regime regular do IBS e da CBS ou optante pelo regime do Simples Nacional de que trata o art. 12 da Lei Complementar nº 123, de 14 de dezembro de 2006.

§ 1º O disposto no *caput* não se aplica a operações com bens de que trata o § 1º do art. 443.

§ 2º O contribuinte sujeito ao regime regular do IBS e da CBS que realiza as operações de que trata o *caput* poderá apropriar e utilizar os créditos relativos às operações antecedentes, observado o disposto nos arts. 47 a 56 desta Lei Complementar.

§ 3º Deverão ser instituídos controles específicos para verificação da entrada na Zona Franca de Manaus dos bens materiais de que trata o *caput*, nos termos do regulamento.

§ 4º Caso não haja comprovação de que os bens destinados à Zona Franca de Manaus ingressaram no destino, nos prazos estabelecidos em regulamento, o contribuinte deverá recolher o valor de IBS e de CBS que seria devido caso não houvesse a redução a zero de alíquotas, com os acréscimos legais cabíveis, na forma do § 2º do art. 29 desta Lei Complementar.

§ 5º O disposto no *caput* se aplica também à operação com bem material intermediário submetido a industrialização por encomenda.

Art. 446. O IBS incidirá sobre a entrada, no estado do Amazonas, de bens materiais que tenham sido contemplados com a redução a zero de alíquotas nos termos do art. 445 desta Lei Complementar, exceto se destinados a indústria incentivada para utilização na Zona Franca de Manaus.

§ 1º Na hipótese de que trata o *caput*:

I – o contribuinte do IBS será o destinatário da operação de que trata o *caput* do art. 445 desta Lei Complementar;

II – a base de cálculo do imposto será o valor da operação de que trata o *caput* do art. 445 desta Lei Complementar;

III – o IBS será cobrado mediante aplicação de alíquota correspondente a 70% (setenta por cento) da alíquota que incidiria na respectiva operação caso não houvesse a redução a zero estabelecida pelo art. 445 desta Lei Complementar.

§ 2º O valor do IBS pago na forma do inciso III do § 1º permitirá ao contribuinte a apropriação e a utilização do crédito do imposto, na forma dos arts. 47 a 56 desta Lei Complementar.

Art. 447. Fica concedido ao contribuinte sujeito ao regime regular do IBS e habilitado nos termos do art. 442 desta Lei Complementar crédito presumido de IBS relativo à aquisição de bem material industrializado de origem nacional contemplado pela redução a zero da alíquota do IBS nos termos do art. 445 desta Lei Complementar.

§ 1º O crédito presumido de que trata o *caput* será calculado mediante aplicação dos seguintes percentuais sobre o valor da operação contemplada pela redução a zero da alíquota do IBS nos termos do art. 445 desta Lei Complementar:

I – 7,5% (sete inteiros e cinco décimos por cento), no caso de bens provenientes das regiões Sul e Sudeste, exceto do Estado do Espírito Santo; e

II – 13,5% (treze inteiros e cinco décimos por cento), no caso de bens provenientes das regiões Norte, Nordeste e Centro-Oeste e do Estado do Espírito Santo.

§ 2º O crédito presumido deverá ser estornado caso:

I – não se comprove o ingresso do bem no estabelecimento de destino na Zona Franca de Manaus nos prazos estabelecidos em regulamento, exigindo-se os acréscimos legais cabíveis nos termos do§ 2º do art. 29 desta Lei Complementar;

II – o bem seja revendido para fora da ZFM ou transferido para fora da ZFM, não se exigindo acréscimos legais caso o estorno seja efetuado tempestivamente.

§ 3º Quando do retorno ao encomendante, de bens submetidos a industrialização por encomenda, o crédito presumido de que trata o *caput* se aplica, tão somente, ao valor agregado neste processo de industrialização.

Art. 448. Ficam reduzidas a zero as alíquotas do IBS e da CBS incidentes sobre operação realizada por indústria incentivada que destine bem material intermediário para outra indústria incentivada na Zona Franca de Manaus, desde que a entrega ou disponibilização dos bens ocorra dentro da referida área.

§ 1º O disposto no *caput* não se aplica a operações com bens de que trata o § 1º do art. 443 desta Lei Complementar.

§ 2º Ficam assegurados ao contribuinte sujeito ao regime regular do IBS e da CBS que realiza as operações de que trata o *caput* a apropriação e a utilização dos créditos relativos às operações antecedentes, nos termos dos arts. 47 a 56 desta Lei Complementar.

§ 3º O disposto no *caput* se aplica também à operação com bem material intermediário submetido a industrialização por encomenda, em relação ao valor adicionado na industrialização.

Art. 449. Fica concedido à indústria incentivada na Zona Franca de Manaus, sujeita ao regime regular do IBS e da CBS, crédito presumido de IBS relativo à aquisição de bem intermediário produzido na referida área, desde que o bem esteja contemplado pela redução a zero de alíquota estabelecida pelo art. 448 desta Lei Complementar e seja utilizado para incorporação ou consumo na produção de bens finais.

§ 1º O crédito presumido de que trata o *caput* será calculado mediante aplicação do percentual de 7,5% (sete inteiros e cinco décimos por cento) sobre o valor da operação contemplada pela redução a zero da alíquota do IBS estabelecida pelo art. 448 desta Lei Complementar.

§ 2º No momento do retorno ao encomendante, de bens submetidos a industrialização por encomenda, o crédito presumido de que trata o *caput* se aplica, tão somente, ao valor agregado neste processo de industrialização.

Art. 450. Ficam concedidos à indústria incentivada na Zona Franca de Manaus créditos presumidos de IBS e de CBS relativos à operação que destine ao território nacional, inclusive para a própria Zona Franca de Manaus, bem material produzido pela própria indústria incentivada na referida área nos termos do projeto econômico aprovado, exceto em relação às operações previstas no art. 447 desta Lei Complementar.

§ 1º O crédito presumido de IBS de que trata o *caput* será calculado mediante a aplicação dos seguintes percentuais sobre o saldo devedor do IBS no período de apuração:

I – 55% (cinquenta e cinco por cento) para bens de consumo final;

II – 75% (setenta e cinco por cento) para bens de capital;

III – 90,25% (noventa inteiros e vinte e cinco centésimos por cento) para bens intermediários; e

IV – 100% (cem por cento) para bens de informática e para os produtos que a legislação do Estado do Amazonas, até 31 de dezembro de 2023, estabeleceu crédito estímulo de ICMS neste percentual.

§ 2º O crédito presumido de CBS de que trata o *caput* será calculado mediante aplicação dos seguintes percentuais sobre o valor da operação registrado em documento fiscal idôneo:

I – 6% (seis por cento) na venda de produtos, nos termos do art. 454 desta Lei Complementar; ou

II – 2% (dois por cento) nos demais casos.

§ 3º O disposto no *caput* não se aplica a operações:

I – não sujeitas à incidência ou contempladas por hipóteses de isenção, alíquota zero, suspensão ou diferimento do IBS e da CBS; e

II – com bens não contemplados pelo regime favorecido da Zona Franca de Manaus, previstos no art. 441 desta Lei Complementar.

§ 4º Aos adquirentes dos bens de que trata o *caput* sujeitos ao regime regular do IBS e da CBS, é garantida a apropriação e a utilização integral dos créditos relativos ao IBS e à CBS pelo valor dos referidos tributos incidentes sobre a operação registrados em documento fiscal idôneo, observadas as regras previstas nos arts. 47 a 56 desta Lei Complementar.

§ 5º No caso de vendas para a União em que as alíquotas do IBS estejam sujeitas à redução de que trata a alínea *a* do inciso I do § 1º do art. 473, poderá ser apropriado o crédito presumido de IBS de que trata o § 1º deste artigo, considerando-se, exclusivamente para fins do cálculo do referido crédito presumido, a apuração de saldo devedor de IBS com base nas alíquotas que seriam aplicáveis à operação caso não houvesse a redução a zero.

Art. 451. Ficam reduzidas a zero as alíquotas da CBS incidentes sobre as operações realizadas por pessoas jurídicas estabelecidas na Zona Franca de Manaus com bem material de origem nacional ou com serviços prestados fisicamente, quando destinadas a pessoa física ou jurídica localizadas dentro da referida área.

Parágrafo único. O contribuinte que realizar as operações de que trata o *caput* poderá apropriar e utilizar os créditos relativos às operações antecedentes, observado o disposto nos arts. 47 a 56 desta Lei Complementar.

Art. 452. Os créditos presumidos de IBS e de CBS estabelecidos pelos arts. 444, 447, 449 e 450 desta Lei Complementar somente poderão ser utilizados para compensação, respectivamente, com o valor do IBS e da CBS devidos pelo contribuinte, vedada a compensação com outros tributos e o ressarcimento em dinheiro.

Parágrafo único. O direito à utilização dos créditos presumidos de que trata o *caput* extingue-se após 5 (cinco) anos, contados do primeiro dia do mês subsequente àquele em que ocorrer sua apropriação.

Art. 453. As operações com bens e serviços ocorridas dentro da Zona Franca de Manaus ou destinadas à referida área, inclusive importações, que não estejam contempladas pelo disposto nos arts. 443, 445, 446 e 448 desta Lei Complementar sujeitam-se à incidência do IBS e da CBS com base nas demais regras previstas nesta Lei Complementar.

Art. 454. A partir de 1º de janeiro de 2027, as alíquotas do IPI ficam reduzidas a zero para produtos sujeitos a alíquota inferior a 6,5% (seis inteiros e cinco décimos por cento) prevista na Tabela de Incidência do Imposto sobre Produtos Industrializados – TIPI vigente em 31 de dezembro de 2023 e que tenham:

I – sido industrializados na Zona Franca de Manaus no ano de 2024; ou

II – projeto técnico-econômico aprovado pelo Conselho de Administração da SUFRAMA (CAS) entre 1º de janeiro de 2022 e a data de publicação desta Lei.

§ 1º Serão beneficiados por crédito presumido de CBS, nos termos do inciso I do § 2º do art. 450 desta Lei Complementar os produtos:

I – de que trata o *caput* deste artigo; ou

II – VETADO.

§ 2º A redução a zero das alíquotas a que se refere o *caput* deste artigo não alcança os produtos enquadrados como bem de tecnologia da informação e comunicação, conforme regulamentação do art. 16-A da Lei nº 8.248, de 23 de outubro de 1991.

§ 3º O Poder Executivo da União divulgará a lista dos produtos cuja alíquota de IPI tenha sido reduzida a zero nos termos deste artigo e do art. 126, inciso III, alínea *a*, do ADCT.

Art. 455. Em relação a bens sem similar nacional cuja produção venha a ser instalada na Zona Franca de Manaus:

I – o crédito presumido de CBS de que trata o art. 450 desta Lei Complementar será calculado mediante aplicação do percentual estabelecido pelo inciso I do § 2º do referido artigo; ou

II – a alíquota do IPI será de, no mínimo, 6,5% (seis inteiros e cinco décimos por cento), podendo o chefe do Poder Executivo da União majorá-la ou restabelecê-la, atendidas as seguintes condições:

a) a majoração da alíquota será de, no máximo, trinta pontos percentuais;

b) a alíquota resultante do restabelecimento não poderá ser inferior à prevista no inciso II do *caput* deste artigo;

c) a redução ou restabelecimento não poderá ser efetivada antes de decorridos 60 (sessenta) meses da fixação ou majoração da alíquota do IPI;

d) a redução deverá ser feita de forma gradual, limitada a, no máximo, cinco pontos percentuais por ano.

§ 1º No caso de bens com similar nacional cuja produção venha a ser instalada na Zona Franca de Manaus, ficam assegurados os incentivos tributários de que trata esta Lei, salvo os previstos nos incisos I e II do *caput* deste artigo.

§ 2º Aplicam-se as condições previstas no inciso II do *caput* e suas alíneas para os produtos industrializados na Zona Franca de Manaus que possuam alíquota positiva de IPI.

Art. 456. A redução da arrecadação do IBS e da CBS decorrente dos benefícios previstos neste Capítulo, inclusive em decorrência dos créditos presumidos previstos nos arts. 444, 447, 449 e 450 desta Lei Complementar, deverá ser considerada para fixação das alíquotas de referência.

Art. 457. O Estado do Amazonas poderá instituir contribuição de contrapartida semelhante àquelas existentes em 31 de dezembro de 2023, desde que destinadas ao financiamento do ensino superior, ao fomento da micro, pequena e média empresa e da interiorização do desenvolvimento, conforme previsão do *caput* do art. 92-B do ADCT da Constituição Federal, devendo observar que:

I – o percentual da contrapartida prevista no *caput* será de 1,5% (um ponto e meio percentual), calculado sobre o faturamento das indústrias incentivadas;

II – a contrapartida a que se refere o *caput* será cobrada a partir do ano de 2033, quando do fim da transição prevista nos arts. 124 a 133 do Ato das Disposições Constitucionais Transitórias;

III – no ano de 2033, a cobrança da contrapartida prevista no *caput* será equivalente a 10% (dez por cento) do percentual previsto no Inciso I, ficando o complemento de 90% (noventa por cento) a cargo da recomposição prevista no art. 131, § 1º, II do Ato das Disposições Constitucionais Transitórias;

IV – de 2034 a 2073, o percentual da cobrança da contrapartida prevista no *caput* será acrescido à razão de 1/45 (um quarenta e cinco avos) por ano ao percentual aplicado no ano de 2033, ficando o complemento à cargo da recomposição prevista no art. 131, § 1º, III do Ato das Disposições Constitucionais Transitórias.

CAPÍTULO II
DAS ÁREAS DE LIVRE COMÉRCIO

Art. 458. Os benefícios relativos às Áreas de Livre Comércio estabelecidos neste Capítulo aplicam-se até a data estabelecida pelo art. 92-A do ADCT.

Art. 459. Para fins do disposto nesta Lei Complementar, as seguintes áreas de livre comércio ficam contempladas com regime favorecido:

I – Tabatinga, no Amazonas, criada pela Lei nº 7.965, de 22 de dezembro de 1989;

II – Guajará-Mirim, em Rondônia, criada pela Lei nº 8.210, de 19 de julho de 1991;

III – Boa Vista e Bonfim, em Roraima, criadas pela Lei nº 8.256, de 25 de novembro de 1991;

IV – Macapá e Santana, no Amapá, criada pelo art. 11 da Lei nº 8.387, de 30 de dezembro de 1991; e

V – Brasileia, com extensão a Epitaciolândia, e Cruzeiro do Sul, no Acre, criadas pela Lei nº 8.857, de 8 de março de 1994.

Art. 460. Nos termos definidos em regulamento, é condição para habilitação aos incentivos fiscais das Áreas de Livre Comércio:

I – a inscrição específica em cadastro da Superintendência da Zona Franca de Manaus – SUFRAMA, para a pessoa jurídica que desenvolva atividade comercial ou fornecimento de serviços; e

II – a inscrição específica e aprovação de projeto técnico-econômico pelo Conselho de Administração da SUFRAMA para desenvolvimento de atividade de industrialização de produtos em cuja composição final haja preponderância de matérias-primas de origem regional, provenientes dos segmentos animal, vegetal, mineral, exceto os minérios do Capítulo 26 da NCM/SH, ou agrossilvopastoril, observada a legislação ambiental pertinente.

§ 1º No processo de aprovação dos projetos de que trata este artigo, deverá ser ouvido o Poder Executivo do Estados em que localizada a Área de Livre Comércio.

§ 2º A SUFRAMA disciplinará os critérios para caracterização da preponderância de matéria-prima de origem regional na composição final do produto de que que trata o inciso II do *caput*.

Art. 461. Fica suspensa a incidência do IBS e da CBS na importação de bem material realizada por indústria habilitada na forma do inciso II do *caput* do art. 460 desta Lei Complementar e sujeita ao regime regular do IBS e da CBS para incorporação em seu processo produtivo.

§ 1º Não se aplica a suspensão de que trata o *caput* às importações de:

I – bens de que trata o art. 441 desta Lei Complementar; e

II – bens de uso e consumo pessoal de que trata o art. 57 desta Lei Complementar, salvo se demonstrado que são necessários ao desenvolvimento da atividade econômica do contribuinte vinculada ao projeto econômico aprovado.

§ 2º A suspensão de que trata o *caput* converte-se em isenção:

I – quando os bens importados forem consumidos ou incorporados em processo produtivo do importador na respectiva Área de Livre Comércio;

II – após a depreciação integral do bem ou a permanência por 48 (quarenta e oito) meses no ativo imobilizado do estabelecimento adquirente, o que ocorrer primeiro.

§ 3º Caso os bens importados com a suspensão de que trata o *caput* sejam remetidos para fora da Área de Livre Comércio antes da conversão em isenção de que trata o § 2º, o importador deverá recolher os tributos suspensos com os acréscimos legais cabíveis, na forma do§ 2º do art. 29 desta Lei Complementar, permitida a apropriação e utilização de créditos na forma dos arts. 47 a 56 desta Lei Complementar em relação aos valores efetivamente pagos, exceto em relação aos acréscimos legais cabíveis.

Art. 462. Fica concedido ao contribuinte habilitado na forma do art. 460 e sujeito ao regime regular ou ao Simples Nacional crédito presumido de IBS relativo à importação de bem material para revenda presencial na Área de Livre Comércio.

§ 1º O crédito presumido de que trata o *caput* será calculado mediante aplicação de percentual correspondente 50% (cinquenta por cento) da alíquota do IBS aplicável na importação.

§ 2º O crédito presumido de que trata este artigo deverá ser deduzido do valor do IBS devido na importação.

§ 3º Ao importador dos bens de que trata o *caput* sujeito ao regime regular do IBS, é garantida a apropriação e a utilização dos créditos integrais de IBS pelo valor do tributo incidente na importação, observadas as regras previstas nos arts. 47 a 56 desta Lei Complementar.

§ 4º O importador deverá recolher IBS corresponde ao valor do crédito presumido deduzido do valor devido na importação com os acréscimos legais cabíveis, na forma do § 2º do art. 29, desde a data da importação, caso:

I – a revenda não cumpra a exigência disposta no *caput*;

II – não se comprove o ingresso do bem no estabelecimento de destino na Área de Livre Comércio nos prazos estabelecidos em regulamento; e

III – o bem seja revendido para fora da Área de Livre Comércio ou transferido para fora da Área de Livre Comércio.

§ 5º VETADO.

Art. 463. Ficam reduzidas a zero as alíquotas do IBS e da CBS incidentes sobre operação originada fora da área de livre comércio que destine bem material industrializado de origem nacional a contribuinte estabelecido na área de livre comércio que seja:

I – habilitado nos termos do art. 460 desta Lei Complementar; e

II – sujeito ao regime regular do IBS e da CBS ou optante pelo regime do Simples Nacional de que trata o art. 12 da Lei Complementar nº 123, de 14 de dezembro de 2006.

§ 1º O disposto no *caput* não se aplica às operações com bens de que trata o § 1º do art. 461 desta Lei Complementar.

§ 2º O contribuinte sujeito ao regime regular do IBS e da CBS que realiza as operações de que trata o *caput* poderá apropriar e utilizar créditos relativos às operações antecedentes, observado o disposto nos arts. 47 a 56 desta Lei Complementar.

§ 3º Deverão ser instituídos controles específicos para verificação da entrada nas Áreas de Livre Comércio dos bens de que trata o *caput*, nos termos do regulamento.

§ 4º Caso não haja comprovação de que os bens destinados às Áreas de Livre Comércio ingressaram no destino, nos prazos estabelecidos em regulamento, o contribuinte deverá recolher o valor de IBS e de CBS que seria devido caso não houvesse a redução a zero de alíquotas, com os acréscimos legais cabíveis nos termos do§ 2º do art. 29 desta Lei Complementar.

Art. 464. O IBS incidirá sobre a entrada, no estado em que localizada a área de livre comércio, de bens materiais que tenham sido contemplados com a redução a zero de alíquotas nos termos do art. 463 desta Lei Complementar, exceto se destinados a indústria incentivada para utilização nas Áreas de Livre Comércio.

§ 1º Na hipótese de que trata o *caput*:

I – o contribuinte do IBS será o destinatário da operação de que trata o *caput* do art. 463 desta Lei Complementar;

II – a base de cálculo do imposto será o valor da operação de que trata o *caput* do art. 463 desta Lei Complementar;

III – o IBS será cobrado mediante aplicação de alíquota correspondente a 70% (setenta por cento) da alíquota que incidiria na respectiva operação caso não houvesse a redução a zero estabelecida pelo art. 463 desta Lei Complementar.

§ 2º O valor do IBS pago na forma do inciso III do § 1º permitirá ao contribuinte a apropriação e a utilização do crédito do imposto, na forma dos arts. 47 a 56 desta Lei Complementar.

§ 3º O valor do IBS pago na forma do § 4º do art. 463 desta Lei Complementar permitirá ao contribuinte a apropriação e utilização do crédito do imposto na forma dos arts. 47 a 57 desta Lei Complementar, exceto em relação aos acréscimos legais.

Art. 465. Fica concedido ao contribuinte sujeito ao regime regular do IBS e da CBS e habilitado na forma do art. 460 desta Lei Complementar crédito presumido de IBS relativo à aquisição de bem material industrializado de origem nacional contemplado pela redução a zero da alíquota do IBS nos termos do art. 463 desta Lei Complementar.

§ 1º O crédito presumido de que trata o *caput* será calculado mediante aplicação dos seguintes percentuais sobre o valor da operação contemplada pela redução a zero da alíquota do IBS nos termos do art. 463 desta Lei Complementar:

I – 7,5% (sete inteiros e cinco décimos por cento), no caso de bens provenientes das regiões Sul e Sudeste, exceto do Estado do Espírito Santo; e

II – 13,5% (treze inteiros e cinco décimos por cento), no caso de bens provenientes das regiões Norte, Nordeste e Centro-Oeste e do Estado do Espírito Santo.

§ 2º O crédito presumido deverá ser estornado caso:

I – não se comprove o ingresso do bem no estabelecimento de destino na Área de Livre Comércio nos prazos estabelecidos em regulamento, exigindo-se os acréscimos legais cabíveis nos termos do § 2º do art. 29;

II – o bem seja revendido para fora da Área de Livre Comércio ou transferido para fora da Área de Livre Comércio, não se exigindo acréscimos legais caso o estorno seja efetuado tempestivamente.

Art. 466. Ficam reduzidas a zero as alíquotas da CBS incidentes sobre as operações realizadas por pessoas jurídicas estabelecidas na Área de Livre Comércio com bem material de origem nacional ou serviços prestados fisicamente, quando destinados a pessoa física ou jurídica localizadas dentro da referida área.

Parágrafo único. O contribuinte que realizar as operações de que trata o *caput* poderá apropriar e utilizar os créditos relativos às operações antecedentes, observado o disposto nos arts. 47 a 56 desta Lei Complementar.

Art. 467. Fica concedido à indústria sujeita ao regime regular de IBS e de CBS e habilitada na forma do inciso II do *caput* do art. 460 desta Lei Complementar créditos presumidos de CBS relativo à operação que destine ao território nacional bem material produzido pela própria indústria na referida área nos termos do projeto econômico aprovado.

§ 1º O crédito presumido de que trata o *caput* será calculado mediante aplicação do percentual de 6% (seis por cento) sobre o valor da operação registrado em documento fiscal idôneo.

§ 2º O disposto no *caput* não se aplica a operações:

I – não sujeitas à incidência ou contempladas por hipóteses de isenção, alíquota zero, suspensão ou diferimento da CBS;

II – com bens de que trata o art. 441 desta Lei Complementar.

§ 3º Aos adquirentes dos bens de que trata o *caput*, caso estejam sujeitos ao regime regular do IBS e da CBS, é garantida a apropriação integral dos créditos relativos à CBS pelo valor incidente na operação registrado em documento fiscal idôneo, observadas as regras previstas nos arts. 47 a 56 desta Lei Complementar.

Art. 468. Os créditos presumidos de IBS e de CBS estabelecidos pelos arts. 462, 465 e 467 desta Lei Complementar somente poderão ser utilizados para compensação, respectivamente, com valores de IBS e CBS devidos pelo contribuinte, vedada a compensação com outros tributos e o ressarcimento em dinheiro.

Parágrafo único. O direito à utilização dos créditos presumidos de que trata o *caput* extingue-se após 5 (cinco) anos, contados do primeiro dia do mês subsequente àquele em que ocorrer sua apropriação.

Art. 469. Para fins deste Capítulo, em todas as operações entre partes relacionadas observar-se-á o disposto no § 4º do art. 12 desta Lei Complementar.

Art. 470. A redução da arrecadação do IBS e da CBS decorrente dos benefícios previstos nesta Seção, inclusive em decorrência dos créditos presumidos previstos nos arts. 462, 465 e 467 desta Lei Complementar, deverá ser considerada para fixação das alíquotas de referência.

CAPÍTULO III
DA DEVOLUÇÃO DO IBS E DA CBS AO TURISTA ESTRANGEIRO

Art. 471. Ato Conjunto do Ministério da Fazenda e do Comitê Gestor do IBS poderá prever que o valor do IBS e da CBS incidentes sobre o fornecimento de bens materiais para domiciliado ou residente no exterior, realizado no País durante permanência inferior a 90 (noventa) dias, será devolvido a este no momento em que ocorrer sua saída do território nacional.

§ 1º A restituição do IBS e da CBS de que trata o *caput* observará o seguinte:

I – será aplicada apenas aos bens adquiridos constantes de sua bagagem acompanhada, durante o período de permanência do residente ou domiciliado no exterior, fornecidos por contribuintes habilitados;

II – será aplicada apenas às saídas por via aérea ou marítima;

III – poderá ser solicitada a comprovação física de que o bem objeto da devolução dos tributos consta na bagagem do domiciliado ou residente no exterior no momento de sua saída do território nacional; e

IV – poderá ser descontada do montante da devolução parcela para pagamento dos custos administrativos relacionados ao benefício de que trata este artigo.

§ 2º O Ministério da Fazenda e o Comitê Gestor do IBS regulamentarão o disposto neste artigo, inclusive em relação:

I – a outras condições a serem observadas para solicitação da devolução de que trata este artigo;

II – a forma de habilitação dos contribuintes de IBS e CBS de que trata o inciso I do § 1º;

III – a taxa de câmbio aplicável para fins do disposto no inciso IV deste parágrafo;

IV – ao limite da devolução, o qual não poderá ser inferior a US$ 1.000,00 (mil dólares norte-americanos);

V – à devolução, que terá como parâmetro o valor total de bens adquiridos por pessoa.

TÍTULO II – DAS COMPRAS GOVERNAMENTAIS

Art. 472. Nas aquisições de bens e serviços pela administração pública direta, por autarquias e por fundações públicas, as alíquotas do IBS e da CBS serão reduzidas, de modo uniforme, na proporção do redutor fixado:

I – de 2027 a 2033, nos termos do art. 370 desta Lei Complementar; e

II – a partir de 2034, no nível fixado para 2033.

Parágrafo único. Não se aplica o disposto neste artigo às aquisições que, cumulativamente, sejam efetuadas de forma presencial e sejam dispensadas de licitação, nos termos da legislação específica.

Art. 473. O produto da arrecadação do IBS e da CBS sobre as aquisições de bens e serviços pela administração pública direta, por autarquias e por fundações públicas será integralmente destinado ao ente federativo contratante, mediante redução a zero das alíquotas do IBS e da CBS devidos aos demais entes federativos e equivalente elevação da alíquota do tributo devido ao ente contratante.

§ 1º Para fins do atendimento ao disposto no *caput* deste artigo:

I – nas aquisições pela União:

a) serão reduzidas a zero as alíquotas do IBS dos demais entes federativos; e

b) será a alíquota da CBS fixada em montante equivalente à soma das alíquotas do IBS e da CBS incidentes sobre a operação, após a redução de que trata o art. 472 desta Lei Complementar;

II – nas aquisições por Estado:

a) serão reduzidas a zero a alíquota da CBS e a alíquota municipal do IBS; e

b) será a alíquota estadual do IBS fixada em montante equivalente à soma das alíquotas do IBS e da CBS incidentes sobre a operação, após a redução de que trata o art. 472 desta Lei Complementar;

III – nas aquisições por Município:

a) serão reduzidas a zero a alíquota da CBS e a alíquota estadual do IBS;

b) será a alíquota municipal do IBS fixada em montante equivalente à soma das alíquotas do IBS e da CBS incidentes sobre a operação, após a redução de que trata o art. 472 desta Lei Complementar; e

IV – nas aquisições pelo Distrito Federal:

a) será reduzida a zero a alíquota da CBS;

b) será a alíquota distrital do IBS fixada em montante equivalente à soma das alíquotas do IBS e da CBS incidentes sobre a operação, após a redução de que trata o art. 472 desta Lei Complementar.

§ 2º Não se aplica o disposto no *caput* e no § 1º deste artigo às aquisições que, cumulativamente, sejam efetuadas de forma presencial e sejam dispensadas de licitação, nos termos da legislação específica.

§ 3º Aplica-se o disposto neste artigo às importações efetuadas pela administração pública direta, por autarquias e por fundações públicas, assegurada a igualdade de tratamento em relação às aquisições no País.

TÍTULO III – DISPOSIÇÕES TRANSITÓRIAS

Art. 474. Durante o período compreendido entre 2027 e 2032, os percentuais para incidência ou creditamento de IBS e de CBS previstos nos arts. 447, § 1º, 449, § 1º, e 465, § 1º, desta Lei Complementar serão reduzidos nas seguintes proporções:

I – 9/10 (nove décimos), em 2029;
II – 8/10 (oito décimos), em 2030;
III – 7/10 (sete décimos), em 2031; e
IV – 6/10 (seis décimos), em 2032.

CAPÍTULO I – DA AVALIAÇÃO QUINQUENAL

Art. 475. O Poder Executivo da União e o Comitê Gestor do IBS realizarão avaliação quinquenal da eficiência, eficácia e efetividade, enquanto políticas sociais, ambientais e de desenvolvimento econômico:

I – da aplicação ao IBS e à CBS dos regimes aduaneiros especiais, das zonas de processamento de exportação e dos regimes dos bens de capital do REPORTO, do REIDI e do RENAVAL, de que trata o Título II do Livro I;

II – da devolução personalizada do IBS e da CBS, de que trata o Capítulo I do Título III do Livro I;

III – da Cesta Básica Nacional de Alimentos, de que trata o Capítulo II do Título III do Livro I;

IV – dos regimes diferenciados do IBS e da CBS, de que trata o Título IV do Livro I; e

V – dos regimes específicos do IBS e da CBS, de que trata o Título V do Livro I.

§ 1º A avaliação de que trata o *caput* deverá considerar, inclusive, o impacto da legislação do IBS e da CBS na promoção da igualdade entre homens e mulheres e étnico-racial.

§ 2º Para fins do disposto no inciso II do *caput*, a avaliação de que trata o *caput* deverá considerar o impacto sobre as desigualdades de renda.

§ 3º Para fins do disposto no inciso III do *caput*, a composição dos produtos que integram a Cesta Básica Nacional de Alimentos deve ter como objetivo garantir a alimentação saudável e nutricionalmente adequada, em observância ao direito social à alimentação, devendo satisfazer os seguintes critérios:

I – privilegiar alimentos *in natura* ou minimamente processados; e

II – privilegiar alimentos consumidos majoritariamente pelas famílias de baixa renda.

§ 4º Para fins do disposto no § 3º, consideram-se:

I – alimentos *in natura* ou minimamente processados, aqueles obtidos diretamente de plantas, de animais ou de fungos e adquiridos para consumo sem que tenham sofrido alterações após deixarem a natureza ou que tenham sido submetidos a processamentos mínimos sem adição de sal, açúcar, gordura e óleos e outros aditivos que modifiquem as características do produto e substâncias de raro uso culinário;

II – alimentos consumidos majoritariamente pelas famílias de baixa renda, aqueles que apresentam as maiores razões entre:

a) a participação da despesa com o respectivo alimento sobre o total da despesa de alimentos das famílias de baixa renda; e

b) a participação da despesa com o respectivo alimento sobre o total da despesa de alimentos das demais famílias.

§ 5º Para fins de cálculo da razão a que se refere o inciso II do § 4º serão utilizadas as informações da POF do IBGE e, para a delimitação das famílias de baixa renda, será tomado como referência o limite de renda monetária familiar *per capita* de até meio salário mínimo.

§ 6º Para fins do disposto no inciso IV do *caput*, para fins do regime diferenciado de tributação, a definição dos alimentos destinados à alimentação humana deverá privilegiar alimentos *in natura* ou minimamente processados, exceto aqueles consumidos majoritariamente pelas famílias de alta renda.

§ 7º O Tribunal de Contas da União e os Tribunais de Contas dos Estados e Municípios poderão, em decorrência do exercício de suas competências, oferecer subsídios para a avaliação quinquenal de que trata esse artigo.

§ 8º Caso a avaliação quinquenal resulte em recomendações de revisão dos regimes e das políticas de que tratam os incisos do *caput*, o Poder Executivo da União deverá encaminhar ao Congresso Nacional projeto de lei complementar propondo:

I – alterações no escopo e na forma de aplicação dos regimes e das políticas de que tratam os incisos do *caput*; e

II – regime de transição para a alíquota padrão, em relação aos regimes diferenciados de que trata o inciso IV do *caput*.

§ 9º A primeira avaliação quinquenal será realizada com base nos dados disponíveis no ano-calendário de 2030 e poderá resultar na apresentação de projeto de lei complementar pelo Poder Executivo da União, com início de eficácia para 2032, a ser enviado até o último dia útil de março de 2031.

§ 10. Na avaliação quinquenal de que trata o § 9º, serão estimadas as alíquotas de referência de IBS e CBS que serão aplicadas a partir de 2033, considerando-se os dados de arrecadação desses tributos em relação aos anos de 2026 a 2030.

§ 11. Caso a soma das alíquotas de referência estimadas de que trata o § 10 resulte em percentual superior a 26,5% (vinte e seis inteiros e cinco décimos por cento), o Poder Executivo da União, ouvido o Comitê Gestor do IBS, deverá encaminhar ao Congresso Nacional projeto de lei complementar propondo medidas que reduzam o percentual a patamar igual ou inferior a 26,5% (vinte e seis inteiros e cinco décimos por cento).

§ 12. O projeto de lei complementar de que trata o § 11 deverá:

I – ser enviado ao Congresso Nacional até 90 (noventa) dias após a conclusão da avaliação quinquenal;

II – estar acompanhado dos dados e dos cálculos que basearam a sua apresentação; e

III – alterar o escopo e a forma de aplicação dos regimes e das políticas de que tratam os incisos do *caput*.

§ 13. As avaliações subsequentes deverão ocorrer a cada 5 (cinco) anos, contados dos prazos estabelecidos no § 9º.

Art. 476. O Poder Executivo da União realizará avaliação quinquenal da eficiência, eficácia e efetividade, enquanto política social, ambiental e sanitária, da incidência do Imposto Seletivo de que trata o Livro II.

§ 1º A avaliação de que trata este artigo será realizada simultaneamente à avaliação de que trata o art. 475 desta Lei Complementar.

§ 2º Aplica-se à avaliação de que trata este artigo, no que couber, o disposto no art. 475 desta Lei Complementar.

CAPÍTULO II – DA COMPENSAÇÃO DE EVENTUAL REDUÇÃO DO MONTANTE ENTREGUE NOS TERMOS DO ART. 159, INCISOS I E II, DA CONSTITUIÇÃO FEDERAL EM RAZÃO DA SUBSTITUIÇÃO DO IPI PELO IMPOSTO SELETIVO

Art. 477. A partir de 2027, a União compensará, na forma deste Título, eventual redução no montante dos valores entregues nos termos do art. 159, incisos I e II, da Constituição Federal, em razão da substituição da arrecadação do IPI, pela arrecadação do Imposto Seletivo, conforme disposto nesta Lei Complementar.

§ 1º A compensação de que trata o *caput* será apurada mensalmente, a partir de janeiro de 2027, pela diferença entre:

I – o valor de referência para o mês, calculado nos termos do art. 478 desta Lei Complementar; e

II – o valor entregue, no mês, em decorrência da aplicação do disposto nos incisos I e II do *caput* do art. 159 da Constituição Federal sobre o produto da arrecadação do IPI e do Imposto Seletivo.

§ 2º O valor apurado nos termos do § 1º:

I – quando negativo, será deduzido do montante apurado na forma do § 1º no mês subsequente;

II – quando positivo, será entregue no segundo mês subsequente ao da apuração, na forma prevista nos incisos I e II do *caput* do art. 159 da Constituição Federal.

§ 3º O valor de que trata o inciso II do § 2º será entregue nas mesmas datas previstas para a entrega dos recursos de que tratam os incisos I e II do *caput* do art. 159 da Constituição Federal, observada sua distribuição em valores iguais para cada uma das parcelas entregue no mês.

Art. 478. O valor de referência de que trata o inciso I do § 1º do art. 477 desta Lei Complementar será calculado da seguinte forma:

I – para os meses de janeiro a dezembro de 2027, corresponderá ao valor médio mensal de 2026, calculado nos termos do § 1º deste artigo, corrigido pela variação do IPCA até o mês da apuração e acrescido de 2% (dois por cento);

II – a partir de janeiro de 2028, será fixado em valor equivalente ao valor de referência do décimo segundo mês anterior, corrigido pela variação em 12 (doze) meses do produto da arrecadação da CBS, calculada com base na alíquota de referência.

§ 1º O valor médio mensal a preços de 2026 corresponde à soma dos valores entregues de 2022 a 2026 em decorrência da aplicação do disposto nos incisos I e II do *caput* do art. 159 da Constituição Federal sobre o produto da arrecadação do IPI, corrigidos a preços de 2026 pela variação da arrecadação do IPI e divididos por 60 (sessenta).

§ 2º A correção pela variação do IPCA de que trata o inciso I do *caput* será realizada com base:

I – no índice do IPCA relativo ao respectivo mês de apuração; e

II – no índice médio do IPCA para 2026.

§ 3º O Tribunal de Contas da União publicará, até o último dia útil do mês subsequente ao da apuração, o valor de referência de que trata o *caput*.

Art. 479. O valor a ser entregue a título da compensação de que trata o art. 477 desta Lei Complementar observará os mesmos critérios, prazos e garantias aplicáveis à entrega de recursos de que trata o art. 159, incisos I e II, da Constituição Federal.

§ 1º É vedada a vinculação dos recursos da compensação de que trata o *caput* a órgão, fundo ou despesa, ressalvados:

I – a realização de atividades da administração tributária;

II – a prestação de garantias às operações de crédito por antecipação de receita;

III – o pagamento de débitos com a União e para prestar-lhe garantia ou contragarantia;

IV – os percentuais mínimos para ações e serviços de saúde previstos no art. 198, § 2º, da Constituição Federal;

V – os percentuais mínimos a serem aplicados na manutenção e desenvolvimento do ensino conforme art. 212 da Constituição Federal; e

VI – a parcela destinada à manutenção e ao desenvolvimento do ensino na educação básica e à remuneração condigna de seus profissionais, conforme art. 212-A da Constituição Federal.

§ 2º É vedada a retenção ou qualquer restrição à entrega e ao emprego dos recursos da compensação de que trata o *caput* aos Estados, ao Distrito Federal e aos Municípios, conforme art. 160 da Constituição Federal.

CAPÍTULO III
DO COMITÊ GESTOR DO IBS

Seção I
DISPOSIÇÕES GERAIS

Art. 480. Fica instituído, até 31 de dezembro de 2025, o Comitê Gestor do Imposto sobre Bens e Serviços (CGIBS), entidade pública com caráter técnico e operacional sob regime especial, com sede e foro no Distrito Federal, dotado de independência técnica, administrativa, orçamentária e financeira.

§ 1º O CGIBS, nos termos da Constituição Federal e desta Lei Complementar, terá sua atuação caracterizada pela ausência de vinculação, tutela ou subordinação hierárquica a qualquer órgão da administração pública.

§ 2º O regulamento único do IBS definirá o prazo máximo para a realização das atividades de cobrança administrativa, desde que não superior a 12 (doze) meses, contado da constituição definitiva do crédito tributário, após o qual a administração tributária encaminhará o expediente à respectiva procuradoria, para as providências de cobrança judicial ou extrajudicial cabíveis, nos termos definidos no referido regulamento.

§ 3º O CGIBS, a Secretaria Especial da Receita Federal do Brasil e a Procuradoria-Geral da Fazenda Nacional poderão implementar soluções integradas para a futura administração e a cobrança do IBS e da CBS.

§ 4º As normas comuns ao IBS e à CBS constantes do regulamento único do IBS serão aprovadas por ato conjunto do CGIBS e do Poder Executivo federal.

§ 5º O regulamento único do IBS preverá regras uniformes de conformidade tributária, de orientação, de autorregularização e de tratamento diferenciado a contribuintes que atendam a programas de conformidade do IBS estabelecidos pelos entes federativos.

§ 6º As licitações e as contratações realizadas pelo CGIBS serão regidas pelas normas gerais de licitação e contratação aplicáveis às administrações públicas diretas, autárquicas e fundacionais da União, dos Estados, do Distrito Federal e dos Municípios.

§ 7º O CGIBS observará o princípio da publicidade, mediante veiculação de seus atos normativos, preferencialmente por meio eletrônico, disponibilizado na internet.

Seção II
DO CONSELHO SUPERIOR DO CGIBS

Art. 481. O Conselho Superior do CGIBS, instância máxima de deliberação do CGIBS, tem a seguinte composição:

I – 27 (vinte e sete) membros e respectivos suplentes, representantes de cada Estado e do Distrito Federal; e

II – 27 (vinte e sete) membros e respectivos suplentes, representantes do conjunto dos Municípios e do Distrito Federal.

§ 1º Os membros e os respectivos suplentes de que trata:

I – o inciso I do *caput* deste artigo serão indicados pelo Chefe do Poder Executivo de cada Estado e do Distrito Federal; e

II – o inciso II do *caput* deste artigo serão indicados pelos Chefes dos Poderes Executivos dos Municípios e do Distrito Federal, da seguinte forma:

a) 14 (quatorze) representantes eleitos com base nos votos de cada Município e do Distrito Federal, com valor igual para todos; e

b) 13 (treze) representantes eleitos com base nos votos de cada Município e do Distrito Federal, ponderados pelas respectivas populações.

§ 2º A escolha dos representantes dos Municípios no Conselho Superior do CGIBS, a que se refere o inciso II do *caput* deste artigo, será efetuada mediante realização de eleições distintas para definição dos membros e respectivos suplentes de cada um dos grupos referidos nas alíneas *a* e *b* do inciso II do § 1º deste artigo.

§ 3º A eleição de que trata o § 2º deste artigo:

I – será realizada por meio eletrônico, observado que apenas o Chefe do Poder Executivo Municipal em exercício terá direito a voto;

II – terá a garantia da representação de, no mínimo, 1 (um) Município de cada região do País, podendo o Distrito Federal ser representante da Região Centro-Oeste;

III – será regida pelo princípio democrático, garantida a participação de todos os Municípios, sem prejuízo da observância de requisitos mínimos para a candidatura, nos termos desta Lei Complementar e do regulamento eleitoral;

IV – será realizada por meio de um único processo eleitoral, organizado pelas associações de representação de Municípios de âmbito nacional, reconhecidas na forma da Lei nº 14.341, de 18 de maio de 2022, cujos associados representem, no mínimo, 30% (trinta por cento) da população do País ou 30% (trinta por cento) dos Municípios do País, por meio de regulamento eleitoral próprio elaborado em conjunto pelas entidades.

§ 4º Os Municípios somente poderão indicar, dentre os membros a que se refere o inciso II do *caput* deste artigo, 1 (um) único membro titular ou suplente, inclusive para o processo eleitoral.

§ 5º Cada associação, de que trata o inciso IV do § 3º, para a eleição prevista no § 2º, em relação aos representantes referidos na alínea *a* do inciso II do § 1º deste artigo, apresentará até uma chapa, a qual deverá contar com o apoiamento mínimo de 20% (vinte por cento) do total dos Municípios do País, contendo 14 (quatorze) nomes titulares, observado o seguinte:

I – os nomes indicados e os respectivos Municípios comporão uma única chapa, não podendo constar de outra chapa;

II – cada titular terá 2 (dois) suplentes, obrigatoriamente de Municípios distintos e observado o disposto no inciso I deste parágrafo;

III – em caso de impossibilidade de atuação do titular, caberá ao primeiro suplente sua imediata substituição;

IV – vencerá a eleição a chapa que obtiver mais de 50% (cinquenta por cento) dos votos válidos;

V – caso nenhuma das chapas atinja o percentual de votos indicado no inciso IV deste parágrafo, será realizado um segundo turno de votação com as 2 (duas) chapas mais votadas, hipótese em que será considerada vencedora a chapa que obtiver a maioria dos votos válidos.

§ 6º Cada associação, de que trata o inciso IV do § 3º, para a eleição prevista no § 2º, em relação aos representantes referidos na alínea *b* do inciso II do § 1º deste artigo, apresentará até uma chapa, a qual deverá contar com o apoiamento de Municípios que representem, no mínimo, 20% (vinte por cento) do total da população do País, contendo 13 (treze) nomes titulares, observado o disposto nos incisos do § 5º deste artigo.

§ 7º O membro eleito na forma dos §§ 5º e 6º deste artigo poderá ser:

I – substituído, na forma definida pelo CGIBS, por decisão da maioria:

a) dos votos dos Municípios do País, quando se tratar dos representantes a que se refere a alínea *a* do inciso II do § 1º deste artigo; ou

b) dos votos dos Municípios do País ponderados pelas suas respectivas populações, quando se tratar dos representantes a que se refere a alínea *b* do inciso II do § 1º deste artigo;

LEGISLAÇÃO COMPLEMENTAR

II – destituído por ato do Chefe do Poder Executivo do Município que o indicou.

§ 8º Na hipótese de destituição do titular e dos respectivos suplentes, será realizada nova eleição para a ocupação das respectivas vagas, no prazo previsto pelo regimento interno do CGIBS.

§ 9º Exceto na primeira eleição, prevista no § 2º deste artigo, as demais eleições terão o acompanhamento durante todo o processo eleitoral de 4 (quatro) membros do Conselho Superior do CGIBS, escolhidos pelos 27 (vinte e sete) representantes dos Municípios de que trata o inciso II do *caput* deste artigo.

§ 10. O regulamento eleitoral poderá definir outras atribuições dos membros de que trata o § 9º deste artigo para acompanhamento do processo eleitoral.

§ 11. É vedada a indicação de representantes de um mesmo Município simultaneamente para o grupo de 14 (quatorze) representantes de que trata a alínea *a* do inciso II do § 1º deste artigo e para o grupo de 13 (treze) representantes de que trata a alínea *b* do referido inciso.

§ 12. O foro competente para solucionar as ações judiciais relativas aos processos eleitorais de que trata este artigo é o da comarca de Brasília, no Distrito Federal.

Art. 482. Os membros do Conselho Superior do CGIBS serão escolhidos dentre cidadãos de reputação ilibada e de notório conhecimento em administração tributária, observado o seguinte:

I – a representação titular dos Estados e do Distrito Federal será exercida pelo ocupante do cargo de Secretário de Fazenda, Finanças, Tributação ou cargo similar que corresponda à autoridade máxima da administração tributária dos referidos entes federativos; e

II – a representação dos Municípios e do Distrito Federal será exercida por membro que não mantenha, durante a representação, vínculo de subordinação hierárquica com esfera federativa diversa da que o indicou e atenda, ao menos, a um dos seguintes requisitos:

a) ocupar o cargo de Secretário de Fazenda, Finanças, Tributação ou cargo similar que corresponda à autoridade máxima da administração tributária do Município ou do Distrito Federal;

b) ter experiência de, no mínimo, 10 (dez) anos na administração tributária do Município ou do Distrito Federal;

c) ter experiência de, no mínimo, 4 (quatro) anos como ocupante de cargos de direção, de chefia ou de assessoramento superiores na administração tributária do Município ou do Distrito Federal.

§ 1º Os membros de que trata o *caput* deste artigo devem, cumulativamente:

I – ter formação acadêmica em nível superior compatível com o cargo para o qual foram indicados;

II – não se enquadrar nas hipóteses de inelegibilidade previstas nas alíneas *a* a *q* do inciso I do *caput* do art. 1º da Lei Complementar nº 64, de 18 de maio de 1990.

§ 2º Os membros do Conselho Superior do CGIBS serão nomeados e investidos para o exercício da função pelo prazo de que trata o *caput* do art. 480 e poderão ser substituídos ou destituídos:

I – em relação à representação dos Estados e do Distrito Federal, pelo Chefe do Poder Executivo;

II – em relação à representação dos Municípios e do Distrito Federal, na forma prevista no § 7º do art. 481 desta Lei Complementar; e

III – em razão de renúncia, de condenação judicial transitada em julgado ou de pena demissória decorrente de processo administrativo disciplinar.

§ 3º O suplente substituirá o titular em suas ausências e seus impedimentos, na forma do regimento interno.

§ 4º Em caso de vacância, a função será exercida pelo respectivo suplente durante o período remanescente, exceto nos casos de substituição.

§ 5º O membro do Conselho Superior do CGIBS investido na função com fundamento na alínea *a* do inciso II do *caput* deste artigo que vier a deixar de ocupar o cargo de Secretário de Fazenda, Finanças, Tributação ou similar deverá ser substituído ou destituído no prazo de 10 (dez) dias, contado da data de exoneração, caso não preencha outro requisito para ser membro do Conselho Superior do CGIBS.

Seção III

DA INSTALAÇÃO DO CONSELHO SUPERIOR

Art. 483. O Conselho Superior do CGIBS será instalado em até 120 (cento e vinte) dias contados da data de publicação desta Lei Complementar.

§ 1º Para fins do disposto no *caput* deste artigo:

I – os membros titulares e suplentes do Conselho Superior do CGIBS deverão ser indicados em até 90 (noventa) dias contados da data de publicação desta Lei Complementar, mediante publicação no *Diário Oficial da União*:

a) pelos Chefes dos respectivos Poderes Executivos, no caso dos Estados e do Distrito Federal; ou

b) nos termos do processo eleitoral previsto nesta Lei Complementar, no caso dos Municípios e do Distrito Federal;

II – para a primeira gestão do Conselho Superior do CGIBS, a posse dos indicados como membros titulares e suplentes considera-se ocorrida:

a) no primeiro dia útil da segunda semana subsequente à publicação no *Diário Oficial da União* da indicação de todos os membros; ou

b) na data a que se refere o *caput* deste artigo, caso não tenha sido publicada a indicação de todos os membros;

III – os membros titulares do Conselho Superior do CGIBS elegerão entre si o Presidente e os 2 (dois) Vice-Presidentes do CGIBS; e

IV – o Presidente do CGIBS comunicará ao Ministro de Estado da Fazenda a instalação do Conselho Superior do CGIBS, indicando a conta bancária destinada a receber o aporte inicial da União mediante operação de crédito de que trata o art. 484 desta Lei Complementar.

§ 2º Até que seja realizado o aporte da União de que trata o art. 484 desta Lei Complementar, as despesas necessárias à atuação do Conselho Superior do CGIBS serão custeadas pelos entes de origem dos respectivos membros.

§ 3º Após o recebimento do aporte da União de que trata o art. 484 desta Lei Complementar, o Conselho Superior do CGIBS adotará as providências cabíveis para a instalação e o funcionamento do CGIBS.

§ 4º O regimento interno do CGIBS estabelecerá os meios para realizar sua gestão financeira e contábil enquanto não for disponibilizado o sistema de execução orçamentária próprio do CGIBS.

Art. 484. A União custeará, por meio de operação de crédito em 2025, o valor de R$ 600.000.000,00 (seiscentos milhões de reais), reduzido de 1/12 (um doze avos) por mês que haja transcorrido até, inclusive, o mês em que se der a comunicação de que trata o inciso IV do § 1º do art. 483 desta Lei Complementar.

§ 1º Os valores a serem financiados pela União serão distribuídos em parcelas mensais iguais e sucessivas, de janeiro de 2025 ou do mês subsequente à comunicação a que se refere o inciso IV do § 1º do art. 483 desta Lei Complementar até o último mês do ano.

§ 2º As parcelas mensais de que trata este artigo serão creditadas até o décimo dia de cada mês, observado, no caso da primeira parcela, o prazo mínimo de 30 (trinta) dias entre a comunicação realizada nos termos do inciso IV do § 1º do art. 483 desta Lei Complementar e a data do crédito.

§ 3º O financiamento da União ao CGIBS realizado nos termos deste artigo será remunerado com base na taxa SELIC da data de desembolso até seu ressarcimento à União.

§ 4º O CGIBS efetuará o ressarcimento à União dos valores financiados nos termos deste artigo em 20 (vinte) parcelas semestrais sucessivas, a partir de junho de 2029.

§ 5º O CGIBS prestará garantia em favor da União em montante igual ou superior ao valor devido em razão da operação de crédito de que trata este artigo, que poderá consistir no produto de arrecadação do IBS destinada ao seu financiamento.

§ 6º O CGIBS sujeitar-se-á à fiscalização pelo Tribunal de Contas da União exclusivamente em relação aos recursos a que se refere este artigo, até o seu integral ressarcimento.

CAPÍTULO IV

DO PERÍODO DE TRANSIÇÃO DAS OPERAÇÕES COM BENS IMÓVEIS

Seção I

DAS OPERAÇÕES INICIADAS ANTES DE 1º DE JANEIRO DE 2029

Subseção I

DA INCORPORAÇÃO

Art. 485. O contribuinte que realizar incorporação imobiliária submetida ao patrimônio de afetação, nos termos dos artigos 31-A a 31-E da Lei nº 4.591, de 16 de dezembro de 1964, que tenha realizado o pedido de opção pelo regime específico instituído pelo art. 1º e tenha o pedido efetivado nos termos do art. 2º, ambos da Lei Federal nº 10.931 de 2004, antes de 1º de janeiro de 2029, pode optar pelo recolhimento de CBS, da seguinte forma:

I – a incorporação imobiliária submetida ao regime especial de tributação prevista nos arts. 4º e 8º da Lei Federal nº 10.931/2004 ficará sujeita ao pagamento de CBS em montante equivalente a 2,08% da receita mensal recebida;

II – a incorporação imobiliária submetida ao regime especial de tributação prevista no § 6º e § 8º do art. 4º e parágrafo único do art. 8º da Lei Federal nº 10.931/2004 ficará sujeita ao pagamento de CBS em montante equivalente a 0,53% da receita mensal recebida.

§ 1º A opção pelo regime especial disposto no *caput* afasta qualquer outra forma de incidência de IBS e CBS sobre a respectiva incorporação, ficando sujeita à incidência destes tributos exclusivamente na forma disposta neste artigo.

§ 2º Fica vedada a apropriação de créditos do IBS e da CBS pelo contribuinte submetido ao regime especial de que trata o *caput* em relação às aquisições destinadas à incorporação imobiliária submetida ao patrimônio de afetação.

§ 3º A opção pelo regime especial disposto no *caput* impede a dedução dos redutores de ajuste previstos no art. 257 e do redutor social previsto no art. 259 na alienação de imóveis decorrente da incorporação imobiliária.

§ 4º O contribuinte sujeito ao regime regular do IBS e da CBS que adquirir imóvel decorrente de incorporação imobiliária submetida ao regime específico de que trata o *caput* não poderá apropriar créditos de IBS e CBS relativo à aquisição do bem imóvel.

§ 5º No caso de aquisição por contribuinte sujeito ao regime regular do IBS e da CBS, as operações tributadas pelo regime opcional de que trata o *caput* constituirão redutor de ajuste equivalente ao que seria constituído caso o imóvel fosse adquirido de não contribuinte do regime regular do IBS e da CBS, nos termos do inciso III do *caput* do art. 258.

§ 6º Os créditos de IBS e CBS decorrentes dos custos e despesas indiretos pagos pela incorporadora e apropriados a cada incorporação na forma prevista no § 4º do art. 4º da Lei Federal nº 10.931 de 2004 deverão ser estornados pela incorporadora.

§ 7º No caso da opção de que trata este artigo, aplica-se a Lei Federal nº 10.931 de 2004 naquilo que não for contrário ao disposto neste artigo.

SUBSEÇÃO II – DO PARCELAMENTO DO SOLO

Art. 486. O contribuinte que realizar alienação de imóvel decorrente de parcelamento do solo, que tenha o pedido de registro do parcelamento, nos termos da Lei Federal nº 6.766, de 19 de dezembro de 1979, efetivado antes de 1º de janeiro de 2029, pode optar pelo recolhimento de CBS com base na receita bruta recebida.

§ 1º As operações sujeitas ao regime de que trata este artigo estarão sujeitas ao pagamento de CBS em montante equivalente a 3,65% da receita bruta recebida.

§ 2º A opção pelo recolhimento disposta no *caput* afasta qualquer outra forma de incidência de IBS e CBS sobre o respectivo parcelamento do solo, ficando sujeita à incidência tributária destes tributos exclusivamente na forma disposta no *caput*.

§ 3º Fica vedada a apropriação de créditos de IBS e CBS pelo contribuinte que realizar a opção de que trata o *caput*.

§ 4º A opção pelo recolhimento disposta no *caput* impede a dedução dos redutores de ajuste previstos no art. 257 e do redutor social previsto no art. 259 na alienação decorrente de parcelamento do solo.

§ 5º O contribuinte sujeito ao regime regular do IBS e da CBS que adquirir imóvel decorrente de parcelamento do solo submetido ao regime de tributação de que trata o *caput* não poderá apropriar crédito de IBS e CBS relativo à aquisição do bem imóvel.

§ 6º No caso de aquisição por contribuinte sujeito ao regime regular do IBS e da CBS, as operações tributadas pelo regime opcional de que trata o *caput* constituirão redutor de ajuste equivalente ao que seria constituído caso o imóvel fosse adquirido de não contribuinte do regime regular do IBS e da CBS, nos termos do inciso III do *caput* do art. 258.

§ 7º Considera-se receita bruta a totalidade das receitas auferidas na venda das unidades imobiliárias que compõem o parcelamento do solo, bem como as receitas financeiras e variações monetárias decorrentes desta operação.

§ 8º O pagamento de CBS na forma do disposto no *caput* deste artigo será considerado definitivo, não gerando, em qualquer hipótese, direito à restituição ou à compensação, exceto em caso de distrato da operação.

§ 9º As receitas, custos e despesas próprios do parcelamento de solo sujeito à tributação na forma deste artigo não deverão ser computados na apuração da base de cálculo da CBS devida pelo contribuinte em virtude de suas outras atividades empresariais.

§ 10. Para fins do disposto no § 7º deste artigo, os custos e despesas indiretos pagos pelo contribuinte no mês serão apropriados a cada parcelamento de solo, na mesma proporção representada pelos custos diretos próprios das operações decorrentes do parcelamento de solo, em relação ao custo direto total do contribuinte, assim entendido como a soma de todos os custos diretos de todas as atividades exercidas pelo contribuinte.

§ 11. Os créditos de IBS e CBS decorrentes dos custos e despesas indiretos pagos pelo contribuinte e apropriados a cada parcelamento do solo na forma prevista no § 10 deverão ser estornados pelo contribuinte.

§ 12. O contribuinte fica obrigado a manter escrituração contábil segregada para cada parcelamento de solo submetido ao regime de tributação previsto neste artigo.

SUBSEÇÃO III – DA LOCAÇÃO, DA CESSÃO ONEROSA E DO ARRENDAMENTO DO BEM IMÓVEL

Art. 487. O contribuinte que realizar locação, cessão onerosa ou arrendamento de bem imóvel decorrente de contratos firmados por prazo determinado poderá optar pelo recolhimento de IBS e CBS com base na receita bruta recebida.

§ 1º A opção prevista no *caput* será aplicada exclusivamente:

I – para contrato com finalidade não residencial, pelo prazo original do contrato, desde que este:

a) seja firmado até a data de publicação desta Lei Complementar, sendo a data comprovada por firma reconhecida ou por meio de assinatura eletrônica; e

b) seja registrado em Cartório de Registro de Imóveis ou em Registro de Títulos e Documentos até 31 de dezembro de 2025 ou seja disponibilizado para a RFB e para o Comitê Gestor do IBS, nos termos do regulamento;

II – para contrato com finalidade residencial, pelo prazo original do contrato ou até 31 de dezembro de 2028, o que ocorrer primeiro, desde que firmado até a data de publicação desta Lei Complementar, sendo a data comprovada por firma reconhecida, por meio de assinatura eletrônica ou pela comprovação de pagamento da locação até o último dia do mês subsequente ao do primeiro mês do contrato.

§ 2º As operações sujeitas ao regime de que trata este artigo estarão sujeitas ao pagamento de IBS e CBS em montante equivalente a 3,65% da receita bruta recebida.

§ 3º A opção pelo recolhimento disposta no *caput* afasta qualquer outra forma de incidência de IBS e CBS sobre a respectiva operação, ficando sujeita à incidência destes tributos exclusivamente na forma disposta no *caput*.

§ 4º Fica vedada a apropriação de créditos do IBS e da CBS pelo contribuinte que realizar a opção de que trata o *caput*, em relação às operações relacionadas ao bem imóvel sujeito ao regime opcional de que trata este artigo.

§ 5º A opção pelo recolhimento disposta no *caput* impede a utilização do redutor social previsto no art. 260.

§ 6º Considera-se receita bruta a totalidade das receitas auferidas nas operações de que trata o *caput*, bem como as receitas financeiras e variações monetárias decorrentes desta operação.

§ 7º O pagamento de IBS e CBS na forma do disposto no *caput* deste artigo será considerado definitivo, não gerando, em qualquer hipótese, direito à restituição ou à compensação.

§ 8º As receitas, custos e despesas próprios das operações que tratam o *caput* não deverão ser computados na apuração da base de cálculo do IBS e da CBS devida pelo contribuinte em virtude de suas outras atividades empresariais.

§ 9º Os custos e despesas indiretos pagos pelo contribuinte no mês serão apropriados a cada operação, na mesma proporção representada pelas receitas dessas operações, em relação à receita total do contribuinte.

§ 10. Os créditos de IBS e CBS decorrentes dos custos e despesas indiretos apropriados pelo contribuinte e alocados às operações sujeitas ao regime opcional de que trata este artigo nos termos do § 9º deverão ser estornados.

§ 11. O contribuinte fica obrigado a manter escrituração contábil segregada com a identificação das operações submetidas ao regime de tributação previsto neste artigo.

SEÇÃO II – DAS OPERAÇÕES INICIADAS A PARTIR DE 1º DE JANEIRO DE 2029

Art. 488. A partir de 1º de janeiro de 2029, o contribuinte poderá deduzir da base de cálculo do IBS incidente na alienação de bem imóvel, o montante pago na aquisição de bens e serviços realizada entre 1º de janeiro de 2027 a 31 de dezembro de 2032 que sejam utilizados para a incorporação, parcelamento do solo e construção do imóvel.

§ 1º A dedução de que trata o *caput* correspondente ao valor das aquisições de bens e serviços:

I – sujeitos à incidência do imposto previsto no art. 155, II ou do imposto previsto no art. 156, III, ambos da Constituição Federal;

II – contabilizados como custo direto de produção do bem imóvel; e

III – cuja aquisição tenha sido acobertada por documento fiscal idôneo.

§ 2º Na alienação de bem imóvel decorrente de incorporação ou parcelamento do solo poderão ser deduzidos da base de cálculo do IBS os custos e despesas indiretos pagos pelo contribuinte sujeitos ao ICMS ou ISS, os quais serão alocados no empreendimento na mesma proporção representada pelos custos diretos próprios do empreendimento em relação ao custo direto total do contribuinte, assim entendido como a soma dos custos diretos de todas as atividades exercidas pelo contribuinte.

§ 3º Os valores a serem deduzidos correspondem à base de cálculo do IBS e da CBS relativa à aquisição dos bens e serviços, conforme registrada em documento fiscal, multiplicada por:

I – 1 (um inteiro), no caso de bens e serviços adquiridos entre 1º de janeiro de 2027 e até 31 de dezembro de 2028;

II – 0,9 (nove décimos), no caso de bens e serviços adquiridos no ano-calendário de 2029;

III – 0,8 (oito décimos), no caso de bens e serviços adquiridos no ano-calendário de 2030;

IV – 0,7 (sete décimos), no caso de bens e serviços adquiridos no ano-calendário de 2031; e

V – 0,6 (seis décimos), no caso de bens e serviços adquiridos no ano-calendário de 2032.

§ 4º A dedução a que se refere o *caput* não afasta o direito à apropriação dos créditos de IBS e CBS pagos pelo contribuinte, assim como a aplicação dos redutores de ajuste previstos no art. 257 e do redutor social previsto no art. 259.

§ 5º O disposto neste artigo não se aplica caso o contribuinte tenha optado pelo regime especial de que trata o art. 485 ou realizado a opção de que trata o art. 486.

§ 6º Os valores a serem deduzidos da base de cálculo poderão ser utilizados para ajuste da base de cálculo do IBS de períodos anteriores ou de períodos subsequentes relativos ao mesmo bem imóvel ou ao mesmo empreendimento, quando excederem o valor da base de cálculo de IBS do respectivo período.

Seção III – Disposições Finais

Art. 489. A receita total do IBS e da CBS recolhida nos termos dos art. 487 será distribuída entre a CBS e as parcelas estadual e municipal do IBS na proporção das respectivas alíquotas de referência do momento de ocorrência do fato gerador.

Art. 490. O disposto no § 2º do art. 6º não se aplica ao Fundo de Arrendamento Residencial – FAR de que trata a Lei nº 10.188, de 12 de fevereiro de 2001, que poderá manter a integralidade dos créditos de IBS e CBS relativos aos bens ou serviços adquiridos pelo FAR, mesmo em caso de doação.

TÍTULO IV – DISPOSIÇÕES FINAIS

Art. 491. Na hipótese de fusão, extinção ou incorporação de quaisquer dos ministérios, secretarias e demais órgãos da administração pública citados nesta Lei Complementar, ato do chefe do Poder Executivo da União definirá o órgão responsável pela assunção das respectivas responsabilidades previstas nesta Lei Complementar.

Art. 492. Para efeito do disposto nesta Lei Complementar:

I – a Nomenclatura Comum do MERCOSUL/Sistema Harmonizado – NCM/SH corresponde àquela aprovada pela Resolução GECEX nº 272, de 19 de novembro de 2021;

II – a Nomenclatura Brasileira de Serviços – NBS corresponde àquela aprovada pela Portaria Conjunta RFB/SECEX nº 2.000, de 18 de dezembro de 2018.

§ 1º Os códigos constantes desta Lei Complementar estão em conformidade com a NCM/SH e com a NBS de que tratam os incisos I e II do *caput*.

§ 2º Eventuais alterações futuras da NCM/SH e NBS de que trata o *caput* que acarretem modificação da classificação fiscal dos produtos mencionados nesta Lei Complementar não afetarão as disposições a eles aplicadas com base na classificação anterior.

Art. 493. As referências feitas nesta Lei Complementar à taxa SELIC, à taxa DI, ao IPCA e a outros índices ou taxas são aplicáveis aos respectivos índices e taxas que venham a substituí-los.

Arts. 494 e 495. VETADOS.

Art. 496. A Lei nº 5.172, de 25 de outubro de 1966 – Código Tributário Nacional, passa a vigorar com as seguintes alterações:

► Alterações inseridas no texto do referido Código.

Art. 497. O Decreto-Lei nº 37, de 18 de novembro de 1966, passa a vigorar com a seguinte redação:

► Alteração inserida no texto do referido Decreto-Lei.

Art. 498. A Lei nº 10.931, de 2 de agosto de 2004, passa a vigorar com as seguintes alterações:

► Alteração inserida no texto da referida Lei.

Art. 499. A Lei nº 7.998, de 11 de janeiro de 1990, passa a vigorar com as seguintes alterações:

► Alterações inseridas no texto da referida Lei.

Art. 500. A Lei nº 8.019, de 11 de abril de 1990, passa a vigorar com as seguintes alterações:

> "Art. 1º A arrecadação correspondente a 18% (dezoito por cento) da Contribuição Social sobre Bens e Serviços – CBS e a decorrente da contribuição para o Programa de Formação do Patrimônio do Servidor Público, criado pela Lei Complementar nº 8, de 3 de dezembro de 1970, será destinada, a cada ano, à cobertura integral das necessidades do Fundo de Amparo ao Trabalhador (FAT), de que trata o art. 10 da Lei nº 7.998, de 11 de janeiro de 1990."
>
> "Art. 2º Conforme estabelece o § 1º do art. 239 da Constituição Federal, pelo menos 28% (vinte e oito por cento) da arrecadação mencionada no artigo anterior serão repassados ao Banco Nacional de Desenvolvimento Econômico e Social (BNDES), para aplicação em programas de desenvolvimento econômico.
>
> ...."

Art. 501. A Lei Complementar nº 87, de 13 de setembro de 1996, passa a vigorar com as seguintes alterações:

► Alterações inseridas no texto da referida Lei Complementar.

Art. 502. A Lei nº 9.430, de 27 de dezembro de 1996, passa a vigorar com as seguintes alterações:

► Alteração inserida no texto da referida Lei.

Art. 503. A Lei nº 9.432, de 8 de janeiro de 1997, passa a vigorar com as seguintes alterações:

> "Art. 11. ....
>
> ....
>
> § 9º-A. O disposto no § 9º não se aplica à Contribuição Social sobre Bens e Serviços – CBS."
>
> ...."

Art. 504. A Lei nº 9.718, de 27 de novembro de 1998, passa a vigorar com as seguintes alterações:

> "Art. 9º As variações monetárias dos direitos de crédito e das obrigações do contribuinte, em função da taxa de câmbio ou de índices ou coeficientes aplicáveis por disposição legal ou contratual serão consideradas, para efeitos da legislação do imposto sobre a renda e da Contribuição Social sobre o Lucro Líquido, como receitas ou despesas financeiras, conforme o caso."

Art. 505. A Lei nº 9.779, de 19 de janeiro de 1999, passa a vigorar com a seguinte redação:

> "Art. 11. ....
>
> Parágrafo único. O disposto no *caput* também se aplica caso a matéria-prima, produto intermediário e material de embalagem seja utilizado em produto sujeito ao Imposto Seletivo."

Art. 506. A Medida Provisória nº 2.158-35, de 24 de agosto de 2001, passa a vigorar com as seguintes alterações:

> "Art. 30. A partir de 1º de janeiro de 2000, as variações monetárias dos direitos de crédito e das obrigações do contribuinte, em função da taxa de câmbio, serão consideradas, para efeito de determinação da base de cálculo do imposto sobre a renda e da CSLL, bem assim da determinação do lucro da exploração, quando da liquidação da correspondente operação.
>
> ...."

Art. 507. A Lei nº 10.637, de 30 de dezembro de 2002, passa a vigorar com as seguintes alterações:

► Alteração inserida no texto da referida Lei.

Art. 508. A Lei Complementar nº 116, de 31 de julho de 2003, passa a vigorar com as seguintes alterações:

► Alterações inseridas no texto da referida Lei Complementar.

Art. 509. A Lei nº 10.833, de 29 de dezembro de 2003, passa a vigorar com as seguintes alterações:

► Alterações inseridas no texto da referida Lei.

Art. 510. A Lei nº 10.931, de 2 de agosto de 2004, passa a vigorar com as seguintes alterações:

► Alterações inseridas no texto da referida Lei.

Art. 511. A Lei nº 11.033, de 21 de dezembro de 2004, passa a vigorar com as seguintes alterações:

> "Art. 14. Serão efetuadas com suspensão do Imposto sobre Produtos Industrializados – IPI, e, quando for o caso, do Imposto de Importação – II, as vendas e as importações de máquinas, equipamentos, peças de reposição e outros bens, no mercado interno, quando adquiridos ou importados diretamente pelos beneficiários do REPORTO e

destinados ao seu ativo imobilizado para utilização exclusiva na execução de serviços de:

...."

Art. 512. A Lei nº 11.051, de 29 de dezembro de 2004, passa a vigorar com as seguintes alterações:

"Art. 32. Para efeito de determinação da base de cálculo do Imposto sobre a Renda das Pessoas Jurídicas e da Contribuição Social sobre o Lucro Líquido, os resultados positivos ou negativos incorridos nas operações realizadas em mercados de liquidação futura, inclusive os sujeitos a ajustes de posições, serão reconhecidos por ocasião da liquidação do contrato, cessão ou encerramento da posição.

...."

Art. 513. A Lei nº 11.079, de 30 de dezembro de 2004, passa a vigorar com as seguintes alterações:

▸ Alterações inseridas no texto da referida Lei.

Art. 514. A Lei nº 11.096, de 13 de janeiro de 2005, passa a vigorar com as seguintes alterações:

"Art. 8º ....

....

§ 1º A isenção de que tratam os incisos I e II do *caput* deste artigo recairá sobre o lucro decorrente da realização de atividades de ensino superior, proveniente de cursos de graduação ou cursos sequenciais de formação específica.

...."

Art. 515. A Lei nº 11.196, de 21 de novembro de 2005, passa a vigorar com as seguintes alterações:

"Art. 11. A importação de bens novos relacionados pelo Poder Executivo destinados ao desenvolvimento, no País, de software e de serviços de tecnologia da informação, relacionados em regulamento pelo Poder Executivo, sem similar nacional, efetuada diretamente pelo beneficiário do REPES para a incorporação ao seu ativo imobilizado, será efetuada com suspensão da exigência do Imposto sobre Produtos Industrializados – IPI.

§ 1º A suspensão de que trata o *caput* converte-se em isenção após cumpridas as condições de que trata o art. 2º desta Lei, observado que:

I – o percentual de exportações de que trata o art. 2º desta Lei será apurado considerando-se a média obtida, a partir do ano-calendário subsequente ao do início de utilização dos bens adquiridos no âmbito do REPES, durante o período de 3 (três) anos-calendário; e

II – o prazo de início de utilização a que se refere o inciso I deste artigo não poderá ser superior a 1 (um) ano, contado a partir da data de sua aquisição."

"Art. 110. Para efeito de determinação da base de cálculo do IRPJ e da CSLL, as instituições financeiras e as demais instituições autorizadas a funcionar pelo Banco Central do Brasil devem computar como receitas ou despesas incorridas nas operações realizadas em mercados de liquidação futura:

...."

Art. 516. A Lei Complementar nº 123, de 14 de dezembro de 2006, passa a vigorar com as seguintes alterações:

▸ Alterações inseridas no texto da referida Lei Complementar.

Art. 517. A Lei Complementar nº 123, de 14 de dezembro de 2006, passa a vigorar com as seguintes alterações:

▸ Alterações inseridas no texto da referida Lei Complementar.

Art. 518. A Lei Complementar nº 123, de 14 de dezembro de 2006, passa a vigorar com as seguintes alterações:

▸ Alterações inseridas no texto da referida Lei Complementar.

Art. 519. Os Anexos I a V da Lei Complementar nº 123, de 14 de dezembro de 2006, passam a vigorar com a redação dos Anexos XVIII a XXII desta Lei Complementar.

Art. 520. A Lei Complementar nº 123, de 14 de dezembro de 2006, passa a vigorar acrescida do Anexo VII constante do Anexo XXIII desta Lei Complementar.

Art. 521. A Lei nº 11.488, de 15 de junho de 2007, passa a vigorar com as seguintes alterações:

"Art. 38. É concedida isenção do Imposto de Importação, do Imposto sobre Produtos Industrializados e da CIDE-Combustíveis, nos termos, limites e condições estabelecidos em regulamento, incidentes na importação de:

...."

Art. 522. A Lei nº 11.508, de 20 de julho de 2007, passa a vigorar com as seguintes alterações:

"Art. 6º-A. ....

....

§ 4º ....

I – contribuinte, nas operações de importação, em relação ao IPI e ao Imposto de Importação;

II – responsável, nas aquisições no mercado interno, em relação ao IPI.

....

§ 7º ....

I – alíquota 0% (zero por cento), decorrido o prazo de 2 (dois) anos, contado da data de ocorrência do fato gerador, na hipótese do IPI; e"

"Art. 6º-B. ....

....

§ 2º ....

I – alíquota 0% (zero por cento), na hipótese do IPI; e

...."

Art. 523. A Lei nº 11.898, de 8 de janeiro de 2009, passa a vigorar com as seguintes alterações:

"Art. 10. Os impostos e contribuições federais devidos pelo optante pelo Regime de que trata o art. 1º desta Lei serão calculados pela aplicação da alíquota única de 33% (trinta e três por cento) sobre o preço de aquisição das mercadorias importadas, à vista da fatura comercial ou documento de efeito equivalente, observados os valores de referência mínimos estabelecidos pela Secretaria da Receita Federal do Brasil, sem prejuízo do disposto no § 3º do art. 9º desta Lei.

...."

Art. 524. A Lei nº 11.945, de 4 de junho de 2009, passa a vigorar com as seguintes alterações:

"Art. 12. A aquisição no mercado interno ou a importação, de forma combinada ou não, de mercadoria para emprego ou consumo na industrialização de produto a ser exportado poderá ser realizada com suspensão do Imposto de Importação e do Imposto sobre Produtos Industrializados – IPI.

...."

Art. 525. A Lei nº 12.249, de 11 de junho de 2010, passa a vigorar com as seguintes alterações:

"Art. 30. ....

....

§ 7º À pessoa jurídica beneficiária do RETAERO não se aplica o disposto na alínea *b* do inciso I do § 1º do art. 29 da Lei nº 10.637, de 30 de dezembro de 2002."

"Art. 31. ....

....

§ 3º ....

I – de contribuinte, em relação ao IPI incidente no desembaraço aduaneiro de importação;

II – de responsável, em relação ao IPI.

...."

Art. 526. A Lei nº 12.350, de 20 de dezembro de 2010, passa a vigorar com as seguintes alterações:

"Art. 30. As subvenções governamentais de que tratam o art. 19 da Lei nº 10.973, de 2 de dezembro de 2004, e o art. 21 da Lei nº 11.196, de 21 de novembro de 2005, não serão computadas para fins de determinação da base de cálculo do Imposto sobre a Renda da Pessoa Jurídica – IRPJ e da Contribuição Social sobre o Lucro Líquido – CSLL, desde que tenham atendido aos requisitos estabelecidos na legislação específica e realizadas as contrapartidas assumidas pela empresa beneficiária.

§ 1º O emprego dos recursos decorrentes das subvenções governamentais de que trata o *caput* não constituirá despesas ou custos para fins de determinação da base de cálculo do IRPJ e da CSLL.

...."

"Art. 31. A aquisição no mercado interno ou a importação, de forma combinada ou não, de mercadoria equivalente à empregada ou consumida na industrialização de produto exportado poderá ser realizada com isenção do Imposto de Importação e com redução a zero do IPI.

...."

Art. 527. A Lei nº 12.431, de 24 de junho de 2011, passa a vigorar com as seguintes alterações:

"Art. 16-E. ....

I – de contribuinte, em relação ao IPI vinculado à importação e ao Imposto de Importação;

II – de responsável, em relação ao IPI.

...."

Art. 528. A Lei nº 12.598, de 21 de março de 2012, passa a vigorar com as seguintes alterações:

"Art. 9º ....

....

§ 3º ....

I – de contribuinte, em relação ao IPI incidente no desembaraço aduaneiro de importação; e

II – de responsável, em relação ao IPI.

...."

Art. 529. A Lei nº 12.599, de 23 de março de 2012, passa a vigorar com as seguintes alterações:

"Art. 14. ....

....

§ 4º ....

I – de contribuinte, em relação ao IPI incidente no desembaraço aduaneiro e ao Imposto de Importação; ou

II – de responsável, em relação ao IPI de que trata o inciso III do *caput*.

...."

Art. 530. A Lei nº 12.715, de 17 de setembro de 2012, passa a vigorar com as seguintes alterações:

"Art. 18. ....

....

III – do IPI, do Imposto de Importação e da Contribuição de Intervenção no Domínio Econômico destinada a financiar o Programa de Estímulo à Interação Universidade-Empresa para o Apoio à Inovação incidentes sobre:

...."

"Art. 20. ....

Parágrafo único. ....

....

II – conter a expressão "Venda efetuada com suspensão da exigência do IPI", com a especificação do dispositivo legal correspondente e do número do atestado emitido pelo Ministério da Ciência, Tecnologia e Inovação."

"Art. 23. ....

Parágrafo único. ....

I – contribuinte, em relação ao IPI vinculado à importação; ou

II – responsável, em relação ao IPI e à Contribuição de Intervenção no Domínio Econômico destinada a financiar o Programa de Estímulo à Interação Universidade-Empresa para o Apoio à Inovação."

Art. 531. A Lei nº 13.097, de 19 de janeiro de 2015, passa a vigorar com as seguintes alterações:

"Art. 14. Observado o disposto nesta Lei, serão exigidos na forma da legislação aplicável à generalidade das pessoas jurídicas o Imposto sobre Produtos Industrializados – IPI devido pelos importadores e pelas pessoas jurídicas que procedam à industrialização e comercialização dos produtos classificados nos seguintes códigos da Tabela de Incidência do Imposto sobre Produtos Industrializados – TIPI, aprovada pelo Decreto nº 7.660, de 23 de dezembro de 2011:"

"Art. 33. Ficam estabelecidos valores mínimos do IPI em função da classificação fiscal na TIPI, do tipo de produto e da capacidade do recipiente, conforme Anexo I desta Lei.

...."

Art. 532. A Lei nº 13.586, de 28 de dezembro de 2017, passa a vigorar com as seguintes alterações:

"Art. 6º ....

§ 2º ....

I – dos tributos federais incidentes na importação a que se referem os incisos I e II do § 1º deste artigo; ou

II – do tributo federal a que se refere o inciso II do § 1º deste artigo.

....

§ 8º A aquisição do produto final de que trata este artigo será realizada com suspensão do pagamento do Imposto sobre Produtos Industrializados.

...."

Art. 533. A Lei nº 14.148, de 3 de maio de 2021, passa a vigorar com as seguintes alterações:

"Art. 4º ....

....

§ 3º Fica dispensada a retenção do IRPJ e da CSLL quando o pagamento ou o crédito referir-se a receitas desoneradas na forma deste artigo.

...."

Art. 534. A Lei nº 14.789, de 29 de dezembro de 2023, passa a vigorar com as seguintes alterações:

"Art. 11. O valor do crédito fiscal não será computado na base de cálculo do IRPJ e da CSLL."

"Art. 17. O disposto nesta Lei não impedirá a fruição de incentivos fiscais federais relativos ao IRPJ e à CSLL concedidos por lei específica, inclusive os benefícios concedidos à Zona Franca de Manaus e às áreas de atuação da Superintendência do Desenvolvimento do Nordeste (SUDENE) e da Superintendência do Desenvolvimento da Amazônia (SUDAM)."

Art. 535. A Lei Complementar nº 101, de 4 de maio de 2000, passa a vigorar com as seguintes alterações:

▸ Alteração inserida no texto da referida Lei Complementar.

Art. 536. VETADO.

Art. 537. A Lei nº 9.718, de 27 de novembro de 1998, passa a vigorar com as seguintes alterações:

"Art. 5º A Contribuição para o PIS/PASEP e a COFINS incidentes sobre a receita bruta auferida pelo produtor ou importador nas operações com etanol, inclusive para fins carburantes, serão calculadas com base nas alíquotas, respectivamente, de 5,25% (cinco inteiros e vinte e cinco centésimos por cento) e 24,15% (vinte e quatro inteiros e quinze centésimos por cento).

....

§ 1º ....

....

IV – por distribuidor, no caso de venda de etanol combustível.

§ 4º O produtor e o importador de que trata o *caput* deste artigo poderão optar por regime especial de apuração e pagamento da Contribuição para o PIS/PASEP e da COFINS, com incidência única, no qual as alíquotas específicas das contribuições são fixadas, respectivamente, em R$ 34,33 (trinta e quatro reais e trinta e três centavos) e R$ 157,87 (cento e cinquenta e sete reais e oitenta e sete centavos) por metro cúbico de etanol combustível.

....

§ 4º-C. Na hipótese de venda de gasolina pelo distribuidor, em relação ao percentual de álcool anidro a ela adicionado, ficam reduzidas a zero as alíquotas da Contribuição para o PIS/PASEP e da COFINS.

....

§ 4º-D. ....

I – no caso de cooperativa não optante pelo regime especial de que trata o § 4º deste artigo, os valores da Contribuição para o PIS/PASEP e da COFINS devidos serão obtidos pela aplicação da alíquota prevista no *caput* do art. 5º.

....

§ 10. A aplicação dos coeficientes de que trata o § 8º deste artigo não poderá resultar em alíquotas da Contribuição para o PIS/PASEP e da COFINS superiores a, respectivamente, a 1,65% (um inteiro e sessenta e cinco centésimos por cento) e 7,6% (sete inteiros e seis décimos por cento) do preço médio de venda no varejo.

§ 11. O preço médio a que se refere o § 10 deste artigo será determinado a partir de dados colhidos por instituições idônea, de forma ponderada com base nos volumes de etanol comercializados nos Estados e no Distrito Federal nos 12 (doze) meses anteriores ao da fixação dos coeficientes de trata o § 8º deste artigo.

§ 12. No ano-calendário em que a pessoa jurídica iniciar atividades de produção ou importação de álcool a opção pelo regime especial poderá ser exercida em qualquer data, produzindo efeitos a partir do primeiro dia do mês em que for exercida.

...."

Art. 538. A Lei nº 10.637, de 30 de dezembro de 2002, passa a vigorar com a seguinte redação:

▸ Alteração inserida no texto da referida Lei.

Art. 539. A Lei nº 10.833, de 29 de dezembro de 2003, passa a vigorar com a seguinte redação:

▸ Alteração inserida no texto da referida Lei.

Art. 540. Ficam revogados os seguintes dispositivos do art. 5º da Lei nº 9.718, de 27 de dezembro de 1998:

I – incisos I e II do *caput*;

II – incisos I e II do § 4º;

III – incisos I e II do § 4º-A;

IV – incisos I e II do § 4º-C;

V – inciso II do § 4º-D;

VI – §§ 9º, 13-A e 14-A; e

VII – §§ 21 e 22.

Art. 541. Fica revogado, a partir de 1º de janeiro de 2025, o inciso VII do § 1º do art. 13 da Lei Complementar nº 123, de 2006.

Art. 542. Ficam revogados a partir de 1º de janeiro de 2027:

I – a alínea *b* do *caput* do art. 3º da Lei Complementar nº 7, de 7 de setembro de 1970;

II – o art. 1º da Lei Complementar nº 17, de 12 de dezembro de 1973;

III – os seguintes dispositivos da Lei Complementar nº 70, de 30 de dezembro de 1991:

a) os arts. 1º a 6º; e

b) os arts. 9º e 10;

IV – a Lei nº 9.363, de 13 de dezembro de 1996;

V – os seguintes dispositivos da Lei nº 9.430, de 27 de dezembro de 1996:

a) os §§ 7 e 8º do art. 64; e

b) o art. 66;

VI – os arts. 53 e 54 da Lei nº 9.532, de 10 de dezembro de 1997;

VII – os arts. 11-A a 11-C da Lei nº 9.440, de 14 de março 1997;

VIII – os arts. 1º a 4º da Lei nº 9.701, de 17 de novembro de 1998;

IX – os seguintes dispositivos da Lei nº 9.715, de 25 de novembro de 1998:

a) do art. 2º:

1. o inciso I do *caput*; e
2. os §§ 1º e 2º;

b) o art. 3º;

c) os arts. 5º e 6º;

d) os incisos I e II do *caput* do art. 8º; e

e) os arts. 12 e 13;

X – os arts. 2º a 8º-B da Lei nº 9.718, de 27 de novembro de 1998;

XI – a Lei nº 10.147, de 21 de dezembro de 2000;

XII – os seguintes dispositivos da Medida Provisória nº 2.158-35, de 24 de agosto de 2001:

a) o art. 1º;

b) os arts. 4º e 5º;

c) os arts. 12 a 18;

d) o art. 20;

e) o inciso I do art. 23;

f) os arts. 42 e 43; e

g) o art. 81;

XIII – a Lei nº 10.276, de 10 de setembro de 2001;

XIV – a Lei nº 10.312, de 27 de novembro de 2001;

XV – os seguintes dispositivos da Lei nº 10.336, de 19 de dezembro de 2001:

a) o art. 8º; e

b) o art. 14;

XVI – os seguintes dispositivos da Lei nº 10.485, de 3 de julho de 2002:

a) os arts. 1º a 3º; e

b) os art. 5º e 6º;

XVII – os arts. 2º e 3º da Lei nº 10.560, de 13 de novembro de 2002;

XVIII – os seguintes dispositivos da Lei nº 10.637, de 30 de dezembro de 2002:

a) os arts. 1º a 5º-A;

b) os arts. 7º e 8º;

c) os arts. 10 a 12;

d) o art. 32; e

e) o art. 47;

XIX – a Lei nº 10.676, de 22 de maio de 2003;

XX – os arts. 17 e 18 da Lei nº 10.684, de 30 de maio de 2003;

XXI – os seguintes dispositivos da Lei nº 10.833, de 29 de dezembro de 2003:

a) os arts. 1º a 16;

b) o art. 25;

c) o § 1º do art. 31;

d) os arts. 49 e 50;

e) o art. 52;

f) o art. 55;

g) os arts. 57 e 58; e

h) o art. 91;

XXII – o § 4º do art. 5º da Lei nº 10.848, de 15 de março de 2004;

XXIII – os seguintes dispositivos da Lei nº 10.865, de 30 de abril de 2004:

a) os arts. 1º a 20;
b) os arts. 22 e 23;
c) os arts. 27 a 31;
d) o art. 34;
e) os arts. 36 a 38;
f) o art. 40 e 40-A; e
g) o art. 42;

XXIV – o art. 4º da Lei nº 10.892, de 13 de julho de 2004;

XXV – os seguintes dispositivos da Lei nº 10.925, de 23 de julho de 2004:

a) o art. 1º;
b) os arts. 7º a 9º-A; e
c) os arts. 13 a 15;

XXVI – os seguintes dispositivos da Lei nº 10.931, de 2 de agosto de 2004:

a) os incisos II e IV do *caput* do art. 4º; e
b) do art. 8º:

1. os incisos I e II do *caput*; e
2. os incisos I e II do parágrafo único;

XXVII – os arts. 2º a 5º da Lei nº 10.996, de 15 de dezembro de 2004:

XXVIII – os seguintes dispositivos da Lei nº 11.033, de 21 de dezembro de 2004:

a) o § 2º do art. 14; e
b) o art. 17;

XXIX – os seguintes dispositivos da Lei nº 11.051, de 29 de dezembro de 2004:

a) o art. 2º;
b) os arts. 7º a 10; e
c) os arts. 30 e 30-A;

XXX – o inciso II do § 3º e o § 12 do art. 6º da Lei nº 11.079, de 30 de dezembro de 2004;

XXXI – o inciso I do art. 50-A da Lei nº 11.101, de 9 de fevereiro de 2005;

XXXII – os incisos III e IV do *caput* do art. 8º da Lei nº 11.096, de 13 de janeiro de 2005;

XXXIII – da Lei nº 11.116, de 18 de maio de 2005:

a) arts. 3º a 9º; e
b) o art. 16;

XXXIV – os seguintes dispositivos da Lei nº 11.196, de 21 de novembro de 2005:

a) o arts. 4º a 6º;
b) os §§ 1º, 3º e 5º do art. 8º;
c) o art. 9º;
d) os arts. 12 a 16;
e) os arts. 28 a 30;
f) do art. 31:

1. o inciso II do *caput*; e
2. o § 7º;

g) os arts. 41 a 51;
h) os arts. 55 a 59;
i) os arts. 62 a 65;
j) o art. 109; e
k) o § 4º do art. 110;

XXXV – o art. 10 da Lei nº 11.371, de 28 de novembro de 2006;

XXXVI – os seguintes dispositivos da Lei Complementar nº 123, de 14 de dezembro de 2006:

a) os incisos IV e V do art. 13;
b) o parágrafo único do art. 22;
c) o inciso IV do § 4º do art. 23;
d) as alíneas *b* e *c* do inciso V do § 3º do art. 18-A; e
e) os arts. 19 e 20;
f) o § 15-A do art. 18;
g) os §§ 3º a 5º do art. 25;
h) do art. 38:

1. o inciso II do *caput*; e
2. o § 6º;

i) os incisos I e II do § 4º do art. 41.

XXXVII – os seguintes dispositivos da Lei nº 11.484, de 31 de maio de 2007:

a) os incisos I e II do *caput* do art. 3º;
b) a Seção II à Seção V do Capítulo II;
c) o inciso I do § 2º do art. 4º-B; e
d) o art. 21;

XXXVIII – os seguintes dispositivos da Lei nº 11.488, de 15 de junho de 2007:

a) os incisos I e II do *caput* do art. 3º; e
b) os incisos I e II do *caput* do art. 4º;
c) o art. 6º;

XXXIX – os seguintes dispositivos da Lei nº 11.508, de 20 de julho de 2007:

a) os incisos III a VI do *caput* do art. 6º-A;
b) os incisos III a VI do *caput* do art. 6º-B;
c) o art. 6º-D; e
d) o inciso II do art. 6º-H;

XL – os seguintes dispositivos da Lei nº 11.727, de 23 de junho de 2008:

a) os arts. 5º a 7º;
b) os arts. 9 a 12;
c) os arts. 14 a 16;
d) os arts. 24 e 25; e
e) o art. 33;

XLI – os arts. 1º e 2º da Lei nº 11.774, de 17 de setembro de 2008;

XLII – a Lei nº 11.828, de 20 de novembro de 2008;

XLIII – os seguintes dispositivos da Lei nº 11.898, de 8 de janeiro de 2009:

a) os incisos III e IV do *caput* do art. 9º; e
b) os incisos III e IV do § 1º do art. 10;

XLIV – os seguintes dispositivos da Lei nº 11.945, de 4 de junho de 2009:

a) o § 2º do art. 1º;
b) o art. 5º;
c) o inciso II do § 1º do art. 12;
d) o art. 12-A; e
e) o art. 22;

XLV – o art. 4º da Lei nº 12.024, de 27 de agosto de 2009;

XLVI – os arts. 32 a 37 da Lei nº 12.058, de 13 de outubro de 2009;

XLVII – o art. 4º da Lei nº 12.096, de 24 de novembro de 2009;

XLVIII – os seguintes dispositivos da Lei nº 12.249, de 11 de junho de 2010:

a) os arts. 1º a 14;
b) o § 8º do art. 30;
c) do art. 31:

1. os incisos I e II do *caput*; e
2. o inciso I do § 1º; e

d) o art. 32;

XLIX – os seguintes dispositivos da Lei nº 12.350, de 20 de dezembro de 2010:

a) os arts. 1º a 29;
b) o inciso II do § 2º do art. 30;
c) o § 2º do art. 31; e
d) os arts. 54 a 57;

L – os seguintes dispositivos da Lei nº 12.431, de 24 de junho de 2011:

a) os arts. 16-A a 16-C; e
b) o art. 51;

LI – os seguintes dispositivos da Lei nº 12.546, de 14 de dezembro de 2011:

a) os arts. 1º a 3º; e
b) os arts. 47-A e 47-B;

LII – os seguintes dispositivos da Lei nº 12.598, de 21 de março de 2012:

a) do art. 9º:

1. os incisos I e II do *caput*; e
2. o inciso I do § 1º;

b) o art. 9º-A; e
c) o art. 10;

LIII – os seguintes dispositivos da Lei nº 12.599, de 23 de março de 2012:

a) os arts. 5º a 7º-A; e
b) do art. 14:

1. os incisos I e II do *caput*; e
2. o § 1º;

LIV – os seguintes dispositivos da Lei nº 12.715, de 17 de setembro de 2012:

a) o inciso II do *caput* do art. 18;
b) os arts. 24 a 33;
c) o inciso I do § 7º do art. 41; e
d) o art. 76;

LV – os seguintes dispositivos da Lei nº 12.794, de 2 de abril de 2013:

a) os arts. 5º a 11; e
b) os arts. 14 a 17;

LVI – os seguintes dispositivos da Lei nº 12.839, de 9 de julho de 2013:

a) o art. 2º; e
b) o art. 8º;

LVII – os arts. 1º a 3º da Lei nº 12.859, de 10 de setembro de 2013;

LVIII – a Lei nº 12.860, de 11 de setembro de 2013;

LIX – os arts. 29 a 32 da Lei nº 12.865, de 9 de outubro de 2013;

LX – os seguintes dispositivos da Lei nº 12.973, de 13 de maio de 2014:

a) os arts. 56 e 57; e
b) o § 2º do art. 69;

LXI – os seguintes dispositivos da Lei nº 13.043, de 13 de novembro de 2014:

a) a Seção VI do Capítulo I;
b) a Seção XVI do Capítulo I; e
c) o parágrafo único do art. 97;

LXII – os seguintes dispositivos da Lei nº 13.097, de 19 de janeiro de 2015:

a) os arts. 24 a 32;
b) o art. 34;
c) o art. 36;
d) o art. 147; e
e) o art. 153;

LXIII – o art. 8º da Lei nº 13.169, de 6 de outubro de 2015;

LXIV – os seguintes dispositivos da Lei nº 13.586, de 28 de dezembro de 2017:

a) do art. 5º:

1. os incisos III e IV do § 1º; e
2. o § 5º; e

b) do art. 6º:

1. os incisos III a VI do § 1º;
2. o inciso I do § 3º; e
3. o inciso I do § 9º;

LXV – o inciso II do § 12 do art. 11 da Lei nº 13.988, de 14 de abril de 2020;

LXVI – os incisos I e II do *caput* do art. 4º da Lei nº 14.148, de 3 de maio de 2021;

LXVII – os arts. 31 e 32 da Lei nº 14.193, de 6 de agosto de 2021;

LXVIII – os incisos III e IV do art. 13 da Lei nº 14.301, de 7 de janeiro de 2022;

LXIX – o art. 4º da Lei nº 14.374, de 21 de junho de 2022;

LXX – os arts. 9º a 9º-B da Lei Complementar nº 192, de 11 de março de 2022; e

LXXI – os arts. 2º a 5º da Lei nº 14.592, de 30 de maio de 2023.

Art. 543. Ficam revogados a partir de 1º de janeiro de 2033:

I – o Decreto-lei nº 406, de 31 de dezembro de 1968;

II – os seguintes dispositivos da Lei Complementar nº 24, de 7 de janeiro de 1975:

a) os arts. 1º a 12; e

b) os arts. 14 e 15;

III – a Lei Complementar nº 87, de 13 de setembro de 1996;

IV – a Lei Complementar nº 116, de 31 de julho de 2003;

V – os seguintes dispositivos da Lei Complementar nº 123, de 2006:

a) do art. 13:

1. os incisos VII e VIII do *caput*;
2. os incisos XIII e XIV do § 1º; e
3. o inciso II do § 6º;

b) do art. 18:

1. o § 5º-E;
2. os §§ 14, 17, 17-A, 22-A e 23;

c) a alínea e do inciso V do § 3º do art. 18-A;

d) os §§ 4º e § 4-A do art. 21;

e) o art. 21-B;

f) os incisos I e II do *caput* do art. 22;

g) o § 5º do art. 23;

h) os §§ 12 a 14 do art. 26;

i) o inciso V do § 5º do art. 41;

j) inciso II do § 4º do art. 65;

VI – a Lei Complementar nº 160, de 7 de agosto de 2017; e

VII – a Lei Complementar nº 192, de 11 de março de 2022.

Art. 544. Esta Lei Complementar entra em vigor na data de sua publicação, produzindo efeitos:

I – a partir do primeiro dia do quarto mês subsequente ao da sua publicação, em relação aos arts. 537 a 540;

II – a partir de 1º de janeiro de 2025, em relação aos arts. 35, 58, *caput*, 60, § 3º, 62, 266, 317, 403, 480 a 484, 516 e 541;

III – a partir de 1º de janeiro de 2027, em relação aos arts. 450, exceto os §§ 1º e 5º, 461, 467, 499, 500, 502, 504 a 507, 509 a 515, 517, 519 a 534 e 542;

IV – a partir de 1º de janeiro de 2029, em relação aos arts. 446, 447, 449, 450, §§ 1º e 5º, 464, 465 e 474;

V – a partir de 1º de janeiro de 2033, em relação aos arts. 518 e 543; e

VI – a partir de 1º de janeiro de 2026, em relação aos demais dispositivos.

Brasília, 16 de janeiro de 2025;
204º da Independência e
137º da República.

Luiz Inácio Lula da Silva

ANEXO I
PRODUTOS DESTINADOS À ALIMENTAÇÃO HUMANA SUBMETIDOS À REDUÇÃO A ZERO DAS ALÍQUOTAS DO IBS E DA CBS (EXCLUSIVE PRODUTOS HORTÍCOLAS, FRUTAS E OVOS, RELACIONADOS NO ANEXO XV)

ITEM	DESCRIÇÃO DO PRODUTO
1	Arroz das subposições 1006.20 e 1006.30 e do código 1006.40.00 da NCM/SH
2	Leite, em conformidade com os requisitos da legislação específica relativos ao consumo direto pela população, classificado nos códigos 0401.10.10, 0401.10.90, 0401.20.10, 0401.20.90, 0401.40.10 e 0401.50.10 da NCM/SH
3	Leite em pó, em conformidade com os requisitos da legislação específica, classificado nos códigos 0402.10.10, 0402.10.90, 0402.21.10, 0402.21.20, 0402.29.10 e 0402.29.20 da NCM/SH
4	Fórmulas infantis, em conformidade com os requisitos da legislação específica, classificadas nos códigos 1901.10.10, 1901.10.90 e 2106.90.90 da NCM/SH
5	Manteiga do código 0405.10.00 da NCM/SH
6	Margarina do código 1517.10.00 da NCM/SH
7	Feijões dos códigos 0713.33.19, 0713.33.29, 0713.33.99 e 0713.35.90 da NCM/SH
8	Café da posição 09.01 e da subposição 2101.1, ambos da NCM/SH
9	Óleo de babaçu do código 1513.21.20 da NCM/SH, em conformidade com os requisitos da legislação específica relativos ao consumo como alimento
10	Farinha de mandioca classificada no código 1106.20.00 da NCM/SH e tapioca e seus sucedâneos do código 1903.00.00 da NCM/SH
11	Farinha, grumos e sêmolas, de milho, dos códigos 1102.20.00 e 1103.13.00 da NCM
12	Grãos de milho classificados no código 1104.19.00 e do código 1104.23.00 da NCM/SH
13	Farinha de trigo do código 1101.00.10 da NCM/SH
14	Açúcar classificado nos códigos 1701.14.00 e 1701.99.00 da NCM/SH
15	Massas alimentícias da subposição 1902.1 da NCM/SH
16	Pão comumente denominado pão francês, de formato cilíndrico e alongado, com miolo branco creme e macio, e casca dourada e crocante, elaborado a partir da mistura ou pré-mistura de farinha de trigo, fermento biológico, água, sal, açúcar, aditivos alimentares e produtos de fortificação de farinhas, em conformidade com a legislação vigente, classificado no código 1905.90.90 da NCM/SH e a pré-mistura ou massa, para preparação do pão comumente denominado pão francês, dos códigos 1901.20.10 e 1901.20.90 da NCM/SH
17	Grãos de aveia dos códigos 1104.12.00 e 1104.22.00 da NCM/SH
18	Farinha de aveia classificada no código 1102.90.00 da NCM/SH
19	Carnes bovina, suína, ovina, caprina e de aves e produtos de origem animal (exceto *foies gras*) dos seguintes códigos, subposições e posições da NCM/SH: *a)* 02.01, 02.02, 0206.10.00, 0206.2 e 0210.20.00; *b)* 02.03, 0206.30.00, 0206.4, 0209.10 e 0210.1; *c)* 02.04 e 0210.99.20, carne caprina classificada no código 0210.99.90 e miudezas comestíveis de ovinos e caprinos classificadas nos códigos 0206.80.00 e 0206.90.00; *d)* 02.07, 0209.90.00 e 0210.99.1, exceto os produtos dos códigos 0207.43.00 e 0207.53.00
20	Peixes e carnes de peixes (exceto salmonídeos, atuns, bacalhaus, hadoque, *saithe* e ovas e outros subprodutos) dos seguintes códigos, subposições e posições da NCM/SH: *a)* 03.02; exceto os produtos das subposições e dos códigos 0302.1, 0302.3, 0302.51.00, 0302.52.00, 0302.53.00 e 0302.9 da NCM/SH; *b)* 03.03; exceto os produtos das subposições e dos códigos 0303.1, 0303.4, 0303.63.00, 0303.64.00, 0303.65.00 e 0303.9 da NCM/SH; *c)* 03.04; exceto os salmonídeos, atuns, bacalhaus, hadoque e *saithe* classificados nas subposições 0304.4, 0304.5, 0304.7, 0304.8 e 0304.9 da NCM/SH
21	Queijos tipo mozarela, minas, prato, queijo de coalho, ricota, requeijão, queijo provolone, queijo parmesão, queijo fresco não maturado e queijo do reino classificados nos códigos 0406.10.10, 0406.10.90, 0406.20.00, 0406.90.10, 0406.90.20 e 0406.90.30 da NCM/SH
22	Sal em conformidade com os requisitos da legislação específica relativos ao teor de iodo enquadrado nos limites próprios para consumo humano classificado nos códigos 2501.00.20 e 2501.00.90 da NCM/SH

ITEM	DESCRIÇÃO DO PRODUTO
23	Mate da posição 09.03 da NCM/SH
24	Farinha com baixo teor de proteína para pessoas com aminoacidopatias, acidemias e defeitos do ciclo da ureia da NCM 1901.90.90
25	Massas com baixo teor de proteína para pessoas com aminoacidopatias, acidemias e defeitos do ciclo da ureia da NCM 1902.19.00
26	Fórmulas Dietoterápicas para Erros Inatos do Metabolismo da NCM 2106.9090

ANEXO II

SERVIÇOS DE EDUCAÇÃO SUBMETIDOS À REDUÇÃO DE 60% (SESSENTA POR CENTO) DAS ALÍQUOTAS DO IBS E DA CBS

ITEM	DESCRIÇÃO DO SERVIÇO	NBS
1	Ensino Infantil, inclusive creche e pré-escola	1.2201.1
2	Ensino Fundamental	1.2201.20.00
3	Ensino Médio	1.2201.30.00
4	Ensino Técnico de Nível Médio	1.2202.00.00
5	Ensino para jovens e adultos destinado àqueles que não tiveram acesso ou continuidade de estudos no ensino fundamental e médio na idade própria	1.2203
6	Ensino Superior, compreendidos os cursos e programas de graduação, pós-graduação, de extensão e cursos sequenciais	1.2204
7	Ensino de sistemas linguísticos de natureza visomotora e de escrita tátil	1.2205.13.00
8	Ensino de línguas nativas de povos originários	1.2205.13.00
9	Educação especial destinada a pessoas com deficiência, transtornos globais do desenvolvimento e altas habilidades ou superdotação, de modo isolado ou agregado a qualquer das etapas de educação tratadas neste Anexo	

ANEXO III

SERVIÇOS DE SAÚDE SUBMETIDOS À REDUÇÃO DE 60% (SESSENTA POR CENTO) DAS ALÍQUOTAS DO IBS E DA CBS

ITEM	DESCRIÇÃO DO SERVIÇO	NBS
1	Serviços cirúrgicos	1.2301.11.00
2	Serviços ginecológicos e obstétricos	1.2301.12.00
3	Serviços psiquiátricos	1.2301.13.00
4	Serviços prestados em Unidades de Terapia Intensiva	1.2301.14.00
5	Serviços de atendimento de urgência	1.2301.15.00
6	Serviços hospitalares não classificados em subposições anteriores	1.2301.19.00
7	Serviços de clínica médica	1.2301.21.00
8	Serviços médicos especializados	1.2301.22.00
9	Serviços odontológicos	1.2301.23.00
10	Serviços de enfermagem	1.2301.91.00
11	Serviços de fisioterapia	1.2301.92.00
12	Serviços laboratoriais	1.2301.93.00
13	Serviços de diagnóstico por imagem	1.2301.94.00
14	Serviços de bancos de material biológico humano	1.2301.95.00
15	Serviços de ambulância	1.2301.96.00
16	Serviços de assistência ao parto e pós-parto	1.2301.97.00
17	Serviços de psicologia	1.2301.98.00
18	Serviços de vigilância sanitária	1.2301.99.00
19	Serviços de epidemiologia	1.2301.99.00
20	Serviços de vacinação	1.2301.99.00
21	Serviços de fonoaudiologia	1.2301.99.00
22	Serviços de nutrição	1.2301.99.00
23	Serviços de optometria	1.2301.99.00
24	Serviços de instrumentação cirúrgica	1.2301.99.00
25	Serviços de biomedicina	1.2301.99.00
26	Serviços farmacêuticos	1.2301.99.00
27	Serviços de cuidado e assistência a idosos e pessoas com deficiência em unidades de acolhimento	1.2302
28	Serviços domiciliares de apoio a pessoas adultas, idosas, crianças, adolescentes, pessoas com transtornos mentais e com deficiências	1.2301.99.00
29	Serviços de esterilização	1.2301.99.0
30	Serviços funerários, de cremação e de embalsamamento	1.2603.00.00

ANEXO IV
DISPOSITIVOS MÉDICOS SUBMETIDOS À REDUÇÃO DE 60% (SESSENTA POR CENTO) DAS ALÍQUOTAS DO IBS E DA CBS

ITEM	DESCRIÇÃO	NCM/SH
1	Bolsa para drenagem	3926.90.30
2	Sistema para drenagem com conjunto intermediário para medição contínua da diurese	9018.90.99
3	Chapas e filmes para raios-X, sensibilizados em uma face	3701.10.10
4	Cimentos para reconstituição óssea	3006.40.20
5	Substitutos de enxerto ósseo	3004.90.99
6	Coletor para unidade de drenagem externa	3926.90.40
7	Conector completo com tampa	3917.40
8	Conector em Y	3917.40
9	Conjuntos de troca e concentrados polieletrolíticos para diálise	3004.90.99
10	Conjunto para autotransfusão	9018.90.10
11	Conjunto para hidrocefalia de baixo perfil	9021.90.19
12	Conjunto para hidrocefalia *standard*	9021.90.19 9021.90.80
13	Eletrodo endocárdico definitivo	9021.90.91
14	Eletrodo epicárdico definitivo	9021.90.91
15	Eletrodo para marcapasso temporário endocárdico	9021.90.91
16	Eletrodo para marcapasso temporário epicárdico	9021.90.91
17	Espaçador de tendão	9021.90.19
18	Filmes especiais para raios-X sensibilizados em ambas as faces	3702.10.20
19	Filmes especiais para raios-X sensibilizados em uma face	3702.10.10
20	Filtro de linha arterial e venoso	8421.29.90
21	Filtro de sangue arterial e venoso para recirculação	8421.29.90
22	Filtro para cardioplegia	8421.29.90
23	Categutes esterilizados, materiais esterilizados semelhantes para suturas cirúrgicas (incluídos os fios absorvíveis esterilizados para cirurgia ou odontologia) e adesivos esterilizados para tecidos orgânicos, utilizados em cirurgia para fechar ferimentos; laminárias esterilizadas; hemostáticos absorvíveis esterilizados para cirurgia ou odontologia; barreiras antiaderentes esterilizadas para cirurgia ou odontologia, absorvíveis ou não	3006.10
24	Hemoconcentrador para circulação extracorpórea	9018.90.40
25	Hemodialisador capilar	8421.29.11
26	Marcapasso cardíaco câmara dupla	9021.50.00
27	Marcapasso cardíaco multiprogramável com telemetria	9021.50.00
28	Outras chapas e filmes para raios-X	3701.10.29
29	Oxigenador de bolha com tubos para circulação extracorpórea	9018.90.99
30	Oxigenador de membrana com tubos para circulação extracorpórea	9018.90.99
31	Reservatório de cardiotomia	9018.90.99
32	Reservatório para cardioplegia com tubo sem filtro	9018.90.99
33	Rins artificiais	9018.90.40
34	*Shunt* lombo-peritonal	9021.90.19
35	Substituto temporário de pele (biológica/sintética) (por cm2)	3005.90.90
36	Tela inorgânica	3006.10.90
37	Válvula para hidrocefalia	9021.90.19 9021.90.89
38	Válvula para tratamento de ascite	9021.90.19
39	Fonte de irídio 192	2844.43.90
40	*Stent* vascular	9021.90.12
41	Reprocessador de filtros utilizados em hemodiálise	8479.89.99
42	Implantes osseointegráveis, na forma de parafuso, e seus componentes manufaturados, tais como tampas de proteção, montadores, conjuntos, pilares (cicatrizador, conector, de transferência ou temporário), cilindros, seus acessórios, destinados a sustentar, amparar, acoplar ou fixar próteses dentárias	9021.29.00 9021.10.10 9021.10.20
43	Cardiodesfibrilador implantável	9021.90.11
44	Espiral para embolização	9021.90.12
45	Imunoglobulina anti-Rh	3002.12.21
46	Outras imunoglobulinas séricas	3002.12.22

ITEM	DESCRIÇÃO	NCM/SH
47	Concentrado de fator VIII	3002.12.23
48	Outras frações do sangue, exceto as preparadas como medicamentos, as imunoglobulinas séricas, o concentrado de fator VIII e a soroalbumina sob a forma de gel para preparação de reagentes de diagnóstico	3002.12.21 3002.12.29
49	Reagentes de diagnóstico ou de laboratório em qualquer suporte e reagentes de diagnóstico ou de laboratório preparados, mesmo em um suporte, mesmo apresentados sob a forma de estojos, exceto os da posição 30.06; materiais de referência certificados	3822.1
50	Reagentes de diagnóstico concebidos para serem administrados ao paciente, à base de somatoliberina	3006.30.21
51	Produtos para obturação dentária, exceto cimentos	3006.40.12
52	Preparações em gel, concebidas para uso em medicina humana ou veterinária como lubrificante para certas partes do corpo em intervenções cirúrgicas ou exames médicos ou como agente de ligação entre o corpo e os instrumentos médicos	3006.70.00
53	Bolsas para uso em colostomia, ileostomia e urostomia	3006.91.10
54	Equipamentos identificáveis para ostomia, exceto bolsas para uso em colostomia, ileostomia e urostomia	3006.91.90
55	Bolsas para uso em medicina (hemodiálise e usos semelhantes)	3926.90.30
56	Artigos exclusivamente de laboratório de análises clínicas	3926.90.40
57	Acessórios de plástico do tipo utilizado em linhas de sangue para hemodiálise, tais como: obturadores, incluídos os reguláveis (*clamps*), clipes e similares	3926.90.50
58	Luvas cirúrgicas e luvas de procedimento	4015.1
59	Seringas, mesmo com agulhas	9018.31
60	Agulhas tubulares de metal e agulhas para suturas	9018.32
61	Agulhas, exceto as de metal e as para suturas	9018.39.10
62	Sondas, cateteres e cânulas, individualmente ou em conjunto	9018.39.2
63	Lancetas para vacinação e cautérios	9018.39.30
64	Instrumentos semelhantes a seringas, a agulhas, a cateteres e a cânulas	9018.39.9
65	Brocas para odontologia	9018.49.1
66	Limas	9018.49.20
67	Grampos e clipes, seus aplicadores e extratores	9018.90.95
68	Outros instrumentos e aparelhos para medicina, cirurgia e odontologia, excluídas seringas e agulhas, das posições 9018.31 e 9018.32	9018.39.99 9018.90.99
69	Mesas de operação e para exames, camas hospitalares e de uso clínico	9402.90
70	Fotocoagulador a *laser*	9018.20.10
71	Bisturi elétrico	9018.90.21
72	Aparelho de anestesia com monitor multiparâmetros	9018.90.99
73	Autoclave	8419.81.10
74	Retinógrafo	9018.50.90
75	Meios de cultura	3821.00.00
76	Termocicladores utilizados em diagnóstico e na pesquisa científica	8419.89.99
77	Partes e peças de termocicladores	8419.90.40
78	Pipetadores laboratoriais para diagnóstico e pesquisa científica	8479.89.12
79	Cromatógrafo de fase líquida	9027.20.12
80	Sequenciadores automáticos de ADN mediante eletroforese capilar	9027.20.21
81	Aparelhos de eletroforese para diagnóstico e pesquisa científica	9027.20.29
82	Analisadores por espectrofotometria para diagnóstico e pesquisa científica	9027.30
83	Analisadores por fotometria para diagnóstico e pesquisa científica	9027.50.20
84	Citômetro de fluxo	9027.50.50
85	Analisadores por radiações ópticas para diagnóstico e pesquisa científica	9027.50.90
86	Outros analisadores para diagnóstico e pesquisa científica	9027.89.99
87	Espectrômetro de massa	9027.81.00
88	Outros analisadores para diagnóstico	9027.89.99
89	Micrótomo	9027.90.10
90	Partes e peças de equipamentos analisadores laboratoriais	9027.90.9
91	Preservativo	4014.10.00
92	Dispositivo intrauterino (DIU)	9018.90.99
93	Substância para conservação de órgãos e tecidos	3824.99.89
94	Introdutor de punção para implante de eletrodo endocárdico	9021.90.91
95	Enxerto tubular de politetrafluoretileno – PTFE (por cm2)	9021.90.99
96	Enxerto arterial e venoso tubular inorgânico	9021.90.99

ITEM	DESCRIÇÃO	NCM/SH
97	Botão para crânio	9021.90.99
98	Guia metálico para introdução de cateter duplo lúmen	9018.39.29
99	Dilatador para implante de cateter duplo lúmen	9018.39.29
100	Guia de troca para angioplastia	9018.39.29
101	Introdutor para cateter com e sem válvula	9018.39.29
102	*Kit* cânula	9018.39.99 9018.39.91
103	Dreno para sucção	9018.39.29
104	Sistema de drenagem mediastinal	9018.39.29
105	Conjunto descartável de balão intra-aórtico	9018.90.99

ANEXO V
DISPOSITIVOS DE ACESSIBILIDADE PRÓPRIOS PARA PESSOAS COM DEFICIÊNCIA SUBMETIDOS À REDUÇÃO DE 60% (SESSENTA POR CENTO) DAS ALÍQUOTAS DO IBS E DA CBS

ITEM	DESCRIÇÃO	NCM/SH
1	ACESSÓRIOS E ADAPTAÇÕES ESPECIAIS PARA SEREM INSTALADOS EM VEÍCULOS AUTOMOTORES PERTENCENTES OU QUE FOREM DESTINADOS A PESSOAS COM DEFICIÊNCIA FÍSICA	
1.1	Comando de embreagem manual, suas partes e acessórios	8708.99.10
1.2	Comando de freio manual, suas partes e acessórios	8708.99.10
1.3	Comando de acelerador manual, suas partes e acessórios	8708.99.10
1.4	Inversão do pedal do acelerador, suas partes e acessórios	8708.99.10
1.5	Prolongamento de pedais, suas partes e acessórios	8708.99.10
1.6	Empunhadura, suas partes e acessórios	8708.29.99
1.7	Servo acionadores de volante, suas partes e acessórios	8708.99.10
1.8	Deslocamento de comandos do painel, suas partes e acessórios	8708.29.99
1.9	Plataforma giratória para deslocamento giratório do assento de veículo, suas partes e acessórios	8708.29.99
1.10	Trilho elétrico para deslocamento do assento dianteiro para outra parte do interior do veículo, suas partes e acessórios	8708.29.99
1.11	Plataforma de elevação para cadeira de rodas, manual, eletro-hidráulica ou eletromecânica	8428.90.90
1.12	Rampa para cadeira de rodas, suas partes e acessórios	8708.29.99
1.13	Guincho para transportar cadeira de rodas	8425.31.10
2	PRODUTOS DESTINADOS A USO DE PESSOA COM DEFICIÊNCIA VISUAL	
2.1	Bengala inteiriça, dobrável ou telescópica, com ponteira de náilon	6602.00.00
2.2	Relógio em *braille*, com sintetizador de voz e mostrador ampliado	9102.11.10 9102.11.90 9102.91.00
2.3	Termômetro digital com sistema de voz	9025.19.90
2.4	Calculadora digital com sistema de voz, com verbalização dos ajustes de minutos e horas, tanto no modo horário, como no modo alarme, e comunicação por voz dos dígitos de cálculo e resultados	8470.10.00 8470.29.00
2.5	Agenda eletrônica com teclado em *braille*, com ou sem sintetizador de voz	8543.70.99
2.6	Reglete para escrita em *braille*	9017.20.00
2.7	*Display braile* e teclado em *Braille* para uso em microcomputador, com sistema interativo para introdução e leitura de dados por meio de tabelas de caracteres *Braille*	8471.60.90
2.8	Máquina de escrever para escrita em *braille*, manual ou elétrica, com teclado de datilografia comum ou na formação *Braille*	8472.90.99
2.9	Impressora de caracteres em *braile* para uso com microcomputadores, com sistema de folha solta ou dois lados da folha, com ou sem sistema de comando de voz ou sistema acústico	8443.32.22
2.10	Equipamento sintetizador para reprodução em voz de sinais gerados por microcomputadores, permitida a leitura de dados de arquivos, de uso interno ou externo, com padrão de protocolo SSIL de interface com *softwares* leitores de tela	8471.80.00
3	PRODUTOS DESTINADOS AO USO DE PESSOAS COM DEFICIÊNCIA AUDITIVA	
3.1	Aparelho telefônico com teclado alfanumérico e visor luminoso, com ou sem impressora embutida, que permite converter sinais transmitidos por sistema telefônico em caracteres e símbolos	8517.1
3.2	Relógio despertador vibratório e/ou luminoso	9103.10.00 9105.11.00
3.3	Unidades de entrada de dados tipo *mouse* controláveis pelo movimento dos olhos para deficientes	8471.60.53

ANEXO VI
COMPOSIÇÕES PARA NUTRIÇÃO ENTERAL OU PARENTERAL E COMPOSIÇÕES ESPECIAIS E FÓRMULAS NUTRICIONAIS DESTINADAS ÀS PESSOAS COM ERROS INATOS DO METABOLISMO SUBMETIDAS À REDUÇÃO DE 60% (SESSENTA POR CENTO) DAS ALÍQUOTAS DO IBS E DA CBS

ITEM	DESCRIÇÃO	NCM/SH
1	Acetato de dextroalfatocoferol	2936.28.12
2	Acetato de lisina	2922.41.90
3	Acetato de potássio	2915.29.90
4	Acetato de sódio	2915.29.10
5	Acetato de zinco	2915.29.90
6	Acetiltirosina	2922.50.39
7	Ácido acético	2915.21.00
8	Ácido ascórbico	2936.27.10
9	Ácido aspártico	2922.49.90
10	Ácido cítrico	2918.14.00
11	Ácido fólico	2936.29.11
12	Ácido glutâmico	2922.42.10
13	Ácido málico	2918.19.90
14	Ácido selenioso	2811.19.90
15	Água para injeção	2002.10.00
16	Alanilglutamina	2922.49.90
17	Alanina	2922.49.90
18	Albumina humana	3002.12.36
19	Arginina	2925.29.19
20	Asparagina	2922.49.90
21	Bicarbonato de sódio	2836.30.00
22	Biotina	2936.29.31
23	Cianocobalamina	2936.26.10
24	Cistina	2930.90.39
25	Cloreto crômico	2827.39.93
26	Cloreto de cálcio	2827.20.10 2827.20.90
27	Cloreto de magnésio	2827.31.10 2827.31.90
28	Cloreto de manganês	2827.39.95
29	Cloreto de potássio	3104.20.10 3104.20.90
30	Cloreto de sódio	2501.00.90
31	Cloreto de zinco	2827.39.98
32	Cloridrato de piridoxina	2936.25.20
33	Cloridrato de tiamina	2936.22.10
34	Cocarboxilase	2936.22.90
35	Colecalciferol	2936.29.21
36	Ergocalciferol	2936.29.29
37	Fenilalanina	2922.49.90
38	Fitomenadiona	2936.29.40
39	Fórmula para dieta isenta de fenilalanina	2106.90.90
40	Fórmula para dieta isenta demetionina	2106.90.90
41	Fórmula para dieta isenta de lisina e pobre de triptofano	2106.90.90
42	Fórmula para dieta isenta de leucina, de isoleucina ou de valina	2106.90.90

ITEM	DESCRIÇÃO	NCM/SH
43	Fórmula para dieta isenta de fenilalanina e de metionina	2106.90.90
44	Fórmula para dieta isenta de aminoácidos não essenciais	2106.90.90
45	Fórmula para dieta isenta de metionina, de treonina, de valina e restrita de isoleucina	2106.90.90
46	Fórmula para dieta cetogênica, na proporção de 4 g de gordura para cada 1 g de carboidratos e proteínas	2106.90.90
47	Fórmula hiperlipídica, para suplementação de triglicerídios de cadeia média ou triheptanoína	2202.99.00
48	Preparação líquida, de quatro partes de trioleato de glicerol de ácido para uma parte de trierucato de glicerol	2202.99.00
49	Fosfato de potássio dibásico	2835.24.00
50	Fosfato de potássio monobásico	2835.24.00
51	Fosfato de sódio monobásico	2835.22.00
52	Fosfato de tiamina	2936.22.90
53	Fosfato sódico de riboflavina	2936.23.20
54	Frutose	1702.50.00
55	Glicerofosfato de sódio	2919.90.90
56	Glicina	2922.49.10
57	Gliconato de cálcio	2918.16.10
58	Glicose	1702.30.11
59	Histidina	2933.29.92
60	Icodextrina	3505.10.00
61	Iodeto de potássio	2827.60.12
62	Isoleucina	2922.49.90
63	Lecitina de ovo	2923.20.00
64	Leucina	2922.49.90
65	Levovalina	2922.49.90
66	Lisina	2922.41.10
67	Metionina	2930.40.10 2930.40.90
68	Nicotinamida	2936.29.52
69	Palmitato de retinol	2936.21.13
70	Prolina	2922.49.90
71	Riboflavina	2936.23.10
72	Selenito de sódio	2842.90.00
73	Serina	2922.50.99
74	Sorbitol	2905.44.00
75	Sulfato de magnésio	2833.21.00
76	Sulfato de zinco	2833.29.70
77	Taurina	2922.49.90
78	Tirosina	2922.50.39
79	Tocoferol	2936.28.11
80	Treonina	2922.50.99
81	Triglicerídeos de cadeia média	1513.19.00 1513.29.11

ANEXO VII
ALIMENTOS DESTINADOS AO CONSUMO HUMANO SUBMETIDOS À REDUÇÃO DE 60% (SESSENTA POR CENTO) DAS ALÍQUOTAS DO IBS E DA CBS

ITEM	DESCRIÇÃO DO PRODUTO
1	Crustáceos (exceto lagostas e lagostim) e moluscos dos seguintes códigos e subposições da NCM/SH: *a)* 0306.1 e 0306.3, exceto os produtos da subposição 0306.11 e dos códigos 0306.15.00, 0306.31.00, 0306.34.00, 0306.39.10; e *b)* 0307.31.00, 0307.32.00, 0307.42.00, 0307.43, 0307.51.00, 0307.52.00, 0307.91.00 e 0307.92.00

ITEM	DESCRIÇÃO DO PRODUTO
2	Leite fermentado, bebidas e compostos lácteos, em conformidade com os requisitos da legislação específica, classificados nos códigos 0403.20.00, 0403.90.00 e 2202.99.00 da NCM/SH
3	Mel natural do código 0409.00.00 da NCM/SH
4	Farinha das posições 1101.00, 11.02, 11.05, 11.06 e 12.08 da NCM/SH; ressalvados os produtos relacionados no Anexo I
5	Grumos e sêmolas de cereais dos códigos 1103.11.00 e 1103.19.00 da NCM/SH; ressalvados os produtos relacionados no Anexo I
6	Grãos de cereais das subposições 1104.1 e 1104.2 da NCM/SH; ressalvados os produtos relacionados no Anexo I
7	Amido de milho do código 1108.12.00 da NCM/SH
8	Óleos de soja, de milho, canola e demais óleos vegetais, em conformidade com os requisitos da legislação específica relativos ao consumo como alimento, classificados na subposição 1507.90 e nas posições 15.08, 15.11, 15.12, 15.13, 15.14 e 15.15 da NCM/SH
9	Massas alimentícias dos códigos 1902.20.00 e 1902.30.00 da NCM/SH
10	Sucos naturais de fruta ou de produtos hortícolas sem adição de açúcar ou de outros edulcorantes e sem conservantes classificados na posição 20.09 da NCM/SH
11	Polpas de frutas ou de produtos hortícolas sem adição de açúcar ou de outros edulcorantes e sem conservantes classificadas na posição 20.08 da NCM/SH
12	Pão de Forma do código 1905.90.10 da NCM/SH
13	Extrato de tomate classificado no código 2002.90.00 da NCM/SH
14	Frutas, produtos hortícolas e demais produtos vegetais, sem adição de açúcar ou de outros edulcorantes, classificados nos capítulos 7 e 8 da NCM/SH, ressalvados as frutas de casca rija não regionais e os produtos relacionados nos Anexos I e XV e excetuadas as posições 07.11, 08.12 e 0814.00.00
15	Cereais do capítulo 10 e sementes e frutos oleaginosos classificados no capítulo 12, ambos da NCM/SH, ressalvados os produtos relacionados no Anexo I
16	Produtos hortícolas, mesmo misturados entre si, apenas pré-cozidos ou cozidos em água ou vapor, sem adição de sal ou de quaisquer outros produtos e substâncias, classificados nas posições 20.04 e 20.05 e no código 2002.10.00 da NCM/SH
17	Fruta de casca rija regional, amendoins e outras sementes, mesmo misturados entre si, apenas torrados ou cozidos, sem adição de sal ou de quaisquer outros produtos e substâncias, classificados na subposição 2008.1 da NCM/SH

ANEXO VIII
PRODUTOS DE HIGIENE PESSOAL E LIMPEZA MAJORITARIAMENTE CONSUMIDOS POR FAMÍLIAS DE BAIXA RENDA SUBMETIDOS À REDUÇÃO DE 60% (SESSENTA POR CENTO) DAS ALÍQUOTAS DO IBS E DA CBS

ITEM	DESCRIÇÃO DO PRODUTO
1	Sabões de toucador classificados no código 3401.11.90 da NCM/SH
2	Dentifrícios do código 3306.10.00 da NCM/SH
3	Escovas de dentes do código 9603.21.00 da NCM/SH
4	Papel higiênico do código 4818.10.00 da NCM/SH
5	Água sanitária classificada no código 3808.94.19 da NCM/SH
6	Sabões em barra classificados no código 3401.19.00 da NCM/SH
7	Fraldas e artigos higiênicos semelhantes, de qualquer matéria classificadas no código 9619.00.00 da NCM/SH

ANEXO IX
INSUMOS AGROPECUÁRIOS E AQUÍCOLAS SUBMETIDOS À REDUÇÃO DE 60% (SESSENTA POR CENTO) DAS ALÍQUOTAS DO IBS E DA CBS

ITEM	DESCRIÇÃO	NBS / NCM/SH
1	Biofertilizantes, em conformidade com as definições e demais requisitos da legislação específica	3101.00.00
2	Fertilizantes (adubos), em conformidade com as definições e demais requisitos da legislação específica	Capítulo 31 3824.99.77 3824.99.79 3824.99.89
3	Corretivos de solo (inclusive condicionadores), remineralizadores e substratos para plantas; em conformidade com as definições e demais requisitos da legislação específica	Capítulo 25
4	Inoculantes, meios de cultura e outros micro-organismos para uso agrícola; em conformidade com as definições e demais requisitos da legislação específica	3002.49 3002.90.00 3821.00.00
5	Bioestimulantes e bioinsumos para controle fitossanitário, em conformidade com as definições e demais requisitos da legislação específica	38.24 3807.00.00 12.11 38.08
6	Inseticidas, fungicidas, formicidas, herbicidas, parasiticidas, germicidas, acaricidas, nematicidas, raticidas, desfolhantes, dessecantes, espalhantes adesivos, estimuladores e inibidores de crescimento (reguladores); todos destinados diretamente ao uso agropecuário ou destinados diretamente à fabricação de defensivo agropecuário; em conformidade com as definições e demais requisitos da legislação específica	38.08 3824.99.89

ITEM	DESCRIÇÃO	NBS / NCM/SH
7	Calcário, casca de coco triturada, turfa; tortas, bagaços e demais resíduos e desperdícios vegetais das indústrias alimentares; cascas, serragens e demais resíduos e desperdícios de madeira; resíduos da indústria de celulose (*dregs* e *grits*), ossos, borra de carnaúba, cinzas, resíduos agroindustriais orgânicos, DL-Metionina e seus análogos, vermiculita e argilas expandidas, palhas e cascas de produtos vegetais, fibra de coco e outras fibras vegetais, silicatos de potássio ou de magnésio, resinas e oleorresinas naturais, sucos e extratos vegetais, aminoácidos e microrganismos mortos, óleos essenciais, argilas e terras, carvão vegetal e pastas mecânicas de madeira; todos destinados diretamente à fabricação de biofertilizantes, fertilizantes, corretivos de solo (inclusive condicionadores), remineralizadores, substratos para plantas, bioestimulantes ou biodefensivos para controle fitossanitário ou utilizados diretamente como biofertilizantes, fertilizantes, corretivos de solo (inclusive condicionadores), remineralizadores, substratos para plantas, bioestimulantes ou biodefensivos para controle fitossanitário; em conformidade com as definições e demais requisitos da legislação específica	05.06 1201.10.00 1213.00.00 1301.90.90 1302.19.9 1401.90.00 1404.90.90 2102.20.00 23.02 23.03 2304.00 2305.00.00 23.06 2308.00.00 2703.00.00 2839.90.10 2839.90.50 2922.4 2930.40 33.01 3802.90.40 3804.00 3824.99.71 4401.39.00 4401.4 4402.90.00 4701.00.00 5305.00.90 6806.20.00
8	Ácido nítrico, ácido sulfúrico, ácido fosfórico, fosfatos de cálcio naturais, enxofre, ácido clorídrico, ácido fosforoso, ácido acético, hidróxido de sódio e carbonato dissódico; todos destinados diretamente à fabricação de fertilizantes	2503.00.10 2503.00.90 2510.10.10 2510.10.90 2510.20.10 2510.20.90 2802.00.00 2806.10.20 2807.00.10 2808.00.10 2809.20.11 2809.20.19 2811.19.20 2815.11.00 2815.12.00 2836.20.10 2836.20.90 2915.21.00
9	Enzimas preparadas para decomposição de matéria orgânica animal e vegetal	3507.90.4
10	Semente genética, semente básica, semente nativa *in natura*, semente certificada de primeira geração (C1), semente certificada de segunda geração (C2), semente não certificada de primeira geração (S1), semente não certificada de segunda geração (S2) e sementes de cultivar local, tradicional ou crioula; em conformidade com as definições e demais requisitos da legislação específica	Capítulos 7, 10 e 12
11	Mudas de plantas e demais materiais propagativos de plantas e fungos, inclusive plantas e fungos nativos de espécies florestais; em conformidade com as definições e demais requisitos da legislação específica	06.01 06.02
12	Vacinas, soros e medicamentos, de uso veterinário, exceto de animais domésticos	3002.12 3002.15 3002.42 3002.90.00 30.04

ITEM	DESCRIÇÃO	NBS / NCM/SH
13	Aves de um dia, exceto as ornamentais	0105.1
14	Embriões e sêmen, congelado ou resfriado	0511.10.00 0511.9
15	Reprodutores de raça pura, inclusive matrizes de animais puros de origem com registro genealógico; em conformidade com as definições e demais requisitos da legislação específica	01.02 01.03 01.04
16	Ovos fertilizados	0407.1
17	Girinos e alevinos	0106.90.00
18	Rações para animais, concentrados, suplementos, aditivos, premix ou núcleo, exceto para animais domésticos	2309.90
19	Sementes e cereais, mesmo triturados, em grãos esmagados ou trabalhados de outro modo; todos destinados diretamente à fabricação de ração para animais ou diretamente à alimentação animal, exceto de animais domésticos	Capítulos 10, 11 e 12
20	Farelos e tortas de produtos vegetais e demais resíduos e desperdícios das indústrias alimentares; todos destinados diretamente à fabricação de ração para animais ou diretamente à alimentação animal, exceto de animais domésticos	23.01 23.02 23.03 2304.00 2305.00.00 23.06 2308.00.00
21	Alho em pó, sal mineralizado, farinhas de peixe, de ostra, de carne, de osso, de pena, de sangue e de víscera, calcário calcítico, gorduras e óleos animais, resíduos de óleo e de gordura de origem animal ou vegetal descartados por empresas do ramo alimentício, e DL-Metionina e seus análogos; todos destinados diretamente à fabricação de ração para animais ou diretamente à alimentação animal, exceto de animais domésticos	02.10 03.09 0712.90.10 Capítulo 15 2501.00 2521.00.00 2930.40
22	Serviços agronômicos	1.1410.90.00
23	Serviços de técnico agrícola, agropecuário ou em agroecologia	1.1410.90.00
24	Serviços veterinários para produção animal	1.1405.21.00 1.1405.22.00 1.1405.90.00
25	Serviços de zootecnistas	1.1410.90.00
26	Serviços de inseminação e fertilização de animais de criação	1.1405.22.00
27	Serviços de engenharia florestal	1.1403.10.00
28	Serviços de pulverização e controle de pragas	1.1901.10.00
29	Serviços de semeadura, adubação, inclusive mistura de adubos, reparação de solo, plantio e colheita	1.1901.10.00
30	Serviços de projetos para irrigação e fertirrigação	1.1403.29.00
31	Serviços de análise laboratorial de solos, sementes e outros materiais propagativos, fitossanitários, água de produção, bromatologia e sanidade animal	1.1404.41.00
32	Licenciamento de direitos sobre cultivares	1.1105.10.00
33	Cessão definitiva de direitos sobre cultivares	1.1109.10.00
34	Melhoramento genético de animais e plantas e biotecnologia, inclusive seus royalties	
35	Vinhaça	2303.30.00 2303.20.00

ANEXO X
PRODUÇÕES NACIONAIS ARTÍSTICAS, CULTURAIS, DE EVENTOS, JORNALÍSTICAS E AUDIOVISUAIS SUBMETIDAS À REDUÇÃO DE 60% (SESSENTA POR CENTO) DAS ALÍQUOTAS DO IBS E DA CBS

ITEM	DESCRIÇÃO	NBS/NCM
1	Licenciamento de direitos de autor e de direitos conexos	1.1103
2	Licenciamento de direitos de obras literárias	1.1103.10.00
3	Licenciamento de direitos de autor de obras cinematográficas	1.1103.31.00
4	Licenciamento de direitos de autor de obras jornalísticas	1.1103.32.00
5	Licenciamento de direitos conexos de artistas intérpretes ou executantes em obras audiovisuais	1.1103.34.00
6	Licenciamento de direitos conexos de produtores de obras audiovisuais	1.1103.35.00
7	Licenciamento de direitos de obras audiovisuais destinadas à televisão	1.1103.36
8	Licenciamento de direitos de obras musicais e fonogramas	1.1103.4
9	Cessão temporária de direitos de obras literárias	1.1106.10.00

ITEM	DESCRIÇÃO	NBS/NCM
10	Cessão temporária de direitos de autor de obras cinematográficas	1.1106.31.00
11	Cessão temporária de direitos de autor de obras jornalísticas	1.1106.32.00
12	Cessão temporária de direitos conexos de artistas intérpretes ou executantes em obras audiovisuais	1.1106.34.00
13	Cessão temporária de direitos conexos de produtores de obras audiovisuais	1.1106.35.00
14	Cessão temporária de direitos de obras audiovisuais destinadas à televisão	1.1106.36
15	Cessão temporária de direitos de obras musicais e fonogramas	1.1106.4
16	Cessão definitiva de direitos de obras literárias	1.1107.10.00
17	Cessão definitiva de direitos de obras cinematográficas	1.1107.31.00
18	Cessão definitiva de direitos de obras jornalísticas	1.1107.32.00
19	Cessão definitiva de direitos de obras musicais e fonogramas	1.1107.40.00
20	Serviços de agências de notícias para jornais e periódicos	1.1704.10.00
21	Serviços de agências de notícias para mídia audiovisual	1.1704.20.00
22	Serviços de assistência e organização de convenções, feiras de negócios, exposições e outros eventos	1.1806.6
23	Serviços de gravação de som em estúdio destinados diretamente às produções nacionais artísticas, culturais e audiovisuais	1.2501.11.00
24	Serviços de gravação de som ao vivo destinados diretamente às produções nacionais artísticas, culturais e audiovisuais	1.2501.12.00
25	Serviços de produção de programas de televisão, videoteipes e filmes	1.2501.21.00
26	Serviços de produção de programas de rádio	1.2501.22.00
27	Serviços de edição de obras audiovisuais destinados diretamente às produções nacionais artísticas, culturais e audiovisuais	1.2501.31.00
28	Serviços de duplicação e transferência de obras audiovisuais destinados diretamente às produções nacionais artísticas, culturais e audiovisuais	1.2501.32.00
29	Serviços de correção de cor e restauração digital de obras audiovisuais destinados diretamente às produções nacionais artísticas, culturais e audiovisuais	1.2501.33.00
30	Serviços de efeitos visuais em obras audiovisuais destinados diretamente às produções nacionais artísticas, culturais e audiovisuais	1.2501.34.00
31	Serviços de animação destinados diretamente às produções nacionais artísticas, culturais e audiovisuais	1.2501.35.00
32	Serviços de legendas, títulos e dublagem em obras audiovisuais destinados diretamente às produções nacionais artísticas, culturais e audiovisuais	1.2501.36.00
33	Serviços de projeto e edição de som em obras audiovisuais destinados diretamente às produções nacionais artísticas, culturais e audiovisuais	1.2501.37.00
34	Serviços de projeção de filmes	1.2501.50.00
35	Serviços de produção audiovisual, de apoio e relacionados não classificados em subposições anteriores	1.2501.90.00
36	Serviços de organização e promoção de atuações artísticas ao vivo	1.2502.10.00
37	Serviços de produção e apresentação de atuações artísticas ao vivo, inclusive os ingressos relativos a estes serviços	1.2502.20.00
38	Serviços de atuação artística	1.2503.10.00
39	Serviços de autores, compositores, escultores, pintores e outros artistas, exceto os de atuação artística	1.2503.20.00
40	Serviços de museus, inclusive serviços relativos a mostras e coleções de arte	1.2504.11.00
41	Serviços de reservas de ingressos para eventos de produções nacionais artísticas, culturais e audiovisuais	1.1805.32.00
42	Fotografias artísticas originais	4911.91.00
43	Quadros, pinturas e desenhos, artísticos originais	9701.91.00
44	Gravuras, estampas e litografias, artísticas originais	9702.90.00
45	Produções originais de arte estatutária ou de escultura	9703.90.00
46	Licenciamento de direitos conexos de artistas intérpretes ou executantes	1.1103.42.00
47	Cessão temporária de direitos de autor e de direitos conexos	1.1106
48	Cessão temporária de direitos conexos de artistas intérpretes ou executantes	1.1106.42.00
49	Licenciamento de direitos de autor de obras teatrais	
50	Licenciamento de direitos conexos de produtores de obras teatrais	
51	Licenciamento de direitos conexos de artistas intérpretes ou executantes em obras teatrais	
52	Cessão temporária de direitos de autor de obras teatrais	
53	Cessão temporária de direitos conexos de artistas intérpretes ou executantes em obras teatrais	
54	Cessão temporária de direitos conexos de produtores intérpretes ou executantes em obras teatrais	
55	Serviços de sonorização, iluminação, figurino, videografia e cenografia para atuações artísticas ao vivo, destinados às produções de que trata o art. 139 desta Lei Complementar	1.2502.30.00
56	Serviços de locação, montagem e desmontagem de palcos, destinados às produções de que trata o art. 139 desta Lei Complementar	1.0105.70.00
57	Serviços de apresentação e promoção de atuações artísticas, inclusive gestão de espaços destinados a apresentações de exposições de artes cênicas, espetáculos e demais produções de que trata o art. 139 desta Lei Complementar	1.2502.90.00

ANEXO XI
BENS E SERVIÇOS RELACIONADOS À SOBERANIA E À SEGURANÇA NACIONAL, À SEGURANÇA DA INFORMAÇÃO E À SEGURANÇA CIBERNÉTICA SUBMETIDOS À REDUÇÃO DE 60% (SESSENTA POR CENTO) DAS ALÍQUOTAS DO IBS E DA CBS

ITEM	DESCRIÇÃO	NBS/NCM/SH
1	SERVIÇOS RELACIONADOS À SOBERANIA E À SEGURANÇA NACIONAL, À SEGURANÇA DA INFORMAÇÃO E À SEGURANÇA CIBERNÉTICA	
1.1	Segurança em Tecnologia da Informação (TI)	1.1501.20.00
1.2	Serviços de projeto e desenvolvimento de aplicativos e programas em Tecnologia da Informação (TI) não classificados em subposições anteriores	1.1502.90.00
1.3	Serviços de Tecnologia da Informação (TI) não classificados em subposições anteriores	1.1510.00.00
1.4	VETADO	1.1802.90.00
1.5	VETADO	1.1802.30.00
1.6	Serviço de localização de dispositivo perdido ou furtado, para proteção de informações pessoais	pendente de classificação
1.7	Serviço de bloqueio de dispositivo perdido ou furtado, para proteção de informações pessoais	pendente de classificação
1.8	VETADO	pendente de classificação
1.9	VETADO	pendente de classificação
1.10	Serviço de monitoramento de uso de dados pessoais e corporativos em redes do tipo onion	pendente de classificação
1.11	Serviço de conexão protegida e criptografada para dispositivos	pendente de classificação
1.12	Identificação e alerta de arquivos maliciosos ou alterações indevidas em dispositivos, que permitam o acesso a informações	pendente de classificação
1.13	Serviços de manutenção e reparação de veículos militares para uso pela segurança nacional	1.2001.35.00
1.14	Serviços de manutenção e reparação de equipamentos militares para uso pela segurança nacional	1.2001.83.00
2	BENS RELACIONADOS À SOBERANIA E À SEGURANÇA NACIONAL, À SEGURANÇA DA INFORMAÇÃO E À SEGURANÇA CIBERNÉTICA	
2.1	Viatura operacional militar e também suas partes e peças	8709
2.2	Carro blindado e carro de combate, terrestre ou anfíbio, sobre lagartas ou rodas, com ou sem armamento e também suas partes e peças	8710.00.00
2.3	Outros veículos de qualquer tipo, para uso pelos órgãos de Segurança Pública e das Forças Armadas, com especificação própria dos Órgãos Militares e de Segurança Pública e também suas partes e peças	8709
2.4	Simuladores de veículos militares	9031.80.99
2.5	Tratores de baixa ou de alta velocidades, para uso pelos órgãos de Segurança Pública e das Forças Armadas, sobre lagartas ou rodas, destinados às unidades de engenharia ou de artilharia, para obras ou para rebocar equipamentos pesados e também suas partes e peças	8701
2.6	Radares para uso militar	8526.10.00
2.7	Foguetes para uso militar	9301.20.00
2.8	Explosivos de emprego militar	3602.00.00 9306
2.9	Optrônicos	8525.89.29
2.10	Rações operacionais	2106.90.30
2.11	Minas marítimas	9306
2.12	Cartuchos de munição naval e de artilharia e seus componentes (projétil, estojo, estopilha, espoleta, traçador, pólvora e alto-explosivo), de calibre igual ou superior a 40 mm de diâmetro interno de tubo da arma	9306.2
2.13	Bombas, torpedos, minas, mísseis, foguetes e seus componentes	9306
2.14	Aeronaves, inclusive Veículo Aéreo Não Tripulado (VANT) para uso pela segurança nacional e também suas partes e peças	8802 e 8806
2.15	Veículos espaciais para uso pela segurança nacional	8802.60.00
2.16	Paraquedas para uso pela segurança nacional	8804.00.00
2.17	Aparelhos e dispositivos para lançamento e aterrissagem de veículos aéreos e espaciais para uso pela segurança nacional	8805.10.00
2.18	Simuladores de voo e similares para uso pela segurança nacional	8805.21.00
2.19	Equipamentos de apoio no solo para uso pela segurança nacional	8805
2.20	Equipamentos de auxílio à comunicação, navegação e controle de tráfego aéreo para uso pela segurança nacional	9014.20
2.21	Embarcações construídas no País suas peças, partes e componentes utilizados no reparo, conserto e reconstrução de embarcações	8901.20.00 8906.10.00
2.22	Dispositivos destinados a prover a segurança da informação do tipo Prevenção de Intrusão (IPS)	8517.62.59
2.23	Dispositivos destinados a prover a segurança da informação do tipo de Detecção de Intrusão (IDS)	8517.62.59

ITEM	DESCRIÇÃO	NBS/NCM/SH
2.24	Dispositivos de Autenticação (*tokens*, leitores biométricos) que garantam a segurança da informação/cibernética	8523.52 8471.90.14
2.25	Equipamentos para criptografia para a segurança da informação/cibernética	8471.50.90
2.26	*Firewalls* para a segurança da informação/cibernética	8517.62.59 8471.49.00
2.27	*Switches* e roteadores seguros para a segurança da informação/cibernética	8517.62.34 8517.62.4
2.28	Dispositivos de comunicação criptografada para a segurança da informação/cibernética	8517.62.7
2.29	Unidades de armazenamento criptografadas para a segurança da informação/cibernética	8523.51
2.30	Servidores de armazenamento seguro para a segurança da informação/cibernética	8523.51

ANEXO XII
DISPOSITIVOS MÉDICOS SUBMETIDOS À REDUÇÃO A ZERO DAS ALÍQUOTAS DO IBS E DA CBS

ITEM	DESCRIÇÃO	NCM/SH
1	Aparelhos de eletrodiagnóstico (incluídos os aparelhos de exploração funcional e os de verificação de parâmetros fisiológicos)	
1.1	Eletrocardiógrafos	9018.11.00
1.2	Eletroencefalógrafos	9018.19.80
1.3	Aparelhos de eletrodiagnóstico, exceto os produtos classificados nos códigos 9018.11.00, 9018.12.10, 9018.12.90, 9018.13.00, 9018.14.10, 9018.14.20, 9018.14.90, 9018.19.10 e 9018.19.20	9018.19.80
2	Aparelhos de raios ultravioleta ou infravermelhos	9018.20
3	Artigos e aparelhos ortopédicos	9021.10.10
4	Artigos e aparelhos para fraturas	9021.10.20
5	Artigos e aparelhos de prótese, exceto os dentários e os produtos classificados nos códigos 9021.39.91 e 9021.39.99	9021.3
6	Tomógrafo computadorizado	9022.12.00
7	Aparelhos de raio X, móveis, exceto os produtos classificados no código 9022.19.91	9022.13 9022.14 9022.19
8	Aparelho de radiocobalto (bomba de cobalto)	9022.21.10
9	Aparelho de crioterapia	9018.90.99
10	Aparelho de gamaterapia	9022.21.20
11	Aparelhos que utilizem radiações alfa, beta, gama ou outras radiações ionizantes, para usos médicos, cirúrgicos, odontológicos ou veterinários, incluídos os aparelhos de radiofotografia ou de radioterapia, exceto os produtos classificados nos códigos 9022.21.10 e 9022.21.20	9022.21.90
12	Densímetros, areômetros, pesa-líquidos e instrumentos flutuantes semelhantes, termômetros, pirômetros, barômetros, higrômetros e psicômetros, registradores ou não, mesmo combinados entre si	90.25
13	Respirador	9019.20.40
14	Monitor multiparâmetros	9018.19.80
15	Bomba de infusão	9018.90.10
16	Aparelhos de diagnóstico por visualização de ressonância magnética	9018.13.00
17	Aparelhos de ultrassom	9018.12

ANEXO XIII
DISPOSITIVOS DE ACESSIBILIDADE PRÓPRIOS PARA PESSOAS COM DEFICIÊNCIA SUBMETIDOS À REDUÇÃO A ZERO DAS ALÍQUOTAS DO IBS E DA CBS

ITEM	DESCRIÇÃO	NCM/SH
1	Barra de apoio para pessoa com deficiência física	8302.41.00
2	CADEIRA DE RODAS E OUTROS VEÍCULOS PARA DEFICIENTES, MESMO COM MOTOR OU OUTRO MECANISMO DE PROPULSÃO	
2.1	Sem mecanismo de propulsão	8713.10.00
2.2	Cadeiras de rodas com motor ou outro mecanismo de propulsão e outros veículos para pessoas com incapacidade, mesmo com motor ou outro mecanismo de propulsão	8713.90.00
3	Partes e acessórios destinados exclusivamente a aplicação em cadeiras de rodas ou em outros veículos para deficientes	8714.20.00
4	Aparelhos para facilitar a audição dos surdos, exceto partes e acessórios	9021.40.00
5	Partes e acessórios de aparelhos para facilitar a audição dos surdos	9021.90.92
6	Implantes cocleares	9021.90.19

ANEXO XIV
MEDICAMENTOS SUBMETIDOS À REDUÇÃO A ZERO DAS ALÍQUOTAS DO IBS E DA CBS

ITEM	DESCRIÇÃO	NCM/SH
1	ABACAVIR	3004.90.69
2	ABEMACICLIBE	3004.90.69
3	ACALABRUTINIBE	3004.90.69
4	ACEPONATO DE METILPREDNISOLONA	3004.32.10
5	ACETATO DE ABIRATERONA	3004.32.90
6	ACETATO DE CIPROTERONA	3004.39.39
7	ACETATO DE DEGARELIX	3004.39.29
8	ACETATO DE GOSSERRELINA	3004.39.27
9	ACETATO DE LEUPRORRELINA	3004.39.19
10	ACETATO DE MEGESTROL	3004.39.36
11	ACETATO DE OCTREOTIDA	3004.39.29
12	ACETATO DE TRIPTORRELINA	3004.39.18
13	ACETATO DESMOPRESSINA	3004.39.29
14	ÁCIDO FOLÍNICO (FÓLICO)	3004.50.90
15	ÁCIDO TRANEXÂMICO	3004.90.39
16	ÁCIDO ZOLEDRÔNICO	3004.90.69
17	ACITRETINA	3004.90.29
18	AFLIBERCEPTE	3002.15.90
19	ALBINTERFERONA ALFA-2B	3002.15.90
20	ALBUMINA HUMANA	3002.12.39
21	ALENDRONATO DE SÓDIO	3004.90.59
22	ALENTUZUMABE	3002.15.90
23	ALFA-ALGLICOSIDASE	3004.90.19
24	ALFAELOSULFASE	3004.90.19
25	ALFAEPOETINA	3002.12.39
26	ALFAINTERFERONA	3002.15.90
27	ALFAPEGINTERFERONA 2A	3002.15.10
28	ALFAPEGINTERFERONA 2B	3002.15.90
29	ALFATIROTROPINA	3004.39.29
30	ALFAVESTRONIDASE	3004.90.19
31	ALPELISIBE	3004.90.79
32	ALTEPLASE	3004.90.19
33	AMBRISENTANA	3004.90.79
34	AMIFOSTINA	3004.90.59
35	ANASTROZOL	3004.90.69
36	ANFOTERICINA B	3004.20.99
37	ANFOTERICINA B EM LIPOSSOMAS	3004.20.95
38	ANTIMONIAL PENTAVALENTE	3004.90.29
39	APALUTAMIDA	3004.90.69
40	APREPITANTO	3004.90.78
41	ARTEMÉTER	3004.60.00
42	ARTEMÉTER + LUMEFANTRINA	3004.60.00
43	ARTESUNATO + CLORIDRATO MEFLOQUINA	3004.60.00
44	ARTESUNATO DE SÓDIO	3004.60.00
45	ASPARAGINASE	3004.90.12
46	ATENOLOL	3004.90.42
47	ATEZOLIZUMABE	3002.15.90
48	AVELUMABE	3002.15.90
49	AXITINIBE	3004.90.69
50	AZACITIDINA	3004.90.79
51	AZATIOPRINA	3004.90.66
52	BARICITINIBE	3004.90.79
53	BENZONIDAZOL	3004.90.69

ITEM	DESCRIÇÃO	NCM/SH
54	BESILATO DE ANLODIPINO	3004.90.69
55	BETAEPOETINA	3002.12.39
56	BEVACIZUMABE	3002.15.20
57	BICALUTAMIDA	3004.90.59
58	BIOTINA	2936.29.31
59	BLINATUMOMABE	3002.15.90
60	BORTEZOMIBE	3004.90.68
61	BRENTUXIMABE VEDOTINA	3002.15.90
62	BRIGATINIBE	3004.90.69
63	BROMETO DE IPRATRÓPIO	3004.49.90
64	BUDESONIDA	3004.39.99
65	BUROSUMABE	3002.15.80
66	BUSSULFANO	3004.90.95
67	CABAZITAXEL	3004.90.59
68	CAPECITABINA	3004.90.79
69	CARBIDOPA + LEVODOPA	3004.90.35
70	CARBOPLATINA	3004.90.99
71	CARFILZOMIBE	3004.90.79
72	CARMUSTINA	3004.90.48
73	CEFALOTINA	3004.20.59
74	CEFOXITINA	3004.20.59
75	CEFTAZIDIMA	3004.20.59
76	CELECOXIBE	3004.90.79
77	CETUXIMABE	3002.15.90
78	CICLOFOSFAMIDA	3004.90.79
79	CILASTATINA SÓDICA + IMIPENEM	3004.20.94
80	CISPLATINA	3004.90.99
81	CITARABINA	3004.90.79
82	CITRATO DE IXAZOMIBE	3004.90.59
84	CITRATO DE TAMOXIFENO	3004.90.34
85	CLADRIBINA	3004.90.79
86	CLODRONATO DISSÓDICO	3004.90.58
87	CLOFAZIMINA	3004.90.69
88	CLORAMBUCILA	3004.90.38
89	CLORETO DE RÁDIO (223 RA)	2844.42.00
90	CLORETO DE SÓDIO	2501.00.90
91	CLORETO DE SUXAMETÔNIO	3004.90.99
92	CLORIDRATO DE ALECTINIBE	3004.90.79
93	CLORIDRATO DE ALFENTANILA MONOIDRATADA	3004.90.69
94	CLORIDRATO DE AMINOLEVULINATO DE METILA	3004.90.39
95	CLORIDRATO DE CINACALCETE	3004.90.39
96	CLORIDRATO DE DAUNORRUBICINA	3004.20.69
97	CLORIDRATO DE DOBUTAMINA	3004.90.39
98	CLORIDRATO DE DOXORRUBICINA	3004.20.69
99	CLORIDRATO DE EPIRRUBICINA	3004.20.99
100	CLORIDRATO DE ERLOTINIBE	3004.90.68
101	CLORIDRATO DE FINGOLIMODE	3004.90.39
102	CLORIDRATO DE GENCITABINA	3004.90.78
103	CLORIDRATO DE GRANISSETRONA	3004.49.90
104	CLORIDRATO DE IDARRUBICINA	3004.20.69
105	CLORIDRATO DE IRINOTECANO	3004.49.90
106	CLORIDRATO DE IRINOTECANO TRI-HIDRATADO	3004.49.90
107	CLORIDRATO DE METOCLOPRAMIDA	3004.90.41
108	CLORIDRATO DE MITOXANTRONA	3004.90.39
109	CLORIDRATO DE PALONOSETRONA	3004.90.69

ITEM	DESCRIÇÃO	NCM/SH
110	CLORIDRATO DE PAZOPANIBE	3004.90.79
111	CLORIDRATO DE PIRIDOXINA	3004.50.90
112	CLORIDRATO DE PONATINIBE	3004.90.69
113	CLORIDRATO DE TOPOTECANA	3004.49.10
114	CLORIDRATO DE ZIPRASIDONA MONOIDRATADO	3004.90.79
115	COMPLEXO PROTROMBÍNICO PARCIALMENTE ATIVADO	3002.12.39
116	CRIZOTINIBE	3004.90.69
117	DACARBAZINA	3004.90.68
118	DAPAGLIFLOZINA	3004.90.59
119	DARATUMUMABE	3002.15.90
120	DAROLUTAMIDA	3004.90.69
121	DASATINIBE	3004.90.79
122	DECITABINA	3004.90.79
123	DEFERASIROX	3004.90.69
124	DENOSUMABE	3002.15.90
125	DEXAMETASONA	3004.32.90
126	DIASPARTATO DE PASIREOTIDA	3004.39.29
127	DIAZEPAM	3004.90.64
128	DICLORIDRATO DE DACLATASVIR	3004.90.69
129	DICLORIDRATO DE PRAMIPEXOL MONOIDRATADO	3004.90.79
130	DICLORIDRATO DE QUININA	3004.49.90
131	DICLORIDRATO DE SAPROPTERINA	3004.90.69
132	DIDANOSINA	3004.90.79
133	DIETILESTILBESTROL	3004.90.95
134	DIFOSFATO DE CLOROQUINA	3004.90.69
135	DIMALEATO DE AFATINIBE	3004.90.79
136	DIMETILSULFÓXIDO DE TRAMETINIBE	3004.90.69
137	DITARTARATO DE VINORELBINA	3004.49.90
138	DOCETAXEL	3004.90.59
139	DOCETAXEL TRI-HIDRATADO	3004.90.59
140	DOLUTEGRAVIR SÓDICO	3004.90.79
141	DOXICICLINA MONOIDRATADA	3004.20.99
142	DURVALUMABE	3002.15.90
143	ECULIZUMABE	3002.15.90
144	EFAVIRENZ	3004.90.78
145	ELEXACAFTOR	3004.90.69
146	ELOTUZUMABE	3002.15.90
147	ELTROMBOPAGUE OLAMINA	3004.90.69
148	EMBONATO DE TRIPTORRELINA	3004.39.18
149	EMICIZUMABE	3002.15.90
150	EMTRICITABINA	3004.90.78
151	ENANTATO DE NORETISTERONA + VALERATO DE ESTRADIOL	3004.30.39
152	ENFLURANO	3004.90.99
153	ENFUVIRTIDA	3004.90.68
154	ENTRICITABINA	3004.90.78
155	ENTRICITABINA + FUMARATO TENOFOVIR DESOPROXILA	3004.90.78
156	ENZALUTAMIDA	3004.90.69
157	ERDAFITINIBE	3004.90.69
158	ESILATO DE NINTEDANIBE	3004.90.69
159	ESPIRONOLACTONA	3004.32.20
160	ESTAVUDINA	3004.90.79
161	ETINILESTRADIOL + LEVONORGESTREL	3004.39.39
162	ETOMIDATO	3004.90.69
163	ETOPOSIDEO	3004.90.78
164	ETRAVIRINA	3004.90.69

ITEM	DESCRIÇÃO	NCM/SH
165	EVEROLIMO	3004.90.78
166	EXEMESTANO	3004.39.94
167	FATOR IX DE COAGULAÇÃO	3002.12.39
168	FATOR VII DE COAGULAÇÃO ATIVADO RECOMBINANTE	3002.12.39
169	FATOR VIII DE COAGULAÇÃO	3002.12.39
170	FATOR VIII DE COAGULAÇÃO CONTENDO FATOR DE VON WILLEBRAND	3002.12.39
171	FATOR VIII DE COAGULAÇÃO RECOMBINANTE	3002.12.39
172	FENTANILA	3004.90.69
173	FILGRASTIM	3002.15.90
174	FLUORURACILA	3004.90.69
175	FOLINATO DE CÁLCIO	3004.50.10
176	FOSAMPRENAVIR CÁLCICO	3004.90.78
177	FOSFATO DE FLUDARABINA	3004.90.78
178	FOSFATO DE OSELTAMIVIR	3004.90.49
179	FOSFATO DE RUXOLITINIBE	3004.90.69
180	FOSFATO DE SITAGLIPTINA	3004.90.69
181	FOTEMUSTINA	3004.90.58
182	FULVESTRANTO	3004.39.36
183	FUMARATO DE DIMETILA	3004.90.29
184	FUMARATO DE TENOFOVIR DESOPROXILA	3004.90.68
185	FUROSEMIDA	3004.90.76
186	GALSULFASE	3004.90.19
187	GANCICLOVIR SÓDICO	3004.90.69
188	GEFITINIBE	3004.90.79
189	GLICOSE	3004.90.99
190	GOLIMUMABE	3002.15.90
191	GOSSERRELINA	3004.39.27
192	GRANISETRON	3004.49.50
193	HALOPERIDOL	3004.90.69
194	HIDROXIUREIA	3004.90.99
195	HIPOCLORITO DE SÓDIO	3004.90.99
196	IBANDRONATO SÓDIO	3004.90.59
197	IBRUTINIBE	3004.90.69
198	IDARRUBICINA	3004.20.63
199	IDURSULFASE	3004.90.14
200	IFOSFAMIDA	3004.90.79
201	IMUNOGLOBULINA ANTIRRÁBICA	3002.12.39
202	IMUNOGLOBULINA ANTITETÂNICA	3002.12.39
203	IMUNOGLOBULINA HUMANA ANTI-HEPATITE B	3002.12.39
204	INSULINA GLARGINA	3004.31.00
205	INSULINA HUMANA	3004.31.00
206	INTERFERON ALFA-2A E INTERFERON ALFA-2B	3002.15.90
207	IOPAMIDOL	3006.30.13
208	IPILIMUMABE	3002.15.90
209	ISETIONATO DE PENTAMIDINA	3004.90.47
210	ISOFLURANO	3004.90.99
211	ISOTRETINOÍNA	3004.50.90
212	IVACAFTOR	3004.90.69
213	LAMIVUDINA + ZIDOVUDINA	3004.90.79
214	LETROZOL	3004.90.68
215	LEVETIRACETAM	3004.90.69
216	LIDOCAÍNA	3004.90.43
217	LINEZOLIDA	3004.90.79
218	LIPEGFILGRASTIM	3002.15.90
219	LOPINAVIR + RITONAVIR	3004.90.68

ITEM	DESCRIÇÃO	NCM/SH
220	LOSARTANA POTÁSSICA	3004.90.69
221	LUMACAFTOR	3004.90.69
222	MALEATO DE ACALABRUTINIBE MONOIDRATADO	3004.90.69
223	MALEATO DE SUNITINIBE	3004.90.69
224	MALEATO DE TIMOLOL	3004.90.79
225	MARAVIROQUE	3004.90.49
226	MEPOLIZUMABE	3002.15.90
227	MERCAPTOPURINA	3004.90.63
228	MESILATO DE DABRAFENIBE	3004.90.79
229	MESILATO DE DESFERROXAMINA	3004.90.48
230	MESILATO DE IMATINIBE	3004.90.68
231	MESILATO DE NELFINAVIR	3004.90.68
232	MESILATO DE OSIMERTINIBE	3004.90.69
233	MESILATO DE RASAGILINA	3004.90.39
234	MESNA	3004.90.59
235	METILPREDNISOLONA	3004.90.99
236	METOTREXATO	3004.90.69
237	METOTREXATO DE SÓDIO	3004.90.69
238	MICOFENOLATO DE MOFETILA	3004.90.79
239	MICOFENOLATO DE SÓDIO	3004.90.59
240	MIDAZOLAM	3004.90.69
241	MIDOSTAURINA	3004.90.79
242	MIFAMURTIDA	3004.90.59
243	MITOMICINA	3004.20.91
244	MITOTANO	3004.90.95
245	NEVIRAPINA	3004.90.68
246	NILOTINIBE	3004.90.69
247	NITRENDIPINO	3004.90.69
248	NIVOLUMABE	3002.15.90
249	NUSINERSENA	3004.90.79
250	OCRELIZUMABE	3002.15.90
251	OCTREOTIDA	3004.39.26
252	OLAPARIBE	3004.90.69
253	OLARATUMABE	3002.15.90
254	ONASEMNOGENO ABEPARVOVEQUE	3002.90.00
255	OXALIPLATINA	3004.90.99
256	PACLITAXEL	3004.90.59
257	PALBOCICLIBE	3004.90.69
258	PAMIDRONATO DISSÓDICO	3004.90.59
259	PAMOATO DE PASIREOTIDA	3004.39.29
260	PANCREATINA	3004.90.19
261	PANITUMUMABE	3002.15.90
262	PEG INTERFERON ALFA-2B	3002.15.90
263	PEG INTERFERON ALFA-2A	3002.15.10
264	PEGASPARGASE	3004.90.19
265	PEGFILGRASTIM	3002.15.90
266	PEMETREXEDE DISSÓDICO	3004.90.69
267	PEMETREXEDE DISSÓDICO HEMIPENTAIDRATADO	3004.90.69
268	PEMETREXEDE DISSÓDICO HEPTAIDRATADO	3004.90.69
269	PERTUZUMABE	3002.15.90
270	PIOGLITAZONA	3004.90.79
271	PIRAZINAMIDA + RIFAMPICINA + CLORIDRATO DE ETAMBUTOL + ISONIAZIDA	3002.20.32
272	PLERIXAFOR	3004.90.69
273	PRAZIQUANTEL	3004.90.63
274	PREDNISOLONA	3004.32.10

ITEM	DESCRIÇÃO	NCM/SH
275	PREGABALINA	3004.90.39
276	PROPOFOL	3004.90.95
277	QUININA	3004.49.90
278	RABEPRAZOL SÓDICO	3004.90.69
279	RALTEGRAVIR	3004.90.49
280	RAMUCIRUMABE	3002.15.90
281	RASBURICASE	3004.90.19
282	REGORAFENIBE	3004.90.69
283	RIBAVIRINA	3004.90.79
284	RIFAMPICINA + ISONIAZIDA	3004.20.32
285	RILUZOL	3004.90.69
286	RISANQUIZUMABE	3002.15.90
287	RISDIPLAM	3004.90.69
288	RISPERIDONA	3004.90.69
289	RITONAVIR	3004.90.78
290	RITUXIMABE	3002.15.20
291	SACUBITRIL VALSARTANA SÓDICA HIDRATADA	3004.90.69
292	SAQUINAVIR	3004.90.68
293	SAXAGLIPTINA	3004.90.69
294	SECUQUINUMABE	3002.15.90
295	SELEXIPAGUE	3004.90.79
296	SINVASTATINA	3004.90.59
297	SOFOSBUVIR	3004.90.79
298	SOMATROPINA	3004.39.29
299	SORO ANTIARACNÍDICO (LOXOSCELES, PHONEUTRIA E TITYUS)	3002.12.11
300	SORO ANTIBOTRÓPICO (PENTAVALENTE)	3002.12.11
301	SORO ANTIBOTRÓPICO (PENTAVALENTE) E ANTICROTÁLICO	3002.12.11
302	SORO ANTIBOTRÓPICO (PENTAVALENTE) E ANTILAQUÉTICO	3002.12.11
303	SORO ANTIBOTULÍNICO AB (BIVALENTE)	3002.12.19
304	SORO ANTICROTÁLICO	3002.12.11
305	SORO ANTIDIFTÉRICO	3002.12.15
306	SORO ANTIELAPÍDICO (BIVALENTE)	3002.12.11
307	SORO ANTIESCORPIÔNICO	3002.12.11
308	SORO ANTILONÔMICO	3002.12.11
309	SORO ANTILOXOSCÉLICO (TRIVALENTE)	3002.12.11
310	SORO ANTIRRÁBICO	3002.12.19
311	SORO ANTITETÂNICO	3002.12.12
312	SUCCINATO DE METOPROLOL	3004.90.39
313	SUCCINATO DE RIBOCICLIBE	3004.90.69
314	SUCCINATO SÓDICO DE HIDROCORTISONA	3004.32.10
315	SULFADIAZINA	3004.90.72
316	SULFAMETOXAZOL + TRIMETROPINA	3004.90.72
317	SULFATO DE ABACAVIR	3004.90.68
318	SULFATO DE ATAZANAVIR	3004.90.68
319	SULFATO DE BLEOMICINA	3004.20.93
320	SULFATO DE INDINAVIR	3004.90.68
321	SULFATO DE LAROTRECTINIBE	3004.90.69
322	SULFATO DE MORFINA	3004.49.90
323	SULFATO DE MORFINA PENTAIDRATADO	3004.49.90
324	SULFATO DE QUININA	3004.49.90
325	SULFATO DE VINCRISTINA	3004.49.10
326	TACROLIMO	3004.90.78
327	TAFAMIDIS MEGLUMINA	3004.90.79
328	TAMOXIFENO	3004.90.34
329	TARTARATO DE VARENICLINA	3004.90.69

ITEM	DESCRIÇÃO	NCM/SH
330	TARTARATO DE VINORELBINA	3004.49.90
331	TEMOZOLOMIDA	3004.90.68
332	TENECTEPLASE	3004.90.19
333	TENIPOSIDEO	3004.90.78
334	TENOFOVIR	3004.90.68
335	TENSIROLIMO	3004.90.78
336	TERIFLUNOMIDA	3004.90.49
337	TERIZIDONA	3004.90.79
338	TETRACICLINA	3004.20.99
339	TEZACAFTOR	3004.90.69
340	TIOGUANINA	3004.90.68
341	TIPRANAVIR	3004.90.78
342	TOCILIZUMABE	3002.15.90
343	TOSILATO DE SORAFENIBE	3004.90.69
344	TRASTUZUMABE	3002.15.20
345	TRIÓXIDO DE ARSÊNIO	3004.90.99
346	TRIPTORRELINA	3004.39.18
347	UPADACITINIBE HEMI-HIDRATADO	3004.90.69
348	VANCOMICINA	3004.20.71
349	VANDETANIBE	3004.90.69
350	VEDOLIZUMABE	3002.15.90
351	VIMBLASTINA	3004.49.10
352	VINCRISTINA	3004.49.10
353	VINFLUNINA	3004.90.79
354	VINORELBINA	3004.49.90
355	ZIAGENAVIR	3004.90.68
356	ZIDOVUDINA	3004.90.79
357	VACINA ADSORVIDA DIFTERIA E TÉTANO	3002.41.29
358	VACINA ADSORVIDA DIFTERIA, TÉTANO E PERTUSSIS	3002.41.27
359	VACINA ADSORVIDA DIFTERIA, TÉTANO E PERTUSSIS (ACELULAR)	3002.41.27
360	VACINA ADSORVIDA DIFTERIA, TÉTANO, PERTUSSIS, HEPATITE B (RECOMBINANTE) E HAEMOPHILUS INFLUENZAE B (CONJUGADA)	3002.41.29
361	VACINA ADSORVIDA HEPATITE A (INATIVADA)	3002.41.29
362	VACINA BCG	3002.41.29
363	VACINA CÓLERA (INATIVADA)	3002.41.29
364	VACINA COVID-19	3002.41.29
365	VACINA DENGUE 1, 2, 3 E 4	3002.41.29
366	VACINA FEBRE AMARELA (ATENUADA)	3002.41.29
367	VACINA FEBRE TIFÓIDE (POLISSACARÍDICA)	3002.41.29
368	VACINA HAEMOPHILUS INFLUENZAE B (CONJUGADA)	3002.41.29
369	VACINA HEPATITE B (RECOMBINANTE)	3002.41.23
370	VACINA INFLUENZA TRIVALENTE (FRAGMENTADA, INATIVADA)	3002.41.21
371	VACINA MENINGOCÓCICA ACWY (CONJUGADA)	3002.41.25
372	VACINA MENINGOCÓCICA C (CONJUGADA)	3002.41.25
373	VACINA PAPILOMAVÍRUS HUMANO 6, 11, 16 E 18 (RECOMBINANTE)	3002.41.29
374	VACINA PNEUMOCÓCICA 10-VALENTE (CONJUGADA)	3002.41.29
375	VACINA PNEUMOCÓCICA 13-VALENTE (CONJUGADA)	3002.41.29
376	VACINA PNEUMOCÓCICA 23-VALENTE (POLISSACARÍDICA)	3002.41.29
377	VACINA POLIOMIELITE 1 E 3 (ATENUADA)	3002.41.22
378	VACINA POLIOMIELITE 1, 2 E 3 (INATIVADA)	3002.41.22
379	VACINA RAIVA (INATIVADA)	3002.41.29
380	VACINA ROTAVÍRUS HUMANO G1P 8 (ATENUADA)	3002.41.29
381	VACINA SARAMPO, CAXUMBA, RUBÉOLA	3002.41.27
382	VACINA SARAMPO, CAXUMBA, RUBÉOLA E VARICELA (ATENUADA)	3002.41.29
383	VACINA VARICELA (ATENUADA)	3002.41.29

ANEXO XV
PRODUTOS HORTÍCOLAS, FRUTAS E OVOS SUBMETIDOS À REDUÇÃO DE 100% (CEM POR CENTO) DAS ALÍQUOTAS DO IBS E DA CBS

ITEM	DESCRIÇÃO DO PRODUTO
1	Ovos da subposição 0407.2 da NCM/SH
2	Produtos hortícolas das posições 07.01, 07.02.00.00, 07.03, 07.04, 07.05, 07.06, 0707.00.00, 07.08, 07.09 e 07.10, exceto os cogumelos e trufas classificados na subposição 0709.5 e no código 0710.80.00 da NCM/SH
3	Frutas frescas ou refrigeradas e frutas congeladas sem adição de açúcar ou de outros edulcorantes classificadas nas posições 08.03, 08.04, 08.05, 08.06, 08.07, 08.08, 08.09, 08.10 e 08.11 da NCM/SH
4	Plantas e produtos de floricultura relativos à horticultura e cultivados para fins alimentares, ornamentais ou medicinais classificados no Capítulo 6 da NCM/SH
5	Raízes e tubérculos da posição 07.14 da NCM/SH
6	Cocos da subposição 0801.1 da NCM/SH

ANEXO XVI
LIMITE INFERIOR PARA FIXAÇÃO DA ALÍQUOTA PRÓPRIA EM PROPORÇÃO DA ALÍQUOTA DE REFERÊNCIA

Ano	Limite Inferior para Fixação da Alíquota Própria em Proporção da Alíquota de Referência
2029	81,0%
2030	81,0%
2031	81,0%
2032	81,0%
2033	90,5%
2034	88,6%
2035	86,7%
2036	84,8%
2037	82,9%
2038	81,0%
2039	79,1%
2040	77,2%
2041	75,3%
2042	73,4%
2043	71,5%
2044	69,6%
2045	67,7%
2046	65,8%
2047	63,9%
2048	62,0%
2049	60,1%
2050	58,2%
2051	56,3%
2052	54,4%
2053	52,5%
2054	50,6%
2055	48,7%
2056	46,8%
2057	44,9%
2058	43,0%
2059	41,1%
2060	39,2%
2061	37,3%
2062	35,4%
2063	33,5%
2064	31,6%
2065	29,7%
2066	27,8%

Ano	Limite Inferior para Fixação da Alíquota Própria em Proporção da Alíquota de Referência
2067	25,9%
2068	24,0%
2069	22,1%
2070	20,2%
2071	18,3%
2072	16,4%
2073	14,5%
2074	12,6%
2075	10,7%
2076	8,8%
2077	6,9%

ANEXO XVII
BENS E SERVIÇOS SUJEITOS AO IMPOSTO SELETIVO

Veículos
87.03; 8704.21 (exceto os caminhões); 8704.31 (exceto os caminhões); 8704.41.00 (exceto os caminhões); 8704.51.00 (exceto os caminhões); 8704.60.00 (exceto os caminhões); 8704.90.00 (exceto os caminhões); ressalvados os veículos com características técnicas específicas para uso operacional das Forças Armadas ou dos órgãos de Segurança Pública
Aeronaves e Embarcações
8802, exceto o código 8802.60.00; e embarcações com motor classificadas na posição 8903; ressalvadas as aeronaves e embarcações com características técnicas específicas para uso operacional das Forças Armadas ou dos órgãos de Segurança Pública
Produtos fumígenos
2401; 2402; 2403; 2404
Bebidas alcoólicas
2203; 2204; 2205; 2206; 2208
Bebidas açucaradas
2202.10.00
Bens minerais
2601; 2709.00.10; 2711.11.00; 2711.21.00
Concursos de prognósticos e *Fantasy sport*

ANEXO XVIII
(LEI COMPLEMENTAR Nº 123, DE 14 DE DEZEMBRO DE 2006)
ANEXO I
ALÍQUOTAS E PARTILHA DO SIMPLES NACIONAL – COMÉRCIO

(Vigência: 1º-1-2027 a 31-12-2028)
Para os anos-calendário 2027 e 2028

Receita Bruta em 12 Meses (em R$)		Alíquota	Valor a Deduzir (em R$)
1ª Faixa	Até 180.000,00	4,00%	–
2ª Faixa	De 180.000,01 a 360.000,00	7,30%	5.940,00
3ª Faixa	De 360.000,01 a 720.000,00	9,50%	13.860,00
4ª Faixa	De 720.000,01 a 1.800.000,00	10,70%	22.500,00
5ª Faixa	De 1.800.000,01 a 3.600.000,00	14,30%	87.300,00
6ª Faixa	De 3.600.000,01 a 4.800.000,00	18,90%	378.000,00

Faixas	Percentual de Repartição dos Tributos					
	IRPJ	CSLL	CBS	CPP	ICMS	IBS
1ª Faixa	5,50%	3,50%	15,33%	41,50%	34,00%	0,17%
2ª Faixa	5,50%	3,50%	15,33%	41,50%	34,00%	0,17%
3ª Faixa	5,50%	3,50%	15,33%	42,00%	33,50%	0,17%
4ª Faixa	5,50%	3,50%	15,33%	42,00%	33,50%	0,17%
5ª Faixa	5,50%	3,50%	15,33%	42,00%	33,50%	0,17%
6ª Faixa	13,58%	10,06%	34,02%	42,34%		

Alíquotas do Simples Nacional – Comércio
(Vigência: 1º-1-2029)
A partir do ano-calendário 2029

Receita Bruta em 12 Meses (em R$)		Alíquota	Valor a Deduzir (em R$)
1ª Faixa	Até 180.000,00	4,00%	–
2ª Faixa	De 180.000,01 a 360.000,00	7,30%	5.940,00
3ª Faixa	De 360.000,01 a 720.000,00	9,50%	13.860,00
4ª Faixa	De 720.000,01 a 1.800.000,00	10,70%	22.500,00
5ª Faixa	De 1.800.000,01 a 3.600.000,00	14,30%	87.300,00
6ª Faixa	De 3.600.000,01 a 4.800.000,00	19,00%	378.000,00

Partilha do Simples Nacional – Comércio
(Vigência: 1º-1-2029 até 31-12-2029)
Para o ano-calendário 2029

Faixas	Percentual de Repartição dos Tributos					
	IRPJ	CSLL	CBS	CPP	ICMS	IBS
1ª Faixa	5,50%	3,50%	15,50%	41,50%	30,60%	3,40%
2ª Faixa	5,50%	3,50%	15,50%	41,50%	30,60%	3,40%
3ª Faixa	5,50%	3,50%	15,50%	42,00%	30,15%	3,35%
4ª Faixa	5,50%	3,50%	15,50%	42,00%	30,15%	3,35%
5ª Faixa	5,50%	3,50%	15,50%	42,00%	30,15%	3,35%
6ª Faixa	13,50%	10,00%	34,40%	42,10%		

(Vigência: 1º-1-2030 até 31-12-2030)
Para o ano-calendário 2030

Faixas	Percentual de Repartição dos Tributos					
	IRPJ	CSLL	CBS	CPP	ICMS	IBS
1ª Faixa	5,50%	3,50%	15,50%	41,50%	27,20%	6,80%
2ª Faixa	5,50%	3,50%	15,50%	41,50%	27,20%	6,80%
3ª Faixa	5,50%	3,50%	15,50%	42,00%	26,80%	6,70%
4ª Faixa	5,50%	3,50%	15,50%	42,00%	26,80%	6,70%
5ª Faixa	5,50%	3,50%	15,50%	42,00%	26,80%	6,70%
6ª Faixa	13,50%	10,00%	34,40%	42,10%		

(Vigência: 1º-1-2031 até 31-12-2031)
Para o ano-calendário 2031

Faixas	Percentual de Repartição dos Tributos					
	IRPJ	CSLL	CBS	CPP	ICMS	IBS
1ª Faixa	5,50%	3,50%	15,50%	41,50%	23,80%	10,20%
2ª Faixa	5,50%	3,50%	15,50%	41,50%	23,80%	10,20%
3ª Faixa	5,50%	3,50%	15,50%	42,00%	23,45%	10,05%
4ª Faixa	5,50%	3,50%	15,50%	42,00%	23,45%	10,05%
5ª Faixa	5,50%	3,50%	15,50%	42,00%	23,45%	10,05%
6ª Faixa	13,50%	10,00%	34,40%	42,10%		

(Vigência: 1º-1-2032 até 31-12-2032)
Para o ano-calendário 2032

Faixas	Percentual de Repartição dos Tributos					
	IRPJ	CSLL	CBS	CPP	ICMS	IBS
1ª Faixa	5,50%	3,50%	15,50%	41,50%	20,40%	13,60%
2ª Faixa	5,50%	3,50%	15,50%	41,50%	20,40%	13,60%
3ª Faixa	5,50%	3,50%	15,50%	42,00%	20,10%	13,40%
4ª Faixa	5,50%	3,50%	15,50%	42,00%	20,10%	13,40%
5ª Faixa	5,50%	3,50%	15,50%	42,00%	20,10%	13,40%
6ª Faixa	13,50%	10,00%	34,40%	42,10%		

(Vigência: 1º-1-2033)
A partir do ano-calendário 2033

Faixas	Percentual de Repartição dos Tributos				
	IRPJ	CSLL	CBS	CPP	IBS
1ª Faixa	5,50%	3,50%	15,50%	41,50%	34,00%
2ª Faixa	5,50%	3,50%	15,50%	41,50%	34,00%
3ª Faixa	5,50%	3,50%	15,50%	42,00%	33,50%
4ª Faixa	5,50%	3,50%	15,50%	42,00%	33,50%
5ª Faixa	5,50%	3,50%	15,50%	42,00%	33,50%
6ª Faixa	13,50%	10,00%	34,40%	42,10%	

ANEXO XIX
(LEI COMPLEMENTAR Nº 123, DE 14 DE DEZEMBRO DE 2006)

ANEXO II
ALÍQUOTAS E PARTILHA DO SIMPLES NACIONAL – INDÚSTRIA

Alíquotas e Partilha do Simples Nacional – Indústria
(Vigência: 1º-1-2027 a 31-12-2028)
Para os anos-calendário 2027 e 2028

Receita Bruta em 12 Meses (em R$)		Alíquota	Valor a Deduzir (em R$)
1ª Faixa	Até 180.000,00	4,50%	–
2ª Faixa	De 180.000,01 a 360.000,00	7,80%	5.940,00
3ª Faixa	De 360.000,01 a 720.000,00	10,00%	13.860,00
4ª Faixa	De 720.000,01 a 1.800.000,00	11,20%	22.500,00
5ª Faixa	De 1.800.000,01 a 3.600.000,00	14,70%	85.500,00
6ª Faixa	De 3.600.000,01 a 4.800.000,00	29,90%	720.000,00

Faixas	Percentual de Repartição dos Tributos						
	IRPJ	CSLL	CBS	CPP	IPI	ICMS	IBS
1ª Faixa	5,50%	3,50%	13,85%	37,50%	7,50%	32,00%	0,15%
2ª Faixa	5,50%	3,50%	13,85%	37,50%	7,50%	32,00%	0,15%
3ª Faixa	5,50%	3,50%	13,85%	37,50%	7,50%	32,00%	0,15%
4ª Faixa	5,50%	3,50%	13,85%	37,50%	7,50%	32,00%	0,15%
5ª Faixa	5,50%	3,50%	13,85%	37,50%	7,50%	32,00%	0,15%
6ª Faixa	8,53%	7,53%	25,22%	23,59%	35,13%		

Alíquotas do Simples Nacional – Indústria
(Vigência: 1º-1-2029)
A partir do ano-calendário 2029

Receita Bruta em 12 Meses (em R$)		Alíquota	Valor a Deduzir (em R$)
1ª Faixa	Até 180.000,00	4,50%	–
2ª Faixa	De 180.000,01 a 360.000,00	7,80%	5.940,00
3ª Faixa	De 360.000,01 a 720.000,00	10,00%	13.860,00
4ª Faixa	De 720.000,01 a 1.800.000,00	11,20%	22.500,00
5ª Faixa	De 1.800.000,01 a 3.600.000,00	14,70%	85.500,00
6ª Faixa	De 3.600.000,01 a 4.800.000,00	30,00%	720.000,00

Partilha do Simples Nacional – Indústria
(Vigência: 1º-1-2029 até 31-12-2029)
Para o ano-calendário 2029

Faixas	Percentual de Repartição dos Tributos						
	IRPJ	CSLL	CBS	CPP	IPI	ICMS	IBS
1ª Faixa	5,50%	3,50%	14,00%	37,50%	7,50%	28,80%	3,20%
2ª Faixa	5,50%	3,50%	14,00%	37,50%	7,50%	28,80%	3,20%
3ª Faixa	5,50%	3,50%	14,00%	37,50%	7,50%	28,80%	3,20%
4ª Faixa	5,50%	3,50%	14,00%	37,50%	7,50%	28,80%	3,20%
5ª Faixa	5,50%	3,50%	14,00%	37,50%	7,50%	28,80%	3,20%
6ª Faixa	8,50%	7,50%	25,50%	23,50%	35,00%		

(Vigência: 1º-1-2030 até 31-12-2030)
Para o ano-calendário 2030

Faixas	Percentual de Repartição dos Tributos						
	IRPJ	CSLL	CBS	CPP	IPI	ICMS	IBS
1ª Faixa	5,50%	3,50%	14,00%	37,50%	7,50%	25,60%	6,40%
2ª Faixa	5,50%	3,50%	14,00%	37,50%	7,50%	25,60%	6,40%
3ª Faixa	5,50%	3,50%	14,00%	37,50%	7,50%	25,60%	6,40%
4ª Faixa	5,50%	3,50%	14,00%	37,50%	7,50%	25,60%	6,40%
5ª Faixa	5,50%	3,50%	14,00%	37,50%	7,50%	25,60%	6,40%
6ª Faixa	8,50%	7,50%	25,50%	23,50%	35,00%		

(Vigência: 1º-1-2031 até 31-12-2031)
Para o ano-calendário 2031

Faixas	Percentual de Repartição dos Tributos						
	IRPJ	CSLL	CBS	CPP	IPI	ICMS	IBS
1ª Faixa	5,50%	3,50%	14,00%	37,50%	7,50%	22,40%	9,60%
2ª Faixa	5,50%	3,50%	14,00%	37,50%	7,50%	22,40%	9,60%
3ª Faixa	5,50%	3,50%	14,00%	37,50%	7,50%	22,40%	9,60%
4ª Faixa	5,50%	3,50%	14,00%	37,50%	7,50%	22,40%	9,60%
5ª Faixa	5,50%	3,50%	14,00%	37,50%	7,50%	22,40%	9,60%
6ª Faixa	8,50%	7,50%	25,50%	23,50%	35,00%		

(Vigência: 1º-1-2032 até 31-12-2032)
Para o ano-calendário 2032

Faixas	Percentual de Repartição dos Tributos						
	IRPJ	CSLL	CBS	CPP	IPI	ICMS	IBS
1ª Faixa	5,50%	3,50%	14,00%	37,50%	7,50%	19,20%	12,80%
2ª Faixa	5,50%	3,50%	14,00%	37,50%	7,50%	19,20%	12,80%
3ª Faixa	5,50%	3,50%	14,00%	37,50%	7,50%	19,20%	12,80%
4ª Faixa	5,50%	3,50%	14,00%	37,50%	7,50%	19,20%	12,80%
5ª Faixa	5,50%	3,50%	14,00%	37,50%	7,50%	19,20%	12,80%
6ª Faixa	8,50%	7,50%	25,50%	23,50%	35,00%		

(Vigência: 1º-1-2033)
A partir do ano-calendário 2033

Faixas	Percentual de Repartição dos Tributos					
	IRPJ	CSLL	CBS	CPP	IPI	IBS
1ª Faixa	5,50%	3,50%	14,00%	37,50%	7,50%	32,00%
2ª Faixa	5,50%	3,50%	14,00%	37,50%	7,50%	32,00%
3ª Faixa	5,50%	3,50%	14,00%	37,50%	7,50%	32,00%
4ª Faixa	5,50%	3,50%	14,00%	37,50%	7,50%	32,00%
5ª Faixa	5,50%	3,50%	14,00%	37,50%	7,50%	32,00%
6ª Faixa	8,50%	7,50%	25,50%	23,50%	35,00%	

ANEXO XX
(LEI COMPLEMENTAR Nº 123, DE 14 DE DEZEMBRO DE 2006)
ANEXO III
ALÍQUOTAS E PARTILHA DO SIMPLES NACIONAL – RECEITAS DE LOCAÇÃO DE BENS MÓVEIS E DE PRESTAÇÃO DE SERVIÇOS NÃO RELACIONADOS NO § 5º-C DO ART. 18 DESTA LEI COMPLEMENTAR

(Vigência: 1º-1-2027 a 31-12-2028)
Para os anos-calendário 2027 e 2028

Receita Bruta em 12 Meses (em R$)		Alíquota	Valor a Deduzir (em R$)
1ª Faixa	Até 180.000,00	6,00%	–
2ª Faixa	De 180.000,01 a 360.000,00	11,20%	9.360,00
3ª Faixa	De 360.000,01 a 720.000,00	13,50%	17.640,00
4ª Faixa	De 720.000,01 a 1.800.000,00	16,00%	35.640,00
5ª Faixa	De 1.800.000,01 a 3.600.000,00	21,00%	125.640,00
6ª Faixa	De 3.600.000,01 a 4.800.000,00	32,90%	648.000,00

Faixas	Percentual de Repartição dos Tributos					
	IRPJ	CSLL	CBS	CPP	ISS (*)	IBS
1ª Faixa	4,00%	3,50%	15,43%	43,40%	33,50%	0,17%
2ª Faixa	4,00%	3,50%	16,91%	43,40%	32,00%	0,19%
3ª Faixa	4,00%	3,50%	16,42%	43,40%	32,50%	0,19%
4ª Faixa	4,00%	3,50%	16,42%	43,40%	32,50%	0,19%
5ª Faixa	4,00%	3,50%	15,43%	43,40%	33,50% (*)	0,17%
6ª Faixa	35,09%	15,04%	19,29%	30,58%		

(*) O percentual efetivo máximo devido ao ISS será de 5%, transferindo-se a diferença, de forma proporcional, aos tributos federais da mesma faixa de receita bruta anual. Sendo assim, na 5ª faixa, quando a alíquota efetiva for superior a 14,92537%, a repartição será:

	IRPJ	CSLL	CBS	CPP	ISS	IBS
5ª Faixa, com alíquota efetiva superior a 14,93%	(Alíquota efetiva – 5%) x 6,02%	(Alíquota efetiva – 5%) x 5,26%	(Alíquota efetiva – 5%) x 23,20%	(Alíquota efetiva – 5%) x 65,26%	Percentual de ISS fixo em 5%	(Alíquota efetiva – 5%) x 0,26%

Alíquotas do Simples Nacional – Receitas de locação de bens móveis e de prestação de serviços não relacionados no § 5º-C do art. 18 desta Lei Complementar
(Vigência: 1º-1-2029)
A partir do ano-calendário 2029

	Receita Bruta em 12 Meses (em R$)	Alíquota	Valor a Deduzir (em R$)
1ª Faixa	Até 180.000,00	6,00%	–
2ª Faixa	De 180.000,01 a 360.000,00	11,20%	9.360,00
3ª Faixa	De 360.000,01 a 720.000,00	13,50%	17.640,00
4ª Faixa	De 720.000,01 a 1.800.000,00	16,00%	35.640,00
5ª Faixa	De 1.800.000,01 a 3.600.000,00	21,00%	125.640,00
6ª Faixa	De 3.600.000,01 a 4.800.000,00	33,00%	648.000,00

Partilha do Simples Nacional – Receitas de locação de bens móveis e de prestação de serviços não relacionados no § 5º-C do art. 18 desta Lei Complementar
(Vigência: 1º-1-2029 até 31-12-2029)
Para o ano-calendário 2029

Faixas	Percentual de Repartição dos Tributos					
	IRPJ	CSLL	CBS	CPP	ISS (*)	IBS
1ª Faixa	4,00%	3,50%	15,60%	43,40%	30,15%	3,35%
2ª Faixa	4,00%	3,50%	17,10%	43,40%	28,80%	3,20%
3ª Faixa	4,00%	3,50%	16,60%	43,40%	29,25%	3,25%
4ª Faixa	4,00%	3,50%	16,60%	43,40%	29,25%	3,25%
5ª Faixa	4,00%	3,50%	15,60%	43,40%	30,15% (*)	3,35%
6ª Faixa	35,00%	15,00%	19,50%	30,50%		

(*) O percentual efetivo máximo devido ao ISS será de 5%, transferindo-se a diferença, de forma proporcional, aos tributos federais da mesma faixa de receita bruta anual. Sendo assim, na 5ª faixa, quando a alíquota efetiva for superior a 14,92537%, a repartição será:

	IRPJ	CSLL	CBS	CPP	ISS	IBS
5ª Faixa, com alíquota efetiva superior a 14,93%	(Alíquota efetiva – 5%) x 6,02%	(Alíquota efetiva – 5%) x 5,26%	(Alíquota efetiva – 5%) x 23,46%	(Alíquota efetiva – 5%) x 65,26%	Percentual de ISS fixo em 4,5%	Percentual de ISS fixo em 0,5%

(Vigência: 1º-1-2030 até 31-12-2030)
Para o ano-calendário 2030

Faixas	Percentual de Repartição dos Tributos					
	IRPJ	CSLL	CBS	CPP	ISS (*)	IBS
1ª Faixa	4,00%	3,50%	15,60%	43,40%	26,80%	6,70%
2ª Faixa	4,00%	3,50%	17,10%	43,40%	25,60%	6,40%
3ª Faixa	4,00%	3,50%	16,60%	43,40%	26,00%	6,50%
4ª Faixa	4,00%	3,50%	16,60%	43,40%	26,00%	6,50%
5ª Faixa	4,00%	3,50%	15,60%	43,40%	26,80% (*)	6,70%
6ª Faixa	35,00%	15,00%	19,50%	30,50%		

Faixas	Percentual de Repartição dos Tributos					
	IRPJ	CSLL	CBS	CPP	ISS (*)	IBS

(*) O percentual efetivo máximo devido ao ISS será de 5%, transferindo-se a diferença, de forma proporcional, aos tributos federais da mesma faixa de receita bruta anual. Sendo assim, na 5a faixa, quando a alíquota efetiva for superior a 14,92537%, a repartição será:

	IRPJ	CSLL	CBS	CPP	ISS	IBS
5ª Faixa, com alíquota efetiva superior a 14,93%	(Alíquota efetiva – 5%) x 6,02%	(Alíquota efetiva – 5%) x 5,26%	(Alíquota efetiva – 5%) x 23,46%	(Alíquota efetiva – 5%) x 65,26%	Percentual de ISS fixo em 4,0%	Percentual de ISS fixo em 1,0%

(Vigência: 1º-1-2031 até 31-12-2031)
Para o ano-calendário 2031

Faixas	Percentual de Repartição dos Tributos					
	IRPJ	CSLL	CBS	CPP	ISS (*)	IBS
1ª Faixa	4,00%	3,50%	15,60%	43,40%	23,45%	10,05%
2ª Faixa	4,00%	3,50%	17,10%	43,40%	22,40%	9,60%
3ª Faixa	4,00%	3,50%	16,60%	43,40%	22,75%	9,75%
4ª Faixa	4,00%	3,50%	16,60%	43,40%	22,75%	9,75%
5ª Faixa	4,00%	3,50%	15,60%	43,40%	23,45% (*)	10,05%
6ª Faixa	35,00%	15,00%	19,50%	30,50%		

(*) O percentual efetivo máximo devido ao ISS será de 5%, transferindo-se a diferença, de forma proporcional, aos tributos federais da mesma faixa de receita bruta anual. Sendo assim, na 5ª faixa, quando a alíquota efetiva for superior a 14,92537%, a repartição será:

	IRPJ	CSLL	CBS	CPP	ISS	IBS
5ª Faixa, com alíquota efetiva superior a 14,93%	(Alíquota efetiva – 5%) x 6,02%	(Alíquota efetiva – 5%) x 5,26%	(Alíquota efetiva – 5%) x 23,46%	(Alíquota efetiva – 5%) x 65,26%	Percentual de ISS fixo em 3,5%	Percentual de ISS fixo em 1,5%

(Vigência: 1º-1-2032 até 31-12-2032)
Para o ano-calendário 2032

Faixas	Percentual de Repartição dos Tributos					
	IRPJ	CSLL	CBS	CPP	ISS (*)	IBS
1ª Faixa	4,00%	3,50%	15,60%	43,40%	20,10%	13,40%
2ª Faixa	4,00%	3,50%	17,10%	43,40%	19,20%	12,80%
3ª Faixa	4,00%	3,50%	16,60%	43,40%	19,50%	13,00%
4ª Faixa	4,00%	3,50%	16,60%	43,40%	19,50%	13,00%
5ª Faixa	4,00%	3,50%	15,60%	43,40%	20,10% (*)	13,40%
6ª Faixa	35,00%	15,00%	19,50%	30,50%		

(*) O percentual efetivo máximo devido ao ISS será de 5%, transferindo-se a diferença, de forma proporcional, aos tributos federais da mesma faixa de receita bruta anual. Sendo assim, na 5ª faixa, quando a alíquota efetiva for superior a 14,92537%, a repartição será:

	IRPJ	CSLL	CBS	CPP	ISS	IBS
5ª Faixa, com alíquota efetiva superior a 14,93%	(Alíquota efetiva – 5%) x 6,02%	(Alíquota efetiva – 5%) x 5,26%	(Alíquota efetiva – 5%) x 23,46%	(Alíquota efetiva – 5%) x 65,26%	Percentual de ISS fixo em 3,0%	Percentual de ISS fixo em 2,0%

(Vigência: 1º-1-2033)
A partir do ano-calendário 2033

Faixas	Percentual de Repartição dos Tributos				
	IRPJ	CSLL	CBS	CPP	IBS
1ª Faixa	4,00%	3,50%	15,60%	43,40%	33,50%
2ª Faixa	4,00%	3,50%	17,10%	43,40%	32,00%
3ª Faixa	4,00%	3,50%	16,60%	43,40%	32,50%
4ª Faixa	4,00%	3,50%	16,60%	43,40%	32,50%
5ª Faixa	4,00%	3,50%	15,60%	43,40%	33,50%
6ª Faixa	35,00%	15,00%	19,50%	30,50%	

ANEXO XXI
(LEI COMPLEMENTAR Nº 123, DE 14 DE DEZEMBRO DE 2006)

ANEXO IV
ALÍQUOTAS E PARTILHA DO SIMPLES NACIONAL – RECEITAS DECORRENTES DA PRESTAÇÃO DE SERVIÇOS RELACIONADOS NO § 5º-C DO ART. 18 DESTA LEI COMPLEMENTAR

(Vigência: 1º-1-2027 a 31-12-2028)
Para os anos-calendário 2027 e 2028

	Receita Bruta em 12 Meses (em R$)	Alíquota	Valor a Deduzir (em R$)
1ª Faixa	Até 180.000,00	4,50%	–
2ª Faixa	De 180.000,01 a 360.000,00	9,00%	8.100,00
3ª Faixa	De 360.000,01 a 720.000,00	10,20%	12.420,00
4ª Faixa	De 720.000,01 a 1.800.000,00	14,00%	39.780,00
5ª Faixa	De 1.800.000,01 a 3.600.000,00	22,00%	183.780,00
6ª Faixa	De 3.600.000,01 a 4.800.000,00	32,90%	828.000,00

Faixas	Percentual de Repartição dos Tributos				
	IRPJ	CSLL	CBS	ISS (*)	IBS
1ª Faixa	18,80%	15,20%	21,26%	44,50%	0,24%
2ª Faixa	19,80%	15,20%	24,73%	40,00%	0,27%
3ª Faixa	20,80%	15,20%	23,74%	40,00%	0,26%
4ª Faixa	17,80%	19,20%	22,75%	40,00%	0,25%
5ª Faixa	18,80%	19,20%	21,76%	40,00% (*)	0,24%
6ª Faixa	53,71%	21,59%	24,70%		

(*) O percentual efetivo máximo devido ao ISS será de 5%, transferindo-se a diferença, de forma proporcional, aos tributos federais da mesma faixa de receita bruta anual. Sendo assim, na 5ª faixa, quando a alíquota efetiva for superior a 12,5%, a repartição será:

Faixa	IRPJ	CSLL	CBS	ISS	IBS
5ª Faixa, com alíquota efetiva superior a 12,5%	(Alíquota efetiva – 5%) x 31,33%	(Alíquota efetiva – 5%) x 32,00%	(Alíquota efetiva – 5%) x 36,27%	Percentual de ISS fixo em 5%	(Alíquota efetiva – 5%) x 0,40%

Alíquotas do Simples Nacional – Receitas decorrentes da prestação de serviços relacionados no § 5º-C do art. 18 desta Lei Complementar
(Vigência: 1º-1-2029)
A partir do ano-calendário 2029

	Receita Bruta em 12 Meses (em R$)	Alíquota	Valor a Deduzir (em R$)
1ª Faixa	Até 180.000,00	4,50%	–
2ª Faixa	De 180.000,01 a 360.000,00	9,00%	8.100,00
3ª Faixa	De 360.000,01 a 720.000,00	10,20%	12.420,00
4ª Faixa	De 720.000,01 a 1.800.000,00	14,00%	39.780,00
5ª Faixa	De 1.800.000,01 a 3.600.000,00	22,00%	183.780,00
6ª Faixa	De 3.600.000,01 a 4.800.000,00	33,00%	828.000,00

Partilha do Simples Nacional – Receitas decorrentes da prestação de serviços relacionados no § 5º-C do art. 18 desta Lei Complementar
(Vigência: 1º-1-2029 até 31-12-2029)
Para o ano-calendário 2029

Faixas	Percentual de Repartição dos Tributos				
	IRPJ	CSLL	CBS	ISS (*)	IBS
1ª Faixa	18,80%	15,20%	21,50%	40,05%	4,45%
2ª Faixa	19,80%	15,20%	25,00%	36,00%	4,00%
3ª Faixa	20,80%	15,20%	24,00%	36,00%	4,00%
4ª Faixa	17,80%	19,20%	23,00%	36,00%	4,00%
5ª Faixa	18,80%	19,20%	22,00%	36,00% (*)	4,00%
6ª Faixa	53,50%	21,50%	25,00%		

(*) O percentual efetivo máximo devido ao ISS será de 5%, transferindo-se a diferença, de forma proporcional, aos tributos federais da mesma faixa de receita bruta anual. Sendo assim, na 5ª faixa, quando a alíquota efetiva for superior a 12,5%, a repartição será:

Faixa	IRPJ	CSLL	CBS	ISS	IBS
5ª Faixa, com alíquota efetiva superior a 12,5%	(Alíquota efetiva – 5%) x 31,33%	(Alíquota efetiva – 5%) x 32,00%	(Alíquota efetiva – 5%) x 36,67%	Percentual de ISS fixo em 4,5%	Percentual de ISS fixo em 0,5%

(Vigência: 1º-1-2030 até 31-12-2030)
Para o ano-calendário 2030

Faixas	Percentual de Repartição dos Tributos				
	IRPJ	CSLL	CBS	ISS (*)	IBS
1ª Faixa	18,80%	15,20%	21,50%	35,60%	8,90%
2ª Faixa	19,80%	15,20%	25,00%	32,00%	8,00%
3ª Faixa	20,80%	15,20%	24,00%	32,00%	8,00%
4ª Faixa	17,80%	19,20%	23,00%	32,00%	8,00%
5ª Faixa	18,80%	19,20%	22,00%	32,00% (*)	8,00%
6ª Faixa	53,50%	21,50%	25,00%		

(*) O percentual efetivo máximo devido ao ISS será de 5%, transferindo-se a diferença, de forma proporcional, aos tributos federais da mesma faixa de receita bruta anual. Sendo assim, na 5ª faixa, quando a alíquota efetiva for superior a 12,5%, a repartição será:

Faixa	IRPJ	CSLL	CBS	ISS	IBS
5ª Faixa, com alíquota efetiva superior a 12,5%	(Alíquota efetiva – 5%) x 31,33%	(Alíquota efetiva – 5%) x 32,00%	(Alíquota efetiva – 5%) x 36,67%	Percentual de ISS fixo em 4,0%	Percentual de ISS fixo em 1,0%

(Vigência: 1º-1-2031 até 31-12-2031)
Para o ano-calendário 2031

Faixas	Percentual de Repartição dos Tributos				
	IRPJ	CSLL	CBS	ISS (*)	IBS
1ª Faixa	18,80%	15,20%	21,50%	31,15%	13,35%
2ª Faixa	19,80%	15,20%	25,00%	28,00%	12,00%
3ª Faixa	20,80%	15,20%	24,00%	28,00%	12,00%
4ª Faixa	17,80%	19,20%	23,00%	28,00%	12,00%
5ª Faixa	18,80%	19,20%	22,00%	28,00% (*)	12,00%
6ª Faixa	53,50%	21,50%	25,00%		

(*) O percentual efetivo máximo devido ao ISS será de 5%, transferindo-se a diferença, de forma proporcional, aos tributos federais da mesma faixa de receita bruta anual. Sendo assim, na 5ª faixa, quando a alíquota efetiva for superior a 12,5%, a repartição será:

Faixa	IRPJ	CSLL	CBS	ISS	IBS
5ª Faixa, com alíquota efetiva superior a 12,5%	(Alíquota efetiva – 5%) x 31,33%	(Alíquota efetiva – 5%) x 32,00%	(Alíquota efetiva – 5%) x 36,67%	Percentual de ISS fixo em 3,5%	Percentual de ISS fixo em 1,5%

(Vigência: 1º-1-2032 até 31-12-2032)
Para o ano-calendário 2032

Faixas	Percentual de Repartição dos Tributos				
	IRPJ	CSLL	CBS	ISS (*)	IBS
1ª Faixa	18,80%	15,20%	21,50%	26,70%	17,80%
2ª Faixa	19,80%	15,20%	25,00%	24,00%	16,00%
3ª Faixa	20,80%	15,20%	24,00%	24,00%	16,00%
4ª Faixa	17,80%	19,20%	23,00%	24,00%	16,00%
5ª Faixa	18,80%	19,20%	22,00%	24,00% (*)	16,00%
6ª Faixa	53,50%	21,50%	25,00%		

(*) O percentual efetivo máximo devido ao ISS será de 5%, transferindo-se a diferença, de forma proporcional, aos tributos federais da mesma faixa de receita bruta anual. Sendo assim, na 5ª faixa, quando a alíquota efetiva for superior a 12,5%, a repartição será:

Faixa	IRPJ	CSLL	CBS	ISS	IBS
5ª Faixa, com alíquota efetiva superior a 12,5%	(Alíquota efetiva – 5%) x 31,33%	(Alíquota efetiva – 5%) x 32,00%	(Alíquota efetiva – 5%) x 36,67%	Percentual de ISS fixo em 3,0%	Percentual de ISS fixo em 2,0%

(Vigência: 1º-1-2033)
A partir do ano-calendário 2033

Faixas	Percentual de Repartição dos Tributos			
	IRPJ	CSLL	CBS	IBS
1ª Faixa	18,80%	15,20%	21,50%	44,50%
2ª Faixa	19,80%	15,20%	25,00%	40,00%
3ª Faixa	20,80%	15,20%	24,00%	40,00%
4ª Faixa	17,80%	19,20%	23,00%	40,00%
5ª Faixa	18,80%	19,20%	22,00%	40,00%
6ª Faixa	53,50%	21,50%	25,00%	

ANEXO XXII
(LEI COMPLEMENTAR Nº 123, DE 14 DE DEZEMBRO DE 2006)
ANEXO V
ALÍQUOTAS E PARTILHA DO SIMPLES NACIONAL – RECEITAS DECORRENTES DA PRESTAÇÃO DE SERVIÇOS RELACIONADOS NO § 5º-I DO ART. 18 DESTA LEI COMPLEMENTAR

(Vigência: 1º-1-2027 a 31-12-2028)
Para os anos-calendário 2027 e 2028

Receita Bruta em 12 Meses (em R$)		Alíquota	Valor a Deduzir (em R$)
1ª Faixa	Até 180.000,00	15,50%	–
2ª Faixa	De 180.000,01 a 360.000,00	18,00%	4.500,00
3ª Faixa	De 360.000,01 a 720.000,00	19,50%	9.900,00
4ª Faixa	De 720.000,01 a 1.800.000,00	20,50%	17.100,00
5ª Faixa	De 1.800.000,01 a 3.600.000,00	23,00%	62.100,00
6ª Faixa	De 3.600.000,01 a 4.800.000,00	30,40%	540.000,00

Faixas	Percentual de Repartição dos Tributos					
	IRPJ	CSLL	CBS	CPP	ISS	IBS
1ª Faixa	25,00%	15,00%	16,96%	28,85%	14,00%	0,19%
2ª Faixa	23,00%	15,00%	16,96%	27,85%	17,00%	0,19%
3ª Faixa	24,00%	15,00%	17,95%	23,85%	19,00%	0,20%
4ª Faixa	21,00%	15,00%	18,94%	23,85%	21,00%	0,21%
5ª Faixa	23,00%	12,50%	16,96%	23,85%	23,50%	0,19%
6ª Faixa	35,10%	15,54%	19,78%	29,58%		

Alíquotas do Simples Nacional – Receitas decorrentes da prestação de serviços relacionados no § 5º-I do art. 18 desta Lei Complementar
(Vigência: 1º-1-2029)
A partir do ano-calendário 2029

Receita Bruta em 12 Meses (em R$)		Alíquota	Valor a Deduzir (em R$)
1ª Faixa	Até 180.000,00	15,50%	–
2ª Faixa	De 180.000,01 a 360.000,00	18,00%	4.500,00
3ª Faixa	De 360.000,01 a 720.000,00	19,50%	9.900,00
4ª Faixa	De 720.000,01 a 1.800.000,00	20,50%	17.100,00
5ª Faixa	De 1.800.000,01 a 3.600.000,00	23,00%	62.100,00
6ª Faixa	De 3.600.000,01 a 4.800.000,00	30,50%	540.000,00

Partilha do Simples Nacional – Receitas decorrentes da prestação de serviços relacionados no § 5º-I do art. 18 desta Lei Complementar
(Vigência: 1º-1-2029 até 31-12-2029)
Para o ano-calendário 2029

Faixas	Percentual de Repartição dos Tributos					
	IRPJ	CSLL	CBS	CPP	ISS	IBS
1ª Faixa	25,00%	15,00%	17,15%	28,85%	12,60%	1,40%
2ª Faixa	23,00%	15,00%	17,15%	27,85%	15,30%	1,70%
3ª Faixa	24,00%	15,00%	18,15%	23,85%	17,10%	1,90%
4ª Faixa	21,00%	15,00%	19,15%	23,85%	18,90%	2,10%
5ª Faixa	23,00%	12,50%	17,15%	23,85%	21,15%	2,35%
6ª Faixa	35,00%	15,50%	20,00%	29,50%		

(Vigência: 1º-1-2030 até 31-12-2030)
Para o ano-calendário 2030

Faixas	Percentual de Repartição dos Tributos					
	IRPJ	CSLL	CBS	CPP	ISS	IBS
1ª Faixa	25,00%	15,00%	17,15%	28,85%	11,20%	2,80%
2ª Faixa	23,00%	15,00%	17,15%	27,85%	13,60%	3,40%
3ª Faixa	24,00%	15,00%	18,15%	23,85%	15,20%	3,80%
4ª Faixa	21,00%	15,00%	19,15%	23,85%	16,80%	4,20%
5ª Faixa	23,00%	12,50%	17,15%	23,85%	18,80%	4,70%
6ª Faixa	35,00%	15,50%	20,00%	29,50%		

(Vigência: 1º-1-2031 até 31-12-2031)
Para o ano-calendário 2031

Faixas	Percentual de Repartição dos Tributos					
	IRPJ	CSLL	CBS	CPP	ISS	IBS
1ª Faixa	25,00%	15,00%	17,15%	28,85%	9,80%	4,20%
2ª Faixa	23,00%	15,00%	17,15%	27,85%	11,90%	5,10%
3ª Faixa	24,00%	15,00%	18,15%	23,85%	13,30%	5,70%
4ª Faixa	21,00%	15,00%	19,15%	23,85%	14,70%	6,30%
5ª Faixa	23,00%	12,50%	17,15%	23,85%	16,45%	7,05%
6ª Faixa	35,00%	15,50%	20,00%	29,50%		

(Vigência: 1º-1-2032 até 31-12-2032)
Para o ano-calendário 2032

Faixas	Percentual de Repartição dos Tributos					
	IRPJ	CSLL	CBS	CPP	ISS	IBS
1ª Faixa	25,00%	15,00%	17,15%	28,85%	8,40%	5,60%
2ª Faixa	23,00%	15,00%	17,15%	27,85%	10,20%	6,80%
3ª Faixa	24,00%	15,00%	18,15%	23,85%	11,40%	7,60%
4ª Faixa	21,00%	15,00%	19,15%	23,85%	12,60%	8,40%
5ª Faixa	23,00%	12,50%	17,15%	23,85%	14,10%	9,40%
6ª Faixa	35,00%	15,50%	20,00%	29,50%		

(Vigência: 1º-1-2033)
A partir do ano-calendário 2033

Faixas	Percentual de Repartição dos Tributos				
	IRPJ	CSLL	CBS	CPP	IBS
1ª Faixa	25,00%	15,00%	17,15%	28,85%	14,00%
2ª Faixa	23,00%	15,00%	17,15%	27,85%	17,00%
3ª Faixa	24,00%	15,00%	18,15%	23,85%	19,00%
4ª Faixa	21,00%	15,00%	19,15%	23,85%	21,00%
5ª Faixa	23,00%	12,50%	17,15%	23,85%	23,50%
6ª Faixa	35,00%	15,50%	20,00%	29,50%	

ANEXO XXIII
(LEI COMPLEMENTAR Nº 123, DE 14 DE DEZEMBRO DE 2006)
ANEXO VII
VALORES FIXOS DO MICROEMPREENDEDOR INDIVIDUAL (MEI)

(Vigência: 1º-1-2027 a 31-12-2028)
Para os anos-calendário 2027 e 2028

ICMS	ISS	CBS	IBS	TOTAL
R$ 1,00	R$ 5,00	R$ 0,994	R$ 0,006	R$ 7,00

(Vigência: 1º-1-2029 até 31-12-2029)
Para o ano-calendário 2029

ICMS	ISS	CBS	IBS	TOTAL
R$ 0,90	R$ 4,50	R$ 1,00	R$ 0,20	R$ 6,60

(Vigência: 1º-1-2030 até 31-12-2030)
Para o ano-calendário 2030

ICMS	ISS	CBS	IBS	TOTAL
R$ 0,80	R$ 4,00	R$ 1,00	R$ 0,40	R$ 6,20

(Vigência: 1º-1-2031 até 31-12-2031)
Para o ano-calendário 2031

ICMS	ISS	CBS	IBS	TOTAL
R$ 0,70	R$ 3,50	R$ 1,00	R$ 0,60	R$ 5,80

(Vigência: 1º-1-2032 até 31-12-2032)
Para o ano-calendário 2032

ICMS	ISS	CBS	IBS	TOTAL
R$ 0,60	R$ 3,00	R$ 1,00	R$ 0,80	R$ 5,40

(Vigência: 1º-1-2033)
A partir do ano-calendário 2033

CBS	IBS	TOTAL
R$ 1,00	R$ 2,00	R$ 3,00

LEGISLAÇÃO DE DIREITO PREVIDENCIÁRIO

ÍNDICE CRONOLÓGICO DA LEGISLAÇÃO DE DIREITO PREVIDENCIÁRIO

Leis Complementares

Leis

Decretos

LEI Nº 8.212, DE 24 DE JULHO DE 1991

Dispõe sobre a organização da Seguridade Social, institui Plano de Custeio, e dá outras providências.

- Publicada no *DOU* de 25-7-1991, republicada no *DOU* de 11-4-1996 e no *DOU* de 14-8-1998.
- LC nº 142, de 8-5-2013, regulamenta o § 1º do art. 201 da CF, no tocante à aposentadoria da pessoa com deficiência.
- Lei nº 11.457, de 16-3-2007 (Lei da Super-Receita).
- Dec. nº 3.048, de 6-5-1999 (Regulamento da Previdência Social).
- IN do INSS nº 45, de 6-8-2010, dispõe sobre a administração de informações dos segurados, o reconhecimento, a manutenção e a revisão de direitos dos beneficiários da Previdência Social e disciplina o processo administrativo previdenciário no âmbito do Instituto Nacional do Seguro Social – INSS.
- Súm. nº 518 do STJ.

LEI ORGÂNICA DA SEGURIDADE SOCIAL

TÍTULO I – CONCEITUAÇÃO E PRINCÍPIOS CONSTITUCIONAIS

- Arts. 194 e 195 da CF.

Art. 1º A Seguridade Social compreende um conjunto integrado de ações de iniciativa dos poderes públicos e da sociedade, destinado a assegurar o direito relativo à saúde, à previdência e à assistência social.

Parágrafo único. A Seguridade Social obedecerá aos seguintes princípios e diretrizes:

a) universalidade da cobertura e do atendimento;
b) uniformidade e equivalência dos benefícios e serviços às populações urbanas e rurais;
c) seletividade e distributividade na prestação dos benefícios e serviços;
d) irredutibilidade do valor dos benefícios;
e) equidade na forma de participação no custeio;
f) diversidade da base de financiamento;
g) caráter democrático e descentralizado da gestão administrativa com a participação da comunidade, em especial de trabalhadores, empresários e aposentados.

- Art. 1º do Dec. nº 3.048, de 6-5-1999 (Regulamento da Previdência Social).

TÍTULO II – DA SAÚDE

Art. 2º A Saúde é direito de todos e dever do Estado, garantido mediante políticas sociais e econômicas que visem à redução do risco de doença e de outros agravos e ao acesso universal e igualitário às ações e serviços para sua promoção, proteção e recuperação.

Parágrafo único. As atividades de saúde são de relevância pública e sua organização obedecerá aos seguintes princípios e diretrizes:

a) acesso universal e igualitário;
b) provimento das ações e serviços através de rede regionalizada e hierarquizada, integrados em sistema único;
c) descentralização, com direção única em cada esfera de governo;
d) atendimento integral, com prioridade para as atividades preventivas;
e) participação da comunidade na gestão, fiscalização e acompanhamento das ações e serviços de saúde;
f) participação da iniciativa privada na assistência à saúde, obedecidos os preceitos constitucionais.

- Art. 2º do Dec. nº 3.048, de 6-5-1999 (Regulamento da Previdência Social).

TÍTULO III – DA PREVIDÊNCIA SOCIAL

Art. 3º A Previdência Social tem por fim assegurar aos seus beneficiários meios indispensáveis de manutenção, por motivo de incapacidade, idade avançada, tempo de serviço, desemprego involuntário, encargos de família e reclusão ou morte daqueles de quem dependiam economicamente.

Parágrafo único. A organização da Previdência Social obedecerá aos seguintes princípios e diretrizes:

a) universalidade de participação nos planos previdenciários, mediante contribuição;
b) valor da renda mensal dos benefícios, substitutos do salário de contribuição ou do rendimento do trabalho do segurado, não inferior ao do salário mínimo;
c) cálculo dos benefícios considerando-se os salários de contribuição, corrigidos monetariamente;
d) preservação do valor real dos benefícios;
e) previdência complementar facultativa, custeada por contribuição adicional.

- Arts. 4º e 5º do Dec. nº 3.048, de 6-5-1999 (Regulamento da Previdência Social).

TÍTULO IV – DA ASSISTÊNCIA SOCIAL

Art. 4º A Assistência Social é a política social que provê o atendimento das necessidades básicas, traduzidas em proteção à família, à maternidade, à infância, à adolescência, à velhice e à pessoa portadora de deficiência, independentemente de contribuição à Seguridade Social.

- Lei nº 8.742, de 7-12-1993 (Lei Orgânica da Assistência Social).
- Dec. nº 6.214, de 26-9-2007, regulamenta o benefício de prestação continuada da assistência social devido à pessoa com deficiência e ao idoso de que trata a Lei nº 8.742, de 7-12-1993, e a Lei nº 10.741, de 1º-10-2003.

Parágrafo único. A organização da Assistência Social obedecerá às seguintes diretrizes:

a) descentralização político-administrativa;
b) participação da população na formulação e controle das ações em todos os níveis.

- Art. 3º do Dec. nº 3.048, de 6-5-1999 (Regulamento da Previdência Social).

TÍTULO V – DA ORGANIZAÇÃO DA SEGURIDADE SOCIAL

Art. 5º As ações nas áreas de Saúde, Previdência Social e Assistência Social, conforme o disposto no Capítulo II do Título VIII da Constituição Federal, serão organizadas em Sistema Nacional de Seguridade Social, na forma desta Lei.

Arts. 6º e 7º *Revogados.* MP nº 2.216-37, de 31-8-2001.

Art. 8º As propostas orçamentárias anuais ou plurianuais da Seguridade Social serão elaboradas por Comissão integrada por três representantes, sendo um da área da saúde, um da área da previdência social e um da área de assistência social.

Art. 9º As áreas de Saúde, Previdência Social e Assistência Social são objeto de leis específicas, que regulamentarão sua organização e funcionamento.

TÍTULO VI – DO FINANCIAMENTO DA SEGURIDADE SOCIAL

INTRODUÇÃO

Art. 10. A Seguridade Social será financiada por toda sociedade, de forma direta e indireta, nos termos do artigo 195 da Constituição Federal e desta Lei, mediante recursos provenientes da União, dos Estados, do Distrito Federal, dos Municípios e de contribuições sociais.

- Art. 194 do Dec. nº 3.048, de 6-5-1999 (Regulamento da Previdência Social).

Art. 11. No âmbito federal, o orçamento da Seguridade Social é composto das seguintes receitas:

I – receitas da União;
II – receitas das contribuições sociais;
III – receitas de outras fontes.

Parágrafo único. Constituem contribuições sociais:

a) as das empresas, incidentes sobre a remuneração paga ou creditada aos segurados a seu serviço;

- Art. 39, *caput*, desta Lei.
- Arts. 2º e 32, *caput*, da Lei nº 11.457, de 16-3-2007 (Lei da Super-Receita).
- Lei nº 13.485, de 2-10-2017, dispõe sobre o parcelamento de débitos com a Fazenda Nacional relativos às contribuições previdenciárias de responsabilidade dos Estados, do Distrito Federal e dos Municípios, e sobre a revisão da dívida previdenciária dos Municípios pelo Poder Executivo federal; altera a Lei nº 9.796, de 5 de maio de 1999; e dá outras providências.
- Art. 1º do Dec. nº 5.612, de 12-12-2005, que regulamenta o parcelamento dos débitos dos Municípios, relativos às contribuições sociais de que trata esta alínea.
- Dec. nº 6.166, de 24-7-2007, regulamenta o parcelamento dos débitos dos Estados e do Distrito Federal, relativos às contribuições sociais de que trata esta alínea.
- Dec. nº 6.804, de 20-3-2009, regulamenta o parcelamento de débitos dos municípios e de suas autarquias e fundações, junto à Secretaria da Receita Federal do Brasil e à Procuradoria-Geral da Fazenda Nacional, relativos às contribuições sociais de que trata esta alínea.
- Dec. nº 6.922, de 5-8-2009, regulamenta o parcelamento dos débitos dos Municípios, autarquias e fundações, relativos às contribuições sociais de que trata esta alínea.
- Súm. nº 458 do STJ.

b) as dos empregadores domésticos;

- Art. 39, *caput*, desta Lei.
- Art. 2º da Lei nº 11.457, de 16-3-2007 (Lei da Super-Receita).

c) as dos trabalhadores, incidentes sobre o seu salário de contribuição;

- Art. 39, *caput*, desta Lei.
- Arts. 2º e 32, *caput*, da Lei nº 11.457, de 16-3-2007 (Lei da Super-Receita).
- Art. 1º do Dec. nº 5.612, de 12-12-2005, que regulamenta o parcelamento dos débitos dos Municípios, relativos às contribuições sociais de que trata esta alínea.
- Dec. nº 6.166, de 24-7-2007, regulamenta o parcelamento dos débitos dos Estados e do Distrito Federal, relativos às contribuições sociais de que trata esta alínea.
- Dec. nº 6.804, de 20-3-2009, regulamenta o parcelamento de débitos dos municípios e de suas autarquias e fundações, junto à Secretaria da Receita Federal do Brasil e à Procuradoria-Geral

da Fazenda Nacional, relativos às contribuições sociais de que trata esta alínea.

▸ Dec. nº 6.922, de 5-8-2009, regulamenta o parcelamento dos débitos dos Municípios, autarquias e fundações, relativos às contribuições sociais de que trata esta alínea.

d) as das empresas, incidentes sobre faturamento e lucro;

e) as incidentes sobre a receita de concursos de prognósticos.

▸ Arts. 195 a 280 do Dec. nº 3.048, de 6-5-1999 (Regulamento da Previdência Social).

CAPÍTULO I
DOS CONTRIBUINTES

Seção I
DOS SEGURADOS

Art. 12. São segurados obrigatórios da Previdência Social as seguintes pessoas físicas:

I – como empregado:

a) aquele que presta serviço de natureza urbana ou rural à empresa, em caráter não eventual, sob sua subordinação e mediante remuneração, inclusive como diretor empregado;

b) aquele que, contratado por empresa de trabalho temporário, definida em legislação específica, presta serviço para atender a necessidade transitória de substituição de pessoal regular e permanente ou a acréscimo extraordinário de serviços de outras empresas;

▸ Lei nº 6.019, de 3-1-1974 (Lei do Trabalho Temporário).

c) o brasileiro ou estrangeiro domiciliado e contratado no Brasil para trabalhar como empregado em sucursal ou agência de empresa nacional no exterior;

d) aquele que presta serviço no Brasil a missão diplomática ou a repartição consular de carreira estrangeira e a órgãos a ela subordinados, ou a membros dessas missões e repartições, excluídos o não brasileiro sem residência permanente no Brasil e o brasileiro amparado pela legislação previdenciária do país da respectiva missão diplomática ou repartição consular;

e) o brasileiro civil que trabalha para a União, no exterior, em organismos oficiais brasileiros ou internacionais dos quais o Brasil seja membro efetivo, ainda que lá domiciliado e contratado, salvo se segurado na forma da legislação vigente do país do domicílio;

f) o brasileiro ou estrangeiro domiciliado e contratado no Brasil para trabalhar como empregado em empresa domiciliada no exterior, cuja maioria do capital votante pertença a empresa brasileira de capital nacional;

g) o servidor público ocupante de cargo em comissão, sem vínculo efetivo com a União, Autarquias, inclusive em regime especial, e Fundações Públicas Federais;

▸ Alínea *g* acrescida pela Lei nº 8.647, de 13-4-1993.

h) o exercente de mandato eletivo federal, estadual ou municipal, desde que não vinculado a regime próprio de previdência social;

▸ Res. do SF nº 26, de 21-6-2005, suspendeu a execução desta alínea, conforme declaração de inconstitucionalidade em decisão definitiva do STF nos autos do RE nº 351.717-1/PR.

i) o empregado de organismo oficial internacional ou estrangeiro em funcionamento no Brasil, salvo quando coberto por regime próprio de previdência social;

▸ Alínea *i* acrescida pela Lei nº 9.876, de 26-11-1999.

j) o exercente de mandato eletivo federal, estadual ou municipal, desde que não vinculado a regime próprio de previdência social;

▸ Alínea *j* acrescida pela Lei nº 10.887, de 18-6-2004.

II – como empregado doméstico: aquele que presta serviço de natureza contínua a pessoa ou família, no âmbito residencial desta, em atividades sem fins lucrativos;

III e IV – *Revogados*. Lei nº 9.876, de 26-11-1999;

V – como contribuinte individual:

▸ Inciso V com a redação dada pela Lei nº 9.876, de 26-11-1999.

▸ Art. 4º da Lei nº 10.666, de 8-5-2003, que dispõe sobre a concessão da aposentadoria especial ao cooperado de Cooperativa de Trabalho ou de Produção.

a) a pessoa física, proprietária ou não, que explora atividade agropecuária, a qualquer título, em caráter permanente ou temporário, em área superior a 4 (quatro) módulos fiscais; ou, quando em área igual ou inferior a 4 (quatro) módulos fiscais ou atividade pesqueira, com auxílio de empregados ou por intermédio de prepostos; ou ainda nas hipóteses dos §§ 10 e 11 deste artigo;

▸ Alínea *a* com a redação dada pela Lei nº 11.718, de 20-6-2008.

b) a pessoa física, proprietária ou não, que explora atividade de extração mineral – garimpo, em caráter permanente ou temporário, diretamente ou por intermédio de prepostos, com ou sem o auxílio de empregados, utilizados a qualquer título, ainda que de forma não contínua;

▸ Alínea *b* com a redação dada pela Lei nº 9.876, de 26-11-1999.

▸ Lei nº 11.685, de 2-6-2008 (Estatuto do Garimpeiro).

c) o ministro de confissão religiosa e o membro de instituto de vida consagrada, de congregação ou de ordem religiosa;

▸ Alínea *c* com a redação dada pela Lei nº 10.403, de 8-1-2002.

d) *Revogada*. Lei nº 9.876, de 26-11-1999;

e) o brasileiro civil que trabalha no exterior para organismo oficial internacional do qual o Brasil é membro efetivo, ainda que lá domiciliado e contratado, salvo quando coberto por regime próprio de previdência social;

▸ Alínea *e* com a redação dada pela Lei nº 9.876, de 26-11-1999.

f) o titular de firma individual urbana ou rural, o diretor não empregado e o membro de conselho de administração de sociedade anônima, o sócio solidário, o sócio de indústria, o sócio gerente e o sócio cotista que recebam remuneração decorrente de seu trabalho em empresa urbana ou rural, e o associado eleito para cargo de direção em cooperativa, associação ou entidade de qualquer natureza ou finalidade, bem como o síndico ou administrador eleito para exercer atividade de direção condominial, desde que recebam remuneração;

g) quem presta serviço de natureza urbana ou rural, em caráter eventual, a uma ou mais empresas, sem relação de emprego;

h) a pessoa física que exerce, por conta própria, atividade econômica de natureza urbana, com fins lucrativos ou não;

▸ Alíneas *f* a *h* acrescidas pela Lei nº 9.876, de 26-11-1999.

VI – como trabalhador avulso: quem presta, a diversas empresas, sem vínculo empregatício, serviços de natureza urbana ou rural definidos no regulamento;

VII – como segurado especial: a pessoa física residente no imóvel rural ou em aglomerado urbano ou rural próximo a ele que, individualmente ou em regime de economia familiar, ainda que com o auxílio eventual de terceiros a título de mútua colaboração, na condição de:

▸ *Caput* do inciso VII com a redação dada pela Lei nº 11.718, de 20-6-2008.

a) produtor, seja proprietário, usufrutuário, possuidor, assentado, parceiro ou meeiro outorgados, comodatário ou arrendatário rurais, que explore atividade:

1. agropecuária em área de até quatro módulos fiscais; ou
2. de seringueiro ou extrativista vegetal que exerça suas atividades nos termos do inciso XII do *caput* do art. 2º da Lei nº 9.985, de 18 de julho de 2000, e faça dessas atividades o principal meio de vida;

b) pescador artesanal ou a este assemelhado, que faça da pesca profissão habitual ou principal meio de vida; e

c) cônjuge ou companheiro, bem como filho maior de 16 (dezesseis) anos de idade ou a este equiparado, do segurado de que tratam as alíneas *a* e *b* deste inciso, que, comprovadamente, trabalhem com o grupo familiar respectivo.

▸ Alíneas *a* a *c* acrescidas pela Lei nº 11.718, de 20-6-2008.

§ 1º Entende-se como regime de economia familiar a atividade em que o trabalho dos membros da família é indispensável à própria subsistência e ao desenvolvimento socioeconômico do núcleo familiar e é exercido em condições de mútua dependência e colaboração, sem a utilização de empregados permanentes.

▸ § 1º com a redação dada pela Lei nº 11.718, de 20-6-2008.

§ 2º Todo aquele que exercer, concomitantemente, mais de uma atividade remunerada sujeita ao Regime Geral de Previdência Social é obrigatoriamente filiado em relação a cada uma delas.

§ 3º *Revogado*. Lei nº 11.718, de 20-6-2008.

§ 4º O aposentado pelo Regime Geral de Previdência Social – RGPS que estiver exercendo ou que voltar a exercer atividade abrangida por este Regime é segurado obrigatório em relação a essa atividade, ficando sujeito às contribuições de que trata esta Lei, para fins de custeio da Seguridade Social.

▸ § 4º acrescido pela Lei nº 9.032, de 28-4-1995.

§ 5º O dirigente sindical mantém, durante o exercício do mandato eletivo, o mesmo enquadramento no Regime Geral de Previdência Social – RGPS de antes da investidura.

▸ § 5º acrescido pela Lei nº 9.528, de 10-12-1997.

§ 6º Aplica-se o disposto na alínea *g* do inciso I do *caput* ao ocupante de cargo de Ministro de Estado, de Secretário Estadual, Distrital ou Municipal, sem vínculo efetivo com a União, Estados, Distrito Federal e Municípios, suas autarquias, ainda que em regime especial, e fundações.

▸ § 6º acrescido pela Lei nº 9.876, de 26-11-1999.

▸ Art. 9º do Dec. nº 3.048, de 6-5-1999 (Regulamento da Previdência Social).

§ 7º Para serem considerados segurados especiais, o cônjuge ou companheiro e os filhos maiores de 16 (dezesseis) anos ou os a estes equiparados deverão ter participação ativa nas atividades rurais do grupo familiar.

▸ § 7º acrescido pela Lei nº 11.718, de 20-6-2008.

§ 8º O grupo familiar poderá utilizar-se de empregados contratados por prazo determinado ou trabalhador de que trata a alínea *g* do inciso V do *caput* deste artigo, à razão de no máximo 120 (cento e vinte) pessoas por dia no ano civil, em períodos corridos ou intercalados ou, ainda, por tempo equivalente em horas de trabalho, não sendo computado nesse prazo o período de afastamento em decorrência da percepção de auxílio-doença.

▸ § 8º com a redação dada pela Lei nº 12.873, de 24-10-2013.

§ 9º Não descaracteriza a condição de segurado especial:

I – a outorga, por meio de contrato escrito de parceria, meação ou comodato, de até 50% (cinquenta por cento) de imóvel rural cuja área total não seja superior a quatro módulos fiscais, desde que outorgante e outorgado continuem a exercer a respectiva atividade, individualmente ou em regime de economia familiar;

II – a exploração da atividade turística da propriedade rural, inclusive com hospedagem, por não mais de 120 (cento e vinte) dias ao ano;

III – a participação em plano de previdência complementar instituído por entidade classista a que seja associado, em razão da condição de trabalhador rural ou de produtor rural em regime de economia familiar;

IV – ser beneficiário ou fazer parte de grupo familiar que tem algum componente que seja beneficiário de programa assistencial oficial de governo;

V – a utilização pelo próprio grupo familiar, na exploração da atividade, de processo de beneficiamento ou industrialização artesanal, na forma do § 11 do art. 25 desta Lei;

VI – a associação, exceto em cooperativa de trabalho, conforme regulamento:

▸ *Caput* do inciso VI com a redação dada pela Lei nº 15.072, de 26-12-2024.

a) em cooperativa que tenha atuação vinculada às atividades previstas no inciso VII do caput deste artigo, conforme previsão em seu objeto social ou autorização da autoridade competente;

▸ Alínea *a* acrescida pela Lei nº 15.072, de 26-12-2024.

b) VETADA. Lei nº 15.072, de 26-12-2024;

VII – a incidência do Imposto Sobre Produtos Industrializados – IPI sobre o produto das atividades desenvolvidas nos termos do § 14 deste artigo;

▸ Inciso VII com a redação dada pela Lei nº 12.873, de 24-10-2013.

VIII – a participação em programas e ações de pagamento por serviços ambientais.

▸ Inciso VIII acrescido pela Lei nº 14.119, de 13-1-2021.

§ 10. Não é segurado especial o membro de grupo familiar que possuir outra fonte de rendimento, exceto se decorrente de:

I – benefício de pensão por morte, auxílio-acidente ou auxílio-reclusão, cujo valor não supere o do menor benefício de prestação continuada da Previdência Social;

II – benefício previdenciário pela participação em plano de previdência complementar instituído nos termos do inciso IV do § 9º deste artigo;

III – exercício de atividade remunerada em período não superior a 120 (cento e vinte) dias, corridos ou intercalados, no ano civil, observado o disposto no § 13 deste artigo;

▸ Inciso III com a redação dada pela Lei nº 12.873, de 24-10-2013.

IV – exercício de mandato eletivo de dirigente sindical de organização da categoria de trabalhadores rurais;

V – exercício de:

▸ *Caput* do inciso V com a redação dada pela Lei nº 15.072, de 26-12-2024.

a) mandato de vereador do Município em que desenvolve a atividade rural;

b) atividade remunerada, sem dedicação exclusiva ou regime integral de trabalho, derivada de mandato eletivo:

1. em cooperativa, exceto cooperativa de trabalho, que tenha atuação vinculada às atividades previstas no inciso VII do caput deste artigo, conforme previsão em seu objeto social ou autorização da autoridade competente, de acordo com regulamento e observado o disposto no § 13 deste artigo;

2. VETADO. Lei nº 15.072, de 26-12-2024;

▸ Alíneas *a* e *b* acrescidas pela Lei nº 15.072, de 26-12-2024.

VI – parceria ou meação outorgada na forma e condições estabelecidas no inciso I do § 9º deste artigo;

VII – atividade artesanal desenvolvida com matéria-prima produzida pelo respectivo grupo familiar, podendo ser utilizada matéria-prima de outra origem, desde que a renda mensal obtida na atividade não exceda ao menor benefício de prestação continuada da Previdência Social; e

VIII – atividade artística, desde que em valor mensal inferior ao menor benefício de prestação continuada da Previdência Social.

§ 11. O segurado especial fica excluído dessa categoria:

I – a contar do primeiro dia do mês em que:

a) deixar de satisfazer as condições estabelecidas no inciso VII do *caput* deste artigo, sem prejuízo do disposto no art. 15 da Lei nº 8.213, de 24 de julho de 1991, ou exceder qualquer dos limites estabelecidos no inciso I do § 9º deste artigo;

b) enquadrar-se em qualquer outra categoria de segurado obrigatório do Regime Geral de Previdência Social, ressalvado o disposto nos incisos III, V, VII e VIII do § 10 e no § 14 deste artigo, sem prejuízo do disposto no art. 15 da Lei nº 8.213, de 24 de julho de 1991;

c) tornar-se segurado obrigatório de outro regime previdenciário; e

▸ Alíneas *b* e *c* com a redação dada pela Lei nº 12.873, de 24-10-2013.

d) participar de sociedade empresária, de sociedade simples, como empresário individual ou como titular de empresa individual de responsabilidade limitada em desacordo com as limitações impostas pelo § 14 deste artigo;

▸ Alínea *d* com a redação dada pela Lei nº 12.873, de 24-10-2013.

II – a contar do primeiro dia do mês subsequente ao da ocorrência, quando o grupo familiar a que pertence exceder o limite de:

a) utilização de trabalhadores nos termos do § 8º deste artigo;

b) dias em atividade remunerada estabelecidos no inciso III do § 10 deste artigo; e

c) dias de hospedagem a que se refere o inciso II do § 9º deste artigo.

§ 12. Aplica-se o disposto na alínea *a* do inciso V do *caput* deste artigo ao cônjuge ou companheiro do produtor que participe da atividade rural por este explorada.

▸ §§ 9º a 12 acrescidos pela Lei nº 11.718, de 20-6-2008.

§ 13. O disposto nos incisos III e V do § 10 e no § 14 deste artigo não dispensa o recolhimento da contribuição devida em relação ao exercício das atividades de que tratam os referidos dispositivos.

▸ § 13 com a redação dada pela Lei nº 12.873, de 24-10-2013.

§ 14. A participação do segurado especial em sociedade empresária, em sociedade simples, como empresário individual ou como titular de empresa individual de responsabilidade limitada de objeto ou âmbito agrícola, agroindustrial ou agroturístico, considerada microempresa nos termos da Lei Complementar nº 123, de 14 de dezembro de 2006, não o exclui de tal categoria previdenciária, desde que, mantido o exercício da sua atividade rural na forma do inciso VII do *caput* e do § 1º, a pessoa jurídica componha-se apenas de segurados de igual natureza e sedie-se no mesmo Município ou em Município limítrofe àquele em que eles desenvolvam suas atividades.

▸ § 14 com a redação dada pela Lei nº 12.873, de 24-10-2013.

§ 15. VETADO. Lei nº 12.873, de 24-10-2013.

Art. 13. O servidor civil ocupante de cargo efetivo ou o militar da União, dos Estados, do Distrito Federal ou dos Municípios, bem como o das respectivas autarquias e fundações, são excluídos do Regime Geral de Previdência Social consubstanciado nesta Lei, desde que amparados por regime próprio de previdência social.

§ 1º Caso o servidor ou o militar venham a exercer, concomitantemente, uma ou mais atividades abrangidas pelo Regime Geral de Previdência Social, tornar-se-ão segurados obrigatórios em relação a essas atividades.

§ 2º Caso o servidor ou o militar, amparados por regime próprio de previdência social, sejam requisitados para outro órgão ou entidade cujo regime previdenciário não permita a filiação nessa condição, permanecerão vinculados ao regime de origem, obedecidas as regras que cada ente estabeleça acerca de sua contribuição.

▸ Art. 13 com a redação dada pela Lei nº 9.876, de 26-11-1999.

▸ Art. 10 do Dec. nº 3.048, de 6-5-1999 (Regulamento da Previdência Social).

Art. 14. É segurado facultativo o maior de quatorze anos de idade que se filiar ao Regime Geral de Previdência Social, mediante contribuição, na forma do artigo 21, desde que não incluído nas disposições do artigo 12.

- Art. 11 do Dec. nº 3.048, de 6-5-1999 (Regulamento da Previdência Social).

SEÇÃO II

DA EMPRESA E DO EMPREGADOR DOMÉSTICO

Art. 15. Considera-se:

I – empresa – a firma individual ou sociedade que assume o risco de atividade econômica urbana ou rural, com fins lucrativos ou não, bem como os órgãos e entidades da administração pública direta, indireta e fundacional;

II – empregador doméstico – a pessoa ou família que admite a seu serviço, sem finalidade lucrativa, empregado doméstico.

Parágrafo único. Equiparam-se a empresa, para os efeitos desta Lei, o contribuinte individual e a pessoa física na condição de proprietário ou dono de obra de construção civil, em relação a segurado que lhe presta serviço, bem como a cooperativa, a associação ou a entidade de qualquer natureza ou finalidade, a missão diplomática e a repartição consular de carreira estrangeiras.

- Parágrafo único com a redação dada pela Lei nº 13.202, de 8-12-2015.
- Art. 12 do Dec. nº 3.048, de 6-5-1999 (Regulamento da Previdência Social).

CAPÍTULO II

DA CONTRIBUIÇÃO DA UNIÃO

Art. 16. A contribuição da União é constituída de recursos adicionais do Orçamento Fiscal, fixados obrigatoriamente na lei orçamentária anual.

Parágrafo único. A União é responsável pela cobertura de eventuais insuficiências financeiras da Seguridade Social, quando decorrentes do pagamento de benefícios de prestação continuada da Previdência Social, na forma da Lei Orçamentária Anual.

- Art. 169 do Dec. nº 3.048, de 6-5-1999 (Regulamento da Previdência Social).

Art. 17. Para pagamento dos encargos previdenciários da União, poderão contribuir os recursos da Seguridade Social referidos na alínea *d* do parágrafo único do artigo 11 desta Lei, na forma da Lei Orçamentária anual, assegurada a destinação de recursos para as ações desta Lei de Saúde e Assistência Social.

- Artigo com a redação dada pela Lei nº 9.711, de 20-11-1998.
- Art. 197 do Dec. nº 3.048, de 6-5-1999 (Regulamento da Previdência Social).

Art. 18. Os recursos da Seguridade Social referidos nas alíneas *a*, *b*, *c* e *d* do parágrafo único do artigo 11 desta Lei poderão contribuir, a partir do exercício de 1992, para o financiamento das despesas com pessoal e administração geral apenas do Instituto Nacional do Seguro Social – INSS, do Instituto Nacional de Assistência Médica da Previdência Social – INAMPS, da Fundação Legião Brasileira de Assistência – LBA e da Fundação Centro Brasileira para Infância e Adolescência.

Art. 19. O Tesouro Nacional repassará mensalmente recursos referentes às contribuições mencionadas nas alíneas *d* e *e* do parágrafo único do artigo 11 desta Lei, destinados à execução do Orçamento da Seguridade Social.

- Artigo com a redação dada pela Lei nº 9.711, de 20-11-1998.

CAPÍTULO III

DA CONTRIBUIÇÃO DO SEGURADO

SEÇÃO I

DA CONTRIBUIÇÃO DOS SEGURADOS EMPREGADO, EMPREGADO DOMÉSTICO E TRABALHADOR AVULSO

Art. 20. A contribuição do empregado, inclusive o doméstico, e a do trabalhador avulso é calculada mediante a aplicação da correspondente alíquota sobre o seu salário de contribuição mensal, de forma não cumulativa, observado o disposto no artigo 28, de acordo com a seguinte tabela:

- *Caput* com a redação dada pela Lei nº 9.032, de 28-4-1995.
- Art.11, II, do Dec. nº 6.140, de 3-7-2007, que regulamenta a Contribuição Provisória sobre Movimentação ou Transmissão de Valores e de Créditos e Direitos de Natureza Financeira – CPMF.

Salário de Contribuição (R$)	Alíquota Progressiva para fins de Recolhimento ao INSS
até 1.302,00	7,5%
de 1.302,01 até 2.571,29	9%
de 2.571,30 até 3.856,94	12%
de 3.856,95 até 7.507,49	14%

- Valores atualizados pela Port. Interministerial do MTPrev e MF nº 26, de 10-1-2023 (*DOU* de 11-1-2023).

§ 1º Os valores do salário de contribuição serão reajustados, a partir da data de entrada em vigor desta Lei, na mesma época e com os mesmos índices que os do reajustamento dos benefícios de prestação continuada da Previdência Social.

- § 1º com a redação dada pela Lei nº 8.620, de 5-1-1993.

§ 2º O disposto neste artigo aplica-se também aos segurados empregados e trabalhadores avulsos que prestem serviços a microempresas.

- § 2º acrescido pela Lei nº 8.620, de 5-1-1993.
- Art. 198 do Dec. nº 3.048, de 6-5-1999 (Regulamento da Previdência Social).

SEÇÃO II

DA CONTRIBUIÇÃO DOS SEGURADOS CONTRIBUINTE INDIVIDUAL E FACULTATIVO

- Seção com denominação dada pela Lei nº 9.876, de 26-11-1999.

Art. 21. A alíquota de contribuição dos segurados contribuinte individual e facultativo será de vinte por cento sobre o respectivo salário de contribuição.

- *Caput* com a redação dada pela Lei nº 9.876, de 26-11-1999.

I e II – *Revogados*. Lei nº 9.876, de 26-11-1999.

§ 1º Os valores do salário de contribuição serão reajustados, a partir da data de entrada em vigor desta Lei , na mesma época e com os mesmos índices que os do reajustamento dos benefícios de prestação continuada da Previdência Social.

- Parágrafo único transformado em § 1º pela LC nº 123, de 14-12-2006.
- Art. 199 do Regulamento da Previdência Social, aprovado pelo Dec. nº 3.048, de 6-5-1999.

§ 2º No caso de opção pela exclusão do direito ao benefício de aposentadoria por tempo de contribuição, a alíquota de contribuição incidente sobre o limite mínimo mensal do salário de contribuição será de:

- *Caput* do § 2º com a redação dada pela Lei nº 12.470, de 31-8-2011.
- Arts. 9º, § 1º, 18, § 3º, 55, § 4º, e 94, § 2º, da Lei nº 8.213, de 24-7-1991 (Lei dos Planos de Benefícios da Previdência Social).

I – 11% (onze por cento), no caso do segurado contribuinte individual, ressalvado o disposto no inciso II, que trabalhe por conta própria, sem relação de trabalho com empresa ou equiparado e do segurado facultativo, observado o disposto na alínea *b* do inciso II deste parágrafo;

- Inciso I com a redação dada pela Lei nº 12.470, de 31-8-2011.

II – 5% (cinco por cento):

- *Caput* do inciso II com a redação dada pela Lei nº 12.470, de 31-8-2011.

a) no caso do microempreendedor individual, de que trata o art. 18-A da Lei Complementar nº 123, de 14 de dezembro de 2006; e

b) do segurado facultativo sem renda própria que se dedique exclusivamente ao trabalho doméstico no âmbito de sua residência, desde que pertencente a família de baixa renda.

- Alíneas *a* e *b* acrescidas pela Lei nº 12.470, de 31-8-2011.

§ 3º O segurado que tenha contribuído na forma do § 2º deste artigo e pretenda contar o tempo de contribuição correspondente para fins de obtenção da aposentadoria por tempo de contribuição ou da contagem recíproca do tempo de contribuição a que se refere o art. 94 da Lei nº 8.213, de 24 de julho de 1991, deverá complementar a contribuição mensal mediante recolhimento, sobre o valor correspondente ao limite mínimo mensal do salário de contribuição em vigor na competência a ser complementada, da diferença entre o percentual pago e o de 20% (vinte por cento), acrescido dos juros moratórios de que trata o § 3º do art. 5º da Lei nº 9.430, de 27 de dezembro de 1996.

- Art. 45, § 7º, desta Lei.
- Arts. 55, § 4º, e 94, § 2º, da Lei nº 8.213, de 24-7-1991 (Lei dos Planos de Benefícios da Previdência Social).

§ 4º Considera-se de baixa renda, para os fins do disposto na alínea *b* do inciso II do § 2º deste artigo, a família inscrita no Cadastro Único para Programas Sociais do Governo Federal – CadÚnico cuja renda mensal seja de até 2 (dois) salários mínimos.

- §§ 3º e 4º com a redação dada pela Lei nº 12.470, de 31-8-2011.

§ 5º A contribuição complementar a que se refere o § 3º deste artigo será exigida a qualquer tempo, sob pena de indeferimento do benefício.

- § 5º acrescido pela Lei nº 12.507, de 11-10-2011.

CAPÍTULO IV

DA CONTRIBUIÇÃO DA EMPRESA

Art. 22. A contribuição a cargo da empresa, destinada à Seguridade Social, além do disposto no artigo 23, é de:

- Art. 146, III, *d*, da CF.
- Arts. 13, VI, e 33, § 2º, da LC nº 123, de 14-12-2006 (Estatuto Nacional da Microempresa e da Empresa de Pequeno Porte).

▸ LC nº 187, de 16-12-2021, dispõe sobre a certificação das entidades beneficentes.

I – vinte por cento sobre o total das remunerações pagas, devidas ou creditadas a qualquer título, durante o mês, aos segurados empregados e trabalhadores avulsos que lhe prestem serviços, destinadas a retribuir o trabalho, qualquer que seja a sua forma, inclusive as gorjetas, os ganhos habituais sob a forma de utilidades e os adiantamentos decorrentes de reajuste salarial, quer pelos serviços efetivamente prestados, quer pelo tempo à disposição do empregador ou tomador de serviços, nos termos da lei ou do contrato ou, ainda, de convenção ou acordo coletivo de trabalho ou sentença normativa.

▸ Inciso I com a redação dada pela Lei nº 9.876, de 26-11-1999.
▸ Art. 195, § 13, da CF.
▸ LC nº 187, de 16-12-2021, dispõe sobre a certificação das entidades beneficentes.
▸ Art. 4º da Lei nº 10.421, de 15-4-2002, que estende à mãe adotiva o direito à licença-maternidade e ao salário-maternidade, alterando a Consolidação das Leis do Trabalho.
▸ Art. 14 da Lei nº 11.774, de 17-9-2008, que altera a legislação tributária federal.
▸ Arts. 7º, 8º e 9º da Lei nº 12.546, de 14-12-2011.
▸ Art. 3º da Lei nº 13.670, de 30-5-2018.

II – para o financiamento do benefício previsto nos artigos 57 e 58 da Lei nº 8.213, de 24 de julho de 1991, e daqueles concedidos em razão do grau de incidência de incapacidade laborativa decorrente dos riscos ambientais do trabalho, sobre o total das remunerações pagas ou creditadas, no decorrer do mês, aos segurados empregados e trabalhadores avulsos:

a) 1% (um por cento) para as empresas em cuja atividade preponderante o risco de acidentes do trabalho seja considerado leve;

b) 2% (dois por cento) para as empresas em cuja atividade preponderante esse risco seja considerado médio;

c) 3% (três por cento) para as empresas em cuja atividade preponderante esse risco seja considerado grave.

▸ Inciso II com a redação dada pela Lei nº 9.732, de 11-12-1998.
▸ Súm. nº 351 do STJ.

III – vinte por cento sobre o total das remunerações pagas ou creditadas a qualquer título, no decorrer do mês, aos segurados contribuintes individuais que lhe prestem serviços;

▸ Art. 14 da Lei nº 11.774, de 17-9-2008, que altera a legislação tributária federal.
▸ Art. 3º da Lei nº 13.670, de 30-5-2018.

IV – quinze por cento sobre o valor bruto da nota fiscal ou fatura de prestação de serviços, relativamente a serviços que lhe são prestados por cooperados por intermédio de cooperativas de trabalho.

▸ Incisos III e IV acrescidos pela Lei nº 9.876, de 26-11-1999.
▸ Res. do SF nº 10, de 2016 (*DOU* 31-3-2016), suspendeu a execução deste inciso, conforme declaração de inconstitucionalidade em decisão definitiva do STF nos autos do RE nº 595.838/SP.

§ 1º No caso de bancos comerciais, bancos de investimentos, bancos de desenvolvimento, caixas econômicas, sociedades de crédito, financiamento e investimento, sociedades de crédito imobiliário, sociedades corretoras, distribuidoras de títulos e valores mobiliários, empresas de arrendamento mercantil, cooperativas de crédito, empresas de seguros privados e de capitalização, agentes autônomos de seguros privados e de crédito e entidades de previdência privada abertas e fechadas, além das contribuições referidas neste artigo e no artigo 23, é devida a contribuição adicional de dois vírgula cinco por cento sobre a base de cálculo definida nos incisos I e III deste artigo.

▸ § 1º com a redação dada pela Lei nº 9.876, de 26-11-1999.
▸ Art. 1º da MP nº 2.158-35, de 24-8-2001, que até o encerramento desta edição não havia sido convertida em Lei, altera a legislação do COFINS, PIS/PASEP e do IR.

§ 2º Não integram a remuneração as parcelas de que trata o § 9º do artigo 28.

§ 3º O Ministério do Trabalho e da Previdência Social poderá alterar, com base nas estatísticas de acidentes do trabalho, apuradas em inspeção, o enquadramento de empresas para efeito da contribuição a que se refere o inciso II deste artigo, a fim de estimular investimentos em prevenção de acidentes.

§ 4º O Poder Executivo estabelecerá, na forma da lei, ouvido o Conselho Nacional da Seguridade Social, mecanismos de estímulo às empresas que se utilizem de empregados portadores de deficiências física, sensorial e/ou mental com desvio do padrão médio.

§ 5º *Revogado.* Lei nº 10.256, de 9-7-2001.

§ 6º A contribuição empresarial da associação desportiva que mantém equipe de futebol profissional destinada à Seguridade Social, em substituição à prevista nos incisos I e II deste artigo, corresponde a cinco por cento da receita bruta, decorrente dos espetáculos desportivos de que participem em todo território nacional em qualquer modalidade desportiva, inclusive jogos internacionais, e de qualquer forma de patrocínio, licenciamento de uso de marcas e símbolos, publicidade, propaganda e de transmissão de espetáculos desportivos.

§ 7º Caberá à entidade promotora do espetáculo a responsabilidade de efetuar o desconto de cinco por cento da receita bruta decorrente dos espetáculos desportivos e o respectivo recolhimento ao Instituto Nacional do Seguro Social, no prazo de até dois dias úteis após a realização do evento.

§ 8º Caberá à associação desportiva que mantém equipe de futebol profissional informar à entidade promotora do espetáculo desportivo todas as receitas auferidas no evento, discriminando-as detalhadamente.

§ 9º No caso de a associação desportiva que mantém equipe de futebol profissional receber recursos de empresa ou entidade, a título de patrocínio, licenciamento de uso de marcas e símbolos, publicidade, propaganda e transmissão de espetáculos, esta última ficará com a responsabilidade de reter e recolher o percentual de cinco por cento da receita bruta decorrente do evento, inadmitida qualquer dedução, no prazo estabelecido na alínea *b*, inciso I, do artigo 30 desta Lei.

§ 10. Não se aplica o disposto nos §§ 6º ao 9º às demais associações desportivas, que devem contribuir na forma dos incisos I e II deste artigo e do artigo 23 desta Lei.

▸ §§ 6º a 10 acrescidos pela Lei nº 9.528, de 10-12-1997.

§ 11. O disposto nos §§ 6º ao 9º deste artigo aplica-se à associação desportiva que mantenha equipe de futebol profissional e atividade econômica organizada para a produção e circulação de bens e serviços e que se organize regularmente, segundo um dos tipos regulados nos arts. 1.039 a 1.092 da Lei nº 10.406, de 10 de janeiro de 2002 – Código Civil.

▸ § 11 com a redação dada pela Lei nº 11.345, de 14-9-2006.

§ 11-A. O disposto no § 11 deste artigo aplica-se apenas às atividades diretamente relacionadas com a manutenção e administração de equipe profissional de futebol, não se estendendo às outras atividades econômicas exercidas pelas referidas sociedades empresariais beneficiárias.

▸ § 11-A acrescido pela Lei nº 11.505, de 18-7-2007.

§ 12. VETADO.

§ 13. Não se considera como remuneração direta ou indireta, para os efeitos desta Lei, os valores despendidos pelas entidades religiosas e instituições de ensino vocacional com ministro de confissão religiosa, membros de instituto de vida consagrada, de congregação ou de ordem religiosa em face de seu mister religioso ou para sua subsistência desde que fornecidos em condições que independam da natureza e da quantidade do trabalho executado.

▸ § 13 acrescido pela Lei nº 10.170, de 29-12-2000.
▸ Art. 201 do Dec. nº 3.048, de 6-5-1999 (Regulamento da Previdência Social).

§ 14. Para efeito de interpretação do § 13 deste artigo:

I – os critérios informadores dos valores despendidos pelas entidades religiosas e instituições de ensino vocacional aos ministros de confissão religiosa, membros de vida consagrada, de congregação ou de ordem religiosa não são taxativos e sim exemplificativos;

II – os valores despendidos, ainda que pagos de forma e montante diferenciados, em pecúnia ou a título de ajuda de custo de moradia, transporte, formação educacional, vinculados exclusivamente à atividade religiosa não configuram remuneração direta ou indireta.

▸ § 14 acrescido pela Lei nº 13.137, de 19-6-2015.

§ 15. Na contratação de serviços de transporte rodoviário de carga ou de passageiro, de serviços prestados com a utilização de trator, máquina de terraplenagem, colheitadeira e assemelhados, a base de cálculo da contribuição da empresa corresponde a 20% (vinte por cento) do valor da nota fiscal, fatura ou recibo, quando esses serviços forem prestados por condutor autônomo de veículo rodoviário, auxiliar de condutor autônomo de veículo rodoviário, bem como por operador de máquinas.

▸ § 15 acrescido pela Lei nº 13.202, de 8-12-2015.

§ 16. Conforme previsto nos arts. 106 e 110 da Lei nº 5.172, de 25 de outubro de 1966 (Código Tributário Nacional), o disposto no § 14 deste artigo aplica-se aos fatos geradores anteriores à data de vigência da Lei nº 13.137, de 19 de junho de 2015, consideradas nulas as autuações emitidas em desrespeito ao previsto no respectivo diploma legal.

▸ § 16 acrescido pela Lei nº 14.057, de 11-9-2020.

§ 17. *A alíquota da contribuição prevista no inciso I do caput deste artigo, para os Municípios enquadrados nos coeficientes inferiores a 4,0 (quatro inteiros) da tabela de faixas de*

LEGISLAÇÃO PREVIDENCIÁRIA

habitantes do § 2º do art. 91 da Lei nº 5.172, de 25 de outubro de 1966, será de:

I – 8% (oito por cento) até 31 de dezembro de 2024;

II – 12% (doze por cento) em 2025;

III – 16% (dezesseis por cento) em 2026; e

IV – 20% (vinte por cento) a partir de 1º de janeiro de 2027.

► § 17 com a redação dada pela Lei nº 14.973, de 16-9-2024.

§ 18. *Para fins de aproveitamento das alíquotas reduzidas de que trata o § 17, o Município deverá estar em situação de regularidade quanto ao disposto no art. 60 da Lei nº 9.069, de 29 de junho de 1995.*

► § 18 acrescido pela Lei nº 14.973, de 16-9-2024.

Art. 22-A. A contribuição devida pela agroindústria, definida, para os efeitos desta Lei, como sendo o produtor rural pessoa jurídica cuja atividade econômica seja a industrialização de produção própria ou de produção própria e adquirida de terceiros, incidente sobre o valor da receita bruta proveniente da comercialização da produção, em substituição às previstas nos incisos I e II do artigo 22 desta Lei, é de:

I – 2,5 % (dois vírgula cinco por cento) destinados à Seguridade Social;

II – 0,1 % (zero vírgula um por cento) para o financiamento do benefício previsto nos artigos 57 e 58 da Lei nº 8.213, de 24 de julho de 1991, e daqueles concedidos em razão do grau de incidência de incapacidade para o trabalho decorrente dos riscos ambientais da atividade.

§ 1º VETADO.

§ 2º O disposto neste artigo não se aplica às operações relativas à prestação de serviços a terceiros, cujas contribuições previdenciárias continuam sendo devidas na forma do artigo 22 desta Lei.

§ 3º Na hipótese do § 2º, a receita bruta correspondente aos serviços prestados a terceiros será excluída da base de cálculo da contribuição de que trata o *caput*.

§ 4º O disposto neste artigo não se aplica às sociedades cooperativas e às agroindústrias de piscicultura, carcinicultura, suinocultura e avicultura.

§ 5º O disposto no inciso I do artigo 3º da Lei nº 8.315, de 23 de dezembro de 1991, não se aplica ao empregador de que trata este artigo, que contribuirá com o adicional de 0,25% (zero vírgula vinte e cinco por cento) da receita bruta proveniente da comercialização da produção, destinado ao Serviço Nacional de Aprendizagem Rural (SENAR).

► Art. 22-A acrescido pela Lei nº 10.256, de 9-7-2001.

§ 6º Não se aplica o regime substitutivo de que trata este artigo à pessoa jurídica que, relativamente à atividade rural, se dedique ao florestamento e reflorestamento como fonte de matéria-prima para industrialização própria mediante a utilização de processo industrial que modifique a natureza química ou a transforme em pasta celulósica.

§ 7º Aplica-se o disposto no § 6º ainda que a pessoa jurídica comercialize resíduos vegetais ou sobras ou partes da produção, desde que a receita bruta decorrente dessa comercialização represente menos de um por cento de sua receita bruta proveniente da comercialização da produção.

► §§ 6º e 7º acrescidos pela Lei nº 10.684, de 30-5-2003.

► Art. 201-A do Dec. nº 3.048, de 6-5-1999 (Regulamento da Previdência Social).

Art. 22-B. As contribuições de que tratam os incisos I e II do artigo 22 desta Lei são substituídas, em relação à remuneração paga, devida ou creditada ao trabalhador rural contratado pelo consórcio simplificado de produtores rurais de que trata o artigo 25-A, pela contribuição dos respectivos produtores rurais, calculada na forma do artigo 25 desta Lei.

► Art. 22-B acrescido pela Lei nº 10.256, de 9-7-2001.

Art. 23. As contribuições a cargo da empresa provenientes do faturamento e do lucro, destinadas à Seguridade Social, além do disposto no artigo 22, são calculadas mediante a aplicação das seguintes alíquotas:

I – Dois por cento sobre sua receita bruta, estabelecida segundo o disposto no § 1º do artigo 1º do Decreto-lei nº 1.940, de 25 de maio de 1982, com a redação dada pelo artigo 22, do Decreto-lei nº 2.397, de 21 de dezembro de 1987, e alterações posteriores;

► A partir de 1º de abril de 1992, por força da LC nº 70, de 30-12-1991, a alíquota prevista neste inciso passou a incidir sobre o faturamento mensal.

II – Dez por cento sobre o lucro líquido do período base, antes da provisão para o Imposto de Renda, ajustado na forma do artigo 2º da Lei nº 8.034, de 12 de abril de 1990.

► O art. 19 da Lei nº 9.249, de 26-12-1995, alterou a alíquota prevista neste inciso para 8%.

§ 1º No caso das instituições citadas no § 1º do artigo 22 desta Lei, a alíquota da contribuição prevista no inciso II é de quinze por cento.

► A LC nº 70, de 30-12-1991, elevou a alíquota prevista neste parágrafo em mais 8%. Posteriormente, a mesma foi reduzida para 18%, pela Lei nº 9.249, de 26-12-1995.

§ 2º O disposto neste artigo não se aplica às pessoas de que trata o artigo 25.

► Art. 204 do Dec. nº 3.048, de 6-5-1999 (Regulamento da Previdência Social).

CAPÍTULO V

DA CONTRIBUIÇÃO DO EMPREGADOR DOMÉSTICO

Art. 24. A contribuição do empregador doméstico incidente sobre o salário de contribuição do empregado doméstico a seu serviço é de:

► *Caput* com a redação dada pela Lei nº 13.202, de 8-12-2015.

I – 8% (oito por cento); e

II – 0,8% (oito décimos por cento) para o financiamento do seguro contra acidentes de trabalho.

► Incisos I e II acrescidos pela Lei nº 13.202, de 8-12-2015.

► Art. 211 do Dec. nº 3.048, de 6-5-1999 (Regulamento da Previdência Social).

Parágrafo único. Presentes os elementos da relação de emprego doméstico, o empregador doméstico não poderá contratar microempreendedor individual de que trata o art. 18-A da Lei Complementar nº 123, de 14 de dezembro de 2006, sob pena de ficar sujeito a todas as obrigações dela decorrentes, inclusive trabalhistas, tributárias e previdenciárias.

► Parágrafo único acrescido pela Lei nº 12.470, de 31-8-2011.

CAPÍTULO VI

DA CONTRIBUIÇÃO DO PRODUTOR RURAL E DO PESCADOR

► Capítulo com a denominação dada pela Lei nº 8.398, de 7-1-1992.

Art. 25. A contribuição do empregador rural pessoa física, em substituição à contribuição de que tratam os incisos I e II do artigo 22, e a do segurado especial, referidos, respectivamente, na alínea *a* do inciso V e no inciso VII do artigo 12 desta Lei, destinada à Seguridade Social, é de:

► *Caput* com a redação dada pela Lei nº 10.256, de 9-7-2001.

I – 1,2% (um inteiro e dois décimos por cento) da receita bruta proveniente da comercialização da sua produção;

► Inciso I com a redação dada pela Lei nº 13.606, de 9-1-2018.

II – 0,1% da receita bruta proveniente da comercialização da sua produção para financiamento das prestações por acidente do trabalho.

► Inciso II com a redação dada pela Lei nº 9.528, de 10-12-1997.

► Res. do Senado Federal nº 15, de 12-9-2017, suspendeu a execução deste inciso, conforme declaração de inconstitucionalidade em decisão definitiva do STF nos autos do RE nº 363.852.

§ 1º O segurado especial de que trata este artigo, além da contribuição obrigatória referida no *caput*, poderá contribuir, facultativamente, na forma do artigo 21 desta Lei.

§ 2º A pessoa física de que trata a alínea *a* do inciso V do artigo 12 contribui, também, obrigatoriamente, na forma do artigo 21 desta Lei.

► §§ 1º e 2º com a redação dada pela Lei nº 8.540, de 22-12-1992.

§ 3º Integram a produção, para os efeitos deste artigo, os produtos de origem animal ou vegetal, em estado natural ou submetidos a processos de beneficiamento ou industrialização rudimentar, assim compreendidos, entre outros, os processos de lavagem, limpeza, descaroçamento, pilagem, descascamento, lenhamento, pasteurização, resfriamento, secagem, fermentação, embalagem, cristalização, fundição, carvoejamento, cozimento, destilação, moagem e torrefação, bem como os subprodutos e os resíduos obtidos por meio desses processos, exceto, no caso de sociedades cooperativas, a parcela de produção que não seja objeto de repasse ao cooperado por meio de fixação de preço.

► § 3º com a redação dada pela Lei nº 13.986, de 7-4-2020, promulgado nos termos do art. 66, § 5º, da CF (*DOU* de 20-8-2020).

► Art. 200 do Dec. nº 3.048, de 6-5-1999 (Regulamento da Previdência Social).

§ 4º *Revogado*. Lei nº 11.718, de 20-6-2008.

§ 5º VETADO.

§§ 6º a 8º *Revogados*. Lei nº 10.256, de 9-7-2001.

§ 9º VETADO. Lei nº 10.256, de 9-7-2001.

§ 10. Integra a receita bruta de que trata este artigo, além dos valores decorrentes da comercialização da produção relativa aos produtos a que se refere o § 3º deste artigo, a receita proveniente:

I – da comercialização da produção obtida em razão de contrato de parceria ou meação de parte do imóvel rural;

II – da comercialização de artigos de artesanato de que trata o inciso VII do § 10 do art. 12 desta Lei;

III – de serviços prestados, de equipamentos utilizados e de produtos comercializados no imóvel rural, desde que em atividades turística e de entretenimento desenvolvidas no próprio imóvel, inclusive hospedagem, alimentação, recepção, recreação e atividades pedagógicas, bem como taxa de visitação e serviços especiais;

IV – do valor de mercado da produção rural dada em pagamento ou que tiver sido trocada por outra, qualquer que seja o motivo ou finalidade; e

V – de atividade artística de que trata o inciso VIII do § 10 do art. 12 desta Lei.

§ 11. Considera-se processo de beneficiamento ou industrialização artesanal aquele realizado diretamente pelo próprio produtor rural pessoa física, desde que não esteja sujeito à incidência do Imposto Sobre Produtos Industrializados – IPI.

▸ §§ 10 e 11 acrescidos pela Lei nº 11.718, de 20-6-2008.

§ 12. Não integra a base de cálculo da contribuição de que trata o *caput* deste artigo a produção rural destinada ao plantio ou reflorestamento, nem o produto animal destinado à reprodução ou criação pecuária ou granjeira e à utilização como cobaia para fins de pesquisas científicas, quando vendido pelo próprio produtor e por quem a utilize diretamente com essas finalidades e, no caso de produto vegetal, por pessoa ou entidade registrada no Ministério da Agricultura, Pecuária e Abastecimento que se dedique ao comércio de sementes e mudas no País.

▸ § 12 com a redação dada pela Lei nº 13.606, de 9-1-2018, promulgados nos termos do art. 66, § 5º, da CF (*DOU* de 18-4-2018).

§ 13. O produtor rural pessoa física poderá optar por contribuir na forma prevista no *caput* deste artigo ou na forma dos incisos I e II do *caput* do art. 22 desta Lei, manifestando sua opção mediante o pagamento da contribuição incidente sobre a folha de salários relativa a janeiro de cada ano, ou à primeira competência subsequente ao início da atividade rural, e será irretratável para todo o ano-calendário.

▸ § 13 acrescido pela Lei nº 13.606, de 9-1-2018.

§ 14. Considera-se receita bruta proveniente da comercialização da produção o valor da fixação de preço repassado ao cooperado pela cooperativa ao qual esteja associado, por ocasião da realização do ato cooperativo de que trata o art. 79 da Lei nº 5.764, de 16 de dezembro de 1971, não compreendidos valores pagos, creditados ou capitalizados a título de sobras, os quais não representam preço ou complemento de preço.

§ 15. Não se considera receita bruta, para fins de base de cálculo das contribuições sociais devidas pelo produtor rural cooperado, a entrega ou o retorno de produção para a cooperativa nas operações em que não ocorra repasse pela cooperativa a título de fixação de preço, não podendo o mero retorno caracterizar permuta, compensação, dação em pagamento ou ressarcimento que represente valor, preço ou complemento de preço.

§ 16. Aplica-se ao disposto no *caput* e nos §§ 3º, 14 e 15 deste artigo o caráter interpretativo de que trata o art. 106 da Lei nº 5.172, de 25 de outubro de 1966 (Código Tributário Nacional).

▸ §§ 14 a 16 acrescidos pela Lei nº 13.986, de 7-4-2020, promulgados nos termos do art. 66, § 5º, da CF (*DOU* de 20-8-2020).

Art. 25-A. Equipara-se ao empregador rural pessoa física o consórcio simplificado de produtores rurais, formado pela união de produtores rurais pessoas físicas, que outorgar a um deles poderes para contratar, gerir e demitir trabalhadores para prestação de serviços, exclusivamente, aos seus integrantes, mediante documento registrado em cartório de títulos e documentos.

§ 1º O documento de que trata o *caput* deverá conter a identificação de cada produtor, seu endereço pessoal e o de sua propriedade rural, bem como o respectivo registro no Instituto Nacional de Colonização e Reforma Agrária – INCRA ou informações relativas a parceria, arrendamento ou equivalente e a matrícula no Instituto Nacional do Seguro Social – INSS de cada um dos produtores rurais.

§ 2º O consórcio deverá ser matriculado no INSS em nome do empregador a quem hajam sido outorgados os poderes, na forma do regulamento.

§ 3º Os produtores rurais integrantes do consórcio de que trata o *caput* serão responsáveis solidários em relação às obrigações previdenciárias.

§ 4º VETADO.

▸ Art. 25-A acrescido pela Lei nº 10.256, de 9-7-2001.

▸ Art. 200-A do Dec. nº 3.048, de 6-5-1999 (Regulamento da Previdência Social).

CAPÍTULO VII
DA CONTRIBUIÇÃO SOBRE A RECEITA DE CONCURSOS DE PROGNÓSTICOS

Art. 26. Constitui receita da Seguridade Social a contribuição social sobre a receita de concursos de prognósticos a que se refere o inciso III do *caput* do art. 195 da Constituição Federal.

▸ *Caput* com a redação dada pela Lei nº 13.756, de 12-12-2018.

§§ 1º a 3º *Revogados*. Lei nº 13.756, de 12-12-2018.

§ 4º O produto da arrecadação da contribuição será destinado ao financiamento da Seguridade Social.

§ 5º A base de cálculo da contribuição equivale à receita auferida nos concursos de prognósticos, sorteios e loterias.

§ 6º A alíquota da contribuição corresponde ao percentual vinculado à Seguridade Social em cada modalidade lotérica, conforme previsto em lei.

▸ §§ 4º a 6º acrescidos pela Lei nº 13.756, de 12-12-2018.

CAPÍTULO VIII
DAS OUTRAS RECEITAS

Art. 27. Constituem outras receitas da Seguridade Social:

I – as multas, a atualização monetária e os juros moratórios;

II – a remuneração recebida por serviços de arrecadação, fiscalização e cobrança prestados a terceiros;

III – as receitas provenientes de prestação de outros serviços e de fornecimento ou arrendamento de bens;

IV – as demais receitas patrimoniais, industriais e financeiras;

V – as doações, legados, subvenções e outras receitas eventuais;

VI – 50% (cinquenta por cento) dos valores obtidos e aplicados na forma do parágrafo único do artigo 243 da Constituição Federal;

VII – 40% (quarenta por cento) do resultado dos leilões dos bens apreendidos pelo Departamento da Receita Federal;

VIII – outras receitas previstas em legislação específica.

Parágrafo único. *O agente operador do Seguro Obrigatório para Proteção de Vítimas de Acidentes de Trânsito (SPVAT) poderá repassar à Seguridade Social percentual, a ser estabelecido em decreto do Presidente da República, de até 40% (quarenta por cento) do valor total do prêmio recolhido e destinado ao Sistema Único de Saúde (SUS), para custeio da assistência médico-hospitalar dos segurados vitimados em acidentes de trânsito.*

▸ Parágrafo único com a redação dada pela LC nº 207, de 16-5-2024.

CAPÍTULO IX
DO SALÁRIO DE CONTRIBUIÇÃO

Art. 28. Entende-se por salário de contribuição:

▸ Súm. nº 310 do STJ.

I – para o empregado e trabalhador avulso: a remuneração auferida em uma ou mais empresas, assim entendida a totalidade dos rendimentos pagos, devidos ou creditados a qualquer título, durante o mês, destinados a retribuir o trabalho, qualquer que seja a sua forma, inclusive as gorjetas, os ganhos habituais sob a forma de utilidades e os adiantamentos decorrentes de reajuste salarial, quer pelos serviços efetivamente prestados, quer pelo tempo à disposição do empregador ou tomador de serviços nos termos da lei ou do contrato ou, ainda, de convenção ou acordo coletivo de trabalho ou sentença normativa;

▸ Inciso I com a redação dada pela Lei nº 9.528, de 10-12-1997.

II – para o empregado doméstico: a remuneração registrada na Carteira de Trabalho e Previdência Social, observadas as normas a serem estabelecidas em regulamento para comprovação do vínculo empregatício e do valor da remuneração;

III – para o contribuinte individual: a remuneração auferida em uma ou mais empresas ou pelo exercício de sua atividade por conta própria, durante o mês, observado o limite máximo a que se refere o § 5º;

▸ Inciso III com a redação dada pela Lei nº 9.876, de 26-11-1999.

IV – para o segurado facultativo: o valor por ele declarado, observado o limite máximo a que se refere o § 5º.

▸ Inciso IV acrescido pela Lei nº 9.876, de 26-11-1999.

§ 1º Quando a admissão, a dispensa, o afastamento ou a falta do empregado ocorrer no curso do mês, o salário de contribuição será proporcional ao número de dias de trabalho efetivo, na forma estabelecida em regulamento.

§ 2º O salário-maternidade é considerado salário de contribuição.

§ 3º O limite mínimo do salário de contribuição corresponde ao piso salarial, legal ou normativo, da categoria ou, inexistindo este, ao salário mínimo, tomado no seu valor mensal, diário ou horário, conforme o ajustado e o tempo de trabalho efetivo durante o mês.

▶ § 3º com a redação dada pela Lei nº 9.528, de 10-12-1997.

§ 4º O limite mínimo do salário de contribuição do menor aprendiz corresponde à sua remuneração mínima definida em lei.

§ 5º O limite máximo do salário de contribuição é de CR$ 170.000,00 (cento e setenta mil cruzeiros), reajustado a partir da data da entrada em vigor desta Lei, na mesma época e com os mesmos índices que os do reajustamento dos benefícios de prestação continuada da Previdência Social.

▶ Art. 2º da Port. Interministerial do MTPrev e MF nº 26, de 10-1-2023 (*DOU* de 11-1-2023), que estabelece que o salário de benefício e o salário de contribuição não poderão ser inferiores a R$ 1.302,00 (mil trezentos e dois reais) nem superiores a R$ 7.507,49 (sete mil quinhentos e sete reais e quarenta e nove centavos), a partir de 1º-1-2023.

§ 6º No prazo de cento e oitenta dias, a contar da data de publicação desta Lei, o Poder Executivo encaminhará ao Congresso Nacional projeto de lei estabelecendo a previdência complementar, pública e privada, em especial para os que possam contribuir acima do limite máximo estipulado no parágrafo anterior deste artigo.

§ 7º O décimo-terceiro salário (gratificação natalina) integra o salário de contribuição, exceto para o cálculo de benefício, na forma estabelecida em regulamento.

▶ § 7º com a redação dada pela Lei nº 8.870, de 15-4-1994.

▶ Súm. nº 688 do STF.

§ 8º *Revogado*. Lei nº 13.467, de 13-7-2017.

a) *Revogada*. Lei nº 13.467, de 13-7-2017.

b) VETADA;

c) *Revogada*. Lei nº 9.711, de 20-11-1998.

§ 9º Não integram o salário de contribuição para os fins desta Lei, exclusivamente:

▶ § 9º com a redação dada pela Lei nº 9.528, de 10-12-1997.

▶ Súm. nº 310 do STJ.

a) os benefícios da previdência social, nos termos e limites legais, salvo o salário-maternidade;

▶ Alínea *a* com a redação dada pela Lei nº 9.528, de 10-12-1997.

b) as ajudas de custo e o adicional mensal recebidos pelo aeronauta nos termos da Lei nº 5.929, de 30 de outubro de 1973;

c) a parcela *in natura* recebida de acordo com os programas de alimentação aprovados pelo Ministério do Trabalho e da Previdência Social, nos termos da Lei nº 6.321, de 14 de abril de 1976;

d) as importâncias recebidas a título de férias indenizadas e respectivo adicional constitucional, inclusive o valor correspondente à dobra da remuneração de férias de que trata o artigo 137 da Consolidação das Leis do Trabalho – CLT;

▶ Alínea *d* com a redação dada pela Lei nº 9.528, de 10-12-1997.

e) as importâncias:

1. previstas no inciso I do artigo 10 do Ato das Disposições Constitucionais Transitórias;
2. relativas à indenização por tempo de serviço, anterior a 5 de outubro de 1988, do empregado não optante pelo Fundo de Garantia do Tempo de Serviço – FGTS;
3. recebidas a título da indenização de que trata o artigo 479 da CLT;
4. recebidas a título da indenização de que trata o artigo 14 da Lei nº 5.889, de 8 de junho de 1973;
5. recebidas a título de incentivo à demissão;

▶ Alínea *e* alterada e itens 1 a 5 acrescidos pela Lei nº 9.528, de 10-12-1997.

6. recebidas a título de abono de férias na forma dos artigos 143 e 144 da CLT;
7. recebidas a título de ganhos eventuais e os abonos expressamente desvinculados do salário;
8. recebidas a título de licença-prêmio indenizada;
9. recebidas a título da indenização de que trata o artigo 9º da Lei nº 7.238, de 29 de outubro de 1984;

▶ Itens 6 a 9 acrescidos pela Lei nº 9.711, de 20-11-1998.

f) a parcela recebida a título de vale-transporte, na forma da legislação própria;

g) a ajuda de custo, em parcela única, recebida exclusivamente em decorrência de mudança de local de trabalho do empregado, na forma do artigo 470 da CLT;

▶ Alínea *g* com a redação dada pela Lei nº 9.528, de 10-12-1997.

h) as diárias para viagens;

▶ Alínea *h* com a redação dada pela Lei nº 13.467, de 13-7-2017.

i) a importância recebida a título de bolsa de complementação educacional de estagiário, quando paga nos termos da Lei nº 6.494, de 7 de dezembro de 1977;

▶ A referida lei foi revogada pela Lei nº 11.788, de 25-9-2008, dispõe sobre o estágio de estudantes.

j) a participação nos lucros ou resultados da empresa, quando paga ou creditada de acordo com lei específica;

l) o abono do Programa de Integração Social – PIS e do Programa de Assistência ao Servidor Público – PASEP;

m) os valores correspondentes a transporte, alimentação e habitação fornecidos pela empresa ao empregado contratado para trabalhar em localidade distante da de sua residência, em canteiro de obras ou local que, por força da atividade, exija deslocamento e estada, observadas as normas de proteção estabelecidas pelo Ministério do Trabalho;

n) a importância paga ao empregado a título de complementação ao valor do auxílio-doença, desde que este direito seja extensivo à totalidade dos empregados da empresa;

o) as parcelas destinadas à assistência ao trabalhador da agroindústria canavieira, de que trata o artigo 36 da Lei nº 4.870, de 1º de dezembro de 1965;

p) o valor das contribuições efetivamente pago pela pessoa jurídica relativo a programa de previdência complementar, aberto ou fechado, desde que disponível à totalidade de seus empregados e dirigentes, observados, no que couber, os artigos 9º e 468 da CLT;

▶ Alíneas *l* a *p* acrescidas pela Lei nº 9.528, de 10-12-1997.

q) o valor relativo à assistência prestada por serviço médico ou odontológico, próprio da empresa ou por ela conveniado, inclusive o reembolso de despesas com medicamentos, óculos, aparelhos ortopédicos, próteses, órteses, despesas médico-hospitalares e outras similares;

▶ Alínea *q* com a redação dada pela Lei nº 13.467, de 13-7-2017.

r) o valor correspondente a vestuários, equipamentos e outros acessórios fornecidos ao empregado e utilizados no local do trabalho para prestação dos respectivos serviços;

s) o ressarcimento de despesas pelo uso de veículo do empregado e o reembolso creche pago em conformidade com a legislação trabalhista, observado o limite máximo de seis anos de idade, quando devidamente comprovadas as despesas realizadas;

▶ Alíneas *r* e *s* acrescidas pela Lei nº 9.528, de 10-12-1997.

t) o valor relativo a plano educacional, ou bolsa de estudo, que vise à educação básica de empregados e seus dependentes e, desde que vinculada às atividades desenvolvidas pela empresa, à educação profissional e tecnológica de empregados, nos termos da Lei nº 9.394, de 20 de dezembro de 1996, e:

▶ *Caput* da alínea *t* com a redação dada pela Lei nº 12.513, de 26-10-2011.

1. não seja utilizado em substituição de parcela salarial; e
2. o valor mensal do plano educacional ou bolsa de estudo, considerado individualmente, não ultrapasse 5% (cinco por cento) da remuneração do segurado a que se destina ou o valor correspondente a uma vez e meia o valor do limite mínimo mensal do salário de contribuição, o que for maior;

▶ Itens 1 e 2 acrescidos pela Lei nº 12.513, de 26-10-2011.

u) a importância recebida a título de bolsa de aprendizagem garantida ao adolescente até quatorze anos de idade, de acordo com o disposto no artigo 64 da Lei nº 8.069, de 13 de julho de 1990;

v) os valores recebidos em decorrência da cessão de direitos autorais;

x) o valor da multa prevista no § 8º do artigo 477 da CLT;

▶ Alíneas *u* a *x* acrescidas pela Lei nº 9.528, de 10-12-1997.

y) o valor correspondente ao vale-cultura;

▶ Alínea *y* acrescida pela Lei nº 12.761, de 27-12-2012.

z) os prêmios e os abonos;

▶ Alínea *z* acrescida pela Lei nº 13.467, de 13-7-2017.

aa) os valores recebidos a título de bolsa-atleta, em conformidade com a Lei nº 10.891, de 9 de julho de 2004.

▶ Alínea *aa* redação dada pela Lei nº 13.756, de 12-12-2018.

§ 10. Considera-se salário de contribuição, para o segurado empregado e trabalhador avulso, na condição prevista no § 5º do artigo 12, a remuneração efetivamente auferida na entidade sindical ou empresa de origem.

▶ § 10 acrescido pela Lei nº 9.528, de 10-12-1997.

§ 11. Considera-se remuneração do contribuinte individual que trabalha como condutor autônomo de veículo rodoviário, como auxiliar de condutor autônomo de veículo rodoviário, em automóvel cedido em regime de colaboração, nos termos da Lei nº 6.094, de 30 de agosto de 1974, como operador de trator, máquina de terraplenagem, colheitadeira e assemelhados, o montante correspondente a 20% (vinte por cento) do valor bruto do frete, carreto, transporte de passageiros ou do serviço prestado, observado o limite máximo a que se refere o § 5º.

▶ § 11 acrescido pela Lei nº 13.202, de 8-12-2015.

Art. 29. *Revogado.* Lei nº 9.876, de 26-11-1999.

CAPÍTULO X
DA ARRECADAÇÃO E RECOLHIMENTO DAS CONTRIBUIÇÕES

Art. 30. A arrecadação e o recolhimento das contribuições ou de outras importâncias devidas à Seguridade Social obedecem às seguintes normas:

▶ *Caput* com a redação dada pela Lei nº 8.620, de 5-1-1993.

I – a empresa é obrigada a:

a) arrecadar as contribuições dos segurados empregados e trabalhadores avulsos a seu serviço, descontando-as da respectiva remuneração;

b) recolher os valores arrecadados na forma da alínea *a* deste inciso, a contribuição a que se refere o inciso IV do art. 22 desta Lei, assim como as contribuições a seu cargo incidentes sobre as remunerações pagas, devidas ou creditadas, a qualquer título, aos segurados empregados, trabalhadores avulsos e contribuintes individuais a seu serviço até o dia 20 (vinte) do mês subsequente ao da competência;

▶ Alínea *b* com a redação dada pela Lei nº 11.933, de 28-4-2009.

c) recolher as contribuições de que tratam os incisos I e II do artigo 23, na forma e prazos definidos pela legislação tributária federal vigente;

II – os segurados contribuinte individual e facultativo estão obrigados a recolher sua contribuição por iniciativa própria, até o dia quinze do mês seguinte ao da competência;

▶ Inciso II com a redação dada pela Lei nº 9.876, de 26-11-1999.

III – a empresa adquirente, consumidora ou consignatária ou a cooperativa são obrigadas a recolher a contribuição de que trata o art. 25 até o dia 20 (vinte) do mês subsequente ao da operação de venda ou consignação da produção, independentemente de essas operações terem sido realizadas diretamente com o produtor ou com intermediário pessoa física, na forma estabelecida em regulamento;

▶ Inciso III com a redação dada pela Lei nº 11.933, de 28-4-2009.

IV – a empresa adquirente, consumidora ou consignatária ou a cooperativa ficam sub-rogadas nas obrigações da pessoa física de que trata a alínea a do inciso V do artigo 12 e do segurado especial pelo cumprimento das obrigações do artigo 25 desta Lei, independentemente de as operações de venda ou consignação terem sido realizadas diretamente com o produtor ou com intermediário pessoa física, exceto no caso do inciso X deste artigo, na forma estabelecida em regulamento;

▶ Inciso IV com a redação dada pela Lei nº 9.528, de 10-12-1997.

▶ Res. do Senado Federal nº 15, de 12-9-2017, suspendeu a execução deste inciso, conforme declaração de inconstitucionalidade em decisão definitiva do STF nos autos do RE nº 363.852.

V – o empregador doméstico fica obrigado a arrecadar e a recolher a contribuição do segurado empregado a seu serviço e a parcela a seu cargo, até o vigésimo dia do mês seguinte ao da competência;

▶ Inciso V com a redação dada pela Lei nº 14.438, de 24-8-2022.

VI – o proprietário, o incorporador definido na Lei nº 4.591, de 16 de dezembro de 1964, o dono da obra ou condômino da unidade imobiliária, qualquer que seja a forma de contratação da construção, reforma ou acréscimo, são solidários com o construtor, e estes com a subempreiteira, pelo cumprimento das obrigações para com a Seguridade Social, ressalvado o seu direito regressivo contra o executor ou contratante da obra e admitida a retenção de importância a este devida para garantia do cumprimento dessas obrigações, não se aplicando, em qualquer hipótese, o benefício de ordem;

▶ Inciso VI com a redação dada pela Lei nº 9.528, de 10-12-1997.

VII – exclui-se da responsabilidade solidária perante a Seguridade Social o adquirente de prédio ou unidade imobiliária que realizar a operação com empresa de comercialização ou incorporador de imóveis, ficando estes solidariamente responsáveis com o construtor;

VIII – nenhuma contribuição à Seguridade Social é devida se a construção residencial unifamiliar, destinada ao uso próprio, de tipo econômico, for executada sem mão de obra assalariada, observadas as exigências do regulamento;

IX – as empresas que integram grupo econômico de qualquer natureza respondem entre si, solidariamente, pelas obrigações decorrentes desta Lei;

X – a pessoa física de que trata a alínea a do inciso V do artigo 12 e o segurado especial são obrigados a recolher a contribuição de que trata o artigo 25 desta Lei no prazo estabelecido no inciso III deste artigo, caso comercializem a sua produção:

a) no exterior;

b) diretamente, no varejo, ao consumidor pessoa física;

c) à pessoa física de que trata a alínea *a* do inciso V do artigo 12;

d) ao segurado especial;

▶ Inciso X com a redação dada pela Lei nº 9.528, de 10-12-1997.

XI – aplica-se o disposto nos incisos III e IV deste artigo à pessoa física não produtor rural que adquire produção para venda no varejo a consumidor pessoa física;

▶ Inciso XI acrescido pela Lei nº 9.528, de 10-12-1997.

XII – sem prejuízo do disposto no inciso X do *caput* deste artigo, o produtor rural pessoa física e o segurado especial são obrigados a recolher, diretamente, a contribuição incidente sobre a receita bruta proveniente:

a) da comercialização de artigos de artesanato elaborados com matéria-prima produzida pelo respectivo grupo familiar;

b) de comercialização de artesanato ou do exercício de atividade artística, observado o disposto nos incisos VII e VIII do § 10 do art. 12 desta Lei; e

c) de serviços prestados, de equipamentos utilizados e de produtos comercializados no imóvel rural, desde que em atividades turística e de entretenimento desenvolvidas no próprio imóvel, inclusive hospedagem, alimentação, recepção, recreação e atividades pedagógicas, bem como taxa de visitação e serviços especiais;

XIII – o segurado especial é obrigado a arrecadar a contribuição de trabalhadores a seu serviço e a recolhê-la no prazo referido na alínea *b* do inciso I do *caput* deste artigo.

▶ Incisos XII e XIII acrescidos pela Lei nº 11.718, de 20-6-2008.

§ 1º *Revogado.* Lei nº 9.032, de 28-4-1995.

§ 2º Se não houver expediente bancário nas datas indicadas:

▶ *Caput* do § 2º com a redação dada pela Lei nº 11.933, de 28-4-2009.

I – no inciso II do *caput*, o recolhimento deverá ser efetuado até o dia útil imediatamente posterior; e

II – na alínea *b* do inciso I e nos incisos III, V, X e XIII do *caput*, até o dia útil imediatamente anterior.

▶ Incisos I e II com a redação dada pela Lei nº 13.202, de 8-12-2015.

§ 3º Aplica-se à entidade sindical e à empresa de origem o disposto nas alíneas *a* e *b* do inciso I, relativamente à remuneração do segurado referido no § 5º do artigo 12.

▶ § 3º acrescido pela Lei nº 9.528, de 10-12-1997.

§ 4º Na hipótese de o contribuinte individual prestar serviço a uma ou mais empresas, poderá deduzir, da sua contribuição mensal, quarenta e cinco por cento da contribuição da empresa, efetivamente recolhida ou declarada, incidente sobre a remuneração que esta lhe tenha pago ou creditado, limitada a dedução a nove por cento do respectivo salário de contribuição.

§ 5º Aplica-se o disposto no § 4º ao cooperado que prestar serviço a empresa por intermédio de cooperativa de trabalho.

▶ §§ 4º e 5º acrescidos pela Lei nº 9.876, de 26-11-1999.

§ 6º *Revogado.* Lei nº 13.202, de 8-12-2015.

§ 7º A empresa ou cooperativa adquirente, consumidora ou consignatária da produção fica obrigada a fornecer ao segurado especial cópia do documento fiscal de entrada da mercadoria, para fins de comprovação da operação e da respectiva contribuição previdenciária.

§ 8º Quando o grupo familiar a que o segurado especial estiver vinculado não tiver obtido, no ano, por qualquer motivo, receita proveniente de comercialização de produção deverá comunicar a ocorrência à Previdência Social, na forma do regulamento.

§ 9º Quando o segurado especial tiver comercializado sua produção do ano anterior exclusivamente com empresa adquirente, consignatária ou cooperativa, tal fato deverá ser comunicado à Previdência Social pelo respectivo grupo familiar.

- §§ 7º a 9º acrescidos pela Lei nº 11.718, de 20-6-2008.
- Art. 216 do Dec. nº 3.048, de 6-5-1999 (Regulamento da Previdência Social).

Art. 31. A empresa contratante de serviços executados mediante cessão de mão de obra, inclusive em regime de trabalho temporário, deverá reter 11% (onze por cento) do valor bruto da nota fiscal ou fatura de prestação de serviços e recolher, em nome da empresa cedente da mão de obra, a importância retida até o dia 20 (vinte) do mês subsequente ao da emissão da respectiva nota fiscal ou fatura, ou até o dia útil imediatamente anterior se não houver expediente bancário naquele dia, observado o disposto no § 5º do art. 33 desta Lei.

- *Caput* com a redação dada pela Lei nº 11.933, de 28-4-2009.
- Dec. nº 6.166, de 24-7-2007, regulamenta o parcelamento dos débitos dos Estados e do Distrito Federal relativos às contribuições sociais de que tratam as alíneas a e c do parágrafo único do art. 11 desta Lei e instituído pelos arts. 32 a 39 da Lei nº 11.457, de 16-3-2007.
- Súm. nº 425 do STJ.

§ 1º O valor retido de que trata o *caput* deste artigo, que deverá ser destacado na nota fiscal ou fatura de prestação de serviços, poderá ser compensado por qualquer estabelecimento da empresa cedente da mão de obra, por ocasião do recolhimento das contribuições destinadas à Seguridade Social devidas sobre a folha de pagamento dos seus segurados.

- § 1º com a redação dada pela Lei nº 11.941, de 27-5-2009.
- Dec. nº 6.166, de 24-7-2007, regulamenta o parcelamento dos débitos dos Estados e do Distrito Federal relativos às contribuições sociais de que tratam as alíneas *a* e *c* do parágrafo único do art. 11 desta Lei e instituído pelos arts. 32 a 39 da Lei nº 11.457, de 16-3-2007.

§ 2º Na impossibilidade de haver compensação integral na forma do parágrafo anterior, o saldo remanescente será objeto de restituição.

§ 3º Para os fins desta Lei, entende-se como cessão de mão de obra a colocação à disposição do contratante, em suas dependências ou nas de terceiros, de segurados que realizem serviços contínuos, relacionados ou não com a atividade-fim da empresa, quaisquer que sejam a natureza e a forma de contratação.

- §§ 2º e 3º com a redação dada pela Lei nº 9.711, de 20-11-1998.

§ 4º Enquadram-se na situação prevista no parágrafo anterior, além de outros estabelecidos em regulamento, os seguintes serviços:

- *Caput* do § 4º com a redação dada pela Lei nº 9.711, de 20-11-1998.

I – limpeza, conservação e zeladoria;
II – vigilância e segurança;
III – empreitada de mão de obra;
IV – contratação de trabalho temporário na forma da Lei nº 6.019, de 3 de janeiro de 1974.

- Incisos I a IV com a redação dada pela Lei nº 9.711, de 20-11-1998.

§ 5º O cedente da mão de obra deverá elaborar folhas de pagamento distintas para cada contratante.

- § 5º acrescido pela Lei nº 9.711, de 20-11-1998.
- Art. 219 do Dec. nº 3.048, de 6-5-1999 (Regulamento da Previdência Social).

§ 6º Em se tratando de retenção e recolhimento realizados na forma do *caput* deste artigo, em nome de consórcio, de que tratam os arts. 278 e 279 da Lei nº 6.404, de 15 de dezembro de 1976, aplica-se o disposto em todo este artigo, observada a participação de cada uma das empresas consorciadas, na forma do respectivo ato constitutivo.

- § 6º acrescido pela Lei nº 11.941, de 27-5-2009.

Art. 32. A empresa é também obrigada a:

I – preparar folhas de pagamento das remunerações pagas ou creditadas a todos os segurados a seu serviço, de acordo com os padrões e normas estabelecidos pelo órgão competente da Seguridade Social;

II – lançar mensalmente em títulos próprios de sua contabilidade, de forma discriminada, os fatos geradores de todas as contribuições, o montante das quantias descontadas, as contribuições da empresa e os totais recolhidos;

III – prestar à Secretaria da Receita Federal do Brasil todas as informações cadastrais, financeiras e contábeis de seu interesse, na forma por ela estabelecida, bem como os esclarecimentos necessários à fiscalização;

IV – declarar à Secretaria da Receita Federal do Brasil e ao Conselho Curador do Fundo de Garantia do Tempo de Serviço – FGTS, na forma, prazo e condições estabelecidos por esses órgãos, dados relacionados a fatos geradores, base de cálculo e valores devidos da contribuição previdenciária e outras informações de interesse do INSS ou do Conselho Curador do FGTS;

- Incisos III e IV com a redação dada pela Lei nº 11.941, de 27-5-2009.
- Art. 39, § 3º, desta Lei.

V – VETADO. Lei nº 10.403, de 8-1-2002;

VI – comunicar, mensalmente, aos empregados, por intermédio de documento a ser definido em regulamento, os valores recolhidos sobre o total de sua remuneração ao INSS.

- Inciso VI acrescido pela Lei nº 12.692, de 24-7-2012.

§ 1º *Revogado*. Lei nº 11.941, de 27-5-2009.

§ 2º A declaração de que trata o inciso IV do *caput* deste artigo constitui instrumento hábil e suficiente para a exigência do crédito tributário, e suas informações comporão a base de dados para fins de cálculo e concessão dos benefícios previdenciários.

- § 2º com a redação dada pela Lei nº 11.941, de 27-5-2009.

§§ 3º a 8º *Revogados*. Lei nº 11.941, de 27-5-2009.

§ 9º A empresa deverá apresentar o documento a que se refere o inciso IV do *caput* deste artigo ainda que não ocorram fatos geradores de contribuição previdenciária, aplicando-se, quando couber, a penalidade prevista no art. 32-A desta Lei.

§ 10. O descumprimento do disposto no inciso IV do *caput* deste artigo impede a expedição da certidão de prova de regularidade fiscal perante a Fazenda Nacional.

§ 11. Em relação aos créditos tributários, os documentos comprobatórios do cumprimento das obrigações de que trata este artigo devem ficar arquivados na empresa até que ocorra a prescrição relativa aos créditos decorrentes das operações a que se refiram.

- §§ 9º a 11 com a redação dada pela Lei nº 11.941, de 27-5-2009.
- Art. 225 do Dec. nº 3.048, de 6-5-1999 (Regulamento da Previdência Social).

§ 12. VETADO. Lei nº 12.692, de 24-7-2012.

Art. 32-A. O contribuinte que deixar de apresentar a declaração de que trata o inciso IV do *caput* do art. 32 desta Lei no prazo fixado ou que a apresentar com incorreções ou omissões será intimado a apresentá-la ou a prestar esclarecimentos e sujeitar-se-á às seguintes multas:

- Arts. 48 a 50 da Lei nº 13.097, de 19-1-2015 (Altera a Legislação Federal).
- Lei nº 14.397, de 8-7-2022, anistia infrações e anula multas por atraso na entrega da Guia de Recolhimento do Fundo de Garantia do Tempo de Serviço e Informações à Previdência Social (GFIP).

I – de R$ 20,00 (vinte reais) para cada grupo de 10 (dez) informações incorretas ou omitidas; e

II – de 2% (dois por cento) ao mês-calendário ou fração, incidentes sobre o montante das contribuições informadas, ainda que integralmente pagas, no caso de falta de entrega da declaração ou entrega após o prazo, limitada a 20% (vinte por cento), observado o disposto no § 3º deste artigo.

§ 1º Para efeito de aplicação da multa prevista no inciso II do *caput* deste artigo, será considerado como termo inicial o dia seguinte ao término do prazo fixado para entrega da declaração e como termo final a data da efetiva entrega ou, no caso de não apresentação, a data da lavratura do auto de infração ou da notificação de lançamento.

§ 2º Observado o disposto no § 3º deste artigo, as multas serão reduzidas:

I – à metade, quando a declaração for apresentada após o prazo, mas antes de qualquer procedimento de ofício; ou

II – a 75% (setenta e cinco por cento), se houver apresentação da declaração no prazo fixado em intimação.

§ 3º A multa mínima a ser aplicada será de:

I – R$ 200,00 (duzentos reais), tratando-se de omissão de declaração sem ocorrência de fatos geradores de contribuição previdenciária; e

II – R$ 500,00 (quinhentos reais), nos demais casos.

- Art. 32-A com a redação dada pela Lei nº 11.941, de 27-5-2009.

Art. 32-B. Os órgãos da administração direta, as autarquias, as fundações e as empresas públicas da União, dos Estados, do Distrito Federal e dos Municípios, cujas Normas Gerais de Direito Financeiro para elaboração e controle dos orçamentos estão definidas pela Lei nº 4.320, de 17 de março de 1964, e pela Lei Complementar nº 101, de 4 de maio de 2000, ficam obrigados, na forma estabelecida pela Secretaria da Receita Federal do Brasil do Ministério da Fazenda, a apresentar:

I – a contabilidade entregue ao Tribunal de Controle Externo; e

II – a folha de pagamento.

Parágrafo único. As informações de que trata o *caput* deverão ser apresentadas até o dia 30 de abril do ano seguinte ao encerramento do exercício.

- Art. 32-B com a redação dada pela Lei nº 12.810, de 15-5-2013.

Art. 32-C. O segurado especial responsável pelo grupo familiar que contratar na forma do § 8º do art. 12 apresentará as informações relacionadas ao registro de trabalhadores, aos fatos geradores, à base de cálculo e aos valores das contribuições devidas à Previdência Social e ao Fundo de Garantia do Tempo de Serviço – FGTS e outras informações de interesse da Secretaria da Receita Federal do Brasil, do Ministério da Previdência Social, do Ministério do Trabalho e Emprego e do Conselho Curador do FGTS, por meio de sistema eletrônico com entrada única de dados, e efetuará os recolhimentos por meio de documento único de arrecadação.

▸ *Caput* acrescido pela Lei nº 12.873, de 24-10-2013 (*DOU* de 25-10-2013), em vigor a partir do 1º (primeiro) dia do sétimo mês subsequente à data de sua publicação.

§ 1º Os Ministros de Estado da Fazenda, da Previdência Social e do Trabalho e Emprego disporão, em ato conjunto, sobre a prestação das informações, a apuração, o recolhimento e a distribuição dos recursos recolhidos e sobre as informações geradas por meio do sistema eletrônico e da guia de recolhimento de que trata o *caput*.

§ 2º As informações prestadas no sistema eletrônico de que trata o *caput* têm caráter declaratório, constituem instrumento hábil e suficiente para a exigência dos tributos e encargos apurados e substituirão, na forma regulamentada pelo ato conjunto que prevê o § 1º, a obrigatoriedade de entrega de todas as informações, formulários e declarações a que está sujeito o grupo familiar, inclusive as relativas ao recolhimento do FGTS.

▸ §§ 1º e 2º acrescidos pela Lei nº 12.873, de 24-10-2013 (*DOU* de 25-10-2013), em vigor a partir do 1º (primeiro) dia do sétimo mês subsequente à data de sua publicação.

§ 3º O segurado especial de que trata o *caput* deste artigo fica obrigado a arrecadar, até o vigésimo dia do mês seguinte ao da competência:

▸ *Caput* do § 3º com a redação dada pela Lei nº 14.438, de 24-8-2022.

I – as contribuições previstas nos incisos X, XII e XIII do *caput* do art. 30 desta Lei;

II – os valores referentes ao FGTS; e

III – os encargos trabalhistas sob a sua responsabilidade.

▸ Incisos I a III acrescidos pela Lei nº 14.438, de 24-8-2022.

§ 4º Os recolhimentos devidos, nos termos do § 3º, deverão ser pagos por meio de documento único de arrecadação.

§ 5º Se não houver expediente bancário na data indicada no § 3º, o recolhimento deverá ser antecipado para o dia útil imediatamente anterior.

§ 6º Os valores não pagos até a data do vencimento sujeitar-se-ão à incidência de acréscimos e encargos legais na forma prevista na legislação do Imposto sobre a Renda e Proventos de Qualquer Natureza para as contribuições de caráter tributário, e conforme o art. 22 da Lei nº 8.036, de 11 de maio de 1990, para os depósitos do FGTS, inclusive no que se refere às multas por atraso.

§ 7º O recolhimento do valor do FGTS na forma deste artigo será creditado diretamente em conta vinculada do trabalhador, assegurada a transferência dos elementos identificadores do recolhimento ao agente operador do fundo.

§ 8º O ato de que trata o § 1º regulará a compensação e a restituição dos valores dos tributos e dos encargos trabalhistas recolhidos, no documento único de arrecadação, indevidamente ou em montante superior ao devido.

§ 9º A devolução de valores do FGTS, depositados na conta vinculada do trabalhador, será objeto de norma regulamentar do Conselho Curador e do Agente Operador do Fundo de Garantia do Tempo de Serviço.

§ 10. O produto da arrecadação de que trata o § 3º será centralizado na Caixa Econômica Federal.

§ 11. A Caixa Econômica Federal, com base nos elementos identificadores do recolhimento, disponíveis no sistema de que trata o *caput* deste artigo, transferirá para a Conta Única do Tesouro Nacional os valores arrecadados dos tributos e das contribuições previstas nos incisos X, XII e XIII do *caput* do art. 30.

§ 12. A impossibilidade de utilização do sistema eletrônico referido no *caput* será objeto de regulamento, a ser editado pelo Ministério da Fazenda e pelo Agente Operador do FGTS.

§ 13. A sistemática de entrega das informações e recolhimentos de que trata o *caput* poderá ser estendida pelas autoridades previstas no § 1º para o produtor rural pessoa física de que trata a alínea *a* do inciso V do *caput* do art. 12.

§ 14. Aplica-se às informações entregues na forma deste artigo o disposto no § 2º do art. 32 e no art. 32-A.

▸ §§ 4º a 14 acrescidos pela Lei nº 12.873, de 24-10-2013 (*DOU* de 25-10-2013), em vigor a partir do 1º (primeiro) dia do sétimo mês subsequente à data de sua publicação.

Art. 33. À Secretaria da Receita Federal do Brasil compete planejar, executar, acompanhar e avaliar as atividades relativas à tributação, à fiscalização, à arrecadação, à cobrança e ao recolhimento das contribuições sociais previstas no parágrafo único do art. 11 desta Lei, das contribuições incidentes a título de substituição e das devidas a outras entidades e fundos.

▸ *Caput* com a redação dada pela Lei nº 11.941, de 27-5-2009.

§ 1º É prerrogativa da Secretaria da Receita Federal do Brasil, por intermédio dos Auditores Fiscais da Receita Federal do Brasil, o exame da contabilidade das empresas, ficando obrigados a prestar todos os esclarecimentos e informações solicitados o segurado e os terceiros responsáveis pelo recolhimento das contribuições previdenciárias e das contribuições devidas a outras entidades e fundos.

§ 2º A empresa, o segurado da Previdência Social, o serventuário da Justiça, o síndico ou seu representante, o comissário e o liquidante de empresa em liquidação judicial ou extrajudicial são obrigados a exibir todos os documentos e livros relacionados com as contribuições previstas nesta Lei.

§ 3º Ocorrendo recusa ou sonegação de qualquer documento ou informação, ou sua apresentação deficiente, a Secretaria da Receita Federal do Brasil pode, sem prejuízo da penalidade cabível, lançar de ofício a importância devida.

§ 4º Na falta de prova regular e formalizada pelo sujeito passivo, o montante dos salários pagos pela execução de obra de construção civil pode ser obtido mediante cálculo da mão de obra empregada, proporcional à área construída, de acordo com critérios estabelecidos pela Secretaria da Receita Federal do Brasil, cabendo ao proprietário, dono da obra, condômino da unidade imobiliária ou empresa corresponsável o ônus da prova em contrário.

▸ §§ 1º a 4º com a redação dada pela Lei nº 11.941, de 27-5-2009.

§ 5º O desconto de contribuição e de consignação legalmente autorizadas sempre se presume feito oportuna e regularmente pela empresa a isso obrigada, não lhe sendo lícito alegar omissão para se eximir do recolhimento, ficando diretamente responsável pela importância que deixou de receber ou arrecadou em desacordo com o disposto nesta Lei.

§ 6º Se, no exame da escrituração contábil e de qualquer outro documento da empresa, a fiscalização constatar que a contabilidade não registra o movimento real de remuneração dos segurados a seu serviço, do faturamento e do lucro, serão apuradas, por aferição indireta, as contribuições efetivamente devidas, cabendo à empresa o ônus da prova em contrário.

§ 7º O crédito da seguridade social é constituído por meio de notificação de lançamento, de auto de infração e de confissão de valores devidos e não recolhidos pelo contribuinte.

§ 8º Aplicam-se às contribuições sociais mencionadas neste artigo as presunções legais de omissão de receita previstas nos §§ 2º e 3º do art. 12 do Decreto-Lei nº 1.598, de 26 de dezembro de 1977, e nos arts. 40, 41 e 42 da Lei nº 9.430, de 27 de dezembro de 1996.

▸ §§ 7º e 8º com a redação dada pela Lei nº 11.941, de 27-5-2009.

▸ Art. 229 do Dec. nº 3.048, de 6-5-1999 (Regulamento da Previdência Social).

Art. 34. *Revogado*. Lei nº 11.941, de 27-5-2009.

Art. 35. Os débitos com a União decorrentes das contribuições sociais previstas nas alíneas *a*, *b* e *c* do parágrafo único do art. 11 desta Lei, das contribuições instituídas a título de substituição e das contribuições devidas a terceiros, assim entendidas outras entidades e fundos, não pagos nos prazos previstos em legislação, serão acrescidos de multa de mora e juros de mora, nos termos do art. 61 da Lei nº 9.430, de 27 de dezembro de 1996.

▸ *Caput* com a redação dada pela Lei nº 11.941, de 27-5-2009.

I a III – *Revogados*. Lei nº 11.941, de 27-5-2009.

§§ 1º a 4º *Revogados*. Lei nº 11.941, de 27-5-2009.

Art. 35-A. Nos casos de lançamento de ofício relativos às contribuições referidas no art. 35 desta Lei, aplica-se o disposto no art. 44 da Lei nº 9.430, de 27 de dezembro de 1996.

▸ Art. 35-A com a redação dada pela Lei nº 11.941, de 27-5-2009.

Art. 36. *Revogado*. Lei nº 8.218, de 29-8-1991.

Art. 37. Constatado o não recolhimento total ou parcial das contribuições tratadas nesta Lei, não declaradas na forma do art. 32 desta Lei, a falta de pagamento de benefício reembolsado ou o descumprimento de obrigação acessória, será lavrado auto de infração ou notificação de lançamento.

▸ *Caput* com a redação dada pela Lei nº 11.941, de 27-5-2009.

§§ 1º e 2º *Revogados*. Lei nº 11.941, de 27-5-2009.

Art. 38. *Revogado*. Lei nº 11.941, de 27-5-2009.

LEGISLAÇÃO PREVIDENCIÁRIA

Art. 39. O débito original e seus acréscimos legais, bem como outras multas previstas em lei, constituem dívida ativa da União, promovendo-se a inscrição em livro próprio daquela resultante das contribuições de que tratam as alíneas *a*, *b* e *c* do parágrafo único do art. 11 desta Lei.

▸ *Caput* com a redação dada pela Lei nº 11.457, de 16-3-2007.

§ 1º *Revogado*. Lei nº 11.501, de 11-7-2007.

§ 2º É facultado aos órgãos competentes, antes de ajuizar a cobrança da dívida ativa de que trata o *caput* deste artigo, promover o protesto de título dado em garantia, que será recebido *pro solvendo*.

§ 3º Serão inscritas como dívida ativa da União as contribuições que não tenham sido recolhidas ou parceladas resultantes das informações prestadas no documento a que se refere o inciso IV do art. 32 desta Lei.

▸ §§ 2º e 3º com a redação dada pela Lei nº 11.457, de 16-3-2007.

Art. 40. VETADO.

Art. 41. *Revogado*. Lei nº 11.941, de 27-5-2009.

Art. 42. Os administradores de autarquias e fundações públicas, criadas e mantidas pelo Poder Público, de empresas públicas e de sociedades de economia mista sujeitas ao controle da União, dos Estados, do Distrito Federal ou dos Municípios, que se encontrarem em mora, por mais de 30 (trinta) dias, no recolhimento das contribuições previstas nesta Lei, tornam-se solidariamente responsáveis pelo respectivo pagamento, ficando ainda sujeitos às proibições do artigo 1º e às sanções dos artigos 4º e 7º do Decreto-Lei nº 368, de 19 de dezembro de 1968.

Art. 43. Nas ações trabalhistas de que resultar o pagamento de direitos sujeitos à incidência de contribuição previdenciária, o juiz, sob pena de responsabilidade, determinará o imediato recolhimento das importâncias devidas à Seguridade Social.

§ 1º Nas sentenças judiciais ou nos acordos homologados em que não figurarem, discriminadamente, as parcelas legais relativas às contribuições sociais, estas incidirão sobre o valor total apurado em liquidação de sentença ou sobre o valor do acordo homologado.

§ 2º Considera-se ocorrido o fato gerador das contribuições sociais na data da prestação do serviço.

§ 3º As contribuições sociais serão apuradas mês a mês, com referência ao período da prestação de serviços, mediante a aplicação de alíquotas, limites máximos do salário de contribuição e acréscimos legais moratórios vigentes relativamente a cada uma das competências abrangidas, devendo o recolhimento ser efetuado no mesmo prazo em que devam ser pagos os créditos encontrados em liquidação de sentença ou em acordo homologado, sendo que nesse último caso o recolhimento será feito em tantas parcelas quantas as previstas no acordo, nas mesmas datas em que sejam exigíveis e proporcionalmente a cada uma delas.

§ 4º No caso de reconhecimento judicial da prestação de serviços em condições que permitam a aposentadoria especial após 15 (quinze), 20 (vinte) ou 25 (vinte e cinco) anos de contribuição, serão devidos os acréscimos de contribuição de que trata o § 6º do art. 57 da Lei nº 8.213, de 24 de julho de 1991.

§ 5º Na hipótese de acordo celebrado após ter sido proferida decisão de mérito, a contribuição será calculada com base no valor do acordo.

§ 6º Aplica-se o disposto neste artigo aos valores devidos ou pagos nas Comissões de Conciliação Prévia de que trata a Lei nº 9.958, de 12 de janeiro de 2000.

▸ §§ 1º a 6º com a redação dada pela Lei nº 11.941, de 27-5-2009.

Art. 44. *Revogado*. Lei nº 11.501, de 11-7-2007.

Art. 45. *Revogado*. LC nº 128, de 19-12-2008.

Art. 45-A. O contribuinte individual que pretenda contar como tempo de contribuição, para fins de obtenção de benefício no Regime Geral de Previdência Social ou de contagem recíproca do tempo de contribuição, período de atividade remunerada alcançada pela decadência deverá indenizar o INSS.

§ 1º O valor da indenização a que se refere o *caput* deste artigo e o § 1º do art. 55 da Lei nº 8.213, de 24 de julho de 1991, corresponderá a 20% (vinte por cento):

I – da média aritmética simples dos maiores salários de contribuição, reajustados, correspondentes a 80% (oitenta por cento) de todo o período contributivo decorrido desde a competência julho de 1994; ou

II – da remuneração sobre a qual incidem as contribuições para o regime próprio de previdência social a que estiver filiado o interessado, no caso de indenização para fins da contagem recíproca de que tratam os arts. 94 a 99 da Lei nº 8.213, de 24 de julho de 1991, observados o limite máximo previsto no art. 28 e o disposto em regulamento.

§ 2º Sobre os valores apurados na forma do § 1º deste artigo incidirão juros moratórios de 0,5% (cinco décimos por cento) ao mês, capitalizados anualmente, limitados ao percentual máximo de 50% (cinquenta por cento), e multa de 10% (dez por cento).

§ 3º O disposto no § 1º deste artigo não se aplica aos casos de contribuições em atraso não alcançadas pela decadência do direito de a Previdência constituir o respectivo crédito, obedecendo-se, em relação a elas, as disposições aplicadas às empresas em geral.

▸ Art. 45-A acrescido pela LC nº 128, de 19-12-2008.

Art. 46. *Revogado*. LC nº 128, de 19-12-2008.

CAPÍTULO XI
DA PROVA DE INEXISTÊNCIA DE DÉBITO

Art. 47. É exigida Certidão Negativa de Débito – CND, fornecida pelo órgão competente, nos seguintes casos:

▸ *Caput* com a redação dada pela Lei nº 9.032, de 28-4-1995.

I – da empresa:

a) na contratação com o Poder Público e no recebimento de benefícios ou incentivo fiscal ou creditício concedido por ele;

▸ Art. 4º, IV, da Lei nº 13.999, de 18-5-2020, que institui o Programa Nacional de Apoio às Microempresas e Empresas de Pequeno Porte (PRONAMPE), para o desenvolvimento e o fortalecimento dos pequenos negócios.

b) na alienação ou oneração, a qualquer título, de bem imóvel ou direito a ele relativo;

c) na alienação ou oneração, a qualquer título, de bem móvel de valor superior a CR$ 2.500.000,00 (dois milhões e quinhentos mil cruzeiros) incorporado ao ativo permanente da empresa;

▸ Art. 8º, V, da Port. Interministerial do MTPrev e MF nº 26, de 10-1-2023 (*DOU* de 11-1-2023), que altera o valor previsto nesta alínea para R$ 77.500,38 (setenta e sete mil quinhentos reais e trinta e oito centavos).

d) no registro ou arquivamento, no órgão próprio, de ato relativo a baixa ou redução de capital de firma individual, redução de capital social, cisão total ou parcial, transformação ou extinção de entidade ou sociedade comercial ou civil e transferência de controle de cotas de sociedades de responsabilidade limitada;

▸ Alínea *d* com a redação dada pela Lei nº 9.528, de 10-12-1997.

II – do proprietário, pessoa física ou jurídica, de obra de construção civil, quando de sua averbação no registro de imóveis, salvo no caso do inciso VIII do artigo 30.

§ 1º A prova de inexistência de débito deve ser exigida da empresa em relação a todas as suas dependências, estabelecimentos e obras de construção civil, independentemente do local onde se encontrem, ressalvado aos órgãos competentes o direito de cobrança de qualquer débito apurado posteriormente.

§ 2º A prova de inexistência de débito, quando exigível ao incorporador, independe da apresentada no registro de imóveis por ocasião da inscrição do memorial de incorporação.

§ 3º Fica dispensada a transcrição, em instrumento público ou particular, do inteiro teor do documento comprobatório de inexistência de débito, bastando a referência ao seu número de série e data da emissão, bem como a guarda do documento comprobatório à disposição dos órgãos competentes.

§ 4º O documento comprobatório de inexistência de débito poderá ser apresentado por cópia autenticada, dispensada a indicação de sua finalidade, exceto no caso do inciso II deste artigo.

§ 5º O prazo de validade da certidão expedida conjuntamente pela Secretaria Especial da Receita Federal do Brasil e pela Procuradoria-Geral da Fazenda Nacional do Ministério da Economia, referente aos tributos federais e à dívida ativa da União por elas administrados, será de até 180 (cento e oitenta) dias, contado da data de emissão da certidão, prorrogável, excepcionalmente, pelo prazo determinado em ato conjunto dos referidos órgãos.

▸ § 5º com a redação dada pela Lei nº 14.148, de 3-5-2021.

§ 6º Independe de prova de inexistência de débito:

a) a lavratura ou assinatura de instrumento, ato ou contrato que constitua retificação, ratificação ou efetivação de outro anterior para o qual já foi feita a prova;

b) a constituição de garantia para concessão de crédito rural, em qualquer de suas modalidades, por instituição de crédito pública ou privada, desde que o contribuinte referido no artigo 25, não seja responsável direto pelo recolhimento de contribuições sobre a sua produção para a Seguridade Social;

c) a averbação prevista no inciso II deste artigo, relativa a imóvel cuja construção tenha sido concluída antes de 22 de novembro de 1966;

d) o recebimento pelos Municípios de transferência de recursos destinados a ações de assistência social, educação, saúde e em caso de calamidade pública;

▶ Alínea *d* acrescida pela Lei nº 11.960, de 29-6-2009.

e) a averbação da construção civil localizada em área objeto de regularização fundiária de interesse social, na forma da Lei nº 11.977, de 7 de julho de 2009.

▶ Alínea *e* acrescida pela Lei nº 12.424, de 16-6-2011 (*DOU* de 17-6-2011 e republicada no *DOU* de 20-6-2011).

§ 7º O condômino adquirente de unidades imobiliárias de obra de construção civil não incorporada na forma da Lei nº 4.591, de 16 de dezembro de 1964, poderá obter documento comprobatório de inexistência de débito, desde que comprove o pagamento das contribuições relativas à sua unidade, conforme dispuser o regulamento.

§ 8º *Revogado.* Lei nº 11.941, de 27-5-2009.

Art. 48. A prática de ato com inobservância do disposto no artigo anterior, ou o seu registro, acarretará a responsabilidade solidária dos contratantes e do oficial que lavrar ou registrar o instrumento, sendo o ato nulo para todos os efeitos.

§ 1º Os órgãos competentes podem intervir em instrumento que depender de prova de inexistência de débito, a fim de autorizar sua lavratura, desde que o débito seja pago no ato ou o seu pagamento fique assegurado mediante confissão de dívida fiscal com o oferecimento de garantias reais suficientes, na forma estabelecida em regulamento.

§ 2º Em se tratando de alienação de bens do ativo de empresa em regime de liquidação extrajudicial, visando à obtenção de recursos necessários ao pagamento dos credores, independentemente do pagamento ou da confissão de dívida fiscal, o Instituto Nacional do Seguro Social – INSS poderá autorizar a lavratura do respectivo instrumento, desde que o valor do crédito previdenciário conste, regularmente, do quadro geral de credores, observada a ordem de preferência legal.

▶ § 2º acrescido pela Lei nº 9.639, de 25-5-1998.

§ 3º O servidor, o serventuário da Justiça, o titular de serventia extrajudicial e a autoridade ou órgão que infringirem o disposto no artigo anterior incorrerão em multa aplicada na forma estabelecida no artigo 92, sem prejuízo da responsabilidade administrativa e penal cabível.

▶ § 2º transformado em § 3º e com a redação dada pela Lei nº 9.639, de 25-5-1998.

▶ Arts. 264 e 265 do Dec. nº 3.048, de 6-5-1999 (Regulamento da Previdência Social).

TÍTULO VII – DAS DISPOSIÇÕES GERAIS

Art. 49. A matrícula da empresa será efetuada nos termos e condições estabelecidos pela Secretaria da Receita Federal do Brasil.

▶ *Caput* com a redação dada pela Lei nº 11.941, de 27-5-2009.

I e II – *Revogados.* Lei nº 11.941, de 27-5-2009.

§ 1º No caso de obra de construção civil, a matrícula deverá ser efetuada mediante comunicação obrigatória do responsável por sua execução, no prazo de 30 (trinta) dias, contado do início de suas atividades, quando obterá número cadastral básico, de caráter permanente.

▶ § 1º com a redação dada pela Lei nº 11.941, de 27-5-2009.

a e *b)* *Revogadas.* Lei nº 11.941, de 27-5-2009.

§ 2º *Revogado.* Lei nº 11.941, de 27-5-2009.

§ 3º O não cumprimento do disposto no § 1º deste artigo sujeita o responsável a multa na forma estabelecida no art. 92 desta Lei.

▶ § 3º com a redação dada pela Lei nº 11.491, de 27-5-2009.

§ 4º O Departamento Nacional de Registro do Comércio (DNRC), por intermédio das Juntas Comerciais, e os Cartórios de Registro Civil de Pessoas Jurídicas prestarão, obrigatoriamente, ao Ministério da Economia, ao INSS e à Secretaria da Receita Federal do Brasil todas as informações referentes aos atos constitutivos e alterações posteriores relativos a empresas e entidades neles registradas.

▶ § 4º com a redação dada pela Lei nº 13.846, de 18-6-2019.

§ 5º A matrícula atribuída pela Secretaria da Receita Federal do Brasil ao produtor rural pessoa física ou segurado especial é o documento de inscrição do contribuinte, em substituição à inscrição no Cadastro Nacional de Pessoa Jurídica – CNPJ, a ser apresentado em suas relações com o Poder Público, inclusive para licenciamento sanitário de produtos de origem animal ou vegetal submetidos a processos de beneficiamento ou industrialização artesanal, com as instituições financeiras, para fins de contratação de operações de crédito, e com os adquirentes de sua produção ou fornecedores de sementes, insumos, ferramentas e demais implementos agrícolas.

§ 6º O disposto no § 5º deste artigo não se aplica ao licenciamento sanitário de produtos sujeitos à incidência de Imposto sobre Produtos Industrializados ou ao contribuinte cuja inscrição no Cadastro Nacional de Pessoa Jurídica – CNPJ seja obrigatória.

▶ §§ 5º e 6º acrescidos pela Lei nº 11.718, de 20-6-2008.

▶ Art. 256 do Dec. nº 3.048, de 6-5-1999 (Regulamento da Previdência Social).

Art. 50. Para fins de fiscalização do INSS, o Município, por intermédio do órgão competente, fornecerá relação de alvarás para construção civil e documentos de "habite-se" concedidos.

▶ Artigo com a redação dada pela Lei nº 9.476, de 23-6-1997.

▶ A alteração que seria introduzida neste artigo pela Lei nº 11.941, de 27-5-2009, foi vetada, razão pela qual mantivemos a sua redação.

Art. 51. O crédito relativo a contribuições, cotas e respectivos adicionais ou acréscimos de qualquer natureza arrecadados pelos órgãos competentes, bem como a atualização monetária e os juros de mora, estão sujeitos, nos processos de falência, concordata ou concurso de credores, às disposições atinentes aos créditos da União, aos quais são equiparados.

▶ A concordata foi substituída pela recuperação judicial, conforme Lei nº 11.101, de 9-2-2005 (Lei de Recuperação de Empresas e Falências).

Parágrafo único. O Instituto Nacional do Seguro Social – INSS reivindicará os valores descontados pela empresa de seus empregados e ainda não recolhidos.

Art. 52. Às empresas, enquanto estiverem em débito não garantido com a União, aplica-se o disposto no art. 32 da Lei nº 4.357, de 16 de julho de 1964.

▶ *Caput* com a redação dada pela Lei nº 11.941, de 27-5-2009.

I e II – *Revogados.* Lei nº 11.941, de 27-5-2009.

Parágrafo único. *Revogado.* Lei nº 11.941, de 27-5-2009.

Art. 53. Na execução judicial da dívida ativa da União, suas autarquias e fundações públicas, será facultado ao exequente indicar bens à penhora, a qual será efetivada concomitantemente com a citação inicial do devedor.

§ 1º Os bens penhorados nos termos deste artigo ficam desde logo indisponíveis.

§ 2º Efetuado o pagamento integral da dívida executada, com seus acréscimos legais, no prazo de 2 (dois) dias úteis contados da citação, independentemente da juntada aos autos do respectivo mandado, poderá ser liberada a penhora, desde que não haja outra execução pendente.

§ 3º O disposto neste artigo aplica-se também às execuções já processadas.

§ 4º Não sendo opostos embargos, no caso legal, ou sendo eles julgados improcedentes, os autos serão conclusos ao juiz do feito, para determinar o prosseguimento da execução.

▶ Lei nº 6.830, de 22-9-1980 (Lei das Execuções Fiscais).

Art. 54. Os órgãos competentes estabelecerão critério para a dispensa de constituição ou exigência de crédito de valor inferior ao custo dessa medida.

Art. 55. *Revogado.* Lei nº 12.101, de 27-11-2009.

▶ Ações Diretas de Inconstitucionalidade nºs 2.028, 2.036, 2.228 e 2.261 convoladas em Arguições de Descumprimento de Preceitos Fundamentais.

Art. 56. A inexistência de débitos em relação às contribuições devidas ao Instituto Nacional do Seguro Social – INSS, a partir da publicação desta Lei, é condição necessária para que os Estados, o Distrito Federal e os Municípios possam receber as transferências dos recursos do Fundo de Participação dos Estados e do Distrito Federal – FPE e do Fundo de Participação dos Municípios – FPM, celebrar acordos, contratos, convênios ou ajustes, bem como receber empréstimos, financiamentos, avais e subvenções em geral de órgãos ou entidades da administração direta e indireta da União.

§ 1º *Revogado.* MP nº 2.187-13, de 24-8-2001.

▶ Antigo parágrafo único renumerado para § 1º pela Lei nº 12.810, de 15-5-2013.

§ 2º Os recursos do FPE e do FPM não transferidos em decorrência da aplicação do *caput* deste artigo poderão ser utilizados para quitação, total ou parcial, dos débitos relativos às contribuições de que tratam as alíneas *a* e *c* do parágrafo único do art. 11 desta Lei, a pedido do representante legal do Estado, Distrito Federal ou Município.

▶ § 2º acrescido pela Lei nº 12.810, de 15-5-2013.

Art. 57. Os Estados, o Distrito Federal e os Municípios serão, igualmente, obrigados a apresentar, a partir de 1º de junho de 1992, para os fins do disposto no artigo anterior, comprovação de pagamento da parcela mensal referente aos débitos com o Instituto Nacional do Seguro Social – INSS, existentes até 1º de setembro de 1991, renegociados nos termos desta Lei.

Art. 58. Os débitos dos Estados, do Distrito Federal e dos Municípios para com o Instituto Nacional do Seguro Social – INSS, existentes até 1º de setembro de 1991, poderão ser liquidados em até 240 (duzentos e quarenta) parcelas mensais.

§ 1º Para apuração dos débitos será considerado o valor original atualizado pelo índice oficial utilizado pela Seguridade Social para correção de seus créditos.

► Parágrafo único transformado em § 1º pela Lei nº 8.444, de 20-7-1992.

§ 2º As contribuições descontadas até 30 de junho de 1992 dos segurados que tenham prestado serviços aos Estados, ao Distrito Federal e aos Municípios poderão ser objeto de acordo para parcelamento em até doze meses, não se lhes aplicando o disposto no § 1º do artigo 38 desta Lei.

► § 2º acrescido pela Lei nº 8.444, de 20-7-1992.

Art. 59. O Instituto Nacional do Seguro Social – INSS implantará, no prazo de 90 (noventa) dias a contar da data da publicação desta Lei, sistema próprio e informatizado de cadastro dos pagamentos e débitos dos Governos Estaduais, do Distrito Federal e das Prefeituras Municipais, que viabilize o permanente acompanhamento e fiscalização do disposto nos artigos 56, 57 e 58 e permita a divulgação periódica dos devedores da Previdência Social.

Art. 60. O pagamento dos benefícios da Seguridade Social será realizado por intermédio da rede bancária ou por outras formas definidas pelo Ministério da Previdência Social.

► *Caput* com a redação dada pela Lei nº 11.941, de 27-5-2009.

Parágrafo único. *Revogado.* MP nº 2.170-36, de 23-8-2001.

Art. 61. As receitas provenientes da cobrança de débitos dos Estados e Municípios e da alienação, arrendamento ou locação de bens móveis ou imóveis pertencentes ao patrimônio do Instituto Nacional do Seguro Social – INSS, deverão constituir reserva técnica, de longo prazo, que garantirá o seguro social estabelecido no Plano de Benefícios da Previdência Social.

Parágrafo único. É vedada a utilização dos recursos de que trata este artigo, para cobrir despesas de custeio em geral, inclusive as decorrentes de criação, majoração ou extensão dos benefícios ou serviços da Previdência Social, admitindo-se sua utilização, excepcionalmente, em despesas de capital, na forma da lei de orçamento.

Art. 62. A contribuição estabelecida na Lei nº 5.161, de 21 de outubro de 1966, em favor da Fundação Jorge Duprat Figueiredo de Segurança e Medicina do Trabalho – FUNDACENTRO, será de 2% (dois por cento) da receita proveniente da contribuição a cargo da empresa, a título de financiamento da complementação das prestações por acidente do trabalho, estabelecida no inciso II do artigo 22.

Parágrafo único. Os recursos referidos neste artigo poderão contribuir para o financiamento das despesas com pessoal e administração geral da Fundação Jorge Duprat Figueiredo de Segurança e Medicina do Trabalho – FUNDACENTRO.

► Parágrafo único acrescido pela Lei nº 9.639, de 25-5-1998.

TÍTULO VIII – DAS DISPOSIÇÕES FINAIS E TRANSITÓRIAS

CAPÍTULO I – DA MODERNIZAÇÃO DA PREVIDÊNCIA SOCIAL

Arts. 63 a 66. *Revogados.* MP nº 2.216-37, de 31-8-2001.

Art. 67. Até que seja implantado o Cadastro Nacional do Trabalhador – CNT, as instituições e órgãos federais, estaduais, do Distrito Federal e municipais, detentores de cadastros de empresas e de contribuintes em geral, deverão colocar à disposição do Instituto Nacional do Seguro Social – INSS, mediante a realização de convênios, todos os dados necessários à permanente atualização dos cadastros da Previdência Social.

Art. 68. O Titular do Cartório de Registro Civil de Pessoas Naturais remeterá ao INSS, em até 1 (um) dia útil, pelo Sistema Nacional de Informações de Registro Civil (SIRC) ou por outro meio que venha a substituí-lo, a relação dos nascimentos, dos natimortos, dos casamentos, dos óbitos, das averbações, das anotações e das retificações registradas na serventia.

§ 1º Para os Municípios que não dispõem de provedor de conexão à internet ou de qualquer meio de acesso à internet, fica autorizada a remessa da relação em até 5 (cinco) dias úteis.

§ 2º Para os registros de nascimento e de natimorto, constarão das informações, obrigatoriamente, a inscrição no Cadastro de Pessoas Físicas (CPF), o sexo, a data e o local de nascimento do registrado, bem como o nome completo, o sexo, a data e o local de nascimento e a inscrição no CPF da filiação.

§ 3º Para os registros de casamento e de óbito, constarão das informações, obrigatoriamente, a inscrição no CPF, o sexo, a data e o local de nascimento do registrado, bem como, acaso disponíveis, os seguintes dados:

I – número do cadastro perante o Programa de Integração Social (PIS) ou o Programa de Formação do Patrimônio do Servidor Público (PASEP);

II – Número de Identificação do Trabalhador (NIT);

III – número de benefício previdenciário ou assistencial, se a pessoa falecida for titular de qualquer benefício pago pelo INSS;

IV – número de registro da Carteira de Identidade e respectivo órgão emissor;

V – número do título de eleitor;

VI – número e série da Carteira de Trabalho e Previdência Social (CTPS).

§ 4º No caso de não haver sido registrado nenhum nascimento, natimorto, casamento, óbito ou averbações, anotações e retificações no mês, deverá o Titular do Cartório de Registro Civil de Pessoas Naturais comunicar este fato ao INSS até o 5º (quinto) dia útil do mês subsequente.

§ 5º O descumprimento de qualquer obrigação imposta neste artigo e o fornecimento de informação inexata sujeitarão o Titular do Cartório de Registro Civil de Pessoas Naturais, além de outras penalidades previstas, à penalidade prevista no art. 92 desta Lei e à ação regressiva proposta pelo INSS, em razão dos danos sofridos.

Art. 68-A. A lavratura de procuração pública e a emissão de sua primeira via para fins exclusivos de recebimento de benefícios previdenciários ou assistenciais administrados pelo INSS são isentas do pagamento das custas e dos emolumentos.

► Art. 68-A acrescido pela Lei nº 14.199, de 2-9-2021.

Art. 69. O INSS manterá programa permanente de revisão da concessão e da manutenção dos benefícios por ele administrados, a fim de apurar irregularidades ou erros materiais.

§ 1º Na hipótese de haver indícios de irregularidade ou erros materiais na concessão, na manutenção ou na revisão do benefício, o INSS notificará o beneficiário, o seu representante legal ou o seu procurador para apresentar defesa, provas ou documentos dos quais dispuser, no prazo de:

I – 30 (trinta) dias, no caso de trabalhador urbano;

II – 60 (sessenta) dias, no caso de trabalhador rural individual e avulso, agricultor familiar ou segurado especial.

§ 2º A notificação a que se refere o § 1º deste artigo será feita:

I – preferencialmente por rede bancária ou por meio eletrônico, conforme previsto em regulamento;

II – Revogado. *Lei nº 14.973, de 16-9-2024;*

III – pessoalmente, quando entregue ao interessado em mãos; ou

IV – Revogado. *Lei nº 14.973, de 16-9-2024.*

§ 2º-A. Na ausência de ciência, em até 30 (trinta) dias, da notificação de que trata o § 1º, o valor referente ao benefício será bloqueado, nos termos de ato do Poder Executivo.

► § 2º-A acrescido pela Lei nº 14.973, de 16-9-2024.

§ 3º A defesa poderá ser apresentada pelo canal de atendimento eletrônico do INSS ou na Agência da Previdência Social do domicílio do beneficiário, na forma do regulamento.

§ 4º O benefício será suspenso nas seguintes hipóteses:

I – não apresentação da defesa no prazo estabelecido no § 1º deste artigo;

II – defesa considerada insuficiente ou improcedente pelo INSS;

III – ausência de ciência de que trata o § 2º-A, nos termos de ato do Poder Executivo.

► Inciso III acrescido pela Lei nº 14.973, de 16-9-2024.

§ 5º O INSS deverá notificar o beneficiário quanto à suspensão do benefício de que trata o § 4º deste artigo e conceder-lhe prazo de 30 (trinta) dias para interposição de recurso.

§ 6º Decorrido o prazo de 30 (trinta) dias após a suspensão a que se refere o § 4º deste artigo, sem que o beneficiário, o seu representante legal ou o seu procurador apresente recurso administrativo aos canais de atendimento do INSS ou a outros canais autorizados, o benefício será cessado.

§ 7º Para fins do disposto no *caput* deste artigo, o INSS poderá realizar recenseamento para atualização do cadastro dos beneficiários, abrangidos os benefícios administrados pelo INSS, observado o disposto no § 8º deste artigo.

▸ § 7º com a redação dada pela Lei nº 14.199, de 2-9-2021.

§ 8º Aquele que receber benefício realizará anualmente, no mês de aniversário do titular do benefício, a comprovação de vida, preferencialmente por meio de atendimento eletrônico com uso de biometria, ou outro meio definido pelo INSS que assegure a identificação inequívoca do beneficiário, implementado pelas instituições financeiras pagadoras dos benefícios, observadas as seguintes disposições:

▸ *Caput* com a redação dada pela Lei nº 14.199, de 2-9-2021.

I – a prova de vida e a renovação de senha serão efetuadas pelo beneficiário, referencialmente no mesmo ato, mediante identificação por funcionário da instituição financeira responsável pelo pagamento, quando não realizadas por atendimento eletrônico com uso de biometria;

II – a prova de vida poderá ser realizada por representante legal ou por procurador do beneficiário, legalmente cadastrado no INSS;

▸ Incisos I e II com a redação dada pela Lei nº 14.199, de 2-9-2021.

III – *Revogado*. Lei nº 14.199, de 2-9-2021;

IV – os órgãos competentes deverão dispor de meios alternativos que garantam a realização da prova de vida do beneficiário com idade igual ou superior a 80 (oitenta) anos ou com dificuldade de locomoção, inclusive por meio de atendimento domiciliar quando necessário;

▸ Inciso IV com a redação dada pela Lei nº 14.199, de 2-9-2021.

IV-A – as instituições financeiras deverão, obrigatoriamente, envidar esforços a fim de facilitar e auxiliar o beneficiário com idade igual ou superior a 80 (oitenta) anos ou com dificuldade de locomoção, de forma a evitar ao máximo o seu deslocamento até a agência bancária e, caso isso ocorra, dar-lhe preferência máxima de atendimento, para diminuir o tempo de permanência do idoso no recinto e evitar sua exposição a aglomeração;

IV-B – a instituição financeira, quando a prova de vida for nela realizada, deverá enviar as informações ao INSS, bem como divulgar aos beneficiários, de forma ampla, todos os meios existentes para efetuar o procedimento, especialmente os remotos, a fim de evitar o deslocamento dos beneficiários; e

V – o INSS poderá bloquear o pagamento do benefício encaminhado às instituições financeiras até que o beneficiário realize a prova de vida, permitida a liberação do pagamento automaticamente pela instituição financeira.

▸ Incisos IV-A a V acrescidos pela Lei nº 14.199, de 2-9-2021.

§ 9º O recurso de que trata o § 5º deste artigo não terá efeito suspensivo.

§ 10. Apurada irregularidade recorrente ou fragilidade nos procedimentos, reconhecida na forma prevista no *caput* deste artigo ou pelos órgãos de controle, os procedimentos de análise e concessão de benefícios serão revistos, de modo a reduzir o risco de fraude e concessão irregular.

§ 11. Para fins do disposto no § 8º deste artigo, preservados a integridade dos dados e o sigilo eventualmente existente, o INSS:

I – terá acesso a todos os dados biométricos mantidos e administrados pelos órgãos públicos federais; e

II – poderá ter, por meio de convênio, acesso aos dados biométricos:

a) da Justiça Eleitoral; e

b) de outros entes federativos.

▸ Arts. 68 e 69 com a redação dada pela Lei nº 13.846, de 18-6-2019.

Art. 70. Os beneficiários da Previdência Social, aposentados por invalidez, ficam obrigados, sob pena de sustação do pagamento do benefício, a submeterem-se a exames médico-periciais, estabelecidos na forma do regulamento, que definirá sua periodicidade e os mecanismos de fiscalização e auditoria.

Art. 71. O Instituto Nacional do Seguro Social – INSS deverá rever os benefícios, inclusive os concedidos por acidente do trabalho, ainda que concedidos judicialmente, para avaliar a persistência, atenuação ou agravamento da incapacidade para o trabalho alegada como causa para a sua concessão.

Parágrafo único. Será cabível a concessão de liminar nas ações rescisórias e revisional, para suspender a execução do julgado rescindendo ou revisando, em caso de fraude ou erro material comprovado.

▸ Parágrafo único acrescido pela Lei nº 9.032, de 28-4-1995.

Art. 72. O Instituto Nacional do Seguro Social – INSS promoverá, no prazo de 180 (cento e oitenta) dias a contar da publicação desta Lei, a revisão das indenizações associadas a benefícios por acidentes do trabalho, cujos valores excedam a CR$ 1.700.000,00 (um milhão e setecentos mil cruzeiros).

Art. 73. O setor encarregado pela área de benefícios no âmbito do Instituto Nacional do Seguro Social – INSS deverá estabelecer indicadores qualitativos e quantitativos para acompanhamento e avaliação das concessões de benefícios realizadas pelos órgãos locais de atendimento.

Art. 74. Os postos de benefícios deverão adotar como prática o cruzamento das informações declaradas pelos segurados com os dados de cadastros de empresas e de contribuintes em geral quando da concessão de benefícios.

Art. 75. *Revogado*. Lei nº 9.711, de 20-11-1998.

Art. 76. O Instituto Nacional do Seguro Social – INSS deverá proceder ao recadastramento de todos aqueles que, por intermédio de procuração, recebem benefícios da Previdência Social.

§ 1º O documento de procuração deverá ser revalidado, anualmente, nos termos de norma definida pelo INSS.

▸ Parágrafo único transformado em § 1º e com a redação dada pela Lei nº 14.199, de 2-9-2021.

§ 2º Na hipótese de pagamento indevido de benefício a pessoa não autorizada, ou após o óbito do titular do benefício, a instituição financeira é responsável pela devolução dos valores ao INSS, em razão do descumprimento das obrigações a ela impostas por lei ou por força contratual.

▸ § 2º acrescido pela Lei nº 14.199, de 2-9-2021.

Art. 77. *Revogado*. MP nº 2.216-37, de 31-8-2001.

Art. 78. O Instituto Nacional do Seguro Social – INSS, na forma da legislação específica, fica autorizado a contratar auditorias externas, periodicamente, para analisar e emitir parecer sobre demonstrativos econômico-financeiros e contábeis, arrecadação, cobrança e fiscalização das contribuições, bem como pagamento dos benefícios, submetendo os resultados obtidos à apreciação do Conselho Nacional da Seguridade Social.

Art. 79. *Revogado*. Lei nº 9.711, de 20-11-1998.

Art. 80. Fica o Instituto Nacional do Seguro Social – INSS obrigado a:

I – enviar às empresas e aos seus segurados, quando solicitado, extrato relativo ao recolhimento das suas contribuições;

▸ Inciso I com a redação dada pela Lei nº 12.692, de 24-7-2012.

II – *Revogado*. Lei nº 11.941, de 27-5-2009;

III – emitir e enviar aos beneficiários o Aviso de Concessão de Benefício, além da memória de cálculo do valor dos benefícios concedidos;

IV – reeditar versão atualizada, nos termos do Plano de Benefícios, da Carta dos Direitos dos Segurados;

V – divulgar, com a devida antecedência, através dos meios de comunicação, alterações porventura realizadas na forma de contribuição das empresas e segurados em geral;

VI – descentralizar, progressivamente, o processamento eletrônico das informações, mediante extensão dos programas de informatização de postos de atendimento e de Regiões Fiscais;

VII – disponibilizará ao público, inclusive por meio de rede pública de transmissão de dados, informações atualizadas sobre as receitas e despesas do regime geral de previdência social, bem como os critérios e parâmetros adotados para garantir o equilíbrio financeiro e atuarial do regime.

▸ Inciso VII acrescido pela Lei nº 10.887, de 18-6-2004.

§ 1º O Ministério do Trabalho e Previdência divulgará, mensalmente, o resultado financeiro do Regime Geral de Previdência Social, no qual considerará:

I – para fins de aferição do equilíbrio financeiro do regime, as renúncias previdenciárias em adição às receitas realizadas; e

II – para os demais fins, apenas as receitas efetivamente arrecadadas e as despesas orçamentárias e financeiras efetivamente liquidadas e pagas.

§ 2º Para fins de apuração das renúncias previdenciárias de que trata o inciso I do § 1º deste artigo, serão consideradas as informações prestadas pela Secretaria Especial da Receita Federal do Brasil do Ministério da Economia.

▸ §§ 1º e 2º acrescidos pela Lei nº 14.360, de 1º-6-2022.

Art. 81. *Revogado*. Lei nº 11.941, de 27-5-2009.

Art. 82. A Auditoria e a Procuradoria do Instituto Nacional do Seguro Social – INSS deverão, a cada trimestre, elaborar relação das auditorias realizadas e dos trabalhos executados, bem como dos resultados obtidos, enviando-a a apreciação do Conselho Nacional da Seguridade Social.

Art. 83. O Instituto Nacional do Seguro Social – INSS deverá implantar um programa de qualificação e treinamento sistemático de pessoal, bem como promover a reciclagem e redistribuição de funcionários conforme as demandas dos órgãos regionais e locais, visando a melhoria da qualidade do atendimento e o controle e a eficiência dos sistemas de arrecadação e fiscalização de contribuições, bem como de pagamento de benefícios.

Art. 84. *Revogado*. MP nº 2.216-37, de 31-8-2001.

CAPÍTULO II
DAS DEMAIS DISPOSIÇÕES

Art. 85. O Conselho Nacional da Seguridade Social será instalado no prazo de 30 (trinta) dias após a promulgação desta Lei.

▸ Arts. 295 e 296 do Dec. nº 3.048, de 6-5-1999 (Regulamento da Previdência Social).

Art. 85-A. Os tratados, convenções e outros acordos internacionais de que Estado estrangeiro ou organismo internacional e o Brasil sejam partes, e que versem sobre matéria previdenciária, serão interpretados como lei especial.

▸ Art. 85-A acrescido pela Lei nº 9.876, de 26-11-1999.

Art. 86. *Revogado*. MP nº 2.216-37, de 31-8-2001.

Art. 87. Os orçamentos das pessoas jurídicas de direito público e das entidades da administração pública indireta devem consignar as dotações necessárias ao pagamento das contribuições da Seguridade Social, de modo a assegurar a sua regular liquidação dentro do exercício.

Art. 88. Os prazos de prescrição de que goza a União aplicam-se à Seguridade Social, ressalvado o disposto no artigo 46.

Art. 89. As contribuições sociais previstas nas alíneas *a*, *b* e *c* do parágrafo único do art. 11 desta Lei, as contribuições instituídas a título de substituição e as contribuições devidas a terceiros somente poderão ser restituídas ou compensadas nas hipóteses de pagamento ou recolhimento indevido ou maior que o devido, nos termos e condições estabelecidos pela Secretaria da Receita Federal do Brasil.

▸ *Caput* com a redação dada pela Lei nº 11.941, de 27-5-2009.

▸ Art. 247 do Dec. nº 3.048, de 6-5-1999 (Regulamento da Previdência Social).

§§ 1º a 3º *Revogados*. Lei nº 11.941, de 27-5-2009.

§ 4º O valor a ser restituído ou compensado será acrescido de juros obtidos pela aplicação da taxa referencial do Sistema Especial de Liquidação e de Custódia – SELIC para títulos federais, acumulada mensalmente, a partir do mês subsequente ao do pagamento indevido ou a maior que o devido até o mês anterior ao da compensação ou restituição e de 1% (um por cento) relativamente ao mês em que estiver sendo efetuada.

▸ § 4º com a redação dada pela Lei nº 11.941, de 27-5-2009.

§§ 5º a 7º *Revogados*. Lei nº 11.941, de 27-5-2009.

§ 8º Verificada a existência de débito em nome do sujeito passivo, o valor da restituição será utilizado para extingui-lo, total ou parcialmente, mediante compensação.

▸ § 8º acrescido pela Lei nº 11.196, de 21-11-2005.

§ 9º Os valores compensados indevidamente serão exigidos com os acréscimos moratórios de que trata o art. 35 desta Lei.

§ 10. Na hipótese de compensação indevida, quando se comprove falsidade da declaração apresentada pelo sujeito passivo, o contribuinte estará sujeito à multa isolada aplicada no percentual previsto no inciso I do *caput* do art. 44 da Lei nº 9.430, de 27 de dezembro de 1996, aplicado em dobro, e terá como base de cálculo o valor total do débito indevidamente compensado.

§ 11. Aplica-se aos processos de restituição das contribuições de que trata este artigo e de reembolso de salário-família e salário-maternidade o rito previsto no Decreto nº 70.235, de 6 de março de 1972.

▸ §§ 9º a 11 com a redação dada pela Lei nº 11.941, de 27-5-2009.

§ 12. O disposto no § 10 deste artigo não se aplica à compensação efetuada nos termos do art. 74 da Lei nº 9.430, de 27 de dezembro de 1996.

▸ § 12 acrescido pela Lei nº 13.670, de 30-5-2018.

Art. 90. O Conselho Nacional da Seguridade Social, dentro de 180 (cento e oitenta) dias da sua instalação, adotará as providências necessárias ao levantamento das dívidas da União para com a Seguridade Social.

Art. 91. Mediante requisição da Seguridade Social, a empresa é obrigada a descontar, da remuneração paga aos segurados a seu serviço, a importância proveniente de dívida ou responsabilidade por eles contraída junto à Seguridade Social, relativa a benefícios pagos indevidamente.

Art. 92. A infração de qualquer dispositivo desta Lei para a qual não haja penalidade expressamente cominada sujeita o responsável, conforme a gravidade da infração, a multa variável de CR$ 100.000,00 (cem mil cruzeiros) a CR$ 10.000.000,00 (dez milhões de cruzeiros), conforme dispuser o regulamento.

▸ Art. 8º, III, da Port. Interministerial do MTPrev e MF nº 26, de 10-1-2023 (*DOU* de 11-1-2023), que altera o valor previsto neste artigo de multa variável para R$ 3.100,06 (três mil e cem reais e seis centavos) a R$ 310.004,70 (trezentos e dez mil quatro reais e setenta centavos).

Art. 93. *Revogado*. Lei nº 9.639, de 25-5-1998.

Parágrafo único. *Revogado*. Lei nº 11.941, de 27-5-2009.

Art. 94. *Revogado*. Lei nº 11.501, de 11-7-2007.

Art. 95. *Revogado*. Lei nº 9.983, de 14-7-2000.

a a *j*) *Revogadas*. Lei nº 9.983, de 14-7-2000.

§ 1º *Revogado*. Lei nº 9.983, de 14-7-2000.

§ 2º A empresa que transgredir as normas desta Lei, além das outras sanções previstas, sujeitar-se-á, nas condições em que dispuser o regulamento:

▸ Art. 15 da Lei nº 9.964, de 10-4-2000, que instituiu o Programa de Recuperação Fiscal – REFIS.

a) à suspensão de empréstimos e financiamentos, por instituições financeiras oficiais;

b) à revisão de incentivos fiscais de tratamento tributário especial;

c) à inabilitação para licitar e contratar com qualquer órgão ou entidade da administração pública direta ou indireta federal, estadual, do Distrito Federal ou municipal;

d) à interdição para o exercício do comércio, se for sociedade mercantil ou comerciante individual;

e) à desqualificação para impetrar concordata;

▸ A concordata foi substituída pela recuperação judicial, conforme Lei nº 11.101, de 9-2-2005 (Lei de Recuperação de Empresas e Falências).

f) à cassação de autorização para funcionar no país, quando for o caso.

§§ 3º a 5º *Revogados*. Lei nº 9.983, de 14-7-2000.

Art. 96. O Poder Executivo enviará ao Congresso Nacional, anualmente, acompanhando a Proposta Orçamentária da Seguridade Social, projeções atuariais relativas à Seguridade Social, abrangendo um horizonte temporal de, no mínimo, 20 (vinte) anos, considerando hipóteses alternativas quanto às variáveis demográficas, econômicas e institucionais relevantes.

Art. 97. Fica o Instituto Nacional do Seguro Social – INSS autorizado a proceder a alienação ou permuta, por ato da autoridade competente, de bens imóveis de sua propriedade considerados desnecessários ou não vinculados às suas atividades operacionais.

▸ *Caput* com a redação dada pela Lei nº 9.528, de 10-12-1997.

§ 1º Na alienação a que se refere este artigo será observado o disposto no artigo 18 e nos incisos I, II e III do artigo 19, da Lei nº 8.666, de 21 de junho de 1993, alterada pelas Leis nºs 8.883, de 8 de junho de 1994, e 9.032, de 28 de abril de 1995.

▸ § 1º acrescido pela Lei nº 9.528, de 10-12-1997.

▸ A Lei nº 8.666, de 21-6-1993, foi revogada pela Lei nº 14.133, de 1º-4-2021.

§ 2º VETADO.

Art. 98. Nas execuções fiscais da dívida ativa do INSS, o leilão judicial dos bens penhorados realizar-se-á por leiloeiro oficial, indicado pelo credor, que procederá à hasta pública:

I – no primeiro leilão, pelo valor do maior lance, que não poderá ser inferior ao da avaliação;

II – no segundo leilão, por qualquer valor, excetuado o vil.

§ 1º Poderá o juiz, a requerimento do credor, autorizar seja parcelado o pagamento do valor da arrematação, na forma prevista para os parcelamentos administrativos de débitos previdenciários.

§ 2º Todas as condições do parcelamento deverão constar do edital de leilão.

§ 3º O débito do executado será quitado na proporção do valor de arrematação.

§ 4º O arrematante deverá depositar, no ato, o valor da primeira parcela.

§ 5º Realizado o depósito, será expedida carta de arrematação, contendo as seguintes disposições:

a) valor da arrematação, valor e número de parcelas mensais em que será pago;

b) constituição de hipoteca do bem adquirido, ou de penhor, em favor do credor, servindo a carta de título hábil para registro da garantia;

c) indicação do arrematante como fiel depositário do bem móvel, quando constituído penhor;

d) especificação dos critérios de reajustamento do saldo e das parcelas, que será sempre o mesmo vigente para os parcelamentos de débitos previdenciários.

§ 6º Se o arrematante não pagar, no vencimento, qualquer das parcelas mensais, o saldo devedor remanescente vencerá antecipadamente, que será acrescido em cinquenta por cento de seu valor a título de multa, e, imediatamente inscrito em dívida ativa e executado.

§ 7º Se no primeiro ou no segundo leilões a que se refere o *caput* não houver licitante, o INSS poderá adjudicar o bem por cinquenta por cento do valor da avaliação.

§ 8º Se o bem adjudicado não puder ser utilizado pelo INSS, e for de difícil venda, poderá ser negociado ou doado a outro órgão ou entidade pública que demonstre interesse na sua utilização.

§ 9º Não havendo interesse na adjudicação, poderá o juiz do feito, de ofício ou a requerimento do credor, determinar sucessivas repetições da hasta pública.

§ 10. O leiloeiro oficial, a pedido do credor, poderá ficar como fiel depositário dos bens penhorados e realizar a respectiva remoção.

▸ Artigo restabelecido e com a redação dada pela Lei nº 9.528, de 10-12-1997.

§ 11. O disposto neste artigo aplica-se às execuções fiscais da Dívida Ativa da União.

▸ § 11 com a redação dada pela Lei nº 10.522, de 19-7-2002.

Art. 99. O Instituto Nacional do Seguro Social – INSS poderá contratar leiloeiros oficiais para promover a venda administrativa dos bens, adjudicados judicialmente ou que receber em dação de pagamento.

Parágrafo único. O INSS, no prazo de sessenta dias, providenciará alienação do bem por intermédio do leiloeiro oficial.

▸ Art. 99 restabelecido e com a redação dada pela Lei nº 9.528, de 10-12-1997.

Art. 100. *Revogado.* Lei nº 9.528, de 10-12-1997.

Art. 101. *Revogado.* MP nº 2.187-13, de 24-8-2001.

Art. 102. Os valores expressos em moeda corrente nesta Lei serão reajustados nas mesmas épocas e com os mesmos índices utilizados para o reajustamento dos benefícios de prestação continuada da Previdência Social.

§ 1º O disposto neste artigo não se aplica às penalidades previstas no art. 32-A desta Lei.

§ 2º O reajuste dos valores dos salários de contribuição em decorrência da alteração do salário mínimo será descontado por ocasião da aplicação dos índices a que se refere o *caput* deste artigo.

▸ §§ 1º e 2º com a redação dada pela Lei nº 11.941, de 27-5-2009.

Art. 103. O Poder Executivo regulamentará esta Lei no prazo de sessenta dias a partir da data de sua publicação.

Art. 104. Esta Lei entrará em vigor na data de sua publicação.

Art. 105. Revogam-se as disposições em contrário.

Brasília, em 24 de julho de 1991;
170º da Independência e
103º da República.

Fernando Collor

LEI Nº 8.213, DE 24 DE JULHO DE 1991

Dispõe sobre os Planos de Benefícios da Previdência Social e dá outras providências.

▸ Publicada no *DOU* de 25-7-1991, republicada no *DOU* de 11-4-1996 e *DOU* de 14-8-1998.

▸ LC nº 142, de 8-5-2013, regulamenta o § 1º do art. 201 da CF, no tocante à aposentadoria da pessoa com deficiência.

▸ Dec. nº 3.048, de 6-5-1999 (Regulamento da Previdência Social).

▸ IN do INSS nº 45, de 6-8-2010, dispõe sobre a administração de informações dos segurados, o reconhecimento, a manutenção e a revisão de direitos dos beneficiários da Previdência Social e disciplina o processo administrativo previdenciário no âmbito do Instituto Nacional do Seguro Social – INSS.

▸ Súm. nº 518 do STJ.

TÍTULO I – DA FINALIDADE E DOS PRINCÍPIOS BÁSICOS DA PREVIDÊNCIA SOCIAL

Art. 1º A Previdência Social, mediante contribuição, tem por fim assegurar aos seus beneficiários meios indispensáveis de manutenção, por motivo de incapacidade, desemprego involuntário, idade avançada, tempo de serviço, encargos familiares e prisão ou morte daqueles de quem dependiam economicamente.

▸ Art. 201 da CF.

▸ Art. 9º, § 1º, desta Lei.

▸ Lei nº 7.998, de 11-1-1990 (Lei do Seguro-Desemprego).

Art. 2º A Previdência Social rege-se pelos seguintes princípios e objetivos:

I – universalidade de participação nos planos previdenciários;

▸ Arts. 39, § 12, e 194, I, da CF.

▸ Art. 39 desta Lei.

II – uniformidade e equivalência dos benefícios e serviços às populações urbanas e rurais;

▸ Art. 195, § 8º, da CF.

▸ Arts. 39, 48, § 1º, e 55, § 2º, desta Lei.

III – seletividade e distributividade na prestação dos benefícios;

IV – cálculo dos benefícios considerando-se os salários de contribuição corrigidos monetariamente;

V – irredutibilidade do valor dos benefícios de forma a preservar-lhes o poder aquisitivo;

▸ Art. 114 desta Lei.

VI – valor da renda mensal dos benefícios substitutos do salário de contribuição ou do rendimento do trabalho do segurado não inferior ao do salário mínimo;

▸ Art. 58 do ADCT.

VII – previdência complementar facultativa, custeada por contribuição adicional;

▸ LC nº 109, de 29-5-2001 (Lei do Regime de Previdência Complementar).

VIII – caráter democrático e descentralizado da gestão administrativa, com a participação do governo e da comunidade, em especial de trabalhadores em atividade, empregadores e aposentados.

▸ Arts. 10 e 194, parágrafo único, VII, da CF.

Parágrafo único. A participação referida no inciso VIII deste artigo será efetivada a nível federal, estadual e municipal.

▸ Art. 4º do Dec. nº 3.048, de 6-5-1999 (Regulamento da Previdência Social).

Art. 3º Fica instituído o Conselho Nacional de Previdência Social – CNPS, órgão superior de deliberação colegiada, que terá como membros:

▸ Art. 295 do Dec. nº 3.048, de 6-5-1999 (Regulamento da Previdência Social).

I – 6 (seis) representantes do Governo Federal;

II – 9 (nove) representantes da sociedade civil, sendo:

a) 3 (três) representantes dos aposentados e pensionistas;

b) 3 (três) representantes dos trabalhadores em atividade;

c) 3 (três) representantes dos empregadores.

▸ Incisos I e II com a redação dada pela Lei nº 8.619, de 5-1-1993.

▸ EC nº 20, de 15-12-1998.

§ 1º Os membros do CNPS e seus respectivos suplentes serão nomeados pelo Presidente da República, tendo os representantes titulares da sociedade civil mandato de 2 (dois) anos, podendo ser reconduzidos, de imediato, uma única vez.

§ 2º Os representantes dos trabalhadores em atividade, dos aposentados, dos empregadores e seus respectivos suplentes serão indicados pelas centrais sindicais e confederações nacionais.

§ 3º O CNPS reunir-se-á, ordinariamente, uma vez por mês, por convocação de seu Presidente, não podendo ser adiada a reunião por mais de 15 (quinze) dias se houver requerimento nesse sentido da maioria dos conselheiros.

§ 4º Poderá ser convocada reunião extraordinária por seu Presidente ou a requerimento de um terço de seus membros, conforme dispuser o regimento interno do CNPS.

§ 5º *Revogado.* Lei nº 9.528, de 10-12-1997.

§ 6º As ausências ao trabalho dos representantes dos trabalhadores em atividade, decorrentes das atividades do Conselho, serão abonadas, computando-se como jornada efetivamente trabalhada para todos os fins e efeitos legais.

§ 7º Aos membros do CNPS, enquanto representantes dos trabalhadores em atividade, titulares e suplentes, é assegurada a estabilidade no emprego, da nomeação até um ano após o término do mandato de representação, somente podendo ser demitidos por motivo de falta grave, regularmente comprovada através de processo judicial.

§ 8º Competirá ao Ministério do Trabalho e da Previdência Social proporcionar ao CNPS os meios necessários ao exercício de suas competências, para o que contará com uma Secretaria Executiva do Conselho Nacional de Previdência Social.

§ 9º O CNPS deverá se instalar no prazo de 30 (trinta) dias a contar da publicação desta Lei.

Art. 4º Compete ao Conselho Nacional de Previdência Social – CNPS:

- Art. 296 do Dec. nº 3.048, de 6-5-1999 (Regulamento da Previdência Social).

I – estabelecer diretrizes gerais e apreciar as decisões de políticas aplicáveis à Previdência Social;

II – participar, acompanhar e avaliar sistematicamente a gestão previdenciária;

III – apreciar e aprovar os planos e programas da Previdência Social;

IV – apreciar e aprovar as propostas orçamentárias da Previdência Social, antes de sua consolidação na proposta orçamentária da Seguridade Social;

V – acompanhar e apreciar, através de relatórios gerenciais por ele definidos, a execução dos planos, programas e orçamentos no âmbito da Previdência Social;

VI – acompanhar a aplicação da legislação pertinente à Previdência Social;

VII – apreciar a prestação de contas anual a ser remetida ao Tribunal de Contas da União, podendo, se for necessário, contratar auditoria externa;

VIII – estabelecer os valores mínimos em litígio, acima dos quais será exigida a anuência prévia do Procurador-Geral ou do Presidente do INSS para formalização de desistência ou transigência judiciais, conforme o disposto no artigo 132;

IX – elaborar e aprovar seu regimento interno.

Parágrafo único. As decisões proferidas pelo CNPS deverão ser publicadas no *Diário Oficial da União*.

Art. 5º Compete aos órgãos governamentais:

I – prestar toda e qualquer informação necessária ao adequado cumprimento das competências do CNPS, fornecendo inclusive estudos técnicos;

II – encaminhar ao CNPS, com antecedência mínima de 2 (dois) meses do seu envio ao Congresso Nacional, a proposta orçamentária da Previdência Social, devidamente detalhada.

Art. 6º Haverá, no âmbito da Previdência Social, uma Ouvidoria Geral, cujas atribuições serão definidas em regulamento.

- Artigo com a redação dada pela Lei nº 9.711, de 20-11-1998.

Arts. 7º e 8º *Revogados*. MP nº 2.216-37, de 31-8-2001.

TÍTULO II – DO PLANO DE BENEFÍCIOS DA PREVIDÊNCIA SOCIAL

CAPÍTULO ÚNICO

DOS REGIMES DE PREVIDÊNCIA SOCIAL

Art. 9º A Previdência Social compreende:

- Art. 11 desta Lei.
- Arts. 183 a 230 da Lei nº 8.112, de 11-12-1990 (Estatuto dos Servidores Públicos Civis da União, Autarquias e Fundações Públicas Federais).

I – o Regime Geral de Previdência Social;

II – o Regime Facultativo Complementar de Previdência Social.

§ 1º O Regime Geral de Previdência Social – RGPS garante a cobertura de todas as situações expressas no art. 1º desta Lei, exceto as de desemprego involuntário, objeto de lei específica, e de aposentadoria por tempo de contribuição para o trabalhador de que trata o § 2º do art. 21 da Lei nº 8.212, de 24 de julho de 1991.

- § 1º com a redação dada pela LC nº 123, de 14-12-2006.

§ 2º O Regime Facultativo Complementar de Previdência Social será objeto de lei específica.

- LC nº 108, de 29-5-2001, dispõe sobre a relação entre a União, os Estados, o Distrito Federal e os Municípios, suas Autarquias, Fundações, Sociedades de Economia Mista e outras Entidades Públicas e suas respectivas Entidades Fechadas de Previdência Complementar.
- LC nº 109, de 29-5-2001 (Lei do Regime de Previdência Complementar).
- Lei nº 8.112, de 11-12-1990 (Estatuto dos Servidores Públicos Civis da União, Autarquias e Fundações Públicas Federais).
- Lei nº 12.154, de 23-12-2009, cria a Superintendência Nacional de Previdência Complementar – PREVIC, autarquia de fiscalização e de supervisão das atividades das entidades fechadas de previdência complementar.
- Art. 6º do Dec. nº 3.048, de 6-5-1999 (Regulamento da Previdência Social).

TÍTULO III – DO REGIME GERAL DE PREVIDÊNCIA SOCIAL

CAPÍTULO I

DOS BENEFICIÁRIOS

Art. 10. Os beneficiários do Regime Geral de Previdência Social classificam-se como segurados e dependentes, nos termos das Seções I e II deste capítulo.

- Art. 102 desta Lei.
- Art. 8º do Dec. nº 3.048, de 6-5-1999 (Regulamento da Previdência Social).

Seção I

DOS SEGURADOS

Art. 11. São segurados obrigatórios da Previdência Social as seguintes pessoas físicas:

- Arts. 2º e 3º da CLT.
- Art. 9º do Dec. nº 3.048, de 6-5-1999 (Regulamento da Previdência Social).

I – como empregado:

a) aquele que presta serviço de natureza urbana ou rural à empresa, em caráter não eventual, sob sua subordinação e mediante remuneração, inclusive como diretor empregado;

b) aquele que, contratado por empresa de trabalho temporário, definida em legislação específica, presta serviço para atender a necessidade transitória de substituição de pessoal regular e permanente ou a acréscimo extraordinário de serviços de outras empresas;

c) o brasileiro ou o estrangeiro domiciliado e contratado no Brasil para trabalhar como empregado em sucursal ou agência de empresa nacional no exterior;

d) aquele que presta serviço no Brasil a missão diplomática ou a repartição consular de carreira estrangeira e a órgãos a elas subordinados, ou a membros dessas missões e repartições, excluídos o não brasileiro sem residência permanente no Brasil e o brasileiro amparado pela legislação previdenciária do país da respectiva missão diplomática ou repartição consular;

e) o brasileiro civil que trabalha para a União, no exterior, em organismos oficiais brasileiros ou internacionais dos quais o Brasil seja membro efetivo, ainda que lá domiciliado e contratado, salvo se segurado na forma da legislação vigente do país do domicílio;

f) o brasileiro ou estrangeiro domiciliado e contratado no Brasil para trabalhar como empregado em empresa domiciliada no exterior, cuja maioria do capital votante pertença a empresa brasileira de capital nacional;

g) o servidor público ocupante de cargo em comissão, sem vínculo efetivo com a União, Autarquias, inclusive em regime especial, e Fundações Públicas Federais.

- Alínea *g* acrescida pela Lei nº 8.647, de 13-4-1993.
- Art. 40, § 13, da CF.

h) o exercente de mandato eletivo federal, estadual ou municipal, desde que não vinculado a regime próprio de previdência social;

- Alínea *h* acrescida pela Lei nº 9.506, de 30-10-1997.
- A Res. do SF nº 26, de 21-6-2005, declarou suspensa a execução da alínea *h* do inciso I do art. 12 da Lei nº 8.212, de 24-7-1991, acrescida pelo § 1º do art. 13 da Lei nº 9.506, de 30-10-1997, em virtude de declaração de inconstitucionalidade em decisão definitiva do Supremo Tribunal Federal, nos autos do Recurso Extraordinário nº 351.717-1/PR, dispositivo que tinha a mesma redação da alínea.

i) o empregado de organismo oficial internacional ou estrangeiro em funcionamento no Brasil, salvo quando coberto por regime próprio de previdência social;

- Alínea *i* acrescida pela Lei nº 9.876, de 26-11-1999.

j) o exercente de mandato eletivo federal, estadual ou municipal, desde que não vinculado a regime próprio de previdência social;

- Alínea *j* acrescida pela Lei nº 10.887, de 18-6-2004.
- A mesma Lei ao determinar o acréscimo desta alínea, reproduziu o texto da alínea *h*.

II – como empregado doméstico: aquele que presta serviço de natureza contínua a pessoa ou família, no âmbito residencial desta, em atividades sem fins lucrativos;

III e IV – *Revogados*. Lei nº 9.876, de 26-11-1999;

V – como contribuinte individual:

- *Caput* do inciso V com a redação dada pela Lei nº 9.876, de 26-11-1999.

a) a pessoa física, proprietária ou não, que explora atividade agropecuária, a qualquer título, em caráter permanente ou temporário, em área superior a quatro módulos fiscais; ou, quando em área igual ou inferior a quatro módulos fiscais ou atividade pesqueira, com auxílio de empregados ou por intermédio de prepostos; ou ainda nas hipóteses dos §§ 9º e 10 deste artigo;

- Alínea *a* com a redação dada pela Lei nº 11.718, de 20-6-2008.

b) a pessoa física, proprietária ou não, que explora atividade de extração mineral – garimpo, em caráter permanente ou temporário, diretamente ou por intermédio de prepostos, com ou sem o auxílio de empregados, utilizados a qualquer título, ainda que de forma não contínua;

- Alínea *b* com a redação dada pela Lei nº 9.876, de 26-11-1999.

c) o ministro de confissão religiosa e o membro de instituto de vida consagrada, de congregação ou de ordem religiosa;

- Alínea *c* com a redação dada pela Lei nº 10.403, de 8-1-2002.
- Art. 5º, VI e VIII, da CF.

d) *Revogado*. Lei nº 9.876, de 26-11-1999;

e) o brasileiro civil que trabalha no exterior para organismo oficial internacional do qual o Brasil é membro efetivo, ainda que lá domiciliado e contratado, salvo quando coberto por regime próprio de previdência social;

▶ Alínea *e* com a redação dada pela Lei nº 9.876, de 26-11-1999.

f) o titular de firma individual urbana ou rural, o diretor não empregado e o membro de conselho de administração de sociedade anônima, o sócio solidário, o sócio de indústria, o sócio gerente e o sócio cotista que recebam remuneração decorrente de seu trabalho em empresa urbana ou rural, e o associado eleito para cargo de direção em cooperativa, associação ou entidade de qualquer natureza ou finalidade, bem como o síndico ou administrador eleito para exercer atividade de direção condominial, desde que recebam remuneração;

g) quem presta serviço de natureza urbana ou rural, em caráter eventual, a uma ou mais empresas, sem relação de emprego;

h) a pessoa física que exerce, por conta própria, atividade econômica de natureza urbana, com fins lucrativos ou não;

▶ Alíneas *f* a *h* acrescidas pela Lei nº 9.876, de 26-11-1999.

VI – como trabalhador avulso: quem presta, a diversas empresas, sem vínculo empregatício, serviço de natureza urbana ou rural definidos no Regulamento;

VII – como segurado especial: a pessoa física residente no imóvel rural ou em aglomerado urbano ou rural próximo a ele que, individualmente ou em regime de economia familiar, ainda que com o auxílio eventual de terceiros, na condição de:

▶ *Caput* do inciso VII com a redação dada pela Lei nº 11.718, de 20-6-2008.

▶ Súm. nº 41 da TNU-JEF.

a) produtor, seja proprietário, usufrutuário, possuidor, assentado, parceiro ou meeiro outorgados, comodatário ou arrendatário rurais, que explore atividade:

1. agropecuária em área de até quatro módulos fiscais;
2. de seringueiro ou extrativista vegetal que exerça suas atividades nos termos do inciso XII do *caput* do art. 2º da Lei nº 9.985, de 18 de julho de 2000, e faça dessas atividades o principal meio de vida;

b) pescador artesanal ou a este assemelhado que faça da pesca profissão habitual ou principal meio de vida; e

c) cônjuge ou companheiro, bem como filho maior de 16 (dezesseis) anos de idade ou a este equiparado, do segurado de que tratam as alíneas *a* e *b* deste inciso, que, comprovadamente, trabalhem com o grupo familiar respectivo.

▶ Alíneas *a* a *c* acrescidas pela Lei nº 11.718, de 20-6-2008.

▶ Art. 7º, XXXIII, CF.

§ 1º Entende-se como regime de economia familiar a atividade em que o trabalho dos membros da família é indispensável à própria subsistência e ao desenvolvimento socioeconômico do núcleo familiar e é exercido em condições de mútua dependência e colaboração, sem a utilização de empregados permanentes.

▶ § 1º com a redação dada pela Lei nº 11.718, de 20-6-2008.

§ 2º Todo aquele que exercer, concomitantemente, mais de uma atividade remunerada sujeita ao Regime Geral de Previdência Social é obrigatoriamente filiado em relação a cada uma delas.

§ 3º O aposentado pelo Regime Geral de Previdência Social – RGPS que estiver exercendo ou que voltar a exercer atividade abrangida por este Regime é segurado obrigatório em relação a essa atividade, ficando sujeito às contribuições de que trata a Lei nº 8.212, de 24 de julho de 1991, para fins de custeio da Seguridade Social.

▶ § 3º acrescido pela Lei nº 9.032, de 28-4-1995.

§ 4º O dirigente sindical mantém, durante o exercício do mandato eletivo, o mesmo enquadramento no Regime Geral de Previdência Social – RGPS de antes da investidura.

▶ § 4º acrescido pela Lei nº 9.528, de 10-12-1997.

§ 5º Aplica-se o disposto na alínea *g* do inciso I do *caput* ao ocupante de cargo de Ministro de Estado, de Secretário Estadual, Distrital ou Municipal, sem vínculo efetivo com a União, Estados, Distrito Federal e Municípios, suas autarquias, ainda que em regime especial, e fundações.

▶ § 5º acrescido pela Lei nº 9.876, de 26-11-1999.

§ 6º Para serem considerados segurados especiais, o cônjuge ou companheiro e os filhos maiores de 16 (dezesseis) anos ou os a estes equiparados deverão ter participação ativa nas atividades rurais do grupo familiar.

▶ § 6º acrescido pela Lei nº 11.718, de 20-6-2008.

§ 7º O grupo familiar poderá utilizar-se de empregados contratados por prazo determinado ou de trabalhador de que trata a alínea *g* do inciso V do *caput*, à razão de no máximo 120 (cento e vinte) pessoas por dia no ano civil, em períodos corridos ou intercalados ou, ainda, por tempo equivalente em horas de trabalho, não sendo computado nesse prazo o período de afastamento em decorrência da percepção de auxílio-doença.

▶ § 7º com a redação dada pela Lei nº 12.873, de 24-10-2013.

§ 8º Não descaracteriza a condição de segurado especial:

I – a outorga, por meio de contrato escrito de parceria, meação ou comodato, de até 50% (cinquenta por cento) de imóvel rural cuja área total não seja superior a 4 (quatro) módulos fiscais, desde que outorgante e outorgado continuem a exercer a respectiva atividade, individualmente ou em regime de economia familiar;

II – a exploração da atividade turística da propriedade rural, inclusive com hospedagem, por não mais de 120 (cento e vinte) dias ao ano;

III – a participação em plano de previdência complementar instituído por entidade classista a que seja associado em razão da condição de trabalhador rural ou de produtor rural em regime de economia familiar; e

IV – ser beneficiário ou fazer parte de grupo familiar que tem algum componente que seja beneficiário de programa assistencial oficial de governo;

V – a utilização pelo próprio grupo familiar, na exploração da atividade, de processo de beneficiamento ou industrialização artesanal, na forma do § 11 do art. 25 da Lei nº 8.212, de 24 de julho de 1991; e

VI – *associação, exceto em cooperativa de trabalho, conforme regulamento:*

▶ *Caput* do inciso VI com a redação dada pela Lei nº 15.072, de 26-12-2024.

a) *em cooperativa que tenha atuação vinculada às atividades previstas no inciso VII do caput deste artigo, conforme previsão em seu objeto social ou autorização da autoridade competente;*

▶ Alínea *a* acrescida pela Lei nº 15.072, de 26-12-2024.

b) *VETADA. Lei nº 15.072, de 26-12-2024;*

VII – a incidência do Imposto Sobre Produtos Industrializados – IPI sobre o produto das atividades desenvolvidas nos termos do § 12.

▶ Inciso VII com a redação dada pela Lei nº 12.873, de 24-10-2013.

§ 9º Não é segurado especial o membro de grupo familiar que possuir outra fonte de rendimento, exceto se decorrente de:

I – benefício de pensão por morte, auxílio-acidente ou auxílio- reclusão, cujo valor não supere o do menor benefício de prestação continuada da Previdência Social;

II – benefício previdenciário pela participação em plano de previdência complementar instituído nos termos do inciso IV do § 8º deste artigo;

III – exercício de atividade remunerada em período não superior a 120 (cento e vinte) dias, corridos ou intercalados, no ano civil, observado o disposto no § 13 do art. 12 da Lei nº 8.212, de 24 de julho de 1991;

▶ Inciso III com a redação dada pela Lei nº 12.873, de 24-10-2013.

IV – exercício de mandato eletivo de dirigente sindical de organização da categoria de trabalhadores rurais;

V – *exercício de:*

▶ *Caput* do inciso V com a redação dada pela Lei nº 15.072, de 26-12-2024.

a) *mandato de vereador do Município em que desenvolve a atividade rural;*

b) *atividade remunerada, sem dedicação exclusiva ou regime integral de trabalho, derivada de mandato eletivo:*

1. *em cooperativa, exceto cooperativa de trabalho, que tenha atuação vinculada às atividades previstas no inciso VII do caput deste artigo, conforme previsão em seu objeto social ou autorização da autoridade competente, de acordo com regulamento e observado o disposto no § 13 do art. 12 da Lei nº 8.212, de 24 de julho de 1991 (Lei Orgânica da Seguridade Social);*
2. *VETADO. Lei nº 15.072, de 26-12-2024;*

▶ Alíneas *a* e *b* acrescidas pela Lei nº 15.072, de 26-12-2024.

VI – parceria ou meação outorgada na forma e condições estabelecidas no inciso I do § 8º deste artigo;

VII – atividade artesanal desenvolvida com matéria-prima produzida pelo respectivo grupo familiar, podendo ser utilizada matéria-prima de outra origem, desde que a renda mensal obtida na atividade não exceda ao menor benefício de prestação continuada da Previdência Social; e

VIII – atividade artística, desde que em valor mensal inferior ao menor benefício de prestação continuada da Previdência Social.

§ 10. O segurado especial fica excluído dessa categoria:

I – a contar do primeiro dia do mês em que:

a) deixar de satisfazer as condições estabelecidas no inciso VII do *caput* deste artigo, sem prejuízo do disposto no art. 15 desta Lei, ou exceder qualquer dos limites estabelecidos no inciso I do § 8º deste artigo;

b) enquadrar-se em qualquer outra categoria de segurado obrigatório do Regime Geral de Previdência Social, ressalvado o disposto nos incisos III, V, VII e VIII do § 9º e no § 12, sem prejuízo do disposto no art. 15;

c) tornar-se segurado obrigatório de outro regime previdenciário; e

► Alíneas *b* e *c* com a redação dada pela Lei nº 12.873, de 24-10-2013.

d) participar de sociedade empresária, de sociedade simples, como empresário individual ou como titular de empresa individual de responsabilidade limitada em desacordo com as limitações impostas pelo § 12;

► Alínea *d* com a redação dada pela Lei nº 12.873, de 24-10-2013.

II – a contar do primeiro dia do mês subsequente ao da ocorrência, quando o grupo familiar a que pertence exceder o limite de:

a) utilização de terceiros na exploração da atividade a que se refere o § 7º deste artigo;

b) dias em atividade remunerada estabelecidos no inciso III do § 9º deste artigo; e

c) dias de hospedagem a que se refere o inciso II do § 8º deste artigo.

§ 11. Aplica-se o disposto na alínea *a* do inciso V do *caput* deste artigo ao cônjuge ou companheiro do produtor que participe da atividade rural por este explorada.

► §§ 8º a 11 acrescidos pela Lei nº 11.718, de 20-6-2008.

§ 12. A participação do segurado especial em sociedade empresária, em sociedade simples, como empresário individual ou como titular de empresa individual de responsabilidade limitada de objeto ou âmbito agrícola, agroindustrial ou agroturístico, considerada microempresa nos termos da Lei Complementar nº 123, de 14 de dezembro de 2006, não o exclui de tal categoria previdenciária, desde que, mantido o exercício da sua atividade rural na forma do inciso VII do *caput* e do § 1º, a pessoa jurídica componha-se apenas de segurados de igual natureza e sedie-se no mesmo Município ou em Município limítrofe àquele em que eles desenvolvam suas atividades.

► § 12 com a redação dada pela Lei nº 12.873, de 24-10-2013.

§ 13. VETADO. Lei nº 12.873, de 24-10-2013.

Art. 12. O servidor civil ocupante de cargo efetivo ou o militar da União, dos Estados, do Distrito Federal ou dos Municípios, bem como o das respectivas autarquias e fundações, são excluídos do Regime Geral de Previdência Social consubstanciado nesta Lei, desde que amparados por regime próprio de previdência social.

§ 1º Caso o servidor ou o militar venham a exercer, concomitantemente, uma ou mais atividades abrangidas pelo Regime Geral de Previdência Social, tornar-se-ão segurados obrigatórios em relação a essas atividades.

§ 2º Caso o servidor ou o militar, amparados por regime próprio de previdência social, sejam requisitados para outro órgão ou entidade de cujo regime previdenciário não permita a filiação, nessa condição, permanecerão vinculados ao regime de origem, obedecidas as regras que cada ente estabeleça acerca de sua contribuição.

► Art. 12 com a redação dada pela Lei nº 9.876, de 26-11-1999.

► Art. 10 do Dec. nº 3.048, de 6-5-1999 (Regulamento da Previdência Social).

Art. 13. É segurado facultativo o maior de 14 (quatorze) anos que se filiar ao Regime Geral de Previdência Social, mediante contribuição, desde que não incluído nas disposições do artigo 11.

► Art. 7º, XXXIII, da CF.

► Art. 11 do Dec. nº 3.048, de 6-5-1999 (Regulamento da Previdência Social).

Art. 14. Consideram-se:

► Art. 33 da Lei nº 8.212, de 24-7-1991 (Lei Orgânica da Seguridade Social).

I – empresa – a firma individual ou sociedade que assume o risco de atividade econômica urbana ou rural, com fins lucrativos ou não, bem como os órgãos e entidades da administração pública direta, indireta ou fundacional;

II – empregador doméstico – a pessoa ou família que admite a seu serviço, sem finalidade lucrativa, empregado doméstico.

Parágrafo único. Equiparam-se a empresa, para os efeitos desta Lei, o contribuinte individual e a pessoa física na condição de proprietário ou dono de obra de construção civil, em relação a segurado que lhe presta serviço, bem como a cooperativa, a associação ou entidade de qualquer natureza ou finalidade, a missão diplomática e a repartição consular de carreira estrangeiras.

► Parágrafo único com a redação dada pela Lei nº 13.202, de 8-12-2015.

► Art. 12 do Dec. nº 3.048, de 6-5-1999 (Regulamento da Previdência Social).

Art. 15. Mantém a qualidade de segurado, independentemente de contribuições:

► Art. 24, parágrafo único, desta Lei.

► Lei nº 10.666, de 8-5-2003, dispõe sobre a Concessão da Aposentadoria Especial ao Cooperado de Cooperativa de Trabalho ou de Produção.

► Súm. nº 416 do STJ.

I – sem limite de prazo, quem está em gozo de benefício, exceto do auxílio-acidente;

► Inciso I com a redação dada pela Lei nº 13.846, de 18-6-2019.

► Art. 476 da CLT.

II – até 12 (doze) meses após a cessação das contribuições, o segurado que deixar de exercer atividade remunerada abrangida pela Previdência Social ou estiver suspenso ou licenciado sem remuneração;

III – até 12 (doze) meses após cessar a segregação, o segurado acometido de doença de segregação compulsória;

IV – até 12 (doze) meses após o livramento, o segurado retido ou recluso;

V – até 3 (três) meses após o licenciamento, o segurado incorporado às Forças Armadas para prestar serviço militar;

VI – até 6 (seis) meses após a cessação das contribuições, o segurado facultativo.

§ 1º O prazo do inciso II será prorrogado para até 24 (vinte e quatro) meses se o segurado já tiver pago mais de 120 (cento e vinte) contribuições mensais sem interrupção que acarrete a perda da qualidade de segurado.

§ 2º Os prazos do inciso II ou do § 1º serão acrescidos de doze meses para o segurado desempregado, desde que comprovada essa situação pelo registro no órgão próprio do Ministério do Trabalho e da Previdência Social.

§ 3º Durante os prazos deste artigo, o segurado conserva todos os seus direitos perante a Previdência Social.

§ 4º A perda da qualidade de segurado ocorrerá no dia seguinte ao do término do prazo fixado no Plano de Custeio da Seguridade Social para recolhimento da contribuição referente ao mês imediatamente posterior ao do final dos prazos fixados neste artigo e seus parágrafos.

► Art. 13 do Dec. nº 3.048, de 6-5-1999 (Regulamento da Previdência Social).

Seção II
DOS DEPENDENTES

Art. 16. São beneficiários do Regime Geral de Previdência Social, na condição de dependentes do segurado:

► Arts. 7º, XII e XXV, e 201, IV e V, da CF.

► Art. 16 do Dec. nº 3.048, de 6-5-1999 (Regulamento da Previdência Social).

I – o cônjuge, a companheira, o companheiro e o filho não emancipado, de qualquer condição, menor de 21 (vinte e um) anos ou inválido ou que tenha deficiência intelectual ou mental ou deficiência grave;

► Inciso I com a redação dada pela Lei nº 13.146, de 6-7-2015.

II – os pais;

III – o irmão não emancipado, de qualquer condição, menor de 21 (vinte e um) anos ou inválido ou que tenha deficiência intelectual ou mental ou deficiência grave;

► Inciso III com a redação dada pela Lei nº 13.146, de 6-7-2015.

IV – *Revogado*. Lei nº 9.032, de 28-4-1995.

§ 1º A existência de dependente de qualquer das classes deste artigo exclui do direito às prestações os das classes seguintes.

§ 2º *O enteado, o menor sob tutela e o menor sob guarda judicial equiparam-se a filho, mediante declaração do segurado e desde que não possuam condições suficientes para o próprio sustento e educação.*

► § 2º com a redação dada pela Lei nº 15.108, de 13-3-2025.

► O STF, por maioria dos votos, julgou procedente a ADI nº 4.878, de modo a conferir interpretação conforme a este parágrafo, para contemplar, em seu âmbito de proteção, o "menor sob guarda" (*DOU* de 16-6-2021).

§ 3º Considera-se companheira ou companheiro a pessoa que, sem ser casada, mantém união estável com o segurado ou com a segurada, de acordo com o § 3º do artigo 226 da Constituição Federal.

§ 4º A dependência econômica das pessoas indicadas no inciso I é presumida e a das demais deve ser comprovada.

§ 5º As provas de união estável e de dependência econômica exigem início de prova material contemporânea dos fatos, produzido em período não superior a 24 (vinte e quatro) meses anterior à data do óbito ou do recolhimento à prisão do segurado, não admitida a prova exclusivamente testemunhal, exceto na ocorrência de motivo de força maior ou caso fortuito, conforme disposto no regulamento.

§ 6º Na hipótese da alínea c do inciso V do § 2º do art. 77 desta Lei, a par da exigência do § 5º deste artigo, deverá ser apresentado, ainda, início de prova material que comprove união estável por pelo menos 2 (dois) anos antes do óbito do segurado.

§ 7º Será excluído definitivamente da condição de dependente quem tiver sido condenado criminalmente por sentença com trânsito em julgado, como autor, coautor ou partícipe de homicídio doloso, ou de tentativa desse crime, cometido contra a pessoa do segurado, ressalvados os absolutamente incapazes e os inimputáveis.

► §§ 5º a 7º acrescidos pela Lei nº 13.846, de 18-6-2019.

Seção III – DAS INSCRIÇÕES

Art. 17. O Regulamento disciplinará a forma de inscrição do segurado e dos dependentes.

§ 1º Incumbe ao dependente promover a sua inscrição quando do requerimento do benefício a que estiver habilitado.

► § 1º com a redação dada pela Lei nº 10.403, de 8-1-2002.

§ 2º *Revogado*. Lei nº 13.135, de 17-6-2015.

§ 3º *Revogado*. Lei nº 11.718, de 20-6-2008.

§ 4º A inscrição do segurado especial será feita de forma a vinculá-lo ao respectivo grupo familiar e conterá, além das informações pessoais, a identificação da propriedade em que desenvolve a atividade e a que título, se nela reside ou o Município onde reside e, quando for o caso, a identificação e inscrição da pessoa responsável pelo grupo familiar.

► § 4º com a redação dada pela Lei nº 12.873, de 24-10-2013.

► Art. 38-A desta Lei.

§ 5º O segurado especial integrante de grupo familiar que não seja proprietário ou dono do imóvel rural em que desenvolve sua atividade deverá informar, no ato da inscrição, conforme o caso, o nome do parceiro ou meeiro outorgante, arrendador, comodante ou assemelhado.

► § 5º acrescido pela Lei nº 11.718, de 20-6-2008.

§ 6º *Revogado*. Lei nº 12.873, de 24-10-2013.

§ 7º Não será admitida a inscrição *post mortem* de segurado contribuinte individual e de segurado facultativo.

► § 7º acrescido pela Lei nº 13.846, de 18-6-2019.

CAPÍTULO II – DAS PRESTAÇÕES EM GERAL

Seção I – DAS ESPÉCIES DE PRESTAÇÕES

Art. 18. O Regime Geral de Previdência Social compreende as seguintes prestações, devidas inclusive em razão de eventos decorrentes de acidente do trabalho, expressas em benefícios e serviços:

► Art. 25 do Dec. nº 3.048, de 6-5-1999 (Regulamento da Previdência Social).

I – quanto ao segurado:

a) aposentadoria por invalidez;

b) aposentadoria por idade;

c) aposentadoria por tempo de contribuição;

► Alínea *c* com a redação dada pela LC nº 123, de 14-12-2006.

d) aposentadoria especial;

► Súm. nº 726 do STF.

e) auxílio-doença;

f) salário-família;

g) salário-maternidade;

h) auxílio-acidente;

i) *Revogada*. Lei nº 8.870, de 15-4-1994.

II – quanto ao dependente:

a) pensão por morte;

b) auxílio-reclusão;

III – quanto ao segurado e dependente:

a) *Revogada*. Lei nº 9.032, de 28-4-1995.

b) serviço social;

c) reabilitação profissional.

§ 1º Somente poderão beneficiar-se do auxílio-acidente os segurados incluídos nos incisos I, II, VI e VII do art. 11 desta Lei.

► § 1º com a redação dada pela LC nº 150, de 1º-6-2015.

§ 2º O aposentado pelo Regime Geral de Previdência Social – RGPS que permanecer em atividade sujeita a este Regime, ou a ele retornar, não fará jus a prestação alguma da Previdência Social em decorrência do exercício dessa atividade, exceto ao salário-família e à reabilitação profissional, quando empregado.

► § 2º com a redação dada pela Lei nº 9.528, de 10-12-1997.

§ 3º O segurado contribuinte individual, que trabalhe por conta própria, sem relação de trabalho com empresa ou equiparado, e o segurado facultativo que contribuam na forma do § 2º do art. 21 da Lei nº 8.212, de 24 de julho de 1991, não farão jus à aposentadoria por tempo de contribuição.

► § 3º acrescido pela LC nº 123, de 14-12-2006.

§ 4º Os benefícios referidos no *caput* deste artigo poderão ser solicitados, pelos interessados, aos Oficiais de Registro Civil das Pessoas Naturais, que encaminharão, eletronicamente, requerimento e respectiva documentação comprobatória de seu direito para deliberação e análise do Instituto Nacional do Seguro Social (INSS), nos termos do regulamento.

► § 4º acrescido pela Lei nº 13.846, de 18-6-2019.

Art. 19. Acidente do trabalho é o que ocorre pelo exercício do trabalho a serviço de empresa ou de empregador doméstico ou pelo exercício do trabalho dos segurados referidos no inciso VII do art. 11 desta Lei, provocando lesão corporal ou perturbação funcional que cause a morte ou a perda ou redução, permanente ou temporária, da capacidade para o trabalho.

► *Caput* com a redação dada pela LC nº 150, de 1º-6-2015.

§ 1º A empresa é responsável pela adoção e uso das medidas coletivas e individuais de proteção e segurança da saúde do trabalhador.

§ 2º Constitui contravenção penal, punível com multa, deixar a empresa de cumprir as normas de segurança e higiene do trabalho.

§ 3º É dever da empresa prestar informações pormenorizadas sobre os riscos da operação a executar e do produto a manipular.

§ 4º O Ministério do Trabalho e da Previdência Social fiscalizará e os sindicatos e entidades representativas de classe acompanharão o fiel cumprimento do disposto nos parágrafos anteriores, conforme dispuser o Regulamento.

Art. 20. Consideram-se acidente do trabalho, nos termos do artigo anterior, as seguintes entidades mórbidas:

I – doença profissional, assim entendida a produzida ou desencadeada pelo exercício do trabalho peculiar a determinada atividade e constante da respectiva relação elaborada pelo Ministério do Trabalho e da Previdência Social;

II – doença do trabalho, assim entendida a adquirida ou desencadeada em função de condições especiais em que o trabalho é realizado e com ele se relacione diretamente, constante da relação mencionada no inciso I.

§ 1º Não são consideradas como doença do trabalho:

a) a doença degenerativa;

b) a inerente a grupo etário;

c) a que não produza incapacidade laborativa;

d) a doença endêmica adquirida por segurado habitante de região em que ela se desenvolva, salvo comprovação de que é resultante de exposição ou contato direto determinado pela natureza do trabalho.

§ 2º Em caso excepcional, constatando-se que a doença não incluída na relação prevista nos incisos I e II deste artigo resultou das condições especiais em que o trabalho é executado e com ele se relaciona diretamente, a Previdência Social deve considerá-la acidente do trabalho.

Art. 21. Equiparam-se também ao acidente do trabalho, para efeitos desta Lei:

I – o acidente ligado ao trabalho que, embora não tenha sido a causa única, haja contribuído diretamente para a morte do segurado, para redução ou perda da sua capacidade para o trabalho, ou produzido lesão que exija atenção médica para a sua recuperação;

II – o acidente sofrido pelo segurado no local e no horário do trabalho, em consequência de:

a) ato de agressão, sabotagem ou terrorismo praticado por terceiro ou companheiro de trabalho;

b) ofensa física intencional, inclusive de terceiro, por motivo de disputa relacionada ao trabalho;

c) ato de imprudência, de negligência ou de imperícia de terceiro ou de companheiro de trabalho;

d) ato de pessoa privada do uso da razão;

e) desabamento, inundação, incêndio e outros casos fortuitos ou decorrentes de força maior;

III – a doença proveniente de contaminação acidental do empregado no exercício de sua atividade;

IV – o acidente sofrido pelo segurado ainda que fora do local e horário de trabalho:

a) na execução de ordem ou na realização de serviço sob a autoridade da empresa;

b) na prestação espontânea de qualquer serviço à empresa para lhe evitar prejuízo ou proporcionar proveito;

c) em viagem a serviço da empresa, inclusive para estudo quando financiada por esta dentro de seus planos para melhor capacitação da mão de obra, independentemente do meio de locomoção utilizado, inclusive veículo de propriedade do segurado;

d) no percurso da residência para o local de trabalho ou deste para aquela, qualquer que seja o meio de locomoção, inclusive veículo de propriedade do segurado.

§ 1º Nos períodos destinados a refeição ou descanso, ou por ocasião da satisfação de outras necessidades fisiológicas, no local do trabalho ou durante este, o empregado é considerado no exercício do trabalho.

§ 2º Não é considerada agravação ou complicação de acidente do trabalho a lesão que, resultante de acidente de outra origem, se associe ou se superponha às consequências do anterior.

Art. 21-A. A perícia médica do Instituto Nacional do Seguro Social (INSS) considerará caracterizada a natureza acidentária da incapacidade quando constatar ocorrência de nexo técnico epidemiológico entre o trabalho e o agravo, decorrente da relação entre a atividade da empresa ou do empregado doméstico e a entidade mórbida motivadora da incapacidade elencada na Classificação Internacional de Doenças (CID), em conformidade com o que dispuser o regulamento.

- *Caput* com a redação dada pela LC nº 150, de 1º-6-2015.
- Art. 22, § 5º, desta Lei.

§ 1º A perícia médica do INSS deixará de aplicar o disposto neste artigo quando demonstrada a inexistência do nexo de que trata o *caput* deste artigo.

- § 1º acrescido pela Lei nº 11.430, de 26-12-2006.

§ 2º A empresa ou o empregador doméstico poderão requerer a não aplicação do nexo técnico epidemiológico, de cuja decisão caberá recurso, com efeito suspensivo, da empresa, do empregador doméstico ou do segurado ao Conselho de Recursos da Previdência Social.

- § 2º com a redação dada pela LC nº 150, de 1º-6-2015.

Art. 22. A empresa ou o empregador doméstico deverão comunicar o acidente do trabalho à Previdência Social até o primeiro dia útil seguinte ao da ocorrência e, em caso de morte, de imediato, à autoridade competente, sob pena de multa variável entre o limite mínimo e o limite máximo do salário de contribuição, sucessivamente aumentada nas reincidências, aplicada e cobrada pela Previdência Social.

- *Caput* com a redação dada pela LC nº 150, de 1º-6-2015.

§ 1º Da comunicação a que se refere este artigo receberão cópia fiel o acidentado ou seus dependentes, bem como o sindicato a que corresponda a sua categoria.

§ 2º Na falta de comunicação por parte da empresa, podem formalizá-la o próprio acidentado, seus dependentes, a entidade sindical competente, o médico que o assistiu ou qualquer autoridade pública, não prevalecendo nestes casos o prazo previsto neste artigo.

§ 3º A comunicação a que se refere o § 2º não exime a empresa de responsabilidade pela falta do cumprimento do disposto neste artigo.

§ 4º Os sindicatos e entidades representativas de classe poderão acompanhar a cobrança, pela Previdência Social, das multas previstas neste artigo.

§ 5º A multa de que trata este artigo não se aplica na hipótese do *caput* do art. 21-A.

- § 5º acrescido pela Lei nº 11.430, de 26-12-2006.

Art. 23. Considera-se como dia do acidente, no caso de doença profissional ou do trabalho, a data do início da incapacidade laborativa para o exercício da atividade habitual, ou o dia da segregação compulsória, ou o dia em que for realizado o diagnóstico, valendo para este efeito o que ocorrer primeiro.

- Súm. nº 507 do STJ.

Seção II

DOS PERÍODOS DE CARÊNCIA

Art. 24. Período de carência é o número mínimo de contribuições mensais indispensáveis para que o beneficiário faça jus ao benefício, consideradas a partir do transcurso do primeiro dia dos meses de suas competências.

- Art. 89, § 7º, da Lei nº 8.212, de 24-7-1991 (Lei Orgânica da Seguridade Social).
- Art. 26 do Dec. nº 3.048, de 6-5-1999 (Regulamento da Previdência Social).

Parágrafo único. *Revogado.* Lei nº 13.457, de 26-6-2017.

Art. 25. A concessão das prestações pecuniárias do Regime Geral de Previdência Social depende dos seguintes períodos de carência, ressalvado o disposto no artigo 26:

I – auxílio-doença e aposentadoria por invalidez: 12 (doze) contribuições mensais;

- Art. 151 desta Lei.

II – aposentadoria por idade, aposentadoria por tempo de serviço e aposentadoria especial: 180 (cento e oitenta) contribuições mensais.

- Inciso II com a redação dada pela Lei nº 8.870, de 15-4-1994.
- Art. 142 desta Lei.
- Súm. nº 726 do STF.

III – salário-maternidade para as seguradas de que tratam os incisos V e VII do *caput* do art. 11 e o art. 13 desta Lei: 10 (dez) contribuições mensais, respeitado o disposto no parágrafo único do art. 39 desta Lei; e

- Inciso III com a redação dada pela Lei nº 13.846, de 18-6-2019.
- O STF, por maioria, no julgamento das Ações Diretas de Inconstitucionalidade nºs 2.110 e 2.111, declarou a inconstitucionalidade da exigência de carência para a fruição de salário-maternidade prevista neste inciso (*DOU* de 5-4-2024).

IV – auxílio-reclusão: 24 (vinte e quatro) contribuições mensais.

- Inciso IV acrescido pela Lei nº 13.846, de 18-6-2019.

Parágrafo único. Em caso de parto antecipado, o período de carência a que se refere o inciso III será reduzido em número de contribuições equivalente ao número de meses em que o parto foi antecipado.

- Parágrafo único acrescido pela Lei nº 9.876, de 26-11-1999.
- Art. 29 do Dec. nº 3.048, de 6-5-1999 (Regulamento da Previdência Social).

Art. 26. Independe de carência a concessão das seguintes prestações:

I – pensão por morte, salário-família e auxílio-acidente;

- Inciso I com a redação dada pela Lei nº 13.846, de 18-6-2019.
- Súm. nº 416 do STJ.

II – auxílio-doença e aposentadoria por invalidez nos casos de acidente de qualquer natureza ou causa e de doença profissional ou do trabalho, bem como nos casos de segurado que, após filiar-se ao RGPS, for acometido de alguma das doenças e afecções especificadas em lista elaborada pelos Ministérios da Saúde e da Previdência Social, atualizada a cada 3 (três) anos, de acordo com os critérios de estigma, deformação, mutilação, deficiência ou outro fator que lhe confira especificidade e gravidade que mereçam tratamento particularizado;

- Inciso II com a redação dada pela Lei nº 13.135, de 17-6-2015.

III – os benefícios concedidos na forma do inciso I do artigo 39, aos segurados especiais referidos no inciso VII do artigo 11 desta Lei;

IV – serviço social;

V – reabilitação profissional;

VI – salário-maternidade para as seguradas empregada, trabalhadora avulsa e empregada doméstica.

- Inciso VI acrescido pela Lei nº 9.876, de 26-11-1999.
- Art. 30 do Dec. nº 3.048, de 6-5-1999 (Regulamento da Previdência Social).

Art. 27. Para cômputo do período de carência, serão consideradas as contribuições:

I – referentes ao período a partir da data de filiação ao Regime Geral de Previdência Social (RGPS), no caso dos segurados empregados, inclusive os domésticos, e dos trabalhadores avulsos;

II – realizadas a contar da data de efetivo pagamento da primeira contribuição sem atraso, não sendo consideradas para este fim as contribuições recolhidas com atraso referentes a competências anteriores, no caso dos segurados contribuinte individual, especial e facultativo, referidos, respectivamente, nos incisos V e VII do art. 11 e no art. 13.

- Art. 27 com a redação dada pela LC nº 150, de 1º-6-2015.
- Art. 28 do Dec. nº 3.048, de 6-5-1999 (Regulamento da Previdência Social).

Art. 27-A. Na hipótese de perda da qualidade de segurado, para fins da concessão dos benefícios de auxílio-doença, de aposentadoria por invalidez, de salário-maternidade e de auxílio-reclusão, o segurado deverá contar, a partir da data da nova filiação à Previdência Social, com metade dos períodos previstos nos incisos I, III e IV do *caput* do art. 25 desta Lei.

- Art. 27-A com a redação dada pela Lei nº 13.846, de 18-6-2019.

Seção III

DO CÁLCULO DO VALOR DOS BENEFÍCIOS

Subseção I

DO SALÁRIO DE BENEFÍCIO

Art. 28. O valor do benefício de prestação continuada, inclusive o regido por norma especial e o decorrente de acidente do trabalho, exceto o salário-família e o salário-maternidade, será calculado com base no salário de benefício.

- *Caput* com a redação dada pela Lei nº 9.032, de 28-4-1995.
- Art. 31 do Dec. nº 3.048, de 6-5-1999 (Regulamento da Previdência Social).

§§ 1º a 4º *Revogados.* Lei nº 9.032, de 28-4-1995.

Art. 29. O salário de benefício consiste:

- *Caput* com a redação dada pela Lei nº 9.876, de 26-11-1999.
- Art. 32 do Dec. nº 3.048, de 6-5-1999 (Regulamento da Previdência Social).

I – para os benefícios de que tratam as alíneas *b* e *c* do inciso I do artigo 18, na média aritmética simples dos maiores salários de contribuição correspondentes a 80% (oitenta por cento) de todo o período contributivo, multiplicada pelo fator previdenciário;

II – para os benefícios de que tratam as alíneas *a*, *d*, *e* e *h* do inciso I do artigo 18, na média aritmética simples dos maiores salários de contribuição correspondentes a 80% (oitenta por cento) de todo o período contributivo.

▶ Incisos I e II com a redação dada pela Lei nº 9.876, de 26-11-1999.

§ 1º *Revogado*. Lei nº 9.876, de 26-11-1999.

§ 2º O valor do salário de benefício não será inferior ao de um salário mínimo, nem superior ao do limite máximo do salário de contribuição na data de início do benefício.

▶ Lei nº 10.999, de 15-12-2004, autoriza a revisão dos benefícios previdenciários concedidos, com data base posterior a fevereiro de 1994, e o pagamento dos valores atrasados nas condições que especifica.

▶ Art. 2º da Port. Interministerial do MTPrev e MF nº 26, de 10-1-2023 (*DOU* de 11-1-2023), que estabelece que o salário benefício e o salário de contribuição não poderão ser inferiores a 1.302,00 (mil trezentos e dois reais) nem superiores a R$ 7.507,49 (sete mil quinhentos e sete reais e quarenta e nove centavos), a partir de 1º-1-2023.

§ 3º Serão considerados para cálculo do salário de benefício os ganhos habituais do segurado empregado, a qualquer título, sob forma de moeda corrente ou de utilidades, sobre os quais tenha incidido contribuições previdenciárias, exceto o décimo-terceiro salário (gratificação natalina).

▶ § 3º com a redação dada pela Lei nº 8.870, de 15-4-1994.

§ 4º Não será considerado, para o cálculo do salário de benefício, o aumento dos salários de contribuição que exceder o limite legal, inclusive o voluntariamente concedido nos 36 (trinta e seis) meses imediatamente anteriores ao início do benefício, salvo se homologado pela Justiça do Trabalho, resultante de promoção regulada por normas gerais da empresa, admitida pela legislação do trabalho, de sentença normativa ou de reajustamento salarial obtido pela categoria respectiva.

§ 5º Se, no período básico de cálculo, o segurado tiver recebido benefícios por incapacidade, sua duração será contada, considerando-se como salário de contribuição, no período, o salário de benefício que serviu de base para o cálculo da renda mensal, reajustado nas mesmas épocas e bases dos benefícios em geral, não podendo ser inferior ao valor de 1 (um) salário mínimo.

▶ Súm. nº 557 do STJ.

§ 6º O salário de benefício do segurado especial consiste no valor equivalente ao salário mínimo, ressalvado o disposto no inciso II do art. 39 e nos §§ 3º e 4º do art. 48 desta Lei.

▶ § 6º com a redação dada pela Lei nº 11.718, de 20-6-2008.

I e II – *Revogados*. Lei nº 11.718, de 20-6-2008.

§ 7º O fator previdenciário será calculado considerando-se a idade, a expectativa de sobrevida e o tempo de contribuição do segurado ao se aposentar, segundo a fórmula constante do Anexo desta Lei.

▶ A referência feita a "Anexo desta Lei", conforme consta na publicação oficial, deve ser entendida como sendo "Anexo da Lei nº 9.876, de 26-11-1999".

§ 8º Para efeito do disposto no § 7º, a expectativa de sobrevida do segurado na idade da aposentadoria será obtida a partir da tábua completa de mortalidade construída pela Fundação Instituto Brasileiro de Geografia e Estatística – IBGE, considerando-se a média nacional única para ambos os sexos.

▶ Dec. nº 3.266, de 29-11-1999, atribui competência e fixa a periodicidade para a publicação da tábua completa de mortalidade de que trata este parágrafo.

§ 9º Para efeito da aplicação do fator previdenciário, ao tempo de contribuição do segurado serão adicionados:

I – 5 (cinco) anos, quando se tratar de mulher;

II – 5 (cinco) anos, quando se tratar de professor que comprove exclusivamente tempo de efetivo exercício das funções de magistério na educação infantil e no ensino fundamental e médio;

III – 10 (dez) anos, quando se tratar de professora que comprove exclusivamente tempo de efetivo exercício das funções de magistério na educação infantil e no ensino fundamental e médio.

▶ §§ 6º a 9º acrescidos pela Lei nº 9.876, de 26-11-1999.

§ 10. O auxílio-doença não poderá exceder a média aritmética simples dos últimos 12 (doze) salários de contribuição, inclusive em caso de remuneração variável, ou, se não alcançado o número de 12 (doze), a média aritmética simples dos salários de contribuição existentes.

▶ § 10 com a redação dada pela Lei nº 13.135, de 17-6-2015.

§§ 11 a 13. VETADOS. Lei nº 13.135, de 17-6-2015.

Art. 29-A. O INSS utilizará as informações constantes no Cadastro Nacional de Informações Sociais – CNIS sobre os vínculos e as remunerações dos segurados, para fins de cálculo do salário de benefício, comprovação de filiação ao Regime Geral de Previdência Social, tempo de contribuição e relação de emprego.

▶ *Caput* com a redação dada pela LC nº 128, de 19-12-2008.

§ 1º O INSS terá até 180 (cento e oitenta) dias, contados a partir da solicitação do pedido, para fornecer ao segurado as informações previstas no *caput* deste artigo.

§ 2º O segurado poderá solicitar, a qualquer momento, a inclusão, exclusão ou retificação de informações constantes do CNIS, com a apresentação de documentos comprobatórios dos dados divergentes, conforme critérios definidos pelo INSS.

▶ § 2º com a redação dada pela LC nº 128, de 19-12-2008.

§ 3º A aceitação de informações relativas a vínculos e remunerações inseridas extemporaneamente no CNIS, inclusive retificações de informações anteriormente inseridas, fica condicionada à comprovação dos dados ou das divergências apontadas, conforme critérios definidos em regulamento.

§ 4º Considera-se extemporânea a inserção de dados decorrentes de documento inicial ou de retificação de dados anteriormente informados, quando o documento ou a retificação, ou a informação retificadora, forem apresentados após os prazos estabelecidos em regulamento.

§ 5º Havendo dúvida sobre a regularidade do vínculo incluído no CNIS e inexistência de informações sobre remunerações e contribuições, o INSS exigirá a apresentação dos documentos que serviram de base à anotação, sob pena de exclusão do período.

▶ §§ 3º a 5º acrescidos pela LC nº 128, de 19-12-2008.

Art. 29-B. Os salários de contribuição considerados no cálculo do valor do benefício serão corrigidos mês a mês de acordo com a variação integral do Índice Nacional de Preços ao Consumidor – INPC, calculado pela Fundação Instituto Brasileiro de Geografia e Estatística – IBGE.

▶ Art. 29-B acrescido pela Lei nº 10.887, de 18-6-2004.

Art. 29-C. O segurado que preencher o requisito para a aposentadoria por tempo de contribuição poderá optar pela não incidência do fator previdenciário no cálculo de sua aposentadoria, quando o total resultante da soma de sua idade e de seu tempo de contribuição, incluídas as frações, na data de requerimento da aposentadoria, for:

I – igual ou superior a noventa e cinco pontos, se homem, observando o tempo mínimo de contribuição de trinta e cinco anos; ou

II – igual ou superior a oitenta e cinco pontos, se mulher, observado o tempo mínimo de contribuição de trinta anos.

§ 1º Para os fins do disposto no *caput*, serão somadas as frações em meses completos de tempo de contribuição e idade.

§ 2º As somas de idade e de tempo de contribuição previstas no *caput* serão majoradas em um ponto em:

I – 31 de dezembro de 2018;

II – 31 de dezembro de 2020;

III – 31 de dezembro de 2022;

IV – 31 de dezembro de 2024; e

V – 31 de dezembro de 2026.

§ 3º Para efeito de aplicação do disposto no *caput* e no § 2º, o tempo mínimo de contribuição do professor e da professora que comprovarem exclusivamente tempo de efetivo exercício de magistério na educação infantil e no ensino fundamental e médio será de, respectivamente, trinta e vinte e cinco anos, e serão acrescidos cinco pontos à soma da idade com o tempo de contribuição.

§ 4º Ao segurado que alcançar o requisito necessário ao exercício da opção de que trata o *caput* e deixar de requerer aposentadoria será assegurado o direito à opção com a aplicação da pontuação exigida na data do cumprimento do requisito nos termos deste artigo.

§ 5º VETADO. Lei nº 13.183, de 4-11-2015.

▶ Art. 29-C com a redação dada pela Lei nº 13.183, de 4-11-2015.

▶ Súm. nº 557 do STJ.

Art. 29-D. VETADO. Lei nº 13.183, de 4-11-2015.

Art. 30. *Revogado*. Lei nº 9.032, de 28-4-1995.

Art. 31. O valor mensal do auxílio-acidente integra o salário de contribuição, para fins de cálculo do salário de benefício de qualquer aposentadoria, observado, no que couber, o disposto no artigo 29 e no artigo 86, § 5º.

▶ Artigo restabelecido e com a redação dada pela Lei nº 9.528, de 10-12-1997.

Art. 32. O salário de benefício do segurado que contribuir em razão de atividades concomitantes será calculado com base na soma dos salários de contribuição das atividades exercidas na data do requerimento ou do óbito, ou no período básico de cálculo, observado o disposto no art. 29 desta Lei.

I a III – *Revogados*. Lei nº 13.846, de 18-6-2019.

§ 1º O disposto neste artigo não se aplica ao segurado que, em obediência ao limite máximo do salário de contribuição, contribuiu apenas por uma das atividades concomitantes.

§ 2º Não se aplica o disposto neste artigo ao segurado que tenha sofrido redução do salário de contribuição das atividades concomitantes em respeito ao limite máximo desse salário.

► Art. 32 com a redação dada pela Lei nº 13.846, de 18-6-2019.

Subseção II
DA RENDA MENSAL DO BENEFÍCIO

Art. 33. A renda mensal do benefício de prestação continuada que substituir o salário de contribuição ou o rendimento do trabalho do segurado não terá valor inferior ao do salário mínimo, nem superior ao do limite máximo do salário de contribuição, ressalvado o disposto no artigo 45 desta Lei.

► Art. 35 do Dec. nº 3.048, de 6-5-1999 (Regulamento da Previdência Social).

Art. 34. No cálculo do valor da renda mensal do benefício, inclusive o decorrente de acidente do trabalho, serão computados:

► *Caput* com a redação dada pela LC nº 150, de 1º-6-2015.

► Art. 36 do Dec. nº 3.048, de 6-5-1999 (Regulamento da Previdência Social).

I – para o segurado empregado, inclusive o doméstico, e o trabalhador avulso, os salários de contribuição referentes aos meses de contribuições devidas, ainda que não recolhidas pela empresa ou pelo empregador doméstico, sem prejuízo da respectiva cobrança e da aplicação das penalidades cabíveis, observado o disposto no § 5º do art. 29-A;

II – para o segurado empregado, inclusive o doméstico, o trabalhador avulso e o segurado especial, o valor mensal do auxílio-acidente, considerado como salário de contribuição para fins de concessão de qualquer aposentadoria, nos termos do art. 31;

► Incisos I e II com a redação dada pela LC nº 150, de 1º-6-2015.

III – para os demais segurados, os salários de contribuição referentes aos meses de contribuições efetivamente recolhidas.

► Inciso III acrescido pela Lei nº 9.528, de 10-12-1997.

Art. 35. Ao segurado empregado, inclusive o doméstico, e ao trabalhador avulso que tenham cumprido todas as condições para a concessão do benefício pleiteado, mas não possam comprovar o valor de seus salários de contribuição no período básico de cálculo, será concedido o benefício de valor mínimo, devendo esta renda ser recalculada quando da apresentação de prova dos salários de contribuição.

► Artigo com a redação dada pela LC nº 150, de 1º-6-2015.

► Art. 36, § 2º, do Dec. nº 3.048, de 6-5-1999 (Regulamento da Previdência Social).

Art. 36. Para o segurado empregado doméstico que, tendo satisfeito as condições exigidas para a concessão do benefício requerido, não comprovar o efetivo recolhimento das contribuições devidas, será concedido o benefício de valor mínimo, devendo sua renda ser recalculada quando da apresentação da prova do recolhimento das contribuições.

Art. 37. A renda mensal inicial, recalculada de acordo com o disposto no art. 35, deve ser reajustada como a dos benefícios correspondentes com igual data de início e substituirá, a partir da data do requerimento de revisão do valor do benefício, a renda mensal que prevalecia até então.

► Artigo com a redação dada pela LC nº 150, de 1º-6-2015.

► Art. 37 do Dec. nº 3.048, de 6-5-1999 (Regulamento da Previdência Social).

Art. 38. Sem prejuízo do disposto no art. 35, cabe à Previdência Social manter cadastro dos segurados com todos os informes necessários para o cálculo da renda mensal dos benefícios.

► Artigo com a redação dada pela LC nº 150, de 1º-6-2015.

Art. 38-A. O Ministério da Economia manterá sistema de cadastro dos segurados especiais no Cadastro Nacional de Informações Sociais (CNIS), observado o disposto nos §§ 4º e 5º do art. 17 desta Lei, e poderá firmar acordo de cooperação com o Ministério da Agricultura, Pecuária e Abastecimento e com outros órgãos da administração pública federal, estadual, distrital e municipal para a manutenção e a gestão do sistema de cadastro.

► *Caput* com a redação dada pela Lei nº 13.846, de 18-6-2019.

§ 1º O sistema de que trata o *caput* deste artigo preverá a manutenção e a atualização anual do cadastro e conterá as informações necessárias à caracterização da condição de segurado especial, nos termos do disposto no regulamento.

§ 2º Da aplicação do disposto neste artigo não poderá resultar nenhum ônus para os segurados, sem prejuízo do disposto no § 4º deste artigo.

► §§ 1º e 2º com a redação dada pela Lei nº 13.846, de 18-6-2019.

§ 3º O INSS, no ato de habilitação ou de concessão de benefício, deverá verificar a condição de segurado especial e, se for o caso, o pagamento da contribuição previdenciária, nos termos da Lei nº 8.212, de 24 de julho de 1991, considerando, dentre outros, o que consta do Cadastro Nacional de Informações Sociais (CNIS) de que trata o art. 29-A desta Lei.

► § 3º acrescido pela Lei nº 13.134, de 16-6-2015.

§ 4º A atualização anual de que trata o § 1º deste artigo será feita até 30 de junho do ano subsequente.

§ 5º É vedada a atualização de que trata o § 1º deste artigo após o prazo de 5 (cinco) anos, contado da data estabelecida no § 4º deste artigo.

§ 6º Decorrido o prazo de 5 (cinco) anos de que trata o § 5º deste artigo, o segurado especial só poderá computar o período de trabalho rural se efetuados em época própria a comercialização da produção e o recolhimento da contribuição prevista no art. 25 da Lei nº 8.212, de 24 de julho de 1991.

► §§ 4º a 6º acrescidos pela Lei nº 13.846, de 18-6-2019.

Art. 38-B. O INSS utilizará as informações constantes do cadastro de que trata o art. 38-A para fins de comprovação do exercício da atividade e da condição do segurado especial e do respectivo grupo familiar.

► *Caput* acrescido pela Lei nº 13.134, de 16-6-2015.

§ 1º A partir de 1º de janeiro de 2023, a comprovação da condição e do exercício da atividade rural do segurado especial ocorrerá, exclusivamente, pelas informações constantes do cadastro a que se refere o art. 38-A desta Lei.

§ 2º Para o período anterior a 1º de janeiro de 2023, o segurado especial comprovará o tempo de exercício da atividade rural por meio de autodeclaração ratificada por entidades públicas credenciadas, nos termos do art. 13 da Lei nº 12.188, de 11 de janeiro de 2010, e por outros órgãos públicos, na forma prevista no regulamento.

§ 3º Até 1º de janeiro de 2025, o cadastro de que trata o art. 38-A poderá ser realizado, atualizado e corrigido, sem prejuízo do prazo de que trata o § 1º deste artigo e da regra permanente prevista nos §§ 4º e 5º do art. 38-A desta Lei.

§ 4º Na hipótese de divergência de informações entre o cadastro e outras bases de dados, para fins de reconhecimento do direito ao benefício, o INSS poderá exigir a apresentação dos documentos referidos no art. 106 desta Lei.

§ 5º O cadastro e os prazos de que tratam este artigo e o art. 38-A desta Lei deverão ser amplamente divulgados por todos os meios de comunicação cabíveis para que todos os cidadãos tenham acesso à informação sobre a existência do referido cadastro e a obrigatoriedade de registro.

► §§ 1º a 5º acrescidos pela Lei nº 13.846, de 18-6-2019.

Art. 39. Para os segurados especiais, referidos no inciso VII do *caput* do art. 11 desta Lei, fica garantida a concessão:

► *Caput* com a redação dada pela Lei nº 13.846, de 18-6-2019.

I – de aposentadoria por idade ou por invalidez, de auxílio-doença, de auxílio-reclusão ou de pensão, no valor de 1 (um) salário mínimo, e de auxílio-acidente, conforme disposto no art. 86 desta Lei, desde que comprovem o exercício de atividade rural, ainda que de forma descontínua, no período imediatamente anterior ao requerimento do benefício, igual ao número de meses correspondentes à carência do benefício requerido, observado o disposto nos arts. 38-A e 38-B desta Lei; ou

► Inciso I com a redação dada pela Lei nº 13.846, de 18-6-2019.

II – dos benefícios especificados nesta Lei, observados os critérios e a forma de cálculo estabelecidos, desde que contribuam facultativamente para a Previdência Social, na forma estipulada no Plano de Custeio da Seguridade Social.

Parágrafo único. Para a segurada especial fica garantida a concessão do salário-maternidade no valor de um salário mínimo, desde que comprove o exercício de atividade rural, ainda que de forma descontínua, nos doze meses imediatamente anteriores ao do início do benefício.

► Parágrafo único acrescido pela Lei nº 8.861, de 25-3-1994.

► Art. 39 do Dec. nº 3.048, de 6-5-1999 (Regulamento da Previdência Social).

Art. 40. É devido abono anual ao segurado e ao dependente da Previdência Social que, durante o ano, recebeu auxílio-doença, auxílio-acidente ou aposentadoria, pensão por morte ou auxílio-reclusão.

Parágrafo único. O abono anual será calculado, no que couber, da mesma forma que a Gratificação de Natal dos trabalhadores, tendo por base o valor da renda mensal do benefício do mês de dezembro de cada ano.

Seção IV

DO REAJUSTAMENTO DO VALOR DOS BENEFÍCIOS

▸ Lei nº 12.254, de 15-6-2010, dispõe sobre o reajuste dos benefícios mantidos pela Previdência Social em 2010 e 2011.

Art. 41. *Revogado*. Lei nº 11.430, de 26-12-2006.

Art. 41-A. O valor dos benefícios em manutenção será reajustado, anualmente, na mesma data do reajuste do salário mínimo, *pro rata*, de acordo com suas respectivas datas de início ou do último reajustamento, com base no Índice Nacional de Preços ao Consumidor – INPC, apurado pela Fundação Instituto Brasileiro de Geografia e Estatística – IBGE.

▸ *Caput* acrescido pela Lei nº 11.430 de 26-12-2006.

§ 1º Nenhum benefício reajustado poderá exceder o limite máximo do salário de benefício na data do reajustamento, respeitados os direitos adquiridos.

§ 2º Os benefícios com renda mensal superior a um salário mínimo serão pagos do primeiro ao quinto dia útil do mês subsequente ao de sua competência, observada a distribuição proporcional do número de beneficiários por dia de pagamento.

§ 3º Os benefícios com renda mensal no valor de até um salário mínimo serão pagos no período compreendido entre o quinto dia útil que anteceder o final do mês de sua competência e o quinto dia útil do mês subsequente, observada a distribuição proporcional dos beneficiários por dia de pagamento.

§ 4º Para os efeitos dos §§ 2º e 3º deste artigo, considera-se dia útil aquele de expediente bancário com horário normal de atendimento.

§ 5º O primeiro pagamento do benefício será efetuado até quarenta e cinco dias após a data da apresentação, pelo segurado, da documentação necessária a sua concessão.

§ 6º Para os benefícios que tenham sido majorados devido à elevação do salário mínimo, o referido aumento deverá ser compensado no momento da aplicação do disposto no *caput* deste artigo, de acordo com normas a serem baixadas pelo Ministério da Previdência Social.

▸ §§ 2º a 6º com a redação dada pela Lei nº 11.665, de 29-4-2008.

Seção V

DOS BENEFÍCIOS

Subseção I

DA APOSENTADORIA POR INVALIDEZ

Art. 42. A aposentadoria por invalidez, uma vez cumprida, quando for o caso, a carência exigida, será devida ao segurado que, estando ou não em gozo de auxílio-doença, for considerado incapaz e insusceptível de reabilitação para o exercício de atividade que lhe garanta a subsistência, e ser-lhe-á paga enquanto permanecer nesta condição.

§ 1º A concessão de aposentadoria por invalidez dependerá da verificação da condição de incapacidade mediante exame médico-pericial a cargo da Previdência Social, podendo o segurado, às suas expensas, fazer-se acompanhar de médico de sua confiança.

▸ Arts. 1.767 a 1.783 do CC.

§ 1º-A. O exame médico-pericial previsto no § 1º deste artigo poderá ser realizado com o uso de tecnologia de telemedicina ou por análise documental conforme situações e requisitos definidos em regulamento.

▸ § 1º-A acrescido pela Lei nº 14.724, de 14-11-2023.

§ 2º A doença ou lesão de que o segurado já era portador ao filiar-se ao Regime Geral de Previdência Social não lhe conferirá direito à aposentadoria por invalidez, salvo quando a incapacidade sobrevier por motivo de progressão ou agravamento dessa doença ou lesão.

▸ Art. 43 do Dec. nº 3.048, de 6-5-1999 (Regulamento da Previdência Social).

Art. 43. A aposentadoria por invalidez será devida a partir do dia imediato ao da cessação do auxílio-doença, ressalvado o disposto nos §§ 1º, 2º e 3º deste artigo.

▸ Súm. nº 576 do STJ.

§ 1º Concluindo a perícia médica inicial pela existência de incapacidade total e definitiva para o trabalho, a aposentadoria por invalidez será devida:

▸ § 1º com a redação dada pela Lei nº 9.032, de 28-4-1995.

a) ao segurado empregado, a contar do 16º (décimo sexto) dia do afastamento da atividade ou a partir da entrada do requerimento, se entre o afastamento e a entrada do requerimento decorrerem mais de 30 (trinta) dias;

b) ao segurado empregado doméstico, trabalhador avulso, contribuinte individual, especial e facultativo, a contar da data do início da incapacidade ou da data da entrada do requerimento, se entre essas datas decorrerem mais de 30 (trinta) dias.

▸ Alíneas *a* e *b* com a redação dada pela Lei nº 9.876, de 26-11-1999.

§ 2º Durante os primeiros 15 (quinze) dias de afastamento da atividade por motivo de invalidez, caberá à empresa pagar ao segurado empregado o salário.

▸ § 2º com a redação dada pela Lei nº 9.876, de 26-11-1999.

§ 3º *Revogado*. Lei nº 9.032, de 28-4-1995.

§ 4º O segurado aposentado por invalidez poderá ser convocado a qualquer momento para avaliação das condições que ensejaram o afastamento ou a aposentadoria, concedida judicial ou administrativamente, observado o disposto no art. 101 desta Lei.

▸ § 4º acrescido pela Lei nº 13.457, de 26-6-2017.

§ 5º *Os segurados com síndrome da imunodeficiência adquirida, doença de Alzheimer, doença de Parkinson e esclerose lateral amiotrófica são dispensados da avaliação referida no § 4º deste artigo.*

▸ § 5º com a redação dada pela Lei nº 15.157, de 1º-7-2025, promulgado nos termos do art. 66, § 5º, da CF (*DOU* de 2-7-2025).

▸ Art. 44 do Dec. nº 3.048, de 6-5-1999 (Regulamento da Previdência Social).

§ 6º *Se a perícia médica constatar que a incapacidade é permanente, irreversível ou irrecuperável, o segurado aposentado por incapacidade permanente é dispensado da reavaliação das condições que ensejaram o afastamento ou a aposentadoria, concedidos judicial ou administrativamente, salvo quando houver fundamentada suspeita de fraude ou erro.*

▸ § 6º acrescido pela Lei nº 15.157, de 1º-7-2025, promulgado nos termos do art. 66, § 5º, da CF (*DOU* de 2-7-2025).

Art. 44. A aposentadoria por invalidez, inclusive a decorrente de acidente do trabalho, consistirá numa renda mensal correspondente a 100% (cem por cento) do salário de benefício, observado o disposto na Seção III, especialmente no artigo 33 desta Lei.

▸ *Caput* com a redação dada pela Lei nº 9.032, de 28-4-1995.

§ 1º *Revogado*. Lei nº 9.528, de 10-12-1997.

§ 2º Quando o acidentado do trabalho estiver em gozo de auxílio-doença, o valor da aposentadoria por invalidez será igual ao do auxílio-doença se este, por força de reajustamento, for superior ao previsto neste artigo.

Art. 45. O valor da aposentadoria por invalidez do segurado que necessitar da assistência permanente de outra pessoa será acrescido de 25% (vinte e cinco por cento).

Parágrafo único. O acréscimo de que trata este artigo:

a) será devido ainda que o valor da aposentadoria atinja o limite máximo legal;

b) será recalculado quando o benefício que lhe deu origem for reajustado;

c) cessará com a morte do aposentado, não sendo incorporável ao valor da pensão.

▸ Art. 45 e Anexo I, do Dec. nº 3.048, de 6-5-1999 (Regulamento da Previdência Social).

Art. 46. O aposentado por invalidez que retornar voluntariamente à atividade terá sua aposentadoria automaticamente cancelada, a partir da data do retorno.

▸ Art. 48 do Dec. nº 3.048, de 6-5-1999 (Regulamento da Previdência Social).

Art. 47. Verificada a recuperação da capacidade de trabalho do aposentado por invalidez, será observado o seguinte procedimento:

I – quando a recuperação ocorrer dentro de 5 (cinco anos), contados da data do início da aposentadoria por invalidez ou do auxílio-doença que a antecedeu sem interrupção, o benefício cessará:

a) de imediato, para o segurado empregado que tiver direito a retornar à função que desempenhava na empresa quando se aposentou, na forma da legislação trabalhista, valendo como documento, para tal fim, o certificado de capacidade fornecido pela Previdência Social; ou

b) após tantos meses quantos forem os anos de duração do auxílio-doença ou da aposentadoria por invalidez, para os demais segurados;

II – quando a recuperação for parcial, ou ocorrer após o período do inciso I, ou ainda quando o segurado for declarado apto para o exercício de trabalho diverso do qual habitualmente exercia, a aposentadoria será mantida, sem prejuízo da volta à atividade:

a) no seu valor integral, durante 6 (seis) meses contados da data em que for verificada a recuperação da capacidade;

b) com redução de 50% (cinquenta por cento), no período seguinte de (seis) meses;

c) com redução de 75% (setenta e cinco por cento), também por igual período de 6 (seis) meses, ao término do qual cessará definitivamente.

► Art. 49 do Dec. nº 3.048, de 6-5-1999 (Regulamento da Previdência Social).

Subseção II

DA APOSENTADORIA POR IDADE

Art. 48. A aposentadoria por idade será devida ao segurado que, cumprida a carência exigida nesta Lei, completar sessenta e cinco anos de idade, se homem, e 60 (sessenta), se mulher.

► *Caput* com a redação dada pela Lei nº 9.032, de 28-4-1995.

► Art. 201, I e § 7º, II, da CF.

§ 1º Os limites fixados no *caput* são reduzidos para 60 (sessenta) e 55 (cinquenta e cinco) anos no caso de trabalhadores rurais, respectivamente homens e mulheres, referidos na alínea *a* do inciso I, na alínea *g* do inciso V e nos incisos VI e VII do artigo 11.

► § 1º com a redação dada pela Lei nº 9.876, de 26-11-1999.

§ 2º Para os efeitos do disposto no § 1º deste artigo, o trabalhador rural deve comprovar o efetivo exercício de atividade rural, ainda que de forma descontínua, no período imediatamente anterior ao requerimento do benefício, por tempo igual ao número de meses de contribuição correspondente à carência do benefício pretendido, computado o período a que se referem os incisos III a VIII do § 9º do art. 11 desta Lei.

► § 2º com a redação dada pela Lei nº 11.718, de 20-6-2008.

§ 3º Os trabalhadores rurais de que trata o § 1º deste artigo que não atendam ao disposto no § 2º deste artigo, mas que satisfaçam essa condição, se forem considerados períodos de contribuição sob outras categorias do segurado, farão jus ao benefício ao completarem 65 (sessenta e cinco) anos de idade, se homem, e 60 (sessenta) anos, se mulher.

§ 4º Para efeito do § 3º deste artigo, o cálculo da renda mensal do benefício será apurado de acordo com o disposto no inciso II do *caput* do art. 29 desta Lei, considerando-se como salário de contribuição mensal do período como segurado especial o limite mínimo de salário de contribuição da Previdência Social.

► §§ 3º e 4º acrescidos pela Lei nº 11.718, de 20-6-2008.

► Art. 51 do Dec. nº 3.048, de 6-5-1999 (Regulamento da Previdência Social).

Art. 49. A aposentadoria por idade será devida:

I – ao segurado empregado, inclusive o doméstico, a partir:

a) da data do desligamento do emprego, quando requerida até essa data ou até 90 (noventa) dias depois dela; ou

b) da data do requerimento, quando não houver desligamento do emprego ou quando for requerida após o prazo previsto na alínea *a*;

II – para os demais segurados, da data da entrada do requerimento.

► Art. 52 do Dec. nº 3.048, de 6-5-1999 (Regulamento da Previdência Social).

Art. 50. A aposentadoria por idade, observado o disposto na Seção III deste Capítulo, especialmente no artigo 33, consistirá numa renda mensal de 70% (setenta por cento) do salário de benefício, mais 1% (um por cento) deste, por grupo de 12 (doze) contribuições, não podendo ultrapassar 100% (cem por cento) do salário de benefício.

Art. 51. A aposentadoria por idade pode ser requerida pela empresa, desde que o segurado empregado tenha cumprido o período de carência e completado 70 (setenta) anos de idade, se do sexo masculino, ou 65 (sessenta e cinco) anos, se do sexo feminino, sendo compulsória, caso em que será garantida ao empregado a indenização prevista na legislação trabalhista, considerada como data da rescisão do contrato de trabalho a imediatamente anterior à do início da aposentadoria.

Subseção III

DA APOSENTADORIA POR TEMPO DE SERVIÇO

Art. 52. A aposentadoria por tempo de serviço será devida, cumprida a carência exigida nesta Lei, ao segurado que completar 25 (vinte e cinco) anos de serviço, se do sexo feminino, ou 30 (trinta) anos, se do sexo masculino.

► Art. 201, § 7º, II, da CF.

► Súm. nº 272 do STJ.

Art. 53. A aposentadoria por tempo de serviço, observado o disposto na Seção III deste Capítulo, especialmente no artigo 33, consistirá numa renda mensal de:

I – para a mulher: 70% (setenta por cento) do salário de benefício aos 25 (vinte e cinco) anos de serviço, mais 6% (seis por cento) deste, para cada novo ano completo de atividade, até o máximo de 100% (cem por cento) do salário de benefício aos trinta anos de serviço;

II – para o homem: 70% (setenta por cento) do salário de benefício aos 30 (trinta) anos de serviço, mais 6% (seis por cento) deste, para cada novo ano completo de atividade, até o máximo de 100% (cem por cento) do salário de benefício aos 35 (trinta e cinco) anos de serviço.

Art. 54. A data do início da aposentadoria por tempo de serviço será fixada da mesma forma que a da aposentadoria por idade, conforme o disposto no artigo 49.

Art. 55. O tempo de serviço será comprovado na forma estabelecida no Regulamento, compreendendo, além do correspondente às atividades de qualquer das categorias de segurados de que trata o artigo 11 desta Lei, mesmo que anterior à perda da qualidade de segurado:

I – o tempo de serviço militar, inclusive o voluntário, e o previsto no § 1º do artigo 143 da Constituição Federal, ainda que anterior à filiação ao Regime Geral de Previdência Social, desde que não tenha sido contado para inatividade remunerada nas Forças Armadas ou aposentadoria no serviço público;

II – o tempo intercalado em que esteve em gozo de auxílio-doença ou aposentadoria por invalidez;

III – o tempo de contribuição efetuada como segurado facultativo;

► Inciso III com a redação dada pela Lei nº 9.032, de 28-4-1995.

IV – o tempo de serviço referente ao exercício de mandato eletivo federal, estadual ou municipal, desde que não tenha sido contado para efeito de aposentadoria por outro regime de previdência social;

► Inciso IV com a redação dada pela Lei nº 9.506, de 30-10-1997.

V – o tempo de contribuição efetuado por segurado depois de ter deixado de exercer atividade remunerada que o enquadrava no artigo 11 desta Lei;

VI – o tempo de contribuição efetuado com base nos artigos 8º e 9º da Lei nº 8.162, de 8 de janeiro de 1991, pelo segurado definido no artigo 11, inciso I, alínea *g*, desta Lei, sendo tais contribuições computadas para efeito de carência.

► Inciso VI acrescido pela Lei nº 8.647, de 13-4-1993.

§ 1º A averbação de tempo de serviço durante o qual o exercício da atividade não determinava filiação obrigatória ao anterior Regime de Previdência Social Urbana só será admitida mediante o recolhimento das contribuições correspondentes, conforme dispuser o Regulamento, observado o disposto no § 2º.

§ 2º O tempo de serviço do segurado trabalhador rural, anterior à data de início de vigência desta Lei, será computado independentemente do recolhimento das contribuições a ele correspondentes, exceto para efeito de carência, conforme dispuser o Regulamento.

§ 3º A comprovação do tempo de serviço para os fins desta Lei, inclusive mediante justificativa administrativa ou judicial, observado o disposto no art. 108 desta Lei, só produzirá efeito quando for baseada em início de prova material contemporânea dos fatos, não admitida a prova exclusivamente testemunhal, exceto na ocorrência de motivo de força maior ou caso fortuito, na forma prevista no regulamento.

► § 3º com a redação dada pela Lei nº 13.846, de 18-6-2019.

► Súmulas nºs 149 e 242 do STJ.

§ 4º Não será computado como tempo de contribuição, para efeito de concessão do benefício de que trata esta subseção, o período em que o segurado contribuinte individual ou facultativo tiver contribuído na forma do § 2º do art. 21 da Lei nº 8.212, de 24 de julho de 1991, salvo se tiver complementado as contribuições na forma do § 3º do mesmo artigo.

► § 4º acrescido pela LC nº 123, de 14-12-2006.

Art. 56. O professor, após 30 (trinta) anos, e a professora, após 25 (vinte e cinco) anos de efetivo exercício em funções de magistério poderão aposentar-se por tempo de serviço, com renda mensal correspondente a 100% (cem por cento) do salário de benefício, observado o disposto na Seção III deste Capítulo.

► Súm. nº 726 do STF.

Subseção IV

DA APOSENTADORIA ESPECIAL

► Súm. Vinc. nº 33 do STF.

Art. 57. A aposentadoria especial será devida, uma vez cumprida a carência exigida nesta Lei, ao segurado que tiver trabalhado sujeito a condições especiais que prejudiquem a saúde ou a integridade física, durante 15 (quinze), 20 (vinte) ou 25 (vinte e cinco) anos, conforme dispuser a lei.

► *Caput* com a redação dada pela Lei nº 9.032, de 28-4-1995.

§ 1º A aposentadoria especial, observado o disposto no artigo 33 desta Lei, consistirá numa renda mensal equivalente a 100% (cem por cento) do salário de benefício.

▶ § 1º com a redação dada pela Lei nº 9.032, de 28-4-1995.

§ 2º A data de início do benefício será fixada da mesma forma que a da aposentadoria por idade, conforme o disposto no artigo 49.

§ 3º A concessão da aposentadoria especial dependerá de comprovação pelo segurado, perante o Instituto Nacional do Seguro Social – INSS, do tempo de trabalho permanente, não ocasional nem intermitente, em condições especiais que prejudiquem a saúde ou a integridade física, durante o período mínimo fixado.

§ 4º O segurado deverá comprovar, além do tempo de trabalho, exposição aos agentes nocivos químicos, físicos, biológicos ou associação de agentes prejudiciais à saúde ou à integridade física, pelo período equivalente ao exigido para a concessão do benefício.

▶ §§ 3º e 4º com a redação dada pela Lei nº 9.032, de 28-4-1995.

§ 5º O tempo de trabalho exercido sob condições especiais que sejam ou venham a ser consideradas prejudiciais à saúde ou à integridade física será somado, após a respectiva conversão ao tempo de trabalho exercido em atividade comum, segundo critérios estabelecidos pelo Ministério da Previdência e Assistência Social, para efeito de concessão de qualquer benefício.

▶ § 5º acrescido pela Lei nº 9.032, de 28-4-1995.

▶ Art. 44 do Dec. nº 3.048, de 6-5-1999 (Regulamento da Previdência Social).

§ 6º O benefício previsto neste artigo será financiado com os recursos provenientes da contribuição de que trata o inciso II do artigo 22 da Lei nº 8.212, de 24 de julho de 1991, cujas alíquotas serão acrescidas de doze, nove ou seis pontos percentuais, conforme a atividade exercida pelo segurado a serviço da empresa permita a concessão de aposentadoria especial após quinze, vinte ou vinte e cinco anos de contribuição, respectivamente.

▶ § 6º com a redação dada pela Lei nº 9.732, de 11-12-1998.

§ 7º O acréscimo de que trata o parágrafo anterior incide exclusivamente sobre a remuneração do segurado sujeito às condições especiais referidas no *caput*.

§ 8º Aplica-se o disposto no artigo 46 ao segurado aposentado nos termos deste artigo que continuar no exercício de atividade ou operação que o sujeite aos agentes nocivos constantes da relação referida no artigo 58 desta Lei.

▶ §§ 7º e 8º acrescidos pela Lei nº 9.732, de 11-12-1998.

Art. 58. A relação dos agentes nocivos químicos, físicos e biológicos ou associação de agentes prejudiciais à saúde ou à integridade física considerados para fins de concessão da aposentadoria especial de que trata o artigo anterior será definida pelo Poder Executivo.

▶ *Caput* com a redação dada pela Lei nº 9.528, de 10-12-1997.

▶ Art. 201, § 1º, da CF.

▶ Art. 189 da CLT.

▶ Anexo IV do Dec. nº 3.048, de 6-5-1999 (Regulamento da Previdência Social).

§ 1º A comprovação da efetiva exposição do segurado aos agentes nocivos será feita mediante formulário, na forma estabelecida pelo Instituto Nacional do Seguro Social – INSS, emitido pela empresa ou seu preposto, com base em laudo técnico de condições ambientais do trabalho expedido por médico do trabalho ou engenheiro de segurança do trabalho nos termos da legislação trabalhista.

§ 2º Do laudo técnico referido no parágrafo anterior deverão constar informação sobre a existência de tecnologia de proteção coletiva ou individual que diminua a intensidade do agente agressivo a limites de tolerância e recomendação sobre a sua adoção pelo estabelecimento respectivo.

▶ §§ 1º e 2º com a redação dada pela Lei nº 9.732, de 11-12-1998.

§ 3º A empresa que não mantiver laudo técnico atualizado com referência aos agentes nocivos existentes no ambiente de trabalho de seus trabalhadores ou que emitir documento de comprovação de efetiva exposição em desacordo com o respectivo laudo estará sujeita à penalidade prevista no artigo 133 desta Lei.

§ 4º A empresa deverá elaborar e manter atualizado perfil profissiográfico abrangendo as atividades desenvolvidas pelo trabalhador e fornecer a este, quando da rescisão do contrato de trabalho, cópia autêntica desse documento.

▶ §§ 3º e 4º acrescidos pela Lei nº 9.528, de 10-12-1997.

SUBSEÇÃO V

DO AUXÍLIO-DOENÇA

Art. 59. O auxílio-doença será devido ao segurado que, havendo cumprido, quando for o caso, o período de carência exigido nesta Lei, ficar incapacitado para o seu trabalho ou para a sua atividade habitual por mais de 15 (quinze) dias consecutivos.

▶ Art. 71 do Dec. nº 3.048, de 6-5-1999 (Regulamento da Previdência Social).

§ 1º Não será devido o auxílio-doença ao segurado que se filiar ao Regime Geral de Previdência Social já portador da doença ou da lesão invocada como causa para o benefício, exceto quando a incapacidade sobrevier por motivo de progressão ou agravamento da doença ou da lesão.

▶ Parágrafo único transformado em § 1º pela Lei nº 13.846, de 18-6-2019.

§ 2º Não será devido o auxílio-doença para o segurado recluso em regime fechado.

§ 3º O segurado em gozo de auxílio-doença na data do recolhimento à prisão terá o benefício suspenso.

§ 4º A suspensão prevista no § 3º deste artigo será de até 60 (sessenta) dias, contados da data do recolhimento à prisão, cessado o benefício após o referido prazo.

§ 5º Na hipótese de o segurado ser colocado em liberdade antes do prazo previsto no § 4º deste artigo, o benefício será restabelecido a partir da data da soltura.

§ 6º Em caso de prisão declarada ilegal, o segurado terá direito à percepção do benefício por todo o período devido.

§ 7º O disposto nos §§ 2º, 3º, 4º, 5º e 6º deste artigo aplica-se somente aos benefícios dos segurados que forem recolhidos à prisão a partir da data de publicação desta Lei.

§ 8º O segurado recluso em cumprimento de pena em regime aberto ou semiaberto terá direito ao auxílio-doença.

▶ §§ 2º a 8º acrescidos pela Lei nº 13.846, de 18-6-2019.

Art. 60. O auxílio-doença será devido ao segurado empregado a contar do 16º (décimo sexto) dia do afastamento da atividade, e, no caso dos demais segurados, a contar da data do início da incapacidade e enquanto ele permanecer incapaz.

▶ *Caput* com a redação dada pela Lei nº 9.876, de 26-11-1999.

§ 1º Quando requerido por segurado afastado da atividade por mais de 30 (trinta) dias, o auxílio-doença será devido a contar da data da entrada do requerimento.

§ 2º *Revogado*. Lei nº 9.032, de 28-4-1995.

§ 3º Durante os primeiros quinze dias consecutivos ao do afastamento da atividade por motivo de doença, incumbirá à empresa pagar ao segurado empregado o seu salário integral.

▶ § 3º com a redação dada pela Lei nº 9.876, de 26-11-1999.

§ 4º A empresa que dispuser de serviço médico, próprio ou em convênio, terá a seu cargo o exame médico e o abono das faltas correpondentes ao período referido no § 3º, somente devendo encaminhar o segurado à perícia médica da Previdência Social quando a incapacidade ultrapassar 15 (quinze) dias.

▶ Art. 72 do Dec. nº 3.048, de 6-5-1999 (Regulamento da Previdência Social).

§ 5º *Revogado*. Lei nº 13.846, de 18-6-2019.

§ 6º O segurado que durante o gozo do auxílio-doença vier a exercer atividade que lhe garanta subsistência poderá ter o benefício cancelado a partir do retorno à atividade.

▶ §§ 5º e 6º com a redação dada pela Lei nº 13.135, de 17-6-2015.

§ 7º Na hipótese do § 6º, caso o segurado, durante o gozo do auxílio-doença, venha a exercer atividade diversa daquela que gerou o benefício, deverá ser verificada a incapacidade para cada uma das atividades exercidas.

▶ § 7º acrescido pela Lei nº 13.135, de 17-6-2015.

§ 8º Sempre que possível, o ato de concessão ou de reativação de auxílio-doença, judicial ou administrativo, deverá fixar o prazo estimado para a duração do benefício.

§ 9º Na ausência de fixação do prazo de que trata o § 8º deste artigo, o benefício cessará após o prazo de cento e vinte dias, contado da data de concessão ou de reativação do auxílio-doença, exceto se o segurado requerer a sua prorrogação perante o INSS, na forma do regulamento, observado o disposto no art. 62 desta Lei.

§ 10. O segurado em gozo de auxílio-doença, concedido judicial ou administrativamente, poderá ser convocado a qualquer momento para avaliação das condições que ensejaram sua concessão ou manutenção, observado o disposto no art. 101 desta Lei.

§ 11. O segurado que não concordar com o resultado da avaliação da qual dispõe o § 10 deste artigo poderá apresentar, no prazo máximo de trinta dias, recurso da decisão da administração perante o Conselho de Recursos do Seguro Social, cuja análise médica pericial, se necessária, será feita pelo assistente técnico médico da junta de recursos do seguro social, perito diverso daquele que indeferiu o benefício.

▶ §§ 8º a 11 acrescidos pela Lei nº 13.457, de 26-6-2017.

§ 11-A. *O exame médico-pericial previsto no caput e no § 10, a cargo da Previdência Social, poderá ser realizado com o uso de tecnologia de telemedicina ou por análise documental, conforme as situações e os requisitos estabelecidos em regulamento.*

▶ § 11-A com a redação dada pela MP nº 1.303, de 11-6-2025, que até o encerramento desta edição não havia sido convertida em lei.

§ 11-B. *A duração do benefício de auxílio por incapacidade temporária concedido por análise documental não poderá exceder ao prazo de trinta dias.*

§ 11-C. *Os benefícios com duração superior ao prazo de que trata o § 11-B estarão sujeitos à realização de perícia presencial ou com o uso de telemedicina.*

§ 11-D. *A duração máxima do benefício de auxílio por incapacidade temporária por análise documental poderá ser diferenciada entre as categorias de segurados do RGPS, observado o prazo de duração de trinta dias a que se refere o § 11-B.*

§ 11-E. *O prazo de duração previsto no § 11-B poderá ser excepcionalizado por ato do Poder Executivo federal, de forma justificada e por prazo determinado.*

▶ §§ 11-B a 11-E acrescidos pela MP nº 1.303, de 11-6-2025, que até o encerramento desta edição não havia sido convertida em lei.

§ 14. Ato do Ministro de Estado do Trabalho e Previdência poderá estabelecer as condições de dispensa da emissão de parecer conclusivo da perícia médica federal quanto à incapacidade laboral, hipótese na qual a concessão do benefício de que trata este artigo será feita por meio de análise documental, incluídos atestados ou laudos médicos, realizada pelo INSS.

▶ § 14 acrescido pela Lei nº 14.441, de 2-9-2022.

§ 15. *Os segurados com síndrome da imunodeficiência adquirida, doença de Alzheimer, doença de Parkinson e esclerose lateral amiotrófica são dispensados da avaliação referida no § 10 deste artigo.*

§ 16. *A perícia médica de segurado com síndrome da imunodeficiência adquirida deverá ter a participação de pelo menos 1 (um) médico especialista em infectologia.*

▶ §§ 15 e 16 acrescidos pela Lei nº 15.157, de 1º-7-2025, promulgado nos termos do art. 66, § 5º, da CF (*DOU* de 2-7-2025).

▶ Mantivemos a numeração dos parágrafos conforme publicação oficial, porém, entendemos que o correto seria §§ 12 a 14.

Art. 61. O auxílio-doença, inclusive o decorrente de acidente do trabalho, consistirá numa renda mensal correspondente a 91% (noventa e um por cento) do salário de benefício, observado o disposto na Seção III, especialmente no artigo 33 desta Lei.

▶ Artigo com a redação dada pela Lei nº 9.032, de 28-4-1995.

Art. 62. O segurado em gozo de auxílio-doença, insuscetível de recuperação para sua atividade habitual, deverá submeter-se a processo de reabilitação profissional para o exercício de outra atividade.

▶ *Caput* com a redação dada Lei nº 13.457, de 26-6-2017.

§ 1º O benefício a que se refere o *caput* deste artigo será mantido até que o segurado seja considerado reabilitado para o desempenho de atividade que lhe garanta a subsistência ou, quando considerado não recuperável, seja aposentado por invalidez.

▶ Parágrafo único transformado em § 1º pela Lei nº 13.846, de 18-6-2019.

§ 2º A alteração das atribuições e responsabilidades do segurado compatíveis com a limitação que tenha sofrido em sua capacidade física ou mental não configura desvio de cargo ou função do segurado reabilitado ou que estiver em processo de reabilitação profissional a cargo do INSS.

▶ § 2º acrescido pela Lei nº 13.846, de 18-6-2019.

Art. 63. O segurado empregado, inclusive o doméstico, em gozo de auxílio-doença será considerado pela empresa e pelo empregador doméstico como licenciado.

▶ *Caput* com a redação dada pela LC nº 150, de 1º-6-2015.

Parágrafo único. A empresa que garantir ao segurado licença remunerada ficará obrigada a pagar-lhe durante o período de auxílio-doença a eventual diferença entre o valor deste e a importância garantida pela licença.

Art. 64. *Revogado.* Lei nº 9.032, de 28-4-1995.

Subseção VI
DO SALÁRIO-FAMÍLIA

▶ Art. 7º, XII, da CF.

Art. 65. O salário-família será devido, mensalmente, ao segurado empregado, inclusive o doméstico, e ao segurado trabalhador avulso, na proporção do respectivo número de filhos ou equiparados nos termos do § 2º do art. 16 desta Lei, observado o disposto no art. 66.

▶ *Caput* com a redação dada pela LC nº 150, de 1º-6-2015.

▶ Art. 81 do Dec. nº 3.048, de 6-5-1999 (Regulamento da Previdência Social).

Parágrafo único. O aposentado por invalidez ou por idade e os demais aposentados com 65 (sessenta e cinco) anos ou mais de idade, se do sexo masculino, ou 60 (sessenta) anos ou mais, se do feminino, terão direito ao salário-família, pago juntamente com a aposentadoria.

Art. 66. O valor da cota do salário-família por filho ou equiparado de qualquer condição, até 14 (quatorze) anos de idade ou inválido de qualquer idade é de:

I – CR$ 1.360,00 (um mil trezentos e sessenta cruzeiros) , para o segurado com remuneração mensal não superior a CR$ 51.000,00 (cinquenta e um mil cruzeiros);

▶ Art. 4º da Port. Interministerial do MTPrev e MF nº 26, de 10-1-2023 (*DOU* de 11-1-2023), que altera o valor da cota do salário-família.

II – CR$ 170,00 (cento e setenta cruzeiros), para o segurado com remuneração mensal superior a CR$ 51.000,00 (cinquenta e um mil cruzeiros).

▶ Art. 83 do Regulamento da Previdência Social, aprovado pelo Dec. nº 3.048, de 6-5-1999.

▶ Art. 4º da Port. Interministerial do MTPrev e MF nº 26, de 10-1-2023 (*DOU* de 11-1-2023), que altera o valor da cota do salário-família.

Art. 67. O pagamento do salário-família é condicionado à apresentação da certidão de nascimento do filho ou da documentação relativa ao equiparado ou ao inválido, e à apresentação anual de atestado de vacinação obrigatória e de comprovação de frequência à escola do filho ou equiparado, nos termos do regulamento.

▶ *Caput* com a redação dada pela Lei nº 9.876, de 26-11-1999.

Parágrafo único. O empregado doméstico deve apresentar apenas a certidão de nascimento referida no *caput*.

▶ Parágrafo único acrescido pela LC nº 150, de 1º-6-2015.

▶ Art. 84 do Dec. nº 3.048, de 6-5-1999 (Regulamento da Previdência Social).

Art. 68. As cotas do salário-família serão pagas pela empresa ou pelo empregador doméstico, mensalmente, junto com o salário, efetivando-se a compensação quando do recolhimento das contribuições, conforme dispuser o Regulamento.

▶ *Caput* com a redação dada pela LC nº 150, de 1º-6-2015.

§ 1º A empresa ou o empregador doméstico conservarão durante 10 (dez) anos os comprovantes de pagamento e as cópias das certidões correspondentes, para fiscalização da Previdência Social.

▶ § 1º com a redação dada pela LC nº 150, de 1º-6-2015.

§ 2º Quando o pagamento do salário não for mensal, o salário-família será pago juntamente com o último pagamento relativo ao mês.

Art. 69. O salário-família devido ao trabalhador avulso poderá ser recebido pelo sindicato de classe respectivo, que se incumbirá de elaborar as folhas correspondentes e de distribuí-lo.

Art. 70. A cota do salário-família não será incorporada, para qualquer efeito, ao salário ou ao benefício.

▶ Art. 92 do Dec. nº 3.048, de 6-5-1999 (Regulamento da Previdência Social).

Subseção VII
DO SALÁRIO-MATERNIDADE

Art. 71. O salário-maternidade é devido à segurada da Previdência Social, durante cento e vinte dias, com início no período entre 28 (vinte e oito) dias antes do parto e a data de ocorrência deste, observadas as situações e condições previstas na legislação no que concerne à proteção à maternidade.

▶ *Caput* com a redação dada pela Lei nº 10.710, de 5-8-2003.

▶ O STF, por unanimidade, conheceu a ADI nº 6.327 como arguição de descumprimento de preceito fundamental e, ratificando a medida cautelar, julgou procedente o pedido formulado para conferir interpretação conforme à Constituição a este artigo, "de modo a se considerar como termo inicial da licença-maternidade e do respectivo salário-maternidade a alta hospitalar do recém-nascido e/ou de sua mãe, o que ocorrer por último, prorrogando-se em todo o período o benefício, quando o período de internação exceder as duas semanas previstas no art. 392, § 2º, da CLT, e no art. 93, § 3º, do Dec. nº 3.048/1999" (*DOU* de 26-10-2022).

▶ Lei nº 11.770, de 9-9-2008 (Lei do Programa Empresa Cidadã).

▶ Art. 18, § 3º da Lei nº 13.301, 27-6-2016, que estende o prazo da licença-maternidade previsto no art. 392 da CLT para 180 (cento e oitenta dias) no caso das mães de crianças acometidas por sequelas neurológicas decorrentes de doenças transmitidas pelo *Aedes aegypti*, assegurado, nesse período, o recebimento do salário-maternidade previsto neste artigo.

▶ Art. 22, § 1º, da Lei nº 14.020, de 6-7-2020 (Programa Emergencial de Manutenção do Emprego e da Renda).

▶ Art. 93 do Dec. nº 3.048, de 6-5-1999 (Regulamento da Previdência Social).

▶ Art. 2º, § 2º, do Dec. nº 6.690, de 11-12-2008, que institui o Programa de Prorrogação da Licença à Gestante e à Adotante e estabelece os critérios de adesão ao Programa.

▶ Arts. 137 a 142 do Dec. nº 10.854, de 10-11-2021, que regulamenta disposições relativas à legislação trabalhista.

Parágrafo único. *Revogado.* Lei nº 9.528, de 10-12-1997.

§ 2º *O salário-maternidade de que trata o caput deste artigo será prorrogado por 60 (sessenta) dias em razão de nascimento de criança com deficiência permanente decorrente de síndrome congênita associada Zika.*

▶ § 2º acrescido pela Lei nº 15.156, de 1º-7-2025, promulgado nos termos do art. 66, § 5º, da CF (*DOU* de 2-7-2025).

▶ Mantivemos a numeração do parágrafo único conforme redação oficial, porém, entendemos que o mesmo deveria ser renumerado para § 1º.

Art. 71-A. Ao segurado ou segurada da Previdência Social que adotar ou obtiver guarda judicial para fins de adoção de criança é devido salário-maternidade pelo período de 120 (cento e vinte) dias.

▶ *Caput* com a redação dada pela Lei nº 12.873, de 24-10-2013.

▶ Lei nº 11.770, de 9-9-2008 (Lei do Programa Empresa Cidadã).

▶ Art. 2º, § 3º, I, do Dec. nº 6.690, de 11-12-2008, que institui o Programa de Prorrogação da Licença à Gestante e à Adotante e estabelece os critérios de adesão ao Programa.

▶ Arts. 137 a 142 do Dec. nº 10.854, de 10-11-2021, que regulamenta disposições relativas à legislação trabalhista.

§ 1º O salário-maternidade de que trata este artigo será pago diretamente pela Previdência Social.

▶ Parágrafo único transformado em § 1º pela Lei nº 12.873, de 24-10-2013.

▶ Art. 93-A do Dec. nº 3.048, de 6-5-1999 (Regulamento da Previdência Social).

§ 2º Ressalvado o pagamento do salário-maternidade à mãe biológica e o disposto no art. 71-B, não poderá ser concedido o benefício a mais de um segurado, decorrente do mesmo processo de adoção ou guarda, ainda que os cônjuges ou companheiros estejam submetidos a Regime Próprio de Previdência Social.

▶ § 2º acrescido pela Lei nº 12.873, de 24-10-2013.

§ 3º *O salário-maternidade de que trata o caput deste artigo será prorrogado por 60 (sessenta) dias no caso de adoção ou de guarda judicial de criança com deficiência permanente decorrente de síndrome congênita associada à infecção pelo vírus Zika.*

▶ § 3º acrescido pela Lei nº 15.156, de 1º-7-2025, promulgado nos termos do art. 66, § 5º, da CF (*DOU* de 2-7-2025).

Art. 71-B. No caso de falecimento da segurada ou segurado que fizer jus ao recebimento do salário-maternidade, o benefício será pago, por todo o período ou pelo tempo restante a que teria direito, ao cônjuge ou companheiro sobrevivente que tenha a qualidade de segurado, exceto no caso do falecimento do filho ou de seu abandono, observadas as normas aplicáveis ao salário-maternidade.

§ 1º O pagamento do benefício de que trata o *caput* deverá ser requerido até o último dia do prazo previsto para o término do salário-maternidade originário.

§ 2º O benefício de que trata o *caput* será pago diretamente pela Previdência Social durante o período entre a data do óbito e o último dia do término do salário-maternidade originário e será calculado sobre:

I – a remuneração integral, para o empregado e trabalhador avulso;

II – o último salário de contribuição, para o empregado doméstico;

III – 1/12 (um doze avos) da soma dos 12 (doze) últimos salários de contribuição, apurados em um período não superior a 15 (quinze) meses, para o contribuinte individual, facultativo e desempregado; e

IV – o valor do salário mínimo, para o segurado especial.

§ 3º Aplica-se o disposto neste artigo ao segurado que adotar ou obtiver guarda judicial para fins de adoção.

Art. 71-C. A percepção do salário-maternidade, inclusive o previsto no art. 71-B, está condicionada ao afastamento do segurado do trabalho ou da atividade desempenhada, sob pena de suspensão do benefício.

▶ Arts. 71-B e 71-C acrescidos pela Lei nº 12.873, de 24-10-2013.

Art. 72. O salário-maternidade para a segurada empregada ou trabalhadora avulsa consistirá numa renda mensal igual a sua remuneração integral.

▶ *Caput* com a redação dada pela Lei nº 9.876, de 26-11-1999.

§ 1º Cabe à empresa pagar o salário-maternidade devido à respectiva empregada gestante, efetivando-se a compensação, observado o disposto no art. 248 da Constituição Federal, quando do recolhimento das contribuições incidentes sobre a folha de salários e demais rendimentos pagos ou creditados, a qualquer título, à pessoa física que lhe preste serviço.

▶ § 1º com a redação dada pela Lei nº 10.710, de 5-8-2003.

§ 2º A empresa deverá conservar durante 10 (dez) anos os comprovantes dos pagamentos e os atestados correspondentes para exame pela fiscalização da Previdência Social.

▶ § 2º acrescido pela Lei nº 10.710, de 5-8-2003.

§ 3º O salário-maternidade devido à trabalhadora avulsa e à empregada do microempreendedor individual de que trata o art. 18-A da Lei Complementar nº 123, de 14 de dezembro de 2006, será pago diretamente pela Previdência Social.

▶ § 3º com a redação dada pela Lei nº 12.470, de 31-8-2011.

Art. 73. Assegurado o valor de um salário mínimo, o salário-maternidade para as demais seguradas, pago diretamente pela Previdência Social, consistirá:

▶ *Caput* com a redação dada pela Lei nº 10.710, de 5-8-2003.

I – em um valor correspondente ao do seu último salário de contribuição, para a segurada empregada doméstica;

II – em 1/12 (um doze avos) do valor sobre o qual incidiu sua última contribuição anual, para a segurada especial;

III – em 1/12 (um doze avos) da soma dos doze últimos salários de contribuição, apurados em um período não superior a 15 (quinze) meses, para as demais seguradas.

▶ Incisos I a III acrescidos pela Lei nº 9.876, de 26-11-1999.

Parágrafo único. Aplica-se à segurada desempregada, desde que mantida a qualidade de segurada, na forma prevista no art. 15 desta Lei, o disposto no inciso III do *caput* deste artigo.

▶ Parágrafo único acrescido pela Lei nº 13.846, de 18-6-2019.

SUBSEÇÃO VIII
DA PENSÃO POR MORTE

Art. 74. A pensão por morte será devida ao conjunto dos dependentes do segurado que falecer, aposentado ou não, a contar da data:

▶ *Caput* com a redação dada pela Lei nº 9.528, de 10-12-1997.

▶ Súmulas nºs 340 e 416 do STJ.

I – do óbito, quando requerida em até 180 (cento e oitenta) dias após o óbito, para os filhos menores de 16 (dezesseis) anos, ou em até 90 (noventa) dias após o óbito, para os demais dependentes;

▶ Inciso I com a redação dada pela Lei nº 13.846, de 18-6-2019.

II – do requerimento, quando requerida após o prazo previsto no inciso anterior;

III – da decisão judicial, no caso de morte presumida.

▶ Incisos II e III acrescidos pela Lei nº 9.528, de 10-12-1997.

▶ Art. 105 do Dec. nº 3.048, de 6-5-1999 (Regulamento da Previdência Social).

§ 1º Perde o direito à pensão por morte o condenado criminalmente por sentença com trânsito em julgado, como autor, coautor ou partícipe de homicídio doloso, ou de tentativa desse crime, cometido contra a pessoa do segurado, ressalvados os absolutamente incapazes e os inimputáveis.

▶ § 1º com a redação dada pela Lei nº 13.846, de 18-6-2019.

§ 2º Perde o direito à pensão por morte o cônjuge, o companheiro ou a companheira se comprovada, a qualquer tempo, simulação ou fraude no casamento ou na união estável, ou a formalização desses com o fim exclusivo de constituir benefício previdenciário, apuradas em processo judicial no qual será assegurado o direito ao contraditório e à ampla defesa.

▶ §§ 1º e 2º com a redação dada pela Lei nº 13.135, de 17-6-2015.

§ 3º Ajuizada a ação judicial para reconhecimento da condição de dependente, este poderá requerer a sua habilitação provisória ao benefício de pensão por morte, exclusivamente para fins de rateio dos valores com outros dependentes, vedado o pagamento da respectiva cota até o trânsito em julgado da respectiva ação, ressalvada a existência de decisão judicial em contrário.

§ 4º Nas ações em que o INSS for parte, este poderá proceder de ofício à habilitação excepcional da referida pensão, apenas para efeitos de rateio, descontando-se os valores referentes a esta habilitação das demais cotas, vedado o pagamento da respectiva cota até o trânsito em julgado da respectiva ação, ressalvada a existência de decisão judicial em contrário.

§ 5º Julgada improcedente a ação prevista no § 3º ou § 4º deste artigo, o valor retido será corrigido pelos índices legais de reajustamento e será pago de forma proporcional aos demais dependentes, de acordo com as suas cotas e o tempo de duração de seus benefícios.

§ 6º Em qualquer caso, fica assegurada ao INSS a cobrança dos valores indevidamente pagos em função de nova habilitação.

▶ §§ 3º a 6º acrescidos pela Lei nº 13.846, de 18-6-2019.

Art. 75. O valor mensal da pensão por morte será de 100% (cem por cento) do valor da aposentadoria que o segurado recebia ou daquela a que teria direito se estivesse aposentado por invalidez na data de seu falecimento, observado o disposto no artigo 33 desta lei.

▶ Artigo com a redação dada pela Lei nº 9.528, de 10-12-1997.

Art. 76. A concessão da pensão por morte não será protelada pela falta de habilitação de outro possível dependente, e qualquer inscrição ou habilitação posterior que importe em exclusão ou inclusão de dependente só produzirá efeito a contar da data da inscrição ou habilitação.

§ 1º O cônjuge ausente não exclui do direito à pensão por morte o companheiro ou a companheira, que somente fará jus ao benefício a partir da data de sua habilitação e mediante prova de dependência econômica.

§ 2º O cônjuge divorciado ou separado judicialmente ou de fato que recebia pensão de alimentos concorrerá em igualdade de condições com os dependentes referidos no inciso I do artigo 16 desta Lei.

▶ Súm. nº 336 do STJ.

§ 3º Na hipótese de o segurado falecido estar, na data de seu falecimento, obrigado por determinação judicial a pagar alimentos temporários a ex-cônjuge, ex-companheiro ou ex-companheira, a pensão por morte será devida pelo prazo remanescente na data do óbito, caso não incida outra hipótese de cancelamento anterior do benefício.

▶ § 3º acrescido pela Lei nº 13.846, de 18-6-2019.

Art. 77. A pensão por morte, havendo mais de um pensionista, será rateada entre todos em parte iguais.

▶ *Caput* com a redação dada pela Lei nº 9.032, de 28-4-1995.

▶ Art. 113 do Dec. nº 3.048, de 6-5-1999 (Regulamento da Previdência Social).

§ 1º Reverterá em favor dos demais a parte daquele cujo direito à pensão cessar.

▶ § 1º com a redação dada pela Lei nº 9.032, de 28-4-1995.

§ 2º O direito à percepção da cota individual cessará:

▶ *Caput* do § 2º com a redação dada pela Lei nº 13.846, de 18-6-2019.

I – pela morte do pensionista;

▶ Inciso I com a redação dada pela Lei nº 9.032, de 28-4-1995.

II – para o filho, a pessoa a ele equiparada ou o irmão, de ambos os sexos, ao completar vinte e um anos de idade, salvo se for inválido ou tiver deficiência intelectual ou mental ou deficiência grave;

▶ Inciso II com a redação dada pela Lei nº 13.183, de 4-11-2015.

III – para filho ou irmão inválido, pela cessação da invalidez;

IV – para filho ou irmão que tenha deficiência intelectual ou mental ou deficiência grave, pelo afastamento da deficiência, nos termos do regulamento;

▶ Incisos III e IV com a redação dada pela Lei nº 13.135, de 17-6-2015.

V – para cônjuge ou companheiro:

a) se inválido ou com deficiência, pela cessação da invalidez ou pelo afastamento da deficiência, respeitados os períodos mínimos decorrentes da aplicação das alíneas *b* e *c*;

b) em 4 (quatro) meses, se o óbito ocorrer sem que o segurado tenha vertido 18 (dezoito) contribuições mensais ou se o casamento ou a união estável tiverem sido iniciados em menos de 2 (dois) anos antes do óbito do segurado;

c) transcorridos os seguintes períodos, estabelecidos de acordo com a idade do beneficiário na data de óbito do segurado, se o óbito ocorrer depois de vertidas 18 (dezoito) contribuições mensais e pelo menos 2 (dois) anos após o início do casamento ou da união estável:

1) 3 (três) anos, com menos de 21 (vinte e um) anos de idade;

2) 6 (seis) anos, entre 21 (vinte e um) e 26 (vinte e seis) anos de idade;

3) 10 (dez) anos, entre 27 (vinte e sete) e 29 (vinte e nove) anos de idade;

4) 15 (quinze) anos, entre 30 (trinta) e 40 (quarenta) anos de idade;

5) 20 (vinte) anos, entre 41 (quarenta e um) e 43 (quarenta e três) anos de idade;

6) vitalícia, com 44 (quarenta e quatro) ou mais anos de idade.

▶ Inciso V acrescido pela Lei nº 13.135, de 17-6-2015.

▶ Art. 1º da Port. do ME nº 424, de 29-12-2020, que fixa novas idades de que trata esta alínea, quais sejam: "I – três anos, com menos de vinte e dois anos de idade; II – seis anos, entre vinte e dois e vinte e sete anos de idade; III – dez anos, entre vinte e oito e trinta anos de idade; IV – quinze anos, entre trinta e um e quarenta e um anos de idade; V – vinte anos, entre quarenta e dois e quarenta e quatro anos de idade; VI – vitalícia, com quarenta e cinco ou mais anos de idade", para vigorar a partir de 1º-1-2021.

VI – pela perda do direito, na forma do § 1º do art. 74 desta Lei.

▶ Inciso VI acrescido pela Lei nº 13.846, de 18-6-2019.

§ 2º-A. Serão aplicados, conforme o caso, a regra contida na alínea *a* ou os prazos previstos na alínea *c*, ambas do inciso V do § 2º, se o óbito do segurado decorrer de acidente de qualquer natureza ou de doença profissional ou do trabalho, independentemente do recolhimento de 18 (dezoito) contribuições mensais ou da comprovação de 2 (dois) anos de casamento ou de união estável.

§ 2º-B. Após o transcurso de pelo menos 3 (três) anos e desde que nesse período se verifique o incremento mínimo de um ano inteiro na média nacional única, para ambos os sexos, correspondente à expectativa de sobrevida da população brasileira ao nascer, poderão ser fixadas, em números inteiros, novas idades para os fins previstos na alínea *c* do inciso V do § 2º, em ato do Ministro de Estado da Previdência Social, limitado o acréscimo na comparação com as idades anteriores ao referido incremento.

▶ §§ 2º-A e 2º-B acrescidos pela Lei nº 13.135, de 17-6-2015.

§ 3º Com a extinção da parte do último pensionista a pensão extinguir-se-á.

▶ § 3º com a redação dada pela Lei nº 9.032, de 28-4-1995.

▶ Art. 114 do Dec. nº 3.048, de 6-5-1999 (Regulamento da Previdência Social).

§ 4º *Revogado*. Lei nº 13.135, de 17-6-2015.

§ 5º O tempo de contribuição a Regime Próprio de Previdência Social (RPPS) será considerado na contagem das 18 (dezoito) contribuições mensais de que tratam as alíneas *b* e *c* do inciso V do § 2º.

▶ § 5º com a redação dada pela Lei nº 13.135, de 17-6-2015.

§ 6º O exercício de atividade remunerada, inclusive na condição de microempreendedor individual, não impede a concessão ou manutenção da parte individual da pensão do dependente com deficiência intelectual ou mental ou com deficiência grave.

▶ § 6º acrescido pela Lei nº 13.183, de 4-11-2015.

§ 7º Se houver fundados indícios de autoria, coautoria ou participação de dependente, ressalvados os absolutamente incapazes e os inimputáveis, em homicídio, ou em tentativa desse crime, cometido contra a pessoa do segurado, será possível a suspensão provisória de sua parte no benefício de pensão por morte, mediante processo administrativo próprio, respeitados a ampla defesa e o contraditório, e serão devidas, em caso de absolvição, todas as parcelas corrigidas desde a data da suspensão, bem como a reativação imediata do benefício.

▶ § 7º acrescido pela Lei nº 13.846, de 18-6-2019.

Art. 78. Por morte presumida do segurado, declarada pela autoridade judicial competente, depois de 6 (seis) meses de ausência, será concedida pensão provisória, na forma desta Subseção.

§ 1º Mediante prova do desaparecimento do segurado em consequência de acidente, desastre ou catástrofe, seus dependentes farão jus à pensão provisória independentemente da declaração e do prazo deste artigo.

§ 2º Verificado o reaparecimento do segurado, o pagamento da pensão cessará imediatamente, desobrigados os dependentes da reposição dos valores recebidos, salvo má-fé.

Art. 79. *Revogado*. Lei nº 13.846, de 18-6-2019.

Subseção IX
DO AUXÍLIO-RECLUSÃO

Art. 80. O auxílio-reclusão, cumprida a carência prevista no inciso IV do *caput* do art. 25 desta Lei, será devido, nas condições da pensão por morte, aos dependentes do segurado de baixa renda recolhido à prisão em regime fechado que não receber remuneração da empresa nem estiver em gozo de auxílio-doença, de pensão por morte, de salário-maternidade, de aposentadoria ou de abono de permanência em serviço.

§ 1º O requerimento do auxílio-reclusão será instruído com certidão judicial que ateste o recolhimento efetivo à prisão, e será obrigatória a apresentação de prova de permanência na condição de presidiário para a manutenção do benefício.

§ 2º O INSS celebrará convênios com os órgãos públicos responsáveis pelo cadastro dos presos para obter informações sobre o recolhimento à prisão.

§ 3º Para fins do disposto nesta Lei, considera-se segurado de baixa renda aquele que, no mês de competência de recolhimento à prisão, tenha renda, apurada nos termos do disposto no § 4º deste artigo, de valor igual ou inferior àquela prevista no art. 13 da Emenda Constitucional nº 20, de 15 de dezembro de 1998, corrigido pelos índices de reajuste aplicados aos benefícios do RGPS.

§ 4º A aferição da renda mensal bruta para enquadramento do segurado como de baixa renda ocorrerá pela média dos salários de contribuição apurados no período de 12 (doze) meses anteriores ao mês do recolhimento à prisão.

§ 5º A certidão judicial e a prova de permanência na condição de presidiário poderão ser substituídas pelo acesso à base de dados, por meio eletrônico, a ser disponibilizada pelo Conselho Nacional de Justiça, com dados cadastrais que assegurem a identificação plena do segurado e da sua condição de presidiário.

§ 6º Se o segurado tiver recebido benefícios por incapacidade no período previsto no § 4º deste artigo, sua duração será contada considerando-se como salário de contribuição no período o salário de benefício que serviu de base para o cálculo da renda mensal, reajustado na mesma época e com a mesma base dos benefícios em geral, não podendo ser inferior ao valor de 1 (um) salário mínimo.

§ 7º O exercício de atividade remunerada do segurado recluso, em cumprimento de pena em regime fechado, não acarreta a perda do direito ao recebimento do auxílio-reclusão para seus dependentes.

§ 8º Em caso de morte de segurado recluso que tenha contribuído para a previdência social durante o período de reclusão, o valor da pensão por morte será calculado levando-se em consideração o tempo de contribuição adicional e os correspondentes salários de contribuição, facultada a opção pelo valor do auxílio-reclusão.

▶ Art. 80 com a redação dada pela Lei nº 13.846, de 18-6-2019.

Subseção X

DOS PECÚLIOS

Art. 81. *Revogado.* Lei nº 9.129, de 20-11-1995.

Arts. 82 e 83. *Revogados.* Lei nº 9.032, de 28-4-1995.

Art. 84. *Revogado.* Lei nº 8.870, de 15-4-1994.

Art. 85. *Revogado.* Lei nº 9.032, de 28-4-1995.

Subseção XI

DO AUXÍLIO-ACIDENTE

Art. 86. O auxílio-acidente será concedido, como indenização, ao segurado quando, após consolidação das lesões decorrentes de acidente de qualquer natureza, resultarem sequelas que impliquem redução da capacidade para o trabalho que habitualmente exercia.

▶ *Caput* com a redação dada pela Lei nº 9.528, de 10-12-1997.

▶ Art. 104 do Dec. nº 3.048, de 6-5-1999 (Regulamento da Previdência Social).

§ 1º O auxílio-acidente mensal corresponderá a cinquenta por cento do salário de benefício e será devido, observado o disposto no § 5º, até a véspera do início de qualquer aposentadoria ou até a data do óbito do segurado.

§ 2º O auxílio-acidente será devido a partir do dia seguinte ao da cessação do auxílio-doença, independentemente de qualquer remuneração ou rendimento auferido pelo acidentado, vedada sua acumulação com qualquer aposentadoria.

▶ Súm. nº 507 do STJ.

§ 3º O recebimento de salário ou concessão de outro benefício, exceto de aposentadoria, observado o disposto no § 5º, não prejudicará a continuidade do recebimento do auxílio-acidente.

▶ Súm. nº 507 do STJ.

§ 4º A perda da audição, em qualquer grau, somente proporcionará a concessão do auxílio-acidente, quando, além do reconhecimento de causalidade entre o trabalho e a doença, resultar, comprovadamente, na redução ou perda da capacidade para o trabalho que habitualmente exercia.

▶ §§ 1º a 4º com a redação dada pela Lei nº 9.528, de 10-12-1997.

§ 5º *Revogado.* Lei nº 9.032, de 28-4-1995.

Subseção XII

DO ABONO DE PERMANÊNCIA EM SERVIÇO

Art. 87. *Revogado.* Lei nº 8.870, de 15-4-1994.

Seção VI

DOS SERVIÇOS

Subseção I

DO SERVIÇO SOCIAL

Art. 88. Compete ao Serviço Social esclarecer junto aos beneficiários seus direitos sociais e os meios de exercê-los e estabelecer conjuntamente com eles o processo de solução dos problemas que emergirem da sua relação com a Previdência Social, tanto no âmbito interno da instituição como na dinâmica da sociedade.

§ 1º Será dada prioridade aos segurados em benefício por incapacidade temporária e atenção especial aos aposentados e pensionistas.

§ 2º Para assegurar o efetivo atendimento dos usuários serão utilizadas intervenção técnica, assistência de natureza jurídica, ajuda material, recursos sociais, intercâmbio com empresas e pesquisa social, inclusive mediante celebração de convênios, acordos ou contratos.

§ 3º O Serviço Social terá como diretriz a participação do beneficiário na implementação e no fortalecimento da política previdenciária, em articulação com as associações e entidades de classe.

§ 4º O Serviço Social, considerando a universalização da Previdência Social, prestará assessoramento técnico aos Estados e Municípios na elaboração e implantação de suas propostas de trabalho.

Subseção II

DA HABILITAÇÃO E DA REABILITAÇÃO PROFISSIONAL

▶ Arts. 136 a 141 do Dec. nº 3.048, de 6-5-1999 (Regulamento da Previdência Social).

Art. 89. A habilitação e a reabilitação profissional e social deverão proporcionar ao beneficiário incapacitado parcial ou totalmente para o trabalho, e às pessoas portadoras de deficiência, os meios para a (re)educação e de (re)adaptação profissional e social indicados para participar do mercado de trabalho e do contexto em que vive.

Parágrafo único. A reabilitação profissional compreende:

a) o fornecimento de aparelho de prótese, órtese e instrumentos de auxílio para locomoção quando a perda ou redução da capacidade funcional puder ser atenuada por seu uso e dos equipamentos necessários à habilitação e reabilitação social e profissional;

b) a reparação ou a substituição dos aparelhos mencionados no inciso anterior, desgastados pelo uso normal ou por ocorrência estranha à vontade do beneficiário;

c) o transporte do acidentado do trabalho, quando necessário.

Art. 90. A prestação de que trata o artigo anterior é devida em caráter obrigatório aos segurados, inclusive aposentados e, na medida das possibilidades do órgão da Previdência Social, aos seus dependentes.

Art. 91. Será concedido, no caso de habilitação e reabilitação profissional, auxílio para tratamento ou exame fora do domicílio do beneficiário, conforme dispuser o Regulamento.

Art. 92. Concluído o processo de habilitação ou reabilitação social e profissional, a Previdência Social emitirá certificado individual, indicando as atividades que poderão ser exercidas pelo beneficiário, nada impedindo que este exerça outra atividade para a qual se capacitar.

Art. 93. A empresa com cem ou mais empregados está obrigada a preencher de dois por cento a cinco por cento dos seus cargos com beneficiários reabilitados ou pessoas portadoras de deficiência, habilitadas, na seguinte proporção:

I – até 200 empregados....................2%;
II – de 201 a 500..............................3%;
III – de 501 a 1.000..........................4%;
IV – de 1.001 em diante.....................5%.

§ 1º A dispensa de pessoa com deficiência ou de beneficiário reabilitado da Previdência Social ao final de contrato por prazo determinado de mais de 90 (noventa) dias e a dispensa imotivada em contrato por prazo indeterminado somente poderão ocorrer após a contratação de outro trabalhador com deficiência ou beneficiário reabilitado da Previdência Social.

§ 2º Ao Ministério do Trabalho e Emprego incumbe estabelecer a sistemática de fiscalização, bem como gerar dados e estatísticas sobre o total de empregados e as vagas preenchidas por pessoas com deficiência e por beneficiários reabilitados da Previdência Social, fornecendo-os, quando solicitados, aos sindicatos, às entidades representativas dos empregados ou aos cidadãos interessados.

▶ §§ 1º e 2º com a redação dada pela Lei nº 13.146, de 6-7-2015.

§ 3º Para a reserva de cargos será considerada somente a contratação direta de pessoa com deficiência, excluído o aprendiz com deficiência de que trata a Consolidação das Leis do Trabalho (CLT), aprovada pelo Decreto-Lei nº 5.452, de 1º de maio de 1943.

▶ § 3º acrescido pela Lei nº 13.146, de 6-7-2015.

§ 4º VETADO. Lei nº 13.146, de 6-7-2015.

Seção VII

DA CONTAGEM RECÍPROCA DE TEMPO DE SERVIÇO

Art. 94. Para efeito dos benefícios previstos no Regime Geral de Previdência Social ou no serviço público é assegurada a contagem recíproca do tempo de contribuição na atividade privada, rural e urbana, e do tempo de contribuição ou de serviço na administração pública, hipótese em que os diferentes sistemas de previdência social se compensarão financeiramente.

▶ Art. 125 do Dec. nº 3.048, de 6-5-1999 (Regulamento da Previdência Social).

LEGISLAÇÃO PREVIDENCIÁRIA

§ 1º A compensação financeira será feita ao sistema a que o interessado estiver vinculado ao requerer o benefício pelos demais sistemas, em relação aos respectivos tempos de contribuição ou de serviço, conforme dispuser o Regulamento.

▶ Parágrafo único transformado em § 1º pela LC nº 123, de 14-12-2006.

▶ Lei nº 9.796, de 5-5-1999, dispõe sobre a compensação financeira entre os diversos regimes previdenciários, regulamentada pelo Dec. nº 10.188, de 20-12-2019.

§ 2º Não será computado como tempo de contribuição, para efeito dos benefícios previstos em regimes próprios de previdência social, o período em que o segurado contribuinte individual ou facultativo tiver contribuído na forma do § 2º do art. 21 da Lei nº 8.212, de 24 de julho de 1991, salvo se complementadas as contribuições na forma do § 3º do mesmo artigo.

▶ § 2º acrescido pela LC nº 123, de 14-12-2006.

Art. 95. *Revogado*. MP nº 2.187-13, de 24-8-2001.

Art. 96. O tempo de contribuição ou de serviço de que trata esta Seção será contado de acordo com a legislação pertinente, observadas as normas seguintes:

▶ Art. 127 do Dec. nº 3.048, de 6-5-1999 (Regulamento da Previdência Social).

I – não será admitida a contagem em dobro ou em outras condições especiais;

II – é vedada a contagem de tempo de serviço público com o de atividade privada, quando concomitantes;

III – não será contado por um sistema o tempo de serviço utilizado para concessão de aposentadoria pelo outro;

IV – o tempo de serviço anterior ou posterior à obrigatoriedade de filiação à Previdência Social só será contado mediante indenização da contribuição correspondente ao período respectivo, com acréscimo de juros moratórios de zero vírgula cinco por cento ao mês, capitalizados anualmente, e multa de dez por cento;

▶ Inciso IV com a redação dada pela MP nº 2.187-13, de 24-8-2001, que até o encerramento desta edição não havia sido convertida em Lei.

V – é vedada a emissão de Certidão de Tempo de Contribuição (CTC) com o registro exclusivo de tempo de serviço, sem a comprovação de contribuição efetiva, exceto para o segurado empregado, empregado doméstico, trabalhador avulso e, a partir de 1º de abril de 2003, para o contribuinte individual que presta serviço a empresa obrigada a arrecadar a contribuição a seu cargo, observado o disposto no § 5º do art. 4º da Lei nº 10.666, de 8 de maio de 2003;

VI – a CTC somente poderá ser emitida por regime próprio de previdência social para ex-servidor;

VII – é vedada a contagem recíproca de tempo de contribuição do RGPS por regime próprio de previdência social sem a emissão da CTC correspondente, ainda que o tempo de contribuição referente ao RGPS tenha sido prestado pelo servidor público ao próprio ente instituidor;

VIII – é vedada a desaverbação de tempo em regime próprio de previdência social quando o tempo averbado tiver gerado a concessão de vantagens remuneratórias ao servidor público em atividade; e

IX – para fins de elegibilidade às aposentadorias especiais referidas no § 4º do art. 40 e no § 1º do art. 201 da Constituição Federal, os períodos reconhecidos pelo regime previdenciário de origem como de tempo especial, sem conversão em tempo comum, deverão estar incluídos nos períodos de contribuição compreendidos na CTC e discriminados de data a data.

▶ Incisos V a IX acrescidos pela Lei nº 13.846, de 18-6-2019.

Parágrafo único. O disposto no inciso V do *caput* deste artigo não se aplica ao tempo de serviço anterior à edição da Emenda Constitucional nº 20, de 15 de dezembro de 1998, que tenha sido equiparado por lei a tempo de contribuição.

▶ Parágrafo único acrescido pela Lei nº 13.846, de 18-6-2019.

Art. 97. A aposentadoria por tempo de serviço, com contagem de tempo na forma desta Seção, será concedida ao segurado do sexo feminino a partir de vinte e cinco anos completos de serviço, e, ao segurado do sexo masculino, a partir de trinta anos completos de serviço, ressalvadas as hipóteses de redução previstas em lei.

Art. 98. Quando a soma dos tempos de serviço ultrapassar trinta anos, se do sexo feminino, e trinta e cinco anos, se do sexo masculino, o excesso não será considerado para qualquer efeito.

Art. 99. O benefício resultante de contagem de tempo de serviço na forma desta Seção será concedido e pago pelo sistema a que o interessado estiver vinculado ao requerê-lo, e calculado na forma da respectiva legislação.

Seção VIII
DAS DISPOSIÇÕES DIVERSAS RELATIVAS ÀS PRESTAÇÕES

Art. 100. VETADO.

Art. 101. O segurado em gozo de auxílio por incapacidade temporária, auxílio-acidente ou aposentadoria por incapacidade permanente e o pensionista inválido, cujos benefícios tenham sido concedidos judicial ou administrativamente, estão obrigados, sob pena de suspensão do benefício, a submeter-se a:

▶ *Caput* com a redação dada pela Lei nº 14.441, de 2-9-2022.

I – exame médico a cargo da Previdência Social para avaliação das condições que ensejaram sua concessão ou manutenção;

II – processo de reabilitação profissional prescrito e custeado pela Previdência Social; e

III – tratamento oferecido gratuitamente, exceto o cirúrgico e a transfusão de sangue, que são facultativos.

▶ Incisos I a III acrescidos pela Lei nº 14.441, de 2-9-2022.

§ 1º *Observado o disposto nos §§ 4º, 5º e 6º do art. 43 desta Lei, o aposentado por incapacidade permanente e o pensionista inválido que não tenham retornado à atividade são isentos do exame de que trata o inciso I do caput deste artigo:*

▶ *Caput* do § 1º com a redação dada pela Lei nº 15.157, de 1º-7-2025, promulgado nos termos do art. 66, § 5º, da CF (*DOU* de 2-7-2025).

I – após completarem cinquenta e cinco anos ou mais de idade e quando decorridos quinze anos da data da concessão da aposentadoria por invalidez ou do auxílio-doença que a precedeu; ou

II – após completarem sessenta anos de idade.

▶ § 1º com a redação dada pela Lei nº 13.457, de 26-6-2017.

§ 2º A isenção de que trata o § 1º não se aplica quando o exame tem as seguintes finalidades:

I – verificar a necessidade de assistência permanente de outra pessoa para a concessão do acréscimo de 25% (vinte e cinco por cento) sobre o valor do benefício, conforme dispõe o art. 45;

II – verificar a recuperação da capacidade de trabalho, mediante solicitação do aposentado ou pensionista que se julgar apto;

III – subsidiar autoridade judiciária na concessão de curatela, conforme dispõe o art. 110.

▶ § 2º acrescido pela Lei nº 13.063, de 30-12-2014.

§ 3º VETADO.

§ 4º A perícia de que trata este artigo terá acesso aos prontuários médicos do periciado no Sistema Único de Saúde (SUS), desde que haja a prévia anuência do periciado e seja garantido o sigilo sobre os dados dele.

§ 5º É assegurado o atendimento domiciliar e hospitalar pela perícia médica e social do INSS ao segurado com dificuldades de locomoção, quando seu deslocamento, em razão de sua limitação funcional e de condições de acessibilidade, imponha-lhe ônus desproporcional e indevido, nos termos do regulamento.

▶ §§ 4º e 5º acrescidos pela Lei nº 13.457, de 26-6-2017.

§ 6º As avaliações e os exames médico-periciais de que trata o inciso I do *caput*, inclusive na hipótese de que trata o § 5º deste artigo, poderão ser realizados com o uso de tecnologia de telemedicina ou por análise documental conforme situações e requisitos definidos em regulamento, observado o disposto nos §§ 11-A e 14 do art. 60 desta Lei e no § 12 do art. 30 da Lei nº 11.907, de 2 de fevereiro de 2009.

▶ § 6º com a redação dada pela Lei nº 14.724, de 14-11-2023.

§ 7º *Revogado*. Lei nº 14.724, de 14-11-2023.

§ 8º Em caso de cancelamento de agendamento para perícia presencial, o horário vago poderá ser preenchido por perícia com o uso de tecnologia de telemedicina, antecipando atendimento previsto para data futura, obedecida a ordem da fila.

§ 9º No caso da antecipação de atendimento prevista no § 8º deste artigo, observar-se-á a disponibilidade do periciando para se submeter à perícia remota no horário tornado disponível.

▶ §§ 8º e 9º acrescidos pela Lei nº 14.724, de 14-11-2023.

Art. 102. A perda da qualidade de segurado importa em caducidade dos direitos inerentes a essa qualidade.

▶ *Caput* com a redação dada pela Lei nº 9.528, de 10-12-1997.

▶ Art. 3º da Lei nº 10.666, de 8-5-2003, que dispõe sobre a concessão da aposentadoria especial ao cooperado de Cooperativa de Trabalho ou de Produção.

§ 1º A perda da qualidade de segurado não prejudica o direito à aposentadoria para cuja concessão tenham sido preenchidos todos os requisitos, segundo a legislação em vigor à época em que estes requisitos foram atendidos.

§ 2º Não será concedida pensão por morte aos dependentes do segurado que falecer após a perda desta qualidade, nos termos do artigo 15 desta Lei, salvo se preenchidos os requisitos para obtenção da aposentadoria na forma do parágrafo anterior.

▶ §§ 1º e 2º acrescidos pela Lei nº 9.528, de 10-12-1997.

▶ Súm. nº 416 do STJ.

Art. 103. O prazo de decadência do direito ou da ação do segurado ou beneficiário para a revisão do ato de concessão, indeferimento, cancelamento ou cessação de benefício e do ato de deferimento, indeferimento ou não concessão de revisão de benefício é de 10 (dez) anos, contado:

▶ *Caput* com a redação dada pela Lei nº 13.846, de 18-6-2019.

▶ O STF, por maioria dos votos, julgou parcialmente procedente o pedido na ADI nº 6.096, declarando a inconstitucionalidade do art. 24 da Lei nº 13.846/2019 no que deu nova redação a este artigo (*DOU* de 26-10-2020).

I – do dia primeiro do mês subsequente ao do recebimento da primeira prestação ou da data em que a prestação deveria ter sido paga com o valor revisto; ou

II – do dia em que o segurado tomar conhecimento da decisão de indeferimento, cancelamento ou cessação do seu pedido de benefício ou da decisão de deferimento ou indeferimento de revisão de benefício, no âmbito administrativo.

▶ Incisos I e II acrescidos pela Lei nº 13.846, de 18-6-2019.

Parágrafo único. Prescreve em cinco anos, a contar da data em que deveriam ter sido pagas, toda e qualquer ação para haver prestações vencidas ou quaisquer restituições ou diferenças devidas pela Previdência Social, salvo o direito dos menores, incapazes e ausentes, na forma do Código Civil.

▶ Parágrafo único acrescido pela Lei nº 9.528, de 10-12-1997.

▶ Súmulas nºs 291 e 427 do STJ.

Art. 103-A. O direito da Previdência Social de anular os atos administrativos de que decorram efeitos favoráveis para os seus beneficiários decai em dez anos, contados da data em que foram praticados, salvo comprovada má-fé.

▶ Art. 60 da Port. do MPS nº 323, de 27-8-2007, que dispõe sobre a revisão de ofício pelo Conselho de Recursos da Previdência Social das suas próprias decisões.

§ 1º No caso de efeitos patrimoniais contínuos, o prazo decadencial contar-se-á da percepção do primeiro pagamento.

§ 2º Considera-se exercício do direito de anular qualquer medida de autoridade administrativa que importe impugnação à validade do ato.

▶ Art. 103-A acrescido pela Lei nº 10.839, de 5-2-2004.

Art. 104. As ações referentes à prestação por acidente do trabalho prescrevem em cinco anos, observado o disposto no artigo 103 desta Lei, contados da data:

I – do acidente, quando dele resultar a morte ou a incapacidade temporária, verificada esta em perícia médica a cargo da Previdência Social; ou

II – em que for reconhecida pela Previdência Social, a incapacidade permanente ou o agravamento das sequelas do acidente.

Art. 105. A apresentação de documentação incompleta não constitui motivo para recusa do requerimento de benefício.

Art. 106. A comprovação do exercício de atividade rural será feita, complementarmente à autodeclaração de que trata o § 2º e ao cadastro de que trata o § 1º, ambos do art. 38-B desta Lei, por meio de, entre outros:

▶ *Caput* com a redação dada pela Lei nº 13.846, de 18-6-2019.

▶ Súm. nº 577 do STJ.

I – contrato individual de trabalho ou Carteira de Trabalho e Previdência Social;

II – contrato de arrendamento, parceria ou comodato rural;

▶ Incisos I e II com a redação dada pela Lei nº 11.718, de 20-6-2008.

III – *Revogado.* Lei nº 13.846, de 18-6-2019;

IV – Declaração de Aptidão ao Programa Nacional de Fortalecimento da Agricultura Familiar, de que trata o inciso II do *caput* do art. 2º da Lei nº 12.188, de 11 de janeiro de 2010, ou por documento que a substitua;

▶ Inciso IV com a redação dada pela Lei nº 13.846, de 18-6-2019.

V – bloco de notas do produtor rural;

▶ Inciso V com a redação dada pela Lei nº 11.718, de 20-6-2008.

VI – notas fiscais de entrada de mercadorias, de que trata o § 7º do art. 30 da Lei nº 8.212, de 24 de julho de 1991, emitidas pela empresa adquirente da produção, com indicação do nome do segurado como vendedor;

VII – documentos fiscais relativos a entrega de produção rural à cooperativa agrícola, entreposto de pescado ou outros, com indicação do segurado como vendedor ou consignante;

VIII – comprovantes de recolhimento de contribuição à Previdência Social decorrentes da comercialização da produção;

IX – cópia da declaração de imposto de renda, com indicação de renda proveniente da comercialização de produção rural; ou

X – licença de ocupação ou permissão outorgada pelo INCRA.

▶ Incisos VI a X acrescidos pela Lei nº 11.718, de 20-6-2008.

Art. 107. O tempo de serviço de que trata o artigo 55 desta Lei será considerado para cálculo do valor da renda mensal de qualquer benefício.

Art. 108. Mediante justificação processada perante a Previdência Social, observado o disposto no § 3º do artigo 55 e na forma estabelecida no Regulamento, poderá ser suprida a falta de documento ou provado ato do interesse de beneficiário ou empresa, salvo no que se refere a registro público.

Art. 109. O benefício será pago diretamente ao beneficiário, salvo em caso de ausência, moléstia contagiosa ou impossibilidade de locomoção, quando será pago a procurador, cujo mandato não terá prazo superior a doze meses, podendo ser renovado.

▶ *Caput* com a redação dada pela Lei nº 8.870, de 15-4-1994.

Parágrafo único. A impressão digital do beneficiário incapaz de assinar, aposta na presença de servidor da Previdência Social, vale como assinatura para quitação de pagamento de benefício.

Art. 110. O benefício devido ao segurado ou dependente civilmente incapaz será feito ao cônjuge, pai, mãe, tutor ou curador, admitindo-se, na sua falta e por período não superior a 6 (seis) meses, o pagamento a herdeiro necessário, mediante termo de compromisso firmado no ato do recebimento.

§ 1º Para efeito de curatela, no caso de interdição do beneficiário, a autoridade judiciária pode louvar-se no laudo médico-pericial da Previdência Social.

▶ Parágrafo único transformado em § 1º pela Lei nº 13.846, de 18-6-2019.

§ 2º O dependente excluído, na forma do § 7º do art. 16 desta Lei, ou que tenha a parte provisoriamente suspensa, na forma do § 7º do art. 77 desta Lei, não poderá representar outro dependente para fins de recebimento e percepção do benefício.

§ 3º O dependente que perde o direito à pensão por morte, na forma do § 1º do art. 74 desta Lei, não poderá representar outro dependente para fins de recebimento e percepção do benefício.

▶ §§ 2º e 3º acrescidos pela Lei nº 13.846, de 18-6-2019.

Art. 110-A. No ato de requerimento de benefícios operacionalizados pelo INSS, não será exigida apresentação de termo de curatela de titular ou de beneficiário com deficiência, observados os procedimentos a serem estabelecidos em regulamento.

▶ Artigo acrescido pela Lei nº 13.146, de 6-7-2015.

Art. 111. O segurado menor poderá, conforme dispuser o Regulamento, firmar recibo de benefício, independentemente da presença dos pais ou do tutor.

Art. 112. O valor não recebido em vida pelo segurado só será pago aos seus dependentes habilitados à pensão por morte ou, na falta deles, aos seus sucessores na forma da lei civil, independentemente de inventário ou arrolamento.

Art. 113. O benefício poderá ser pago mediante depósito em conta-corrente ou por autorização de pagamento, conforme se dispuser em regulamento.

Parágrafo único. *Revogado.* Lei nº 9.876, de 26-11-1999.

Art. 114. Salvo quanto a valor devido à Previdência Social e a desconto autorizado por esta Lei, ou derivado da obrigação de prestar alimentos reconhecida em sentença judicial, o benefício não pode ser objeto de penhora, arresto ou sequestro, sendo nula de pleno direito a sua venda ou cessão, ou a constituição de qualquer ônus sobre ele, bem como a outorga de poderes irrevogáveis ou em causa própria para o seu recebimento.

Art. 115. Podem ser descontados dos benefícios:

I – contribuições devidas pelo segurado à Previdência Social;

II – pagamento administrativo ou judicial de benefício previdenciário ou assistencial indevido, ou além do devido, inclusive na hipótese de cessação do benefício pela revogação de decisão judicial, em valor que não exceda 30% (trinta por cento) da sua importância, nos termos do regulamento;

▶ Inciso II com a redação dada pela Lei nº 13.846, de 18-6-2019.

III – Imposto de Renda retido na fonte;

IV – pensão de alimentos decretada em sentença judicial;

V – mensalidades de associações e demais entidades de aposentados legalmente reconhecidas, desde que autorizadas por seus filiados;

VI – pagamento de empréstimos, financiamentos e operações de arrendamento mercantil concedidos por instituições financeiras e sociedades de arrendamento mercantil, ou por entidades fechadas ou abertas de previdência complementar, públicas e privadas, quando expressamente autorizado pelo beneficiário, até o limite de 45% (quarenta e cinco por cento) do valor do benefício, sendo 35% (trinta e cinco por cento) destinados exclusivamente a empréstimos, financiamentos e arrendamentos mercantis, 5% (cinco por cento) destinados exclusivamente à amortização de despesas contraídas por meio de cartão de crédito consignado ou à utilização com a finalidade de saque por meio de cartão de crédito consignado e 5% (cinco por cento) destinados exclusivamente à amortização de despesas contraídas por meio de cartão consignado de benefício ou à utilização com a finalidade de saque por meio de cartão consignado de benefício.

▶ *Caput* com a redação dada pela Lei nº 14.431, de 3-8-2022.

a e b) Revogadas. Lei nº 14.431, de 3-8-2022.

§ 1º Na hipótese do inciso II, o desconto será feito em parcelas, conforme dispuser o regulamento, salvo má-fé.

▶ Parágrafo único transformado em § 1º pela Lei nº 10.820, de 17-12-2003.

§ 2º Na hipótese dos incisos II e VI, haverá prevalência do desconto do inciso II.

▶ § 2º acrescido pela Lei nº 10.820, de 17-12-2003.

§ 3º Serão inscritos em dívida ativa pela Procuradoria-Geral Federal os créditos constituídos pelo INSS em decorrência de benefício previdenciário ou assistencial pago indevidamente ou além do devido, inclusive na hipótese de cessação do benefício pela revogação de decisão judicial, nos termos da Lei nº 6.830, de 22 de setembro de 1980, para a execução judicial.

▶ § 3º com a redação dada pela Lei nº 13.846, de 18-6-2019.

§ 4º Será objeto de inscrição em dívida ativa, para os fins do disposto no § 3º deste artigo, em conjunto ou separadamente, o terceiro beneficiado que sabia ou deveria saber da origem do benefício pago indevidamente em razão de fraude, de dolo ou de coação, desde que devidamente identificado em procedimento administrativo de responsabilização.

§ 5º O procedimento de que trata o § 4º deste artigo será disciplinado em regulamento, nos termos da Lei nº 9.784, de 29 de janeiro de 1999, e no art. 27 do Decreto-Lei nº 4.657, de 4 de setembro de 1942.

▶ §§ 4º e 5º acrescidos pela Lei nº 13.846, de 18-6-2019.

§ 6º *Revogado*. Lei nº 14.438, de 24-8-2022.

Art. 116. Será fornecido ao beneficiário demonstrativo minucioso das importâncias pagas, discriminando-se o valor da mensalidade, as diferenças eventualmente pagas com o período a que se referem e os descontos efetuados.

Art. 117. Empresas, sindicatos e entidades fechadas de previdência complementar poderão, mediante celebração de acordo de cooperação técnica com o INSS, encarregar-se, relativamente a seus empregados, associados ou beneficiários, de requerer benefícios previdenciários por meio eletrônico, preparando-os e instruindo-os nos termos do acordo.

▶ *Caput* com a redação dada pela Lei nº 14.020, de 6-7-2020.

I a III – *Revogados*. Lei nº 14.020, de 6-7-2020.

Parágrafo único. *Revogado*. Lei nº 14.020, de 6-7-2020.

Art. 117-A. Empresas, sindicatos e entidades fechadas de previdência complementar poderão realizar o pagamento integral dos benefícios previdenciários devidos a seus beneficiários, mediante celebração de contrato com o INSS, dispensada a licitação.

§ 1º Os contratos referidos no *caput* deste artigo deverão prever as mesmas obrigações, condições e valores devidos pelas instituições financeiras responsáveis pelo pagamento dos benefícios pelo INSS.

§ 2º As obrigações, condições e valores referidos no § 1º deste artigo serão definidos em ato próprio do INSS.

▶ Art. 117-A acrescido pela Lei nº 14.020, de 6-7-2020.

Art. 118. O segurado que sofreu acidente do trabalho tem garantida, pelo prazo mínimo de doze meses, a manutenção do seu contrato de trabalho na empresa, após a cessação do auxílio-doença acidentário, independentemente de percepção de auxílio-acidente.

▶ Súm. nº 378 do TST.

Parágrafo único. *Revogado*. Lei nº 9.032, de 28-4-1995.

Art. 119. Por intermédio dos estabelecimentos de ensino, sindicatos, associações de classe, Fundação Jorge Duprat Figueiredo de Segurança e Medicina do Trabalho – FUNDACENTRO, órgãos públicos e outros meios, serão promovidas regularmente instrução e formação com vistas a incrementar costumes e atitudes prevencionistas em matéria de acidente, especialmente do trabalho.

Art. 120. A Previdência Social ajuizará ação regressiva contra os responsáveis nos casos de:

I – negligência quanto às normas padrão de segurança e higiene do trabalho indicadas para a proteção individual e coletiva;

II – violência doméstica e familiar contra a mulher, nos termos da Lei nº 11.340, de 7 de agosto de 2006.

Art. 121. O pagamento de prestações pela Previdência Social em decorrência dos casos previstos nos incisos I e II do *caput* do art. 120 desta Lei não exclui a responsabilidade civil da empresa, no caso do inciso I, ou do responsável pela violência doméstica e familiar, no caso do inciso II.

▶ Arts. 120 e 121 com a redação dada pela Lei nº 13.846, de 18-6-2019.

Art. 122. Se mais vantajoso, fica assegurado o direito à aposentadoria, nas condições legalmente previstas na data do cumprimento de todos os requisitos necessários à obtenção do benefício, ao segurado que, tendo completado 35 anos de serviço, se homem, ou trinta anos, se mulher, optou por permanecer em atividade.

▶ Artigo restabelecido, com a redação dada pela Lei nº 9.528, de 10-12-1997.

Art. 123. *Revogado*. Lei nº 9.032, de 28-4-1995.

Art. 124. Salvo no caso de direito adquirido, não é permitido o recebimento conjunto dos seguintes benefícios da Previdência Social:

▶ Súm. nº 36 da TNU-JEF.

I – aposentadoria e auxílio-doença;

II – mais de uma aposentadoria;

▶ Inciso II com a redação dada pela Lei nº 9.032, de 28-4-1995.

III – aposentadoria e abono de permanência em serviço;

IV – salário-maternidade e auxílio-doença;

V – mais de um auxílio-acidente;

VI – mais de uma pensão deixada por cônjuge ou companheiro, ressalvado o direito de opção pela mais vantajosa.

▶ Incisos IV a VI acrescidos pela Lei nº 9.032, de 28-4-1995.

Parágrafo único. É vedado o recebimento conjunto do seguro-desemprego com qualquer benefício de prestação continuada da Previdência Social, exceto pensão por morte ou auxílio-acidente.

▶ Parágrafo único acrescido pela Lei nº 9.032, de 28-4-1995.

Art. 124-A. O INSS implementará e manterá processo administrativo eletrônico para requerimento de benefícios e serviços e disponibilizará canais eletrônicos de atendimento.

▶ *Caput* acrescido pela Lei nº 13.846, de 18-6-2019.

§ 1º O INSS facilitará o atendimento, o requerimento, a concessão, a manutenção e a revisão de benefícios por meio eletrônico e implementará procedimentos automatizados, de atendimento e prestação de serviços por meio de atendimento telefônico ou de canais remotos.

§ 2º Poderão ser celebrados acordos de cooperação, na modalidade de adesão, com órgãos e entidades da União, dos Estados, do Distrito Federal e dos Municípios, para a recepção de documentos e o apoio administrativo às atividades do INSS que demandem serviços presenciais.

§ 3º A implementação de serviços eletrônicos preverá mecanismos de controle preventivos de fraude e de identificação segura do cidadão.

▶ §§ 1º a 3º acrescidos pela Lei nº 13.846, de 18-6-2019.

§ 4º As ligações telefônicas realizadas de telefone fixo ou móvel que visem à solicitação dos serviços referidos no § 1º deste artigo deverão ser gratuitas e serão consideradas de utilidade pública.

▶ § 4º acrescido pela Lei nº 14.199, de 2-9-2021.

Art. 124-B. O INSS, para o exercício de suas competências, observado o disposto nos incisos XI e XII do art. 5º da Constituição Federal e na Lei nº 13.709, de 14 de agosto de 2018, terá acesso aos dados necessários para a análise, a concessão, a revisão e a manutenção de benefícios por ele administrados, em especial aos dados:

▶ *Caput* acrescido pela Lei nº 13.846, de 18-6-2019.

I – VETADO. Lei nº 13.846, de 18-6-2019;

II – dos registros e dos prontuários eletrônicos do Sistema Único de Saúde (SUS), administrados pelo Ministério da Saúde;

III – dos documentos médicos mantidos por entidades públicas e privadas, sendo necessária, no caso destas últimas, a celebração de convênio para garantir o acesso; e

IV – de movimentação das contas do Fundo de Garantia por Tempo de Serviço (FGTS), instituído pela Lei nº 5.107, de 13 de setembro de 1966, mantidas pela Caixa Econômica Federal.

▶ Incisos I a IV acrescidos pela Lei nº 13.846, de 18-6-2019.

§ 1º Para fins do cumprimento do disposto no *caput* deste artigo, serão preservados a integridade e o sigilo dos dados acessados pelo INSS, eventualmente existentes, e o acesso aos dados dos prontuários eletrônicos do Sistema Único de Saúde (SUS) e dos documentos médicos mantidos por entidades públicas e privadas será exclusivamente franqueado aos peritos médicos federais designados pelo INSS.

§ 2º O Ministério da Economia terá acesso às bases de dados geridas ou administradas pelo INSS, incluída a folha de pagamento de benefícios com o detalhamento dos pagamentos.

§ 3º As bases de dados e as informações de que tratam o *caput* e o § 1º deste artigo poderão ser compartilhadas com os regimes próprios de previdência social, para estrita utilização em suas atribuições relacionadas à recepção, à análise, à concessão, à revisão e à manutenção de benefícios por eles administrados, preservados a integridade dos dados e o sigilo eventualmente existente, na forma disciplinada conjuntamente pela Secretaria Especial de Previdência e Trabalho do Ministério da Economia e pelo gestor dos dados.

§ 4º Fica dispensada a celebração de convênio, de acordo de cooperação técnica ou de instrumentos congêneres para a efetivação do acesso aos dados de que trata o *caput* deste artigo, quando se tratar de dados hospedados por órgãos da administração pública federal, e caberá ao INSS a responsabilidade de arcar com os custos envolvidos, quando houver, no acesso ou na extração dos dados, exceto quando estabelecido de forma diversa entre os órgãos envolvidos.

§ 5º As solicitações de acesso a dados hospedados por entidades privadas possuem característica de requisição, dispensados a celebração de convênio, acordo de cooperação técnica ou instrumentos congêneres para a efetivação do acesso aos dados de que trata o *caput* deste artigo e o ressarcimento de eventuais custos, vedado o compartilhamento dos dados com demais entidades de direito privado.

▶ §§ 1º a 5º acrescidos pela Lei nº 13.846, de 18-6-2019.

§ 6º Excetua-se da vedação de que trata o § 5º deste artigo a autorização para compartilhamento com as entidades de previdência complementar das informações sobre o óbito de beneficiários dos planos de previdência por elas administrados.

▶ § 6º acrescido pela Lei nº 14.131, de 30-3-2021.

Art. 124-C. O servidor responsável pela análise dos pedidos dos benefícios previstos nesta Lei motivará suas decisões ou opiniões técnicas e responderá pessoalmente apenas na hipótese de dolo ou erro grosseiro.

Art. 124-D. A administração pública federal desenvolverá ações de segurança da informação e comunicações, incluídas as de segurança cibernética, de segurança das infraestruturas, de qualidade dos dados e de segurança de interoperabilidade de bases governamentais, e efetuará a sua integração, inclusive com as bases de dados e informações dos Estados, dos Municípios e do Distrito Federal, com o objetivo de atenuar riscos e inconformidades em pagamentos de benefícios sociais.

▶ Arts. 124-C e 124-D acrescidos pela Lei nº 13.846, de 18-6-2019.

Arts. 124-E e 124-F. VETADOS. Lei nº 13.846, de 18-6-2019.

TÍTULO IV – DAS DISPOSIÇÕES FINAIS E TRANSITÓRIAS

Art. 125. Nenhum benefício ou serviço da Previdência Social poderá ser criado, majorado ou estendido, sem a correspondente fonte de custeio total.

▶ Art. 152 do Dec. nº 3.048, de 6-5-1999 (Regulamento da Previdência Social).

▶ Lei nº 9.796, de 5-5-1999, dispõe sobre a compensação financeira entre os diversos regimes previdenciários, regulamentada pelo Dec. nº 10.188, de 20-12-2019.

Art. 125-A. Compete ao Instituto Nacional do Seguro Social – INSS realizar, por meio dos seus próprios agentes, quando designados, todos os atos e procedimentos necessários à verificação do atendimento das obrigações não tributárias impostas pela legislação previdenciária e à imposição da multa por seu eventual descumprimento.

§ 1º A empresa disponibilizará a servidor designado por dirigente do INSS os documentos necessários à comprovação de vínculo empregatício, de prestação de serviços e de remuneração relativos a trabalhador previamente identificado.

§ 2º Aplica-se ao disposto neste artigo, no que couber, o art. 126 desta Lei.

§ 3º O disposto neste artigo não abrange as competências atribuídas em caráter privativo aos ocupantes do cargo de Auditor Fiscal da Receita Federal do Brasil previstas no inciso I do *caput* do art. 6º da Lei nº 10.593, de 6 de dezembro de 2002.

▶ Art. 125-A com a redação dada pela Lei nº 11.941, de 27-5-2009.

Art. 126. Compete ao Conselho de Recursos da Previdência Social julgar, entre outras demandas, na forma do regulamento:

▶ *Caput* com a redação dada pela Lei nº 13.876, de 20-9-2019.

▶ Súm. nº 373 do STJ.

I – recursos das decisões do INSS nos processos de interesse dos beneficiários;

II – contestações e recursos relativos à atribuição, pelo Ministério da Economia, do Fator Acidentário de Prevenção aos estabelecimentos das empresas;

III – recursos das decisões do INSS relacionados à comprovação de atividade rural de segurado especial de que tratam os arts. 38-A e 38-B, ou demais informações relacionadas ao CNIS de que trata o art. 29-A desta Lei.

▶ Incisos I a III acrescidos pela Lei nº 13.846, de 18-6-2019.

IV – recursos de processos relacionados à compensação financeira de que trata a Lei nº 9.796, de 5 de maio de 1999, e à supervisão e à fiscalização dos regimes próprios de previdência social de que trata a Lei nº 9.717, de 27 de novembro de 1998.

▶ Inciso IV acrescido pela Lei nº 13.876, de 20-9-2019.

§§ 1º e 2º *Revogados*. Lei nº 11.727, de 23-6-2008.

§ 3º A propositura de ação que tenha por objeto idêntico pedido sobre o qual versa o processo administrativo importa renúncia ao direito de recorrer na esfera administrativa e desistência do recurso interposto.

▶ § 3º com a redação dada pela Lei nº 13.846, de 18-6-2019.

§ 4º Os recursos de que tratam os incisos I e III do *caput* deste artigo poderão ser interpostos diretamente ao Conselho de Recursos da Previdência Social, que emitirá notificação eletrônica automática para o INSS reanalisar, no prazo máximo de 30 (trinta) dias, a decisão administrativa, na forma disciplinada por ato conjunto do Ministério do Trabalho e Previdência, do Conselho de Recursos da Previdência Social e do INSS.

▶ § 4º acrescido pela Lei nº 14.441, de 2-9-2022.

Art. 127. *Revogado*. Lei nº 9.711, de 20-11-1998.

Art. 128. As demandas judiciais que tiverem por objeto o reajuste ou a concessão de benefícios regulados nesta Lei cujos valores de execução não forem superiores a R$ 5.180,25 (cinco mil, cento e oitenta reais e vinte e cinco centavos) por autor poderão, por opção de cada um dos exequentes, ser quitadas no prazo de até sessenta dias após a intimação do trânsito em julgado da decisão, sem necessidade da expedição de precatório.

▶ *Caput* com a redação dada pela Lei nº 10.099, de 19-12-2000.

▶ Art. 17 da Lei nº 10.259, de 12-7-2001 (Lei dos Juizados Especiais Federais).

▶ Art. 8º, parágrafo único, da Port. Interministerial do MTPrev e MF nº 26, de 10-1-2023 (*DOU* de 11-1-2023), que limita o valor das demandas judiciais previstas neste artigo em R$ 78.120,00 (setenta e oito mil cento e vinte reais), a partir de 1º-1-2023.

§ 1º É vedado o fracionamento, repartição ou quebra do valor da execução, de modo que o pagamento se faça, em parte, na forma estabelecida no *caput* e, em parte, mediante expedição do precatório.

§ 2º É vedada a expedição de precatório complementar ou suplementar do valor pago na forma do *caput*.

§ 3º Se o valor da execução ultrapassar o estabelecido no *caput*, o pagamento far-se-á sempre por meio de precatório.

§ 4º É facultada à parte exequente a renúncia ao crédito, no que exceder ao valor estabelecido no *caput*, para que possa optar pelo pagamento do saldo sem o precatório, na forma ali prevista.

§ 5º A opção exercida pela parte para receber os seus créditos na forma prevista no *caput* implica a renúncia do restante dos créditos porventura existentes e que sejam oriundos do mesmo processo.

§ 6º O pagamento sem precatório, na forma prevista neste artigo, implica quitação total do pedido constante da petição inicial e determina a extinção do processo.

§ 7º O disposto neste artigo não obsta a interposição de embargos à execução por parte do INSS.

▶ §§ 1º a 7º acrescidos pela Lei nº 10.099, de 19-12-2000.

Art. 129. Os litígios e medidas cautelares relativos a acidentes do trabalho serão apreciados:

I – na esfera administrativa, pelos órgãos da Previdência Social, segundo as regras e prazos aplicáveis às demais prestações, com prioridade para conclusão; e

II – na via judicial, pela Justiça dos Estados e do Distrito Federal, segundo o rito sumaríssimo, inclusive durante as férias forenses, mediante petição instruída pela prova de efetiva notificação do evento à Previdência Social, através de Comunicação de Acidente do Trabalho – CAT.

▶ A expressão "procedimento sumaríssimo" foi substituída por "procedimento sumário" conforme art. 3º da Lei nº 9.245, de 26-12-1995.

Parágrafo único. O procedimento judicial de que trata o inciso II deste artigo é isento do pagamento de quaisquer custas e de verbas relativas à sucumbência.

Art. 129-A. Os litígios e as medidas cautelares relativos aos benefícios por incapacidade de que trata esta Lei, inclusive os relativos a acidentes do trabalho, observarão o seguinte:

I – quando o fundamento da ação for a discussão de ato praticado pela perícia médica federal, a petição inicial deverá conter, em complemento aos requisitos previstos no art. 319 da Lei nº 13.105, de 16 de março de 2015 (Código de Processo Civil):

a) descrição clara da doença e das limitações que ela impõe;
b) indicação da atividade para a qual o autor alega estar incapacitado;
c) possíveis inconsistências da avaliação médico-pericial discutida; e
d) declaração quanto à existência de ação judicial anterior com o objeto de que trata este artigo, esclarecendo os motivos pelos quais se entende não haver litispendência ou coisa julgada, quando for o caso;

II – para atendimento do disposto no art. 320 da Lei nº 13.105, de 16 de março de 2015 (Código de Processo Civil), a petição inicial, qualquer que seja o rito ou procedimento adotado, deverá ser instruída pelo autor com os seguintes documentos:

a) comprovante de indeferimento do benefício ou de sua não prorrogação, quando for o caso, pela administração pública;
b) comprovante da ocorrência do acidente de qualquer natureza ou do acidente do trabalho, sempre que houver um acidente apontado como causa da incapacidade;
c) documentação médica de que dispuser relativa à doença alegada como a causa da incapacidade discutida na via administrativa.

§ 1º Determinada pelo juízo a realização de exame médico-pericial por perito do juízo, este deverá, no caso de divergência com as conclusões do laudo administrativo, indicar em seu laudo de forma fundamentada as razões técnicas e científicas que amparam o dissenso, especialmente no que se refere à comprovação da incapacidade, sua data de início e a sua correlação com a atividade laboral do periciando.

§ 2º Quando a conclusão do exame médico pericial realizado por perito designado pelo juízo mantiver o resultado da decisão proferida pela perícia realizada na via administrativa, poderá o juízo, após a oitiva da parte autora, julgar improcedente o pedido.

§ 3º Se a controvérsia versar sobre outros pontos além do que exige exame médico-pericial, observado o disposto no § 1º deste artigo, o juízo dará seguimento ao processo, com a citação do réu.

► Art. 129-A acrescido pela Lei nº 14.331, de 4-5-2022.

Art. 130. Na execução contra o Instituto Nacional do Seguro Social-INSS, o prazo a que se refere o artigo 730 do Código de Processo Civil é de 30 (trinta) dias.

► *Caput* com a redação dada pela Lei nº 9.528, de 10-12-1997.
► Refere-se ao CPC/1973.
► Art. 910 do CPC/2015.

Parágrafo único. *Revogado.* Lei nº 9.528, de 10-12-1997.

Art. 131. O Ministro da Previdência e Assistência Social poderá autorizar o INSS a formalizar a desistência ou abster-se de propor ações e recursos em processos judiciais sempre que a ação versar matéria sobre a qual haja declaração de inconstitucionalidade proferida pelo Supremo Tribunal Federal – STF, súmula ou jurisprudência consolidada do STF ou dos tribunais superiores.

► *Caput* com a redação dada pela Lei nº 9.528, de 10-12-1997.

Parágrafo único. O Ministro da Previdência e Assistência Social disciplinará as hipóteses em que a administração previdenciária federal, relativamente aos créditos previdenciários baseados em dispositivo declarado inconstitucional por decisão definitiva do Supremo Tribunal Federal, possa:

► Parágrafo único acrescido pela Lei nº 9.528, de 10-12-1997.

a) abster-se de constituí-los;
b) retificar o seu valor ou declará-los extintos, de ofício, quando houverem sido constituídos anteriormente, ainda que inscritos em dívida ativa;
c) formular desistência de ações de execução fiscal já ajuizadas, bem como deixar de interpor recursos de decisões judiciais.

► Art. 131 com a redação dada pela Lei nº 9.528, de 10-12-1997.

Art. 132. A formalização de desistência ou transigência judiciais, por parte de procurador da Previdência Social, será sempre precedida da anuência, por escrito, do Procurador-Geral do Instituto Nacional do Seguro Social INSS, ou do presidente desse órgão, quando os valores em litígio ultrapassarem os limites definidos pelo Conselho Nacional de Previdência Social – CNPS.

§ 1º Os valores, a partir dos quais se exigirá a anuência do Procurador-Geral ou do presidente do INSS, serão definidos periodicamente pelo CNPS, através de resolução própria.

§ 2º Até que o CNPS defina os valores mencionados neste artigo, deverão ser submetidos à anuência prévia do Procurador-Geral ou do presidente do INSS a formalização de desistência ou transigência judiciais, quando os valores, referentes a cada segurado considerado separadamente, superarem, respectivamente, 10 (dez) ou 30 (trinta) vezes o teto do salário de benefício.

Art. 133. A infração a qualquer dispositivo desta Lei, para a qual não haja penalidade expressamente cominada, sujeita o responsável, conforme a gravidade da infração, à multa variável de CR$ 100.000,00 (cem mil cruzeiros) a CR$ 10.000.000,00 (dez milhões de cruzeiros).

► Art. 8º, III, da Port. Interministerial do MTPrev e MF nº 26, de 10-1-2023 (*DOU* de 11-1-2023), que altera o valor previsto neste artigo de multa variável para R$ 3.100,06 (três mil e cem reais e seis centavos) a R$ 310.004,70 (trezentos e dez mil quatro reais e setenta centavos).

Parágrafo único. *Revogado.* Lei nº 11.941, de 27-5-2009.

Art. 134. Os valores expressos em moeda corrente nesta Lei serão reajustados nas mesmas épocas e com os mesmos índices utilizados para o reajustamento dos valores dos benefícios.

► Artigo com a redação dada pela MP nº 2.187-13, de 24-8-2001, que até o encerramento desta edição não havia sido convertida em Lei.

Art. 135. Os salários de contribuição utilizados no cálculo do valor de benefício serão considerados respeitando-se os limites mínimo e máximo vigentes nos meses a que se referirem.

Art. 135-A. Para o segurado filiado à Previdência Social até julho de 1994, no cálculo do salário de benefício das aposentadorias, exceto a aposentadoria por incapacidade permanente, o divisor considerado no cálculo da média dos salários de contribuição não poderá ser inferior a 108 (cento e oito) meses.

► Art. 135-A acrescido pela Lei nº 14.331, de 4-5-2022.

Art. 136. Ficam eliminados o menor e o maior valor-teto para cálculo do salário de benefício.

Art. 137. Fica extinto o Programa de Previdência Social aos Estudantes, instituído pela Lei nº 7.004, de 24 de junho de 1982, mantendo-se o pagamento dos benefícios de prestação continuada com data de início até a entrada em vigor desta Lei.

Art. 138. Ficam extintos os regimes de Previdência Social instituídos pela Lei Complementar nº 11, de 25 de maio de 1971, e pela Lei nº 6.260, de 6 de novembro de 1975, sendo mantidos, com valor não inferior ao do salário mínimo, os benefícios concedidos até a vigência desta Lei.

Parágrafo único. Para os que vinham contribuindo regularmente para os regimes a que se refere este artigo, será contado o tempo de contribuição para fins do Regime Geral de Previdência Social, conforme disposto no Regulamento.

Arts. 139 a 141. *Revogados.* Lei nº 9.528, de 10-12-1997.

Art. 142. Para o segurado inscrito na Previdência Social Urbana até 24 de julho de 1991, bem como para o trabalhador e o empregador rural cobertos pela Previdência Social Rural, a carência das aposentadorias por idade, por tempo de serviço e especial obedecerá à seguinte tabela, levando-se em conta o ano em que o segurado implementou todas as condições necessárias à obtenção do benefício:

► Artigo e tabela com a redação dada pela Lei nº 9.032, de 28-4-1995.

Ano de implementação das condições	Meses de contribuição
1991	60 meses
1992	60 meses
1993	66 meses
1994	72 meses
1995	78 meses
1996	90 meses
1997	96 meses
1998	102 meses
1999	108 meses
2000	114 meses
2001	120 meses
2002	126 meses
2003	132 meses
2004	138 meses
2005	144 meses
2006	150 meses
2007	156 meses
2008	162 meses
2009	168 meses
2010	174 meses
2011	180 meses

Art. 143. O trabalhador rural ora enquadrado como segurado obrigatório no Regime Geral de Previdência Social, na forma da alínea *a* do inciso I, ou do inciso IV ou VII do artigo 11 desta Lei, pode requerer aposentadoria por idade, no valor de um salário mínimo, durante quinze anos, contados a partir da data de vigência desta Lei, desde que comprove o exercício de atividade rural, ainda que descontínua, no período imediatamente anterior ao requerimento

do benefício, em número de meses idêntico à carência do referido benefício.

- Artigo com a redação dada pela Lei nº 9.063, de 14-6-1995.
- O art. 2º da Lei nº 11.718, de 20-6-2008, prorroga o prazo previsto neste artigo até 31-12-2010, para o trabalhador empregado rural.

Arts. 144 a 147. *Revogados*. MP nº 2.187-13, de 24-8-2001.

Art. 148. *Revogado*. Lei nº 9.528, de 10-12-1997.

Art. 149. As prestações, e o seu financiamento, referentes aos benefícios de ex-combatente e de ferroviário servidor público ou autárquico federal ou em regime especial que não optou pelo regime da Consolidação das Leis do Trabalho, na forma da Lei nº 6.184, de 11 de dezembro de 1974, bem como seus dependentes, serão objeto de legislação específica.

Art. 150. *Revogado*. Lei nº 10.559, de 13-11-2002.

Art. 151. Até que seja elaborada a lista de doenças mencionada no inciso II do art. 26, independe de carência a concessão de auxílio-doença e de aposentadoria por invalidez ao segurado que, após filiar-se ao RGPS, for acometido das seguintes doenças: tuberculose ativa, hanseníase, alienação mental, esclerose múltipla, hepatopatia grave, neoplasia maligna, cegueira, paralisia irreversível e incapacitante, cardiopatia grave, doença de Parkinson, espondiloartrose anquilosante, nefropatia grave, estado avançado da doença de Paget (osteíte deformante), síndrome da deficiência imunológica adquirida (AIDS) ou contaminação por radiação, com base em conclusão da medicina especializada.

- Artigo com a redação dada pela Lei nº 13.135, de 17-6-2015.

Art. 152. *Revogado*. Lei nº 9.528, de 10-12-1997.

Art. 153. O Regime Facultativo Complementar de Previdência Social será objeto de lei especial, a ser submetida à apreciação do Congresso Nacional dentro do prazo de 180 (cento e oitenta) dias.

Art. 154. O Poder Executivo regulamentará esta Lei no prazo de 60 (sessenta) dias a partir da data da sua publicação.

Art. 155. Esta Lei entra em vigor na data de sua publicação.

Art. 156. Revogam-se as disposições em contrário.

Brasília, 24 de julho de 1991;
170º da Independência e
103º da República.

Fernando Collor

LEI Nº 8.620, DE 5 DE JANEIRO DE 1993

Altera as Leis nºs 8.212 e 8.213, de 24 de julho de 1991, e dá outras providências.

(EXCERTOS)

- Publicada no *DOU* de 6-1-1993 e retificada no *DOU* de 12-7-1993 e de 2-8-1993.

....

Art. 5º Os débitos dos hospitais contratados ou conveniados com o Instituto Nacional da Assistência Médica da Previdência Social (INAMPS), relativos a contribuições arrecadadas pelo Instituto Nacional do Seguro Social, ajuizados ou não, referentes a competências existente até 30 de outubro de 1992, poderão ser objeto de parcelamento nos termos desta lei, mediante o desconto de até 20% (vinte por cento) a ser efetuado sobre a importância das faturas referentes aos serviços médico-hospitalares prestados por conta da Seguridade Social, cujo valor correspondente será pelo órgão pagador, para ressarcimento de parcela do débito, na forma a ser estabelecida em regulamento.

Parágrafo único. Quando o valor descontado do faturamento for insuficiente para cobrir o valor da prestação pactuada, serão estabelecidas, conforme dispuser o regulamento, garantias ou formas de pagamentos complementares.

Art. 6º A eficácia de qualquer acordo de parcelamento ficará na dependência da comprovação do recolhimento regular, nas épocas próprias, das parcelas e das contribuições correntes, a partir da competência do mês em que o acordo for assinado.

Art. 7º O recolhimento da contribuição correspondente ao décimo-terceiro salário deve ser efetuado até o dia 20 de dezembro ou no dia imediatamente anterior em que haja expediente bancário.

§ 1º Nos casos da rescisão do contrato de trabalho o recolhimento deve ser efetuado na forma da alínea *b* do inciso I do artigo 30 da Lei nº 8.212, de 24 de julho de 1991, com a redação desta lei.

§ 2º A contribuição de que trata este artigo incide sobre o valor bruto do décimo-terceiro salário, mediante aplicação, em separado, das alíquotas estabelecidas nos artigos 20 e 22 da Lei nº 8.212, de 24 de julho de 1991.

§ 3º A atualização monetária, será devida a contar da data prevista no *caput* deste artigo, utilizando-se o mesmo indexador definido para as demais contribuições arrecadadas pelo Instituto Nacional do Seguro Social.

Art. 8º O Instituto Nacional do Seguro Social (INSS), nas causas em que seja interessado na condição de autor, réu, assistente ou opoente, gozará das mesmas prerrogativas e privilégios assegurados à Fazenda Pública, inclusive quando à inalienabilidade e impenhorabilidade de seus bens.

§ 1º O INSS é isento do pagamento de custas, traslados, preparos, certidões, registros, averbações e quaisquer outros emolumentos, nas causas em que seja interessado na condições de autor, réu, assistente ou opoente, inclusive nas ações de natureza trabalhista, acidentária e de benefícios.

- Súm. nº 483 do STJ.

§ 2º *Revogado*. Lei nº 14.331, de 4-5-2022.

Art. 9º Excepcionalmente, nos meses de fevereiro a julho de 1993, os débitos junto à Seguridade Social, relativos a competências anteriores a 1º de dezembro de 1992, incluídos ou não em notificação, poderão ser objeto de acordo para pagamento parcelado nas seguintes condições:

I – até 96 (noventa e seis) meses, no caso de solicitação apresentada no mês de fevereiro;

II – até 90 (noventa) meses, no caso de solicitação apresentada no mês de março;

III – até 84 (oitenta e quatro) meses, no caso de solicitação apresentada no mês de abril;

IV – até 78 (setenta e oito) meses, no caso de solicitação apresentada no mês de maio;

V – até 72 (setenta e dois) meses, no caso de solicitação apresentada no mês de junho;

VI – até 66 (sessenta e seis) meses, no caso de solicitação apresentada no mês de julho.

Parágrafo único. As empresas adimplentes com a Seguridade Social que possuem acordo de parcelamento em sessenta meses poderão optar pelas condições de parcelamento previstas neste artigo, não prevalecendo, neste caso, o disposto no § 5º do artigos 38 da Lei nº 8.212, de 24 de julho de 1991.

Art. 10. Excepcionalmente, nos meses de fevereiro a julho de 1993, os débitos junto à Seguridade Social, de responsabilidade de empresas públicas ou sociedades de economia mista controladas, direta ou indiretamente, pela União, pelos Estados, pelo Distrito Federal ou pelos Municípios, referentes a competência anteriores a 1º de dezembro de 1992, incluídos ou não em notificação, poderão ser objeto de acordo para pagamento parcelado na forma do disposto neste artigo, desde que atendidas as seguintes condições:

I – garantia ou aval da União, no caso das empresas públicas ou sociedades de economia mista por esta controladas; ou

II – interveniência do Estado, do Distrito Federal ou do Município pelo oferecimento das respectivas parcelas junto ao Fundo de Participação dos Estados e do Distrito Federal (FPE) ou do Fundo de Participação dos Municípios (FPM), respectivamente, nos demais casos.

§ 1º Os débitos de que trata este artigo poderão ser parcelados em:

a) até 240 (duzentos e quarenta) meses, no caso de solicitação apresentada no mês de fevereiro;

b) até 210 (duzentos e dez) meses, no caso de solicitação apresentada no mês de março;

c) até 180 (cento e oitenta) meses, no caso de solicitação apresentada no mês de abril;

d) até 150 (cento e cinquenta) meses, no caso de solicitação apresentada no mês de maio;

e) até 120 (cento e vinte) meses, no caso de solicitação apresentada no mês de junho;

f) até 90 (noventa meses), no caso de solicitação apresentada no mês de julho.

§ 2º Em hipótese alguma serão aceitos pagamentos garantias sob a forma de prestação de serviços.

§ 3º O pedido de parcelamento das entidades referidas no inciso II deste artigo far-se-á a interveniência direta do respectivo Estado ou Município, ou do Distrito Federal, que responderá solidariamente pelo acordo, e em caso de inadimplência, o valor da parcela será automaticamente bloqueado no respectivo Fundo de Participação e repassado ao INSS.

Art. 11. Aplicam-se aos parcelamentos concedidos nos termos dos artigos 9º e 10 desta lei as condições estabelecidas nos §§ 3º e 4º do artigo 38 da Lei nº 8.212, de 24 de julho de 1991.

§ 1º Da aplicação do disposto nos artigos 9º e 10 da presente lei, não poderá resultar parcela inferior a cento e vinte Ufir.

§ 2º O parcelamento de débito ajustado nos termos dos artigos 9º e 10 desta lei será automaticamente cancelado em caso de inadimplência de qualquer parcela, ficando o Instituto Nacional do Seguro Social (INSS), autorizado a proceder à execução imediata das garantias oferecidas.

§ 3º No ato do parcelamento previsto nos artigos 9º e 10 desta lei, as importâncias devidas a título de multa, quando referentes a competências anteriores a 1º de dezembro de

1992, serão reduzidas em 50% (cinquenta por cento).

Art. 12. Excepcionalmente, no ato dos parcelamentos previstos nos artigos 9º e 10 desta lei poder-se-á parcelar as contribuições descontadas dos segurados empregados e trabalhadores avulsos e não recolhidas ao Instituto Nacional do Seguro Social, quando referentes a competências anteriores a 1º de dezembro de 1992, devendo-se obedecer às seguintes regras:

a) em até 6 (seis) meses, no caso de solicitação apresentada no mês de fevereiro;

b) em até 5 (cinco) meses, no caso de solicitação apresentada no mês de março;

c) em até 4 (quatro) meses, no caso de solicitação apresentada no mês de abril;

d) em até 3 (três) meses, no caso de solicitação apresentada no mês de maio;

e) em até 2 (dois) meses, no caso de solicitação apresentada nos meses de junho e julho.

Art. 13. *Revogado.* Lei nº 11.941, de 27-5-2009.

Art. 14. O Instituto Nacional do Seguro Social (INSS) poderá requisitar a qualquer órgão ou entidade da administração direta ou indireta da União, dos Estados, do Distrito Federal e dos Municípios, bem como das demais entidades sob seu controle, elementos de fato e de direito relativo às alegações e ao pedido do autor de ação proposta contra a Previdência Social, bem como promover diligências para localização de devedores e apuração de bens penhoráveis, que serão atendidas prioritariamente e sob regime de urgência.

Art. 15. O pagamento das contribuições devidas ao Instituto Nacional do Seguro Social terá prioridades absoluta nos programas financeiros de desembolso dos órgãos da administração pública direta, das entidades de administração pública direta, das entidades de administração indireta e suas subsidiárias e das demais entidades sob controle acionário direto ou indireto da União, dos Estados, do Distrito Federal e dos Municípios ou de suas autarquias, bem como das fundações instituídas ou mantidas pelo Poder Público.

Art. 16. A existência de débitos junto ao Instituto Nacional do Seguro Social, não renegociados ou renegociados e não saldados, nas condições estabelecidas em lei, importará na indisponibilidade dos recursos existentes, ou que venham a ingressar nas contas dos órgãos ou entidades devedoras de que trata o artigo anterior, abertas em quaisquer instituições financeiras, até o valor equivalente ao débito apurado na data da expedição de solicitação do Instituto Nacional do Seguro Social ao Banco Central do Brasil, incluindo o principal, corrigido monetariamente as multas e os juros.

§ 1º Caberá aos Ministros da Fazenda e da Previdência Social expedir as instruções para aplicação do disposto neste artigo.

§ 2º Caberá ao Instituto Nacional do Seguro Social notificar o órgão ou entidade devedora para, no prazo de 30 (trinta) dias, efetuar a liquidação de seus débitos para com o referido Instituto.

§ 3º Caberá ao Banco Central do Brasil:

a) expedir, por solicitação do Instituto Nacional do Seguro Social, às instituições financeiras as ordens necessárias à execução do disposto neste artigo;

b) promover, no prazo de 10 (dez) dias, a transferência ao Instituto Nacional do Seguro Social dos recursos tornados indisponíveis, até o montante para a liquidação do débito, caso a empresa notificada não efetue o pagamento no prazo estipulado no § 2º deste artigo.

Art. 17. Fica autorizado o Instituto Nacional do Seguro Social (INSS) a efetuar contratação de pessoal por tempo determinado, mediante contrato de locação de serviços, para atender as seguintes situações:

I – programa de Revisão da Concessão e da Manutenção dos Benefícios da Previdência Social, de que trata os artigos 69 e 71 da Lei nº 8.212, de 24 de julho de 1991;

II – elaborar os cálculos para execução das sentenças transitadas em julgado nas ações acidentárias e previdenciárias, cujos processos se encontrem paralisados junto à Procuradorias Estaduais do INSS;

III – promover diligência para localizar os devedores inscritos em dívida ativa e levantar os bens a serem oferecidos ao respectivo juízo para garantir o cumprimento do disposto no artigo 7º da Lei nº 6.830, de 22 de setembro de 1980;

IV – atender as demais necessidades temporárias, de excepcional interesse público, das Procuradorias do INSS.

§ 1º As contratações de que trata este artigo terão dotação específica e obedecerão aos seguintes quantitativos prazos:

a) na hipótese do inciso I, até 1.000 (mil) prestadores de serviço, pelo prazo de 18 (dezoito) meses;

b) na hipótese do inciso II; até 150 (cento e cinquenta) contadores regularmente inscritos no respectivo conselho, pelo prazo de 12 (doze) meses;

c) na hipótese do inciso III, até 100 (cem) prestadores de serviço, pelo prazo de 12 (doze) meses;

d) na hipótese do inciso IV, até 500 (quinhentos) prestadores de serviço, pelo prazo de 12 (doze) meses.

§ 2º Os prazos de que trata o parágrafo anterior são improrrogáveis.

§ 3º O recrutamento será feito mediante processo seletivo simplificado, pelo qual se verificará a qualificação necessária para o desempenho da atividade.

§ 4º Nas contratações de que trata este artigo serão observados os padrões de vencimento dos planos de carreira do INSS.

Art. 18. O Poder Executivo regulamentará o disposto nesta lei no prazo de trinta dias a contar de sua publicação.

Art. 19. Esta lei entra em vigor na data de sua publicação.

Art. 20. Revogam-se as disposições em contrário.

Brasília, 5 de janeiro de 1993;
172º da Independência e
105º da República.

Itamar Franco

LEI Nº 8.742, DE 7 DE DEZEMBRO DE 1993

Dispõe sobre a organização da Assistência Social e dá outras providências.

▶ Publicada no *DOU* de 8-12-1993.

LEI ORGÂNICA DA ASSISTÊNCIA SOCIAL

▶ LC nº 187, de 16-12-2021, dispõe sobre a certificação das entidades beneficentes.

▶ Dec. nº 6.214, de 26-9-2007, regulamenta o benefício de prestação continuada da assistência social devido à pessoa com deficiência e ao idoso que trata esta Lei e a Lei nº 10.741, de 1º-10-2003.

CAPÍTULO I
DAS DEFINIÇÕES E DOS OBJETIVOS

Art. 1º A assistência social, direito do cidadão e dever do Estado, é Política de Seguridade Social não contributiva, que provê os mínimos sociais, realizada através de um conjunto integrado de ações de iniciativa pública e da sociedade, para garantir o atendimento às necessidades básicas.

Art. 2º A assistência social tem por objetivos:

▶ *Caput* com a redação dada pela Lei nº 12.435, de 6-7-2011.

I – a proteção social, que visa à garantia da vida, à redução de danos e à prevenção da incidência de riscos, especialmente:

▶ *Caput* do inciso I com a redação dada pela Lei nº 12.435, de 6-7-2011.

a) a proteção à família, à maternidade, à infância, à adolescência e à velhice;

b) o amparo às crianças e aos adolescentes carentes;

c) a promoção da integração ao mercado de trabalho;

▶ Alíneas *a* a *c* acrescidas pela Lei nº 12.435, de 6-7-2011.

d) a habilitação e reabilitação das pessoas com deficiência e a promoção de sua integração à vida comunitária; e

▶ Antigo inciso IV transformado em alínea *d* pela Lei nº 12.435, de 6-7-2011.

e) a garantia de 1 (um) salário mínimo de benefício mensal à pessoa com deficiência e ao idoso que comprovem não possuir meios de prover a própria manutenção ou de tê-la provida por sua família.

▶ Antigo inciso V transformado em alínea *e* e com a redação dada pela Lei nº 12.435, de 6-7-2011.

▶ Dec. nº 6.214, de 26-9-2007, regulamenta o benefício de prestação continuada devido à pessoa portadora de deficiência e ao idoso de que trata esta lei.

II – a vigilância socioassistencial, que visa a analisar territorialmente a capacidade protetiva das famílias e nela a ocorrência de vulnerabilidades, de ameaças, de vitimizações e danos;

III – a defesa de direitos, que visa a garantir o pleno acesso aos direitos no conjunto das provisões socioassistenciais.

▶ Incisos II e III com a redação dada pela Lei nº 12.435, de 6-7-2011.

Parágrafo único. Para o enfrentamento da pobreza, a assistência social realiza-se de forma integrada às políticas setoriais, garantindo mínimos sociais e provimento de condições para atender contingências sociais e promovendo a universalização dos direitos sociais.

▶ Parágrafo único com a redação dada pela Lei nº 12.435, de 6-7-2011.

Art. 3º Consideram-se entidades e organizações de assistência social aquelas sem fins lucrativos que, isolada ou cumulativamente, prestam atendimento e assessoramento aos beneficiários abrangidos por esta Lei, bem como as que atuam na defesa e garantia de direitos.

► *Caput* com a redação dada pela Lei nº 12.435, de 6-7-2011.

► Dec. nº 6.308, de 14-12-2007, dispõe sobre as entidades e organizações de assistência social de que trata este artigo.

§ 1º São de atendimento aquelas entidades que, de forma continuada, permanente e planejada, prestam serviços, executam programas ou projetos e concedem benefícios de prestação social básica ou especial, dirigidos às famílias e indivíduos em situações de vulnerabilidade ou risco social e pessoal, nos termos desta Lei, e respeitadas as deliberações do Conselho Nacional de Assistência Social (CNAS), de que tratam os incisos I e II do art. 18.

§ 2º São de assessoramento aquelas que, de forma continuada, permanente e planejada, prestam serviços e executam programas ou projetos voltados prioritariamente para o fortalecimento dos movimentos sociais e das organizações de usuários, formação e capacitação de lideranças, dirigidos ao público da política de assistência social, nos termos desta Lei, e respeitadas as deliberações do CNAS, de que tratam os incisos I e II do art. 18.

§ 3º São de defesa e garantia de direitos aquelas que, de forma continuada, permanente e planejada, prestam serviços e executam programas e projetos voltados prioritariamente para a defesa e efetivação dos direitos socioassistenciais, construção de novos direitos, promoção da cidadania, enfrentamento das desigualdades sociais, articulação com órgãos públicos de defesa de direitos, dirigidos ao público da política de assistência social, nos termos desta Lei, e respeitadas as deliberações do CNAS, de que tratam os incisos I e II do art. 18.

► §§ 1º a 3º acrescidos pela Lei nº 12.435, de 6-7-2011.

CAPÍTULO II
DOS PRINCÍPIOS E DAS DIRETRIZES

SEÇÃO I
DOS PRINCÍPIOS

Art. 4º A assistência social rege-se pelos seguintes princípios:

I – supremacia do atendimento às necessidades sociais sobre as exigências de rentabilidade econômica;

II – universalização dos direitos sociais, a fim de tornar o destinatário da ação assistencial alcançável pelas demais políticas públicas;

III – respeito à dignidade do cidadão, à sua autonomia e ao seu direito a benefícios e serviços de qualidade, bem como à convivência familiar e comunitária, vedando-se qualquer comprovação vexatória de necessidade;

IV – igualdade de direitos no acesso ao atendimento, sem discriminação de qualquer natureza, garantindo-se equivalência às populações urbanas e rurais;

V – divulgação ampla dos benefícios, serviços, programas e projetos assistenciais, bem como dos recursos oferecidos pelo Poder Público e dos critérios para sua concessão.

SEÇÃO II
DAS DIRETRIZES

Art. 5º A organização da assistência social tem como base as seguintes diretrizes:

I – descentralização político-administrativa para os Estados, o Distrito Federal e os Municípios, e comando único das ações em cada esfera de governo;

II – participação da população, por meio de organizações representativas, na formulação das políticas e no controle das ações em todos os níveis;

III – primazia da responsabilidade do Estado na condução da política de assistência social em cada esfera de governo.

CAPÍTULO III
DA ORGANIZAÇÃO E DA GESTÃO

Art. 6º A gestão das ações na área de assistência social fica organizada sob a forma de sistema descentralizado e participativo, denominado Sistema Único de Assistência Social (SUAS), com os seguintes objetivos:

► *Caput* com a redação dada pela Lei nº 12.435, de 6-7-2011.

I – consolidar a gestão compartilhada, o cofinanciamento e a cooperação técnica entre os entes federativos que, de modo articulado, operam a proteção social não contributiva;

II – integrar a rede pública e privada de serviços, programas, projetos e benefícios de assistência social, na forma do art. 6º-C;

III – estabelecer as responsabilidades dos entes federativos na organização, regulação, manutenção e expansão das ações de assistência social;

IV – definir os níveis de gestão, respeitadas as diversidades regionais e municipais;

V – implementar a gestão do trabalho e a educação permanente na assistência social;

VI – estabelecer a gestão integrada de serviços e benefícios; e

VII – afiançar a vigilância socioassistencial e a garantia de direitos.

► Incisos I a VII acrescidos pela Lei nº 12.435, de 6-7-2011.

§ 1º As ações ofertadas no âmbito do SUAS têm por objetivo a proteção à família, à maternidade, à infância, à adolescência e à velhice e, como base de organização, o território.

§ 2º O SUAS é integrado pelos entes federativos, pelos respectivos conselhos de assistência social e pelas entidades e organizações de assistência social abrangidas por esta Lei.

► §§ 1º e 2º acrescidos pela Lei nº 12.435, de 6-7-2011.

§ 3º A instância coordenadora da Política Nacional de Assistência Social é o Ministério do Desenvolvimento Social e Combate à Fome.

► Antigo parágrafo único transformado em § 3º e com a redação dada pela Lei nº 12.435, de 6-7-2011.

§ 4º Cabe à instância coordenadora da Política Nacional de Assistência Social normatizar e padronizar o emprego e a divulgação da identidade visual do SUAS.

§ 5º A identidade visual do SUAS deverá prevalecer na identificação de unidades públicas estatais, entidades e organizações de assistência social, serviços, programas, projetos e benefícios vinculados ao SUAS.

► §§ 4º e 5º acrescidos pela Lei nº 13.714, de 24-8-2018.

Art. 6º-A. A assistência social organiza-se pelos seguintes tipos de proteção:

I – proteção social básica: conjunto de serviços, programas, projetos e benefícios da assistência social que visa a prevenir situações de vulnerabilidade e risco social por meio do desenvolvimento de potencialidades e aquisições e do fortalecimento de vínculos familiares e comunitários;

II – proteção social especial: conjunto de serviços, programas e projetos que tem por objetivo contribuir para a reconstrução de vínculos familiares e comunitários, a defesa de direito, o fortalecimento das potencialidades e aquisições e a proteção de famílias e indivíduos para o enfrentamento das situações de violação de direitos.

Parágrafo único. A vigilância socioassistencial é um dos instrumentos das proteções da assistência social que identifica e previne as situações de risco e vulnerabilidade social e seus agravos no território.

Art. 6º-B. As proteções sociais básica e especial serão ofertadas pela rede socioassistencial, de forma integrada, diretamente pelos entes públicos e/ou pelas entidades e organizações de assistência social vinculadas ao SUAS, respeitadas as especificidades de cada ação.

§ 1º A vinculação ao SUAS é o reconhecimento pelo Ministério do Desenvolvimento Social e Combate à Fome de que a entidade de assistência social integra a rede socioassistencial.

§ 2º Para o reconhecimento referido no § 1º, a entidade deverá cumprir os seguintes requisitos:

I – constituir-se em conformidade com o disposto no art. 3º;

II – inscrever-se em Conselho Municipal ou do Distrito Federal, na forma do art. 9º;

III – integrar o sistema de cadastro de entidades de que trata o inciso XI do art. 19.

§ 3º As entidades e organizações de assistência social vinculadas ao SUAS celebrarão convênios, contratos, acordos ou ajustes com o poder público para a execução, garantido financiamento integral, pelo Estado, de serviços, programas, projetos e ações de assistência social, nos limites da capacidade instalada, aos beneficiários abrangidos por esta Lei, observando-se as disponibilidades orçamentárias.

§ 4º O cumprimento do disposto no § 3º será informado ao Ministério do Desenvolvimento Social e Combate à Fome pelo órgão gestor local da assistência social.

Art. 6º-C. As proteções sociais, básica e especial, serão ofertadas precipuamente no Centro de Referência de Assistência Social (CRAS) e no Centro de Referência Especializado de Assistência Social (CREAS), respectivamente, e pelas entidades sem fins lucrativos de assistência social de que trata o art. 3º desta Lei.

§ 1º O CRAS é a unidade pública municipal, de base territorial, localizada em áreas com maiores índices de vulnerabilidade e risco social, destinada à articulação dos serviços socioassistenciais no seu território de abrangência e à prestação de serviços, programas e projetos socioassistenciais de proteção social básica às famílias.

§ 2º O CREAS é a unidade pública de abrangência e gestão municipal, estadual ou regional, destinada à prestação de serviços a indivíduos e famílias que se encontram em situação de risco pessoal ou social, por violação de direitos ou contingência, que demandam intervenções especializadas da proteção social especial.

§ 3º Os CRAS e os CREAS são unidades públicas estatais instituídas no âmbito do SUAS, que possuem interface com as demais políticas públicas e articulam, coordenam e ofertam os serviços, programas, projetos e benefícios da assistência social.

Art. 6º-D. As instalações dos CRAS e dos CREAS devem ser compatíveis com os serviços neles ofertados, com espaços para trabalhos em grupo e ambientes específicos para recepção e atendimento reservado das famílias e indivíduos, assegurada a acessibilidade às pessoas idosas e com deficiência.

Art. 6º-E. Os recursos do cofinanciamento do SUAS, destinados à execução das ações continuadas de assistência social, poderão ser aplicados no pagamento dos profissionais que integrarem as equipes de referência, responsáveis pela organização e oferta daquelas ações, conforme percentual apresentado pelo Ministério do Desenvolvimento Social e Combate à Fome e aprovado pelo CNAS.

Parágrafo único. A formação das equipes de referência deverá considerar o número de famílias e indivíduos referenciados, os tipos e modalidades de atendimento e as aquisições que devem ser garantidas aos usuários, conforme deliberações do CNAS.

▸ Arts. 6º-A a 6º-E acrescidos pela Lei nº 12.435, de 6-7-2011.

Art. 6º-F. Fica instituído o Cadastro Único para Programas Sociais do Governo Federal (CADÚNICO), registro público eletrônico com a finalidade de coletar, processar, sistematizar e disseminar informações para a identificação e a caracterização socioeconômica das famílias de baixa renda, nos termos do regulamento.

▸ *Caput* com a redação dada pela Lei nº 14.601, de 19-6-2023.

§ 1º As famílias de baixa renda poderão inscrever-se no CadÚnico nas unidades públicas de que tratam os §§ 1º e 2º do art. 6º-C desta Lei ou, nos termos do regulamento, por meio eletrônico.

▸ § 1º acrescido pela Lei nº 14.284, de 29-12-2021.

§ 2º A inscrição no CADÚNICO poderá ser obrigatória para acesso a programas sociais do governo federal, na forma estabelecida em regulamento.

▸ § 2º com a redação dada pela Lei nº 14.601, de 19-6-2023.

§ 3º Para fins de cumprimento do disposto no art. 12 da Emenda Constitucional nº 103, de 12 de novembro de 2019, e de ampliação da fidedignidade das informações cadastrais, será garantida a interoperabilidade de dados do CADÚNICO com os dados constantes do Cadastro Nacional de Informações Sociais (CNIS), de que trata a Lei nº 8.213, de 24 de julho de 1991.

§ 4º Os dados do CNIS incluídos no CADÚNICO poderão ser acessados pelos órgãos gestores do CADÚNICO, nas 3 (três) esferas da Federação, conforme termo de adesão do ente federativo ao CADÚNICO, do qual constará cláusula de compromisso com o sigilo de dados.

§ 5º A sociedade civil poderá cooperar com a identificação de pessoas que precisem ser inscritas no CADÚNICO, nos termos do regulamento.

▸ §§ 3º a 5º acrescido pela Lei nº 14.601, de 19-6-2023.

§ 6º *O Cadastro Único para Programas Sociais do Governo Federal (CadÚnico) coletará informações que caracterizem a condição socioeconômica e territorial das famílias, as quais serão objeto de checagem em outras bases de dados, nos termos estabelecidos em ato do Poder Executivo federal.*

▸ § 6º com a redação dada pela Lei nº 15.077, de 27-12-2024.

▸ Dec. nº 11.016, de 29-3-2022, regulamenta o Cadastro Único para Programas Sociais do Governo Federal, instituído neste artigo.

Art. 7º As ações de assistência social, no âmbito das entidades e organizações de assistência social, observarão as normas expedidas pelo Conselho Nacional de Assistência Social (CNAS), de que trata o artigo 17 desta lei.

Art. 8º A União, os Estados, o Distrito Federal e os Municípios, observados os princípios e diretrizes estabelecidos nesta lei, fixarão suas respectivas Políticas de Assistência Social.

Art. 9º O funcionamento das entidades e organizações de assistência social depende de prévia inscrição no respectivo Conselho Municipal de Assistência Social, ou no Conselho de Assistência Social do Distrito Federal, conforme o caso.

§ 1º A regulamentação desta lei definirá os critérios de inscrição e funcionamento das entidades com atuação em mais de um município no mesmo Estado, ou em mais de um Estado ou Distrito Federal.

§ 2º Cabe ao Conselho Municipal de Assistência Social e ao Conselho de Assistência Social do Distrito Federal a fiscalização das entidades referidas no caput na forma prevista em lei ou regulamento.

§ 3º *Revogado*. Lei nº 12.101, de 27-11-2009.

§ 4º As entidades e organizações de assistência social podem, para defesa de seus direitos referentes à inscrição e ao funcionamento, recorrer aos Conselhos Nacional, Estaduais, Municipais e do Distrito Federal.

Art. 10. A União, os Estados, os Municípios e o Distrito Federal podem celebrar convênios com entidades e organizações de assistência social, em conformidade com os Planos aprovados pelos respectivos Conselhos.

Art. 11. As ações das 3 (três) esferas de governo na área de assistência social realizam-se de forma articulada, cabendo a coordenação e as normas gerais à esfera federal e a coordenação e execução dos programas, em suas respectivas esferas, aos Estados, ao Distrito Federal e aos Municípios.

Art. 12. Compete à União:

I – responder pela concessão e manutenção dos benefícios de prestação continuada definidos no artigo 203 da Constituição Federal;

II – cofinanciar, por meio de transferência automática, o aprimoramento da gestão, os serviços, os programas e os projetos de assistência social em âmbito nacional;

▸ Inciso II com a redação dada pela Lei nº 12.435, de 6-7-2011.

III – atender, em conjunto com os Estados, o Distrito Federal e os Municípios, às ações assistenciais de caráter de emergência;

IV – realizar o monitoramento e a avaliação da política de assistência social e assessorar Estados, Distrito Federal e Municípios para seu desenvolvimento.

▸ Inciso IV acrescido pela Lei nº 12.435, de 6-7-2011.

Art. 12-A. A União apoiará financeiramente o aprimoramento à gestão descentralizada dos serviços, programas, projetos e benefícios de assistência social, por meio do Índice de Gestão Descentralizada (IGD) do Sistema Único de Assistência Social (SUAS), para a utilização no âmbito dos Estados, dos Municípios e do Distrito Federal, destinado, sem prejuízo de outras ações a serem definidas em regulamento, a:

I – medir os resultados da gestão descentralizada do SUAS, com base na atuação do gestor estadual, municipal e do Distrito Federal na implementação, execução e monitoramento dos serviços, programas, projetos e benefícios de assistência social, bem como na articulação intersetorial;

II – incentivar a obtenção de resultados qualitativos na gestão estadual, municipal e do Distrito Federal do SUAS; e

III – calcular o montante de recursos a serem repassados aos entes federados a título de apoio financeiro à gestão do SUAS.

§ 1º Os resultados alcançados pelo ente federado na gestão do SUAS, aferidos na forma de regulamento, serão considerados como prestação de contas dos recursos a serem transferidos a título de apoio financeiro.

§ 2º As transferências para apoio à gestão descentralizada do SUAS adotarão a sistemática do Índice de Gestão Descentralizada do Programa Bolsa Família, previsto no art. 8º da Lei nº 10.836, de 9 de janeiro de 2004, e serão efetivadas por meio de procedimento integrado àquele índice.

§ 3º VETADO. Lei nº 12.435, de 6-7-2011.

§ 4º Para fins de fortalecimento dos Conselhos de Assistência Social dos Estados, Municípios e Distrito Federal, percentual dos recursos transferidos deverá ser gasto com atividades de apoio técnico e operacional àqueles colegiados, na forma fixada pelo Ministério do Desenvolvimento Social e Combate à Fome, sendo vedada a utilização dos recursos para pagamento de pessoal efetivo e de gratificações de qualquer natureza a servidor público estadual, municipal ou do Distrito Federal.

▸ Art. 12-A acrescido pela Lei nº 12.435, de 6-7-2011.

Art. 13. Compete aos Estados:

I – destinar recursos financeiros aos Municípios, a título de participação no custeio do pagamento dos benefícios eventuais de que trata o art. 22, mediante critérios estabelecidos pelos Conselhos Estaduais de Assistência Social;

II – cofinanciar, por meio de transferência automática, o aprimoramento da gestão, os serviços, os programas e os projetos de assistência social em âmbito regional ou local;

▸ Incisos I e II com a redação dada pela Lei nº 12.435, de 6-7-2011.

III – atender, em conjunto com os Municípios, às ações assistenciais de caráter de emergência;

IV – estimular e apoiar técnica e financeiramente as associações e consórcios municipais na prestação de serviços de assistência social;

V – prestar os serviços assistenciais cujos custos ou ausência de demanda municipal justifiquem uma rede regional de serviços, desconcentrada, no âmbito do respectivo Estado;

VI – realizar o monitoramento e a avaliação da política de assistência social e assessorar os Municípios para seu desenvolvimento.

▶ Inciso VI acrescido pela Lei nº 12.435, de 6-7-2011.

Art. 14. Compete ao Distrito Federal:

I – destinar recursos financeiros para custeio do pagamento dos benefícios eventuais de que trata o art. 22, mediante critérios estabelecidos pelos Conselhos de Assistência Social do Distrito Federal;

▶ Inciso I com a redação dada pela Lei nº 12.435, de 6-7-2011.

II – efetuar o pagamento dos auxílios natalidade e funeral;

III – executar os projetos de enfrentamento da pobreza, incluindo a parceria com organizações da sociedade civil;

IV – atender às ações assistenciais de caráter de emergência;

V – prestar os serviços assistenciais de que trata o artigo 23 desta lei;

VI – cofinanciar o aprimoramento da gestão, os serviços, os programas e os projetos de assistência social em âmbito local;

VII – realizar o monitoramento e a avaliação da política de assistência social em seu âmbito.

▶ Incisos VI e VII acrescidos pela Lei nº 12.435, de 6-7-2011.

Art. 15. Compete aos Municípios:

I – destinar recursos financeiros para custeio do pagamento dos benefícios eventuais de que trata o art. 22, mediante critérios estabelecidos pelos Conselhos Municipais de Assistência Social;

▶ Inciso I com a redação dada pela Lei nº 12.435, de 6-7-2011.

II – efetuar o pagamento dos auxílios natalidade e funeral;

III – executar os projetos de enfrentamento da pobreza, incluindo a parceria com organizações da sociedade civil;

IV – atender às ações assistenciais de caráter de emergência;

V – prestar os serviços assistenciais de que trata o artigo 23 desta lei;

VI – cofinanciar o aprimoramento da gestão, os serviços, os programas e os projetos de assistência social em âmbito local;

VII – realizar o monitoramento e a avaliação da política de assistência social em seu âmbito.

▶ Incisos VI e VII acrescidos pela Lei nº 12.435, de 6-7-2011.

Art. 16. As instâncias deliberativas do SUAS, de caráter permanente e composição paritária entre governo e sociedade civil, são:

▶ *Caput* com a redação dada pela Lei nº 12.435, de 6-7-2011.

I – o Conselho Nacional de Assistência Social;

II – os Conselhos Estaduais de Assistência Social;

III – o Conselho de Assistência Social do Distrito Federal;

IV – os Conselhos Municipais de Assistência Social.

Parágrafo único. Os Conselhos de Assistência Social estão vinculados ao órgão gestor de assistência social, que deve prover a infraestrutura necessária ao seu funcionamento, garantindo recursos materiais, humanos e financeiros, inclusive com despesas referentes a passagens e diárias de conselheiros representantes do governo ou da sociedade civil, quando estiverem no exercício de suas atribuições.

▶ Parágrafo único acrescido pela Lei nº 12.435, de 6-7-2011.

Art. 17. Fica instituído o Conselho Nacional de Assistência Social (CNAS), órgão superior de deliberação colegiada, vinculado à estrutura do órgão da Administração Pública Federal responsável pela coordenação da Política Nacional de Assistência Social, cujos membros, nomeados pelo Presidente da República, têm mandato de 2 (dois) anos, permitida uma única recondução por igual período.

§ 1º O Conselho Nacional de Assistência Social (CNAS) é composto por 18 (dezoito) membros e respectivos suplentes, cujos nomes são indicados ao órgão da Administração Pública Federal responsável pela coordenação da Política Nacional de Assistência Social, de acordo com os critérios seguintes:

I – 9 (nove) representantes governamentais, incluindo 1 (um) representante dos Estados e 1 (um) dos Municípios;

II – 9 (nove) representantes da sociedade civil, dentre representantes dos usuários ou de organizações de usuários, das entidades e organizações de assistência social e dos trabalhadores do setor, escolhidos em foro próprio sob fiscalização do Ministério Público Federal.

▶ Dec. nº 5.003, de 4-3-2004, dispõe sobre o processo de escolha dos representantes da sociedade civil no Conselho Nacional de Assistência Social – CNAS.

§ 2º O Conselho Nacional de Assistência Social (CNAS) é presidido por um de seus integrantes, eleito dentre seus membros, para mandato de 1 (um) ano, permitida uma única recondução por igual período.

§ 3º O Conselho Nacional de Assistência Social (CNAS) contará com uma Secretaria Executiva, a qual terá sua estrutura disciplinada em ato do Poder Executivo.

§ 4º Os Conselhos de que tratam os incisos II, III e IV do art. 16, com competência para acompanhar a execução da política de assistência social, apreciar e aprovar a proposta orçamentária, em consonância com as diretrizes das conferências nacionais, estaduais, distrital e municipais, de acordo com seu âmbito de atuação, deverão ser instituídos, respectivamente, pelos Estados, pelo Distrito Federal e pelos Municípios, mediante lei específica.

▶ § 4º com a redação dada pela Lei nº 12.435, de 6-7-2011.

Art. 18. Compete ao Conselho Nacional de Assistência Social:

I – aprovar a Política Nacional de Assistência Social;

II – normatizar as ações e regular a prestação de serviços de natureza pública e privada no campo da assistência social;

III – acompanhar e fiscalizar o processo de certificação das entidades e organizações de assistência social no Ministério do Desenvolvimento Social e Combate à Fome;

IV – apreciar relatório anual que conterá a relação de entidades e organizações de assistência social certificadas como beneficentes e encaminhá-lo para conhecimento dos Conselhos de Assistência Social dos Estados, Municípios e do Distrito Federal;

▶ Incisos III e IV com a redação dada pela Lei nº 12.101, de 27-11-2009.

V – zelar pela efetivação do sistema descentralizado e participativo de assistência social;

VI – a partir da realização da II Conferência Nacional de Assistência Social em 1997, convocar ordinariamente a cada quatro anos a Conferência Nacional de Assistência Social, que terá a atribuição de avaliar a situação da assistência social e propor diretrizes para o aperfeiçoamento do sistema;

▶ Inciso VI com a redação dada pela Lei nº 9.720, de 26-4-1998.

VII – VETADO;

VIII – apreciar e aprovar a proposta orçamentária da Assistência Social a ser encaminhada pelo órgão da Administração Pública Federal responsável pela coordenação da Política Nacional de Assistência Social;

IX – aprovar critérios de transferência de recursos para os Estados, Municípios e Distrito Federal, considerando, para tanto, indicadores que informem sua regionalização mais equitativa, tais como: população, renda *per capita*, mortalidade infantil e concentração de renda, além de disciplinar os procedimentos de repasse de recursos para as entidades e organizações de assistência social, sem prejuízo das disposições da Lei de Diretrizes Orçamentárias;

X – acompanhar e avaliar a gestão dos recursos, bem como os ganhos sociais e o desempenho dos programas e projetos aprovados;

XI – estabelecer diretrizes, apreciar e aprovar os programas anuais e plurianuais do Fundo Nacional de Assistência Social (FNAS);

XII – indicar o representante do Conselho Nacional de Assistência Social (CNAS) junto ao Conselho Nacional da Seguridade Social;

XIII – elaborar e aprovar seu regimento interno;

XIV – divulgar, no *Diário Oficial da União*, todas as suas decisões, bem como as contas do Fundo Nacional de Assistência Social (FNAS) e os respectivos pareceres emitidos.

Parágrafo único. *Revogado*. Lei nº 12.101, de 27-11-2009.

Art. 19. Compete ao órgão da Administração Pública Federal responsável pela coordenação da Política Nacional de Assistência Social:

I – coordenar e articular as ações no campo da assistência social;

II – propor ao Conselho Nacional de Assistência Social (CNAS) a Política Nacional de Assistência Social, suas normas gerais, bem como os critérios de prioridade e de elegibilidade, além de padrões de qualidade na prestação de benefícios, serviços, programas e projetos;

III – prover recursos para o pagamento dos benefícios de prestação continuada definidos nesta lei;

IV – elaborar e encaminhar a proposta orçamentária da assistência social, em conjunto com as demais da Seguridade Social;

V – propor os critérios de transferência dos recursos de que trata esta lei;

VI – proceder à transferência dos recursos destinados à assistência social, na forma prevista nesta lei;

VII – encaminhar à apreciação do Conselho Nacional de Assistência Social (CNAS) relatórios trimestrais e anuais de atividades e de realização financeira dos recursos;

VIII – prestar assessoramento técnico aos Estados, ao Distrito Federal, aos Municípios e às entidades e organizações de assistência social;

IX – formular política para a qualificação sistemática e continuada de recursos humanos no campo da assistência social;

X – desenvolver estudos e pesquisas para fundamentar as análises de necessidades e formulação de proposições para a área;

XI – coordenar e manter atualizado o sistema de cadastro de entidades e organizações de assistência social, em articulação com os Estados, os Municípios e o Distrito Federal;

▸ Art. 31, III, da LC nº 187, de 16-12-2021, que dispõe sobre a certificação das entidades beneficentes.

XII – articular-se com os órgãos responsáveis pelas políticas de saúde e previdência social, bem como com os demais responsáveis pelas políticas socio-econômicas setoriais, visando à elevação do patamar mínimo de atendimento às necessidades básicas;

XIII – expedir os atos normativos necessários à gestão do Fundo Nacional de Assistência Social (FNAS), de acordo com as diretrizes estabelecidas pelo Conselho Nacional de Assistência Social (CNAS);

XIV – elaborar e submeter ao Conselho Nacional de Assistência Social (CNAS) os programas anuais e plurianuais de aplicação dos recursos do Fundo Nacional de Assistência Social (FNAS).

Parágrafo único. A atenção integral à saúde, inclusive a dispensação de medicamentos e produtos de interesse para a saúde, às famílias e indivíduos em situações de vulnerabilidade ou risco social e pessoal, nos termos desta Lei, dar-se-á independentemente da apresentação de documentos que comprovem domicílio ou inscrição no cadastro no Sistema Único de Saúde (SUS), em consonância com a diretriz de articulação das ações de assistência social e de saúde a que se refere o inciso XII deste artigo.

▸ Parágrafo único acrescido pela Lei nº 13.714, de 24-8-2018.

CAPÍTULO IV
DOS BENEFÍCIOS, DOS SERVIÇOS, DOS PROGRAMAS E DOS PROJETOS DE ASSISTÊNCIA SOCIAL

Seção I
DO BENEFÍCIO DE PRESTAÇÃO CONTINUADA

Art. 20. O benefício de prestação continuada é a garantia de um salário mínimo mensal à pessoa com deficiência e ao idoso com 65 (sessenta e cinco) anos ou mais que comprovem não possuir meios de prover a própria manutenção nem de tê-la provida por sua família.

▸ *Caput* com a redação dada pela Lei nº 12.435, de 6-7-2011.

▸ Art. 34 da Lei nº 10.741, de 1º-10-2003 (Estatuto da Pessoa Idosa), altera para sessenta e cinco anos a idade para concessão do benefício de prestação continuada ao idoso.

▸ Art. 18, *caput*, da Lei nº 13.301, 27-6-2016, que estabelece que fará jus ao benefício de prestação continuada temporário, previsto neste artigo, pelo prazo máximo de três anos, na condição de pessoa com deficiência, a criança vítima de microcefalia em decorrência de sequelas neurológicas decorrentes de doenças transmitidas pelo *Aedes aegypti*.

▸ Dec. nº 6.214, de 26-9-2007, regulamenta o benefício de prestação continuada da assistência social devido à pessoa com deficiência e ao idoso de que trata esta Lei, e a Lei nº 10.741, de 1º-10-2003 (Estatuto da Pessoa Idosa).

§ 1º Para os efeitos do disposto no *caput*, a família é composta pelo requerente, o cônjuge ou companheiro, os pais e, na ausência de um deles, a madrasta ou o padrasto, os irmãos solteiros, os filhos e enteados solteiros e os menores tutelados, desde que vivam sob o mesmo teto.

▸ § 1º com a redação dada pela Lei nº 12.435, de 6-7-2011.

§ 2º Para efeito de concessão do benefício de prestação continuada, considera-se pessoa com deficiência aquela que tem impedimento de longo prazo de natureza física, mental, intelectual ou sensorial, o qual, em interação com uma ou mais barreiras, pode obstruir sua participação plena e efetiva na sociedade em igualdade de condições com as demais pessoas.

▸ § 2º com a redação dada pela Lei nº 13.146, de 6-7-2015.

▸ A Lei nº 12.470, de 31-8-2011, ao modificar este parágrafo suprimiu os incisos I e II.

§ 2º-A. *A concessão administrativa ou judicial do benefício de que trata este artigo à pessoa com deficiência fica sujeita a avaliação, nos termos de regulamento.*

▸ § 2º-A acrescido pela Lei nº 15.077, de 27-12-2024.

§ 2º-B. *VETADO. Lei nº 15.077, de 27-12-2024.*

§ 3º Observados os demais critérios de elegibilidade definidos nesta Lei, terão direito ao benefício financeiro de que trata o *caput* deste artigo a pessoa com deficiência ou a pessoa idosa com renda familiar mensal *per capita* igual ou inferior a 1/4 (um quarto) do salário mínimo.

▸ *Caput* do § 3º com a redação dada pela Lei nº 14.176, de 22-6-2021.

I – *Revogado*. Lei nº 14.176, de 22-6-2021;

II – VETADO. Lei nº 13.982, de 2-4-2020.

§ 3º-A. *O cálculo da renda familiar considerará a soma dos rendimentos auferidos mensalmente pelos membros da família que vivam sob o mesmo teto, ressalvadas as hipóteses previstas no § 14 deste artigo, nos termos estabelecidos em ato do Poder Executivo federal, vedadas deduções não previstas em lei.*

▸ § 3º-A acrescido pela Lei nº 15.077, de 27-12-2024.

§ 4º O benefício de que trata este artigo não pode ser acumulado pelo beneficiário com qualquer outro no âmbito da seguridade social ou de outro regime, salvo os da assistência médica e da pensão especial de natureza indenizatória, bem como as transferências de renda de que tratam o parágrafo único do art. 6º e o inciso VI do *caput* do art. 203 da Constituição Federal e o *caput* e o § 1º do art. 1º da Lei nº 10.835, de 8 de janeiro de 2004.

▸ § 4º com a redação dada pela Lei nº 14.601, de 19-6-2023.

§ 5º A condição de acolhimento em instituições de longa permanência não prejudica o direito do idoso ou da pessoa com deficiência ao benefício de prestação continuada.

▸ § 5º com a redação dada pela Lei nº 12.435, de 6-7-2011.

§ 6º A concessão do benefício ficará sujeita à avaliação da deficiência e do grau de impedimento de que trata o § 2º, composta por avaliação médica e avaliação social realizadas por médicos peritos e por assistentes sociais do Instituto Nacional de Seguro Social – INSS.

▸ § 6º com a redação dada pela Lei nº 12.470, de 31-8-2011.

§ 6º-A. O INSS poderá celebrar parcerias para a realização da avaliação social, sob a supervisão do serviço social da autarquia.

▸ § 6º-A acrescido pela Lei nº 14.441, de 2-9-2022.

§ 7º Na hipótese de não existirem serviços no município de residência do beneficiário, fica assegurado, na forma prevista em regulamento, o seu encaminhamento ao município mais próximo que contar com tal estrutura.

▸ § 7º com a redação dada pela Lei nº 9.720, de 30-11-1998.

§ 8º A renda familiar mensal a que se refere o § 3º deverá ser declarada pelo requerente ou seu representante legal, sujeitando-se aos demais procedimentos previstos no regulamento para o deferimento do pedido.

▸ § 8º acrescido pela Lei nº 9.720, de 30-11-1998.

§ 9º *Os valores recebidos a título de auxílio financeiro temporário ou de indenização por danos sofridos em decorrência de rompimento e colapso de barragens, bem como os rendimentos decorrentes de estágio supervisionado e de aprendizagem, não serão computados para fins de cálculo da renda familiar per capita a que se refere o § 3º deste artigo.*

▸ § 9º com a redação dada pela Lei nº 14.809, de 12-1-2024.

§ 10. Considera-se impedimento de longo prazo, para os fins do § 2º deste artigo, aquele que produza efeitos pelo prazo mínimo de 2 (dois) anos.

▸ § 10 acrescido pela Lei nº 12.470, de 31-8-2011.

§ 11. Para concessão do benefício de que trata o *caput* deste artigo, poderão ser utilizados outros elementos probatórios da condição de miserabilidade do grupo familiar e da situação de vulnerabilidade, conforme regulamento.

▸ § 11 acrescido pela Lei nº 13.146, de 6-7-2015.

§ 11-A. O regulamento de que trata o § 11 deste artigo poderá ampliar o limite de renda mensal familiar *per capita* previsto no § 3º deste artigo para até 1/2 (meio) salário mínimo, observado o disposto no art. 20-B desta Lei.

▸ § 11-A acrescido pela Lei nº 14.176, de 22-6-2021.

§ 12. São requisitos para a concessão, a manutenção e a revisão do benefício as inscrições no Cadastro de Pessoas Físicas (CPF) e no Cadastro Único para Programas Sociais do Governo Federal – Cadastro Único, conforme previsto em regulamento.

▸ § 12 acrescido pela Lei nº 13.846, de 18-6-2019.

§ 12-A. *Ao requerente do benefício de prestação continuada, ou ao responsável legal, será solicitado registro biométrico nos cadastros da Carteira de Identidade Nacional (CIN), do título eleitoral ou da Carteira Nacional de Habilitação (CNH), nos termos de ato conjunto dos órgãos competentes.*

▸ § 12-A acrescido pela Lei nº 14.973, de 16-9-2024.

Parágrafo único. Revogado. Lei nº 15.077, de 27-12-2024.

§ 12-B. *Na impossibilidade de registro biométrico do requerente, ele será obrigatório ao responsável legal.*

▸ § 12-B acrescido pela Lei nº 15.077, de 27-12-2024.

§ 14. O benefício de prestação continuada ou o benefício previdenciário no valor de até 1 (um) salário mínimo concedido a idoso acima de 65 (sessenta e cinco) anos de idade ou pessoa com deficiência não será computado, para fins de concessão do benefício de prestação continuada a outro idoso ou pessoa com deficiência da mesma família, no cálculo da renda a que se refere o § 3º deste artigo.

§ 15. O benefício de prestação continuada será devido a mais de um membro da mesma família enquanto atendidos os requisitos exigidos nesta Lei.

▶ §§ 14 e 15 acrescidos pela Lei nº 13.982, de 2-4-2020.

§ 16. *Durante a avaliação da deficiência e do grau de impedimento de que trata o § 2º deste artigo, a perícia médica dos requerentes do benefício de prestação continuada com síndrome da imunodeficiência adquirida deverá ter a participação de pelo menos 1 (um) médico especialista em infectologia.*

▶ § 16 acrescido pela Lei nº 15.157, de 1º-7-2025, promulgado nos termos do art. 66, § 5º, da CF (*DOU* de 2-7-2025).

▶ Mantivemos a numeração dos parágrafos conforme publicação oficial, porém, entendemos que o correto seria §§ 13 a 16.

Art. 20-A. *Revogado.* Lei nº 14.176, de 22-6-2021.

Art. 20-B. Na avaliação de outros elementos probatórios da condição de miserabilidade e da situação de vulnerabilidade de que trata o § 11 do art. 20 desta Lei, serão considerados os seguintes aspectos para ampliação do critério de aferição da renda familiar mensal *per capita* de que trata o § 11-A do referido artigo:

I – o grau da deficiência;

II – a dependência de terceiros para o desempenho de atividades básicas da vida diária; e

III – o comprometimento do orçamento do núcleo familiar de que trata o § 3º do art. 20 desta Lei exclusivamente com gastos médicos, com tratamentos de saúde, com fraldas, com alimentos especiais e com medicamentos do idoso ou da pessoa com deficiência não disponibilizados gratuitamente pelo SUS, ou com serviços não prestados pelo SUAS, desde que comprovadamente necessários à preservação da saúde e da vida.

§ 1º A ampliação de que trata o *caput* deste artigo ocorrerá na forma de escalas graduais, definidas em regulamento.

§ 2º Aplicam-se à pessoa com deficiência os elementos constantes dos incisos I e III do *caput* deste artigo, e à pessoa idosa os constantes dos incisos II e III do *caput* deste artigo.

§ 3º O grau da deficiência de que trata o inciso I do *caput* deste artigo será aferido por meio de instrumento de avaliação biopsicossocial, observados os termos dos §§ 1º e 2º do art. 2º da Lei nº 13.146, de 6 de julho de 2015 (Estatuto da Pessoa com Deficiência), e do § 6º do art. 20 e do art. 40-B desta Lei.

§ 4º O valor referente ao comprometimento do orçamento do núcleo familiar com gastos de que trata o inciso III do *caput* deste artigo será definido em ato conjunto do Ministério da Cidadania, da Secretaria Especial de Previdência e Trabalho do Ministério da Economia e do INSS, a partir de valores médios dos gastos realizados pelas famílias exclusivamente com essas finalidades, facultada ao interessado a possibilidade de comprovação, conforme critérios definidos em regulamento, de que os gastos efetivos ultrapassam os valores médios.

▶ Art. 20-B acrescido pela Lei nº 14.176, de 22-6-2021.

Art. 21. O benefício de prestação continuada deve ser revisto a cada 2 (dois) anos para avaliação da continuidade das condições que lhe deram origem.

§ 1º O pagamento do benefício cessa no momento em que forem superadas as condições referidas no *caput*, ou em caso de morte do beneficiário.

§ 2º O benefício será cancelado quando se constatar irregularidade na sua concessão ou utilização.

§ 3º O desenvolvimento das capacidades cognitivas, motoras ou educacionais e a realização de atividades não remuneradas de habilitação e reabilitação, entre outras, não constituem motivo de suspensão ou cessação do benefício da pessoa com deficiência.

▶ § 3º acrescido pela Lei nº 12.435, de 6-7-2011.

§ 4º A cessação do benefício de prestação continuada concedido à pessoa com deficiência não impede nova concessão do benefício, desde que atendidos os requisitos definidos em regulamento.

▶ § 4º com a redação dada pela Lei nº 12.470, de 31-8-2011.

§ 5º *O beneficiário do benefício de prestação continuada é dispensado de avaliação médico-pericial periódica, desde que o impedimento de que trata o § 2º do art. 20 desta Lei seja permanente, irreversível ou irrecuperável, salvo quando houver fundamentada suspeita de fraude ou erro.*

▶ § 5º com a redação dada pela Lei nº 15.157, de 1º-7-2025, promulgado nos termos do art. 66, § 5º, da CF (*DOU* de 2-7-2025).

§ 6º *A revisão de que trata o caput deste artigo, para efeito de constatação de permanência de deficiência, ficará dispensada no caso de benefício de prestação continuada concedido em virtude de deficiência permanente decorrente de síndrome congênita associada à infecção pelo vírus Zika, desde que o impedimento de que trata o § 2º do art. 20 desta Lei seja permanente, irreversível ou irrecuperável.*

▶ § 6º acrescido pela Lei nº 15.156, de 1º-7-2025, promulgado nos termos do art. 66, § 5º, da CF (*DOU* de 2-7-2025).

Art. 21-A. O benefício de prestação continuada será suspenso pelo órgão concedente quando a pessoa com deficiência exercer atividade remunerada, inclusive na condição de microempreendedor individual.

§ 1º Extinta a relação trabalhista ou a atividade empreendedora de que trata o *caput* deste artigo e, quando for o caso, encerrado o prazo de pagamento do seguro-desemprego e não tendo o beneficiário adquirido direito a qualquer benefício previdenciário, poderá ser requerida a continuidade do pagamento do benefício suspenso, sem necessidade de realização de perícia médica ou reavaliação da deficiência e do grau de incapacidade para esse fim, respeitado o período de revisão previsto no *caput* do art. 21.

§ 2º A contratação de pessoa com deficiência como aprendiz não acarreta a suspensão do benefício de prestação continuada, limitado a 2 (dois) anos o recebimento concomitante da remuneração e do benefício.

▶ Art. 21-A acrescido pela Lei nº 12.470, de 31-8-2011.

Art. 21-B. *Os beneficiários do benefício de prestação continuada, quando não estiverem inscritos no CadÚnico ou quando estiverem com o cadastro desatualizado há mais de 24 (vinte e quatro) meses, deverão regularizar a situação nos seguintes prazos, contados a partir da efetiva notificação bancária ou por outros canais de atendimento:*

▶ *Caput* do art. 21-B com a redação dada pela Lei nº 15.077, de 27-12-2024.

I – *45 (quarenta e cinco) dias para Municípios de pequeno porte;*

II – *90 (noventa) dias para Municípios de médio e grande porte ou metrópole, com população acima de 50.000 (cinquenta mil) habitantes.*

▶ Incisos I e II acrescidos pela Lei nº 14.973, de 16-9-2024.

§ 1º *Na falta da ciência da notificação bancária ou por outros canais de atendimento, o crédito do benefício será bloqueado em 30 (trinta) dias após o envio da notificação.*

§ 2º *O não cumprimento do disposto no caput implicará a suspensão do benefício, desde que comprovada a ciência da notificação.*

§ 3º *O beneficiário poderá realizar a inclusão ou a atualização no CadÚnico até o final do prazo de suspensão, sem que haja prejuízo no pagamento do benefício.*

▶ §§ 1º a 3º acrescidos pela Lei nº 14.973, de 16-9-2024.

Seção II
DOS BENEFÍCIOS EVENTUAIS

▶ Dec. nº 6.307, de 14-12-2007, dispõe sobre os benefícios eventuais de que trata este artigo.

Art. 22. Entendem-se por benefícios eventuais as provisões suplementares e provisórias que integram organicamente as garantias do SUAS e são prestadas aos cidadãos e às famílias em virtude de nascimento, morte, situações de vulnerabilidade temporária e de calamidade pública.

§ 1º A concessão e o valor dos benefícios de que trata este artigo serão definidos pelos Estados, Distrito Federal e Municípios e previstos nas respectivas leis orçamentárias anuais, com base em critérios e prazos definidos pelos respectivos Conselhos de Assistência Social.

§ 2º O CNAS, ouvidas as respectivas representações de Estados e Municípios dele participantes, poderá propor, na medida das disponibilidades orçamentárias das 3 (três) esferas de governo, a instituição de benefícios subsidiários no valor de até 25% (vinte e cinco por cento) do salário mínimo para cada criança de até 6 (seis) anos de idade.

§ 3º Os benefícios eventuais subsidiários não poderão ser cumulados com aqueles instituídos pelas Leis nº 10.954, de 29 de setembro de 2004, e nº 10.458, de 14 de maio de 2002.

▶ Art. 22 com a redação dada pela Lei nº 12.435, de 6-7-2011.

Seção III
DOS SERVIÇOS

Art. 23. Entendem-se por serviços socioassistenciais as atividades continuadas que visem à melhoria de vida da população e cujas ações, voltadas para as necessidades básicas, observem os objetivos, princípios e diretrizes estabelecidos nesta Lei.

▶ *Caput* com a redação dada pela Lei nº 12.435, de 6-7-2011.

§ 1º O regulamento instituirá os serviços socioassistenciais.

▶ § 1º acrescido pela Lei nº 12.435, de 6-7-2011.

§ 2º Na organização dos serviços da assistência social serão criados programas de amparo, entre outros:

► Antigo parágrafo único transformado em § 2º e com a redação dada pela Lei nº 12.435, de 6-7-2011.

I – às crianças e adolescentes em situação de risco pessoal e social, em cumprimento ao disposto no art. 227 da Constituição Federal e na Lei nº 8.069, de 13 de julho de 1990 (Estatuto da Criança e do Adolescente);

II – às pessoas que vivem em situação de rua;

► Incisos I e II com a redação dada pela Lei nº 12.435, de 6-7-2011.

► Dec. nº 7.053, de 23-12-2009, institui a Política Nacional para a População em Situação de Rua e o Comitê Intersetorial de Acompanhamento e Monitoramento.

III – *às pessoas idosas carentes residentes em instituições de longa permanência, nas quais o poder público apoiará o atendimento integral à saúde, na forma do regulamento.*

► Inciso III acrescido pela Lei nº 14.878, de 4-6-2024.

SEÇÃO IV

DOS PROGRAMAS DE ASSISTÊNCIA SOCIAL

Art. 24. Os programas de assistência social compreendem ações integradas e complementares com objetivos, tempo e área de abrangência definidos para qualificar, incentivar e melhorar os benefícios e os serviços assistenciais.

§ 1º Os programas de que trata este artigo serão definidos pelos respectivos Conselhos de Assistência Social, obedecidos os objetivos e princípios que regem esta lei, com prioridade para a inserção profissional e social.

§ 2º Os programas voltados para o idoso e a integração da pessoa com deficiência serão devidamente articulados com o benefício de prestação continuada estabelecido no art. 20 desta Lei.

► § 2º com a redação dada pela Lei nº 12.435, de 6-7-2011.

Art. 24-A. Fica instituído o Serviço de Proteção e Atendimento Integral à Família (PAIF), que integra a proteção social básica e consiste na oferta de ações e serviços socioassistenciais de prestação continuada, nos CRAS, por meio do trabalho social com famílias em situação de vulnerabilidade social, com o objetivo de prevenir o rompimento dos vínculos familiares e a violência no âmbito de suas relações, garantindo o direito à convivência familiar e comunitária.

Parágrafo único. Regulamento definirá as diretrizes e os procedimentos do PAIF.

Art. 24-B. Fica instituído o Serviço de Proteção e Atendimento Especializado a Famílias e Indivíduos (PAEFI), que integra a proteção social especial e consiste no apoio, orientação e acompanhamento a famílias e indivíduos em situação de ameaça ou violação de direitos, articulando os serviços socioassistenciais com as diversas políticas públicas e com órgãos do sistema de garantia de direitos.

Parágrafo único. Regulamento definirá as diretrizes e os procedimentos do PAEFI.

Art. 24-C. Fica instituído o Programa de Erradicação do Trabalho Infantil (PETI), de caráter intersetorial, integrante da Política Nacional de Assistência Social, que, no âmbito do SUAS, compreende transferências de renda, trabalho social com famílias e oferta de serviços socioeducativos para crianças e adolescentes que se encontrem em situação de trabalho.

§ 1º O PETI tem abrangência nacional e será desenvolvido de forma articulada pelos entes federados, com a participação da sociedade civil, e tem como objetivo contribuir para a retirada de crianças e adolescentes com idade inferior a 16 (dezesseis) anos em situação de trabalho, ressalvada a condição de aprendiz, a partir de 14 (quatorze) anos.

§ 2º As crianças e os adolescentes em situação de trabalho deverão ser identificados e ter os seus dados inseridos no Cadastro Único para Programas Sociais do Governo Federal (CadÚnico), com a devida identificação das situações de trabalho infantil.

► Arts. 24-A a 24-C acrescidos pela Lei nº 12.435, de 6-7-2011.

SEÇÃO V

DOS PROJETOS DE ENFRENTAMENTO DA POBREZA

Art. 25. Os projetos de enfrentamento da pobreza compreendem a instituição de investimento econômico-social nos grupos populares, buscando subsidiar, financeira e tecnicamente, iniciativas que lhes garantam meios, capacidade produtiva e de gestão para melhoria das condições gerais de subsistência, elevação do padrão da qualidade de vida, a preservação do meio ambiente e sua organização social.

Art. 26. O incentivo a projetos de enfrentamento da pobreza assentar-se-á em mecanismos de articulação e de participação de diferentes áreas governamentais e em sistema de cooperação entre organismos governamentais, não governamentais e da sociedade civil.

SEÇÃO VI

DO AUXÍLIO-INCLUSÃO

► Seção VI acrescida pela Lei nº 14.176, de 22-6-2021.

Art. 26-A. Terá direito à concessão do auxílio-inclusão de que trata o art. 94 da Lei nº 13.146, de 6 de julho de 2015 (Estatuto da Pessoa com Deficiência), a pessoa com deficiência moderada ou grave que, cumulativamente:

I – receba o benefício de prestação continuada, de que trata o art. 20 desta Lei, e passe a exercer atividade:

a) que tenha remuneração limitada a 2 (dois) salários mínimos; e

b) que enquadre o beneficiário como segurado obrigatório do Regime Geral de Previdência Social ou como filiado a regime próprio de previdência social da União, dos Estados, do Distrito Federal ou dos Municípios;

II – tenha inscrição atualizada no CadÚnico no momento do requerimento do auxílio-inclusão;

III – tenha inscrição regular no CPF; e

IV – atenda aos critérios de manutenção do benefício de prestação continuada, incluídos os critérios relativos à renda familiar mensal *per capita* exigida para o acesso ao benefício, observado o disposto no § 4º deste artigo.

§ 1º O auxílio-inclusão poderá ainda ser concedido, nos termos do inciso I do *caput* deste artigo, mediante requerimento e sem retroatividade no pagamento, ao beneficiário:

I – que tenha recebido o benefício de prestação continuada nos 5 (cinco) anos imediatamente anteriores ao exercício da atividade remunerada; e

II – que tenha tido o benefício suspenso nos termos do art. 21-A desta Lei.

§ 2º O valor do auxílio-inclusão percebido por um membro da família não será considerado no cálculo da renda familiar mensal *per capita* de que trata o inciso IV do *caput* deste artigo, para fins de concessão e de manutenção de outro auxílio-inclusão no âmbito do mesmo grupo familiar.

§ 3º O valor do auxílio-inclusão e o da remuneração do beneficiário do auxílio-inclusão de que trata a alínea a do inciso I do *caput* deste artigo percebidos por um membro da família não serão considerados no cálculo da renda familiar mensal *per capita* de que tratam os §§ 3º e 11-A do art. 20 desta Lei para fins de manutenção de benefício de prestação continuada concedido anteriormente a outra pessoa do mesmo grupo familiar.

§ 4º Para fins de cálculo da renda familiar *per capita* de que trata o inciso IV do *caput* deste artigo, serão desconsideradas:

I – as remunerações obtidas pelo requerente em decorrência de exercício de atividade laboral, desde que o total recebido no mês seja igual ou inferior a 2 (dois) salários mínimos; e

II – as rendas oriundas dos rendimentos decorrentes de estágio supervisionado e de aprendizagem.

► Art. 26-A acrescido pela Lei nº 14.176, de 22-6-2021.

Art. 26-B. O auxílio-inclusão será devido a partir da data do requerimento, e o seu valor corresponderá a 50% (cinquenta por cento) do valor do benefício de prestação continuada em vigor.

► *Caput* do art. 26-B acrescido pela Lei nº 14.176, de 22-6-2021.

§ 1º Ao requerer o auxílio-inclusão, o beneficiário autorizará a suspensão do benefício de prestação continuada, nos termos do art. 21-A desta Lei.

► Parágrafo único renumerado para § 1º pela Lei nº 14.441, de 2-9-2022.

§ 2º O auxílio-inclusão será concedido automaticamente pelo INSS, observado o preenchimento dos demais requisitos, mediante constatação, pela própria autarquia ou pelo Ministério da Cidadania, de acumulação do benefício de prestação continuada com o exercício de atividade remunerada.

§ 3º Na hipótese do § 2º deste artigo, o auxílio-inclusão será devido a partir do primeiro dia da competência em que se identificou a ocorrência de acumulação do benefício de prestação continuada com o exercício de atividade remunerada, e o titular deverá ser notificado quanto à alteração do benefício e suas consequências administrativas.

► §§ 2º e 3º acrescidos pela Lei nº 14.441, de 2-9-2022.

Art. 26-C. O pagamento do auxílio-inclusão não será acumulado com o pagamento de:

I – benefício de prestação continuada de que trata o art. 20 desta Lei;

II – prestações a título de aposentadoria, de pensões ou de benefícios por incapacidade pagos por qualquer regime de previdência social; ou

III – seguro-desemprego.

Art. 26-D. O pagamento do auxílio-inclusão cessará na hipótese de o beneficiário:

I – deixar de atender aos critérios de manutenção do benefício de prestação continuada; ou

II – deixar de atender aos critérios de concessão do auxílio-inclusão.

Parágrafo único. Ato do Poder Executivo federal disporá sobre o procedimento de verificação dos critérios de manutenção e de revisão do auxílio-inclusão.

Art. 26-E. O auxílio-inclusão não está sujeito a desconto de qualquer contribuição e não gera direito a pagamento de abono anual.

Art. 26-F. Compete ao Ministério da Cidadania a gestão do auxílio-inclusão, e ao INSS a sua operacionalização e pagamento.

Art. 26-G. As despesas decorrentes do pagamento do auxílio-inclusão correrão à conta do orçamento do Ministério da Cidadania.

§ 1º O Poder Executivo federal compatibilizará o quantitativo de benefícios financeiros do auxílio-inclusão de que trata o art. 26-A desta Lei com as dotações orçamentárias existentes.

§ 2º O regulamento indicará o órgão do Poder Executivo responsável por avaliar os impactos da concessão do auxílio-inclusão na participação no mercado de trabalho, na redução de desigualdades e no exercício dos direitos e liberdades fundamentais das pessoas com deficiência, nos termos do § 16 do art. 37 da Constituição Federal.

Art. 26-H. No prazo de 10 (dez) anos, contado da data de publicação desta Seção, será promovida a revisão do auxílio-inclusão, observado o disposto no § 2º do art. 26-G desta Lei, com vistas a seu aprimoramento e ampliação.

▸ Arts. 26-C a 26-H acrescidos pela Lei nº 14.176, de 22-6-2021.

CAPÍTULO V
DO FINANCIAMENTO DA ASSISTÊNCIA SOCIAL

Art. 27. Fica o Fundo Nacional de Ação Comunitária (FUNAC), instituído pelo Decreto nº 91.970, de 22 de novembro de 1985, ratificado pelo Decreto Legislativo nº 66, de 18 de dezembro de 1990, transformado no Fundo Nacional de Assistência Social (FNAS).

▸ O referido Dec. nº 91.970, de 22-11-1995, foi revogado pelo Dec. nº 9.757, de 11-4-2019.

Art. 28. O financiamento dos benefícios, serviços, programas e projetos estabelecidos nesta lei far-se-á com os recursos da União, dos Estados, do Distrito Federal e dos Municípios, das demais contribuições sociais previstas no artigo 195 da Constituição Federal, além daqueles que compõem o Fundo Nacional de Assistência Social (FNAS).

§ 1º Cabe ao órgão da Administração Pública responsável pela coordenação da Política de Assistência Social nas 3 (três) esferas de governo gerir o Fundo de Assistência Social, sob orientação e controle dos respectivos Conselhos de Assistência Social.

▸ § 1º com a redação dada pela Lei nº 12.435, de 6-7-2011.

§ 2º O Poder Executivo disporá, no prazo de 180 (cento e oitenta) dias a contar da data de publicação desta lei, sobre o regulamento e funcionamento do Fundo Nacional de Assistência Social (FNAS).

§ 3º O financiamento da assistência social no SUAS deve ser efetuado mediante cofinanciamento dos 3 (três) entes federados, devendo os recursos alocados nos fundos de assistência social ser voltados à operacionalização, prestação, aprimoramento e viabilização dos serviços, programas, projetos e benefícios desta política.

▸ § 3º acrescido pela Lei nº 12.435, de 6-7-2011.

Art. 28-A. *Revogado.* Lei nº 13.813, de 9-4-2019.

Art. 29. Os recursos de responsabilidade da União destinados à assistência social serão automaticamente repassados ao Fundo Nacional de Assistência Social (FNAS), à medida que se forem realizando as receitas.

Parágrafo único. Os recursos de responsabilidade da União destinados ao financiamento dos benefícios de prestação continuada, previstos no artigo 20, poderão ser repassados pelo Ministério da Previdência e Assistência Social diretamente ao INSS, órgão responsável pela sua execução e manutenção.

▸ Parágrafo único acrescido pela Lei nº 9.720, de 30-11-1998.

Art. 30. É condição para os repasses, aos Municípios, aos Estados e ao Distrito Federal, dos recursos de que trata esta lei, a efetiva instituição e funcionamento de:

I – Conselho de Assistência Social, de composição paritária entre governo e sociedade civil;

II – Fundo de Assistência Social, com orientação e controle dos respectivos Conselhos de Assistência Social;

III – Plano de Assistência Social.

Parágrafo único. É, ainda, condição para transferência de recursos do FNAS aos Estados, ao Distrito Federal e aos Municípios a comprovação orçamentária dos recursos próprios destinados à Assistência Social, alocados em seus respectivos Fundos de Assistência Social, a partir do exercício de 1999.

▸ Parágrafo único acrescido pela Lei nº 9.720, de 30-11-1998.

Art. 30-A. O cofinanciamento dos serviços, programas, projetos e benefícios eventuais, no que couber, e o aprimoramento da gestão da política de assistência social no SUAS se efetuam por meio de transferências automáticas entre os fundos de assistência social e mediante alocação de recursos próprios nesses fundos nas 3 (três) esferas de governo.

Parágrafo único. As transferências automáticas de recursos entre os fundos de assistência social efetuadas à conta do orçamento da seguridade social, conforme o art. 204 da Constituição Federal, caracterizam-se como despesa pública com a seguridade social, na forma do art. 24 da Lei Complementar nº 101, de 4 de maio de 2000.

Art. 30-B. Caberá ao ente federado responsável pela utilização dos recursos do respectivo Fundo de Assistência Social o controle e o acompanhamento dos serviços, programas, projetos e benefícios, por meio dos respectivos órgãos de controle, independentemente de ações do órgão repassador dos recursos.

Art. 30-C. A utilização dos recursos federais descentralizados para os fundos de assistência social dos Estados, dos Municípios e do Distrito Federal será declarada pelos entes recebedores ao ente transferidor, anualmente, mediante relatório de gestão submetido à apreciação do respectivo Conselho de Assistência Social, que comprove a execução das ações na forma de regulamento.

Parágrafo único. Os entes transferidores poderão requisitar informações referentes à aplicação dos recursos oriundos do seu fundo de assistência social, para fins de análise e acompanhamento de sua boa e regular utilização.

▸ Arts. 30-A a 30-C acrescidos pela Lei nº 12.435, de 6-7-2011.

CAPÍTULO VI
DAS DISPOSIÇÕES GERAIS E TRANSITÓRIAS

Art. 31. Cabe ao Ministério Público zelar pelo efetivo respeito aos direitos estabelecidos nesta lei.

Art. 32. O Poder Executivo terá o prazo de 60 (sessenta) dias, a partir da publicação desta lei, obedecidas as normas por ela instituídas, para elaborar e encaminhar projeto de lei dispondo sobre a extinção e reordenamento dos órgãos de assistência social do Ministério do Bem-Estar Social.

§ 1º O projeto de que trata este artigo definirá formas de transferências de benefícios, serviços, programas, projetos, pessoal, bens móveis e imóveis para a esfera municipal.

§ 2º O Ministro de Estado do Bem-Estar Social indicará Comissão encarregada de elaborar o projeto de lei de que trata este artigo, que contará com a participação das organizações dos usuários, de trabalhadores do setor e de entidades e organizações de assistência social.

Art. 33. Decorrido o prazo de cento e vinte dias da promulgação desta lei, fica extinto o Conselho Nacional de Serviço Social (CNSS), revogando-se, em consequência, os Decretos-Lei nºs 525, de 1º de julho de 1938, e 657, de 22 de julho de 1943.

§ 1º O Poder Executivo tomará as providências necessárias para a instalação do Conselho Nacional de Assistência Social (CNAS) e a transferência das atividades que passarão à sua competência dentro do prazo estabelecido no *caput*, de forma a assegurar não haja solução de continuidade.

§ 2º O acervo do órgão de que trata o *caput* será transferido, no prazo de 60 (sessenta) dias, para o Conselho Nacional de Assistência Social (CNAS), que promoverá, mediante critérios e prazos a serem fixados, a revisão dos processos de registro e certificado de entidade de fins filantrópicos das entidades e organização de assistência social, observado o disposto no artigo 3º desta lei.

Art. 34. A União continuará exercendo papel supletivo nas ações de assistência social, por ela atualmente executadas diretamente no âmbito dos Estados, dos Municípios e do Distrito Federal, visando à implementação do disposto nesta lei, por prazo máximo de 12 (doze) meses, contados a partir da data da publicação desta lei.

Art. 35. Cabe ao órgão da Administração Pública Federal responsável pela coordenação da Política Nacional de Assistência Social operar os benefícios de prestação continuada de que trata esta lei, podendo, para tanto, contar com o concurso de outros órgãos do Governo Federal, na forma a ser estabelecida em regulamento.

§ 1º *O regulamento de que trata o caput definirá as formas de comprovação do direito ao benefício, as condições de sua suspensão, os procedimentos em casos de curatela e tutela e o órgão de credenciamento, de pagamento e de fiscalização, dentre outros aspectos.*

▸ Parágrafo único transformado em § 1º pela Lei nº 15.077, de 27-12-2024.

§ 2º *Os órgãos federais disponibilizarão as informações constantes das bases de dados de que sejam detentores necessárias à verificação dos requisitos para concessão, manutenção e revisão do benefício de prestação*

LEGISLAÇÃO PREVIDENCIÁRIA

continuada previsto no art. 20 desta Lei, nos termos de ato do Poder Executivo federal.

- § 2º acrescido pela Lei nº 15.077, de 27-12-2024.
- Dec. nº 12.428, de 3-4-2025, regulamenta este parágrafo para dispor sobre o compartilhamento de dados pelos órgãos públicos federais e pelas prestadoras de serviços públicos.

Art. 36. As entidades e organizações de assistência social que incorrerem em irregularidades na aplicação dos recursos que lhes foram repassados pelos poderes públicos terão a sua vinculação ao SUAS cancelada, sem prejuízo de responsabilidade civil e penal.

- Artigo com a redação dada pela Lei nº 12.435, de 6-7-2011.

Art. 37. O benefício de prestação continuada será devido após o cumprimento, pelo requerente, de todos os requisitos legais e regulamentares exigidos para a sua concessão, inclusive apresentação da documentação necessária, devendo o seu pagamento ser efetuado em até quarenta e cinco dias após cumpridas as exigências de que trata este artigo.

Parágrafo único. No caso de o primeiro pagamento ser feito após o prazo previsto no *caput*, aplicar-se-á na sua atualização o mesmo critério adotado pelo INSS na atualização do primeiro pagamento de benefício previdenciário em atraso.

- Art. 37 com a redação dada pela Lei nº 9.720, de 30-11-1998.

Art. 38. *Revogado.* Lei nº 12.435, de 6-7-2011.

Art. 39. O Conselho Nacional de Assistência Social (CNAS), por decisão da maioria absoluta de seus membros, respeitados o orçamento da seguridade social e a disponibilidade do Fundo Nacional de Assistência Social (FNAS), poderá propor ao Poder Executivo a alteração dos limites de renda mensal per capita definidos no § 3º do artigo 20 e *caput* do artigo 22.

Art. 40. Com a implantação dos benefícios previstos nos artigos 20 e 22 desta lei, extinguem-se a renda mensal vitalícia, o auxílio-natalidade e o auxílio-funeral existentes no âmbito da Previdência Social, conforme o disposto na Lei nº 8.213, de 24 de julho de 1991.

§ 1º A transferência dos beneficiários do sistema previdenciário para a assistência social deve ser estabelecida de forma que o atendimento à população não sofra solução de continuidade.

- Parágrafo único transformado em § 1º pela Lei nº 9.711, de 20-11-1998.

§ 2º É assegurado ao maior de setenta anos e ao inválido o direito de requerer a renda mensal vitalícia junto ao INSS até 31 de dezembro de 1995, desde que atenda, alternativamente, aos requisitos estabelecidos nos incisos I, II ou III do § 1º do art. 139 da Lei nº 8.213, de 24 de julho de 1991.

- § 2º acrescido pela Lei nº 9.711, de 20-11-1998.

Art. 40-A. Os benefícios monetários decorrentes do disposto nos arts. 22, 24-C e 25 desta Lei serão pagos preferencialmente à mulher responsável pela unidade familiar, quando cabível.

- Artigo acrescido pela Lei nº 13.014, de 21-7-2014.

Art. 40-B. *Enquanto não estiver regulamentado o instrumento de avaliação de que tratam os §§ 1º e 2º do art. 2º da Lei nº 13.146, de 6 de julho de 2015 (Estatuto da Pessoa com Deficiência), a concessão do benefício de prestação continuada à pessoa com deficiência ficará sujeita à avaliação do grau da deficiência e do impedimento de que trata o § 2º do art. 20 desta Lei, composta de avaliação médica e avaliação social realizadas, respectivamente, pela perícia médica federal e pelo serviço social do INSS, com a utilização de instrumentos desenvolvidos especificamente para esse fim, e será obrigatório o registro, nos sistemas informacionais utilizados para a concessão do benefício, do código da Classificação Internacional de Doenças (CID), garantida a preservação do sigilo.*

- *Caput* do art. 40-B com a redação dada pela Lei nº 15.077, de 27-12-2024.

§ 1º O INSS poderá celebrar parcerias para a realização da avaliação social, sob a supervisão do serviço social da autarquia.

- Parágrafo único transformado em § 1º pela Lei nº 14.724, de 14-11-2023.

§ 2º A avaliação médica prevista no *caput* deste artigo poderá ser realizada como uso de tecnologia de telemedicina ou por análise documental conforme situações e requisitos definidos em regulamento.

- § 2º acrescido pela Lei nº 14.724, de 14-11-2023.

Art. 40-C. Os eventuais débitos do beneficiário decorrentes de recebimento irregular do benefício de prestação continuada ou do auxílio-inclusão poderão ser consignados no valor mensal desses benefícios, nos termos do regulamento.

- Art. 40-C acrescido pela Lei nº 14.176, de 22-6-2021.

Art. 41. Esta lei entra em vigor na data da sua publicação.

Art. 42. Revogam-se as disposições em contrário.

Brasília, 7 de dezembro de 1993;
172º da Independência e
105º da República.

Itamar Franco

LEI Nº 8.870, DE 15 DE ABRIL DE 1994

Altera dispositivos das Leis nºs 8.212 e 8.213, de 24 de julho de 1991, e dá outras providências.

(EXCERTOS)

- Publicada no *DOU* de 16-4-1994, Edição Extra e retificada no *DOU* de 12-5-1994.

Art. 3º As empresas ficam obrigadas a fornecer ao sindicato representativo da categoria profissional mais numerosa entre seus empregados, cópia da Guia de Recolhimento das contribuições devidas à seguridade social arrecadadas pelo INSS.

§ 1º Para os fins desta lei, considera-se empresa a firma individual ou sociedade que assume o risco de atividade econômica urbana ou rural, com fins lucrativos ou não, os órgãos e entidades da Administração Pública direta, indireta e fundacional, a cooperativa, a associação ou entidade de qualquer natureza ou finalidade, a missão diplomática e a repartição consular de carreira estrangeira.

§ 2º Na hipótese de a empresa possuir mais de uma unidade, os sindicatos de que trata o *caput* deste artigo terão acesso apenas às guias referentes às unidades situadas em sua base territorial.

Art. 4º Ficam as empresas obrigadas, igualmente, a afixar cópia da guia de recolhimento no quadro de horário, de que trata o artigo 74 do Decreto-Lei nº 5.452, de 1º de maio de 1943.

Art. 5º O INSS informará aos sindicatos os valores efetivamente recolhidos pelas empresas localizadas na base territorial destes.

Art. 6º É facultada aos sindicatos a apresentação de denúncia contra a empresa junto ao INSS, nas seguintes hipóteses:

I – descumprimento do disposto nos artigos 3º e 4º;

II – divergência entre os valores informados pela empresa e pelo INSS sobre as contribuições recolhidas na mesma competência; ou

III – existência de evidentes indícios de recolhimento a menor das contribuições devidas.

Parágrafo único. Recebida a denúncia nos termos deste artigo, o INSS incluirá a empresa denunciada no seu Plano de Fiscalização.

Art. 7º Comprovada pela fiscalização a ocorrência das situações previstas nos incisos I e II do artigo anterior, será aplicada à empresa multa no valor de 99.000 (noventa e nove mil) Unidade Fiscal de Referência (UFIR) ou outra unidade de referência oficial que venha a substituí-la, para cada competência em que tenha havido a irregularidade.

Art. 8º A constatação da improcedência da denúncia apresentada nos termos do artigo 6º desta lei implicará a suspensão do direito do sindicato ao fornecimento das informações mencionadas nos artigos 3º e 5º pelo prazo de:

I – 1 (um) ano, quando fundamentada nos incisos I e II;

II – 4 (quatro) meses, quando fundamentada no inciso III.

Parágrafo único. Os prazos fixados nos incisos I e II deste artigo serão duplicados a cada reincidência por parte do sindicato.

Art. 9º O Poder Executivo, no prazo de 90 (noventa) dias, disciplinará:

I – os procedimentos a serem seguidos pelos sindicatos no requerimento das informações referidas nos artigos 3º e 5º, a periodicidade e os prazos de fornecimento das informações;

II – a forma de comprovação do recebimento das guias de que trata o artigo 3º por parte do sindicato;

III – a forma de aplicação da multa instituída no artigo 7º;

IV – a forma de divulgação da relação de entidades punidas conforme o artigo 8º.

Art. 10. Sem prejuízo do disposto no artigo 47 da Lei nº 8.212, de 1991, é obrigatória a apresentação de Certidão Negativa de Débito (CND) pelas pessoas jurídicas e a elas equiparadas, na contratação de operações de crédito junto a instituições financeiras, que envolvam:

- Art. 4º, V, da Lei nº 13.999, de 18-5-2020, que Institui o Programa Nacional de Apoio às Microempresas e Empresas de Pequeno Porte (PRONAMPE), para o desenvolvimento e o fortalecimento dos pequenos negócios.

I – recursos públicos, inclusive provenientes de fundos constitucionais e de incentivo ao desenvolvimento regional (FNO, FNE, FCO, FINAM e FINOR);

II – recursos do Fundo de Garantia do Tempo de Serviço (FGTS), do Fundo de Amparo do Trabalhador (FAT) e do Fundo Nacional de Desenvolvimento da Educação (FNDE); e

III – *Revogado*. Lei nº 14.179, de 30-6-2021.

§ 1º A exigência instituída no *caput* aplica-se, igualmente, à liberação de eventuais parcelas previstas no contrato.

§ 2º Consideram-se instituições financeiras, para os efeitos desta lei, as pes-soas jurídicas públicas ou privadas que tenham como atividade principal ou acessória a intermediação ou aplicação de recursos financeiros próprios ou de terceiros, em moeda nacional ou estrangeira, autorizadas pelo Banco Central do Brasil ou por Decreto do Poder Executivo a funcionar no Território Nacional.

Art. 11. A CND é o documento comprobatório de inexistência de débito para com o INSS e será por este concedida às empresas.

Art. 12. As instituições financeiras obrigam-se a fornecer, mensalmente, ao INSS, relação das empresas contratadas conforme especificação técnica da autarquia.

Art. 13. O descumprimento do disposto nos artigos 10 e 12 desta lei sujeitará os infratores à multa de:

I – 100.000 (cem mil) UFIR por operação contratada, no caso do artigo 10;

II – 20.000 (vinte mil) UFIR no caso do artigo 12.

Art. 14. Fica autorizada, nos termos desta lei, a compensação de contribuições devidas pelos hospitais contratados ou conveniados com o Sistema Único de Saúde (SUS) ao INSS, com parcela dos créditos correspondentes a faturas emitidas para recebimento de internações hospitalares, cujo valor correspondente será retido pelo órgão pagador do SUS para amortização de parcela do débito, na forma estabelecida em regulamento.

Art. 15. Até 30 de junho de 1994, os débitos dos hospitais contratados ou conveniados com o Sistema Único de Saúde (SUS), relativos a contribuições devidas ao INSS, referentes a competências anteriores a 1º de agosto de 1993, ajuizados ou não, inclusive os não notificados, poderão ser objeto de acordo para pagamento parcelado na forma do disposto nos parágrafos deste artigo.

§ 1º Para habilitar-se ao acordo, os hospitais devem garantir que sejam colocados à disposição do SUS percentuais de sua capacidade total instalada em internações hospitalares.

§ 2º A garantia a que se refere o parágrafo anterior será comprovada anualmente pelos Conselhos Municipais ou Estaduais de Saúde, conforme disposto em regulamento.

§ 3º Os débitos de que trata este artigo poderão ser amortizados da seguinte forma:

a) mediante dedução mensal, pelo órgão pagador, de cinco por cento das faturas relativas a internações hospitalares para repasse ao INSS, visando à amortização da dívida do respectivo emitente para com a Previdência Social, no caso de hospitais que comprovem estejam colocando à disposição do SUS no mínimo 60% (sessenta por cento) de sua capacidade total instalada para internações hospitalares;

b) mediante dedução mensal de 12,5% (doze e meio por cento) das faturas relativas a internações hospitalares para repasse ao INSS, visando à amortização da dívida do respectivo emitente para com a Previdência Social, no caso dos hospitais que comprovem estejam colocando à disposição do SUS no mínimo entre 30 (trinta) e 60% (sessenta por cento) de sua capacidade total instalada para internações hospitalares.

§ 4º Para a efetivação da dedução referida no parágrafo anterior, os acordos conterão:

a) cláusula em que os hospitais e Santas Casas autorizem o órgão pagador do SUS a assim proceder por ocasião dos pagamentos respectivos;

b) cláusula determinando sua rescisão, na hipótese de inadimplência das contribuições vincendas, ou em caso de denúncia, com o imediato prosseguimento da cobrança de todo o saldo devedor.

§ 5º O valor da dedução prevista no § 3º será convertido em Ufir por ocasião do efetivo repasse ao INSS e deduzido do montante total da dívida levantada.

§ 6º O repasse ao INSS previsto nas alíneas *a* e *b* do § 3º deste artigo será feito pelo órgão pagador do SUS, obrigatoriamente até o terceiro dia útil subsequente ao pagamento das respectivas faturas.

§ 7º No ato da celebração do acordo de parcelamento previsto no *caput* deste artigo, as importâncias devidas a título de multa, quando referentes a competências anteriores a 1º de agosto de 1993, serão reduzidas em cinquenta por cento, para efeito de aplicação da compensação autorizada nesta lei.

§ 8º A redução de que trata o parágrafo anterior não será cumulativa com a concedida nos termos do parágrafo 3º do artigo 11 da Lei nº 8.620, de 5 de janeiro de 1993.

Art. 16. Excepcionalmente, na celebração dos acordos previstos no artigo anterior, será permitido parcelar as contribuições descontadas dos segurados empregados e trabalhadores avulsos e não recolhidas ao INSS, de acordo com as seguintes regras:

I – em até 24 (vinte e quatro) meses, no caso de acordo celebrado no mês de abril de 1994, referente a competências posteriores a 1º de julho de 1991 e anteriores a 1º de agosto de 1993;

II – em até 16 (dezesseis) meses, no caso de acordo celebrado no mês de maio de 1994, referente a competências posteriores a 1º de julho de 1991 e anteriores a 1º de agosto de 1993;

III – em até 8 (oito) meses, no caso de acordo celebrado no mês de junho de 1994, referente a competências posteriores a 1º de julho de 1991 e anteriores a 1º de agosto de 1993.

Art. 17. Aplica-se aos parcelamentos previstos nos artigos 15 e 16 desta lei o disposto nos parágrafos 3º e 5º do artigo 38 da Lei nº 8.212, de 24 de julho de 1991.

Parágrafo único. Da aplicação do disposto no artigo 18 desta lei, não poderá resultar parcela inferior a 120 (cento e vinte) Unidade Fiscal de Referência (UFIR), ou outra unidade de referência oficial que venha a substituí-la.

Art. 18. Nas ações que tenham por objeto o pagamento de benefícios previdenciários, os valores expressos em moeda corrente constantes da condenação serão convertidos, à data do cálculo, em quantidade de Unidade Fiscal de Referência (Ufir), ou outra unidade de referência oficial que venha a substituí-la, manifestando-se as partes em 5 (cinco) dias.

Art. 19. As ações judiciais, inclusive cautelares, que tenham por objeto a discussão de débito para com o INSS serão, obrigatoriamente, precedidas do depósito preparatório do valor do mesmo, monetariamente corrigido até a data de efetivação, acrescido dos juros, multa de mora e demais encargos.

▶ O STF, por unanimidade de votos, julgou procedente a ADI nº 1.074-3, para declarar a inconstitucionalidade do *caput* deste artigo (*DJU* de 10-4-2007).

▶ Súm. Vinc. nº 28 do STF.

Parágrafo único. A propositura das ações previstas neste artigo importa em renúncia ao direito de recorrer na esfera administrativa e desistência do recurso interposto.

Art. 20. Fica prorrogado até a data da publicação desta lei o prazo previsto no artigo 99 da Lei nº 8.212, de 24 de julho de 1991.

Art. 21. As cooperativas que celebraram convênios com base no Programa de Assistência do Trabalhador Rural, extinto pelo artigo 138 da Lei nº 8.213, de 24 de julho de 1991, deverão apresentar, no prazo de 60 (sessenta) dias, perante o INSS a prestação de contas dos atos praticados até 31 de outubro de 1993, para a liquidação de suas obrigações.

Parágrafo único. O descumprimento do prazo acima referido implica a imediata execução de débitos verificados.

Art. 22. Fica autorizado o INSS a contratar cinquenta colaboradores, pelo prazo improrrogável de doze meses, mediante contrato de locação de serviços, para promoverem diligências de localização dos devedores com débitos inscritos em dívida ativa e levantar bens a serem oferecidos ao respectivo juízo para garantir o cumprimento do disposto no artigo 7º da Lei nº 6.830, de 22 de setembro de 1980.

Art. 23. Os depósitos recursais instituídos por esta lei serão efetuados à ordem do INSS ou do juízo, quando for o caso, em estabelecimentos oficiais de crédito, assegurada atualização monetária, conforme o disposto no inciso I do artigo 9º da Lei nº 6.830, de 22 de setembro de 1980.

Art. 24. O aposentado por idade ou por tempo de serviço pelo Regime Geral da Previdência Social que estiver exercendo ou que voltar a exercer atividade abrangida pelo mesmo, fica isento da contribuição a que se refere o artigo 20 da Lei nº 8.212, de 24 de julho de 1991.

Parágrafo único. O segurado de que trata o *caput* deste artigo que vinha contribuindo até a data da vigência desta lei receberá, em pagamento único, o valor correspondente à soma das importâncias relativas às suas contribuições, remuneradas de acordo com o Índice de Remuneração Básica dos Depósitos de Poupança com data de aniversário do primeiro dia, quando do afastamento da atividade que atualmente exerce.

Art. 25. A contribuição devida à seguridade social pelo empregador, pessoa jurídica, que se dedique à produção rural, em substituição à prevista nos incisos I e II do artigo 22 da Lei nº 8.212, de 24 de julho de 1991, passa a ser a seguinte:

▶ *Caput* com a redação dada pela Lei nº 10.256, de 9-7-2001.

I – 1,7% (um inteiro e sete décimos por cento) da receita bruta proveniente da comercialização da sua produção;

▶ Inciso I com a redação dada pela Lei nº 13.606, de 9-1-2018, promulgado nos termos do art. 66, § 5º, da CF (*DOU* de 18-4-2018).

II – 0,1% (um décimo por cento) da receita bruta proveniente da comercialização de sua produção, para o financiamento da complementação das prestações por acidente de trabalho.

§ 1º O disposto no inciso I do artigo 3º da Lei nº 8.315, de 23 de dezembro de 1991, não se aplica ao empregador de que trata este artigo, que contribuirá com o adicional de 0,25% (zero vírgula vinte e cinco por cento) da receita bruta proveniente da venda de mercadorias de produção própria, destinado ao Serviço Nacional de Aprendizagem Rural (SENAR).

► § 1º com a redação dada pela Lei nº 10.256, de 9-7-2001.

§ 2º *Revogado*. Lei nº 10.256, de 9-7-2001.

§ 3º Para os efeitos deste artigo, será observado o disposto no § 3º do art. 25 da Lei nº 8.212, de 24 de julho de 1991, com a redação dada pela Lei nº 8.540, de 22 de dezembro de 1992.

► A alteração que seria inserida neste prágrafo pela Lei nº 10.256, de 9-7-2001, foi vetada, razão pela qual mantivemos a sua redação.

§ 4º *Revogado*. Lei nº 9.528, de 10-12-1997.

§ 5º O disposto neste artigo não se aplica às operações relativas à prestação de serviços a terceiros, cujas contribuições previdenciárias continuam sendo devidas na forma do artigo 22 da Lei nº 8.212, de 24 de julho de 1991.

► § 5º acrescido pela Lei nº 10.256, de 9-7-2001.

§ 6º Não integra a base de cálculo da contribuição de que trata o *caput* deste artigo a produção rural destinada ao plantio ou reflorestamento, nem o produto animal destinado à reprodução ou criação pecuária ou granjeira e à utilização como cobaia para fins de pesquisas científicas, quando vendido pelo próprio produtor e por quem a utilize diretamente com essas finalidades e, no caso de produto vegetal, por pessoa ou entidade registrada no Ministério da Agricultura, Pecuária e Abastecimento que se dedique ao comércio de sementes e mudas no País.

► § 6º acrescido pela Lei nº 13.606, de 9-1-2018, promulgado nos termos do art. 66, § 5º da CF (*DOU* de 18-4-2018).

§ 7º O empregador pessoa jurídica poderá optar por contribuir na forma prevista no *caput* deste artigo ou na forma dos incisos I e II do *caput* do art. 22 da Lei nº 8.212, de 24 de julho de 1991, manifestando sua opção mediante o pagamento da contribuição incidente sobre a folha de salários relativa a janeiro de cada ano, ou à primeira competência subsequente ao início da atividade rural, e será irretratável para todo o ano-calendário.

► § 7º acrescido pela Lei nº 13.606, de 9-1-2018.

Art. 25-A. As contribuições de que tratam os incisos I e II do artigo 22 da Lei nº 8.212, de 24 de julho de 1991, serão devidas pelos cooperados, na forma do artigo 25 desta Lei, se pessoa jurídica, e do artigo 25 da Lei nº 8.212, de 24 de julho de 1991, se pessoa física, quando a cooperativa de produção rural contratar pessoal, exclusivamente, para colheita de produção de seus cooperados.

§ 1º Os encargos decorrentes da contratação de que trata o *caput* serão apurados separadamente dos relativos aos empregados regulares da cooperativa, discriminadamente por cooperados, na forma do regulamento.

§ 2º A cooperativa de que trata o *caput* é diretamente responsável pelo recolhimento da contribuição previdenciária de que trata o artigo 20 da Lei nº 8.212, de 24 de julho de 1991.

§ 3º Não se aplica o disposto no § 9º do artigo 25 da Lei nº 8.212, de 24 de julho de 1991, à contratação realizada na forma deste artigo.

► Art. 25-A acrescido pela Lei nº 10.256, de 9-7-2001.

Art. 26. Os benefícios concedidos nos termos da Lei nº 8.213, de 24 de julho de 1991, com data de início entre 5 de abril de 991 e 31 de dezembro de 1993, cuja renda mensal inicial tenha sido calculada sobre salário de benefício inferior à média dos 36 (trinta e seis) últimos salários de contribuição, em decorrência do disposto no § 2º do artigo 29 da referida lei, serão revistos a partir da competência abril de 1994, mediante a aplicação do percentual correspondente à diferença entre a média mencionada neste artigo e o salário de benefício considerado para a concessão.

Parágrafo único. Os benefícios revistos nos termos do *caput* deste artigo não poderão resultar superiores ao teto do salário de contribuição vigente na competência de abril de 1994.

► Lei nº 10.999, de 15-12-2004, autoriza a revisão dos benefícios previdenciários concedidos, com data base posterior a fevereiro de 1994, e o pagamento dos valores atrasados nas condições que especifica.

Art. 27. O Poder Executivo regulamentará esta lei no prazo de 90 (noventa) dias a partir da data de sua publicação.

Art. 28. Esta lei entra em vigor na data de sua publicação.

Art. 29. Revogam-se as disposições em contrário, especialmente o § 4º do artigo 12, com a redação dada pela Lei nº 8.861, de 25 de março de 1994, e o § 9º do artigo 29, ambos da Lei nº 8.212, de 24 de julho de 1991; a alínea *i*, do inciso I do artigo 18; o inciso II do artigo 81; o artigo 84; o artigo 87 e parágrafo único, todos da Lei nº 8.213, de 24 de julho de 1991.

Brasília, 15 de abril de 1994;
173º da Independência e
106º da República.

Itamar Franco

LEI Nº 9.676, DE 30 DE JUNHO DE 1998

Dispõe sobre a periodicidade de recolhimento das contribuições previdenciárias arrecadadas pelo Instituto Nacional do Seguro Social – INSS.

► Publicada no *DOU* de 1º-7-1998.

Art. 1º Poderá ser aumentada, de modo diferenciado, em conjunto ou separadamente, para até 3 (três) meses, a periodicidade de recolhimento das contribuições previdenciárias arrecadadas pelo Instituto Nacional do Seguro Social – INSS, devidas por:

I – segurados empresário, trabalhador autônomo ou a este equiparado e facultativo enquadrados até a classe II da escala de salários-base de que trata o artigo 29 da Lei nº 8.212, de 24 de julho de 1991, com a redação dada pela Lei nº 9.528, de 10 de dezembro de 1997;

II – empregador doméstico, relativamente a salários de contribuição em valores até o limite estabelecido no inciso anterior.

Art. 2º Esta Lei entra em vigor na data de sua publicação.

Brasília, 30 de junho de 1998;
177º da Independência e
110º da República.

Fernando Henrique Cardoso

LEI Nº 9.796, DE 5 DE MAIO DE 1999

Dispõe sobre a compensação financeira entre o Regime Geral de Previdência Social e os regimes de previdência dos servidores da União, dos Estados, do Distrito Federal e dos Municípios, nos casos de contagem recíproca de tempo de contribuição para efeito de aposentadoria, e dá outras providências.

► Publicada no *DOU* de 6-5-1999.

► Decretos nºs 6.003, de 29-12-2006, e 10.188, de 20-12-2019, regulamentam esta Lei.

► IN do INSS nº 50, de 4-1-2011, disciplina a Compensação Previdenciária entre o Regime Geral de Previdência Social e os Regimes Próprios de Previdência Social dos servidores públicos da União, dos Estados, do Distrito Federal e dos Municípios, no âmbito do INSS.

Art. 1º A compensação financeira entre o Regime Geral de Previdência Social e os regimes próprios de previdência social dos servidores da União, dos Estados, do Distrito Federal e dos Municípios, na hipótese de contagem recíproca de tempos de contribuição, obedecerá às disposições desta Lei.

► Arts. 94 a 99 da Lei nº 8.213, de 24-7-1991 (Lei dos Planos de Benefícios da Previdência Social).

Art. 2º Para os efeitos desta Lei, considera-se:

I – regime de origem: o regime previdenciário ao qual o segurado ou servidor público esteve vinculado sem que dele receba aposentadoria ou tenha gerado pensão para seus dependentes;

II – regime instituidor: o regime previdenciário responsável pela concessão e pagamento de benefício de aposentadoria ou pensão dela decorrente a segurado ou servidor público ou a seus dependentes com cômputo de tempo de contribuição no âmbito do regime de origem.

§ 1º Os regimes próprios de previdência de servidores da União, dos Estados, do Distrito Federal e dos Municípios só serão considerados regimes de origem quando o Regime Geral de Previdência Social for o regime instituidor.

§ 2º Na hipótese de o regime próprio de previdência de servidor público não possuir personalidade jurídica própria, atribuem-se ao respectivo ente federado as obrigações e direitos previstos nesta Lei.

Art. 3º O Regime Geral de Previdência Social, como regime instituidor, tem direito de receber de cada regime de origem compensação financeira, observado o disposto neste artigo.

§ 1º O Regime Geral de Previdência Social deve apresentar a cada regime de origem os seguintes dados referentes a cada benefício concedido com cômputo de tempo de contribuição no âmbito daquele regime de origem:

I – identificação do segurado e, se for o caso, de seu dependente;

II – a renda mensal inicial e a data de início do benefício;

III – o percentual do tempo de serviço total do segurado correspondente ao tempo de contribuição no âmbito daquele regime de origem.

§ 2º Cada regime de origem deve pagar ao Regime Geral de Previdência Social, para cada mês de competência do benefício, o valor resultante da multiplicação da renda mensal do benefício pelo percentual obtido na forma do inciso III do parágrafo anterior.

§ 3º A compensação financeira referente a cada benefício não poderá exceder o resultado da multiplicação do percentual obtido na forma do inciso III do § 1º deste artigo pela renda mensal do maior benefício da mesma espécie pago diretamente pelo regime de origem.

§ 4º Para fins do disposto no parágrafo anterior, o regime de origem deve informar ao Regime Geral de Previdência Social, na forma do regulamento, a maior renda mensal de cada espécie de benefício por ele pago diretamente.

§ 5º O valor de que trata o § 2º deste artigo será reajustado nas mesmas datas e pelos mesmos índices de reajustamento do benefício pela Previdência Social, devendo o Regime Geral de Previdência Social comunicar a cada regime de origem o total por ele devido em cada mês como compensação financeira.

§ 6º Aplica-se o disposto neste artigo aos períodos de contribuição utilizados para fins de concessão de aposentadoria pelo INSS em decorrência de acordos internacionais.

▸ § 6º acrescido pela Lei nº 11.340, de 26-12-2006.

Art. 4º Cada regime próprio de previdência de servidor público tem direito, como regime instituidor, de receber do Regime Geral de Previdência Social, enquanto regime de origem, compensação financeira, observado o disposto neste artigo.

§ 1º O regime instituidor deve apresentar ao Regime Geral de Previdência Social, além das normas que o regem, os seguintes dados referentes a cada benefício concedido com cômputo de tempo de contribuição no âmbito do Regime Geral de Previdência Social:

I – identificação do servidor público e, se for o caso, de seu dependente;

II – o valor dos proventos da aposentadoria ou pensão dela decorrente e a data de início do benefício;

III – o tempo de serviço total do servidor e o correspondente ao tempo de contribuição ao Regime Geral de Previdência Social.

§ 2º Com base nas informações referidas no parágrafo anterior, o Regime Geral de Previdência Social calculará qual seria a renda mensal inicial daquele benefício segundo as normas do Regime Geral de Previdência Social.

§ 3º A compensação financeira devida pelo Regime Geral de Previdência Social, relativa ao primeiro mês de competência do benefício, será calculada com base no valor do benefício pago pelo regime instituidor ou na renda mensal do benefício calculada na forma do parágrafo anterior, o que for menor.

§ 4º O valor da compensação financeira mencionada no parágrafo anterior corresponde à multiplicação do montante ali especificado pelo percentual correspondente ao tempo de contribuição ao Regime Geral de Previdência Social no tempo de serviço total do servidor público.

§ 5º O valor da compensação financeira devida pelo Regime Geral de Previdência Social será reajustado nas mesmas datas e pelos mesmos índices de reajustamento dos benefícios da Previdência Social, mesmo que tenha prevalecido, no primeiro mês, o valor do benefício pago pelo regime instituidor.

Art. 5º Os regimes instituidores apresentarão aos regimes de origem, no prazo máximo de trinta e seis meses a contar da data da entrada em vigor desta Lei, os dados relativos aos benefícios em manutenção nessa data, concedidos a partir da promulgação da Constituição Federal.

▸ *Caput* com a redação dada pela MP nº 2.187-13, de 24-8-2001, que até o encerramento desta edição não havia sido convertida em Lei.

Parágrafo único. A compensação financeira em atraso relativa aos benefícios de que trata este artigo será calculada multiplicando-se a renda mensal obtida para o último mês, de acordo com o procedimento determinado nos artigos 3º e 4º, pelo número de meses em que o benefício foi pago até então.

Art. 6º O Instituto Nacional do Seguro Social – INSS manterá cadastro atualizado de todos os benefícios objeto de compensação financeira, totalizando o quanto deve para cada regime próprio de previdência dos servidores da União, dos Estados, do Distrito Federal e dos Municípios, bem como o montante devido por cada um deles para o Regime Geral de Previdência Social, como compensação financeira e pelo não recolhimento de contribuições previdenciárias no prazo legal.

§ 1º Os desembolsos pelos regimes de origem só serão feitos para os regimes instituidores que se mostrem credores no cômputo da compensação financeira devida de lado a lado e dos débitos pelo não recolhimento de contribuições previdenciárias no prazo legal.

§ 2º O Instituto Nacional do Seguro Social – INSS comunicará o total a ser desembolsado por cada regime de origem até o dia trinta de cada mês, devendo os desembolsos ser feitos até o quinto dia útil do mês subsequente.

§ 3º Os valores não desembolsados em virtude do disposto no § 1º deste artigo serão contabilizados como pagamentos efetivos, devendo o Instituto Nacional do Seguro Social – INSS registrar mensalmente essas operações e informar a cada regime próprio de previdência de servidor público os valores a ele referentes.

§ 4º Sendo inviável financeiramente para um regime de origem desembolsar de imediato os valores relativos à compensação financeira, em função dos valores em atraso a que se refere o parágrafo único do artigo anterior, podem os regimes de origem e instituidor firmar termo de parcelamento dos desembolsos atualizando-se os valores devidos nas mesmas datas e pelos mesmos índices de reajustamento dos benefícios de prestação continuada da Previdência Social.

§ 5º O pagamento para os regimes próprios de previdência social credores da compensação financeira, relativa ao período de 5 de outubro de 1988 a 5 de maio de 1999, cujos entes instituidores não sejam devedores de contribuições previdenciárias ao Regime Geral de Previdência Social (RGPS), será efetivado conforme os seguintes parâmetros:

I – até o exercício de 2017, para os Municípios:

a) em parcela única, se o crédito não superar R$ 500.000,00 (quinhentos mil reais);

b) em tantas parcelas mensais quantas forem necessárias até o limite de R$ 500.000,00 (quinhentos mil reais), se o crédito superar esse montante;

II – a partir do exercício de 2018, para os Municípios, os Estados e o Distrito Federal:

a) em parcela única, se o crédito não superar R$ 1.500.000,00 (um milhão e quinhentos mil reais);

b) em tantas parcelas mensais de até R$ 1.500.000,00 (um milhão e quinhentos mil reais), se o crédito superar esse montante, no prazo de cento e oitenta meses, condicionada à existência de recursos financeiros para cumprimento da meta de resultado primário estabelecido na lei de diretrizes orçamentárias;

c) caso o limite de cento e oitenta meses não seja suficiente para a quitação dos créditos, o valor da parcela disposto na alínea *b* deste inciso será ajustado de forma a garantir a quitação no prazo de cento e oitenta meses;

III – por meio de dação em pagamento de imóveis integrantes do Fundo do Regime Geral de Previdência Social (FRGPS).

§ 6º O pagamento da compensação financeira do Fundo do Regime Geral de Previdência Social depende da desistência de eventuais ações judiciais que tenham por objeto a dívida compensada, e é causa da extinção dos pagamentos previstos no § 5º deste artigo a manutenção do litígio ou o ajuizamento de novas ações.

▸ §§ 5º e 6º acrescidos pela Lei nº 13.485, de 2-10-2017.

Art. 7º Os regimes instituidores devem comunicar de imediato aos regimes de origem qualquer revisão no valor do benefício objeto de compensação financeira ou sua extinção total ou parcial, cabendo ao Instituto Nacional do Seguro Social – INSS registrar as alterações no cadastro a que se refere o artigo anterior.

Parágrafo único. Constatado o não cumprimento do disposto neste artigo, as parcelas pagas indevidamente pelo regime de origem serão registradas em dobro, no mês seguinte ao da constatação, como débito daquele regime.

Art. 8º Na hipótese de descumprimento do prazo de desembolso estipulado no § 2º do art. 6º desta Lei ou de descumprimento do prazo de análise dos requerimentos estipulado em regulamento, serão aplicadas as mesmas normas em vigor para atualização dos valores dos recolhimentos em atraso de contribuições previdenciárias arrecadadas pelo Instituto Nacional do Seguro Social (INSS).

▸ *Caput* com a redação dada pela Lei nº 13.846, de 18-6-2019.

Parágrafo único. Na hipótese de o regime previdenciário próprio dos servidores da União, dos Estados, do Distrito Federal e dos Municípios possuir personalidade jurídica própria, os respectivos entes federados respondem solidariamente pelas obrigações previstas nesta Lei.

Art. 8º-A. A compensação financeira entre os regimes próprios de previdência social da União, dos Estados, do Distrito Federal e dos

Municípios, na hipótese de contagem recíproca de tempos de contribuição, obedecerá, no que couber, às disposições desta Lei.

▶ *Caput* do art. 8º-A acrescido pela MP nº 2.187-13, de 24-8-2001, que até o encerramento desta edição não havia sido convertida em Lei.

§ 1º O regulamento estabelecerá as disposições específicas a serem observadas na compensação financeira entre os regimes próprios de previdência social, inclusive no que se refere ao período de estoque e às condições para seu pagamento, admitido o parcelamento.

§ 2º O ente federativo que não aderir à compensação financeira com os demais regimes próprios de previdência social ou inadimplir suas obrigações terá suspenso o recebimento dos valores devidos pela compensação com o regime geral de previdência social, na forma estabelecida no regulamento.

▶ §§ 1º e 2º acrescidos pela Lei nº 13.846, de 18-6-2019.

Art. 8º-B. *A despesa federal anual resultante da compensação financeira entre o Regime Geral de Previdência Social e os regimes de previdência dos servidores da União, dos Estados, do Distrito Federal e dos Municípios fica limitada à dotação orçamentária para essa despesa na data de publicação de cada lei orçamentária anual.*

▶ Art. 8º-B acrescido pela MP nº 1.303, de 11-6-2025, que até o encerramento desta edição não havia sido convertida em lei.

Art. 9º O Poder Executivo regulamentará esta Lei no prazo de sessenta dias contado da data de sua publicação.

Art. 10. Esta Lei entra em vigor na data de sua publicação.

Brasília, 5 de maio de 1999;
178º da Independência e
111º da República.

Fernando Henrique Cardoso

DECRETO Nº 3.048, DE 6 DE MAIO DE 1999

Aprova o Regulamento da Previdência Social e dá outras providências.

▶ Publicado no *DOU* de 7-5-1999, republicado no *DOU* de 12-5-1999, e retificado no *DOU* de 18-6-1999 e de 21-6-1999.

▶ LC nº 109, de 29-5-2001 (Lei do Regime de Previdência Complementar).

▶ Lei nº 8.212, de 24-7-1991 (Lei Orgânica da Seguridade Social).

▶ Lei nº 8.213, de 24-7-1991 (Lei dos Planos de Benefícios da Previdência Social).

▶ IN do Ministério da Previdência Social nº 11, de 20-9-2006, estabelece critérios a serem adotados pela área de benefícios.

Art. 1º O Regulamento da Previdência Social passa a vigorar na forma do texto apenso ao presente Decreto, com seus anexos.

Art. 2º Este Decreto entra em vigor na data de sua publicação.

Art. 3º Ficam revogados os Decretos nºs 33.335, de 20 de julho de 1953, 36.911, de 15 de fevereiro de 1955, 65.106, de 5 de setembro de 1969, 69.382, de 19 de outubro de 1971, 72.771, de 6 de setembro de 1973, 73.617, de 12 de fevereiro de 1974, 73.833, de 13 de março de 1974, 74.661, de 7 de outubro de 1974, 75.478, de 14 de março de 1975, 75.706, de 8 de maio de 1975, 75.884, de 19 de junho de 1975, 76.326, de 23 de setembro de 1975, 77.210, de 20 de fevereiro de 1976, 79.037, de 24 de dezembro de 1976, 79.575, de 26 de abril de 1977, 79.789, de 7 de junho de 1977, 83.080, de 24 de janeiro de 1979, 83.081, de 24 de janeiro de 1979, 85.745, de 23 de fevereiro de 1981, 85.850, de 30 de março 1981, 86.512, de 29 de outubro de 1981, 87.374, de 8 de julho de 1982, 87.430, de 28 de julho de 1982, 88.353, de 6 de junho de 1983, 88.367, de 7 de junho de 1983, 88.443, de 29 de junho de 1983, 89.167, de 9 de dezembro de 1983, 89.312, de 23 de janeiro de 1984, 90.038, de 9 de agosto de 1984, 90.195, de 12 de setembro de 1984, 90.817, de 17 de janeiro de 1985, 91.406, de 5 de julho de 1985, 92.588, de 25 de abril de 1986, 92.700, de 21 de maio de 1986, 92.702, de 21 de maio de 1986, 92.769, de 10 de junho de 1986, 92.770, de 10 de junho de 1986, 92.976, de 22 de julho de 1986, 94.512, de 24 de junho de 1987, 96.543, de 22 de agosto de 1988, 96.595, de 25 de agosto de 1988, 98.376, de 7 de novembro de 1989, 99.301, de 15 de junho de 1990, 99.351, de 27 de junho 1990, 1.197, de 14 de julho de 1994, 1.514, de 5 de junho de 1995, 1.826, de 29 de fevereiro de 1996, 1.843, de 25 de março de 1996, 2.172, de 5 de março de 1997, 2.173, de 5 de março de 1997, 2.342, de 9 de outubro de 1997, 2.664, de 10 de julho de 1998, 2.782, de 14 de setembro de 1998, 2.803, de 20 de outubro de 1998, 2.924, de 5 de janeiro de 1999, e 3.039, de 28 de abril de 1999.

Brasília, 6 de maio de 1999;
178º da Independência e
111º da República.

Fernando Henrique Cardoso

REGULAMENTO DA PREVIDÊNCIA SOCIAL

LIVRO I – DA FINALIDADE E DOS PRINCÍPIOS BÁSICOS

TÍTULO I – DA SEGURIDADE SOCIAL

Art. 1º A seguridade social compreende um conjunto integrado de ações de iniciativa dos poderes públicos e da sociedade, destinado a assegurar o direito relativo à saúde, à previdência e à assistência social.

Parágrafo único. A seguridade social obedecerá aos seguintes princípios e diretrizes:

I – universalidade da cobertura e do atendimento;

II – uniformidade e equivalência dos benefícios e serviços às populações urbanas e rurais;

III – seletividade e distributividade na prestação dos benefícios e serviços;

IV – irredutibilidade do valor dos benefícios, de forma a preservar-lhe o poder aquisitivo;

V – equidade na forma de participação no custeio;

VI – diversidade da base de financiamento; e

VII – caráter democrático e descentralizado da administração, mediante gestão quadripartite, com participação dos trabalhadores, dos empregadores, dos aposentados e do governo nos órgãos colegiados.

▶ Art. 1º da Lei nº 8.212, de 24-7-1991 (Lei Orgânica da Seguridade Social).

TÍTULO II – DA SAÚDE

Art. 2º A saúde é direito de todos e dever do Estado, garantido mediante políticas sociais e econômicas que visem à redução do risco de doença e de outros agravos e ao acesso universal e igualitário às ações e serviços para sua promoção, proteção e recuperação.

Parágrafo único. As atividades de saúde são de relevância pública, e sua organização obedecerá aos seguintes princípios e diretrizes:

I – acesso universal e igualitário;

II – provimento das ações e serviços mediante rede regionalizada e hierarquizada, integrados em sistema único;

III – descentralização, com direção única em cada esfera de governo;

IV – atendimento integral, com prioridade para as atividades preventivas;

V – participação da comunidade na gestão, fiscalização e acompanhamento das ações e serviços de saúde; e

VI – participação da iniciativa privada na assistência à saúde, em obediência aos preceitos constitucionais.

▶ Art. 2º da Lei nº 8.212, de 24-7-1991 (Lei Orgânica da Seguridade Social).

TÍTULO III – DA ASSISTÊNCIA SOCIAL

Art. 3º A assistência social é a política social que provê o atendimento das necessidades básicas, traduzidas em proteção à família, à maternidade, à infância, à adolescência, à velhice e à pessoa portadora de deficiência, independentemente de contribuição à seguridade social.

Parágrafo único. A organização da assistência social obedecerá às seguintes diretrizes:

I – descentralização político-administrativa; e

II – participação da população na formulação e controle das ações em todos os níveis.

▶ Art. 4º da Lei nº 8.212, de 24-7-1991 (Lei Orgânica da Seguridade Social).

TÍTULO IV – DA PREVIDÊNCIA SOCIAL

Art. 4º A previdência social rege-se pelos seguintes princípios e objetivos:

I – universalidade de participação nos planos previdenciários;

II – uniformidade e equivalência dos benefícios e serviços às populações urbanas e rurais;

III – seletividade e distributividade na prestação dos benefícios;

IV – cálculo dos benefícios considerando-se os salários de contribuição corrigidos monetariamente;

V – irredutibilidade do valor dos benefícios, de forma a preservar-lhe o poder aquisitivo;

VI – valor da renda mensal dos benefícios substitutos do salário de contribuição ou do rendimento do trabalho do segurado não inferior ao do salário mínimo; e

VII – caráter democrático e descentralizado da administração, mediante gestão quadripartite, com participação dos trabalhadores, dos empregadores, dos aposentados e do governo nos órgãos colegiados.

▶ Art. 3º da Lei nº 8.212, de 24-7-1991 (Lei Orgânica da Seguridade Social).

Art. 5º A previdência social será organizada sob a forma de regime geral, de caráter contributivo e de filiação obrigatória, observados critérios que preservem o equilíbrio financeiro e atuarial, e atenderá a:

I – cobertura de eventos de incapacidade temporária ou permanente para trabalho e idade avançada;

▶ Inciso I com a redação dada pelo Dec. nº 10.410, de 30-6-2020.

II – proteção à maternidade, especialmente à gestante;

III – proteção ao trabalhador em situação de desemprego involuntário;

IV – salário-família e auxílio-reclusão para os dependentes dos segurados de baixa renda; e

V – pensão por morte do segurado, homem ou mulher, ao cônjuge ou companheiro e dependentes.

LIVRO II – DOS BENEFÍCIOS DA PREVIDÊNCIA SOCIAL

TÍTULO I – DOS REGIMES DA PREVIDÊNCIA SOCIAL

Art. 6º A previdência social compreende:

I – o Regime Geral de Previdência Social; e

II – os regimes próprios de previdência social dos servidores públicos e dos militares.

Parágrafo único. O Regime Geral de Previdência Social garante a cobertura de todas as situações expressas no art. 5º, exceto a de desemprego involuntário, observado o disposto no art. 199-A quanto ao direito à aposentadoria por tempo de contribuição.

▶ Parágrafo único com a redação dada pelo Dec. nº 6.042, de 12-2-2007.

▶ Art. 9º da Lei nº 8.213, de 24-7-1991 (Lei dos Planos de Benefícios da Previdência Social).

Art. 7º A administração do Regime Geral de Previdência Social é atribuída ao Ministério da Previdência e Assistência Social, sendo exercida pelos órgãos e entidades a ele vinculados.

TÍTULO II – DO REGIME GERAL DE PREVIDÊNCIA SOCIAL

CAPÍTULO I – DOS BENEFICIÁRIOS

Art. 8º São beneficiários do Regime Geral de Previdência Social as pessoas físicas classificadas como segurados e dependentes, nos termos das Seções I e II deste Capítulo.

▶ Art. 10 da Lei nº 8.213, de 24-7-1991 (Lei dos Planos de Benefícios da Previdência Social).

Seção I – *DOS SEGURADOS*

Art. 9º São segurados obrigatórios da previdência social as seguintes pessoas físicas:

I – como empregado:

a) aquele que presta serviço de natureza urbana ou rural a empresa, em caráter não eventual, sob sua subordinação e mediante remuneração, inclusive como diretor empregado;

b) aquele que, contratado por empresa de trabalho temporário, na forma prevista em legislação específica, por prazo não superior a cento e oitenta dias, consecutivos ou não, prorrogável por até noventa dias, presta serviço para atender a necessidade transitória de substituição de pessoal regular e permanente ou a acréscimo extraordinário de serviço de outras empresas;

▶ Alínea *b* com a redação dada pelo Dec. nº 10.410, de 30-6-2020.

c) o brasileiro ou o estrangeiro domiciliado e contratado no Brasil para trabalhar como empregado no exterior, em sucursal ou agência de empresa constituída sob as leis brasileiras e que tenha sede e administração no País;

d) o brasileiro ou o estrangeiro domiciliado e contratado no Brasil para trabalhar como empregado em empresa domiciliada no exterior com maioria do capital votante pertencente a empresa constituída sob as leis brasileiras, que tenha sede e administração no País e cujo controle efetivo esteja em caráter permanente sob a titularidade direta ou indireta de pessoas físicas domiciliadas e residentes no País ou de entidade de direito público interno;

e) aquele que presta serviço no Brasil a missão diplomática ou a repartição consular de carreira estrangeira e a órgãos a elas subordinados, ou a membros dessas missões e repartições, excluídos o não brasileiro sem residência permanente no Brasil e o brasileiro amparado pela legislação previdenciária do país da respectiva missão diplomática ou repartição consular;

f) o brasileiro civil que trabalha para a União no exterior, em organismos oficiais internacionais dos quais o Brasil seja membro efetivo, ainda que lá domiciliado e contratado, salvo se amparado por regime próprio de previdência social;

g) o brasileiro civil que presta serviços à União no exterior, em repartições governamentais brasileiras, lá domiciliado e contratado, inclusive o auxiliar local de que tratam os arts. 56 e 57 da Lei nº 11.440, de 29 de dezembro de 2006, este desde que, em razão de proibição legal, não possa filiar-se ao sistema previdenciário local;

h) o bolsista e o estagiário que prestam serviços a empresa, em desacordo com a Lei nº 11.788, de 25 de setembro de 2008;

▶ Alíneas *g* e *h* com a redação dada pelo Dec. nº 6.722, de 30-12-2008.

i) o servidor da União, Estado, Distrito Federal ou Município, incluídas suas autarquias e fundações, ocupante, exclusivamente, de cargo em comissão declarado em lei de livre nomeação e exoneração;

j) o servidor do Estado, Distrito Federal ou Município, bem como o das respectivas autarquias e fundações, ocupante de cargo efetivo, desde que, nessa qualidade, não esteja amparado por regime próprio de previdência social;

l) o servidor contratado pela União, Estado, Distrito Federal ou Município, bem como pelas respectivas autarquias e fundações, por tempo determinado, para atender a necessidade temporária de excepcional interesse público, nos termos do inciso IX do artigo 37 da Constituição Federal;

m) o servidor da União, Estado, Distrito Federal ou Município, incluídas suas autarquias e fundações, ocupante de emprego público;

n) *Revogada.* Dec. nº 3.265, de 29-11-1999;

o) o escrevente e o auxiliar contratados por titular de serviços notariais e de registro a partir de 21 de novembro de 1994, bem como aquele que optou pelo Regime Geral de Previdência Social, em conformidade com a Lei nº 8.935, de 18 de novembro de 1994; e

p) aquele em exercício de mandato eletivo federal, estadual, distrital ou municipal, desde que não seja vinculado a regime próprio de previdência social;

▶ Alínea *p* com a redação dada pelo Dec. nº 10.410, de 30-6-2020.

q) o empregado de organismo oficial internacional ou estrangeiro em funcionamento no Brasil, salvo quando coberto por regime próprio de previdência social;

▶ Alínea *q* acrescida pelo Dec. nº 3.265, de 29-11-1999.

r) o trabalhador rural contratado por produtor rural pessoa física, na forma do art. 14-A da Lei nº 5.889, de 8 de junho de 1973, para o exercício de atividades de natureza temporária por prazo não superior a dois meses dentro do período de um ano;

▶ Alínea *r* acrescida pelo Dec. nº 6.722, de 30-12-2008.

s) aquele contratado como trabalhador intermitente para a prestação de serviços, com subordinação, de forma não contínua, com alternância de períodos de prestação de serviços e de inatividade, em conformidade com o disposto no § 3º do art. 443 da Consolidação das Leis do Trabalho, aprovada pelo Decreto-Lei nº 5.452, de 1º de maio de 1943;

▶ Alínea *s* acrescida pelo Dec. nº 10.410, de 30-6-2020.

II – como empregado doméstico – aquele que presta serviço de forma contínua, subordinada, onerosa e pessoal a pessoa ou família, no âmbito residencial desta, em atividade sem fins lucrativos, por mais de dois dias por semana;

▶ Inciso II com a redação dada pelo Dec. nº 10.410, de 30-6-2020.

III e IV – *Revogados.* Dec. nº 3.265, de 29-11-1999;

V – como contribuinte individual:

▶ *Caput* do inciso V com a redação dada pelo Dec. nº 3.265, de 29-11-1999.

a) a pessoa física, proprietária ou não, que explora atividade agropecuária, a qualquer título, em caráter permanente ou temporário, em área, contínua ou descontínua, superior a quatro módulos fiscais; ou, quando em área igual ou inferior a quatro módulos fiscais ou atividade pesqueira ou extrativista, com auxílio de empregados ou por intermédio de prepostos; ou ainda nas hipóteses dos §§ 8º e 23 deste artigo;

▶ Alínea *a* com a redação dada pelo Dec. nº 6.722, de 30-12-2008.

b) a pessoa física, proprietária ou não, que explora atividade de extração mineral – garimpo –, em caráter permanente ou temporário, diretamente ou por intermédio de prepostos, com ou sem o auxílio de empregados, utilizados a qualquer título, ainda que de forma não contínua;

▶ Alínea *b* com a redação dada pelo Dec. nº 3.265, de 29-11-1999.

c) o ministro de confissão religiosa e o membro de instituto de vida consagrada, de congregação ou de ordem religiosa;

▶ Alínea *c* com a redação dada pelo Dec. nº 4.079, de 9-1-2002.

d) o brasileiro civil que trabalha no exterior para organismo oficial internacional do qual o Brasil é membro efetivo, ainda que lá domiciliado e contratado, salvo quando coberto por regime próprio de previdência social;

▸ Alínea *d* com a redação dada pelo Dec. nº 3.265, de 29-11-1999.

e) desde que receba remuneração decorrente de trabalho na empresa:

1. o empresário individual e o titular de empresa individual de responsabilidade limitada, urbana ou rural;
2. o diretor não empregado e o membro de conselho de administração de sociedade anônima;
3. o sócio de sociedade em nome coletivo; e
4. o sócio solidário, o sócio gerente, o sócio cotista e o administrador, quanto a este último, quando não for empregado em sociedade limitada, urbana ou rural;

▸ Alínea *e* com a redação dada pelo Dec. nº 10.410, de 30-6-2020.

f) a h) Revogadas. Dec. nº 10.410, de 30-6-2020.

i) o associado eleito para cargo de direção em cooperativa, associação ou entidade de qualquer natureza ou finalidade, bem como o síndico ou administrador eleito para exercer atividade de direção condominial, desde que recebam remuneração;

j) quem presta serviço de natureza urbana ou rural, em caráter eventual, a uma ou mais empresas, sem relação de emprego;

l) a pessoa física que exerce, por conta própria, atividade econômica de natureza urbana, com fins lucrativos ou não;

m) o aposentado de qualquer regime previdenciário nomeado magistrado classista temporário da Justiça do Trabalho, na forma dos incisos II do § 1º do artigo 111 ou III do artigo 115 ou do parágrafo único do artigo 116 da Constituição Federal, ou nomeado magistrado da Justiça Eleitoral, na forma dos incisos II do artigo 119 ou III do § 1º do artigo 120 da Constituição Federal;

▸ Alíneas *i* a *m* acrescidas pelo Dec. nº 3.265, de 29-11-1999.

▸ EC nº 24, de 9-12-1999, extinguiu a representação pelos juízes classistas na Justiça do Trabalho e substituiu as Juntas de Conciliação e Julgamento por Varas do Trabalho.

n) o cooperado de cooperativa de produção que, nesta condição, presta serviço à sociedade cooperativa mediante remuneração ajustada ao trabalho executado; e

▸ Alínea *n* acrescida pelo Dec. nº 4.032, de 26-11-2001.

o) Revogada. Dec. nº 7.054, de 28-12-2009;

p) o Microempreendedor Individual – MEI de que tratam os arts. 18-A e 18-C da Lei Complementar nº 123, de 14 de dezembro de 2006, que opte pelo recolhimento dos impostos e contribuições abrangidos pelo Simples Nacional em valores fixos mensais;

▸ Alínea *p* acrescido pelo Dec. nº 6.722, de 30-12-2008.

q) o médico participante do Projeto Mais Médicos para o Brasil, instituído pela Lei nº 12.871, de 22 de outubro de 2013, exceto na hipótese de cobertura securitária específica estabelecida por organismo internacional ou filiação a regime de seguridade social em seu país de origem, com o qual a República Federativa do Brasil mantenha acordo de seguridade social;

r) o médico em curso de formação no âmbito do Programa Médicos pelo Brasil, instituído pela Lei nº 13.958, de 18 de dezembro de 2019;

▸ Alíneas *q* e *r* acrescidas pelo Dec. nº 10.410, de 30-6-2020.

VI – como trabalhador avulso – aquele que:

▸ *Caput* do inciso VI com a redação dada pelo Dec. nº 10.410, de 30-6-2020.

a) sindicalizado ou não, preste serviço de natureza urbana ou rural a diversas empresas, ou equiparados, sem vínculo empregatício, com intermediação obrigatória do órgão gestor de mão de obra, nos termos do disposto na Lei nº 12.815, de 5 de junho de 2013, ou do sindicato da categoria, assim considerados:

1. o trabalhador que exerça atividade portuária de capatazia, estiva, conferência e conserto de carga e vigilância de embarcação e bloco;
2. o trabalhador de estiva de mercadorias de qualquer natureza, inclusive carvão e minério;
3. o trabalhador em alvarenga (embarcação para carga e descarga de navios);
4. o amarrador de embarcação;
5. o ensacador de café, cacau, sal e similares;
6. o trabalhador na indústria de extração de sal;
7. o carregador de bagagem em porto;
8. o prático de barra em porto;
9. o guindasteiro; e
10. o classificador, o movimentador e o empacotador de mercadorias em portos; e

b) exerça atividade de movimentação de mercadorias em geral, nos termos do disposto na Lei nº 12.023, de 27 de agosto de 2009, em áreas urbanas ou rurais, sem vínculo empregatício, com intermediação obrigatória do sindicato da categoria, por meio de acordo ou convenção coletiva de trabalho, nas atividades de:

1. cargas e descargas de mercadorias a granel e ensacados, costura, pesagem, embalagem, enlonamento, ensaque, arrasto, posicionamento, acomodação, reordenamento, reparação de carga, amostragem, arrumação, remoção, classificação, empilhamento, transporte com empilhadeiras, paletização, ova e desova de vagões, carga e descarga em feiras livres e abastecimento de lenha em secadores e caldeiras;
2. operação de equipamentos de carga e descarga; e
3. pré-limpeza e limpeza em locais necessários às operações ou à sua continuidade;

▸ Alíneas *a* e *b* com a redação dada pelo Dec. nº 10.410, de 30-6-2020.

c) a j) Revogadas. Dec. nº 10.410, de 30-6-2020.

VII – como segurado especial: a pessoa física residente no imóvel rural ou em aglomerado urbano ou rural próximo que, individualmente ou em regime de economia familiar, ainda que com o auxílio eventual de terceiros, na condição de:

▸ *Caput* do inciso VII com a redação dada pelo Dec. nº 6.722, de 30-12-2008.

a) produtor, seja ele proprietário, usufrutuário, possuidor, assentado, parceiro ou meeiro outorgados, comodatário ou arrendatário rurais, que explore atividade:

1. agropecuária em área contínua ou não de até quatro módulos fiscais; ou
2. de seringueiro ou extrativista vegetal na coleta e extração, de modo sustentável, de recursos naturais renováveis, e faça dessas atividades o principal meio de vida;

b) pescador artesanal ou a este assemelhado, que faça da pesca profissão habitual ou principal meio de vida; e

▸ Alíneas *a* e *b* acrescidas pelo Dec. nº 6.722, de 30-12-2008.

c) cônjuge ou companheiro, bem como filho maior de dezesseis anos de idade ou a este equiparado, do segurado de que tratam as alíneas *a* e *b* deste inciso, que, comprovadamente, tenham participação ativa nas atividades rurais ou pesqueiras artesanais, respectivamente, do grupo familiar.

▸ Alínea *c* com a redação dada pelo Dec. nº 8.499, de 12-8-2015.

§ 1º O aposentado pelo Regime Geral de Previdência Social que voltar a exercer atividade abrangida por este regime é segurado obrigatório em relação a essa atividade, ficando sujeito às contribuições de que trata este Regulamento.

§ 2º Considera-se diretor empregado aquele que, participando ou não do risco econômico do empreendimento, seja contratado ou promovido para cargo de direção das sociedades anônimas, mantendo as características inerentes à relação de emprego.

§ 3º Considera-se diretor não empregado aquele que, participando ou não do risco econômico do empreendimento, seja eleito, por assembleia-geral dos acionistas, para cargo de direção das sociedades anônimas, não mantendo as características inerentes à relação de emprego.

§ 4º Entende-se por serviço prestado em caráter não eventual aquele relacionado direta ou indiretamente com as atividades normais da empresa.

§ 5º Entende-se como regime de economia familiar a atividade em que o trabalho dos membros da família é indispensável à própria subsistência e ao desenvolvimento socioeconômico do núcleo familiar e é exercido em condições de mútua dependência e colaboração, sem a utilização de empregados permanentes.

▸ § 5º com a redação dada pelo Dec. nº 6.722, de 30-12-2008.

§ 6º Entende-se como auxílio eventual de terceiros o que é exercido ocasionalmente, em condições de mútua colaboração, não existindo subordinação nem remuneração.

§ 7º Para efeito do disposto na alínea *a* do inciso VI do *caput*, entende-se por:

I – capatazia – a atividade de movimentação de mercadorias nas instalações dentro do porto, compreendidos o recebimento, a conferência, o transporte interno, a abertura de volumes para a conferência aduaneira, a manipulação, a arrumação e a entrega e o carregamento e a descarga de embarcações, quando efetuados por aparelhamento portuário;

▸ Inciso I com a redação dada pelo Dec. nº 10.410, de 30-6-2020.

II – estiva – a atividade de movimentação de mercadorias nos conveses ou nos porões das embarcações principais ou auxiliares, incluindo transbordo, arrumação, peação e despeação, bem como o carregamento e a descarga das mesmas, quando realizados com equipamentos de bordo;

III – conferência de carga – a contagem de volumes, anotação de suas características, procedência ou destino, verificação do estado das mercadorias, assistência à pesagem, conferência do manifesto e demais serviços correlatos, nas operações de carregamento e descarga de embarcações;

IV – conserto de carga – o reparo e a restauração das embalagens de mercadoria, nas operações de carregamento e descarga de embarcações, reembalagem, marcação, remarcação, carimbagem, etiquetagem, abertura de volumes para vistoria e posterior recomposição;

V – vigilância de embarcações – a atividade de fiscalização da entrada e saída de pessoas a bordo das embarcações atracadas ou fundeadas ao largo, bem como da movimentação de mercadorias nos portalós, rampas, porões, conveses, plataformas e em outros locais da embarcação; e

VI – bloco – a atividade de limpeza e conservação de embarcações mercantes e de seus tanques, incluindo batimento de ferrugem, pintura, reparo de pequena monta e serviços correlatos.

§ 8º Não é segurado especial o membro de grupo familiar que possuir outra fonte de rendimento, exceto se decorrente de:

▸ *Caput* do § 8º com a redação dada pelo Dec. nº 6.722, de 30-12-2008.

I – benefício de pensão por morte, auxílio-acidente ou auxílio-reclusão, cujo valor não supere o do menor benefício da previdência social;

▸ Inciso I com a redação dada pelo Dec. nº 10.410, de 30-6-2020.

I-A – benefício concedido ao segurado qualificado como segurado especial, independentemente do valor;

▸ Inciso I-A acrescido pelo Dec. nº 10.410, de 30-6-2020.

II – benefício previdenciário pela participação em plano de previdência complementar instituído nos termos do inciso III do § 18 deste artigo;

▸ Inciso II com a redação dada pelo Dec. nº 6.722, de 30-12-2008.

III – exercício de atividade remunerada em período não superior a cento e vinte dias, corridos ou intercalados, no ano civil, observado o disposto no § 22;

▸ Inciso III com a redação dada pelo Dec. nº 10.410, de 30-6-2020.

IV – exercício de mandato eletivo de dirigente sindical de organização da categoria de trabalhadores rurais;

V – exercício de mandato de vereador do município onde desenvolve a atividade rural, ou de dirigente de cooperativa rural constituída exclusivamente por segurados especiais, observado o disposto no § 22 deste artigo;

VI – parceria ou meação outorgada na forma e condições estabelecidas no inciso I do § 18 deste artigo;

VII – atividade artesanal desenvolvida com matéria-prima produzida pelo respectivo grupo familiar, podendo ser utilizada matéria-prima de outra origem, desde que, nesse caso, a renda mensal obtida na atividade não exceda ao menor benefício de prestação continuada da previdência social; e

VIII – atividade artística, desde que em valor mensal inferior ao menor benefício de prestação continuada da previdência social.

▸ Incisos IV a VIII acrescidos pelo Dec. nº 6.722, de 30-12-2008.

§ 9º Para os fins previstos nas alíneas *a* e *b* do inciso V do *caput*, entende-se que a pessoa física, proprietária ou não, explora atividade através de prepostos quando, na condição de parceiro outorgante, desenvolve atividade agropecuária, pesqueira ou de extração de minerais por intermédio de parceiros ou meeiros.

§ 10. O dirigente sindical mantém, durante o exercício do mandato, o mesmo enquadramento no Regime Geral de Previdência Social de antes da investidura no cargo.

§ 11. O magistrado da Justiça Eleitoral, nomeado na forma do inciso II do art. 119 ou III do § 1º do art. 120 da Constituição Federal, mantém o mesmo enquadramento no Regime Geral de Previdência Social de antes da investidura no cargo.

▸ § 11 com a redação dada pelo Dec. nº 4.729, de 9-6-2003.

§ 12. O exercício de atividade remunerada sujeita a filiação obrigatória ao Regime Geral de Previdência Social.

§ 13. Aquele que exerce concomitantemente mais de uma atividade remunerada sujeita ao RGPS é obrigatoriamente filiado no referido Regime em relação a cada uma dessas atividades, observado o disposto no inciso III do *caput* do art. 214.

▸ § 13 com a redação dada pelo Dec. nº 10.410, de 30-6-2020.

§ 14. Considera-se pescador artesanal aquele que, individualmente ou em regime de economia familiar, faz da pesca sua profissão habitual ou meio principal de vida, desde que:

▸ *Caput* do § 14 com a redação dada pelo Dec. nº 3.668, de 22-11-2000.

I – não utilize embarcação; ou

II – utilize embarcação de pequeno porte, nos termos da Lei nº 11.959, de 29 de junho de 2009.

▸ Incisos I e II com a redação dada pelo Dec. nº 8.424, de 31-3-2015.

III – *Revogado*. Dec. nº 8.424, de 31-3-2015.

§ 14-A. Considera-se assemelhado ao pescador artesanal aquele que realiza atividade de apoio à pesca artesanal, exercendo trabalhos de confecção e de reparos de artes e petrechos de pesca e de reparos em embarcações de pequeno porte ou atuando no processamento do produto da pesca artesanal.

▸ § 14-A acrescido pelo Dec. nº 8.499, de 12-8-2015.

§ 15. Enquadram-se nas situações previstas nas alíneas *j* e *l* do inciso V do *caput*, entre outros:

▸ *Caput* do § 15 com a redação dada pelo Dec. nº 3.265, de 29-11-1999.

I – aquele que trabalha como condutor autônomo de veículo rodoviário, inclusive como taxista ou motorista de transporte remunerado privado individual de passageiros, ou como operador de trator, máquina de terraplenagem, colheitadeira e assemelhados, sem vínculo empregatício;

▸ Inciso I com a redação dada pelo Dec. nº 10.410, de 30-6-2020.

II – aquele que exerce atividade de auxiliar de condutor autônomo de veículo rodoviário, em automóvel cedido em regime de colaboração, nos termos da Lei nº 6.094, de 30 de agosto de 1974;

III – aquele que, pessoalmente, por conta própria e a seu risco, exerce pequena atividade comercial em via pública ou de porta em porta, como comerciante ambulante, nos termos da Lei nº 6.586, de 6 de novembro de 1978;

IV – o trabalhador associado a cooperativa que, nessa qualidade, presta serviços a terceiros;

V – o membro de conselho fiscal de sociedade por ações;

VI – aquele que presta serviço de natureza não contínua, por conta própria, a pessoa ou família, no âmbito residencial desta, em atividade sem fins lucrativos, até dois dias por semana;

▸ Inciso VI com a redação dada pelo Dec. nº 10.410, de 30-6-2020.

VII – o notário ou tabelião e o oficial de registros ou registrador, titular de cartório, que detêm a delegação do exercício da atividade notarial e de registro, não remunerados pelos cofres públicos, admitidos a partir de 21 de novembro de 1994;

VIII – aquele que, na condição de pequeno feirante, compra para revenda produtos hortifrutigranjeiros ou assemelhados;

IX – a pessoa física que edifica obra de construção civil;

X – o médico residente de que trata a Lei nº 6.932, de 7 de julho de 1981;

▸ Inciso X com a redação dada pelo Dec. nº 4.729, de 9-6-2003.

XI – o pescador que trabalha em regime de parceria, meação ou arrendamento, em embarcação de médio ou grande porte, nos termos da Lei nº 11.959, de 2009;

▸ Inciso XI com a redação dada pelo Dec. nº 8.424, de 31-3-2015.

XII – o incorporador de que trata o artigo 29 da Lei nº 4.591, de 16 de dezembro de 1964;

XIII – o bolsista da Fundação Habitacional do Exército contratado em conformidade com a Lei nº 6.855, de 18 de novembro de 1980;

XIV – o árbitro e seus auxiliares que atuam em conformidade com a Lei nº 9.615, de 24 de março de 1998; e

▸ Incisos XIII e XIV acrescidos pelo Dec. nº 3.265, de 29-11-1999.

▸ Lei nº 9.615, de 24-3-1998, institui normas gerais sobre desporto, regulamentada pelo Dec. nº 7.984, de 8-4-2013.

XV – o membro de conselho tutelar de que trata o artigo 132 da Lei nº 8.069, de 13 de julho de 1990, quando remunerado; e

▸ Inciso XV acrescido pelo Dec. nº 4.032, de 26-11-2001.

XVI – o interventor, o liquidante, o administrador especial e o diretor fiscal de instituição financeira, empresa ou entidade referida no § 6º do art. 201;

▸ Inciso XVI com a redação dada pelo Dec. nº 10.410, de 30-6-2020.

XVII – o transportador autônomo de cargas e o transportador autônomo de cargas auxiliar, nos termos do disposto na Lei nº 11.442, de 5 de janeiro de 2007;

XVIII – o repentista de que trata a Lei nº 12.198, de 14 de janeiro de 2010, desde que não se enquadre na condição de empregado, prevista no inciso I do *caput*, em relação à referida atividade; e

XIX – o artesão de que trata a Lei nº 13.180, de 22 de outubro de 2015, desde que não se enquadre em outras categorias de segurado obrigatório do RGPS em relação à referida atividade.

▶ Incisos XVII a XIX acrescidos pelo Dec. nº 10.410, de 30-6-2020.

§ 16. Aplica-se o disposto na alínea *i* do inciso I do *caput* ao ocupante de cargo de Ministro de Estado, de Secretário Estadual, Distrital ou Municipal, sem vínculo efetivo com a União, Estados, Distrito Federal e Municípios, suas autarquias, ainda que em regime especial, e fundações.

▶ § 16 acrescido pelo Dec. nº 3.265, de 29-11-1999.

§ 17. *Revogado*. Dec. nº 8.424, de 31-3-2015.

§ 18. Não descaracteriza a condição de segurado especial:

▶ *Caput* do § 18 com a redação dada pelo Dec. nº 6.722, de 30-12-2008.

▶ Art. 11, § 8º, da Lei nº 8.213, de 24-7-1991 (Lei dos Planos de Benefícios da Previdência Social).

I – a outorga, por meio de contrato escrito de parceria, meação ou comodato, de até cinquenta por cento de imóvel rural cuja área total, contínua ou descontínua, não seja superior a quatro módulos fiscais, desde que outorgante e outorgado continuem a exercer a respectiva atividade, individualmente ou em regime de economia familiar;

II – a exploração da atividade turística da propriedade rural, inclusive com hospedagem, por não mais de cento e vinte dias ao ano;

III – a participação em plano de previdência complementar instituído por entidade classista a que seja associado, em razão da condição de trabalhador rural ou de produtor rural em regime de economia familiar;

IV – a participação como beneficiário ou integrante de grupo familiar que tem algum componente que seja beneficiário de programa assistencial oficial de governo;

V – a utilização pelo próprio grupo familiar de processo de beneficiamento ou industrialização artesanal, na exploração da atividade, de acordo com o disposto no § 25; e

▶ Incisos I a V acrescidos pelo Dec. nº 6.722, de 30-12-2008.

VI – a associação a cooperativa agropecuária ou de crédito rural;

▶ Inciso VI com a redação dada pelo Dec. nº 10.410, de 30-6-2020.

VII – a incidência do Imposto sobre Produtos Industrializados – IPI sobre o produto das atividades desenvolvidas nos termos do disposto no inciso VIII; e

VIII – a participação do segurado especial em sociedade empresária ou em sociedade simples ou a sua atuação como empresário individual ou como titular de empresa individual de responsabilidade limitada de objeto ou âmbito agrícola, agroindustrial ou agroturístico, considerada microempresa nos termos do disposto na Lei Complementar nº 123, de 2006, desde que, mantido o exercício da sua atividade rural na forma prevista no inciso VII do *caput* e no § 5º, a pessoa jurídica seja composta apenas por segurados especiais e sediada no mesmo Município ou em Município limítrofe àquele em que ao menos um deles desenvolva as suas atividades.

▶ Incisos VII e VIII acrescidos pelo Dec. nº 10.410, de 30-6-2020.

▶ Art. 11, § 12, da Lei nº 8.213, de 24-7-1991 (Lei dos Planos de Benefícios da Previdência Social).

§ 19. Os segurados de que trata o art. 199-A terão identificação específica nos registros da Previdência Social.

▶ § 19 acrescido pelo Dec. nº 6.042, de 12-2-2007.

§ 20. Para os fins deste artigo, considera-se que o segurado especial reside em aglomerado urbano ou rural próximo ao imóvel rural onde desenvolve a atividade quando resida no mesmo município de situação do imóvel onde desenvolve a atividade rural, ou em município contíguo ao em que desenvolve a atividade rural.

▶ § 20 acrescido pelo Dec. nº 6.722, de 30-12-2008.

§ 21. O grupo familiar poderá utilizar-se de empregado contratado por prazo determinado, inclusive daquele referido na alínea *r* do inciso I do *caput*, ou de trabalhador de que trata a alínea *j* do inciso V do *caput*, à razão de, no máximo, cento e vinte pessoas por dia no mesmo ano civil, em períodos corridos ou intercalados, ou, ainda, por tempo equivalente em horas de trabalho, à razão de oito horas por dia e quarenta e quatro horas por semana, hipóteses em que períodos de afastamento em decorrência de percepção de auxílio por incapacidade temporária não serão computados.

§ 22. O disposto nos incisos III e V do § 8º e no inciso VIII do § 18 não dispensará o recolhimento da contribuição devida em relação ao exercício das atividades de que tratam os referidos incisos.

▶ §§ 21 e 22 com a redação dada pelo Dec. nº 10.410, de 30-6-2020.

§ 23. O segurado especial fica excluído dessa categoria:

▶ *Caput* do § 23 acrescido pelo Dec. nº 6.722, de 30-12-2008.

I – a contar do primeiro dia do mês em que:

▶ *Caput* do inciso I acrescido pelo Dec. nº 6.722, de 30-12-2008.

a) deixar de satisfazer as condições estabelecidas no inciso VII do *caput* deste artigo, sem prejuízo do disposto no art. 13, ou exceder qualquer dos limites estabelecidos no inciso I do § 18 deste artigo;

▶ Alínea *a* acrescida pelo Dec. nº 6.722, de 30-12-2008.

b) se enquadrar em qualquer outra categoria de segurado obrigatório do Regulamento da Previdência Social, exceto nas hipóteses previstas nos incisos III, V, VII e VIII do § 8º e no inciso VIII do § 18, sem prejuízo do disposto no art. 13;

c) se tornar segurado obrigatório de outro regime previdenciário; ou

▶ Alíneas *b* e *c* com a redação dada pelo Dec. nº 10.410, de 30-6-2020.

d) na hipótese de descumprimento do disposto no inciso VIII do § 18:

1. participar de sociedade empresária ou de sociedade simples; ou
2. atuar como empresário individual ou como titular de empresa individual de responsabilidade limitada; ou

▶ Alínea *d* acrescida pelo Dec. nº 10.410, de 30-6-2020.

▶ Art. 11, § 10, I, da Lei nº 8.213, de 24-7-1991 (Lei dos Planos de Benefícios da Previdência Social).

II – a contar do primeiro dia do mês subsequente ao da ocorrência, quando o grupo familiar a que pertence exceder o limite de:

a) utilização de trabalhadores nos termos do § 21 deste artigo;

b) dias em atividade remunerada estabelecidos no inciso III do § 8º deste artigo; e

c) dias de hospedagem a que se refere o inciso II do § 18 deste artigo.

▶ Inciso II acrescido pelo Dec. nº 6.722, de 30-12-2008.

▶ Art. 11, § 10, II, da Lei nº 8.213, de 24-7-1991 (Lei dos Planos de Benefícios da Previdência Social).

§ 24. Aplica-se o disposto na alínea *a* do inciso V do *caput* deste artigo ao cônjuge ou companheiro do produtor que participe da atividade rural por este explorada.

§ 25. Considera-se processo de beneficiamento ou industrialização artesanal aquele realizado diretamente pelo próprio produtor rural pessoa física, observado o disposto no § 5º do art. 200, desde que não esteja sujeito à incidência do Imposto Sobre Produtos Industrializados – IPI.

▶ §§ 24 e 25 acrescidos pelo Dec. nº 6.722, de 30-12-2008.

§ 26. É considerado microempreendedor individual – MEI o empresário individual a que se refere o art. 966 da Lei nº 10.406, de 2002 – Código Civil, ou o empreendedor que exerça as atividades de industrialização, comercialização e prestação de serviços no âmbito rural, que tenha auferido receita bruta no ano-calendário imediatamente anterior até o limite estabelecido no art. 18-A da Lei Complementar nº 123, de 2006, que tenha optado pelo Simples Nacional e não esteja impedido de optar pela sistemática de recolhimento a que se refere a alínea *p* do inciso V do *caput*.

▶ § 26 com a redação dada pelo Dec. nº 10.410, de 30-6-2020.

§ 27. O vínculo empregatício mantido entre cônjuges ou companheiros não impede o reconhecimento da qualidade de segurado do empregado, excluído o doméstico, observado o disposto no art. 19-B.

▶ § 27 acrescido pelo Dec. nº 10.410, de 30-6-2020.

Art. 10. O servidor civil ocupante de cargo efetivo ou o militar da União, Estado, Distrito Federal ou Município, bem como o das respectivas autarquias e fundações, são excluídos do Regime Geral de Previdência Social consubstanciado neste Regulamento, desde que amparados por regime próprio de previdência social.

▶ *Caput* com a redação dada pelo Dec. nº 3.265, de 29-11-1999.

§ 1º Caso o servidor ou o militar, amparados por regime próprio de previdência social, sejam requisitados para outro órgão ou entidade cujo regime previdenciário não permita a filiação nessa condição, permanecerão vinculados ao regime de origem, obedecidas às regras que cada ente estabeleça acerca de sua contribuição.

§ 2º Caso o servidor ou o militar venham a exercer, concomitantemente, uma ou mais atividades abrangidas pelo Regime Geral de Previdência Social, tornar-se-ão segurados obrigatórios em relação a essas atividades.

▶ §§ 1º e 2º com a redação dada pelo Dec. nº 3.265, de 29-11-1999.

§ 3º Entende-se por regime próprio de previdência social o que assegura pelo menos as aposentadorias e pensão por morte previstas no artigo 40 da Constituição Federal.

- § 3º com a redação dada pelo Dec. nº 3.452, de 9-5-2000.
- Art. 12 da Lei nº 8.213, de 24-7-1991 (Lei dos Planos de Benefícios da Previdência Social).

Art. 11. É segurado facultativo o maior de 16 (dezesseis) anos de idade que se filiar ao Regime Geral de Previdência Social, mediante contribuição, na forma do artigo 199, desde que não esteja exercendo atividade remunerada que o enquadre como segurado obrigatório da previdência social.

- Art. 13 da Lei nº 8.213, de 24-7-1991 (Lei dos Planos de Benefícios da Previdência Social).

§ 1º Podem filiar-se facultativamente, entre outros:

I – aquele que se dedique exclusivamente ao trabalho doméstico no âmbito de sua residência;

- Inciso I com a redação dada pelo Dec. nº 10.410, de 30-6-2020.

II – o síndico de condomínio, quando não remunerado;

III – o estudante;

IV – o brasileiro que acompanha cônjuge que presta serviço no exterior;

V – aquele que deixou de ser segurado obrigatório da previdência social;

VI – o membro de conselho tutelar de que trata o artigo 132 da Lei nº 8.069, de 13 de julho de 1990, quando não esteja vinculado a qualquer regime de previdência social;

VII – o estagiário que preste serviços a empresa nos termos do disposto na Lei nº 11.788, de 2008;

- Inciso VII com a redação dada pelo Dec. nº 10.410, de 30-6-2020.

VIII – o bolsista que se dedique em tempo integral a pesquisa, curso de especialização, pós-graduação, mestrado ou doutorado, no Brasil ou no exterior, desde que não esteja vinculado a qualquer regime de previdência social;

IX – o presidiário que não exerce atividade remunerada nem esteja vinculado a qualquer regime de previdência social;

- Inciso IX com a redação dada pelo Dec. nº 7.054, de 28-12-2009.

X – o brasileiro residente ou domiciliado no exterior;

- Inciso X com a redação dada pelo Dec. nº 10.410, de 30-6-2020.

XI – o segurado recolhido à prisão sob regime fechado ou semiaberto, que, nesta condição, preste serviço, dentro ou fora da unidade penal, a uma ou mais empresas, com ou sem intermediação da organização carcerária ou entidade afim, ou que exerce atividade artesanal por conta própria;

- Inciso XI acrescido pelo Dec. nº 7.054, de 28-12-2009.

XII – o atleta beneficiário da Bolsa-Atleta não filiado a regime próprio de previdência social ou não enquadrado em uma das hipóteses previstas no art. 9º.

- Inciso XII acrescido pelo Dec. nº 10.410, de 30-6-2020.

§ 2º É vedada a filiação ao Regime Geral de Previdência Social, na qualidade de segurado facultativo, de pessoa participante de regime próprio de previdência social, salvo na hipótese de afastamento sem vencimento e desde que não permitida, nesta condição, contribuição ao respectivo regime próprio.

§ 3º A filiação na qualidade de segurado facultativo representa ato volitivo, gerando efeito somente a partir da inscrição e do primeiro recolhimento, não podendo retroagir e não permitindo o pagamento de contribuições relativas a competências anteriores à data da inscrição, ressalvado o § 3º do artigo 28.

§ 4º Após a inscrição, o segurado facultativo somente poderá recolher contribuições em atraso quando não tiver ocorrido perda da qualidade de segurado, conforme o disposto no inciso VI do artigo 13.

§ 5º O segurado poderá contribuir facultativamente durante os períodos de afastamento ou de inatividade, desde que não receba remuneração nesses períodos e não exerça outra atividade que o vincule ao RGPS ou a regime próprio de previdência social.

- § 5º acrescido pelo Dec. nº 10.410, de 30-6-2020.

Art. 12. Consideram-se:

I – empresa – a firma individual ou a sociedade que assume o risco de atividade econômica urbana ou rural, com fins lucrativos ou não, bem como os órgãos e as entidades da administração pública direta, indireta e fundacional; e

II – empregador doméstico – aquele que admite a seu serviço, mediante remuneração, sem finalidade lucrativa, empregado doméstico.

Parágrafo único. Equiparam-se a empresa, para os efeitos deste Regulamento:

- Parágrafo único com a redação dada pelo Dec. nº 3.265, de 29-11-1999.

I – o contribuinte individual, em relação a segurado que lhe presta serviço;

- Inciso I com a redação dada pelo Dec. nº 3.265, de 29-11-1999.

II – a cooperativa, a associação ou a entidade de qualquer natureza ou finalidade, inclusive a missão diplomática e a repartição consular de carreiras estrangeiras;

III – o operador portuário e o órgão gestor de mão de obra de que trata a Lei nº 12.815, de 2013; e

- Inciso III com a redação dada pelo Dec. nº 10.410, de 30-6-2020.

IV – o proprietário ou dono de obra de construção civil, quando pessoa física, em relação a segurado que lhe presta serviço.

- Art. 14 da Lei nº 8.213, de 24-7-1991 (Lei dos Planos de Benefícios da Previdência Social).

Subseção Única

DA MANUTENÇÃO E DA PERDA DA QUALIDADE DE SEGURADO

Art. 13. Mantém a qualidade de segurado, independentemente de contribuições:

- Art. 15 da Lei nº 8.213, de 24-7-1991 (Lei dos Planos de Benefícios da Previdência Social).

I – sem limite de prazo, o segurado que estiver em gozo de benefício, exceto na hipótese de auxílio-acidente;

- Inciso I com a redação dada pelo Dec. nº 10.410, de 30-6-2020.

II – até doze meses após a cessação de benefício por incapacidade ou das contribuições observado o disposto nos § 7º e § 8º e no art. 19-E;

- Inciso II com a redação dada pelo Dec. nº 10.491, de 23-9-2020.

III – até 12 (doze) meses após cessar a segregação, o segurado acometido de doença de segregação compulsória;

IV – até 12 (doze) meses após o livramento, o segurado detido ou recluso;

V – até 3 (três) meses após o licenciamento, o segurado incorporado às Forças Armadas para prestar serviço militar; e

VI – até 6 (seis) meses após a cessação das contribuições, o segurado facultativo.

§ 1º O prazo do inciso II será prorrogado para até 24 (vinte e quatro) meses, se o segurado já tiver pago mais de 120 (cento e vinte) contribuições mensais sem interrupção que acarrete a perda da qualidade de segurado.

§ 2º O prazo do inciso II ou do § 1º será acrescido de 12 (doze) meses para o segurado desempregado, desde que comprovada essa situação por registro no órgão próprio do Ministério do Trabalho e Emprego.

§ 3º Durante os prazos deste artigo, o segurado conserva todos os seus direitos perante a previdência social.

§ 4º Aplica-se o disposto no inciso II do *caput* e no § 1º ao segurado que se desvincular de regime próprio de previdência social.

- § 4º acrescido pelo Dec. nº 3.265, de 29-11-1999.

§ 5º A perda da qualidade de segurado não será considerada para a concessão das aposentadorias por tempo de contribuição e especial.

- § 5º acrescido pelo Dec. nº 4.729, de 9-6-2003.

§ 6º Aplica-se o disposto no § 5º à aposentadoria por idade, desde que o segurado conte com, no mínimo, o número de contribuições mensais exigido para efeito de carência na data do requerimento do benefício.

- §§ 5º e 6º acrescidos pelo Dec. nº 4.729, de 9-6-2003.

§ 7º Para o contribuinte individual, o período de manutenção da qualidade de segurado inicia-se no primeiro dia do mês subsequente ao da última contribuição com valor igual ou superior ao salário mínimo.

§ 8º O segurado que receber remuneração inferior ao limite mínimo mensal do salário de contribuição somente manterá a qualidade de segurado se efetuar os ajustes de complementação, utilização e agrupamento a que se referem o § 1º do art. 19-E e o § 27-A do art. 216.

- §§ 7º e 8º acrescidos pelo Dec. nº 10.410, de 30-6-2020.
- Art. 15 da Lei nº 8.213, de 24-7-1991 (Lei dos Planos de Benefícios da Previdência Social).

Art. 14. O reconhecimento da perda da qualidade de segurado no termo final dos prazos fixados no artigo 13 ocorrerá no dia seguinte ao do vencimento da contribuição do contribuinte individual relativa ao mês imediatamente posterior ao término daqueles prazos.

- Artigo com a redação dada pelo Dec. nº 4.032, de 26-11-2001.

Art. 15. *Revogado*. Dec. nº 4.032, de 26-11-2001.

Seção II

DOS DEPENDENTES

Art. 16. São beneficiários do Regime Geral de Previdência Social, na condição de dependentes do segurado:

- Art. 16 da Lei nº 8.213, de 24-7-1991 (Lei dos Planos de Benefícios da Previdência Social).

I – o cônjuge, a companheira, o companheiro e o filho não emancipado, de qualquer condição, menor de vinte e um anos de idade ou inválido ou que tenha deficiência intelectual, mental ou grave;

▶ Inciso I com a redação dada pelo Dec. nº 10.410, de 30-6-2020.

II – os pais; ou

III – o irmão não emancipado, de qualquer condição, menor de vinte e um anos de idade ou inválido ou que tenha deficiência intelectual, mental ou grave.

▶ Inciso III com a redação dada pelo Dec. nº 10.410, de 30-6-2020.

§ 1º Os dependentes de uma mesma classe concorrem em igualdade de condições.

§ 2º A existência de dependente de qualquer das classes deste artigo exclui do direito às prestações os das classes seguintes.

§ 3º Equiparam-se a filho, na condição de dependente de que trata o inciso I do *caput*, exclusivamente o enteado e o menor tutelado, desde que comprovada a dependência econômica na forma estabelecida no § 3º do art. 22.

▶ § 3º com a redação dada pelo Dec. nº 10.410, de 30-6-2020.

§ 4º O menor sob tutela somente poderá ser equiparado aos filhos do segurado mediante apresentação de termo de tutela.

§ 5º Considera-se companheira ou companheiro a pessoa que mantenha união estável com o segurado ou segurada.

§ 6º Considera-se união estável aquela configurada na convivência pública, contínua e duradoura entre pessoas, estabelecida com intenção de constituição de família, observado o disposto no § 1º do art. 1.723 da Lei nº 10.406, de 2002 – Código Civil, desde que comprovado o vínculo na forma estabelecida no § 3º do art. 22.

▶ § 6º com a redação dada pelo Dec. nº 10.410, de 30-6-2020.

§ 6º-A. As provas de união estável e de dependência econômica exigem início de prova material contemporânea dos fatos, produzido em período não superior aos vinte e quatro meses anteriores à data do óbito ou do recolhimento à prisão do segurado, não admitida a prova exclusivamente testemunhal, exceto na ocorrência de motivo de força maior ou caso fortuito, observado o disposto no § 2º do art. 143.

▶ § 6º-A acrescido pelo Dec. nº 10.410, de 30-6-2020.

§ 7º A dependência econômica das pessoas de que trata o inciso I é presumida e a das demais deve ser comprovada.

§ 8º Para fins do disposto na alínea c do inciso V do *caput* do art. 114, em observância ao requisito previsto no § 6º-A, deverá ser apresentado, ainda, início de prova material que comprove união estável pelo período mínimo de dois anos antes do óbito do segurado.

§ 9º Será excluído definitivamente da condição de dependente aquele que tiver sido condenado criminalmente por sentença transitada em julgado, como autor, coautor ou partícipe de homicídio doloso, ou de tentativa desse crime, cometido contra a pessoa do segurado, ressalvados os absolutamente incapazes e os inimputáveis.

▶ §§ 8º e 9º acrescidos pelo Dec. nº 10.410, de 30-6-2020.

Art. 17. A perda da qualidade de dependente ocorre:

I – para o cônjuge, pelo divórcio ou pela separação judicial ou de fato, enquanto não lhe for assegurada a prestação de alimentos, pela anulação do casamento, pelo óbito ou por sentença judicial transitada em julgado;

▶ Inciso I com a redação dada pelo Dec. nº 10.410, de 30-6-2020.

II – para a companheira ou companheiro, pela cessação da união estável com o segurado ou segurada, enquanto não lhe for garantida a prestação de alimentos;

III – ao completar vinte e um anos de idade, para o filho, o irmão, o enteado ou o menor tutelado, ou nas seguintes hipóteses, se ocorridas anteriormente a essa idade:

▶ *Caput* do inciso III com a redação dada pelo Dec. nº 10.410, de 30-6-2020.

a) casamento;

b) início do exercício de emprego público efetivo;

c) constituição de estabelecimento civil ou comercial ou pela existência de relação de emprego, desde que, em função deles, o menor com dezesseis anos completos tenha economia própria; ou

d) concessão de emancipação, pelos pais, ou por um deles na falta do outro, por meio de instrumento público, independentemente de homologação judicial, ou por sentença judicial, ouvido o tutor, se o menor tiver dezesseis anos completos; e

▶ Alíneas *a* a *d* com a redação dada pelo Dec. nº 10.410, de 30-6-2020.

e) *Revogada*. Dec. nº 10.410, de 30-6-2020.

IV – para os dependentes em geral:

a) pela cessação da invalidez ou da deficiência intelectual, mental ou grave; ou

▶ Alínea *a* com a redação dada pelo Dec. nº 10.410, de 30-6-2020.

b) pelo falecimento.

§ 1º O filho, o irmão, o enteado e o menor tutelado, desde que comprovada a dependência econômica dos três últimos, se inválidos ou se tiverem deficiência intelectual, mental ou grave, não perderão a qualidade de dependentes desde que a invalidez ou a deficiência intelectual, mental ou grave tenha ocorrido antes de uma das hipóteses previstas no inciso III do *caput*.

§ 2º Para fins do disposto no § 1º, a data de início da invalidez ou da deficiência intelectual, mental ou grave será estabelecida pela Perícia Médica Federal.

▶ §§ 1º e 2º acrescidos pelo Dec. nº 10.410, de 30-6-2020.

Seção III
DAS INSCRIÇÕES

Subseção I
DO SEGURADO

Art. 18. Considera-se inscrição de segurado para os efeitos da previdência social o ato pelo qual o segurado é cadastrado no RGPS, por meio da comprovação dos dados pessoais, da seguinte forma:

▶ *Caput* com a redação dada pelo Dec. nº 10.410, de 30-6-2020.

I – empregado – pelo empregador, por meio da formalização do contrato de trabalho e, a partir da obrigatoriedade do uso do Sistema de Escrituração Digital das Obrigações Fiscais, Previdenciárias e Trabalhistas – eSocial, instituído pelo Decreto nº 8.373, de 11 de dezembro de 2014, ou do sistema que venha a substituí-lo, por meio do registro contratual eletrônico realizado nesse Sistema;

II – trabalhador avulso – pelo cadastramento e pelo registro no órgão gestor de mão de obra, no caso de trabalhador portuário, ou no sindicato, no caso de trabalhador não portuário, e a partir da obrigatoriedade do uso do eSocial, ou do sistema que venha a substituí-lo, por meio do cadastramento e do registro eletrônico realizado nesse Sistema;

III – empregado doméstico – pelo empregador, por meio do registro contratual eletrônico realizado no eSocial;

IV – contribuinte individual:

a) por ato próprio, por meio do cadastramento de informações para identificação e reconhecimento da atividade, hipótese em que o Instituto Nacional do Seguro Social – INSS poderá solicitar a apresentação de documento que comprove o exercício da atividade declarada;

b) pela cooperativa de trabalho ou pela pessoa jurídica a quem preste serviço, no caso de cooperados ou contratados, respectivamente, se ainda não inscritos no RGPS; e

c) pelo MEI, por meio do sítio eletrônico do Portal do Empreendedor;

V – segurado especial – preferencialmente, pelo titular do grupo familiar que se enquadre em uma das condições previstas no inciso VII do *caput* do art. 9º, hipótese em que o INSS poderá solicitar a apresentação de documento que comprove o exercício da atividade declarada, observado o disposto no art. 19-D; e

▶ Incisos I a V com a redação dada pelo Dec. nº 10.410, de 30-6-2020.

VI – segurado facultativo – por ato próprio, por meio do cadastramento de informações pessoais que permitam a sua identificação, desde que não exerça atividade que o enquadre na categoria de segurado obrigatório.

▶ Inciso VI acrescido pelo Dec. nº 10.410, de 30-6-2020.

§ 1º *Revogado*. Dec. nº 10.410, de 30-6-2020.

§ 2º A inscrição do segurado em qualquer categoria mencionada neste artigo exige a idade mínima de 16 (dezesseis) anos.

§ 3º Todo aquele que exercer, concomitantemente, mais de uma atividade remunerada sujeita ao Regime Geral de Previdência Social será obrigatoriamente inscrito em relação a cada uma delas.

§ 4º *Revogado*. Dec. nº 6.722, de 30-12-2008.

§ 5º Presentes os pressupostos da filiação, admite-se a inscrição post mortem do segurado especial.

▶ § 5º acrescido pelo Dec. nº 3.265, de 29-11-1999.

§ 5º-A. Na hipótese prevista no § 5º, caso não seja comprovada a condição de segurado especial, poderá ser atribuído Número de Inscrição do Trabalhador – NIT especificamente para fins de requerimento do benefício previdenciário.

§ 5º-B. Não será admitida a inscrição *post mortem* de segurado contribuinte individual e nem de segurado facultativo.

▶ §§ 5º-A e 5º-B acrescidos pelo Dec. nº 10.410, de 30-6-2020.

§ 6º A comprovação dos dados pessoais e de outros elementos necessários e úteis à caracterização do segurado poderá ser exigida pelo INSS, a qualquer tempo, para fins de atualização cadastral, inclusive para a concessão de benefício.

§ 7º A inscrição do segurado especial será feita de forma a vinculá-lo ao seu grupo familiar e conterá, além das informações pessoais:

I – a identificação da propriedade em que é desenvolvida a atividade e a informação de a que título ela é ocupada;

II – a informação sobre a residência ou não do segurado na propriedade em que é desenvolvida a atividade, e, em caso negativo, sobre o Município onde reside; e

III – quando for o caso, a identificação e a inscrição da pessoa responsável pelo grupo familiar.

▶ §§ 6º e 7º com a redação dada pelo Dec. nº 10.410, de 30-6-2020.

§ 8º O segurado especial integrante de grupo familiar que não seja proprietário do imóvel rural ou da embarcação em que desenvolve sua atividade deve informar, no ato da inscrição, conforme o caso, o nome e o CPF do parceiro ou meeiro outorgante, arrendador, comodante ou assemelhado.

▶ § 8º acrescido pelo Dec. nº 6.722, de 30-12-2008.

§ 9º A identificação do trabalhador no Cadastro Nacional de Informações Sociais – CNIS poderá ser feita:

I – pelo NIT, único, pessoal e intransferível, independentemente de alterações de categoria profissional; ou

II – pelo Cadastro de Pessoas Físicas – CPF.

§ 10. Ao segurado cadastrado no Programa de Integração Social – PIS, no Programa de Formação do Patrimônio do Servidor Público – PASEP ou no Número de Identificação Social – NIS não caberá novo cadastramento.

▶ §§ 9º e 10 acrescidos pelo Dec. nº 10.410, de 30-6-2020.

Art. 19. Os dados constantes do Cadastro Nacional de Informações Sociais – CNIS relativos a vínculos, remunerações e contribuições valem como prova de filiação à previdência social, tempo de contribuição e salários de contribuição.

▶ *Caput* com a redação dada pelo Dec. nº 6.722, de 30-12-2008.

§ 1º O segurado poderá solicitar, a qualquer tempo, a inclusão, a exclusão, a ratificação ou a retificação de suas informações constantes do CNIS, com a apresentação de documentos comprobatórios dos dados divergentes, conforme critérios definidos pelo INSS, independentemente de requerimento de benefício, exceto na hipótese prevista no art. 142, observado o disposto nos art. 19-B e art. 19-C.

§ 2º Informações inseridas extemporaneamente no CNIS, independentemente de serem inéditas ou retificadoras de dados anteriormente informados, somente serão aceitas se corroboradas por documentos que comprovem a sua regularidade, na forma prevista no art. 19-B.

▶ §§ 1º e 2º com a redação dada pelo Dec. nº 10.410, de 30-6-2020.

§ 3º Respeitadas as definições vigentes sobre a procedência e origem das informações, considera-se extemporânea a inserção de dados:

▶ *Caput* do § 3º com a redação dada pelo Dec. nº 6.722, de 30-12-2008.

I – relativos à data de início de vínculo empregatício, após o último dia do quinto mês subsequente ao mês da data da admissão do segurado;

▶ Inciso I com a redação dada pelo Dec. nº 10.410, de 30-6-2020.

II – relativos à remuneração de trabalhador avulso ou contribuinte individual que preste serviços a empresa ou equiparado, após o último dia do quinto mês subsequente ao mês da data da prestação de serviço pelo segurado; ou

▶ *Caput* do inciso II com a redação dada pelo Dec. nº 10.410, de 30-6-2020.

a e *b*) *Revogadas*. Dec. nº 10.410, de 30-6-2020.

III – relativos à contribuição, sempre que o recolhimento tiver sido feito sem observância ao disposto em lei.

▶ Inciso III com a redação dada pelo Dec. nº 10.410, de 30-6-2020.

§ 4º A extemporaneidade de que trata o § 3º poderá ser desconsiderada depois de decorrido o prazo de um ano, contado da data de inserção das informações relativas a vínculos e remunerações, conforme critérios definidos pelo INSS.

▶ *Caput* do § 4º com a redação dada pelo Dec. nº 10.410, de 30-6-2020.

I – *Revogado*. Dec. nº 10.410, de 30-6-2020;
II – *Revogado*. Dec. nº 7.223, de 29-6-2010;
III – *Revogado*. Dec. nº 10.410, de 30-6-2020.

§ 5º Ato do Secretário Especial de Previdência e Trabalho do Ministério da Economia poderá reduzir ou ampliar os prazos previstos nos § 3º e § 4º.

§ 6º O INSS poderá definir critérios para a apuração das informações constantes da Guia de Recolhimento do Fundo de Garantia do Tempo de Serviço e Informações à Previdência Social – GFIP, ou do instrumento que venha a substituí-la, que ainda não tiver sido processada e para o recebimento de informações relativas a situações cuja regularidade dependa do cumprimento de critério estabelecido em lei.

▶ §§ 5º e 6º com a redação dada pelo Dec. nº 10.410, de 30-6-2020.

§ 7º Para os fins de que trata os §§ 2º a 6º, o INSS e a DATAPREV adotarão as providências necessárias para que as informações constantes do CNIS sujeitas à comprovação sejam identificadas e destacadas dos demais registros.

▶ § 7º acrescido pelo Dec. nº 6.722, de 30-12-2008.

§ 8º Para o exercício de suas competências, o INSS terá acesso às informações do segurado relativas aos períodos em que tenha sido registrada deficiência leve, moderada ou grave, identificada em decorrência de avaliação biopsicossocial realizada por equipe multiprofissional e interdisciplinar, para fins de reconhecimento e manutenção de direitos.

▶ § 8º com a redação dada pelo Dec. nº 10.410, de 30-6-2020.

§ 9º Constarão do CNIS as informações dos segurados e beneficiários dos regimes próprios de previdência social para fins de verificação das situações previstas neste Regulamento que impactem no reconhecimento de direitos e na concessão e no pagamento de benefícios pelo RGPS.

§ 10. O empregado com contrato de trabalho intermitente terá identificação específica em instrumento de prestação de informações à previdência social, de forma a permitir a identificação dos períodos de prestação serviços e dos períodos de inatividade.

§ 11. A partir da obrigatoriedade do uso do eSocial, ou do sistema que venha a substituí-lo, será observado, para o segurado:

I – empregado e empregado doméstico – os registros eletrônicos gerados pelo eSocial equivalerão às anotações relativas ao contrato de trabalho, definidas pela Consolidação das Leis do Trabalho, aprovada pelo Decreto-Lei nº 5.452, de 1943, que serão incorporados ao CNIS e à Carteira de Trabalho Digital;

II – trabalhador avulso – os registros eletrônicos gerados pelo eSocial substituirão as informações relativas ao registro e às remunerações do trabalhador avulso portuário previstas no inciso II do *caput* do art. 32 e no § 2º do art. 33 da Lei nº 12.815, de 2013, e aquelas relativas ao trabalhador avulso não portuário previstas no art. 4º da Lei nº 12.023, de 2009, que serão incorporados ao CNIS;

III – contribuinte individual que preste serviços conforme o disposto no § 20 do art. 216 – os registros eletrônicos gerados pelo eSocial substituirão as informações prestadas sobre os valores da remuneração na forma prevista no § 21 do art. 216, que serão incorporados ao CNIS; e

IV – contribuinte individual que preste serviços a empresa ou equiparado a partir de abril de 2003, conforme o disposto no art. 4º da Lei nº 10.666, de 8 de maio de 2003 – os registros eletrônicos gerados pelo eSocial substituirão as informações prestadas sobre os valores da remuneração e do desconto feito a título de contribuição previdenciária, conforme previsto no inciso XII do *caput* do art. 216, que serão incorporados ao CNIS.

§ 12. Os recolhimentos efetuados na época apropriada constantes do CNIS serão reconhecidos automaticamente, observados a contribuição mínima mensal e o disposto no art. 19-E, dispensada a comprovação do exercício da atividade.

▶ §§ 9º a 12 acrescidos pelo Dec. nº 10.410, de 30-6-2020.

Art. 19-A. Para fins de benefícios de que trata este Regulamento, os períodos de vínculos que corresponderem a serviços prestados na condição de servidor estatutário somente serão considerados mediante apresentação de Certidão de Tempo de Contribuição fornecida pelo órgão público competente, salvo se o órgão de vinculação do servidor não tiver instituído regime próprio de previdência social.

▶ Art. 19-A acrescido pelo Dec. nº 6.722, de 30-12-2008.

Art. 19-B. Na hipótese de não constarem do CNIS as informações sobre atividade, vínculo, remunerações ou contribuições, ou de haver dúvida sobre a regularidade das informações existentes, o período somente será confirmado por meio da apresentação de documentos contemporâneos dos fatos a serem comprovados, com menção às datas de início e de término e, quando se tratar de trabalhador avulso, à duração do trabalho e à condição em que tiver sido prestada a atividade.

§ 1º Além dos dados constantes do CNIS a que se refere o art. 19, observada a forma de filiação do trabalhador ao RGPS, os seguintes documentos serão considerados para fins de comprovação do tempo de contribuição de que trata o *caput*, desde que contemporâneos aos fatos a serem comprovados:

I – carteira profissional ou Carteira de Trabalho e Previdência Social;

II – contrato individual de trabalho;

III – contrato de trabalho por pequeno prazo, na forma prevista no § 3º do art. 14-A da Lei nº 5.889, de 1973;

IV – carteira de férias;

V – carteira sanitária;

VI – caderneta de matrícula;

VII – caderneta de contribuição dos extintos institutos de aposentadoria e pensões;

VIII – caderneta de inscrição pessoal visada:

a) pela Capitania dos Portos;

b) pela Superintendência do Desenvolvimento da Pesca; ou

c) pelo Departamento Nacional de Obras Contra as Secas;

IX – declaração da Secretaria Especial da Receita Federal do Brasil do Ministério da Economia;

X – certidão de inscrição em órgão de fiscalização profissional, acompanhada de documento que prove o exercício da atividade;

XI – contrato social, acompanhado de seu distrato, e, quando for o caso, ata de assembleia geral e registro de empresário;

XII – certificado de sindicato ou órgão gestor de mão de obra que agrupe trabalhadores avulsos;

XIII – extrato de recolhimento do FGTS; e

XIV – recibos de pagamento.

§ 2º Os documentos necessários à atualização do CNIS e à análise de requerimentos de benefícios e serviços poderão ser apresentados em cópias simples, em meio físico ou eletrônico, dispensada a sua autenticação, exceto nas hipóteses em que haja previsão legal expressa e de dúvida fundada quanto à autenticidade ou à integridade do documento, ressalvada a possibilidade de o INSS exigir, a qualquer tempo, os documentos originais para fins do disposto no art. 179, situação em que o responsável pela apresentação das cópias ficará sujeito às sanções administrativas, civis e penais aplicáveis.

§ 3º Caso os documentos apresentados não sejam suficientes para a comprovação de atividade, vínculo ou remunerações, estes poderão ser corroborados por pesquisa, na forma prevista no § 5º, ou justificação administrativa, conforme o caso.

§ 4º Na falta de documento contemporâneo, podem ser aceitos declaração do empregador ou de seu preposto, atestado de empresa ainda existente ou certificado ou certidão de entidade oficial dos quais constem os dados previstos no *caput*, desde que extraídos de registros existentes, que serão confirmados pelo INSS na forma prevista no § 5º, exceto se fornecidas por órgão público.

§ 5º A empresa disponibilizará a servidor designado por dirigente do INSS as informações e os registros de que dispuser, relativamente a segurado a seu serviço e previamente identificado, para fins de instrução ou revisão de processo de reconhecimento de direitos e outorga de benefícios do RGPS e para inclusão, exclusão, ratificação ou retificação das informações constantes do CNIS, conforme critérios definidos pelo INSS, independentemente de requerimento de benefício.

§ 6º Somente serão exigidos certidões ou documentos expedidos por órgãos públicos quando não for possível a sua obtenção diretamente do órgão ou da entidade responsável pela base de dados oficial.

§ 7º Serão realizados exclusivamente pela Secretaria Especial da Receita Federal do Brasil do Ministério da Economia os acertos de:

I – inclusão de recolhimento, alterações de valor autenticado ou data de pagamento da Guia da Previdência Social ou do documento que venha a substituí-la;

II – transferência de contribuição com identificador de pessoa jurídica ou equiparada para o CNIS; e

III – inclusão da contribuição liquidada por meio de parcelamento.

► Art. 19-B com a redação dada pelo Dec. nº 10.410, de 30-6-2020.

Art. 19-C. Considera-se tempo de contribuição o tempo correspondente aos períodos para os quais tenha havido contribuição obrigatória ou facultativa ao RGPS, dentre outros, o período:

I – de contribuição efetuada por segurado que tenha deixado de exercer atividade remunerada que o enquadrasse como segurado obrigatório da previdência social;

II – em que a segurada tenha recebido salário-maternidade;

III – de licença remunerada, desde que tenha havido desconto de contribuições;

IV – em que o segurado tenha sido colocado em disponibilidade remunerada pela empresa, desde que tenha havido desconto de contribuições;

V – de atividade patronal ou autônoma, exercida anteriormente à vigência da Lei nº 3.807, de 26 de agosto de 1960, desde que tenha sido indenizado conforme o disposto no art. 122;

VI – de atividade na condição de empregador rural, desde que tenha havido contribuição na forma prevista na Lei nº 6.260, de 6 de novembro de 1975, e indenização do período anterior, conforme o disposto no art. 122;

VII – de exercício de mandato eletivo federal, estadual, distrital ou municipal, desde que tenha havido contribuição na época apropriada e este não tenha sido contado para fins de aposentadoria por outro regime de previdência social;

VIII – de licença, afastamento ou inatividade sem remuneração do segurado empregado, inclusive o doméstico e o intermitente, desde que tenha havido contribuição na forma prevista no § 5º do art. 11; e

IX – em que o segurado contribuinte individual e o segurado facultativo tenham contribuído na forma prevista no art. 199-A, observado o disposto em seu § 2º.

§ 1º Será computado o tempo intercalado de recebimento de benefício por incapacidade, na forma do disposto no inciso II do *caput* do art. 55 da Lei nº 8.213, de 24 de julho de 1991, exceto para efeito de carência.

§ 2º As competências em que o salário de contribuição mensal tenha sido igual ou superior ao limite mínimo serão computadas integralmente como tempo de contribuição, independentemente da quantidade de dias trabalhados.

§ 3º Na hipótese de o débito ser objeto de parcelamento, o período correspondente ao parcelamento somente será computado para fins de concessão de benefício no RGPS e de emissão de certidão de tempo de contribuição para fins de contagem recíproca após a comprovação da quitação dos valores devidos.

Art. 19-D. O Ministério da Economia manterá sistema de cadastro dos segurados especiais no CNIS, observado o disposto nos § 7º e § 8º do art. 18, e poderá firmar acordo de cooperação com o Ministério da Agricultura, Pecuária e Abastecimento e com outros órgãos da administração pública federal, estadual, distrital e municipal para a manutenção e a gestão do sistema de cadastro.

§ 1º O sistema de que trata o *caput* preverá a manutenção e a atualização anual do cadastro e conterá as informações necessárias à caracterização da condição de segurado especial.

§ 2º A manutenção e a atualização de que trata o § 1º ocorrerão por meio da apresentação, pelo segurado especial, de declaração anual ou de documento equivalente, conforme definido em ato do Secretário Especial de Previdência e Trabalho do Ministério da Economia.

§ 3º A aplicação do disposto neste artigo não poderá acarretar ônus para o segurado, sem prejuízo do disposto no § 4º.

§ 4º O INSS, no ato de habilitação ou de concessão de benefício, verificará a condição de segurado especial e, se for o caso, o pagamento da contribuição previdenciária, nos termos do disposto na Lei nº 8.212, de 24 de julho de 1991, de modo a considerar, dentre outras informações, aquelas constantes do CNIS.

§ 5º A atualização anual de que trata o § 1º será feita pelo segurado especial até 30 de junho do ano subsequente.

§ 6º É vedada a atualização anual de que trata o § 1º decorrido o prazo de cinco anos, contado da data a que se refere o § 5º.

§ 7º Decorrido o prazo de cinco anos de que trata o § 6º, o segurado especial somente poderá computar o período de trabalho rural se efetuados na época apropriada a comercialização da produção e o recolhimento da contribuição prevista no art. 25 da Lei nº 8.212, de 1991.

§ 8º O INSS utilizará as informações constantes do cadastro de que trata o *caput* para fins de comprovação da condição e do exercício da atividade rural do segurado especial e do seu grupo familiar.

§ 9º A partir de 1º de janeiro de 2023, a comprovação da condição e do exercício da atividade rural do segurado especial ocorrerá, exclusivamente, por meio das informações constantes do cadastro a que se refere o *caput*, observado o disposto no § 18.

§ 10. Para o período anterior a 1º de janeiro de 2023, o segurado especial comprovará o exercício da atividade rural por meio de autodeclaração ratificada por entidades públicas credenciadas, nos termos do disposto no art. 13 da

Lei nº 12.188, de 11 de janeiro de 2010, e por outros órgãos públicos, observado o seguinte:

I – a autodeclaração será feita por meio do preenchimento de formulários que serão disponibilizados pelo INSS;

II – a ratificação da autodeclaração será realizada por meio de informações obtidas das bases de dados da Secretaria de Agricultura Familiar e Cooperativismo do Ministério da Agricultura, Pecuária e Abastecimento e de outras bases de dados a que o INSS tiver acesso; e

III – as informações obtidas por meio de consultas às bases de dados governamentais que forem consideradas insuficientes para o reconhecimento do exercício da atividade rural alegada poderão ser complementadas por prova documental contemporânea ao período informado.

§ 11. Complementarmente à autodeclaração de que trata o § 10 e ao cadastro de que trata o *caput*, a comprovação do exercício de atividade do segurado especial será feita por meio dos seguintes documentos, dentre outros:

I – contrato de arrendamento, de parceria ou de comodato rural;

II – Declaração de Aptidão ao Programa Nacional de Fortalecimento da Agricultura Familiar de que trata o inciso II do *caput* do art. 2º da Lei nº 12.188, de 2010, ou pelo documento que venha a substituí-la;

III – bloco de notas do produtor rural;

IV – documentos fiscais de entrada de mercadorias de que trata o § 7º do art. 30 da Lei nº 8.212, de 1991, emitidos pela empresa adquirente da produção, com indicação do nome do segurado como vendedor;

V – documentos fiscais relativos a entrega de produção rural a cooperativa agrícola, entreposto de pescado ou outros, com indicação do segurado como vendedor ou consignante;

VI – comprovantes de recolhimento de contribuição à previdência social decorrentes da comercialização de produção rural;

VII – cópia da declaração de imposto sobre a renda, com indicação de renda proveniente da comercialização de produção rural; ou

VIII – licença de ocupação ou permissão outorgada pelo Instituto Nacional de Colonização e Reforma Agrária – INCRA.

§ 12. Sempre que o tipo de outorga informado na autodeclaração de que trata § 10 for de parceiro, meeiro, arrendatário, comodatário ou de outra modalidade de outorgado, o documento deverá identificar e qualificar o outorgante.

§ 13. A condição de segurado especial dos índios será comprovada por meio de certidão fornecida pela Fundação Nacional do Índio – FUNAI que:

I – conterá a identificação da entidade e de seu emitente, com a indicação do mandato, se for o caso;

II – será fornecida em duas vias, em papel timbrado, com numeração sequencial controlada e ininterrupta;

III – conterá a identificação, a qualificação pessoal do beneficiário e a categoria de produtor a que pertença;

IV – consignará os documentos e as informações que tenham servido de base para a sua emissão e, se for o caso, a origem dos dados extraídos de registros existentes na própria entidade declarante ou em outro órgão, entidade ou empresa, desde que idôneos e acessíveis à previdência social;

V – não conterá informação referente a período anterior ao início da atividade da entidade declarante, exceto se baseada em documento que constitua prova material do exercício dessa atividade; e

VI – consignará os dados relativos ao período e à forma de exercício da atividade rural nos termos estabelecidos pelo INSS.

§ 14. A homologação a que se refere o § 13 se restringirá às informações relativas à atividade rural e deverá atender aos seguintes critérios:

I – conterá a identificação do órgão e do emitente da declaração;

II – conterá a identificação, a qualificação pessoal do beneficiário e a categoria de produtor a que pertença;

III – consignará os documentos e as informações que tenham servido de base para a sua emissão e, se for o caso, a origem dos dados extraídos de registros existentes na própria entidade declarante ou em outro órgão, entidade ou empresa, desde que idôneos e acessíveis à previdência social; e

IV – consignará dados relativos ao período e à forma de exercício da atividade rural nos termos estabelecidos pelo INSS.

§ 15. Até 1º de janeiro de 2025, o cadastro de que trata o *caput* poderá ser efetuado, atualizado e corrigido sem prejuízo do prazo de que trata o § 9º e das regras permanentes estabelecidas nos § 5º e § 6º.

§ 16. Na hipótese de haver divergência de informações entre o cadastro de que trata o *caput* e as demais bases de dados, para fins de reconhecimento do direito ao benefício, o INSS poderá exigir a apresentação dos documentos referidos no § 11.

§ 17. As informações obtidas e acolhidas pelo INSS diretamente de bancos de dados disponibilizados por órgãos do Poder Público serão utilizadas para validar ou invalidar informação para o cadastramento do segurado especial e, quando for o caso, para deixar de reconhecer o segurado nessa condição.

§ 18. O prazo a que se refere o § 9º será prorrogado até que cinquenta por cento dos segurados especiais, apurados conforme quantitativo da Pesquisa Nacional por Amostra de Domicílios Contínua, estejam inseridos no sistema de cadastro dos segurados especiais de que trata o *caput*.

§ 19. O fim da prorrogação a que se refere o § 18 será definido em ato do Secretário Especial de Previdência e Trabalho do Ministério da Economia.

Art. 19-E. A partir de 13 de novembro de 2019, para fins de aquisição e manutenção da qualidade de segurado, de carência, de tempo de contribuição e de cálculo do salário de benefício exigidos para o reconhecimento do direito aos benefícios do RGPS e para fins de contagem recíproca, somente serão consideradas as competências cujo salário de contribuição seja igual ou superior ao limite mínimo mensal do salário de contribuição.

§ 1º Para fins do disposto no *caput*, ao segurado que, no somatório de remunerações auferidas no período de um mês, receber remuneração inferior ao limite mínimo mensal do salário de contribuição será assegurado:

I – complementar a contribuição das competências, de forma a alcançar o limite mínimo do salário de contribuição exigido;

II – utilizar o excedente do salário de contribuição superior ao limite mínimo de uma competência para completar o salário de contribuição de outra competência até atingir o limite mínimo; ou

III – agrupar os salários de contribuição inferiores ao limite mínimo de diferentes competências para aproveitamento em uma ou mais competências até que estas atinjam o limite mínimo.

§ 2º Os ajustes de complementação, utilização e agrupamento previstos no § 1º poderão ser efetivados, a qualquer tempo, por iniciativa do segurado, hipótese em que se tornarão irreversíveis e irrenunciáveis após processados.

§ 3º A complementação de que trata o inciso I do § 1º poderá ser recolhida até o dia quinze do mês subsequente ao da prestação do serviço e, a partir dessa data, com os acréscimos previstos no art. 35 da Lei nº 8.212, de 1991.

§ 4º Os ajustes de que tratam os incisos II e III do § 1º serão efetuados na forma indicada ou autorizada pelo segurado, desde que utilizadas as competências do mesmo ano civil definido no art. 181-E, em conformidade com o disposto nos § 27-A ao § 27-D do art. 216.

§ 5º A efetivação do ajuste previsto no inciso III do § 1º não impede o recolhimento da contribuição referente à competência que tenha o salário de contribuição transferido, em todo ou em parte, para agrupamento com outra competência a fim de atingir o limite mínimo mensal do salário de contribuição.

§ 6º Para complementação ou recolhimento da competência que tenha o salário de contribuição transferido, em todo ou em parte, na forma prevista no § 5º, será observado o disposto no § 3º.

§ 7º Na hipótese de falecimento do segurado, os ajustes previstos no § 1º poderão ser solicitados por seus dependentes para fins de reconhecimento de direito para benefício a eles devidos até o dia quinze do mês de janeiro subsequente ao do ano civil correspondente, observado o disposto no § 4º.

Art. 19-F. A obrigação do INSS de promover a instrução de requerimentos e a comprovação de requisitos legais para o reconhecimento de direitos não afasta a obrigação de o interessado ou o seu representante juntar ao requerimento toda a documentação útil à comprovação do direito, principalmente em relação aos fatos que não constem da base de dados da previdência social.

► Arts. 19-C a 19-F acrescidos pelo Dec. nº 10.410, de 30-6-2020.

Art. 20. Filiação é o vínculo que se estabelece entre pessoas que contribuem para a previdência social e esta, do qual decorrem direitos e obrigações.

§ 1º A filiação à previdência social decorre automaticamente do exercício de atividade remunerada para os segurados obrigatórios, observado o disposto no § 2º, e da inscrição formalizada com o pagamento da primeira contribuição para o segurado facultativo.

► Parágrafo único transformado em § 1º e com a redação dada pelo Dec. nº 6.722, de 30-12-2008.

§ 2º A filiação do trabalhador rural contratado por produtor rural pessoa física por prazo de até dois meses no período de um ano, para o exercício de atividades de natureza temporária, decorre automaticamente de sua inclusão em declaração prevista em ato do Secretário Especial da Receita Federal do Brasil do Ministério da Economia por meio de identificação específica.

▸ § 2º com a redação dada pelo Dec. nº 10.410, de 30-6-2020.

§ 3º O exercício de atividade prestada de forma gratuita e o serviço voluntário, nos termos do disposto na Lei nº 9.608, de 18 de fevereiro de 1998, não geram filiação obrigatória ao RGPS.

▸ § 3º acrescido pelo Dec. nº 10.410, de 30-6-2020.

Art. 21. *Revogado*. Dec. nº 10.410, de 30-6-2020.

Subseção II
DO DEPENDENTE

Art. 22. A inscrição do dependente do segurado será promovida quando do requerimento do benefício a que tiver direito, mediante a apresentação dos seguintes documentos:

▸ *Caput* com a redação dada pelo Dec. nº 4.079, de 9-1-2002.

I – para os dependentes preferenciais:

a) cônjuge e filhos – certidões de casamento e de nascimento;

b) companheira ou companheiro – documento de identidade e certidão de casamento com averbação da separação judicial ou divórcio, quando um dos companheiros ou ambos já tiverem sido casados, ou de óbito, se for o caso; e

c) equiparado a filho – certidão judicial de tutela e, em se tratando de enteado, certidão de casamento do segurado e de nascimento do dependente, observado o disposto no § 3º do artigo 16;

II – pais – certidão de nascimento do segurado e documentos de identidade dos mesmos; e

III – irmão – certidão de nascimento.

§§ 1º e 2º *Revogados*. Dec. nº 4.079, de 9-1-2002.

§ 3º Para comprovação do vínculo e da dependência econômica, conforme o caso, deverão ser apresentados, no mínimo, dois documentos, observado o disposto nos § 6º-A e § 8º do art. 16, e poderão ser aceitos, dentre outros:

▸ *Caput* do § 3º com a redação dada pelo Dec. nº 10.410, de 30-6-2020.

I – certidão de nascimento de filho havido em comum;

II – certidão de casamento religioso;

III – declaração do imposto de renda do segurado, em que conste o interessado como seu dependente;

IV – disposições testamentárias;

V – *Revogado*. Dec. nº 5.699, de 13-2-2006;

VI – declaração especial feita perante tabelião;

VII – prova de mesmo domicílio;

VIII – prova de encargos domésticos evidentes e existência de sociedade ou comunhão nos atos da vida civil;

IX – procuração ou fiança reciprocamente outorgada;

X – conta bancária conjunta;

XI – registro em associação de qualquer natureza, onde conste o interessado como dependente do segurado;

XII – anotação constante de ficha ou livro de registro de empregados;

XIII – apólice de seguro da qual conste o segurado como instituidor do seguro e a pessoa interessada como sua beneficiária;

XIV – ficha de tratamento em instituição de assistência médica, da qual conste o segurado como responsável;

XV – escritura de compra e venda de imóvel pelo segurado em nome de dependente;

XVI – declaração de não emancipação do dependente menor de 21 (vinte e um) anos; ou

XVII – quaisquer outros que possam levar à convicção do fato a comprovar.

§ 4º O fato superveniente que importe em exclusão ou inclusão de dependente deve ser comunicado ao Instituto Nacional do Seguro Social, com as provas cabíveis.

§ 5º *Revogado*. Dec. nº 4.079, de 9-1-2002.

§ 6º Somente será exigida a certidão judicial de adoção quando esta for anterior a 14 de outubro de 1990, data da vigência da Lei nº 8.069, de 1990.

§§ 7º e 8º *Revogados*. Dec. nº 3.668, de 22-11-2000.

§ 9º No caso de dependente inválido ou com deficiência intelectual, mental ou grave, para fins de inscrição e concessão de benefício, a invalidez será comprovada por meio de exame médico-pericial a cargo da Perícia Médica Federal e a deficiência, por meio de avaliação biopsicossocial realizada por equipe multiprofissional e interdisciplinar.

§ 10. O dependente menor de vinte e um anos de idade apresentará declaração para atestar a não ocorrência das hipóteses previstas no inciso III do *caput* do art. 17.

▸ §§ 9º e 10 com a redação dada pelo Dec. nº 10.410, de 30-6-2020.

§ 11. *Revogado*. Dec. nº 4.079, de 9-1-2002.

§ 12. Os dependentes excluídos de tal condição em razão de lei têm suas inscrições tornadas nulas de pleno direito.

§ 13. No caso de equiparado a filho, a inscrição será feita mediante a comprovação da equiparação por documento escrito do segurado falecido manifestando essa intenção, da dependência econômica e da declaração de que não tenha sido emancipado.

▸ § 13 acrescido pelo Dec. nº 4.079, de 9-1-2002.

§ 14. Caso o dependente só possua um dos documentos a que se refere o § 3º produzido em período não superior a vinte e quatro meses anteriores à data do óbito ou do recolhimento à prisão, a comprovação de vínculo ou de dependência econômica para esse período poderá ser suprida por justificação administrativa, processada na forma prevista nos art. 142 ao art. 151.

▸ § 14 acrescido pelo Dec. nº 10.410, de 30-6-2020.

Art. 23. *Revogado*. Dec. nº 4.079, de 9-1-2002.

Art. 24. Os pais ou irmãos deverão, para fins de concessão de benefícios, comprovar a inexistência de dependentes preferenciais, mediante declaração firmada perante o Instituto Nacional do Seguro Social.

CAPÍTULO II
DAS PRESTAÇÕES EM GERAL

Seção I
DAS ESPÉCIES DE PRESTAÇÃO

Art. 25. O Regime Geral de Previdência Social compreende as seguintes prestações, expressas em benefícios e serviços:

▸ Art. 18 da Lei nº 8.213, de 24-7-1991 (Lei dos Planos de Benefícios da Previdência Social).

I – quanto ao segurado:

a) aposentadoria por incapacidade permanente;

b) aposentadoria programada;

c) aposentadoria por idade do trabalhador rural;

▸ Alíneas *a* a *c* com a redação dada pelo Dec. nº 10.410, de 30-6-2020.

d) aposentadoria especial;

e) auxílio por incapacidade temporária;

▸ Alínea *e* com a redação dada pelo Dec. nº 10.410, de 30-6-2020.

f) salário-família;

g) salário-maternidade; e

h) auxílio-acidente;

▸ Arts. 19 a 23 da Lei nº 8.213, de 24-7-1991 (Lei dos Planos de Benefícios da Previdência Social).

II – quanto ao dependente:

a) pensão por morte; e

b) auxílio-reclusão; e

III – quanto ao segurado e dependente: reabilitação profissional.

Seção II
DA CARÊNCIA

Art. 26. Período de carência é o tempo correspondente ao número mínimo de contribuições mensais indispensáveis para que o beneficiário faça jus ao benefício, consideradas as competências cujo salário de contribuição seja igual ou superior ao seu limite mínimo mensal.

▸ *Caput* com a redação dada pelo Dec. nº 10.410, de 30-6-2020.

▸ Art. 24 da Lei nº 8.213, de 24-7-1991 (Lei dos Planos de Benefícios da Previdência Social).

§ 1º Para o segurado especial, considera-se período de carência, para fins de concessão dos benefícios de que trata o inciso I do § 2º do art. 39, o tempo mínimo de efetivo exercício de atividade rural, ainda que de forma descontínua, igual à quantidade de meses necessária à concessão do benefício requerido.

▸ § 1º com a redação dada pelo Dec. nº 10.410, de 30-6-2020.

§ 2º Será considerado, para efeito de carência, o tempo de contribuição para o Plano de Seguridade Social do Servidor Público anterior à Lei nº 8.647, de 13 de abril de 1993, efetuado pelo servidor público ocupante de cargo em comissão sem vínculo efetivo com a União, autarquias, ainda que em regime especial, e fundações públicas federais.

§ 3º Não é computado para efeito de carência o tempo de atividade do trabalhador rural anterior à competência novembro de 1991.

§ 4º Para efeito de carência, considera-se presumido o recolhimento das contribuições do segurado empregado, do trabalhador avulso e, relativamente ao contribuinte individual, a partir da competência abril de 2003, as contribuições dele descontadas pela empresa na forma do art. 216.

▸ § 4º com a redação dada pelo Dec. nº 4.729, de 9-6-2003.

§ 4º-A. Para fins de carência, no caso de segurado empregado doméstico, considera-se presumido o recolhimento das contribuições dele descontadas pelo empregador doméstico, a partir da competência junho de 2015, na forma prevista no art. 211.

§ 4º-B. Para o segurado empregado doméstico filiado ao RGPS nessa condição até 31 de maio de 2015, o período de carência será contado a partir da data do efetivo recolhimento da primeira contribuição sem atraso.

§ 4º-C. Para o período de filiação comprovado como empregado doméstico sem a comprovação do recolhimento ou sem a comprovação da primeira contribuição sem atraso, será reconhecido o direito ao benefício na forma prevista no § 2º do art. 36, independentemente da categoria do segurado na data do requerimento.

▸ §§ 4º-A a 4º-C acrescidos pelo Dec. nº 10.410, de 30-6-2020.

§ 5º Observado o disposto no § 4º do artigo 13, as contribuições vertidas para regime próprio de previdência social serão consideradas para todos os efeitos, inclusive para os de carência.

▸ § 5º acrescido pelo Dec. nº 3.265, de 29-11-1999.

§ 6º Para fins de carência, as contribuições anteriores à data de publicação da Emenda à Constituição nº 103, de 12 de novembro de 2019, serão consideradas em conformidade com a legislação vigente à época.

▸ § 6º acrescido pelo Dec. nº 10.410, de 30-6-2020.

Art. 27. *Revogado*. Dec. nº 5.399, de 24-3-2005.

Art. 27-A. Na hipótese de perda da qualidade de segurado, para fins da concessão dos benefícios de auxílio por incapacidade temporária, de aposentadoria por incapacidade permanente, de salário-maternidade e de auxílio-reclusão, as contribuições anteriores à perda somente serão computadas para fins de carência depois que o segurado contar, a partir da nova filiação ao RGPS, com metade do número de contribuições exigidas para o cumprimento do período de carência definido no art. 29.

▸ *Caput* do art. 27-A com a redação dada pelo Dec. nº 10.410, de 30-6-2020.

Parágrafo único. Aplica-se o disposto no *caput* ao segurado oriundo de regime próprio de previdência social que se filiar ao Regime Geral de Previdência Social após os prazos a que se refere o inciso II do *caput* e o § 1º do art. 13.

▸ Parágrafo único acrescido pelo Dec nº 5.545, de 22-9-2005.

Art. 28. O período de carência é contado:

▸ Art. 27 da Lei nº 8.213, de 24-7-1991 (Lei dos Planos de Benefícios da Previdência Social).

I – para o segurado empregado, inclusive o doméstico, e o trabalhador avulso, a partir da data de sua filiação ao RGPS; e

II – para o segurado contribuinte individual, observado o disposto no § 4º do art. 26, e o segurado facultativo, inclusive o segurado especial que contribua na forma prevista no § 2º do art. 200, a partir da data do efetivo recolhimento da primeira contribuição sem atraso, e não serão consideradas, para esse fim, as contribuições recolhidas com atraso referentes a competências anteriores, observado, quanto ao segurado facultativo, o disposto nos § 3º e § 4º do art. 11.

▸ Incisos I e II com a redação dada pelo Dec. nº 10.410, de 30-6-2020.

§ 1º Para o segurado especial que não contribui na forma do § 2º do art. 200, o período de carência de que trata o § 1º do art. 26 é contado a partir do efetivo exercício da atividade rural, mediante comprovação, na forma do disposto no art. 62.

▸ § 1º com a redação dada pelo Dec. nº 6.042, de 12-2-2007.

§ 2º O período a que se refere o inciso XVIII do artigo 60 será computado para fins de carência.

§ 3º Para os segurados a que se refere o inciso II, optantes pelo recolhimento trimestral na forma prevista nos §§ 15 e 16 do artigo 216, o período de carência é contado a partir do mês de inscrição do segurado, desde que efetuado o recolhimento da primeira contribuição no prazo estipulado no referido § 15.

§ 4º Para os segurados a que se refere o inciso II do *caput*, na hipótese de perda da qualidade de segurado, somente serão consideradas, para fins de carência, as contribuições efetivadas após novo recolhimento sem atraso, observado o disposto no art. 19-E.

▸ § 4º acrescido pelo Dec. nº 10.410, de 30-6-2020.

Art. 29. A concessão das prestações pecuniárias do Regime Geral de Previdência Social, ressalvado o disposto no artigo 30, depende dos seguintes períodos de carência:

▸ Art. 25 da Lei nº 8.213, de 24-7-1991 (Lei dos Planos de Benefícios da Previdência Social).

I – doze contribuições mensais, nos casos de auxílio por incapacidade temporária e aposentadoria por incapacidade permanente; e

II – cento e oitenta contribuições mensais, nos casos de aposentadoria programada, por idade do trabalhador rural e especial;

▸ Incisos I e II com a redação dada pelo Dec. nº 10.410, de 30-6-2020.

III – 10 (dez) contribuições mensais, no caso de salário-maternidade, para as seguradas contribuinte individual, especial e facultativa, respeitado o disposto no § 2º do artigo 93 e no inciso II do artigo 101;

▸ Inciso III com a redação dada pelo Dec. nº 3.452, de 9-5-2000.

IV – vinte e quatro contribuições mensais, no caso de auxílio-reclusão.

▸ Inciso IV acrescido pelo Dec. nº 10.410, de 30-6-2020.

Parágrafo único. Em caso de parto antecipado, o período de carência a que se refere o inciso III será reduzido em número de contribuições equivalente ao número de meses em que o parto foi antecipado.

▸ Parágrafo único acrescido pelo Dec. nº 3.265, de 29-11-1999.

Art. 30. Independe de carência a concessão das seguintes prestações:

▸ Art. 26 da Lei nº 8.213, de 24-7-1991 (Lei dos Planos de Benefícios da Previdência Social).

I – pensão por morte, salário-família e auxílio-acidente de qualquer natureza, observado, quanto à pensão por morte, o disposto no inciso V do *caput* e nos § 3º e § 4º do art. 114;

▸ Inciso I com a redação dada pelo Dec. nº 10.410, de 30-6-2020.

II – salário-maternidade, para as seguradas empregada, empregada doméstica e trabalhadora avulsa;

▸ Inciso II com a redação dada pelo Dec. nº 3.265, de 29-11-1999.

III – auxílio por incapacidade temporária e aposentadoria por incapacidade permanente nos casos de acidente de qualquer natureza ou causa e de doença profissional ou do trabalho e nos casos de segurado que, após filiar-se ao RGPS, seja acometido de alguma das doenças ou afecções especificadas em lista elaborada pelos Ministérios da Saúde e da Economia, atualizada a cada três anos, de acordo com os critérios de estigma, deformação, mutilação, deficiência ou outro fator que lhe confira especificidade e gravidade que mereçam tratamento particularizado;

▸ Inciso III com a redação dada pelo Dec. nº 10.410, de 30-6-2020.

IV – aposentadoria por idade ou por invalidez, auxílio-doença, auxílio-reclusão ou pensão por morte aos segurados especiais, desde que comprovem o exercício de atividade rural no período imediatamente anterior ao requerimento do benefício, ainda que de forma descontínua, igual ao número de meses correspondente à carência do benefício requerido; e

V – reabilitação profissional.

§ 1º Entende-se como acidente de qualquer natureza ou causa aquele de origem traumática e por exposição a agentes exógenos, físicos, químicos ou biológicos, que acarrete lesão corporal ou perturbação funcional que cause a morte ou a perda ou a redução permanente ou temporária da capacidade laborativa.

▸ Parágrafo único transformado em § 1º e com a redação dada pelo Dec. nº 10.410, de 30-6-2020.

§ 2º Até que seja elaborada a lista de doenças ou afecções a que se refere o inciso III do *caput*, independerá de carência a concessão de auxílio por incapacidade temporária e de aposentadoria por incapacidade permanente ao segurado que, após filiar-se ao RGPS, seja acometido por alguma das seguintes doenças:

I – tuberculose ativa;

II – hanseníase;

III – alienação mental;

IV – esclerose múltipla;

V – hepatopatia grave;

VI – neoplasia maligna;

VII – cegueira;

VIII – paralisia irreversível e incapacitante;

IX – cardiopatia grave;

X – doença de Parkinson;

XI – espondiloartrose anquilosante;

XII – nefropatia grave;

XIII – estado avançado da doença de Paget (osteíte deformante);

XIV – síndrome da imunodeficiência adquirida (*Aids*); ou

XV – contaminação por radiação, com base em conclusão da medicina especializada.

▸ § 2º acrescido pelo Dec. nº 10.410, de 30-6-2020.

Seção III

DO SALÁRIO DE BENEFÍCIO

Art. 31. Salário de benefício é o valor básico utilizado para o cálculo da renda mensal dos benefícios de prestação continuada, inclusive aqueles regidos por normas especiais, exceto:

▶ *Caput* com a redação dada pelo Dec. nº 10.410, de 30-6-2020.

▶ Art. 28 da Lei nº 8.213, de 24-7-1991 (Lei dos Planos de Benefícios da Previdência Social).

I – o salário-família;

II – a pensão por morte;

III – o salário-maternidade;

IV – o auxílio-reclusão; e

V – os demais benefícios previstos em legislação especial.

▶ Incisos I a V acrescidos pelo Dec. nº 10.410, de 30-6-2020.

Parágrafo único. *Revogado*. Dec. nº 10.410, de 30-6-2020.

Art. 32. O salário de benefício a ser utilizado para o cálculo dos benefícios de que trata este Regulamento, inclusive aqueles previstos em acordo internacional, consiste no resultado da média aritmética simples dos salários de contribuição e das remunerações adotadas como base para contribuições a regime próprio de previdência social ou como base para contribuições decorrentes das atividades militares de que tratam os art. 42 e art. 142 da Constituição, considerados para a concessão do benefício, atualizados monetariamente, correspondentes a cem por cento do período contributivo desde a competência julho de 1994 ou desde o início da contribuição, se posterior a essa competência.

▶ *Caput* com a redação dada pelo Dec. nº 10.410, de 30-6-2020.

▶ Art. 29 da Lei nº 8.213, de 24-7-1991 (Lei dos Planos de Benefícios da Previdência Social).

I e II – *Revogados*. Dec. nº 10.410, de 30-6-2020;

III – *Revogado*. Dec. nº 5.545, de 22-9-2005.

§ 1º *Revogado*. Dec. nº 3.265, de 29-11-1999.

§ 2º *Revogado*. Dec. nº 5.399, de 24-3-2005.

§ 3º O valor do salário de benefício não será inferior ao de 1 (um) salário mínimo, nem superior ao limite máximo do salário de contribuição na data de início do benefício.

▶ Art. 2º da Port. Interministerial do MTPrev e MF nº 26, de 10-1-2023 (*DOU* de 11-1-2023), que estabelece que o salário de benefício e o salário de contribuição não poderão ser inferiores a R$ 1.302,00 (mil trezentos e dois reais) nem superiores a R$ 7.507,49 (sete mil quinhentos e sete reais e quarenta e nove centavos), a partir de 1º-1-2023.

§ 4º Serão considerados para o cálculo do salário de benefício os ganhos habituais do segurado empregado, a qualquer título, sob forma de moeda corrente ou de utilidades, sobre os quais tenha incidido contribuição previdenciária, exceto o décimo terceiro salário, observado o disposto no art. 19-E.

▶ § 4º com a redação dada pelo Dec. nº 10.410, de 30-6-2020.

§ 5º Não será considerado, no cálculo do salário de benefício, o aumento dos salários de contribuição que exceder o limite legal, inclusive o voluntariamente concedido nos 36 (trinta e seis) meses imediatamente anteriores ao início do benefício, salvo se homologado pela Justiça do Trabalho, resultante de promoção regulada por normas gerais da empresa, admitida pela legislação do trabalho, de sentença normativa ou de reajustamento salarial obtido pela categoria respectiva.

§ 6º Se, no período básico de cálculo, o segurado tiver recebido benefício por incapacidade, considerar-se-á como salário de contribuição, no período, o salário de benefício que serviu de base para o cálculo da renda mensal, reajustado nas mesmas épocas e nas mesmas bases dos benefícios em geral, não podendo ser inferior ao salário mínimo nem superior ao limite máximo do salário de contribuição.

§ 7º Exceto para o salário-família e o auxílio-acidente, será pago o valor mínimo de benefício para as prestações referidas no artigo 30, quando não houver salário de contribuição no período básico de cálculo.

§ 8º Para fins de apuração do salário de benefício de qualquer aposentadoria precedida de auxílio-acidente, o valor mensal deste será somado ao salário de contribuição antes da aplicação da correção a que se refere o artigo 33, não podendo o total apurado ser superior ao limite máximo do salário de contribuição.

§ 9º Quando inexistirem salários de contribuição a partir de julho de 1994, as aposentadorias concedidas nos termos do disposto nos § 5º e § 6º do art. 13 terão o valor correspondente ao do salário mínimo, observado, no caso de acordos internacionais, o disposto no § 1º do art. 35.

▶ § 9º com a redação dada pelo Dec. nº 10.410, de 30-6-2020.

§ 10. Para os segurados contribuinte individual e facultativo optantes pelo recolhimento trimestral na forma prevista no § 15 do artigo 216, que tenham solicitado qualquer benefício previdenciário, o salário de benefício consistirá na média aritmética simples de todos os salários de contribuição integrantes da contribuição trimestral, desde que efetivamente recolhidos.

▶ § 10 com a redação dada pelo Dec. nº 3.265, de 29-11-1999.

§§ 11 a 14. *Revogados*. Dec. nº 10.410, de 30-6-2020.

§ 15. No cálculo do salário de benefício serão considerados os salário de contribuição vertidos para regime próprio de previdência social de segurado oriundo desse regime, após a sua filiação ao Regime Geral de Previdência Social, de acordo com o disposto no artigo 214.

▶ § 15 acrescido pelo Dec. nº 3.265, de 29-11-1999.

§§ 16 e 17. *Revogados*. Dec. nº 10.410, de 30-6-2020.

§ 18. Para fins de cálculo da renda mensal inicial teórica dos benefícios por totalização, no âmbito dos acordos internacionais, serão considerados os tempos de contribuição para a previdência social brasileira e para a do país acordante, observado o disposto no § 9º.

▶ *Caput* do § 18 com a redação dada pelo Dec. nº 10.410, de 30-6-2020.

I a III – *Revogados*. Dec. nº 10.410, de 30-6-2020.

§ 19. *Revogado*. Dec. nº 10.410, de 30-6-2020.

§ 20. *Revogado*. Dec. nº 6.939, de 18-8-2009.

§ 21. O salário de benefício do segurado especial consiste no valor equivalente ao salário mínimo, ressalvado o disposto no inciso II do § 2º do art. 39 deste Regulamento.

▶ § 21 acrescido pelo Dec. nº 6.722, de 30-12-2008.

§ 22. Considera-se período contributivo:

▶ *Caput* do § 22 acrescido pelo Dec. nº 6.939, de 18-8-2009.

I – para o empregado, inclusive o doméstico, e o trabalhador avulso – o conjunto de competências em que houve ou deveria ter havido contribuição em razão do exercício de atividade remunerada sujeita à filiação obrigatória ao RGPS, observado o disposto no art. 19-E; ou

▶ Inciso I com a redação dada pelo Dec. nº 10.410, de 30-6-2020.

II – para os demais segurados, inclusive o facultativo: o conjunto de meses de efetiva contribuição ao regime de que trata este Regulamento.

▶ Inciso II acrescido pelo Dec. nº 6.939, de 18-8-2009.

§ 22-A. O período contributivo até 13 de novembro de 2019 será apurado em conformidade com o disposto no art. 188-G.

▶ § 22-A acrescido pelo Dec. nº 10.410, de 30-6-2020.

§ 23. O auxílio por incapacidade temporária não poderá exceder a média aritmética simples dos últimos doze salários de contribuição, inclusive no caso de remuneração variável, ou, se não houver doze salários de contribuição, a média aritmética simples dos salários de contribuição existentes, observado o disposto no art. 33.

§ 24. Para fins do cálculo das aposentadorias programadas para as quais seja exigido tempo mínimo de contribuição, poderão ser excluídas do cálculo da média dos salários de contribuição e das remunerações adotadas como base para contribuições a regime próprio de previdência social ou como base para contribuições decorrentes das atividades militares de que tratam os art. 42 e art. 142 da Constituição, utilizado para definição do salário de benefício, as contribuições que resultem em redução do valor do benefício, observado o disposto nos § 25 e § 26.

▶ §§ 23 e 24 com a redação dada pelo Dec. nº 10.410, de 30-6-2020.

§ 25. Para fins da exclusão a que se refere o § 24, consideram-se programadas as aposentadorias programada, especial e por idade do trabalhador rural e as aposentadorias transitórias por idade e por tempo de contribuição, para as quais se exige tempo mínimo de contribuição.

§ 26. A exclusão das contribuições de que trata o § 24 não altera o direito à aposentadoria previamente reconhecido, desde que mantida a quantidade de contribuições equivalentes ao período de carência e observado o tempo mínimo de contribuição necessário à elegibilidade da aposentadoria requerida.

§ 27. É vedada a utilização das contribuições excluídas na forma prevista no § 24 para qualquer finalidade, inclusive para:

I – o acréscimo do percentual da renda mensal;

II – o somatório de pontos das aposentadorias por tempo de contribuição e especial;

III – o cumprimento de período adicional exigido para as aposentadorias por tempo de contribuição;

IV – a averbação em outro regime previdenciário; ou

V – a obtenção dos proventos de inatividade de que tratam os art. 42 e art. 142 da Constituição.

▶ §§ 25 a 27 acrescidos pelo Dec. nº 10.410, de 30-6-2020.

Art. 33. Todos os salários de contribuição utilizados no cálculo do salário de benefício serão corrigidos, mês a mês, de acordo com a variação integral do Índice Nacional de Preço ao Consumidor – INPC, referente ao período decorrido a partir da primeira competência do salário de contribuição que compõe o período básico de cálculo até o mês anterior ao do início do benefício, de modo a preservar o seu valor real.

▶ Artigo com a redação dada pelo Dec. nº 5.545, de 22-9-2005.

Art. 34. O salário de benefício do segurado que contribuir em razão de atividades concomitantes será calculado com base na soma dos salários de contribuição das atividades exercidas na data do requerimento ou do óbito ou no período básico de cálculo, observado o disposto no art. 32.

▶ *Caput* com a redação dada pelo Dec. nº 10.410, de 30-6-2020.

▶ Art. 32 da Lei nº 8.213, de 24-7-1991 (Lei dos Planos de Benefícios da Previdência Social).

I a III – *Revogados*. Dec. nº 10.410, de 30-6-2020.

§ 1º O disposto neste artigo não se aplica ao segurado que, em obediência ao limite máximo do salário de contribuição, contribuiu apenas por uma das atividades concomitantes.

§§ 2º a 4º *Revogados*. Dec. nº 10.410, de 30-6-2020.

§ 5º Na hipótese prevista no § 3º do art. 73, o salário de benefício do auxílio por incapacidade temporária será calculado com base na soma dos salários de contribuição referentes às atividades para as quais o segurado seja considerado incapacitado.

▶ *Caput* do § 5º com a redação dada pelo Dec. nº 10.410, de 30-6-2020.

I e II – *Revogados*. Dec. nº 10.410, de 30-6-2020.

§ 6º *Revogado*. Dec. nº 10.410, de 30-6-2020.

Seção IV
DA RENDA MENSAL DO BENEFÍCIO

Art. 35. A renda mensal do benefício de prestação continuada que substituir o salário de contribuição ou o rendimento do trabalho do segurado não terá valor inferior ao do salário mínimo nem superior ao limite máximo do salário de contribuição, exceto no caso previsto no artigo 45.

▶ Art. 33 da Lei nº 8.213, de 24-7-1991 (Lei dos Planos de Benefícios da Previdência Social).

§ 1º A renda mensal inicial *pro rata* dos benefícios por totalização, concedidos com base em acordos internacionais, será proporcional ao tempo de contribuição para previdência social brasileira e poderá ter valor inferior ao do salário mínimo.

▶ § 1º com a redação dada pelo Dec. nº 10.410, de 30-6-2020.

§ 2º *Revogado*. Dec. nº 10.410, de 30-6-2020.

§ 3º Na hipótese de a média apurada na forma do artigo 32 resultar superior ao limite máximo do salário de contribuição vigente no mês de início do benefício, a diferença percentual entre esta média e o referido limite será incorporada ao valor do benefício juntamente com o primeiro reajuste do mesmo após a concessão, observado que nenhum benefício assim reajustado poderá superar o limite máximo do salário de contribuição vigente na competência em que ocorrer o reajuste.

▶ Art. 33 da Lei nº 8.213, de 24-7-1991 (Lei dos Planos de Benefícios da Previdência Social).

Art. 36. No cálculo do valor da renda mensal do benefício serão computados:

▶ Art. 34 da Lei nº 8.213, de 24-7-1991 (Lei dos Planos de Benefícios da Previdência Social).

I – para o segurado empregado, inclusive o doméstico, e o trabalhador avulso, os salários de contribuição referentes aos meses de contribuições devidas, ainda que não recolhidas pela empresa ou pelo empregador doméstico, observado o disposto no art. 19-E, sem prejuízo da respectiva cobrança e da aplicação das penalidades cabíveis; e

II – para o segurado empregado, inclusive o doméstico, o trabalhador avulso e o segurado especial, o valor do auxílio-acidente será considerado como salário de contribuição para fins de concessão de qualquer aposentadoria, nos termos do disposto no § 8º do art. 32.

▶ Incisos I e II com a redação dada pelo Dec. nº 10.410, de 30-6-2020.

§ 1º Para os demais segurados, somente serão computados os salários de contribuição referentes aos meses de contribuição efetivamente recolhida, observado o disposto no art. 19-E.

§ 2º No caso de segurado empregado, inclusive o doméstico, e de trabalhador avulso que tenham cumprido todas as condições para a concessão do benefício pleiteado, mas não possam comprovar o valor dos seus salários de contribuição no período básico de cálculo, será considerado, para o cálculo do benefício referente ao período sem comprovação do valor do salário de contribuição, o valor do salário mínimo e essa renda será recalculada quando da apresentação de prova dos salários de contribuição.

▶ Art. 35 da Lei nº 8.213, de 24-7-1991 (Lei dos Planos de Benefícios da Previdência Social).

§ 3º Na hipótese de jornada de trabalho parcial ou intermitente, a aplicação do disposto no § 2º fica condicionada à apresentação do contrato de trabalho do qual conste a remuneração contratada ou a demonstração das remunerações auferidas que possibilite a verificação do valor do salário de contribuição para fins de aplicação do disposto no art. 19-E.

§ 4º Na hipótese prevista no § 2º, após a concessão do benefício, o INSS notificará a Secretaria Especial da Receita Federal do Brasil do Ministério da Economia por meio eletrônico, para que esta adote as providências a que se referem os art. 238 ao art. 243, o art. 245 e o art. 246.

§ 5º Sem prejuízo do disposto no § 2º, cabe à previdência social manter cadastro dos segurados com os informes necessários para o cálculo de sua renda mensal.

▶ §§ 1º a 5º com a redação dada pelo Dec. nº 10.410, de 30-6-2020.

§ 6º Para o segurado especial que não contribui facultativamente, o disposto no inciso II será aplicado somando-se ao valor da aposentadoria a renda mensal do auxílio-acidente vigente na data de início da referida aposentadoria, não sendo, neste caso, aplicada a limitação contida no inciso I do § 2º do artigo 39 e do artigo 183.

§ 7º *Revogado*. Dec. nº 10.410, de 30-6-2020.

Art. 37. A renda mensal inicial, recalculada de acordo com o disposto nos §§ 2º e 3º do artigo 36, deve ser reajustada como a dos benefícios correspondentes com igual data de início e substituirá, a partir da data do requerimento de revisão do valor do benefício, a renda mensal que prevalecia até então.

Parágrafo único. Para fins da substituição de que trata o *caput*, o requerimento de revisão deve ser aceito pelo Instituto Nacional do Seguro Social a partir da concessão do benefício em valor provisório e processado quando da apresentação de prova dos salários de contribuição ou de recolhimento das contribuições.

▶ Art. 37 da Lei nº 8.213, de 24-7-1991 (Lei dos Planos de Benefícios da Previdência Social).

Art. 38. *Revogado*. Dec. nº 10.410, de 30-6-2020.

Art. 39. A renda mensal inicial do benefício será calculada a partir da aplicação dos percentuais definidos neste Regulamento, para cada espécie, sobre o salário de benefício.

▶ *Caput* com a redação dada pelo Dec. nº 10.410, de 30-6-2020.

I a VI – *Revogados*. Dec. nº 10.410, de 30-6-2020.

§ 1º Para fins da aplicação dos percentuais a que se refere o *caput*, presume-se como efetivado o recolhimento correspondente, quando se tratar de segurado empregado, inclusive o doméstico, e de trabalhador avulso, observado o disposto no art. 19-E.

▶ § 1º com a redação dada pelo Dec. nº 10.410, de 30-6-2020.

§ 2º Para os segurados especiais, inclusive os com deficiência, é garantida a concessão, alternativamente:

▶ *Caput* do § 2º com a redação dada pelo Dec. nº 8.145, de 3-12-2013.

▶ Art. 39 da Lei nº 8.213, de 24-7-1991 (Lei dos Planos de Benefícios da Previdência Social).

I – de aposentadoria por idade do trabalhador rural ou por incapacidade permanente, de auxílio por incapacidade temporária, de auxílio-reclusão ou de pensão por morte, no valor de um salário mínimo, observado o disposto no inciso III do *caput* do art. 30, e de auxílio-acidente, observado o disposto no art. 104; ou

▶ Inciso I com a redação dada pelo Dec. nº 10.410, de 30-6-2020.

II – dos benefícios especificados neste Regulamento, observados os critérios e a forma de cálculo estabelecidos, desde que contribuam, facultativamente, de acordo com o disposto no § 2º do artigo 200.

§ 3º O valor mensal da pensão por morte e do auxílio-reclusão será apurado em conformidade com o disposto, respectivamente, nos art. 106 e art. 117.

§ 4º Se, na data do óbito, o segurado estiver recebendo aposentadoria e auxílio-acidente, o valor mensal da pensão por morte será calculado conforme o disposto no art. 106, sem a incorporação do valor do auxílio-acidente.

§ 5º Após a cessação do auxílio por incapacidade temporária decorrente de acidente de qualquer natureza ou causa, independentemente de o segurado ter retornado ou não ao trabalho, se houver agravamento ou sequela que resulte na reabertura do benefício, a renda mensal será igual a noventa e um por cento do valor do salário de benefício do auxílio por incapacidade temporária cessado, observado o disposto no § 23 do art. 32, corrigido até o mês anterior ao da reabertura do benefício pelos mesmos índices de correção empregados no cálculo dos benefícios em geral.

▶ §§ 3º a 5º com a redação dada pelo Dec. nº 10.410, de 30-6-2020.

§ 6º A renda mensal inicial das aposentadorias dos segurados que tenham contribuído exclusivamente na forma prevista no § 2º do art. 21 da Lei nº 8.212, de 1991, corresponderá ao salário mínimo e, nas demais hipóteses, será aplicado o disposto no art. 32 ou no art. 188-E, conforme o caso.

▶ § 6º acrescido pelo Dec. nº 10.410, de 30-6-2020.

Seção V

DO REAJUSTAMENTO DO VALOR DO BENEFÍCIO

Art. 40. É assegurado o reajustamento dos benefícios para preservar-lhes, em caráter permanente, o valor real da data de sua concessão.

§ 1º Os valores dos benefícios em manutenção serão reajustados, anualmente, na mesma data do reajuste do salário mínimo, *pro rata*, de acordo com suas respectivas datas de início ou do último reajustamento, com base no Índice Nacional de Preços ao Consumidor – INPC, apurado pela Fundação Instituto Brasileiro de Geografia e Estatística – IBGE.

▶ § 1º com a redação dada pelo Dec. nº 6.042, de 12-2-2007

§ 2º Os benefícios com renda mensal superior a um salário mínimo serão pagos do primeiro ao quinto dia útil do mês subsequente ao de sua competência, observada a distribuição proporcional do número de beneficiários por dia de pagamento.

▶ § 2º com a redação dada pelo Dec. nº 6.722, de 30-12-2008.

§ 3º *Revogado*. Dec. nº 6.042, de 12-2-2007.

§ 4º Os benefícios com renda mensal no valor de até um salário mínimo serão pagos no período compreendido entre o quinto dia útil que anteceder o final do mês de sua competência e o quinto dia útil do mês subsequente, observada a distribuição proporcional dos beneficiários por dia de pagamento.

▶ § 4º com a redação dada pelo Dec. nº 6.722, de 30-12-2008.

§ 5º Para os efeitos dos §§ 2º e 4º, considera-se dia útil aquele de expediente bancário com horário normal de atendimento.

§ 6º Para os benefícios que tenham sido majorados devido à elevação do salário mínimo, o referido aumento deverá ser compensado no momento da aplicação do disposto no § 1º, de acordo com normas a serem baixadas pelo Ministério da Previdência Social.

▶ §§ 5º e 6º acrescidos pelo Dec. nº 6.722, de 30-12-2008.

Art. 41. O valor mensal do abono de permanência em serviço, do auxílio-suplementar e do auxílio-acidente será reajustado na forma do disposto no artigo 40 e não varia de acordo com o salário de contribuição do segurado.

Art. 42. Nenhum benefício reajustado poderá exceder o limite máximo do salário de benefício na data do reajustamento, respeitados os direitos adquiridos, nem inferior ao valor de um salário mínimo.

▶ *Caput* com a redação dada pelo Dec. nº 6.722, de 30-12-2008.

Parágrafo único. O auxílio-acidente, o abono de permanência em serviço, o auxílio-suplementar, o salário-família e a parcela a cargo do Regime Geral de Previdência Social dos benefícios por totalização, concedidos com base em acordos internacionais de previdência social, poderão ter valor inferior ao do salário mínimo.

Seção VI

DOS BENEFÍCIOS

Subseção I

DA APOSENTADORIA POR INCAPACIDADE PERMANENTE

▶ Subseção I com a denominação dada pelo Dec. nº 10.410, de 30-6-2020.

Art. 43. A aposentadoria por incapacidade permanente, uma vez cumprido o período de carência exigido, quando for o caso, será devida ao segurado que, em gozo ou não de auxílio por incapacidade temporária, for considerado incapaz para o trabalho e insuscetível de reabilitação para o exercício de atividade que lhe garanta a subsistência, que lhe será paga enquanto permanecer nessa condição.

§ 1º A concessão de aposentadoria por incapacidade permanente dependerá da verificação da condição de incapacidade por meio de exame médico-pericial a cargo da Perícia Médica Federal, de modo que o segurado possa, às suas expensas, ser acompanhado por médico de sua confiança.

§ 2º A doença ou lesão de que o segurado já era portador ao filiar-se ao RGPS não lhe conferirá direito à aposentadoria por incapacidade permanente, exceto quando a incapacidade sobrevier por motivo de progressão ou agravamento dessa doença ou lesão.

▶ Art. 43 com a redação dada pelo Dec. nº 10.410, de 30-6-2020.

▶ Art. 42 da Lei nº 8.213, de 24-7-1991 (Lei dos Planos de Benefícios da Previdência Social).

Art. 44. A aposentadoria por incapacidade permanente será devida a partir do dia imediato ao da cessação do auxílio por incapacidade temporária, ressalvado o disposto no § 1º, e consistirá em renda mensal decorrente da aplicação dos seguintes percentuais incidentes sobre o salário de benefício, definido na forma do disposto no art. 32:

▶ *Caput* com a redação dada pelo Dec. nº 10.410, de 30-6-2020.

▶ Súm. nº 576 do STJ.

I – sessenta por cento, com acréscimo de dois pontos percentuais para cada ano de contribuição que exceder o tempo de vinte anos de contribuição, para os homens, ou quinze anos de contribuição, para as mulheres; ou

II – cem por cento, quando a aposentadoria decorrer de:

a) acidente de trabalho;

b) doença profissional; ou

c) doença do trabalho.

▶ Incisos I e II acrescidos pelo Dec. nº 10.410, de 30-6-2020.

§ 1º Na hipótese de a perícia médica inicial concluir pela existência de incapacidade total e definitiva para o trabalho, a aposentadoria por incapacidade permanente será devida:

▶ *Caput* do § 1º com a redação dada pelo Dec. nº 10.410, de 30-6-2020.

I – ao segurado empregado a contar do décimo sexto dia do afastamento da atividade ou a partir da data da entrada do requerimento, se entre o afastamento e a entrada do requerimento decorrerem mais de 30 (trinta) dias; e

II – ao segurado empregado doméstico, contribuinte individual, trabalhador avulso, especial ou facultativo, a contar da data do início da incapacidade ou da data da entrada do requerimento, se entre essas datas decorrerem mais de 30 (trinta) dias.

▶ Incisos I e II com a redação dada pelo Dec. nº 3.265, de 29-11-1999.

§ 2º Durante os primeiros 15 (quinze) dias de afastamento consecutivos da atividade por motivo de invalidez, caberá à empresa pagar ao segurado empregado o salário.

▶ § 2º com a redação dada pelo Dec. nº 3.265, de 29-11-1999.

§ 3º A concessão de aposentadoria por incapacidade permanente, inclusive quando precedida de auxílio por incapacidade temporária concedido na forma prevista no art. 73, fica condicionada ao afastamento do segurado de todas as suas atividades.

▶ § 3º com a redação dada pelo Dec. nº 10.410, de 30-6-2020.

▶ Art. 43 da Lei nº 8.213, de 24-7-1991 (Lei dos Planos de Benefícios da Previdência Social).

Art. 45. O valor da aposentadoria por incapacidade permanente do segurado que necessitar da assistência permanente de outra pessoa será acrescido de vinte e cinco por cento, observada a relação constante do Anexo I, e:

▶ *Caput* com a redação dada pelo Dec. nº 10.410, de 30-6-2020.

I – devido ainda que o valor da aposentadoria atinja o limite máximo legal; e

II – recalculado quando o benefício que lhe deu origem for reajustado.

Parágrafo único. O acréscimo de que trata o *caput* cessará com a morte do aposentado, não sendo incorporado ao valor da pensão por morte.

▶ Art. 45 da Lei nº 8.213, de 24-7-1991 (Lei dos Planos de Benefícios da Previdência Social).

Art. 46. O segurado aposentado por incapacidade permanente poderá ser convocado a qualquer momento para avaliação das condições que ensejaram o afastamento ou a aposentadoria, concedida judicial ou administrativamente, sem prejuízo do disposto no § 1º e sob pena de suspensão do benefício.

§ 1º Observado o disposto no *caput*, o aposentado por incapacidade permanente fica obrigado, sob pena de suspensão do pagamento do benefício, a submeter-se a exame médico-pericial pela Perícia Médica Federal, a processo de reabilitação profissional a cargo do INSS e a tratamento dispensado gratuitamente, exceto o cirúrgico e a transfusão de sangue, que são facultativos.

§ 2º O aposentado por incapacidade permanente que não tenha retornado à atividade estará isento do exame médico-pericial de que trata este artigo:

I – após completar cinquenta e cinco anos de idade e quando decorridos quinze anos da data de concessão da aposentadoria por incapacidade permanente ou do auxílio por incapacidade temporária que a tenha precedido; ou

II – após completar sessenta anos de idade.

§ 3º A isenção de que trata o § 2º não se aplica quando o exame tem as seguintes finalidades:

I – verificação da necessidade de assistência permanente de outra pessoa para a concessão do acréscimo de vinte e cinco por cento sobre o valor do benefício, nos termos do disposto no art. 45;

II – verificação da recuperação da capacidade laborativa, por meio de solicitação do aposentado que se julgar apto; ou

III – subsídios à autoridade judiciária na concessão de curatela, observado o disposto no § 4º do art. 162.

§ 4º O aposentado por incapacidade permanente, ainda que tenha implementado as condições de que o trata o § 2º, será submetido ao exame médico-pericial de que trata este artigo quando necessário para apuração de fraude.

§ 5º O segurado com síndrome da imunodeficiência adquirida (*Aids*) fica dispensado da avaliação de que trata o *caput*, observado o disposto nos § 3º e § 4º.

§ 6º A Perícia Médica Federal terá acesso aos prontuários médicos do segurado registrados no Sistema Único de Saúde – SUS, desde que haja anuência prévia do periciado e seja garantido o sigilo sobre os seus dados.

§ 7º O atendimento domiciliar e hospitalar é assegurado pela Perícia Médica Federal e pelo serviço social ao segurado com dificuldade de locomoção, quando o seu deslocamento, em razão de sua limitação funcional e de condições de acessibilidade, lhe impuser ônus desproporcional e indevido.

Art. 47. O aposentado por incapacidade permanente que se julgar apto a retornar à atividade deverá solicitar ao INSS a realização de nova avaliação médico-pericial.

Parágrafo único. Na hipótese de a Perícia Médica Federal concluir pela recuperação da capacidade laborativa, a aposentadoria do segurado será cancelada, observado o disposto no art. 49.

Art. 48. O aposentado por incapacidade permanente que retornar voluntariamente à atividade terá a sua aposentadoria automaticamente cessada, a partir da data de seu retorno, observado o disposto no art. 179.

▶ Arts. 46 a 48 com a redação dada pelo Dec. nº 10.410, de 30-6-2020.

▶ Art. 46 da Lei nº 8.213, de 24-7-1991 (Lei dos Planos de Benefícios da Previdência Social).

Art. 49. Verificada a recuperação da capacidade de laborativa do aposentado por incapacidade permanente, exceto na hipótese prevista no art. 48, serão observadas as seguintes normas:

▶ *Caput* com a redação dada pelo Dec. nº 10.410, de 30-6-2020.

I – quando a recuperação for total e ocorrer no prazo de cinco anos, contado da data de início da aposentadoria por incapacidade permanente ou do auxílio por incapacidade temporária que a antecedeu sem interrupção, o benefício cessará:

▶ *Caput* do inciso I com a redação dada pelo Dec. nº 10.410, de 30-6-2020.

a) de imediato, para o segurado empregado que tiver direito a retornar à função que desempenhava na empresa ao se aposentar, na forma da legislação trabalhista, valendo como documento, para tal fim, o certificado de capacidade fornecido pela previdência social; ou

b) após tantos meses quantos forem os anos de duração do auxílio por incapacidade temporária e da aposentadoria por incapacidade permanente, para os demais segurados; e

▶ Alínea *b* com a redação dada pelo Dec. nº 10.410, de 30-6-2020.

II – quando a recuperação for parcial ou ocorrer após o período previsto no inciso I, ou ainda quando o segurado for declarado apto para o exercício de trabalho diverso do qual habitualmente exercia, a aposentadoria será mantida, sem prejuízo da volta à atividade:

a) pelo seu valor integral, durante seis meses contados da data em que for verificada a recuperação da capacidade;

b) com redução de 50% (cinquenta por cento), no período seguinte de 6 (seis) meses; e

c) com redução de 75% (setenta e cinco por cento), também por igual período de 6 (seis) meses, ao término do qual cessará definitivamente.

▶ Art. 47 da Lei nº 8.213, de 24-7-1991 (Lei dos Planos de Benefícios da Previdência Social).

Art. 50. O segurado que retornar à atividade poderá requerer, a qualquer tempo, novo benefício, tendo este processamento normal.

§ 1º Observado o disposto no art. 167, caso haja requerimento de novo benefício durante os períodos a que se refere o art. 49, caberá ao segurado optar por um dos benefícios, assegurada a opção pelo benefício mais vantajoso.

▶ Parágrafo único transformado em § 1º e com a redação dada pelo Dec. nº 10.410, de 30-6-2020.

§ 2º Na hipótese de opção pelo recebimento de novo benefício nos termos do disposto no § 1º, cuja duração se encerre antes da cessação do benefício decorrente do disposto no art. 49, o pagamento deste poderá ser restabelecido pelo período remanescente, respeitadas as reduções correspondentes.

▶ § 2º acrescido pelo Dec. nº 10.410, de 30-6-2020.

Subseção II
DA APOSENTADORIA PROGRAMADA

▶ Subseção II com a denominação dada pelo Dec. nº 10.410, de 30-6-2020.

Art. 51. A aposentadoria programada, uma vez cumprido o período de carência exigido, será devida ao segurado que cumprir, cumulativamente, os seguintes requisitos:

▶ *Caput* com a redação dada pelo Dec. nº 10.410, de 30-6-2020.

I – sessenta e dois anos de idade, se mulher, e sessenta e cinco anos de idade, se homem; e

II – quinze anos de tempo de contribuição, se mulher, e vinte anos de tempo de contribuição, se homem.

▶ Incisos I e II acrescidos pelo Dec. nº 10.410, de 30-6-2020.

§ 1º Para fins de apuração do tempo de contribuição a que se refere o inciso II do *caput*, é vedada a inclusão de tempo fictício.

§ 2º O período pelo qual os segurados contribuinte individual e facultativo tiverem contribuído na forma prevista no art. 199-A será considerado como tempo de contribuição, observada a restrição estabelecida em seu § 2º.

▶ §§ 1º e 2º com a redação dada pelo Dec. nº 10.410, de 30-6-2020.

§§ 3º e 4º *Revogados*. Dec. nº 10.410, de 30-6-2020.

Art. 52. A aposentadoria programada será devida:

▶ *Caput* com a redação dada pelo Dec. nº 10.410, de 30-6-2020.

I – ao segurado empregado, inclusive o doméstico:

a) a partir da data do desligamento do emprego, quando requerida até noventa dias depois dela; ou

b) a partir da data do requerimento, quando não houver desligamento do emprego ou quando for requerida após o prazo da alínea *a*; e

II – para os demais segurados, a partir da data da entrada do requerimento.

▶ Art. 49 da Lei nº 8.213, de 24-7-1991 (Lei dos Planos de Benefícios da Previdência Social).

Art. 53. O valor da aposentadoria programada corresponderá a sessenta por cento do salário de benefício definido na forma prevista no art. 32, com acréscimo de dois pontos percentuais para cada ano de contribuição que exceder o tempo de vinte anos de contribuição, para os homens, ou de quinze anos de contribuição, para as mulheres.

▶ Artigo com a redação dada pelo Dec. nº 10.491, de 23-9-2020.

Subseção II-A
DA APOSENTADORIA PROGRAMADA DO PROFESSOR

▶ Subseção II-A acrescida pelo Dec. nº 10.410, de 30-6-2020.

Art. 54. Para o professor que comprove, exclusivamente, tempo de efetivo exercício em função de magistério na educação infantil, no ensino fundamental ou no ensino médio, desde que cumprido o período de carência exigido, será concedida a aposentadoria de que trata esta Subseção quando cumprir, cumulativamente, os seguintes requisitos:

I – cinquenta e sete anos de idade, se mulher, e sessenta anos de idade, se homem; e

II – vinte e cinco anos de contribuição, para ambos os sexos, em efetivo exercício na função a que se refere o *caput*.

§ 1º O valor da aposentadoria de que trata este artigo será apurado na forma prevista no art. 53.

§ 2º Para fins de concessão da aposentadoria de que trata este artigo, considera-se função de magistério aquela exercida por professor em estabelecimento de ensino de educação básica em seus diversos níveis e modalidades, incluídas, além do exercício da docência, as funções de direção de unidade escolar e de coordenação e assessoramento pedagógicos.

§ 3º A comprovação da condição de professor será feita por meio da apresentação:

I – do diploma registrado nos órgãos competentes federais e estaduais ou de documento que comprove a habilitação para o exercício do magistério, na forma prevista em lei específica; e

II – dos registros em carteira profissional ou Carteira de Trabalho e Previdência Social complementados, quando for o caso, por declaração do estabelecimento de ensino no qual tenha sido exercida a atividade, sempre que essa informação for necessária para caracterização do efetivo exercício da função de magistério, nos termos do disposto no *caput*.

§ 4º É vedada a conversão de tempo de serviço de magistério, exercido em qualquer época, em tempo de serviço comum.

§ 5º A aposentadoria de que trata este artigo será devida na forma prevista no art. 52.

► Art. 54 com a redação dada pelo Dec. nº 10.410, de 30-6-2020.

Art. 55. *Revogado.* Dec. nº 6.722, de 30-12-2008.

SUBSEÇÃO III
DA APOSENTADORIA POR IDADE DO TRABALHADOR RURAL

► Subseção III com a denominação dada pelo Dec. nº 10.410, de 30-6-2020.

Art. 56. A aposentadoria por idade do trabalhador rural, uma vez cumprido o período de carência exigido, será devida aos segurados a que se referem a alínea *a* do inciso I, a alínea *j* do inciso V e os incisos VI e VII do *caput* do art. 9º e aos segurados garimpeiros que trabalhem, comprovadamente, em regime de economia familiar, conforme definido no § 5º do art. 9º, quando completarem cinquenta e cinco anos de idade, se mulher, e sessenta anos de idade, se homem.

§ 1º Para fins do disposto no *caput*, o segurado a que se refere o inciso VII do *caput* do art. 9º comprovará o efetivo exercício de atividade rural, ainda que de forma descontínua, no período imediatamente anterior ao requerimento do benefício ou, conforme o caso, ao mês em que tiver cumprido o requisito etário, por tempo igual ao número de meses de contribuição correspondente à carência do benefício pretendido, computados os períodos pelos quais o segurado especial tenha recebido os rendimentos a que se referem os incisos III ao VIII do § 8º do art. 9º.

► Súm. nº 577 do STJ.

§ 2º O valor da renda mensal da aposentadoria de que trata este artigo para os trabalhadores rurais a que se referem a alínea *a* do inciso I, a alínea *j* do inciso V e o inciso VI do *caput* do art. 9º, para o garimpeiro e para o segurado especial que contribua facultativamente corresponderá a setenta por cento do salário de benefício definido na forma prevista no art. 32, com acréscimo de um ponto percentual para cada ano de contribuição.

§ 3º O valor da renda mensal do benefício de que trata este artigo para os trabalhadores rurais a que se refere o inciso VII do *caput* do art. 9º será de um salário mínimo.

§ 4º O segurado especial que contribui na forma prevista no § 2º do art. 200 somente fará jus à aposentadoria com valor apurado na forma prevista no § 2º deste artigo após o cumprimento do período de carência exigido, hipótese em que não será considerado como período de carência o tempo de atividade rural não contributivo.

§ 5º A aposentadoria de que trata este artigo será devida na forma prevista no art. 52.

Art. 57. Os trabalhadores rurais que não atendam ao disposto no art. 56 mas que satisfaçam essa condição, se considerados períodos de contribuição sob outras categorias de segurado, farão jus ao benefício ao atenderem os requisitos definidos nos incisos I e II do *caput* do art. 51.

§ 1º Para fins do disposto no *caput*, o valor da renda mensal da aposentadoria será apurado na forma do disposto no art. 53, considerando-se como salário de contribuição mensal do período como segurado rural o salário mínimo.

§ 2º O disposto neste artigo aplica-se ainda que, na oportunidade do requerimento da aposentadoria, o segurado não se enquadre como trabalhador rural.

► Arts. 56 e 57 com a redação dada pelo Dec. nº 10.410, de 30-6-2020.

Arts. 58 a 63. *Revogados.* Dec. nº 10.410, de 30-6-2020.

SUBSEÇÃO IV
DA APOSENTADORIA ESPECIAL

Art. 64. A aposentadoria especial, uma vez cumprido o período de carência exigido, será devida ao segurado empregado, trabalhador avulso e contribuinte individual, este último somente quando cooperado filiado a cooperativa de trabalho ou de produção, que comprove o exercício de atividades com efetiva exposição a agentes químicos, físicos e biológicos prejudiciais à saúde, ou a associação desses agentes, de forma permanente, não ocasional nem intermitente, vedada a caracterização por categoria profissional ou ocupação, durante, no mínimo, quinze, vinte ou vinte e cinco anos, e que cumprir os seguintes requisitos:

I – cinquenta e cinco anos de idade, quando se tratar de atividade especial de quinze anos de contribuição;

II – cinquenta e oito anos de idade, quando se tratar de atividade especial de vinte anos de contribuição; ou

III – sessenta anos de idade, quando se tratar de atividade especial de vinte e cinco anos de contribuição.

§ 1º A efetiva exposição a agente prejudicial à saúde configura-se quando, mesmo após a adoção das medidas de controle previstas na legislação trabalhista, a nocividade não seja eliminada ou neutralizada.

§ 1º-A. Para fins do disposto no § 1º, considera-se:

I – eliminação – a adoção de medidas de controle que efetivamente impossibilitem a exposição ao agente prejudicial à saúde no ambiente de trabalho; e

II – neutralização – a adoção de medidas de controle que reduzam a intensidade, a concentração ou a dose do agente prejudicial à saúde ao limite de tolerância previsto neste Regulamento ou, na sua ausência, na legislação trabalhista.

§ 2º Para fins do disposto no *caput*, a exposição aos agentes químicos, físicos e biológicos prejudiciais à saúde, ou a associação desses agentes, deverá superar os limites de tolerância estabelecidos segundo critérios quantitativos ou estar caracterizada de acordo com os critérios da avaliação qualitativa de que trata o § 2º do art. 68.

► Art. 64 com a redação dada pelo Dec. nº 10.410, de 30-6-2020.

Art. 65. Considera-se tempo de trabalho permanente aquele que é exercido de forma não ocasional nem intermitente, no qual a exposição do empregado, do trabalhador avulso ou do cooperado ao agente nocivo seja indissociável da produção do bem ou da prestação do serviço.

► *Caput* com a redação dada pelo Dec. nº 8.123, de 16-10-2013.

Parágrafo único. Aplica-se o disposto no *caput* aos períodos de descanso determinados pela legislação trabalhista, inclusive ao período de férias, e aos de percepção de salário-maternidade, desde que, à data do afastamento, o segurado estivesse exposto aos fatores de risco de que trata o art. 68.

► Parágrafo único com a redação dada pelo Dec. nº 10.410, de 30-6-2020.

Art. 66. Para o segurado que houver exercido duas ou mais atividades sujeitas a agentes químicos, físicos e biológicos prejudiciais à saúde, ou a associação desses agentes, sem completar em quaisquer delas o prazo mínimo exigido para a aposentadoria especial, os respectivos períodos de exercício serão somados após conversão, hipótese em que será considerada a atividade preponderante para efeito de enquadramento.

► *Caput* com a redação dada pelo Dec. nº 10.410, de 30-6-2020.

§ 1º Para fins do disposto no *caput*, não serão considerados os períodos em que a atividade exercida não estava sujeita a condições especiais, observado, nesse caso, o disposto no art. 70.

§ 2º A conversão de que trata o *caput* será feita segundo a tabela abaixo:

Tempo a Converter	Multiplicadores		
	Para 15	Para 20	Para 25
De 15 anos	–	1,33	1,67
De 20 anos	0,75	–	1,25
De 25 anos	0,60	0,80	–

► §§ 1º e 2º com a redação dada pelo Dec. nº 8.123, de 16-10-2013.

§ 3º A atividade preponderante será aquela pela qual o segurado tenha contribuído por mais tempo, antes da conversão, e servirá como parâmetro para definir o tempo mínimo necessário para a aposentadoria especial e para a conversão.

► § 3º acrescido pelo Dec. nº 10.410, de 30-6-2020.

Art. 67. O valor da aposentadoria especial corresponderá a sessenta por cento do salário de benefício definido na forma prevista no art. 32, com acréscimo de dois pontos percentuais para cada ano de contribuição que exceder o tempo de vinte anos de contribuição exceto no caso da aposentadoria a que se refere o inciso I do *caput* do art. 64 e das mulheres, cujo acréscimo será aplicado para cada ano de contribuição que exceder quinze anos de contribuição.

► Artigo com a redação dada pelo Dec. nº 10.410, de 30-6-2020.

Art. 68. A relação dos agentes químicos, físicos, biológicos, e da associação desses agentes, considerados para fins de concessão de aposentadoria especial, é aquela constante do Anexo IV.

► *Caput* com a redação dada pelo Dec. nº 10.410, de 30-6-2020.

§ 1º A Secretaria Especial de Previdência e Trabalho do Ministério da Economia promoverá a elaboração de estudos com base em critérios técnicos e científicos para atualização periódica do disposto no Anexo IV.

▶ § 1º com a redação dada pelo Dec. nº 10.410, de 30-6-2020.

§ 2º A avaliação qualitativa de riscos e agentes prejudiciais à saúde será comprovada pela descrição:

▶ *Caput* do § 2º com a redação dada pelo Dec. nº 10.410, de 30-6-2020.

I – das circunstâncias de exposição ocupacional a determinado agente ou associação de agentes prejudiciais à saúde presentes no ambiente de trabalho durante toda a jornada de trabalho;

▶ Inciso I com a redação dada pelo Dec. nº 10.410, de 30-6-2020.

II – de todas as fontes e possibilidades de liberação dos agentes mencionados no inciso I; e

III – dos meios de contato ou exposição dos trabalhadores, as vias de absorção, a intensidade da exposição, a frequência e a duração do contato.

▶ Incisos II e III acrescidos pelo Dec. nº 8.123, de 16-10-2013.

§ 3º A comprovação da efetiva exposição do segurado a agentes prejudiciais à saúde será feita por meio de documento, em meio físico ou eletrônico, emitido pela empresa ou por seu preposto com base em laudo técnico de condições ambientais do trabalho expedido por médico do trabalho ou engenheiro de segurança do trabalho.

§ 4º Os agentes reconhecidamente cancerígenos para humanos, listados pela Secretaria Especial de Previdência e Trabalho do Ministério da Economia, serão avaliados em conformidade com o disposto nos § 2º e § 3º deste artigo e no *caput* do art. 64 e, caso sejam adotadas as medidas de controle previstas na legislação trabalhista que eliminem a nocividade, será descaracterizada a efetiva exposição.

§ 5º O laudo técnico a que se refere o § 3º conterá informações sobre a existência de tecnologia de proteção coletiva ou individual e sobre a sua eficácia e será elaborado com observância às normas editadas pela Secretaria Especial de Previdência e Trabalho do Ministério Economia e aos procedimentos adotados pelo INSS.

§ 6º A empresa que não mantiver laudo técnico atualizado com referência aos agentes existentes no ambiente de trabalho prejudiciais à saúde de seus trabalhadores ou que emitir documento de comprovação de efetiva exposição em desacordo com o referido laudo incorrerá na infração a que se refere a alínea *n* do inciso II do *caput* do art. 283.

▶ §§ 3º a 6º com a redação dada pelo Dec. nº 10.410, de 30-6-2020.

§ 7º O INSS estabelecerá os procedimentos para fins de concessão de aposentadoria especial, podendo, se necessário, confirmar as informações contidas nos documentos mencionados nos §§ 2º e 3º.

▶ § 7º com a redação dada pelo Dec. nº 8.123, de 16-10-2013.

§ 8º A empresa deverá elaborar e manter atualizado o perfil profissiográfico previdenciário, ou o documento eletrônico que venha a substituí-lo, no qual deverão ser contempladas as atividades desenvolvidas durante o período laboral, garantido ao trabalhador o acesso às informações nele contidas, sob pena de sujeição às sanções previstas na alínea *h* do inciso I do *caput* do art. 283.

§ 9º Para fins do disposto no § 8º, considera-se perfil profissiográfico previdenciário o documento que contenha o histórico laboral do trabalhador, elaborado de acordo com o modelo instituído pelo INSS.

§ 10. O trabalhador ou o seu preposto terá acesso às informações prestadas pela empresa sobre o seu perfil profissiográfico previdenciário e poderá, inclusive, solicitar a retificação de informações que estejam em desacordo com a realidade do ambiente de trabalho, conforme orientação estabelecida em ato do Ministro de Estado da Economia.

▶ §§ 8º a 10 com a redação dada pelo Dec. nº 10.410, de 30-6-2020.

§ 11. A cooperativa de trabalho e a empresa contratada para prestar serviços mediante cessão ou empreitada de mão de obra atenderão ao disposto nos §§ 3º, 4º e 5º com base nos laudos técnicos de condições ambientais de trabalho emitidos pela empresa contratante, quando o serviço for prestado em estabelecimento da contratante.

▶ § 11 com a redação dada pelo Dec. nº 8.123, de 16-10-2013.

§ 12. Nas avaliações ambientais deverão ser considerados, além do disposto no Anexo IV, a metodologia e os procedimentos de avaliação estabelecidos pela Fundação Jorge Duprat Figueiredo de Segurança e Medicina do Trabalho – FUNDACENTRO.

▶ § 12 acrescido pelo Dec. nº 8.123, de 16-10-2013.

§ 13. Na hipótese de não terem sido estabelecidos pela FUNDACENTRO a metodologia e os procedimentos de avaliação, caberá ao Ministério da Economia indicar outras instituições para estabelecê-los.

▶ § 13 com a redação dada pelo Dec. nº 10.410, de 30-6-2020.

Art. 69. A data de início da aposentadoria especial será fixada:

I – para o segurado empregado:

a) a partir da data do desligamento do emprego, quando requerida a aposentadoria especial, até noventa dias após essa data; ou

b) a partir da data do requerimento, quando não houver desligamento do emprego ou quando a aposentadoria for requerida após o prazo estabelecido na alínea *a*; e

II – para os demais segurados, a partir da data da entrada do requerimento.

Parágrafo único. O segurado que retornar ao exercício de atividade ou operação que o sujeite aos riscos e agentes nocivos constantes do Anexo IV, ou nele permanecer, na mesma ou em outra empresa, qualquer que seja a forma de prestação do serviço ou categoria de segurado, será imediatamente notificado da cessação do pagamento de sua aposentadoria especial, no prazo de sessenta dias contado da data de emissão da notificação, salvo comprovação, nesse prazo, de que o exercício dessa atividade ou operação foi encerrado.

▶ Art. 69 com a redação dada pelo Dec. nº 8.123, de 16-10-2013.

Art. 70. *Revogado*. Dec. nº 10.410, de 30-6-2020.

Subseção IV-A

DAS APOSENTADORIAS POR TEMPO DE CONTRIBUIÇÃO E POR IDADE DO SEGURADO COM DEFICIÊNCIA

▶ Subseção acrescida pelo Dec. nº 8.145, de 3-12-2013.

Art. 70-A. A concessão da aposentadoria por tempo de contribuição ou por idade ao segurado que tenha reconhecido, após ter sido submetido a avaliação biopsicossocial realizada por equipe multiprofissional e interdisciplinar, grau de deficiência leve, moderada ou grave está condicionada à comprovação da condição de pessoa com deficiência na data da entrada do requerimento ou na data da implementação dos requisitos para o benefício.

▶ Art. 70-A com a redação dada pelo Dec. nº 10.410, de 30-6-2020.

Art. 70-B. A aposentadoria por tempo de contribuição do segurado com deficiência, cumprida a carência, é devida ao segurado empregado, inclusive o doméstico, trabalhador avulso, contribuinte individual e facultativo, observado o disposto no art. 199-A e os seguintes requisitos:

I – aos vinte e cinco anos de tempo de contribuição na condição de pessoa com deficiência, se homem, e vinte anos, se mulher, no caso de segurado com deficiência grave;

II – aos vinte e nove anos de tempo de contribuição na condição de pessoa com deficiência, se homem, e vinte e quatro anos, se mulher, no caso de segurado com deficiência moderada; e

III – aos trinta e três anos de tempo de contribuição na condição de pessoa com deficiência, se homem, e vinte e oito anos, se mulher, no caso de segurado com deficiência leve.

Parágrafo único. A aposentadoria de que trata o *caput* é devida aos segurados especiais que contribuam facultativamente, de acordo com o disposto no art. 199 e no § 2º do art. 200.

Art. 70-C. A aposentadoria por idade da pessoa com deficiência, cumprida a carência, é devida ao segurado aos sessenta anos de idade, se homem, e cinquenta e cinco anos de idade, se mulher.

§ 1º Para efeitos de concessão da aposentadoria de que trata o *caput*, o segurado deve contar com no mínimo quinze anos de tempo de contribuição, cumpridos na condição de pessoa com deficiência, independentemente do grau, observado o disposto no art. 70-D.

§ 2º Aplica-se ao segurado especial com deficiência o disposto nos §§ 1º a 4º do art. 51, e na hipótese do § 2º será considerada a idade prevista no *caput* deste artigo, desde que o tempo exigido para a carência da aposentadoria por idade seja cumprido na condição de pessoa com deficiência.

▶ Arts. 70-B e 70-C acrescidos pelo Dec. nº 8.145, de 3-12-2013.

Art. 70-D. Para efeito de concessão da aposentadoria da pessoa com deficiência, a avaliação de que trata o art. 70-A deverá, entre outros aspectos:

▶ *Caput* do art. 70-D com a redação dada pelo Dec. nº 10.410, de 30-6-2020.

I – avaliar o segurado e fixar a data provável do início da deficiência e o seu grau; e

LEGISLAÇÃO PREVIDENCIÁRIA

II – identificar a ocorrência de variação no grau de deficiência e indicar os respectivos períodos em cada grau.

► Incisos I e II acrescidos pelo Dec. nº 8.145, de 3-12-2013.

§ 1º A comprovação da deficiência anterior à data da vigência da Lei Complementar nº 142, de 8 de maio de 2013, será instruída por documentos que subsidiem a avaliação de que trata o art. 70-A, vedada a prova exclusivamente testemunhal.

► § 1º com a redação dada pelo Dec. nº 10.410, de 30-6-2020.

§ 2º A avaliação da pessoa com deficiência será realizada para fazer prova dessa condição exclusivamente para fins previdenciários.

§ 3º Considera-se pessoa com deficiência aquela que tem impedimentos de longo prazo de natureza física, mental, intelectual ou sensorial, os quais, em interação com diversas barreiras, podem obstruir sua participação plena e efetiva na sociedade em igualdade de condições com as demais pessoas.

► §§ 2º e 3º acrescidos pelo Dec. nº 8.145, de 3-12-2013.

§ 4º *Revogado*. Dec. nº 10.410, de 30-6-2020.

Art. 70-E. Para o segurado que, após a filiação ao RGPS, tornar-se pessoa com deficiência, ou tiver seu grau alterado, os parâmetros mencionados nos incisos I, II e III do *caput* do art. 70-B serão proporcionalmente ajustados e os respectivos períodos serão somados após conversão, conforme as tabelas abaixo, considerando o grau de deficiência preponderante, observado o disposto no art. 70-A:

MULHER				
TEMPO A CONVERTER	MULTIPLICADORES			
	Para 20	Para 24	Para 28	Para 30
De 20 anos	1,00	1,20	1,40	1,50
De 24 anos	0,83	1,00	1,17	1,25
De 28 anos	0,71	0,86	1,00	1,07
De 30 anos	0,67	0,80	0,93	1,00

HOMEM				
TEMPO A CONVERTER	MULTIPLICADORES			
	Para 25	Para 29	Para 33	Para 35
De 25 anos	1,00	1,16	1,32	1,40
De 29 anos	0,86	1,00	1,14	1,21
De 33 anos	0,76	0,88	1,00	1,06
De 35 anos	0,71	0,83	0,94	1,00

§ 1º O grau de deficiência preponderante será aquele em que o segurado cumpriu maior tempo de contribuição, antes da conversão, e servirá como parâmetro para definir o tempo mínimo necessário para a aposentadoria por tempo de contribuição da pessoa com deficiência e para a conversão.

§ 2º Quando o segurado contribuiu alternadamente na condição de pessoa sem deficiência e com deficiência, os respectivos períodos poderão ser somados, após aplicação da conversão de que trata o *caput*.

► Art. 70-E acrescido pelo Dec. nº 8.145, de 3-12-2013.

Art. 70-F. A redução do tempo de contribuição da pessoa com deficiência não poderá ser acumulada, no mesmo período contributivo, com a redução aplicada aos períodos de contribuição relativos a atividades exercidas sob condições especiais que prejudiquem a saúde ou a integridade física.

► *Caput* do art. 70-F acrescido pelo Dec. nº 8.145, de 3-12-2013.

§ 1º É garantida a conversão do tempo de contribuição cumprido em condições especiais que prejudiquem a saúde ou a integridade física do segurado, inclusive da pessoa com deficiência, para fins da aposentadoria de que trata o art. 70-B, se resultar mais favorável ao segurado, conforme tabela abaixo:

MULHER					
TEMPO A CONVERTER	MULTIPLICADORES				
	Para 15	Para 20	Para 24	Para 25	Para 28
De 15 anos	1,00	1,33	1,60	1,67	1,87
De 20 anos	0,75	1,00	1,20	1,25	1,40
De 24 anos	0,63	0,83	1,00	1,04	1,17
De 25 anos	0,60	0,80	0,96	1,00	1,12
De 28 anos	0,54	0,71	0,86	0,89	1,00

HOMEM					
TEMPO A CONVERTER	MULTIPLICADORES				
	Para 15	Para 20	Para 24	Para 25	Para 28
De 15 anos	1,00	1,33	1,67	1,93	2,20
De 20 anos	0,75	1,00	1,25	1,45	1,65
De 25 anos	0,60	0,80	1,00	1,16	1,32
De 29 anos	0,52	0,69	0,86	1,00	1,14
De 33 anos	0,45	0,61	0,76	0,88	1,00

§ 2º É vedada a conversão do tempo de contribuição da pessoa com deficiência para fins de concessão da aposentadoria especial de que trata a Subseção IV da Seção VI do Capítulo II.

► §§ 1º e 2º acrescidos pelo Dec. nº 8.145, de 3-12-2013.

§ 3º *Revogado*. Dec. nº 10.410, de 30-6-2020.

Art. 70-G. É facultado ao segurado com deficiência optar pela percepção de qualquer outra espécie de aposentadoria do RGPS que lhe seja mais vantajosa.

► Art. 70-G acrescido pelo Dec. nº 8.145, de 3-12-2013.

Art. 70-H. A critério do INSS, o segurado com deficiência deverá, a qualquer tempo, submeter-se à avaliação de que trata o art. 70-A.

► *Caput* do art. 70-H com a redação dada pelo Dec. nº 10.410, de 30-6-2020.

Parágrafo único. Após a concessão das aposentadorias na forma dos arts. 70-B e 70-C, será observado o disposto nos arts. 347 e 347-A.

► Parágrafo único acrescido pelo Dec. nº 8.145, de 3-12-2013.

Art. 70-I. Aplicam-se à pessoa com deficiência as demais normas relativas aos benefícios do RGPS.

► Art. 70-I acrescido pelo Dec. nº 8.145, de 3-12-2013.

Art. 70-J. A renda mensal da aposentadoria devida ao segurado com deficiência será calculada a partir da aplicação dos seguintes percentuais sobre o salário de benefício definido na forma prevista no art. 32:

I – cem por cento, na hipótese de aposentadoria por tempo de contribuição de que trata o art. 70-B; ou

II – setenta por cento, acrescido de um ponto percentual do salário de benefício por grupo de doze contribuições mensais até o máximo de trinta por cento, na hipótese de aposentadoria por idade de que trata o art. 70-C.

► Art. 70-J acrescido pelo Dec. nº 10.410, de 30-6-2020.

SUBSEÇÃO V
DO AUXÍLIO POR INCAPACIDADE TEMPORÁRIA

► Subseção V com a denominação dada pelo Dec. nº 10.410, de 30-6-2020.

Art. 71. O auxílio por incapacidade temporária será devido ao segurado que, uma vez cumprido, quando for o caso, o período de carência exigido, ficar incapacitado para o seu trabalho ou para a sua atividade habitual por mais de quinze dias consecutivos, conforme definido em avaliação médico-pericial.

► Art. 59 da Lei nº 8.213, de 24-7-1991 (Lei dos Planos de Benefícios da Previdência Social).

§ 1º Não será devido auxílio por incapacidade temporária ao segurado que se filiar ao RGPS já portador de doença ou lesão invocada como causa para a concessão do benefício, exceto quando a incapacidade sobrevier por motivo de progressão ou agravamento dessa doença ou lesão.

§ 2º Será devido auxílio por incapacidade temporária, independentemente do cumprimento de período de carência, aos segurados obrigatório e facultativo quando sofrerem acidente de qualquer natureza.

§ 3º Não será devido o auxílio por incapacidade temporária ao segurado recluso em regime fechado.

§ 4º O segurado em gozo de auxílio por incapacidade temporária na data do recolhimento à prisão terá o seu benefício suspenso.

§ 5º A suspensão prevista no § 4º será pelo prazo de até sessenta dias, contado da data do recolhimento à prisão, hipótese em que o benefício será cessado após o referido prazo.

§ 6º Na hipótese de o segurado ser colocado em liberdade antes do prazo previsto no § 5º, o benefício será restabelecido a partir da data de sua soltura.

§ 7º Em caso de prisão declarada ilegal, o segurado terá direito à percepção do benefício por todo o período devido, efetuado o encontro de contas na hipótese de ter havido pagamento de auxílio-reclusão com valor inferior ao do auxílio por incapacidade temporária no mesmo período.

§ 8º O disposto nos § 3º ao § 7º aplica-se somente aos benefícios dos segurados que tiverem sido recolhidos à prisão a partir da data de publicação da Lei nº 13.846, de 18 de junho de 2019.

§ 9º O segurado recluso em cumprimento de pena em regime aberto ou semiaberto fará jus ao auxílio por incapacidade temporária.

► Art. 71 com a redação dada pelo Dec. nº 10.410, de 30-6-2020.

Art. 72. O auxílio por incapacidade temporária consiste em renda mensal correspondente a noventa e um por cento do salário de benefício definido na forma prevista no art. 32 e será devido:

▶ *Caput* com a redação dada pelo Dec. nº 10.410, de 30-6-2020.

▶ Art. 60 da Lei nº 8.213, de 24-7-1991 (Lei dos Planos de Benefícios da Previdência Social).

I – a contar do 16º (décimo sexto) dia do afastamento da atividade para o segurado empregado, exceto o doméstico;

▶ Inciso I com a redação dada pelo Dec. nº 3.265, de 29-11-1999.

II – a contar da data do início da incapacidade, para os demais segurados, desde que o afastamento seja superior a quinze dias;

▶ Inciso II com a redação dada pelo Dec. nº 10.410, de 30-6-2020.

III – a contar da data de entrada do requerimento, quando requerido após o trigésimo dia do afastamento da atividade, para todos os segurados.

§ 1º Quando o acidentado não se afastar do trabalho no dia do acidente, os quinze dias de responsabilidade da empresa pela sua remuneração integral são contados a partir da data do afastamento.

§ 2º *Revogado*. Dec. nº 3.668, de 22-11-2000.

§ 3º O auxílio por incapacidade temporária será devido durante o curso de reclamação trabalhista relacionada com a rescisão do contrato de trabalho, ou após a decisão final, desde que implementadas as condições mínimas para a concessão do benefício, observado o disposto nos § 2º e § 3º do art. 36.

▶ § 3º com a redação dada pelo Dec. nº 10.410, de 30-6-2020.

Art. 73. O auxílio por incapacidade temporária do segurado que exercer mais de uma atividade abrangida pela previdência social será devido mesmo no caso de incapacidade apenas para o exercício de uma delas, hipótese em que o segurado deverá informar a Perícia Médica Federal a respeito de todas as atividades que estiver exercendo.

▶ *Caput* com a redação dada pelo Dec. nº 10.410, de 30-6-2020.

§ 1º Na hipótese prevista neste artigo, o auxílio por incapacidade temporária será concedido em relação à atividade para a qual o segurado estiver incapacitado, consideradas para fins de carência somente as contribuições relativas a essa atividade.

▶ § 1º com a redação dada pelo Dec. nº 10.410, de 30-6-2020.

§ 2º Se nas várias atividades o segurado exercer a mesma profissão, será exigido de imediato o afastamento de todas.

§ 3º Constatada durante o recebimento do auxílio por incapacidade temporária concedido nos termos do disposto neste artigo a incapacidade do segurado para cada uma das demais atividades, o valor do benefício deverá ser revisto com base nos salários de contribuição de cada uma das atividades, observado o disposto nos incisos I ao III do *caput* do art. 72.

§ 4º Na hipótese prevista no § 1º, o valor do auxílio por incapacidade temporária poderá ser inferior ao salário mínimo, desde que, se somado às demais remunerações recebidas, resulte em valor superior ao salário mínimo.

▶ §§ 3º e 4º com a redação dada pelo Dec. nº 10.410, de 30-6-2020.

§ 5º O segurado que, durante o gozo do auxílio por incapacidade temporária, vier a exercer atividade remunerada que lhe garanta a subsistência poderá ter o benefício cancelado a partir do retorno à atividade, observado o disposto no art. 179.

§ 6º Na hipótese prevista no § 5º, caso a atividade remunerada exercida seja diversa daquela que gerou o benefício, deverá ser verificada a incapacidade para cada uma das atividades exercidas, observado o disposto no *caput* e nos § 1º, § 2º e § 3º.

▶ §§ 5º e 6º acrescidos pelo Dec. nº 10.410, de 30-6-2020.

Art. 74. Quando o segurado que exercer mais de uma atividade for considerado definitivamente incapacitado para uma delas, o auxílio por incapacidade temporária deverá ser mantido indefinidamente, hipótese em que não caberá a concessão de aposentadoria por incapacidade permanente enquanto a incapacidade não se estender às demais atividades.

▶ *Caput* com a redação dada pelo Dec. nº 10.410, de 30-6-2020.

Parágrafo único. Na situação prevista no *caput*, o segurado somente poderá transferir-se das demais atividades que exerce após o conhecimento da reavaliação médico-pericial.

Art. 75. Durante os primeiros quinze dias consecutivos de afastamento da atividade por motivo de incapacidade temporária, compete à empresa pagar o salário ao segurado empregado.

▶ *Caput* com a redação dada pelo Dec. nº 10.410, de 30-6-2020.

§ 1º Cabe à empresa que dispuser de serviço médico próprio ou em convênio o exame médico e o abono das faltas correspondentes aos primeiros quinze dias de afastamento.

§ 2º Quando a incapacidade ultrapassar o período de quinze dias consecutivos, o segurado será encaminhado ao INSS para avaliação médico-pericial.

§ 3º Se concedido novo benefício decorrente do mesmo motivo que gerou a incapacidade no prazo de sessenta dias, contado da data da cessação do benefício anterior, a empresa ficará desobrigada do pagamento relativo aos quinze primeiros dias de afastamento, prorrogando-se o benefício anterior e descontando-se os dias trabalhados, se for o caso.

§ 4º Se o segurado empregado, por motivo de incapacidade, afastar-se do trabalho durante o período de quinze dias, retornar à atividade no décimo sexto dia e voltar a se afastar no prazo de sessenta dias, contado da data de seu retorno, em decorrência do mesmo motivo que gerou a incapacidade, este fará jus ao auxílio por incapacidade temporária a partir da data do novo afastamento.

§ 5º Na hipótese prevista no § 4º, se o retorno à atividade tiver ocorrido antes do período de quinze dias do afastamento, o segurado fará jus ao auxílio por incapacidade temporária a partir do dia seguinte ao que completar aquele período.

§ 6º Na impossibilidade de realização do exame médico-pericial inicial antes do término do período de recuperação indicado pelo médico assistente em documentação, o empregado é autorizado a retornar ao trabalho no dia seguinte à data indicada pelo médico assistente, mantida a necessidade de comparecimento do segurado à perícia na data agendada.

▶ §§ 2º a 6º com a redação dada pelo Dec. nº 10.410, de 30-6-2020.

Arts. 75-A e 75-B. *Revogados*. Dec. nº 10.410, de 30-6-2020.

Art. 76. A previdência social processará, de ofício, o benefício quando tiver ciência da incapacidade do segurado sem que este tenha requerido auxílio por incapacidade temporária.

▶ Artigo com a redação dada pelo Dec. nº 10.410, de 30-6-2020.

Art. 76-A. É facultado à empresa protocolar requerimento de auxílio por incapacidade temporária ou documento dele originário de seu empregado ou de contribuinte individual a ela vinculado ou a seu serviço, na forma estabelecida pelo INSS.

▶ *Caput* do art. 76-A com a redação dada pelo Dec. nº 10.410, de 30-6-2020.

Parágrafo único. *Revogado*. Dec. nº 10.410, de 30-6-2020.

Art. 76-B. A empresa terá acesso às decisões administrativas de benefícios requeridos por seus empregados, resguardadas as informações consideradas sigilosas, na forma estabelecida em ato do INSS.

▶ Art. 76-B acrescido pelo Dec. nº 10.410, de 30-6-2020.

Art. 77. O segurado em gozo de auxílio por incapacidade temporária concedido judicial ou administrativamente está obrigado, independentemente de sua idade e sob pena de suspensão do benefício, a submeter-se a exame médico a cargo da Perícia Médica Federal, processo de reabilitação profissional a cargo do INSS e tratamento dispensado gratuitamente, exceto o cirúrgico e a transfusão de sangue, que são facultativos.

▶ Artigo com a redação dada pelo Dec. nº 10.410, de 30-6-2020.

Art. 77-A. O segurado em gozo de auxílio por incapacidade temporária concedido judicial ou administrativamente poderá ser convocado a qualquer tempo para avaliação das condições que ensejaram sua concessão ou manutenção.

▶ Art. 77-A acrescido pelo Dec. nº 10.410, de 30-6-2020.

Art. 78. O auxílio por incapacidade temporária cessa pela recuperação da capacidade para o trabalho, pela concessão de aposentadoria por incapacidade permanente ou, na hipótese de o evento causador da redução da capacidade laborativa ser o mesmo que gerou o auxílio por incapacidade temporária, pela concessão do auxílio acidente.

▶ *Caput* com a redação dada pelo Dec. nº 10.410, de 30-6-2020.

§ 1º Sempre que possível, o ato de concessão ou de reativação de auxílio por incapacidade temporária, judicial ou administrativo, deverá estabelecer o prazo estimado para a duração do benefício.

▶ § 1º com a redação dada pelo Dec. nº 10.410, de 30-6-2020.

§ 2º Caso o prazo concedido para a recuperação se revele insuficiente, o segurado poderá solicitar a sua prorrogação, na forma estabelecida pelo INSS.

▶ § 2º com a redação dada pelo Dec. nº 8.691, de 14-3-2016.

§ 3º A comunicação da concessão do auxílio por incapacidade temporária conterá as informações necessárias ao requerimento de sua prorrogação.

§ 4º Caso não seja estabelecido o prazo de que trata o § 1º, o benefício cessará após o prazo de cento e vinte dias, contado da data de concessão ou de reativação do auxílio por incapacidade temporária, exceto se o segurado requerer a sua prorrogação ao INSS, observado o disposto no art. 79.

► §§ 3º e 4º com a redação dada pelo Dec. nº 10.410, de 30-6-2020.

§ 5º O segurado que se considerar capaz antes do prazo estabelecido pela Perícia Médica Federal no ato da concessão ou da prorrogação do auxílio por incapacidade temporária somente retornará ao trabalho após nova avaliação médico-pericial.

§ 6º O segurado poderá desistir do requerimento de prorrogação antes da realização do exame médico-pericial, hipótese em que o benefício será mantido até a data da sua desistência, desde que posterior à data de cessação estabelecida pela Perícia Médica Federal.

§ 7º O segurado que não concordar com o resultado da avaliação a que se refere o § 1º poderá apresentar, no prazo de trinta dias, recurso da decisão proferida pela Perícia Médica Federal perante o Conselho de Recursos da Previdência Social – CRPS, cuja análise médico-pericial, se necessária, será feita por perito médico federal diverso daquele que tenha realizado o exame anterior.

► §§ 5º a 7º acrescidos pelo Dec. nº 10.410, de 30-6-2020.

Art. 79. O segurado em gozo de auxílio por incapacidade temporária insuscetível de recuperação para sua atividade habitual deverá submeter-se a processo de reabilitação profissional para o exercício de outra atividade.

§ 1º O benefício a que se refere o *caput* será mantido até que o segurado seja considerado reabilitado para o desempenho de atividade que lhe garanta a subsistência ou, quando considerado não recuperável, seja aposentado por incapacidade permanente.

§ 2º A alteração das atribuições e responsabilidades do segurado compatíveis com a limitação que tenha sofrido em sua capacidade física ou mental não configura desvio de cargo ou função do segurado reabilitado ou que estiver em processo de reabilitação profissional a cargo do INSS.

Art. 80. O segurado empregado, inclusive o doméstico, em gozo de auxílio por incapacidade temporária será considerado pela empresa e pelo empregador doméstico como licenciado.

Parágrafo único. A empresa que garantir ao segurado licença remunerada ficará obrigada a pagar-lhe, durante o período do auxílio por incapacidade temporária, a eventual diferença entre o valor do benefício recebido e a quantia garantida pela licença.

► Arts. 79 e 80 com a redação dada pelo Dec. nº 10.410, de 30-6-2020.

Subseção VI – *DO SALÁRIO-FAMÍLIA*

Art. 81. O salário-família é devido, mensalmente, ao segurado empregado, inclusive o doméstico, e ao trabalhador avulso com salário de contribuição inferior ou igual a R$ 1.425,56 (mil quatrocentos e vinte e cinco reais e cinquenta e seis centavos), na proporção do respectivo número de filhos ou de enteados e de menores tutelados, desde que comprovada a dependência econômica dos dois últimos nos termos do disposto no art. 16, observado o disposto no art. 83.

► Artigo com a redação dada pelo Dec. nº 10.410, de 30-6-2020.

► Art. 65 da Lei nº 8.213, de 24-7-1991 (Lei dos Planos de Benefícios da Previdência Social).

Art. 82. O salário-família será pago mensalmente:

I – ao empregado, inclusive o doméstico, pela empresa ou pelo empregador doméstico, juntamente com o salário, e ao trabalhador avulso, pelo sindicato ou órgão gestor de mão de obra, por meio de convênio;

II – ao empregado, inclusive o doméstico, e ao trabalhador avulso aposentados por incapacidade permanente ou em gozo de auxílio por incapacidade temporária, pelo INSS, juntamente com o benefício;

► Incisos I e II com a redação dada pelo Dec. nº 10.410, de 30-6-2020.

III – ao trabalhador rural aposentado por idade aos 60 (sessenta) anos, se do sexo masculino, ou 55 (cinquenta e cinco) anos, se do sexo feminino, pelo Instituto Nacional do Seguro Social, juntamente com a aposentadoria; e

IV – aos demais empregados, inclusive os domésticos, e aos trabalhadores avulsos aposentados aos sessenta e cinco anos de idade, se homem, ou aos sessenta anos, se mulher, pelo INSS, juntamente com a aposentadoria.

► Inciso IV com a redação dada pelo Dec. nº 10.410, de 30-6-2020.

§ 1º No caso do inciso I, quando o salário do empregado não for mensal, o salário-família será pago juntamente com o último pagamento relativo ao mês.

§ 2º O salário-família do trabalhador avulso independe do número de dias trabalhados no mês, devendo o seu pagamento corresponder ao valor integral da cota.

§ 3º Quando o pai e a mãe são segurados empregados, inclusive domésticos, ou trabalhadores avulsos, ambos têm direito ao salário-família.

§ 4º As cotas do salário-família pagas pela empresa ou pelo empregador doméstico serão deduzidas quando do recolhimento das contribuições.

► §§ 3º e 4º com a redação dada pelo Dec. nº 10.410, de 30-6-2020.

Art. 83. O valor da cota do salário-família por filho ou por enteado e por menor tutelado, desde que comprovada a dependência econômica dos dois últimos, até quatorze anos de idade ou inválido, é de R$ 48,62 (quarenta e oito reais e sessenta e dois centavos).

► *Caput* com a redação dada pelo Dec. nº 10.410, de 30-6-2020.

► Art. 66 da Lei nº 8.213, de 24-7-1991 (Lei dos Planos de Benefícios da Previdência Social).

► Art. 4º da Port. Interministerial do MTPrev e MF nº 26, de 10-1-2023 (*DOU* de 11-1-2023), que altera o valor da cota do salário-família.

I e II – *Revogados*. Dec. nº 10.410, de 30-6-2020.

Art. 84. O pagamento do salário-família será devido a partir da data de apresentação da certidão de nascimento do filho ou da documentação relativa ao enteado e ao menor tutelado, desde que comprovada a dependência econômica dos dois últimos, e fica condicionado à apresentação anual de atestado de vacinação obrigatória dos referidos dependentes, de até seis anos de idade, e de comprovação semestral de frequência à escola dos referidos dependentes, a partir de quatro anos de idade, observado, para o empregado doméstico, o disposto no § 5º.

► *Caput* com a redação dada pelo Dec. nº 10.410, de 30-6-2020.

► Art. 67 da Lei nº 8.213, de 24-7-1991 (Lei dos Planos de Benefícios da Previdência Social).

§ 1º A empresa e o empregador doméstico deverão conservar, durante o prazo decadencial de que trata o art. 348, os comprovantes dos pagamentos e as cópias das certidões correspondentes, para exame pela fiscalização.

§ 2º Na hipótese de o segurado empregado ou de o trabalhador avulso não apresentar o atestado de vacinação obrigatória e a comprovação de frequência escolar do filho, do enteado ou do menor tutelado, desde que comprovada a dependência econômica dos dois últimos , nas datas definidas pelo INSS, o benefício do salário-família será suspenso até que a documentação seja apresentada.

§ 3º Não é devido salário-família no período entre a suspensão do benefício motivada pela falta de comprovação da frequência escolar e o seu reativamento, exceto se provada a frequência escolar regular no período.

§ 4º A comprovação semestral de frequência escolar de que trata o *caput* será feita por meio da apresentação de documento emitido pela escola, na forma estabelecida na legislação específica, em nome do aluno, de qual conste o registro de frequência regular, ou de atestado do estabelecimento de ensino que comprove a regularidade da matrícula e a frequência escolar do aluno.

► §§ 1º a 4º com a redação dada pelo Dec. nº 10.410, de 30-6-2020.

§ 5º Para recebimento do salário-família, o empregado doméstico apresentará ao seu empregador apenas a certidão de nascimento do filho ou a documentação relativa ao enteado e ao menor tutelado, desde que comprovada a dependência econômica dos dois últimos.

► § 5º acrescido pelo Dec. nº 10.410, de 30-6-2020.

Art. 85. A invalidez do filho, do enteado ou do menor tutelado, desde que comprovada a dependência econômica dos dois últimos, maior de quatorze anos de idade será verificada em exame médico-pericial realizado pela Perícia Médica Federal.

Art. 86. O salário-família correspondente ao mês de afastamento do trabalho será pago integralmente pela empresa, pelo empregador doméstico ou pelo sindicato ou pelo órgão gestor de mão de obra, conforme o caso, e, ao mês da cessação de benefício, pelo INSS.

► Arts. 85 e 86 com a redação dada pelo Dec. nº 10.410, de 30-6-2020.

Art. 87. Tendo havido divórcio, separação judicial ou de fato dos pais, ou em caso de abandono legalmente caracterizado ou perda do pátrio poder, o salário-família passará a ser pago diretamente àquele a cujo cargo ficar o sustento do menor, ou a outra pessoa, se houver determinação judicial nesse sentido.

► A Lei nº 10.406, de 10-1-2002 (Código Civil) substituiu a expressão "pátrio poder" por "poder familiar".

Art. 88. O direito ao salário-família cessa automaticamente:

I – por morte do filho, do enteado ou do menor tutelado, a contar do mês seguinte ao do óbito;

II – quando o filho, o enteado ou o menor tutelado completar quatorze anos de idade, exceto se inválido, a contar do mês seguinte ao da data do aniversário;

III – pela recuperação da capacidade do filho, do enteado ou do menor tutelado inválido, a contar do mês seguinte ao da cessação da incapacidade; ou

► Incisos I a III com a redação dada pelo Dec. nº 10.410, de 30-6-2020.

IV – pelo desemprego do segurado.

Art. 89. Para efeito de concessão e manutenção do salário-família, o segurado firmará termo de responsabilidade, no qual se comprometerá a comunicar à empresa, ao empregador doméstico ou ao INSS, conforme o caso, qualquer fato ou circunstância que determine a perda do direito ao benefício e ficará sujeito, em caso de descumprimento, às sanções penais e trabalhistas.

Art. 90. A falta de comunicação oportuna de fato que implique cessação do salário-família e a prática, pelo segurado, de fraude de qualquer natureza para o seu recebimento autorizam a empresa, o empregador doméstico ou o INSS, conforme o caso, a descontar dos pagamentos de cotas devidas com relação a outros filhos, enteados ou menores tutelados ou, na falta delas, do próprio salário do segurado ou da renda mensal do seu benefício, o valor das cotas indevidamente recebidas, sem prejuízo das sanções penais cabíveis, observado o disposto no § 2º do art. 154.

Art. 91. O empregado, inclusive o doméstico, ou o trabalhador avulso deve dar quitação à empresa ou ao empregador doméstico de cada recebimento mensal do salário-família, na própria folha de pagamento ou por outra forma admitida, de modo que a quitação fique claramente caracterizada.

► Arts. 89 a 91 com a redação dada pelo Dec. nº 10.410, de 30-6-2020.

Art. 92. As cotas do salário-família não serão incorporadas, para qualquer efeito, ao salário ou ao benefício.

► Art. 70 da Lei nº 8.213, de 24-7-1991 (Lei dos Planos de Benefícios da Previdência Social).

Subseção VII
DO SALÁRIO-MATERNIDADE

Art. 93. O salário-maternidade é devido à segurada da previdência social, durante cento e vinte dias, com início vinte e oito dias antes e término noventa e um dias depois do parto, podendo ser prorrogado na forma prevista no § 3º.

► *Caput* com a redação dada pelo Dec. nº 4.862, de 21-10-2003.

► O STF, por unanimidade, conheceu a ADI nº 6.327 como arguição de descumprimento de preceito fundamental e, ratificando a medida cautelar, julgou procedente o pedido formulado para conferir interpretação conforme a Constituição, por arrastamento, a este artigo, "de modo a se considerar como termo inicial da licença-maternidade e do respectivo salário-maternidade a alta hospitalar do recém-nascido e/ou de sua mãe, o que ocorrer por último, prorrogando-se em todo o período o benefício, quando o período de internação exceder as duas semanas previstas no art. 392, § 2º, da CLT, e no art. 93, § 3º, do Dec. nº 3.048/1999" (*DOU* de 26-10-2022).

► Lei nº 11.770, de 9-9-2008 (Lei do Programa Empresa Cidadã).

► Arts. 137 a 142 do Dec. nº 10.854, de 10-11-2021, que regulamenta disposições relativas à legislação trabalhista.

§ 1º Para a segurada empregada, inclusive a doméstica, observar-se-á, no que couber, as situações e condições previstas na legislação trabalhista relativas à proteção à maternidade.

§ 2º Será devido o salário-maternidade à segurada especial, desde que comprove o exercício de atividade rural nos últimos dez meses imediatamente anteriores à data do parto ou do requerimento do benefício, quando requerido antes do parto, mesmo que de forma descontínua, aplicando-se, quando for o caso, o disposto no parágrafo único do art. 29.

► § 2º com a redação dada pelo Dec. nº 5.545, de 22-9-2005.

§ 3º Em casos excepcionais, os períodos de repouso anterior e posterior ao parto podem ser aumentados de mais duas semanas, por meio de atestado médico específico submetido à avaliação médico-pericial.

► § 3º com a redação dada pelo Dec. nº 10.410, de 30-6-2020.

§ 4º Em caso de parto antecipado ou não, a segurada tem direito aos 120 (cento e vinte) dias previstos neste artigo.

§ 5º Em caso de aborto não criminoso, comprovado mediante atestado médico, a segurada terá direito ao salário-maternidade correspondente a duas semanas.

► § 5º com a redação dada pelo Dec. nº 3.668, de 22-11-2000.

► Art. 71 da Lei nº 8.213, de 24-7-1991 (Lei dos Planos de Benefícios da Previdência Social).

§ 6º *Revogado*. Dec. nº 4.032, de 26-11-2001.

Art. 93-A. O salário-maternidade é devido ao segurado ou à segurada da previdência social que adotar ou obtiver guarda judicial, para fins de adoção de criança de até doze anos de idade, pelo período de cento e vinte dias.

► *Caput* do art. 93-A com a redação dada pelo Dec. nº 10.410, de 30-6-2020.

► Art. 71-A da Lei nº 8.213, de 24-7-1991 (Lei dos Planos de Benefícios da Previdência Social).

► Lei nº 11.770, de 9-9-2008 (Lei do Programa Empresa Cidadã).

► Arts. 137 a 142 do Dec. nº 10.854, de 10-11-2021, que regulamenta disposições relativas à legislação trabalhista.

I a III – *Revogados*. Dec. nº 10.410, de 30-6-2020.

§ 1º O salário-maternidade é devido ao segurado ou à segurada independentemente de a mãe biológica ter recebido o mesmo benefício quando do nascimento da criança.

► § 1º com a redação dada pelo Dec. nº 10.410, de 30-6-2020.

§ 2º O salário-maternidade não é devido quando o termo de guarda não contiver a observação de que é para fins de adoção ou só contiver o nome do cônjuge ou companheiro.

► § 2º acrescido pelo Dec. nº 4.729, de 9-6-2003.

§ 3º Para a concessão do salário-maternidade é indispensável:

I – que conste da nova certidão de nascimento da criança o nome do segurado ou da segurada adotante; ou

II – no caso do termo de guarda para fins de adoção, que conste o nome do segurado ou da segurada guardião.

§ 4º Na hipótese de haver adoção ou guarda judicial para adoção de mais de uma criança, será devido somente um salário-maternidade, observado o disposto no art. 98.

► §§ 3º e 4º com a redação dada pelo Dec. nº 10.410, de 30-6-2020.

§ 5º A renda mensal do salário-maternidade é calculada na forma do disposto nos arts. 94, 100 ou 101, de acordo com a forma de contribuição da segurada à Previdência Social.

► § 5º acrescido pelo Dec. nº 4.729, de 9-6-2003.

§ 6º O salário-maternidade de que trata este artigo é pago diretamente pela Previdência Social.

► § 6º acrescido pelo Dec. nº 4.862, de 21-10-2003.

§ 7º Ressalvadas as hipóteses de pagamento de salário-maternidade à mãe biológica e de pagamento ao cônjuge ou companheiro sobrevivente, nos termos do disposto no art. 93-B, não poderá ser concedido salário-maternidade a mais de um segurado ou segurada em decorrência do mesmo processo de adoção ou guarda, ainda que o cônjuge ou companheiro esteja vinculado a regime próprio de previdência social.

► § 7º acrescido pelo Dec. nº 10.410, de 30-6-2020.

Art. 93-B. No caso de óbito do segurado ou da segurada que fazia jus ao recebimento do salário-maternidade, o benefício será pago, pelo tempo restante a que o segurado ou a segurada teria direito ou por todo o período, ao cônjuge ou companheiro sobrevivente que tenha a qualidade de segurado, exceto no caso de óbito do filho ou de seu abandono.

§ 1º O pagamento do benefício nos termos do disposto no *caput* deverá ser requerido até o último dia do prazo previsto para o término do salário-maternidade originário.

§ 2º Os requerimentos de salário-maternidade efetuados após a data prevista no § 1º serão indeferidos.

§ 3º O benefício de que trata o *caput* será pago diretamente pela previdência social durante o período entre a data do óbito e o último dia do término do salário-maternidade originário e corresponderá:

I – à remuneração integral, para o empregado e o trabalhador avulso, observado o disposto no art. 248 da Constituição e no art. 19-E;

II – ao último salário de contribuição, para o empregado doméstico, observado o disposto no art. 19-E;

III – a um doze avos da soma dos doze últimos salários de contribuição, apurados em período não superior a quinze meses, para o contribuinte individual, o facultativo ou o desempregado que mantenha a qualidade de segurado, nos termos do disposto no art. 13; e

IV – ao valor do salário mínimo, para o segurado especial que não contribua facultativamente.

§ 4º Aplica-se o disposto neste artigo ao segurado ou à segurada que adotar ou obtiver guarda judicial para fins de adoção.

Art. 93-C. A percepção do salário-maternidade, inclusive nos termos do disposto no art. 93-B, está condicionada ao afastamento do trabalho ou da atividade desempenhada pelo segurado ou pela segurada, sob pena de suspensão do benefício.

▶ Arts. 93-B e 93-C acrescidos pelo Dec. nº 10.410, de 30-6-2020.

Art. 94. O salário-maternidade para a segurada empregada consiste numa renda mensal igual à sua remuneração integral e será pago pela empresa, efetivando-se a compensação, observado o disposto no art. 248 da Constituição, quando do recolhimento das contribuições incidentes sobre a folha de salários e demais rendimentos pagos ou creditados, a qualquer título, à pessoa física que lhe preste serviço, devendo aplicar-se à renda mensal do benefício o disposto no art. 198.

▶ *Caput* com a redação dada pelo Dec. nº 4.862, de 21-10-2003.

§§ 1º e 2º *Revogados*. Dec. nº 3.265, de 29-11-1999.

§ 3º A empregada deve dar quitação à empresa dos recolhimentos mensais do salário-maternidade na própria folha de pagamento ou por outra forma admitida, de modo que a quitação fique plena e claramente caracterizada.

▶ § 3º acrescido pelo Dec. nº 4.862, de 21-10-2003.

§ 4º A empresa deve conservar, durante o prazo decadencial de que trata o art. 348, comprovantes dos pagamentos e atestados ou das certidões correspondentes para exame pela fiscalização.

▶ § 4º com a redação dada pelo Dec. nº 10.410, de 30-6-2020.

Art. 95. Compete à interessada instruir o requerimento do salário-maternidade com os atestados médicos necessários.

Parágrafo único. Quando o benefício for requerido após o parto, o documento comprobatório é a Certidão de Nascimento, podendo, no caso de dúvida, a segurada ser submetida à avaliação pericial junto ao Instituto Nacional do Seguro Social.

▶ Art. 95 com a redação dada pelo Dec. nº 3.668, de 22-11-2000.

Art. 96. O início do afastamento do trabalho da segurada empregada, inclusive da doméstica, será determinado com base em atestado médico ou certidão de nascimento do filho.

▶ *Caput* com a redação dada pelo Dec. nº 10.410, de 30-6-2020.

§§ 1º e 2º *Revogados*. Dec. nº 4.729, de 9-6-2003.

Art. 97. O salário-maternidade da segurada empregada será devido pela previdência social enquanto existir relação de emprego, observadas as regras quanto ao pagamento desse benefício pela empresa.

▶ *Caput* com a redação dada pelo Dec. nº 6.122, de 13-6-2007.

Parágrafo único. Durante o período de graça a que se refere o art. 13, a segurada desempregada fará jus ao recebimento do salário-maternidade, situação em que o benefício será pago diretamente pela previdência social.

▶ Parágrafo único com a redação dada pelo Dec. nº 10.410, de 30-6-2020.

Art. 98. A segurada que exerça atividades concomitantes fará jus ao salário-maternidade relativo a cada atividade para a qual tenha cumprido os requisitos exigidos, observadas as seguintes condições:

I – na hipótese de uma ou mais atividades ter remuneração ou salário de contribuição inferior ao salário mínimo mensal, o benefício somente será devido se o somatório dos valores auferidos em todas as atividades for igual ou superior a um salário mínimo mensal;

II – o salário-maternidade relativo a uma ou mais atividades poderá ser inferior ao salário mínimo mensal; e

III – o valor global do salário-maternidade, consideradas todas as atividades, não poderá ser inferior ao salário mínimo mensal.

Art. 99. Nos meses de início e término do salário-maternidade da segurada empregada, inclusive da doméstica, o salário-maternidade será proporcional aos dias de afastamento do trabalho.

Art. 100. O salário-maternidade da segurada trabalhadora avulsa, pago diretamente pela previdência social, consiste em renda mensal igual à sua remuneração integral, observado o disposto no art. 19-E, hipótese em que se aplica à renda mensal do benefício o disposto no art. 198.

▶ Arts. 98 a 100 com a redação dada pelo Dec. nº 10.410, de 30-6-2020.

Art. 100-A. O salário-maternidade devido à empregada do MEI, de que trata o § 26 do art. 9º, será pago diretamente pela previdência social, e o valor da contribuição previdenciária será deduzido da renda mensal do benefício, nos termos do disposto no art. 198.

Parágrafo único. Caberá ao MEI recolher a contribuição previdenciária a seu cargo durante a percepção do salário-maternidade pela segurada a seu serviço.

Art. 100-B. O salário-maternidade devido à empregada intermitente será pago diretamente pela previdência social, observado o disposto no art. 19-E, e o valor da contribuição previdenciária será deduzido da renda mensal do benefício, nos termos do disposto no art. 198, e não será aplicado o disposto no art. 94.

§ 1º O salário-maternidade de que trata este artigo consiste na média aritmética simples das remunerações apuradas no período referente aos doze meses que antecederem o parto, a adoção ou a obtenção da guarda para fins de adoção.

§ 2º Na hipótese de empregos intermitentes concomitantes, a média aritmética a que se refere o § 1º será calculada em relação a todos os empregos e será pago somente um salário-maternidade.

§ 3º A contribuição previdenciária a cargo da empresa terá como base de cálculo a soma das remunerações pagas no período de doze meses anteriores à data de início do salário-maternidade, dividida pelo número de meses em que houve remuneração.

Art. 100-C. O salário-maternidade devido à empregada com jornada parcial cujo salário de contribuição seja inferior ao seu limite mínimo mensal , observado o disposto no art. 19-E, será pago diretamente pela previdência social, e o valor da contribuição previdenciária deverá ser deduzido da renda mensal do benefício, nos termos do disposto no art. 198.

§ 1º Na hipótese de empregos parciais concomitantes, se o somatório dos rendimentos auferidos em todos os empregos for igual ou superior ao limite mínimo mensal do salário de contribuição, o salário-maternidade será pago pelas empresas, observado o disposto no inciso II do *caput* do art. 98.

§ 2º Para fins do disposto no § 1º, a empresa que pagar remuneração inferior ao limite mínimo mensal do salário de contribuição deverá exigir da empregada cópia dos comprovantes de pagamento efetuado pelas demais empresas.

§ 3º Cabe à empresa recolher a contribuição previdenciária a seu cargo durante a percepção do salário-maternidade pela segurada a seu serviço, mesmo na hipótese de o benefício ser pago pela previdência social.

§ 4º A contribuição a que se refere o § 3º terá como base de cálculo a remuneração integral que a empresa pagava à empregada antes da percepção do salário-maternidade.

§ 5º Na hipótese prevista no *caput*, o valor do salário-maternidade será de um salário mínimo.

§ 6º A empresa deverá conservar, durante o prazo decadencial de que trata o art. 348, os comprovantes de pagamento a que se refere o § 2º, para exame pela fiscalização.

▶ Arts. 100-A a 100-C acrescidos pelo Dec. nº 10.410, de 30-6-2020.

Art. 101. O salário-maternidade, observado o disposto nos art. 35, art. 198, art. 199, art. 199-A ou art. 200, pago diretamente pela previdência social, consistirá:

▶ *Caput* com a redação dada pelo Dec. nº 10.410, de 30-6-2020.

I – no valor correspondente ao do último salário de contribuição, para a segurada empregada doméstica, observado o disposto no art. 19-E;

▶ Inciso I com a redação dada pelo Dec. nº 10.410, de 30-6-2020.

II – em um salário mínimo, para a segurada especial;

▶ Inciso II com a redação dada pelo Dec. nº 3.265, de 29-11-1999.

III – em um doze avos da soma dos doze últimos salários de contribuição, observado o disposto no art. 19-E, apurados em período não superior a quinze meses, para as seguradas contribuinte individual e facultativa e para a desempregada que mantenha a qualidade de segurada na forma prevista no art. 13.

▶ Inciso III com a redação dada pelo Dec. nº 10.410, de 30-6-2020.

§§ 1º e 2º *Revogados*. Dec. nº 3.265, de 29-11-1999.

§ 3º O documento comprobatório para requerimento do salário-maternidade da segurada que mantenha esta qualidade é a certidão de nascimento do filho, exceto nos casos de aborto espontâneo, quando deverá ser apresentado atestado médico, e no de adoção ou guarda para fins de adoção, casos em que serão observadas as regras do art. 93-A, devendo o evento gerador do benefício ocorrer, em qualquer hipótese, dentro do período previsto no art. 13.

▶ § 3º acrescido pelo Dec. nº 6.122, de 13-6-2007.

Art. 102. O salário-maternidade não pode ser acumulado com benefício por incapacidade.

Parágrafo único. Quando ocorrer incapacidade em concomitância com o período de pagamento do salário-maternidade, o benefício por incapacidade, conforme o caso, deverá ser suspenso enquanto perdurar o referido pagamento, ou terá sua data de início adiada para o primeiro dia seguinte ao término do período de 120 (cento e vinte) dias.

Art. 103. A segurada aposentada que retornar à atividade fará jus ao pagamento do salário-maternidade, de acordo com o disposto no artigo 93.

Subseção VIII
DO AUXÍLIO-ACIDENTE

Art. 104. O auxílio-acidente será concedido, como indenização, ao segurado empregado, inclusive o doméstico, ao trabalhador avulso e ao segurado especial quando, após a consolidação das lesões decorrentes de acidente de qualquer natureza, resultar sequela definitiva que, a exemplo das situações discriminadas no Anexo III, implique redução da capacidade para o trabalho que habitualmente exercia.

▶ *Caput* com a redação dada pelo Dec. nº 10.410, de 30-6-2020.

▶ Art. 86 da Lei nº 8.213, de 24-7-1991 (Lei dos Planos de Benefícios da Previdência Social).

I a III – *Revogados*. Dec. nº 10.410, de 30-6-2020.

§ 1º O auxílio-acidente mensal corresponderá a 50% (cinquenta por cento) do salário de benefício que deu origem ao auxílio-doença do segurado, corrigido até o mês anterior ao do início do auxílio-acidente e será devido até a véspera de início de qualquer aposentadoria ou até a data do óbito do segurado.

§ 2º O auxílio-acidente será devido a partir do dia seguinte ao da cessação do auxílio por incapacidade temporária, independentemente de qualquer remuneração ou rendimento auferido pelo acidentado, vedada a sua acumulação com qualquer aposentadoria.

▶ § 2º com a redação dada pelo Dec. nº 10.410, de 30-6-2020.

§ 3º O recebimento de salário ou concessão de outro benefício, exceto de aposentadoria, não prejudicará a continuidade do recebimento do auxílio-acidente.

§ 4º Não dará ensejo ao benefício a que se refere este artigo o caso:

I – que apresente danos funcionais ou redução da capacidade funcional sem repercussão na capacidade laborativa; e

II – de mudança de função, mediante readaptação profissional promovida pela empresa, como medida preventiva, em decorrência de inadequação do local de trabalho.

§ 5º A perda da audição, em qualquer grau, somente proporcionará a concessão do auxílio-acidente quando, além do reconhecimento do nexo entre o trabalho e o agravo, resultar, comprovadamente, na redução ou perda da capacidade para o trabalho que o segurado habitualmente exercia.

▶ § 5º com a redação dada pelo Dec. nº 6.939, de 18-8-2009.

§ 6º No caso de reabertura de auxílio por incapacidade temporária por acidente de qualquer natureza que tenha dado origem a auxílio-acidente, este será suspenso até a cessação do auxílio por incapacidade temporária reaberto, quando será reativado.

▶ § 6º com a redação dada pelo Dec. nº 10.410, de 30-6-2020.

§ 7º Cabe a concessão de auxílio-acidente oriundo de acidente de qualquer natureza ocorrido durante o período de manutenção da qualidade de segurado, desde que atendidas às condições inerentes à espécie.

▶ § 7º com a redação dada pelo Dec. nº 6.722, de 30-12-2008.

§ 8º Para fins do disposto no *caput* considerar-se-á a atividade exercida na data do acidente.

▶ § 8º acrescido pelo Dec. nº 4.729, de 9-6-2003.

▶ Art. 86 da Lei nº 8.213, de 24-7-1991 (Lei dos Planos de Benefícios da Previdência Social).

Subseção IX
DA PENSÃO POR MORTE

Art. 105. A pensão por morte será devida ao conjunto dos dependentes do segurado que falecer, aposentado ou não, a contar da data:

▶ Súm. nº 340 do STJ.

I – do óbito, quando requerida em até cento e oitenta dias após o óbito, para os filhos menores de dezesseis anos, ou quando requerida no prazo de noventa dias, para os demais dependentes;

▶ Inciso I com a redação dada pelo Dec. nº 10.410, de 30-6-2020.

II – do requerimento, quando requerida após o prazo previsto no inciso I; ou

III – da decisão judicial, no caso de morte presumida.

▶ Art. 74 da Lei nº 8.213, de 24-7-1991 (Lei dos Planos de Benefícios da Previdência Social).

§ 1º No caso do disposto no inciso II, a data de início do benefício será a data do óbito, aplicados os devidos reajustamentos até a data de início do pagamento, não sendo devida qualquer importância relativa ao período anterior à data de entrada do requerimento.

▶ § 1º com a redação dada pelo Dec. nº 5.545, de 22-9-2005.

§ 2º *Revogado*. Dec. nº 5.545, de 22-9-2005.

§ 3º O exercício de atividade remunerada, inclusive na condição de MEI, não impede a concessão ou a manutenção da parte individual da pensão do dependente com deficiência intelectual, mental ou grave.

§ 4º Perde o direito à pensão por morte o condenado criminalmente por sentença transitada em julgado, como autor, coautor ou partícipe de homicídio doloso, ou de tentativa desse crime, cometido contra a pessoa do segurado, ressalvados os absolutamente incapazes e os inimputáveis.

§ 5º Perde o direito à pensão por morte o cônjuge ou o companheiro ou a companheira se comprovada, a qualquer tempo, simulação ou fraude no casamento ou na união estável, ou a formalização desses com o fim exclusivo de constituir benefício previdenciário, apurada em processo judicial, assegurados os direitos ao contraditório e à ampla defesa.

§ 6º Ajuizada a ação judicial para reconhecimento da condição de dependente, este poderá requerer a sua habilitação provisória ao benefício de pensão por morte, exclusivamente para fins de rateio dos valores com outros dependentes, vedado o pagamento da cota respectiva até o trânsito em julgado da ação, ressalvada a existência de decisão judicial que disponha em sentido contrário.

§ 7º Nas ações judiciais em que o INSS for parte, este poderá proceder, de ofício, à habilitação excepcional da pensão objeto da ação apenas para efeitos de rateio, descontados os valores referentes à habilitação das demais cotas, vedado o pagamento da respectiva cota até o trânsito em julgado da ação, ressalvada a existência de decisão judicial que disponha em sentido contrário.

§ 8º Julgada improcedente a ação a que se referem os § 6º e § 7º, o valor retido para pagamento ao autor será corrigido pelos índices legais de reajustamento e será pago de forma proporcional aos demais dependentes, de acordo com as suas cotas e o tempo de duração de seus benefícios.

§ 9º Fica assegurada ao INSS a cobrança dos valores indevidamente pagos em decorrência da habilitação a que se referem os § 6º e § 7º.

▶ §§ 3º a 9º acrescidos pelo Dec. nº 10.410, de 30-6-2020.

Art. 106. A pensão por morte consiste em renda mensal equivalente a uma cota familiar de cinquenta por cento do valor da aposentadoria recebida pelo segurado ou daquela a que teria direito se fosse aposentado por incapacidade permanente na data do óbito, acrescida de cotas de dez pontos percentuais por dependente, até o máximo de cem por cento.

▶ *Caput* com a redação dada pelo Dec. nº 10.410, de 30-6-2020.

§ 1º O valor da pensão por morte, no caso de morte de segurado recluso que tenha contribuído para a previdência social durante o período de reclusão, será calculado de modo a considerar o tempo de contribuição adicional e os correspondentes salários de contribuição.

▶ Parágrafo único transformado em § 1º e com a redação dada pelo Dec. nº 10.410, de 30-6-2020.

§ 2º Na hipótese de haver dependente inválido ou com deficiência intelectual, mental ou grave, o valor da pensão por morte será equivalente a cem por cento do valor da aposentadoria recebida pelo segurado ou daquela a que teria direito se fosse aposentado por incapacidade permanente na data do óbito, até o limite máximo do salário de benefício do RGPS, observado o disposto no § 1º do art. 113.

§ 3º O valor da pensão será recalculado na forma do disposto no *caput*, quando:

I – a invalidez ou deficiência intelectual, mental ou grave sobrevier à data do óbito, enquanto estiver mantida a qualidade de dependente; ou

II – deixar de haver dependente inválido ou com deficiência intelectual, mental ou grave.

▶ §§ 2º e 3º acrescidos pelo Dec. nº 10.410, de 30-6-2020.

Art. 107. A concessão da pensão por morte não será protelada pela falta de habilitação de outro possível dependente, e qualquer habilitação posterior que importe em exclusão ou inclusão de dependente somente produzirá efeito a contar da data da habilitação.

Art. 108. A pensão por morte será devida ao filho, ao enteado, ao menor tutelado e ao irmão, desde que comprovada a dependência econômica dos três últimos, que sejam inválidos ou que tenham deficiência intelectual, mental ou grave, cuja invalidez ou deficiência tenha ocorrido antes da data do óbito, observado o disposto no § 1º do art. 17.

§ 1º A invalidez será reconhecida pela Perícia Médica Federal e a deficiência, por meio de avaliação biopsicossocial realizada por equipe multiprofissional e interdisciplinar.

§ 2º A condição do dependente inválido ou com deficiência intelectual, mental ou grave poderá ser reconhecida previamente ao óbito do segurado e, quando necessário, ser reavaliada quando da concessão do benefício.

Art. 109. O pensionista inválido fica obrigado, sob pena de suspensão do benefício, a submeter-se a exame médico a cargo da Perícia Médica Federal, processo de reabilitação profissional a cargo do INSS e tratamento dispensado gratuitamente, exceto o cirúrgico e a transfusão de sangue, que são facultativos.

§ 1º O pensionista inválido que não tenha retornado à atividade estará isento do exame de que trata o *caput* a partir dos sessenta anos de idade.

§ 2º A isenção de que trata o § 1º não se aplica quando o exame tiver a finalidade de:

I – verificar a recuperação da capacidade de trabalho, em razão de solicitação do pensionista que se julgar apto; e

II – subsidiar autoridade judiciária na concessão de curatela, nos termos do disposto no art. 162.

§ 3º O pensionista inválido, ainda que tenha implementado a condição de que trata o § 1º, será submetido ao exame médico-pericial de que trata este artigo quando necessário para apuração de fraude.

▶ Arts. 108 e 109 com a redação dada pelo Dec. nº 10.410, de 30-6-2020.

Art. 110. O cônjuge ausente somente fará jus ao benefício a partir da data de sua habilitação e mediante prova de dependência econômica, não excluindo do direito a companheira ou o companheiro.

Art. 111. O cônjuge divorciado ou separado judicialmente ou de fato, que recebia pensão de alimentos, receberá a pensão em igualdade de condições com os demais dependentes referidos no inciso I do artigo 16.

▶ Súm. nº 336 do STJ.

Parágrafo único. Na hipótese de o segurado estar, na data do seu óbito, obrigado por determinação judicial a pagar alimentos temporários a ex-cônjuge ou a ex-companheiro ou ex-companheira, a pensão por morte será devida pelo prazo remanescente na data do óbito, caso não incida outra hipótese de cancelamento anterior do benefício.

▶ Parágrafo único acrescido pelo Dec. nº 10.410, de 30-6-2020.

Art. 112. A pensão poderá ser concedida, em caráter provisório, por morte presumida:

I – mediante sentença declaratória de ausência, expedida por autoridade judiciária, a contar da data de sua emissão; ou

II – em caso de desaparecimento do segurado por motivo de catástrofe, acidente ou desastre, a contar da data da ocorrência, mediante prova hábil.

Parágrafo único. Verificado o reaparecimento do segurado, o pagamento da pensão cessa imediatamente, ficando os dependentes desobrigados da reposição dos valores recebidos, salvo má-fé.

Art. 113. A pensão por morte, havendo mais de um pensionista, será rateada entre todos, em partes iguais.

▶ Art. 77 da Lei nº 8.213, de 24-7-1991 (Lei dos Planos de Benefícios da Previdência Social).

§ 1º Na hipótese prevista no § 2º do art. 106, enquanto o dependente inválido ou com deficiência intelectual, mental ou grave mantiver essa condição, independentemente do número de dependentes habilitados ao benefício, o valor da pensão será rateado entre todos os dependentes em partes iguais.

▶ Parágrafo único transformado em § 1º e com a redação dada pelo Dec. nº 10.410, de 30-6-2020.

§ 2º Na hipótese de deixar de haver dependente inválido ou com deficiência intelectual, mental ou grave, o valor da pensão será recalculado na forma prevista no *caput* do art. 106 e rateado de acordo com o disposto no *caput*.

§ 3º As cotas por dependente cessarão com a perda dessa qualidade e não serão reversíveis aos demais dependentes, preservado o valor de cem por cento da pensão por morte quando o número de dependentes remanescentes for igual ou superior a cinco.

▶ §§ 2º e 3º acrescidos pelo Dec. nº 10.410, de 30-6-2020.

Art. 114. O pagamento da cota individual da pensão por morte cessa:

I – pela morte do pensionista;

II – para o filho, o enteado, o menor tutelado ou o irmão, de ambos os sexos, ao completar vinte e um anos de idade, exceto se o pensionista for inválido ou tiver deficiência intelectual, mental ou grave;

III – para o filho, o enteado, o menor tutelado ou o irmão inválido, pela cessação da invalidez;

▶ Incisos II e III com a redação dada pelo Dec. nº 10.410, de 30-6-2020.

III-A – para o filho, o enteado, o menor tutelado ou o irmão que tenha deficiência intelectual, mental ou grave, pelo afastamento da deficiência;

▶ Inciso III-A acrescido pelo Dec. nº 10.410, de 30-6-2020.

IV – pela adoção, para o filho adotado que receba pensão por morte dos pais biológicos;

▶ Inciso IV acrescido pelo Dec. nº 5.545, de 22-9-2005.

V – para o cônjuge ou o companheiro ou a companheira:

a) se inválido ou com deficiência, pela cessação da invalidez ou pelo afastamento da deficiência, respeitados os períodos mínimos decorrentes da aplicação do disposto nas alíneas *b* e *c*;

b) em quatro meses, se o óbito ocorrer sem que o segurado tenha vertido dezoito contribuições mensais ou se o casamento ou a união estável tiver sido iniciado a menos de dois anos antes do óbito do segurado; ou

c) transcorridos os seguintes períodos, estabelecidos de acordo com a idade do beneficiário na data de óbito do segurado, se o óbito ocorrer depois de vertidas dezoito contribuições mensais e de, no mínimo, dois anos de casamento ou união estável:

1. três anos, com menos de vinte e um anos de idade;
2. seis anos, entre vinte e um e vinte e seis anos de idade;
3. dez anos, entre vinte e sete e vinte e nove anos de idade;
4. quinze anos, entre trinta e quarenta anos de idade;
5. vinte anos, entre quarenta e um e quarenta e três anos de idade; ou
6. vitalícia, com quarenta e quatro ou mais anos de idade;

VI – pela perda do direito na forma do disposto nos § 4º e § 5º do art. 105; e

VII – pelo decurso do prazo remanescente na data do óbito estabelecido na determinação judicial para recebimento de pensão de alimentos temporários para o ex-cônjuge ou o ex-companheiro ou a ex-companheira, caso não incida outra hipótese de cancelamento anterior do benefício.

▶ Incisos V a VII acrescidos pelo Dec. nº 10.410, de 30-6-2020.

§ 1º Com a extinção da cota do último pensionista, a pensão por morte será encerrada.

▶ Parágrafo único transformado em § 1º pelo Dec. nº 5.545, de 22-9-2005.

§ 2º Não se aplica o disposto no inciso IV do *caput* quando o cônjuge ou companheiro adota o filho do outro.

▶ § 2º acrescido pelo Dec. nº 5.545, de 22-9-2005.

§ 3º Serão aplicados, conforme o caso, o disposto na alínea *a* ou na alínea *c* do inciso V do *caput* se o óbito do segurado decorrer de acidente de qualquer natureza ou de doença profissional ou do trabalho, independentemente do recolhimento de dezoito contribuições mensais ou da comprovação de dois anos de casamento ou de união estável.

§ 4º O tempo de contribuição para regime próprio de previdência social, utilizado na forma prevista no art. 125, será considerado na contagem das dezoito contribuições mensais de que tratam as alíneas *b* e *c* do inciso V do *caput*.

§ 5º Na hipótese de haver fundados indícios de autoria, coautoria ou participação de dependente, ressalvados os absolutamente incapazes e os inimputáveis, em homicídio, ou em tentativa desse crime, cometido contra a pessoa do segurado, será possível a suspensão provisória de sua parte no benefício de pensão por morte, por meio de processo administrativo próprio, respeitados os direitos à ampla defesa e ao contraditório, e, na hipótese de absolvição, serão devidas as parcelas corrigidas desde a data da suspensão e a reativação imediata do benefício.

§ 6º Para os fins do disposto na alínea "c" do inciso V do *caput*, após o transcurso de, no mínimo, três anos e desde que nesse período se verifique o incremento mínimo de um ano inteiro na média nacional única, para ambos os sexos, correspondente à expectativa de sobrevida da população brasileira ao nascer, poderão ser estabelecidos, em números inteiros, novas idades, em ato do Ministro de Estado da Economia, limitado o acréscimo à comparação com as idades anteriores ao referido incremento.

▶ §§ 3º a 6º acrescidos pelo Dec. nº 10.410, de 30-6-2020.

Art. 115. A cota do filho, do enteado, do menor tutelado ou do irmão dependente que se tornar inválido ou pessoa com deficiência intelectual, mental ou grave antes de completar vinte e um anos de idade não será extinta se confirmada a invalidez ou a deficiência nos termos do disposto no § 1º do art. 108.

▶ Artigo com a redação dada pelo Dec. nº 10.410, de 30-6-2020.

Subseção X
DO AUXÍLIO-RECLUSÃO

Art. 116. O auxílio-reclusão, cumprida a carência prevista no inciso IV do *caput* do art. 29, será devido, nas condições da pensão por morte, aos dependentes do segurado de baixa renda recolhido à prisão em regime fechado que não receber remuneração da empresa nem estiver em gozo de auxílio por incapacidade temporária, de pensão por morte, de salário-maternidade, de aposentadoria ou de abono de permanência em serviço.

- Art. 80 da Lei nº 8.213, de 24-7-1991 (Lei dos Planos de Benefícios da Previdência Social).
- Art. 5º da Port. Interministerial do MTPrev e MF nº 26, de 10-1-2023 (*DOU* de 11-1-2023), que dispõe sobre os parâmetros para o pagamento do auxílio-reclusão.

§ 1º Para fins de concessão do benefício de que trata este artigo, considera-se segurado de baixa renda aquele que tenha renda bruta mensal igual ou inferior a R$ 1.425,56 (um mil quatrocentos e vinte e cinco reais e cinquenta e seis centavos), corrigidos pelos mesmos índices de reajuste aplicados aos benefícios do RGPS, calculada com base na média aritmética simples dos salários de contribuição apurados no período dos doze meses anteriores ao mês do recolhimento à prisão.

§ 2º O requerimento do auxílio-reclusão será instruído com certidão judicial que ateste o recolhimento efetivo à prisão e será obrigatória a apresentação de prova de permanência na condição de presidiário para a manutenção do benefício.

§ 2º-A. O INSS celebrará convênios com os órgãos públicos responsáveis pelo cadastro dos presos para obter informações sobre o recolhimento à prisão.

§ 2º-B. A certidão judicial e a prova de permanência na condição de presidiário serão substituídas pelo acesso à base de dados, por meio eletrônico, a ser disponibilizada pelo Conselho Nacional de Justiça, com dados cadastrais que assegurem a identificação plena do segurado e da sua condição de presidiário.

§ 3º Aplicam-se ao auxílio-reclusão as normas referentes à pensão por morte e, no caso de qualificação de cônjuge ou companheiro ou companheira após a prisão do segurado, o benefício será devido a partir da data de habilitação, desde que comprovada a preexistência da dependência econômica.

§ 4º A data de início do benefício será:

I – a do efetivo recolhimento do segurado à prisão, se o benefício for requerido no prazo de cento e oitenta dias, para os filhos menores de dezesseis anos, ou de noventa dias, para os demais dependentes; ou

II – a do requerimento, se o benefício for requerido após os prazos a que se refere o inciso I.

§ 5º O auxílio-reclusão será devido somente durante o período em que o segurado estiver recolhido à prisão sob regime fechado.

§ 6º O exercício de atividade remunerada iniciado após a prisão do segurado recluso em cumprimento de pena em regime fechado não acarreta a perda do direito ao recebimento do auxílio-reclusão para os seus dependentes.

- Art. 116 com a redação dada pelo Dec. nº 10.410, de 30-6-2020.

Art. 117. O valor do auxílio-reclusão será apurado na forma estabelecida para o cálculo da pensão por morte, não poderá exceder o valor de um salário mínimo e será mantido enquanto o segurado permanecer em regime fechado.

- *Caput* com a redação dada pelo Dec. nº 10.410, de 30-6-2020.

§ 1º Até que o acesso à base de dados a que se refere o § 2º-B do art. 116 seja disponibilizado pelo Conselho Nacional de Justiça, o beneficiário apresentará trimestralmente atestado de que o segurado continua em regime fechado, que deverá ser firmado pela autoridade competente.

- § 1º com a redação dada pelo Dec. nº 10.410, de 30-6-2020.

§ 2º No caso de fuga, o benefício será suspenso e, se houver recaptura do segurado, será restabelecido a contar da data em que esta ocorrer, desde que esteja ainda mantida a qualidade de segurado.

§ 3º Se houver exercício de atividade dentro do período de fuga, o mesmo será considerado para a verificação da perda ou não da qualidade de segurado.

Art. 118. Na hipótese de óbito do segurado recluso, o auxílio-reclusão que estiver sendo pago será cessado e será concedida a pensão por morte em conformidade com o disposto nos art. 105 ao art. 115.

Parágrafo único. Não havendo concessão de auxílio-reclusão, em razão da não comprovação da baixa renda, será devida pensão por morte aos dependentes se o óbito do segurado tiver ocorrido no prazo previsto no inciso IV do *caput* do art. 13.

- Art. 118 com a redação dada pelo Dec. nº 10.410, de 30-6-2020.

Art. 119. É vedada a concessão do auxílio-reclusão após a soltura do segurado.

Subseção XI
DO ABONO ANUAL

Art. 120. Será devido abono anual ao segurado e ao dependente que, durante o ano, receberam auxílio por incapacidade temporária, auxílio-acidente, aposentadoria, salário-maternidade, pensão por morte ou auxílio-reclusão.

- *Caput* com a redação dada pelo Dec. nº 10.410, de 30-6-2020.

§ 1º O abono anual será calculado, no que couber, da mesma forma que a gratificação natalina dos trabalhadores e terá por base o valor da renda mensal do benefício do mês de dezembro de cada ano e o seu pagamento será efetuado em duas parcelas, da seguinte forma:

I – a primeira parcela corresponderá a até cinquenta por cento do valor do benefício devido no mês de agosto e será paga juntamente com os benefícios dessa competência; e

II – a segunda parcela corresponderá à diferença entre o valor total do abono anual e o valor da primeira parcela e será paga juntamente com os benefícios da competência de novembro.

- § 1º com a redação dada pelo Dec. nº 10.410, de 30-6-2020.

§ 2º O valor do abono anual correspondente ao período de duração do salário-maternidade será pago, em cada exercício, juntamente com a última parcela do benefício nele devida.

- § 2º acrescido pelo Dec. nº 4.032, de 26-11-2001.

CAPÍTULO III
DO RECONHECIMENTO DA FILIAÇÃO

Seção única
DO RECONHECIMENTO DO TEMPO DE CONTRIBUIÇÃO

- Seção única com a denominação dada pelo Dec. nº 10.410, de 30-6-2020.

Art. 121. Reconhecimento do tempo de contribuição é o direito de o segurado ter reconhecido, em qualquer época, o tempo de exercício de atividade anteriormente abrangida pela previdência social, observado o disposto no art. 122.

- Artigo com a redação dada pelo Dec. nº 10.410, de 30-6-2020.

Subseção I
DA INDENIZAÇÃO

Art. 122. O reconhecimento do tempo de contribuição no período em que o exercício de atividade remunerada não exigia filiação obrigatória à previdência social somente será feito por meio de indenização das contribuições relativas ao respectivo período, conforme o disposto no § 7º e nos § 9º ao § 14 do art. 216 e nos § 8º e § 8º-A do art. 239.

- *Caput* com a redação dada pelo Dec. nº 10.410, de 30-6-2020.

§ 1º O valor a ser indenizado poderá ser objeto de parcelamento por solicitação do segurado à Secretaria Especial da Receita Federal do Brasil do Ministério da Economia, observado o disposto no § 1º do art. 128.

- § 1º com a redação dada pelo Dec. nº 10.410, de 30-6-2020.

§ 2º *Revogado*. Dec. nº 10.410, de 30-6-2020.

Art. 123. Para fins de contagem recíproca, o tempo de serviço prestado pelo trabalhador rural anteriormente à competência novembro de 1991 somente será reconhecido por meio da indenização de que trata o § 13 do art. 216, observado o disposto nos § 8º e § 8º-A do art. 239.

- *Caput* com a redação dada pelo Dec. nº 10.410, de 30-6-2020.

Parágrafo único. *Revogado*. Dec. nº 10.410, de 30-6-2020.

Subseção II
DA RETROAÇÃO DA DATA DO INÍCIO DAS CONTRIBUIÇÕES

Art. 124. Caso o segurado contribuinte individual manifeste interesse em recolher contribuições relativas a período anterior à sua inscrição, a retroação da data do início das contribuições será autorizada, desde que comprovado o exercício de atividade remunerada no respectivo período, observado o disposto no § 7º e nos § 9º ao § 14 do art. 216 e nos § 8º e § 8º-A do art. 239.

Parágrafo único. O valor do débito poderá ser objeto de parcelamento desde que solicitado pelo segurado à Secretaria Especial da Receita Federal do Brasil do Ministério da Economia.

- Artigo com a redação dada pelo Dec. nº 10.410, de 30-6-2020.

CAPÍTULO IV
DA CONTAGEM RECÍPROCA DE TEMPO DE CONTRIBUIÇÃO

Art. 125. Para efeito de contagem recíproca, hipótese em que os diferentes sistemas de previdência social ou proteção social se compensarão financeiramente, fica assegurado:

▶ *Caput* com a redação dada pelo Dec. nº 10.410, de 30-6-2020.

▶ Art. 94 da Lei nº 8.213, de 24-7-1991 (Lei dos Planos de Benefícios da Previdência Social).

▶ Lei nº 9.796, de 5-5-1999, dispõe sobre a compensação financeira entre os diversos regimes previdenciários, regulamentada pelo Dec. nº 10.188, de 20-12-2019.

I – o cômputo do tempo de contribuição na administração pública e de serviço militar exercido nas atividades de que tratam os art. 42, art. 142 e art. 143 da Constituição, para fins de concessão de benefícios previstos no RGPS, inclusive de aposentadoria em decorrência de tratado, convenção ou acordo internacional; e

II – para fins de emissão de certidão de tempo de contribuição, pelo INSS, para utilização no serviço público ou para inativação militar, o cômputo do tempo de contribuição na atividade privada, rural e urbana, observado o disposto nos § 4º e § 4º-A deste artigo, no art. 123, no § 13 do art. 216 e nos § 8º e § 8º-A do art. 239.

▶ Incisos I e II com a redação dada pelo Dec. nº 10.410, de 30-6-2020.

§ 1º Para os fins deste artigo, é vedada:

▶ *Caput* do § 1º com a redação dada pelo Dec. nº 8.145, de 3-12-2013.

I – conversão do tempo de contribuição exercido em atividade sujeita à condições especiais, nos termos do disposto no art. 66;

▶ Inciso I com a redação dada pelo Dec. nº 10.410, de 30-6-2020.

II – conversão do tempo cumprido pelo segurado com deficiência, reconhecida na forma do art. 70-D, em tempo de contribuição comum; e

III – a contagem de qualquer tempo de serviço fictício.

▶ Incisos II e III acrescidos pelo Dec. nº 8.145, de 3-12-2013.

§ 2º Admite-se a aplicação da contagem recíproca de tempo de contribuição no âmbito dos tratados, convenções ou acordos internacionais de previdência social.

▶ § 2º com a redação dada pelo Dec. nº 6.042, de 12-2-2007.

§ 3º É permitida a emissão de certidão de tempo de contribuição para períodos de contribuição posteriores à data da aposentadoria no RGPS, observado o disposto no art. 19-E.

§ 4º Para efeito de contagem recíproca, o período em que os segurados contribuinte individual e facultativo tiverem contribuído na forma prevista no art. 199-A só será computado se forem complementadas as contribuições na forma prevista no § 2º do referido artigo.

▶ §§ 3º e 4º com a redação dada pelo Dec. nº 10.410, de 30-6-2020.

§ 4º-A. Para efeito de contagem recíproca, a partir de 14 de novembro de 2019, somente serão consideradas as competências cujos salários de contribuição tenham valor igual ou superior ao limite mínimo mensal do salário de contribuição para o RGPS, observado o disposto no art. 19-E.

▶ § 4º-A acrescido pelo Dec. nº 10.410, de 30-6-2020.

§ 5º A certidão referente ao tempo de contribuição com deficiência deverá identificar os períodos com deficiência e seus graus.

▶ § 5º acrescido pelo Dec. nº 8.145, de 3-12-2013.

Art. 126. O segurado terá direito de computar, para fins de concessão dos benefícios do Regime Geral de Previdência Social, o tempo de contribuição na administração pública federal direta, autárquica e fundacional.

▶ *Caput* com a redação dada pelo Dec. nº 3.112, de 6-7-1999.

Parágrafo único. Poderá ser contado o tempo de contribuição na administração pública direta, autárquica e fundacional dos Estados, do Distrito Federal e dos Municípios, desde que estes assegurem aos seus servidores, mediante legislação própria, a contagem de tempo de contribuição em atividade vinculada ao Regime Geral de Previdência Social.

Art. 127. O tempo de contribuição de que trata este Capítulo será contado de acordo com a legislação pertinente, observadas as seguintes normas:

▶ Art. 96 da Lei nº 8.213, de 24-7-1991 (Lei dos Planos de Benefícios da Previdência Social).

I – não será admitida a contagem em dobro ou em outras condições especiais;

II – é vedada a contagem de tempo de contribuição no serviço público com o de contribuição na atividade privada, quando concomitantes;

III – não será contado por um regime o tempo de contribuição utilizado para concessão de aposentadoria por outro regime;

IV – o tempo de contribuição anterior ou posterior à obrigatoriedade de filiação à previdência social só será contado por meio de indenização da contribuição correspondente ao período respectivo, com acréscimo de juros moratórios de cinco décimos por cento ao mês, capitalizados anualmente, e multa de dez por cento, observado o disposto nos § 8º e § 8º-A do art. 239;

V – é vedada a emissão de certidão de tempo de contribuição com o registro exclusivo de tempo de serviço sem a comprovação de contribuição efetiva, exceto para segurado empregado, empregado doméstico, trabalhador avulso e, a partir de 1º de abril de 2003, para o contribuinte individual que preste serviço a empresa obrigada a arrecadar a contribuição a seu cargo, observado o disposto no art. 5º da Lei nº 10.666, de 2003;

▶ Incisos IV e V com a redação dada pelo Dec. nº 10.410, de 30-6-2020.

VI – para ex-servidor público, a certidão de tempo de contribuição somente poderá ser emitida por regime próprio de previdência social;

VII – é vedada a contagem recíproca de tempo de contribuição do RGPS por regime próprio de previdência social sem a emissão da certidão de tempo de contribuição correspondente, ainda que o tempo de contribuição referente ao RGPS tenha sido prestado pelo servidor público ao próprio ente instituidor;

VIII – é vedada a desaverbação de tempo em regime próprio de previdência social quando o tempo averbado tiver gerado a concessão de vantagens remuneratórias ao servidor público em atividade; e

IX – para fins de elegibilidade às aposentadorias especiais referidas no § 4º do art. 40 e no § 1º do art. 201 da Constituição, os períodos reconhecidos pelo regime previdenciário de origem como de tempo especial sem conversão em tempo comum deverão estar incluídos nos períodos de contribuição compreendidos na certidão de tempo de contribuição e discriminados de data a data.

▶ Incisos VI a IX acrescidos pelo Dec. nº 10.410, de 30-6-2020.

Parágrafo único. O disposto no inciso V do *caput* não se aplica ao tempo de serviço anterior à edição da Emenda Constitucional nº 20, de 15 de dezembro de 1998, que tenha sido equiparado por lei a tempo de contribuição.

▶ Parágrafo único acrescido pelo Dec. nº 10.410, de 30-6-2020.

Art. 128. A certidão de tempo de contribuição anterior ou posterior à filiação obrigatória à previdência social somente será expedida mediante a observância do disposto nos artigos 122 e 124.

§ 1º A certidão de tempo de contribuição, para fins de averbação do tempo em outros regimes de previdência, somente será expedida pelo Instituto Nacional do Seguro Social após a comprovação da quitação de todos os valores devidos, inclusive de eventuais parcelamentos de débito.

§ 2º *Revogado.* Dec. nº 3.265, de 29-11-1999.

§ 3º A certidão de tempo de contribuição referente a período de atividade rural anterior à competência novembro de 1991 somente será emitida por meio da comprovação do recolhimento das contribuições correspondentes ou da indenização, na forma prevista nos § 13 e § 14 do art. 216, observado o disposto nos § 8º e § 8º-A do art. 239.

▶ § 3º com a redação dada pelo Dec. nº 10.410, de 30-6-2020.

Art. 129. O segurado em gozo de auxílio-acidente, auxílio-suplementar ou abono de permanência em serviço terá o benefício encerrado na data da emissão da certidão de tempo de contribuição.

▶ Artigo com a redação dada pelo Dec. nº 4.729, de 9-6-2003.

Art. 130. O tempo de contribuição para regime próprio de previdência social ou para Regime Geral de Previdência Social deve ser provado com certidão fornecida:

▶ *Caput* com a redação dada pelo Dec. nº 6.722, de 30-12-2008.

I – pela unidade gestora do regime próprio de previdência social ou pelo setor competente da administração federal, estadual, do Distrito Federal e municipal, suas autarquias e fundações, desde que devidamente homologada pela unidade gestora do regime próprio, relativamente ao tempo de contribuição para o respectivo regime próprio de previdência social; ou

▶ Inciso I com a redação dada pelo Dec. nº 6.722, de 30-12-2008.

II – pelo setor competente do Instituto Nacional do Seguro Social, relativamente ao tempo de contribuição para o Regime Geral de Previdência Social.

▶ Inciso II com a redação dada pelo Dec. nº 3.668, de 22-11-2000.

§ 1º O setor competente do INSS promoverá o levantamento do tempo de contribuição ao RGPS, com base na documentação apresentada, observado o disposto no art. 19.

▶ § 1º com a redação dada pelo Dec. nº 10.410, de 30-6-2020.

§ 2º O setor competente do órgão federal, estadual, do Distrito Federal ou municipal deverá promover o levantamento do tempo de contribuição para o respectivo regime próprio de previdência social à vista dos assentamentos funcionais.

§ 3º Após as providências de que tratam os §§ 1º e 2º, e observado, quando for o caso, o disposto no § 9º, os setores competentes deverão emitir certidão de tempo de contribuição, sem rasuras, constando, obrigatoriamente:

▶ *Caput* do § 3º com a redação dada pelo Dec. nº 3.668, de 22-11-2000.

I – órgão expedidor;

II – nome do servidor, seu número de matrícula, RG, CPF, sexo, data de nascimento, filiação, número do PIS ou PASEP, e, quando for o caso, cargo efetivo, lotação, data de admissão e data de exoneração ou demissão;

▶ Inciso II com a redação dada pelo Dec. nº 6.722, de 30-12-2008.

III – período de contribuição, de data a data, compreendido na certidão;

IV – fonte de informação;

V – discriminação da frequência durante o período abrangido pela certidão, indicadas as várias alterações, tais como faltas, licenças, suspensões e outras ocorrências;

VI – soma do tempo líquido;

VII – declaração expressa do servidor responsável pela certidão, indicando o tempo líquido de efetiva contribuição em dias, ou anos, meses e dias;

VIII – assinatura do responsável pela certidão e do dirigente do órgão expedidor e, no caso de ser emitida por outro órgão da administração do ente federativo, homologação da unidade gestora do regime próprio de previdência social;

▶ Inciso VIII com a redação dada pelo Dec. nº 6.722, de 30-12-2008.

IX – indicação da lei que assegure, aos servidores do Estado, do Distrito Federal ou do Município, aposentadorias por invalidez, idade, tempo de contribuição e compulsória, e pensão por morte, com aproveitamento de tempo de contribuição prestado em atividade vinculada ao Regime Geral de Previdência Social.

§ 4º A certidão de tempo de contribuição deverá ser expedida em duas vias, das quais a primeira será fornecida ao interessado, mediante recibo passado na segunda via, implicando sua concordância quanto ao tempo certificado.

§§ 5º e 6º *Revogados*. Dec. nº 6.722, de 30-12-2008.

§ 7º Quando solicitado pelo segurado que exerce cargos constitucionalmente acumuláveis, é permitida a emissão de certidão única com destinação do tempo de contribuição para, no máximo, 2 (dois) órgãos distintos.

§ 8º Na situação do parágrafo anterior, a certidão de tempo de contribuição deverá ser expedida em 3 (três) vias, das quais a primeira e a segunda serão fornecidas ao interessado, mediante recibo passado na terceira via, implicando sua concordância quanto ao tempo certificado.

§ 9º A certidão só poderá ser fornecida para os períodos de efetiva contribuição para o Regime Geral de Previdência Social, devendo ser excluídos aqueles para os quais não tenha havido contribuição, salvo se recolhida na forma dos §§ 7º a 14 do artigo 216.

§ 10. Poderá ser emitida, por solicitação do segurado, certidão de tempo de contribuição para período fracionado.

§ 11. Na hipótese do parágrafo anterior, a certidão conterá informação de todo o tempo de contribuição ao Regime Geral de Previdência Social e a indicação dos períodos a serem aproveitados no regime próprio de previdência social.

§ 12. É vedada a contagem de tempo de contribuição de atividade privada com a do serviço público ou de mais de uma atividade no serviço público, quando concomitantes, ressalvados os casos de acumulação de cargos ou empregos públicos admitidos pela Constituição.

▶ § 12 com a redação dada pelo Dec. nº 6.722, de 30-12-2008.

§ 13. Em hipótese alguma será expedida certidão de tempo de contribuição para período que já tiver sido utilizado para a concessão de aposentadoria, em qualquer regime de previdência social.

▶ §§ 9º a 13 acrescidos pelo Dec. nº 3.668, de 22-11-2000.

§ 14. A certidão de que trata o § 3º deverá vir acompanhada de relação dos valores das remunerações, por competência, que serão utilizados para fins de cálculo dos proventos da aposentadoria.

§ 15. O tempo de serviço considerado para efeito de aposentadoria e cumprido até 15 de dezembro de 1998 será contado como tempo de contribuição.

§ 16. Caberá revisão da certidão de tempo de contribuição, inclusive de ofício, quando constatado erro material, vedada à destinação da certidão a órgão diverso daquele a que se destinava originariamente.

▶ §§ 14 a 16 acrescidos pelo Dec. nº 6.722, de 30-12-2008.

Art. 131. Concedido o benefício, caberá:

I – ao Instituto Nacional do Seguro Social comunicar o fato ao órgão público emitente da certidão, para as anotações nos registros funcionais e/ou na segunda via da certidão de tempo de contribuição; e

II – ao órgão público comunicar o fato ao Instituto Nacional do Seguro Social, para efetuar os registros cabíveis.

Art. 132. O tempo de contribuição na administração pública federal, estadual, distrital ou municipal de que trata este Capítulo será considerado para efeito do percentual de acréscimo previsto no inciso I do *caput* do art. 44, no art. 53, no § 1º do art. 54, no art. 67, no inciso II do *caput* do art. 70-J, no § 3º do art. 188-H, no § 4º do art. 188-I, no § 3º do art. 188-J, no § 4º do art. 188-M, no § 3º do art. 188-N e no § 3º do art. 188-P.

▶ Artigo com a redação dada pelo Dec. nº 10.410, de 30-6-2020.

Art. 133. O tempo de contribuição certificado na forma deste Capítulo produz, no Instituto Nacional do Seguro Social e nos órgãos ou autarquias federais, estaduais, do Distrito Federal ou municipais, todos os efeitos previstos na respectiva legislação pertinente.

Art. 134. As aposentadorias e demais benefícios resultantes da contagem de tempo de contribuição na forma deste Capítulo serão concedidos e pagos pelo regime a que o interessado pertencer ao requerê-los e o seu valor será calculado na forma da legislação pertinente.

Art. 135. *Revogado*. Dec. nº 5.545, de 22-9-2005.

CAPÍTULO V
DA HABILITAÇÃO E DA REABILITAÇÃO PROFISSIONAL

▶ Arts. 89 a 93 da Lei nº 8.213, de 24-7-1991 (Lei dos Planos de Benefícios da Previdência Social).

Art. 136. A assistência (re)educativa e de (re) adaptação profissional, instituída sob a denominação genérica de habilitação e reabilitação profissional, visa proporcionar aos beneficiários, incapacitados parcial ou totalmente para o trabalho, em caráter obrigatório, independentemente de carência, e às pessoas portadoras de deficiência, os meios indicados para proporcionar o reingresso no mercado de trabalho e no contexto em que vivem.

§ 1º Cabe ao Instituto Nacional do Seguro Social promover a prestação de que trata este artigo aos segurados, inclusive aposentados, e, de acordo com as possibilidades administrativas, técnicas, financeiras e as condições locais do órgão, aos seus dependentes, preferencialmente mediante a contratação de serviços especializados.

§ 2º As pessoas portadoras de deficiência serão atendidas mediante celebração de convênio de cooperação técnico-financeira.

▶ Art. 89 da Lei nº 8.213, de 24-7-1991 (Lei dos Planos de Benefícios da Previdência Social).

Art. 137. O processo de habilitação e de reabilitação profissional do beneficiário será desenvolvido por meio das funções básicas de:

I – avaliação do potencial laborativo;

▶ Inciso I com a redação dada pelo Dec. nº 3.668, de 22-11-2000.

II – orientação e acompanhamento da programação profissional;

III – articulação com a comunidade, inclusive mediante a celebração de convênio para reabilitação física restrita a segurados que cumpriram os pressupostos de elegibilidade ao programa de reabilitação profissional, com vistas ao reingresso no mercado de trabalho; e

▶ Inciso III com a redação dada pelo Dec. nº 4.729, de 9-6-2003.

IV – acompanhamento e pesquisa da fixação no mercado de trabalho.

§ 1º A execução das funções de que trata o *caput* será realizada, preferencialmente, por meio do trabalho de equipe multiprofissional especializada, sempre que possível, na localidade do domicílio do beneficiário, ressalvadas as situações excepcionais em que ele tenha direito à reabilitação profissional fora dela.

▶ § 1º com a redação dada pelo Dec. nº 10.410, de 30-6-2020.

§ 1º-A. A avaliação da elegibilidade do segurado para encaminhamento à reabilitação profissional, a reavaliação da incapacidade de segurados em programa de reabilitação profissional e a prescrição de órteses, próteses e meios auxiliares de locomoção e acessórios serão realizadas pela Perícia Médica Federal.

▶ § 1º-A acrescido pelo Dec. nº 10.410, de 30-6-2020.

§ 2º Quando indispensáveis ao desenvolvimento do processo de reabilitação profissional, o Instituto Nacional do Seguro Social fornecerá aos segurados, inclusive aposentados, em caráter obrigatório, prótese e órtese, seu reparo ou substituição, instrumentos de auxílio para locomoção, bem como equipamentos necessários à habilitação e à reabilitação profissional, transporte urbano e alimentação e, na medida das possibilidades do Instituto, aos seus dependentes.

§ 3º No caso das pessoas portadoras de deficiência, a concessão dos recursos materiais referidos no parágrafo anterior ficará condicionada à celebração de convênio de cooperação técnico-financeira.

§ 4º O Instituto Nacional do Seguro Social não reembolsará as despesas realizadas com a aquisição de órtese ou prótese e outros recursos materiais não prescritos ou não autorizados por suas unidades de reabilitação profissional.

Art. 138. Cabe à unidade de reabilitação profissional encaminhar para avaliação médico-pericial a ocorrência de que trata o § 2º do art. 337.

▸ Artigo com a redação dada pelo Dec. nº 10.410, de 30-6-2020.

Art. 139. A programação profissional será desenvolvida mediante cursos e/ou treinamentos, na comunidade, por meio de contratos, acordos e convênios com instituições e empresas públicas ou privadas, na forma do artigo 317.

§ 1º O treinamento do reabilitando, quando realizado em empresa, não estabelece qualquer vínculo empregatício ou funcional entre o reabilitando e a empresa, bem como entre estes e o Instituto Nacional do Seguro Social.

§ 2º Compete ao reabilitando, além de acatar e cumprir as normas estabelecidas nos contratos, acordos ou convênios, pautar-se no regulamento daquelas organizações.

Art. 140. Concluído o processo de reabilitação profissional, o Instituto Nacional do Seguro Social emitirá certificado individual indicando a função para a qual o reabilitando foi capacitado profissionalmente, sem prejuízo do exercício de outra para a qual se julgue capacitado.

§ 1º Não constitui obrigação da previdência social a manutenção do segurado no mesmo emprego ou a sua colocação em outro para o qual foi reabilitado, cessando o processo de reabilitação profissional com a emissão do certificado a que se refere o *caput*.

§ 2º Cabe à previdência social a articulação com a comunidade, com vistas ao levantamento da oferta do mercado de trabalho, ao direcionamento da programação profissional e à possibilidade de reingresso do reabilitando no mercado formal.

§ 3º O acompanhamento e a pesquisa de que trata o inciso IV do artigo 137 é obrigatório e tem como finalidade a comprovação da efetividade do processo de reabilitação profissional.

Art. 141. A empresa com 100 (cem) ou mais empregados está obrigada a preencher de 2% (dois por cento) a 5% (cinco por cento) de seus cargos com beneficiários reabilitados ou pessoas portadoras de deficiência, habilitadas, na seguinte proporção:

I – até 200 (duzentos) empregados, 2% (dois por cento);
II – de 201 (duzentos e um) a 500 (quinhentos) empregados, 3% (três por cento);
III – de 501 (quinhentos e um) a 1.000 (mil) empregados, 4% (quatro por cento); ou
IV – mais de 1.000 (mil) empregados, 5% (cinco por cento).

§ 1º A dispensa de pessoa com deficiência ou de beneficiário reabilitado pela previdência social ao final de contrato por prazo determinado de mais de noventa dias e a dispensa imotivada em contrato por prazo indeterminado somente poderão ocorrer após a contratação de outro trabalhador com deficiência ou beneficiário reabilitado pela previdência social.

▸ § 1º com a redação dada pelo Dec. nº 10.410, de 30-6-2020.

§ 2º *Revogado*. Dec. nº 3.298, de 20-12-1999.

§ 3º À Secretaria Especial de Previdência e Trabalho do Ministério da Economia compete estabelecer a sistemática de fiscalização e gerar dados e estatísticas sobre o total de empregados e as vagas preenchidas por pessoas com deficiência e por beneficiários reabilitados pela previdência social, além de fornecê-los, quando solicitados, aos sindicatos, às entidades representativas dos empregados ou aos cidadãos interessados.

§ 4º Para a reserva de cargos será considerada somente a contratação direta de pessoa com deficiência, excluído o aprendiz com deficiência de que trata a Consolidação das Leis do Trabalho, aprovada pelo Decreto-Lei nº 5.452, de 1943.

▸ §§ 3º e 4º acrescidos pelo Dec. nº 10.410, de 30-6-2020.

CAPÍTULO VI
DA JUSTIFICAÇÃO ADMINISTRATIVA

Art. 142. A justificação administrativa constitui meio para suprir a falta ou a insuficiência de documento ou para produzir prova de fato ou circunstância de interesse dos beneficiários perante a previdência social.

▸ *Caput* com a redação dada pelo Dec. nº 10.410, de 30-6-2020.

§ 1º Não será admitida a justificação administrativa quando o fato a comprovar exigir registro público de casamento, de idade ou de óbito, ou de qualquer ato jurídico para o qual a lei prescreva forma especial.

§ 2º A justificação administrativa é parte do processo de atualização de dados do CNIS ou de reconhecimento de direitos, vedada a sua tramitação na condição de processo autônomo.

▸ § 2º com a redação dada pelo Dec. nº 10.410, de 30-6-2020.

§ 3º Quando a concessão do benefício depender de documento ou de prova de ato ao qual o segurado não tenha acesso, exceto quanto a registro público ou início de prova material, a justificação administrativa será oportunizada, observado o disposto no art. 151.

§ 4º A prova material somente terá validade para a pessoa referida no documento, vedada a sua utilização por outras pessoas.

▸ §§ 3º e 4º acrescidos pelo Dec. nº 10.410, de 30-6-2020.

Art. 143. A justificação administrativa ou judicial, para fins de comprovação de tempo de contribuição, dependência econômica, identidade e relação de parentesco, somente produzirá efeito quando for baseada em início de prova material contemporânea dos fatos e não serão admitidas as provas exclusivamente testemunhais.

▸ *Caput* com a redação dada pelo Dec. nº 10.410, de 30-6-2020.

§ 1º Será dispensado o início de prova material quando houver ocorrência de motivo de força maior ou de caso fortuito.

▸ § 1º com a redação dada pelo Dec. nº 10.410, de 30-6-2020.

§ 2º Caracteriza motivo de força maior ou caso fortuito a verificação de ocorrência notória, tais como incêndio, inundação ou desmoronamento, que tenha atingido a empresa na qual o segurado alegue ter trabalhado, devendo ser comprovada mediante registro da ocorrência policial feito em época própria ou apresentação de documentos contemporâneos dos fatos, e verificada a correlação entre a atividade da empresa e a profissão do segurado.

§ 3º Se a empresa não estiver mais em atividade, deverá o interessado juntar prova oficial de sua existência no período que pretende comprovar.

§ 4º No caso dos segurados empregado doméstico e contribuinte individual, após a homologação do processo, este deverá ser encaminhado ao setor competente de arrecadação para levantamento e cobrança do crédito.

▸ § 4º com a redação dada pelo Dec. nº 3.265, de 29-11-1999.

Art. 144. A homologação da justificação judicial processada com base em prova exclusivamente testemunhal dispensa a justificação administrativa, desde que complementada com início de prova material contemporânea dos fatos.

Parágrafo único. A inclusão, a exclusão, a ratificação e a retificação de vínculos, remunerações e contribuições, ainda que reconhecidos em ação trabalhista transitada em julgado, dependerão da existência de início de prova material contemporânea dos fatos.

Art. 145. Para o processamento de justificação administrativa, o interessado deverá apresentar requerimento no qual exponha, clara e minuciosamente, os pontos que pretende justificar, além de indicar testemunhas idôneas, em número não inferior a dois nem superior a seis, cujos depoimentos possam levar à convicção da veracidade do que se pretende comprovar.

Parágrafo único. As testemunhas, no dia e no horário marcados, serão inquiridas a respeito dos pontos que forem objeto da justificação de que trata o *caput*.

▸ Arts. 144 e 145 com a redação dada pelo Dec. nº 10.410, de 30-6-2020.

Art. 146. Não podem ser testemunhas:

I e II – *Revogados*. Dec. nº 10.410, de 30-6-2020;
III – os menores de 16 (dezesseis) anos; e
IV – o cônjuge, o companheiro ou a companheira, os ascendentes, os descendentes e os colaterais, até o terceiro grau, por consanguinidade ou afinidade.

▸ Inciso IV com a redação dada pelo Dec. nº 10.410, de 30-6-2020.

Parágrafo único. A pessoa com deficiência poderá testemunhar em igualdade de condições com as demais pessoas e lhe serão assegurados todos os recursos de tecnologia assistiva.

▸ Parágrafo único acrescido pelo Dec. nº 10.410, de 30-6-2020.

Art. 147. Não caberá recurso da decisão da autoridade competente do Instituto Nacional do

Seguro Social que considerar eficaz ou ineficaz a justificação administrativa.

Art. 148. A justificação administrativa será avaliada globalmente quanto à forma e ao mérito, valendo perante o Instituto Nacional do Seguro Social para os fins especificamente visados, caso considerada eficaz.

Art. 149. A justificação administrativa será processada sem ônus para o interessado e nos termos das instruções do Instituto Nacional do Seguro Social.

Art. 150. Aos autores de declarações falsas, prestadas em justificações processadas perante a previdência social, serão aplicadas as penas previstas no artigo 299 do Código Penal.

Art. 151. Somente será admitido o processamento de justificação administrativa quando necessário para corroborar o início de prova material apto a demonstrar a plausibilidade do que se pretende comprovar.

▶ Artigo com a redação dada pelo Dec. nº 10.410, de 30-6-2020.

CAPÍTULO VII
DAS DISPOSIÇÕES DIVERSAS RELATIVAS ÀS PRESTAÇÕES DO REGIME GERAL DE PREVIDÊNCIA SOCIAL

Art. 152. Nenhum benefício ou serviço da previdência social poderá ser criado, majorado ou estendido, sem a correspondente fonte de custeio total.

▶ Art. 125 da Lei nº 8.213, de 24-7-1991 (Lei dos Planos de Benefícios da Previdência Social).

Art. 153. O benefício concedido a segurado ou dependente não pode ser objeto de penhora, arresto ou sequestro, sendo nula de pleno direito a sua venda ou cessão, ou a constituição de qualquer ônus sobre ele, bem como a outorga de poderes irrevogáveis ou em causa própria para seu recebimento, ressalvado o disposto no artigo 154.

Art. 153-A. A concessão de aposentadoria requerida a partir de 14 de novembro de 2019 com utilização de tempo de contribuição decorrente de cargo, emprego ou função pública acarretará o rompimento do vínculo que gerou o referido tempo de contribuição.

Parágrafo único. Para fins do disposto no *caput*, após a consolidação da aposentadoria, nos termos do disposto no art. 181-B, o INSS notificará a empresa responsável sobre a aposentadoria do segurado e constarão da notificação as datas de concessão e de início do benefício.

▶ Art. 153-A acrescido pelo Dec. nº 10.410, de 30-6-2020.

Art. 154. O Instituto Nacional do Seguro Social pode descontar da renda mensal do benefício:

I – contribuições devidas pelo segurado à previdência social;

II – pagamento administrativo ou judicial de benefício previdenciário ou assistencial indevido, ou além do devido, inclusive na hipótese de cessação do benefício pela revogação de decisão judicial, em valor que não exceda trinta por cento da importância da renda mensal do benefício, nos termos do disposto neste Regulamento;

▶ Inciso II com a redação dada pelo Dec. nº 10.410, de 30-6-2020.

III – imposto de renda na fonte;

IV – alimentos decorrentes de sentença judicial;

V – mensalidades de associações e de demais entidades de aposentados ou pensionistas legalmente reconhecidas, constituídas e em funcionamento, desde que autorizadas por seus filiados, observado o disposto nos § 1º ao § 1º-I; e

▶ Inciso V com a redação dada pelo Dec. nº 10.537, de 28-10-2020.

VI – pagamento de empréstimos, financiamentos, cartões de crédito e operações de arrendamento mercantil concedidos por instituições financeiras e sociedades de arrendamento mercantil ou por entidades fechadas ou abertas de previdência complementar, públicas e privadas, quando expressamente autorizado pelo beneficiário, até o limite de trinta e cinco por cento do valor do benefício, dos quais cinco por cento serão destinados exclusivamente para:

a) amortização de despesas contraídas por meio de cartão de crédito; ou

b) utilização com a finalidade de saque por meio do cartão de crédito.

▶ Inciso VI com a redação dada pelo Dec. nº 10.410, de 30-6-2020.

§ 1º O INSS estabelecerá requisitos adicionais para a efetivação dos descontos de que trata este artigo, observados critérios de conveniência administrativa, segurança das operações, interesse dos beneficiários e interesse público.

▶ § 1º com a redação dada pelo Dec. nº 10.410, de 30-6-2020.

§ 1º-A. Os benefícios previdenciários, uma vez concedidos, permanecerão bloqueados para os descontos previstos no inciso V do *caput* e somente serão desbloqueados por meio de autorização prévia, pessoal e específica por parte do beneficiário, conforme critérios e requisitos a serem definidos em ato do INSS.

§ 1º-B. A autorização do segurado prevista no § 1º-A deverá, sob pena de os descontos serem excluídos automaticamente, ser revalidada a cada três anos, a partir de 31 de dezembro de 2021, segundo critérios e requisitos a serem definidos em ato do INSS.

§ 1º-C. A autorização do segurado de que trata o inciso V do *caput* poderá ser revogada, a qualquer tempo, pelo próprio beneficiário.

▶ §§ 1º-A a 1º-C acrescidos pelo Dec. nº 10.410, de 30-6-2020.

§ 1º-D. Considera-se associação ou entidade de aposentados ou pensionistas aquela formada por:

I – aposentados ou pensionistas, com objetivos inerentes a essas categorias; ou

II – pessoas de categoria profissional específica, cujo estatuto as preveja como associados ativos e inativos, e que tenha dentre os seus objetivos a representação de aposentados ou pensionistas.

§ 1º-E. Considera-se mensalidade de associações e de demais entidades de aposentados ou pensionistas a contribuição associativa, devida exclusivamente em razão da condição de associado, em decorrência de previsão estatutária ou definição pelas assembleias-gerais, a qual não admite descontos de taxas extras, contribuições especiais, retribuição por serviços ou pacotes de serviços específicos, prêmios de seguros, empréstimos nem qualquer outro tipo de desconto, sujeita ao limite máximo de desconto estabelecido em ato do Presidente do INSS.

§ 1º-F. O INSS avaliará periodicamente a quantidade de reclamações de beneficiários, ações judiciais, processos de órgãos de controle e impacto em sua rede de atendimento, dentre outros elementos relacionados ao acordo de cooperação técnica celebrado, para fins do disposto no inciso V do *caput*, e poderá rescindir o referido acordo unilateralmente, a depender da quantidade de irregularidades identificadas.

▶ §§ 1º-D a 1º-F com a redação dada pelo Dec. nº 10.537, de 28-10-2020.

§ 1º-G. Para fins de repasse do desconto efetuado pelo INSS, as entidades referidas no inciso V do *caput* deverão estar em situação regular perante as Fazendas nacional, estadual, distrital e municipal, a previdência social, FGTS, o Sistema Integrado de Administração Financeira do Governo Federal – SIAFI, o Sistema de Cadastramento Unificado de Fornecedores – SICAF e o Cadastro Informativo de Créditos não Quitados do Setor Público Federal – CADIN.

▶ § 1º-G acrescido pelo Dec. nº 10.410, de 30-6-2020.

§ 1º-H. Na hipótese de entidade confederativa que representa instituições a ela vinculadas, as exigências de que tratam os § 1º-D e § 1º-G deverão ser atendidas pela instituição que celebrar o acordo de cooperação técnica.

§ 1º-I. O INSS deverá ser ressarcido das despesas realizadas em função da implementação e do controle do acordo de cooperação técnica de que trata o § 1º-F pela instituição que o celebrar.

▶ §§ 1º-H e 1º-I acrescidos pelo Dec. nº 10.537, de 28-10-2020.

§ 2º A restituição de importância recebida indevidamente por beneficiário da previdência social, nos casos comprovados de dolo, fraude ou má-fé, deverá ser atualizada nos moldes do art. 175, e feita de uma só vez ou mediante acordo de parcelamento na forma do art. 244, independentemente de outras penalidades legais.

▶ § 2º com a redação dada pelo Dec. nº 5.699, de 13-2-2006.

§ 3º Caso o débito seja originário de erro da previdência social, o segurado, usufruindo de benefício regularmente concedido, poderá devolver o valor de forma parcelada, atualizado nos moldes do artigo 175, devendo cada parcela corresponder, no máximo, a trinta por cento do valor do benefício em manutenção, e ser descontado em número de meses necessários à liquidação do débito.

§ 4º Se o débito for originário de erro da previdência social e o segurado não usufruir de benefício, o valor deverá ser devolvido, com a correção de que trata o parágrafo anterior, da seguinte forma:

I – no caso de empregado, com a observância do disposto no artigo 365; e

II – no caso dos demais beneficiários, será observado:

a) se superior a 5 (cinco) vezes o valor do benefício suspenso ou cessado, no prazo de 60 (sessenta) dias, contados da notificação para fazê-lo, sob pena de inscrição em Dívida Ativa; e

b) se inferior a 5 (cinco) vezes o valor do benefício suspenso ou cessado, no prazo de 30 (trinta) dias, contados da notificação para fazê-lo, sob pena de inscrição em Dívida Ativa.

§ 5º No caso de revisão de benefícios em que resultar valor superior ao que vinha sendo pago, em razão de erro da previdência social, o valor resultante da diferença verificada entre o pago e o devido será objeto de atualização nos mesmos moldes do artigo 175.

§ 6º O INSS disciplinará o desconto e a retenção de valores de benefícios com fundamento no disposto no inciso VI do *caput*, observadas as seguintes condições:

▸ *Caput* do § 6º com a redação dada pelo Dec. nº 10.410, de 30-6-2020.

I – a habilitação das instituições consignatárias deverá ser definida de maneira objetiva e transparente;

II – o desconto somente poderá incidir sobre os benefícios de aposentadoria, qualquer que seja sua espécie, ou de pensão por morte, recebidos pelos seus respectivos titulares;

III – a prestação de informações aos titulares de benefícios em manutenção e às instituições consignatárias necessária à realização do desconto deve constar de rotinas próprias;

IV – os prazos para o início dos descontos autorizados e para o repasse das prestações às instituições consignatárias devem ser definidos de forma justa e eficiente;

▸ Incisos I a IV acrescidos pelo Dec. nº 4.862, de 21-10-2003.

V – *Revogado*. Dec. nº 10.410, de 30-6-2020;

VI – o próprio titular do benefício deverá firmar autorização expressa para o desconto;

▸ Inciso VI acrescido pelo Dec. nº 4.862, de 21-10-2003.

VII – o valor do desconto não poderá exceder trinta e cinco por cento do valor disponível do benefício, assim entendido o valor do benefício após a dedução das consignações de que tratam os incisos I ao V do *caput*, correspondente à última competência paga, excluídas aquelas que contenham o décimo terceiro salário ou sua parcela, estabelecido no momento da contratação;

▸ Inciso VII com a redação dada pelo Dec. nº 10.410, de 30-6-2020.

VIII – o empréstimo poderá ser concedido por qualquer instituição consignatária, independentemente de ser ou não responsável pelo pagamento de benefício;

IX – os beneficiários somente poderão realizar as operações previstas no inciso VI do *caput* se receberem o benefício no Brasil;

▸ Incisos VIII e IX com a redação dada pelo Dec. nº 5.180, de 13-8-2004.

X – a retenção recairá somente sobre as parcelas mensais fixas integrais, vedada a administração de eventual saldo devedor;

XI – o titular de benefício poderá autorizar mais de um desconto em favor da mesma instituição consignatária, respeitados o limite consignável e a prevalência de retenção em favor dos contratos mais antigos;

XII – a eventual modificação no valor do benefício ou das consignações de que tratam os incisos I a V do *caput* que resulte margem consignável inferior ao valor da parcela pactuada, poderá ensejar a reprogramação da retenção, alterando-se o valor e o prazo do desconto, desde que solicitado pela instituição consignatária e sem acréscimo de custos operacionais; e

XIII – outras que se fizerem necessárias.

▸ Incisos X a XIII acrescidos pelo Dec. nº 4.862, de 21-10-2003.

§ 7º Na hipótese de coexistência de descontos relacionados nos incisos II e VI do *caput*, prevalecerá o desconto do inciso II.

▸ § 7º acrescido pelo Dec. nº 4.862, de 21-10-2003.

§ 7º-A. Os benefícios previdenciários, uma vez concedidos, permanecerão bloqueados para os descontos previstos no inciso VI do *caput* e somente serão desbloqueados por meio de autorização prévia, pessoal e específica por parte do beneficiário, conforme critérios e requisitos a serem definidos em ato do INSS.

§ 7º-B. A autorização do segurado de que trata o § 7º-A poderá ser revogada, a qualquer tempo, pelo próprio beneficiário.

▸ §§ 7º-A e 7º-B acrescidos pelo Dec. nº 10.410, de 30-6-2020.

§ 8º É facultado ao titular do benefício solicitar a substituição da instituição financeira pagadora do benefício por outra, para pagamento de benefício mediante crédito em conta-corrente, exceto se já tiver realizado operação com a instituição pagadora na forma do § 9º e enquanto houver saldo devedor em amortização.

▸ § 8º com a redação dada pelo Dec. nº 5.699, de 13-2-2006.

§ 9º O titular de benefício de aposentadoria, independentemente de sua espécie, ou de pensão por morte concedida pelo RGPS poderá autorizar, de forma irrevogável e irretratável, que a instituição financeira na qual receba o seu benefício retenha valores referentes ao pagamento mensal de empréstimos, financiamentos, cartões de crédito e operações de arrendamento mercantil por ela concedidos, quando previstos em contrato, para fins de amortização, observadas as normas editadas pelo INSS.

▸ § 9º com a redação dada pelo Dec. nº 10.410, de 30-6-2020.

§ 10. O INSS não responde, em nenhuma hipótese, pelos débitos contratados pelos segurados, restringindo-se sua responsabilidade:

I – à retenção dos valores autorizados pelo beneficiário e seu repasse à instituição consignatária, em relação às operações contratadas na forma do inciso VI do *caput*; e

II – à manutenção dos pagamentos na mesma instituição financeira enquanto houver saldo devedor, desde que seja por ela comunicado, na forma estabelecida pelo INSS, e enquanto não houver retenção superior ao limite de trinta por cento do valor do benefício, em relação às operações contratadas na forma do § 9º.

▸ § 10 acrescido pelo Dec. nº 5.699, de 13-2-2006.

§ 11. Serão inscritos em dívida ativa pela Procuradoria-Geral Federal os créditos constituídos pelo INSS em decorrência de benefício previdenciário ou assistencial pago indevidamente ou além do devido, inclusive na hipótese de cessação do benefício pela revogação de decisão judicial, nos termos do disposto na Lei nº 6.830, de 22 de setembro de 1980, para a execução judicial.

§ 12. Será objeto de inscrição em dívida ativa, para fins do disposto no § 11, em conjunto ou separadamente, o terceiro beneficiado que sabia ou deveria saber da origem do benefício pago indevidamente em razão de fraude, dolo ou coação, desde que devidamente identificado em procedimento administrativo de responsabilização.

§ 13. O procedimento administrativo de responsabilização de que trata o § 12 ocorrerá na forma prevista no art. 179 deste Regulamento e no art. 27 do Decreto-Lei nº 4.657, de 4 de setembro de 1942.

▸ §§ 11 a 13 acrescidos pelo Dec. nº 10.410, de 30-6-2020.

Art. 154-A. O INSS poderá arredondar, para a unidade de real imediatamente superior, os valores em centavos dos benefícios de prestação continuada pagos mensalmente a seus beneficiários.

Parágrafo único. Os valores recebidos a maior pelo beneficiário serão descontados no pagamento do abono anual ou do último valor do pagamento do benefício, na hipótese de sua cessação.

▸ Art. 154-A acrescido pelo Dec. nº 4.032, de 26-11-2001.

Art. 155. Será fornecido ao beneficiário demonstrativo minucioso das importâncias pagas, discriminando-se o valor da mensalidade, as diferenças eventualmente pagas, com o período a que se referem, e os descontos efetuados.

Art. 156. O benefício será pago diretamente ao beneficiário, salvo em caso de ausência, moléstia contagiosa ou impossibilidade de locomoção, quando será pago a procurador, cujo mandato não terá prazo superior a doze meses, podendo ser renovado ou revalidado pelos setores de benefícios do Instituto Nacional do Seguro Social.

Parágrafo único. O procurador do beneficiário deverá firmar, perante o Instituto Nacional do Seguro Social, termo de responsabilidade mediante o qual se comprometa a comunicar ao Instituto qualquer evento que possa anular a procuração, principalmente o óbito do outorgante, sob pena de incorrer nas sanções criminais cabíveis.

Art. 157. O Instituto Nacional do Seguro Social apenas poderá negar-se a aceitar procuração quando se manifestar indício de inidoneidade do documento ou do mandatário, sem prejuízo, no entanto, das providências que se fizerem necessárias.

Art. 158. Na constituição de procuradores, observar-se-á subsidiariamente o disposto no Código Civil.

§ 1º O dependente excluído na forma prevista no § 9º do art. 16 ou que tenha a parte provisoriamente suspensa na forma prevista no § 5º do art. 114 não poderá representar outro dependente para fins de recebimento e percepção do benefício.

§ 2º O dependente que perder o direito à pensão por morte na forma prevista no § 5º do art. 105 não poderá representar outro dependente para fins de percepção do benefício.

▸ §§ 1º e 2º acrescidos pelo Dec. nº 10.410, de 30-6-2020.

Art. 159. Somente será aceita a constituição de procurador com mais de uma procuração, ou procurações coletivas, nos casos de representantes credenciados de leprosários, sanatórios, asilos e outros estabelecimentos congêneres, nos casos de parentes de primeiro grau, ou, em outros casos, a critério do Instituto Nacional do Seguro Social.

Art. 160. Não poderão ser procuradores:

I – os servidores públicos civis ativos e os militares ativos, salvo se parentes até o segundo grau; e

II – os incapazes para os atos da vida civil, ressalvado o disposto no art. 666 do Código Civil.

▸ Inciso II com a redação dada pelo Dec. nº 4.729, de 9-6-2003.

Parágrafo único. Podem outorgar procuração as pessoas maiores ou emancipadas, no gozo dos direitos civis.

Art. 161. O serviço social constitui atividade auxiliar do seguro social e visa prestar ao beneficiário orientação e apoio no que concerne à solução dos problemas pessoais e familiares e à melhoria da sua inter-relação com a previdência social, para a solução de questões referentes a benefícios, bem como, quando necessário, à obtenção de outros recursos sociais da comunidade.

§ 1º Será dada prioridade de atendimento a segurados em benefício por incapacidade temporária e atenção especial a aposentados e pensionistas.

§ 2º Para assegurar o efetivo atendimento aos beneficiários, poderão ser utilizados mecanismos de intervenção técnica, ajuda material, recursos sociais, intercâmbio com empresas, inclusive mediante celebração de convênios, acordos ou contratos, ou pesquisa social.

§ 3º O serviço social terá como diretriz a participação do beneficiário na implementação e fortalecimento da política previdenciária, em articulação com associações e entidades de classes.

§ 4º O serviço social prestará assessoramento técnico aos estados, Distrito Federal e municípios na elaboração de suas respectivas propostas de trabalho relacionadas com a previdência social.

§ 5º O Ministro de Estado da Previdência Social editará atos complementares para a aplicação do disposto neste artigo.

▸ §§ 1º a 5º acrescidos pelo Dec. nº 6.722, de 30-12-2008.

Art. 162. O benefício devido ao segurado ou dependente civilmente incapaz será pago ao cônjuge, pai, mãe, tutor ou curador, admitindo-se, na sua falta e por período não superior a 6 (seis) meses, o pagamento a herdeiro necessário, mediante termo de compromisso firmado no ato do recebimento.

§§ 1º e 2º *Revogados*. Dec. nº 5.699, de 13-2-2006.

Parágrafo único. *Revogado*. Dec. nº 10.410, de 30-6-2020.

§ 3º O período a que se refere o *caput* poderá ser prorrogado por iguais períodos, desde que comprovado o andamento regular do processo legal de tutela ou curatela.

§ 4º Na hipótese de interdição do beneficiário, para fins de curatela, a autoridade judiciária poderá utilizar-se de laudo médico-pericial da Perícia Médica Federal.

§ 5º No ato de requerimento de benefícios operacionalizados pelo INSS, não será exigida apresentação de termo de curatela de titular ou de beneficiário com deficiência, observados os procedimentos a serem estabelecidos em ato do INSS.

▸ §§ 3º a 5º acrescidos pelo Dec. nº 10.410, de 30-6-2020.

Art. 163. O segurado e o dependente, após dezesseis anos de idade, poderão firmar recibo de benefício, independentemente da presença dos pais ou do tutor.

▸ Artigo com a redação dada pelo Dec. nº 4.079, de 9-1-2002.

Art. 164. A impressão digital do beneficiário incapaz de assinar, aposta na presença de servidor da previdência social ou representante desta, vale como assinatura para quitação de pagamento de benefício.

Art. 165. O valor não recebido em vida pelo segurado somente será pago aos seus dependentes habilitados à pensão por morte ou, na falta deles, aos seus sucessores na forma da lei civil, independentemente de inventário ou arrolamento.

Art. 166. Os benefícios poderão ser pagos mediante depósito em conta-corrente bancária em nome do beneficiário.

▸ *Caput* com a redação dada pelo Dec. nº 4.729, de 9-6-2003.

§ 1º *Revogado*. Dec. nº 3.265, de 29-11-1999.

§ 2º *Revogado*. Dec. nº 4.729, de 9-6-2003.

§ 3º Na hipótese da falta de movimentação relativo a saque em conta-corrente cujos depósitos sejam decorrentes exclusivamente de pagamento de benefícios, por prazo superior a sessenta dias, os valores dos benefícios remanescentes serão estornados e creditados à Conta Única do Tesouro Nacional, com a identificação de sua origem.

▸ § 3º acrescido pelo Dec. nº 4.729, de 9-6-2003.

Art. 167. Exceto na hipótese de direito adquirido, não é permitido o recebimento conjunto dos seguintes benefícios do RGPS, inclusive quando decorrentes de acidente do trabalho:

▸ *Caput* com a redação dada pelo Dec. nº 10.410, de 30-6-2020.

I – aposentadoria com auxílio por incapacidade temporária;

▸ Inciso I com a redação dada pelo Dec. nº 10.410, de 30-6-2020.

II – mais de uma aposentadoria;

III – aposentadoria com abono de permanência em serviço;

IV – salário-maternidade com auxílio por incapacidade temporária;

▸ Inciso IV com a redação dada pelo Dec. nº 10.410, de 30-6-2020.

V – mais de um auxílio-acidente;

VI – mais de uma pensão deixada por cônjuge;

VII – mais de uma pensão deixada por companheiro ou companheira;

VIII – mais de uma pensão deixada por cônjuge e companheiro ou companheira; e

IX – auxílio-acidente com qualquer aposentadoria.

§ 1º Nas hipóteses de que tratam os incisos VI, VII e VIII do *caput*, fica facultado ao dependente optar pela pensão mais vantajosa, observado o disposto no art. 167-A.

▸ § 1º com a redação dada pelo Dec. nº 10.410, de 30-6-2020.

§ 2º É vedado o recebimento conjunto do seguro-desemprego com qualquer benefício de prestação continuada da previdência social, exceto pensão por morte, auxílio-reclusão, auxílio-acidente, auxílio-suplementar ou abono de permanência em serviço.

§ 3º É permitida a acumulação dos benefícios previstos neste Regulamento com o benefício de que trata a Lei nº 7.070, de 20 de dezembro de 1982, que não poderá ser reduzido em razão de eventual aquisição de capacidade laborativa ou de redução de incapacidade para o trabalho ocorrida após a sua concessão.

§ 4º O segurado recluso em regime fechado, durante a percepção, pelos dependentes, do benefício de auxílio-reclusão, não terá o direito aos benefícios de salário-maternidade e de aposentadoria reconhecido, exceto se manifestada a opção pelo benefício mais vantajoso também pelos dependentes.

▸ § 4º com a redação dada pelo Dec. nº 10.410, de 30-6-2020.

Art. 167-A. Será admitida a acumulação dos seguintes benefícios:

I – de pensão por morte deixada por cônjuge ou companheiro do RGPS com pensão por morte concedida por outro regime de previdência social ou com pensões decorrentes das atividades militares de que tratam o art. 42 e o art. 142 da Constituição;

II – de pensão por morte deixada por cônjuge ou companheiro do RGPS com aposentadoria do mesmo regime e de regime próprio de previdência social ou com proventos de inatividade decorrentes das atividades militares de que tratam o art. 42 e o art. 142 da Constituição; ou

III – de aposentadoria concedida no âmbito do RGPS com pensão deixada por cônjuge ou companheiro de regime próprio de previdência social ou com proventos de inatividade decorrentes das atividades militares de que tratam o art. 42 e o art. 142 da Constituição.

§ 1º Nas hipóteses de acumulação previstas no *caput*, fica assegurada a percepção do valor integral do benefício mais vantajoso e de uma parte de cada um dos demais benefícios, apurada cumulativamente de acordo com as seguintes faixas:

I – sessenta por cento do valor que exceder um salário mínimo, até o limite de dois salários mínimos;

II – quarenta por cento do valor que exceder dois salários mínimos, até o limite de três salários mínimos;

III – vinte por cento do valor que exceder três salários mínimos, até o limite de quatro salários mínimos; e

IV – dez por cento do valor que exceder quatro salários mínimos.

§ 2º A aplicação do disposto no § 1º poderá ser revista a qualquer tempo, a pedido do interessado, em razão de alteração de algum dos benefícios.

§ 3º Na hipótese de recebimento de pensão desdobrada, para fins de aplicação do disposto no § 1º, em relação a esse benefício, será considerado o valor correspondente ao somatório da cota individual e da parcela da cota familiar, devido ao pensionista, que será revisto em razão do fim do desdobramento ou da alteração do número de dependentes.

§ 4º As restrições previstas neste artigo não se aplicam caso o direito aos benefícios tenha sido adquirido até 13 de novembro de 2019.

§ 5º Para fins do disposto neste artigo, no ato de habilitação ou concessão de benefício sujeito a acumulação, o INSS deverá:

I – verificar a filiação do segurado ao RGPS ou a regime próprio de previdência social;

II – solicitar ao segurado que manifeste expressamente a sua opção pelo benefício que lhe seja mais vantajoso; e

III – quando for o caso, verificar a condição do segurado ou pensionista, de modo a considerar, dentre outras, as informações constantes do CNIS.

§ 6º O Ministério da Economia manterá sistema de cadastro dos segurados do RGPS e dos servidores vinculados a regimes próprios de previdência social, e poderá, para tanto, firmar acordo de cooperação com outros órgãos da administração pública federal, estadual, distrital ou municipal para a manutenção e a gestão do referido sistema de cadastro.

§ 7º Até que o sistema de que trata o § 6º seja implementado, a comprovação de que o aposentado ou o pensionista cônjuge ou companheira ou companheiro do RGPS não recebe aposentadoria ou pensão de outro regime próprio de previdência social será feita por meio de autodeclaração, a qual o sujeitará às sanções administrativas, civis e penais aplicáveis caso seja constatada a emissão de declaração falsa.

§ 8º Caberá ao aposentado ou pensionista do RGPS informar ao INSS a obtenção de aposentadoria ou pensão de cônjuge ou companheira ou companheiro de outro regime, sob pena de suspensão do benefício.

▶ Art. 167-A acrescido pelo Dec. nº 10.410, de 30-6-2020.

Art. 168. Exceto nas hipóteses de aposentadoria por incapacidade permanente ou especial, observado quanto a esta última o disposto no parágrafo único do art. 69, o retorno do aposentado à atividade não prejudicará o recebimento de sua aposentadoria.

▶ Artigo com a redação dada pelo Dec. nº 10.410, de 30-6-2020.

Art. 169. Os pagamentos dos benefícios de prestação continuada não poderão ser antecipados.

§ 1º Excepcionalmente, nas hipóteses de estado de calamidade pública, reconhecidas por ato do Poder Executivo federal, o INSS poderá, nos termos estabelecidos em ato do Secretário Especial de Previdência e Trabalho do Ministério da Economia, antecipar aos beneficiários domiciliados nos respectivos Municípios:

▶ *Caput* do § 1º com a redação dada pelo Dec. nº 9.700, de 8-2-2019.

I – o cronograma de pagamento dos benefícios de prestação continuada previdenciária e assistencial, enquanto perdurar o estado de calamidade; e

II – o valor correspondente a uma renda mensal do benefício devido, excetuados os temporários, mediante opção dos beneficiários.

▶ Incisos I e II acrescidos pelo Dec. nº 7.223, de 29-6-2010.

§ 2º O valor antecipado de que trata o inciso II do § 1º será ressarcido de forma parcelada, mediante desconto da renda do benefício, para esse fim equiparado ao crédito de que trata o inciso II do *caput* do art. 154, nos termos do ato a que se refere o § 1º.

▶ § 2º acrescido pelo Dec. nº 7.223, de 29-6-2010.

Art. 170. Compete exclusivamente aos servidores públicos ocupantes dos cargos de que trata o § 3º do art. 30 da Lei nº 11.907, de 2 de fevereiro de 2009, a realização das atividades médico-periciais relacionadas com o RGPS, sem prejuízo de outras disposições constantes no referido artigo.

Parágrafo único. Os servidores de que trata o *caput* poderão solicitar ao médico assistente do beneficiário que forneça informações sobre antecedentes médicos a ele relativas, na forma disciplinada pela Secretaria Especial de Previdência e Trabalho do Ministério da Economia, para fins do disposto no § 2º do art. 43 e no § 1º do art. 71 ou para subsidiar emissão de laudo médico-pericial conclusivo.

▶ Art. 170 com a redação dada pelo Dec. nº 10.410, de 30-6-2020.

Art. 170-A. Incumbem privativamente aos servidores públicos da Carreira do Seguro Social de que trata a Lei nº 10.855, de 1º de abril de 2004, as atribuições previstas no inciso I do *caput* do art. 5º-B da referida Lei, e compete à Secretaria Especial de Previdência e Trabalho do Ministério da Economia a edição de atos complementares para a especificação e a definição das atividades acessórias ou preparatórias ao exercício das atribuições privativas e para a atuação no exame de matérias e processos administrativos de benefícios sociais.

▶ Art. 170-A acrescido pelo Dec. nº 10.410, de 30-6-2020.

Art. 171. Quando o segurado ou dependente deslocar-se por determinação do Instituto Nacional do Seguro Social para submeter-se a exame médico-pericial ou a processo de reabilitação profissional em localidade diversa da de sua residência, deverá a instituição custear o seu transporte e pagar-lhe diária no valor de R$ 24,57 (vinte e quatro reais e cinquenta e sete centavos), ou promover sua hospedagem mediante contratação de serviços de hotéis, pensões ou similares.

§ 1º Caso o beneficiário, a critério do Instituto Nacional do Seguro Social, necessite de acompanhante, a viagem deste poderá ser autorizada, aplicando-se o disposto neste artigo.

§ 2º Quando o beneficiário ficar hospedado em hotéis, pensões ou similares contratados ou conveniados pelo Instituto Nacional do Seguro Social, não caberá pagamento de diária.

Art. 172. Fica o Instituto Nacional do Seguro Social obrigado a emitir e a enviar aos beneficiários aviso de concessão de benefício, além da memória de cálculo do valor dos benefícios concedidos.

Art. 173. O segurado em gozo de aposentadoria que voltar a exercer atividade abrangida pelo RGPS, observados o disposto no art. 168 e, nos casos de aposentadoria especial, o disposto no parágrafo único do art. 69, fará jus:

I – ao salário-família e à reabilitação profissional, quando empregado, inclusive o doméstico, ou trabalhador avulso; e

II – ao salário-maternidade.

▶ Art. 173 com a redação dada pelo Dec. nº 10.491, de 23-9-2020.

Art. 174. O primeiro pagamento do benefício será efetuado até quarenta e cinco dias após a data da apresentação, pelo segurado, da documentação necessária à sua concessão.

▶ *Caput* com a redação dada pelo Dec. nº 6.722, de 30-12-2008.

Parágrafo único. O prazo fixado no *caput* fica prejudicado nos casos de justificação administrativa ou outras providências a cargo do segurado, que demandem a sua dilatação, iniciando-se essa contagem a partir da data da conclusão das mesmas.

Art. 175. O pagamento de parcelas relativas a benefícios efetuado com atraso, independentemente de ocorrência de mora e de quem lhe deu causa, deve ser corrigido monetariamente desde o momento em que restou devido, pelo mesmo índice utilizado para os reajustamentos dos benefícios do RGPS, apurado no período compreendido entre o mês que deveria ter sido pago e o mês do efetivo pagamento.

▶ Artigo com a redação dada pelo Dec. nº 6.722, de 30-12-2008.

Art. 176. A apresentação de documentação incompleta não constitui, por si só, motivo para recusa do requerimento de benefício ou serviço, ainda que seja possível identificar previamente que o segurado não faça *jus* ao benefício ou serviço pretendido.

§ 1º Na hipótese de que trata o *caput*, o INSS deverá proferir decisão administrativa, com ou sem análise de mérito, em todos os pedidos administrativos formulados, e, quando for o caso, emitirá carta de exigência prévia ao requerente.

§ 2º Encerrado o prazo para cumprimento da exigência sem que os documentos solicitados tenham sido apresentados pelo requerente, o INSS:

I – decidirá pelo reconhecimento do direito, caso haja elementos suficientes para subsidiar a sua decisão; ou

II – decidirá pelo arquivamento do processo sem análise de mérito do requerimento, caso não haja elementos suficientes ao reconhecimento do direito nos termos do disposto no art. 40 da Lei nº 9.784, de 29 de janeiro de 1999.

§ 3º Não caberá recurso ao CRPS da decisão que determine o arquivamento do requerimento sem análise de mérito decorrente da não apresentação de documentação indispensável ao exame do requerimento.

§ 4º Caso haja manifestação formal do segurado no sentido de não dispor de outras informações ou documentos úteis, diversos daqueles apresentados ou disponíveis ao INSS, será proferida a decisão administrativa com análise de mérito do requerimento.

§ 5º O arquivamento do processo não inviabilizará a apresentação de novo requerimento pelo interessado, que terá efeitos a partir da data de apresentação da nova solicitação.

§ 6º O reconhecimento do direito ao benefício com base em documento apresentado após a decisão administrativa proferida pelo INSS considerará como data de entrada do requerimento a data de apresentação do referido documento.

§ 7º O disposto neste artigo aplica-se aos pedidos de revisão e recursos fundamentados em documentos não apresentados no momento do requerimento administrativo e, quanto aos seus efeitos financeiros, aplica-se o disposto no § 4º do art. 347.

▶ Art. 176 com a redação dada pelo Dec. nº 10.410, de 30-6-2020.

Art. 176-A. O requerimento de benefícios e de serviços administrados pelo INSS será formulado por meio de canais de atendimento eletrônico, observados os procedimentos previstos em ato do INSS.

§ 1º O requerimento formulado será processado em meio eletrônico em todas as fases do processo administrativo, ressalvados os atos que exijam a presença do requerente.

§ 2º Excepcionalmente, caso o requerente não disponha de meios adequados para apresentação da solicitação pelos canais de atendimento eletrônico, o requerimento e o agendamento de serviços poderão ser feitos presencialmente nas Agências da Previdência Social.

Art. 176-B. O INSS poderá firmar acordo de cooperação técnica com entes públicos e demais entidades para fins de geração e recebimento de requerimentos de benefícios.

Art. 176-C. O requerente poderá, enquanto não proferida a decisão do INSS e por meio de manifestação escrita, desistir do requerimento formulado, nos termos do disposto no art. 51 da Lei nº 9.784, de 1999.

§ 1º Havendo vários interessados, a desistência a que se refere o *caput* atinge somente quem a tenha formulado.

§ 2º A desistência do requerimento não impede o INSS de analisar a matéria objeto do requerimento para fins de uniformização de entendimento, de forma geral e abstrata, ou para efeito de apuração de irregularidade.

Art. 176-D. Se, na data de entrada do requerimento do benefício, o segurado não satisfizer os requisitos para o reconhecimento do direito, mas implementá-los em momento posterior, antes da decisão do INSS, o requerimento poderá ser reafirmado para a data em que satisfizer os requisitos, que será fixada como início do benefício, exigindo-se, para tanto, a concordância formal do interessado, admitida a sua manifestação de vontade por meio eletrônico.

Art. 176-E. Caberá ao INSS conceder o benefício mais vantajoso ao requerente ou benefício diverso do requerido, desde que os elementos constantes do processo administrativo assegurem o reconhecimento desse direito.

Parágrafo único. Na hipótese de direito à concessão de benefício diverso do requerido, caberá ao INSS notificar o segurado para que este manifeste expressamente a sua opção pelo benefício, observado o disposto no art. 176-D.

▸ Arts. 176-A a 176-E acrescidos pelo Dec. nº 10.410, de 30-6-2020.

Art. 177. *Revogado.* Dec. nº 3.668, de 22-11-2000.

Art. 178. O pagamento mensal de benefícios de valor superior a vinte vezes o limite máximo de salário de contribuição deverá ser autorizado expressamente pelo Gerente Executivo do Instituto Nacional do Seguro Social, observada a análise da Divisão ou Serviço de Benefícios.

Parágrafo único. Os benefícios de valor inferior ao limite estipulado no *caput*, quando do reconhecimento do direito da concessão, revisão e manutenção de benefícios, serão supervisionados pelas Agências da Previdência Social e Divisões ou Serviços de Benefícios, sob critérios preestabelecidos pela Direção Central.

▸ Art. 178 com a redação dada pelo Dec. nº 5.545, de 22-9-2005.

Art. 179. O INSS manterá programa permanente de revisão da concessão e da manutenção dos benefícios por ele administrados, a fim de apurar irregularidades e erros materiais.

▸ *Caput* com a redação dada pelo Dec. nº 10.410, de 30-6-2020.

§ 1º Na hipótese de haver indícios de irregularidade ou erro material na concessão, na manutenção ou na revisão do benefício, o INSS notificará o beneficiário, o seu representante legal ou o seu procurador para apresentar defesa, provas ou os documentos dos quais dispuser, no prazo de:

I – trinta dias, no caso de trabalhador urbano; ou

II – sessenta dias, no caso de:

a) trabalhador rural individual;

b) trabalhador rural avulso;

c) agricultor familiar; ou

d) segurado especial.

§ 2º A notificação a que se refere o § 1º será feita, preferencialmente:

I – por rede bancária, conforme definido em ato do INSS;

II – por meio eletrônico, por meio de cadastramento prévio, na forma definida em ato do INSS, a ser realizado por procedimento em que seja assegurada a identificação adequada do interessado;

III – por via postal, por meio de carta simples destinada ao endereço constante do cadastro do segurado que requereu o benefício, hipótese em que o aviso de recebimento será considerado prova suficiente da sua notificação;

IV – pessoalmente, quando entregue ao interessado em mão; ou

V – por edital, na hipótese de o segurado não ter sido localizado por meio da comunicação a que se refere o inciso III.

§ 3º A defesa poderá ser apresentada pelo canal de atendimento eletrônico do INSS ou na Agência da Previdência Social do domicílio do beneficiário.

§ 4º O benefício será suspenso nas seguintes hipóteses:

I – de não apresentação da defesa no prazo estabelecido no § 1º; ou

II – de defesa considerada insuficiente ou improcedente pelo INSS.

§ 5º O INSS notificará o beneficiário quanto à suspensão do benefício de que trata o § 4º, que disporá do prazo de trinta dias, contado da data de notificação, para interposição de recurso.

§ 6º Decorrido o prazo a que se refere o § 5º sem que o beneficiário, o seu representante legal ou o seu procurador apresente recurso administrativo aos canais de atendimento do INSS ou a outros canais autorizados, o benefício será cessado.

▸ §§ 1º a 6º com a redação dada pelo Dec. nº 10.410, de 30-6-2020.

§ 7º Para fins do disposto no *caput*, o INSS poderá realizar recenseamento para atualização do cadastro dos beneficiários e verificação dos benefícios administrados pelo INSS, observado o disposto nos incisos III, IV e V do § 8º.

§ 8º Aqueles que receberem benefícios realizarão anualmente a comprovação de vida nas instituições financeiras, por meio de atendimento eletrônico com uso de biometria ou por outro meio definido pelo INSS que assegure a identificação do beneficiário, observadas as seguintes disposições:

I – a prova de vida e a renovação de senha serão efetuadas por aquele que receber o benefício, que deverá ser identificado por funcionário da instituição, quando realizadas nas instituições financeiras;

II – o representante legal ou o procurador do beneficiário, legalmente cadastrado no INSS, poderá realizar a prova de vida no INSS ou na instituição financeira responsável pelo pagamento;

III – a prova de vida de segurados com idade igual ou superior a sessenta anos será disciplinada em ato do INSS;

IV – o INSS disporá de meios, incluída a realização de pesquisa externa, que garantam a identificação e o processo de prova de vida para pessoas com dificuldade de locomoção e idosos acima de oitenta anos que recebam benefícios; e

V – o INSS poderá bloquear o pagamento do benefício encaminhado às instituições financeiras até que o beneficiário atenda à convocação para a realização de prova de vida, permitida a liberação do pagamento automaticamente pela instituição financeira.

§ 8º-A. A prova de vida para quem reside no exterior, a ser encaminhada obrigatoriamente ao INSS, deverá ser realizada nas embaixadas ou nos consulados brasileiros no exterior ou por meio de apostilamento de documento definido pelo INSS para esse fim.

§ 9º O recurso de que trata o § 5º não terá efeito suspensivo.

§ 10. Apurada irregularidade recorrente ou fragilidade nos procedimentos, reconhecida na forma prevista no *caput* ou pelos órgãos de controle, os procedimentos de análise e concessão de benefícios serão revistos, de modo a reduzir o risco de fraude e concessão irregular.

§ 11. Para fins do disposto no § 8º, preservados o sigilo e a integridade dos dados, o INSS:

I – terá acesso aos dados biométricos mantidos e administrados pelos órgãos públicos federais; e

II – poderá ter, por meio de convênio, acesso aos dados biométricos hospedados em sistemas:

a) da Justiça Eleitoral; e

b) de outros entes federativos.

▸ §§ 7º a 11 acrescidos pelo Dec. nº 10.410, de 30-6-2020.

Art. 179-A. O INSS implementará e manterá processo administrativo eletrônico para requerimento de benefícios e serviços e disponibilizará canais eletrônicos de atendimento.

§ 1º O INSS facilitará o requerimento, a concessão, a manutenção e a revisão de benefícios por meio eletrônico e implementará procedimentos automatizados de atendimento e prestação de serviços por meio telefônico ou por canais remotos.

§ 2º Poderão ser celebrados acordos de cooperação, na modalidade de adesão, com órgãos e entidades da União, dos Estados, do Distrito Federal e dos Municípios, para o recebimento de documentos e o apoio administrativo às atividades do INSS que demandem a prestação de serviços presenciais.

§ 3º A implementação de serviços eletrônicos pelo INSS preverá mecanismos de controle pre-

LEGISLAÇÃO PREVIDENCIÁRIA

ventivos de fraude e de identificação segura do cidadão.

Art. 179-B. No exercício de suas competências, observado o disposto nos incisos XI e XII do *caput* do art. 5º da Constituição e na Lei nº 13.709, de 14 de agosto de 2018, o INSS terá acesso aos dados necessários para a análise, a concessão, a revisão e a manutenção de benefícios por ele administrados, em especial aos dados:

I – dos registros e dos prontuários eletrônicos do SUS, administrados pelo Ministério da Saúde;

II – dos documentos médicos mantidos por entidades públicas e privadas, e, no caso destas últimas, será necessária a celebração de convênio para que o acesso seja garantido; e

III – de movimentação das contas do FGTS, mantidas pela Caixa Econômica Federal.

§ 1º Para fins do cumprimento do disposto no *caput*, serão preservados o sigilo e a integridade dos dados acessados pelo INSS, eventualmente existentes, e, quanto aos dados dos prontuários eletrônicos do SUS e dos documentos médicos mantidos por entidades públicas e privadas, o acesso será franqueado exclusivamente aos peritos médicos federais designados pelo INSS.

§ 2º O Ministério da Economia terá acesso às bases de dados geridas ou administradas pelo INSS, incluída a folha de pagamento de benefícios detalhada.

§ 3º As bases de dados e as informações de que tratam o *caput* e o § 1º poderão ser compartilhadas com os regimes próprios de previdência social somente para fins de cumprimento de suas competências relacionadas à recepção, à análise, à concessão, à revisão e à manutenção de benefícios por eles administrados, preservados o sigilo e a integridade dos dados, na forma disciplinada em ato conjunto do Secretário Especial de Previdência e Trabalho do Ministério da Economia e do gestor dos dados.

§ 4º Fica dispensada a celebração de convênio, acordo de cooperação técnica ou instrumentos congêneres para a concessão do acesso aos dados de que trata o *caput* quando se tratar de dados hospedados por órgãos da administração pública federal e caberá ao INSS a responsabilidade de arcar com os custos envolvidos, quando houver, para o acesso ou a extração dos dados, exceto quando estabelecido de forma diversa entre os órgãos envolvidos.

§ 5º As solicitações de acesso a dados hospedados por entidades privadas têm característica de requisição, dispensados a celebração de convênio, acordo de cooperação técnica ou instrumentos congêneres para a concessão do acesso aos dados de que trata o *caput* e o ressarcimento de eventuais custos, vedado o compartilhamento dos referidos dados com outras entidades de direito privado.

Art. 179-C. O servidor responsável pela análise dos pedidos dos benefícios motivará suas decisões ou opiniões técnicas e responderá pessoalmente apenas nas hipóteses de dolo e de erro grosseiro.

Art. 179-D. A administração pública federal desenvolverá ações de segurança da informação e das comunicações, incluídas as de segurança cibernética, de segurança das infraestruturas, de qualidade dos dados e de segurança de interoperabilidade de bases governamentais, e efetuará a sua integração, inclusive com as bases de dados e informações dos Estados, do Distrito Federal e dos Municípios, com o objetivo de atenuar riscos e inconformidades em pagamentos de benefícios sociais.

Art. 179-E. Os benefícios administrados pelo INSS que forem objeto de apuração de irregularidade ou fraude pela Coordenação-Geral de Inteligência Previdenciária e Trabalhista da Secretaria Especial de Previdência e Trabalho do Ministério da Economia poderão ter o respectivo valor bloqueado cautelarmente pelo INSS, por meio de decisão fundamentada, quando houver risco iminente de prejuízo ao erário e restarem evidenciados elementos suficientes que indiquem a existência de irregularidade ou fraude na sua concessão ou manutenção, hipótese em que será facultado ao titular a apresentação de defesa, nos termos do disposto neste Regulamento.

§ 1º Para fins do disposto neste artigo, o bloqueio do valor do benefício consiste no comando bancário que impossibilita temporariamente a movimentação do valor referente ao benefício.

§ 2º Será dada prioridade à tramitação de processo no qual seja requerido o bloqueio do valor do benefício.

§ 3º Na hipótese prevista no § 2º, a tramitação do processo deverá ser concluída no prazo de trinta dias, contado da data de apresentação da defesa pelo titular do benefício.

§ 4º Encerrado o prazo de que trata o § 3º, independentemente de concluída a tramitação do processo, o benefício será desbloqueado automaticamente, ressalvada a hipótese prevista no § 5º.

§ 5º Na hipótese de o titular do benefício não apresentar defesa, o bloqueio será convertido automaticamente em suspensão do benefício.

§ 6º Ato conjunto da Secretaria Especial de Previdência e Trabalho do Ministério da Economia e do INSS disciplinará os procedimentos, os requisitos e a forma de encaminhamento das apurações de irregularidade ou fraude e de efetivação do bloqueio de que trata este artigo.

► Arts. 179-A a 179-E acrescidos pelo Dec. nº 10.410, de 30-6-2020.

Art. 180. Ressalvado o disposto nos §§ 5º e 6º do art. 13, a perda da qualidade de segurado importa em caducidade dos direitos inerentes a essa qualidade.

► *Caput* com a redação dada pelo Dec. nº 4.729, de 9-6-2003.

§ 1º A perda da qualidade de segurado não prejudica o direito à aposentadoria para cuja concessão tenham sido preenchidos todos os requisitos, segundo a legislação em vigor à época em que estes requisitos foram atendidos.

§ 2º Não será concedida pensão por morte aos dependentes do segurado que falecer após a perda desta qualidade, nos termos dos artigos 13 a 15, salvo se preenchidos os requisitos para obtenção de aposentadoria na forma do parágrafo anterior, observado o disposto no artigo 105.

§ 3º No cálculo da aposentadoria de que trata o § 1º, será observado o disposto no § 9º do artigo 32 e no artigo 52.

Art. 181. Todo e qualquer benefício concedido pelo Instituto Nacional do Seguro Social, ainda que à conta do Tesouro Nacional, submete-se ao limite a que se refere o § 5º do artigo 214.

Parágrafo único. Aos beneficiários de que trata o artigo 150 da Lei nº 8.213, de 1991, aplicam-se as disposições previstas neste Regulamento, vedada a adoção de critérios diferenciados para a concessão de benefícios.

Art. 181-A. *Revogado*. Dec. nº 10.410, de 30-6-2020.

Art. 181-B. As aposentadorias concedidas pela previdência social são irreversíveis e irrenunciáveis.

► *Caput* do art. 181-B com a redação dada pelo Dec. nº 10.410, de 30-6-2020.

§ 1º O disposto neste artigo não se aplica à concessão de aposentadoria por incapacidade permanente.

► Parágrafo único transformado em § 1º e com a redação dada pelo Dec. nº 10.410, de 30-6-2020.

§ 2º O segurado poderá desistir do seu pedido de aposentadoria desde que manifeste essa intenção e requeira o arquivamento definitivo do pedido antes da ocorrência de um dos seguintes atos:

I – recebimento do primeiro pagamento do benefício; ou

II – efetivação do saque do FGTS ou do PIS.

§ 3º O disposto no *caput* não impede a cessação dos benefícios não acumuláveis por força de disposição legal ou constitucional.

► §§ 2º e 3º acrescidos pelo Dec. nº 10.410, de 30-6-2020.

Art. 181-C. Na hipótese de o inventariante não tomar a iniciativa do pagamento das contribuições devidas pelo segurado falecido o Instituto Nacional do Seguro Social deverá requerer, no inventário ou arrolamento de bens por ele deixado, o pagamento da dívida.

Parágrafo único. Na hipótese de ter sido feita a partilha da herança sem a liquidação das contribuições devidas pelo segurado falecido, respondem os herdeiros, cada qual em proporção da parte que na herança lhe coube, aplicando-se, em relação aos herdeiros dependentes o disposto no art. 154, inciso I, combinado com o § 3º do mesmo artigo.

► Art. 181-C acrescido pelo Dec. nº 4.729, de 9-6-2003.

Art. 181-D. Se mais vantajoso, fica assegurado o direito à aposentadoria, nas condições legalmente previstas na data do cumprimento de todos os requisitos ao segurado que tiver optado por permanecer em atividade.

§ 1º Para fins do disposto no *caput*, o valor inicial da aposentadoria, apurado conforme as regras vigentes na data em que todos os requisitos tiverem sido cumpridos, será comparado com o valor da aposentadoria calculada na data de entrada do requerimento, hipótese em que será mantido o benefício mais vantajoso e será considerada como data de início do benefício a data de entrada do requerimento, observado o disposto no art. 52.

§ 2º A renda mensal inicial, apurada na forma prevista no § 1º, será reajustada pelos índices de reajustamento aplicados aos benefícios até a data de entrada do requerimento e não será devido qualquer pagamento relativamente a período anterior a essa data.

Art. 181-E. Para fins do disposto neste Regulamento, considera-se ano civil o período de doze meses contados de 1º de janeiro a 31 de dezembro do respectivo ano.

▶ Arts. 181-D e 181-E acrescidos pelo Dec. nº 10.410, de 30-6-2020.

CAPÍTULO VIII
DAS DISPOSIÇÕES TRANSITÓRIAS RELATIVAS ÀS PRESTAÇÕES DO REGIME GERAL DE PREVIDÊNCIA SOCIAL

Art. 182. A carência das aposentadorias por idade, tempo de contribuição e especial de que tratam os art. 188-H ao art. 188-P para os segurados inscritos na previdência social urbana até 24 de julho de 1991 e para os trabalhadores e empregadores rurais amparados pela previdência social rural obedecerá à seguinte tabela, considerado o ano em que o segurado tiver implementado todas as condições necessárias à obtenção do benefício, ressalvada a aposentadoria por idade, para a qual será considerado o ano em que o segurado tiver implementado a idade exigida:

▶ *Caput* com a redação dada pelo Dec. nº 10.410, de 30-6-2020.

Ano de Implementação das Condições	Meses de Contribuição Exigidos
1998	102 meses
1999	108 meses
2000	114 meses
2001	120 meses
2002	126 meses
2003	132 meses
2004	138 meses
2005	144 meses
2006	150 meses
2007	156 meses
2008	162 meses
2009	168 meses
2010	174 meses
2011	180 meses

Parágrafo único. Não se aplica a tabela de que trata o *caput* para os benefícios de aposentadoria por tempo de contribuição e por idade garantida aos segurados com deficiência, de que tratam os arts. 70-B e 70-C.

▶ Parágrafo único acrescido pelo Dec. nº 8.145, de 3-12-2013.

Art. 183. O trabalhador rural enquadrado como segurado obrigatório do RGPS, na forma da alínea a do inciso I ou da alínea *j* do inciso V do *caput* do art. 9º, pode requerer a aposentadoria por idade, no valor de um salário mínimo, até 31 de dezembro de 2010, desde que comprove o exercício de atividade rural, ainda que de forma descontínua, no período imediatamente anterior ao requerimento do benefício ou, conforme o caso, ao mês em que cumpriu o requisito etário, em número de meses idêntico à carência do referido benefício.

▶ Artigo com a redação dada pelo Dec. nº 6.722, de 30-12-2008.

Art. 183-A. Na concessão de aposentadoria por idade do empregado rural, em valor equivalente ao salário mínimo, serão contados para efeito de carência:

▶ *Caput* do art. 183-A acrescido pelo Dec. nº 6.722, de 30-12-2008.

I – até 31 de dezembro de 2010, o período de atividade comprovado na forma do inciso II, letra a, do § 2º do art. 62, observado o disposto no art. 183;

II – de janeiro de 2011 a dezembro de 2015, cada mês comprovado de emprego, multiplicado por três, limitado a doze meses dentro do respectivo ano civil; e

III – de janeiro de 2016 a dezembro de 2020, cada mês comprovado de emprego, multiplicado por dois, limitado a doze meses dentro do respectivo ano civil.

▶ Incisos I a III acrescidos pelo Dec. nº 6.722, de 30-12-2008.

§ 1º O disposto no inciso I do *caput* aplica-se ao trabalhador rural que se enquadre na categoria de segurado contribuinte individual que comprovar a prestação de serviço de natureza rural, em caráter eventual, a uma ou mais empresas, sem relação de emprego.

▶ Parágrafo único transformado em § 1º e com a redação dada pelo Dec. nº 10.410, de 30-6-2020.

§ 2º Para fins do disposto no inciso I do *caput*, a comprovação do tempo de contribuição até 31 de dezembro de 2010 do empregado rural e do contribuinte individual rural ocorrerá por meio dos documentos de que trata o § 1º do art. 19-B ou por justificação administrativa.

▶ § 2º acrescido pelo Dec. nº 10.410, de 30-6-2020.

Art. 184. O segurado que recebe aposentadoria por idade, tempo de contribuição ou especial do Regime Geral de Previdência Social que permaneceu ou retornou à atividade e que vinha contribuindo até 14 de abril de 1994, véspera da vigência da Lei nº 8.870, de 15 de abril de 1994, receberá o pecúlio, em pagamento único, quando do desligamento da atividade que vinha exercendo.

§ 1º O pecúlio de que trata este artigo consistirá em pagamento único de valor correspondente à soma das importâncias relativas às contribuições do segurado, remuneradas de acordo com o índice de remuneração básica dos depósitos de poupança com data de aniversário no dia primeiro.

§ 2º O disposto no parágrafo anterior aplica-se a contar de 25 de julho de 1991, data da vigência da Lei nº 8.213, de 1991, observada, com relação às contribuições anteriores, a legislação vigente à época do seu recolhimento.

Art. 185. Serão mantidos, de acordo com a respectiva legislação específica, as prestações e o seu financiamento, referentes aos benefícios de ferroviário servidor público ou autárquico federal ou em regime especial que não optou pelo regime da Consolidação das Leis do Trabalho, na forma da Lei nº 6.184, de 11 de dezembro de 1974, bem como de seus dependentes.

Art. 186. *Revogado*. Dec. nº 4.079, de 9-1-2002.

Art. 187. É assegurada a concessão de aposentadoria, a qualquer tempo, nas condições previstas na legislação anterior à Emenda Constitucional nº 20, de 1998, ao segurado do Regime Geral de Previdência Social que, até 16 de dezembro de 1998, tenha cumprido os requisitos para obtê-la.

§ 1º Quando da concessão de aposentadoria nos termos previstos no *caput*, o tempo de serviço será considerado até 16 de dezembro de 1998 e a renda mensal inicial será calculada com base nos trinta e seis últimos salários de contribuição anteriores àquela data, reajustada pelos mesmos índices aplicados aos benefícios, até a data de entrada do requerimento, hipótese em que não será devido qualquer pagamento relativamente a período anterior, observado, quando couber, o disposto no § 9º do art. 32.

▶ Parágrafo único transformado em § 1º e com a redação dada pelo Dec. nº 10.410, de 30-6-2020.

§ 2º O segurado que, até 16 de dezembro de 1998, tenha cumprido os requisitos para obter a aposentadoria proporcional somente fará jus ao acréscimo de cinco por cento a que se refere o § 4º do art. 188 se cumprir o requisito previsto no inciso I do *caput* do art. 188.

▶ § 2º acrescido pelo Dec. nº 10.410, de 30-6-2020.

Art. 187-A. O professor que tenha exercido atividade de magistério, em qualquer nível, e que até 16 de dezembro de 1998 não tenha implementado as condições para aposentadoria por tempo de serviço de professor, poderá ter contado esse tempo até aquela data acrescido de dezessete por cento, se homem, e de vinte por cento, se mulher, se optar pela aposentadoria transitória por tempo de contribuição, desde que cumpridos trinta e cinco anos de contribuição, se homem, e trinta anos, se mulher, exclusivamente em funções de magistério.

▶ Art. 187-A acrescido pelo Dec. nº 10.410, de 30-6-2020.

Art. 188. Ao segurado filiado ao RGPS até 16 de dezembro de 1998, uma vez cumprido o período de carência exigido, será assegurada, a qualquer tempo, a aposentadoria com valores proporcionais ao tempo de contribuição, quando cumpridos, cumulativamente, até 13 de novembro de 2019, os seguintes requisitos:

▶ *Caput* com a redação dada pelo Dec. nº 10.410, de 30-6-2020.

I – contar 53 (cinquenta e três) anos ou mais de idade, se homem, e 48 (quarenta e oito) anos ou mais de idade, se mulher; e

II – contar tempo de contribuição igual, no mínimo, à soma de:

a) trinta anos, se homem, e vinte e cinco anos, se mulher; e

b) um período adicional de contribuição equivalente a, no mínimo, quarenta por cento do tempo que, em 16 de dezembro de 1998, faltava para atingir o limite de tempo constante da alínea *a*.

▶ Alíneas *a* e *b* com a redação dada pelo Dec. nº 4.729, de 9-6-2003.

§ 1º *Revogado*. Dec. nº 4.729, de 9-6-2003.

§ 2º Para o segurado que tenha cumprido os requisitos a que se refere o *caput* até 28 de novembro de 1999, a renda mensal inicial da aposentadoria será calculada com base nos trinta e seis últimos salários de contribuição anteriores àquela data, apurados no período de quarenta e oito meses, e reajustada pelos mesmos índices aplicados ao benefício a que o segurado fazia jus, até a data de entrada do requerimento.

§ 3º Para o segurado que tenha cumprido os requisitos a que se refere o *caput* no período entre 29 de novembro de 1999 e 13 de novembro de 2019 e que optar pela aposentadoria em conformidade com as regras vigentes à época, a renda mensal inicial será calculada na forma prevista no art. 188-E e reajustada pelos mesmos índices aplicados aos benefícios do RGPS, até a data de entrada do requerimento.

§ 4º O valor da renda mensal da aposentadoria proporcional será equivalente a setenta por cento da média apurada na forma prevista nos § 2º e § 3º, acrescida de cinco pontos percentuais por ano de contribuição que supere a soma a que se refere o inciso II do *caput*, até o limite de cem por cento.

► §§ 2º a 4º com a redação dada pelo Dec. nº 10.410, de 30-6-2020.

Art. 188-A. Será assegurada a concessão de aposentadoria, a qualquer tempo, ao segurado do RGPS, inclusive o oriundo de regime próprio de previdência social, que, até 13 de novembro de 2019, uma vez cumprido o período de carência exigido, tenha cumprido os seguintes requisitos:

► *Caput* do art. 188-A com a redação dada pelo Dec. nº 10.410, de 30-6-2020.

I – no caso de aposentadoria por idade – sessenta e cinco anos de idade, se homem, e sessenta anos de idade, se mulher;

II – no caso de aposentadoria por tempo de contribuição:

a) para os professores que comprovem tempo de efetivo exercício exclusivamente em função de magistério na educação infantil, no ensino fundamental ou no ensino médio:

1. trinta anos de contribuição, se homem; ou
2. vinte e cinco anos de contribuição, se mulher; e

b) para os demais segurados:

1. trinta e cinco anos de contribuição, se homem; e
2. trinta anos de contribuição, se mulher; ou

III – no caso de aposentadoria especial – quinze, vinte ou vinte e cinco anos de contribuição, conforme o caso, para os segurados sujeitos a condições especiais que prejudiquem a sua saúde ou a sua integridade física.

► Incisos I a III acrescidos pelo Dec. nº 10.410, de 30-6-2020.

§§ 1º e 2º *Revogados*. Dec. nº 10.410, de 30-6-2020.

§ 3º *Revogado*. Dec. nº 5.399, de 24-3-2005.

§ 4º *Revogado*. Dec. nº 10.410, de 30-6-2020.

§ 5º O valor da renda mensal da aposentadoria concedida na forma prevista neste artigo será apurado na data de 13 de novembro de 2019, em conformidade com o disposto nos art. 188-E e art. 188-F, e reajustado pelos mesmos índices aplicados ao benefício até a data do requerimento.

► § 5º acrescido pelo Dec. nº 10.410, de 30-6-2020.

Art. 188-B. *Revogado*. Dec. nº 10.410, de 30-6-2020.

Arts. 188-C e 188-D. *Revogados*. Dec. nº 4.729, de 9-6-2003.

Art. 188-E. O salário de benefício a ser utilizado para apuração do valor da renda mensal dos benefícios concedidos com base em direito adquirido até 13 de novembro de 2019 consistirá:

► *Caput* com a redação dada pelo Dec. nº 10.410, de 30-6-2020.

I – para as aposentadorias por idade e por tempo de contribuição, na média aritmética simples dos maiores salários de contribuição correspondentes a oitenta por cento de todo o período contributivo, multiplicada pelo fator previdenciário; e

II – para as aposentadorias por invalidez e especial, auxílio-doença e auxílio-acidente, na média aritmética simples dos maiores salários de contribuição correspondentes a oitenta por cento de todo o período contributivo.

► Incisos I e II com a redação dada pelo Dec. nº 10.410, de 30-6-2020.

§ 1º No caso das aposentadorias por idade, por tempo de contribuição e especial, o divisor considerado no cálculo da média a que se referem os incisos I e II do *caput* não poderá ser inferior a sessenta por cento do período decorrido da competência julho de 1994 até a data de início do benefício, limitado a cem por cento de todo o período contributivo.

§ 2º O fator previdenciário a que se refere o inciso I do *caput* será calculado com base na idade, na expectativa de sobrevida e no tempo de contribuição do segurado ao se aposentar, por meio da seguinte fórmula:

$$f = \frac{Tc \times a}{Es} \times \left[1 + \frac{(Id + Tc \times a)}{100}\right]$$

Em que:

f = fator previdenciário;

Es = expectativa de sobrevida no momento da aposentadoria;

Tc = tempo de contribuição até o momento da aposentadoria;

Id = idade no momento da aposentadoria; e

a = alíquota de contribuição correspondente a 0,31.

§ 3º Para fins do disposto no § 2º, a expectativa de sobrevida do segurado na idade da aposentadoria será obtida a partir da tábua completa de mortalidade construída pelo IBGE para toda a população brasileira, considerada a média nacional única para ambos os sexos.

§ 4º Os benefícios previdenciários requeridos a partir da data de publicação da tábua de mortalidade considerarão a nova expectativa de sobrevida.

§ 5º Para efeito da aplicação do fator previdenciário, ao tempo de contribuição do segurado serão adicionados:

I – cinco anos, se mulher; ou

II – no caso de professores que comprovem tempo de efetivo exercício exclusivamente em função de magistério na educação infantil, no ensino fundamental ou no ensino médio:

a) cinco anos, se homem; e

b) dez anos, se mulher.

§ 6º Fica garantida a aplicação do fator previdenciário no cálculo das aposentadorias por tempo de contribuição e por idade devidas ao segurado com deficiência, se resultar em renda mensal de valor mais elevado, hipótese em que caberá ao INSS, quando da concessão do benefício, proceder ao cálculo da renda mensal inicial com e sem a aplicação do fator previdenciário.

§ 7º Fica garantido ao segurado com direito à aposentadoria por idade na forma do disposto no art. 188-H a opção pela não aplicação do fator previdenciário e caberá ao INSS, quando da concessão do benefício, proceder ao cálculo da renda mensal inicial com e sem o fator previdenciário.

► §§ 1º a 7º com a redação dada pelo Dec. nº 10.410, de 30-6-2020.

§ 8º O segurado que tiver cumprido os requisitos para a aposentadoria por tempo de contribuição poderá optar pela não incidência do fator previdenciário no cálculo de sua aposentadoria se o total resultante da soma de sua idade e de seu tempo de contribuição, incluídas as frações, tiver atingido o número de pontos:

► *Caput* do § 8º com a redação dada pelo Dec. nº 10.410, de 30-6-2020.

I – a partir de 18 de junho de 2015 até 30 de dezembro de 2018:

► *Caput* do inciso I com a redação dada pelo Dec. nº 10.491, de 23-9-2020.

a) igual ou superior a noventa e cinco pontos, se homem, observado o tempo mínimo de contribuição de trinta e cinco anos; ou

b) igual ou superior a oitenta e cinco pontos, se mulher, observado o tempo mínimo de contribuição de trinta anos; e

► Alíneas *a* e *b* com a redação dada pelo Dec. nº 10.410, de 30-6-2020.

II – de 31 de dezembro de 2018 até 13 de novembro de 2019:

► *Caput* com a redação dada pelo Dec. nº 10.491, de 23-9-2020.

a) igual ou superior a noventa e seis pontos, se homem, observado o tempo mínimo de contribuição de trinta e cinco anos; ou

b) igual ou superior a oitenta e seis pontos, se mulher, observado o tempo mínimo de contribuição de trinta anos.

► Alíneas *a* e *b* com a redação dada pelo Dec. nº 10.410, de 30-6-2020.

§ 9º Para fins de aplicação do disposto no *caput* e no § 8º, o tempo mínimo de contribuição dos professores que comprovarem tempo de efetivo exercício exclusivamente em função de magistério na educação infantil, no ensino fundamental ou no ensino médio será de trinta anos de contribuição, se homem, e vinte e cinco anos de contribuição, se mulher.

§ 10. Na hipótese prevista no § 9º, ao resultado da soma da idade do professor e de seu tempo de contribuição serão acrescidos cinco pontos.

► §§ 9º e 10 com a redação dada pelo Dec. nº 10.410, de 30-6-2020.

Art. 188-F. A renda mensal do benefício concedido ao segurado de que trata o art. 188-A será calculada sobre o salário de benefício, apurado na forma prevista no art. 188-E, ao qual serão aplicados os seguintes percentuais:

I – no caso de aposentadoria por idade – setenta por cento do salário de benefício, mais um ponto percentual por grupo de doze contribuições mensais, até o máximo de trinta por cento;

II – no caso de aposentadoria por tempo de contribuição:

a) cem por cento do salário de benefício aos trinta anos de contribuição, se mulher;

b) cem por cento do salário de benefício aos trinta e cinco anos de contribuição, se homem; e

c) no caso de professores que comprovem tempo de efetivo exercício exclusivamente em função de magistério na educação infantil, no ensino fundamental ou no ensino médio:

1. cem por cento do salário de benefício aos vinte e cinco anos de contribuição, se mulher; e

2. cem por cento do salário de benefício aos trinta anos de contribuição, se homem; e

III – no caso de aposentadoria especial – cem por cento do salário de benefício.

Parágrafo único. Para fins de cálculo do percentual de acréscimo de que trata o inciso I do *caput*, presume-se como efetivado o recolhimento correspondente quando se tratar de segurado empregado, empregado doméstico ou trabalhador avulso.

▸ Art. 188-F com a redação dada pelo Dec. nº 10.410, de 30-6-2020.

Art. 188-G. O tempo de contribuição até 13 de novembro de 2019 será contado de data a data, desde o início da atividade até a data do desligamento, considerados, além daqueles referidos no art. 19-C, os seguintes períodos:

I – o tempo de serviço militar, exceto se já contado para inatividade remunerada nas Forças Armadas ou auxiliares ou para aposentadoria no serviço público federal, estadual, distrital ou municipal, ainda que anterior à filiação ao RGPS, obrigatório, voluntário ou alternativo, assim considerado o tempo atribuído pelas Forças Armadas àqueles que, após o alistamento, alegaram imperativo de consciência, entendido como tal aquele decorrente de crença religiosa ou de convicção filosófica ou política, para se eximirem de atividades de caráter militar;

II – o tempo em que o anistiado político esteve compelido ao afastamento de suas atividades profissionais, em decorrência de punição ou de fundada ameaça de punição, por motivo exclusivamente político, situação que será comprovada nos termos do disposto na Lei nº 10.559, de 13 de novembro de 2002;

III – o tempo de serviço público federal, estadual, distrital ou municipal, inclusive aquele prestado a autarquia, sociedade de economia mista ou fundação instituída pelo Poder Público, regularmente certificado na forma prevista na Lei nº 3.841, de 15 de dezembro de 1960, desde que a certidão tenha sido requerida na entidade para a qual o serviço tenha sido prestado até 30 de setembro de 1975, data imediatamente anterior ao início da vigência da Lei nº 6.226, de 14 de junho de 1975;

IV – o tempo de serviço do segurado trabalhador rural anterior à competência novembro de 1991;

V – o tempo de exercício de mandato classista junto a órgão de deliberação coletiva em que, nessa qualidade, tenha havido contribuição para a previdência social;

VI – o tempo de serviço prestado à Justiça dos Estados, às serventias extrajudiciais e às escrivanias judiciais, desde que não tenha havido remuneração pelo erário e que a atividade não estivesse, à época, vinculada a regime próprio de previdência social;

VII – o tempo de atividade dos auxiliares locais de nacionalidade brasileira no exterior amparados pela Lei nº 8.745, de 9 de dezembro de 1993, anteriormente a 1º de janeiro de 1994, desde que a sua situação previdenciária esteja regularizada no INSS;

VIII – o tempo de contribuição efetuado pelo servidor público de que tratam as alíneas *i*, *j* e *l* do inciso I do *caput* do art. 9º e o § 2º do art. 26, com fundamento do disposto nos art. 8º e art. 9º da Lei nº 8.162, de 8 de janeiro de 1991, e no art. 2º da Lei nº 8.688, de 21 de julho de 1993; e

IX – o tempo exercido na condição de aluno-aprendiz referente ao período de aprendizado profissional realizado em escola técnica, desde que comprovados a remuneração pelo erário, mesmo que indireta, e o vínculo empregatício.

Parágrafo único. O tempo de contribuição de que trata este artigo será considerado para fins de cálculo do valor da renda mensal de qualquer benefício.

Art. 188-H. Ressalvado o direito de opção pelas aposentadorias de que tratam os art. 51, art. 188-I, art. 188-J, art. 188-K e art. 188-L, a aposentadoria por idade será devida, a qualquer tempo, ao segurado filiado ao RGPS até 13 de novembro de 2019 que cumprir, cumulativamente, os seguintes requisitos:

I – sessenta anos de idade, se mulher, e sessenta e cinco anos de idade, se homem;

II – quinze anos de contribuição, para ambos os sexos; e

III – carência de cento e oitenta contribuições mensais, para ambos os sexos.

§ 1º A partir de 1º de janeiro de 2020, serão acrescidos seis meses a cada ano à idade considerada mínima para a aposentadoria por idade para as mulheres até atingir sessenta e dois anos de idade.

§ 2º A data do início da aposentadoria de que trata este artigo será estabelecida em conformidade com o disposto no art. 52.

§ 3º O valor da aposentadoria de que trata este artigo corresponderá a sessenta por cento do salário de benefício definido na forma prevista no art. 32, com acréscimo de dois pontos percentuais para cada ano de contribuição que exceder o tempo de vinte anos de contribuição, para os homens, e de quinze anos de contribuição, para as mulheres.

Art. 188-I. Ressalvado o direito de opção pelas aposentadorias de que tratam os art. 51, art. 188-H, art. 188-J, art. 188-K e art. 188-L, observado o disposto no art. 199-A, a aposentadoria por tempo de contribuição será devida, a qualquer tempo, ao segurado filiado ao RGPS até 13 de novembro de 2019 que cumprir cumulativamente, os seguintes requisitos:

I – trinta anos de contribuição, se mulher, e trinta e cinco anos de contribuição, se homem;

II – somatório da idade e do tempo de contribuição, incluídas as frações, equivalente a oitenta e seis pontos, se mulher, e noventa e seis pontos, se homem; e

III – carência de cento e oitenta contribuições mensais, para ambos os sexos.

§ 1º A partir de 1º de janeiro de 2020, será acrescido um ponto a cada ano ao somatório considerado mínimo, a que se refere o inciso II do *caput*, até atingir o limite de cem pontos, se mulher, e de cento e cinco pontos, se homem.

§ 2º A idade e o tempo de contribuição serão apurados em dias para o cálculo do somatório de pontos a que se refere o inciso II do *caput*.

§ 3º A data do início da aposentadoria de que trata este artigo será estabelecida em conformidade com o disposto no art. 52.

§ 4º O valor da aposentadoria de que trata este artigo será apurado na forma prevista no § 3º do art. 188-H.

Art. 188-J. Ressalvado o direito de opção pelas aposentadorias de que tratam os art. 51, art. 188-H, art. 188-I, art. 188-K e art. 188-L, observado o disposto no art. 199-A, a aposentadoria por tempo de contribuição será devida, a qualquer tempo, ao segurado filiado ao RGPS até 13 de novembro de 2019 que cumprir, cumulativamente, os seguintes requisitos:

I – cinquenta e seis anos de idade, se mulher, e sessenta e um anos de idade, se homem;

II – trinta anos de contribuição, se mulher, e trinta e cinco anos de contribuição, se homem; e

III – carência de cento e oitenta contribuições mensais, para ambos os sexos.

§ 1º A partir de 1º de janeiro de 2020, serão acrescidos seis meses a cada ano à idade considerada mínima para aposentadoria por tempo de contribuição até atingir sessenta e dois anos, para as mulheres, e sessenta e cinco anos, para os homens.

§ 2º A data do início da aposentadoria de que trata este artigo será estabelecida em conformidade com o disposto no art. 52.

§ 3º O valor da aposentadoria concedida em conformidade com o disposto neste artigo será apurado na forma prevista no § 3º do art. 188-H.

Art. 188-K. Ressalvado o direito de opção pelas aposentadorias de que tratam os art. 51, art. 188-H, art. 188-I, art. 188-J e art. 188-L, observado o disposto no art. 199-A, a aposentadoria por tempo de contribuição será devida, a qualquer tempo, ao segurado filiado ao RGPS até 13 de novembro de 2019 que contar com mais de vinte e oito anos de contribuição, se mulher, e com mais de trinta e três anos de contribuição, se homem, que cumprir, cumulativamente, os seguintes requisitos:

I – trinta anos de contribuição, se mulher, e trinta e cinco anos de contribuição, se homem;

II – cumprimento de período adicional de contribuição correspondente a cinquenta por cento do tempo que, em 13 de novembro de 2019, faltaria para atingir trinta anos de contribuição, se mulher, e trinta e cinco anos de contribuição, se homem; e

III – carência de cento e oitenta contribuições mensais, para ambos os sexos.

§ 1º A data do início da aposentadoria de que trata este artigo será estabelecida em conformidade com o disposto no art. 52.

§ 2º O valor da aposentadoria de que trata este artigo corresponderá ao valor do salário de benefício definido na forma prevista no art. 32, multiplicado pelo fator previdenciário, calculado na forma prevista nos § 2º ao § 5º do art. 188-E.

§ 3º A aplicação do fator previdenciário no cálculo do valor da aposentadoria de que trata este artigo é obrigatória, observado o disposto no art. 32, hipótese em que não se aplica o disposto no art. 29-C da Lei nº 8.213, de 1991.

Art. 188-L. Ressalvado o direito de opção pelas aposentadorias de que tratam os art. 51, art. 188-H, art. 188-I, art. 188-J e art. 188-K, a aposentadoria por tempo de contribuição será devida, a qualquer tempo, ao segurado filiado ao RGPS até 13 de novembro de 2019 que cumprir, cumulativamente, os seguintes requisitos:

I – cinquenta e sete anos de idade, se mulher, e sessenta anos de idade, se homem;

II – trinta anos de contribuição, se mulher, e trinta e cinco anos de contribuição, se homem;

III – cumprimento de período adicional de contribuição correspondente ao tempo que, em 13 de novembro de 2019, faltaria para atingir trinta anos de contribuição, se mulher, e trinta e cinco anos de contribuição, se homem; e

IV – carência de cento e oitenta contribuições mensais, para ambos os sexos.

§ 1º A data do início da aposentadoria de que trata este artigo será estabelecida em conformidade com o disposto no art. 52.

§ 2º O valor da aposentadoria de que trata este artigo corresponderá a cem por cento do salário de benefício definido na forma prevista no art. 32.

Art. 188-M. Ressalvado o direito de opção pelas aposentadorias de que tratam os art. 51, art. 54, art. 188-H ao art. 188-L, art. 188-N e art. 188-O, observado o disposto nos § 2º e § 3º do art. 54, a aposentadoria por tempo de contribuição será devida, a qualquer tempo, ao professor filiado ao RGPS até 13 de novembro de 2019 que comprovar tempo de efetivo exercício exclusivamente em função de magistério na educação infantil, no ensino fundamental ou no ensino médio e que cumprir, cumulativamente, os seguintes requisitos:

I – vinte e cinco anos de contribuição, se mulher, e trinta anos de contribuição, se homem;

II – somatório da idade e do tempo de contribuição, incluídas as frações, equivalente a oitenta e um pontos, se mulher, e noventa e um pontos, se homem; e

III – carência de cento e oitenta contribuições mensais, para ambos os sexos.

§ 1º A partir de 1º de janeiro de 2020, será acrescido um ponto a cada ano ao somatório considerado mínimo, a que se refere o inciso II do *caput*, até atingir o limite de noventa e dois pontos, se mulher, e de cem pontos, se homem.

§ 2º A idade e o tempo de contribuição serão apurados em dias para o cálculo do somatório de pontos a que se refere o inciso II do *caput*.

§ 3º A data do início da aposentadoria de que trata este artigo será estabelecida em conformidade com o disposto no art. 52.

§ 4º O valor da aposentadoria de que trata este artigo será apurado na forma prevista no § 3º do art. 188-H.

Art. 188-N. Ressalvado o direito de opção pelas aposentadorias de que tratam os art. 51, art. 54, art. 188-H ao 188-M e art. 188-O, observado o disposto no art. 199-A, a aposentadoria por tempo de contribuição será devida, a qualquer tempo, ao professor filiado ao RGPS até 13 de novembro de 2019 que comprovar tempo de efetivo exercício exclusivamente em função de magistério na educação infantil, no ensino fundamental ou no ensino médio e cumprir, cumulativamente, os seguintes requisitos:

I – cinquenta e um anos de idade, se mulher, e cinquenta e seis anos de idade, se homem;

II – vinte e cinco anos de contribuição, se mulher, e trinta anos de contribuição, se homem; e

III – carência de cento e oitenta contribuições mensais, para ambos os sexos.

§ 1º A partir de 1º de janeiro de 2020, serão acrescidos seis meses a cada ano à idade considerada mínima para aposentadoria por idade até atingir cinquenta e sete anos, para as mulheres, e sessenta anos de idade, para os homens.

§ 2º A data do início da aposentadoria de que trata este artigo será estabelecida em conformidade com o disposto no art. 52.

§ 3º O valor da aposentadoria de que trata este artigo será apurado na forma prevista no § 3º do art. 188-H.

Art. 188-O. Ressalvado o direito de opção pelas aposentadorias de que tratam os art. 51, art. 54 e art. 188-H ao 188-N, observado o disposto nos § 2º e § 3º do art. 54, a aposentadoria por tempo de contribuição será devida, a qualquer tempo, ao professor filiado ao RGPS até 13 de novembro de 2019 que comprovar tempo de efetivo exercício exclusivamente em função de magistério na educação infantil, no ensino fundamental ou no ensino médio e que cumprir, cumulativamente, os seguintes requisitos:

I – cinquenta e dois anos de idade, se mulher, e cinquenta e cinco anos de idade, se homem;

II – vinte e cinco anos de contribuição, se mulher, e trinta anos de contribuição, se homem;

III – cumprimento de período adicional de contribuição correspondente ao tempo que, em 13 de novembro de 2019, faltaria para atingir vinte e cinco anos de contribuição, se mulher, e trinta anos de contribuição, se homem; e

IV – carência de cento e oitenta contribuições mensais, para ambos os sexos.

§ 1º A data do início da aposentadoria de que trata este artigo será estabelecida em conformidade com o disposto no art. 52.

§ 2º O valor da aposentadoria de que trata este artigo corresponderá a cem por cento do salário de benefício definido na forma prevista no art. 32.

Art. 188-P. Ressalvado o direito de opção pelas aposentadorias de que tratam os art. 51, art. 64 e art. 188-I ao 188-L, uma vez cumprido o período de carência exigido, a aposentadoria especial será devida ao segurado empregado, trabalhador avulso e contribuinte individual, este último somente quando cooperado filiado a cooperativa de trabalho ou de produção, filiados ao RGPS até 13 de novembro de 2019, quando o somatório da sua idade e do seu tempo de contribuição e o tempo de efetiva exposição forem, respectivamente, de:

I – sessenta e seis pontos e quinze anos de efetiva exposição;

II – setenta e seis pontos e vinte anos de efetiva exposição; ou

III – oitenta e seis pontos e vinte e cinco anos de efetiva exposição.

§ 1º A idade e o tempo de contribuição serão apurados em dias para o cálculo do somatório de pontos a que se refere o *caput*.

§ 2º A data do início da aposentadoria de que trata este artigo será estabelecida em conformidade com o disposto no art. 52.

§ 3º O valor da aposentadoria de que trata este artigo corresponderá a sessenta por cento do salário de benefício definido na forma prevista no art. 32, com acréscimo de dois pontos percentuais para cada ano de contribuição que exceder o tempo de vinte anos de contribuição, exceto na hipótese prevista no inciso I do *caput*, e das mulheres, cujo acréscimo será aplicado para cada ano que exceder quinze anos de tempo de contribuição.

§ 4º A concessão da aposentadoria especial prevista neste artigo dependerá da comprovação, durante os períodos mínimos exigidos:

I – do tempo de trabalho permanente, não ocasional nem intermitente; e

II – da efetiva exposição do segurado a agentes químicos, físicos e biológicos prejudiciais à saúde ou à integridade física, ou a associação desses agentes, comprovada na forma prevista nos art. 64 ao art. 68.

§ 5º A conversão de tempo de atividade sob condições especiais em tempo de atividade comum aplica-se somente ao trabalho prestado até 13 de novembro de 2019, em conformidade com o disposto na seguinte tabela:

Tempo a converter	Multiplicadores	
	Mulher (30 anos de contribuição)	Homem (35 anos de contribuição)
De 15 anos	2,00	2,33
De 20 anos	1,50	1,75
De 25 anos	1,20	1,40

§ 6º A caracterização e a comprovação do tempo de atividade sob condições especiais obedecerão ao disposto na legislação em vigor à época da prestação do serviço.

Art. 188-Q. Para a aposentadoria por idade concedida a pessoa com deficiência, será assegurada, exclusivamente para fins de cálculo do valor da renda mensal, a conversão do período de exercício de atividade sujeito a condições especiais que prejudiquem a sua saúde ou a sua integridade física, cumprido na condição de pessoa com deficiência até 13 de novembro de 2019, vedado o cômputo do tempo convertido para fins de carência.

▸ Arts. 188-G a 188-Q acrescidos pelo Dec. nº 10.410, de 30-6-2020.

Art. 189. Os benefícios de legislação especial pagos pela previdência social à conta do Tesouro Nacional e de ex-combatentes, iniciados até 16 de dezembro de 1998, serão reajustados com base nos mesmos índices aplicáveis aos benefícios de prestação continuada da previdência social.

Art. 190. A partir de 14 de outubro de 1996, não serão mais devidos os benefícios de legislação específica do jornalista profissional, do jogador profissional de futebol e do telefonista.

Parágrafo único. A aposentadoria especial do aeronauta nos moldes do Decreto-lei nº 158, de 10 de fevereiro de 1967, está extinta a partir de 16 de dezembro de 1998, passando a ser devida ao aeronauta os benefícios deste Regulamento.

Art. 191. É vedada a inclusão em regime próprio de previdência social do servidor de que tratam as alíneas *i*, *l* e *m* do inciso I do *caput* do artigo 9º, sendo automática sua filiação ao Regime Geral de Previdência Social a partir de 16 de dezembro de 1998.

Art. 192. Aos menores de 16 (dezesseis) anos filiados ao Regime Geral de Previdência Social até 16 de dezembro de 1998 são assegurados todos os direitos previdenciários.

Art. 193. O Instituto Nacional do Seguro Social deverá rever:

I – as aposentadorias concedidas no período de 29 de abril de 1995 até a data da publicação deste Regulamento, com conversão de tempo de atividade sob condições especiais em tempo de atividade comum, considerando-se a legislação vigente quando do cumprimento dos requisitos necessários à concessão das referidas aposentadorias; e

II – as aposentadorias por tempo de serviço e especial e as certidões de tempo de serviço com cômputo de tempo de serviço rural concedidas ou emitidas a partir de 24 de julho de 1991 até a data da publicação deste Regulamento.

LIVRO III – DO CUSTEIO DA SEGURIDADE SOCIAL

TÍTULO I – DO FINANCIAMENTO DA SEGURIDADE SOCIAL

CAPÍTULO I
INTRODUÇÃO

Art. 194. A seguridade social é financiada por toda a sociedade, de forma direta e indireta, mediante recursos provenientes dos orçamentos da União, dos Estados, do Distrito Federal, dos Municípios e de contribuições sociais.

▶ Art. 10 da Lei nº 8.212, de 24-7-1991 (Lei Orgânica da Seguridade Social).

Art. 195. No âmbito federal, o orçamento da seguridade social é composto de receitas provenientes:

I – da União;
II – das contribuições sociais; e
III – de outras fontes.

Parágrafo único. Constituem contribuições sociais:

I – as das empresas, incidentes sobre a remuneração paga, devida ou creditada aos segurados e demais pessoas físicas a seu serviço, mesmo sem vínculo empregatício;

II – as dos empregadores domésticos, incidentes sobre o salário de contribuição dos empregados domésticos a seu serviço;

III – as dos trabalhadores, incidentes sobre seu salário de contribuição;

IV – as das associações desportivas que mantêm equipe de futebol profissional, incidentes sobre a receita bruta decorrente dos espetáculos desportivos de que participem em todo território nacional em qualquer modalidade desportiva, inclusive jogos internacionais, e de qualquer forma de patrocínio, licenciamento de uso de marcas e símbolos, publicidade, propaganda e transmissão de espetáculos desportivos;

V – as incidentes sobre a receita bruta proveniente da comercialização da produção rural;

VI – as das empresas, incidentes sobre a receita ou o faturamento e o lucro; e

VII – as incidentes sobre a receita de concursos de prognósticos.

▶ Art. 11 da Lei nº 8.212, de 24-7-1991 (Lei Orgânica da Seguridade Social).

CAPÍTULO II
DA CONTRIBUIÇÃO DA UNIÃO

Art. 196. A contribuição da União é constituída de recursos adicionais do Orçamento Fiscal, fixados obrigatoriamente na Lei Orçamentária anual.

Parágrafo único. A União é responsável pela cobertura de eventuais insuficiências financeiras da seguridade social, quando decorrentes do pagamento de benefícios de prestação continuada da previdência social, na forma da Lei Orçamentária anual.

▶ Art. 11 da Lei nº 8.212, de 24-7-1991 (Lei Orgânica da Seguridade Social).

Art. 197. Para pagamento dos encargos previdenciários da União poderão contribuir os recursos da seguridade social referidos no inciso VI do parágrafo único do artigo 195, na forma da Lei Orçamentária anual, assegurada a destinação de recursos para as ações de saúde e assistência social.

CAPÍTULO III
DA CONTRIBUIÇÃO DO SEGURADO

Seção I
DA CONTRIBUIÇÃO DO SEGURADO EMPREGADO, EMPREGADO DOMÉSTICO E TRABALHADOR AVULSO

Art. 198. A contribuição do segurado empregado, inclusive o doméstico, e do trabalhador avulso é calculada por meio da aplicação da alíquota correspondente, de forma progressiva, sobre o seu salário de contribuição mensal, observado o disposto no art. 214, de acordo com a seguinte tabela, com vigência a partir de 1º de março de 2020:

▶ *Caput* com a redação dada pelo Dec. nº 10.410, de 30-6-2020.

Salário de Contribuição (R$)	Alíquota Progressiva para fins de Recolhimento ao INSS
até 1.302,00	7,5%
de 1.302,01 até 2.571,29	9%
de 2.571,30 até 3.856,94	12%
de 3.856,95 até 7.507,49	14%

▶ Valores atualizados pela Port. Interministerial do MTPrev e MF nº 26, de 10-1-2023 (*DOU* de 11-1-2023).

Parágrafo único. A contribuição do segurado trabalhador rural a que se refere a alínea *r* do inciso I do art. 9º é de oito por cento sobre o respectivo salário de contribuição definido no inciso I do art. 214.

▶ Parágrafo único acrescido pelo Dec. nº 6.722, de 30-12-2008.

Seção II
DA CONTRIBUIÇÃO DOS SEGURADOS CONTRIBUINTE INDIVIDUAL E FACULTATIVO

▶ Seção II com a denominação dada pelo Dec. nº 6.042, de 12-2-2007.

Art. 199. A alíquota de contribuição dos segurados contribuinte individual e facultativo é de vinte por cento aplicada sobre o respectivo salário de contribuição, observados os limites a que se referem os §§ 3º e 5º do artigo 214.

▶ Artigo com a redação dada pelo Dec. nº 3.265, de 29-11-1999.

▶ Art. 21 da Lei nº 8.212, de 24-7-1991 (Lei Orgânica da Seguridade Social).

Art. 199-A. A partir da competência em que o segurado fizer a opção pela exclusão do direito ao benefício de aposentadoria por tempo de contribuição, é de onze por cento, sobre o valor correspondente ao limite mínimo mensal do salário de contribuição, a alíquota de contribuição:

▶ *Caput* do art. 199-A acrescido pelo Dec. nº 6.042, de 12-2-2007.

I – do segurado contribuinte individual, que trabalhe por conta própria, sem relação de trabalho com empresa ou equiparado;

▶ Inciso I acrescido pelo Dec. nº 6.042, de 12-2-2007.

II – do segurado facultativo, observado o disposto no inciso II do § 1º; e

III – até a competência abril de 2011, do MEI, de que trata o § 26 do art. 9º, cuja contribuição deverá ser recolhida na forma regulamentada em ato do Comitê Gestor do Simples Nacional.

▶ Incisos II e III com a redação dada pelo Dec. nº 10.410, de 30-6-2020.

§ 1º A alíquota de contribuição de que trata o *caput* é de cinco por cento:

I – a partir da competência maio de 2011, para o MEI, de que trata o § 26 do art. 9º, cuja contribuição deverá ser recolhida na forma regulamentada em ato do Comitê Gestor do Simples Nacional; e

II – a partir da competência setembro de 2011, para o segurado facultativo sem renda própria que se dedique exclusivamente ao trabalho doméstico no âmbito de sua residência, desde que pertencente a família de baixa renda, observado o disposto no § 5º.

§ 2º O segurado, inclusive aquele com deficiência, que tenha contribuído na forma do *caput* e do § 1º e pretenda contar o tempo de contribuição correspondente para fins de obtenção de aposentadoria por tempo de contribuição ou de contagem recíproca do tempo de contribuição deverá complementar a contribuição mensal.

§ 3º A complementação de que trata o § 2º será feita por meio do recolhimento da diferença entre o percentual pago e o de vinte por cento sobre o valor correspondente ao limite mínimo mensal do salário de contribuição em vigor na competência a ser complementada, acrescido dos juros moratórios de que trata o § 3º do art. 5º da Lei nº 9.430, de 27 de dezembro de 1996.

▶ §§ 1º a 3º com a redação dada pelo Dec. nº 10.410, de 30-6-2020.

§ 4º A contribuição complementar referida nos § 2º e § 3º será exigida a qualquer tempo, sob pena do indeferimento ou do cancelamento da certidão emitida para fins de contagem recíproca ou da aposentadoria por tempo de contribuição, observado o disposto no art. 347-A.

§ 5º Para fins do disposto no inciso II do § 1º, considera-se de baixa renda a família inscrita no Cadastro Único para Programas Sociais do Governo Federal – CadÚnico cuja renda mensal seja de até dois salários mínimos.

§ 6º O segurado facultativo que auferir renda própria não poderá recolher contribuição na forma prevista no § 1º, exceto se a renda for proveniente, exclusivamente, de auxílios assistenciais de natureza eventual e temporária e de valores oriundos de programas sociais de transferência de renda, observado o disposto no § 5º.

▶ §§ 4º a 6º acrescidos pelo Dec. nº 10.410, de 30-6-2020.

Seção III
DA CONTRIBUIÇÃO DO PRODUTOR RURAL PESSOA FÍSICA E DO SEGURADO ESPECIAL

Art. 200. A contribuição do empregador rural pessoa física, em substituição à contribuição de que tratam o inciso I do artigo 201 e o artigo 202, e a do segurado especial, incidente sobre a receita bruta da comercialização da produção rural, é de:

► *Caput* com a redação dada pelo Dec. nº 4.032, de 26-11-2001.

I – 1,2 % (um inteiro e dois décimos por cento); e

► Inciso I com a redação dada pelo Dec. nº 10.410, de 30-6-2020.

II – 0,1% (zero vírgula um por cento) para o financiamento dos benefícios concedidos em razão do grau de incidência de incapacidade laborativa decorrente dos riscos ambientais do trabalho.

§ 1º *Revogado*. Dec. nº 4.032, de 26-11-2001.

§ 2º O segurado especial referido neste artigo, além da contribuição obrigatória de que tratam os incisos I e II do *caput*, poderá contribuir, facultativamente, na forma do art. 199.

► § 2º com a redação dada pelo Dec. nº 6.042, de 12-2-2007.

§ 3º O produtor rural pessoa física de que trata a alínea *a* do inciso V do *caput* do artigo 9º contribui, também, obrigatoriamente, na forma do artigo 199, observando ainda o disposto nas alíneas *a* e *b* do inciso I do artigo 216.

§ 4º Integra a receita bruta de que trata este artigo, além dos valores decorrentes da comercialização da produção relativa aos produtos a que se refere o § 5º, a receita proveniente:

I – da comercialização da produção obtida em razão de contrato de parceria ou meação de parte do imóvel rural;

II – da comercialização de artigos de artesanato de que trata o inciso VII do § 8º do art. 9º;

III – de serviços prestados, de equipamentos utilizados e de produtos comercializados no imóvel rural, desde que em atividades turística e de entretenimento desenvolvidas no próprio imóvel, inclusive hospedagem, alimentação, recepção, recreação e atividades pedagógicas, bem como taxa de visitação e serviços especiais;

IV – do valor de mercado da produção rural dada em pagamento ou que tiver sido trocada por outra, qualquer que seja o motivo ou finalidade; e

V – de atividade artística de que trata o inciso VIII do § 8º do art. 9º.

§ 5º Integram a produção, para os efeitos dos incisos I e II do *caput*, observado o disposto no § 25 do art. 9º, os produtos de origem animal ou vegetal, em estado natural ou submetidos a processos de beneficiamento ou industrialização rudimentar, assim compreendidos, entre outros, os processos de lavagem, limpeza, descaroçamento, pilagem, descascamento, lenhamento, pasteurização, resfriamento, secagem, socagem, fermentação, embalagem, cristalização, fundição, carvoejamento, cozimento, destilação, moagem e torrefação, bem como os subprodutos e os resíduos obtidos por meio desses processos.

► §§ 4º e 5º com a redação dada pelo Dec. nº 6.722, de 30-12-2008.

§ 6º *Revogado*. Dec. nº 6.722, de 30-12-2008.

§ 7º A contribuição de que trata este artigo será recolhida:

I – pela empresa adquirente, consumidora ou consignatária ou a cooperativa, que ficam sub-rogadas no cumprimento das obrigações do produtor rural pessoa física de que trata a alínea *a* do inciso V do *caput* do artigo 9º e do segurado especial, independentemente de as operações de venda ou consignação terem sido realizadas diretamente com estes ou com intermediário pessoa física, exceto nos casos do inciso III;

II – pela pessoa física não produtor rural, que fica sub-rogada no cumprimento das obrigações do produtor rural pessoa física de que trata a alínea *a* do inciso V do *caput* do artigo 9º e do segurado especial, quando adquire produção para venda, no varejo, a consumidor pessoa física; ou

III – pela pessoa física de que trata a alínea *a* do inciso V do *caput* do artigo 9º e pelo segurado especial, caso comercializem sua produção com adquirente domiciliado no exterior, diretamente, no varejo, a consumidor pessoa física, a outro produtor rural pessoa física ou a outro segurado especial.

§ 8º O produtor rural pessoa física continua obrigado a arrecadar e recolher ao Instituto Nacional do Seguro Social a contribuição do segurado empregado e do trabalhador avulso a seu serviço, descontando-a da respectiva remuneração, nos mesmos prazos e segundo as mesmas normas aplicadas às empresas em geral.

► Art. 25 da Lei nº 8.212, de 24-7-1991 (Lei Orgânica da Seguridade Social).

§ 9º Sem prejuízo do disposto no inciso III do § 7º, o produtor rural pessoa física e o segurado especial são obrigados a recolher, diretamente, a contribuição incidente sobre a receita bruta proveniente:

I – da comercialização de artigos de artesanato elaborados com matéria-prima produzida pelo respectivo grupo familiar;

II – de comercialização de artesanato ou do exercício de atividade artística, observado o disposto nos incisos VII e VIII do § 8º do art. 9º; e

III – de serviços prestados, de equipamentos utilizados e de produtos comercializados no imóvel rural, desde que em atividades turística e de entretenimento desenvolvidas no próprio imóvel, inclusive hospedagem, alimentação, recepção, recreação e atividades pedagógicas, bem como taxa de visitação e serviços especiais.

§ 10. O segurado especial é obrigado a arrecadar a contribuição de trabalhadores a seu serviço e a recolhê-la no prazo referido na alínea *b* do inciso I do art. 216.

► §§ 9º e 10 acrescidos pelo Dec. nº 6.722, de 30-12-2008.

§ 11. Não integram a base de cálculo da contribuição de que trata o *caput* a produção rural destinada ao plantio ou ao reflorestamento nem o produto animal destinado à reprodução ou à criação pecuária ou granjeira e à utilização como cobaia para fins de pesquisas científicas, quando vendido pelo próprio produtor a quem o utilize diretamente com essas finalidades e, no caso de produto vegetal, a pessoa ou entidade registrada no Ministério da Agricultura, Pecuária e Abastecimento que se dedique ao comércio de sementes e mudas no País.

§ 12. O produtor rural pessoa física poderá optar por contribuir na forma prevista no *caput* deste artigo ou na forma prevista no inciso I do *caput* do art. 201 e no art. 202, hipótese em que deverá manifestar a sua opção por meio do pagamento da contribuição incidente sobre a folha de salários relativa a janeiro de cada ano-calendário ou à primeira competência subsequente ao início da atividade rural.

§ 13. A opção de contribuição de que trata o § 12 será irretratável para todo o ano-calendário.

► §§ 11 a 13 acrescidos pelo Dec. nº 10.410, de 30-6-2020.

Art. 200-A. Equipara-se ao empregador rural pessoa física o consórcio simplificado de produtores rurais, formado pela união de produtores rurais pessoas físicas, que outorgar a um deles poderes para contratar, gerir e demitir trabalhadores rurais, na condição de empregados, para prestação de serviços, exclusivamente, aos seus integrantes, mediante documento registrado em cartório de títulos e documentos.

§ 1º O documento de que trata o *caput* deverá conter a identificação de cada produtor, seu endereço pessoal e o de sua propriedade rural, bem como o respectivo registro no Instituto Nacional de Colonização e Reforma Agrária ou informações relativas à parceria, arrendamento ou equivalente e à matrícula no INSS de cada um dos produtores rurais.

§ 2º O consórcio deverá ser matriculado no INSS, na forma por este estabelecida, em nome do empregador a quem hajam sido outorgados os mencionados poderes.

► Art. 25-A da Lei nº 8.212, de 24-7-1991 (Lei Orgânica da Seguridade Social).

Art. 200-B. As contribuições de que tratam o inciso I do artigo 201 e o artigo 202, bem como a devida ao Serviço Nacional Rural, são substituídas, em relação à remuneração paga, devida ou creditada ao trabalhador rural contratado pelo consórcio simplificado de produtores rurais de que trata o artigo 200-A, pela contribuição dos respectivos produtores rurais.

► Arts. 200-A e 200-B acrescidos pelo Dec. nº 4.032, de 26-11-2001.

CAPÍTULO IV

DAS CONTRIBUIÇÕES DA EMPRESA E DO EMPREGADOR DOMÉSTICO

Seção I

DAS CONTRIBUIÇÕES DA EMPRESA

Art. 201. A contribuição a cargo da empresa, destinada à seguridade social, é de:

I – 20% (vinte por cento) sobre o total das remunerações pagas, devidas ou creditadas, a qualquer título, no decorrer do mês, aos segurados empregado e trabalhador avulso, além das contribuições previstas nos artigos 202 e 204;

II – 20% (vinte por cento) sobre o total das remunerações ou retribuições pagas ou creditadas no decorrer do mês ao segurado contribuinte individual;

► Incisos I e II com a redação dada pelo Dec. nº 3.265, de 29-11-1999.

III – *Revogado*. Dec. nº 10.410, de 30-6-2020;

IV – 1,7 % (um inteiro e sete décimos por cento) sobre o total da receita bruta proveniente da comercialização da produção rural, em substituição às contribuições previstas no inciso I do *caput* e no art. 202, quando se tratar de pessoa jurídica que tenha como fim apenas a atividade de produção rural.

► Inciso IV com a redação dada pelo Dec. nº 10.410, de 30-6-2020.

§ 1º São consideradas remuneração as importâncias auferidas em uma ou mais empresas, assim entendida a totalidade dos rendimentos pagos, devidos ou creditados a qualquer título, durante o mês, destinados a retribuir o trabalho, qualquer que seja a sua forma, inclusive os ganhos habituais sob a forma de utilidades, ressalvado o disposto no § 9º do artigo 214 e excetuado o lucro distribuído ao segurado empresário, observados os termos do inciso II do § 5º.

§ 2º Para fins do disposto no inciso II do *caput*, integra a remuneração a bolsa de estudos paga ou creditada ao médico-residente participante do programa de residência médica de que trata o art. 4º da Lei nº 6.932, de 1981.

▶ § 2º com a redação dada pelo Dec. nº 10.410, de 30-6-2020.

§ 3º Não havendo comprovação dos valores pagos ou creditados aos segurados de que tratam as alíneas *e* a *i* do inciso V do artigo 9º, em face de recusa ou sonegação de qualquer documento ou informação, ou sua apresentação deficiente, a contribuição da empresa referente a esses segurados será de vinte por cento sobre:

▶ § 3º com a redação dada pelo Dec. nº 3.452, de 9-5-2000.

I – o salário de contribuição do segurado nessa condição;

II – a maior remuneração paga a empregados da empresa; ou

III – o salário mínimo, caso não ocorra nenhuma das hipóteses anteriores.

▶ Incisos I a III acrescidos pelo Dec. nº 3.452, de 9-5-2000.

§ 4º Na contratação de serviços de transporte rodoviário de carga ou de passageiro ou de serviços prestados com a utilização de trator, máquina de terraplenagem, colheitadeira e assemelhados a base de cálculo da contribuição da empresa corresponde a vinte por cento do valor registrado na nota fiscal, na fatura ou no recibo, quando esses serviços forem prestados sem vínculo empregatício por condutor autônomo de veículo rodoviário, auxiliar de condutor autônomo de veículo rodoviário, inclusive por taxista e motorista de transporte remunerado privado individual de passageiros, e operador de máquinas.

▶ § 4º com a redação dada pelo Dec. nº 10.410, de 30-6-2020.

§ 5º No caso de sociedade civil de prestação de serviços profissionais relativos ao exercício de profissões legalmente regulamentadas, a contribuição da empresa referente aos segurados a que se referem as alíneas *g* a *i* do inciso V do artigo 9º, observado o disposto no artigo 225 e legislação específica, será de vinte por cento sobre:

▶ § 5º com a redação dada pelo Dec. nº 3.265, de 29-11-1999.

I – a remuneração paga ou creditada aos sócios em decorrência de seu trabalho, de acordo com a escrituração contábil da empresa; ou

▶ Inciso I com a redação dada pelo Dec. nº 3.265, de 29-11-1999.

II – os valores totais pagos ou creditados aos sócios, ainda que a título de antecipação de lucro da pessoa jurídica, quando não houver discriminação entre a remuneração decorrente do trabalho e a proveniente do capital social ou tratar-se de adiantamento de resultado ainda não apurado por meio de demonstração de resultado do exercício.

▶ Inciso II com a redação dada pelo Dec. nº 4.729, de 9-6-2003.

§ 6º No caso de banco comercial, banco de investimento, banco de desenvolvimento, caixa econômica, sociedade de crédito, financiamento e investimento, sociedade de crédito imobiliário, inclusive associação de poupança e empréstimo, sociedade corretora, distribuidora de títulos e valores mobiliários, inclusive bolsa de mercadorias e de valores, empresa de arrendamento mercantil, cooperativa de crédito, empresa de seguros privados e de capitalização, agente autônomo de seguros privados e de crédito e entidade de previdência privada, aberta e fechada, além das contribuições referidas nos incisos I e II do *caput* e nos artigos 202 e 204, é devida a contribuição adicional de dois vírgula cinco por cento sobre a base de cálculo definida nos incisos I e II do *caput*.

▶ § 6º com a redação dada pelo Dec. nº 3.265, de 29-11-1999.

§ 7º A pessoa jurídica enquadrada na condição de microempresa ou de empresa de pequeno porte, na forma do artigo 2º da Lei nº 9.317, de 5 de dezembro de 1996, que optar pela inscrição no Sistema Integrado de Pagamento de Impostos e Contribuições das Microempresas e Empresas de Pequeno Porte, contribuirá na forma estabelecida no artigo 23 da referida Lei, em substituição às contribuições de que tratam os incisos I a IV do *caput* e os artigos 201-A, 202 e 204.

▶ § 7º com a redação dada pelo Dec. nº 4.032, de 26-11-2001.

▶ A Lei nº 9.317, de 5-12-1996, foi revogada pela LC nº 123, de 14-12-2006.

§ 8º A contribuição será sempre calculada na forma do inciso II do *caput* quando a remuneração ou retribuição for paga ou creditada a pessoa física, quando ausentes os requisitos que caracterizem o segurado como empregado, mesmo que não esteja inscrita no Regime Geral de Previdência Social.

▶ § 8º com a redação dada pelo Dec. nº 3.265, de 29-11-1999.

§§ 9º a 14. *Revogados*. Dec. nº 3.265, de 29-11-1999.

§ 15. Para fins do disposto no inciso IV do *caput* e no § 8º do art. 202, considera-se receita bruta o valor recebido ou creditado pela comercialização da produção, assim entendida a operação de venda ou consignação, observadas as disposições constantes dos § 5º e § 11 do art. 200.

▶ § 15 com a redação dada pelo Dec. nº 10.410, de 30-6-2020.

§ 16. A partir de 14 de outubro de 1996, as contribuições de que tratam o inciso IV do *caput* e o § 8º do artigo 202 são de responsabilidade do produtor rural pessoa jurídica, não sendo admitida a sub-rogação ao adquirente, consignatário ou cooperativa.

§ 17. O produtor rural pessoa jurídica continua obrigado a arrecadar e recolher ao Instituto Nacional do Seguro Social a contribuição do segurado empregado e do trabalhador avulso a seu serviço, descontando-a da respectiva remuneração, nos mesmos prazos e segundo as mesmas normas aplicadas às empresas em geral.

§ 18. *Revogado*. Dec. nº 4.032, de 26-11-2001.

§ 19. A cooperativa de trabalho não está sujeita à contribuição de que trata o inciso II do *caput*, em relação às importâncias por ela pagas, distribuídas ou creditadas aos respectivos cooperados, a título de remuneração ou retribuição pelos serviços que, por seu intermédio, tenham prestado a empresas.

▶ § 19 com a redação dada pelo Dec. nº 3.452, de 9-5-2000.

§ 20. *Revogado*. Dec. nº 10.410, de 30-6-2020.

§ 21. O disposto no inciso IV do *caput* não se aplica às operações relativas à prestação de serviços a terceiros, cujas contribuições previdenciárias continuam sendo devidas na forma deste artigo e do artigo 202.

§ 22. A pessoa jurídica, exceto a agroindústria, que, além da atividade rural, explorar também outra atividade econômica autônoma, quer seja comercial, industrial ou de serviços, no mesmo ou em estabelecimento distinto, independentemente de qual seja a atividade preponderante, contribuirá de acordo com os incisos I, II e III do artigo 201 e artigo 202.

▶ §§ 21 e 22 acrescidos pelo Dec. nº 4.032, de 26-11-2001.

▶ Art. 22 da Lei nº 8.212, de 24-7-1991 (Lei Orgânica da Seguridade Social).

§ 23. Nos contratos de trabalho intermitente, a empresa recolherá as contribuições previdenciárias da empresa e do empregado e o valor devido ao FGTS, o qual será calculado com base nos valores pagos no período mensal, e fornecerá ao empregado o comprovante de cumprimento dessas obrigações.

§ 24. Não integram a base de cálculo da contribuição de que trata o inciso IV do *caput* a produção rural destinada ao plantio ou ao reflorestamento nem o produto animal destinado à reprodução ou à criação pecuária ou granjeira e à utilização como cobaia para fins de pesquisas científicas, quando vendido pelo próprio produtor a quem o utilize diretamente com essas finalidades e, no caso de produto vegetal, a pessoa ou entidade registrada no Ministério da Agricultura, Pecuária e Abastecimento que se dedique ao comércio de sementes e mudas no País.

§ 25. O empregador rural pessoa jurídica poderá optar por contribuir na forma prevista no inciso I do *caput* deste artigo e no *caput* do art. 202 ou na forma prevista no inciso IV do *caput* deste artigo e no § 8º do art. 202, hipótese em que deverá manifestar a sua opção por meio do pagamento da contribuição incidente sobre a folha de salários relativa a janeiro de cada ano-calendário ou à primeira competência subsequente ao início da atividade rural.

§ 26. A opção de contribuição de que trata o § 25 será irretratável para todo o ano-calendário.

§ 27. A empresa contratante de serviços de hidráulica, eletricidade, pintura, alvenaria, carpintaria e manutenção ou reparo de veículos, executados por intermédio de MEI, mantém, em relação a essa contratação, a obrigatoriedade de recolhimento da contribuição a que se referem o inciso II do *caput* e o § 6º.

▶ §§ 23 a 27 acrescidos pelo Dec. nº 10.410, de 30-6-2020.

Art. 201-A. A contribuição devida pela agroindústria, definida como sendo o produtor rural pessoa jurídica cuja atividade econômica seja a industrialização de produção própria ou de produção própria e adquirida de terceiros, incidente sobre o valor da receita bruta proveniente da comercialização da produção, em substituição às previstas no inciso I do artigo 201 e artigo 202, é de:

► Art. 201-A acrescido pelo Dec. nº 4.032, de 26-11-2001.

I – 2,5% (dois vírgula cinco por cento) destinados à Seguridade Social; e

II – 0,1% (zero vírgula um por cento) para o financiamento do benefício previsto nos artigos 64 a 70, e daqueles concedidos em razão do grau de incidência de incapacidade para o trabalho decorrente dos riscos ambientais da atividade.

§ 1º Para os fins deste artigo, entende-se por receita bruta o valor total da receita proveniente da comercialização da produção própria e da adquirida de terceiros, industrializada ou não.

§ 2º O disposto neste artigo não se aplica às operações relativas à prestação de serviços a terceiros, cujas contribuições previdenciárias continuam sendo devidas na forma do artigo 201 e 202, obrigando-se a empresa a elaborar folha de salários e registros contábeis distintos.

§ 3º Na hipótese do § 2º, a receita bruta correspondente aos serviços prestados a terceiros não integram a base de cálculo da contribuição de que trata o *caput*.

§ 4º O disposto neste artigo não se aplica:

I – às sociedades cooperativas e às agroindústrias de piscicultura, carcinicultura, suinocultura e avicultura; e

II – à pessoa jurídica que, relativamente à atividade rural, se dedique apenas ao florestamento e reflorestamento como fonte de matéria-prima para industrialização própria mediante a utilização de processo industrial que modifique a natureza química da madeira ou a transforme em pasta celulósica.

► § 4º com a redação dada pelo Dec. nº 4.862, de 21-10-2003.

§ 5º Aplica-se o disposto no inciso II do § 4º ainda que a pessoa jurídica comercialize resíduos vegetais ou sobras ou partes da produção, desde que a receita bruta decorrente dessa comercialização represente menos de um por cento de sua receita bruta proveniente da comercialização da produção.

► § 5º acrescido pelo Dec. nº 4.862, de 21-10-2003.

► Art. 22-A da Lei nº 8.212, de 24-7-1991 (Lei Orgânica da Seguridade Social).

Art. 201-B. Aplica-se o disposto no artigo anterior, ainda que a agroindústria explore, também, outra atividade econômica autônoma, no mesmo ou em estabelecimento distinto, hipótese em que a contribuição incidirá sobre o valor da receita bruta dela decorrente.

► Art. 201-B acrescido pelo Dec. nº 4.032, de 26-11-2001.

Art. 201-C. Quando a cooperativa de produção rural contratar empregados para realizarem, exclusivamente, a colheita da produção de seus cooperados, as contribuições de que tratam o artigo 201, I, e o artigo 202, relativas à folha de salário destes segurados, serão substituídas pela contribuição devida pelos cooperados, cujas colheitas sejam por eles realizadas, incidentes sobre a receita bruta da comercialização da produção rural, na forma prevista no artigo 200, se pessoa física, no inciso IV do *caput* do artigo 201 e no § 8º do artigo 202, se pessoa jurídica.

§ 1º A cooperativa deverá elaborar folha de salários distinta e apurar os encargos decorrentes da contratação de que trata o *caput* separadamente dos relativos aos seus empregados regulares, discriminadamente por cooperado, na forma definida pelo INSS.

§ 2º A cooperativa é diretamente responsável pela arrecadação e recolhimento da contribuição previdenciária dos segurados contratados na forma deste artigo.

§ 3º O disposto neste artigo aplica-se à contribuição devida ao Serviço Nacional Rural.

► Art. 201-C acrescido pelo Dec. nº 4.032, de 26-11-2001.

Art. 201-D. As alíquotas de que tratam os incisos I e II do art. 201, em relação às empresas que prestam serviços de tecnologia da informação – TI e de tecnologia da informação e comunicação – TIC, ficam reduzidas de acordo com a aplicação sucessiva das seguintes operações:

► Artigo acrescido pelo Dec. nº 6.945, de 21-8-2009.

I – subtrair do valor da receita bruta total de venda de bens e serviços relativa aos doze meses imediatamente anteriores ao trimestre-calendário o valor correspondente aos impostos e às contribuições incidentes sobre venda;

II – identificar, no valor da receita bruta total resultante da operação prevista no inciso I, a parte relativa aos serviços mencionados nos §§ 3º e 4º que foram exportados;

III – dividir a receita bruta de exportação resultante do inciso II pela receita bruta total resultante do inciso I;

IV – multiplicar a razão decorrente do inciso III por um décimo;

► Incisos I a IV acrescidos pelo Dec. nº 6.945, de 21-8-2009.

V – multiplicar o valor encontrado de acordo com a operação do inciso IV por cem, para que se chegue ao percentual de redução;

VI – subtrair de vinte por cento o percentual resultante do inciso V, de forma que se obtenha a nova alíquota percentual a ser aplicada sobre a base de cálculo da contribuição previdenciária.

§ 1º A alíquota apurada na forma do inciso VI do *caput* será aplicada uniformemente nos meses que compõem o trimestre-calendário.

§ 2º No caso de empresa em início de atividades ou sem receita de exportação até a data de publicação da Lei nº 11.774, de 17 de setembro de 2008, a apuração de que trata o *caput* poderá ser realizada com base em período inferior a doze meses, observado o mínimo de três meses anteriores.

§ 3º Para efeito do *caput*, consideram-se serviços de TI e TIC:

I – análise e desenvolvimento de sistemas;

II – programação;

III – processamento de dados e congêneres;

IV – elaboração de programas de computadores, inclusive de jogos eletrônicos;

V – licenciamento ou cessão de direito de uso de programas de computação;

VI – assessoria e consultoria em informática;

VII – suporte técnico em informática, inclusive instalação, configuração e manutenção de programas de computação e bancos de dados; e

VIII – planejamento, confecção, manutenção e atualização de páginas eletrônicas.

§ 4º O disposto neste artigo aplica-se também a empresas que prestam serviços de *call center*.

§ 5º No caso das empresas que prestam serviços referidos nos §§ 3º e 4º, os valores das contribuições devidas a terceiros, denominados outras entidades ou fundos, com exceção do Fundo Nacional de Desenvolvimento da Educação – FNDE, ficam reduzidos no percentual resultante das operações referidas no *caput* e de acordo com a aplicação sucessiva das seguintes operações:

I – calcular a contribuição devida no mês a cada entidade ou fundo, levando em consideração as regras aplicadas às empresas em geral;

II – aplicar o percentual de redução, resultante do inciso V do *caput*, sobre o valor resultante do inciso I;

III – subtrair, do valor apurado na forma do inciso I, o valor obtido no inciso II, o que resultará no valor a ser recolhido a cada entidade ou fundo no mês.

► §§ 1º a 5º acrescidos pelo Dec. nº 6.945, de 21-8-2009.

§ 6º As reduções de que tratam o *caput* e o § 5º pressupõem o atendimento ao seguinte:

► § 6º acrescido pelo Dec. nº 6.945, de 21-8-2009.

I – até 31 de dezembro de 2009, a empresa deverá implementar o Programa de Prevenção de Riscos Ambientais e de Doenças Ocupacionais previsto em lei, caracterizado pela plena execução do Programa de Prevenção de Riscos Ambientais – PPRA e do Programa de Controle Médico de Saúde Ocupacional – PCMSO, conforme disciplinado nas normas regulamentadoras do Ministério do Trabalho e Emprego, devendo ainda estabelecer metas de melhoria das condições e do ambiente de trabalho que reduzam a ocorrência de benefícios por incapacidade decorrentes de acidentes do trabalho ou doenças ocupacionais em pelo menos cinco por cento em relação ao ano anterior;

► *Caput* do inciso I com a redação dada pelo Dec. nº 7.331, de 19-10-2010.

a) a responsabilidade pela elaboração do programa de prevenção de riscos ambientais e de doenças ocupacionais será, exclusivamente, de engenheiro com especialização em Engenharia de Segurança do Trabalho, devidamente registrado no Conselho Regional de Engenharia e Arquitetura – CREA, que o assinará;

b) o programa de prevenção de riscos ambientais e de doenças ocupacionais elaborado deverá ser homologado pelas Superintendências Regionais do Trabalho, vinculadas ao Ministério do Trabalho e Emprego, e será colocado à disposição da fiscalização da Secretaria da Receita Federal do Brasil e do Ministério do Trabalho e Emprego sempre que exigido;

► Alíneas *a* e *b* acrescidas pelo Dec. nº 6.945, de 21-8-2009.

II – até 31 de dezembro de 2010, a empresa que comprovar estar executando o programa de prevenção de riscos ambientais e de doenças ocupacionais implantado nos prazo e forma estabelecidos no inciso I, terá presumido o atendimento à exigência fixada no inciso I do § 9º do art. 14 da Lei nº 11.774, de 2008;

III – a partir de 1º de janeiro de 2011, a empresa deverá comprovar a eficácia do respectivo programa de prevenção de riscos ambientais e de doenças ocupacionais, por meio de relatórios que atestem o atendimento da meta de redução de sinistralidade nele estabelecida;

- ▶ Incisos II e III acrescidos pelo Dec. nº 6.945, de 21-8-2009.

IV – *Revogado*. Dec. nº 7.331, de 19-10-2010.

§ 7º Sem prejuízo do disposto no § 6º, as empresas dos setores de TI e de TIC só farão jus às reduções de que tratam o *caput* e o § 5º se aplicarem montante igual ou superior a dez por cento do benefício auferido, alternativa ou cumulativamente em despesas:

I – para capacitação de pessoal, relacionada a aspectos técnicos associados aos serviços de TI e TIC, referidos no § 3º, bem como a serviços de *call centers*, aí incluída a capacitação em temas diretamente relacionados com qualidade de produtos, processos ou sistemas, bem como a proficiência em línguas estrangeiras;

II – relacionadas ao desenvolvimento de atividades de avaliação de conformidade, incluindo certificação de produtos, serviços e sistemas, realizadas com entidades ou especialistas do País ou do exterior;

III – realizadas com desenvolvimento tecnológico de produtos, processos e serviços, sendo consideradas atividades de pesquisa e desenvolvimento em TI aquelas dispostas nos arts. 24 e 25 do Decreto nº 5.906, de 26 de setembro de 2006; ou

IV – realizadas no apoio a projetos de desenvolvimento científico ou tecnológico, por instituições de pesquisa e desenvolvimento, conforme definidos nos arts. 27 e 28 do Decreto nº 5.906, de 2006, devidamente credenciadas pelo Comitê da Área de Tecnologia da Informação – CATI ou pelo Comitê das Atividades de Pesquisa e Desenvolvimento da Amazônia – CAPDA.

§ 8º O valor do benefício e a especificação das contrapartidas referidos no § 7º deverão ser declarados formalmente pelas empresas beneficiárias, a cada exercício, ao Ministério da Ciência e Tecnologia, na forma a ser definida em ato daquele Ministério.

§ 9º Para fins do § 8º, as empresas beneficiadas pela Lei nº 8.248, de 23 de outubro de 1991, poderão deduzir do montante previsto no § 7º as despesas efetivamente realizadas, no atendimento às exigências da referida Lei, observado o disposto no § 10.

§ 10. O disposto no § 9º aplica-se exclusivamente às despesas de mesma natureza das previstas no § 7º.

§ 11. A União compensará, mensalmente, o Fundo do Regime Geral de Previdência Social, de que trata o art. 68 da Lei Complementar nº 101, de 4 de maio de 2000, no valor correspondente à renúncia previdenciária decorrente da desoneração de que trata este artigo, de forma a não afetar a apuração do resultado financeiro do Regime Geral de Previdência Social.

§ 12. A renúncia de que trata o § 11 consistirá na diferença entre o valor da contribuição que seria devido, como se não houvesse incentivo, e o valor da contribuição efetivamente recolhido.

§ 13. O valor estimado da renúncia será incluído na Lei Orçamentária Anual, sem prejuízo do repasse enquanto não constar na mencionada Lei.

§ 14. O não cumprimento das exigências de que tratam os §§ 6º e 7º implica a perda do direito das reduções de que tratam o *caput* e o § 5º, ensejando o recolhimento da diferença de contribuições com os acréscimos legais cabíveis.

- ▶ §§ 7º a 14 acrescidos pelo Dec. nº 6.945, de 21-8-2009.
- ▶ Art. 2º do Dec. nº 6.945, de 21-8-2009, que trata sobre as reduções de alíquotas.

Art. 202. A contribuição da empresa, destinada ao financiamento da aposentadoria especial, nos termos dos artigos 64 a 70, e dos benefícios concedidos em razão do grau de incidência de incapacidade laborativa decorrente dos riscos ambientais do trabalho corresponde à aplicação dos seguintes percentuais, incidentes sobre o total da remuneração paga, devida ou creditada a qualquer título, no decorrer do mês, ao segurado empregado e trabalhador avulso:

- ▶ Súm. nº 351 do STJ.

I – 1% (um por cento) para a empresa em cuja atividade preponderante o risco de acidente do trabalho seja considerado leve;

II – 2% (dois por cento) para a empresa em cuja atividade preponderante o risco de acidente do trabalho seja considerado médio; ou

III – 3% (três por cento) para a empresa em cuja atividade preponderante o risco de acidente do trabalho seja considerado grave.

§ 1º As alíquotas constantes do *caput* serão acrescidas de 12 (doze), 9 (nove) ou 6 (seis) pontos percentuais, respectivamente, se a atividade exercida pelo segurado a serviço da empresa ensejar a concessão de aposentadoria especial após 15 (quinze), 20 (vinte) ou 25 (vinte e cinco) anos de contribuição.

§ 2º O acréscimo de que trata o parágrafo anterior incide exclusivamente sobre a remuneração do segurado sujeito às condições especiais que prejudiquem a saúde ou a integridade física.

§ 3º Considera-se preponderante a atividade que ocupa, em cada estabelecimento da empresa, o maior número de segurados empregados e de trabalhadores avulsos.

- ▶ § 3º com a redação dada pelo Dec. nº 10.410, de 30-6-2020.

§ 3º-A. Considera-se estabelecimento da empresa a dependência, matriz ou filial, que tenha número de Cadastro Nacional da Pessoa Jurídica – CNPJ próprio e a obra de construção civil executada sob sua responsabilidade.

- ▶ § 3º-A acrescido pelo Dec. nº 10.410, de 30-6-2020.

§ 4º A atividade econômica preponderante da empresa e os respectivos riscos de acidentes do trabalho compõem a Relação de Atividades Preponderantes e correspondentes Graus de Risco, prevista no Anexo V.

§ 5º É de responsabilidade da empresa realizar o enquadramento na atividade preponderante, cabendo à Secretaria da Receita Previdenciária do Ministério da Previdência Social revê-lo a qualquer tempo.

§ 6º Verificado erro no autoenquadramento, a Secretaria da Receita Previdenciária adotará as medidas necessárias à sua correção, orientará o responsável pela empresa em caso de recolhimento indevido e procederá à notificação dos valores devidos.

- ▶ §§ 5º e 6º com a redação dada pelo Dec. nº 6.042, de 12-2-2007.

§ 7º O disposto neste artigo não se aplica à pessoa física de que trata a alínea *a* do inciso V do *caput* do artigo 9º.

§ 8º Quando se tratar de produtor rural pessoa jurídica que se dedique à produção rural e contribua nos moldes do inciso IV do *caput* do artigo 201, a contribuição referida neste artigo corresponde a 0,1% (zero vírgula um por cento) incidente sobre a receita bruta proveniente da comercialização de sua produção.

§ 9º *Revogado*. Dec. nº 3.265, de 29-11-1999.

§ 10. Será devida contribuição adicional de doze, nove ou seis pontos percentuais, a cargo da cooperativa de produção, incidente sobre a remuneração paga, devida ou creditada ao cooperado filiado, na hipótese de exercício de atividade que autorize a concessão de aposentadoria especial após quinze, vinte ou vinte e cinco anos de contribuição, respectivamente.

- ▶ § 10 acrescido pelo Dec. nº 4.729, de 9-6-2003.

§§ 11 e 12. *Revogados*. Dec. nº 10.410, de 30-6-2020.

§ 13. A empresa informará mensalmente, por meio da Guia de Recolhimento do Fundo de Garantia do Tempo de Serviço e Informações à Previdência Social – GFIP, a alíquota correspondente ao seu grau de risco, a respectiva atividade preponderante e a atividade do estabelecimento, apuradas de acordo com o disposto nos §§ 3º e 5º.

- ▶ § 13 acrescido pelo Dec. nº 6.042, de 12-2-2007.

Art. 202-A. As alíquotas a que se refere o *caput* do art. 202 serão reduzidas em até cinquenta por cento ou aumentadas em até cem por cento em razão do desempenho da empresa, individualizada pelo seu CNPJ em relação à sua atividade econômica, aferido pelo Fator Acidentário de Prevenção – FAP.

- ▶ *Caput* do art. 202-A com a redação dada pelo Dec. nº 10.410, de 30-6-2020.

§ 1º O FAP consiste em multiplicador variável em um intervalo contínuo de cinco décimos a dois inteiros aplicado à respectiva alíquota, considerado o critério de truncamento na quarta casa decimal.

§ 2º Para fins da redução ou da majoração a que se refere o *caput*, o desempenho da empresa, individualizada pelo seu CNPJ será discriminado em relação à sua atividade econômica, a partir da criação de índice composto pelos índices de gravidade, de frequência e de custo que pondera os respectivos percentis.

- ▶ §§ 1º e 2º com a redação dada pelo Dec. nº 10.410, de 30-6-2020.

§ 3º *Revogado*. Dec. nº 6.957, de 9-9-2009.

§ 4º Os índices de frequência, gravidade e custo serão calculados segundo metodologia aprovada pelo Conselho Nacional de Previdência Social, levando-se em conta:

- ▶ *Caput* do § 4º com a redação dada pelo Dec. nº 6.042, de 12-2-2007.

I – para o índice de frequência, os registros de acidentes ou benefícios de natureza acidentária;

II – para o índice de gravidade, as hipóteses de auxílio por incapacidade temporária, auxílio-acidente, aposentadoria por incapacidade permanente, pensão por morte e morte de natureza acidentária, aos quais são atribuídos pesos diferentes em razão da gravidade da ocorrência, da seguinte forma:

a) pensão por morte e morte de natureza acidentária – peso de cinquenta por cento;

b) aposentadoria por incapacidade permanente – peso de trinta por cento; e

c) auxílio por incapacidade temporária e auxílio-acidente – peso de dez por cento para cada; e

▶ Incisos I e II com a redação dada pelo Dec. nº 10.410, de 30-6-2020.

III – para o índice de custo, os valores dos benefícios de natureza acidentária pagos ou devidos pela previdência social.

▶ *Caput* do inciso III com a redação dada pelo Dec. nº 10.410, de 30-6-2020.

a) e b) *Revogadas*. Dec. nº 10.410, de 30-6-2020.

§ 5º O Ministério da Economia publicará, anualmente, no *Diário Oficial da União*, portaria para disponibilizar consulta ao FAP e aos róis dos percentis de frequência, gravidade e custo por subclasse da Classificação Nacional de Atividades Econômicas.

▶ § 5º com a redação dada pelo Dec. nº 10.410, de 30-6-2020.

§ 6º O FAP produzirá efeitos tributários a partir do primeiro dia do quarto mês subsequente ao de sua divulgação.

▶ § 6º acrescido pelo Dec. nº 6.042, de 12-2-2007.

§ 7º Para o cálculo anual do FAP, serão utilizados os dados de janeiro a dezembro de cada ano, até completar o período de dois anos, a partir do qual os dados do ano inicial serão substituídos pelos novos dados anuais incorporados.

▶ § 7º com a redação dada pelo Dec. nº 6.957, de 9-9-2009.

§ 8º O FAP será calculado a partir de 1º de janeiro do ano seguinte àquele ano em que o estabelecimento completar dois anos de sua constituição.

▶ § 8º com a redação dada pelo Dec. nº 10.410, de 30-6-2020.

§ 9º *Revogado*. Dec. nº 10.410, de 30-6-2020.

§ 10. A metodologia aprovada pelo Conselho Nacional de Previdência indicará a sistemática de cálculo e a forma de aplicação de índices e critérios acessórios à composição do índice composto do FAP.

▶ § 10 com a redação dada pelo Dec. nº 10.410, de 30-6-2020.

Art. 202-B. *Revogado*. Dec. nº 10.410, de 30-6-2020.

Art. 203. A fim de estimular investimentos destinados a diminuir os riscos ambientais no trabalho, o Ministério da Previdência e Assistência Social poderá alterar o enquadramento de empresa que demonstre a melhoria das condições do trabalho, com redução dos agravos à saúde do trabalhador, obtida através de investimentos em prevenção e em sistemas gerenciais de risco.

§ 1º A alteração do enquadramento estará condicionada à inexistência de débitos em relação às contribuições devidas ao Instituto Nacional do Seguro Social e aos demais requisitos estabelecidos pelo Ministério da Previdência e Assistência Social.

§ 2º O Instituto Nacional do Seguro Social, com base principalmente na comunicação prevista no artigo 336, implementará sistema de controle e acompanhamento de acidentes do trabalho.

§ 3º Verificado o descumprimento por parte da empresa dos requisitos fixados pelo Ministério da Previdência e Assistência Social, para fins de enquadramento de que trata o artigo anterior, o Instituto Nacional do Seguro Social procederá à notificação dos valores devidos.

Art. 204. As contribuições a cargo da empresa, provenientes do faturamento e do lucro, destinadas à seguridade social, são arrecadadas, normatizadas, fiscalizadas e cobradas pela Secretaria da Receita Federal.

▶ *Caput* com a redação dada pelo Dec. nº 4.729, de 9-6-2003.

▶ A Secretaria da Receita Federal passou a ser denominada Secretaria da Receita Federal do Brasil pelo art. 1º da Lei nº 11.457, de 16-3-2007 (Lei da Super-Receita).

§§ 1º a 3º *Revogados*. Dec. nº 4.729, de 9-6-2003.

▶ Art. 23 da Lei nº 8.212, de 24-7-1991 (Lei Orgânica da Seguridade Social).

Art. 205. A contribuição empresarial da associação desportiva que mantém equipe de futebol profissional, destinada à seguridade social, em substituição às previstas no inciso I do *caput* do artigo 201 e no artigo 202, corresponde a 5% (cinco por cento) da receita bruta decorrente dos espetáculos desportivos de que participe em todo território nacional, em qualquer modalidade desportiva, inclusive jogos internacionais, e de qualquer forma de patrocínio, licenciamento de uso de marcas e símbolos, publicidade, propaganda e transmissão de espetáculos desportivos.

§ 1º Cabe à entidade promotora do espetáculo a responsabilidade de efetuar o desconto de 5% (cinco por cento) da receita bruta decorrente dos espetáculos desportivos e o respectivo recolhimento ao Instituto Nacional do Seguro Social, no prazo de até 2 (dois) dias úteis após a realização do evento.

§ 2º Cabe à associação desportiva que mantém equipe de futebol profissional informar à entidade promotora do espetáculo desportivo todas as receitas auferidas no evento, discriminando-as detalhadamente.

§ 3º Cabe à empresa ou entidade que repassar recursos a associação desportiva que mantém equipe de futebol profissional, a título de patrocínio, licenciamento de uso de marcas e símbolos, publicidade, propaganda e transmissão de espetáculos, a responsabilidade de reter e recolher, no prazo estabelecido na alínea *b* do inciso I do artigo 216, o percentual de 5% (cinco por cento) da receita bruta, inadmitida qualquer dedução.

§ 4º O Conselho Deliberativo do Instituto Nacional de Desenvolvimento do Desporto informará ao Instituto Nacional do Seguro Social, com a antecedência necessária, a realização de todo espetáculo esportivo de que a associação desportiva referida no *caput* participe no território nacional.

§ 5º O não recolhimento das contribuições a que se referem os §§ 1º e 3º nos prazos estabelecidos no § 1º deste artigo e na alínea *b* do inciso I do artigo 216, respectivamente, sujeitará os responsáveis ao pagamento de atualização monetária, quando couber, juros moratórios e multas, na forma do artigo 239.

§ 6º O não desconto ou a não retenção das contribuições a que se referem os §§ 1º e 3º sujeitará a entidade promotora do espetáculo, a empresa ou a entidade às penalidades previstas no artigo 283.

§ 7º O disposto neste artigo não se aplica às demais entidades desportivas, que continuam a contribuir na forma dos artigos 201, 202 e 204, a partir da competência novembro de 1991.

§ 8º O disposto no *caput* e §§ 1º a 6º aplica-se à associação desportiva que mantém equipe de futebol profissional e que se organize na forma da Lei nº 9.615, de 24 de março de 1998.

▶ Lei nº 9.615, de 24-3-1998, institui normas gerais sobre desporto, regulamentada pelo Dec. nº 7.984, de 8-4-2013.

Seção II
DA ISENÇÃO DE CONTRIBUIÇÕES

Arts. 206 a 210. *Revogados*. Dec. nº 7.237, de 20-7-2010.

Seção III
DA CONTRIBUIÇÃO DO EMPREGADOR DOMÉSTICO

Art. 211. A contribuição previdenciária do empregador doméstico sobre o salário de contribuição do empregado doméstico a seu serviço será de:

I – 8% (oito por cento) de contribuição patronal; e

II – 0,8% (oito décimos por cento) de contribuição social para financiamento do seguro contra acidentes do trabalho.

▶ Artigo com a redação dada pelo Dec. nº 10.410, de 30-6-2020.

▶ Art. 24 da Lei nº 8.212, de 24-7-1991 (Lei Orgânica da Seguridade Social).

Art. 211-A. O empregador doméstico não poderá contratar o MEI, de que trata o § 26 do art. 9º, quando existentes os elementos da relação de emprego doméstico, sob pena de ficar sujeito às obrigações dela decorrentes, inclusive trabalhistas, tributárias e previdenciárias.

Art. 211-B. O Simples Doméstico, instituído pela Lei Complementar nº 150, de 1º de junho de 2015, assegurará o recolhimento mensal por meio de documento único de arrecadação dos seguintes valores:

I – 7,5% a 14% (sete inteiros e cinco décimos por cento a quatorze por cento) de contribuição previdenciária, a cargo do segurado empregado doméstico, nos termos do disposto no art. 198;

II – 8% (oito por cento) de contribuição patronal previdenciária, a cargo do empregador doméstico, nos termos do disposto no art. 211;

III – 0,8% (oito décimos por cento) de contribuição social para financiamento do seguro contra acidentes do trabalho, nos termos do disposto no art. 211;

IV – 8% (oito por cento) de contribuição para o FGTS;

V – 3,2% (três inteiros e dois décimos) por cento de contribuição para fins de aplicação do disposto no art. 22 da Lei Complementar nº 150, de 2015; e

VI – quando couber, percentual referente ao imposto sobre a renda retido na fonte de que trata o inciso I do *caput* do art. 7º da Lei nº 7.713, de 22 de dezembro de 1988.

§ 1º As contribuições, os depósitos e o imposto de que tratam os incisos I ao VI do *caput* incidem sobre a remuneração paga ou devida no mês anterior a cada empregado doméstico, incluída na remuneração a gratificação de natal.

§ 2º A contribuição e o imposto de que tratam os incisos I e VI do *caput* serão descontados da remuneração do empregado doméstico pelo empregador doméstico, que é responsável por seu recolhimento.

§ 3º O produto da arrecadação das contribuições, dos depósitos e do imposto de que trata o *caput* será centralizado na Caixa Econômica Federal.

§ 4º A Caixa Econômica Federal, com base nos elementos identificadores do recolhimento, disponíveis no sistema do Simples Doméstico, transferirá para a Conta Única do Tesouro Nacional o valor arrecadado das contribuições e do imposto de que tratam os incisos I, II, III e VI do *caput*.

§ 5º O recolhimento de que trata o *caput* será efetuado em instituições financeiras integrantes da rede arrecadadora de receitas federais.

§ 6º O empregador doméstico fornecerá, mensalmente, ao empregado doméstico cópia do documento a que se refere o *caput*.

§ 7º O recolhimento mensal, por meio de documento único de arrecadação, e a exigência das contribuições, dos depósitos e do imposto, nos valores definidos nos incisos I ao VI do *caput*, somente serão devidos a partir da competência outubro de 2015.

Art. 211-C. O empregador doméstico fica obrigado a pagar a remuneração devida ao empregado doméstico e a arrecadar e a recolher as contribuições, os depósitos e o imposto a que se referem os incisos I ao VI do *caput* do art. 211-B até o dia 7 do mês seguinte ao da competência.

§ 1º Os valores a que se referem os incisos I, II, III e VI do *caput* do art. 211-B não recolhidos até a data de vencimento estarão sujeitos à incidência de encargos legais na forma prevista na legislação do imposto sobre a renda.

§ 2º Os valores a que se referem os incisos IV e V do *caput* referentes ao FGTS não recolhidos até a data de vencimento serão corrigidos e terão a incidência de multa, observado o disposto na Lei nº 8.036, de 11 de maio de 1990.

▸ Arts. 211-A a 211-C acrescidos pelo Dec. nº 10.410, de 30-6-2020.

CAPÍTULO V
DA CONTRIBUIÇÃO SOBRE A RECEITA DE CONCURSOS DE PROGNÓSTICOS

Art. 212. Constitui receita da seguridade social a renda líquida dos concursos de prognósticos, excetuando-se os valores destinados ao Programa de Crédito Educativo.

§ 1º Consideram-se concurso de prognósticos todo e qualquer concurso de sorteio de números ou quaisquer outros símbolos, loterias e apostas de qualquer natureza no âmbito federal, estadual, do Distrito Federal ou municipal, promovidos por órgãos do Poder Público ou por sociedades comerciais ou civis.

§ 2º A contribuição de que trata este artigo constitui-se de:

I – renda líquida dos concursos de prognósticos realizados pelos órgãos do Poder Público destinada à seguridade social de sua esfera de governo;

II – 5% (cinco por cento) sobre o movimento global de apostas em prado de corridas; e

III – 5% (cinco por cento) sobre o movimento global de sorteio de números ou de quaisquer modalidades de símbolos.

§ 3º Para o efeito do disposto no parágrafo anterior, entende-se como:

I – renda líquida – o total da arrecadação, deduzidos os valores destinados ao pagamento de prêmios, de impostos e de despesas com administração;

II – movimento global das apostas – total das importâncias relativas às várias modalidades de jogos, inclusive o de acumulada, apregoadas para o público no prado de corrida, subsede ou outra dependência da entidade; e

III – movimento global de sorteio de números – o total da receita bruta, apurada com a venda de cartelas, cartões ou quaisquer outras modalidades, para sorteio realizado em qualquer condição.

▸ Art. 26 da Lei nº 8.212, de 24-7-1991 (Lei Orgânica da Seguridade Social).

CAPÍTULO VI
DAS OUTRAS RECEITAS DA SEGURIDADE SOCIAL

Art. 213. Constituem outras receitas da seguridade social:

I – as multas, a atualização monetária e os juros moratórios;

II – a remuneração recebida pela prestação de serviços de arrecadação, fiscalização e cobrança prestados a terceiros;

III – as receitas provenientes de prestação de outros serviços e de fornecimento ou arrendamento de bens;

IV – as demais receitas patrimoniais, industriais e financeiras;

V – as doações, legados, subvenções e outras receitas eventuais;

VI – 50% (cinquenta por cento) da receita obtida na forma do parágrafo único do artigo 243 da Constituição Federal, repassados pelo Instituto Nacional do Seguro Social aos órgãos responsáveis pelas ações de proteção à saúde e a ser aplicada no tratamento e recuperação de viciados em entorpecentes e drogas afins;

VII – 40% (quarenta por cento) do resultado dos leilões dos bens apreendidos pela Secretaria da Receita Federal; e

▸ A Secretaria da Receita Federal passou a ser denominada Secretaria da Receita Federal do Brasil pelo art. 1º da Lei nº 11.457, de 16-3-2007 (Lei da Super-Receita).

VIII – outras receitas previstas em legislação específica.

Parágrafo único. As companhias seguradoras que mantêm seguro obrigatório de danos pessoais causados por veículos automotores de vias terrestres, de que trata a Lei nº 6.194, de 19 de dezembro de 1974, deverão repassar à seguridade social 50% (cinquenta por cento) do valor total do prêmio recolhido, destinados ao Sistema Único de Saúde, para custeio da assistência médico-hospitalar dos segurados vitimados em acidentes de trânsito.

▸ Parágrafo único com a redação dada pelo Dec. nº 3.265, de 29-11-1999.

▸ A Lei nº 6.194, de 19-12-1974, foi revogada pela LC nº 207, de 16-5-2024.

▸ Art. 27 da Lei nº 8.212, de 24-7-1991 (Lei Orgânica da Seguridade Social).

CAPÍTULO VII
DO SALÁRIO DE CONTRIBUIÇÃO

Art. 214. Entende-se por salário de contribuição:

▸ Art. 28 da Lei nº 8.212, de 24-7-1991 (Lei Orgânica da Seguridade Social).

I – para o empregado e o trabalhador avulso: a remuneração auferida em uma ou mais empresas, assim entendida a totalidade dos rendimentos pagos, devidos ou creditados a qualquer título, durante o mês, destinados a retribuir o trabalho, qualquer que seja a sua forma, inclusive as gorjetas, os ganhos habituais sob a forma de utilidades e os adiantamentos decorrentes de reajuste salarial, quer pelos serviços efetivamente prestados, quer pelo tempo à disposição do empregador ou tomador de serviços, nos termos da lei ou do contrato ou, ainda, de convenção ou acordo coletivo de trabalho ou sentença normativa;

II – para o empregado doméstico: a remuneração registrada na Carteira Profissional e/ou na Carteira de Trabalho e Previdência Social, observados os limites mínimo e máximo previstos nos §§ 3º e 5º;

III – para o contribuinte individual: a remuneração auferida em uma ou mais empresas ou pelo exercício de sua atividade por conta própria, durante o mês, observados os limites a que se referem os §§ 3º e 5º;

▸ Inciso III com a redação dada pelo Dec. nº 3.265, de 29-11-1999.

IV – para o dirigente sindical na qualidade de empregado: a remuneração paga, devida ou creditada pela entidade sindical, pela empresa ou por ambas; e

V – para o dirigente sindical na qualidade de trabalhador avulso: a remuneração paga, devida ou creditada pela entidade sindical;

VI – para o segurado facultativo: o valor por ele declarado, observados os limites a que se referem os §§ 3º e 5º.

▸ Inciso VI acrescido pelo Decreto nº 3.265, de 29-11-1999.

§ 1º Quando a admissão, a dispensa, o afastamento ou a falta do empregado, inclusive o doméstico, ocorrer no curso do mês, o salário de contribuição será proporcional ao número de dias efetivamente trabalhados, observadas as normas estabelecidas pelo Instituto Nacional do Seguro Social.

§ 2º O salário-maternidade é considerado salário de contribuição.

§ 3º O limite mínimo do salário de contribuição corresponde:

▸ *Caput* do § 3º com a redação dada pelo Dec. nº 10.491, de 23-9-2020.

I – para os segurados contribuinte individual e facultativo, ao salário mínimo, tomado no seu valor mensal; e

▸ Inciso I com a redação dada pelo Dec. nº 10.491, de 23-9-2020.

II – para os segurados empregado, inclusive o doméstico, e trabalhador avulso, ao piso salarial legal ou normativo da categoria ou, inexistindo este, ao salário mínimo, tomado no seu valor mensal, diário ou horário, conforme o ajustado e o tempo de trabalho efetivo durante o mês.

▸ Inciso II acrescido pelo Dec. nº 3.265, de 29-11-1999.

§ 4º A remuneração adicional de férias de que trata o inciso XVII do artigo 7º da Constituição Federal integra o salário de contribuição.

§ 5º O valor do limite máximo do salário de contribuição será publicado mediante portaria do Ministério da Previdência e Assistência Social, sempre que ocorrer alteração do valor dos benefícios.

► Art. 2º da Port. Interministerial do MTPrev e MF nº 26, de 10-1-2023 (*DOU* de 11-1-2023), que estabelece que o salário de benefício e o salário de contribuição não poderão ser inferiores a R$ 1.302,00 (mil trezentos e dois reais) nem superiores a R$ 7.507,49 (sete mil quinhentos e sete reais e quarenta e nove centavos), a partir de 1º-1-2023.

§ 6º A gratificação natalina – décimo terceiro salário – integra o salário de contribuição, exceto para o cálculo do salário de benefício, sendo devida a contribuição quando do pagamento ou crédito da última parcela ou na rescisão do contrato de trabalho.

► Súm. nº 688 do STF.

§ 7º A contribuição de que trata o § 6º incidirá sobre o valor bruto da gratificação, sem compensação dos adiantamentos pagos, mediante aplicação, em separado, da tabela de que trata o artigo 198 e observadas as normas estabelecidas pelo Instituto Nacional do Seguro Social.

§ 8º *Revogado*. Dec. nº 10.410, de 30-6-2020.

§ 9º Não integram o salário de contribuição, exclusivamente:

I – os benefícios da previdência social, nos termos e limites legais, ressalvado o disposto no § 2º;

II – a ajuda de custo e o adicional mensal recebidos pelo aeronauta, nos termos da Lei nº 5.929, de 30 de outubro de 1973;

III – a parcela *in natura* recebida de acordo com programa de alimentação aprovado pelo Ministério do Trabalho e Emprego, nos termos da Lei nº 6.321, de 14 de abril de 1976;

IV – as importâncias recebidas a título de férias indenizadas e respectivo adicional constitucional, inclusive o valor correspondente à dobra da remuneração de férias de que trata o artigo 137 da Consolidação das Leis do Trabalho;

V – as importâncias recebidas a título de:

a) indenização compensatória de quarenta por cento do montante depositado no Fundo de Garantia do Tempo de Serviço, como proteção à relação de emprego contra despedida arbitrária ou sem justa causa, conforme disposto no inciso I do artigo 10 do Ato das Disposições Constitucionais Transitórias;

b) indenização por tempo de serviço, anterior a 5 de outubro de 1988, do empregado não optante pelo Fundo de Garantia do Tempo de Serviço;

c) indenização por despedida sem justa causa do empregado nos contratos por prazo determinado, conforme estabelecido no artigo 479 da Consolidação das Leis do Trabalho;

d) indenização do tempo de serviço do safrista, quando da expiração normal do contrato, conforme disposto no artigo 14 da Lei nº 5.889, de 8 de junho de 1973;

e) incentivo à demissão;

f) *Revogada*. Dec. nº 6.727, de 12-1-2009;

g) indenização por dispensa sem justa causa no período de30 (trinta) dias que antecede a correção salarial a que se refere o artigo 9º da Lei nº 7.238, de 29 de outubro de 1984;

h) indenizações previstas nos artigos 496 e 497 da Consolidação das Leis do Trabalho;

i) abono de férias na forma dos artigos 143 e 144 da Consolidação das Leis do Trabalho;

j) ganhos eventuais expressamente desvinculados do salário por força de lei;

► Alínea *j* com a redação dada pelo Dec. nº 10.410, de 30-6-2020.

k) licença-prêmio indenizada;

► Alínea *k* acrescida pelo Dec. nº 10.410, de 30-6-2020.

l) outras indenizações, desde que expressamente previstas em lei; e

m) importâncias, ainda que habituais, pagas a título de ajuda de custo, auxílio-alimentação, vedado o seu pagamento em dinheiro, e diárias para viagem; e

► Alíneas *l* e *m* com a redação dada pelo Dec. nº 10.410, de 30-6-2020.

n) prêmios e abonos;

► Alínea *n* acrescida pelo Dec. nº 10.410, de 30-6-2020.

VI – a parcela recebida a título de vale-transporte, ainda que paga em dinheiro, na forma da legislação própria;

► Inciso VI com a redação dada pelo Dec. nº 10.410, de 30-6-2020.

VII – a ajuda de custo, em parcela única, recebida exclusivamente em decorrência de mudança de local de trabalho do empregado, na forma do artigo 470 da Consolidação das Leis do Trabalho;

VIII – *Revogado*. Dec. nº 10.410, de 30-6-2020;

IX – a importância recebida a título de bolsa de complementação educacional de estagiário, quando paga nos termos do disposto na Lei nº 11.788, de 2008;

► Inciso IX com a redação dada pelo Dec. nº 10.410, de 30-6-2020.

X – a participação do empregado nos lucros ou resultados da empresa, quando paga ou creditada de acordo com lei específica;

XI – o abono do Programa de Integração Social/Programa de Assistência ao Servidor Público;

XII – os valores correspondentes a transporte, alimentação e habitação fornecidos pela empresa ao empregado contratado para trabalhar em localidade distante da de sua residência, em canteiro de obras ou local que, por força da atividade, exija deslocamento e estada, observadas as normas de proteção estabelecidas pelo Ministério do Trabalho e Emprego;

XIII – a importância paga ao empregado a título de complementação ao valor do auxílio-doença desde que este direito seja extensivo à totalidade dos empregados da empresa;

XIV – as parcelas destinadas à assistência ao trabalhador da agroindústria canavieira de que trata o artigo 36 da Lei nº 4.870, de 1º de dezembro de 1965;

XV – o valor das contribuições efetivamente pago pela pessoa jurídica relativo a programa de previdência complementar privada, aberta ou fechada, desde que disponível à totalidade de seus empregados e dirigentes, observados, no que couber, os artigos 9º e 468 da Consolidação das Leis do Trabalho;

XVI – o valor relativo à assistência prestada por serviço médico ou odontológico, próprio ou não, inclusive o reembolso de despesas com medicamentos, óculos, aparelhos ortopédicos, próteses, órteses, despesas médico-hospitalares e outras similares, mesmo quando concedido em diferentes modalidades de planos e coberturas;

► Inciso XVI com a redação dada pelo Dec. nº 10.410, de 30-6-2020.

XVII – o valor correspondente a vestuários, equipamentos e outros acessórios fornecidos ao empregado e utilizados no local do trabalho para prestação dos respectivos serviços;

XVIII – o ressarcimento de despesas pelo uso de veículo do empregado, quando devidamente comprovadas;

► Inciso XVIII com a redação dada pelo Dec. nº 3.265, de 29-11-1999.

XIX – o valor relativo a plano educacional ou bolsa de estudo que vise à educação básica de empregados e de seus dependentes e, desde que vinculada às atividades desenvolvidas pela empresa, à educação profissional e tecnológica de empregados, nos termos do disposto na Lei nº 9.394, de 20 de dezembro de 1996, observados os seguintes requisitos:

a) o valor não ser utilizado em substituição de parcela salarial; e

b) o valor mensal do plano educacional ou da bolsa de estudo, considerado individualmente, não ultrapassar cinco por cento do valor da remuneração do segurado a que se destina ou o valor correspondente a cento e cinquenta por cento do valor do limite mínimo mensal do salário de contribuição, o que for maior;

► Inciso XIX com a redação dada pelo Dec. nº 10.410, de 30-6-2020.

XX – *Revogado*. Dec. nº 3.265, de 29-11-1999;

XXI – os valores recebidos em decorrência da cessão de direitos autorais;

XXII – o valor da multa paga ao empregado em decorrência da mora no pagamento das parcelas constantes do instrumento de rescisão do contrato de trabalho, conforme previsto no § 8º do artigo 477 da Consolidação das Leis do Trabalho;

XXIII – o reembolso creche pago em conformidade com a legislação trabalhista, observado o limite máximo de seis anos de idade da criança, quando devidamente comprovadas as despesas;

► Súm. nº 310 do STJ.

XXIV – o reembolso babá, limitado ao menor salário de contribuição mensal e condicionado à comprovação do registro na Carteira de Trabalho e Previdência Social da empregada, do pagamento da remuneração e do recolhimento da contribuição previdenciária, pago em conformidade com a legislação trabalhista, observado o limite máximo de seis anos de idade da criança; e

XXV – o valor das contribuições efetivamente pago pela pessoa jurídica relativo a prêmio de seguro de vida em grupo, desde que previsto em acordo ou convenção coletiva de trabalho e disponível à totalidade de seus empregados e dirigentes, observados, no que couber, os artigos 9º e 468 da Consolidação das Leis do Trabalho;

► Incisos XXIII a XXV acrescidos pelo Decreto nº 3.265, de 29-11-1999.

XXVI – o valor correspondente ao vale-cultura.

► Inciso XXVI acrescido pelo Dec. nº 10.410, de 30-6-2020.

§ 10. As parcelas referidas no parágrafo anterior, quando pagas ou creditadas em desacordo com a legislação pertinente, integram o salário de contribuição para todos os fins e efeitos, sem prejuízo da aplicação das cominações legais cabíveis.

§ 11. Para a identificação dos ganhos habituais recebidos sob a forma de utilidades, deverão ser observados:

I – os valores reais das utilidades recebidas; ou

II – os valores resultantes da aplicação dos percentuais estabelecidos em lei em função do salário mínimo, aplicados sobre a remuneração paga caso não haja determinação dos valores de que trata o inciso I.

§ 12. O valor pago à empregada gestante, inclusive à doméstica, em função do disposto na alínea *b* do inciso II do artigo 10 do Ato das Disposições Constitucionais Transitórias da Constituição Federal, integra o salário de contribuição, excluídos os casos de conversão em indenização previstos nos artigos 496 e 497 da Consolidação das Leis do Trabalho.

§ 13. *Revogado*. Dec. nº 10.410, de 30-6-2020.

§ 14. A incidência da contribuição sobre a remuneração das férias ocorrerá no mês a que elas se referirem, mesmo quando pagas antecipadamente na forma da legislação trabalhista.

§ 15. O valor mensal do auxílio-acidente integra o salário de contribuição, para fins de cálculo do salário de benefício de qualquer aposentadoria, observado, no que couber, o disposto no artigo 32.

§ 16. Não se considera remuneração direta ou indireta os valores despendidos pelas entidades religiosas e instituições de ensino vocacional com ministro de confissão religiosa, membros de instituto de vida consagrada, de congregação ou de ordem religiosa em face do seu mister religioso ou para sua subsistência, desde que fornecidos em condições que independam da natureza e da quantidade do trabalho executado.

► § 16 acrescido pelo Dec. nº 4.032, de 26-11-2001.

§ 17. Para fins de aplicação do disposto no § 16:

I – os critérios informadores dos valores despendidos pelas entidades religiosas e instituições de ensino vocacional aos ministros de confissão religiosa, membros de vida consagrada, de congregação ou de ordem religiosa não são taxativos e, sim, exemplificativos; e

II – os valores despendidos, ainda que pagos de forma e em montante diferenciados, em pecúnia ou a título de ajuda de custo de moradia, transporte ou formação educacional, vinculados exclusivamente à atividade religiosa não configuram remuneração direta ou indireta.

§ 18. Para fins do disposto neste artigo, consideram-se prêmios as liberalidades concedidas pelo empregador em forma de bens, serviços ou valores em dinheiro a empregado ou a grupo de empregados, em razão de desempenho superior ao ordinariamente esperado no exercício de suas atividades.

► §§ 17 e 18 acrescidos pelo Dec. nº 10.410, de 30-6-2020.

§ 19. O salário de contribuição do condutor autônomo de veículo rodoviário, inclusive o taxista e o motorista de transporte remunerado privado individual de passageiros, do auxiliar de condutor autônomo e do operador de trator, máquina de terraplanagem, colheitadeira e assemelhados, sem vínculo empregatício, a que se referem os incisos I e II do § 15 do art. 9º, e do cooperado filiado a cooperativa de transportadores autônomos corresponde a vinte por cento do valor bruto auferido pelo frete, carreto ou transporte e não se admite a dedução de qualquer valor relativo aos dispêndios com combustível e manutenção do veículo.

► § 19 acrescido pelo Dec. nº 10.491, de 23-9-2020.

§ 20. *Revogado*. Dec. nº 10.491, de 23-9-2020.

Art. 215. *Revogado*. Dec. nº 3.265, de 29-11-1999.

CAPÍTULO VIII

DA ARRECADAÇÃO E RECOLHIMENTO DAS CONTRIBUIÇÕES

Seção I

DAS NORMAS GERAIS DE ARRECADAÇÃO

Art. 216. A arrecadação e o recolhimento das contribuições e de outras importâncias devidas à seguridade social, observado o que a respeito dispuserem o Instituto Nacional do Seguro Social e a Secretaria da Receita Federal, obedecem às seguintes normas gerais:

► Art. 30 da Lei nº 8.212, de 24-7-1991 (Lei Orgânica da Seguridade Social).

► A Secretaria da Receita Federal passou a ser denominada Secretaria da Receita Federal do Brasil pelo art. 1º da Lei nº 11.457, de 16-3-2007 (Lei da Super-Receita).

I – a empresa é obrigada a:

a) arrecadar a contribuição do segurado empregado, do trabalhador avulso e do contribuinte individual a seu serviço, descontando-a da respectiva remuneração;

► Alínea *a* com a redação dada pelo Dec. nº 4.729, de 9-6-2003.

b) recolher o produto arrecadado na forma da alínea *a* e as contribuições a seu cargo incidentes sobre as remunerações pagas, devidas ou creditadas, a qualquer título, inclusive adiantamentos decorrentes de reajuste salarial, acordo ou convenção coletiva, aos segurados empregado, contribuinte individual e trabalhador avulso a seu serviço, e sobre o valor bruto da nota fiscal ou fatura de serviço, relativo a serviços que lhe tenham sido prestados por cooperados, por intermédio de cooperativas de trabalho, até o dia vinte do mês seguinte àquele a que se referirem as remunerações, bem como as importâncias retidas na forma do art. 219, até o dia vinte do mês seguinte àquele da emissão da nota fiscal ou fatura, antecipando-se o vencimento para o dia útil imediatamente anterior quando não houver expediente bancário no dia vinte;

► Alínea *b* com a redação dada pelo Dec. nº 6.722, de 30-12-2008.

c) recolher as contribuições de que trata o art. 204, na forma e prazos definidos pela legislação tributária federal;

► Alínea *c* com a redação dada pelo Dec. nº 4.729, de 9-6-2003.

II – os segurados contribuinte individual, quando exercer atividade econômica por conta própria ou prestar serviço a pessoa física ou a outro contribuinte individual, produtor rural pessoa física, missão diplomática ou repartição consular de carreira estrangeiras, ou quando tratar-se de brasileiro civil que trabalha no exterior para organismo oficial internacional do qual o Brasil seja membro efetivo, ou ainda, na hipótese do § 28, e o facultativo estão obrigados a recolher sua contribuição, por iniciativa própria, até o dia quinze do mês seguinte àquele a que as contribuições se referirem, prorrogando-se o vencimento para o dia útil subsequente quando não houver expediente bancário no dia quinze, facultada a opção prevista no § 15;

► Inciso II com a redação dada pelo Dec. nº 4.729, de 9-6-2003.

III – a empresa adquirente, consumidora ou consignatária ou a cooperativa são obrigadas a recolher a contribuição de que trata o artigo 200 no prazo referido na alínea *b* do inciso I, no mês subsequente ao da operação de venda ou consignação da produção rural, independentemente de estas operações terem sido realizadas diretamente com o produtor ou com o intermediário pessoa física;

IV – o produtor rural pessoa física e o segurado especial são obrigados a recolher a contribuição de que trata o artigo 200 no prazo referido na alínea *b* do inciso I, no mês subsequente ao da operação de venda, caso comercializem a sua produção com adquirente domiciliado no exterior, diretamente, no varejo, a consumidor pessoa física, a outro produtor rural pessoa física ou a outro segurado especial;

V – *Revogado*. Dec. nº 3.452, de 9-5-2000;

VI – a pessoa física não produtor rural que adquire produção para venda, no varejo, a consumidor pessoa física é obrigada a recolher a contribuição de que trata o artigo 200 no prazo referido na alínea *b* do inciso I, no mês subsequente ao da operação de venda;

VII – o produtor rural pessoa jurídica é obrigado a recolher a contribuição de que trata o inciso IV do *caput* do artigo 201 e o § 8º do artigo 202 no prazo referido na alínea *b* do inciso I, no mês subsequente ao da operação de venda;

► Inciso VII com a redação dada pelo Dec. nº 3.452, de 9-5-2000.

VIII – o empregador doméstico fica obrigado a arrecadar a contribuição do segurado empregado doméstico a seu serviço e recolhê-la, além dos demais valores de que trata o *caput* do art. 211-B, até o dia 7 do mês seguinte ao da competência;

► Inciso VIII com a redação dada pelo Dec. nº 10.410, de 30-6-2020.

VIII-A – durante o período da licença-maternidade da empregada doméstica, o empregador doméstico fica obrigado a recolher apenas os valores de que tratam os incisos II ao V do *caput* do art. 211-B;

► Inciso VIII-A acrescido pelo Dec. nº 10.410, de 30-6-2020.

IX – a empresa que remunera empregado licenciado para exercer mandato de dirigente sindical é obrigada a recolher a contribuição deste, bem como as parcelas a seu cargo, na forma deste artigo;

X – a entidade sindical que remunera dirigente que mantém a qualidade de segurado empregado, licenciado da empresa, ou trabalhador avulso é obrigada a recolher a contribuição destes, bem como as parcelas a seu cargo, na forma deste artigo;

XI – a entidade sindical que remunera dirigente que mantém a qualidade de segurado contribuinte individual é obrigada a recolher a contribuição prevista no inciso II do *caput* do art. 201 na forma deste artigo, observado o disposto no § 26;

XII – a empresa que remunera contribuinte individual é obrigada a fornecer a este comprovante do pagamento do serviço prestado consignando, além dos valores da remuneração e do desconto feito, o número da inscrição do segurado no Instituto Nacional do Seguro Social;

► Incisos XI e XII com a redação dada pelo Dec. nº 4.729, de 9-6-2003.

XIII – cabe ao empregador, durante o período de licença-maternidade da empregada, recolher apenas a parcela da contribuição a seu cargo.

► Inciso XIII acrescido pelo Dec. nº 3.452, de 9-5-2000.

§ 1º O desconto da contribuição do segurado incidente sobre o valor bruto da gratificação natalina – décimo terceiro salário – é devido quando do pagamento ou crédito da última parcela e deverá ser calculado em separado, observado o § 7º do art. 214, e recolhida, juntamente com a contribuição a cargo da empresa, até o dia vinte do mês de dezembro, antecipando-se o vencimento para o dia útil imediatamente anterior se não houver expediente bancário no dia vinte.

► § 1º com a redação dada pelo Dec. nº 4.729, de 9-6-2003.

§ 1º-A. O empregador doméstico pode recolher a contribuição do segurado empregado a seu serviço e a parcela a seu cargo relativas à competência novembro até o dia 20 de dezembro, juntamente com a contribuição referente à gratificação natalina – décimo terceiro salário – utilizando-se de um único documento de arrecadação.

► § 1º-A acrescido pelo Dec. nº 6.722, de 30-12-2008.

§ 2º Se for o caso, a contribuição de que trata o § 1º será atualizada monetariamente a partir da data prevista para o seu recolhimento, utilizando-se o mesmo indexador definido para as demais contribuições arrecadadas pelo Instituto Nacional do Seguro Social.

§ 3º No caso de rescisão de contrato de trabalho, as contribuições devidas serão recolhidas no mesmo prazo referido na alínea *b* do inciso I, do mês subsequente à rescisão, computando-se em separado a parcela referente à gratificação natalina – décimo terceiro salário.

§ 4º A pessoa jurídica de direito privado beneficiada pela isenção de que tratam os artigos 206 ou 207 é obrigada a arrecadar a contribuição do segurado empregado e do trabalhador avulso a seu serviço, descontando-a da respectiva remuneração, e recolhê-la no prazo referido na alínea *b* do inciso I.

§ 5º O desconto da contribuição e da consignação legalmente determinado sempre se presumirá feito, oportuna e regularmente, pela empresa, pelo empregador doméstico, pelo adquirente, consignatário e cooperativa a isso obrigados, não lhes sendo lícito alegarem qualquer omissão para se eximirem do recolhimento, ficando os mesmos diretamente responsáveis pelas importâncias que deixarem de descontar ou tiverem descontado em desacordo com este Regulamento.

§ 6º Sobre os valores das contribuições arrecadadas pelo Instituto Nacional do Seguro Social e não recolhidas até a data de seu vencimento serão aplicadas na data do pagamento as disposições dos artigos 238 e 239.

§ 7º Para apuração e constituição dos créditos a que se refere o § 1º do art. 348, a seguridade social utilizará como base de incidência o valor da média aritmética simples dos maiores salários de contribuição correspondentes a oitenta por cento de todo o período contributivo decorrido desde a competência julho de 1994, corrigidos mês a mês pelos mesmos índices utilizados para a obtenção do salário de benefício, observado o limite máximo a que se refere o § 5º do art. 214.

► § 7º com a redação dada pelo Dec. nº 10.410, de 30-6-2020.

§ 7º-A. O valor do salário de contribuição mensal, calculado na forma prevista no § 7º, sofrerá desindexação para apropriação no CNIS, conforme critérios definidos pelo INSS.

► § 7º-A acrescido pelo Dec. nº 10.410, de 30-6-2020.

§ 8º *Revogado*. Dec. nº 6.722, de 30-12-2008.

§ 9º No caso de o segurado manifestar interesse em indenizar contribuições relativas a período em que o exercício de atividade remunerada não exigia filiação obrigatória à previdência social, aplica-se, desde que a atividade tenha se tornado de filiação obrigatória, o disposto no § 7º.

§ 10. O disposto no § 7º não se aplica aos casos de contribuições em atraso de segurado contribuinte individual não alcançadas pela decadência do direito de a previdência social constituir o respectivo crédito, obedecendo-se, em relação a elas, às disposições do *caput* e §§ 2º a 6º do art. 239.

► §§ 9º e 10 com a redação dada pelo Dec. nº 6.722, de 30-12-2008.

§ 11. Para o segurado recolher contribuições relativas a período anterior à sua inscrição, aplica-se o disposto nos §§ 7º a 10.

§ 12. Somente será feito o reconhecimento da filiação nas situações referidas nos §§ 7º, 9º e 11 após o efetivo recolhimento das contribuições relativas ao período em que for comprovado o exercício da atividade remunerada.

§ 13. No caso de indenização relativa ao exercício de atividade remunerada para fins de contagem recíproca correspondente a período de filiação obrigatória ou não, na forma do inciso IV do artigo 127, a base de incidência será a remuneração da data do requerimento sobre a qual incidem as contribuições para o regime próprio de previdência social a que estiver filiado o interessado, observados os limites a que se referem os §§ 3º e 5º do artigo 214.

► §§ 12 e 13 com a redação dada pelo Dec. nº 3.265, de 29-11-1999.

§ 14. Sobre os salários de contribuição apurados na forma dos §§ 7º a 11 e 13 será aplicada a alíquota de 20% (vinte por cento), e o resultado multiplicado pelo número de meses do período a ser indenizado, observado o disposto no § 8º do artigo 239.

§ 15. É facultado aos segurados contribuinte individual e facultativo, cujos salários de contribuição sejam iguais ao valor de um salário mínimo, optarem pelo recolhimento trimestral das contribuições previdenciárias, com vencimento no dia 15 (quinze) do mês seguinte ao de cada trimestre civil, prorrogando-se o vencimento para o dia útil subsequente quando não houver expediente bancário no dia 15 (quinze).

► § 15 com a redação dada pelo Dec. nº 3.265, de 29-11-1999.

§ 16. *Revogado*. Dec. nº 10.410, de 30-6-2020.

§ 17. A inscrição do segurado no segundo ou terceiro mês do trimestre civil não altera a data de vencimento prevista no § 15, no caso de opção pelo recolhimento trimestral.

§ 18. *Revogado*. Dec. nº 10.410, de 30-6-2020.

§ 19. Fica autorizada, nos termos deste Regulamento, a compensação de contribuições devidas ao Instituto Nacional do Seguro Social, pelos hospitais contratados ou conveniados com o Sistema Único de Saúde com parcela dos créditos correspondentes a faturas emitidas para recebimento de internações hospitalares, cujo valor correspondente será retido pelo órgão pagador do Sistema Único de Saúde para amortização de parcela do débito, nos termos da Lei nº 8.870, de 1994.

§ 20. Na hipótese de o contribuinte individual prestar serviço a outro contribuinte individual equiparado a empresa ou a produtor rural pessoa física ou a missão diplomática e repartição consular de carreira estrangeiras, poderá deduzir, da sua contribuição mensal, quarenta e cinco por cento da contribuição patronal do contratante, efetivamente recolhida ou declarada, incidente sobre a remuneração que este lhe tenha pago ou creditado, no respectivo mês, limitada a nove por cento do respectivo salário de contribuição.

► § 20 com a redação dada pelo Dec. nº 4.729, de 9-6-2003.

§ 21. Para efeito de dedução, considera-se contribuição declarada a informação prestada na Guia de Recolhimento do Fundo de Garantia do Tempo de Serviço e Informações à Previdência Social ou declaração fornecida pela empresa ao segurado, onde conste, além de sua identificação completa, inclusive com o número no Cadastro Nacional de Pessoas Jurídicas, o nome e o número da inscrição do contribuinte individual, o valor da retribuição paga e o compromisso de que esse valor será incluído na citada Guia de Recolhimento do Fundo de Garantia do Tempo de Serviço e Informações à Previdência Social e efetuado o recolhimento da correspondente contribuição.

► § 21 acrescido pelo Dec. nº 3.265, de 29-11-1999.

§ 22. *Revogado*. Dec. nº 4.729, de 9-6-2003.

§ 23. O contribuinte individual que não comprovar a regularidade da dedução de que tratam os §§ 20 e 21 terá glosado o valor indevidamente deduzido, devendo complementar as contribuições com os acréscimos legais devidos.

► § 23 com a redação dada pelo Dec. nº 4.729, de 9-6-2003.

§ 24. *Revogado*. Dec. nº 6.722, de 30-12-2008.

§ 25. Relativamente aos que recebem salário variável, o recolhimento da contribuição decorrente de eventual diferença da gratificação natalina (13º salário) deverá ser efetuado juntamente com a competência dezembro do mesmo ano.

► §§ 24 e 25 acrescidos pelo Dec. nº 3.265, de 29-11-1999.

§ 26. A alíquota de contribuição a ser descontada pela empresa da remuneração paga, devida ou creditada ao contribuinte individual a seu serviço, observado o limite máximo do salário de contribuição, é de onze por cento no caso das empresas em geral e de vinte por cento quando se tratar de entidade beneficente de assistência social isenta das contribuições sociais patronais.

§ 27. O contribuinte individual contratado por pessoa jurídica obrigada a proceder à arrecadação e ao recolhimento da contribuição por ele devida, cuja remuneração recebida ou creditada no mês, por serviços prestados a ela, for inferior ao limite mínimo do salário de contribuição, é obrigado a complementar sua contribuição mensal, diretamente, mediante a aplicação da alíquota estabelecida no art. 199 sobre o valor resultante da subtração do valor das remunerações recebidas das pessoas jurídicas do valor mínimo do salário de contribuição mensal.

▶ §§ 26 e 27 acrescidos pelo Dec. nº 4.729, de 9-6-2003.

§ 27-A. O segurado que, no somatório de remunerações auferidas no período de um mês, receber remuneração inferior ao limite mínimo mensal do salário de contribuição poderá solicitar o ajuste das competências pertencentes ao mesmo ano civil, na forma por ele indicada, ou autorizar que os ajustes sejam feitos automaticamente, para que o limite mínimo mensal do salário de contribuição seja alcançado, por meio da opção por:

I – complementar a sua contribuição, observado que:

a) o recolhimento da complementação deverá ser efetuado pelo próprio segurado até o dia quinze do mês seguinte ao da competência de referência e, após essa data, com incidência dos acréscimos legais de que tratam os art. 238 e art. 239;

b) para o empregado, o empregado doméstico e o trabalhador avulso, a complementação será efetuada por meio da aplicação da alíquota de sete inteiros e cinco décimos por cento, inclusive para o mês em que exista contribuição concomitante na condição de contribuinte individual; e

c) para o contribuinte individual que preste serviço a empresa, de que trata o § 26, e que contribua exclusivamente nessa condição, a complementação será efetuada por meio da aplicação da alíquota de vinte por cento;

II – utilizar o valor da contribuição que exceder o limite mínimo de uma competência em outra, observado que:

a) para efeito de utilização da contribuição, serão considerados os salários de contribuição apurados por categoria, consolidados na competência de origem;

b) o salário de contribuição poderá ser utilizado para complementar uma ou mais competências com valor inferior ao limite mínimo, mesmo que em categoria distinta;

c) poderão ser utilizados valores excedentes ao limite mínimo do salário de contribuição de mais de uma competência para compor o salário de contribuição de apenas uma competência; e

d) utilizado o valor excedente, caso o salário de contribuição da competência favorecida ainda permaneça inferior ao limite mínimo, esse valor poderá ser complementado nos termos do disposto no inciso I; ou

III – agrupar contribuições inferiores ao limite mínimo de diferentes competências, para aproveitamento em contribuições mínimas mensais, observado que:

a) as competências que não atingirem o valor mínimo do salário de contribuição poderão ser agrupadas desde que o resultado do agrupamento não ultrapasse o valor mínimo do salário de contribuição;

b) na hipótese de o resultado do agrupamento ser inferior ao limite mínimo do salário de contribuição, o segurado poderá complementar na forma prevista no inciso I ou utilizar valores excedentes na forma prevista no inciso II; e

c) as competências em que tenha havido exercício de atividade e tenham sido zeradas em decorrência do agrupamento poderão ser objeto de recolhimento pelo segurado, respeitado o limite mínimo.

§ 27-B. Para fins do disposto no § 27-A, o valor da contribuição referente ao décimo terceiro salário não poderá ser utilizado em decorrência do disposto no § 6º do art. 214.

§ 27-C. É vedada a reversão da utilização e do agrupamento de que trata o § 27-A.

§ 27-D. Caso ocorram eventos posteriores que gerem inconsistências no cálculo da contribuição na competência favorecida por complementação, utilização ou agrupamento, essa competência ficará pendente de regularização.

▶ §§ 27-A a 27-D acrescidos pelo Dec. nº 10.410, de 30-6-2020.

§ 28. Cabe ao próprio contribuinte individual que prestar serviços, no mesmo mês, a mais de uma empresa, cuja soma das remunerações superar o limite mensal do salário de contribuição, comprovar às que sucederem à primeira o valor ou valores sobre os quais já tenha incidido o desconto da contribuição, de forma a se observar o limite máximo do salário de contribuição.

§ 29. Na hipótese do § 28, o Instituto Nacional do Seguro Social poderá facultar ao contribuinte individual que prestar, regularmente, serviços a uma ou mais empresas, cuja soma das remunerações seja igual ou superior ao limite mensal do salário de contribuição, indicar qual ou quais empresas e sobre qual valor deverá proceder o desconto da contribuição, de forma a respeitar o limite máximo, e dispensar as demais dessa providência, bem como atribuir ao próprio contribuinte individual a responsabilidade de complementar a respectiva contribuição até o limite máximo, na hipótese de, por qualquer razão, deixar de receber remuneração ou receber remuneração inferior às indicadas para o desconto.

§ 30. Aplica-se o disposto neste artigo, no que couber e observado o § 31, à cooperativa de trabalho em relação à contribuição devida pelo seu cooperado.

▶ §§ 28 a 30 acrescidos pelo Dec. nº 4.729, de 9-6-2003.

§ 31. A cooperativa de trabalho fica obrigada a descontar vinte por cento do valor da quota distribuída ao cooperado contribuinte individual por serviços por ele prestados por seu intermédio a empresas, a pessoas físicas e a entidades em gozo de isenção e recolher o produto dessa arrecadação até o dia vinte do mês subsequente ao da competência a que se referir ou até o dia útil imediatamente anterior, se não houver expediente bancário naquele dia.

§ 32. Ficam excluídos da obrigação de descontar a contribuição do contribuinte individual que lhe preste serviço:

I – o produtor rural pessoa física;

II – o contribuinte individual equiparado a empresa;

III – a missão diplomática e a repartição consular de carreiras estrangeiras; e

IV – o proprietário ou dono de obra de construção civil, quando pessoa física.

▶ §§ 31 e 32 com a redação dada pelo Dec. nº 10.410, de 30-6-2020.

▶ Art. 30 da Lei nº 8.212, de 24-7-1991 (Lei Orgânica da Seguridade Social).

§ 33. Na hipótese prevista no § 32, cabe ao contribuinte individual recolher a própria contribuição, sendo a alíquota, neste caso, de vinte por cento, observado o disposto nos §§ 20, 21 e 23.

▶ § 33 com a redação dada pelo Dec. nº 6.722, de 30-12-2008.

§ 34. O recolhimento da contribuição do produtor rural pessoa física ou produtor rural pessoa jurídica, quando houver, será efetuado pela Companhia Nacional de Abastecimento – CONAB, à conta do Programa de Aquisição de Alimentos, instituído pelo art. 19 da Lei nº 10.696, de 2 de julho de 2003, na aquisição de produtos agropecuários no âmbito do referido Programa.

▶ § 34 acrescido pelo Dec. nº 6.722, de 30-12-2008.

§ 35. Na hipótese prevista no § 5º do art. 11, o segurado contribuirá com a mesma alíquota com a qual vinha contribuindo anteriormente.

§ 36. A Secretaria Especial da Receita Federal do Brasil do Ministério da Economia disponibilizará ao INSS as informações e os registros das contribuições referentes ao desconto dos empregados, inclusive o doméstico, e dos trabalhadores avulsos e às complementações previstas no § 27-A para fins de aplicação do disposto no § 9º do art. 19 sobre a contagem de tempo de contribuição, inclusive para instrução e revisão de direitos e outorga de benefícios.

▶ §§ 35 e 36 acrescidos pelo Dec. nº 10.410, de 30-6-2020.

§ 37. *Revogado.* Dec. nº 10.491, de 23-9-2020.

Art. 216-A. Os órgãos da administração pública direta, indireta e fundações públicas da União, bem como as demais entidades integrantes do Sistema Integrado de Administração Financeira do Governo Federal ao contratarem pessoa física para prestação de serviços eventuais, sem vínculo empregatício, inclusive como integrante de grupo-tarefa, deverão obter dela a respectiva inscrição no Instituto Nacional do Seguro Social, como contribuinte individual, ou providenciá-la em nome dela, caso não seja inscrita, e proceder ao desconto e recolhimento da respectiva contribuição, na forma do art. 216.

▶ *Caput* com a redação dada pelo Dec. nº 4.729, de 9-6-2003.

§ 1º Aplica-se o disposto neste artigo mesmo que o contratado exerça concomitantemente uma ou mais atividades abrangidas pelo Regime Geral de Previdência Social ou por qualquer outro regime de previdência social ou seja aposentado por qualquer regime previdenciário.

▶ § 1º acrescido pelo Dec. nº 4.032, de 26-11-2001.

§ 2º O contratado que já estiver contribuindo para o Regime Geral de Previdência Social na condição de empregado ou trabalhador avulso sobre o limite máximo do salário de contribuição deverá comprovar esse fato e, se a sua contribuição nessa condição for inferior ao limite máximo, a contribuição como contribuinte individual deverá ser complementar, respeitando, no conjunto, aquele limite, procedendo-se, no caso, de conformidade com o disposto no § 28 do art. 216.

▸ § 2º com a redação dada pelo Dec. nº 4.729, de 9-6-2003.

§ 3º *Revogado.* Dec. nº 4.729, de 9-6-2003.

§ 4º Aplica-se o disposto neste artigo às contratações feitas por organismos internacionais, em programas de cooperação e operações de mútua conveniência entre estes e o governo brasileiro.

▸ § 4º acrescido pelo Dec. nº 4.032, de 26-11-2001.

Art. 217. Na requisição de mão de obra de trabalhador avulso efetuada em conformidade com o disposto na Lei nº 12.815, de 2013, e na Lei nº 9.719, de 27 de novembro de 1998, o responsável pelas obrigações previstas neste Regulamento, em relação aos segurados que lhe prestem serviços, é o operador portuário ou o tomador de mão de obra, inclusive o titular de instalação portuária de uso privativo, observadas as normas estabelecidas pelo INSS.

▸ *Caput* com a redação dada pelo Dec. nº 10.410, de 30-6-2020.

§ 1º O operador portuário ou titular de instalação de uso privativo repassará ao órgão gestor de mão de obra, até 24 (vinte e quatro) horas após a realização dos serviços:

I – o valor da remuneração devida aos trabalhadores portuários avulsos, inclusive a referente às férias e à gratificação natalina; e

II – o valor da contribuição patronal previdenciária correspondente e o valor daquela devida a terceiros conforme o artigo 274.

§ 2º O órgão gestor de mão de obra é responsável:

I – pelo pagamento da remuneração ao trabalhador portuário avulso;

II – pela elaboração da folha de pagamento;

III – pelo preenchimento e entrega da Guia de Recolhimento do Fundo de Garantia do Tempo de Serviço e Informações à Previdência Social; e

IV – pelo recolhimento das contribuições de que tratam o artigo 198, o inciso I do *caput* do artigo 201 e os artigos 202 e 274, incidentes sobre a remuneração paga, devida ou creditada aos trabalhadores portuários avulsos, inclusive sobre férias e gratificação natalina, no prazo previsto na alínea *b* do inciso I do artigo 216.

▸ §§ 1º e 2º com a redação dada pelo Dec. nº 4.032, de 26-11-2001.

§ 3º *Revogado.* Dec. nº 4.032, de 26-11-2001.

§ 4º O prazo previsto no § 1º pode ser alterado mediante convenção coletiva firmada entre entidades sindicais representativas dos trabalhadores e operadores portuários, observado o prazo legal para recolhimento dos encargos previdenciários.

§ 5º A contribuição do trabalhador avulso, relativamente à gratificação natalina, será calculada com base na alíquota correspondente ao seu salário de contribuição mensal.

▸ §§ 4º e 5º com a redação dada pelo Dec. nº 4.032, de 26-11-2001.

§ 6º O salário-família devido ao trabalhador portuário avulso será pago pelo órgão gestor de mão de obra, mediante convênio, que se incumbirá de demonstrá-lo na folha de pagamento correspondente.

Art. 218. A empresa tomadora ou requisitante dos serviços de trabalhador avulso, cuja contratação de pessoal não seja abrangida pelo disposto na Lei nº 12.815, de 2013, e na Lei nº 9.719, de 1998, é responsável pelo cumprimento de todas as obrigações previstas neste Regulamento, além do preenchimento e da entrega da GFIP em relação aos segurados que lhe prestem serviços, observadas as normas estabelecidas pelo INSS.

▸ *Caput* com a redação dada pelo Dec. nº 10.410, de 30-6-2020.

§ 1º O salário-família devido ao trabalhador avulso mencionado no *caput* será pago pelo sindicato de classe respectivo, mediante convênio, que se incumbirá de elaborar as folhas correspondentes.

§ 2º O tomador de serviços é responsável pelo recolhimento das contribuições de que tratam o artigo 198, o inciso I do *caput* do artigo 201 e os artigos 202 e 274, incidentes sobre a remuneração paga, devida ou creditada ao trabalhador avulso, inclusive sobre férias e gratificação natalina, no prazo previsto na alínea *b* do inciso I do artigo 216.

▸ § 2º com a redação dada pelo Dec. nº 4.032, de 26-11-2001.

Seção II

DA RETENÇÃO E DA RESPONSABILIDADE SOLIDÁRIA

Art. 219. A empresa contratante de serviços executados mediante cessão ou empreitada de mão de obra, inclusive em regime de trabalho temporário, deverá reter onze por cento do valor bruto da nota fiscal, fatura ou recibo de prestação de serviços e recolher a importância retida em nome da empresa contratada, observado o disposto no § 5º do art. 216.

▸ *Caput* com a redação dada pelo Dec. nº 4.729, de 9-6-2003.

§ 1º Exclusivamente para os fins deste Regulamento, entende-se como cessão de mão de obra a colocação à disposição do contratante, em suas dependências ou nas de terceiros, de segurados que realizem serviços contínuos, relacionados ou não com a atividade fim da empresa, independentemente da natureza e da forma de contratação, inclusive por meio de trabalho temporário na forma da Lei nº 6.019, de 3 de janeiro de 1974, entre outros.

§ 2º Enquadram-se na situação prevista no *caput* os seguintes serviços realizados mediante cessão de mão de obra:

I – limpeza, conservação e zeladoria;

II – vigilância e segurança;

III – construção civil;

IV – serviços rurais;

V – digitação e preparação de dados para processamento;

VI – acabamento, embalagem e acondicionamento de produtos;

VII – cobrança;

VIII – coleta e reciclagem de lixo e resíduos;

IX – copa e hotelaria;

X – corte e ligação de serviços públicos;

XI – distribuição;

XII – treinamento e ensino;

XIII – entrega de contas e documentos;

XIV – ligação e leitura de medidores;

XV – manutenção de instalações, de máquinas e de equipamentos;

XVI – montagem;

XVII – operação de máquinas, equipamentos e veículos;

XVIII – operação de pedágio e de terminais de transporte;

XIX – operação de transporte de passageiros, inclusive nos casos de concessão ou subconcessão;

▸ Inciso XIX com a redação dada pelo Dec. nº 4.729, de 9-6-2003.

XX – portaria, recepção e ascensorista;

XXI – recepção, triagem e movimentação de materiais;

XXII – promoção de vendas e eventos;

XXIII – secretaria e expediente;

XXIV – saúde; e

XXV – telefonia, inclusive *telemarketing*.

§ 3º Os serviços relacionados nos incisos I a V também estão sujeitos à retenção de que trata o *caput* quando contratados mediante empreitada de mão de obra.

§ 4º O valor retido de que trata este artigo deverá ser destacado na nota fiscal, fatura ou recibo de prestação de serviços, sendo compensado pelo respectivo estabelecimento da empresa contratada quando do recolhimento das contribuições destinadas à seguridade social devidas sobre a folha de pagamento dos segurados.

§ 5º O contratado deverá elaborar folha de pagamento e Guia de Recolhimento do Fundo de Garantia do Tempo de Serviço e Informações à Previdência Social distintas para cada estabelecimento ou obra de construção civil da empresa contratante do serviço.

§ 6º A empresa contratante do serviço deverá manter em boa guarda, em ordem cronológica e por contratada, as correspondentes notas fiscais, faturas ou recibos de prestação de serviços, Guias da Previdência Social e Guias de Recolhimento do Fundo de Garantia do Tempo de Serviço e Informações à Previdência Social com comprovante de entrega.

§ 7º Na contratação de serviços em que a contratada se obriga a fornecer material ou dispor de equipamentos, fica facultada ao contratado a discriminação, na nota fiscal, fatura ou recibo, do valor correspondente ao material ou equipamentos, que será excluído da retenção, desde que contratualmente previsto e devidamente comprovado.

§ 8º Cabe ao Instituto Nacional do Seguro Social normatizar a forma de apuração e o limite mínimo do valor do serviço contido no total da nota fiscal fatura ou recibo, quando, na hipótese do parágrafo anterior, não houver previsão contratual dos valores correspondentes a material ou a equipamentos.

§ 9º Na impossibilidade de haver compensação integral na própria competência, o saldo remanescente poderá ser compensado nas competências subsequentes, inclusive na relativa à gratificação natalina, ou ser objeto de restituição, não sujeitas ao disposto no § 3º do art. 247.

▸ § 9º com a redação dada pelo Dec. nº 4.729, de 9-6-2003.

§ 10. Para fins de recolhimento e de compensação da importância retida, será considerada como competência aquela a que corresponder à data da emissão da nota fiscal, fatura ou recibo.

§ 11. As importâncias retidas não podem ser compensadas com contribuições arrecadadas pelo Instituto Nacional do Seguro Social para outras entidades.

§ 12. O percentual previsto no *caput* será acrescido de quatro, três ou dois pontos percentuais, relativamente aos serviços prestados pelos segurados empregado, cuja atividade permita a concessão de aposentadoria especial, após quinze, vinte ou vinte e cinco anos de contribuição, respectivamente.

- § 12 acrescido pelo Dec. nº 4.729, de 9-6-2003.
- Art. 31 da Lei nº 8.212, de 24-7-1991 (Lei Orgânica da Seguridade Social).

Art. 220. O proprietário, o incorporador definido na Lei nº 4.591, de 1964, o dono da obra ou condômino da unidade imobiliária cuja contratação da construção, reforma ou acréscimo não envolva cessão de mão de obra, são solidários com o construtor, e este e aqueles com a subempreiteira, pelo cumprimento das obrigações para com a seguridade social, ressalvado o seu direito regressivo contra o executor ou contratante da obra e admitida a retenção de importância a este devida para garantia do cumprimento dessas obrigações, não se aplicando, em qualquer hipótese, o benefício de ordem.

§ 1º Não se considera cessão de mão de obra, para os fins deste artigo, a contratação de construção civil em que a empresa construtora assuma a responsabilidade direta e total pela obra ou repasse o contrato integralmente.

§ 2º O executor da obra deverá elaborar, distintamente para cada estabelecimento ou obra de construção civil da empresa contratante, folha de pagamento, Guia de Recolhimento do Fundo de Garantia do Tempo de Serviço e Informações à Previdência Social e Guia da Previdência Social, cujas cópias deverão ser exigidas pela empresa contratante quando da quitação da nota fiscal ou fatura, juntamente com o comprovante de entrega daquela Guia.

§ 3º A responsabilidade solidária de que trata o *caput* será elidida:

I – pela comprovação, na forma do parágrafo anterior, do recolhimento das contribuições incidentes sobre a remuneração dos segurados, incluída em nota fiscal ou fatura correspondente aos serviços executados, quando corroborada por escrituração contábil; e

II – pela comprovação do recolhimento das contribuições incidentes sobre a remuneração dos segurados, aferidas indiretamente nos termos, forma e percentuais previstos pelo Instituto Nacional do Seguro Social;

III – pela comprovação do recolhimento da retenção permitida no *caput* deste artigo, efetivada nos termos do artigo 219.

- Inciso III acrescido pelo Dec. nº 4.032, de 26-11-2001.

§ 4º Considera-se construtor, para os efeitos deste Regulamento, a pessoa física ou jurídica que executa obra sob sua responsabilidade, no todo ou em parte.

Art. 221. Exclui-se da responsabilidade solidária perante a seguridade social o adquirente de prédio ou unidade imobiliária que realize a operação com empresa de comercialização ou com incorporador de imóveis definido na Lei nº 4.591, de 1964, ficando estes solidariamente responsáveis com o construtor, na forma prevista no artigo 220.

Art. 221-A. O instituto da responsabilidade solidária não se aplica à administração pública direta, autárquica e fundacional, quando contratante de serviços, inclusive de obra de construção civil, reforma ou acréscimo, independentemente da forma de contratação.

Parágrafo único. A administração pública contratante de serviços, inclusive de construção civil executados por meio de cessão de mão de obra ou empreitada parcial, efetuará a retenção prevista no art. 219.

- Art. 221-A acrescido pelo Dec. nº 10.410, de 30-6-2020.

Art. 222. As empresas que integram grupo econômico de qualquer natureza, bem como os produtores rurais integrantes do consórcio simplificado de que trata o artigo 200-A, respondem entre si, solidariamente, pelas obrigações decorrentes do disposto neste Regulamento.

- Artigo com a redação dada pelo Dec. nº 4.032, de 26-11-2001.

Art. 222-A. As empresas integrantes de consórcio constituído nos termos do disposto nos art. 278 e art. 279 da Lei nº 6.404, de 15 de dezembro de 1976, respondem pelas contribuições devidas, em relação às operações praticadas pelo consórcio, na proporção de sua participação no empreendimento.

§ 1º O consórcio que realizar a contratação, em nome próprio, de pessoas jurídicas e físicas, com ou sem vínculo empregatício, poderá efetuar a retenção das contribuições e cumprir as respectivas obrigações acessórias, hipótese em que as empresas consorciadas serão solidariamente responsáveis.

§ 2º Na hipótese de a retenção das contribuições ou o cumprimento das obrigações acessórias relativas ao consórcio ser realizado por sua empresa líder, as empresas consorciadas também serão solidariamente responsáveis.

§ 3º O disposto neste artigo abrange as contribuições destinadas a outras entidades e fundos, além da multa por atraso no cumprimento das obrigações acessórias.

- Art. 222-A acrescido pelo Dec. nº 10.410, de 30-6-2020.

Art. 223. O operador portuário e o órgão gestor de mão de obra são solidariamente responsáveis pelo pagamento das contribuições previdenciárias e demais obrigações, inclusive acessórias, devidas à seguridade social, arrecadadas pelo Instituto Nacional do Seguro Social, relativamente à requisição de mão de obra de trabalhador avulso, vedada a invocação do benefício de ordem.

Art. 224. Os administradores de autarquias e fundações públicas, criadas ou mantidas pelo Poder Público, de empresas públicas e de sociedades de economia mista sujeitas ao controle da União, dos Estados, do Distrito Federal ou dos Municípios, que se encontrarem em mora por mais de 30 (trinta) dias, no recolhimento das contribuições previstas neste Regulamento, tornam-se solidariamente responsáveis pelo respectivo pagamento, ficando ainda sujeitos às proibições do artigo 1º e às sanções dos artigos 4º e 7º do Decreto-lei nº 368, de 19 de dezembro de 1968.

Art. 224-A. O disposto nesta Seção não se aplica à contratação de serviços por intermédio de cooperativa de trabalho.

- Art. 224-A acrescido pelo Dec. nº 3.265, de 29-11-1999.

Seção III
DAS OBRIGAÇÕES ACESSÓRIAS

Art. 225. A empresa é também obrigada a:

- Art. 32 da Lei nº 8.212, de 24-7-1991 (Lei Orgânica da Seguridade Social).

I – preparar folha de pagamento da remuneração paga, devida ou creditada a todos os segurados a seu serviço, devendo manter, em cada estabelecimento, uma via da respectiva folha e recibos de pagamentos;

II – lançar mensalmente em títulos próprios de sua contabilidade, de forma discriminada, os fatos geradores de todas as contribuições, o montante das quantias descontadas, as contribuições da empresa e os totais recolhidos;

III – prestar ao Instituto Nacional do Seguro Social e à Secretaria da Receita Federal todas as informações cadastrais, financeiras e contábeis de interesse dos mesmos, na forma por eles estabelecida, bem como os esclarecimentos necessários à fiscalização;

- A Secretaria da Receita Federal passou a ser denominada Secretaria da Receita Federal do Brasil pelo art. 1º da Lei nº 11.457, de 16-3-2007 (Lei da Super-Receita).

IV – informar mensalmente ao Instituto Nacional do Seguro Social, por intermédio da Guia de Recolhimento do Fundo de Garantia do Tempo de Serviço e Informações à Previdência Social, na forma por ele estabelecida, dados cadastrais, todos os fatos geradores de contribuição previdenciária e outras informações de interesse daquele Instituto;

V – *Revogado*. Dec. nº 10.410, de 30-6-2020;

VI – afixar cópia da Guia da Previdência Social, relativamente à competência anterior, durante o período de um mês, no quadro de horário de que trata o artigo 74 da Consolidação das Leis do Trabalho;

VII – informar, anualmente, à Secretaria da Receita Federal do Brasil, na forma por ela estabelecida, o nome, o número de inscrição na previdência social e o endereço completo dos segurados de que trata o inciso III do § 15 do art. 9º, por ela utilizados no período, a qualquer título, para distribuição ou comercialização de seus produtos, sejam eles de fabricação própria ou de terceiros, sempre que se tratar de empresa que realize vendas diretas;

- Inciso VII acrescido pelo Dec. nº 6.722, de 30-12-2008.

VIII – comunicar, mensalmente, os empregados a respeito dos valores descontados de sua contribuição previdenciária e, quando for o caso, dos valores da contribuição do empregador incidentes sobre a remuneração do mês de competência por meio de contracheque, recibo de pagamento ou documento equivalente.

- Inciso VIII acrescido pelo Dec. nº 10.410, de 30-6-2020.

§ 1º As informações prestadas na Guia de Recolhimento do Fundo de Garantia do Tempo de Serviço e Informações à Previdência Social servirão como base de cálculo das contribuições arrecadadas pelo Instituto Nacional do Seguro Social, comporão a base de dados para fins de cálculo e concessão dos benefícios previdenciários, bem como constituir-se-ão em termo de confissão de dívida, na hipótese do não recolhimento.

§ 2º A entrega da Guia de Recolhimento do Fundo de Garantia do Tempo de Serviço e Informações à Previdência Social deverá ser efetuada na rede bancária, conforme estabelecido pelo Ministério da Previdência e Assistência Social, até o dia sete do mês seguinte àquele a que se referirem as informações.

► § 2º com a redação dada pelo Dec. nº 3.265, de 29-11-1999.

§ 3º A Guia de Recolhimento do Fundo de Garantia do Tempo de Serviço e Informações à Previdência Social é exigida relativamente a fatos geradores ocorridos a partir de janeiro de 1999.

§ 4º O preenchimento, as informações prestadas e a entrega da Guia de Recolhimento do Fundo de Garantia do Tempo de Serviço e Informações à Previdência Social são de inteira responsabilidade da empresa.

§ 5º A empresa manterá arquivados os documentos comprobatórios do cumprimento das obrigações de que trata este artigo e os documentos comprobatórios do pagamento de benefícios previdenciários reembolsados até que ocorra a prescrição relativa aos créditos decorrentes das operações a que os documentos se refiram, observados o disposto no § 22 e nas normas estabelecidas pela Secretaria Especial da Receita Federal do Brasil do Ministério da Economia e pelo Conselho Curador do Fundo de Garantia do Tempo de Serviço.

► § 5º com a redação dada pelo Dec. nº 10.410, de 30-6-2020.

§ 6º O Instituto Nacional do Seguro Social e a Caixa Econômica Federal estabelecerão normas para disciplinar a entrega da Guia de Recolhimento do Fundo de Garantia do Tempo de Serviço e Informações à Previdência Social, nos casos de rescisão contratual.

§ 7º *Revogado*. Dec. nº 10.410, de 30-6-2020.

§ 8º O disposto neste artigo aplica-se, no que couber, aos demais contribuintes e ao adquirente, consigna-tário ou cooperativa, sub-rogados na forma deste Regulamento.

§ 9º A folha de pagamento de que trata o inciso I do *caput*, elaborada mensalmente, de forma coletiva por estabelecimento da empresa, por obra de construção civil e por tomador de serviços, com a correspondente totalização, deverá:

I – discriminar o nome dos segurados, indicando cargo, função ou serviço prestado;

II – agrupar os segurados por categoria, assim entendido: segurado empregado, trabalhador avulso, contribuinte individual;

► Inciso II com a redação dada pelo Dec. nº 3.265, de 29-11-1999.

III – destacar o nome das seguradas em gozo de salário-maternidade;

IV – destacar as parcelas integrantes e não integrantes da remuneração e os descontos legais; e

V – indicar o número de quotas de salário-família atribuídas a cada segurado empregado ou trabalhador avulso.

§ 10. No que se refere ao trabalhador portuário avulso, o órgão gestor de mão de obra elaborará a folha de pagamento por navio, mantendo-a disponível para uso da fiscalização do Instituto Nacional do Seguro Social, indicando o operador portuário e os trabalhadores que participaram da operação, detalhando, com relação aos últimos:

I – os correspondentes números de registro ou cadastro no órgão gestor de mão de obra;

II – o cargo, função ou serviço prestado;

III – os turnos em que trabalharam; e

IV – as remunerações pagas, devidas ou creditadas a cada um dos trabalhadores e a correspondente totalização.

§ 11. No que se refere ao parágrafo anterior, o órgão gestor de mão de obra consolidará as folhas de pagamento relativas às operações concluídas no mês anterior por operador portuário e por trabalhador portuário avulso, indicando, com relação a estes, os respectivos números de registro ou cadastro, as datas dos turnos trabalhados, as importâncias pagas e os valores das contribuições previdenciárias retidas.

§ 12. Para efeito de observância do limite máximo da contribuição do segurado trabalhador avulso, de que trata o artigo 198, o órgão gestor de mão de obra manterá resumo mensal e acumulado, por trabalhador portuário avulso, dos valores totais das férias, do décimo terceiro salário e das contribuições previdenciárias retidas.

§ 13. Os lançamentos de que trata o inciso II do *caput*, devidamente escriturados nos livros Diário e Razão, serão exigidos pela fiscalização após noventa dias contados da ocorrência dos fatos geradores das contribuições, devendo, obrigatoriamente:

I – atender ao princípio contábil do regime de competência; e

II – registrar, em contas individualizadas, todos os fatos geradores de contribuições previdenciárias de forma a identificar, clara e precisamente, as rubricas integrantes e não integrantes do salário de contribuição, bem como as contribuições descontadas do segurado, as da empresa e os totais recolhidos, por estabelecimento da empresa, por obra de construção civil e por tomador de serviços.

§ 14. A empresa deverá manter à disposição da fiscalização os códigos ou abreviaturas que identifiquem as respectivas rubricas utilizadas na elaboração da folha de pagamento, bem como os utilizados na escrituração contábil.

§ 15. A exigência prevista no inciso II do *caput* não desobriga a empresa do cumprimento das demais normas legais e regulamentares referentes à escrituração contábil.

§ 16. São desobrigadas de apresentação de escrituração contábil:

► § 16 com a redação dada pelo Dec. nº 3.265, de 29-11-1999.

I – o pequeno comerciante, nas condições estabelecidas pelo Decreto-lei nº 486, de 3 de março de 1969, e seu Regulamento;

II – a pessoa jurídica tributada com base no lucro presumido, de acordo com a legislação tributária federal, desde que mantenha a escrituração do Livro Caixa e Livro de Registro de Inventário; e

III – a pessoa jurídica que optar pela inscrição no Sistema Integrado de Pagamento de Impostos e Contribuições das Microempresas e Empresas de Pequeno Porte, desde que mantenha escrituração do Livro Caixa e Livro de Registro de Inventário.

§ 17. A empresa, agência ou sucursal estabelecida no exterior deverá apresentar os documentos comprobatórios do cumprimento das obrigações referidas neste artigo à sua congênere no Brasil, observada a solidariedade de que trata o artigo 222.

§ 18. Para o cumprimento do disposto no inciso V do *caput* serão observadas as seguintes situações:

I – caso a empresa possua mais de um estabelecimento localizado em base geográfica diversa, a cópia da Guia da Previdência Social será encaminhada ao sindicato representativo da categoria profissional mais numerosa entre os empregados de cada estabelecimento;

II – a empresa que recolher suas contribuições em mais de uma Guia da Previdência Social encaminhará cópia de todas as guias;

III – a remessa poderá ser efetuada por qualquer meio que garanta a reprodução integral do documento, cabendo à empresa manter, em seus arquivos, prova do recebimento pelo sindicato; e

IV – cabe à empresa a comprovação, perante a fiscalização do Instituto Nacional do Seguro Social, do cumprimento de sua obrigação frente ao sindicato.

§ 19. O órgão gestor de mão de obra deverá, quando exigido pela fiscalização do Instituto Nacional do Seguro Social, exibir as listas de escalação diária dos trabalhadores portuários avulsos, por operador portuário e por navio.

§ 20. Caberá exclusivamente ao órgão gestor de mão de obra a responsabilidade pela exatidão dos dados lançados nas listas diárias referidas no parágrafo anterior.

§ 21. Fica dispensado do cumprimento do disposto nos incisos V e VI do *caput* o contribuinte individual, em relação a segurado que lhe presta serviço.

► § 21 com a redação dada pelo Dec. nº 3.265, de 29-11-1999.

§ 22. A empresa que utiliza sistema de processamento eletrônico de dados para o registro de negócios e atividades econômicas, escrituração de livros ou produção de documentos de natureza contábil, fiscal, trabalhista e previdenciária fica obrigada a arquivar e conservar, devidamente certificados, os sistemas e os arquivos, em meio eletrônico ou assemelhado, durante o prazo decadencial de que trata o art. 348, os quais ficarão à disposição da fiscalização.

► § 22 com a redação dada pelo Dec. nº 10.410, de 30-6-2020.

§ 23. A cooperativa de trabalho e a pessoa jurídica são obrigadas a efetuar a inscrição no Instituto Nacional do Seguro Social dos seus cooperados e contratados, respectivamente, como contribuintes individuais, se ainda não inscritos.

► § 23 acrescido pelo Dec. nº 4.729, de 9-6-2003.

§ 24. A empresa ou cooperativa adquirente, consumidora ou consignatária da produção fica obrigada a fornecer ao segurado especial cópia do documento fiscal de entrada da mercadoria, onde conste, além do registro da operação realizada, o valor da respectiva contribuição previdenciária.

► § 24 acrescido pelo Dec. nº 6.722, de 30-12-2008.

§ 25. A contribuição do empregador de que trata o inciso VIII do *caput* compreende aquela destinada ao seguro de acidentes do trabalho e ao financiamento da aposentadoria especial, sem prejuízo de outras contribuições incidentes sobre a remuneração do empregado.

▶ § 25 acrescido pelo Dec. nº 10.410, de 30-6-2020.

Art. 226. O Município, por intermédio do órgão competente, fornecerá ao Instituto Nacional do Seguro Social, para fins de fiscalização, mensalmente, relação de todos os alvarás para construção civil e documentos de "habite-se" concedidos, de acordo com critérios estabelecidos pelo referido Instituto.

§ 1º A relação a que se refere o *caput* será encaminhada ao INSS até o dia dez do mês seguinte àquele a que se referirem os documentos.

▶ § 1º com a redação dada pelo Dec. nº 4.032, de 26-11-2001.

§ 2º O encaminhamento da relação fora do prazo ou a sua falta e a apresentação com incorreções ou omissões sujeitará o dirigente do órgão municipal à penalidade prevista na alínea *f* do inciso I do artigo 283.

Art. 227. *Revogado*. Dec. nº 8.302, de 4-9-2014.

Art. 228. O titular do Cartório de Registro Civil de Pessoas Naturais remeterá ao INSS, no prazo de um dia útil, pelo Sistema Nacional de Informações de Registro Civil, ou pelo sistema que venha a substituí-lo, a relação dos nascimentos, dos natimortos, dos casamentos, dos óbitos, das averbações, das anotações e das retificações registradas na serventia.

▶ *Caput* com a redação dada pelo Dec. nº 10.410, de 30-6-2020.

§ 1º Para os Municípios que não dispõem de provedor de conexão à internet ou de qualquer meio de acesso à *internet*, fica autorizada a remessa da relação no prazo de cinco dias úteis, conforme critérios definidos pelo INSS.

▶ Parágrafo único transformado em § 1º e com a redação dada pelo Dec. nº 10.410, de 30-6-2020.

§ 2º Os registros de nascimento e de natimorto conterão, obrigatoriamente, as seguintes informações do registrado e da filiação:

I – nome completo;

II – número de inscrição no CPF;

III – sexo; e

IV – data e local de nascimento.

§ 3º Os registros de casamento e de óbito conterão, obrigatoriamente, as seguintes informações do registrado:

I – nome completo;

II – número de inscrição no CPF;

III – sexo; e

IV – data e local de nascimento do registrado.

§ 4º Além das informações a que se refere o § 3º, constarão dos registros de casamento e de óbito, caso estejam disponíveis, os seguintes dados:

I – número de inscrição no PIS ou no PASEP;

II – NIT;

III – número de benefício previdenciário ou assistencial, se o falecido for titular de qualquer benefício pago pelo INSS;

IV – número de registro da carteira de identidade e órgão emissor;

V – número do título de eleitor; e

VI – número de registro e série da Carteira de Trabalho e Previdência Social.

§ 5º Na hipótese de não haver sido registrado nascimento, natimorto, casamento, óbito ou averbação, anotação e retificação no mês, o titular do Cartório de Registro Civil de Pessoas Naturais comunicará este fato ao INSS até o quinto dia útil do mês subsequente, na forma estabelecida pelo INSS.

§ 6º O descumprimento de obrigação imposta por este artigo e o fornecimento de informação inexata sujeitarão o titular do Cartório de Registro Civil de Pessoas Naturais, além de outras penalidades, à penalidade prevista na alínea e do inciso I do *caput* do art. 283 e a ação regressiva, na forma estabelecida pelo INSS.

▶ §§ 2º a 6º acrescidos pelo Dec. nº 10.410, de 30-6-2020.

Seção IV
DA COMPETÊNCIA PARA ARRECADAR, FISCALIZAR E COBRAR

Art. 229. O Instituto Nacional do Seguro Social é o órgão competente para:

I – arrecadar e fiscalizar o recolhimento das contribuições sociais previstas nos incisos I, II, III, IV e V do parágrafo único do artigo 195, bem como as contribuições incidentes a título de substituição;

▶ Inciso I com a redação dada pelo Dec. nº 4.032, de 26-11-2001.

II – constituir seus créditos por meio dos correspondentes lançamentos e promover a respectiva cobrança;

III – aplicar sanções; e

IV – normatizar procedimentos relativos à arrecadação, fiscalização e cobrança das contribuições referidas no inciso I.

§ 1º Os Auditores Fiscais da Previdência Social terão livre acesso a todas as dependências ou estabelecimentos da empresa, com vistas à verificação física dos segurados em serviço, para confronto com os registros e documentos da empresa, podendo requisitar e apreender livros, notas técnicas e demais documentos necessários ao perfeito desempenho de suas funções, caracterizando-se como embaraço à fiscalização qualquer dificuldade oposta à consecução do objetivo.

§ 2º Se o Auditor Fiscal da Previdência Social constatar que o segurado contratado como contribuinte individual, trabalhador avulso, ou sob qualquer outra denominação, preenche as condições referidas no inciso I do *caput* do artigo 9º, deverá desconsiderar o vínculo pactuado e efetuar o enquadramento como segurado empregado.

▶ §§ 1º e 2º com a redação dada pelo Dec. nº 3.265, de 29-11-1999.

§ 3º A fiscalização das entidades fechadas de previdência privada, estabelecida na Lei nº 6.435, de 15 de julho de 1977, será exercida pelos Fiscais de Contribuições Previdenciárias do Instituto Nacional do Seguro Social, devidamente credenciados pelo órgão próprio, sem prejuízo das atribuições e vantagens a que fazem jus, conforme disposto no Decreto nº 1.317, de 29 de novembro de 1994.

§ 4º A fiscalização dos regimes próprios de previdência social dos servidores públicos e dos militares da União, dos Estados, do Distrito Federal e dos Municípios, nos termos da Lei nº 9.717, de 27 de novembro de 1998, será exercida pelos Fiscais de Contribuições Previdenciárias do Instituto Nacional do Seguro Social, devidamente credenciados pelo órgão próprio, sem prejuízo das atribuições e vantagens a que fazem jus, conforme orientação expedida pelo Ministério da Previdência e Assistência Social.

§ 5º Aplica-se à fiscalização de que tratam os §§ 3º e 4º o disposto na Lei nº 8.212, de 1991, neste Regulamento e demais dispositivos da legislação previdenciária, no que couber e não colidir com os preceitos das Leis nºs 6.435, de 1977, e 9.717, de 1998.

▶ Art. 33 da Lei nº 8.212, de 24-7-1991 (Lei Orgânica da Seguridade Social).

Art. 230. A Secretaria da Receita Federal é o órgão competente para:

▶ A Secretaria da Receita Federal passou a ser denominada Secretaria da Receita Federal do Brasil pelo art. 1º da Lei nº 11.457, de 16-3-2007 (Lei da Super-Receita).

I – arrecadar e fiscalizar o recolhimento das contribuições sociais previstas nos incisos VI e VII do parágrafo único do artigo 195;

II – constituir seus créditos por meio dos correspondentes lançamentos e promover a respectiva cobrança;

III – aplicar sanções; e

IV – normatizar procedimentos relativos à arrecadação, fiscalização e cobrança das contribuições de que trata o inciso I.

Seção V
DO EXAME DA CONTABILIDADE

Art. 231. É prerrogativa do Ministério da Previdência e Assistência Social, do Instituto Nacional do Seguro Social e da Secretaria da Receita Federal o exame da contabilidade da empresa, não prevalecendo para esse efeito o disposto nos artigos 17 e 18 do Código Comercial, ficando obrigados a empresa e o segurado a prestarem todos os esclarecimentos e informações solicitados.

▶ A Secretaria da Receita Federal passou a ser denominada Secretaria da Receita Federal do Brasil pelo art. 1º da Lei nº 11.457, de 16-3-2007 (Lei da Super-Receita).

Art. 232. A empresa, o servidor de órgão público da administração direta e indireta, o segurado da previdência social, o serventuário da Justiça, o síndico ou seu representante legal, o comissário e o liquidante de empresa em liquidação judicial ou extrajudicial são obrigados a exibir todos os documentos e livros relacionados com as contribuições previstas neste Regulamento.

Art. 233. Ocorrendo recusa ou sonegação de qualquer documento ou informação, ou sua apresentação deficiente, o Instituto Nacional do Seguro Social e a Secretaria da Receita Federal podem, sem prejuízo da penalidade cabível nas esferas de sua competência, lançar de ofício importância que reputarem devida, cabendo à empresa, ao empregador doméstico ou ao segurado o ônus da prova em contrário.

▶ A Secretaria da Receita Federal passou a ser denominada Secretaria da Receita Federal do Brasil pelo art. 1º da Lei nº 11.457, de 16-3-2007 (Lei da Super-Receita).

Parágrafo único. Considera-se deficiente o documento ou informação apresentada que não preencha as formalidades legais, bem como aquele que contenha informação diversa da realidade, ou, ainda, que omita informação verdadeira.

Art. 234. Na falta de prova regular e formalizada, o montante dos salários pagos pela execução de obra de construção civil pode ser obtido mediante cálculo da mão de obra empregada, proporcional à área construída e ao padrão de execução da obra, de acordo com critérios estabelecidos pelo Instituto Nacional do Seguro

Social, cabendo ao proprietário, dono da obra, incorporador, condômino da unidade imobiliária ou empresa corresponsável o ônus da prova em contrário.

Art. 235. Se, no exame da escrituração contábil e de qualquer outro documento da empresa, a fiscalização constatar que a contabilidade não registra o movimento real da remuneração dos segurados a seu serviço, da receita ou do faturamento e do lucro, esta será desconsiderada, sendo apuradas e lançadas de ofício as contribuições devidas, cabendo à empresa o ônus da prova em contrário.

Art. 236. Deverá ser dado tratamento especial ao exame da documentação que envolva operações ou assuntos de caráter sigiloso, ficando o fiscal responsável obrigado à guarda da informação e à sua utilização exclusivamente nos documentos elaborados em decorrência do exercício de suas atividades.

Art. 237. A autoridade policial prestará à fiscalização, mediante solicitação, o auxílio necessário ao regular desempenho dessa atividade.

Seção VI

DAS CONTRIBUIÇÕES E OUTRAS IMPORTÂNCIAS NÃO RECOLHIDAS ATÉ O VENCIMENTO

Art. 238. Os créditos de qualquer natureza da seguridade social, constituídos ou não, vencidos até 31 de dezembro de 1991 e não pagos até 2 de janeiro de 1992, serão atualizados monetariamente com base na legislação aplicável e convertidos, nessa data, em quantidade de Unidade Fiscal de Referência diária.

§ 1º Os juros de mora calculados até 2 de janeiro de 1992 serão, também, convertidos em Unidade Fiscal de Referência, na mesma data.

§ 2º Sobre a parcela correspondente à contribuição, convertida em quantidade de Unidade Fiscal de Referência, incidirão juros moratórios à razão de 1% (um por cento), ao mês-calendário ou fração, a partir de fevereiro de 1992, inclusive, além da multa variável pertinente.

§ 3º Os créditos calculados e expressos em quantidade de Unidade Fiscal de Referência conforme o disposto neste artigo serão reconvertidos para moeda corrente, com base no valor da Unidade Fiscal de Referência na data do pagamento.

Art. 239. As contribuições sociais e outras importâncias arrecadadas pela Secretaria Especial da Receita Federal do Brasil do Ministério da Economia, incluídas ou não em notificação fiscal de lançamento, pagas com atraso, objeto ou não de parcelamento, ficam sujeitas a:

▸ *Caput* com a redação dada pelo Dec. nº 10.410, de 30-6-2020.

I – atualização monetária, quando exigida pela legislação de regência;

II – juros de mora, de caráter irrelevável, incidentes sobre o valor atualizado, equivalentes a:

a) 1% (um por cento) no mês do vencimento;

b) taxa referencial do Sistema Especial de Liquidação e de Custódia nos meses intermediários; e

c) 1% (um por cento) no mês do pagamento; e

III – multa variável, de caráter irrelevável, nos seguintes percentuais, para fatos geradores ocorridos a partir de 28 de novembro de 1999:

a) para pagamento após o vencimento de obrigação não incluída em notificação fiscal de lançamento:

1. 8% (oito por cento), dentro do mês de vencimento da obrigação;
2. 14% (quatorze por cento), no mês seguinte; ou
3. 20% (vinte por cento), a partir do segundo mês seguinte ao do vencimento da obrigação;

b) para pagamento de obrigação incluída em notificação fiscal de lançamento:

1. 24% (vinte e quatro por cento), até 15 (quinze) dias do recebimento da notificação;
2. 30% (trinta por cento), após o 15º (décimo quinto) dia do recebimento da notificação;
3. 40% (quarenta por cento), após apresentação de recurso desde que antecedido de defesa, sendo ambos tempestivos, até 15 (quinze) dias da ciência da decisão do Conselho de Recursos da Previdência Social; ou
4. 50% (cinquenta por cento), após o 15º (décimo quinto) dia da ciência da decisão do Conselho de Recursos da Previdência Social, enquanto não inscrita em Dívida Ativa; e

c) para pagamento do crédito inscrito em Dívida Ativa:

1. 60% (sessenta por cento), quando não tenha sido objeto de parcelamento;
2. 70% (setenta por cento), se houve parcelamento;
3. 80% (oitenta por cento), após o ajuizamento da execução fiscal, mesmo que o devedor ainda não tenha sido citado, se o crédito não foi objeto de parcelamento; ou
4. 100% (cem por cento), após o ajuizamento da execução fiscal, mesmo que o devedor ainda não tenha sido citado, se o crédito foi objeto de parcelamento.

▸ Inciso III com a redação dada pelo Dec. nº 3.265, de 29-11-1999.

§ 1º *Revogado*. Dec. nº 6.224, de 4-10-2007.

§ 2º Nas hipóteses de parcelamento ou de reparcelamento, incidirá um acréscimo de 20% (vinte por cento) sobre a multa de mora a que se refere o inciso III.

§ 3º Se houver pagamento antecipado à vista, no todo ou em parte, do saldo devedor, o acréscimo previsto no parágrafo anterior não incidirá sobre a multa correspondente à parte do pagamento que se efetuar.

§ 4º O valor do pagamento parcial, antecipado, do saldo devedor de parcelamento ou do reparcelamento somente poderá ser utilizado para quitação de parcelas na ordem inversa do vencimento, sem prejuízo da que for devida no mês de competência em curso e sobre a qual incidirá sempre o acréscimo a que se refere o § 2º.

§ 5º É facultada a realização de depósito à disposição da seguridade social, sujeito ao mesmo percentual do item 1 da alínea *b* do inciso III, desde que dentro do prazo legal para apresentação de defesa.

§ 6º À correção monetária e aos acréscimos legais de que trata este artigo aplicar-se-á a legislação vigente em cada competência a que se referirem.

§ 7º Às contribuições de que trata o artigo 204, devidas e não recolhidas até as datas dos respectivos vencimentos, aplicam-se multas e juros moratórios na forma da legislação pertinente.

§ 8º Sobre as contribuições devidas e apuradas com fundamento no inciso IV do *caput* do art. 127 e no § 1º do art. 348 incidirão juros moratórios de cinco décimos por cento ao mês, capitalizados anualmente, limitados ao percentual máximo de cinquenta por cento, e multa de dez por cento.

▸ § 8º com a redação dada pelo Dec. nº 10.410, de 30-6-2020.

§ 8º-A. A incidência de juros moratórios e multa de que trata o § 8º será estabelecida para fatos geradores ocorridos a partir de 14 de outubro de 1996.

▸ § 8º-A acrescido pelo Dec. nº 10.410, de 30-6-2020.

§ 9º Não se aplicam as multas impostas e calculadas como percentual do crédito por motivo de recolhimento fora do prazo das contribuições, nem quaisquer outras penas pecuniárias, às massas falidas de que trata o art. 192 da Lei nº 11.101, de 9 de fevereiro de 2005, e às missões diplomáticas estrangeiras no Brasil e aos membros dessas missões quando assegurada a isenção em tratado, convenção ou outro acordo internacional de que o Estado estrangeiro ou organismo internacional e o Brasil sejam partes.

▸ § 9º com a redação dada pelo Dec. nº 6.042, de 12-2-2007.

§ 10. O disposto no § 8º não se aplica aos casos de contribuições em atraso a partir da competência abril de 1995, obedecendo-se, a partir de então, às disposições aplicadas às empresas em geral.

§ 11. Na hipótese de as contribuições terem sido declaradas no documento a que se refere o inciso IV do artigo 225, ou quando se tratar de empregador doméstico ou de empresa ou segurado dispensados de apresentar o citado documento, a multa de mora a que se refere o *caput* e seus incisos será reduzida em 50% (cinquenta por cento).

▸ §§ 10 e 11 com a redação dada pelo Dec. nº 3.265, de 29-11-1999.

Art. 240. Os créditos de qualquer natureza da seguridade social, constituídos ou não, que forem objeto de parcelamento serão consolidados na data da concessão e expressos em moeda corrente.

§ 1º Os valores referentes a competências anteriores a 1º de janeiro de 1995 e expressos em Unidade Fiscal de Referência serão reconvertidos para moeda corrente, com base no valor da Unidade Fiscal de Referência na data do pagamento.

§ 2º O valor do crédito consolidado será dividido pela quantidade de parcelas mensais concedidas na forma da legislação pertinente.

§ 3º O valor de cada parcela mensal, por ocasião do pagamento, será acrescido de juros na forma da legislação pertinente.

§ 4º A parcela mensal com valores relativos a competências anteriores a janeiro de 1995 será determinada de acordo com as disposições do

§ 1º, acrescida de juros conforme a legislação pertinente.

Art. 241. No caso de parcelamento concedido administrativamente até o dia 31 de dezembro de 1991, cujo saldo devedor foi expresso em quantidade de Unidade Fiscal de Referência diária a partir de 1º de janeiro de 1992, mediante a divisão do débito, atualizado monetariamente, pelo valor da Unidade Fiscal de Referência diária no dia 1º de janeiro de 1992, terá o valor do débito ou da parcela expresso em Unidade Fiscal de Referência reconvertido para moeda corrente, multiplicando-se a quantidade de Unidade Fiscal de Referência pelo valor desta na data do pagamento.

Art. 242. Os valores das contribuições incluídos em notificação fiscal de lançamento e os acréscimos legais, observada a legislação de regência, serão expressos em moeda corrente.

§ 1º Os valores das contribuições incluídos na Guia de Recolhimento do Fundo de Garantia do Tempo de Serviço e Informações à Previdência Social, não recolhidos ou não parcelados, serão inscritos na Dívida Ativa do Instituto Nacional do Seguro Social, dispensando-se o processo administrativo de natureza contenciosa.

§ 2º Os juros e a multa serão calculados com base no valor da contribuição.

Art. 243. Constatada a falta de recolhimento de qualquer contribuição ou outra importância devida nos termos deste Regulamento, a fiscalização lavrará, de imediato, notificação fiscal de lançamento com discriminação clara e precisa dos fatos geradores, das contribuições devidas e dos períodos a que se referem, de acordo com as normas estabelecidas pelos órgãos competentes.

§ 1º Aplica-se o disposto neste artigo em caso de falta de pagamento de benefício reembolsado ou em caso de pagamento desse benefício sem observância das normas pertinentes estabelecidas pelo Instituto Nacional do Seguro Social.

§ 2º Recebida a notificação, o empregador doméstico, a empresa ou o segurado terão o prazo de trinta dias para efetuar o pagamento ou apresentar impugnação.

▸ § 2º com a redação dada pelo Dec. nº 6.103, de 30-4-2007.

§ 3º Decorrido esse prazo, será automaticamente declarada a revelia, considerado, de plano, procedente o lançamento, permanecendo o processo no órgão jurisdicionante, pelo prazo de 30 (trinta) dias, para cobrança amigável.

§ 4º Após o prazo referido no parágrafo anterior, o crédito será inscrito em Dívida Ativa.

§ 5º Apresentada a defesa, o processo formado a partir da notificação fiscal de lançamento será submetido à autoridade competente, que decidirá sobre a procedência ou não do lançamento, cabendo recurso na forma da Subseção II da Seção II do Capítulo Único do Título I do Livro V.

§ 6º Ao lançamento considerado procedente aplicar-se-á o disposto no § 1º do artigo 245, salvo se houver recurso tempestivo na forma da Subseção II da Seção II do Capítulo Único do Título I do Livro V.

§ 7º A liquidação de crédito incluído em notificação deve ser feita em moeda corrente, mediante documento próprio emitido exclusivamente pelo Instituto Nacional do Seguro Social.

Art. 244. *Revogado*. Dec. nº 10.410, de 30-6-2020.

Art. 245. O crédito da seguridade social é constituído por meio de notificação fiscal de lançamento, auto de infração, confissão ou documento declaratório de valores devidos apresentado pelo contribuinte ou outro instrumento previsto em legislação própria.

§ 1º As contribuições, a atualização monetária, os juros de mora, as multas, bem como outras importâncias devidas e não recolhidas até o seu vencimento devem ser lançados em livro próprio destinado à inscrição em Dívida Ativa do Instituto Nacional do Seguro Social e da Fazenda Nacional, após a constituição do respectivo crédito.

§ 2º A certidão textual do livro de que trata este artigo serve de título para que o órgão competente, por intermédio de seu procurador ou representante legal, promova em juízo a cobrança da Dívida Ativa, segundo o mesmo processo e com as mesmas prerrogativas e privilégios da Fazenda Nacional, nos termos da Lei nº 6.830, de 22 de setembro de 1980.

§ 3º Os órgãos competentes podem, antes de ajuizar a cobrança da Dívida Ativa, promover o protesto de título dado em garantia de sua liquidação, ficando, entretanto, ressalvado que o título será sempre recebido *pro solvendo*.

§ 4º Considera-se Dívida Ativa o crédito proveniente de fato jurídico gerador das obrigações legais ou contratuais, desde que inscrito no livro próprio, de conformidade com os dispositivos da Lei nº 6.830, de 1980.

§ 5º As contribuições arrecadadas pelo Instituto Nacional do Seguro Social poderão, sem prejuízo da respectiva liquidez e certeza, ser inscritas em Dívida Ativa.

Art. 246. O crédito relativo a contribuições, atualização monetária, juros de mora, multas, bem como a outras importâncias, está sujeito, nos processos de falência, concordata ou concurso de credores, às disposições atinentes aos créditos da União, aos quais é equiparado.

Parágrafo único. O Instituto Nacional do Seguro Social reivindicará os valores descontados pela empresa do segurado empregado e trabalhador avulso, as decorrentes da sub-rogação de que tratam os incisos I e II do § 7º do artigo 200 e as importâncias retidas na forma do artigo 219 e não recolhidos, sendo que esses valores não estão sujeitos ao concurso de credores.

Seção VII

DA RESTITUIÇÃO E DA COMPENSAÇÃO DE CONTRIBUIÇÕES E OUTRAS IMPORTÂNCIAS

Art. 247. A restituição e a compensação de valores recolhidos indevidamente observarão os termos e as condições estabelecidos pela Secretaria Especial da Receita Federal do Brasil do Ministério da Economia.

▸ *Caput* com a redação dada pelo Dec. nº 10.410, de 30-6-2020.

▸ Art. 89 da Lei nº 8.212, de 24-7-1991 (Lei Orgânica da Seguridade Social).

§§ 1º a 3º *Revogados*. Dec. nº 10.410, de 30-6-2020.

Arts. 248 a 254. *Revogados*. Dec. nº 10.410, de 30-6-2020.

Seção VIII

DO REEMBOLSO DE PAGAMENTO

Art. 255. A dedução e o reembolso relativos a quotas do salário-família e do salário-maternidade e a compensação do adicional de insalubridade a que se refere o § 2º do art. 394-A da Consolidação das Leis do Trabalho, aprovada pelo Decreto-Lei nº 5.452, de 1943, observarão os termos e as condições estabelecidos pela Secretaria Especial da Receita Federal do Brasil do Ministério da Economia.

▸ *Caput* com a redação dada pelo Dec. nº 10.410, de 30-6-2020.

§ 1º *Revogado*. Dec. nº 10.410, de 30-6-2020.

§ 2º *Revogado*. Dec. nº 3.265, de 29-11-1999.

§ 3º *Revogado*. Dec. nº 10.410, de 30-6-2020.

CAPÍTULO IX

DA MATRÍCULA DA EMPRESA, DO PRODUTOR RURAL PESSOA FÍSICA E DO SEGURADO ESPECIAL

▸ Denominação do capítulo com a redação dada pelo Dec. nº 6.722, de 30-12-2008.

Art. 256. A matrícula da empresa será feita:

I – simultaneamente com a inscrição no Cadastro Nacional da Pessoa Jurídica; ou

II – perante o Instituto Nacional do Seguro Social, no prazo de 30 (trinta) dias contados do início de suas atividades, quando não sujeita a inscrição no Cadastro Nacional da Pessoa Jurídica.

§ 1º Independentemente do disposto neste artigo, o Instituto Nacional do Seguro Social procederá à matrícula:

I – de ofício, quando ocorrer omissão; e

II – de obra de construção civil, mediante comunicação obrigatória do responsável por sua execução, no prazo do inciso II do *caput*.

§ 2º A unidade matriculada na forma do inciso II do *caput* e do § 1º receberá certificado de matrícula com número cadastral básico, de caráter permanente.

§ 3º O não cumprimento do disposto no inciso II do *caput* e no inciso II do § 1º sujeita o responsável à multa prevista no artigo 283.

§ 4º O Departamento Nacional de Registro do Comércio, por intermédio das juntas comerciais, bem como os cartórios de registro civil de pessoas jurídicas, prestarão obrigatoriamente ao Instituto Nacional do Seguro Social todas as informações referentes aos atos constitutivos e alterações posteriores relativos a empresas neles registradas, sem ônus para o Instituto.

§ 5º São válidos perante o Instituto Nacional do Seguro Social os atos de constituição, alteração e extinção de empresa registrados nas juntas comerciais.

§ 6º O Ministério da Previdência e Assistência Social estabelecerá as condições em que o Departamento Nacional de Registro do Comércio, por intermédio das juntas comerciais, e os cartórios de registro civil de pessoas jurídicas cumprirão o disposto no § 4º.

▸ Art. 49 da Lei nº 8.212, de 24-7-1991 (Lei Orgânica da Seguridade Social).

Art. 256-A. A matrícula atribuída pela Secretaria da Receita Federal do Brasil ao produtor rural pessoa física ou segurado especial é o documento de inscrição do contribuinte, em substituição à inscrição no Cadastro Nacional de Pessoa Jurídica – CNPJ, a ser apresentado em suas relações:

I – com o Poder Público, inclusive para licenciamento sanitário de produtos de origem animal ou vegetal submetidos a processos de beneficiamento ou industrialização artesanal;

II – com as instituições financeiras, para fins de contratação de operações de crédito; e

III – com os adquirentes de sua produção ou fornecedores de sementes, insumos, ferramentas e demais implementos agrícolas.

§ 1º Para fins de recolhimento das contribuições previdenciárias, a matrícula de que trata o *caput* será atribuída ao grupo familiar no ato de sua inscrição.

§ 2º O disposto no *caput* não se aplica ao licenciamento sanitário de produtos sujeitos à incidência do IPI ou ao contribuinte cuja inscrição no CNPJ seja obrigatória.

▸ Art. 256-A acrescido do capítulo dada pelo Dec. nº 6.722, de 30-12-2008.

CAPÍTULO X
DA PROVA DE INEXISTÊNCIA DE DÉBITO

Arts. 257 a 259. *Revogados.* Dec. nº 8.302, de 4-9-2014.

Art. 260. Serão aceitas as seguintes modalidades de garantia:

I – depósito integral e atualizado do débito em moeda corrente;

II – hipoteca de bens imóveis com ou sem seus acessórios;

III – fiança bancária;

IV – vinculação de parcelas do preço de bens ou serviços a serem negociados a prazo pela empresa;

V – alienação fiduciária de bens móveis; ou

VI – penhora.

Parágrafo único. A garantia deve ter valor mínimo de 120% (cento e vinte por cento) do total da dívida, observado, em qualquer caso, o valor de mercado dos bens indicados, em conformidade com os critérios estabelecidos pelo Instituto Nacional do Seguro Social.

Art. 261. A autorização do órgão competente para outorga de instrumento em que se estipule o pagamento do débito da empresa no ato, ou apenas parte no ato e o restante em parcelas ou prestações do saldo do preço do bem a ser negociado pela empresa, com vinculação ao cumprimento das obrigações assumidas na confissão de dívida fiscal desta perante a seguridade social, na forma do inciso IV do artigo 260, será dada mediante interveniência no instrumento.

Parágrafo único. A autorização para lavratura de instrumento de interesse da empresa em que a garantia oferecida pelo devedor não tem relação com o bem transacionado será dada mediante alvará.

Arts. 262 e 263. *Revogados.* Dec. nº 8.302, de 4-9-2014.

Art. 264. A inexistência de débito em relação às contribuições devidas ao Instituto Nacional do Seguro Social é condição necessária para que os Estados, o Distrito Federal e os Municípios possam receber as transferências dos recursos do Fundo de Participação dos Estados e do Distrito Federal e do Fundo de Participação dos Municípios, celebrar acordo, contrato, convênio ou ajuste, bem como receber empréstimo, financiamento, aval ou subvenção em geral de órgão ou entidade da administração direta e indireta da União.

Parágrafo único. Para recebimento do Fundo de Participação dos Estados e do Distrito Federal e do Fundo de Participação dos Municípios e para a consecução dos demais instrumentos citados no *caput*, os Estados, o Distrito Federal e os Municípios deverão apresentar aos órgãos ou entidades responsáveis pela liberação dos fundos, celebração de acordos, contratos, convênios ou ajustes, concessão de empréstimos, financiamentos, avais ou subvenções em geral os comprovantes de recolhimento das suas contribuições ao Instituto Nacional do Seguro Social referentes aos três meses imediatamente anteriores ao mês previsto para a efetivação daqueles procedimentos.

Art. 265. Os Estados, o Distrito Federal e os Municípios serão, igualmente, obrigados a apresentar, para os fins do disposto no artigo 264, comprovação de pagamento da parcela mensal referente aos débitos com o Instituto Nacional do Seguro Social objeto de parcelamento.

TÍTULO II – DAS DISPOSIÇÕES DIVERSAS RELATIVAS AO CUSTEIO DA SEGURIDADE SOCIAL

Art. 266. Os sindicatos poderão apresentar denúncia contra a empresa, junto ao Instituto Nacional do Seguro Social, nas seguintes hipóteses:

I – falta de envio da Guia da Previdência Social para o sindicato, na forma do inciso V do *caput* do artigo 225;

II – não afixação da Guia da Previdência Social no quadro de horário, na forma do inciso VI do *caput* do artigo 225;

III – divergência entre os valores informados pela empresa e pelo Instituto Nacional do Seguro Social sobre as contribuições recolhidas na mesma competência; ou

IV – existência de evidentes indícios de recolhimento a menor das contribuições devidas, constatados pela comparação com dados disponíveis sobre quantidade de empregados e de rescisões de contrato de trabalho homologadas pelo sindicato.

§ 1º As denúncias formuladas pelos sindicatos deverão identificar com precisão a empresa infratora e serão encaminhadas por seu representante legal, especificando nome, número no Cadastro Nacional da Pessoa Jurídica e endereço da empresa denunciada, o item infringido e outros elementos indispensáveis à análise dos fatos.

§ 2º A constatação da improcedência da denúncia apresentada pelo sindicato implicará a cessação do seu direito ao acesso às informações fornecidas pelas empresas e pelo Instituto Nacional do Seguro Social, pelo prazo de:

I – 1 (um) ano, quando fundamentada nos incisos I, II e III do *caput*; e

II – 4 (quatro) meses, quando fundamentada no inciso IV do *caput*.

§ 3º Os prazos mencionados no parágrafo anterior serão duplicados a cada reincidência, considerando-se esta a ocorrência de nova denúncia improcedente, dentro do período de 5 (cinco) anos contados da data da denúncia não confirmada.

Art. 267. *Revogado.* Dec. nº 4.032, de 26-11-2001.

Art. 268. O titular da firma individual e os sócios das empresas por cotas de responsabilidade limitada respondem solidariamente, com seus bens pessoais, pelos débitos junto à seguridade social.

Parágrafo único. Os acionistas controladores, os administradores, os gerentes e os diretores respondem solidariamente e subsidiariamente, com seus bens pessoais, quanto ao inadimplemento das obrigações para com a seguridade social, por dolo ou culpa.

Art. 269. Os orçamentos das entidades da administração pública direta e indireta devem consignar as dotações ao pagamento das contribuições devidas à seguridade social, de modo a assegurar a sua regular liquidação dentro do exercício.

Parágrafo único. O pagamento das contribuições devidas ao Instituto Nacional do Seguro Social terá prioridade absoluta nos cronogramas financeiros de desembolso dos órgãos da administração pública direta, das entidades de administração indireta e suas subsidiárias e das demais entidades sob controle acionário direto ou indireto da União, dos Estados, do Distrito Federal e dos Municípios, bem como de suas autarquias, e fundações instituídas ou mantidas pelo Poder Público.

Art. 270. A existência de débitos junto ao Instituto Nacional do Seguro Social, não renegociados ou renegociados e não saldados, nas condições estabelecidas em lei, importará na indisponibilidade dos recursos existentes, ou que venham a ingressar nas contas dos órgãos ou entidades devedoras de que trata o artigo anterior, abertas em quaisquer instituições financeiras, até o valor equivalente ao débito apurado na data de expedição de solicitação do Instituto Nacional do Seguro Social ao Banco Central do Brasil, incluindo o principal, corrigido monetariamente nos períodos em que a legislação assim dispuser, as multas e os juros.

Parágrafo único. Os Ministros da Fazenda e da Previdência e Assistência Social expedirão as instruções para aplicação do disposto neste artigo.

Art. 271. As contribuições referentes ao período de que trata o § 2º do artigo 26, vertidas desde o início do vínculo do servidor com a administração pública ao Plano de Seguridade Social do Servidor Público, nos termos dos artigos 8º e 9º da Lei nº 8.162, de 1991, serão atualizadas monetariamente e repassadas de imediato ao Instituto Nacional do Seguro Social.

Art. 272. As alíquotas a que se referem o inciso II do artigo 200 e os incisos I, II, III e § 8º do artigo 202 são reduzidas em 50% (cinquenta por cento) de seu valor, a partir de 22 de janeiro de 1998, por 60 (sessenta) meses, nos contratos de trabalho por prazo determinado, nos termos da Lei nº 9.601, de 21 de janeiro de 1998.

▸ Artigo com a redação dada pelo Dec. nº 4.032, de 26-11-2001.

Art. 273. A empresa é obrigada a preparar folha de pagamento dos trabalhadores contratados com base na Lei nº 9.601, de 1998, na forma do artigo 225, agrupando-os separadamente.

Art. 274. O Instituto Nacional do Seguro Social poderá arrecadar e fiscalizar, mediante remuneração de 3,5% (três vírgula cinco por cento) sobre o montante arrecadado, contribuição por lei devida a terceiros, desde que provenha de empresa, segurado, aposentado ou pensionista a ele vinculado, aplicando-se a essa contribuição, no que couber, o disposto neste Regulamento.

§ 1º O disposto neste artigo aplica-se às contribuições que tenham a mesma base utilizada para o cálculo das contribuições incidentes sobre a remuneração paga, devida ou creditada a segurados, bem como sobre as contribuições incidentes sobre outras bases a título de substituição.

▸ § 1º com a redação dada pelo Dec. nº 4.032, de 26-11-2001.

§ 2º As contribuições previstas neste artigo ficam sujeitas aos mesmos prazos, condições, sanções e privilégios das contribuições da seguridade social, inclusive no que se refere à cobrança judicial.

Art. 275. O Instituto Nacional do Seguro Social divulgará, trimestralmente, lista atualizada dos devedores com débitos inscritos na Dívida Ativa relativos às contribuições previstas nos incisos I, II, III, IV e V do parágrafo único do artigo 195, acompanhada de relatório circunstanciado das medidas administrativas e judiciais adotadas para a cobrança e execução da dívida.

§ 1º O relatório a que se refere o *caput* será encaminhado aos órgãos da administração federal direta e indireta, às entidades controladas direta ou indiretamente pela União, aos registros públicos, cartórios de registro de títulos e documentos, cartórios de registro de imóveis e ao sistema financeiro oficial, para os fins do § 3º do artigo 195 da Constituição Federal e da Lei nº 7.711, de 22 de dezembro de 1988.

§ 2º O Ministério da Previdência e Assistência Social fica autorizado a firmar convênio com os governos estaduais, do Distrito Federal e municipais para extensão, àquelas esferas de governo, das hipóteses previstas no artigo 1º da Lei nº 7.711, de 1988.

Art. 276. Nas ações trabalhistas de que resultar o pagamento de direitos sujeitos à incidência de contribuição previdenciária, o recolhimento das importâncias devidas à seguridade social será feito no dia dois do mês seguinte ao da liquidação da sentença.

§ 1º No caso do pagamento parcelado, as contribuições devidas à seguridade social serão recolhidas na mesma data e proporcionalmente ao valor de cada parcela.

§ 2º Nos acordos homologados em que não figurarem, discriminadamente, as parcelas legais de incidência da contribuição previdenciária, esta incidirá sobre o valor total do acordo homologado.

§ 3º Não se considera como discriminação de parcelas legais de incidência de contribuição previdenciária a fixação de percentual de verbas remuneratórias e indenizatórias constantes dos acordos homologados, aplicando-se, nesta hipótese, o disposto no parágrafo anterior.

§ 4º A contribuição do empregado no caso de ações trabalhistas será calculada, mês a mês, aplicando-se as alíquotas previstas no artigo 198, observado o limite máximo do salário de contribuição.

§ 5º Na sentença ou acordo homologado, cujo valor da contribuição previdenciária devida for inferior ao limite mínimo permitido para recolhimento na Guia da Previdência Social, é autorizado o recolhimento dos valores devidos cumulativamente com as contribuições normais de mesma competência.

§ 6º O recolhimento das contribuições do empregado reclamante deverá ser feito na mesma inscrição em que são recolhidas as contribuições devidas pela empresa.

§ 7º Se da decisão resultar reconhecimento de vínculo empregatício, deverão ser exigidas as contribuições, tanto do empregador como do reclamante, para todo o período reconhecido, ainda que o pagamento das remunerações a ele correspondentes não tenham sido reclamadas na ação, tomando-se por base de incidência, na ordem, o valor da remuneração paga, quando conhecida, da remuneração paga a outro empregado de categoria ou função equivalente ou semelhante, do salário normativo da categoria ou do salário mínimo mensal, permitida a compensação das contribuições patronais eventualmente recolhidas.

§ 8º Havendo reconhecimento de vínculo empregatício para empregado doméstico, tanto as contribuições do segurado empregado como as do empregador deverão ser recolhidas na inscrição do trabalhador.

§ 9º É exigido o recolhimento da contribuição previdenciária de que trata o inciso II do artigo 201, incidente sobre o valor resultante da decisão que reconhecer a ocorrência de prestação de serviço à empresa, mas não o vínculo empregatício, sobre o valor total da condenação ou do acordo homologado, independentemente da natureza da parcela e forma de pagamento.

▸ §§ 5º a 9º acrescidos pelo Dec. nº 4.032, de 26-11-2001.

Art. 277. A autoridade judiciária deverá velar pelo fiel cumprimento do disposto no artigo anterior, executando, de ofício, quando for o caso, as contribuições devidas, fazendo expedir notificação ao Instituto Nacional do Seguro Social, para dar-lhe ciência dos termos da sentença, do acordo celebrado ou da execução.

Parágrafo único. O Instituto Nacional do Seguro Social fornecerá, quando solicitados, as orientações e dados necessários ao cumprimento do que dispõe este artigo.

Art. 278. Nenhuma contribuição é devida à seguridade social se a construção residencial for unifamiliar, com área total não superior a 70 (setenta) metros quadrados, destinada a uso próprio, do tipo econômico e tiver sido executada sem a utilização de mão de obra assalariada.

Parágrafo único. Comprovado o descumprimento de qualquer das disposições do *caput*, tornam-se devidas as contribuições previstas neste Regulamento, sem prejuízo das cominações legais cabíveis.

TÍTULO III – DAS DISPOSIÇÕES TRANSITÓRIAS RELATIVAS AO CUSTEIO DA SEGURIDADE SOCIAL

▸ Título III acrescido pelo Dec. nº 3.265, de 29-11-1999.

Art. 278-A. *Revogado*. Dec. nº 4.729, de 9-6-2003.

LIVRO IV – DAS PENALIDADES EM GERAL

TÍTULO I – DAS RESTRIÇÕES

Art. 279. A empresa que transgredir as normas deste Regulamento, além de outras sanções previstas, sujeitar-se-á às seguintes restrições:

I – suspensão de empréstimos e financiamentos, por instituições financeiras oficiais;

II – revisão de incentivo fiscal de tratamento tributário especial;

III – inabilitação para licitar e contratar com qualquer órgão ou entidade da administração pública direta ou indireta federal, estadual, do Distrito Federal ou municipal;

IV – interdição para o exercício do comércio, se for sociedade mercantil ou comerciante individual;

V – desqualificação para impetrar concordata; e

VI – cassação de autorização para funcionar no País, quando for o caso.

Art. 280. A empresa em débito para com a seguridade social não pode:

I – distribuir bonificação ou dividendo a acionista; e

II – dar ou atribuir cota ou participação nos lucros a sócio cotista, diretor ou outro membro de órgão dirigente, fiscal ou consultivo, ainda que a título de adiantamento.

TÍTULO II – DAS INFRAÇÕES E DAS PENALIDADES

CAPÍTULO I – DOS CRIMES

Art. 281. *Revogado*. Dec. nº 4.032, de 26-11-2001.

CAPÍTULO II – DA APREENSÃO DE DOCUMENTOS

Art. 282. A seguridade social, por meio de seus órgãos competentes, promoverá a apreensão de comprovantes de arrecadação e de pagamento de benefícios, bem como de quaisquer documentos pertinentes, inclusive contábeis, mediante lavratura do competente termo, com a finalidade de apurar administrativamente a ocorrência dos crimes previstos em lei.

Parágrafo único. O Instituto Nacional do Seguro Social e a Secretaria da Receita Federal estabelecerão normas específicas para:

▸ A Secretaria da Receita Federal passou a ser denominada Secretaria da Receita Federal do Brasil pelo art. 1º da Lei nº 11.457, de 16-3-2007 (Lei da Super-Receita).

I – apreensão de comprovantes e demais documentos;

II – apuração administrativa da ocorrência de crimes;

III – devolução de comprovantes e demais documentos;

IV – instrução do processo administrativo de apuração;

V – encaminhamento do resultado da apuração referida no inciso IV à autoridade competente; e

VI – acompanhamento de processo judicial.

CAPÍTULO III – DAS INFRAÇÕES

Art. 283. Por infração a qualquer dispositivo das Leis nºs 8.212 e 8.213, ambas de 1991, e 10.666, de 8 de maio de 2003, para a qual não haja penalidade expressamente cominada neste Regulamento, fica o responsável sujeito a multa variável de R$ 636,17 (seiscentos e trinta e seis reais e dezessete centavos) a R$ 63.617,35 (sessenta e três mil, seiscentos e dezessete reais e trinta e cinco centavos), conforme a gravidade da infração, aplicando-se-lhe o disposto nos arts. 290 a 292, e de acordo com os seguintes valores:

▸ *Caput* com a redação dada pelo Dec. nº 4.862, de 21-10-2003.

▸ Art. 8º, III, da Port. Interministerial do MTPrev e MF nº 26, de 10-1-2023 (*DOU* de 11-1-2023), que altera os valores previstos neste *caput* para R$ 3.100,06 (três mil e cem reais e seis centavos) a R$ 310.004,70 (trezentos e dez mil quatro reais e setenta centavos), a partir de 1º-1-2023.

I – a partir de R$ 636,17 (seiscentos e trinta e seis reais e dezessete centavos) nas seguintes infrações:

a) deixar a empresa de preparar folha de pagamento das remunerações pagas, devidas ou creditadas a todos os segurados a seu serviço, de acordo com este Regulamento e com os demais padrões e normas estabelecidos pelo Instituto Nacional do Seguro Social;

b) deixar a empresa de se matricular no Instituto Nacional do Seguro Social, dentro de trinta dias contados da data do início de suas atividades, quando não sujeita a inscrição no Cadastro Nacional da Pessoa Jurídica;

c) deixar a empresa de descontar da remuneração paga aos segurados a seu serviço importância proveniente de dívida ou responsabilidade por eles contraída junto à seguridade social, relativa a benefícios pagos indevidamente;

d) deixar a empresa de matricular no Instituto Nacional do Seguro Social obra de construção civil de sua propriedade ou executada sob sua responsabilidade no prazo de 30 (trinta) dias do início das respectivas atividades;

e) deixar o Titular de Cartório de Registro Civil de Pessoas Naturais de comunicar ao Instituto Nacional do Seguro Social, até o dia dez de cada mês, a ocorrência ou a não ocorrência de óbitos, no mês imediatamente anterior, bem como enviar informações inexatas, conforme o disposto no artigo 228;

f) deixar o dirigente dos órgãos municipais competentes de prestar ao Instituto Nacional do Seguro Social as informações concernentes aos alvarás, "habite-se" ou documento equivalente, relativos a construção civil, na forma do artigo 226; e

g) deixar a empresa de efetuar os descontos das contribuições devidas pelos segurados a seu serviço;

▸ Alínea *g* com a redação dada pelo Dec. nº 4.862, de 21-10-2003.

h) deixar a empresa de elaborar e manter atualizado perfil profissiográfico abrangendo as atividades desenvolvidas pelo trabalhador e de fornecer a este, quando da rescisão do contrato de trabalho, cópia autêntica deste documento; e

▸ Alínea *h* acrescida pelo Dec. nº 4.862, de 21-10-2003.

II – a partir de R$ 6.361,73 (seis mil trezentos e sessenta e um reais e setenta e três centavos) nas seguintes infrações:

▸ Art. 8º, IV, da Port. Interministerial do MTPrev e MF nº 26, de 10-1-2023 (*DOU* de 11-1-2023), que altera o valor previsto neste inciso para R$ 31.000,41 (trinta e um mil reais e quarenta e um centavos).

a) deixar a empresa de lançar mensalmente, em títulos próprios de sua contabilidade, de forma discriminada, os fatos geradores de todas as contribuições, o montante das quantias descontadas, as contribuições da empresa e os totais recolhidos;

b) deixar a empresa de apresentar ao Instituto Nacional do Seguro Social e à Secretaria da Receita Federal os documentos que contenham as informações cadastrais, financeiras e contábeis de interesse dos mesmos, na forma por eles estabelecida, ou os esclarecimentos necessários à fiscalização;

▸ A Secretaria da Receita Federal passou a ser denominada Secretaria da Receita Federal do Brasil pelo art. 1º da Lei nº 11.457, de 16-3-2007 (Lei da Super-Receita).

c) deixar o servidor, o serventuário da Justiça ou o titular de serventia extrajudicial de exigir documento comprobatório de inexistência de débito, quando da contratação com o poder público ou no recebimento de benefício ou de incentivo fiscal ou creditício;

d) deixar o servidor, o serventuário da Justiça ou o titular de serventia extrajudicial de exigir o documento comprobatório de inexistência de débito, quando da alienação ou oneração, a qualquer título, de bem imóvel ou direito a ele relativo;

e) deixar o servidor, o serventuário da Justiça ou o titular de serventia extrajudicial de exigir a apresentação do documento comprobatório de inexistência de débito na alienação ou oneração, a qualquer título, de bem móvel incorporado ao ativo permanente da empresa, de valor superior a R$ 15.904,18 (quinze mil novecentos e quatro reais e dezoito centavos);

▸ Art. 8º, V, da Port. Interministerial do MTPrev e MF nº 26, de 10-1-2023 (*DOU* de 11-1-2023), que altera o valor previsto nesta alínea para R$ 77.500,38 (setenta e sete mil quinhentos reais e trinta e oito centavos), a partir de 1º-1-2023.

f) deixar o servidor, o serventuário da Justiça ou o titular de serventia extrajudicial de exigir documento comprobatório de inexistência de débito no registro ou arquivamento, no órgão próprio, de ato relativo a baixa ou redução de capital de firma individual, redução de capital social, cisão total ou parcial, transformação ou extinção de entidade ou sociedade comercial ou civil e transferência de controle de cotas de sociedades de responsabilidade limitada;

g) deixar o servidor, o serventuário da Justiça ou o titular de serventia extrajudicial de exigir documento comprobatório de inexistência de débito do proprietário, pessoa física ou jurídica, de obra de construção civil, quando da averbação de obra no Registro de Imóveis;

h) deixar o servidor, o serventuário da Justiça ou o titular de serventia extrajudicial de exigir documento comprobatório de inexistência de débito do incorporador, quando da averbação de obra no Registro de Imóveis, independentemente do documento apresentado por ocasião da inscrição do memorial de incorporação;

i) deixar o dirigente da entidade da administração pública direta ou indireta de consignar as dotações necessárias ao pagamento das contribuições devidas à seguridade social, de modo a assegurar a sua regular liquidação dentro do exercício;

j) deixar a empresa, o servidor de órgão público da administração direta e indireta, o segurado da previdência social, o serventuário da Justiça ou o titular de serventia extrajudicial, o síndico ou seu representante, o comissário ou o liquidante de empresa em liquidação judicial ou extrajudicial, de exibir os documentos e livros relacionados com as contribuições previstas neste Regulamento ou apresentá-los sem atender às formalidades legais exigidas ou contendo informação diversa da realidade ou, ainda, com omissão de informação verdadeira;

l) deixar a entidade promotora do espetáculo desportivo de efetuar o desconto da contribuição prevista no § 1º do artigo 205;

m) deixar a empresa ou entidade de reter e recolher a contribuição prevista no § 3º do artigo 205;

n) deixar a empresa de manter laudo técnico atualizado com referência aos agentes nocivos existentes no ambiente de trabalho de seus trabalhadores ou emitir documento de comprovação de efetiva exposição em desacordo com o respectivo laudo; e

▸ Alínea *n* com a redação dada pelo Dec. nº 6.722, de 30-12-2008.

o) *Revogada*. Dec. nº 4.882, de 18-11-2003.

§ 1º Considera-se dirigente, para os fins do disposto neste Capítulo, aquele que tem a competência funcional para decidir a prática ou não do ato que constitua infração à legislação da seguridade social.

§ 2º A falta de inscrição do segurado sujeita o responsável à multa de R$ 1.254,89 (mil, duzentos e cinquenta e quatro reais e oitenta e nove centavos), por segurado não inscrito.

▸ § 2º com a redação dada pelo Dec. nº 6.722, de 30-12-2008.

§ 3º As demais infrações a dispositivos da legislação, para as quais não haja penalidade expressamente cominada, sujeitam o infrator à multa de R$ 636,17 (seiscentos e trinta e seis reais e dezessete centavos).

Art. 284. A infração ao disposto no inciso IV do *caput* do artigo 225 sujeitará o responsável às seguintes penalidades administrativas:

I – valor equivalente a um multiplicador sobre o valor mínimo previsto no *caput* do artigo 283, em função do número de segurados, pela não apresentação da Guia de Recolhimento do Fundo de Garantia do Tempo de Serviço e Informações à Previdência Social, independentemente do recolhimento da contribuição, conforme quadro abaixo:

0 a 5 segurados	1/2 valor mínimo
6 a 15 segurados	1 x o valor mínimo
16 a 50 segurados	2 x o valor mínimo
51 a 100 segurados	5 x o valor mínimo
101 a 500 segurados	10 x o valor mínimo
501 a 1000 segurados	20 x o valor mínimo
1001 a 5000 segurados	35 x o valor mínimo
acima de 5000 segurados	50 x o valor mínimo

II – cem por cento do valor devido relativo à contribuição não declarada, limitada aos valores previstos no inciso I, pela apresentação da Guia de Recolhimento do Fundo de Garantia do Tempo de Serviço e Informações à Previdência Social com dados não correspondentes aos fatos geradores, seja em relação às bases de cálculo, seja em relação às informações que alterem o valor das contribuições, ou do valor que seria devido se não houvesse isenção ou substituição, quando se tratar de infração cometida por pessoa jurídica de direito privado beneficente de assistência social em gozo de isenção das contribuições previdenciárias ou por empresa cujas contribuições incidentes sobre os respectivos fatos geradores tenham sido substituídas por outras; e

▶ Inciso II com a redação dada pelo Dec. nº 4.729, de 9-6-2003.

III – 5% (cinco por cento) do valor mínimo previsto no *caput* do artigo 283, por campo com informações inexatas, incompletas ou omissas, limitada aos valores previstos no inciso I, pela apresentação da Guia de Recolhimento do Fundo de Garantia do Tempo de Serviço e Informações à Previdência Social com erro de preenchimento nos dados não relacionados aos fatos geradores.

§ 1º A multa de que trata o inciso I, a partir do mês seguinte àquele em que o documento deveria ter sido entregue, sofrerá acréscimo de 5% (cinco por cento) por mês-calendário ou fração.

§ 2º O valor mínimo a que se refere o inciso I será o vigente na data da lavratura do auto de infração.

Art. 285. A infração ao disposto no artigo 280 sujeita o responsável à multa de cinquenta por cento das quantias que tiverem sido pagas ou creditadas, a partir da data do evento.

Art. 286. A infração ao disposto no artigo 336 sujeita o responsável à multa variável entre os limites mínimo e máximo do salário de contribuição, por acidente que tenha deixado de comunicar nesse prazo.

§ 1º Em caso de morte, a comunicação a que se refere este artigo deverá ser efetuada de imediato à autoridade competente.

§ 2º A multa será elevada em 2 (duas) vezes o seu valor a cada reincidência.

§ 3º A multa será aplicada no seu grau mínimo na ocorrência da primeira comunicação feita fora do prazo estabelecido neste artigo, ou não comunicada, observado o disposto nos artigos 290 a 292.

Art. 287. Pelo descumprimento das obrigações contidas nos incisos V e VI do *caput* do artigo 225, e verificado o disposto no inciso III do *caput* do artigo 266, será aplicada multa de R$ 99,74 (noventa e nove reais e setenta e quatro centavos) a R$ 9.974,34 (nove mil, novecentos e setenta e quatro reais e trinta e quatro centavos), para cada competência em que tenha havido a irregularidade.

▶ *Caput* com a redação dada pelo Dec. nº 4.032, de 26-11-2001.

▶ Art. 8º, II, *a*, da Port. Interministerial do MTPrev e MF nº 26, de 10-1-2023 (*DOU* de 11-1-2023), que altera os valores previstos neste *caput* para R$ 407,84 (quatrocentos e sete reais e oitenta e quatro centavos) a R$ 40.787,11 (quarenta mil setecentos e oitenta e sete reais e onze centavos), a partir de 1º-1-2023.

Parágrafo único. O descumprimento das disposições constantes do artigo 227 e dos incisos V e VI do *caput* do artigo 257, sujeitará a instituição financeira à multa de:

I – R$ 22.165,20 (vinte e dois mil, cento e sessenta e cinco reais e vinte centavos), no caso do artigo 227; e

▶ Art. 8º, II, *b*, da Port. Interministerial do MTPrev e MF nº 26, de 10-1-2023 (*DOU* de 11-1-2023), que altera o valor previsto neste inciso para R$ 90.637,95 (noventa mil seiscentos e trinta e sete reais e noventa e cinco centavos), a partir de 1º-1-2023.

II – R$ 110.826,01 (cento e dez mil, oitocentos e vinte e seis reais e um centavo), no caso dos incisos V e VI do *caput* do artigo 257.

▶ Incisos I e II com a redação dada pelo Dec. nº 4.032, de 26-11-2001.

▶ Art. 8º, II, *c*, da Port. Interministerial do MTPrev e MF nº 26, de 10-1-2023 (*DOU* de 11-1-2023), que altera o valor previsto neste inciso para R$ 453.189,77 (quatrocentos e cinquenta e três mil cento e oitenta e nove reais e setenta e sete centavos), a partir de 1º-1-2023.

Art. 288. O descumprimento do disposto nos §§ 19 e 20 do artigo 225 sujeitará o infrator à multa de:

I – R$ 173,00 (cento e setenta e três reais) a R$ 1.730,00 (um mil setecentos e trinta reais), no caso do § 19; e

II – R$ 345,00 (trezentos e quarenta e cinco reais) a R$ 3.450,00 (três mil quatrocentos e cinquenta reais), no caso do § 20.

Art. 289. O dirigente de órgão ou entidade da administração federal, estadual, do Distrito Federal ou municipal responde pessoalmente pela multa aplicada por infração a dispositivos deste Regulamento, sendo obrigatório o respectivo desconto em folha de pagamento, mediante requisição dos órgãos competentes e a partir do primeiro pagamento que se seguir à requisição.

Parágrafo único. Ao disposto neste artigo não se aplica a multa de que trata o inciso III do artigo 239.

CAPÍTULO IV
DAS CIRCUNSTÂNCIAS AGRAVANTES DA PENALIDADE

Art. 290. Constituem circunstâncias agravantes da infração, das quais dependerá a gradação da multa, ter o infrator:

I – tentado subornar servidor dos órgãos competentes;

II – agido com dolo, fraude ou má-fé;

III – desacatado, no ato da ação fiscal, o agente da fiscalização;

IV – obstado a ação da fiscalização; ou

V – incorrido em reincidência.

Parágrafo único. Caracteriza reincidência a prática de nova infração a dispositivo da legislação por uma mesma pessoa ou por seu sucessor, dentro de cinco anos da data em que se tornar irrecorrível administrativamente a decisão condenatória, da data do pagamento ou da data em que se configurou a revelia, referentes à autuação anterior.

▶ Parágrafo único com a redação dada pelo Dec. nº 6.032, de 1º-2-2007.

CAPÍTULO V
DAS CIRCUNSTÂNCIAS ATENUANTES DA PENALIDADE

Art. 291. *Revogado*. Dec. nº 6.727, de 12-1-2009.

CAPÍTULO VI
DA GRADAÇÃO DAS MULTAS

Art. 292. As multas serão aplicadas da seguinte forma:

I – na ausência de agravantes, serão aplicadas nos valores mínimos estabelecidos nos incisos I e II e no § 3º do artigo 283 e nos artigos 286 e 288, conforme o caso;

II – as agravantes dos incisos I e II do artigo 290 elevam a multa em 3 (três) vezes;

III – as agravantes dos incisos III e IV do artigo 290 elevam a multa em 2 (duas) vezes;

IV – a agravante do inciso V do artigo 290 eleva a multa em 3 (três) vezes a cada reincidência no mesmo tipo de infração, e em duas vezes em caso de reincidência em infrações diferentes, observados os valores máximos estabelecidos no *caput* dos artigos 283 e 286, conforme o caso; e

V – *Revogado*. Dec. nº 6.727, de 12-1-2009.

Parágrafo único. Na aplicação da multa a que se refere o artigo 288, aplicar-se-á apenas as agravantes referidas nos incisos III a V do artigo 290, as quais elevam a multa em 2 (duas) vezes.

Art. 293. Constatada a ocorrência de infração a dispositivo deste Regulamento, será lavrado auto de infração com discriminação clara e precisa da infração e das circunstâncias em que foi praticada, contendo o dispositivo legal infringido, a penalidade aplicada e os critérios de gradação, e indicando local, dia e hora de sua lavratura, observadas as normas fixadas pelos órgãos competentes.

▶ *Caput* com a redação dada pelo Dec. nº 6.103, de 30-4-2007.

§ 1º Recebido o auto de infração, o autuado terá o prazo de trinta dias, a contar da ciência, para efetuar o pagamento da multa de ofício com redução de cinquenta por cento ou impugnar a autuação.

§ 2º Impugnada a autuação, o autuado, após a ciência da decisão de primeira instância, poderá efetuar o pagamento da multa de ofício com redução de vinte e cinco por cento, até a data limite para interposição de recurso.

▶ §§ 1º e 2º com a redação dada pelo Dec. nº 6.103, de 30-4-2007.

§ 3º O recolhimento do valor da multa, com redução, implica renúncia ao direito de impugnar ou de recorrer.

▶ § 3º com a redação dada pelo Dec. nº 4.032, de 26-11-2001.

§ 4º Apresentada impugnação, o processo será submetido à autoridade competente, que decidirá sobre a autuação, cabendo recurso na forma da Subseção II da Seção II do Capítulo Único do Título I do Livro V deste Regulamento.

▶ § 4º com a redação dada pelo Dec. nº 6.032, de 1º-2-2007.

§§ 5º e 6º *Revogados*. Dec. nº 6.032, de 1º-2-2007.

LIVRO V – DA ORGANIZAÇÃO DA SEGURIDADE SOCIAL

TÍTULO I – DO SISTEMA NACIONAL DE SEGURIDADE SOCIAL

Art. 294. As ações nas áreas de saúde, previdência social e assistência social, conforme o disposto no Capítulo II do Título VIII da Constituição Federal, serão organizadas em Sistema Nacional de Seguridade Social.

Parágrafo único. As áreas de que trata este artigo organizar-se-ão em conselhos setoriais, com representantes da União, dos Estados, do Distrito Federal, dos Municípios e da sociedade civil.

CAPÍTULO ÚNICO – DOS ÓRGÃOS COLEGIADOS

Seção I – DO CONSELHO NACIONAL DE PREVIDÊNCIA SOCIAL

Art. 295. O Conselho Nacional de Previdência Social, órgão superior de deliberação colegiada, terá como membros:

▶ Art. 3º da Lei nº 8.213, de 24-7-1991 (Lei dos Planos de Benefícios da Previdência Social).

I – 6 (seis) representantes do Governo Federal; e

II – 9 (nove) representantes da sociedade civil, sendo:

a) 3 (três) representantes dos aposentados e pensionistas;

b) 3 (três) representantes dos trabalhadores em atividade; e

c) 3 (três) representantes dos empregadores.

§ 1º Os membros do Conselho Nacional de Previdência Social e seus respectivos suplentes serão nomeados pelo Presidente da República, tendo os representantes titulares da sociedade civil mandato de 2 (dois) anos, podendo ser reconduzidos, de imediato, uma única vez.

§ 2º Os representantes dos trabalhadores em atividade, dos aposentados, dos empregadores e seus respectivos suplentes serão indicados pelas centrais sindicais e confederações nacionais.

§ 3º O Conselho Nacional de Previdência Social reunir-se-á, ordinariamente, uma vez por mês, por convocação de seu Presidente, não podendo ser adiada a reunião por mais de 15 (quinze) dias se houver requerimento nesse sentido da maioria dos conselheiros.

§ 4º Poderá ser convocada reunião extraordinária por seu Presidente ou a requerimento de um terço de seus membros, conforme dispuser o regimento interno do Conselho Nacional de Previdência Social.

▶ Art. 85 da Lei nº 8.212, de 24-7-1991 (Lei Orgânica da Seguridade Social).

Art. 296. Compete ao Conselho Nacional de Previdência Social:

▶ Art. 4º da Lei nº 8.213, de 24-7-1991 (Lei dos Planos de Benefícios da Previdência Social).

I – estabelecer diretrizes gerais e apreciar as decisões de políticas aplicáveis à previdência social;

II – participar, acompanhar e avaliar, sistematicamente, a gestão previdenciária;

III – apreciar e aprovar os planos e programas da previdência social;

IV – apreciar e aprovar as propostas orçamentárias da previdência social, antes de sua consolidação na proposta orçamentária da seguridade social;

V – acompanhar e apreciar, mediante relatórios gerenciais por ele definidos, a execução dos planos, programas e orçamentos no âmbito da previdência social;

VI – acompanhar a aplicação da legislação pertinente à previdência social;

VII – apreciar a prestação de contas anual a ser remetida ao Tribunal de Contas da União, podendo, se for necessário, contratar auditoria externa;

VIII – estabelecer os valores mínimos em litígio, acima dos quais será exigida a anuência prévia do Procurador-Geral ou do Presidente do Instituto Nacional do Seguro Social para formalização de desistência ou transigência judiciais, conforme o disposto no artigo 353;

IX – elaborar e aprovar seu regimento interno;

X – aprovar os critérios de arrecadação e de pagamento dos benefícios por intermédio da rede bancária ou por outras formas; e

XI – acompanhar e avaliar os trabalhos de implantação e manutenção do Cadastro Nacional de Informações Sociais.

Art. 296-A. Ficam instituídos, como unidades descentralizadas do Conselho Nacional de Previdência Social – CNPS, Conselhos de Previdência Social – CPS, que funcionarão junto às Gerências-Executivas do INSS.

▶ *Caput* com a redação dada pelo Dec. nº 5.699, de 13-2-2006.

§ 1º Os CPS serão compostos por dez conselheiros e respectivos suplentes, designados pelo titular da Gerência Executiva na qual for instalado, assim distribuídos:

▶ § 1º com a redação dada pelo Dec. nº 5.699, de 13-2-2006.

I – quatro representantes do Governo Federal; e

II – seis representantes da sociedade, sendo:

a) dois dos empregadores;

b) dois dos empregados; e

c) dois dos aposentados e pensionistas.

▶ Incisos I e II acrescidos pelo Dec. nº 4.874, de 11-11-2003.

§ 2º O Governo Federal será representado:

▶ § 2º acrescido pelo Dec. nº 4.874, de 11-11-2003.

I – nas cidades onde houver mais de uma Gerência Executiva:

a) pelo Gerente Executivo da Gerência Executiva a que se refere o § 1º; e

b) outros Gerentes-Executivos; ou

c) servidores da Divisão ou do Serviço Benefícios ou de Atendimento ou da Procuradoria Federal Especializada junto ao INSS de Gerência Executiva sediadas na cidade, ou de representante da Secretaria da Receita Federal do Brasil, ou de representante da DATAPREV;

▶ Alíneas *a* a *c* com a redação dada pelo Dec. nº 6.722, de 30-12-2008.

d) *Revogada*. Dec. nº 6.722, de 30-12-2008.

II – nas cidades onde houver apenas uma Gerência Executiva:

a) pelo Gerente Executivo;

b) servidores da Divisão ou do Serviço de Benefícios ou de Atendimento ou da Procuradoria Federal Especializada junto ao INSS da Gerência Executiva, ou de representante da Secretaria da Receita Federal do Brasil, ou de representante da DATAPREV.

▶ Alínea *b* com a redação dada pelo Dec. nº 6.722, de 30-12-2008.

c e d) *Revogadas*. Dec. nº 6.722, de 30-12-2008.

III – *Revogado*. Dec. nº 5.699, de 13-2-2006.

§ 3º As reuniões serão mensais ou bimensais, a critério do respectivo CPS, e abertas ao público, cabendo a sua organização e funcionamento ao titular da Gerência Executiva na qual for instalado o colegiado.

▶ § 3º com a redação dada pelo Dec. nº 5.699, de 13-2-2006.

§ 4º Os representantes dos trabalhadores, dos aposentados e dos empregadores serão indicados pelas respectivas entidades sindicais ou associações representativas.

▶ § 4º com a redação dada pelo Dec. nº 6.722, de 30-12-2008.

§ 5º Os CPS terão caráter consultivo e de assessoramento, competindo ao CNPS disciplinar os procedimentos para o seu funcionamento, suas competências, os critérios de seleção dos representantes da sociedade e o prazo de duração dos respectivos mandatos, além de estipular por resolução o regimento dos CPS.

§ 6º As funções dos conselheiros dos CPS não serão remuneradas e seu exercício será considerado serviço público relevante.

§ 7º A Previdência Social não se responsabilizará por eventuais despesas com deslocamento ou estada dos conselheiros representantes da sociedade.

▶ §§ 5º a 7º acrescidos pelo Dec. nº 4.874, de 11-11-2003.

§ 8º Nas cidades onde houver mais de uma Gerência Executiva, o Conselho será instalado naquela indicada pelo Gerente Regional do INSS cujas atribuições abranjam a referida cidade.

▶ § 8º com a redação dada pelo Dec. nº 6.722, de 30-12-2008.

§ 9º Cabe ao Gerente Executivo a designação dos conselheiros.

§ 10. É facultado ao Gerente Regional do INSS participar das reuniões do CPS localizados em região de suas atribuições e presidi-las.

▶ §§ 9º e 10 acrescidos pelo Dec. nº 6.722, de 30-12-2008.

Art. 297. Compete aos órgãos governamentais:

I – prestar toda e qualquer informação necessária ao adequado cumprimento das competências do Conselho Nacional de Previdência Social, fornecendo inclusive estudos técnicos; e

II – encaminhar ao Conselho Nacional de Previdência Social, com antecedência mínima de dois meses do seu envio ao Congresso Nacional, a proposta orçamentária da previdência social, devidamente detalhada.

Art. 298. As resoluções tomadas pelo Conselho Nacional de Previdência Social deverão ser publicadas no *Diário Oficial da União*.

Art. 299. As reuniões do Conselho Nacional de Previdência Social serão iniciadas com a presença da maioria absoluta de seus membros, sendo exigida para deliberação a maioria simples de votos.

Art. 300. As ausências ao trabalho dos representantes dos trabalhadores em atividade, decorrentes das atividades do Conselho Nacional de Previdência Social, serão abonadas, computando-se como jornada efetivamente trabalhada para todos os fins e efeitos legais.

Art. 301. Aos membros do Conselho Nacional de Previdência Social, enquanto representantes dos trabalhadores em atividade, titulares e suplentes, é assegurada a estabilidade no emprego, da nomeação até um ano após o término do mandato de representação, somente podendo ser demitidos por motivo de falta grave, regularmente comprovada mediante processo judicial.

Art. 302. Compete ao Ministério da Previdência e Assistência Social proporcionar ao Conselho Nacional de Previdência Social os meios necessários ao exercício de suas competências, para o que contará com uma Secretaria Executiva do Conselho Nacional de Previdência Social.

Seção II
DO CONSELHO DE RECURSOS DA PREVIDÊNCIA SOCIAL

Subseção I
DA COMPOSIÇÃO

▶ Port. do MPS nº 323, de 27-8-2007, aprova o regimento interno do Conselho de Recursos da Previdência Social – CRPS.

Art. 303. O Conselho de Recursos da Previdência Social – CRPS é órgão colegiado de julgamento, integrante da estrutura do Ministério da Economia.

▶ *Caput* com a redação dada pelo Dec. nº 10.410, de 30-6-2020.

§ 1º O Conselho de Recursos da Previdência Social compreende os seguintes órgãos:

I – Juntas de Recursos, com a competência para julgar:

▶ Inciso I com a redação dada pelo Dec. nº 10.491, de 24-9-2020.

a) os recursos das decisões proferidas pelo INSS nos processos de interesse de seus beneficiários;

b) os recursos das decisões proferidas pelo INSS relacionados à comprovação de atividade rural de segurado especial de que trata o art. art. 38-B da Lei nº 8.213, de 1991, ou às demais informações relacionadas ao CNIS de que trata o art. 29-A da referida Lei;

c) os recursos de decisões relacionadas à compensação financeira de que trata a Lei nº 9.796, de 5 de maio de 1999;

d) as contestações relativas à atribuição do FAP aos estabelecimentos da empresa; e

e) os recursos relacionados aos processos sobre irregularidades verificadas em procedimento de supervisão e de fiscalização nos regimes próprios de previdência social e aos processos sobre apuração de responsabilidade por infração às disposições da Lei nº 9.717, de 1998;

▶ Alíneas *a* a *e* com a redação dada pelo Dec. nº 10.410, de 30-6-2020.

II – Câmaras de Julgamento, com sede em Brasília, Distrito Federal, com a competência para julgar os recursos interpostos contra as decisões proferidas pelas Juntas de Recursos;

▶ Inciso II com a redação dada pelo Dec. nº 10.491, de 24-9-2020.

III – *Revogado*. Dec. nº 3.668, de 22-11-2000;

IV – Conselho Pleno, com a competência para uniformizar a jurisprudência previdenciária mediante enunciados, podendo ter outras competências definidas no Regimento Interno do Conselho de Recursos da Previdência Social.

▶ Inciso IV com a redação dada pelo Dec. nº 6.857, de 25-5-2009.

§ 1º-A. A quantidade de Juntas de Recursos e de Câmaras de Julgamento do CRPS será estabelecida no decreto que aprovar a estrutura regimental do Ministério da Economia.

▶ § 1º-A acrescido pelo Dec. nº 10.491, de 23-9-2020.

§ 2º O CRPS é presidido por representante do Governo, com notório conhecimento da legislação previdenciária, nomeado pelo Ministro de Estado da Previdência Social, cabendo-lhe dirigir os serviços administrativos do órgão.

▶ § 2º com a redação dada pelo Dec. nº 6.722, de 30-12-2008.

§ 3º *Revogado*. Dec. nº 3.668, de 22-11-2000.

§ 4º As Juntas de Recursos e as Câmaras de Julgamento, presididas por representante do Governo federal, são integradas por quatro conselheiros em cada turma, nomeados pelo Ministro de Estado da Economia, com a seguinte composição:

I – para os órgãos com competência para processar e julgar as contestações ou os recursos de que tratam os incisos I, II e III do *caput* do art. 305:

a) dois representantes do Governo federal;

b) um representante das empresas; e

c) um representante dos trabalhadores; e

II – para os órgãos com competência para processar e julgar os recursos de que tratam os incisos IV e V do *caput* do art. 305:

a) dois representantes do Governo federal;

b) um representante dos entes federativos; e

c) um representante dos servidores públicos.

§ 5º O mandato dos conselheiros do CRPS é de três anos, permitida a recondução, cumpridos os seguintes requisitos:

I – os representantes do Governo federal serão escolhidos entre servidores federais, preferencialmente do Ministério da Economia ou do INSS, ou de outro órgão da administração pública federal, estadual, municipal ou distrital, com graduação em Direito, os quais prestarão serviços exclusivos ao CRPS, sem prejuízo dos direitos e das vantagens percebidos no cargo de origem;

II – os representantes das empresas e dos trabalhadores serão escolhidos entre os indicados em lista tríplice pelas entidades de classe ou sindicais das respectivas jurisdições, com graduação em Direito, e serão enquadrados como segurados obrigatórios do RGPS na condição de contribuintes individuais;

▶ Art. 3º do Dec. 10.410, de 30-6-2020, que prevê que o regimento interno do CRPS estabelecerá o período de transição para que o requisito de graduação em Direito, previsto neste inciso, passe a ser exigido de todos os conselheiros.

III – os representantes dos entes federativos e dos servidores públicos serão escolhidos entre os indicados em lista tríplice pelo Conselho Nacional dos Regimes Próprios de Previdência Social, observadas as respectivas representações, com graduação em Direito, e manterão a qualidade de segurados do regime próprio a que estejam vinculados; e

IV – os representantes não poderão incidir em situações que caracterizem conflito de interesses, nos termos do disposto no art. 10 da Lei nº 12.813, de 16 de maio de 2013.

▶ §§ 4º e 5º com a redação dada pelo Dec. nº 10.410, de 30-6-2020.

§ 6º A gratificação dos membros de Câmara de Julgamento e Junta de Recursos será definida em ato do Ministro de Estado da Economia.

▶ *Caput* do § 6º com a redação dada pelo Dec. nº 10.410, de 30-6-2020.

▶ Art. 2º do Dec. nº 10.410, de 30-6-2020, que estabelece que até a edição do ato de que trata este parágrafo, ficam mantidas as gratificações devidas aos membros do Conselho de Recursos da Previdência Social – CRPS.

I a III – *Revogados*. Dec. nº 10.410, de 30-6-2020.

§ 7º Os servidores do Instituto Nacional do Seguro Social, mediante ato do Ministro de Estado da Previdência Social, poderão ser cedidos para terem exercício no Conselho de Recursos da Previdência Social, sem prejuízo dos direitos e das vantagens do respectivo cargo de origem, inclusive os previstos no art. 61 da Lei nº 8.112, de 11 de dezembro de 1990.

▶ § 7º com a redação dada pelo Dec. nº 4.729, de 9-6-2003.

§ 8º *Revogado*. Dec. nº 3.452, de 9-5-2000.

§ 9º O conselheiro afastado por qualquer das razões elencadas no Regimento Interno do Conselho de Recursos da Previdência Social, exceto quando decorrente de renúncia voluntária, não poderá ser novamente designado para o exercício desta função antes do transcurso de cinco anos, contados do efetivo afastamento.

▶ § 9º com a redação dada pelo Dec. nº 5.699, de 13-2-2006.

§ 10. O limite máximo de composições por Câmara de Julgamento ou Junta de Recursos, do Conselho de Recursos da Previdência Social, será definido em ato do Ministro de Estado da Previdência Social, por proposta fundamentada do presidente do referido Conselho, em função da quantidade de processos em tramitação em cada órgão julgador.

▶ § 10 com a redação dada pelo Dec. nº 6.496, de 30-6-2008.

§ 11. *Revogado*. Dec. nº 6.857, de 25-5-2009.

§ 12. O afastamento do representante dos trabalhadores da empresa empregadora ou dos servidores do ente federativo não constitui motivo para alteração ou rescisão de seu vínculo contratual ou funcional.

▶ § 12 acrescido pelo Dec. nº 10.410, de 30-6-2020.

Art. 304. Compete ao Ministro de Estado da Previdência Social aprovar o Regimento Interno do CRPS.

▶ Artigo com a redação dada pelo Dec. nº 6.722, de 30-12-2008.

▶ Port. do MPS nº 323, de 27-8-2007, aprova o regimento interno do Conselho de Recursos da Previdência Social – CRPS.

Subseção II
DAS CONTESTAÇÕES E DOS RECURSOS

▶ Subseção II com a denominação dada pelo Dec. nº 10.410, de 30-6-2020.

Art. 305. Compete ao CRPS processar e julgar:

▶ *Caput* com a redação dada pelo Dec. nº 10.410, de 30-6-2020.

I – os recursos das decisões proferidas pelo INSS nos processos de interesse de seus beneficiários;

LEGISLAÇÃO PREVIDENCIÁRIA

II – as contestações e os recursos relativos à atribuição, pelo Ministério da Economia, do FAP aos estabelecimentos das empresas;

III – os recursos das decisões proferidas pelo INSS relacionados à comprovação de atividade rural de segurado especial de que trata o art. 19-D ou às demais informações relacionadas ao CNIS de que trata o art. 19;

IV – os recursos das decisões relacionadas à compensação financeira de que trata a Lei nº 9.796, de 1999; e

V – os recursos relacionados aos processos sobre irregularidades verificadas em procedimento de supervisão e de fiscalização nos regimes próprios de previdência social e aos processos sobre apuração de responsabilidade por infração às disposições da Lei nº 9.717, de 1998.

▶ Incisos I a V acrescidos pelo Dec. nº 10.410, de 30-6-2020.

§ 1º O prazo para interposição de contestações e recursos ou para oferecimento de contrarrazões será de trinta dias, contado:

I – no caso das contestações, da publicação no *Diário Oficial da União* das informações sobre a forma de consulta ao FAP;

II – no caso dos recursos, da ciência da decisão; e

III – no caso das contrarrazões, da interposição do recurso.

▶ § 1º com a redação dada pelo Dec. nº 10.410, de 30-6-2020.

§ 2º *Revogado*. Dec. nº 3.265, de 29-11-1999.

§ 3º O INSS, a Secretaria Especial de Previdência e Trabalho do Ministério da Economia e, quando for o caso, na hipótese prevista no inciso IV do *caput*, os entes federativos poderão reformar suas decisões e deixar de encaminhar, no caso de reforma favorável ao interessado, a contestação ou o recurso à instância competente ou de rever o ato para o não prosseguimento da contestação ou do recurso.

▶ § 3º com a redação dada pelo Dec. nº 10.410, de 30-6-2020.

§ 4º Se o reconhecimento do direito do interessado ocorrer na fase de instrução do recurso por ele interposto contra decisão de Junta de Recursos, ainda que de alçada, ou de Câmara de Julgamento, o processo, acompanhado das razões do novo entendimento, será encaminhado:

I – à Junta de Recursos, no caso de decisão dela emanada, para fins de reexame da questão; ou

II – à Câmara de Julgamento, se por ela proferida a decisão, para revisão do acórdão, na forma que dispuser o seu Regimento Interno.

§ 5º *Revogado*. Dec. nº 6.722, de 30-12-2008.

§ 6º As contestações e os recursos a que se refere o inciso II do *caput* deverão dispor, exclusivamente, sobre razões relativas a divergências quanto aos elementos que compõem o cálculo do FAP.

§ 7º Exceto se houver disposição em contrário disciplinada em ato do INSS, as razões do indeferimento e os demais elementos que compõem o processo administrativo previdenciário substituirão as contrarrazões apresentadas pelo INSS, hipótese em que o processo poderá ser remetido ao CRPS imediatamente após a interposição do recurso pelo interessado, preferencialmente por meio eletrônico.

§ 8º Ato conjunto do INSS e do CRPS estabelecerá os procedimentos operacionais relativos à tramitação dos recursos das decisões proferidas pelo INSS.

▶ §§ 6º a 8º acrescidos pelo Dec. nº 10.410, de 30-6-2020.

Art. 306. *Revogado*. Dec. nº 6.722, de 30-12-2008.

Art. 307. A propositura pelo interessado de ação judicial que tenha por objeto idêntico pedido sobre o qual verse o processo administrativo importará renúncia ao direito de contestar e recorrer na esfera administrativa, com a consequente desistência da contestação ou do recurso interposto.

▶ Artigo com a redação dada pelo Dec. nº 10.410, de 30-6-2020.

Art. 308. Os recursos interpostos tempestivamente contra decisões proferidas pelas Juntas de Recursos e pelas Câmaras de Julgamento do CRPS têm efeito suspensivo e devolutivo.

▶ *Caput* com a redação dada pelo Dec. nº 10.410, de 30-6-2020.

§ 1º Para fins do disposto neste artigo, não se considera recurso o pedido de revisão de acórdão endereçado às Juntas de Recursos e Câmaras de Julgamento.

▶ § 1º acrescido pelo Dec. nº 5.699, de 13-2-2006.

§ 2º É vedado ao INSS escusar-se de cumprir as diligências solicitadas pelo CRPS, bem como deixar de dar cumprimento às decisões definitivas daquele colegiado, reduzir ou ampliar o seu alcance ou executá-las de modo que contrarie ou prejudique seu evidente sentido.

▶ § 2º com a redação dada pelo Dec. nº 6.722, de 30-12-2008.

Art. 309. Na hipótese de haver controvérsia em matéria previdenciária, na aplicação de lei ou de ato normativo, entre órgãos do Ministério da Economia, entidades a ele vinculadas e, na hipótese prevista no inciso IV do *caput* do art. 305, entes federativos, ou ocorrência de questão previdenciária de relevante interesse público ou social, o órgão ministerial ou a entidade interessada poderá, por intermédio de seu dirigente, solicitar ao Ministro de Estado da Economia solução para a controvérsia ou questão.

▶ *Caput* com a redação dada pelo Dec. nº 10.410, de 30-6-2020.

§ 1º A controvérsia na aplicação de lei ou ato normativo será relatada *in abstracto* e encaminhada com manifestações fundamentadas dos órgãos interessados, podendo ser instruída com cópias dos documentos que demonstrem sua ocorrência.

§ 2º A Procuradoria-Geral Federal Especializada/INSS deverá pronunciar-se em todos os casos previstos neste artigo.

▶ §§ 1º e 2º acrescidos pelo Dec. nº 4.729, de 9-6-2003.

Art. 310. *Revogado*. Dec. nº 6.722, de 30-12-2008.

TÍTULO II – DOS CONVÊNIOS, CONTRATOS, CREDENCIAMENTOS E ACORDOS

Art. 311. A empresa, o sindicato ou entidade de aposentados devidamente legalizada poderá, mediante convênio, encarregar-se, relativamente a seu empregado ou associado e respectivos dependentes, de processar requerimento de benefício, preparando-o e instruindo-o de maneira a ser despachado pela previdência social.

▶ *Caput* com a redação dada pelo Dec. nº 6.722, de 30-12-2008.

Parágrafo único. Somente poderá optar pelo encargo de pagamento, as convenentes que fazem a complementação de benefícios, observada a conveniência administrativa do INSS.

▶ Parágrafo único com a redação dada pelo Dec. nº 6.939, de 18-8-2009.

Art. 312. A concessão e manutenção de prestação devida a beneficiário residente no exterior devem ser efetuadas nos termos do acordo entre o Brasil e o país de residência do beneficiário ou, na sua falta, nos termos de instruções expedidas pelo Ministério da Previdência e Assistência Social.

Art. 313. Os convênios, credenciamentos e acordos da linha do seguro social deverão ser feitos pelos setores de acordos e convênios do Instituto Nacional do Seguro Social.

Parágrafo único. O Instituto Nacional do Seguro Social poderá ainda colaborar para a complementação das instalações e equipamentos de entidades de habilitação e reabilitação profissional, com as quais mantenha convênio, ou fornecer outros recursos materiais para a melhoria do padrão de atendimento aos beneficiários.

Art. 314. A prestação de serviços da entidade que mantém convênio, contrato, credenciamento ou acordo com o Instituto Nacional do Seguro Social não cria qualquer vínculo empregatício entre este e o prestador de serviço.

Art. 315. Os órgãos da administração pública direta, autárquica e fundacional dos Estados, do Distrito Federal e dos Municípios poderão, mediante convênio com a previdência social, encarregar-se, relativamente aos seus funcionários, de formalizar processo de pedido de certidão de tempo de contribuição para fins de contagem recíproca, preparando-o e instruindo-o de forma a ser despachado pelo Instituto Nacional do Seguro Social.

Art. 316. O Instituto Nacional do Seguro Social, de acordo com as possibilidades administrativas e técnicas das unidades executivas de reabilitação profissional, poderá estabelecer convênios e/ou acordos de cooperação técnico-financeira, para viabilizar o atendimento às pessoas portadoras de deficiência.

Art. 317. Nos casos de impossibilidade de instalação de órgão ou setor próprio competente do Instituto Nacional do Seguro Social, assim como de efetiva incapacidade física ou técnica de implementação das atividades e atendimento adequado à clientela da previdência social, as unidades executivas de reabilitação profissional poderão solicitar a celebração de convênios, contratos ou acordos com entidades públicas ou privadas de comprovada idoneidade financeira e técnica, ou seu credenciamento, para prestação de serviço, por delegação ou simples cooperação técnica, sob coordenação e supervisão dos órgãos competentes do Instituto Nacional do Seguro Social.

TÍTULO III – DA DIVULGAÇÃO DOS ATOS E DECISÕES DA PREVIDÊNCIA SOCIAL

Art. 318. A divulgação dos atos e decisões dos órgãos e autoridades da previdência social, sobre benefícios, tem como objetivo:

I – dar inequívoco conhecimento deles aos interessados, inclusive para efeito de recurso;

II – possibilitar seu conhecimento público; e

III – produzir efeitos legais quanto aos direitos e obrigações deles derivados.

Art. 319. O INSS notificará o interessado de sua decisão, preferencialmente por meio eletrônico, por meio de cadastramento prévio, na forma definida pelo INSS, realizado por procedimento em que seja assegurada a identificação adequada do interessado ou:

▸ *Caput* com a redação dada pelo Dec. nº 10.410, de 30-6-2020.

I – por rede bancária, conforme definido em ato do INSS;

II – por via postal, por meio de carta simples destinada ao endereço constante do cadastro do segurado no INSS, hipótese em que o aviso de recebimento será considerado prova suficiente da notificação; ou

III – pessoalmente, quando entregue ao interessado em mão.

▸ Incisos I a III acrescidos pelo Dec. nº 10.410, de 30-6-2020.

Parágrafo único. *Revogado.* Dec. nº 10.410, de 30-6-2020.

Art. 320. O conhecimento das decisões e demais atos dos órgãos do Ministério da Previdência e Assistência Social deve ser dado mediante publicação no *Diário Oficial da União*, boletim de serviço ou outro órgão de divulgação oficialmente reconhecido, ou na forma do artigo 319.

Art. 321. O contrato, o convênio, o credenciamento e o acordo celebrados que impliquem pagamento de benefícios deverão ser publicados, em síntese, em boletim de serviço.

▸ Artigo com a redação dada pelo Dec. nº 10.410, de 30-6-2020.

Art. 322. O órgão do Instituto Nacional do Seguro Social, especialmente o pagador, só pode cumprir ato ou decisão de publicação obrigatória em boletim de serviço depois de atendida essa formalidade.

Parágrafo único. O administrador que determina e o servidor que realiza pagamento sem observar o disposto neste artigo são civilmente responsáveis por ele, ficando sujeitos também às penalidades administrativas cabíveis.

Art. 323. Os atos de que trata este Título serão publicados também no *Diário Oficial da União*, quando houver obrigação legal nesse sentido.

Art. 324. Os atos normativos ministeriais obrigam a todos os órgãos e entidades integrantes do Ministério da Previdência e Assistência Social, inclusive da administração indireta a ele vinculados.

Art. 325. Os atos e decisões normativas sobre benefícios dos órgãos e entidades da previdência social devem ser publicados na íntegra em boletim de serviço da entidade interessada, só tendo validade depois dessa publicação.

Parágrafo único. Os pareceres somente serão publicados quando aprovados pelas autoridades competentes e por determinação destas.

TÍTULO IV – DAS DISPOSIÇÕES DIVERSAS RELATIVAS À ORGANIZAÇÃO DA SEGURIDADE SOCIAL

Art. 326. O Instituto Nacional do Seguro Social, na forma da legislação específica, fica autorizado a contratar auditoria externa, periodicamente, para analisar e emitir parecer sobre demonstrativos econômico-financeiros e contábeis, arrecadação, cobrança e fiscalização de contribuições, bem como pagamento de benefícios, submetendo os resultados obtidos à apreciação do Conselho Nacional de Previdência Social.

Art. 327. A Auditoria e a Procuradoria do Instituto Nacional do Seguro Social deverão, a cada trimestre, elaborar relação das auditorias realizadas e dos trabalhos executados, bem como dos resultados obtidos, enviando-a à apreciação do Conselho Nacional de Previdência Social.

Art. 328. O Instituto Nacional do Seguro Social deverá implantar programa de qualificação e treinamento sistemático de pessoal, bem como promover reciclagem e redistribuição de funcionários conforme demandas dos órgãos regionais e locais, visando à melhoria da qualidade do atendimento, ao controle e à eficiência dos sistemas de arrecadação e fiscalização de contribuições, bem como de pagamento de benefícios.

Art. 329. O Cadastro Nacional de Informações Sociais é destinado a registrar informações de interesse da Administração Pública Federal e dos beneficiários da Previdência Social.

Parágrafo único. As contribuições aportadas pelos segurados e empresas terão o registro contábil individualizado, conforme dispuser o Ministério da Previdência e Assistência Social.

Arts. 329-A a 330. *Revogados.* Dec. nº 10.410, de 30-6-2020.

Art. 331. O Instituto Nacional do Seguro Social fica autorizado a efetuar permuta de informações, em caráter geral ou específico, com qualquer órgão ou entidade da administração direta ou indireta da União, Estados, Distrito Federal ou Municípios, com a prestação, quando for o caso, de assistência mútua na fiscalização dos respectivos tributos.

§ 1º A permuta de informações sobre a situação econômica ou financeira dos sujeitos passivos ou de terceiros e sobre a natureza e o estado dos seus negócios ou atividades somente poderá ser efetivada com a Secretaria da Receita Federal ou com a Fazenda Pública dos Estados, do Distrito Federal ou dos Municípios.

▸ A Secretaria da Receita Federal passou a ser denominada Secretaria da Receita Federal do Brasil pelo art. 1º da Lei nº 11.457, de 16-3-2007 (Lei da Super-Receita).

§ 2º Até que seja totalmente implantado o Cadastro Nacional de Informações Sociais, as instituições e órgãos federais, estaduais, do Distrito Federal e municipais, detentores de cadastros de empresas e de contribuintes em geral, deverão colocar à disposição do Instituto Nacional do Seguro Social, mediante convênio, todos os dados necessários à permanente atualização dos seus cadastros.

§ 3º O convênio de que trata o parágrafo anterior estabelecerá, entre outras condições, a forma e a periodicidade de acesso ao cadastro e às alterações posteriores.

Art. 332. O INSS estabelecerá indicadores qualitativos e quantitativos para acompanhamento e avaliação das concessões de benefícios realizadas.

Art. 333. O INSS adotará como prática o cruzamento das informações declaradas pelos segurados com as informações constantes das bases de dados de que dispuser quando da análise dos requerimentos dos benefícios.

▸ Arts. 332 e 333 com a redação dada pelo Dec. nº 10.410, de 30-6-2020.

Art. 334. Haverá, no âmbito da previdência social, uma Ouvidoria-Geral, cujas atribuições serão definidas em regulamento específico.

Art. 335. Deverão ser enviadas ao Congresso Nacional, anualmente, acompanhando a proposta orçamentária da seguridade social, projeções atuariais relativas à seguridade social, abrangendo um horizonte temporal de, no mínimo, 20 (vinte) anos, considerando hipóteses alternativas quanto às variações demográficas, econômicas e institucionais relevantes.

LIVRO VI – DAS DISPOSIÇÕES GERAIS

Art. 336. Para fins estatísticos e epidemiológicos, a empresa deverá comunicar à previdência social o acidente de que tratam os artigos 19, 20, 21 e 23 da Lei nº 8.213, de 1991, ocorrido com o segurado empregado, exceto o doméstico, e o trabalhador avulso, até o primeiro dia útil seguinte ao da ocorrência e, em caso de morte, de imediato, à autoridade competente, sob pena da multa aplicada e cobrada na forma do artigo 286.

▸ *Caput* com a redação dada pelo Decreto nº 4.032, de 26-11-2001.

§ 1º Da comunicação a que se refere este artigo receberão cópia fiel o acidentado ou seus dependentes, bem como o sindicato a que corresponda a sua categoria.

§ 2º Na falta do cumprimento do disposto no *caput*, caberá ao setor de benefícios do Instituto Nacional do Seguro Social comunicar a ocorrência ao setor de fiscalização, para a aplicação e cobrança da multa devida.

§ 3º Na falta de comunicação por parte da empresa, ou quando se tratar de segurado especial, podem formalizá-la o próprio acidentado, seus dependentes, a entidade sindical competente, o médico que o assistiu ou qualquer autoridade pública, não prevalecendo nestes casos o prazo previsto neste artigo.

▸ § 3º com a redação dada pelo Dec. nº 4.032, de 26-11-2001.

§ 4º A comunicação a que se refere o § 3º não exime a empresa de responsabilidade pela falta do cumprimento do disposto neste artigo.

§ 5º *Revogado.* Dec. nº 3.265, de 29-11-1999.

§ 6º Os sindicatos e entidades representativas de classe poderão acompanhar a cobrança, pela previdência social, das multas previstas neste artigo.

Art. 337. O acidente do trabalho será caracterizado tecnicamente pela Perícia Médica Federal, por meio da identificação do nexo entre o trabalho e o agravo.

▸ *Caput* com a redação dada pelo Dec. nº 10.491, de 23-9-2020.

I a III – *Revogados.* Dec. nº 10.410, de 30-6-2020.

§ 1º O setor de benefícios do Instituto Nacional do Seguro Social reconhecerá o direito do segurado à habilitação do benefício acidentário.

§ 2º Será considerado agravamento do acidente aquele sofrido pelo acidentado quanto estiver sob a responsabilidade da reabilitação profissional.

§ 3º Considera-se estabelecido o nexo entre o trabalho e o agravo quando se verificar nexo técnico epidemiológico entre a atividade da empresa e a entidade mórbida motivadora da incapacidade, elencada na Classificação Internacional de Doenças – CID em conformidade com o disposto na Lista C do Anexo II deste Regulamento.

► § 3º com a redação dada pelo Dec. nº 6.957, de 9-9-2009.

§ 4º Para os fins deste artigo, considera-se agravo a lesão, doença, transtorno de saúde, distúrbio, disfunção ou síndrome de evolução aguda, subaguda ou crônica, de natureza clínica ou subclínica, inclusive morte, independentemente do tempo de latência.

► § 4º acrescido pelo Dec. nº 6.042, de 12-7-2007.

§ 5º Reconhecidos pela Perícia Médica Federal a incapacidade para o trabalho e o nexo entre o trabalho e o agravo, na forma prevista no § 3º, serão devidas as prestações acidentárias a que o beneficiário tiver direito.

§ 6º A Perícia Médica Federal deixará de aplicar o disposto no § 3º quando demonstrada a inexistência de nexo entre o trabalho e o agravo, sem prejuízo do disposto no § 7º e no § 12.

► §§ 5º e 6º com a redação dada pelo Dec. nº 10.491, de 23-9-2020.

§ 7º A empresa poderá requerer ao INSS a não aplicação do nexo técnico epidemiológico ao caso concreto mediante a demonstração de inexistência de correspondente nexo entre o trabalho e o agravo.

► § 7º com a redação dada pelo Dec. nº 6.939, de 18-8-2009.

§ 8º O requerimento de que trata o § 7º poderá ser apresentado no prazo de quinze dias da data para a entrega, na forma do inciso IV do art. 225, da GFIP que registre a movimentação do trabalhador, sob pena de não conhecimento da alegação em instância administrativa.

► § 8º acrescido pelo Dec. nº 6.042, de 12-7-2007.

§ 9º Caracterizada a impossibilidade de atendimento ao disposto no § 8º, motivada pelo não conhecimento tempestivo do diagnóstico do agravo, o requerimento de que trata o § 7º poderá ser apresentado no prazo de quinze dias, contado da data em que a empresa tomar ciência da decisão a que se refere o § 5º.

► § 9º com a redação dada pelo Dec. nº 10.410, de 30-6-2020.

§ 10. Juntamente com o requerimento de que tratam os §§ 8º e 9º, a empresa formulará as alegações que entender necessárias e apresentará as provas que possuir demonstrando a inexistência de nexo entre o trabalho e o agravo.

► § 10 com a redação dada pelo Dec. nº 6.939, de 18-8-2009.

§ 11. A documentação probatória poderá trazer, entre outros meios de prova, evidências técnicas circunstanciadas e tempestivas à exposição do segurado, podendo ser produzidas no âmbito de programas de gestão de risco, a cargo da empresa, que possuam responsável técnico legalmente habilitado.

► § 11 acrescido pelo Dec. nº 6.042, de 12-2-2007.

§ 12. O INSS informará ao segurado sobre a contestação da empresa para que este, querendo, possa impugná-la, obedecendo, quanto à produção de provas, ao disposto no § 10, sempre que a instrução do pedido evidenciar a possibilidade de reconhecimento de inexistência do nexo entre o trabalho e o agravo.

► § 12 com a redação dada pelo Dec. nº 6.939, de 18-8-2009.

§ 13. Da decisão do requerimento de que trata o § 7º cabe recurso, com efeito suspensivo, por parte da empresa ou, conforme o caso, do segurado ao Conselho de Recursos da Previdência Social, nos termos dos arts. 305 a 310.

► § 13 acrescido pelo Dec. nº 6.042, de 12-2-2007.

► Port. do MPS nº 323, de 27-8-2007, aprova o regimento interno do Conselho de Recursos da Previdência Social – CRPS.

Art. 338. A empresa é responsável pela adoção e uso de medidas coletivas e individuais de proteção à segurança e saúde do trabalhador sujeito aos riscos ocupacionais por ela gerados.

► *Caput* com a redação dada pelo Dec. nº 4.032, de 26-11-2001.

§ 1º É dever da empresa prestar informações pormenorizadas sobre os riscos da operação a executar e do produto a manipular.

► Parágrafo único transformado em § 1º pelo Dec. nº 4.032, de 26-11-2001.

§ 2º A Perícia Médica Federal terá acesso aos ambientes de trabalho e a outros locais onde se encontrem os documentos referentes ao controle médico de saúde ocupacional e aqueles que digam respeito ao programa de prevenção de riscos ocupacionais para verificar a eficácia das medidas adotadas pela empresa para a prevenção e o controle das doenças ocupacionais.

► § 2º com a redação dada pelo Dec. nº 10.410, de 30-6-2020.

§ 3º O INSS auditará a regularidade e a conformidade das demonstrações ambientais, incluindo-se as de monitoramento biológico, e dos controles internos da empresa relativos ao gerenciamento dos riscos ocupacionais, de modo a assegurar a veracidade das informações prestadas pela empresa e constantes do CNIS, bem como o cumprimento das obrigações relativas ao acidente de trabalho.

► § 3º com a redação dada pelo Dec. nº 4.882, de 18-11-2003.

§ 4º Sempre que a Perícia Médica Federal constatar o descumprimento do disposto neste artigo, esta comunicará formalmente aos demais órgãos interessados, inclusive para fins de aplicação e cobrança da multa devida.

► § 4º com a redação dada pelo Dec. nº 10.410, de 30-6-2020.

Art. 339. O Ministério do Trabalho e Emprego fiscalizará e os sindicatos e entidades representativas de classe acompanharão o fiel cumprimento do disposto nos artigos 338 e 343.

Art. 340. Por intermédio dos estabelecimentos de ensino, sindicatos, associações de classe, Fundação Jorge Duprat Figueiredo de Segurança e Medicina do Trabalho, órgãos públicos e outros meios, serão promovidas regularmente instrução e formação com vistas a incrementar costumes e atitudes prevencionistas em matéria de acidentes, especialmente daquele referido no artigo 336.

Art. 341. O INSS ajuizará ação regressiva contra os responsáveis nas hipóteses de:

► *Caput* com a redação dada pelo Dec. nº 10.410, de 30-6-2020.

I – negligência quanto às normas-padrão de segurança e higiene do trabalho indicadas para proteção individual e coletiva; e

II – violência doméstica e familiar contra a mulher, nos termos do disposto na Lei nº 11.340, de 7 de agosto de 2006.

► Incisos I e II acrescidos pelo Dec. nº 10.410, de 30-6-2020.

§ 1º Os órgãos de fiscalização das relações de trabalho encaminharão à Procuradoria-Geral Federal os relatórios de análise de acidentes do trabalho com indícios de negligência quanto às normas-padrão de segurança e higiene do trabalho indicadas para proteção individual e coletiva.

► Parágrafo único transformado em § 1º e com a redação dada pelo Dec. nº 10.410, de 30-6-2020.

§ 2º O pagamento de prestações pela previdência social em decorrência das hipóteses previstas nos incisos I e II do *caput* não exclui a responsabilidade civil da empresa, na hipótese de que trata o inciso I do *caput*, ou do responsável pela violência doméstica e familiar, na hipótese de que trata o inciso II do *caput*.

► § 2º acrescido pelo Dec. nº 10.410, de 30-6-2020.

Art. 342. O pagamento pela previdência social das prestações decorrentes do acidente a que se refere o art. 336 não exclui a responsabilidade civil da empresa, do empregador doméstico ou de terceiros.

► Artigo com a redação dada pelo Dec. nº 10.410, de 30-6-2020.

Art. 343. Constitui contravenção penal, punível com multa, deixar a empresa de cumprir as normas de segurança e saúde do trabalho.

Art. 344. Os litígios e medidas cautelares relativos aos acidentes de que trata o artigo 336 serão apreciados:

I – na esfera administrativa, pelos órgãos da previdência social, segundo as regras e prazos aplicáveis às demais prestações, com prioridade para conclusão; e

II – na via judicial, pela Justiça dos Estados e do Distrito Federal, segundo o rito sumaríssimo, inclusive durante as férias forenses, mediante petição instruída pela prova de efetiva notificação do evento à previdência social, através da Comunicação de Acidente do Trabalho.

Parágrafo único. O procedimento judicial de que trata o inciso II é isento do pagamento de quaisquer custas e de verbas relativas à sucumbência.

Art. 345. As ações referentes às prestações decorrentes do acidente de que trata o artigo 336 prescrevem em cinco anos, observado o disposto no artigo 347, contados da data:

I – do acidente, quando dele resultar a morte ou a incapacidade temporária verificada em perícia médica a cargo da Perícia Médica Federal; ou

II – em que for reconhecido pela Perícia Médica Federal a incapacidade permanente ou o agravamento das sequelas do acidente.

► Incisos I e II com a redação dada pelo Dec. nº 10.410, de 30-6-2020.

Art. 346. O segurado que houver sofrido o acidente a que se refere o art. 336 terá garantida, pelo prazo mínimo de doze meses, a manutenção de seu contrato de trabalho na empresa, após a cessação do auxílio por incapacidade temporária decorrente de acidente, independentemente da percepção de auxílio-acidente.

▸ Artigo com a redação dada pelo Dec. nº 10.410, de 30-6-2020.

Art. 347. É de dez anos o prazo de decadência de todo e qualquer direito ou ação do segurado ou beneficiário para a revisão dos atos de concessão, indeferimento, cancelamento ou cessação de benefício e dos atos de deferimento, indeferimento ou não concessão de revisão de benefício, contado:

▸ *Caput* com a redação dada pelo Dec. nº 10.410, de 30-6-2020.

I – do primeiro dia do mês subsequente ao do recebimento da primeira prestação ou da data em que a prestação deveria ter sido paga com o valor revisto; ou

II – do dia em que o segurado tiver ciência da decisão de indeferimento, cancelamento ou cessação do seu pedido de benefício ou da decisão de deferimento ou indeferimento de revisão de benefício no âmbito administrativo.

▸ Incisos I e II acrescidos pelo Dec. nº 10.410, de 30-6-2020.

§ 1º Prescreve em cinco anos, a contar da data em que deveriam ter sido pagas, toda e qualquer ação para haver prestações vencidas ou quaisquer restituições ou diferenças devidas pela Previdência Social, salvo o direito dos menores, incapazes e ausentes, na forma do Código Civil.

▸ Parágrafo único transformado em § 1º pelo Dec. nº 4.729, de 9-6-2003.

§ 2º Não é considerado pedido de revisão de decisão indeferitória definitiva, mas de novo pedido de benefício, o que vier acompanhado de outros documentos além dos já existentes no processo.

§ 3º Não terá sequência eventual pedido de revisão de decisão indeferitória definitiva de benefício confirmada pela última instância do Conselho de Recursos da Previdência Social, aplicando-se, no caso de apresentação de outros documentos, além dos já existentes no processo, o disposto no § 2º.

▸ §§ 2º e 3º acrescidos pelo Dec. nº 4.729, de 9-6-2003.

§ 4º Nas hipóteses de requerimento de revisão de benefício em manutenção ou de recurso de decisão do INSS com apresentação de novos elementos extemporaneamente ao ato concessório, os efeitos financeiros serão fixados na data do pedido de revisão ou do recurso.

▸ § 4º com a redação dada pelo Dec. nº 10.410, de 30-6-2020.

Art. 347-A. O direito da Previdência Social de anular os atos administrativos de que decorram efeitos favoráveis para os seus beneficiários decai em dez anos, contados da data em que foram praticados, salvo comprovada má-fé.

§ 1º No caso de efeitos patrimoniais contínuos, o prazo decadencial contar-se-á da percepção do primeiro pagamento.

§ 2º Considera-se exercício do direito de anular qualquer medida de autoridade administrativa que importe impugnação à validade do ato.

▸ Art. 347-A acrescido pelo Dec. nº 5.545, de 22-9-2005.

Art. 348. O direito da seguridade social de apurar e constituir seus créditos extingue-se no prazo de cinco anos, contado:

▸ *Caput* com a redação dada pelo Dec. nº 10.410, de 30-6-2020.

▸ Súm. Vinc. nº 8 do STF, declara a inconstitucionalidade dos art. 45 e 46 da Lei nº 8.212, de 24-7-1991, que tratam de prescrição e decadência de crédito tributário.

I – do primeiro dia do exercício seguinte àquele em que o crédito poderia ter sido constituído; ou

II – da data em que se tornar definitiva a decisão que houver anulado, por vício formal, a constituição de crédito anteriormente efetuado.

§ 1º Para comprovar o exercício de atividade remunerada, com vistas à concessão de benefícios, será exigido do contribuinte individual, a qualquer tempo, o recolhimento das correspondentes contribuições, observado o disposto nos §§ 7º a 14 do artigo 216.

▸ § 1º com a redação dada pelo Dec. nº 3.265, de 29-11-1999.

§ 2º Na hipótese de ocorrência de dolo, fraude ou simulação, a seguridade social pode, a qualquer tempo, apurar e constituir seus créditos.

§ 3º O direito de pleitear judicialmente a desconstituição de exigência fiscal fixada pelo Instituto Nacional do Seguro Social no julgamento de litígio em processo administrativo fiscal extingue-se com o decurso do prazo de 180 (cento e oitenta) dias, contado da intimação da referida decisão.

Art. 349. O direito da seguridade social de cobrar seus créditos, constituídos na forma prevista no art. 348, prescreverá no prazo de cinco anos, contado da data de sua constituição definitiva, observado o disposto nos art. 151 e art. 174 da Lei nº 5.172, de 25 de outubro de 1966 – Código Tributário Nacional.

▸ Artigo com a redação dada pelo Dec. nº 10.410, de 30-6-2020.

▸ Súm. Vinc. nº 8 do STF, declara a inconstitucionalidade dos art. 45 e 46 da Lei nº 8.212, de 24-7-1991, que tratam de prescrição e decadência de crédito tributário.

Art. 350. Será de responsabilidade da Procuradoria-Geral do Instituto Nacional do Seguro Social manter entendimentos com o Ministério Público, objetivando a agilização das causas judiciais necessárias à concessão e manutenção de benefícios.

Art. 351. O pagamento de benefícios decorrente de sentença judicial far-se-á com a observância da prioridade garantida aos créditos alimentícios.

Art. 352. Para fins de reconhecimento inicial de benefícios previdenciários, desde que este não acarrete revisão de ato administrativo anterior, o Presidente do INSS poderá editar súmulas administrativas, que terão caráter vinculante perante o INSS nas seguintes hipóteses:

▸ *Caput* com a redação dada pelo Dec. nº 10.410, de 30-6-2020.

I – sobre tema a respeito do qual exista súmula ou parecer emitido pelo Advogado-Geral da União; e

II – sobre tema decidido pelo Supremo Tribunal Federal, em matéria constitucional, ou pelo Superior Tribunal de Justiça, no âmbito de suas competências, quando definido em sede de repercussão geral ou recurso repetitivo e não houver viabilidade de reversão da tese firmada em sentido desfavorável ao INSS, conforme disciplinado pelo Advogado-Geral da União, nos termos do disposto no § 2º do art. 19-D da Lei nº 10.522, de 19 de julho de 2002.

▸ Incisos I e II acrescidos pelo Dec. nº 10.410, de 30-6-2020.

§ 1º A edição da súmula administrativa de que trata este artigo será precedida de avaliação de impacto orçamentário e financeiro pela Secretaria Especial de Previdência e Trabalho do Ministério da Economia.

▸ Parágrafo único transformado em § 1º e com a redação dada pelo Dec. nº 10.410, de 30-6-2020.

§ 2º As súmulas administrativas serão numeradas em ordem cronológica e terão validade até que lei, decreto ou outra súmula discipline a matéria de forma diversa, e competirá ao INSS mantê-las atualizadas em seus sítios eletrônicos.

§ 3º Para fins do disposto neste artigo, a Procuradoria Federal Especializada junto ao INSS emitirá parecer conclusivo para propor a edição, a alteração ou o cancelamento de súmula administrativa, da qual deverá constar o fundamento para a sua edição.

▸ §§ 2º e 3º acrescidos pelo Dec. nº 10.410, de 30-6-2020.

Art. 353. A formalização de desistência ou transigência judiciais, por parte de procurador da previdência social, será sempre precedida da anuência, por escrito, do Procurador-Geral do Instituto Nacional do Seguro Social ou do Presidente deste órgão, quando os valores em litígio ultrapassarem os limites definidos pelo Conselho Nacional de Previdência Social.

Parágrafo único. Os valores, a partir dos quais se exigirá a anuência do Procurador-Geral ou do Presidente do Instituto Nacional do Seguro Social, serão definidos periodicamente pelo Conselho Nacional de Previdência Social, mediante resolução própria.

Art. 354. O Instituto Nacional do Seguro Social, nas causas em que seja interessado na condição de autor, réu, assistente ou oponente, gozará das mesmas prerrogativas e privilégios assegurados à Fazenda Pública, inclusive quanto à inalienabilidade e impenhorabilidade de seus bens.

§ 1º O Instituto Nacional do Seguro Social é isento do pagamento de custas, traslados, preparos, certidões, registros, averbações e quaisquer outros emolumentos, nas causas em que seja interessado na condição de autor, réu, assistente ou oponente, inclusive nas ações de natureza trabalhista, acidentária e de benefício.

§ 2º O Instituto Nacional do Seguro Social antecipará os honorários periciais nas ações de acidentes do trabalho.

Art. 355. O Instituto Nacional do Seguro Social poderá requisitar a qualquer órgão ou entidade da administração direta ou indireta da União, dos Estados, do Distrito Federal e dos Municípios, bem como das demais entidades sob seu controle, elementos de fato e de direito relativos às alegações e ao pedido do autor de ação proposta contra a previdência social, bem assim promover diligências para localização de devedores e apuração de bens penhoráveis, que serão atendidas prioritariamente e sob regime de urgência.

Art. 356. Nos casos de indenização na forma do artigo 122 e da retroação da data do início das contribuições, conforme o disposto no artigo 124, após a homologação do processo pelo setor de benefícios do Instituto Nacional do Seguro Social, este deverá ser encaminhado ao setor de arrecadação e fiscalização, para levantamento e cobrança do débito.

Art. 357. A Secretaria Especial de Previdência e Trabalho do Ministério da Economia e o INSS ficam autorizados a editar normas que disponham sobre os critérios e a forma de realização de pesquisas externas.

▸ *Caput* com a redação dada pelo Dec. nº 10.410, de 30-6-2020.

Parágrafo único. Para efeito do disposto no *caput*, os servidores designados receberão, a título de indenização, o valor correspondente a 1/11 (um onze avos) do valor mínimo do salário de contribuição do contribuinte individual, por deslocamento com pesquisa concluída.

▸ Parágrafo único com a redação dada pelo Dec. nº 3.265, de 29-11-1999.

Art. 358. Na execução judicial da Dívida Ativa da União, suas autarquias e fundações públicas, será facultado ao exequente indicar bens à penhora, a qual será efetivada concomitantemente com a citação inicial do devedor.

§ 1º Os bens penhorados nos termos deste artigo ficam desde logo indisponíveis.

§ 2º Efetuado o pagamento integral da dívida executada, com seus acréscimos legais, no prazo de dois dias úteis contados da citação, independentemente da juntada aos autos do respectivo mandado, poderá ser liberada a penhora, desde que não haja outra execução pendente.

§ 3º O disposto neste artigo aplica-se também às execuções já processadas.

§ 4º Não sendo opostos embargos, no prazo legal, ou sendo eles julgados improcedentes, os autos serão conclusos ao juiz do feito, para determinar o prosseguimento da execução.

Art. 359. O Instituto Nacional do Seguro Social poderá contratar leiloeiros oficiais para promover a venda administrativa dos bens, adjudicados judicialmente ou que receber em dação de pagamento.

Parágrafo único. O Instituto Nacional do Seguro Social, no prazo de 60 (sessenta) dias, providenciará alienação do bem por intermédio do leiloeiro oficial.

Art. 360. Nas execuções fiscais da Dívida Ativa do Instituto Nacional do Seguro Social, o leilão judicial dos bens penhorados realizar-se-á por leiloeiro oficial, indicado pelo credor, que procederá à hasta pública:

I – no primeiro leilão, pelo valor do maior lance, que não poderá ser inferior ao da avaliação; ou

II – no segundo leilão, por qualquer valor, excetuado o vil.

§ 1º Poderá o juiz, a requerimento do credor, autorizar seja parcelado o pagamento do valor da arrematação, na forma prevista para os parcelamentos administrativos de débitos previdenciários.

§ 2º Todas as condições do parcelamento deverão constar do edital de leilão.

§ 3º O débito do executado será quitado na proporção do valor de arrematação.

§ 4º O arrematante deverá depositar, no ato, o valor da primeira parcela.

§ 5º Realizado o depósito, será expedida carta de arrematação, contendo as seguintes disposições:

I – valor da arrematação, valor e número de parcelas mensais em que será pago;

II – constituição de hipoteca do bem adquirido, ou de penhor, em favor do credor, servindo a carta de título hábil para registro da garantia;

III – indicação do arrematante como fiel depositário do bem móvel, quando constituído penhor; e

IV – especificação dos critérios de reajustamento do saldo e das parcelas, que será sempre o mesmo vigente para os parcelamentos de créditos previdenciários.

§ 6º Se o arrematante não pagar no vencimento qualquer das parcelas mensais, o saldo devedor remanescente vencerá antecipadamente e será acrescido em 50% (cinquenta por cento) de seu valor a título de multa, devendo, de imediato, ser inscrito em Dívida Ativa e executado.

§ 7º Se no primeiro ou no segundo leilões a que se refere o *caput* não houver licitante, o Instituto Nacional do Seguro Social poderá adjudicar o bem por 50% (cinquenta por cento) do valor da avaliação.

§ 8º Se o bem adjudicado não puder ser utilizado pelo Instituto Nacional do Seguro Social e for de difícil venda, poderá ser negociado ou doado a outro órgão ou entidade pública que demonstre interesse na sua utilização.

§ 9º Não havendo interesse na adjudicação, poderá o juiz do feito, de ofício ou a requerimento do credor, determinar sucessivas repetições da hasta pública.

§ 10. O leiloeiro oficial, a pedido do credor, poderá ficar como fiel depositário dos bens penhorados e realizar a respectiva remoção.

Art. 361. O Instituto Nacional do Seguro Social poderá concordar com valores divergentes, para pagamento da dívida objeto de execução fiscal, quando a diferença entre os cálculos de atualização da dívida por ele elaborados ou levados a efeito pela contadoria do Juízo e os cálculos apresentados pelo executado for igual ou inferior a 5% (cinco por cento).

§ 1º O disposto neste artigo aplica-se somente a dívidas cuja petição inicial da execução tenha sido protocolada em Juízo até 31 de março de 1997.

§ 2º A extinção de processos de execução, em decorrência da aplicação do disposto neste artigo, não implicará condenação em honorários, custas e quaisquer outros ônus de sucumbência contra o exequente, oferecidos ou não embargos à execução, e acarretará a desistência de eventual recurso que tenha por razão a divergência de valores de atualização nos limites do percentual referido.

Art. 362. O Instituto Nacional do Seguro Social e a Secretaria da Receita Federal estabelecerão critérios para a dispensa de constituição ou exigência de crédito de valor inferior ao custo dessas medidas.

▸ A Secretaria da Receita Federal passou a ser denominada Secretaria da Receita Federal do Brasil pelo art. 1º da Lei nº 11.457, de 16-3-2007 (Lei da Super-Receita).

Art. 363. A arrecadação das receitas prevista nos incisos I, II, III, IV e V do parágrafo único do artigo 195, bem como as contribuições incidentes a título de substituição, e o pagamento dos benefícios da seguridade social serão realizados pela rede bancária ou por outras formas, nos termos e condições aprovados pelo Conselho Nacional de Previdência Social.

▸ Artigo com a redação dada pelo Dec. nº 4.032, de 26-11-2001.

Art. 364. As receitas provenientes da cobrança de débitos dos Estados, do Distrito Federal e dos Municípios e da alienação, arrendamento ou locação de bens móveis ou imóveis pertencentes ao patrimônio do Instituto Nacional do Seguro Social deverão constituir reserva técnica, de longo prazo, que garantirá o seguro social instituído no Plano de Benefícios da Previdência Social.

Parágrafo único. É vedada a utilização dos recursos de que trata este artigo para cobrir despesas de custeio em geral, inclusive as decorrentes de criação, majoração ou extensão dos benefícios ou serviços da previdência social, admitindo-se sua utilização, excepcionalmente, em despesas de capital, conforme definido na lei orçamentária.

Art. 365. Mediante requisição do Instituto Nacional do Seguro Social, a empresa é obrigada a descontar, da remuneração paga aos segurados a seu serviço, a importância proveniente de dívida ou responsabilidade por eles contraída junto à seguridade social, relativa a benefícios pagos indevidamente, observado o disposto no artigo 154.

Art. 366. O Presidente de Turma de Julgamento da Delegacia da Receita Federal do Brasil recorrerá de ofício sempre que a decisão:

▸ *Caput* com a redação dada pelo Dec. nº 6.224, de 4-10-2007.

I – declarar indevida contribuição ou outra importância apurada pela fiscalização; e

II – relevar ou atenuar multa aplicada por infração a dispositivos deste Regulamento.

▸ Incisos I e II com a redação dada pelo Dec. nº 6.224, de 4-10-2007.

§ 1º *Revogado*. Dec. nº 6.224, de 4-10-2007.

§ 2º O recurso de que trata o *caput* será interposto ao Segundo Conselho de Contribuintes do Ministério da Fazenda.

▸ § 2º com a redação dada pelo Dec. nº 6.224, de 4-10-2007.

§ 3º O Ministro de Estado da Fazenda poderá estabelecer limite abaixo do qual será dispensada a interposição do recurso de ofício previsto neste artigo.

▸ § 3º acrescido pelo Dec. nº 6.224, de 4-10-2007.

Art. 367. O Instituto Nacional do Seguro Social e a Empresa de Processamento de Dados da Previdência Social confrontarão a relação dos óbitos com os cadastros da previdência social, determinando o cancelamento dos pagamentos, a partir da data do falecimento dos beneficiários identificados na comunicação a que se refere o artigo 228.

Art. 368. Fica o Instituto Nacional do Seguro Social obrigado a:

I – enviar às empresas e aos contribuintes individuais, quando por eles solicitado, extrato de recolhimento das suas contribuições;

II – emitir automaticamente e enviar às empresas avisos de cobrança de débitos;

III – emitir e enviar aos beneficiários carta de concessão de benefícios, além da memória de cálculo do valor dos benefícios concedidos;

IV – reeditar versão atualizada da Carta dos Direitos dos Segurados;

V – divulgar, com a devida antecedência, pelos meios de comunicação, alterações das contribuições das empresas e dos segurados em geral;

VI – descentralizar, progressivamente, o processamento eletrônico das informações, mediante extensão dos programas de informatização aos Postos de Atendimento e às Gerências Regionais de Arrecadação e Fiscalização;

VII – garantir a integração dos sistemas de processamento eletrônico de informações e sua compatibilidade com o Cadastro Nacional de Informações Sociais; e

VIII – tornar disponível ao público, inclusive por meio de rede pública de transmissão de dados, informações atualizadas sobre as despesas do Regime Geral de Previdência Social, bem como os critérios e parâmetros adotados para garantir o seu equilíbrio financeiro e atuarial.

▶ Inciso VIII acrescido pelo Dec. nº 5.545, de 22-9-2005.

Parágrafo único. O fornecimento das informações a que se referem os incisos I e III do *caput* poderá ocorrer por meio da sua disponibilização pelos canais de atendimento do INSS previstos na Carta de Serviços ao Usuário do INSS.

▶ Parágrafo único acrescido pelo Dec. nº 10.410, de 30-6-2020.

Art. 369. Os depósitos judiciais e extrajudiciais referentes a contribuições sociais e outras importâncias arrecadadas pelo Instituto Nacional do Seguro Social serão efetuados na Caixa Econômica Federal mediante guia de recolhimento específica para essa finalidade, conforme modelo a ser aprovado pelo Instituto Nacional do Seguro Social e confeccionado e distribuído pela Caixa Econômica Federal.

§ 1º Quando houver mais de um interessado na ação, o depósito será efetuado, à ordem e disposição do Juízo, em nome de cada contribuinte, individualizadamente.

§ 2º A guia de recolhimento conterá, além de outros elementos fixados em ato normativo da autoridade competente, os dados necessários à identificação do órgão judicial em que tramita a ação.

§ 3º No caso de recebimento de depósito judicial, a Caixa Econômica Federal remeterá uma via da guia de recolhimento ao órgão judicial em que tramita a ação.

§ 4º A Caixa Econômica Federal tornará disponível para o Instituto Nacional do Seguro Social, por meio magnético, os dados referentes aos depósitos.

Art. 370. O valor dos depósitos recebidos será creditado pela Caixa Econômica Federal à Subconta da Previdência Social da Conta Única do Tesouro Nacional junto ao Banco Central do Brasil, no mesmo prazo fixado para recolhimento das contribuições arrecadadas pelo Instituto Nacional do Seguro Social.

Art. 371. Mediante ordem da autoridade judicial ou, no caso de depósito extrajudicial, da autoridade administrativa competente, o valor do depósito, após o encerramento da lide ou do processo litigioso, será:

I – devolvido ao depositante pela Caixa Econômica Federal, no prazo máximo de 24 (vinte e quatro) horas, quando a sentença ou decisão lhe for favorável ou na proporção em que o for, acrescido de juros equivalentes à taxa referencial do Sistema Especial de Liquidação e de Custódia, para títulos federais, acumulada mensalmente, calculados a partir do mês subsequente ao da efetivação do depósito até o mês anterior ao de seu levantamento, e de juros de 1 (um por cento) relativamente ao mês em que estiver sendo efetivada a devolução; ou

II – transformado em pagamento definitivo, proporcionalmente à exigência do correspondente crédito, quando se tratar de sentença ou decisão favorável ao Instituto Nacional do Seguro Social.

§ 1º O documento contendo os dados relativos aos depósitos devolvidos ou transformados em pagamento definitivo, a ser confeccionado e preenchido pela Caixa Econômica Federal, deverá ser aprovado pelo Instituto Nacional do Seguro Social.

§ 2º O valor dos depósitos devolvidos pela Caixa Econômica Federal será debitado à Subconta da Previdência Social da Conta Única do Tesouro Nacional junto ao Banco Central do Brasil, a título de restituição, no mesmo dia em que ocorrer a devolução.

§ 3º O Banco Central do Brasil creditará, na conta de reserva bancária da Caixa Econômica Federal, no mesmo dia, os valores devolvidos.

§ 4º Os valores das devoluções, inclusive dos juros acrescidos, serão contabilizados como estorno da respectiva espécie de receita em que tiver sido contabilizado o depósito.

§ 5º No caso de transformação do depósito em pagamento definitivo, a Caixa Econômica Federal efetuará a baixa em seus controles e comunicará a ocorrência ao Instituto Nacional do Seguro Social.

§ 6º A Caixa Econômica Federal manterá controle dos valores depositados, devolvidos e transformados em pagamento definitivo, por contribuinte e por processo, devendo, relativamente aos valores depositados e respectivos acréscimos de juros, tornar disponível o acesso aos registros, emitir extratos mensais e remetê-los ao Instituto Nacional do Seguro Social.

§ 7º Os extratos referidos neste artigo conterão dados que permitam identificar o depositante, o processo administrativo ou judicial, a movimentação dos depósitos durante o mês, além de outros elementos considerados indispensáveis.

Art. 372. Pelo recebimento dos depósitos e pela prestação dos demais serviços previstos nos artigos 369 a 371, a Caixa Econômica Federal será remunerada pela tarifa fixada pelo Ministro de Estado da Fazenda, na forma do disposto no Decreto nº 2.850, de 27 de novembro de 1998.

▶ Dec. nº 2.850, de 27-11-1998, foi revogado pelo Dec. nº 6.179, de 2-8-2007.

Art. 373. Os valores expressos em moeda corrente referidos neste Regulamento, exceto aqueles referidos no artigo 288, são reajustados nas mesmas épocas e com os mesmos índices utilizados para o reajustamento dos benefícios de prestação continuada da previdência social.

Art. 374. Serão aceitos os números de inscrição no Cadastro Geral de Contribuintes, até que seja concluída, pela Secretaria da Receita Federal, a implantação do Cadastro Nacional da Pessoa Jurídica.

▶ A Secretaria da Receita Federal passou a ser denominada Secretaria da Receita Federal do Brasil pelo art. 1º da Lei nº 11.457, de 16-3-2007 (Lei da Super-Receita).

Art. 375. Ficam anistiados, por força do artigo 3º da Lei nº 9.476, de 23 de julho de 1997, os agentes políticos e os dirigentes de órgãos públicos estaduais, do Distrito Federal ou municipais, a quem foram impostas penalidades pecuniárias pessoais até 24 de julho de 1997, em decorrência do disposto no artigo 289.

Art. 376. A multa de que trata a alínea e do inciso I do artigo 283 retroagirá a 16 de abril de 1994, na que for mais favorável.

Art. 377. Os recursos a que se refere o Decreto nº 2.536, de 6 de abril de 1998, não têm efeito suspensivo.

▶ O Dec. nº 2.536, de 6-4-1998, foi revogado pelo Dec. nº 7.237, de 20-7-2010.

Art. 378. *Revogado*. Dec. nº 4.729, de 9-6-2003.

Art. 379. A pessoa jurídica de direito privado já beneficiária da isenção ou que já a tenha requerido e que atenda ao disposto nos artigos 206 ou 207 está dispensada do requerimento previsto no artigo 208, devendo, até 30 de maio de 1999:

I – comunicar ao Instituto Nacional do Seguro Social que está enquadrada nos artigos 206 ou 207; e

II – apresentar ao Instituto Nacional do Seguro Social o plano de ação de atividades a serem desenvolvidas durante o ano em curso.

Parágrafo único. O Conselho Nacional de Assistência Social, mediante resolução que observe a natureza dos serviços assistenciais, poderá, por proposição da Secretaria de Estado de Assistência Social, considerar atendido o requisito de gratuidade, à vista de doações ou contribuições voluntárias feitas por terceiros, pelos responsáveis ou pelos próprios beneficiários dos serviços, desde que garantido o livre acesso a esses serviços, independentemente dessas doações e contribuições, não se lhes aplicando o disposto nos §§ 2º e 3º do artigo 206.

Art. 380. Fica cancelada, a partir de 1º de abril de 1999, toda e qualquer isenção de contribuição para a seguridade social concedida, em caráter geral ou especial, em desacordo com os artigos 206 ou 207.

Art. 381. As normas deste Regulamento de natureza procedimental aplicam-se imediatamente a todos os processos pendentes no Ministério da Previdência e Assistência Social e no Instituto Nacional do Seguro Social.

Art. 382. Os tratados, convenções e outros acordos internacionais de que Estado estrangeiro ou organismo internacional e o Brasil sejam partes, e que versem sobre matéria previdenciária, serão interpretados como lei especial.

- Artigo acrescido pelo Dec. nº 3.265, de 29-11-1999.
- Optamos por não publicar os anexos deste Decreto nesta edição.

LEI COMPLEMENTAR Nº 108, DE 29 DE MAIO DE 2001

Dispõe sobre a relação entre a União, os Estados, o Distrito Federal e os Municípios, suas autarquias, fundações, sociedades de economia mista e outras entidades públicas e suas respectivas entidades fechadas de previdência complementar, e dá outras providências.

- Publicada no *DOU* de 30-5-2001.
- Lei nº 12.154, de 23-12-2009, cria a Superintendência Nacional de Previdência Complementar – PREVIC, autarquia de fiscalização e de supervisão das atividades das entidades fechadas de previdência complementar.
- Lei nº 12.618, de 30-4-2012, institui o regime de previdência complementar para os servidores públicos federais titulares de cargo efetivo.
- Dec. nº 7.123, de 3-3-2010, dispõe sobre o Conselho Nacional de Previdência Complementar – CNPC e sobre a Câmara de Recursos de Previdência Complementar – CRPC.

CAPÍTULO I
INTRODUÇÃO

Art. 1º A relação entre a União, os Estados, o Distrito Federal e os Municípios, inclusive suas autarquias, fundações, sociedades de economia mista e empresas controladas direta ou indiretamente, enquanto patrocinadores de entidades fechadas de previdência complementar, e suas respectivas entidades fechadas, a que se referem os §§ 3º, 4º, 5º e 6º do artigo 202 da Constituição Federal, será disciplinada pelo disposto nesta Lei Complementar.

Art. 2º As regras e os princípios gerais estabelecidos na Lei Complementar que regula o *caput* do artigo 202 da Constituição Federal aplicam-se às entidades reguladas por esta Lei Complementar, ressalvadas as disposições específicas.

CAPÍTULO II
DOS PLANOS DE BENEFÍCIOS

Seção I
DISPOSIÇÕES ESPECIAIS

Art. 3º Observado o disposto no artigo anterior, os planos de benefícios das entidades de que trata esta Lei Complementar atenderão às seguintes regras:

I – carência mínima de sessenta contribuições mensais a plano de benefícios e cessação do vínculo com o patrocinador, para se tornar elegível a um benefício de prestação que seja programada e continuada; e

II – concessão de benefício pelo regime de previdência ao qual o participante esteja filiado por intermédio de seu patrocinador, quando se tratar de plano na modalidade benefício definido, instituído depois da publicação desta Lei Complementar.

Parágrafo único. Os reajustes dos benefícios em manutenção serão efetuados de acordo com critérios estabelecidos nos regulamentos dos planos de benefícios, vedado o repasse de ganhos de produtividade, abono e vantagens de qualquer natureza para tais benefícios.

Art. 4º Nas sociedades de economia mista e empresas controladas direta ou indiretamente pela União, pelos Estados, pelo Distrito Federal e pelos Municípios, a proposta de instituição de plano de benefícios ou adesão a plano de benefícios em execução será submetida ao órgão fiscalizador, acompanhada de manifestação favorável do órgão responsável pela supervisão, pela coordenação e pelo controle do patrocinador.

Parágrafo único. As alterações no plano de benefícios que implique elevação da contribuição de patrocinadores serão objeto de prévia manifestação do órgão responsável pela supervisão, pela coordenação e pelo controle referido no *caput*.

Art. 5º É vedado à União, aos Estados, ao Distrito Federal e aos Municípios, suas autarquias, fundações, empresas públicas, sociedades de economia mista e outras entidades públicas o aporte de recursos a entidades de previdência privada de caráter complementar, salvo na condição de patrocinador.

Seção II
DO CUSTEIO

Art. 6º O custeio dos planos de benefícios será responsabilidade do patrocinador e dos participantes, inclusive assistidos.

§ 1º A contribuição normal do patrocinador para plano de benefícios, em hipótese alguma, excederá a do participante, observado o disposto no artigo 5º da Emenda Constitucional nº 20, de 15 de dezembro de 1998, e as regras específicas emanadas do órgão regulador e fiscalizador.

§ 2º Além das contribuições normais, os planos poderão prever o aporte de recursos pelos participantes, a título de contribuição facultativa, sem contrapartida do patrocinador.

§ 3º É vedado ao patrocinador assumir encargos adicionais para o financiamento dos planos de benefícios, além daqueles previstos nos respectivos planos de custeio.

Art. 7º A despesa administrativa da entidade de previdência complementar será custeada pelo patrocinador e pelos participantes e assistidos, atendendo a limites e critérios estabelecidos pelo órgão regulador e fiscalizador.

Parágrafo único. É facultada aos patrocinadores a cessão de pessoal às entidades de previdência complementar que patrocinam, desde que ressarcidos os custos correspondentes.

CAPÍTULO III
DAS ENTIDADES DE PREVIDÊNCIA COMPLEMENTAR PATROCINADAS PELO PODER PÚBLICO E SUAS EMPRESAS

Seção I
DA ESTRUTURA ORGANIZACIONAL

Art. 8º A administração e execução dos planos de benefícios compete às entidades fechadas de previdência complementar mencionadas no artigo 1º desta Lei Complementar.

Parágrafo único. As entidades de que trata o *caput* organizar-se-ão sob a forma de fundação ou sociedade civil, sem fins lucrativos.

Art. 9º A estrutura organizacional das entidades de previdência complementar a que se refere esta Lei Complementar é constituída de conselho deliberativo, conselho fiscal e diretoria-executiva.

Seção II
DO CONSELHO DELIBERATIVO E DO CONSELHO FISCAL

Art. 10. O conselho deliberativo, órgão máximo da estrutura organizacional, é responsável pela definição da política geral de administração da entidade e de seus planos de benefícios.

Art. 11. A composição do conselho deliberativo, integrado por no máximo seis membros, será paritária entre representantes dos participantes e assistidos e dos patrocinadores, cabendo a estes a indicação do conselheiro presidente, que terá, além do seu, o voto de qualidade.

§ 1º A escolha dos representantes dos participantes e assistidos dar-se-á por meio de eleição direta entre seus pares.

§ 2º Caso o estatuto da entidade fechada, respeitado o número máximo de conselheiros de que trata o *caput* e a participação paritária entre representantes dos participantes e assistidos e dos patrocinadores, preveja outra composição, que tenha sido aprovada na forma prevista no seu estatuto, esta poderá ser aplicada, mediante autorização do órgão regulador e fiscalizador.

Art. 12. O mandato dos membros do conselho deliberativo será de quatro anos, com garantia de estabilidade, permitida uma recondução.

§ 1º O membro do conselho deliberativo somente perderá o mandato em virtude de renúncia, de condenação judicial transitada em julgado ou processo administrativo disciplinar.

§ 2º A instauração de processo administrativo disciplinar, para apuração de irregularidades no âmbito de atuação do conselho deliberativo da entidade fechada, poderá determinar o afastamento do conselheiro até sua conclusão.

§ 3º O afastamento de que trata o parágrafo anterior não implica prorrogação ou permanência no cargo além da data inicialmente prevista para o término do mandato.

§ 4º O estatuto da entidade deverá regulamentar os procedimentos de que tratam os parágrafos anteriores deste artigo.

Art. 13. Ao conselho deliberativo compete a definição das seguintes matérias:

I – política geral de administração da entidade e de seus planos de benefícios;

II – alteração de estatuto e regulamentos dos planos de benefícios, bem como a implantação e a extinção deles e a retirada de patrocinador;

III – gestão de investimentos e plano de aplicação de recursos;

IV – autorizar investimentos que envolvam valores iguais ou superiores a 5% (cinco por cento) dos recursos garantidores;

V – contratação de auditor independente atuário e avaliador de gestão, observadas as disposições regulamentares aplicáveis;

VI – nomeação e exoneração dos membros da diretoria-executiva; e

VII – exame, em grau de recurso, das decisões da diretoria-executiva.

Parágrafo único. A definição das matérias previstas no inciso II deverá ser aprovada pelo patrocinador.

Art. 14. O conselho fiscal é órgão de controle interno da entidade.

Art. 15. A composição do conselho fiscal, integrado por no máximo quatro membros, será paritária entre representantes de patrocinadores e de participantes e assistidos, cabendo a estes a indicação do conselheiro presidente, que terá, além do seu, o voto de qualidade.

Parágrafo único. Caso o estatuto da entidade fechada, respeitado o número máximo de conselheiros de que trata o *caput* e a participação paritária entre representantes dos participantes e assistidos e dos patrocinadores, preveja outra composição, que tenha sido aprovada na forma prevista no seu estatuto, esta poderá ser aplicada, mediante autorização do órgão regulador e fiscalizador.

Art. 16. O mandato dos membros do conselho fiscal será de quatro anos, vedada a recondução.

Art. 17. A renovação dos mandatos dos conselheiros deverá obedecer ao critério de proporcionalidade, de forma que se processe parcialmente a cada dois anos.

§ 1º Na primeira investidura dos conselhos, após a publicação desta Lei Complementar, os seus membros terão mandato com prazo diferenciado.

§ 2º O conselho deliberativo deverá renovar três de seus membros a cada dois anos e o conselho fiscal dois membros com a mesma periodicidade, observada a regra de transição estabelecida no parágrafo anterior.

Art. 18. Aplicam-se aos membros dos conselhos deliberativo e fiscal os mesmos requisitos previstos nos incisos I a III do artigo 20 desta Lei Complementar.

Seção III — *DA DIRETORIA-EXECUTIVA*

Art. 19. A diretoria-executiva é o órgão responsável pela administração da entidade, em conformidade com a política de administração traçada pelo conselho deliberativo.

§ 1º A diretoria-executiva será composta, no máximo, por seis membros, definidos em função do patrimônio da entidade e do seu número de participantes, inclusive assistidos.

§ 2º O estatuto da entidade fechada, respeitado o número máximo de diretores de que trata o parágrafo anterior, deverá prever a forma de composição e o mandato da diretoria-executiva, aprovado na forma prevista no seu estatuto, observadas as demais disposições desta Lei Complementar.

Art. 20. Os membros da diretoria-executiva deverão atender aos seguintes requisitos mínimos:

I – comprovada experiência no exercício de atividade na área financeira, administrativa, contábil, jurídica, de fiscalização, atuarial ou de auditoria;

II – não ter sofrido condenação criminal transitada em julgado;

III – não ter sofrido penalidade administrativa por infração da legislação da seguridade social, inclusive da previdência complementar ou como servidor público; e

IV – ter formação de nível superior.

Art. 21. Aos membros da diretoria-executiva é vedado:

I – exercer simultaneamente atividade no patrocinador;

II – integrar concomitantemente o conselho deliberativo ou fiscal da entidade e, mesmo depois do término do seu mandato na diretoria-executiva, enquanto não tiver suas contas aprovadas; e

III – ao longo do exercício do mandato prestar serviços a instituições integrantes do sistema financeiro.

Art. 22. A entidade de previdência complementar informará ao órgão regulador e fiscalizador o responsável pelas aplicações dos recursos da entidade, escolhido entre os membros da diretoria-executiva.

Parágrafo único. Os demais membros da diretoria-executiva responderão solidariamente com o dirigente indicado na forma do *caput* pelos danos e prejuízos causados à entidade para os quais tenham concorrido.

Art. 23. Nos doze meses seguintes ao término do exercício do cargo, o ex-diretor estará impedido de prestar, direta ou indiretamente, independentemente da forma ou natureza do contrato, qualquer tipo de serviço às empresas do sistema financeiro que impliquem a utilização das informações a que teve acesso em decorrência do cargo exercido, sob pena de responsabilidade civil e penal.

§ 1º Durante o impedimento, ao ex-diretor que não tiver sido destituído ou que pedir afastamento será assegurada a possibilidade de prestar serviço à entidade, mediante remuneração equivalente à do cargo de direção que exerceu ou em qualquer outro órgão da Administração Pública.

§ 2º Incorre na prática de advocacia administrativa, sujeitando-se às penas da lei, o ex-diretor que violar o impedimento previsto neste artigo, exceto se retornar ao exercício de cargo ou emprego que ocupava junto ao patrocinador, anteriormente à indicação para a respectiva diretoria-executiva, ou se for nomeado para exercício em qualquer órgão da Administração Pública.

CAPÍTULO IV — DA FISCALIZAÇÃO

Art. 24. A fiscalização e controle dos planos de benefícios e das entidades fechadas de previdência complementar de que trata esta Lei Complementar competem ao órgão regulador e fiscalizador das entidades fechadas de previdência complementar.

Art. 25. As ações exercidas pelo órgão referido no artigo anterior não eximem os patrocinadores da responsabilidade pela supervisão e fiscalização sistemática das atividades das suas respectivas entidades de previdência complementar.

Parágrafo único. Os resultados da fiscalização e do controle exercidos pelos patrocinadores serão encaminhados ao órgão mencionado no artigo anterior.

CAPÍTULO V — DISPOSIÇÕES GERAIS

Art. 26. As entidades fechadas de previdência complementar patrocinadas por empresas privadas permissionárias ou concessionárias de prestação de serviços públicos subordinam-se, no que couber, às disposições desta Lei Complementar, na forma estabelecida pelo órgão regulador e fiscalizador.

Art. 27. As entidades de previdência complementar patrocinadas por entidades públicas, inclusive empresas públicas e sociedades de economia mista, deverão rever, no prazo de dois anos, a contar de 16 de dezembro de 1998, seus planos de benefícios e serviços, de modo a ajustá-los atuarialmente a seus ativos, sob pena de intervenção, sendo seus dirigentes e seus respectivos patrocinadores responsáveis civil e criminalmente pelo descumprimento do disposto neste artigo.

Art. 28. A infração de qualquer disposição desta Lei Complementar ou de seu regulamento, para a qual não haja penalidade expressamente cominada, sujeita a pessoa física ou jurídica responsável, conforme o caso e a gravidade da infração, às penalidades administrativas previstas na Lei Complementar que disciplina o *caput* do artigo 202 da Constituição Federal.

Art. 29. As entidades de previdência privada patrocinadas por empresas controladas, direta ou indiretamente, pela União, Estados, Distrito Federal e Municípios, que possuam planos de benefícios definidos com responsabilidade da patrocinadora, não poderão exercer o controle ou participar de acordo de acionistas que tenha por objeto formação de grupo de controle de sociedade anônima, sem prévia e expressa autorização da patrocinadora e do seu respectivo ente controlador.

Parágrafo único. O disposto no *caput* não se aplica às participações acionárias detidas na data de publicação desta Lei Complementar.

Art. 30. As entidades de previdência complementar terão o prazo de um ano para adaptar sua organização estatutária ao disposto nesta Lei Complementar, contados a partir da data de sua publicação.

Art. 31. Esta Lei Complementar entra em vigor na data de sua publicação.

Art. 32. Revoga-se a Lei nº 8.020, de 12 de abril de 1990.

Brasília, 29 de maio de 2001;
180º da Independência e
113º da República.

Fernando Henrique Cardoso

LEI COMPLEMENTAR Nº 109, DE 29 DE MAIO DE 2001

Dispõe sobre o Regime de Previdência Complementar e dá outras providências.

- Publicada no *DOU* de 30-5-2001.
- Lei nº 12.618, de 30-4-2012, institui o regime de previdência complementar para os servidores públicos federais titulares de cargo efetivo.
- Dec. nº 7.123, de 3-3-2010, dispõe sobre o Conselho Nacional de Previdência Complementar – CNPC e sobre a Câmara de Recursos de Previdência Complementar – CRPC.

CAPÍTULO I — INTRODUÇÃO

Art. 1º O regime de previdência privada, de caráter complementar e organizado de forma autônoma em relação ao regime geral de previdência social, é facultativo, baseado na constituição de reservas que garantam o benefício, nos termos do *caput* do artigo 202 da Constituição Federal, observado o disposto nesta Lei Complementar.

Art. 2º O regime de previdência complementar é operado por entidades de previdência complementar que têm por objetivo principal instituir e executar planos de benefícios de caráter previdenciário, na forma desta Lei Complementar.

Art. 3º A ação do Estado será exercida com o objetivo de:

I – formular a política de previdência complementar;

II – disciplinar, coordenar e supervisionar as atividades reguladas por esta Lei Complementar, compatibilizando-as com as políticas previdenciária e de desenvolvimento social e econômico-financeiro;

III – determinar padrões mínimos de segurança econômico-financeira e atuarial, com fins específicos de preservar a liquidez, a solvência e o equilíbrio dos planos de benefícios, isoladamente, e de cada entidade de previdência complementar, no conjunto de suas atividades;

IV – assegurar aos participantes e assistidos o pleno acesso às informações relativas à gestão de seus respectivos planos de benefícios;

V – fiscalizar as entidades de previdência complementar, suas operações e aplicar penalidades; e

VI – proteger os interesses dos participantes e assistidos dos planos de benefícios.

Art. 4º As entidades de previdência complementar são classificadas em fechadas e abertas, conforme definido nesta Lei Complementar.

Art. 5º A normatização, coordenação, supervisão, fiscalização e controle das atividades das entidades de previdência complementar serão realizados por órgão ou órgãos regulador e fiscalizador, conforme disposto em lei, observado o disposto no inciso VI do artigo 84 da Constituição Federal.

► Dec. nº 7.123, de 3-3-2010, dispõe sobre o Conselho Nacional de Previdência Complementar – CNPC e sobre a Câmara de Recursos de Previdência Complementar – CRPC.

CAPÍTULO II
DOS PLANOS DE BENEFÍCIOS

Seção I
DISPOSIÇÕES COMUNS

Art. 6º As entidades de previdência complementar somente poderão instituir e operar planos de benefícios para os quais tenham autorização específica, segundo as normas aprovadas pelo órgão regulador e fiscalizador, conforme disposto nesta Lei Complementar.

Art. 7º Os planos de benefícios atenderão a padrões mínimos fixados pelo órgão regulador e fiscalizador, com o objetivo de assegurar transparência, solvência, liquidez e equilíbrio econômico-financeiro e atuarial.

Parágrafo único. O órgão regulador e fiscalizador normatizará planos de benefícios nas modalidades de benefício definido, contribuição definida e contribuição variável, bem como outras formas de planos de benefícios que reflitam a evolução técnica e possibilitem flexibilidade ao regime de previdência complementar.

Art. 8º Para efeito desta Lei Complementar, considera-se:

I – participante, a pessoa física que aderir aos planos de benefícios; e

II – assistido, o participante ou seu beneficiário em gozo de benefício de prestação continuada.

Art. 9º As entidades de previdência complementar constituirão reservas técnicas, provisões e fundos, de conformidade com os critérios e normas fixados pelo órgão regulador e fiscalizador.

§ 1º A aplicação dos recursos correspondentes às reservas, às provisões e aos fundos de que trata o *caput* será feita conforme diretrizes estabelecidas pelo Conselho Monetário Nacional.

§ 2º É vedado o estabelecimento de aplicações compulsórias ou limites mínimos de aplicação.

Art. 10. Deverão constar dos regulamentos dos planos de benefícios, das propostas de inscrição e dos certificados de participantes condições mínimas a serem fixadas pelo órgão regulador e fiscalizador.

§ 1º A todo pretendente será disponibilizado e a todo participante entregue, quando de sua inscrição no plano de benefícios:

I – certificado onde estarão indicados os requisitos que regulam a admissão e a manutenção da qualidade de participante, bem como os requisitos de elegibilidade e forma de cálculo dos benefícios;

II – cópia do regulamento atualizado do plano de benefícios e material explicativo que descreva, em linguagem simples e precisa, as características do plano;

III – cópia do contrato, no caso de plano coletivo de que trata o inciso II do artigo 26 desta Lei Complementar; e

IV – outros documentos que vierem a ser especificados pelo órgão regulador e fiscalizador.

§ 2º Na divulgação dos planos de benefícios, não poderão ser incluídas informações diferentes das que figurem nos documentos referidos neste artigo.

Art. 11. Para assegurar compromissos assumidos junto aos participantes e assistidos de planos de benefícios, as entidades de previdência complementar poderão contratar operações de resseguro, por iniciativa própria ou por determinação do órgão regulador e fiscalizador, observados o regulamento do respectivo plano e demais disposições legais e regulamentares.

Parágrafo único. Fica facultada às entidades fechadas a garantia referida no *caput* por meio de fundo de solvência, a ser instituído na forma da lei.

Seção II
DOS PLANOS DE BENEFÍCIOS DE ENTIDADES FECHADAS

► Lei nº 12.154, de 23-12-2009, cria a Superintendência Nacional de Previdência Complementar – PREVIC, autarquia de fiscalização e de supervisão das atividades das entidades fechadas de previdência complementar.

Art. 12. Os planos de benefícios de entidades fechadas poderão ser instituídos por patrocinadores e instituidores, observado o disposto no artigo 31 desta Lei Complementar.

Art. 13. A formalização da condição de patrocinador ou instituidor de um plano de benefício dar-se-á mediante convênio de adesão a ser celebrado entre o patrocinador ou instituidor e a entidade fechada, em relação a cada plano de benefícios por esta administrado e executado, mediante prévia autorização do órgão regulador e fiscalizador, conforme regulamentação do Poder Executivo.

§ 1º Admitir-se-á solidariedade entre patrocinadores ou entre instituidores, com relação aos respectivos planos, desde que expressamente prevista no convênio de adesão.

§ 2º O órgão regulador e fiscalizador, dentre outros requisitos, estabelecerá o número mínimo de participantes admitido para cada modalidade de plano de benefício.

Art. 14. Os planos de benefícios deverão prever os seguintes institutos, observadas as normas estabelecidas pelo órgão regulador e fiscalizador:

I – benefício proporcional diferido, em razão da cessação do vínculo empregatício com o patrocinador ou associativo com o instituidor antes da aquisição do direito ao benefício pleno, a ser concedido quando cumpridos os requisitos de elegibilidade;

II – portabilidade do direito acumulado pelo participante para outro plano;

III – resgate da totalidade das contribuições vertidas ao plano pelo participante, descontadas as parcelas do custeio administrativo, na forma regulamentada; e

IV – faculdade de o participante manter o valor de sua contribuição e a do patrocinador, no caso de perda parcial ou total da remuneração recebida, para assegurar a percepção dos benefícios nos níveis correspondentes àquela remuneração ou em outros definidos em normas regulamentares.

§ 1º Não será admitida a portabilidade na inexistência de cessação do vínculo empregatício do participante com o patrocinador.

§ 2º O órgão regulador e fiscalizador estabelecerá período de carência para o instituto de que trata o inciso II deste artigo.

§ 3º Na regulamentação do instituto previsto no inciso II do *caput* deste artigo, o órgão regulador e fiscalizador observará, entre outros requisitos específicos, os seguintes:

I – se o plano de benefícios foi instituído antes ou depois da publicação desta Lei Complementar;

II – a modalidade do plano de benefícios.

§ 4º O instituto de que trata o inciso II deste artigo, quando efetuado para entidade aberta, somente será admitido quando a integralidade dos recursos financeiros correspondentes ao direito acumulado do participante for utilizada para a contratação de renda mensal vitalícia ou por prazo determinado, cujo prazo mínimo não poderá ser inferior ao período em que a respectiva reserva foi constituída, limitado ao mínimo de 15 (quinze) anos, observadas as normas estabelecidas pelo órgão regulador e fiscalizador.

Art. 15. Para efeito do disposto no inciso II do *caput* do artigo anterior, fica estabelecido que:

I – a portabilidade não caracteriza resgate; e

II – é vedado que os recursos financeiros correspondentes transitem pelos participantes dos planos de benefícios, sob qualquer forma.

Parágrafo único. O direito acumulado corresponde às reservas constituídas pelo participante ou à reserva matemática, o que lhe for mais favorável.

Art. 16. Os planos de benefícios devem ser, obrigatoriamente, oferecidos a todos os empregados dos patrocinadores ou associados dos instituidores.

§ 1º Para os efeitos desta Lei Complementar, são equiparáveis aos empregados e associados a que se refere o *caput* os gerentes, diretores, conselheiros ocupantes de cargo eletivo e outros dirigentes de patrocinadores e instituidores.

§ 2º É facultativa a adesão aos planos a que se refere o *caput* deste artigo.

§ 3º O disposto no *caput* deste artigo não se aplica aos planos em extinção, assim considerados aqueles aos quais o acesso de novos participantes esteja vedado.

Art. 17. As alterações processadas nos regulamentos dos planos aplicam-se a todos os participantes das entidades fechadas, a partir de sua aprovação pelo órgão regulador e fiscalizador, observado o direito acumulado de cada participante.

Parágrafo único. Ao participante que tenha cumprido os requisitos para obtenção dos benefícios previstos no plano é assegurada a aplicação das disposições regulamentares vigentes na data em que se tornou elegível a um benefício de aposentadoria.

Art. 18. O plano de custeio, com periodicidade mínima anual, estabelecerá o nível de contribuição necessário à constituição das reservas garantidoras de benefícios, fundos, provisões e à cobertura das demais despesas, em conformidade com os critérios fixados pelo órgão regulador e fiscalizador.

§ 1º O regime financeiro de capitalização é obrigatório para os benefícios de pagamento em prestações que sejam programadas e continuadas.

§ 2º Observados critérios que preservem o equilíbrio financeiro e atuarial, o cálculo das reservas técnicas atenderá às peculiaridades de cada plano de benefícios e deverá estar expresso em nota técnica atuarial, de apresentação obrigatória, incluindo as hipóteses utilizadas, que deverão guardar relação com as características da massa e da atividade desenvolvida pelo patrocinador ou instituidor.

§ 3º As reservas técnicas, provisões e fundos de cada plano de benefícios e os exigíveis a qualquer título deverão atender permanentemente à cobertura integral dos compromissos assumidos pelo plano de benefícios, ressalvadas excepcionalidades definidas pelo órgão regulador e fiscalizador.

Art. 19. As contribuições destinadas à constituição de reservas terão como finalidade prover o pagamento de benefícios de caráter previdenciário, observadas as especificidades previstas nesta Lei Complementar.

Parágrafo único. As contribuições referidas no *caput* classificam-se em:

I – normais, aquelas destinadas ao custeio dos benefícios previstos no respectivo plano; e

II – extraordinárias, aquelas destinadas ao custeio de déficits, serviço passado e outras finalidades não incluídas na contribuição normal.

Art. 20. O resultado superavitário dos planos de benefícios das entidades fechadas, ao final do exercício, satisfeitas as exigências regulamentares relativas aos mencionados planos, será destinado à constituição de reserva de contingência, para garantia de benefícios, até o limite de 25% (vinte e cinco por cento) do valor das reservas matemáticas.

§ 1º Constituída a reserva de contingência, com os valores excedentes será constituída reserva especial para revisão do plano de benefícios.

§ 2º A não utilização da reserva especial por 3 (três) exercícios consecutivos determinará a revisão obrigatória do plano de benefícios da entidade.

§ 3º Se a revisão do plano de benefícios implicar redução de contribuições, deverá ser levada em consideração a proporção existente entre as contribuições dos patrocinadores e dos participantes, inclusive dos assistidos.

Art. 21. O resultado deficitário nos planos ou nas entidades fechadas será equacionado por patrocinadores, participantes e assistidos, na proporção existente entre as suas contribuições, sem prejuízo de ação regressiva contra dirigentes ou terceiros que deram causa a dano ou prejuízo à entidade de previdência complementar.

§ 1º O equacionamento referido no *caput* poderá ser feito, dentre outras formas, por meio do aumento do valor das contribuições, instituição de contribuição adicional ou redução do valor dos benefícios a conceder, observadas as normas estabelecidas pelo órgão regulador e fiscalizador.

§ 2º A redução dos valores dos benefícios não se aplica aos assistidos, sendo cabível, nesse caso, a instituição de contribuição adicional para cobertura do acréscimo ocorrido em razão da revisão do plano.

§ 3º Na hipótese de retorno à entidade dos recursos equivalentes ao déficit previsto no *caput* deste artigo, em consequência de apuração de responsabilidade mediante ação judicial ou administrativa, os respectivos valores deverão ser aplicados necessariamente na redução proporcional das contribuições devidas ao plano ou em melhoria dos benefícios.

Art. 22. Ao final de cada exercício, coincidente com o ano civil, as entidades fechadas deverão levantar as demonstrações contábeis e as avaliações atuariais de cada plano de benefícios, por pessoa jurídica ou profissional legalmente habilitado, devendo os resultados ser encaminhados ao órgão regulador e fiscalizador e divulgados aos participantes e aos assistidos.

Art. 23. As entidades fechadas deverão manter atualizada sua contabilidade, de acordo com as instruções do órgão regulador e fiscalizador, consolidando a posição dos planos de benefícios que administram e executam, bem como submetendo suas contas a auditores independentes.

Parágrafo único. Ao final de cada exercício serão elaboradas as demonstrações contábeis e atuariais consolidadas, sem prejuízo dos controles por plano de benefícios.

Art. 24. A divulgação aos participantes, inclusive aos assistidos, das informações pertinentes aos planos de benefícios dar-se-á ao menos uma vez ao ano, na forma, nos prazos e pelos meios estabelecidos pelo órgão regulador e fiscalizador.

Parágrafo único. As informações requeridas formalmente pelo participante ou assistido, para defesa de direitos e esclarecimento de situações de interesse pessoal específico deverão ser atendidas pela entidade no prazo estabelecido pelo órgão regulador e fiscalizador.

Art. 25. O órgão regulador e fiscalizador poderá autorizar a extinção de plano de benefícios ou a retirada de patrocínio, ficando os patrocinadores e instituidores obrigados ao cumprimento da totalidade dos compromissos assumidos com a entidade relativamente aos direitos dos participantes, assistidos e obrigações legais, até a data da retirada ou extinção do plano.

Parágrafo único. Para atendimento do disposto no *caput* deste artigo, a situação de solvência econômico-financeira e atuarial da entidade deverá ser atestada por profissional devidamente habilitado, cujos relatórios serão encaminhados ao órgão regulador e fiscalizador.

Seção III – DOS PLANOS DE BENEFÍCIOS DE ENTIDADES ABERTAS

Art. 26. Os planos de benefícios instituídos por entidades abertas poderão ser:

I – individuais, quando acessíveis a quaisquer pessoas físicas; ou

II – coletivos, quando tenham por objetivo garantir benefícios previdenciários a pessoas físicas vinculadas, direta ou indiretamente, a uma pessoa jurídica contratante.

§ 1º O plano coletivo poderá ser contratado por uma ou várias pessoas jurídicas.

§ 2º O vínculo indireto de que trata o inciso II deste artigo refere-se aos casos em que uma entidade representativa de pessoas jurídicas contrate plano previdenciário coletivo para grupos de pessoas físicas vinculadas a suas filiadas.

§ 3º Os grupos de pessoas de que trata o parágrafo anterior poderão ser constituídos por uma ou mais categorias específicas de empregados de um mesmo empregador, podendo abranger empresas coligadas, controladas ou subsidiárias, e por membros de associações legalmente constituídas, de caráter profissional ou classista, e seus cônjuges ou companheiros e dependentes econômicos.

§ 4º Para efeito do disposto no parágrafo anterior, são equiparáveis aos empregados e associados os diretores, conselheiros ocupantes de cargos eletivos e outros dirigentes ou gerentes da pessoa jurídica contratante.

§ 5º A implantação de um plano coletivo será celebrada mediante contrato, na forma, nos critérios, nas condições e nos requisitos mínimos a serem estabelecidos pelo órgão regulador.

§ 6º É vedada à entidade aberta a contratação de plano coletivo com pessoa jurídica cujo objetivo principal seja estipular, em nome de terceiros, planos de benefícios coletivos.

Art. 27. Observados os conceitos, a forma, as condições e os critérios fixados pelo órgão regulador, é assegurado aos participantes o direito à portabilidade, inclusive para plano de benefício de entidade fechada, e ao resgate de recursos das reservas técnicas, provisões e fundos, total ou parcialmente.

§ 1º A portabilidade não caracteriza resgate.

§ 2º É vedado, no caso de portabilidade:

I – que os recursos financeiros transitem pelos participantes, sob qualquer forma; e

II – a transferência de recursos entre participantes.

Art. 28. Os ativos garantidores das reservas técnicas, das provisões e dos fundos serão vinculados à ordem do órgão fiscalizador, na forma a ser regulamentada, e poderão ter sua livre movimentação suspensa pelo referido órgão, a partir da qual não poderão ser alienados ou prometidos alienar sem sua prévia e expressa autorização, sendo nulas, de pleno direito, quaisquer operações realizadas com violação daquela suspensão.

§ 1º Sendo imóvel, o vínculo será averbado à margem do respectivo registro no Cartório de Registro Geral de Imóveis competente, mediante comunicação do órgão fiscalizador.

§ 2º Os ativos garantidores a que se refere o *caput*, bem como os direitos deles decorrentes, não poderão ser gravados, sob qualquer forma, sem prévia e expressa autorização do órgão fiscalizador, sendo nulos os gravames constituídos com infringência do disposto neste parágrafo.

Art. 29. Compete ao órgão regulador, entre outras atribuições que lhe forem conferidas por lei:

I – fixar padrões adequados de segurança atuarial e econômico-financeira, para preservação da liquidez e solvência dos planos de benefícios, isoladamente, e de cada entidade aberta, no conjunto de suas atividades;

II – estabelecer as condições em que o órgão fiscalizador pode determinar a suspensão da comercialização ou a transferência, entre entidades abertas, de planos de benefícios; e

III – fixar condições que assegurem transparência, acesso a informações e fornecimento de dados relativos aos planos de benefícios, inclusive quanto à gestão dos respectivos recursos.

Art. 30. É facultativa a utilização de corretores na venda dos planos de benefícios das entidades abertas.

Parágrafo único. Aos corretores de planos de benefícios aplicam-se a legislação e a regulamentação da profissão de corretor de seguros.

CAPÍTULO III
DAS ENTIDADES FECHADAS DE PREVIDÊNCIA COMPLEMENTAR

► Lei nº 12.154, de 23-12-2009, cria a Superintendência Nacional de Previdência Complementar – PREVIC, autarquia de fiscalização e de supervisão das atividades das entidades fechadas de previdência complementar.

Art. 31. As entidades fechadas são aquelas acessíveis, na forma regulamentada pelo órgão regulador e fiscalizador, exclusivamente:

I – aos empregados de uma empresa ou grupo de empresas e aos servidores da União, dos Estados, do Distrito Federal e dos Municípios, entes denominados patrocinadores; e

II – aos associados ou membros de pessoas jurídicas de caráter profissional, classista ou setorial, denominadas instituidores.

§ 1º As entidades fechadas organizar-se-ão sob a forma de fundação ou sociedade civil, sem fins lucrativos.

§ 2º As entidades fechadas constituídas por instituidores referidos no inciso II do *caput* deste artigo deverão, cumulativamente:

I – terceirizar a gestão dos recursos garantidores das reservas técnicas e provisões mediante a contratação de instituição especializada autorizada a funcionar pelo Banco Central do Brasil ou outro órgão competente;

II – ofertar exclusivamente planos de benefícios na modalidade contribuição definida, na forma do parágrafo único do artigo 7º desta Lei Complementar.

§ 3º Os responsáveis pela gestão dos recursos de que trata o inciso I do parágrafo anterior deverão manter segregados e totalmente isolados o seu patrimônio dos patrimônios do instituidor e da entidade fechada.

§ 4º Na regulamentação de que trata o *caput*, o órgão regulador e fiscalizador estabelecerá o tempo mínimo de existência do instituidor e o seu número mínimo de associados.

Art. 32. As entidades fechadas têm como objeto a administração e execução de planos de benefícios de natureza previdenciária.

Parágrafo único. É vedada às entidades fechadas a prestação de quaisquer serviços que não estejam no âmbito de seu objeto, observado o disposto no artigo 76.

Art. 33. Dependerão de prévia e expressa autorização do órgão regulador e fiscalizador:

I – a constituição e o funcionamento da entidade fechada, bem como a aplicação dos respectivos estatutos, dos regulamentos dos planos de benefícios e suas alterações;

II – as operações de fusão, cisão, incorporação ou qualquer outra forma de reorganização societária, relativas às entidades fechadas;

III – as retiradas de patrocinadores; e

IV – as transferências de patrocínio, de grupo de participantes, de planos e de reservas entre entidades fechadas.

§ 1º Excetuado o disposto no inciso III deste artigo, é vedada a transferência para terceiros de participantes, de assistidos e de reservas constituídas para garantia de benefícios de risco atuarial programado, de acordo com normas estabelecidas pelo órgão regulador e fiscalizador.

§ 2º Para os assistidos de planos de benefícios na modalidade contribuição definida que mantiveram esta característica durante a fase de percepção de renda programada, o órgão regulador e fiscalizador poderá, em caráter excepcional, autorizar a transferência dos recursos garantidores dos benefícios para entidade de previdência complementar ou companhia seguradora autorizada a operar planos de previdência complementar, com o objetivo específico de contratar plano de renda vitalícia, observadas as normas aplicáveis.

Art. 34. As entidades fechadas podem ser qualificadas da seguinte forma, além de outras que possam ser definidas pelo órgão regulador e fiscalizador:

I – de acordo com os planos que administram:

a) de plano comum, quando administram plano ou conjunto de planos acessíveis ao universo de participantes; e

b) com multiplano, quando administram plano ou conjunto de planos de benefícios para diversos grupos de participantes, com independência patrimonial;

II – de acordo com seus patrocinadores ou instituidores:

a) singulares, quando estiverem vinculadas a apenas um patrocinador ou instituidor; e

b) multipatrocinadas, quando congregarem mais de um patrocinador ou instituidor.

Art. 35. As entidades fechadas deverão manter estrutura mínima composta por conselho deliberativo, conselho fiscal e diretoria executiva.

§ 1º O estatuto deverá prever representação dos participantes e assistidos nos conselhos deliberativo e fiscal, assegurado a eles no mínimo 1/3 (um terço) das vagas.

§ 2º Na composição dos conselhos deliberativo e fiscal das entidades qualificadas como multipatrocinadas, deverá ser considerado o número de participantes vinculados a cada patrocinador ou instituidor, bem como o montante dos respectivos patrimônios.

§ 3º Os membros do conselho deliberativo ou do conselho fiscal deverão atender aos seguintes requisitos mínimos:

I – comprovada experiência no exercício de atividades nas áreas financeira, administrativa, contábil, jurídica, de fiscalização ou de auditoria;

II – não ter sofrido condenação criminal transitada em julgado; e

III – não ter sofrido penalidade administrativa por infração da legislação da seguridade social ou como servidor público.

§ 4º Os membros da diretoria executiva deverão ter formação de nível superior e atender aos requisitos do parágrafo anterior.

§ 5º Será informado ao órgão regulador e fiscalizador o responsável pelas aplicações dos recursos da entidade, escolhido entre os membros da diretoria executiva.

§ 6º Os demais membros da diretoria executiva responderão solidariamente com o dirigente indicado na forma do parágrafo anterior pelos danos e prejuízos causados à entidade para os quais tenham concorrido.

§ 7º Sem prejuízo do disposto no § 1º do artigo 31 desta Lei Complementar, os membros da diretoria executiva e dos conselhos deliberativo e fiscal poderão ser remunerados pelas entidades fechadas, de acordo com a legislação aplicável.

§ 8º Em caráter excepcional, poderão ser ocupados até 30% (trinta por cento) dos cargos da diretoria executiva por membros sem formação de nível superior, sendo assegurada a possibilidade de participação neste órgão de pelo menos 1 (um) membro, quando da aplicação do referido percentual resultar número inferior à unidade.

CAPÍTULO IV
DAS ENTIDADES ABERTAS DE PREVIDÊNCIA COMPLEMENTAR

Art. 36. As entidades abertas são constituídas unicamente sob a forma de sociedades anônimas e têm por objetivo instituir e operar planos de benefícios de caráter previdenciário concedidos em forma de renda continuada ou pagamento único, acessíveis a quaisquer pessoas físicas.

Parágrafo único. As sociedades seguradoras autorizadas a operar exclusivamente no ramo vida poderão ser autorizadas a operar os planos de benefícios a que se refere o *caput*, a elas se aplicando as disposições desta Lei Complementar.

Art. 37. Compete ao órgão regulador, entre outras atribuições que lhe forem conferidas por lei, estabelecer:

I – os critérios para a investidura e posse em cargos e funções de órgãos estatutários de entidades abertas, observado que o pretendente não poderá ter sofrido condenação criminal transitada em julgado, penalidade administrativa por infração da legislação da seguridade social ou como servidor público;

II – as normas gerais de contabilidade, auditoria, atuária e estatística a serem observadas pelas entidades abertas, inclusive quanto à padronização dos planos de contas, balanços gerais, balancetes e outras demonstrações financeiras, critérios sobre sua periodicidade, sobre a publicação desses documentos e sua remessa ao órgão fiscalizador;

III – os índices de solvência e liquidez, bem como as relações patrimoniais a serem atendidas pelas entidades abertas, observado que seu patrimônio líquido não poderá ser inferior ao respectivo passivo não operacional; e

IV – as condições que assegurem acesso a informações e fornecimento de dados relativos a quaisquer aspectos das atividades das entidades abertas.

Art. 38. Dependerão de prévia e expressa aprovação do órgão fiscalizador:

I – a constituição e o funcionamento das entidades abertas, bem como as disposições de seus estatutos e as respectivas alterações;

II – a comercialização dos planos de benefícios;

III – *os atos relativos à eleição e posse de administradores e membros de conselhos estatutários, podendo o Conselho Nacional de Seguros Privados (CNSP) dispor sobre hipóteses em que essa aprovação será dispensável;*

▸ Inciso III com a redação dada pela LC nº 213, de 15-1-2025.

IV – as operações relativas à transferência do controle acionário, fusão, cisão, incorporação ou qualquer outra forma de reorganização societária.

Parágrafo único. O órgão regulador disciplinará o tratamento administrativo a ser emprestado ao exame dos assuntos constantes deste artigo.

Art. 39. As entidades abertas deverão comunicar ao órgão fiscalizador, no prazo e na forma estabelecidos:

I – os atos relativos às alterações estatutárias e à eleição de administradores e membros de conselhos estatutários; e

II – o responsável pela aplicação dos recursos das reservas técnicas, provisões e fundos, escolhido dentre os membros da diretoria executiva.

Parágrafo único. Os demais membros da diretoria executiva responderão solidariamente com o dirigente indicado na forma do inciso II deste artigo pelos danos e prejuízos causados à entidade para os quais tenham concorrido.

Art. 40. As entidades abertas deverão levantar no último dia útil de cada mês e semestre, respectivamente, balancetes mensais e balanços gerais, com observância das regras e dos critérios estabelecidos pelo órgão regulador.

Parágrafo único. As sociedades seguradoras autorizadas a operar planos de benefícios deverão apresentar nas demonstrações financeiras, de forma discriminada, as atividades previdenciárias e as de seguros, de acordo com critérios fixados pelo órgão regulador.

CAPÍTULO V
DA FISCALIZAÇÃO

Art. 41. No desempenho das atividades de fiscalização das entidades de previdência complementar, os servidores do órgão regulador e fiscalizador terão livre acesso às respectivas entidades, delas podendo requisitar e apreender livros, notas técnicas e quaisquer documentos, caracterizando-se embaraço à fiscalização, sujeito às penalidades previstas em lei, qualquer dificuldade oposta à consecução desse objetivo.

§ 1º O órgão regulador e fiscalizador das entidades fechadas poderá solicitar dos patrocinadores e instituidores informações relativas aos aspectos específicos que digam respeito aos compromissos assumidos frente aos respectivos planos de benefícios.

§ 2º A fiscalização a cargo do Estado não exime os patrocinadores e os instituidores da responsabilidade pela supervisão sistemática das atividades das suas respectivas entidades fechadas.

§ 3º As pessoas físicas ou jurídicas submetidas ao regime desta Lei Complementar ficam obrigadas a prestar quaisquer informações ou esclarecimentos solicitados pelo órgão regulador e fiscalizador.

§ 4º O disposto neste artigo aplica-se, sem prejuízo da competência das autoridades fiscais, relativamente ao pleno exercício das atividades de fiscalização tributária.

Art. 42. O órgão regulador e fiscalizador poderá, em relação às entidades fechadas, nomear administrador especial, a expensas da entidade, com poderes próprios de intervenção e de liquidação extrajudicial, com o objetivo de sanear plano de benefícios específico, caso seja constatada na sua administração e execução alguma das hipóteses previstas nos artigos 44 e 48 desta Lei Complementar.

Parágrafo único. O ato de nomeação de que trata o *caput* estabelecerá as condições, os limites e as atribuições do administrador especial.

Art. 43. O órgão fiscalizador poderá, em relação às entidades abertas, desde que se verifique uma das condições previstas no artigo 44 desta Lei Complementar, nomear, por prazo determinado, prorrogável a seu critério, e a expensas da respectiva entidade, um diretor fiscal.

§ 1º O diretor fiscal, sem poderes de gestão, terá suas atribuições estabelecidas pelo órgão regulador, cabendo ao órgão fiscalizador fixar sua remuneração.

§ 2º Se reconhecer a inviabilidade de recuperação da entidade aberta ou a ausência de qualquer condição para o seu funcionamento, o diretor fiscal proporá ao órgão fiscalizador a decretação da intervenção ou da liquidação extrajudicial.

§ 3º O diretor fiscal não está sujeito à indisponibilidade de bens, nem aos demais efeitos decorrentes da decretação da intervenção ou da liquidação extrajudicial da entidade aberta.

CAPÍTULO VI
DA INTERVENÇÃO E DA LIQUIDAÇÃO EXTRAJUDICIAL

Seção I
DA INTERVENÇÃO

Art. 44. Para resguardar os direitos dos participantes e assistidos poderá ser decretada a intervenção na entidade de previdência complementar, desde que se verifique, isolada ou cumulativamente:

I – irregularidade ou insuficiência na constituição das reservas técnicas, provisões e fundos, ou na sua cobertura por ativos garantidores;

II – aplicação dos recursos das reservas técnicas, provisões e fundos de forma inadequada ou em desacordo com as normas expedidas pelos órgãos competentes;

III – descumprimento de disposições estatutárias ou de obrigações previstas nos regulamentos dos planos de benefícios, convênios de adesão ou contratos dos planos coletivos de que trata o inciso II do artigo 26 desta Lei Complementar;

IV – situação econômico-financeira insuficiente à preservação da liquidez e solvência de cada um dos planos de benefícios e da entidade no conjunto de suas atividades;

V – situação atuarial desequilibrada;

VI – outras anormalidades definidas em regulamento.

Art. 45. A intervenção será decretada pelo prazo necessário ao exame da situação da entidade e encaminhamento de plano destinado à sua recuperação.

Parágrafo único. Dependerão de prévia e expressa autorização do órgão competente os atos do interventor que impliquem oneração ou disposição do patrimônio.

Art. 46. A intervenção cessará quando aprovado o plano de recuperação da entidade pelo órgão competente ou se decretada a sua liquidação extrajudicial.

Seção II
DA LIQUIDAÇÃO EXTRAJUDICIAL

Art. 47. As entidades fechadas não poderão solicitar concordata e não estão sujeitas a falência, mas somente a liquidação extrajudicial.

Art. 48. A liquidação extrajudicial será decretada quando reconhecida a inviabilidade de recuperação da entidade de previdência complementar ou pela ausência de condição para seu funcionamento.

Parágrafo único. Para os efeitos desta Lei Complementar, entende-se por ausência de condição para funcionamento de entidade de previdência complementar:

I e II – VETADOS;

III – o não atendimento às condições mínimas estabelecidas pelo órgão regulador e fiscalizador.

Art. 49. A decretação da liquidação extrajudicial produzirá, de imediato, os seguintes efeitos:

I – suspensão das ações e execuções iniciadas sobre direitos e interesses relativos ao acervo da entidade liquidanda;

II – vencimento antecipado das obrigações da liquidanda;

III – não incidência de penalidades contratuais contra a entidade por obrigações vencidas em decorrência da decretação da liquidação extrajudicial;

IV – não fluência de juros contra a liquidanda enquanto não integralmente pago o passivo;

V – interrupção da prescrição em relação às obrigações da entidade em liquidação;

VI – suspensão de multa e juros em relação às dívidas da entidade;

VII – inexigibilidade de penas pecuniárias por infrações de natureza administrativa;

VIII – interrupção do pagamento à liquidanda das contribuições dos participantes e dos patrocinadores, relativas aos planos de benefícios.

LEGISLAÇÃO PREVIDENCIÁRIA

§ 1º As faculdades previstas nos incisos deste artigo aplicam-se, no caso das entidades abertas de previdência complementar, exclusivamente, em relação às suas atividades de natureza previdenciária.

§ 2º O disposto neste artigo não se aplica às ações e aos débitos de natureza tributária.

Art. 50. O liquidante organizará o quadro geral de credores, realizará o ativo e liquidará o passivo.

§ 1º Os participantes, inclusive os assistidos, dos planos de benefícios ficam dispensados de se habilitarem a seus respectivos créditos, estejam estes sendo recebidos ou não.

§ 2º Os participantes, inclusive os assistidos, dos planos de benefícios terão privilégio especial sobre os ativos garantidores das reservas técnicas e, caso estes não sejam suficientes para a cobertura dos direitos respectivos, privilégio geral sobre as demais partes não vinculadas ao ativo.

§ 3º Os participantes que já estiverem recebendo benefícios, ou que já tiverem adquirido este direito antes de decretada a liquidação extrajudicial, terão preferência sobre os demais participantes.

§ 4º Os créditos referidos nos parágrafos anteriores deste artigo não têm preferência sobre os créditos de natureza trabalhista ou tributária.

Art. 51. Serão obrigatoriamente levantados, na data da decretação da liquidação extrajudicial de entidade de previdência complementar, o balanço geral de liquidação e as demonstrações contábeis e atuariais necessárias à determinação do valor das reservas individuais.

Art. 52. A liquidação extrajudicial poderá, a qualquer tempo, ser levantada, desde que constatados fatos supervenientes que viabilizem a recuperação da entidade de previdência complementar.

Art. 53. A liquidação extrajudicial das entidades fechadas encerrar-se-á com a aprovação, pelo órgão regulador e fiscalizador, das contas finais do liquidante e com a baixa nos devidos registros.

Parágrafo único. Comprovada pelo liquidante a inexistência de ativos para satisfazer a possíveis créditos reclamados contra a entidade, deverá tal situação ser comunicada ao juízo competente e efetivados os devidos registros, para o encerramento do processo de liquidação.

Seção III
DISPOSIÇÕES ESPECIAIS

Art. 54. O interventor terá amplos poderes de administração e representação e o liquidante plenos poderes de administração, representação e liquidação.

Art. 55. Compete ao órgão fiscalizador decretar, aprovar e rever os atos de que tratam os artigos 45, 46 e 48 desta Lei Complementar, bem como nomear, por intermédio do seu dirigente máximo, o interventor ou o liquidante.

Art. 56. A intervenção e a liquidação extrajudicial determinam a perda do mandato dos administradores e membros dos conselhos estatutários das entidades, sejam titulares ou suplentes.

Art. 57. Os créditos das entidades de previdência complementar, em caso de liquidação ou falência de patrocinadores, terão privilégio especial sobre a massa, respeitado o privilégio dos créditos trabalhistas e tributários.

Parágrafo único. Os administradores dos respectivos patrocinadores serão responsabilizados pelos danos ou prejuízos causados às entidades de previdência complementar, especialmente pela falta de aporte das contribuições a que estavam obrigados, observado o disposto no parágrafo único do artigo 63 desta Lei Complementar.

Art. 58. No caso de liquidação extrajudicial de entidade fechada motivada pela falta de aporte de contribuições de patrocinadores ou pelo não recolhimento de contribuições de participantes, os administradores daqueles também serão responsabilizados pelos danos ou prejuízos causados.

Art. 59. Os administradores, controladores e membros de conselhos estatutários das entidades de previdência complementar sob intervenção ou em liquidação extrajudicial ficarão com todos os seus bens indisponíveis, não podendo, por qualquer forma, direta ou indireta, aliená-los ou onerá-los, até a apuração e liquidação final de suas responsabilidades.

§ 1º A indisponibilidade prevista neste artigo decorre do ato que decretar a intervenção ou liquidação extrajudicial e atinge todos aqueles que tenham estado no exercício das funções nos doze meses anteriores.

§ 2º A indisponibilidade poderá ser estendida aos bens de pessoas que, nos últimos 12 (doze) meses, os tenham adquirido, a qualquer título, das pessoas referidas no *caput* e no parágrafo anterior, desde que haja seguros elementos de convicção de que se trata de simulada transferência com o fim de evitar os efeitos desta Lei Complementar.

§ 3º Não se incluem nas disposições deste artigo os bens considerados inalienáveis ou impenhoráveis pela legislação em vigor.

§ 4º Não são também atingidos pela indisponibilidade os bens objeto de contrato de alienação, de promessas de compra e venda e de cessão de direitos, desde que os respectivos instrumentos tenham sido levados ao competente registro público até 12 (doze) meses antes da data de decretação da intervenção ou liquidação extrajudicial.

§ 5º Não se aplica a indisponibilidade de bens das pessoas referidas no *caput* deste artigo no caso de liquidação extrajudicial de entidades fechadas que deixarem de ter condições para funcionar por motivos totalmente desvinculados do exercício das suas atribuições, situação esta que poderá ser revista a qualquer momento, pelo órgão regulador e fiscalizador, desde que constatada a existência de irregularidades ou indícios de crimes por elas praticados.

Art. 60. O interventor ou o liquidante comunicará a indisponibilidade de bens aos órgãos competentes para os devidos registros e publicará edital para conhecimento de terceiros.

Parágrafo único. A autoridade que receber a comunicação ficará, relativamente a esses bens, impedida de:

I – fazer transcrições, inscrições ou averbações de documentos públicos ou particulares;

II – arquivar atos ou contratos que importem em transferência de cotas sociais, ações ou partes beneficiárias;

III – realizar ou registrar operações e títulos de qualquer natureza; e

IV – processar a transferência de propriedade de veículos automotores, aeronaves e embarcações.

Art. 61. A apuração de responsabilidades específicas referida no *caput* do artigo 59 desta Lei Complementar será feita mediante inquérito a ser instaurado pelo órgão regulador e fiscalizador, sem prejuízo do disposto nos artigos 63 a 65 desta Lei Complementar.

§ 1º Se o inquérito concluir pela inexistência de prejuízo, será arquivado no órgão fiscalizador.

§ 2º Concluindo o inquérito pela existência de prejuízo, será ele, com o respectivo relatório, remetido pelo órgão regulador e fiscalizador ao Ministério Público, observados os seguintes procedimentos:

I – o interventor ou o liquidante, de ofício ou a requerimento de qualquer interessado que não tenha sido indiciado no inquérito, após aprovação do respectivo relatório pelo órgão fiscalizador, determinará o levantamento da indisponibilidade de que trata o artigo 59 desta Lei Complementar;

II – será mantida a indisponibilidade com relação às pessoas indiciadas no inquérito, após aprovação do respectivo relatório pelo órgão fiscalizador.

Art. 62. Aplicam-se à intervenção e à liquidação das entidades de previdência complementar, no que couber, os dispositivos da legislação sobre a intervenção e liquidação extrajudicial das instituições financeiras, cabendo ao órgão regulador e fiscalizador as funções atribuídas ao Banco Central do Brasil.

CAPÍTULO VII
DO REGIME DISCIPLINAR

Art. 63. Os administradores de entidade, os procuradores com poderes de gestão, os membros de conselhos estatutários, o interventor e o liquidante responderão civilmente pelos danos ou prejuízos que causarem, por ação ou omissão, às entidades de previdência complementar.

Parágrafo único. São também responsáveis, na forma do *caput*, os administradores dos patrocinadores ou instituidores, os atuários, os auditores independentes, os avaliadores de gestão e outros profissionais que prestem serviços técnicos à entidade, diretamente ou por intermédio de pessoa jurídica contratada.

Art. 64. O órgão fiscalizador competente, o Banco Central do Brasil, a Comissão de Valores Mobiliários ou a Secretaria da Receita Federal, constatando a existência de práticas irregulares ou indícios de crimes em entidades de previdência complementar, noticiará ao Ministério Público, enviando-lhe os documentos comprobatórios.

▸ A Secretaria da Receita Federal passou a ser denominada Secretaria da Receita Federal do Brasil pelo art. 1º da Lei nº 11.457, de 16-3-2007 (Lei da Super-Receita).

Parágrafo único. O sigilo de operações não poderá ser invocado como óbice à troca de informações entre os órgãos mencionados no *caput*, nem ao fornecimento de informações requisitadas pelo Ministério Público.

Art. 65. A infração de qualquer disposição desta Lei Complementar ou de seu regulamento, para a qual não haja penalidade expressamente cominada, sujeita a pessoa física ou jurídica responsável, conforme o caso e a gravidade da infração, às seguintes penalidades administrativas, observado o disposto em regulamento:

I – advertência;

II – suspensão do exercício de atividades em entidades de previdência complementar pelo prazo de até 180 (cento e oitenta) dias;

III – inabilitação, pelo prazo de 2 (dois) a dez anos, para o exercício de cargo ou função em entidades de previdência complementar, sociedades seguradoras, instituições financeiras e no serviço público; e

IV – multa de R$ 2.000,00 (dois mil reais) a R$ 1.000.000,00 (um milhão de reais), devendo esses valores, a partir da publicação desta Lei Complementar, ser reajustados de forma a preservar, em caráter permanente, seus valores reais.

§ 1º A penalidade prevista no inciso IV será imputada ao agente responsável, respondendo solidariamente a entidade de previdência complementar, assegurado o direito de regresso, e poderá ser aplicada cumulativamente com as constantes dos incisos I, II ou III deste artigo.

§ 2º Das decisões do órgão fiscalizador caberá recurso, no prazo de 15 (quinze) dias, com efeito suspensivo, ao órgão competente.

▶ Dec. nº 7.123, de 3-3-2010, dispõe sobre o Conselho Nacional de Previdência Complementar – CNPC e sobre a Câmara de Recursos de Previdência Complementar – CRPC.

§ 3º O recurso a que se refere o parágrafo anterior, na hipótese do inciso IV deste artigo, somente será conhecido se for comprovado pelo requerente o pagamento antecipado, em favor do órgão fiscalizador, de 30% (trinta por cento) do valor da multa aplicada.

§ 4º Em caso de reincidência, a multa será aplicada em dobro.

Art. 66. As infrações serão apuradas mediante processo administrativo, na forma do regulamento, aplicando-se, no que couber, o disposto na Lei nº 9.784, de 29 de janeiro de 1999.

▶ Dec. nº 4.942, de 30-12-2003, regulamenta o processo administrativo de que trata este artigo.

Art. 67. O exercício de atividade de previdência complementar por qualquer pessoa, física ou jurídica, sem a autorização devida do órgão competente, inclusive a comercialização de planos de benefícios, bem como a captação ou a administração de recursos de terceiros com o objetivo de, direta ou indiretamente, adquirir ou conceder benefícios previdenciários sob qualquer forma, submete o responsável à penalidade de inabilitação pelo prazo de 2 (dois) a 10 (dez) anos para o exercício de cargo ou função em entidade de previdência complementar, sociedades seguradoras, instituições financeiras e no serviço público, além de multa aplicável de acordo com o disposto no inciso IV do artigo 65 desta Lei Complementar, bem como noticiar ao Ministério Público.

CAPÍTULO VIII
DISPOSIÇÕES GERAIS

Art. 68. As contribuições do empregador, os benefícios e as condições contratuais previstos nos estatutos, regulamentos e planos de benefícios das entidades de previdência complementar não integram o contrato de trabalho dos participantes, assim como, à exceção dos benefícios concedidos, não integram a remuneração dos participantes.

§ 1º Os benefícios serão considerados direito adquirido do participante quando implementadas todas as condições estabelecidas para elegibilidade consignadas no regulamento do respectivo plano.

§ 2º A concessão de benefício pela previdência complementar não depende da concessão de benefício pelo regime geral de previdência social.

Art. 69. As contribuições vertidas para as entidades de previdência complementar, destinadas ao custeio dos planos de benefícios de natureza previdenciária, são dedutíveis para fins de incidência de imposto sobre a renda, nos limites e nas condições fixadas em lei.

§ 1º Sobre as contribuições de que trata o *caput* não incidem tributação e contribuições de qualquer natureza.

▶ Art. 3º do Dec. nº 6.140, de 3-7-2007, que regulamenta a Contribuição Provisória sobre Movimentação ou Transmissão de Valores e de Créditos e Direitos de Natureza Financeira – CPMF.

§ 2º Sobre a portabilidade de recursos de reservas técnicas, fundos e provisões entre planos de benefícios de entidades de previdência complementar, titulados pelo mesmo participante, não incidem tributação e contribuições de qualquer natureza.

Art. 70. VETADO.

Art. 71. É vedado às entidades de previdência complementar realizar quaisquer operações comerciais e financeiras:

I – com seus administradores, membros dos conselhos estatutários e respectivos cônjuges ou companheiros, e com seus parentes até o segundo grau;

II – com empresa de que participem as pessoas a que se refere o inciso anterior, exceto no caso de participação de até 5% (cinco por cento) como acionista de empresa de capital aberto; e

III – tendo como contraparte, mesmo que indiretamente, pessoas físicas e jurídicas a elas ligadas, na forma definida pelo órgão regulador.

Parágrafo único. A vedação deste artigo não se aplica ao patrocinador, aos participantes e aos assistidos, que, nessa condição, realizarem operações com a entidade de previdência complementar.

Art. 72. Compete privativamente ao órgão regulador e fiscalizador das entidades fechadas zelar pelas sociedades civis e fundações, como definido no artigo 31 desta Lei Complementar, não se aplicando a estas o disposto nos artigos 26 e 30 do Código Civil e 1.200 a 1.204 do Código de Processo Civil e demais disposições em contrário.

▶ Refere-se ao CPC/1973.

▶ Arts. 764 e 765 do CPC/2015.

Art. 73. As entidades abertas serão reguladas também, no que couber, pela legislação aplicável às sociedades seguradoras.

Art. 74. Até que seja publicada a lei de que trata o artigo 5º desta Lei Complementar, as funções do órgão regulador e do órgão fiscalizador serão exercidas pelo Ministério da Previdência e Assistência Social, por intermédio, respectivamente, do Conselho de Gestão da Previdência Complementar (CGPC) e da Secretaria de Previdência Complementar (SPC), relativamente às entidades fechadas, e pelo Ministério da Fazenda, por intermédio do Conselho Nacional de Seguros Privados (CNSP) e da Superintendência de Seguros Privados (SUSEP), em relação, respectivamente, à regulação e fiscalização das entidades abertas.

Art. 75. Sem prejuízo do benefício, prescreve em cinco anos o direito às prestações não pagas nem reclamadas na época própria, resguardados os direitos dos menores dependentes, dos incapazes ou dos ausentes, na forma do Código Civil.

▶ Súmulas nºs 291 e 427 do STJ.

Art. 76. As entidades fechadas que, na data da publicação desta Lei Complementar, prestarem a seus participantes e assistidos serviços assistenciais à saúde poderão continuar a fazê-lo, desde que seja estabelecido um custeio específico para os planos assistenciais e que a sua contabilização e o seu patrimônio sejam mantidos em separado em relação ao plano previdenciário.

§ 1º Os programas assistenciais de natureza financeira deverão ser extintos a partir da data de publicação desta Lei Complementar, permanecendo em vigência, até o seu termo, apenas os compromissos já firmados.

§ 2º Consideram-se programas assistenciais de natureza financeira, para os efeitos desta Lei Complementar, aqueles em que o rendimento situa-se abaixo da taxa mínima atuarial do respectivo plano de benefícios.

Art. 77. As entidades abertas sem fins lucrativos e as sociedades seguradoras autorizadas a funcionar em conformidade com a Lei nº 6.435, de 15 de julho de 1977, terão o prazo de 2 (dois) anos para se adaptar ao disposto nesta Lei Complementar.

▶ Art. 2º, § 3º, da Lei nº 11.908, de 3-3-2009, que dispõe sobre a vedação da participação ou a aquisição de controle acionário das instituições referidas neste artigo.

§ 1º No caso das entidades abertas sem fins lucrativos já autorizadas a funcionar, é permitida a manutenção de sua organização jurídica como sociedade civil, sendo-lhes vedado participar, direta ou indiretamente, de pessoas jurídicas, exceto quando tiverem participação acionária:

I – minoritária, em sociedades anônimas de capital aberto, na forma regulamentada pelo Conselho Monetário Nacional, para aplicação de recursos de reservas técnicas, fundos e provisões;

II – em sociedade seguradora e/ou de capitalização.

§ 2º É vedado à sociedade seguradora e/ou de capitalização referida no inciso II do parágrafo anterior participar majoritariamente de pessoas jurídicas, ressalvadas as empresas de suporte ao seu funcionamento e as sociedades anônimas de capital aberto, nas condições previstas no inciso I do parágrafo anterior.

§ 3º A entidade aberta sem fins lucrativos e a sociedade seguradora e/ou de capitalização por ela controlada devem adaptar-se às condições estabelecidas nos §§ 1º e 2º, no mesmo prazo previsto no *caput* deste artigo.

§ 4º As reservas técnicas de planos já operados por entidades abertas de previdência privada sem fins lucrativos, anteriormente à data de publicação da Lei nº 6.435, de 15 de julho de 1977, poderão permanecer garantidas por ativos de propriedade da entidade, existentes à época, dentro de programa gradual de ajuste às normas estabelecidas pelo órgão regulador sobre a matéria, a ser submetido pela entidade ao órgão fiscalizador no prazo máximo de 12 (doze) meses a contar da data de publicação desta Lei Complementar.

§ 5º O prazo máximo para o término para o programa gradual de ajuste a que se refere o parágrafo anterior não poderá superar 120 (cento e vinte) meses, contados da data de aprovação do respectivo programa pelo órgão fiscalizador.

§ 6º As entidades abertas sem fins lucrativos que, na data de publicação desta Lei Complementar, já vinham mantendo programas de assistência filantrópica, prévia e expressamente autorizados, poderão, para efeito de cobrança, adicionar às contribuições de seus planos de benefícios valor destinado àqueles programas, observadas as normas estabelecidas pelo órgão regulador.

§ 7º A aplicabilidade do disposto no parágrafo anterior fica sujeita, sob pena de cancelamento da autorização previamente concedida, à prestação anual de contas dos programas filantrópicos e à aprovação pelo órgão competente.

§ 8º O descumprimento de qualquer das obrigações contidas neste artigo sujeita os administradores das entidades abertas sem fins lucrativos e das sociedades seguradoras e/ou de capitalização por elas controladas ao Regime Disciplinar previsto nesta Lei Complementar, sem prejuízo da responsabilidade civil por danos ou prejuízos causados, por ação ou omissão, à entidade.

Art. 78. Esta Lei Complementar entra em vigor na data de sua publicação.

Art. 79. Revogam-se as Leis nº 6.435, de 15 de julho de 1977, e nº 6.462, de 9 de novembro de 1977.

Brasília, 29 de maio de 2001;
180º da Independência e
113º da República.
Fernando Henrique Cardoso

LEI COMPLEMENTAR Nº 142, DE 8 DE MAIO DE 2013

Regulamenta o § 1º do art. 201 da Constituição Federal, no tocante à aposentadoria da pessoa com deficiência segurada do Regime Geral de Previdência Social – RGPS.

- Publicada no *DOU* de 9-5-2013.
- Lei nº 8.212, de 24-7-1991 (Lei Orgânica da Seguridade Social).
- Lei nº 8.213, de 24-7-1991 (Lei dos Planos de Benefícios da Previdência Social).
- Art. 2º do Dec. nº 8.145, de 3-12-2013, que dispõe sobre a aposentadoria por tempo de contribuição e por idade da pessoa com deficiência.

Art. 1º Esta Lei Complementar regulamenta a concessão de aposentadoria da pessoa com deficiência segurada do Regime Geral de Previdência Social – RGPS de que trata o § 1º do art. 201 da Constituição Federal.

Art. 2º Para o reconhecimento do direito à aposentadoria de que trata esta Lei Complementar, considera-se pessoa com deficiência aquela que tem impedimentos de longo prazo de natureza física, mental, intelectual ou sensorial, os quais, em interação com diversas barreiras, podem obstruir sua participação plena e efetiva na sociedade em igualdade de condições com as demais pessoas.

Art. 3º É assegurada a concessão de aposentadoria pelo RGPS ao segurado com deficiência, observadas as seguintes condições:

I – aos 25 (vinte e cinco) anos de tempo de contribuição, se homem, e 20 (vinte) anos, se mulher, no caso de segurado com deficiência grave;

II – aos 29 (vinte e nove) anos de tempo de contribuição, se homem, e 24 (vinte e quatro) anos, se mulher, no caso de segurado com deficiência moderada;

III – aos 33 (trinta e três) anos de tempo de contribuição, se homem, e 28 (vinte e oito) anos, se mulher, no caso de segurado com deficiência leve; ou

IV – aos 60 (sessenta) anos de idade, se homem, e 55 (cinquenta e cinco) anos de idade, se mulher, independentemente do grau de deficiência, desde que cumprido tempo mínimo de contribuição de 15 (quinze) anos e comprovada a existência de deficiência durante igual período.

Parágrafo único. Regulamento do Poder Executivo definirá as deficiências grave, moderada e leve para os fins desta Lei Complementar.

Art. 4º A avaliação da deficiência será médica e funcional, nos termos do Regulamento.

Art. 5º O grau de deficiência será atestado por perícia própria do Instituto Nacional do Seguro Social – INSS, por meio de instrumentos desenvolvidos para esse fim.

Art. 6º A contagem de tempo de contribuição na condição de segurado com deficiência será objeto de comprovação, exclusivamente, na forma desta Lei Complementar.

§ 1º A existência de deficiência anterior à data da vigência desta Lei Complementar deverá ser certificada, inclusive quanto ao seu grau, por ocasião da primeira avaliação, sendo obrigatória a fixação da data provável do início da deficiência.

§ 2º A comprovação de tempo de contribuição na condição de segurado com deficiência em período anterior à entrada em vigor desta Lei Complementar não será admitida por meio de prova exclusivamente testemunhal.

Art. 7º Se o segurado, após a filiação ao RGPS, tornar-se pessoa com deficiência, ou tiver seu grau de deficiência alterado, os parâmetros mencionados no art. 3º serão proporcionalmente ajustados, considerando-se o número de anos em que o segurado exerceu atividade laboral sem deficiência e com deficiência, observado o grau de deficiência correspondente, nos termos do regulamento a que se refere o parágrafo único do art. 3º desta Lei Complementar.

Art. 8º A renda mensal da aposentadoria devida ao segurado com deficiência será calculada aplicando-se sobre o salário de benefício, apurado em conformidade com o disposto no art. 29 da Lei nº 8.213, de 24 de julho de 1991, os seguintes percentuais:

I – 100% (cem por cento), no caso da aposentadoria de que tratam os incisos I, II e III do art. 3º; ou

II – 70% (setenta por cento) mais 1% (um por cento) do salário de benefício por grupo de 12 (doze) contribuições mensais até o máximo de 30% (trinta por cento), no caso de aposentadoria por idade.

Art. 9º Aplicam-se à pessoa com deficiência de que trata esta Lei Complementar:

I – o fator previdenciário nas aposentadorias, se resultar em renda mensal de valor mais elevado;

II – a contagem recíproca do tempo de contribuição na condição de segurado com deficiência relativo à filiação ao RGPS, ao regime próprio de previdência do servidor público ou a regime de previdência militar, devendo os regimes compensar-se financeiramente;

III – as regras de pagamento e de recolhimento das contribuições previdenciárias contidas na Lei nº 8.212, de 24 de julho de 1991;

IV – as demais normas relativas aos benefícios do RGPS;

V – a percepção de qualquer outra espécie de aposentadoria estabelecida na Lei nº 8.213, de 24 de julho de 1991, que lhe seja mais vantajosa do que as opções apresentadas nesta Lei Complementar.

Art. 10. A redução do tempo de contribuição prevista nesta Lei Complementar não poderá ser acumulada, no tocante ao mesmo período contributivo, com a redução assegurada aos casos de atividades exercidas sob condições especiais que prejudiquem a saúde ou a integridade física.

Art. 11. Esta Lei Complementar entra em vigor após decorridos 6 (seis) meses de sua publicação oficial.

Brasília, 8 de maio de 2013;
192º da Independência e
125º da República.
Dilma Rousseff

LEI Nº 14.058, DE 17 DE SETEMBRO DE 2020

Estabelece a operacionalização do pagamento do Benefício Emergencial de Preservação do Emprego e da Renda e do benefício emergencial mensal de que trata a Lei nº 14.020, de 6 de julho de 2020.

- Publicada no *DOU* de 18-9-2020.

Art. 1º Fica dispensada a licitação para contratação da Caixa Econômica Federal e do Banco do Brasil S.A. para a operacionalização do pagamento do Benefício Emergencial de Preservação do Emprego e da Renda e do benefício emergencial mensal de que tratam os arts. 5º e 18 da Lei nº 14.020, de 6 de julho de 2020.

Parágrafo único. As instituições financeiras operacionalizadoras deverão realizar o pagamento dos benefícios referidos no *caput* deste artigo no prazo de 10 (dez) dias, contado da data do envio das informações necessárias ao pagamento pelo Ministério da Economia.

Art. 2º O beneficiário poderá receber os benefícios de que trata o *caput* do art. 1º desta Lei na instituição financeira em que possuir conta de poupança ou conta de depósito à vista, exceto conta-salário, desde que autorize o empregador a informar os seus dados bancários quando prestadas as informações de que trata o inciso I do § 2º do art. 5º da Lei nº 14.020, de 6 de julho de 2020.

§ 1º Na hipótese de não validação ou de rejeição do crédito na conta indicada, inclusive pelas instituições financeiras destinatárias das transferências, ou na ausência da indicação de que trata o *caput* deste artigo, a Caixa Econômica Federal e o Banco do Brasil S.A. poderão utilizar outra conta de poupança de titularidade do beneficiário, identificada por meio de processo de levantamento e conferência da coincidência de dados cadastrais para o pagamento do benefício emergencial.

§ 2º Não localizada conta do tipo poupança de titularidade do beneficiário nos termos do § 1º, a Caixa Econômica Federal e o Banco do Brasil S.A. poderão realizar o pagamento do benefício emergencial por meio de conta digital, de abertura automática, em nome do beneficiário, com as seguintes características:

I – dispensa de apresentação de documentos pelo beneficiário;

II – isenção de cobrança de tarifas de manutenção;

III – direito a, no mínimo, 3 (três) transferências eletrônicas de valores e a 1 (um) saque ao mês, sem custos, para conta mantida em instituição autorizada a operar pelo Banco Central do Brasil; e

IV – vedação de emissão de cheque.

▶ Incisos III e IV com a redação dada pela Lei nº 14.075, de 22-10-2020.

§ 3º Independentemente da modalidade de conta utilizada para pagamento dos benefícios de que trata o *caput* do art. 1º desta Lei, é vedado às instituições financeiras efetuar descontos, compensações ou pagamentos de débitos de qualquer natureza, mesmo a pretexto de recompor saldo negativo ou de saldar dívidas preexistentes, que impliquem a redução do valor do benefício.

§ 4º Os recursos relativos aos benefícios referidos no *caput* do art. 1º desta Lei não movimentados no prazo de 180 (cento e oitenta) dias nas contas digitais retornarão para a União.

Art. 3º O Secretário Especial de Previdência e Trabalho do Ministério da Economia editará atos complementares para a execução do disposto nos arts. 1º e 2º desta Lei.

Art. 4º Esta Lei entra em vigor na data de sua publicação.

Brasília, 17 de setembro de 2020;
199º da Independência e
132º da República.

Jair Messias Bolsonaro

LEI COMPLEMENTAR Nº 187, DE 16 DE DEZEMBRO DE 2021

Dispõe sobre a certificação das entidades beneficentes e regula os procedimentos referentes à imunidade de contribuições à seguridade social de que trata o § 7º do art. 195 da Constituição Federal; altera as Leis nºs 5.172, de 25 de outubro de 1966 (Código Tributário Nacional), e 9.532, de 10 de dezembro de 1997; revoga a Lei nº 12.101, de 27 de novembro de 2009, e dispositivos das Leis nºs 11.096, de 13 de janeiro de 2005, e 12.249, de 11 de junho de 2010; e dá outras providências.

▶ Publicada no *DOU* de 17-12-2021 e retificada no *DOU* de 17-12-2021 – edição extra A.

▶ Dec. nº 11.791, de 21-11-2023, regulamenta esta lei.

CAPÍTULO I
DISPOSIÇÕES PRELIMINARES

Art. 1º Esta Lei Complementar regula, com fundamento no inciso II do *caput* do art. 146 e no § 7º do art. 195 da Constituição Federal, as condições para limitação ao poder de tributar da União em relação às entidades beneficentes, no tocante às contribuições para a seguridade social.

Art. 2º Entidade beneficente, para os fins de cumprimento desta Lei Complementar, é a pessoa jurídica de direito privado, sem fins lucrativos, que presta serviço nas áreas de assistência social, de saúde e de educação, assim certificada na forma desta Lei Complementar.

Art. 3º Farão jus à imunidade de que trata o § 7º do art. 195 da Constituição Federal as entidades beneficentes que atuem nas áreas da saúde, da educação e da assistência social, certificadas nos termos desta Lei Complementar, e que atendam, cumulativamente, aos seguintes requisitos:

I – não percebam seus dirigentes estatutários, conselheiros, associados, instituidores ou benfeitores remuneração, vantagens ou benefícios, direta ou indiretamente, por qualquer forma ou título, em razão das competências, das funções ou das atividades que lhes sejam atribuídas pelos respectivos atos constitutivos;

II – apliquem suas rendas, seus recursos e eventual superávit integralmente no território nacional, na manutenção e no desenvolvimento de seus objetivos institucionais;

III – apresentem certidão negativa ou certidão positiva com efeito de negativa de débitos relativos aos tributos administrados pela Secretaria Especial da Receita Federal do Brasil e pela Procuradoria-Geral da Fazenda Nacional, bem como comprovação de regularidade do Fundo de Garantia do Tempo de Serviço (FGTS);

IV – mantenham escrituração contábil regular que registre as receitas e as despesas, bem como o registro em gratuidade, de forma segregada, em consonância com as normas do Conselho Federal de Contabilidade e com a legislação fiscal em vigor;

V – não distribuam a seus conselheiros, associados, instituidores ou benfeitores seus resultados, dividendos, bonificações, participações ou parcelas do seu patrimônio, sob qualquer forma ou pretexto, e, na hipótese de prestação de serviços a terceiros, públicos ou privados, com ou sem cessão de mão de obra, não transfiram a esses terceiros os benefícios relativos à imunidade prevista no § 7º do art. 195 da Constituição Federal;

VI – conservem, pelo prazo de 10 (dez) anos, contado da data de emissão, os documentos que comprovem a origem e o registro de seus recursos e os relativos a atos ou a operações realizadas que impliquem modificação da situação patrimonial;

VII – apresentem as demonstrações contábeis e financeiras devidamente auditadas por auditor independente legalmente habilitado nos Conselhos Regionais de Contabilidade, quando a receita bruta anual auferida for superior ao limite fixado pelo inciso II do *caput* do art. 3º da Lei Complementar nº 123, de 14 de dezembro de 2006; e

VIII – prevejam, em seus atos constitutivos, em caso de dissolução ou extinção, a destinação do eventual patrimônio remanescente a entidades beneficentes certificadas ou a entidades públicas.

§ 1º A exigência a que se refere o inciso I do *caput* deste artigo não impede:

I – a remuneração aos dirigentes não estatutários; e

II – a remuneração aos dirigentes estatutários, desde que recebam remuneração inferior, em seu valor bruto, a 70% (setenta por cento) do limite estabelecido para a remuneração de servidores do Poder Executivo federal, obedecidas as seguintes condições:

a) nenhum dirigente remunerado poderá ser cônjuge ou parente até o terceiro grau, inclusive afim, de instituidores, de associados, de dirigentes, de conselheiros, de benfeitores ou equivalentes da entidade de que trata o *caput* deste artigo; e

b) o total pago a título de remuneração para dirigentes pelo exercício das atribuições estatutárias deverá ser inferior a 5 (cinco) vezes o valor correspondente ao limite individual estabelecido para a remuneração dos servidores do Poder Executivo federal.

§ 2º O valor das remunerações de que trata o § 1º deste artigo deverá respeitar como limite máximo os valores praticados pelo mercado na região correspondente à sua área de atuação e deverá ser fixado pelo órgão de deliberação superior da entidade, registrado em ata, com comunicação ao Ministério Público, no caso das fundações.

§ 3º Os dirigentes, estatutários ou não, não respondem, direta ou subsidiariamente, pelas obrigações fiscais da entidade, salvo se comprovada a ocorrência de dolo, fraude ou simulação.

Art. 4º A imunidade de que trata esta Lei Complementar abrange as contribuições sociais previstas nos incisos I, III e IV do *caput* do art. 195 e no art. 239 da Constituição Federal, relativas a entidade beneficente, a todas as suas atividades e aos empregados e demais segurados da previdência social, mas não se estende a outra pessoa jurídica, ainda que constituída e mantida pela entidade à qual a certificação foi concedida.

Art. 5º As entidades beneficentes deverão obedecer ao princípio da universalidade do atendimento, vedado dirigir suas atividades exclusivamente a seus associados ou categoria profissional.

CAPÍTULO II
DOS REQUISITOS PARA A CERTIFICAÇÃO DA ENTIDADE BENEFICENTE

Seção I
DISPOSIÇÕES PRELIMINARES

Art. 6º A certificação será concedida à entidade beneficente que demonstre, no exercício fiscal anterior ao do requerimento a que se refere o art. 34 desta Lei Complementar, observado o período mínimo de 12 (doze) meses de constituição da entidade, o cumprimento do disposto nas Seções II, III e IV deste Capítulo, de acordo com as respectivas áreas de atuação, sem prejuízo do disposto no art. 3º desta Lei.

§ 1º A entidade que atue em mais de uma das áreas a que se refere o art. 2º desta Lei Complementar deverá manter escrituração contábil segregada por área, de modo a evidenciar as receitas, os custos e as despesas de cada atividade desempenhada.

§ 2º Nos processos de certificação, o período mínimo de cumprimento dos requisitos de que trata este artigo poderá ser reduzido se a entidade for prestadora de serviços por meio de contrato, de convênio ou de instrumento congênere com o Sistema Único de Saúde (SUS), com o Sistema Único de Assistência Social (SUAS) ou com o Sistema Nacional de Políticas Públicas sobre Drogas (SISNAD), em caso de necessidade local atestada pelo gestor do respectivo sistema.

Seção II

DA SAÚDE

Subseção I

DOS REQUISITOS RELATIVOS ÀS ENTIDADES DE SAÚDE

Art. 7º Para fazer jus à certificação, a entidade de saúde deverá, alternativamente:

I – prestar serviços ao SUS;

II – prestar serviços gratuitos;

III – atuar na promoção à saúde;

IV – ser de reconhecida excelência e realizar projetos de apoio ao desenvolvimento institucional do SUS; ou

V – VETADO.

§ 1º A entidade de saúde também deverá manter o Cadastro Nacional de Estabelecimentos de Saúde (CNES) atualizado, informando as alterações referentes aos seus registros, na forma e no prazo determinados em regulamento.

§ 2º As entidades poderão desenvolver atividades que gerem recursos, inclusive por meio de suas filiais, com ou sem cessão de mão de obra, independentemente do quantitativo de profissionais e dos recursos auferidos, de modo a contribuir com a realização das atividades previstas no art. 2º desta Lei Complementar, registradas segregadamente em sua contabilidade e destacadas em suas Notas Explicativas.

Art. 8º Para fins do disposto nesta Seção, será considerada instrumento congênere a declaração do gestor local do SUS que ateste a existência de relação de prestação de serviços de saúde, nos termos de regulamento.

Subseção II

DA PRESTAÇÃO DE SERVIÇOS AO SISTEMA ÚNICO DE SAÚDE (SUS)

Art. 9º Para ser certificada pela prestação de serviços ao SUS, a entidade de saúde deverá, nos termos de regulamento:

I – celebrar contrato, convênio ou instrumento congênere com o gestor do SUS; e

II – comprovar, anualmente, a prestação de seus serviços ao SUS no percentual mínimo de 60% (sessenta por cento), com base nas internações e nos atendimentos ambulatoriais realizados.

§ 1º A prestação de serviços ao SUS de que trata o inciso II do *caput* deste artigo será apurada por cálculo percentual simples, com base no total de internações hospitalares, medidas por paciente por dia, incluídos usuários do SUS e não usuários do SUS, e no total de atendimentos ambulatoriais, medidos por número de atendimentos e procedimentos, de usuários do SUS e de não usuários do SUS, com a possibilidade da incorporação do componente ambulatorial do SUS, nos termos de regulamento.

§ 2º O atendimento do percentual mínimo de que trata o inciso II do *caput* deste artigo poderá ser individualizado por estabelecimento ou pelo conjunto de estabelecimentos de saúde da pessoa jurídica, desde que não abranja outra entidade com personalidade jurídica própria que seja por ela mantida.

§ 3º Para fins do disposto no § 2º deste artigo, no conjunto de estabelecimentos de saúde da pessoa jurídica, poderá ser incorporado estabelecimento vinculado em decorrência de contrato de gestão, no limite de 10% (dez por cento) dos seus serviços.

§ 4º Para fins do disposto no inciso II do *caput* deste artigo, a entidade de saúde que aderir a programas e a estratégias prioritárias definidas pela autoridade executiva federal competente fará jus a índice percentual que será adicionado ao total de prestação de seus serviços ofertados ao SUS, observado o limite máximo de 10% (dez por cento).

§ 5º A entidade de saúde que presta serviços exclusivamente na área ambulatorial deverá observar o disposto nos incisos I e II do *caput* deste artigo e comprovar, anualmente, a prestação dos serviços ao SUS no percentual mínimo de 60% (sessenta por cento).

Art. 10. A entidade de saúde deverá informar obrigatoriamente, na forma estabelecida em regulamento:

I – a totalidade das internações e dos atendimentos ambulatoriais realizados para os pacientes não usuários do SUS; e

II – a totalidade das internações e dos atendimentos ambulatoriais realizados para os pacientes usuários do SUS.

Art. 11. Para os requerimentos de renovação da certificação, caso a entidade de saúde não cumpra o disposto no inciso II do *caput* do art. 9º desta Lei Complementar, no exercício fiscal anterior ao exercício do requerimento, será avaliado o cumprimento do requisito com base na média da prestação de serviços ao SUS de que trata o referido dispositivo, atendido pela entidade, durante todo o período de certificação em curso, que deverá ser de, no mínimo, 60% (sessenta por cento).

Parágrafo único. Para fins do disposto no *caput* deste artigo, apenas será admitida a avaliação caso a entidade tenha cumprido, no mínimo, 50% (cinquenta por cento) da prestação de serviços ao SUS de que trata o inciso II do *caput* do art. 9º desta Lei Complementar em cada um dos anos do período de certificação.

Subseção III

DA PRESTAÇÃO DE SERVIÇOS GRATUITOS NA ÁREA DA SAÚDE

Art. 12. Para ser certificada pela aplicação de percentual de sua receita em gratuidade na área da saúde, a entidade deverá comprovar essa aplicação da seguinte forma:

I – 20% (vinte por cento), quando não houver interesse de contratação pelo gestor local do SUS ou se o percentual de prestação de serviços ao SUS for inferior a 30% (trinta por cento);

II – 10% (dez por cento), se o percentual de prestação de serviços ao SUS for igual ou superior a 30% (trinta por cento) e inferior a 50% (cinquenta por cento); ou

III – 5% (cinco por cento), se o percentual de prestação de serviços ao SUS for igual ou superior a 50% (cinquenta por cento).

§ 1º A receita prevista no *caput* deste artigo será a efetivamente recebida pela prestação de serviços de saúde.

§ 2º Para as entidades que não possuam receita de prestação de serviços de saúde, a receita prevista no *caput* deste artigo será a proveniente de qualquer fonte cujo montante do dispêndio com gratuidade não seja inferior à imunidade de contribuições sociais usufruída.

§ 3º A prestação de serviços prevista no *caput* deste artigo será pactuada com o gestor local do SUS por meio de contrato, de convênio ou de instrumento congênere.

Subseção IV

DAS AÇÕES E DOS SERVIÇOS DE PROMOÇÃO DE SAÚDE

Art. 13. Será admitida a certificação de entidades que atuem exclusivamente na promoção da saúde sem exigência de contraprestação do usuário pelas ações e pelos serviços de saúde realizados e pactuados com o gestor do SUS, na forma prevista em regulamento.

§ 1º A execução de ações e de serviços de promoção da saúde será previamente pactuada por meio de contrato, de convênio ou de instrumento congênere com o gestor local do SUS.

§ 2º Para efeito do disposto no *caput* deste artigo, são consideradas ações e serviços de promoção da saúde as atividades direcionadas para a redução de risco à saúde, desenvolvidas em áreas como:

I – nutrição e alimentação saudável;

II – prática corporal ou atividade física;

III – prevenção e controle do tabagismo;

IV – prevenção ao câncer;

V – prevenção ao vírus da imunodeficiência humana (HIV) e às hepatites virais;

VI – prevenção e controle da dengue;

VII – prevenção à malária;

VIII – ações de promoção à saúde relacionadas à tuberculose e à hanseníase;

IX – redução da morbimortalidade em decorrência do uso abusivo de álcool e de outras drogas;

X – redução da morbimortalidade por acidentes de trânsito;

XI – redução da morbimortalidade nos diversos ciclos de vida;

XII – prevenção da violência;

XIII – VETADO.

Subseção V

DO DESENVOLVIMENTO DE PROJETOS NO ÂMBITO DO PROGRAMA DE APOIO AO DESENVOLVIMENTO INSTITUCIONAL DO SISTEMA ÚNICO DE SAÚDE (PROADI-SUS)

Art. 14. A entidade de saúde com reconhecida excelência poderá ser certificada como entidade beneficente pelo desenvolvimento de projetos no âmbito do Programa de Apoio ao Desenvolvimento Institucional do Sistema Único de Saúde (PROADI-SUS), nas seguintes áreas de atuação:

I – estudos de avaliação e incorporação de tecnologias;

II – capacitação de recursos humanos;

III – pesquisas de interesse público em saúde; ou

IV – desenvolvimento de técnicas e operação de gestão em serviços de saúde.

§ 1º O recurso despendido pela entidade de saúde com projeto de apoio e desenvolvimento institucional do SUS não poderá ser inferior ao valor da imunidade das contribuições sociais usufruída.

§ 2º Regulamento definirá os requisitos técnicos para reconhecimento de excelência das entidades de saúde.

§ 3º A participação das entidades de saúde ou de educação em projetos de apoio previstos neste artigo não poderá ocorrer em prejuízo das atividades beneficentes prestadas ao SUS.

Art. 15. As entidades de saúde de reconhecida excelência que desenvolvam projetos no âmbito do PROADI-SUS poderão, após autorização da autoridade executiva federal competente, firmar pacto com o gestor local do SUS para a prestação de serviços ambulatoriais e hospitalares ao SUS não remunerados, observadas as seguintes condições:

I – o gasto com a prestação de serviços ambulatoriais e hospitalares ao SUS não remunerados não poderá ultrapassar 30% (trinta por cento) do valor usufruído com imunidade das contribuições sociais;

II – a entidade de saúde deverá apresentar a relação de serviços ambulatoriais e hospitalares a serem ofertados, com o respectivo demonstrativo da projeção das despesas e do referencial utilizado, os quais não poderão exceder o valor por ela efetivamente despendido;

III – a comprovação dos custos a que se refere o inciso II deste *caput* poderá ser exigida a qualquer tempo, mediante apresentação dos documentos necessários;

IV – a entidade de saúde deverá informar a produção na forma estabelecida em regulamento, com observação de não geração de créditos.

Art. 16. O valor dos recursos despendidos e o conteúdo das atividades desenvolvidas no âmbito dos projetos de apoio ao desenvolvimento institucional do SUS ou da prestação de serviços previstos no art. 15 desta Lei Complementar deverão ser objeto de relatórios anuais encaminhados à autoridade executiva federal competente para acompanhamento e fiscalização, sem prejuízo das atribuições dos órgãos de fiscalização tributária.

§ 1º Os relatórios previstos no *caput* deste artigo deverão ser acompanhados de demonstrações contábeis e financeiras submetidas a parecer conclusivo de auditoria independente, realizada por instituição credenciada perante o Conselho Regional de Contabilidade.

§ 2º O cálculo do valor da imunidade prevista no § 1º do art. 14 desta Lei Complementar será realizado anualmente com base no exercício fiscal anterior.

§ 3º Em caso de requerimento de concessão da certificação, o recurso despendido pela entidade de saúde no projeto de apoio não poderá ser inferior ao valor das contribuições para a seguridade social referente ao exercício fiscal anterior ao do requerimento.

§ 4º Caso os recursos despendidos nos projetos de apoio institucional não alcancem o valor da imunidade usufruída, na forma do § 2º deste artigo, a entidade deverá complementar a diferença até o término do prazo de validade de sua certificação.

§ 5º O disposto no § 4º deste artigo alcança somente as entidades que tenham aplicado, no mínimo, 70% (setenta por cento) do valor usufruído anualmente com a imunidade nos projetos de apoio ao desenvolvimento institucional do SUS.

Subseção VI

DA PRESTAÇÃO DE SERVIÇOS DE SAÚDE NÃO REMUNERADOS PELO SUS A TRABALHADORES

Art. 17. As entidades da área de saúde certificadas até o dia imediatamente anterior ao da publicação da Lei nº 12.101, de 27 de novembro de 2009, que prestem serviços assistenciais de saúde não remunerados pelo SUS a trabalhadores ativos e inativos e aos respectivos dependentes econômicos, decorrentes do estabelecido em lei ou Norma Coletiva de Trabalho, e desde que, simultaneamente, destinem no mínimo 20% (vinte por cento) do valor total das imunidades de suas contribuições sociais em serviços, com universalidade de atendimento, a beneficiários do SUS, mediante pacto do gestor do local, terão concedida ou renovada a certificação, na forma de regulamento.

Seção III

DA EDUCAÇÃO

Art. 18. Para fazer jus à imunidade, a entidade com atuação na área da educação cujas atividades sejam de oferta de educação básica, de educação superior ou de ambas, deve atender ao disposto nesta Seção e na legislação aplicável.

§ 1º As instituições de ensino deverão:

I – obter autorização de funcionamento expedida pela autoridade executiva competente;

II – informar anualmente os dados referentes à instituição ao Instituto Nacional de Estudos e Pesquisas Educacionais Anísio Teixeira (INEP); e

III – atender a padrões mínimos de qualidade aferidos pelos processos de avaliação conduzidos pela autoridade executiva federal competente.

§ 2º Para os fins desta Lei Complementar, o atendimento ao princípio da universalidade na área da educação pressupõe a seleção de bolsistas segundo o perfil socioeconômico, sem qualquer forma de discriminação, segregação ou diferenciação, vedada a utilização de critérios étnicos, religiosos, corporativos, políticos ou quaisquer outros que afrontem esse perfil, ressalvados os estabelecidos na legislação vigente, em especial na Lei nº 12.711, de 29 de agosto de 2012.

§ 3º As instituições que prestam serviços totalmente gratuitos e as que prestam serviços mediante convênio com órgãos ou entidades dos poderes públicos devem assegurar que os alunos a serem contabilizados no atendimento da proporcionalidade de bolsas sejam selecionados segundo o perfil socioeconômico definido nesta Lei Complementar.

§ 4º O certificado será expedido em favor da entidade mantenedora das instituições de ensino.

▸ § 4º promulgado nos termos do art. 66, § 5º, da CF (*DOU* de 8-7-2022 – ed. extra B).

§ 5º A cada 2 (dois) anos, será publicado levantamento dos resultados apresentados pelas instituições de ensino que oferecem educação básica certificadas na forma desta Lei Complementar, quanto às condições de oferta e de desempenho dos estudantes, com base no Censo Escolar da Educação Básica e no Sistema de Avaliação da Educação Básica (SAEB).

§ 6º A cada 3 (três) anos, será publicado levantamento dos resultados apresentados pelas instituições de ensino superior certificadas na forma desta Lei Complementar, em termos de avaliação das instituições, dos cursos e do desempenho dos estudantes da educação superior, a partir dos dados do Sistema Nacional de Avaliação da Educação Superior (SINAES).

Art. 19. As entidades que atuam na área da educação devem comprovar a oferta de gratuidade na forma de bolsas de estudo e de benefícios.

§ 1º As entidades devem conceder bolsas de estudo nos seguintes termos:

I – bolsa de estudo integral a aluno cuja renda familiar bruta mensal *per capita* não exceda o valor de 1,5 (um inteiro e cinco décimos) salário mínimo;

II – bolsa de estudo parcial com 50% (cinquenta por cento) de gratuidade a aluno cuja renda familiar bruta mensal *per capita* não exceda o valor de 3 (três) salários mínimos.

§ 2º Para fins de concessão da bolsa de estudo integral, admite-se a majoração em até 20% (vinte por cento) do teto estabelecido, ao se considerar aspectos de natureza social do beneficiário, de sua família ou de ambos, quando consubstanciados em relatório comprobatório devidamente assinado por assistente social com registro no respectivo órgão de classe.

§ 3º Para os fins desta Lei Complementar, consideram-se benefícios aqueles providos pela entidade a beneficiários cuja renda familiar bruta mensal *per capita* esteja enquadrada nos limites dos incisos I e II do § 1º deste artigo, que tenham por objetivo promover ao estudante o acesso, a permanência, a aprendizagem e a conclusão do curso na instituição de ensino e estejam explicitamente orientados para o alcance das metas e estratégias do Plano Nacional de Educação (PNE).

§ 4º Os benefícios de que trata o § 3º deste artigo são tipificados em:

I – tipo 1: benefícios destinados exclusivamente ao aluno bolsista, tais como transporte escolar, uniforme, material didático, moradia e alimentação;

II – tipo 2: ações e serviços destinados a alunos e a seu grupo familiar, com vistas a favorecer ao estudante o acesso, a permanência, a aprendizagem e a conclusão do curso na instituição de ensino; e

III – tipo 3: projetos e atividades de educação em tempo integral destinados à ampliação da jornada escolar dos alunos da educação básica matriculados em escolas públicas que apresentem índice de nível socioeconômico baixo estabelecido nos termos da legislação.

§ 5º As entidades que optarem pela substituição de bolsas de estudo por benefícios de tipos 1 e 2, no limite de até 25% (vinte e cinco por cento) das bolsas de estudo, deverão firmar Termo de Concessão de Benefícios Complementares com cada um dos beneficiários.

§ 6º As entidades que optarem pela substituição de bolsas de estudo por projetos e atividades de educação em tempo integral destinados à ampliação da jornada escolar dos alunos da educação básica matriculados em escolas públicas deverão firmar termo de parceria ou instrumento congênere com instituições públicas de ensino.

§ 7º Os projetos e atividades de educação em tempo integral deverão:

I – estar integrados ao projeto pedagógico da escola pública parceira;

II – assegurar a complementação da carga horária da escola pública parceira em, no mínimo, 10 (dez) horas semanais; e

III – estar relacionados aos componentes da grade curricular da escola pública parceira.

§ 8º Considera-se educação básica em tempo integral a jornada escolar com duração igual ou superior a 7 (sete) horas diárias, durante todo o período letivo, que compreende o tempo em que o aluno permanece na escola e aquele em que exerce, nos termos de regulamento, atividades escolares em outros espaços educacionais.

§ 9º As regras de conversão dos valores de benefícios em bolsas de estudo serão definidas conforme o valor médio do encargo educacional mensal ao longo do período letivo, a ser estabelecido com base em planilha que deverá ser enviada, anualmente, por cada instituição de ensino à autoridade executiva federal competente.

§ 10. O encargo educacional de que trata o § 9º deste artigo considerará todos os descontos aplicados pela instituição, regulares ou temporários, de caráter coletivo ou decorrentes de convênios com instituições públicas ou privadas, incluídos os descontos concedidos devido ao seu pagamento pontual, respeitada a proporcionalidade da carga horária.

Art. 20. A entidade que atua na educação básica deverá conceder, anualmente, bolsas de estudo na proporção de 1 (uma) bolsa de estudo integral para cada 5 (cinco) alunos pagantes.

§ 1º Para o cumprimento da proporção estabelecida no *caput* deste artigo, a entidade poderá oferecer, em substituição, bolsas de estudo parciais, observadas as seguintes condições:

I – no mínimo, 1 (uma) bolsa de estudo integral para cada 9 (nove) alunos pagantes; e

II – bolsas de estudo parciais com 50% (cinquenta por cento) de gratuidade, para o alcance do número mínimo exigido, mantida a equivalência de 2 (duas) bolsas de estudo parciais para cada 1 (uma) bolsa de estudo integral.

§ 2º Será facultado à entidade substituir até 25% (vinte e cinco por cento) da quantidade das bolsas de estudo definidas no *caput* e no § 1º deste artigo por benefícios concedidos nos termos do art. 19 desta Lei Complementar.

§ 3º Para fins de cumprimento das proporções de que tratam o *caput* e o § 1º deste artigo:

I – cada bolsa de estudo integral concedida a aluno com deficiência, assim declarado ao Censo Escolar da Educação Básica, equivalerá a 1,2 (um inteiro e dois décimos) do valor da bolsa de estudo integral;

II – cada bolsa de estudo integral concedida a aluno matriculado na educação básica em tempo integral equivalerá a 1,4 (um inteiro e quatro décimos) do valor da bolsa de estudo integral.

§ 4º As equivalências previstas nos incisos I e II do § 3º deste artigo não poderão ser cumulativas.

§ 5º A entidade de educação que presta serviços integralmente gratuitos deverá garantir a proporção de, no mínimo, 1 (um) aluno cuja renda familiar bruta mensal *per capita* não exceda o valor de 1,5 (um inteiro e cinco décimos) salário mínimo para cada 5 (cinco) alunos matriculados.

§ 6º Atendidas as condições socioeconômicas referidas nos incisos I e II do § 1º do art. 19 desta Lei Complementar, as instituições poderão considerar como bolsistas os trabalhadores da própria instituição e os dependentes destes em decorrência de convenção coletiva ou de acordo coletivo de trabalho, até o limite de 20% (vinte por cento) da proporção definida no *caput* e nos incisos I e II do § 1º deste artigo.

§ 7º Os entes federativos que mantenham vagas públicas para a educação básica por meio de entidade com atuação na área da educação deverão respeitar, para as vagas ofertadas por meio de convênios ou congêneres com essas entidades, o disposto neste artigo.

§ 8º Em caso de descumprimento pelos entes federativos da obrigação de que trata o § 7º deste artigo, não poderão ser penalizadas as entidades conveniadas com atuação na área da educação.

Art. 21. As entidades que atuam na educação superior e que aderiram ao Programa Universidade para Todos (PROUNI), na forma do *caput* do art. 11-A da Lei nº 11.096, de 13 de janeiro de 2005, deverão atender às condições previstas no *caput* e nos §§ 1º, 2º e 5º do art. 20 desta Lei Complementar.

► *Caput* com a redação dada pela Lei nº 14.350, de 25-5-2022.

§ 1º As entidades que atuam concomitantemente na educação básica e na educação superior com adesão ao PROUNI deverão cumprir os requisitos exigidos para cada nível de educação, inclusive quanto à complementação eventual da gratuidade por meio da concessão de bolsas de estudo parciais de 50% (cinquenta por cento) e de benefícios.

§ 2º Somente serão aceitas no âmbito da educação superior bolsas de estudo vinculadas ao PROUNI, salvo as bolsas integrais ou parciais de 50% (cinquenta por cento) para pós-graduação *stricto sensu* e as estabelecidas nos termos do § 6º do art. 20 desta Lei Complementar.

§ 3º Excepcionalmente, serão aceitas como gratuidade, no âmbito da educação superior, as bolsas de estudo integrais ou parciais de 50% (cinquenta por cento) oferecidas sem vínculo com o PROUNI aos alunos enquadrados nos limites de renda familiar bruta mensal *per capita* de que tratam os incisos I e II do § 1º do art. 19 desta Lei Complementar, desde que a entidade tenha cumprido a proporção de 1 (uma) bolsa de estudo integral para cada 9 (nove) alunos pagantes no PROUNI e tenha ofertado bolsas no âmbito do PROUNI que não tenham sido preenchidas.

Art. 22. As entidades que atuam na educação superior e que não tenham aderido ao PROUNI na forma do art. 10-A da Lei nº 11.096, de 13 de janeiro de 2005, deverão conceder anualmente bolsas de estudo na proporção de 1 (uma) bolsa de estudo integral para cada 4 (quatro) alunos pagantes.

► *Caput* com a redação dada pela Lei nº 14.350, de 25-5-2022.

§ 1º Para o cumprimento da proporção descrita no *caput* deste artigo, a entidade poderá oferecer bolsas de estudo parciais, desde que conceda:

I – no mínimo, 1 (uma) bolsa de estudo integral para cada 9 (nove) alunos pagantes; e

II – bolsas de estudo parciais de 50% (cinquenta por cento), quando necessário para o alcance do número mínimo exigido, mantida a equivalência de 2 (duas) bolsas de estudo parciais para cada 1 (uma) bolsa de estudo integral.

§ 2º Será facultado à entidade substituir até 25% (vinte e cinco por cento) da quantidade das bolsas de estudo definida no *caput* e no § 1º deste artigo por benefícios concedidos nos termos do art. 19 desta Lei Complementar.

§ 3º Sem prejuízo do cumprimento das proporções estabelecidas no inciso II do § 1º deste artigo, a entidade de educação deverá ofertar, em cada uma de suas instituições de ensino superior, no mínimo, 1 (uma) bolsa integral para cada 25 (vinte e cinco) alunos pagantes.

§ 4º A entidade deverá ofertar bolsa integral em todos os cursos de todas as instituições de ensino superior por ela mantidos e poderá, nos termos do § 6º do art. 20 desta Lei Complementar, considerar como bolsistas os trabalhadores da própria instituição e os dependentes destes em decorrência de convenção coletiva ou de acordo coletivo de trabalho, até o limite de 20% (vinte por cento) da proporção definida no *caput* e nos incisos I e II do § 1º deste artigo.

§ 5º As entidades que atuam concomitantemente na educação básica e na educação superior sem ter aderido ao PROUNI deverão cumprir os requisitos exigidos de maneira segregada, por nível de educação, inclusive quanto à eventual complementação da gratuidade por meio da concessão de bolsas de estudo parciais de 50% (cinquenta por cento) e de benefícios.

§ 6º Para os fins do disposto neste artigo, somente serão computadas as bolsas de estudo concedidas em cursos regulares de graduação ou sequenciais de formação específica.

Art. 23. A entidade que atua na oferta da educação profissional em consonância com as Leis nºs 9.394, de 20 de dezembro de 1996, e 12.513, de 26 de outubro de 2011, deverá atender às proporções previstas no *caput* e nos §§ 1º, 2º e 5º do art. 20 desta Lei Complementar na educação profissional.

Parágrafo único. É permitido ao estudante acumular bolsas de estudo na educação profissional técnica de nível médio e ser contabilizado em ambas para fins de apuração das proporções exigidas nesta Seção.

Art. 24. Considera-se alunos pagantes, para fins de aplicação das proporções previstas nos arts. 20, 21, 22 e 23 desta Lei Complementar, o total de alunos matriculados, excluídos os beneficiados com bolsas de estudo integrais nos termos do inciso I do § 1º do art. 20 e com outras bolsas integrais concedidas pela entidade.

§ 1º Na aplicação das proporções previstas nos arts. 21 e 22 desta Lei Complementar, serão considerados os alunos pagantes, incluídos os beneficiários de bolsas de estudo de que trata esta Lei Complementar, matriculados em cursos regulares de graduação ou sequenciais de formação específica.

§ 2º Não se consideram alunos pagantes os inadimplentes por período superior a 90 (noventa)

dias cujas matrículas tenham sido recusadas no período letivo imediatamente subsequente ao inadimplemento.

Art. 25. Para os efeitos desta Lei Complementar, a bolsa de estudo refere-se às semestralidades ou às anuidades escolares fixadas na forma da lei, considerados todos os descontos aplicados pela instituição, regulares ou temporários, de caráter coletivo ou decorrentes de convênios com instituições públicas ou privadas, incluídos os descontos concedidos devido ao seu pagamento pontual, respeitada a proporcionalidade da carga horária, vedados a cobrança de taxas de qualquer natureza e o cômputo de custeio de material didático eventualmente oferecido em caráter gratuito ao aluno beneficiado exclusivamente com bolsa de estudo integral.

§ 1º As entidades que atuam na área de educação devem registrar e divulgar em sua contabilidade, atendidas as normas brasileiras de contabilidade, de modo segregado, as bolsas de estudo e os benefícios concedidos, bem como evidenciar em suas Notas Explicativas o atendimento às proporções referidas nesta Seção.

§ 2º Para fins de aferição dos requisitos desta Seção, será considerado o número total de alunos matriculados no último mês de cada período letivo.

§ 3º VETADO.

Art. 26. Os alunos beneficiários das bolsas de estudo de que trata esta Lei Complementar, ou seus pais ou responsáveis, quando for o caso, respondem legalmente pela veracidade e pela autenticidade das informações por eles prestadas, e as informações prestadas pelas instituições de ensino superior (IES) acerca dos beneficiários em qualquer âmbito devem respeitar os limites estabelecidos pela Lei nº 13.709, de 14 de agosto de 2018.

§ 1º Compete à entidade que atua na área de educação confirmar o atendimento, pelo candidato, do perfil socioeconômico de que trata esta Lei Complementar.

§ 2º As bolsas de estudo poderão ser canceladas a qualquer tempo em caso de constatação de falsidade da informação prestada pelo bolsista ou por seus pais ou seu responsável, ou de inidoneidade de documento apresentado, sem prejuízo das demais sanções cíveis e penais cabíveis, sem que o ato do cancelamento resulte em prejuízo à entidade beneficente concedente, inclusive na apuração das proporções exigidas nesta Seção, salvo se comprovada negligência ou má-fé da entidade beneficente.

§ 3º Os estudantes a serem beneficiados pelas bolsas de estudo para os cursos superiores poderão ser pré-selecionados pelos resultados do Exame Nacional do Ensino Médio (ENEM).

§ 4º É vedado ao estudante acumular bolsas de estudo concedidas por entidades em gozo da imunidade na forma desta Lei Complementar, salvo no que se refere ao disposto no parágrafo único do art. 23 desta Lei Complementar.

§ 5º As bolsas de estudo integrais e parciais com 50% (cinquenta por cento) de gratuidade concedidas pelas entidades antes da vigência desta Lei Complementar, nos casos em que a renda familiar bruta mensal *per capita* do bolsista não exceda os parâmetros de que trata o § 1º do art. 19 desta Lei Complementar, poderão ser mantidas e consideradas até a conclusão do ensino médio, para a educação básica, e até a conclusão do curso superior, para a educação superior.

Art. 27. É vedada qualquer discriminação ou diferença de tratamento entre alunos bolsistas e pagantes.

Art. 28. No ato de aferição periódica do cumprimento dos requisitos desta Seção, as entidades de educação que não tenham concedido o número mínimo de bolsas previsto nos arts. 20, 21, 22 e 23 desta Lei Complementar poderão compensar o número de bolsas devido no exercício subsequente, mediante a assinatura de Termo de Ajuste de Gratuidade ou de instrumento congênere, nas condições estabelecidas em regulamento.

§ 1º Após a publicação da decisão relativa à aferição do cumprimento dos requisitos desta Seção, as entidades que atuam na área da educação a que se refere o *caput* deste artigo terão prazo de 30 (trinta) dias para requerer a assinatura do Termo de Ajuste de Gratuidade.

§ 2º Na hipótese de descumprimento do Termo de Ajuste de Gratuidade ou congênere, a certificação da entidade será cancelada.

§ 3º O Termo de Ajuste de Gratuidade poderá ser celebrado somente uma vez com a mesma entidade a cada período de aferição, estabelecido nos termos de regulamento.

§ 4º As bolsas de pós-graduação *stricto sensu* poderão integrar a compensação, desde que se refiram a áreas de formação definidas em regulamento.

► Art. 28 promulgado nos termos do art. 66, § 5º, da CF (*DOU* de 8-7-2022 – ed. extra B).

Seção IV
DA ASSISTÊNCIA SOCIAL

Subseção I
DAS ENTIDADES DE ASSISTÊNCIA SOCIAL EM GERAL

Art. 29. A certificação ou sua renovação será concedida às entidades beneficentes com atuação na área de assistência social abrangidas pela Lei nº 8.742, de 7 de dezembro de 1993, que executem:

I – serviços, programas ou projetos socioassistenciais de atendimento ou de assessoramento ou que atuem na defesa e na garantia dos direitos dos beneficiários da Lei nº 8.742, de 7 de dezembro de 1993;

II – serviços, programas ou projetos socioassistenciais com o objetivo de habilitação e de reabilitação da pessoa com deficiência e de promoção da sua inclusão à vida comunitária, no enfrentamento dos limites existentes para as pessoas com deficiência, de forma articulada ou não com ações educacionais ou de saúde;

III – programas de aprendizagem de adolescentes, de jovens ou de pessoas com deficiência, prestados com a finalidade de promover a sua integração ao mundo do trabalho nos termos da Lei nº 8.742, de 7 de dezembro de 1993, e do inciso II do *caput* do art. 430 da Consolidação das Leis do Trabalho (CLT), aprovada pelo Decreto-Lei nº 5.452, de 1º de maio de 1943, ou da legislação que lhe for superveniente, observadas as ações protetivas previstas na Lei nº 8.069, de 13 de julho de 1990 (Estatuto da Criança e do Adolescente);

IV – serviço de acolhimento institucional provisório de pessoas e de seus acompanhantes que estejam em trânsito e sem condições de autossustento durante o tratamento de doenças graves fora da localidade de residência.

Parágrafo único. Desde que observado o disposto no *caput* deste artigo e no art. 35 da Lei nº 10.741, de 1º de outubro de 2003 (Estatuto do Idoso), as entidades beneficentes poderão ser certificadas, com a condição de que eventual cobrança de participação do idoso no custeio da entidade ocorra nos termos e nos limites do § 2º do art. 35 da referida Lei.

Art. 30. As entidades beneficentes de assistência social poderão desenvolver atividades que gerem recursos, inclusive por meio de filiais, com ou sem cessão de mão de obra, de modo a contribuir com as finalidades previstas no art. 2º desta Lei Complementar, registradas segregadamente em sua contabilidade e destacadas em suas Notas Explicativas.

Art. 31. Constituem requisitos para a certificação de entidade de assistência social:

I – ser constituída como pessoa jurídica de natureza privada e ter objetivos e públicos-alvo compatíveis com a Lei nº 8.742, de 7 de dezembro de 1993;

II – comprovar inscrição no conselho municipal ou distrital de assistência social, nos termos do art. 9º da Lei nº 8.742, de 7 de dezembro de 1993;

III – prestar e manter atualizado o cadastro de entidades e organizações de assistência social de que trata o inciso XI do *caput* do art. 19 da Lei nº 8.742, de 7 de dezembro de 1993;

IV – manter escrituração contábil regular que registre os custos e as despesas em atendimento às Normas Brasileiras de Contabilidade;

V – comprovar, cumulativamente, que, no ano anterior ao requerimento:

a) destinou a maior parte de seus custos e despesas a serviços, a programas ou a projetos no âmbito da assistência social e a atividades certificáveis nas áreas de educação, de saúde ou em ambas, caso a entidade também atue nessas áreas;

b) remunerou seus dirigentes de modo compatível com o seu resultado financeiro do exercício, na forma a ser definida em regulamento, observados os limites referidos nos §§ 1º e 2º do art. 3º desta Lei Complementar.

§ 1º Para fins de certificação, a entidade de assistência social de atendimento que atuar em mais de um Município ou Estado, inclusive o Distrito Federal, deverá apresentar o comprovante de inscrição, ou de solicitação desta, de suas atividades nos conselhos de assistência social de, no mínimo, 90% (noventa por cento) dos Municípios de atuação, com comprovação de que a preponderância dos custos e das despesas esteja nesses Municípios, conforme definido em regulamento.

§ 2º Para fins de certificação, a entidade de assistência social de assessoramento ou defesa e garantia de direitos que atuar em mais de um Município ou Estado, inclusive o Distrito Federal, deverá apresentar o comprovante de inscrição da entidade, ou de solicitação desta, no conselho municipal de assistência social de sua sede, ou do Distrito Federal, caso nele situada a sua sede, nos termos do art. 9º da Lei nº 8.742, de 7 de dezembro de 1993.

§ 3º Os requisitos constantes dos incisos II e III do *caput* deste artigo deverão ser cumpridos:

I – no ano do protocolo ou no anterior, quando se tratar de concessão da certificação; ou

II – no ano anterior ao do protocolo, quando se tratar de renovação.

§ 4º As entidades que atuem exclusivamente na área certificável de assistência social, ainda que desempenhem eventual atividade de que trata o art. 30 desta Lei Complementar, caso obtenham faturamento anual que ultrapasse o valor fixado em regulamento, deverão apresentar as demonstrações contábeis auditadas, nos termos definidos em regulamento.

§ 5º As entidades de atendimento ao idoso de longa permanência, ou casas-lares, poderão gozar da imunidade de que trata esta Lei Complementar, desde que seja firmado contrato de prestação de serviços com a pessoa idosa abrigada e de que eventual cobrança de participação do idoso no custeio da entidade seja realizada no limite de 70% (setenta por cento) de qualquer benefício previdenciário ou de assistência social percebido pelo idoso.

▶ § 5º retificado no *DOU* de 17-12-2021 – edição extra A.

§ 6º O limite estabelecido no § 5º deste artigo poderá ser excedido, desde que observados os seguintes termos:

I – tenham termo de curatela do idoso;

II – o usuário seja encaminhado pelo Poder Judiciário, pelo Ministério Público ou pelo gestor local do SUAS; e

III – a pessoa idosa ou seu responsável efetue a doação, de forma livre e voluntária.

▶ § 6º promulgado nos termos do art. 66, § 5º, da CF (*DOU* de 8-7-2022 – ed. extra B).

§ 7º Não se equiparam a entidades de atendimento ao idoso de longa permanência, ou casas-lares, aquelas unidades destinadas somente à hospedagem de idoso e remuneradas com fins de geração de recursos para as finalidades beneficentes de mantenedora, conforme o art. 30 desta Lei Complementar.

▶ § 7º publicado no *DOU* de 17-12-2021 – edição extra A.

Subseção II

DAS ENTIDADES ATUANTES NA REDUÇÃO DE DEMANDAS DE DROGAS

Art. 32. A certificação de entidade beneficente será concedida ou renovada às instituições que atuem na redução da demanda de drogas, nos termos desta Subseção.

§ 1º Consideram-se entidades que atuam na redução da demanda de drogas:

I – as comunidades terapêuticas;

II – as entidades de cuidado, de prevenção, de apoio, de mútua ajuda, de atendimento psicossocial e de ressocialização de dependentes do álcool e de outras drogas e seus familiares.

§ 2º Considera-se comunidade terapêutica o modelo terapêutico de atenção em regime residencial e transitório, mediante adesão e permanência voluntárias, a pessoas com problemas associados ao uso, ao abuso ou à dependência do álcool e de outras drogas acolhidas em ambiente protegido e técnica e eticamente orientado, que tem como objetivo promover o desenvolvimento pessoal e social, por meio da promoção da abstinência, bem como a reinserção social, buscando a melhora geral na qualidade de vida do indivíduo.

§ 3º Considera-se entidade de cuidado, de prevenção, de apoio, de mútua ajuda, de atendimento psicossocial e de ressocialização de dependentes do álcool e de outras drogas e seus familiares a entidade que presta serviços intersetoriais, interdisciplinares, transversais e complementares da área do uso e da dependência do álcool e de outras drogas.

§ 4º As entidades referidas nos §§ 2º e 3º deste artigo, constituídas como pessoas jurídicas sem fins lucrativos, na forma dos incisos I, III ou IV do *caput* do art. 44 da Lei nº 10.406, de 10 de janeiro de 2002 (Código Civil), deverão ser cadastradas pela autoridade executiva federal competente e atender ao disposto na alínea *a* do inciso I do *caput* do art. 2º da Lei nº 13.019, de 31 de julho de 2014.

§ 5º A certificação das entidades de que trata o *caput* deste artigo será realizada pela unidade responsável pela política sobre drogas da autoridade executiva federal responsável pela área da assistência social.

§ 6º As entidades beneficentes de assistência social poderão desenvolver atividades que gerem recursos, inclusive por meio de filiais, com ou sem cessão de mão de obra, de modo a contribuir com as finalidades previstas no art. 2º desta Lei Complementar, registradas segregadamente em sua contabilidade e destacadas em suas Notas Explicativas.

Art. 33. Para serem consideradas beneficentes e fazerem jus à certificação, as entidades a que se refere o art. 32 desta Lei Complementar deverão:

I – apresentar declaração emitida por autoridade federal, estadual, distrital ou municipal competente que ateste atuação na área de controle do uso de drogas ou atividade similar;

II – manter cadastro atualizado na unidade a que se refere o § 5º do art. 32 desta Lei Complementar;

III – comprovar, anualmente, nos termos do regulamento, a prestação dos serviços referidos no art. 32 desta Lei Complementar;

IV – cadastrar todos os acolhidos em sistema de informação específico desenvolvido, nos termos do regulamento, no caso das comunidades terapêuticas;

V – comprovar o registro de, no mínimo, 20% (vinte por cento) de sua capacidade em atendimentos gratuitos.

CAPÍTULO III

DO PROCESSO DE CERTIFICAÇÃO

Art. 34. A entidade interessada na concessão ou na renovação da certificação deverá apresentar requerimento com os documentos necessários à comprovação dos requisitos de que trata esta Lei Complementar, na forma estabelecida em regulamento.

§ 1º A tramitação e a apreciação do requerimento de que trata o *caput* deste artigo deverão obedecer à ordem cronológica de sua apresentação, salvo em caso de diligência pendente, devidamente justificada.

§ 2º Poderão ser solicitados esclarecimentos e informações aos órgãos públicos e à entidade interessada, sem prejuízo da realização de diligências, desde que relevantes para a tomada de decisão sobre o requerimento de que trata o *caput* deste artigo.

§ 3º Na hipótese de que trata o § 2º deste artigo, superado o prazo de 30 (trinta) dias da solicitação, prorrogável por igual período, a análise do requerimento de que trata o *caput* deste artigo prosseguirá, nos termos do § 1º deste artigo.

Art. 35. Os requerimentos de certificação serão apreciados:

I – pela autoridade executiva federal responsável pela área da saúde, para as entidades atuantes na área da saúde;

II – pela autoridade executiva federal responsável pela área da educação, para as entidades atuantes na área da educação;

III – pela autoridade executiva federal responsável pela área da assistência social, para:

a) as entidades atuantes na área da assistência social;

b) as comunidades terapêuticas e entidades de prevenção, de apoio, de mútua ajuda, de atendimento psicossocial e de ressocialização de dependentes do álcool e de outras drogas e seus familiares.

§ 1º Consideram-se áreas de atuação preponderantes aquelas em que a entidade registre a maior parte de seus custos e despesas nas ações previstas em seus objetivos institucionais, conforme as normas brasileiras de contabilidade.

§ 2º A certificação dependerá da manifestação de todas as autoridades competentes, em suas respectivas áreas de atuação.

§ 3º No caso em que a entidade atue em mais de uma das áreas a que se refere o art. 2º desta Lei Complementar, será dispensada a comprovação dos requisitos específicos exigidos para cada área não preponderante, desde que o valor total dos custos e das despesas nas áreas não preponderantes, cumulativamente:

I – não supere 30% (trinta por cento) dos custos e das despesas totais da entidade;

II – não ultrapasse o valor anual fixado, nos termos do regulamento, para as áreas não preponderantes.

§ 4º As entidades de que trata o inciso II do *caput* do art. 29 desta Lei Complementar serão certificadas exclusivamente pela autoridade executiva federal responsável pela área da assistência social, ainda que exerçam suas atividades em articulação com ações educacionais ou de saúde, dispensadas as manifestações das autoridades executivas responsáveis pelas áreas da educação e da saúde, cabendo àquela verificar, além dos requisitos constantes do art. 31 desta Lei Complementar, o atendimento ao disposto:

I – no § 1º do art. 7º desta Lei Complementar, pelas entidades que exerçam suas atividades em articulação com ações de saúde;

II – no § 1º do art. 18 desta Lei Complementar, pelas entidades que exerçam suas atividades em articulação com ações educacionais.

Art. 36. O prazo de validade da concessão da certificação será de 3 (três) anos, contado da data da publicação da decisão de deferimento no *Diário Oficial da União*, e seus efeitos retroagirão à data de protocolo do requerimento para fins tributários.

Art. 37. Na hipótese de renovação de certificação, o efeito da decisão de deferimento será contado do término da validade da certificação anterior, com validade de 3 (três) ou 5 (cinco) anos, na forma de regulamento.

§ 1º Será considerado tempestivo o requerimento de renovação da certificação protocolado no decorrer dos 360 (trezentos e sessenta) dias que antecedem a data final de validade da certificação.

§ 2º A certificação da entidade permanece válida até a data da decisão administrativa definitiva sobre o requerimento de renovação tempestivamente apresentado.

§ 3º Os requerimentos de renovação protocolados antes de 360 (trezentos e sessenta) dias da data final de validade da certificação não serão conhecidos.

§ 4º Os requerimentos de renovação protocolados após o prazo da data final de validade da certificação serão considerados como requerimentos para concessão da certificação.

Art. 38. A validade da certificação como entidade beneficente condiciona-se à manutenção do cumprimento das condições que a ensejaram, inclusive as previstas no art. 3º desta Lei Complementar, cabendo às autoridades executivas certificadoras supervisionar esse atendimento, as quais poderão, a qualquer tempo, determinar a apresentação de documentos, a realização de auditorias ou o cumprimento de diligências.

§ 1º Verificada a prática de irregularidade pela entidade em gozo da imunidade, são competentes para representar, motivadamente, sem prejuízo das atribuições do Ministério Público:

I – o gestor municipal ou estadual do SUS, do SUAS e do SISNAD, de acordo com sua condição de gestão, bem como o gestor federal, estadual, distrital ou municipal da educação;
II – a Secretaria Especial da Receita Federal do Brasil;
III – os conselhos de acompanhamento e controle social previstos na Lei nº 14.113, de 25 de dezembro de 2020, e os Conselhos de Assistência Social e de Saúde;
IV – o Tribunal de Contas da União;
V – o Ministério Público.

§ 2º Verificado pela Secretaria Especial da Receita Federal do Brasil o descumprimento de qualquer dos requisitos previstos nesta Lei Complementar, será lavrado o respectivo auto de infração, o qual será encaminhado à autoridade executiva certificadora e servirá de representação nos termos do inciso II do § 1º deste artigo, e ficarão suspensos a exigibilidade do crédito tributário e o trâmite do respectivo processo administrativo fiscal até a decisão definitiva no processo administrativo a que se refere o § 4º deste artigo, devendo o lançamento ser cancelado de ofício caso a certificação seja mantida.

§ 3º A representação será dirigida à autoridade executiva federal responsável pela área de atuação da entidade e deverá conter a qualificação do representante, a descrição dos fatos a serem apurados, a documentação pertinente e as demais informações relevantes para o esclarecimento do seu objeto.

§ 4º Recebida representação motivada que indique a prática de irregularidade pela entidade em gozo da imunidade, ou constatada de ofício pela administração pública, será iniciado processo administrativo, observado o disposto em regulamento.

§ 5º A certificação da entidade permanece válida até a data da decisão administrativa definitiva sobre o cancelamento da certificação da entidade beneficente.

§ 6º Finalizado o processo administrativo de que trata o § 4º deste artigo e cancelada a certificação, a Secretaria Especial da Receita Federal do Brasil será comunicada para que lavre o respectivo auto de infração ou dê continuidade ao processo administrativo fiscal a que se refere o § 2º deste artigo, e os efeitos do cancelamento da imunidade tributária retroagirão à data em que houver sido praticada a irregularidade pela entidade.

Art. 39. O prazo para as manifestações da entidade nos processos administrativos relativos a esta Lei Complementar será de 30 (trinta) dias, inclusive para a interposição de recursos.

§ 1º O recurso interposto contra a decisão que indeferir a concessão ou a renovação da certificação, ou cancelá-la, será dirigido à autoridade julgadora que, se não reconsiderar a decisão, fará seu encaminhamento ao Ministro de Estado da área responsável.

§ 2º Após o recebimento do recurso pelo Ministro de Estado, abrir-se-á prazo de 30 (trinta) dias para que a entidade interessada possa apresentar novas considerações e fazer juntada de documentos com vistas a sanar impropriedades identificadas pela autoridade julgadora nas razões do indeferimento do requerimento.

CAPÍTULO IV

DISPOSIÇÕES GERAIS E TRANSITÓRIAS

Art. 40. Aplica-se o disposto nesta Lei Complementar aos requerimentos de concessão ou de renovação de certificação apresentados a partir da data de sua publicação.

§ 1º A validade dos certificados vigentes cujo requerimento de renovação não tenha sido apresentado até a data de publicação desta Lei Complementar fica prorrogada até 31 de dezembro do ano subsequente ao do fim de seu prazo de validade.

§ 2º Aos requerimentos de concessão ou de renovação de certificação pendentes de decisão na data de publicação desta Lei Complementar aplicam-se as regras e as condições vigentes à época de seu protocolo.

▸ § 2º promulgado nos termos do art. 66, § 5º, da CF (*DOU* de 8-7-2022 – ed. extra B).

§ 3º A entidade que apresentar requerimento de renovação de certificação com base nos requisitos de que trata o Capítulo II desta Lei Complementar, e desde que tenha usufruído de forma ininterrupta da imunidade de que trata o § 7º do art. 195 da Constituição Federal, por força do disposto no § 2º do art. 24 da Lei nº 12.101, de 27 de novembro de 2009, poderá solicitar sua análise prioritária em relação a seus outros requerimentos de renovação pendentes na data de publicação desta Lei Complementar.

§ 4º VETADO.

Art. 41. A partir da entrada em vigor desta Lei Complementar, ficam extintos os créditos decorrentes de contribuições sociais lançados contra instituições sem fins lucrativos que atuam nas áreas de saúde, de educação ou de assistência social, expressamente motivados por decisões derivadas de processos administrativos ou judiciais com base em dispositivos da legislação ordinária declarados inconstitucionais, em razão dos efeitos da inconstitucionalidade declarada pelo Supremo Tribunal Federal no julgamento das Ações Diretas de Inconstitucionalidade nºs 2028 e 4480 e correlatas.

Parágrafo único. VETADO.

CAPÍTULO V

DISPOSIÇÕES FINAIS

Art. 42. VETADO.

Art. 43. As entidades beneficentes e em gozo da imunidade na forma desta Lei Complementar deverão manter, em local visível ao público, placa indicativa com informações sobre a sua condição de beneficente e sobre sua área ou áreas de atuação.

Art. 44. Será mantida nos sítios eletrônicos oficiais lista atualizada com os dados relativos às entidades beneficentes, as certificações emitidas e os respectivos prazos de validade.

Art. 45. O art. 198 da Lei nº 5.172, de 25 de outubro de 1966 (Código Tributário Nacional), passa a vigorar com as seguintes alterações:

▸ Alterações inseridas no texto do referido Código.

Art. 46. O art. 64 da Lei nº 9.532, de 10 de dezembro de 1997, passa a vigorar acrescido do seguinte § 13:

"Art. 64. ....

....

§ 13. No caso de fundações que prevejam em seu estatuto social que a alienação de imóveis dependa de autorização do Ministério Público, serão contabilizados no limite de que trata o *caput* deste artigo apenas os créditos tributários inscritos em dívida ativa."

Art. 47. Ficam revogados:

I – o art. 11 da Lei nº 11.096, de 13 de janeiro de 2005;
II – a Lei nº 12.101, de 27 de novembro de 2009; e
III – o art. 110 da Lei nº 12.249, de 11 de junho de 2010.

Art. 48. Esta Lei Complementar entra em vigor na data de sua publicação.

Brasília, 16 de dezembro de 2021;
200º da Independência e
133º da República.

Jair Messias Bolsonaro

LEI Nº 14.717, DE 31 DE OUTUBRO DE 2023

Institui pensão especial aos filhos e dependentes crianças ou adolescentes, órfãos em razão do crime de feminicídio tipificado no inciso VI do § 2º do art. 121 do Decreto-Lei nº 2.848, de 7 de dezembro de 1940 (Código Penal), cuja renda familiar mensal per capita *seja igual ou inferior a 1/4 (um quarto) do salário mínimo.*

▸ Publicada no *DOU* de 1º-11-2023.

Art. 1º É instituída pensão especial aos filhos e dependentes menores de 18 (dezoito) anos de idade, órfãos em razão do crime de feminicídio tipificado no inciso VI do § 2º do art. 121 do Decreto-Lei nº 2.848, de 7 de dezembro de 1940 (Código Penal), cuja renda familiar mensal *per capita* seja igual ou inferior a 1/4 (um quarto) do salário mínimo.

§ 1º O benefício de que trata o *caput* deste artigo, no valor de 1 (um) salário mínimo, será pago ao conjunto dos filhos e dependentes menores de 18 (dezoito) anos de idade na data do óbito de mulher vítima de feminicídio.

§ 2º O benefício de que trata o *caput* deste artigo será concedido, ainda que provisoriamente, mediante requerimento, sempre que houver fundados indícios de materialidade do feminicídio, na forma definida em regulamento, vedado ao autor, coautor ou partícipe do crime representar as crianças ou adolescentes para fins de recebimento e administração da pensão especial.

§ 3º Verificado em processo judicial com trânsito em julgado que não houve o crime de feminicídio, o pagamento do benefício de que trata o *caput* deste artigo cessará imediatamente, desobrigados os beneficiários do dever de ressarcir os valores recebidos, salvo má-fé.

§ 4º O benefício de que trata o *caput* deste artigo, ressalvado o direito de opção, não é acumulável com benefícios previdenciários recebidos do Regime Geral de Previdência Social (RGPS) ou dos regimes próprios de previdência social, nem com pensões ou benefícios do sistema de proteção social dos militares.

§ 5º Será excluído definitivamente do recebimento do benefício de que trata o *caput* deste artigo a criança ou o adolescente que tiver sido condenado, mediante sentença com trânsito em julgado, pela prática de ato infracional análogo a crime como autor, coautor ou partícipe de feminicídio doloso, ou de tentativa desse ato, cometido contra a mulher vítima da violência, ressalvados os absolutamente incapazes e os inimputáveis.

§ 6º O benefício de que trata o *caput* deste artigo cessará quando o beneficiário completar 18 (dezoito) anos de idade, ou em razão de seu falecimento, e a respectiva cota será reversível aos demais beneficiários.

§ 7º O benefício de que trata o *caput* deste artigo não prejudicará os direitos de quem o receber, relativos ao dever de o agressor ou o autor do ato delitivo indenizar a família da vítima.

Art. 2º O benefício de que trata o art. 1º desta Lei será concedido às crianças e aos adolescentes elegíveis à prestação mensal na data de publicação desta Lei, inclusive nos casos de feminicídios ocorridos anteriormente, sem efeitos retroativos.

Art. 3º As despesas decorrentes do disposto nesta Lei serão classificadas na função orçamentária Assistência Social e estarão sujeitas a previsão nas respectivas leis orçamentárias anuais.

Art. 4º Esta Lei entra em vigor na data de sua publicação.

Brasília, 31 de outubro de 2023;
202º da Independência e
135º da República.

Luiz Inácio Lula da Silva

LEGISLAÇÃO DE DIREITO ADMINISTRATIVO

ÍNDICE CRONOLÓGICO DA LEGISLAÇÃO DE DIREITO ADMINISTRATIVO

Leis Complementares

Decretos-Leis

Leis

Medida Provisória

Decretos

DECRETO Nº 20.910, DE 6 DE JANEIRO DE 1932

Regula a prescrição quinquenal.

- Publicado no *DOU* de 8-1-1932.
- Dec.-lei nº 4.597, de 19-8-1942, dispõe sobre a prescrição das ações contra a Fazenda Pública.
- Lei nº 9.873, de 23-11-1999, estabelece prazo de prescrição para o exercício de ação punitiva pela Administração Pública, direta e indireta.

Art. 1º As dívidas passivas da União, dos Estados e dos Municípios, bem assim todo e qualquer direito ou ação contra a Fazenda federal, estadual ou municipal, seja qual for a sua natureza, prescrevem em cinco anos contados da data do ato ou fato do qual se originarem.

- Art. 37, § 5º, da CF.
- Arts. 168 e 169 do CTN.
- Súmulas nºs 107, 108 e 163 do TFR.
- Súmulas nºs 39, 85 e 467 do STJ.

Art. 2º Prescrevem igualmente no mesmo prazo todo o direito e as prestações correspondentes a pensões vencidas ou por vencerem, ao meio soldo e ao montepio civil e militar ou a quaisquer restituições ou diferenças.

Art. 3º Quando o pagamento se dividir por dias, meses ou anos, a prescrição atingirá progressivamente as prestações à medida que completarem os prazos estabelecidos pelo presente decreto.

- Súm. nº 443 do STF.
- Súm. nº 163 do TFR.
- Súm. nº 88 do STJ.

Art. 4º Não corre a prescrição durante a demora que, no estudo, no reconhecimento ou no pagamento da dívida, considerada líquida, tiverem as repartições ou funcionários encarregados de estudar e apurá-la.

Parágrafo único. A suspensão da prescrição, neste caso, verificar-se-á pela entrada do requerimento do titular do direito ou do credor nos livros ou protocolos das repartições públicas, com designação do dia, mês e ano.

Art. 5º *Revogado.* Lei nº 2.211, de 31-5-1954.

Art. 6º O direito à reclamação administrativa, que não tiver prazo fixado em disposição de lei para ser formulada, prescreve em um ano a contar da data do ato ou fato do qual a mesma se originar.

Art. 7º A citação inicial não interrompe a prescrição quando, por qualquer motivo, o processo tenha sido anulado.

- Arts. 59 e 240, do CPC/2015.

Art. 8º A prescrição somente poderá ser interrompida uma vez.

- Art. 3º do Dec.-lei nº 4.597, de 19-8-1942, que dispõe sobre a prescrição das ações contra a Fazenda Pública.

Art. 9º A prescrição interrompida recomeça a correr, pela metade do prazo, da data do ato que a interrompeu ou do último ato ou termo do respectivo processo.

- Art. 3º do Dec.-lei nº 4.597, de 19-8-1942, que dispõe sobre a prescrição das ações contra a Fazenda Pública.
- Súm. nº 383 do STF.

Art. 10. O disposto nos artigos anteriores não altera as prescrições de menor prazo, constantes das leis e regulamentos, as quais ficam subordinadas às mesmas regras.

Art. 11. Revogam-se as disposições em contrário.

Rio de Janeiro, 6 de janeiro de 1932;
111º da Independência e
44º da República.

Getúlio Vargas

DECRETO-LEI Nº 25, DE 30 DE NOVEMBRO DE 1937

Organiza a proteção do patrimônio histórico e artístico nacional.

- Publicado no *DOU* de 6-12-1937.
- Lei nº 3.924, de 26-7-1961 (Lei dos Monumentos Arqueológicos e Pré-Históricos).
- Dec.-lei nº 3.866, de 29-11-1941, dispõe sobre o tombamento de bens no serviço do patrimônio histórico e artístico nacional.

CAPÍTULO I
DO PATRIMÔNIO HISTÓRICO E ARTÍSTICO NACIONAL

Art. 1º Constitui o patrimônio histórico e artístico nacional o conjunto dos bens móveis e imóveis existentes no país e cuja conservação seja de interesse público, quer por sua vinculação a fatos memoráveis da história do Brasil, quer por seu excepcional valor arqueológico ou etnográfico, bibliográfico ou artístico.

§ 1º Os bens a que se refere o presente artigo só serão considerados parte integrante do patrimônio histórico e artístico brasileiro, depois de inscritos separada ou agrupadamente num dos quatro Livros do Tombo, de que trata o art. 4º desta lei.

§ 2º Equiparam-se aos bens a que se refere o presente artigo e são também sujeitos a tombamento os monumentos naturais, bem como os sítios e paisagens que importe conservar e proteger pela feição notável com que tenham sido dotados pela natureza ou agenciados pela indústria humana.

Art. 2º A presente lei se aplica às coisas pertencentes às pessoas naturais, bem como às pessoas jurídicas de direito privado e de direito público interno.

Art. 3º Excluem-se do patrimônio histórico e artístico nacional as obras de origem estrangeira:

1) que pertençam às repartições diplomáticas ou consulares acreditadas no país;
2) que adornem quaisquer veículos pertencentes a empresas estrangeiras, que façam carreira no país;
3) que se incluam entre os bens referidos no art. 10 da Introdução do Código Civil, e que continuam sujeitas à lei pessoal do proprietário;
4) que pertençam a casas de comércio de objetos históricos ou artísticos;
5) que sejam trazidas para exposições comemorativas, educativas ou comerciais;
6) que sejam importadas por empresas estrangeiras expressamente para adorno dos respectivos estabelecimentos.

Parágrafo único. As obras mencionadas nas alíneas 4 e 5 terão guia de licença para livre trânsito, fornecida pelo Serviço ao Patrimônio Histórico e Artístico Nacional.

CAPÍTULO II
DO TOMBAMENTO

Art. 4º O Serviço do Patrimônio Histórico e Artístico Nacional possuirá quatro Livros do Tombo, nos quais serão inscritas as obras a que se refere o art. 1º desta lei, a saber:

1) no Livro do Tombo Arqueológico, Etnográfico e Paisagístico, as coisas pertencentes às categorias de arte arqueológica, etnográfica, ameríndia e popular, e bem assim as mencionadas no § 2º do citado art. 1º;
2) no Livro do Tombo Histórico, as coisas de interesse histórico e as obras de arte histórica;
3) no Livro do Tombo das Belas Artes, as coisas de arte erudita, nacional ou estrangeira;
4) no Livro do Tombo das Artes Aplicadas, as obras que se incluírem na categoria das artes aplicadas, nacionais ou estrangeiras.

§ 1º Cada um dos Livros do Tombo poderá ter vários volumes.

§ 2º Os bens, que se incluem nas categorias enumeradas nas alíneas 1ª, 2ª, 3ª e 4ª do presente artigo, serão definidos e especificados no regulamento que for expedido para execução da presente lei.

Art. 5º O tombamento dos bens pertencentes à União, aos Estados e aos Municípios se fará de ofício, por ordem do diretor do Serviço do Patrimônio Histórico e Artístico Nacional, mas deverá ser notificado à entidade a quem pertencer, ou sob cuja guarda estiver a coisa tombada, a fim de produzir os necessários efeitos.

Art. 6º O tombamento de coisa pertencente à pessoa natural ou à pessoa jurídica de direito privado se fará voluntária ou compulsoriamente.

Art. 7º Proceder-se-á ao tombamento voluntário sempre que o proprietário o pedir e a coisa se revestir dos requisitos necessários para constituir parte integrante do patrimônio histórico e artístico nacional, a juízo do Conselho Consultivo do Serviço do Patrimônio Histórico e Artístico Nacional, ou sempre que o mesmo proprietário anuir, por escrito, à notificação, que se lhe fizer, para a inscrição da coisa em qualquer dos Livros do Tombo.

Art. 8º Proceder-se-á ao tombamento compulsório quando o proprietário se recusar a anuir à inscrição da coisa.

Art. 9º O tombamento compulsório se fará de acordo com o seguinte processo:

1) o Serviço do Patrimônio Histórico e Artístico Nacional, por seu órgão competente, notificará o proprietário para anuir ao tombamento, dentro do prazo de quinze dias, a contar do recebimento da notificação, ou para, se o quiser impugnar, oferecer dentro do mesmo prazo as razões de sua impugnação;
2) no caso de não haver impugnação dentro do prazo assinado, que é fatal, o diretor do Serviço do Patrimônio Histórico e Artístico Nacional mandará por simples despacho que se proceda à inscrição da coisa no competente Livro do Tombo;
3) se a impugnação foi oferecida dentro do prazo assinado, far-se-á vista da mesma, dentro de outros quinze dias fatais, ao órgão de que houver emanado a iniciativa do tombamento, a fim de sustentá-la. Em

seguida, independentemente de custas, será o processo remetido ao Conselho Consultivo do Serviço do Patrimônio Histórico e Artístico Nacional que proferirá decisão a respeito, dentro do prazo de sessenta dias, a contar do seu recebimento. Dessa decisão não caberá recurso.

Art. 10. O tombamento dos bens, a que se refere o art. 6º desta lei, será considerado provisório ou definitivo, conforme esteja o respectivo processo iniciado pela notificação ou concluído pela inscrição dos referidos bens no competente Livro do Tombo.

Parágrafo único. Para todos os efeitos, salvo a disposição do art. 13 desta lei, o tombamento provisório se equiparará ao definitivo.

CAPÍTULO III

DOS EFEITOS DO TOMBAMENTO

Art. 11. As coisas tombadas, que pertençam à União, aos Estados ou aos Municípios, inalienáveis por natureza, só poderão ser transferidas de uma à outra das referidas entidades.

Parágrafo único. Feita a transferência, dela deve o adquirente dar imediato conhecimento ao Serviço do Patrimônio Histórico e Artístico Nacional.

Art. 12. A alienabilidade das obras históricas ou artísticas tombadas, de propriedade de pessoas naturais ou jurídicas de direito privado sofrerá as restrições constantes da presente lei.

Art. 13. O tombamento definitivo dos bens de propriedade particular será, por iniciativa do órgão competente do Serviço do Patrimônio Histórico e Artístico Nacional, transcrito para os devidos efeitos em livro a cargo dos oficiais do registro de imóveis e averbado ao lado da transcrição do domínio.

§ 1º No caso de transferência da propriedade dos bens de que trata este artigo, deverá o adquirente, dentro do prazo de trinta dias, sob pena de multa de dez por cento sobre o respectivo valor, fazê-la constar do registro, ainda que se trate de transmissão judicial ou *causa mortis*.

§ 2º Na hipótese de deslocação da tais bens, deverá o proprietário, dentro do mesmo prazo e sob pena da mesma multa, inscrevê-los no registro do lugar para que tiverem sido deslocados.

§ 3º A transferência deve ser comunicada pelo adquirente, e a deslocação pelo proprietário, ao Serviço do Patrimônio Histórico e Artístico Nacional, dentro do mesmo prazo e sob a mesma pena.

Art. 14. A. coisa tombada não poderá sair do país, senão por curto prazo, sem transferência de domínio e para fim de intercâmbio cultural, a juízo do Conselho Consultivo do Serviço do Patrimônio Histórico e Artístico Nacional.

Art. 15. Tentada, a não ser no caso previsto no artigo anterior, a exportação, para fora do país, da coisa tombada, será esta sequestrada pela União ou pelo Estado em que se encontrar.

§ 1º Apurada a responsabilidade do proprietário, ser-lhe-á imposta a multa de cinquenta por cento do valor da coisa, que permanecerá sequestrada em garantia do pagamento, e até que este se faça.

§ 2º No caso de reincidência, a multa será elevada ao dobro.

§ 3º A pessoa que tentar a exportação de coisa tombada, além de incidir na multa a que se referem os parágrafos anteriores, incorrerá, nas penas cominadas no Código Penal para o crime de contrabando.

Art. 16. No caso de extravio ou furto de qualquer objeto tombado, o respectivo proprietário deverá dar conhecimento do fato ao Serviço do Patrimônio Histórico e Artístico Nacional, dentro do prazo de cinco dias, sob pena de multa de dez por cento sobre o valor da coisa.

Art. 17. As coisas tombadas não poderão, em caso nenhum ser destruídas, demolidas ou mutiladas, nem, sem prévia autorização especial do Serviço do Patrimônio Histórico e Artístico Nacional, ser reparadas, pintadas ou restauradas, sob pena de multa de cinquenta por cento do dano causado.

Parágrafo único. Tratando-se de bens pertencentes à União, aos Estados ou aos Municípios, a autoridade responsável pela infração do presente artigo incorrerá pessoalmente na multa.

Art. 18. Sem prévia autorização do Serviço do Patrimônio Histórico e Artístico Nacional, não se poderá, na vizinhança da coisa tombada, fazer construção que lhe impeça ou reduza a visibilidade, nem nela colocar anúncios ou cartazes, sob pena de ser mandada destruir a obra ou retirar o objeto, impondo-se neste caso a multa de cinquenta por cento do valor do mesmo objeto.

Art. 19. O proprietário de coisa tombada, que não dispuser de recursos para proceder às obras de conservação e reparação que a mesma requerer, levará ao conhecimento do Serviço do Patrimônio Histórico e Artístico Nacional a necessidade das mencionadas obras, sob pena de multa correspondente ao dobro da importância em que for avaliado o dano sofrido pela mesma coisa.

§ 1º Recebida a comunicação, e consideradas necessárias as obras, o diretor do Serviço do Patrimônio Histórico e Artístico Nacional mandará executá-las, a expensas da União, devendo as mesmas ser iniciadas dentro do prazo de seis meses, ou providenciará para que seja feita a desapropriação da coisa.

§ 2º À falta de qualquer das providências previstas no parágrafo anterior, poderá o proprietário requerer que seja cancelado o tombamento da coisa.

§ 3º Uma vez que verifique haver urgência na realização de obras e conservação ou reparação em qualquer coisa tombada, poderá o Serviço do Patrimônio Histórico e Artístico Nacional tomar a iniciativa de projetá-las e executá-las, a expensas da União, independentemente da comunicação a que alude este artigo, por parte do proprietário.

Art. 20. As coisas tombadas ficam sujeitas à vigilância permanente do Serviço do Patrimônio Histórico e Artístico Nacional, que poderá inspecioná-los sempre que for julgado conveniente, não podendo os respectivos proprietários ou responsáveis criar obstáculos à inspeção, sob pena de multa de cem mil réis, elevada ao dobro em caso de reincidência.

Art. 21. Os atentados cometidos contra os bens de que trata o art. 1º desta lei são equiparados aos cometidos contra o patrimônio nacional.

CAPÍTULO IV

DO DIREITO DE PREFERÊNCIA

Art. 22. *Revogado*. Lei nº 13.105, de 16-3-2015.

CAPÍTULO V

DISPOSIÇÕES GERAIS

Art. 23. O Poder Executivo providenciará a realização de acordos entre a União e os Estados, para melhor coordenação e desenvolvimento das atividades relativas à proteção do patrimônio histórico e artístico nacional e para a uniformização da legislação estadual complementar sobre o mesmo assunto.

Art. 24. A União manterá, para a conservação e a exposição de obras históricas de sua propriedade, além do Museu Histórico Nacional e do Museu Nacional de Belas Artes, tantos outros museus nacionais quantos se tornarem necessários, devendo outrossim providenciar no sentido de favorecer a instituição de museus estaduais e municipais, com finalidades similares.

Art. 25. O Serviço do Patrimônio Histórico e Artístico Nacional procurará entendimentos com as autoridades eclesiásticas, instituições científicas, históricas ou artísticas e pessoas naturais e jurídicas, com o objetivo de obter a cooperação das mesmas em benefício do patrimônio histórico e artístico nacional.

Art. 26. Os negociantes de antiguidades, de obras de arte de qualquer natureza, de manuscritos e livros antigos ou raros são obrigados a um registro especial no Serviço do Patrimônio Histórico e Artístico Nacional, cumprindo-lhes outrossim apresentar semestralmente ao mesmo relações completas das coisas históricas e artísticas que possuírem.

Art. 27. Sempre que os agentes de leilões tiverem de vender objetos de natureza idêntica à dos mencionados no artigo anterior, deverão apresentar a respectiva relação ao órgão competente do Serviço do Patrimônio Histórico e Artístico Nacional, sob pena de incidirem na multa de cinquenta por cento sobre o valor dos objetos vendidos.

Art. 28. Nenhum objeto de natureza idêntica à dos referidos no art. 26 desta lei poderá ser posto à venda pelos comerciantes ou agentes de leilões, sem que tenha sido previamente autenticado pelo Serviço do Patrimônio Histórico e Artístico Nacional, ou por perito em que o mesmo se louvar, sob pena de multa de cinquenta por cento sobre o valor atribuído ao objeto.

Parágrafo único. A autenticação do mencionado objeto será feita mediante o pagamento de uma taxa de peritagem de cinco por cento sobre o valor da coisa, se este for inferior ou equivalente a um conto de réis, e de mais cinco mil réis por conto de réis ou fração, que exceder.

Art. 29. O titular do direito de preferência goza de privilégio especial sobre o valor produzido em praça por bens tombados, quanto ao pagamento de multas impostas em virtude de infrações da presente lei.

Parágrafo único. Só terão prioridade sobre o privilégio a que se refere este artigo os créditos inscritos no registro competente, antes do tombamento da coisa pelo Serviço do Patrimônio Histórico e Artístico Nacional.

Art. 30. Revogam-se as disposições em contrário.

Rio de Janeiro, 30 de novembro de 1937; 116º da Independência e 49º da República.

Getúlio Vargas

DECRETO-LEI Nº 3.365, DE 21 DE JUNHO DE 1941

Dispõe sobre desapropriação por utilidade pública.

▶ Publicado no *DOU* de 18-7-1941.
▶ Lei nº 4.132, de 10-9-1962 (Lei da Desapropriação por Interesse Social).
▶ Dec.-lei nº 1.075, de 22-1-1970, regula a imissão, *initio litis*, em imóveis residenciais urbanos.

DISPOSIÇÕES PRELIMINARES

Art. 1º A desapropriação por utilidade pública regular-se-á por esta Lei, em todo o território nacional.

▶ Arts. 5º, XXIV, 182, §§ 3º e 4º, III, e 184 a 186 da CF.
▶ Arts. 17, *a*, e 18 da Lei nº 4.504, de 30-11-1964 (Estatuto da Terra).

Art. 2º Mediante declaração de utilidade pública, todos os bens poderão ser desapropriados, pela União, pelos Estados, Municípios, Distrito Federal e Territórios.

▶ Súm. nº 479 do STF.
▶ Súm. nº 142 do TFR.

§ 1º A desapropriação do espaço aéreo ou do subsolo só se tornará necessária, quando de sua utilização resultar prejuízo patrimonial do proprietário do solo.

§ 2º Será exigida autorização legislativa para a desapropriação dos bens de domínio dos Estados, dos Municípios e do Distrito Federal pela União e dos bens de domínio dos Municípios pelos Estados.

▶ § 2º com a redação dada pela Lei nº 14.620, de 13-7-2023.

§ 2º-A. Será dispensada a autorização legislativa a que se refere o § 2º quando a desapropriação for realizada mediante acordo entre os entes federativos, no qual serão fixadas as respectivas responsabilidades financeiras quanto ao pagamento das indenizações correspondentes.

▶ § 2º-A acrescido pela Lei nº 14.620, de 13-7-2023.

§ 3º É vedada a desapropriação, pelos Estados, Distrito Federal, Territórios e Municípios, de ações, cotas e direitos representativos do capital de instituições e empresas cujo funcionamento dependa de autorização do governo federal e se subordine à sua fiscalização, salvo mediante prévia autorização, por decreto do Presidente da República.

▶ § 3º acrescido pelo Dec.-lei nº 856, de 11-9-1969.
▶ Súm. nº 157 do STF.
▶ Súm. nº 62 do TFR.

Art. 3º Poderão promover a desapropriação mediante autorização expressa constante de lei ou contrato:

▶ *Caput* com a redação dada pela Lei nº 14.620, de 13-7-2023.

I – os concessionários, inclusive aqueles contratados nos termos da Lei nº 11.079, de 30 de dezembro de 2004 (Lei de Parceria Público-Privada), permissionários, autorizatários e arrendatários;

▶ Inciso I com a redação dada pela Lei nº 14.620, de 13-7-2023.

II – as entidades públicas;

III – as entidades que exerçam funções delegadas do poder público; e

▶ Incisos II e III acrescidos pela Lei nº 14.273, de 23-12-2021.

IV – o contratado pelo poder público para fins de execução de obras e serviços de engenharia sob os regimes de empreitada por preço global, empreitada integral e contratação integrada.

▶ Inciso IV com a redação dada pela Lei nº 14.620, de 13-7-2023.

Parágrafo único. Na hipótese prevista no inciso IV do *caput*, o edital deverá prever expressamente:

I – o responsável por cada fase do procedimento expropriatório;

II – o orçamento estimado para sua realização;

III – a distribuição objetiva de riscos entre as partes, incluído o risco pela variação do custo das desapropriações em relação ao orçamento estimado.

▶ Parágrafo único acrescido pela Lei nº 14.620, de 13-7-2023.

Art. 4º A desapropriação poderá abranger a área contígua necessária ao desenvolvimento da obra a que se destina, e as zonas que se valorizarem extraordinariamente, em consequência da realização do serviço. Em qualquer caso, a declaração de utilidade pública deverá compreendê-las, mencionando-se quais as indispensáveis à continuação da obra e as que se destinam à revenda.

Parágrafo único. Quando a desapropriação executada pelos autorizados a que se refere o art. 3º destinar-se a planos de urbanização, de renovação urbana ou de parcelamento do solo previstos no plano diretor, o edital de licitação poderá prever que a receita decorrente da revenda ou da utilização imobiliária integre projeto associado por conta e risco do contratado, garantido ao poder público responsável pela contratação, no mínimo, o ressarcimento dos desembolsos com indenizações, quando essas ficarem sob sua responsabilidade.

▶ Parágrafo único com a redação dada pela Lei nº 14.620, de 13-7-2023.

Art. 4º-A. Quando o imóvel a ser desapropriado caracterizar-se como núcleo urbano informal ocupado predominantemente por população de baixa renda, nos termos do § 2º do art. 9º da Lei nº 13.465, de 11 de julho de 2017, e seu regulamento, o ente expropriante deverá prever, no planejamento da ação de desapropriação, medidas compensatórias.

§ 1º As medidas compensatórias a que se refere o *caput* incluem a realocação de famílias em outra unidade habitacional, a indenização de benfeitorias ou a compensação financeira suficiente para assegurar o restabelecimento da família em outro local, exigindo-se, para este fim, o prévio cadastramento dos ocupantes.

§ 2º Poderá ser equiparada à família ou à pessoa de baixa renda aquela ocupante da área que, por sua situação fática específica, apresente condição de vulnerabilidade, conforme definido pelo expropriante.

▶ Art. 4º-A acrescido pela Lei nº 14.620, de 13-7-2023.

Art. 5º Consideram-se casos de utilidade pública:

a) a segurança nacional;
b) a defesa do Estado;
c) o socorro público em caso de calamidade;
d) a salubridade pública;
e) a criação e melhoramento de centros de população, seu abastecimento regular de meios de subsistência;
f) o aproveitamento industrial das minas e das jazidas minerais, das águas e da energia hidráulica;
g) a assistência pública, as obras de higiene e decoração, casas de saúde, clínicas, estações de clima e fontes medicinais;
h) a exploração e a conservação dos serviços públicos;
i) a abertura, conservação e melhoramento de vias ou logradouros públicos; a execução de planos de urbanização; o parcelamento do solo com ou sem edificação, para sua melhor utilização econômica, higiênica ou estética; a construção ou ampliação de distritos industriais;

▶ Alínea *i* com a redação dada pela Lei nº 9.785, de 29-1-1999.

j) o funcionamento dos meios de transporte coletivo;
k) a preservação e conservação dos monumentos históricos e artísticos, isolados ou integrados em conjuntos urbanos ou rurais, bem como as medidas necessárias a manter-lhes e realçar-lhes os aspectos mais valiosos ou característicos e, ainda, a proteção de paisagens e locais particularmente dotados pela natureza;
l) a preservação e a conservação adequada de arquivos, documentos e outros bens móveis de valor histórico ou artístico;
m) a construção de edifícios públicos, monumentos comemorativos e cemitérios;
n) a criação de estádios, aeródromos ou campos de pouso para aeronaves;
o) a reedição ou divulgação de obra ou invento de natureza científica, artística ou literária;
p) os demais casos previstos por leis especiais.

§ 1º A construção ou ampliação de distritos industriais, de que trata a alínea *i* do *caput* deste artigo, inclui o loteamento das áreas necessárias à instalação de indústrias e atividades correlatas, bem como a revenda ou locação dos respectivos lotes a empresas previamente qualificadas.

§ 2º A efetivação da desapropriação para fins de criação ou ampliação de distritos industriais depende de aprovação, prévia e expressa, pelo Poder Público competente, do respectivo projeto de implantação.

▶ §§ 1º e 2º acrescidos pela Lei nº 6.602, de 7-12-1978.

§ 3º Ao imóvel desapropriado para implantação de parcelamento popular, destinado às classes de menor renda, não se dará outra utilização nem haverá retrocessão.

▶ § 3º acrescido pela Lei nº 9.785, de 29-1-1999.

§ 4º Os bens desapropriados para fins de utilidade pública e os direitos decorrentes da respectiva imissão na posse poderão ser alienados a terceiros, locados, cedidos, arrendados, outorgados em regimes de concessão de direito real de uso, de concessão comum ou de parceria público-privada e ainda transferidos como integralização de fundos de investimento ou sociedades de propósito específico.

▶ § 4º acrescido pela Lei nº 14.273, de 23-12-2021.

§ 5º Aplica-se o disposto no § 4º nos casos de desapropriação para fins de execução de planos de urbanização, de renovação urbana ou de parcelamento ou reparcelamento do solo, desde que seja assegurada a destinação prevista no referido plano de urbanização ou de parcelamento do solo.

▶ § 5º com a redação dada pela Lei nº 14.620, de 13-7-2023.

§ 6º Comprovada a inviabilidade ou a perda objetiva de interesse público em manter a destinação do bem prevista no decreto expropriatório, o expropriante deverá adotar uma das seguintes medidas, nesta ordem de preferência:

I – destinar a área não utilizada para outra finalidade pública; ou

II – alienar o bem a qualquer interessado, na forma prevista em lei, assegurado o direito de preferência à pessoa física ou jurídica desapropriada.

§ 7º No caso de desapropriação para fins de execução de planos de urbanização, de renovação urbana ou de parcelamento ou reparcelamento do solo, as diretrizes do plano de urbanização ou de parcelamento do solo deverão estar previstas no plano diretor, na legislação de uso e ocupação do solo ou em lei municipal específica.

▶ §§ 6º e 7º acrescidos pela Lei nº 14.620, de 13-7-2023.

Art. 6º A declaração de utilidade pública far-se-á por decreto do Presidente da República, Governador, Interventor ou Prefeito.

Art. 7º Declarada a utilidade pública, ficam as autoridades administrativas do expropriante ou seus representantes autorizados a ingressar nas áreas compreendidas na declaração, inclusive para realizar inspeções e levantamentos de campo, podendo recorrer, em caso de resistência, ao auxílio de força policial.

▶ *Caput* com a redação dada pela Lei nº 14.620, de 13-7-2023.

▶ Súm. nº 23 do STF.

Parágrafo único. Em caso de dano por excesso ou abuso de poder ou originário das inspeções e levantamentos de campo realizados, cabe indenização por perdas e danos, sem prejuízo da ação penal.

▶ Parágrafo único acrescido pela Lei nº 14.620, de 13-7-2023.

Art. 8º O Poder Legislativo poderá tomar a iniciativa da desapropriação, cumprindo, neste caso, ao Executivo, praticar os atos necessários à sua efetivação.

Art. 9º Ao Poder Judiciário é vedado, no processo de desapropriação, decidir se se verificam ou não os casos de utilidade pública.

Art. 10. A desapropriação deverá efetivar-se mediante acordo ou intentar-se judicialmente dentro de cinco anos, contados da data da expedição do respectivo decreto e findos os quais este caducará.

Neste caso, somente decorrido um ano, poderá ser o mesmo bem objeto de nova declaração.

▶ A alteração que seria inserida neste artigo pela Lei nº 13.867, de 26-8-2019, foi vetada, razão pela qual mantivemos a sua redação.

Parágrafo único. Extingue-se em cinco anos o direito de propor ação que vise a indenização por restrições decorrentes de atos do Poder Público.

▶ Parágrafo único acrescido pela MP nº 2.183-56, de 24-8-2001, que até o encerramento desta edição não havia sido convertida em Lei.

▶ *Súmulas nºs 23 e 476 do STF.*

Art. 10-A. O poder público deverá notificar o proprietário e apresentar-lhe oferta de indenização.

§ 1º A notificação de que trata o *caput* deste artigo conterá:

I – cópia do ato de declaração de utilidade pública;

II – planta ou descrição dos bens e suas confrontações;

III – valor da oferta;

IV – informação de que o prazo para aceitar ou rejeitar a oferta é de 15 (quinze) dias e de que o silêncio será considerado rejeição;

V – VETADO. Lei nº 13.867, de 26-8-2019.

§ 2º Aceita a oferta e realizado o pagamento, será lavrado acordo, o qual será título hábil para a transcrição no registro de imóveis.

§ 3º Rejeitada a oferta, ou transcorrido o prazo sem manifestação, o poder público procederá na forma dos arts. 11 e seguintes deste Decreto-Lei.

Art. 10-B. Feita a opção pela mediação ou pela via arbitral, o particular indicará um dos órgãos ou instituições especializados em mediação ou arbitragem previamente cadastrados pelo órgão responsável pela desapropriação.

§ 1º A mediação seguirá as normas da Lei nº 13.140, de 26 de junho de 2015, e, subsidiariamente, os regulamentos do órgão ou instituição responsável.

§ 2º Poderá ser eleita câmara de mediação criada pelo poder público, nos termos do art. 32 da Lei nº 13.140, de 26 de junho de 2015.

§ 3º VETADO. Lei nº 13.867, de 26-8-2019.

§ 4º A arbitragem seguirá as normas da Lei nº 9.307, de 23 de setembro de 1996, e, subsidiariamente, os regulamentos do órgão ou instituição responsável.

§ 5º VETADO. Lei nº 13.867, de 26-8-2019.

▶ Arts. 10-A e 10-B acrescidos pela Lei nº 13.867, de 26-8-2019.

DO PROCESSO JUDICIAL

Art. 11. A ação, quando a União for autora, será proposta no Distrito Federal ou no foro da capital do Estado onde for domiciliado o réu, perante o juízo privativo, se houver; sendo outro o autor, no foro da situação dos bens.

▶ Súm. nº 218 do STF.

Art. 12. Somente os juízes que tiverem garantia de vitaliciedade, inamovibilidade e irredutibilidade de vencimentos poderão conhecer dos processos de desapropriação.

▶ Art. 95, I, da CF.

Art. 13. A petição inicial, além dos requisitos previstos no Código de Processo Civil, conterá a oferta do preço e será instruída com um exemplar do contrato, ou do jornal oficial que houver publicado o decreto de desapropriação, ou cópia autenticada dos mesmos, e a planta ou descrição dos bens e suas confrontações.

▶ Arts. 319 a 321 do CPC/2015.

Parágrafo único. Sendo o valor da causa igual ou inferior a dois contos de réis, dispensam-se os autos suplementares.

Art. 14. Ao despachar a inicial, o juiz designará um perito de sua livre escolha, sempre que possível técnico, para proceder à avaliação dos bens.

▶ Art. 465, *caput*, § 1º, do CPC/2015.

Parágrafo único. O autor e o réu poderão indicar assistente técnico do perito.

▶ Arts. 84, 95 e 465, § 1º, II, do CPC/2015.

Art. 15. Se o expropriante alegar urgência e depositar quantia arbitrada de conformidade com o artigo 685 do Código de Processo Civil, o juiz mandará imiti-lo provisoriamente na posse dos bens.

▶ Refere-se ao CPC/1939. Arts. 826 a 838 do CPC/1973.

▶ Súm. nº 476 do STF.

▶ Súmulas nºs 69 e 70 do STJ.

§ 1º A imissão provisória poderá ser feita, independentemente da citação do réu, mediante o depósito:

▶ Súm. nº 652 do STF.

a) do preço oferecido, se este for superior a vinte vezes o valor locativo, caso o imóvel esteja sujeito ao imposto predial;

b) da quantia correspondente a vinte vezes o valor locativo, estando o imóvel sujeito ao imposto predial e sendo menor o preço oferecido;

c) do valor cadastral do imóvel, para fins de lançamento do imposto territorial, urbano ou rural, caso o referido valor tenha sido atualizado no ano fiscal imediatamente anterior;

d) não tendo havido a atualização a que se refere o inciso c, o juiz fixará, independentemente de avaliação, a importância do depósito, tendo em vista a época em que houver sido fixado originariamente o valor cadastral e a valorização ou desvalorização posterior do imóvel.

§ 2º A alegação de urgência, que não poderá ser renovada, obrigará o expropriante a requerer a imissão provisória dentro do prazo improrrogável de 120 (cento e vinte) dias.

§ 3º Excedido o prazo fixado no parágrafo anterior não será concedida a imissão provisória.

▶ §§ 1º a 3º acrescidos pela Lei nº 2.786, de 21-5-1956.

§ 4º A imissão provisória na posse será registrada no registro de imóveis competente.

▶ § 4º acrescido pela Lei nº 11.977, de 7-7-2009.

Art. 15-A. No caso de imissão prévia na posse, na desapropriação por necessidade ou utilidade pública ou na desapropriação por interesse social prevista na Lei nº 4.132, de 10 de setembro de 1962, na hipótese de haver divergência entre o preço ofertado em juízo e o valor do bem fixado na sentença, expressos em termos reais, poderão incidir juros compensatórios de até 6% a.a. (seis por cento ao ano) sobre o valor da diferença eventualmente apurada, contado da data de imissão na posse, vedada a aplicação de juros compostos.

▶ *Caput* do art. 15-A com a redação dada pela Lei nº 14.620, de 13-7-2023.

- O STF, por maioria de votos, julgou parcialmente procedente a ADI nº 2.332-2 para reconhecer a constitucionalidade do percentual de juros compensatórios de 6% (seis por cento) ao ano para remuneração do proprietário pela imissão provisória do ente público na posse de seu bem, declarando a inconstitucionalidade do vocábulo "até", e interpretar conforme a CF o *caput* deste artigo (*DJe* de 28-5-2018).
- Súm. nº 618 do STF.

§ 1º Os juros compensatórios destinam-se apenas a compensar danos correspondentes a lucros cessantes comprovadamente sofridos pelo proprietário, não incidindo nas indenizações relativas às desapropriações que tiverem como pressuposto o descumprimento da função social da propriedade, previstas no art. 182, § 4º, inciso III, e no art. 184 da Constituição.

§ 2º O disposto no *caput* aplica-se também às ações ordinárias de indenização por apossamento administrativo ou por desapropriação indireta e às ações que visem à indenização por restrições decorrentes de atos do poder público.

§ 3º Nas ações referidas no § 2º, o poder público não será onerado por juros compensatórios relativos a período anterior à aquisição da propriedade ou da posse titulada pelo autor da ação.

- §§ 1º a 3º com a redação dada pela Lei nº 14.620, de 13-7-2023.

§ 4º Nas ações referidas no § 3º, não será o Poder Público onerado por juros compensatórios relativos a período anterior à aquisição da propriedade ou posse titulada pelo autor da ação.

- O STF, por maioria de votos, julgou parcialmente procedente a ADI nº 2.332-2 para reconhecer a inconstitucionalidade deste parágrafo (*DJe* de 28-5-2018).
- Dec.-lei nº 1.075, de 22-1-1970 (Lei da Imissão de Posse).

Art. 15-B. Nas ações a que se refere o artigo 15-A, os juros moratórios destinam-se a recompor a perda decorrente do atraso no efetivo pagamento da indenização fixada na decisão final de mérito, e somente serão devidos à razão de até seis por cento ao ano, a partir de 1º de janeiro do exercício seguinte àquele em que o pagamento deveria ser feito, nos termos do artigo 100 da Constituição.

- Arts. 15-A e 15-B acrescidos pela MP nº 2.183-56, de 24-8-2001, que até o encerramento desta edição não havia sido convertida em Lei.
- Súm. nº 618 do STF.

Art. 16. A citação far-se-á por mandado na pessoa do proprietário dos bens; a do marido dispensa a da mulher; a de um sócio, ou administrador, a dos demais, quando o bem pertencer a sociedade; a do administrador da coisa, no caso de condomínio, exceto o de edifício de apartamentos constituindo cada um propriedade autônoma, a dos demais condôminos, e a do inventariante, e, se não houver, a do cônjuge, herdeiro, ou legatário, detentor da herança, a dos demais interessados, quando o bem pertencer a espólio.

Parágrafo único. Quando não encontrar o citando, mas ciente de que se encontra no território da jurisdição do juiz, o oficial portador do mandado marcará desde logo hora certa para a citação, ao fim de quarenta e oito horas, independentemente de nova diligência ou despacho.

Art. 17. Quando a ação não for proposta no foro do domicílio ou da residência do réu, a citação far-se-á por precatória, se o mesmo estiver em lugar certo, fora do território da jurisdição do juiz.

- Arts. 260 a 268 do CPC/2015.

Art. 18. A citação far-se-á por edital se o citando não for conhecido, ou estiver em lugar ignorado, incerto ou inacessível, ou, ainda, no estrangeiro, o que dois oficiais do juízo certificarão.

Art. 19. Feita a citação, a causa seguirá com o rito ordinário.

- Súm. nº 118 do TFR.

Art. 20. A contestação só poderá versar sobre vício do processo judicial ou impugnação do preço; qualquer outra questão deverá ser decidida por ação direta.

Art. 21. A instância não se interrompe. No caso de falecimento do réu, ou perda de sua capacidade civil, o juiz, logo que disso tenha conhecimento, nomeará curador à lide, até que se habilite o interessado.

Parágrafo único. Os atos praticados da data do falecimento ou perda da capacidade à investidura do curador à lide poderão ser ratificados ou impugnados por ele, ou pelo representante do espólio ou do incapaz.

Art. 22. Havendo concordância sobre o preço, o juiz o homologará por sentença no despacho saneador.

- Arts. 203, § 1º, 355 e 487, III, *b*, do CPC/2015.

Art. 23. Findo o prazo para a contestação e não havendo concordância expressa quanto ao preço, o perito apresentará o laudo em cartório, até cinco dias, pelo menos, antes da audiência de instrução e julgamento.

§ 1º O perito poderá requisitar das autoridades públicas os esclarecimentos ou documentos que se tornarem necessários à elaboração do laudo, e deverá indicar nele, entre outras circunstâncias atendíveis para a fixação da indenização, as enumeradas no artigo 27.

Ser-lhe-ão abonadas, como custas, as despesas com certidões e, a arbítrio do juiz, as de outros documentos que juntar ao laudo.

§ 2º Antes de proferido o despacho saneador, poderá o perito solicitar prazo especial para apresentação do laudo.

Art. 24. Na audiência de instrução e julgamento proceder-se-á na conformidade do Código de Processo Civil. Encerrado o debate, o juiz proferirá sentença fixando o preço da indenização.

- Arts. 358 a 368 do CPC/2015.
- Súmulas nºs 164, 254 e 618 do STF.
- Súmulas nºs 70 e 110 do TFR.
- Súmulas nºs 12, 56, 102 e 113 do STJ.

Parágrafo único. Se não se julgar habilitado a decidir, o juiz designará desde logo outra audiência que se realizará dentro de dez dias, a fim de publicar a sentença.

Art. 25. O principal e os acessórios serão computados em parcelas autônomas.

Parágrafo único. O juiz poderá arbitrar quantia módica para desmonte e transporte de maquinismos instalados e em funcionamento.

- Art. 42 da Lei nº 6.766, de 19-12-1979 (Lei do Parcelamento do Solo).

Art. 26. No valor da indenização que será contemporâneo da avaliação não se incluirão os direitos de terceiros contra o expropriado.

- *Caput* com a redação dada pela Lei nº 2.786, de 21-5-1956.

§ 1º Serão atendidas as benfeitorias necessárias feitas após a desapropriação; as úteis, quando feitas com autorização do expropriante.

- Parágrafo único transformado em § 1º pela Lei nº 4.686, de 21-6-1965.
- Súm. nº 23 do STF.

§ 2º Decorrido prazo superior a um ano a partir da avaliação, o juiz ou tribunal, antes da decisão final, determinará a correção monetária do valor apurado, conforme índice que será fixado, trimestralmente, pela Secretaria de Planejamento da Presidência da República.

- § 2º com a redação dada pela Lei nº 6.306, de 15-12-1975.
- Súmulas nºs 475 e 561 do STF.
- Súmulas nºs 69, 70, 74 e 75 do TFR.
- Súmulas nºs 12, 67, 70, 79, 102, 113 e 114 do STJ.

Art. 27. O juiz indicará na sentença os fatos que motivaram o seu convencimento e deverá atender, especialmente, à estimação dos bens para efeitos fiscais; ao preço de aquisição o interesse que deles aufere o proprietário; à sua situação, estado de conservação e segurança; ao valor venal dos da mesma espécie, nos últimos cinco anos, e à valorização ou depreciação de área remanescente, pertencente ao réu.

§ 1º A sentença que fixar o valor da indenização quando este for superior ao preço oferecido condenará o desapropriante a pagar honorários do advogado, que serão fixados entre meio e cinco por cento do valor da diferença, observado o disposto no § 4º do artigo 20 do Código de Processo Civil, não podendo os honorários ultrapassar R$ 151.000,00 (cento e cinquenta e um mil reais).

- § 1º com a redação dada pela MP nº 2.183-56, de 24-8-2001, que até o encerramento desta edição não havia sido convertida em Lei.
- O STF, por unanimidade, julgou parcialmente procedente a ADI nº 2.332-2 para declarar a constitucionalidade da estipulação de parâmetros mínimo e máximo para a concessão de honorários advocatícios previstos neste parágrafo, e declarar a inconstitucionalidade da expressão "não podendo os honorários ultrapassar R$ 151.000,00 (cento e cinquenta e um mil reais)" (*DJe* de 28-5-2018).
- Refere-se ao CPC/1973.
- Art. 85, §§ 3º e 8º, do CPC/2015.
- Súm. nº 617 do STF.
- Súm. nº 141 do TFR.
- Súmulas nºs 131 e 141 do STJ.

§ 2º A transmissão da propriedade decorrente de desapropriação amigável ou judicial, não ficará sujeita ao imposto de lucro imobiliário.

- § 2º acrescido pela Lei nº 2.786, de 21-5-1956.
- Art. 42 da Lei nº 6.766, de 19-12-1979 (Lei do Parcelamento do Solo).
- Súm. nº 39 do TFR.

§ 3º O disposto no § 1º deste artigo se aplica:

I – ao procedimento contraditório especial, de rito sumário, para o processo de desapropriação de imóvel rural, por interesse social, para fins de reforma agrária;

II – às ações de indenização por apossamento administrativo ou desapropriação indireta.

§ 4º O valor a que se refere o § 1º será atualizado, a partir de maio de 2000, no dia 1º de janeiro de cada ano, com base na variação acumulada do Índice de Preços ao Consumidor Amplo – IPCA do respectivo período.

▶ §§ 3º e 4º acrescidos pela MP nº 2.183-56, de 24-8-2001, que até o encerramento desta edição não havia sido convertida em Lei.

Art. 28. Da sentença que fixar o preço da indenização caberá apelação com efeito simplesmente devolutivo, quando interposta pelo expropriado, e com ambos os efeitos, quando o for pelo expropriante.

§ 1º A sentença que condenar a Fazenda Pública em quantia superior ao dobro da oferecida fica sujeita ao duplo grau de jurisdição.

▶ § 1º com a redação dada pela Lei nº 6.071, de 3-7-1974.

§ 2º Nas causas de valor igual ou inferior a dois contos de réis, observar-se-á o disposto no artigo 839 do Código de Processo Civil.

▶ Refere-se ao CPC/1973.

Art. 29. Efetuado o pagamento ou a consignação, expedir-se-á em favor do expropriante mandado de imissão de posse, valendo a sentença como título hábil para a transcrição no registro de imóveis.

Art. 30. As custas serão pagas pelo autor se o réu aceitar o preço oferecido; em caso contrário, pelo vencido, ou em proporção, na forma da lei.

DISPOSIÇÕES FINAIS

Art. 31. Ficam sub-rogados no preço quaisquer ônus ou direitos que recaiam sobre o bem expropriado.

Art. 32. O pagamento do preço será prévio e em dinheiro.

▶ *Caput* com a redação dada pela Lei nº 2.786, de 21-5-1956.

▶ Arts. 5º, XXIV, e 182, § 3º, da CF.

▶ Súm. nº 416 do STF.

§ 1º As dívidas fiscais serão deduzidas dos valores depositados, quando inscritas e ajuizadas.

§ 2º Incluem-se na disposição prevista no § 1º as multas decorrentes de inadimplemento e de obrigações fiscais.

§ 3º A discussão acerca dos valores inscritos ou executados será realizada em ação própria.

▶ §§ 1º a 3º acrescidos pela Lei nº 11.977, de 7-7-2009.

Art. 33. O depósito do preço fixado por sentença, à disposição do juiz da causa, é considerado pagamento prévio da indenização.

§ 1º O depósito far-se-á no Banco do Brasil ou, onde este não tiver agência, em estabelecimento bancário acreditado, a critério do juiz.

▶ Parágrafo único transformado em § 1º pela Lei nº 2.786, de 21-5-1956.

§ 2º O desapropriado, ainda que discorde do preço oferecido, do arbitrado ou do fixado pela sentença, poderá levantar até oitenta por cento do depósito feito para o fim previsto neste e no artigo 15, observado o processo estabelecido no artigo 34.

▶ § 2º acrescido pela Lei nº 2.786, de 21-5-1956.

Art. 34. O levantamento do preço será deferido mediante prova de propriedade, de quitação de dívidas fiscais que recaiam sobre o bem expropriado, e publicação de editais, com o prazo de dez dias, para conhecimento de terceiros.

Parágrafo único. Se o juiz verificar que há dúvida fundada sobre o domínio, o preço ficará em depósito, ressalvada aos interessados a ação própria para disputá-lo.

▶ Art. 5º do Dec.-lei nº 1.075, de 22-1-1970 (Lei da Imissão de Posse).

▶ Súm. nº 42 do TFR.

Art. 34-A. Se houver concordância, reduzida a termo, do expropriado, a decisão concessiva da imissão provisória na posse implicará a aquisição da propriedade pelo expropriante com o consequente registro da propriedade na matrícula do imóvel.

▶ *Caput* do art. 34-A acrescido pela Lei nº 13.465, de 11-7-2017.

§ 1º A concordância escrita do expropriado não implica renúncia ao seu direito de questionar o preço ofertado em juízo.

§ 2º Na hipótese deste artigo, o expropriado poderá levantar 100% (cem por cento) do depósito de que trata o art. 33 deste Decreto-Lei.

§ 3º Do valor a ser levantado pelo expropriado devem ser deduzidos os valores dispostos nos §§ 1º e 2º do art. 32 deste Decreto-Lei, bem como, a critério do juiz, aqueles tidos como necessários para o custeio das despesas processuais.

▶ §§ 1º a 3º acrescidos pela Lei nº 13.465, de 11-7-2017.

§ 4º Após a apresentação da contestação pelo expropriado, se não houver oposição expressa com relação à validade do decreto desapropriatório, deverá ser determinada a imediata transferência da propriedade do imóvel para o expropriante, independentemente de anuência expressa do expropriado, e prosseguirá o processo somente para resolução das questões litigiosas.

▶ § 4º acrescido pela Lei nº 14.421, de 20-7-2022.

Art. 35. Os bens expropriados, uma vez incorporados à Fazenda Pública, não podem ser objeto de reivindicação, ainda que fundada em nulidade do processo de desapropriação. Qualquer ação, julgada procedente, resolver-se-á em perdas e danos.

▶ Art. 519 do CC.

Art. 36. É permitida a ocupação temporária, que será indenizada, afinal, por ação própria, de terrenos não edificados, vizinhos às obras e necessários à sua realização. O expropriante prestará caução, quando exigida.

▶ Art. 83 do CPC/2015.

Art. 37. Aquele cujo bem for prejudicado extraordinariamente em sua destinação econômica pela desapropriação de áreas contíguas terá direito a reclamar perdas e danos do expropriante.

Art. 38. O réu responderá perante terceiros, e por ação própria, pela omissão ou sonegação de quaisquer informações que possam interessar à marcha do processo ou ao recebimento da indenização.

Art. 39. A ação de desapropriação pode ser proposta durante as férias forenses, e não se interrompe pela superveniência destas.

▶ Art. 93, XII, da CF.

▶ Arts. 214 e 215 do CPC/2015.

Art. 40. O expropriante poderá constituir servidões, mediante indenização na forma desta Lei.

Art. 41. As disposições desta Lei aplicam-se aos processos de desapropriação em curso, não se permitindo depois de sua vigência outros termos e atos além dos por ela admitidos, nem o seu processamento por forma diversa da que por ela é regulada.

Art. 42. No que esta Lei for omissa aplica-se o Código de Processo Civil.

▶ Súm. nº 218 do TFR.

Art. 43. Esta Lei entrará em vigor dez dias depois de publicada, no Distrito Federal, e trinta dias nos Estados e Território do Acre; revogadas as disposições em contrário.

Rio de Janeiro, 21 de junho de 1941;
120º da Independência e
53º da República.

Getúlio Vargas

DECRETO-LEI Nº 4.597, DE 19 DE AGOSTO DE 1942

Dispõe sobre a prescrição das ações contra a Fazenda Pública e dá outras providências.

▶ Publicado no *DOU* de 20-8-1942.

▶ Dec. nº 20.910, de 6-1-1932, regula a prescrição quinquenal.

▶ Lei nº 9.873, de 23-11-1999, estabelece prazo de prescrição para o exercício de ação punitiva pela Administração Pública, direta e indireta.

Art. 1º Salvo o caso do foro do contrato, compete à Justiça de cada Estado e à do Distrito Federal processar e julgar as causas em que for interessado, como autor, réu, assistente ou opoente, respectivamente, o mesmo Estado, ou seus Municípios, e o Distrito Federal.

▶ Art. 110 da CF.

Parágrafo único. O disposto neste artigo não se aplica às causas já ajuizadas.

Art. 2º O Decreto nº 20.910, de 6 de janeiro de 1932, que regula a prescrição quinquenal, abrange as dívidas passivas das autarquias, ou entidades e órgãos paraestatais, criados por lei e mantidos mediante impostos, taxas ou quaisquer contribuições, exigidas em virtude de lei federal, estadual ou municipal, bem como a todo e qualquer direito e ação contra os mesmos.

Art. 3º A prescrição das dívidas, direitos e ações a que se refere o Decreto nº 20.910, de 6 de janeiro de 1932, somente pode ser interrompida uma vez, e recomeça a correr, pela metade do prazo, da data do ato que a interrompeu, ou do último do processo para a interromper; consumar-se-á a prescrição no curso da lide sempre que a partir do último ato ou termo da mesma, inclusive da sentença nela proferida, embora passada em julgado, decorrer o prazo de dois anos e meio.

▶ Súm. nº 383 do STF.

Art. 4º As disposições do artigo anterior aplicam-se desde logo a todas as dívidas, direitos e ações a que se referem, ainda não extintos por qualquer causa, ajuizados ou não, devendo prescrição ser alegada e decretada em qualquer tempo e instância, inclusive nas execuções de sentença.

Art. 5º Este Decreto-lei entrará em vigor na data da sua publicação, revogadas as disposições em contrário.

Rio de Janeiro, 19 de agosto de 1942;
121º da Independência e
54º da República.

Getúlio Vargas

DECRETO-LEI Nº 9.760, DE 5 DE SETEMBRO DE 1946

Dispõe sobre os bens imóveis da União e dá outras providências.

▶ Publicado no *DOU* de 6-9-1946.

▶ Lei nº 9.636, de 15-5-1998, dispõe sobre a regularização, administração, aforamento e alienação de bens imóveis de domínio da União.

TÍTULO I – DOS BENS IMÓVEIS DA UNIÃO

CAPÍTULO I – DA DECLARAÇÃO DOS BENS

Seção I – *DA ENUNCIAÇÃO*

Art. 1º Incluem-se entre os bens imóveis da União:

▶ Art. 20 da CF.

a) os terrenos de marinha e seus acrescidos;

▶ Súm. nº 496 do STJ.

b) os terrenos marginais dos rios navegáveis, em Territórios Federais, se, por qualquer título legítimo, não pertencerem a particular;

c) os terrenos marginais de rios e as ilhas nestes situadas na faixa da fronteira do território nacional e nas zonas onde se faça sentir a influência das marés;

▶ O STF, por unanimidade, julgou improcedente a ADPF nº 1.008, para declarar esta alínea recepcionada pela Constituição Federal (*DOU* de 27-6-2023).

d) as ilhas situadas nos mares territoriais ou não, se por qualquer título legítimo não pertencerem aos Estados, Municípios ou particulares;

e) a porção de terras devolutas que for indispensável para a defesa da fronteira, fortificações, construções militares e estradas de ferro federais;

f) as terras devolutas situadas nos Territórios Federais;

g) as estradas de ferro, instalações portuárias, telégrafos, telefones, fábricas, oficinas e fazendas nacionais;

h) os terrenos dos extintos aldeamentos de índios e das colônias militares, que não tenham passado, legalmente, para o domínio dos Estados, Municípios ou particulares;

i) os arsenais com todo o material de marinha, exército e aviação, as fortalezas, fortificações e construções militares, bem como os terrenos adjacentes, reservados por ato imperial;

j) os que foram do domínio da Coroa;

k) os bens perdidos pelo criminoso condenado por sentença proferida em processo judiciário federal;

▶ Art. 91, II, do CP.

l) os que tenham sido a algum título, ou em virtude de lei, incorporados ao seu patrimônio.

Seção II – *DA CONCEITUAÇÃO*

Art. 2º São terrenos de marinha, em uma profundidade de 33 (trinta e três) metros, medidos horizontalmente, para a parte da terra, da posição da linha do preamar médio de 1831:

▶ Súm. nº 496 do STJ.

a) os situados no continente, na costa marítima e nas margens dos rios e lagoas, até onde se faça sentir a influência das marés;

b) os que contornam as ilhas situadas em zona onde se faça sentir a influência das marés.

Parágrafo único. Para os efeitos deste artigo a influência das marés é caracterizada pela oscilação periódica de 5 (cinco) centímetros pelo menos, do nível das águas, que ocorra em qualquer época do ano.

Art. 3º São terrenos acrescidos de marinha os que se tiverem formado natural ou artificialmente, para o lado do mar ou dos rios e lagoas, em seguimento aos terrenos de marinha.

▶ Súm. nº 496 do STJ.

Art. 4º São terrenos marginais os que banhados pelas correntes navegáveis, fora do alcance das marés, vão até a distância de 15 (quinze) metros, medidos horizontalmente para a parte da terra, contados desde a linha média das enchentes ordinárias.

Art. 5º São devolutas, na faixa da fronteira, nos Territórios Federais e no Distrito Federal, as terras que, não sendo próprias nem aplicadas a algum uso público federal, estadual ou municipal, não se incorporaram ao domínio privado:

a) por força da Lei nº 601, de 18 de setembro de 1850, Decreto nº 1.318, de 30 de janeiro de 1854, e outras leis e decretos gerais, federais e estaduais;

b) em virtude de alienação, concessão ou reconhecimento por parte da União ou dos Estados;

c) em virtude de lei ou concessão emanada de governo estrangeiro e ratificada ou reconhecida, expressa ou implicitamente, pelo Brasil, em tratado ou convenção de limites;

d) em virtude de sentença judicial com força de coisa julgada;

e) por se acharem em posse contínua e incontestada com justo título e boa-fé, por termo superior a 20 (vinte) anos;

▶ Art. 175 deste Decreto-Lei.

f) por se acharem em posse pacífica e ininterrupta, por 30 (trinta) anos, independentemente de justo título e de boa-fé;

▶ Art. 175 deste Decreto-Lei.

g) por força de sentença declaratória nos termos do art. 148 da Constituição Federal, de 10 de novembro de 1937.

▶ Art. 175 deste Decreto-Lei.

Parágrafo único. A posse a que a União condiciona a sua liberalidade não pode constituir latifúndio e depende do efetivo aproveitamento e morada do possuidor ou do seu preposto, integralmente satisfeitas por estes, no caso de posse de terras situadas na faixa da fronteira, as condições especiais impostas na lei.

▶ Arts. 26, IV, 188 e 225, § 5º, da CF.

▶ Art. 175 deste Decreto-Lei.

CAPÍTULO II – DA IDENTIFICAÇÃO DOS BENS

Seção I – *DISPOSIÇÕES GERAIS*

Arts. 6º a 8º *Revogados.* Lei nº 11.481, de 31-5-2007.

Seção II – *DA DEMARCAÇÃO DOS TERRENOS DE MARINHA*

Art. 9º É da competência do Serviço do Patrimônio da União (SPU) a determinação da posição das linhas do preamar médio do ano de 1831 e da média das enchentes ordinárias.

Parágrafo único. A partir da linha demarcatória posicionada na forma do *caput* deste artigo, o procedimento de demarcação física de limites entre os terrenos de domínio da União e os imóveis de terceiros poderá ser realizado pela União, por outros entes públicos ou por particulares, nos termos definidos em ato do Secretário de Coordenação e Governança do Patrimônio da União, observados os procedimentos licitatórios quando for o caso.

▶ Parágrafo único acrescido pela Lei nº 14.474, de 6-12-2022.

Art. 10. A determinação será feita à vista de documentos e plantas de autenticidade irrecusável, relativos àquele ano, ou, quando não obtidos, à época que do mesmo se aproxime.

Art. 11. A Secretaria de Coordenação e Governança do Patrimônio da União realizará, no âmbito do processo demarcatório, audiência pública de demarcação das áreas da União, presencial ou eletrônica, nos Municípios abrangidos pelo trecho a ser demarcado.

▶ *Caput* com a redação dada pela Lei nº 14.474, de 6-12-2022.

§ 1º A Secretaria de Coordenação e Governança do Patrimônio da União notificará o Município sobre a abertura do processo demarcatório e a apresentação de documentos históricos, cartográficos e institucionais, informando a respeito da realização da audiência e da cooperação na execução de procedimentos técnicos, inclusive quanto à publicidade perante a população local.

§ 2º A Secretaria de Coordenação e Governança do Patrimônio da União fará o convite para a audiência pública, por meio de publicação em seu sítio eletrônico institucional e no *Diário Oficial da União* em até 30 (trinta) dias de sua realização, não descartados outros meios de publicidade.

§ 3º Na audiência pública, além de colher documentos históricos, cartográficos e institucionais relativos ao trecho a ser demarcado, a Secretaria de Coordenação e Governança do Patrimônio da União apresentará à população interessada informações e esclarecimentos sobre o processo demarcatório, recebendo os referidos documentos em até 30 (trinta) dias após a sua realização.

▶ §§ 1º a 3º com a redação dada pela Lei nº 14.474, de 6-12-2022.

§ 4º *Revogado.* Lei nº 14.474, de 6-12-2022.

§ 5º As audiências públicas a serem realizadas nos Municípios abrangidos pelo mesmo trecho a ser demarcado poderão ser simultâneas ou agrupadas.

▶ § 5º acrescido pela Lei nº 14.474, de 6-12-2022.

Art. 12. Após a realização dos trabalhos técnicos que se fizerem necessários, o Superintendente do Patrimônio da União no Estado determinará a posição da linha demarcatória por despacho.

▶ *Caput* com a redação dada pela Lei nº 13.139, de 26-6-2015.

Parágrafo único. *Revogado.* Lei nº 13.139, de 26-6-2015.

Art. 12-A. A Secretaria do Patrimônio da União do Ministério do Planejamento, Orçamento e Gestão fará notificação pessoal dos interessados certos alcançados pelo traçado da linha demarcatória para, no prazo de 60 (sessenta) dias, oferecerem quaisquer impugnações.

§ 1º Na área urbana, considera-se interessado certo o responsável pelo imóvel alcançado pelo traçado da linha demarcatória até a linha limite de terreno marginal ou de terreno de marinha que esteja cadastrado na Secretaria do Patrimônio da União ou inscrito no cadastro do Imposto Predial e Territorial Urbano (IPTU) ou outro cadastro que vier a substituí-lo.

§ 2º Na área rural, considera-se interessado certo o responsável pelo imóvel alcançado pelo traçado da linha demarcatória até a linha limite de terreno marginal que esteja cadastrado na Secretaria do Patrimônio da União e, subsidiariamente, esteja inscrito no Cadastro Nacional de Imóveis Rurais (CNIR) ou outro que vier a substituí-lo.

§ 3º O Município e o Instituto Nacional de Colonização e Reforma Agrária (INCRA), no prazo de 30 (trinta) dias contado da solicitação da Secretaria do Patrimônio da União, deverão fornecer a relação dos inscritos nos cadastros previstos nos §§ 1º e 2º.

§ 4º A relação dos imóveis constantes dos cadastros referidos nos §§ 1º e 2º deverá ser fornecida pelo Município e pelo INCRA no prazo de 30 (trinta) dias contado da solicitação da Secretaria do Patrimônio da União.

§ 5º A atribuição da qualidade de interessado certo independe da existência de título registrado no Cartório de Registro de Imóveis.

▶ Art. 12-A acrescido pela Lei nº 13.139, de 26-6-2015.

Art. 12-B. A Secretaria do Patrimônio da União do Ministério do Planejamento, Orçamento e Gestão fará notificação por edital, por meio de publicação em jornal de grande circulação no local do trecho demarcado e no *Diário Oficial da União*, dos interessados incertos alcançados pelo traçado da linha demarcatória para, no prazo de 60 (sessenta) dias, apresentarem quaisquer impugnações, que poderão ser dotadas de efeito suspensivo nos termos do parágrafo único do art. 61 da Lei nº 9.784, de 29 de janeiro de 1999.

▶ Art. 12-B acrescido pela Lei nº 13.139, de 26-6-2015.

Art. 12-C. Fica a Secretaria do Patrimônio da União (SPU) autorizada a concluir até 31 de dezembro de 2025 a identificação dos terrenos marginais de rio federal navegável, dos terrenos de marinha e seus acrescidos, de que tratam os arts. 2º, 3º e 4º deste Decreto-Lei.

Parágrafo único. A conclusão de que trata este artigo refere-se ao disposto no *caput* do art. 12 deste Decreto-Lei.

▶ Art. 12-C acrescido pela Lei nº 13.465, de 11-7-2017.

Art. 13. Tomando conhecimento das impugnações eventualmente apresentadas, o Superintendente do Patrimônio da União no Estado reexaminará o assunto e, se confirmar sua decisão, notificará os recorrentes que, no prazo improrrogável de 20 (vinte) dias contado da data de sua ciência, poderão interpor recurso, que poderá ser dotado de efeito suspensivo, dirigido ao Secretário do Patrimônio da União do Ministério do Planejamento, Orçamento e Gestão.

Parágrafo único. O efeito suspensivo de que tratam o *caput* e o art. 12-B aplicar-se-á apenas à demarcação do trecho impugnado, salvo se o fundamento alegado na impugnação ou no recurso for aplicável a trechos contíguos, hipótese em que o efeito suspensivo, se deferido, será estendido a todos eles.

▶ Art. 13 com a redação dada pela Lei nº 13.139, de 26-6-2015.

Art. 14. Da decisão proferida pelo Secretário de Coordenação e Governança do Patrimônio da União da Secretaria Especial de Desestatização, Desinvestimento e Mercados do Ministério da Economia será dado conhecimento aos recorrentes que, no prazo de 20 (vinte) dias, contado da data de sua ciência, poderão interpor recurso, sem efeito suspensivo, dirigido ao superior hierárquico, em última instância.

▶ Artigo com a redação dada pela Lei nº 13.874, de 20-9-2019.

Seção III

DA DEMARCAÇÃO DE TERRAS INTERIORES

Art. 15. Serão promovidas pelo SPU as demarcações e aviventações de rumos, desde que necessárias à exata individuação dos imóveis de domínio da União e sua perfeita discriminação da propriedade de terceiros.

Art. 16. Na eventualidade prevista, no artigo anterior, o órgão local do SPU convidará por edital sem prejuízo sempre que possível, de convite por outro meio, os que se julgarem com direito aos imóveis confinantes a, dentro do prazo de 60 (sessenta) dias, oferecerem a exame os títulos, em que fundamentam seus direitos e bem assim quaisquer documentos elucidativos, como plantas, memoriais etc.

▶ Art. 18 deste Decreto-Lei.

Parágrafo único. O edital será afixado na repartição arrecadadora da Fazenda Nacional, na localidade da situação do imóvel, e publicado no órgão oficial do Estado ou Território, ou na folha que lhe publicar o expediente, e no *Diário Oficial da União*, em se tratando de imóvel situado no Distrito Federal.

Art. 17. Examinados os documentos exibidos pelos interessados e quaisquer outros de que possa dispor, o SPU, se entender aconselhável, proporá ao confinante a realização da diligência de demarcação administrativa, mediante prévia assinatura de termo em que as partes interessadas se comprometam a aceitar a decisão que for proferida em última instância pelo CTU, desde que seja o caso.

§ 1º Se não concordarem as partes na indicação de um só, os trabalhos demarcatórios serão efetuados por 2 (dois) peritos, obrigatoriamente engenheiros ou agrimensores, designados um pelo SPU, outro pelo confinante.

§ 2º Concluídas suas investigações preliminares os peritos apresentarão, conjuntamente ou não, laudo minucioso, concluindo pelo estabelecimento da linha divisória das propriedades demarcadas.

§ 3º Em face do laudo ou laudos apresentados, se houver acordo entre a União, representada pelo Procurador da Fazenda Pública, e o confinante, quanto ao estabelecimento da linha divisória, lavrar-se-á termo em livro próprio, do órgão local do SPU, efetuando o seu perito a cravação dos marcos, de acordo com o vencido.

§ 4º O termo a que se refere o parágrafo anterior, isento de selos ou quaisquer emolumentos, terá força, de escritura pública e por meio de certidão de inteiro teor será devidamente averbado no Registro Geral da situação dos imóveis demarcados.

§ 5º Não chegando as partes ao acordo a que se refere o § 3º deste artigo, o processo será submetido ao exame do CTU, cuja decisão terá força de sentença definitiva para a averbação aludida no parágrafo anterior.

§ 6º As despesas com a diligência da demarcação serão rateadas entre o confinante e a União, indenizada esta da metade a cargo daquele.

Art. 18. Não sendo atendido pelo confinante o convite mencionado no art. 16, ou se ele se recusar a assinar o termo em que se comprometa aceitar a demarcação administrativa, o SPU providenciará no sentido de se proceder à demarcação judicial, pelos meios ordinários.

Seção III-A

DA DEMARCAÇÃO DE TERRENOS PARA REGULARIZAÇÃO FUNDIÁRIA DE INTERESSE SOCIAL

▶ Seção III-A acrescida pela Lei nº 11.481, de 31-5-2007.

Art. 18-A. A União poderá lavrar auto de demarcação nos seus imóveis, nos casos de regularização fundiária de interesse social, com base no levantamento da situação da área a ser regularizada.

§ 1º Considera-se regularização fundiária de interesse social aquela destinada a atender a famílias com renda familiar mensal não superior a 5 (cinco) salários mínimos.

§ 2º O auto de demarcação assinado pelo Secretário do Patrimônio da União deve ser instruído com:

I – planta e memorial descritivo da área a ser regularizada, dos quais constem a sua descrição, com suas medidas perimetrais, área total, localização, confrontantes, coordenadas preferencialmente georreferenciadas dos vértices definidores de seus limites, bem como seu número de matrícula ou transcrição e o nome do pretenso proprietário, quando houver;

II – planta de sobreposição da área demarcada com a sua situação constante do registro de imóveis e, quando houver, transcrição ou matrícula respectiva;

III – certidão da matrícula ou transcrição relativa à área a ser regularizada, emitida pelo registro de imóveis competente e das circunscrições imobiliárias anteriormente competentes, quando houver;

IV – certidão da Secretaria do Patrimônio da União de que a área pertence ao patrimônio da União, indicando o Registro Imobiliário Patrimonial – RIP e o responsável pelo imóvel, quando for o caso;

V – planta de demarcação da Linha Preamar Média – LPM, quando se tratar de terrenos de marinha ou acrescidos; e

VI – planta de demarcação da Linha Média das Enchentes Ordinárias – LMEO, quando se tratar de terrenos marginais de rios federais.

§ 3º As plantas e memoriais mencionados nos incisos I e II do § 2º deste artigo devem ser assinados por profissional legalmente habilitado, com prova de anotação de responsabilidade técnica no competente Conselho Regional de Engenharia e Arquitetura – CREA.

§ 4º Entende-se por responsável pelo imóvel o titular de direito outorgado pela União, devidamente identificado no RIP.

Art. 18-B. Prenotado e autuado o pedido de registro da demarcação no registro de imóveis, o oficial, no prazo de 30 (trinta) dias, procederá às buscas para identificação de matrículas ou transcrições correspondentes à área a ser regularizada e examinará os documentos apresentados, comunicando ao apresentante, de 1 (uma) única vez, a existência de eventuais exigências para a efetivação do registro.

Art. 18-C. Inexistindo matrícula ou transcrição anterior e estando a documentação em ordem, ou atendidas as exigências feitas no art. 18-B desta Lei, o oficial do registro de imóveis deve abrir matrícula do imóvel em nome da União e registrar o auto de demarcação.

Art. 18-D. Havendo registro anterior, o oficial do registro de imóveis deve notificar pessoalmente o titular de domínio, no imóvel, no endereço que constar do registro imobiliário ou no endereço fornecido pela União, e, por meio de edital, os confrontantes, ocupantes e terceiros interessados.

§ 1º Não sendo encontrado o titular de domínio, tal fato será certificado pelo oficial encarregado da diligência, que promoverá sua notificação mediante o edital referido no *caput* deste artigo.

§ 2º O edital conterá resumo do pedido de registro da demarcação, com a descrição que permita a identificação da área demarcada, e deverá ser publicado por 2 (duas) vezes, dentro do prazo de 30 (trinta) dias, em um jornal de grande circulação local.

§ 3º No prazo de 15 (quinze) dias, contado da última publicação, poderá ser apresentada impugnação do pedido de registro do auto de demarcação perante o registro de imóveis.

§ 4º Presumir-se-á a anuência dos notificados que deixarem de apresentar impugnação no prazo previsto no § 3º deste artigo.

§ 5º A publicação dos editais de que trata este artigo será feita pela União, que encaminhará ao oficial do registro de imóveis os exemplares dos jornais que os tenham publicado.

Art. 18-E. Decorrido o prazo previsto no § 3º do art. 18-D desta Lei sem impugnação, o oficial do registro de imóveis deve abrir matrícula do imóvel em nome da União e registrar o auto de demarcação, procedendo às averbações necessárias nas matrículas ou transcrições anteriores, quando for o caso.

Parágrafo único. Havendo registro de direito real sobre a área demarcada ou parte dela, o oficial deverá proceder ao cancelamento de seu registro em decorrência da abertura da nova matrícula em nome da União.

Art. 18-F. Havendo impugnação, o oficial do registro de imóveis dará ciência de seus termos à União.

§ 1º Não havendo acordo entre impugnante e a União, a questão deve ser encaminhada ao juízo competente, dando-se continuidade ao procedimento de registro relativo ao remanescente incontroverso.

§ 2º Julgada improcedente a impugnação, os autos devem ser encaminhados ao registro de imóveis para que o oficial proceda na forma do art. 18-E desta Lei.

§ 3º Sendo julgada procedente a impugnação, os autos devem ser restituídos ao registro de imóveis para as anotações necessárias e posterior devolução ao poder público.

§ 4º A prenotação do requerimento de registro da demarcação ficará prorrogada até o cumprimento da decisão proferida pelo juiz ou até seu cancelamento a requerimento da União, não se aplicando às regularizações previstas nesta Seção o cancelamento por decurso de prazo.

▸ Arts. 18-A a 18-F acrescidos pela Lei nº 11.481, de 31-5-2007.

Seção IV
DA DISCRIMINAÇÃO DE TERRAS DA UNIÃO

▸ Art. 1º, I, da Lei nº 5.972, de 11-12-1973, que regula o procedimento para o registro da propriedade de bens imóveis discriminados administrativamente ou possuídos pela União.

▸ Art. 32 da Lei nº 6.383, de 7-12-1976 (Lei das Ações Discriminatórias).

Subseção I
DISPOSIÇÕES PRELIMINARES

Art. 19. Incumbe ao SPU promover, em nome da Fazenda Nacional, a discriminação administrativa das terras na faixa de fronteira e nos Territórios Federais, bem como de outras terras do domínio da União, a fim de descrevê-las, medi-las e extremá-las das do domínio particular.

Art. 20. Aos bens imóveis da União, quando indevidamente ocupados, invadidos, turbados na posse, ameaçados de perigos ou confundidos em suas limitações, cabem os remédios de direito comum.

Art. 21. Desdobra-se em duas fases ou instâncias o processo discriminatório, uma administrativa ou amigável, outra judicial, recorrendo a Fazenda Nacional à segunda, relativamente àqueles contra quem não houver surtido ou não puder surtir efeitos a primeira.

Parágrafo único. Dispensar-se-á, todavia, a fase administrativa ou amigável, nas discriminatórias, em que a Fazenda Nacional verificar ser a mesma de todo ou em grande parte ineficaz pela incapacidade, ausência ou conhecida oposição da totalidade ou maioria dos interessados.

Subseção II
DA DISCRIMINAÇÃO ADMINISTRATIVA

Art. 22. Procederá à abertura da instância administrativa o reconhecimento prévio da área discriminada, por engenheiro ou agrimensor com exercício no órgão local do SPU, que apresentará relatório ou memorial descritivo:

a) do perímetro com suas características e continência certa ou aproximada;

b) das propriedades e posses nele localizadas ou a ele confinantes, com os nomes e residências dos respectivos proprietários e possuidores;

c) das criações, benfeitorias e culturas, encontradas, assim como de qualquer manifestação evidente de posse das terras;

d) de um *croqui* circunstanciado quanto possível;

e) de outras quaisquer informações interessantes.

▸ Art. 34, parágrafo único, deste Decreto-Lei.

Art. 23. Com o memorial e documentos que porventura o instruírem, o Procurador da Fazenda Pública iniciará o processo, convocando os interessados para em dia, hora e lugar indicados com prazo antecedente não menor de 60 (sessenta) dias se instalarem os trabalhos de discriminação e apresentarem as partes seus títulos, documentos e informações que lhe possam interessar.

§ 1º O processo discriminatório correrá na sede da situação da área discriminanda ou de sua maior parte.

§ 2º A convocação ou citação será feita aos proprietários, possuidores, confinantes, a todos os interessados em geral, inclusive as mulheres casadas, por editais, e, além disso, cautelariamente, por carta àqueles cujos nomes constarem do memorial do engenheiro ou agrimensor.

§ 3º Os editais serão afixados em lugares públicos nas sedes dos municípios e distritos de paz, publicados 3 (três) vezes do *Diário Oficial da União*, do Estado ou Território, consoante seja o caso, ou na folha que lhe der publicidade ao expediente, e 2 (duas) vezes, na imprensa local, onde houver.

Art. 24. No dia, hora e lugar aprazados, o Procurador da Fazenda Pública, acompanhado do engenheiro ou agrimensor autor do memorial, do escrivão para isso designado pelo Chefe do órgão local do SPU, e dos servidores deste, que forem necessários, abrirá a diligência, dará por instalados os trabalhos e mandará fazer pelo escrivão a chamada dos interessados, procedendo-se a seguir ao recebimento, exame e conferência dos memoriais, requerimentos, informações, títulos e documentos apresentados pelos mesmos, bem como ao arrolamento das testemunhas informantes e indicação de 1 (um) ou 2 (dois) peritos que os citados porventura queiram eleger, por maioria de votos, para acompanhar e esclarecer o engenheiro ou agrimensor nos trabalhos topográficos.

§ 1º Com os documentos, pedidos e informações, deverão os interessados, sempre que lhes for possível e tanto quanto o for prestar esclarecimentos, por escrito ou verbalmente, para serem reduzidos a termo pelo escrivão, acerca da origem e sequência de seus títulos ou posse, da localização, valor estimado e área certa ou aproximada das terras de que se julgarem legítimos senhores ou possuidores, de suas confrontações, dos nomes dos confrontantes, da natureza, qualidade, quantidade e valor das benfeitorias, culturas e criações nelas existentes e o montante do imposto territorial porventura pago.

§ 2º As testemunhas oferecidas podem ser ouvidas desde logo e seus depoimentos tomados por escrito, como elementos instrutivos do direito dos interessados.

§ 3º A diligência se prolongará por tantos dias quantos necessários, lavrando-se diariamente auto do que se passar com assinatura dos presentes.

§ 4º Ultimados os trabalhos desta diligência, serão designados dia e hora para a seguinte, ficando as partes, presentes e revéis, convocadas para ela sem mais intimação.

§ 5º Entre as duas diligências mediará intervalo de 30 (trinta) a 60 (sessenta) dias, durante o qual o Procurador da Fazenda Pública estudará os autos, habilitando-se a pronunciar sobre as alegações, documentos e direitos dos interessados.

Art. 25. A segunda diligência instalar-se-á com as formalidades da primeira, tendo por objeto a audiência dos interessados de lado a lado, o acordo que entre eles se firmar sobre a propriedade e posses que forem reconhecidas, o registro dos que são excluídos do processo, por não haverem chegado a acordo ou serem revéis, e a designação do ponto de partida dos trabalhos topográficos; o que tudo se assentará em autos circunstanciados, com assinatura dos interessados presentes.

Art. 26. Em seguida o engenheiro ou agrimensor acompanhado de tantos auxiliares quantos necessários, procederá aos trabalhos geodésicos e topográficos de levantamento da planta geral das terras, sua situação quanto à divisão administrativa e judiciária do Estado, Distrito ou Território, sua discriminação, medição e demarcação, separando as da Fazenda Nacional das dos particulares.

§ 1º O levantamento técnico se fará com instrumentos de precisão, orientada a planta segundo o meridiano do lugar e determinada a declinação da agulha magnética.

§ 2º A planta deve ser tão minuciosa quanto possível, assinalando as correntes de água com seu valor mecânico, e conformação orográfica aproximativa dos terrenos, as construções existentes, os quinhões de cada um, com as respectivas áreas e situação na divisão administrativa e judiciária do Estado, Distrito ou Território, valos, cercas, muros, tapumes, limites ou marcos divisórios, vias de comunicação e por meio de convenções, as culturas, campos, matas, capoeiras, cerrados, caatingas e brejos.

§ 3º A planta será acompanhada de relatório que descreverá circunstanciadamente as indicações daquela, as propriedades culturais, mineralógicas, pastoris e industriais do solo, a qualidade e quantidade das várias áreas de vegetação diversa, a distância dos povoados, pontos de embarque e vias de comunicação.

§ 4º Os peritos nomeados e as partes que quiserem poderão acompanhar os trabalhos topográficos.

§ 5º Se durante estes surgirem dúvidas que interrompam ou embaracem as operações, o engenheiro ou agrimensor as submeterá ao chefe do órgão local do SPU para que as resolva com a parte interessada, ouvindo os peritos e testemunhas, se preciso.

Art. 27. Tomar-se-á nos autos termo à parte para cada um dos interessados, assinado pelo representante do órgão local do SPU contendo a descrição precisa das linhas e marcos divisórios, culturas e outras especificações constantes da planta geral e relatório do engenheiro ou agrimensor.

▸ Art. 30 deste Decreto-Lei.

Art. 28. Findos os trabalhos, de tudo se lavrará auto solene e circunstanciado, em que as partes de lado a lado reconheçam e aceitem, em todos os seus atos, dizeres e operações, a discriminação feita. O auto fará menção expressa de cada um dos termos a que alude o artigo antecedente e será assinado por todos os interessados, fazendo-o em nome da União, o Procurador da Fazenda Pública.

▸ Art. 30 deste Decreto-Lei.

Art. 29. A discriminação administrativa ou amigável não confere direito algum contra terceiros, senão contra a União e aqueles que forem partes no feito.

Art. 30. É lícito ao interessado tirar no SPU, para seu título, instrumento de discriminação, em forma de carta de sentença, contendo o termo e auto solene a que aludem os arts. 27 e 28. Tal carta, assinada pelo Diretor do SPU, terá força orgânica de instrumento público e conterá todos os requisitos necessários, para transcrições e averbações nos Registros Públicos.

Parágrafo único. Para a providência de que trata este artigo, subirão ao Diretor do SPU, em traslado todas as peças que interessem ao despacho do pedido, com o parecer do órgão local do mesmo Serviço.

Art. 31. Os particulares não pagam custas no processo discriminatório administrativo, salvo pelas diligências a seu exclusivo interesse e pela expedição das cartas de discriminação, para as quais as taxas serão as do Regimento de Custas.

Parágrafo único. Serão fornecidas gratuitamente as certidões necessárias à instrução do processo e as cartas de discriminação requeridas pelos possuidores de áreas consideradas diminutas, cujo valor declarado não seja superior a CR$ 5.000,00 (cinco mil cruzeiros), a critério do SPU.

Subseção III – *DA DISCRIMINAÇÃO JUDICIAL*

Art. 32. Contra aqueles que discordarem em qualquer termo da instância administrativa ou por qualquer motivo não entrarem em composição amigável, abrirá a União, por seu representante em Juízo, a instância judicial contenciosa.

Art. 33. Correrá o processo judiciário de discriminação perante o Juízo competente, de acordo com a organização judiciária.

Art. 34. Na petição inicial, a União requererá a citação dos proprietários, possuidores, confinantes e em geral de todos os interessados, para acompanharem o processo de discriminação até o final, exibindo seus títulos de propriedade ou prestando minuciosas informações sobre suas posses ou ocupações, ainda que sem títulos documentários.

Parágrafo único. A petição será instruída com o relatório a que alude o artigo 22.

Art. 35. A citação inicial compreenderá todos os atos do processo discriminatório sendo de rigor a citação da mulher casada e do Ministério Público, quando houver menor interessado.

Art. 36. A forma e os prazos de citação obedecerão ao que dispõe o Código do Processo Civil.

Art. 37. Entregue em cartório o mandado de citação pessoal devidamente cumprido e findo o prazo da citação por edital, terão os interessados o prazo comum de 30 (trinta) dias para as providências do artigo seguinte.

Art. 38. Com os títulos, documentos e informações, deverão os interessados oferecer esclarecimentos por escrito, tão minuciosos quanto possível, especialmente acerca da origem e sequência de seus títulos, posses e ocupação.

Art. 39. Organizados os autos, tê-los-á com vista por 60 (sessenta) dias o representante da União em Juízo para manifestar-se em memorial minucioso sobre os documentos, informações e pretensões dos interessados, bem como sobre o direito da União às terras que não forem do domínio particular, nos termos do artigo 5º deste Decreto-lei.

Parágrafo único. O Juiz poderá prorrogar, mediante requerimento, o prazo de que trata este artigo no máximo por mais 60 (sessenta) dias.

Art. 40. No memorial, depois de requerer a exclusão das áreas que houver reconhecido como do domínio particular, na forma do artigo antecedente, pedirá, a Procuradoria da República a discriminação das remanescentes como de domínio da União, indicando todos os elementos indispensáveis para esclarecimento da causa e, especialmente, os característicos das áreas que devam ser declaradas do mesmo domínio.

Art. 41. No memorial pedir-se-á a produção das provas juntamente com as perícias necessárias à demonstração do alegado pela União.

Art. 42. Devolvidos os autos a cartório, dar-se-á por edital, com prazo de 30 (trinta) dias, conhecimento das conclusões do memorial aos interessados, para que possam, querendo, concordar com as conclusões da Fazenda Nacional, e requerer a regularização de suas posses ou sanar quaisquer omissões que hajam cometido na defesa de seus direitos. Este edital será publicado 1 (uma) vez no *Diário Oficial da União*, do Estado, ou do Território, consoante seja o caso, ou na folha que lhe publicar o expediente, bem como na imprensa local, onde houver.

Art. 43. Conclusos os autos, o Juiz tomando conhecimento do memorial da União excluirá as áreas por essa reconhecidas como do domínio particular e quanto ao pedido de discriminação das áreas restantes, nomeará para as operações discriminatórias o engenheiro ou agrimensor, 2 (dois) peritos da confiança dele Juiz e os suplentes daquele e destes.

§ 1º O engenheiro ou agrimensor e seu suplente, serão propostos pelo SPU dentre os servidores de que dispuser, ficando-lhe facultado contratar auxiliares para os serviços de campo.

§ 2º Poderão as partes, por maioria de votos, indicar, ao Juiz, assistente técnico de sua confiança ao engenheiro ou agrimensor.

Art. 44. Em seguida terão as partes o prazo comum de 20 (vinte) dias para contestação, a contar da publicação do despacho a que se refere o artigo precedente, e que se fará no *Diário Oficial da União*, do Estado ou do Território, consoante seja o caso, ou na folha que lhe editar o expediente, bem como na imprensa local, se houver.

Art. 45. Se nenhum interessado contestar o pedido, o Juiz julgará de plano procedente a ação.

Parágrafo único. Havendo contestação, a causa tomará o curso ordinário e o Juiz proferirá o despacho saneador.

Art. 46. No despacho saneador procederá o Juiz na forma do art. 294 do Código do Processo Civil.

▸ Refere-se ao CPC/1939. Art. 331, § 2º, do CPC/1973. Trata da matéria atualmente o art. 357 do CPC/2015.

▸ Súm. nº 424 do STF.

Art. 47. Se não houver sido requerida prova alguma ou findo o prazo para sua produção, mandará o Juiz que se proceda à audiência de instrução e julgamento na forma do Código de Processo Civil.

Art. 48. Proferida a sentença e dele intimados os interessados, iniciar-se-á, a despeito de qualquer recurso, o levantamento e demarcação do perímetro declarado devoluto, extremando-o das áreas declaradas particulares, contestes e incontestes; para o que requererá a Fazenda Nacional, ou qualquer dos interessados, designação de dia, hora e lugar para começo das operações técnicas da discriminação, notificadas as partes presentes ou representadas, o engenheiro ou agrimensor e os peritos.

§ 1º O recurso da sentença será o que determinar o Código do Processo Civil para decisões análogas.

§ 2º O recurso subirá ao Juízo *ad quem* nos autos suplementares, que se organizarão como no processo ordinário.

§ 3º Serão desde logo avaliadas, na forma de direito, as benfeitorias indenizáveis dos interessados que foram excluídos ou de terceiros, reconhecidos de boa-fé pela sentença (Código do Processo Civil, art. 996, parágrafo único).

▸ Refere-se ao CPC/1939.

Art. 49. Em seguida, o engenheiro ou agrimensor, acompanhado de seus auxiliares, procederá aos trabalhos geodésicos e topográficos de levantamento da planta geral das terras, sua situação quanto à divisão administrativa e judiciária do Estado, Distrito ou Território, sua discriminação, medição e demarcação, separando-as das terras particulares.

Parágrafo único. Na demarcação do perímetro devoluto atenderá o engenheiro ou agrimensor à sentença, títulos, posses, marcos, rumos, vestígios encontrados, fama da vizinhança, informações de testemunhas e antigos conhecedores do lugar e a outros elementos que coligir.

Art. 50. A planta levantada com os requisitos do artigo antecedente, será instruída pelo engenheiro ou agrimensor com minucioso relatório ou memorial, donde conste necessariamente a descrição de todas as glebas devolutas abarcadas pelo perímetro geral. Para execução desses trabalhos o Juiz marcará prazo prorrogável a seu prudente arbítrio.

Art. 51. A planta, que será autenticada pelo juiz, engenheiro ou agrimensor e peritos, deverá ser tão minuciosa quanto possível, assinalando as correntes d'água, a conformação orográfica aproximativa dos terrenos, as construções existentes, os quinhões de cada um, com as respectivas áreas e situação na divisão administrativa e judiciária do Estado, Distrito ou Território, valos, cercas, muros, tapumes, limites ou marcos divisórios, vias de comunicação e, por meio de convenções, as culturas, campos, matas, capoeiras, cerrados, caatingas e brejos.

Art. 52. O relatório ou memorial descreverá circunstanciadamente as indicações da planta, as propriedades culturais, mineralógicas, pastoris e industriais do solo, a qualidade e quantidade das várias áreas de vegetação diversa, a distância dos povoados, pontos de embarque e vias de comunicação.

Art. 53. Se durante os trabalhos técnicos da discriminação surgirem dúvidas que reclamem a deliberação do Juiz, a este as submeterá o engenheiro ou agrimensor a fim de que as resolva, ouvidos, se preciso, os peritos.

Parágrafo único. O Juiz ouvirá os peritos, quando qualquer interessado alegar falta que deva ser corrigida.

Art. 54. As plantas serão organizadas com observância das normas técnicas que lhes forem aplicáveis.

Art. 55. À planta anexar-se-ão o relatório ou memorial descritivo e as cadernetas das operações de campo, autenticadas pelo engenheiro ou agrimensor.

Art. 56. Concluídas as operações técnicas de discriminação, assinará o Juiz o prazo comum de 30 (trinta) dias aos interessados e outro igual à Fazenda Nacional, para sucessivamente falarem sobre o feito.

Art. 57. A seguir, subirão os autos à conclusão do Juiz para este homologar a discriminação e declarar judicialmente do domínio da União as terras devolutas apuradas no perímetro discriminado e incorporadas ao patrimônio dos particulares, respectivamente, as declaradas do domínio particular, ordenando antes as diligências ou retificações que lhe parecerem necessárias para sua sentença homologatória.

▸ Art. 164 deste Decreto-Lei.

Parágrafo único. Será meramente devolutivo o recurso que couber contra a sentença homologatória.

Art. 58. As custas do primeiro estádio da causa serão pagas pela parte vencida; as do estádio das operações executivas, topográficas e geodésicas, sê-lo-ão pela União e pelos particulares *pro rata*, na proporção da área dos respectivos domínios.

Art. 59. Constituirá atentado, que o Juiz coibirá, mediante simples monitória, o ato da parte que no decurso do processo, dilatar a área de seus domínios ou ocupações, assim como o do terceiro que se intrusar no imóvel em discriminação.

Art. 60. As áreas disputadas pelos que houverem recorrido da sentença a que alude o art. 48, serão discriminadas com as demais, descritas no relatório ou memorial do engenheiro ou agrimensor e assinaladas na planta, em convenções específicas, a fim de que, julgados os recursos se atribuam à União ou aos particulares conforme o caso, mediante simples juntada aos autos da decisão superior, despacho do Juiz mandando cumpri-la e anotação do engenheiro ou agrimensor na planta.

Parágrafo único. Terão os recorrentes direito de continuar a intervir nos atos discriminatórios e deverão ser para eles intimados até decisão final dos respectivos recursos.

Seção V

DA REGULARIZAÇÃO DA OCUPAÇÃO DE IMÓVEIS PRESUMIDAMENTE DE DOMÍNIO DA UNIÃO

Art. 61. O SPU exigirá de todo aquele que estiver ocupando imóvel presumidamente pertencente à União, que lhe apresente os documentos e títulos comprobatórios de seus direitos sobre o mesmo.

▸ Art. 63 deste Decreto-Lei.

§ 1º Para cumprimento do disposto neste artigo, o órgão local do SPU, por edital, sem prejuízo de intimação por outro meio, dará aos interessados o prazo de 60 (sessenta) dias, prorrogáveis por igual termo, a seu prudente arbítrio.

▸ Art. 3º da Lei nº 2.185, de 11-1-1954, que dispõe sobre o prazo referido neste parágrafo e sua contagem a partir da data da intimação de parte do SPU.

§ 2º O edital será afixado na repartição arrecadadora da Fazenda Nacional, na localidade da situação do imóvel, e publicado no órgão oficial do Estado ou Território, ou na folha que lhe publicar o expediente, e no *Diário Oficial da União*, em se tratando de imóvel situado no Distrito Federal.

Art. 62. Apreciados os documentos exibidos pelos interessados e quaisquer outros que possa produzir o SPU, com seu parecer, submeterá ao CTU a apreciação do caso.

Parágrafo único. Examinado o estado de fato e declarado o direito que lhe é aplicável, o CTU restituirá o processo ao SPU para cumprimento da decisão, que então proferir.

Art. 63. Não exibidos os documentos na forma prevista no art. 61, o SPU declarará irregular a situação do ocupante, e, imediatamente, providenciará no sentido de recuperar a União a posse do imóvel esbulhado.

§ 1º Para advertência a eventuais interessados de boa-fé e imputação de responsabilidades civis e penais se for o caso, o SPU tornará pública, por edital, a decisão que declarar a irregularidade da detenção do imóvel esbulhado.

§ 2º A partir da publicação da decisão a que alude o § 1º, se do processo já não constar a prova do vício manifesto da ocupação anterior, considera-se constituída em má-fé a detenção de imóvel do domínio presumido da União, obrigado o detentor a satisfazer plenamente as composições da lei.

TÍTULO II – DA UTILIZAÇÃO DOS BENS IMÓVEIS DA UNIÃO

CAPÍTULO I
DISPOSIÇÕES GERAIS

Art. 64. Os bens imóveis da União não utilizados em serviço público poderão, qualquer que seja a sua natureza, ser alugados, aforados ou cedidos.

§ 1º A locação se fará quando houver conveniência em tornar o imóvel produtivo, conservando porém, a União, sua plena propriedade, considerada arrendamento mediante condições especiais, quando objetivada a exploração de frutos ou prestação de serviços.

§ 2º O aforamento se dará quando coexistirem a conveniência de radicar-se o indivíduo ao solo e a de manter-se o vínculo da propriedade pública.

§ 3º A cessão se fará quando interessar à União concretizar, com a permissão da utilização gratuita de imóvel seu, auxílio ou colaboração que entenda prestar.

Arts. 65 e 66. *Revogados.* Lei nº 9.636, de 15-5-1998.

Art. 67. Cabe privativamente ao SPU a fixação do valor locativo e venal dos imóveis de que trata este Decreto-lei.

Art. 68. Os foros, laudêmios, taxas, cotas, aluguéis e multas serão recolhidos na estação arrecadadora da Fazenda Nacional com jurisdição na localidade do imóvel.

Parágrafo único. Excetuam-se dessa disposição os pagamentos que, na forma deste

Decreto-lei, devam ser efetuados mediante desconto em folha.

Art. 69. As repartições pagadoras da União remeterão mensalmente ao SPU relação nominal dos servidores que, a título de taxa ou aluguel, tenham sofrido desconto em folha de pagamento, com indicação das importâncias correspondentes.

Parágrafo único. O desconto a que se refere o presente artigo não se somará a outras consignações, para efeito de qualquer limite.

Art. 70. O ocupante do próprio nacional, sob qualquer das modalidades previstas neste Decreto-lei, é obrigado a zelar pela conservação do imóvel, sendo responsável pelos danos ou prejuízos que nele tenha causado.

Art. 71. O ocupante de imóvel da União sem assentimento desta poderá ser sumariamente despejado e perderá, sem direito a qualquer indenização, tudo quanto haja incorporado ao solo, ficando ainda sujeito ao disposto nos arts. 513, 515 e 517 do Código Civil.

▸ Refere-se ao CC/1916. Arts. 1.216, 1.218 e 1.220 do CC/2002.

Parágrafo único. Excetuam-se dessa disposição os ocupantes de boa-fé, com cultura efetiva e moradia habitual, e os com direitos assegurados por este Decreto-lei.

Art. 72. Os editais de convocação a concorrências serão obrigatoriamente afixados, pelo prazo mínimo de 15 dias, na estação arrecadadora da Fazenda Nacional com jurisdição na localidade do imóvel e, quando convier, em outras repartições federais, devendo, ainda, sempre que possível, ter ampla divulgação em órgão de imprensa oficial e por outros meios de publicidade.

Parágrafo único. A fixação do edital será sempre atestada pelo Chefe da repartição em que se tenha feito.

Art. 73. As concorrências serão realizadas na sede da repartição local do SPU.

§ 1º Quando o Diretor do mesmo Serviço julgar conveniente, poderá qualquer concorrência ser realizada na sede do órgão central da repartição.

§ 2º Quando o objeto da concorrência for imóvel situado em lugar distante ou de difícil comunicação, poderá o Chefe da repartição local do SPU delegar competência ao Coletor Federal da localidade para realizá-la.

§ 3º As concorrências serão aprovadas pelo Chefe da repartição local do SPU, *ad referendum* do Diretor do mesmo Serviço, salvo no caso previsto no § 1º deste artigo, era que compete ao Diretor do SPU aprová-las.

Art. 74. Os termos, ajustes ou contratos relativos a imóveis da União, serão lavrados na repartição local do SPU e terão, para qualquer efeito, força de escritura pública, sendo isentos de publicação, para seu registro pelo Tribunal de Contas.

§ 1º Quando as circunstâncias aconselharem, poderão os atos de que trata o presente artigo ser lavrados em repartição arrecadadora da Fazenda situada na localidade do imóvel.

§ 2º Os termos de que trata o item I do art. 85 serão lavrados na sede da repartição a que tenha sido entregue o imóvel.

§ 3º São isentos de registro pelo Tribunal de Contas os termos e contratos celebrados para os fins previstos nos arts. 79 e 80 deste Decreto-lei.

Art. 75. Nos termos, ajustes e contratos relativos a imóveis, a União será representada por Procurador da Fazenda Pública que poderá, para esse fim, delegar competência a outro servidor federal.

§ 1º Nos termos de que trata o artigo 79, representará o SPU o Chefe de sua repartição local, que, no interesse do serviço, poderá para isso delegar competência a outro funcionário do Ministério da Fazenda.

§ 2º Os termos a que se refere o art. 85 serão assinados perante o Chefe da repartição interessada.

CAPÍTULO II
DA UTILIZAÇÃO EM SERVIÇO PÚBLICO

Seção I
DISPOSIÇÕES GERAIS

Art. 76. São considerados como utilizados em serviço público os imóveis ocupados:

I – por serviço federal;

II – por servidor da União, como residência em caráter obrigatório.

▸ Arts. 86, 94 e 213 deste Decreto-Lei.

Art. 77. A administração dos próprios nacionais aplicados em serviço público compete às repartições que os tenham a seu cargo, enquanto durar a aplicação. Cessada esta passarão esses imóveis, independentemente do ato especial, à administração do SPU.

Art. 78. O SPU velará para que não sejam mantidos em uso público ou administrativo imóveis da União que ao mesmo uso não sejam estritamente necessários, levando ao conhecimento da autoridade competente as ocorrências que a esse respeito se verifiquem.

Seção II
DA APLICAÇÃO EM SERVIÇO FEDERAL

Art. 79. A entrega de imóvel para uso da Administração Pública Federal direta compete privativamente à Secretaria do Patrimônio da União – SPU.

▸ *Caput* com a redação dada pela Lei nº 9.636, de 15-5-1998.

▸ Arts. 74, § 3º, e 75, § 1º, deste Decreto-Lei.

§ 1º A entrega, que se fará mediante termo, ficará sujeita à confirmação 2 (dois) anos após a assinatura do mesmo, cabendo ao SPU ratificá-la, desde que, nesse período tenha o imóvel sido devidamente utilizado no fim para que fora entregue.

§ 2º O chefe de repartição, estabelecimento ou serviço federal que tenha a seu cargo próprio nacional, não poderá permitir, sob pena de responsabilidade, sua invasão, cessão, locação ou utilização em fim diferente do qual lhe tenha sido prescrito.

§ 3º Havendo necessidade de destinar imóvel ao uso de entidade da Administração Pública Federal indireta, a aplicação se fará sob o regime da cessão de uso.

▸ § 3º acrescido pela Lei nº 9.636, de 15-5-1998.

§ 4º Não subsistindo o interesse do órgão da administração pública federal direta na utilização de imóvel da União entregue para uso no serviço público, deverá ser formalizada a devolução mediante termo acompanhado de laudo de vistoria, recebido pela gerência regional da Secretaria do Patrimônio da União, no qual deverá ser informada a data da devolução.

§ 5º Constatado o exercício de posse para fins de moradia em bens entregues a órgãos ou entidades da administração pública federal e havendo interesse público na utilização destes bens para fins de implantaçao de programa ou ações de regularização fundiária ou para titulação em áreas ocupadas por comunidades tradicionais, a Secretaria do Patrimônio da União fica autorizada a reaver o imóvel por meio de ato de cancelamento da entrega, destinando o imóvel para a finalidade que motivou a medida, ressalvados os bens imóveis da União que estejam sob a administração do Ministério da Defesa e dos Comandos da Marinha, do Exército e da Aeronáutica, e observado o disposto no inciso III do § 1º do art. 91 da Constituição Federal.

§ 6º O disposto no § 5º deste artigo aplica-se, também, a imóveis não utilizados para a finalidade prevista no ato de entrega de que trata o *caput* deste artigo, quando verificada a necessidade de sua utilização em programas de provisão habitacional de interesse social.

▸ §§ 4º a 6º acrescidos pela Lei nº 11.481, de 31-5-2007.

Seção III
DA RESIDÊNCIA OBRIGATÓRIA DE SERVIDOR DA UNIÃO

Art. 80. A residência de servidor da União em próprio nacional ou em outro imóvel utilizado em serviço público somente será considerada obrigatória quando for indispensável, por necessidade de vigilância ou assistência constante.

▸ Art. 74, § 3º, deste Decreto-Lei.

Art. 81. O ocupante, em caráter obrigatório de próprio nacional ou de outro imóvel utilizado em serviço público federal, fica, sujeito ao pagamento da taxa de 3% (três por cento) ao ano sobre o valor atualizado, do imóvel ou da parte nele ocupada, sem exceder a 20% (vinte por cento) do seu vencimento o salário.

§ 1º Em caso de ocupação de imóvel alugado pela União, a taxa será de 50% (cinquenta por cento) sobre o valor locativo da parte ocupada.

§ 2º A taxa que trata o presente artigo será arrecadada mediante desconto mensal em folha de pagamento.

▸ Art. 85, III, deste Decreto-Lei.

§ 3º É isento do pagamento da taxa o servidor da União que ocupar:

I – construção improvisada, junto à obra em que esteja trabalhando;

II – próprio nacional ou prédio utilizado por serviço público federal, em missão de caráter transitório, de guarda, plantão, proteção ou assistência; ou

III – alojamentos militares ou instalações semelhantes.

▸ Art. 84, parágrafo único, deste Decreto-Lei.

§ 4º O servidor que ocupar próprio nacional ou outro imóvel utilizado em serviço público da União, situado na zona rural, pagará apenas a taxa anual de 0,50% sobre o valor atualizado do imóvel, ou da parte nele ocupada.

▸ § 4º acrescido pela Lei nº 225, de 3-1-1948.

§ 5º A taxa de uso dos imóveis ocupados por servidores militares continuará a ser regida pela legislação específica que dispõe sobre a remuneração dos militares, resguardado o disposto no § 3º em se tratando de residência em alojamentos militares ou em instalações semelhantes.

▸ § 5º acrescido pela Lei nº 9.636, de 15-5-1998.

Art. 82. A obrigatoriedade da residência será determinada expressamente por ato do Ministro de Estado, sob a jurisdição de cujo Ministério se encontrar o imóvel, ouvido previamente o SPU.

▸ *Caput* com a redação dada pela Lei nº 225, de 3-1-1948.

▸ Art. 84 deste Decreto-Lei.

Parágrafo único. Os imóveis residenciais administrados pelos órgãos militares e destinados à ocupação por servidor militar, enquanto utilizados nesta finalidade, serão considerados de caráter obrigatório, independentemente dos procedimentos previstos neste artigo.

▸ Parágrafo único com a redação dada pela Lei nº 9.636, de 15-5-1998.

Art. 83. O ocupante, em caráter obrigatório, de próprio nacional, não poderá no todo ou em parte, cedê-lo, alugá-lo ou dar-lhe destino diferente do residencial.

§ 1º A infração do disposto neste artigo constituirá falta grave, para o fim previsto no artigo 234 do Decreto-lei nº 1.713, de 28 de outubro de 1939.

§ 2º Verificada a hipótese prevista no parágrafo anterior, o SPU, ouvida a repartição interessada, examinará a necessidade de ser mantida a condição de obrigatoriedade de residência no imóvel, e submeterá o assunto, com o seu parecer e pelos meios competentes, à deliberação do Presidente da República.

Art. 84. Baixado o ato a que se refere o art. 82 se o caso for de residência em próprio nacional, o Ministério o remeterá, por cópia, ao SPU.

▸ *Caput* com a redação dada pela Lei nº 225, de 3-1-1948.

Parágrafo único. A repartição federal que dispuser de imóvel que deva ser ocupado nas condições previstas no § 3º do art. 81 deste Decreto-lei, comunicá-lo-á ao SPU, justificando-o.

Art. 85. A repartição federal que tenha sob sua jurisdição imóvel utilizado como residência obrigatória de servidor da União deverá:

▸ Art. 75, § 2º, deste Decreto-Lei.

I – entregá-lo ou recebê-lo do respectivo ocupante, mediante termo de que constarão as condições prescritas pelo SPU;

▸ Art. 74, § 2º, deste Decreto-Lei.

II – remeter cópia do termo ao SPU;

III – comunicar à repartição pagadora competente a importância do desconto que deva ser feito em folha de pagamento, para o fim previsto no § 2º do artigo 81, remetendo ao SPU cópia desse expediente;

IV – comunicar ao SPU qualquer alteração havida no desconto a que se refere o item anterior, esclarecendo devidamente o motivo que a determinou; e

V – comunicar imediatamente ao SPU qualquer infração das disposições deste Decreto-lei, bem como a cessação da obrigatoriedade de residência, não podendo utilizar o imóvel em nenhum outro fim sem autorização do mesmo Serviço.

CAPÍTULO III
DA LOCAÇÃO

Seção I
DISPOSIÇÕES GERAIS

Art. 86. Os próprios nacionais não aplicados, total ou parcialmente, nos fins previstos no art. 76 deste Decreto-lei, poderão, a juízo do SPU, ser alugados:

I – para residência de autoridades federais ou de outros servidores da União, no interesse do serviço;

▸ Arts. 91, I, 95, e 213 deste Decreto-Lei.

II – para residência de servidor da União, em caráter voluntário;

III – a quaisquer interessados.

▸ Arts. 91, II, e 95 deste Decreto-Lei.

Art. 87. A locação de imóveis da União se fará mediante contrato, não ficando sujeita a disposições de outras leis concernentes à locação.

Art. 88. É proibida a sublocação do imóvel, no todo ou em parte, bem como a transferência de locação.

Art. 89. O contrato de locação poderá ser rescindido:

I – quando ocorrer infração do disposto no artigo anterior;

II – quando os aluguéis não forem pagos nos prazos estipulados;

III – quando o imóvel for necessário ao serviço público, e desde que não tenha a locação sido feita em condições especiais, aprovadas pelo Ministro da Fazenda;

IV – quando ocorrer inadimplemento de cláusula contratual.

§ 1º Nos casos previstos nos itens I e II, a rescisão dar-se-á de pleno direito, imitindo-se a União sumariamente na posse da coisa locada.

§ 2º Na hipótese do item III, a rescisão poderá ser feita em qualquer tempo, por ato administrativo da União, sem que esta fique por isso obrigada a pagar ao locatário indenização de qualquer espécie, excetuada a que se refira a benfeitorias necessárias.

§ 3º A rescisão, no caso do parágrafo anterior, será feita por notificação, em que se consignará o prazo para restituição do imóvel, que será:

a) de 90 (noventa) dias, quando situado em zona urbana;

b) de 180 (cento e oitenta) dias, quando em zona rural.

▸ Art. 132 deste Decreto-Lei.

§ 4º Os prazos fixados no parágrafo precedente poderão, a critério do SPU, ser prorrogados, se requerida a prorrogação em tempo hábil e justificadamente.

Art. 90. As benfeitorias necessárias só serão indenizáveis pela União, quando o SPU tiver sido notificado da realização das mesmas dentro de 120 (cento e vinte) dias contados da sua execução.

Art. 91. Os aluguéis serão pagos:

I – mediante desconto em folha de pagamento, quando a locação se fizer na forma do item I do art. 86;

II – mediante recolhimento à estação arrecadadora da Fazenda Nacional, nos casos previstos nos itens II e III do mesmo art. 86.

§ 1º O SPU comunicará às repartições competentes a importância dos descontos que devam ser feitos para os fins previstos neste artigo.

§ 2º O pagamento dos aluguéis de que trata o item II deste artigo será garantido por depósito em dinheiro, em importância correspondente a 3 (três) meses de aluguel.

Seção II
DA RESIDÊNCIA DE SERVIDOR DA UNIÃO, NO INTERESSE DO SERVIÇO

Art. 92. Poderão ser reservados pelo SPU próprios nacionais, no todo ou em parte, para moradia de servidores da União no exercício de cargo em comissão ou função gratificada, ou que, no interesse do serviço, convenha, residam nas repartições respectivas ou nas suas proximidades.

Parágrafo único. A locação se fará sem concorrência e por aluguel correspondente à parte ocupada do imóvel.

Art. 93. As repartições que necessitem de imóveis para o fim previsto no artigo anterior, solicitarão sua reserva ao SPU, justificando a necessidade.

Parágrafo único. Reservado o imóvel e assinado o contrato de locação, o SPU fará sua entrega ao servidor que deverá ocupá-lo.

Seção III
DA RESIDÊNCIA VOLUNTÁRIA DE SERVIDOR DA UNIÃO

Art. 94. Os próprios nacionais não aplicados nos fins previstos no art. 76 ou no item I do art. 86 deste Decreto-lei, e que se prestem para moradia, poderão ser alugados para residência de servidor da União.

§ 1º A locação se fará pelo aluguel que for fixado e mediante concorrência, que versará sobre as qualidades preferenciais dos candidatos, relativas ao número de dependentes, remuneração e tempo de serviço público.

§ 2º As qualidades preferenciais serão apuradas conforme tabela organizada pelo SPU e aprovada pelo Diretor Geral da Fazenda Nacional, tendo em vista o amparo dos mais necessitados.

Seção IV
DA LOCAÇÃO A QUAISQUER INTERESSADOS

Art. 95. Os imóveis da União não aplicados em serviço público e que não forem utilizados nos fins previstos nos itens I e II do art. 86, poderão ser alugados a quaisquer interessados.

Parágrafo único. A locação se fará em concorrência pública e pelo maior preço oferecido, na base mínima do valor locativo fixado.

Art. 96. Em se tratando de exploração de frutos ou prestação de serviços, a locação se fará sob forma de arrendamento, mediante condições especiais, aprovadas pelo Ministro da Fazenda.

Parágrafo único. Salvo em casos especiais, expressamente determinados em lei, não se fará arrendamento por prazo superior a 20 (vinte) anos.

▸ Parágrafo único com a redação dada pela Lei nº 11.314, de 3-7-2006.

Art. 97. Terão preferência para a locação de próprio nacional os Estados e Municípios, que, porém, ficarão sujeitos ao pagamento da cota ou aluguel fixado e ao cumprimento das demais obrigações estipuladas em contrato.

Art. 98. Ao possuidor de benfeitorias, que estiver cultivando, por si e regularmente, terras compreendidas entre as de que trata o art. 65, fica assegurada a preferência para o seu arrendamento, se tal regime houver sido julgado aconselhável para a utilização das mesmas.

Parágrafo único Não usando desse direito no prazo que for estipulado, será o possuidor das benfeitorias indenizado do valor das mesmas, arbitrado pelo SPU.

CAPÍTULO IV — DO AFORAMENTO

Seção I — DISPOSIÇÕES GERAIS

Art. 99. A utilização do terreno da União sob regime de aforamento dependerá de prévia autorização do Presidente da República, salvo se já permitida em expressa disposição legal.

Parágrafo único. Em se tratando de terreno beneficiado com construção constituída de unidades autônomas, ou, comprovadamente, para tal fim destinado, o aforamento poderá ter por objeto as partes ideais correspondentes às mesmas unidades.

Art. 100. A aplicação do regime de aforamento a terras da União, quando autorizada na forma deste Decreto-lei, compete ao SPU, sujeita, porém, à prévia audiência:

a) dos Ministérios da Guerra, por intermédio dos Comandos das Regiões Militares; da Marinha por intermédio das Capitanias dos Portos; da Aeronáutica por intermédio dos Comandos das Zonas Aéreas, quando se tratar de terrenos situados dentro da faixa de fronteiras, da faixa de 100 (cem) metros ao longo da costa marítima ou de uma circunferência de 1.320 (um mil, trezentos e vinte) metros de raio em torno das fortificações e estabelecimentos militares;

▶ Art. 205 deste Decreto-Lei.

b) do Ministério da Agricultura, por intermédio dos seus órgãos locais interessados, quando se tratar de terras suscetíveis de aproveitamento agrícola ou pastoril;

c) do Ministério da Viação e Obras Públicas por intermédio de seus órgãos próprios locais quando se tratar de terrenos situados nas proximidades de obras portuárias, ferroviárias, rodoviárias, de saneamento ou de irrigação;

d) das Prefeituras Municipais, quando se tratar de terreno situado em zona que esteja sendo urbanizada.

§ 1º A consulta versará sobre zona determinada devidamente caracterizada.

§ 2º Os órgãos consultados deverão se pronunciar dentro de 30 (trinta) dias do recebimento da consulta, prazo que poderá ser prorrogado por outros 30 (trinta) dias quando solicitado, importando o silêncio em assentimento à aplicação do regime enfitêutico na zona caracterizada na consulta.

§ 3º As impugnações, que se poderão restringir a parte da zona sobre que haja versado a consulta, deverão ser devidamente fundamentadas.

§ 4º O aforamento, à vista de ponderações dos órgãos consultados, poderá subordinar-se a condições especiais.

§ 5º Considerada improcedente a impugnação, a autoridade submeterá o recurso à autoridade superior, nos termos estabelecidos em regulamento.

▶ § 5º com a redação dada pela Lei nº 13.874, de 20-9-2019.

§ 6º Nos casos de aplicação do regime de aforamento gratuito com vistas na regularização fundiária de interesse social, ficam dispensadas as audiências previstas neste artigo, ressalvados os bens imóveis sob administração do Ministério da Defesa e dos Comandos do Exército, da Marinha e da Aeronáutica.

▶ § 6º acrescido pela Lei nº 11.481, de 31-5-2007.

§ 7º Quando se tratar de imóvel situado em áreas urbanas consolidadas e fora da faixa de segurança de que trata o § 3º do art. 49 do Ato das Disposições Constitucionais Transitórias, serão dispensadas as audiências previstas neste artigo e o procedimento será estabelecido em norma da Secretaria do Patrimônio da União.

▶ § 7º com a redação dada pela Lei nº 13.240, de 30-12-2015.

Art. 101. Os terrenos aforados pela União ficam sujeitos ao foro de 0,6% (seis décimos por cento) do valor do respectivo domínio pleno, que será anualmente atualizado.

▶ *Caput* com a redação dada pela Lei nº 7.450, de 23-12-1985.

Parágrafo único. O não pagamento do foro durante três anos consecutivos, ou quatro anos intercalados, importará a caducidade do aforamento.

▶ Parágrafo único com a redação dada pela Lei nº 9.636, de 15-5-1998.

Art. 102. *Revogado.* Dec.-lei nº 2.398, de 21-12-1987.

Art. 103. O aforamento extinguir-se-á:

▶ *Caput* com a redação dada pela Lei nº 11.481, de 31-5-2007.

I – por inadimplemento de cláusula contratual;

II – por acordo entre as partes;

III – pela remissão do foro, nas zonas onde não mais subsistam os motivos determinantes da aplicação do regime enfitêutico;

IV – pelo abandono do imóvel, caracterizado pela ocupação, por mais de 5 (cinco) anos, sem contestação, de assentamentos informais de baixa renda, retornando o domínio útil à União; ou

V – por interesse público, mediante prévia indenização.

▶ Incisos I a V acrescidos pela Lei nº 11.481, de 31-5-2007.

§ 1º Consistindo o inadimplemento de cláusula contratual no não pagamento do foro durante três anos consecutivos, ou quatro anos intercalados, é facultado ao foreiro, sem prejuízo do disposto no art. 120, revigorar o aforamento mediante as condições que lhe forem impostas.

§ 2º Na consolidação pela União do domínio pleno de terreno que haja concedido em aforamento, deduzir-se-á do valor do mesmo domínio a importância equivalente a 17% correspondente ao valor do domínio direto.

▶ §§ 1º e 2º com a redação dada pela Lei nº 9.636, de 15-5-1998.

Seção II — DA CONSTITUIÇÃO

Art. 104. Decidida a aplicação do regime enfitêutico a terrenos compreendidos em determinada zona, o SPU notificará os interessados com preferência ao aforamento nos termos dos arts. 105 e 215, para que o requeiram dentro do prazo de cento e oitenta dias, sob pena de perda dos direitos que porventura lhes assistam.

Parágrafo único. A notificação será feita por edital afixado na repartição arrecadadora da Fazenda Nacional com jurisdição na localidade do imóvel, e publicado no *Diário Oficial da União*, mediante aviso publicado três vezes, durante o período de convocação, nos dois jornais de maior veiculação local e, sempre que houver interessados conhecidos, por carta registrada.

▶ Art. 104 com a redação dada pela Lei nº 9.636, de 15-5-1998.

▶ Arts. 110, 122 e 215 deste Decreto-Lei.

Art. 105. Têm preferência ao aforamento:

▶ Art. 104 desta Lei.

I – os que tiverem título de propriedade devidamente transcrito no Registro de Imóveis;

II – os que estejam na posse dos terrenos, com fundamento em título outorgado pelos Estados ou Municípios;

III – os que, necessariamente, utilizam os terrenos para acesso às suas propriedades;

IV – os ocupantes inscritos até o ano de 1940, e que estejam quites com o pagamento das devidas taxas quanto aos terrenos de marinha e seus acrescidos;

▶ Art. 131 deste Decreto-Lei.

V – *Revogado.* Lei nº 9.636, de 15-5-1998;

VI – os concessionários de terrenos de marinha, quanto aos seus acrescidos desde que estes não possam constituir unidades autônomas;

VII – os que no terreno possuam benfeitorias, anteriores ao ano de 1940, de valor apreciável em relação ao daquele;

VIII a X – *Revogados.* Lei nº 9.636, de 15-5-1998.

§ 1º As divergências sobre propriedade, servidão ou posse devem ser decididas pelo Poder Judiciário.

▶ Parágrafo único renumerado para § 1º e com a redação dada pela Lei nº 13.139, de 26-6-2015.

§ 2º A decisão da Secretaria do Patrimônio da União quanto ao pedido formulado com fundamento no direito de preferência previsto neste artigo constitui ato vinculado e somente poderá ser desfavorável, de forma fundamentada, caso haja algum impedimento, entre aqueles já previstos em lei, informado em consulta formulada entre aquelas previstas na legislação em vigor, ou nas hipóteses previstas no inciso II do art. 9º da Lei nº 9.636, de 15 de maio de 1998.

▶ § 2º acrescido pela Lei nº 13.139, de 26-6-2015.

Art. 106. Os pedidos de aforamento serão dirigidos ao Chefe do órgão local do SPU, acompanhados dos documentos comprobatórios dos direitos alegados pelo interessado e de planta ou *croquis* que identifique o terreno.

Art. 107. *Revogado.* Dec.-lei nº 2.398, de 21-12-1987.

Art. 108. O Superintendente do Patrimônio da União no Estado apreciará a documentação e, deferindo o pedido, calculará o foro, com base no art. 101, e concederá o aforamento, devendo o foreiro comprovar sua regularidade fiscal perante a Fazenda Nacional até o ato da contratação.

Parágrafo único. O Ministério do Planejamento, Orçamento e Gestão estabelecerá diretrizes e procedimentos simplificados para a concessão do aforamento de que trata o *caput*.

▶ Art. 108 com a redação dada pela Lei nº 13.139, de 26-6-2015.

Art. 109. Concedido o aforamento, será lavrado em livro próprio da Superintendência do Patrimônio da União o contrato enfitêutico de que constarão as condições estabelecidas e as características do terreno aforado.

▶ Artigo com a redação dada pela Lei nº 13.139, de 26-6-2015.

Art. 110. Expirado o prazo de que trata o art. 104 e não havendo interesse do serviço público na manutenção do imóvel no domínio pleno da União, o SPU promoverá a venda do domínio útil dos terrenos sem posse, ou daqueles que se encontrem na posse de quem não tenha atendido à notificação a que se refere o mesmo artigo ou de quem, tendo requerido, não tenha preenchido as condições necessárias para obter a concessão do aforamento.

▶ Artigo com a redação dada pela Lei nº 9.636, de 15-5-1998.

▶ Art. 121 deste Decreto-Lei.

Art. 111. *Revogado*. Dec.-lei nº 2.398, de 21-12-1987.

Seção III

DA TRANSFERÊNCIA

Arts. 112 a 115. *Revogados*. Dec.-lei nº 2.398, de 21-12-1987.

Art. 115-A. Efetuada a transação e transcrito o título no registro de imóveis, o antigo foreiro, exibindo os documentos comprobatórios, deverá comunicar a transferência à Superintendência do Patrimônio da União, no prazo de até sessenta dias, sob pena de permanecer responsável pelos débitos que vierem a incidir sobre o imóvel até a data da comunicação.

▶ Artigo acrescido pela Lei nº 13.465, de 11-7-2017.

Art. 116. Efetuada a transação e transcrito o título no Registro de Imóveis o adquirente, exibindo os documentos comprobatórios, deverá requerer, no prazo de sessenta dias que para o seu nome se transfiram as obrigações enfitêuticas.

§ 1º A transferência das obrigações será feita mediante averbação, no órgão local do SPU, do título de aquisição devidamente transcrito no Registro de Imóveis, ou, em caso de transmissão parcial do terreno, mediante termo.

§ 2º O adquirente estará sujeito à multa de 0,50% (cinquenta centésimos por cento), por mês ou fração, sobre o valor do terreno, caso não requeira a transferência no prazo estabelecido no *caput* deste artigo.

▶ § 2º com a redação dada pela Lei nº 13.465, de 11-7-2017.

§ 3º Para fatos geradores anteriores a 22 de dezembro de 2016, a cobrança da multa de que trata o § 2º deste artigo será efetuada de forma proporcional, regulamentada por intermédio de ato específico da Secretaria do Patrimônio da União (SPU).

▶ § 3º acrescido pela Lei nº 13.465, de 11-7-2017.

Art. 117. *Revogado*. Dec.-lei nº 2.398, de 21-12-1987.

Seção IV

DA CADUCIDADE E REVIGORAÇÃO

Art. 118. Caduco o aforamento na forma do parágrafo único do art. 101, o órgão local do SPU notificará o foreiro, por edital, ou quando possível, por carta registrada, marcando-lhe o prazo de noventa dias para apresentar qualquer reclamação ou solicitar a revigoração do aforamento.

▶ *Caput* com a redação dada pela Lei nº 9.636, de 15-5-1998.

▶ Art. 121 deste Decreto-Lei.

Parágrafo único. Em caso de apresentação de reclamação, o prazo para o pedido de revigoração será contado da data da notificação ao foreiro da decisão final proferida.

Art. 119. Reconhecido o direito do requerente e pagos os foros em atraso, o chefe do órgão local da Secretaria do Patrimônio da União concederá a revigoração do aforamento.

Parágrafo único. A Secretaria do Patrimônio da União disciplinará os procedimentos operacionais destinados à revigoração de que trata o *caput* deste artigo.

▶ Art. 119 com a redação dada pela Lei nº 11.481, de 31-5-2007.

Art. 120. A revigoração do aforamento poderá ser negada se a União necessitar do terreno para serviço público, ou, quanto às terras de que trata o art. 65, quando não estiverem as mesmas sendo utilizadas apropriadamente, obrigando-se, nesses casos, à indenização das benfeitorias porventura existentes.

Art. 121. Decorrido o prazo de que trata o art. 118, sem que haja sido solicitada a revigoração do aforamento, o Chefe do órgão local do SPU providenciará no sentido de ser cancelado o aforamento no Registro de Imóveis e procederá na forma do disposto no art. 110.

Parágrafo único. Nos casos de cancelamento do registro de aforamento, considera-se a certidão da Secretaria do Patrimônio da União de cancelamento de aforamento documento hábil para o cancelamento de registro nos termos do inciso III do *caput* do art. 250 da Lei nº 6.015, de 31 de dezembro de 1973.

▶ Parágrafo único acrescido pela Lei nº 11.481, de 31-5-2007.

Seção V

DA REMISSÃO

Art. 122. Autorizada, na forma do disposto no art. 103, a remissão do aforamento dos terrenos compreendidos em determinada zona, o SPU notificará os foreiros, na forma do parágrafo único do art. 104, da autorização concedida.

Parágrafo único. A decisão da Secretaria do Patrimônio da União sobre os pedidos de remissão do aforamento de terreno de marinha e/ou acrescido de marinha localizado fora da faixa de segurança constitui ato vinculado.

▶ Parágrafo único com a redação dada pela Lei nº 13.139, de 26-6-2015.

Art. 123. A remição do aforamento será feita pela importância correspondente a 17% (dezessete por cento) do valor do domínio pleno do terreno, excluídas as benfeitorias.

▶ Artigo com a redação dada pela Lei nº 13.240, de 30-12-2015.

Art. 124. Efetuado o resgate, o órgão local do SPU expedirá certificado de remissão, para averbação no Registro de Imóveis.

CAPÍTULO V

DA CESSÃO

Arts. 125 e 126. *Revogados*. Lei nº 9.636, de 15-5-1998.

CAPÍTULO VI

DA OCUPAÇÃO

▶ Art. 32 da Lei nº 6.383, de 7-12-1976 (Lei das Ações Discriminatórias).

Art. 127. Os atuais ocupantes de terrenos da União, sem título outorgado por esta, ficam obrigados ao pagamento anual da taxa de ocupação.

§§ 1º e 2º *Revogados*. Dec.-lei nº 2.398, de 21-12-1987.

Art. 128. O pagamento da taxa será devido a partir da inscrição de ocupação, efetivada de ofício ou a pedido do interessado, não se vinculando ao cadastramento do imóvel.

▶ *Caput* com a redação dada pela Lei nº 13.139, de 26-6-2015.

§§ 1º a 3º *Revogados*. Lei nº 13.139, de 26-6-2015.

§ 4º Caso o imóvel objeto do pedido de inscrição de ocupação não se encontre cadastrado, a Secretaria do Patrimônio da União do Ministério do Planejamento, Orçamento e Gestão efetuará o cadastramento.

▶ § 4º acrescido pela Lei nº 13.139, de 26-6-2015.

Arts. 129 e 130. *Revogados*. Dec.-lei nº 2.398, de 21-12-1987.

Art. 131. A inscrição e o pagamento da taxa de ocupação, não importam, em absoluto, no reconhecimento, pela União, de qualquer direito de propriedade do ocupante sobre o terreno ou ao seu aforamento, salvo no caso previsto no item 4 do artigo 105.

Art. 132. A União poderá, em qualquer tempo que necessitar do terreno, imitir-se na posse do mesmo, promovendo sumariamente a sua desocupação, observados os prazos fixados no § 3º, do art. 89.

§ 1º As benfeitorias existentes no terreno somente serão indenizadas pela importância arbitrada pelo SPU, se por este for julgada, de boa-fé a ocupação.

§ 2º Do julgamento proferido na forma do parágrafo anterior, cabe recurso para o CTU, no prazo de 30 (trinta) dias da ciência dada ao ocupante.

§ 3º O preço das benfeitorias será depositado em Juízo pelo SPU, desde que a parte interessada não se proponha a recebê-lo.

Art. 132-A. Efetuada a transferência do direito de ocupação, o antigo ocupante, exibindo os documentos comprobatórios, deverá comunicar a transferência à Superintendência do Patrimônio da União, no prazo de até sessenta dias, sob pena de permanecer responsável pelos débitos que vierem a incidir sobre o imóvel até a data da comunicação.

▶ Art. 132-A acrescido pela Lei nº 13.465, de 11-7-2017.

Art. 133. *Revogado*. Lei nº 9.636, de 15-5-1998.

TÍTULO III – DA ALIENAÇÃO DOS BENS IMÓVEIS DA UNIÃO

CAPÍTULO I
DISPOSIÇÕES GERAIS

Arts. 134 a 140. *Revogados.* Dec.-lei nº 2.398, de 21-12-1987.

CAPÍTULO II
DOS IMÓVEIS UTILIZÁVEIS EM FINS RESIDENCIAIS

Arts. 141 a 144. *Revogados.* Dec.-lei nº 2.398, de 21-12-1987.

CAPÍTULO III
DOS IMÓVEIS UTILIZÁVEIS EM FINS COMERCIAIS OU INDUSTRIAIS

Arts. 145 a 148. *Revogados.* Dec.-lei nº 2.398, de 21-12-1987.

CAPÍTULO IV
DOS TERRENOS DESTINADOS A FINS AGRÍCOLAS E DE COLONIZAÇÃO

Art. 149. Serão reservados em zonas rurais, mediante escolha do Ministério da Agricultura, na forma da lei, terrenos da União, para estabelecimento de núcleos coloniais.

§ 1º Os terrenos assim reservados, excluídas as áreas destinadas à sede, logradouros e outros serviços gerais do núcleo, serão loteados para venda de acordo com plano organizado pelo Ministério da Agricultura.

▶ Art. 150 deste Decreto-Lei.

§ 2º O Ministério da Agricultura remeterá ao SPU cópia do plano geral do núcleo, devidamente aprovado.

Art. 150. Os lotes de que trata o § 1º do artigo anterior serão vendidos a nacionais que queiram dedicar-se à agricultura e a estrangeiros agricultores, a critério, na forma da lei, do Ministério da Agricultura.

Art. 151. O preço de venda dos lotes será estabelecido por comissão de avaliação designada pelo Diretor da Divisão de Terras e Colonização (DTC) do Departamento Nacional da Produção Vegetal, do Ministério da Agricultura.

Art. 152. O preço da aquisição poderá ser pago em prestações anuais, até o máximo de 15 (quinze), compreendendo amortização e juros de 6% (seis por cento) ao ano, em total constante e discriminável conforme o estado real da dívida.

▶ Art. 156, parágrafo único, deste Decreto-Lei.

§ 1º A primeira prestação vencer-se-á no último dia do terceiro ano e as demais no último dos anos restantes, sob pena de multa de mora de 5% (cinco por cento) ao ano sobre o valor da dívida.

§ 2º Em caso de atraso de pagamento superior a 2 (dois) anos proceder-se-á à cobrança executiva da dívida, salvo motivo justificado, a critério da DTC.

§ 3º O adquirente poderá, em qualquer tempo, antecipar o pagamento da dívida, bem como fazer amortizações em cotas parciais, não inferiores a CR$ 1.000,00 (um mil cruzeiros), para o fim de reduzir a importância ou o número das prestações, ou ambos.

Art. 153. Ajustada a transação, lavrar-se-á contrato de promessa de compra e venda, de que constarão todas as condições que hajam sido estipuladas.

▶ Art. 156, parágrafo único, deste Decreto-Lei.

Parágrafo único. Para elaboração da minuta do contrato a DTC remeterá ao SPU os elementos necessários, concernentes à qualificação do adquirente, à identificação do lote e às obrigações estabelecidas, quanto ao pagamento e à utilização do terreno.

Art. 154. Pago o preço total da aquisição, e cumpridas as demais obrigações assumidas, será lavrado o contrato definitivo de compra e venda.

Parágrafo único. Em caso de falecimento do adquirente que tenha pago 3 (três) prestações, será dispensado o pagamento do restante da dívida aos seus herdeiros, aos quais será outorgado o título definitivo.

▶ Art. 156, parágrafo único, deste Decreto-Lei.

Art. 155. O promitente comprador e, quanto a núcleos coloniais não emancipados, o proprietário do lote, não poderão onerar nem por qualquer forma transferir o imóvel, sem prévia licença da DTC.

Parágrafo único. A DTC dará conhecimento ao SPU das licenças que tiver concedido para os fins de que trata o presente artigo.

Art. 156. As terras de que trata o art. 65 poderão ser alienadas sem concorrência, pelo SPU, com prévia audiência do Ministério da Agricultura, aos seus arrendatários, possuidores ou ocupantes.

Parágrafo único. A alienação poderá ser feita nas condições previstas nos arts. 152, 153 e 154, vencível, porém, a primeira prestação no último dia do primeiro ano, e excluída a dispensa de que trata o parágrafo único do art. 154.

Art. 157. Os contratos de que tratam os artigos anteriores são sujeitos às disposições deste Decreto-lei.

Art. 158. Cabe ao SPU fiscalizar o pagamento das prestações devidas e à DTC o cumprimento das demais obrigações contratuais.

CAPÍTULO V
DOS TERRENOS OCUPADOS

Arts. 159 a 163. *Revogados.* Dec.-lei nº 2.398, de 21-12-1987.

CAPÍTULO VI
DA LEGITIMAÇÃO DE POSSE DE TERRAS DEVOLUTAS

▶ Art. 32 Lei nº 6.383, de 7-12-1976 (Lei das Ações Discriminatórias).

Art. 164. Proferida a sentença homologatória a que se refere o art. 57, iniciará a Fazenda Nacional a execução, sem embargo de qualquer recurso, requerendo preliminarmente ao Juiz da causa a intimação dos possuidores de áreas reconhecidas ou julgadas devolutas a legitimarem suas posses, caso o queiram, a lei o permita e o Governo Federal consinta-lhes fazê-lo, mediante pagamento das custas que porventura estiverem devendo e recolhimento aos cofres da União, dentro de 60 (sessenta) dias da taxa de legitimação.

Parágrafo único. O termo de 60 (sessenta) dias começará a correr da data em que entrar em cartório a avaliação da área possuída.

Art. 165. Declarar-se-ão no requerimento aqueles a quem o Governo Federal recusa legitimação. Dentro de 20 (vinte) dias da intimação os possuidores que quiserem e puderem legitimar suas posses fá-lo-ão saber, mediante comunicação autêntica ao Juiz da causa ou ao SPU.

Art. 166. Consistirá a taxa de legitimação em porcentagem sobre a avaliação, que será feita por perito residente no foro *rei sitae*, nomeado pelo Juiz. O perito não terá direito a emolumentos superiores aos cifrados no Regimento de Custas Judiciais.

Art. 167. A avaliação recairá exclusivamente sobre o valor do solo, excluído o das benfeitorias, culturas, animais, acessórios e pertences do legitimante.

Art. 168. A taxa será de 5% (cinco por cento) em relação às posses titulares das de menos de 20 (vinte) e mais de 10 (dez) anos, de 10% (dez por cento) às tituladas e menos de 10 (dez) anos: de 20% (vinte por cento) e 15% (quinze por cento) para as não tituladas respectivamente de 15 (quinze) anos ou menos de 30 (trinta) e mais de 15 (quinze).

Art. 169. Recolhidas aos cofres públicos nacionais as custas porventura devidas, as da avaliação e a taxa de legitimação, expedirá o Diretor do SPU, a quem subirá o respectivo processo, o título de legitimação pelo qual pagará o legitimante apenas o selo devido.

§ 1º O título será confeccionado em forma de carta de sentença, com todos os característicos e individuações da propriedade a que se refere, segundo modelo oficial.

§ 2º Deverá ser registrado em livro a isso destinado pelo SPU, averbando-se ao lado em coluna própria, a publicação no *Diário Oficial da União*, do Estado ou do Território, consoante seja o caso, ou na folha que lhe publicar o expediente bem como a transcrição que do respectivo título se fizer no Registro Geral de Imóveis da Comarca da situação das terras, segundo o artigo subsequente.

Art. 170. Será o título transcrito no competente Registro Geral de Imóveis, feita a necessária publicação no *Diário Oficial da União*, do Estado ou do Território, conforme o caso, ou na folha que lhe editar o expediente.

§ 1º O oficial do Registro de Imóveis remeterá ao SPU uma certidão em relatório da transcrição feita, a fim de ser junta aos autos.

§ 2º Incorrerá na multa de CR$ 200,00 (duzentos cruzeiros) a CR$ 1.000,00 (um mil cruzeiros), aplicada pela autoridade judiciária local, a requerimento do SPU, o oficial que não fizer a transcrição ou remessa dentro de 30 (trinta) dias do recebimento do título.

Art. 171. Contra os que, sendo-lhes permitido fazer, não fizerem a legitimação no prazo legal, promoverá o SPU, a execução de sentença por mandado de imissão de posse.

Art. 172. Providenciará o SPU a transcrição no competente Registro Geral de Imóveis, das terras sobre que versar a execução, assim como de todas declaradas de domínio da União e a ele incorporadas, para o que se habilitará com carta de sentença, aparelhada no estilo do direito comum.

Art. 173. Aos brasileiros natos ou naturalizados, possuidores de áreas consideradas diminutas, atendendo-se às peculiaridades locais, com títulos externamente perfeitos de aquisições de boa-fé, é lícito requerer ao SPU conceder expedição de título de domínio sem taxa ou com taxa inferior à fixada no presente Decreto-lei.

Art. 174. O Governo Federal negará legitimação, quando assim entender de justiça, de interesse público ou quando assim lhe ordenar a disposição da lei, cumprindo-lhe, se for o caso, indenizar as benfeitorias feitas de boa-fé.

TÍTULO IV – DA JUSTIFICAÇÃO DE POSSE DE TERRAS DEVOLUTAS

Art. 175. Aos interessados que se acharem nas condições das letras *e*, *f*, *g*, e parágrafo único do art. 5º será facultada a justificação administrativa de suas posses perante o órgão local do SPU, a fim de se forrarem a possíveis inquietações da parte da União e a incômodos de pleitos em tela judicial.

Art. 176. As justificações só têm eficácia nas relações dos justificantes com a Fazenda Nacional e não obstam, ainda em caso de malogro, ao uso dos remédios que porventura lhes caibam e a dedução de seus direitos em Juízo, na forma e medida da legislação civil.

Art. 177. O requerimento de justificação será dirigido ao Chefe do órgão local do SPU, indicando o nome, nacionalidade, estado civil e residência do requerente e de seu representante no local da posse, se o tiver; a data da posse e os documentos que possam determinar a época do seu início e continuidade; a situação das terras e indicação da área certa ou aproximada, assim como a natureza das benfeitorias, culturas e criações que houver, com o valor real ou aproximado de uma e outras, a descrição dos limites da posse com indicação de todos os confrontantes e suas residências, o rol de testemunhas e documentos que acaso corroborem o alegado.

Art. 178. Recebido, protocolado e autuado o requerimento com os documentos que o instruírem, serão os autos distribuídos ao Procurador da Fazenda Pública para tomar conhecimento do pedido e dirigir o processo.

Parágrafo único. Se o pedido não se achar em forma, ordenará o referido Procurador ao requerente que complete as omissões, que contiver; se achar em forma ou for sanado das omissões, admiti-lo-á a processo.

Art. 179. Do pedido dar-se-á então conhecimento a terceiros, por aviso circunstanciado publicado 3 (três) vezes dentro de 60 (sessenta) dias, no *Diário Oficial da União*, do Estado ou Território, consoante for o caso, ou na folha que lhe der publicidade ao expediente, e 2 (duas) vezes com intervalo de 20 (vinte) dias no jornal da Comarca, ou Município onde estiverem as terras, se houver adiantadas as respectivas despesas pelo requerente.

Art. 180. Poderão contestar o pedido, terceiros por ele prejudicados, dentro de 30 (trinta) dias, depois de findo o prazo edital.

Parágrafo único. A contestação mencionará o nome e residência do contestante, motivos de sua oposição e provas em que se fundar. Apresentada a contestação ou findo o prazo para ela marcado, o Procurador da Fazenda Pública requisitará ao SPU um dos seus engenheiros ou agrimensores para, em face dos autos, proceder a uma vistoria sumária da área objeto da justificação e prestar todas as informações que interessem ao despacho do pedido.

Art. 181. Realizada a vistoria, serão as partes admitidas, uma após outra, a inquirir suas testemunhas, cujos depoimentos serão reduzidos a escrito em forma breve pelo escrivão *ad hoc*, que for designado para servir no processo.

Art. 182. Terminadas as inquirições serão os autos encaminhados, com parecer do Procurador da Fazenda Pública ao Chefe do órgão local do SPU, para decidir o caso de acordo com as provas colhidas e com outras que possa determinar *ex officio*.

Art. 183. Da decisão proferida pelo Chefe do órgão local do SPU cabe ao Procurador da Fazenda Pública e às partes, recurso voluntário e para o Conselho de Terras da União (CTU), dentro do prazo de 30 (trinta) dias da ciência dada aos interessados pessoalmente ou por carta registrada.

Parágrafo único. Antes de presente ao CTU subirão os autos do recurso ao Diretor do SPU para manifestar-se sobre o mesmo.

Art. 184. Julgada procedente a justificação e transitando em julgado a decisão administrativa, expedirá o Diretor do SPU, à vista do processo respectivo, título recognitivo do domínio do justificante, título que será devidamente formalizado como o de legitimação.

Art. 185. Carregar-se-ão às partes interessadas as custas e despesas feitas, salvo as de justificação com assento no art. 148 da Constituição Federal, que serão gratuitas, quando julgadas procedentes. A contagem se fará pelo Regimento das Custas Judiciais.

TÍTULO V – DO CONSELHO DE TERRAS DA UNIÃO

Art. 186. Fica criado, no Ministério da Fazenda, o Conselho de Terras da União (CTU), órgão coletivo de julgamento e deliberação, na esfera administrativa, de questões concernentes a direitos de propriedade ou posse de imóveis entre a União e terceiros, e de consulta do Ministro da Fazenda.

Parágrafo único. O CTU terá, além disso, as atribuições específicas que lhe forem conferidas no presente Decreto-lei.

Art. 187. O CTU será constituído por 6 (seis) membros, nomeados pelo Presidente da República, e cujos mandatos, com a duração de 3 (três) anos, serão renovados pelo terço.

§ 1º As nomeações recairão em 3 (três) servidores da União, 2 (dois) dos quais Engenheiros e 1 (um) Bacharel em Direito, dentre nomes indicados pelo Ministro da Fazenda, e os restantes escolhidos de listas tríplices apresentadas pela Federação Brasileira de Engenheiros, pela Ordem dos Advogados do Brasil e pela Federação das Associações de Proprietários de Imóveis, do Brasil ou, na falta destes, por entidades congêneres.

§ 2º Os Conselheiros terão Suplentes, indicados e nomeados na mesma forma daqueles.

§ 3º Aos Suplentes cabe, quando convocados pelo Presidente do Conselho, substituir, nos impedimentos temporários, e nos casos de perda ou renúncia de mandato, os respectivos Conselheiros.

Art. 188. O CTU será presidido por um Conselheiro, eleito anualmente pelos seus pares na primeira reunião de cada ano.

Parágrafo único. Concomitantemente com a do Presidente, far-se-á a eleição do Vice-Presidente, que substituirá aquele em suas faltas e impedimentos.

Art. 189. O CTU funcionará com a maioria de seus membros e realizará no mínimo 8 (oito) sessões mensais, das quais será lavrada ata circunstanciada.

Art. 190. Os processos submetidos ao Conselho serão distribuídos, em sessão, ao Conselheiro relator, mediante sorteio.

§ 1º Os Conselheiros poderão reter pelo prazo de 15 (quinze) dias, prorrogável, quando solicitado, a critério do Conselho, os processos que lhe tenham sido distribuídos para o relatório ou conclusos, mediante pedido de vista.

§ 2º Ao Presidente do Conselho, além das que lhes forem cometidas pelo Regimento, compete as mesmas atribuições dos demais Conselheiros.

Art. 191. O CTU decidirá por maioria de votos dos membros presentes, cabendo ao seu Presidente, além do de qualidade, o voto de desempate.

Art. 192. Das decisões do Conselho caberá recurso para o próprio Conselho, no prazo de 20 (vinte) dias úteis, contados da data da decisão proferida.

Parágrafo único. Os recursos somente serão julgados com a presença de no mínimo igual número dos membros presentes à sessão em que haja sido preferida a decisão recorrida.

Art. 193. Junto ao Conselho serão admitidos procuradores das partes interessadas no julgamento aos quais será permitido pronunciamento oral em sessão, constando do processo o instrumento do mandato.

§ 1º A Fazenda Nacional será representada por servidor da União, designado pelo Ministro da Fazenda, cabendo-lhe ter vista dos processos, pelo prazo improrrogável de 15 (quinze) dias antes do seu julgamento e depois de estudados pelo Conselheiro relator.

§ 2º O representante da Fazenda terá Suplente, pela mesma forma designado, que o substituirá em suas faltas e impedimentos.

Art. 194. O CTU votará e aprovará seu Regimento.

Parágrafo único. Nenhuma alteração se fará no Regimento sem aprovação do Conselho em 2 (duas) sessões consecutivas, a que estejam presentes pelo menos 5 (cinco) Conselheiros.

Art. 195. O Conselho terá uma Secretaria, que será chefiada por um Secretário e terá os auxiliares necessários, todos designados pelo Diretor Geral da Fazenda Nacional.

Parágrafo único. Ao Secretário competirá, além das atribuições que lhe forem cometidas no Regimento, lavrar e assinar nas atas das sessões, que serão submetidas à aprovação do Conselho.

Art. 196. O Conselheiro que, sem causa justificada, a critério do próprio Conselho, faltar a 4 (quatro) sessões Consecutivas, perderá o mandato.

Art. 197. Serão considerados de efetivo exercício os dias em que o Conselheiro, servidor da União, ou o Representante da Fazenda estiver afastado do serviço público ordinário, em virtude de comparecimento à sessão do Conselho.

TÍTULO VI – DISPOSIÇÕES FINAIS E TRANSITÓRIAS

Art. 198. A União tem por insubsistentes e nulas quaisquer pretensões sobre o domínio pleno de terrenos de marinha e seus acrescidos, salvo quando originais em títulos por ela outorgadas na forma do presente Decreto-lei.

▶ Súm. nº 496 do STJ.

Art. 199. A partir da data da publicação do presente Decreto-lei, cessarão as atribuições cometidas a outros órgãos da administração federal que não o CTU, concernentes ao exame e julgamento na esfera administrativa de questões entre a União e terceiros relativas à propriedade ou posse de imóvel.

§ 1º Os órgãos a que se refere este artigo remeterão ao CTU, dentro de 30 (trinta) dias, os respectivos processos pendentes de decisão final.

§ 2º Poderá, a critério do Governo, ser concedido novo prazo para apresentação, ao CTU, dos títulos de que trata o art. 2º do Decreto-lei nº 893, de 26 de novembro de 1938.

Art. 200. Os bens imóveis da União, seja qual for a sua natureza, não são sujeitos a usucapião.

▶ Súm. nº 340 do STF.

Art. 201. São consideradas dívidas ativas da União para efeito de cobrança executiva, as provenientes de aluguéis, taxas, foros, laudêmios e outras contribuições concernentes à utilização de bens imóveis da União.

Art. 202. Ficam confirmadas as demarcações de terrenos de marinha com fundamento em lei vigente na época em que tenham sido realizadas.

Art. 203. Fora dos casos expressos em lei, não poderão as terras devolutas da União ser alienadas ou concedidas senão a título oneroso.

Parágrafo único. Até que sejam regularmente instalados nos Territórios Federais os órgãos locais do SPU, continuarão os Governadores a exercer as atribuições que a lei lhes confere, no que respeita às concessões de terras.

Art. 204. Na faixa de fronteira observar-se-á rigorosamente, em matéria de concessão de terras, o que a respeito estatuir a lei especial, cujos dispositivos prevalecerão em qualquer circunstância.

▶ Lei nº 6.634, de 2-5-1979, dispõe sobre a faixa de fronteira.

Art. 205. À pessoa estrangeira, física ou jurídica, não serão alienados, concedidos ou transferidos imóveis da União situados nas zonas de que trata a letra *a* do art. 100, exceto se houver autorização do Presidente da República.

§ 1º Fica dispensada a autorização quando se tratar de unidade autônoma de condomínio, regulados pela Lei nº 4.591, de 16 de dezembro de 1965, desde que o imóvel esteja situado em zona urbana, e as frações ideais pretendidas, em seu conjunto, não ultrapassem 1/3 (um terço) de sua área total.

▶ § 1º acrescido pela Lei nº 7.450, de 23-12-1985.

§ 2º A competência prevista neste artigo poderá ser delegada ao Ministro de Estado do Planejamento, Orçamento e Gestão, permitida a subdelegação ao Secretário do Patrimônio da União do Ministério do Planejamento, Orçamento e Gestão.

▶ § 2º com a redação dada pela Lei nº 13.139, de 26-6-2015.

§ 3º Exclusivamente para pessoas físicas, fica dispensada a autorização quando se tratar de transferência de titularidade de terrenos de até mil metros quadrados, situados dentro da faixa de cem metros ao longo da costa marítima.

§ 4º A dispensa de que trata o § 3º deste artigo aplica-se, também, aos processos de transferência protocolados na Secretaria do Patrimônio da União (SPU) até 22 de dezembro de 2016.

▶ §§ 3º e 4º acrescidos pela Lei nº 13.465, de 11-7-2017.

Art. 206. Os pedidos de aforamento de terrenos da União, já formulados ao SPU, deverão prosseguir em seu processamento, observadas, porém, as disposições deste Decreto-lei, no que for aplicável.

Art. 207. A DTC do Departamento Nacional da Produção Vegetal do Ministério da Agricultura remeterá ao SPU, no prazo de 180 (cento e oitenta) dias da publicação deste Decreto-lei, cópia das plantas coloniais, bem como dos termos, ajustes, contratos e títulos referentes à aquisição de lotes dos mesmos núcleos, e, ainda, relação dos adquirentes e dos pagamentos por eles efetuados.

Art. 208. Dentro de 90 (noventa) dias da publicação deste Decreto-lei, as repartições federais interessadas deverão remeter ao SPU relação dos imóveis de que necessitem, total ou parcialmente, para os fins previstos no artigo 76 e no item I do artigo 86, justificando o pedido.

Parágrafo único. Findo esse prazo, o SPU encaminhará dentro de 30 (trinta) dias ao Presidente da República as relações que dependam de sua aprovação, podendo dar aos demais imóveis da União a aplicação que julgar conveniente, na forma deste Decreto-lei.

Art. 209. As repartições federais deverão remeter ao SPU, no prazo de 60 (sessenta) dias da publicação deste Decreto-lei, relação dos imóveis que tenham a seu cargo, acompanhada da documentação respectiva, com indicação dos que estejam servindo de residência de servidor da União, em caráter obrigatório, e do ato determinante da obrigatoriedade.

Art. 210. Fica cancelada toda dívida existente, até à data da publicação deste Decreto-lei oriunda de aluguel de imóvel ocupado por servidor da União como residência em caráter obrigatório, determinado em lei, regulamento, regimento ou outros atos do Governo.

Art. 211. Enquanto não forem aprovadas, na forma deste Decreto-lei, as relações de que trata o art. 208, os ocupantes de imóveis que devam constituir residência obrigatória de servidor da União, ficam sujeitos ao pagamento do aluguel comum que for fixado.

Art. 212. Serão mantidas as locações, mediante contrato, de imóveis da União, existentes na data da publicação deste Decreto-lei.

Parágrafo único. Findo o prazo contratual, o SPU promoverá a conveniente utilização do imóvel.

Art. 213. Havendo, na data da publicação deste Decreto-lei, prédio residencial ocupado sem contrato e que não seja necessário aos fins previstos no artigo 76 e no item I do artigo 86, o SPU promoverá a realização de concorrência para sua regular locação.

§ 1º Enquanto não realizada a concorrência, poderá o ocupante permanecer no imóvel, pagando o aluguel que for fixado.

§ 2º Será mantida a locação, independentemente de concorrência, de próprio nacional ocupado por servidor da União pelo tempo ininterrupto de 3 (três) ou mais anos, contados da data da publicação deste Decreto-lei, desde que durante esse período tenha o locatário pago com pontualidade os respectivos aluguéis e, a critério do SPU, conservado satisfatoriamente o imóvel.

§ 3º Na hipótese prevista no parágrafo precedente, o órgão local do SPU promoverá imediatamente a assinatura do respectivo contrato de locação, mediante o aluguel que for fixado.

§ 4º Nos demais casos, ao ocupante será assegurada, na concorrência, preferência à locação, em igualdade de condições.

§ 5º Ao mesmo ocupante far-se-á notificação, com antecedência de 30 (trinta) dias, da abertura da concorrência.

Art. 214. No caso do artigo anterior, sendo, porém, necessário o imóvel aos fins nele mencionados ou não convindo à União alugá-lo por prazo certo, poderá o ocupante nele permanecer, sem contrato, pagando o aluguel que for fixado enquanto não utilizar-se a União do imóvel ou não lhe der outra aplicação.

Art. 215. Os direitos peremptos por força do disposto nos arts. 20, 28 e 35 do Decreto-lei nº 3.438, de 17 de julho de 1948, e 7º do Decreto-lei nº 5.666, de 15 de julho de 1943, ficam revigorados correndo os prazos para o seu exercício da data da notificação de que trata o art. 104 deste Decreto-lei.

Art. 216. O Ministro de Estado da Economia, diretamente ou por ato do Secretário Especial de Desestatização, Desinvestimento e Mercados do Ministério da Economia, ouvido previamente o Secretário de Coordenação e Governança do Patrimônio da União, editará os atos necessários à execução do disposto neste Decreto-Lei.

▶ Artigo com a redação dada pela Lei nº 13.874, de 20-9-2019.

Art. 217. O presente Decreto-lei entra em vigor na data de sua publicação.

Art. 218. Revogam-se as disposições em contrário.

Rio de Janeiro, 5 de setembro de 1946;
125º da Independência e
58º da República.

Eurico G. Dutra

LEI Nº 1.079, DE 10 DE ABRIL DE 1950

Define os crimes de responsabilidade e regula o respectivo processo de julgamento.

▶ Publicada no *DOU* de 12-4-1950.

PARTE PRIMEIRA – DO PRESIDENTE DA REPÚBLICA E MINISTROS DE ESTADO

Art. 1º São crimes de responsabilidade os que esta Lei especifica.

▶ Arts. 50, § 2º, e 85, parágrafo único, da CF.

Art. 2º Os crimes definidos nesta Lei, ainda quando simplesmente tentados, são passíveis da pena de perda do cargo, com inabilitação, até cinco anos, para o exercício de qualquer função pública, imposta pelo Senado Federal nos processos contra o Presidente da República ou ministros de Estado, contra os ministros do Supremo Tribunal Federal ou contra o Procurador-Geral da República.

► O prazo de inabilitação passou a ser de oito anos, conforme o disposto no art. 52, parágrafo único, da CF.

Art. 3º A imposição da pena referida no artigo anterior não exclui o processo e julgamento do acusado por crime comum, na justiça ordinária, nos termos das leis de processo penal.

Art. 4º São crimes de responsabilidade os atos do Presidente da República que atentarem contra a Constituição Federal, e, especialmente, contra:

► Art. 85 da CF.

I – a existência da União;
II – o livre exercício do Poder Legislativo, do Poder Judiciário e dos poderes constitucionais dos Estados;
III – o exercício dos direitos políticos, individuais e sociais;
IV – a segurança interna do País;
V – a probidade na administração;
VI – a lei orçamentária;
VII – a guarda e o legal emprego dos dinheiros públicos;
VIII – o cumprimento das decisões judiciárias (Constituição, artigo 89).

► Refere-se à CF/1946. Art. 85, VII, da CF vigente.

TÍTULO I

CAPÍTULO I
DOS CRIMES CONTRA A EXISTÊNCIA DA UNIÃO

Art. 5º São crimes de responsabilidade contra a existência política da União:

1) entreter, direta ou indiretamente, inteligência com governo estrangeiro, provocando-o a fazer guerra ou cometer hostilidade contra a República, prometer-lhe assistência ou favor, ou dar-lhe qualquer auxílio nos preparativos ou planos de guerra contra a República;
2) tentar, diretamente, e por fatos, submeter a União ou algum dos Estados ou Territórios a domínio estrangeiro, ou dela separar qualquer Estado ou porção do Território Nacional;
3) cometer ato de hostilidade contra nação estrangeira, expondo a República ao perigo da guerra ou comprometendo-lhe a neutralidade;
4) revelar negócios políticos ou militares, que devam ser mantidos secretos a bem da defesa da segurança externa ou dos interesses da Nação;
5) auxiliar, por qualquer modo, nação inimiga a fazer a guerra ou a cometer hostilidade contra a República;
6) celebrar tratados, convenções ou ajustes que comprometam a dignidade da Nação;
7) violar a imunidade dos embaixadores ou ministros estrangeiros acreditados no País;

► Arts. 49, II, e 84, XIX, da CF.

8) declarar a guerra, salvo os casos de invasão ou agressão estrangeira, ou fazer a paz, sem autorização do Congresso Nacional;
9) não empregar contra o inimigo os meios de defesa de que poderia dispor;
10) permitir o Presidente da República, durante as sessões legislativas e sem autorização do Congresso Nacional, que forças estrangeiras transitem pelo território do País, ou, por motivo de guerra, nele permaneçam temporariamente;

► Art. 84, XIX, da CF.

11) violar tratados legitimamente feitos com nações estrangeiras.

CAPÍTULO II
DOS CRIMES CONTRA O LIVRE EXERCÍCIO DOS PODERES CONSTITUCIONAIS

Art. 6º São crimes de responsabilidade contra o livre exercício dos Poderes Legislativo e Judiciário e dos poderes constitucionais dos Estados:

1) tentar dissolver o Congresso Nacional, impedir a reunião ou tentar impedir por qualquer modo o funcionamento de qualquer de suas Câmaras;
2) usar de violência ou ameaça contra algum representante da Nação para afastá-lo da Câmara a que pertença ou para coagi-lo no modo de exercer o seu mandato bem como conseguir ou tentar conseguir o mesmo objetivo mediante suborno ou outras formas de corrupção;

► Arts. 146 e 333 do CP.

3) violar as imunidades asseguradas aos membros do Congresso Nacional, das Assembleias Legislativas dos Estados, da Câmara dos Vereadores do Distrito Federal e das Câmaras Municipais;

► Art. 53 da CF.

4) permitir que força estrangeira transite pelo território do País ou nele permaneça quando a isso se oponha o Congresso Nacional;
5) opor-se diretamente e por fatos ao livre exercício do Poder Judiciário, ou obstar, por meios violentos, ao efeito dos seus atos, mandados ou sentenças;
6) usar de violência ou ameaça, para constranger juiz, ou jurado, a proferir ou deixar de proferir despacho, sentença ou voto, ou a fazer ou deixar de fazer ato do seu ofício;

► Art. 146 do CP.

7) praticar contra os poderes estaduais ou municipais ato definido como crime neste artigo;
8) intervir em negócios peculiares aos Estados ou aos Municípios com desobediência às normas constitucionais.

CAPÍTULO III
DOS CRIMES CONTRA O EXERCÍCIO DOS DIREITOS POLÍTICOS, INDIVIDUAIS E SOCIAIS

Art. 7º São crimes de responsabilidade contra o livre exercício dos direitos políticos, individuais e sociais:

1) impedir por violência, ameaça ou corrupção, o livre exercício do voto;

► Art. 301 do CE.

2) obstar ao livre exercício das funções dos mesários eleitorais;

► Art. 305 do CE.

3) violar o escrutínio de seção eleitoral ou inquinar de nulidade o seu resultado pela subtração, desvio ou inutilização do respectivo material;
4) utilizar o poder federal para impedir a livre execução da lei eleitoral;
5) servir-se das autoridades sob sua subordinação imediata para praticar abuso do poder, ou tolerar que essas autoridades o pratiquem sem repressão sua;
6) subverter ou tentar subverter por meios violentos a ordem política e social;
7) incitar militares à desobediência à lei ou infração à disciplina;
8) provocar animosidade entre as classes armadas ou contra elas, ou delas contra as instituições civis;
9) violar patentemente qualquer direito ou garantia individual constante do artigo 141 e bem assim os direitos sociais assegurados no artigo 157 da Constituição;

► Refere-se à CF/1946.

10) tomar ou autorizar, durante o estado de sítio, medidas de repressão que excedam os limites estabelecidos na Constituição.

► Arts. 136 a 141 da CF.

CAPÍTULO IV
DOS CRIMES CONTRA A SEGURANÇA INTERNA DO PAÍS

Art. 8º São crimes contra a segurança interna do País:

1) tentar mudar por violência a forma de governo da República;
2) tentar mudar por violência Constituição Federal ou de algum dos Estados, ou lei da União, de Estado ou Município;
3) decretar o estado de sítio, estando reunido o Congresso Nacional, ou no recesso deste, não havendo comoção interna grave nem fatos que evidenciem estar a mesma a irromper ou não ocorrendo guerra externa;

► Arts. 136 a 139 da CF.

4) praticar ou concorrer para que se perpetre qualquer dos crimes contra a segurança interna, definidos na legislação penal;
5) não dar as providências de sua competência para impedir ou frustrar a execução desses crimes;
6) ausentar-se do País sem autorização do Congresso Nacional;

► Art. 83 da CF.

7) permitir, de forma expressa ou tácita, a infração de lei federal de ordem pública;
8) deixar de tomar, nos prazos fixados, as providências determinadas por lei ou tratado federal e necessárias à sua execução e cumprimento.

CAPÍTULO V
DOS CRIMES CONTRA A PROBIDADE NA ADMINISTRAÇÃO

Art. 9º São crimes de responsabilidade contra a probidade na administração:

1) omitir ou retardar dolosamente a publicação das leis e resoluções do Poder Legislativo ou dos atos do Poder Executivo;
2) não prestar ao Congresso Nacional, dentro de sessenta dias após a abertura da sessão legislativa, as contas relativas ao exercício anterior;

► Art. 49, IX, da CF.

▶ Art. 320 do CP.

3) não tornar efetiva a responsabilidade dos seus subordinados, quando manifesta em delitos funcionais ou na prática de atos contrários à Constituição;

4) expedir ordens ou fazer requisição de forma contrária às disposições expressas da Constituição;

5) infringir, no provimento dos cargos públicos, as normas legais;

▶ Art. 37, I a IV, da CF.

6) usar de violência ou ameaça contra funcionário público para coagi-lo a proceder ilegalmente, bem como utilizar-se de suborno ou de qualquer outra forma de corrupção para o mesmo fim;

▶ Art. 146 do CP.

7) proceder de modo incompatível com a dignidade, a honra e o decoro do cargo.

CAPÍTULO VI
DOS CRIMES CONTRA A LEI ORÇAMENTÁRIA

Art. 10. São crimes de responsabilidade contra a lei orçamentária:

1) não apresentar ao Congresso Nacional a proposta do orçamento da República dentro dos primeiros dois meses de cada sessão legislativa;

▶ Arts. 165 a 169 da CF.

2) exceder ou transportar, sem autorização legal, as verbas do orçamento;

▶ Art. 167, II, III e VI, da CF.

3) realizar o estorno de verbas;

4) infringir, patentemente e de qualquer modo, dispositivo da lei orçamentária;

5) deixar de ordenar a redução do montante da dívida consolidada, nos prazos estabelecidos em lei, quando o montante ultrapassar o valor resultante da aplicação do limite máximo fixado pelo Senado Federal;

6) ordenar ou autorizar a abertura de crédito em desacordo com os limites estabelecidos pelo Senado Federal, sem fundamento na lei orçamentária ou na de crédito adicional ou com inobservância de prescrição legal;

7) deixar de promover ou de ordenar, na forma da lei, o cancelamento, a amortização ou a constituição de reserva para anular os efeitos de operação de crédito realizada com inobservância de limite, condição ou montante estabelecido em lei;

8) deixar de promover ou de ordenar a liquidação integral de operação de crédito por antecipação de receita orçamentária, inclusive os respectivos juros e demais encargos, até o encerramento do exercício financeiro;

9) ordenar ou autorizar, em desacordo com a lei, a realização de operação de crédito com qualquer um dos demais entes da Federação, inclusive suas entidades da administração indireta, ainda que na forma de novação, refinanciamento ou postergação de dívida contraída anteriormente;

10) captar recursos a título de antecipação de receita de tributo ou contribuição cujo fato gerador ainda não tenha ocorrido;

11) ordenar ou autorizar a destinação de recursos provenientes da emissão de títulos para finalidade diversa da prevista na lei que a autorizou;

12) realizar ou receber transferência voluntária em desacordo com limite ou condição estabelecida em lei.

▶ Itens 5 a 12 acrescidos pela Lei nº 10.028, de 19-10-2000.

CAPÍTULO VII
DOS CRIMES CONTRA A GUARDA E LEGAL EMPREGO DOS DINHEIROS PÚBLICOS

Art. 11. São crimes de responsabilidade contra a guarda e o legal emprego dos dinheiros públicos:

1) ordenar despesas não autorizadas por lei ou sem observância das prescrições legais relativas às mesmas;

▶ Art. 167, II, da CF.

2) abrir crédito sem fundamento em lei ou sem as formalidades legais;

▶ Art. 167, V, e § 3º, da CF.

3) contrair empréstimo, emitir moeda corrente ou apólices, ou efetuar operação de crédito sem autorização legal;

4) alienar imóveis nacionais ou empenhar rendas públicas sem autorização em lei;

5) negligenciar a arrecadação das rendas, impostos e taxas, bem como a conservação do patrimônio nacional.

CAPÍTULO VIII
DOS CRIMES CONTRA O CUMPRIMENTO DAS DECISÕES JUDICIÁRIAS

Art. 12. São crimes de responsabilidade contra as decisões judiciárias:

1) impedir, por qualquer meio, o efeito dos atos, mandados ou decisões do Poder Judiciário;

▶ Arts. 329 e 330 do CP.

2) recusar o cumprimento das decisões do Poder Judiciário no que depender do exercício das funções do Poder Executivo;

3) deixar de atender a requisição de intervenção federal do Supremo Tribunal Federal ou do Tribunal Superior Eleitoral;

▶ Art. 36, I e II, da CF.

4) impedir ou frustrar pagamento determinado por sentença judiciária.

▶ Art. 100 da CF.

TÍTULO II – DOS MINISTROS DE ESTADO

Art. 13. São crimes de responsabilidade dos ministros de Estado:

1) os atos definidos nesta Lei, quando por eles praticados ou ordenados;

2) os atos previstos nesta Lei que os ministros assinarem com o Presidente da República ou por ordem deste praticarem;

3) a falta de comparecimento sem justificação, perante a Câmara dos Deputados ou o Senado Federal, ou qualquer das suas comissões, quando uma ou outra casa do Congresso os convocar para, pessoalmente, prestarem informações acerca de assunto previamente determinado;

▶ Art. 50, *caput*, e § 1º, da CF.

4) não prestarem dentro em trinta dias e sem motivo justo, a qualquer das Câmaras do Congresso Nacional, as informações que ela lhes solicitar por escrito, ou prestarem-nas com falsidade.

▶ Art. 50, § 2º, da CF.

PARTE SEGUNDA – PROCESSO E JULGAMENTO

TÍTULO ÚNICO – DO PRESIDENTE DA REPÚBLICA E MINISTROS DE ESTADO

CAPÍTULO I
DA DENÚNCIA

Art. 14. É permitido a qualquer cidadão denunciar o Presidente da República ou ministro de Estado, por crime de responsabilidade, perante a Câmara dos Deputados.

▶ Arts. 85 e 86 da CF.

Art. 15. A denúncia só poderá ser recebida enquanto o denunciado não tiver, por qualquer motivo, deixado definitivamente o cargo.

Art. 16. A denúncia assinada pelo denunciante e com a firma reconhecida, deve ser acompanhada dos documentos que a comprovem, ou da declaração de impossibilidade de apresentá-los, com a indicação do local onde possam ser encontrados. Nos crimes de que haja prova testemunhal, a denúncia deverá conter o rol das testemunhas, em número de cinco no mínimo.

Art. 17. No processo de crime de responsabilidade, servirá de escrivão um funcionário da secretaria da Câmara dos Deputados, ou do Senado, conforme se achar o mesmo em uma ou outra casa do Congresso Nacional.

Art. 18. As testemunhas arroladas no processo deverão comparecer para prestar o seu depoimento, e a mesa da Câmara dos Deputados ou do Senado, por ordem de quem serão notificadas, tomará as providências legais que se tornarem necessárias para compeli-las à obediência.

CAPÍTULO II
DA ACUSAÇÃO

Art. 19. Recebida a denúncia, será lida no expediente da sessão seguinte e despachada a uma comissão especial eleita, da qual participem, observada a respectiva proporção, representantes de todos os partidos para opinar sobre a mesma.

▶ O STF, por maioria, julgou parcialmente procedente a Medida Cautelar na ADPF nº 378 (*DOU* de 21-12-2015) para: (1) declarar recepcionados pela CF/1988 os artigos 19, 20 e 21 da Lei nº 1.079/1950, interpretados conforme à Constituição, para que se entenda que as "diligências" e atividades ali previstas não se destinam a provar a improcedência da acusação, mas apenas a esclarecer a denúncia;

Art. 20. A comissão a que alude o artigo anterior se reunirá dentro de quarenta e oito horas e, depois de eleger seu presidente e relator, emitirá parecer, dentro do prazo de dez dias, sobre se a denúncia deve ser ou não julgada objeto de deliberação. Dentro desse período poderá a comissão proceder às diligências que julgar necessárias ao esclarecimento da denúncia.

▶ O STF, por maioria, julgou parcialmente procedente a Medida Cautelar na ADPF nº 378 (*DOU* de 21-12-2015) para: (1) declarar recepcionados pela CF/1988 os artigos 19, 20 e 21 da Lei nº 1.079/1950, interpretados conforme à Constituição, para que se entenda que as "diligências" e atividades ali previstas não se destinam a provar a improcedência da acusação, mas apenas a esclarecer a denúncia;

§ 1º O parecer da comissão especial será lido no expediente da sessão da Câmara dos Deputados e publicado integralmente no *Diário do Congresso Nacional* e em avulsos, juntamente com a denúncia, devendo as publicações ser distribuídas a todos os deputados.

§ 2º Quarenta e oito horas após a publicação oficial do parecer da comissão especial, será o mesmo incluído, em primeiro lugar, na ordem do dia da Câmara dos Deputados, para uma discussão única.

Art. 21. Cinco representantes de cada partido poderão falar, durante uma hora, sobre o parecer, ressalvado ao relator da comissão especial o direito de responder a cada um.

► O STF, por maioria, julgou parcialmente procedente a Medida Cautelar na ADPF nº 378 (*DOU* de 21-12-2015) para: (1) declarar recepcionados pela CF/1988 os artigos 19, 20 e 21 da Lei nº 1.079/1950, interpretados conforme à Constituição, para que se entenda que as "diligências" e atividades ali previstas não se destinam a provar a improcedência da acusação, mas apenas a esclarecer a denúncia;

Art. 22. Encerrada a discussão do parecer, e submetido o mesmo a votação nominal, será a denúncia, com os documentos que a instruam, arquivada, se não for considerada objeto de deliberação. No caso contrário, será remetida por cópia autêntica ao denunciado, que terá o prazo de vinte dias para contestá-la e indicar os meios de prova com que pretenda demonstrar a verdade do alegado.

§ 1º Findo esse prazo e com ou sem a contestação, a comissão especial determinará as diligências requeridas, ou que julgar convenientes, e realizará as sessões necessárias para a tomada do depoimento das testemunhas de ambas as partes, podendo ouvir o denunciante e o denunciado, que poderá assistir pessoalmente, ou por seu procurador, a todas as audiências e diligências realizadas pela comissão, interrogando e contestando as testemunhas e requerendo a reinquirição ou acareação das mesmas.

§ 2º Findas essas diligências, a comissão especial proferirá, no prazo de dez dias, parecer sobre a procedência ou improcedência da denúncia.

§ 3º Publicado e distribuído esse parecer na forma do § 1º do artigo 20, será o mesmo incluído na ordem do dia da sessão imediata para ser submetido a duas discussões, com o interregno de quarenta e oito horas entre uma e outra.

§ 4º Nas discussões do parecer sobre a procedência ou improcedência da denúncia, cada representante de partido poderá falar uma só vez e durante uma hora, ficando as questões de ordem subordinadas ao disposto no § 2º do artigo 20.

► O STF, por maioria, julgou parcialmente procedente a Medida Cautelar na ADPF nº 378 (*DOU* de 21-12-2015) para: (2) para declarar não recepcionados pela CF/1988 o artigo 22, *caput*, 2ª parte (que se inicia com a expressão "No caso contrário..."), e §§ 1º, 2º, 3º e 4º, da Lei nº 1.079/1950, que determinam dilação probatória e segunda deliberação na Câmara dos Deputados, partindo do pressuposto que caberia a tal casa pronunciar-se sobre o mérito da acusação;

Art. 23. Encerrada a discussão do parecer, será o mesmo submetido a votação nominal, não sendo permitidas, então, questões de ordem, nem encaminhamento de votação.

► O STF, por maioria, julgou parcialmente procedente a Medida Cautelar na ADPF nº 378 (*DOU* de 21-12-2015) para: quanto ao Item I, por maioria, deferiu integralmente o pedido para declarar que não foram recepcionados pela CF/1988 os arts. 23, §§ 1º, 4º e 5º; 80, 1ª parte; e 81.

§ 1º Se da aprovação do parecer resultar a procedência da denúncia, considerar-se-á decretada a acusação pela Câmara dos Deputados.

§ 2º Decretada a acusação, será o denunciado intimado imediatamente pela mesa da Câmara dos Deputados, por intermédio do 1º secretário.

§ 3º Se o denunciado estiver ausente do Distrito Federal, a sua intimação será solicitada pela mesa da Câmara dos Deputados, ao presidente do Tribunal de Justiça do Estado em que ele se encontrar.

§ 4º A Câmara dos Deputados elegerá uma comissão de três membros para acompanhar o julgamento do acusado.

§ 5º São efeitos imediatos ao decreto da acusação do Presidente da República, ou de ministro de Estado, a suspensão do exercício das funções do acusado e da metade do subsídio ou do vencimento, até sentença final.

§ 6º Conforme se trate da acusação de crime comum ou de responsabilidade, o processo será enviado ao Supremo Tribunal Federal ou ao Senado Federal.

CAPÍTULO III
DO JULGAMENTO

Art. 24. Recebido no Senado o decreto de acusação com o processo enviado pela Câmara dos Deputados e apresentado o libelo pela comissão acusadora, remeterá o presidente cópia de tudo ao acusado, que, na mesma ocasião e nos termos dos §§ 2º e 3º do artigo 23, será notificado para comparecer em dia prefixado perante o Senado.

Parágrafo único. Ao presidente do Supremo Tribunal Federal enviar-se-á o processo em original, com a comunicação do dia designado para o julgamento.

► O STF, por maioria, julgou parcialmente procedente a Medida Cautelar na ADPF nº 378 (*DOU* de 21-12-2015) para: quanto ao item G, por maioria, deferiu parcialmente o pedido para dar interpretação conforme a Constituição ao art. 24 da Lei nº 1.079/1950, a fim de declarar que, com o advento da CF/1988, o recebimento da denúncia no processo de *impeachment* ocorre apenas após a decisão do Plenário do Senado Federal;

Art. 25. O acusado comparecerá, por si ou pelos seus advogados, podendo, ainda, oferecer novos meios de prova.

Art. 26. No caso de revelia, marcará o presidente novo dia para o julgamento e nomeará para a defesa do acusado um advogado, a quem se facultará o exame de todas as peças de acusação.

Art. 27. No dia aprazado para o julgamento, presentes o acusado, seus advogados, ou o defensor nomeado à sua revelia, e a comissão acusadora, o presidente do Supremo Tribunal Federal, abrindo a sessão, mandará ler o processo preparatório, o libelo e os artigos de defesa; em seguida inquirirá as testemunhas, que deverão depor publicamente e fora da presença umas das outras.

Art. 28. Qualquer membro da comissão acusadora ou do Senado, e bem assim o acusado ou seus advogados, poderão requerer que se façam às testemunhas perguntas que julgarem necessárias.

Parágrafo único. A comissão acusadora, ou o acusado ou seus advogados, poderão contestar ou arguir as testemunhas sem contudo interrompê-las e requerer a acareação.

Art. 29. Realizar-se-á a seguir o debate verbal entre a comissão acusadora e o acusado ou os seus advogados pelo prazo que o presidente fixar e que não poderá exceder de duas horas.

Art. 30. Findos os debates orais e retiradas as partes, abrir-se-á discussão sobre o objeto da acusação.

Art. 31. Encerrada a discussão o presidente do Supremo Tribunal Federal fará relatório resumido da denúncia e das provas da acusação e da defesa e submeterá à votação nominal dos senadores o julgamento.

Art. 32. Se o julgamento for absolutório produzirá, desde logo, todos os efeitos a favor do acusado.

Art. 33. No caso de condenação, o Senado por iniciativa do presidente fixará o prazo de inabilitação do condenado para o exercício de qualquer função pública; e no caso de haver crime comum deliberará ainda sobre se o presidente o deverá submeter à justiça ordinária, independentemente da ação de qualquer interessado.

Art. 34. Proferida a sentença condenatória, o acusado estará, *ipso facto*, destituído do cargo.

Art. 35. A resolução do Senado constará de sentença que será lavrada, nos autos do processo, pelo presidente do Supremo Tribunal Federal, assinada pelos senadores que funcionarem como juízes, transcrita na ata da sessão e, dentro desta, publicada no *Diário Oficial* e no *Diário do Congresso Nacional*.

Art. 36. Não pode interferir, em nenhuma fase do processo de responsabilidade do Presidente da República ou dos ministros de Estado, o deputado ou senador:

a) que tiver parentesco consanguíneo ou afim, com o acusado, em linha reta; em linha colateral, os irmãos, cunhados, enquanto durar o cunhadio, e os primos coirmãos;

b) que, como testemunha do processo, tiver deposto de ciência própria.

Art. 37. O Congresso Nacional deverá ser convocado, extraordinariamente, pelo terço de uma de suas câmaras, caso a sessão legislativa se encerre sem que se tenha ultimado o julgamento do Presidente da República, ou de ministro de Estado, bem como no caso de ser necessário o início imediato do processo.

Art. 38. No processo e julgamento do Presidente da República e dos ministros de Estado, serão subsidiários desta Lei naquilo em que lhes forem aplicáveis, assim os regimentos internos da Câmara dos Deputados e do Senado Federal, como o Código de Processo Penal.

► O STF, por unanimidade, julgou parcialmente procedente a Medida Cautelar na ADPF nº 378 (*DOU* de 21-12-2015) para: em interpretação conforme à Constituição do art. 38 da Lei nº 1.079/1950, que é possível a aplicação subsidiária dos Regimentos Internos da Câmara e do Senado no processo de *impeachment*, desde que sejam compatíveis com os preceitos legais e constitucionais pertinentes.

PARTE TERCEIRA

TÍTULO I

CAPÍTULO I

DOS MINISTROS DO SUPREMO TRIBUNAL FEDERAL

Art. 39. São crimes de responsabilidade dos Ministros do Supremo Tribunal Federal:

1) alterar, por qualquer forma, exceto por via de recurso, a decisão ou voto já proferido em sessão do tribunal;
2) proferir julgamento, quando, por lei, seja suspeito na causa;
3) exercer atividade político-partidária;
4) ser patentemente desidioso no cumprimento dos deveres do cargo;
5) proceder de modo incompatível com a honra, dignidade e decoro de suas funções.

Art. 39-A. Constituem, também, crimes de responsabilidade do Presidente do Supremo Tribunal Federal ou de seu substituto quando no exercício da Presidência, as condutas previstas no art. 10 desta Lei, quando por eles ordenadas ou praticadas.

Parágrafo único. O disposto neste artigo aplica-se aos Presidentes, e respectivos substitutos quando no exercício da Presidência, dos Tribunais Superiores, dos Tribunais de Contas, dos Tribunais Regionais Federais, do Trabalho e Eleitorais, dos Tribunais de Justiça e de Alçada dos Estados e do Distrito Federal, e aos Juízes Diretores de Foro ou função equivalente no primeiro grau de jurisdição.

▸ Art. 39-A acrescido pela Lei nº 10.028, de 19-10-2000.

CAPÍTULO II

DO PROCURADOR-GERAL DA REPÚBLICA

Art. 40. São crimes de responsabilidade do Procurador-Geral da República:

1) emitir parecer, quando, por lei, seja suspeito na causa;
2) recusar-se à prática de ato que lhe incumba;
3) ser patentemente desidioso no cumprimento de suas atribuições;
4) proceder de modo incompatível com a dignidade e o decoro do cargo.

Art. 40-A. Constituem, também, crimes de responsabilidade do Procurador-Geral da República, ou de seu substituto quando no exercício da chefia do Ministério Público da União, as condutas previstas no art. 10 desta Lei, quando por eles ordenadas ou praticadas.

Parágrafo único. O disposto neste artigo aplica-se:

I – ao Advogado-Geral da União;

II – aos Procuradores-Gerais do Trabalho, Eleitoral e Militar, aos Procuradores-Gerais de Justiça dos Estados e do Distrito Federal, aos Procuradores-Gerais dos Estados e do Distrito Federal, e aos membros do Ministério Público da União e dos Estados, da Advocacia-Geral da União, das Procuradorias dos Estados e do Distrito Federal, quando no exercício de função de chefia das unidades regionais ou locais das respectivas instituições.

▸ Art. 40-A acrescido pela Lei nº 10.028, de 19-10-2000.

TÍTULO II – DO PROCESSO E JULGAMENTO

CAPÍTULO I

DA DENÚNCIA

Art. 41. É permitido a todo cidadão denunciar, perante o Senado Federal, os ministros do Supremo Tribunal Federal e o Procurador-Geral da República, pelos crimes de responsabilidade que cometerem (artigos 39 e 40).

Art. 41-A. Respeitada a prerrogativa de foro que assiste às autoridades a que se referem o parágrafo único do artigo 39-A e o inciso II do parágrafo único do artigo 40-A, as ações penais contra elas ajuizadas pela prática dos crimes de responsabilidade previstos no artigo 10 desta Lei serão processadas e julgadas de acordo com o rito instituído pela Lei nº 8.038, de 28 de maio de 1990, permitido, a todo cidadão, o oferecimento da denúncia.

▸ Art. 41-A acrescido pela Lei nº 10.028, de 19-10-2000.

Art. 42. A denúncia só poderá ser recebida se o denunciado não tiver, por qualquer motivo, deixado definitivamente o cargo.

Art. 43. A denúncia, assinada pelo denunciante com a firma reconhecida, deve ser acompanhada dos documentos que a comprovem ou da declaração de impossibilidade de apresentá-los, com a indicação do local onde possam ser encontrados. Nos crimes de que haja prova testemunhal, a denúncia deverá conter o rol das testemunhas, em número de cinco, no mínimo.

Art. 44. Recebida a denúncia pela mesa do Senado, será lida no expediente da sessão seguinte e despachada a uma comissão especial, eleita para opinar sobre a mesma.

▸ O STF, por maioria, julgou parcialmente procedente a Medida Cautelar na ADPF nº 378 (*DOU* de 21-12-2015) para: declarar constitucionalmente legítima a aplicação analógica dos arts. 44, 45, 46, 47, 48 e 49 da Lei nº 1.079/1950 – os quais determinam o rito do processo de *impeachment* contra Ministros do Supremo Tribunal Federal e o Procurador-Geral da República – ao processamento no Senado Federal de crime de responsabilidade contra Presidente da República;

Art. 45. A comissão a que alude o artigo anterior reunir-se-á dentro de quarenta e oito horas e, depois de eleger o seu presidente e relator, emitirá parecer no prazo de dez dias sobre se a denúncia deve ser, ou não, julgada objeto de deliberação. Dentro desse período poderá a comissão proceder às diligências que julgar necessárias.

▸ O STF, por maioria, julgou parcialmente procedente a Medida Cautelar na ADPF nº 378 (*DOU* de 21-12-2015) para: declarar constitucionalmente legítima a aplicação analógica dos arts. 44, 45, 46, 47, 48 e 49 da Lei nº 1.079/1950 – os quais determinam o rito do processo de *impeachment* contra Ministros do Supremo Tribunal Federal e o Procurador-Geral da República – ao processamento no Senado Federal de crime de responsabilidade contra Presidente da República;

Art. 46. O parecer da comissão, com a denúncia e os documentos que a instruírem, será lido no expediente de sessão do Senado, publicado no *Diário do Congresso Nacional* e em avulsos, que deverão ser distribuídos entre os senadores, e dado para ordem do dia da sessão seguinte.

▸ O STF, por maioria, julgou parcialmente procedente a Medida Cautelar na ADPF nº 378 (*DOU* de 21-12-2015) para: declarar constitucionalmente legítima a aplicação analógica dos arts. 44, 45, 46, 47, 48 e 49 da Lei nº 1.079/1950 – os quais determinam o rito do processo de *impeachment* contra Ministros do Supremo Tribunal Federal e o Procurador-Geral da República – ao processamento no Senado Federal de crime de responsabilidade contra Presidente da República;

Art. 47. O parecer será submetido a uma só discussão, e a votação nominal, considerando-se aprovado se reunir a maioria simples de votos.

▸ O STF, por maioria, julgou parcialmente procedente a Medida Cautelar na ADPF nº 378 (*DOU* de 21-12-2015) para: declarar constitucionalmente legítima a aplicação analógica dos arts. 44, 45, 46, 47, 48 e 49 da Lei nº 1.079/1950 – os quais determinam o rito do processo de *impeachment* contra Ministros do Supremo Tribunal Federal e o Procurador-Geral da República – ao processamento no Senado Federal de crime de responsabilidade contra Presidente da República;

Art. 48. Se o Senado resolver que a denúncia não deve constituir objeto de deliberação, serão os papéis arquivados.

▸ O STF, por maioria, julgou parcialmente procedente a Medida Cautelar na ADPF nº 378 (*DOU* de 21-12-2015) para: declarar constitucionalmente legítima a aplicação analógica dos arts. 44, 45, 46, 47, 48 e 49 da Lei nº 1.079/1950 – os quais determinam o rito do processo de *impeachment* contra Ministros do Supremo Tribunal Federal e o Procurador-Geral da República – ao processamento no Senado Federal de crime de responsabilidade contra Presidente da República;

Art. 49. Se a denúncia for considerada objeto de deliberação, a mesa remeterá cópia de tudo ao denunciado, para responder à acusação no prazo de dez dias.

▸ O STF, por maioria, julgou parcialmente procedente a Medida Cautelar na ADPF nº 378 (*DOU* de 21-12-2015) para: declarar constitucionalmente legítima a aplicação analógica dos arts. 44, 45, 46, 47, 48 e 49 da Lei nº 1.079/1950 – os quais determinam o rito do processo de *impeachment* contra Ministros do Supremo Tribunal Federal e o Procurador-Geral da República – ao processamento no Senado Federal de crime de responsabilidade contra Presidente da República;

Art. 50. Se o denunciado estiver fora do Distrito Federal, a cópia lhe será entregue pelo presidente do Tribunal de Justiça do Estado em que se achar. Caso se ache fora do País ou em lugar incerto e não sabido, o que será verificado pelo 1º secretário do Senado, a intimação far-se-á por edital, publicado no *Diário do Congresso Nacional*, com a antecedência de sessenta dias, aos quais se acrescerá, em comparecendo o denunciado, o prazo do artigo 49.

Art. 51. Findo o prazo para a resposta do denunciado, seja esta recebida, ou não, a comissão dará parecer, dentro de dez dias, sobre a procedência ou improcedência da acusação.

Art. 52. Perante a comissão, o denunciante e o denunciado poderão comparecer pessoalmente ou por procurador, assistir a todos os atos e diligências por ela praticados, inquirir, reinquirir, contestar testemunhas e requerer a sua acareação. Para esse efeito, a comissão dará aos interessados conhecimento das suas reuniões e das diligências a que deva proceder, com a indicação de lugar, dia e hora.

Art. 53. Findas as diligências, a comissão emitirá sobre elas o seu parecer, que será publicado e distribuído, com todas as peças que o instruírem, e dado para ordem do dia quarenta e oito horas, no mínimo, depois da distribuição.

Art. 54. Esse parecer terá uma só discussão e considerar-se-á aprovado se, em votação nominal, reunir a maioria simples dos votos.

Art. 55. Se o Senado entender que não procede a acusação, serão os papéis arquivados. Caso decida o contrário, a mesa dará imediato conhecimento dessa decisão ao Supremo Tribunal Federal, ao Presidente da República, ao denunciante e ao denunciado.

Art. 56. Se o denunciado não estiver no Distrito Federal, a decisão ser-lhe-á comunicada a requisição da mesa, pelo presidente do Tribunal de Justiça do Estado onde se achar. Se estiver fora do País ou em lugar incerto e não sabido, o que será verificado pelo 1º secretário do Senado, far-se-á a intimação mediante edital pelo *Diário do Congresso Nacional*, com a antecedência de sessenta dias.

Art. 57. A decisão produzirá desde a data da sua intimação os seguintes efeitos contra o denunciado:

a) ficar suspenso do exercício das suas funções até sentença final;

b) ficar sujeito à acusação criminal;

c) perder, até sentença final, um terço dos vencimentos, que lhe será pago no caso de absolvição.

CAPÍTULO II
DA ACUSAÇÃO E DA DEFESA

Art. 58. Intimado o denunciante ou o seu procurador da decisão a que aludem os três últimos artigos, ser-lhe-á dada vista do processo, na secretaria do Senado, para, dentro de quarenta e oito horas, oferecer o libelo acusatório e o rol das testemunhas. Em seguida abrir-se-á vista ao denunciado ou ao seu defensor, pelo mesmo prazo para oferecer a contrariedade e o rol das testemunhas.

Art. 59. Decorridos esses prazos, com o libelo e a contrariedade ou sem eles, serão os autos remetidos, em original, ao presidente do Supremo Tribunal Federal, ou ao seu substituto legal, quando seja ele o denunciado, comunicando-se-lhe o dia designado para o julgamento e convidando-o para presidir a sessão.

Art. 60. O denunciante e o acusado serão notificados pela forma estabelecida no artigo 56, para assistirem ao julgamento, devendo as testemunhas ser, por um magistrado, intimadas a comparecer à requisição da mesa.

Parágrafo único. Entre a notificação e o julgamento deverá mediar o prazo mínimo de dez dias.

Art. 61. No dia e hora marcados para o julgamento, o Senado reunir-se-á, sob a presidência do presidente do Supremo Tribunal Federal ou do seu substituto legal. Verificada a presença de número legal de senadores, será aberta a sessão e feita a chamada das partes, acusador e acusado, que poderão comparecer pessoalmente ou pelos seus procuradores.

Art. 62. A revelia do acusador não importará transferência do julgamento, nem perempção da acusação.

§ 1º A revelia do acusado determinará o adiamento do julgamento, para qual o presidente designará novo dia, nomeando um advogado para defender o revel.

§ 2º Ao defensor nomeado será facultado o exame de todas as peças do processo.

Art. 63. No dia definitivamente aprazado para o julgamento, verificado o número legal de senadores, será aberta a sessão e facultado o ingresso às partes ou aos seus procuradores. Serão juízes todos os senadores presentes, com exceção dos impedidos nos termos do artigo 36.

Parágrafo único. O impedimento poderá ser oposto pelo acusador ou pelo acusado e invocado por qualquer senador.

Art. 64. Constituído o Senado em tribunal de julgamento, o presidente mandará ler o processo e, em seguida, inquirirá publicamente as testemunhas, fora da presença umas das outras.

Art. 65. O acusador e o acusado, ou os seus procuradores, poderão reinquirir as testemunhas, contestá-las sem interrompê-las e requerer a sua acareação. Qualquer senador poderá requerer sejam feitas as perguntas que julgar necessárias.

Art. 66. Finda a inquirição, haverá debate oral, facultadas a réplica e a tréplica entre o acusador e o acusado, pelo prazo que o presidente determinar.

Parágrafo único. Ultimado o debate, retirar-se-ão as partes do recinto da sessão e abrir-se-á uma discussão única entre os senadores sobre o objeto da acusação.

Art. 67. Encerrada a discussão, fará o presidente um relatório resumido dos fundamentos da acusação e da defesa, bem como das respectivas provas, submetendo em seguida o caso a julgamento.

CAPÍTULO III
DA SENTENÇA

Art. 68. O julgamento será feito, em votação nominal pelos senadores desimpedidos que responderão "sim" ou "não" à seguinte pergunta enunciada pelo presidente: "Cometeu o acusado F o crime que lhe é imputado e deve ser condenado à perda do seu cargo?"

Parágrafo único. Se a resposta afirmativa obtiver, pelo menos, dois terços dos votos dos senadores presentes, o presidente fará nova consulta ao plenário sobre o tempo, não excedente de cinco anos, durante o qual o condenado deverá ficar inabilitado para o exercício de qualquer função pública.

Art. 69. De acordo com a decisão do Senado, o presidente lavrará, nos autos, a sentença que será assinada por ele e pelos senadores, que tiverem tomado parte no julgamento, e transcrita na ata.

Art. 70. No caso de condenação, fica o acusado desde logo destituído do seu cargo. Se a sentença for absolutória, produzirá a imediata reabilitação do acusado, que voltará ao exercício do cargo, com direito à parte dos vencimentos de que tenha sido privado.

Art. 71. Da sentença, dar-se-á imediato conhecimento ao Presidente da República, ao Supremo Tribunal Federal e ao acusado.

Art. 72. Se no dia do encerramento do Congresso Nacional não estiver concluído o processo ou julgamento de ministro do Supremo Tribunal Federal ou do Procurador-Geral da República, deverá ele ser convocado extraordinariamente pelo terço do Senado Federal.

Art. 73. No processo e julgamento de ministro do Supremo Tribunal, ou do Procurador-Geral da República, serão subsidiários desta Lei, naquilo em que lhes forem aplicáveis, o Regimento Interno do Senado Federal e o Código de Processo Penal.

PARTE QUARTA

TÍTULO ÚNICO

CAPÍTULO I
DOS GOVERNADORES E SECRETÁRIOS DOS ESTADOS

Art. 74. Constituem crimes de responsabilidade dos governadores dos Estados ou dos seus secretários, quando por eles praticados, os atos definidos como crime nesta Lei.

CAPÍTULO II
DA DENÚNCIA, ACUSAÇÃO E JULGAMENTO

Art. 75. É permitido a todo cidadão denunciar o governador perante a Assembleia Legislativa, por crime de responsabilidade.

Art. 76. A denúncia, assinada pelo denunciante e com a firma reconhecida, deve ser acompanhada dos documentos que a comprovem, ou da declaração de impossibilidade de apresentá-los, com a indicação do local em que possam ser encontrados. Nos crimes de que houver prova testemunhal, conterá o rol das testemunhas, em número de cinco pelo menos.

Parágrafo único. Não será recebida a denúncia depois que o governador, por qualquer motivo, houver deixado definitivamente o cargo.

Art. 77. Apresentada a denúncia e julgada objeto de deliberação, se a Assembleia Legislativa, por maioria absoluta, decretar a procedência da acusação, será o governador imediatamente suspenso de suas funções.

Art. 78. O governador será julgado, nos crimes de responsabilidade, pela forma que determinar a Constituição do Estado e não poderá ser condenado, senão à perda do cargo, com inabilitação, até cinco anos, para o exercício de qualquer função pública, sem prejuízo da ação da justiça comum.

§ 1º Quando o tribunal de julgamento for de jurisdição mista, serão iguais, pelo número, os representantes dos órgãos que o integrarem, excluído o presidente, que será o presidente do Tribunal de Justiça.

§ 2º Em qualquer hipótese, só poderá ser decretada a condenação pelo voto de dois terços dos membros de que se compuser o tribunal de julgamento.

§ 3º Nos Estados, onde as Constituições não determinarem o processo nos crimes de responsabilidade dos governadores, aplicar-se-á o disposto nesta Lei, devendo, porém, o julgamento ser proferido por um tribunal composto de cinco membros do Legislativo e de cinco desembargadores, sob a presidência do presidente do Tribunal de Justiça local, que terá direito de voto no caso de empate. A escolha desse tribunal será feita – a dos membros do Legislativo, mediante eleição pela Assembleia; a dos desembargadores, mediante sorteio.

§ 4º Esses atos deverão ser executados dentro de cinco dias contados da data em que a Assembleia enviar ao presidente do Tribunal de Justiça os autos do processo, depois de decretada a procedência da acusação.

Art. 79. No processo e julgamento do governador serão subsidiários desta Lei naquilo em que lhe forem aplicáveis, assim o Regimento Interno da Assembleia Legislativa e do Tribunal de Justiça, como o Código de Processo Penal.

Parágrafo único. Os secretários de Estado, nos crimes conexos com os dos governadores, serão sujeitos ao mesmo processo e julgamento.

DISPOSIÇÕES GERAIS

Art. 80. Nos crimes de responsabilidade do Presidente da República e dos ministros de Estado, a Câmara dos Deputados é tribunal de pronúncia e o Senado Federal, tribunal de julgamento; nos crimes de responsabilidade dos ministros do Supremo Tribunal Federal e do Procurador-Geral da República, o Senado Federal é, simultaneamente, tribunal de pronúncia e julgamento.

▸ O STF, por maioria, julgou parcialmente procedente a Medida Cautelar na ADPF nº 378 (*DOU* de 21-12-2015) para: quanto ao Item I, por maioria, deferiu integralmente o pedido para declarar que não foram recepcionados pela CF/1988 os arts. 23, §§ 1º, 4º e 5º; 80, 1ª parte; e 81.

Parágrafo único. O Senado Federal, na apuração e julgamento dos crimes de responsabilidade, funciona sob a presidência do presidente do Supremo Tribunal, e só proferirá sentença condenatória pelo voto de dois terços dos seus membros.

Art. 81. A declaração de procedência da acusação nos crimes de responsabilidade só poderá ser decretada pela maioria absoluta da Câmara que a proferir.

▸ O STF, por maioria, julgou parcialmente procedente a Medida Cautelar na ADPF nº 378 (*DOU* de 21-12-2015) para: quanto ao Item I, por maioria, deferiu integralmente o pedido para declarar que não foram recepcionados pela CF/1988 os arts. 23, §§ 1º, 4º e 5º; 80, 1ª parte; e 81.

Art. 82. Não poderá exceder de cento e vinte dias, contados da data da declaração da procedência da acusação, o prazo para o processo e julgamento dos crimes definidos nesta Lei.

Art. 83. Esta Lei entrará em vigor na data da sua publicação, revogadas as disposições em contrário.

Rio de Janeiro, 10 de abril de 1950;
129º da Independência e
62º da República.

Eurico G. Dutra

LEI Nº 1.579, DE 18 DE MARÇO DE 1952

Dispõe sobre as Comissões Parlamentares de Inquérito.

▸ Publicada no *DOU* de 21-3-1952.

Art. 1º As Comissões Parlamentares de Inquérito, criadas na forma do § 3º do art. 58 da Constituição Federal, terão poderes de investigação próprios das autoridades judiciais, além de outros previstos nos regimentos da Câmara dos Deputados e do Senado Federal, com ampla ação nas pesquisas destinadas a apurar fato determinado e por prazo certo.

Parágrafo único. A criação de Comissão Parlamentar de Inquérito dependerá de requerimento de um terço da totalidade dos membros da Câmara dos Deputados e do Senado Federal, em conjunto ou separadamente.

Art. 2º No exercício de suas atribuições, poderão as Comissões Parlamentares de Inquérito determinar diligências que reputarem necessárias e requerer a convocação de Ministros de Estado, tomar o depoimento de quaisquer autoridades federais, estaduais ou municipais, ouvir os indiciados, inquirir testemunhas sob compromisso, requisitar da administração pública direta, indireta ou fundacional informações e documentos, e transportar-se aos lugares onde se fizer mister a sua presença.

▸ Arts. 1º e 2º com a redação dada pela Lei nº 13.367, de 5-12-2016.

▸ Arts. 185 a 238 do CPP.

Art. 3º Indiciados e testemunhas serão intimados de acordo com as prescrições estabelecidas na legislação penal.

§ 1º Em caso de não comparecimento da testemunha sem motivo justificado, a sua intimação será solicitada ao juiz criminal da localidade em que resida ou se encontre, nos termos dos arts. 218 e 219 do Decreto-Lei nº 3.689, de 3 de outubro de 1941 – Código de Processo Penal.

▸ § 1º com a redação dada pela Lei nº 13.367, de 5-12-2016.

▸ Arts. 351 a 372 do CPP.

§ 2º O depoente poderá fazer-se acompanhar de advogado, ainda que em reunião secreta.

▸ § 2º acrescido pela Lei nº 10.679, de 23-5-2003.

Art. 3º-A. Caberá ao presidente da Comissão Parlamentar de Inquérito, por deliberação desta, solicitar, em qualquer fase da investigação, ao juízo criminal competente medida cautelar necessária, quando se verificar a existência de indícios veementes da proveniência ilícita de bens.

▸ Artigo acrescido pela Lei nº 13.367, de 5-12-2016.

Art. 4º Constitui crime:

I – impedir, ou tentar impedir, mediante violência, ameaça ou assuadas, o regular funcionamento de Comissão Parlamentar de Inquérito, ou o livre exercício das atribuições de qualquer dos seus membros:

Pena – a do artigo 329 do Código Penal.

II – fazer afirmação falsa, ou negar ou calar a verdade como testemunha, perito, tradutor ou intérprete, perante a Comissão Parlamentar de Inquérito:

Pena – a do artigo 342 do Código Penal.

Art. 5º As Comissões Parlamentares de Inquérito apresentarão relatório de seus trabalhos à respectiva Câmara, concluindo por projeto de resolução.

§ 1º Se forem diversos os fatos objeto de inquérito, a comissão dirá, em separado, sobre cada um, podendo fazê-lo antes mesmo de finda a investigação dos demais.

§ 2º A incumbência da Comissão Parlamentar de Inquérito termina com a sessão legislativa em que tiver sido outorgada salvo deliberação da respectiva Câmara, prorrogando-a dentro da legislatura em curso.

Art. 6º O processo e a instrução dos inquéritos obedecerão ao que prescreve esta Lei, no que lhes for aplicável, às normas do processo penal.

Art. 6º-A. A Comissão Parlamentar de Inquérito encaminhará relatório circunstanciado, com suas conclusões, para as devidas providências, entre outros órgãos, ao Ministério Público ou à Advocacia-Geral da União, com cópia da documentação, para que promovam a responsabilidade civil ou criminal por infrações apuradas e adotem outras medidas decorrentes de suas funções institucionais.

▸ Artigo acrescido pela Lei nº 13.367, de 5-12-2016.

Art. 7º Esta Lei entrará em vigor na data de sua publicação, revogadas as disposições em contrário.

Rio de Janeiro, 18 de março de 1952;
131º da Independência e
64º da República.

Getúlio Vargas

LEI Nº 4.132, DE 10 DE SETEMBRO DE 1962

Define os casos de desapropriação por interesse social e dispõe sobre sua aplicação.

▸ Publicada no *DOU* de 7-11-1962.

▸ Dec.-lei nº 3.365, de 21-6-1941 (Lei das Desapropriações).

Art. 1º A desapropriação por interesse social será decretada para promover a justa distribuição da propriedade ou condicionar o seu uso ao bem-estar social, na forma do artigo 147 da Constituição Federal.

▸ Refere-se à CF/1946. Arts. 184 e 185 da CF/1988.

Art. 2º Considera-se de interesse social:

I – o aproveitamento de todo bem improdutivo ou explorado sem correspondência com as necessidades de habitação, trabalho e consumo dos centros de população a que deve ou possa suprir por seu destino econômico;

II – a instalação ou a intensificação das culturas nas áreas em cuja exploração não se obedeça a plano de zoneamento agrícola (VETADO);

III – o estabelecimento e a manutenção de colônias ou cooperativas de povoamento e trabalho agrícola;

IV – a manutenção de posseiros em terrenos urbanos onde, com a tolerância expressa ou tácita do proprietário, tenham construído sua habitação, formando núcleos residenciais de mais de dez famílias;

V – a construção de casas populares;

VI – as terras e águas suscetíveis de valorização extraordinária, pela conclusão de obras e serviços públicos, notadamente de saneamento, portos, transporte, eletrificação, armazenamento de água e irrigação, no caso em que não sejam ditas áreas socialmente aproveitadas;

VII – a proteção do solo e a preservação de cursos e mananciais de água e de reservas florestais;

VIII – a utilização de áreas, locais ou bens que, por suas características, sejam apropriados ao desenvolvimento de atividades turísticas;

▸ Inciso VIII com a redação dada pela Lei nº 6.513, de 20-12-1977.

IX – a destinação de áreas às comunidades indígenas que não se encontravam em área de ocupação tradicional em 5 de outubro de 1988, desde que necessárias à reprodução física e cultural, segundo seus usos, costumes e tradições.

▸ Inciso IX acrescido pela Lei nº 14.701, de 20-10-2023, promulgado nos termos do art. 66, § 7º, da CF (*DOU* de 28-12-2023).

§ 1º O disposto no item I deste artigo só se aplicará nos casos de bens retirados de produção ou tratando-se de imóveis rurais cuja produção, por ineficientemente explorados, seja inferior à média da região, atendidas as condições naturais do seu solo e sua situação em relação aos mercados.

§ 2º As necessidades de habitação, trabalho e consumo serão apuradas anualmente segundo a conjuntura e condições econômicas locais, cabendo o seu estudo e verificação às autoridades encarregadas de velar pelo bem-estar e pelo abastecimento das respectivas populações.

Art. 3º O expropriante tem o prazo de dois anos, a partir da decretação da desapropriação por interesse social, para efetivar a aludida desapropriação e iniciar as providências de aproveitamento do bem expropriado.

Parágrafo único. VETADO.

Art. 4º Os bens desapropriados serão objeto de venda ou locação, a quem estiver em condições de dar-lhes a destinação social prevista.

Art. 5º No que esta Lei for omissa aplicam-se as normas legais que regulam a desapropriação por utilidade pública, inclusive no tocante ao processo e à justa indenização devida ao proprietário.

▸ Dec.-lei nº 3.365, de 21-6-1941 (Lei das Desapropriações por Utilidade Pública).

Art. 6º Revogam-se as disposições em contrário.

Brasília, 10 de setembro de 1962;
141º da Independência e
74º da República.
João Goulart

DECRETO-LEI Nº 1.075, DE 22 DE JANEIRO DE 1970

Regula a imissão de posse, initio litis, em imóveis residenciais urbanos.

▸ Publicado no *DOU* de 22-1-1970.

Art. 1º Na desapropriação por utilidade pública de prédio urbano residencial, o expropriante, alegando urgência, poderá imitir-se provisoriamente na posse do bem, mediante o depósito do preço oferecido, se este não for impugnado pelo expropriado em cinco dias da intimação da oferta.

▸ Art. 1º do Dec.-lei nº 3.365, de 21-6-1941 (Lei das Desapropriações).

Art. 2º Impugnada a oferta pelo expropriado, o juiz, servindo-se, caso necessário, de perito avaliador, fixará em quarenta e oito horas o valor provisório do imóvel.

Parágrafo único. O perito, quando designado, deverá apresentar o laudo no prazo máximo de cinco dias.

Art. 3º Quando o valor arbitrado for superior à oferta, o juiz só autorizará a imissão provisória na posse do imóvel, se o expropriante complementar o depósito para que este atinja a metade do valor arbitrado.

Art. 4º No caso do artigo anterior, fica, porém, fixado em dois mil e trezentos salários mínimos vigentes na região, o máximo do depósito a que será obrigado o expropriante.

▸ Art. 2º da Lei nº 6.205, de 29-4-1975, que descaracteriza o salário mínimo como fator de correção monetária.

Art. 5º O expropriado, observadas as cautelas previstas no artigo 34 do Decreto-Lei nº 3.365, de 21 de junho de 1941, poderá levantar toda a importância depositada e complementada nos termos do artigo 3º.

Parágrafo único. Quando o valor arbitrado for inferior ou igual ao dobro do preço oferecido, é lícito ao expropriado optar entre o levantamento de oitenta por cento do preço oferecido ou da metade do valor arbitrado.

Art. 6º O disposto neste Decreto-Lei só se aplica à desapropriação de prédio residencial urbano, habitado pelo proprietário ou compromissário comprador, cuja promessa de compra esteja devidamente inscrita no registro de imóveis.

▸ Art. 167 e segs. da Lei nº 6.015, de 31-12-1973 (Lei dos Registros Públicos).

Art. 7º Este Decreto-Lei entra em vigor na data de sua publicação, aplicando-se às ações já ajuizadas.

Art. 8º Revogam-se as disposições em contrário.

Brasília, 22 de janeiro de 1970;
149º da Independência e
82º da República.
Emílio G. Médici

LEI Nº 8.112, DE 11 DE DEZEMBRO DE 1990

Dispõe sobre o regime jurídico dos servidores públicos civis da União, das autarquias e das fundações públicas federais.

▸ Publicada no *DOU* de 12-12-1990.

▸ Lei nº 9.962, de 22-2-2000, disciplina o regime de emprego público do pessoal da Administração federal direta, autárquica e fundacional.

▸ Dec. nº 9.991, de 28-8-2019, dispõe sobre a Política Nacional de Desenvolvimento de Pessoas da administração pública federal direta, autárquica e fundacional, e regulamenta dispositivos desta lei quanto a licenças e afastamentos para ações de desenvolvimento.

▸ Dec. Legislativo nº 206, de 7-4-2010, aprova, com ressalvas, os textos da Convenção nº 151 e da Recomendação nº 159, da Organização Internacional do Trabalho, ambas de 1978, sobre as relações de trabalho na administração pública.

TÍTULO I

CAPÍTULO ÚNICO
DAS DISPOSIÇÕES PRELIMINARES

Art. 1º Esta Lei institui o Regime Jurídico dos Servidores Públicos Civis da União, das autarquias, inclusive as em regime especial, e das fundações públicas federais.

▸ Lei nº 11.440, de 29-12-2006, que institui o regime jurídico dos servidores do serviço exterior brasileiro.

Art. 2º Para os efeitos desta Lei, servidor é a pessoa legalmente investida em cargo público.

▸ Lei nº 9.962, de 22-2-2000, disciplina o regime de emprego público do pessoal da Administração federal direta, autárquica e fundacional.

Art. 3º Cargo público é o conjunto de atribuições e responsabilidades previstas na estrutura organizacional que devem ser cometidas a um servidor.

Parágrafo único. Os cargos públicos, acessíveis a todos os brasileiros, são criados por lei, com denominação própria e vencimento pago pelos cofres públicos, para provimento em caráter efetivo ou em comissão.

Art. 4º É proibida a prestação de serviços gratuitos, salvo os casos previstos em lei.

TÍTULO II – DO PROVIMENTO, VACÂNCIA, REMOÇÃO, REDISTRIBUIÇÃO E SUBSTITUIÇÃO

CAPÍTULO I
DO PROVIMENTO

Seção I
DISPOSIÇÕES GERAIS

Art. 5º São requisitos básicos para investidura em cargo público:

I – a nacionalidade brasileira;

II – o gozo dos direitos políticos;

III – a quitação com as obrigações militares e eleitorais;

IV – o nível de escolaridade exigido para o exercício do cargo;

V – a idade mínima de dezoito anos;

VI – aptidão física e mental.

§ 1º As atribuições do cargo podem justificar a exigência de outros requisitos estabelecidos em lei.

§ 2º Às pessoas portadoras de deficiência é assegurado o direito de se inscreverem em concurso público para provimento de cargo cujas atribuições sejam compatíveis com a deficiência de que são portadoras; para tais pessoas serão reservadas até 20% (vinte por cento) das vagas oferecidas no concurso.

▸ Súm. nº 377 do STJ.

§ 3º As universidades e instituições de pesquisa científica e tecnológica federais poderão prover seus cargos com professores, técnicos e cientistas estrangeiros, de acordo com as normas e os procedimentos desta Lei.

▸ § 3º acrescido pela Lei nº 9.515, de 20-11-1997.

Art. 6º O provimento dos cargos públicos far-se-á mediante ato da autoridade competente de cada Poder.

Art. 7º A investidura em cargo público ocorrerá com a posse.

Art. 8º São formas de provimento de cargo público:

I – nomeação;

II – promoção;

III e IV – *Revogados*. Lei nº 9.527, de 10-12-1997;

V – readaptação;

VI – reversão;

VII – aproveitamento;

VIII – reintegração;

IX – recondução.

Seção II
DA NOMEAÇÃO

Art. 9º A nomeação far-se-á:

I – em caráter efetivo, quando se tratar de cargo isolado de provimento efetivo ou de carreira;

II – em comissão, inclusive na condição de interino, para cargos de confiança vagos.

▸ Inciso II com a redação dada pela Lei nº 9.527, de 10-12-1997.

Parágrafo único. O servidor ocupante de cargo em comissão ou de natureza especial poderá ser nomeado para ter exercício, interinamente, em outro cargo de confiança, sem prejuízo das atribuições do que atualmente ocupa, hipótese em que deverá optar pela remuneração de um deles durante o período da interinidade.

▸ Parágrafo único com a redação dada pela Lei nº 9.527, de 10-12-1997.

Art. 10. A nomeação para cargo de carreira ou cargo isolado de provimento efetivo depende de prévia habilitação em concurso público de provas ou de provas e títulos, obedecidos a ordem de classificação e o prazo de sua validade.

Parágrafo único. Os demais requisitos para o ingresso e o desenvolvimento do servidor na carreira, mediante promoção, serão estabelecidos pela lei que fixar as diretrizes do sistema de carreira na Administração Pública Federal e seus regulamentos.

▸ Parágrafo único com a redação dada pela Lei nº 9.527, de 10-12-1997.

Seção III
DO CONCURSO PÚBLICO

Art. 11. O concurso será de provas ou de provas e títulos, podendo ser realizado em duas etapas, conforme dispuserem a lei e o regulamento do respectivo plano de carreira, condicionada a inscrição do candidato ao pagamento do valor fixado no edital, quando indispensável ao seu custeio, e ressalvadas as hipóteses de isenção nele expressamente previstas.

▸ Artigo com a redação dada pela Lei nº 9.527, de 10-12-1997.

▸ Dec. nº 6.593, de 2-10-2008, regulamenta este artigo, quanto à isenção de pagamento de taxa de inscrição em concursos públicos realizados no âmbito do Poder Executivo Federal.

Art. 12. O concurso público terá validade de até 2 (dois) anos, podendo ser prorrogado uma única vez, por igual período.

§ 1º O prazo de validade do concurso e as condições de sua realização serão fixados em edital, que será publicado no *Diário Oficial da União* e em jornal diário de grande circulação.

§ 2º Não se abrirá novo concurso enquanto houver candidato aprovado em concurso anterior com prazo de validade não expirado.

Seção IV
DA POSSE E DO EXERCÍCIO

Art. 13. A posse dar-se-á pela assinatura do respectivo termo, no qual deverão constar as atribuições, os deveres, as responsabilidades e os direitos inerentes ao cargo ocupado, que não poderão ser alterados unilateralmente, por qualquer das partes, ressalvados os atos de ofício previstos em lei.

§ 1º A posse ocorrerá no prazo de trinta dias contados da publicação do ato de provimento.

§ 2º Em se tratando de servidor, que esteja na data de publicação do ato de provimento, em licença prevista nos incisos I, III e V do art. 81, ou afastado nas hipóteses dos incisos I, IV, VI, VIII, alíneas *a*, *b*, *d*, *e* e *f*, IX e X do art. 102, o prazo será contado do término do impedimento.

▸ §§ 1º e 2º com a redação dada pela Lei nº 9.527, de 10-12-1997.

§ 3º A posse poderá dar-se mediante procuração específica.

§ 4º Só haverá posse nos casos de provimento de cargo por nomeação.

▸ § 4º com a redação dada pela Lei nº 9.527, de 10-12-1997.

§ 5º No ato da posse, o servidor apresentará declaração de bens e valores que constituem seu patrimônio e declaração quanto ao exercício ou não de outro cargo, emprego ou função pública.

▸ Art. 13 da Lei nº 8.429, de 2-6-1992 (Lei da Improbidade Administrativa).

▸ Lei nº 8.730, de 10-11-1993, estabelece a obrigatoriedade da declaração de bens e rendas para o exercício de cargos, empregos e funções nos Poderes Executivo, Legislativo e Judiciário.

§ 6º Será tornado sem efeito o ato de provimento se a posse não ocorrer no prazo previsto no § 1º deste artigo.

Art. 14. A posse em cargo público dependerá de prévia inspeção médica oficial.

Parágrafo único. Só poderá ser empossado aquele que for julgado apto física e mentalmente para o exercício do cargo.

Art. 15. Exercício é o efetivo desempenho das atribuições do cargo público ou da função de confiança.

▸ *Caput* com a redação dada pela Lei nº 9.527, de 10-12-1997.

§ 1º É de quinze dias o prazo para o servidor empossado em cargo público entrar em exercício, contados da data da posse.

§ 2º O servidor será exonerado do cargo ou será tornado sem efeito o ato de sua designação para função de confiança, se não entrar em exercício nos prazos previstos neste artigo, observado o disposto no art. 18.

§ 3º À autoridade competente do órgão ou entidade para onde for nomeado ou designado o servidor compete dar-lhe exercício.

▸ § 3º com a redação dada pela Lei nº 9.527, de 10-12-1997.

§ 4º O início do exercício de função de confiança coincidirá com a data de publicação do ato de designação, salvo quando o servidor estiver em licença ou afastado por qualquer outro motivo legal, hipótese em que recairá no primeiro dia útil após o término do impedimento, que não poderá exceder a trinta dias da publicação.

▸ § 4º acrescido pela Lei nº 9.527, de 10-12-1997.

Art. 16. O início, a suspensão, a interrupção e o reinício do exercício serão registrados no assentamento individual do servidor.

Parágrafo único. Ao entrar em exercício, o servidor apresentará ao órgão competente os elementos necessários ao seu assentamento individual.

Art. 17. A promoção não interrompe o tempo de exercício, que é contado no novo posicionamento na carreira a partir da data de publicação do ato que promover o servidor.

▸ Artigo com a redação dada pela Lei nº 9.527, de 10-12-1997.

Art. 18. O servidor que deva ter exercício em outro município em razão de ter sido removido, redistribuído, requisitado, cedido ou posto em exercício provisório terá, no mínimo, 10 (dez) e, no máximo, 30 (trinta) dias de prazo, contados da publicação do ato, para a retomada do efetivo desempenho das atribuições do cargo, incluído nesse prazo o tempo necessário para o deslocamento para a nova sede.

§ 1º Na hipótese de o servidor encontrar-se em licença ou afastado legalmente, o prazo a que se refere este artigo será contado a partir do término do impedimento.

§ 2º É facultado ao servidor declinar dos prazos estabelecidos no *caput*.

▸ Art. 18 com a redação dada pela Lei nº 9.527, de 10-12-1997.

Art. 19. Os servidores cumprirão jornada de trabalho fixada em razão das atribuições pertinentes aos respectivos cargos, respeitada a duração máxima do trabalho semanal de 40 (quarenta) horas e observados os limites mínimo e máximo de 6 (seis) horas e oito horas diárias, respectivamente.

▸ *Caput* com a redação dada pela Lei nº 8.270, de 17-12-1991.

▸ Dec. nº 1.590, de 10-8-1995, dispõe sobre a jornada de trabalho dos servidores da Administração Pública Federal direta, das autarquias e das fundações públicas federais.

§ 1º O ocupante de cargo em comissão ou função de confiança submete-se a regime de integral dedicação ao serviço, observado o disposto no art. 120, podendo ser convocado sempre que houver interesse da Administração.

▸ § 1º com a redação dada pela Lei nº 9.527, de 10-12-1997.

§ 2º O disposto neste artigo não se aplica à duração de trabalho estabelecida em leis especiais.

▸ § 2º acrescido pela Lei nº 8.270, de 17-12-1991.

Art. 20. Ao entrar em exercício, o servidor nomeado para cargo de provimento efetivo ficará sujeito a estágio probatório por período de 24 (vinte e quatro) meses, durante o qual a sua aptidão e capacidade serão objeto de avaliação para o desempenho do cargo, observados os seguintes fatores:

▸ O período de 2 anos foi alterado para 3 anos pela redação dada ao art. 41 da CF, pela EC nº 19, de 4-6-1998.

▸ Dec. nº 12.374, de 6-2-2025, dispõe sobre os critérios e os procedimentos a serem observados pelos órgãos e pelas entidades integrantes do Sistema de Pessoal Civil da Administração Federal, para avaliação de desempenho de servidores ocupantes de cargo público efetivo durante o estágio probatório previsto neste artigo.

I – assiduidade;
II – disciplina;
III – capacidade de iniciativa;
IV – produtividade;
V – responsabilidade.

§ 1º 4 (quatro) meses antes de findo o período do estágio probatório, será submetida à homologação da autoridade competente a avaliação do desempenho do servidor, realizada por comissão constituída para essa finalidade, de acordo com o que dispuser a lei ou o regulamento da respectiva carreira ou cargo, sem prejuízo da continuidade de apuração dos fatores enumerados nos incisos I a V do *caput* deste artigo.

▸ § 1º com a redação dada pela Lei nº 11.784, de 22-9-2008.

§ 2º O servidor não aprovado no estágio probatório será exonerado ou, se estável, reconduzido ao cargo anteriormente ocupado, observado o disposto no parágrafo único do art. 29.

§ 3º O servidor em estágio probatório poderá exercer quaisquer cargos de provimento em comissão ou funções de direção, chefia ou assessoramento no órgão ou entidade de lotação, e somente poderá ser cedido a outro órgão ou entidade para ocupar cargos de Natureza Especial, cargos de provimento em comissão do Grupo Direção e Assessoramento Superiores – DAS, de níveis 6, 5 e 4, ou equivalentes.

§ 4º Ao servidor em estágio probatório somente poderão ser concedidas as licenças e os afastamentos previstos nos arts. 81, incisos I a IV, 94, 95 e 96, bem assim afastamento para participar de curso de formação decorrente de aprovação em concurso para outro cargo na Administração Pública Federal.

§ 5º O estágio probatório ficará suspenso durante as licenças e os afastamentos previstos nos arts. 83, 84, § 1º, 86 e 96, bem assim na hipótese de participação em curso de formação, e será retomado a partir do término do impedimento.

▶ §§ 3º a 5º acrescidos pela Lei nº 9.527, de 10-12-1997.

Seção V

DA ESTABILIDADE

Art. 21. O servidor habilitado em concurso público e empossado em cargo de provimento efetivo adquirirá estabilidade no serviço público ao completar 2 (dois) anos de efetivo exercício.

▶ O período de 2 anos foi alterado para 3 anos pela redação dada ao art. 41 da CF, pela EC nº 19, de 4-6-1998.

▶ Arts. 19 a 21 do ADCT.

Art. 22. O servidor estável só perderá o cargo em virtude de sentença judicial transitada em julgado ou de processo administrativo disciplinar no qual lhe seja assegurada ampla defesa.

Seção VI

DA TRANSFERÊNCIA

Art. 23. *Revogado*. Lei nº 9.527, de 10-12-1997.

Seção VII

DA READAPTAÇÃO

Art. 24. Readaptação é a investidura do servidor em cargo de atribuições e responsabilidades compatíveis com a limitação que tenha sofrido em sua capacidade física ou mental verificada em inspeção médica.

§ 1º Se julgado incapaz para o serviço público, o readaptando será aposentado.

§ 2º A readaptação será efetivada em cargo de atribuições afins, respeitada a habilitação exigida, nível de escolaridade e equivalência de vencimentos e, na hipótese de inexistência de cargo vago, o servidor exercerá suas atribuições como excedente, até a ocorrência de vaga.

▶ § 2º com a redação dada pela Lei nº 9.527, de 10-12-1997.

Seção VIII

DA REVERSÃO

▶ Seção regulamentada pelo Dec. nº 3.644, de 30-11-2000.

Art. 25. Reversão é o retorno à atividade de servidor aposentado:

I – por invalidez, quando junta médica oficial declarar insubsistentes os motivos da aposentadoria; ou

II – no interesse da administração, desde que:

a) tenha solicitado a reversão;

b) a aposentadoria tenha sido voluntária;

c) estável quando na atividade;

d) a aposentadoria tenha ocorrido nos 5 (cinco) anos anteriores à solicitação;

e) haja cargo vago.

§ 1º A reversão far-se-á no mesmo cargo ou no cargo resultante de sua transformação.

§ 2º O tempo em que o servidor estiver em exercício será considerado para concessão da aposentadoria.

§ 3º No caso do inciso I, encontrando-se provido o cargo, o servidor exercerá suas atribuições como excedente, até a ocorrência de vaga.

§ 4º O servidor que retornar à atividade por interesse da administração perceberá, em substituição aos proventos da aposentadoria, a remuneração do cargo que voltar a exercer, inclusive com as vantagens de natureza pessoal que percebia anteriormente à aposentadoria.

§ 5º O servidor de que trata o inciso II somente terá os proventos calculados com base nas regras atuais se permanecer pelo menos 5 (cinco) anos no cargo.

§ 6º O Poder Executivo regulamentará o disposto neste artigo.

▶ Art. 25 com a redação dada pela MP nº 2.225-45, de 4-9-2001, que até o encerramento desta edição não havia sido convertida em Lei.

Art. 26. *Revogado*. MP nº 2.225-45, de 4-9-2001.

Art. 27. Não poderá reverter o aposentado que já tiver completado 70 (setenta) anos de idade.

Seção IX

DA REINTEGRAÇÃO

Art. 28. A reintegração é a reinvestidura do servidor estável no cargo anteriormente ocupado, ou no cargo resultante de sua transformação, quando invalidada a sua demissão por decisão administrativa ou judicial, com ressarcimento de todas as vantagens.

▶ Súm. nº 173 do STJ.

§ 1º Na hipótese de o cargo ter sido extinto, o servidor ficará em disponibilidade, observado o disposto nos arts. 30 e 31.

▶ Art. 41, § 3º, da CF.

§ 2º Encontrando-se provido o cargo, o seu eventual ocupante será reconduzido ao cargo de origem, sem direito à indenização ou aproveitado em outro cargo, ou, ainda, posto em disponibilidade.

▶ Art. 41, § 3º, da CF.

Seção X

DA RECONDUÇÃO

Art. 29. Recondução é o retorno do servidor estável ao cargo anteriormente ocupado e decorrerá de:

I – inabilitação em estágio probatório relativo a outro cargo;

II – reintegração do anterior ocupante.

Parágrafo único. Encontrando-se provido o cargo de origem, o servidor será aproveitado em outro, observado o disposto no art. 30.

Seção XI

DA DISPONIBILIDADE E DO APROVEITAMENTO

Art. 30. O retorno à atividade de servidor em disponibilidade far-se-á mediante aproveitamento obrigatório em cargo de atribuições e vencimentos compatíveis com o anteriormente ocupado.

Art. 31. O órgão central do Sistema de Pessoal Civil determinará o imediato aproveitamento de servidor em disponibilidade em vaga que vier a ocorrer nos órgãos ou entidades da Administração Pública Federal.

▶ Dec. nº 3.151, de 23-8-1999, disciplina a prática dos atos de extinção e de declaração de desnecessidade de cargos públicos, bem assim a dos atos de colocação em disponibilidade remunerada e de aproveitamento de servidores públicos em decorrência da extinção ou da reorganização de órgãos ou entidades da Administração Pública Federal direta, autárquica e fundacional.

Parágrafo único. Na hipótese prevista no § 3º do art. 37, o servidor posto em disponibilidade poderá ser mantido sob responsabilidade do órgão central do Sistema de Pessoal Civil da Administração Federal – SIPEC, até o seu adequado aproveitamento em outro órgão ou entidade.

▶ Parágrafo único acrescido pela Lei nº 9.527, de 10-12-1997.

Art. 32. Será tornado sem efeito o aproveitamento e cassada a disponibilidade se o servidor não entrar em exercício no prazo legal, salvo doença comprovada por junta médica oficial.

CAPÍTULO II

DA VACÂNCIA

Art. 33. A vacância do cargo público decorrerá de:

I – exoneração;

II – demissão;

III – promoção;

IV e V – *Revogados*. Lei nº 9.527, de 10-12-1997;

VI – readaptação;

VII – aposentadoria;

VIII – posse em outro cargo inacumulável;

IX – falecimento.

Art. 34. A exoneração de cargo efetivo dar-se-á a pedido do servidor, ou de ofício.

Parágrafo único. A exoneração de ofício dar-se-á:

I – quando não satisfeitas as condições do estágio probatório;

II – quando, tendo tomado posse, o servidor não entrar em exercício no prazo estabelecido.

Art. 35. A exoneração de cargo em comissão e a dispensa de função de confiança dar-se-á:

▶ *Caput* com a redação dada pela Lei nº 9.527, de 10-12-1997.

I – a juízo da autoridade competente;

II – a pedido do próprio servidor.

Parágrafo único. *Revogado*. Lei nº 9.527, de 10-12-1997.

CAPÍTULO III

DA REMOÇÃO E DA REDISTRIBUIÇÃO

Seção I

DA REMOÇÃO

Art. 36. Remoção é o deslocamento do servidor, a pedido ou de ofício, no âmbito do mesmo quadro, com ou sem mudança de sede.

▶ Art. 20 da Lei nº 11.416, de 15-12-2006, que dispõe sobre as carreiras dos servidores do Poder Judiciário da União.

Parágrafo único. Para fins do disposto neste artigo, entende-se por modalidades de remoção:

I – de ofício, no interesse da Administração;

II – a pedido, a critério da Administração;

III – a pedido, para outra localidade, independentemente do interesse da Administração:

a) para acompanhar cônjuge ou companheiro, também servidor público civil ou militar, de qualquer dos Poderes da União, dos Estados, do Distrito Federal e dos Municípios, que foi deslocado no interesse da Administração;

▶ Art. 142, § 3º, da CF.

b) por motivo de saúde do servidor, cônjuge, companheiro ou dependente que viva às suas expensas e conste do seu assentamento funcional, condicionada à comprovação por junta médica oficial;

c) em virtude de processo seletivo promovido, na hipótese em que o número de interessados for superior ao número de vagas, de acordo com normas preestabelecidas pelo órgão ou entidade em que aqueles estejam lotados.

▶ Parágrafo único com a redação dada pela Lei nº 9.527, de 10-12-1997.

Seção II

DA REDISTRIBUIÇÃO

Art. 37. Redistribuição é o deslocamento de cargo de provimento efetivo, ocupado ou vago no âmbito do quadro geral de pessoal, para outro órgão ou entidade do mesmo Poder, com prévia apreciação do órgão central do SIPEC, observados os seguintes preceitos:

I – interesse da administração;

II – equivalência de vencimentos;

III – manutenção da essência das atribuições do cargo;

IV – vinculação entre os graus de responsabilidade e complexidade das atividades;

V – mesmo nível de escolaridade, especialidade ou habilitação profissional;

VI – compatibilidade entre as atribuições do cargo e as finalidades institucionais do órgão ou entidade.

▶ Dec. nº 3.151, de 23-8-1999, disciplina a prática dos atos de extinção e de declaração de desnecessidade de cargos públicos, bem assim a dos atos de colocação em disponibilidade remunerada e de aproveitamento de servidores públicos em decorrência da extinção ou da reorganização de órgãos ou entidades da Administração Pública Federal direta, autárquica e fundacional.

§ 1º A redistribuição ocorrerá *ex officio* para ajustamento de lotação e da força de trabalho às necessidades dos serviços, inclusive nos casos de reorganização, extinção ou criação de órgão ou entidade.

§ 2º A redistribuição de cargos efetivos vagos se dará mediante ato conjunto entre o órgão central do SIPEC e os órgãos e entidades da Administração Pública Federal envolvidos.

§ 3º Nos casos de reorganização ou extinção de órgão ou entidade, extinto o cargo ou declarada sua desnecessidade no órgão ou entidade, o servidor estável que não for redistribuído será colocado em disponibilidade, até seu aproveitamento na forma dos arts. 30 e 31.

§ 4º O servidor que não for redistribuído ou colocado em disponibilidade poderá ser mantido sob responsabilidade do órgão central do SIPEC, e ter exercício provisório, em outro órgão ou entidade, até seu adequado aproveitamento.

▶ Art. 37 com a redação dada pela Lei nº 9.527, de 10-12-1997.

CAPÍTULO IV

DA SUBSTITUIÇÃO

Art. 38. Os servidores investidos em cargo ou função de direção ou chefia e os ocupantes de cargo de Natureza Especial terão substitutos indicados no regimento interno ou, no caso de omissão, previamente designados pelo dirigente máximo do órgão ou entidade.

§ 1º O substituto assumirá automática e cumulativamente, sem prejuízo do cargo que ocupa, o exercício do cargo ou função de direção ou chefia e os de Natureza Especial, nos afastamentos, impedimentos legais ou regulamentares do titular e na vacância do cargo, hipóteses em que deverá optar pela remuneração de um deles durante o respectivo período.

§ 2º O substituto fará jus à retribuição pelo exercício do cargo ou função de direção ou chefia ou de cargo de Natureza Especial, nos casos dos afastamentos ou impedimentos legais do titular, superiores a trinta dias consecutivos, paga na proporção dos dias de efetiva substituição, que excederem o referido período.

▶ Art. 38 com a redação dada pela Lei nº 9.527, de 10-12-1997.

Art. 39. O disposto no artigo anterior aplica-se aos titulares de unidades administrativas organizadas em nível de assessoria.

TÍTULO III – DOS DIREITOS E VANTAGENS

CAPÍTULO I

DO VENCIMENTO E DA REMUNERAÇÃO

Art. 40. Vencimento é a retribuição pecuniária pelo exercício de cargo público, com valor fixado em lei.

Parágrafo único. *Revogado.* Lei nº 11.784, de 22-9-2008.

Art. 41. Remuneração é o vencimento do cargo efetivo, acrescido das vantagens pecuniárias permanentes estabelecidas em lei.

§ 1º A remuneração do servidor investido em função ou cargo em comissão será paga na forma prevista no art. 62.

§ 2º O servidor investido em cargo em comissão de órgão ou entidade diversa da de sua lotação receberá a remuneração de acordo com o estabelecido no § 1º do art. 93.

§ 3º O vencimento do cargo efetivo, acrescido das vantagens de caráter permanente, é irredutível.

§ 4º É assegurada a isonomia de vencimentos para cargos de atribuições iguais ou assemelhadas do mesmo Poder, ou entre servidores dos três Poderes, ressalvadas as vantagens de caráter individual e as relativas à natureza ou ao local de trabalho.

▶ Art. 37, XIII, da CF.

§ 5º Nenhum servidor receberá remuneração inferior ao salário mínimo.

▶ § 5º com a redação dada pela Lei nº 11.784, de 22-9-2008.

Art. 42. Nenhum servidor poderá perceber, mensalmente, a título de remuneração, importância superior à soma dos valores percebidos como remuneração, em espécie, a qualquer título, no âmbito dos respectivos Poderes, pelos Ministros de Estado, por membros do Congresso Nacional e Ministros do Supremo Tribunal Federal.

▶ Art. 37, XI, da CF.

Parágrafo único. Excluem-se do teto de remuneração as vantagens previstas nos incisos II a VII do art. 61.

Art. 43. *Revogado.* Lei nº 9.624, de 2-4-1998.

Art. 44. O servidor perderá:

I – a remuneração do dia em que faltar ao serviço, sem motivo justificado;

▶ Art. 4º, §§ 4º e 5º, do Dec. nº 7.003, de 9-11-2009, que regulamenta a licença para tratamento de saúde do servidor da administração federal direta, autárquica e fundacional e os casos em que poderá ser dispensada a perícia oficial.

II – a parcela de remuneração diária, proporcional aos atrasos, ausências justificadas, ressalvadas as concessões de que trata o art. 97, e saídas antecipadas, salvo na hipótese de compensação de horário, até o mês subsequente ao da ocorrência, a ser estabelecida pela chefia imediata.

▶ Incisos I e II com a redação dada pela Lei nº 9.527, de 10-12-1997.

Parágrafo único. As faltas justificadas decorrentes de caso fortuito ou de força maior poderão ser compensadas a critério da chefia imediata, sendo assim consideradas como efetivo exercício.

▶ Parágrafo único acrescido pela Lei nº 9.527, de 10-12-1997.

Art. 45. Salvo por imposição legal, ou mandado judicial, nenhum desconto incidirá sobre a remuneração ou provento.

▶ Dec. nº 6.386, de 29-2-2008, regulamenta este artigo.

§§ 1º e 2º *Revogados.* Lei nº 14.509, de 27-12-2022.

Art. 46. As reposições e indenizações ao erário, atualizadas até 30 de junho de 1994, serão previamente comunicadas ao servidor ativo, aposentado ou ao pensionista, para pagamento, no prazo máximo de trinta dias, podendo ser parceladas, a pedido do interessado.

▶ Res. do CJF nº 68, de 27-7-2009, dispõe sobre o processo administrativo relativo à devolução de valores indevidamente recebidos, bem como ao ressarcimento de danos causados ao erário por juiz ou servidor da Justiça Federal de primeiro e segundo graus e por servidor do Conselho da Justiça Federal.

§ 1º O valor de cada parcela não poderá ser inferior ao correspondente a dez por cento da remuneração, provento ou pensão.

§ 2º Quando o pagamento indevido houver ocorrido no mês anterior ao do processamento da folha, a reposição será feita imediatamente, em uma única parcela.

§ 3º Na hipótese de valores recebidos em decorrência de cumprimento a decisão liminar, a tutela antecipada ou a sentença que venha a ser revogada ou rescindida, serão eles atualizados até a data da reposição.

Art. 47. O servidor em débito com o erário, que for demitido, exonerado ou que tiver sua aposentadoria ou disponibilidade cassada, terá o prazo de sessenta dias para quitar o débito.

Parágrafo único. A não quitação do débito no prazo previsto implicará sua inscrição em dívida ativa.

▸ Arts. 46 e 47 com a redação dada pela MP nº 2.225-45, de 4-9-2001, que até o encerramento desta edição não havia sido convertida em Lei.

Art. 48. O vencimento, a remuneração e o provento não serão objeto de arresto, sequestro ou penhora, exceto nos casos de prestação de alimentos resultantes de decisão judicial.

CAPÍTULO II
DAS VANTAGENS

▸ Súm. nº 97 do STJ.

Art. 49. Além do vencimento, poderão ser pagas ao servidor as seguintes vantagens:

I – indenizações;

II – gratificações;

III – adicionais.

§ 1º As indenizações não se incorporam ao vencimento ou provento para qualquer efeito.

§ 2º As gratificações e os adicionais incorporam-se ao vencimento ou provento, nos casos e condições indicados em lei.

Art. 50. As vantagens pecuniárias não serão computadas, nem acumuladas, para efeito de concessão de quaisquer outros acréscimos pecuniários ulteriores, sob o mesmo título ou idêntico fundamento.

▸ Art. 37, XIV, da CF.

Seção I
DAS INDENIZAÇÕES

Art. 51. Constituem indenizações ao servidor:

I – ajuda de custo;

II – diárias;

III – transporte;

▸ Inciso III com a redação dada pela Lei nº 11.355, de 19-10-2006.

IV – auxílio-moradia.

▸ Inciso IV acrescido pela Lei nº 11.355, de 19-10-2006.

Art. 52. Os valores das indenizações estabelecidas nos incisos I a III do art. 51 desta Lei, assim como as condições para a sua concessão, serão estabelecidos em regulamento.

▸ Artigo com a redação dada pela Lei nº 11.355, de 19-10-2006.

▸ Dec. nº 3.184, de 27-9-1999, regulamenta este artigo.

Subseção I
DA AJUDA DE CUSTO

▸ Dec. nº 4.004, de 8-11-2001, dispõe sobre a concessão de ajuda de custo e de transporte aos servidores públicos civis da União, das autarquias e das fundações públicas federais.

Art. 53. A ajuda de custo destina-se a compensar as despesas de instalação do servidor que, no interesse do serviço, passar a ter exercício em nova sede, com mudança de domicílio em caráter permanente, vedado o duplo pagamento de indenização, a qualquer tempo, no caso de o cônjuge ou companheiro que detenha também a condição de servidor, vier a ter exercício na mesma sede.

▸ *Caput* com a redação dada pela Lei nº 9.527, de 10-12-1997.

§ 1º Correm por conta de administração as despesas de transporte do servidor e de sua família, compreendendo passagem, bagagem e bens pessoais.

§ 2º À família do servidor que falecer na nova sede são assegurados ajuda de custo e transporte para a localidade de origem, dentro do prazo de 1 (um) ano, contado do óbito.

§ 3º Não será concedida ajuda de custo nas hipóteses de remoção previstas nos incisos II e III do parágrafo único do art. 36.

▸ § 3º com a redação dada pela Lei nº 12.998, de 18-6-2014.

Art. 54. A ajuda de custo é calculada sobre a remuneração do servidor, conforme se dispuser em regulamento, não podendo exceder a importância correspondente a 3 (três) meses.

Art. 55. Não será concedida ajuda de custo ao servidor que se afastar do cargo, ou reassumi-lo, em virtude de mandato eletivo.

Art. 56. Será concedida ajuda de custo àquele que, não sendo servidor da União, for nomeado para cargo em comissão, com mudança de domicílio.

Parágrafo único. No afastamento previsto no inciso I do art. 93, a ajuda de custo será paga pelo órgão cessionário, quando cabível.

Art. 57. O servidor ficará obrigado a restituir a ajuda de custo quando, injustificadamente, não se apresentar na nova sede no prazo de 30 (trinta) dias.

Subseção II
DAS DIÁRIAS

Art. 58. O servidor que, a serviço, afastar-se da sede em caráter eventual ou transitório para outro ponto do território nacional ou para o exterior, fará jus a passagens e diárias destinadas a indenizar as parcelas de despesas extraordinárias com pousada, alimentação e locomoção urbana, conforme dispuser em regulamento.

▸ *Caput* com a redação dada pela Lei nº 9.527, de 10-12-1997.

§ 1º A diária será concedida por dia de afastamento, sendo devida pela metade quando o deslocamento não exigir pernoite fora da sede, ou quando a União custear, por meio diverso, as despesas extraordinárias cobertas por diárias.

▸ § 1º com a redação dada pela Lei nº 9.527, de 10-12-1997.

§ 2º Nos casos em que o deslocamento da sede constituir exigência permanente do cargo, o servidor não fará jus a diárias.

§ 3º Também não fará jus a diárias o servidor que se deslocar dentro da mesma região metropolitana, aglomeração urbana ou microrregião, constituídas por municípios limítrofes e regularmente instituídas, ou em áreas de controle integrado mantidas com países limítrofes, cuja jurisdição e competência dos órgãos, entidades e servidores brasileiros considera-se estendida, salvo se houver pernoite fora da sede, hipóteses em que as diárias pagas serão sempre as fixadas para os afastamentos dentro do território nacional.

▸ § 3º acrescido pela Lei nº 9.527, de 10-12-1997.

Art. 59. O servidor que receber diárias e não se afastar da sede, por qualquer motivo, fica obrigado a restituí-las integralmente, no prazo de 5 (cinco) dias.

Parágrafo único. Na hipótese de o servidor retornar à sede em prazo menor do que o previsto para o seu afastamento, restituirá as diárias recebidas em excesso, no prazo previsto no *caput*.

Subseção III
DA INDENIZAÇÃO DE TRANSPORTE

Art. 60. Conceder-se-á indenização de transporte ao servidor que realizar despesas com a utilização de meio próprio de locomoção para a execução de serviços externos, por força das atribuições próprias do cargo, conforme se dispuser em regulamento.

▸ Dec. nº 3.184, de 27-9-1999, regulamenta este artigo.

Subseção IV
DO AUXÍLIO-MORADIA

▸ Subseção acrescida pela Lei nº 11.355, de 19-10-2006.

Art. 60-A. O auxílio-moradia consiste no ressarcimento das despesas comprovadamente realizadas pelo servidor com aluguel de moradia ou com meio de hospedagem administrado por empresa hoteleira, no prazo de um mês após a comprovação da despesa pelo servidor.

▸ Artigo acrescido pela Lei nº 11.355, de 19-10-2006.

Art. 60-B. Conceder-se-á auxílio-moradia ao servidor se atendidos os seguintes requisitos:

▸ *Caput* acrescido pela Lei nº 11.355, de 19-10-2006.

I – não exista imóvel funcional disponível para uso pelo servidor;

II – o cônjuge ou companheiro do servidor não ocupe imóvel funcional;

III – o servidor ou seu cônjuge ou companheiro não seja ou tenha sido proprietário, promitente comprador, cessionário ou promitente cessionário de imóvel no Município aonde for exercer o cargo, incluída a hipótese de lote edificado sem averbação de construção, nos 12 (doze) meses que antecederem a sua nomeação;

IV – nenhuma outra pessoa que resida com o servidor receba auxílio-moradia;

V – o servidor tenha se mudado do local de residência para ocupar cargo em comissão ou função de confiança do Grupo Direção e Assessoramento Superiores – DAS, níveis 4, 5 e 6, de Natureza Especial, de Ministro de Estado ou equivalentes;

VI – o Município no qual assuma o cargo em comissão ou função de confiança não se enquadre nas hipóteses previstas no § 3º do art. 58 desta Lei, em relação ao local de residência ou domicílio do servidor;

VII – o servidor não tenha sido domiciliado ou tenha residido no Município, nos últimos 12 (doze) meses, aonde for exercer o cargo em comissão ou função de confiança, desconsiderando-se prazo inferior a 60 (sessenta) dias dentro desse período; e

VIII – o deslocamento não tenha sido por força de alteração de lotação ou nomeação para cargo efetivo;

▸ Incisos I a VIII acrescidos pela Lei nº 11.355, de 19-10-2006.

IX – o deslocamento tenha ocorrido após 30 de junho de 2006.

▸ Inciso IX acrescido pela Lei nº 11.490, de 20-6-2007.

Parágrafo único. Para fins do disposto no inciso VII do *caput* deste artigo, não será considerado o prazo no qual o servidor estava ocupando outro cargo em comissão relacionado no inciso V do *caput* deste artigo.

▸ Parágrafo único acrescido pela Lei nº 11.355, de 19-10-2006.

Art. 60-C. *Revogado.* Lei nº 12.998, de 18-6-2014.

Art. 60-D. O valor mensal do auxílio-moradia é limitado a 25% (vinte e cinco por cento) do valor do cargo em comissão, função comissionada ou cargo de Ministro de Estado ocupado.

§ 1º O valor do auxílio-moradia não poderá superar 25% (vinte e cinco por cento) da remuneração de Ministro de Estado.

§ 2º Independentemente do valor do cargo em comissão ou função comissionada, fica garantido a todos os que preencherem os requisitos o ressarcimento até o valor de R$ 1.800,00 (mil e oitocentos reais).

▸ Art. 60-D acrescido pela Lei nº 11.784, de 22-9-2008.

Art. 60-E. No caso de falecimento, exoneração, colocação de imóvel funcional à disposição do servidor ou aquisição de imóvel, o auxílio-moradia continuará sendo pago por um mês.

▸ Artigo acrescido pela Lei nº 11.355, de 19-10-2006.

Seção II

DAS GRATIFICAÇÕES E ADICIONAIS

▸ Art. 39, § 7º, da CF.

Art. 61. Além do vencimento e das vantagens previstas nesta Lei, serão deferidos aos servidores as seguintes retribuições, gratificações e adicionais:

▸ *Caput* com a redação dada pela Lei nº 9.527, de 10-12-1997.

I – retribuição pelo exercício de função de direção, chefia e assessoramento;

▸ Inciso I com a redação dada pela Lei nº 9.527, de 10-12-1997.

II – gratificação natalina;

III – *Revogado.* MP nº 2.225-45, de 4-9-2001;

IV – adicional pelo exercício de atividades insalubres, perigosas ou penosas;

V – adicional pela prestação de serviço extraordinário;

VI – adicional noturno;

VII – adicional de férias;

VIII – outros, relativos ao local ou à natureza do trabalho;

IX – gratificação por encargo de curso ou concurso.

▸ Inciso IX acrescido pela Lei nº 11.314, de 3-7-2006.

Subseção I

DA RETRIBUIÇÃO PELO EXERCÍCIO DE FUNÇÃO DE DIREÇÃO, CHEFIA E ASSESSORAMENTO

▸ Denominação da Subseção dada pela Lei nº 9.527, de 10-12-1997.

Art. 62. Ao servidor ocupante de cargo efetivo investido em função de direção, chefia ou assessoramento, cargo de provimento em comissão ou de Natureza Especial é devida retribuição pelo seu exercício.

Parágrafo único. Lei específica estabelecerá a remuneração dos cargos em comissão de que trata o inciso II do art. 9º.

▸ Art. 62 com a redação dada pela Lei nº 9.527, de 10-12-1997.

Art. 62-A. Fica transformada em Vantagem Pessoal Nominalmente Identificada – VPNI a incorporação da retribuição pelo exercício de função de direção, chefia ou assessoramento, cargo de provimento em comissão ou de Natureza Especial a que se referem os arts. 3º e 10 da Lei nº 8.911, de 11 de julho de 1994, e o art. 3º da Lei nº 9.624, de 2 de abril de 1998.

Parágrafo único. A VPNI de que trata o *caput* deste artigo somente estará sujeita às revisões gerais de remuneração dos servidores públicos federais.

▸ Art. 62-A acrescido pela MP nº 2.225-45, de 4-9-2001, que até o encerramento desta edição não havia sido convertida em Lei.

Subseção II

DA GRATIFICAÇÃO NATALINA

Art. 63. A gratificação natalina corresponde a 1/12 (um doze avos) da remuneração a que o servidor fizer jus no mês de dezembro, por mês de exercício no respectivo ano.

Parágrafo único. A fração igual ou superior a 15 (quinze) dias será considerada como mês integral.

Art. 64. A gratificação será paga até o dia 20 (vinte) do mês de dezembro de cada ano.

Parágrafo único. VETADO.

Art. 65. O servidor exonerado perceberá sua gratificação natalina, proporcionalmente aos meses de exercício, calculada sobre a remuneração do mês da exoneração.

Art. 66. A gratificação natalina não será considerada para cálculo de qualquer vantagem pecuniária.

Subseção III

DO ADICIONAL POR TEMPO DE SERVIÇO

Art. 67. *Revogado.* MP nº 2.225-45, de 4-9-2001.

Subseção IV

DOS ADICIONAIS DE INSALUBRIDADE, PERICULOSIDADE OU ATIVIDADES PENOSAS

Art. 68. Os servidores que trabalhem com habitualidade em locais insalubres ou em contato permanente com substâncias tóxicas, radioativas ou com risco de vida, fazem jus a um adicional sobre o vencimento do cargo efetivo.

▸ A MP nº 568, de 11-4-2012, havia acrescido os incisos I a IV a este artigo, porém a Lei nº 12.702, de 7-8-2012, não convalidou essa alteração.

§ 1º O servidor que fizer jus aos adicionais de insalubridade e de periculosidade deverá optar por um deles.

§ 2º O direito ao adicional de insalubridade ou periculosidade cessa com a eliminação das condições ou dos riscos que deram causa à sua concessão.

Art. 69. Haverá permanente controle da atividade de servidores em operações ou locais considerados penosos, insalubres ou perigosos.

Parágrafo único. A servidora gestante ou lactante será afastada, enquanto durar a gestação e a lactação, das operações e locais previstos neste artigo, exercendo suas atividades em local salubre e em serviço não penoso e não perigoso.

Art. 70. Na concessão dos adicionais de atividades penosas, de insalubridade e de periculosidade, serão observadas as situações estabelecidas em legislação específica.

▸ Port. do MPU nº 633, de 10-12-2010, regulamenta o pagamento do adicional de atividade penosa de que trata este artigo.

Art. 71. O adicional de atividade penosa será devido aos servidores em exercício em zonas de fronteira ou em localidades cujas condições de vida o justifiquem, nos termos, condições e limites fixados em regulamento.

▸ Port. do MPU nº 633, de 10-12-2010, regulamenta o pagamento do adicional de atividade penosa de que trata este artigo.

Art. 72. Os locais de trabalho e os servidores que operam com Raios X ou substâncias radioativas serão mantidos sob controle permanente, de modo que as doses de radiação ionizante não ultrapassem o nível máximo previsto na legislação própria.

Parágrafo único. Os servidores a que se refere este artigo serão submetidos a exames médicos a cada 6 (seis) meses.

Subseção V

DO ADICIONAL POR SERVIÇO EXTRAORDINÁRIO

Art. 73. O serviço extraordinário será remunerado com acréscimo de 50% (cinquenta por cento) em relação à hora normal de trabalho.

▸ Dec. nº 948, de 5-10-1993, regulamenta este artigo.

Art. 74. Somente será permitido serviço extraordinário para atender a situações excepcionais e temporárias, respeitado o limite máximo de 2 (duas) horas por jornada.

▸ Dec. nº 948, de 5-10-1993, regulamenta este artigo.

Subseção VI

DO ADICIONAL NOTURNO

Art. 75. O serviço noturno, prestado em horário compreendido entre 22 (vinte e duas) horas de um dia e 5 (cinco) horas do dia seguinte, terá o valor hora acrescido de 25% (vinte e cinco por cento), computando-se cada hora como cinquenta e dois minutos e trinta segundos.

Parágrafo único. Em se tratando de serviço extraordinário, o acréscimo de que trata este artigo incidirá sobre a remuneração prevista no art. 73.

Subseção VII

DO ADICIONAL DE FÉRIAS

Art. 76. Independentemente de solicitação, será pago ao servidor, por ocasião das férias, um adicional correspondente a 1/3 (um terço) da remuneração do período das férias.

Parágrafo único. No caso de o servidor exercer função de direção, chefia ou assessoramento, ou ocupar cargo em comissão, a respectiva vantagem será considerada no cálculo do adicional de que trata este artigo.

Subseção VIII

DA GRATIFICAÇÃO POR ENCARGO DE CURSO OU CONCURSO

▸ Subseção acrescida pela Lei nº 11.314, de 3-7-2006.

Art. 76-A. A Gratificação por Encargo de Curso ou Concurso é devida ao servidor que, em caráter eventual:

▸ Dec. nº 11.069, de 10-5-2022, regulamenta este artigo.

I – atuar como instrutor em curso de formação, de desenvolvimento ou de treinamento regularmente instituído no âmbito da administração pública federal;

▶ Art. 98, § 4º, desta Lei.

II – participar de banca examinadora ou de comissão para exames orais, para análise curricular, para correção de provas discursivas, para elaboração de questões de provas ou para julgamento de recursos intentados por candidatos;

▶ Art. 98, § 4º, desta Lei.

III – participar da logística de preparação e de realização de concurso público envolvendo atividades de planejamento, coordenação, supervisão, execução e avaliação de resultado, quando tais atividades não estiverem incluídas entre as suas atribuições permanentes;

IV – participar da aplicação, fiscalizar ou avaliar provas de exame vestibular ou de concurso público ou supervisionar essas atividades.

§ 1º Os critérios de concessão e os limites da gratificação de que trata este artigo serão fixados em regulamento, observados os seguintes parâmetros:

I – o valor da gratificação será calculado em horas, observadas a natureza e a complexidade da atividade exercida;

II – a retribuição não poderá ser superior ao equivalente a 120 (cento e vinte) horas de trabalho anuais, ressalvada situação de excepcionalidade, devidamente justificada e previamente aprovada pela autoridade máxima do órgão ou entidade, que poderá autorizar o acréscimo de até 120 (cento e vinte) horas de trabalho anuais;

III – o valor máximo da hora trabalhada corresponderá aos seguintes percentuais, incidentes sobre o maior vencimento básico da administração pública federal:

a) 2,2% (dois inteiros e dois décimos por cento), em se tratando de atividades previstas nos incisos I e II do *caput* deste artigo;

b) 1,2% (um inteiro e dois décimos por cento), em se tratando de atividade prevista nos incisos III e IV do *caput* deste artigo.

▶ Alíneas *a* e *b* com a redação dada pela Lei nº 11.501, de 11-7-2007.

§ 2º A Gratificação por Encargo de Curso ou Concurso somente será paga se as atividades referidas nos incisos do *caput* deste artigo forem exercidas sem prejuízo das atribuições do cargo de que o servidor for titular, devendo ser objeto de compensação de carga horária quando desempenhadas durante a jornada de trabalho, na forma do § 4º do art. 98 desta Lei.

§ 3º A Gratificação por Encargo de Curso ou Concurso não se incorpora ao vencimento ou salário do servidor para qualquer efeito e não poderá ser utilizada como base de cálculo para quaisquer outras vantagens, inclusive para fins de cálculo dos proventos da aposentadoria e das pensões.

▶ Art. 76-A acrescido pela Lei nº 11.314, de 3-7-2006.

CAPÍTULO III
DAS FÉRIAS

Art. 77. O servidor fará jus a 30 (trinta) dias de férias, que podem ser acumuladas, até o máximo de 2 (dois) períodos, no caso de necessidade do serviço, ressalvadas as hipóteses em que haja legislação específica.

▶ *Caput* com a redação dada pela Lei nº 9.525, de 3-12-1997.

§ 1º Para o primeiro período aquisitivo de férias serão exigidos 12 (doze) meses de exercício.

§ 2º É vedado levar à conta de férias qualquer falta ao serviço.

§ 3º As férias poderão ser parceladas em até três etapas, desde que assim requeridas pelo servidor, e no interesse da administração pública.

▶ § 3º acrescido pela Lei nº 9.525, de 3-12-1997.

Art. 78. O pagamento da remuneração das férias será efetuado até 2 (dois) dias antes do início do respectivo período, observando-se o disposto no § 1º deste artigo.

§§ 1º e 2º *Revogados*. Lei nº 9.527, de 10-12-1997.

§ 3º O servidor exonerado do cargo efetivo, ou em comissão, perceberá indenização relativa ao período das férias a que tiver direito e ao incompleto, na proporção de 1/12 (um doze) avos por mês de efetivo exercício, ou fração superior a quatorze dias.

§ 4º A indenização será calculada com base na remuneração do mês em que for publicado o ato exoneratório.

▶ §§ 3º e 4º acrescidos pela Lei nº 8.216, de 13-8-1991.

§ 5º Em caso de parcelamento, o servidor receberá o valor adicional previsto no inciso XVII do art. 7º da Constituição Federal quando da utilização do primeiro período.

▶ § 5º acrescido pela Lei nº 9.525, de 3-12-1997.

Art. 79. O servidor que opera direta e permanentemente com Raios X ou substâncias radioativas gozará 20 (vinte) dias consecutivos de férias, por semestre de atividade profissional, proibida em qualquer hipótese a acumulação.

Parágrafo único. *Revogado*. Lei nº 9.527, de 10-12-1997.

Art. 80. As férias somente poderão ser interrompidas por motivo de calamidade pública, comoção interna, convocação para júri, serviço militar ou eleitoral, ou por necessidade do serviço declarada pela autoridade máxima do órgão ou entidade.

Parágrafo único. O restante do período interrompido será gozado de uma só vez, observado o disposto no art. 77.

▶ Art. 80 com a redação dada pela Lei nº 9.527, de 10-12-1997.

CAPÍTULO IV
DAS LICENÇAS

SEÇÃO I
DISPOSIÇÕES GERAIS

Art. 81. Conceder-se-á ao servidor licença:

I – por motivo de doença em pessoa da família;

II – por motivo de afastamento do cônjuge ou companheiro;

III – para o serviço militar;

IV – para atividade política;

V – para capacitação;

▶ Inciso V com a redação dada pela Lei nº 9.527, de 10-12-1997.

VI – para tratar de interesses particulares;

VII – para desempenho de mandato classista.

§ 1º A licença prevista no inciso I do *caput* deste artigo bem como cada uma de suas prorrogações serão precedidas de exame por perícia médica oficial, observado o disposto no art. 204 desta Lei.

▶ § 1º com a redação dada pela Lei nº 11.907, de 2-2-2009.

§ 2º *Revogado*. Lei nº 9.527, de 10-12-1997.

§ 3º É vedado o exercício de atividade remunerada durante o período de licença prevista no inciso I deste artigo.

Art. 82. A licença concedida dentro de 60 (sessenta) dias do término de outra da mesma espécie será considerada como prorrogação.

SEÇÃO II
DA LICENÇA POR MOTIVO DE DOENÇA EM PESSOA DA FAMÍLIA

Art. 83. Poderá ser concedida licença ao servidor por motivo de doença do cônjuge ou companheiro, dos pais, dos filhos, do padrasto ou madrasta e enteado, ou dependente que viva a suas expensas e conste do seu assentamento funcional, mediante comprovação por perícia médica oficial.

▶ *Caput* com a redação dada pela Lei nº 11.907, de 2-2-2009.

▶ Art. 9º do Dec. nº 7.003, de 9-11-2009, que regulamenta a licença para tratamento de saúde do servidor da administração federal direta, autárquica e fundacional e os casos em que poderá ser dispensada a perícia oficial.

§ 1º A licença somente será deferida se a assistência direta do servidor for indispensável e não puder ser prestada simultaneamente com o exercício do cargo ou mediante compensação de horário, na forma do disposto no inciso II do art. 44.

▶ § 1º com a redação dada pela Lei nº 9.527, de 10-12-1997.

§ 2º A licença de que trata o *caput*, incluídas as prorrogações, poderá ser concedida a cada período de doze meses nas seguintes condições:

I – por até 60 (sessenta) dias, consecutivos ou não, mantida a remuneração do servidor; e

II – por até 90 (noventa) dias, consecutivos ou não, sem remuneração.

§ 3º O início do interstício de 12 (doze) meses será contado a partir da data do deferimento da primeira licença concedida.

§ 4º A soma das licenças remuneradas e das licenças não remuneradas, incluídas as respectivas prorrogações, concedidas em um mesmo período de 12 (doze) meses, observado o disposto no § 3º, não poderá ultrapassar os limites estabelecidos nos incisos I e II do § 2º.

▶ §§ 2º a 4º com a redação dada pela Lei nº 12.269, de 21-6-2010.

SEÇÃO III
DA LICENÇA POR MOTIVO DE AFASTAMENTO DO CÔNJUGE

Art. 84. Poderá ser concedida licença ao servidor para acompanhar cônjuge ou companheiro que foi deslocado para outro ponto do território nacional, para o exterior ou para o exercício de mandato eletivo dos Poderes Executivo e Legislativo.

▶ Res. do CJF nº 498, de 20-3-2006, regulamenta a licença de que trata este artigo.

§ 1º A licença será por prazo indeterminado e sem remuneração.

§ 2º No deslocamento de servidor cujo cônjuge ou companheiro também seja servidor público, civil ou militar, de qualquer dos Poderes da União, dos Estados, do Distrito Federal e dos Municípios, poderá haver exercício provisório em órgão ou entidade da Administração Federal direta, autárquica ou fundacional, desde que para o exercício de atividade compatível com o seu cargo.

▶ § 2º com a redação dada pela Lei nº 9.527, de 10-12-1997.

▶ Art. 142, § 3º, da CF.

Seção IV

DA LICENÇA PARA O SERVIÇO MILITAR

Art. 85. Ao servidor convocado para o serviço militar será concedida licença, na forma e condições previstas na legislação específica.

Parágrafo único. Concluído o serviço militar, o servidor terá até 30 (trinta) dias sem remuneração para reassumir o exercício do cargo.

Seção V

DA LICENÇA PARA ATIVIDADE POLÍTICA

Art. 86. O servidor terá direito a licença, sem remuneração, durante o período que mediar entre a sua escolha em convenção partidária, como candidato a cargo eletivo, e a véspera do registro de sua candidatura perante a Justiça Eleitoral.

§ 1º O servidor candidato a cargo eletivo na localidade onde desempenha suas funções e que exerça cargo de direção, chefia, assessoramento, arrecadação ou fiscalização, dele será afastado, a partir do dia imediato ao do registro de sua candidatura perante a Justiça Eleitoral, até o décimo dia seguinte ao do pleito.

§ 2º A partir do registro da candidatura e até o 10º (décimo) dia seguinte ao da eleição, o servidor fará jus à licença, assegurados os vencimentos do cargo efetivo, somente pelo período de 3 (três) meses.

▶ §§ 1º e 2º com a redação dada pela Lei nº 9.527, de 10-12-1997.

Seção VI

DA LICENÇA PARA CAPACITAÇÃO

▶ Denominação da Seção com a redação dada pela Lei nº 9.527, de 10-12-1997.

▶ Dec. nº 9.991, de 28-8-2019, dispõe sobre a Política Nacional de Desenvolvimento de Pessoas da administração pública federal direta, autárquica e fundacional, e regulamenta dispositivos desta lei quanto a licenças e afastamentos para ações de desenvolvimento.

Art. 87. Após cada quinquênio de efetivo exercício, o servidor poderá, no interesse da Administração, afastar-se do exercício do cargo efetivo, com a respectiva remuneração, por até 3 (três) meses, para participar de curso de capacitação profissional.

▶ Dec. nº 9.991, de 28-8-2019, regulamenta este artigo.

Parágrafo único. Os períodos de licença de que trata o *caput* não são acumuláveis.

▶ Art. 87 com a redação dada pela Lei nº 9.527, de 10-12-1997.

Arts. 88 e 89. *Revogados.* Lei nº 9.527, de 10-12-1997.

Art. 90. VETADO.

Seção VII

DA LICENÇA PARA TRATAR DE INTERESSES PARTICULARES

Art. 91. A critério da Administração, poderão ser concedidas ao servidor ocupante de cargo efetivo, desde que não esteja em estágio probatório, licenças para o trato de assuntos particulares pelo prazo de até 3 (três) anos consecutivos, sem remuneração.

Parágrafo único. A licença poderá ser interrompida, a qualquer tempo, a pedido do servidor ou no interesse do serviço.

▶ Art. 91 com a redação dada pela MP nº 2.225-45, de 4-9-2001, que até o encerramento desta edição não havia sido convertida em Lei.

Seção VIII

DA LICENÇA PARA O DESEMPENHO DE MANDATO CLASSISTA

Art. 92. É assegurado ao servidor o direito à licença sem remuneração para o desempenho de mandato em confederação, federação, associação de classe de âmbito nacional, sindicato representativo da categoria ou entidade fiscalizadora da profissão ou, ainda, para participar de gerência ou administração em sociedade cooperativa constituída por servidores públicos para prestar serviços a seus membros, observado o disposto na alínea c do inciso VIII do art. 102 desta Lei, conforme disposto em regulamento e observados os seguintes limites:

▶ *Caput* com a redação dada pela Lei nº 11.094, de 13-1-2005.

▶ Dec. nº 11.411, de 8-2-2023, regulamenta este artigo.

I – para entidades com até 5.000 (cinco mil) associados, 2 (dois) servidores;

II – para entidades com 5.001 (cinco mil e um) a 30.000 (trinta mil) associados, 4 (quatro) servidores;

III – para entidades com mais de 30.000 (trinta mil) associados, 8 (oito) servidores.

▶ Incisos I a III com a redação dada pela Lei nº 12.998, de 18-6-2014.

§ 1º Somente poderão ser licenciados os servidores eleitos para cargos de direção ou de representação nas referidas entidades, desde que cadastradas no órgão competente.

§ 2º A licença terá duração igual à do mandato, podendo ser renovada, no caso de reeleição.

▶ §§ 1º e 2º com a redação dada pela Lei nº 12.998, de 18-6-2014.

CAPÍTULO V
DOS AFASTAMENTOS

Seção I

DO AFASTAMENTO PARA SERVIR A OUTRO ÓRGÃO OU ENTIDADE

Art. 93. O servidor poderá ser cedido para ter exercício em outro órgão ou entidade dos Poderes da União, dos Estados, ou do Distrito Federal e dos Municípios, nas seguintes hipóteses

▶ *Caput* com a redação dada pela Lei nº 8.270, de 17-12-1991.

▶ A alteração que seria inserida no *caput* pela Lei nº 13.464, de 10-7-2017, foi vetada, razão pela qual mantivemos a redação.

▶ Dec. nº 4.050, de 12-12-2001, regulamenta este artigo.

I – para exercício de cargo em comissão ou função de confiança;

▶ A alteração que seria inserida neste inciso pela Lei nº 13.464, de 10-7-2017, foi vetada, razão pela qual mantivemos a redação.

II – em casos previstos em leis específicas.

▶ Incisos I e II com a redação dada pela Lei nº 8.270, de 17-12-1991.

§ 1º Na hipótese do inciso I, sendo a cessão para órgãos ou entidades dos Estados, do Distrito Federal ou dos Municípios, o ônus da remuneração será do órgão ou entidade cessionária, mantido o ônus para o cedente nos demais casos.

▶ § 1º com a redação dada pela Lei nº 8.270, de 17-12-1991.

▶ A alteração que seria inserida neste parágrafo pela Lei nº 13.464, de 10-7-2017, foi vetada, razão pela qual mantivemos a redação.

§ 2º Na hipótese de o servidor cedido a empresa pública ou sociedade de economia mista, nos termos das respectivas normas, optar pela remuneração do cargo efetivo ou pela remuneração do cargo efetivo acrescida de percentual da retribuição do cargo em comissão, a entidade cessionária efetuará o reembolso das despesas realizadas pelo órgão ou entidade de origem.

▶ § 2º com a redação dada pela Lei nº 11.355, de 19-10-2006.

▶ A alteração que seria inserida neste parágrafo pela Lei nº 13.464, de 10-7-2017, foi vetada, razão pela qual mantivemos a redação.

§ 3º A cessão far-se-á mediante Portaria publicada no *Diário Oficial da União*.

▶ § 3º com a redação dada pela Lei nº 8.270, de 17-12-1991.

§ 4º Mediante autorização expressa do Presidente da República, o servidor do Poder Executivo poderá ter exercício em outro órgão da Administração Federal direta que não tenha quadro próprio de pessoal, para fim determinado e a prazo certo.

▶ § 4º acrescido pela Lei nº 8.270, de 17-12-1991.

§ 5º Aplica-se à União, em se tratando de empregado ou servidor por ela requisitado, as disposições dos §§ 1º e 2º deste artigo.

▶ § 5º com a redação dada pela Lei nº 10.470, de 25-6-2002.

§ 6º As cessões de empregados de empresa pública ou de sociedade de economia mista, que receba recursos de Tesouro Nacional para o custeio total ou parcial da sua folha de pagamento de pessoal, independem das disposições contidas nos incisos I e II e §§ 1º e 2º deste artigo, ficando o exercício do empregado cedido condicionado a autorização específica do Ministério do Planejamento, Orçamento e Gestão, exceto nos casos de ocupação de cargo em comissão ou função gratificada.

§ 7º O Ministério do Planejamento, Orçamento e Gestão, com a finalidade de promover a composição da força de trabalho dos órgãos e entidades da Administração Pública Federal, poderá determinar a lotação ou o exercício de empregado ou servidor, independentemente da observância do constante no inciso I e nos §§ 1º e 2º deste artigo.

▶ §§ 6º e 7º acrescidos pela Lei nº 10.470, de 25-6-2002.

▶ Dec. nº 5.375, de 17-2-2005, dispõe sobre a aplicação deste parágrafo, para compor força de trabalho no âmbito dos projetos que especifica.

Seção II

DO AFASTAMENTO PARA EXERCÍCIO DE MANDATO ELETIVO

Art. 94. Ao servidor investido em mandato eletivo aplicam-se as seguintes disposições:

I – tratando-se de mandato federal, estadual ou distrital, ficará afastado do cargo;

II – investido no mandato de Prefeito, será afastado do cargo, sendo-lhe facultado optar pela sua remuneração;

III – investido no mandato de vereador:

a) havendo compatibilidade de horário, perceberá as vantagens de seu cargo, sem prejuízo da remuneração do cargo eletivo;

b) não havendo compatibilidade de horário, será afastado do cargo, sendo-lhe facultado optar pela sua remuneração.

§ 1º No caso de afastamento do cargo, o servidor contribuirá para a seguridade social como se em exercício estivesse.

§ 2º O servidor investido em mandato eletivo ou classista não poderá ser removido ou redistribuído de ofício para localidade diversa daquela onde exerce o mandato.

Seção III

DO AFASTAMENTO PARA ESTUDO OU MISSÃO NO EXTERIOR

Art. 95. O servidor não poderá ausentar-se do País para estudo ou missão oficial, sem autorização do Presidente da República, Presidente dos Órgãos do Poder Legislativo e Presidente do Supremo Tribunal Federal.

► Dec. nº 9.991, de 28-8-2019, regulamenta este artigo.

§ 1º A ausência não excederá a 4 (quatro) anos, e finda a missão ou estudo, somente decorrido igual período, será permitida nova ausência.

§ 2º Ao servidor beneficiado pelo disposto neste artigo não será concedida exoneração ou licença para tratar de interesse particular antes de decorrido período igual ao do afastamento, ressalvada a hipótese de ressarcimento da despesa havida com seu afastamento.

§ 3º O disposto neste artigo não se aplica aos servidores da carreira diplomática.

§ 4º As hipóteses, condições e formas para a autorização de que trata este artigo, inclusive no que se refere à remuneração do servidor, serão disciplinadas em regulamento.

► § 4º acrescido pela Lei nº 9.527, de 10-12-1997.

Art. 96. O afastamento de servidor para servir em organismo internacional de que o Brasil participe ou com o qual coopere dar-se-á com perda total da remuneração.

► Dec. nº 201, de 26-8-1991, dispõe sobre o afastamento de servidores federais para servir em organismos internacionais.

► Dec. nº 3.456, de 10-5-2000, delega competência ao Ministro de Estado do Planejamento, Orçamento e Gestão para a prática do ato que menciona.

Seção IV

DO AFASTAMENTO PARA PARTICIPAÇÃO EM PROGRAMA DE PÓS-GRADUAÇÃO *STRICTO SENSU* NO PAÍS

► Seção IV com a redação dada pela Lei nº 11.907, de 2-2-2009.

Art. 96-A. O servidor poderá, no interesse da Administração, e desde que a participação não possa ocorrer simultaneamente com o exercício do cargo ou mediante compensação de horário, afastar-se do exercício do cargo efetivo, com a respectiva remuneração, para participar em programa de pós-graduação *stricto sensu* em instituição de ensino superior no País.

► *Caput* com a redação dada pela Lei nº 11.907, de 2-2-2009.

► Dec. nº 9.991, de 28-8-2019, regulamenta este artigo.

§ 1º Ato do dirigente máximo do órgão ou entidade definirá, em conformidade com a legislação vigente, os programas de capacitação e os critérios para participação em programas de pós-graduação no País, com ou sem afastamento do servidor, que serão avaliados por um comitê constituído para este fim.

§ 2º Os afastamentos para realização de programas de mestrado e doutorado somente serão concedidos aos servidores titulares de cargos efetivos no respectivo órgão ou entidade há pelo menos 3 (três) anos para mestrado e 4 (quatro) anos para doutorado, incluído o período de estágio probatório, que não tenham se afastado por licença para tratar de assuntos particulares para gozo de licença capacitação ou com fundamento neste artigo nos 2 (dois) anos anteriores à data da solicitação de afastamento.

► §§ 1º e 2º com a redação dada pela Lei nº 11.907, de 2-2-2009.

§ 3º Os afastamentos para realização de programas de pós-doutorado somente serão concedidos aos servidores titulares de cargos efetivo no respectivo órgão ou entidade há pelo menos quatro anos, incluído o período de estágio probatório, e que não tenham se afastado por licença para tratar de assuntos particulares ou com fundamento neste artigo, nos quatro anos anteriores à data da solicitação de afastamento.

► § 3º com a redação dada pela Lei nº 12.269, de 21-6-2010.

§ 4º Os servidores beneficiados pelos afastamentos previstos nos §§ 1º, 2º e 3º deste artigo terão que permanecer no exercício de suas funções após o seu retorno por um período igual ao do afastamento concedido.

§ 5º Caso o servidor venha a solicitar exoneração do cargo ou aposentadoria, antes de cumprido o período de permanência previsto no § 4º deste artigo, deverá ressarcir o órgão ou entidade, na forma do art. 47 da Lei nº 8.112, de 11 de dezembro de 1990, dos gastos com seu aperfeiçoamento.

§ 6º Caso o servidor não obtenha o título ou grau que justificou seu afastamento no período previsto, aplica-se o disposto no § 5º deste artigo, salvo na hipótese comprovada de força maior ou de caso fortuito, a critério do dirigente máximo do órgão ou entidade.

§ 7º Aplica-se à participação em programa de pós-graduação no Exterior, autorizado nos termos do art. 95 desta Lei, o disposto nos §§ 1º a 6º deste artigo.

► §§ 4º a 7º com a redação dada pela Lei nº 11.907, de 2-2-2009.

CAPÍTULO VI

DAS CONCESSÕES

Art. 97. Sem qualquer prejuízo, poderá o servidor ausentar-se do serviço:

I – por 1 (um) dia, para doação de sangue;

II – pelo período comprovadamente necessário para alistamento ou recadastramento eleitoral, limitado, em qualquer caso, a 2 (dois) dias; e

► Inciso II com a redação dada pela Lei nº 12.998, de 18-6-2014.

III – por 8 (oito) dias consecutivos em razão de:

a) casamento;

b) falecimento do cônjuge, companheiro, pais, madrasta ou padrasto, filhos, enteados, menor sob guarda ou tutela e irmãos.

Art. 98. Será concedido horário especial ao servidor estudante, quando comprovada a incompatibilidade entre o horário escolar e o da repartição, sem prejuízo do exercício do cargo.

§ 1º Para efeito do disposto neste artigo, será exigida a compensação de horário no órgão ou entidade que tiver exercício, respeitada a duração semanal do trabalho.

► § 1º renumerado e alterado pela Lei nº 9.527, de 10-12-1997.

§ 2º Também será concedido horário especial ao servidor portador de deficiência, quando comprovada a necessidade por junta médica oficial, independentemente de compensação de horário.

► § 2º acrescido pela Lei nº 9.527, de 10-12-1997.

§ 3º As disposições constantes do § 2º são extensivas ao servidor que tenha cônjuge, filho ou dependente com deficiência.

► § 3º com a redação dada pela Lei nº 13.370, de 12-12-2016.

§ 4º Será igualmente concedido horário especial, vinculado à compensação de horário a ser efetivada no prazo de até 1 (um) ano, ao servidor que desempenhe atividade prevista nos incisos I e II do *caput* do art. 76-A desta Lei.

► § 4º com a redação dada pela Lei nº 11.501, de 11-7-2007.

Art. 99. Ao servidor estudante que mudar de sede no interesse da administração é assegurada, na localidade da nova residência ou na mais próxima, matrícula em instituição de ensino congênere, em qualquer época, independentemente de vaga.

Parágrafo único. O disposto neste artigo estende-se ao cônjuge ou companheiro, aos filhos ou enteados do servidor que vivam na sua companhia, bem como aos menores sob sua guarda, com autorização judicial.

CAPÍTULO VII

DO TEMPO DE SERVIÇO

► Art. 40, §§ 9º e 10, da CF.

Art. 100. É contado para todos os efeitos o tempo de serviço público federal, inclusive o prestado às Forças Armadas.

Art. 101. A apuração do tempo de serviço será feita em dias, que serão convertidos em anos, considerado o ano como de trezentos e sessenta e cinco dias.

Parágrafo único. *Revogado.* Lei nº 9.527, de 10-12-1997.

Art. 102. Além das ausências ao serviço previstas no art. 97, são considerados como de efetivo exercício os afastamentos em virtude de:

I – férias;

II – exercício de cargo em comissão ou equivalente, em órgão ou entidade dos Poderes da União, dos Estados, Municípios e Distrito Federal;

III – exercício de cargo ou função de governo ou administração, em qualquer parte do território nacional, por nomeação do Presidente da República;

IV – participação em programa de treinamento regularmente instituído ou em programa de pós-graduação *stricto sensu* no País, conforme dispuser o regulamento;

- Inciso IV com a redação dada pela Lei nº 11.907, de 2-2-2009.
- Dec. nº 9.991, de 28-8-2019, regulamenta este inciso.

V – desempenho de mandato eletivo federal, estadual, municipal ou do Distrito Federal, exceto para promoção por merecimento;

VI – júri e outros serviços obrigatórios por lei;

VII – missão ou estudo no exterior, quando autorizado o afastamento, conforme dispuser o regulamento;

- Inciso VII com a redação dada pela Lei nº 9.527, de 10-12-1997.
- Dec. nº 9.991, de 28-8-2019, regulamenta este inciso.

VIII – licença:

a) à gestante, à adotante e à paternidade;

b) para tratamento da própria saúde, até o limite de vinte e quatro meses, cumulativo ao longo do tempo de serviço público prestado à União, em cargo de provimento efetivo;

- Alínea *b* com a redação dada pela Lei nº 9.527, de 10-12-1997.

c) para o desempenho de mandato classista ou participação de gerência ou administração em sociedade cooperativa constituída por servidores para prestar serviços a seus membros, exceto para efeito de promoção por merecimento;

- Alínea *c* com a redação dada pela Lei nº 11.094, de 13-1-2005.

d) por motivo de acidente em serviço ou doença profissional;

e) para capacitação, conforme dispuser o regulamento;

- Alínea *e* com a redação dada pela Lei nº 9.527, de 10-12-1997.
- Dec. nº 9.991, de 28-8-2019, regulamenta esta alínea.

f) por convocação para o serviço militar;

IX – deslocamento para a nova sede de que trata o art. 18;

X – participação em competição desportiva nacional ou convocação para integrar representação desportiva nacional, no País ou no exterior, conforme disposto em lei específica;

XI – afastamento para servir em organismo internacional de que o Brasil participe ou com o qual coopere.

- Inciso XI acrescido pela Lei nº 9.527, de 10-12-1997.

Art. 103. Contar-se-á apenas para efeito de aposentadoria e disponibilidade:

I – o tempo de serviço público prestado aos Estados, Municípios e Distrito Federal;

II – a licença para tratamento de saúde de pessoal da família do servidor, com remuneração, que exceder a 30 (trinta) dias em período de 12 (doze) meses.

- Inciso II com a redação dada pela Lei nº 12.269, de 21-6-2010.

III – a licença para atividade política, no caso do art. 86, § 2º;

IV – o tempo correspondente ao desempenho de mandato eletivo federal, estadual, municipal ou distrital, anterior ao ingresso no serviço público federal;

V – o tempo de serviço em atividade privada, vinculada à Previdência Social;

VI – o tempo de serviço relativo a tiro de guerra;

VII – o tempo de licença para tratamento da própria saúde que exceder o prazo a que se refere a alínea *b* do inciso VIII do art. 102.

- Inciso VII acrescido pela Lei nº 9.527, de 10-12-1997.

§ 1º O tempo em que o servidor esteve aposentado será contado apenas para nova aposentadoria.

§ 2º Será contado em dobro o tempo de serviço prestado às Forças Armadas em operações de guerra.

§ 3º É vedada a contagem cumulativa de tempo de serviço prestado concomitantemente em mais de um cargo ou função de órgão ou entidades dos Poderes da União, Estado, Distrito Federal e Município, autarquia, fundação pública, sociedade de economia mista e empresa pública.

CAPÍTULO VIII
DO DIREITO DE PETIÇÃO

Art. 104. É assegurado ao servidor o direito de requerer aos Poderes Públicos, em defesa de direito ou interesse legítimo.

Art. 105. O requerimento será dirigido à autoridade competente para decidi-lo e encaminhado por intermédio daquela a que estiver imediatamente subordinado o requerente.

Art. 106. Cabe pedido de reconsideração à autoridade que houver expedido o ato ou proferido a primeira decisão, não podendo ser renovado.

Parágrafo único. O requerimento e o pedido de reconsideração de que tratam os artigos anteriores deverão ser despachados no prazo de 5 (cinco) dias e decididos dentro de 30 (trinta) dias.

Art. 107. Caberá recurso:

I – do indeferimento do pedido de reconsideração;

II – das decisões sobre os recursos sucessivamente interpostos.

§ 1º O recurso será dirigido à autoridade imediatamente superior à que tiver expedido o ato ou proferido a decisão, e, sucessivamente, em escala ascendente, às demais autoridades.

§ 2º O recurso será encaminhado por intermédio da autoridade a que estiver imediatamente subordinado o requerente.

Art. 108. O prazo para interposição de pedido de reconsideração ou de recurso é de 30 (trinta) dias, a contar da publicação ou da ciência, pelo interessado, da decisão recorrida.

Art. 109. O recurso poderá ser recebido com efeito suspensivo, a juízo da autoridade competente.

Parágrafo único. Em caso de provimento do pedido de reconsideração ou do recurso, os efeitos da decisão retroagirão à data do ato impugnado.

Art. 110. O direito de requerer prescreve:

I – em 5 (cinco) anos, quanto aos atos de demissão e de cassação de aposentadoria ou disponibilidade, ou que afetem interesse patrimonial e créditos resultantes das relações de trabalho;

II – em 120 (cento e vinte) dias, nos demais casos, salvo quando outro prazo for fixado em lei.

Parágrafo único. O prazo de prescrição será contado da data da publicação do ato impugnado ou da data da ciência pelo interessado, quando o ato não for publicado.

Art. 111. O pedido de reconsideração e o recurso, quando cabíveis, interrompem a prescrição.

Art. 112. A prescrição é de ordem pública, não podendo ser relevada pela administração.

Art. 113. Para o exercício do direito de petição, é assegurada vista do processo ou documento, na repartição, ao servidor ou a procurador por ele constituído.

Art. 114. A administração deverá rever seus atos, a qualquer tempo, quando eivados de ilegalidade.

Art. 115. São fatais e improrrogáveis os prazos estabelecidos neste Capítulo, salvo motivo de força maior.

- Arts. 53 e 54 da Lei nº 9.784, de 29-1-1999 (Lei do Processo Administrativo Federal).

TÍTULO IV – DO REGIME DISCIPLINAR

CAPÍTULO I
DOS DEVERES

- Dec. nº 1.171, de 22-6-1994, aprova o Código de Ética Profissional do Servidor Público Civil do Poder Executivo Federal.

Art. 116. São deveres do servidor:

- Art. 312 e segs. do CP.
- Lei nº 8.027, de 12-4-1990, dispõe sobre as normas de conduta dos servidores públicos civis da União, das Autarquias e das Fundações Públicas.
- Lei nº 8.429, de 2-6-1992 (Lei da Improbidade Administrativa).

I – exercer com zelo e dedicação as atribuições do cargo;

II – ser leal às instituições a que servir;

III – observar as normas legais e regulamentares;

IV – cumprir as ordens superiores, exceto quando manifestamente ilegais;

V – atender com presteza:

a) ao público em geral, prestando as informações requeridas, ressalvadas as protegidas por sigilo;

b) à expedição de certidões requeridas para defesa de direito ou esclarecimento de situações de interesse pessoal;

c) às requisições para a defesa da Fazenda Pública;

VI – levar as irregularidades de que tiver ciência em razão do cargo ao conhecimento da autoridade superior ou, quando houver suspeita de envolvimento desta, ao conhecimento de outra autoridade competente para apuração;

- Inciso VI com a redação dada pela Lei nº 12.527, de 18-11-2011.

VII – zelar pela economia do material e a conservação do patrimônio público;

VIII – guardar sigilo sobre assunto da repartição;

IX – manter conduta compatível com a moralidade administrativa;

X – ser assíduo e pontual ao serviço;

XI – tratar com urbanidade as pessoas;

XII – representar contra ilegalidade, omissão ou abuso de poder.

Parágrafo único. A representação de que trata o inciso XII será encaminhada pela via hierárquica e apreciada pela autoridade superior àquela contra a qual é formulada, assegurando-se ao representando ampla defesa.

CAPÍTULO II
DAS PROIBIÇÕES

► Dec. nº 1.171, de 22-6-1994, aprova o Código de Ética Profissional do Servidor Público Civil do Poder Executivo Federal.

Art. 117. Ao servidor é proibido:

I – ausentar-se do serviço durante o expediente, sem prévia autorização do chefe imediato;

► Dec. nº 1.480, de 3-5-1995, dispõe sobre os procedimentos a serem adotados em casos de paralisações dos serviços públicos federais, enquanto não regulado o disposto no art. 37, VII, da CF.

II – retirar, sem prévia anuência da autoridade competente, qualquer documento ou objeto da repartição;

III – recusar fé a documentos públicos;

IV – opor resistência injustificada ao andamento de documento e processo ou execução de serviço;

V – promover manifestação de apreço ou desapreço no recinto da repartição;

VI – cometer a pessoa estranha à repartição, fora dos casos previstos em lei, o desempenho de atribuição que seja de sua responsabilidade ou de seu subordinado;

VII – coagir ou aliciar subordinados no sentido de filiarem-se à associação profissional ou sindical, ou a partido político;

VIII – manter sob sua chefia imediata, em cargo ou função de confiança, cônjuge, companheiro ou parente até o segundo grau civil;

► Dec. nº 7.203, de 4-6-2010, dispõe sobre a vedação do nepotismo no âmbito da administração pública federal.

IX – valer-se do cargo para lograr proveito pessoal ou de outrem, em detrimento da dignidade da função pública;

X – participar de gerência ou administração de sociedade privada, personificada ou não personificada, exercer o comércio, exceto na qualidade de acionista, cotista ou comanditário;

► Inciso X com a redação dada pela Lei nº 11.784, de 23-9-2008.

XI – atuar, como procurador ou intermediário, junto a repartições públicas, salvo quando se tratar de benefícios previdenciários ou assistenciais de parentes até o segundo grau, e de cônjuge ou companheiro;

XII – receber propina, comissão, presente ou vantagem de qualquer espécie, em razão de suas atribuições;

XIII – aceitar comissão, emprego ou pensão de estado estrangeiro;

XIV – praticar usura sob qualquer de suas formas;

XV – proceder de forma desidiosa;

XVI – utilizar pessoal ou recursos materiais da repartição em serviços ou atividades particulares;

XVII – cometer a outro servidor atribuições estranhas ao cargo que ocupa, exceto em situações de emergência e transitórias;

XVIII – exercer quaisquer atividades que sejam incompatíveis com o exercício do cargo ou função e com o horário de trabalho;

XIX – recusar-se a atualizar seus dados cadastrais quando solicitado.

► Inciso XIX acrescido pela Lei nº 9.527, de 10-12-1997.

Parágrafo único. A vedação de que trata o inciso X do *caput* deste artigo não se aplica nos seguintes casos:

I – participação nos conselhos de administração e fiscal de empresas ou entidades em que a União detenha, direta ou indiretamente, participação no capital social ou em sociedade cooperativa constituída para prestar serviços a seus membros; e

II – gozo de licença para o trato de interesses particulares, na forma do art. 91 desta Lei, observada a legislação sobre conflito de interesses.

► Parágrafo único acrescido pela Lei nº 11.784, de 23-9-2008.

CAPÍTULO III
DA ACUMULAÇÃO

Art. 118. Ressalvados os casos previstos na Constituição, é vedada a acumulação remunerada de cargos públicos.

► Art. 37, XVII, da CF.

§ 1º A proibição de acumular estende-se a cargos, empregos e funções em autarquias, fundações públicas, empresas públicas, sociedades de economia mista da União, do Distrito Federal, dos Estados, dos Territórios e dos Municípios.

§ 2º A acumulação de cargos, ainda que lícita, fica condicionada à comprovação da compatibilidade de horários.

§ 3º Considera-se acumulação proibida a percepção de vencimento de cargo ou emprego público efetivo com proventos da inatividade, salvo quando os cargos de que decorram essas remunerações forem acumuláveis na atividade.

► § 3º acrescido pela Lei nº 9.527, de 10-12-1997.

Art. 119. O servidor não poderá exercer mais de um cargo em comissão, exceto no caso previsto no parágrafo único do art. 9º, nem ser remunerado pela participação em órgão de deliberação coletiva.

► *Caput* com a redação dada pela Lei nº 9.527, de 10-12-1997.

Parágrafo único. O disposto neste artigo não se aplica à remuneração devida pela participação em conselhos de administração e fiscal das empresas públicas e sociedades de economia mista, suas subsidiárias e controladas, bem como quaisquer empresas ou entidades em que a União, direta ou indiretamente, detenha participação no capital social, observado o que, a respeito, dispuser legislação específica.

► Parágrafo único com a redação dada pela MP nº 2.225-45, de 4-9-2001, que até o encerramento desta edição não havia sido convertida em Lei.

Art. 120. O servidor vinculado ao regime desta Lei, que acumular licitamente dois cargos efetivos, quando investido em cargo de provimento em comissão, ficará afastado de ambos os cargos efetivos, salvo na hipótese em que houver compatibilidade de horário e local com o exercício de um deles, declarada pelas autoridades máximas dos órgãos ou entidades envolvidos.

► Artigo com a redação dada pela Lei nº 9.527, de 10-12-1997.

CAPÍTULO IV
DAS RESPONSABILIDADES

Art. 121. O servidor responde civil, penal e administrativamente pelo exercício irregular de suas atribuições.

Art. 122. A responsabilidade civil decorre de ato omissivo ou comissivo, doloso ou culposo, que resulte em prejuízo ao erário ou a terceiros.

► Art. 37, § 6º, da CF.

§ 1º A indenização de prejuízo dolosamente causado ao erário somente será liquidada na forma prevista no art. 46, na falta de outros bens que assegurem a execução do débito pela via judicial.

§ 2º Tratando-se de dano causado a terceiros, responderá o servidor perante a Fazenda Pública, em ação regressiva.

§ 3º A obrigação de reparar o dano estende-se aos sucessores e contra eles será executada, até o limite do valor da herança recebida.

Art. 123. A responsabilidade penal abrange os crimes e contravenções imputadas ao servidor, nessa qualidade.

Art. 124. A responsabilidade civil administrativa resulta de ato omissivo ou comissivo praticado no desempenho do cargo ou função.

Art. 125. As sanções civis, penais e administrativas poderão cumular-se, sendo independentes entre si.

Art. 126. A responsabilidade administrativa do servidor será afastada no caso de absolvição criminal que negue a existência do fato ou sua autoria.

Art. 126-A. Nenhum servidor poderá ser responsabilizado civil, penal ou administrativamente por dar ciência à autoridade superior ou, quando houver suspeita de envolvimento desta, a outra autoridade competente para apuração de informação concernente à prática de crimes ou improbidade de que tenha conhecimento, ainda que em decorrência do exercício de cargo, emprego ou função pública.

► Artigo acrescido pela Lei nº 12.527, de 18-11-2011.

CAPÍTULO V
DAS PENALIDADES

Art. 127. São penalidades disciplinares:

I – advertência;

II – suspensão;

III – demissão;

IV – cassação de aposentadoria ou disponibilidade;

V – destituição de cargo em comissão;

VI – destituição de função comissionada.

Art. 128. Na aplicação das penalidades serão consideradas a natureza e a gravidade da infração cometida, os danos que dela provierem para o serviço público, as circunstâncias agravantes ou atenuantes e os antecedentes funcionais.

Parágrafo único. O ato de imposição da penalidade mencionará sempre o fundamento legal e a causa da sanção disciplinar.

► Parágrafo único acrescido pela Lei nº 9.527, de 10-12-1997.

Art. 129. A advertência será aplicada por escrito, nos casos de violação de proibição constante do art. 117, incisos I a VIII e XIX, e de inobservância de dever funcional previsto em lei, regulamentação ou norma interna, que não justifique imposição de penalidade mais grave.

▸ Artigo com a redação dada pela Lei nº 9.527, de 10-12-1997.

Art. 130. A suspensão será aplicada em caso de reincidência das faltas punidas com advertência e de violação das demais proibições que não tipifiquem infração sujeita à penalidade de demissão, não podendo exceder de 90 (noventa) dias.

§ 1º Será punido com suspensão de até 15 (quinze) dias o servidor que, injustificadamente, recusar-se a ser submetido à inspeção médica determinada pela autoridade competente, cessando os efeitos da penalidade uma vez cumprida a determinação.

§ 2º Quando houver conveniência para o serviço, a penalidade de suspensão poderá ser convertida em multa, na base de 50% (cinquenta por cento) por dia de vencimento ou remuneração, ficando o servidor obrigado a permanecer em serviço.

Art. 131. As penalidades de advertência e de suspensão terão seus registros cancelados, após o decurso de 3 (três) e 5 (cinco) anos de efetivo exercício, respectivamente, se o servidor não houver, nesse período, praticado nova infração disciplinar.

Parágrafo único. O cancelamento da penalidade não surtirá efeitos retroativos.

Art. 132. A demissão será aplicada nos seguintes casos:

I – crime contra a administração pública;

▸ Art. 312 e segs. do CP.

II – abandono de cargo;

III – inassiduidade habitual;

IV – improbidade administrativa;

V – incontinência pública e conduta escandalosa, na repartição;

VI – insubordinação grave em serviço;

VII – ofensa física, em serviço, a servidor ou a particular, salvo em legítima defesa própria ou de outrem;

VIII – aplicação irregular de dinheiros públicos;

IX – revelação de segredo do qual se apropriou em razão do cargo;

X – lesão aos cofres públicos e dilapidação do patrimônio nacional;

XI – corrupção;

XII – acumulação ilegal de cargos, empregos ou funções públicas;

XIII – transgressão dos incisos IX a XVI do art. 117.

Art. 133. Detectada a qualquer tempo a acumulação ilegal de cargos, empregos ou funções públicas, a autoridade a que se refere o art. 143 notificará o servidor, por intermédio de sua chefia imediata, para apresentar opção no prazo improrrogável de 10 (dez) dias, contados da data da ciência e, na hipótese de omissão, adotará procedimento sumário para a sua apuração e regularização imediata, cujo processo administrativo disciplinar se desenvolverá nas seguintes fases:

I – instauração, com a publicação do ato que constituir a comissão, a ser composta por dois servidores estáveis, e simultaneamente indicar a autoria e a materialidade da transgressão objeto da apuração;

II – instrução sumária, que compreende indiciação, defesa e relatório;

III – julgamento.

§ 1º A indicação da autoria de que trata o inciso I dar-se-á pelo nome e matrícula do servidor, e a materialidade pela descrição dos cargos, empregos ou funções públicas em situação de acumulação ilegal, dos órgãos ou entidades de vinculação, das datas de ingresso, do horário de trabalho e do correspondente regime jurídico.

§ 2º A comissão lavrará, até 3 (três) dias após a publicação do ato que a constituiu, termo de indiciação em que serão transcritas as informações de que trata o parágrafo anterior, bem como promoverá a citação pessoal do servidor indiciado, ou por intermédio de sua chefia imediata, para, no prazo de 5 (cinco) dias, apresentar defesa escrita, assegurando-se-lhe vista do processo na repartição, observado o disposto nos arts. 163 e 164.

§ 3º Apresentada a defesa, a comissão elaborará relatório conclusivo quanto à inocência ou à responsabilidade do servidor, em que resumirá as peças principais dos autos, opinará sobre a licitude da acumulação em exame, indicará o respectivo dispositivo legal e remeterá o processo à autoridade instauradora, para julgamento.

§ 4º No prazo de cinco dias, contados do recebimento do processo, a autoridade julgadora proferirá a sua decisão, aplicando-se, quando for o caso, o disposto no § 3º do art. 167.

§ 5º A opção pelo servidor até o último dia de prazo para defesa configurará sua boa-fé, hipótese em que se converterá automaticamente em pedido de exoneração do outro cargo.

§ 6º Caracterizada a acumulação ilegal e provada a má-fé, aplicar-se-á a pena de demissão, destituição ou cassação de aposentadoria ou disponibilidade em relação aos cargos, empregos ou funções públicas em regime de acumulação ilegal, hipótese em que os órgãos ou entidades de vinculação serão comunicados.

§ 7º O prazo para a conclusão do processo administrativo disciplinar submetido ao rito sumário não excederá 30 (trinta) dias, contados da data de publicação do ato que constituir a comissão, admitida a sua prorrogação por até 15 (quinze) dias, quando as circunstâncias o exigirem.

§ 8º O procedimento sumário rege-se pelas disposições deste artigo, observando-se, no que lhe for aplicável, subsidiariamente, as disposições dos Títulos IV e V desta Lei.

▸ Art. 133 com a redação dada pela Lei nº 9.527, de 10-12-1997.

Art. 134. Será cassada a aposentadoria ou a disponibilidade do inativo que houver praticado, na atividade, falta punível com a demissão.

Art. 135. A destituição de cargo em comissão exercido por não ocupante de cargo efetivo será aplicada nos casos de infração sujeita às penalidades de suspensão e de demissão.

Parágrafo único. Constatada a hipótese de que trata este artigo, a exoneração efetuada nos termos do art. 35 será convertida em destituição de cargo em comissão.

Art. 136. A demissão ou a destituição de cargo em comissão, nos casos dos incisos IV, VIII, X e XI do art. 132, implica a indisponibilidade dos bens e o ressarcimento ao erário, sem prejuízo da ação penal cabível.

Art. 137. A demissão ou a destituição de cargo em comissão, por infringência do art. 117, incisos IX e XI, incompatibiliza o ex-servidor para nova investidura em cargo público federal, pelo prazo de 5 (cinco) anos.

Parágrafo único. Não poderá retornar ao serviço público federal o servidor que for demitido ou destituído do cargo em comissão por infringência do art. 132, incisos I, IV, VIII, X e XI.

▸ O STF, por maioria dos votos, julgou procedente o pedido formulado na ADI nº 2.975/DF para declarar a inconstitucionalidade deste parágrafo único (*DOU* de 8-1-2021).

Art. 138. Configura abandono de cargo a ausência intencional do servidor ao serviço por mais de 30 (trinta) dias consecutivos.

Art. 139. Entende-se por inassiduidade habitual a falta ao serviço, sem causa justificada, por 60 (sessenta) dias, interpoladamente, durante o período de 12 (doze) meses.

Art. 140. Na apuração de abandono de cargo ou inassiduidade habitual, também será adotado o procedimento sumário a que se refere o art. 133, observando-se especialmente que:

I – a indicação da materialidade dar-se-á:

a) na hipótese de abandono de cargo, pela indicação precisa do período de ausência intencional do servidor ao serviço superior a trinta dias;

b) no caso de inassiduidade habitual, pela indicação dos dias de falta ao serviço sem causa justificada, por período igual ou superior a 60 (sessenta) dias interpoladamente, durante o período de doze meses;

II – após a apresentação da defesa a comissão elaborará relatório conclusivo quanto à inocência ou à responsabilidade do servidor, em que resumirá as peças principais dos autos, indicará o respectivo dispositivo legal, opinará, na hipótese de abandono de cargo, sobre a intencionalidade da ausência ao serviço superior a 30 (trinta) dias e remeterá o processo à autoridade instauradora para julgamento.

▸ Art. 140 com a redação dada pela Lei nº 9.527, de 10-12-1997.

Art. 141. As penalidades disciplinares serão aplicadas:

I – pelo Presidente da República, pelos Presidentes das Casas do Poder Legislativo e dos Tribunais Federais e pelo Procurador-Geral da República, quando se tratar de demissão e cassação de aposentadoria ou disponibilidade de servidor vinculado ao respectivo Poder, órgão, ou entidade;

II – pelas autoridades administrativas de hierarquia imediatamente inferior àquelas mencionadas no inciso anterior quando se tratar de suspensão superior a 30 (trinta) dias;

III – pelo chefe da repartição e outras autoridades na forma dos respectivos regimentos ou regulamentos, nos casos de advertência ou de suspensão de até 30 (trinta) dias;

IV – pela autoridade que houver feito a nomeação, quando se tratar de destituição de cargo em comissão.

Art. 142. A ação disciplinar prescreverá:

I – em 5 (cinco) anos, quanto às infrações puníveis com demissão, cassação de aposentadoria ou disponibilidade e destituição de cargo em comissão;

II – em 2 (dois) anos, quanto à suspensão;

III – em 180 (cento e oitenta) dias, quanto à advertência.

§ 1º O prazo de prescrição começa a correr da data em que o fato se tornou conhecido.

§ 2º Os prazos de prescrição previstos na lei penal aplicam-se às infrações disciplinares capituladas também como crime.

§ 3º A abertura de sindicância ou a instauração de processo disciplinar interrompe a prescrição, até a decisão final proferida por autoridade competente.

§ 4º Interrompido o curso da prescrição, o prazo começará a correr a partir do dia em que cessar a interrupção.

▸ Lei nº 9.784, de 29-11-1999 (Lei dos Processos Administrativos Federais).

TÍTULO V – DO PROCESSO ADMINISTRATIVO DISCIPLINAR

CAPÍTULO I – DISPOSIÇÕES GERAIS

Art. 143. A autoridade que tiver ciência de irregularidade no serviço público é obrigada a promover a sua apuração imediata, mediante sindicância ou processo administrativo disciplinar, assegurada ao acusado ampla defesa.

▸ Súm. nº 665 do STJ.

§§ 1º e 2º *Revogados*. Lei nº 11.204, de 5-12-2005.

§ 3º A apuração de que trata o *caput*, por solicitação da autoridade a que se refere, poderá ser promovida por autoridade de órgão ou entidade diverso daquele em que tenha ocorrido a irregularidade, mediante competência específica para tal finalidade, delegada em caráter permanente ou temporário pelo Presidente da República, pelos presidentes das Casas do Poder Legislativo e dos Tribunais Federais e pelo Procurador-Geral da República, no âmbito do respectivo Poder, órgão ou entidade, preservadas as competências para o julgamento que se seguir à apuração.

▸ § 3º acrescido pela Lei nº 9.527, de 10-12-1997.

Art. 144. As denúncias sobre irregularidades serão objeto de apuração, desde que contenham a identificação e o endereço do denunciante e sejam formuladas por escrito, confirmada a autenticidade.

▸ Súm. nº 665 do STJ.

Parágrafo único. Quando o fato narrado não configurar evidente infração disciplinar ou ilícito penal, a denúncia será arquivada, por falta de objeto.

Art. 145. Da sindicância poderá resultar:

I – arquivamento do processo;

II – aplicação de penalidade de advertência ou suspensão de até 30 (trinta) dias;

III – instauração de processo disciplinar.

Parágrafo único. O prazo para conclusão da sindicância não excederá 30 (trinta) dias, podendo ser prorrogado por igual período, a critério da autoridade superior.

Art. 146. Sempre que o ilícito praticado pelo servidor ensejar a imposição de penalidade de suspensão por mais de 30 (trinta) dias, de demissão, cassação de aposentadoria ou disponibilidade, ou destituição de cargo em comissão, será obrigatória a instauração de processo disciplinar.

CAPÍTULO II – DO AFASTAMENTO PREVENTIVO

Art. 147. Como medida cautelar e a fim de que o servidor não venha a influir na apuração da irregularidade, a autoridade instauradora do processo disciplinar poderá determinar o seu afastamento do exercício do cargo, pelo prazo de até 60 (sessenta) dias, sem prejuízo da remuneração.

Parágrafo único. O afastamento poderá ser prorrogado por igual prazo, findo o qual cessarão os seus efeitos, ainda que não concluído o processo.

CAPÍTULO III – DO PROCESSO DISCIPLINAR

Art. 148. O processo disciplinar é o instrumento destinado a apurar responsabilidade de servidor por infração praticada no exercício de suas atribuições, ou que tenha relação com as atribuições do cargo em que se encontre investido.

▸ Lei nº 8.429, de 2-6-1992 (Lei da Improbidade Administrativa).

Art. 149. O processo disciplinar será conduzido por comissão composta de 3 (três) servidores estáveis designados pela autoridade competente, observado o disposto no § 3º do art. 143, que indicará, dentre eles, o seu presidente, que deverá ser ocupante de cargo efetivo superior ou de mesmo nível, ou ter nível de escolaridade igual ou superior ao do indiciado.

▸ *Caput* com a redação dada pela Lei nº 9.527, de 10-12-1997.

§ 1º A Comissão terá como secretário servidor designado pelo seu presidente, podendo a indicação recair em um de seus membros.

§ 2º Não poderá participar de comissão de sindicância ou de inquérito, cônjuge, companheiro ou parente do acusado, consanguíneo ou afim, em linha reta ou colateral, até o terceiro grau.

Art. 150. A Comissão exercerá suas atividades com independência e imparcialidade, assegurado o sigilo necessário à elucidação do fato ou exigido pelo interesse da administração.

Parágrafo único. As reuniões e as audiências das comissões terão caráter reservado.

Art. 151. O processo disciplinar se desenvolve nas seguintes fases:

I – instauração, com a publicação do ato que constituir a comissão;

II – inquérito administrativo, que compreende instrução, defesa e relatório;

III – julgamento.

Art. 152. O prazo para a conclusão do processo disciplinar não excederá 60 (sessenta) dias, contados da data de publicação do ato que constituir a comissão, admitida a sua prorrogação por igual prazo, quando as circunstâncias o exigirem.

§ 1º Sempre que necessário, a comissão dedicará tempo integral aos seus trabalhos, ficando seus membros dispensados do ponto, até a entrega do relatório final.

§ 2º As reuniões da comissão serão registradas em atas que deverão detalhar as deliberações adotadas.

Seção I – Do Inquérito

Art. 153. O inquérito administrativo obedecerá ao princípio do contraditório, assegurada ao acusado ampla defesa, com a utilização dos meios e recursos admitidos em direito.

Art. 154. Os autos da sindicância integrarão o processo disciplinar, como peça informativa da instrução.

Parágrafo único. Na hipótese de o relatório da sindicância concluir que a infração está capitulada como ilícito penal, a autoridade competente encaminhará cópia dos autos ao Ministério Público, independentemente da imediata instauração do processo disciplinar.

Art. 155. Na fase do inquérito, a comissão promoverá a tomada de depoimentos, acareações, investigações e diligências cabíveis, objetivando a coleta de prova, recorrendo, quando necessário, a técnicos e peritos, de modo a permitir a completa elucidação dos fatos.

Art. 156. É assegurado ao servidor o direito de acompanhar o processo pessoalmente ou por intermédio de procurador, arrolar e reinquirir testemunhas, produzir provas e contraprovas e formular quesitos, quando se tratar de prova pericial.

§ 1º O presidente da comissão poderá denegar pedidos considerados impertinentes, meramente protelatórios, ou de nenhum interesse para o esclarecimento dos fatos.

§ 2º Será indeferido o pedido de prova pericial, quando a comprovação do fato independer de conhecimento especial de perito.

Art. 157. As testemunhas serão intimadas a depor mediante mandado expedido pelo presidente da comissão, devendo a segunda via, com o ciente do interessado, ser anexada aos autos.

Parágrafo único. Se a testemunha for servidor público, a expedição do mandado será imediatamente comunicada ao chefe da repartição onde serve, com a indicação do dia e hora marcados para inquirição.

Art. 158. O depoimento será prestado oralmente e reduzido a termo, não sendo lícito à testemunha trazê-lo por escrito.

§ 1º As testemunhas serão inquiridas separadamente.

§ 2º Na hipótese de depoimentos contraditórios ou que se infirmem, proceder-se-á à acareação entre os depoentes.

Art. 159. Concluída a inquirição das testemunhas, a comissão promoverá o interrogatório do acusado, observados os procedimentos previstos nos arts. 157 e 158.

§ 1º No caso de mais de um acusado, cada um deles será ouvido separadamente, e sempre que divergirem em suas declarações sobre fatos ou circunstâncias, será promovida a acareação entre eles.

§ 2º O procurador do acusado poderá assistir ao interrogatório, bem como à inquirição das testemunhas, sendo-lhe vedado interferir nas perguntas e respostas, facultando-se-lhe, porém, reinquiri-las, por intermédio do presidente da comissão.

Art. 160. Quando houver dúvida sobre a sanidade mental do acusado, a comissão proporá à autoridade competente que ele seja submetido a exame por junta médica oficial, da qual participe pelo menos um médico psiquiatra.

Parágrafo único. O incidente de sanidade mental será processado em auto apartado e apenso ao processo principal, após a expedição do laudo pericial.

Art. 161. Tipificada a infração disciplinar, será formulada a indiciação do servidor, com a especificação dos fatos a ele imputados e das respectivas provas.

§ 1º O indiciado será citado por mandado expedido pelo presidente da comissão para apresentar defesa escrita, no prazo de 10 (dez) dias, assegurando-se-lhe vista do processo na repartição.

§ 2º Havendo dois ou mais indiciados, o prazo será comum e de 20 (vinte) dias.

§ 3º O prazo de defesa poderá ser prorrogado pelo dobro, para diligências reputadas indispensáveis.

§ 4º No caso de recusa do indiciado em apor o ciente na cópia da citação, o prazo para defesa contar-se-á da data declarada, em termo próprio, pelo membro da comissão que fez a citação, com a assinatura de 2 (duas) testemunhas.

Art. 162. O indiciado que mudar de residência fica obrigado a comunicar à comissão o lugar onde poderá ser encontrado.

Art. 163. Achando-se o indiciado em lugar incerto e não sabido, será citado por edital, publicado no *Diário Oficial da União* e em jornal de grande circulação na localidade do último domicílio conhecido, para apresentar defesa.

Parágrafo único. Na hipótese deste artigo, o prazo para defesa será de 15 (quinze) dias a partir da última publicação do edital.

Art. 164. Considerar-se-á revel o indiciado que, regularmente citado, não apresentar defesa no prazo legal.

§ 1º A revelia será declarada, por termo, nos autos do processo e devolverá o prazo para a defesa.

§ 2º Para defender o indiciado revel, a autoridade instauradora do processo designará um servidor como defensor dativo, que deverá ser ocupante de cargo efetivo superior ou de mesmo nível, ou ter nível de escolaridade igual ou superior ao do indiciado.

▶ § 2º com a redação dada pela Lei nº 9.527, de 10-12-1997.

Art. 165. Apreciada a defesa, a comissão elaborará relatório minucioso, onde resumirá as peças principais dos autos e mencionará as provas em que se baseou para formar a sua convicção.

§ 1º O relatório será sempre conclusivo quanto à inocência ou à responsabilidade do servidor.

§ 2º Reconhecida a responsabilidade do servidor, a comissão indicará o dispositivo legal ou regulamentar transgredido, bem como as circunstâncias agravantes ou atenuantes.

Art. 166. O processo disciplinar, com o relatório da comissão, será remetido à autoridade que determinou a sua instauração, para julgamento.

Seção II

DO JULGAMENTO

Art. 167. No prazo de 20 (vinte) dias, contados do recebimento do processo, a autoridade julgadora proferirá a sua decisão.

§ 1º Se a penalidade a ser aplicada exceder a alçada da autoridade instauradora do processo, este será encaminhado à autoridade competente, que decidirá em igual prazo.

§ 2º Havendo mais de um indiciado e diversidade de sanções, o julgamento caberá à autoridade competente para a imposição da pena mais grave.

§ 3º Se a penalidade prevista for a demissão ou cassação de aposentadoria ou disponibilidade, o julgamento caberá às autoridades de que trata o inciso I do art. 141.

§ 4º Reconhecida pela comissão a inocência do servidor, a autoridade instauradora do processo determinará o seu arquivamento, salvo se flagrantemente contrária à prova dos autos.

▶ § 4º acrescido pela Lei nº 9.527, de 10-12-1997.

Art. 168. O julgamento acatará o relatório da comissão, salvo quando contrário às provas dos autos.

Parágrafo único. Quando o relatório da comissão contrariar as provas dos autos, a autoridade julgadora poderá, motivadamente, agravar a penalidade proposta, abrandá-la ou isentar o servidor de responsabilidade.

Art. 169. Verificada a ocorrência de vício insanável, a autoridade que determinou a instauração do processo ou outra de hierarquia superior declarará a sua nulidade, total ou parcial, e ordenará, no mesmo ato, a constituição de outra comissão para instauração de novo processo.

▶ *Caput* com a redação dada pela Lei nº 9.527, de 10-12-1997.

§ 1º O julgamento fora do prazo legal não implica nulidade do processo.

§ 2º A autoridade julgadora que der causa à prescrição de que trata o art. 142, § 2º, será responsabilizada na forma do Capítulo IV do Título IV.

Art. 170. Extinta a punibilidade pela prescrição, a autoridade julgadora determinará o registro do fato nos assentamentos individuais do servidor.

Art. 171. Quando a infração estiver capitulada como crime, o processo disciplinar será remetido ao Ministério Público para instauração da ação penal, ficando trasladado na repartição.

Art. 172. O servidor que responder a processo disciplinar só poderá ser exonerado a pedido, ou aposentado voluntariamente, após a conclusão do processo e o cumprimento da penalidade, acaso aplicada.

Parágrafo único. Ocorrida a exoneração de que trata o parágrafo único, inciso I do art. 34, o ato será convertido em demissão, se for o caso.

Art. 173. Serão assegurados transporte e diárias:

I – ao servidor convocado para prestar depoimento fora da sede de sua repartição, na condição de testemunha, denunciado ou indiciado;

II – aos membros da comissão e ao secretário, quando obrigados a se deslocarem da sede dos trabalhos para a realização de missão essencial ao esclarecimento dos fatos.

Seção III

DA REVISÃO DO PROCESSO

Art. 174. O processo disciplinar poderá ser revisto, a qualquer tempo, a pedido ou de ofício, quando se aduzirem fatos novos ou circunstâncias suscetíveis de justificar a inocência do punido ou a inadequação da penalidade aplicada.

§ 1º Em caso de falecimento, ausência ou desaparecimento do servidor, qualquer pessoa da família poderá requerer a revisão do processo.

§ 2º No caso de incapacidade mental do servidor, a revisão será requerida pelo respectivo curador.

Art. 175. No processo revisional, o ônus da prova cabe ao requerente.

Art. 176. A simples alegação de injustiça da penalidade não constitui fundamento para a revisão, que requer elementos novos, ainda não apreciados no processo originário.

Art. 177. O requerimento de revisão do processo será dirigido ao Ministro de Estado ou autoridade equivalente, que, se autorizar a revisão, encaminhará o pedido ao dirigente do órgão ou entidade onde se originou o processo disciplinar.

Parágrafo único. Deferida a petição, a autoridade competente providenciará a constituição de comissão, na forma do art. 149.

Art. 178. A revisão correrá em apenso ao processo originário.

Parágrafo único. Na petição inicial, o requerente pedirá dia e hora para a produção de provas e inquirição das testemunhas que arrolar.

Art. 179. A comissão revisora terá 60 (sessenta) dias para a conclusão dos trabalhos.

Art. 180. Aplicam-se aos trabalhos da comissão revisora, no que couber, as normas e procedimentos próprios da comissão do processo disciplinar.

Art. 181. O julgamento caberá à autoridade que aplicou a penalidade, nos termos do art. 141.

Parágrafo único. O prazo para julgamento será de 20 (vinte) dias, contados do recebimento do processo, no curso do qual a autoridade julgadora poderá determinar diligências.

Art. 182. Julgada procedente a revisão, será declarada sem efeito a penalidade aplicada, restabelecendo-se todos os direitos do servidor, exceto em relação à destituição de cargo em comissão, que será convertida em exoneração.

Parágrafo único. Da revisão do processo não poderá resultar agravamento de penalidade.

TÍTULO VI – DA SEGURIDADE SOCIAL DO SERVIDOR

CAPÍTULO I

DISPOSIÇÕES GERAIS

Art. 183. A União manterá Plano de Seguridade Social para o servidor e sua família.

§ 1º O servidor ocupante de cargo em comissão que não seja, simultaneamente, ocupante de cargo ou emprego efetivo na administração pública direta, autárquica e fundacional não terá direito aos benefícios do Plano de Seguridade Social, com exceção da assistência à saúde.

► Parágrafo único transformado em § 1º pela Lei nº 10.667, de 17-5-2003.

§ 2º O servidor afastado ou licenciado do cargo efetivo, sem direito à remuneração, inclusive para servir em organismo oficial internacional do qual o Brasil seja membro efetivo ou com o qual coopere, ainda que contribua para regime de previdência social no exterior, terá suspenso o seu vínculo com o regime do Plano de Seguridade Social do Servidor Público enquanto durar o afastamento ou a licença, não lhes assistindo, neste período, os benefícios do mencionado regime de previdência.

§ 3º Será assegurada ao servidor licenciado ou afastado sem remuneração a manutenção da vinculação ao regime do Plano de Seguridade Social do Servidor Público, mediante o recolhimento mensal da respectiva contribuição, no mesmo percentual devido pelos servidores em atividade, incidente sobre a remuneração total do cargo a que faz jus no exercício de suas atribuições, computando-se, para esse efeito, inclusive, as vantagens pessoais.

§ 4º O recolhimento de que trata o § 3º deve ser efetuado até o segundo dia útil após a data do pagamento das remunerações dos servidores públicos, aplicando-se os procedimentos de cobrança e execução dos tributos federais quando não recolhidas na data do vencimento.

► §§ 2º a 4º acrescidos pela Lei nº 10.667, de 14-5-2003.

Art. 184. O Plano de Seguridade Social visa a dar cobertura aos riscos a que estão sujeitos o servidor e sua família, e compreende um conjunto de benefícios e ações que atendam às seguintes finalidades:

I – garantir meios de subsistência nos eventos de doença, invalidez, velhice, acidente em serviço, inatividade, falecimento e reclusão;

II – proteção à maternidade, à adoção e à paternidade;

III – assistência à saúde.

Parágrafo único. Os benefícios serão concedidos nos termos e condições definidos em regulamento, observadas as disposições desta Lei.

Art. 185. Os benefícios do Plano de Seguridade Social do servidor compreendem:

I – quanto ao servidor:

a) aposentadoria;

b) auxílio-natalidade;

c) salário-família;

d) licença para tratamento de saúde;

e) licença à gestante, à adotante e licença-paternidade;

f) licença por acidente em serviço;

g) assistência à saúde;

h) garantia de condições individuais e ambientais de trabalho satisfatórias;

II – quanto ao dependente:

a) pensão vitalícia e temporária;

b) auxílio-funeral;

c) auxílio-reclusão;

d) assistência à saúde.

§ 1º As aposentadorias e pensões serão concedidas e mantidas pelos órgãos ou entidades aos quais se encontram vinculados os servidores, observado o disposto nos arts. 189 e 224.

§ 2º O recebimento indevido de benefícios havidos por fraude, dolo ou má-fé, implicará devolução ao erário do total auferido, sem prejuízo da ação penal cabível.

CAPÍTULO II
DOS BENEFÍCIOS

Seção I
DA APOSENTADORIA

Art. 186. O servidor será aposentado:

I – por invalidez permanente, sendo os proventos integrais quando decorrente de acidente em serviço, moléstia profissional ou doença grave, contagiosa ou incurável, especificada em lei, e proporcionais nos demais casos;

II – compulsoriamente, aos 70 (setenta) anos de idade, com proventos proporcionais ao tempo de serviço;

III – voluntariamente:

a) aos 35 (trinta e cinco) anos de serviço, se homem, e aos 30 (trinta) se mulher, com proventos integrais;

b) aos 30 (trinta) anos de efetivo exercício em funções de magistério se professor, e 25 (vinte e cinco) se professora, com proventos integrais;

c) aos 30 (trinta) anos de serviço, se homem, e aos 25 (vinte e cinco) se mulher, com proventos proporcionais a esse tempo;

d) aos 65 (sessenta e cinco) anos de idade, se homem, e aos 60 (sessenta) se mulher, com proventos proporcionais ao tempo de serviço.

§ 1º Consideram-se doenças graves, contagiosas ou incuráveis, a que se refere o inciso I deste artigo, tuberculose ativa, alienação mental, esclerose múltipla, neoplasia maligna, cegueira posterior ao ingresso no serviço público, hanseníase, cardiopatia grave, doença de Parkinson, paralisia irreversível e incapacitante, espondiloartrose anquilosante, nefropatia grave, estados avançados do mal de Paget (osteíte deformante), Síndrome de Imunodeficiência Adquirida – AIDS, e outras que a lei indicar, com base na medicina especializada.

§ 2º Nos casos de exercício de atividades consideradas insalubres ou perigosas, bem como nas hipóteses previstas no art. 71, a aposentadoria de que trata o inciso III, *a* e *c*, observará o disposto em lei específica.

► Res. do CNJ nº 39, de 14-8-2007, estabelece regras para o reconhecimento de dependente econômico de servidor, para fins de concessão de benefícios.

§ 3º Na hipótese do inciso I o servidor será submetido à junta médica oficial, que atestará a invalidez quando caracterizada a incapacidade para o desempenho das atribuições do cargo ou a impossibilidade de se aplicar o disposto no art. 24.

► § 3º acrescido pela Lei nº 9.527, de 10-12-1997.

Art. 187. A aposentadoria compulsória será automática, e declarada por ato, com vigência a partir do dia imediato àquele em que o servidor atingir a idade limite de permanência no serviço ativo.

Art. 188. A aposentadoria voluntária ou por invalidez vigorará a partir da data da publicação do respectivo ato.

§ 1º A aposentadoria por invalidez será precedida de licença para tratamento de saúde, por período não excedente a 24 (vinte e quatro) meses.

§ 2º Expirado o período de licença e não estando em condições de reassumir o cargo ou de ser readaptado, o servidor será aposentado.

§ 3º O lapso de tempo compreendido entre o término da licença e a publicação do ato da aposentadoria será considerado como de prorrogação da licença.

§ 4º Para os fins do disposto no § 1º deste artigo, serão consideradas apenas as licenças motivadas pela enfermidade ensejadora da invalidez ou doenças correlacionadas.

§ 5º A critério da Administração, o servidor em licença para tratamento de saúde ou aposentado por invalidez poderá ser convocado a qualquer momento, para avaliação das condições que ensejaram o afastamento ou a aposentadoria.

► §§ 4º e 5º com a redação dada pela Lei nº 11.907, de 2-2-2009.

Art. 189. O provento da aposentadoria será calculado com observância do disposto no § 3º do art. 41, e revisto na mesma data e proporção, sempre que se modificar a remuneração dos servidores em atividade.

Parágrafo único. São estendidos aos inativos quaisquer benefícios ou vantagens posteriormente concedidas aos servidores em atividade, inclusive quando decorrentes de transformação ou reclassificação do cargo ou função em que se deu a aposentadoria.

► Arts. 185, § 1º, e 224 desta Lei.

Art. 190. O servidor aposentado com provento proporcional ao tempo de serviço se acometido de qualquer das moléstias especificadas no § 1º do art. 186 desta Lei e, por esse motivo, for considerado inválido por junta médica oficial passará a perceber provento integral, calculado com base no fundamento legal de concessão da aposentadoria.

► Artigo com a redação dada pela Lei nº 11.907, de 2-2-2009.

Art. 191. Quando proporcional ao tempo de serviço, o provento não será inferior a 1/3 (um terço) da remuneração da atividade.

Arts. 192 e 193. *Revogados.* Lei nº 9.527, de 10-12-1997.

Art. 194. Ao servidor aposentado será paga a gratificação natalina, até o dia 20 (vinte) do mês de dezembro, em valor equivalente ao respectivo provento, deduzido o adiantamento recebido.

Art. 195. Ao ex-combatente que tenha efetivamente participado de operações bélicas, durante a Segunda Guerra Mundial, nos termos da Lei nº 5.315, de 12 de setembro de 1967, será concedida aposentadoria com provento integral, aos 25 (vinte e cinco) anos de serviço efetivo.

► Art. 53, V, do ADCT.

Seção II
DO AUXÍLIO-NATALIDADE

Art. 196. O auxílio-natalidade é devido à servidora por motivo de nascimento de filho, em quantia equivalente ao menor vencimento do serviço público, inclusive no caso de natimorto.

§ 1º Na hipótese de parto múltiplo, o valor será acrescido de 50% (cinquenta por cento), por nascituro.

§ 2º O auxílio será pago ao cônjuge ou companheiro servidor público, quando a parturiente não for servidora.

Seção III
DO SALÁRIO-FAMÍLIA

Art. 197. O salário-família é devido ao servidor ativo ou ao inativo, por dependente econômico.

Parágrafo único. Consideram-se dependentes econômicos para efeito de percepção do salário-família:

I – o cônjuge ou companheiro e os filhos, inclusive os enteados até 21 (vinte e um) anos de idade ou, se estudante, até 24 (vinte e quatro) anos ou, se inválido, de qualquer idade;

II – o menor de 21 (vinte e um) anos que, mediante autorização judicial, viver na companhia e às expensas do servidor, ou do inativo;

III – a mãe e o pai sem economia própria.

Art. 198. Não se configura a dependência econômica quando o beneficiário do salário-família perceber rendimento do trabalho ou de qualquer outra fonte, inclusive pensão ou provento da aposentadoria, em valor igual ou superior ao salário mínimo.

Art. 199. Quando o pai e mãe forem servidores públicos e viverem em comum, o salário-família será pago a um deles; quando separados, será pago a um e outro, de acordo com a distribuição dos dependentes.

Parágrafo único. Ao pai e à mãe equiparam-se o padrasto, a madrasta e, na falta destes, os representantes legais dos incapazes.

Art. 200. O salário-família não está sujeito a qualquer tributo, nem servirá de base para qualquer contribuição, inclusive para a Previdência Social.

Art. 201. O afastamento do cargo efetivo, sem remuneração, não acarreta a suspensão do pagamento do salário-família.

Seção IV
DA LICENÇA PARA TRATAMENTO DE SAÚDE

▶ Dec. nº 7.003, de 9-11-2009, regulamenta a licença para tratamento de saúde, de que tratam os arts. 202 a 205 desta Lei.

Art. 202. Será concedida ao servidor licença para tratamento de saúde, a pedido ou de ofício, com base em perícia médica, sem prejuízo da remuneração a que fizer jus.

Art. 203. A licença de que trata o art. 202 desta Lei será concedida com base em perícia oficial.

▶ *Caput* com a redação dada pela Lei nº 11.907, de 2-2-2009.

§ 1º Sempre que necessário, a inspeção médica será realizada na residência do servidor ou no estabelecimento hospitalar onde se encontrar internado.

§ 2º Inexistindo médico no órgão ou entidade no local onde se encontra ou tenha exercício em caráter permanente o servidor, e não se configurando as hipóteses previstas nos parágrafos do art. 230, será aceito atestado passado por médico particular.

▶ § 2º com a redação dada pela Lei nº 9.527, de 10-12-1997.

§ 3º No caso do § 2º deste artigo, o atestado somente produzirá efeitos depois de recepcionado pela unidade de recursos humanos do órgão ou entidade.

§ 4º A licença que exceder o prazo de 120 (cento e vinte) dias no período de 12 (doze) meses a contar do primeiro dia de afastamento será concedida mediante avaliação por junta médica oficial.

§ 5º A perícia oficial para concessão da licença de que trata o *caput* deste artigo, bem como nos demais casos de perícia oficial previstos nesta Lei, será efetuada por cirurgiões-dentistas, nas hipóteses em que abranger o campo de atuação da odontologia.

▶ §§ 3º a 5º com a redação dada pela Lei nº 11.907, de 2-2-2009.

Art. 204. A licença para tratamento de saúde inferior a 15 (quinze) dias, dentro de 1 (um) ano, poderá ser dispensada de perícia oficial, na forma definida em regulamento.

▶ Artigo com a redação dada pela Lei nº 11.907, de 2-2-2009.

Art. 205. O atestado e o laudo da junta médica não se referirão ao nome ou natureza da doença, salvo quando se tratar de lesões produzidas por acidentes em serviço, doença profissional ou qualquer das doenças especificadas no art. 186, § 1º.

Art. 206. O servidor que apresentar indícios de lesões orgânicas ou funcionais será submetido a inspeção médica.

Art. 206-A. O servidor será submetido a exames médicos periódicos, nos termos e condições definidos em regulamento.

▶ *Caput* com a redação dada pela Lei nº 11.907, de 2-2-2009.

▶ Dec. nº 6.856, de 25-5-2009, regulamenta este artigo.

Parágrafo único. Para os fins do disposto no *caput*, a União e suas entidades autárquicas e fundacionais poderão:

I – prestar os exames médicos periódicos diretamente pelo órgão ou entidade à qual se encontra vinculado o servidor;

II – celebrar convênio ou instrumento de cooperação ou parceria com os órgãos e entidades da administração direta, suas autarquias e fundações;

III – celebrar convênios com operadoras de plano de assistência à saúde, organizadas na modalidade de autogestão, que possuam autorização de funcionamento do órgão regulador, na forma do art. 230; ou

IV – prestar os exames médicos periódicos mediante contrato administrativo, observado o disposto na Lei nº 8.666, de 21 de junho de 1993, e demais normas pertinentes.

▶ Parágrafo único com a redação dada pela Lei nº 12.998, de 18-6-2014.

▶ A Lei nº 8.666, de 21-6-1993, foi revogada pela Lei nº 14.133, de 1º-4-2021.

▶ Lei nº 14.133, de 1º-4-2021 (Nova Lei de Licitações e Contratos Administrativos).

Seção V
DA LICENÇA À GESTANTE, À ADOTANTE E DA LICENÇA-PATERNIDADE

Art. 207. Será concedida licença à servidora gestante por 120 (cento e vinte) dias consecutivos, sem prejuízo da remuneração.

▶ Lei nº 11.770, de 9-9-2008 (Lei do Programa Empresa Cidadã).

▶ Art. 2º, § 2º, do Dec. nº 6.690, de 11-12-2008, que institui o Programa de Prorrogação da Licença à Gestante e à Adotante e estabelece os critérios de adesão ao Programa.

▶ Arts. 137 a 142 do Dec. nº 10.854, de 10-11-2021, que regulamenta disposições relativas à legislação trabalhista.

§ 1º A licença poderá ter início no primeiro dia do nono mês de gestação, salvo antecipação por prescrição médica.

§ 2º No caso de nascimento prematuro, a licença terá início a partir do parto.

§ 3º No caso de natimorto, decorridos 30 (trinta) dias do evento, a servidora será submetida a exame médico, e se julgada apta, reassumirá o exercício.

§ 4º No caso de aborto atestado por médico oficial, a servidora terá direito a 30 (trinta) dias de repouso remunerado.

Art. 208. Pelo nascimento ou adoção de filhos, o servidor terá direito à licença-paternidade de 5 (cinco) dias consecutivos.

Art. 209. Para amamentar o próprio filho, até a idade de seis meses, a servidora lactante terá direito, durante a jornada de trabalho, a uma hora de descanso, que poderá ser parcelada em dois períodos de meia hora.

Art. 210. À servidora que adotar ou obtiver guarda judicial de criança até 1 (um) ano de idade, serão concedidos 90 (noventa) dias de licença remunerada.

▶ Art. 2º, § 3º, II, do Dec. nº 6.690, de 11-12-2008, que institui o Programa de Prorrogação da Licença à Gestante e à Adotante e estabelece os critérios de adesão ao Programa.

Parágrafo único. No caso de adoção ou guarda judicial de criança com mais de 1 (um) ano de idade, o prazo de que trata este artigo será de 30 (trinta) dias.

Seção VI
DA LICENÇA POR ACIDENTE EM SERVIÇO

Art. 211. Será licenciado, com remuneração integral, o servidor acidentado em serviço.

Art. 212. Configura acidente em serviço o dano físico ou mental sofrido pelo servidor, que se relacione, mediata ou imediatamente, com as atribuições do cargo exercido.

Parágrafo único. Equipara-se ao acidente em serviço o dano:

I – decorrente de agressão sofrida e não provocada pelo servidor no exercício do cargo;

II – sofrido no percurso da residência para o trabalho e vice-versa.

Art. 213. O servidor acidentado em serviço que necessite de tratamento especializado poderá ser tratado em instituição privada, à conta de recursos públicos.

Parágrafo único. O tratamento recomendado por junta médica oficial constitui medida de exceção e somente será admissível quando inexistirem meios e recursos adequados em instituição pública.

Art. 214. A prova do acidente será feita no prazo de 10 (dez) dias, prorrogável quando as circunstâncias o exigirem.

Seção VII
DA PENSÃO

Art. 215. Por morte do servidor, os seus dependentes, nas hipóteses legais, fazem jus à pensão por morte, observados os limites estabelecidos no inciso XI do *caput* do art. 37 da Constituição Federal e no art. 2º da Lei nº 10.887, de 18 de junho de 2004.

▶ Artigo com a redação dada pela Lei nº 13.846, de 18-6-2019.

Art. 216. *Revogado*. Lei nº 13.135, de 17-6-2015.

Art. 217. São beneficiários das pensões:

I – o cônjuge;

► Inciso I com a redação dada pela Lei nº 13.135, de 17-6-2015.

a) a e) *Revogadas.* Lei nº 13.135, de 17-6-2015.

II – o cônjuge divorciado ou separado judicialmente ou de fato, com percepção de pensão alimentícia estabelecida judicialmente;

► Inciso II com a redação dada pela Lei nº 13.135, de 17-6-2015.

a) a d) *Revogadas.* Lei nº 13.135, de 17-6-2015.

III – o companheiro ou companheira que comprove união estável como entidade familiar;

► Inciso III com a redação dada pela Lei nº 13.135, de 17-6-2015.

IV – o filho de qualquer condição que atenda a um dos seguintes requisitos:

► *Caput* do inciso IV com a redação dada pela Lei nº 13.135, de 17-6-2015.

a) seja menor de 21 (vinte e um) anos;

b) seja inválido;

► Alíneas *a* e *b* acrescidas pela Lei nº 13.135, de 17-6-2015.

c) tenha deficiência grave; ou

► Alínea *c* acrescida pela Lei nº 13.135, de 17-6-2015.

► Art. 6º, I da Lei nº 13.135, de 17-6-2015, que trata do prazo para inclusão de pessoas com deficiência grave entre os dependentes dos segurados do RGPS e do RPPS.

d) tenha deficiência intelectual ou mental;

► Alínea *d* com a redação dada pela Lei nº 13.846, de 18-6-2019.

V – a mãe e o pai que comprovem dependência econômica do servidor; e

VI – o irmão de qualquer condição que comprove dependência econômica do servidor e atenda a um dos requisitos previstos no inciso IV.

► Incisos V e VI com a redação dada pela Lei nº 13.135, de 17-6-2015.

§ 1º A concessão de pensão aos beneficiários de que tratam os incisos I a IV do *caput* exclui os beneficiários referidos nos incisos V e VI.

§ 2º A concessão de pensão aos beneficiários de que trata o inciso V do *caput* exclui o beneficiário referido no inciso VI.

§ 3º O enteado e o menor tutelado equiparam-se a filho mediante declaração do servidor e desde que comprovada dependência econômica, na forma estabelecida em regulamento.

► §§ 1º a 3º com a redação dada pela Lei nº 13.135, de 17-6-2015.

§ 4º VETADO. Lei nº 13.846, de 18-6-2019.

Art. 218. Ocorrendo habilitação de vários titulares à pensão, o seu valor será distribuído em partes iguais entre os beneficiários habilitados.

► Artigo com a redação dada pela Lei nº 13.135, de 17-6-2015.

§§ 1º a 3º *Revogados.* Lei nº 13.135, de 17-6-2015.

Art. 219. A pensão por morte será devida ao conjunto dos dependentes do segurado que falecer, aposentado ou não, a contar da data:

I – do óbito, quando requerida em até 180 (cento e oitenta dias) após o óbito, para os filhos menores de 16 (dezesseis) anos, ou em até 90 (noventa) dias após o óbito, para os demais dependentes;

II – do requerimento, quando requerida após o prazo previsto no inciso I do *caput* deste artigo; ou

III – da decisão judicial, na hipótese de morte presumida.

§ 1º A concessão da pensão por morte não será protelada pela falta de habilitação de outro possível dependente e a habilitação posterior que importe em exclusão ou inclusão de dependente só produzirá efeito a partir da data da publicação da portaria de concessão da pensão ao dependente habilitado.

§ 2º Ajuizada a ação judicial para reconhecimento da condição de dependente, este poderá requerer a sua habilitação provisória ao benefício de pensão por morte, exclusivamente para fins de rateio dos valores com outros dependentes, vedado o pagamento da respectiva cota até o trânsito em julgado da respectiva ação, ressalvada a existência de decisão judicial em contrário.

§ 3º Nas ações em que for parte o ente público responsável pela concessão da pensão por morte, este poderá proceder de ofício à habilitação excepcional da referida pensão, apenas para efeitos de rateio, descontando-se os valores referentes a esta habilitação das demais cotas, vedado o pagamento da respectiva cota até o trânsito em julgado da respectiva ação, ressalvada a existência de decisão judicial em contrário.

§ 4º Julgada improcedente a ação prevista no § 2º ou § 3º deste artigo, o valor retido será corrigido pelos índices legais de reajustamento e será pago de forma proporcional aos demais dependentes, de acordo com as suas cotas e o tempo de duração de seus benefícios.

§ 5º Em qualquer hipótese, fica assegurada ao órgão concessor da pensão por morte a cobrança dos valores indevidamente pagos em função de nova habilitação.

► Art. 219 com a redação dada pela Lei nº 13.846, de 18-6-2019.

Art. 220. Perde o direito à pensão por morte:

I – após o trânsito em julgado, o beneficiário condenado pela prática de crime de que tenha dolosamente resultado a morte do servidor;

II – o cônjuge, o companheiro ou a companheira se comprovada, a qualquer tempo, simulação ou fraude no casamento ou na união estável, ou a formalização desses com o fim exclusivo de constituir benefício previdenciário, apuradas em processo judicial no qual será assegurado o direito ao contraditório e à ampla defesa.

► Art. 220 com a redação dada pela Lei nº 13.135, de 17-6-2015.

Art. 221. Será concedida pensão provisória por morte presumida do servidor, nos seguintes casos:

I – declaração de ausência, pela autoridade judiciária competente;

II – desaparecimento em desabamento, inundação, incêndio ou acidente não caracterizado como em serviço;

III – desaparecimento no desempenho das atribuições do cargo ou em missão de segurança.

Parágrafo único. A pensão provisória será transformada em vitalícia ou temporária, conforme o caso, decorridos 5 (cinco) anos de sua vigência, ressalvado o eventual reaparecimento do servidor, hipótese em que o benefício será automaticamente cancelado.

Art. 222. Acarreta perda da qualidade de beneficiário:

I – o seu falecimento;

II – a anulação do casamento, quando a decisão ocorrer após a concessão da pensão ao cônjuge;

III – a cessação da invalidez, em se tratando de beneficiário inválido, ou o afastamento da deficiência, em se tratando de beneficiário com deficiência, respeitados os períodos mínimos decorrentes da aplicação das alíneas a e b do inciso VII do *caput* deste artigo;

► Inciso III com a redação dada pela Lei nº 13.846, de 18-6-2019.

IV – o implemento da idade de 21 (vinte e um) anos, pelo filho ou irmão;

► Inciso IV com a redação dada pela Lei nº 13.135, de 17-6-2015.

V – a acumulação de pensão na forma do art. 225;

VI – a renúncia expressa; e

VII – em relação aos beneficiários de que tratam os incisos I a III do *caput* do art. 217:

a) o decurso de 4 (quatro) meses, se o óbito ocorrer sem que o servidor tenha vertido 18 (dezoito) contribuições mensais ou se o casamento ou a união estável tiverem sido iniciados em menos de 2 (dois) anos antes do óbito do servidor;

b) o decurso dos seguintes períodos, estabelecidos de acordo com a idade do pensionista na data de óbito do servidor, depois de vertidas 18 (dezoito) contribuições mensais e pelo menos 2 (dois) anos após o início do casamento ou da união estável:

1) 3 (três) anos, com menos de 21 (vinte e um) anos de idade;

2) 6 (seis) anos, entre 21 (vinte e um) e 26 (vinte e seis) anos de idade;

3) 10 (dez) anos, entre 27 (vinte e sete) e 29 (vinte e nove) anos de idade;

4) 15 (quinze) anos, entre 30 (trinta) e 40 (quarenta) anos de idade;

5) 20 (vinte) anos, entre 41 (quarenta e um) e 43 (quarenta e três) anos de idade;

6) vitalícia, com 44 (quarenta e quatro) ou mais anos de idade.

► Incisos VI e VII com a redação dada pela Lei nº 13.135, de 17-6-2015.

► Art. 1º da Port. do ME nº 424, de 29-12-2020, que fixa novas idades de que trata esta alínea, quais sejam: "I – três anos, com menos de vinte e dois anos de idade; II – seis anos, entre vinte e dois e vinte e sete anos de idade; III – dez anos, entre vinte e oito e trinta anos de idade; IV – quinze anos, entre trinta e um e quarenta e um anos de idade; V – vinte anos, entre quarenta e dois e quarenta e quatro anos de idade; VI – vitalícia, com quarenta e cinco ou mais anos de idade", para vigorar a partir de 1º-1-2021.

§ 1º A critério da administração, o beneficiário de pensão cuja preservação seja motivada por invalidez, por incapacidade ou por deficiência poderá ser convocado a qualquer momento para avaliação das referidas condições.

► Parágrafo único renumerado para § 1º e com a redação dada pela Lei nº 13.135, de 17-6-2015.

§ 2º Serão aplicados, conforme o caso, a regra contida no inciso III ou os prazos previstos na alínea *b* do inciso VII, ambos do *caput*, se o óbito do servidor decorrer de acidente de qualquer natureza ou de doença profissional ou do trabalho, independentemente do recolhimento de 18 (dezoito) contribuições mensais ou da comprovação de 2 (dois) anos de casamento ou de união estável.

§ 3º Após o transcurso de pelo menos 3 (três) anos e desde que nesse período se verifique o incremento mínimo de um ano inteiro na média nacional única, para ambos os sexos, correspondente à expectativa de sobrevida da população brasileira ao nascer, poderão ser fixadas, em números inteiros, novas idades para os fins previstos na alínea *b* do inciso VII do *caput*, em ato do Ministro de Estado do Planejamento, Orçamento e Gestão, limitado o acréscimo na comparação com as idades anteriores ao referido incremento.

§ 4º O tempo de contribuição a Regime Próprio de Previdência Social (RPPS) ou ao Regime Geral de Previdência Social (RGPS) será considerado na contagem das 18 (dezoito) contribuições mensais referidas nas alíneas *a* e *b* do inciso VII do *caput*.

▸ §§ 2º a 4º acrescidos pela Lei nº 13.135, de 17-6-2015.

§ 5º Na hipótese de o servidor falecido estar, na data de seu falecimento, obrigado por determinação judicial a pagar alimentos temporários a ex-cônjuge, ex-companheiro ou ex-companheira, a pensão por morte será devida pelo prazo remanescente na data do óbito, caso não incida outra hipótese de cancelamento anterior do benefício.

§ 6º O beneficiário que não atender à convocação de que trata o § 1º deste artigo terá o benefício suspenso, observado o disposto nos incisos I e II do *caput* do art. 95 da Lei nº 13.146, de 6 de julho de 2015.

▸ §§ 5º e 6º com a redação dada pela Lei nº 13.846, de 18-6-2019.

§ 7º O exercício de atividade remunerada, inclusive na condição de microempreendedor individual, não impede a concessão ou manutenção da cota da pensão de dependente com deficiência intelectual ou mental ou com deficiência grave.

§ 8º No ato de requerimento de benefícios previdenciários, não será exigida apresentação de termo de curatela de titular ou de beneficiário com deficiência, observados os procedimentos a serem estabelecidos em regulamento.

▸ §§ 7º e 8º acrescidos pela Lei nº 13.846, de 18-6-2019.

Art. 223. Por morte ou perda da qualidade de beneficiário, a respectiva cota reverterá para os cobeneficiários.

▸ Artigo com a redação dada pela Lei nº 13.135, de 17-6-2015.

I e II – *Revogados*. Lei nº 13.135, de 17-6-2015.

Art. 224. As pensões serão automaticamente atualizadas na mesma data e na mesma proporção dos reajustes dos vencimentos dos servidores, aplicando-se o disposto no parágrafo único do art. 189.

Art. 225. Ressalvado o direito de opção, é vedada a percepção cumulativa de pensão deixada por mais de um cônjuge ou companheiro ou companheira e de mais de 2 (duas) pensões.

▸ Artigo com a redação dada pela Lei nº 13.135, de 17-6-2015.

Seção VIII
DO AUXÍLIO-FUNERAL

Art. 226. O auxílio-funeral é devido à família do servidor falecido na atividade ou aposentado, em valor equivalente a um mês da remuneração ou provento.

§ 1º No caso de acumulação legal de cargos, o auxílio será pago somente em razão do cargo de maior remuneração.

§ 2º VETADO.

§ 3º O auxílio será pago no prazo de 48 (quarenta e oito) horas, por meio de procedimento sumaríssimo, à pessoa da família que houver custeado o funeral.

Art. 227. Se o funeral for custeado por terceiro, este será indenizado, observado o disposto no artigo anterior.

Art. 228. Em caso de falecimento de servidor em serviço fora do local de trabalho, inclusive no exterior, as despesas de transporte do corpo correrão à conta de recursos da União, autarquia ou fundação pública.

Seção IX
DO AUXÍLIO-RECLUSÃO

Art. 229. À família do servidor ativo é devido o auxílio-reclusão, nos seguintes valores:

I – dois terços da remuneração, quando afastado por motivo de prisão, em flagrante ou preventiva, determinada pela autoridade competente, enquanto perdurar a prisão;

II – metade da remuneração, durante o afastamento, em virtude de condenação, por sentença definitiva, a pena que não determine a perda de cargo.

§ 1º Nos casos previstos no inciso I deste artigo, o servidor terá direito à integralização da remuneração, desde que absolvido.

§ 2º O pagamento do auxílio-reclusão cessará a partir do dia imediato àquele em que o servidor for posto em liberdade, ainda que condicional.

§ 3º Ressalvado o disposto neste artigo, o auxílio-reclusão será devido, nas mesmas condições da pensão por morte, aos dependentes do segurado recolhido à prisão.

▸ § 3º acrescido pela Lei nº 13.135, de 17-6-2015.

CAPÍTULO III
DA ASSISTÊNCIA À SAÚDE

Art. 230. A assistência à saúde do servidor, ativo ou inativo, e de sua família compreende assistência médica, hospitalar, odontológica, psicológica e farmacêutica, terá como diretriz básica o implemento de ações preventivas voltadas para a promoção da saúde e será prestada pelo Sistema Único de Saúde – SUS, diretamente pelo órgão ou entidade ao qual estiver vinculado o servidor, ou mediante convênio ou contrato, ou ainda na forma de auxílio, mediante ressarcimento parcial do valor despendido pelo servidor, ativo ou inativo, e seus dependentes ou pensionistas com planos ou seguros privados de assistência à saúde, na forma estabelecida em regulamento.

▸ *Caput* com a redação dada pela Lei nº 11.302, de 10-5-2006.

▸ Dec. nº 4.978, de 3-2-2004, regulamenta este artigo.

§ 1º Nas hipóteses previstas nesta Lei em que seja exigida perícia, avaliação ou inspeção médica, na ausência de médico ou junta médica oficial, para a sua realização o órgão ou entidade celebrará, preferencialmente, convênio com unidades de atendimento do sistema público de saúde, entidades sem fins lucrativos declaradas de utilidade pública, ou com o Instituto Nacional do Seguro Social – INSS.

§ 2º Na impossibilidade, devidamente justificada, da aplicação do disposto no parágrafo anterior, o órgão ou entidade promoverá a contratação da prestação de serviços por pessoa jurídica, que constituirá junta médica especificamente para esses fins, indicando os nomes e especialidades dos seus integrantes, com a comprovação de suas habilitações e de que não estejam respondendo a processo disciplinar junto à entidade fiscalizadora da profissão.

▸ §§ 1º e 2º com a redação dada pela Lei nº 9.527, de 10-12-1997.

§ 3º Para os fins do disposto no *caput* deste artigo, ficam a União e suas entidades autárquicas e fundacionais autorizadas a:

I – celebrar convênios exclusivamente para a prestação de serviços de assistência à saúde para os seus servidores ou empregados ativos, aposentados, pensionistas, bem como para seus respectivos grupos familiares definidos, com entidades de autogestão por elas patrocinadas por meio de instrumentos jurídicos efetivamente celebrados e publicados até 12 de fevereiro de 2006 e que possuam autorização de funcionamento do órgão regulador, sendo certo que os convênios celebrados depois dessa data somente poderão sê-lo na forma da regulamentação específica sobre patrocínio de autogestões, a ser publicada pelo mesmo órgão regulador, no prazo de 180 (cento e oitenta) dias da vigência desta Lei, normas essas também aplicáveis aos convênios existentes até 12 de fevereiro de 2006;

II – contratar, mediante licitação, na forma da Lei nº 8.666, de 21 de junho de 1993, operadoras de planos e seguros privados de assistência à saúde que possuam autorização de funcionamento do órgão regulador;

▸ § 3º acrescido pela Lei nº 11.302, de 10-5-2006.

▸ A Lei nº 8.666, de 21-6-1993, foi revogada pela Lei nº 14.133, de 1º-4-2021.

▸ Lei nº 14.133, de 1º-4-2021 (Nova Lei de Licitações e Contratos Administrativos).

III – VETADO. Lei nº 11.302, de 10-5-2006.

§ 4º VETADO. Lei nº 11.302, de 10-5-2006.

§ 5º O valor do ressarcimento fica limitado ao total despendido pelo servidor ou pensionista civil com plano ou seguro privado de assistência à saúde.

▸ § 5º acrescido pela Lei nº 11.302, de 10-5-2006.

▸ IN do INSS nº 66, de 20-2-2013, disciplina critérios e procedimentos para concessão de auxílio indenizatório, por meio de ressarcimento, de plano de assistência à saúde do servidor.

CAPÍTULO IV
DO CUSTEIO

Art. 231. *Revogado*. Lei nº 9.783, de 28-1-1999.

TÍTULO VII

CAPÍTULO ÚNICO
DA CONTRATAÇÃO TEMPORÁRIA DE EXCEPCIONAL INTERESSE PÚBLICO

Arts. 232 a 235. *Revogados*. Lei nº 8.745, de 9-12-1993.

TÍTULO VIII

CAPÍTULO ÚNICO

DAS DISPOSIÇÕES GERAIS

Art. 236. O Dia do Servidor Público será comemorado a vinte e oito de outubro.

Art. 237. Poderão ser instituídos, no âmbito dos Poderes Executivo, Legislativo e Judiciário, os seguintes incentivos funcionais, além daqueles já previstos nos respectivos planos de carreira:

► Art. 39, § 7º, da CF.

I – prêmios pela apresentação de ideias, inventos ou trabalhos que favoreçam o aumento de produtividade e a redução dos custos operacionais;

II – concessão de medalhas, diplomas de honra ao mérito, condecoração e elogio.

Art. 238. Os prazos previstos nesta Lei serão contados em dias corridos, excluindo-se o dia do começo e incluindo-se o do vencimento, ficando prorrogado, para o primeiro dia útil seguinte, o prazo vencido em dia em que não haja expediente.

Art. 239. Por motivo de crença religiosa ou de convicção filosófica ou política, o servidor não poderá ser privado de quaisquer dos seus direitos, sofrer discriminação em sua vida funcional, nem eximir-se do cumprimento de seus deveres.

Art. 240. Ao servidor público civil é assegurado, nos termos da Constituição Federal, o direito à livre associação sindical e os seguintes direitos, entre outros, dela decorrentes:

a) de ser representado pelo sindicato, inclusive como substituto processual;

b) de inamovibilidade do dirigente sindical, até um ano após o final do mandato, exceto se a pedido;

c) de descontar em folha, sem ônus para a entidade sindical a que for filiado, o valor das mensalidades e contribuições definidas em assembleia geral da categoria.

d e e) *Revogadas*. Lei nº 9.527, de 10-12-1997.

Art. 241. Consideram-se da família do servidor, além do cônjuge e filhos, quaisquer pessoas que vivam às suas expensas e constem do seu assentamento individual.

Parágrafo único. Equipara-se ao cônjuge a companheira ou companheiro, que comprove união estável como entidade familiar.

► Res. do CNJ nº 40, de 14-8-2007, dispõe sobre os procedimentos de reconhecimento de união estável.

Art. 242. Para os fins desta Lei, considera-se sede o município onde a repartição estiver instalada e onde o servidor tiver exercício, em caráter permanente.

TÍTULO IX

CAPÍTULO ÚNICO

DAS DISPOSIÇÕES TRANSITÓRIAS E FINAIS

Art. 243. Ficam submetidos ao regime jurídico instituído por esta Lei, na qualidade de servidores públicos, os servidores dos Poderes da União, dos ex-Territórios, das autarquias, inclusive as em regime especial, e das fundações públicas, regidos pela Lei nº 1.711, de 28 de outubro de 1952 – Estatuto dos Funcionários Públicos Civis da União, ou pela Consolidação das Leis do Trabalho, aprovada pelo Decreto-Lei nº 5.452, de 1º de maio de 1943, exceto os contratados por prazo determinado, cujos contratos não poderão ser prorrogados após o vencimento do prazo de prorrogação.

► Lei nº 9.962, de 2-2-2000, disciplina o regime de emprego público do pessoal da Administração federal direta, autárquica e fundacional.

§ 1º Os empregos ocupados pelos servidores incluídos no regime instituído por esta Lei ficam transformados em cargos, na data de sua publicação.

§ 2º As funções de confiança exercidas por pessoas não integrantes de tabela permanente do órgão ou entidade onde têm exercício ficam transformadas em cargos em comissão, e mantidas enquanto não for implantado o plano de cargos dos órgãos ou entidades na forma da lei.

§ 3º As Funções de Assessoramento Superior – FAS, exercidas por servidor integrante de quadro ou tabela de pessoal, ficam extintas na data da vigência desta Lei.

§ 4º VETADO.

§ 5º O regime jurídico desta Lei é extensivo aos serventuários da Justiça, remunerados com recursos da União, no que couber.

§ 6º Os empregos dos servidores estrangeiros com estabilidade no serviço público, enquanto não adquirirem a nacionalidade brasileira, passarão a integrar tabela em extinção, do respectivo órgão ou entidade, sem prejuízo dos direitos inerentes aos planos de carreira aos quais se encontrem vinculados os empregos.

§ 7º Os servidores públicos de que trata o *caput* deste artigo, não amparados pelo art. 19 do Ato das Disposições Constitucionais Transitórias, poderão, no interesse da Administração e conforme critérios estabelecidos em regulamento, ser exonerados mediante indenização de um mês de remuneração por ano de efetivo exercício no serviço público federal.

§ 8º Para fins de incidência do imposto de renda na fonte e na declaração de rendimentos, serão considerados como indenizações isentas os pagamentos efetuados a título de indenização prevista no parágrafo anterior.

§ 9º Os cargos vagos em decorrência da aplicação do disposto no § 7º poderão ser extintos pelo Poder Executivo quando considerados desnecessários.

► §§ 7º a 9º acrescidos pela Lei nº 9.527, de 10-12-1997.

Art. 244. Os adicionais por tempo de serviço, já concedidos aos servidores abrangidos por esta Lei, ficam transformados em anuênio.

Art. 245. A licença especial disciplinada pelo art. 116 da Lei nº 1.711, de 1952, ou por outro diploma legal, fica transformada em licença-prêmio por assiduidade, na forma prevista nos arts. 87 a 90.

Art. 246. VETADO.

Art. 247. Para efeito do disposto no Título VI desta Lei, haverá ajuste de contas com a Previdência Social, correspondente ao período de contribuição por parte dos servidores celetistas abrangidos pelo art. 243.

► Artigo com a redação dada pela Lei nº 8.162, de 8-1-1991.

Art. 248. As pensões estatutárias, concedidas até a vigência desta Lei, passam a ser mantidas pelo órgão ou entidade de origem do servidor.

Art. 249. Até a edição da lei prevista no § 1º do art. 231, os servidores abrangidos por esta Lei contribuirão na forma e nos percentuais atualmente estabelecidos para o servidor civil da União conforme regulamento próprio.

Art. 250. O servidor que já tiver satisfeito ou vier a satisfazer, dentro de 1 (um) ano, as condições necessárias para a aposentadoria nos termos do inciso II do art. 184 do antigo Estatuto dos Funcionários Públicos Civis da União, Lei nº 1.711, de 28 de outubro de 1952, aposentar-se-á com a vantagem prevista naquele dispositivo.

► Veto mantido pelo Congresso Nacional e promulgado no *DOU* de 19-4-1991.

Art. 251. *Revogado*. Lei nº 9.527, de 10-12-1997.

Art. 252. Esta Lei entra em vigor na data de sua publicação, com efeitos financeiros a partir do primeiro dia do mês subsequente.

Art. 253. Ficam revogadas a Lei nº 1.711, de 28 de outubro de 1952, e respectiva legislação complementar, bem como as demais disposições em contrário.

Brasília, 11 de dezembro de 1990;
169º da Independência e
102º da República.

Fernando Collor

LEI Nº 8.429, DE 2 DE JUNHO DE 1992

Dispõe sobre as sanções aplicáveis em virtude da prática de atos de improbidade administrativa, de que trata o § 4º do art. 37 da Constituição Federal; e dá outras providências.

► Publicada no *DOU* de 3-6-1992.

► Ementa com a redação dada pela Lei nº 14.230, de 25-10-2021.

► Lei nº 4.717, de 29-6-1965 (Lei da Ação Popular).

► Art. 52 da Lei nº 10.257, de 10-7-2001 (Estatuto da Cidade).

► Art. 3º da Lei nº 14.230, de 25-10-2021: "Art. 3º No prazo de 1 (um) ano a partir da data de publicação desta Lei, o Ministério Público competente manifestará interesse no prosseguimento das ações por improbidade administrativa em curso ajuizadas pela Fazenda Pública, inclusive em grau de recurso. § 1º No prazo previsto no *caput* deste artigo suspende-se o processo, observado o disposto no art. 314 da Lei nº 13.105, de 16 de março de 2015 (Código de Processo Civil). § 2º Não adotada a providência descrita no *caput* deste artigo, o processo será extinto sem resolução do mérito."

► Res. do CNJ nº 44, de 20-11-2007, dispõe sobre o Cadastro Nacional de Condenados por Ato de Improbidade Administrativa no âmbito do Poder Judiciário Nacional.

CAPÍTULO I

DAS DISPOSIÇÕES GERAIS

Art. 1º O sistema de responsabilização por atos de improbidade administrativa tutelará a probidade na organização do Estado e no exercício de suas funções, como forma de assegurar a integridade do patrimônio público e social, nos termos desta Lei.

► *Caput* com a redação dada pela Lei nº 14.230, de 25-10-2021.

► Art. 52 da Lei nº 10.257, de 10-7-2001 (Estatuto da Cidade).

§ 1º Consideram-se atos de improbidade administrativa as condutas dolosas tipificadas nos arts. 9º, 10 e 11 desta Lei, ressalvados tipos previstos em leis especiais.

▶ Parágrafo único transformado em § 1º e com a redação dada pela Lei nº 14.230, de 25-10-2021.

§ 2º Considera-se dolo a vontade livre e consciente de alcançar o resultado ilícito tipificado nos arts. 9º, 10 e 11 desta Lei, não bastando a voluntariedade do agente.

§ 3º O mero exercício da função ou desempenho de competências públicas, sem comprovação de ato doloso com fim ilícito, afasta a responsabilidade por ato de improbidade administrativa.

§ 4º Aplicam-se ao sistema da improbidade disciplinado nesta Lei os princípios constitucionais do direito administrativo sancionador.

§ 5º Os atos de improbidade violam a probidade na organização do Estado e no exercício de suas funções e a integridade do patrimônio público e social dos Poderes Executivo, Legislativo e Judiciário, bem como da administração direta e indireta, no âmbito da União, dos Estados, dos Municípios e do Distrito Federal.

§ 6º Estão sujeitos às sanções desta Lei os atos de improbidade praticados contra o patrimônio de entidade privada que receba subvenção, benefício ou incentivo, fiscal ou creditício, de entes públicos ou governamentais, previstos no § 5º deste artigo.

§ 7º Independentemente de integrar a administração indireta, estão sujeitos às sanções desta Lei os atos de improbidade praticados contra o patrimônio de entidade privada para cuja criação ou custeio o erário haja concorrido ou concorra no seu patrimônio ou receita atual, limitado o ressarcimento de prejuízos, nesse caso, à repercussão do ilícito sobre a contribuição dos cofres públicos.

§ 8º Não configura improbidade a ação ou omissão decorrente de divergência interpretativa da lei, baseada em jurisprudência, ainda que não pacificada, mesmo que não venha a ser posteriormente prevalecente nas decisões dos órgãos de controle ou dos tribunais do Poder Judiciário.

▶ §§ 2º a 8º acrescidos pela Lei nº 14.230, de 25-10-2021.

Art. 2º Para os efeitos desta Lei, consideram-se agente público o agente político, o servidor público e todo aquele que exerce, ainda que transitoriamente ou sem remuneração, por eleição, nomeação, designação, contratação ou qualquer outra forma de investidura ou vínculo, mandato, cargo, emprego ou função nas entidades referidas no art. 1º desta Lei.

▶ *Caput* com a redação dada pela Lei nº 14.230, de 25-10-2021.

Parágrafo único. No que se refere a recursos de origem pública, sujeita-se às sanções previstas nesta Lei o particular, pessoa física ou jurídica, que celebra com a administração pública convênio, contrato de repasse, contrato de gestão, termo de parceria, termo de cooperação ou ajuste administrativo equivalente.

▶ Parágrafo único acrescido pela Lei nº 14.230, de 25-10-2021.

Art. 3º As disposições desta Lei são aplicáveis, no que couber, àquele que, mesmo não sendo agente público, induza ou concorra dolosamente para a prática do ato de improbidade.

▶ *Caput* com a redação dada pela Lei nº 14.230, de 25-10-2021.

§ 1º Os sócios, os cotistas, os diretores e os colaboradores de pessoa jurídica de direito privado não respondem pelo ato de improbidade que venha a ser imputado à pessoa jurídica, salvo se, comprovadamente, houver participação e benefícios diretos, caso em que responderão nos limites da sua participação.

§ 2º As sanções desta Lei não se aplicarão à pessoa jurídica, caso o ato de improbidade administrativa seja também sancionado como ato lesivo à administração pública de que trata a Lei nº 12.846, de 1º de agosto de 2013.

▶ §§ 1º e 2º acrescidos pela Lei nº 14.230, de 25-10-2021.

Arts. 4º a 6º. *Revogados*. Lei nº 14.230, de 25-10-2021.

Art. 7º Se houver indícios de ato de improbidade, a autoridade que conhecer dos fatos representará ao Ministério Público competente, para as providências necessárias.

▶ *Caput* com a redação dada pela Lei nº 14.230, de 25-10-2021.

Parágrafo único. *Revogado*. Lei nº 14.230, de 25-10-2021.

Art. 8º O sucessor ou o herdeiro daquele que causar dano ao erário ou que se enriquecer ilicitamente estão sujeitos apenas à obrigação de repará-lo até o limite do valor da herança ou do patrimônio transferido.

▶ Artigo com a redação dada pela Lei nº 14.230, de 25-10-2021.

Art. 8º-A. A responsabilidade sucessória de que trata o art. 8º desta Lei aplica-se também na hipótese de alteração contratual, de transformação, de incorporação, de fusão ou de cisão societária.

Parágrafo único. Nas hipóteses de fusão e de incorporação, a responsabilidade da sucessora será restrita à obrigação de reparação integral do dano causado, até o limite do patrimônio transferido, não lhe sendo aplicáveis as demais sanções previstas nesta Lei decorrentes de atos e de fatos ocorridos antes da data da fusão ou da incorporação, exceto no caso de simulação ou de evidente intuito de fraude, devidamente comprovados.

▶ Art. 8º-A acrescido pela Lei nº 14.230, de 25-10-2021.

CAPÍTULO II
DOS ATOS DE IMPROBIDADE ADMINISTRATIVA

▶ Dec. nº 4.410, de 7-10-2002, promulga a Convenção Interamericana contra a Corrupção, de 29-3-1996.

▶ Art. 30, I, da Lei nº 12.846, de 1º-8-2013 (Lei Anticorrupção).

Seção I
DOS ATOS DE IMPROBIDADE ADMINISTRATIVA QUE IMPORTAM ENRIQUECIMENTO ILÍCITO

Art. 9º Constitui ato de improbidade administrativa importando em enriquecimento ilícito auferir, mediante a prática de ato doloso, qualquer tipo de vantagem patrimonial indevida em razão do exercício de cargo, de mandato, de função, de emprego ou de atividade nas entidades referidas no art. 1º desta Lei, e notadamente:

▶ *Caput* com a redação dada pela Lei nº 14.230, de 25-10-2021.

▶ Arts. 5º e 6º da Lei nº 12.813, de 16-5-2013, que dispõe sobre o conflito de interesses no exercício de cargo ou emprego do Poder Executivo federal e impedimentos posteriores.

▶ Art. 14 do Dec. nº 10.571, de 9-12-2020, que dispõe sobre a apresentação e a análise das declarações de bens e de situações que possam gerar conflito de interesses por agentes públicos civis da administração pública federal.

I – receber, para si ou para outrem, dinheiro, bem móvel ou imóvel, ou qualquer outra vantagem econômica, direta ou indireta, a título de comissão, percentagem, gratificação ou presente de quem tenha interesse, direto ou indireto, que possa ser atingido ou amparado por ação ou omissão decorrente das atribuições do agente público;

▶ Art. 12, I, desta Lei.

II – perceber vantagem econômica, direta ou indireta, para facilitar a aquisição, permuta ou locação de bem móvel ou imóvel, ou a contratação de serviços pelas entidades referidas no artigo 1º por preço superior ao valor de mercado;

III – perceber vantagem econômica, direta ou indireta, para facilitar a alienação, permuta ou locação de bem público ou o fornecimento de serviço por ente estatal por preço inferior ao valor de mercado;

IV – utilizar, em obra ou serviço particular, qualquer bem móvel, de propriedade ou à disposição de qualquer das entidades referidas no art. 1º desta Lei, bem como o trabalho de servidores, de empregados ou de terceiros contratados por essas entidades;

▶ Inciso IV com a redação dada pela Lei nº 14.230, de 25-10-2021.

V – receber vantagem econômica de qualquer natureza, direta ou indireta, para tolerar a exploração ou a prática de jogos de azar, de lenocínio, de narcotráfico, de contrabando, de usura ou de qualquer outra atividade ilícita, ou aceitar promessa de tal vantagem;

VI – receber vantagem econômica de qualquer natureza, direta ou indireta, para fazer declaração falsa sobre qualquer dado técnico que envolva obras públicas ou qualquer outro serviço ou sobre quantidade, peso, medida, qualidade ou característica de mercadorias ou bens fornecidos a qualquer das entidades referidas no art. 1º desta Lei;

VII – adquirir, para si ou para outrem, no exercício de mandato, de cargo, de emprego ou de função pública, e em razão deles, bens de qualquer natureza, decorrentes dos atos descritos no *caput* deste artigo, cujo valor seja desproporcional à evolução do patrimônio ou à renda do agente público, assegurada a demonstração pelo agente da licitude da origem dessa evolução;

▶ Incisos VI e VII com a redação dada pela Lei nº 14.230, de 25-10-2021.

VIII – aceitar emprego, comissão ou exercer atividade de consultoria ou assessoramento para pessoa física ou jurídica que tenha interesse suscetível de ser atingido ou amparado por ação ou omissão decorrente das atribuições do agente público, durante a atividade;

IX – perceber vantagem econômica para intermediar a liberação ou aplicação de verba pública de qualquer natureza;

X – receber vantagem econômica de qualquer natureza, direta ou indiretamente, para omitir ato de ofício, providência ou declaração a que esteja obrigado;

XI – incorporar, por qualquer forma, ao seu patrimônio bens, rendas, verbas ou valores integrantes do acervo patrimonial das entidades mencionadas no artigo 1º desta Lei;

XII – usar, em proveito próprio, bens, rendas, verbas ou valores integrantes do acervo patrimonial das entidades mencionadas no artigo 1º desta Lei.

▸ Art. 12, I, desta Lei.

Seção II

DOS ATOS DE IMPROBIDADE ADMINISTRATIVA QUE CAUSAM PREJUÍZO AO ERÁRIO

Art. 10. Constitui ato de improbidade administrativa que causa lesão ao erário qualquer ação ou omissão dolosa, que enseje, efetiva e comprovadamente, perda patrimonial, desvio, apropriação, malbaratamento ou dilapidação dos bens ou haveres das entidades referidas no art. 1º desta Lei, e notadamente:

▸ *Caput* com a redação dada pela Lei nº 14.230, de 25-10-2021.

▸ Arts. 5º e 6º da Lei nº 12.813, de 16-5-2013, que dispõe sobre o conflito de interesses no exercício de cargo ou emprego do Poder Executivo federal e impedimentos posteriores.

I – facilitar ou concorrer, por qualquer forma, para a indevida incorporação ao patrimônio particular, de pessoa física ou jurídica, de bens, de rendas, de verbas ou de valores integrantes do acervo patrimonial das entidades referidas no art. 1º desta Lei;

▸ Inciso I com a redação dada pela Lei nº 14.230, de 25-10-2021.

II – permitir ou concorrer para que pessoa física ou jurídica privada utilize bens, rendas, verbas ou valores integrantes do acervo patrimonial das entidades mencionadas no artigo 1º desta Lei, sem a observância das formalidades legais ou regulamentares aplicáveis à espécie;

III – doar à pessoa física ou jurídica bem como ao ente despersonalizado, ainda que de fins educativos ou assistenciais, bens, rendas, verbas ou valores do patrimônio de qualquer das entidades mencionadas no artigo 1º desta Lei, sem observância das formalidades legais e regulamentares aplicáveis à espécie;

IV – permitir ou facilitar a alienação, permuta ou locação de bem integrante do patrimônio de qualquer das entidades referidas no artigo 1º desta Lei, ou ainda a prestação de serviço por parte delas, por preço inferior ao de mercado;

V – permitir ou facilitar a aquisição, permuta ou locação de bem ou serviço por preço superior ao de mercado;

VI – realizar operação financeira sem observância das normas legais e regulamentares ou aceitar garantia insuficiente ou inidônea;

VII – conceder benefício administrativo ou fiscal sem a observância das formalidades legais ou regulamentares aplicáveis à espécie;

VIII – frustrar a licitude de processo licitatório ou de processo seletivo para celebração de parcerias com entidades sem fins lucrativos, ou dispensá-los indevidamente, acarretando perda patrimonial efetiva;

▸ Inciso VIII com a redação dada pela Lei nº 13.204, de 14-12-2015.

IX – ordenar ou permitir a realização de despesas não autorizadas em lei ou regulamento;

X – agir ilicitamente na arrecadação de tributo ou de renda, bem como no que diz respeito à conservação do patrimônio público;

▸ Inciso X com a redação dada pela Lei nº 14.230, de 25-10-2021.

XI – liberar verba pública sem a estrita observância das normas pertinentes ou influir de qualquer forma para a sua aplicação irregular;

XII – permitir, facilitar ou concorrer para que terceiro se enriqueça ilicitamente;

XIII – permitir que se utilize, em obra ou serviço particular, veículos, máquinas, equipamentos ou material de qualquer natureza, de propriedade ou à disposição de qualquer das entidades mencionadas no artigo 1º desta Lei, bem como o trabalho de servidor público, empregados ou terceiros contratados por essas entidades;

▸ Art. 12, II, desta Lei.

XIV – celebrar contrato ou outro instrumento que tenha por objeto a prestação de serviços públicos por meio da gestão associada sem observar as formalidades previstas na lei;

XV – celebrar contrato de rateio de consórcio público sem suficiente e prévia dotação orçamentária, ou sem observar as formalidades previstas na lei;

▸ Incisos XIV e XV acrescidos pela Lei nº 11.107, de 6-4-2005.

XVI – facilitar ou concorrer, por qualquer forma, para a incorporação, ao patrimônio particular de pessoa física ou jurídica, de bens, rendas, verbas ou valores públicos transferidos pela administração pública a entidades privadas mediante celebração de parcerias, sem a observância das formalidades legais ou regulamentares aplicáveis à espécie;

XVII – permitir ou concorrer para que pessoa física ou jurídica privada utilize bens, rendas, verbas ou valores públicos transferidos pela administração pública a entidade privada mediante celebração de parcerias, sem a observância das formalidades legais ou regulamentares aplicáveis à espécie;

XVIII – celebrar parcerias da administração pública com entidades privadas sem a observância das formalidades legais ou regulamentares aplicáveis à espécie;

▸ Incisos XVI a XVIII com a redação dada pela Lei nº 13.204, de 14-12-2015.

XIX – agir para a configuração de ilícito na celebração, na fiscalização e na análise das prestações de contas de parcerias firmadas pela administração pública com entidades privadas;

▸ Inciso XIX com a redação dada pela Lei nº 14.230, de 25-10-2021.

XX – liberar recursos de parcerias firmadas pela administração pública com entidades privadas sem a estrita observância das normas pertinentes ou influir de qualquer forma para a sua aplicação irregular.

▸ Inciso XX com a redação dada pela Lei nº 13.204, de 14-12-2015.

XXI – *Revogado*. Lei nº 14.230, de 25-10-2021;

XXII – conceder, aplicar ou manter benefício financeiro ou tributário contrário ao que dispõem o *caput* e o § 1º do art. 8º-A da Lei Complementar nº 116, de 31 de julho de 2003.

▸ Inciso XXII acrescido pela Lei nº 14.230, de 25-10-2021.

§ 1º Nos casos em que a inobservância de formalidades legais ou regulamentares não implicar perda patrimonial efetiva, não ocorrerá imposição de ressarcimento, vedado o enriquecimento sem causa das entidades referidas no art. 1º desta Lei.

§ 2º A mera perda patrimonial decorrente da atividade econômica não acarretará improbidade administrativa, salvo se comprovado ato doloso praticado com essa finalidade.

▸ §§ 1º e 2º acrescidos pela Lei nº 14.230, de 25-10-2021.

Seção II-A

DOS ATOS DE IMPROBIDADE ADMINISTRATIVA DECORRENTES DE CONCESSÃO OU APLICAÇÃO INDEVIDA DE BENEFÍCIO FINANCEIRO OU TRIBUTÁRIO

Art. 10-A. *Revogado*. Lei nº 14.230, de 25-10-2021.

Seção III

DOS ATOS DE IMPROBIDADE ADMINISTRATIVA QUE ATENTAM CONTRA OS PRINCÍPIOS DA ADMINISTRAÇÃO PÚBLICA

Art. 11. Constitui ato de improbidade administrativa que atenta contra os princípios da administração pública a ação ou omissão dolosa que viole os deveres de honestidade, de imparcialidade e de legalidade, caracterizada por uma das seguintes condutas:

▸ *Caput* com a redação dada pela Lei nº 14.230, de 25-10-2021.

▸ Art. 13 da Lei nº 13.425, de 30-3-2017, que dispõe sobre a prevenção e combate a incêndio e a desastres em estabelecimentos, edificações e áreas de reunião de público.

I e II – *Revogados*. Lei nº 14.230, de 25-10-2021;

III – revelar fato ou circunstância de que tem ciência em razão das atribuições e que deva permanecer em segredo, propiciando beneficiamento por informação privilegiada ou colocando em risco a segurança da sociedade e do Estado;

IV – negar publicidade aos atos oficiais, exceto em razão de sua imprescindibilidade para a segurança da sociedade e do Estado ou de outras hipóteses instituídas em lei;

V – frustrar, em ofensa à imparcialidade, o caráter concorrencial de concurso público, de chamamento ou de procedimento licitatório, com vistas à obtenção de benefício próprio, direto ou indireto, ou de terceiros;

VI – deixar de prestar contas quando esteja obrigado a fazê-lo, desde que disponha das condições para isso, com vistas a ocultar irregularidades;

▸ Incisos III a VI com a redação dada pela Lei nº 14.230, de 25-10-2021.

VII – revelar ou permitir que chegue ao conhecimento de terceiro, antes da respectiva divulgação oficial, teor de medida política ou econômica capaz de afetar o preço de mercadoria, bem ou serviço;

▸ Art. 12, III, desta Lei.

VIII – descumprir as normas relativas à celebração, fiscalização e aprovação de contas de parcerias firmadas pela administração pública com entidades privadas.

▸ Inciso VIII com a redação dada pela Lei nº 13.204, de 14-12-2015.

IX e X – *Revogados*. Lei nº 14.230, de 25-10-2021;

XI – nomear cônjuge, companheiro ou parente em linha reta, colateral ou por afinidade, até o terceiro grau, inclusive, da autoridade nomeante ou de servidor da mesma pessoa jurídica investido em cargo de direção, chefia ou assessoramento, para o exercício de cargo em comissão ou de confiança ou, ainda, de função gratificada na administração pública direta e indireta em qualquer dos Poderes da União, dos Estados, do Distrito Federal e dos Municípios, compreendido o ajuste mediante designações recíprocas;

XII – praticar, no âmbito da administração pública e com recursos do erário, ato de publicidade que contrarie o disposto no § 1º do art. 37 da Constituição Federal, de forma a promover inequívoco enaltecimento do agente público e personalização de atos, de programas, de obras, de serviços ou de campanhas dos órgãos públicos.

▶ Incisos XI e XII acrescidos pela Lei nº 14.230, de 25-10-2021.

§ 1º Nos termos da Convenção das Nações Unidas contra a Corrupção, promulgada pelo Decreto nº 5.687, de 31 de janeiro de 2006, somente haverá improbidade administrativa, na aplicação deste artigo, quando for comprovado na conduta funcional do agente público o fim de obter proveito ou benefício indevido para si ou para outra pessoa ou entidade.

§ 2º Aplica-se o disposto no § 1º deste artigo a quaisquer atos de improbidade administrativa tipificados nesta Lei e em leis especiais e a quaisquer outros tipos especiais de improbidade administrativa instituídos por lei.

§ 3º O enquadramento de conduta funcional na categoria de que trata este artigo pressupõe a demonstração objetiva da prática de ilegalidade no exercício da função pública, com a indicação das normas constitucionais, legais ou infralegais violadas.

§ 4º Os atos de improbidade de que trata este artigo exigem lesividade relevante ao bem jurídico tutelado para serem passíveis de sancionamento e independem do reconhecimento da produção de danos ao erário e de enriquecimento ilícito dos agentes públicos.

§ 5º Não se configurará improbidade a mera nomeação ou indicação política por parte dos detentores de mandatos eletivos, sendo necessária a aferição de dolo com finalidade ilícita por parte do agente.

▶ §§ 1º a 5º acrescidos pela Lei nº 14.230, de 25-10-2021.

CAPÍTULO III

DAS PENAS

Art. 12. Independentemente do ressarcimento integral do dano patrimonial, se efetivo, e das sanções penais comuns e de responsabilidade, civis e administrativas previstas na legislação específica, está o responsável pelo ato de improbidade sujeito às seguintes cominações, que podem ser aplicadas isolada ou cumulativamente, de acordo com a gravidade do fato:

▶ *Caput* com a redação dada pela Lei nº 14.230, de 25-10-2021.

I – na hipótese do art. 9º desta Lei, perda dos bens ou valores acrescidos ilicitamente ao patrimônio, perda da função pública, suspensão dos direitos políticos até 14 (catorze) anos, pagamento de multa civil equivalente ao valor do acréscimo patrimonial e proibição de contratar com o poder público ou de receber benefícios ou incentivos fiscais ou creditícios, direta ou indiretamente, ainda que por intermédio de pessoa jurídica da qual seja sócio majoritário, pelo prazo não superior a 14 (catorze) anos;

II – na hipótese do art. 10 desta Lei, perda dos bens ou valores acrescidos ilicitamente ao patrimônio, se concorrer esta circunstância, perda da função pública, suspensão dos direitos políticos até 12 (doze) anos, pagamento de multa civil equivalente ao valor do dano e proibição de contratar com o poder público ou de receber benefícios ou incentivos fiscais ou creditícios, direta ou indiretamente, ainda que por intermédio de pessoa jurídica da qual seja sócio majoritário, pelo prazo não superior a 12 (doze) anos;

III – na hipótese do art. 11 desta Lei, pagamento de multa civil de até 24 (vinte e quatro) vezes o valor da remuneração percebida pelo agente e proibição de contratar com o poder público ou de receber benefícios ou incentivos fiscais ou creditícios, direta ou indiretamente, ainda que por intermédio de pessoa jurídica da qual seja sócio majoritário, pelo prazo não superior a 4 (quatro) anos;

▶ Incisos I a III com a redação dada pela Lei nº 14.230, de 25-10-2021.

IV – *Revogado*. Lei nº 14.230, de 25-10-2021.

§ 1º A sanção de perda da função pública, nas hipóteses dos incisos I e II do *caput* deste artigo, atinge apenas o vínculo de mesma qualidade e natureza que o agente público ou político detinha com o poder público na época do cometimento da infração, podendo o magistrado, na hipótese do inciso I do *caput* deste artigo, e em caráter excepcional, estendê-la aos demais vínculos, consideradas as circunstâncias do caso e a gravidade da infração.

▶ Parágrafo único transformado em § 1º e com a redação dada pela Lei nº 14.230, de 25-10-2021.

§ 2º A multa pode ser aumentada até o dobro, se o juiz considerar que, em virtude da situação econômica do réu, o valor calculado na forma dos incisos I, II e III do *caput* deste artigo é ineficaz para reprovação e prevenção do ato de improbidade.

§ 3º Na responsabilização da pessoa jurídica, deverão ser considerados os efeitos econômicos e sociais das sanções, de modo a viabilizar a manutenção de suas atividades.

§ 4º Em caráter excepcional e por motivos relevantes devidamente justificados, a sanção de proibição de contratação com o poder público pode extrapolar o ente público lesado pelo ato de improbidade, observados os impactos econômicos e sociais das sanções, de forma a preservar a função social da pessoa jurídica, conforme disposto no § 3º deste artigo.

§ 5º No caso de atos de menor ofensa aos bens jurídicos tutelados por esta Lei, a sanção limitar-se-á à aplicação de multa, sem prejuízo do ressarcimento do dano e da perda dos valores obtidos, quando for o caso, nos termos do *caput* deste artigo.

§ 6º Se ocorrer lesão ao patrimônio público, a reparação do dano a que se refere esta Lei deverá deduzir o ressarcimento ocorrido nas instâncias criminal, civil e administrativa que tiver por objeto os mesmos fatos.

§ 7º As sanções aplicadas a pessoas jurídicas com base nesta Lei e na Lei nº 12.846, de 1º de agosto de 2013, deverão observar o princípio constitucional do *non bis in idem*.

§ 8º A sanção de proibição de contratação com o poder público deverá constar do Cadastro Nacional de Empresas Inidôneas e Suspensas (CEIS) de que trata a Lei nº 12.846, de 1º de agosto de 2013, observadas as limitações territoriais contidas em decisão judicial, conforme disposto no § 4º deste artigo.

§ 9º As sanções previstas neste artigo somente poderão ser executadas após o trânsito em julgado da sentença condenatória.

§ 10. Para efeitos de contagem do prazo da sanção de suspensão dos direitos políticos, computar-se-á retroativamente o intervalo de tempo entre a decisão colegiada e o trânsito em julgado da sentença condenatória.

▶ §§ 2º a 10 acrescidos pela Lei nº 14.230, de 25-10-2021.

CAPÍTULO IV

DA DECLARAÇÃO DE BENS

Art. 13. A posse e o exercício de agente público ficam condicionados à apresentação de declaração de imposto de renda e proventos de qualquer natureza, que tenha sido apresentada à Secretaria Especial da Receita Federal do Brasil, a fim de ser arquivada no serviço de pessoal competente.

▶ *Caput* com a redação dada pela Lei nº 14.230, de 25-10-2021.

▶ Art. 14 do Dec. nº 10.571, de 9-12-2020, que dispõe sobre a apresentação e a análise das declarações de bens e de situações que possam gerar conflito de interesses por agentes públicos civis da administração pública federal.

§ 1º *Revogado*. Lei nº 14.230, de 25-10-2021.

§ 2º A declaração de bens a que se refere o *caput* deste artigo será atualizada anualmente e na data em que o agente público deixar o exercício do mandato, do cargo, do emprego ou da função.

§ 3º Será apenado com a pena de demissão, sem prejuízo de outras sanções cabíveis, o agente público que se recusar a prestar a declaração dos bens a que se refere o *caput* deste artigo dentro do prazo determinado ou que prestar declaração falsa.

▶ §§ 2º e 3º com a redação dada pela Lei nº 14.230, de 25-10-2021.

§ 4º *Revogado*. Lei nº 14.230, de 25-10-2021.

CAPÍTULO V

DO PROCEDIMENTO ADMINISTRATIVO E DO PROCESSO JUDICIAL

Art. 14. Qualquer pessoa poderá representar à autoridade administrativa competente para que seja instaurada investigação destinada a apurar a prática de ato de improbidade.

§ 1º A representação, que será escrita ou reduzida a termo e assinada, conterá a qualificação do representante, as informações sobre o fato e sua autoria e a indicação das provas de que tenha conhecimento.

§ 2º A autoridade administrativa rejeitará a representação, em despacho fundamentado, se esta não contiver as formalidades estabelecidas no § 1º deste artigo. A rejeição não impede a representação ao Ministério Público, nos termos do artigo 22 desta Lei.

§ 3º Atendidos os requisitos da representação, a autoridade determinará a imediata apuração dos fatos, observada a legislação que regula o processo administrativo disciplinar aplicável ao agente.

▶ § 3º com a redação dada pela Lei nº 14.230, de 25-10-2021.

Art. 15. A comissão processante dará conhecimento ao Ministério Público e ao Tribunal ou Conselho de Contas da existência de procedimento administrativo para apurar a prática de ato de improbidade.

Parágrafo único. O Ministério Público ou Tribunal ou Conselho de Contas poderá, a requerimento, designar representante para acompanhar o procedimento administrativo.

Art. 16. Na ação por improbidade administrativa poderá ser formulado, em caráter antecedente ou incidente, pedido de indisponibilidade de bens dos réus, a fim de garantir a integral recomposição do erário ou do acréscimo patrimonial resultante de enriquecimento ilícito.

▸ *Caput* com a redação dada pela Lei nº 14.230, de 25-10-2021.

§ 1º *Revogado*. Lei nº 14.230, de 25-10-2021.

§ 1º-A. O pedido de indisponibilidade de bens a que se refere o *caput* deste artigo poderá ser formulado independentemente da representação de que trata o art. 7º desta Lei.

▸ § 1º-A acrescido pela Lei nº 14.230, de 25-10-2021.

§ 2º Quando for o caso, o pedido de indisponibilidade de bens a que se refere o *caput* deste artigo incluirá a investigação, o exame e o bloqueio de bens, contas bancárias e aplicações financeiras mantidas pelo indiciado no exterior, nos termos da lei e dos tratados internacionais.

▸ § 2º com a redação dada pela Lei nº 14.230, de 25-10-2021.

§ 3º O pedido de indisponibilidade de bens a que se refere o *caput* deste artigo apenas será deferido mediante a demonstração no caso concreto de perigo de dano irreparável ou de risco ao resultado útil do processo, desde que o juiz se convença da probabilidade da ocorrência dos atos descritos na petição inicial com fundamento nos respectivos elementos de instrução, após a oitiva do réu em 5 (cinco) dias.

§ 4º A indisponibilidade de bens poderá ser decretada sem a oitiva prévia do réu, sempre que o contraditório prévio puder comprovadamente frustrar a efetividade da medida ou houver outras circunstâncias que recomendem a proteção liminar, não podendo a urgência ser presumida.

§ 5º Se houver mais de um réu na ação, a somatória dos valores declarados indisponíveis não poderá superar o montante indicado na petição inicial como dano ao erário ou como enriquecimento ilícito.

§ 6º O valor da indisponibilidade considerará a estimativa de dano indicada na petição inicial, permitida a sua substituição por caução idônea, por fiança bancária ou por seguro-garantia judicial, a requerimento do réu, bem como a sua readequação durante a instrução do processo.

§ 7º A indisponibilidade de bens de terceiro dependerá da demonstração da sua efetiva concorrência para os atos ilícitos apurados ou, quando se tratar de pessoa jurídica, da instauração de incidente de desconsideração da personalidade jurídica, a ser processado na forma da lei processual.

§ 8º Aplica-se à indisponibilidade de bens regida por esta Lei, no que for cabível, o regime da tutela provisória de urgência da Lei nº 13.105, de 16 de março de 2015 (Código de Processo Civil).

§ 9º Da decisão que deferir ou indeferir a medida relativa à indisponibilidade de bens caberá agravo de instrumento, nos termos da Lei nº 13.105, de 16 de março de 2015 (Código de Processo Civil).

§ 10. A indisponibilidade recairá sobre bens que assegurem exclusivamente o integral ressarcimento do dano ao erário, sem incidir sobre os valores a serem eventualmente aplicados a título de multa civil ou sobre acréscimo patrimonial decorrente de atividade lícita.

§ 11. A ordem de indisponibilidade de bens deverá priorizar veículos de via terrestre, bens imóveis, bens móveis em geral, semoventes, navios e aeronaves, ações e quotas de sociedades simples e empresárias, pedras e metais preciosos e, apenas na inexistência desses, o bloqueio de contas bancárias, de forma a garantir a subsistência do acusado e a manutenção da atividade empresária ao longo do processo.

§ 12. O juiz, ao apreciar o pedido de indisponibilidade de bens do réu a que se refere o *caput* deste artigo, observará os efeitos práticos da decisão, vedada a adoção de medida capaz de acarretar prejuízo à prestação de serviços públicos.

§ 13. É vedada a decretação de indisponibilidade da quantia de até 40 (quarenta) salários mínimos depositados em caderneta de poupança, em outras aplicações financeiras ou em conta-corrente.

§ 14. É vedada a decretação de indisponibilidade do bem de família do réu, salvo se comprovado que o imóvel seja fruto de vantagem patrimonial indevida, conforme descrito no art. 9º desta Lei.

▸ §§ 3º a 14 acrescidos pela Lei nº 14.230, de 25-10-2021.

Art. 17. A ação para a aplicação das sanções de que trata esta Lei será proposta pelo Ministério Público e seguirá o procedimento comum previsto na Lei nº 13.105, de 16 de março de 2015 (Código de Processo Civil), salvo o disposto nesta Lei.

▸ *Caput* com a redação dada pela Lei nº 14.230, de 25-10-2021.

▸ O STF, por maioria dos votos, julgou parcialmente procedentes os pedidos formulados nas Ações Direta de Inconstitucionalidade nºs 7042 e 7043, para declarar a inconstitucionalidade parcial, sem redução de texto, deste *caput*, de modo a restabelecer a existência de legitimidade ativa concorrente e disjuntiva entre o Ministério Público e as pessoas jurídicas interessadas para a propositura da ação por ato de improbidade administrativa e para a celebração de acordos de não persecução civil (*DOU* de 5-9-2022).

▸ Dec. nº 983, de 12-11-1993, dispõe sobre a colaboração dos órgãos e entidades da Administração Pública Federal com o Ministério Público Federal, na repressão a todas as formas de improbidade administrativa.

§§ 1º a 4º *Revogados*. Lei nº 14.230, de 25-10-2021.

§ 4º-A. A ação a que se refere o *caput* deste artigo deverá ser proposta perante o foro do local onde ocorrer o dano ou da pessoa jurídica prejudicada.

▸ § 4º-A acrescido pela Lei nº 14.230, de 25-10-2021.

§ 5º A propositura da ação a que se refere o *caput* deste artigo prevenirá a competência do juízo para todas as ações posteriormente intentadas que possuam a mesma causa de pedir ou o mesmo objeto.

▸ § 5º com a redação dada pela Lei nº 14.230, de 25-10-2021.

§ 6º A petição inicial observará o seguinte:

▸ *Caput* do § 6º com a redação dada pela Lei nº 14.230, de 25-10-2021.

I – deverá individualizar a conduta do réu e apontar os elementos probatórios mínimos que demonstrem a ocorrência das hipóteses dos arts. 9º, 10 e 11 desta Lei e de sua autoria, salvo impossibilidade devidamente fundamentada;

II – será instruída com documentos ou justificação que contenham indícios suficientes da veracidade dos fatos e do dolo imputado ou com razões fundamentadas da impossibilidade de apresentação de qualquer dessas provas, observada a legislação vigente, inclusive as disposições constantes dos arts. 77 e 80 da Lei nº 13.105, de 16 de março de 2015 (Código de Processo Civil).

▸ Incisos I e II acrescidos pela Lei nº 14.230, de 25-10-2021.

§ 6º-A. O Ministério Público poderá requerer as tutelas provisórias adequadas e necessárias, nos termos dos arts. 294 a 310 da Lei nº 13.105, de 16 de março de 2015 (Código de Processo Civil).

▸ O STF, por maioria dos votos, julgou parcialmente procedentes os pedidos formulados nas Ações Direta de Inconstitucionalidade nºs 7042 e 7043, para declarar a inconstitucionalidade parcial, sem redução de texto, deste parágrafo, de modo a restabelecer a existência de legitimidade ativa concorrente e disjuntiva entre o Ministério Público e as pessoas jurídicas interessadas para a propositura da ação por ato de improbidade administrativa e para a celebração de acordos de não persecução civil (*DOU* de 5-9-2022).

§ 6º-B. A petição inicial será rejeitada nos casos do art. 330 da Lei nº 13.105, de 16 de março de 2015 (Código de Processo Civil), bem como quando não preenchidos os requisitos a que se referem os incisos I e II do § 6º deste artigo, ou ainda quando manifestamente inexistente o ato de improbidade imputado.

▸ §§ 6º-A e 6º-B acrescidos pela Lei nº 14.230, de 25-10-2021.

§ 7º Se a petição inicial estiver em devida forma, o juiz mandará autuá-la e ordenará a citação dos requeridos para que a contestem no prazo comum de 30 (trinta) dias, iniciado o prazo na forma do art. 231 da Lei nº 13.105, de 16 de março de 2015 (Código de Processo Civil).

▸ § 7º com a redação dada pela Lei nº 14.230, de 25-10-2021.

§§ 8º e 9º *Revogados*. Lei nº 14.230, de 25-10-2021.

§ 9º-A. Da decisão que rejeitar questões preliminares suscitadas pelo réu em sua contestação caberá agravo de instrumento.

▸ § 9º-A acrescido pela Lei nº 14.230, de 25-10-2021.

§ 10. *Revogado*. Lei nº 14.230, de 25-10-2021.

§ 10-A. Havendo a possibilidade de solução consensual, poderão as partes requerer ao juiz a interrupção do prazo para a contestação, por prazo não superior a 90 (noventa) dias.

▸ § 10-A acrescido pela Lei nº 13.964, de 24-12-2019.

§ 10-B. Oferecida a contestação e, se for o caso, ouvido o autor, o juiz:

I – procederá ao julgamento conforme o estado do processo, observada a eventual inexistência manifesta do ato de improbidade;

II – poderá desmembrar o litisconsórcio, com vistas a otimizar a instrução processual.

§ 10-C. Após a réplica do Ministério Público, o juiz proferirá decisão na qual indicará com precisão a tipificação do ato de improbidade administrativa imputável ao réu, sendo-lhe vedado modificar o fato principal e a capitulação legal apresentada pelo autor.

▶ O STF, por maioria dos votos, julgou parcialmente procedentes os pedidos formulados nas Ações Direta de Inconstitucionalidade nºs 7042 e 7043, para declarar a inconstitucionalidade parcial, sem redução de texto, deste parágrafo, de modo a restabelecer a existência de legitimidade ativa concorrente e disjuntiva entre o Ministério Público e as pessoas jurídicas interessadas para a propositura da ação por ato de improbidade administrativa e para a celebração de acordos de não persecução civil (*DOU* de 5-9-2022).

§ 10-D. Para cada ato de improbidade administrativa, deverá necessariamente ser indicado apenas um tipo dentre aqueles previstos nos arts. 9º, 10 e 11 desta Lei.

§ 10-E. Proferida a decisão referida no § 10-C deste artigo, as partes serão intimadas a especificar as provas que pretendem produzir.

§ 10-F. Será nula a decisão de mérito total ou parcial da ação de improbidade administrativa que:

I – condenar o requerido por tipo diverso daquele definido na petição inicial;

II – condenar o requerido sem a produção das provas por ele tempestivamente especificadas.

▶ §§ 10-B a 10-F acrescidos pela Lei nº 14.230, de 25-10-2021.

§ 11. Em qualquer momento do processo, verificada a inexistência do ato de improbidade, o juiz julgará a demanda improcedente.

▶ § 11 com a redação dada pela Lei nº 14.230, de 25-10-2021.

§§ 12 e 13. *Revogados.* Lei nº 14.230, de 25-10-2021.

§ 14. Sem prejuízo da citação dos réus, a pessoa jurídica interessada será intimada para, caso queira, intervir no processo.

▶ O STF, por maioria dos votos, julgou parcialmente procedentes os pedidos formulados nas Ações Direta de Inconstitucionalidade nºs 7042 e 7043, para declarar a constitucionalidade deste parágrafo (*DOU* de 5-9-2022).

§ 15. Se a imputação envolver a desconsideração de pessoa jurídica, serão observadas as regras previstas nos arts. 133, 134, 135, 136 e 137 da Lei nº 13.105, de 16 de março de 2015 (Código de Processo Civil).

§ 16. A qualquer momento, se o magistrado identificar a existência de ilegalidades ou de irregularidades administrativas a serem sanadas sem que estejam presentes todos os requisitos para a imposição das sanções aos agentes incluídos no polo passivo da demanda, poderá, em decisão motivada, converter a ação de improbidade administrativa em ação civil pública, regulada pela Lei nº 7.347, de 24 de julho de 1985.

§ 17. Da decisão que converter a ação de improbidade em ação civil pública caberá agravo de instrumento.

§ 18. Ao réu será assegurado o direito de ser interrogado sobre os fatos de que trata a ação, e a sua recusa ou o seu silêncio não implicarão confissão.

§ 19. Não se aplicam na ação de improbidade administrativa:

I – a presunção de veracidade dos fatos alegados pelo autor em caso de revelia;

II – a imposição de ônus da prova ao réu, na forma dos §§ 1º e 2º do art. 373 da Lei nº 13.105, de 16 de março de 2015 (Código de Processo Civil);

III – o ajuizamento de mais de uma ação de improbidade administrativa pelo mesmo fato, competindo ao Conselho Nacional do Ministério Público dirimir conflitos de atribuições entre membros de Ministérios Públicos distintos;

IV – o reexame obrigatório da sentença de improcedência ou de extinção sem resolução de mérito.

§ 20. A assessoria jurídica que emitiu o parecer atestando a legalidade prévia dos atos administrativos praticados pelo administrador público ficará obrigada a defendê-lo judicialmente, caso este venha a responder ação por improbidade administrativa, até que a decisão transite em julgado.

▶ O STF, por maioria dos votos, julgou parcialmente procedentes os pedidos formulados nas Ações Direta de Inconstitucionalidade nºs 7042 e 7043, para declarar a inconstitucionalidade parcial, com redução de texto, deste parágrafo, no sentido de que não existe "obrigatoriedade de defesa judicial"; havendo, porém, a possibilidade dos órgãos da Advocacia Pública autorizarem a realização dessa representação judicial, por parte da assessoria jurídica que emitiu o parecer atestando a legalidade prévia dos atos administrativos praticados pelo administrador público, nos termos autorizados por lei específica (*DOU* de 5-9-2022).

§ 21. Das decisões interlocutórias caberá agravo de instrumento, inclusive da decisão que rejeitar questões preliminares suscitadas pelo réu em sua contestação.

▶ §§ 14 a 21 acrescidos pela Lei nº 14.230, de 25-10-2021.

Art. 17-A. VETADO. Lei nº 13.964, de 24-12-2019.

Art. 17-B. O Ministério Público poderá, conforme as circunstâncias do caso concreto, celebrar acordo de não persecução civil, desde que dele advenham, ao menos, os seguintes resultados:

I – o integral ressarcimento do dano;

II – a reversão à pessoa jurídica lesada da vantagem indevida obtida, ainda que oriunda de agentes privados.

§ 1º A celebração do acordo a que se refere o *caput* deste artigo dependerá, cumulativamente:

I – da oitiva do ente federativo lesado, em momento anterior ou posterior à propositura da ação;

II – de aprovação, no prazo de até 60 (sessenta) dias, pelo órgão do Ministério Público competente para apreciar as promoções de arquivamento de inquéritos civis, se anterior ao ajuizamento da ação;

III – de homologação judicial, independentemente de o acordo ocorrer antes ou depois do ajuizamento da ação de improbidade administrativa.

§ 2º Em qualquer caso, a celebração do acordo a que se refere o *caput* deste artigo considerará a personalidade do agente, a natureza, as circunstâncias, a gravidade e a repercussão social do ato de improbidade, bem como as vantagens, para o interesse público, da rápida solução do caso.

§ 3º Para fins de apuração do valor do dano a ser ressarcido, deverá ser realizada a oitiva do Tribunal de Contas competente, que se manifestará, com indicação dos parâmetros utilizados, no prazo de 90 (noventa) dias.

§ 4º O acordo a que se refere o *caput* deste artigo poderá ser celebrado no curso da investigação de apuração do ilícito, no curso da ação de improbidade ou no momento da execução da sentença condenatória.

§ 5º As negociações para a celebração do acordo a que se refere o *caput* deste artigo ocorrerão entre o Ministério Público, de um lado, e, de outro, o investigado ou demandado e o seu defensor.

▶ O STF, por maioria dos votos, julgou parcialmente procedentes os pedidos formulados nas Ações Direta de Inconstitucionalidade nºs 7042 e 7043, para declarar a inconstitucionalidade parcial, sem redução de texto, deste parágrafo, de modo a restabelecer a existência de legitimidade ativa concorrente e disjuntiva entre o Ministério Público e as pessoas jurídicas interessadas para a propositura da ação por ato de improbidade administrativa e para a celebração de acordos de não persecução civil (*DOU* de 5-9-2022).

§ 6º O acordo a que se refere o *caput* deste artigo poderá contemplar a adoção de mecanismos e procedimentos internos de integridade, de auditoria e de incentivo à denúncia de irregularidades e a aplicação efetiva de códigos de ética e de conduta no âmbito da pessoa jurídica, se for o caso, bem como de outras medidas em favor do interesse público e de boas práticas administrativas.

§ 7º Em caso de descumprimento do acordo a que se refere o *caput* deste artigo, o investigado ou o demandado ficará impedido de celebrar novo acordo pelo prazo de 5 (cinco) anos, contado do conhecimento pelo Ministério Público do efetivo descumprimento.

▶ O STF, por maioria dos votos, julgou parcialmente procedentes os pedidos formulados nas Ações Direta de Inconstitucionalidade nºs 7042 e 7043, para declarar a inconstitucionalidade parcial, sem redução de texto, deste parágrafo, de modo a restabelecer a existência de legitimidade ativa concorrente e disjuntiva entre o Ministério Público e as pessoas jurídicas interessadas para a propositura da ação por ato de improbidade administrativa e para a celebração de acordos de não persecução civil (*DOU* de 5-9-2022).

Art. 17-C. A sentença proferida nos processos a que se refere esta Lei deverá, além de observar o disposto no art. 489 da Lei nº 13.105, de 16 de março de 2015 (Código de Processo Civil):

I – indicar de modo preciso os fundamentos que demonstram os elementos a que se referem os arts. 9º, 10 e 11 desta Lei, que não podem ser presumidos;

II – considerar as consequências práticas da decisão, sempre que decidir com base em valores jurídicos abstratos;

III – considerar os obstáculos e as dificuldades reais do gestor e as exigências das políticas públicas a seu cargo, sem prejuízo dos direitos dos administrados e das circunstâncias práticas que houverem imposto, limitado ou condicionado a ação do agente;

IV – considerar, para a aplicação das sanções, de forma isolada ou cumulativa:

a) os princípios da proporcionalidade e da razoabilidade;

b) a natureza, a gravidade e o impacto da infração cometida;

c) a extensão do dano causado;

d) o proveito patrimonial obtido pelo agente;

e) as circunstâncias agravantes ou atenuantes;

f) a atuação do agente em minorar os prejuízos e as consequências advindas de sua conduta omissiva ou comissiva;

g) os antecedentes do agente;

V – considerar na aplicação das sanções a dosimetria das sanções relativas ao mesmo fato já aplicadas ao agente;

VI – considerar, na fixação das penas relativamente ao terceiro, quando for o caso, a sua atuação específica, não admitida a sua responsabilização por ações ou omissões para as quais não tiver concorrido ou das quais não tiver obtido vantagens patrimoniais indevidas;

VII – indicar, na apuração da ofensa a princípios, critérios objetivos que justifiquem a imposição da sanção.

§ 1º A ilegalidade sem a presença de dolo que a qualifique não configura ato de improbidade.

§ 2º Na hipótese de litisconsórcio passivo, a condenação ocorrerá no limite da participação e dos benefícios diretos, vedada qualquer solidariedade.

§ 3º Não haverá remessa necessária nas sentenças de que trata esta Lei.

Art. 17-D. A ação por improbidade administrativa é repressiva, de caráter sancionatório, destinada à aplicação de sanções de caráter pessoal previstas nesta Lei, e não constitui ação civil, vedado seu ajuizamento para o controle de legalidade de políticas públicas e para a proteção do patrimônio público e social, do meio ambiente e de outros interesses difusos, coletivos e individuais homogêneos.

Parágrafo único. Ressalvado o disposto nesta Lei, o controle de legalidade de políticas públicas e a responsabilidade de agentes públicos, inclusive políticos, entes públicos e governamentais, por danos ao meio ambiente, ao consumidor, a bens e direitos de valor artístico, estético, histórico, turístico e paisagístico, a qualquer outro interesse difuso ou coletivo, à ordem econômica, à ordem urbanística, à honra e à dignidade de grupos raciais, étnicos ou religiosos e ao patrimônio público e social submetem-se aos termos da Lei nº 7.347, de 24 de julho de 1985.

▶ Arts. 17-B a 17-D acrescidos pela Lei nº 14.230, de 25-10-2021.

Art. 18. A sentença que julgar procedente a ação fundada nos arts. 9º e 10 desta Lei condenará ao ressarcimento dos danos e à perda ou à reversão dos bens e valores ilicitamente adquiridos, conforme o caso, em favor da pessoa jurídica prejudicada pelo ilícito.

▶ *Caput* com a redação dada pela Lei nº 14.230, de 25-10-2021.

§ 1º Se houver necessidade de liquidação do dano, a pessoa jurídica prejudicada procederá a essa determinação e ao ulterior procedimento para cumprimento da sentença referente ao ressarcimento do patrimônio público ou à perda ou à reversão dos bens.

§ 2º Caso a pessoa jurídica prejudicada não adote as providências a que se refere o § 1º deste artigo no prazo de 6 (seis) meses, contado do trânsito em julgado da sentença de procedência da ação, caberá ao Ministério Público proceder à respectiva liquidação do dano e ao cumprimento da sentença referente ao ressarcimento do patrimônio público ou à perda ou à reversão dos bens, sem prejuízo de eventual responsabilização pela omissão verificada.

§ 3º Para fins de apuração do valor do ressarcimento, deverão ser descontados os serviços efetivamente prestados.

§ 4º O juiz poderá autorizar o parcelamento, em até 48 (quarenta e oito) parcelas mensais corrigidas monetariamente, do débito resultante de condenação pela prática de improbidade administrativa se o réu demonstrar incapacidade financeira de saldá-lo de imediato.

▶ §§ 1º a 4º acrescidos pela Lei nº 14.230, de 25-10-2021.

Art. 18-A. A requerimento do réu, na fase de cumprimento da sentença, o juiz unificará eventuais sanções aplicadas com outras já impostas em outros processos, tendo em vista a eventual continuidade de ilícito ou a prática de diversas ilicitudes, observado o seguinte:

I – no caso de continuidade de ilícito, o juiz promoverá a maior sanção aplicada, aumentada de 1/3 (um terço), ou a soma das penas, o que for mais benéfico ao réu;

II – no caso de prática de novos atos ilícitos pelo mesmo sujeito, o juiz somará as sanções.

Parágrafo único. As sanções de suspensão de direitos políticos e de proibição de contratar ou de receber incentivos fiscais ou creditícios do poder público observarão o limite máximo de 20 (vinte) anos.

▶ Art. 18-A acrescido pela Lei nº 14.230, de 25-10-2021.

CAPÍTULO VI
DAS DISPOSIÇÕES PENAIS

Art. 19. Constitui crime a representação por ato de improbidade contra agente público ou terceiro beneficiário quando o autor da denúncia o sabe inocente.

Pena – detenção de seis a dez meses e multa.

Parágrafo único. Além da sanção penal, o denunciante está sujeito a indenizar o denunciado pelos danos materiais, morais ou à imagem que houver provocado.

Art. 20. A perda da função pública e a suspensão dos direitos políticos só se efetivam com o trânsito em julgado da sentença condenatória.

§ 1º A autoridade judicial competente poderá determinar o afastamento do agente público do exercício do cargo, do emprego ou da função, sem prejuízo da remuneração, quando a medida for necessária à instrução processual ou para evitar a iminente prática de novos ilícitos.

▶ Parágrafo único transformado em § 1º e com a redação dada pela Lei nº 14.230, de 25-10-2021.

§ 2º O afastamento previsto no § 1º deste artigo será de até 90 (noventa) dias, prorrogáveis uma única vez por igual prazo, mediante decisão motivada.

▶ § 2º acrescido pela Lei nº 14.230, de 25-10-2021.

Art. 21. A aplicação das sanções previstas nesta Lei independe:

I – da efetiva ocorrência de dano ao patrimônio público, salvo quanto à pena de ressarcimento e às condutas previstas no art. 10 desta Lei;

▶ Inciso I com a redação dada pela Lei nº 14.230, de 25-10-2021.

II – da aprovação ou rejeição das contas pelo órgão de controle interno ou pelo Tribunal ou Conselho de Contas.

§ 1º Os atos do órgão de controle interno ou externo serão considerados pelo juiz quando tiverem servido de fundamento para a conduta do agente público.

§ 2º As provas produzidas perante os órgãos de controle e as correspondentes decisões deverão ser consideradas na formação da convicção do juiz, sem prejuízo da análise acerca do dolo na conduta do agente.

§ 3º As sentenças civis e penais produzirão efeitos em relação à ação de improbidade quando concluírem pela inexistência da conduta ou pela negativa da autoria.

§ 4º A absolvição criminal em ação que discuta os mesmos fatos, confirmada por decisão colegiada, impede o trâmite da ação da qual trata esta Lei, havendo comunicação com todos os fundamentos de absolvição previstos no art. 386 do Decreto-Lei nº 3.689, de 3 de outubro de 1941 (Código de Processo Penal).

§ 5º Sanções eventualmente aplicadas em outras esferas deverão ser compensadas com as sanções aplicadas nos termos desta Lei.

▶ §§ 1º a 5º acrescidos pela Lei nº 14.230, de 25-10-2021.

Art. 22. Para apurar qualquer ilícito previsto nesta Lei, o Ministério Público, de ofício, a requerimento de autoridade administrativa ou mediante representação formulada de acordo com o disposto no art. 14 desta Lei, poderá instaurar inquérito civil ou procedimento investigativo assemelhado e requisitar a instauração de inquérito policial.

▶ *Caput* com a redação dada pela Lei nº 14.230, de 25-10-2021.

Parágrafo único. Na apuração dos ilícitos previstos nesta Lei, será garantido ao investigado a oportunidade de manifestação por escrito e de juntada de documentos que comprovem suas alegações e auxiliem na elucidação dos fatos.

▶ Parágrafo único acrescido pela Lei nº 14.230, de 25-10-2021.

CAPÍTULO VII
DA PRESCRIÇÃO

Art. 23. A ação para a aplicação das sanções previstas nesta Lei prescreve em 8 (oito) anos, contados a partir da ocorrência do fato ou, no caso de infrações permanentes, do dia em que cessou a permanência.

▶ *Caput* com a redação dada pela Lei nº 14.230, de 25-10-2021.

I a III – *Revogados*. Lei nº 14.230, de 25-10-2021.

§ 1º A instauração de inquérito civil ou de processo administrativo para apuração dos ilícitos referidos nesta Lei suspende o curso do prazo prescricional por, no máximo, 180 (cento e oitenta) dias corridos, recomeçando a correr após a sua conclusão ou, caso não concluído o processo, esgotado o prazo de suspensão.

§ 2º O inquérito civil para apuração do ato de improbidade será concluído no prazo de 365 (trezentos e sessenta e cinco) dias corridos, prorrogável uma única vez por igual período, mediante ato fundamentado submetido à revisão da instância competente do órgão ministerial, conforme dispuser a respectiva lei orgânica.

§ 3º Encerrado o prazo previsto no § 2º deste artigo, a ação deverá ser proposta no prazo de 30 (trinta) dias, se não for caso de arquivamento do inquérito civil.

§ 4º O prazo da prescrição referido no *caput* deste artigo interrompe-se:

I – pelo ajuizamento da ação de improbidade administrativa;

II – pela publicação da sentença condenatória;

III – pela publicação de decisão ou acórdão de Tribunal de Justiça ou Tribunal Regional Federal que confirma sentença condenatória ou que reforma sentença de improcedência;

IV – pela publicação de decisão ou acórdão do Superior Tribunal de Justiça que confirma acórdão condenatório ou que reforma acórdão de improcedência;

V – pela publicação de decisão ou acórdão do Supremo Tribunal Federal que confirma acórdão condenatório ou que reforma acórdão de improcedência.

§ 5º Interrompida a prescrição, o prazo recomeça a correr do dia da interrupção, pela metade do prazo previsto no *caput* deste artigo.

§ 6º A suspensão e a interrupção da prescrição produzem efeitos relativamente a todos os que concorreram para a prática do ato de improbidade.

§ 7º Nos atos de improbidade conexos que sejam objeto do mesmo processo, a suspensão e a interrupção relativas a qualquer deles estendem-se aos demais.

§ 8º O juiz ou o tribunal, depois de ouvido o Ministério Público, deverá, de ofício ou a requerimento da parte interessada, reconhecer a prescrição intercorrente da pretensão sancionadora e decretá-la de imediato, caso, entre os marcos interruptivos referidos no § 4º, transcorra o prazo previsto no § 5º deste artigo.

▸ §§ 1º a 8º acrescidos pela Lei nº 14.230, de 25-10-2021.

Art. 23-A. É dever do poder público oferecer contínua capacitação aos agentes públicos e políticos que atuem com prevenção ou repressão de atos de improbidade administrativa.

Art. 23-B. Nas ações e nos acordos regidos por esta Lei, não haverá adiantamento de custas, de preparo, de emolumentos, de honorários periciais e de quaisquer outras despesas.

§ 1º No caso de procedência da ação, as custas e as demais despesas processuais serão pagas ao final.

§ 2º Haverá condenação em honorários sucumbenciais em caso de improcedência da ação de improbidade se comprovada má-fé.

Art. 23-C. Atos que ensejem enriquecimento ilícito, perda patrimonial, desvio, apropriação, malbaratamento ou dilapidação de recursos públicos dos partidos políticos, ou de suas fundações, serão responsabilizados nos termos da Lei nº 9.096, de 19 de setembro de 1995.

▸ Arts. 23-A a 23-C acrescidos pela Lei nº 14.230, de 25-10-2021.

CAPÍTULO VIII
DAS DISPOSIÇÕES FINAIS

Art. 24. Esta Lei entra em vigor na data de sua publicação.

Art. 25. Ficam revogadas as Leis nºs 3.164, de 1º de junho de 1957, e 3.502, de 21 de dezembro de 1958, e demais disposições em contrário.

Rio de Janeiro, 2 de junho de 1992;
171º da Independência e
104º da República.

Fernando Collor

LEI Nº 8.629, DE 25 DE FEVEREIRO DE 1993

Dispõe sobre a regulamentação dos dispositivos constitucionais relativos à reforma agrária, previstos no Capítulo III, Título VII, da Constituição Federal.

▸ Publicada no *DOU* de 26-2-1993.

▸ LC nº 76, de 6-7-1993 (Lei de Desapropriação de imóvel Rural para fins de Reforma Agrária).

▸ Dec. nº 9.311, de 15-3-2018, regulamenta esta Lei.

Art. 1º Esta Lei regulamenta e disciplina disposições relativas à reforma agrária, previstas no Capítulo III, Título VII, da Constituição Federal.

▸ Arts. 184 a 191 da CF.

Art. 2º A propriedade rural que não cumprir a função social prevista no art. 9º é passível de desapropriação, nos termos desta Lei, respeitados os dispositivos constitucionais.

§ 1º Compete à União desapropriar por interesse social, para fins de reforma agrária, o imóvel rural que não esteja cumprindo sua função social.

§ 2º Para os fins deste artigo, fica a União, através do órgão federal competente, autorizada a ingressar no imóvel de propriedade particular para levantamento de dados e informações, mediante prévia comunicação escrita ao proprietário, preposto ou seu representante.

▸ § 2º com a redação dada pela MP nº 2.183-56, de 24-8-2001, que até o encerramento desta edição não havia sido convertida em Lei.

▸ Dec. nº 2.250, de 11-6-1997, dispõe sobre a vistoria em imóvel rural destinado à reforma agrária.

§ 3º Na ausência do proprietário, do preposto ou do representante, a comunicação será feita mediante edital, a ser publicado, por três vezes consecutivas, em jornal de grande circulação na capital do Estado de localização do imóvel.

§ 4º Não será considerada, para os fins desta Lei, qualquer modificação, quanto ao domínio, à dimensão e às condições de uso do imóvel, introduzida ou ocorrida até seis meses após a data da comunicação para levantamento de dados e informações de que tratam os §§ 2º e 3º.

§ 5º No caso de fiscalização decorrente do exercício de poder de polícia, será dispensada a comunicação de que tratam os §§ 2º e 3º.

§ 6º O imóvel rural de domínio público ou particular objeto de esbulho possessório ou invasão motivada por conflito agrário ou fundiário de caráter coletivo não será vistoriado, avaliado ou desapropriado nos dois anos seguintes à sua desocupação, ou no dobro desse prazo, em caso de reincidência; e deverá ser apurada a responsabilidade civil e administrativa de quem concorra com qualquer ato omissivo ou comissivo que propicie o descumprimento dessas vedações.

▸ O STF, no julgamento das Ações Diretas de Inconstitucionalidade nºs 2.213 e 2.411, conferiu interpretação conforme à Constituição a este parágrafo (*DOU* de 23-9-2024).

▸ Súm. nº 354 do STJ.

§ 7º Será excluído do Programa de Reforma Agrária do Governo Federal quem, já estando beneficiado com lote em Projeto de Assentamento, ou sendo pretendente desse benefício na condição de inscrito em processo de cadastramento e seleção de candidatos ao acesso à terra, for efetivamente identificado como participante direto ou indireto em conflito fundiário que se caracterize por invasão ou esbulho de imóvel rural de domínio público ou privado em fase de processo administrativo de vistoria ou avaliação para fins de reforma agrária, ou que esteja sendo objeto de processo judicial de desapropriação em vias de imissão de posse ao ente expropriante; e bem assim quem for efetivamente identificado como participante de invasão de prédio público, de atos de ameaça, sequestro ou manutenção de servidores públicos e outros cidadãos em cárcere privado, ou de quaisquer outros atos de violência real ou pessoal praticados em tais situações.

§ 8º A entidade, a organização, a pessoa jurídica, o movimento ou a sociedade de fato que, de qualquer forma, direta ou indiretamente, auxiliar, colaborar, incentivar, incitar, induzir ou participar de invasão de imóveis rurais ou de bens públicos, ou em conflito agrário ou fundiário de caráter coletivo, não receberá, a qualquer título, recursos públicos.

§ 9º Se, na hipótese do § 8º, a transferência ou repasse dos recursos públicos já tiverem sido autorizados, assistirá ao Poder Público o direito de retenção, bem assim o de rescisão do contrato, convênio ou instrumento similar.

▸ §§ 3º a 9º acrescidos pela MP nº 2.183-56, de 24-8-2001, que até o encerramento desta edição não havia sido convertida em Lei.

Art. 2º-A. Na hipótese de fraude ou simulação de esbulho ou invasão, por parte do proprietário ou legítimo possuidor do imóvel, para os fins dos §§ 6º e 7º do art. 2º, o órgão executor do Programa Nacional de Reforma Agrária aplicará pena administrativa de R$ 55.000,00 (cinquenta e cinco mil reais) a R$ 535.000,00 (quinhentos e trinta e cinco mil reais) e o cancelamento do cadastro do imóvel no Sistema Nacional de Cadastro Rural, sem prejuízo das demais sanções penais e civis cabíveis.

Parágrafo único. Os valores a que se refere este artigo serão atualizados, a partir de maio de 2000, no dia 1º de janeiro de cada ano, com base na variação acumulada do Índice Geral de Preços – Disponibilidade Interna – IGP-DI, da Fundação Getúlio Vargas, no respectivo período.

▸ Art. 2º-A acrescido pela MP nº 2.183-56, de 24-8-2001, que até o encerramento desta edição não havia sido convertida em Lei.

Art. 3º VETADO.

§§ 1º e 2º VETADOS.

Art. 4º Para os efeitos desta Lei, conceituam-se:

I – Imóvel Rural – o prédio rústico de área contínua, qualquer que seja a sua localização, que se destine ou possa se destinar à exploração agrícola, pecuária, extrativa vegetal, florestal ou agroindustrial;

II – Pequena Propriedade – o imóvel rural:

a) de área até quatro módulos fiscais, respeitada a fração mínima de parcelamento;

▸ Alínea *a* com a redação dada pela Lei nº 13.465, de 11-7-2017.

b e c) VETADAS.

III – Média Propriedade – o imóvel rural:

a) de área superior a 4 (quatro) e até 15 (quinze) módulos fiscais;

b) VETADA.

§ 1º São insuscetíveis de desapropriação para fins de reforma agrária a pequena e a média propriedade rural, desde que o seu proprietário não possua outra propriedade rural.

▶ Parágrafo único transformado em § 1º pela Lei nº 13.465, de 11-7-2017.

§ 2º É obrigatória a manutenção no Sistema Nacional de Cadastro Rural (SNCR) de informações específicas sobre imóveis rurais com área de até um módulo fiscal.

▶ § 2º acrescido pela Lei nº 13.465, de 11-7-2017.

Art. 5º A desapropriação por interesse social, aplicável ao imóvel rural que não cumpra sua função social, importa prévia e justa indenização em títulos da dívida agrária.

§ 1º As benfeitorias úteis e necessárias serão indenizadas em dinheiro.

§ 2º O decreto que declarar o imóvel como de interesse social, para fins de reforma agrária, autoriza a União a propor ação de desapropriação.

§ 3º Os títulos da dívida agrária, que conterão cláusula assecuratória de preservação de seu valor real, serão resgatáveis a partir do segundo ano de sua emissão, em percentual proporcional ao prazo, observados os seguintes critérios:

I – do segundo ao décimo quinto ano, quando emitidos para indenização de imóvel com área de até setenta módulos fiscais;

II – do segundo ao décimo oitavo ano, quando emitidos para indenização de imóvel com área acima de setenta e até cento e cinquenta módulos fiscais; e

III – do segundo ao vigésimo ano, quando emitidos para indenização de imóvel com área superior a cento e cinquenta módulos fiscais.

▶ Incisos I a III com a redação dada pela MP nº 2.183-56, de 24-8-2001, que até o encerramento desta edição não havia sido convertida em Lei.

§ 4º Na hipótese de acordo administrativo ou acordo realizado no âmbito do procedimento previsto na Lei Complementar nº 76, de 6 de julho de 1993, o pagamento será efetuado de forma escalonada em Títulos da Dívida Agrária (TDA), resgatáveis em parcelas anuais, iguais e sucessivas, a partir do segundo ano de sua emissão, observadas as seguintes condições:

▶ *Caput* do § 4º com a redação dada pela Lei nº 13.465, de 11-7-2017.

I – imóveis com área de até três mil hectares, no prazo de cinco anos;

II – imóveis com área superior a três mil hectares:

▶ Incisos I e II acrescidos pela MP nº 2.183-56, de 24-8-2001, que até o encerramento desta edição não havia sido convertida em Lei.

a) o valor relativo aos primeiros três mil hectares, no prazo de cinco anos;

b) o valor relativo à área superior a três mil e até dez mil hectares, em dez anos;

c) o valor relativo à área superior a dez mil hectares até quinze mil hectares, em quinze anos; e

d) o valor da área que exceder quinze mil hectares, em vinte anos.

§ 5º Os prazos previstos no § 4º, quando iguais ou superiores a dez anos, poderão ser reduzidos em cinco anos, desde que o proprietário concorde em receber o pagamento do valor das benfeitorias úteis e necessárias integralmente em TDA.

§ 6º Aceito pelo proprietário o pagamento das benfeitorias úteis e necessárias em TDA, os prazos de resgates dos respectivos títulos serão fixados mantendo-se a mesma proporcionalidade estabelecida para aqueles relativos ao valor da terra e suas acessões naturais.

▶ §§ 5º e 6º acrescidos pela MP nº 2.183-56, de 24-8-2001, que até o encerramento desta edição não havia sido convertida em Lei.

§ 7º Na aquisição por compra e venda ou na arrematação judicial de imóveis rurais destinados à implementação de projetos integrantes do Programa Nacional de Reforma Agrária, o pagamento poderá ser feito em dinheiro, na forma estabelecida em regulamento.

§ 8º Na hipótese de decisão judicial transitada em julgado fixar a indenização da terra nua ou das benfeitorias indenizáveis em valor superior ao ofertado pelo expropriante, corrigido monetariamente, a diferença será paga na forma do art. 100 da Constituição Federal.

§ 9º Se houver imissão prévia na posse e, posteriormente, for verificada divergência entre o preço ofertado em juízo e o valor do bem fixado na sentença definitiva, expressos em termos reais, sobre a diferença eventualmente apurada incidirão juros compensatórios a contar da imissão de posse, em percentual correspondente ao fixado para os títulos da dívida agrária depositados como oferta inicial para a terra nua, vedado o cálculo de juros compostos.

▶ §§ 7º a 9º acrescidos pela Lei nº 13.465, de 11-7-2017.

Art. 6º Considera-se propriedade produtiva aquela que, explorada econômica e racionalmente, atinge, simultaneamente, graus de utilização da terra e de eficiência na exploração, segundo índices fixados pelo órgão federal competente.

§ 1º O grau de utilização da terra, para efeito do *caput* deste artigo, deverá ser igual ou superior a 80% (oitenta por cento), calculado pela relação percentual entre a área efetivamente utilizada e a área aproveitável total do imóvel.

§ 2º O grau de eficiência na exploração da terra deverá ser igual ou superior a 100% (cem por cento), e será obtido de acordo com a seguinte sistemática:

I – para os produtos vegetais, divide-se a quantidade colhida de cada produto pelos respectivos índices de rendimento estabelecidos pelo órgão competente do Poder Executivo, para cada Microrregião Homogênea;

II – para a exploração pecuária, divide-se o número total de Unidades Animais (UA) do rebanho, pelo índice de lotação estabelecido pelo órgão competente do Poder Executivo, para cada Microrregião Homogênea;

III – a soma dos resultados obtidos na forma dos incisos I e II deste artigo, dividida pela área efetivamente utilizada e multiplicada por 100 (cem), determina o grau de eficiência na exploração.

§ 3º Consideram-se efetivamente utilizadas:

I – as áreas plantadas com produtos vegetais;

II – as áreas de pastagens nativas e plantadas, observado o índice de lotação por zona de pecuária, fixado pelo Poder Executivo;

III – as áreas de exploração extrativa vegetal ou florestal, observados os índices de rendimento estabelecidos pelo órgão competente do Poder Executivo, para cada Microrregião Homogênea, e a legislação ambiental;

IV – as áreas de exploração de florestas nativas, de acordo com plano de exploração e nas condições estabelecidas pelo órgão federal competente;

V – as áreas sob processos técnicos de formação ou recuperação de pastagens ou de culturas permanentes, tecnicamente conduzidas e devidamente comprovadas, mediante documentação e Anotação de Responsabilidade Técnica.

▶ Inciso V com a redação dada pela MP nº 2.183-56, de 24-8-2001, que até o encerramento desta edição não havia sido convertida em Lei.

§ 4º No caso de consórcio ou intercalação de culturas, considera-se efetivamente utilizada a área total do consórcio ou intercalação.

§ 5º No caso de mais de um cultivo no ano, com um ou mais produtos, no mesmo espaço, considera-se efetivamente utilizada a maior área usada no ano considerado.

§ 6º Para os produtos que não tenham índices de rendimentos fixados, adotar-se-á a área utilizada com esses produtos, com resultado do cálculo previsto no inciso I do § 2º deste artigo.

§ 7º Não perderá a qualificação de propriedade produtiva o imóvel que, por razões de força maior, caso fortuito ou de renovação de pastagens tecnicamente conduzida, devidamente comprovados pelo órgão competente, deixar de apresentar, no ano respectivo, os graus de eficiência na exploração, exigidos para a espécie.

§ 8º São garantidos os incentivos fiscais referentes ao Imposto Territorial Rural relacionados com os graus de utilização e de eficiência na exploração, conforme o disposto no art. 49 da Lei nº 4.504, de 30 de novembro de 1964.

§ 9º *Os laudos que indiquem o grau de utilização da terra e o grau de eficiência na exploração produzidos há mais de 5 (cinco) anos deverão, a pedido do proprietário, ser atualizados de acordo com as condições atuais da propriedade.*

▶ § 9º acrescido pela Lei nº 14.757, de 19-12-2023, promulgado nos termos do art. 66, § 5º, da CF (*DOU* de 13-6-2024).

Art. 7º Não será passível de desapropriação, para fins de reforma agrária, o imóvel que comprove estar sendo objeto de implantação de projeto técnico que atenda aos seguintes requisitos:

I – seja elaborado por profissional legalmente habilitado e identificado;

II – esteja cumprindo o cronograma físico-financeiro originalmente previsto, não admitidas prorrogações dos prazos;

III – preveja que, no mínimo, 80% (oitenta por cento) da área total aproveitável do imóvel esteja efetivamente utilizada em, no máximo, 3 (três) anos para as culturas anuais e 5 (cinco) anos para as culturas permanentes;

IV – haja sido aprovado pelo órgão federal competente, na forma estabelecida em regulamento, no mínimo seis meses antes da comunicação de que tratam os §§ 2º e 3º do art. 2º.

▶ Inciso IV com a redação dada pela MP nº 2.183-56, de 24-8-2001, que até o encerramento desta edição não havia sido convertida em Lei.

Parágrafo único. Os prazos previstos no inciso III deste artigo poderão ser prorrogados em até 50% (cinquenta por cento), desde que o projeto receba, anualmente, a aprovação do órgão competente para fiscalização e tenha sua implantação iniciada no prazo de 6 (seis) meses, contado de sua aprovação.

Art. 8º Ter-se-á como racional e adequado o aproveitamento de imóvel rural, quando esteja oficialmente destinado à execução de atividades de pesquisa e experimentação que objetivem o avanço tecnológico da agricultura.

Parágrafo único. Para os fins deste artigo só serão consideradas as propriedades que tenham destinados às atividades de pesquisa, no mínimo, 80% (oitenta por cento) da área total aproveitável do imóvel, sendo consubstanciadas tais atividades em projeto:

I – adotado pelo Poder Público, se pertencente a entidade de administração direta ou indireta, ou a empresa sob seu controle;

II – aprovado pelo Poder Público, se particular o imóvel.

Art. 9º A função social é cumprida quando a propriedade rural atende, simultaneamente, segundo graus e critérios estabelecidos nesta Lei, os seguintes requisitos:

I – aproveitamento racional e adequado;

II – utilização adequada dos recursos naturais disponíveis e preservação do meio ambiente;

III – observância das disposições que regulam as relações de trabalho;

IV – exploração que favoreça o bem-estar dos proprietários e dos trabalhadores.

§ 1º Considera-se racional e adequado o aproveitamento que atinja os graus de utilização da terra e de eficiência na exploração especificados nos §§ 1º a 7º do art. 6º desta Lei.

§ 2º Considera-se adequada a utilização dos recursos naturais disponíveis quando a exploração se faz respeitando a vocação natural da terra, de modo a manter o potencial produtivo da propriedade.

§ 3º Considera-se preservação do meio ambiente a manutenção das características próprias do meio natural e da qualidade dos recursos ambientais, na medida adequada à manutenção do equilíbrio ecológico da propriedade e da saúde e qualidade de vida das comunidades vizinhas.

§ 4º A observância das disposições que regulam as relações de trabalho implica tanto o respeito às leis trabalhistas e aos contratos coletivos de trabalho, como às disposições que disciplinam os contratos de arrendamento e parceria rurais.

§ 5º A exploração que favorece o bem-estar dos proprietários e trabalhadores rurais é a que objetiva o atendimento das necessidades básicas dos que trabalham a terra, observa as normas de segurança do trabalho e não provoca conflitos e tensões sociais no imóvel.

§ 6º VETADO.

Art. 10. Para efeito do que dispõe esta Lei, consideram-se não aproveitáveis:

I – as áreas ocupadas por construções e instalações, excetuadas aquelas destinadas a fins produtivos, como estufas, viveiros, sementeiros, tanques de reprodução e criação de peixes e outros semelhantes;

II – as áreas comprovadamente imprestáveis para qualquer tipo de exploração agrícola, pecuária, florestal ou extrativa vegetal;

III – as áreas sob efetiva exploração mineral;

IV – as áreas de efetiva preservação permanente e demais áreas protegidas por legislação relativa à conservação dos recursos naturais e à preservação do meio ambiente;

V – as áreas com remanescentes de vegetação nativa efetivamente conservada não protegidas pela legislação ambiental e não submetidas a exploração nos termos do inciso IV do § 3º do art. 6º desta Lei.

► Inciso V acrescido pela Lei nº 14.119, de 13-1-2021.

Art. 11. Os parâmetros, índices e indicadores que informam o conceito de produtividade serão ajustados, periodicamente, de modo a levar em conta o progresso científico e tecnológico da agricultura e o desenvolvimento regional, pelos Ministros de Estado do Desenvolvimento Agrário e da Agricultura e do Abastecimento, ouvido o Conselho Nacional de Política Agrícola.

► Artigo com a redação dada pela MP nº 2.183-56, de 24-8-2001, que até o encerramento desta edição não havia sido convertida em Lei.

Art. 12. Considera-se justa a indenização que reflita o preço atual de mercado do imóvel em sua totalidade, aí incluídas as terras e acessões naturais, matas e florestas e as benfeitorias indenizáveis, observados os seguintes aspectos:

I – localização do imóvel;

II – aptidão agrícola;

III – dimensão do imóvel;

IV – área ocupada e ancianidade das posses;

V – funcionalidade, tempo de uso e estado de conservação das benfeitorias.

§ 1º Verificado o preço atual de mercado da totalidade do imóvel, proceder-se-á à dedução do valor das benfeitorias indenizáveis a serem pagas em dinheiro, obtendo-se o preço da terra a ser indenizado em TDA.

§ 2º Integram o preço da terra as florestas naturais, matas nativas e qualquer outro tipo de vegetação natural, não podendo o preço apurado superar, em qualquer hipótese, o preço de mercado do imóvel.

§ 3º O Laudo de Avaliação será subscrito por Engenheiro Agrônomo com registro de Anotação de Responsabilidade Técnica – ART, respondendo o subscritor, civil, penal e administrativamente, pela superavaliação comprovada ou fraude na identificação das informações.

► Art. 12 com a redação dada pela MP nº 2.183-56, de 24-8-2001, que até o encerramento desta edição não havia sido convertida em Lei.

Art. 13. As terras rurais de domínio da União, dos Estados e dos Municípios ficam destinadas, preferencialmente, à execução de planos de reforma agrária.

Parágrafo único. Excetuando-se as reservas indígenas e os parques, somente se admitirá a existência de imóveis rurais de propriedade pública, com objetivos diversos dos previstos neste artigo, se o poder público os explorar direta ou indiretamente para pesquisa, experimentação, demonstração e fomento de atividades relativas ao desenvolvimento da agricultura, pecuária, preservação ecológica, áreas de segurança, treinamento militar, educação de todo tipo, readequação social e defesa nacional.

Arts. 14 e 15. VETADOS.

Art. 16. Efetuada a desapropriação, o órgão expropriante, dentro do prazo de 3 (três) anos, contados da data de registro do título translativo de domínio, destinará a respectiva área aos beneficiários da reforma agrária, admitindo-se, para tanto, formas de exploração individual, condominial, cooperativa, associativa ou mista.

Art. 17. O assentamento de trabalhadores rurais deverá ser realizado em terras economicamente úteis, de preferência na região por eles habitada, observado o seguinte:

► *Caput* com a redação dada pela MP nº 2.183-56, de 24-8-2001.

I – a obtenção de terras rurais destinadas à implantação de projetos de assentamento integrantes do programa de reforma agrária será precedida de estudo sobre a viabilidade econômica e a potencialidade de uso dos recursos naturais;

II – os beneficiários dos projetos de que trata o inciso I manifestarão sua concordância com as condições de obtenção das terras destinadas à implantação dos projetos de assentamento, inclusive quanto ao preço a ser pago pelo órgão federal executor do programa de reforma agrária e com relação aos recursos naturais;

III – nos projetos criados será elaborado Plano de Desenvolvimento de Assentamento – PDA, que orientará a fixação de normas técnicas para a sua implantação e os respectivos investimentos;

► Incisos I a III com a redação dada pela MP nº 2.183-56, de 24-8-2001.

IV – integrarão a clientela de trabalhadores rurais, para fins de assentamento em projetos de reforma agrária, somente aqueles que satisfizerem os requisitos fixados para seleção e classificação previstos nesta Lei; e

► Inciso IV com a redação dada pela Lei nº 13.465, de 11-7-2017.

V – a consolidação dos projetos de assentamento integrantes dos programas de reforma agrária dar-se-á com a concessão de créditos de instalação e a conclusão dos investimentos, bem como com a outorga do instrumento definitivo de titulação.

► Inciso V com a redação dada pela MP nº 2.183-56, de 24-8-2001.

► Dec. nº 9.424, de 26-6-2018, regulamenta este inciso.

§ 1º VETADO.

► Parágrafo único transformado em § 1º pela Lei nº 13.001, de 20-6-2014.

§ 2º Para a consolidação dos projetos de que trata o inciso V do *caput*, fica o Poder Executivo autorizado a conceder créditos de instalação aos assentados, nos termos do regulamento.

§ 3º Poderá ser contratada instituição financeira federal para a operacionalização da concessão referida no inciso V do *caput*, dispensada a licitação.

§ 4º As despesas relativas à concessão de crédito de que trata o inciso V do *caput* adequar-se-ão às disponibilidades orçamentárias e financeiras do órgão responsável pela execução do referido programa.

§ 5º O regulamento a que se refere o § 2º estabelecerá prazos, carências, termos, condições, rebates para liquidação e procedimentos simplificados para o cumprimento do disposto neste artigo.

▶ §§ 2º a 5º com a redação dada pela Lei nº 13.001, de 20-6-2014.

§ 6º Independentemente da implementação dos requisitos exigidos no inciso V do *caput* deste artigo, considera-se consolidado o projeto de assentamento que atingir o prazo de quinze anos de sua implantação, salvo por decisão fundamentada do INCRA.

§ 7º Os assentamentos que, em 1º de junho de 2017, contarem com quinze anos ou mais de criação, deverão ser consolidados em até três anos.

§ 8º A quitação dos créditos de que trata o § 2º deste artigo não é requisito para a liberação das condições resolutivas do título de domínio ou da Concessão de Direito Real de Uso (CDRU), autorizada a cobrança da dívida na forma legal.

▶ §§ 6º a 8º acrescidos pela Lei nº 13.465, de 11-7-2017.

Art. 18. A distribuição de imóveis rurais pela reforma agrária far-se-á por meio de títulos de domínio, concessão de uso ou concessão de direito real de uso – CDRU instituído pelo art. 7º do Decreto-Lei nº 271, de 28 de fevereiro de 1967.

▶ *Caput* com a redação dada pela Lei nº 13.001, de 20-6-2014.

§ 1º Os títulos de domínio e a CDRU são inegociáveis pelo prazo de dez anos, contado da data de celebração do contrato de concessão de uso ou de outro instrumento equivalente, observado o disposto nesta Lei.

▶ § 1º com a redação dada pela Lei nº 13.465, de 11-7-2017.

§ 2º Na implantação do projeto de assentamento, será celebrado com o beneficiário do programa de reforma agrária contrato de concessão de uso, gratuito, inegociável, de forma individual ou coletiva, que conterá cláusulas resolutivas, estipulando-se os direitos e as obrigações da entidade concedente e dos concessionários, assegurando-se a estes o direito de adquirir título de domínio ou a CDRU nos termos desta Lei.

§ 3º O título de domínio e a CDRU conterão cláusulas resolutivas e será outorgado ao beneficiário do programa de reforma agrária, de forma individual ou coletiva, após a realização dos serviços de medição e demarcação topográfica do imóvel a ser alienado.

▶ §§ 2º e 3º com a redação dada pela Lei nº 13.001, de 20-6-2014.

§ 4º Regulamento disporá sobre as condições e a forma de outorga dos títulos de domínio e da CDRU aos beneficiários dos projetos de assentamento do Programa Nacional de Reforma Agrária.

§ 5º O valor da alienação, na hipótese de outorga de título de domínio, considerará o tamanho da área e será estabelecido entre 10% (dez por cento) e 50% (cinquenta por cento) do valor mínimo da pauta de valores da terra nua para fins de titulação e regularização fundiária elaborada pelo INCRA, com base nos valores de imóveis avaliados para a reforma agrária, conforme regulamento.

▶ §§ 4º e 5º com a redação dada pela Lei nº 13.465, de 11-7-2017.

§ 6º As condições de pagamento, carência e encargos financeiros serão definidas em regulamento, não podendo ser superiores às condições estabelecidas para os financiamentos concedidos ao amparo da Lei Complementar nº 93, de 4 de fevereiro de 1998, e alcançarão os títulos de domínio cujos prazos de carência ainda não expiraram.

§ 7º A alienação de lotes de até 1 (um) módulo fiscal, em projetos de assentamento criados em terras devolutas discriminadas e registradas em nome do INCRA ou da União, ocorrerá de forma gratuita.

§ 8º São considerados não reembolsáveis:

I – os valores relativos às obras de infraestrutura de interesse coletivo;

II – aos custos despendidos com o plano de desenvolvimento do assentamento; e

III – aos serviços de medição e demarcação topográficos.

§ 9º O título de domínio ou a CDRU de que trata o *caput* poderão ser concedidos aos beneficiários com o cumprimento das obrigações estabelecidas com fundamento no inciso V do art. 17 desta Lei e no regulamento.

§ 10. Falecendo qualquer dos concessionários do contrato de concessão de uso ou de CDRU, seus herdeiros ou legatários receberão o imóvel, cuja transferência será processada administrativamente, não podendo fracioná-lo.

§ 11. Os herdeiros ou legatários que adquirirem, por sucessão, a posse do imóvel não poderão fracioná-lo.

§ 12. O órgão federal executor do programa de reforma agrária manterá atualizado o cadastro de áreas desapropriadas e das adquiridas por outros meios e de beneficiários da reforma agrária e disponibilizará os dados na rede mundial de computadores.

▶ §§ 6º a 12 com a redação dada pela Lei nº 13.001, de 20-6-2014.

§ 13. Os títulos de domínio, a concessão de uso ou a CDRU a que se refere o *caput* deste artigo serão conferidos ao homem, na ausência de cônjuge ou companheira, à mulher, na ausência de cônjuge ou companheiro, ou ao homem e à mulher, obrigatoriamente, nos casos de casamento ou união estável.

§ 14. Para fins de interpretação, a outorga coletiva a que se refere o § 3º deste artigo não permite a titulação, provisória ou definitiva, a pessoa jurídica.

§ 15. Os títulos emitidos sob a vigência de norma anterior poderão ter seus valores reenquadrados, de acordo com o previsto no § 5º deste artigo, mediante requerimento do interessado, observados os termos estabelecidos em regulamento e vedada a restituição de valores já pagos que eventualmente excedam o valor devido após o reenquadramento.

▶ §§ 13 a 15 acrescidos pela Lei nº 13.465, de 11-7-2017.

Art. 18-A. Os lotes a serem distribuídos pelo Programa Nacional de Reforma Agrária não poderão ter área superior a 2 (dois) módulos fiscais ou inferior à fração mínima de parcelamento.

▶ *Caput* acrescido pela Lei nº 13.001, de 20-6-2014.

§ 1º Fica o INCRA autorizado, nos assentamentos com data de criação anterior ao período de dois anos, contado retroativamente a partir de 22 de dezembro de 2016, a conferir o título de domínio ou a CDRU relativos às áreas em que ocorreram desmembramentos ou remembramentos após a concessão de uso, desde que observados os seguintes requisitos:

▶ *Caput* do § 1º com a redação dada pela Lei nº 13.465, de 11-7-2017.

I – observância da fração mínima de parcelamento e do limite de área de até quatro módulos fiscais por beneficiário, observado o disposto no art. 8º da Lei nº 5.868, de 12 de dezembro de 1972;

▶ Inciso I com a redação dada pela Lei nº 13.465, de 11-7-2017.

II – o beneficiário não possua outro imóvel a qualquer título;

III – o beneficiário preencha os requisitos exigidos no art. 3º da Lei nº 11.326, de 24 de julho de 2006; e

▶ Incisos II e III acrescidos pela Lei nº 13.001, de 20-6-2014.

IV – o desmembramento ou o remembramento seja anterior ao período de dois anos, contado retroativamente a partir de 22 de dezembro de 2016.

▶ Inciso IV com a redação dada pela Lei nº 13.465, de 11-7-2017.

§ 2º O beneficiário titulado nos termos do § 1º não fará jus aos créditos de instalação de que trata o art. 17 desta Lei.

▶ § 2º acrescido pela Lei nº 13.001, de 20-6-2014.

§ 3º Os títulos concedidos nos termos do § 1º deste artigo são inegociáveis pelo prazo de dez anos, contado da data de sua expedição.

▶ § 3º acrescido pela Lei nº 13.465, de 11-7-2017.

Art. 18-B. Identificada a ocupação ou a exploração de área objeto de projeto de assentamento por indivíduo que não se enquadre como beneficiário do Programa Nacional de Reforma Agrária, o ocupante será notificado para desocupação da área, nos termos estabelecidos em regulamento, sem prejuízo de eventual responsabilização nas esferas cível e penal.

▶ Art. 18-B acrescido pela Lei nº 13.465, de 11-7-2017.

Art. 19. O processo de seleção de indivíduos e famílias candidatos a beneficiários do Programa Nacional de Reforma Agrária será realizado por projeto de assentamento, observada a seguinte ordem de preferência na distribuição de lotes:

I – ao desapropriado, ficando-lhe assegurada a preferência para a parcela na qual se situe a sede do imóvel, hipótese em que esta será excluída da indenização devida pela desapropriação;

II – aos que trabalham no imóvel desapropriado como posseiros, assalariados, parceiros ou arrendatários, identificados na vistoria;

III – aos trabalhadores rurais desintrusados de outras áreas, em virtude de demarcação de terra indígena, criação de unidades de conservação, titulação de comunidade quilombola ou de outras ações de interesse público;

IV – ao trabalhador rural em situação de vulnerabilidade social que não se enquadre nas hipóteses previstas nos incisos I, II e III deste artigo;

V – ao trabalhador rural vítima de trabalho em condição análoga à de escravo;

VI – aos que trabalham como posseiros, assalariados, parceiros ou arrendatários em outros imóveis rurais;

VII – aos ocupantes de áreas inferiores à fração mínima de parcelamento.

§ 1º O processo de seleção de que trata o *caput* deste artigo será realizado pelo INCRA com ampla divulgação do edital de convocação na internet e no Município em que será instalado o projeto de assentamento, bem como nos Municípios limítrofes, na forma do regulamento.

§ 2º Nos projetos de assentamentos ambientalmente diferenciado, definidos em regulamento, o processo de seleção será restrito às famílias que já residam na área, observadas as vedações constantes do art. 20 desta Lei.

§ 3º Caso a capacidade do projeto de assentamento não atenda todos os candidatos selecionados, será elaborada lista dos candidatos excedentes, com prazo de validade de dois anos, a qual será observada de forma prioritária quando houver substituição dos beneficiários originários dos lotes, nas hipóteses de desistência, abandono ou reintegração de posse.

§ 4º Esgotada a lista dos candidatos excedentes de que trata o § 3º deste artigo ou expirada sua validade, será instaurado novo processo de seleção específico para os lotes vagos no projeto de assentamento em decorrência de desistência, abandono ou reintegração de posse.

§ 5º A situação de vulnerabilidade social do candidato a que se refere o inciso IV do *caput* deste artigo será comprovada por meio da respectiva inscrição no Cadastro Único para Programas Sociais do Governo Federal (CadÚnico), ou em outro cadastro equivalente definido em regulamento.

► Art. 19 com a redação dada pela Lei nº 13.465, de 11-7-2017.

Art. 19-A. Caberá ao INCRA, observada a ordem de preferência a que se refere o art. 19, classificar os candidatos a beneficiários do Programa Nacional de Reforma Agrária, segundo os seguintes critérios:

I – família mais numerosa cujos membros se proponham a exercer a atividade agrícola na área objeto do projeto de assentamento;

II – família ou indivíduo que resida há mais tempo no Município em que se localize a área objeto do projeto de assentamento para o qual se destine a seleção, ou nos Municípios limítrofes;

III – família chefiada por mulher;

IV – família ou indivíduo integrante de acampamento situado no Município em que se localize a área objeto do projeto de assentamento ou nos Municípios limítrofes;

V – filhos que tenham entre dezoito e vinte e nove anos idade de pais assentados que residam na área objeto do mesmo projeto de assentamento;

VI – famílias de trabalhadores rurais que residam em área objeto de projeto de assentamento na condição de agregados; e

VII – outros critérios sociais, econômicos e ambientais estabelecidos por regulamento, de acordo com as áreas de reforma agrária para as quais a seleção é realizada.

§ 1º Regulamento estabelecerá a pontuação a ser conferida aos candidatos de acordo com os critérios definidos por este artigo.

§ 2º Considera-se família chefiada por mulher aquela em que a mulher, independentemente do estado civil, seja responsável pela maior parte do sustento material de seus dependentes.

§ 3º Em caso de empate, terá preferência o candidato de maior idade.

► Art. 19-A acrescido pela Lei nº 13.465, de 11-7-2017.

Art. 20. Não poderá ser selecionado como beneficiário dos projetos de assentamento a que se refere esta Lei quem:

► *Caput* com a redação dada pela Lei nº 13.465, de 11-7-2017.

I – for ocupante de cargo, emprego ou função pública remunerada;

II – tiver sido excluído ou se afastado do programa de reforma agrária, de regularização fundiária ou de crédito fundiário sem consentimento de seu órgão executor;

III – for proprietário rural, exceto o desapropriado do imóvel e o agricultor cuja propriedade seja insuficiente para o sustento próprio e o de sua família;

IV – for proprietário, cotista ou acionista de sociedade empresária em atividade;

V – for menor de dezoito anos não emancipado na forma da lei civil; ou

VI – auferir renda familiar proveniente de atividade não agrária superior a três salários mínimos mensais ou superior a um salário mínimo *per capita*.

► Incisos I a VI acrescidos pela Lei nº 13.465, de 11-7-2017.

§ 1º As disposições constantes dos incisos I, II, III, IV e VI do *caput* deste artigo aplicam-se aos cônjuges e conviventes, inclusive em regime de união estável, exceto em relação ao cônjuge que, em caso de separação judicial ou de fato, não tenha sido beneficiado pelos programas de que trata o inciso II do *caput* deste artigo.

► § 1º acrescido pela Lei nº 13.465, de 11-7-2017.

§ 2º A vedação de que trata o inciso I do *caput* deste artigo, quando o exercício do cargo, emprego ou função pública for compatível com a exploração da parcela, não se aplica ao candidato:

► *Caput* do § 2º com a redação dada pela Lei nº 14.757, de 19-12-2023.

I – agente comunitário de saúde ou agente de combate às endemias;

II – profissional da educação;

III – profissional de ciências agrárias;

IV – que preste outros serviços de interesse comunitário à comunidade rural ou à vizinhança da área objeto do projeto de assentamento.

► Incisos I a IV acrescidos pela Lei nº 14.757, de 19-12-2023.

§ 3º São considerados serviços de interesse comunitário, para os fins desta Lei, as atividades prestadas nas áreas de saúde, educação, transporte, assistência social e agrária.

§ 4º Não perderá a condição de beneficiário aquele que passe a se enquadrar nos incisos I, III, IV e VI do *caput* deste artigo, desde que a atividade assumida seja compatível com a exploração da parcela pelo indivíduo ou pelo núcleo familiar beneficiado.

► §§ 3º e 4º acrescidos pela Lei nº 13.465, de 11-7-2017.

Art. 20-A. Fica o INCRA autorizado a considerar beneficiário da reforma agrária quem já tenha sido assentado, mas que por razões sociais ou econômicas teve que se desfazer da posse ou do título, desde que se enquadre como beneficiário da reforma agrária e ocupe e explore a parcela há, no mínimo, 1 (um) ano.

Parágrafo único. Fica vedada uma terceira obtenção de terras em assentamento de reforma agrária por parte do beneficiário.

► Art. 20-A acrescido pela Lei nº 14.757, de 19-12-2023.

Art. 21. Nos instrumentos que conferem o título de domínio, concessão de uso ou CDRU, os beneficiários da reforma agrária assumirão, obrigatoriamente, o compromisso de cultivar o imóvel direta e pessoalmente, ou por meio de seu núcleo familiar, mesmo que por intermédio de cooperativas, e o de não ceder o seu uso a terceiros, a qualquer título, pelo prazo de 10 (dez) anos.

► *Caput* com a redação dada pela Lei nº 13.001, de 20-6-2014.

Parágrafo único. A família beneficiária poderá celebrar o contrato de integração de que trata a Lei nº 13.288, de 16 de maio de 2016.

► Parágrafo único acrescido pela Lei nº 13.465, de 11-7-2017.

Art. 22. Constará, obrigatoriamente, dos instrumentos translativos de domínio, de concessão de uso ou de CDRU, cláusula resolutória que preveja a rescisão do contrato e o retorno do imóvel ao órgão alienante ou concedente, no caso de descumprimento de quaisquer das obrigações assumidas pelo adquirente ou concessionário.

► *Caput* com a redação dada pela Lei nº 13.001, de 20-6-2014.

§ 1º Após transcorrido o prazo de inegociabilidade de dez anos, o imóvel objeto de título translativo de domínio somente poderá ser alienado se a nova área titulada não vier a integrar imóvel rural com área superior a quatro módulos fiscais.

§ 2º Na hipótese de a parcela titulada passar a integrar zona urbana ou de expansão urbana, o INCRA deverá priorizar a análise do requerimento de liberação das condições resolutivas.

► §§ 1º e 2º com a redação dada pela Lei nº 13.465, de 11-7-2017.

Art. 22-A. As benfeitorias, reprodutivas ou não, existentes no imóvel destinado para reforma agrária poderão ser cedidas aos beneficiários para exploração individual ou coletiva ou doadas em benefício da comunidade de assentados, na forma estabelecida em regulamento.

► Art. 22-A acrescido pela Lei nº 13.465, de 11-7-2017.

Art. 23. O estrangeiro residente no País e a pessoa jurídica autorizada a funcionar no Brasil só poderão arrendar imóvel rural na forma da Lei nº 5.709, de 7 de outubro de 1971.

► Lei nº 5.709, de 7-10-1971, regula a aquisição de imóvel rural por estrangeiro residente no país ou pessoa jurídica estrangeira autorizada a funcionar no Brasil.

§ 1º Aplicam-se ao arrendamento todos os limites, restrições e condições aplicáveis à aquisição de imóveis rurais por estrangeiro, constantes da lei referida no *caput* deste artigo.

§ 2º Compete ao Congresso Nacional autorizar tanto a aquisição ou o arrendamento além dos limites de área e percentual fixados na Lei nº 5.709, de 7 de outubro de 1971, como a aquisição ou arrendamento, por pessoa jurídica estrangeira, de área superior a 100 (cem) módulos de exploração indefinida.

Art. 24. As ações de reforma agrária devem ser compatíveis com as ações da política agrícola, das políticas sociais e das constantes no Plano Plurianual da União.

▶ Artigo com a redação dada pela Lei nº 13.001, de 20-6-2014.

Art. 25. O orçamento da União fixará, anualmente, o volume de títulos da dívida agrária e dos recursos destinados, no exercício, ao atendimento do Programa de Reforma Agrária.

§ 1º Os recursos destinados à exceção do Plano Nacional de Reforma Agrária deverão constar do orçamento do ministério responsável por sua implementação e do órgão executor da política de colonização e reforma agrária, salvo aqueles que, por sua natureza, exijam instituições especializadas para a sua aplicação.

§ 2º Objetivando a compatibilização dos programas de trabalho e propostas orçamentárias, o órgão executor da reforma agrária encaminhará, anualmente e em tempo hábil, aos órgãos da administração pública responsáveis por ações complementares, o programa a ser implantado no ano subsequente.

Art. 26. São isentas de impostos federais, estaduais e municipais, inclusive do Distrito Federal, as operações de transferência de imóveis desapropriados para fins de reforma agrária, bem como a transferência ao beneficiário do programa.

Art. 26-A. Não serão cobradas custas ou emolumentos para registro de títulos translativos de domínio de imóveis rurais desapropriados para fins de reforma agrária.

▶ Art. 26-A acrescido pela MP nº 2.183-56, de 24-8-2001, que até o encerramento desta edição não havia sido convertida em Lei.

Art. 26-B. Fica o INCRA autorizado a regularizar a posse de lote em projeto de assentamento que tenha sido ocupado sem autorização, observado o disposto nos arts. 20 e 20-A desta Lei.

▶ *Caput* com a redação dada pela Lei nº 14.757, de 19-12-2023.

§ 1º A regularização será processada a requerimento de quem estiver na posse plena do lote ou, de ofício, pelo INCRA, desde que atendidas cumulativamente as seguintes condições:

▶ *Caput* do § 1º com a redação dada pela Lei nº 14.757, de 19-12-2023.

I – criação do projeto de assentamento há mais de 2 (dois) anos;

▶ Inciso I com a redação dada pela Lei nº 14.757, de 19-12-2023.

I-A – ocupação e exploração da parcela diretamente pelo interessado há, no mínimo, 1 (um) ano;

▶ Inciso I-A acrescido pela Lei nº 14.757, de 19-12-2023.

II – inexistência de candidatos excedentes interessados na parcela elencados na lista de selecionados de que trata o § 3º do art. 19 desta Lei para o projeto de assentamento;

III – observância pelo interessado dos requisitos de elegibilidade para ser beneficiário da reforma agrária; e

IV – quitação ou assunção pelo interessado, até a data de assinatura de novo contrato de concessão de uso, dos débitos relativos ao crédito de instalação reembolsável concedido ao beneficiário original.

▶ Incisos II a IV acrescidos pela Lei nº 13.465, de 11-7-2017.

§ 2º Atendidos os requisitos de que trata o § 1º deste artigo, o INCRA celebrará contrato de concessão de uso nos termos do § 2º do art. 18 desta Lei.

▶ § 2º acrescido pela Lei nº 13.465, de 11-7-2017.

Art. 27. Esta Lei entra em vigor na data de sua publicação.

Art. 28. Revogam-se as disposições em contrário.

Brasília, 25 de fevereiro de 1993; 172º da Independência e 105º da República.

Itamar Franco

LEI COMPLEMENTAR Nº 76, DE 6 DE JULHO DE 1993

Dispõe sobre o procedimento contraditório especial, de rito sumário, para o processo de desapropriação de imóvel rural, por interesse social, para fins de reforma agrária.

▶ Publicada no *DOU* de 7-7-1993.

▶ Lei nº 8.629, de 25-2-1993, regulamenta os dispositivos constitucionais relativos à reforma agrária.

▶ Súm. nº 354 do STJ.

Art. 1º O procedimento judicial da desapropriação de imóvel rural, por interesse social, para fins de reforma agrária, obedecerá ao contraditório especial, de rito sumário, previsto nesta Lei Complementar.

▶ Arts. 184, § 3º, e 185, I, da CF.

Art. 2º A desapropriação de que trata esta Lei Complementar é de competência privativa da União e será precedida de decreto declarando o imóvel de interesse social, para fins de reforma agrária.

§ 1º A ação de desapropriação, proposta pelo órgão federal executor da reforma agrária, será processada e julgada pelo juiz federal competente, inclusive durante as férias forenses.

§ 2º Declarado o interesse social, para fins de reforma agrária, fica o expropriante legitimado a promover a vistoria e a avaliação do imóvel, inclusive com o auxílio de força policial, mediante prévia autorização do juiz, responsabilizando-se por eventuais perdas e danos que seus agentes vierem a causar, sem prejuízo das sanções penais cabíveis.

Art. 3º A ação de desapropriação deverá ser proposta dentro do prazo de dois anos, contado da publicação do decreto declaratório.

Art. 4º Intentada a desapropriação parcial, o proprietário poderá requerer, na contestação, a desapropriação de todo o imóvel, quando a área remanescente ficar:

I – reduzida a superfície inferior à da pequena propriedade rural; ou

II – prejudicada substancialmente em suas condições de exploração econômica, caso seja o seu valor inferior ao da parte desapropriada.

Art. 5º A petição inicial, além dos requisitos previstos no Código de Processo Civil, conterá a oferta do preço e será instruída com os seguintes documentos:

▶ Arts. 319 a 321 do CPC/2015.

I – texto do decreto declaratório de interesse social para fins de reforma agrária, publicado no *Diário Oficial da União*;

II – certidões atualizadas de domínio e de ônus real do imóvel;

III – documento cadastral do imóvel;

IV – laudo de vistoria e avaliação administrativa, que conterá, necessariamente:

▶ Art. 9º, § 1º, desta Lei.

a) descrição do imóvel, por meio de suas plantas geral e de situação, e memorial descritivo da área objeto da ação;

b) relação das benfeitorias úteis, necessárias e voluptuárias, das culturas e pastos naturais e artificiais, da cobertura florestal, seja natural ou decorrente de florestamento ou reflorestamento, e dos semoventes;

c) discriminadamente, os valores de avaliação da terra nua e das benfeitorias indenizáveis;

V – comprovante de lançamento dos Títulos da Dívida Agrária correspondente ao valor ofertado para pagamento de terra nua;

VI – comprovante de depósito em banco oficial, ou outro estabelecimento no caso de inexistência de agência na localidade, à disposição do juízo, correspondente ao valor ofertado para pagamento das benfeitorias úteis e necessárias.

▶ Incisos V e VI acrescidos pela LC nº 88, de 23-12-1996.

Art. 6º O juiz, ao despachar a petição inicial, de plano ou no prazo máximo de quarenta e oito horas:

I – mandará imitir o autor na posse do imóvel;

II – determinará a citação do expropriando para contestar o pedido e indicar assistente técnico, se quiser;

▶ Incisos I e II com a redação dada pela LC nº 88, de 23-12-1996.

III – expedirá mandado ordenando a averbação do ajuizamento da ação no registro do imóvel expropriando, para conhecimento de terceiros.

§ 1º Inexistindo dúvida acerca do domínio, ou de algum direito real sobre o bem, ou sobre os direitos dos titulares do domínio útil, e do domínio direto, em caso de enfiteuse ou aforamento, ou, ainda, inexistindo divisão, hipótese em que o valor da indenização ficará depositado à disposição do juízo enquanto os interessados não resolverem seus conflitos em ações próprias, poderá o expropriando requerer o levantamento de oitenta por cento da indenização depositada, quitado os tributos e publicados os editais, para conhecimento de terceiros, a expensas do expropriante, duas vezes na imprensa local e uma na oficial, decorrido o prazo de trinta dias.

▶ Antigo § 2º renumerado para § 1º pela LC nº 88, de 23-12-1996.

§ 2º O Juiz poderá, para a efetivação da imissão na posse, requisitar força policial.

▶ § 2º renumerado pela LC nº 88, de 23-12-1996.

§ 3º No curso da ação poderá o Juiz designar, com o objetivo de fixar a prévia e justa indenização, audiência de conciliação, que será realizada nos dez primeiros dias a contar da citação, e na qual deverão estar presentes o autor, o réu e o Ministério Público. As partes ou seus representantes legais serão intimadas via postal.

§ 4º Aberta a audiência, o Juiz ouvirá as partes e o Ministério Público, propondo a conciliação.

§ 5º Se houver acordo, lavrar-se-á o respectivo termo, que será assinado pelas partes e pelo Ministério Público ou seus representantes legais.

§ 6º Integralizado o valor acordado, nos dez dias úteis subsequentes ao pactuado, o Juiz expedirá mandado ao registro imobiliário, determinando a matrícula do bem expropriado em nome do expropriante.

§ 7º A audiência de conciliação não suspende o curso da ação.

▶ §§ 3º a 7º acrescidos pela LC nº 88, de 23-12-1996.

Art. 7º A citação do expropriando será feita na pessoa do proprietário do bem, ou de seu representante legal, obedecido o disposto no art. 12 do Código de Processo Civil.

▶ Refere-se ao CPC/1973.

▶ Art. 75 do CPC/2015.

§ 1º Em se tratando de enfiteuse ou aforamento, serão citados os titulares do domínio útil e do domínio direto, exceto quando for contratante a União.

§ 2º No caso de espólio, inexistindo inventariante, a citação será feita na pessoa do cônjuge sobrevivente ou na de qualquer herdeiro ou legatário que esteja na posse do imóvel.

§ 3º Serão intimados da ação os titulares de direitos reais sobre o imóvel desapropriando.

§ 4º Serão ainda citados os confrontantes que, na fase administrativa do procedimento expropriatório, tenham, fundamentadamente, contestado as divisas do imóvel expropriando.

Art. 8º O autor, além de outras formas previstas na legislação processual civil, poderá requerer que a citação do expropriando seja feita pelo correio, através de carta com aviso de recepção, firmado pelo destinatário ou por seu representante legal.

Art. 9º A contestação deve ser oferecida no prazo de quinze dias se versar matéria de interesse da defesa, excluída a apreciação quanto ao interesse social declarado.

§ 1º Recebida a contestação, o juiz, se for o caso, determinará a realização de prova pericial, adstrita a pontos impugnados do laudo de vistoria administrativa, a que se refere o art. 5º, inciso IV e, simultaneamente:

I – designará o perito do juízo;

II – formulará os quesitos que julgar necessários;

III – intimará o perito e os assistentes para prestar compromisso, no prazo de cinco dias;

IV – intimará as partes para apresentar quesitos, no prazo de dez dias.

§ 2º A prova pericial será concluída no prazo fixado pelo juiz, não excedente a sessenta dias, contado da data do compromisso do perito.

Art. 10. Havendo acordo sobre o preço, este será homologado por sentença.

Parágrafo único. Não havendo acordo, o valor que vier a ser acrescido ao depósito inicial por força de laudo pericial acolhido pelo Juiz será depositado em espécie para as benfeitorias, juntado aos autos o comprovante de lançamento de Títulos da Dívida Agrária para terra nua, como integralização dos valores ofertados.

▶ Parágrafo único acrescido pela LC nº 88, de 23-12-1996.

Art. 11. A audiência de instrução e julgamento será realizada em prazo não superior a quinze dias, a contar da conclusão da perícia.

Art. 12. O juiz proferirá sentença na audiência de instrução e julgamento ou nos trinta dias subsequentes, indicando os fatos que motivaram o seu convencimento.

§ 1º Ao fixar o valor da indenização, o juiz considerará, além dos laudos periciais, outros meios objetivos de convencimento, inclusive a pesquisa de mercado.

§ 2º O valor da indenização corresponderá ao valor apurado na data da perícia, ou ao consignado pelo juiz, corrigido monetariamente até a data de seu efetivo pagamento.

§ 3º Na sentença, o juiz individualizará o valor do imóvel, de suas benfeitorias e dos demais componentes do valor da indenização.

§ 4º Tratando-se de enfiteuse ou aforamento, o valor da indenização será depositado em nome dos titulares do domínio útil e do domínio direto e disputado por via de ação própria.

Art. 13. Da sentença que fixar o preço da indenização caberá apelação com efeito simplesmente devolutivo, quando interposta pelo expropriado e, em ambos os efeitos, quando interposta pelo expropriante.

§ 1º A sentença que condenar o expropriante, em quantia superior a cinquenta por cento sobre o valor oferecido na inicial, fica sujeita a duplo grau de jurisdição.

▶ Art. 496 do CPC/2015.

§ 2º No julgamento dos recursos decorrentes da ação desapropriatória não haverá revisor.

Arts. 14 e 15. *Revogados*. Lei nº 13.465, de 11-7-2017.

Art. 16. A pedido do expropriado, após o trânsito em julgado da sentença, será levantada a indenização ou o depósito judicial, deduzidos o valor de tributos e multas incidentes sobre o imóvel, exigíveis até a data da imissão na posse pelo expropriante.

Art. 17. Efetuado ou não o levantamento, ainda que parcial, da indenização ou do depósito judicial, será expedido em favor do expropriante, no prazo de quarenta e oito horas, mandado translativo do domínio para o Cartório do Registro de Imóveis competente, sob a forma e para os efeitos da Lei de Registros Públicos.

Parágrafo único. O registro da propriedade nos cartórios competentes far-se-á no prazo improrrogável de três dias, contado da data da apresentação do mandado.

▶ Art. 17 com a redação dada pela LC nº 88, de 23-12-1996.

Art. 18. As ações concernentes à desapropriação de imóvel rural, por interesse social, para fins de reforma agrária, têm caráter preferencial e prejudicial em relação a outras ações referentes ao imóvel expropriando, e independem do pagamento de preparo ou de emolumentos.

§ 1º Qualquer ação que tenha por objeto o bem expropriando será distribuída, por dependência, à Vara Federal onde tiver curso a ação de desapropriação, determinando-se a pronta intervenção da União.

§ 2º O Ministério Público Federal intervirá, obrigatoriamente, após a manifestação das partes, antes de cada decisão manifestada no processo, em qualquer instância.

Art. 19. As despesas judiciais e os honorários do advogado e do perito constituem encargos do sucumbente, assim entendido o expropriado, se o valor da indenização for igual ou inferior ao preço oferecido, ou o expropriante, na hipótese de valor superior ao preço oferecido.

§ 1º Os honorários do advogado do expropriado serão fixados em até vinte por cento sobre a diferença entre o preço oferecido e o valor da indenização.

§ 2º Os honorários periciais serão pagos em valor fixo, estabelecido pelo juiz, atendida a complexidade do trabalho desenvolvido.

Art. 20. Em qualquer fase processual, mesmo após proferida a sentença, compete ao juiz, a requerimento de qualquer das partes, arbitrar valor para desmonte e transporte de móveis e semoventes, a ser suportado, ao final, pelo expropriante, e cominar prazo para que o promova o expropriado.

Art. 21. Os imóveis rurais desapropriados, uma vez registrados em nome do expropriante, não poderão ser objeto de ação reivindicatória.

Art. 22. Aplica-se subsidiariamente ao procedimento de que trata esta Lei Complementar, no que for compatível, o Código de Processo Civil.

Art. 23. As disposições desta Lei Complementar aplicam-se aos processos em curso, convalidados os atos já realizados.

Art. 24. Esta Lei Complementar entra em vigor na data de sua publicação.

Art. 25. Revogam-se as disposições em contrário e, em especial, o Decreto-Lei nº 554, de 25 de abril de 1969.

Brasília, 6 de julho de 1993;
172º da Independência e
105º da República.

Itamar Franco

LEI Nº 8.987, DE 13 DE FEVEREIRO DE 1995

Dispõe sobre o regime de concessão e permissão da prestação de serviços públicos previsto no art. 175 da Constituição Federal, e dá outras providências.

▶ Publicada no *DOU* de 14-2-1995 e republicada no *DOU* de 28-9-1998.

▶ Lei nº 9.074, de 7-7-1995, estabelece normas para outorga e prorrogações das concessões e permissões de serviços públicos.

CAPÍTULO I
DAS DISPOSIÇÕES PRELIMINARES

Art. 1º As concessões de serviços públicos e de obras públicas e as permissões de serviços públicos reger-se-ão pelos termos do art. 175 da Constituição Federal, por esta Lei, pelas normas legais pertinentes e pelas cláusulas dos indispensáveis contratos.

▶ Arts. 37 e 175 da CF.

▶ Lei nº 14.133, de 1º-4-2021 (Nova Lei de Licitações e Contratos Administrativos).

Parágrafo único. A União, os Estados, o Distrito Federal e os Municípios promoverão a revisão e as adaptações necessárias de sua legislação às prescrições desta Lei, buscando atender as peculiaridades das diversas modalidades dos seus serviços.

Art. 2º Para os fins do disposto nesta Lei, considera-se:

I – poder concedente: a União, o Estado, o Distrito Federal ou o Município, em cuja competência se encontre o serviço público, precedido ou não da execução de obra pública, objeto de concessão ou permissão;

II – concessão de serviço público: a delegação de sua prestação, feita pelo poder concedente, mediante licitação, na modalidade concorrência ou diálogo competitivo, a pessoa jurídica ou consórcio de empresas que demonstre capacidade para seu desempenho, por sua conta e risco e por prazo determinado;

III – concessão de serviço público precedida da execução de obra pública: a construção, total ou parcial, conservação, reforma, ampliação ou melhoramento de quaisquer obras de interesse público, delegados pelo poder concedente, mediante licitação, na modalidade concorrência ou diálogo competitivo, a pessoa jurídica ou consórcio de empresas que demonstre capacidade para a sua realização, por sua conta e risco, de forma que o investimento da concessionária seja remunerado e amortizado mediante a exploração do serviço ou da obra por prazo determinado;

▸ Incisos II e III com a redação dada pela Lei nº 14.133, de 1º-4-2021 (Nova Lei de Licitações e Contratos Administrativos).

IV – permissão de serviço público: a delegação, a título precário, mediante licitação, da prestação de serviços públicos, feita pelo poder concedente à pessoa física ou jurídica que demonstre capacidade para seu desempenho, por sua conta e risco.

Art. 3º As concessões e permissões sujeitar-se-ão à fiscalização pelo poder concedente responsável pela delegação, com a cooperação dos usuários.

▸ Art. 71 da CF.

▸ Art. 2º, II, *a*, IV, desta Lei.

Art. 4º A concessão de serviço público, precedida ou não da execução de obra pública, será formalizada mediante contrato, que deverá observar os termos desta Lei, das normas pertinentes e do edital de licitação.

▸ Art. 2º, III, desta Lei.

▸ Art. 6º, XII, da Lei nº 14.133, de 1º-4-2021 (Nova Lei de Licitações e Contratos Administrativos).

Art. 5º O poder concedente publicará, previamente ao edital de licitação, ato justificando a conveniência da outorga de concessão ou permissão, caracterizando seu objeto, área e prazo.

▸ Art. 2º, I, desta Lei.

▸ Lei nº 14.133, de 1º-4-2021 (Nova Lei de Licitações e Contratos Administrativos).

CAPÍTULO II
DO SERVIÇO ADEQUADO

Art. 6º Toda concessão ou permissão pressupõe a prestação de serviço adequado ao pleno atendimento dos usuários, conforme estabelecido nesta Lei, nas normas pertinentes e no respectivo contrato.

▸ Art. 2º desta Lei.

▸ Art. 6º, XI, da Lei nº 14.133, de 1º-4-2021 (Nova Lei de Licitações e Contratos Administrativos).

§ 1º Serviço adequado é o que satisfaz as condições de regularidade, continuidade, eficiência, segurança, atualidade, generalidade, cortesia na sua prestação e modicidade das tarifas.

§ 2º A atualidade compreende a modernidade das técnicas, do equipamento e das instalações e a sua conservação, bem como a melhoria e expansão do serviço.

§ 3º Não se caracteriza como descontinuidade do serviço a sua interrupção em situação de emergência ou após prévio-aviso, quando:

I – motivada por razões de ordem técnica ou de segurança das instalações; e

II – por inadimplemento do usuário, considerado o interesse da coletividade.

§ 4º A interrupção do serviço na hipótese prevista no inciso II do § 3º deste artigo não poderá iniciar-se na sexta-feira, no sábado ou no domingo, nem em feriado ou no dia anterior a feriado.

▸ § 4º acrescido pela Lei nº 14.015, de 15-6-2020.

CAPÍTULO III
DOS DIREITOS E OBRIGAÇÕES DOS USUÁRIOS

Art. 7º Sem prejuízo do disposto na Lei nº 8.078, de 11 de setembro de 1990, são direitos e obrigações dos usuários:

▸ Arts. 2º e 6º, § 1º, desta Lei.

I – receber serviço adequado;

II – receber do poder concedente e da concessionária informações para a defesa de interesses individuais ou coletivos;

III – obter e utilizar o serviço, com liberdade de escolha entre vários prestadores de serviços, quando for o caso, observadas as normas do poder concedente;

▸ Inciso III com a redação dada pela Lei nº 9.648, de 27-5-1998.

IV – levar ao conhecimento do poder público e da concessionária as irregularidades de que tenham conhecimento, referentes ao serviço prestado;

V – comunicar às autoridades competentes os atos ilícitos praticados pela concessionária na prestação do serviço;

VI – contribuir para a permanência das boas condições dos bens públicos através dos quais lhes são prestados os serviços.

Art. 7º-A. As concessionárias de serviços públicos, de direito público e privado, nos Estados e no Distrito Federal, são obrigadas a oferecer ao consumidor e ao usuário, dentro do mês de vencimento, o mínimo de seis datas opcionais para escolherem os dias de vencimento de seus débitos.

▸ Art. 7º-A acrescido pela Lei nº 9.791, de 24-3-1999.

Parágrafo único. VETADO. Lei nº 9.791, de 24-3-1999.

CAPÍTULO IV
DA POLÍTICA TARIFÁRIA

Art. 8º VETADO.

Art. 9º A tarifa do serviço público concedido será fixada pelo preço da proposta vencedora da licitação e preservada pelas regras de revisão previstas nesta Lei, no edital e no contrato.

§ 1º A tarifa não será subordinada à legislação específica anterior e somente nos casos expressamente previstos em lei, sua cobrança poderá ser condicionada à existência de serviço público alternativo e gratuito para o usuário.

▸ § 1º com a redação dada pela Lei nº 9.648, de 27-5-1998.

§ 2º Os contratos poderão prever mecanismos de revisão das tarifas, a fim de manter-se o equilíbrio econômico-financeiro.

§ 3º Ressalvados os impostos sobre a renda, a criação, alteração ou extinção de quaisquer tributos ou encargos legais, após a apresentação da proposta, quando comprovado seu impacto, implicará a revisão da tarifa, para mais ou para menos, conforme o caso.

§ 4º Em havendo alteração unilateral do contrato que afete o seu inicial equilíbrio econômico-financeiro, o poder concedente deverá restabelecê-lo, concomitantemente à alteração.

§ 5º A concessionária deverá divulgar em seu sítio eletrônico, de forma clara e de fácil compreensão pelos usuários, tabela com o valor das tarifas praticadas e a evolução das revisões ou reajustes realizados nos últimos cinco anos.

▸ § 5º acrescido pela Lei nº 13.673, de 5-6-2018.

Art. 10. Sempre que forem atendidas as condições do contrato, considera-se mantido seu equilíbrio econômico-financeiro.

Art. 11. No atendimento às peculiaridades de cada serviço público, poderá o poder concedente prever, em favor da concessionária, no edital de licitação, a possibilidade de outras fontes provenientes de receitas alternativas, complementares, acessórias ou de projetos associados, com ou sem exclusividade, com vistas a favorecer a modicidade das tarifas, observado o disposto no art. 17 desta Lei.

Parágrafo único. As fontes de receita previstas neste artigo serão obrigatoriamente consideradas para a aferição do inicial equilíbrio econômico-financeiro do contrato.

Art. 12. VETADO.

Art. 13. As tarifas poderão ser diferenciadas em função das características técnicas e dos custos específicos provenientes do atendimento aos distintos segmentos de usuários.

▸ Súm. nº 407 do STJ.

CAPÍTULO V
DA LICITAÇÃO

Art. 14. Toda concessão de serviço público, precedida ou não da execução de obra pública, será objeto de prévia licitação, nos termos da legislação própria e com observância dos princípios da legalidade, moralidade, publicidade, igualdade, do julgamento por critérios objetivos e da vinculação ao instrumento convocatório.

▸ Art. 37, *caput* e XXI, da CF.

Art. 15. No julgamento da licitação será considerado um dos seguintes critérios:

I – o menor valor da tarifa do serviço público a ser prestado;

II – a maior oferta, nos casos de pagamento ao poder concedente pela outorga da concessão;

III – a combinação, dois a dois, dos critérios referidos nos incisos I, II e VII;

IV – melhor proposta técnica, com preço fixado no edital;

V – melhor proposta em razão da combinação dos critérios de menor valor da tarifa do serviço público a ser prestado com o de melhor técnica;

VI – melhor proposta em razão da combinação dos critérios de maior oferta pela outorga da concessão com o de melhor técnica; ou

VII – melhor oferta de pagamento pela outorga após qualificação de propostas técnicas.

§ 1º A aplicação do critério previsto no inciso III só será admitida quando previamente estabelecida no edital de licitação, inclusive com regras e fórmulas precisas para avaliação econômico-financeira.

§ 2º Para fins de aplicação do disposto nos incisos IV, V, VI e VII, o edital de licitação conterá parâmetros e exigências para formulação de propostas técnicas.

§ 3º O poder concedente recusará propostas manifestamente inexequíveis ou financeiramente incompatíveis com os objetivos da licitação.

§ 4º Em igualdade de condições, será dada preferência à proposta apresentada por empresa brasileira.

▸ Art. 15 com a redação dada pela Lei nº 9.648, de 27-5-1998.

Art. 16. A outorga de concessão ou permissão não terá caráter de exclusividade, salvo no caso de inviabilidade técnica ou econômica justificada no ato a que se refere o art. 5º desta Lei.

Art. 17. Considerar-se-á desclassificada a proposta que, para sua viabilização, necessite de vantagens ou subsídios que não estejam previamente autorizados em lei e à disposição de todos os concorrentes.

§ 1º Considerar-se-á, também, desclassificada a proposta de entidade estatal alheia à esfera político-administrativa do poder concedente que, para sua viabilização, necessite de vantagens ou subsídios do poder público controlador da referida entidade.

▸ Parágrafo único transformado em § 1º pela Lei nº 9.648, de 27-5-1998.

§ 2º Inclui-se nas vantagens ou subsídios de que trata este artigo, qualquer tipo de tratamento tributário diferenciado, ainda que em consequência da natureza jurídica do licitante, que comprometa a isonomia fiscal que deve prevalecer entre todos os concorrentes.

▸ § 2º acrescido pela Lei nº 9.648, de 27-5-1998.

Art. 18. O edital de licitação será elaborado pelo poder concedente, observados, no que couber, os critérios e as normas gerais da legislação própria sobre licitações e contratos e conterá, especialmente:

▸ Art. 37, *caput* e XXI, da CF.

▸ Lei nº 14.133, de 1º-4-2021 (Nova Lei de Licitações e Contratos Administrativos).

I – o objeto, metas e prazo da concessão;

II – a descrição das condições necessárias à prestação adequada do serviço;

III – os prazos para recebimento das propostas, julgamento da licitação e assinatura do contrato;

IV – prazo, local e horário em que serão fornecidos, aos interessados, os dados, estudos e projetos necessários à elaboração dos orçamentos e apresentação das propostas;

V – os critérios e a relação dos documentos exigidos para a aferição da capacidade técnica, da idoneidade financeira e da regularidade jurídica e fiscal;

VI – as possíveis fontes de receitas alternativas, complementares ou acessórias, bem como as provenientes de projetos associados;

VII – os direitos e obrigações do poder concedente e da concessionária em relação a alterações e expansões a serem realizadas no futuro, para garantir a continuidade da prestação do serviço;

VIII – os critérios de reajuste e revisão da tarifa;

IX – os critérios, indicadores, fórmulas e parâmetros a serem utilizados no julgamento técnico e econômico-financeiro da proposta;

X – a indicação dos bens reversíveis;

XI – as características dos bens reversíveis e as condições em que estes serão postos à disposição, nos casos em que houver sido extinta a concessão anterior;

XII – a expressa indicação do responsável pelo ônus das desapropriações necessárias à execução do serviço ou da obra pública, ou para a instituição de servidão administrativa;

XIII – as condições de liderança da empresa responsável, na hipótese em que for permitida a participação de empresas em consórcio;

XIV – nos casos de concessão, a minuta do respectivo contrato, que conterá as cláusulas essenciais referidas no art. 23 desta Lei, quando aplicáveis;

XV – nos casos de concessão de serviços públicos precedida da execução de obra pública, os dados relativos à obra, dentre os quais os elementos do projeto básico que permitam sua plena caracterização, bem assim as garantias exigidas para essa parte específica do contrato, adequadas a cada caso e limitadas ao valor da obra;

▸ Inciso XV com a redação dada pela Lei nº 9.648, de 27-5-1998.

XVI – nos casos de permissão, os termos do contrato de adesão a ser firmado.

Art. 18-A. O edital poderá prever a inversão da ordem das fases de habilitação e julgamento, hipótese em que:

I – encerrada a fase de classificação das propostas ou o oferecimento de lances, será aberto o invólucro com os documentos de habilitação do licitante mais bem classificado, para verificação do atendimento das condições fixadas no edital;

II – verificado o atendimento das exigências do edital, o licitante será declarado vencedor;

III – inabilitado o licitante melhor classificado, serão analisados os documentos habilitatórios do licitante com a proposta classificada em segundo lugar, e assim sucessivamente, até que um licitante classificado atenda às condições fixadas no edital;

IV – proclamado o resultado final do certame, o objeto será adjudicado ao vencedor nas condições técnicas e econômicas por ele ofertadas.

▸ Art. 18-A acrescido pela Lei nº 11.196, de 21-11-2005.

Art. 19. Quando permitida, na licitação, a participação de empresas em consórcio, observar-se-ão as seguintes normas:

I – comprovação de compromisso, público ou particular, de constituição de consórcio, subscrito pelas consorciadas;

II – indicação da empresa responsável pelo consórcio;

III – apresentação dos documentos exigidos nos incisos V e XIII do artigo anterior, por parte de cada consorciada;

IV – impedimento de participação de empresas consorciadas na mesma licitação, por intermédio de mais de um consórcio ou isoladamente.

§ 1º O licitante vencedor fica obrigado a promover, antes da celebração do contrato, a constituição e registro do consórcio, nos termos do compromisso referido no inciso I deste artigo.

§ 2º A empresa líder do consórcio é a responsável perante o poder concedente pelo cumprimento do contrato de concessão, sem prejuízo da responsabilidade solidária das demais consorciadas.

Art. 20. É facultado ao poder concedente, desde que previsto no edital, no interesse do serviço a ser concedido, determinar que o licitante vencedor, no caso de consórcio, se constitua em empresa antes da celebração do contrato.

Art. 21. Os estudos, investigações, levantamentos, projetos, obras e despesas ou investimentos já efetuados, vinculados à concessão, de utilidade para a licitação, realizados pelo poder concedente ou com a sua autorização, estarão à disposição dos interessados, devendo o vencedor da licitação ressarcir os dispêndios correspondentes, especificados no edital.

Art. 22. É assegurada a qualquer pessoa a obtenção de certidão sobre atos, contratos, decisões ou pareceres relativos à licitação ou às próprias concessões.

▸ Art. 37, *caput*, da CF.

CAPÍTULO VI
DO CONTRATO DE CONCESSÃO

Art. 23. São cláusulas essenciais do contrato de concessão as relativas:

▸ Art. 10-A da Lei nº 11.445, de 5-1-2007, que estabelece diretrizes nacionais para o saneamento básico, regulamentada pelo Dec. nº 7.217, de 21-6-2010.

I – ao objeto, à área e ao prazo da concessão;

II – ao modo, forma e condições de prestação do serviço;

III – aos critérios, indicadores, fórmulas e parâmetros definidores da qualidade do serviço;

IV – ao preço do serviço e aos critérios e procedimentos para o reajuste e a revisão das tarifas;

V – aos direitos, garantias e obrigações do poder concedente e da concessionária, inclusive os relacionados às previsíveis necessidades de futura alteração e expansão do serviço e consequente modernização, aperfeiçoamento e ampliação dos equipamentos e das instalações;

VI – aos direitos e deveres dos usuários para obtenção e utilização do serviço;

VII – à forma de fiscalização das instalações, dos equipamentos, dos métodos e práticas de execução do serviço, bem como a indicação dos órgãos competentes para exercê-la;

VIII – às penalidades contratuais e administrativas a que se sujeita a concessionária e sua forma de aplicação;

IX – aos casos de extinção da concessão;

X – aos bens reversíveis;

XI – aos critérios para o cálculo e a forma de pagamento das indenizações devidas à concessionária, quando for o caso;

XII – às condições para prorrogação do contrato;

XIII – à obrigatoriedade, forma e periodicidade da prestação de contas da concessionária ao poder concedente;

XIV – à exigência da publicação de demonstrações financeiras periódicas da concessionária; e

XV – ao foro e ao modo amigável de solução das divergências contratuais.

Parágrafo único. Os contratos relativos à concessão de serviço público precedido da execução de obra pública deverão, adicionalmente:

I – estipular os cronogramas físico-financeiros de execução das obras vinculadas à concessão; e

II – exigir garantia do fiel cumprimento, pela concessionária, das obrigações relativas às obras vinculadas à concessão.

Art. 23-A. O contrato de concessão poderá prever o emprego de mecanismos privados para resolução de disputas decorrentes ou relacionadas ao contrato, inclusive a arbitragem, a ser realizada no Brasil e em língua portuguesa, nos termos da Lei nº 9.307, de 23 de setembro de 1996.

▸ Art. 23-A acrescido pela Lei nº 11.196, de 21-11-2005.

Art. 24. VETADO.

Art. 25. Incumbe à concessionária a execução do serviço concedido, cabendo-lhe responder por todos os prejuízos causados ao poder concedente, aos usuários ou a terceiros, sem que a fiscalização exercida pelo órgão competente exclua ou atenue essa responsabilidade.

§ 1º Sem prejuízo da responsabilidade a que se refere este artigo, a concessionária poderá contratar com terceiros o desenvolvimento de atividades inerentes, acessórias ou complementares ao serviço concedido, bem como a implementação de projetos associados.

§ 2º Os contratos celebrados entre a concessionária e os terceiros a que se refere o parágrafo anterior reger-se-ão pelo direito privado, não se estabelecendo qualquer relação jurídica entre os terceiros e o poder concedente.

§ 3º A execução das atividades contratadas com terceiros pressupõe o cumprimento das normas regulamentares da modalidade do serviço concedido.

Art. 26. É admitida a subconcessão, nos termos previstos no contrato de concessão, desde que expressamente autorizada pelo poder concedente.

§ 1º A outorga de subconcessão será sempre precedida de concorrência.

§ 2º O subconcessionário se sub-rogará todos os direitos e obrigações da subconcedente dentro dos limites da subconcessão.

Art. 27. A transferência de concessão ou do controle societário da concessionária sem prévia anuência do poder concedente implicará a caducidade da concessão.

§ 1º Para fins de obtenção da anuência de que trata o *caput* deste artigo, o pretendente deverá:

I – atender às exigências de capacidade técnica, idoneidade financeira e regularidade jurídica e fiscal necessárias à assunção do serviço; e

II – comprometer-se a cumprir todas as cláusulas do contrato em vigor.

▸ Parágrafo único transformado em § 1º pela Lei nº 11.196, de 21-11-2005.

§§ 2º a 4º *Revogados*. Lei nº 13.097, de 19-1-2015.

Art. 27-A. Nas condições estabelecidas no contrato de concessão, o poder concedente autorizará a assunção do controle ou da administração temporária da concessionária por seus financiadores e garantidores com quem não mantenha vínculo societário direto, para promover sua reestruturação financeira e assegurar a continuidade da prestação dos serviços.

§ 1º Na hipótese prevista no *caput*, o poder concedente exigirá dos financiadores e dos garantidores que atendam às exigências de regularidade jurídica e fiscal, podendo alterar ou dispensar os demais requisitos previstos no inciso I do parágrafo único do art. 27.

§ 2º A assunção do controle ou da administração temporária autorizadas na forma do *caput* deste artigo não alterará as obrigações da concessionária e de seus controladores para com terceiros, poder concedente e usuários dos serviços públicos.

§ 3º Configura-se o controle da concessionária, para os fins dispostos no *caput* deste artigo, a propriedade resolúvel de ações ou quotas por seus financiadores e garantidores que atendam os requisitos do art. 116 da Lei nº 6.404, de 15 de dezembro de 1976.

§ 4º Configura-se a administração temporária da concessionária por seus financiadores e garantidores quando, sem a transferência da propriedade de ações ou quotas, forem outorgados os seguintes poderes:

I – indicar os membros do Conselho de Administração, a serem eleitos em Assembleia Geral pelos acionistas, nas sociedades regidas pela Lei nº 6.404, de 15 de dezembro de 1976; ou administradores, a serem eleitos pelos quotistas, nas demais sociedades;

II – indicar os membros do Conselho Fiscal, a serem eleitos pelos acionistas ou quotistas controladores em Assembleia Geral;

III – exercer poder de veto sobre qualquer proposta submetida à votação dos acionistas ou quotistas da concessionária, que representem, ou possam representar, prejuízos aos fins previstos no *caput* deste artigo;

IV – outros poderes necessários ao alcance dos fins previstos no *caput* deste artigo.

§ 5º A administração temporária autorizada na forma deste artigo não acarretará responsabilidade aos financiadores e garantidores em relação à tributação, encargos, ônus, sanções, obrigações ou compromissos com terceiros, inclusive com o poder concedente ou empregados.

§ 6º O Poder Concedente disciplinará sobre o prazo da administração temporária.

▸ Art. 27-A acrescido pela Lei nº 13.097, de 19-1-2015.

Art. 28. Nos contratos de financiamento, as concessionárias poderão oferecer em garantia os direitos emergentes da concessão, até o limite que não comprometa a operacionalização e a continuidade da prestação do serviço.

Parágrafo único. *Revogado*. Lei nº 9.074, de 7-7-1995.

Art. 28-A. Para garantir contratos de mútuo de longo prazo, destinados a investimentos relacionados a contratos de concessão, em qualquer de suas modalidades, as concessionárias poderão ceder ao mutuante, em caráter fiduciário, parcela de seus créditos operacionais futuros, observadas as seguintes condições:

I – o contrato de cessão dos créditos deverá ser registrado em Cartório de Títulos e Documentos para ter eficácia perante terceiros;

II – sem prejuízo do disposto no inciso I do *caput* deste artigo, a cessão do crédito não terá eficácia em relação ao Poder Público concedente senão quando for este formalmente notificado;

III – os créditos futuros cedidos nos termos deste artigo serão constituídos sob a titularidade do mutuante, independentemente de qualquer formalidade adicional;

IV – o mutuante poderá indicar instituição financeira para efetuar a cobrança e receber os pagamentos dos créditos cedidos ou permitir que a concessionária o faça, na qualidade de representante e depositária;

V – na hipótese de ter sido indicada instituição financeira, conforme previsto no inciso IV do *caput* deste artigo, fica a concessionária obrigada a apresentar a essa os créditos para cobrança;

VI – os pagamentos dos créditos cedidos deverão ser depositados pela concessionária ou pela instituição encarregada da cobrança em conta-corrente bancária vinculada ao contrato de mútuo;

VII – a instituição financeira depositária deverá transferir os valores recebidos ao mutuante à medida que as obrigações do contrato de mútuo tornarem-se exigíveis; e

VIII – o contrato de cessão disporá sobre a devolução à concessionária dos recursos excedentes, sendo vedada a retenção do saldo após o adimplemento integral do contrato.

Parágrafo único. Para os fins deste artigo, serão considerados contratos de longo prazo aqueles cujas obrigações tenham prazo médio de vencimento superior a cinco anos.

▸ Art. 28-A acrescido pela Lei nº 11.196, de 21-11-2005.

CAPÍTULO VII
DOS ENCARGOS DO PODER CONCEDENTE

Art. 29. Incumbe ao poder concedente:

I – regulamentar o serviço concedido e fiscalizar permanentemente a sua prestação;

II – aplicar as penalidades regulamentares e contratuais;

III – intervir na prestação do serviço, nos casos e condições previstos em lei;

IV – extinguir a concessão, nos casos previstos nesta Lei e na forma prevista no contrato;

V – homologar reajustes e proceder à revisão das tarifas na forma desta Lei, das normas pertinentes e do contrato;

VI – cumprir e fazer cumprir as disposições regulamentares do serviço e as cláusulas contratuais da concessão;

VII – zelar pela boa qualidade do serviço, receber, apurar e solucionar queixas e reclamações dos usuários, que serão cientificados, em até trinta dias, das providências tomadas;

VIII – declarar de utilidade pública os bens necessários à execução do serviço ou obra pública, promovendo as desapropriações, diretamente ou mediante outorga de poderes à concessionária, caso em que será desta a responsabilidade pelas indenizações cabíveis;

IX – declarar de necessidade ou utilidade pública, para fins de instituição de servidão administrativa, os bens necessários à execução de serviço ou obra pública, promovendo-a diretamente ou mediante outorga de poderes à concessionária, caso em que será desta a responsabilidade pelas indenizações cabíveis;

X – estimular o aumento da qualidade, produtividade, preservação do meio ambiente e conservação;

XI – incentivar a competitividade; e

XII – estimular a formação de associações de usuários para defesa de interesses relativos ao serviço.

Art. 30. No exercício da fiscalização, o poder concedente terá acesso aos dados relativos à administração, contabilidade, recursos técnicos, econômicos e financeiros da concessionária.

▸ Art. 71 da CF.

Parágrafo único. A fiscalização do serviço será feita por intermédio de órgão técnico do poder concedente ou por entidade com ele conveniada, e, periodicamente, conforme previsto em norma regulamentar, por comissão composta de representantes do poder concedente, da concessionária e dos usuários.

CAPÍTULO VIII
DOS ENCARGOS DA CONCESSIONÁRIA

Art. 31. Incumbe à concessionária:

I – prestar serviço adequado, na forma prevista nesta Lei, nas normas técnicas aplicáveis e no contrato;

II – manter em dia o inventário e o registro dos bens vinculados à concessão;

III – prestar contas da gestão do serviço ao poder concedente e aos usuários, nos termos definidos no contrato;

IV – cumprir e fazer cumprir as normas do serviço e as cláusulas contratuais da concessão;

V – permitir aos encarregados da fiscalização livre acesso, em qualquer época, às obras, aos equipamentos e às instalações integrantes do serviço, bem como a seus registros contábeis;

VI – promover as desapropriações e constituir servidões autorizadas pelo poder concedente, conforme previsto no edital e no contrato;

VII – zelar pela integridade dos bens vinculados à prestação do serviço, bem como segurá-los adequadamente; e

VIII – captar, aplicar e gerir os recursos financeiros necessários à prestação do serviço.

Parágrafo único. As contratações, inclusive de mão de obra, feitas pela concessionária serão regidas pelas disposições de direito privado e pela legislação trabalhista, não se estabelecendo qualquer relação entre os terceiros contratados pela concessionária e o poder concedente.

CAPÍTULO IX
DA INTERVENÇÃO

Art. 32. O poder concedente poderá intervir na concessão, com o fim de assegurar a adequação na prestação do serviço, bem como o fiel cumprimento das normas contratuais, regulamentares e legais pertinentes.

Parágrafo único. A intervenção far-se-á por decreto do poder concedente, que conterá a designação do interventor, o prazo da intervenção e os objetivos e limites da medida.

Art. 33. Declarada a intervenção, o poder concedente deverá, no prazo de trinta dias, instaurar procedimento administrativo para comprovar as causas determinantes da medida e apurar responsabilidades, assegurado o direito de ampla defesa.

§ 1º Se ficar comprovado que a intervenção não observou os pressupostos legais e regulamentares será declarada sua nulidade, devendo o serviço ser imediatamente devolvido à concessionária, sem prejuízo de seu direito à indenização.

§ 2º O procedimento administrativo a que se refere o *caput* deste artigo deverá ser concluído no prazo de até cento e oitenta dias, sob pena de considerar-se inválida a intervenção.

Art. 34. Cessada a intervenção, se não for extinta a concessão, a administração do serviço será devolvida à concessionária, precedida de prestação de contas pelo interventor, que responderá pelos atos praticados durante a sua gestão.

CAPÍTULO X
DA EXTINÇÃO DA CONCESSÃO

Art. 35. Extingue-se a concessão por:

I – advento do termo contratual;

II – encampação;

III – caducidade;

IV – rescisão;

V – anulação; e

VI – falência ou extinção da empresa concessionária e falecimento ou incapacidade do titular, no caso de empresa individual.

§ 1º Extinta a concessão, retornam ao poder concedente todos os bens reversíveis, direitos e privilégios transferidos ao concessionário conforme previsto no edital e estabelecido no contrato.

§ 2º Extinta a concessão, haverá a imediata assunção do serviço pelo poder concedente, procedendo-se aos levantamentos, avaliações e liquidações necessários.

§ 3º A assunção do serviço autoriza a ocupação das instalações e a utilização, pelo poder concedente, de todos os bens reversíveis.

§ 4º Nos casos previstos nos incisos I e II deste artigo, o poder concedente, antecipando-se à extinção da concessão, procederá aos levantamentos e avaliações necessários à determinação dos montantes da indenização que será devida à concessionária, na forma dos arts. 36 e 37 desta Lei.

Art. 36. A reversão no advento do termo contratual far-se-á com a indenização das parcelas dos investimentos vinculados a bens reversíveis, ainda não amortizados ou depreciados, que tenham sido realizados com o objetivo de garantir a continuidade e atualidade do serviço concedido.

Art. 37. Considera-se encampação a retomada do serviço pelo poder concedente durante o prazo da concessão, por motivo de interesse público, mediante lei autorizativa específica e após prévio pagamento da indenização, na forma do artigo anterior.

Art. 38. A inexecução total ou parcial do contrato acarretará, a critério do poder concedente, a declaração de caducidade da concessão ou a aplicação das sanções contratuais, respeitadas as disposições deste artigo, do art. 27, e as normas convencionadas entre as partes.

§ 1º A caducidade da concessão poderá ser declarada pelo poder concedente quando:

I – o serviço estiver sendo prestado de forma inadequada ou deficiente, tendo por base as normas, critérios, indicadores e parâmetros definidores da qualidade do serviço;

II – a concessionária descumprir cláusulas contratuais ou disposições legais ou regulamentares concernentes à concessão;

III – a concessionária paralisar o serviço ou concorrer para tanto, ressalvadas as hipóteses decorrentes de caso fortuito ou força maior;

IV – a concessionária perder as condições econômicas, técnicas ou operacionais para manter a adequada prestação do serviço concedido;

V – a concessionária não cumprir as penalidades impostas por infrações, nos devidos prazos;

VI – a concessionária não atender a intimação do poder concedente no sentido de regularizar a prestação do serviço; e

VII – a concessionária não atender a intimação do poder concedente para, em 180 (cento e oitenta) dias, apresentar a documentação relativa a regularidade fiscal, no curso da concessão, na forma do art. 29 da Lei nº 8.666, de 21 de junho de 1993.

► Inciso VII com a redação dada pela Lei nº 12.767, de 27-12-2012.

► A Lei nº 8.666, de 21-6-1993, foi revogada pela Lei nº 14.133, de 1º-4-2021.

► Art. 68 da Lei nº 14.133, de 1º-4-2021 (Nova Lei de Licitações e Contratos Administrativos).

§ 2º A declaração da caducidade da concessão deverá ser precedida da verificação da inadimplência da concessionária em processo administrativo, assegurado o direito de ampla defesa.

§ 3º Não será instaurado processo administrativo de inadimplência antes de comunicados à concessionária, detalhadamente, os descumprimentos contratuais referidos no § 1º deste artigo, dando-lhe um prazo para corrigir as falhas e transgressões apontadas e para o enquadramento, nos termos contratuais.

§ 4º Instaurado o processo administrativo e comprovada a inadimplência, a caducidade será declarada por decreto do poder concedente, independentemente de indenização prévia, calculada no decurso do processo.

§ 5º A indenização de que trata o parágrafo anterior, será devida na forma do art. 36 desta Lei e do contrato, descontado o valor das multas contratuais e dos danos causados pela concessionária.

§ 6º Declarada a caducidade, não resultará para o poder concedente qualquer espécie de responsabilidade em relação aos encargos, ônus, obrigações ou compromissos com terceiros ou com empregados da concessionária.

Art. 39. O contrato de concessão poderá ser rescindido por iniciativa da concessionária, no caso de descumprimento das normas contratuais pelo poder concedente, mediante ação judicial especialmente intentada para esse fim.

Parágrafo único. Na hipótese prevista no *caput* deste artigo, os serviços prestados pela concessionária não poderão ser interrompidos ou paralisados, até a decisão judicial transitada em julgado.

CAPÍTULO XI
DAS PERMISSÕES

Art. 40. A permissão de serviço público será formalizada mediante contrato de adesão, que observará os termos desta Lei, das demais normas pertinentes e do edital de licitação, inclusive quanto à precariedade e à revogabilidade unilateral do contrato pelo poder concedente.

► Art. 2º, IV, desta Lei.

Parágrafo único. Aplica-se às permissões o disposto nesta Lei.

CAPÍTULO XII
DISPOSIÇÕES FINAIS E TRANSITÓRIAS

Art. 41. O disposto nesta Lei não se aplica à concessão, permissão e autorização para o serviço de radiodifusão sonora e de sons e imagens.

► Arts. 21, XII, *a*, e 223 da CF.

Art. 42. As concessões de serviço público outorgadas anteriormente à entrada em vigor desta Lei consideram-se válidas pelo prazo fixado no contrato ou no ato de outorga, observado o disposto no art. 43 desta Lei.

▶ Art. 22 da Lei nº 9.074, de 7-7-1995, que estabelece normas para outorga e prorrogações das concessões e permissões de serviços públicos.

§ 1º Vencido o prazo mencionado no contrato ou ato de outorga, o serviço poderá ser prestado por órgão ou entidade do poder concedente, ou delegado a terceiros, mediante novo contrato.

▶ § 1º com a redação dada pela Lei nº 11.445, de 5-1-2007.

▶ O STF, por unanimidade, julgou parcialmente procedente a ADI nº 4.058, conferindo a este parágrafo interpretação conforme à Constituição, sem redução de texto, "no sentido de ser imprescindível a realização de licitação prévia à nova delegação a terceiros" (*DOU* de 11-2-2019).

§ 2º As concessões em caráter precário, as que estiverem com prazo vencido e as que estiverem em vigor por prazo indeterminado, inclusive por força de legislação anterior, permanecerão válidas pelo prazo necessário à realização dos levantamentos e avaliações indispensáveis à organização das licitações que precederão a outorga das concessões que as substituirão, prazo esse que não será inferior a 24 (vinte e quatro) meses.

§ 3º As concessões a que se refere o § 2º deste artigo, inclusive as que não possuam instrumento que as formalize ou que possuam cláusula que preveja prorrogação, terão validade máxima até o dia 31 de dezembro de 2010, desde que, até o dia 30 de junho de 2009, tenham sido cumpridas, cumulativamente, as seguintes condições:

I – levantamento mais amplo e retroativo possível dos elementos físicos constituintes da infraestrutura de bens reversíveis e dos dados financeiros, contábeis e comerciais relativos à prestação dos serviços, em dimensão necessária e suficiente para a realização do cálculo de eventual indenização relativa aos investimentos ainda não amortizados pelas receitas emergentes da concessão, observadas as disposições legais e contratuais que regulavam a prestação do serviço ou a ela aplicáveis nos 20 (vinte) anos anteriores ao da publicação desta Lei;

II – celebração de acordo entre o poder concedente e o concessionário sobre os critérios e a forma de indenização de eventuais créditos remanescentes de investimentos ainda não amortizados ou depreciados, apurados a partir dos levantamentos referidos no inciso I deste parágrafo e auditados por instituição especializada escolhida de comum acordo pelas partes; e

III – publicação na imprensa oficial de ato formal de autoridade do poder concedente, autorizando a prestação precária dos serviços por prazo de até 6 (seis) meses, renovável até 31 de dezembro de 2008, mediante comprovação do cumprimento do disposto nos incisos I e II deste parágrafo.

§ 4º Não ocorrendo o acordo previsto no inciso II do § 3º deste artigo, o cálculo da indenização de investimentos será feito com base nos critérios previstos no instrumento de concessão antes celebrado ou, na omissão deste, por avaliação de seu valor econômico ou reavaliação patrimonial, depreciação e amortização de ativos imobilizados definidos pelas legislações fiscal e das sociedades por ações, efetuada por empresa de auditoria independente escolhida de comum acordo pelas partes.

§ 5º No caso do § 4º deste artigo, o pagamento de eventual indenização será realizado, mediante garantia real, por meio de 4 (quatro) parcelas anuais, iguais e sucessivas, da parte ainda não amortizada de investimentos e de outras indenizações relacionadas à prestação dos serviços, realizados com capital próprio do concessionário ou de seu controlador, ou originários de operações de financiamento, ou obtidos mediante emissão de ações, debêntures e outros títulos mobiliários, com a primeira parcela paga até o último dia útil do exercício financeiro em que ocorrer a reversão.

§ 6º Ocorrendo acordo, poderá a indenização de que trata o § 5º deste artigo ser paga mediante receitas de novo contrato que venha a disciplinar a prestação do serviço.

▶ §§ 3º a 6º acrescidos pela Lei nº 11.445, de 5-1-2007.

Art. 43. Ficam extintas todas as concessões de serviços públicos outorgadas sem licitação na vigência da Constituição de 1988.

Parágrafo único. Ficam também extintas todas as concessões outorgadas sem licitação anteriormente à Constituição de 1988, cujas obras ou serviços não tenham sido iniciados ou que se encontrem paralisados quando da entrada em vigor desta Lei.

Art. 44. As concessionárias que tiverem obras que se encontrem atrasadas, na data da publicação desta Lei, apresentarão ao poder concedente, dentro de cento e oitenta dias, plano efetivo de conclusão das obras.

Parágrafo único. Caso a concessionária não apresente o plano a que se refere este artigo ou se este plano não oferecer condições efetivas para o término da obra, o poder concedente poderá declarar extinta a concessão, relativa a essa obra.

Art. 45. Nas hipóteses de que tratam os arts. 43 e 44 desta Lei, o poder concedente indenizará as obras e serviços realizados somente no caso e com os recursos da nova licitação.

Parágrafo único. A licitação de que trata o *caput* deste artigo deverá, obrigatoriamente, levar em conta, para fins de avaliação, o estágio das obras paralisadas ou atrasadas, de modo a permitir a utilização do critério de julgamento estabelecido no inciso III do art. 15 desta Lei.

Art. 46. Esta Lei entra em vigor na data de sua publicação.

Art. 47. Revogam-se as disposições em contrário.

Brasília, 13 de fevereiro de 1995;
174º da Independência e
107º da República.
Fernando Henrique Cardoso

LEI Nº 9.051, DE 18 DE MAIO DE 1995

Dispõe sobre a expedição de certidões para a defesa de direitos e esclarecimentos de situações.

▶ Publicada no *DOU* de 19-5-1995.

▶ Art. 5º, XXXIII e XXXIV, da CF.

▶ Lei nº 11.971, de 6-7-2009, dispõe sobre as certidões expedidas pelos Ofícios do Registro de Distribuição e Distribuidores Judiciais.

Art. 1º As certidões para a defesa de direitos e esclarecimentos de situações, requeridas aos órgãos da administração centralizada ou autárquica, às empresas públicas, às sociedades de economia mista e às fundações públicas da União, dos Estados, do Distrito Federal e dos Municípios, deverão ser expedidas no prazo improrrogável de quinze dias, contado do registro do pedido no órgão expedidor.

Art. 2º Nos requerimentos que objetivam a obtenção das certidões a que se refere esta Lei, deverão os interessados fazer constar esclarecimentos relativos aos fins e razões do pedido.

Art. 3º VETADO.

Art. 4º Esta Lei entra em vigor na data de sua publicação.

Art. 5º Revogam-se as disposições em contrário.

Brasília, 18 de maio de 1995;
174º da Independência e
107º da República.
Fernando Henrique Cardoso

LEI Nº 9.074, DE 7 DE JULHO DE 1995

Estabelece normas para outorga e prorrogações das concessões e permissões de serviços públicos e dá outras providências.

▶ Publicada no *DOU* de 8-7-1995 e republicada no *DOU* de 28-9-1998.

CAPÍTULO I – DAS DISPOSIÇÕES INICIAIS

Art. 1º Sujeitam-se ao regime de concessão ou quando couber, de permissão, nos termos da Lei nº 8.987, de 13 de fevereiro de 1995, os seguintes serviços e obras públicas de competência da União:

▶ Lei nº 8.987, de 13-2-1995 (Lei da Concessão e Permissão da Prestação de Serviços Públicos).

I a III – VETADOS;

IV – vias federais, precedidas ou não da execução de obra pública;

V – exploração de obras ou serviços federais de barragens, contenções, eclusas ou outros dispositivos de transposição hidroviária de níveis, diques, irrigações, precedidas ou não da execução de obras públicas;

▶ Inciso V com a redação dada pela Lei nº 13.081, de 2-1-2015.

VI – estações aduaneiras e outros terminais alfandegados de uso público, não instalados em área de porto ou aeroporto, precedidos ou não de obras públicas;

VII – os serviços postais.

▶ Inciso VII acrescido pela Lei nº 9.648, de 27-5-1998.

§ 1º *Revogado*. Lei nº 11.668, de 2-5-2008.

§ 2º O prazo das concessões e permissões de que trata o inciso VI deste artigo será de vinte e cinco anos, podendo ser prorrogado por dez anos.

§ 3º Ao término do prazo, as atuais concessões e permissões, mencionadas no § 2º, incluídas as anteriores à Lei nº 8.987, de 13 de fevereiro de 1995, serão prorrogadas pelo prazo previsto no § 2º.

▶ §§ 2º e 3º acrescidos pela Lei nº 10.684, de 30-5-2003.

▸ O STF, no julgamento da ADI nº 3.497, conferiu interpretação conforme à Constituição aos §§ 2º e 3º (*DOU* de 26-9-2024).

Art. 2º É vedado à União, aos Estados, ao Distrito Federal e aos Municípios executarem obras e serviços públicos por meio de concessão e permissão de serviço público, sem lei que lhes autorize e fixe os termos, dispensada a lei autorizativa nos casos de saneamento básico e limpeza urbana e nos já referidos na Constituição Federal, nas Constituições Estaduais e nas Leis Orgânicas do Distrito Federal e Municípios, observado, em qualquer caso, os termos da Lei nº 8.987, de 1995.

▸ Lei nº 8.987, de 13-2-1995 (Lei da Concessão e Permissão da Prestação de Serviços Públicos).

§ 1º A contratação dos serviços e obras públicas resultantes dos processos iniciados com base na Lei nº 8.987, de 1995, entre a data de sua publicação e a da presente Lei, fica dispensada de lei autorizativa.

§ 2º Independe de concessão, permissão ou autorização o transporte de cargas pelos meios rodoviário e aquaviário.

▸ § 2º com a redação dada pela Lei nº 9.432, de 8-1-1997.

§ 3º Independe de concessão ou permissão o transporte:

I – aquaviário, de passageiros, que não seja realizado entre portos organizados;

II – rodoviário e aquaviário de pessoas, realizado por operadoras de turismo no exercício dessa atividade;

III – de pessoas, em caráter privativo de organizações públicas ou privadas, ainda que em forma regular.

§ 4º A outorga para exploração indireta de ferrovias em regime de direito privado será exercida mediante autorização, na forma da legislação específica.

▸ § 4º acrescido pela Lei nº 14.273, de 23-12-2021.

Art. 3º Na aplicação dos arts. 42, 43 e 44 da Lei nº 8.987, de 1995, serão observadas pelo poder concedente as seguintes determinações:

▸ Lei nº 8.987, de 13-2-1995 (Lei da Concessão e Permissão da Prestação de Serviços Públicos).

I – garantia da continuidade na prestação dos serviços públicos;

II – prioridade para conclusão de obras paralisadas ou em atraso;

III – aumento da eficiência das empresas concessionárias, visando à elevação da competitividade global da economia nacional;

IV – atendimento abrangente ao mercado, sem exclusão das populações de baixa renda e das áreas de baixa densidade populacional inclusive as rurais;

V – uso racional dos bens coletivos, inclusive os recursos naturais.

CAPÍTULO II
DOS SERVIÇOS DE ENERGIA ELÉTRICA

Seção I
DAS CONCESSÕES, PERMISSÕES E AUTORIZAÇÕES

Art. 4º As concessões, permissões e autorizações de exploração de serviços e instalações de energia elétrica e de aproveitamento energético dos cursos de água serão contratadas, prorrogadas ou outorgadas nos termos desta e da Lei nº 8.987, e das demais.

▸ Lei nº 8.987, de 13-2-1995 (Lei da Concessão e Permissão da Prestação de Serviços Públicos).

§ 1º As contratações, outorgas e prorrogações de que trata este artigo poderão ser feitas a título oneroso em favor da União.

§ 2º As concessões de geração de energia elétrica anteriores a 11 de dezembro de 2003 terão o prazo necessário à amortização dos investimentos, limitado a 35 (trinta e cinco) anos, contado da data de assinatura do imprescindível contrato, podendo ser prorrogado por até 20 (vinte) anos, a critério do Poder Concedente, observadas as condições estabelecidas nos contratos.

▸ § 2º com a redação dada pela Lei nº 10.848, de 15-3-2004.

§ 3º As concessões de transmissão e de distribuição de energia elétrica, contratadas a partir desta Lei, terão o prazo necessário à amortização dos investimentos, limitado a trinta anos, contado da data de assinatura do imprescindível contrato, podendo ser prorrogado no máximo por igual período, a critério do poder concedente, nas condições estabelecidas no contrato.

§ 4º As prorrogações referidas neste artigo deverão ser requeridas pelo concessionário ou permissionário, no prazo de até trinta e seis meses anteriores à data final do respectivo contrato, devendo o poder concedente manifestar-se sobre o requerimento até dezoito meses antes dessa data.

§ 5º As concessionárias, as permissionárias e as autorizadas de serviço público de distribuição de energia elétrica que atuem no Sistema Interligado Nacional – SIN não poderão desenvolver atividades:

▸ Art. 20 da Lei nº 10.848, de 15-3-2004, que dispõe sobre a comercialização de energia elétrica.

I – de geração de energia elétrica;

II – de transmissão de energia elétrica;

III – de venda de energia a consumidores de que tratam os arts. 15 e 16 desta Lei, exceto às unidades consumidoras localizadas na área de concessão ou permissão da empresa distribuidora, sob as mesmas condições reguladas aplicáveis aos demais consumidores não abrangidos por aqueles artigos, inclusive tarifas e prazos, ressalvado o disposto no § 13;

▸ Inciso III com a redação dada pela Lei nº 13.360, de 17-11-2016.

IV – de participação em outras sociedades de forma direta ou indireta, ressalvado o disposto no art. 31, inciso VIII, da Lei nº 8.987, de 13 de fevereiro de 1995, e nos respectivos contratos de concessão; ou

▸ Lei nº 8.987, de 13-2-1995 (Lei da Concessão e Permissão da Prestação de Serviços Públicos).

V – estranhas ao objeto da concessão, permissão ou autorização, exceto nos casos previstos em lei e nos respectivos contratos de concessão.

▸ § 5º acrescido pela Lei nº 10.848, de 15-3-2004.

§ 6º Não se aplica o disposto no § 5º deste artigo às concessionárias, permissionárias e autorizadas de distribuição e às cooperativas de eletrificação rural:

▸ § 6º com a redação dada pela Lei nº 11.292, de 26-4-2006.

▸ Art. 20 da Lei nº 10.848, de 15-3-2004, que dispõe sobre a comercialização de energia elétrica.

I – no atendimento a sistemas elétricos isolados;

▸ Inciso I acrescido pela Lei nº 10.848, de 15-3-2004.

II – no atendimento ao seu mercado próprio, desde que seja inferior a 500 (quinhentos) GWh/ano e a totalidade da energia gerada seja a ele destinada;

▸ Inciso II com a redação dada pela Lei nº 11.292, de 26-4-2006.

III – *na captação, aplicação ou empréstimo de recursos financeiros destinados ao próprio agente ou a sociedade coligada, controlada, controladora ou vinculada a controladora comum, desde que destinados ao serviço público de energia elétrica, mediante anuência prévia da ANEEL, observado o disposto no inciso XIII do art. 3º da Lei nº 9.427, de 26 de dezembro de 1996, com redação dada pelo art. 17 da Lei nº 10.438, de 26 de abril de 2002, garantida a modicidade tarifária e atendido ao disposto na Lei nº 6.404, de 15 de dezembro de 1976*; e

▸ Inciso III com a redação dada pela MP nº 1.300, de 21-5-2025, que até o encerramento desta edição não havia sido convertida em lei.

▸ Lei nº 6.404, de 15-12-1976 (Lei das Sociedades por Ações).

▸ Lei nº 9.427, de 26-12-1996, institui a Agência Nacional de Energia Elétrica – ANEEL e disciplina o regime das concessões de serviços públicos de energia elétrica.

▸ Lei nº 10.438, de 26-4-2002, dispõe sobre a universalização do serviço público de energia elétrica.

IV – *no exercício como Supridor de Última Instância – SUI, conforme regulamento.*

▸ Inciso IV acrescido pela MP nº 1.300, de 21-5-2025, que até o encerramento desta edição não havia sido convertida em lei.

§ 7º As concessionárias e as autorizadas de geração de energia elétrica que atuem no Sistema Interligado Nacional – SIN não poderão ser coligadas ou controladoras de sociedades que desenvolvam atividades de distribuição de energia elétrica no SIN.

▸ Art. 20 da Lei nº 10.848, de 15-3-2004, que dispõe sobre a comercialização de energia elétrica.

§ 8º A regulamentação deverá prever sanções para o descumprimento do disposto nos §§ 5º, 6º e 7º deste artigo após o período estabelecido para a desverticalização.

§ 9º As concessões de geração de energia elétrica, contratadas a partir da Medida Provisória nº 144, de 11 de dezembro de 2003, terão o prazo necessário à amortização dos investimentos, limitado a 35 (trinta e cinco) anos, contado da data de assinatura do imprescindível contrato.

▸ §§ 7º a 9º acrescidos pela Lei nº 10.848, de 15-3-2004.

§ 10. Fica a Agência Nacional de Energia Elétrica – ANEEL autorizada a celebrar aditivos aos contratos de concessão de uso de bem público de aproveitamentos de potenciais hidráulicos feitos a título oneroso em favor da União, mediante solicitação do respectivo titular, com a finalidade de permitir que o início do pagamento pelo uso de bem público coincida com uma das seguintes situações, a que ocorrer primeiro:

I – o início da entrega da energia objeto de Contratos de Comercialização de Energia no Ambiente Regulado – CCEAR; ou

II – a efetiva entrada em operação comercial do aproveitamento.

§ 11. Quando da solicitação de que trata o § 10 deste artigo resultar postergação do início de pagamento pelo uso de bem público, a cele-

LEGISLAÇÃO ADMINISTRATIVA

bração do aditivo contratual estará condicionada à análise e à aceitação pela ANEEL das justificativas apresentadas pelo titular da concessão para a postergação solicitada.

§ 12. No caso de postergação do início do pagamento, sobre o valor não pago incidirá apenas atualização monetária mediante a aplicação do índice previsto no contrato de concessão.

► §§ 10 a 12 acrescidos pela Lei nº 11.488, de 15-6-2007.

§ 13. As concessionárias do serviço público de distribuição de energia elétrica poderão, conforme regulação da Aneel, negociar com consumidores de que tratam os arts. 15 e 16 desta Lei, afastada a vedação de que trata o inciso III do § 5º, contratos de venda de energia elétrica lastreados no excesso de energia contratada para atendimento à totalidade do mercado.

► § 13 acrescido pela Lei nº 13.360, de 17-11-2016.

§ 14. *Até 1º de julho de 2026, deverá ser feita a separação tarifária e contábil ou a separação contratual das atividades de comercialização regulada de energia e de prestação do serviço público de distribuição de energia elétrica, assegurado o equilíbrio econômico-financeiro dos contratos.*

► § 14 acrescido pela MP nº 1.300, de 21-5-2025, que até o encerramento desta edição não havia sido convertida em lei.

Art. 4º-A. Os concessionários de geração de aproveitamentos hidrelétricos outorgados até 15 de março de 2004 que não entrarem em operação até 30 de junho de 2013 terão o prazo de 30 (trinta) dias para requerer a rescisão de seus contratos de concessão, sendo-lhes assegurado, no que couber:

I – a liberação ou restituição das garantias de cumprimento das obrigações do contrato de concessão;

II – o não pagamento pelo uso de bem público durante a vigência do contrato de concessão;

III – o ressarcimento dos custos incorridos na elaboração de estudos ou projetos que venham a ser aprovados para futura licitação para exploração do aproveitamento, nos termos do art. 28 da Lei nº 9.427, de 26 de dezembro de 1996.

§ 1º O poder concedente poderá expedir diretrizes complementares para fins do disposto neste artigo.

§ 2º A fim de garantir a condição estabelecida no inciso II do *caput*, fica assegurada ao concessionário a devolução do valor de Uso de Bem Público – UBP efetivamente pago e ou a remissão dos encargos de mora contratualmente previstos.

Art. 4º-B. As concessionárias de distribuição de energia elétrica sujeitas a controle societário comum que, reunidas, atendam a critérios de racionalidade operacional e econômica, conforme regulamento, poderão solicitar o reagrupamento das áreas de concessão com a unificação do termo contratual.

► Arts. 4º-A e 4º-B acrescidos pela Lei nº 12.839, de 9-7-2013.

Art. 4º-C. O concessionário, permissionário ou autorizatário de serviços e instalações de energia elétrica poderá apresentar plano de transferência de controle societário como alternativa à extinção da outorga, conforme regulação da Aneel.

§ 1º O plano de transferência de controle societário deverá demonstrar a viabilidade da troca de controle e o benefício dessa medida para a adequação do serviço prestado.

§ 2º A aprovação do plano de transferência de controle societário pela Aneel suspenderá o processo de extinção da concessão.

§ 3º A transferência do controle societário, dentro do prazo definido pela Aneel, ensejará o arquivamento do processo de extinção da concessão.

► Art. 4º-C acrescido pela Lei nº 13.360, de 17-11-2016.

Art. 4º-D. VETADO. Lei nº 13.360, de 17-11-2016.

Art. 4º-E. A concessionária de serviço público de distribuição de energia elétrica que adquirir prestadora de serviço público de distribuição de energia elétrica com mercado próprio inferior a 700 GWh/ano (setecentos gigawatts por ano), da qual é supridora, total ou parcialmente, terá direito, pelo prazo de 10 (dez) anos, a:

► *Caput* acrescido pela Lei nº 14.182, de 12-7-2021.

I – 25% (vinte e cinco por cento) do valor da subvenção de que tratam os incisos XIII e XVIII do *caput* do art. 13 da Lei nº 10.438, de 26 de abril de 2002, recebida pela prestadora de serviço público de distribuição de energia elétrica adquirida; ou

► Inciso I com a redação dada pela Lei nº 14.299, de 5-1-2022.

II – 55% (cinquenta e cinco por cento) do ganho econômico proporcionado aos consumidores atendidos pela prestadora de serviço público de distribuição de energia elétrica adquirida.

► Inciso II acrescido pela Lei nº 14.182, de 12-7-2021.

§ 1º O ganho econômico de que trata o inciso II do *caput* deste artigo corresponde ao resultado da multiplicação do mercado anual da prestadora de serviço público de distribuição de energia elétrica adquirida pela diferença entre a sua tarifa média de fornecimento e a tarifa média, considerando todo o País, de fornecimento das concessionárias do serviço público de distribuição de energia elétrica.

§ 2º Os valores de que tratam os incisos I e II do *caput* deste artigo serão:

I – apurados no ano em que ocorrer a aquisição; e

II – corrigidos pela variação média anual das tarifas, considerando todo o País, de fornecimento de energia elétrica praticadas pelas concessionárias do serviço público de distribuição de energia elétrica.

§ 3º O incentivo de que trata este artigo é condicionado ao agrupamento das outorgas na forma do art. 4º-B desta Lei.

► §§ 1º a 3º acrescidos pela Lei nº 14.182, de 12-7-2021.

Art. 5º São objeto de concessão, mediante licitação:

I – o aproveitamento de potenciais hidráulicos e a implantação de usinas termoelétricas de potência superior a 50.000 kW (cinquenta mil quilowatts) destinados a execução de serviço público;

II – o aproveitamento de potenciais hidráulicos de potência superior a 50.000 kW (cinquenta mil quilowatts) destinados a produção independente de energia elétrica;

III – de UBP, o aproveitamento de potenciais hidráulicos de potência superior a 50.000 kW (cinquenta mil quilowatts) destinados a uso exclusivo de autoprodutor, resguardado direito adquirido relativo às concessões existentes.

► Incisos I a III com a redação dada pela Lei nº 13.360, de 17-11-2016.

§ 1º Nas licitações previstas neste e no artigo seguinte, o poder concedente deverá especificar as finalidades do aproveitamento ou da implantação das usinas.

§ 2º Nenhum aproveitamento hidrelétrico poderá ser licitado sem a definição do "aproveitamento ótimo" pelo poder concedente, podendo ser atribuída ao licitante vencedor a responsabilidade pelo desenvolvimento dos projetos básico e executivo.

§ 3º Considera-se "aproveitamento ótimo", todo potencial definido em sua concepção global pelo melhor eixo do barramento, arranjo físico geral, níveis d'água operativos, reservatório e potência, integrante da alternativa escolhida para divisão de quedas de uma bacia hidrográfica.

Art. 6º As usinas termelétricas destinadas à produção independente poderão ser objeto de concessão mediante licitação ou autorização.

Art. 7º São objeto de autorização:

I – a implantação de usinas termoelétricas de potência superior a 5.000 kW (cinco mil quilowatts) destinadas a uso exclusivo do autoprodutor e a produção independente de energia;

II – o aproveitamento de potenciais hidráulicos de potência superior a 5.000 kW (cinco mil quilowatts) e igual ou inferior a 50.000 kW (cinquenta mil quilowatts) destinados a uso exclusivo do autoprodutor e a produção independente de energia.

► Incisos I e II com a redação dada pela Lei nº 13.360, de 17-11-2016.

Parágrafo único. As usinas termelétricas referidas neste e nos arts. 5º e 6º não compreendem aquelas cuja fonte primária de energia é a nuclear.

Art. 8º O aproveitamento de potenciais hidráulicos e a implantação de usinas termoelétricas de potência igual ou inferior a 5.000 kW (cinco mil quilowatts) estão dispensados de concessão, permissão ou autorização, devendo apenas ser comunicados ao poder concedente.

► *Caput* com a redação dada pela Lei nº 13.360, de 17-11-2016.

§ 1º Não poderão ser implantados aproveitamentos hidráulicos descritos no *caput* que estejam localizados em trechos de rios em que outro interessado detenha Registro Ativo para desenvolvimento de Projeto Básico ou Estudo de Viabilidade no âmbito da ANEEL, ou ainda em que já haja aproveitamento outorgado.

► § 1º com a redação dada pela Lei nº 13.097, de 19-1-2015.

§ 2º No caso de empreendimento hidroelétrico igual ou inferior a 5.000 kW (cinco mil quilowatts) construído em rio sem inventário aprovado pela Aneel, na eventualidade de o empreendimento ser afetado por aproveitamento ótimo do curso de água, não caberá qualquer ônus ao poder concedente ou à Aneel.

§ 3º Os empreendimentos hidroelétricos de potência igual ou inferior a 5.000 kW (cinco mil quilowatts) deverão respeitar a partição de quedas aprovada no inventário do respectivo rio.

▸ §§ 2º e 3º com a redação dada pela Lei nº 13.360, de 17-11-2016.

Art. 9º É o poder concedente autorizado a regularizar, mediante outorga de autorização, o aproveitamento hidrelétrico existente na data de publicação desta Lei, sem ato autorizativo.

Parágrafo único. O requerimento de regularização deverá ser apresentado ao poder concedente no prazo máximo de cento e oitenta dias da data de publicação desta Lei.

Art. 10. Cabe à Agência Nacional de Energia Elétrica – ANEEL, declarar a utilidade pública, para fins de desapropriação ou instituição de servidão administrativa, das áreas necessárias à implantação de instalações de concessionários, permissionários e autorizados de energia elétrica.

▸ Artigo com a redação dada pela Lei nº 9.648, de 27-5-1998.

Seção II
DO PRODUTOR INDEPENDENTE DE ENERGIA ELÉTRICA

Art. 11. Considera-se produtor independente de energia elétrica a pessoa jurídica ou empresas reunidas em consórcio que recebam concessão ou autorização do poder concedente, para produzir energia elétrica destinada ao comércio de toda ou parte da energia produzida, por sua conta e risco.

Parágrafo único. O produtor Independente de energia elétrica estará sujeito às regras de comercialização regulada ou livre, atendido ao disposto nesta Lei, na legislação em vigor e no contrato de concessão ou no ato de autorização, sendo-lhe assegurado o direito de acesso à rede das concessionárias e permissionárias do serviço público de distribuição e das concessionárias do serviço público de transmissão.

▸ Parágrafo único com a redação dada pela Lei nº 11.943, de 28-5-2009.

Art. 12. A venda de energia elétrica por produtor independente poderá ser feita para:

I – concessionário de serviço público de energia elétrica;

II – consumidor de energia elétrica, nas condições estabelecidas nos arts. 15 e 16;

III – consumidores de energia elétrica integrantes de complexo industrial ou comercial, aos quais o produtor independente também forneça vapor oriundo de processo de cogeração;

IV – conjunto de consumidores de energia elétrica, independentemente de tensão e carga, nas condições previamente ajustadas com o concessionário local de distribuição;

V – qualquer consumidor que demonstre ao poder concedente não ter o concessionário local lhe assegurado o fornecimento no prazo de até cento e oitenta dias contado da respectiva solicitação.

Parágrafo único. A comercialização na forma prevista nos incisos I, IV e V do *caput* deste artigo deverá ser exercida de acordo com critérios gerais fixados pelo Poder Concedente.

▸ Parágrafo único com a redação dada Lei nº 10.848, de 15-3-2004.

Art. 13. O aproveitamento de potencial hidráulico, para fins de produção independente, dar-se-á mediante contrato de concessão de uso de bem público, na forma desta Lei.

Art. 14. As linhas de transmissão de interesse restrito aos aproveitamentos de produção independente poderão ser concedidas ou autorizadas, simultânea ou complementarmente, aos respectivos contratos de uso do bem público.

Seção III
DAS OPÇÕES DE COMPRA DE ENERGIA ELÉTRICA POR PARTE DOS CONSUMIDORES

Art. 15. Respeitados os contratos de fornecimento vigentes, a prorrogação das atuais e as novas concessões serão feitas sem exclusividade de fornecimento de energia elétrica a consumidores com carga igual ou maior que 10.000 kW, atendidos em tensão igual ou superior a 69 kV, que podem optar por contratar seu fornecimento, no todo ou em parte, com produtor independente de energia elétrica.

▸ Art. 12, II, desta Lei.

§ 1º Decorridos três anos da publicação desta Lei, os consumidores referidos neste artigo poderão estender sua opção de compra a qualquer concessionário, permissionário ou autorizado de energia elétrica do sistema interligado.

▸ § 1º com a redação dada pela Lei nº 9.648, de 27-5-1998.

§ 2º Decorridos cinco anos da publicação desta Lei, os consumidores com carga igual ou superior a 3.000 kW, atendidos em tensão igual ou superior a 69 kV, poderão optar pela compra de energia elétrica a qualquer concessionário, permissionário ou autorizado de energia elétrica do mesmo sistema interligado.

§ 2º-A. A partir de 1º de janeiro de 2019, os consumidores que, em 7 de julho de 1995, consumirem carga igual ou superior a 3.000 kW (três mil quilowatts) e forem atendidos em tensão inferior a 69 kV poderão optar pela compra de energia elétrica a qualquer concessionário, permissionário ou autorizatário de energia elétrica do sistema.

▸ § 2º-A acrescido pela Lei nº 13.360, de 17-11-2016.

§ 3º Após oito anos da publicação desta Lei, o poder concedente poderá diminuir os limites de carga e tensão estabelecidos neste e no art. 16.

§ 4º Os consumidores que não tiverem cláusulas de tempo determinado em seus contratos de fornecimento só poderão exercer a opção de que trata este artigo de acordo com prazos, formas e condições fixados em regulamentação específica, sendo que nenhum prazo poderá exceder 36 (trinta e seis) meses, contado a partir da data de manifestação formal à concessionária, à permissionária ou à autorizada de distribuição que o atenda.

▸ § 4º com a redação dada pela Lei nº 10.848, de 15-3-2004.

§ 5º O exercício da opção pelo consumidor não poderá resultar em aumento tarifário para os consumidores remanescentes da concessionária de serviços públicos de energia elétrica que haja perdido mercado.

▸ § 5º com a redação dada pela Lei nº 9.648, de 27-5-1998.

§ 6º É assegurado aos fornecedores e respectivos consumidores livre acesso aos sistemas de distribuição e transmissão de concessionário e permissionário de serviço público, mediante ressarcimento do custo de transporte envolvido, calculado com base em critérios fixados pelo poder concedente.

§ 7º *O consumidor que exercer a opção prevista neste artigo e no art. 16 desta Lei deverá garantir o atendimento à totalidade de sua carga, mediante contratação, com um ou mais fornecedores, sujeito a penalidade pelo descumprimento dessa obrigação, observado o disposto no art. 3º, caput, inciso X, da Lei nº 9.427, de 26 de dezembro de 1996, com a possibilidade de o poder concedente flexibilizar o critério de contratação para o atendimento da totalidade da carga por meio de regulamento.*

▸ § 7º com a redação dada pela MP nº 1.300, de 21-5-2025, que até o encerramento desta edição não havia sido convertida em lei.

▸ Lei nº 9.427, de 26-12-1996, institui a Agência Nacional de Energia Elétrica – ANEEL e disciplina o regime das concessões de serviços públicos de energia elétrica.

§ 8º Os consumidores que exercerem a opção prevista neste artigo e no art. 16 desta Lei poderão retornar à condição de consumidor atendido mediante tarifa regulada, garantida a continuidade da prestação dos serviços, nos termos da lei e da regulamentação, desde que informem à concessionária, à permissionária ou à autorizada de distribuição local, com antecedência mínima de 5 (cinco) anos.

§ 9º Os prazos definidos nos §§ 4º e 8º deste artigo poderão ser reduzidos, a critério da concessionária, da permissionária ou da autorizada de distribuição local.

§ 10. Até 31 de dezembro de 2009, respeitados os contratos vigentes, será facultada aos consumidores que pretendam utilizar, em suas unidades industriais, energia elétrica produzida por geração própria, em regime de autoprodução ou produção independente, a redução da demanda e da energia contratadas ou a substituição dos contratos de fornecimento por contratos de uso dos sistemas elétricos, mediante notificação à concessionária de distribuição ou geração, com antecedência mínima de 180 (cento e oitenta) dias.

▸ §§ 8º a 10 acrescidos pela Lei nº 10.848, de 15-3-2004.

§ 11. *A antecedência mínima de que trata o § 8º poderá ser reduzida pelo poder concedente, conforme regulamento.*

§ 12. *A escolha do fornecedor com quem será contratada a compra de energia elétrica será livre aos consumidores atendidos por tensão inferior a 2,3 kV (dois inteiros e três décimos quilovolts), conforme regulamento:*

I – a partir de 1º de agosto de 2026, aos consumidores industriais e comerciais; e

II – a partir de 1º de dezembro de 2027, aos demais consumidores.

§ 13. *O poder concedente deverá regulamentar, até 1º de fevereiro de 2026, as regras para o exercício do SUI, com a definição, entre outros:*

I – do responsável pela prestação do SUI;

II – dos consumidores com direito a essa forma de suprimento;

III – das hipóteses em que esse suprimento será obrigatório;

IV – do prazo máximo desse suprimento;

V – da eventual utilização temporária de energia de reserva para essa forma de suprimento;

VI – *da eventual dispensa de lastro para a contratação; e*

VII – *da forma de cálculo e alocação de custos.*

§ 14. *A atividade de SUI será autorizada e fiscalizada pela ANEEL e será realizada por pessoa jurídica responsável, entre outros, pelo atendimento aos consumidores no caso de encerramento da representação por agente varejista, nos termos do disposto no art. 4º-A, § 1º, da Lei nº 10.848, de 15 de março de 2004.*

§ 15. *A critério do poder concedente, a atividade de SUI será exercida, com ou sem exclusividade, pelas concessionárias, permissionárias ou autorizadas de distribuição de energia elétrica, conforme regulamento.*

▸ §§ 11 a 15 acrescidos pela MP nº 1.300, de 21-5-2025, que até o encerramento desta edição não havia sido convertida em lei.

Art. 15-A. *Os custos do SUI e os efeitos financeiros do déficit involuntário decorrente do atendimento aos consumidores com direito ao suprimento de última instância serão rateados entre os consumidores do ambiente de contratação livre, mediante encargo tarifário, conforme regulamento.*

Art. 15-B. *Os efeitos financeiros da sobrecontratação ou da exposição involuntária das concessionárias e das permissionárias de serviço público de distribuição de energia elétrica decorrentes das opções dos consumidores previstas no art. 26, § 5º, da Lei nº 9.427, de 26 de dezembro de 1996, e nos art. 15 e art. 16 desta Lei serão rateados entre todos os consumidores dos ambientes de contratação regulada e livre, mediante encargo tarifário na proporção do consumo de energia elétrica.*

▸ Arts. 15-A e 15-B acrescidos pela MP nº 1.300, de 21-5-2025, que até o encerramento desta edição não havia sido convertida em lei.

Art. 16. É de livre escolha dos novos consumidores, cuja carga seja igual ou maior que 3.000 kW, atendidos em qualquer tensão, o fornecedor com quem contratará sua compra de energia elétrica.

▸ Arts. 12, II, e 15, § 3º, desta Lei.

Art. 16-A. *Considera-se autoprodutor de energia elétrica o consumidor titular de outorga de empreendimento de geração para produzir energia por sua conta e risco.*

§ 1º *É equiparado a autoprodutor o consumidor que possua demanda contratada agregada igual ou superior a 30.000 kW (trinta mil quilowatts), composta por uma ou mais unidades de consumo com demanda individual igual ou superior a 3.000 kW (três mil quilowatts), que:*

I – *participe, direta ou indiretamente, do capital social da sociedade empresarial titular da outorga, observada a proporção da participação societária, direta ou indireta, com direito a voto; ou*

II – *esteja sob controle societário comum, direto ou indireto, ou seja controlador, controlado ou coligado, direta ou indiretamente, das empresas referidas no inciso I deste parágrafo, observada a participação societária, direta ou indireta, com direito a voto.*

§ 2º *A equiparação será limitada à parcela da energia destinada ao consumo próprio do consumidor ou à sua participação no empreendimento, o que for menor.*

§ 3º *A identificação do acionista consumidor equiparado a autoprodutor e da respectiva participação na sociedade titular da outorga deve ser mantida atualizada nos termos de regulamento da ANEEL.*

§ 4º *Na hipótese em que a sociedade referida nos incisos I e II do § 1º emita ações sem direito a voto que atribuam direitos econômicos em montante superior àqueles atribuídos pelas ações com direito a voto aos seus respectivos detentores, a participação mínima exigida do grupo econômico de cada acionista, no capital social, direto ou indireto, não poderá ser inferior a 30% (trinta por cento) do capital social total dessa sociedade.*

§ 5º *Não se aplicam os limites de demanda contratada agregada e de participação no capital social definidos, respectivamente, no § 1º e no § 4º deste artigo aos consumidores equiparados a autoprodutor anteriormente à data de publicação da Medida Provisória nº 1.300, de 21 de maio de 2025, até o término da vigência da outorga do empreendimento de geração e enquanto perdurarem os fatos geradores que fundamentaram a equiparação, desde que:*

I – *tenham sido equiparadas à autoprodução, com contratos registrados na Câmara de Comercialização de Energia Elétrica – CCEE, anteriormente à data de publicação da Medida Provisória nº 1.300, de 21 de maio de 2025;*

II – *integrem grupo econômico que detenha participação de 100% (cem por cento) das ações representativas da pessoa jurídica titular de outorga para produção de energia; ou*

III – *no prazo de sessenta dias, contado da data de publicação da Medida Provisória nº 1.300, de 21 de maio de 2025, submetam à CCEE, para fins de comprovação do enquadramento como autoprodutor:*

a) *contratos de compra e venda de ações ou quotas, com firma reconhecida em cartório de notas ou assinado com certificado digital reconhecido pela Infraestrutura de Chaves Públicas Brasileira – ICP-Brasil; ou*

b) *contratos de outorga de opção de compra de ações ou quotas, com firma reconhecida em cartório de notas ou assinado com certificado digital reconhecido pela ICP-Brasil.*

§ 6º *Nas hipóteses previstas no inciso III, alíneas a e b, do § 5º, o empreendimento de geração não poderá ter entrado em operação comercial anteriormente à data de publicação da Lei nº 11.488, de 15 de junho de 2007, e a transferência de ações ou quotas deverá ser concluída no prazo de até vinte e quatro meses, contado da data de celebração dos referidos contratos, e deverá ser apresentada, no mesmo prazo, à CCEE:*

I – *a alteração do contrato social da sociedade, protocolado na junta comercial competente, e a comprovação de participação no grupo econômico; ou*

II – *a averbação no livro de transferência de ações e a comprovação de participação no grupo econômico.*

§ 7º *Após o prazo de sessenta dias, contado da data de publicação da Medida Provisória nº 1.300, de 21 de maio de 2025, novos arranjos de autoprodução, inclusive por equiparação, somente poderão ser realizados com empreendimentos de geração cuja operação comercial seja iniciada após a data da publicação da Medida Provisória nº 1.300, de 21 de maio de 2025.*

▸ Art. 16-A acrescido pela MP nº 1.300, de 21-5-2025, que até o encerramento desta edição não havia sido convertida em lei.

Seção IV

DAS INSTALAÇÕES DE TRANSMISSÃO E DOS CONSÓRCIOS DE GERAÇÃO

Art. 17. O poder concedente deverá definir, dentre as instalações de transmissão, as que se destinam à formação da rede básica dos sistemas interligados, as de âmbito próprio do concessionário de distribuição, as de interesse exclusivo das centrais de geração e as destinadas a interligações internacionais.

▸ *Caput* com a redação dada pela Lei nº 12.111, de 9-12-2009.

§ 1º As instalações de transmissão de energia elétrica componentes da rede básica do Sistema Interligado Nacional – SIN serão objeto de concessão, mediante licitação, na modalidade de concorrência ou de leilão e funcionarão integradas ao sistema elétrico, com regras operativas aprovadas pela ANEEL, de forma a assegurar a otimização dos recursos eletroenergéticos existentes ou futuros.

▸ § 1º com a redação dada pela Lei nº 11.943, de 28-5-2009.

§ 2º As instalações de transmissão de âmbito próprio do concessionário de distribuição poderão ser consideradas pelo poder concedente parte integrante da concessão de distribuição.

§ 3º As instalações de transmissão de interesse restrito das centrais de geração poderão ser consideradas integrantes das respectivas concessões, permissões ou autorizações.

▸ § 3º com a redação dada pela Lei nº 9.648, de 27-5-1998.

§ 4º As instalações de transmissão, existentes na data de publicação desta Lei, serão classificadas pelo poder concedente, para efeito de prorrogação, de conformidade com o disposto neste artigo.

§ 5º As instalações de transmissão, classificadas como integrantes da rede básica, poderão ter suas concessões prorrogadas, segundo os critérios estabelecidos nos arts. 19 e 22, no que couber.

§ 6º As instalações de transmissão de energia elétrica destinadas a interligações internacionais outorgadas a partir de 1º de janeiro de 2011 e conectadas à rede básica serão objeto de concessão de serviço público de transmissão, mediante licitação na modalidade de concorrência ou leilão, devendo ser precedidas de Tratado Internacional.

§ 7º As instalações de transmissão necessárias aos intercâmbios internacionais de energia elétrica outorgadas até 31 de dezembro de 2010 poderão ser equiparadas, para efeitos técnicos e comerciais, aos concessionários de serviço público de transmissão de que trata o § 6º, conforme regulação da ANEEL, que definirá, em especial, a receita do agente, as tarifas de que tratam os incisos XVIII e XX do art. 3º da Lei nº 9.427, de 26 de dezembro de 1996, e a forma de ajuste dos contratos atuais de importação e exportação de energia.

▸ Lei nº 9.427, de 26-12-1996, institui a Agência Nacional de Energia Elétrica – ANEEL e disciplina o regime das concessões de serviços públicos de energia elétrica.

§ 8º Fica vedada a celebração de novos contratos de importação ou exportação de energia elétrica pelo agente que for equiparado ao concessionário de serviço público de transmissão de que trata o § 7º.

▸ §§ 6º a 8º acrescidos pela Lei nº 12.111, de 9-12-2009.

Art. 18. É autorizada a constituição de consórcios, com o objetivo de geração de energia elétrica para fins de serviços públicos, para uso exclusivo dos consorciados, para produção independente ou para essas atividades associadas, conservado o regime legal próprio de cada uma, aplicando-se, no que couber, o disposto no art. 23 da Lei nº 8.987, de 1995.

▸ Lei nº 8.987, de 13-2-1995 (Lei da Concessão e Permissão da Prestação de Serviços Públicos).

Parágrafo único. Os consórcios empresariais de que trata o disposto no parágrafo único do art. 21 podem manifestar ao poder concedente, até seis meses antes do funcionamento da central geradora de energia elétrica, opção por um dos regimes legais previstos neste artigo, ratificando ou alterando o adotado no respectivo ato de constituição.

▸ Parágrafo único acrescido pela Lei nº 9.648, de 27-5-1998.

Seção V
DA PRORROGAÇÃO DAS CONCESSÕES ATUAIS

Art. 19. A União poderá, visando garantir a qualidade do atendimento aos consumidores a custos adequados, prorrogar, pelo prazo de até vinte anos, as concessões de geração de energia elétrica, alcançadas pelo art. 42 da Lei nº 8.987, de 1995, desde que requerida a prorrogação, pelo concessionário, permissionário ou titular de manifesto ou de declaração de usina termelétrica, observado o disposto no art. 25 desta Lei.

▸ Lei nº 8.987, de 13-2-1995 (Lei da Concessão e Permissão da Prestação de Serviços Públicos).

§ 1º Os pedidos de prorrogação deverão ser apresentados, em até um ano, contado da data da publicação desta Lei.

§ 2º Nos casos em que o prazo remanescente da concessão for superior a um ano, o pedido de prorrogação deverá ser apresentado em até seis meses do advento do termo final respectivo.

§ 3º Ao requerimento de prorrogação deverão ser anexados os elementos comprobatórios de qualificação jurídica, técnica, financeira e administrativa do interessado, bem como comprovação de regularidade e adimplemento de seus encargos junto a órgãos públicos, obrigações fiscais e previdenciárias e compromissos contratuais, firmados junto a órgãos e entidades da Administração Pública Federal, referentes aos serviços de energia elétrica, inclusive ao pagamento de que trata o § 1º do art. 20 da Constituição Federal.

§ 4º Em caso de não apresentação do requerimento, no prazo fixado nos §§ 1º e 2º deste artigo, ou havendo pronunciamento do poder concedente contrário ao pleito, as concessões, manifestos ou declarações de usina termelétrica serão revertidas para a União, no vencimento do prazo da concessão, e licitadas.

§ 5º VETADO.

Art. 20. As concessões e autorizações de geração de energia elétrica alcançadas pelo parágrafo único do art. 43 e pelo art. 44 da Lei nº 8.987, de 1995, exceto aquelas cujos empreendimentos não tenham sido iniciados até a edição dessa mesma Lei, poderão ser prorrogadas pelo prazo necessário à amortização do investimento, limitado a trinta e cinco anos, observado o disposto no art. 24 desta Lei e desde que apresentado pelo interessado:

▸ Lei nº 8.987, de 13-2-1995 (Lei da Concessão e Permissão da Prestação de Serviços Públicos).

I – plano de conclusão aprovado pelo poder concedente;

II – compromisso de participação superior a um terço de investimentos privados nos recursos necessários à conclusão da obra e à colocação das unidades em operação.

Parágrafo único. Os titulares de concessão que não procederem de conformidade com os termos deste artigo terão suas concessões declaradas extintas, por ato do poder concedente, de acordo com o autorizado no parágrafo único do art. 44 da Lei nº 8.987, de 1995.

Art. 21. É facultado ao concessionário incluir no plano de conclusão das obras, referido no inciso I do artigo anterior, no intuito de viabilizá-la, proposta de sua associação com terceiros na modalidade de consórcio empresarial do qual seja a empresa líder, mantida ou não a finalidade prevista originalmente para a energia produzida.

Parágrafo único. Aplica-se o disposto neste artigo aos consórcios empresariais formados ou cuja formação se encontra em curso na data de publicação desta Lei, desde que já manifestada ao poder concedente pelos interessados, devendo as concessões ser revistas para adaptá-las ao estabelecido no art. 23 da Lei nº 8.987, de 1995, observado o disposto no art. 20, inciso II e no art. 25 desta Lei.

Art. 22. As concessões de distribuição de energia elétrica alcançadas pelo art. 42 da Lei nº 8.987, de 1995, poderão ser prorrogadas, desde que reagrupadas segundo critérios de racionalidade operacional e econômica, por solicitação do concessionário ou iniciativa do poder concedente.

▸ Lei nº 8.987, de 13-2-1995 (Lei da Concessão e Permissão da Prestação de Serviços Públicos).

§ 1º Na hipótese de a concessionária não concordar com o reagrupamento, serão mantidas as atuais áreas e prazos das concessões.

§ 2º A prorrogação terá prazo único, igual ao maior remanescente dentre as concessões reagrupadas, ou vinte anos, a contar da data da publicação desta Lei, prevalecendo o maior.

§ 3º VETADO.

Art. 23. Na prorrogação das atuais concessões para distribuição de energia elétrica, o poder concedente diligenciará no sentido de compatibilizar as áreas concedidas às empresas distribuidoras com as áreas de atuação de cooperativas de eletrificação rural, examinando suas situações de fato como prestadoras de serviço público, visando enquadrar as cooperativas como permissionárias de serviço público de energia elétrica.

▸ Dec. nº 4.855, de 9-10-2003, estabelece prazo para o enquadramento jurídico das cooperativas de eletrificação rural.

§ 1º Constatado, em processo administrativo, que a cooperativa exerce, em situação de fato ou com base em permissão anteriormente outorgada, atividade de comercialização de energia elétrica a público indistinto localizado em sua área de atuação é facultado ao poder concedente promover a regularização da permissão, preservado o atual regime jurídico próprio das cooperativas.

▸ Parágrafo único transformado em § 1º e com a redação dada pela Lei nº 11.292, de 26-4-2006.

▸ Dec. nº 6.160, de 20-7-2007, regulamenta este parágrafo, com vistas à regularização das cooperativas de eletrificação rural como permissionárias de serviço público de distribuição de energia elétrica.

§ 2º O processo de regularização das cooperativas de eletrificação rural será definido em regulamentação própria, preservando suas peculiaridades associativistas.

▸ § 2º acrescido pela Lei nº 11.292, de 26-4-2006.

▸ Dec. nº 6.160, de 20-7-2007, regulamenta este parágrafo, com vistas à regularização das cooperativas de eletrificação rural como permissionárias de serviço público de distribuição de energia elétrica.

§ 3º As autorizações e permissões serão outorgadas às Cooperativas de Eletrificação Rural pelo prazo de até 30 (trinta) anos, podendo ser prorrogado por igual período, a juízo do poder concedente.

▸ § 3º acrescido pela Lei nº 12.111, de 9-12-2009.

Art. 24. O disposto nos §§ 1º, 2º, 3º e 4º do art. 19 aplica-se às concessões referidas no art. 22.

Parágrafo único. Aplica-se, ainda, às concessões referidas no art. 20, o disposto nos §§ 3º e 4º do art. 19.

Art. 25. As prorrogações de prazo, de que trata esta Lei, somente terão eficácia com assinatura de contratos de concessão que contenham cláusula de renúncia a eventuais direitos preexistentes que contrariem a Lei nº 8.987, de 1995.

▸ Lei nº 8.987, de 13-2-1995 (Lei da Concessão e Permissão da Prestação de Serviços Públicos).

▸ Art. 19 desta Lei.

§ 1º Os contratos de concessão e permissão conterão, além do estabelecido na legislação em vigor, cláusulas relativas a requisitos mínimos de desempenho técnico do concessionário ou permissionário, bem assim, sua aferição pela fiscalização através de índices apropriados.

§ 2º No contrato de concessão ou permissão, as cláusulas relativas à qualidade técnica, referidas no parágrafo anterior, serão vinculadas a penalidades progressivas, que guardarão proporcionalidade com o prejuízo efetivo ou potencial causado ao mercado.

CAPÍTULO III
DA REESTRUTURAÇÃO DOS SERVIÇOS PÚBLICOS CONCEDIDOS

Art. 26. Exceto para os serviços públicos de telecomunicações, é a União autorizada a:

▸ Lei nº 9.472, de 16-7-1997, dispõe sobre a organização dos serviços de telecomunicações.

I – promover cisões, fusões, incorporações ou transformações societárias dos concessionários de serviços públicos sob o seu controle direto ou indireto;

II – aprovar cisões, fusões e transferências de concessões, estas últimas nos termos do disposto no art. 27 da Lei nº 8.987, de 1995;

III – cobrar, pelo direito de exploração de serviços públicos, nas condições preestabelecidas no edital de licitação.

Parágrafo único. O inadimplemento do disposto no inciso III sujeitará o concessionário à aplicação da pena de caducidade, nos termos do disposto na Lei nº 8.987, de 1995.

▸ Lei nº 8.987, de 13-2-1995 (Lei da Concessão e Permissão da Prestação de Serviços Públicos).

Art. 27. Nos casos em que os serviços públicos, prestados por pessoas jurídicas sob controle direto ou indireto da União, para promover a privatização simultaneamente com a outorga de nova concessão ou com a prorrogação das concessões existentes a União, exceto quanto aos serviços públicos de telecomunicações, poderá:

I – utilizar, no procedimento licitatório, a modalidade de leilão, observada a necessidade da venda de quantidades mínimas de quotas ou ações que garantam a transferência do controle societário;

II – fixar, previamente, o valor das quotas ou ações de sua propriedade a serem alienadas, e proceder a licitação na modalidade de concorrência.

§ 1º Na hipótese de prorrogação, esta poderá ser feita por prazos diferenciados, de forma a que os termos finais de todas as concessões prorrogadas ocorram no mesmo prazo que será o necessário à amortização dos investimentos, limitado a trinta anos, contado a partir da assinatura do novo contrato de concessão.

§ 2º Na elaboração dos editais de privatização de empresas concessionárias de serviço público, a União deverá atender às exigências das Leis nºs 8.031, de 1990 e 8.987, de 1995, inclusive quanto à publicação das cláusulas essenciais do contrato e do prazo da concessão.

▸ A Lei nº 8.031, de 12-4-1990, foi revogada pela Lei nº 9.491, de 9-9-1997, que altera os procedimentos relativos ao Programa Nacional de Desestatização.

▸ Lei nº 8.987, de 13-2-1995 (Lei da Concessão e Permissão da Prestação de Serviços Públicos).

§ 3º O disposto neste artigo poderá ainda ser aplicado no caso de privatização de concessionário de serviço público sob controle direto ou indireto dos Estados, do Distrito Federal ou dos Municípios, no âmbito de suas respectivas competências.

§ 4º A prorrogação de que trata este artigo está sujeita às condições estabelecidas no art. 25.

Art. 28. Nos casos de privatização, nos termos do artigo anterior, é facultado ao poder concedente outorgar novas concessões sem efetuar a reversão prévia dos bens vinculados ao respectivo serviço público.

§ 1º Em caso de privatização de empresa detentora de concessão ou autorização de geração de energia elétrica, é igualmente facultado ao poder concedente alterar o regime de exploração, no todo ou em parte, para produção independente, inclusive, quanto às condições de extinção da concessão ou autorização e de encampação das instalações, bem como da indenização porventura devida.

§ 2º A alteração de regime referida no parágrafo anterior deverá observar as condições para tanto estabelecidas no respectivo edital, previamente aprovado pela ANEEL.

§ 3º É vedado ao edital referido no parágrafo anterior estipular, em benefício da produção de energia elétrica, qualquer forma de garantia ou prioridade sobre o uso da água da bacia hidrográfica, salvo nas condições definidas em ato conjunto dos Ministros de Estado de Minas e Energia e do Meio Ambiente, dos Recursos Hídricos e da Amazônia Legal, em articulação com os Governos dos Estados onde se localiza cada bacia hidrográfica.

§ 4º O edital referido no § 2º deve estabelecer as obrigações dos sucessores com os programas de desenvolvimento socioeconômico regionais em andamento, conduzidos diretamente pela empresa ou em articulação com os Estados, em áreas situadas na bacia hidrográfica onde se localizam os aproveitamentos de potenciais hidráulicos, facultado ao Poder Executivo, previamente à privatização, separar e destacar os ativos que considere necessários à condução desses programas.

▸ §§ 1º a 4º acrescidos pela Lei nº 9.648, de 27-5-1998.

Art. 29. A modalidade de leilão poderá ser adotada nas licitações relativas à outorga de nova concessão com a finalidade de promover a transferência de serviço público prestado por pessoas jurídicas, a que se refere o art. 27, incluídas, para os fins e efeitos da Lei nº 8.031, de 1990, no Programa Nacional de Desestatização, ainda que não haja a alienação das quotas ou ações representativas de seu controle societário.

▸ A Lei nº 8.031, de 12-4-1990, foi revogada pela Lei nº 9.491, de 9-9-1997, que altera os procedimentos relativos ao Programa Nacional de Desestatização.

Parágrafo único. Na hipótese prevista neste artigo, os bens vinculados ao respectivo serviço público serão utilizados, pelo novo concessionário, mediante contrato de arrendamento a ser celebrado com o concessionário original.

Art. 30. O disposto nos arts. 27 e 28 aplica-se, ainda, aos casos em que o titular da concessão ou autorização de competência da União for empresa sob controle direto ou indireto dos Estados, do Distrito Federal ou dos Municípios, desde que as partes acordem quanto às regras estabelecidas.

▸ Artigo com a redação dada pela Lei nº 9.648, de 27-5-1998.

CAPÍTULO IV
DAS DISPOSIÇÕES FINAIS

Art. 31. Nas licitações para concessão e permissão de serviços públicos ou uso de bem público, os autores ou responsáveis economicamente pelos projetos básico ou executivo podem participar, direta ou indiretamente, da licitação ou da execução de obras ou serviços.

Art. 32. A empresa estatal que participe, na qualidade de licitante, de concorrência para concessão e permissão de serviço público, poderá, para compor sua proposta, colher preços de bens ou serviços fornecidos por terceiros e assinar pré-contratos com dispensa de licitação.

§ 1º Os pré-contratos conterão, obrigatoriamente, cláusula resolutiva de pleno direito, sem penalidades ou indenizações, no caso de outro licitante ser declarado vencedor.

§ 2º Declarada vencedora a proposta referida neste artigo, os contratos definitivos, firmados entre a empresa estatal e os fornecedores de bens e serviços, serão, obrigatoriamente, submetidos à apreciação dos competentes órgãos de controle externo e de fiscalização específica.

Art. 33. Em cada modalidade de serviço público, o respectivo regulamento determinará que o poder concedente, observado o disposto nos arts. 3º e 30 da Lei nº 8.987, de 1995, estabeleça forma de participação dos usuários na fiscalização e torne disponível ao público, periodicamente, relatório sobre os serviços prestados.

▸ Lei nº 8.987, de 13-2-1995 (Lei da Concessão e Permissão da Prestação de Serviços Públicos).

Art. 34. A concessionária que receber bens e instalações da União, já revertidos ou entregues à sua administração, deverá:

I – arcar com a responsabilidade pela manutenção e conservação dos mesmos;

II – responsabilizar-se pela reposição dos bens e equipamentos, na forma do disposto no art. 6º da Lei nº 8.987, de 1995.

▸ Lei nº 8.987, de 13-2-1995 (Lei da Concessão e Permissão da Prestação de Serviços Públicos).

Art. 35. A estipulação de novos benefícios tarifários pelo poder concedente, fica condicionada à previsão, em lei, da origem dos recursos ou da simultânea revisão da estrutura tarifária do concessionário ou permissionário, de forma a preservar o equilíbrio econômico-financeiro do contrato.

Parágrafo único. A concessão de qualquer benefício tarifário somente poderá ser atribuída a uma classe ou coletividade de usuários dos serviços, vedado, sob qualquer pretexto, o benefício singular.

Art. 36. Sem prejuízo do disposto no inciso XII do art. 21 e no inciso XI do art. 23 da Constituição Federal, o poder concedente poderá, mediante convênio de cooperação, credenciar os Estados e o Distrito Federal a realizarem atividades complementares de fiscalização e controle dos serviços prestados nos respectivos territórios.

Art. 37. É inexigível a licitação na outorga de serviços de telecomunicações de uso restrito do outorgado, que não sejam passíveis de exploração comercial.

Art. 38. VETADO.

Art. 39. Esta Lei entra em vigor na data de sua publicação.

Art. 40. Revogam-se o parágrafo único do art. 28 da Lei nº 8.987, de 1995, e as demais disposições em contrário.

Brasília, 7 de julho de 1995;
174º da Independência e
107º da República.

Fernando Henrique Cardoso

LEI Nº 9.636, DE 15 DE MAIO DE 1998

Dispõe sobre a regularização, administração, aforamento e alienação de bens imóveis de domínio da União, altera dispositivos dos Decretos-Leis nºs 9.760, de 5 de setembro de 1946, e 2.398, de 21 de dezembro de 1987, regulamenta o § 2º do art. 49 do Ato das Disposições Constitucionais Transitórias, e dá outras providências.

▸ Publicada no *DOU* de 18-5-1998.

▸ Dec. nº 3.725, de 10-1-2001, regulamenta esta Lei.

▸ Dec.-lei nº 9.760, de 5-9-1946 (Lei dos Bens Imóveis da União).

▸ Dec.-lei nº 2.398, de 21-12-1987, dispõe sobre foros, laudêmios e taxas de ocupação relativas a imóveis de propriedade da União.

CAPÍTULO I

DA REGULARIZAÇÃO E UTILIZAÇÃO ORDENADA

Art. 1º É o Poder Executivo autorizado, por intermédio da Secretaria de Coordenação e Governança do Patrimônio da União da Secretaria Especial de Desestatização, Desinvestimento e Mercados do Ministério da Economia, a executar ações de identificação, de demarcação, de cadastramento, de registro e de fiscalização dos bens imóveis da União e a regularizar as ocupações desses imóveis, inclusive de assentamentos informais de baixa renda, e poderá, para tanto, firmar convênios com os Estados, o Distrito Federal e os Municípios em cujos territórios se localizem e, observados os procedimentos licitatórios previstos em lei, celebrar contratos com a iniciativa privada.

▸ *Caput* com a redação dada pela Lei nº 14.011, de 10-6-2020.

▸ Art. 11, § 3º, desta Lei.

§ 1º Fica dispensada a exigência de habilitação técnica complementar para execução de georreferenciamento e inscrição em registro ou cadastro fundiário públicos dos imóveis de que trata o *caput* deste artigo, quando o responsável técnico for servidor ou empregado público ocupante de cargo ou de emprego compatível com o exercício dessas atividades.

§ 2º Constitui requisito à dispensa de que trata o § 1º deste artigo para o credenciamento do servidor ou do empregado público perante o Instituto Nacional de Colonização e Reforma Agrária (INCRA), para atendimento ao disposto no § 5º do art. 176 da Lei nº 6.015, de 31 de dezembro de 1973 (Lei dos Registros Públicos), a indicação por ato do Secretário de Coordenação e Governança do Patrimônio da União.

▸ §§ 1º e 2º acrescidos pela Lei nº 14.474, de 6-12-2022.

Art. 1º-A. A comunicação dos atos necessários à execução das ações previstas no art. 1º desta Lei e das atividades de destinação de imóveis da União, de auto de infração, de arrecadação e de cobrança de receitas patrimoniais poderá ser efetuada mediante notificação por meio eletrônico, nos termos definidos pelo Secretário de Coordenação e Governança do Patrimônio da União.

Parágrafo único. Na hipótese de notificação prevista no *caput* deste artigo, o usuário de imóvel da União será considerado notificado 30 (trinta) dias após a inclusão da informação no sistema eletrônico e o envio da respectiva mensagem.

▸ Art. 1º-A acrescido pela Lei nº 14.474, de 6-12-2022.

Art. 2º Concluído, na forma da legislação vigente, o processo de identificação e demarcação das terras de domínio da União, a SPU lavrará, em livro próprio, com força de escritura pública, o termo competente, incorporando a área ao patrimônio da União.

§ 1º O termo a que se refere o *caput* deste artigo será registrado no Cartório de Registro de Imóveis competente, com certidão de inteiro teor, acompanhado de plantas e de outros documentos técnicos que permitam a correta caracterização do imóvel.

▸ Parágrafo único transformado em § 1º e com a redação dada pela Lei nº 14.474, de 6-12-2022.

§ 2º Nos registros relativos a direitos reais de titularidade da União, deverão ser utilizados o número de inscrição no Cadastro Nacional da Pessoa Jurídica (CNPJ) do órgão central da Secretaria de Coordenação e Governança do Patrimônio da União e o nome "UNIÃO", independentemente do órgão gestor do imóvel, retificados para esse fim os registros anteriores à vigência deste dispositivo.

▸ § 2º acrescido pela Lei nº 14.474, de 6-12-2022.

Art. 3º A regularização dos imóveis de que trata esta Lei, junto aos órgãos municipais e aos Cartórios de Registro de Imóveis, será promovida pela SPU e pela Procuradoria-Geral da Fazenda Nacional – PGFN, com o concurso, sempre que necessário, da Caixa Econômica Federal – CEF.

Parágrafo único. Os órgãos públicos federais, estaduais e municipais e os Cartórios de Registro de Imóveis darão preferência ao atendimento dos serviços de regularização de que trata este artigo.

Art. 3º-A Caberá ao Poder Executivo organizar e manter sistema unificado de informações sobre os bens de que trata esta Lei, que conterá, além de outras informações relativas a cada imóvel:

I – a localização e a área;

II – a respectiva matrícula no registro de imóveis competente;

III – o tipo de uso;

IV – a indicação da pessoa física ou jurídica à qual, por qualquer instrumento, o imóvel tenha sido destinado; e

V – o valor atualizado, se disponível.

Parágrafo único. As informações do sistema de que trata o *caput* deste artigo deverão ser disponibilizadas na internet, sem prejuízo de outras formas de divulgação.

▸ Art. 3º-A acrescido pela Lei nº 11.481, de 31-5-2007.

SEÇÃO I

DA CELEBRAÇÃO DE CONVÊNIOS E CONTRATOS

Art. 4º Os Estados, o Distrito Federal, os Municípios e a iniciativa privada, a critério da Secretaria de Coordenação e Governança do Patrimônio da União, observadas as instruções que regulamentam a matéria, poderão firmar, mediante convênios ou contratos com essa Secretaria, compromisso para executar ações de demarcação, de cadastramento, de avaliação, de venda e de fiscalização de áreas do patrimônio da União, assim como para o planejamento, a execução e a aprovação dos parcelamentos urbanos e rurais.

▸ *Caput* com a redação dada pela Lei nº 14.011, de 10-6-2020.

▸ Arts. 5º e 11, § 3º, desta Lei.

§ 1º Na elaboração e execução dos projetos de que trata este artigo, serão sempre respeitados a preservação e o livre acesso às praias marítimas, fluviais e lacustres e a outras áreas de uso comum do povo.

§ 2º Como retribuição pelas obrigações assumidas na elaboração dos projetos de parcelamentos urbanos e rurais, os Estados, o Distrito Federal, os Municípios e a iniciativa privada farão jus a parte das receitas provenientes da alienação dos imóveis da União, no respectivo projeto de parcelamento, até a satisfação integral dos custos por eles assumidos, observado que:

▸ *Caput* do § 2º com a redação dada pela Lei nº 14.011, de 10-6-2020.

I e II – *Revogados*. Lei nº 14.011, de 10-6-2020;

III – os contratos e convênios firmados em conformidade com o disposto no *caput* deste artigo deverão ser registrados nas matrículas dos imóveis;

IV – o interessado que optar pela aquisição da área por ele ocupada poderá desmembrar parte de seu imóvel para fins de pagamento dos custos da regularização, respeitado o limite mínimo de parcelamento definido no plano diretor do Município em que se encontre;

V – a partir da assinatura dos contratos ou convênios, as taxas de ocupação poderão ser revertidas para amortizar os custos da regularização no momento da alienação, desde que o ocupante esteja adimplente e seja comprovada a sua participação no financiamento dos custos para regularização do parcelamento;

VI – o domínio útil ou pleno dos lotes resultantes de projetos urbanísticos poderá ser vendido para o ressarcimento dos projetos de parcelamento referidos no *caput* deste parágrafo;

VII – os custos para a elaboração das peças técnicas necessárias à regularização de imóvel da União, para fins de alienação, poderão ser abatidos do valor do pagamento do imóvel no momento da sua aquisição.

▸ Incisos III a VII acrescidos pela Lei nº 14.011, de 10-6-2020.

§ 3º A participação nas receitas de que trata o parágrafo anterior será ajustada nos respectivos convênios ou contratos, observados os limites previstos em regulamento e as instruções a serem baixadas pelo Ministro de Estado da Fazenda, que considerarão a complexidade, o volume e o custo dos trabalhos de identificação, demarcação, cadastramento, recadastramento e fiscalização das áreas vagas existentes, bem como de elaboração e execução dos projetos de parcelamento e urbanização e, ainda, o valor de mercado dos imóveis na região e, quando for o caso, a densidade de ocupação local.

§ 4º A participação dos Estados e Municípios nas receitas de que tratam os incisos I e II poderá ser realizada mediante repasse de recursos financeiros.

▸ Art. 45 desta Lei.

§ 5º Na contratação, por intermédio da iniciativa privada, da elaboração e execução dos projetos urbanísticos de que trata este artigo, observados os procedimentos licitatórios previstos em lei, quando os serviços contratados envolverem, também, a cobrança e o recebimento das receitas deles decorrentes, poderá ser admitida a dedução prévia, pela contratada, da participação acordada.

Art. 5º A demarcação de terras, o cadastramento e os loteamentos, realizados com base no disposto no art. 4º, somente terão validade depois de homologados pela SPU.

Art. 5º-A. Após a conclusão dos trabalhos, a Secretaria do Patrimônio da União (SPU) fica autorizada a utilizar, total ou parcialmente, os dados e informações decorrentes dos serviços executados por empresas contratadas para prestação de consultorias e elaboração de trabalhos de atualização e certificação cadastral, pelo prazo de até vinte anos, nos termos constantes de ato da SPU.

▶ Art. 5º-A acrescido pela Lei nº 13.465, de 11-7-2017.

Seção II

DO CADASTRAMENTO

▶ Seção II com a denominação dada pela Lei nº 11.481, de 31-5-2007.

Art. 6º Para fins do disposto no art. 1º desta Lei, as terras da União deverão ser cadastradas, nos termos do regulamento.

▶ *Caput* com a redação dada pela Lei nº 11.481, de 31-5-2007.

▶ Dec.-lei nº 1.876, de 15-7-1981, dispensa do pagamento de foros e laudêmios os titulares do domínio útil dos bens imóveis da União, nos casos que especifica.

§ 1º Nas áreas urbanas, em imóveis possuídos por população carente ou de baixa renda para sua moradia, onde não for possível individualizar as posses, poderá ser feita a demarcação da área a ser regularizada, cadastrando-se o assentamento, para posterior outorga de título de forma individual ou coletiva.

▶ § 1º com a redação dada pela Lei nº 11.481, de 31-5-2007.

§§ 2º a 4º *Revogados*. Lei nº 11.481, de 31-5-2007.

Art. 6º-A. No caso de cadastramento de ocupações para fins de moradia cujo ocupante seja considerado carente ou de baixa renda, na forma do § 2º do art. 1º do Decreto-Lei nº 1.876, de 15 de julho de 1981, a União poderá proceder à regularização fundiária da área, utilizando, entre outros, os instrumentos previstos no art. 18, no inciso VI do art. 19 e nos arts. 22-A e 31 desta Lei.

▶ Art. 6º-A acrescido pela Lei nº 11.481, de 31-5-2007.

▶ Dec.-lei nº 1.876, de 15-7-1981, dispensa do pagamento de foros e laudêmios os titulares do domínio útil dos bens imóveis da União, nos casos que especifica.

Seção II-A

DA INSCRIÇÃO DA OCUPAÇÃO

▶ Seção II-A acrescida pela Lei nº 11.481, de 31-5-2007.

Art. 7º A inscrição de ocupação, a cargo da Secretaria do Patrimônio da União, é ato administrativo precário, resolúvel a qualquer tempo, que pressupõe o efetivo aproveitamento do terreno pelo ocupante, nos termos do regulamento, outorgada pela administração depois de analisada a conveniência e oportunidade, e gera obrigação de pagamento anual da taxa de ocupação.

▶ *Caput* com a redação dada pela Lei nº 11.481, de 31-5-2007.

§ 1º É vedada a inscrição de ocupação sem a comprovação do efetivo aproveitamento de que trata o *caput* deste artigo.

§ 2º A comprovação do efetivo aproveitamento será dispensada nos casos de assentamentos informais definidos pelo Município como área ou zona especial de interesse social, nos termos do seu plano diretor ou outro instrumento legal que garanta a função social da área, exceto na faixa de fronteira ou quando se tratar de imóveis que estejam sob a administração do Ministério da Defesa e dos Comandos da Marinha, do Exército e da Aeronáutica.

§ 3º A inscrição de ocupação de imóvel dominial da União, a pedido ou de ofício, será formalizada por meio de ato da autoridade local da Secretaria do Patrimônio da União em processo administrativo específico.

§ 4º Será inscrito o ocupante do imóvel, tornando-se este o responsável no cadastro dos bens dominiais da União, para efeito de administração e cobrança de receitas patrimoniais.

▶ §§ 1º a 4º acrescidos pela Lei nº 11.481, de 31-5-2007.

§ 5º As ocupações anteriores à inscrição, sempre que identificadas, serão anotadas no cadastro a que se refere o § 4º.

▶ § 5º com a redação dada pela Lei nº 13.139, de 26-6-2015.

▶ A multa estabelecida no art. 3º, § 5º, do Dec.-lei nº 2.398, de 21-12-1987, é de 0,05 (cinco centésimos por cento), por mês ou fração, sobre o valor do terreno ou benfeitorias nele existentes.

§ 6º Os créditos originados em receitas patrimoniais decorrentes da ocupação de imóvel da União serão lançados após concluído o processo administrativo correspondente, observadas a decadência e a inexigibilidade previstas no art. 47 desta Lei.

▶ § 6º acrescido pela Lei nº 11.481, de 31-5-2007.

§ 7º Para fins de regularização nos registros cadastrais da Secretaria do Patrimônio da União do Ministério do Planejamento, Desenvolvimento e Gestão das ocupações ocorridas até 10 de junho de 2014, as transferências de posse na cadeia sucessória do imóvel serão anotadas no cadastro dos bens dominiais da União para o fim de cobrança de receitas patrimoniais dos responsáveis, independentemente do prévio recolhimento do laudêmio.

▶ § 7º com a redação dada pela Lei nº 13.813, de 9-4-2019.

Art. 8º Na realização do cadastramento ou recadastramento de ocupantes, serão observados os procedimentos previstos no art. 128 do Decreto-Lei nº 9.760, de 5 de setembro de 1946, com as alterações desta Lei.

Art. 9º É vedada a inscrição de ocupações que:

I – ocorreram após 10 de junho de 2014;

▶ Inciso I com a redação dada pela Lei nº 13.139, de 26-6-2015.

II – estejam concorrendo ou tenham concorrido para comprometer a integridade das áreas de uso comum do povo, de segurança nacional, de preservação ambiental ou necessárias à preservação dos ecossistemas naturais e de implantação de programas ou ações de regularização fundiária de interesse social ou habitacionais das reservas indígenas, das áreas ocupadas por comunidades remanescentes de quilombos, das vias federais de comunicação e das áreas reservadas para construção de hidrelétricas ou congêneres, ressalvados os casos especiais autorizados na forma da lei.

▶ Inciso II com a redação dada pela Lei nº 11.481, de 31-5-2007.

Art. 10. Constatada a existência de posses ou ocupações em desacordo com o disposto nesta Lei, a União deverá imitir-se sumariamente na posse do imóvel, cancelando-se as inscrições eventualmente realizadas.

Parágrafo único. Até a efetiva desocupação, será devida à União indenização pela posse ou ocupação ilícita, correspondente a 10% (dez por cento) do valor atualizado do domínio pleno do terreno, por ano ou fração de ano em que a União tenha ficado privada da posse ou ocupação do imóvel, sem prejuízo das demais sanções cabíveis.

Art. 10-A. A autorização de uso sustentável, de incumbência da Secretaria do Patrimônio da União (SPU), ato administrativo excepcional, transitório e precário, é outorgada às comunidades tradicionais, mediante termo, quando houver necessidade de reconhecimento de ocupação em área da União, conforme procedimento estabelecido em ato da referida Secretaria.

Parágrafo único. A autorização a que se refere o *caput* deste artigo visa a possibilitar a ordenação do uso racional e sustentável dos recursos naturais disponíveis na orla marítima e fluvial, destinados à subsistência da população tradicional, de maneira a possibilitar o início do processo de regularização fundiária que culminará na concessão de título definitivo, quando cabível.

▶ Art. 10-A acrescido pela Lei nº 13.465, de 11-7-2017.

Seção III

DA FISCALIZAÇÃO E CONSERVAÇÃO

Art. 11. Caberá à SPU a incumbência de fiscalizar e zelar para que sejam mantidas a destinação e o interesse público, o uso e a integridade física dos imóveis pertencentes ao patrimônio da União, podendo, para tanto, por intermédio de seus técnicos credenciados, embargar serviços e obras, aplicar multas e demais sanções previstas em lei e, ainda, requisitar força policial federal e solicitar o necessário auxílio de força pública estadual.

§ 1º Para fins do disposto neste artigo, quando necessário, a SPU poderá, na forma do regulamento, solicitar a cooperação de força militar federal.

§ 2º A incumbência de que trata o presente artigo não implicará prejuízo para:

I – as obrigações e responsabilidades previstas nos arts. 70 e 79, § 2º, do Decreto-Lei nº 9.760, de 1946;

II – as atribuições dos demais órgãos federais, com área de atuação direta ou indiretamente relacionada, nos termos da legislação vigente, com o patrimônio da União.

§ 3º As obrigações e prerrogativas previstas neste artigo poderão ser repassadas, no que couber, às entidades conveniadas ou contratadas na forma dos arts. 1º e 4º.

§ 4º Constitui obrigação do Poder Público federal, estadual e municipal, observada a legislação específica vigente, zelar pela manutenção das áreas de preservação ambiental, das necessárias à proteção dos ecossistemas naturais e de uso comum do povo, independentemente da celebração de convênio para esse fim.

Art. 11-A. Para efeitos desta Lei, considera-se avaliação de imóvel a atividade desenvolvida por profissional habilitado para identificar o valor de bem imóvel, os seus custos, frutos e direitos e determinar os indicadores de viabilidade de sua utilização econômica para determinada finalidade, por meio do seu valor de mercado, do valor da terra nua, do valor venal ou do valor de referência, consideradas suas características físicas e econômicas, a partir de exames, vistorias e pesquisas.

§ 1º As avaliações no âmbito da União terão como objeto os bens classificados como de uso comum do povo, de uso especial e dominicais, nos termos estabelecidos em ato da Secretaria do Patrimônio da União (SPU).

§ 2º Os imóveis da União cedidos ou administrados por outros órgãos ou entidades da administração pública federal serão por estes avaliados, conforme critérios estabelecidos em ato da Secretaria do Patrimônio da União (SPU).

▸ Art. 11-A acrescido pela Lei nº 13.465, de 11-7-2017.

Art. 11-B. O valor do domínio pleno do terreno da União será obtido com base na planta de valores da Secretaria de Coordenação e Governança do Patrimônio da União.

▸ *Caput* do art. 11-B com a redação dada pela Lei nº 14.011, de 10-6-2020.

I e II – *Revogados*. Lei nº 14.011, de 10-6-2020.

§§ 1º a 3º *Revogados*. Lei nº 14.011, de 10-6-2020.

§ 4º Os Municípios e o Distrito Federal fornecerão à Secretaria de Coordenação e Governança do Patrimônio da União, até 30 de junho de cada ano, o valor venal dos terrenos localizados sob sua jurisdição, para subsidiar a atualização da base de dados da referida Secretaria.

▸ § 4º com a redação dada pela Lei nº 14.011, de 10-6-2020.

§ 5º Em caso de descumprimento do prazo estabelecido no § 4º deste artigo para encaminhamento do valor venal dos terrenos pelos Municípios e pelo Distrito Federal, o ente federativo perderá o direito, no exercício seguinte, ao repasse de 20% (vinte por cento) dos recursos arrecadados por meio da cobrança de taxa de ocupação, foro e laudêmio aos Municípios e ao Distrito Federal onde estão localizados os imóveis que deram origem à cobrança, previstos no Decreto-Lei nº 2.398, de 21 de dezembro de 1987, e dos 20% (vinte por cento) da receita patrimonial decorrente da alienação desses imóveis, conforme o disposto na Lei nº 13.240, de 30 de dezembro de 2015.

§ 6º Para o exercício de 2017, o valor de que trata o *caput* deste artigo será determinado de acordo com a planta de valores da Secretaria do Patrimônio da União (SPU), referente ao exercício de 2016 e atualizada pelo percentual de 7,17% (sete inteiros e dezessete centésimos por cento), ressalvada a correção de inconsistências cadastrais.

▸ §§ 5º e 6º acrescidos pela Lei nº 13.465, de 11-7-2017.

§ 7º Ato do Secretário de Coordenação e Governança do Patrimônio da União disporá sobre as condições para o encaminhamento dos dados de que trata o § 4º deste artigo.

▸ § 7º acrescido pela Lei nº 14.011, de 10-6-2020.

§ 8º O lançamento de débitos relacionados ao foro, à taxa de ocupação e a outras receitas extraordinárias:

▸ *Caput* acrescido pela Lei nº 14.011, de 10-6-2020.

I – utilizará como parâmetro o valor do domínio pleno do terreno estabelecido de acordo com o disposto no *caput* deste artigo; e

▸ Inciso I acrescido pela Lei nº 14.011, de 10-6-2020.

II – observará o percentual máximo de atualização estabelecido em regulamento, aplicado sobre os valores cobrados no ano anterior, ressalvada a correção de inconsistências cadastrais.

▸ Inciso II com a redação dada pela Lei nº 14.474, de 6-12-2022.

§ 8º-A. O regulamento a que se refere o inciso II do § 8º deste artigo não estabelecerá percentual superior a 2 (duas) vezes o Índice Nacional de Preços ao Consumidor Amplo (IPCA) do exercício anterior ou o índice que vier a substituí-lo.

▸ § 8º-A acrescido pela Lei nº 14.474, de 6-12-2022.

§ 9º A Secretaria de Coordenação e Governança do Patrimônio da União atualizará a planta de valores anualmente e estabelecerá os valores mínimos para fins de cobrança dos débitos a que se refere o § 8º deste artigo.

▸ § 9º acrescido pela Lei nº 14.011, de 10-6-2020.

§ 10. VETADO. Lei nº 14.011, de 10-6-2020.

Art. 11-C. As avaliações para fins de alienação onerosa dos domínios pleno, útil ou direto de imóveis da União, permitida a contratação da Caixa Econômica Federal ou de empresas públicas, órgãos ou entidades da administração pública direta ou indireta da União, do Distrito Federal, dos Estados ou dos Municípios cuja atividade-fim seja o desenvolvimento urbano ou imobiliário, com dispensa de licitação, ou de empresa privada, por meio de licitação, serão realizadas:

▸ *Caput* do art. 11-C com a redação dada pela Lei nº 14.011, de 10-6-2020.

I – pela Secretaria de Coordenação e Governança do Patrimônio da União; ou

II – pelo órgão ou entidade pública gestora responsável pelo imóvel.

▸ Incisos I e II acrescidos dada pela Lei nº 14.011, de 10-6-2020.

§ 1º O preço mínimo para as alienações onerosas será fixado com base no valor de mercado do imóvel, estabelecido em laudo de avaliação, cujo prazo de validade será de 12 (doze) meses.

▸ § 1º com a redação dada pela Lei nº 14.474, de 6-12-2022.

§ 2º Para as áreas públicas da União objeto da REURB-E, nos casos de venda direta, o preço de venda será fixado com base no valor de mercado do imóvel, excluídas as benfeitorias realizadas pelo ocupante, cujo prazo de validade da avaliação será de, no máximo, doze meses.

§ 3º Para as alienações que tenham como objeto a remição do aforamento ou a venda do domínio pleno ou útil, para os ocupantes ou foreiros regularmente cadastrados na SPU, a avaliação, cujo prazo de validade será de, no máximo, doze meses, poderá ser realizada por trecho ou região, desde que comprovadamente homogêneos, com base em pesquisa mercadológica e critérios estabelecidos no zoneamento ou plano diretor do Município.

▸ §§ 2º e 3º acrescidos pela Lei nº 13.465, de 11-7-2017.

§ 4º Será admitida a avaliação por planta de valores da Secretaria de Coordenação e Governança do Patrimônio da União por ocasião da alienação de:

▸ *Caput* do § 4º com a redação dada pela Lei nº 14.474, de 6-12-2022.

I – terrenos da União ou de suas frações de até 250 m² (duzentos e cinquenta metros quadrados) em área urbana;

II – imóveis inscritos em ocupação, utilizados como moradia pelos atuais ocupantes, independentemente da extensão da área; ou

III – imóveis rurais de até o limite do módulo fiscal, definido pelo Instituto Nacional de Colonização e Reforma Agrária (INCRA).

▸ Incisos I a III acrescidos pela Lei nº 14.474, de 6-12-2022.

§ 5º *Revogado*. Lei nº 14.474, de 6-12-2022.

§ 6º As avaliações poderão ser realizadas sem que haja visita presencial, por meio de modelos de precificação, automatizados ou não, nos termos dos §§ 4º e 5º deste artigo.

§ 7º Os laudos de avaliação dos imóveis elaborados por empresas especializadas serão homologados pela Secretaria de Coordenação e Governança do Patrimônio da União ou pelo órgão ou entidade pública gestora do imóvel, por meio de modelos preestabelecidos e sistema automatizado.

§ 8º É dispensada a homologação de que trata o § 7º deste artigo dos laudos de avaliação realizados por banco público federal ou por empresas públicas.

§ 9º O órgão ou a entidade pública gestora poderá estabelecer que o laudo de avaliação preveja os valores para a venda do imóvel de acordo com prazo inferior à média de absorção do mercado.

§ 10. A Secretaria de Coordenação e Governança do Patrimônio da União poderá utilizar o valor estimado nos laudos de avaliação para fins de venda do imóvel em prazo menor do que a média de absorção do mercado.

§ 11. É vedada a avaliação por empresas especializadas cujos sócios sejam servidores da Secretaria de Coordenação e Governança do Patrimônio da União ou da Secretaria Especial de Desestatização, Desinvestimento e Mercados do Ministério da Economia, ou seus parentes, em linha reta ou colateral, por consanguinidade ou afinidade, até o terceiro grau, inclusive.

§ 12. Ato do Secretário de Coordenação e Governança do Patrimônio da União disporá sobre critérios técnicos para a elaboração e a homologação dos laudos de avaliação.

▸ §§ 6º a 12 acrescidos pela Lei nº 14.011, de 10-6-2020.

§ 13. Nos casos de homologação dos laudos de avaliação, a Secretaria de Coordenação e Governança do Patrimônio da União será responsável exclusivamente pela verificação das normas aplicáveis, sem prejuízo da responsabilidade integral do agente privado que elaborou o laudo.

§ 14. As avaliações de imóveis da União poderão ter seu prazo de validade estendido, por meio de revalidação, conforme critérios técnicos estabelecidos em ato do Secretário de Coordenação e Governança do Patrimônio da União.

▸ §§ 13 e 14 acrescidos pela Lei nº 14.474, de 6-12-2022.

Art. 11-D. Ato do Secretário de Coordenação e Governança do Patrimônio da União estabelecerá critérios técnicos e impessoais para habilitação de profissionais com vistas à execução de medidas necessárias ao processo de alienação dos bens imóveis da União.

§ 1º A remuneração do profissional habilitado pela Secretaria de Coordenação e Governança do Patrimônio da União será devida somente na hipótese de êxito do processo de alienação correspondente.

§ 2º Os laudos de avaliação dos imóveis elaborados pelos avaliadores serão homologados pela Secretaria de Coordenação e Governança do Patrimônio da União ou pelo órgão ou entidade pública gestora do imóvel, por meio de modelos preestabelecidos e sistema automatizado.

§ 3º O profissional ou empresa que atender aos critérios estabelecidos no ato a que se refere o *caput* deste artigo será automaticamente considerado habilitado, sem necessidade de declaração da Secretaria de Coordenação e Governança do Patrimônio da União.

▸ Art. 11-D acrescido pela Lei nº 14.011, de 10-6-2020.

Seção IV

DO AFORAMENTO

Art. 12. Observadas as condições previstas no § 1º do art. 23 e resguardadas as situações previstas no inciso I do art. 5º do Decreto-Lei nº 2.398, de 1987, os imóveis dominiais da União, situados em zonas sujeitas ao regime enfitêutico, poderão ser aforados, mediante leilão ou concorrência pública, respeitado, como preço mínimo, o valor de mercado do respectivo domínio útil, estabelecido em avaliação de precisão, realizada, especificamente para esse fim, pela SPU ou, sempre que necessário, pela Caixa Econômica Federal, com validade de seis meses a contar da data de sua publicação.

▸ Arts. 15 a 17, 25 e 29 desta Lei.

§ 1º Na impossibilidade, devidamente justificada, de realização de avaliação de precisão, será admitida a avaliação expedita.

§ 2º Para realização das avaliações de que trata este artigo, a SPU e a CEF poderão contratar serviços especializados de terceiros, devendo os respectivos laudos, para os fins previstos nesta Lei, ser homologados por quem os tenha contratado, quanto à observância das normas técnicas pertinentes.

§ 3º Não serão objeto de aforamento os imóveis que:

I – por sua natureza e em razão de norma especial, são ou venham a ser considerados indisponíveis e inalienáveis; e

II – são considerados de interesse do serviço público, mediante ato do Secretário do Patrimônio da União do Ministério do Planejamento, Orçamento e Gestão.

▸ § 3º com a redação dada pela Lei nº 13.139, de 26-6-2015.

Art. 13. Na concessão do aforamento, será dada preferência a quem, comprovadamente, em 10 de junho de 2014, já ocupava o imóvel há mais de 1 (um) ano e esteja, até a data da formalização do contrato de alienação do domínio útil, regularmente inscrito como ocupante e em dia com suas obrigações perante a Secretaria do Patrimônio da União do Ministério do Planejamento, Orçamento e Gestão.

▸ *Caput* com a redação dada pela Lei nº 13.139, de 26-6-2015.

▸ Art. 29 desta Lei.

§ 1º Previamente à publicação do edital de licitação, dar-se-á conhecimento do preço mínimo para venda do domínio útil ao titular da preferência de que trata este artigo, que poderá adquiri-lo por esse valor, devendo, para este fim, sob pena de decadência, manifestar o seu interesse na aquisição e apresentar a documentação exigida em lei na forma e nos prazos previstos em regulamento e, ainda, celebrar o contrato de aforamento de que trata o art. 14 no prazo de seis meses, a contar da data da notificação.

§ 2º O prazo para celebração do contrato de que trata o parágrafo anterior poderá ser prorrogado, a pedido do interessado e observadas as condições previstas em regulamento, por mais seis meses, situação em que, havendo variação significativa no mercado imobiliário local, será feita nova avaliação, correndo os custos de sua realização por conta do respectivo ocupante.

§ 3º A notificação de que trata o § 1º será feita por edital publicado no *Diário Oficial da União* e, sempre que possível, por carta registrada a ser enviada ao ocupante do imóvel que se encontre inscrito na SPU.

§ 4º O edital especificará o nome do ocupante, a localização do imóvel e a respectiva área, o valor de avaliação, bem como o local e horário de atendimento aos interessados.

§ 5º *Revogado*. Lei nº 13.139, de 26-6-2015.

§ 6º Para fins de regularização nos registros cadastrais da Secretaria do Patrimônio da União do Ministério do Planejamento, Desenvolvimento e Gestão dos aforamentos ocorridos até 10 de junho de 2014, as transferências de posse na cadeia sucessória do imóvel serão anotadas no cadastro dos bens dominiais da União para o fim de cobrança de receitas patrimoniais dos respectivos responsáveis, independentemente do prévio recolhimento do laudêmio.

▸ § 6º acrescido pela Lei nº 13.813, de 9-4-2019.

Art. 14. O domínio útil, quando adquirido mediante o exercício da preferência de que tratam o art. 13 e o § 3º do art. 17 desta Lei, poderá ser pago:

▸ *Caput* com a redação dada pela Lei nº 13.465, de 11-7-2017.

I – à vista;

▸ Inciso I com a redação dada pela Lei nº 13.465, de 11-7-2017.

II – a prazo, mediante pagamento, no ato da assinatura do contrato de aforamento, de entrada mínima de 10% (dez por cento) do preço, a título de sinal e princípio de pagamento, e do saldo em até cento e vinte prestações mensais e consecutivas, devidamente atualizadas, observando-se, neste caso, que o término do parcelamento não poderá ultrapassar a data em que o adquirente completar oitenta anos de idade.

▸ Arts. 29 e 34 desta Lei.

Parágrafo único. *Revogado*. Lei nº 13.465, de 11-7-2017.

Art. 15. A Secretaria do Patrimônio da União do Ministério do Planejamento, Orçamento e Gestão promoverá, mediante licitação, o aforamento dos terrenos de domínio da União situados em zonas sujeitas ao regime enfitêutico que estiverem vagos ou ocupados há até 1 (um) ano em 10 de junho de 2014, bem como daqueles cujos ocupantes não tenham exercido a preferência ou a opção de que tratam os arts. 13 e 17 desta Lei e o inciso I do *caput* do art. 5º do Decreto-Lei nº 2.398, de 21 de dezembro de 1987.

▸ *Caput* com a redação dada pela Lei nº 13.139, de 26-6-2015.

▸ Art. 29 desta Lei.

§ 1º O domínio pleno das benfeitorias incorporadas ao imóvel, independentemente de quem as tenha realizado, será também objeto de alienação.

§ 2º Os ocupantes com até 1 (um) ano de ocupação em 10 de junho de 2014 que continuem ocupando o imóvel e estejam regularmente inscritos e em dia com suas obrigações perante a Secretaria do Patrimônio da União do Ministério do Planejamento, Orçamento e Gestão na data da realização da licitação poderão adquirir o domínio útil do imóvel, em caráter preferencial, pelo preço, abstraído o valor correspondente às benfeitorias por eles realizadas, e nas mesmas condições oferecidas pelo vencedor da licitação, desde que manifestem seu interesse no ato do pregão ou no prazo de 48 (quarenta e oito) horas, contado da publicação do resultado do julgamento da concorrência.

▸ § 2º com a redação dada pela Lei nº 13.139, de 26-6-2015.

▸ Art. 16 desta Lei.

§ 3º O edital de licitação especificará, com base na proporção existente entre os valores apurados no laudo de avaliação, o percentual a ser subtraído da proposta ou do lance vencedor, correspondente às benfeitorias realizadas pelo ocupante, caso este exerça a preferência de que trata o parágrafo anterior.

§ 4º Ocorrendo a venda, na forma deste artigo, do domínio útil do imóvel a terceiros, será repassado ao ocupante, exclusivamente neste caso, o valor correspondente às benfeitorias por ele realizadas calculado com base no percentual apurado na forma do parágrafo anterior, sendo vedada a extensão deste benefício a outros casos, mesmo que semelhantes.

§ 5º O repasse de que trata o parágrafo anterior será realizado nas mesmas condições de pagamento, pelo adquirente, do preço do domínio útil.

§ 6º Caso o domínio útil do imóvel não seja vendido no primeiro certame, serão promovidas, após a reintegração sumária da União na posse do imóvel, novas licitações, nas quais não será dada nenhuma preferência ao ocupante.

§ 7º Os ocupantes que não exercerem, conforme o caso, as preferências de que tratam os arts. 13 e 15, § 2º, e a opção de que trata o art. 17, nos termos e condições previstos nesta Lei e em seu regulamento, terão o prazo de sessenta dias para desocupar o imóvel, findo o qual ficarão sujeitos ao pagamento de indenização pela ocupação ilícita, correspondente a 10% (dez por cento) do valor atualizado do domínio pleno do terreno, por ano ou fração de ano, até que a União seja reintegrada na posse do imóvel.

Art. 16. Constatado, no processo de habilitação, que os adquirentes prestaram declaração falsa sobre pré-requisitos necessários ao exercício da preferência de que tratam os arts. 13, 15, § 2º, e 17, § 3º, desta Lei, e o inciso I do art. 5º do Decreto-Lei nº 2.398, de 1987, os respectivos contratos de aforamento serão nulos de pleno direito, sem prejuízo das sanções penais aplicáveis, independentemente de notificação judicial ou extrajudicial, retornando automaticamente o imóvel ao domínio pleno da União e perdendo os compradores o valor correspondente aos pagamentos eventualmente já efetuados.

▸ Art. 29 desta Lei.

Art. 16-A. Para os terrenos submetidos ao regime enfitêutico, ficam autorizadas a remição do foro e a consolidação do domínio pleno com o foreiro mediante o pagamento do valor correspondente ao domínio direto do terreno, segundo os critérios de avaliação previstos no art. 11-C desta Lei, cujo prazo de validade da avaliação será de, no máximo, doze meses, e das obrigações pendentes na Secretaria do Patrimônio da União (SPU), inclusive aquelas objeto de parcelamento, excluídas as benfeitorias realizadas pelo foreiro.

§ 1º Ficam dispensadas do pagamento pela remição as pessoas consideradas carentes ou de baixa renda, nos termos previstos no art. 1º do Decreto-Lei nº 1.876, de 15 de julho de 1981.

§ 2º A remição do foro e a consolidação do domínio pleno com o foreiro a que se refere este artigo poderão ser efetuadas à vista ou de forma parcelada, permitida a utilização dos recursos do FGTS para pagamento total, parcial ou em amortização de parcelas e liquidação do saldo devedor, observadas as demais regras e condições estabelecidas para uso do FGTS.

§ 3º As demais condições para a remição do foro dos imóveis submetidos ao regime enfitêutico a que se refere este artigo serão estabelecidas em ato da Secretaria do Patrimônio da União (SPU).

§ 4º O foreiro que não optar pela aquisição dos imóveis de que trata este artigo continuará submetido ao regime enfitêutico, na forma da legislação vigente.

§ 5º A Secretaria do Patrimônio da União (SPU) verificará a regularidade cadastral dos imóveis a serem alienados e procederá aos ajustes eventualmente necessários durante o processo de alienação.

§ 6º Não se aplica o disposto neste artigo aos imóveis da União:

I – administrados pelo Ministério das Relações Exteriores, pelo Ministério da Defesa ou pelos Comandos da Marinha, do Exército ou da Aeronáutica;

II – situados na faixa de fronteira de que trata a Lei nº 6.634, de 2 de maio de 1979, ou na faixa de segurança de que trata o § 3º do art. 49 do Ato das Disposições Constitucionais Transitórias.

§ 7º Para os fins desta Lei, considera-se faixa de segurança a extensão de trinta metros a partir do final da praia, nos termos do § 3º do art. 10 da Lei nº 7.661, de 16 de maio de 1988.

Art. 16-B. Fica o Poder Executivo Federal autorizado, por intermédio da Secretaria do Patrimônio da União (SPU), a contratar a Caixa Econômica Federal, independentemente de processo licitatório, para a prestação de serviços relacionados à administração dos contratos, à arrecadação e à cobrança administrativa decorrentes da remição do foro dos imóveis a que se refere o art. 16-A desta Lei.

Parágrafo único. A Caixa Econômica Federal representará a União na celebração dos contratos de que trata o *caput* deste artigo.

Art. 16-C. O Ministro de Estado do Planejamento, Desenvolvimento e Gestão, permitida a delegação, editará portaria com a lista de áreas ou imóveis sujeitos à alienação nos termos do art. 16-A desta Lei.

§ 1º Os terrenos de marinha e acrescidos alienados na forma desta Lei:

I – não incluirão:

a) áreas de preservação permanente, na forma do inciso II do *caput* do art. 3º da Lei nº 12.651, de 25 de maio de 2012; ou

b) áreas em que seja vedado o parcelamento do solo, na forma do art. 3º e do inciso I do *caput* do art. 13 da Lei nº 6.766, de 19 de dezembro de 1979;

II – deverão estar situados em área urbana consolidada.

§ 2º Para os fins desta Lei, considera-se área urbana consolidada aquela:

I – incluída no perímetro urbano ou em zona urbana pelo plano diretor ou por lei municipal específica;

II – com sistema viário implantado e vias de circulação pavimentadas;

III – organizada em quadras e lotes predominantemente edificados;

IV – de uso predominantemente urbano, caracterizado pela existência de edificações residenciais, comerciais, industriais, institucionais, mistas ou voltadas à prestação de serviços; e

V – com a presença de, no mínimo, três dos seguintes equipamentos de infraestrutura urbana implantados:

a) drenagem de águas pluviais;

b) esgotamento sanitário;

c) abastecimento de água potável;

d) distribuição de energia elétrica; e

e) limpeza urbana, coleta e manejo de resíduos sólidos.

§ 3º A alienação dos imóveis de que trata o § 1º deste artigo não implica supressão das restrições administrativas de uso ou edificação que possam prejudicar a segurança da navegação, conforme estabelecido em ato do Ministro de Estado da Defesa.

§ 4º Não há necessidade de autorização legislativa específica para alienação dos imóveis arrolados na portaria a que se refere o *caput* deste artigo.

▸ Arts. 16-A a 16-C acrescidos pela Lei nº 13.465, de 11-7-2017.

Art. 16-D. O adquirente receberá desconto de 25% (vinte e cinco por cento) na aquisição à vista, com fundamento no art. 16-A desta Lei, desde que atendidas as seguintes condições, cumulativamente:

▸ *Caput* com a redação dada pela Lei nº 13.813, de 9-4-2019.

I – tenha sido apresentada manifestação de interesse para a aquisição à vista com o desconto de que trata o *caput* deste artigo no prazo de 30 (trinta) dias, contado a partir da data do recebimento da notificação da inclusão do imóvel na portaria de que trata o art. 16-C desta Lei; e

II – tenha sido efetuado o pagamento à vista do valor da alienação no prazo de 60 (sessenta) dias, contado a partir da data da manifestação de interesse do adquirente.

▸ Incisos I e II acrescidos pela Lei nº 13.813, de 9-4-2019.

Parágrafo único. Para as alienações efetuadas de forma parcelada não será concedido desconto.

▸ Parágrafo único com a redação dada pela Lei nº 13.465, de 11-7-2017.

Art. 16-E. O pagamento das alienações realizadas nos termos do art. 16-A desta Lei observará critérios fixados em regulamento e poderá ser realizado:

I – à vista;

II – a prazo, mediante as condições de parcelamento estabelecidas em ato da Secretaria do Patrimônio da União (SPU).

Art. 16-F. Para os imóveis divididos em frações ideais em que já tenha havido aforamento de, no mínimo, uma das unidades autônomas, na forma do item 1º do art. 105 do Decreto-Lei nº 9.760, de 5 de setembro de 1946, combinado com o inciso I do *caput* do art. 5º do Decreto-Lei nº 2.398, de 21 de dezembro 1987, será aplicado o mesmo critério de outorga de aforamento para as demais unidades do imóvel.

Art. 16-G. A União repassará 20% (vinte por cento) da receita patrimonial decorrente da remição do foro dos imóveis a que se refere o art. 16-A desta Lei aos Municípios e ao Distrito Federal onde estão localizados.

Art. 16-H. Fica a Secretaria do Patrimônio da União (SPU) autorizada a receber Proposta de Manifestação de Aquisição, por foreiro de imóvel da União, que esteja regularmente inscrito e adimplente com suas obrigações com aquela Secretaria.

§ 1º O foreiro deverá apresentar à SPU carta formalizando o interesse na aquisição juntamente com a identificação do imóvel e do foreiro, comprovação do período de foro e de estar em dia com as respectivas taxas, avaliação do imóvel e das benfeitorias, proposta de pagamento e, para imóveis rurais, georreferenciamento e CAR individualizado.

§ 2º Para a análise da Proposta de Manifestação de Aquisição de que trata este artigo deverão ser cumpridos todos os requisitos e condicionantes estabelecidos na legislação que normatiza a alienação de imóveis da União, mediante a edição da portaria do Ministério do Planejamento, Desenvolvimento e Gestão de que trata o art. 16-C, bem como os critérios de avaliação previstos no art. 11-C, ambos desta Lei.

§ 3º O protocolo da Proposta de Manifestação de Aquisição de imóvel da União pela Secretaria do Patrimônio da União (SPU) não constituirá nenhum direito ao foreiro perante a União.

§ 4º A Secretaria do Patrimônio da União (SPU) fica autorizada a regulamentar a Proposta de Manifestação de Aquisição de que trata este artigo, mediante edição de portaria específica.

▸ Arts.16-E a 16-H acrescidos pela Lei nº 13.465, de 11-7-2017.

Art. 16-I. Os imóveis submetidos ao regime enfitêutico com valor de remição do domínio direto do terreno até o limite estabelecido em ato do Ministro de Estado da Economia terão, mediante procedimento simplificado, a remição do foro autorizada, e o domínio pleno será consolidado em nome dos atuais foreiros que estejam regularmente cadastrados na Secretaria de Coordenação e Governança do Patrimônio da União e que estejam em dia com suas obrigações.

§ 1º O valor para remição do foro dos imóveis enquadrados no *caput* deste artigo será definido de acordo com a planta de valores da Secretaria de Coordenação e Governança do Patrimônio da União, observado, no que couber, o disposto no art. 11-C desta Lei.

§ 2º Os imóveis sujeitos à alienação nos termos deste artigo serão remidos mediante venda direta ao atual foreiro, dispensada a edição de portaria específica.

§ 3º Os imóveis com valor do domínio direto do terreno superior ao estabelecido em ato do Ministro de Estado da Economia poderão ser alienados nos termos do art. 16-A desta Lei.

§ 4º A hipótese de que trata este artigo está condicionada à edição de ato do Secretário de Coordenação e Governança do Patrimônio da União que discipline os procedimentos e o cronograma dos imóveis abrangidos.

▸ Art. 16-I acrescido pela Lei nº 14.011, de 10-6-2020.

Seção V

DOS DIREITOS DOS OCUPANTES REGULARMENTE INSCRITOS ATÉ 5 DE OUTUBRO DE 1988

Art. 17. Os ocupantes regularmente inscritos até 5 de outubro de 1988, que não exercerem a preferência de que trata o art. 13, terão os seus direitos e obrigações assegurados mediante a celebração de contratos de cessão de uso onerosa, por prazo indeterminado.

▸ Art. 15 desta Lei.

§ 1º A opção pela celebração do contrato de cessão de que trata este artigo deverá ser manifestada e formalizada, sob pena de decadência, observando-se os mesmos prazos previstos no art. 13 para exercício da preferência ao aforamento.

§ 2º Havendo interesse do serviço público, a União poderá, a qualquer tempo, revogar o contrato de cessão e reintegrar-se na posse do imóvel, após o decurso do prazo de noventa dias da notificação administrativa que para esse fim expedir, em cada caso, não sendo reconhecidos ao cessionário quaisquer direitos sobre o terreno ou a indenização por benfeitorias realizadas.

§ 3º A qualquer tempo, durante a vigência do contrato de cessão, poderá o cessionário pleitear novamente a preferência à aquisição, exceto na hipótese de haver sido declarado o interesse do serviço público, na forma do art. 5º do Decreto-Lei nº 2.398, de 1987.

▸ Arts. 14, 16 e 29 desta Lei.

Seção VI

DA CESSÃO

Art. 18. A critério do Poder Executivo poderão ser cedidos, gratuitamente ou em condições especiais, sob qualquer dos regimes previstos no Decreto-Lei nº 9.760, de 1946, imóveis da União a:

I – Estados, Distrito Federal, Municípios e entidades sem fins lucrativos das áreas de educação, cultura, assistência social ou saúde;

II – pessoas físicas ou jurídicas, em se tratando de interesse público ou social ou de aproveitamento econômico de interesse nacional.

▸ Incisos I e II com a redação dada pela Lei nº 11.481, de 31-5-2007.

▸ Art. 22, § 2º, desta Lei.

§ 1º A cessão de que trata este artigo poderá ser realizada, ainda, sob o regime de concessão de direito real de uso resolúvel, previsto no art. 7º do Decreto-Lei nº 271, de 28 de fevereiro de 1967, aplicando-se, inclusive, em terrenos de marinha e acrescidos, dispensando-se o procedimento licitatório para associações e cooperativas que se enquadrem no inciso II do *caput* deste artigo.

▸ § 1º com a redação dada pela Lei nº 11.481, de 31-5-2007.

§ 2º O espaço aéreo sobre bens públicos, o espaço físico em águas públicas, as áreas de álveo de lagos, rios e quaisquer correntes d'água, de vazantes, da plataforma continental e de outros bens de domínio da União, insusceptíveis de transferência de direitos reais a terceiros, poderão ser objeto de cessão de uso, nos termos deste artigo, observadas as prescrições legais vigentes.

§ 3º A cessão será autorizada em ato do Presidente da República e se formalizará mediante termo ou contrato, do qual constarão expressamente as condições estabelecidas, entre as quais a finalidade da sua realização e o prazo para seu cumprimento, e tornar-se-á nula, independentemente de ato especial, se ao imóvel, no todo ou em parte, vier a ser dada aplicação diversa da prevista no ato autorizativo e consequente termo ou contrato.

§ 4º A competência para autorizar a cessão de que trata este artigo poderá ser delegada ao Ministro de Estado da Fazenda, permitida a subdelegação.

§ 5º Na hipótese de destinação à execução de empreendimento de fim lucrativo, a cessão será onerosa e, sempre que houver condições de competitividade, serão observados os procedimentos licitatórios previstos em lei e o disposto no art. 18-B desta Lei.

▸ § 5º com a redação dada pela Lei nº 13.813, de 9-4-2019.

§ 6º Fica dispensada de licitação a cessão prevista no *caput* deste artigo relativa a:

▸ *Caput* do § 6º acrescido pela Lei nº 11.481, de 31-5-2007.

I – bens imóveis residenciais construídos, destinados ou efetivamente utilizados no âmbito de programas de provisão habitacional ou de regularização fundiária de interesse social desenvolvidos por órgãos ou entidades da administração pública;

II – bens imóveis de uso comercial de âmbito local com área de até 250 m² (duzentos e cinquenta metros quadrados), inseridos no âmbito de programas de regularização fundiária de interesse social desenvolvidos por órgãos ou entidades da administração pública e cuja ocupação se tenha consolidado até 27 de abril de 2006;

▸ Incisos I e II acrescidos pela Lei nº 11.481, de 31-5-2007.

III – espaços físicos em corpos d'água de domínio da União para fins de aquicultura, no âmbito da regularização aquícola desenvolvida por órgãos ou entidades da administração pública.

▸ Inciso III acrescido pela Lei nº 14.011, de 10-6-2020.

§ 6º-A. Os espaços físicos a que refere o inciso III do § 6º deste artigo serão cedidos ao requerente que tiver projeto aprovado perante a Secretaria de Aquicultura e Pesca do Ministério da Agricultura, Pecuária e Abastecimento e demais órgãos da administração pública.

▸ § 6º-A acrescido pela Lei nº 14.011, de 10-6-2020.

§ 7º Além das hipóteses previstas nos incisos I e II do *caput* e no § 2º deste artigo, o espaço aéreo sobre bens públicos, o espaço físico em águas públicas, as áreas de álveo de lagos, rios e quaisquer correntes d'água, de vazantes e de outros bens do domínio da União, contíguos a imóveis da União afetados ao regime de aforamento ou ocupação, poderão ser objeto de cessão de uso.

▸ § 7º acrescido pela Lei nº 12.058, de 13-10-2009.

§ 8º A destinação que tenha como beneficiários entes públicos ou privados concessionários ou delegatários da prestação de serviços de coleta, tratamento e distribuição de água potável, esgoto sanitário e destinação final de resíduos sólidos poderá ser realizada com dispensa de licitação e sob regime gratuito.

§ 9º Na hipótese prevista no § 8º deste artigo, caso haja a instalação de tubulação subterrânea e subaquática que permita outro uso concomitante, a destinação dar-se-á por meio de autorização de passagem, nos termos de ato da Secretaria do Patrimônio da União (SPU).

▸ §§ 8º e 9º acrescidos pela Lei nº 13.465, de 11-7-2017.

§ 10. A cessão de que trata este artigo poderá estabelecer como contrapartida a obrigação de construir, reformar ou prestar serviços de engenharia em imóveis da União ou em bens móveis de interesse da União, admitida a contrapartida em imóveis da União que não sejam objeto da cessão.

§ 11. A cessão com contrapartida será celebrada sob condição resolutiva até que a obrigação seja integralmente cumprida pelo cessionário.

§ 12. Na hipótese de descumprimento pelo cessionário da contrapartida, nas condições e nos prazos estabelecidos, o instrumento jurídico da cessão resolver-se-á sem direito à indenização pelas acessões e benfeitorias nem a qualquer outra indenização ao cessionário, e a posse do imóvel será imediatamente revertida para a União.

▸ §§ 10 a 12 acrescidos pela Lei nº 14.011, de 10-6-2020.

§ 13. A cessão que tenha como beneficiária autorizatária de exploração ferroviária, nos termos da legislação específica, será realizada com dispensa de licitação.

▸ § 13 com a redação dada pela Lei nº 14.273, de 23-12-2021.

Art. 18-A. Os responsáveis pelas estruturas náuticas instaladas ou em instalação no mar territorial, nos rios e nos lagos de domínio da União que requererem a sua regularização até 31 de dezembro de 2018 perceberão desconto de 50% (cinquenta por cento) no valor do recolhimento do preço público pelo uso privativo de área da União quanto ao período que antecedeu a data de publicação da Medida Provisória nº 759, de 22 de dezembro de 2016.

§ 1º O desconto de que trata o *caput* deste artigo fica condicionado ao deferimento do pedido de regularização pela Secretaria do Patrimônio da União (SPU).

§ 2º O disposto no *caput* deste artigo não se aplica aos créditos inscritos em dívida ativa da União.

▶ Art. 18-A acrescido pela Lei nº 13.465, de 11-7-2017.

Art. 18-B. Os imóveis da União que estiverem ocupados por entidades desportivas de quaisquer modalidades poderão ser objeto de cessão em condições especiais, dispensado o procedimento licitatório e observadas as seguintes condições:

I – que as ocupações sejam anteriores a 5 de outubro de 1988, exclusivamente; e

II – que a cessão seja pelo prazo máximo de 30 (trinta) anos, admitidas prorrogações por iguais períodos.

§ 1º A cessão será formalizada por meio de termo ou de contrato, do qual constarão expressamente as condições estabelecidas.

§ 2º A cessão será tornada nula, independentemente de ato especial, se ao imóvel vier a ser dada aplicação diversa da prevista no termo ou no contrato, no todo ou em parte, observado o disposto no § 5º do art. 18 desta Lei.

§ 3º As entidades desportivas de que trata este artigo receberão desconto de 50% (cinquenta por cento) sobre os débitos inadimplidos relativos a preços públicos pelo uso privativo de área da União quanto ao período anterior à data de formalização do termo ou do contrato.

§ 4º O desconto de que trata o § 3º deste artigo somente será concedido aos interessados que requererem a regularização até 31 de dezembro de 2019 e ficará condicionado ao deferimento do pedido pela Secretaria do Patrimônio da União do Ministério do Planejamento, Desenvolvimento e Gestão.

▶ Art. 18-B acrescido pela Lei nº 13.813, de 9-4-2019.

Art. 19. O ato autorizativo da cessão de que trata o artigo anterior poderá:

I – permitir a alienação do domínio útil ou de direitos reais de uso de frações do terreno cedido mediante regime competente, com a finalidade de obter recursos para execução dos objetivos da cessão, inclusive para construção de edificações que pertencerão, no todo ou em parte, ao cessionário;

II – permitir a hipoteca do domínio útil ou de direitos reais de uso de frações do terreno cedido, mediante regime competente, e de benfeitorias eventualmente aderidas, com as finalidades referidas no inciso anterior;

III – permitir a locação ou o arrendamento de partes do imóvel cedido e benfeitorias eventualmente aderidas, desnecessárias ao uso imediato do cessionário;

▶ Art. 40, V, desta Lei.

IV – isentar o cessionário do pagamento de foro, enquanto o domínio útil do terreno fizer parte do seu patrimônio, e de laudêmios, nas transferências de domínio útil de que trata este artigo;

V – conceder prazo de carência para início de pagamento das retribuições devidas, quando:

a) for necessária a viabilização econômico-financeira do empreendimento;

b) houver interesse em incentivar atividade pouco ou ainda não desenvolvida no País ou em alguma de suas regiões; ou

c) for necessário ao desenvolvimento de microempresas, cooperativas e associações de pequenos produtores e de outros segmentos da economia brasileira que precisem ser incrementados.

VI – permitir a cessão gratuita de direitos enfitêuticos relativos a frações de terrenos cedidos quando se tratar de regularização fundiária ou provisão habitacional para famílias carentes ou de baixa renda.

▶ Inciso VI acrescido pela Lei nº 11.481, de 31-5-2007.

Art. 20. Não será considerada utilização em fim diferente do previsto no termo de entrega, a que se refere o § 2º do art. 79 do Decreto-Lei nº 9.760, de 1946, a cessão de uso a terceiros, a título gratuito ou oneroso, de áreas para exercício de atividade de apoio, definidas em regulamento, necessárias ao desempenho da atividade do órgão a que o imóvel foi entregue.

▶ Art. 40, IV, desta Lei.

Parágrafo único. A cessão de que trata este artigo será formalizada pelo chefe da repartição, estabelecimento ou serviço público federal a que tenha sido entregue o imóvel, desde que aprovada sua realização pelo Secretário-Geral da Presidência da República, respectivos Ministros de Estado ou autoridades com competência equivalente nos Poderes Legislativo ou Judiciário, conforme for o caso, e tenham sido observadas as condições previstas no regulamento e os procedimentos licitatórios previstos em lei.

Art. 21. Quando o projeto envolver investimentos cujo retorno, justificadamente, não possa ocorrer dentro do prazo máximo de 20 (vinte) anos, a cessão sob o regime de arrendamento poderá ser realizada por prazo superior, observando-se, nesse caso, como prazo de vigência, o tempo seguramente necessário à viabilização econômico-financeira do empreendimento, não ultrapassando o período da possível renovação.

▶ Artigo com a redação dada pela Lei nº 11.314, de 3-7-2006.

Seção VII
DA PERMISSÃO DE USO

Art. 22. A utilização, a título precário, de áreas de domínio da União para a realização de eventos de curta duração, de natureza recreativa, esportiva, cultural, religiosa ou educacional, poderá ser autorizada, na forma do regulamento, sob o regime de permissão de uso, em ato do Secretário do Patrimônio da União, publicado no *Diário Oficial da União*.

§ 1º A competência para autorizar a permissão de uso de que trata este artigo poderá ser delegada aos titulares das Delegacias do Patrimônio da União nos Estados.

§ 2º Em áreas específicas, devidamente identificadas, a competência para autorizar a permissão de uso poderá ser repassada aos Estados e Municípios, devendo, para tal fim, as áreas envolvidas lhes serem cedidas sob o regime de cessão de uso, na forma do art. 18.

Seção VIII
DA CONCESSÃO DE USO ESPECIAL PARA FINS DE MORADIA

▶ Seção VIII acrescida pela Lei nº 11.481, de 31-5-2007.

Art. 22-A. A concessão de uso especial para fins de moradia aplica-se às áreas de propriedade da União, inclusive aos terrenos de marinha e acrescidos, e será conferida aos possuidores ou ocupantes que preencham os requisitos legais estabelecidos na Medida Provisória nº 2.220, de 4 de setembro de 2001.

§ 1º O direito de que trata o *caput* deste artigo não se aplica a imóveis funcionais.

§ 2º Os imóveis sob administração do Ministério da Defesa ou dos Comandos da Marinha, do Exército e da Aeronáutica são considerados de interesse da defesa nacional para efeito do disposto no inciso III do *caput* do art. 5º da Medida Provisória nº 2.220, de 4 de setembro de 2001, sem prejuízo do estabelecido no § 1º deste artigo.

▶ Art. 22-A acrescido pela Lei nº 11.481, de 31-5-2007.

▶ MP nº 2.220, de 4-9-2001, dispõe sobre a concessão de uso especial de que trata o § 1º do art. 183 da CF e cria o Conselho Nacional de Desenvolvimento Urbano – CNDU.

▶ A Seção IX, que seria acrescida pela Lei nº 13.240, de 30-12-2015, teve seu texto vetado.

CAPÍTULO II
DA ALIENAÇÃO

Art. 23. A alienação de bens imóveis da União dependerá de autorização, mediante ato do Presidente da República, e será sempre precedida de parecer da SPU quanto à sua oportunidade e conveniência.

▶ Arts. 30 e 31 desta Lei.

▶ Arts. 6º, §§ 1º e 2º, e 14 da Lei nº 11.483, de 21-1-2007, que dispõe sobre a revitalização do setor ferroviário.

§ 1º A alienação ocorrerá quando não houver interesse público, econômico ou social em manter o imóvel no domínio da União, nem inconveniência quanto à preservação ambiental e à defesa nacional, no desaparecimento do vínculo de propriedade.

▶ Art. 12 desta Lei.

§ 2º A competência para autorizar a alienação poderá ser delegada ao Ministro de Estado da Fazenda, permitida a subdelegação.

Art. 23-A. Qualquer interessado poderá apresentar proposta de aquisição de imóveis da União que não estejam inscritos em regime enfitêutico ou em ocupação, mediante requerimento específico à Secretaria de Coordenação e Governança do Patrimônio da União.

▶ *Caput* do art. 23-A acrescido pela Lei nº 14.011, de 10-6-2020.

§ 1º O requerimento de que trata o *caput* deste artigo não gera para a administração pública federal obrigação de alienar o imóvel nem direito subjetivo à aquisição.

§ 2º A Secretaria de Coordenação e Governança do Patrimônio da União manifestar-se-á sobre o requerimento de que trata o *caput* deste artigo e avaliará a conveniência e a oportunidade de alienar o imóvel.

§ 3º Na hipótese de manifestação favorável da Secretaria de Coordenação e Governança do Patrimônio da União, se o imóvel não possuir avaliação dentro do prazo de validade, o interessado providenciará, a expensas dele, avaliação elaborada por avaliador habilitado ou empresa especializada, nos termos dos §§ 1º, 7º e 8º do art. 11-C desta Lei.

§ 4º Compete à Secretaria de Coordenação e Governança do Patrimônio da União homologar os laudos de avaliação e iniciar o processo de alienação do imóvel, observado o disposto no art. 24 desta Lei.

▸ §§ 1º a 4º acrescidos pela Lei nº 14.011, de 10-6-2020.

§ 5º A homologação de avaliação pela Secretaria de Coordenação e Governança do Patrimônio da União limitar-se-á à verificação quanto à aplicação das normas técnicas de avaliação de ativos e à assinatura do documento por profissional habilitado para o trabalho de avaliação e não constituirá nenhum direito ao interessado, e a Secretaria poderá desistir da alienação.

▸ § 5º com a redação dada pela Lei nº 14.474, de 6-12-2022.

§ 6º As propostas apresentadas que não cumprirem os requisitos mínimos ou que forem descartadas de plano pela Secretaria de Coordenação e Governança do Patrimônio da União serão desconsideradas.

§ 7º As propostas apresentadas nos termos deste artigo serão disponibilizadas pela Secretaria de Coordenação e Governança do Patrimônio da União em sua página na internet, exceto as propostas de que trata o § 6º deste artigo.

§ 8º Ato do Secretário de Coordenação e Governança do Patrimônio da União disporá sobre o conteúdo e a forma do requerimento de que trata o *caput* deste artigo.

▸ §§ 6º a 8º acrescidos pela Lei nº 14.011, de 10-6-2020.

Seção I
Da Venda

Art. 24. A venda de bens imóveis da União será feita mediante concorrência ou leilão público, observadas as seguintes condições:

I – na venda por leilão público, a publicação do edital observará as mesmas disposições legais aplicáveis à concorrência pública;

II – os licitantes apresentarão propostas ou lances distintos para cada imóvel;

III – *Revogado*. Lei nº 13.240, de 30-12-2015;

IV – no caso de leilão público, o arrematante pagará, no ato do pregão, sinal correspondente a, no mínimo, 10% (dez por cento) do valor da arrematação, complementando o preço no prazo e nas condições previstas no edital, sob pena de perder, em favor da União, o valor correspondente ao sinal e, em favor do leiloeiro, se for o caso, a respectiva comissão;

V – o leilão público será realizado por leiloeiro oficial ou por servidor especialmente designado;

VI – quando o leilão público for realizado por leiloeiro oficial, a respectiva comissão será, na forma do regulamento, de até 5% (cinco por cento) do valor da arrematação e será paga pelo arrematante, juntamente com o sinal;

VII – o preço mínimo de venda será fixado com base no valor de mercado do imóvel, estabelecido na forma dos arts. 11-C, 11-D e 23-A desta Lei; e

▸ Inciso VII com a redação dada pela Lei nº 14.011, de 10-6-2020.

VIII – demais condições previstas no regulamento e no edital de licitação.

§ 1º *Revogado*. Lei nº 14.011, de 10-6-2020.

§ 2º Para realização das avaliações de que trata o inciso VII, é dispensada a homologação dos serviços técnicos de engenharia realizados pela Caixa Econômica Federal.

▸ § 2º com a redação dada pela Lei nº 13.240, de 30-12-2015.

§ 3º Poderá adquirir o imóvel, em condições de igualdade com o vencedor da licitação, o cessionário de direito real ou pessoal, o locatário ou arrendatário que esteja em dia com suas obrigações junto à SPU, bem como o expropriado.

§ 3º-A. Os ocupantes regulares de imóveis funcionais da União poderão adquiri-los, com direito de preferência, excluídos aqueles considerados indispensáveis ao serviço público, em condições de igualdade com o vencedor da licitação.

▸ § 3º-A acrescido pela Lei nº 13.465, de 11-7-2017.

§ 4º A venda, em quaisquer das modalidades previstas neste artigo, poderá ser parcelada, mediante pagamento de sinal correspondente a, no mínimo, 10% (dez por cento) do valor de aquisição, na forma a ser regulamentada em ato do Poder Executivo federal.

▸ § 4º com a redação dada pela Lei nº 13.465, de 11-7-2017.

§ 5º *Revogado*. Lei nº 13.465, de 11-7-2017.

§ 6º O interessado que tiver custeado a avaliação poderá adquirir o imóvel, em condições de igualdade com o vencedor da licitação, na hipótese de não serem exercidos os direitos previstos nos §§ 3º e 3º-A deste artigo.

§ 7º O vencedor da licitação ressarcirá os gastos com a avaliação diretamente àquele que a tiver custeado, na hipótese de o vencedor ser outra pessoa, observados os limites de remuneração da avaliação estabelecidos pelo Secretário de Coordenação e Governança do Patrimônio da União.

§ 8º Os procedimentos licitatórios de que trata este artigo poderão ser realizados integralmente por meio de recursos de tecnologia da informação, com a utilização de sistemas próprios ou disponibilizados por terceiros, mediante acordo ou contrato.

§ 9º Os procedimentos específicos a serem adotados na execução do disposto no § 8º deste artigo serão estabelecidos em ato específico do Secretário de Coordenação e Governança do Patrimônio da União.

▸ §§ 6º a 9º acrescidos pela Lei nº 14.011, de 10-6-2020.

Art. 24-A. Na hipótese de concorrência ou leilão público deserto ou fracassado na venda de bens imóveis da União, poderão esses imóveis ser disponibilizados para venda direta.

▸ *Caput* com a redação dada pela Lei nº 13.813, de 9-4-2019.

§ 1º Na hipótese de concorrência ou leilão público deserto ou fracassado, a Secretaria de Coordenação e Governança do Patrimônio da União poderá realizar segunda concorrência ou leilão público com desconto de 25% (vinte e cinco por cento) sobre o valor de avaliação vigente.

▸ Parágrafo único transformado em § 1º e com a redação dada pela Lei nº 14.011, de 10-6-2020.

§ 2º Na hipótese de concorrência ou leilão público deserto ou fracassado por 2 (duas) vezes consecutivas, os imóveis poderão ser disponibilizados para venda direta, aplicado o desconto de 25% (vinte e cinco por cento) sobre o valor do imóvel constante do primeiro edital.

▸ § 2º com a redação dada pela Lei nº 14.474, de 6-12-2022.

§ 3º A compra de imóveis da União disponibilizados para venda direta poderá ser intermediada por corretores de imóveis.

§ 4º Na hipótese de que trata o § 3º deste artigo, caberá ao comprador o pagamento dos valores de corretagem.

§ 5º Na hipótese de realização de leilão eletrônico, nos termos do § 8º do art. 24 desta Lei, a Secretaria de Coordenação e Governança do Patrimônio da União poderá realizar sessões públicas com prazos definidos e aplicar descontos sucessivos, até o limite de 25% (vinte e cinco por cento) sobre o valor de avaliação vigente.

▸ §§ 3º a 5º acrescidos pela Lei nº 14.011, de 10-6-2020.

Art. 24-B. A Secretaria de Coordenação e Governança do Patrimônio da União poderá realizar a alienação de imóveis da União por lote, se essa modalidade implicar, conforme demonstrado em parecer técnico:

I – maior valorização dos bens;

II – maior liquidez para os imóveis cuja alienação isolada seja difícil ou não recomendada; ou

III – outras situações decorrentes das práticas normais do mercado ou em que se observem condições mais vantajosas para a administração pública, devidamente fundamentadas.

Parágrafo único. A alienação por lote a que se refere o *caput* deste artigo somente poderá ser adotada após o encerramento da vigência do estado de emergência em saúde pública a que se refere a Lei nº 13.979, de 6 de fevereiro de 2020.

Art. 24-C. A Secretaria de Coordenação e Governança do Patrimônio da União poderá contratar empresas privadas, por meio de licitação, ou bancos públicos federais, bem como empresas públicas, órgãos ou entidades da administração pública direta ou indireta da União, do Distrito Federal, dos Estados ou dos Municípios cuja atividade-fim seja o desenvolvimento urbano ou imobiliário, com dispensa de licitação, e celebrar convênios ou acordos de cooperação com os demais entes da Federação e seus órgãos para:

I – elaboração de propostas de alienação para bens individuais ou lotes de ativos imobiliários da União;

II – execução de ações de cadastramento, de regularização, de avaliação e de alienação dos bens imóveis; e

III – execução das atividades de alienação dos ativos indicados, incluídas a realização do procedimento licitatório e a representação da União na assinatura dos instrumentos jurídicos indicados.

§ 1º Fica dispensada a homologação da avaliação realizada, nos termos deste artigo, por bancos públicos federais ou empresas públicas, órgãos ou entidades da administração pública direta ou indireta da União, do Distrito Federal, dos Estados ou dos Municípios que tenham como atividade-fim o desenvolvimento urbano ou imobiliário, bem como nas hipóteses de convênios ou acordos de cooperação firmados com órgãos ou entidades da administração pública federal, estadual, distrital ou municipal.

§ 2º A remuneração fixa, a remuneração variável ou a combinação das duas modalidades, em percentual da operação concluída, poderá ser admitida, além do ressarcimento dos gastos efetuados com terceiros necessários à execução dos processos de alienação previstos neste artigo, conforme estabelecido em ato do Secretário de Coordenação e Governança do Patrimônio da União e no ato de contratação.

§ 3º Outras condições para a execução das ações previstas neste artigo serão estabelecidas em ato do Secretário de Coordenação e Governança do Patrimônio da União.

Art. 24-D. A Secretaria de Coordenação e Governança do Patrimônio da União poderá contratar o Banco Nacional de Desenvolvimento Econômico e Social (BNDES), com dispensa de licitação, para a realização de estudos e a execução de plano de desestatização de ativos imobiliários da União.

▶ Dec. nº 11.051, de 26-4-2022, regulamenta este artigo.

§ 1º A desestatização referida no *caput* deste artigo poderá ocorrer por meio de:

I – remição de foro, alienação mediante venda ou permuta, cessão ou concessão de direito real de uso;

II – constituição de fundos de investimento imobiliário e contratação de seus gestores e administradores, conforme legislação vigente; ou

III – qualquer outro meio admitido em lei.

§ 2º Os atos de que trata o inciso I do § 1º deste artigo dependem de ratificação pela Secretaria de Coordenação e Governança do Patrimônio da União.

§ 3º A execução do plano de desestatização poderá incluir as ações previstas nos incisos I, II e III do *caput* do art. 24-C desta Lei.

§ 4º A remuneração fixa, a remuneração variável ou a combinação das duas modalidades, no percentual de até 3% (três por cento) sobre a receita pública decorrente de cada plano de desestatização, poderá ser admitida, além do ressarcimento dos gastos efetuados com terceiros necessários à execução dos planos de desestatização previstos neste artigo, conforme estabelecido em regulamento e no instrumento de contratação.

▶ Arts. 24-B a 24-D acrescidos pela Lei nº 14.011, de 10-6-2020.

Art. 25. A preferência de que trata o art. 13, exceto com relação aos imóveis sujeitos aos regimes dos arts. 80 a 85 do Decreto-Lei nº 9.760, de 1946, e da Lei nº 8.025, de 12 de abril de 1990, poderá, a critério da Administração, ser estendida, na aquisição do domínio útil ou pleno de imóveis residenciais de propriedade da União, que venham a ser colocados à venda, àqueles que, em 15 de fevereiro de 1997, já os ocupavam, na qualidade de locatários, independentemente do tempo de locação, observadas, no que couber, as demais condições estabelecidas para os ocupantes.

Parágrafo único. A preferência de que trata este artigo poderá, ainda, ser estendida àquele que, atendendo as demais condições previstas neste artigo, esteja regularmente cadastrado como locatário, independentemente da existência de contrato locativo.

Art. 26. Em se tratando de projeto de caráter social para fins de moradia, a venda do domínio pleno ou útil observará os critérios de habilitação e renda familiar fixados em regulamento, podendo o pagamento ser efetivado mediante um sinal de, no mínimo, 5% (cinco por cento) do valor da avaliação, permitido o seu parcelamento em até 2 (duas) vezes e do saldo em até 300 (trezentas) prestações mensais e consecutivas, observando-se, como mínimo, a quantia correspondente a 30% (trinta por cento) do valor do salário mínimo vigente.

▶ *Caput* com a redação dada pela Lei nº 11.481, de 31-5-2007.

§§ 1º e 2º *Revogados.* Lei nº 11.481, de 31-5-2007.

§ 3º *Revogado.* Lei nº 13.465, de 11-7-2017.

Arts. 27 a 29. *Revogados.* Lei nº 13.465, de 11-7-2017.

Seção II — DA PERMUTA

Art. 30. Poderá ser autorizada, na forma do art. 23, a permuta de imóveis de qualquer natureza, de propriedade da União, por imóveis edificados ou não, ou por edificações a construir.

▶ Art. 39 desta Lei.

§ 1º Os imóveis permutados com base neste artigo não poderão ser utilizados para fins residenciais funcionais, exceto nos casos de residências de caráter obrigatório, de que tratam os arts. 80 a 85 do Decreto-Lei nº 9.760, de 1946.

§ 2º Na permuta, sempre que houver condições de competitividade, deverão ser observados os procedimentos licitatórios previstos em lei.

Seção III — DA DOAÇÃO

Art. 31. Mediante ato do Poder Executivo e a seu critério, poderá ser autorizada a doação de bens imóveis de domínio da União, observado o disposto no art. 23 desta Lei, a:

▶ *Caput* com a redação dada pela Lei nº 11.481, de 31-5-2007.

I – Estados, Distrito Federal, Municípios, fundações públicas e autarquias públicas federais, estaduais e municipais;

II – empresas públicas federais, estaduais e municipais;

▶ Incisos I e II acrescidos pela Lei nº 11.481, de 31-5-2007.

III – fundos públicos e fundos privados dos quais a União seja cotista, nas transferências destinadas à realização de programas de provisão habitacional ou de regularização fundiária de interesse social;

▶ Inciso III com a redação dada pela Lei nº 12.693, de 24-7-2012.

IV – sociedades de economia mista direcionadas à execução de programas de provisão habitacional ou de regularização fundiária de interesse social;

V – beneficiários, pessoas físicas ou jurídicas, de programas de provisão habitacional ou de regularização fundiária de interesse social desenvolvidos por órgãos ou entidades da administração pública, para cuja execução seja efetivada a doação; ou

▶ Incisos IV e V com a redação dada pela Lei nº 13.813, de 9-4-2019.

VI – instituições filantrópicas devidamente comprovadas como entidades beneficentes de assistência social e organizações religiosas.

▶ Inciso VI acrescido pela Lei nº 13.813, de 9-4-2019.

§ 1º No ato autorizativo e no respectivo termo constarão a finalidade da doação e o prazo para seu cumprimento.

§ 2º O encargo de que trata o parágrafo anterior será permanente e resolutivo, revertendo automaticamente o imóvel à propriedade da União, independentemente de qualquer indenização por benfeitorias realizadas, se:

I – não for cumprida, dentro do prazo, a finalidade da doação;

II – cessarem as razões que justificaram a doação; ou

III – ao imóvel, no todo ou em parte, vier a ser dada aplicação diversa da prevista.

§ 3º Nas hipóteses de que tratam os incisos I a IV do *caput* deste artigo, é vedada ao beneficiário a possibilidade de alienar o imóvel recebido em doação, exceto quando a finalidade for a execução, por parte do donatário, de projeto de assentamento de famílias carentes ou de baixa renda, na forma do art. 26 desta Lei, e desde que, no caso de alienação onerosa, o produto da venda seja destinado à instalação de infraestrutura, equipamentos básicos ou de outras melhorias necessárias ao desenvolvimento do projeto.

▶ § 3º com a redação dada pela Lei nº 11.481, de 31-5-2007.

§ 4º Na hipótese de que trata o inciso V do *caput* deste artigo:

I – não se aplica o disposto no § 2º deste artigo para o beneficiário pessoa física, devendo o contrato dispor sobre eventuais encargos e conter cláusula de inalienabilidade por um período de 5 (cinco) anos; e

II – a pessoa jurídica que receber o imóvel em doação só poderá utilizá-lo no âmbito do respectivo programa habitacional ou de regularização fundiária e deverá observar, nos contratos com os beneficiários finais, o requisito de inalienabilidade previsto no inciso I deste parágrafo.

§ 5º Nas hipóteses de que tratam os incisos III a V do *caput* deste artigo, o beneficiário final pessoa física deve atender aos seguintes requisitos:

I – possuir renda familiar mensal não superior a 5 (cinco) salários mínimos;

II – não ser proprietário de outro imóvel urbano ou rural.

▶ §§ 4º e 5º acrescidos pela Lei nº 11.481, de 31-5-2007.

§ 6º Na hipótese de que trata o inciso VI do *caput* deste artigo, a escolha da instituição será precedida de chamamento público, na forma prevista em regulamento.

▶ § 6º acrescido pela Lei nº 13.813, de 9-4-2019.

Art. 31-A. As autarquias, as fundações e as empresas públicas federais poderão doar à União os imóveis de sua propriedade que não estejam vinculados às suas atividades operacionais.

Parágrafo único. Poderão ser objeto de doação os imóveis vinculados às atividades operacionais das autarquias, das fundações e das empresas públicas federais que não estejam sendo utilizados por essas entidades.

▶ Art. 31-A acrescido pela Lei nº 14.474, de 6-12-2022.

CAPÍTULO III
DAS DISPOSIÇÕES FINAIS

Art. 32. Os arts. 79, 81, 82, 101, 103, 104, 110, 118, 123 e 128 do Decreto-Lei nº 9.760, de 1946, passam a vigorar com as seguintes alterações:

▸ Alterações inseridas no texto do referido Decreto-lei.

Art. 32-A. A Secretaria de Coordenação e Governança do Patrimônio da União será responsável pelo acompanhamento e monitoramento dos dados patrimoniais recebidos dos órgãos e das entidades da administração pública federal e pelo apoio à realização das operações de alienação de bens imóveis.

§ 1º É obrigação dos órgãos e das entidades da administração pública manter inventário atualizado dos bens imóveis sob sua gestão, públicos ou privados, e disponibilizá-lo à Secretaria de Coordenação e Governança do Patrimônio da União.

§ 2º A Secretaria de Coordenação e Governança do Patrimônio da União será responsável pela compilação dos dados patrimoniais recebidos dos órgãos, das autarquias e das fundações públicas e pelo apoio à realização das operações de alienação de bens regidas por esta Lei.

§ 3º As demais condições para a execução das ações previstas neste artigo serão estabelecidas em ato do Secretário de Coordenação e Governança do Patrimônio da União.

▸ Art. 32-A acrescido pela Lei nº 14.011, de 10-6-2020.

Art. 33. Os arts. 3º, 5º e 6º do Decreto-Lei nº 2.398, de 1987, passam a vigorar com as seguintes alterações:

▸ Alterações inseridas no texto do referido Decreto-lei.

Arts. 34 e 35. *Revogados.* Lei nº 13.465, de 11-7-2017.

Art. 36. Nas vendas de que trata esta Lei, quando realizadas mediante licitação, os adquirentes poderão, a critério da Administração, utilizar, para pagamento à vista do domínio útil ou pleno de imóveis de propriedade da União, créditos securitizados ou títulos da dívida pública de emissão do Tesouro Nacional.

Art. 37. Fica instituído o Programa de Administração Patrimonial Imobiliária da União – PROAP, destinado, segundo as possibilidades e as prioridades definidas pela administração pública federal:

▸ *Caput* com a redação dada pela Lei nº 13.240, de 30-12-2015.

I – à adequação dos imóveis de uso especial aos critérios de:

a) acessibilidade das pessoas com deficiência ou com mobilidade reduzida;

b) sustentabilidade;

c) baixo impacto ambiental;

d) eficiência energética;

e) redução de gastos com manutenção;

f) qualidade e eficiência das edificações;

II – à ampliação e à qualificação do cadastro dos bens imóveis da União;

III – à aquisição, à reforma, ao restauro e à construção de imóveis;

▸ Incisos I a III com a redação dada pela Lei nº 13.240, de 30-12-2015.

IV – ao incentivo à regularização e realização de atividades de fiscalização, demarcação, cadastramento, controle e avaliação dos imóveis públicos federais e ao incremento das receitas patrimoniais;

V – ao desenvolvimento de recursos humanos visando à qualificação da gestão patrimonial, mediante a realização de cursos de capacitação e participação em eventos relacionados ao tema;

VI – à aquisição e instalação de equipamentos, bem como à modernização e informatização dos métodos e processos inerentes à gestão patrimonial dos imóveis públicos federais;

VII – à regularização fundiária; e

▸ Incisos IV a VII com a redação dada pela Lei nº 13.465, de 11-7-2017.

VIII – à gestão e manutenção das atividades das Unidades Central e Descentralizadas da SPU.

▸ Inciso VIII acrescido pela Lei nº 13.465, de 11-7-2017.

Parágrafo único. Comporão o Fundo instituído pelo Decreto-Lei nº 1.437, de 17 de dezembro de 1975, e integrarão subconta especial destinada a atender às despesas com o Programa instituído neste artigo, que será gerida pelo Secretário do Patrimônio da União, as receitas patrimoniais decorrentes de:

I – multas; e

II – parcela do produto das alienações de que trata esta Lei, nos percentuais adiante indicados, observado o limite de R$ 25.000.000,00 (vinte e cinco milhões de reais) ao ano:

▸ Inciso II com a redação dada pela Lei nº 9.821, de 23-8-1999.

▸ Art. 45 desta Lei.

a) vinte por cento, nos anos 1998 e 1999;

b) quinze por cento, no ano 2000;

c) dez por cento, no ano 2001;

d) cinco por cento, nos anos 2002 e 2003.

Art. 38. No desenvolvimento do PROAP, a SPU priorizará ações no sentido de desobrigar-se de tarefas operacionais, recorrendo, sempre que possível, à execução indireta, mediante convênio com outros órgãos públicos federais, estaduais e municipais e contrato com a iniciativa privada, ressalvadas as atividades típicas de Estado e resguardados os ditames do interesse público e as conveniências da segurança nacional.

▸ Art. 40 desta Lei.

Art. 39. As disposições previstas no art. 30 aplicam-se, no que couber, às entidades da Administração Pública Federal indireta, inclusive às autarquias e fundações públicas e às sociedades sob controle direto ou indireto da União.

Parágrafo único. A permuta que venha a ser realizada com base no disposto neste artigo deverá ser previamente autorizada pelo conselho de administração, ou órgão colegiado equivalente, das entidades de que trata o *caput*, ou ainda, na inexistência destes ou de respectiva autorização, pelo Ministro de Estado a cuja Pasta se vinculem, dispensando-se autorização legislativa para a correspondente alienação.

▸ Parágrafo único acrescido pela Lei nº 9.821, de 23-8-1999.

Art. 40. Será de competência exclusiva da SPU, observado o disposto no art. 38 e sem prejuízo das competências da Procuradoria-Geral da Fazenda Nacional, previstas no Decreto-Lei nº 147, de 3 de fevereiro de 1967, a realização de aforamentos, concessões de direito real de uso, locações, arrendamentos, entregas e cessões a qualquer título, de imóveis de propriedade da União, exceto nos seguintes casos:

I – cessões, locações e arrendamentos especialmente autorizados nos termos de entrega, observadas as condições fixadas em regulamento;

II – locações de imóveis residenciais de caráter obrigatório, de que tratam os arts. 80 a 85 do Decreto-Lei nº 9.760, de 1946;

III – locações de imóveis residenciais sob o regime da Lei nº 8.025, de 1990;

▸ Lei nº 8.025, de 12-4-1990, dispõe sobre a alienação de bens imóveis residenciais de propriedade da União.

IV – cessões de que trata o art. 20; e

V – as locações e arrendamentos autorizados nos termos do inciso III do art. 19.

Art. 41. Será observado como valor mínimo para efeito de aluguel, arrendamento, cessão de uso onerosa, foro e taxa de ocupação, aquele correspondente ao custo de processamento da respectiva cobrança.

▸ Art. 26, § 1º, desta Lei.

Art. 42. Serão reservadas, na forma do regulamento, áreas necessárias à gestão ambiental, à implantação de projetos demonstrativos de uso sustentável de recursos naturais e dos ecossistemas costeiros, de compensação por impactos ambientais, relacionados com instalações portuárias, marinas, complexos navais e outros complexos náuticos, desenvolvimento do turismo, de atividades pesqueiras, da aquicultura, da exploração de petróleo e gás natural, de recursos hídricos e minerais, aproveitamento de energia hidráulica e outros empreendimentos considerados de interesse nacional.

§ 1º Na hipótese de o empreendimento envolver áreas originariamente de uso comum do povo, poderá ser autorizada a utilização dessas áreas, mediante cessão de uso na forma do art. 18 desta Lei, condicionada, quando necessário, à apresentação de licença ambiental que ateste a viabilidade do empreendimento, observadas as demais disposições legais pertinentes.

▸ Parágrafo único transformado em § 1º e com a redação dada Lei nº 13.813, de 9-4-2019.

§ 2º A regularidade ambiental é condicionante de contratos de destinação de áreas da União e, comprovada a existência de comprometimento da integridade da área pelo órgão ambiental competente, o contrato será rescindido sem ônus para a União e sem prejuízo das demais sanções cabíveis.

▸ § 2º acrescido pela Lei nº 13.813, de 9-4-2019.

Art. 43. Nos aterros realizados até 15 de fevereiro de 1997, sem prévia autorização, a aplicação das penalidades de que tratam os incisos I e II do art. 6º do Decreto-Lei nº 2.398, de 1987, com a redação dada por esta Lei, será suspensa a partir do mês seguinte ao da sua aplicação, desde que o interessado solicite, junto ao Ministério da Fazenda, a regularização e a compra à vista do domínio útil do terreno acrescido, acompanhado do comprovante de recolhimento das multas até então incidentes, cessando a suspensão trinta dias após a ciência do eventual indeferimento.

Parágrafo único. O deferimento do pleito dependerá da prévia audiência dos órgãos técnicos envolvidos.

Art. 44. As condições previstas nesta Lei aplicar-se-ão às ocupações existentes nas terras de propriedade da União situadas na Área de Proteção Ambiental – APA da Bacia do Rio São Bartolomeu, no Distrito Federal, que se tornarem passíveis de regularização, após o rezoneamento de que trata a Lei nº 9.262, de 12 de janeiro de 1996.

Parágrafo único. A alienação dos imóveis residenciais da União, localizados nas Vilas Operárias de Nossa Senhora das Graças e Santa Alice, no Conjunto Residencial Salgado Filho, em Xerém, no Município de Duque de Caxias (RJ), e na Vila Portuária Presidente Dutra, na Rua da América nº 31, no Bairro da Gamboa, no Município do Rio de Janeiro (RJ), observará, também, o disposto nesta Lei.

Art. 45. *Revogado.* Lei nº 13.465, de 11-7-2017.

Art. 46. O disposto nesta Lei não se aplica à alienação do domínio útil ou pleno dos terrenos interiores de domínio da União, situados em ilhas oceânicas e costeiras de que trata o inciso IV do art. 20 da Constituição Federal, onde existam sedes de municípios, que será disciplinada em lei específica, ressalvados os terrenos de uso especial que vierem a ser desafetados.

Art. 47. O crédito originado de receita patrimonial será submetido aos seguintes prazos:

▶ *Caput* com a redação dada pela Lei nº 10.852, de 29-3-2004.

I – decadencial de dez anos para sua constituição, mediante lançamento; e

II – prescricional de cinco anos para sua exigência, contados do lançamento.

▶ Incisos I e II acrescidos pela Lei nº 10.852, de 29-3-2004.

§ 1º O prazo de decadência de que trata o *caput* conta-se do instante em que o respectivo crédito poderia ser constituído, a partir do conhecimento por iniciativa da União ou por solicitação do interessado das circunstâncias e fatos que caracterizam a hipótese de incidência da receita patrimonial, ficando limitada a cinco anos a cobrança de créditos relativos a período anterior ao conhecimento.

§ 2º Os débitos cujos créditos foram alcançados pela prescrição serão considerados apenas para o efeito da caracterização da ocorrência de caducidade de que trata o parágrafo único do art. 101 do Decreto-Lei nº 9.760, de 1946, com a redação dada pelo art. 32 desta Lei.

▶ §§ 1º e 2º acrescidos pela Lei nº 9.821, de 23-8-1999.

Art. 48. VETADO.

Art. 49. O Poder Executivo regulamentará esta Lei no prazo de noventa dias, contado da sua publicação.

Art. 50. O Poder Executivo fará publicar no *Diário Oficial da União*, no prazo de noventa dias, contado da publicação desta Lei, texto consolidado do Decreto-Lei nº 9.760, de 1946, e legislação superveniente.

Art. 51. São convalidados os atos praticados com base na Medida Provisória nº 1.647-14, de 24 de março de 1998.

Art. 52. Esta Lei entra em vigor na data da sua publicação.

Art. 53. São revogados os arts. 65, 66, 125, 126 e 133, e os itens 5º, 8º, 9º e 10 do art. 105 do Decreto-Lei nº 9.760, de 5 de setembro de 1946, o Decreto-Lei nº 178, de 16 de fevereiro de 1967, o art. 195 do Decreto-Lei nº 200, de 25 de fevereiro de 1967, o art. 4º do Decreto-Lei nº 1.561, de 13 de julho de 1977, a Lei nº 6.609, de 7 de dezembro de 1978, o art. 90 da Lei nº 7.450, de 23 de dezembro de 1985, o art. 4º do Decreto-Lei nº 2.398, de 21 de dezembro de 1987, e a Lei nº 9.253, de 28 de dezembro de 1995.

Brasília, 15 de maio de 1998;
177º da Independência e
110º da República.

Fernando Henrique Cardoso

LEI Nº 9.637, DE 15 DE MAIO DE 1998

Dispõe sobre a qualificação de entidades como organizações sociais, a criação do Programa Nacional de Publicização, a extinção dos órgãos e entidades que menciona e a absorção de suas atividades por organizações sociais, e dá outras providências.

▶ Publicada no *DOU* de 18-5-1998 e retificada no *DOU* de 25-5-1998.

▶ Lei nº 13.019, de 31-7-2014 (Marco Regulatório das Organizações da Sociedade Civil).

CAPÍTULO I
DAS ORGANIZAÇÕES SOCIAIS

Seção I
DA QUALIFICAÇÃO

Art. 1º O Poder Executivo poderá qualificar como organizações sociais pessoas jurídicas de direito privado, sem fins lucrativos, cujas atividades sejam dirigidas ao ensino, à pesquisa científica, ao desenvolvimento tecnológico, à proteção e preservação do meio ambiente, à cultura e à saúde, atendidos aos requisitos previstos nesta Lei.

Art. 2º São requisitos específicos para que as entidades privadas referidas no artigo anterior habilitem-se à qualificação como organização social:

I – comprovar o registro de seu ato constitutivo, dispondo sobre:

a) natureza social de seus objetivos relativos à respectiva área de atuação;

b) finalidade não lucrativa, com a obrigatoriedade de investimento de seus excedentes financeiros no desenvolvimento das próprias atividades;

c) previsão expressa de a entidade ter, como órgãos de deliberação superior e de direção, um conselho de administração e uma diretoria definidos nos termos do estatuto, asseguradas àquele composição e atribuições normativas e de controle básicas previstas nesta Lei;

d) previsão de participação, no órgão colegiado de deliberação superior, de representantes do Poder Público e de membros da comunidade, de notória capacidade profissional e idoneidade moral;

e) composição e atribuições da diretoria;

f) obrigatoriedade de publicação anual, no *Diário Oficial da União*, dos relatórios financeiros e do relatório de execução do contrato de gestão;

g) no caso de associação civil, a aceitação de novos associados, na forma do estatuto;

h) proibição de distribuição de bens ou de parcela do patrimônio líquido em qualquer hipótese, inclusive em razão de desligamento, retirada ou falecimento de associado ou membro da entidade;

i) previsão de incorporação integral do patrimônio, dos legados ou das doações que lhe foram destinados, bem como dos excedentes financeiros decorrentes de suas atividades, em caso de extinção ou desqualificação, ao patrimônio de outra organização social qualificada no âmbito da União, da mesma área de atuação, ou ao patrimônio da União, dos Estados, do Distrito Federal ou dos Municípios, na proporção dos recursos e bens por estes alocados;

II – haver aprovação, quanto à conveniência e oportunidade de sua qualificação como organização social, do Ministro ou titular de órgão supervisor ou regulador da área de atividade correspondente ao seu objeto social e do Ministro de Estado da Administração Federal e Reforma do Estado.

Seção II
DO CONSELHO DE ADMINISTRAÇÃO

Art. 3º O conselho de administração deve estar estruturado nos termos que dispuser o respectivo estatuto, observados, para os fins de atendimento dos requisitos de qualificação, os seguintes critérios básicos:

I – ser composto por:

a) 20 a 40% (vinte a quarenta por cento) de membros natos representantes do Poder Público, definidos pelo estatuto da entidade;

b) 20 a 30% (vinte a trinta por cento) de membros natos representantes de entidades da sociedade civil, definidos pelo estatuto;

c) até 10% (dez por cento), no caso de associação civil, de membros eleitos dentre os membros ou os associados;

d) 10 a 30% (dez a trinta por cento) de membros eleitos pelos demais integrantes do conselho, dentre pessoas de notória capacidade profissional e reconhecida idoneidade moral;

e) até 10% (dez por cento) de membros indicados ou eleitos na forma estabelecida pelo estatuto;

II – os membros eleitos ou indicados para compor o Conselho devem ter mandato de quatro anos, admitida uma recondução;

III – os representantes de entidades previstos nas alíneas *a* e *b* do inciso I devem corresponder a mais de 50% (cinquenta por cento) do Conselho;

IV – o primeiro mandato de metade dos membros eleitos ou indicados deve ser de dois anos, segundo critérios estabelecidos no estatuto;

V – o dirigente máximo da entidade deve participar das reuniões do conselho, sem direito a voto;

VI – o Conselho deve reunir-se ordinariamente, no mínimo, três vezes a cada ano e, extraordinariamente, a qualquer tempo;

VII – os conselheiros não devem receber remuneração pelos serviços que, nesta condição, prestarem à organização social, ressalvada a ajuda de custo por reunião da qual participem;

VIII – os conselheiros eleitos ou indicados para integrar a diretoria da entidade devem renunciar ao assumirem funções executivas.

Art. 4º Para os fins de atendimento dos requisitos de qualificação, devem ser atribuições privativas do Conselho de Administração, dentre outras:

I – fixar o âmbito de atuação da entidade, para consecução do seu objeto;

II – aprovar a proposta de contrato de gestão da entidade;

III – aprovar a proposta de orçamento da entidade e o programa de investimentos;

IV – designar e dispensar os membros da diretoria;

V – fixar a remuneração dos membros da diretoria;

VI – aprovar e dispor sobre a alteração dos estatutos e a extinção da entidade por maioria, no mínimo, de dois terços de seus membros;

VII – aprovar o regimento interno da entidade, que deve dispor, no mínimo, sobre a estrutura, forma de gerenciamento, os cargos e respectivas competências;

VIII – aprovar por maioria, no mínimo, de dois terços de seus membros, o regulamento próprio contendo os procedimentos que deve adotar para a contratação de obras, serviços, compras e alienações e o plano de cargos, salários e benefícios dos empregados da entidade;

IX – aprovar e encaminhar, ao órgão supervisor da execução do contrato de gestão, os relatórios gerenciais e de atividades da entidade, elaborados pela diretoria;

X – fiscalizar o cumprimento das diretrizes e metas definidas e aprovar os demonstrativos financeiros e contábeis e as contas anuais da entidade, com o auxílio de auditoria externa.

Seção III
DO CONTRATO DE GESTÃO

Art. 5º Para os efeitos desta Lei, entende-se por contrato de gestão o instrumento firmado entre o Poder Público e a entidade qualificada como organização social, com vistas à formação de parceria entre as partes para fomento e execução de atividades relativas às áreas relacionadas no art. 1º.

▸ Art. 1º, § 3º, do Dec. nº 10.024, de 20-9-2019, que estabelece a exigência de utilização da modalidade de pregão, na forma eletrônica, ou da dispensa eletrônica obrigatória para a aquisição de bens e a contratação de serviços comuns pelos entes federativos, com a utilização de recursos da União decorrentes de transferências voluntárias, tais como convênios e contratos de repasse, exceto nos casos em que a lei ou a regulamentação específica que dispuser sobre a modalidade de transferência discipline de forma diversa as contratações com os recursos do repasse.

Art. 6º O contrato de gestão, elaborado de comum acordo entre o órgão ou entidade supervisora e a organização social, discriminará as atribuições, responsabilidades e obrigações do Poder Público e da organização social.

Parágrafo único. O contrato de gestão deve ser submetido, após aprovação pelo Conselho de Administração da entidade, ao Ministro de Estado ou autoridade supervisora da área correspondente à atividade fomentada.

Art. 7º Na elaboração do contrato de gestão, devem ser observados os princípios da legalidade, impessoalidade, moralidade, publicidade, economicidade e, também, os seguintes preceitos:

I – especificação do programa de trabalho proposto pela organização social, a estipulação das metas a serem atingidas e os respectivos prazos de execução, bem como previsão expressa dos critérios objetivos de avaliação de desempenho a serem utilizados, mediante indicadores de qualidade e produtividade;

II – a estipulação dos limites e critérios para despesa com remuneração e vantagens de qualquer natureza a serem percebidas pelos dirigentes e empregados das organizações sociais, no exercício de suas funções.

Parágrafo único. Os Ministros de Estado ou autoridades supervisoras da área de atuação da entidade devem definir as demais cláusulas dos contratos de gestão de que sejam signatários.

Seção IV
DA EXECUÇÃO E FISCALIZAÇÃO DO CONTRATO DE GESTÃO

Art. 8º A execução do contrato de gestão celebrado por organização social será fiscalizada pelo órgão ou entidade supervisora da área de atuação correspondente à atividade fomentada.

▸ Art. 1º, § 3º, do Dec. nº 10.024, de 20-9-2019, que estabelece a exigência de utilização da modalidade de pregão, na forma eletrônica, ou da dispensa eletrônica obrigatória para a aquisição de bens e a contratação de serviços comuns pelos entes federativos, com a utilização de recursos da União decorrentes de transferências voluntárias, tais como convênios e contratos de repasse, exceto nos casos em que a lei ou a regulamentação específica que dispuser sobre a modalidade de transferência discipline de forma diversa as contratações com os recursos do repasse.

§ 1º A entidade qualificada apresentará ao órgão ou entidade do Poder Público supervisora signatária do contrato, ao término de cada exercício ou a qualquer momento, conforme recomende o interesse público, relatório pertinente à execução do contrato de gestão, contendo comparativo específico das metas propostas com os resultados alcançados, acompanhado da prestação de contas correspondente ao exercício financeiro.

§ 2º Os resultados atingidos com a execução do contrato de gestão devem ser analisados, periodicamente, por comissão de avaliação, indicada pela autoridade supervisora da área correspondente, composta por especialistas de notória capacidade e adequada qualificação.

§ 3º A comissão deve encaminhar à autoridade supervisora relatório conclusivo sobre a avaliação procedida.

Art. 9º Os responsáveis pela fiscalização da execução do contrato de gestão, ao tomarem conhecimento de qualquer irregularidade ou ilegalidade na utilização de recursos ou bens de origem pública por organização social, dela darão ciência ao Tribunal de Contas da União, sob pena de responsabilidade solidária.

Art. 10. Sem prejuízo da medida a que se refere o artigo anterior, quando assim exigir a gravidade dos fatos ou o interesse público, havendo indícios fundados de malversação de bens ou recursos de origem pública, os responsáveis pela fiscalização representarão ao Ministério Público, à Advocacia-Geral da União ou à Procuradoria da entidade para que requeira ao juízo competente a decretação da indisponibilidade dos bens da entidade e o sequestro dos bens dos seus dirigentes, bem como de agente público ou terceiro, que possam ter enriquecido ilicitamente ou causado dano ao patrimônio público.

§ 1º O pedido de sequestro será processado de acordo com o disposto nos arts. 822 e 825 do Código de Processo Civil.

▸ Refere-se ao CPC/1973.

§ 2º Quando for o caso, o pedido incluirá a investigação, o exame e o bloqueio de bens, contas bancárias e aplicações mantidas pelo demandado no País e no exterior, nos termos da lei e dos tratados internacionais.

§ 3º Até o término da ação, o Poder Público permanecerá como depositário e gestor dos bens e valores sequestrados ou indisponíveis e velará pela continuidade das atividades sociais da entidade.

Seção V
DO FOMENTO ÀS ATIVIDADES SOCIAIS

Art. 11. As entidades qualificadas como organizações sociais são declaradas como entidades de interesse social e utilidade pública, para todos os efeitos legais.

Art. 12. Às organizações sociais poderão ser destinados recursos orçamentários e bens públicos necessários ao cumprimento do contrato de gestão.

§ 1º São assegurados às organizações sociais os créditos previstos no orçamento e as respectivas liberações financeiras, de acordo com o cronograma de desembolso previsto no contrato de gestão.

§ 2º Poderá ser adicionada aos créditos orçamentários destinados ao custeio do contrato de gestão parcela de recursos para compensar desligamento de servidor cedido, desde que haja justificativa expressa da necessidade pela organização social.

§ 3º Os bens de que trata este artigo serão destinados às organizações sociais, dispensada licitação, mediante permissão de uso, consoante cláusula expressa do contrato de gestão.

▸ O STF, por maioria, julgou parcialmente procedente a ADI nº 1.923 (*DOU* de 18-12-2015), apenas para conferir interpretação a este dispositivo para que: I – o procedimento de qualificação seja conduzido de forma pública, objetiva e impessoal, com observância dos princípios do *caput* do art. 37 da CF, e de acordo com parâmetros fixados em abstrato segundo o que prega o art. 20 da Lei nº 9.637/1998; II – a celebração do contrato de gestão seja conduzida de forma pública, objetiva e impessoal, com observância dos princípios do *caput* do art. 37 da CF; III – as hipóteses de dispensa de licitação para contratações (Lei nº 8.666/1993, art. 24, XXIV) e outorga de permissão de uso de bem público (Lei nº 9.637/1998, art. 12, § 3º) sejam conduzidas de forma pública, objetiva e impessoal, com observância dos princípios do *caput* do art. 37 da CF; IV – os contratos a serem celebrados pela Organização Social com terceiros, com recursos públicos, sejam conduzidos de forma pública, objetiva e impessoal, com observância dos princípios do *caput* do art. 37 da CF, e nos termos do regulamento próprio a ser editado por cada entidade; V – a seleção de pessoal pelas Organizações Sociais seja conduzida de forma pública, objetiva e impessoal, com observância dos princípios do *caput* do art. 37 da CF, e nos termos do regulamento próprio a ser editado por cada entidade; e VI – para afastar qualquer interpretação que restrinja o controle, pelo Ministério Público e pelo Tribunal de Contas da União, da aplicação de verbas públicas.

Art. 13. Os bens móveis públicos permitidos para uso poderão ser permutados por outros de igual ou maior valor, condicionado a que os novos bens integrem o patrimônio da União.

Parágrafo único. A permuta de que trata este artigo dependerá de prévia avaliação do bem e expressa autorização do Poder Público.

Art. 14. É facultado ao Poder Executivo a cessão especial de servidor para as organizações sociais, com ônus para a origem.

§ 1º Não será incorporada aos vencimentos ou à remuneração de origem do servidor cedido qualquer vantagem pecuniária que vier a ser paga pela organização social.

§ 2º Não será permitido o pagamento de vantagem pecuniária permanente por organização social a servidor cedido com recursos provenientes do contrato de gestão, ressalvada a hipótese de adicional relativo ao exercício de função temporária de direção e assessoria.

§ 3º O servidor cedido perceberá as vantagens do cargo a que fizer jus no órgão de origem, quando ocupante de cargo de primeiro ou de segundo escalão na organização social.

Art. 15. São extensíveis, no âmbito da União, os efeitos dos arts. 11 e 12, § 3º, para as entidades qualificadas como organizações sociais pelos Estados, pelo Distrito Federal e pelos Municípios, quando houver reciprocidade e desde que a legislação local não contrarie os preceitos desta Lei e a legislação específica de âmbito federal.

Seção VI

DA DESQUALIFICAÇÃO

Art. 16. O Poder Executivo poderá proceder à desqualificação da entidade como organização social, quando constatado o descumprimento das disposições contidas no contrato de gestão.

§ 1º A desqualificação será precedida de processo administrativo, assegurado o direito de ampla defesa, respondendo os dirigentes da organização social, individual e solidariamente, pelos danos ou prejuízos decorrentes de sua ação ou omissão.

§ 2º A desqualificação importará reversão dos bens permitidos e dos valores entregues à utilização da organização social, sem prejuízo de outras sanções cabíveis.

CAPÍTULO II

DAS DISPOSIÇÕES FINAIS E TRANSITÓRIAS

Art. 17. A organização social fará publicar, no prazo máximo de noventa dias contado da assinatura do contrato de gestão, regulamento próprio contendo os procedimentos que adotará para a contratação de obras e serviços, bem como para compras com emprego de recursos provenientes do Poder Público.

Art. 18. A organização social que absorver atividades de entidade federal extinta no âmbito da área de saúde deverá considerar no contrato de gestão, quanto ao atendimento da comunidade, os princípios do Sistema Único de Saúde, expressos no art. 198 da Constituição Federal e no art. 7º da Lei nº 8.080, de 19 de setembro de 1990.

Art. 19. As entidades que absorverem atividades de rádio e televisão educativa poderão receber recursos e veicular publicidade institucional de entidades de direito público ou privado, a título de apoio cultural, admitindo-se o patrocínio de programas, eventos e projetos, vedada a veiculação remunerada de anúncios e outras práticas que configurem comercialização de seus intervalos.

▶ Dec. nº 5.396, de 21-3-2005, regulamenta este artigo.

Art. 20. Será criado, mediante decreto do Poder Executivo, o Programa Nacional de Publicização – PNP, com o objetivo de estabelecer diretrizes e critérios para a qualificação de organizações sociais, a fim de assegurar a absorção de atividades desenvolvidas por entidades ou órgãos públicos da União, que atuem nas atividades referidas no art. 1º, por organizações sociais, qualificadas na forma desta Lei, observadas as seguintes diretrizes:

▶ Dec. nº 9.190, de 1º-11-2017, regulamenta o disposto neste artigo.

▶ O STF, por maioria, julgou parcialmente procedente a ADI nº 1.923 (*DOU* de 18-12-2015), apenas para conferir interpretação a este dispositivo para que: I – o procedimento de qualificação seja conduzido de forma pública, objetiva e impessoal, com observância dos princípios do *caput* do art. 37 da CF, e de acordo com parâmetros fixados em abstrato segundo o que prega o art. 20 da Lei nº 9.637/1998; II – a celebração do contrato de gestão seja conduzida de forma pública, objetiva e impessoal, com observância dos princípios do *caput* do art. 37 da CF; III – as hipóteses de dispensa de licitação para contratações (Lei nº 8.666/1993, art. 24, XXIV) e outorga de permissão de uso de bem público (Lei nº 9.637/1998, art. 12, § 3º) sejam conduzidas de forma pública, objetiva e impessoal, com observância dos princípios do *caput* do art. 37 da CF; IV – os contratos a serem celebrados pela Organização Social com terceiros, com recursos públicos, sejam conduzidos de forma pública, objetiva e impessoal, com observância dos princípios do *caput* do art. 37 da CF, e nos termos do regulamento próprio a ser editado por cada entidade; V – a seleção de pessoal pelas Organizações Sociais seja conduzida de forma pública, objetiva e impessoal, com observância dos princípios do *caput* do art. 37 da CF, e nos termos do regulamento próprio a ser editado por cada entidade; e VI – para afastar qualquer interpretação que restrinja o controle, pelo Ministério Público e pelo Tribunal de Contas da União, da aplicação de verbas públicas.

I – ênfase no atendimento do cidadão cliente;

II – ênfase nos resultados, qualitativos e quantitativos nos prazos pactuados;

III – controle social das ações de forma transparente.

Art. 21. São extintos o Laboratório Nacional de Luz Síncrotron, integrante da estrutura do Conselho Nacional de Desenvolvimento Científico e Tecnológico – CNPq, e a Fundação Roquette Pinto, entidade vinculada à Presidência da República.

§ 1º Competirá ao Ministério da Administração Federal e Reforma do Estado supervisionar o processo de inventário do Laboratório Nacional de Luz Síncrotron, a cargo do Conselho Nacional de Desenvolvimento Científico e Tecnológico – CNPq, cabendo-lhe realizá-lo para a Fundação Roquette Pinto.

§ 2º No curso do processo de inventário da Fundação Roquette Pinto e até a assinatura do contrato de gestão, a continuidade das atividades sociais ficará sob a supervisão da Secretaria de Comunicação Social da Presidência da República.

§ 3º É o Poder Executivo autorizado a qualificar como organizações sociais, nos termos desta Lei, as pessoas jurídicas de direito privado indicadas no Anexo I, bem assim a permitir a absorção de atividades desempenhadas pelas entidades extintas por este artigo.

§ 4º Os processos judiciais em que a Fundação Roquette Pinto seja parte, ativa ou passivamente, serão transferidos para a União, na qualidade de sucessora, sendo representada pela Advocacia-Geral da União.

Art. 22. As extinções e a absorção de atividades e serviços por organizações sociais de que trata esta Lei observarão os seguintes preceitos:

I – os servidores integrantes dos quadros permanentes dos órgãos e das entidades extintos terão garantidos todos os direitos e vantagens decorrentes do respectivo cargo ou emprego e integrarão quadro em extinção nos órgãos ou nas entidades indicados no Anexo II, sendo facultada aos órgãos e entidades supervisoras, ao seu critério exclusivo, a cessão de servidor, irrecusável para este, com ônus para a origem, à organização social que vier a absorver as correspondentes atividades, observados os §§ 1º e 2º do art. 14;

II – a desativação das unidades extintas será realizada mediante inventário de seus bens imóveis e de seu acervo físico, documental e material, bem como dos contratos e convênios, com a adoção de providências dirigidas à manutenção e ao prosseguimento das atividades sociais a cargo dessas unidades, nos termos da legislação aplicável em cada caso;

III – os recursos e as receitas orçamentárias de qualquer natureza, destinados às unidades extintas, serão utilizados no processo de inventário e para a manutenção e o financiamento das atividades sociais até a assinatura do contrato de gestão;

IV – quando necessário, parcela dos recursos orçamentários poderá ser reprogramada, mediante crédito especial a ser enviado ao Congresso Nacional, para o órgão ou entidade supervisora dos contratos de gestão, para o fomento das atividades sociais, assegurada a liberação periódica do respectivo desembolso financeiro para a organização social;

V – encerrados os processos de inventário, os cargos efetivos vagos e os em comissão serão considerados extintos;

VI – a organização social que tiver absorvido as atribuições das unidades extintas poderá adotar os símbolos designativos destes, seguidos da identificação "OS".

§ 1º A absorção pelas organizações sociais das atividades das unidades extintas efetivar-se-á mediante a celebração de contrato de gestão, na forma dos arts. 6º e 7º.

§ 2º Poderá ser adicionada às dotações orçamentárias referidas no inciso IV parcela dos recursos decorrentes da economia de despesa incorrida pela União com os cargos e funções comissionados existentes nas unidades extintas.

Art. 23. É o Poder Executivo autorizado a ceder os bens e os servidores da Fundação Roquette Pinto no Estado do Maranhão ao Governo daquele Estado.

Art. 23-A. Os servidores oriundos da extinta Fundação Roquette Pinto e do extinto Território Federal de Fernando de Noronha poderão ser redistribuídos ou cedidos para órgãos e entidades da Administração Pública Federal, independentemente do disposto no inciso II do art. 37 e no inciso I do art. 93 da Lei nº 8.112, de 11 de dezembro de 1990, assegurados todos os direitos e vantagens, inclusive o pagamento de gratificação de desempenho ou de produtividade, sem alteração de cargo ou de tabela remuneratória.

Parágrafo único. As disposições do *caput* aplicam-se aos servidores que se encontram cedidos nos termos do inciso I do art. 22 e do art. 23 desta Lei.

► Art. 23-A com a redação dada pela Lei nº 12.269, de 21-6-2010.

Art. 24. São convalidados os atos praticados com base na Medida Provisória nº 1.648-6, de 24 de março de 1998.

Art. 25. Esta Lei entra em vigor na data de sua publicação.

Brasília, 15 de maio de 1998;
177º da Independência e
110º da República.
Fernando Henrique Cardoso

LEI Nº 9.784, DE 29 DE JANEIRO DE 1999

Regula o processo administrativo no âmbito da Administração Pública Federal.

► Publicada no *DOU* de 1º-2-1999 e retificada no *DOU* de 11-3-1999.

CAPÍTULO I
DAS DISPOSIÇÕES GERAIS

Art. 1º Esta Lei estabelece normas básicas sobre o processo administrativo no âmbito da Administração Federal direta e indireta, visando, em especial, à proteção dos direitos dos administrados e ao melhor cumprimento dos fins da Administração.

§ 1º Os preceitos desta Lei também se aplicam aos órgãos dos Poderes Legislativo e Judiciário da União, quando no desempenho de função administrativa.

§ 2º Para os fins desta Lei, consideram-se:

I – órgão – a unidade de atuação integrante da estrutura da Administração direta e da estrutura da Administração indireta;

II – entidade – a unidade de atuação dotada de personalidade jurídica;

III – autoridade – o servidor ou agente público dotado de poder de decisão.

Art. 2º A Administração Pública obedecerá, dentre outros, aos princípios da legalidade, finalidade, motivação, razoabilidade, proporcionalidade, moralidade, ampla defesa, contraditório, segurança jurídica, interesse público e eficiência.

► Art. 37 da CF.

► Súm. nº 3 do STF.

Parágrafo único. Nos processos administrativos serão observados, entre outros, os critérios de:

I – atuação conforme a lei e o Direito;

II – atendimento a fins de interesse geral, vedada a renúncia total ou parcial de poderes ou competências, salvo autorização em lei;

III – objetividade no atendimento do interesse público, vedada a promoção pessoal de agentes ou autoridades;

IV – atuação segundo padrões éticos de probidade, decoro e boa-fé;

V – divulgação oficial dos atos administrativos, ressalvadas as hipóteses de sigilo previstas na Constituição;

VI – adequação entre meios e fins, vedada a imposição de obrigações, restrições e sanções em medida superior àquelas estritamente necessárias ao atendimento do interesse público;

VII – indicação dos pressupostos de fato e de direito que determinarem a decisão;

VIII – observância das formalidades essenciais à garantia dos direitos dos administrados;

IX – adoção de formas simples, suficientes para propiciar adequado grau de certeza, segurança e respeito aos direitos dos administrados;

X – garantia dos direitos à comunicação, à apresentação de alegações finais, à produção de provas e à interposição de recursos, nos processos de que possam resultar sanções e nas situações de litígio;

XI – proibição de cobrança de despesas processuais, ressalvadas as previstas em lei;

XII – impulsão, de ofício, do processo administrativo, sem prejuízo da atuação dos interessados;

XIII – interpretação da norma administrativa da forma que melhor garanta o atendimento do fim público a que se dirige, vedada aplicação retroativa de nova interpretação.

CAPÍTULO II
DOS DIREITOS DOS ADMINISTRADOS

Art. 3º O administrado tem os seguintes direitos perante a Administração, sem prejuízo de outros que lhe sejam assegurados:

I – ser tratado com respeito pelas autoridades e servidores, que deverão facilitar o exercício de seus direitos e o cumprimento de suas obrigações;

II – ter ciência da tramitação dos processos administrativos em que tenha a condição de interessado, ter vista dos autos, obter cópias de documentos neles contidos e conhecer as decisões proferidas;

III – formular alegações e apresentar documentos antes da decisão, os quais serão objeto de consideração pelo órgão competente;

IV – fazer-se assistir, facultativamente, por advogado, salvo quando obrigatória a representação, por força de lei.

CAPÍTULO III
DOS DEVERES DO ADMINISTRADO

Art. 4º São deveres do administrado perante a Administração, sem prejuízo de outros previstos em ato normativo:

I – expor os fatos conforme a verdade;

II – proceder com lealdade, urbanidade e boa-fé;

III – não agir de modo temerário;

IV – prestar as informações que lhe forem solicitadas e colaborar para o esclarecimento dos fatos.

CAPÍTULO IV
DO INÍCIO DO PROCESSO

Art. 5º O processo administrativo pode iniciar-se de ofício ou a pedido de interessado.

Art. 6º O requerimento inicial do interessado, salvo casos em que for admitida solicitação oral, deve ser formulado por escrito e conter os seguintes dados:

I – órgão ou autoridade administrativa a que se dirige;

II – identificação do interessado ou de quem o represente;

III – domicílio do requerente ou local para recebimento de comunicações;

IV – formulação do pedido, com exposição dos fatos e de seus fundamentos;

V – data e assinatura do requerente ou de seu representante.

Parágrafo único. É vedada à Administração a recusa imotivada de recebimento de documentos, devendo o servidor orientar o interessado quanto ao suprimento de eventuais falhas.

Art. 7º Os órgãos e entidades administrativas deverão elaborar modelos ou formulários padronizados para assuntos que importem pretensões equivalentes.

Art. 8º Quando os pedidos de uma pluralidade de interessados tiverem conteúdo e fundamentos idênticos, poderão ser formulados em um único requerimento, salvo preceito legal em contrário.

CAPÍTULO V
DOS INTERESSADOS

Art. 9º São legitimados como interessados no processo administrativo:

I – pessoas físicas ou jurídicas que o iniciem como titulares de direitos ou interesses individuais ou no exercício do direito de representação;

II – aqueles que, sem terem iniciado o processo, têm direitos ou interesses que possam ser afetados pela decisão a ser adotada;

III – as organizações e associações representativas, no tocante a direitos e interesses coletivos;

IV – as pessoas ou as associações legalmente constituídas quanto a direitos ou interesses difusos.

Art. 10. São capazes, para fins de processo administrativo, os maiores de dezoito anos, ressalvada previsão especial em ato normativo próprio.

CAPÍTULO VI
DA COMPETÊNCIA

Art. 11. A competência é irrenunciável e se exerce pelos órgãos administrativos a que foi atribuída como própria, salvo os casos de delegação e avocação legalmente admitidos.

Art. 12. Um órgão administrativo e seu titular poderão, se não houver impedimento legal, delegar parte da sua competência a outros órgãos ou titulares, ainda que estes não lhe sejam hierarquicamente subordinados, quando for conveniente, em razão de circunstâncias de índole técnica, social, econômica, jurídica ou territorial.

Parágrafo único. O disposto no *caput* deste artigo aplica-se à delegação de competência dos órgãos colegiados aos respectivos presidentes.

Art. 13. Não podem ser objeto de delegação:

I – a edição de atos de caráter normativo;

II – a decisão de recursos administrativos;

III – as matérias de competência exclusiva do órgão ou autoridade.

Art. 14. O ato de delegação e sua revogação deverão ser publicados no meio oficial.

§ 1º O ato de delegação especificará as matérias e poderes transferidos, os limites da atuação do delegado, a duração e os objetivos da delegação e o recurso cabível, podendo conter ressalva de exercício da atribuição delegada.

§ 2º O ato de delegação é revogável a qualquer tempo pela autoridade delegante.

§ 3º As decisões adotadas por delegação devem mencionar explicitamente esta qualidade e considerar-se-ão editadas pelo delegado.

Art. 15. Será permitida, em caráter excepcional e por motivos relevantes devidamente justificados, a avocação temporária de competência atribuída a órgão hierarquicamente inferior.

Art. 16. Os órgãos e entidades administrativas divulgarão publicamente os locais das respectivas sedes e, quando conveniente, a unidade fundacional competente em matéria de interesse especial.

Art. 17. Inexistindo competência legal específica, o processo administrativo deverá ser iniciado perante a autoridade de menor grau hierárquico para decidir.

CAPÍTULO VII
DOS IMPEDIMENTOS E DA SUSPEIÇÃO

Art. 18. É impedido de atuar em processo administrativo o servidor ou autoridade que:

I – tenha interesse direto ou indireto na matéria;

II – tenha participado ou venha a participar como perito, testemunha ou representante, ou se tais situações ocorrem quanto ao cônjuge, companheiro ou parente e afins até o terceiro grau;

III – esteja litigando judicial ou administrativamente com o interessado ou respectivo cônjuge ou companheiro.

Art. 19. A autoridade ou servidor que incorrer em impedimento deve comunicar o fato à autoridade competente, abstendo-se de atuar.

Parágrafo único. A omissão do dever de comunicar o impedimento constitui falta grave, para efeitos disciplinares.

Art. 20. Pode ser arguida a suspeição de autoridade ou servidor que tenha amizade íntima ou inimizade notória com algum dos interessados ou com os respectivos cônjuges, companheiros, parentes e afins até o terceiro grau.

Art. 21. O indeferimento de alegação de suspeição poderá ser objeto de recurso, sem efeito suspensivo.

CAPÍTULO VIII
DA FORMA, TEMPO E LUGAR DOS ATOS DO PROCESSO

Art. 22. Os atos do processo administrativo não dependem de forma determinada senão quando a lei expressamente a exigir.

§ 1º Os atos do processo devem ser produzidos por escrito, em vernáculo, com a data e o local de sua realização e a assinatura da autoridade responsável.

§ 2º Salvo imposição legal, o reconhecimento de firma somente será exigido quando houver dúvida de autenticidade.

§ 3º A autenticação de documentos exigidos em cópia poderá ser feita pelo órgão administrativo.

§ 4º O processo deverá ter suas páginas numeradas sequencialmente e rubricadas.

Art. 23. Os atos do processo devem realizar-se em dias úteis, no horário normal de funcionamento da repartição na qual tramitar o processo.

Parágrafo único. Serão concluídos depois do horário normal os atos já iniciados, cujo adiamento prejudique o curso regular do procedimento ou cause dano ao interessado ou à Administração.

Art. 24. Inexistindo disposição específica, os atos do órgão ou autoridade responsável pelo processo e dos administrados que dele participem devem ser praticados no prazo de cinco dias, salvo motivo de força maior.

Parágrafo único. O prazo previsto neste artigo pode ser dilatado até o dobro, mediante comprovada justificação.

Art. 25. Os atos do processo devem realizar-se preferencialmente na sede do órgão, cientificando-se o interessado se outro for o local de realização.

CAPÍTULO IX
DA COMUNICAÇÃO DOS ATOS

Art. 26. O órgão competente perante o qual tramita o processo administrativo determinará a intimação do interessado para ciência de decisão ou a efetivação de diligências.

§ 1º A intimação deverá conter:

I – identificação do intimado e nome do órgão ou entidade administrativa;

II – finalidade da intimação;

III – data, hora e local em que deve comparecer;

IV – se o intimado deve comparecer pessoalmente, ou fazer-se representar;

V – informação da continuidade do processo independentemente do seu comparecimento;

VI – indicação dos fatos e fundamentos legais pertinentes.

§ 2º A intimação observará a antecedência mínima de três dias úteis quanto à data de comparecimento.

§ 3º A intimação pode ser efetuada por ciência no processo, por via postal com aviso de recebimento, por telegrama ou outro meio que assegure a certeza da ciência do interessado.

§ 4º No caso de interessados indeterminados, desconhecidos ou com domicílio indefinido, a intimação deve ser efetuada por meio de publicação oficial.

§ 5º As intimações serão nulas quando feitas sem observância das prescrições legais, mas o comparecimento do administrado supre sua falta ou irregularidade.

Art. 27. O desatendimento da intimação não importa o reconhecimento da verdade dos fatos, nem a renúncia a direito pelo administrado.

Parágrafo único. No prosseguimento do processo, será garantido direito de ampla defesa ao interessado.

Art. 28. Devem ser objeto de intimação os atos do processo que resultem para o interessado em imposição de deveres, ônus, sanções ou restrição ao exercício de direitos e atividades e os atos de outra natureza, de seu interesse.

CAPÍTULO X
DA INSTRUÇÃO

Art. 29. As atividades de instrução destinadas a averiguar e comprovar os dados necessários à tomada de decisão realizam-se de ofício ou mediante impulsão do órgão responsável pelo processo, sem prejuízo do direito dos interessados de propor atuações probatórias.

§ 1º O órgão competente para a instrução fará constar dos autos os dados necessários à decisão do processo.

§ 2º Os atos de instrução que exijam a atuação dos interessados devem realizar-se do modo menos oneroso para estes.

Art. 30. São inadmissíveis no processo administrativo as provas obtidas por meios ilícitos.

Art. 31. Quando a matéria do processo envolver assunto de interesse geral, o órgão competente poderá, mediante despacho motivado, abrir período de consulta pública para manifestação de terceiros, antes da decisão do pedido, se não houver prejuízo para a parte interessada.

§ 1º A abertura da consulta pública será objeto de divulgação pelos meios oficiais, a fim de que pessoas físicas ou jurídicas possam examinar os autos, fixando-se prazo para oferecimento de alegações escritas.

§ 2º O comparecimento à consulta pública não confere, por si, a condição de interessado do processo, mas confere o direito de obter da Administração resposta fundamentada, que poderá ser comum a todas as alegações substancialmente iguais.

Art. 32. Antes da tomada de decisão, a juízo da autoridade, diante da relevância da questão, poderá ser realizada audiência pública para debates sobre a matéria do processo.

Art. 33. Os órgãos e entidades administrativas, em matéria relevante, poderão estabelecer outros meios de participação de administrados, diretamente ou por meio de organizações e associações legalmente reconhecidas.

Art. 34. Os resultados da consulta e audiência pública e de outros meios de participação de administrados deverão ser apresentados com a indicação do procedimento adotado.

Art. 35. Quando necessária à instrução do processo, a audiência de outros órgãos ou entidades administrativas poderá ser realizada em reunião conjunta, com a participação de titulares ou representantes dos órgãos competentes, lavrando-se a respectiva ata, a ser juntada aos autos.

Art. 36. Cabe ao interessado a prova dos fatos que tenha alegado, sem prejuízo do dever atribuído ao órgão competente para a instrução e do disposto no art. 37 desta Lei.

Art. 37. Quando o interessado declarar que fatos e dados estão registrados em documentos existentes na própria Administração responsável pelo processo ou em outro órgão administrativo, o órgão competente para a instrução proverá, de ofício, à obtenção dos documentos ou das respectivas cópias.

Art. 38. O interessado poderá, na fase instrutória e antes da tomada da decisão, juntar documentos e pareceres, requerer diligências e perícias, bem como aduzir alegações referentes à matéria objeto do processo.

§ 1º Os elementos probatórios deverão ser considerados na motivação do relatório e da decisão.

§ 2º Somente poderão ser recusadas, mediante decisão fundamentada, as provas propostas pelos interessados quando sejam ilícitas, impertinentes, desnecessárias ou protelatórias.

Art. 39. Quando for necessária a prestação de informações ou a apresentação de provas pelos interessados ou terceiros, serão expedidas intimações para esse fim, mencionando-se data, prazo, forma e condições de atendimento.

Parágrafo único. Não sendo atendida a intimação, poderá o órgão competente, se entender relevante a matéria, suprir de ofício a omissão, não se eximindo de proferir a decisão.

Art. 40. Quando dados, atuações ou documentos solicitados ao interessado forem necessários à apreciação de pedido formulado, o não atendimento no prazo fixado pela Administração para a respectiva apresentação implicará arquivamento do processo.

Art. 41. Os interessados serão intimados de prova ou diligência ordenada, com antecedência mínima de três dias úteis, mencionando-se data, hora e local de realização.

Art. 42. Quando deva ser obrigatoriamente ouvido um órgão consultivo, o parecer deverá ser emitido no prazo máximo de quinze dias, salvo norma especial ou comprovada necessidade de maior prazo.

§ 1º Se um parecer obrigatório e vinculante deixar de ser emitido no prazo fixado, o processo não terá seguimento até a respectiva apresentação, responsabilizando-se quem der causa ao atraso.

§ 2º Se um parecer obrigatório e não vinculante deixar de ser emitido no prazo fixado, o processo poderá ter prosseguimento e ser decidido com sua dispensa, sem prejuízo da responsabilidade de quem se omitiu no atendimento.

Art. 43. Quando por disposição de ato normativo devam ser previamente obtidos laudos técnicos de órgãos administrativos e estes não cumprirem o encargo no prazo assinalado, o órgão responsável pela instrução deverá solicitar laudo técnico de outro órgão dotado de qualificação e capacidade técnica equivalentes.

Art. 44. Encerrada a instrução, o interessado terá o direito de manifestar-se no prazo máximo de dez dias, salvo se outro prazo for legalmente fixado.

Art. 45. Em caso de risco iminente, a Administração Pública poderá motivadamente adotar providências acauteladoras sem a prévia manifestação do interessado.

Art. 46. Os interessados têm direito à vista do processo e a obter certidões ou cópias reprográficas dos dados e documentos que o integram, ressalvados os dados e documentos de terceiros protegidos por sigilo ou pelo direito à privacidade, à honra e à imagem.

Art. 47. O órgão de instrução que não for competente para emitir a decisão final elaborará relatório indicando o pedido inicial, o conteúdo das fases do procedimento e formulará proposta de decisão, objetivamente justificada, encaminhando o processo à autoridade competente.

CAPÍTULO XI
DO DEVER DE DECIDIR

Art. 48. A Administração tem o dever de explicitamente emitir decisão nos processos administrativos e sobre solicitações ou reclamações, em matéria de sua competência.

Art. 49. Concluída a instrução de processo administrativo, a Administração tem o prazo de até trinta dias para decidir, salvo prorrogação por igual período expressamente motivada.

CAPÍTULO XI-A
DA DECISÃO COORDENADA

▸ Capítulo XI-A acrescido pela Lei nº 14.210, de 30-9-2021.

Art. 49-A. No âmbito da Administração Pública federal, as decisões administrativas que exijam a participação de 3 (três) ou mais setores, órgãos ou entidades poderão ser tomadas mediante decisão coordenada, sempre que:

I – for justificável pela relevância da matéria; e

II – houver discordância que prejudique a celeridade do processo administrativo decisório.

§ 1º Para os fins desta Lei, considera-se decisão coordenada a instância de natureza interinstitucional ou intersetorial que atua de forma compartilhada com a finalidade de simplificar o processo administrativo mediante participação concomitante de todas as autoridades e agentes decisórios e dos responsáveis pela instrução técnico-jurídica, observada a natureza do objeto e a compatibilidade do procedimento e de sua formalização com a legislação pertinente.

§§ 2º e 3º VETADOS. Lei nº 14.210, de 30-9-2021.

§ 4º A decisão coordenada não exclui a responsabilidade originária de cada órgão ou autoridade envolvida.

§ 5º A decisão coordenada obedecerá aos princípios da legalidade, da eficiência e da transparência, com utilização, sempre que necessário, da simplificação do procedimento e da concentração das instâncias decisórias.

§ 6º Não se aplica a decisão coordenada aos processos administrativos:

I – de licitação;

II – relacionados ao poder sancionador; ou

III – em que estejam envolvidas autoridades de Poderes distintos.

Art. 49-B. Poderão habilitar-se a participar da decisão coordenada, na qualidade de ouvintes, os interessados de que trata o art. 9º desta Lei.

Parágrafo único. A participação na reunião, que poderá incluir direito a voz, será deferida por decisão irrecorrível da autoridade responsável pela convocação da decisão coordenada.

Art. 49-C. VETADO. Lei nº 14.210, de 30-9-2021.

Art. 49-D. Os participantes da decisão coordenada deverão ser intimados na forma do art. 26 desta Lei.

Art. 49-E. Cada órgão ou entidade participante é responsável pela elaboração de documento específico sobre o tema atinente à respectiva competência, a fim de subsidiar os trabalhos e integrar o processo da decisão coordenada.

Parágrafo único. O documento previsto no *caput* deste artigo abordará a questão objeto da decisão coordenada e eventuais precedentes.

Art. 49-F. Eventual dissenso na solução do objeto da decisão coordenada deverá ser manifestado durante as reuniões, de forma fundamentada, acompanhado das propostas de solução e de alteração necessárias para a resolução da questão.

Parágrafo único. Não poderá ser arguida matéria estranha ao objeto da convocação.

Art. 49-G. A conclusão dos trabalhos da decisão coordenada será consolidada em ata, que conterá as seguintes informações:

I – relato sobre os itens da pauta;

II – síntese dos fundamentos aduzidos;

III – síntese das teses pertinentes ao objeto da convocação;

IV – registro das orientações, das diretrizes, das soluções ou das propostas de atos governamentais relativos ao objeto da convocação;

V – posicionamento dos participantes para subsidiar futura atuação governamental em matéria idêntica ou similar; e

VI – decisão de cada órgão ou entidade relativa à matéria sujeita à sua competência.

§ 1º Até a assinatura da ata, poderá ser complementada a fundamentação da decisão da autoridade ou do agente a respeito de matéria de competência do órgão ou da entidade representada.

§ 2º VETADO. Lei nº 14.210, de 30-9-2021.

§ 3º A ata será publicada por extrato no *Diário Oficial da União*, do qual deverão constar, além do registro referido no inciso IV do *caput* deste artigo, os dados identificadores da decisão coordenada e o órgão e o local em que se encontra a ata em seu inteiro teor, para conhecimento dos interessados.

▸ Arts. 49-A a 49-G acrescidos pela Lei nº 14.210, de 30-9-2021.

CAPÍTULO XII
DA MOTIVAÇÃO

Art. 50. Os atos administrativos deverão ser motivados, com indicação dos fatos e dos fundamentos jurídicos, quando:

I – neguem, limitem ou afetem direitos ou interesses;

II – imponham ou agravem deveres, encargos ou sanções;

III – decidam processos administrativos de concurso ou seleção pública;

IV – dispensem ou declarem a inexigibilidade de processo licitatório;

V – decidam recursos administrativos;

VI – decorram de reexame de ofício;

VII – deixem de aplicar jurisprudência firmada sobre a questão ou discrepem de pareceres, laudos, propostas e relatórios oficiais;

VIII – importem anulação, revogação, suspensão ou convalidação de ato administrativo.

§ 1º A motivação deve ser explícita, clara e congruente, podendo consistir em declaração de concordância com fundamentos de anteriores pareceres, informações, decisões ou propostas, que, neste caso, serão parte integrante do ato.

§ 2º Na solução de vários assuntos da mesma natureza, pode ser utilizado meio mecânico que reproduza os fundamentos das decisões, desde que não prejudique direito ou garantia dos interessados.

§ 3º A motivação das decisões de órgãos colegiados e comissões ou de decisões orais constará da respectiva ata ou de termo escrito.

CAPÍTULO XIII
DA DESISTÊNCIA E OUTROS CASOS DE EXTINÇÃO DO PROCESSO

Art. 51. O interessado poderá, mediante manifestação escrita, desistir total ou parcialmente do pedido formulado ou, ainda, renunciar a direitos disponíveis.

§ 1º Havendo vários interessados, a desistência ou renúncia atinge somente quem a tenha formulado.

§ 2º A desistência ou renúncia do interessado, conforme o caso, não prejudica o prosseguimento do processo, se a Administração considerar que o interesse público assim o exige.

Art. 52. O órgão competente poderá declarar extinto o processo quando exaurida sua finalidade ou o objeto da decisão se tornar impossível, inútil ou prejudicado por fato superveniente.

CAPÍTULO XIV
DA ANULAÇÃO, REVOGAÇÃO E CONVALIDAÇÃO

Art. 53. A Administração deve anular seus próprios atos, quando eivados de vício de legalidade, e pode revogá-los por motivo de conveniência ou oportunidade, respeitados os direitos adquiridos.

Art. 54. O direito da Administração de anular os atos administrativos de que decorram efeitos favoráveis para os destinatários decai em cinco anos, contados da data em que foram praticados, salvo comprovada má-fé.

§ 1º No caso de efeitos patrimoniais contínuos, o prazo de decadência contar-se-á da percepção do primeiro pagamento.

§ 2º Considera-se exercício do direito de anular qualquer medida de autoridade administrativa que importe impugnação à validade do ato.

Art. 55. Em decisão na qual se evidencie não acarretarem lesão ao interesse público nem prejuízo a terceiros, os atos que apresentarem defeitos sanáveis poderão ser convalidados pela própria Administração.

CAPÍTULO XV
DO RECURSO ADMINISTRATIVO E DA REVISÃO

Art. 56. Das decisões administrativas cabe recurso, em face de razões de legalidade e de mérito.

§ 1º O recurso será dirigido à autoridade que proferiu a decisão, a qual, se não a reconsiderar no prazo de cinco dias, o encaminhará à autoridade superior.

§ 2º Salvo exigência legal, a interposição de recurso administrativo independe de caução.

▶ Súm. nº 373 do STJ.

§ 3º Se o recorrente alegar que a decisão administrativa contraria enunciado da súmula vinculante, caberá à autoridade prolatora da decisão impugnada, se não a reconsiderar, explicitar, antes de encaminhar o recurso à autoridade superior, as razões da aplicabilidade ou inaplicabilidade da súmula, conforme o caso.

▶ § 3º acrescido pela Lei nº 11.417, de 19-12-2006.

Art. 57. O recurso administrativo tramitará no máximo por três instâncias administrativas, salvo disposição legal diversa.

Art. 58. Têm legitimidade para interpor recurso administrativo:

I – os titulares de direitos e interesses que forem parte no processo;

II – aqueles cujos direitos ou interesses forem indiretamente afetados pela decisão recorrida;

III – as organizações e associações representativas, no tocante a direitos e interesses coletivos;

IV – os cidadãos ou associações, quanto a direitos ou interesses difusos.

Art. 59. Salvo disposição legal específica, é de dez dias o prazo para interposição de recurso administrativo, contado a partir da ciência ou divulgação oficial da decisão recorrida.

§ 1º Quando a lei não fixar prazo diferente, o recurso administrativo deverá ser decidido no prazo máximo de trinta dias, a partir do recebimento dos autos pelo órgão competente.

§ 2º O prazo mencionado no parágrafo anterior poderá ser prorrogado por igual período, ante justificativa explícita.

Art. 60. O recurso interpõe-se por meio de requerimento no qual o recorrente deverá expor os fundamentos do pedido de reexame, podendo juntar os documentos que julgar convenientes.

Art. 61. Salvo disposição legal em contrário, o recurso não tem efeito suspensivo.

Parágrafo único. Havendo justo receio de prejuízo de difícil ou incerta reparação decorrente da execução, a autoridade recorrida ou a imediatamente superior poderá, de ofício ou a pedido, dar efeito suspensivo ao recurso.

Art. 62. Interposto o recurso, o órgão competente para dele conhecer deverá intimar os demais interessados para que, no prazo de cinco dias úteis, apresentem alegações.

Art. 63. O recurso não será conhecido quando interposto:

I – fora do prazo;

II – perante órgão incompetente;

III – por quem não seja legitimado;

IV – após exaurida a esfera administrativa.

§ 1º Na hipótese do inciso II, será indicada ao recorrente a autoridade competente, sendo-lhe devolvido o prazo para recurso.

§ 2º O não conhecimento do recurso não impede a Administração de rever de ofício o ato ilegal, desde que não ocorrida preclusão administrativa.

Art. 64. O órgão competente para decidir o recurso poderá confirmar, modificar, anular ou revogar, total ou parcialmente, a decisão recorrida, se a matéria for de sua competência.

Parágrafo único. Se da aplicação do disposto neste artigo puder decorrer gravame à situação do recorrente, este deverá ser cientificado para que formule suas alegações antes da decisão.

Art. 64-A. Se o recorrente alegar violação de enunciado da súmula vinculante, o órgão competente para decidir o recurso explicitará as razões da aplicabilidade ou inaplicabilidade da súmula, conforme o caso.

Art. 64-B. Acolhida pelo Supremo Tribunal Federal a reclamação fundada em violação de enunciado da súmula vinculante, dar-se-á ciência à autoridade prolatora e ao órgão competente para o julgamento do recurso, que deverão adequar as futuras decisões administrativas em casos semelhantes, sob pena de responsabilização pessoal nas esferas cível, administrativa e penal.

▶ Arts. 64-A e 64-B acrescidos pela Lei nº 11.417, de 19-12-2006.

Art. 65. Os processos administrativos de que resultem sanções poderão ser revistos, a qualquer tempo, a pedido ou de ofício, quando surgirem fatos novos ou circunstâncias relevantes suscetíveis de justificar a inadequação da sanção aplicada.

Parágrafo único. Da revisão do processo não poderá resultar agravamento da sanção.

CAPÍTULO XVI
DOS PRAZOS

Art. 66. Os prazos começam a correr a partir da data da cientificação oficial, excluindo-se da contagem o dia do começo e incluindo-se o do vencimento.

§ 1º Considera-se prorrogado o prazo até o primeiro dia útil seguinte se o vencimento cair em dia em que não houver expediente ou este for encerrado antes da hora normal.

§ 2º Os prazos expressos em dias contam-se de modo contínuo.

§ 3º Os prazos fixados em meses ou anos contam-se de data a data. Se no mês do vencimento não houver o dia equivalente àquele do início do prazo, tem-se como termo o último dia do mês.

Art. 67. Salvo motivo de força maior devidamente comprovado, os prazos processuais não se suspendem.

CAPÍTULO XVII
DAS SANÇÕES

Art. 68. As sanções, a serem aplicadas por autoridade competente, terão natureza pecuniária ou consistirão em obrigação de fazer ou de não fazer, assegurado sempre o direito de defesa.

CAPÍTULO XVIII
DAS DISPOSIÇÕES FINAIS

Art. 69. Os processos administrativos específicos continuarão a reger-se por lei própria, aplicando-se-lhes apenas subsidiariamente os preceitos desta Lei.

Art. 69-A. Terão prioridade na tramitação, em qualquer órgão ou instância, os procedimentos administrativos em que figure como parte ou interessado:

I – pessoa com idade igual ou superior a 60 (sessenta) anos;

II – pessoa portadora de deficiência, física ou mental;

III – VETADO. Lei nº 12.008, de 29-7-2009;

IV – pessoa portadora de tuberculose ativa, esclerose múltipla, neoplasia maligna, hanseníase, paralisia irreversível e incapacitante, cardiopatia grave, doença de Parkinson, espondiloartrose anquilosante, nefropatia grave, hepatopatia grave, estados avançados da doença de Paget (osteíte deformante), contaminação por radiação, síndrome de imunodeficiência adquirida, ou outra doença grave, com base em conclusão da medicina especializada, mesmo que a doença tenha sido contraída após o início do processo.

§ 1º A pessoa interessada na obtenção do benefício, juntando prova de sua condição, deverá requerê-lo à autoridade administrativa competente, que determinará as providências a serem cumpridas.

§ 2º Deferida a prioridade, os autos receberão identificação própria que evidencie o regime de tramitação prioritária.

§§ 3º e 4º VETADOS. Lei nº 12.008, de 29-7-2009.

▶ Art. 69-A acrescido pela Lei nº 12.008, de 29-7-2009.

Art. 70. Esta Lei entra em vigor na data de sua publicação.

Brasília, 29 de janeiro de 1999;
178º da Independência e
111º da República.
Fernando Henrique Cardoso

LEI Nº 9.790, DE 23 DE MARÇO DE 1999

Dispõe sobre a qualificação de pessoas jurídicas de direito privado, sem fins lucrativos, como Organizações da Sociedade Civil de Interesse Público, institui e disciplina o Termo de Parceria, e dá outras providências.

- Publicada no *DOU* de 24-3-1999.
- Lei nº 12.879, de 5-11-2013, dispõe sobre a gratuidade dos atos de registro pelas associações de moradores para fins de enquadramento dessas entidades como Organizações da Sociedade Civil de Interesse Público.
- Lei nº 13.019, de 31-7-2014 (Marco Regulatório das Organizações da Sociedade Civil).
- Dec. nº 3.100, de 30-6-1999, regulamenta esta Lei.

CAPÍTULO I
DA QUALIFICAÇÃO COMO ORGANIZAÇÃO DA SOCIEDADE CIVIL DE INTERESSE PÚBLICO

Art. 1º Podem qualificar-se como Organizações da Sociedade Civil de Interesse Público as pessoas jurídicas de direito privado sem fins lucrativos que tenham sido constituídas e se encontrem em funcionamento regular há, no mínimo, 3 (três) anos, desde que os respectivos objetivos sociais e normas estatutárias atendam aos requisitos instituídos por esta Lei.

- *Caput* com a redação dada pela Lei nº 13.019, de 31-7-2014.

§ 1º Para os efeitos desta Lei, considera-se sem fins lucrativos a pessoa jurídica de direito privado que não distribui, entre os seus sócios ou associados, conselheiros, diretores, empregados ou doadores, eventuais excedentes operacionais, brutos ou líquidos, dividendos, bonificações, participações ou parcelas do seu patrimônio, auferidos mediante o exercício de suas atividades, e que os aplica integralmente na consecução do respectivo objeto social.

§ 2º A outorga da qualificação prevista neste artigo é ato vinculado ao cumprimento dos requisitos instituídos por esta Lei.

Art. 2º Não são passíveis de qualificação como Organizações da Sociedade Civil de Interesse Público, ainda que se dediquem de qualquer forma às atividades descritas no art. 3º desta Lei:

I – as sociedades comerciais;
II – os sindicatos, as associações de classe ou de representação de categoria profissional;
III – as instituições religiosas ou voltadas para a disseminação de credos, cultos, práticas e visões devocionais e confessionais;
IV – as organizações partidárias e assemelhadas, inclusive suas fundações;
V – as entidades de benefício mútuo destinadas a proporcionar bens ou serviços a um círculo restrito de associados ou sócios;
VI – as entidades e empresas que comercializam planos de saúde e assemelhados;
VII – as instituições hospitalares privadas não gratuitas e suas mantenedoras;
VIII – as escolas privadas dedicadas ao ensino formal não gratuito e suas mantenedoras;
IX – as organizações sociais;
X – as cooperativas;
XI – as fundações públicas;
XII – as fundações, sociedades civis ou associações de direito privado criadas por órgão público ou por fundações públicas;
XIII – as organizações creditícias que tenham quaisquer tipo de vinculação com o sistema financeiro nacional a que se refere o art. 192 da Constituição Federal.

Parágrafo único. Não constituem impedimento à qualificação como Organização da Sociedade Civil de Interesse Público as operações destinadas a microcrédito realizadas com instituições financeiras na forma de recebimento de repasses, venda de operações realizadas ou atuação como mandatárias.

- Parágrafo único acrescido pela Lei nº 13.999, de 18-5-2020.

Art. 3º A qualificação instituída por esta Lei, observado em qualquer caso, o princípio da universalização dos serviços, no respectivo âmbito de atuação das Organizações, somente será conferida às pessoas jurídicas de direito privado, sem fins lucrativos, cujos objetivos sociais tenham pelo menos uma das seguintes finalidades:

- Art. 4º desta Lei.

I – promoção da assistência social;
II – promoção da cultura, defesa e conservação do patrimônio histórico e artístico;
III – promoção gratuita da educação, observando-se a forma complementar de participação das organizações de que trata esta Lei;
IV – promoção gratuita da saúde, observando-se a forma complementar de participação das organizações de que trata esta Lei;
V – promoção da segurança alimentar e nutricional;
VI – defesa, preservação e conservação do meio ambiente e promoção do desenvolvimento sustentável;
VII – promoção do voluntariado;
VIII – promoção do desenvolvimento econômico e social e combate à pobreza;
IX – experimentação, não lucrativa, de novos modelos socioprodutivos e de sistemas alternativos de produção, comércio, emprego e crédito;
X – promoção de direitos estabelecidos, construção de novos direitos e assessoria jurídica gratuita de interesse suplementar;
XI – promoção da ética, da paz, da cidadania, dos direitos humanos, da democracia e de outros valores universais;
XII – estudos e pesquisas, desenvolvimento de tecnologias alternativas, produção e divulgação de informações e conhecimentos técnicos e científicos que digam respeito às atividades mencionadas neste artigo;
XIII – estudos e pesquisas para o desenvolvimento, a disponibilização e a implementação de tecnologias voltadas à mobilidade de pessoas, por qualquer meio de transporte.

- Inciso XIII acrescido pela Lei nº 13.204, de 14-12-2015.

Parágrafo único. Para os fins deste artigo, a dedicação às atividades nele previstas configura-se mediante a execução direta de projetos, programas, planos de ações correlatas, por meio da doação de recursos físicos, humanos e financeiros, ou ainda pela prestação de serviços intermediários de apoio a outras organizações sem fins lucrativos e a órgãos do setor público que atuem em áreas afins.

Art. 4º Atendido o disposto no artigo 3º, exige-se ainda, para qualificarem-se como Organizações da Sociedade Civil de Interesse Público, que as pessoas jurídicas interessadas sejam regidas por estatutos cujas normas expressamente disponham sobre:

I – a observância dos princípios da legalidade, impessoalidade, moralidade, publicidade, economicidade e da eficiência;
II – a adoção de práticas de gestão administrativa, necessárias e suficientes a coibir a obtenção, de forma individual ou coletiva, de benefícios ou vantagens pessoais, em decorrência da participação no respectivo processo decisório;
III – a constituição de conselho fiscal ou órgão equivalente, dotado de competência para opinar sobre os relatórios de desempenho financeiro e contábil, e sobre as operações patrimoniais realizadas, emitindo pareceres para os organismos superiores da entidade;
IV – a previsão de que, em caso de dissolução da entidade, o respectivo patrimônio líquido será transferido a outra pessoa jurídica qualificada nos termos desta Lei, preferencialmente que tenha o mesmo objeto social da extinta;
V – a previsão de que, na hipótese de a pessoa jurídica perder a qualificação instituída por esta Lei, o respectivo acervo patrimonial disponível, adquirido com recursos públicos durante o período em que perdurou aquela qualificação, será transferido a outra pessoa jurídica qualificada nos termos desta Lei, preferencialmente que tenha o mesmo objeto social;
VI – a possibilidade de se instituir remuneração para os dirigentes da entidade que atuem efetivamente na gestão executiva e para aqueles que a ela prestam serviços específicos, respeitados, em ambos os casos, os valores praticados pelo mercado, na região correspondente a sua área de atuação;
VII – as normas de prestação de contas a serem observadas pela entidade, que determinarão, no mínimo:

a) a observância dos princípios fundamentais de contabilidade e das Normas Brasileiras de Contabilidade;
b) que se dê publicidade por qualquer meio eficaz, no encerramento do exercício fiscal, ao relatório de atividades e das demonstrações financeiras da entidade, incluindo-se as certidões negativas de débitos junto ao INSS e ao FGTS, colocando-os à disposição para exame de qualquer cidadão;
c) a realização de auditoria, inclusive por auditores externos independentes se for o caso, da aplicação dos eventuais recursos objeto do termo de parceria conforme previsto em regulamento;
d) a prestação de contas de todos os recursos e bens de origem pública recebidos pelas Organizações da Sociedade Civil de Interesse Público será feita conforme determina o parágrafo único do artigo 70 da Constituição Federal.

Parágrafo único. É permitida a participação de servidores públicos na composição de conselho ou diretoria de Organização da Sociedade Civil de Interesse Público.

- Parágrafo único com a redação dada pela Lei nº 13.204, de 14-12-2015.

Art. 5º Cumpridos os requisitos dos artigos 3º e 4º desta Lei, a pessoa jurídica de direito privado sem fins lucrativos, interessada em obter a qualificação instituída por esta Lei, deverá formular requerimento escrito ao Ministério da Justiça, instruído com cópias autenticadas dos seguintes documentos:

I – estatuto registrado em cartório;

II – ata de eleição de sua atual diretoria;

III – balanço patrimonial e demonstração do resultado do exercício;

IV – declaração de isenção do imposto de renda;

V – inscrição no Cadastro Geral de Contribuintes.

Art. 6º Recebido o requerimento previsto no artigo anterior, o Ministério da Justiça decidirá, no prazo de trinta dias, deferindo ou não o pedido.

§ 1º No caso de deferimento, o Ministério da Justiça emitirá, no prazo de quinze dias da decisão, certificado de qualificação da requerente como Organização da Sociedade Civil de Interesse Público.

§ 2º Indeferido o pedido, o Ministério da Justiça, no prazo do § 1º dará ciência da decisão, mediante publicação no *Diário Oficial*.

§ 3º O pedido de qualificação somente será indeferido quando:

I – a requerente enquadrar-se nas hipóteses previstas no artigo 2º desta Lei;

II – a requerente não atender aos requisitos descritos nos artigos 3º e 4º desta Lei;

III – a documentação apresentada estiver incompleta.

Art. 7º Perde-se a qualificação de Organização da Sociedade Civil de Interesse Público, a pedido ou mediante decisão proferida em processo administrativo ou judicial, de iniciativa popular ou do Ministério Público, no qual serão assegurados, ampla defesa e o devido contraditório.

Art. 8º Vedado o anonimato, e desde que amparado por fundadas evidências de erro ou fraude, qualquer cidadão, respeitadas as prerrogativas do Ministério Público, é parte legítima para requerer, judicial ou administrativamente, a perda da qualificação instituída por esta Lei.

CAPÍTULO II
DO TERMO DE PARCERIA

Art. 9º Fica instituído o Termo de Parceria, assim considerado o instrumento passível de ser firmado entre o Poder Público e as entidades qualificadas como Organizações da Sociedade Civil de Interesse Público destinado à formação de vínculo de cooperação entre as partes, para o fomento e a execução das atividades de interesse público previstas no artigo 3º desta Lei.

► Art. 1º, § 5º, do Dec. nº 5.504, de 5-8-2005, que estabelece a exigência de utilização do pregão, preferencialmente na forma eletrônica, para entes públicos ou privados, nas contratações de bens e serviços comuns, realizadas em decorrência de transferências voluntárias de recursos públicos da União, decorrentes de convênios ou instrumentos congêneres, ou consórcios públicos.

Art. 10. O Termo de Parceria firmado de comum acordo entre o Poder Público e as Organizações da Sociedade Civil de Interesse Público discriminará direitos, responsabilidades e obrigações das partes signatárias.

§ 1º A celebração do Termo de Parceria será precedida de consulta aos Conselhos de Políticas Públicas das áreas correspondentes de atuação existentes, nos respectivos níveis de governo.

§ 2º São cláusulas essenciais do Termo de Parceria:

I – a do objeto, que conterá a especificação do programa de trabalho proposto pela Organização da Sociedade Civil de Interesse Público;

II – a de estipulação das metas e dos resultados a serem atingidos e os respectivos prazos de execução ou cronograma;

III – a de previsão expressa dos critérios objetivos de avaliação de desempenho a serem utilizados, mediante indicadores de resultado;

IV – a de previsão de receitas e despesas a serem realizadas em seu cumprimento, estipulando item por item as categorias contábeis usadas pela organização e o detalhamento das remunerações e benefícios de pessoal a serem pagos, com recursos oriundos ou vinculados ao Termo de Parceria, a seus diretores, empregados e consultores;

V – a que estabelece as obrigações da Sociedade Civil de Interesse Público, entre as quais a de apresentar ao Poder Público, ao término de cada exercício, relatório sobre a execução do objeto do Termo de Parceria, contendo comparativo específico das metas propostas com os resultados alcançados, acompanhado de prestação de contas dos gastos e receitas efetivamente realizados, independente das previsões mencionadas no inciso IV;

VI – a de publicação, na imprensa oficial do Município, do Estado ou da União, conforme o alcance das atividades celebradas entre o órgão parceiro e a Organização da Sociedade Civil de Interesse Público, de extrato do Termo de Parceria e de demonstrativo da sua execução física e financeira, conforme modelo simplificado estabelecido no regulamento desta Lei, contendo os dados principais da documentação obrigatória do inciso V, sob pena de não liberação dos recursos previstos no Termo de Parceria.

Art. 11. A execução do objeto do Termo de Parceria será acompanhada e fiscalizada por órgão do Poder Público da área de atuação correspondente à atividade fomentada, e pelos Conselhos de Políticas Públicas das áreas correspondentes de atuação existentes, em cada nível de governo.

§ 1º Os resultados atingidos com a execução do Termo de Parceria devem ser analisados por comissão de avaliação, composta de comum acordo entre o órgão parceiro e a Organização da Sociedade Civil de Interesse Público.

§ 2º A comissão encaminhará à autoridade competente relatório conclusivo sobre a avaliação procedida.

§ 3º Os Termos de Parceria destinados ao fomento de atividades nas áreas de que trata esta Lei estarão sujeitos aos mecanismos de controle social previstos na legislação.

Art. 12. Os responsáveis pela fiscalização do Termo de Parceria, ao tomarem conhecimento de qualquer irregularidade ou ilegalidade na utilização de recursos ou bens de origem pública pela organização parceira, darão imediata ciência ao Tribunal de Contas respectivo e ao Ministério Público, sob pena de responsabilidade solidária.

Art. 13. Sem prejuízo da medida a que se refere o artigo 12 desta Lei, havendo indícios fundados de malversação de bens ou recursos de origem pública, os responsáveis pela fiscalização representarão ao Ministério Público, à Advocacia-Geral da União, para que requeiram ao juízo competente a decretação da indisponibilidade dos bens da entidade e o sequestro dos bens dos seus dirigentes, bem como de agente público ou terceiro, que possam ter enriquecido ilicitamente ou causado dano ao patrimônio público, além de outras medidas consubstanciadas na Lei nº 8.429, de 2 de junho de 1992, e na Lei Complementar nº 64, de 18 de maio de 1990.

► LC nº 64, de 18-5-1990 (Lei dos Casos de Inelegibilidade).

► Lei nº 8.429, de 2-6-1992 (Lei da Improbidade Administrativa).

§ 1º O pedido de sequestro será processado de acordo com o disposto nos artigos 822 e 825 do Código de Processo Civil.

► Refere-se ao CPC/1973.

§ 2º Quando for o caso, o pedido incluirá a investigação, o exame e o bloqueio de bens, contas bancárias e aplicações mantidas pelo demandado no País e no exterior, nos termos da lei e dos tratados internacionais.

§ 3º Até o término da ação, o Poder Público permanecerá como depositário e gestor dos bens e valores sequestrados ou indisponíveis e velará pela continuidade das atividades sociais da organização parceira.

Art. 14. A organização parceira fará publicar, no prazo máximo de trinta dias, contado da assinatura do Termo de Parceria, regulamento próprio contendo os procedimentos que adotará para a contratação de obras e serviços, bem como para compras com emprego de recursos provenientes do Poder Público, observados os princípios estabelecidos no inciso I do artigo 4º desta Lei.

Art. 15. Caso a organização adquira bem imóvel com recursos provenientes da celebração do Termo de Parceria, este será gravado com cláusula de inalienabilidade.

Art. 15-A. VETADO. Lei nº 13.019, de 31-7-2014.

Art. 15-B. A prestação de contas relativa à execução do Termo de Parceria perante o órgão da entidade estatal parceira refere-se à correta aplicação dos recursos públicos recebidos e ao adimplemento do objeto do Termo de Parceria, mediante a apresentação dos seguintes documentos:

I – relatório anual de execução de atividades, contendo especificamente relatório sobre a execução do objeto do Termo de Parceria, bem como comparativo entre as metas propostas e os resultados alcançados;

II – demonstrativo integral da receita e despesa realizadas na execução;

III – extrato da execução física e financeira;

IV – demonstração de resultados do exercício;

V – balanço patrimonial;

VI – demonstração das origens e das aplicações de recursos;

VII – demonstração das mutações do patrimônio social;

VIII – notas explicativas das demonstrações contábeis, caso necessário;

IX – parecer e relatório de auditoria, se for o caso.

► Arts. 15-A e 15-B acrescidos pela Lei nº 13.019, de 31-7-2014.

CAPÍTULO III
DAS DISPOSIÇÕES FINAIS E TRANSITÓRIAS

Art. 16. É vedada às entidades qualificadas como Organizações da Sociedade Civil de Interesse Público a participação em campanhas de interesse político-partidário ou eleitorais, sob quaisquer meios ou formas.

Art. 17. O Ministério da Justiça permitirá, mediante requerimento dos interessados, livre acesso público a todas as informações pertinentes às Organizações da Sociedade Civil de Interesse Público.

Art. 18. As pessoas jurídicas de direito privado sem fins lucrativos, qualificadas com base em outros diplomas legais, poderão qualificar-se como Organizações da Sociedade Civil de Interesse Público, desde que atendidos aos requisitos para tanto exigidos, sendo-lhes assegurada a manutenção simultânea dessas qualificações, até cinco anos contados da data de vigência desta Lei.

▶ *Caput* com a redação dada pela MP nº 2.216-37, de 31-8-2001, que até o encerramento desta edição não havia sido convertida em Lei.

§ 1º Findo o prazo de cinco anos, a pessoa jurídica interessada em manter a qualificação prevista nesta Lei deverá por ela optar, fato que implicará a renúncia automática de suas qualificações anteriores.

▶ § 1º com a redação dada pela MP nº 2.216-37, de 31-8-2001, que até o encerramento desta edição não havia sido convertida em Lei.

§ 2º Caso não seja feita a opção prevista no parágrafo anterior, a pessoa jurídica perderá automaticamente a qualificação obtida nos termos desta Lei.

Art. 19. O Poder Executivo regulamentará esta Lei no prazo de trinta dias.

Art. 20. Esta Lei entra em vigor na data de sua publicação.

Brasília, 23 de março de 1999;
178º da Independência e
111º da República.

Fernando Henrique Cardoso

LEI Nº 9.801, DE 14 DE JUNHO DE 1999

Dispõe sobre as normas gerais para perda de cargo público por excesso de despesa e dá outras providências.

▶ Publicada no *DOU* de 15-6-1999.

Art. 1º Esta Lei regula a exoneração de servidor público estável com fundamento no § 4º e seguintes do art. 169 da Constituição Federal.

Art. 2º A exoneração a que alude o art. 1º será precedida de ato normativo motivado dos Chefes de cada um dos Poderes da União, dos Estados, dos Municípios e do Distrito Federal.

§ 1º O ato normativo deverá especificar:

I – a economia de recursos e o número correspondente de servidores a serem exonerados;

II – a atividade funcional e o órgão ou a unidade administrativa objeto de redução de pessoal;

III – o critério geral impessoal escolhido para a identificação dos servidores estáveis a serem desligados dos respectivos cargos;

IV – os critérios e as garantias especiais escolhidos para identificação dos servidores estáveis que, em decorrência das atribuições do cargo efetivo, desenvolvam atividades exclusivas de Estado;

V – o prazo de pagamento da indenização devida pela perda do cargo;

VI – os créditos orçamentários para o pagamento das indenizações.

§ 2º O critério geral para identificação impessoal a que se refere o inciso III do § 1º será escolhido entre:

I – menor tempo de serviço público;

II – maior remuneração;

III – menor idade.

§ 3º O critério geral eleito poderá ser combinado com o critério complementar do menor número de dependentes para fins de formação de uma listagem de classificação.

Art. 3º A exoneração de servidor estável que desenvolva atividade exclusiva de Estado, assim definida em lei, observará as seguintes condições:

I – somente será admitida quando a exoneração de servidores dos demais cargos do órgão ou da unidade administrativa objeto da redução de pessoal tenha alcançado, pelo menos, trinta por cento do total desses cargos;

II – cada ato reduzirá em no máximo trinta por cento o número de servidores que desenvolvam atividades exclusivas de Estado.

Art. 4º Os cargos vagos em decorrência da dispensa de servidores estáveis de que trata esta Lei serão declarados extintos, sendo vedada a criação de cargo, emprego ou função com atribuições iguais ou assemelhadas pelo prazo de quatro anos.

Art. 5º Esta Lei entra em vigor no prazo de noventa dias a partir da data de sua publicação.

Brasília, 14 de junho de 1999;
178º da Independência e
111º da República.

Fernando Henrique Cardoso

LEI Nº 9.873, DE 23 DE NOVEMBRO DE 1999

Estabelece prazo de prescrição para o exercício de ação punitiva pela Administração Pública Federal, direta e indireta, e dá outras providências.

▶ Publicada no *DOU* de 24-11-1999, Edição Extra.

▶ Dec.-lei nº 4.597, de 19-8-1942, dispõe sobre a prescrição das ações contra a Fazenda Pública.

▶ Dec. nº 20.910, de 6-1-1932, regula a prescrição quinquenal.

Art. 1º Prescreve em cinco anos a ação punitiva da Administração Pública Federal, direta e indireta, no exercício do poder de polícia, objetivando apurar infração à legislação em vigor, contados da data da prática do ato ou, no caso de infração permanente ou continuada, do dia em que tiver cessado.

§ 1º Incide a prescrição no procedimento administrativo paralisado por mais de três anos, pendente de julgamento ou despacho, cujos autos serão arquivados de ofício ou mediante requerimento da parte interessada, sem prejuízo da apuração da responsabilidade funcional decorrente da paralisação, se for o caso.

§ 2º Quando o fato objeto da ação punitiva da Administração também constituir crime, a prescrição reger-se-á pelo prazo previsto na lei penal.

▶ Arts. 109 a 119 do CP.

Art. 1º-A. Constituído definitivamente o crédito não tributário, após o término regular do processo administrativo, prescreve em 5 (cinco) anos a ação de execução da administração pública federal relativa a crédito decorrente da aplicação de multa por infração à legislação em vigor.

▶ Artigo acrescido pela Lei nº 11.941, de 27-5-de 2009.

▶ Arts. 142, 145 e 174 do CTN.

▶ Súm. nº 467 do STJ.

Art. 2º Interrompe-se a prescrição da ação punitiva:

▶ *Caput* com a redação dada pela Lei nº 11.941, de 2009.

I – pela notificação ou citação do indiciado ou acusado, inclusive por meio de edital;

▶ Inciso I com a redação dada pela Lei nº 11.941, de 2009.

II – por qualquer ato inequívoco, que importe apuração do fato;

III – pela decisão condenatória recorrível;

IV – por qualquer ato inequívoco que importe em manifestação expressa de tentativa de solução conciliatória no âmbito interno da administração pública federal.

▶ Inciso IV acrescido pela Lei nº 11.941, de 2009.

▶ Art. 174, parágrafo único, do CTN.

Art. 2º-A. Interrompe-se o prazo prescricional da ação executória:

I – pelo despacho do juiz que ordenar a citação em execução fiscal;

II – pelo protesto judicial;

III – por qualquer ato judicial que constitua em mora o devedor;

IV – por qualquer ato inequívoco, ainda que extrajudicial, que importe em reconhecimento do débito pelo devedor;

V – por qualquer ato inequívoco que importe em manifestação expressa de tentativa de solução conciliatória no âmbito interno da administração pública federal.

▶ Art. 2º-A acrescido pela Lei nº 11.941, de 27-5-de 2009.

▶ Art. 174, parágrafo único, do CTN.

Art. 3º Suspende-se a prescrição durante a vigência:

I – dos compromissos de cessação ou de desempenho, respectivamente, previstos nos arts. 53 e 58 da Lei nº 8.884, de 11 de junho de 1994;

▶ A Lei nº 8.884, de 11-6-1994, foi revogada pela Lei nº 12.529, de 30-11-2011.

▶ Art. 85 da Lei nº 12.529, de 30-11-2011 (Lei do Sistema Brasileiro de Defesa da Concorrência).

II – *Revogado.* Lei nº 13.506, de 13-11-2017.

Art. 4º Ressalvadas as hipóteses de interrupção previstas no art. 2º, para as infrações ocorridas há mais de três anos, contados do dia 1º de julho de 1998, a prescrição operará em dois anos, a partir dessa data.

Art. 5º O disposto nesta Lei não se aplica às infrações de natureza funcional e aos processos e procedimentos de natureza tributária.

Art. 6º Ficam convalidados os atos praticados com base na Medida Provisória nº 1.859-16, de 24 de setembro de 1999.

Art. 7º Esta Lei entra em vigor na data de sua publicação.

Art. 8º Ficam revogados o art. 33 da Lei nº 6.385, de 1976, com a redação dada pela Lei nº 9.457, de 1997, o art. 28 da Lei nº 8.884, de 1994, e demais disposições em contrário, ainda que constantes de lei especial.

- A Lei nº 8.884, de 11-6-1994, foi revogada pela Lei nº 12.529, de 30-11-2011.
- Lei nº 12.529, de 30-11-2011 (Lei do Sistema Brasileiro de Defesa da Concorrência).

Congresso Nacional, 23 de novembro de 1999;
178º da Independência e
111º da República.
Senador Antonio Carlos Magalhães

LEI Nº 9.962, DE 22 DE FEVEREIRO DE 2000

Disciplina o regime de emprego público do pessoal da Administração federal direta, autárquica e fundacional, e dá outras providências.

- Publicada no *DOU* de 23-2-2000.
- Lei nº 8.112, de 11-12-1990 (Estatuto dos Servidores Públicos Civis da União, Autarquias e Fundações Públicas Federais).

Art. 1º O pessoal admitido para emprego público na Administração federal direta, autárquica e fundacional terá sua relação de trabalho regida pela Consolidação das Leis do Trabalho, aprovada pelo Decreto-Lei nº 5.452, de 1º de maio de 1943, e legislação trabalhista correlata, naquilo que a lei não dispuser em contrário.

§ 1º Leis específicas disporão sobre a criação dos empregos de que trata esta Lei no âmbito da Administração direta, autárquica e fundacional do Poder Executivo, bem como sobre a transformação dos atuais cargos em empregos.

§ 2º É vedado:

I – submeter ao regime de que trata esta Lei:

a) VETADA;

b) cargos públicos de provimento em comissão;

II – alcançar, nas leis a que se refere o § 1º, servidores regidos pela Lei nº 8.112, de 11 de dezembro de 1990 às datas das respectivas publicações.

§ 3º Estende-se o disposto no § 2º à criação de empregos ou à transformação de cargos em empregos não abrangidas pelo § 1º.

§ 4º VETADO.

Art. 2º A contratação de pessoal para emprego público deverá ser precedida de concurso público de provas ou de provas e títulos, conforme a natureza e a complexidade do emprego.

Art. 3º O contrato de trabalho por prazo indeterminado somente será rescindido por ato unilateral da Administração pública nas seguintes hipóteses:

I – prática de falta grave, dentre as enumeradas no art. 482 da Consolidação das Leis do Trabalho – CLT;

II – acumulação ilegal de cargos, empregos ou funções públicas;

III – necessidade de redução de quadro de pessoal, por excesso de despesa, nos termos da lei complementar a que se refere o art. 169 da Constituição Federal;

IV – insuficiência de desempenho, apurada em procedimento no qual se assegurem pelo menos um recurso hierárquico dotado de efeito suspensivo, que será apreciado em trinta dias, e o prévio conhecimento dos padrões mínimos exigidos para continuidade da relação de emprego, obrigatoriamente estabelecidos de acordo com as peculiaridades das atividades exercidas.

Parágrafo único. Excluem-se da obrigatoriedade dos procedimentos previstos no *caput* as contratações de pessoal decorrentes da autonomia de gestão de que trata o § 8º do art. 37 da Constituição Federal.

Art. 4º Aplica-se às leis a que se refere o § 1º do art. 1º desta Lei o disposto no art. 246 da Constituição Federal.

Art. 5º Esta Lei entra em vigor na data de sua publicação.

Brasília, 22 de fevereiro de 2000;
179º da Independência e
112º da República.
Fernando Henrique Cardoso

LEI Nº 10.098, DE 19 DE DEZEMBRO DE 2000

Estabelece normas gerais e critérios básicos para a promoção da acessibilidade das pessoas portadoras de deficiência ou com mobilidade reduzida, e dá outras providências.

- Publicada no *DOU* de 20-12-2000.
- Lei nº 7.853, de 24-10-1989, dispõe sobre o apoio às pessoas portadoras de deficiência, sua integração social, sobre a Coordenadoria Nacional para Integração da Pessoa Portadora de Deficiência – CORDE, institui a tutela jurisdicional de interesses coletivos ou difusos dessas pessoas, disciplina a atuação do Ministério Público e define crimes.
- Dec. nº 5.296, de 2-12-2004, regulamenta esta Lei.
- Dec. nº 6.949, de 25-8-2009, promulga a Convenção Internacional sobre os Direitos das Pessoas com Deficiência.

CAPÍTULO I
DISPOSIÇÕES GERAIS

Art. 1º Esta Lei estabelece normas gerais e critérios básicos para a promoção da acessibilidade das pessoas portadoras de deficiência ou com mobilidade reduzida, mediante a supressão de barreiras e de obstáculos nas vias e espaços públicos, no mobiliário urbano, na construção e reforma de edifícios e nos meios de transporte e de comunicação.

- Art. 227, § 2º, da CF.
- Art. 1º da Lei nº 10.048, de 8-11-2000, que dá prioridade de atendimento às pessoas que especifica.

Art. 2º Para os fins desta Lei são estabelecidas as seguintes definições:

I – acessibilidade: possibilidade e condição de alcance para utilização, com segurança e autonomia, de espaços, mobiliários, equipamentos urbanos, edificações, transportes, informação e comunicação, inclusive seus sistemas e tecnologias, bem como de outros serviços e instalações abertos ao público, de uso público ou privados de uso coletivo, tanto na zona urbana como na rural, por pessoa com deficiência ou com mobilidade reduzida;

II – barreiras: qualquer entrave, obstáculo, atitude ou comportamento que limite ou impeça a participação social da pessoa, bem como o gozo, a fruição e o exercício de seus direitos à acessibilidade, à liberdade de movimento e de expressão, à comunicação, ao acesso à informação, à compreensão, à circulação com segurança, entre outros, classificadas em:

a) barreiras urbanísticas: as existentes nas vias e nos espaços públicos e privados abertos ao público ou de uso coletivo;

b) barreiras arquitetônicas: as existentes nos edifícios públicos e privados;

c) barreiras nos transportes: as existentes nos sistemas e meios de transportes;

d) barreiras nas comunicações e na informação: qualquer entrave, obstáculo, atitude ou comportamento que dificulte ou impossibilite a expressão ou o recebimento de mensagens e de informações por intermédio de sistemas de comunicação e de tecnologia da informação;

III – pessoa com deficiência: aquela que tem impedimento de longo prazo de natureza física, mental, intelectual ou sensorial, o qual, em interação com uma ou mais barreiras, pode obstruir sua participação plena e efetiva na sociedade em igualdade de condições com as demais pessoas;

IV – pessoa com mobilidade reduzida: aquela que tenha, por qualquer motivo, dificuldade de movimentação, permanente ou temporária, gerando redução efetiva da mobilidade, da flexibilidade, da coordenação motora ou da percepção, incluindo idoso, gestante, lactante, pessoa com criança de colo e obeso;

V – acompanhante: aquele que acompanha a pessoa com deficiência, podendo ou não desempenhar as funções de atendente pessoal;

VI – elemento de urbanização: quaisquer componentes de obras de urbanização, tais como os referentes a pavimentação, saneamento, encanamento para esgotos, distribuição de energia elétrica e de gás, iluminação pública, serviços de comunicação, abastecimento e distribuição de água, paisagismo e os que materializam as indicações do planejamento urbanístico;

VII – mobiliário urbano: conjunto de objetos existentes nas vias e nos espaços públicos, superpostos ou adicionados aos elementos de urbanização ou de edificação, de forma que sua modificação ou seu traslado não provoque alterações substanciais nesses elementos, tais como semáforos, postes de sinalização e similares, terminais e pontos de acesso coletivo às telecomunicações, fontes de água, lixeiras, toldos, marquises, bancos, quiosques e quaisquer outros de natureza análoga;

VIII – tecnologia assistiva ou ajuda técnica: produtos, equipamentos, dispositivos, recursos, metodologias, estratégias, práticas e serviços que objetivem promover a funcionalidade, relacionada à atividade e à participação da pessoa com deficiência ou com mobilidade reduzida, visando à sua autonomia, independência, qualidade de vida e inclusão social;

IX – comunicação: forma de interação dos cidadãos que abrange, entre outras opções, as línguas, inclusive a Língua Brasileira de Sinais (Libras), a visualização de textos, o Braille, o sistema de sinalização ou de comunicação tátil, os caracteres ampliados, os dispositivos multimídia, assim como a linguagem simples, escrita e oral, os sistemas auditivos e os meios de voz digitalizados e os modos, meios e formatos aumentativos e alternativos de comunicação, incluindo as tecnologias da informação e das comunicações;

X – desenho universal: concepção de produtos, ambientes, programas e serviços a serem usados por todas as pessoas, sem necessidade de adaptação ou de projeto específico, incluindo os recursos de tecnologia assistiva.

▸ Art. 2º com a redação dada pela Lei nº 13.146, de 6-7-2015.

CAPÍTULO II
DOS ELEMENTOS DA URBANIZAÇÃO

Art. 3º O planejamento e a urbanização das vias públicas, dos parques e dos demais espaços de uso público deverão ser concebidos e executados de forma a torná-los acessíveis para todas as pessoas, inclusive para aquelas com deficiência ou com mobilidade reduzida.

Parágrafo único. O passeio público, elemento obrigatório de urbanização e parte da via pública, normalmente segregado e em nível diferente, destina-se somente à circulação de pedestres e, quando possível, à implantação de mobiliário urbano e de vegetação.

▸ Art. 3º com a redação dada pela Lei nº 13.146, de 6-7-2015.

Art. 4º As vias públicas, os parques e os demais espaços de uso público existentes, assim como as respectivas instalações de serviços e mobiliários urbanos deverão ser adaptados, obedecendo-se ordem de prioridade que vise à maior eficiência das modificações, no sentido de promover mais ampla acessibilidade às pessoas portadoras de deficiência ou com mobilidade reduzida.

Parágrafo único. No mínimo 5% (cinco por cento) de cada brinquedo e equipamento de lazer existentes nos locais referidos no *caput* devem ser adaptados e identificados, tanto quanto tecnicamente possível, para possibilitar sua utilização por pessoas com deficiência, inclusive visual, ou com mobilidade reduzida.

▸ Parágrafo único com a redação dada pela Lei nº 13.443, de 11-5-2017.

Art. 5º O projeto e o traçado dos elementos de urbanização públicos e privados de uso comunitário, nestes compreendidos os itinerários e as passagens de pedestres, os percursos de entrada e de saída de veículos, as escadas e rampas, deverão observar os parâmetros estabelecidos pelas normas técnicas de acessibilidade da Associação Brasileira de Normas Técnicas – ABNT.

Art. 6º Os banheiros de uso público existentes ou a construir em parques, praças, jardins e espaços livres públicos deverão ser acessíveis e dispor, pelo menos, de um sanitário e um lavatório que atendam às especificações das normas técnicas da ABNT.

§ 1º Os eventos organizados em espaços públicos e privados em que haja instalação de banheiros químicos deverão contar com unidades acessíveis a pessoas com deficiência ou com mobilidade reduzida.

§ 2º O número mínimo de banheiros químicos acessíveis corresponderá a 10% (dez por cento) do total, garantindo-se pelo menos 1 (uma) unidade acessível caso a aplicação do percentual resulte em fração inferior a 1 (um).

▸ §§ 1º e 2º acrescidos pela Lei nº 13.825, de 13-5-2019.

Art. 7º Em todas as áreas de estacionamento de veículos, localizadas em vias ou em espaços públicos, deverão ser reservadas vagas próximas dos acessos de circulação de pedestres, devidamente sinalizadas, para veículos que transportem pessoas portadoras de deficiência com dificuldade de locomoção.

Parágrafo único. As vagas a que se refere o *caput* deste artigo deverão ser em número equivalente a dois por cento do total, garantida, no mínimo, uma vaga, devidamente sinalizada e com as especificações técnicas de desenho e traçado de acordo com as normas técnicas vigentes.

CAPÍTULO III
DO DESENHO E DA LOCALIZAÇÃO DO MOBILIÁRIO URBANO

Art. 8º Os sinais de tráfego, semáforos, postes de iluminação ou quaisquer outros elementos verticais de sinalização que devam ser instalados em itinerário ou espaço de acesso para pedestres deverão ser dispostos de forma a não dificultar ou impedir a circulação, e de modo que possam ser utilizados com a máxima comodidade.

Art. 9º Os semáforos para pedestres instalados nas vias públicas deverão estar equipados com mecanismo que emita sinal sonoro suave, intermitente e sem estridência, ou com mecanismo alternativo, que sirva de guia ou orientação para a travessia de pessoas portadoras de deficiência visual, se a intensidade do fluxo de veículos e a periculosidade da via assim determinarem.

Parágrafo único. Os semáforos para pedestres instalados em vias públicas de grande circulação, ou que deem acesso aos serviços de reabilitação, devem obrigatoriamente estar equipados com mecanismo que emita sinal sonoro suave para orientação do pedestre.

▸ Parágrafo único acrescido pela Lei nº 13.146, de 6-7-2015.

Art. 10. Os elementos do mobiliário urbano deverão ser projetados e instalados em locais que permitam sejam eles utilizados pelas pessoas portadoras de deficiência ou com mobilidade reduzida.

Art. 10-A. A instalação de qualquer mobiliário urbano em área de circulação comum para pedestre que ofereça risco de acidente à pessoa com deficiência deverá ser indicada mediante sinalização tátil de alerta no piso, de acordo com as normas técnicas pertinentes.

▸ Artigo acrescido pela Lei nº 13.146, de 6-7-2015.

CAPÍTULO IV
DA ACESSIBILIDADE NOS EDIFÍCIOS PÚBLICOS OU DE USO COLETIVO

Art. 11. A construção, ampliação ou reforma de edifícios públicos ou privados destinados ao uso coletivo deverão ser executadas de modo que sejam ou se tornem acessíveis às pessoas portadoras de deficiência ou com mobilidade reduzida.

Parágrafo único. Para os fins do disposto neste artigo, na construção, ampliação ou reforma de edifícios públicos ou privados destinados ao uso coletivo deverão ser observados, pelo menos, os seguintes requisitos de acessibilidade:

I – nas áreas externas ou internas da edificação, destinadas a garagem e a estacionamento de uso público, deverão ser reservadas vagas próximas dos acessos de circulação de pedestres, devidamente sinalizadas, para veículos que transportem pessoas portadoras de deficiência com dificuldade de locomoção permanente;

II – pelo menos um dos acessos ao interior da edificação deverá estar livre de barreiras arquitetônicas e de obstáculos que impeçam ou dificultem a acessibilidade de pessoa portadora de deficiência ou com mobilidade reduzida;

III – pelo menos um dos itinerários que comuniquem horizontal e verticalmente todas as dependências e serviços do edifício, entre si e com o exterior, deverá cumprir os requisitos de acessibilidade de que trata esta Lei; e

IV – os edifícios deverão dispor, pelo menos, de um banheiro acessível, distribuindo-se seus equipamentos e acessórios de maneira que possam ser utilizados por pessoa portadora de deficiência ou com mobilidade reduzida.

Art. 12. Os locais de espetáculos, conferências, aulas e outros de natureza similar deverão dispor de espaços reservados para pessoas que utilizam cadeira de rodas, e de lugares específicos para pessoas com deficiência auditiva e visual, inclusive acompanhante, de acordo com a ABNT, de modo a facilitar-lhes as condições de acesso, circulação e comunicação.

Art. 12-A. Os centros comerciais e os estabelecimentos congêneres devem fornecer carros e cadeiras de rodas, motorizados ou não, para o atendimento da pessoa com deficiência ou com mobilidade reduzida.

▸ Artigo acrescido pela Lei nº 13.146, de 6-7-2015.

CAPÍTULO V
DA ACESSIBILIDADE NOS EDIFÍCIOS DE USO PRIVADO

Art. 13. Os edifícios de uso privado em que seja obrigatória a instalação de elevadores deverão ser construídos atendendo aos seguintes requisitos mínimos de acessibilidade:

I – percurso acessível que una as unidades habitacionais com o exterior e com as dependências de uso comum;

II – percurso acessível que una a edificação à via pública, às edificações e aos serviços anexos de uso comum e aos edifícios vizinhos;

III – cabine do elevador e respectiva porta de entrada acessíveis para pessoas portadoras de deficiência ou com mobilidade reduzida.

Art. 14. Os edifícios a serem construídos com mais de um pavimento além do pavimento de acesso, à exceção das habitações unifamiliares, e que não estejam obrigados à instalação de elevador, deverão dispor de especificações técnicas e de projeto que facilitem a instalação de um elevador adaptado, devendo os demais elementos de uso comum destes edifícios atender aos requisitos de acessibilidade.

Art. 15. Caberá ao órgão federal responsável pela coordenação da política habitacional regulamentar a reserva de um percentual mínimo do total das habitações, conforme a característica da população local, para o atendimento da demanda de pessoas portadoras de deficiência ou com mobilidade reduzida.

CAPÍTULO VI
DA ACESSIBILIDADE NOS VEÍCULOS DE TRANSPORTE COLETIVO

Art. 16. Os veículos de transporte coletivo deverão cumprir os requisitos de acessibilidade estabelecidos nas normas técnicas específicas.

CAPÍTULO VII
DA ACESSIBILIDADE NOS SISTEMAS DE COMUNICAÇÃO E SINALIZAÇÃO

Art. 17. O Poder Público promoverá a eliminação de barreiras na comunicação e estabelecerá mecanismos e alternativas técnicas que tornem acessíveis os sistemas de comunicação e sinalização às pessoas portadoras de deficiência sensorial e com dificuldade de comunicação, para garantir-lhes o direito de acesso à informação, à comunicação, ao trabalho, à educação, ao transporte, à cultura, ao esporte e ao lazer.

Art. 18. O Poder Público implementará a formação de profissionais intérpretes de escrita em braile, linguagem de sinais e de guias-intérpretes, para facilitar qualquer tipo de comunicação direta à pessoa portadora de deficiência sensorial e com dificuldade de comunicação.

Art. 19. Os serviços de radiodifusão sonora e de sons e imagens adotarão plano de medidas técnicas com o objetivo de permitir o uso da linguagem de sinais ou outra subtitulação, para garantir o direito de acesso à informação às pessoas portadoras de deficiência auditiva, na forma e no prazo previstos em regulamento.

CAPÍTULO VIII
DISPOSIÇÕES SOBRE AJUDAS TÉCNICAS

Art. 20. O Poder Público promoverá a supressão de barreiras urbanísticas, arquitetônicas, de transporte e de comunicação, mediante ajudas técnicas.

Art. 21. O Poder Público, por meio dos organismos de apoio à pesquisa e das agências de financiamento, fomentará programas destinados:

I – à promoção de pesquisas científicas voltadas ao tratamento e prevenção de deficiências;

II – ao desenvolvimento tecnológico orientado à produção de ajudas técnicas para as pessoas portadoras de deficiência;

III – à especialização de recursos humanos em acessibilidade.

Art. 21-A. Às pessoas com deficiência visual será garantido, sem custo adicional, quando por elas solicitado, um *kit* que conterá, no mínimo:

I – etiqueta em *braile*: filme transparente fixo ao cartão com informações em braile, com a identificação do tipo do cartão e os 6 (seis) dígitos finais do número do cartão;

II – identificação do tipo de cartão em braile: primeiro dígito, da esquerda para a direita, identificador do tipo de cartão;

III – fita adesiva: fita para fixar a etiqueta em braile de dados no cartão;

IV – porta-cartão: objeto para armazenar o cartão e possibilitar ao portador acesso às informações necessárias ao pleno uso do cartão, com identificação, em braile, do número completo do cartão, do tipo de cartão, da bandeira, do nome do emissor, da data de validade, do código de segurança e do nome do portador do cartão.

Parágrafo único. O porta-cartão de que trata o inciso IV do *caput* deste artigo deverá possuir tamanho suficiente para que constem todas as informações descritas no referido inciso e deverá ser conveniente ao transporte pela pessoa com deficiência visual.

▸ Art. 21-A acrescido pela Lei nº 13.835, de 4-6-2019.

CAPÍTULO IX
DAS MEDIDAS DE FOMENTO À ELIMINAÇÃO DE BARREIRAS

Art. 22. É instituído, no âmbito da Secretaria de Estado de Direitos Humanos do Ministério da Justiça, o Programa Nacional de Acessibilidade, com dotação orçamentária específica, cuja execução será disciplinada em regulamento.

CAPÍTULO X
DISPOSIÇÕES FINAIS

Art. 23. A Administração Pública federal direta e indireta destinará, anualmente, dotação orçamentária para as adaptações, eliminações e supressões de barreiras arquitetônicas existentes nos edifícios de uso público de sua propriedade e naqueles que estejam sob sua administração ou uso.

Parágrafo único. A implementação das adaptações, eliminações e supressões de barreiras arquitetônicas referidas no *caput* deste artigo deverá ser iniciada a partir do primeiro ano de vigência desta Lei.

Art. 24. O Poder Público promoverá campanhas informativas e educativas dirigidas à população em geral, com a finalidade de conscientizá-la e sensibilizá-la quanto à acessibilidade e à integração social da pessoa portadora de deficiência ou com mobilidade reduzida.

Art. 25. As disposições desta Lei aplicam-se aos edifícios ou imóveis declarados bens de interesse cultural ou de valor histórico-artístico, desde que as modificações necessárias observem as normas específicas reguladoras destes bens.

Art. 26. As organizações representativas de pessoas portadoras de deficiência terão legitimidade para acompanhar o cumprimento dos requisitos de acessibilidade estabelecidos nesta Lei.

Art. 27. Esta Lei entra em vigor na data de sua publicação.

Brasília, 19 de dezembro de 2000;
179º da Independência e
112º da República.

Fernando Henrique Cardoso

LEI Nº 10.257, DE 10 DE JULHO DE 2001

Regulamenta os arts. 182 e 183 da Constituição Federal, estabelece diretrizes gerais da política urbana e dá outras providências.

▸ Publicada no *DOU* de 11-7-2001 e retificada no *DOU* de 17-7-2001.

▸ Lei nº 11.977, de 7-7-2009, dispõe sobre o Programa Minha Casa, Minha Vida – PMCMV e a regularização fundiária de assentamentos localizados em áreas urbanas.

▸ Lei nº 12.587, de 3-1-2012 (Lei da Política Nacional de Mobilidade Urbana).

▸ Lei nº 13.089, de 12-1-2015 (Estatuto da Metrópole).

▸ MP nº 2.220, de 4-9-2001, dispõe sobre a concessão de uso especial de que trata o § 1º do art. 183 da CF e cria o Conselho Nacional de Desenvolvimento Urbano – CNDU, e até o encerramento desta edição não havia sido convertida em Lei.

▸ Dec. nº 5.790, de 25-5-2006, dispõe sobre a composição, estruturação, competência e funcionamento do Conselho das Cidades – ConCidades.

▸ Res. do CONAMA nº 369, de 28-3-2006, dispõe sobre os casos excepcionais, de utilidade pública, interesse social ou baixo impacto ambiental, que possibilitam a intervenção ou supressão de vegetação em Área de Preservação Permanente – APP.

CAPÍTULO I
DIRETRIZES GERAIS

Art. 1º Na execução da política urbana, de que tratam os artigos 182 e 183 da Constituição Federal, será aplicado o previsto nesta Lei.

Parágrafo único. Para todos os efeitos, esta Lei, denominada Estatuto da Cidade, estabelece normas de ordem pública e interesse social que regulam o uso da propriedade urbana em prol do bem coletivo, da segurança e do bem-estar dos cidadãos, bem como do equilíbrio ambiental.

Art. 2º A política urbana tem por objetivo ordenar o pleno desenvolvimento das funções sociais da cidade e da propriedade urbana, mediante as seguintes diretrizes gerais:

I – garantia do direito a cidades sustentáveis, entendido como o direito à terra urbana, à moradia, ao saneamento ambiental, à infraestrutura urbana, ao transporte e aos serviços públicos, ao trabalho e ao lazer, para as presentes e futuras gerações;

II – gestão democrática por meio da participação da população e de associações representativas dos vários segmentos da comunidade na formulação, execução e acompanhamento de planos, programas e projetos de desenvolvimento urbano;

III – cooperação entre os governos, a iniciativa privada e os demais setores da sociedade no processo de urbanização, em atendimento ao interesse social;

IV – planejamento do desenvolvimento das cidades, da distribuição espacial da população e das atividades econômicas do Município e do território sob sua área de influência, de modo a evitar e corrigir as distorções do crescimento urbano e seus efeitos negativos sobre o meio ambiente;

V – oferta de equipamentos urbanos e comunitários, transporte e serviços públicos adequados aos interesses e necessidades da população e às características locais;

VI – ordenação e controle do uso do solo, de forma a evitar:

a) a utilização inadequada dos imóveis urbanos;

b) a proximidade de usos incompatíveis ou inconvenientes;

c) o parcelamento do solo, a edificação ou o uso excessivos ou inadequados em relação à infraestrutura urbana;

d) a instalação de empreendimentos ou atividades que possam funcionar como polos geradores de tráfego, sem a previsão da infraestrutura correspondente;

e) a retenção especulativa de imóvel urbano, que resulte na sua subutilização ou não utilização;

f) a deterioração das áreas urbanizadas;

g) a poluição e a degradação ambiental;

h) a exposição da população a riscos de desastres.

▸ Alínea *h* com a redação dada pela Lei nº 12.608, de 10-4-2012.

VII – integração e complementaridade entre as atividades urbanas e rurais, tendo em vista o desenvolvimento socioeconômico do Município e do território sob sua área de influência;

VIII – adoção de padrões de produção e consumo de bens e serviços e de expansão urbana compatíveis com os limites da sustentabilidade ambiental, social e econômica do Município e do território sob sua área de influência;

IX – justa distribuição dos benefícios e ônus decorrentes do processo de urbanização;

X – adequação dos instrumentos de política econômica, tributária e financeira e dos gastos públicos aos objetivos do desenvolvimento urbano, de modo a privilegiar os investimentos geradores de bem-estar geral e a fruição dos bens pelos diferentes segmentos sociais;

XI – recuperação dos investimentos do Poder Público de que tenha resultado a valorização de imóveis urbanos;

XII – proteção, preservação e recuperação do meio ambiente natural e construído, do patrimônio cultural, histórico, artístico, paisagístico e arqueológico;

XIII – audiência do Poder Público municipal e da população interessada nos processos de implantação de empreendimentos ou atividades com efeitos potencialmente negativos sobre o meio ambiente natural ou construído, o conforto ou a segurança da população;

XIV – regularização fundiária e urbanização de áreas ocupadas por população de baixa renda mediante o estabelecimento de normas especiais de urbanização, uso e ocupação do solo e edificação, consideradas a situação socioeconômica da população e as normas ambientais;

XV – simplificação da legislação de parcelamento, uso e ocupação do solo e das normas edilícias, com vistas a permitir a redução dos custos e o aumento da oferta dos lotes e unidades habitacionais;

XVI – isonomia de condições para os agentes públicos e privados na promoção de empreendimentos e atividades relativos ao processo de urbanização, atendido o interesse social;

XVII – estímulo à utilização, nos parcelamentos do solo e nas edificações urbanas, de sistemas operacionais, padrões construtivos e aportes tecnológicos que objetivem a redução de impactos ambientais e a economia de recursos naturais;

▶ Inciso XVII acrescido pela Lei nº 12.836, de 2-7-2013.

XVIII – tratamento prioritário às obras e edificações de infraestrutura de energia, telecomunicações, abastecimento de água e saneamento;

▶ Inciso XVIII acrescido pela Lei nº 13.116, de 20-4-2015.

XIX – garantia de condições condignas de acessibilidade, utilização e conforto nas dependências internas das edificações urbanas, inclusive nas destinadas à moradia e ao serviço dos trabalhadores domésticos, observados requisitos mínimos de dimensionamento, ventilação, iluminação, ergonomia, privacidade e qualidade dos materiais empregados;

▶ Inciso XIX acrescido pela Lei nº 13.699, de 2-8-2018.

XX – promoção de conforto, abrigo, descanso, bem-estar e acessibilidade na fruição dos espaços livres de uso público, de seu mobiliário e de suas interfaces com os espaços de uso privado, vedado o emprego de materiais, estruturas, equipamentos e técnicas construtivas hostis que tenham como objetivo ou resultado o afastamento de pessoas em situação de rua, idosos, jovens e outros segmentos da população.

▶ Inciso XX acrescido pela Lei nº 14.489, de 21-12-2022.

▶ Dec. nº 11.819, de 11-12-2023, regulamenta este inciso.

Art. 3º Compete à União, entre outras atribuições de interesse da política urbana:

I – legislar sobre normas gerais de direito urbanístico;

II – legislar sobre normas para a cooperação entre a União, os Estados, o Distrito Federal e os Municípios em relação à política urbana, tendo em vista o equilíbrio do desenvolvimento e do bem-estar em âmbito nacional;

III – promover, por iniciativa própria e em conjunto com os Estados, o Distrito Federal e os Municípios, programas de construção de moradias e melhoria das condições habitacionais, de saneamento básico, das calçadas, dos passeios públicos, do mobiliário urbano e dos demais espaços de uso público;

IV – instituir diretrizes para desenvolvimento urbano, inclusive habitação, saneamento básico, transporte e mobilidade urbana, que incluam regras de acessibilidade aos locais de uso público;

▶ Incisos III e IV com a redação dada pela Lei nº 13.146, de 6-7-2015.

V – elaborar e executar planos nacionais e regionais de ordenação do território e de desenvolvimento econômico e social.

CAPÍTULO II
DOS INSTRUMENTOS DA POLÍTICA URBANA

Seção I
DOS INSTRUMENTOS EM GERAL

Art. 4º Para os fins desta Lei, serão utilizados, entre outros instrumentos:

I – planos nacionais, regionais e estaduais de ordenação do território e de desenvolvimento econômico e social;

II – planejamento das regiões metropolitanas, aglomerações urbanas e microrregiões;

III – planejamento municipal, em especial:

a) plano diretor;
b) disciplina do parcelamento, do uso e da ocupação do solo;
c) zoneamento ambiental;
d) plano plurianual;
e) diretrizes orçamentárias e orçamento anual;
f) gestão orçamentária participativa;
g) planos, programas e projetos setoriais;
h) planos de desenvolvimento econômico e social;

IV – institutos tributários e financeiros:

a) imposto sobre a propriedade predial e territorial urbana – IPTU;
b) contribuição de melhoria;
c) incentivos e benefícios fiscais e financeiros;

V – institutos jurídicos e políticos:

a) desapropriação;
b) servidão administrativa;
c) limitações administrativas;
d) tombamento de imóveis ou de mobiliário urbano;
e) instituição de unidades de conservação;
f) instituição de zonas especiais de interesse social;
g) concessão de direito real de uso;
h) concessão de uso especial para fins de moradia;
i) parcelamento, edificação ou utilização compulsórios;
j) usucapião especial de imóvel urbano;
l) direito de superfície;
m) direito de preempção;
n) outorga onerosa do direito de construir e de alteração de uso;
o) transferência do direito de construir;
p) operações urbanas consorciadas;
q) regularização fundiária;
r) assistência técnica e jurídica gratuita para as comunidades e grupos sociais menos favorecidos;
s) referendo popular e plebiscito;
t) demarcação urbanística para fins de regularização fundiária;
u) legitimação de posse.

▶ Alíneas *t* e *u* com a redação dada pela Lei nº 11.977, de 7-7-2009.

VI – estudo prévio de impacto ambiental (EIA) e estudo prévio de impacto de vizinhança (EIV).

§ 1º Os instrumentos mencionados neste artigo regem-se pela legislação que lhes é própria, observado o disposto nesta Lei.

§ 2º Nos casos de programas e projetos habitacionais de interesse social, desenvolvidos por órgãos ou entidades da Administração Pública com atuação específica nessa área, a concessão de direito real de uso de imóveis públicos poderá ser contratada coletivamente.

§ 3º Os instrumentos previstos neste artigo que demandam dispêndio de recursos por parte do Poder Público municipal devem ser objeto de controle social, garantida a participação de comunidades, movimentos e entidades da sociedade civil.

Seção II
DO PARCELAMENTO, EDIFICAÇÃO OU UTILIZAÇÃO COMPULSÓRIOS

Art. 5º Lei municipal específica para área incluída no plano diretor poderá determinar o parcelamento, a edificação ou a utilização compulsórios do solo urbano não edificado, subutilizado ou não utilizado, devendo fixar as condições e os prazos para implementação da referida obrigação.

§ 1º Considera-se subutilizado o imóvel:

I – cujo aproveitamento seja inferior ao mínimo definido no plano diretor ou em legislação dele decorrente;

II – VETADO.

§ 2º O proprietário será notificado pelo Poder Executivo municipal para o cumprimento da obrigação, devendo a notificação ser averbada no cartório de registro de imóveis.

§ 3º A notificação far-se-á:

I – por funcionário do órgão competente do Poder Público municipal, ao proprietário do imóvel ou, no caso de este ser pessoa jurídica, a quem tenha poderes de gerência geral ou administração;

II – por edital quando frustrada, por três vezes, a tentativa de notificação na forma prevista pelo inciso I.

§ 4º Os prazos a que se refere o *caput* não poderão ser inferiores a:

I – um ano, a partir da notificação, para que seja protocolado o projeto no órgão municipal competente;

II – dois anos, a partir da aprovação do projeto, para iniciar as obras do empreendimento.

§ 5º Em empreendimentos de grande porte, em caráter excepcional, a lei municipal específica a que se refere o *caput* poderá prever a conclusão em etapas, assegurando-se que o projeto aprovado compreenda o empreendimento como um todo.

Art. 6º A transmissão do imóvel, por ato *inter vivos* ou *causa mortis*, posterior à data da notificação, transfere as obrigações de parcelamento, edificação ou utilização previstas no artigo 5º desta Lei, sem interrupção de quaisquer prazos.

Seção III

DO IPTU PROGRESSIVO NO TEMPO

Art. 7º Em caso de descumprimento das condições e dos prazos previstos na forma do *caput* do artigo 5º desta Lei, ou não sendo cumpridas as etapas previstas no § 5º do artigo 5º desta Lei, o Município procederá à aplicação do imposto sobre a propriedade predial e territorial urbana (IPTU) progressivo no tempo, mediante a majoração da alíquota pelo prazo de cinco anos consecutivos.

§ 1º O valor da alíquota a ser aplicado a cada ano será fixado na lei específica a que se refere o *caput* do artigo 5º desta Lei e não excederá a duas vezes o valor referente ao ano anterior, respeitada a alíquota máxima de quinze por cento.

§ 2º Caso a obrigação de parcelar, edificar ou utilizar não esteja atendida em cinco anos, o Município manterá a cobrança pela alíquota máxima, até que se cumpra a referida obrigação, garantida a prerrogativa prevista no artigo 8º.

§ 3º É vedada a concessão de isenções ou de anistia relativas à tributação progressiva de que trata este artigo.

Seção IV

DA DESAPROPRIAÇÃO COM PAGAMENTO EM TÍTULOS

Art. 8º Decorridos cinco anos de cobrança do IPTU progressivo sem que o proprietário tenha cumprido a obrigação de parcelamento, edificação ou utilização, o Município poderá proceder à desapropriação do imóvel, com pagamento em títulos da dívida pública.

§ 1º Os títulos da dívida pública terão prévia aprovação pelo Senado Federal e serão resgatados no prazo de até dez anos, em prestações anuais, iguais e sucessivas, assegurados o valor real da indenização e os juros legais de seis por cento ao ano.

§ 2º O valor real da indenização:

I – refletirá o valor da base de cálculo do IPTU, descontado o montante incorporado em função de obras realizadas pelo Poder Público na área onde o mesmo se localiza após a notificação de que trata o § 2º do artigo 5º desta Lei;

II – não computará expectativas de ganhos, lucros cessantes e juros compensatórios.

§ 3º Os títulos de que trata este artigo não terão poder liberatório para pagamento de tributos.

§ 4º O Município procederá ao adequado aproveitamento do imóvel no prazo máximo de cinco anos, contado a partir da sua incorporação ao patrimônio público.

§ 5º O aproveitamento do imóvel poderá ser efetivado diretamente pelo Poder Público ou por meio de alienação ou concessão a terceiros, observando-se, nesses casos, o devido procedimento licitatório.

§ 6º Ficam mantidas para o adquirente de imóvel nos termos do § 5º as mesmas obrigações de parcelamento, edificação ou utilização previstas no artigo 5º desta Lei.

Seção V

DA USUCAPIÃO ESPECIAL DE IMÓVEL URBANO

Art. 9º Aquele que possuir como sua área ou edificação urbana de até duzentos e cinquenta metros quadrados, por cinco anos, ininterruptamente e sem oposição, utilizando-a para sua moradia ou de sua família, adquirir-lhe-á o domínio, desde que não seja proprietário de outro imóvel urbano ou rural.

§ 1º O título de domínio será conferido ao homem ou à mulher, ou a ambos, independentemente do estado civil.

§ 2º O direito de que trata este artigo não será reconhecido ao mesmo possuidor mais de uma vez.

§ 3º Para os efeitos deste artigo, o herdeiro legítimo continua, de pleno direito, a posse de seu antecessor, desde que já resida no imóvel por ocasião da abertura da sucessão.

Art. 10. Os núcleos urbanos informais existentes sem oposição há mais de cinco anos e cuja área total dividida pelo número de possuidores seja inferior a duzentos e cinquenta metros quadrados por possuidor são suscetíveis de serem usucapidos coletivamente, desde que os possuidores não sejam proprietários de outro imóvel urbano ou rural.

▸ *Caput* com a redação dada pela Lei nº 13.465, de 11-7-2017.

§ 1º O possuidor pode, para o fim de contar o prazo exigido por este artigo, acrescentar sua posse à de seu antecessor, contanto que ambas sejam contínuas.

§ 2º A usucapião especial coletiva de imóvel urbano será declarada pelo juiz, mediante sentença, a qual servirá de título para registro no cartório de registro de imóveis.

§ 3º Na sentença, o juiz atribuirá igual fração ideal de terreno a cada possuidor, independentemente da dimensão do terreno que cada um ocupe, salvo hipótese de acordo escrito entre os condôminos, estabelecendo frações ideais diferenciadas.

§ 4º O condomínio especial constituído é indivisível, não sendo passível de extinção, salvo deliberação favorável tomada por, no mínimo, dois terços dos condôminos, no caso de execução de urbanização posterior à constituição do condomínio.

§ 5º As deliberações relativas à administração do condomínio especial serão tomadas por maioria de votos dos condôminos presentes, obrigando também os demais, discordantes ou ausentes.

Art. 11. Na pendência da ação de usucapião especial urbana, ficarão sobrestadas quaisquer outras ações, petitórias ou possessórias, que venham a ser propostas relativamente ao imóvel usucapiendo.

Art. 12. São partes legítimas para a propositura da ação de usucapião especial urbana:

I – o possuidor, isoladamente ou em litisconsórcio originário ou superveniente;

II – os possuidores, em estado de composse;

III – como substituto processual, a associação de moradores da comunidade, regularmente constituída, com personalidade jurídica, desde que explicitamente autorizada pelos representados.

§ 1º Na ação de usucapião especial urbana é obrigatória a intervenção do Ministério Público.

§ 2º O autor terá os benefícios da justiça e da assistência judiciária gratuita, inclusive perante o cartório de registro de imóveis.

Art. 13. A usucapião especial de imóvel urbano poderá ser invocada como matéria de defesa, valendo a sentença que a reconhecer como título para registro no cartório de registro de imóveis.

Art. 14. Na ação judicial de usucapião especial de imóvel urbano, o rito processual a ser observado é o sumário.

Seção VI

DA CONCESSÃO DE USO ESPECIAL PARA FINS DE MORADIA

▸ MP nº 2.220, de 4-9-2001, que até o encerramento desta edição não havia sido convertida em Lei, dispõe sobre a concessão de uso especial de que trata o § 1º do art. 183 da CF, cria o Conselho Nacional de Desenvolvimento Urbano – CNDU.

Arts. 15 a 20. VETADOS.

Seção VII

DO DIREITO DE SUPERFÍCIE

Art. 21. O proprietário urbano poderá conceder a outrem o direito de superfície do seu terreno, por tempo determinado ou indeterminado, mediante escritura pública registrada no cartório de registro de imóveis.

§ 1º O direito de superfície abrange o direito de utilizar o solo, o subsolo ou o espaço aéreo relativo ao terreno, na forma estabelecida no contrato respectivo, atendida a legislação urbanística.

§ 2º A concessão do direito de superfície poderá ser gratuita ou onerosa.

§ 3º O superficiário responderá integralmente pelos encargos e tributos que incidirem sobre a propriedade superficiária, arcando, ainda, proporcionalmente à sua parcela de ocupação efetiva, com os encargos e tributos sobre a área objeto da concessão do direito de superfície, salvo disposição em contrário do contrato respectivo.

§ 4º O direito de superfície pode ser transferido a terceiros, obedecidos os termos do contrato respectivo.

§ 5º Por morte do superficiário, os seus direitos transmitem-se a seus herdeiros.

Art. 22. Em caso de alienação do terreno, ou do direito de superfície, o superficiário e o proprietário, respectivamente, terão direito de preferência, em igualdade de condições à oferta de terceiros.

Art. 23. Extingue-se o direito de superfície:

I – pelo advento do termo;

II – pelo descumprimento das obrigações contratuais assumidas pelo superficiário.

Art. 24. Extinto o direito de superfície, o proprietário recuperará o pleno domínio do terreno, bem como das acessões e benfeitorias introduzidas no imóvel, independentemente de indenização, se as partes não houverem estipulado o contrário no respectivo contrato.

§ 1º Antes do termo final do contrato, extinguir-se-á o direito de superfície se o superficiário der ao terreno destinação diversa daquela para a qual for concedida.

§ 2º A extinção do direito de superfície será averbada no cartório de registro de imóveis.

Seção VIII
DO DIREITO DE PREEMPÇÃO

Art. 25. O direito de preempção confere ao Poder Público municipal preferência para aquisição de imóvel urbano objeto de alienação onerosa entre particulares.

§ 1º Lei municipal, baseada no plano diretor, delimitará as áreas em que incidirá o direito de preempção e fixará prazo de vigência, não superior a cinco anos, renovável a partir de um ano após o decurso do prazo inicial de vigência.

§ 2º O direito de preempção fica assegurado durante o prazo de vigência fixado na forma do § 1º, independentemente do número de alienações referentes ao mesmo imóvel.

Art. 26. O direito de preempção será exercido sempre que o Poder Público necessitar de áreas para:

I – regularização fundiária;

II – execução de programas e projetos habitacionais de interesse social;

III – constituição de reserva fundiária;

IV – ordenamento e direcionamento da expansão urbana;

V – implantação de equipamentos urbanos e comunitários;

VI – criação de espaços públicos de lazer e áreas verdes;

VII – criação de unidades de conservação ou proteção de outras áreas de interesse ambiental;

VIII – proteção de áreas de interesse histórico, cultural ou paisagístico;

IX – VETADO.

Parágrafo único. A lei municipal prevista no § 1º do artigo 25 desta Lei deverá enquadrar cada área em que incidirá o direito de preempção em uma ou mais das finalidades enumeradas por este artigo.

Art. 27. O proprietário deverá notificar sua intenção de alienar o imóvel, para que o Município, no prazo máximo de trinta dias, manifeste por escrito seu interesse em comprá-lo.

§ 1º À notificação mencionada no *caput* será anexada proposta de compra assinada por terceiro interessado na aquisição do imóvel, da qual constarão preço, condições de pagamento e prazo de validade.

§ 2º O Município fará publicar, em órgão oficial e em pelo menos um jornal local ou regional de grande circulação, edital de aviso da notificação recebida nos termos do *caput* e da intenção de aquisição do imóvel nas condições da proposta apresentada.

§ 3º Transcorrido o prazo mencionado no *caput* sem manifestação, fica o proprietário autorizado a realizar a alienação para terceiros, nas condições da proposta apresentada.

§ 4º Concretizada a venda a terceiro, o proprietário fica obrigado a apresentar ao Município, no prazo de trinta dias, cópia do instrumento público de alienação do imóvel.

§ 5º A alienação processada em condições diversas da proposta apresentada é nula de pleno direito.

§ 6º Ocorrida a hipótese prevista no § 5º o Município poderá adquirir o imóvel pelo valor da base de cálculo do IPTU ou pelo valor indicado na proposta apresentada, se este for inferior àquele.

Seção IX
DA OUTORGA ONEROSA DO DIREITO DE CONSTRUIR

Art. 28. O plano diretor poderá fixar áreas nas quais o direito de construir poderá ser exercido acima do coeficiente de aproveitamento básico adotado, mediante contrapartida a ser prestada pelo beneficiário.

§ 1º Para os efeitos desta Lei, coeficiente de aproveitamento é a relação entre a área edificável e a área do terreno.

§ 2º O plano diretor poderá fixar coeficiente de aproveitamento básico único para toda a zona urbana ou diferenciado para áreas específicas dentro da zona urbana.

§ 3º O plano diretor definirá os limites máximos a serem atingidos pelos coeficientes de aproveitamento, considerando a proporcionalidade entre a infraestrutura existente e o aumento de densidade esperado em cada área.

Art. 29. O plano diretor poderá fixar áreas nas quais poderá ser permitida alteração de uso do solo, mediante contrapartida a ser prestada pelo beneficiário.

Art. 30. Lei municipal específica estabelecerá as condições a serem observadas para a outorga onerosa do direito de construir e de alteração de uso, determinando:

I – a fórmula de cálculo para a cobrança;

II – os casos passíveis de isenção do pagamento da outorga;

III – a contrapartida do beneficiário.

Art. 31. Os recursos auferidos com a adoção da outorga onerosa do direito de construir e de alteração de uso serão aplicados com as finalidades previstas nos incisos I a IX do artigo 26 desta Lei.

Seção X
DAS OPERAÇÕES URBANAS CONSORCIADAS

Art. 32. Lei municipal específica, baseada no plano diretor, poderá delimitar área para aplicação de operações consorciadas.

§ 1º Considera-se operação urbana consorciada o conjunto de intervenções e medidas coordenadas pelo Poder Público municipal, com a participação dos proprietários, moradores, usuários permanentes e investidores privados, com o objetivo de alcançar em uma área transformações urbanísticas estruturais, melhorias sociais e a valorização ambiental.

§ 2º Poderão ser previstas nas operações urbanas consorciadas, entre outras medidas:

I – a modificação de índices e características de parcelamento, uso e ocupação do solo e subsolo, bem como alterações das normas edilícias, considerado o impacto ambiental delas decorrente;

II – a regularização de construções, reformas ou ampliações executadas em desacordo com a legislação vigente;

III – a concessão de incentivos a operações urbanas que utilizam tecnologias visando a redução de impactos ambientais, e que comprovem a utilização, nas construções e uso de edificações urbanas, de tecnologias que reduzam os impactos ambientais e economizem recursos naturais, especificadas as modalidades de *design* e de obras a serem contempladas.

► Inciso III acrescido pela Lei nº 12.836, de 2-7-2013.

Art. 33. Da lei específica que aprovar a operação urbana consorciada constará o plano de operação urbana consorciada, contendo, no mínimo:

I – definição da área a ser atingida;

II – programa básico de ocupação da área;

III – programa de atendimento econômico e social para a população diretamente afetada pela operação;

IV – finalidades da operação;

V – estudo prévio de impacto de vizinhança;

VI – contrapartida a ser exigida dos proprietários, usuários permanentes e investidores privados em função da utilização dos benefícios previstos nos incisos I, II e III do § 2º do art. 32 desta Lei;

► Inciso VI com a redação dada pela Lei nº 12.836, de 2-7-2013.

VII – forma de controle da operação, obrigatoriamente compartilhado com representação da sociedade civil;

VIII – natureza dos incentivos a serem concedidos aos proprietários, usuários permanentes e investidores privados, uma vez atendido o disposto no inciso III do § 2º do art. 32 desta Lei.

► Inciso VIII acrescido pela Lei nº 12.836, de 2-7-2013.

§ 1º Os recursos obtidos pelo Poder Público municipal na forma do inciso VI deste artigo serão aplicados exclusivamente na própria operação urbana consorciada.

§ 2º A partir da aprovação da lei específica de que trata o *caput*, são nulas as licenças e autorizações a cargo do Poder Público municipal expedidas em desacordo com o plano de operação urbana consorciada.

Art. 34. A lei específica que aprovar a operação urbana consorciada poderá prever a emissão pelo Município de quantidade determinada de certificados de potencial adicional de construção, que serão alienados em leilão ou utilizados diretamente no pagamento das obras necessárias à própria operação.

§ 1º Os certificados de potencial adicional de construção serão livremente negociados, mas conversíveis em direito de construir unicamente na área objeto da operação.

§ 2º Apresentado pedido de licença para construir, o certificado de potencial adicional será utilizado no pagamento da área de construção que supere os padrões estabelecidos pela legislação de uso e ocupação do solo, até o limite fixado pela lei específica que aprovar a operação urbana consorciada.

Art. 34-A. Nas regiões metropolitanas ou nas aglomerações urbanas instituídas por lei complementar estadual, poderão ser realizadas operações urbanas consorciadas interfederativas, aprovadas por leis estaduais específicas.

Parágrafo único. As disposições dos arts. 32 a 34 desta Lei aplicam-se às operações urbanas consorciadas interfederativas previstas no *caput* deste artigo, no que couber.

▶ Art. 34-A acrescido pela Lei nº 13.089, de 12-1-2015.

Seção XI
DA TRANSFERÊNCIA DO DIREITO DE CONSTRUIR

Art. 35. Lei municipal, baseada no plano diretor, poderá autorizar o proprietário de imóvel urbano, privado ou público, a exercer em outro local, ou alienar, mediante escritura pública, o direito de construir previsto no plano diretor ou em legislação urbanística dele decorrente, quando o referido imóvel for considerado necessário para fins de:

I – implantação de equipamentos urbanos e comunitários;

II – preservação, quando o imóvel for considerado de interesse histórico, ambiental, paisagístico, social ou cultural;

III – servir a programas de regularização fundiária, urbanização de áreas ocupadas por população de baixa renda e habitação de interesse social.

§ 1º A mesma faculdade poderá ser concedida ao proprietário que doar ao Poder Público seu imóvel, ou parte dele, para os fins previstos nos incisos I a III do *caput*.

§ 2º A lei municipal referida no *caput* estabelecerá as condições relativas à aplicação da transferência do direito de construir.

Seção XII
DO ESTUDO DE IMPACTO DE VIZINHANÇA

Art. 36. Lei municipal definirá os empreendimentos e atividades privados ou públicos em área urbana que dependerão de elaboração de estudo prévio de impacto de vizinhança (EIV) para obter as licenças ou autorizações de construção, ampliação ou funcionamento a cargo do Poder Público municipal.

Art. 37. O EIV será executado de forma a contemplar os efeitos positivos e negativos do empreendimento ou atividade quanto à qualidade de vida da população residente na área e suas proximidades, incluindo a análise, no mínimo, das seguintes questões:

I – adensamento populacional;

II – equipamentos urbanos e comunitários;

III – uso e ocupação do solo;

IV – valorização imobiliária;

V – *mobilidade urbana, geração de tráfego e demanda por transporte público;*

▶ Inciso V com redação dada pela Lei nº 14.849, de 2-5-2024.

VI – ventilação e iluminação;

VII – paisagem urbana e patrimônio natural e cultural.

Parágrafo único. Dar-se-á publicidade aos documentos integrantes do EIV, que ficarão disponíveis para consulta, no órgão competente do Poder Público municipal, por qualquer interessado.

Art. 38. A elaboração do EIV não substitui a elaboração e a aprovação de estudo prévio de impacto ambiental (EIA), requeridas nos termos da legislação ambiental.

CAPÍTULO III
DO PLANO DIRETOR

Art. 39. A propriedade urbana cumpre sua função social quando atende às exigências fundamentais de ordenação da cidade expressas no plano diretor, assegurando o atendimento das necessidades dos cidadãos quanto à qualidade de vida, à justiça social e ao desenvolvimento das atividades econômicas, respeitadas as diretrizes previstas no artigo 2º desta Lei.

Art. 40. O plano diretor, aprovado por lei municipal, é o instrumento básico da política de desenvolvimento e expansão urbana.

§ 1º O plano diretor é parte integrante do processo de planejamento municipal, devendo o plano plurianual, as diretrizes orçamentárias e o orçamento anual incorporar as diretrizes e as prioridades nele contidas.

§ 2º O plano diretor deverá englobar o território do Município como um todo.

§ 3º A lei que instituir o plano diretor deverá ser revista, pelo menos, a cada dez anos.

§ 4º No processo de elaboração do plano diretor e na fiscalização de sua implementação, os Poderes Legislativo e Executivo municipais garantirão:

I – a promoção de audiências públicas e debates com a participação da população e de associações representativas dos vários segmentos da comunidade;

II – a publicidade quanto aos documentos e informações produzidos;

III – o acesso de qualquer interessado aos documentos e informações produzidos.

§ 5º VETADO.

Art. 41. O plano diretor é obrigatório para cidades:

I – com mais de vinte mil habitantes;

II – integrantes de regiões metropolitanas e aglomerações urbanas;

III – onde o Poder Público municipal pretenda utilizar os instrumentos previstos no § 4º do artigo 182 da Constituição Federal;

IV – integrantes de áreas de especial interesse turístico;

V – inseridas na área de influência de empreendimentos ou atividades com significativo impacto ambiental de âmbito regional ou nacional;

VI – incluídas no cadastro nacional de Municípios com áreas suscetíveis à ocorrência de deslizamentos de grande impacto, inundações bruscas ou processos geológicos ou hidrológicos correlatos.

▶ Inciso VI acrescido pela Lei nº 12.608, de 10-4-2012.

§ 1º No caso da realização de empreendimentos ou atividades enquadrados no inciso V do *caput*, os recursos técnicos e financeiros para a elaboração do plano diretor estarão inseridos entre as medidas de compensação adotadas.

§ 2º No caso de cidades com mais de quinhentos mil habitantes, deverá ser elaborado um plano de transporte urbano integrado, compatível com o plano diretor ou nele inserido.

§ 3º As cidades de que trata o *caput* deste artigo devem elaborar plano de rotas acessíveis, compatível com o plano diretor no qual está inserido, que disponha sobre os passeios públicos a serem implantados ou reformados pelo poder público, com vistas a garantir acessibilidade da pessoa com deficiência ou com mobilidade reduzida a todas as rotas e vias existentes, inclusive as que concentrem os focos geradores de maior circulação de pedestres, como os órgãos públicos e os locais de prestação de serviços públicos e privados de saúde, educação, assistência social, esporte, cultura, correios e telégrafos, bancos, entre outros, sempre que possível de maneira integrada com os sistemas de transporte coletivo de passageiros.

▶ § 3º acrescido pela Lei nº 13.146, de 6-7-2015.

Art. 42. O plano diretor deverá conter no mínimo:

I – a delimitação das áreas urbanas onde poderá ser aplicado o parcelamento, edificação ou utilização compulsórios, considerando a existência de infraestrutura e de demanda para utilização, na forma do art. 5º desta Lei;

II – disposições requeridas pelos artigos 25, 28, 29, 32 e 35 desta Lei;

III – sistema de acompanhamento e controle.

Art. 42-A. Além do conteúdo previsto no art. 42, o plano diretor dos Municípios incluídos no cadastro nacional de municípios com áreas suscetíveis à ocorrência de deslizamentos de grande impacto, inundações bruscas ou processos geológicos ou hidrológicos correlatos deverá conter:

▶ *Caput* com a redação dada pela Lei nº 12.608, de 10-4-2012.

I – parâmetros de parcelamento, uso e ocupação do solo, de modo a promover a diversidade de usos e a contribuir para a geração de emprego e renda;

II – mapeamento contendo as áreas suscetíveis à ocorrência de deslizamentos de grande impacto, inundações bruscas ou processos geológicos ou hidrológicos correlatos;

III – planejamento de ações de intervenção preventiva e realocação de população de áreas de risco de desastre;

IV – medidas de drenagem urbana necessárias à prevenção e à mitigação de impactos de desastres; e

V – diretrizes para a regularização fundiária de assentamentos urbanos irregulares, se houver, observadas a Lei nº 11.977, de 7 de julho de 2009, e demais normas federais e estaduais pertinentes, e previsão de áreas para habitação de interesse social por meio da demarcação de zonas especiais de interesse social e de outros instrumentos de política urbana, onde o uso habitacional for permitido;

▶ Incisos I a V com a redação dada pela Lei nº 12.608, de 10-4-2012.

VI – identificação e diretrizes para a preservação e ocupação das áreas verdes municipais, quando for o caso, com vistas à redução da impermeabilização das cidades.

▶ Inciso VI acrescido pela Lei nº 12.983, de 2-6-2014.

§ 1º A identificação e o mapeamento de áreas de risco levarão em conta as cartas geotécnicas.

§ 2º O conteúdo do plano diretor deverá ser compatível com as disposições insertas nos planos de recursos hídricos, formulados consoante a Lei nº 9.433, de 8 de janeiro de 1997.

§ 3º Os Municípios adequarão o plano diretor às disposições deste artigo, por ocasião de sua revisão, observados os prazos legais.

§ 4º Os Municípios enquadrados no inciso VI do art. 41 desta Lei e que não tenham plano diretor aprovado terão o prazo de 5 (cinco) anos para o seu encaminhamento para aprovação pela Câmara Municipal.

► §§ 1º a 4º com a redação dada pela Lei nº 12.608, de 10-4-2012.

Art. 42-B. Os Municípios que pretendam ampliar o seu perímetro urbano após a data de publicação desta Lei deverão elaborar projeto específico que contenha, no mínimo:

► *Caput* acrescido pela Lei nº 12.608, de 10-4-2012.

I – demarcação do novo perímetro urbano;

II – delimitação dos trechos com restrições à urbanização e dos trechos sujeitos a controle especial em função de ameaça de desastres naturais;

III – definição de diretrizes específicas e de áreas que serão utilizadas para infraestrutura, sistema viário, equipamentos e instalações públicas, urbanas e sociais;

IV – definição de parâmetros de parcelamento, uso e ocupação do solo, de modo a promover a diversidade de usos e contribuir para a geração de emprego e renda;

V – a previsão de áreas para habitação de interesse social por meio da demarcação de zonas especiais de interesse social e de outros instrumentos de política urbana, quando o uso habitacional for permitido;

VI – definição de diretrizes e instrumentos específicos para proteção ambiental e do patrimônio histórico e cultural; e

VII – definição de mecanismos para garantir a justa distribuição dos ônus e benefícios decorrentes do processo de urbanização do território de expansão urbana e a recuperação para a coletividade da valorização imobiliária resultante da ação do poder público;

► Incisos I a VII acrescidos pela Lei nº 12.608, de 10-4-2012.

VIII – planejamento integrado de transporte urbano, inclusive por meio de veículos não motorizados, com vistas a melhorar a mobilidade.

► Inciso VIII acrescido pela Lei nº 14.729, de 23-11-2023.

§ 1º O projeto específico de que trata o *caput* deste artigo deverá ser instituído por lei municipal e atender às diretrizes do plano diretor, quando houver.

§ 2º Quando o plano diretor contemplar as exigências estabelecidas no *caput*, o Município ficará dispensado da elaboração do projeto específico de que trata o *caput* deste artigo.

§ 3º A aprovação de projetos de parcelamento do solo no novo perímetro urbano ficará condicionada à existência do projeto específico e deverá obedecer às suas disposições.

► §§ 1º a 3º acrescidos pela Lei nº 12.608, de 10-4-2012.

CAPÍTULO IV
DA GESTÃO DEMOCRÁTICA DA CIDADE

Art. 43. Para garantir a gestão democrática da cidade, deverão ser utilizados, entre outros, os seguintes instrumentos:

I – órgãos colegiados de política urbana, nos níveis nacional, estadual e municipal;

II – debates, audiências e consultas públicas;

III – conferências sobre assuntos de interesse urbano, nos níveis nacional, estadual e municipal;

IV – iniciativa popular de projeto de lei e de planos, programas e projetos de desenvolvimento urbano;

V – VETADO.

Art. 44. No âmbito municipal, a gestão orçamentária participativa de que trata a alínea *f* do inciso III do artigo 4º desta Lei incluirá a realização de debates, audiências e consultas públicas sobre as propostas do plano plurianual, da lei de diretrizes orçamentárias e do orçamento anual, como condição obrigatória para sua aprovação pela Câmara Municipal.

Art. 45. Os organismos gestores das regiões metropolitanas e aglomerações urbanas incluirão obrigatória e significativa participação da população e de associações representativas dos vários segmentos da comunidade, de modo a garantir o controle direto de suas atividades e o pleno exercício da cidadania.

CAPÍTULO V
DISPOSIÇÕES GERAIS

Art. 46. O poder público municipal poderá facultar ao proprietário da área atingida pela obrigação de que trata o *caput* do art. 5º desta Lei, ou objeto de regularização fundiária urbana para fins de regularização fundiária, o estabelecimento de consórcio imobiliário como forma de viabilização financeira do aproveitamento do imóvel.

§ 1º Considera-se consórcio imobiliário a forma de viabilização de planos de urbanização, de regularização fundiária ou de reforma, conservação ou construção de edificação por meio da qual o proprietário transfere ao poder público municipal seu imóvel e, após a realização das obras, recebe, como pagamento, unidades imobiliárias devidamente urbanizadas ou edificadas, ficando as demais unidades incorporadas ao patrimônio público.

§ 2º O valor das unidades imobiliárias a serem entregues ao proprietário será correspondente ao valor do imóvel antes da execução das obras.

§ 3º A instauração do consórcio imobiliário por proprietários que tenham dado causa à formação de núcleos urbanos informais, ou por seus sucessores, não os eximirá das responsabilidades administrativa, civil ou criminal.

► Art. 46 com a redação dada pela Lei nº 13.465, de 11-7-2017.

Art. 47. Os tributos sobre imóveis urbanos, assim como as tarifas relativas a serviços públicos urbanos, serão diferenciados em função do interesse social.

Art. 48. Nos casos de programas e projetos habitacionais de interesse social, desenvolvidos por órgãos ou entidades da Administração Pública com atuação específica nessa área, os contratos de concessão de direito real de uso de imóveis públicos:

I – terão, para todos os fins de direito, caráter de escritura pública, não se aplicando o disposto no inciso II do artigo 134 do Código Civil;

► Refere-se ao CC/1916. Art. 108 do CC.

II – constituirão título de aceitação obrigatória em garantia de contratos de financiamentos habitacionais.

Art. 49. Os Estados e Municípios terão o prazo de noventa dias, a partir da entrada em vigor desta Lei, para fixar prazos, por lei, para a expedição de diretrizes de empreendimentos urbanísticos, aprovação de projetos de parcelamento e de edificação, realização de vistorias e expedição de termo de verificação e conclusão de obras.

Parágrafo único. Não sendo cumprida a determinação do *caput*, fica estabelecido o prazo de sessenta dias para a realização de cada um dos referidos atos administrativos, que valerá até que os Estados e Municípios disponham em lei de forma diversa.

Art. 50. Os Municípios que estejam enquadrados na obrigação prevista nos incisos I e II do *caput* do art. 41 desta Lei e que não tenham plano diretor aprovado na data de entrada em vigor desta Lei deverão aprová-lo até 30 de junho de 2008.

► Artigo com a redação dada pela Lei nº 11.673, de 8-5-2008.

Art. 51. Para os efeitos desta Lei, aplicam-se ao Distrito Federal e ao Governador do Distrito Federal as disposições relativas, respectivamente, a Município e a Prefeito.

Art. 52. Sem prejuízo da punição de outros agentes públicos envolvidos e da aplicação de outras sanções cabíveis, o Prefeito incorre em improbidade administrativa, nos termos da Lei nº 8.429, de 2 de junho de 1992, quando:

I – VETADO;

II – deixar de proceder, no prazo de cinco anos, o adequado aproveitamento do imóvel incorporado ao patrimônio público, conforme o disposto no § 4º do artigo 8º desta Lei;

III – utilizar áreas obtidas por meio do direito de preempção em desacordo com o disposto no artigo 26 desta Lei;

IV – aplicar os recursos auferidos com a outorga onerosa do direito de construir e de alteração de uso em desacordo com o previsto no artigo 31 desta Lei;

V – aplicar os recursos auferidos com operações consorciadas em desacordo com o previsto no § 1º do artigo 33 desta Lei;

VI – impedir ou deixar de garantir os requisitos contidos nos incisos I a III do § 4º do artigo 40 desta Lei;

VII – deixar de tomar as providências necessárias para garantir a observância do disposto no § 3º do artigo 40 e no artigo 50 desta Lei;

VIII – adquirir imóvel objeto de direito de preempção, nos termos dos artigos 25 a 27 desta Lei, pelo valor da proposta apresentada, se este for, comprovadamente, superior ao de mercado.

Art. 53. *Revogado*. MP nº 2.180-35, de 24-8-2001.

Art. 54. O artigo 4º da Lei nº 7.347, de 1985, passa a vigorar com a seguinte redação:

► Alteração inserida no texto da referida Lei.

Art. 55. O artigo 167, inciso I, item 28, da Lei nº 6.015, de 31 de dezembro de 1973, alterado pela Lei nº 6.216, de 30 de junho de 1975, passa a vigorar com a seguinte redação:

► Alteração inserida no texto da referida Lei.

Art. 56. O artigo 167, inciso I, da Lei nº 6.015, de 1973, passa a vigorar acrescido dos seguintes itens 37, 38 e 39:

► Alterações inseridas no texto da referida Lei.

Art. 57. O artigo 167, inciso II, da Lei nº 6.015, de 1973, passa a vigorar acrescido dos seguintes itens 18, 19 e 20:

► Alterações inseridas no texto da referida Lei.

Art. 57-A. A operadora ferroviária, inclusive metroferroviária, poderá constituir o direito real de laje de que trata a Lei nº 10.406, de 10 de janeiro de 2002 (Código Civil), e o de superfície de que trata esta Lei, sobre ou sob a faixa de domínio de sua via férrea, observado o plano diretor e o respectivo contrato de outorga com o poder concedente.

Parágrafo único. A constituição do direito real de laje ou de superfície a que se refere o *caput* deste artigo é condicionada à existência prévia de licenciamento urbanístico municipal, que estabelecerá os ônus urbanísticos a serem observados e o direito de construir incorporado a cada unidade imobiliária.

▸ Art. 57-A com a redação dada pela Lei nº 14.273, de 23-12-2021.

Art. 58. Esta Lei entra em vigor após decorridos noventa dias de sua publicação.

Brasília, 10 de julho de 2001;
180º da Independência e
113º da República.

Fernando Henrique Cardoso

MEDIDA PROVISÓRIA Nº 2.220, DE 4 DE SETEMBRO DE 2001

Dispõe sobre a concessão de uso especial de que trata o § 1º do art. 183 da Constituição, cria o Conselho Nacional de Desenvolvimento Urbano – CNDU e dá outras providências.

▸ Publicada no *DOU* de 5-9-2001, Edição Extra.

▸ Lei nº 10.257, de 10-7-2001 (Estatuto da Cidade).

▸ Art. 31, X, da Lei nº 10.683, de 28-5-2003, que transforma o Conselho Nacional de Desenvolvimento Urbano em Conselho das Cidades.

▸ Dec. nº 5.790, de 25-5-2006, dispõe sobre a composição, estruturação, competência e funcionamento do Conselho das Cidades – CONCIDADES.

▸ Res. do CONAMA nº 369, de 28-3-2006, dispõe sobre os casos excepcionais, de utilidade pública, interesse social ou baixo impacto ambiental, que possibilitam a intervenção ou supressão de vegetação em Área de Preservação Permanente – APP.

CAPÍTULO I
DA CONCESSÃO DE USO ESPECIAL

Art. 1º Aquele que, até 22 de dezembro de 2016, possuiu como seu, por cinco anos, ininterruptamente e sem oposição, até duzentos e cinquenta metros quadrados de imóvel público situado em área com características e finalidade urbanas, e que o utilize para sua moradia ou de sua família, tem o direito à concessão de uso especial para fins de moradia em relação ao bem objeto da posse, desde que não seja proprietário ou concessionário, a qualquer título, de outro imóvel urbano ou rural.

▸ *Caput* com a redação dada pela Lei nº 13.465, de 11-7-2017.

§ 1º A concessão de uso especial para fins de moradia será conferida de forma gratuita ao homem ou à mulher, ou a ambos, independentemente do estado civil.

§ 2º O direito de que trata este artigo não será reconhecido ao mesmo concessionário mais de uma vez.

§ 3º Para os efeitos deste artigo, o herdeiro legítimo continua, de pleno direito, na posse de seu antecessor, desde que já resida no imóvel por ocasião da abertura da sucessão.

▸ Art. 9º da Lei nº 10.257, de10-7-2001 (Estatuto da Cidade).

Art. 2º Nos imóveis de que trata o art. 1º, com mais de duzentos e cinquenta metros quadrados, ocupados até 22 de dezembro de 2016, por população de baixa renda para sua moradia, por cinco anos, ininterruptamente e sem oposição, cuja área total dividida pelo número de possuidores seja inferior a duzentos e cinquenta metros quadrados por possuidor, a concessão de uso especial para fins de moradia será conferida de forma coletiva, desde que os possuidores não sejam proprietários ou concessionários, a qualquer título, de outro imóvel urbano ou rural.

▸ *Caput* com a redação dada pela Lei nº 13.465, de 11-7-2017.

§ 1º O possuidor pode, para o fim de contar o prazo exigido por este artigo, acrescentar sua posse à de seu antecessor, contanto que ambas sejam contínuas.

§ 2º Na concessão de uso especial de que trata este artigo, será atribuída igual fração ideal de terreno a cada possuidor, independentemente da dimensão do terreno que cada um ocupe, salvo hipótese de acordo escrito entre os ocupantes, estabelecendo frações ideais diferenciadas.

§ 3º A fração ideal atribuída a cada possuidor não poderá ser superior a duzentos e cinquenta metros quadrados.

▸ Art. 10 da Lei nº 10.257, de 10-7-2001 (Estatuto da Cidade).

Art. 3º Será garantida a opção de exercer os direitos de que tratam os arts. 1º e 2º também aos ocupantes, regularmente inscritos, de imóveis públicos, com até duzentos e cinquenta metros quadrados, da União, dos Estados, do Distrito Federal e dos Municípios, que estejam situados em área urbana, na forma do regulamento.

Art. 4º No caso de a ocupação acarretar risco à vida ou à saúde dos ocupantes, o Poder Público garantirá ao possuidor o exercício do direito de que tratam os arts. 1º e 2º em outro local.

Art. 5º É facultado ao Poder Público assegurar o exercício do direito de que tratam os arts. 1º e 2º em outro local na hipótese de ocupação de imóvel:

I – de uso comum do povo;

II – destinado a projeto de urbanização;

III – de interesse da defesa nacional, da preservação ambiental e da proteção dos ecossistemas naturais;

IV – reservado à construção de represas e obras congêneres; ou

V – situado em via de comunicação.

Art. 6º O título de concessão de uso especial para fins de moradia será obtido pela via administrativa perante o órgão competente da Administração Pública ou, em caso de recusa ou omissão deste, pela via judicial.

§ 1º A Administração Pública terá o prazo máximo de doze meses para decidir o pedido, contado da data de seu protocolo.

§ 2º Na hipótese de bem imóvel da União ou dos Estados, o interessado deverá instruir o requerimento de concessão de uso especial para fins de moradia com certidão expedida pelo Poder Público municipal, que ateste a localização do imóvel em área urbana e a sua destinação para moradia do ocupante ou de sua família.

§ 3º Em caso de ação judicial, a concessão de uso especial para fins de moradia será declarada pelo juiz, mediante sentença.

§ 4º O título conferido por via administrativa ou por sentença judicial servirá para efeito de registro no cartório de registro de imóveis.

Art. 7º O direito de concessão de uso especial para fins de moradia é transferível por ato *inter vivos* ou *causa mortis*.

Art. 8º O direito à concessão de uso especial para fins de moradia extingue-se no caso de:

I – o concessionário dar ao imóvel destinação diversa da moradia para si ou para sua família; ou

II – o concessionário adquirir a propriedade ou a concessão de uso de outro imóvel urbano ou rural.

Parágrafo único. A extinção de que trata este artigo será averbada no cartório de registro de imóveis, por meio de declaração do Poder Público concedente.

Art. 9º É facultado ao poder público competente conceder autorização de uso àquele que, até 22 de dezembro de 2016, possuiu como seu, por cinco anos, ininterruptamente e sem oposição, até duzentos e cinquenta metros quadrados de imóvel público situado em área com características e finalidade urbanas para fins comerciais.

▸ *Caput* com a redação dada pela Lei nº 13.465, de 11-7-2017.

§ 1º A autorização de uso de que trata este artigo será conferida de forma gratuita.

§ 2º O possuidor pode, para o fim de contar o prazo exigido por este artigo, acrescentar sua posse à de seu antecessor, contanto que ambas sejam contínuas.

§ 3º Aplica-se à autorização de uso prevista no *caput* deste artigo, no que couber, o disposto nos arts. 4º e 5º desta Medida Provisória.

CAPÍTULO II
DO CONSELHO NACIONAL DE DESENVOLVIMENTO URBANO

▸ Art. 33, VIII, da Lei nº 10.683, de 28-5-2003, que dispõe sobre a organização da Presidência da República e dos Ministérios.

▸ Dec. nº 5.790, de 25-5-2006, dispõe sobre a composição, estruturação, competências e funcionamento do Conselho das Cidades – CONCIDADES.

Art. 10. Fica criado o Conselho Nacional de Desenvolvimento Urbano – CNDU, órgão deliberativo e consultivo, integrante da estrutura da Presidência da República, com as seguintes competências:

▸ Art. 31, X, da Lei nº 10.683 de 28-5-2003, que transformou o Conselho Nacional do Desenvolvimento Urbano – CNDU no Conselho das Cidades.

I – propor diretrizes, instrumentos, normas e prioridades da política nacional de desenvolvimento urbano;

II – acompanhar e avaliar a implementação da política nacional de desenvolvimento urbano, em especial as políticas de habitação, de saneamento básico e de transportes urbanos, e recomendar as providências necessárias ao cumprimento de seus objetivos;

III – propor a edição de normas gerais de direito urbanístico e manifestar-se sobre propostas de alteração da legislação pertinente ao desenvolvimento urbano;

IV – emitir orientações e recomendações sobre a aplicação da Lei nº 10.257, de 10 de julho de 2001, e dos demais atos normativos relacionados ao desenvolvimento urbano;

V – promover a cooperação entre os governos da União, dos Estados, do Distrito Federal e dos Municípios e a sociedade civil na formulação e execução da política nacional de desenvolvimento urbano; e

VI – elaborar o regimento interno.

Art. 11. O CNDU é composto por seu Presidente, pelo Plenário e por uma Secretaria Executiva, cujas atribuições serão definidas em decreto.

Parágrafo único. O CNDU poderá instituir comitês técnicos de assessoramento, na forma do regimento interno.

▶ Art. 31, X, da Lei nº 10.683 de 28-5-2003, que transformou o Conselho Nacional do Desenvolvimento Urbano – CNDU no Conselho das Cidades.

Art. 12. O Presidente da República disporá sobre a estrutura do CNDU, a composição do seu Plenário e a designação dos membros e suplentes do Conselho e dos seus comitês técnicos.

▶ Art. 31, X, da Lei nº 10.683, que transformou o Conselho Nacional do Desenvolvimento Urbano – CNDU no Conselho das Cidades.

Art. 13. A participação no CNDU e nos comitês técnicos não será remunerada.

▶ Art. 31, X, da Lei nº 10.683 de 28-5-2003, que transformou o Conselho Nacional do Desenvolvimento Urbano – CNDU no Conselho das Cidades.

Art. 14. As funções de membro do CNDU e dos comitês técnicos serão consideradas prestação de relevante interesse público e a ausência ao trabalho delas decorrente será abonada e computada como jornada efetiva de trabalho, para todos os efeitos legais.

▶ Art. 31, X, da Lei nº 10.683, de 28-5-2003, que transformou o Conselho Nacional do Desenvolvimento Urbano – CNDU no Conselho das Cidades.

CAPÍTULO III
DAS DISPOSIÇÕES FINAIS

Art. 15. O inciso I do art. 167 da Lei nº 6.015, de 31 de dezembro de 1973, passa a vigorar com as seguintes alterações:

▶ Alterações inseridas no texto da referida Lei.

Art. 16. Esta Medida Provisória entra em vigor na data de sua publicação.

Brasília, 4 de setembro de 2001;
180º da Independência e
113º da República.

Fernando Henrique Cardoso

DECRETO Nº 4.250, DE 27 DE MAIO DE 2002

Regulamenta a representação judicial da União, autarquias, fundações e empresas públicas federais perante os Juizados Especiais Federais, instituídos pela Lei nº 10.259, de 12 de julho de 2001.

▶ Publicado no *DOU* de 28-5-2002.

Art. 1º Nas causas de competência dos Juizados Especiais Federais, a União será representada pelas Procuradorias da União e, nas causas previstas no inciso V e parágrafo único do art. 12 da Lei Complementar nº 73, de 10 de fevereiro de 1993, pelas Procuradorias da Fazenda Nacional, e as autarquias, fundações e empresas públicas federais, pelas respectivas procuradorias e departamentos jurídicos, ressalvada a representação extraordinária prevista nos arts. 11-A e 11-B da Lei nº 9.028, de 12 de abril de 1995.

§ 1º O Procurador-Geral da União, o Procurador-Geral da Fazenda Nacional, os Procuradores-Gerais, os Chefes de procuradorias ou de departamentos jurídicos de autarquias e fundações federais e os dirigentes das empresas públicas poderão designar servidores não integrantes de carreiras jurídicas, que tenham completo conhecimento do caso, como auxiliares da representação das respectivas entidades, na forma do art. 10 da Lei nº 10.259, de 12 de julho de 2001.

§ 2º O ato de designação deverá conter, quando pertinentes, poderes expressos para conciliar, transigir e desistir, inclusive de recurso, se interposto.

Art. 2º Compete ao Advogado-Geral da União expedir instruções referentes à atuação da Advocacia-Geral da União e dos órgãos jurídicos das autarquias e fundações nas causas de competência dos Juizados Especiais Federais, bem como fixar as diretrizes básicas para conciliação, transação, desistência do pedido e do recurso, se interposto.

§ 1º Respeitadas as instruções e diretrizes fixadas pelo Advogado-Geral da União, os Procuradores-Gerais da União, da Fazenda Nacional e do Instituto Nacional do Seguro Social poderão expedir instruções específicas para as respectivas procuradorias.

§ 2º As empresas públicas da União observarão as instruções e diretrizes fixadas pelo Advogado-Geral da União para atuação nos Juizados Especiais Federais, podendo propor a este normas específicas e adaptadas a seus estatutos e à sua natureza jurídica.

Art. 3º Os Ministérios, autarquias e fundações federais deverão prestar todo o suporte técnico e administrativo necessário à atuação da Advocacia-Geral da União, e de seus órgãos vinculados, na defesa judicial das ações de competência dos Juizados Especiais Federais.

Art. 4º O Advogado-Geral da União poderá requisitar servidores da Administração Pública Federal para examinar e emitir pareceres técnicos e participar das respectivas audiências nos processos em trâmite nos Juizados Especiais Federais.

Parágrafo único. O Procurador-Geral da União, o Procurador-Geral da Fazenda Nacional, no âmbito do Ministério da Fazenda, os Procuradores-Gerais, os Chefes de procuradorias ou de departamentos jurídicos, no âmbito das respectivas autarquias e fundações, e os dirigentes das empresas públicas poderão designar servidores para exercer as atividades previstas no *caput*, conforme dispuser ato editado pelo titular do Ministério ou entidade envolvida.

Art. 5º Aplica-se o disposto no art. 4º da Lei nº 9.028, de 1995, às solicitações das procuradorias e departamentos jurídicos das autarquias e fundações, inclusive às destinadas a fornecer informações técnicas nos processos em trâmite nos Juizados Especiais Federais.

Parágrafo único. O órgão da Administração Pública Federal que receber pedido de subsídios para a defesa da União, de suas autarquias ou fundações, nos termos do art. 4º da Lei nº 9.028, de 1995, além de atendê-lo no prazo assinalado:

I – verificando a plausibilidade da pretensão deduzida em juízo e a possibilidade de solução administrativa, converterá o pedido em processo administrativo, nos termos do art. 5º da Lei nº 9.784, de 29 de janeiro de 1999, para exame no prazo improrrogável de trinta dias;

II – comunicará ao órgão solicitante a providência adotada no inciso I; e

III – providenciará a verificação da existência de requerimentos administrativos semelhantes, com a finalidade de dar tratamento isonômico.

Art. 6º O Procurador-Geral da União, o Procurador-Geral da Fazenda Nacional, os Procuradores-Gerais, os Chefes de procuradorias ou de departamentos jurídicos de autarquias e fundações e os dirigentes das empresas públicas poderão delegar as competências previstas no § 1º do art. 1º e do parágrafo único do art. 4º, vedada a subdelegação.

Art. 7º O Ministério da Fazenda, o Ministério da Previdência e Assistência Social, o Ministério do Planejamento, Orçamento e Gestão e a Advocacia-Geral da União poderão manter núcleos de atendimento junto aos Juizados Especiais Federais para prestar informações aos órgãos do Poder Judiciário, quando solicitados por estes.

Art. 8º A Procuradoria-Geral da União, a Procuradoria-Geral da Fazenda Nacional e as procuradorias ou departamentos jurídicos de autarquias e fundações federais poderão organizar jornada de trabalho compensatória para atender aos processos em trâmite nos Juizados Especiais Federais.

Art. 9º A Advocacia-Geral da União promoverá cursos especiais destinados à capacitação e ao treinamento de servidores designados para atuar nos Juizados Especiais Federais.

Parágrafo único. Os órgãos da Administração Pública Federal fornecerão pessoal para ministrar os cursos previstos no *caput*, prestando o apoio necessário à sua realização.

Art. 10. Este Decreto entra em vigor na data de sua publicação.

Brasília, 27 de maio de 2002;
181º da Independência e
114º da República.

Fernando Henrique Cardoso

LEI Nº 11.079, DE 30 DE DEZEMBRO DE 2004

Institui normas gerais para licitação e contratação de parceria público-privada no âmbito da administração pública.

▶ Publicada no *DOU* de 31-12-2004.

CAPÍTULO I
DISPOSIÇÕES PRELIMINARES

Art. 1º Esta Lei institui normas gerais para licitação e contratação de parceria público-privada no âmbito dos Poderes da União, dos Estados, do Distrito Federal e dos Municípios.

▶ Art. 37, *caput*, da CF.

▶ Lei nº 14.133, de 1º-4-2021 (Nova Lei de Licitações e Contratos Administrativos).

Parágrafo único. Esta Lei aplica-se aos órgãos da administração pública direta dos Poderes Executivo e Legislativo, aos fundos especiais, às autarquias, às fundações públicas, às empresas públicas, às sociedades de economia mista e às demais entidades controladas direta ou indiretamente pela União, Estados, Distrito Federal e Municípios.

▶ Parágrafo único com a redação dada pela Lei nº 13.137, de 19-6-2015.

Art. 2º Parceria público-privada é o contrato administrativo de concessão, na modalidade patrocinada ou administrativa.

▸ Lei nº 8.987, de 13-2-1995, dispõe sobre o regime de concessão e permissão da prestação de serviços públicos.

▸ Lei nº 14.133, de 1º-4-2021 (Nova Lei de Licitações e Contratos Administrativos).

§ 1º Concessão patrocinada é a concessão de serviços públicos ou de obras públicas de que trata a Lei nº 8.987, de 13 de fevereiro de 1995, quando envolver, adicionalmente à tarifa cobrada dos usuários contraprestação pecuniária do parceiro público ao parceiro privado.

§ 2º Concessão administrativa é o contrato de prestação de serviços de que a Administração Pública seja a usuária direta ou indireta, ainda que envolva execução de obra ou fornecimento e instalação de bens.

§ 3º Não constitui parceria público-privada a concessão comum, assim entendida a concessão de serviços públicos ou de obras públicas de que trata a Lei nº 8.987, de 13 de fevereiro de 1995, quando não envolver contraprestação pecuniária do parceiro público ao parceiro privado.

§ 4º É vedada a celebração de contrato de parceria público-privada:

I – cujo valor do contrato seja inferior a R$ 10.000.000,00 (dez milhões de reais);

▸ Inciso I com a redação dada pela Lei nº 13.529, de 4-12-2017.

II – cujo período de prestação do serviço seja inferior a 5 (cinco) anos; ou

III – que tenha como objeto único o fornecimento de mão de obra, o fornecimento e instalação de equipamentos ou a execução de obra pública.

Art. 3º As concessões administrativas regem-se por esta Lei, aplicando-se-lhes adicionalmente o disposto nos arts. 21, 23, 25 e 27 a 39 da Lei nº 8.987, de 13 de fevereiro de 1995, e no art. 31 da Lei nº 9.074, de 7 de julho de 1995.

§ 1º As concessões patrocinadas regem-se por esta Lei, aplicando-se-lhes subsidiariamente o disposto na Lei nº 8.987, de 13 de fevereiro de 1995, e nas leis que lhe são correlatas.

§ 2º As concessões comuns continuam regidas pela Lei nº 8.987, de 13 de fevereiro de 1995, e pelas leis que lhe são correlatas, não se lhes aplicando o disposto nesta Lei.

§ 3º Continuam regidos exclusivamente pela Lei nº 8.666, de 21 de junho de 1993, e pelas leis que lhe são correlatas os contratos administrativos que não caracterizem concessão comum, patrocinada ou administrativa.

▸ A Lei nº 8.666, de 21-6-1993, mencionada neste parágrafo, foi revogada pela Lei nº 14.133, de 1º-4-2021.

Art. 4º Na contratação de parceria público-privada serão observadas as seguintes diretrizes:

I – eficiência no cumprimento das missões de Estado e no emprego dos recursos da sociedade;

▸ Art. 37, *caput*, da CF.

II – respeito aos interesses e direitos dos destinatários dos serviços e dos entes privados incumbidos da sua execução;

III – indelegabilidade das funções de regulação, jurisdicional, do exercício do poder de polícia e de outras atividades exclusivas do Estado;

IV – responsabilidade fiscal na celebração e execução das parcerias;

▸ LC nº 101, de 4-5-2000 (Lei de Responsabilidade Fiscal).

V – transparência dos procedimentos e das decisões;

VI – repartição objetiva de riscos entre as partes;

VII – sustentabilidade financeira e vantagens socioeconômicas dos projetos de parceria.

CAPÍTULO II
DOS CONTRATOS DE PARCERIA PÚBLICO-PRIVADA

Art. 5º As cláusulas dos contratos de parceria público-privada atenderão ao disposto no art. 23 da Lei nº 8.987, de 13 de fevereiro de 1995, no que couber, devendo também prever:

I – o prazo de vigência do contrato, compatível com a amortização dos investimentos realizados, não inferior a 5 (cinco), nem superior a 35 (trinta e cinco) anos, incluindo eventual prorrogação;

II – as penalidades aplicáveis à Administração Pública e ao parceiro privado em caso de inadimplemento contratual, fixadas sempre de forma proporcional à gravidade da falta cometida, e às obrigações assumidas;

III – a repartição de riscos entre as partes, inclusive os referentes a caso fortuito, força maior, fato do príncipe e álea econômica extraordinária;

IV – as formas de remuneração e de atualização dos valores contratuais;

V – os mecanismos para a preservação da atualidade da prestação dos serviços;

VI – os fatos que caracterizem a inadimplência pecuniária do parceiro público, os modos e o prazo de regularização e, quando houver, a forma de acionamento da garantia;

VII – os critérios objetivos de avaliação do desempenho do parceiro privado;

VIII – a prestação, pelo parceiro privado, de garantias de execução suficientes e compatíveis com os ônus e riscos envolvidos, observados os limites dos §§ 3º e 5º do art. 56 da Lei nº 8.666, de 21 de junho de 1993, e, no que se refere às concessões patrocinadas, o disposto no inciso XV do art. 18 da Lei nº 8.987, de 13 de fevereiro de 1995;

▸ A Lei nº 8.666, de 21-6-1993, foi revogada pela Lei nº 14.133, de 1º-4-2021.

▸ Arts. 98 e 99 da Lei nº 14.133, de 1º-4-2021 (Nova Lei de Licitações e Contratos Administrativos).

IX – o compartilhamento com a Administração Pública de ganhos econômicos efetivos do parceiro privado decorrentes da redução do risco de crédito dos financiamentos utilizados pelo parceiro privado;

X – a realização de vistoria dos bens reversíveis, podendo o parceiro público reter os pagamentos ao parceiro privado, no valor necessário para reparar as irregularidades eventualmente detectadas;

XI – o cronograma e os marcos para o repasse ao parceiro privado das parcelas do aporte de recursos, na fase de investimentos do projeto e/ou após a disponibilização dos serviços, sempre que verificada a hipótese do § 2º do art. 6º desta Lei.

▸ Inciso XI acrescido pela Lei nº 12.766, de 27-12-2012.

§ 1º As cláusulas contratuais de atualização automática de valores baseadas em índices e fórmulas matemáticas, quando houver, serão aplicadas sem necessidade de homologação pela Administração Pública, exceto se esta publicar, na imprensa oficial, onde houver, até o prazo de 15 (quinze) dias após apresentação da fatura, razões fundamentadas nesta Lei ou no contrato para a rejeição da atualização.

§ 2º Os contratos poderão prever adicionalmente:

I – os requisitos e condições em que o parceiro público autorizará a transferência do controle ou a administração temporária da sociedade de propósito específico aos seus financiadores e garantidores com quem não mantenha vínculo societário direto, com o objetivo de promover a sua reestruturação financeira e assegurar a continuidade da prestação dos serviços, não se aplicando para este efeito o previsto no inciso I do parágrafo único do art. 27 da Lei nº 8.987, de 13 de fevereiro de 1995;

▸ Inciso I com a redação dada pela Lei nº 13.097, de 19-1-2015.

II – a possibilidade de emissão de empenho em nome dos financiadores do projeto em relação às obrigações pecuniárias da Administração Pública;

III – a legitimidade dos financiadores do projeto para receber indenizações por extinção antecipada do contrato, bem como pagamentos efetuados pelos fundos e empresas estatais garantidores de parcerias público-privadas.

Art. 5º-A. Para fins do inciso I do § 2º do art. 5º, considera-se:

I – o controle da sociedade de propósito específico a propriedade resolúvel de ações ou quotas por seus financiadores e garantidores que atendam os requisitos do art. 116 da Lei nº 6.404, de 15 de dezembro de 1976;

II – a administração temporária da sociedade de propósito específico, pelos financiadores e garantidores quando, sem a transferência da propriedade de ações ou quotas, forem outorgados os seguintes poderes:

a) indicar os membros do Conselho de Administração, a serem eleitos em Assembleia-Geral pelos acionistas, nas sociedades regidas pela Lei nº 6.404, de 15 de dezembro de 1976; ou administradores, a serem eleitos pelos quotistas, nas demais sociedades;

b) indicar os membros do Conselho Fiscal, a serem eleitos pelos acionistas ou quotistas controladores em Assembleia-Geral;

c) exercer poder de veto sobre qualquer proposta submetida à votação dos acionistas ou quotistas da concessionária, que representem, ou possam representar, prejuízos aos fins previstos no *caput* deste artigo;

d) outros poderes necessários ao alcance dos fins previstos no *caput* deste artigo;

§ 1º A administração temporária autorizada pelo poder concedente não acarretará responsabilidade aos financiadores e garantidores em relação à tributação, encargos, ônus, sanções, obrigações ou compromissos com terceiros, inclusive com o poder concedente ou empregados.

§ 2º O Poder Concedente disciplinará sobre o prazo da administração temporária.

▸ Art. 5º-A acrescido pela Lei nº 13.097, de 19-1-2015.

Art. 6º A contraprestação da Administração Pública nos contratos de parceria público-privada poderá ser feita por:

I – ordem bancária;

II – cessão de créditos não tributários;

III – outorga de direitos em face da Administração Pública;

IV – outorga de direitos sobre bens públicos dominicais;

V – outros meios admitidos em lei.

§ 1º O contrato poderá prever o pagamento ao parceiro privado de remuneração variável vinculada ao seu desempenho, conforme metas e padrões de qualidade e disponibilidade definidos no contrato.

§ 2º O contrato poderá prever o aporte de recursos em favor do parceiro privado para a realização de obras e aquisição de bens reversíveis, nos termos dos incisos X e XI do *caput* do art. 18 da Lei nº 8.987, de 13 de fevereiro de 1995, desde que autorizado no edital de licitação, se contratos novos, ou em lei específica, se contratos celebrados até 8 de agosto de 2012.

▸ §§ 1º e 2º com a redação dada pela Lei nº 12.766, de 27-12-2012.

§ 3º O valor do aporte de recursos realizado nos termos do § 2º poderá ser excluído da determinação:

▸ *Caput* do § 3º com a redação dada pela Lei nº 12.766, de 27-12-2012.

I – do lucro líquido para fins de apuração do lucro real e da base de cálculo da Contribuição Social sobre o Lucro Líquido – CSLL; e

II – da base de cálculo da Contribuição para o PIS/PASEP e da Contribuição para o Financiamento da Seguridade Social – COFINS.

▸ Incisos I e II com a redação dada pela Lei nº 12.766, de 27-12-2012.

▸ Este inciso estará revogado pela LC nº 214, de 16-1-2025, a partir de 1º-1-2027.

III – da base de cálculo da Contribuição Previdenciária sobre a Receita Bruta – CPRB devida pelas empresas referidas nos arts. 7º e 8º da Lei nº 12.546, de 14 de dezembro de 2011, a partir de 1º de janeiro de 2015.

▸ Inciso III acrescido pela Lei nº 13.043, de 13-11-2014.

§ 4º Até 31 de dezembro de 2013, para os optantes conforme o art. 75 da Lei nº 12.973, de 13 de maio de 2014, e até 31 de dezembro de 2014, para os não optantes, a parcela excluída nos termos do § 3º deverá ser computada na determinação do lucro líquido para fins de apuração do lucro real, da base de cálculo da CSLL e da base de cálculo da Contribuição para o PIS/PASEP e da COFINS, na proporção em que o custo para a realização de obras e aquisição de bens a que se refere o § 2º deste artigo for realizado, inclusive mediante depreciação ou extinção da concessão, nos termos do art. 35 da Lei nº 8.987, de 13 de fevereiro de 1995.

▸ § 4º com a redação dada pela Lei nº 13.043, de 13-11-2014.

§ 5º Por ocasião da extinção do contrato, o parceiro privado não receberá indenização pelas parcelas de investimentos vinculados a bens reversíveis ainda não amortizadas ou depreciadas, quando tais investimentos houverem sido realizados com valores provenientes do aporte de recursos de que trata o § 2º.

▸ § 5º acrescido pela Lei nº 12.766, de 27-12-2012.

§ 6º *A partir de 1º de janeiro de 2014, para os optantes conforme o art. 75 da Lei nº 12.973, de 13 de maio de 2014, e de 1º de janeiro de 2015, para os não optantes, a parcela excluída nos termos do § 3º deverá ser computada na determinação do lucro líquido para fins de apuração do lucro real e da base de cálculo da CSLL em cada período de apuração durante o prazo restante do contrato, considerado a partir do início da prestação dos serviços públicos.*

▸ § 6º com a redação dada pela LC nº 214, de 16-1-2025.

§ 7º No caso do § 6º, o valor a ser adicionado em cada período de apuração deve ser o valor da parcela excluída dividida pela quantidade de períodos de apuração contidos no prazo restante do contrato.

§ 8º Para os contratos de concessão em que a concessionária já tenha iniciado a prestação dos serviços públicos nas datas referidas no § 6º, as adições subsequentes serão realizadas em cada período de apuração durante o prazo restante do contrato, considerando o saldo remanescente ainda não adicionado.

§ 9º A parcela excluída nos termos do inciso III do § 3º deverá ser computada na determinação da base de cálculo da contribuição previdenciária de que trata o inciso III do § 3º em cada período de apuração durante o prazo restante previsto no contrato para construção, recuperação, reforma, ampliação ou melhoramento da infraestrutura que será utilizada na prestação de serviços públicos.

§ 10. No caso do § 9º, o valor a ser adicionado em cada período de apuração deve ser o valor da parcela excluída dividida pela quantidade de períodos de apuração contidos no prazo restante previsto no contrato para construção, recuperação, reforma, ampliação ou melhoramento da infraestrutura que será utilizada na prestação de serviços públicos.

▸ §§ 7º a 10 acrescidos pela Lei nº 13.043, de 13-11-2014.

§ 11. *Ocorrendo a extinção da concessão antes do advento do termo contratual, o saldo da parcela excluída nos termos do § 3º, ainda não adicionado, deverá ser computado na determinação do lucro líquido para fins de apuração do lucro real, da base de cálculo da CSLL e da contribuição previdenciária de que trata o inciso III do § 3º no período de apuração da extinção.*

▸ § 11 com a redação dada pela LC nº 214, de 16-1-2025.

§ 12. Aplicam-se às receitas auferidas pelo parceiro privado nos termos do § 6º o regime de apuração e as alíquotas da Contribuição para o PIS/PASEP e da COFINS aplicáveis às suas receitas decorrentes da prestação dos serviços públicos.

▸ § 12 acrescido pela Lei nº 13.043, de 13-11-2014.

▸ Este parágrafo estará revogado pela LC nº 214, de 16-1-2025, a partir de 1º-1-2027.

Art. 7º A contraprestação da Administração Pública será obrigatoriamente precedida da disponibilização do serviço objeto do contrato de parceria público-privada.

▸ Art. 3º da Lei nº 9.791, de 24-3-1999, que dispõe sobre a obrigatoriedade de as concessionárias de serviços públicos estabelecerem ao consumidor e ao usuário datas opcionais para o vencimento de seus débitos.

§ 1º É facultado à administração pública, nos termos do contrato, efetuar o pagamento da contraprestação relativa a parcela fruível do serviço objeto do contrato de parceria público-privada.

§ 2º O aporte de recursos de que trata o § 2º do art. 6º, quando realizado durante a fase dos investimentos a cargo do parceiro privado, deverá guardar proporcionalidade com as etapas efetivamente executadas.

▸ §§ 1º e 2º com a redação dada pela Lei nº 12.766, de 27-12-2012.

CAPÍTULO III
DAS GARANTIAS

Art. 8º As obrigações pecuniárias contraídas pela Administração Pública em contrato de parceria público-privada poderão ser garantidas mediante:

I – vinculação de receitas, observado o disposto no inciso IV do art. 167 da Constituição Federal;

II – instituição ou utilização de fundos especiais previstos em lei;

III – contratação de seguro garantia com as companhias seguradoras que não sejam controladas pelo Poder Público;

IV – garantia prestada por organismos internacionais ou instituições financeiras;

▸ Inciso IV com a redação dada pela Lei nº 14.227, de 20-10-2021.

▸ Art. 167 da CF.

V – garantias prestadas por fundo garantidor ou empresa estatal criada para essa finalidade;

VI – outros mecanismos admitidos em lei.

Parágrafo único. VETADO. Lei nº 13.043, de 13-11-2014.

CAPÍTULO IV
DA SOCIEDADE DE PROPÓSITO ESPECÍFICO

Art. 9º Antes da celebração do contrato, deverá ser constituída sociedade de propósito específico, incumbida de implantar e gerir o objeto da parceria.

§ 1º A transferência do controle da sociedade de propósito específico estará condicionada à autorização expressa da Administração Pública, nos termos do edital e do contrato, observado o disposto no parágrafo único do art. 27 da Lei nº 8.987, de 13 de fevereiro de 1995.

§ 2º A sociedade de propósito específico poderá assumir a forma de companhia aberta, com valores mobiliários admitidos a negociação no mercado.

▸ Arts. 1.088 e 1.089 do CC.

▸ Lei nº 6.404, de 15-12-1976 (Lei das Sociedades por Ações).

§ 3º A sociedade de propósito específico deverá obedecer a padrões de governança corporativa e adotar contabilidade e demonstrações financeiras padronizadas, conforme regulamento.

§ 4º Fica vedado à Administração Pública ser titular da maioria do capital votante das sociedades de que trata este Capítulo.

§ 5º A vedação prevista no § 4º deste artigo não se aplica à eventual aquisição da maioria do capital votante da sociedade de propósito específico por instituição financeira controlada pelo Poder Público em caso de inadimplemento de contratos de financiamento.

CAPÍTULO V
DA LICITAÇÃO

Art. 10. A contratação de parceria público-privada será precedida de licitação na modalidade concorrência ou diálogo competitivo, estando a abertura do processo licitatório condicionada a:

▶ *Caput* com a redação dada pela Lei nº 14.133, de 1º-4-2021 (Nova Lei de Licitações e Contratos Administrativos).

▶ Lei nº 14.133, de 1º-4-2021 (Nova Lei de Licitações e Contratos Administrativos).

I – autorização da autoridade competente, fundamentada em estudo técnico que demonstre:

a) a conveniência e a oportunidade da contratação, mediante identificação das razões que justifiquem a opção pela forma de parceria público-privada;

b) que as despesas criadas ou aumentadas não afetarão as metas de resultados fiscais previstas no Anexo referido no § 1º do art. 4º da Lei Complementar nº 101, de 4 de maio de 2000, devendo seus efeitos financeiros, nos períodos seguintes, ser compensados pelo aumento permanente de receita ou pela redução permanente de despesa; e

c) quando for o caso, conforme as normas editadas na forma do art. 25 desta Lei, a observância dos limites e condições decorrentes da aplicação dos arts. 29, 30 e 32 da Lei Complementar nº 101, de 4 de maio de 2000, pelas obrigações contraídas pela Administração Pública relativas ao objeto do contrato;

II – elaboração de estimativa do impacto orçamentário-financeiro nos exercícios em que deva vigorar o contrato de parceria público-privada;

III – declaração do ordenador da despesa de que as obrigações contraídas pela Administração Pública no decorrer do contrato são compatíveis com a lei de diretrizes orçamentárias e estão previstas na lei orçamentária anual;

IV – estimativa do fluxo de recursos públicos suficientes para o cumprimento, durante a vigência do contrato e por exercício financeiro, das obrigações contraídas pela Administração Pública;

V – seu objeto estar previsto no plano plurianual em vigor no âmbito onde o contrato será celebrado;

VI – submissão da minuta de edital e de contrato à consulta pública, mediante publicação na imprensa oficial, em jornais de grande circulação e por meio eletrônico, que deverá informar a justificativa para a contratação, a identificação do objeto, o prazo de duração do contrato, seu valor estimado, fixando-se prazo mínimo de 30 (trinta) dias para recebimento de sugestões, cujo termo dar-se-á pelo menos 7 (sete) dias antes da data prevista para a publicação do edital; e

VII – licença ambiental prévia ou expedição das diretrizes para o licenciamento ambiental do empreendimento, na forma do regulamento, sempre que o objeto do contrato exigir.

§ 1º A comprovação referida nas alíneas *b* e *c* do inciso I do *caput* deste artigo conterá as premissas e metodologia de cálculo utilizadas, observadas as normas gerais para consolidação das contas públicas, sem prejuízo do exame de compatibilidade das despesas com as demais normas do plano plurianual e da lei de diretrizes orçamentárias.

§ 2º Sempre que a assinatura do contrato ocorrer em exercício diverso daquele em que for publicado o edital, deverá ser precedida da atualização dos estudos e demonstrações a que se referem os incisos I a IV do *caput* deste artigo.

§ 3º As concessões patrocinadas em que mais de 70% (setenta por cento) da remuneração do parceiro privado for paga pela Administração Pública dependerão de autorização legislativa específica.

§ 4º Os estudos de engenharia para a definição do valor do investimento da PPP deverão ter nível de detalhamento de anteprojeto, e o valor dos investimentos para definição do preço de referência para a licitação será calculado com base em valores de mercado considerando o custo global de obras semelhantes no Brasil ou no exterior ou com base em sistemas de custos que utilizem como insumo valores de mercado do setor específico do projeto, aferidos, em qualquer caso, mediante orçamento sintético, elaborado por meio de metodologia expedita ou paramétrica.

▶ § 4º acrescido pela Lei nº 12.766, de 27-12-2012.

Art. 11. O instrumento convocatório conterá minuta do contrato, indicará expressamente a submissão da licitação às normas desta Lei e observará, no que couber, os §§ 3º e 4º do art. 15, os arts. 18, 19 e 21 da Lei nº 8.987, de 13 de fevereiro de 1995, podendo ainda prever:

▶ Lei nº 14.133, de 1º-4-2021 (Nova Lei de Licitações e Contratos Administrativos).

I – exigência de garantia de proposta do licitante, observado o limite do inciso III do art. 31 da Lei nº 8.666, de 21 de junho de 1993;

▶ A Lei nº 8.666, de 21-6-1993, foi revogada pela Lei nº 14.133, de 1º-4-2021.

▶ Art. 58 da Lei nº 14.133, de 1º-4-2021 (Nova Lei de Licitações e Contratos Administrativos).

II – VETADO;

III – o emprego dos mecanismos privados de resolução de disputas, inclusive a arbitragem, a ser realizada no Brasil e em língua portuguesa, nos termos da Lei nº 9.307, de 23 de setembro de 1996, para dirimir conflitos decorrentes ou relacionados ao contrato.

Parágrafo único. O edital deverá especificar, quando houver, as garantias da contraprestação do parceiro público a serem concedidas ao parceiro privado.

Art. 12. O certame para a contratação de parcerias público-privadas obedecerá ao procedimento previsto na legislação vigente sobre licitações e contratos administrativos e também ao seguinte:

▶ Lei nº 14.133, de 1º-4-2021 (Nova Lei de Licitações e Contratos Administrativos).

I – o julgamento poderá ser precedido de etapa de qualificação de propostas técnicas, desclassificando-se os licitantes que não alcançarem a pontuação mínima, os quais não participarão das etapas seguintes;

II – o julgamento poderá adotar como critérios, além dos previstos nos incisos I e V do art. 15 da Lei nº 8.987, de 13 de fevereiro de 1995, os seguintes:

a) menor valor da contraprestação a ser paga pela Administração Pública;

b) melhor proposta em razão da combinação do critério da alínea a com o de melhor técnica, de acordo com os pesos estabelecidos no edital;

III – o edital definirá a forma de apresentação das propostas econômicas, admitindo-se:

a) propostas escritas em envelopes lacrados; ou

b) propostas escritas, seguidas de lances em viva voz;

IV – o edital poderá prever a possibilidade de saneamento de falhas, de complementação de insuficiências ou ainda de correções de caráter formal no curso do procedimento, desde que o licitante possa satisfazer as exigências dentro do prazo fixado no instrumento convocatório.

§ 1º Na hipótese da alínea b do inciso III do *caput* deste artigo:

I – os lances em viva voz serão sempre oferecidos na ordem inversa da classificação das propostas escritas, sendo vedado ao edital limitar a quantidade de lances;

II – o edital poderá restringir a apresentação de lances em viva voz aos licitantes cuja proposta escrita for no máximo 20% (vinte por cento) maior que o valor da melhor proposta.

§ 2º O exame de propostas técnicas, para fins de qualificação ou julgamento, será feito por ato motivado, com base em exigências, parâmetros e indicadores de resultado pertinentes ao objeto, definidos com clareza e objetividade no edital.

Art. 13. O edital poderá prever a inversão da ordem das fases de habilitação e julgamento, hipótese em que:

I – encerrada a fase de classificação das propostas ou o oferecimento de lances, será aberto o invólucro com os documentos de habilitação do licitante mais bem classificado, para verificação do atendimento das condições fixadas no edital;

II – verificado o atendimento das exigências do edital, o licitante será declarado vencedor;

III – inabilitado o licitante melhor classificado, serão analisados os documentos habilitatórios do licitante com a proposta classificada em 2º (segundo) lugar, e assim, sucessivamente, até que um licitante classificado atenda às condições fixadas no edital;

IV – proclamado o resultado final do certame, o objeto será adjudicado ao vencedor nas condições técnicas e econômicas por ele ofertadas.

CAPÍTULO VI
DISPOSIÇÕES APLICÁVEIS À UNIÃO

Art. 14. Será instituído, por decreto, órgão gestor de parcerias público-privadas federais, com competência para:

I – definir os serviços prioritários para execução no regime de parceria público-privada;

II – disciplinar os procedimentos para celebração desses contratos;

III – autorizar a abertura da licitação e aprovar seu edital;

IV – apreciar os relatórios de execução dos contratos.

§ 1º O órgão mencionado no *caput* deste artigo será composto por indicação nominal de um representante titular e respectivo suplente de cada um dos seguintes órgãos:

I – Ministério do Planejamento, Orçamento e Gestão, ao qual cumprirá a tarefa de coordenação das respectivas atividades;
II – Ministério da Fazenda;
III – Casa Civil da Presidência da República.

§ 2º Das reuniões do órgão a que se refere o *caput* deste artigo para examinar projetos de parceria público-privada participará um representante do órgão da Administração Pública direta cuja área de competência seja pertinente ao objeto do contrato em análise.

§ 3º Para deliberação do órgão gestor sobre a contratação de parceria público-privada, o expediente deverá estar instruído com pronunciamento prévio e fundamentado:

I – do Ministério do Planejamento, Orçamento e Gestão, sobre o mérito do projeto;
II – do Ministério da Fazenda, quanto à viabilidade da concessão da garantia e à sua forma, relativamente aos riscos para o Tesouro Nacional e ao cumprimento do limite de que trata o art. 22 desta Lei.

§ 4º Para o desempenho de suas funções, o órgão citado no *caput* deste artigo poderá criar estrutura de apoio técnico com a presença de representantes de instituições públicas.

§ 5º O órgão de que trata o *caput* deste artigo remeterá ao Congresso Nacional e ao Tribunal de Contas da União, com periodicidade anual, relatórios de desempenho dos contratos de parceria público-privada.

§ 6º Para fins do atendimento do disposto no inciso V do art. 4º desta Lei, ressalvadas as informações classificadas como sigilosas, os relatórios de que trata o § 5º deste artigo serão disponibilizados ao público, por meio de rede pública de transmissão de dados.

Art. 14-A. A Câmara dos Deputados e o Senado Federal, por meio de atos das respectivas Mesas, poderão dispor sobre a matéria de que trata o art. 14 no caso de parcerias público-privadas por eles realizadas, mantida a competência do Ministério da Fazenda descrita no inciso II do § 3º do referido artigo.

▸ Artigo acrescido pela Lei nº 13.137, de 19-6-2015.

Art. 15. Compete aos Ministérios e às Agências Reguladoras, nas suas respectivas áreas de competência, submeter o edital de licitação ao órgão gestor, proceder à licitação, acompanhar e fiscalizar os contratos de parceria público-privada.

Parágrafo único. Os Ministérios e Agências Reguladoras encaminharão ao órgão a que se refere o *caput* do art. 14 desta Lei, com periodicidade semestral, relatórios circunstanciados acerca da execução dos contratos de parceria público-privada, na forma definida em regulamento.

Art. 16. Ficam a União, seus fundos especiais, suas autarquias, suas fundações públicas e suas empresas estatais dependentes autorizadas a participar, no limite global de R$ 6.000.000.000,00 (seis bilhões de reais), em Fundo Garantidor de Parcerias Público-Privadas – FGP que terá por finalidade prestar garantia de pagamento de obrigações pecuniárias assumidas pelos parceiros públicos federais, distritais, estaduais ou municipais em virtude das parcerias de que trata esta Lei.

▸ *Caput* com a redação dada pela Lei nº 12.766, de 27-12-2012.

▸ Dec. nº 5.411, de 6-4-2005, autoriza a integralização de cotas no Fundo Garantidor de Parcerias Público-Privadas – FGP.

§ 1º O FGP terá natureza privada e patrimônio próprio separado do patrimônio dos cotistas, e será sujeito a direitos e obrigações próprios.

§ 2º O patrimônio do Fundo será formado pelo aporte de bens e direitos realizado pelos cotistas, por meio da integralização de cotas e pelos rendimentos obtidos com sua administração.

§ 3º Os bens e direitos transferidos ao Fundo serão avaliados por empresa especializada, que deverá apresentar laudo fundamentado, com indicação dos critérios de avaliação adotados e instruído com os documentos relativos aos bens avaliados.

§ 4º A integralização das cotas poderá ser realizada em dinheiro, títulos da dívida pública, bens imóveis dominicais, bens móveis, inclusive ações de sociedade de economia mista federal excedentes ao necessário para manutenção de seu controle pela União, ou outros direitos com valor patrimonial.

§ 5º O FGP responderá por suas obrigações com os bens e direitos integrantes de seu patrimônio, não respondendo os cotistas por qualquer obrigação do Fundo, salvo pela integralização das cotas que subscreverem.

§ 6º A integralização com bens a que se refere o § 4º deste artigo será feita independentemente de licitação, mediante prévia avaliação e autorização específica do Presidente da República, por proposta do Ministro da Fazenda.

§ 7º O aporte de bens de uso especial ou de uso comum no FGP será condicionado a sua desafetação de forma individualizada.

§ 8º A capitalização do FGP, quando realizada por meio de recursos orçamentários, dar-se-á por ação orçamentária específica para esta finalidade, no âmbito de Encargos Financeiros da União.

▸ § 8º com a redação dada pela Lei nº 12.409, de 25-5-2011.

§ 9º VETADO. Lei nº 12.766, de 27-12-2012.

Art. 17. O FGP será criado, administrado, gerido e representado judicial e extrajudicialmente por instituição financeira controlada, direta ou indiretamente, pela União, com observância das normas a que se refere o inciso XXII do art. 4º da Lei nº 4.595, de 31 de dezembro de 1964.

§ 1º O estatuto e o regulamento do FGP serão aprovados em assembleia dos cotistas.

§ 2º A representação da União na assembleia dos cotistas dar-se-á na forma do inciso V do art. 10 do Decreto-Lei nº 147, de 3 de fevereiro de 1967.

§ 3º Caberá à instituição financeira deliberar sobre a gestão e alienação dos bens e direitos do FGP, zelando pela manutenção de sua rentabilidade e liquidez.

Art. 18. O estatuto e o regulamento do FGP devem deliberar sobre a política de concessão de garantias, inclusive no que se refere à relação entre ativos e passivos do Fundo.

▸ *Caput* com a redação dada pela Lei nº 12.409, de 25-5-2011.

§ 1º A garantia será prestada na forma aprovada pela assembleia dos cotistas, nas seguintes modalidades:

I – fiança, sem benefício de ordem para o fiador;
II – penhor de bens móveis ou de direitos integrantes do patrimônio do FGP, sem transferência da posse da coisa empenhada antes da execução da garantia;
III – hipoteca de bens imóveis do patrimônio do FGP;
IV – alienação fiduciária, permanecendo a posse direta dos bens com o FGP ou com agente fiduciário por ele contratado antes da execução da garantia;
V – outros contratos que produzam efeito de garantia, desde que não transfiram a titularidade ou posse direta dos bens ao parceiro privado antes da execução da garantia;
VI – garantia, real ou pessoal, vinculada a um patrimônio de afetação constituído em decorrência da separação de bens e direitos pertencentes ao FGP.

§ 2º O FGP poderá prestar contra garantias a seguradoras, instituições financeiras e organismos internacionais que garantirem o cumprimento das obrigações pecuniárias dos cotistas em contratos de parceria público-privadas.

§ 3º A quitação pelo parceiro público de cada parcela de débito garantido pelo FGP importará exoneração proporcional da garantia.

§ 4º O FGP poderá prestar garantia mediante contratação de instrumentos disponíveis em mercado, inclusive para complementação das modalidades previstas no § 1º.

§ 5º O parceiro privado poderá acionar o FGP nos casos de:

I – crédito líquido e certo, constante de título exigível aceito e não pago pelo parceiro público após 15 (quinze) dias contados da data de vencimento; e
II – débitos constantes de faturas emitidas e não aceitas pelo parceiro público após 45 (quarenta e cinco) dias contados da data de vencimento, desde que não tenha havido rejeição expressa por ato motivado.

▸ §§ 4º e 5º com a redação dada pela Lei nº 12.766, de 27-12-2012.

§ 6º A quitação de débito pelo FGP importará sua subrogação nos direitos do parceiro privado.

§ 7º Em caso de inadimplemento, os bens e direitos do Fundo poderão ser objeto de constrição judicial e alienação para satisfazer as obrigações garantidas.

§ 8º O FGP poderá usar parcela da cota da União para prestar garantia aos seus fundos especiais, às suas autarquias, às suas fundações públicas e às suas empresas estatais dependentes.

▸ § 8º com a redação dada pela Lei nº 12.409, de 25-5-2011.

§ 9º O FGP é obrigado a honrar faturas aceitas e não pagas pelo parceiro público.

§ 10. O FGP é proibido de pagar faturas rejeitadas expressamente por ato motivado.

§ 11. O parceiro público deverá informar o FGP sobre qualquer fatura rejeitada e sobre os motivos da rejeição no prazo de 40 (quarenta) dias contado da data de vencimento.

§ 12. A ausência de aceite ou rejeição expressa de fatura por parte do parceiro público no prazo de 40 (quarenta) dias contado da data de vencimento implicará aceitação tácita.

§ 13. O agente público que contribuir por ação ou omissão para a aceitação tácita de que trata o § 12 ou que rejeitar fatura sem motivação será responsabilizado pelos danos que causar, em conformidade com a legislação civil, administrativa e penal em vigor.

- §§ 9º a 13 com a redação dada pela Lei nº 12.766, de 27-12-2012.

Art. 19. O FGP não pagará rendimentos a seus cotistas, assegurando-se a qualquer deles o direito de requerer o resgate total ou parcial de suas cotas, correspondente ao patrimônio ainda não utilizado para a concessão de garantias, fazendo-se a liquidação com base na situação patrimonial do Fundo.

Art. 20. A dissolução do FGP, deliberada pela assembleia dos cotistas, ficará condicionada à prévia quitação da totalidade dos débitos garantidos ou liberação das garantias pelos credores.

Parágrafo único. Dissolvido o FGP, o seu patrimônio será rateado entre os cotistas, com base na situação patrimonial à data da dissolução.

Art. 21. É facultada a constituição de patrimônio de afetação que não se comunicará com o restante do patrimônio do FGP, ficando vinculado exclusivamente à garantia em virtude da qual tiver sido constituído, não podendo ser objeto de penhora, arresto, sequestro, busca e apreensão ou qualquer ato de constrição judicial decorrente de outras obrigações do FGP.

Parágrafo único. A constituição do patrimônio de afetação será feita por registro em Cartório de Registro de Títulos e Documentos ou, no caso de bem imóvel, no Cartório de Registro Imobiliário correspondente.

Art. 22. A União somente poderá contratar parceria público-privada quando a soma das despesas de caráter continuado derivadas do conjunto das parcerias já contratadas não tiver excedido, no ano anterior, a 1% (um por cento) da receita corrente líquida do exercício, e as despesas anuais dos contratos vigentes, nos 10 (dez) anos subsequentes, não excedam a 1% (um por cento) da receita corrente líquida projetada para os respectivos exercícios.

CAPÍTULO VII
DISPOSIÇÕES FINAIS

Art. 23. Fica a União autorizada a conceder incentivo, nos termos do Programa de Incentivo à Implementação de Projetos de Interesse Social – PIPS, instituído pela Lei nº 10.735, de 11 de setembro de 2003, às aplicações em fundos de investimento, criados por instituições financeiras, em direitos creditórios provenientes dos contratos de parcerias público-privadas.

Art. 24. O Conselho Monetário Nacional estabelecerá, na forma da legislação pertinente, as diretrizes para a concessão de crédito destinado ao financiamento de contratos de parcerias público-privadas, bem como para participação de entidades fechadas de previdência complementar.

Art. 25. A Secretaria do Tesouro Nacional editará, na forma da legislação pertinente, normas gerais relativas à consolidação das contas públicas aplicáveis aos contratos de parceria público-privada.

Art. 26. O inciso I do § 1º do art. 56 da Lei nº 8.666, de 21 de junho de 1993, passa a vigorar com a seguinte redação:

- A Lei nº 8.666, de 21-6-1993, foi revogada pela Lei nº 14.133, de 1º-4-2021.

Art. 27. As operações de crédito efetuadas por empresas públicas ou sociedades de economia mista controladas pela União não poderão exceder a 70% (setenta por cento) do total das fontes de recursos financeiros da sociedade de propósito específico, sendo que para as áreas das regiões Norte, Nordeste e Centro-Oeste, onde o Índice de Desenvolvimento Humano – IDH seja inferior à média nacional, essa participação não poderá exceder a 80% (oitenta por cento).

§ 1º Não poderão exceder a 80% (oitenta por cento) do total das fontes de recursos financeiros da sociedade de propósito específico ou 90% (noventa por cento) nas áreas das regiões Norte, Nordeste e Centro-Oeste, onde o Índice de Desenvolvimento Humano – IDH seja inferior à média nacional, as operações de crédito ou contribuições de capital realizadas cumulativamente por:

I – entidades fechadas de previdência complementar;

II – empresas públicas ou sociedades de economia mista controladas pela União.

§ 2º Para fins do disposto neste artigo, entende-se por fonte de recursos financeiros as operações de crédito e contribuições de capital à sociedade de propósito específico.

Art. 28. A União não poderá conceder garantia ou realizar transferência voluntária aos Estados, Distrito Federal e Municípios se a soma das despesas de caráter continuado derivadas do conjunto das parcerias já contratadas por esses entes tiver excedido, no ano anterior, a 5% (cinco por cento) da receita corrente líquida do exercício ou se as despesas anuais dos contratos vigentes nos 10 (dez) anos subsequentes excederem a 5% (cinco por cento) da receita corrente líquida projetada para os respectivos exercícios.

- *Caput* com a redação dada pela Lei nº 12.766, de 27-12-2012.

§ 1º Os Estados, o Distrito Federal e os Municípios que contratarem empreendimentos por intermédio de parcerias público-privadas deverão encaminhar ao Senado Federal e à Secretaria do Tesouro Nacional, previamente à contratação, as informações necessárias para cumprimento do previsto no *caput* deste artigo.

§ 2º Na aplicação do limite previsto no *caput* deste artigo, serão computadas as despesas derivadas de contratos de parceria celebrados pela administração pública direta, autarquias, fundações públicas, empresas públicas, sociedades de economia mista e demais entidades controladas, direta ou indiretamente, pelo respectivo ente, excluídas as empresas estatais não dependentes.

- § 2º com a redação dada pela Lei nº 12.024, de 27-8-2009.

§ 3º VETADO.

Art. 29. Serão aplicáveis, no que couber, as penalidades previstas no Decreto-Lei nº 2.848, de 7 de dezembro de 1940 – Código Penal, na Lei nº 8.429, de 2 de junho de 1992 – Lei de Improbidade Administrativa, na Lei nº 10.028, de 19 de outubro de 2000 – Lei dos Crimes Fiscais, no Decreto-Lei nº 201, de 27 de fevereiro de 1967, e na Lei nº 1.079, de 10 de abril de 1950, sem prejuízo das penalidades financeiras previstas contratualmente.

Art. 30. Esta Lei entra em vigor na data de sua publicação.

Brasília, 30 de dezembro de 2004;
183º da Independência e
116º da República.

Luiz Inácio Lula da Silva

LEI Nº 11.107, DE 6 DE ABRIL DE 2005

Dispõe sobre normas gerais de contratação de consórcios públicos e dá outras providências.

- Publicada no *DOU* de 7-4-2005.
- Art. 8º da Lei nº 11.445, de 5-1-2007, que estabelece diretrizes nacionais para o saneamento básico.
- Dec. nº 6.017, de 17-1-2007, regulamenta esta Lei.

Art. 1º Esta Lei dispõe sobre normas gerais para a União, os Estados, o Distrito Federal e os Municípios contratarem consórcios públicos para a realização de objetivos de interesse comum e dá outras providências.

§ 1º O consórcio público constituirá associação pública ou pessoa jurídica de direito privado.

§ 2º A União somente participará de consórcios públicos em que também façam parte todos os Estados em cujos territórios estejam situados os Municípios consorciados.

§ 3º Os consórcios públicos, na área de saúde, deverão obedecer aos princípios, diretrizes e normas que regulam o Sistema Único de Saúde – SUS.

- Lei nº 8.080, de 19-9-1990, dispõe sobre as condições para a promoção, proteção e recuperação da saúde, a organização e o funcionamento dos serviços correspondentes.

§ 4º Aplicam-se aos convênios de cooperação, no que couber, as disposições desta Lei relativas aos consórcios públicos.

- § 4º acrescido pela Lei nº 14.026, de 15-7-2020.

Art. 2º Os objetivos dos consórcios públicos serão determinados pelos entes da Federação que se consorciarem, observados os limites constitucionais.

§ 1º Para o cumprimento de seus objetivos, o consórcio público poderá:

I – firmar convênios, contratos, acordos de qualquer natureza, receber auxílios, contribuições e subvenções sociais ou econômicas de outras entidades e órgãos do governo;

II – nos termos do contrato de consórcio de direito público, promover desapropriações e instituir servidões nos termos de declaração de utilidade ou necessidade pública, ou interesse social, realizada pelo Poder Público; e

- Dec.-lei nº 3.365, de 21-6-1941 (Lei das Desapropriações).

III – ser contratado pela administração direta ou indireta dos entes da Federação consorciados, dispensada a licitação.

§ 2º Os consórcios públicos poderão emitir documentos de cobrança e exercer atividades de arrecadação de tarifas e outros preços públicos pela prestação de serviços ou pelo uso ou outorga de uso de bens públicos por eles administrados ou, mediante autorização específica, pelo ente da Federação consorciado.

► Art. 75, XI, da Lei nº 14.133, de 1º-4-2021 (Nova Lei de Licitações e Contratos Administrativos).

§ 3º Os consórcios públicos poderão outorgar concessão, permissão ou autorização de obras ou serviços públicos mediante autorização prevista no contrato de consórcio público, que deverá indicar de forma específica o objeto da concessão, permissão ou autorização e as condições a que deverá atender, observada a legislação de normas gerais em vigor.

► Lei nº 8.987, de 13-2-1995 (Lei da Concessão e Permissão da Prestação de Serviços Públicos).

Art. 3º O consórcio público será constituído por contrato cuja celebração dependerá da prévia subscrição de protocolo de intenções.

► Lei nº 14.133, de 1º-4-2021 (Nova Lei de Licitações e Contratos Administrativos).

Art. 4º São cláusulas necessárias do protocolo de intenções as que estabeleçam:

I – a denominação, a finalidade, o prazo de duração e a sede do consórcio;

II – a identificação dos entes da Federação consorciados;

III – a indicação da área de atuação do consórcio;

IV – a previsão de que o consórcio público é associação pública ou pessoa jurídica de direito privado sem fins econômicos;

V – os critérios para, em assuntos de interesse comum, autorizar o consórcio público a representar os entes da Federação consorciados perante outras esferas de governo;

VI – as normas de convocação e funcionamento da assembleia-geral, inclusive para a elaboração, aprovação e modificação dos estatutos do consórcio público;

VII – a previsão de que a assembleia-geral é a instância máxima do consórcio público e o número de votos para as suas deliberações;

VIII – a forma de eleição e a duração do mandato do representante legal do consórcio público que, obrigatoriamente, deverá ser Chefe do Poder Executivo de ente da Federação consorciado;

IX – o número, as formas de provimento e a remuneração dos empregados públicos, bem como os casos de contratação por tempo determinado para atender a necessidade temporária de excepcional interesse público;

X – as condições para que o consórcio público celebre contrato de gestão ou termo de parceria;

XI – a autorização para a gestão associada de serviços públicos, explicitando:

a) as competências cujo exercício se transferiu ao consórcio público;

b) os serviços públicos objeto da gestão associada e a área em que serão prestados;

c) a autorização para licitar ou outorgar concessão, permissão ou autorização da prestação dos serviços;

d) as condições a que deve obedecer o contrato de programa, no caso de a gestão associada envolver também a prestação de serviços por órgão ou entidade de um dos entes da Federação consorciados;

e) os critérios técnicos para cálculo do valor das tarifas e de outros preços públicos, bem como para seu reajuste ou revisão; e

XII – o direito de qualquer dos contratantes, quando adimplente com suas obrigações, de exigir o pleno cumprimento das cláusulas do contrato de consórcio público.

§ 1º Para os fins do inciso III do *caput* deste artigo, considera-se como área de atuação do consórcio público, independentemente de figurar a União como consorciada, a que corresponde à soma dos territórios:

I – dos Municípios, quando o consórcio público for constituído somente por Municípios ou por um Estado e Municípios com territórios nele contidos;

II – dos Estados ou dos Estados e do Distrito Federal, quando o consórcio público for, respectivamente, constituído por mais de 1 (um) Estado ou por 1 (um) ou mais Estados e o Distrito Federal;

III – VETADO;

IV – dos Municípios e do Distrito Federal, quando o consórcio for constituído pelo Distrito Federal e os Municípios; e

V – VETADO.

§ 2º O protocolo de intenções deve definir o número de votos que cada ente da Federação consorciado possui na assembleia-geral, sendo assegurado 1 (um) voto a cada ente consorciado.

§ 3º É nula a cláusula do contrato de consórcio que preveja determinadas contribuições financeiras ou econômicas de ente da Federação ao consórcio público, salvo a doação, destinação ou cessão do uso de bens móveis ou imóveis e as transferências ou cessões de direitos operadas por força de gestão associada de serviços públicos.

§ 4º Os entes da Federação consorciados, ou os com eles conveniados, poderão ceder-lhe servidores, na forma e condições da legislação de cada um.

§ 5º O protocolo de intenções deverá ser publicado na imprensa oficial.

Art. 5º O contrato de consórcio público será celebrado com a ratificação, mediante lei, do protocolo de intenções.

§ 1º O contrato de consórcio público, caso assim preveja cláusula, pode ser celebrado por apenas 1 (uma) parcela dos entes da Federação que subscreveram o protocolo de intenções.

§ 2º A ratificação pode ser realizada com reserva que, aceita pelos demais entes subscritores, implicará consorciamento parcial ou condicional.

§ 3º A ratificação realizada após 2 (dois) anos da subscrição do protocolo de intenções dependerá de homologação da assembleia-geral do consórcio público.

§ 4º É dispensado da ratificação prevista no *caput* deste artigo o ente da Federação que, antes de subscrever o protocolo de intenções, disciplinar por lei a sua participação no consórcio público.

Art. 6º O consórcio público adquirirá personalidade jurídica:

I – de direito público, no caso de constituir associação pública, mediante a vigência das leis de ratificação do protocolo de intenções;

II – de direito privado, mediante o atendimento dos requisitos da legislação civil.

§ 1º O consórcio público com personalidade jurídica de direito público integra a administração indireta de todos os entes da Federação consorciados.

§ 2º O consórcio público, com personalidade jurídica de direito público ou privado, observará as normas de direito público no que concerne à realização de licitação, à celebração de contratos, à prestação de contas e à admissão de pessoal, que será regido pela Consolidação das Leis do Trabalho (CLT), aprovada pelo Decreto-Lei nº 5.452, de 1º de maio de 1943.

► § 2º com a redação dada pela Lei nº 13.822, de 3-5-2019.

Art. 7º Os estatutos disporão sobre a organização e o funcionamento de cada um dos órgãos constitutivos do consórcio público.

Art. 8º Os entes consorciados somente entregarão recursos ao consórcio público mediante contrato de rateio.

§ 1º O contrato de rateio será formalizado em cada exercício financeiro, e seu prazo de vigência não será superior ao das dotações que o suportam, com exceção dos contratos que tenham por objeto exclusivamente projetos consistentes em programas e ações contemplados em plano plurianual.

► § 1º com a redação dada pela Lei nº 14.026, de 15-7-2020.

§ 2º É vedada a aplicação dos recursos entregues por meio de contrato de rateio para o atendimento de despesas genéricas, inclusive transferências ou operações de crédito.

§ 3º Os entes consorciados, isolados ou em conjunto, bem como o consórcio público, são partes legítimas para exigir o cumprimento das obrigações previstas no contrato de rateio.

§ 4º Com o objetivo de permitir o atendimento dos dispositivos da Lei Complementar nº 101, de 4 de maio de 2000, o consórcio público deve fornecer as informações necessárias para que sejam consolidadas, nas contas dos entes consorciados, todas as despesas realizadas com os recursos entregues em virtude de contrato de rateio, de forma que possam ser contabilizadas nas contas de cada ente da Federação na conformidade dos elementos econômicos e das atividades ou projetos atendidos.

§ 5º Poderá ser excluído do consórcio público, após prévia suspensão, o ente consorciado que não consignar, em sua lei orçamentária ou em créditos adicionais, as dotações suficientes para suportar as despesas assumidas por meio de contrato de rateio.

Art. 9º A execução das receitas e despesas do consórcio público deverá obedecer às normas de direito financeiro aplicáveis às entidades públicas.

Parágrafo único. O consórcio público está sujeito à fiscalização contábil, operacional e patrimonial pelo Tribunal de Contas competente para apreciar as contas do Chefe do Poder Executivo representante legal do consórcio, inclusive quanto à legalidade, legitimidade e economicidade das despesas, atos, contratos e renúncia de receitas, sem prejuízo do controle externo a ser exercido em razão de cada um dos contratos de rateio.

Art. 10. VETADO.

Parágrafo único. Os agentes públicos incumbidos da gestão de consórcio não responderão pessoalmente pelas obrigações contraídas pelo consórcio público, mas responderão pelos atos praticados em desconformidade com a lei ou com as disposições dos respectivos estatutos.

Art. 11. A retirada do ente da Federação do consórcio público dependerá de ato formal de seu representante na assembleia-geral, na forma previamente disciplinada por lei.

§ 1º Os bens destinados ao consórcio público pelo consorciado que se retira somente serão revertidos ou retrocedidos no caso de expressa previsão no contrato de consórcio público ou no instrumento de transferência ou de alienação.

§ 2º A retirada ou a extinção de consórcio público ou convênio de cooperação não prejudicará as obrigações já constituídas, inclusive os contratos, cuja extinção dependerá do pagamento das indenizações eventualmente devidas.

▸ § 2º com a redação dada pela Lei nº 14.026, de 15-7-2020.

Art. 12. A extinção de contrato de consórcio público dependerá de instrumento aprovado pela assembleia geral, ratificado mediante lei por todos os entes consorciados.

▸ *Caput* com a redação dada pela Lei nº 14.662, de 24-8-2023.

▸ Art. 2º da Lei nº 14.662, de 24-8-2023, que altera a Lei nº 11.107, de 6 de abril de 2005, para determinar que a alteração de contrato de consórcio público dependerá de ratificação mediante leis aprovadas pela maioria dos entes federativos consorciados.

§ 1º *Revogado*. Lei nº 14.026, de 15-7-2020.

§ 2º Até que haja decisão que indique os responsáveis por cada obrigação, os entes consorciados responderão solidariamente pelas obrigações remanescentes, garantindo o direito de regresso em face dos entes beneficiados ou dos que deram causa à obrigação.

Art. 12-A. A alteração de contrato de consórcio público dependerá de instrumento aprovado pela assembleia geral, ratificado mediante lei pela maioria dos entes consorciados.

▸ Art. 12-A acrescido pela Lei nº 14.662, de 24-8-2023.

▸ Art. 2º da Lei nº 14.662, de 24-8-2023, que altera a Lei nº 11.107, de 6 de abril de 2005, para determinar que a alteração de contrato de consórcio público dependerá de ratificação mediante leis aprovadas pela maioria dos entes federativos consorciados.

Art. 13. Deverão ser constituídas e reguladas por contrato de programa, como condição de sua validade, as obrigações que um ente da Federação constituir para com outro ente da Federação ou para com consórcio público no âmbito de gestão associada em que haja a prestação de serviços públicos ou a transferência total ou parcial de encargos, serviços, pessoal ou de bens necessários à continuidade dos serviços transferidos.

§ 1º O contrato de programa deverá:

I – atender à legislação de concessões e permissões de serviços públicos e, especialmente no que se refere ao cálculo de tarifas e de outros preços públicos, à de regulação dos serviços a serem prestados; e

II – prever procedimentos que garantam a transparência da gestão econômica e financeira de cada serviço em relação a cada um de seus titulares.

§ 2º No caso de a gestão associada originar a transferência total ou parcial de encargos, serviços, pessoal e bens essenciais à continuidade dos serviços transferidos, o contrato de programa, sob pena de nulidade, deverá conter cláusulas que estabeleçam:

I – os encargos transferidos e a responsabilidade de subsidiária da entidade que os transferiu;

II – as penalidades no caso de inadimplência em relação aos encargos transferidos;

III – o momento de transferência dos serviços e os deveres relativos a sua continuidade;

IV – a indicação de quem arcará com o ônus e os passivos do pessoal transferido;

V – a identificação dos bens que terão apenas a sua gestão e administração transferidas e o preço dos que sejam efetivamente alienados ao contratado;

VI – o procedimento para o levantamento, cadastro e avaliação dos bens reversíveis que vierem a ser amortizados mediante receitas de tarifas ou outras emergentes da prestação dos serviços.

§ 3º É nula a cláusula de contrato de programa que atribuir ao contratado o exercício dos poderes de planejamento, regulação e fiscalização dos serviços por ele próprio prestados.

§ 4º O contrato de programa continuará vigente mesmo quando extinto o consórcio público ou o convênio de cooperação que autorizou a gestão associada de serviços públicos.

§ 5º Mediante previsão do contrato de consórcio público, ou de convênio de cooperação, o contrato de programa poderá ser celebrado por entidades de direito público ou privado que integrem a administração indireta de qualquer dos entes da Federação consorciados ou conveniados.

§ 6º *Revogado*. Lei nº 14.026, de 15-7-2020.

§ 7º Excluem-se do previsto no *caput* deste artigo as obrigações cujo descumprimento não acarrete qualquer ônus, inclusive financeiro, a ente da Federação ou a consórcio público.

§ 8º Os contratos de prestação de serviços públicos de saneamento básico deverão observar o art. 175 da Constituição Federal, vedada a formalização de novos contratos de programa para esse fim.

▸ § 8º acrescido pela Lei nº 14.026, de 15-7-2020.

Art. 14. A União poderá celebrar convênios com os consórcios públicos, com o objetivo de viabilizar a descentralização e a prestação de políticas públicas em escalas adequadas.

Parágrafo único. Para a celebração dos convênios de que trata o *caput* deste artigo, as exigências legais de regularidade aplicar-se-ão ao próprio consórcio público envolvido, e não aos entes federativos nele consorciados.

▸ Parágrafo único acrescido pela Lei nº 13.821, de 3-5-2019.

Art. 15. No que não contrariar esta Lei, a organização e funcionamento dos consórcios públicos serão disciplinados pela legislação que rege as associações civis.

Art. 16. O inciso IV do art. 41 da Lei nº 10.406, de 10 de janeiro de 2002 – Código Civil, passa a vigorar com a seguinte redação:

▸ Alteração inserida no texto do Código Civil.

Art. 17. Os arts. 23, 24, 26 e 112 da Lei nº 8.666, de 21 de junho de 1993, passam a vigorar com a seguinte redação:

▸ Alterações inseridas no texto da referida Lei.

▸ A Lei nº 8.666, de 21-6-1993, foi revogada pela Lei nº 14.133, de 1º-4-2021.

Art. 18. O art. 10 da Lei nº 8.429, de 2 de junho de 1992, passa a vigorar acrescido dos seguintes incisos:

▸ Alterações inseridas no texto da referida Lei.

Art. 19. O disposto nesta Lei não se aplica aos convênios de cooperação, contratos de programa para gestão associada de serviços públicos ou instrumentos congêneres, que tenham sido celebrados anteriormente a sua vigência.

Art. 20. O Poder Executivo da União regulamentará o disposto nesta Lei, inclusive as normas gerais de contabilidade pública que serão observadas pelos consórcios públicos para que sua gestão financeira e orçamentária se realize na conformidade dos pressupostos da responsabilidade fiscal.

Art. 21. Esta Lei entra em vigor na data de sua publicação.

Brasília, 6 de abril de 2005;
184º da Independência e
117º da República.

Luiz Inácio Lula da Silva

LEI Nº 12.232, DE 29 DE ABRIL DE 2010

Dispõe sobre as normas gerais para licitação e contratação pela administração pública de serviços de publicidade prestados por intermédio de agências de propaganda e dá outras providências.

▸ Publicada no *DOU* de 30-4-2010.

▸ Lei nº 4.680, de 18-6-1965, dispõe sobre o exercício da profissão de Publicitário e de Agenciador de Propaganda.

▸ Lei nº 14.133, de 1º-4-2021 (Nova Lei de Licitações e Contratos Administrativos).

CAPÍTULO I
DISPOSIÇÕES GERAIS

Art. 1º Esta Lei estabelece normas gerais sobre licitações e contratações pela administração pública de serviços de publicidade prestados necessariamente por intermédio de agências de propaganda, no âmbito da União, dos Estados, do Distrito Federal e dos Municípios.

§ 1º Subordinam-se ao disposto nesta Lei os órgãos do Poder Executivo, Legislativo e Judiciário, as pessoas da administração indireta e todas as entidades controladas direta ou indiretamente pelos entes referidos no *caput* deste artigo.

§ 2º As Leis nºs 4.680, de 18 de junho de 1965, e 8.666, de 21 de junho de 1993, serão aplicadas aos procedimentos licitatórios e aos contratos regidos por esta Lei, de forma complementar.

▸ A Lei nº 8.666, de 21-6-1993, foi revogada pela Lei nº 14.133, de 1º-4-2021.

▸ Lei nº 14.133, de 1º-4-2021 (Nova Lei de Licitações e Contratos Administrativos).

Art. 2º Para fins desta Lei, considera-se serviços de publicidade o conjunto de atividades realizadas integradamente que tenham por objetivo o estudo, o planejamento, a conceituação, a concepção, a criação, a execução interna, a intermediação e a supervisão da execução externa e a distribuição de publicidade aos veículos e demais meios de divulgação, com o objetivo de promover a venda de bens ou serviços de qualquer natureza, difundir ideias ou informar o público em geral.

§ 1º Nas contratações de serviços de publicidade, poderão ser incluídos como atividades complementares os serviços especializados pertinentes:

I – ao planejamento e à execução de pesquisas e de outros instrumentos de avaliação e de geração de conhecimento sobre o mercado, o público-alvo, os meios de divulgação nos quais serão difundidas as peças e ações publicitárias ou sobre os resultados das campanhas realizadas, respeitado o disposto no art. 3º desta Lei;

II – à produção e à execução técnica das peças e projetos publicitários criados;

III – à criação e ao desenvolvimento de formas inovadoras de comunicação publicitária, em consonância com novas tecnologias, visando à expansão dos efeitos das mensagens e das ações publicitárias.

§ 2º Os contratos de serviços de publicidade terão por objeto somente as atividades previstas no *caput* e no § 1º deste artigo, vedada a inclusão de quaisquer outras atividades, em especial as de assessoria de imprensa, comunicação e relações públicas ou as que tenham por finalidade a realização de eventos festivos de qualquer natureza, as quais serão contratadas por meio de procedimentos licitatórios próprios, respeitado o disposto na legislação em vigor.

§ 3º Na contratação dos serviços de publicidade, faculta-se a adjudicação do objeto da licitação a mais de uma agência de propaganda, sem a segregação em itens ou contas publicitárias, mediante justificativa no processo de licitação.

- Art. 11, § 4º, XIV, desta Lei.

§ 4º Para a execução das ações de comunicação publicitária realizadas no âmbito dos contratos decorrentes das licitações previstas no § 3º deste artigo, o órgão ou a entidade deverá, obrigatoriamente, instituir procedimento de seleção interna entre as contratadas, cuja metodologia será aprovada pela administração e publicada na imprensa oficial.

Art. 3º As pesquisas e avaliações previstas no inciso I do § 1º do art. 2º desta Lei terão a finalidade específica de aferir o desenvolvimento estratégico, a criação e a veiculação e de possibilitar a mensuração dos resultados das campanhas publicitárias realizadas em decorrência da execução do contrato.

Parágrafo único. É vedada a inclusão nas pesquisas e avaliações de matéria estranha ou que não guarde pertinência temática com a ação publicitária ou com o objeto do contrato de prestação de serviços de publicidade.

Art. 4º Os serviços de publicidade previstos nesta Lei serão contratados em agências de propaganda cujas atividades sejam disciplinadas pela Lei nº 4.680, de 18 de junho de 1965, e que tenham obtido certificado de qualificação técnica de funcionamento.

- Lei nº 4.680, de 18-6-1965, dispõe sobre o exercício da profissão de Publicitário e de Agenciador de Propaganda.

§ 1º O certificado de qualificação técnica de funcionamento previsto no *caput* deste artigo poderá ser obtido perante o Conselho Executivo das Normas-Padrão – CENP, entidade sem fins lucrativos, integrado e gerido por entidades nacionais que representam veículos, anunciantes e agências, ou por entidade equivalente, legalmente reconhecida como fiscalizadora e certificadora das condições técnicas de agências de propaganda.

§ 2º A agência contratada nos termos desta Lei só poderá reservar e comprar espaço ou tempo publicitário de veículos de divulgação, por conta e por ordem dos seus clientes, se previamente os identificar e tiver sido por eles expressamente autorizada.

CAPÍTULO II
DOS PROCEDIMENTOS LICITATÓRIOS

Art. 5º As licitações previstas nesta Lei serão processadas pelos órgãos e entidades responsáveis pela contratação, respeitadas as modalidades definidas no art. 22 da Lei nº 8.666, de 21 de junho de 1993, adotando-se como obrigatórios os tipos "melhor técnica" ou "técnica e preço".

- A Lei nº 8.666, de 21-6-1993, foi revogada pela Lei nº 14.133, de 1º-4-2021.
- Lei nº 14.133, de 1º-4-2021 (Nova Lei de Licitações e Contratos Administrativos).

Art. 6º A elaboração do instrumento convocatório das licitações previstas nesta Lei obedecerá às exigências do art. 40 da Lei nº 8.666, de 21 de junho de 1993, com exceção das previstas nos incisos I e II do seu § 2º, e às seguintes:

- A Lei nº 8.666, de 21-6-1993, foi revogada pela Lei nº 14.133, de 1º-4-2021.
- Art. 25 da Lei nº 14.133, de 1º-4-2021 (Nova Lei de Licitações e Contratos Administrativos).

I – os documentos de habilitação serão apresentados apenas pelos licitantes classificados no julgamento final das propostas, nos termos do inciso XI do art. 11 desta Lei;

II – as informações suficientes para que os interessados elaborem propostas serão estabelecidas em um *briefing*, de forma precisa, clara e objetiva;

III – a proposta técnica será composta de um plano de comunicação publicitária, pertinente às informações expressas no *briefing*, e de um conjunto de informações referentes ao proponente;

IV – o plano de comunicação publicitária previsto no inciso III deste artigo será apresentado em 2 (duas) vias, uma sem a identificação de sua autoria e outra com a identificação;

V – a proposta de preço conterá quesitos representativos das formas de remuneração vigentes no mercado publicitário;

VI – o julgamento das propostas técnicas e de preços e o julgamento final do certame serão realizados exclusivamente com base nos critérios especificados no instrumento convocatório;

VII – a subcomissão técnica prevista no § 1º do art. 10 desta Lei reavaliará a pontuação atribuída a um quesito sempre que a diferença entre a maior e a menor pontuação for superior a 20% (vinte por cento) da pontuação máxima do quesito, com o fim de restabelecer o equilíbrio das pontuações atribuídas, de conformidade com os critérios objetivos postos no instrumento convocatório;

VIII – serão fixados critérios objetivos e automáticos de identificação da proposta mais vantajosa para a administração, no caso de empate na soma de pontos das propostas técnicas, nas licitações do tipo "melhor técnica";

IX – o formato para apresentação pelos proponentes do plano de comunicação publicitária será padronizado quanto a seu tamanho, a fontes tipográficas, a espaçamento de parágrafos, a quantidades e formas dos exemplos de peças e a outros aspectos pertinentes, observada a exceção prevista no inciso XI deste artigo;

X – para apresentação pelos proponentes do conjunto de informações de que trata o art. 8º desta Lei, poderão ser fixados o número máximo de páginas de texto, o número de peças e trabalhos elaborados para seus clientes e as datas a partir das quais devam ter sido elaborados os trabalhos, e veiculadas, distribuídas, exibidas ou expostas as peças;

XI – na elaboração das tabelas, planilhas e gráficos integrantes do plano de mídia e não mídia, os proponentes poderão utilizar as fontes tipográficas que julgarem mais adequadas para sua apresentação;

XII – será vedada a aposição, a qualquer parte da via não identificada do plano de comunicação publicitária, de marca, sinal ou palavra que possibilite a identificação do seu proponente antes da abertura do invólucro de que trata o § 2º do art. 9º desta Lei;

XIII – será vedada a aposição ao invólucro destinado às informações de que trata o art. 8º desta Lei, assim como dos documentos nele contidos, de informação, marca, sinal, etiqueta ou qualquer outro elemento que identifique a autoria do plano de comunicação publicitária, em qualquer momento anterior à abertura dos invólucros de que trata o § 2º do art. 9º desta Lei;

XIV – será desclassificado o licitante que descumprir o disposto nos incisos XII e XIII deste artigo e demais disposições do instrumento convocatório.

§ 1º No caso do inciso VII deste artigo, persistindo a diferença de pontuação prevista após a reavaliação do quesito, os membros da subcomissão técnica, autores das pontuações consideradas destoantes, deverão registrar em ata as razões que os levaram a manter a pontuação atribuída ao quesito reavaliado, que será assinada por todos os membros da subcomissão e passará a compor o processo da licitação.

§ 2º Se houver desclassificação de alguma proposta técnica por descumprimento de disposições do instrumento convocatório, ainda assim será atribuída pontuação a seus quesitos, a ser lançada em planilhas que ficarão acondicionadas em invólucro fechado e rubricado no fecho pelos membros da subcomissão técnica prevista no § 1º do art. 10 desta Lei, até que expirem os prazos para interposição de recursos relativos a essa fase da licitação, exceto nos casos em que o descumprimento resulte na identificação do proponente antes da abertura do invólucro de que trata o § 2º do art. 9º desta Lei.

Art. 7º O plano de comunicação publicitária de que trata o inciso III do art. 6º desta Lei será composto dos seguintes quesitos:

I – raciocínio básico, sob a forma de texto, que apresentará um diagnóstico das necessidades de comunicação publicitária do órgão ou entidade responsável pela licitação, a compreensão do proponente sobre o objeto da licitação e os desafios de comunicação a serem enfrentados;

II – estratégia de comunicação publicitária, sob a forma de texto, que indicará e defenderá as linhas gerais da proposta para suprir o desafio e alcançar os resultados e metas de comunicação desejadas pelo órgão ou entidade responsável pela licitação;

III – ideia criativa, sob a forma de exemplos de peças publicitárias, que corresponderão à resposta criativa do proponente aos desafios e metas por ele explicitados na estratégia de comunicação publicitária;

IV – estratégia de mídia e não mídia, em que o proponente explicitará e justificará a estratégia e as táticas recomendadas, em consonância com a estratégia de comunicação publicitária por ela sugerida e em função da verba disponível indicada no instrumento convocatório, apresentada sob a forma de textos, tabelas, gráficos, planilhas e por quadro resumo que identificará as peças a serem veiculadas ou distribuídas e suas respectivas quantidades, inserções e custos nominais de produção e de veiculação.

Art. 8º O conjunto de informações a que se refere o inciso III do art. 6º desta Lei será composto de quesitos destinados a avaliar a capacidade de atendimento do proponente e o nível dos trabalhos por ele realizados para seus clientes.

▶ Art. 11, § 4º, I e V, desta Lei.

Art. 9º As propostas de preços serão apresentadas em 1 (um) invólucro e as propostas técnicas em 3 (três) invólucros distintos, destinados um para a via não identificada do plano de comunicação publicitária, um para a via identificada do plano de comunicação publicitária e outro para as demais informações integrantes da proposta técnica.

§ 1º O invólucro destinado à apresentação da via não identificada do plano de comunicação publicitária será padronizado e fornecido previamente pelo órgão ou entidade responsável pela licitação, sem nenhum tipo de identificação.

§ 2º A via identificada do plano de comunicação publicitária terá o mesmo teor da via não identificada, sem os exemplos de peças referentes à ideia criativa.

Art. 10. As licitações previstas nesta Lei serão processadas e julgadas por comissão permanente ou especial, com exceção da análise e julgamento das propostas técnicas.

§ 1º As propostas técnicas serão analisadas e julgadas por subcomissão técnica, constituída por, pelo menos, 3 (três) membros que sejam formados em comunicação, publicidade ou *marketing* ou que atuem em uma dessas áreas, sendo que, pelo menos, 1/3 (um terço) deles não poderão manter nenhum vínculo funcional ou contratual, direto ou indireto, com o órgão ou a entidade responsável pela licitação.

▶ Art. 6º, VII, desta Lei.

§ 2º A escolha dos membros da subcomissão técnica dar-se-á por sorteio, em sessão pública, entre os nomes de uma relação que terá, no mínimo, o triplo do número de integrantes da subcomissão, previamente cadastrados, e será composta por, pelo menos, 1/3 (um terço) de profissionais que não mantenham nenhum vínculo funcional ou contratual, direto ou indireto, com o órgão ou entidade responsável pela licitação.

§ 3º Nas contratações de valor estimado em até 10 (dez) vezes o limite previsto na alínea *a* do inciso II do art. 23 da Lei nº 8.666, de 21 de junho de 1993, a relação prevista no § 2º deste artigo terá, no mínimo, o dobro do número de integrantes da subcomissão técnica e será composta por, pelo menos, 1/3 (um terço) de profissionais que não mantenham nenhum vínculo funcional ou contratual, direto ou indireto, com o órgão ou entidade responsável pela licitação.

▶ A Lei nº 8.666, de 21-6-1993, foi revogada pela Lei nº 14.133, de 1º-4-2021.

§ 4º A relação dos nomes referidos nos §§ 2º e 3º deste artigo será publicada na imprensa oficial, em prazo não inferior a 10 (dez) dias da data em que será realizada a sessão pública marcada para o sorteio.

§ 5º Para os fins do cumprimento do disposto nesta Lei, até 48 (quarenta e oito) horas antes da sessão pública destinada ao sorteio, qualquer interessado poderá impugnar pessoa integrante da relação a que se referem os §§ 2º, 3º e 4º deste artigo, mediante fundamentos jurídicos plausíveis.

§ 6º Admitida a impugnação, o impugnado terá o direito de abster-se de atuar na subcomissão técnica, declarando-se impedido ou suspeito, antes da decisão da autoridade competente.

§ 7º A abstenção do impugnado ou o acolhimento da impugnação, mediante decisão fundamentada da autoridade competente, implicará, se necessário, a elaboração e a publicação de nova lista, sem o nome impugnado, respeitado o disposto neste artigo.

§ 8º A sessão pública será realizada após a decisão motivada da impugnação, em data previamente designada, garantidos o cumprimento do prazo mínimo previsto no § 4º deste artigo e a possibilidade de fiscalização do sorteio por qualquer interessado.

§ 9º O sorteio será processado de modo a garantir o preenchimento das vagas da subcomissão técnica, de acordo com a proporcionalidade do número de membros que mantenham ou não vínculo com o órgão ou entidade responsável pela licitação, nos termos dos §§ 1º, 2º e 3º deste artigo.

§ 10. Nas licitações previstas nesta Lei, quando processadas sob a modalidade de convite, a subcomissão técnica, excepcionalmente, nas pequenas unidades administrativas e sempre que for comprovadamente impossível o cumprimento do disposto neste artigo, será substituída pela comissão permanente de licitação ou, inexistindo esta, por servidor formalmente designado pela autoridade competente, que deverá possuir conhecimentos na área de comunicação, publicidade ou *marketing*.

Art. 11. Os invólucros com as propostas técnicas e de preços serão entregues à comissão permanente ou especial na data, local e horário determinados no instrumento convocatório.

§ 1º Os integrantes da subcomissão técnica não poderão participar da sessão de recebimento e abertura dos invólucros com as propostas técnicas e de preços.

§ 2º Os invólucros padronizados com a via não identificada do plano de comunicação publicitária só serão recebidos pela comissão permanente ou especial se não apresentarem marca, sinal, etiqueta ou qualquer outro elemento capaz de identificar a licitante.

§ 3º A comissão permanente ou especial não lançará nenhum código, sinal ou marca nos invólucros padronizados nem nos documentos que compõem a via não identificada do plano de comunicação publicitária.

§ 4º O processamento e o julgamento da licitação obedecerão ao seguinte procedimento:

I – abertura dos 2 (dois) invólucros com a via não identificada do plano de comunicação e com as informações de que trata o art. 8º desta Lei, em sessão pública, pela comissão permanente ou especial;

II – encaminhamento das propostas técnicas à subcomissão técnica para análise e julgamento;

III – análise individualizada e julgamento do plano de comunicação publicitária, desclassificando-se as que desatenderem as exigências legais ou estabelecidas no instrumento convocatório, observado o disposto no inciso XIV do art. 6º desta Lei;

IV – elaboração de ata de julgamento do plano de comunicação publicitária e encaminhamento à comissão permanente ou especial, juntamente com as propostas, as planilhas com as pontuações e a justificativa escrita das razões que as fundamentaram em cada caso;

V – análise individualizada e julgamento dos quesitos referentes às informações de que trata o art. 8º desta Lei, desclassificando-se as que desatenderem quaisquer das exigências legais ou estabelecidas no instrumento convocatório;

VI – elaboração de ata de julgamento dos quesitos mencionados no inciso V deste artigo e encaminhamento à comissão permanente ou especial, juntamente com as propostas, as planilhas com as pontuações e a justificativa escrita das razões que as fundamentaram em cada caso;

VII – realização de sessão pública para apuração do resultado geral das propostas técnicas, com os seguintes procedimentos:

a) abertura dos invólucros com a via identificada do plano de comunicação publicitária;

b) cotejo entre as vias identificadas e não identificadas do plano de comunicação publicitária, para identificação de sua autoria;

c) elaboração de planilha geral com as pontuações atribuídas a cada um dos quesitos de cada proposta técnica;

d) proclamação do resultado do julgamento geral da proposta técnica, registrando-se em ata as propostas desclassificadas e a ordem de classificação;

VIII – publicação do resultado do julgamento da proposta técnica, com a indicação dos proponentes desclassificados e da ordem de classificação organizada pelo nome dos licitantes, abrindo-se prazo para interposição de recurso, conforme disposto na alínea *b* do inciso I do art. 109 da Lei nº 8.666, de 21 de junho de 1993;

▶ A Lei nº 8.666, de 21-6-1993, foi revogada pela Lei nº 14.133, de 1º-4-2021.

▶ Lei nº 14.133, de 1º-4-2021 (Nova Lei de Licitações e Contratos Administrativos).

IX – abertura dos invólucros com as propostas de preços, em sessão pública, obedecendo-se ao previsto nos incisos II, III e IV do § 1º do art. 46 da Lei nº 8.666, de 21 de junho de 1993, nas licitações do tipo "melhor técnica", e ao disposto no § 2º do art. 46 da mesma Lei, nas licitações do tipo "técnica e preço";

▶ A Lei nº 8.666, de 21-6-1993, foi revogada pela Lei nº 14.133, de 1º-4-2021.

▶ Arts. 34 a 36 da Lei nº 14.133, de 1º-4-2021 (Nova Lei de Licitações e Contratos Administrativos).

X – publicação do resultado do julgamento final das propostas, abrindo-se prazo para interposição de recurso, conforme disposto na alínea *b* do inciso I do art. 109 da Lei nº 8.666, de 21 de junho de 1993;

- A Lei nº 8.666, de 21-6-1993, foi revogada pela Lei nº 14.133, de 1º-4-2021.
- Art. 165, I, *b*, da Lei nº 14.133, de 1º-4-2021 (Nova Lei de Licitações e Contratos Administrativos).

XI – convocação dos licitantes classificados no julgamento final das propostas para apresentação dos documentos de habilitação;

XII – recebimento e abertura do invólucro com os documentos de habilitação dos licitantes previstos no inciso XI deste artigo, em sessão pública, para análise da sua conformidade com as condições estabelecidas na legislação em vigor e no instrumento convocatório;

XIII – decisão quanto à habilitação ou inabilitação dos licitantes previstos no inciso XI deste artigo e abertura do prazo para interposição de recurso, nos termos da alínea *a* do inciso I do art. 109 da Lei nº 8.666, de 21 de junho de 1993;

- A Lei nº 8.666, de 21-6-1993, foi revogada pela Lei nº 14.133, de 1º-4-2021.
- Art. 165, I, *c*, da Lei nº 14.133, de 1º-4-2021 (Nova Lei de Licitações e Contratos Administrativos).

XIV – reconhecida a habilitação dos licitantes, na forma dos incisos XI, XII e XIII deste artigo, será homologado o procedimento e adjudicado o objeto licitado, observado o disposto no § 3º do art. 2º desta Lei.

Art. 12. O descumprimento, por parte de agente do órgão ou entidade responsável pela licitação, dos dispositivos desta Lei destinados a garantir o julgamento do plano de comunicação publicitária sem o conhecimento de sua autoria, até a abertura dos invólucros de que trata a alínea *a* do inciso VII do § 4º do art. 11 desta Lei, implicará a anulação do certame, sem prejuízo da apuração de eventual responsabilidade administrativa, civil ou criminal dos envolvidos na irregularidade.

CAPÍTULO III
DOS CONTRATOS DE SERVIÇOS DE PUBLICIDADE E DA SUA EXECUÇÃO

Art. 13. A definição do objeto do contrato de serviços previsto nesta Lei e das cláusulas que o integram dar-se-á em estrita vinculação ao estabelecido no instrumento convocatório da licitação e aos termos da legislação em vigor.

Parágrafo único. A execução do contrato dar-se-á em total conformidade com os termos e condições estabelecidas na licitação e no respectivo instrumento contratual.

Art. 14. Somente pessoas físicas ou jurídicas previamente cadastradas pelo contratante poderão fornecer ao contratado bens ou serviços especializados relacionados com as atividades complementares da execução do objeto do contrato, nos termos do § 1º do art. 2º desta Lei.

§ 1º O fornecimento de bens ou serviços especializados na conformidade do previsto no *caput* deste artigo exigirá sempre a apresentação pelo contratado ao contratante de 3 (três) orçamentos obtidos entre pessoas que atuem no mercado do ramo do fornecimento pretendido.

§ 2º No caso do § 1º deste artigo, o contratado procederá à coleta de orçamentos de fornecedores em envelopes fechados, que serão abertos em sessão pública, convocada e realizada sob fiscalização do contratante, sempre que o fornecimento de bens ou serviços tiver valor superior a 0,5% (cinco décimos por cento) do valor global do contrato.

§ 3º O fornecimento de bens ou serviços de valor igual ou inferior a 20% (vinte por cento) do limite previsto na alínea *a* do inciso II do art. 23 da Lei nº 8.666, de 21 de junho de 1993, está dispensado do procedimento previsto no § 2º deste artigo.

- A Lei nº 8.666, de 21-6-1993, foi revogada pela Lei nº 14.133, de 1º-4-2021.

Art. 15. Os custos e as despesas de veiculação apresentados ao contratante para pagamento deverão ser acompanhados da demonstração do valor devido ao veículo, de sua tabela de preços, da descrição dos descontos negociados e dos pedidos de inserção correspondentes, bem como de relatório de checagem de veiculação, a cargo de empresa independente, sempre que possível.

Parágrafo único. Pertencem ao contratante as vantagens obtidas em negociação de compra de mídia diretamente ou por intermédio de agência de propaganda, incluídos os eventuais descontos e as bonificações na forma de tempo, espaço ou reaplicações que tenham sido concedidos pelo veículo de divulgação.

Art. 16. As informações sobre a execução do contrato, com os nomes dos fornecedores de serviços especializados e veículos, serão divulgadas em sítio próprio aberto para o contrato na rede mundial de computadores, garantido o livre acesso às informações por quaisquer interessados.

Parágrafo único. As informações sobre valores pagos serão divulgadas pelos totais de cada tipo de serviço de fornecedores e de cada meio de divulgação.

Art. 17. As agências contratadas deverão, durante o período de, no mínimo, 5 (cinco) anos após a extinção do contrato, manter acervo comprobatório da totalidade dos serviços prestados e das peças publicitárias produzidas.

CAPÍTULO IV
DISPOSIÇÕES FINAIS E TRANSITÓRIAS

Art. 18. É facultativa a concessão de planos de incentivo por veículo de divulgação e sua aceitação por agência de propaganda, e os frutos deles resultantes constituem, para todos os fins de direito, receita própria da agência e não estão compreendidos na obrigação estabelecida no parágrafo único do art. 15 desta Lei.

§ 1º A equação econômico-financeira definida na licitação e no contrato não se altera em razão da vigência ou não de planos de incentivo referidos no *caput* deste artigo, cujos frutos estão expressamente excluídos dela.

§ 2º As agências de propaganda não poderão, em nenhum caso, sobrepor os planos de incentivo aos interesses dos contratantes, preterindo veículos de divulgação que não os concedam ou priorizando os que os ofereçam, devendo sempre conduzir-se na orientação da escolha desses veículos de acordo com pesquisas e dados técnicos comprovados.

§ 3º O desrespeito ao disposto no § 2º deste artigo constituirá grave violação aos deveres contratuais por parte da agência contratada e a submeterá a processo administrativo em que, uma vez comprovado o comportamento injustificado, implicará a aplicação das sanções previstas no *caput* do art. 87 da Lei nº 8.666, de 21 de junho de 1993.

- A Lei nº 8.666, de 21-6-1993, foi revogada pela Lei nº 14.133, de 1º-4-2021.
- Art. 156 da Lei nº 14.133, de 1º-4-2021 (Nova Lei de Licitações e Contratos Administrativos).

Art. 19. Para fins de interpretação da legislação de regência, valores correspondentes ao desconto-padrão de agência pela concepção, execução e distribuição de propaganda, por ordem e conta de clientes anunciantes, constituem receita da agência de publicidade e, em consequência, o veículo de divulgação não pode, para quaisquer fins, faturar e contabilizar tais valores como receita própria, inclusive quando o repasse do desconto-padrão à agência de publicidade for efetivado por meio de veículo de divulgação.

Parágrafo único. VETADO.

Art. 20. O disposto nesta Lei será aplicado subsidiariamente às empresas que possuem regulamento próprio de contratação, às licitações já abertas, aos contratos em fase de execução e aos efeitos pendentes dos contratos já encerrados na data de sua publicação.

Art. 20-A. A contratação de serviços de comunicação institucional, que compreendem os serviços de relação com a imprensa e de relações públicas, deverá observar o disposto no art. 5º desta Lei.

§ 1º Aplica-se o disposto no *caput* deste artigo à contratação dos serviços direcionados ao planejamento, criação, programação e manutenção de páginas eletrônicas da administração pública, ao monitoramento e gestão de suas redes sociais e à otimização de páginas e canais digitais para mecanismos de buscas e produção de mensagens, infográficos, painéis interativos e conteúdo institucional.

§ 2º O disposto no *caput* e no § 1º deste artigo não abrange a contratação de espaços publicitários e de mídia ou a expansão dos efeitos das mensagens e das ações de comunicação, que observarão o disposto no *caput* do art. 2º desta Lei.

§ 3º O disposto no *caput* não exclui a possibilidade de os serviços descritos no *caput* e no § 1º deste artigo serem prestados pelos servidores dos respectivos órgãos e entidades da administração pública.

Art. 20-B. Para fins desta Lei, os serviços de comunicação institucional compreendem os serviços de relações com a imprensa e de relações públicas, assim definidos:

I – relações com a imprensa: ação que reúne estratégias organizacionais para promover e reforçar a comunicação dos órgãos e das entidades contratantes com seus públicos de interesse, por meio da interação com profissionais da imprensa; e

II – relações públicas: esforço de comunicação planejado, coeso e contínuo que tem por objetivo estabelecer adequada percepção da atuação e dos objetivos institucionais, a partir do estímulo à compreensão mútua e da manutenção de padrões de relacionamento e fluxos de informação entre os órgãos e as entidades contratantes e seus públicos de interesse, no Brasil e no exterior.

- Arts. 20-A e 20-B acrescidos pela Lei nº 14.356, de 31-5-2022.

Art. 21. Serão discriminadas em categorias de programação específicas no projeto e na lei orçamentária anual as dotações orçamentárias destinadas às despesas com publicidade institucional e com publicidade de utilidade pública, inclusive quando for produzida ou veiculada por órgão ou entidade integrante da administração pública.

Art. 22. Esta Lei entra em vigor na data da sua publicação.

Brasília, 29 de abril de 2010;
189º da Independência e
122º da República.

Luiz Inácio Lula da Silva

LEI Nº 12.587, DE 3 DE JANEIRO DE 2012

Institui as diretrizes da Política Nacional de Mobilidade Urbana; revoga dispositivos dos Decretos-Leis nºs 3.326, de 3 de junho de 1941, e 5.405, de 13 de abril de 1943, da Consolidação das Leis do Trabalho (CLT), aprovada pelo Decreto-Lei nº 5.452, de 1º de maio de 1943, e das Leis nºs 5.917, de 10 de setembro de 1973, e 6.261, de 14 de novembro de 1975; e dá outras providências.

▸ Publicada no *DOU* de 4-1-2012.

CAPÍTULO I
DISPOSIÇÕES GERAIS

Art. 1º A Política Nacional de Mobilidade Urbana é instrumento da política de desenvolvimento urbano de que tratam o inciso XX do art. 21 e o art. 182 da Constituição Federal, objetivando a integração entre os diferentes modos de transporte e a melhoria da acessibilidade e mobilidade das pessoas e cargas no território do Município.

Parágrafo único. A Política Nacional a que se refere o *caput* deve atender ao previsto no inciso VII do art. 2º e no § 2º do art. 40 da Lei nº 10.257, de 10 de julho de 2001 (Estatuto da Cidade).

Art. 2º A Política Nacional de Mobilidade Urbana tem por objetivo contribuir para o acesso universal à cidade, o fomento e a concretização das condições que contribuam para a efetivação dos princípios, objetivos e diretrizes da política de desenvolvimento urbano, por meio do planejamento e da gestão democrática do Sistema Nacional de Mobilidade Urbana.

Art. 3º O Sistema Nacional de Mobilidade Urbana é o conjunto organizado e coordenado dos modos de transporte, de serviços e de infraestruturas que garante os deslocamentos de pessoas e cargas no território do Município.

§ 1º São modos de transporte urbano:

I – motorizados; e

II – não motorizados.

§ 2º Os serviços de transporte urbano são classificados:

I – quanto ao objeto:

a) de passageiros;

b) de cargas;

II – quanto à característica do serviço:

a) coletivo;

b) individual;

III – quanto à natureza do serviço:

a) público;

b) privado.

§ 3º São infraestruturas de mobilidade urbana:

I – vias e demais logradouros públicos, inclusive metroferrovias, hidrovias e ciclovias;

II – estacionamentos;

III – terminais, estações e demais conexões;

IV – pontos para embarque e desembarque de passageiros e cargas;

V – sinalização viária e de trânsito;

VI – equipamentos e instalações; e

VII – instrumentos de controle, fiscalização, arrecadação de taxas e tarifas e difusão de informações.

SEÇÃO I
DAS DEFINIÇÕES

Art. 4º Para os fins desta Lei, considera-se:

I – transporte urbano: conjunto dos modos e serviços de transporte público e privado utilizados para o deslocamento de pessoas e cargas nas cidades integrantes da Política Nacional de Mobilidade Urbana;

II – mobilidade urbana: condição em que se realizam os deslocamentos de pessoas e cargas no espaço urbano;

III – acessibilidade: facilidade disponibilizada às pessoas que possibilite a todos autonomia nos deslocamentos desejados, respeitando-se a legislação em vigor;

IV – modos de transporte motorizado: modalidades que se utilizam de veículos automotores;

V – modos de transporte não motorizado: modalidades que se utilizam do esforço humano ou tração animal;

VI – transporte público coletivo: serviço público de transporte de passageiros acessível a toda a população mediante pagamento individualizado, com itinerários e preços fixados pelo poder público;

VII – transporte privado coletivo: serviço de transporte de passageiros não aberto ao público para a realização de viagens com características operacionais exclusivas para cada linha e demanda;

VIII – transporte público individual: serviço remunerado de transporte de passageiros aberto ao público, por intermédio de veículos de aluguel, para a realização de viagens individualizadas;

IX – transporte urbano de cargas: serviço de transporte de bens, animais ou mercadorias;

X – transporte remunerado privado individual de passageiros: serviço remunerado de transporte de passageiros, não aberto ao público, para a realização de viagens individualizadas ou compartilhadas solicitadas exclusivamente por usuários previamente cadastrados em aplicativos ou outras plataformas de comunicação em rede.

▸ Inciso X com a redação dada pela Lei nº 13.640, de 26-3-2018.

XI – transporte público coletivo intermunicipal de caráter urbano: serviço de transporte público coletivo entre Municípios que tenham contiguidade nos seus perímetros urbanos;

XII – transporte público coletivo interestadual de caráter urbano: serviço de transporte público coletivo entre Municípios de diferentes Estados que mantenham contiguidade nos seus perímetros urbanos; e

XIII – transporte público coletivo internacional de caráter urbano: serviço de transporte coletivo entre Municípios localizados em regiões de fronteira cujas cidades são definidas como cidades gêmeas.

SEÇÃO II
DOS PRINCÍPIOS, DIRETRIZES E OBJETIVOS DA POLÍTICA NACIONAL DE MOBILIDADE URBANA

Art. 5º A Política Nacional de Mobilidade Urbana está fundamentada nos seguintes princípios:

I – acessibilidade universal;

II – desenvolvimento sustentável das cidades, nas dimensões socioeconômicas e ambientais;

III – equidade no acesso dos cidadãos ao transporte público coletivo;

IV – eficiência, eficácia e efetividade na prestação dos serviços de transporte urbano;

V – gestão democrática e controle social do planejamento e avaliação da Política Nacional de Mobilidade Urbana;

VI – segurança nos deslocamentos das pessoas;

VII – justa distribuição dos benefícios e ônus decorrentes do uso dos diferentes modos e serviços;

VIII – equidade no uso do espaço público de circulação, vias e logradouros; e

IX – eficiência, eficácia e efetividade na circulação urbana.

Art. 6º A Política Nacional de Mobilidade Urbana é orientada pelas seguintes diretrizes:

I – integração com a política de desenvolvimento urbano e respectivas políticas setoriais de habitação, saneamento básico, planejamento e gestão do uso do solo no âmbito dos entes federativos;

II – prioridade dos modos de transportes não motorizados sobre os motorizados e dos serviços de transporte público coletivo sobre o transporte individual motorizado;

III – integração entre os modos e serviços de transporte urbano;

IV – mitigação dos custos ambientais, sociais e econômicos dos deslocamentos de pessoas e cargas na cidade;

V – incentivo ao desenvolvimento científico-tecnológico e ao uso de energias renováveis e menos poluentes;

VI – priorização de projetos de transporte público coletivo estruturadores do território e indutores do desenvolvimento urbano integrado; e

VII – integração entre as cidades gêmeas localizadas na faixa de fronteira com outros países sobre a linha divisória internacional;

VIII – garantia de sustentabilidade econômica das redes de transporte público coletivo de passageiros, de modo a preservar a continuidade, a universalidade e a modicidade tarifária do serviço.

▸ Inciso VIII acrescido pela Lei nº 13.683, de 19-6-2018.

Art. 7º A Política Nacional de Mobilidade Urbana possui os seguintes objetivos:

I – reduzir as desigualdades e promover a inclusão social;

II – promover o acesso aos serviços básicos e equipamentos sociais;

III – proporcionar melhoria nas condições urbanas da população no que se refere à acessibilidade e à mobilidade;

IV – promover o desenvolvimento sustentável com a mitigação dos custos ambientais e socioeconômicos dos deslocamentos de pessoas e cargas nas cidades; e

V – consolidar a gestão democrática como instrumento e garantia da construção contínua do aprimoramento da mobilidade urbana.

CAPÍTULO II

DAS DIRETRIZES PARA A REGULAÇÃO DOS SERVIÇOS DE TRANSPORTE PÚBLICO COLETIVO

Art. 8º A política tarifária do serviço de transporte público coletivo é orientada pelas seguintes diretrizes:

I – promoção da equidade no acesso aos serviços;

II – melhoria da eficiência e da eficácia na prestação dos serviços;

III – ser instrumento da política de ocupação equilibrada da cidade de acordo com o plano diretor municipal, regional e metropolitano;

IV – contribuição dos beneficiários diretos e indiretos para custeio da operação dos serviços;

V – simplicidade na compreensão, transparência da estrutura tarifária para o usuário e publicidade do processo de revisão;

VI – modicidade da tarifa para o usuário;

VII – integração física, tarifária e operacional dos diferentes modos e das redes de transporte público e privado nas cidades;

VIII – articulação interinstitucional dos órgãos gestores dos entes federativos por meio de consórcios públicos;

IX – estabelecimento e publicidade de parâmetros de qualidade e quantidade na prestação dos serviços de transporte público coletivo; e

▶ Incisos VIII e IX com a redação dada pela Lei nº 13.683, de 19-6-2018.

X – incentivo à utilização de créditos eletrônicos tarifários.

▶ Inciso X acrescido pela Lei nº 13.683, de 19-6-2018.

§ 1º VETADO.

§ 2º Os Municípios deverão divulgar, de forma sistemática e periódica, os impactos dos benefícios tarifários concedidos no valor das tarifas dos serviços de transporte público coletivo.

§ 3º VETADO.

Art. 9º O regime econômico e financeiro da concessão e o da permissão do serviço de transporte público coletivo serão estabelecidos no respectivo edital de licitação, sendo a tarifa de remuneração da prestação de serviço de transporte público coletivo resultante do processo licitatório da outorga do poder público.

§ 1º A tarifa de remuneração da prestação do serviço de transporte público coletivo deverá ser constituída pelo preço público cobrado do usuário pelos serviços somado à receita oriunda de outras fontes de custeio, de forma a cobrir os reais custos do serviço prestado ao usuário por operador público ou privado, além da remuneração do prestador.

§ 2º O preço público cobrado do usuário pelo uso do transporte público coletivo denomina-se tarifa pública, sendo instituída por ato específico do poder público outorgante.

§ 3º A existência de diferença a menor entre o valor monetário da tarifa de remuneração da prestação do serviço de transporte público de passageiros e a tarifa pública cobrada do usuário denomina-se déficit ou subsídio tarifário.

§ 4º A existência de diferença a maior entre o valor monetário da tarifa de remuneração da prestação do serviço de transporte público de passageiros e a tarifa pública cobrada do usuário denomina-se superávit tarifário.

§ 5º Caso o poder público opte pela adoção de subsídio tarifário, o déficit originado deverá ser coberto por receitas extratarifárias, receitas alternativas, subsídios orçamentários, subsídios cruzados intrassetoriais e intersetoriais provenientes de outras categorias de beneficiários dos serviços de transporte, dentre outras fontes, instituídos pelo poder público delegante.

§ 6º Na ocorrência de superávit tarifário proveniente de receita adicional originada em determinados serviços delegados, a receita deverá ser revertida para o próprio Sistema de Mobilidade Urbana.

§ 7º Competem ao poder público delegante a fixação, o reajuste e a revisão da tarifa de remuneração da prestação do serviço e da tarifa pública a ser cobrada do usuário.

§ 8º Compete ao poder público delegante a fixação dos níveis tarifários.

§ 9º Os reajustes das tarifas de remuneração da prestação do serviço observarão a periodicidade mínima estabelecida pelo poder público delegante no edital e no contrato administrativo e incluirão a transferência de parcela dos ganhos de eficiência e produtividade das empresas aos usuários.

§ 10. As revisões ordinárias das tarifas de remuneração terão periodicidade mínima estabelecida pelo poder público delegante no edital e no contrato administrativo e deverão:

I – incorporar parcela das receitas alternativas em favor da modicidade da tarifa ao usuário;

II – incorporar índice de transferência de parcela dos ganhos de eficiência e produtividade das empresas aos usuários; e

III – aferir o equilíbrio econômico e financeiro da concessão e o da permissão, conforme parâmetro ou indicador definido em contrato.

§ 11. O operador do serviço, por sua conta e risco e sob anuência do poder público, poderá realizar descontos nas tarifas ao usuário, inclusive de caráter sazonal, sem que isso possa gerar qualquer direito à solicitação de revisão da tarifa de remuneração.

§ 12. O poder público poderá, em caráter excepcional e desde que observado o interesse público, proceder à revisão extraordinária das tarifas, por ato de ofício ou mediante provocação da empresa, caso em que esta deverá demonstrar sua cabal necessidade, instruindo o requerimento com todos os elementos indispensáveis e suficientes para subsidiar a decisão, dando publicidade ao ato.

Art. 10. A contratação dos serviços de transporte público coletivo será precedida de licitação e deverá observar as seguintes diretrizes:

I – fixação de metas de qualidade e desempenho a serem atingidas e seus instrumentos de controle e avaliação;

II – definição dos incentivos e das penalidades aplicáveis vinculadas à consecução ou não das metas;

III – alocação dos riscos econômicos e financeiros entre os contratados e o poder concedente;

IV – estabelecimento das condições e meios para a prestação de informações operacionais, contábeis e financeiras ao poder concedente; e

V – identificação de eventuais fontes de receitas alternativas, complementares, acessórias ou de projetos associados, bem como da parcela destinada à modicidade tarifária.

Parágrafo único. Qualquer subsídio tarifário ao custeio da operação do transporte público coletivo deverá ser definido em contrato, com base em critérios transparentes e objetivos de produtividade e eficiência, especificando, minimamente, o objetivo, a fonte, a periodicidade e o beneficiário, conforme o estabelecido nos arts. 8º e 9º desta Lei.

Art. 11. Os serviços de transporte privado coletivo, prestados entre pessoas físicas ou jurídicas, deverão ser autorizados, disciplinados e fiscalizados pelo poder público competente, com base nos princípios e diretrizes desta Lei.

Art. 11-A. Compete exclusivamente aos Municípios e ao Distrito Federal regulamentar e fiscalizar o serviço de transporte remunerado privado individual de passageiros previsto no inciso X do art. 4º desta Lei no âmbito dos seus territórios.

Parágrafo único. Na regulamentação e fiscalização do serviço de transporte privado individual de passageiros, os Municípios e o Distrito Federal deverão observar as seguintes diretrizes, tendo em vista a eficiência, a eficácia, a segurança e a efetividade na prestação do serviço:

I – efetiva cobrança dos tributos municipais devidos pela prestação do serviço;

II – exigência de contratação de seguro de Acidentes Pessoais a Passageiros (APP) e do Seguro Obrigatório de Danos Pessoais causados por Veículos Automotores de Vias Terrestres (DPVAT);

III – exigência de inscrição do motorista como contribuinte individual do Instituto Nacional do Seguro Social (INSS), nos termos da alínea *h* do inciso V do art. 11 da Lei nº 8.213, de 24 de julho de 1991.

▶ Dec. nº 9.792, de 14-5-2019, regulamenta este inciso.

Art. 11-B. O serviço de transporte remunerado privado individual de passageiros previsto no inciso X do art. 4º desta Lei, nos Municípios que optarem pela sua regulamentação, somente será autorizado ao motorista que cumprir as seguintes condições:

I – possuir Carteira Nacional de Habilitação na categoria B ou superior que contenha a informação de que exerce atividade remunerada;

II – conduzir veículo que atenda aos requisitos de idade máxima e às características exigidas pela autoridade de trânsito e pelo poder público municipal e do Distrito Federal;

III – emitir e manter o Certificado de Registro e Licenciamento de Veículo (CRLV);

IV – apresentar certidão negativa de antecedentes criminais.

Parágrafo único. A exploração dos serviços remunerados de transporte privado individual de passageiros sem o cumprimento dos requisitos previstos nesta Lei e na regulamentação do poder público municipal e do Distrito Federal caracterizará transporte ilegal de passageiros.

▶ Arts. 11-A e 11-B acrescidos pela Lei nº 13.640, de 26-3-2018.

Art. 12. Os serviços de utilidade pública de transporte individual de passageiros deverão ser organizados, disciplinados e fiscalizados pelo poder público municipal, com base nos requisitos mínimos de segurança, de conforto, de higiene, de qualidade dos serviços e de fixação prévia dos valores máximos das tarifas a serem cobradas.

▶ Artigo com a redação dada pela Lei nº 12.865, de 9-10-2013.

Art. 12-A. O direito à exploração de serviços de táxi poderá ser outorgado a qualquer interessado que satisfaça os requisitos exigidos pelo poder público local.

§ 1º É permitida a transferência da outorga a terceiros que atendam aos requisitos exigidos em legislação municipal.

- O STF, por maioria dos votos, julgou procedente o pedido formulado na ADI nº 5.337, para declarar a inconstitucionalidade deste parágrafo (*DOU* de 11-3-2021).

§ 2º Em caso de falecimento do outorgado, o direito à exploração do serviço será transferido a seus sucessores legítimos, nos termos dos arts. 1.829 e seguintes do Título II do Livro V da Parte Especial da Lei nº 10.406, de 10 de janeiro de 2002 (Código Civil).

- O STF, por maioria dos votos, julgou procedente o pedido formulado na ADI nº 5.337, para declarar a inconstitucionalidade deste parágrafo (*DOU* de 11-3-2021).

§ 3º As transferências de que tratam os §§ 1º e 2º dar-se-ão pelo prazo da outorga e são condicionadas à prévia anuência do poder público municipal e ao atendimento dos requisitos fixados para a outorga.

- Art. 12-A acrescido pela Lei nº 12.865, de 9-10-2013.
- O STF, por maioria dos votos, julgou procedente a ADI nº 5.337, para declarar a inconstitucionalidade dos §§ 1º a 3º deste artigo, produzindo efeitos depois de dois anos, a partir de 3-5-2023 (*DOU* de 11-3-2021 e *DOU* de 3-5-2023).

Art. 12-B. Na outorga de exploração de serviço de táxi, reservar-se-ão 10% (dez por cento) das vagas para condutores com deficiência.

§ 1º Para concorrer às vagas reservadas na forma do *caput* deste artigo, o condutor com deficiência deverá observar os seguintes requisitos quanto ao veículo utilizado:

I – ser de sua propriedade e por ele conduzido; e

II – estar adaptado às suas necessidades, nos termos da legislação vigente.

§ 2º No caso de não preenchimento das vagas na forma estabelecida no *caput* deste artigo, as remanescentes devem ser disponibilizadas para os demais concorrentes.

- Art. 12-B acrescido pela Lei nº 13.146, de 6-7-2015.

Art. 13. Na prestação de serviços de transporte público coletivo, o poder público delegante deverá realizar atividades de fiscalização e controle dos serviços delegados, preferencialmente em parceria com os demais entes federativos.

CAPÍTULO III
DOS DIREITOS DOS USUÁRIOS

Art. 14. São direitos dos usuários do Sistema Nacional de Mobilidade Urbana, sem prejuízo dos previstos nas Leis nºs 8.078, de 11 de setembro de 1990, e 8.987, de 13 de fevereiro de 1995:

I – receber o serviço adequado, nos termos do art. 6º da Lei nº 8.987, de 13 de fevereiro de 1995;

II – participar do planejamento, da fiscalização e da avaliação da política local de mobilidade urbana;

III – ser informado nos pontos de embarque e desembarque de passageiros, de forma gratuita e acessível, sobre itinerários, horários, tarifas dos serviços e modos de interação com outros modais; e

IV – ter ambiente seguro e acessível para a utilização do Sistema Nacional de Mobilidade Urbana, conforme as Leis nºs 10.048, de 8 de novembro de 2000, e 10.098, de 19 de dezembro de 2000.

Parágrafo único. Os usuários dos serviços terão o direito de ser informados, em linguagem acessível e de fácil compreensão, sobre:

I – seus direitos e responsabilidades;

II – os direitos e obrigações dos operadores dos serviços; e

III – os padrões preestabelecidos de qualidade e quantidade dos serviços ofertados, bem como os meios para reclamações e respectivos prazos de resposta.

Art. 15. A participação da sociedade civil no planejamento, fiscalização e avaliação da Política Nacional de Mobilidade Urbana deverá ser assegurada pelos seguintes instrumentos:

I – órgãos colegiados com a participação de representantes do Poder Executivo, da sociedade civil e dos operadores dos serviços;

II – ouvidorias nas instituições responsáveis pela gestão do Sistema Nacional de Mobilidade Urbana ou nos órgãos com atribuições análogas;

III – audiências e consultas públicas; e

IV – procedimentos sistemáticos de comunicação, de avaliação da satisfação dos cidadãos e dos usuários e de prestação de contas públicas.

CAPÍTULO IV
DAS ATRIBUIÇÕES

Art. 16. São atribuições da União:

I – prestar assistência técnica e financeira aos Estados, Distrito Federal e Municípios, nos termos desta Lei;

II – contribuir para a capacitação continuada de pessoas e para o desenvolvimento das instituições vinculadas à Política Nacional de Mobilidade Urbana nos Estados, Municípios e Distrito Federal, nos termos desta Lei;

III – organizar e disponibilizar informações sobre o Sistema Nacional de Mobilidade Urbana e a qualidade e produtividade dos serviços de transporte público coletivo;

IV – fomentar a implantação de projetos de transporte público coletivo de grande e média capacidade nas aglomerações urbanas e nas regiões metropolitanas;

V – VETADO;

VI – fomentar o desenvolvimento tecnológico e científico visando ao atendimento dos princípios e diretrizes desta Lei; e

VII – prestar, diretamente ou por delegação ou gestão associada, os serviços de transporte público interestadual de caráter urbano.

§ 1º A União apoiará e estimulará ações coordenadas e integradas entre Municípios e Estados em áreas conurbadas, aglomerações urbanas e regiões metropolitanas destinadas a políticas comuns de mobilidade urbana, inclusive nas cidades definidas como cidades gêmeas localizadas em regiões de fronteira com outros países, observado o art. 178 da Constituição Federal.

§ 2º A União poderá delegar aos Estados, ao Distrito Federal ou aos Municípios a organização e a prestação dos serviços de transporte público coletivo interestadual e internacional de caráter urbano, desde que constituído consórcio público ou convênio de cooperação para tal fim, observado o art. 178 da Constituição Federal.

Art. 17. São atribuições dos Estados:

I – prestar, diretamente ou por delegação ou gestão associada, os serviços de transporte público coletivo intermunicipais de caráter urbano, em conformidade com o § 1º do art. 25 da Constituição Federal;

II – propor política tributária específica e de incentivos para a implantação da Política Nacional de Mobilidade Urbana; e

III – garantir o apoio e promover a integração dos serviços nas áreas que ultrapassem os limites de um Município, em conformidade com o § 3º do art. 25 da Constituição Federal.

Parágrafo único. Os Estados poderão delegar aos Municípios a organização e a prestação dos serviços de transporte público coletivo intermunicipal de caráter urbano, desde que constituído consórcio público ou convênio de cooperação para tal fim.

Art. 18. São atribuições dos Municípios:

I – planejar, executar e avaliar a política de mobilidade urbana, bem como promover a regulamentação dos serviços de transporte urbano;

II – prestar, direta, indiretamente ou por gestão associada, os serviços de transporte público coletivo urbano, que têm caráter essencial;

III – capacitar pessoas e desenvolver as instituições vinculadas à política de mobilidade urbana do Município; e

IV – VETADO.

Art. 19. Aplicam-se ao Distrito Federal, no que couber, as atribuições previstas para os Estados e os Municípios, nos termos dos arts. 17 e 18.

Art. 20. O exercício das atribuições previstas neste Capítulo subordinar-se-á, em cada ente federativo, às normas fixadas pelas respectivas leis de diretrizes orçamentárias, às efetivas disponibilidades asseguradas pelas suas leis orçamentárias anuais e aos imperativos da Lei Complementar nº 101, de 4 de maio de 2000.

CAPÍTULO V
DAS DIRETRIZES PARA O PLANEJAMENTO E GESTÃO DOS SISTEMAS DE MOBILIDADE URBANA

Art. 21. O planejamento, a gestão e a avaliação dos sistemas de mobilidade deverão contemplar:

I – a identificação clara e transparente dos objetivos de curto, médio e longo prazo;

II – a identificação dos meios financeiros e institucionais que assegurem sua implantação e execução;

III – a formulação e implantação dos mecanismos de monitoramento e avaliação sistemáticos e permanentes dos objetivos estabelecidos; e

IV – a definição das metas de atendimento e universalização da oferta de transporte público coletivo, monitorados por indicadores preestabelecidos.

Art. 22. Consideram-se atribuições mínimas dos órgãos gestores dos entes federativos incumbidos respectivamente do planejamento e gestão do sistema de mobilidade urbana:

I – planejar e coordenar os diferentes modos e serviços, observados os princípios e diretrizes desta Lei;

II – avaliar e fiscalizar os serviços e monitorar desempenhos, garantindo a consecução das metas de universalização e de qualidade;

III – implantar a política tarifária;

IV – dispor sobre itinerários, frequências e padrão de qualidade dos serviços;

V – estimular a eficácia e a eficiência dos serviços de transporte público coletivo;

VI – garantir os direitos e observar as responsabilidades dos usuários; e

VII – combater o transporte ilegal de passageiros.

Art. 23. Os entes federativos poderão utilizar, dentre outros instrumentos de gestão do sistema de transporte e da mobilidade urbana, os seguintes:

I – restrição e controle de acesso e circulação, permanente ou temporário, de veículos motorizados em locais e horários predeterminados;

II – estipulação de padrões de emissão de poluentes para locais e horários determinados, podendo condicionar o acesso e a circulação aos espaços urbanos sob controle;

III – aplicação de tributos sobre modos e serviços de transporte urbano pela utilização da infraestrutura urbana, visando a desestimular o uso de determinados modos e serviços de mobilidade, vinculando-se a receita à aplicação exclusiva em infraestrutura urbana destinada ao transporte público coletivo e ao transporte não motorizado e no financiamento do subsídio público da tarifa de transporte público, na forma da lei;

IV – dedicação de espaço exclusivo nas vias públicas para os serviços de transporte público coletivo e modos de transporte não motorizados;

V – estabelecimento da política de estacionamentos de uso público e privado, com e sem pagamento pela sua utilização, como parte integrante da Política Nacional de Mobilidade Urbana;

VI – controle do uso e operação da infraestrutura viária destinada à circulação e operação do transporte de carga, concedendo prioridades ou restrições;

VII – monitoramento e controle das emissões dos gases de efeito local e de efeito estufa dos modos de transporte motorizado, facultando a restrição de acesso a determinadas vias em razão da criticidade dos índices de emissões de poluição;

VIII – convênios para o combate ao transporte ilegal de passageiros; e

IX – convênio para o transporte coletivo urbano internacional nas cidades definidas como cidades gêmeas nas regiões de fronteira do Brasil com outros países, observado o art. 178 da Constituição Federal.

Art. 24. O Plano de Mobilidade Urbana é o instrumento de efetivação da Política Nacional de Mobilidade Urbana e deverá contemplar os princípios, os objetivos e as diretrizes desta Lei, bem como:

I – os serviços de transporte público coletivo;

II – a circulação viária;

III – as infraestruturas do sistema de mobilidade urbana, incluindo as ciclovias e ciclofaixas;

► Inciso III com a redação dada pela Lei nº 13.683, de 19-6-2018.

IV – a acessibilidade para pessoas com deficiência e restrição de mobilidade;

V – a integração dos modos de transporte público e destes com os privados e os não motorizados;

VI – a operação e o disciplinamento do transporte de carga na infraestrutura viária;

VII – os polos geradores de viagens;

VIII – as áreas de estacionamentos públicos e privados, gratuitos ou onerosos;

IX – as áreas e horários de acesso e circulação restrita ou controlada;

X – os mecanismos e instrumentos de financiamento do transporte público coletivo e da infraestrutura de mobilidade urbana; e

XI – a sistemática de avaliação, revisão e atualização periódica do Plano de Mobilidade Urbana em prazo não superior a 10 (dez) anos.

§ 1º Ficam obrigados a elaborar e a aprovar Plano de Mobilidade Urbana os Municípios:

I – com mais de 20.000 (vinte mil) habitantes;

II – integrantes de regiões metropolitanas, regiões integradas de desenvolvimento econômico e aglomerações urbanas com população total superior a 1.000.000 (um milhão) de habitantes;

III – integrantes de áreas de interesse turístico, incluídas cidades litorâneas que têm sua dinâmica de mobilidade normalmente alterada nos finais de semana, feriados e períodos de férias, em função do aporte de turistas, conforme critérios a serem estabelecidos pelo Poder Executivo.

► § 1º com a redação dada pela Lei nº 14.000, de 19-5-2020.

§ 1º-A. O Plano de Mobilidade Urbana deve ser integrado e compatível com os respectivos planos diretores e, quando couber, com os planos de desenvolvimento urbano integrado e com os planos metropolitanos de transporte e mobilidade urbana.

► § 1º-A acrescido pela Lei nº 14.000, de 19-5-2020.

§ 2º Nos Municípios sem sistema de transporte público coletivo ou individual, o Plano de Mobilidade Urbana deverá ter o foco no transporte não motorizado e no planejamento da infraestrutura urbana destinada aos deslocamentos a pé e por bicicleta, de acordo com a legislação vigente.

§ 3º *Revogado.* Lei nº 14.000, de 19-5-2020.

§ 4º O Plano de Mobilidade Urbana deve ser elaborado e aprovado nos seguintes prazos:

► *Caput* do § 4º com a redação dada pela Lei nº 14.000, de 19-5-2020.

I – até 12 de abril de 2024, para Municípios com mais de 250.000 (duzentos e cinquenta mil) habitantes; e

II – até 12 de abril de 2025, para Municípios com até 250.000 (duzentos e cinquenta mil) habitantes.

► Incisos I e II com a redação dada pela Lei nº 14.748, de 5-12-2023.

§ 5º O Plano de Mobilidade Urbana deverá contemplar medidas destinadas a atender aos núcleos urbanos informais consolidados, nos termos da Lei nº 13.465, de 11 de julho de 2017.

► § 5º acrescido pela Lei nº 13.683, de 19-6-2018.

§ 6º VETADO. Lei nº 13.683, de 19-6-2018.

§ 7º A aprovação do Plano de Mobilidade Urbana pelos Municípios, nos termos do § 4º deste artigo, será informada à Secretaria Nacional de Mobilidade e Serviços Urbanos do Ministério do Desenvolvimento Regional.

§ 8º Encerrado o prazo estabelecido no § 4º deste artigo, os Municípios que não tenham aprovado o Plano de Mobilidade Urbana apenas poderão solicitar e receber recursos federais destinados à mobilidade urbana caso sejam utilizados para a elaboração do próprio plano.

§ 9º O órgão responsável pela Política Nacional de Mobilidade Urbana deverá publicar a relação dos Municípios que deverão cumprir o disposto no § 1º deste artigo.

► §§ 7º a 9º acrescidos pela Lei nº 14.000, de 19-5-2020.

CAPÍTULO VI
DOS INSTRUMENTOS DE APOIO À MOBILIDADE URBANA

Art. 25. O Poder Executivo da União, o dos Estados, o do Distrito Federal e o dos Municípios, segundo suas possibilidades orçamentárias e financeiras e observados os princípios e diretrizes desta Lei, farão constar dos respectivos projetos de planos plurianuais e de leis de diretrizes orçamentárias as ações programáticas e instrumentos de apoio que serão utilizados, em cada período, para o aprimoramento dos sistemas de mobilidade urbana e melhoria da qualidade dos serviços.

Parágrafo único. A indicação das ações e dos instrumentos de apoio a que se refere o *caput* será acompanhada, sempre que possível, da fixação de critérios e condições para o acesso aos recursos financeiros e às outras formas de benefícios que sejam estabelecidos.

CAPÍTULO VII
DISPOSIÇÕES FINAIS

Art. 26. Esta Lei se aplica, no que couber, ao planejamento, controle, fiscalização e operação dos serviços de transporte público coletivo intermunicipal, interestadual e internacional de caráter urbano.

Art. 27. VETADO.

Art. 28. Esta Lei entra em vigor 100 (cem) dias após a data de sua publicação.

Brasília, 3 de janeiro de 2012;
191º da Independência e
124º da República.

Dilma Rousseff

LEI Nº 12.711, DE 29 DE AGOSTO DE 2012

Dispõe sobre o ingresso nas universidades federais e nas instituições federais de ensino técnico.

► Publicada no *DOU* de 30-8-2012.

► Lei nº 12.799, de 10-4-2013, dispõe sobre a isenção de pagamento de taxas para inscrição em processos seletivos de ingresso nos cursos das instituições federais de educação superior.

***Art. 1º** As instituições federais de educação superior vinculadas ao Ministério da Educação reservarão, em cada concurso seletivo para ingresso nos cursos de graduação, por curso e turno, no mínimo 50% (cinquenta por cento) de suas vagas para estudantes que tenham cursado integralmente o ensino médio em escolas públicas ou em escolas comunitárias que atuam no âmbito da educação do campo conveniadas com o poder público, referidas na alínea b do inciso I do § 3º do art. 7º da Lei nº 14.113, de 25 de dezembro de 2020.*

► *Caput* com a redação dada pela Lei nº 14.945, de 31-7-2024.

Parágrafo único. No preenchimento das vagas de que trata o *caput* deste artigo, 50%

(cinquenta por cento) deverão ser reservadas aos estudantes oriundos de famílias com renda igual ou inferior a 1 (um) salário mínimo *per capita*.

▶ Parágrafo único com a redação dada pela Lei nº 14.723, de 13-11-2023.

Art. 2º VETADO.

Art. 3º Em cada instituição federal de ensino superior, as vagas de que trata o art. 1º desta Lei serão preenchidas, por curso e turno, por autodeclarados pretos, pardos, indígenas e quilombolas e por pessoas com deficiência, nos termos da legislação, em proporção ao total de vagas no mínimo igual à proporção respectiva de pretos, pardos, indígenas e quilombolas e de pessoas com deficiência na população da unidade da Federação onde está instalada a instituição, segundo o último censo da Fundação Instituto Brasileiro de Geografia e Estatística (IBGE).

▶ *Caput* com a redação dada pela Lei nº 14.723, de 13-11-2023.

§ 1º No caso de não preenchimento das vagas segundo os critérios estabelecidos no *caput* deste artigo, as remanescentes deverão ser destinadas, primeiramente, a autodeclarados pretos, pardos, indígenas e quilombolas ou a pessoas com deficiência e, posteriormente, completadas por estudantes que tenham cursado integralmente o ensino médio em escola pública.

▶ Parágrafo único transformado em § 1º e com a redação dada pela Lei nº 14.723, de 13-11-2023.

§ 2º Nos concursos seletivos para ingresso nas instituições federais de ensino superior, os candidatos concorrerão, inicialmente, às vagas disponibilizadas para ampla concorrência e, se não for alcançada nota para ingresso por meio dessa modalidade, passarão a concorrer às vagas reservadas pelo programa especial para o acesso às instituições de educação superior de estudantes pretos, pardos, indígenas e quilombolas e de pessoas com deficiência, bem como dos que tenham cursado integralmente o ensino médio em escola pública.

▶ § 2º acrescido pela Lei nº 14.723, de 13-11-2023.

Art. 4º As instituições federais de ensino técnico de nível médio reservarão, em cada concurso seletivo para ingresso em cada curso, por turno, no mínimo 50% (cinquenta por cento) de suas vagas para estudantes que cursaram integralmente o ensino fundamental em escolas públicas.

§ 1º No preenchimento das vagas de que trata o *caput* deste artigo, 50% (cinquenta por cento) deverão ser reservadas aos estudantes oriundos de famílias com renda igual ou inferior a 1 (um) salário mínimo *per capita*.

▶ Parágrafo único transformado em § 1º e com a redação dada pela Lei nº 14.723, de 13-11-2023.

§ 2º Nos concursos seletivos para ingresso nas instituições federais de ensino técnico de nível médio, os candidatos concorrerão, inicialmente, às vagas disponibilizadas para ampla concorrência e, se não for alcançada nota para ingresso por meio dessa modalidade, passarão a concorrer às vagas reservadas pelo programa especial para o acesso às instituições de educação de ensino técnico de nível médio de estudantes pretos, pardos, indígenas e quilombolas e de pessoas com deficiência, bem como dos que tenham cursado integralmente o ensino fundamental em escola pública.

▶ § 2º acrescido pela Lei nº 14.723, de 13-11-2023.

Art. 5º Em cada instituição federal de ensino técnico de nível médio, as vagas de que trata o art. 4º desta Lei serão preenchidas, por curso e turno, por autodeclarados pretos, pardos, indígenas e quilombolas e por pessoas com deficiência, nos termos da legislação, em proporção ao total de vagas no mínimo igual à proporção respectiva de pretos, pardos, indígenas e quilombolas e de pessoas com deficiência na população da unidade da Federação onde está instalada a instituição, segundo o último censo do IBGE.

Parágrafo único. No caso de não preenchimento das vagas segundo os critérios estabelecidos no *caput* deste artigo, as remanescentes deverão ser destinadas, primeiramente, aos autodeclarados pretos, pardos, indígenas e quilombolas ou às pessoas com deficiência e, posteriormente, completadas por estudantes que tenham cursado integralmente o ensino fundamental em escola pública.

Art. 6º O Ministério da Educação e os ministérios responsáveis pelas políticas de promoção da igualdade racial, de implementação da política indígena e indigenista, de promoção dos direitos humanos e da cidadania e de promoção de políticas públicas para a juventude serão responsáveis pelo acompanhamento e avaliação do programa especial de que trata esta Lei, ouvida a Fundação Nacional dos Povos Indígenas (FUNAI).

▶ Arts. 5º e 6º com a redação dada pela Lei nº 14.723, de 13-11-2023.

Art. 7º A cada 10 (dez) anos a contar da data de publicação desta Lei, será promovida a avaliação do programa especial para o acesso às instituições de educação superior de estudantes pretos, pardos, indígenas e quilombolas e de pessoas com deficiência, bem como dos que tenham cursado integralmente o ensino médio em escola pública.

▶ *Caput* com a redação dada pela Lei nº 14.723, de 13-11-2023.

Parágrafo único. O Ministério da Educação divulgará, anualmente, relatório com informações sobre o programa especial de acesso às instituições federais de educação superior e de ensino técnico de nível médio, do qual deverão constar, pelo menos, dados sobre o acesso, a permanência e a conclusão dos alunos beneficiários e não beneficiários desta Lei.

▶ Parágrafo único acrescido pela Lei nº 14.723, de 13-11-2023.

Art. 7º-A. Os alunos optantes pela reserva de vagas no ato da inscrição do concurso seletivo que se encontrem em situação de vulnerabilidade social terão prioridade para o recebimento de auxílio estudantil de programas desenvolvidos nas instituições federais de ensino.

Art. 7º-B. As instituições federais de ensino superior, no âmbito de sua autonomia e observada a importância da diversidade para o desenvolvimento científico, tecnológico e de inovação, promoverão políticas de ações afirmativas para inclusão de pretos, pardos, indígenas e quilombolas e de pessoas com deficiência em seus programas de pós-graduação *stricto sensu*.

Art. 7º-C. Após 3 (três) anos da divulgação dos resultados do censo do IBGE, o Poder Executivo deverá adotar metodologia para atualizar anualmente os percentuais de pretos, pardos, indígenas e quilombolas e de pessoas com deficiência em relação à população das unidades da Federação, na forma da regulamentação.

▶ Arts. 7º-A a 7º-C acrescidos pela Lei nº 14.723, de 13-11-2023.

Art. 8º As instituições de que trata o art. 1º desta Lei deverão implementar, no mínimo, 25% (vinte e cinco por cento) da reserva de vagas prevista nesta Lei, a cada ano, e terão o prazo máximo de 4 (quatro) anos, a partir da data de sua publicação, para o cumprimento integral do disposto nesta Lei.

Art. 9º Esta Lei entra em vigor na data de sua publicação.

Brasília, 29 de agosto de 2012;
191º da Independência e
124º da República.

Dilma Rousseff

LEI Nº 12.846, DE 1º DE AGOSTO DE 2013

Dispõe sobre a responsabilização administrativa e civil de pessoas jurídicas pela prática de atos contra a administração pública, nacional ou estrangeira, e dá outras providências.

▶ Publicada no *DOU* de 2-8-2013.

▶ Dec. nº 11.129, de 11-7-2022, regulamenta esta Lei.

CAPÍTULO I
DISPOSIÇÕES GERAIS

Art. 1º Esta Lei dispõe sobre a responsabilização objetiva administrativa e civil de pessoas jurídicas pela prática de atos contra a administração pública, nacional ou estrangeira.

Parágrafo único. Aplica-se o disposto nesta Lei às sociedades empresárias e às sociedades simples, personificadas ou não, independentemente da forma de organização ou modelo societário adotado, bem como a quaisquer fundações, associações de entidades ou pessoas, ou sociedades estrangeiras, que tenham sede, filial ou representação no território brasileiro, constituídas de fato ou de direito, ainda que temporariamente.

▶ Arts. 53, 62, 982, 997 e 1.134 do CC.

Art. 2º As pessoas jurídicas serão responsabilizadas objetivamente, nos âmbitos administrativo e civil, pelos atos lesivos previstos nesta Lei praticados em seu interesse ou benefício, exclusivo ou não.

Art. 3º A responsabilização da pessoa jurídica não exclui a responsabilidade individual de seus dirigentes ou administradores ou de qualquer pessoa natural, autora, coautora ou partícipe do ato ilícito.

§ 1º A pessoa jurídica será responsabilizada independentemente da responsabilização individual das pessoas naturais referidas no *caput*.

§ 2º Os dirigentes ou administradores somente serão responsabilizados por atos ilícitos na medida da sua culpabilidade.

Art. 4º Subsiste a responsabilidade da pessoa jurídica na hipótese de alteração contratual, transformação, incorporação, fusão ou cisão societária.

§ 1º Nas hipóteses de fusão e incorporação, a responsabilidade da sucessora será restrita à obrigação de pagamento de multa e reparação integral do dano causado, até o limite do patrimônio transferido, não lhe sendo aplicáveis as demais sanções previstas nesta Lei decorrentes de atos e fatos ocorridos antes da data da fusão ou incorporação, exceto no caso de simulação ou evidente intuito de fraude, devidamente comprovados.

§ 2º As sociedades controladoras, controladas, coligadas ou, no âmbito do respectivo contrato, as consorciadas serão solidariamente responsáveis pela prática dos atos previstos nesta Lei, restringindo-se tal responsabilidade à obrigação de pagamento de multa e reparação integral do dano causado.

CAPÍTULO II
DOS ATOS LESIVOS À ADMINISTRAÇÃO PÚBLICA NACIONAL OU ESTRANGEIRA

Art. 5º Constituem atos lesivos à administração pública, nacional ou estrangeira, para os fins desta Lei, todos aqueles praticados pelas pessoas jurídicas mencionadas no parágrafo único do art. 1º, que atentem contra o patrimônio público nacional ou estrangeiro, contra princípios da administração pública ou contra os compromissos internacionais assumidos pelo Brasil, assim definidos:

I – prometer, oferecer ou dar, direta ou indiretamente, vantagem indevida a agente público, ou a terceira pessoa a ele relacionada;

II – comprovadamente, financiar, custear, patrocinar ou de qualquer modo subvencionar a prática dos atos ilícitos previstos nesta Lei;

III – comprovadamente, utilizar-se de interposta pessoa física ou jurídica para ocultar ou dissimular seus reais interesses ou a identidade dos beneficiários dos atos praticados;

IV – no tocante a licitações e contratos:

a) frustrar ou fraudar, mediante ajuste, combinação ou qualquer outro expediente, o caráter competitivo de procedimento licitatório público;

b) impedir, perturbar ou fraudar a realização de qualquer ato de procedimento licitatório público;

c) afastar ou procurar afastar licitante, por meio de fraude ou oferecimento de vantagem de qualquer tipo;

d) fraudar licitação pública ou contrato dela decorrente;

e) criar, de modo fraudulento ou irregular, pessoa jurídica para participar de licitação pública ou celebrar contrato administrativo;

f) obter vantagem ou benefício indevido, de modo fraudulento, de modificações ou prorrogações de contratos celebrados com a administração pública, sem autorização em lei, no ato convocatório da licitação pública ou nos respectivos instrumentos contratuais; ou

g) manipular ou fraudar o equilíbrio econômico-financeiro dos contratos celebrados com a administração pública;

V – dificultar atividade de investigação ou fiscalização de órgãos, entidades ou agentes públicos, ou intervir em sua atuação, inclusive no âmbito das agências reguladoras e dos órgãos de fiscalização do sistema financeiro nacional.

§ 1º Considera-se administração pública estrangeira os órgãos e entidades estatais ou representações diplomáticas de país estrangeiro, de qualquer nível ou esfera de governo, bem como as pessoas jurídicas controladas, direta ou indiretamente, pelo poder público de país estrangeiro.

§ 2º Para os efeitos desta Lei, equiparam-se à administração pública estrangeira as organizações públicas internacionais.

§ 3º Considera-se agente público estrangeiro, para os fins desta Lei, quem, ainda que transitoriamente ou sem remuneração, exerça cargo, emprego ou função pública em órgãos, entidades estatais ou em representações diplomáticas de país estrangeiro, assim como em pessoas jurídicas controladas, direta ou indiretamente, pelo poder público de país estrangeiro ou em organizações públicas internacionais.

CAPÍTULO III
DA RESPONSABILIZAÇÃO ADMINISTRATIVA

Art. 6º Na esfera administrativa, serão aplicadas às pessoas jurídicas consideradas responsáveis pelos atos lesivos previstos nesta Lei as seguintes sanções:

I – multa, no valor de 0,1% (um décimo por cento) a 20% (vinte por cento) do faturamento bruto do último exercício anterior ao da instauração do processo administrativo, excluídos os tributos, a qual nunca será inferior à vantagem auferida, quando for possível sua estimação; e

II – publicação extraordinária da decisão condenatória.

§ 1º As sanções serão aplicadas fundamentadamente, isolada ou cumulativamente, de acordo com as peculiaridades do caso concreto e com a gravidade e natureza das infrações.

§ 2º A aplicação das sanções previstas neste artigo será precedida da manifestação jurídica elaborada pela Advocacia Pública ou pelo órgão de assistência jurídica, ou equivalente, do ente público.

§ 3º A aplicação das sanções previstas neste artigo não exclui, em qualquer hipótese, a obrigação da reparação integral do dano causado.

§ 4º Na hipótese do inciso I do *caput*, caso não seja possível utilizar o critério do valor do faturamento bruto da pessoa jurídica, a multa será de R$ 6.000,00 (seis mil reais) a R$ 60.000.000,00 (sessenta milhões de reais).

§ 5º A publicação extraordinária da decisão condenatória ocorrerá na forma de extrato de sentença, a expensas da pessoa jurídica, em meios de comunicação de grande circulação na área da prática da infração e de atuação da pessoa jurídica ou, na sua falta, em publicação de circulação nacional, bem como por meio de afixação de edital, pelo prazo mínimo de 30 (trinta) dias, no próprio estabelecimento ou no local de exercício da atividade, de modo visível ao público, e no sítio eletrônico na rede mundial de computadores.

§ 6º VETADO.

Art. 7º Serão levados em consideração na aplicação das sanções:

I – a gravidade da infração;

II – a vantagem auferida ou pretendida pelo infrator;

III – a consumação ou não da infração;

IV – o grau de lesão ou perigo de lesão;

V – o efeito negativo produzido pela infração;

VI – a situação econômica do infrator;

VII – a cooperação da pessoa jurídica para a apuração das infrações;

VIII – a existência de mecanismos e procedimentos internos de integridade, auditoria e incentivo à denúncia de irregularidades e a aplicação efetiva de códigos de ética e de conduta no âmbito da pessoa jurídica;

IX – o valor dos contratos mantidos pela pessoa jurídica com o órgão ou entidade pública lesados; e

X – VETADO.

Parágrafo único. Os parâmetros de avaliação de mecanismos e procedimentos previstos no inciso VIII do *caput* serão estabelecidos em regulamento do Poder Executivo federal.

CAPÍTULO IV
DO PROCESSO ADMINISTRATIVO DE RESPONSABILIZAÇÃO

Art. 8º A instauração e o julgamento de processo administrativo para apuração da responsabilidade de pessoa jurídica cabem à autoridade máxima de cada órgão ou entidade dos Poderes Executivo, Legislativo e Judiciário, que agirá de ofício ou mediante provocação, observados o contraditório e a ampla defesa.

§ 1º A competência para a instauração e o julgamento do processo administrativo de apuração de responsabilidade da pessoa jurídica poderá ser delegada, vedada a subdelegação.

§ 2º No âmbito do Poder Executivo federal, a Controladoria-Geral da União – CGU terá competência concorrente para instaurar processos administrativos de responsabilização de pessoas jurídicas ou para avocar os processos instaurados com fundamento nesta Lei, para exame de sua regularidade ou para corrigir-lhes o andamento.

Art. 9º Competem à Controladoria-Geral da União – CGU a apuração, o processo e o julgamento dos atos ilícitos previstos nesta Lei, praticados contra a administração pública estrangeira, observado o disposto no artigo 4 da Convenção sobre o Combate da Corrupção de Funcionários Públicos Estrangeiros em Transações Comerciais Internacionais, promulgada pelo Decreto nº 3.678, de 30 de novembro de 2000.

Art. 10. O processo administrativo para apuração da responsabilidade de pessoa jurídica será conduzido por comissão designada pela autoridade instauradora e composta por 2 (dois) ou mais servidores estáveis.

§ 1º O ente público, por meio do seu órgão de representação judicial, ou equivalente, a pedido da comissão a que se refere o *caput*, poderá requerer as medidas judiciais necessárias para a investigação e o processamento das infrações, inclusive de busca e apreensão.

§ 2º A comissão poderá, cautelarmente, propor à autoridade instauradora que suspenda os efeitos do ato ou processo objeto da investigação.

§ 3º A comissão deverá concluir o processo no prazo de 180 (cento e oitenta) dias contados da data da publicação do ato que a instituir e, ao final, apresentar relatórios sobre os fatos apurados e eventual responsabilidade da pessoa jurídica, sugerindo de forma motivada as sanções a serem aplicadas.

§ 4º O prazo previsto no § 3º poderá ser prorrogado, mediante ato fundamentado da autoridade instauradora.

Art. 11. No processo administrativo para apuração de responsabilidade, será concedido à pessoa jurídica prazo de 30 (trinta) dias para defesa, contados a partir da intimação.

Art. 12. O processo administrativo, com o relatório da comissão, será remetido à autoridade instauradora, na forma do art. 10, para julgamento.

Art. 13. A instauração de processo administrativo específico de reparação integral do dano não prejudica a aplicação imediata das sanções estabelecidas nesta Lei.

Parágrafo único. Concluído o processo e não havendo pagamento, o crédito apurado será inscrito em dívida ativa da fazenda pública.

Art. 14. A personalidade jurídica poderá ser desconsiderada sempre que utilizada com abuso do direito para facilitar, encobrir ou dissimular a prática dos atos ilícitos previstos nesta Lei ou para provocar confusão patrimonial, sendo estendidos todos os efeitos das sanções aplicadas à pessoa jurídica aos seus administradores e sócios com poderes de administração, observados o contraditório e a ampla defesa.

Art. 15. A comissão designada para apuração da responsabilidade de pessoa jurídica, após a conclusão do procedimento administrativo, dará conhecimento ao Ministério Público de sua existência, para apuração de eventuais delitos.

CAPÍTULO V
DO ACORDO DE LENIÊNCIA

Art. 16. A autoridade máxima de cada órgão ou entidade pública poderá celebrar acordo de leniência com as pessoas jurídicas responsáveis pela prática dos atos previstos nesta Lei que colaborem efetivamente com as investigações e o processo administrativo, sendo que dessa colaboração resulte:

I – a identificação dos demais envolvidos na infração, quando couber; e

II – a obtenção célere de informações e documentos que comprovem o ilícito sob apuração.

§ 1º O acordo de que trata o *caput* somente poderá ser celebrado se preenchidos, cumulativamente, os seguintes requisitos:

I – a pessoa jurídica seja a primeira a se manifestar sobre seu interesse em cooperar para a apuração do ato ilícito;

II – a pessoa jurídica cesse completamente seu envolvimento na infração investigada a partir da data de propositura do acordo;

III – a pessoa jurídica admita sua participação no ilícito e coopere plena e permanentemente com as investigações e o processo administrativo, comparecendo, sob suas expensas, sempre que solicitada, a todos os atos processuais, até seu encerramento.

§ 2º A celebração do acordo de leniência isentará a pessoa jurídica das sanções previstas no inciso II do art. 6º e no inciso IV do art. 19 e reduzirá em até 2/3 (dois terços) o valor da multa aplicável.

§ 3º O acordo de leniência não exime a pessoa jurídica da obrigação de reparar integralmente o dano causado.

§ 4º O acordo de leniência estipulará as condições necessárias para assegurar a efetividade da colaboração e o resultado útil do processo.

§ 5º Os efeitos do acordo de leniência serão estendidos às pessoas jurídicas que integram o mesmo grupo econômico, de fato e de direito, desde que firmem o acordo em conjunto, respeitadas as condições nele estabelecidas.

§ 6º A proposta de acordo de leniência somente se tornará pública após a efetivação do respectivo acordo, salvo no interesse das investigações e do processo administrativo.

§ 7º Não importará em reconhecimento da prática do ato ilícito investigado a proposta de acordo de leniência rejeitada.

§ 8º Em caso de descumprimento do acordo de leniência, a pessoa jurídica ficará impedida de celebrar novo acordo pelo prazo de 3 (três) anos contados do conhecimento pela administração pública do referido descumprimento.

§ 9º A celebração do acordo de leniência interrompe o prazo prescricional dos atos ilícitos previstos nesta Lei.

§ 10. A Controladoria-Geral da União – CGU é o órgão competente para celebrar os acordos de leniência no âmbito do Poder Executivo federal, bem como no caso de atos lesivos praticados contra a administração pública estrangeira.

Art. 17. A administração pública poderá também celebrar acordo de leniência com a pessoa jurídica responsável pela prática de ilícitos previstos na Lei nº 8.666, de 21 de junho de 1993, com vistas à isenção ou atenuação das sanções administrativas estabelecidas em seus arts. 86 a 88.

- ▸ A Lei nº 8.666, de 21-6-1993, foi revogada pela Lei nº 14.133, de 1º-4-2021.
- ▸ Lei nº 14.133, de 1º-4-2021 (Nova Lei de Licitações e Contratos Administrativos).

CAPÍTULO VI
DA RESPONSABILIZAÇÃO JUDICIAL

Art. 18. Na esfera administrativa, a responsabilidade da pessoa jurídica não afasta a possibilidade de sua responsabilização na esfera judicial.

Art. 19. Em razão da prática de atos previstos no art. 5º desta Lei, a União, os Estados, o Distrito Federal e os Municípios, por meio das respectivas Advocacias Públicas ou órgãos de representação judicial, ou equivalentes, e o Ministério Público, poderão ajuizar ação com vistas à aplicação das seguintes sanções às pessoas jurídicas infratoras:

I – perdimento dos bens, direitos ou valores que representem vantagem ou proveito direta ou indiretamente obtidos da infração, ressalvado o direito do lesado ou de terceiro de boa-fé;

II – suspensão ou interdição parcial de suas atividades;

III – dissolução compulsória da pessoa jurídica;

IV – proibição de receber incentivos, subsídios, subvenções, doações ou empréstimos de órgãos ou entidades públicas e de instituições financeiras públicas ou controladas pelo poder público, pelo prazo mínimo de 1 (um) e máximo de 5 (cinco) anos.

§ 1º A dissolução compulsória da pessoa jurídica será determinada quando comprovado:

I – ter sido a personalidade jurídica utilizada de forma habitual para facilitar ou promover a prática de atos ilícitos; ou

II – ter sido constituída para ocultar ou dissimular interesses ilícitos ou a identidade dos beneficiários dos atos praticados.

§ 2º (VETADO).

§ 3º As sanções poderão ser aplicadas de forma isolada ou cumulativa.

§ 4º O Ministério Público ou a Advocacia Pública ou órgão de representação judicial, ou equivalente, do ente público poderá requerer a indisponibilidade de bens, direitos ou valores necessários à garantia do pagamento da multa ou da reparação integral do dano causado, conforme previsto no art. 7º, ressalvado o direito do terceiro de boa-fé.

Art. 20. Nas ações ajuizadas pelo Ministério Público, poderão ser aplicadas as sanções previstas no art. 6º, sem prejuízo daquelas previstas neste Capítulo, desde que constatada a omissão das autoridades competentes para promover a responsabilização administrativa.

Art. 21. Nas ações de responsabilização judicial, será adotado o rito previsto na Lei nº 7.347, de 24 de julho de 1985.

Parágrafo único. A condenação torna certa a obrigação de reparar, integralmente, o dano causado pelo ilícito, cujo valor será apurado em posterior liquidação, se não constar expressamente da sentença.

CAPÍTULO VII
DISPOSIÇÕES FINAIS

Art. 22. Fica criado no âmbito do Poder Executivo federal o Cadastro Nacional de Empresas Punidas – CNEP, que reunirá e dará publicidade às sanções aplicadas pelos órgãos ou entidades dos Poderes Executivo, Legislativo e Judiciário de todas as esferas de governo com base nesta Lei.

§ 1º Os órgãos e entidades referidos no *caput* deverão informar e manter atualizados, no CNEP, os dados relativos às sanções por eles aplicadas.

§ 2º O CNEP conterá, entre outras, as seguintes informações acerca das sanções aplicadas:

I – razão social e número de inscrição da pessoa jurídica ou entidade no Cadastro Nacional da Pessoa Jurídica – CNPJ;

II – tipo de sanção; e

III – data de aplicação e data final da vigência do efeito limitador ou impeditivo da sanção, quando for o caso.

§ 3º As autoridades competentes, para celebrarem acordos de leniência previstos nesta Lei, também deverão prestar e manter atualizadas no CNEP, após a efetivação do respectivo acordo, as informações acerca do acordo de leniência celebrado, salvo se esse procedimento vier a causar prejuízo às investigações e ao processo administrativo.

§ 4º Caso a pessoa jurídica não cumpra os termos do acordo de leniência, além das informações previstas no § 3º, deverá ser incluída no CNEP referência ao respectivo descumprimento.

§ 5º Os registros das sanções e acordos de leniência serão excluídos depois de decorrido o prazo previamente estabelecido no ato sancionador ou do cumprimento integral do acordo de leniência e da reparação do eventual dano causado, mediante solicitação do órgão ou entidade sancionadora.

Art. 23. Os órgãos ou entidades dos Poderes Executivo, Legislativo e Judiciário de todas as esferas de governo deverão informar e manter atualizados, para fins de publicidade, no Cadastro Nacional de Empresas Inidôneas e Suspensas – CEIS, de caráter público, instituido no âmbito do Poder Executivo federal, os dados relativos às sanções por eles aplicadas, nos termos do disposto nos arts. 87 e 88 da Lei nº 8.666, de 21 de junho de 1993.

► A Lei nº 8.666, de 21-6-1993, foi revogada pela Lei nº 14.133, de 1º-4-2021.

► Art. 156 da Lei nº 14.133, de 1º-4-2021 (Nova Lei de Licitações e Contratos Administrativos).

Art. 24. A multa e o perdimento de bens, direitos ou valores aplicados com fundamento nesta Lei serão destinados preferencialmente aos órgãos ou entidades públicas lesadas.

Art. 25. Prescrevem em 5 (cinco) anos as infrações previstas nesta Lei, contados da data da ciência da infração ou, no caso de infração permanente ou continuada, do dia em que tiver cessado.

Parágrafo único. Na esfera administrativa ou judicial, a prescrição será interrompida com a instauração de processo que tenha por objeto a apuração da infração.

Art. 26. A pessoa jurídica será representada no processo administrativo na forma do seu estatuto ou contrato social.

§ 1º As sociedades sem personalidade jurídica serão representadas pela pessoa a quem couber a administração de seus bens.

§ 2º A pessoa jurídica estrangeira será representada pelo gerente, representante ou administrador de sua filial, agência ou sucursal aberta ou instalada no Brasil.

Art. 27. A autoridade competente que, tendo conhecimento das infrações previstas nesta Lei, não adotar providências para a apuração dos fatos será responsabilizada penal, civil e administrativamente nos termos da legislação específica aplicável.

Art. 28. Esta Lei aplica-se aos atos lesivos praticados por pessoa jurídica brasileira contra a administração pública estrangeira, ainda que cometidos no exterior.

Art. 29. O disposto nesta Lei não exclui as competências do Conselho Administrativo de Defesa Econômica, do Ministério da Justiça e do Ministério da Fazenda para processar e julgar fato que constitua infração à ordem econômica.

Art. 30. A aplicação das sanções previstas nesta Lei não afeta os processos de responsabilização e aplicação de penalidades decorrentes de:

I – ato de improbidade administrativa nos termos da Lei nº 8.429, de 2 de junho de 1992; e

II – atos ilícitos alcançados pela Lei nº 8.666, de 21 de junho de 1993, ou outras normas de licitações e contratos da administração pública, inclusive no tocante ao Regime Diferenciado de Contratações Públicas – RDC instituído pela Lei nº 12.462, de 4 de agosto de 2011.

► A Lei nº 8.666, de 21-6-1993, foi revogada pela Lei nº 14.133, de 1º-4-2021.

► Lei nº 14.133, de 1º-4-2021 (Nova Lei de Licitações e Contratos Administrativos).

Art. 31. Esta Lei entra em vigor 180 (cento e oitenta) dias após a data de sua publicação.

Brasília, 1º de agosto de 2013;
192º da Independência e
125º da República.

Dilma Rousseff

LEI Nº 13.019, DE 31 DE JULHO DE 2014

Estabelece o regime jurídico das parcerias entre a administração pública e as organizações da sociedade civil, em regime de mútua cooperação, para a consecução de finalidades de interesse público e recíproco, mediante a execução de atividades ou de projetos previamente estabelecidos em planos de trabalho inseridos em termos de colaboração, em termos de fomento ou em acordos de cooperação; define diretrizes para a política de fomento, de colaboração e de cooperação com organizações da sociedade civil; e altera as Leis nº 8.429, de 2 de junho de 1992, e 9.790, de 23 de março de 1999.

► Publicada no *DOU* de 1º-8-2014.

► Ementa com a redação dada pela Lei nº 13.204, de 14-12-2015.

► Lei nº 9.637, 15-5-1998, dispõe sobre a qualificação de entidades como organizações sociais, a criação do Programa Nacional de Publicização, a extinção dos órgãos e entidades que menciona e a absorção de suas atividades por organizações sociais.

► Lei nº 9.790, de 23-3-1999, dispõe sobre a qualificação de pessoas jurídicas de direito privado, sem fins lucrativos, como Organizações da Sociedade Civil de Interesse Público, institui e disciplina o Termo de Parceria.

► Dec. nº 8.726, de 27-4-2016, regulamenta esta lei.

Art. 1º Esta Lei institui normas gerais para as parcerias entre a administração pública e organizações da sociedade civil, em regime de mútua cooperação, para a consecução de finalidades de interesse público e recíproco, mediante a execução de atividades ou de projetos previamente estabelecidos em planos de trabalho inseridos em termos de colaboração, em termos de fomento ou em acordos de cooperação.

► Artigo com a redação dada pela Lei nº 13.204, de 14-12-2015.

CAPÍTULO I
DISPOSIÇÕES PRELIMINARES

Art. 2º Para os fins desta Lei, considera-se:

I – organização da sociedade civil:

a) entidade privada sem fins lucrativos que não distribua entre os seus sócios ou associados, conselheiros, diretores, empregados, doadores ou terceiros eventuais resultados, sobras, excedentes operacionais, brutos ou líquidos, dividendos, isenções de qualquer natureza, participações ou parcelas do seu patrimônio, auferidos mediante o exercício de suas atividades, e que os aplique integralmente na consecução do respectivo objeto social, de forma imediata ou por meio da constituição de fundo patrimonial ou fundo de reserva;

b) as sociedades cooperativas previstas na Lei nº 9.867, de 10 de novembro de 1999; as integradas por pessoas em situação de risco ou vulnerabilidade pessoal ou social; as alcançadas por programas e ações de combate à pobreza e de geração de trabalho e renda; as voltadas para fomento, educação e capacitação de trabalhadores rurais ou capacitação de agentes de assistência técnica e extensão rural; e as capacitadas para execução de atividades ou de projetos de interesse público e de cunho social.

c) as organizações religiosas que se dediquem a atividades ou a projetos de interesse público e de cunho social distintas das destinadas a fins exclusivamente religiosos;

II – administração pública: União, Estados, Distrito Federal, Municípios e respectivas autarquias, fundações, empresas públicas e sociedades de economia mista prestadoras de serviço público, e suas subsidiárias, alcançadas pelo disposto no § 9º do art. 37 da Constituição Federal;

III – parceria: conjunto de direitos, responsabilidades e obrigações decorrentes de relação jurídica estabelecida formalmente entre a administração pública e organizações da sociedade civil, em regime de mútua cooperação, para a consecução de finalidades de interesse público e recíproco, mediante a execução de atividade ou de projeto expressos em termos de colaboração, em termos de fomento ou em acordos de cooperação;

► Incisos I a III com a redação dada pela Lei nº 13.204, de 14-12-2015.

III-A – atividade: conjunto de operações que se realizam de modo contínuo ou permanente, das quais resulta um produto ou serviço necessário à satisfação de interesses compartilhados pela administração pública e pela organização da sociedade civil;

III-B – projeto: conjunto de operações, limitadas no tempo, das quais resulta um produto destinado à satisfação de interesses compartilhados pela administração pública e pela organização da sociedade civil;

► Incisos III-A e III-B acrescidos pela Lei nº 13.204, de 14-12-2015.

IV – dirigente: pessoa que detenha poderes de administração, gestão ou controle da organização da sociedade civil, habilitada a assinar termo de colaboração, termo de fomento ou acordo de cooperação com a administração pública para a consecução de finalidades de interesse público e recíproco, ainda que delegue essa competência a terceiros;

V – administrador público: agente público revestido de competência para assinar termo de colaboração, termo de fomento ou acordo de cooperação com organização da sociedade civil para a consecução de finalidades de interesse público e recíproco, ainda que delegue essa competência a terceiros;

VI – gestor: agente público responsável pela gestão de parceria celebrada por meio de termo de colaboração ou termo de fomento, designado por ato publicado em meio oficial de comunicação, com poderes de controle e fiscalização;

VII – termo de colaboração: instrumento por meio do qual são formalizadas as parcerias estabelecidas pela administração pública com organizações da sociedade civil para a consecução de finalidades de interesse público e recíproco propostas pela administração pública que envolvam a transferência de recursos financeiros;

VIII – termo de fomento: instrumento por meio do qual são formalizadas as parcerias estabelecidas pela administração pública com organizações da sociedade civil para a consecução de finalidades de interesse público e recíproco propostas pelas organizações da sociedade civil, que envolvam a transferência de recursos financeiros;

► Incisos IV a VIII com a redação dada pela Lei nº 13.204, de 14-12-2015.

VIII-A – acordo de cooperação: instrumento por meio do qual são formalizadas as parcerias estabelecidas pela administração pública com organizações da sociedade civil para a consecução de finalidades de interesse público e recíproco que não envolvam a transferência de recursos financeiros;

▸ Inciso VIII-A acrescido pela Lei nº 13.204, de 14-12-2015.

IX – conselho de política pública: órgão criado pelo poder público para atuar como instância consultiva, na respectiva área de atuação, na formulação, implementação, acompanhamento, monitoramento e avaliação de políticas públicas;

X – comissão de seleção: órgão colegiado destinado a processar e julgar chamamentos públicos, constituído por ato publicado em meio oficial de comunicação, assegurada a participação de pelo menos um servidor ocupante de cargo efetivo ou emprego permanente do quadro de pessoal da administração pública;

XI – comissão de monitoramento e avaliação: órgão colegiado destinado a monitorar e avaliar as parcerias celebradas com organizações da sociedade civil mediante termo de colaboração ou termo de fomento, constituído por ato publicado em meio oficial de comunicação, assegurada a participação de pelo menos um servidor ocupante de cargo efetivo ou emprego permanente do quadro de pessoal da administração pública;

▸ Incisos X e XI com a redação dada pela Lei nº 13.204, de 14-12-2015.

XII – chamamento público: procedimento destinado a selecionar organização da sociedade civil para firmar parceria por meio de termo de colaboração ou de fomento, no qual se garanta a observância dos princípios da isonomia, da legalidade, da impessoalidade, da moralidade, da igualdade, da publicidade, da probidade administrativa, da vinculação ao instrumento convocatório, do julgamento objetivo e dos que lhes são correlatos;

XIII – bens remanescentes: os de natureza permanente adquiridos com recursos financeiros envolvidos na parceria, necessários à consecução do objeto, mas que a ele não se incorporam;

▸ Inciso XIII com a redação dada pela Lei nº 13.204, de 14-12-2015.

XIV – prestação de contas: procedimento em que se analisa e se avalia a execução da parceria, pelo qual seja possível verificar o cumprimento do objeto da parceria e o alcance das metas e dos resultados previstos, compreendendo duas fases:

▸ *Caput* do inciso XIV com a redação dada pela Lei nº 13.204, de 14-12-2015.

a) apresentação das contas, de responsabilidade da organização da sociedade civil;

b) análise e manifestação conclusiva das contas, de responsabilidade da administração pública, sem prejuízo da atuação dos órgãos de controle;

XV – *Revogado*. Lei nº 13.204, de 14-12-2015.

Art. 2º-A. As parcerias disciplinadas nesta Lei respeitarão, em todos os seus aspectos, as normas específicas das políticas públicas setoriais relativas ao objeto da parceria e as respectivas instâncias de pactuação e deliberação.

▸ Artigo acrescido pela Lei nº 13.204, de 14-12-2015.

Art. 3º Não se aplicam as exigências desta Lei:

I – às transferências de recursos homologadas pelo Congresso Nacional ou autorizadas pelo Senado Federal naquilo em que as disposições específicas dos tratados, acordos e convenções internacionais conflitarem com esta Lei;

▸ Inciso I com a redação dada pela Lei nº 13.204, de 14-12-2015.

II – *Revogado*. Lei nº 13.204, de 14-12-2015;

III – aos contratos de gestão celebrados com organizações sociais, desde que cumpridos os requisitos previstos na Lei nº 9.637, de 15 de maio de 1998;

▸ Inciso III com a redação dada pela Lei nº 13.204, de 14-12-2015.

IV – aos convênios e contratos celebrados com entidades filantrópicas e sem fins lucrativos nos termos do § 1º do art. 199 da Constituição Federal;

V – aos termos de compromisso cultural referidos no § 1º do art. 9º da Lei nº 13.018, de 22 de julho de 2014;

VI – aos termos de parceria celebrados com organizações da sociedade civil de interesse público, desde que cumpridos os requisitos previstos na Lei nº 9.790, de 23 de março de 1999;

VII – às transferências referidas no art. 2º da Lei nº 10.845, de 5 de março de 2004, e nos arts. 5º e 22 da Lei nº 11.947, de 16 de junho de 2009;

▸ Incisos IV a VII acrescidos pela Lei nº 13.204, de 14-12-2015.

VIII – VETADO. Lei nº 13.204, de 14-12-2015.

IX – aos pagamentos realizados a título de anuidades, contribuições ou taxas associativas em favor de organismos internacionais ou entidades que sejam obrigatoriamente constituídas por:

a) membros de Poder ou do Ministério Público;

b) dirigentes de órgão ou de entidade da administração pública;

c) pessoas jurídicas de direito público interno;

d) pessoas jurídicas integrantes da administração pública;

X – às parcerias entre a administração pública e os serviços sociais autônomos.

▸ Incisos IX e X acrescidos pela Lei nº 13.204, de 14-12-2015.

Art. 4º *Revogado*. Lei nº 13.204, de 14-12-2015.

Art. 4º-A. Todas as reuniões, deliberações e votações das organizações da sociedade civil poderão ser feitas virtualmente, e o sistema de deliberação remota deverá garantir os direitos de voz e de voto a quem os teria em reunião ou assembleia presencial.

▸ Art. 4º-A acrescido pela Lei nº 14.309, de 8-3-2022.

CAPÍTULO II
DA CELEBRAÇÃO DO TERMO DE COLABORAÇÃO OU DE FOMENTO

Seção I
NORMAS GERAIS

Art. 5º O regime jurídico de que trata esta Lei tem como fundamentos a gestão pública democrática, a participação social, o fortalecimento da sociedade civil, a transparência na aplicação dos recursos públicos, os princípios da legalidade, da legitimidade, da impessoalidade, da moralidade, da publicidade, da economicidade, da eficiência e da eficácia, destinando-se a assegurar:

▸ *Caput* com a redação dada pela Lei nº 13.204, de 14-12-2015.

I – o reconhecimento da participação social como direito do cidadão;

II – a solidariedade, a cooperação e o respeito à diversidade para a construção de valores de cidadania e de inclusão social e produtiva;

III – a promoção do desenvolvimento local, regional e nacional, inclusivo e sustentável;

IV – o direito à informação, à transparência e ao controle social das ações públicas;

V – a integração e a transversalidade dos procedimentos, mecanismos e instâncias de participação social;

VI – a valorização da diversidade cultural e da educação para a cidadania ativa;

VII – a promoção e a defesa dos direitos humanos;

VIII – a preservação, a conservação e a proteção dos recursos hídricos e do meio ambiente;

IX – a valorização dos direitos dos povos indígenas e das comunidades tradicionais;

X – a preservação e a valorização do patrimônio cultural brasileiro, em suas dimensões material e imaterial.

Art. 6º São diretrizes fundamentais do regime jurídico de parceria:

▸ *Caput* com a redação dada pela Lei nº 13.204, de 14-12-2015.

I – a promoção, o fortalecimento institucional, a capacitação e o incentivo à organização da sociedade civil para a cooperação com o poder público;

II – a priorização do controle de resultados;

III – o incentivo ao uso de recursos atualizados de tecnologias de informação e comunicação;

IV – o fortalecimento das ações de cooperação institucional entre os entes federados nas relações com as organizações da sociedade civil;

V – o estabelecimento de mecanismos que ampliem a gestão de informação, transparência e publicidade;

VI – a ação integrada, complementar e descentralizada, de recursos e ações, entre os entes da Federação, evitando sobreposição de iniciativas e fragmentação de recursos;

VII – a sensibilização, a capacitação, o aprofundamento e o aperfeiçoamento do trabalho de gestores públicos, na implementação de atividades e projetos de interesse público e relevância social com organizações da sociedade civil;

VIII – a adoção de práticas de gestão administrativa necessárias e suficientes para coibir a obtenção, individual ou coletiva, de benefícios ou vantagens indevidos;

▸ Inciso VIII com a redação dada pela Lei nº 13.204, de 14-12-2015.

IX – a promoção de soluções derivadas da aplicação de conhecimentos, da ciência e tecnologia e da inovação para atender necessidades e demandas de maior qualidade de vida da população em situação de desigualdade social.

Seção II
DA CAPACITAÇÃO DE GESTORES, CONSELHEIROS E SOCIEDADE CIVIL ORGANIZADA

Art. 7º A União poderá instituir, em coordenação com os Estados, o Distrito Federal, os

Municípios e organizações da sociedade civil, programas de capacitação voltados a:

I – administradores públicos, dirigentes e gestores;

II – representantes de organizações da sociedade civil;

III – membros de conselhos de políticas públicas;

IV – membros de comissões de seleção;

V – membros de comissões de monitoramento e avaliação;

VI – demais agentes públicos e privados envolvidos na celebração e execução das parcerias disciplinadas nesta Lei.

Parágrafo único. A participação nos programas previstos no *caput* não constituirá condição para o exercício de função envolvida na materialização das parcerias disciplinadas nesta Lei.

▸ Art. 7º com a redação dada pela Lei nº 13.204, de 14-12-2015.

Art. 8º Ao decidir sobre a celebração de parcerias previstas nesta Lei, o administrador público:

▸ *Caput* com a redação dada pela Lei nº 13.204, de 14-12-2015.

I – considerará, obrigatoriamente, a capacidade operacional da administração pública para celebrar a parceria, cumprir as obrigações dela decorrentes e assumir as respectivas responsabilidades;

II – avaliará as propostas de parceria com o rigor técnico necessário;

III – designará gestores habilitados a controlar e fiscalizar a execução em tempo hábil e de modo eficaz;

IV – apreciará as prestações de contas na forma e nos prazos determinados nesta Lei e na legislação específica.

▸ Incisos I a IV acrescidos pela Lei nº 13.204, de 14-12-2015.

Parágrafo único. A administração pública adotará as medidas necessárias, tanto na capacitação de pessoal, quanto no provimento dos recursos materiais e tecnológicos necessários, para assegurar a capacidade técnica e operacional de que trata o *caput* deste artigo.

Seção III
DA TRANSPARÊNCIA E DO CONTROLE

Art. 9º *Revogado*. Lei nº 13.204, de 14-12-2015.

Art. 10. A administração pública deverá manter, em seu sítio oficial na internet, a relação das parcerias celebradas e dos respectivos planos de trabalho, até cento e oitenta dias após o respectivo encerramento.

▸ Artigo com a redação dada pela Lei nº 13.204, de 14-12-2015.

Art. 11. A organização da sociedade civil deverá divulgar na internet e em locais visíveis de suas sedes sociais e dos estabelecimentos em que exerça suas ações todas as parcerias celebradas com a administração pública.

▸ *Caput* com a redação dada pela Lei nº 13.204, de 14-12-2015.

Parágrafo único. As informações de que tratam este artigo e o art. 10 deverão incluir, no mínimo:

I – data de assinatura e identificação do instrumento de parceria e do órgão da administração pública responsável;

II – nome da organização da sociedade civil e seu número de inscrição no Cadastro Nacional da Pessoa Jurídica – CNPJ da Secretaria da Receita Federal do Brasil – RFB;

III – descrição do objeto da parceria;

IV – valor total da parceria e valores liberados, quando for o caso;

▸ Inciso IV com a redação dada pela Lei nº 13.204, de 14-12-2015.

V – situação da prestação de contas da parceria, que deverá informar a data prevista para a sua apresentação, a data em que foi apresentada, o prazo para a sua análise e o resultado conclusivo;

VI – quando vinculados à execução do objeto e pagos com recursos da parceria, o valor total da remuneração da equipe de trabalho, as funções que seus integrantes desempenham e a remuneração prevista para o respectivo exercício.

▸ Inciso VI acrescido pela Lei nº 13.204, de 14-12-2015.

Art. 12. A administração pública deverá divulgar pela internet os meios de representação sobre a aplicação irregular dos recursos envolvidos na parceria.

▸ Artigo com a redação dada pela Lei nº 13.204, de 14-12-2015.

Seção IV
DO FORTALECIMENTO DA PARTICIPAÇÃO SOCIAL E DA DIVULGAÇÃO DAS AÇÕES

Art. 13. VETADO.

Art. 14. A administração pública divulgará, na forma de regulamento, nos meios públicos de comunicação por radiodifusão de sons e de sons e imagens, campanhas publicitárias e programações desenvolvidas por organizações da sociedade civil, no âmbito das parcerias previstas nesta Lei, mediante o emprego de recursos tecnológicos e de linguagem adequados à garantia de acessibilidade por pessoas com deficiência.

▸ Artigo com a redação dada pela Lei nº 13.204, de 14-12-2015.

Art. 15. Poderá ser criado, no âmbito do Poder Executivo federal, o Conselho Nacional de Fomento e Colaboração, de composição paritária entre representantes governamentais e organizações da sociedade civil, com a finalidade de divulgar boas práticas e de propor e apoiar políticas e ações voltadas ao fortalecimento das relações de fomento e de colaboração previstas nesta Lei.

§ 1º A composição e o funcionamento do Conselho Nacional de Fomento e Colaboração serão disciplinados em regulamento.

§ 2º Os demais entes federados também poderão criar instância participativa, nos termos deste artigo.

§ 3º Os conselhos setoriais de políticas públicas e a administração pública serão consultados quanto às políticas e ações voltadas ao fortalecimento das relações de fomento e de colaboração propostas pelo Conselho de que trata o *caput* deste artigo.

▸ § 3º acrescido pela Lei nº 13.204, de 14-12-2015.

Seção V
DOS TERMOS DE COLABORAÇÃO E DE FOMENTO

Art. 16. O termo de colaboração deve ser adotado pela administração pública para consecução de planos de trabalho de sua iniciativa, para celebração de parcerias com organizações da sociedade civil que envolvam a transferência de recursos financeiros.

▸ *Caput* com a redação dada pela Lei nº 13.204, de 14-12-2015.

Parágrafo único. Os conselhos de políticas públicas poderão apresentar propostas à administração pública para celebração de termo de colaboração com organizações da sociedade civil.

Art. 17. O termo de fomento deve ser adotado pela administração pública para consecução de planos de trabalho propostos por organizações da sociedade civil que envolvam a transferência de recursos financeiros.

▸ Artigo com a redação dada pela Lei nº 13.204, de 14-12-2015.

Seção VI
DO PROCEDIMENTO DE MANIFESTAÇÃO DE INTERESSE SOCIAL

Art. 18. É instituído o Procedimento de Manifestação de Interesse Social como instrumento por meio do qual as organizações da sociedade civil, movimentos sociais e cidadãos poderão apresentar propostas ao poder público para que este avalie a possibilidade de realização de um chamamento público objetivando a celebração de parceria.

Art. 19. A proposta a ser encaminhada à administração pública deverá atender aos seguintes requisitos:

I – identificação do subscritor da proposta;

II – indicação do interesse público envolvido;

III – diagnóstico da realidade que se quer modificar, aprimorar ou desenvolver e, quando possível, indicação da viabilidade, dos custos, dos benefícios e dos prazos de execução da ação pretendida.

Art. 20. Preenchidos os requisitos do art. 19, a administração pública deverá tornar pública a proposta em seu sítio eletrônico e, verificada a conveniência e oportunidade para realização do Procedimento de Manifestação de Interesse Social, o instaurará para oitiva da sociedade sobre o tema.

Parágrafo único. Os prazos e regras do procedimento de que trata esta Seção observarão regulamento próprio de cada ente federado, a ser aprovado após a publicação desta Lei.

Art. 21. A realização do Procedimento de Manifestação de Interesse Social não implicará necessariamente na execução do chamamento público, que acontecerá de acordo com os interesses da administração.

§ 1º A realização do Procedimento de Manifestação de Interesse Social não dispensa a convocação por meio de chamamento público para a celebração de parceria.

§ 2º A proposição ou a participação no Procedimento de Manifestação de Interesse Social não impede a organização da sociedade civil de participar no eventual chamamento público subsequente.

§ 3º É vedado condicionar a realização de chamamento público ou a celebração de parceria à prévia realização de Procedimento de Manifestação de Interesse Social.

▸ § 3º acrescido pela Lei nº 13.204, de 14-12-2015.

Seção VII

DO PLANO DE TRABALHO

Art. 22. Deverá constar do plano de trabalho de parcerias celebradas mediante termo de colaboração ou de fomento:

▶ *Caput* com a redação dada pela Lei nº 13.204, de 14-12-2015.

I – descrição da realidade que será objeto da parceria, devendo ser demonstrado o nexo entre essa realidade e as atividades ou projetos e metas a serem atingidas;

II – descrição de metas a serem atingidas e de atividades ou projetos a serem executados;

▶ Incisos I e II com a redação dada pela Lei nº 13.204, de 14-12-2015.

II-A – previsão de receitas e de despesas a serem realizadas na execução das atividades ou dos projetos abrangidos pela parceria;

▶ Inciso II-A acrescido pela Lei nº 13.204, de 14-12-2015.

III – forma de execução das atividades ou dos projetos e de cumprimento das metas a eles atreladas;

IV – definição dos parâmetros a serem utilizados para a aferição do cumprimento das metas.

▶ Incisos III e IV com a redação dada pela Lei nº 13.204, de 14-12-2015.

V a X – *Revogados*. Lei nº 13.204, de 14-12-2015.

Parágrafo único. *Revogado*. Lei nº 13.204, de 14-12-2015.

Seção VIII

DO CHAMAMENTO PÚBLICO

Art. 23. A administração pública deverá adotar procedimentos claros, objetivos e simplificados que orientem os interessados e facilitem o acesso direto aos seus órgãos e instâncias decisórias, independentemente da modalidade de parceria prevista nesta Lei.

▶ *Caput* com a redação dada pela Lei nº 13.204, de 14-12-2015.

Parágrafo único. Sempre que possível, a administração pública estabelecerá critérios a serem seguidos, especialmente quanto às seguintes características:

▶ Parágrafo único com a redação dada pela Lei nº 13.204, de 14-12-2015.

I – objetos;

II – metas;

III – *Revogado*. Lei nº 13.204, de 14-12-2015;

IV – custos;

V – *Revogado*. Lei nº 13.204, de 14-12-2015;

VI – indicadores, quantitativos ou qualitativos, de avaliação de resultados.

▶ Inciso VI com a redação dada pela Lei nº 13.204, de 14-12-2015.

Art. 24. Exceto nas hipóteses previstas nesta Lei, a celebração de termo de colaboração ou de fomento será precedida de chamamento público voltado a selecionar organizações da sociedade civil que tornem mais eficaz a execução do objeto.

▶ *Caput* com a redação dada pela Lei nº 13.204, de 14-12-2015.

§ 1º O edital do chamamento público especificará, no mínimo:

I – a programação orçamentária que autoriza e viabiliza a celebração da parceria;

▶ Inciso I com a redação dada pela Lei nº 13.204, de 14-12-2015.

II – *Revogado*. Lei nº 13.204, de 14-12-2015;

III – o objeto da parceria;

IV – as datas, os prazos, as condições, o local e a forma de apresentação das propostas;

V – as datas e os critérios de seleção e julgamento das propostas, inclusive no que se refere à metodologia de pontuação e ao peso atribuído a cada um dos critérios estabelecidos, se for o caso;

▶ Inciso V com a redação dada pela Lei nº 13.204, de 14-12-2015.

VI – o valor previsto para a realização do objeto;

VII – *Revogado*. Lei nº 13.204, de 14-12-2015.

a) a c) *Revogadas*. Lei nº 13.204, de 14-12-2015.

VIII – as condições para interposição de recurso administrativo;

IX – a minuta do instrumento por meio do qual será celebrada a parceria;

X – de acordo com as características do objeto da parceria, medidas de acessibilidade para pessoas com deficiência ou mobilidade reduzida e idosos.

▶ Incisos VIII a X acrescidos pela Lei nº 13.204, de 14-12-2015.

§ 2º É vedado admitir, prever, incluir ou tolerar, nos atos de convocação, cláusulas ou condições que comprometam, restrinjam ou frustrem o seu caráter competitivo em decorrência de qualquer circunstância impertinente ou irrelevante para o específico objeto da parceria, admitidos:

I – a seleção de propostas apresentadas exclusivamente por concorrentes sediados ou com representação atuante e reconhecida na unidade da Federação onde será executado o objeto da parceria;

II – o estabelecimento de cláusula que delimite o território ou a abrangência da prestação de atividades ou da execução de projetos, conforme estabelecido nas políticas setoriais.

▶ § 2º com a redação dada pela Lei nº 13.204, de 14-12-2015.

Art. 25. *Revogado*. Lei nº 13.204, de 14-12-2015.

Art. 26. O edital deverá ser amplamente divulgado em página do sítio oficial da administração pública na internet, com antecedência mínima de trinta dias.

▶ *Caput* com a redação dada pela Lei nº 13.204, de 14-12-2015.

Parágrafo único. *Revogado*. Lei nº 13.204, de 14-12-2015.

Art. 27. O grau de adequação da proposta aos objetivos específicos do programa ou da ação em que se insere o objeto da parceria e, quando for o caso, ao valor de referência constante do chamamento constitui critério obrigatório de julgamento.

▶ *Caput* com a redação dada pela Lei nº 13.204, de 14-12-2015.

§ 1º As propostas serão julgadas por uma comissão de seleção previamente designada, nos termos desta Lei, ou constituída pelo respectivo conselho gestor, se o projeto for financiado com recursos de fundos específicos.

§ 2º Será impedida de participar da comissão de seleção pessoa que, nos últimos cinco anos, tenha mantido relação jurídica com, ao menos, uma das entidades participantes do chamamento público.

▶ §§ 1º e 2º com a redação dada pela Lei nº 13.204, de 14-12-2015.

§ 3º Configurado o impedimento previsto no § 2º, deverá ser designado membro substituto que possua qualificação equivalente à do substituído.

§ 4º A administração pública homologará e divulgará o resultado do julgamento em página do sítio previsto no art. 26.

▶ § 4º com a redação dada pela Lei nº 13.204, de 14-12-2015.

§ 5º Será obrigatoriamente justificada a seleção de proposta que não for a mais adequada ao valor de referência constante do chamamento público.

§ 6º A homologação não gera direito para a organização da sociedade civil à celebração da parceria.

▶ §§ 5º e 6º acrescidos pela Lei nº 13.204, de 14-12-2015.

Art. 28. Somente depois de encerrada a etapa competitiva e ordenadas as propostas, a administração pública procederá à verificação dos documentos que comprovem o atendimento pela organização da sociedade civil selecionada dos requisitos previstos nos arts. 33 e 34.

▶ *Caput* com a redação dada pela Lei nº 13.204, de 14-12-2015.

§ 1º Na hipótese de a organização da sociedade civil selecionada não atender aos requisitos exigidos nos arts. 33 e 34, aquela imediatamente mais bem classificada poderá ser convidada a aceitar a celebração de parceria nos termos da proposta por ela apresentada.

§ 2º Caso a organização da sociedade civil convidada nos termos do § 1º aceite celebrar a parceria, proceder-se-á à verificação dos documentos que comprovem o atendimento aos requisitos previstos nos arts. 33 e 34.

▶ §§ 1º e 2º com a redação dada pela Lei nº 13.204, de 14-12-2015.

§ 3º *Revogado*. Lei nº 13.204, de 14-12-2015.

Art. 29. Os termos de colaboração ou de fomento que envolvam recursos decorrentes de emendas parlamentares às leis orçamentárias anuais e os acordos de cooperação serão celebrados sem chamamento público, exceto, em relação aos acordos de cooperação, quando o objeto envolver a celebração de comodato, doação de bens ou outra forma de compartilhamento de recurso patrimonial, hipótese em que o respectivo chamamento público observará o disposto nesta Lei.

▶ Artigo com a redação dada pela Lei nº 13.204, de 14-12-2015.

Art. 30. A administração pública poderá dispensar a realização do chamamento público:

I – no caso de urgência decorrente de paralisação ou iminência de paralisação de atividades de relevante interesse público, pelo prazo de até cento e oitenta dias;

II – nos casos de guerra, calamidade pública, grave perturbação da ordem pública ou ameaça à paz social;

▶ Incisos I e II com a redação dada pela Lei nº 13.204, de 14-12-2015.

III – quando se tratar da realização de programa de proteção a pessoas ameaçadas ou em situação que possa comprometer a sua segurança;

IV – VETADO.

V – VETADO. Lei nº 13.204, de 14-12-2015.

VI – no caso de atividades voltadas ou vinculadas a serviços de educação, saúde e assistência social, desde que executadas por organizações da sociedade civil previamente credenciadas pelo órgão gestor da respectiva política.

▶ Inciso VI acrescido pela Lei nº 13.204, de 14-12-2015.

Art. 31. Será considerado inexigível o chamamento público na hipótese de inviabilidade de competição entre as organizações da sociedade civil, em razão da natureza singular do objeto da parceria ou se as metas somente puderem ser atingidas por uma entidade específica, especialmente quando:

I – o objeto da parceria constituir incumbência prevista em acordo, ato ou compromisso internacional, no qual sejam indicadas as instituições que utilizarão os recursos;

II – a parceria decorrer de transferência para organização da sociedade civil que esteja autorizada em lei na qual seja identificada expressamente a entidade beneficiária, inclusive quando se tratar da subvenção prevista no inciso I do § 3º do art. 12 da Lei nº 4.320, de 17 de março de 1964, observado o disposto no art. 26 da Lei Complementar nº 101, de 4 de maio de 2000.

▶ Art. 31 com a redação dada pela Lei nº 13.204, de 14-12-2015.

Art. 32. Nas hipóteses dos arts. 30 e 31 desta Lei, a ausência de realização de chamamento público será justificada pelo administrador público.

▶ *Caput* com a redação dada pela Lei nº 13.204, de 14-12-2015.

§ 1º Sob pena de nulidade do ato de formalização de parceria prevista nesta Lei, o extrato da justificativa previsto no *caput* deverá ser publicado, na mesma data em que for efetivado, no sítio oficial da administração pública na internet e, eventualmente, a critério do administrador público, também no meio oficial de publicidade da administração pública.

§ 2º Admite-se a impugnação à justificativa, apresentada no prazo de cinco dias a contar de sua publicação, cujo teor deve ser analisado pelo administrador público responsável em até cinco dias da data do respectivo protocolo.

▶ §§ 1º e 2º com a redação dada pela Lei nº 13.204, de 14-12-2015.

§ 3º Havendo fundamento na impugnação, será revogado o ato que declarou a dispensa ou considerou inexigível o chamamento público, e será imediatamente iniciado o procedimento para a realização do chamamento público, conforme o caso.

§ 4º A dispensa e a inexigibilidade de chamamento público, bem como o disposto no art. 29, não afastam a aplicação dos demais dispositivos desta Lei.

▶ § 4º acrescido pela Lei nº 13.204, de 14-12-2015.

Seção IX

DOS REQUISITOS PARA CELEBRAÇÃO DE PARCERIAS

▶ Seção IX com a redação dada pela Lei nº 13.204, de 14-12-2015.

Art. 33. Para celebrar as parcerias previstas nesta Lei, as organizações da sociedade civil deverão ser regidas por normas de organização interna que prevejam, expressamente:

▶ *Caput* com a redação dada pela Lei nº 13.204, de 14-12-2015.

I – objetivos voltados à promoção de atividades e finalidades de relevância pública e social;

II – *Revogado.* Lei nº 13.204, de 14-12-2015;

III – que, em caso de dissolução da entidade, o respectivo patrimônio líquido seja transferido a outra pessoa jurídica de igual natureza que preencha os requisitos desta Lei e cujo objeto social seja, preferencialmente, o mesmo da entidade extinta;

IV – escrituração de acordo com os princípios fundamentais de contabilidade e com as Normas Brasileiras de Contabilidade;

▶ Incisos III e IV com a redação dada pela Lei nº 13.204, de 14-12-2015.

a) e *b)* *Revogadas.* Lei nº 13.204, de 14-12-2015.

V – possuir:

a) no mínimo, um, dois ou três anos de existência, com cadastro ativo, comprovados por meio de documentação emitida pela Secretaria da Receita Federal do Brasil, com base no Cadastro Nacional da Pessoa Jurídica – CNPJ, conforme, respectivamente, a parceria seja celebrada no âmbito dos Municípios, do Distrito Federal ou dos Estados e da União, admitida a redução desses prazos por ato específico de cada ente na hipótese de nenhuma organização atingi-los;

b) experiência prévia na realização, com efetividade, do objeto da parceria ou de natureza semelhante;

c) instalações, condições materiais e capacidade técnica e operacional para o desenvolvimento das atividades ou projetos previstos na parceria e o cumprimento das metas estabelecidas.

▶ Inciso V acrescido pela Lei nº 13.204, de 14-12-2015.

§ 1º Na celebração de acordos de cooperação, somente será exigido o requisito previsto no inciso I.

▶ § 1º com a redação dada pela Lei nº 13.204, de 14-12-2015.

§ 2º Serão dispensadas do atendimento ao disposto nos incisos I e III as organizações religiosas.

▶ Parágrafo único renumerado para § 2º e com a redação dada pela Lei nº 13.204, de 14-12-2015.

§ 3º As sociedades cooperativas deverão atender às exigências previstas na legislação específica e ao disposto no inciso IV, estando dispensadas do atendimento aos requisitos previstos nos incisos I e III.

▶ § 3º acrescido pela Lei nº 13.204, de 14-12-2015.

§ 4º VETADO. Lei nº 13.204, de 14-12-2015.

§ 5º Para fins de atendimento do previsto na alínea *c* do inciso V, não será necessária a demonstração de capacidade instalada prévia.

▶ § 5º acrescido pela Lei nº 13.204, de 14-12-2015.

Art. 34. Para celebração das parcerias previstas nesta Lei, as organizações da sociedade civil deverão apresentar:

I – *Revogado.* Lei nº 13.204, de 14-12-2015;

II – certidões de regularidade fiscal, previdenciária, tributária, de contribuições e de dívida ativa, de acordo com a legislação aplicável de cada ente federado;

III – certidão de existência jurídica expedida pelo cartório de registro civil ou cópia do estatuto registrado e de eventuais alterações ou, tratando-se de sociedade cooperativa, certidão simplificada emitida por junta comercial;

▶ Inciso III com a redação dada pela Lei nº 13.204, de 14-12-2015.

IV – *Revogado.* Lei nº 13.204, de 14-12-2015.

V – cópia da ata de eleição do quadro dirigente atual;

VI – relação nominal atualizada dos dirigentes da entidade, com endereço, número e órgão expedidor da carteira de identidade e número de registro no Cadastro de Pessoas Físicas – CPF da Secretaria da Receita Federal do Brasil – RFB de cada um deles;

VII – comprovação de que a organização da sociedade civil funciona no endereço por ela declarado;

▶ Inciso VII com a redação dada pela Lei nº 13.204, de 14-12-2015.

VIII – *Revogado.* Lei nº 13.204, de 14-12-2015.

Parágrafo único. VETADO.

I a III – VETADOS.

Art. 35. A celebração e a formalização do termo de colaboração e do termo de fomento dependerão da adoção das seguintes providências pela administração pública:

I – realização de chamamento público, ressalvadas as hipóteses previstas nesta Lei;

II – indicação expressa da existência de prévia dotação orçamentária para execução da parceria;

III – demonstração de que os objetivos e finalidades institucionais e a capacidade técnica e operacional da organização da sociedade civil foram avaliados e são compatíveis com o objeto;

IV – aprovação do plano de trabalho, a ser apresentado nos termos desta Lei;

V – emissão de parecer de órgão técnico da administração pública, que deverá pronunciar-se, de forma expressa, a respeito:

a) do mérito da proposta, em conformidade com a modalidade de parceria adotada;

b) da identidade e da reciprocidade de interesse das partes na realização, em mútua cooperação, da parceria prevista nesta Lei;

c) da viabilidade de sua execução;

d) da verificação do cronograma de desembolso;

▶ Alíneas *c* e *d* com a redação dada pela Lei nº 13.204, de 14-12-2015.

e) da descrição de quais serão os meios disponíveis a serem utilizados para a fiscalização da execução da parceria, assim como dos procedimentos que deverão ser adotados para avaliação da execução física e financeira, no cumprimento das metas e objetivos;

f) *Revogada.* Lei nº 13.204, de 14-12-2015;

g) da designação do gestor da parceria;

h) da designação da comissão de monitoramento e avaliação da parceria;

i) *Revogada.* Lei nº 13.204, de 14-12-2015.

VI – emissão de parecer jurídico do órgão de assessoria ou consultoria jurídica da administração pública acerca da possibilidade de celebração da parceria.

▶ Inciso VI com a redação dada pela Lei nº 13.204, de 14-12-2015.

§ 1º Não será exigida contrapartida financeira como requisito para celebração de parceria, facultada a exigência de contrapartida em bens e serviços cuja expressão monetária será obrigatoriamente identificada no termo de colaboração ou de fomento.

§ 2º Caso o parecer técnico ou o parecer jurídico de que tratam, respectivamente, os incisos V e VI concluam pela possibilidade de celebração da parceria com ressalvas, deverá o administrador público sanar os aspectos ressalvados ou, mediante ato formal, justificar a preservação desses aspectos ou sua exclusão.

▸ §§ 1º e 2º com a redação dada pela Lei nº 13.204, de 14-12-2015.

§ 3º Na hipótese de o gestor da parceria deixar de ser agente público ou ser lotado em outro órgão ou entidade, o administrador público deverá designar novo gestor, assumindo, enquanto isso não ocorrer, todas as obrigações do gestor, com as respectivas responsabilidades.

§ 4º *Revogado*. Lei nº 13.204, de 14-12-2015.

§ 5º Caso a organização da sociedade civil adquira equipamentos e materiais permanentes com recursos provenientes da celebração da parceria, o bem será gravado com cláusula de inalienabilidade, e ela deverá formalizar promessa de transferência da propriedade à administração pública, na hipótese de sua extinção.

§ 6º Será impedida de participar como gestor da parceria ou como membro da comissão de monitoramento e avaliação pessoa que, nos últimos 5 (cinco) anos, tenha mantido relação jurídica com, ao menos, 1 (uma) das organizações da sociedade civil partícipes.

§ 7º Configurado o impedimento do § 6º, deverá ser designado gestor ou membro substituto que possua qualificação técnica equivalente à do substituído.

Art. 35-A. É permitida a atuação em rede, por duas ou mais organizações da sociedade civil, mantida a integral responsabilidade da organização celebrante do termo de fomento ou de colaboração, desde que a organização da sociedade civil signatária do termo de fomento ou de colaboração possua:

I – mais de cinco anos de inscrição no CNPJ;

II – capacidade técnica e operacional para supervisionar e orientar diretamente a atuação da organização que com ela estiver atuando em rede.

Parágrafo único. A organização da sociedade civil que assinar o termo de colaboração ou de fomento deverá celebrar termo de atuação em rede para repasse de recursos às não celebrantes, ficando obrigada a, no ato da respectiva formalização:

I – verificar, nos termos do regulamento, a regularidade jurídica e fiscal da organização executante e não celebrante do termo de colaboração ou do termo de fomento, devendo comprovar tal verificação na prestação de contas;

II – comunicar à administração pública em até sessenta dias a assinatura do termo de atuação em rede.

▸ Art. 35-A acrescido pela Lei nº 13.204, de 14-12-2015.

Art. 36. Será obrigatória a estipulação do destino a ser dado aos bens remanescentes da parceria.

Parágrafo único. Os bens remanescentes adquiridos com recursos transferidos poderão, a critério do administrador público, ser doados quando, após a consecução do objeto, não forem necessários para assegurar a continuidade do objeto pactuado, observado o disposto no respectivo termo e na legislação vigente.

Art. 37. *Revogado*. Lei nº 13.204, de 14-12-2015.

Art. 38. O termo de fomento, o termo de colaboração e o acordo de cooperação somente produzirão efeitos jurídicos após a publicação dos respectivos extratos no meio oficial de publicidade da administração pública.

▸ Artigo com a redação dada pela Lei nº 13.204, de 14-12-2015.

Seção X

DAS VEDAÇÕES

Art. 39. Ficará impedida de celebrar qualquer modalidade de parceria prevista nesta Lei a organização da sociedade civil que:

I – não esteja regularmente constituída ou, se estrangeira, não esteja autorizada a funcionar no território nacional;

II – esteja omissa no dever de prestar contas de parceria anteriormente celebrada;

III – tenha como dirigente membro de Poder ou do Ministério Público, ou dirigente de órgão ou entidade da administração pública da mesma esfera governamental na qual será celebrado o termo de colaboração ou de fomento, estendendo-se a vedação aos respectivos cônjuges ou companheiros, bem como parentes em linha reta, colateral ou por afinidade, até o segundo grau;

▸ Inciso III com redação dada pela Lei nº 13.204, de 14-12-2015.

IV – tenha tido as contas rejeitadas pela administração pública nos últimos cinco anos, exceto se:

▸ *Caput* do inciso IV com a redação dada pela Lei nº 13.204, de 14-12-2015.

a) for sanada a irregularidade que motivou a rejeição e quitados os débitos eventualmente imputados;

b) for reconsiderada ou revista a decisão pela rejeição;

c) a apreciação das contas estiver pendente de decisão sobre recurso com efeito suspensivo;

▸ Alíneas *a* a *c* acrescidas Lei nº 13.204, de 14-12-2015.

V – tenha sido punida com uma das seguintes sanções, pelo período que durar a penalidade:

a) suspensão de participação em licitação e impedimento de contratar com a administração;

b) declaração de inidoneidade para licitar ou contratar com a administração pública;

c) a prevista no inciso II do art. 73 desta Lei;

d) a prevista no inciso III do art. 73 desta Lei;

VI – tenha tido contas de parceria julgadas irregulares ou rejeitadas por Tribunal ou Conselho de Contas de qualquer esfera da Federação, em decisão irrecorrível, nos últimos 8 (oito) anos;

VII – tenha entre seus dirigentes pessoa:

a) cujas contas relativas a parcerias tenham sido julgadas irregulares ou rejeitadas por Tribunal ou Conselho de Contas de qualquer esfera da Federação, em decisão irrecorrível, nos últimos 8 (oito) anos;

b) julgada responsável por falta grave e inabilitada para o exercício de cargo em comissão ou função de confiança, enquanto durar a inabilitação;

c) considerada responsável por ato de improbidade, enquanto durarem os prazos estabelecidos nos incisos I, II e III do art. 12 da Lei nº 8.429, de 2 de junho de 1992.

§ 1º Nas hipóteses deste artigo, é igualmente vedada a transferência de novos recursos no âmbito de parcerias em execução, excetuando-se os casos de serviços essenciais que não podem ser adiados sob pena de prejuízo ao erário ou à população, desde que precedida de expressa e fundamentada autorização do dirigente máximo do órgão ou entidade da administração pública, sob pena de responsabilidade solidária.

§ 2º Em qualquer das hipóteses previstas no *caput*, persiste o impedimento para celebrar parceria enquanto não houver o ressarcimento do dano ao erário, pelo qual seja responsável a organização da sociedade civil ou seu dirigente.

§ 3º *Revogado*. Lei nº 13.204, de 14-12-2015.

§ 4º Para os fins do disposto na alínea *a* do inciso IV e no § 2º, não serão considerados débitos que decorram de atrasos na liberação de repasses pela administração pública ou que tenham sido objeto de parcelamento, se a organização da sociedade civil estiver em situação regular no parcelamento.

§ 5º A vedação prevista no inciso III não se aplica à celebração de parcerias com entidades que, pela sua própria natureza, sejam constituídas pelas autoridades referidas naquele inciso, sendo vedado que a mesma pessoa figure no termo de colaboração, no termo de fomento ou no acordo de cooperação simultaneamente como dirigente e administrador público.

§ 6º Não são considerados membros de Poder os integrantes de conselhos de direitos e de políticas públicas.

▸ §§ 4º a 6º acrescidos pela Lei nº 13.204, de 14-12-2015.

Art. 40. É vedada a celebração de parcerias previstas nesta Lei que tenham por objeto, envolvam ou incluam, direta ou indiretamente, delegação das funções de regulação, de fiscalização, de exercício do poder de polícia ou de outras atividades exclusivas de Estado.

▸ *Caput* com a redação dada pela Lei nº 13.204, de 14-12-2015.

I e II – *Revogados*. Lei nº 13.204, de 14-12-2015.

Parágrafo único. *Revogado*. Lei nº 13.204, de 14-12-2015.

I e II – *Revogados*. Lei nº 13.204, de 14-12-2015.

Art. 41. Ressalvado o disposto no art. 3º e no parágrafo único do art. 84, serão celebradas nos termos desta Lei as parcerias entre a administração pública e as entidades referidas no inciso I do art. 2º.

▸ *Caput* com a redação dada pela Lei nº 13.204, de 14-12-2015.

Parágrafo único. *Revogado*. Lei nº 13.204, de 14-12-2015.

CAPÍTULO III
DA FORMALIZAÇÃO E DA EXECUÇÃO

Seção I
DISPOSIÇÕES PRELIMINARES

Art. 42. As parcerias serão formalizadas mediante a celebração de termo de colaboração, de termo de fomento ou de acordo de cooperação, conforme o caso, que terá como cláusulas essenciais:

- *Caput* com a redação dada pela Lei nº 13.204, de 14-12-2015.

I – a descrição do objeto pactuado;

II – as obrigações das partes;

III – quando for o caso, o valor total e o cronograma de desembolso;

- Inciso III com a redação dada pela Lei nº 13.204, de 14-12-2015.

IV – *Revogado*. Lei nº 13.204, de 14-12-2015;

V – a contrapartida, quando for o caso, observado o disposto no § 1º do art. 35;

- Inciso V com a redação dada pela Lei nº 13.204, de 14-12-2015.

VI – a vigência e as hipóteses de prorrogação;

VII – a obrigação de prestar contas com definição de forma, metodologia e prazos;

- Inciso VII com a redação dada pela Lei nº 13.204, de 14-12-2015.

VIII – a forma de monitoramento e avaliação, com a indicação dos recursos humanos e tecnológicos que serão empregados na atividade ou, se for o caso, a indicação da participação de apoio técnico nos termos previstos no § 1º do art. 58 desta Lei;

IX – a obrigatoriedade de restituição de recursos, nos casos previstos nesta Lei;

X – a definição, se for o caso, da titularidade dos bens e direitos remanescentes na data da conclusão ou extinção da parceria e que, em razão de sua execução, tenham sido adquiridos, produzidos ou transformados com recursos repassados pela administração pública;

- Inciso X com a redação dada pela Lei nº 13.204, de 14-12-2015.

XI – *Revogado*. Lei nº 13.204, de 14-12-2015;

XII – a prerrogativa atribuída à administração pública para assumir ou transferir a responsabilidade pela execução do objeto, no caso de paralisação, de modo a evitar sua descontinuidade;

- Inciso XII com a redação dada pela Lei nº 13.204, de 14-12-2015.

XIII – *Revogado*. Lei nº 13.204, de 14-12-2015;

XIV – quando for o caso, a obrigação de a organização da sociedade civil manter e movimentar os recursos em conta bancária específica, observado o disposto no art. 51;

XV – o livre acesso dos agentes da administração pública, do controle interno e do Tribunal de Contas correspondente aos processos, aos documentos e às informações relacionadas a termos de colaboração ou a termos de fomento, bem como aos locais de execução do respectivo objeto;

- Incisos XIV e XV com redação dada pela Lei nº 13.204, de 14-12-2015.

XVI – a faculdade dos partícipes rescindirem o instrumento, a qualquer tempo, com as respectivas condições, sanções e delimitações claras de responsabilidades, além da estipulação de prazo mínimo de antecedência para a publicidade dessa intenção, que não poderá ser inferior a 60 (sessenta) dias;

XVII – a indicação do foro para dirimir as dúvidas decorrentes da execução da parceria, estabelecendo a obrigatoriedade da prévia tentativa de solução administrativa, com a participação de órgão encarregado de assessoramento jurídico integrante da estrutura da administração pública;

- Inciso XVII com redação dada pela Lei nº 13.204, de 14-12-2015.

XVIII – *Revogado*. Lei nº 13.204, de 14-12-2015.

XIX – a responsabilidade exclusiva da organização da sociedade civil pelo gerenciamento administrativo e financeiro dos recursos recebidos, inclusive no que diz respeito às despesas de custeio, de investimento e de pessoal;

XX – a responsabilidade exclusiva da organização da sociedade civil pelo pagamento dos encargos trabalhistas, previdenciários, fiscais e comerciais relacionados à execução do objeto previsto no termo de colaboração ou de fomento, não implicando responsabilidade solidária ou subsidiária da administração pública a inadimplência da organização da sociedade civil em relação ao referido pagamento, os ônus incidentes sobre o objeto da parceria ou os danos decorrentes de restrição à sua execução.

- Inciso XX com redação dada pela Lei nº 13.204, de 14-12-2015.

Parágrafo único. Constará como anexo do termo de colaboração, do termo de fomento ou do acordo de cooperação o plano de trabalho, que deles será parte integrante e indissociável.

- Parágrafo único com a redação dada pela Lei nº 13.204, de 14-12-2015.

I e II – *Revogados*. Lei nº 13.204, de 14-12-2015.

Seção II
DAS CONTRATAÇÕES REALIZADAS PELAS ORGANIZAÇÕES DA SOCIEDADE CIVIL

Arts. 43 e 44. *Revogados*. Lei nº 13.204, de 14-12-2015.

Seção III
DAS DESPESAS

Art. 45. As despesas relacionadas à execução da parceria serão executadas nos termos dos incisos XIX e XX do art. 42, sendo vedado:

- *Caput* com a redação dada pela Lei nº 13.204, de 14-12-2015.

I – utilizar recursos para finalidade alheia ao objeto da parceria;

- Inciso I com a redação dada pela Lei nº 13.204, de 14-12-2015.

II – pagar, a qualquer título, servidor ou empregado público com recursos vinculados à parceria, salvo nas hipóteses previstas em lei específica e na lei de diretrizes orçamentárias;

III – *Revogado*. Lei nº 13.204, de 14-12-2015;

IV – VETADO;

V a VIII – *Revogados*. Lei nº 13.204, de 14-12-2015;

IX – *Revogado*. Lei nº 13.204, de 14-12-2015.

a) a *d)* *Revogados*. Lei nº 13.204, de 14-12-2015.

Art. 46. Poderão ser pagas, entre outras despesas, com recursos vinculados à parceria:

- *Caput* com a redação dada pela Lei nº 13.204, de 14-12-2015.

I – remuneração da equipe encarregada da execução do plano de trabalho, inclusive de pessoal próprio da organização da sociedade civil, durante a vigência da parceria, compreendendo as despesas com pagamentos de impostos, contribuições sociais, Fundo de Garantia do Tempo de Serviço – FGTS, férias, décimo terceiro salário, salários proporcionais, verbas rescisórias e demais encargos sociais e trabalhistas;

- Inciso I com a redação dada pela Lei nº 13.204, de 14-12-2015.

a) a *c)* *Revogadas*. Lei nº 13.204, de 14-12-2015.

II – diárias referentes a deslocamento, hospedagem e alimentação nos casos em que a execução do objeto da parceria assim o exija;

III – custos indiretos necessários à execução do objeto, seja qual for a proporção em relação ao valor total da parceria;

- Incisos II e III com a redação dada pela Lei nº 13.204, de 14-12-2015.

IV – aquisição de equipamentos e materiais permanentes essenciais à consecução do objeto e serviços de adequação de espaço físico, desde que necessários à instalação dos referidos equipamentos e materiais.

§ 1º A inadimplência da administração pública não transfere à organização da sociedade civil a responsabilidade pelo pagamento de obrigações vinculadas à parceria com recursos próprios.

§ 2º A inadimplência da organização da sociedade civil em decorrência de atrasos na liberação de repasses relacionados à parceria não poderá acarretar restrições à liberação de parcelas subsequentes.

§ 3º O pagamento de remuneração da equipe contratada pela organização da sociedade civil com recursos da parceria não gera vínculo trabalhista com o poder público.

- §§ 1º a 3º com a redação dada pela Lei nº 13.204, de 14-12-2015.

§ 4º *Revogado*. Lei nº 13.204, de 14-12-2015.

§ 5º VETADO.

Art. 47. *Revogado*. Lei nº 13.204, de 14-12-2015.

Seção IV
DA LIBERAÇÃO DOS RECURSOS

Art. 48. As parcelas dos recursos transferidos no âmbito da parceria serão liberadas em estrita conformidade com o respectivo cronograma de desembolso, exceto nos casos a seguir, nos quais ficarão retidas até o saneamento das impropriedades:

I – quando houver evidências de irregularidade na aplicação de parcela anteriormente recebida;

II – quando constatado desvio de finalidade na aplicação dos recursos ou o inadimplemento da organização da sociedade civil em relação a obrigações estabelecidas no termo de colaboração ou de fomento;

III – quando a organização da sociedade civil deixar de adotar sem justificativa suficiente as medidas saneadoras apontadas pela administração pública ou pelos órgãos de controle interno ou externo.

- Art. 48 com a redação dada pela Lei nº 13.204, de 14-12-2015.

Art. 49. Nas parcerias cuja duração exceda um ano, é obrigatória a prestação de contas ao término de cada exercício.

▶ *Caput* com a redação dada pela Lei nº 13.204, de 14-12-2015.

I a III – *Revogados*. Lei nº 13.204, de 14-12-2015.

Art. 50. A administração pública deverá viabilizar o acompanhamento pela internet dos processos de liberação de recursos referentes às parcerias celebradas nos termos desta Lei.

Seção V

DA MOVIMENTAÇÃO E APLICAÇÃO FINANCEIRA DOS RECURSOS

Art. 51. Os recursos recebidos em decorrência da parceria serão depositados em conta corrente específica isenta de tarifa bancária na instituição financeira pública determinada pela administração pública.

Parágrafo único. Os rendimentos de ativos financeiros serão aplicados no objeto da parceria, estando sujeitos às mesmas condições de prestação de contas exigidas para os recursos transferidos.

Art. 52. Por ocasião da conclusão, denúncia, rescisão ou extinção da parceria, os saldos financeiros remanescentes, inclusive os provenientes das receitas obtidas das aplicações financeiras realizadas, serão devolvidos à administração pública no prazo improrrogável de trinta dias, sob pena de imediata instauração de tomada de contas especial do responsável, providenciada pela autoridade competente da administração pública.

▶ Arts. 51 e 52 com a redação dada pela Lei nº 13.204, de 14-12-2015.

Art. 53. Toda a movimentação de recursos no âmbito da parceria será realizada mediante transferência eletrônica sujeita à identificação do beneficiário final e à obrigatoriedade de depósito em sua conta bancária.

§ 1º Os pagamentos deverão ser realizados mediante crédito na conta bancária de titularidade dos fornecedores e prestadores de serviços.

▶ Parágrafo único renumerado para § 1º pela Lei nº 13.204, de 14-12-2015.

§ 2º Demonstrada a impossibilidade física de pagamento mediante transferência eletrônica, o termo de colaboração ou de fomento poderá admitir a realização de pagamentos em espécie.

▶ § 2º acrescido pela Lei nº 13.204, de 14-12-2015.

Art. 54. *Revogado*. Lei nº 13.204, de 14-12-2015.

Seção VI

DAS ALTERAÇÕES

Art. 55. A vigência da parceria poderá ser alterada mediante solicitação da organização da sociedade civil, devidamente formalizada e justificada, a ser apresentada à administração pública em, no mínimo, trinta dias antes do termo inicialmente previsto.

Parágrafo único. A prorrogação de ofício da vigência do termo de colaboração ou de fomento deve ser feita pela administração pública quando ela der causa a atraso na liberação de recursos financeiros, limitada ao exato período do atraso verificado.

▶ Art. 55 com a redação dada pela Lei nº 13.204, de 14-12-2015.

Art. 56. *Revogado*. Lei nº 13.204, de 14-12-2015.

Art. 57. O plano de trabalho da parceria poderá ser revisto para alteração de valores ou de metas, mediante termo aditivo ou por apostila ao plano de trabalho original.

▶ *Caput* com a redação dada pela Lei nº 13.204, de 14-12-2015.

Parágrafo único. *Revogado*. Lei nº 13.204, de 14-12-2015.

Seção VII

DO MONITORAMENTO E AVALIAÇÃO

Art. 58. A administração pública promoverá o monitoramento e a avaliação do cumprimento do objeto da parceria.

▶ *Caput* com a redação dada pela Lei nº 13.204, de 14-12-2015.

§ 1º Para a implementação do disposto no *caput*, a administração pública poderá valer-se do apoio técnico de terceiros, delegar competência ou firmar parcerias com órgãos ou entidades que se situem próximos ao local de aplicação dos recursos.

▶ § 1º com a redação dada pela Lei nº 13.204, de 14-12-2015.

§ 2º Nas parcerias com vigência superior a 1 (um) ano, a administração pública realizará, sempre que possível, pesquisa de satisfação com os beneficiários do plano de trabalho e utilizará os resultados como subsídio na avaliação da parceria celebrada e do cumprimento dos objetivos pactuados, bem como na reorientação e no ajuste das metas e atividades definidas.

§ 3º Para a implementação do disposto no § 2º, a administração pública poderá valer-se do apoio técnico de terceiros, delegar competência ou firmar parcerias com órgãos ou entidades que se situem próximos ao local de aplicação dos recursos.

Art. 59. A administração pública emitirá relatório técnico de monitoramento e avaliação de parceria celebrada mediante termo de colaboração ou termo de fomento e o submeterá à comissão de monitoramento e avaliação designada, que o homologará, independentemente da obrigatoriedade de apresentação da prestação de contas devida pela organização da sociedade civil.

▶ *Caput* com a redação dada pela Lei nº 13.204, de 14-12-2015.

§ 1º O relatório técnico de monitoramento e avaliação da parceria, sem prejuízo de outros elementos, deverá conter:

▶ Parágrafo único renumerado para § 1º pela Lei nº 13.204, de 14-12-2015.

I – descrição sumária das atividades e metas estabelecidas;

II – análise das atividades realizadas, do cumprimento das metas e do impacto do benefício social obtido em razão da execução do objeto até o período, com base nos indicadores estabelecidos e aprovados no plano de trabalho;

III – valores efetivamente transferidos pela administração pública;

▶ Inciso III com a redação dada pela Lei nº 13.204, de 14-12-2015.

IV – *Revogado*. Lei nº 13.204, de 14-12-2015;

V – análise dos documentos comprobatórios das despesas apresentados pela organização da sociedade civil na prestação de contas, quando não for comprovado o alcance das metas e resultados estabelecidos no respectivo termo de colaboração ou de fomento;

VI – análise de eventuais auditorias realizadas pelos controles interno e externo, no âmbito da fiscalização preventiva, bem como de suas conclusões e das medidas que tomaram em decorrência dessas auditorias.

▶ Incisos V e VI com a redação dada pela Lei nº 13.204, de 14-12-2015.

§ 2º No caso de parcerias financiadas com recursos de fundos específicos, o monitoramento e a avaliação serão realizados pelos respectivos conselhos gestores, respeitadas as exigências desta Lei.

▶ § 2º acrescido pela Lei nº 13.204, de 14-12-2015.

Art. 60. Sem prejuízo da fiscalização pela administração pública e pelos órgãos de controle, a execução da parceria será acompanhada e fiscalizada pelos conselhos de políticas públicas das áreas correspondentes de atuação existentes em cada esfera de governo.

▶ *Caput* com a redação dada pela Lei nº 13.204, de 14-12-2015.

Parágrafo único. As parcerias de que trata esta Lei estarão também sujeitas aos mecanismos de controle social previstos na legislação.

Seção VIII

DAS OBRIGAÇÕES DO GESTOR

Art. 61. São obrigações do gestor:

I – acompanhar e fiscalizar a execução da parceria;

II – informar ao seu superior hierárquico a existência de fatos que comprometam ou possam comprometer as atividades ou metas da parceria e de indícios de irregularidades na gestão dos recursos, bem como as providências adotadas ou que serão adotadas para sanar os problemas detectados;

III – VETADO;

IV – emitir parecer técnico conclusivo de análise da prestação de contas final, levando em consideração o conteúdo do relatório técnico de monitoramento e avaliação de que trata o art. 59;

▶ Inciso IV com a redação dada pela Lei nº 13.204, de 14-12-2015.

V – disponibilizar materiais e equipamentos tecnológicos necessários às atividades de monitoramento e avaliação.

Art. 62. Na hipótese de inexecução por culpa exclusiva da organização da sociedade civil, a administração pública poderá, exclusivamente para assegurar o atendimento de serviços essenciais à população, por ato próprio e independentemente de autorização judicial, a fim de realizar ou manter a execução das metas ou atividades pactuadas:

▶ *Caput* com a redação dada pela Lei nº 13.204, de 14-12-2015.

I – retomar os bens públicos em poder da organização da sociedade civil parceira, qualquer que tenha sido a modalidade ou título que concedeu direitos de uso de tais bens;

II – assumir a responsabilidade pela execução do restante do objeto previsto no plano de trabalho, no caso de paralisação, de modo a evitar sua descontinuidade, devendo ser considerado na prestação de contas o que foi executado pela organização da sociedade civil até o momento em que a administração assumiu essas responsabilidades.

► Inciso II com a redação dada pela Lei nº 13.204, de 14-12-2015.

Parágrafo único. As situações previstas no *caput* devem ser comunicadas pelo gestor ao administrador público.

CAPÍTULO IV
DA PRESTAÇÃO DE CONTAS

Seção I
NORMAS GERAIS

Art. 63. A prestação de contas deverá ser feita observando-se as regras previstas nesta Lei, além de prazos e normas de elaboração constantes do instrumento de parceria e do plano de trabalho.

§ 1º A administração pública fornecerá manuais específicos às organizações da sociedade civil por ocasião da celebração das parcerias, tendo como premissas a simplificação e a racionalização dos procedimentos.

► § 1º com a redação dada pela Lei nº 13.204, de 14-12-2015.

§ 2º Eventuais alterações no conteúdo dos manuais referidos no § 1º deste artigo devem ser previamente informadas à organização da sociedade civil e publicadas em meios oficiais de comunicação.

§ 3º O regulamento estabelecerá procedimentos simplificados para prestação de contas.

► § 3º com a redação dada pela Lei nº 13.204, de 14-12-2015.

Art. 64. A prestação de contas apresentada pela organização da sociedade civil deverá conter elementos que permitam ao gestor da parceria avaliar o andamento ou concluir que o seu objeto foi executado conforme pactuado, com a descrição pormenorizada das atividades realizadas e a comprovação do alcance das metas e dos resultados esperados, até o período de que trata a prestação de contas.

§ 1º Serão glosados valores relacionados a metas e resultados descumpridos sem justificativa suficiente.

► § 1º com a redação dada pela Lei nº 13.204, de 14-12-2015.

§ 2º Os dados financeiros serão analisados com o intuito de estabelecer o nexo de causalidade entre a receita e a despesa realizada, a sua conformidade e o cumprimento das normas pertinentes.

§ 3º A análise da prestação de contas deverá considerar a verdade real e os resultados alcançados.

§ 4º A prestação de contas da parceria observará regras específicas de acordo com o montante de recursos públicos envolvidos, nos termos das disposições e procedimentos estabelecidos conforme previsto no plano de trabalho e no termo de colaboração ou de fomento.

Art. 65. A prestação de contas e todos os atos que dela decorram dar-se-ão em plataforma eletrônica, permitindo a visualização por qualquer interessado.

► Artigo com a redação dada pela Lei nº 13.204, de 14-12-2015.

Art. 66. A prestação de contas relativa à execução do termo de colaboração ou de fomento dar-se-á mediante a análise dos documentos previstos no plano de trabalho, nos termos do inciso IX do art. 22, além dos seguintes relatórios:

I – relatório de execução do objeto, elaborado pela organização da sociedade civil, contendo as atividades ou projetos desenvolvidos para o cumprimento do objeto e o comparativo de metas propostas com os resultados alcançados;

II – relatório de execução financeira do termo de colaboração ou do termo de fomento, com a descrição das despesas e receitas efetivamente realizadas e sua vinculação com a execução do objeto, na hipótese de descumprimento de metas e resultados estabelecidos no plano de trabalho.

► Incisos I e II com a redação dada pela Lei nº 13.204, de 14-12-2015.

Parágrafo único. A administração pública deverá considerar ainda em sua análise os seguintes relatórios elaborados internamente, quando houver:

► *Caput* do parágrafo único com a redação dada pela Lei nº 13.204, de 14-12-2015.

I – relatório de visita técnica *in loco* eventualmente realizada durante a execução da parceria;

► Inciso I com a redação dada pela Lei nº 13.204, de 14-12-2015.

II – relatório técnico de monitoramento e avaliação, homologado pela comissão de monitoramento e avaliação designada, sobre a conformidade do cumprimento do objeto e os resultados alcançados durante a execução do termo de colaboração ou de fomento.

Art. 67. O gestor emitirá parecer técnico de análise de prestação de contas da parceria celebrada.

§ 1º No caso de prestação de contas única, o gestor emitirá parecer técnico conclusivo para fins de avaliação do cumprimento do objeto.

§ 2º Se a duração da parceria exceder um ano, a organização da sociedade civil deverá apresentar prestação de contas ao fim de cada exercício, para fins de monitoramento do cumprimento das metas do objeto.

► §§ 1º e 2º com a redação dada pela Lei nº 13.204, de 14-12-2015.

§ 3º *Revogado*. Lei nº 13.204, de 14-12-2015.

§ 4º Para fins de avaliação quanto à eficácia e efetividade das ações em execução ou que já foram realizadas, os pareceres técnicos de que trata este artigo deverão, obrigatoriamente, mencionar:

► *Caput* do § 4º com a redação dada pela Lei nº 13.204, de 14-12-2015.

I – os resultados já alcançados e seus benefícios;

II – os impactos econômicos ou sociais;

III – o grau de satisfação do público-alvo;

IV – a possibilidade de sustentabilidade das ações após a conclusão do objeto pactuado.

Art. 68. Os documentos incluídos pela entidade na plataforma eletrônica prevista no art. 65, desde que possuam garantia da origem e de seu signatário por certificação digital, serão considerados originais para os efeitos de prestação de contas.

Parágrafo único. Durante o prazo de 10 (dez) anos, contado do dia útil subsequente ao da prestação de contas, a entidade deve manter em seu arquivo os documentos originais que compõem a prestação de contas.

Seção II
DOS PRAZOS

Art. 69. A organização da sociedade civil prestará contas da boa e regular aplicação dos recursos recebidos no prazo de até noventa dias a partir do término da vigência da parceria ou no final de cada exercício, se a duração da parceria exceder um ano.

► *Caput* com a redação dada pela Lei nº 13.204, de 14-12-2015.

§ 1º O prazo para a prestação final de contas será estabelecido de acordo com a complexidade do objeto da parceria.

§ 2º O disposto no *caput* não impede que a administração pública promova a instauração de tomada de contas especial antes do término da parceria, ante evidências de irregularidades na execução do objeto.

§ 3º Na hipótese do § 2º, o dever de prestar contas surge no momento da liberação de recurso envolvido na parceria.

► §§ 1º a 3º com a redação dada pela Lei nº 13.204, de 14-12-2015.

§ 4º O prazo referido no *caput* poderá ser prorrogado por até 30 (trinta) dias, desde que devidamente justificado.

§ 5º A manifestação conclusiva sobre a prestação de contas pela administração pública observará os prazos previstos nesta Lei, devendo concluir, alternativamente, pela:

► *Caput* do § 5º com a redação dada pela Lei nº 13.204, de 14-12-2015.

I – aprovação da prestação de contas;

II – aprovação da prestação de contas com ressalvas; ou

III – rejeição da prestação de contas e determinação de imediata instauração de tomada de contas especial.

► Incisos II e III com a redação dada pela Lei nº 13.204, de 14-12-2015.

§ 6º As impropriedades que deram causa à rejeição da prestação de contas serão registradas em plataforma eletrônica de acesso público, devendo ser levadas em consideração por ocasião da assinatura de futuras parcerias com a administração pública, conforme definido em regulamento.

► § 6º com a redação dada pela Lei nº 13.204, de 14-12-2015.

Art. 70. Constatada irregularidade ou omissão na prestação de contas, será concedido prazo para a organização da sociedade civil sanar a irregularidade ou cumprir a obrigação.

§ 1º O prazo referido no *caput* é limitado a 45 (quarenta e cinco) dias por notificação, prorrogável, no máximo, por igual período, dentro do prazo que a administração pública possui para analisar e decidir sobre a prestação de contas e comprovação de resultados.

§ 2º Transcorrido o prazo para saneamento da irregularidade ou da omissão, não havendo o saneamento, a autoridade administrativa competente, sob pena de responsabilidade solidária, deve adotar as providências para apuração dos fatos, identificação dos responsáveis, quantificação do dano e obtenção do ressarcimento, nos termos da legislação vigente.

Art. 71. A administração pública apreciará a prestação final de contas apresentada, no prazo de até cento e cinquenta dias, contado da data de seu recebimento ou do cumprimento de diligência por ela determinada, prorrogável justificadamente por igual período.

▶ *Caput* com a redação dada pela Lei nº 13.204, de 14-12-2015.

§§ 1º a 3º *Revogados*. Lei nº 13.204, de 14-12-2015.

§ 4º O transcurso do prazo definido nos termos do *caput* sem que as contas tenham sido apreciadas:

▶ *Caput* do § 4º com a redação dada pela Lei nº 13.204, de 14-12-2015.

I – não significa impossibilidade de apreciação em data posterior ou vedação a que se adotem medidas saneadoras, punitivas ou destinadas a ressarcir danos que possam ter sido causados aos cofres públicos;

II – nos casos em que não for constatado dolo da organização da sociedade civil ou de seus prepostos, sem prejuízo da atualização monetária, impede a incidência de juros de mora sobre débitos eventualmente apurados, no período entre o final do prazo referido neste parágrafo e a data em que foi ultimada a apreciação pela administração pública.

▶ Inciso II com a redação dada pela Lei nº 13.204, de 14-12-2015.

Art. 72. As prestações de contas serão avaliadas:

I – regulares, quando expressarem, de forma clara e objetiva, o cumprimento dos objetivos e metas estabelecidos no plano de trabalho;

II – regulares com ressalva, quando evidenciarem impropriedade ou qualquer outra falta de natureza formal que não resulte em dano ao erário;

III – irregulares, quando comprovada qualquer das seguintes circunstâncias:

▶ Incisos I a III com a redação dada pela Lei nº 13.204, de 14-12-2015.

a) omissão no dever de prestar contas;

b) descumprimento injustificado dos objetivos e metas estabelecidos no plano de trabalho;

▶ Alínea *b* com a redação dada pela Lei nº 13.204, de 14-12-2015.

c) dano ao erário decorrente de ato de gestão ilegítimo ou antieconômico;

d) desfalque ou desvio de dinheiro, bens ou valores públicos.

§ 1º O administrador público responde pela decisão sobre a aprovação da prestação de contas ou por omissão em relação à análise de seu conteúdo, levando em consideração, no primeiro caso, os pareceres técnico, financeiro e jurídico, sendo permitida delegação a autoridades diretamente subordinadas, vedada a subdelegação.

▶ Parágrafo único renumerado para § 1º e com a redação dada pela Lei nº 13.204, de 14-12-2015.

§ 2º Quando a prestação de contas for avaliada como irregular, após exaurida a fase recursal, se mantida a decisão, a organização da sociedade civil poderá solicitar autorização para que o ressarcimento ao erário seja promovido por meio de ações compensatórias de interesse público, mediante a apresentação de novo plano de trabalho, conforme o objeto descrito no termo de colaboração ou de fomento e a área de atuação da organização, cuja mensuração econômica será feita a partir do plano de trabalho original, desde que não tenha havido dolo ou fraude e não seja o caso de restituição integral dos recursos.

▶ § 2º acrescido pela Lei nº 13.204, de 14-12-2015.

CAPÍTULO V
DA RESPONSABILIDADE E DAS SANÇÕES

Seção I
DAS SANÇÕES ADMINISTRATIVAS À ENTIDADE

Art. 73. Pela execução da parceria em desacordo com o plano de trabalho e com as normas desta Lei e da legislação específica, a administração pública poderá, garantida a prévia defesa, aplicar à organização da sociedade civil as seguintes sanções:

▶ *Caput* com a redação dada pela Lei nº 13.204, de 14-12-2015.

I – advertência;

II – suspensão temporária da participação em chamamento público e impedimento de celebrar parceria ou contrato com órgãos e entidades da esfera de governo da administração pública sancionadora, por prazo não superior a dois anos;

III – declaração de inidoneidade para participar de chamamento público ou celebrar parceria ou contrato com órgãos e entidades de todas as esferas de governo, enquanto perdurarem os motivos determinantes da punição ou até que seja promovida a reabilitação perante a própria autoridade que aplicou a penalidade, que será concedida sempre que a organização da sociedade civil ressarcir a administração pública pelos prejuízos resultantes e após decorrido o prazo da sanção aplicada com base no inciso II.

▶ Incisos II e III com a redação dada pela Lei nº 13.204, de 14-12-2015.

§ 1º As sanções estabelecidas nos incisos II e III são de competência exclusiva de Ministro de Estado ou de Secretário Estadual, Distrital ou Municipal, conforme o caso, facultada a defesa do interessado no respectivo processo, no prazo de dez dias da abertura de vista, podendo a reabilitação ser requerida após dois anos de aplicação da penalidade.

▶ Parágrafo único renumerado para § 1º e com a redação dada pela Lei nº 13.204, de 14-12-2015.

§ 2º Prescreve em cinco anos, contados a partir da data da apresentação da prestação de contas, a aplicação de penalidade decorrente de infração relacionada à execução da parceria.

§ 3º A prescrição será interrompida com a edição de ato administrativo voltado à apuração da infração.

▶ §§ 2º e 3º acrescidos pela Lei nº 13.204, de 14-12-2015.

Seção II
DA RESPONSABILIDADE PELA EXECUÇÃO E PELA EMISSÃO DE PARECERES TÉCNICOS

Art. 74. VETADO.

Arts. 75 e 76. *Revogados*. Lei nº 13.204, de 14-12-2015.

Seção III
DOS ATOS DE IMPROBIDADE ADMINISTRATIVA

Art. 77. O art. 10 da Lei nº 8.429, de 2 de junho de 1992, passa a vigorar com as seguintes alterações:

▶ Alterações inseridas no texto da referida Lei.

▶ Artigo com a redação dada pela Lei nº 13.204, de 14-12-2015.

Art. 78. O art. 11 da Lei nº 8.429, de 2 de junho de 1992, passa a vigorar acrescido do seguinte inciso VIII:

▶ Alteração inserida no texto da referida Lei.

Art. 78-A. O art. 23 da Lei nº 8.429, de 2 de junho de 1992, passa a vigorar acrescido do seguinte inciso III:

▶ Artigo com a redação dada pela Lei nº 13.204, de 14-12-2015.

▶ Alterações inseridas no texto da referida Lei.

CAPÍTULO VI
DISPOSIÇÕES FINAIS

Art. 79. VETADO.

Art. 80. O processamento das compras e contratações que envolvam recursos financeiros provenientes de parceria poderá ser efetuado por meio de sistema eletrônico disponibilizado pela administração pública às organizações da sociedade civil, aberto ao público via internet, que permita aos interessados formular propostas.

Parágrafo único. O Sistema de Cadastramento Unificado de Fornecedores – SICAF, mantido pela União, fica disponibilizado aos demais entes federados, para fins do disposto no *caput*, sem prejuízo do uso de seus próprios sistemas.

▶ Art. 80 com a redação dada pela Lei nº 13.204, de 14-12-2015.

Art. 81. Mediante autorização da União, os Estados, os Municípios e o Distrito Federal poderão aderir ao Sistema de Gestão de Convênios e Contratos de Repasse – SICONV para utilizar suas funcionalidades no cumprimento desta Lei.

Art. 81-A. Até que seja viabilizada a adaptação do sistema de que trata o art. 81 ou de seus correspondentes nas demais unidades da federação:

I – serão utilizadas as rotinas previstas antes da entrada em vigor desta Lei para repasse de recursos a organizações da sociedade civil decorrentes de parcerias celebradas nos termos desta Lei;

II – os Municípios de até cem mil habitantes serão autorizados a efetivar a prestação de contas e os atos dela decorrentes sem utilização da plataforma eletrônica prevista no art. 65.

▶ Art. 81-A acrescido pela Lei nº 13.204, de 14-12-2015.

Art. 81-B. O ex-prefeito de Município ou o ex-governador de Estado ou do Distrito Federal cujo ente federado tenha aderido ao sistema de que trata o art. 81 terá acesso a todos os registros de convênios celebrados durante a sua gestão, até a manifestação final do concedente sobre as respectivas prestações de contas.

▶ Art. 81-B acrescido pela Lei nº 14.345, de 24-5-2022.

Art. 82. VETADO.

Art. 83. As parcerias existentes no momento da entrada em vigor desta Lei permanecerão regidas pela legislação vigente ao tempo de sua celebração, sem prejuízo da aplicação subsidiária desta Lei, naquilo em que for cabível, desde que em benefício do alcance do objeto da parceria.

§ 1º As parcerias de que trata o *caput* poderão ser prorrogadas de ofício, no caso de atraso na liberação de recursos por parte da administração pública, por período equivalente ao atraso.

§ 2º As parcerias firmadas por prazo indeterminado antes da data de entrada em vigor desta Lei, ou prorrogáveis por período superior ao inicialmente estabelecido, no prazo de até um ano após a data da entrada em vigor desta Lei, serão, alternativamente:

I – substituídas pelos instrumentos previstos nos arts. 16 ou 17, conforme o caso;

II – objeto de rescisão unilateral pela administração pública.

▶ §§ 1º e 2º com a redação dada pela Lei nº 13.204, de 14-12-2015.

Art. 83-A. VETADO. Lei nº 13.204, de 14-12-2015.

Art. 84. Não se aplica às parcerias regidas por esta Lei o disposto na Lei nº 8.666, de 21 de junho de 1993.

▶ A Lei nº 8.666, de 21-6-1993, foi revogada pela Lei nº 14.133, de 1º-4-2021.

Parágrafo único. São regidos pelo art. 116 da Lei nº 8.666, de 21 de junho de 1993, convênios:

▶ A Lei nº 8.666, de 21-6-1993, foi revogada pela Lei nº 14.133, de 1º-4-2021.

▶ Art. 184 da Lei nº 14.133, de 1º-4-2021 (Nova Lei de Licitações e Contratos Administrativos).

I – entre entes federados ou pessoas jurídicas a eles vinculadas;

II – decorrentes da aplicação do disposto no inciso IV do art. 3º.

▶ Art. 84 com a redação dada pela Lei nº 13.204, de 14-12-2015.

Art. 84-A. A partir da vigência desta Lei, somente serão celebrados convênios nas hipóteses do parágrafo único do art. 84.

▶ Art. 84-A acrescido pela Lei nº 13.204, de 14-12-2015.

Art. 84-B. As organizações da sociedade civil farão jus aos seguintes benefícios, independentemente de certificação:

▶ *Caput* acrescido pela Lei nº 13.204, de 14-12-2015.

I – receber doações de empresas, até o limite de 2% (dois por cento) de sua receita bruta;

II – receber bens móveis considerados irrecuperáveis, apreendidos, abandonados ou disponíveis, administrados pela Secretaria da Receita Federal do Brasil;

▶ Incisos I e II acrescidos pela Lei nº 13.204, de 14-12-2015.

III – *Revogado*. Lei nº 14.027, de 20-7-2020.

Art. 84-C. Os benefícios previstos no art. 84-B serão conferidos às organizações da sociedade civil que apresentem entre seus objetivos sociais pelo menos uma das seguintes finalidades:

I – promoção da assistência social;

II – promoção da cultura, defesa e conservação do patrimônio histórico e artístico;

III – promoção da educação;

IV – promoção da saúde;

V – promoção da segurança alimentar e nutricional;

VI – defesa, preservação e conservação do meio ambiente e promoção do desenvolvimento sustentável;

VII – promoção do voluntariado;

VIII – promoção do desenvolvimento econômico e social e combate à pobreza;

IX – experimentação, não lucrativa, de novos modelos socioprodutivos e de sistemas alternativos de produção, comércio, emprego e crédito;

X – promoção de direitos estabelecidos, construção de novos direitos e assessoria jurídica gratuita de interesse suplementar;

XI – promoção da ética, da paz, da cidadania, dos direitos humanos, da democracia e de outros valores universais;

XII – organizações religiosas que se dediquem a atividades de interesse público e de cunho social distintas das destinadas a fins exclusivamente religiosos;

XIII – estudos e pesquisas, desenvolvimento de tecnologias alternativas, produção e divulgação de informações e conhecimentos técnicos e científicos que digam respeito às atividades mencionadas neste artigo.

Parágrafo único. É vedada às entidades beneficiadas na forma do art. 84-B a participação em campanhas de interesse político-partidário ou eleitorais, sob quaisquer meios ou formas.

▶ Art. 84-C acrescido pela Lei nº 13.204, de 14-12-2015.

Art. 85. O art. 1º da Lei nº 9.790, de 23 de março de 1999, passa a vigorar com a seguinte redação:

▶ Alteração inserida no texto da referida Lei.

Art. 85-A. O art. 3º da Lei nº 9.790, de 23 de março de 1999, passa a vigorar acrescido do seguinte inciso XIII:

▶ Alterações inseridas no texto da referida Lei.

Art. 85-B. O parágrafo único do art. 4º da Lei nº 9.790, de 23 de março de 1999, passa a vigorar com a seguinte redação:

▶ Arts. 85-A e 85-B acrescidos pela Lei nº 13.204, de 14-12-2015.

▶ Alterações inseridas no texto da referida Lei.

Art. 86. A Lei nº 9.790, de 23 de março de 1999, passa a vigorar acrescida dos seguintes arts. 15-A e 15-B:

▶ Alterações inseridas no texto da referida Lei.

Art. 87. As exigências de transparência e publicidade previstas em todas as etapas que envolvam a parceria, desde a fase preparatória até o fim da prestação de contas, naquilo que for necessário, serão excepcionadas quando se tratar de programa de proteção a pessoas ameaçadas ou em situação que possa comprometer a sua segurança, na forma do regulamento.

▶ Artigo com a redação dada pela Lei nº 13.204, de 14-12-2015.

Art. 88. Esta Lei entra em vigor após decorridos quinhentos e quarenta dias de sua publicação oficial, observado o disposto nos §§ 1º e 2º deste artigo.

§ 1º Para os Municípios, esta Lei entra em vigor a partir de 1º de janeiro de 2017.

§ 2º Por ato administrativo local, o disposto nesta Lei poderá ser implantado nos Municípios a partir da data decorrente do disposto no *caput*.

▶ Art. 88 com a redação dada pela Lei nº 13.204, de 14-12-2015.

Brasília, 31 de julho de 2014;
193º da Independência e
126º da República.

Dilma Rousseff

LEI Nº 13.022, DE 8 DE AGOSTO DE 2014

Dispõe sobre o Estatuto Geral das Guardas Municipais.

▶ Publicada no *DOU* de 11-8-2014, edição extra.

▶ O STF, por unanimidade, no julgamento da ADI nº 5.780, reconheceu a constitucionalidade desta lei (*DOU* de 12-7-2023).

CAPÍTULO I
DISPOSIÇÕES PRELIMINARES

Art. 1º Esta Lei institui normas gerais para as guardas municipais, disciplinando o § 8º do art. 144 da Constituição Federal.

Art. 2º Incumbe às guardas municipais, instituições de caráter civil, uniformizadas e armadas conforme previsto em lei, a função de proteção municipal preventiva, ressalvadas as competências da União, dos Estados e do Distrito Federal.

CAPÍTULO II
DOS PRINCÍPIOS

Art. 3º São princípios mínimos de atuação das guardas municipais:

I – proteção dos direitos humanos fundamentais, do exercício da cidadania e das liberdades públicas;

II – preservação da vida, redução do sofrimento e diminuição das perdas;

III – patrulhamento preventivo;

IV – compromisso com a evolução social da comunidade; e

V – uso progressivo da força.

CAPÍTULO III
DAS COMPETÊNCIAS

Art. 4º É competência geral das guardas municipais a proteção de bens, serviços, logradouros públicos municipais e instalações do Município.

Parágrafo único. Os bens mencionados no *caput* abrangem os de uso comum, os de uso especial e os dominiais.

▶ O STF, por maioria, no julgamento da ADPF nº 995, conferiu interpretação conforme a Constituição Federal a este artigo, declarando inconstitucional todas as interpretações judiciais que excluem as Guardas Municipais, devidamente criadas e instituídas, como integrantes do Sistema de Segurança Pública (*DOU* de 4-9-2023).

Art. 5º São competências específicas das guardas municipais, respeitadas as competências dos órgãos federais e estaduais:

I – zelar pelos bens, equipamentos e prédios públicos do Município;

II – prevenir e inibir, pela presença e vigilância, bem como coibir, infrações penais ou administrativas e atos infracionais que atentem contra os bens, serviços e instalações municipais;

III – atuar, preventiva e permanentemente, no território do Município, para a proteção sistêmica da população que utiliza os bens, serviços e instalações municipais;

IV – colaborar, de forma integrada com os órgãos de segurança pública, em ações conjuntas que contribuam com a paz social;

▶ Dec. nº 11.841, de 21-12-2023, regulamenta este inciso.

V – colaborar com a pacificação de conflitos que seus integrantes presenciarem, atentando para o respeito aos direitos fundamentais das pessoas;

VI – exercer as competências de trânsito que lhes forem conferidas, nas vias e logradouros municipais, nos termos da Lei nº 9.503, de 23 de setembro de 1997 (Código de Trânsito Brasileiro), ou de forma concorrente, mediante convênio celebrado com órgão de trânsito estadual ou municipal;

VII – proteger o patrimônio ecológico, histórico, cultural, arquitetônico e ambiental do Município, inclusive adotando medidas educativas e preventivas;

VIII – cooperar com os demais órgãos de defesa civil em suas atividades;

IX – interagir com a sociedade civil para discussão de soluções de problemas e projetos locais voltados à melhoria das condições de segurança das comunidades;

X – estabelecer parcerias com os órgãos estaduais e da União, ou de Municípios vizinhos, por meio da celebração de convênios ou consórcios, com vistas ao desenvolvimento de ações preventivas integradas;

XI – articular-se com os órgãos municipais de políticas sociais, visando à adoção de ações interdisciplinares de segurança no Município;

XII – integrar-se com os demais órgãos de poder de polícia administrativa, visando a contribuir para a normatização e a fiscalização das posturas e ordenamento urbano municipal;

XIII – garantir o atendimento de ocorrências emergenciais, ou prestá-lo direta e imediatamente quando deparar-se com elas;

▶ Dec. nº 11.841, de 21-12-2023, regulamenta este inciso.

XIV – encaminhar ao delegado de polícia, diante de flagrante delito, o autor da infração, preservando o local do crime, quando possível e sempre que necessário;

▶ Dec. nº 11.841, de 21-12-2023, regulamenta este inciso.

XV – contribuir no estudo de impacto na segurança local, conforme plano diretor municipal, por ocasião da construção de empreendimentos de grande porte;

XVI – desenvolver ações de prevenção primária à violência, isoladamente ou em conjunto com os demais órgãos da própria municipalidade, de outros Municípios ou das esferas estadual e federal;

XVII – auxiliar na segurança de grandes eventos e na proteção de autoridades e dignatários; e

XVIII – atuar mediante ações preventivas na segurança escolar, zelando pelo entorno e participando de ações educativas com o corpo discente e docente das unidades de ensino municipal, de forma a colaborar com a implantação da cultura de paz na comunidade local.

Parágrafo único. No exercício de suas competências, a guarda municipal poderá colaborar ou atuar conjuntamente com órgãos de segurança pública da União, dos Estados e do Distrito Federal ou de congêneres de Municípios vizinhos e, nas hipóteses previstas nos incisos XIII e XIV deste artigo, diante do comparecimento de órgão descrito nos incisos do *caput* do art. 144 da Constituição Federal, deverá a guarda municipal prestar todo o apoio à continuidade do atendimento.

▶ Dec. nº 11.841, de 21-12-2023, regulamenta este parágrafo.

CAPÍTULO IV
DA CRIAÇÃO

Art. 6º O Município pode criar, por lei, sua guarda municipal.

Parágrafo único. A guarda municipal é subordinada ao chefe do Poder Executivo municipal.

Art. 7º As guardas municipais não poderão ter efetivo superior a:

I – 0,4% (quatro décimos por cento) da população, em Municípios com até 50.000 (cinquenta mil) habitantes;

II – 0,3% (três décimos por cento) da população, em Municípios com mais de 50.000 (cinquenta mil) e menos de 500.000 (quinhentos mil) habitantes, desde que o efetivo não seja inferior ao disposto no inciso I;

III – 0,2% (dois décimos por cento) da população, em Municípios com mais de 500.000 (quinhentos mil) habitantes, desde que o efetivo não seja inferior ao disposto no inciso II.

Parágrafo único. Se houver redução da população referida em censo ou estimativa oficial da Fundação Instituto Brasileiro de Geografia e Estatística (IBGE), é garantida a preservação do efetivo existente, o qual deverá ser ajustado à variação populacional, nos termos de lei municipal.

Art. 8º Municípios limítrofes podem, mediante consórcio público, utilizar, reciprocamente, os serviços da guarda municipal de maneira compartilhada.

Art. 9º A guarda municipal é formada por servidores públicos integrantes de carreira única e plano de cargos e salários, conforme disposto em lei municipal.

CAPÍTULO V
DAS EXIGÊNCIAS PARA INVESTIDURA

Art. 10. São requisitos básicos para investidura em cargo público na guarda municipal:

I – nacionalidade brasileira;

II – gozo dos direitos políticos;

III – quitação com as obrigações militares e eleitorais;

IV – nível médio completo de escolaridade;

V – idade mínima de 18 (dezoito) anos;

VI – aptidão física, mental e psicológica; e

VII – idoneidade moral comprovada por investigação social e certidões expedidas perante o Poder Judiciário estadual, federal e distrital.

Parágrafo único. Outros requisitos poderão ser estabelecidos em lei municipal.

CAPÍTULO VI
DA CAPACITAÇÃO

Art. 11. O exercício das atribuições dos cargos da guarda municipal requer capacitação específica, com matriz curricular compatível com suas atividades.

Parágrafo único. Para fins do disposto no *caput*, poderá ser adaptada a matriz curricular nacional para formação em segurança pública, elaborada pela Secretaria Nacional de Segurança Pública (SENASP) do Ministério da Justiça.

Art. 12. É facultada ao Município a criação de órgão de formação, treinamento e aperfeiçoamento dos integrantes da guarda municipal, tendo como princípios norteadores os mencionados no art. 3º.

§ 1º Os Municípios poderão firmar convênios ou consorciar-se, visando ao atendimento do disposto no *caput* deste artigo.

§ 2º O Estado poderá, mediante convênio com os Municípios interessados, manter órgão de formação e aperfeiçoamento centralizado, em cujo conselho gestor seja assegurada a participação dos Municípios conveniados.

§ 3º O órgão referido no § 2º não pode ser o mesmo destinado a formação, treinamento ou aperfeiçoamento de forças militares.

CAPÍTULO VII
DO CONTROLE

Art. 13. O funcionamento das guardas municipais será acompanhado por órgãos próprios, permanentes, autônomos e com atribuições de fiscalização, investigação e auditoria, mediante:

I – controle interno, exercido por corregedoria, naquelas com efetivo superior a 50 (cinquenta) servidores da guarda e em todas as que utilizam arma de fogo, para apurar as infrações disciplinares atribuídas aos integrantes de seu quadro; e

II – controle externo, exercido por ouvidoria, independente em relação à direção da respectiva guarda, qualquer que seja o número de servidores da guarda municipal, para receber, examinar e encaminhar reclamações, sugestões, elogios e denúncias acerca da conduta de seus dirigentes e integrantes e das atividades do órgão, propor soluções, oferecer recomendações e informar os resultados aos interessados, garantindo-lhes orientação, informação e resposta.

§ 1º O Poder Executivo municipal poderá criar órgão colegiado para exercer o controle social das atividades de segurança do Município, analisar a alocação e aplicação dos recursos públicos e monitorar os objetivos e metas da política municipal de segurança e, posteriormente, a adequação e eventual necessidade de adaptação das medidas adotadas face aos resultados obtidos.

§ 2º Os corregedores e ouvidores terão mandato cuja perda será decidida pela maioria absoluta da Câmara Municipal, fundada em razão relevante e específica prevista em lei municipal.

Art. 14. Para efeito do disposto no inciso I do *caput* do art. 13, a guarda municipal terá código de conduta próprio, conforme dispuser lei municipal.

Parágrafo único. As guardas municipais não podem ficar sujeitas a regulamentos disciplinares de natureza militar.

CAPÍTULO VIII
DAS PRERROGATIVAS

Art. 15. Os cargos em comissão das guardas municipais deverão ser providos por membros efetivos do quadro de carreira do órgão ou entidade.

§ 1º Nos primeiros 4 (quatro) anos de funcionamento, a guarda municipal poderá ser dirigida por profissional estranho a seus quadros, preferencialmente com experiência ou formação na área de segurança ou defesa social, atendido o disposto no *caput*.

§ 2º Para ocupação dos cargos em todos os níveis da carreira da guarda municipal, deverá ser observado o percentual mínimo para o sexo feminino, definido em lei municipal.

§ 3º Deverá ser garantida a progressão funcional da carreira em todos os níveis.

Art. 16. Aos guardas municipais é autorizado o porte de arma de fogo, conforme previsto em lei.

Parágrafo único. Suspende-se o direito ao porte de arma de fogo em razão de restrição médica, decisão judicial ou justificativa da adoção da medida pelo respectivo dirigente.

Art. 17. A Agência Nacional de Telecomunicações (ANATEL) destinará linha telefônica de número 153 e faixa exclusiva de frequência de rádio aos Municípios que possuam guarda municipal.

Art. 18. É assegurado ao guarda municipal o recolhimento à cela, isoladamente dos demais presos, quando sujeito à prisão antes de condenação definitiva.

CAPÍTULO IX
DAS VEDAÇÕES

Art. 19. A estrutura hierárquica da guarda municipal não pode utilizar denominação idêntica à das forças militares, quanto aos postos e graduações, títulos, uniformes, distintivos e condecorações.

CAPÍTULO X
DA REPRESENTATIVIDADE

Art. 20. É reconhecida a representatividade das guardas municipais no Conselho Nacional de Segurança Pública, no Conselho Nacional das Guardas Municipais e, no interesse dos Municípios, no Conselho Nacional de Secretários e Gestores Municipais de Segurança Pública.

CAPÍTULO XI
DISPOSIÇÕES DIVERSAS E TRANSITÓRIAS

Art. 21. As guardas municipais utilizarão uniforme e equipamentos padronizados, preferencialmente, na cor azul-marinho.

Art. 22. Aplica-se esta Lei a todas as guardas municipais existentes na data de sua publicação, a cujas disposições devem adaptar-se no prazo de 2 (dois) anos.

Parágrafo único. É assegurada a utilização de outras denominações consagradas pelo uso, como guarda civil, guarda civil municipal, guarda metropolitana e guarda civil metropolitana.

Art. 23. Esta Lei entra em vigor na data de sua publicação.

Brasília, 8 de agosto de 2014;
193º da Independência e
126º da República.
Dilma Rousseff

LEI Nº 13.089, DE 12 DE JANEIRO DE 2015

Institui o Estatuto da Metrópole, altera a Lei nº 10.257, de 10 de julho de 2001, e dá outras providências.

▶ Publicada no *DOU* de 13-1-2015.

CAPÍTULO I
DISPOSIÇÕES PRELIMINARES

Art. 1º Esta Lei, denominada Estatuto da Metrópole, estabelece diretrizes gerais para o planejamento, a gestão e a execução das funções públicas de interesse comum em regiões metropolitanas e em aglomerações urbanas instituídas pelos Estados, normas gerais sobre o plano de desenvolvimento urbano integrado e outros instrumentos de governança interfederativa, e critérios para o apoio da União a ações que envolvam governança interfederativa no campo do desenvolvimento urbano, com base nos incisos XX do art. 21, IX do art. 23 e I do art. 24, no § 3º do art. 25 e no art. 182 da Constituição Federal.

§ 1º Além das regiões metropolitanas e das aglomerações urbanas, as disposições desta Lei aplicam-se, no que couber:

I – às microrregiões instituídas pelos Estados com fundamento em funções públicas de interesse comum com características predominantemente urbanas;

II – VETADO;

III – às unidades regionais de saneamento básico definidas pela Lei nº 11.445, de 5 de janeiro de 2007.

▶ Inciso III acrescido pela Lei nº 14.026, de 15-7-2020.

§ 2º Na aplicação das disposições desta Lei, serão observadas as normas gerais de direito urbanístico estabelecidas na Lei nº 10.257, de 10 de julho de 2001 (Estatuto da Cidade).

▶ § 2º com a redação dada pela Lei nº 13.683, de 19-6-2018.

Art. 2º Para os efeitos desta Lei, consideram-se:

I – aglomeração urbana: unidade territorial urbana constituída pelo agrupamento de 2 (dois) ou mais Municípios limítrofes, caracterizada por complementaridade funcional e integração das dinâmicas geográficas, ambientais, políticas e socioeconômicas;

II – função pública de interesse comum: política pública ou ação nela inserida cuja realização por parte de um Município, isoladamente, seja inviável ou cause impacto em Municípios limítrofes;

III – gestão plena: condição de região metropolitana ou de aglomeração urbana que possui:

a) formalização e delimitação mediante lei complementar estadual;

b) estrutura de governança interfederativa própria, nos termos do art. 8º desta Lei; e

c) plano de desenvolvimento urbano integrado aprovado mediante lei estadual;

IV – governança interfederativa: compartilhamento de responsabilidades e ações entre entes da Federação em termos de organização, planejamento e execução de funções públicas de interesse comum;

V – metrópole: espaço urbano com continuidade territorial que, em razão de sua população e relevância política e socioeconômica, tem influência nacional ou sobre uma região que configure, no mínimo, a área de influência de uma capital regional, conforme os critérios adotados pela Fundação Instituto Brasileiro de Geografia e Estatística – IBGE;

VI – plano de desenvolvimento urbano integrado: instrumento que estabelece, com base em processo permanente de planejamento, viabilização econômico-financeira e gestão, as diretrizes para o desenvolvimento territorial estratégico e os projetos estruturantes da região metropolitana e aglomeração urbana;

VII – região metropolitana: unidade regional instituída pelos Estados, mediante lei complementar, constituída por agrupamento de Municípios limítrofes para integrar a organização, o planejamento e a execução de funções públicas de interesse comum;

▶ Incisos VI e VII com a redação dada pela Lei nº 13.683, de 19-6-2018.

VIII – área metropolitana: representação da expansão contínua da malha urbana da metrópole, conurbada pela integração dos sistemas viários, abrangendo, especialmente, áreas habitacionais, de serviços e industriais com a presença de deslocamentos pendulares no território;

IX – governança interfederativa das funções públicas de interesse comum: compartilhamento de responsabilidades e ações entre entes da Federação em termos de organização, planejamento e execução de funções públicas de interesse comum, mediante a execução de um sistema integrado e articulado de planejamento, de projetos, de estruturação financeira, de implantação, de operação e de gestão.

▶ Incisos VIII e IX acrescidos pela Lei nº 13.683, de 19-6-2018.

Parágrafo único. Cabe ao colegiado da microrregião decidir sobre a adoção do Plano de Desenvolvimento Urbano ou quaisquer matérias de impacto.

▶ Parágrafo único com a redação dada pela Lei nº 13.683, de 19-6-2018.

CAPÍTULO II
DA INSTITUIÇÃO DE REGIÕES METROPOLITANAS E DE AGLOMERAÇÕES URBANAS

Art. 3º Os Estados, mediante lei complementar, poderão instituir regiões metropolitanas e aglomerações urbanas, constituídas por agrupamento de Municípios limítrofes, para integrar a organização, o planejamento e a execução de funções públicas de interesse comum.

§ 1º O Estado e os Municípios inclusos em região metropolitana ou em aglomeração urbana formalizada e delimitada na forma do *caput* deste artigo deverão promover a governança interfederativa, sem prejuízo de outras determinações desta Lei.

▶ Parágrafo único transformado em § 1º pela Lei nº 13.683, de 19-6-2018.

§ 2º A criação de uma região metropolitana, de aglomeração urbana ou de microrregião deve ser precedida de estudos técnicos e audiências públicas que envolvam todos os Municípios pertencentes à unidade territorial.

▶ § 2º acrescido pela Lei nº 13.683, de 19-6-2018.

Art. 4º A instituição de região metropolitana ou de aglomeração urbana que envolva Municípios pertencentes a mais de um Estado será formalizada mediante a aprovação de leis complementares pelas assembleias legislativas de cada um dos Estados envolvidos.

Parágrafo único. Até a aprovação das leis complementares previstas no *caput* deste artigo por todos os Estados envolvidos, a região metropolitana ou a aglomeração urbana terá validade apenas para os Municípios dos Estados que já houverem aprovado a respectiva lei.

Art. 5º As leis complementares estaduais referidas nos arts. 3º e 4º desta Lei definirão, no mínimo:

I – os Municípios que integram a unidade territorial urbana;

II – os campos funcionais ou funções públicas de interesse comum que justificam a instituição da unidade territorial urbana;

III – a conformação da estrutura de governança interfederativa, incluindo a organização administrativa e o sistema integrado de alocação de recursos e de prestação de contas; e

IV – os meios de controle social da organização, do planejamento e da execução de funções públicas de interesse comum.

§ 1º No processo de elaboração da lei complementar, serão explicitados os critérios técnicos adotados para a definição do conteúdo previsto nos incisos I e II do *caput* deste artigo.

§ 2º Respeitadas as unidades territoriais urbanas criadas mediante lei complementar estadual até a data de entrada em vigor desta Lei, a instituição de região metropolitana impõe a observância do conceito estabelecido no inciso VII do *caput* do art. 2º.

CAPÍTULO III
DA GOVERNANÇA INTERFEDERATIVA DE REGIÕES METROPOLITANAS E DE AGLOMERAÇÕES URBANAS

Art. 6º A governança interfederativa das regiões metropolitanas e das aglomerações urbanas respeitará os seguintes princípios:

I – prevalência do interesse comum sobre o local;

II – compartilhamento de responsabilidades e de gestão para a promoção do desenvolvimento urbano integrado;

▸ Inciso II com a redação dada pela Lei nº 13.683, de 19-6-2018.

III – autonomia dos entes da Federação;

IV – observância das peculiaridades regionais e locais;

V – gestão democrática da cidade, consoante os arts. 43 a 45 da Lei nº 10.257, de 10 de julho de 2001;

VI – efetividade no uso dos recursos públicos;

VII – busca do desenvolvimento sustentável.

Art. 7º Além das diretrizes gerais estabelecidas no art. 2º da Lei nº 10.257, de 10 de julho de 2001, a governança interfederativa das regiões metropolitanas e das aglomerações urbanas observará as seguintes diretrizes específicas:

I – implantação de processo permanente e compartilhado de planejamento e de tomada de decisão quanto ao desenvolvimento urbano e às políticas setoriais afetas às funções públicas de interesse comum;

II – estabelecimento de meios compartilhados de organização administrativa das funções públicas de interesse comum;

III – estabelecimento de sistema integrado de alocação de recursos e de prestação de contas;

IV – execução compartilhada das funções públicas de interesse comum, mediante rateio de custos previamente pactuado no âmbito da estrutura de governança interfederativa;

V – participação de representantes da sociedade civil nos processos de planejamento e de tomada de decisão;

▸ Inciso V com a redação dada pela Lei nº 13.683, de 19-6-2018.

VI – compatibilização dos planos plurianuais, leis de diretrizes orçamentárias e orçamentos anuais dos entes envolvidos na governança interfederativa;

VII – compensação por serviços ambientais ou outros serviços prestados pelo Município à unidade territorial urbana, na forma da lei e dos acordos firmados no âmbito da estrutura de governança interfederativa.

Parágrafo único. Na aplicação das diretrizes estabelecidas neste artigo, devem ser consideradas as especificidades dos Municípios integrantes da unidade territorial urbana quanto à população, à renda, ao território e às características ambientais.

Art. 7º-A. No exercício da governança das funções públicas de interesse comum, o Estado e os Municípios da unidade territorial deverão observar as seguintes diretrizes gerais:

I – compartilhamento da tomada de decisões com vistas à implantação de processo relativo ao planejamento, à elaboração de projetos, à sua estruturação econômico-financeira, à operação e à gestão do serviço ou da atividade; e

II – compartilhamento de responsabilidades na gestão de ações e projetos relacionados às funções públicas de interesse comum, os quais deverão ser executados mediante a articulação de órgãos e entidades dos entes federados.

▸ Art. 7º-A acrescido pela Lei nº 13.683, de 19-6-2018.

Art. 8º A governança interfederativa das regiões metropolitanas e das aglomerações urbanas compreenderá em sua estrutura básica:

I – instância executiva composta pelos representantes do Poder Executivo dos entes federativos integrantes das unidades territoriais urbanas;

II – instância colegiada deliberativa com representação da sociedade civil;

III – organização pública com funções técnico-consultivas; e

IV – sistema integrado de alocação de recursos e de prestação de contas.

CAPÍTULO IV
DOS INSTRUMENTOS DE DESENVOLVIMENTO URBANO INTEGRADO

Art. 9º Sem prejuízo da lista apresentada no art. 4º da Lei nº 10.257, de 10 de julho 2001, no desenvolvimento urbano integrado de regiões metropolitanas e de aglomerações urbanas serão utilizados, entre outros, os seguintes instrumentos:

I – plano de desenvolvimento urbano integrado;

II – planos setoriais interfederativos;

III – fundos públicos;

IV – operações urbanas consorciadas interfederativas;

V – zonas para aplicação compartilhada dos instrumentos urbanísticos previstos na Lei nº 10.257, de 10 de julho de 2001;

VI – consórcios públicos, observada a Lei nº 11.107, de 6 de abril de 2005;

VII – convênios de cooperação;

VIII – contratos de gestão;

IX – compensação por serviços ambientais ou outros serviços prestados pelo Município à unidade territorial urbana, conforme o inciso VII do *caput* do art. 7º desta Lei;

X – parcerias público-privadas interfederativas.

Art. 10. As regiões metropolitanas e as aglomerações urbanas deverão contar com plano de desenvolvimento urbano integrado, aprovado mediante lei estadual.

§ 1º Respeitadas as disposições do plano previsto no *caput* deste artigo, poderão ser formulados planos setoriais interfederativos para políticas públicas direcionadas à região metropolitana ou à aglomeração urbana.

§ 2º A elaboração do plano previsto no *caput* deste artigo não exime o Município integrante da região metropolitana ou aglomeração urbana da formulação do respectivo plano diretor, nos termos do § 1º do art. 182 da Constituição Federal e da Lei nº 10.257, de 10 de julho de 2001.

§ 3º Nas regiões metropolitanas e nas aglomerações urbanas instituídas mediante lei complementar estadual, o Município deverá compatibilizar seu plano diretor com o plano de desenvolvimento urbano integrado da unidade territorial urbana.

§ 4º O plano previsto no *caput* deste artigo será elaborado de forma conjunta e cooperada por representantes do Estado, dos Municípios integrantes da unidade regional e da sociedade civil organizada e será aprovado pela instância colegiada a que se refere o art. 8º desta Lei, antes de seu encaminhamento à apreciação da Assembleia Legislativa.

▸ § 4º com a redação dada pela Lei nº 13.683, de 19-6-2018.

Art. 11. A lei estadual que instituir o plano de desenvolvimento urbano integrado de região metropolitana ou de aglomeração urbana deverá ser revista, pelo menos, a cada 10 (dez) anos.

Art. 12. O plano de desenvolvimento urbano integrado de região metropolitana ou de aglomeração urbana deverá considerar o conjunto de Municípios que compõem a unidade territorial urbana e abranger áreas urbanas e rurais.

§ 1º O plano previsto no *caput* deste artigo deverá contemplar, no mínimo:

I – as diretrizes para as funções públicas de interesse comum, incluindo projetos estratégicos e ações prioritárias para investimentos;

II – o macrozoneamento da unidade territorial urbana;

III – as diretrizes quanto à articulação dos Municípios no parcelamento, uso e ocupação no solo urbano;

IV – as diretrizes quanto à articulação intersetorial das políticas públicas afetas à unidade territorial urbana;

V – a delimitação das áreas com restrições à urbanização visando à proteção do patrimônio ambiental ou cultural, bem como das áreas sujeitas a controle especial pelo risco de desastres naturais, se existirem;

VI – o sistema de acompanhamento e controle de suas disposições; e

▸ Incisos V e VI com a redação dada pela Lei nº 13.683, de 19-6-2018.

VII – as diretrizes mínimas para implementação de efetiva política pública de regularização fundiária urbana, nos termos da Lei nº 13.465, de 11 de julho de 2017.

▸ Inciso VII acrescido pela Lei nº 13.683, de 19-6-2018.

§ 2º No processo de elaboração do plano previsto no *caput* deste artigo e na fiscalização de sua aplicação, serão assegurados:

I – a promoção de audiências públicas e debates com a participação de representantes da sociedade civil e da população, em todos os Municípios integrantes da unidade territorial urbana;

II – a publicidade quanto aos documentos e informações produzidos; e

III – o acompanhamento pelo Ministério Público.

§ 3º As audiências públicas a que se refere o inciso I do § 2º deste artigo serão precedidas de ampla divulgação em todos os Municípios integrantes da unidade territorial urbana.

§ 4º A realização de audiências públicas ocorrerá segundo os critérios estabelecidos pela instância colegiada deliberativa a que se refere o art. 8º desta Lei, respeitadas as disposições desta Lei e das leis complementares que instituírem as unidades territoriais.

▶ §§ 3º e 4º acrescidos pela Lei nº 13.683, de 19-6-2018.

CAPÍTULO V
DA ATUAÇÃO DA UNIÃO

Seção I
DO APOIO DA UNIÃO AO DESENVOLVIMENTO URBANO INTEGRADO

Art. 13. Em suas ações inclusas na política nacional de desenvolvimento urbano, a União apoiará as iniciativas dos Estados e dos Municípios voltadas à governança interfederativa, observados as diretrizes e os objetivos do plano plurianual, as metas e as prioridades fixadas pelas leis de diretrizes orçamentárias e o limite das disponibilidades propiciadas pelas leis orçamentárias anuais.

Art. 14. Para o apoio da União à governança interfederativa em região metropolitana ou em aglomeração urbana, será exigido que a unidade territorial urbana possua gestão plena, nos termos do inciso III do *caput* do art. 2º desta Lei.

§ 1º Além do disposto no *caput* deste artigo, o apoio da União à governança interfederativa em região metropolitana impõe a observância do inciso VII do *caput* do art. 2º desta Lei.

§ 2º Admite-se o apoio da União para a elaboração e a revisão do plano de desenvolvimento urbano integrado de que tratam os arts. 10, 11 e 12 desta Lei, dispensado, na primeira hipótese, o cumprimento da exigência constante da alínea c do inciso III do art. 2º desta Lei.

▶ § 2º com a redação dada pela Lei nº 13.683, de 19-6-2018.

§ 3º Serão estabelecidos em regulamento requisitos adicionais para o apoio da União à governança interfederativa, bem como para as microrregiões e cidades referidas no § 1º do art. 1º desta Lei e para os consórcios públicos constituídos para atuação em funções públicas de interesse comum no campo do desenvolvimento urbano.

Art. 15. A região metropolitana instituída mediante lei complementar estadual que não atenda o disposto no inciso VII do *caput* do art. 2º desta Lei será enquadrada como aglomeração urbana para efeito das políticas públicas a cargo do Governo Federal, independentemente de as ações nesse sentido envolverem ou não transferência de recursos financeiros.

Art. 16. A União manterá ações voltadas à integração entre cidades gêmeas localizadas na faixa de fronteira com outros países, em relação à mobilidade urbana, como previsto na Lei nº 12.587, de 3 de janeiro de 2012, e a outras políticas públicas afetas ao desenvolvimento urbano.

Art. 16-A. A União apoiará as iniciativas dos Estados e dos Municípios voltadas à governança interfederativa e promoverá a instituição de um sistema nacional de informações urbanas e metropolitanas, observadas as diretrizes do plano plurianual, as metas e as prioridades fixadas pela leis orçamentárias anuais.

▶ Art. 16-A acrescido pela Lei nº 13.683, de 19-6-2018.

Seção II
DO FUNDO NACIONAL DE DESENVOLVIMENTO URBANO INTEGRADO

Arts. 17 e 18. VETADOS.

CAPÍTULO VI
DISPOSIÇÕES FINAIS

Art. 19. VETADO.

Arts. 20 e 21. *Revogados*. Lei nº 13.683, de 19-6-2018.

Art. 22. As disposições desta Lei aplicam-se, no que couber, às regiões integradas de desenvolvimento que tenham características de região metropolitana ou de aglomeração urbana, criadas mediante lei complementar federal, com base no art. 43 da Constituição Federal, até a data de entrada em vigor desta Lei.

Parágrafo único. A partir da data de entrada em vigor desta Lei, a instituição de unidades territoriais urbanas que envolvam Municípios pertencentes a mais de um Estado deve ocorrer na forma prevista no art. 4º, sem prejuízo da possibilidade de constituição de consórcios intermunicipais.

Art. 23. Independentemente das disposições desta Lei, os Municípios podem formalizar convênios de cooperação e constituir consórcios públicos para atuação em funções públicas de interesse comum no campo do desenvolvimento urbano, observada a Lei nº 11.107, de 6 de abril de 2005.

Art. 24. A Lei nº 10.257, de 10 de julho de 2001, passa a vigorar acrescida do seguinte art. 34-A:

▶ Alteração inserida no texto da referida Lei.

Art. 25. Esta Lei entra em vigor na data de sua publicação.

Brasília, 12 de janeiro de 2015;
194º da Independência e
127º da República.

Dilma Rousseff

LEI COMPLEMENTAR Nº 152, DE 3 DE DEZEMBRO DE 2015

Dispõe sobre a aposentadoria compulsória por idade, com proventos proporcionais, nos termos do inciso II do § 1º do art. 40 da Constituição Federal.

▶ Publicada no *DOU* de 4-12-2015.

▶ O STF, por unanimidade, julgou improcedente a ADI nº 5.430 para declarar a constitucionalidade desta lei (*DOU* de 30-5-2023).

Art. 1º Esta Lei Complementar dispõe sobre a aposentadoria compulsória por idade, com proventos proporcionais, no âmbito da União, dos Estados, do Distrito Federal e dos Municípios, dos agentes públicos aos quais se aplica o inciso II do § 1º do art. 40 da Constituição Federal.

Art. 2º Serão aposentados compulsoriamente, com proventos proporcionais ao tempo de contribuição, aos 75 (setenta e cinco) anos de idade:

I – os servidores titulares de cargos efetivos da União, dos Estados, do Distrito Federal e dos Municípios, incluídas suas autarquias e fundações;

II – os membros do Poder Judiciário;

III – os membros do Ministério Público;

IV – os membros das Defensorias Públicas;

V – os membros dos Tribunais e dos Conselhos de Contas.

Parágrafo único. Aos servidores do Serviço Exterior Brasileiro, regidos pela Lei nº 11.440, de 29 de dezembro de 2006, o disposto neste artigo será aplicado progressivamente à razão de 1 (um) ano adicional de limite para aposentadoria compulsória ao fim de cada 2 (dois) anos, a partir da vigência desta Lei Complementar, até o limite de 75 (setenta e cinco) anos previsto no *caput*.

Art. 3º Revoga-se o inciso I do art. 1º da Lei Complementar nº 51, de 20 de dezembro de 1985.

Art. 4º Esta Lei Complementar entra em vigor na data de sua publicação.

Brasília, 3 de dezembro de 2015;
194º da Independência e
127º da República.

Dilma Rousseff

DECRETO Nº 8.737, DE 3 DE MAIO DE 2016

Institui o Programa de Prorrogação da Licença-Paternidade para os servidores regidos pela Lei nº 8.112, de 11 de dezembro de 1990.

▶ Publicado no *DOU* de 4-5-2016.

Art. 1º Fica instituído o Programa de Prorrogação da Licença Paternidade para os servidores regidos pela Lei nº 8.112, de 11 de dezembro de 1990.

Art. 2º A prorrogação da licença-paternidade será concedida ao servidor público que requeira o benefício no prazo de dois dias úteis após o nascimento ou a adoção e terá duração de quinze dias, além dos cinco dias concedidos pelo art. 208 da Lei nº 8.112, de 1990.

§ 1º A prorrogação se iniciará no dia subsequente ao término da licença de que trata o art. 208 da Lei nº 8.112, de 1990.

§ 2º O disposto neste Decreto é aplicável a quem adotar ou obtiver guarda judicial para fins de adoção de criança.

§ 3º Para os fins do disposto no § 2º, considera-se criança a pessoa de até doze anos de idade incompletos.

Art. 3º O beneficiado pela prorrogação da licença-paternidade não poderá exercer qualquer atividade remunerada durante a prorrogação da licença-paternidade.

Parágrafo único. O descumprimento do disposto neste artigo implicará o cancelamento da prorrogação da licença e o registro da ausência como falta ao serviço.

Art. 4º O servidor em gozo de licença-paternidade na data de entrada em vigor deste Decreto poderá solicitar a prorrogação da licença, desde que requerida até o último dia da licença ordinária de cinco dias.

Art. 5º O Ministério do Planejamento, Orçamento e Gestão poderá expedir normas complementares para execução deste Decreto.

Art. 6º Este Decreto entra em vigor na data de sua publicação.

Brasília, 3 de maio de 2016;
195º da Independência e
128º da República.

Dilma Rousseff

LEI Nº 13.303, DE 30 DE JUNHO DE 2016

Dispõe sobre o estatuto jurídico da empresa pública, da sociedade de economia mista e de suas subsidiárias, no âmbito da União, dos Estados, do Distrito Federal e dos Municípios.

▸ Publicada no *DOU* de 1º-7-2016.

▸ Dec. nº 8.945, de 27-12-2016, regulamenta esta lei.

TÍTULO I – DISPOSIÇÕES APLICÁVEIS ÀS EMPRESAS PÚBLICAS E ÀS SOCIEDADES DE ECONOMIA MISTA

CAPÍTULO I – DISPOSIÇÕES PRELIMINARES

Art. 1º Esta Lei dispõe sobre o estatuto jurídico da empresa pública, da sociedade de economia mista e de suas subsidiárias, abrangendo toda e qualquer empresa pública e sociedade de economia mista da União, dos Estados, do Distrito Federal e dos Municípios que explore atividade econômica de produção ou comercialização de bens ou de prestação de serviços, ainda que a atividade econômica esteja sujeita ao regime de monopólio da União ou seja de prestação de serviços públicos.

§ 1º O Título I desta Lei, exceto o disposto nos arts. 2º, 3º, 4º, 5º, 6º, 7º, 8º, 11, 12 e 27, não se aplica à empresa pública e à sociedade de economia mista que tiver, em conjunto com suas respectivas subsidiárias, no exercício social anterior, receita operacional bruta inferior a R$ 90.000.000,00 (noventa milhões de reais).

§ 2º O disposto nos Capítulos I e II do Título II desta Lei aplica-se inclusive à empresa pública dependente, definida nos termos do inciso III do art. 2º da Lei Complementar nº 101, de 4 de maio de 2000, que explore atividade econômica, ainda que a atividade econômica esteja sujeita ao regime de monopólio da União ou seja de prestação de serviços públicos.

§ 3º Os Poderes Executivos poderão editar atos que estabeleçam regras de governança destinadas às suas respectivas empresas públicas e sociedades de economia mista que se enquadrem na hipótese do § 1º, observadas as diretrizes gerais desta Lei.

§ 4º A não edição dos atos de que trata o § 3º no prazo de 180 (cento e oitenta) dias a partir da publicação desta Lei submete as respectivas empresas públicas e sociedades de economia mista às regras de governança previstas no Título I desta Lei.

§ 5º Submetem-se ao regime previsto nesta Lei a empresa pública e a sociedade de economia mista que participem de consórcio, conforme disposto no art. 279 da Lei nº 6.404, de 15 de dezembro de 1976, na condição de operadora.

§ 6º Submete-se ao regime previsto nesta Lei a sociedade, inclusive a de propósito específico, que seja controlada por empresa pública ou sociedade de economia mista abrangidas no *caput*.

§ 7º Na participação em sociedade empresarial em que a empresa pública, a sociedade de economia mista e suas subsidiárias não detenham o controle acionário, essas deverão adotar, no dever de fiscalizar, práticas de governança e controle proporcionais à relevância, à materialidade e aos riscos do negócio do qual são partícipes, considerando, para esse fim:

I – documentos e informações estratégicos do negócio e demais relatórios e informações produzidos por força de acordo de acionistas e de Lei considerados essenciais para a defesa de seus interesses na sociedade empresarial investida;

II – relatório de execução do orçamento e de realização de investimentos programados pela sociedade, inclusive quanto ao alinhamento dos custos orçados e dos realizados com os custos de mercado;

III – informe sobre execução da política de transações com partes relacionadas;

IV – análise das condições de alavancagem financeira da sociedade;

V – avaliação de inversões financeiras e de processos relevantes de alienação de bens móveis e imóveis da sociedade;

VI – relatório de risco das contratações para execução de obras, fornecimento de bens e prestação de serviços relevantes para os interesses da investidora;

VII – informe sobre execução de projetos relevantes para os interesses da investidora;

VIII – relatório de cumprimento, nos negócios da sociedade, de condicionantes socioambientais estabelecidas pelos órgãos ambientais;

IX – avaliação das necessidades de novos aportes na sociedade e dos possíveis riscos de redução da rentabilidade esperada do negócio;

X – qualquer outro relatório, documento ou informação produzido pela sociedade empresarial investida considerado relevante para o cumprimento do comando constante do *caput*.

Art. 2º A exploração de atividade econômica pelo Estado será exercida por meio de empresa pública, de sociedade de economia mista e de suas subsidiárias.

§ 1º A constituição de empresa pública ou de sociedade de economia mista dependerá de prévia autorização legal que indique, de forma clara, relevante interesse coletivo ou imperativo de segurança nacional, nos termos do *caput* do art. 173 da Constituição Federal.

§ 2º Depende de autorização legislativa a criação de subsidiárias de empresa pública e de sociedade de economia mista, assim como a participação de qualquer delas em empresa privada, cujo objeto social deve estar relacionado ao da investidora, nos termos do inciso XX do art. 37 da Constituição Federal.

§ 3º A autorização para participação em empresa privada prevista no § 2º não se aplica a operações de tesouraria, adjudicação de ações em garantia e participações autorizadas pelo Conselho de Administração em linha com o plano de negócios da empresa pública, da sociedade de economia mista e de suas respectivas subsidiárias.

Art. 3º Empresa pública é a entidade dotada de personalidade jurídica de direito privado, com criação autorizada por lei e com patrimônio próprio, cujo capital social é integralmente detido pela União, pelos Estados, pelo Distrito Federal ou pelos Municípios.

Parágrafo único. Desde que a maioria do capital votante permaneça em propriedade da União, do Estado, do Distrito Federal ou do Município, será admitida, no capital da empresa pública, a participação de outras pessoas jurídicas de direito público interno, bem como de entidades da administração indireta da União, dos Estados, do Distrito Federal e dos Municípios.

Art. 4º Sociedade de economia mista é a entidade dotada de personalidade jurídica de direito privado, com criação autorizada por lei, sob a forma de sociedade anônima, cujas ações com direito a voto pertençam em sua maioria à União, aos Estados, ao Distrito Federal, aos Municípios ou a entidade da administração indireta.

§ 1º A pessoa jurídica que controla a sociedade de economia mista tem os deveres e as responsabilidades do acionista controlador, estabelecidos na Lei nº 6.404, de 15 de dezembro de 1976, e deverá exercer o poder de controle no interesse da companhia, respeitado o interesse público que justificou sua criação.

§ 2º Além das normas previstas nesta Lei, a sociedade de economia mista com registro na Comissão de Valores Mobiliários sujeita-se às disposições da Lei nº 6.385, de 7 de dezembro de 1976.

CAPÍTULO II – DO REGIME SOCIETÁRIO DA EMPRESA PÚBLICA E DA SOCIEDADE DE ECONOMIA MISTA

Seção I – DAS NORMAS GERAIS

Art. 5º A sociedade de economia mista será constituída sob a forma de sociedade anônima e, ressalvado o disposto nesta Lei, estará sujeita ao regime previsto na Lei nº 6.404, de 15 de dezembro de 1976.

Art. 6º O estatuto da empresa pública, da sociedade de economia mista e de suas subsidiárias deverá observar regras de governança corporativa, de transparência e de estruturas, práticas de gestão de riscos e de controle interno, composição da administração e, havendo acionistas, mecanismos para sua proteção, todos constantes desta Lei.

Art. 7º Aplicam-se a todas as empresas públicas, as sociedades de economia mista de capital fechado e as suas subsidiárias as disposições da Lei nº 6.404, de 15 de dezembro de 1976, e as normas da Comissão de Valores Mobiliários sobre escrituração e elaboração de demonstrações financeiras, inclusive a obrigatoriedade de auditoria independente por auditor registrado nesse órgão.

Art. 8º As empresas públicas e as sociedades de economia mista deverão observar, no mínimo, os seguintes requisitos de transparência:

I – elaboração de carta anual, subscrita pelos membros do Conselho de Administração, com a explicitação dos compromissos de consecução de objetivos de políticas públicas pela empresa pública, pela sociedade de economia mista e por suas subsidiárias, em atendimento ao interesse coletivo ou ao imperativo de segurança nacional que justificou a autorização para suas respectivas criações, com definição clara dos recursos a serem empregados para esse fim, bem como dos impactos econômico-financeiros da consecução desses objetivos, mensuráveis por meio de indicadores objetivos;

II – adequação de seu estatuto social à autorização legislativa de sua criação;

III – divulgação tempestiva e atualizada de informações relevantes, em especial as relativas a atividades desenvolvidas, estrutura de controle, fatores de risco, dados econômico-financeiros, comentários dos administradores sobre o desempenho, políticas e práticas de governança corporativa e descrição da composição e da remuneração da administração;

IV – elaboração e divulgação de política de divulgação de informações, em conformidade com a legislação em vigor e com as melhores práticas;

V – elaboração de política de distribuição de dividendos, à luz do interesse público que justificou a criação da empresa pública ou da sociedade de economia mista;

VI – divulgação, em nota explicativa às demonstrações financeiras, dos dados operacionais e financeiros das atividades relacionadas à consecução dos fins de interesse coletivo ou de segurança nacional;

VII – elaboração e divulgação da política de transações com partes relacionadas, em conformidade com os requisitos de competitividade, conformidade, transparência, equidade e comutatividade, que deverá ser revista, no mínimo, anualmente e aprovada pelo Conselho de Administração;

VIII – ampla divulgação, ao público em geral, de carta anual de governança corporativa, que consolide em um único documento escrito, em linguagem clara e direta, as informações de que trata o inciso III;

IX – divulgação anual de relatório integrado ou de sustentabilidade.

§ 1º O interesse público da empresa pública e da sociedade de economia mista, respeitadas as razões que motivaram a autorização legislativa, manifesta-se por meio do alinhamento entre seus objetivos e aqueles de políticas públicas, na forma explicitada na carta anual a que se refere o inciso I do *caput*.

§ 2º Quaisquer obrigações e responsabilidades que a empresa pública e a sociedade de economia mista que explorem atividade econômica assumam em condições distintas às de qualquer outra empresa do setor privado em que atuam deverão:

I – estar claramente definidas em lei ou regulamento, bem como previstas em contrato, convênio ou ajuste celebrado com o ente público competente para estabelecê-las, observada a ampla publicidade desses instrumentos;

II – ter seu custo e suas receitas discriminados e divulgados de forma transparente, inclusive no plano contábil.

§ 3º Além das obrigações contidas neste artigo, as sociedades de economia mista com registro na Comissão de Valores Mobiliários sujeitam-se ao regime informacional estabelecido por essa autarquia e devem divulgar as informações previstas neste artigo na forma fixada em suas normas.

§ 4º Os documentos resultantes do cumprimento dos requisitos de transparência constantes dos incisos I a IX do *caput* deverão ser publicamente divulgados na internet de forma permanente e cumulativa.

Art. 9º A empresa pública e a sociedade de economia mista adotarão regras de estruturas e práticas de gestão de riscos e controle interno que abranjam:

I – ação dos administradores e empregados, por meio da implementação cotidiana de práticas de controle interno;

II – área responsável pela verificação de cumprimento de obrigações e de gestão de riscos;

III – auditoria interna e Comitê de Auditoria Estatutário.

§ 1º Deverá ser elaborado e divulgado Código de Conduta e Integridade, que disponha sobre:

I – princípios, valores e missão da empresa pública e da sociedade de economia mista, bem como orientações sobre a prevenção de conflito de interesses e vedação de atos de corrupção e fraude;

II – instâncias internas responsáveis pela atualização e aplicação do Código de Conduta e Integridade;

III – canal de denúncias que possibilite o recebimento de denúncias internas e externas relativas ao descumprimento do Código de Conduta e Integridade e das demais normas internas de ética e obrigacionais;

IV – mecanismos de proteção que impeçam qualquer espécie de retaliação a pessoa que utilize o canal de denúncias;

V – sanções aplicáveis em caso de violação às regras do Código de Conduta e Integridade;

VI – previsão de treinamento periódico, no mínimo anual, sobre Código de Conduta e Integridade, a empregados e administradores, e sobre a política de gestão de riscos, a administradores.

§ 2º A área responsável pela verificação de cumprimento de obrigações e de gestão de riscos deverá ser vinculada ao diretor-presidente e liderada por diretor estatutário, devendo o estatuto social prever as atribuições da área, bem como estabelecer mecanismos que assegurem atuação independente.

§ 3º A auditoria interna deverá:

I – ser vinculada ao Conselho de Administração, diretamente ou por meio do Comitê de Auditoria Estatutário;

II – ser responsável por aferir a adequação do controle interno, a efetividade do gerenciamento dos riscos e dos processos de governança e a confiabilidade do processo de coleta, mensuração, classificação, acumulação, registro e divulgação de eventos e transações, visando ao preparo de demonstrações financeiras.

§ 4º O estatuto social deverá prever, ainda, a possibilidade de que a área de *compliance* se reporte diretamente ao Conselho de Administração em situações em que se suspeite do envolvimento do diretor-presidente em irregularidades ou quando este se furtar à obrigação de adotar medidas necessárias em relação à situação a ele relatada.

Art. 10. A empresa pública e a sociedade de economia mista deverão criar comitê estatutário para verificar a conformidade do processo de indicação e de avaliação de membros para o Conselho de Administração e para o Conselho Fiscal, com competência para auxiliar o acionista controlador na indicação desses membros.

Parágrafo único. Devem ser divulgadas as atas das reuniões do comitê estatutário referido no *caput* realizadas com o fim de verificar o cumprimento, pelos membros indicados, dos requisitos definidos na política de indicação, devendo ser registradas as eventuais manifestações divergentes de conselheiros.

Art. 11. A empresa pública não poderá:

I – lançar debêntures ou outros títulos ou valores mobiliários, conversíveis em ações;

II – emitir partes beneficiárias.

Art. 12. A empresa pública e a sociedade de economia mista deverão:

I – divulgar toda e qualquer forma de remuneração dos administradores;

II – adequar constantemente suas práticas ao Código de Conduta e Integridade e a outras regras de boa prática de governança corporativa, na forma estabelecida na regulamentação desta Lei.

Parágrafo único. A sociedade de economia mista poderá solucionar, mediante arbitragem, as divergências entre acionistas e a sociedade, ou entre acionistas controladores e acionistas minoritários, nos termos previstos em seu estatuto social.

Art. 13. A lei que autorizar a criação da empresa pública e da sociedade de economia mista deverá dispor sobre as diretrizes e restrições a serem consideradas na elaboração do estatuto da companhia, em especial sobre:

I – constituição e funcionamento do Conselho de Administração, observados o número mínimo de 7 (sete) e o número máximo de 11 (onze) membros;

II – requisitos específicos para o exercício do cargo de diretor, observado o número mínimo de 3 (três) diretores;

III – avaliação de desempenho, individual e coletiva, de periodicidade anual, dos administradores e dos membros de comitês, observados os seguintes quesitos mínimos:

a) exposição dos atos de gestão praticados, quanto à licitude e à eficácia da ação administrativa;

b) contribuição para o resultado do exercício;

c) consecução dos objetivos estabelecidos no plano de negócios e atendimento à estratégia de longo prazo;

IV – constituição e funcionamento do Conselho Fiscal, que exercerá suas atribuições de modo permanente;

V – constituição e funcionamento do Comitê de Auditoria Estatutário;

VI – prazo de gestão dos membros do Conselho de Administração e dos indicados para o cargo de diretor, que será unificado e não superior a 2 (dois) anos, sendo permitidas, no máximo, 3 (três) reconduções consecutivas;

VII – VETADO;

VIII – prazo de gestão dos membros do Conselho Fiscal não superior a 2 (dois) anos, permitidas 2 (duas) reconduções consecutivas.

Seção II
DO ACIONISTA CONTROLADOR

Art. 14. O acionista controlador da empresa pública e da sociedade de economia mista deverá:

I – fazer constar do Código de Conduta e Integridade, aplicável à alta administração, a vedação à divulgação, sem autorização do órgão competente da empresa pública ou da sociedade de economia mista, de informação que possa causar impacto na cotação dos títulos da empresa pública ou da sociedade de economia mista e em suas relações com o mercado ou com consumidores e fornecedores;

II – preservar a independência do Conselho de Administração no exercício de suas funções;

III – observar a política de indicação na escolha dos administradores e membros do Conselho Fiscal.

Art. 15. O acionista controlador da empresa pública e da sociedade de economia mista responderá pelos atos praticados com abuso de poder, nos termos da Lei nº 6.404, de 15 de dezembro de 1976.

§ 1º A ação de reparação poderá ser proposta pela sociedade, nos termos do art. 246 da Lei nº 6.404, de 15 de dezembro de 1976, pelo terceiro prejudicado ou pelos demais sócios, independentemente de autorização da assembleia-geral de acionistas.

§ 2º Prescreve em 6 (seis) anos, contados da data da prática do ato abusivo, a ação a que se refere o § 1º.

Seção III
DO ADMINISTRADOR

Art. 16. Sem prejuízo do disposto nesta Lei, o administrador de empresa pública e de sociedade de economia mista é submetido às normas previstas na Lei nº 6.404, de 15 de dezembro de 1976.

Parágrafo único. Consideram-se administradores da empresa pública e da sociedade de economia mista os membros do Conselho de Administração e da diretoria.

Art. 17. Os membros do Conselho de Administração e os indicados para os cargos de diretor, inclusive presidente, diretor-geral e diretor-presidente, serão escolhidos entre cidadãos de reputação ilibada e de notório conhecimento, devendo ser atendidos, alternativamente, um dos requisitos das alíneas *a*, *b* e *c* do inciso I e, cumulativamente, os requisitos dos incisos II e III:

I – ter experiência profissional de, no mínimo:

a) 10 (dez) anos, no setor público ou privado, na área de atuação da empresa pública ou da sociedade de economia mista ou em área conexa àquela para a qual forem indicados em função de direção superior; ou

b) 4 (quatro) anos ocupando pelo menos um dos seguintes cargos:

1. cargo de direção ou de chefia superior em empresa de porte ou objeto social semelhante ao da empresa pública ou da sociedade de economia mista, entendendo-se como cargo de chefia superior aquele situado nos 2 (dois) níveis hierárquicos não estatutários mais altos da empresa;
2. cargo em comissão ou função de confiança equivalente a DAS-4 ou superior, no setor público;
3. cargo de docente ou de pesquisador em áreas de atuação da empresa pública ou da sociedade de economia mista;

c) 4 (quatro) anos de experiência como profissional liberal em atividade direta ou indiretamente vinculada à área de atuação da empresa pública ou sociedade de economia mista;

II – ter formação acadêmica compatível com o cargo para o qual foi indicado; e

III – não se enquadrar nas hipóteses de inelegibilidade previstas nas alíneas do inciso I do *caput* do art. 1º da Lei Complementar nº 64, de 18 de maio de 1990, com as alterações introduzidas pela Lei Complementar nº 135, de 4 de junho de 2010.

§ 1º O estatuto da empresa pública, da sociedade de economia mista e de suas subsidiárias poderá dispor sobre a contratação de seguro de responsabilidade civil pelos administradores.

§ 2º É vedada a indicação, para o Conselho de Administração e para a diretoria:

I – de representante do órgão regulador ao qual a empresa pública ou a sociedade de economia mista está sujeita, de Ministro de Estado, de Secretário de Estado, de Secretário Municipal, de titular de cargo, sem vínculo permanente com o serviço público, de natureza especial ou de direção e assessoramento superior na administração pública, de dirigente estatutário de partido político e de titular de mandato no Poder Legislativo de qualquer ente da federação, ainda que licenciados do cargo;

II – de pessoa que atuou, nos últimos 36 (trinta e seis) meses, como participante de estrutura decisória de partido político ou em trabalho vinculado a organização, estruturação e realização de campanha eleitoral;

III – de pessoa que exerça cargo em organização sindical;

IV – de pessoa que tenha firmado contrato ou parceria, como fornecedor ou comprador, demandante ou ofertante, de bens ou serviços de qualquer natureza, com a pessoa político-administrativa controladora da empresa pública ou da sociedade de economia mista ou com a própria empresa ou sociedade em período inferior a 3 (três) anos antes da data de nomeação;

V – de pessoa que tenha ou possa ter qualquer forma de conflito de interesse com a pessoa político-administrativa controladora da empresa pública ou da sociedade de economia mista ou com a própria empresa ou sociedade.

§ 3º A vedação prevista no inciso I do § 2º estende-se também aos parentes consanguíneos ou afins até o terceiro grau das pessoas nele mencionadas.

§ 4º Os administradores eleitos devem participar, na posse e anualmente, de treinamentos específicos sobre legislação societária e de mercado de capitais, divulgação de informações, controle interno, código de conduta, a Lei nº 12.846, de 1º de agosto de 2013 (Lei Anticorrupção), e demais temas relacionados às atividades da empresa pública ou da sociedade de economia mista.

§ 5º Os requisitos previstos no inciso I do *caput* poderão ser dispensados no caso de indicação de empregado da empresa pública ou da sociedade de economia mista para cargo de administrador ou como membro de comitê, desde que atendidos os seguintes quesitos mínimos:

I – o empregado tenha ingressado na empresa pública ou na sociedade de economia mista por meio de concurso público de provas ou de provas e títulos;

II – o empregado tenha mais de 10 (dez) anos de trabalho efetivo na empresa pública ou na sociedade de economia mista;

III – o empregado tenha ocupado cargo na gestão superior da empresa pública ou da sociedade de economia mista, comprovando sua capacidade para assumir as responsabilidades dos cargos de que trata o *caput*.

Seção IV
DO CONSELHO DE ADMINISTRAÇÃO

Art. 18. Sem prejuízo das competências previstas no art. 142 da Lei nº 6.404, de 15 de dezembro de 1976, e das demais atribuições previstas nesta Lei, compete ao Conselho de Administração:

I – discutir, aprovar e monitorar decisões envolvendo práticas de governança corporativa, relacionamento com partes interessadas, política de gestão de pessoas e código de conduta dos agentes;

II – implementar e supervisionar os sistemas de gestão de riscos e de controle interno estabelecidos para a prevenção e mitigação dos principais riscos a que está exposta a empresa pública ou a sociedade de economia mista, inclusive os riscos relacionados à integridade das informações contábeis e financeiras e os relacionados à ocorrência de corrupção e fraude;

III – estabelecer política de porta-vozes visando a eliminar risco de contradição entre informações de diversas áreas e as dos executivos da empresa pública ou da sociedade de economia mista;

IV – avaliar os diretores da empresa pública ou da sociedade de economia mista, nos termos do inciso III do art. 13, podendo contar com apoio metodológico e procedimental do comitê estatutário referido no art. 10.

Art. 19. É garantida a participação, no Conselho de Administração, de representante dos empregados e dos acionistas minoritários.

§ 1º As normas previstas na Lei nº 12.353, de 28 de dezembro de 2010, aplicam-se à participação de empregados no Conselho de Administração da empresa pública, da sociedade de economia mista e de suas subsidiárias e controladas e das demais empresas em que a União, direta ou indiretamente, detenha a maioria do capital social com direito a voto.

§ 2º É assegurado aos acionistas minoritários o direito de eleger 1 (um) conselheiro, se maior número não lhes couber pelo processo de voto múltiplo previsto na Lei nº 6.404, de 15 de dezembro de 1976.

Art. 20. É vedada a participação remunerada de membros da administração pública, direta ou indireta, em mais de 2 (dois) conselhos, de administração ou fiscal, de empresa pública, de sociedade de economia mista ou de suas subsidiárias.

Art. 21. VETADO.

Parágrafo único. VETADO.

Seção V
DO MEMBRO INDEPENDENTE DO CONSELHO DE ADMINISTRAÇÃO

Art. 22. O Conselho de Administração deve ser composto, no mínimo, por 25% (vinte e cinco por cento) de membros independentes ou por pelo menos 1 (um), caso haja decisão pelo exercício da faculdade do voto múltiplo pelos acionistas minoritários, nos termos do art. 141 da Lei nº 6.404, de 15 de dezembro de 1976.

§ 1º O conselheiro independente caracteriza-se por:

I – não ter qualquer vínculo com a empresa pública ou a sociedade de economia mista, exceto participação de capital;

II – não ser cônjuge ou parente consanguíneo ou afim, até o terceiro grau ou por adoção, de chefe do Poder Executivo, de Ministro de Estado, de Secretário de Estado ou Município ou de administrador da empresa pública ou da sociedade de economia mista;

III – não ter mantido, nos últimos 3 (três) anos, vínculo de qualquer natureza com a empresa pública, a sociedade de economia mista ou seus controladores, que possa vir a comprometer sua independência;

IV – não ser ou não ter sido, nos últimos 3 (três) anos, empregado ou diretor da empresa pública, da sociedade de economia mista ou de sociedade controlada, coligada ou subsidiária da empresa pública ou da sociedade de economia mista, exceto se o vínculo for exclusivamente com instituições públicas de ensino ou pesquisa;

V – não ser fornecedor ou comprador, direto ou indireto, de serviços ou produtos da empresa pública ou da sociedade de economia mista, de modo a implicar perda de independência;

VI – não ser funcionário ou administrador de sociedade ou entidade que esteja oferecendo ou demandando serviços ou produtos à empresa pública ou à sociedade de economia mista, de modo a implicar perda de independência;

VII – não receber outra remuneração da empresa pública ou da sociedade de economia mista além daquela relativa ao cargo de conselheiro, à exceção de proventos em dinheiro oriundos de participação no capital.

§ 2º Quando, em decorrência da observância do percentual mencionado no *caput*, resultar número fracionário de conselheiros, proceder-se-á ao arredondamento para o número inteiro:

I – imediatamente superior, quando a fração for igual ou superior a 0,5 (cinco décimos);

II – imediatamente inferior, quando a fração for inferior a 0,5 (cinco décimos).

§ 3º Não serão consideradas, para o cômputo das vagas destinadas a membros independentes, aquelas ocupadas pelos conselheiros eleitos por empregados, nos termos do § 1º do art. 19.

§ 4º Serão consideradas, para o cômputo das vagas destinadas a membros independentes, aquelas ocupadas pelos conselheiros eleitos por acionistas minoritários, nos termos do § 2º do art. 19.

§ 5º VETADO.

Seção VI

DA DIRETORIA

Art. 23. É condição para investidura em cargo de diretoria da empresa pública e da sociedade de economia mista a assunção de compromisso com metas e resultados específicos a serem alcançados, que deverá ser aprovado pelo Conselho de Administração, a quem incumbe fiscalizar seu cumprimento.

§ 1º Sem prejuízo do disposto no *caput*, a diretoria deverá apresentar, até a última reunião ordinária do Conselho de Administração do ano anterior, a quem compete sua aprovação:

I – plano de negócios para o exercício anual seguinte;

II – estratégia de longo prazo atualizada com análise de riscos e oportunidades para, no mínimo, os próximos 5 (cinco) anos.

§ 2º Compete ao Conselho de Administração, sob pena de seus integrantes responderem por omissão, promover anualmente análise de atendimento das metas e resultados na execução do plano de negócios e da estratégia de longo prazo, devendo publicar suas conclusões e informá-las ao Congresso Nacional, às Assembleias Legislativas, à Câmara Legislativa do Distrito Federal ou às Câmaras Municipais e aos respectivos tribunais de contas, quando houver.

§ 3º Excluem-se da obrigação de publicação a que se refere o § 2º as informações de natureza estratégica cuja divulgação possa ser comprovadamente prejudicial ao interesse da empresa pública ou da sociedade de economia mista.

Seção VII

DO COMITÊ DE AUDITORIA ESTATUTÁRIO

Art. 24. A empresa pública e a sociedade de economia mista deverão possuir em sua estrutura societária Comitê de Auditoria Estatutário como órgão auxiliar do Conselho de Administração, ao qual se reportará diretamente.

§ 1º Competirá ao Comitê de Auditoria Estatutário, sem prejuízo de outras competências previstas no estatuto da empresa pública ou da sociedade de economia mista:

I – opinar sobre a contratação e destituição de auditor independente;

II – supervisionar as atividades dos auditores independentes, avaliando sua independência, a qualidade dos serviços prestados e a adequação de tais serviços às necessidades da empresa pública ou da sociedade de economia mista;

III – supervisionar as atividades desenvolvidas nas áreas de controle interno, de auditoria interna e de elaboração das demonstrações financeiras da empresa pública ou da sociedade de economia mista;

IV – monitorar a qualidade e a integridade dos mecanismos de controle interno, das demonstrações financeiras e das informações e medições divulgadas pela empresa pública ou pela sociedade de economia mista;

V – avaliar e monitorar exposições de risco da empresa pública ou da sociedade de economia mista, podendo requerer, entre outras, informações detalhadas sobre políticas e procedimentos referentes a:

a) remuneração da administração;

b) utilização de ativos da empresa pública ou da sociedade de economia mista;

c) gastos incorridos em nome da empresa pública ou da sociedade de economia mista;

VI – avaliar e monitorar, em conjunto com a administração e a área de auditoria interna, a adequação das transações com partes relacionadas;

VII – elaborar relatório anual com informações sobre as atividades, os resultados, as conclusões e as recomendações do Comitê de Auditoria Estatutário, registrando, se houver, as divergências significativas entre administração, auditoria independente e Comitê de Auditoria Estatutário em relação às demonstrações financeiras;

VIII – avaliar a razoabilidade dos parâmetros em que se fundamentam os cálculos atuariais, bem como o resultado atuarial dos planos de benefícios mantidos pelo fundo de pensão, quando a empresa pública ou a sociedade de economia mista for patrocinadora de entidade fechada de previdência complementar.

§ 2º O Comitê de Auditoria Estatutário deverá possuir meios para receber denúncias, inclusive sigilosas, internas e externas à empresa pública ou à sociedade de economia mista, em matérias relacionadas ao escopo de suas atividades.

§ 3º O Comitê de Auditoria Estatutário deverá se reunir quando necessário, no mínimo bimestralmente, de modo que as informações contábeis sejam sempre apreciadas antes de sua divulgação.

§ 4º A empresa pública e a sociedade de economia mista deverão divulgar as atas das reuniões do Comitê de Auditoria Estatutário.

§ 5º Caso o Conselho de Administração considere que a divulgação da ata possa pôr em risco interesse legítimo da empresa pública ou da sociedade de economia mista, a empresa pública ou a sociedade de economia mista divulgará apenas o extrato das atas.

§ 6º A restrição prevista no § 5º não será oponível aos órgãos de controle, que terão total e irrestrito acesso ao conteúdo das atas do Comitê de Auditoria Estatutário, observada a transferência de sigilo.

§ 7º O Comitê de Auditoria Estatutário deverá possuir autonomia operacional e dotação orçamentária, anual ou por projeto, dentro de limites aprovados pelo Conselho de Administração, para conduzir ou determinar a realização de consultas, avaliações e investigações dentro do escopo de suas atividades, inclusive com a contratação e utilização de especialistas externos independentes.

Art. 25. O Comitê de Auditoria Estatutário será integrado por, no mínimo, 3 (três) e, no máximo, 5 (cinco) membros, em sua maioria independentes.

§ 1º São condições mínimas para integrar o Comitê de Auditoria Estatutário:

I – não ser ou ter sido, nos 12 (doze) meses anteriores à nomeação para o Comitê:

a) diretor, empregado ou membro do conselho fiscal da empresa pública ou sociedade de economia mista ou de sua controladora, controlada, coligada ou sociedade em controle comum, direta ou indireta;

b) responsável técnico, diretor, gerente, supervisor ou qualquer outro integrante com função de gerência de equipe envolvida nos trabalhos de auditoria na empresa pública ou sociedade de economia mista;

II – não ser cônjuge ou parente consanguíneo ou afim, até o segundo grau ou por adoção, das pessoas referidas no inciso I;

III – não receber qualquer outro tipo de remuneração da empresa pública ou sociedade de economia mista ou de sua controladora, controlada, coligada ou sociedade em controle comum, direta ou indireta, que não seja aquela relativa à função de integrante do Comitê de Auditoria Estatutário;

IV – não ser ou ter sido ocupante de cargo público efetivo, ainda que licenciado, ou de cargo em comissão da pessoa jurídica de direito público que exerça o controle acionário da empresa pública ou sociedade de economia mista, nos 12 (doze) meses anteriores à nomeação para o Comitê de Auditoria Estatutário.

§ 2º Ao menos 1 (um) dos membros do Comitê de Auditoria Estatutário deve ter reconhecida experiência em assuntos de contabilidade societária.

§ 3º O atendimento às previsões deste artigo deve ser comprovado por meio de documentação mantida na sede da empresa pública ou sociedade de economia mista pelo prazo mínimo de 5 (cinco) anos, contado a partir do último dia de mandato do membro do Comitê de Auditoria Estatutário.

Seção VIII

DO CONSELHO FISCAL

Art. 26. Além das normas previstas nesta Lei, aplicam-se aos membros do Conselho Fiscal da empresa pública e da sociedade de economia mista as disposições previstas na Lei nº 6.404, de 15 de dezembro de 1976, relativas a seus poderes, deveres e responsabilidades, a requisitos e impedimentos para investidura e a remuneração, além de outras disposições estabelecidas na referida Lei.

§ 1º Podem ser membros do Conselho Fiscal pessoas naturais, residentes no País, com formação acadêmica compatível com o exercício da função e que tenham exercido, por prazo mínimo de 3 (três) anos, cargo de direção ou assessoramento na administração pública ou cargo de conselheiro fiscal ou administrador em empresa.

§ 2º O Conselho Fiscal contará com pelo menos 1 (um) membro indicado pelo ente controlador, que deverá ser servidor público com vínculo permanente com a administração pública.

CAPÍTULO III

DA FUNÇÃO SOCIAL DA EMPRESA PÚBLICA E DA SOCIEDADE DE ECONOMIA MISTA

Art. 27. A empresa pública e a sociedade de economia mista terão a função social de realização do interesse coletivo ou de atendimento a imperativo da segurança nacional expressa no instrumento de autorização legal para a sua criação.

§ 1º A realização do interesse coletivo de que trata este artigo deverá ser orientada para o alcance do bem-estar econômico e para a alocação socialmente eficiente dos recursos geridos pela empresa pública e pela sociedade de economia mista, bem como para o seguinte:

I – ampliação economicamente sustentada do acesso de consumidores aos produtos e serviços da empresa pública ou da sociedade de economia mista;

II – desenvolvimento ou emprego de tecnologia brasileira para produção e oferta de produtos e serviços da empresa pública ou da sociedade de economia mista, sempre de maneira economicamente justificada.

§ 2º A empresa pública e a sociedade de economia mista deverão, nos termos da lei, adotar práticas de sustentabilidade ambiental e de responsabilidade social corporativa compatíveis com o mercado em que atuam.

§ 3º A empresa pública e a sociedade de economia mista poderão celebrar convênio ou contrato de patrocínio com pessoa física ou com pessoa jurídica para promoção de atividades culturais, sociais, esportivas, educacionais e de inovação tecnológica, desde que comprovadamente vinculadas ao fortalecimento de sua marca, observando-se, no que couber, as normas de licitação e contratos desta Lei.

TÍTULO II – DISPOSIÇÕES APLICÁVEIS ÀS EMPRESAS PÚBLICAS, ÀS SOCIEDADES DE ECONOMIA MISTA E ÀS SUAS SUBSIDIÁRIAS QUE EXPLOREM ATIVIDADE ECONÔMICA DE PRODUÇÃO OU COMERCIALIZAÇÃO DE BENS OU DE PRESTAÇÃO DE SERVIÇOS, AINDA QUE A ATIVIDADE ECONÔMICA ESTEJA SUJEITA AO REGIME DE MONOPÓLIO DA UNIÃO OU SEJA DE PRESTAÇÃO DE SERVIÇOS PÚBLICOS

CAPÍTULO I

DAS LICITAÇÕES

Seção I

DA EXIGÊNCIA DE LICITAÇÃO E DOS CASOS DE DISPENSA E DE INEXIGIBILIDADE

Art. 28. Os contratos com terceiros destinados à prestação de serviços às empresas públicas e às sociedades de economia mista, inclusive de engenharia e de publicidade, à aquisição e à locação de bens, à alienação de bens e ativos integrantes do respectivo patrimônio ou à execução de obras a serem integradas a esse patrimônio, bem como à implementação de ônus real sobre tais bens, serão precedidos de licitação nos termos desta Lei, ressalvadas as hipóteses previstas nos arts. 29 e 30.

§ 1º Aplicam-se às licitações das empresas públicas e das sociedades de economia mista as disposições constantes dos arts. 42 a 49 da Lei Complementar nº 123, de 14 de dezembro de 2006.

§ 2º O convênio ou contrato de patrocínio celebrado com pessoas físicas ou jurídicas de que trata o § 3º do art. 27 observará, no que couber, as normas de licitação e contratos desta Lei.

§ 3º São as empresas públicas e as sociedades de economia mista dispensadas da observância dos dispositivos deste Capítulo nas seguintes situações:

I – comercialização, prestação ou execução, de forma direta, pelas empresas mencionadas no *caput*, de produtos, serviços ou obras especificamente relacionados com seus respectivos objetos sociais;

II – nos casos em que a escolha do parceiro esteja associada a suas características particulares, vinculada a oportunidades de negócio definidas e específicas, justificada a inviabilidade de procedimento competitivo.

§ 4º Consideram-se oportunidades de negócio a que se refere o inciso II do § 3º a formação e a extinção de parcerias e outras formas associativas, societárias ou contratuais, a aquisição e a alienação de participação em sociedades e outras formas associativas, societárias ou contratuais e as operações realizadas no âmbito do mercado de capitais, respeitada a regulação pelo respectivo órgão competente.

Art. 29. É dispensável a realização de licitação por empresas públicas e sociedades de economia mista:

I – para obras e serviços de engenharia de valor até R$ 100.000,00 (cem mil reais), desde que não se refiram a parcelas de uma mesma obra ou serviço ou ainda a obras e serviços de mesma natureza e no mesmo local que possam ser realizadas conjunta e concomitantemente;

II – para outros serviços e compras de valor até R$ 50.000,00 (cinquenta mil reais) e para alienações, nos casos previstos nesta Lei, desde que não se refiram a parcelas de um mesmo serviço, compra ou alienação de maior vulto que possa ser realizado de uma só vez;

III – quando não acudirem interessados à licitação anterior e essa, justificadamente, não puder ser repetida sem prejuízo para a empresa pública ou a sociedade de economia mista, bem como para suas respectivas subsidiárias, desde que mantidas as condições preestabelecidas;

IV – quando as propostas apresentadas consignarem preços manifestamente superiores aos praticados no mercado nacional ou incompatíveis com os fixados pelos órgãos oficiais competentes;

V – para a compra ou locação de imóvel destinado ao atendimento de suas finalidades precípuas, quando as necessidades de instalação e localização condicionarem a escolha do imóvel, desde que o preço seja compatível com o valor de mercado, segundo avaliação prévia;

VI – na contratação de remanescente de obra, de serviço ou de fornecimento, em consequência de rescisão contratual, desde que atendida a ordem de classificação da licitação anterior e aceitas as mesmas condições do contrato encerrado por rescisão ou distrato, inclusive quanto ao preço, devidamente corrigido;

VII – na contratação de instituição brasileira incumbida regimental ou estatutariamente da pesquisa, do ensino ou do desenvolvimento institucional ou de instituição dedicada à recuperação social do preso, desde que a contratada detenha inquestionável reputação ético-profissional e não tenha fins lucrativos;

VIII – para a aquisição de componentes ou peças de origem nacional ou estrangeira necessários à manutenção de equipamentos durante o período de garantia técnica, junto ao fornecedor original desses equipamentos, quando tal condição de exclusividade for indispensável para a vigência da garantia;

IX – na contratação de associação de pessoas com deficiência física, sem fins lucrativos e de comprovada idoneidade, para a prestação de serviços ou fornecimento de mão de obra, desde que o preço contratado seja compatível com o praticado no mercado;

X – na contratação de concessionário, permissionário ou autorizado para fornecimento ou suprimento de energia elétrica ou gás natural e de outras prestadoras de serviço público, segundo as normas da legislação específica, desde que o objeto do contrato tenha pertinência com o serviço público.

XI – nas contratações entre empresas públicas ou sociedades de economia mista e suas respectivas subsidiárias, para aquisição ou alienação de bens e prestação ou obtenção de serviços, desde que os preços sejam compatíveis com os praticados no mercado e que o objeto do contrato tenha relação com a atividade da contratada prevista em seu estatuto social;

XII – na contratação de coleta, processamento e comercialização de resíduos sólidos urbanos recicláveis ou reutilizáveis, em áreas com sistema de coleta seletiva de lixo, efetuados por associações ou cooperativas formadas exclusivamente por pessoas físicas de baixa renda que tenham como ocupação econômica a coleta de materiais recicláveis, com o uso de equipamentos compatíveis com as normas técnicas, ambientais e de saúde pública;

XIII – para o fornecimento de bens e serviços, produzidos ou prestados no País, que envolvam, cumulativamente, alta complexidade tecnológica e defesa nacional, mediante parecer de comissão especialmente designada pelo dirigente máximo da empresa pública ou da sociedade de economia mista;

XIV – nas contratações visando ao cumprimento do disposto nos arts. 3º, 4º, 5º e 20 da Lei nº 10.973, de 2 de dezembro de 2004, observados os princípios gerais de contratação dela constantes;

XV – em situações de emergência, quando caracterizada urgência de atendimento de situação que possa ocasionar prejuízo ou comprometer a segurança de pessoas, obras, serviços, equipamentos e outros bens, públicos ou particulares, e somente para os bens necessários ao atendimento da situação emergencial e para as parcelas de obras e serviços que possam ser concluídas no prazo máximo de 180 (cento e oitenta) dias consecutivos e ininterruptos, contado da ocorrência da emergência, vedada a prorrogação dos respectivos contratos, observado o disposto no § 2º;

XVI – na transferência de bens a órgãos e entidades da administração pública, inclusive quando efetivada mediante permuta;

XVII – na doação de bens móveis para fins e usos de interesse social, após avaliação de sua oportunidade e conveniência socioeconômica relativamente à escolha de outra forma de alienação;

XVIII – na compra e venda de ações, de títulos de crédito e de dívida e de bens que produzam ou comercializem.

§ 1º Na hipótese de nenhum dos licitantes aceitar a contratação nos termos do inciso VI do *caput*, a empresa pública e a sociedade de economia mista poderão convocar os licitantes remanescentes, na ordem de classificação, para a celebração do contrato nas condições ofertadas por estes, desde que o respectivo valor seja igual ou inferior ao orçamento estimado para a contratação, inclusive quanto aos preços atualizados nos termos do instrumento convocatório.

§ 2º A contratação direta com base no inciso XV do *caput* não dispensará a responsabilização de quem, por ação ou omissão, tenha dado causa ao motivo ali descrito, inclusive no tocante ao disposto na Lei nº 8.429, de 2 de junho de 1992.

§ 3º Os valores estabelecidos nos incisos I e II do *caput* podem ser alterados, para refletir a variação de custos, por deliberação do Conselho de Administração da empresa pública ou sociedade de economia mista, admitindo-se valores diferenciados para cada sociedade.

Art. 30. A contratação direta será feita quando houver inviabilidade de competição, em especial na hipótese de:

I – aquisição de materiais, equipamentos ou gêneros que só possam ser fornecidos por produtor, empresa ou representante comercial exclusivo;

II – contratação dos seguintes serviços técnicos especializados, com profissionais ou empresas de notória especialização, vedada a inexigibilidade para serviços de publicidade e divulgação:

a) estudos técnicos, planejamentos e projetos básicos ou executivos;

b) pareceres, perícias e avaliações em geral;

c) assessorias ou consultorias técnicas e auditorias financeiras ou tributárias;

d) fiscalização, supervisão ou gerenciamento de obras ou serviços;

e) patrocínio ou defesa de causas judiciais ou administrativas;

f) treinamento e aperfeiçoamento de pessoal;

g) restauração de obras de arte e bens de valor histórico.

§ 1º Considera-se de notória especialização o profissional ou a empresa cujo conceito no campo de sua especialidade, decorrente de desempenho anterior, estudos, experiência, publicações, organização, aparelhamento, equipe técnica ou outros requisitos relacionados com suas atividades, permita inferir que o seu trabalho é essencial e indiscutivelmente o mais adequado à plena satisfação do objeto do contrato.

§ 2º Na hipótese do *caput* e em qualquer dos casos de dispensa, se comprovado, pelo órgão de controle externo, sobrepreço ou superfaturamento, respondem solidariamente pelo dano causado quem houver decidido pela contratação direta e o fornecedor ou o prestador de serviços.

§ 3º O processo de contratação direta será instruído, no que couber, com os seguintes elementos:

I – caracterização da situação emergencial ou calamitosa que justifique a dispensa, quando for o caso;

II – razão da escolha do fornecedor ou do executante;

III – justificativa do preço.

Seção II

DISPOSIÇÕES DE CARÁTER GERAL SOBRE LICITAÇÕES E CONTRATOS

Art. 31. As licitações realizadas e os contratos celebrados por empresas públicas e sociedades de economia mista destinam-se a assegurar a seleção da proposta mais vantajosa, inclusive no que se refere ao ciclo de vida do objeto, e a evitar operações em que se caracterize sobrepreço ou superfaturamento, devendo observar os princípios da impessoalidade, da moralidade, da igualdade, da publicidade, da eficiência, da probidade administrativa, da economicidade, do desenvolvimento nacional sustentável, da vinculação ao instrumento convocatório, da obtenção de competitividade e do julgamento objetivo.

§ 1º Para os fins do disposto no *caput*, considera-se que há:

I – sobrepreço quando os preços orçados para a licitação ou os preços contratados são expressivamente superiores aos preços referenciais de mercado, podendo referir-se ao valor unitário de um item, se a licitação ou a contratação for por preços unitários de serviço, ou ao valor global do objeto, se a licitação ou a contratação for por preço global ou por empreitada;

II – superfaturamento quando houver dano ao patrimônio da empresa pública ou da sociedade de economia mista caracterizado, por exemplo:

a) pela medição de quantidades superiores às efetivamente executadas ou fornecidas;

b) pela deficiência na execução de obras e serviços de engenharia que resulte em diminuição da qualidade, da vida útil ou da segurança;

c) por alterações no orçamento de obras e de serviços de engenharia que causem o desequilíbrio econômico-financeiro do contrato em favor do contratado;

d) por outras alterações de cláusulas financeiras que gerem recebimentos contratuais antecipados, distorção do cronograma físico-financeiro, prorrogação injustificada do prazo contratual com custos adicionais para a empresa pública ou a sociedade de economia mista ou reajuste irregular de preços.

§ 2º O orçamento de referência do custo global de obras e serviços de engenharia deverá ser obtido a partir de custos unitários de insumos ou serviços menores ou iguais à mediana de seus correspondentes no Sistema Nacional de Pesquisa de Custos e Índices da Construção Civil (SINAPI), no caso de construção civil em geral, ou no Sistema de Custos Referenciais de Obras (SICRO), no caso de obras e serviços rodoviários, devendo ser observadas as peculiaridades geográficas.

§ 3º No caso de inviabilidade da definição dos custos consoante o disposto no § 2º, a estimativa de custo global poderá ser apurada por meio da utilização de dados contidos em tabela de referência formalmente aprovada por órgãos ou entidades da administração pública federal, em publicações técnicas especializadas, em banco de dados e sistema específico instituído para o setor ou em pesquisa de mercado.

§ 4º A empresa pública e a sociedade de economia mista poderão adotar procedimento de manifestação de interesse privado para o recebimento de propostas e projetos de empreendimentos com vistas a atender necessidades previamente identificadas, cabendo a regulamento a definição de suas regras específicas.

§ 5º Na hipótese a que se refere o § 4º, o autor ou financiador do projeto poderá participar da licitação para a execução do empreendimento, podendo ser ressarcido pelos custos aprovados pela empresa pública ou sociedade de economia mista caso não vença o certame, desde que seja promovida a cessão de direitos de que trata o art. 80.

Art. 32. Nas licitações e contratos de que trata esta Lei serão observadas as seguintes diretrizes:

I – padronização do objeto da contratação, dos instrumentos convocatórios e das minutas de contratos, de acordo com normas internas específicas;

II – busca da maior vantagem competitiva para a empresa pública ou sociedade de economia mista, considerando custos e benefícios, diretos e indiretos, de natureza econômica, social ou ambiental, inclusive os relativos à manutenção, ao desfazimento de bens e resíduos, ao índice de depreciação econômica e a outros fatores de igual relevância;

III – parcelamento do objeto, visando a ampliar a participação de licitantes, sem perda de economia de escala, e desde que não atinja valores inferiores aos limites estabelecidos no art. 29, incisos I e II;

IV – adoção preferencial da modalidade de licitação denominada pregão, instituída pela Lei nº 10.520, de 17 de julho de 2002, para a aquisição de bens e serviços comuns, assim considerados aqueles cujos padrões de desempenho e qualidade possam ser objetivamente definidos pelo edital, por meio de especificações usuais no mercado;

▸ A Lei nº 10.520, de 17-7-2002, foi revogada pela Lei nº 14.133, de 1º-4-2021.

V – observação da política de integridade nas transações com partes interessadas.

§ 1º As licitações e os contratos disciplinados por esta Lei devem respeitar, especialmente, as normas relativas à:

I – disposição final ambientalmente adequada dos resíduos sólidos gerados pelas obras contratadas;

II – mitigação dos danos ambientais por meio de medidas condicionantes e de compensação ambiental, que serão definidas no procedimento de licenciamento ambiental;

III – utilização de produtos, equipamentos e serviços que, comprovadamente, reduzam o consumo de energia e de recursos naturais;

IV – avaliação de impactos de vizinhança, na forma da legislação urbanística;

V – proteção do patrimônio cultural, histórico, arqueológico e imaterial, inclusive por meio da avaliação do impacto direto ou indireto causado por investimentos realizados por empresas públicas e sociedades de economia mista;

VI – acessibilidade para pessoas com deficiência ou com mobilidade reduzida.

§ 2º A contratação a ser celebrada por empresa pública ou sociedade de economia mista da qual decorra impacto negativo sobre bens do patrimônio cultural, histórico, arqueológico e imaterial tombados dependerá de autorização da esfera de governo encarregada da proteção do respectivo patrimônio, devendo o impacto ser compensado por meio de medidas determinadas pelo dirigente máximo da empresa pública ou sociedade de economia mista, na forma da legislação aplicável.

§ 3º As licitações na modalidade de pregão, na forma eletrônica, deverão ser realizadas exclusivamente em portais de compras de acesso público na internet.

§ 4º Nas licitações com etapa de lances, a empresa pública ou sociedade de economia mista disponibilizará ferramentas eletrônicas para envio de lances pelos licitantes.

Art. 33. O objeto da licitação e do contrato dela decorrente será definido de forma sucinta e clara no instrumento convocatório.

Art. 34. O valor estimado do contrato a ser celebrado pela empresa pública ou pela sociedade de economia mista será sigiloso, facultando-se à contratante, mediante justificação na fase de preparação prevista no inciso I do art. 51 desta Lei, conferir publicidade ao valor estimado do objeto da licitação, sem prejuízo da divulgação do detalhamento dos quantitativos e das demais informações necessárias para a elaboração das propostas.

§ 1º Na hipótese em que for adotado o critério de julgamento por maior desconto, a informação de que trata o *caput* deste artigo constará do instrumento convocatório.

§ 2º No caso de julgamento por melhor técnica, o valor do prêmio ou da remuneração será incluído no instrumento convocatório.

§ 3º A informação relativa ao valor estimado do objeto da licitação, ainda que tenha caráter sigiloso, será disponibilizada a órgãos de controle externo e interno, devendo a empresa pública ou a sociedade de economia mista registrar em documento formal sua disponibilização aos órgãos de controle, sempre que solicitado.

§ 4º VETADO.

Art. 35. Observado o disposto no art. 34, o conteúdo da proposta, quando adotado o modo de disputa fechado e até sua abertura, os atos e os procedimentos praticados em decorrência desta Lei submetem-se à legislação que regula o acesso dos cidadãos às informações detidas pela administração pública, particularmente aos termos da Lei nº 12.527, de 18 de novembro de 2011.

Art. 36. A empresa pública e a sociedade de economia mista poderão promover a pré-qualificação de seus fornecedores ou produtos, nos termos do art. 64.

Art. 37. A empresa pública e a sociedade de economia mista deverão informar os dados relativos às sanções por elas aplicadas aos contratados, nos termos definidos no art. 83, de forma a manter atualizado o cadastro de empresas inidôneas de que trata o art. 23 da Lei nº 12.846, de 1º de agosto de 2013.

§ 1º O fornecedor incluído no cadastro referido no *caput* não poderá disputar licitação ou participar, direta ou indiretamente, da execução de contrato.

§ 2º Serão excluídos do cadastro referido no *caput*, a qualquer tempo, fornecedores que demonstrarem a superação dos motivos que deram causa à restrição contra eles promovida.

Art. 38. Estará impedida de participar de licitações e de ser contratada pela empresa pública ou sociedade de economia mista a empresa:

I – cujo administrador ou sócio detentor de mais de 5% (cinco por cento) do capital social seja diretor ou empregado da empresa pública ou sociedade de economia mista contratante;

II – suspensa pela empresa pública ou sociedade de economia mista;

III – declarada inidônea pela União, por Estado, pelo Distrito Federal ou pela unidade federativa a que está vinculada a empresa pública ou sociedade de economia mista, enquanto perdurarem os efeitos da sanção;

IV – constituída por sócio de empresa que estiver suspensa, impedida ou declarada inidônea;

V – cujo administrador seja sócio de empresa suspensa, impedida ou declarada inidônea;

VI – constituída por sócio que tenha sido sócio ou administrador de empresa suspensa, impedida ou declarada inidônea, no período dos fatos que deram ensejo à sanção;

VII – cujo administrador tenha sido sócio ou administrador de empresa suspensa, impedida ou declarada inidônea, no período dos fatos que deram ensejo à sanção;

VIII – que tiver, nos seus quadros de diretoria, pessoa que participou, em razão de vínculo de mesma natureza, de empresa declarada inidônea.

Parágrafo único. Aplica-se a vedação prevista no *caput*:

I – à contratação do próprio empregado ou dirigente, como pessoa física, bem como à participação dele em procedimentos licitatórios, na condição de licitante;

II – a quem tenha relação de parentesco, até o terceiro grau civil, com:

a) dirigente de empresa pública ou sociedade de economia mista;

b) empregado de empresa pública ou sociedade de economia mista cujas atribuições envolvam a atuação na área responsável pela licitação ou contratação;

c) autoridade do ente público a que a empresa pública ou sociedade de economia mista esteja vinculada.

III – cujo proprietário, mesmo na condição de sócio, tenha terminado seu prazo de gestão ou rompido seu vínculo com a respectiva empresa pública ou sociedade de economia mista promotora da licitação ou contratante há menos de 6 (seis) meses.

Art. 39. Os procedimentos licitatórios, a pré-qualificação e os contratos disciplinados por esta Lei serão divulgados em portal específico mantido pela empresa pública ou sociedade de economia mista na internet, devendo ser adotados os seguintes prazos mínimos para apresentação de propostas ou lances, contados a partir da divulgação do instrumento convocatório:

I – para aquisição de bens:

a) 5 (cinco) dias úteis, quando adotado como critério de julgamento o menor preço ou o maior desconto;

b) 10 (dez) dias úteis, nas demais hipóteses;

II – para contratação de obras e serviços:

a) 15 (quinze) dias úteis, quando adotado como critério de julgamento o menor preço ou o maior desconto;

b) 30 (trinta) dias úteis, nas demais hipóteses;

III – no mínimo 45 (quarenta e cinco) dias úteis para licitação em que se adote como critério de julgamento a melhor técnica ou a melhor combinação de técnica e preço, bem como para licitação em que haja contratação semi-integrada ou integrada.

Parágrafo único. As modificações promovidas no instrumento convocatório serão objeto de divulgação nos mesmos termos e prazos dos atos e procedimentos originais, exceto quando a alteração não afetar a preparação das propostas.

Art. 40. As empresas públicas e as sociedades de economia mista deverão publicar e manter atualizado regulamento interno de licitações e contratos, compatível com o disposto nesta Lei, especialmente quanto a:

I – glossário de expressões técnicas;

II – cadastro de fornecedores;

III – minutas-padrão de editais e contratos;

IV – procedimentos de licitação e contratação direta;

V – tramitação de recursos;

VI – formalização de contratos;

VII – gestão e fiscalização de contratos;

VIII – aplicação de penalidades;

IX – recebimento do objeto do contrato.

Art. 41. Aplicam-se às licitações e contratos regidos por esta Lei as normas de direito penal contidas nos arts. 89 a 99 da Lei nº 8.666, de 21 de junho de 1993.

▸ A Lei nº 8.666, de 21-6-1993, foi revogada pela Lei nº 14.133, de 1º-4-2021.

▸ Arts. 337-E a 337-P do CP.

Seção III
DAS NORMAS ESPECÍFICAS PARA OBRAS E SERVIÇOS

Art. 42. Na licitação e na contratação de obras e serviços por empresas públicas e sociedades de economia mista, serão observadas as seguintes definições:

I – empreitada por preço unitário: contratação por preço certo de unidades determinadas;

II – empreitada por preço global: contratação por preço certo e total;

III – tarefa: contratação de mão de obra para pequenos trabalhos por preço certo, com ou sem fornecimento de material;

IV – empreitada integral: contratação de empreendimento em sua integralidade, com todas as etapas de obras, serviços e instalações necessárias, sob inteira responsabilidade da contratada até a sua entrega ao contratante em condições de entrada em operação, atendidos os requisitos técnicos e legais para sua utilização em condições de segurança estrutural e operacional e com as características adequadas às finalidades para as quais foi contratada;

V – contratação semi-integrada: contratação que envolve a elaboração e o desenvolvimento do projeto executivo, a execução de obras e serviços de engenharia, a montagem, a realização de testes, a pré-operação e as demais operações necessárias e suficientes para a entrega final do objeto, de acordo com o estabelecido nos §§ 1º e 3º deste artigo;

VI – contratação integrada: contratação que envolve a elaboração e o desenvolvimento dos projetos básico e executivo, a execução de obras e serviços de engenharia, a montagem, a realização de testes, a pré-operação e as demais operações necessárias e suficientes para a entrega final do objeto, de acordo com o estabelecido nos §§ 1º, 2º e 3º deste artigo;

VII – anteprojeto de engenharia: peça técnica com todos os elementos de contornos necessários e fundamentais à elaboração do projeto básico, devendo conter minimamente os seguintes elementos:

a) demonstração e justificativa do programa de necessidades, visão global dos investimentos e definições relacionadas ao nível de serviço desejado;

b) condições de solidez, segurança e durabilidade e prazo de entrega;

c) estética do projeto arquitetônico;

d) parâmetros de adequação ao interesse público, à economia na utilização, à facilidade na execução, aos impactos ambientais e à acessibilidade;

e) concepção da obra ou do serviço de engenharia;

f) projetos anteriores ou estudos preliminares que embasaram a concepção adotada;

g) levantamento topográfico e cadastral;

h) pareceres de sondagem;

i) memorial descritivo dos elementos da edificação, dos componentes construtivos e dos materiais de construção, de forma a estabelecer padrões mínimos para a contratação;

VIII – projeto básico: conjunto de elementos necessários e suficientes, com nível de precisão adequado, para, observado o disposto no § 3º, caracterizar a obra ou o serviço, ou o complexo de obras ou de serviços objeto da licitação, elaborado com base nas indicações dos estudos técnicos preliminares, que assegure a viabilidade técnica e o adequado tratamento do impacto ambiental do empreendimento e que possibilite a avaliação do custo da obra e a definição dos métodos e do prazo de execução, devendo conter os seguintes elementos:

a) desenvolvimento da solução escolhida, de forma a fornecer visão global da obra e a identificar todos os seus elementos constitutivos com clareza;

b) soluções técnicas globais e localizadas, suficientemente detalhadas, de forma a minimizar a necessidade de reformulação ou de variantes durante as fases de elaboração do projeto executivo e de realização das obras e montagem;

c) identificação dos tipos de serviços a executar e de materiais e equipamentos a incorporar à obra, bem como suas especificações, de modo a assegurar os melhores resultados para o empreendimento, sem frustrar o caráter competitivo para a sua execução;

d) informações que possibilitem o estudo e a dedução de métodos construtivos, instalações provisórias e condições organizacionais para a obra, sem frustrar o caráter competitivo para a sua execução;

e) subsídios para montagem do plano de licitação e gestão da obra, compreendendo a sua programação, a estratégia de suprimentos, as normas de fiscalização e outros dados necessários em cada caso;

f) VETADO;

IX – projeto executivo: conjunto dos elementos necessários e suficientes à execução completa da obra, de acordo com as normas técnicas pertinentes;

X – matriz de riscos: cláusula contratual definidora de riscos e responsabilidades entre as partes e caracterizadora do equilíbrio econômico-financeiro inicial do contrato, em termos de ônus financeiro decorrente de eventos supervenientes à contratação, contendo, no mínimo, as seguintes informações:

a) listagem de possíveis eventos supervenientes à assinatura do contrato, impactantes no equilíbrio econômico-financeiro da avença, e previsão de eventual necessidade de prolação de termo aditivo quando de sua ocorrência;

b) estabelecimento preciso das frações do objeto em que haverá liberdade das contratadas para inovar em soluções metodológicas ou tecnológicas, em obrigações de resultado, em termos de modificação das soluções previamente delineadas no anteprojeto ou no projeto básico da licitação;

c) estabelecimento preciso das frações do objeto em que não haverá liberdade das contratadas para inovar em soluções metodológicas ou tecnológicas, em obrigações de meio, devendo haver obrigação de identidade entre a execução e a solução pré-definida no anteprojeto ou no projeto básico da licitação.

§ 1º As contratações semi-integradas e integradas referidas, respectivamente, nos incisos V e VI do *caput* deste artigo restringir-se-ão a obras e serviços de engenharia e observarão os seguintes requisitos:

I – o instrumento convocatório deverá conter:

a) anteprojeto de engenharia, no caso de contratação integrada, com elementos técnicos que permitam a caracterização da obra ou do serviço e a elaboração e comparação, de forma isonômica, das propostas a serem ofertadas pelos particulares;

b) projeto básico, nos casos de empreitada por preço unitário, de empreitada por preço global, de empreitada integral e de contratação semi-integrada, nos termos definidos neste artigo;

c) documento técnico, com definição precisa das frações do empreendimento em que haverá liberdade de as contratadas inovarem em soluções metodológicas ou tecnológicas, seja em termos de modificação das soluções previamente delineadas no anteprojeto ou no projeto básico da licitação, seja em termos de detalhamento dos sistemas e procedimentos construtivos previstos nessas peças técnicas;

d) matriz de riscos;

II – o valor estimado do objeto a ser licitado será calculado com base em valores de mercado, em valores pagos pela administração pública em serviços e obras similares ou em avaliação do custo global da obra, aferido mediante orçamento sintético ou metodologia expedita ou paramétrica;

III – o critério de julgamento a ser adotado será o de menor preço ou de melhor combinação de técnica e preço, pontuando-se na avaliação técnica as vantagens e os benefícios que eventualmente forem oferecidos para cada produto ou solução;

IV – na contratação semi-integrada, o projeto básico poderá ser alterado, desde que demonstrada a superioridade das inovações em termos de redução de custos, de aumento da qualidade, de redução do prazo de execução e de facilidade de manutenção ou operação.

§ 2º No caso dos orçamentos das contratações integradas:

I – sempre que o anteprojeto da licitação, por seus elementos mínimos, assim o permitir, as estimativas de preço devem se basear em orçamento tão detalhado quanto possível, devendo a utilização de estimativas paramétricas e a avaliação aproximada baseada em outras obras similares ser realizadas somente nas frações do empreendimento não suficientemente detalhadas no anteprojeto da licitação, exigindo-se das contratadas, no mínimo, o mesmo nível de detalhamento em seus demonstrativos de formação de preços;

II – quando utilizada metodologia expedita ou paramétrica para abalizar o valor do empreendimento ou de fração dele, consideradas as disposições do inciso I, entre 2 (duas) ou mais técnicas estimativas possíveis, deve ser utilizada nas estimativas de preço-base a que viabilize a maior precisão orçamentária, exigindo-se das licitantes, no mínimo, o mesmo nível de detalhamento na motivação dos respectivos preços ofertados.

§ 3º Nas contratações integradas ou semi-integradas, os riscos decorrentes de fatos supervenientes à contratação associados à escolha da solução de projeto básico pela contratante deverão ser alocados como de sua responsabilidade na matriz de riscos.

§ 4º No caso de licitação de obras e serviços de engenharia, as empresas públicas e as sociedades de economia mista abrangidas por esta Lei deverão utilizar a contratação semi-integrada, prevista no inciso V do *caput*, cabendo a elas a elaboração ou a contratação do projeto básico antes da licitação de que trata este parágrafo, podendo ser utilizadas outras modalidades previstas nos incisos do *caput* deste artigo, desde que essa opção seja devidamente justificada.

§ 5º Para fins do previsto na parte final do § 4º, não será admitida, por parte da empresa pública ou da sociedade de economia mista, como justificativa para a adoção da modalidade de contratação integrada, a ausência de projeto básico.

Art. 43. Os contratos destinados à execução de obras e serviços de engenharia admitirão os seguintes regimes:

I – empreitada por preço unitário, nos casos em que os objetos, por sua natureza, possuam imprecisão inerente de quantitativos em seus itens orçamentários;

II – empreitada por preço global, quando for possível definir previamente no projeto básico, com boa margem de precisão, as quantidades dos serviços a serem posteriormente executados na fase contratual;

III – contratação por tarefa, em contratações de profissionais autônomos ou de pequenas empresas para realização de serviços técnicos comuns e de curta duração;

IV – empreitada integral, nos casos em que o contratante necessite receber o empreendimento, normalmente de alta complexidade, em condição de operação imediata;

V – contratação semi-integrada, quando for possível definir previamente no projeto básico as quantidades dos serviços a serem posteriormente executados na fase contratual, em obra ou serviço de engenharia que possa ser executado com diferentes metodologias ou tecnologias;

VI – contratação integrada, quando a obra ou o serviço de engenharia for de natureza predominantemente intelectual e de inovação tecnológica do objeto licitado ou puder ser executado com diferentes metodologias ou tecnologias de domínio restrito no mercado.

§ 1º Serão obrigatoriamente precedidas pela elaboração de projeto básico, disponível para exame de qualquer interessado, as licitações para a contratação de obras e serviços, com exceção daquelas em que for adotado o regime previsto no inciso VI do *caput* deste artigo.

§ 2º É vedada a execução, sem projeto executivo, de obras e serviços de engenharia.

Art. 44. É vedada a participação direta ou indireta nas licitações para obras e serviços de engenharia de que trata esta Lei:

I – de pessoa física ou jurídica que tenha elaborado o anteprojeto ou o projeto básico da licitação;

II – de pessoa jurídica que participar de consórcio responsável pela elaboração do anteprojeto ou do projeto básico da licitação;

III – de pessoa jurídica da qual o autor do anteprojeto ou do projeto básico da licitação seja administrador, controlador, gerente, responsável técnico, subcontratado ou sócio, neste último caso quando a participação superar 5% (cinco por cento) do capital votante.

§ 1º A elaboração do projeto executivo constituirá encargo do contratado, consoante preço previamente fixado pela empresa pública ou pela sociedade de economia mista.

§ 2º É permitida a participação das pessoas jurídicas e da pessoa física de que tratam os incisos II e III do *caput* deste artigo em licitação ou em execução de contrato, como consultor ou técnico, nas funções de fiscalização, supervisão ou gerenciamento, exclusivamente a serviço da empresa pública e da sociedade de economia mista interessadas.

§ 3º Para fins do disposto no *caput*, considera-se participação indireta a existência de vínculos de natureza técnica, comercial, econômica, financeira ou trabalhista entre o autor do projeto básico, pessoa física ou jurídica, e o licitante ou responsável pelos serviços, fornecimentos e obras, incluindo-se os fornecimentos de bens e serviços a estes necessários.

§ 4º O disposto no § 3º deste artigo aplica-se a empregados incumbidos de levar a efeito atos e procedimentos realizados pela empresa pública e pela sociedade de economia mista no curso da licitação.

Art. 45. Na contratação de obras e serviços, inclusive de engenharia, poderá ser estabelecida remuneração variável vinculada ao desempenho do contratado, com base em metas, padrões de qualidade, critérios de sustentabilidade ambiental e prazos de entrega definidos no instrumento convocatório e no contrato.

Parágrafo único. A utilização da remuneração variável respeitará o limite orçamentário fixado pela empresa pública ou pela sociedade de economia mista para a respectiva contratação.

Art. 46. Mediante justificativa expressa e desde que não implique perda de economia de escala, poderá ser celebrado mais de um contrato para executar serviço de mesma natureza quando o objeto da contratação puder ser executado de forma concorrente e simultânea por mais de um contratado.

§ 1º Na hipótese prevista no *caput* deste artigo, será mantido controle individualizado da execução do objeto contratual relativamente a cada um dos contratados.

§ 2º VETADO.

Seção IV

DAS NORMAS ESPECÍFICAS PARA AQUISIÇÃO DE BENS

Art. 47. A empresa pública e a sociedade de economia mista, na licitação para aquisição de bens, poderão:

I – indicar marca ou modelo, nas seguintes hipóteses:

a) em decorrência da necessidade de padronização do objeto;

b) quando determinada marca ou modelo comercializado por mais de um fornecedor constituir o único capaz de atender o objeto do contrato;

c) quando for necessária, para compreensão do objeto, a identificação de determinada marca ou modelo apto a servir como referência, situação em que será obrigatório o acréscimo da expressão "ou similar ou de melhor qualidade";

II – exigir amostra do bem no procedimento de pré-qualificação e na fase de julgamento das propostas ou de lances, desde que justificada a necessidade de sua apresentação;

III – solicitar a certificação da qualidade do produto ou do processo de fabricação, inclusive sob o aspecto ambiental, por instituição previamente credenciada.

Parágrafo único. O edital poderá exigir, como condição de aceitabilidade da proposta, a adequação às normas da Associação Brasileira de Normas Técnicas (ABNT) ou a certificação da qualidade do produto por instituição credenciada pelo Sistema Nacional de Metrologia, Normalização e Qualidade Industrial (Sinmetro).

Art. 48. Será dada publicidade, com periodicidade mínima semestral, em sítio eletrônico oficial na internet de acesso irrestrito, à relação das aquisições de bens efetivadas pelas empresas públicas e pelas sociedades de economia mista, compreendidas as seguintes informações:

I – identificação do bem comprado, de seu preço unitário e da quantidade adquirida;

II – nome do fornecedor;

III – valor total de cada aquisição.

Seção V

DAS NORMAS ESPECÍFICAS PARA ALIENAÇÃO DE BENS

Art. 49. A alienação de bens por empresas públicas e por sociedades de economia mista será precedida de:

I – avaliação formal do bem contemplado, ressalvadas as hipóteses previstas nos incisos XVI a XVIII do art. 29;

II – licitação, ressalvado o previsto no § 3º do art. 28.

Art. 50. Estendem-se à atribuição de ônus real a bens integrantes do acervo patrimonial de empresas públicas e de sociedades de economia mista as normas desta Lei aplicáveis à sua alienação, inclusive em relação às hipóteses de dispensa e de inexigibilidade de licitação.

Seção VI

DO PROCEDIMENTO DE LICITAÇÃO

Art. 51. As licitações de que trata esta Lei observarão a seguinte sequência de fases:

I – preparação;

II – divulgação;

III – apresentação de lances ou propostas, conforme o modo de disputa adotado;

IV – julgamento;

V – verificação de efetividade dos lances ou propostas;

VI – negociação;

VII – habilitação;

VIII – interposição de recursos;

IX – adjudicação do objeto;

X – homologação do resultado ou revogação do procedimento.

§ 1º A fase de que trata o inciso VII do *caput* poderá, excepcionalmente, anteceder as referidas nos incisos III a VI do *caput*, desde que expressamente previsto no instrumento convocatório.

§ 2º Os atos e procedimentos decorrentes das fases enumeradas no *caput* praticados por empresas públicas, por sociedades de economia mista e por licitantes serão efetivados preferencialmente por meio eletrônico, nos termos definidos pelo instrumento convocatório, devendo os avisos contendo os resumos dos editais das licitações e contratos abrangidos por esta Lei ser previamente publicados no *Diário Oficial da União, do Estado* ou *do Município* e na internet.

Art. 52. Poderão ser adotados os modos de disputa aberto ou fechado, ou, quando o objeto da licitação puder ser parcelado, a combinação de ambos, observado o disposto no inciso III do art. 32 desta Lei.

§ 1º No modo de disputa aberto, os licitantes apresentarão lances públicos e sucessivos, crescentes ou decrescentes, conforme o critério de julgamento adotado.

§ 2º No modo de disputa fechado, as propostas apresentadas pelos licitantes serão sigilosas até a data e a hora designadas para que sejam divulgadas.

Art. 53. Quando for adotado o modo de disputa aberto, poderão ser admitidos:

I – a apresentação de lances intermediários;

II – o reinício da disputa aberta, após a definição do melhor lance, para definição das demais colocações, quando existir diferença de pelo menos 10% (dez por cento) entre o melhor lance e o subsequente.

Parágrafo único. Consideram-se intermediários os lances:

I – iguais ou inferiores ao maior já ofertado, quando adotado o julgamento pelo critério da maior oferta;

II – iguais ou superiores ao menor já ofertado, quando adotados os demais critérios de julgamento.

Art. 54. Poderão ser utilizados os seguintes critérios de julgamento:

I – menor preço;

II – maior desconto;

III – melhor combinação de técnica e preço;

IV – melhor técnica;

V – melhor conteúdo artístico;

VI – maior oferta de preço;

VII – maior retorno econômico;

VIII – melhor destinação de bens alienados.

§ 1º Os critérios de julgamento serão expressamente identificados no instrumento convocatório e poderão ser combinados na hipótese de parcelamento do objeto, observado o disposto no inciso III do art. 32.

§ 2º Na hipótese de adoção dos critérios referidos nos incisos III, IV, V e VII do *caput* deste artigo, o julgamento das propostas será efetivado mediante o emprego de parâmetros específicos, definidos no instrumento convocatório, destinados a limitar a subjetividade do julgamento.

§ 3º Para efeito de julgamento, não serão consideradas vantagens não previstas no instrumento convocatório.

§ 4º O critério previsto no inciso II do *caput*:

I – terá como referência o preço global fixado no instrumento convocatório, estendendo-se o desconto oferecido nas propostas ou lances vencedores a eventuais termos aditivos;

II – no caso de obras e serviços de engenharia, o desconto incidirá de forma linear sobre a totalidade dos itens constantes do orçamento estimado, que deverá obrigatoriamente integrar o instrumento convocatório.

§ 5º Quando for utilizado o critério referido no inciso III do *caput*, a avaliação das propostas técnicas e de preço considerará o percentual de ponderação mais relevante, limitado a 70% (setenta por cento).

§ 6º Quando for utilizado o critério referido no inciso VII do *caput*, os lances ou propostas terão o objetivo de proporcionar economia à empresa pública ou à sociedade de economia mista, por meio da redução de suas despesas correntes, remunerando-se o licitante vencedor com base em percentual da economia de recursos gerada.

§ 7º Na implementação do critério previsto no inciso VIII do *caput* deste artigo, será obrigatoriamente considerada, nos termos do respectivo instrumento convocatório, a repercussão, no meio social, da finalidade para cujo atendimento o bem será utilizado pelo adquirente.

§ 8º O descumprimento da finalidade a que se refere o § 7º deste artigo resultará na imediata restituição do bem alcançado ao acervo patrimonial da empresa pública ou da sociedade de economia mista, vedado, nessa hipótese, o pagamento de indenização em favor do adquirente.

Art. 55. Em caso de empate entre 2 (duas) propostas, serão utilizados, na ordem em que se encontram enumerados, os seguintes critérios de desempate:

I – disputa final, em que os licitantes empatados poderão apresentar nova proposta fechada, em ato contínuo ao encerramento da etapa de julgamento;

II – avaliação do desempenho contratual prévio dos licitantes, desde que exista sistema objetivo de avaliação instituído;

III – os critérios estabelecidos no art. 3º da Lei nº 8.248, de 23 de outubro de 1991, e no § 2º do art. 3º da Lei nº 8.666, de 21 de junho de 1993;

- A Lei nº 8.666, de 21-6-1993, foi revogada pela Lei nº 14.133, de 1º-4-2021.
- Art. 60, § 1º, da Lei nº 14.133, de 1º-4-2021 (Nova Lei de Licitações e Contratos Administrativos).

IV – sorteio.

Art. 56. Efetuado o julgamento dos lances ou propostas, será promovida a verificação de sua efetividade, promovendo-se a desclassificação daqueles que:

I – contenham vícios insanáveis;

II – descumpram especificações técnicas constantes do instrumento convocatório;

III – apresentem preços manifestamente inexequíveis;

IV – se encontrem acima do orçamento estimado para a contratação de que trata o § 1º do art. 57, ressalvada a hipótese prevista no *caput* do art. 34 desta Lei;

V – não tenham sua exequibilidade demonstrada, quando exigido pela empresa pública ou pela sociedade de economia mista;

VI – apresentem desconformidade com outras exigências do instrumento convocatório, salvo se for possível a acomodação a seus termos antes da adjudicação do objeto e sem que se prejudique a atribuição de tratamento isonômico entre os licitantes.

§ 1º A verificação da efetividade dos lances ou propostas poderá ser feita exclusivamente em relação aos lances e propostas mais bem classificados.

§ 2º A empresa pública e a sociedade de economia mista poderão realizar diligências para aferir a exequibilidade das propostas ou exigir dos licitantes que ela seja demonstrada, na forma do inciso V do *caput*.

§ 3º Nas licitações de obras e serviços de engenharia, consideram-se inexequíveis as propostas com valores globais inferiores a 70% (setenta por cento) do menor dos seguintes valores:

I – média aritmética dos valores das propostas superiores a 50% (cinquenta por cento) do valor do orçamento estimado pela empresa pública ou sociedade de economia mista; ou

II – valor do orçamento estimado pela empresa pública ou sociedade de economia mista.

§ 4º Para os demais objetos, para efeito de avaliação da exequibilidade ou de sobrepreço, deverão ser estabelecidos critérios de aceitabilidade de preços que considerem o preço global, os quantitativos e os preços unitários, assim definidos no instrumento convocatório.

Art. 57. Confirmada a efetividade do lance ou proposta que obteve a primeira colocação na etapa de julgamento, ou que passe a ocupar essa posição em decorrência da desclassificação de outra que tenha obtido colocação superior, a empresa pública e a sociedade de economia mista deverão negociar condições mais vantajosas com quem o apresentou.

§ 1º A negociação deverá ser feita com os demais licitantes, segundo a ordem inicialmente estabelecida, quando o preço do primeiro colocado, mesmo após a negociação, permanecer acima do orçamento estimado.

§ 2º VETADO.

§ 3º Se depois de adotada a providência referida no § 1º deste artigo não for obtido valor igual ou inferior ao orçamento estimado para a contratação, será revogada a licitação.

Art. 58. A habilitação será apreciada exclusivamente a partir dos seguintes parâmetros:

I – exigência da apresentação de documentos aptos a comprovar a possibilidade da aquisição de direitos e da contração de obrigações por parte do licitante;

II – qualificação técnica, restrita a parcelas do objeto técnica ou economicamente relevantes, de acordo com parâmetros estabelecidos de forma expressa no instrumento convocatório;

III – capacidade econômica e financeira;

IV – recolhimento de quantia a título de adiantamento, tratando-se de licitações em que se utilize como critério de julgamento a maior oferta de preço.

§ 1º Quando o critério de julgamento utilizado for a maior oferta de preço, os requisitos de qualificação técnica e de capacidade econômica e financeira poderão ser dispensados.

§ 2º Na hipótese do § 1º, reverterá a favor da empresa pública ou da sociedade de economia mista o valor de quantia eventualmente exigida no instrumento convocatório a título de adiantamento, caso o licitante não efetue o restante do pagamento devido no prazo para tanto estipulado.

Art. 59. Salvo no caso de inversão de fases, o procedimento licitatório terá fase recursal única.

§ 1º Os recursos serão apresentados no prazo de 5 (cinco) dias úteis após a habilitação e contemplarão, além dos atos praticados nessa fase, aqueles praticados em decorrência do disposto nos incisos IV e V do *caput* do art. 51 desta Lei.

§ 2º Na hipótese de inversão de fases, o prazo referido no § 1º será aberto após a habilitação e após o encerramento da fase prevista no inciso V do *caput* do art. 51, abrangendo o segundo prazo também atos decorrentes da fase referida no inciso IV do *caput* do art. 51 desta Lei.

Art. 60. A homologação do resultado implica a constituição de direito relativo à celebração do contrato em favor do licitante vencedor.

Art. 61. A empresa pública e a sociedade de economia mista não poderão celebrar contrato com preterição da ordem de classificação das propostas ou com terceiros estranhos à licitação.

Art. 62. Além das hipóteses previstas no § 3º do art. 57 desta Lei e no inciso II do § 2º do art. 75 desta Lei, quem dispuser de competência para homologação do resultado poderá revogar a licitação por razões de interesse público decorrentes de fato superveniente que constitua óbice manifesto e incontornável, ou anulá-la por ilegalidade, de ofício ou por provocação de terceiros, salvo quando for viável a convalidação do ato ou do procedimento viciado.

§ 1º A anulação da licitação por motivo de ilegalidade não gera obrigação de indenizar, observado o disposto no § 2º deste artigo.

§ 2º A nulidade da licitação induz à do contrato.

§ 3º Depois de iniciada a fase de apresentação de lances ou propostas, referida no inciso III do *caput* do art. 51 desta Lei, a revogação ou a anulação da licitação somente será efetivada depois de se conceder aos licitantes que manifestem interesse em contestar o respectivo ato prazo apto a lhes assegurar o exercício do direito ao contraditório e à ampla defesa.

§ 4º O disposto no *caput* e nos §§ 1º e 2º deste artigo aplica-se, no que couber, aos atos por meio dos quais se determine a contratação direta.

Seção VII

DOS PROCEDIMENTOS AUXILIARES DAS LICITAÇÕES

Art. 63. São procedimentos auxiliares das licitações regidas por esta Lei:

I – pré-qualificação permanente;

II – cadastramento;

III – sistema de registro de preços;

IV – catálogo eletrônico de padronização.

Parágrafo único. Os procedimentos de que trata o *caput* deste artigo obedecerão a critérios claros e objetivos definidos em regulamento.

Art. 64. Considera-se pré-qualificação permanente o procedimento anterior à licitação destinado a identificar:

I – fornecedores que reúnam condições de habilitação exigidas para o fornecimento de bem ou a execução de serviço ou obra nos prazos, locais e condições previamente estabelecidos;

II – bens que atendam às exigências técnicas e de qualidade da administração pública.

§ 1º O procedimento de pré-qualificação será público e permanentemente aberto à inscrição de qualquer interessado.

§ 2º A empresa pública e a sociedade de economia mista poderão restringir a participação em suas licitações a fornecedores ou produtos pré-qualificados, nas condições estabelecidas em regulamento.

§ 3º A pré-qualificação poderá ser efetuada nos grupos ou segmentos, segundo as especialidades dos fornecedores.

§ 4º A pré-qualificação poderá ser parcial ou total, contendo alguns ou todos os requisitos de habilitação ou técnicos necessários à contratação, assegurada, em qualquer hipótese, a igualdade de condições entre os concorrentes.

§ 5º A pré-qualificação terá validade de 1 (um) ano, no máximo, podendo ser atualizada a qualquer tempo.

§ 6º Na pré-qualificação aberta de produtos, poderá ser exigida a comprovação de qualidade.

§ 7º É obrigatória a divulgação dos produtos e dos interessados que forem pré-qualificados.

Art. 65. Os registros cadastrais poderão ser mantidos para efeito de habilitação dos inscritos em procedimentos licitatórios e serão válidos por 1 (um) ano, no máximo, podendo ser atualizados a qualquer tempo.

§ 1º Os registros cadastrais serão amplamente divulgados e ficarão permanentemente abertos para a inscrição de interessados.

§ 2º Os inscritos serão admitidos segundo requisitos previstos em regulamento.

§ 3º A atuação do licitante no cumprimento de obrigações assumidas será anotada no respectivo registro cadastral.

§ 4º A qualquer tempo poderá ser alterado, suspenso ou cancelado o registro do inscrito que deixar de satisfazer as exigências estabelecidas para habilitação ou para admissão cadastral.

Art. 66. O Sistema de Registro de Preços especificamente destinado às licitações de que trata esta Lei reger-se-á pelo disposto em decreto do Poder Executivo e pelas seguintes disposições:

§ 1º Poderá aderir ao sistema referido no *caput* qualquer órgão ou entidade responsável pela execução das atividades contempladas no art. 1º desta Lei.

§ 2º O registro de preços observará, entre outras, as seguintes condições:

I – efetivação prévia de ampla pesquisa de mercado;

II – seleção de acordo com os procedimentos previstos em regulamento;

III – desenvolvimento obrigatório de rotina de controle e atualização periódicos dos preços registrados;

IV – definição da validade do registro;

V – inclusão, na respectiva ata, do registro dos licitantes que aceitarem cotar os bens ou serviços com preços iguais ao do licitante vencedor na sequência da classificação do certame, assim como dos licitantes que mantiverem suas propostas originais.

§ 3º A existência de preços registrados não obriga a administração pública a firmar os contratos que deles poderão advir, sendo facultada a realização de licitação específica, assegurada ao licitante registrado preferência em igualdade de condições.

Art. 67. O catálogo eletrônico de padronização de compras, serviços e obras consiste em sistema informatizado, de gerenciamento centralizado, destinado a permitir a padronização dos itens a serem adquiridos pela empresa pública ou sociedade de economia mista que estarão disponíveis para a realização de licitação.

Parágrafo único. O catálogo referido no *caput* poderá ser utilizado em licitações cujo critério de julgamento seja o menor preço ou o maior desconto e conterá toda a documentação e todos os procedimentos da fase interna da licitação, assim como as especificações dos respectivos objetos, conforme disposto em regulamento.

CAPÍTULO II

DOS CONTRATOS

Seção I

DA FORMALIZAÇÃO DOS CONTRATOS

Art. 68. Os contratos de que trata esta Lei regulam-se pelas suas cláusulas, pelo disposto nesta Lei e pelos preceitos de direito privado.

Art. 69. São cláusulas necessárias nos contratos disciplinados por esta Lei:

I – o objeto e seus elementos característicos;

II – o regime de execução ou a forma de fornecimento;

III – o preço e as condições de pagamento, os critérios, a data-base e a periodicidade do reajustamento de preços e os critérios de atualização monetária entre a data do adimplemento das obrigações e a do efetivo pagamento;

IV – os prazos de início de cada etapa de execução, de conclusão, de entrega, de observação, quando for o caso, e de recebimento;

V – as garantias oferecidas para assegurar a plena execução do objeto contratual, quando exigidas, observado o disposto no art. 68;

VI – os direitos e as responsabilidades das partes, as tipificações das infrações e as respectivas penalidades e valores das multas;

VII – os casos de rescisão do contrato e os mecanismos para alteração de seus termos;

VIII – a vinculação ao instrumento convocatório da respectiva licitação ou ao termo que a dispensou ou a inexigiu, bem como ao lance ou proposta do licitante vencedor;

IX – a obrigação do contratado de manter, durante a execução do contrato, em compatibilidade com as obrigações por ele assumidas, as condições de habilitação e qualificação exigidas no curso do procedimento licitatório;

X – matriz de riscos.

§ 1º VETADO.

§ 2º Nos contratos decorrentes de licitações de obras ou serviços de engenharia em que tenha sido adotado o modo de disputa aberto, o contratado deverá reelaborar e apresentar à empresa pública ou à sociedade de economia mista e às suas respectivas subsidiárias, por meio eletrônico, as planilhas com indicação dos quantitativos e dos custos unitários, bem como do detalhamento das Bonificações e Despesas Indiretas (BDI) e dos Encargos Sociais (ES), com os respectivos valores adequados ao lance vencedor, para fins do disposto no inciso III do *caput* deste artigo.

Art. 70. Poderá ser exigida prestação de garantia nas contratações de obras, serviços e compras.

§ 1º Caberá ao contratado optar por uma das seguintes modalidades de garantia:

I – caução em dinheiro;

II – seguro-garantia;

III – fiança bancária.

§ 2º A garantia a que se refere o *caput* não excederá a 5% (cinco por cento) do valor do contrato e terá seu valor atualizado nas mesmas condições nele estabelecidas, ressalvado o previsto no § 3º deste artigo.

§ 3º Para obras, serviços e fornecimentos de grande vulto envolvendo complexidade técnica e riscos financeiros elevados, o limite de garantia previsto no § 2º poderá ser elevado para até 10% (dez por cento) do valor do contrato.

§ 4º A garantia prestada pelo contratado será liberada ou restituída após a execução do contrato, devendo ser atualizada monetariamente na hipótese do inciso I do § 1º deste artigo.

Art. 71. A duração dos contratos regidos por esta Lei não excederá a 5 (cinco) anos, contados a partir de sua celebração, exceto:

I – para projetos contemplados no plano de negócios e investimentos da empresa pública ou da sociedade de economia mista;

II – nos casos em que a pactuação por prazo superior a 5 (cinco) anos seja prática rotineira de mercado e a imposição desse prazo inviabilize ou onere excessivamente a realização do negócio.

Parágrafo único. É vedado o contrato por prazo indeterminado.

Art. 72. Os contratos regidos por esta Lei somente poderão ser alterados por acordo entre as partes, vedando-se ajuste que resulte em violação da obrigação de licitar.

Art. 73. A redução a termo do contrato poderá ser dispensada no caso de pequenas despesas de pronta entrega e pagamento das quais não resultem obrigações futuras por parte da empresa pública ou da sociedade de economia mista.

Parágrafo único. O disposto no *caput* não prejudicará o registro contábil exaustivo dos valores despendidos e a exigência de recibo por parte dos respectivos destinatários.

Art. 74. É permitido a qualquer interessado o conhecimento dos termos do contrato e a obtenção de cópia autenticada de seu inteiro teor ou de qualquer de suas partes, admitida a exigência de ressarcimento dos custos, nos termos previstos na Lei nº 12.527, de 18 de novembro de 2011.

Art. 75. A empresa pública e a sociedade de economia mista convocarão o licitante vencedor ou o destinatário de contratação com dispensa ou inexigibilidade de licitação para assinar o termo de contrato, observados o prazo e as condições estabelecidos, sob pena de decadência do direito à contratação.

§ 1º O prazo de convocação poderá ser prorrogado 1 (uma) vez, por igual período.

§ 2º É facultado à empresa pública ou à sociedade de economia mista, quando o convocado não assinar o termo de contrato no prazo e nas condições estabelecidos:

I – convocar os licitantes remanescentes, na ordem de classificação, para fazê-lo em igual prazo e nas mesmas condições propostas pelo primeiro classificado, inclusive quanto aos preços atualizados em conformidade com o instrumento convocatório;

II – revogar a licitação.

Art. 76. O contratado é obrigado a reparar, corrigir, remover, reconstruir ou substituir, às suas expensas, no total ou em parte, o objeto do contrato em que se verificarem vícios, defeitos ou incorreções resultantes da execução ou de materiais empregados, e responderá por danos causados diretamente a terceiros ou à empresa pública ou sociedade de economia mista, independentemente da comprovação de sua culpa ou dolo na execução do contrato.

Art. 77. O contratado é responsável pelos encargos trabalhistas, fiscais e comerciais resultantes da execução do contrato.

§ 1º A inadimplência do contratado quanto aos encargos trabalhistas, fiscais e comerciais não transfere à empresa pública ou à sociedade de economia mista a responsabilidade por seu pagamento, nem poderá onerar o objeto do contrato ou restringir a regularização e o uso das obras e edificações, inclusive perante o Registro de Imóveis.

§ 2º VETADO.

Art. 78. O contratado, na execução do contrato, sem prejuízo das responsabilidades contratuais e legais, poderá subcontratar partes da obra, serviço ou fornecimento, até o limite admitido, em cada caso, pela empresa pública ou pela sociedade de economia mista, conforme previsto no edital do certame.

§ 1º A empresa subcontratada deverá atender, em relação ao objeto da subcontratação, as exigências de qualificação técnica impostas ao licitante vencedor.

§ 2º É vedada a subcontratação de empresa ou consórcio que tenha participado:

I – do procedimento licitatório do qual se originou a contratação;

II – direta ou indiretamente, da elaboração de projeto básico ou executivo.

§ 3º As empresas de prestação de serviços técnicos especializados deverão garantir que os integrantes de seu corpo técnico executem pessoal e diretamente as obrigações a eles imputadas, quando a respectiva relação for apresentada em procedimento licitatório ou em contratação direta.

Art. 79. Na hipótese do § 6º do art. 54, quando não for gerada a economia prevista no lance ou proposta, a diferença entre a economia contratada e a efetivamente obtida será descontada da remuneração do contratado.

Parágrafo único. Se a diferença entre a economia contratada e a efetivamente obtida for superior à remuneração do contratado, será aplicada a sanção prevista no contrato, nos termos do inciso VI do *caput* do art. 69 desta Lei.

Art. 80. Os direitos patrimoniais e autorais de projetos ou serviços técnicos especializados desenvolvidos por profissionais autônomos ou por empresas contratadas passam a ser propriedade da empresa pública ou sociedade de economia mista que os tenha contratado, sem prejuízo da preservação da identificação dos respectivos autores e da responsabilidade técnica a eles atribuída.

Seção II

DA ALTERAÇÃO DOS CONTRATOS

Art. 81. Os contratos celebrados nos regimes previstos nos incisos I a V do art. 43 contarão com cláusula que estabeleça a possibilidade de alteração, por acordo entre as partes, nos seguintes casos:

I – quando houver modificação do projeto ou das especificações, para melhor adequação técnica aos seus objetivos;

II – quando necessária a modificação do valor contratual em decorrência de acréscimo ou diminuição quantitativa de seu objeto, nos limites permitidos por esta Lei;

III – quando conveniente a substituição da garantia de execução;

IV – quando necessária a modificação do regime de execução da obra ou serviço, bem como do modo de fornecimento, em face de verificação técnica da inaplicabilidade dos termos contratuais originários;

V – quando necessária a modificação da forma de pagamento, por imposição de circunstâncias supervenientes, mantido o valor inicial atualizado, vedada a antecipação do pagamento, com relação ao cronograma financeiro fixado, sem a correspondente contraprestação de fornecimento de bens ou execução de obra ou serviço;

VI – para restabelecer a relação que as partes pactuaram inicialmente entre os encargos do contratado e a retribuição da administração para a justa remuneração da obra, serviço ou fornecimento, objetivando a manutenção do equilíbrio econômico-financeiro inicial do contrato, na hipótese de sobrevirem fatos imprevisíveis, ou previsíveis porém de consequências incalculáveis, retardadores ou impeditivos da execução do ajustado, ou, ainda, em caso de força maior, caso fortuito ou fato do príncipe, configurando álea econômica extraordinária e extracontratual.

§ 1º O contratado poderá aceitar, nas mesmas condições contratuais, os acréscimos ou supressões que se fizerem nas obras, serviços ou compras, até 25% (vinte e cinco por cento) do valor inicial atualizado do contrato, e, no caso particular de reforma de edifício ou de equipamento, até o limite de 50% (cinquenta por cento) para os seus acréscimos.

§ 2º Nenhum acréscimo ou supressão poderá exceder os limites estabelecidos no § 1º, salvo as supressões resultantes de acordo celebrado entre os contratantes.

§ 3º Se no contrato não houverem sido contemplados preços unitários para obras ou serviços, esses serão fixados mediante acordo entre as partes, respeitados os limites estabelecidos no § 1º.

§ 4º No caso de supressão de obras, bens ou serviços, se o contratado já houver adquirido os materiais e posto no local dos trabalhos, esses materiais deverão ser pagos pela empresa pública ou sociedade de economia mista pelos custos de aquisição regularmente comprovados e monetariamente corrigidos, podendo caber indenização por outros danos eventualmente decorrentes da supressão, desde que regularmente comprovados.

§ 5º A criação, a alteração ou a extinção de quaisquer tributos ou encargos legais, bem como a superveniência de disposições legais, quando ocorridas após a data da apresentação da proposta, com comprovada repercussão nos preços contratados, implicarão a revisão destes para mais ou para menos, conforme o caso.

§ 6º Em havendo alteração do contrato que aumente os encargos do contratado, a empresa pública ou a sociedade de economia mista deverá restabelecer, por aditamento, o equilíbrio econômico-financeiro inicial.

§ 7º A variação do valor contratual para fazer face ao reajuste de preços previsto no próprio contrato e as atualizações, compensações ou penalizações financeiras decorrentes das condições de pagamento nele previstas, bem como o empenho de dotações orçamentárias suplementares até o limite do seu valor corrigido, não caracterizam alteração do contrato e podem ser registrados por simples apostila, dispensada a celebração de aditamento.

§ 8º É vedada a celebração de aditivos decorrentes de eventos supervenientes alocados, na matriz de riscos, como de responsabilidade da contratada.

Seção III
DAS SANÇÕES ADMINISTRATIVAS

Art. 82. Os contratos devem conter cláusulas com sanções administrativas a serem aplicadas em decorrência de atraso injustificado na execução do contrato, sujeitando o contratado a multa de mora, na forma prevista no instrumento convocatório ou no contrato.

§ 1º A multa a que alude este artigo não impede que a empresa pública ou a sociedade de economia mista rescinda o contrato e aplique as outras sanções previstas nesta Lei.

§ 2º A multa, aplicada após regular processo administrativo, será descontada da garantia do respectivo contratado.

§ 3º Se a multa for de valor superior ao valor da garantia prestada, além da perda desta, responderá o contratado pela sua diferença, a qual será descontada dos pagamentos eventualmente devidos pela empresa pública ou pela sociedade de economia mista ou, ainda, quando for o caso, cobrada judicialmente.

Art. 83. Pela inexecução total ou parcial do contrato a empresa pública ou a sociedade de economia mista poderá, garantida a prévia defesa, aplicar ao contratado as seguintes sanções:

I – advertência;
II – multa, na forma prevista no instrumento convocatório ou no contrato;
III – suspensão temporária de participação em licitação e impedimento de contratar com a entidade sancionadora, por prazo não superior a 2 (dois) anos.

§ 1º Se a multa aplicada for superior ao valor da garantia prestada, além da perda desta, responderá o contratado pela sua diferença, que será descontada dos pagamentos eventualmente devidos pela empresa pública ou pela sociedade de economia mista ou cobrada judicialmente.

§ 2º As sanções previstas nos incisos I e III do *caput* poderão ser aplicadas juntamente com a do inciso II, devendo a defesa prévia do interessado, no respectivo processo, ser apresentada no prazo de 10 (dez) dias úteis.

Art. 84. As sanções previstas no inciso III do art. 83 poderão também ser aplicadas às empresas ou aos profissionais que, em razão dos contratos regidos por esta Lei:

I – tenham sofrido condenação definitiva por praticarem, por meios dolosos, fraude fiscal no recolhimento de quaisquer tributos;
II – tenham praticado atos ilícitos visando a frustrar os objetivos da licitação;
III – demonstrem não possuir idoneidade para contratar com a empresa pública ou a sociedade de economia mista em virtude de atos ilícitos praticados.

CAPÍTULO III
DA FISCALIZAÇÃO PELO ESTADO E PELA SOCIEDADE

Art. 85. Os órgãos de controle externo e interno das 3 (três) esferas de governo fiscalizarão as empresas públicas e as sociedades de economia mista a elas relacionadas, inclusive aquelas domiciliadas no exterior, quanto à legitimidade, à economicidade e à eficácia da aplicação de seus recursos, sob o ponto de vista contábil, financeiro, operacional e patrimonial.

§ 1º Para a realização da atividade fiscalizatória de que trata o *caput*, os órgãos de controle deverão ter acesso irrestrito aos documentos e às informações necessários à realização dos trabalhos, inclusive aqueles classificados como sigilosos pela empresa pública ou pela sociedade de economia mista, nos termos da Lei nº 12.527, de 18 de novembro de 2011.

§ 2º O grau de confidencialidade será atribuído pelas empresas públicas e sociedades de economia mista no ato de entrega dos documentos e informações solicitados, tornando-se o órgão de controle com o qual foi compartilhada a informação sigilosa corresponsável pela manutenção do seu sigilo.

§ 3º Os atos de fiscalização e controle dispostos neste Capítulo aplicar-se-ão, também, às empresas públicas e às sociedades de economia mista de caráter e constituição transnacional no que se refere aos atos de gestão e aplicação do capital nacional, independentemente de estarem incluídos ou não em seus respectivos atos e acordos constitutivos.

Art. 86. As informações das empresas públicas e das sociedades de economia mista relativas a licitações e contratos, inclusive aqueles referentes a bases de preços, constarão de bancos de dados eletrônicos atualizados e com acesso em tempo real aos órgãos de controle competentes.

§ 1º As demonstrações contábeis auditadas da empresa pública e da sociedade de economia mista serão disponibilizadas no sítio eletrônico da empresa ou da sociedade na internet, inclusive em formato eletrônico editável.

§ 2º As atas e demais expedientes oriundos de reuniões, ordinárias ou extraordinárias, dos conselhos de administração ou fiscal das empresas públicas e das sociedades de economia mista, inclusive gravações e filmagens, quando houver, deverão ser disponibilizados para os órgãos de controle sempre que solicitados, no âmbito dos trabalhos de auditoria.

§ 3º O acesso dos órgãos de controle às informações referidas no *caput* e no § 2º será restrito e individualizado.

§ 4º As informações que sejam revestidas de sigilo bancário, estratégico, comercial ou industrial serão assim identificadas, respondendo o servidor administrativa, civil e penalmente pelos danos causados à empresa pública ou à sociedade de economia mista e a seus acionistas em razão de eventual divulgação indevida.

§ 5º Os critérios para a definição do que deve ser considerado sigilo estratégico, comercial ou industrial serão estabelecidos em regulamento.

Art. 87. O controle das despesas decorrentes dos contratos e demais instrumentos regidos por esta Lei será feito pelos órgãos do sistema de controle interno e pelo tribunal de contas competente, na forma da legislação pertinente, ficando as empresas públicas e as sociedades de economia mista responsáveis pela demonstração da legalidade e da regularidade da despesa e da execução, nos termos da Constituição.

§ 1º Qualquer cidadão é parte legítima para impugnar edital de licitação por irregularidade na aplicação desta Lei, devendo protocolar o pedido até 5 (cinco) dias úteis antes da data fixada para a ocorrência do certame, devendo a entidade julgar e responder à impugnação em até 3 (três) dias úteis, sem prejuízo da faculdade prevista no § 2º.

§ 2º Qualquer licitante, contratado ou pessoa física ou jurídica poderá representar ao tribunal de contas ou aos órgãos integrantes do sistema de controle interno contra irregularidades na aplicação desta Lei, para os fins do disposto neste artigo.

§ 3º Os tribunais de contas e os órgãos integrantes do sistema de controle interno poderão solicitar para exame, a qualquer tempo, documentos de natureza contábil, financeira, orçamentária, patrimonial e operacional das empresas públicas, das sociedades de economia mista e de suas subsidiárias no Brasil e no exterior, obrigando-se, os jurisdicionados, à adoção das medidas corretivas pertinentes que, em função desse exame, lhes forem determinadas.

Art. 88. As empresas públicas e as sociedades de economia mista deverão disponibilizar para conhecimento público, por meio eletrônico, informação completa mensalmente atualizada sobre a execução de seus contratos e de seu orçamento, admitindo-se retardo de até 2 (dois) meses na divulgação das informações.

§ 1º A disponibilização de informações contratuais referentes a operações de perfil estratégico ou que tenham por objeto segredo industrial receberá proteção mínima necessária para lhes garantir confidencialidade.

§ 2º O disposto no § 1º não será oponível à fiscalização dos órgãos de controle interno e do tribunal de contas, sem prejuízo da responsabilização administrativa, civil e penal do servidor que der causa à eventual divulgação dessas informações.

Art. 89. O exercício da supervisão por vinculação da empresa pública ou da sociedade de economia mista, pelo órgão a que se vincula, não pode ensejar a redução ou a supressão da autonomia conferida pela lei específica que autorizou a criação da entidade supervisionada ou da autonomia inerente a sua natureza, nem autoriza a ingerência do supervisor em sua administração e funcionamento, devendo a supervisão ser exercida nos limites da legislação aplicável.

Art. 90. As ações e deliberações do órgão ou ente de controle não podem implicar interferência na gestão das empresas públicas e das sociedades de economia mista a ele submetidas nem ingerência no exercício de suas competências ou na definição de políticas públicas.

TÍTULO III – DISPOSIÇÕES FINAIS E TRANSITÓRIAS

Art. 91. A empresa pública e a sociedade de economia mista constituídas anteriormente à vigência desta Lei deverão, no prazo de 24 (vinte e quatro) meses, promover as adaptações necessárias à adequação ao disposto nesta Lei.

§ 1º A sociedade de economia mista que tiver capital fechado na data de entrada em vigor desta Lei poderá, observado o prazo estabelecido no *caput*, ser transformada em empresa pública, mediante resgate, pela empresa, da totalidade das ações de titularidade de acionistas privados, com base no valor de patrimônio líquido constante do último balanço aprovado pela assembleia-geral.

§ 2º VETADO.

§ 3º Permanecem regidos pela legislação anterior procedimentos licitatórios e contratos iniciados ou celebrados até o final do prazo previsto no *caput*.

Art. 92. O Registro Público de Empresas Mercantis e Atividades Afins manterá banco de dados público e gratuito, disponível na internet, contendo a relação de todas as empresas públicas e as sociedades de economia mista.

Parágrafo único. É a União proibida de realizar transferência voluntária de recursos a Estados, ao Distrito Federal e a Municípios que não fornecerem ao Registro Público de Empresas Mercantis e Atividades Afins as informações relativas às empresas públicas e às sociedades de economia mista a eles vinculadas.

Art. 93. As despesas com publicidade e patrocínio da empresa pública e da sociedade de economia mista não ultrapassarão, em cada exercício, o limite de 0,5% (cinco décimos por cento) da receita operacional bruta do exercício anterior.

§ 1º O limite disposto no *caput* poderá ser ampliado, até o limite de 2% (dois por cento) da receita bruta do exercício anterior, por proposta da diretoria da empresa pública ou da sociedade de economia mista justificada com base em parâmetros de mercado do setor específico de atuação da empresa ou da sociedade e aprovada pelo respectivo Conselho de Administração.

§ 2º É vedado à empresa pública e à sociedade de economia mista realizar, em ano de eleição para cargos do ente federativo a que sejam vinculadas, despesas com publicidade e patrocínio que excedam a média dos gastos nos 3 (três) últimos anos que antecedem o pleito ou no último ano imediatamente anterior à eleição.

Art. 94. Aplicam-se à empresa pública, à sociedade de economia mista e às suas subsidiárias as sanções previstas na Lei nº 12.846, de 1º de agosto de 2013, salvo as previstas nos incisos II, III e IV do *caput* do art. 19 da referida Lei.

Art. 95. A estratégia de longo prazo prevista no art. 23 deverá ser aprovada em até 180 (cento e oitenta) dias da data de publicação da presente Lei.

Art. 96. Revogam-se:

I – o § 2º do art. 15 da Lei nº 3.890-A, de 25 de abril de 1961, com a redação dada pelo art. 19 da Lei nº 11.943, de 28 de maio de 2009;

II – os arts. 67 e 68 da Lei nº 9.478, de 6 de agosto de 1997.

Art. 97. Esta Lei entra em vigor na data de sua publicação.

Brasília, 30 de junho de 2016;
195º da Independência e
128º da República.

Michel Temer

LEI Nº 13.311, DE 11 DE JULHO DE 2016

Institui, nos termos do caput do art. 182 da Constituição Federal, normas gerais para a ocupação e utilização de área pública urbana por equipamentos urbanos do tipo quiosque, trailer, feira e banca de venda de jornais e de revistas.

▶ Publicada no *DOU* de 12-7-2016.

Art. 1º Esta Lei institui normas gerais para a ocupação e utilização de área pública urbana por equipamentos urbanos do tipo quiosque, *trailer*, feira e banca de venda de jornais e de revistas.

Art. 2º O direito de utilização privada de área pública por equipamentos urbanos do tipo quiosque, *trailer*, feira e banca de venda de jornais e de revistas poderá ser outorgado a qualquer interessado que satisfaça os requisitos exigidos pelo poder público local.

§ 1º É permitida a transferência da outorga, pelo prazo restante, a terceiros que atendam aos requisitos exigidos em legislação municipal.

§ 2º No caso de falecimento do titular ou de enfermidade física ou mental que o impeça de gerir seus próprios atos, a outorga será transferida, pelo prazo restante, nesta ordem:

I – ao cônjuge ou companheiro;

II – aos ascendentes e descendentes.

§ 3º Entre os parentes de mesma classe, preferir-se-ão os parentes de grau mais próximo.

§ 4º Somente será deferido o direito de que trata o inciso I do § 2º deste artigo ao cônjuge que atender aos requisitos do art. 1.830 da Lei nº 10.406, de 10 de janeiro de 2002 – Código Civil.

§ 5º O direito de que trata o § 2º deste artigo não será considerado herança, para todos os efeitos de direito.

§ 6º A transferência de que trata o § 2º deste artigo dependerá de:

I – requerimento do interessado no prazo de sessenta dias, contado do falecimento do titular, da sentença que declarar sua interdição ou do reconhecimento, pelo titular, por escrito, da impossibilidade de gerir os seus próprios atos em razão de enfermidade física atestada por profissional da saúde;

II – preenchimento, pelo interessado, dos requisitos exigidos pelo Município para a outorga.

Art. 3º Extingue-se a outorga:

I – pelo advento do termo;

II – pelo descumprimento das obrigações assumidas;

III – por revogação do ato pelo poder público municipal, desde que demonstrado o interesse público de forma motivada.

Art. 4º O Município poderá dispor sobre outros requisitos para a outorga, observada a gestão democrática de que trata o art. 43 da Lei nº 10.257, de 10 de julho de 2001 – Estatuto da Cidade.

Art. 5º Esta Lei entra em vigor na data de sua publicação.

Brasília, 11 de julho de 2016;
195º da Independência e
128º da República.

Michel Temer

LEI Nº 13.334, DE 13 DE SETEMBRO DE 2016

Cria o Programa de Parcerias de Investimentos – PPI; altera a Lei nº 10.683, de 28 de maio de 2003, e dá outras providências.

▶ Publicada no *DOU* de 13-9-2016.

CAPÍTULO I
DO PROGRAMA DE PARCERIAS DE INVESTIMENTOS

Art. 1º Fica criado, no âmbito da Presidência da República, o Programa de Parcerias de Investimentos – PPI, destinado à ampliação e fortalecimento da interação entre o Estado e a iniciativa privada por meio da celebração de contratos de parceria para a execução de empreendimentos públicos de infraestrutura e de outras medidas de desestatização.

§ 1º Podem integrar o PPI:

I – os empreendimentos públicos de infraestrutura em execução ou a serem executados por meio de contratos de parceria celebrados pela administração pública direta e indireta da União;

II – os empreendimentos públicos de infraestrutura que, por delegação ou com o fomento da União, sejam executados por meio de contratos de parceria celebrados pela administração pública direta ou indireta dos Estados, do Distrito Federal ou dos Municípios; e

III – as demais medidas do Programa Nacional de Desestatização a que se refere a Lei nº 9.491, de 9 de setembro de 1997; e

▶ Inciso III com a redação dada pela Lei nº 13.901, de 11-11-2019.

IV – as obras e os serviços de engenharia de interesse estratégico.

▶ Inciso IV acrescido pela Lei nº 13.901, de 11-11-2019.

§ 2º Para os fins desta Lei, consideram-se contratos de parceria a concessão comum, a concessão patrocinada, a concessão administrativa, a concessão regida por legislação setorial, a permissão de serviço público, o arrendamento de bem público, a concessão de direito real e os outros negócios público-privados que, em função de seu caráter estratégico e de sua complexidade, especificidade, volume de investimentos, longo prazo, riscos ou incertezas envolvidos, adotem estrutura jurídica semelhante.

Art. 2º São objetivos do PPI:

I – ampliar as oportunidades de investimento e emprego e estimular o desenvolvimento tecnológico e industrial, em harmonia com as metas de desenvolvimento social e econômico do País;

II – garantir a expansão com qualidade da infraestrutura pública, com tarifas adequadas;

III – promover ampla e justa competição na celebração das parcerias e na prestação dos serviços;

IV – assegurar a estabilidade e a segurança jurídica, com a garantia da mínima intervenção nos negócios e investimentos;

V – fortalecer o papel regulador do Estado e a autonomia das entidades estatais de regulação; e

▶ Incisos IV e V com a redação dada pela Lei nº 13.901, de 11-11-2019.

VI – fortalecer políticas nacionais de integração dos diferentes modais de transporte de pessoas e bens, em conformidade com as políticas de desenvolvimento nacional, regional e urbano, de defesa nacional, de meio ambiente e de segurança das populações, formuladas pelas diversas esferas de governo.

▶ Inciso VI acrescido pela Lei nº 13.901, de 11-11-2019.

Art. 3º Na implementação do PPI serão observados os seguintes princípios:

I – estabilidade das políticas públicas de infraestrutura;

II – legalidade, qualidade, eficiência e transparência da atuação estatal; e

III – garantia de segurança jurídica aos agentes públicos, às entidades estatais e aos particulares envolvidos.

Art. 4º O PPI será regulamentado por meio de decretos que, nos termos e limites das leis setoriais e da legislação geral aplicável, definirão:

I – as políticas federais de longo prazo para o investimento por meio de parcerias em empreendimentos públicos federais de infraestrutura e para a desestatização;

II – os empreendimentos públicos federais de infraestrutura qualificados para a implantação por parceria;

III – as políticas federais de fomento às parcerias em empreendimentos públicos de infraestrutura dos Estados, do Distrito Federal ou dos Municípios; e

▸ Incisos II e III com a redação dada pela Lei nº 13.901, de 11-11-2019.

IV – as obras e os serviços de engenharia de interesse estratégico.

▸ Inciso IV acrescido pela Lei nº 13.901, de 11-11-2019.

Art. 5º Os projetos qualificados no PPI serão tratados como empreendimentos de interesse estratégico e terão prioridade nacional perante todos os agentes públicos nas esferas administrativa e controladora da União, dos Estados, do Distrito Federal e dos Municípios.

▸ Artigo com a redação dada pela Lei nº 13.901, de 11-11-2019.

Art. 6º Os órgãos, entidades e autoridades da administração pública da União com competências relacionadas aos empreendimentos do PPI formularão programas próprios visando à adoção, na regulação administrativa, independentemente de exigência legal, das práticas avançadas recomendadas pelas melhores experiências nacionais e internacionais, inclusive:

I – edição de planos, regulamentos e atos que formalizem e tornem estáveis as políticas de Estado fixadas pelo Poder Executivo para cada setor regulado, de forma a tornar segura sua execução no âmbito da regulação administrativa, observadas as competências da legislação específica, e mediante consulta pública prévia;

II – eliminação de barreiras burocráticas à livre organização da atividade empresarial;

III – articulação com o Conselho Administrativo de Defesa Econômica – CADE, bem como com a Secretaria de Acompanhamento Econômico – SEAE do Ministério da Fazenda, para fins de *compliance* com a defesa da concorrência; e

IV – articulação com os órgãos e autoridades de controle, para aumento da transparência das ações administrativas e para a eficiência no recebimento e consideração das contribuições e recomendações.

CAPÍTULO II

DO CONSELHO DO PROGRAMA DE PARCERIAS DE INVESTIMENTOS DA PRESIDÊNCIA DA REPÚBLICA

Art. 7º Fica criado o Conselho do Programa de Parcerias de Investimentos da Presidência da República – CPPI, com as seguintes competências:

I – opinar, previamente à deliberação do Presidente da República, quanto às propostas dos órgãos ou entidades competentes, sobre as matérias previstas no art. 4º desta Lei;

II – acompanhar a execução do PPI;

III – formular propostas e representações fundamentadas aos Chefes do Poder Executivo dos Estados, do Distrito Federal e dos Municípios;

IV – formular recomendações e orientações normativas aos órgãos, entidades e autoridades da administração pública da União;

V – exercer as funções atribuídas:

a) ao órgão gestor de parcerias público-privadas federais pela Lei nº 11.079, de 30 de dezembro de 2004;

b) ao Conselho Nacional de Integração de Políticas de Transporte pela Lei nº 10.233, de 5 de junho de 2001; e

c) ao Conselho Nacional de Desestatização pela Lei nº 9.491, de 9 de setembro de 1997;

VI – editar o seu regimento interno;

▸ Inciso VI com a redação dada pela Lei nº 13.901, de 11-11-2019.

VII – propor medidas que propiciem a integração dos transportes aéreo, aquaviário e terrestre e a harmonização de suas políticas setoriais;

VIII – definir os elementos de logística do transporte multimodal a serem implementados por órgãos ou entidades da administração pública;

IX – harmonizar as políticas nacionais de transporte com as políticas de transporte dos Estados, do Distrito Federal e dos Municípios, com vistas à articulação dos órgãos encarregados do gerenciamento dos sistemas viários e da regulação dos transportes interestaduais, intermunicipais e urbanos;

X – aprovar, em função das características regionais, as políticas de prestação de serviços de transporte às áreas mais remotas ou de difícil acesso do País e submeter ao Presidente da República as medidas específicas para esse fim; e

XI – aprovar as revisões periódicas das redes de transporte que contemplam as diversas regiões do País e propor ao Presidente da República e ao Congresso Nacional as reformulações do Sistema Nacional de Viação, instituído pela Lei nº 12.379, de 6 de janeiro de 2011, que atendam ao interesse nacional.

▸ Incisos VII a XI acrescidos pela Lei nº 13.901, de 11-11-2019.

§ 1º Ato do Poder Executivo federal definirá a composição do CPPI.

▸ *Caput* do § 1º com a redação dada pela Lei nº 14.600, de 19-6-2023.

I a XI – *Revogados*. Lei nº 14.600, de 19-6-2023.

§ 2º *Revogado*. Lei nº 14.600, de 19-6-2023.

§ 3º A composição do Conselho do Programa de Parcerias de Investimento da Presidência da República observará, quando for o caso, o § 2º do art. 5º da Lei nº 9.491, de 9 de setembro de 1997.

§ 4º As reuniões do Conselho serão dirigidas pelo Presidente da República ou, em suas ausências ou seus impedimentos, pelo Ministro de Estado Chefe da Casa Civil da Presidência da República.

§ 5º O Secretário Especial do Programa de Parcerias de Investimentos da Casa Civil da Presidência da República atuará como Secretário-Executivo do CPPI e participará de suas reuniões, sem direito a voto.

▸ §§ 4º e 5º com a redação dada pela Lei nº 13.901, de 11-11-2019.

Art. 7º-A. Caberá ao Ministro de Estado Chefe da Casa Civil da Presidência da República, em conjunto com o Ministro titular da pasta setorial correspondente, a prerrogativa de deliberar, nos casos de urgência e relevante interesse, *ad referendum* do CPPI.

Parágrafo único. A decisão *ad referendum* a que se refere o *caput* deste artigo será submetida ao CPPI na primeira reunião após a deliberação.

▸ Art. 7º-A acrescido pela Lei nº 13.901, de 11-11-2019.

CAPÍTULO III

DA SECRETARIA DO PROGRAMA DE PARCERIAS DE INVESTIMENTOS

Art. 8º O PPI contará com a Secretaria Especial do Programa de Parcerias de Investimentos (SPPI), órgão subordinado à Casa Civil da Presidência da República, com a finalidade de coordenar, monitorar, avaliar e supervisionar as ações do PPI e de apoiar as ações setoriais necessárias à sua execução.

▸ *Caput* com a redação dada pela Lei nº 13.901, de 11-11-2019.

I – *Revogado*. Lei nº 13.901, de 11-11-2019;

II e III – *Revogados*. Lei nº 13.502, de 1º-11-2017;

IV – *Revogado*. Lei nº 13.901, de 11-11-2019;

V – *Revogado*. Lei nº 13.502, de 1º-11-2017;

VI – *Revogado*. Lei nº 13.901, de 11-11-2019.

Art. 8º-A. Compete à SPPI:

I – coordenar, monitorar, avaliar e supervisionar as ações do PPI;

II – fomentar a integração das ações de planejamento dos órgãos setoriais de infraestrutura;

III – acompanhar e subsidiar, no exercício de suas competências, a atuação dos Ministérios, dos órgãos, das entidades setoriais e do Fundo de Apoio à Estruturação de Parcerias – FAEP, sem prejuízo das competências legais dos Ministérios, dos órgãos e das entidades setoriais;

IV – apoiar, perante as instituições financeiras federais, as ações de estruturação de projetos que possam ser qualificados no PPI;

V – avaliar a consistência das propostas a serem submetidas para qualificação no PPI;

VI – buscar a qualidade e a consistência técnica dos projetos de parcerias qualificados no PPI;

VII – propor o aprimoramento regulatório nos setores e mercados que possuam empreendimentos qualificados no PPI;

VIII – apoiar o processo de licenciamento ambiental dos empreendimentos qualificados no PPI;

IX – divulgar os projetos do PPI, para permitir o acompanhamento público;

X – acompanhar os empreendimentos qualificados no PPI, para garantir a previsibilidade dos cronogramas divulgados;

XI – articular-se com os órgãos e as autoridades de controle, para garantir o aumento da transparência das ações do PPI;

XII – promover e ampliar o diálogo com agentes de mercado e da sociedade civil organizada, para divulgação de oportunidades de investimentos e aprimoramento regulatório;

XIII – promover a elaboração de estudos para resolução de entraves na implantação e no desenvolvimento de empreendimentos de infraestrutura;

XIV – promover as políticas públicas federais de fomento às parcerias em empreendimentos públicos de infraestrutura dos Estados, do Distrito Federal e dos Municípios;

XV – celebrar acordos, ajustes ou instrumentos congêneres com órgãos ou entidades da administração pública federal, estadual, distrital ou municipal, para a ação coordenada de projetos em regime de cooperação mútua;

XVI – exercer as atividades de Secretaria Executiva do Conselho de Participação no Fundo de Apoio à Estruturação e ao Desenvolvimento de Projetos de Concessão e Parcerias Público-Privadas da União, dos Estados, do Distrito Federal e dos Municípios; e

XVII – coordenar e secretariar o funcionamento do CPPI.

Art. 8º-B. Ao Secretário Especial do PPI compete:

I – dirigir a SPPI, supervisionar e coordenar as suas atividades e orientar a sua atuação;

II – assessorar o Ministro de Estado Chefe da Casa Civil da Presidência da República nos assuntos relativos à atuação da SPPI, inclusive perante Ministérios, órgãos e entidades setoriais;

III – exercer a orientação normativa e a supervisão técnica quanto às matérias relativas às atribuições da SPPI;

IV – editar e praticar os atos normativos e os demais atos inerentes às suas atribuições;

V – atuar como Secretário-Executivo do CPPI.

► Arts. 8º-A e 8º-B acrescidos pela Lei nº 13.901, de 11-11-2019.

Art. 9º A SPPI deverá dar amplo acesso para o Congresso Nacional aos documentos e informações dos empreendimentos em execução do PPI, fornecendo, em até trinta dias, os dados solicitados.

§ 1º Ao atender ao disposto no *caput*, a SPPI poderá exigir sigilo das informações fornecidas.

§ 2º Cabe à SPPI enviar ao Congresso Nacional, até 30 de março do ano subsequente, relatório detalhado contendo dados sobre o andamento dos empreendimentos e demais ações no âmbito do PPI, ocorridos no ano anterior.

Art. 9º-A. A SPPI manterá mecanismos de diálogo com as confederações nacionais patronais setoriais, comissões temáticas e frentes parlamentares do Congresso Nacional do setor de infraestrutura, que poderão contribuir com estudos, pesquisas e análises temáticas para subsídio à tomada de decisões de caráter estratégico para a agenda de infraestrutura do País.

► Art. 9º-A acrescido pela Lei nº 13.901, de 11-11-2019, promulgado nos termos do art. 66, § 5º, da CF (*DOU* de 11-12-2019).

Art. 10. *Revogado*. Lei nº 13.502, de 1º-11-2017.

CAPÍTULO IV
DA ESTRUTURAÇÃO DOS PROJETOS

Art. 11. Ao ministério setorial ou órgão com competência para formulação da política setorial cabe, com o apoio da SPPI, a adoção das providências necessárias à inclusão do empreendimento no âmbito do PPI.

Art. 12. Para a estruturação dos projetos que integrem ou que venham a integrar o PPI, o órgão ou entidade competente poderá, sem prejuízo de outros mecanismos previstos na legislação:

I – utilizar a estrutura interna da própria administração pública;

II – contratar serviços técnicos profissionais especializados;

III – abrir chamamento público;

IV – receber sugestões de projetos;

► Inciso IV com a redação dada pela Lei nº 13.901, de 11-11-2019.

V – *Revogado*. Lei nº 13.901, de 11-11-2019.

Art. 13. Observado o disposto no art. 3º da Lei nº 9.491, de 9 de setembro de 1997, e no § 3º do art. 10 da Lei nº 11.079, de 30 de dezembro de 2004, a licitação e celebração de parcerias dos empreendimentos públicos do PPI independem de lei autorizativa geral ou específica.

Art. 13-A. Os contratos de parceria a que se refere esta Lei que vierem a integrar a carteira de projetos do PPI não terão seus projetos licitados antes da submissão das minutas do edital e do contrato a consulta ou audiência pública.

Parágrafo único. Caberá ao CPPI definir o local da audiência pública a que se refere o *caput* deste artigo.

► Art. 13-A acrescido pela Lei nº 13.901, de 11-11-2019.

CAPÍTULO V
DO FUNDO DE APOIO À ESTRUTURAÇÃO DE PARCERIAS

Art. 14. Fica o BNDES autorizado a constituir e participar do Fundo de Apoio à Estruturação de Parcerias – FAEP, que terá por finalidade a prestação onerosa, por meio de contrato, de serviços técnicos profissionais especializados para a estruturação de parcerias de investimentos e de medidas de desestatização.

§ 1º O FAEP terá natureza privada e patrimônio próprio separado do patrimônio dos cotistas, será sujeito a direitos e obrigações próprios e terá capacidade de celebrar, em seu nome, contratos, acordos ou qualquer ajuste que estabeleça deveres e obrigações e que seja necessário à realização de suas finalidades.

§ 2º O FAEP possuirá prazo inicial de dez anos, renovável por iguais períodos.

§ 3º O administrador e os cotistas do FAEP não responderão por qualquer obrigação do Fundo, salvo pela integralização das cotas que subscreverem.

§ 4º O FAEP será administrado, gerido e representado judicial e extrajudicialmente pelo BNDES.

§ 5º O FAEP poderá se articular com os órgãos ou entidades da União, dos Estados, do Distrito Federal e dos Municípios cuja atuação funcional seja ligada à estruturação, liberação, licitação, contratação e financiamento de empreendimentos e atividades, para troca de informações e para acompanhamento e colaboração recíproca nos trabalhos.

§ 6º Constituem recursos do FAEP:

I – os oriundos da integralização de cotas, em moeda corrente nacional, por pessoas jurídicas de direito público, organismos internacionais e pessoas naturais ou jurídicas de direito privado, estatais ou não estatais;

II – as remunerações recebidas por seus serviços;

III – os recebidos pela alienação de bens e direitos, ou de publicações, material técnico, dados e informações;

IV – os rendimentos de aplicações financeiras que realizar; e

V – os recursos provenientes de outras fontes definidas em seu estatuto.

§ 7º O FAEP destinará parcela do preço recebido por seus serviços como remuneração ao BNDES pela administração, gestão e representação do Fundo, de acordo com o seu estatuto.

§ 8º O FAEP não pagará rendimentos a seus cotistas, assegurado a qualquer deles o direito de requerer o resgate total ou parcial de suas cotas, fazendo-se a liquidação com base na situação patrimonial do Fundo, sendo vedado o resgate de cotas em valor superior ao montante de recursos financeiros disponíveis ainda não vinculados às estruturações integradas já contratadas, nos termos do estatuto.

§ 9º O estatuto do FAEP deverá prever medidas que garantam a segurança da informação, de forma a contribuir para a ampla competição e evitar conflitos de interesses nas licitações das parcerias dos empreendimentos públicos.

Art. 15. O FAEP poderá ser contratado diretamente por órgãos e entidades da administração pública para prestar serviços técnicos profissionais especializados visando à estruturação de contratos de parceria e de medidas de desestatização.

Art. 16. Para a execução dos serviços técnicos para os quais houver sido contratado, o FAEP poderá contratar, na forma da legislação, o suporte técnico de pessoas naturais ou jurídicas especializadas, cabendo aos agentes públicos gestores do Fundo, com o apoio da SPPI, a coordenação geral dos trabalhos e a articulação com os demais órgãos e entidades envolvidos.

CAPÍTULO VI
DA LIBERAÇÃO DE EMPREENDIMENTOS DO PPI

Art. 17. Os órgãos, entidades e autoridades estatais, inclusive as autônomas e independentes, da União, dos Estados, do Distrito Federal e dos Municípios, com competências de cujo exercício dependa a viabilização de empreendimento do PPI, têm o dever de atuar, em conjunto e com eficiência, para que sejam concluídos, de forma uniforme, econômica e em prazo compatível com o caráter prioritário nacional do empreendimento, todos os processos e atos administrativos necessários à sua estruturação, liberação e execução.

§ 1º Entende-se por liberação a obtenção de quaisquer licenças, autorizações, registros, permissões, direitos de uso ou exploração, regimes especiais, e títulos equivalentes, de natureza regulatória, ambiental, indígena, urbanística, de trânsito, patrimonial pública, hídrica, de proteção do patrimônio cultural, aduaneira, minerária, tributária, e quaisquer outras, necessárias à implantação e à operação do empreendimento.

§ 2º Os órgãos, entidades e autoridades da administração pública da União com competências setoriais relacionadas aos empreendimentos do PPI convocarão todos os órgãos, entidades e autoridades da União, dos Estados, do Distrito Federal ou dos Municípios, que tenham competência liberatória, para participar da estruturação e execução do projeto e consecução dos objetivos do PPI, inclusive para a definição conjunta do conteúdo dos termos de referência para o licenciamento ambiental.

CAPÍTULO VII
DISPOSIÇÕES FINAIS

Art. 18. A Lei nº 10.683, de 28 de maio de 2003, passa a vigorar com as seguintes alterações:

"Art. 1º ....

....

XIV – pela Secretaria do Programa de Parcerias de Investimentos.

....

§ 3º Integram, ainda, a Presidência da República a Câmara de Comércio Exterior – CAMEX e o Conselho do Programa de Parcerias de Investimentos."

"Art. 24-F. Compete à Secretaria de Parcerias de Investimento da Presidência da República – SPPI:

I – coordenar, monitorar, avaliar e supervisionar as ações do Programa de Parcerias de Investimentos e o apoio às ações setoriais necessárias à sua execução, sem prejuízo das competências legais dos Ministérios, órgãos e entidades setoriais;

II – acompanhar e subsidiar, no exercício de suas funções de supervisão e apoio, a atuação dos Ministérios, órgãos e entidades setoriais, assim como do Fundo de Apoio à Estruturação de Parcerias – FAEP;

III – divulgar os projetos do PPI, de forma que permita o acompanhamento público;

IV – celebrar ajustes com o Conselho Administrativo de Defesa Econômica – CADE, bem como com a Secretaria de Acompanhamento Econômico – SEAE do Ministério da Fazenda, para o recebimento de contribuições técnicas visando à adoção das melhores práticas nacionais e internacionais de promoção da ampla e justa competição na celebração das parcerias e na prestação dos serviços; e

V – celebrar ajustes ou convênios com órgãos ou entidades da administração pública da União, dos Estados, do Distrito Federal ou dos Municípios, para a ação coordenada ou para o exercício de funções descentralizadas.

§ 1º A SPPI terá as mesmas prerrogativas ministeriais quanto à utilização de sistemas, em especial, aqueles destinados à tramitação de documentos.

§ 2º A SPPI tem como estrutura básica o Gabinete, a Secretaria Executiva e até três Secretarias."

Art. 19. Fica criado o Cargo de Natureza Especial – CNE de Secretário-Executivo da SPPI.

Art. 20. A Empresa de Planejamento e Logística – EPL passa a ser vinculada à SPPI, cabendo-lhe prestar apoio ao CPPI.

Art. 21. Aplicam-se as disposições desta Lei, no que couber, aos empreendimentos empresariais privados que, em regime de autorização administrativa, concorram ou convivam, em setor de titularidade estatal ou de serviço público, com empreendimentos públicos a cargo de entidades estatais ou de terceiros contratados por meio das parcerias de que trata esta Lei.

Art. 22. Esta Lei entra em vigor na data de sua publicação.

Brasília, 13 de setembro de 2016;
195º da Independência e
128º da República.

Michel Temer

LEI Nº 13.425, DE 30 DE MARÇO DE 2017

Estabelece diretrizes gerais sobre medidas de prevenção e combate a incêndio e a desastres em estabelecimentos, edificações e áreas de reunião de público; altera as Leis nºs 8.078, de 11 de setembro de 1990, e 10.406, de 10 de janeiro de 2002 – Código Civil; e dá outras providências.

▸ Publicada no *DOU* de 31-3-2017.

Art. 1º Esta Lei:

I – estabelece diretrizes gerais e ações complementares sobre prevenção e combate a incêndio e a desastres em estabelecimentos, edificações e áreas de reunião de público, atendendo ao disposto no inciso XX do art. 21, no inciso I, *in fine*, do art. 24, no § 5º, *in fine*, do art. 144 e no *caput* do art. 182 da Constituição Federal;

II – altera as seguintes Leis:

a) Lei nº 8.078, de 11 de setembro de 1990, que dispõe sobre a proteção do consumidor e dá outras providências; e

b) Lei nº 10.406, de 10 de janeiro de 2002 – Código Civil;

III – define atos sujeitos à aplicação da Lei nº 8.429, de 2 de junho de 1992, que dispõe sobre as sanções aplicáveis aos agentes públicos nos casos de enriquecimento ilícito no exercício de mandato, cargo, emprego ou função na administração pública direta, indireta ou fundacional e dá outras providências;

IV – caracteriza a prevenção de incêndios e desastres como condição para a execução de projetos artísticos, culturais, esportivos, científicos e outros que envolvam incentivos fiscais da União; e

V – prevê responsabilidades para os órgãos de fiscalização do exercício das profissões das áreas de engenharia e de arquitetura, na forma que especifica.

Art. 2º O planejamento urbano a cargo dos Municípios deverá observar normas especiais de prevenção e combate a incêndio e a desastres para locais de grande concentração e circulação de pessoas, editadas pelo poder público municipal, respeitada a legislação estadual pertinente ao tema.

§ 1º As normas especiais previstas no *caput* deste artigo abrangem estabelecimentos, edificações de comércio e serviços e áreas de reunião de público, cobertos ou descobertos, cercados ou não, com ocupação simultânea potencial igual ou superior a cem pessoas.

§ 2º Mesmo que a ocupação simultânea potencial seja inferior a cem pessoas, as normas especiais previstas no *caput* deste artigo serão estendidas aos estabelecimentos, edificações de comércio e serviços e áreas de reunião de público:

I – VETADO;

II – que, pela sua destinação:

a) sejam ocupados predominantemente por idosos, crianças ou pessoas com dificuldade de locomoção; ou

b) contenham em seu interior grande quantidade de material de alta inflamabilidade.

§ 3º Desde que se assegure a adoção das medidas necessárias de prevenção e combate a incêndio e a desastres, ato do prefeito municipal poderá conceder autorização especial para a realização de eventos que integram o patrimônio cultural local ou regional.

§ 4º As medidas de prevenção referidas no § 3º deste artigo serão analisadas previamente pelo Corpo de Bombeiros Militar, com a realização de vistoria *in loco*.

§ 5º Nos locais onde não houver possibilidade de realização da vistoria prevista no § 4º deste artigo pelo Corpo de Bombeiros Militar, a análise das medidas de prevenção ficará a cargo da equipe técnica da prefeitura municipal com treinamento em prevenção e combate a incêndio e emergências, mediante o convênio referido no § 2º do art. 3º desta Lei.

§ 6º As disposições deste artigo aplicam-se, também, a imóveis públicos ou ocupados pelo poder público e a instalações temporárias.

§ 7º Regulamento disporá sobre o licenciamento simplificado de microempresas e empresas de pequeno porte, cuja atividade não ofereça risco de incêndios.

Art. 3º Cabe ao Corpo de Bombeiros Militar planejar, analisar, avaliar, vistoriar, aprovar e fiscalizar as medidas de prevenção e combate a incêndio e a desastres em estabelecimentos, edificações e áreas de reunião de público, sem prejuízo das prerrogativas municipais no controle das edificações e do uso, do parcelamento e da ocupação do solo urbano e das atribuições dos profissionais responsáveis pelos respectivos projetos.

§ 1º Inclui-se nas atividades de fiscalização previstas no *caput* deste artigo a aplicação de advertência, multa, interdição e embargo, na forma da legislação estadual pertinente.

§ 2º Os Municípios que não contarem com unidade do Corpo de Bombeiros Militar instalada poderão criar e manter serviços de prevenção e combate a incêndio e atendimento a emergências, mediante convênio com a respectiva corporação militar estadual.

Art. 4º O processo de aprovação da construção, instalação, reforma, ocupação ou uso de estabelecimentos, edificações e áreas de reunião de público perante o poder público municipal, voltado à emissão de alvará de licença ou autorização, ou documento equivalente, deverá observar:

I – o estabelecido na legislação estadual sobre prevenção e combate a incêndio e a desastres e nas normas especiais editadas na forma do art. 2º desta Lei;

II – as condições de acesso para operações de socorro e evacuação de vítimas;

III – a prioridade para uso de materiais de construção com baixa inflamabilidade e de sistemas preventivos de aspersão automática de combate a incêndio;

IV – VETADO; e

V – as exigências fixadas no laudo ou documento similar expedido pelo Corpo de Bombeiros Militar, por força do disposto no art. 3º desta Lei.

§ 1º Nos Municípios onde não houver possibilidade de realização de vistoria *in loco* pelo Corpo de Bombeiros Militar, a emissão do laudo referido no inciso V do *caput* deste artigo fica a cargo da equipe técnica da prefeitura municipal com treinamento em prevenção e combate a incêndio e a emergências, mediante o convênio referido no § 2º do art. 3º desta Lei.

§ 2º A validade do alvará de licença ou autorização, ou documento equivalente expedido pelo poder público municipal na forma deste artigo, fica condicionada ao prazo de validade do laudo referido no inciso V do *caput* deste artigo.

§ 3º Sem prejuízo de outras medidas cabíveis e do disposto na Lei nº 11.901, de 12 de janeiro de 2009, o laudo referido no inciso V do *caput* deste artigo poderá exigir a existência de bombeiros civis e a fixação do seu quantitativo nos estabelecimentos, edificações e áreas de reunião de público, bem como de funcionários treinados para agir em situações de emergência, certificados por cursos oficialmente reconhecidos.

§ 4º Além do disposto neste artigo, cabe ao poder público municipal requerer outros requisitos de segurança nos estabelecimentos, nas edificações e nas áreas de reunião de público, considerando-se:

I – a capacidade e a estrutura física do local;

II – o tipo de atividade desenvolvida no local e em sua vizinhança; e

III – os riscos à incolumidade física das pessoas.

Art. 5º O poder público municipal e o Corpo de Bombeiros Militar realizarão fiscalizações e vistorias periódicas nos estabelecimentos comerciais e de serviços e nos edifícios residenciais multifamiliares, tendo em vista o controle da observância das determinações decorrentes dos processos de licenciamento ou autorização sob sua responsabilidade.

§ 1º VETADO.

§ 2º Nos locais onde não houver possibilidade de realização de vistoria in loco pelo Corpo de Bombeiros Militar, a vistoria será realizada apenas pelo poder público municipal, garantida a participação da equipe técnica da prefeitura municipal com treinamento em prevenção e combate a incêndio e a emergências, mediante o convênio referido no § 2º do art. 3º desta Lei.

§ 3º Constatadas irregularidades nas vistorias previstas neste artigo, serão aplicadas as sanções administrativas cabíveis previstas nas legislações estadual e municipal, incluindo advertência, multa, interdição, embargo e outras medidas pertinentes.

§ 4º Constatadas condições de alto risco pelo poder público municipal ou pelo Corpo de Bombeiros Militar, o estabelecimento ou a edificação serão imediatamente interditados pelo ente público que fizer a constatação, assegurando-se, mediante provocação do interessado, a ampla defesa e o contraditório em processo administrativo posterior.

§ 5º VETADO.

Art. 6º VETADO.

Art. 7º As diretrizes estabelecidas por esta Lei serão suplementadas por normas estaduais, municipais e do Distrito Federal, na esfera de competência de cada ente político.

Parágrafo único. Os Estados, os Municípios e o Distrito Federal deverão considerar as peculiaridades regionais e locais e poderão, por ato motivado da autoridade competente, determinar medidas diferenciadas para cada tipo de estabelecimento, edificação ou área de reunião de público, voltadas a assegurar a prevenção e combate a incêndio e a desastres e a segurança da população em geral.

Art. 8º Os cursos de graduação em Engenharia e Arquitetura em funcionamento no País, em universidades e organizações de ensino públicas e privadas, bem como os cursos de tecnologia e de ensino médio correlatos, incluirão nas disciplinas ministradas conteúdo relativo à prevenção e ao combate a incêndio e a desastres.

Parágrafo único. Os responsáveis pelos cursos referidos no *caput* deste artigo terão o prazo de seis meses, contados da entrada em vigor desta Lei, para promover as complementações necessárias no conteúdo das disciplinas ministradas, visando a atender o disposto no *caput* deste artigo.

Art. 9º Será obrigatório curso específico voltado para a prevenção e combate a incêndio para os oficiais e praças integrantes dos setores técnicos e de fiscalização dos Corpos de Bombeiros Militares, em conformidade com seus postos e graduações e os cargos a serem desempenhados.

Art. 10. O poder público municipal e o Corpo de Bombeiros Militar manterão disponíveis, na rede mundial de computadores, informações completas sobre todos os alvarás de licença ou autorização, ou documento equivalente, laudos ou documento similar concedidos a estabelecimentos, edificações e áreas de reunião de público, com atividades permanentes ou temporárias.

§ 1º A obrigação estabelecida no *caput* deste artigo aplica-se também:

I – às informações referentes ao trâmite administrativo dos atos referidos no *caput* deste artigo; e

II – ao resultado das vistorias, perícias e outros atos administrativos relacionados à prevenção e ao combate a incêndio e a desastres.

§ 2º Os estabelecimentos de comércio e de serviços que contarem com sítio eletrônico na rede mundial de computadores deverão disponibilizar na respectiva página, de forma destacada, os alvarás e outros documentos referidos no *caput* deste artigo.

Art. 11. O disposto no art. 10 desta Lei não exime os responsáveis pelos estabelecimentos de comércio ou de serviço de manter visíveis ao público o alvará de funcionamento ou ato administrativo equivalente expedido pelo poder público municipal e demais documentações que são requisitos para o seu funcionamento.

Parágrafo único. Sem prejuízo de exigências complementares nesse sentido determinadas pelos órgãos competentes, deverão estar divulgados na entrada dos estabelecimentos de comércio ou de serviço:

I – o alvará de funcionamento ou ato administrativo equivalente; e

II – a capacidade máxima de pessoas.

Art. 12. VETADO.

Art. 13. Incorre em improbidade administrativa, nos termos do art. 11 da Lei nº 8.429, de 2 de junho de 1992, o prefeito municipal que deixar de tomar as providências necessárias para garantir a observância:

I – do disposto no *caput* e nos §§ 1º e 2º do art. 2º, no prazo máximo de dois anos, contados da data de entrada em vigor desta Lei;

II e III – VETADOS.

§ 1º VETADO.

§ 2º Os Estados, os Municípios e o Distrito Federal estabelecerão, por lei própria, prazos máximos para o trâmite administrativo voltado à emissão de alvará de licença, autorização, laudo ou outros documentos relacionados à aplicação desta Lei.

Art. 14. VETADO.

Art. 15. As informações sobre incêndios ocorridos no País em áreas urbanas serão reunidas em sistema unificado de informações, com a participação da União, dos Estados, do Distrito Federal e dos Municípios, integrado ao sistema de informações e monitoramento de desastres previsto pela Lei nº 12.608, de 10 de abril de 2012, nos termos do regulamento.

Art. 16. VETADO.

Art. 17. O art. 39 da Lei nº 8.078, de 11 de setembro de 1990, passa a vigorar acrescido do seguinte inciso XIV:

▸ Alteração inserida no texto na referida Lei.

Art. 18. O art. 65 da Lei nº 8.078, de 11 de setembro de 1990, passa a vigorar acrescido do seguinte § 2º, renumerando-se o atual parágrafo único para § 1º:

▸ Alteração inserida no texto na referida Lei.

Art. 19. VETADO.

Art. 20. As disposições desta Lei serão aplicadas sem prejuízo das ações previstas no âmbito da Política Nacional de Proteção e Defesa Civil – PNPDEC e das prerrogativas dos entes públicos integrantes do Sistema Nacional de Proteção e Defesa Civil – SINPDEC, na forma da Lei nº 12.608, de 10 de abril de 2012.

Art. 21. Os órgãos de fiscalização do exercício das profissões de engenheiro e arquiteto, disciplinadas respectivamente pela Lei nº 5.194, de 24 de dezembro de 1966, e pela Lei nº 12.378, de 31 de dezembro de 2010, em seus atos de fiscalização, exigirão a apresentação dos projetos técnicos elaborados pelos profissionais, devidamente aprovados pelo poder público municipal.

§ 1º Nos projetos técnicos referidos no *caput* deste artigo incluem-se, conforme o caso, projetos de arquitetura, cálculo estrutural, instalações prediais, urbanização e outros a cargo de profissionais das áreas de engenharia e de arquitetura.

§ 2º Se a edificação estiver sujeita a projeto de prevenção de incêndios, também será exigida a sua apresentação aos órgãos de fiscalização profissional.

Art. 22. As medidas previstas nesta Lei devem observar as diretrizes de simplificação, racionalização e uniformização a que se refere o art. 6º da Lei Complementar nº 123, de 14 de dezembro de 2006, bem como o disposto no art. 5º da Lei nº 11.598, de 3 de dezembro de 2007.

Art. 23. Esta Lei entra em vigor após decorridos cento e oitenta dias de sua publicação oficial.

Brasília, 30 de março de 2017;
196º da Independência e
129º da República.

Michel Temer

LEI Nº 13.460, DE 26 DE JUNHO DE 2017

Dispõe sobre participação, proteção e defesa dos direitos do usuário dos serviços públicos da administração pública.

▸ Publicada no *DOU* de 27-6-2017.

▸ Dec. nº 9.492, de 5-6-2018, regulamenta esta Lei.

CAPÍTULO I
DISPOSIÇÕES PRELIMINARES

Art. 1º Esta Lei estabelece normas básicas para participação, proteção e defesa dos direitos do usuário dos serviços públicos prestados direta ou indiretamente pela administração pública.

§ 1º O disposto nesta Lei aplica-se à administração pública direta e indireta da União, dos Estados, do Distrito Federal e dos Municípios, nos termos do inciso I do § 3º do art. 37 da Constituição Federal.

§ 2º A aplicação desta Lei não afasta a necessidade de cumprimento do disposto:

I – em normas regulamentadoras específicas, quando se tratar de serviço ou atividade sujeitos a regulação ou supervisão; e

II – na Lei nº 8.078, de 11 de setembro de 1990, quando caracterizada relação de consumo.

§ 3º Aplica-se subsidiariamente o disposto nesta Lei aos serviços públicos prestados por particular.

Art. 2º Para os fins desta Lei, consideram-se:

I – usuário – pessoa física ou jurídica que se beneficia ou utiliza, efetiva ou potencialmente, de serviço público;

II – serviço público – atividade administrativa ou de prestação direta ou indireta de bens ou serviços à população, exercida por órgão ou entidade da administração pública;

III – administração pública – órgão ou entidade integrante da administração pública de qualquer dos Poderes da União, dos Estados, do Distrito Federal e dos Municípios, a Advocacia Pública e a Defensoria Pública;

IV – agente público – quem exerce cargo, emprego ou função pública, de natureza civil ou militar, ainda que transitoriamente ou sem remuneração; e

V – manifestações – reclamações, denúncias, sugestões, elogios e demais pronunciamentos de usuários que tenham como objeto a prestação de serviços públicos e a conduta de agentes públicos na prestação e fiscalização de tais serviços.

Parágrafo único. O acesso do usuário a informações será regido pelos termos da Lei nº 12.527, de 18 de novembro de 2011.

Art. 3º Com periodicidade mínima anual, cada Poder e esfera de Governo publicará quadro geral dos serviços públicos prestados, que especificará os órgãos ou entidades responsáveis por sua realização e a autoridade administrativa a quem estão subordinados ou vinculados.

Art. 4º Os serviços públicos e o atendimento do usuário serão realizados de forma adequada, observados os princípios da regularidade, continuidade, efetividade, segurança, atualidade, generalidade, transparência e cortesia.

CAPÍTULO II
DOS DIREITOS BÁSICOS E DEVERES DOS USUÁRIOS

Art. 5º O usuário de serviço público tem direito à adequada prestação dos serviços, devendo os agentes públicos e prestadores de serviços públicos observar as seguintes diretrizes:

I – urbanidade, respeito, acessibilidade e cortesia no atendimento aos usuários;

II – presunção de boa-fé do usuário;

III – atendimento por ordem de chegada, ressalvados casos de urgência e aqueles em que houver possibilidade de agendamento, asseguradas as prioridades legais às pessoas com deficiência, aos idosos, às gestantes, às lactantes e às pessoas acompanhadas por crianças de colo;

IV – adequação entre meios e fins, vedada a imposição de exigências, obrigações, restrições e sanções não previstas na legislação;

V – igualdade no tratamento aos usuários, vedado qualquer tipo de discriminação;

VI – cumprimento de prazos e normas procedimentais;

VII – definição, publicidade e observância de horários e normas compatíveis com o bom atendimento ao usuário;

VIII – adoção de medidas visando a proteção à saúde e a segurança dos usuários;

IX – autenticação de documentos pelo próprio agente público, à vista dos originais apresentados pelo usuário, vedada a exigência de reconhecimento de firma, salvo em caso de dúvida de autenticidade;

X – manutenção de instalações salubres, seguras, sinalizadas, acessíveis e adequadas ao serviço e ao atendimento;

XI – eliminação de formalidades e de exigências cujo custo econômico ou social seja superior ao risco envolvido;

XII – observância dos códigos de ética ou de conduta aplicáveis às várias categorias de agentes públicos;

XIII – aplicação de soluções tecnológicas que visem a simplificar processos e procedimentos de atendimento ao usuário e a propiciar melhores condições para o compartilhamento das informações;

XIV – utilização de linguagem simples e compreensível, evitando o uso de siglas, jargões e estrangeirismos; e

XV – vedação da exigência de nova prova sobre fato já comprovado em documentação válida apresentada;

XVI – comunicação prévia ao consumidor de que o serviço será desligado em virtude de inadimplemento, bem como do dia a partir do qual será realizado o desligamento, necessariamente durante horário comercial.

▸ Inciso XVI acrescido pela Lei nº 14.015, de 15-6-2020.

Parágrafo único. A taxa de religação de serviços não será devida se houver descumprimento da exigência de notificação prévia ao consumidor prevista no inciso XVI do *caput* deste artigo, o que ensejará a aplicação de multa à concessionária, conforme regulamentação.

▸ Parágrafo único acrescido pela Lei nº 14.015, de 15-6-2020.

Art. 6º São direitos básicos do usuário:

I – participação no acompanhamento da prestação e na avaliação dos serviços;

II – obtenção e utilização dos serviços com liberdade de escolha entre os meios oferecidos e sem discriminação;

III – acesso e obtenção de informações relativas à sua pessoa constantes de registros ou bancos de dados, observado o disposto no inciso X do *caput* do art. 5º da Constituição Federal e na Lei nº 12.527, de 18 de novembro de 2011;

IV – proteção de suas informações pessoais, nos termos da Lei nº 12.527, de 18 de novembro de 2011;

V – atuação integrada e sistêmica na expedição de atestados, certidões e documentos comprobatórios de regularidade; e

VI – obtenção de informações precisas e de fácil acesso nos locais de prestação do serviço, assim como sua disponibilização na internet, especialmente sobre:

a) horário de funcionamento das unidades administrativas;

b) serviços prestados pelo órgão ou entidade, sua localização exata e a indicação do setor responsável pelo atendimento ao público;

c) acesso ao agente público ou ao órgão encarregado de receber manifestações;

d) situação da tramitação dos processos administrativos em que figure como interessado; e

e) valor das taxas e tarifas cobradas pela prestação dos serviços, contendo informações para a compreensão exata da extensão do serviço prestado.

VII – comunicação prévia da suspensão da prestação de serviço.

▸ Inciso VII acrescido pela Lei nº 14.015, de 15-6-2020.

Parágrafo único. É vedada a suspensão da prestação de serviço em virtude de inadimplemento por parte do usuário que se inicie na sexta-feira, no sábado ou no domingo, bem como em feriado ou no dia anterior a feriado.

▸ Parágrafo único acrescido pela Lei nº 14.015, de 15-6-2020.

Art. 7º Os órgãos e entidades abrangidos por esta Lei divulgarão Carta de Serviços ao Usuário.

§ 1º A Carta de Serviços ao Usuário tem por objetivo informar o usuário sobre os serviços prestados pelo órgão ou entidade, as formas de acesso a esses serviços e seus compromissos e padrões de qualidade de atendimento ao público.

§ 2º A Carta de Serviços ao Usuário deverá trazer informações claras e precisas em relação a cada um dos serviços prestados, apresentando, no mínimo, informações relacionadas a:

I – serviços oferecidos;

II – requisitos, documentos, formas e informações necessárias para acessar o serviço;

III – principais etapas para processamento do serviço;

IV – previsão do prazo máximo para a prestação do serviço;

V – forma de prestação do serviço; e

VI – locais e formas para o usuário apresentar eventual manifestação sobre a prestação do serviço.

§ 3º Além das informações descritas no § 2º, a Carta de Serviços ao Usuário deverá detalhar os compromissos e padrões de qualidade do atendimento relativos, no mínimo, aos seguintes aspectos:

I – prioridades de atendimento;

II – previsão de tempo de espera para atendimento;

III – mecanismos de comunicação com os usuários;

IV – procedimentos para receber e responder as manifestações dos usuários; e

V – mecanismos de consulta, por parte dos usuários, acerca do andamento do serviço solicitado e de eventual manifestação.

§ 4º A Carta de Serviços ao Usuário será objeto de atualização periódica e de permanente divulgação mediante publicação em sítio eletrônico do órgão ou entidade na internet.

§ 5º Regulamento específico de cada Poder e esfera de Governo disporá sobre a operacionalização da Carta de Serviços ao Usuário.

§ 6º Compete a cada ente federado disponibilizar as informações dos serviços prestados, conforme disposto nas suas Cartas de Serviços ao Usuário, na Base Nacional de Serviços Públicos, mantida pelo Poder Executivo federal, em formato aberto e interoperável, nos termos do regulamento do Poder Executivo federal.

▸ § 6º acrescido pela Lei nº 14.129, de 29-3-2021.

Art. 8º São deveres do usuário:

I – utilizar adequadamente os serviços, procedendo com urbanidade e boa-fé;

II – prestar as informações pertinentes ao serviço prestado quando solicitadas;

III – colaborar para a adequada prestação do serviço; e

IV – preservar as condições dos bens públicos por meio dos quais lhe são prestados os serviços de que trata esta Lei.

CAPÍTULO III
DAS MANIFESTAÇÕES DOS USUÁRIOS DE SERVIÇOS PÚBLICOS

Art. 9º Para garantir seus direitos, o usuário poderá apresentar manifestações perante a administração pública acerca da prestação de serviços públicos.

Art. 10. A manifestação será dirigida à ouvidoria do órgão ou entidade responsável e conterá a identificação do requerente.

§ 1º A identificação do requerente não conterá exigências que inviabilizem sua manifestação.

§ 2º São vedadas quaisquer exigências relativas aos motivos determinantes da apresentação de manifestações perante a ouvidoria.

§ 3º Caso não haja ouvidoria, o usuário poderá apresentar manifestações diretamente ao órgão ou entidade responsável pela execução do serviço e ao órgão ou entidade a que se subordinem ou se vinculem.

§ 4º A manifestação poderá ser feita por meio eletrônico, ou correspondência convencional, ou verbalmente, hipótese em que deverá ser reduzida a termo.

§ 5º No caso de manifestação por meio eletrônico, prevista no § 4º, respeitada a legislação específica de sigilo e proteção de dados, poderá a administração pública ou sua ouvidoria requerer meio de certificação da identidade do usuário.

§ 6º Os órgãos e entidades públicos abrangidos por esta Lei deverão colocar à disposição do usuário formulários simplificados e de fácil compreensão para a apresentação do requerimento previsto no caput, facultada ao usuário sua utilização.

§ 7º A identificação do requerente é informação pessoal protegida com restrição de acesso nos termos da Lei nº 12.527, de 18 de novembro de 2011.

Art. 10-A. Para fins de acesso a informações e serviços, de exercício de direitos e obrigações ou de obtenção de benefícios perante os órgãos e as entidades federais, estaduais, distritais e municipais ou os serviços públicos delegados, a apresentação de documento de identificação com fé pública em que conste o número de inscrição no Cadastro de Pessoas Físicas (CPF) será suficiente para identificação do cidadão, dispensada a apresentação de qualquer outro documento.

▸ *Caput* do art. 10-A acrescido pela Lei nº 14.129, de 29-3-2021.

§ 1º Os cadastros, os formulários, os sistemas e outros instrumentos exigidos dos usuários para a prestação de serviço público deverão disponibilizar campo para registro do número de inscrição no CPF, de preenchimento obrigatório, que será suficiente para sua identificação, vedada a exigência de apresentação de qualquer outro número para esse fim.

▸ § 1º com a redação dada pela Lei nº 14.534, de 11-1-2023.

§ 2º O número de inscrição no CPF poderá ser declarado pelo usuário do serviço público, desde que acompanhado de documento de identificação com fé pública, nos termos da lei.

§ 3º Ato de cada ente federativo ou Poder poderá dispor sobre casos excepcionais ao previsto no *caput* deste artigo.

▸ §§ 2º e 3º acrescidos pela Lei nº 14.129, de 29-3-2021.

▸ A alteração que seria inserida neste parágrafo, pela Lei nº 14.534, de 11-1-2023, foi vetada, razão pela qual mantivemos a sua redação.

Art. 11. Em nenhuma hipótese, será recusado o recebimento de manifestações formuladas nos termos desta Lei, sob pena de responsabilidade do agente público.

Art. 12. Os procedimentos administrativos relativos à análise das manifestações observarão os princípios da eficiência e da celeridade, visando a sua efetiva resolução.

Parágrafo único. A efetiva resolução das manifestações dos usuários compreende:

I – recepção da manifestação no canal de atendimento adequado;

II – emissão de comprovante de recebimento da manifestação;

III – análise e obtenção de informações, quando necessário;

IV – decisão administrativa final; e

V – ciência ao usuário.

CAPÍTULO IV
DAS OUVIDORIAS

Art. 13. As ouvidorias terão como atribuições precípuas, sem prejuízo de outras estabelecidas em regulamento específico:

I – promover a participação do usuário na administração pública, em cooperação com outras entidades de defesa do usuário;

II – acompanhar a prestação dos serviços, visando a garantir a sua efetividade;

III – propor aperfeiçoamentos na prestação dos serviços;

IV – auxiliar na prevenção e correção dos atos e procedimentos incompatíveis com os princípios estabelecidos nesta Lei;

V – propor a adoção de medidas para a defesa dos direitos do usuário, em observância às determinações desta Lei;

VI – receber, analisar e encaminhar às autoridades competentes as manifestações, acompanhando o tratamento e a efetiva conclusão das manifestações de usuário perante órgão ou entidade a que se vincula; e

VII – promover a adoção de mediação e conciliação entre o usuário e o órgão ou a entidade pública, sem prejuízo de outros órgãos competentes.

Art. 14. Com vistas à realização de seus objetivos, as ouvidorias deverão:

I – receber, analisar e responder, por meio de mecanismos proativos e reativos, as manifestações encaminhadas por usuários de serviços públicos; e

II – elaborar, anualmente, relatório de gestão, que deverá consolidar as informações mencionadas no inciso I, e, com base nelas, apontar falhas e sugerir melhorias na prestação de serviços públicos.

Art. 15. O relatório de gestão de que trata o inciso II do caput do art. 14 deverá indicar, ao menos:

I – o número de manifestações recebidas no ano anterior;

II – os motivos das manifestações;

III – a análise dos pontos recorrentes; e

IV – as providências adotadas pela administração pública nas soluções apresentadas.

Parágrafo único. O relatório de gestão será:

I – encaminhado à autoridade máxima do órgão a que pertence a unidade de ouvidoria; e

II – disponibilizado integralmente na internet.

Art. 16. A ouvidoria encaminhará a decisão administrativa final ao usuário, observado o prazo de trinta dias, prorrogável de forma justificada uma única vez, por igual período.

Parágrafo único. Observado o prazo previsto no caput, a ouvidoria poderá solicitar informações e esclarecimentos diretamente a agentes públicos do órgão ou entidade a que se vincula, e as solicitações devem ser respondidas no prazo de vinte dias, prorrogável de forma justificada uma única vez, por igual período.

Art. 17. Atos normativos específicos de cada Poder e esfera de Governo disporão sobre a organização e o funcionamento de suas ouvidorias.

CAPÍTULO V
DOS CONSELHOS DE USUÁRIOS

Art. 18. Sem prejuízo de outras formas previstas na legislação, a participação dos usuários no acompanhamento da prestação e na avaliação dos serviços públicos será feita por meio de conselhos de usuários.

Parágrafo único. Os conselhos de usuários são órgãos consultivos dotados das seguintes atribuições:

I – acompanhar a prestação dos serviços;

II – participar na avaliação dos serviços;

III – propor melhorias na prestação dos serviços;

IV – contribuir na definição de diretrizes para o adequado atendimento ao usuário; e

V – acompanhar e avaliar a atuação do ouvidor.

Art. 19. A composição dos conselhos deve observar os critérios de representatividade e pluralidade das partes interessadas, com vistas ao equilíbrio em sua representação.

Parágrafo único. A escolha dos representantes será feita em processo aberto ao público e diferenciado por tipo de usuário a ser representado.

Art. 20. O conselho de usuários poderá ser consultado quanto à indicação do ouvidor.

Art. 21. A participação do usuário no conselho será considerada serviço relevante e sem remuneração.

Art. 22. Regulamento específico de cada Poder e esfera de Governo disporá sobre a organização e funcionamento dos conselhos de usuários.

CAPÍTULO VI
DA AVALIAÇÃO CONTINUADA DOS SERVIÇOS PÚBLICOS

Art. 23. Os órgãos e entidades públicos abrangidos por esta Lei deverão avaliar os serviços prestados, nos seguintes aspectos:

I – satisfação do usuário com o serviço prestado;

II – qualidade do atendimento prestado ao usuário;

III – cumprimento dos compromissos e prazos definidos para a prestação dos serviços;

IV – quantidade de manifestações de usuários; e

V – medidas adotadas pela administração pública para melhoria e aperfeiçoamento da prestação do serviço.

§ 1º A avaliação será realizada por pesquisa de satisfação feita, no mínimo, a cada um ano, ou por qualquer outro meio que garanta significância estatística aos resultados.

§ 2º O resultado da avaliação deverá ser integralmente publicado no sítio do órgão ou entidade, incluindo o ranking das entidades com maior incidência de reclamação dos usuários na periodicidade a que se refere o § 1º, e servirá de subsídio para reorientar e ajustar os serviços prestados, em especial quanto ao cumprimento dos compromissos e dos padrões de qualidade de atendimento divulgados na Carta de Serviços ao Usuário.

Art. 24. Regulamento específico de cada Poder e esfera de Governo disporá sobre a avaliação da efetividade e dos níveis de satisfação dos usuários.

CAPÍTULO VII
DISPOSIÇÕES FINAIS E TRANSITÓRIAS

Art. 25. Esta Lei entra em vigor, a contar da sua publicação, em:

I – trezentos e sessenta dias para a União, os Estados, o Distrito Federal e os Municípios com mais de quinhentos mil habitantes;

II – quinhentos e quarenta dias para os Municípios entre cem mil e quinhentos mil habitantes; e

III – setecentos e vinte dias para os Municípios com menos de cem mil habitantes.

Brasília, 26 de junho de 2017;
196º da Independência e
129º da República.
Michel Temer

LEI Nº 13.465, DE 11 DE JULHO DE 2017

Dispõe sobre a regularização fundiária rural e urbana, sobre a liquidação de créditos concedidos aos assentados da reforma agrária e sobre a regularização fundiária no âmbito da Amazônia Legal; institui mecanismos para aprimorar a eficiência dos procedimentos de alienação de imóveis da União; altera as Leis nºs 8.629, de 25 de fevereiro de 1993, 13.001, de 20 de junho de 2014, 11.952, de 25 de junho de 2009, 13.340, de 28 de setembro de 2016, 8.666, de 21 de junho de 1993, 6.015, de 31 de dezembro de 1973, 12.512, de 14 de outubro de 2011, 10.406, de 10 de janeiro de 2002 (Código Civil), 13.105, de 16 de março de 2015 (Código de Processo Civil), 11.977, de 7 de julho de 2009, 9.514, de 20 de novembro de 1997, 11.124, de 16 de junho de 2005, 6.766, de 19 de dezembro de 1979, 10.257, de 10 de julho de 2001, 12.651, de 25 de maio de 2012, 13.240, de 30 de dezembro de 2015, 9.636, de 15 de maio de 1998, 8.036, de 11 de maio de 1990, 13.139, de 26 de junho de 2015, 11.483, de 31 de maio de 2007, e a 12.712, de 30 de agosto de 2012, a Medida Provisória nº 2.220, de 4 de setembro de 2001, e os Decretos-Leis nºs 2.398, de 21 de dezembro de 1987, 1.876, de 15 de julho de 1981, 9.760, de 5 de setembro de 1946, e 3.365, de 21 de junho de 1941; revoga dispositivos da Lei Complementar nº 76, de 6 de julho de 1993, e da Lei nº 13.347, de 10 de outubro de 2016; e dá outras providências.

(EXCERTOS)

▸ Publicada no *DOU* de 12-7-2017, retificada no *DOU* de 6-9-2017.

Art. 1º Esta Lei dispõe sobre a regularização fundiária rural e urbana, sobre a liquidação de créditos concedidos aos assentados da reforma agrária e sobre a regularização fundiária no âmbito da Amazônia Legal; institui mecanismos para aprimorar a eficiência dos procedimentos de alienação de imóveis da União; e dá outras providências.

....

TÍTULO II – DA REGULARIZAÇÃO FUNDIÁRIA URBANA

CAPÍTULO I
DISPOSIÇÕES GERAIS

Seção I
DA REGULARIZAÇÃO FUNDIÁRIA URBANA

Art. 9º Ficam instituídas no território nacional normas gerais e procedimentos aplicáveis à Regularização Fundiária Urbana (REURB), a qual abrange medidas jurídicas, urbanísticas, ambientais e sociais destinadas à incorporação dos núcleos urbanos informais ao ordenamento territorial urbano e à titulação de seus ocupantes.

§ 1º Os poderes públicos formularão e desenvolverão no espaço urbano as políticas de suas competências de acordo com os princípios de sustentabilidade econômica, social e ambiental e ordenação territorial, buscando a ocupação do solo de maneira eficiente, combinando seu uso de forma funcional.

§ 2º A REURB promovida mediante legitimação fundiária somente poderá ser aplicada para os núcleos urbanos informais comprovadamente existentes, na forma desta Lei, até 22 de dezembro de 2016.

Art. 10. Constituem objetivos da REURB, a serem observados pela União, Estados, Distrito Federal e Municípios:

I – identificar os núcleos urbanos informais que devam ser regularizados, organizá-los e assegurar a prestação de serviços públicos aos seus ocupantes, de modo a melhorar as condições urbanísticas e ambientais em relação à situação de ocupação informal anterior;

II – criar unidades imobiliárias compatíveis com o ordenamento territorial urbano e constituir sobre elas direitos reais em favor dos seus ocupantes;

III – ampliar o acesso à terra urbanizada pela população de baixa renda, de modo a priorizar a permanência dos ocupantes nos próprios núcleos urbanos informais regularizados;

IV – promover a integração social e a geração de emprego e renda;

V – estimular a resolução extrajudicial de conflitos, em reforço à consensualidade e à cooperação entre Estado e sociedade;

VI – garantir o direito social à moradia digna e às condições de vida adequadas;

VII – garantir a efetivação da função social da propriedade;

VIII – ordenar o pleno desenvolvimento das funções sociais da cidade e garantir o bem-estar de seus habitantes;

IX – concretizar o princípio constitucional da eficiência na ocupação e no uso do solo;

X – prevenir e desestimular a formação de novos núcleos urbanos informais;

XI – conceder direitos reais, preferencialmente em nome da mulher;

XII – franquear participação dos interessados nas etapas do processo de regularização fundiária.

Art. 11. Para fins desta Lei, consideram-se:

I – núcleo urbano: assentamento humano, com uso e características urbanas, constituído por unidades imobiliárias de área inferior à fração mínima de parcelamento prevista na Lei nº 5.868, de 12 de dezembro de 1972, independentemente da propriedade do solo, ainda que situado em área qualificada ou inscrita como rural;

II – núcleo urbano informal: aquele clandestino, irregular ou no qual não foi possível realizar, por qualquer modo, a titulação de seus ocupantes, ainda que atendida a legislação vigente à época de sua implantação ou regularização;

III – núcleo urbano informal consolidado: aquele de difícil reversão, considerados o tempo da ocupação, a natureza das edificações, a localização das vias de circulação e a presença de equipamentos públicos, entre outras circunstâncias a serem avaliadas pelo Município;

IV – demarcação urbanística: procedimento destinado a identificar os imóveis públicos e privados abrangidos pelo núcleo urbano informal e a obter a anuência dos respectivos titulares de direitos inscritos na matrícula dos imóveis ocupados, culminando com averbação na matrícula destes imóveis da viabilidade da regularização fundiária, a ser promovida a critério do Município;

V – Certidão de Regularização Fundiária (CRF): documento expedido pelo Município ao final do procedimento da REURB, constituído do projeto de regularização fundiária aprovado, do termo de compromisso relativo a sua execução e, no caso da legitimação fundiária e da legitimação de posse, da listagem dos ocupantes do núcleo urbano informal regularizado, da devida qualificação destes e dos direitos reais que lhes foram conferidos;

VI – legitimação de posse: ato do poder público destinado a conferir título, por meio do qual fica reconhecida a posse de imóvel objeto da REURB, conversível em aquisição de direito real de propriedade na forma desta Lei, com a identificação de seus ocupantes, do tempo da ocupação e da natureza da posse;

VII – legitimação fundiária: mecanismo de reconhecimento da aquisição originária do direito real de propriedade sobre unidade imobiliária objeto da REURB;

VIII – ocupante: aquele que mantém poder de fato sobre lote ou fração ideal de terras públicas ou privadas em núcleos urbanos informais.

§ 1º Para fins da REURB, os Municípios poderão dispensar as exigências relativas ao percentual e às dimensões de áreas destinadas ao uso público ou ao tamanho dos lotes regularizados, assim como a outros parâmetros urbanísticos e edilícios.

§ 2º Constatada a existência de núcleo urbano informal situado, total ou parcialmente, em área de preservação permanente ou em área de unidade de conservação de uso sustentável ou de proteção de mananciais definidas pela União, Estados ou Municípios, a REURB observará, também, o disposto nos arts. 64 e 65 da Lei nº 12.651, de 25 de maio de 2012, hipótese na qual se torna obrigatória a elaboração de estudos técnicos, no âmbito da REURB, que justifiquem as melhorias ambientais em relação à situação de ocupação informal anterior, inclusive por meio de compensações ambientais, quando for o caso.

§ 3º No caso de a REURB abranger área de unidade de conservação de uso sustentável que, nos termos da Lei nº 9.985, de 18 de julho de 2000, admita regularização, será exigida também a anuência do órgão gestor da unidade, desde que estudo técnico comprove que essas intervenções de regularização fundiária implicam a melhoria das condições ambientais em relação à situação de ocupação informal anterior.

§ 4º Na REURB cuja ocupação tenha ocorrido às margens de reservatórios artificiais de água destinados à geração de energia ou ao abastecimento público, a faixa da área de preservação permanente consistirá na distância entre o nível máximo operativo normal e a cota máxima maximorum.

§ 5º Esta Lei não se aplica aos núcleos urbanos informais situados em áreas indispensáveis à segurança nacional ou de interesse da defesa, assim reconhecidas em decreto do Poder Executivo federal.

§ 6º Aplicam-se as disposições desta Lei aos imóveis localizados em área rural, desde que a unidade imobiliária tenha área inferior à fração mínima de parcelamento prevista na Lei nº 5.868, de 12 de dezembro de 1972.

Art. 12. A aprovação municipal da REURB corresponde à aprovação urbanística do projeto de regularização fundiária e, na hipótese de o Município ter órgão ambiental capacitado, à aprovação ambiental.

▸ *Caput* com a redação dada pela Lei nº 14.118, de 12-1-2021.

§ 1º Considera-se órgão ambiental capacitado o órgão municipal que possua em seus quadros ou à sua disposição profissionais com atribuição técnica para a análise e a aprovação dos estudos referidos no art. 11, independentemente da existência de convênio com os Estados ou a União.

§ 2º Os estudos referidos no art. 11 deverão ser elaborados por profissional legalmente habilitado, compatibilizar-se com o projeto de regularização fundiária e conter, conforme o caso, os elementos constantes dos arts. 64 ou 65 da Lei nº 12.651, de 25 de maio de 2012.

§ 3º Os estudos técnicos referidos no art. 11 aplicam-se somente às parcelas dos núcleos urbanos informais situados nas áreas de preservação permanente, nas unidades de conservação de uso sustentável ou nas áreas de proteção de mananciais e poderão ser feitos em fases ou etapas, sendo que a parte do núcleo urbano informal não afetada por esses estudos poderá ter seu projeto aprovado e levado a registro separadamente.

§ 4º A aprovação ambiental da REURB prevista neste artigo poderá ser feita pelos Estados na hipótese de o Município não dispor de capacidade técnica para a aprovação dos estudos referidos no art. 11.

Art. 13. A REURB compreende duas modalidades:

I – REURB de Interesse Social (REURB-S) – regularização fundiária aplicável aos núcleos urbanos informais ocupados predominantemente por população de baixa renda, assim declarados em ato do Poder Executivo municipal; e

II – REURB de Interesse Específico (REURB-E) – regularização fundiária aplicável aos núcleos urbanos informais ocupados por população não qualificada na hipótese de que trata o inciso I deste artigo.

§ 1º Serão isentos de custas e emolumentos, entre outros, os seguintes atos registrais relacionados à REURB-S:

I – o primeiro registro da REURB-S, o qual confere direitos reais aos seus beneficiários;

II – o registro da legitimação fundiária;

III – o registro do título de legitimação de posse e a sua conversão em título de propriedade;

IV – o registro da CRF e do projeto de regularização fundiária, com abertura de matrícula para cada unidade imobiliária urbana regularizada;

V – a primeira averbação de construção residencial, desde que respeitado o limite de até setenta metros quadrados;

VI – a aquisição do primeiro direito real sobre unidade imobiliária derivada da REURB-S;

VII – o primeiro registro do direito real de laje no âmbito da REURB-S; e

VIII – o fornecimento de certidões de registro para os atos previstos neste artigo.

§ 2º Os atos de que trata este artigo independem da comprovação do pagamento de tributos ou penalidades tributárias, sendo vedado ao oficial de registro de imóveis exigir sua comprovação.

§ 3º O disposto nos §§ 1º e 2º deste artigo aplica-se também à REURB-S que tenha por objeto conjuntos habitacionais ou condomínios de interesse social construídos pelo poder público, diretamente ou por meio da administração pública indireta, que já se encontrem implantados em 22 de dezembro de 2016.

§ 4º Na REURB, os Municípios e o Distrito Federal poderão admitir o uso misto de atividades como forma de promover a integração social e a geração de emprego e renda no núcleo urbano informal regularizado.

§ 5º A classificação do interesse visa exclusivamente à identificação dos responsáveis pela implantação ou adequação das obras de infraestrutura essencial e ao reconhecimento do direito à gratuidade das custas e emolumentos notariais e registrais em favor daqueles a quem for atribuído o domínio das unidades imobiliárias regularizadas.

§ 6º Os cartórios que não cumprirem o disposto neste artigo, que retardarem ou não efetuarem o registro de acordo com as normas previstas nesta Lei, por ato não justificado, ficarão sujeitos às sanções previstas no art. 44 da Lei nº 11.977, de 7 de julho de 2009, observado o disposto nos §§ 3º-A e 3º-B do art. 30 da Lei nº 6.015, de 31 de dezembro de 1973.

§ 7º A partir da disponibilidade de equipamentos e infraestrutura para prestação de serviço público de abastecimento de água, coleta de esgoto, distribuição de energia elétrica, ou outros serviços públicos, é obrigatório aos beneficiários da REURB realizar a conexão da edificação à rede de água, de coleta de esgoto ou de distribuição de energia elétrica e adotar as demais providências necessárias à utilização do serviço, salvo disposição em contrário na legislação municipal.

Seção II

DOS LEGITIMADOS PARA REQUERER A REURB

Art. 14. Poderão requerer a REURB:

I – a União, os Estados, o Distrito Federal e os Municípios, diretamente ou por meio de entidades da administração pública indireta;

II – os seus beneficiários, individual ou coletivamente, diretamente ou por meio de cooperativas habitacionais, associações de moradores, fundações, organizações sociais, organizações da sociedade civil de interesse público ou outras associações civis que tenham por finalidade atividades nas áreas de desenvolvimento urbano ou regularização fundiária urbana;

III – os proprietários de imóveis ou de terrenos, loteadores ou incorporadores;

IV – a Defensoria Pública, em nome dos beneficiários hipossuficientes; e

V – o Ministério Público.

§ 1º Os legitimados poderão promover todos os atos necessários à regularização fundiária, inclusive requerer os atos de registro.

§ 2º Nos casos de parcelamento do solo, de conjunto habitacional ou de condomínio informal, empreendidos por particular, a conclusão da REURB confere direito de regresso àqueles que suportarem os seus custos e obrigações contra os responsáveis pela implantação dos núcleos urbanos informais.

§ 3º O requerimento de instauração da REURB por proprietários de terreno, loteadores e incorporadores que tenham dado causa à formação de núcleos urbanos informais, ou os seus sucessores, não os eximirá de responsabilidades administrativa, civil ou criminal.

CAPÍTULO II

DOS INSTRUMENTOS DA REURB

Seção I

DISPOSIÇÕES GERAIS

Art. 15. Poderão ser empregados, no âmbito da REURB, sem prejuízo de outros que se apresentem adequados, os seguintes institutos jurídicos:

I – a legitimação fundiária e a legitimação de posse, nos termos desta Lei;

II – a usucapião, nos termos dos arts. 1.238 a 1.244 da Lei nº 10.406, de 10 de janeiro de 2002 (Código Civil), dos arts. 9º a 14 da Lei nº 10.257, de 10 de julho de 2001, e do art. 216-A da Lei nº 6.015, de 31 de dezembro de 1973;

III – a desapropriação em favor dos possuidores, nos termos dos §§ 4º e 5º do art. 1.228 da Lei nº 10.406, de 10 de janeiro de 2002 (Código Civil);

IV – a arrecadação de bem vago, nos termos do art. 1.276 da Lei nº 10.406, de 10 de janeiro de 2002 (Código Civil);

V – o consórcio imobiliário, nos termos do art. 46 da Lei nº 10.257, de 10 de julho de 2001;

VI – a desapropriação por interesse social, nos termos do inciso IV do art. 2º da Lei nº 4.132, de 10 de setembro de 1962;

VII – o direito de preempção, nos termos do inciso I do art. 26 da Lei nº 10.257, de 10 de julho de 2001;

VIII – a transferência do direito de construir, nos termos do inciso III do art. 35 da Lei nº 10.257, de 10 de julho de 2001;

IX – a requisição, em caso de perigo público iminente, nos termos do § 3º do art. 1.228 da Lei nº 10.406, de 10 de janeiro de 2002 (Código Civil);

X – a intervenção do poder público em parcelamento clandestino ou irregular, nos termos do art. 40 da Lei nº 6.766, de 19 de dezembro de 1979;

XI – a alienação de imóvel pela administração pública diretamente para seu detentor, nos termos da alínea *f* do inciso I do art. 17 da Lei nº 8.666, de 21 de junho de 1993;

▶ A Lei nº 8.666, de 21-6-1993, foi revogada pela Lei nº 14.133, de 1º-4-2021.

▶ Art. 76, I, *f*, da Lei nº 14.133, de 1º-4-2021 (Nova Lei de Licitações e Contratos Administrativos).

XII – a concessão de uso especial para fins de moradia;

XIII – a concessão de direito real de uso;

XIV – a doação; e

XV – a compra e venda.

Art. 16. Na REURB-E, promovida sobre bem público, havendo solução consensual, a aquisição de direitos reais pelo particular ficará condicionada ao pagamento do justo valor da unidade imobiliária regularizada, a ser apurado na forma estabelecida em ato do Poder Executivo titular do domínio, sem considerar o valor das acessões e benfeitorias do ocupante e a valorização decorrente da implantação dessas acessões e benfeitorias.

Parágrafo único. As áreas de propriedade do poder público registradas no Registro de Imóveis, que sejam objeto de ação judicial versando sobre a sua titularidade, poderão ser objeto da REURB, desde que celebrado acordo judicial ou extrajudicial, na forma desta Lei, homologado pelo juiz.

Art. 17. Na REURB-S promovida sobre bem público, o registro do projeto de regularização fundiária e a constituição de direito real em nome dos beneficiários poderão ser feitos em ato único, a critério do ente público promovente.

Parágrafo único. Nos casos previstos no *caput* deste artigo, serão encaminhados ao cartório o instrumento indicativo do direito real constituído, a listagem dos ocupantes que serão beneficiados pela REURB e respectivas qualificações, com indicação das respectivas unidades, ficando dispensadas a apresentação de título cartorial individualizado e as cópias da documentação referente à qualificação de cada beneficiário.

Art. 18. O Município e o Distrito Federal poderão instituir como instrumento de planejamento urbano Zonas Especiais de Interesse Social (ZEIS), no âmbito da política municipal de ordenamento de seu território.

§ 1º Para efeitos desta Lei, considera-se ZEIS a parcela de área urbana instituída pelo plano diretor ou definida por outra lei municipal, destinada preponderantemente à população de baixa renda e sujeita a regras específicas de parcelamento, uso e ocupação do solo.

§ 2º A REURB não está condicionada à existência de ZEIS.

Seção II

DA DEMARCAÇÃO URBANÍSTICA

Art. 19. O poder público poderá utilizar o procedimento de demarcação urbanística, com base no levantamento da situação da área a ser regularizada e na caracterização do núcleo urbano informal a ser regularizado.

§ 1º O auto de demarcação urbanística deve ser instruído com os seguintes documentos:

I – planta e memorial descritivo da área a ser regularizada, nos quais constem suas medidas perimetrais, área total, confrontantes, coordenadas georreferenciadas dos vértices definidores de seus limites, números das matrículas ou transcrições atingidas, indicação dos proprietários identificados e ocorrência de situações de domínio privado com proprietários não identificados em razão de descrições imprecisas dos registros anteriores;

II – planta de sobreposição do imóvel demarcado com a situação da área constante do registro de imóveis.

§ 2º O auto de demarcação urbanística poderá abranger uma parte ou a totalidade de um ou mais imóveis inseridos em uma ou mais das seguintes situações:

I – domínio privado com proprietários não identificados, em razão de descrições imprecisas dos registros anteriores;

II – domínio privado objeto do devido registro no registro de imóveis competente, ainda que de proprietários distintos; ou

III – domínio público.

§ 3º Os procedimentos da demarcação urbanística não constituem condição para o processamento e a efetivação da REURB.

Art. 20. O poder público notificará os titulares de domínio e os confrontantes da área demarcada, pessoalmente ou por via postal, com aviso de recebimento, no endereço que constar da matrícula ou da transcrição, para que estes, querendo, apresentem impugnação à demarcação urbanística, no prazo comum de trinta dias.

§ 1º Eventuais titulares de domínio ou confrontantes não identificados, ou não encontrados ou que recusarem o recebimento da notificação por via postal, serão notificados por edital, para que, querendo, apresentem impugnação à demarcação urbanística, no prazo comum de trinta dias.

§ 2º O edital de que trata o § 1º deste artigo conterá resumo do auto de demarcação urbanística, com a descrição que permita a identificação da área a ser demarcada e seu desenho simplificado.

§ 3º A ausência de manifestação dos indicados neste artigo será interpretada como concordância com a demarcação urbanística.

§ 4º Se houver impugnação apenas em relação à parcela da área objeto do auto de demarcação urbanística, é facultado ao poder público prosseguir com o procedimento em relação à parcela não impugnada.

§ 5º A critério do poder público municipal, as medidas de que trata este artigo poderão ser realizadas pelo registro de imóveis do local do núcleo urbano informal a ser regularizado.

§ 6º A notificação conterá a advertência de que a ausência de impugnação implicará a perda de eventual direito que o notificado titularize sobre o imóvel objeto da REURB.

Art. 21. Na hipótese de apresentação de impugnação, poderá ser adotado procedimento extrajudicial de composição de conflitos.

§ 1º Caso exista demanda judicial de que o impugnante seja parte e que verse sobre direitos reais ou possessórios relativos ao imóvel abrangido pela demarcação urbanística, deverá informá-la ao poder público, que comunicará ao juízo a existência do procedimento de que trata o *caput* deste artigo.

§ 2º Para subsidiar o procedimento de que trata o *caput* deste artigo, será feito um levantamento de eventuais passivos tributários, ambientais e administrativos associados aos imóveis objeto de impugnação, assim como das posses existentes, com vistas à identificação de casos de prescrição aquisitiva da propriedade.

§ 3º A mediação observará o disposto na Lei nº 13.140, de 26 de junho de 2015, facultando-se ao poder público promover a alteração do auto de demarcação urbanística ou adotar qualquer outra medida que possa afastar a oposição do proprietário ou dos confrontantes à regularização da área ocupada.

§ 4º Caso não se obtenha acordo na etapa de mediação, fica facultado o emprego da arbitragem.

Art. 22. Decorrido o prazo sem impugnação ou caso superada a oposição ao procedimento, o auto de demarcação urbanística será encaminhado ao registro de imóveis e averbado nas matrículas por ele alcançadas.

§ 1º A averbação informará:

I – a área total e o perímetro correspondente ao núcleo urbano informal a ser regularizado;

II – as matrículas alcançadas pelo auto de demarcação urbanística e, quando possível, a área abrangida em cada uma delas; e

III – a existência de áreas cuja origem não tenha sido identificada em razão de imprecisões dos registros anteriores.

§ 2º Na hipótese de o auto de demarcação urbanística incidir sobre imóveis ainda não matriculados, previamente à averbação, será aberta matrícula, que deverá refletir a situação registrada do imóvel, dispensadas a retificação do memorial descritivo e a apuração de área remanescente.

§ 3º Nos casos de registro anterior efetuado em outra circunscrição, para abertura da matrícula de que trata o § 2º deste artigo, o oficial requererá, de ofício, certidões atualizadas daquele registro.

§ 4º Na hipótese de a demarcação urbanística abranger imóveis situados em mais de uma circunscrição imobiliária, o oficial do registro de imóveis responsável pelo procedimento comunicará as demais circunscrições imobiliárias envolvidas para averbação da demarcação urbanística nas respectivas matrículas alcançadas.

§ 5º A demarcação urbanística será averbada ainda que a área abrangida pelo auto de demarcação urbanística supere a área disponível nos registros anteriores.

§ 6º Não se exigirá, para a averbação da demarcação urbanística, a retificação da área não abrangida pelo auto de demarcação urbanística, ficando a apuração de remanescente sob a responsabilidade do proprietário do imóvel atingido.

Seção III

DA LEGITIMAÇÃO FUNDIÁRIA

Art. 23. A legitimação fundiária constitui forma originária de aquisição do direito real de propriedade conferido por ato do poder público, exclusivamente no âmbito da REURB, àquele que detiver em área pública ou possuir em área privada, como sua, unidade imobiliária com destinação urbana, integrante de núcleo urbano informal consolidado existente em 22 de dezembro de 2016.

§ 1º Apenas na REURB-S, a legitimação fundiária será concedida ao beneficiário, desde que atendidas as seguintes condições:

I – o beneficiário não seja concessionário, foreiro ou proprietário exclusivo de imóvel urbano ou rural;

▸ Inciso I com a redação dada pela Lei nº 14.118, de 12-1-2021.

II – o beneficiário não tenha sido contemplado com legitimação de posse ou fundiária de imóvel urbano com a mesma finalidade, ainda que situado em núcleo urbano distinto; e

III – em caso de imóvel urbano com finalidade não residencial, seja reconhecido pelo poder público o interesse público de sua ocupação.

§ 2º Por meio da legitimação fundiária, em qualquer das modalidades da REURB, o ocupante adquire a unidade imobiliária com destinação urbana livre e desembaraçada de quaisquer ônus, direitos reais, gravames ou inscrições, eventualmente existentes em sua matrícula de origem, exceto quando disserem respeito ao próprio legitimado.

§ 3º Deverão ser transportadas as inscrições, as indisponibilidades ou os gravames existentes no registro da área maior originária para as matrículas das unidades imobiliárias que não houverem sido adquiridas por legitimação fundiária.

§ 4º Na REURB-S de imóveis públicos, a União, os Estados, o Distrito Federal e os Municípios, e as suas entidades vinculadas, quando titulares do domínio, ficam autorizados a reconhecer o direito de propriedade aos ocupantes do núcleo urbano informal regularizado por meio da legitimação fundiária.

§ 5º Nos casos previstos neste artigo, o poder público encaminhará a CRF para registro imediato da aquisição de propriedade, dispensados a apresentação de título individualizado e as cópias da documentação referente à qualificação do beneficiário, o projeto de regularização fundiária aprovado, a listagem dos ocupantes e sua devida qualificação e a identificação das áreas que ocupam.

§ 6º Poderá o poder público atribuir domínio adquirido por legitimação fundiária aos ocupantes que não tenham constado da listagem inicial, mediante cadastramento complementar, sem prejuízo dos direitos de quem haja constado na listagem inicial.

Art. 24. Nos casos de regularização fundiária urbana previstos na Lei nº 11.952, de 25 de junho de 2009, os Municípios poderão utilizar a legitimação fundiária e demais instrumentos previstos nesta Lei para conferir propriedade aos ocupantes.

Seção IV

DA LEGITIMAÇÃO DE POSSE

Art. 25. A legitimação de posse, instrumento de uso exclusivo para fins de regularização fundiária, constitui ato do poder público destinado a conferir título, por meio do qual fica reconhecida a posse de imóvel objeto da REURB, com a identificação de seus ocupantes, do tempo da ocupação e da natureza da posse, o qual é conversível em direito real de propriedade, na forma desta Lei.

§ 1º A legitimação de posse poderá ser transferida por causa mortis ou por ato inter vivos.

§ 2º A legitimação de posse não se aplica aos imóveis urbanos situados em área de titularidade do poder público.

Art. 26. Sem prejuízo dos direitos decorrentes do exercício da posse mansa e pacífica no tempo, aquele em cujo favor for expedido título de legitimação de posse, decorrido o prazo de cinco anos de seu registro, terá a conversão automática dele em título de propriedade, desde que atendidos os termos e as condições do art. 183 da Constituição Federal, independentemente de prévia provocação ou prática de ato registral.

§ 1º Nos casos não contemplados pelo art. 183 da Constituição Federal, o título de legitimação de posse poderá ser convertido em título de propriedade, desde que satisfeitos os requisitos de usucapião estabelecidos na legislação em vigor, a requerimento do interessado, perante o registro de imóveis competente.

§ 2º A legitimação de posse, após convertida em propriedade, constitui forma originária de aquisição de direito real, de modo que a unidade imobiliária com destinação urbana regularizada restará livre e desembaraçada de quaisquer ônus, direitos reais, gravames ou inscrições, eventualmente existentes em sua matrícula de origem, exceto quando disserem respeito ao próprio beneficiário.

Art. 27. O título de legitimação de posse poderá ser cancelado pelo poder público emitente quando constatado que as condições estipuladas nesta Lei deixaram de ser satisfeitas, sem que seja devida qualquer indenização àquele que irregularmente se beneficiou do instrumento.

CAPÍTULO III

DO PROCEDIMENTO ADMINISTRATIVO

Seção I

DISPOSIÇÕES GERAIS

Art. 28. A REURB obedecerá às seguintes fases:

I – requerimento dos legitimados;

II – processamento administrativo do requerimento, no qual será conferido prazo para manifestação dos titulares de direitos reais sobre o imóvel e dos confrontantes;

III – elaboração do projeto de regularização fundiária;

IV – saneamento do processo administrativo;

V – decisão da autoridade competente, mediante ato formal, ao qual se dará publicidade;

VI – expedição da CRF pelo Município; e

VII – registro da CRF e do projeto de regularização fundiária aprovado perante o oficial do cartório de registro de imóveis em que se situe a unidade imobiliária com destinação urbana regularizada.

Parágrafo único. Não impedirá a REURB, na forma estabelecida nesta Lei, a inexistência de lei municipal específica que trate de medidas ou posturas de interesse local aplicáveis a projetos de regularização fundiária urbana.

Art. 29. A fim de fomentar a efetiva implantação das medidas da REURB, os entes federativos poderão celebrar convênios ou outros instrumentos congêneres com o Ministério das Cidades, com vistas a cooperar para a fiel execução do disposto nesta Lei.

Art. 30. Compete aos Municípios nos quais estejam situados os núcleos urbanos informais a serem regularizados:

I – classificar, caso a caso, as modalidades da REURB;

II – processar, analisar e aprovar os projetos de regularização fundiária; e

III – emitir a CRF.

§ 1º Na REURB requerida pela União ou pelos Estados, a classificação prevista no inciso I do *caput* deste artigo será de responsabilidade do ente federativo instaurador.

§ 2º O Município deverá classificar e fixar, no prazo de até cento e oitenta dias, uma das modalidades da REURB ou indeferir, fundamentadamente, o requerimento.

§ 3º A inércia do Município implica a automática fixação da modalidade de classificação da REURB indicada pelo legitimado em seu requerimento, bem como o prosseguimento do procedimento administrativo da REURB, sem prejuízo de futura revisão dessa classificação pelo Município, mediante estudo técnico que a justifique.

§ 4º Para as terras de sua propriedade, os órgãos da administração direta e as entidades da administração indireta da União, dos Estados, do Distrito Federal e dos Municípios ficam autorizados a instaurar, processar e aprovar a REURB-S ou a REURB-E e a utilizar os demais instrumentos previstos nesta Lei.

▸ § 4º acrescido pela Lei nº 14.620, de 13-7-2023.

Art. 31. Instaurada a REURB, o Município deverá proceder às buscas necessárias para determinar a titularidade do domínio dos imóveis onde está situado o núcleo urbano informal a ser regularizado.

§ 1º Tratando-se de imóveis públicos ou privados, caberá aos Municípios notificar os titulares de domínio, os responsáveis pela implantação do núcleo urbano informal, os confinantes e os terceiros eventualmente interessados, para, querendo, apresentar impugnação no prazo de trinta dias, contado da data de recebimento da notificação.

§ 2º Tratando-se de imóveis públicos municipais, o Município deverá notificar os confinantes e terceiros eventualmente interessados, para, querendo, apresentar impugnação no prazo de trinta dias, contado da data de recebimento da notificação.

§ 3º Na hipótese de apresentação de impugnação, será iniciado o procedimento extrajudicial de composição de conflitos de que trata esta Lei.

§ 4º A notificação do proprietário e dos confinantes será feita por via postal, com aviso de recebimento, no endereço que constar da matrícula ou da transcrição, considerando-se efetuada quando comprovada a entrega nesse endereço.

§ 5º A notificação da REURB também será feita por meio de publicação de edital, com prazo de trinta dias, do qual deverá constar, de forma resumida, a descrição da área a ser regularizada, nos seguintes casos:

I – quando o proprietário e os confinantes não forem encontrados; e

II – quando houver recusa da notificação por qualquer motivo.

§ 6º A ausência de manifestação dos indicados referidos nos §§ 1º e 4º deste artigo será interpretada como concordância com a REURB.

§ 7º Caso algum dos imóveis atingidos ou confinantes não esteja matriculado ou transcrito na serventia, o Distrito Federal ou os Municípios realizarão diligências perante as serventias anteriormente competentes, mediante apresentação da planta do perímetro regularizado, a fim de que a sua situação jurídica atual seja certificada, caso possível.

§ 8º O requerimento de instauração da REURB ou, na forma de regulamento, a manifestação de interesse nesse sentido por parte de qualquer dos legitimados garantem perante o poder público aos ocupantes dos núcleos urbanos informais situados em áreas públicas a serem regularizados a permanência em suas respectivas unidades imobiliárias, preservando-se as situações de fato já existentes, até o eventual arquivamento definitivo do procedimento.

§ 9º Fica dispensado o disposto neste artigo, caso adotados os procedimentos da demarcação urbanística.

Art. 32. A REURB será instaurada por decisão do Município, por meio de requerimento, por escrito, de um dos legitimados de que trata esta Lei.

Parágrafo único. Na hipótese de indeferimento do requerimento de instauração da REURB, a decisão do Município deverá indicar as medidas a serem adotadas, com vistas à reformulação e à reavaliação do requerimento, quando for o caso.

Art. 33. Instaurada a REURB, compete ao Município aprovar o projeto de regularização fundiária, do qual deverão constar as responsabilidades das partes envolvidas.

§ 1º A elaboração e o custeio do projeto de regularização fundiária e da implantação da infraestrutura essencial obedecerão aos seguintes procedimentos:

I – na REURB-S, caberá ao Município ou ao Distrito Federal a responsabilidade de elaborar e custear o projeto de regularização fundiária e a implantação da infraestrutura essencial, quando necessária;

a e b) Revogadas. Lei nº 14.118, de 12-1-2021.

II – na REURB-E, a regularização fundiária será contratada e custeada por seus potenciais beneficiários ou requerentes privados;

III – na REURB-E sobre áreas públicas, se houver interesse público, o Município poderá proceder à elaboração e ao custeio do projeto de regularização fundiária e da implantação da infraestrutura essencial, com posterior cobrança aos seus beneficiários.

▶ Parágrafo único transformado em § 1º e com a redação dada pela Lei nº 14.118, de 12-1-2021.

§ 2º Na REURB-S, fica facultado aos legitimados promover, a suas expensas, os projetos e os demais documentos técnicos necessários à regularização de seu imóvel, inclusive as obras de infraestrutura essencial nos termos do § 1º do art. 36 desta Lei.

▶ § 2º acrescido pela Lei nº 14.118, de 12-1-2021.

Art. 34. Os Municípios poderão criar câmaras de prevenção e resolução administrativa de conflitos, no âmbito da administração local, inclusive mediante celebração de ajustes com os Tribunais de Justiça estaduais, as quais deterão competência para dirimir conflitos relacionados à REURB, mediante solução consensual.

§ 1º O modo de composição e funcionamento das câmaras de que trata o *caput* deste artigo será estabelecido em ato do Poder Executivo municipal e, na falta do ato, pelo disposto na Lei nº 13.140, de 26 de junho de 2015.

§ 2º Se houver consenso entre as partes, o acordo será reduzido a termo e constituirá condição para a conclusão da REURB, com consequente expedição da CRF.

§ 3º Os Municípios poderão instaurar, de ofício ou mediante provocação, procedimento de mediação coletiva de conflitos relacionados à REURB.

§ 4º A instauração de procedimento administrativo para a resolução consensual de conflitos no âmbito da REURB suspende a prescrição.

§ 5º Os Municípios e o Distrito Federal poderão, mediante a celebração de convênio, utilizar os Centros Judiciários de Solução de Conflitos e Cidadania ou as câmaras de mediação credenciadas nos Tribunais de Justiça.

Seção II

DO PROJETO DE REGULARIZAÇÃO FUNDIÁRIA

Art. 35. O projeto de regularização fundiária conterá, no mínimo:

I – levantamento planialtimétrico e cadastral, com georreferenciamento, subscrito por profissional competente, acompanhado de Anotação de Responsabilidade Técnica (ART) ou Registro de Responsabilidade Técnica (RRT), que demonstrará as unidades, as construções, o sistema viário, as áreas públicas, os acidentes geográficos e os demais elementos caracterizadores do núcleo a ser regularizado;

II – planta do perímetro do núcleo urbano informal com demonstração das matrículas ou transcrições atingidas, quando for possível;

III – estudo preliminar das desconformidades e da situação jurídica, urbanística e ambiental;

IV – projeto urbanístico;

V – memoriais descritivos;

VI – proposta de soluções para questões ambientais, urbanísticas e de reassentamento dos ocupantes, quando for o caso;

VII – estudo técnico para situação de risco, quando for o caso;

VIII – estudo técnico ambiental, para os fins previstos nesta Lei, quando for o caso;

IX – cronograma físico de serviços e implantação de obras de infraestrutura essencial, compensações urbanísticas, ambientais e outras, quando houver, definidas por ocasião da aprovação do projeto de regularização fundiária; e

X – termo de compromisso a ser assinado pelos responsáveis, públicos ou privados, pelo cumprimento do cronograma físico definido no inciso IX deste artigo.

Parágrafo único. O projeto de regularização fundiária deverá considerar as características da ocupação e da área ocupada para definir parâmetros urbanísticos e ambientais específicos, além de identificar os lotes, as vias de circulação e as áreas destinadas a uso público, quando for o caso.

Art. 36. O projeto urbanístico de regularização fundiária deverá conter, no mínimo, indicação:

I – das áreas ocupadas, do sistema viário e das unidades imobiliárias, existentes ou projetadas;

II – das unidades imobiliárias a serem regularizadas, suas características, área, confrontações, localização, nome do logradouro e número de sua designação cadastral, se houver;

III – quando for o caso, das quadras e suas subdivisões em lotes ou as frações ideais vinculadas à unidade regularizada;

IV – dos logradouros, espaços livres, áreas destinadas a edifícios públicos e outros equipamentos urbanos, quando houver;

V – de eventuais áreas já usucapidas;

VI – das medidas de adequação para correção das desconformidades, quando necessárias;

VII – das medidas de adequação da mobilidade, acessibilidade, infraestrutura e relocação de edificações, quando necessárias;

VIII – das obras de infraestrutura essencial, quando necessárias;

IX – de outros requisitos que sejam definidos pelo Município.

§ 1º Para fins desta Lei, considera-se infraestrutura essencial os seguintes equipamentos:

I – sistema de abastecimento de água potável, coletivo ou individual;

II – sistema de coleta e tratamento do esgotamento sanitário, coletivo ou individual;

III – rede de energia elétrica domiciliar;

IV – soluções de drenagem, quando necessário; e

V – outros equipamentos a serem definidos pelos Municípios em função das necessidades locais e características regionais.

§ 2º A REURB pode ser implementada por etapas, abrangendo o núcleo urbano informal de forma total ou parcial.

§ 3º As obras de implantação de infraestrutura essencial, de equipamentos comunitários e de melhoria habitacional, bem como sua manutenção, podem ser realizadas antes, durante ou após a conclusão da REURB.

§ 4º O Município definirá os requisitos para elaboração do projeto de regularização, no que se refere aos desenhos, ao memorial descritivo e ao cronograma físico de obras e serviços a serem realizados, se for o caso.

§ 5º A planta e o memorial descritivo deverão ser assinados por profissional legalmente habilitado, dispensada a apresentação de Anotação de Responsabilidade Técnica (ART) no Conselho Regional de Engenharia e Agronomia (CREA) ou de Registro de Responsabilidade Técnica (RRT) no Conselho de Arquitetura e Urbanismo (CAU), quando o responsável técnico for servidor ou empregado público.

§ 6º Na hipótese de utilização, pelo poder público, de peças técnicas e projetos de regularização fundiária elaborados por empresas privadas e particulares em geral, será necessária, para a emissão da Certidão de Regularização Fundiária (CRF), a anuência dos autores ou de quem detenha os direitos autorais.

§ 7º As unidades desocupadas e não comercializadas do titular originário do domínio da área alcançadas pela REURB, na forma do inciso I do *caput* deste artigo, poderão ser caucionadas ou averbadas em alienação fiduciária e colocadas em garantia para as obras de infraestrutura essenciais, consignando-se o poder público como beneficiário da garantia estabelecida.

▸ §§ 6º e 7º acrescidos pela Lei nº 14.620, de 13-7-2023.

Art. 37. Na REURB-S, caberá ao poder público competente, diretamente ou por meio da administração pública indireta, implementar a infraestrutura essencial, os equipamentos comunitários e as melhorias habitacionais previstas nos projetos de regularização, assim como arcar com os ônus de sua manutenção, podendo utilizar-se de recursos financeiros públicos e privados.

▸ *Caput* com a redação dada pela Lei nº 14.620, de 13-7-2023.

§ 1º Os projetos e as obras de infraestrutura essencial na REURB-S ou REURB-E, incluindo vias de acesso, iluminação pública, solução de esgotamento sanitário e de drenagem de águas pluviais, ligações domiciliares de abastecimento de água e de energia elétrica e valores despendidos com indenizações aos antigos proprietários, poderão ser financiados com recursos do Sistema Brasileiro de Poupança e Empréstimo (SBPE), do Fundo de Garantia do Tempo de Serviço (FGTS), do Fundo de Arrendamento Residencial (FAR) e do Fundo de Desenvolvimento Social (FDS), bem como por outras fontes de financiamento públicas, privadas ou internacionais.

§ 2º Garantida a previsão de restituição integral dos valores disponibilizados, ficam autorizados a realizar as operações financeiras para as obras de infraestrutura referidas no § 1º os órgãos federais, estaduais e municipais, inclusive sociedades de economia mista, que operem na execução de política habitacional e de infraestruturas conexas.

§ 3º As garantias para as operações financeiras para as obras de infraestrutura e melhorias essenciais para a REURB são as previstas no art. 17 da Lei nº 9.514, de 20 de novembro de 1997, e deverão ser incluídas na Certidão de Regularização Fundiária (CRF).

§ 4º O cálculo dos valores devidos pelos beneficiários da REURB poderá ser realizado adotando-se como critério as áreas dos imóveis regularizados, individualmente considerados.

▸ §§ 1º a 4º acrescidos pela Lei nº 14.620, de 13-7-2023.

Art. 37-A. Fica autorizada a transferência do direito de construir correspondente ao potencial construtivo passível de ser utilizado em outro local, prevista no art. 35 da Lei nº 10.257, de 10 de julho de 2001 (Estatuto da Cidade), para fins de viabilizar a elaboração de projetos, a indenização e a realização das obras de infraestrutura em projetos de REURB-S.

Parágrafo único. As prefeituras poderão receber imóveis para o atendimento das finalidades previstas neste artigo, oferecendo como contrapartida ao proprietário a possibilidade de transferência do potencial construtivo do bem doado ou desapropriado amigavelmente.

▸ Art. 37-A acrescido pela Lei nº 14.620, de 13-7-2023.

Art. 38. Na REURB-E, o Distrito Federal ou os Municípios deverão definir, por ocasião da aprovação dos projetos de regularização fundiária, nos limites da legislação de regência, os responsáveis pela:

I – implantação dos sistemas viários;

II – implantação da infraestrutura essencial e dos equipamentos públicos ou comunitários, quando for o caso; e

III – implementação das medidas de mitigação e compensação urbanística e ambiental, e dos estudos técnicos, quando for o caso.

§ 1º As responsabilidades de que trata o *caput* deste artigo poderão ser atribuídas aos beneficiários da REURB-E.

§ 2º Os responsáveis pela adoção de medidas de mitigação e compensação urbanística e ambiental deverão celebrar termo de compromisso com as autoridades competentes como condição de aprovação da REURB-E.

Art. 39. Para que seja aprovada a REURB de núcleos urbanos informais, ou de parcela deles, situados em áreas de riscos geotécnicos, de inundações ou de outros riscos especificados em lei, estudos técnicos deverão ser realizados, a fim de examinar a possibilidade de eliminação, de correção ou de administração de riscos na parcela por eles afetada.

§ 1º Na hipótese do *caput* deste artigo, é condição indispensável à aprovação da REURB a implantação das medidas indicadas nos estudos técnicos realizados.

§ 2º Na REURB-S que envolva áreas de riscos que não comportem eliminação, correção ou administração, os Municípios deverão proceder à realocação dos ocupantes do núcleo urbano informal a ser regularizado.

Seção III

DA CONCLUSÃO DA REURB

Art. 40. O pronunciamento da autoridade competente que decidir o processamento administrativo da REURB deverá:

I – indicar as intervenções a serem executadas, se for o caso, conforme o projeto de regularização fundiária aprovado;

II – aprovar o projeto de regularização fundiária resultante do processo de regularização fundiária; e

III – identificar e declarar os ocupantes de cada unidade imobiliária com destinação urbana regularizada, e os respectivos direitos reais.

Art. 41. A Certidão de Regularização Fundiária (CRF) é o ato administrativo de aprovação da regularização que deverá acompanhar o projeto aprovado e deverá conter, no mínimo:

I – o nome do núcleo urbano regularizado;

II – a localização;

III – a modalidade da regularização;

IV – as responsabilidades das obras e serviços constantes do cronograma;

V – a indicação numérica de cada unidade regularizada, quando houver;

VI – a listagem com nomes dos ocupantes que houverem adquirido a respectiva unidade, por título de legitimação fundiária ou mediante ato único de registro, bem como o estado civil, a profissão, o número de inscrição no cadastro das pessoas físicas do Ministério da Fazenda e do registro geral da cédula de identidade e a filiação.

CAPÍTULO IV

DO REGISTRO DA REGULARIZAÇÃO FUNDIÁRIA

Art. 42. O registro da CRF e do projeto de regularização fundiária aprovado será requerido diretamente ao oficial do cartório de registro de imóveis da situação do imóvel e será efetivado independentemente de determinação judicial ou do Ministério Público.

Parágrafo único. Em caso de recusa do registro, o oficial do cartório do registro de imóveis expedirá nota devolutiva fundamentada, na qual indicará os motivos da recusa e formulará exigências nos termos desta Lei.

Art. 43. Na hipótese de a REURB abranger imóveis situados em mais de uma circunscrição imobiliária, o procedimento será efetuado perante cada um dos oficiais dos cartórios de registro de imóveis.

Parágrafo único. Quando os imóveis regularizados estiverem situados na divisa das circunscrições imobiliárias, as novas matrículas das unidades imobiliárias serão de competência do oficial do cartório de registro de imóveis em cuja circunscrição estiver situada a maior porção da unidade imobiliária regularizada.

Art. 44. Recebida a CRF, cumprirá ao oficial do cartório de registro de imóveis prenotá-la, autuá-la, instaurar o procedimento registral e, no prazo de quinze dias, emitir a respectiva nota de exigência ou praticar os atos tendentes ao registro.

§ 1º O registro do projeto REURB aprovado importa em:

I – abertura de nova matrícula, quando for o caso;

II – abertura de matrículas individualizadas para os lotes e áreas públicas resultantes do projeto de regularização aprovado; e

III – registro dos direitos reais indicados na CRF junto às matrículas dos respectivos lotes, dispensada a apresentação de título individualizado.

§ 2º Quando o núcleo urbano regularizado abranger mais de uma matrícula, o oficial do registro de imóveis abrirá nova matrícula para a área objeto de regularização, conforme previsto no inciso I do § 1º deste artigo, destacando a área abrangida na matrícula de origem, dispensada a apuração de remanescentes.

§ 3º O registro da CRF dispensa a comprovação do pagamento de tributos ou penalidades tributárias de responsabilidade dos legitimados.

§ 4º O registro da CRF aprovado independe de averbação prévia do cancelamento do cadastro de imóvel rural no Instituto Nacional de Colonização e Reforma Agrária (INCRA).

§ 5º O procedimento registral deverá ser concluído no prazo de sessenta dias, prorrogável por até igual período, mediante justificativa fundamentada do oficial do cartório de registro de imóveis.

§ 6º O oficial de registro fica dispensado de providenciar a notificação dos titulares de domínio, dos confinantes e de terceiros eventualmente interessados, uma vez cumprido esse rito pelo Município, conforme o disposto no art. 31 desta Lei.

§ 7º O oficial do cartório de registro de imóveis, após o registro da CRF, notificará o INCRA, o Ministério do Meio Ambiente e a Secretaria da Receita Federal do Brasil para que esses órgãos cancelem, parcial ou totalmente, os respectivos registros existentes no Cadastro Ambiental Rural (CAR) e nos demais cadastros relacionados a imóvel rural, relativamente às unidades imobiliárias regularizadas.

§ 8º O oficial do cartório de registro de imóveis, ao abrir as matrículas individuais decorrentes do projeto de regularização fundiária, deverá, nas matrículas de unidades imobiliárias cujo ocupante não venha a ser informado na lista de beneficiários da CRF, fazer constar o titular originário da matrícula na condição de proprietário anterior, não inserindo esse mesmo proprietário como titular atual da matrícula aberta, mas apenas inserindo, no campo relativo ao proprietário atual, texto informando que o futuro proprietário será oportunamente citado na matrícula quando do envio de listas complementares de beneficiários.

▸ § 8º acrescido pela Lei nº 14.620, de 13-7-2023.

Art. 45. Quando se tratar de imóvel sujeito a regime de condomínio geral a ser dividido em lotes com indicação, na matrícula, da área deferida a cada condômino, o Município poderá indicar, de forma individual ou coletiva, as unidades imobiliárias correspondentes às frações ideais registradas, sob sua exclusiva responsabilidade, para a especialização das áreas registradas em comum.

Parágrafo único. Na hipótese de a informação prevista no *caput* deste artigo não constar do projeto de regularização fundiária aprovado pelo Município, as novas matrículas das unidades imobiliárias serão abertas mediante requerimento de especialização formulado pelos legitimados de que trata esta Lei, dispensada a outorga de escritura pública para indicação da quadra e do lote.

Art. 46. Para atendimento ao princípio da especialidade, o oficial do cartório de registro de imóveis adotará o memorial descritivo da gleba apresentado com o projeto de regularização fundiária e deverá averbá-lo na matrícula existente, anteriormente ao registro do projeto, independentemente de provocação, retificação, notificação, unificação ou apuração de disponibilidade ou remanescente.

§ 1º Se houver dúvida quanto à extensão da gleba matriculada, em razão da precariedade da descrição tabular, o oficial do cartório de registro de imóveis abrirá nova matrícula para a área destacada e averbará o referido destaque na matrícula matriz.

§ 2º As notificações serão emitidas de forma simplificada, indicando os dados de identificação do núcleo urbano a ser regularizado, sem a anexação de plantas, projetos, memoriais ou outros documentos, convidando o notificado a comparecer à sede da serventia para tomar conhecimento da CRF com a advertência de que o não comparecimento e a não apresentação de impugnação, no prazo legal, importará em anuência ao registro.

§ 3º Na hipótese de o projeto de regularização fundiária não envolver a integralidade do imóvel matriculado, o registro será feito com base na planta e no memorial descritivo referentes à área objeto de regularização e o destaque na matrícula da área total deverá ser averbado.

Art. 47. Os padrões dos memoriais descritivos, das plantas e das demais representações gráficas, inclusive as escalas adotadas e outros detalhes técnicos, seguirão as diretrizes estabelecidas pela autoridade municipal ou distrital competente, as quais serão consideradas atendidas com a emissão da CRF.

Parágrafo único. Não serão exigidos reconhecimentos de firma nos documentos que compõem a CRF ou o termo individual de legitimação fundiária quando apresentados pela União, Estados, Distrito Federal, Municípios ou entes da administração indireta.

Art. 48. O registro da CRF produzirá efeito de instituição e especificação de condomínio, quando for o caso, regido pelas disposições legais específicas, hipótese em que fica facultada aos condôminos a aprovação de convenção condominial.

Art. 49. O registro da CRF será feito em todas as matrículas atingidas pelo projeto de regularização fundiária aprovado, devendo ser informadas, quando possível, as parcelas correspondentes a cada matrícula.

Art. 50. Nas matrículas abertas para cada parcela, deverão constar dos campos referentes ao registro anterior e ao proprietário:

I – quando for possível, a identificação exata da origem da parcela matriculada, por meio de planta de sobreposição do parcelamento com os registros existentes, a matrícula anterior e o nome de seu proprietário;

II – quando não for possível identificar a exata origem da parcela matriculada, todas as matrículas anteriores atingidas pela REURB e a expressão "proprietário não identificado", dispensando-se nesse caso os requisitos dos itens 4 e 5 do inciso II do art. 167 da Lei nº 6.015, de 31 de dezembro de 1973.

Art. 51. Qualificada a CRF e não havendo exigências nem impedimentos, o oficial do cartório de registro de imóveis efetuará o seu registro na matrícula dos imóveis cujas áreas tenham sido atingidas, total ou parcialmente.

Parágrafo único. Não identificadas as transcrições ou as matrículas da área regularizada, o oficial do cartório de registro abrirá matrícula com a descrição do perímetro do núcleo urbano informal que constar da CRF e nela efetuará o registro.

Art. 52. Registrada a CRF, será aberta matrícula para cada uma das unidades imobiliárias regularizadas.

Parágrafo único. Para os atuais ocupantes das unidades imobiliárias objeto da REURB, os compromissos de compra e venda, as cessões e as promessas de cessão valerão como título hábil para a aquisição da propriedade, quando acompanhados da prova de quitação das obrigações do adquirente, e serão registrados nas matrículas das unidades imobiliárias correspondentes, resultantes da regularização fundiária.

Art. 53. Com o registro da CRF, serão incorporados automaticamente ao patrimônio público as vias públicas, as áreas destinadas ao uso comum do povo, os prédios públicos e os equipamentos urbanos, na forma indicada no projeto de regularização fundiária aprovado.

Parágrafo único. A requerimento do Município, o oficial de registro de imóveis abrirá matrícula para as áreas que tenham ingressado no domínio público.

Art. 54. As unidades desocupadas e não comercializadas alcançadas pela REURB terão as suas matrículas abertas em nome do titular originário do domínio da área.

Parágrafo único. As unidades não edificadas que tenham sido comercializadas a qualquer título terão suas matrículas abertas em nome do adquirente, conforme procedimento previsto nos arts. 84 e 98 desta Lei.

▸ Parágrafo único com a redação dada pela Lei nº 14.118, de 12-1-2021.

....

CAPÍTULO VII
DOS CONJUNTOS HABITACIONAIS

Art. 59. Serão regularizados como conjuntos habitacionais os núcleos urbanos informais que tenham sido constituídos para a alienação de unidades já edificadas pelo próprio empreendedor, público ou privado.

§ 1º Os conjuntos habitacionais podem ser constituídos de parcelamento do solo com unidades edificadas isoladas, parcelamento do solo com edificações em condomínio, condomínios horizontais ou verticais, ou ambas as modalidades de parcelamento e condomínio.

§ 2º As unidades resultantes da regularização de conjuntos habitacionais serão atribuídas aos ocupantes reconhecidos, salvo quando o ente público promotor do programa habitacional demonstrar que, durante o processo de regularização fundiária, há obrigações pendentes, caso em que as unidades imobiliárias regularizadas serão a ele atribuídas.

Art. 60. Para a aprovação e registro dos conjuntos habitacionais que compõem a REURB ficam dispensadas a apresentação do habite-se e, no caso de REURB-S, as respectivas certidões negativas de tributos e contribuições previdenciárias.

CAPÍTULO VIII
DO CONDOMÍNIO URBANO SIMPLES

Art. 61. Quando um mesmo imóvel contiver construções de casas ou cômodos, poderá ser instituído, inclusive para fins de REURB, condomínio urbano simples, respeitados os parâmetros urbanísticos locais, e serão discriminadas, na matrícula, a parte do terreno ocupada pelas edificações, as partes de utilização exclusiva e as áreas que constituem passagem para as vias públicas ou para as unidades entre si.

Parágrafo único. O condomínio urbano simples será regido por esta Lei, aplicando-se, no que couber, o disposto na legislação civil, tal como os arts. 1.331 a 1.358 da Lei nº 10.406, de 10 de janeiro de 2002 (Código Civil).

Art. 62. A instituição do condomínio urbano simples será registrada na matrícula do respectivo imóvel, na qual deverão ser identificadas as partes comuns ao nível do solo, as partes comuns internas à edificação, se houver, e as respectivas unidades autônomas, dispensada a apresentação de convenção de condomínio.

§ 1º Após o registro da instituição do condomínio urbano simples, deverá ser aberta uma matrícula para cada unidade autônoma, à qual caberá, como parte inseparável, uma fração ideal do solo e das outras partes comuns, se houver, representada na forma de percentual.

§ 2º As unidades autônomas constituídas em matrícula própria poderão ser alienadas e gravadas livremente por seus titulares.

§ 3º Nenhuma unidade autônoma poderá ser privada de acesso ao logradouro público.

§ 4º A gestão das partes comuns será feita de comum acordo entre os condôminos, podendo ser formalizada por meio de instrumento particular.

Art. 63. No caso da REURB-S, a averbação das edificações poderá ser efetivada a partir de mera notícia, a requerimento do interessado, da qual constem a área construída e o número da unidade imobiliária, dispensada a apresentação de habite-se e de certidões negativas de tributos e contribuições previdenciárias.

CAPÍTULO IX
DA ARRECADAÇÃO DE IMÓVEIS ABANDONADOS

Art. 64. Os imóveis urbanos privados abandonados cujos proprietários não possuam a intenção de conservá-los em seu patrimônio ficam sujeitos à arrecadação pelo Município ou pelo Distrito Federal na condição de bem vago.

§ 1º A intenção referida no *caput* deste artigo será presumida quando o proprietário, cessados os atos de posse sobre o imóvel, não adimplir os ônus fiscais instituídos sobre a propriedade predial e territorial urbana, por cinco anos.

§ 2º O procedimento de arrecadação de imóveis urbanos abandonados obedecerá ao disposto em ato do Poder Executivo municipal ou distrital e observará, no mínimo:

I – abertura de processo administrativo para tratar da arrecadação;

II – comprovação do tempo de abandono e de inadimplência fiscal;

III – notificação ao titular do domínio para, querendo, apresentar impugnação no prazo de trinta dias, contado da data de recebimento da notificação.

§ 3º A ausência de manifestação do titular do domínio será interpretada como concordância com a arrecadação.

§ 4º Respeitado o procedimento de arrecadação, o Município poderá realizar, diretamente ou por meio de terceiros, os investimentos necessários para que o imóvel urbano arrecadado atinja prontamente os objetivos sociais a que se destina.

§ 5º Na hipótese de o proprietário reivindicar a posse do imóvel declarado abandonado, no transcorrer do triênio a que alude o art. 1.276 da Lei nº 10.406, de 10 de janeiro de 2002 (Código Civil), fica assegurado ao Poder Executivo municipal ou distrital o direito ao ressarcimento prévio, e em valor atualizado, de todas as despesas em que eventualmente houver incorrido, inclusive tributárias, em razão do exercício da posse provisória.

Art. 65. Os imóveis arrecadados pelos Municípios ou pelo Distrito Federal poderão ser destinados aos programas habitacionais, à prestação de serviços públicos, ao fomento da REURB-S ou serão objeto de concessão de direito real de uso a entidades civis que comprovadamente tenham fins filantrópicos, assistenciais, educativos, esportivos ou outros, no interesse do Município ou do Distrito Federal.

....

CAPÍTULO XI
DISPOSIÇÕES FINAIS E TRANSITÓRIAS

Art. 68. Ao Distrito Federal são atribuídas as competências, os direitos e as responsabilidades reservadas aos Estados e aos Municípios, na forma desta Lei.

Art. 69. As glebas parceladas para fins urbanos anteriormente a 19 de dezembro de 1979, que não possuírem registro, poderão ter a sua situação jurídica regularizada mediante o registro do parcelamento, desde que esteja implantado e integrado à cidade, podendo, para tanto, utilizar-se dos instrumentos previstos nesta Lei.

§ 1º O interessado requererá ao oficial do cartório de registro de imóveis a efetivação do registro do parcelamento, munido dos seguintes documentos:

I – planta da área em regularização assinada pelo interessado responsável pela regularização e por profissional legalmente habilitado, acompanhada da Anotação de Responsabilidade Técnica (ART) no Conselho Regional de Engenharia e Agronomia (Crea) ou de Registro de Responsabilidade Técnica (RRT) no Conselho de Arquitetura e Urbanismo (CAU), contendo o perímetro da área a ser regularizada e as subdivisões das quadras, lotes e áreas públicas, com as dimensões e numeração dos lotes, logradouros, espaços livres e outras áreas com destinação específica, se for o caso, dispensada a ART ou o RRT quando o responsável técnico for servidor ou empregado público;

II – descrição técnica do perímetro da área a ser regularizada, dos lotes, das áreas públicas e de outras áreas com destinação específica, quando for o caso;

III – documento expedido pelo Município, atestando que o parcelamento foi implantado antes de 19 de dezembro de 1979 e que está integrado à cidade.

§ 2º A apresentação da documentação prevista no § 1º deste artigo dispensa a apresentação do projeto de regularização fundiária, de estudo técnico ambiental, de CRF ou de quaisquer outras manifestações, aprovações, licenças ou alvarás emitidos pelos órgãos públicos.

Art. 70. As disposições da Lei nº 6.766, de 19 de dezembro de 1979, não se aplicam à REURB, exceto quanto ao disposto nos arts. 37, 38, 39, no *caput* e nos §§ 1º, 2º, 3º e 4º do art. 40 e nos arts. 41, 42, 44, 47, 48, 49, 50, 51 e 52 da referida Lei.

Art. 71. Para fins da REURB, ficam dispensadas a desafetação e as exigências previstas no inciso I do *caput* do art. 17 da Lei nº 8.666, de 21 de junho de 1993.

▸ A Lei nº 8.666, de 21-6-1993, foi revogada pela Lei nº 14.133, de 1º-4-2021.

▸ Art. 76, I, da Lei nº 14.133, de 1º-4-2021 (Nova Lei de Licitações e Contratos Administrativos).

....

Art. 73. Devem os Estados criar e regulamentar fundos específicos destinados à compensação, total ou parcial, dos custos referentes aos atos registrais da REURB-S previstos nesta Lei.

Parágrafo único. Para que os fundos estaduais acessem os recursos do Fundo Nacional de Habitação de Interesse Social (FNHIS), criado pela Lei nº 11.124, de 16 de junho de 2005, deverão firmar termo de adesão, na forma a ser regulamentada pelo Poder Executivo federal.

Art. 74. Serão regularizadas, na forma desta Lei, as ocupações que incidam sobre áreas objeto de demanda judicial que versem sobre direitos reais de garantia ou constrições judiciais, bloqueios e indisponibilidades, ressalvada a hipótese de decisão judicial específica que impeça a análise, aprovação e registro do projeto de regularização fundiária urbana.

Art. 75. As normas e os procedimentos estabelecidos nesta Lei poderão ser aplicados aos processos administrativos de regularização fundiária iniciados pelos entes públicos competentes até a data de publicação desta Lei, sendo regidos, a critério deles, pelos arts. 288-A a 288-G da Lei nº 6.015, de 31 de dezembro de 1973, e pelos arts. 46 a 71-A da Lei nº 11.977, de 7 de julho de 2009.

Art. 76. O Sistema de Registro Eletrônico de Imóveis (SREI) será implementado e operado, em âmbito nacional, pelo Operador Nacional do Sistema de Registro Eletrônico de Imóveis (ONR).

§ 1º O procedimento administrativo e os atos de registro decorrentes da REURB serão feitos por meio eletrônico, nos termos dos arts. 37 a 41 da Lei nº 11.977, de 7 de julho de 2009.

▸ § 1º com a redação dada pela Lei nº 14.382, de 27-6-2022.

§ 2º O ONR será organizado como pessoa jurídica de direito privado, sem fins lucrativos.

§ 3º VETADO.

§ 4º Caberá à Corregedoria Nacional de Justiça do Conselho Nacional de Justiça exercer a função de agente regulador do ONR e zelar pelo cumprimento de seu estatuto.

§ 5º As unidades do serviço de registro de imóveis dos Estados e do Distrito Federal integram o SREI e ficam vinculadas ao ONR.

§ 6º Os serviços eletrônicos serão disponibilizados, sem ônus, ao Poder Judiciário, ao Poder Executivo federal, ao Ministério Público, aos entes públicos previstos nos regimentos de custas e emolumentos dos Estados e do Distrito Federal, e aos órgãos encarregados de investigações criminais, fiscalização tributária e recuperação de ativos.

§ 7º A administração pública federal acessará as informações do SREI por meio do Sistema Nacional de Gestão de Informações Territoriais (Sinter), na forma de regulamento.

§ 8º VETADO.

§ 9º Fica criado o fundo para a implementação e custeio do SREI, que será gerido pelo ONR e subvencionado pelas unidades do serviço de registro de imóveis dos Estados e do Distrito Federal referidas no § 5º deste artigo.

§ 10. Caberá ao agente regulador do ONR disciplinar a instituição da receita do fundo para a implementação e o custeio do registro eletrônico de imóveis, estabelecer as cotas de participação das unidades de registro de imóveis do País, fiscalizar o recolhimento e supervisionar a aplicação dos recursos e as despesas do gestor, sem prejuízo da fiscalização ordinária e própria como for prevista nos estatutos.

▸ §§ 9º e 10 acrescidos pela Lei nº 14.118, de 12-1-2021.

....

TÍTULO III – DOS PROCEDIMENTOS DE AVALIAÇÃO E ALIENAÇÃO DE IMÓVEIS DA UNIÃO

Art. 83. Os procedimentos para a REURB promovida em áreas de domínio da União serão regulamentados em ato específico da Secretaria do Patrimônio da União (SPU), sem prejuízo da eventual adoção de procedimentos e instrumentos previstos para a REURB.

Art. 84. Os imóveis da União objeto da REURB-E que forem objeto de processo de parcelamento reconhecido pela autoridade pública poderão ser, no todo ou em parte, vendidos diretamente aos seus ocupantes, dispensados os procedimentos exigidos pela Lei nº 8.666, de 21 de junho de 1993.

▶ A Lei nº 8.666, de 21-6-1993, foi revogada pela Lei nº 14.133, de 1º-4-2021.

§ 1º A venda aplica-se unicamente aos imóveis ocupados até 22 de dezembro de 2016, exigindo-se que o usuário seja regularmente inscrito e esteja em dia com suas obrigações para com a Secretaria do Patrimônio da União (SPU).

§ 2º A venda direta de que trata este artigo somente poderá ser concedida para, no máximo, dois imóveis, um residencial e um não residencial, regularmente cadastrados em nome do beneficiário na Secretaria do Patrimônio da União (SPU).

§ 3º A venda direta de que trata este artigo deverá obedecer à Lei nº 9.514, de 20 de novembro de 1997, ficando a União com a propriedade fiduciária dos bens alienados até a quitação integral, na forma dos §§ 4º e 5º deste artigo.

§ 4º Para ocupantes com renda familiar situada entre cinco e dez salários mínimos, a aquisição poderá ser realizada à vista ou em até duzentas e quarenta parcelas mensais e consecutivas, mediante sinal de, no mínimo, 5% (cinco por cento) do valor da avaliação, e o valor da parcela mensal não poderá ser inferior ao valor equivalente ao devido pelo usuário a título de taxa de foro ou ocupação, quando requerido pelo interessado.

§ 5º Para ocupantes com renda familiar acima de dez salários mínimos, a aquisição poderá ser realizada à vista ou em até cento e vinte parcelas mensais e consecutivas, mediante um sinal de, no mínimo, 10% (dez por cento) do valor da avaliação, e o valor da parcela mensal não poderá ser inferior ao valor equivalente ao devido pelo usuário a título de taxa de foro ou ocupação, quando requerido pelo interessado.

§ 6º A regulamentação do disposto neste artigo será efetuada pela Secretaria do Patrimônio da União (SPU) no prazo de doze meses contado da data de publicação desta Lei.

Art. 85. O preço de venda será fixado com base no valor de mercado do imóvel, segundo os critérios de avaliação previstos no art. 11-C da Lei nº 9.636, de 15 de maio de 1998, excluídas as acessões e as benfeitorias realizadas pelo ocupante.

§ 1º O prazo de validade da avaliação a que se refere o *caput* deste artigo será de, no máximo, doze meses.

§ 2º Nos casos de condomínio edilício privado, as áreas comuns, excluídas suas benfeitorias, serão adicionadas na fração ideal da unidade privativa correspondente.

Art. 86. As pessoas físicas de baixa renda que, por qualquer título, utilizem regularmente imóvel da União, inclusive imóveis provenientes de entidades federais extintas, para fins de moradia até 22 de dezembro de 2016, e que sejam isentas do pagamento de qualquer valor pela utilização, na forma da legislação patrimonial e dos cadastros da Secretaria do Patrimônio da União (SPU), poderão requerer diretamente ao oficial de registro de imóveis, mediante apresentação da Certidão de Autorização de Transferência (CAT) expedida pela SPU, a transferência gratuita da propriedade do imóvel, desde que preencham os requisitos previstos no § 5º do art. 31 da Lei nº 9.636, de 15 de maio de 1998.

§ 1º A transferência gratuita de que trata este artigo somente poderá ser concedida uma vez por beneficiário.

§ 2º A avaliação prévia do imóvel e a prévia autorização legislativa específica não configuram condição para a transferência gratuita de que trata este artigo.

Art. 87. Para obter gratuitamente a concessão de direito real de uso ou o domínio pleno do imóvel, o interessado deverá requerer à Secretaria do Patrimônio da União (SPU) a Certidão de Autorização de Transferência para fins de REURB-S (CAT-REURB-S), a qual valerá como título hábil para a aquisição do direito mediante o registro no cartório de registro de imóveis competente.

Parágrafo único. Efetivado o registro da transferência da concessão de direito real de uso ou do domínio pleno do imóvel, o oficial do cartório de registro de imóveis, no prazo de trinta dias, notificará a Superintendência do Patrimônio da União no Estado ou no Distrito Federal, informando o número da matrícula do imóvel e o seu Registro Imobiliário Patrimonial (RIP), o qual deverá constar da CAT-REURB-S.

Art. 88. Na hipótese de imóveis destinados à REURB-S cuja propriedade da União ainda não se encontre regularizada no cartório de registro de imóveis competente, a abertura de matrícula poderá ser realizada por meio de requerimento da Secretaria do Patrimônio da União (SPU), dirigido ao oficial do referido cartório, acompanhado dos seguintes documentos:

I – planta e memorial descritivo do imóvel, assinados por profissional habilitado perante o Conselho Regional de Engenharia e Agronomia (Crea) ou o Conselho de Arquitetura e Urbanismo (CAU), condicionados à apresentação da Anotação de Responsabilidade Técnica (ART) ou do Registro de Responsabilidade Técnica (RRT), quando for o caso; e

II – ato de discriminação administrativa do imóvel da União para fins de REURB-S, a ser expedido pela Secretaria do Patrimônio da União (SPU).

§ 1º O oficial do cartório de registro de imóveis deverá, no prazo de trinta dias, contado da data de protocolo do requerimento, fornecer à Superintendência do Patrimônio da União no Estado ou no Distrito Federal a certidão da matrícula aberta ou os motivos fundamentados para a negativa da abertura, hipótese para a qual deverá ser estabelecido prazo para que as pendências sejam supridas.

§ 2º O disposto no *caput* deste artigo não se aplica aos imóveis da União submetidos a procedimentos específicos de identificação e demarcação, os quais continuam submetidos às normas pertinentes.

Art. 89. Os procedimentos para a transferência gratuita do direito real de uso ou do domínio pleno de imóveis da União no âmbito da REURB-S, inclusive aqueles relacionados à forma de comprovação dos requisitos pelos beneficiários, serão regulamentados em ato específico da Secretaria do Patrimônio da União (SPU).

Art. 90. Ficam a União, suas autarquias e fundações autorizadas a transferir aos Estados, aos Municípios e ao Distrito Federal as áreas públicas federais ocupadas por núcleos urbanos informais, para que promovam a REURB nos termos desta Lei, observado o regulamento quando se tratar de imóveis de titularidade de fundos.

....

TÍTULO IV – DISPOSIÇÕES FINAIS

Art. 98. Fica facultado aos Estados, aos Municípios e ao Distrito Federal utilizar a prerrogativa de venda direta aos ocupantes de suas áreas públicas objeto da REURB-E, dispensados os procedimentos exigidos pela Lei nº 8.666, de 21 de junho de 1993, e desde que os imóveis se encontrem ocupados até 22 de dezembro de 2016, devendo regulamentar o processo em legislação própria nos moldes do disposto no art. 84 desta Lei.

▶ A Lei nº 8.666, de 21-6-1993, foi revogada pela Lei nº 14.133, de 1º-4-2021.

....

Art. 102. Fica a União autorizada a doar ao Estado de Rondônia as glebas públicas arrecadadas e registradas em nome da União nele situadas.

§ 1º São excluídas da autorização de que trata o *caput* deste artigo:

I – as áreas relacionadas nos incisos II a XI do art. 20 da Constituição Federal;

II – as terras destinadas ou em processo de destinação pela União a projetos de assentamento;

III – as áreas de unidades de conservação já instituídas pela União e aquelas em processo de instituição, conforme regulamento;

IV – as áreas afetadas, de modo expresso ou tácito, a uso público, comum ou especial;

V – as áreas objeto de títulos expedidos pela União que não tenham sido extintos por descumprimento de cláusula resolutória;

VI – as áreas urbanas consolidadas, que serão objeto de doação diretamente da União ao Município, nos termos da Lei nº 11.952, de 25 de junho de 2009.

§ 2º As glebas objeto de doação ao Estado de Rondônia deverão ser preferencialmente utilizadas em atividades de conservação ambiental e desenvolvimento sustentável, de assentamento, de colonização e de regularização fundiária, podendo ser adotado o regime de concessão de uso previsto no Decreto-Lei nº 271, de 28 de fevereiro de 1967.

§ 3º As doações serão efetuadas de forma gradativa, à medida que reste comprovado que a gleba anteriormente transferida tenha sido destinada nos termos do § 2º deste artigo.

§ 4º A aquisição ou arrendamento de lotes por estrangeiros obedecerá aos limites, às condições e às restrições estabelecidos na legislação federal.

§ 5º A doação de glebas públicas federais aos Estados de Roraima e do Amapá será regida pela Lei nº 10.304, de 5 de novembro de 2001.

§ 6º O Poder Executivo da União editará ato para regulamentar este artigo, inclusive para fixar critérios de definição das glebas a serem alienadas.

Art. 103. Os interessados poderão, no prazo de cento e oitenta dias, requerer à Secretaria Especial de Agricultura Familiar e do Desenvolvimento Agrário, ao INCRA e à Secretaria do Patrimônio da União (SPU) a revisão das decisões administrativas denegatórias, ainda que judicializadas, caso em que o pedido deverá ser objeto de análise final no prazo de um ano.

Parágrafo único. O disposto neste artigo não impede o interessado de pleitear direitos previstos nesta Lei, desde que preencha os pressupostos fáticos pertinentes.

....

Art. 105. Em caso de certificação de imóveis rurais em unidade de conservação situados em região de difícil acesso ou em que a implantação do marco físico implique supressão de cobertura vegetal, deverão ser utilizados vértices virtuais para fins de georreferenciamento.

Art. 106. O disposto nesta Lei aplica-se à ilha de Fernando de Noronha e às demais ilhas oceânicas e costeiras, em conformidade com a legislação patrimonial em vigor.

Art. 107. Decreto do Poder Executivo federal poderá regulamentar o disposto nesta Lei.

Art. 108. Esta Lei entra em vigor na data de sua publicação.

Art. 109. Ficam revogados:

I – os arts. 14 e 15 da Lei Complementar nº 76, de 6 de julho de 1993;

II – os arts. 27 e 28 da Lei nº 9.636, de 15 de maio de 1998;

III – os seguintes dispositivos da Lei nº 11.952, de 25 de junho de 2009:

a) o § 2º do art. 5º;

b) o parágrafo único do art. 18;

c) os incisos I, II, III e IV do *caput* e os §§ 1º e 2º, todos do art. 30; e

d) os §§ 4º e 5º do art. 15;

IV – o Capítulo III da Lei nº 11.977, de 7 de julho de 2009;

V – VETADO;

VI – os arts. 288-B a 288-G da Lei nº 6.015, de 31 de dezembro de 1973;

VII – os arts. 2º, 3º, 7º e 13 da Lei nº 13.240, de 30 de dezembro de 2015;

VIII – o parágrafo único do art. 14, o § 5º do art. 24, o § 3º do art. 26 e os arts. 29, 34, 35 e 45 da Lei nº 9.636, de 15 de maio de 1998;

IX – o § 1º do art. 1º da Lei nº 13.347, de 10 de outubro de 2016.

Brasília, 11 de julho de 2017;
196º da Independência e
129º da República.

Michel Temer

LEI Nº 13.656, DE 30 DE ABRIL DE 2018

Isenta os candidatos que especifica do pagamento de taxa de inscrição em concursos para provimento de cargo efetivo ou emprego permanente em órgãos ou entidades da administração pública direta e indireta da União.

► Publicada no *DOU* de 2-5-2018.

Art. 1º São isentos do pagamento de taxa de inscrição em concursos públicos para provimento de cargo efetivo ou emprego permanente em órgãos ou entidades da administração pública direta e indireta de qualquer dos Poderes da União:

I – os candidatos que pertençam a família inscrita no Cadastro Único para Programas Sociais (CadÚnico), do Governo Federal, cuja renda familiar mensal per capita seja inferior ou igual a meio salário mínimo nacional;

II – os candidatos doadores de medula óssea em entidades reconhecidas pelo Ministério da Saúde.

Parágrafo único. O cumprimento dos requisitos para a concessão da isenção deverá ser comprovado pelo candidato no momento da inscrição, nos termos do edital do concurso.

Art. 2º Sem prejuízo das sanções penais cabíveis, o candidato que prestar informação falsa com o intuito de usufruir da isenção de que trata o art. 1º estará sujeito a:

I – cancelamento da inscrição e exclusão do concurso, se a falsidade for constatada antes da homologação de seu resultado;

II – exclusão da lista de aprovados, se a falsidade for constatada após a homologação do resultado e antes da nomeação para o cargo;

III – declaração de nulidade do ato de nomeação, se a falsidade for constatada após a sua publicação.

Art. 3º O edital do concurso deverá informar sobre a isenção de que trata esta Lei e sobre as sanções aplicáveis aos candidatos que venham a prestar informação falsa, referidas no art. 2º.

Art. 4º A isenção de que trata esta Lei não se aplica aos concursos públicos cujos editais tenham sido publicados anteriormente à sua vigência.

Art. 5º Esta Lei entra em vigor na data de sua publicação.

Brasília, 30 de abril de 2018;
197º da Independência e
130º da República.

Michel Temer

DECRETO Nº 9.508, DE 24 DE SETEMBRO DE 2018

Reserva às pessoas com deficiência percentual de cargos e de empregos públicos ofertados em concursos públicos e em processos seletivos no âmbito da administração pública federal direta e indireta.

► Publicado no *DOU* de 25-9-2018.

***Art. 1º** Fica assegurado à pessoa com deficiência o direito de concorrer, no âmbito da administração pública federal direta e indireta, e em igualdade de oportunidade com os demais candidatos, nas seguintes seleções:*

► *Caput* com a redação dada pelo Dec. nº 12.533, de 25-6-2025.

I – em concurso público para o provimento de cargos efetivos e de empregos públicos; e

II – em processos seletivos para a contratação por tempo determinado para atender necessidade temporária de excepcional interesse público, de que trata a Lei nº 8.745, de 9 de dezembro de 1993.

§ 1º Ficam reservadas às pessoas com deficiência, no mínimo, cinco por cento das vagas oferecidas para o provimento de cargos efetivos e para a contratação por tempo determinado para atender necessidade temporária de excepcional interesse público, no âmbito da administração pública federal direta e indireta.

§ 2º Ficam reservadas às pessoas com deficiência os percentuais de cargos de que trata o art. 93 da Lei n º 8.213, de 24 de julho de 1991, às empresas públicas e às sociedades de economia mista.

§ 3º Na hipótese de o quantitativo a que se referem os § 1º e § 2º resultar em número fracionado, este será aumentado para o primeiro número inteiro subsequente.

§ 4º A reserva do percentual de vagas a que se referem os § 1º e § 2º observará as seguintes disposições:

I – na hipótese de concurso público ou de processo seletivo regionalizado ou estruturado por especialidade, o percentual mínimo de reserva será aplicado ao total das vagas do edital, ressalvados os casos em que seja demonstrado que a aplicação regionalizada ou por especialidade não implicará em redução do número de vagas destinadas às pessoas com deficiência; e

II – o percentual mínimo de reserva será observado na hipótese de aproveitamento de vagas remanescentes e na formação de cadastro de reserva.

§ 5º As vagas reservadas às pessoas com deficiência nos termos do disposto neste artigo poderão ser ocupadas por candidatos sem deficiência na hipótese de não haver inscrição ou aprovação de candidatos com deficiência nas vagas anunciadas em edital e em cadastro reserva, no concurso público ou no processo seletivo de que trata a Lei nº 8.745, de 9 de dezembro de 1993.

► § 5º com a redação dada pelo Dec. nº 12.533, de 25-6-2025.

Art. 2º Ressalvadas as disposições previstas em regulamento, a pessoa com deficiência participará de concurso público ou de processo seletivo de que trata a Lei nº 8.745, de 1993, em igualdade de condições com os demais candidatos no que diz respeito:

I – ao conteúdo das provas;

II – à avaliação e aos critérios de aprovação;

III – ao horário e ao local de aplicação das provas; e

IV – à nota mínima exigida para os demais candidatos.

Art. 3º Para os fins do disposto neste Decreto, os editais dos concursos públicos e dos processos seletivos de que trata a Lei nº 8.745, de 1993, indicarão:

I – o número total de vagas previstas e o número de vagas correspondentes à reserva para pessoas com deficiência, discriminada, no mínimo, por cargo;

II – as principais atribuições dos cargos e dos empregos públicos;

III – a previsão de adaptação das provas escritas e práticas, inclusive durante o curso de formação, se houver, e do estágio probatório ou do período de experiência, estipuladas as condições de realização de cada evento e respeitados os impedimentos ou as limitações do candidato com deficiência;

IV – a exigência de apresentação pelo candidato com deficiência, no ato da inscrição, de comprovação da condição de deficiência nos termos do disposto no § 1º do art. 2º da Lei nº 13.146, de 6 de julho de 2015, sem prejuízo da adoção de critérios adicionais previstos em edital;

V – a sistemática de convocação dos candidatos classificados, respeitado o disposto nos § 1º e § 2º do art. 1º; e

▶ Incisos III a V com a redação dada pelo Dec. nº 9.546, de 30-10-2018.

VI – a previsão da possibilidade de uso, nas provas físicas, de tecnologias assistivas que o candidato com deficiência já utilize, sem a necessidade de adaptações adicionais, inclusive durante o curso de formação, se houver, e no estágio probatório ou no período de experiência.

▶ Inciso VI acrescido pelo Dec. nº 9.546, de 30-10-2018.

***Art. 4º** Fica assegurada, em todas as fases do certame, a adequação de critérios para a realização e a avaliação das provas de que trata o art. 3º, caput, inciso III, à deficiência do candidato, a ser efetivada por meio do acesso a tecnologias assistivas e a adaptações razoáveis, observado o disposto no Anexo.*

▶ *Caput* com a redação dada pelo Dec. nº 12.533, de 25-6-2025.

§ 1º O candidato com deficiência que necessitar de tratamento diferenciado na realização das provas deverá requerê-lo, no ato de inscrição no concurso público ou no processo seletivo de que trata a Lei nº 8.745, de 1993, em prazo determinado em edital, e indicará as tecnologias assistivas e as condições específicas de que necessita para a realização das provas.

§ 2º O candidato com deficiência que necessitar de tempo adicional para realização das provas deverá requerê-lo, com justificativa acompanhada de parecer emitido por equipe multiprofissional ou por profissional especialista nos impedimentos apresentados por cada candidato, no prazo estabelecido em edital.

§ 3º As fases dos concursos públicos ou dos processos seletivos em que se fizerem necessários serviços de assistência de interpretação por terceiros aos candidatos com deficiência serão registradas em áudio e vídeo e disponibilizadas nos períodos de recurso estabelecidos em edital.

§ 4º Os critérios de aprovação nas provas físicas para os candidatos com deficiência, inclusive durante o curso de formação, se houver, e no estágio probatório ou no período de experiência, somente poderão ser os mesmos critérios aplicados aos demais candidatos, conforme previsto no edital, se asseguradas todas as adaptações necessárias a prover acessibilidade, conforme as necessidades específicas da pessoa com deficiência, em igualdade de condições com as demais pessoas.

▶ § 4º com a redação dada pelo Dec. nº 12.533, de 25-6-2025.

***Art. 5º** O órgão ou a entidade da administração pública federal responsável pela realização do concurso público ou do processo seletivo de que trata a Lei nº 8.745, de 9 de dezembro de 1993, contará com a assistência de equipe multiprofissional e interdisciplinar, composta por três profissionais capacitados e atuantes nas áreas das deficiências que o candidato possuir e de diferentes áreas de conhecimento, dentre as quais um deverá ser da área de medicina.*

▶ *Caput* com a redação dada pelo Dec. nº 12.533, de 25-6-2025.

§ 1º O órgão ou a entidade de lotação do candidato deverá fornecer à equipe multiprofissional e interdisciplinar informações sobre as atribuições do cargo, as atividades a serem desempenhadas e as condições estruturais e de acessibilidade do local de trabalho, de modo a subsidiar a emissão do parecer.

▶ Parágrafo único transformado em § 1º e com a redação dada pelo Dec. nº 12.533, de 25-6-2025.

§ 2º A equipe multidisciplinar e interdisciplinar emitirá parecer que observará:

I – as informações prestadas pelo candidato no ato da inscrição no concurso público ou no processo seletivo;

II – a natureza das atribuições e das tarefas essenciais do cargo, do emprego ou da função a desempenhar;

III – as condições de acessibilidade e as adequações do ambiente de trabalho para a execução das tarefas;

IV – a possibilidade de uso, pelo candidato, de equipamentos ou de outros meios que utilize de forma habitual; e

V – o resultado da avaliação com base no disposto no art. 2º, § 1º, da Lei nº 13.146, de 6 de julho de 2015, sem prejuízo da adoção de critérios adicionais previstos em edital.

▶ § 2º acrescido pelo Dec. nº 12.533, de 25-6-2025.

Art. 6º As entidades contratadas para a realização de concurso público ou de processo seletivo de que trata a Lei nº 8.745, de 1993, em qualquer modalidade, ficam obrigadas a observar o disposto neste Decreto no momento da elaboração e da execução do edital.

Art. 7º É vedado obstar a inscrição de pessoa com deficiência em concurso público ou em processo seletivo de que trata a Lei nº 8.745, de 1993, que atenda aos requisitos mínimos exigidos em edital, para ingresso em cargo ou emprego público da administração pública federal direta e indireta.

***Art. 8º** O resultado do concurso público ou do processo seletivo de que trata a Lei nº 8.745, de 9 de dezembro de 1993, será publicado tanto em lista de vagas reservadas quanto em lista de ampla concorrência, com a pontuação dos candidatos e a sua classificação.*

▶ *Caput* com a redação dada pelo Dec. nº 12.533, de 25-6-2025.

§ 1º A nomeação dos aprovados no concurso público ou no processo seletivo deverá obedecer à ordem de classificação, observados os critérios de alternância e de proporcionalidade entre a classificação de ampla concorrência e da reserva para as pessoas com deficiência, e o disposto nos § 1º e § 2º do art. 1º.

§ 2º A desclassificação, a desistência ou qualquer outro impedimento de candidato ocupante de vaga reservada implicará a sua substituição pelo próximo candidato com deficiência classificado, desde que haja candidato com deficiência classificado, ou pelo próximo candidato com deficiência aprovado em cadastro reserva.

▶ § 2º com a redação dada pelo Dec. nº 12.533, de 25-6-2025.

***Art. 9º** Os órgãos e entidades da administração pública federal direta e indireta, as empresas públicas e as sociedades de economia mista deverão providenciar a acessibilidade no local de trabalho e a adaptação razoável para o efetivo exercício laboral da pessoa com deficiência e a sua inclusão plena, considerado como parâmetro o parecer da equipe multiprofissional e interdisciplinar, com base no disposto no art. 5º, § 2º, inciso III.*

▶ *Caput* com a redação dada pelo Dec. nº 12.533, de 25-6-2025.

***Parágrafo único.** Sem prejuízo do disposto no caput, os órgãos e as entidades poderão providenciar condições adicionais de acessibilidade, além daquelas indicadas no parecer da equipe multiprofissional e interdisciplinar.*

▶ Parágrafo único acrescido pelo Dec. nº 12.533, de 25-6-2025.

Art. 10. Ficam revogados o art. 37 ao art. 43 do Decreto nº 3.298, de 20 de dezembro de 1999.

Art. 11. Este Decreto entra em vigor na data de sua publicação.

Brasília, 24 de setembro de 2018;
197º da Independência e
130º da República.

José Antonio Dias Toffoli

ANEXO TECNOLOGIAS ASSISTIVAS E ADAPTAÇÕES PARA A REALIZAÇÃO DE PROVAS EM CONCURSOS PÚBLICOS E EM PROCESSOS SELETIVOS

Art. 1º Fica assegurado o acesso às seguintes tecnologias assistivas na realização de provas em concursos públicos e em processos seletivos, sem prejuízo de adaptações razoáveis que se fizerem necessárias:

I – ao candidato com deficiência visual:

a) prova impressa em *braille*;

b) prova impressa em caracteres ampliados, com indicação do tamanho da fonte;

c) prova gravada em áudio por fiscal ledor, com leitura fluente;

d) prova em formato digital para utilização de computador com *software* de leitura de tela ou de ampliação de tela; e

e) designação de fiscal para auxiliar na transcrição das respostas;

II – ao candidato com deficiência auditiva:

a) prova gravada em vídeo por fiscal intérprete da Língua Brasileira de Sinais – Libras, nos termos do disposto na Lei nº 12.319, de 1º de setembro de 2010, preferencialmente com habilitação no exame de proficiência do Programa Nacional para a Certificação de Proficiência no Uso e Ensino da Libras e para a Certificação de Proficiência em Tradução e Interpretação da Libras/Língua Portuguesa – PROLIBRAS; e

b) autorização para utilização de aparelho auricular, sujeito à inspeção e à aprovação pela autoridade responsável pelo concurso público ou pelo processo seletivo, com a finalidade de garantir a integridade do certame;

III – ao candidato com deficiência física:

a) mobiliário adaptado e espaços adequados para a realização da prova;

b) designação de fiscal para auxiliar no manuseio da prova e na transcrição das respostas; e

c) facilidade de acesso às salas de realização da prova e às demais instalações de uso coletivo no local onde será realizado o certame.

DECRETO Nº 9.764, DE 11 DE ABRIL DE 2019

Dispõe sobre o recebimento de doações de bens móveis e de serviços de pessoas físicas ou jurídicas de direito privado pelos órgãos e pelas entidades da administração pública federal direta, autárquica e fundacional.

▶ Publicado no *DOU* de 11-4-2019 – Edição extra.

▶ Ementa com a redação dada pelo Dec. nº 10.314, de 6-4-2020.

CAPÍTULO I – DISPOSIÇÕES GERAIS

Âmbito de aplicação e objeto

Art. 1º Este Decreto dispõe sobre o recebimento de doações de bens móveis e de serviços de pessoas físicas ou jurídicas de direito privado pelos órgãos e pelas entidades da administração pública federal direta, autárquica e fundacional, nas seguintes espécies:

▶ *Caput* com a redação dada pelo Dec. nº 10.314, de 6-4-2020.

I – sem ônus ou encargo; ou

II – com ônus ou encargo.

▶ Incisos I e II acrescidos pelo Dec. nº 10.314, de 6-4-2020.

§ 1º Os bens móveis ou os serviços relacionados com estudos, consultorias e tecnologias que intentem prover soluções e inovações ao governo e à sociedade, ainda que não disponíveis no mercado ou em fase de testes, e que promovam a melhoria da gestão pública poderão ser objeto da doação de que trata este Decreto.

§ 2º A doação de bens móveis ou de serviços que envolvam a utilização de sistemas ou de soluções de tecnologia da informação e comunicação observará as diretrizes estabelecidas na Política Nacional de Segurança da Informação, de que trata o Decreto nº 9.637, de 26 de dezembro de 2018, com vistas a assegurar a disponibilidade, a integridade, a confidencialidade e a autenticidade da informação no nível nacional.

Art. 2º As doações de bens móveis e de serviços têm por finalidade o interesse público e buscarão, sempre que possível, a ampliação da relação com *startups* e o exercício do empreendedorismo inovador e intensivo em conhecimento, observados os princípios que regem a administração pública.

Art. 3º É vedado o recebimento de doações de serviços que possam comprometer ou colocar em risco a gestão e o resultado das atividades finalísticas dos órgãos e das entidades da administração pública federal direta, autárquica e fundacional.

Art. 4º As normas estabelecidas neste Decreto para doações de bens móveis e de serviços não se aplicam às doações realizadas pelos órgãos ou pelas entidades da administração pública direta ou indireta da União, dos Estados, do Distrito Federal ou dos Municípios.

Definições

Art. 5º Para fins do disposto neste Decreto, são adotadas as seguintes definições:

I – pessoa física – qualquer pessoa física, nacional ou estrangeira;

II – pessoa jurídica – qualquer pessoa jurídica de direito privado, nacional ou estrangeira; e

▶ Incisos I e II com a redação dada pelo Dec. nº 10.314, de 6-4-2020.

III – ônus ou encargo – obrigação condicional imposta pelo doador ao donatário, que determina restrição ao bem móvel ou ao serviço transferido ou que imponha obrigação de fazer ou não fazer, em favor do doador, do donatário, de terceiros ou do interesse público, vedada a obrigação em termos de contrapartida financeira.

▶ Inciso III acrescido pelo Dec. nº 10.314, de 6-4-2020.

CAPÍTULO II – PROCEDIMENTOS

Diretrizes gerais

Art. 6º As doações de bens móveis e de serviços de que trata este Decreto serão realizadas por meio dos seguintes procedimentos:

I – chamamento público ou manifestação de interesse, quando se tratar de doação sem ônus ou encargo; e

II – manifestação de interesse, quando se tratar de doação com ônus ou encargo.

▶ Incisos I e II com a redação dada pelo Dec. nº 10.314, de 6-4-2020.

CAPÍTULO III – CHAMAMENTO PÚBLICO PARA DOAÇÃO DE BENS MÓVEIS E SERVIÇOS

Condições

Art. 7º Os órgãos ou as entidades da administração pública federal direta, autárquica e fundacional poderão realizar o chamamento público com o objetivo de incentivar doações de bens móveis e de serviços, nos termos do disposto neste Decreto.

Parágrafo único. Os órgãos ou as entidades de que trata o *caput* deverão, antes da abertura do chamamento público, consultar o sistema de que trata o art. 16 para verificar se há bens móveis ou serviços disponíveis que possam atender às suas necessidades e aos seus interesses.

▶ Art. 7º com a redação dada pelo Dec. nº 10.667, de 5-4-2021.

Fases

Art. 8º São as fases do chamamento público:

I – a abertura, por meio de publicação de edital;

II – a apresentação das propostas de doação de bens móveis e de serviços; e

III – a avaliação, a seleção e a aprovação das propostas de doação.

Edital

Art. 9º O edital do chamamento público conterá, no mínimo:

I – a data e a forma de recebimento das propostas de doação;

II – os requisitos para a apresentação das propostas de doação, incluídas as informações de que trata o art. 17;

III – as condições de participação das pessoas físicas ou jurídicas, observado o disposto no art. 24;

IV – as datas e os critérios de seleção e de julgamento das propostas de doação;

V – os critérios e as condições de recebimento das doações dos bens móveis ou de serviços;

VI – a minuta de termo de doação, de declaração firmada pelo doador, ou de termo de adesão, observado o disposto no Capítulo V; e

▶ Inciso VI com a redação dada pelo Dec. nº 10.314, de 6-4-2020.

VII – a relação dos bens móveis e dos serviços, com a indicação dos órgãos ou das entidades interessados, quando for o caso.

Operacionalização

Art. 10. O edital de chamamento público será divulgado no sítio eletrônico do órgão ou da entidade interessada no recebimento das doações.

▶ *Caput* com a redação dada pelo Dec. nº 10.667, de 5-4-2021.

Parágrafo único. O aviso de abertura do chamamento público será publicado, com a antecedência de oito dias úteis, contados da data da sessão pública de recebimento das propostas, no *Diário Oficial da União*.

Art. 11. A pessoa física ou pessoa jurídica poderá se habilitar no chamamento público, desde que observe as normas estabelecidas no edital e apresente os documentos exigidos.

Art. 12. Compete ao órgão ou à entidade responsável pelo chamamento público:

▶ *Caput* com a redação dada pelo Dec. nº 10.667, de 5-4-2021.

I – receber os documentos de inscrição, analisar sua compatibilidade com o estabelecido no edital de chamamento público e deferir ou não a inscrição; e

II – avaliar as propostas, de acordo com os critérios estabelecidos no edital de chamamento público, e selecionar as mais adequadas aos interesses da administração pública.

▶ Inciso II com a redação dada pelo Dec. nº 10.314, de 6-4-2020.

§ 1º Na hipótese de haver mais de uma proposta com equivalência de especificações que atendam ao edital de chamamento público, a escolha será feita por meio de sorteio realizado em sessão pública.

§ 2º A seleção de mais de um proponente poderá ser realizada, desde que seja oportuno ao atendimento da demanda prevista no chamamento público.

Art. 13. *Revogado*. Dec. nº 10.667, de 5-4-2021.

Art. 14. A homologação do resultado do chamamento público será publicada no *Diário Oficial da União*.

Art. 14-A. O órgão ou a entidade responsável pelo chamamento público realizará o procedimento de formalização e de recebimento da doação nos termos do disposto no Capítulo V.

▶ Art. 14-A acrescido pelo Dec. nº 10.667, de 5-4-2021.

Art. 15. As regras e os procedimentos complementares ao chamamento público serão definidos em ato da Secretaria de Gestão da Secretaria Especial de Desburocratização, Gestão e Governo Digital do Ministério da Economia.

CAPÍTULO IV

MANIFESTAÇÃO DE INTERESSE EM DOAR BENS MÓVEIS OU SERVIÇOS

Manifestação de interesse

Art. 16. A manifestação de interesse em doar bens móveis ou serviços, na forma prevista no art. 1º, poderá ser realizada, a qualquer tempo, em sistema de doação do Governo federal, conforme ato do Secretário de Gestão da Secretaria Especial de Desburocratização, Gestão e Governo Digital do Ministério da Economia.

Parágrafo único. O sistema de doação do Governo federal de que trata o *caput* integra o Sistema Integrado de Administração de Serviços Gerais – SIASG, disponibilizado pelo Ministério da Economia.

▶ Art. 16 com a redação dada pelo Dec. nº 10.667, de 5-4-2021.

Informações necessárias

Art. 17. Para a manifestação de interesse de que trata o art. 16, as pessoas físicas ou jurídicas de direito privado apresentarão as seguintes informações:

I – a identificação do doador;

II – a indicação do donatário, quando for o caso;

III – a descrição, as condições, as especificações e os quantitativos dos bens móveis ou dos serviços e outras características necessárias à definição do objeto da doação;

IV – o valor de mercado atualizado dos bens móveis ou dos serviços ofertado;

V – declaração do doador da propriedade do bem móvel a ser doado;

VI – declaração do doador de que inexistem demandas administrativas ou judiciais com relação aos bens móveis a serem doados;

VII – localização dos bens móveis ou do local de prestação dos serviços, caso aplicável;

VIII – fotos dos bens móveis, caso aplicável; e

▶ Incisos VII e VIII com a redação dada pelo Dec. nº 10.314, de 6-4-2020.

IX – descrição do ônus ou encargo, caso aplicável.

▶ Inciso IX acrescido pelo Dec. nº 10.314, de 6-4-2020.

§ 1º Quando a doação sem ônus ou encargos for para donatários indicados, o anúncio da doação permanecerá disponível pelo período mínimo de dois dias úteis para que estes se candidatem a receber a doação.

▶ § 1º com a redação dada pelo Dec. nº 10.667, de 5-4-2021.

§ 1º-A. O anúncio da doação permanecerá disponível pelo período mínimo de oito dias úteis nas seguintes hipóteses:

I – doações sem ônus ou encargos, sem donatários indicados, para que os órgãos ou as entidades interessados se candidatem a receber a doação; e

II – doações com ônus ou encargos, com ou sem donatários indicados, para que:

a) outros doadores interessados apresentem propostas de doações correlatas; e

b) os órgãos ou as entidades interessados em receber a doação selecionem a proposta ou as propostas mais adequadas aos interesses da administração pública, observado o disposto nos § 1º e § 2º do art. 12, no inciso II do *caput* do art. 19-A e no art. 19-B.

▶ § 1º-A acrescido pelo Dec. nº 10.667, de 5-4-2021.

§§ 2º e 3º *Revogados*. Dec. nº 10.667, de 5-4-2021.

§ 4º As manifestações de interesse de doação sem ônus ou encargos que tenham objeto idêntico ao do chamamento público com prazo aberto para apresentação de propostas serão recebidas como propostas desse chamamento público, observado o disposto no art. 11.

▶ § 4º com a redação dada pelo Dec. nº 10.667, de 5-4-2021.

§ 5º Na hipótese de não haver órgãos ou entidades da administração pública direta, autárquica e fundacional interessados, as pessoas físicas ou jurídicas de direito privado poderão republicar o anúncio dos bens móveis e serviços a serem doados.

▶ § 5º acrescido pelo Dec. nº 10.314, de 6-4-2020.

§ 6º *Revogado*. Dec. nº 10.667, de 5-4-2021.

Órgão ou entidade interessada

Art. 18. Na hipótese de não existir indicação de donatário e mais de um órgão ou entidade da administração pública direta, autárquica e fundacional se candidatar a receber o mesmo bem móvel ou serviço, será observada a ordem cronológica do registro da candidatura.

Art. 19. Os donatários indicados e os órgãos ou as entidades da administração pública direta, autárquica e fundacional que se candidatarem a receber a doação de bens móveis ou serviços disponibilizados no sistema de doação do Governo federal serão os responsáveis pelos procedimentos de formalização e pelo recebimento das doações, observado o disposto nos Capítulos V e VI.

▶ Artigo com a redação dada pelo Dec. nº 10.667, de 5-4-2021.

Art. 19-A. Na hipótese de haver manifestação de interesse, com objeto idêntico ou equivalente, será dada preferência, em todos os casos:

I – à manifestação que se processar sem ônus ou encargo; ou

II – à manifestação que impuser menor ônus ou encargo à administração pública, motivadamente.

Art. 19-B. O aceite da doação com ônus ou encargo necessita de análise formal, pelo órgão ou pela entidade interessado, acerca da razoabilidade da obrigação imposta, de modo a resguardar a vantajosidade da doação ao interesse público.

▶ Arts. 19-A e 19-B acrescidos pelo Dec. nº 10.314, de 6-4-2020.

CAPÍTULO V

FORMALIZAÇÃO DAS DOAÇÕES DE BENS MÓVEIS E SERVIÇOS

Termo de doação e declaração firmado por pessoa jurídica

Art. 20. As doações de bens móveis e de serviços por pessoa jurídica aos órgãos e às entidades da administração pública federal direta, autárquica e fundacional serão formalizadas:

I – no caso de doação com ônus ou encargo, por meio de contrato de doação; ou

II – no caso de doação sem encargos, por meio de termo de doação ou de declaração firmada pelo doador, sendo esta última aplicável na hipótese de as doações corresponderem a valor inferior aos estabelecidos nos incisos I e II do *caput* do art. 24 da Lei nº 8.666, de 21 de junho de 1993.

▶ A Lei nº 8.666, de 21-6-1993, foi revogada pela Lei nº 14.133, de 1º-4-2021.

▶ Art. 75 da Lei nº 14.133, de 1º-4-2021 (Nova Lei de Licitações e Contratos Administrativos).

§ 1º Os modelos de contrato de doação, de termo de doação e de declaração para doações de bens móveis ou de serviços de que trata o *caput* serão estabelecidos em ato da Secretaria de Gestão da Secretaria Especial de Desburocratização, Gestão e Governo Digital do Ministério da Economia, na condição de órgão central do Sistema de Serviços Gerais – SISG.

§ 2º Os extratos dos contratos de doação, dos termos de doação e das declarações para doações de bens móveis e de serviços de que trata o *caput* serão publicados no *Diário Oficial da União* pelo órgão ou pela entidade beneficiada.

§ 3º Deverá constar nos termos de doação de bens móveis ou de serviços e nas declarações para doações de bens móveis ou de serviços, sem ônus ou encargo, que serão do doador os custos decorrentes da entrega dos bens móveis ou da prestação dos serviços.

▶ Art. 20 com a redação dada pelo Dec. nº 10.314, de 6-4-2020.

Termo de doação e termo de adesão firmado por pessoa física

Art. 21. As doações de bens móveis por pessoa física aos órgãos e às entidades da administração pública federal direta, autárquica e fundacional serão formalizadas:

I – no caso de doação com ônus ou encargo, por meio de contrato de doação; ou

II – no caso de doação sem encargos, por meio de termo de doação.

Art. 22. As doações de serviços por pessoa física aos órgãos e às entidades da administração pública federal direta, autárquica e fundacional serão formalizadas por meio de termo de adesão entre o órgão ou a entidade e o prestador do serviço, do qual constarão o objeto e as condições para o exercício, observado o disposto na Lei nº 9.608, de 18 de fevereiro de 1998.

▶ Arts. 21 e 22 com a redação dada pelo Dec. nº 10.314, de 6-4-2020.

CAPÍTULO VI

VEDAÇÕES

Art. 23. Fica vedado o recebimento de doações nas seguintes hipóteses:

I – quando o doador for pessoa física condenada por ato de improbidade administrativa ou por crime contra a administração pública;

II – quando o doador for pessoa jurídica:

a) declarada inidônea;

b) suspensa ou impedida de contratar com a administração pública; ou

c) que tenha:

1. sócio majoritário condenado por ato de improbidade administrativa;
2. condenação pelo cometimento de ato de improbidade administrativa; ou
3. condenação definitiva pela prática de atos contra a administração pública, nacional ou estrangeira, nos termos do disposto na Lei nº 12.846, de 1º de agosto de 2013;

III – quando a doação caracterizar conflito de interesses;

IV – quando a doação gerar obrigação futura de contratação para fornecimento de bens, insumos e peças de marca exclusiva ou de serviços por inexigibilidade de licitação;

V – quando a doação puder gerar despesas adicionais, presentes ou futuras, certas ou potenciais, tais como de responsabilidade subsidiária, recuperação de bens e outras, que venham a torná-las antieconômicas;

VI – quando o doador for pessoa jurídica e estiver em débito com a seguridade social, nos termos do disposto no § 3º do art. 195 da Constituição; e

► Incisos IV a VI com a redação dada pelo Dec. nº 10.314, de 6-4-2020.

VII – quando o ônus ou o encargo exigido for desproporcional ao bem ou ao serviço oferecido em doação, de modo a tornar a doação desvantajosa à administração pública.

► Inciso VII acrescido pelo Dec. nº 10.314, de 6-4-2020.

§ 1º Os impedimentos de que tratam o inciso I e os itens 1 e 2 da alínea c do inciso II do *caput* serão aplicados à pessoa física ou jurídica independentemente do trânsito em julgado para produção de efeitos, desde que haja decisão judicial válida nesse sentido que não tenha sido suspensa ou cassada por outra.

§ 2º Ato da Secretaria de Gestão da Secretaria Especial de Desburocratização, Gestão e Governo Digital do Ministério da Economia, que será editado até a data de entrada em vigor deste Decreto, disporá sobre as situações que caracterizem conflito de interesses para fins de recebimento de doações.

CAPÍTULO VII
DISPOSIÇÕES FINAIS

Orientações gerais

Art. 24. Na hipótese de haver doação sem ônus ou encargos, fica vedada a utilização de bens móveis e dos serviços doados para fins publicitários, sendo, contudo, autorizada, após a entrega dos bens ou o início da prestação dos serviços objeto da doação:

► *Caput* com a redação dada pelo Dec. nº 10.314, de 6-4-2020.

I – a menção informativa da doação no sítio eletrônico do doador; e

II – menção nominal ao doador pelo donatário no sítio eletrônico do órgão ou da entidade da administração pública direta, autárquica e fundacional, quando se tratar de auxílio a programa ou a projeto de governo.

Parágrafo único. Na hipótese do inciso II do *caput*, a divulgação será realizada na página do sitio eletrônico relacionado ao programa ou ao projeto auxiliado.

Art. 24-A. A administração pública federal direta, autárquica e fundacional poderá emitir atestado de capacidade técnica em nome da pessoa física ou jurídica doadora no caso de o objeto doado ter sido executado a contento, comprovado por ato de recebimento formal do órgão ou da entidade donatária.

► Art. 24-A acrescido pelo Dec. nº 10.667, de 5-4-2021.

Art. 25. Os editais de chamamento público estão sujeitos à impugnação por qualquer pessoa, física ou jurídica, no prazo de cinco dias úteis, contado da data de publicação do edital.

§ 1º Não serão conhecidas as impugnações que não apresentarem fundamentos de fato e de direito que obstem o recebimento em doação do bem móvel ou do serviço.

§ 2º *Revogado*. Dec. nº 10.314, de 6-4-2020.

§ 3º Caberá recurso do resultado final do chamamento público, no prazo de cinco dias úteis, contado da data sua publicação no *Diário Oficial da União*.

Art. 26. O recebimento das doações de que trata este Decreto não caracterizam a novação, o pagamento ou a transação dos débitos dos doadores com a administração pública.

Art. 26-A. A inexecução ou a mora no cumprimento do encargo, pelo donatário, implicará a reversão da doação.

► Art. 26-A acrescido pelo Dec. nº 10.314, de 6-4-2020.

Art. 27. O órgão ou a entidade beneficiária da doação de bens móveis será responsável pela inclusão do bem móvel no Sistema Integrado de Gestão Patrimonial – SIADS, quando couber, nos termos e nas condições estabelecidos em regulamento.

Art. 28. As doações de que trata este Decreto observarão os princípios e os objetivos da Política Nacional de Resíduos Sólidos de que trata a Lei nº 12.305, de 2 de agosto de 2010.

Art. 29. Os atos necessários ao cumprimento do disposto neste Decreto serão disponibilizados no sítio eletrônico oficial do órgão ou da entidade da administração pública federal direta, autárquica e fundacional, observado o disposto na Lei nº 12.527, de 18 de novembro de 2011.

► Artigo com a redação dada pelo Dec. nº 10.667, de 5-4-2021.

Art. 30. As empresas públicas dependentes do Poder Executivo federal poderão adotar, no que couber, o disposto neste Decreto.

Art. 31. Os órgãos e as entidades da administração pública direta, autárquica e fundacional e as pessoas físicas e jurídicas que utilizem o sistema de doação do Governo federal responderão administrativa, civil e penalmente por ato ou fato que caracterize o uso indevido de senhas de acesso ou que transgrida as normas de segurança do referido sistema.

§ 1º O sigilo e a integridade dos dados e das informações do sistema de doação do Governo federal serão assegurados e protegidos contra os danos e as utilizações indevidas ou desautorizadas.

§ 2º As informações e os dados apresentados no sistema de doação do Governo federal não poderão ser comercializados, sob pena de cancelamento da autorização para o acesso, sem prejuízo das sanções legais aplicáveis.

► Art. 31 com a redação dada pelo Dec. nº 10.667, de 5-4-2021.

Art. 32. A Secretaria de Gestão da Secretaria Especial de Desburocratização, Gestão e Governo Digital do Ministério da Economia poderá expedir normas complementares para solucionar casos omissos e disponibilizar, em seu sítio eletrônico, as informações adicionais.

Art. 32-A. Os prazos procedimentais previstos neste Decreto poderão, em caso de urgência de se efetivar a doação de que trata este Decreto, ser motivadamente reduzidos pela metade.

► Art. 32-A acrescido pelo Dec. nº 10.667, de 5-4-2021.

Vigência

Art. 33. Este Decreto entra em vigor em 12 de agosto de 2019.

Brasília, 11 de abril de 2019;
198º da Independência e
131º da República.

Jair Messias Bolsonaro

LEI Nº 13.848, DE 25 DE JUNHO DE 2019

Dispõe sobre a gestão, a organização, o processo decisório e o controle social das agências reguladoras, altera a Lei nº 9.427, de 26 de dezembro de 1996, a Lei nº 9.472, de 16 de julho de 1997, a Lei nº 9.478, de 6 de agosto de 1997, a Lei nº 9.782, de 26 de janeiro de 1999, a Lei nº 9.961, de 28 de janeiro de 2000, a Lei nº 9.984, de 17 de julho de 2000, a Lei nº 9.986, de 18 de julho de 2000, a Lei nº 10.233, de 5 de junho de 2001, a Medida Provisória nº 2.228-1, de 6 de setembro de 2001, a Lei nº 11.182, de 27 de setembro de 2005, e a Lei nº 10.180, de 6 de fevereiro de 2001.

► Publicada no *DOU* de 26-6-2019.

Art. 1º Esta Lei dispõe sobre a gestão, a organização, o processo decisório e o controle social das agências reguladoras, altera a Lei nº 9.427, de 26 de dezembro de 1996, a Lei nº 9.472, de 16 de julho de 1997, a Lei nº 9.478, de 6 de agosto de 1997, a Lei nº 9.782, de 26 de janeiro de 1999, a Lei nº 9.961, de 28 de janeiro de 2000, a Lei nº 9.984, de 17 de julho de 2000, a Lei nº 9.986, de 18 de julho de 2000, a Lei nº 10.233, de 5 de junho de 2001, a Medida Provisória nº 2.228-1, de 6 de setembro de 2001, a Lei nº 11.182, de 27 de setembro de 2005, e a Lei nº 10.180, de 6 de fevereiro de 2001.

Art. 2º Consideram-se agências reguladoras, para os fins desta Lei e para os fins da Lei nº 9.986, de 18 de julho de 2000:

I – a Agência Nacional de Energia Elétrica (ANEEL);

II – a Agência Nacional do Petróleo, Gás Natural e Biocombustíveis (ANP);

III – a Agência Nacional de Telecomunicações (ANATEL);

IV – a Agência Nacional de Vigilância Sanitária (ANVISA);

V – a Agência Nacional de Saúde Suplementar (ANS);

VI – a Agência Nacional de Águas (ANA);

VII – a Agência Nacional de Transportes Aquaviários (ANTAQ);

VIII – a Agência Nacional de Transportes Terrestres (ANTT);

IX – a Agência Nacional do Cinema (ANCINE);

X – a Agência Nacional de Aviação Civil (ANAC);

XI – a Agência Nacional de Mineração (ANM).

Parágrafo único. Ressalvado o que dispuser a legislação específica, aplica-se o disposto nesta Lei às autarquias especiais caracterizadas, nos termos desta Lei, como agências reguladoras e criadas a partir de sua vigência.

Art. 3º A natureza especial conferida à agência reguladora é caracterizada pela ausência de tutela ou de subordinação hierárquica, pela autonomia funcional, decisória, administrativa e financeira e pela investidura a termo de seus dirigentes e estabilidade durante os mandatos, bem como pelas demais disposições constantes desta Lei ou de leis específicas voltadas à sua implementação.

§ 1º Cada agência reguladora, bem como eventuais fundos a ela vinculados, deverá corresponder a um órgão setorial dos Sistemas de Planejamento e de Orçamento Federal, de Administração Financeira Federal, de Pessoal Civil da Administração Federal, de Organização e Inovação Institucional, de Administração dos Recursos de Tecnologia da Informação e de Serviços Gerais.

§ 2º A autonomia administrativa da agência reguladora é caracterizada pelas seguintes competências:

I – solicitar diretamente ao Ministério da Economia:

a) autorização para a realização de concursos públicos;
b) provimento dos cargos autorizados em lei para seu quadro de pessoal, observada a disponibilidade orçamentária;
c) alterações no respectivo quadro de pessoal, fundamentadas em estudos de dimensionamento, bem como alterações nos planos de carreira de seus servidores;

II – conceder diárias e passagens em deslocamentos nacionais e internacionais e autorizar afastamentos do País a servidores da agência;

III – celebrar contratos administrativos e prorrogar contratos em vigor relativos a atividades de custeio, independentemente do valor.

§ 3º As agências reguladoras devem adotar práticas de gestão de riscos e de controle interno e elaborar e divulgar programa de integridade, com o objetivo de promover a adoção de medidas e ações institucionais destinadas à prevenção, à detecção, à punição e à remediação de fraudes e atos de corrupção.

CAPÍTULO I
DO PROCESSO DECISÓRIO DAS AGÊNCIAS REGULADORAS

Art. 4º A agência reguladora deverá observar, em suas atividades, a devida adequação entre meios e fins, vedada a imposição de obrigações, restrições e sanções em medida superior àquela necessária ao atendimento do interesse público.

Art. 5º A agência reguladora deverá indicar os pressupostos de fato e de direito que determinarem suas decisões, inclusive a respeito da edição ou não de atos normativos.

Art. 6º A adoção e as propostas de alteração de atos normativos de interesse geral dos agentes econômicos, consumidores ou usuários dos serviços prestados serão, nos termos de regulamento, precedidas da realização de Análise de Impacto Regulatório (AIR), que conterá informações e dados sobre os possíveis efeitos do ato normativo.

▶ Dec. nº 10.411, de 30-6-2020, regulamenta este artigo.

§ 1º Regulamento disporá sobre o conteúdo e a metodologia da AIR, sobre os quesitos mínimos a serem objeto de exame, bem como sobre os casos em que será obrigatória sua realização e aqueles em que poderá ser dispensada.

§ 2º O regimento interno de cada agência disporá sobre a operacionalização da AIR em seu âmbito.

§ 3º O conselho diretor ou a diretoria colegiada manifestar-se-á, em relação ao relatório de AIR, sobre a adequação da proposta de ato normativo aos objetivos pretendidos, indicando se os impactos estimados recomendam sua adoção, e, quando for o caso, quais os complementos necessários.

§ 4º A manifestação de que trata o § 3º integrará, juntamente com o relatório de AIR, a documentação a ser disponibilizada aos interessados para a realização de consulta ou de audiência pública, caso o conselho diretor ou a diretoria colegiada decida pela continuidade do procedimento administrativo.

§ 5º Nos casos em que não for realizada a AIR, deverá ser disponibilizada, no mínimo, nota técnica ou documento equivalente que tenha fundamentado a proposta de decisão.

Art. 7º O processo de decisão da agência reguladora referente a regulação terá caráter colegiado.

§ 1º O conselho diretor ou a diretoria colegiada da agência reguladora deliberará por maioria absoluta dos votos de seus membros, entre eles o diretor-presidente, o diretor-geral ou o presidente, conforme definido no regimento interno.

§ 2º É facultado à agência reguladora adotar processo de delegação interna de decisão, sendo assegurado ao conselho diretor ou à diretoria colegiada o direito de reexame das decisões delegadas.

Art. 8º As reuniões deliberativas do conselho diretor ou da diretoria colegiada da agência reguladora serão públicas e gravadas em meio eletrônico.

§ 1º A pauta de reunião deliberativa deverá ser divulgada no sítio da agência na internet com antecedência mínima de 3 (três) dias úteis.

§ 2º Somente poderá ser deliberada matéria que conste da pauta de reunião divulgada na forma do § 1º.

§ 3º A gravação de cada reunião deliberativa deve ser disponibilizada aos interessados na sede da agência e no respectivo sítio na internet em até 15 (quinze) dias úteis após o encerramento da reunião.

§ 4º A ata de cada reunião deliberativa deve ser disponibilizada aos interessados na sede da agência e no respectivo sítio na internet em até 5 (cinco) dias úteis após sua aprovação.

§ 5º Não se aplica o disposto nos §§ 1º e 2º deste artigo às matérias urgentes e relevantes, a critério do presidente, diretor-presidente ou diretor-geral, cuja deliberação não possa submeter-se aos prazos neles estabelecidos.

§ 6º Não se aplica o disposto neste artigo às deliberações do conselho diretor ou da diretoria colegiada que envolvam:

I – documentos classificados como sigilosos;
II – matéria de natureza administrativa.

§ 7º A agência reguladora deverá adequar suas reuniões deliberativas às disposições deste artigo, no prazo de até 1 (um) ano a contar da entrada em vigor desta Lei, e definir o procedimento em regimento interno.

Art. 9º Serão objeto de consulta pública, previamente à tomada de decisão pelo conselho diretor ou pela diretoria colegiada, as minutas e as propostas de alteração de atos normativos de interesse geral dos agentes econômicos, consumidores ou usuários dos serviços prestados.

§ 1º A consulta pública é o instrumento de apoio à tomada de decisão por meio do qual a sociedade é consultada previamente, por meio do envio de críticas, sugestões e contribuições por quaisquer interessados, sobre proposta de norma regulatória aplicável ao setor de atuação da agência reguladora.

§ 2º Ressalvada a exigência de prazo diferente em legislação específica, acordo ou tratado internacional, o período de consulta pública terá início após a publicação do respectivo despacho ou aviso de abertura no *Diário Oficial da União* e no sítio da agência na internet, e terá duração mínima de 45 (quarenta e cinco) dias, ressalvado caso excepcional de urgência e relevância, devidamente motivado.

§ 3º A agência reguladora deverá disponibilizar, na sede e no respectivo sítio na internet, quando do início da consulta pública, o relatório de AIR, os estudos, os dados e o material técnico usados como fundamento para as propostas submetidas a consulta pública, ressalvados aqueles de caráter sigiloso.

§ 4º As críticas e as sugestões encaminhadas pelos interessados deverão ser disponibilizadas na sede da agência e no respectivo sítio na internet em até 10 (dez) dias úteis após o término do prazo da consulta pública.

§ 5º O posicionamento da agência reguladora sobre as críticas ou as contribuições apresentadas no processo de consulta pública deverá ser disponibilizado na sede da agência e no respectivo sítio na internet em até 30 (trinta) dias úteis após a reunião do conselho diretor ou da diretoria colegiada para deliberação final sobre a matéria.

§ 6º A agência reguladora deverá estabelecer, em regimento interno, os procedimentos a serem observados nas consultas públicas.

§ 7º Compete ao órgão responsável no Ministério da Economia opinar, quando considerar pertinente, sobre os impactos regulatórios de minutas e propostas de alteração de atos normativos de interesse geral dos agentes econômicos, consumidores ou usuários dos serviços prestados submetidas a consulta pública pela agência reguladora.

Art. 10. A agência reguladora, por decisão colegiada, poderá convocar audiência pública para formação de juízo e tomada de decisão sobre matéria considerada relevante.

§ 1º A audiência pública é o instrumento de apoio à tomada de decisão por meio do qual é facultada a manifestação oral por quaisquer interessados em sessão pública previamente destinada a debater matéria relevante.

§ 2º A abertura do período de audiência pública será precedida de despacho ou aviso de abertura publicado no *Diário Oficial da União* e em outros meios de comunicação com antecedência mínima de 5 (cinco) dias úteis.

§ 3º A agência reguladora deverá disponibilizar, em local específico e no respectivo sítio na internet, com antecedência mínima de 5 (cinco) dias úteis do início do período de audiência pública, os seguintes documentos:

I – para as propostas de ato normativo submetidas a audiência pública, o relatório de AIR, os estudos, os dados e o material técnico que as tenha fundamentado, ressalvados aqueles de caráter sigiloso;

II – para outras propostas submetidas a audiência pública, a nota técnica ou o documento equivalente que as tenha fundamentado.

§ 4º A agência reguladora deverá estabelecer, em regimento interno, os procedimentos a serem observados nas audiências públicas, aplicando-se o § 5º do art. 9º às contribuições recebidas.

Art. 11. A agência reguladora poderá estabelecer, em regimento interno, outros meios de participação de interessados em suas decisões, diretamente ou por meio de organizações e associações legalmente reconhecidas, aplicando-se o § 5º do art. 9º às contribuições recebidas.

Art. 12. Os relatórios da audiência pública e de outros meios de participação de interessados nas decisões a que se referem os arts. 10 e 11 deverão ser disponibilizados na sede da agência e no respectivo sítio na internet em até 30 (trinta) dias úteis após o seu encerramento.

Parágrafo único. Em casos de grande complexidade, o prazo de que trata o *caput* poderá ser prorrogado por igual período, justificadamente, uma única vez.

Art. 13. A agência reguladora deverá decidir as matérias submetidas a sua apreciação nos prazos fixados na legislação e, em caso de omissão, nos prazos estabelecidos em seu regimento interno.

CAPÍTULO II – DA PRESTAÇÃO DE CONTAS E DO CONTROLE SOCIAL

Seção I – DO CONTROLE EXTERNO E DO RELATÓRIO ANUAL DE ATIVIDADES

Art. 14. O controle externo das agências reguladoras será exercido pelo Congresso Nacional, com auxílio do Tribunal de Contas da União.

Art. 15. A agência reguladora deverá elaborar relatório anual circunstanciado de suas atividades, no qual destacará o cumprimento da política do setor, definida pelos Poderes Legislativo e Executivo, e o cumprimento dos seguintes planos:

I – plano estratégico vigente, previsto no art. 17 desta Lei;

II – plano de gestão anual, previsto no art. 18 desta Lei.

§ 1º São objetivos dos planos referidos no *caput*:

I – aperfeiçoar o acompanhamento das ações da agência reguladora, inclusive de sua gestão, promovendo maior transparência e controle social;

II – aperfeiçoar as relações de cooperação da agência reguladora com o Poder Público, em particular no cumprimento das políticas públicas definidas em lei;

III – promover o aumento da eficiência e da qualidade dos serviços da agência reguladora de forma a melhorar o seu desempenho, bem como incrementar a satisfação dos interesses da sociedade, com foco nos resultados;

IV – permitir o acompanhamento da atuação administrativa e a avaliação da gestão da agência.

§ 2º O relatório anual de atividades de que trata o *caput* deverá conter sumário executivo e será elaborado em consonância com o relatório de gestão integrante da prestação de contas da agência reguladora, nos termos do art. 9º da Lei nº 8.443, de 16 de julho de 1992, devendo ser encaminhado pela agência reguladora, por escrito, no prazo de até 90 (noventa) dias após a abertura da sessão legislativa do Congresso Nacional, ao ministro de Estado da pasta a que estiver vinculada, ao Senado Federal, à Câmara dos Deputados e ao Tribunal de Contas da União, e disponibilizado aos interessados na sede da agência e no respectivo sítio na internet.

§ 3º VETADO.

§ 4º É do presidente, diretor-presidente ou diretor-geral da agência reguladora o dever de cumprir os prazos estabelecidos neste artigo, sob pena de responsabilidade.

Art. 16. A agência reguladora deverá implementar, em cada exercício, plano de comunicação voltado à divulgação, com caráter informativo e educativo, de suas atividades e dos direitos dos usuários perante a agência reguladora e as empresas que compõem o setor regulado.

Seção II – DO PLANO ESTRATÉGICO, DO PLANO DE GESTÃO ANUAL E DA AGENDA REGULATÓRIA

Art. 17. A agência reguladora deverá elaborar, para cada período quadrienal, plano estratégico que conterá os objetivos, as metas e os resultados estratégicos esperados das ações da agência reguladora relativos a sua gestão e a suas competências regulatórias, fiscalizatórias e normativas, bem como a indicação dos fatores externos alheios ao controle da agência que poderão afetar significativamente o cumprimento do plano.

§ 1º O plano estratégico será compatível com o disposto no Plano Plurianual (PPA) em vigência e será revisto, periodicamente, com vistas a sua permanente adequação.

§ 2º A agência reguladora, no prazo máximo de 10 (dez) dias úteis, contado da aprovação do plano estratégico pelo conselho diretor ou pela diretoria colegiada, disponibilizá-lo-á no respectivo sítio na internet.

Art. 18. O plano de gestão anual, alinhado às diretrizes estabelecidas no plano estratégico, será o instrumento anual do planejamento consolidado da agência reguladora e contemplará ações, resultados e metas relacionados aos processos finalísticos e de gestão.

§ 1º A agenda regulatória, prevista no art. 21 desta Lei, integrará o plano de gestão anual para o respectivo ano.

§ 2º O plano de gestão anual será aprovado pelo conselho diretor ou pela diretoria colegiada da agência reguladora com antecedência mínima de 10 (dez) dias úteis do início de seu período de vigência e poderá ser revisto periodicamente, com vistas a sua adequação.

§ 3º A agência reguladora, no prazo máximo de 20 (vinte) dias úteis, contado da aprovação do plano de gestão anual pelo conselho diretor ou pela diretoria colegiada, dará ciência de seu conteúdo ao Senado Federal, à Câmara dos Deputados e ao Tribunal de Contas da União, bem como disponibilizá-lo-á na sede da agência e no respectivo sítio na internet.

Art. 19. O plano de gestão anual deverá:

I – especificar, no mínimo, as metas de desempenho administrativo e operacional e as metas de fiscalização a serem atingidas durante sua vigência, as quais deverão ser compatíveis com o plano estratégico;

II – prever estimativa de recursos orçamentários e cronograma de desembolso dos recursos financeiros necessários ao alcance das metas definidas.

Parágrafo único. As metas de desempenho administrativo e operacional referidas no inciso I do *caput* incluirão, obrigatoriamente, as ações relacionadas a:

I – promoção da qualidade dos serviços prestados pela agência;

II – promoção do fomento à pesquisa no setor regulado pela agência, quando couber;

III – promoção da cooperação com os órgãos de defesa da concorrência e com os órgãos de defesa do consumidor e de defesa do meio ambiente, quando couber.

Art. 20. O regimento interno de cada agência reguladora disporá sobre as condições para a revisão e sobre a sistemática de acompanhamento e avaliação do plano de gestão anual.

Art. 21. A agência reguladora implementará, no respectivo âmbito de atuação, a agenda regulatória, instrumento de planejamento da atividade normativa que conterá o conjunto dos temas prioritários a serem regulamentados pela agência durante sua vigência.

§ 1º A agenda regulatória deverá ser alinhada com os objetivos do plano estratégico e integrará o plano de gestão anual.

§ 2º A agenda regulatória será aprovada pelo conselho diretor ou pela diretoria colegiada e será disponibilizada na sede da agência e no respectivo sítio na internet.

Seção III – DA OUVIDORIA

Art. 22. Haverá, em cada agência reguladora, 1 (um) ouvidor, que atuará sem subordinação hierárquica e exercerá suas atribuições sem acumulação com outras funções.

§ 1º São atribuições do ouvidor:

I – zelar pela qualidade e pela tempestividade dos serviços prestados pela agência;

II – acompanhar o processo interno de apuração de denúncias e reclamações dos interessados contra a atuação da agência;

III – elaborar relatório anual de ouvidoria sobre as atividades da agência.

§ 2º O ouvidor terá acesso a todos os processos da agência reguladora.

§ 3º O ouvidor deverá manter em sigilo as informações que tenham caráter reservado ou confidencial.

§ 4º Os relatórios do ouvidor deverão ser encaminhados ao conselho diretor ou à diretoria colegiada da agência reguladora, que poderá se manifestar no prazo de 20 (vinte) dias úteis.

§ 5º Os relatórios do ouvidor não terão caráter impositivo, cabendo ao conselho diretor ou à diretoria colegiada deliberar, em última instância, a respeito dos temas relacionados ao setor de atuação da agência reguladora.

§ 6º Transcorrido o prazo para manifestação do conselho diretor ou da diretoria colegiada, o ouvidor deverá encaminhar o relatório e, se houver, a respectiva manifestação ao titular do ministério a que a agência estiver vinculada, à Câmara dos Deputados, ao Senado Federal e ao Tribunal de Contas da União, bem como divulgá-los no sítio da agência na internet.

Art. 23. O ouvidor será escolhido pelo Presidente da República e por ele nomeado, após prévia aprovação do Senado Federal, nos termos da alínea *f* do inciso III do art. 52 da Constituição Federal, devendo não se enquadrar nas hipóteses de inelegibilidade previstas no inciso I do *caput* do art. 1º da Lei Complementar nº 64, de 18 de maio de 1990, e ter notório conhecimento em administração pública ou em regulação de setores econômicos, ou no campo específico de atuação da agência reguladora.

§ 1º O ouvidor terá mandato de 3 (três) anos, vedada a recondução, no curso do qual somente perderá o cargo em caso de renúncia, condenação judicial transitada em julgado ou condenação em processo administrativo disciplinar.

§ 2º É vedado ao ouvidor ter participação, direta ou indireta, em empresa sob regulação da respectiva agência reguladora.

§ 3º O processo administrativo contra o ouvidor somente poderá ser instaurado pelo titular do ministério ao qual a agência está vinculada, por iniciativa de seu ministro ou do Ministro de Estado da Controladoria-Geral da União, em decorrência de representação promovida pelo conselho diretor ou pela diretoria colegiada da respectiva agência.

§ 4º Ocorrendo vacância no cargo de ouvidor no curso do mandato, este será completado por sucessor investido na forma prevista no *caput*, que exercerá o cargo pelo prazo remanescente, admitida a recondução se tal prazo for igual ou inferior a 2 (dois) anos.

Art. 24. O ouvidor contará com estrutura administrativa compatível com suas atribuições e com espaço em canal de comunicação e divulgação institucional da agência.

CAPÍTULO III
DA INTERAÇÃO ENTRE AS AGÊNCIAS REGULADORAS E OS ÓRGÃOS DE DEFESA DA CONCORRÊNCIA

Art. 25. Com vistas à promoção da concorrência e à eficácia na implementação da legislação de defesa da concorrência nos mercados regulados, as agências reguladoras e os órgãos de defesa da concorrência devem atuar em estreita cooperação, privilegiando a troca de experiências.

Art. 26. No exercício de suas atribuições, incumbe às agências reguladoras monitorar e acompanhar as práticas de mercado dos agentes dos setores regulados, de forma a auxiliar os órgãos de defesa da concorrência na observância do cumprimento da legislação de defesa da concorrência, nos termos da Lei nº 12.529, de 30 de novembro de 2011 (Lei de Defesa da Concorrência).

§ 1º Os órgãos de defesa da concorrência são responsáveis pela aplicação da legislação de defesa da concorrência nos setores regulados, incumbindo-lhes a análise de atos de concentração, bem como a instauração e a instrução de processos administrativos para apuração de infrações contra a ordem econômica.

§ 2º Os órgãos de defesa da concorrência poderão solicitar às agências reguladoras pareceres técnicos relacionados a seus setores de atuação, os quais serão utilizados como subsídio à análise de atos de concentração e à instrução de processos administrativos.

Art. 27. Quando a agência reguladora, no exercício de suas atribuições, tomar conhecimento de fato que possa configurar infração à ordem econômica, deverá comunicá-lo imediatamente aos órgãos de defesa da concorrência para que esses adotem as providências cabíveis.

Art. 28. Sem prejuízo de suas competências legais, o Conselho Administrativo de Defesa Econômica (CADE) notificará a agência reguladora do teor da decisão sobre condutas potencialmente anticompetitivas cometidas no exercício das atividades reguladas, bem como das decisões relativas a atos de concentração julgados por aquele órgão, no prazo máximo de 48 (quarenta e oito) horas após a publicação do respectivo acórdão, para que sejam adotadas as providências legais.

CAPÍTULO IV
DA ARTICULAÇÃO ENTRE AGÊNCIAS REGULADORAS

Art. 29. No exercício de suas competências definidas em lei, duas ou mais agências reguladoras poderão editar atos normativos conjuntos dispondo sobre matéria cuja disciplina envolva agentes econômicos sujeitos a mais de uma regulação setorial.

§ 1º Os atos normativos conjuntos deverão ser aprovados pelo conselho diretor ou pela diretoria colegiada de cada agência reguladora envolvida, por procedimento idêntico ao de aprovação de ato normativo isolado, observando-se em cada agência as normas aplicáveis ao exercício da competência normativa previstas no respectivo regimento interno.

§ 2º Os atos normativos conjuntos deverão conter regras sobre a fiscalização de sua execução e prever mecanismos de solução de controvérsias decorrentes de sua aplicação, podendo admitir solução mediante mediação, nos termos da Lei nº 13.140, de 26 de junho de 2015 (Lei da Mediação), ou mediante arbitragem por comissão integrada, entre outros, por representantes de todas as agências reguladoras envolvidas.

Art. 30. As agências reguladoras poderão constituir comitês para o intercâmbio de experiências e informações entre si ou com os órgãos integrantes do Sistema Brasileiro de Defesa da Concorrência (SBDC), visando a estabelecer orientações e procedimentos comuns para o exercício da regulação nas respectivas áreas e setores e a permitir a consulta recíproca quando da edição de normas que impliquem mudanças nas condições dos setores regulados.

CAPÍTULO V
DA ARTICULAÇÃO DAS AGÊNCIAS REGULADORAS COM OS ÓRGÃOS DE DEFESA DO CONSUMIDOR E DO MEIO AMBIENTE

Art. 31. No exercício de suas atribuições, e em articulação com o Sistema Nacional de Defesa do Consumidor (SNDC) e com o órgão de defesa do consumidor do Ministério da Justiça e Segurança Pública, incumbe às agências reguladoras zelar pelo cumprimento da legislação de defesa do consumidor, monitorando e acompanhando as práticas de mercado dos agentes do setor regulado.

§ 1º As agências reguladoras poderão articular-se com os órgãos e as entidades integrantes do SNDC, visando à eficácia da proteção e defesa do consumidor e do usuário de serviço público no âmbito das respectivas esferas de atuação.

§ 2º As agências reguladoras poderão firmar convênios e acordos de cooperação com os órgãos e as entidades integrantes do SNDC para colaboração mútua, sendo vedada a delegação de competências que tenham sido a elas atribuídas por lei específica de proteção e defesa do consumidor no âmbito do setor regulado.

Art. 32. Para o cumprimento do disposto nesta Lei, as agências reguladoras são autorizadas a celebrar, com força de título executivo extrajudicial, termo de ajustamento de conduta com pessoas físicas ou jurídicas sujeitas a sua competência regulatória, aplicando-se os requisitos do art. 4º-A da Lei nº 9.469, de 10 de julho de 1997.

§ 1º Enquanto perdurar a vigência do correspondente termo de ajustamento de conduta, ficará suspensa, em relação aos fatos que deram causa a sua celebração, a aplicação de sanções administrativas de competência da agência reguladora à pessoa física ou jurídica que o houver firmado.

§ 2º A agência reguladora deverá ser comunicada quando da celebração do termo de ajustamento de conduta a que se refere o § 6º do art. 5º da Lei nº 7.347, de 24 de julho de 1985, caso o termo tenha por objeto matéria de natureza regulatória de sua competência.

Art. 33. As agências reguladoras poderão articular-se com os órgãos de defesa do meio ambiente mediante a celebração de convênios e acordos de cooperação, visando ao intercâmbio de informações, à padronização de exigências e procedimentos, à celeridade na emissão de licenças ambientais e à maior eficiência nos processos de fiscalização.

CAPÍTULO VI
DA INTERAÇÃO OPERACIONAL ENTRE AS AGÊNCIAS REGULADORAS FEDERAIS E AS AGÊNCIAS REGULADORAS OU OS ÓRGÃOS DE REGULAÇÃO ESTADUAIS, DISTRITAIS E MUNICIPAIS

Art. 34. As agências reguladoras de que trata esta Lei poderão promover a articulação de suas atividades com as de agências reguladoras ou órgãos de regulação dos Estados, do Distrito Federal e dos Municípios, nas respectivas áreas de competência, implementando, a seu critério e mediante acordo de cooperação, a descentralização de suas atividades fiscalizatórias, sancionatórias e arbitrais, exceto quanto a atividades do Sistema Único de Saúde (SUS), que observarão o disposto em legislação própria.

§ 1º É vedada a delegação de competências normativas.

§ 2º A descentralização de que trata o *caput* será instituída desde que a agência reguladora ou o órgão de regulação da unidade federativa interessada possua serviços técnicos e administrativos competentes devidamente organizados e aparelhados para a execução das respectivas atividades, conforme condições estabelecidas em regimento interno da agência reguladora federal.

§ 3º A execução, por agência reguladora ou órgão de regulação estadual, distrital ou municipal, das atividades delegadas será permanentemente acompanhada e avaliada pela agência reguladora federal, nos termos do respectivo acordo.

§ 4º Na execução das atividades de fiscalização objeto de delegação, a agência reguladora ou o órgão regulador estadual, distrital ou municipal que receber a delegação observará as normas legais e regulamentares federais pertinentes.

§ 5º É vedado à agência reguladora ou ao órgão regulador estadual, distrital ou municipal conveniado, no exercício de competência fiscalizatória delegada, exigir de concessionária ou permissionária obrigação não prevista previamente em contrato.

§ 6º Além do disposto no § 2º deste artigo, a delegação de competências fiscalizatórias, sancionatórias e arbitrais somente poderá ser efetivada em favor de agência reguladora ou órgão de regulação estadual, distrital ou municipal que gozar de autonomia assegurada por regime jurídico compatível com o disposto nesta Lei.

§ 7º Havendo delegação de competência, a agência reguladora delegante permanecerá como instância superior e recursal das decisões tomadas no exercício da competência delegada.

Art. 35. No caso da descentralização prevista no *caput* do art. 34, parte da receita arrecadada pela agência reguladora federal poderá ser repassada à agência reguladora ou ao órgão de regulação estadual, distrital ou municipal, para custeio de seus serviços, na forma do respectivo acordo de cooperação.

Parágrafo único. O repasse referido no *caput* deste artigo deverá ser compatível com os custos da agência reguladora ou do órgão de regulação local para realizar as atividades delegadas.

CAPÍTULO VII
DISPOSIÇÕES FINAIS E TRANSITÓRIAS

Art. 36. A Lei nº 9.427, de 26 de dezembro de 1996, passa a vigorar com as seguintes alterações:

"Art. 4º ....

§ 1º Integrarão a estrutura da ANEEL uma Procuradoria e uma Ouvidoria.

...."

"Art. 5º O Diretor-Geral e os Diretores serão nomeados pelo Presidente da República para cumprir mandatos não coincidentes de 5 (cinco) anos, vedada a recondução, ressalvado o que dispõe o art. 29.

Parágrafo único. A nomeação dos membros da Diretoria Colegiada dependerá de prévia aprovação do Senado Federal, nos termos da alínea *f* do inciso III do art. 52 da Constituição Federal, observado o disposto na Lei nº 9.986, de 18 de julho de 2000."

Art. 37. A Lei nº 9.472, de 16 de julho de 1997, passa a vigorar com as seguintes alterações:

▶ Alterações inseridas no texto da referida lei.

Art. 38. O art. 11 da Lei nº 9.478, de 6 de agosto de 1997, passa a vigorar com a seguinte redação:

"Art. 11. A ANP será dirigida por Diretoria Colegiada composta de 1 (um) Diretor-Geral e 4 (quatro) Diretores.

§ 1º Integrarão a estrutura organizacional da ANP uma Procuradoria e uma Ouvidoria.

§ 2º Os membros da Diretoria Colegiada serão nomeados pelo Presidente da República, após aprovação dos respectivos nomes pelo Senado Federal, nos termos da alínea *f* do inciso III do art. 52 da Constituição Federal, observado o disposto na Lei nº 9.986, de 18 de julho de 2000.

§ 3º Os membros da Diretoria Colegiada cumprirão mandatos de 5 (cinco) anos, não coincidentes, vedada a recondução, observado o disposto no art. 75 desta Lei e na Lei nº 9.986, de 18 de julho de 2000."

Art. 39. A Lei nº 9.782, de 26 de janeiro de 1999, passa a vigorar com as seguintes alterações:

"Art. 10. A gerência e a administração da Agência serão exercidas por Diretoria Colegiada composta de 5 (cinco) membros, sendo um deles o seu Diretor-Presidente, vedada a recondução, nos termos da Lei nº 9.986, de 18 de julho de 2000.

Parágrafo único. Os membros da Diretoria Colegiada serão brasileiros, indicados pelo Presidente da República e por ele nomeados, após aprovação prévia pelo Senado Federal, nos termos da alínea *f* do inciso III do art. 52 da Constituição Federal, para cumprimento de mandato de 5 (cinco) anos, observado o disposto na Lei nº 9.986, de 18 de julho de 2000."

"Art. 11. O Diretor-Presidente da Agência será nomeado pelo Presidente da República e investido na função por 5 (cinco) anos, vedada a recondução, observado o disposto na Lei nº 9.986, de 18 de julho de 2000."

"Art. 15 ....

....

§ 1º A Diretoria reunir-se-á com a presença de, pelo menos, 3 (três) Diretores, entre eles o Diretor-Presidente ou seu substituto legal, e deliberará por maioria absoluta.

...."

Art. 40. A Lei nº 9.961, de 28 de janeiro de 2000, passa a vigorar com as seguintes alterações:

"Art. 6º A gestão da ANS será exercida por Diretoria Colegiada composta de 5 (cinco) Diretores, sendo um deles o seu Diretor-Presidente.

Parágrafo único. Os membros da Diretoria Colegiada serão brasileiros, indicados pelo Presidente da República e por ele nomeados, após aprovação prévia pelo Senado Federal, nos termos da alínea *f* do inciso III do art. 52 da Constituição Federal, para cumprimento de mandato de 5 (cinco) anos, vedada a recondução, nos termos da Lei nº 9.986, de 18 de julho de 2000."

"Art. 7º O Diretor-Presidente da ANS será nomeado pelo Presidente da República e investido na função pelo prazo de 5 (cinco) anos, vedada a recondução, observado o disposto na Lei nº 9.986, de 18 de julho de 2000."

"Art. 10. ....

....

§ 1º A Diretoria Colegiada reunir-se-á com a presença de, pelo menos, 3 (três) diretores, entre eles o Diretor-Presidente ou seu substituto legal, e deliberará com, no mínimo, 3 (três) votos coincidentes.

...."

Art. 41. A Lei nº 9.984, de 17 de julho de 2000, passa a vigorar com as seguintes alterações:

"Art. 9º A ANA será dirigida por Diretoria Colegiada composta de 5 (cinco) membros, nomeados pelo Presidente da República, com mandatos não coincidentes de 5 (cinco) anos, vedada a recondução, sendo um deles o Diretor-Presidente, e terá em sua estrutura uma Procuradoria, uma Ouvidoria e uma Auditoria, observado o disposto na Lei nº 9.986, de 18 de julho de 2000.

§ 1º O Diretor-Presidente da ANA será nomeado pelo Presidente da República e investido na função pelo prazo de 5 (cinco) anos, vedada a recondução, observado o disposto na Lei nº 9.986, de 18 de julho de 2000.

§ 2º Revogado."

"Art. 12. ....

....

§ 1º A Diretoria Colegiada deliberará por maioria absoluta de votos e reunir-se-á com a presença de, pelo menos, 3 (três) diretores, entre eles o Diretor-Presidente ou seu substituto legal.

...."

Art. 42. A Lei nº 9.986, de 18 de julho de 2000, passa a vigorar com as seguintes alterações:

"Art. 4º As agências terão como órgão máximo o Conselho Diretor ou a Diretoria Colegiada, que será composto de até 4 (quatro) Conselheiros ou Diretores e 1 (um) Presidente, Diretor-Presidente ou Diretor-Geral.

§ 1º Os mandatos dos membros do Conselho Diretor ou da Diretoria Colegiada serão não coincidentes, de modo que, sempre que possível, a cada ano, ocorra o término de um mandato e uma consequente nova indicação.

§ 2º Os mandatos que não forem providos no mesmo ano em que ocorrer sua vacância terão a duração reduzida, a fim de viabilizar a observância à regra de não coincidência de que trata o § 1º deste artigo.

§ 3º Integrarão a estrutura organizacional de cada agência uma procuradoria, que a representará em juízo, uma ouvidoria e uma auditoria.

§ 4º Cabe ao Presidente, Diretor-Presidente ou Diretor-Geral do Conselho Diretor ou da Diretoria Colegiada a representação da agência, o comando hierárquico sobre o pessoal e os serviços e o exercício de todas as competências administrativas correspondentes, bem como a presidência das sessões do Conselho Diretor ou da Diretoria Colegiada, sem prejuízo das deliberações colegiadas para matérias definidas em regimento interno."

"Art. 5º O Presidente, Diretor-Presidente ou Diretor-Geral (CD I) e os demais membros do Conselho Diretor ou da Diretoria Colegiada (CD II) serão brasileiros, indicados pelo Presidente da República e por ele nomeados, após aprovação pelo Senado Federal, nos termos da alínea *f* do inciso III do art. 52 da Constituição Federal, entre cidadãos de reputação ilibada e de notório conhecimento no campo de sua especialidade, devendo ser atendidos 1 (um) dos requisitos das alíneas *a*, *b* e *c* do inciso I e, cumulativamente, o inciso II:

I – ter experiência profissional de, no mínimo:

a) 10 (dez) anos, no setor público ou privado, no campo de atividade da agência reguladora ou em área a ela conexa, em função de direção superior; ou

b) 4 (quatro) anos ocupando pelo menos um dos seguintes cargos:

1. cargo de direção ou de chefia superior em empresa no campo de atividade da agência reguladora, entendendo-se como cargo de chefia superior aquele situado nos 2 (dois) níveis hierárquicos não estatutários mais altos da empresa;
2. cargo em comissão ou função de confiança equivalente a DAS-4 ou superior, no setor público;
3. cargo de docente ou de pesquisador no campo de atividade da agência reguladora ou em área conexa; ou

c) 10 (dez) anos de experiência como profissional liberal no campo de atividade da agência reguladora ou em área conexa; e

II – ter formação acadêmica compatível com o cargo para o qual foi indicado.

§§ 1º e 4º VETADOS.

§ 5º A indicação, pelo Presidente da República, dos membros do Conselho Diretor ou da Diretoria Colegiada a serem submetidos à aprovação do Senado Federal especificará, em cada caso, se a indicação é para Presidente, Diretor-Presidente, Diretor-Geral, Diretor ou Conselheiro.

§ 6º VETADO.

§ 7º Ocorrendo vacância no cargo de Presidente, Diretor-Presidente, Diretor-Geral, Diretor ou Conselheiro no curso do mandato, este será completado por sucessor investido na forma prevista no *caput* e exercido pelo prazo remanescente, admitida a recondução se tal prazo for igual ou inferior a 2 (dois) anos.

§ 8º O início da fluência do prazo do mandato dar-se-á imediatamente após o término do mandato anterior, independentemente da data de indicação, aprovação ou posse do membro do colegiado.

§ 9º Nas ausências eventuais do Presidente, Diretor-Presidente ou Diretor-Geral, as funções atinentes à presidência serão exercidas por membro do Conselho Diretor ou da Diretoria Colegiada indicado pelo Presidente, Diretor-Presidente ou Diretor-Geral da agência reguladora."

"Art. 6º O mandato dos membros do Conselho Diretor ou da Diretoria Colegiada das agências reguladoras será de 5 (cinco) anos, vedada a recondução, ressalvada a hipótese do § 7º do art. 5º.

...."

"Art. 8º Os membros do Conselho Diretor ou da Diretoria Colegiada ficam impedidos de exercer atividade ou de prestar qualquer serviço no setor regulado pela respectiva agência, por período de 6 (seis) meses, contados da exoneração ou do término de seu mandato, assegurada a remuneração compensatória.

...."

"Art. 8º-A. É vedada a indicação para o Conselho Diretor ou a Diretoria Colegiada:

I – de Ministro de Estado, Secretário de Estado, Secretário Municipal, dirigente estatutário de partido político e titular de mandato no Poder Legislativo de qualquer ente da federação, ainda que licenciados dos cargos;

II – de pessoa que tenha atuado, nos últimos 36 (trinta e seis) meses, como participante de estrutura decisória de partido político ou em trabalho vinculado a organização, estruturação e realização de campanha eleitoral;

III – de pessoa que exerça cargo em organização sindical;

IV – de pessoa que tenha participação, direta ou indireta, em empresa ou entidade que atue no setor sujeito à regulação exercida pela agência reguladora em que atuaria, ou que tenha matéria ou ato submetido à apreciação dessa agência reguladora;

V – de pessoa que se enquadre nas hipóteses de inelegibilidade previstas no inciso I do *caput* do art. 1º da Lei Complementar nº 64, de 18 de maio de 1990;

VI – VETADO;

VII – de membro de conselho ou de diretoria de associação, regional ou nacional, representativa de interesses patronais ou trabalhistas ligados às atividades reguladas pela respectiva agência.

Parágrafo único. A vedação prevista no inciso I do *caput* estende-se também aos parentes consanguíneos ou afins até o terceiro grau das pessoas nele mencionadas."

"Art. 8º-B. Ao membro do Conselho Diretor ou da Diretoria Colegiada é vedado:

I – receber, a qualquer título e sob qualquer pretexto, honorários, percentagens ou custas;

II – exercer qualquer outra atividade profissional, ressalvado o exercício do magistério, havendo compatibilidade de horários;

III – participar de sociedade simples ou empresária ou de empresa de qualquer espécie, na forma de controlador, diretor, administrador, gerente, membro de conselho de administração ou conselho fiscal, preposto ou mandatário;

IV – emitir parecer sobre matéria de sua especialização, ainda que em tese, ou atuar como consultor de qualquer tipo de empresa;

V – exercer atividade sindical;

VI – exercer atividade político-partidária;

VII – estar em situação de conflito de interesse, nos termos da Lei nº 12.813, de 16 de maio de 2013."

"Art. 9º O membro do Conselho Diretor ou da Diretoria Colegiada somente perderá o mandato:

I – em caso de renúncia;

II – em caso de condenação judicial transitada em julgado ou de condenação em processo administrativo disciplinar;

III – por infringência de quaisquer das vedações previstas no art. 8º-B desta Lei.

Parágrafo único. Revogado."

"Art. 10. Durante o período de vacância que anteceder a nomeação de novo titular do Conselho Diretor ou da Diretoria Colegiada, exercerá o cargo vago um integrante da lista de substituição.

§ 1º A lista de substituição será formada por 3 (três) servidores da agência, ocupantes dos cargos de Superintendente, Gerente-Geral ou equivalente hierárquico, escolhidos e designados pelo Presidente da República entre os indicados pelo Conselho Diretor ou pela Diretoria Colegiada, observada a ordem de precedência constante do ato de designação para o exercício da substituição.

§ 2º O Conselho Diretor ou a Diretoria Colegiada indicará ao Presidente da República 3 (três) nomes para cada vaga na lista.

§ 3º Na ausência da designação de que trata o § 1º até 31 de janeiro do ano subsequente à indicação, exercerá o cargo vago, interinamente, o Superintendente ou o titular de cargo equivalente, na agência reguladora, com maior tempo de exercício na função.

§ 4º Cada servidor permanecerá por, no máximo, 2 (dois) anos contínuos na lista de substituição, somente podendo a ela ser reconduzido após 2 (dois) anos.

§ 5º Aplicam-se ao substituto os requisitos subjetivos quanto à investidura, às proibições e aos deveres impostos aos membros do Conselho Diretor ou da Diretoria Colegiada, enquanto permanecer no cargo.

§ 6º Em caso de vacância de mais de um cargo no Conselho Diretor ou na Diretoria Colegiada, os substitutos serão chamados na ordem de precedência na lista, observado o sistema de rodízio.

§ 7º O mesmo substituto não exercerá interinamente o cargo por mais de 180 (cento e oitenta) dias contínuos, devendo ser convocado outro substituto, na ordem da lista, caso a vacância ou o impedimento do membro do Conselho Diretor ou da Diretoria Colegiada se estenda além desse prazo."

Art. 43. A Lei nº 10.233, de 5 de junho de 2001, passa a vigorar com as seguintes alterações:

"Art. 52. A ANTT e a ANTAQ terão como órgãos de deliberação máxima as Diretorias Colegiadas e terão em suas estruturas organizacionais uma Procuradoria, uma Ouvidoria e uma Corregedoria."

"Art. 53. A Diretoria Colegiada da ANTT será composta de 1 (um) Diretor-Geral e 4 (quatro) Diretores, e a Diretoria Colegiada da ANTAQ será composta de 1 (um) Diretor-Geral e 2 (dois) Diretores.

§ 1º Os membros das Diretorias Colegiadas serão brasileiros, terão reputação ilibada, formação universitária e elevado conceito no campo de especialidade dos cargos a serem exercidos e serão nomeados pelo Presidente da República, após aprovação pelo Senado Federal, nos termos da alínea *f* do inciso III do art. 52 da Constituição Federal, observado o disposto na Lei nº 9.986, de 18 de julho de 2000.

§ 2º Os Diretores-Gerais da ANTT e da ANTAQ serão nomeados pelo Presidente da República e investidos na função pelo prazo de 5 (cinco) anos, vedada a recondução, observado o disposto na Lei nº 9.986, de 18 de julho de 2000."

"Art. 54. Os membros das Diretorias Colegiadas cumprirão mandatos de 5 (cinco) anos, não coincidentes, vedada a recondução, observado o disposto na Lei nº 9.986, de 18 de julho de 2000.

...."

"Art. 56. Os membros das Diretorias Colegiadas perderão o mandato em virtude de renúncia, condenação judicial transitada em julgado ou condenação em processo administrativo disciplinar.

...."

"Art. 60. Compete às Diretorias Colegiadas exercer as atribuições e cumprir os deveres estabelecidos por esta Lei para as respectivas Agências.

Parágrafo único. As Diretorias Colegiadas aprovarão os regimentos internos das respectivas Agências."

"Art. 61. Cabem aos respectivos Diretores-Gerais a representação das Agências, o comando hierárquico sobre pessoal e serviços, a coordenação das competências administrativas e a presidência das reuniões das Diretorias Colegiadas."

"Art. 63. O Ouvidor será nomeado pelo Presidente da República para mandato de 3 (três) anos, vedada a recondução.

Parágrafo único. Revogado."

"Art. 67. As decisões das Diretorias Colegiadas serão tomadas pelo voto da maioria absoluta de seus membros, cabendo aos respectivos Diretores-Gerais o voto de qualidade, e serão registradas em atas.

Parágrafo único. As datas, as pautas e as atas das reuniões das Diretorias Colegiadas, assim como os documentos que as instruem, deverão ser objeto de ampla publicidade, inclusive por meio da internet, conforme regulamento."

"Art. 68. As iniciativas de projetos de lei, as alterações de normas administrativas e as decisões das Diretorias Colegiadas para resolução de pendências que afetem os direitos de agentes econômicos ou de usuários de serviços de transporte serão precedidas de audiência pública.

...."

Art. 44. A Medida Provisória nº 2.228-1, de 6 de setembro de 2001, passa a vigorar com as seguintes alterações:

"Art. 8º A ANCINE será dirigida por Diretoria Colegiada composta de 1 (um) Diretor-Presidente e 3 (três) Diretores, com mandatos não coincidentes de 5 (cinco) anos, vedada a recondução, nos termos da Lei nº 9.986, de 18 de julho de 2000.

§ 1º Os membros da Diretoria Colegiada serão nomeados nos termos da Lei nº 9.986, de 18 de julho de 2000.

§ 2º O Diretor-Presidente da ANCINE será nomeado pelo Presidente da República e investido na função pelo prazo de 5 (cinco) anos, vedada a recondução, observado o disposto na Lei nº 9.986, de 18 de julho de 2000.

§ 3º Em caso de vaga no curso do mandato de membro da Diretoria Colegiada, esse será completado por sucessor investido na forma prevista no § 1º deste artigo e exercido pelo prazo remanescente.

§ 4º Integrarão a estrutura da ANCINE, além da Diretoria Colegiada, uma Procuradoria, que a representará em juízo, uma Ouvidoria e uma Auditoria.

§ 5º Revogado."

"Art. 9º ....

....

Parágrafo único. A Diretoria Colegiada reunir-se-á com a presença de, pelo menos, 3 (três) diretores, entre eles o Diretor-Presidente, e deliberará por maioria absoluta de votos."

"Art. 10. ....

....

VIII – encaminhar ao Ministério da Economia a proposta de orçamento da ANCINE;

...."

Art. 45. A Lei nº 11.182, de 27 de setembro de 2005, passa a vigorar com as seguintes alterações:

"Art. 9º A ANAC terá como órgão de deliberação máxima a Diretoria Colegiada e terá em sua estrutura uma Procuradoria, uma Corregedoria, um Conselho Consultivo e uma Ouvidoria, além das unidades especializadas."

"Art. 10. A Diretoria Colegiada será composta de 1 (um) Diretor-Presidente e 4 (quatro) Diretores, que decidirão por maioria absoluta, cabendo ao Diretor-Presidente, além do voto ordinário, o voto de qualidade.

§ 1º A Diretoria Colegiada reunir-se-á com a maioria de seus membros.

....

§ 3º As decisões da Diretoria Colegiada serão fundamentadas.

§ 4º As sessões deliberativas da Diretoria Colegiada que se destinem a resolver pendências entre agentes econômicos, ou entre esses e usuários da aviação civil, serão públicas."

"Art. 12. Os membros da Diretoria Colegiada serão nomeados pelo Presidente da República, após aprovação pelo Senado Federal, nos termos da alínea *f* do inciso III do art. 52 da Constituição Federal, observado o disposto na Lei nº 9.986, de 18 de julho de 2000."

"Art. 13. O mandato dos membros da Diretoria Colegiada será de 5 (cinco) anos, vedada a recondução, nos termos da Lei nº 9.986, de 18 de julho de 2000.

...."

"Art. 16. Cabe ao Diretor-Presidente a representação da ANAC, o comando hierárquico sobre pessoal e serviços, o exercício das competências administrativas correspondentes e a presidência das reuniões da Diretoria Colegiada."

Art. 46. VETADO.

Art. 47. Até que sejam organizadas as ouvidorias na Aneel, na ANP e na ANA, as competências do ouvidor poderão ser exercidas, cumulativamente, por um dos membros do conselho diretor ou da diretoria colegiada, definido em ato do presidente, diretor-presidente ou diretor-geral da agência reguladora.

Parágrafo único. As ouvidorias referidas no *caput* deverão ser organizadas em até 120 (cento e vinte) dias após a entrada em vigor desta Lei.

Art. 48. A apreciação pelos órgãos de defesa da concorrência dos atos de que trata o § 1º do art. 7º da Lei nº 9.472, de 16 de julho de 1997, observará o disposto nos arts. 25 a 28 desta Lei.

Art. 49. Ficam mantidos os prazos de encerramento dos mandatos de diretores, conselheiros, presidentes, diretores-gerais e diretores-presidentes de agências reguladoras nomeados anteriormente à entrada em vigor desta Lei.

Parágrafo único. VETADO.

Art. 50. Tendo em vista o cumprimento da regra da não coincidência de mandatos, disposta no art. 4º da Lei nº 9.986, de 18 de julho de 2000, os mandatos dos membros do conselho diretor ou da diretoria colegiada nomeados a partir da entrada em vigor desta Lei terão, como regra de transição, as durações fixadas de acordo com as hipóteses a seguir:

I – encerramento de 5 (cinco) mandatos em um mesmo ano: os prazos dos mandatos subsequentes, contados do primeiro mandato que se encerra, serão, respectivamente, de 2 (dois), 3 (três), 4 (quatro), 5 (cinco) e 6 (seis) anos, permitida uma única recondução do membro com mandato de 2 (dois) anos para exercer mandato de 5 (cinco) anos;

II – encerramento de 4 (quatro) mandatos em um mesmo ano: os prazos dos mandatos subsequentes, contados do primeiro mandato que se encerra, serão, respectivamente, de 2 (dois), 3 (três), 4 (quatro) e 5 (cinco) anos, permitida uma única recondução do membro com mandato de 2 (dois) anos para exercer mandato de 5 (cinco) anos;

III – encerramento de 3 (três) mandatos em um mesmo ano: os prazos dos mandatos subsequentes, contados do primeiro mandato que se encerra, serão, respectivamente, de 2 (dois), 3 (três) e 4 (quatro) anos, permitida uma única recondução do membro com mandato de 2 (dois) anos para exercer mandato de 5 (cinco) anos;

IV – encerramento de 2 (dois) mandatos em um mesmo ano: os prazos dos mandatos subsequentes serão de 5 (cinco) anos.

Art. 51. O disposto no art. 3º e, no que couber, nos arts. 14 a 20 desta Lei aplica-se ao CADE.

Art. 52. Revogam-se:

I – o arts. 6º, 7º e 22 da Lei nº 9.427, de 26 de dezembro de 1996;

II – os incisos XXVI e XXIX do art. 19 e os arts. 27, 42 e 45 da Lei nº 9.472, de 16 de julho de 1997;

III – os arts. 12, 19 e 20 da Lei nº 9.782, de 26 de janeiro de 1999;

IV – os arts. 8º, 14 e 15 da Lei nº 9.961, de 28 de janeiro de 2000;

V – o § 2º do art. 9º e o art. 10 da Lei nº 9.984, de 17 de julho de 2000;

VI – o art. 7º, o parágrafo único do art. 9º e o parágrafo único do art. 11 da Lei nº 9.986, de 18 de julho de 2000;

VII – o parágrafo único do art. 63 e o art. 78 da Lei nº 10.233, de 5 de junho de 2001;

VIII – o § 5º do art. 8º da Medida Provisória nº 2.228-1, de 6 de setembro de 2001;

IX – o art. 18 da Lei nº 11.182, de 27 de setembro de 2005.

Art. 53. Esta Lei entra em vigor após decorridos 90 (noventa) dias de sua publicação oficial.

Brasília, 25 de junho de 2019;
198º da Independência e
131º da República.

Jair Messias Bolsonaro

LEI Nº 14.133, DE 1º DE ABRIL DE 2021

Lei de Licitações e Contratos Administrativos.

▸ Publicada no *DOU* de 1º-4-2021 – edição extra F.

TÍTULO I – DISPOSIÇÕES PRELIMINARES

CAPÍTULO I
DO ÂMBITO DE APLICAÇÃO DESTA LEI

Art. 1º Esta Lei estabelece normas gerais de licitação e contratação para as Administrações Públicas diretas, autárquicas e fundacionais da União, dos Estados, do Distrito Federal e dos Municípios, e abrange:

I – os órgãos dos Poderes Legislativo e Judiciário da União, dos Estados e do Distrito Federal e os órgãos do Poder Legislativo dos Municípios, quando no desempenho de função administrativa;

II – os fundos especiais e as demais entidades controladas direta ou indiretamente pela Administração Pública.

§ 1º Não são abrangidas por esta Lei as empresas públicas, as sociedades de economia mista e as suas subsidiárias, regidas pela Lei nº 13.303, de 30 de junho de 2016, ressalvado o disposto no art. 178 desta Lei.

§ 2º As contratações realizadas no âmbito das repartições públicas sediadas no exterior obedecerão às peculiaridades locais e aos princípios básicos estabelecidos nesta Lei, na forma de regulamentação específica a ser editada por ministro de Estado.

§ 3º Nas licitações e contratações que envolvam recursos provenientes de empréstimo ou doação oriundos de agência oficial de cooperação estrangeira ou de organismo financeiro de que o Brasil seja parte, podem ser admitidas:

I – condições decorrentes de acordos internacionais aprovados pelo Congresso Nacional e ratificados pelo Presidente da República;

II – condições peculiares à seleção e à contratação constantes de normas e procedimentos das agências ou dos organismos, desde que:

a) sejam exigidas para a obtenção do empréstimo ou doação;

b) não conflitem com os princípios constitucionais em vigor;

c) sejam indicadas no respectivo contrato de empréstimo ou doação e tenham sido objeto de parecer favorável do órgão jurídico do contratante do financiamento previamente à celebração do referido contrato;

d) VETADA.

§ 4º A documentação encaminhada ao Senado Federal para autorização do empréstimo de que trata o § 3º deste artigo deverá fazer referência às condições contratuais que incidam na hipótese do referido parágrafo.

§ 5º As contratações relativas à gestão, direta e indireta, das reservas internacionais do País, inclusive as de serviços conexos ou acessórios a essa atividade, serão disciplinadas em ato normativo próprio do Banco Central do Brasil, assegurada a observância dos princípios estabelecidos no *caput* do art. 37 da Constituição Federal.

Art. 2º Esta Lei aplica-se a:

I – alienação e concessão de direito real de uso de bens;

II – compra, inclusive por encomenda;

III – locação;

IV – concessão e permissão de uso de bens públicos;

V – prestação de serviços, inclusive os técnico-profissionais especializados;

VI – obras e serviços de arquitetura e engenharia;

VII – contratações de tecnologia da informação e de comunicação.

Art. 3º Não se subordinam ao regime desta Lei:

I – contratos que tenham por objeto operação de crédito, interno ou externo, e gestão de dívida pública, incluídas as contratações de agente financeiro e a concessão de garantia relacionadas a esses contratos;

II – contratações sujeitas a normas previstas em legislação própria.

Art. 4º Aplicam-se às licitações e contratos disciplinados por esta Lei as disposições constantes dos arts. 42 a 49 da Lei Complementar nº 123, de 14 de dezembro de 2006.

§ 1º As disposições a que se refere o *caput* deste artigo não são aplicadas:

I – no caso de licitação para aquisição de bens ou contratação de serviços em geral, ao item cujo valor estimado for superior à receita bruta máxima admitida para fins de enquadramento como empresa de pequeno porte;

II – no caso de contratação de obras e serviços de engenharia, às licitações cujo valor estimado for superior à receita bruta máxima admitida para fins de enquadramento como empresa de pequeno porte.

§ 2º A obtenção de benefícios a que se refere o *caput* deste artigo fica limitada às microempresas e às empresas de pequeno porte que, no ano-calendário de realização da licitação, ainda não tenham celebrado contratos com a Administração Pública cujos valores somados extrapolem a receita bruta máxima admitida para fins de enquadramento como empresa de pequeno porte, devendo o órgão ou entidade exigir do licitante declaração de observância desse limite na licitação.

§ 3º Nas contratações com prazo de vigência superior a 1 (um) ano, será considerado o valor anual do contrato na aplicação dos limites previstos nos §§ 1º e 2º deste artigo.

CAPÍTULO II
DOS PRINCÍPIOS

Art. 5º Na aplicação desta Lei, serão observados os princípios da legalidade, da impessoalidade, da moralidade, da publicidade, da eficiência, do interesse público, da probidade administrativa, da igualdade, do planejamento, da transparência, da eficácia, da segregação de funções, da motivação, da vinculação ao edital, do julgamento objetivo, da segurança jurídica, da razoabilidade, da competitividade, da proporcionalidade, da celeridade, da economicidade e do desenvolvimento nacional sustentável, assim como as disposições do Decreto-Lei nº 4.657, de 4 de setembro de 1942 (Lei de Introdução às Normas do Direito Brasileiro).

CAPÍTULO III
DAS DEFINIÇÕES

Art. 6º Para os fins desta Lei, consideram-se:

I – órgão: unidade de atuação integrante da estrutura da Administração Pública;

II – entidade: unidade de atuação dotada de personalidade jurídica;

III – Administração Pública: administração direta e indireta da União, dos Estados, do Distrito Federal e dos Municípios, inclusive as entidades com personalidade jurídica de direito privado sob controle do poder público e as fundações por ele instituídas ou mantidas;

IV – Administração: órgão ou entidade por meio do qual a Administração Pública atua;

V – agente público: indivíduo que, em virtude de eleição, nomeação, designação, contratação ou qualquer outra forma de investidura ou vínculo, exerce mandato, cargo, emprego ou função em pessoa jurídica integrante da Administração Pública;

VI – autoridade: agente público dotado de poder de decisão;

VII – contratante: pessoa jurídica integrante da Administração Pública responsável pela contratação;

VIII – contratado: pessoa física ou jurídica, ou consórcio de pessoas jurídicas, signatária de contrato com a Administração;

IX – licitante: pessoa física ou jurídica, ou consórcio de pessoas jurídicas, que participa ou manifesta a intenção de participar de processo licitatório, sendo-lhe equiparável, para os fins desta Lei, o fornecedor ou o prestador de serviço que, em atendimento à solicitação da Administração, oferece proposta;

X – compra: aquisição remunerada de bens para fornecimento de uma só vez ou parceladamente, considerada imediata aquela com prazo de entrega de até 30 (trinta) dias da ordem de fornecimento;

XI – serviço: atividade ou conjunto de atividades destinadas a obter determinada utilidade, intelectual ou material, de interesse da Administração;

XII – obra: toda atividade estabelecida, por força de lei, como privativa das profissões de arquiteto e engenheiro que implica intervenção no meio ambiente por meio de um conjunto harmônico de ações que, agregadas, formam um todo que inova o espaço físico da natureza ou acarreta alteração substancial das características originais de bem imóvel;

XIII – bens e serviços comuns: aqueles cujos padrões de desempenho e qualidade podem ser objetivamente definidos pelo edital, por meio de especificações usuais de mercado;

XIV – bens e serviços especiais: aqueles que, por sua alta heterogeneidade ou complexidade, não podem ser descritos na forma do inciso XIII do *caput* deste artigo, exigida justificativa prévia do contratante;

XV – serviços e fornecimentos contínuos: serviços contratados e compras realizadas pela Administração Pública para a manutenção da atividade administrativa, decorrentes de necessidades permanentes ou prolongadas;

XVI – serviços contínuos com regime de dedicação exclusiva de mão de obra: aqueles cujo modelo de execução contratual exige, entre outros requisitos, que:

a) os empregados do contratado fiquem à disposição nas dependências do contratante para a prestação dos serviços;

b) o contratado não compartilhe os recursos humanos e materiais disponíveis de uma contratação para execução simultânea de outros contratos;

c) o contratado possibilite a fiscalização pelo contratante quanto à distribuição, controle e supervisão dos recursos humanos alocados aos seus contratos;

XVII – serviços não contínuos ou contratados por escopo: aqueles que impõem ao contratado o dever de realizar a prestação de um serviço específico em período predeterminado, podendo ser prorrogado, desde que justificadamente, pelo prazo necessário à conclusão do objeto;

XVIII – serviços técnicos especializados de natureza predominantemente intelectual: aqueles realizados em trabalhos relativos a:

a) estudos técnicos, planejamentos, projetos básicos e projetos executivos;

b) pareceres, perícias e avaliações em geral;

c) assessorias e consultorias técnicas e auditorias financeiras e tributárias;

d) fiscalização, supervisão e gerenciamento de obras e serviços;

e) patrocínio ou defesa de causas judiciais e administrativas;

f) treinamento e aperfeiçoamento de pessoal;

g) restauração de obras de arte e de bens de valor histórico;

h) controles de qualidade e tecnológico, análises, testes e ensaios de campo e laboratoriais, instrumentação e monitoramento de parâmetros específicos de obras e do meio ambiente e demais serviços de engenharia que se enquadrem na definição deste inciso;

XIX – notória especialização: qualidade de profissional ou de empresa cujo conceito, no campo de sua especialidade, decorrente de desempenho anterior, estudos, experiência, publicações, organização, aparelhamento, equipe técnica ou outros requisitos relacionados com suas atividades, permite inferir que o seu trabalho é essencial e reconhecidamente adequado à plena satisfação do objeto do contrato;

XX – estudo técnico preliminar: documento constitutivo da primeira etapa do planejamento de uma contratação que caracteriza o interesse público envolvido e a sua melhor solução e dá base ao anteprojeto, ao termo de referência ou ao projeto básico a serem elaborados caso se conclua pela viabilidade da contratação;

XXI – serviço de engenharia: toda atividade ou conjunto de atividades destinadas a obter determinada utilidade, intelectual ou material, de interesse para a Administração e que, não enquadradas no conceito de obra a que se refere o inciso XII do *caput* deste artigo, são estabelecidas, por força de lei, como privativas das profissões de arquiteto e engenheiro ou de técnicos especializados, que compreendem:

a) serviço comum de engenharia: todo serviço de engenharia que tem por objeto ações, objetivamente padronizáveis em termos de desempenho e qualidade, de manutenção, de adequação e de adaptação de bens móveis e imóveis, com preservação das características originais dos bens;

b) serviço especial de engenharia: aquele que, por sua alta heterogeneidade ou complexidade, não pode se enquadrar na definição constante da alínea *a* deste inciso;

XXII – obras, serviços e fornecimentos de grande vulto: aqueles cujo valor estimado supera R$ 200.000.000,00 (duzentos milhões de reais);

▸ Dec. nº 12.343, de 30-12-2024, atualiza o valor constante neste inciso para R$ 250.902.323,87 (duzentos e cinquenta milhões novecentos e dois mil trezentos e vinte e três reais e oitenta e sete centavos)

XXIII – termo de referência: documento necessário para a contratação de bens e serviços, que deve conter os seguintes parâmetros e elementos descritivos:

a) definição do objeto, incluídos sua natureza, os quantitativos, o prazo do contrato e, se for o caso, a possibilidade de sua prorrogação;

b) fundamentação da contratação, que consiste na referência aos estudos técnicos preliminares correspondentes ou, quando não for possível divulgar esses estudos, no extrato das partes que não contiverem informações sigilosas;

c) descrição da solução como um todo, considerado todo o ciclo de vida do objeto;

d) requisitos da contratação;

e) modelo de execução do objeto, que consiste na definição de como o contrato deverá produzir os resultados pretendidos desde o seu início até o seu encerramento;

f) modelo de gestão do contrato, que descreve como a execução do objeto será acompanhada e fiscalizada pelo órgão ou entidade;

g) critérios de medição e de pagamento;

h) forma e critérios de seleção do fornecedor;

i) estimativas do valor da contratação, acompanhadas dos preços unitários referenciais, das memórias de cálculo e dos documentos que lhe dão suporte, com os parâmetros utilizados para a obtenção dos preços e para os respectivos cálculos, que devem constar de documento separado e classificado;

j) adequação orçamentária;

XXIV – anteprojeto: peça técnica com todos os subsídios necessários à elaboração do projeto básico, que deve conter, no mínimo, os seguintes elementos:

a) demonstração e justificativa do programa de necessidades, avaliação de demanda do público-alvo, motivação técnico-econômico-social do empreendimento, visão global dos investimentos e definições relacionadas ao nível de serviço desejado;

b) condições de solidez, de segurança e de durabilidade;

c) prazo de entrega;

d) estética do projeto arquitetônico, traçado geométrico e/ou projeto da área de influência, quando cabível;

e) parâmetros de adequação ao interesse público, de economia na utilização, de facilidade na execução, de impacto ambiental e de acessibilidade;

f) proposta de concepção da obra ou do serviço de engenharia;

g) projetos anteriores ou estudos preliminares que embasaram a concepção proposta;

h) levantamento topográfico e cadastral;

i) pareceres de sondagem;

j) memorial descritivo dos elementos da edificação, dos componentes construtivos e dos materiais de construção, de forma a estabelecer padrões mínimos para a contratação;

XXV – projeto básico: conjunto de elementos necessários e suficientes, com nível de precisão adequado para definir e dimensionar a obra ou o serviço, ou o complexo de obras ou de serviços objeto da licitação, elaborado com base nas indicações dos estudos técnicos preliminares, que assegure a viabilidade técnica e o adequado tratamento do impacto ambiental do empreendimento e que possibilite a avaliação do custo da obra e a definição dos métodos e do prazo de execução, devendo conter os seguintes elementos:

a) levantamentos topográficos e cadastrais, sondagens e ensaios geotécnicos, ensaios e análises laboratoriais, estudos socioambientais e demais dados e levantamentos necessários para execução da solução escolhida;

b) soluções técnicas globais e localizadas, suficientemente detalhadas, de forma a evitar, por ocasião da elaboração do projeto executivo e da realização das obras e montagem, a necessidade de reformulações ou variantes quanto à qualidade, ao preço e ao prazo inicialmente definidos;

c) identificação dos tipos de serviços a executar e dos materiais e equipamentos a incorporar à obra, bem como das suas especificações, de modo a assegurar os melhores resultados para o empreendimento e a segurança executiva na utilização do objeto, para os fins a que se destina, considerados os riscos e os perigos identificáveis, sem frustrar o caráter competitivo para a sua execução;

d) informações que possibilitem o estudo e a definição de métodos construtivos, de instalações provisórias e de condições organizacionais para a obra, sem frustrar o caráter competitivo para a sua execução;

e) subsídios para montagem do plano de licitação e gestão da obra, compreendidos a sua programação, a estratégia de suprimentos, as normas de fiscalização e outros dados necessários em cada caso;

f) orçamento detalhado do custo global da obra, fundamentado em quantitativos de serviços e fornecimentos propriamente avaliados, obrigatório exclusivamente para os regimes de execução previstos nos incisos I, II, III, IV e VII do *caput* do art. 46 desta Lei;

XXVI – projeto executivo: conjunto de elementos necessários e suficientes à execução completa da obra, com o detalhamento das soluções previstas no projeto básico, a identificação de serviços, de materiais e de equipamentos a serem incorporados à obra, bem como suas especificações técnicas, de acordo com as normas técnicas pertinentes;

XXVII – matriz de riscos: cláusula contratual definidora de riscos e de responsabilidades entre as partes e caracterizadora do equilíbrio econômico-financeiro inicial do contrato, em termos de ônus financeiro decorrente de eventos supervenientes à contratação, contendo, no mínimo, as seguintes informações:

a) listagem de possíveis eventos supervenientes à assinatura do contrato que possam causar impacto em seu equilíbrio econômico-financeiro e previsão de eventual necessidade de prolação de termo aditivo por ocasião de sua ocorrência;

b) no caso de obrigações de resultado, estabelecimento das frações do objeto com relação às quais haverá liberdade para os contratados inovarem em soluções metodológicas ou tecnológicas, em termos de modificação das soluções previamente delineadas no anteprojeto ou no projeto básico;

c) no caso de obrigações de meio, estabelecimento preciso das frações do objeto com relação às quais não haverá liberdade para os contratados inovarem em soluções metodológicas ou tecnológicas, devendo haver obrigação de aderência entre a execução e a solução predefinida no anteprojeto ou no projeto básico, consideradas as características do regime de execução no caso de obras e serviços de engenharia;

XXVIII – empreitada por preço unitário: contratação da execução da obra ou do serviço por preço certo de unidades determinadas;

XXIX – empreitada por preço global: contratação da execução da obra ou do serviço por preço certo e total;

XXX – empreitada integral: contratação de empreendimento em sua integralidade, compreendida a totalidade das etapas de obras, serviços e instalações necessárias, sob inteira responsabilidade do contratado até sua entrega ao contratante em condições de entrada em operação, com características adequadas às finalidades para as quais foi contratado e atendidos os requisitos técnicos e legais para sua utilização com segurança estrutural e operacional;

XXXI – contratação por tarefa: regime de contratação de mão de obra para pequenos trabalhos por preço certo, com ou sem fornecimento de materiais;

XXXII – contratação integrada: regime de contratação de obras e serviços de engenharia em que o contratado é responsável por elaborar e desenvolver os projetos básico e executivo, executar obras e serviços de engenharia, fornecer bens ou prestar serviços especiais e realizar montagem, teste, pré-operação e as demais operações necessárias e suficientes para a entrega final do objeto;

XXXIII – contratação semi-integrada: regime de contratação de obras e serviços de engenharia em que o contratado é responsável por elaborar e desenvolver o projeto executivo, executar obras e serviços de engenharia, fornecer bens ou prestar serviços especiais e realizar montagem, teste, pré-operação e as demais operações necessárias e suficientes para a entrega final do objeto;

XXXIV – fornecimento e prestação de serviço associado: regime de contratação em que, além do fornecimento do objeto, o contratado responsabiliza-se por sua operação, manutenção ou ambas, por tempo determinado;

XXXV – licitação internacional: licitação processada em território nacional na qual é admitida a participação de licitantes estrangeiros, com a possibilidade de cotação de preços em moeda estrangeira, ou licitação na qual o objeto contratual pode ou deve ser executado no todo ou em parte em território estrangeiro;

XXXVI – serviço nacional: serviço prestado em território nacional, nas condições estabelecidas pelo Poder Executivo federal;

XXXVII – produto manufaturado nacional: produto manufaturado produzido no território nacional de acordo com o processo produtivo básico ou com as regras de origem estabelecidas pelo Poder Executivo federal;

XXXVIII – concorrência: modalidade de licitação para contratação de bens e serviços especiais e de obras e serviços comuns e especiais de engenharia, cujo critério de julgamento poderá ser:

a) menor preço;

b) melhor técnica ou conteúdo artístico;

c) técnica e preço;

d) maior retorno econômico;

e) maior desconto;

XXXIX – concurso: modalidade de licitação para escolha de trabalho técnico, científico ou artístico, cujo critério de julgamento será o de melhor técnica ou conteúdo artístico, e para concessão de prêmio ou remuneração ao vencedor;

XL – leilão: modalidade de licitação para alienação de bens imóveis ou de bens móveis inservíveis ou legalmente apreendidos a quem oferecer o maior lance;

XLI – pregão: modalidade de licitação obrigatória para aquisição de bens e serviços comuns, cujo critério de julgamento poderá ser o de menor preço ou o de maior desconto;

XLII – diálogo competitivo: modalidade de licitação para contratação de obras, serviços e compras em que a Administração Pública realiza diálogos com licitantes previamente selecionados mediante critérios objetivos, com o intuito de desenvolver uma ou mais alternativas capazes de atender às suas necessidades, devendo os licitantes apresentar proposta final após o encerramento dos diálogos;

XLIII – credenciamento: processo administrativo de chamamento público em que a Administração Pública convoca interessados em prestar serviços ou fornecer bens para que, preenchidos os requisitos necessários, se credenciem no órgão ou na entidade para executar o objeto quando convocados;

XLIV – pré-qualificação: procedimento seletivo prévio à licitação, convocado por meio de edital, destinado à análise das condições de habilitação, total ou parcial, dos interessados ou do objeto;

XLV – sistema de registro de preços: conjunto de procedimentos para realização, mediante contratação direta ou licitação nas modalidades pregão ou concorrência, de registro formal de preços relativos a prestação de serviços, a obras e a aquisição e locação de bens para contratações futuras;

XLVI – ata de registro de preços: documento vinculativo e obrigacional, com característica de compromisso para futura contratação, no qual são registrados o objeto, os preços, os fornecedores, os órgãos participantes e as condições a serem praticadas, conforme as disposições contidas no edital da licitação, no aviso ou instrumento de contratação direta e nas propostas apresentadas;

XLVII – órgão ou entidade gerenciadora: órgão ou entidade da Administração Pública responsável pela condução do conjunto de procedimentos para registro de preços e pelo gerenciamento da ata de registro de preços dele decorrente;

XLVIII – órgão ou entidade participante: órgão ou entidade da Administração Pública que participa dos procedimentos iniciais da contratação para registro de preços e integra a ata de registro de preços;

XLIX – órgão ou entidade não participante: órgão ou entidade da Administração Pública que não participa dos procedimentos iniciais da licitação para registro de preços e não integra a ata de registro de preços;

L – comissão de contratação: conjunto de agentes públicos indicados pela Administração, em caráter permanente ou especial, com a função de receber, examinar e julgar documentos relativos às licitações e aos procedimentos auxiliares;

LI – catálogo eletrônico de padronização de compras, serviços e obras: sistema informatizado, de gerenciamento centralizado e com indicação de preços, destinado a permitir a padronização de itens a serem adquiridos pela Administração Pública e que estarão disponíveis para a licitação;

LII – sítio eletrônico oficial: sítio da internet, certificado digitalmente por autoridade certificadora, no qual o ente federativo divulga de forma centralizada as informações e os serviços de governo digital dos seus órgãos e entidades;

LIII – contrato de eficiência: contrato cujo objeto é a prestação de serviços, que pode incluir a realização de obras e o fornecimento de bens, com o objetivo de proporcionar economia ao contratante, na forma de redução de despesas correntes, remunerado o contratado com base em percentual da economia gerada;

LIV – seguro-garantia: seguro que garante o fiel cumprimento das obrigações assumidas pelo contratado;

LV – produtos para pesquisa e desenvolvimento: bens, insumos, serviços e obras necessários para atividade de pesquisa científica e tecnológica, desenvolvimento de tecnologia ou inovação tecnológica, discriminados em projeto de pesquisa;

LVI – sobrepreço: preço orçado para licitação ou contratado em valor expressivamente superior aos preços referenciais de mercado, seja de apenas 1 (um) item, se a licitação ou a contratação for por preços unitários de serviço, seja do valor global do objeto, se a licitação ou a contratação for por tarefa, empreitada por preço global ou empreitada integral, semi-integrada ou integrada;

LVII – superfaturamento: dano provocado ao patrimônio da Administração, caracterizado, entre outras situações, por:

a) medição de quantidades superiores às efetivamente executadas ou fornecidas;

b) deficiência na execução de obras e de serviços de engenharia que resulte em diminuição da sua qualidade, vida útil ou segurança;

c) alterações no orçamento de obras e de serviços de engenharia que causem desequilíbrio econômico-financeiro do contrato em favor do contratado;

d) outras alterações de cláusulas financeiras que gerem recebimentos contratuais antecipados, distorção do cronograma físico-financeiro, prorrogação injustificada do prazo contratual com custos adicionais para a Administração ou reajuste irregular de preços;

LVIII – reajustamento em sentido estrito: forma de manutenção do equilíbrio econômico-financeiro de contrato consistente na aplicação do índice de correção monetária previsto no contrato, que deve retratar a variação efetiva do custo de produção, admitida a adoção de índices específicos ou setoriais;

LIX – repactuação: forma de manutenção do equilíbrio econômico-financeiro de contrato utilizada para serviços contínuos com regime de dedicação exclusiva de mão de obra ou predominância de mão de obra, por meio da análise da variação dos custos contratuais, devendo estar prevista no edital com data vinculada à apresentação das propostas, para os custos decorrentes do mercado, e com data vinculada ao acordo, à convenção coletiva ou ao dissídio coletivo ao qual o orçamento esteja vinculado, para os custos decorrentes da mão de obra;

LX – agente de contratação: pessoa designada pela autoridade competente, entre servidores efetivos ou empregados públicos dos quadros permanentes da Administração Pública, para tomar decisões, acompanhar o trâmite da licitação, dar impulso ao procedimento licitatório e executar quaisquer outras atividades necessárias ao bom andamento do certame até a homologação.

CAPÍTULO IV
DOS AGENTES PÚBLICOS

Art. 7º Caberá à autoridade máxima do órgão ou da entidade, ou a quem as normas de organização administrativa indicarem, promover gestão por competências e designar agentes públicos para o desempenho das funções essenciais à execução desta Lei que preencham os seguintes requisitos:

I – sejam, preferencialmente, servidor efetivo ou empregado público dos quadros permanentes da Administração Pública;

II – tenham atribuições relacionadas a licitações e contratos ou possuam formação compatível ou qualificação atestada por certificação profissional emitida por escola de governo criada e mantida pelo poder público; e

III – não sejam cônjuge ou companheiro de licitantes ou contratados habituais da Administração nem tenham com eles vínculo de parentesco, colateral ou por afinidade, até o terceiro grau, ou de natureza técnica, comercial, econômica, financeira, trabalhista e civil.

§ 1º A autoridade referida no *caput* deste artigo deverá observar o princípio da segregação de funções, vedada a designação do mesmo agente público para atuação simultânea em funções mais suscetíveis a riscos, de modo a reduzir a possibilidade de ocultação de erros e de ocorrência de fraudes na respectiva contratação.

§ 2º O disposto no *caput* e no § 1º deste artigo, inclusive os requisitos estabelecidos, também se aplica aos órgãos de assessoramento jurídico e de controle interno da Administração.

Art. 8º A licitação será conduzida por agente de contratação, pessoa designada pela autoridade competente, entre servidores efetivos ou empregados públicos dos quadros permanentes da Administração Pública, para tomar decisões, acompanhar o trâmite da licitação, dar impulso ao procedimento licitatório e executar quaisquer outras atividades necessárias ao bom andamento do certame até a homologação.

§ 1º O agente de contratação será auxiliado por equipe de apoio e responderá individualmente pelos atos que praticar, salvo quando induzido a erro pela atuação da equipe.

§ 2º Em licitação que envolva bens ou serviços especiais, desde que observados os requisitos estabelecidos no art. 7º desta Lei, o agente de contratação poderá ser substituído por comissão de contratação formada por, no mínimo, 3 (três) membros, que responderão solidariamente por todos os atos praticados pela comissão, ressalvado o membro que expressar posição individual divergente fundamentada e registrada em ata lavrada na reunião em que houver sido tomada a decisão.

§ 3º As regras relativas à atuação do agente de contratação e da equipe de apoio, ao funcionamento da comissão de contratação e à atuação de fiscais e gestores de contratos de que trata esta Lei serão estabelecidas em regulamento, e deverá ser prevista a possibilidade de eles contarem com o apoio dos órgãos de assessoramento jurídico e de controle interno para o desempenho das funções essenciais à execução do disposto nesta Lei.

▸ Dec. nº 11.246, de 27-10-2022, regulamenta este parágrafo.

§ 4º Em licitação que envolva bens ou serviços especiais cujo objeto não seja rotineiramente contratado pela Administração, poderá ser contratado, por prazo determinado, serviço de empresa ou de profissional especializado para assessorar os agentes públicos responsáveis pela condução da licitação.

§ 5º Em licitação na modalidade pregão, o agente responsável pela condução do certame será designado pregoeiro.

Art. 9º É vedado ao agente público designado para atuar na área de licitações e contratos, ressalvados os casos previstos em lei:

I – admitir, prever, incluir ou tolerar, nos atos que praticar, situações que:

a) comprometam, restrinjam ou frustrem o caráter competitivo do processo licitatório, inclusive nos casos de participação de sociedades cooperativas;

b) estabeleçam preferências ou distinções em razão da naturalidade, da sede ou do domicílio dos licitantes;

c) sejam impertinentes ou irrelevantes para o objeto específico do contrato;

II – estabelecer tratamento diferenciado de natureza comercial, legal, trabalhista, previdenciária ou qualquer outra entre empresas brasileiras e estrangeiras, inclusive no que se refere a moeda, modalidade e local de pagamento, mesmo quando envolvido financiamento de agência internacional;

III – opor resistência injustificada ao andamento dos processos e, indevidamente, retardar ou deixar de praticar ato de ofício, ou praticá-lo contra disposição expressa em lei.

§ 1º Não poderá participar, direta ou indiretamente, da licitação ou da execução do contrato agente público de órgão ou entidade licitante ou contratante, devendo ser observadas as situações que possam configurar conflito de interesses no exercício ou após o exercício do cargo ou emprego, nos termos da legislação que disciplina a matéria.

§ 2º As vedações de que trata este artigo estendem-se a terceiro que auxilie a condução da contratação na qualidade de integrante de equipe de apoio, profissional especializado ou funcionário ou representante de empresa que preste assessoria técnica.

Art. 10. Se as autoridades competentes e os servidores públicos que tiverem participado dos procedimentos relacionados às licitações e aos contratos de que trata esta Lei precisarem defender-se nas esferas administrativa, controladora ou judicial em razão de ato praticado com estrita observância de orientação constante em parecer jurídico elaborado na forma do § 1º do art. 53 desta Lei, a advocacia pública promoverá, a critério do agente público, sua representação judicial ou extrajudicial.

§ 1º Não se aplica o disposto no *caput* deste artigo quando:

I – VETADO;

II – provas da prática de atos ilícitos dolosos constarem nos autos do processo administrativo ou judicial.

§ 2º Aplica-se o disposto no *caput* deste artigo inclusive na hipótese de o agente público não mais ocupar o cargo, emprego ou função em que foi praticado o ato questionado.

TÍTULO II – DAS LICITAÇÕES

CAPÍTULO I – DO PROCESSO LICITATÓRIO

Art. 11. O processo licitatório tem por objetivos:

I – assegurar a seleção da proposta apta a gerar o resultado de contratação mais vantajoso para a Administração Pública, inclusive no que se refere ao ciclo de vida do objeto;

II – assegurar tratamento isonômico entre os licitantes, bem como a justa competição;

III – evitar contratações com sobrepreço ou com preços manifestamente inexequíveis e superfaturamento na execução dos contratos;

IV – incentivar a inovação e o desenvolvimento nacional sustentável.

Parágrafo único. A alta administração do órgão ou entidade é responsável pela governança das contratações e deve implementar processos e estruturas, inclusive de gestão de riscos e controles internos, para avaliar, direcionar e monitorar os processos licitatórios e os respectivos contratos, com o intuito de alcançar os objetivos estabelecidos no *caput* deste artigo, promover um ambiente íntegro e confiável, assegurar o alinhamento das contratações ao planejamento estratégico e às leis orçamentárias e promover eficiência, efetividade e eficácia em suas contratações.

Art. 12. No processo licitatório, observar-se-á o seguinte:

I – os documentos serão produzidos por escrito, com data e local de sua realização e assinatura dos responsáveis;

II – os valores, os preços e os custos utilizados terão como expressão monetária a moeda corrente nacional, ressalvado o disposto no art. 52 desta Lei;

III – o desatendimento de exigências meramente formais que não comprometam a aferição da qualificação do licitante ou a compreensão do conteúdo de sua proposta não importará seu afastamento da licitação ou a invalidação do processo;

IV – a prova de autenticidade de cópia de documento público ou particular poderá ser feita perante agente da Administração, mediante apresentação de original ou de declaração de autenticidade por advogado, sob sua responsabilidade pessoal;

V – o reconhecimento de firma somente será exigido quando houver dúvida de autenticidade, salvo imposição legal;

VI – os atos serão preferencialmente digitais, de forma a permitir que sejam produzidos, comunicados, armazenados e validados por meio eletrônico;

VII – a partir de documentos de formalização de demandas, os órgãos responsáveis pelo planejamento de cada ente federativo poderão, na forma de regulamento, elaborar plano de contratações anual, com o objetivo de racionalizar as contratações dos órgãos e entidades sob sua competência, garantir o alinhamento com o seu planejamento estratégico e subsidiar a elaboração das respectivas leis orçamentárias.

▸ Dec. nº 10.947, de 25-1-2022, regulamenta este inciso.

§ 1º O plano de contratações anual de que trata o inciso VII do *caput* deste artigo deverá ser divulgado e mantido à disposição do público em sítio eletrônico oficial e será observado pelo ente federativo na realização de licitações e na execução dos contratos.

§ 2º É permitida a identificação e assinatura digital por pessoa física ou jurídica em meio eletrônico, mediante certificado digital emitido em âmbito da Infraestrutura de Chaves Públicas Brasileira (ICP-Brasil).

Art. 13. Os atos praticados no processo licitatório são públicos, ressalvadas as hipóteses de informações cujo sigilo seja imprescindível à segurança da sociedade e do Estado, na forma da lei.

Parágrafo único. A publicidade será diferida:

I – quanto ao conteúdo das propostas, até a respectiva abertura;

II – quanto ao orçamento da Administração, nos termos do art. 24 desta Lei.

Art. 14. Não poderão disputar licitação ou participar da execução de contrato, direta ou indiretamente:

I – autor do anteprojeto, do projeto básico ou do projeto executivo, pessoa física ou jurídica, quando a licitação versar sobre obra, serviços ou fornecimento de bens a ele relacionados;

II – empresa, isoladamente ou em consórcio, responsável pela elaboração do projeto básico ou do projeto executivo, ou empresa da qual o autor do projeto seja dirigente, gerente, controlador, acionista ou detentor de mais de 5% (cinco por cento) do capital com direito a voto, responsável técnico ou subcontratado, quando a licitação versar sobre obra, serviços ou fornecimento de bens a ela necessários;

III – pessoa física ou jurídica que se encontre, ao tempo da licitação, impossibilitada de participar da licitação em decorrência de sanção que lhe foi imposta;

IV – aquele que mantenha vínculo de natureza técnica, comercial, econômica, financeira, trabalhista ou civil com dirigente do órgão ou entidade contratante ou com agente público que desempenhe função na licitação ou atue na fiscalização ou na gestão do contrato, ou que deles seja cônjuge, companheiro ou parente em linha reta, colateral ou por afinidade, até o terceiro grau, devendo essa proibição constar expressamente do edital de licitação;

V – empresas controladoras, controladas ou coligadas, nos termos da Lei nº 6.404, de 15 de dezembro de 1976, concorrendo entre si;

VI – pessoa física ou jurídica que, nos 5 (cinco) anos anteriores à divulgação do edital, tenha sido condenada judicialmente, com trânsito em julgado, por exploração de trabalho infantil, por submissão de trabalhadores a condições análogas às de escravo ou por contratação de adolescentes nos casos vedados pela legislação trabalhista.

§ 1º O impedimento de que trata o inciso III do *caput* deste artigo será também aplicado ao licitante que atue em substituição a outra pessoa, física ou jurídica, com o intuito de burlar a efetividade da sanção a ela aplicada, inclusive a sua controladora, controlada ou coligada, desde que devidamente comprovado o ilícito ou a utilização fraudulenta da personalidade jurídica do licitante.

§ 2º A critério da Administração e exclusivamente a seu serviço, o autor dos projetos e a empresa a que se referem os incisos I e II do *caput* deste artigo poderão participar no apoio das atividades de planejamento da contratação, de execução da licitação ou de gestão do contrato, desde que sob supervisão exclusiva de agentes públicos do órgão ou entidade.

§ 3º Equiparam-se aos autores do projeto as empresas integrantes do mesmo grupo econômico.

§ 4º O disposto neste artigo não impede a licitação ou a contratação de obra ou serviço que inclua como encargo do contratado a elaboração do projeto básico e do projeto executivo, nas contratações integradas, e do projeto executivo, nos demais regimes de execução.

§ 5º Em licitações e contratações realizadas no âmbito de projetos e programas parcialmente financiados por agência oficial de cooperação estrangeira ou por organismo financeiro internacional com recursos do financiamento ou da contrapartida nacional, não poderá participar pessoa física ou jurídica que integre o rol de pessoas sancionadas por essas entidades ou que seja declarada inidônea nos termos desta Lei.

Art. 15. Salvo vedação devidamente justificada no processo licitatório, pessoa jurídica poderá participar de licitação em consórcio, observadas as seguintes normas:

I – comprovação de compromisso público ou particular de constituição de consórcio, subscrito pelos consorciados;

II – indicação da empresa líder do consórcio, que será responsável por sua representação perante a Administração;

III – admissão, para efeito de habilitação técnica, do somatório dos quantitativos de cada consorciado e, para efeito de habilitação econômico-financeira, do somatório dos valores de cada consorciado;

IV – impedimento de a empresa consorciada participar, na mesma licitação, de mais de um consórcio ou de forma isolada;

V – responsabilidade solidária dos integrantes pelos atos praticados em consórcio, tanto na fase de licitação quanto na de execução do contrato.

§ 1º O edital deverá estabelecer para o consórcio acréscimo de 10% (dez por cento) a 30% (trinta por cento) sobre o valor exigido de licitante individual para a habilitação econômico-financeira, salvo justificação.

§ 2º O acréscimo previsto no § 1º deste artigo não se aplica aos consórcios compostos, em sua totalidade, de microempresas e pequenas empresas, assim definidas em lei.

§ 3º O licitante vencedor é obrigado a promover, antes da celebração do contrato, a constituição e o registro do consórcio, nos termos do compromisso referido no inciso I do *caput* deste artigo.

§ 4º Desde que haja justificativa técnica aprovada pela autoridade competente, o edital de licitação poderá estabelecer limite máximo para o número de empresas consorciadas.

§ 5º A substituição de consorciado deverá ser expressamente autorizada pelo órgão ou entidade contratante e condicionada à comprovação de que a nova empresa do consórcio possui, no mínimo, os mesmos quantitativos para efeito de habilitação técnica e os mesmos valores para efeito de qualificação econômico-financeira apresentados pela empresa substituída para fins de habilitação do consórcio no processo licitatório que originou o contrato.

Art. 16. Os profissionais organizados sob a forma de cooperativa poderão participar de licitação quando:

I – a constituição e o funcionamento da cooperativa observarem as regras estabelecidas na legislação aplicável, em especial a Lei nº 5.764, de 16 de dezembro de 1971, a Lei nº 12.690, de 19 de julho de 2012, e a Lei Complementar nº 130, de 17 de abril de 2009;

II – a cooperativa apresentar demonstrativo de atuação em regime cooperado, com repartição de receitas e despesas entre os cooperados;

III – qualquer cooperado, com igual qualificação, for capaz de executar o objeto contratado, vedado à Administração indicar nominalmente pessoas;

IV – o objeto da licitação referir-se, em se tratando de cooperativas enquadradas na Lei nº 12.690, de 19 de julho de 2012, a serviços especializados constantes do objeto social da cooperativa, a serem executados de forma complementar à sua atuação.

Art. 17. O processo de licitação observará as seguintes fases, em sequência:

I – preparatória;

II – de divulgação do edital de licitação;

III – de apresentação de propostas e lances, quando for o caso;

IV – de julgamento;

V – de habilitação;

VI – recursal;

VII – de homologação.

§ 1º A fase referida no inciso V do *caput* deste artigo poderá, mediante ato motivado com explicitação dos benefícios decorrentes, anteceder as fases referidas nos incisos III e IV do *caput* deste artigo, desde que expressamente previsto no edital de licitação.

§ 2º As licitações serão realizadas preferencialmente sob a forma eletrônica, admitida a utilização da forma presencial, desde que motivada, devendo a sessão pública ser registrada em ata e gravada em áudio e vídeo.

§ 3º Desde que previsto no edital, na fase a que se refere o inciso IV do *caput* deste artigo, o órgão ou entidade licitante poderá, em relação ao licitante provisoriamente vencedor, realizar análise e avaliação da conformidade da proposta, mediante homologação de amostras, exame de conformidade e prova de conceito, entre outros testes de interesse da Administração, de modo a comprovar sua aderência às especificações definidas no termo de referência ou no projeto básico.

§ 4º Nos procedimentos realizados por meio eletrônico, a Administração poderá determinar, como condição de validade e eficácia, que os licitantes pratiquem seus atos em formato eletrônico.

§ 5º Na hipótese excepcional de licitação sob a forma presencial a que refere o § 2º deste artigo, a sessão pública de apresentação de propostas deverá ser gravada em áudio e vídeo, e a gravação será juntada aos autos do processo licitatório depois de seu encerramento.

§ 6º A Administração poderá exigir certificação por organização independente acreditada pelo Instituto Nacional de Metrologia, Qualidade e Tecnologia (INMETRO) como condição para aceitação de:

I – estudos, anteprojetos, projetos básicos e projetos executivos;

II – conclusão de fases ou de objetos de contratos;

III – material e corpo técnico apresentados por empresa para fins de habilitação.

CAPÍTULO II – DA FASE PREPARATÓRIA

Seção I – *DA INSTRUÇÃO DO PROCESSO LICITATÓRIO*

Art. 18. A fase preparatória do processo licitatório é caracterizada pelo planejamento e deve compatibilizar-se com o plano de contratações anual de que trata o inciso VII do *caput* do art. 12 desta Lei, sempre que elaborado, e com as leis orçamentárias, bem como abordar todas as considerações técnicas, mercadológicas e de gestão que podem interferir na contratação, compreendidos:

I – a descrição da necessidade da contratação fundamentada em estudo técnico preliminar que caracterize o interesse público envolvido;

II – a definição do objeto para o atendimento da necessidade, por meio de termo de referência, anteprojeto, projeto básico ou projeto executivo, conforme o caso;

III – a definição das condições de execução e pagamento, das garantias exigidas e ofertadas e das condições de recebimento;

IV – o orçamento estimado, com as composições dos preços utilizados para sua formação;

V – a elaboração do edital de licitação;

VI – a elaboração de minuta de contrato, quando necessária, que constará obrigatoriamente como anexo do edital de licitação;

VII – o regime de fornecimento de bens, de prestação de serviços ou de execução de obras e serviços de engenharia, observados os potenciais de economia de escala;

VIII – a modalidade de licitação, o critério de julgamento, o modo de disputa e a adequação e eficiência da forma de combinação desses parâmetros, para os fins de seleção da proposta apta a gerar o resultado de contratação mais vantajoso para a Administração Pública, considerado todo o ciclo de vida do objeto;

IX – a motivação circunstanciada das condições do edital, tais como justificativa de exigências de qualificação técnica, mediante indicação das parcelas de maior relevância técnica ou valor significativo do objeto, e de qualificação econômico-financeira, justificativa dos critérios de pontuação e julgamento das propostas técnicas, nas licitações com julgamento por melhor técnica ou técnica e preço, e justificativa das regras pertinentes à participação de empresas em consórcio;

X – a análise dos riscos que possam comprometer o sucesso da licitação e a boa execução contratual;

XI – a motivação sobre o momento da divulgação do orçamento da licitação, observado o art. 24 desta Lei.

§ 1º O estudo técnico preliminar a que se refere o inciso I do *caput* deste artigo deverá evidenciar o problema a ser resolvido e a sua melhor solução, de modo a permitir a avaliação da viabilidade técnica e econômica da contratação, e conterá os seguintes elementos:

I – descrição da necessidade da contratação, considerado o problema a ser resolvido sob a perspectiva do interesse público;

II – demonstração da previsão da contratação no plano de contratações anual, sempre que elaborado, de modo a indicar o seu alinhamento com o planejamento da Administração;

III – requisitos da contratação;

IV – estimativas das quantidades para a contratação, acompanhadas das memórias de cálculo e dos documentos que lhes dão suporte, que considerem interdependências com outras contratações, de modo a possibilitar economia de escala;

V – levantamento de mercado, que consiste na análise das alternativas possíveis, e justificativa técnica e econômica da escolha do tipo de solução a contratar;

VI – estimativa do valor da contratação, acompanhada dos preços unitários referenciais, das memórias de cálculo e dos documentos que lhe dão suporte, que poderão constar de anexo classificado, se a Administração optar por preservar o seu sigilo até a conclusão da licitação;

VII – descrição da solução como um todo, inclusive das exigências relacionadas à manutenção e à assistência técnica, quando for o caso;

VIII – justificativas para o parcelamento ou não da contratação;

IX – demonstrativo dos resultados pretendidos em termos de economicidade e de melhor aproveitamento dos recursos humanos, materiais e financeiros disponíveis;

X – providências a serem adotadas pela Administração previamente à celebração do contrato, inclusive quanto à capacitação de servidores ou de empregados para fiscalização e gestão contratual;

XI – contratações correlatas e/ou interdependentes;

XII – descrição de possíveis impactos ambientais e respectivas medidas mitigadoras, incluídos requisitos de baixo consumo de energia e de outros recursos, bem como logística reversa para desfazimento e reciclagem de bens e refugos, quando aplicável;

XIII – posicionamento conclusivo sobre a adequação da contratação para o atendimento da necessidade a que se destina.

§ 2º O estudo técnico preliminar deverá conter ao menos os elementos previstos nos incisos I, IV, VI, VIII e XIII do § 1º deste artigo e, quando não contemplar os demais elementos previstos no referido parágrafo, apresentar as devidas justificativas.

§ 3º Em se tratando de estudo técnico preliminar para contratação de obras e serviços comuns de engenharia, se demonstrada a inexistência de prejuízo para a aferição dos padrões de desempenho e qualidade almejados, a especificação do objeto poderá ser realizada apenas em termo de referência ou em projeto básico, dispensada a elaboração de projetos.

Art. 19. Os órgãos da Administração com competências regulamentares relativas às atividades de administração de materiais, de obras e serviços e de licitações e contratos deverão:

I – instituir instrumentos que permitam, preferencialmente, a centralização dos procedimentos de aquisição e contratação de bens e serviços;

II – criar catálogo eletrônico de padronização de compras, serviços e obras, admitida a adoção do catálogo do Poder Executivo federal por todos os entes federativos;

III – instituir sistema informatizado de acompanhamento de obras, inclusive com recursos de imagem e vídeo;

IV – instituir, com auxílio dos órgãos de assessoramento jurídico e de controle interno, modelos de minutas de editais, de termos de referência, de contratos padronizados e de outros documentos, admitida a adoção das minutas do Poder Executivo federal por todos os entes federativos;

V – promover a adoção gradativa de tecnologias e processos integrados que permitam a criação, a utilização e a atualização de modelos digitais de obras e serviços de engenharia.

§ 1º O catálogo referido no inciso II do *caput* deste artigo poderá ser utilizado em licitações cujo critério de julgamento seja o de menor preço ou o de maior desconto e conterá toda a documentação e os procedimentos próprios da fase interna de licitações, assim como as especificações dos respectivos objetos, conforme disposto em regulamento.

§ 2º A não utilização do catálogo eletrônico de padronização de que trata o inciso II do *caput* ou dos modelos de minutas de que trata o inciso IV do *caput* deste artigo deverá ser justificada por escrito e anexada ao respectivo processo licitatório.

§ 3º Nas licitações de obras e serviços de engenharia e arquitetura, sempre que adequada ao objeto da licitação, será preferencialmente adotada a Modelagem da Informação da Construção (*Building Information Modelling* – BIM) ou tecnologias e processos integrados similares ou mais avançados que venham a substituí-la.

Art. 20. Os itens de consumo adquiridos para suprir as demandas das estruturas da Administração Pública deverão ser de qualidade comum, não superior à necessária para cumprir as finalidades às quais se destinam, vedada a aquisição de artigos de luxo.

► Dec. nº 10.818, de 27-9-2021, regulamenta este artigo.

§ 1º Os Poderes Executivo, Legislativo e Judiciário definirão em regulamento os limites para o enquadramento dos bens de consumo nas categorias comum e luxo.

§ 2º A partir de 180 (cento e oitenta) dias contados da promulgação desta Lei, novas compras de bens de consumo só poderão ser efetivadas com a edição, pela autoridade competente, do regulamento a que se refere o § 1º deste artigo.

§ 3º VETADO.

Art. 21. A Administração poderá convocar, com antecedência mínima de 8 (oito) dias úteis, audiência pública, presencial ou a distância, na forma eletrônica, sobre licitação que pretenda realizar, com disponibilização prévia de informações pertinentes, inclusive de estudo técnico preliminar e elementos do edital de licitação, e com possibilidade de manifestação de todos os interessados.

Parágrafo único. A Administração também poderá submeter a licitação a prévia consulta pública, mediante a disponibilização de seus elementos a todos os interessados, que poderão formular sugestões no prazo fixado.

Art. 22. O edital poderá contemplar matriz de alocação de riscos entre o contratante e o contratado, hipótese em que o cálculo do valor estimado da contratação poderá considerar taxa de risco compatível com o objeto da licitação e com os riscos atribuídos ao contratado, de acordo com metodologia predefinida pelo ente federativo.

§ 1º A matriz de que trata o *caput* deste artigo deverá promover a alocação eficiente dos riscos de cada contrato e estabelecer a responsabilidade que caiba a cada parte contratante, bem como os mecanismos que afastem a ocorrência do sinistro e mitiguem os seus efeitos, caso este ocorra durante a execução contratual.

§ 2º O contrato deverá refletir a alocação realizada pela matriz de riscos, especialmente quanto:

I – às hipóteses de alteração para o restabelecimento da equação econômico-financeira do contrato nos casos em que o sinistro seja considerado na matriz de riscos como causa de desequilíbrio não suportada pela parte que pretenda o restabelecimento;

II – à possibilidade de resolução quando o sinistro majorar excessivamente ou impedir a continuidade da execução contratual;

III – à contratação de seguros obrigatórios previamente definidos no contrato, integrado o custo de contratação ao preço ofertado.

§ 3º Quando a contratação se referir a obras e serviços de grande vulto ou forem adotados os regimes de contratação integrada e semi-integrada, o edital obrigatoriamente contemplará matriz de alocação de riscos entre o contratante e o contratado.

§ 4º Nas contratações integradas ou semi-integradas, os riscos decorrentes de fatos supervenientes à contratação associados à escolha da solução de projeto básico pelo contratado deverão ser alocados como de sua responsabilidade na matriz de riscos.

Art. 23. O valor previamente estimado da contratação deverá ser compatível com os valores praticados pelo mercado, considerados os preços constantes de bancos de dados públicos e as quantidades a serem contratadas, observadas a potencial economia de escala e as peculiaridades do local de execução do objeto.

§ 1º No processo licitatório para aquisição de bens e contratação de serviços em geral, conforme regulamento, o valor estimado será definido com base no melhor preço aferido por meio da utilização dos seguintes parâmetros, adotados de forma combinada ou não:

I – composição de custos unitários menores ou iguais à mediana do item correspondente no painel para consulta de preços ou no banco de preços em saúde disponíveis no Portal Nacional de Contratações Públicas (PNCP);

II – contratações similares feitas pela Administração Pública, em execução ou concluídas no período de 1 (um) ano anterior à data da pesquisa de preços, inclusive mediante sistema de registro de preços, observado o índice de atualização de preços correspondente;

III – utilização de dados de pesquisa publicada em mídia especializada, de tabela de referência formalmente aprovada pelo Poder Executivo federal e de sítios eletrônicos especializados ou de domínio amplo, desde que contenham a data e hora de acesso;

IV – pesquisa direta com no mínimo 3 (três) fornecedores, mediante solicitação formal de cotação, desde que seja apresentada justificativa da escolha desses fornecedores e que não tenham sido obtidos os orçamentos com mais de 6 (seis) meses de antecedência da data de divulgação do edital;

V – pesquisa na base nacional de notas fiscais eletrônicas, na forma de regulamento.

§ 2º No processo licitatório para contratação de obras e serviços de engenharia, conforme regulamento, o valor estimado, acrescido do percentual de Benefícios e Despesas Indiretas (BDI) de referência e dos Encargos Sociais (ES) cabíveis, será definido por meio da utilização de parâmetros na seguinte ordem:

I – composição de custos unitários menores ou iguais à mediana do item correspondente do Sistema de Custos Referenciais de Obras (SICRO), para serviços e obras de infraestrutura de transportes, ou do Sistema Nacional de Pesquisa de Custos e Índices de Construção Civil (SINAPI), para as demais obras e serviços de engenharia;

II – utilização de dados de pesquisa publicada em mídia especializada, de tabela de referência formalmente aprovada pelo Poder Executivo federal e de sítios eletrônicos especializados ou de domínio amplo, desde que contenham a data e a hora de acesso;

III – contratações similares feitas pela Administração Pública, em execução ou concluídas no período de 1 (um) ano anterior à data da pesquisa de preços, observado o índice de atualização de preços correspondente;

IV – pesquisa na base nacional de notas fiscais eletrônicas, na forma de regulamento.

§ 3º Nas contratações realizadas por Municípios, Estados e Distrito Federal, desde que não envolvam recursos da União, o valor previamente estimado da contratação, a que se refere o *caput* deste artigo, poderá ser definido por meio da utilização de outros sistemas de custos adotados pelo respectivo ente federativo.

§ 4º Nas contratações diretas por inexigibilidade ou por dispensa, quando não for possível estimar o valor do objeto na forma estabelecida nos §§ 1º, 2º e 3º deste artigo, o contratado deverá comprovar previamente que os preços estão em conformidade com os praticados em contratações semelhantes de objetos de mesma natureza, por meio da apresentação de notas fiscais emitidas para outros contratantes no período de até 1 (um) ano anterior à data da contratação pela Administração, ou por outro meio idôneo.

§ 5º No processo licitatório para contratação de obras e serviços de engenharia sob os regimes de contratação integrada ou semi-integrada, o valor estimado da contratação será calculado nos termos do § 2º deste artigo, acrescido ou não de parcela referente à remuneração do risco, e, sempre que necessário e o anteprojeto o permitir, a estimativa de preço será baseada em orçamento sintético, balizado em sistema de custo definido no inciso I do § 2º deste artigo, devendo a utilização de metodologia expedita ou paramétrica e de avaliação aproximada baseada em outras contratações similares ser reservada às frações do empreendimento não suficientemente detalhadas no anteprojeto.

§ 6º Na hipótese do § 5º deste artigo, será exigido dos licitantes ou contratados, no orçamento que compuser suas respectivas propostas, no mínimo, o mesmo nível de detalhamento do orçamento sintético referido no mencionado parágrafo.

Art. 24. Desde que justificado, o orçamento estimado da contratação poderá ter caráter sigiloso, sem prejuízo da divulgação do detalhamento dos quantitativos e das demais informações necessárias para a elaboração das propostas, e, nesse caso:

I – o sigilo não prevalecerá para os órgãos de controle interno e externo;

II – VETADO.

Parágrafo único. Na hipótese de licitação em que for adotado o critério de julgamento por maior desconto, o preço estimado ou o máximo aceitável constará do edital da licitação.

Art. 25. O edital deverá conter o objeto da licitação e as regras relativas à convocação, ao julgamento, à habilitação, aos recursos e às penalidades da licitação, à fiscalização e à gestão do contrato, à entrega do objeto e às condições de pagamento.

§ 1º Sempre que o objeto permitir, a Administração adotará minutas padronizadas de edital e de contrato com cláusulas uniformes.

§ 2º Desde que, conforme demonstrado em estudo técnico preliminar, não sejam causados prejuízos à competitividade do processo licitatório e à eficiência do respectivo contrato, o edital poderá prever a utilização de mão de obra, materiais, tecnologias e matérias-primas existentes no local da execução, conservação e operação do bem, serviço ou obra.

§ 3º Todos os elementos do edital, incluídos minuta de contrato, termos de referência, anteprojeto, projetos e outros anexos, deverão ser divulgados em sítio eletrônico oficial na mesma data de divulgação do edital, sem necessidade de registro ou de identificação para acesso.

§ 4º Nas contratações de obras, serviços e fornecimentos de grande vulto, o edital deverá prever a obrigatoriedade de implantação de programa de integridade pelo licitante vencedor, no prazo de 6 (seis) meses, contado da celebração do contrato, conforme regulamento que disporá sobre as medidas a serem adotadas, a forma de comprovação e as penalidades pelo seu descumprimento.

▸ Dec. nº 12.304, de 9-12-2024, regulamenta este parágrafo.

§ 5º O edital poderá prever a responsabilidade do contratado pela:

I – obtenção do licenciamento ambiental;

II – realização da desapropriação autorizada pelo poder público.

§ 6º Os licenciamentos ambientais de obras e serviços de engenharia licitados e contratados nos termos desta Lei terão prioridade de tramitação nos órgãos e entidades integrantes do Sistema Nacional do Meio Ambiente (SISNAMA) e deverão ser orientados pelos princípios da celeridade, da cooperação, da economicidade e da eficiência.

§ 7º Independentemente do prazo de duração do contrato, será obrigatória a previsão no edital de índice de reajustamento de preço, com data-base vinculada à data do orçamento estimado e com a possibilidade de ser estabelecido mais de um índice específico ou setorial, em conformidade com a realidade de mercado dos respectivos insumos.

§ 8º Nas licitações de serviços contínuos, observado o interregno mínimo de 1 (um) ano, o critério de reajustamento será por:

I – reajustamento em sentido estrito, quando não houver regime de dedicação exclusiva de mão de obra ou predominância de mão de obra, mediante previsão de índices específicos ou setoriais;

II – repactuação, quando houver regime de dedicação exclusiva de mão de obra ou predominância de mão de obra, mediante demonstração analítica da variação dos custos.

§ 9º O edital poderá, na forma disposta em regulamento, exigir que percentual mínimo da mão de obra responsável pela execução do objeto da contratação seja constituído por:

▸ Dec. nº 11.430, de 8-3-2023, regulamenta este parágrafo.

I – mulheres vítimas de violência doméstica;

II – oriundos ou egressos do sistema prisional.

Art. 26. No processo de licitação, poderá ser estabelecida margem de preferência para:

▸ Dec. nº 11.890, de 22-1-2024, regulamenta este artigo.

I – bens manufaturados e serviços nacionais que atendam a normas técnicas brasileiras;

II – bens reciclados, recicláveis ou biodegradáveis, conforme regulamento.

§ 1º A margem de preferência de que trata o *caput* deste artigo:

I – será definida em decisão fundamentada do Poder Executivo federal, no caso do inciso I do *caput* deste artigo;

II – poderá ser de até 10% (dez por cento) sobre o preço dos bens e serviços que não se enquadrem no disposto nos incisos I ou II do *caput* deste artigo;

III – poderá ser estendida a bens manufaturados e serviços originários de Estados-Partes do Mercado Comum do Sul (MERCOSUL), desde que haja reciprocidade com o País prevista em acordo internacional aprovado pelo Congresso Nacional e ratificado pelo Presidente da República.

§ 2º Para os bens manufaturados nacionais e serviços nacionais resultantes de desenvolvimento e inovação tecnológica no País, definidos conforme regulamento do Poder Executivo federal, a margem de preferência a que se refere o *caput* deste artigo poderá ser de até 20% (vinte por cento).

§§ 3º e 4º VETADOS.

§ 5º A margem de preferência não se aplica aos bens manufaturados nacionais e aos serviços nacionais se a capacidade de produção desses bens ou de prestação desses serviços no País for inferior:

I – à quantidade a ser adquirida ou contratada; ou

II – aos quantitativos fixados em razão do parcelamento do objeto, quando for o caso.

§ 6º Os editais de licitação para a contratação de bens, serviços e obras poderão, mediante prévia justificativa da autoridade competente, exigir que o contratado promova, em favor de órgão ou entidade integrante da Administração Pública ou daqueles por ela indicados a partir de processo isonômico, medidas de compensação comercial, industrial ou tecnológica ou acesso a condições vantajosas de financiamento, cumulativamente ou não, na forma estabelecida pelo Poder Executivo federal.

§ 7º Nas contratações destinadas à implantação, à manutenção e ao aperfeiçoamento dos sistemas de tecnologia de informação e comunicação considerados estratégicos em ato do Poder Executivo federal, a licitação poderá ser restrita a bens e serviços com tecnologia desenvolvida no País produzidos de acordo com o processo produtivo básico de que trata a Lei nº 10.176, de 11 de janeiro de 2001.

Art. 27. Será divulgada, em sítio eletrônico oficial, a cada exercício financeiro, a relação de empresas favorecidas em decorrência do disposto no art. 26 desta Lei, com indicação do volume de recursos destinados a cada uma delas.

Seção II

DAS MODALIDADES DE LICITAÇÃO

Art. 28. São modalidades de licitação:

I – pregão;

II – concorrência;

III – concurso;
IV – leilão;
V – diálogo competitivo.

§ 1º Além das modalidades referidas no *caput* deste artigo, a Administração pode servir-se dos procedimentos auxiliares previstos no art. 78 desta Lei.

§ 2º É vedada a criação de outras modalidades de licitação ou, ainda, a combinação daquelas referidas no *caput* deste artigo.

Art. 29. A concorrência e o pregão seguem o rito procedimental comum a que se refere o art. 17 desta Lei, adotando-se o pregão sempre que o objeto possuir padrões de desempenho e qualidade que possam ser objetivamente definidos pelo edital, por meio de especificações usuais de mercado.

Parágrafo único. O pregão não se aplica às contratações de serviços técnicos especializados de natureza predominantemente intelectual e de obras e serviços de engenharia, exceto os serviços de engenharia de que trata a alínea *a* do inciso XXI do *caput* do art. 6º desta Lei.

Art. 30. O concurso observará as regras e condições previstas em edital, que indicará:

I – a qualificação exigida dos participantes;
II – as diretrizes e formas de apresentação do trabalho;
III – as condições de realização e o prêmio ou remuneração a ser concedida ao vencedor.

Parágrafo único. Nos concursos destinados à elaboração de projeto, o vencedor deverá ceder à Administração Pública, nos termos do art. 93 desta Lei, todos os direitos patrimoniais relativos ao projeto e autorizar sua execução conforme juízo de conveniência e oportunidade das autoridades competentes.

Art. 31. O leilão poderá ser cometido a leiloeiro oficial ou a servidor designado pela autoridade competente da Administração, e regulamento deverá dispor sobre seus procedimentos operacionais.

► Dec. nº 11.461, de 31-3-2023, regulamenta este artigo.

§ 1º Se optar pela realização de leilão por intermédio de leiloeiro oficial, a Administração deverá selecioná-lo mediante credenciamento ou licitação na modalidade pregão e adotar o critério de julgamento de maior desconto para as comissões a serem cobradas, utilizados como parâmetro máximo os percentuais definidos na lei que regula a referida profissão e observados os valores dos bens a serem leiloados.

§ 2º O leilão será precedido da divulgação do edital em sítio eletrônico oficial, que conterá:

I – a descrição do bem, com suas características, e, no caso de imóvel, sua situação e suas divisas, com remissão à matrícula e aos registros;
II – o valor pelo qual o bem foi avaliado, o preço mínimo pelo qual poderá ser alienado, as condições de pagamento e, se for o caso, a comissão do leiloeiro designado;
III – a indicação do lugar onde estiverem os móveis, os veículos e os semoventes;
IV – o sítio da internet e o período em que ocorrerá o leilão, salvo se excepcionalmente for realizado sob a forma presencial por comprovada inviabilidade técnica ou desvantagem para a Administração, hipótese em que serão indicados o local, o dia e a hora de sua realização;
V – a especificação de eventuais ônus, gravames ou pendências existentes sobre os bens a serem leiloados.

§ 3º Além da divulgação no sítio eletrônico oficial, o edital do leilão será afixado em local de ampla circulação de pessoas na sede da Administração e poderá, ainda, ser divulgado por outros meios necessários para ampliar a publicidade e a competitividade da licitação.

§ 4º O leilão não exigirá registro cadastral prévio, não terá fase de habilitação e deverá ser homologado assim que concluída a fase de lances, superada a fase recursal e efetivado o pagamento pelo licitante vencedor, na forma definida no edital.

Art. 32. A modalidade diálogo competitivo é restrita a contratações em que a Administração:

I – vise a contratar objeto que envolva as seguintes condições:
a) inovação tecnológica ou técnica;
b) impossibilidade de o órgão ou entidade ter sua necessidade satisfeita sem a adaptação de soluções disponíveis no mercado; e
c) impossibilidade de as especificações técnicas serem definidas com precisão suficiente pela Administração;

II – verifique a necessidade de definir e identificar os meios e as alternativas que possam satisfazer suas necessidades, com destaque para os seguintes aspectos:
a) a solução técnica mais adequada;
b) os requisitos técnicos aptos a concretizar a solução já definida;
c) a estrutura jurídica ou financeira do contrato;

III – VETADO.

§ 1º Na modalidade diálogo competitivo, serão observadas as seguintes disposições:

I – a Administração apresentará, por ocasião da divulgação do edital em sítio eletrônico oficial, suas necessidades e as exigências já definidas e estabelecerá prazo mínimo de 25 (vinte e cinco) dias úteis para manifestação de interesse na participação da licitação;
II – os critérios empregados para pré-seleção dos licitantes deverão ser previstos em edital, e serão admitidos todos os interessados que preencherem os requisitos objetivos estabelecidos;
III – a divulgação de informações de modo discriminatório que possa implicar vantagem para algum licitante será vedada;
IV – a Administração não poderá revelar a outros licitantes as soluções propostas ou as informações sigilosas comunicadas por um licitante sem o seu consentimento;
V – a fase de diálogo poderá ser mantida até que a Administração, em decisão fundamentada, identifique a solução ou as soluções que atendam às suas necessidades;
VI – as reuniões com os licitantes pré-selecionados serão registradas em ata e gravadas mediante utilização de recursos tecnológicos de áudio e vídeo;
VII – o edital poderá prever a realização de fases sucessivas, caso em que cada fase poderá restringir as soluções ou as propostas a serem discutidas;
VIII – a Administração deverá, ao declarar que o diálogo foi concluído, juntar aos autos do processo licitatório os registros e as gravações da fase de diálogo, iniciar a fase competitiva com a divulgação de edital contendo a especificação da solução que atenda às suas necessidades e os critérios objetivos a serem utilizados para seleção da proposta mais vantajosa e abrir prazo, não inferior a 60 (sessenta) dias úteis, para todos os licitantes pré-selecionados na forma do inciso II deste parágrafo apresentarem suas propostas, que deverão conter os elementos necessários para a realização do projeto;
IX – a Administração poderá solicitar esclarecimentos ou ajustes às propostas apresentadas, desde que não impliquem discriminação nem distorçam a concorrência entre as propostas;
X – a Administração definirá a proposta vencedora de acordo com critérios divulgados no início da fase competitiva, assegurada a contratação mais vantajosa como resultado;
XI – o diálogo competitivo será conduzido por comissão de contratação composta de pelo menos 3 (três) servidores efetivos ou empregados públicos pertencentes aos quadros permanentes da Administração, admitida a contratação de profissionais para assessoramento técnico da comissão;
XII – VETADO.

§ 2º Os profissionais contratados para os fins do inciso XI do § 1º deste artigo assinarão termo de confidencialidade e abster-se-ão de atividades que possam configurar conflito de interesses.

Seção III

DOS CRITÉRIOS DE JULGAMENTO

Art. 33. O julgamento das propostas será realizado de acordo com os seguintes critérios:

I – menor preço;
II – maior desconto;
III – melhor técnica ou conteúdo artístico;
IV – técnica e preço;
V – maior lance, no caso de leilão;
VI – maior retorno econômico.

Art. 34. O julgamento por menor preço ou maior desconto e, quando couber, por técnica e preço considerará o menor dispêndio para a Administração, atendidos os parâmetros mínimos de qualidade definidos no edital de licitação.

§ 1º Os custos indiretos, relacionados com as despesas de manutenção, utilização, reposição, depreciação e impacto ambiental do objeto licitado, entre outros fatores vinculados ao seu ciclo de vida, poderão ser considerados para a definição do menor dispêndio, sempre que objetivamente mensuráveis, conforme disposto em regulamento.

§ 2º O julgamento por maior desconto terá como referência o preço global fixado no edital de licitação, e o desconto será estendido aos eventuais termos aditivos.

Art. 35. O julgamento por melhor técnica ou conteúdo artístico considerará exclusivamente as propostas técnicas ou artísticas apresentadas pelos licitantes, e o edital deverá definir o prêmio ou a remuneração que será atribuída aos vencedores.

Parágrafo único. O critério de julgamento de que trata o *caput* deste artigo poderá ser utilizado para a contratação de projetos e trabalhos de natureza técnica, científica ou artística.

Art. 36. O julgamento por técnica e preço considerará a maior pontuação obtida a partir da ponderação, segundo fatores objetivos previstos no edital, das notas atribuídas aos aspectos de técnica e de preço da proposta.

§ 1º O critério de julgamento de que trata o *caput* deste artigo será escolhido quando estudo técnico preliminar demonstrar que a avaliação e a ponderação da qualidade técnica das propostas que superarem os requisitos mínimos estabelecidos no edital forem relevantes aos fins pretendidos pela Administração nas licitações para contratação de:

I – serviços técnicos especializados de natureza predominantemente intelectual, caso em que o critério de julgamento de técnica e preço deverá ser preferencialmente empregado;

II – serviços majoritariamente dependentes de tecnologia sofisticada e de domínio restrito, conforme atestado por autoridades técnicas de reconhecida qualificação;

III – bens e serviços especiais de tecnologia da informação e de comunicação;

IV – obras e serviços especiais de engenharia;

V – objetos que admitam soluções específicas e alternativas e variações de execução, com repercussões significativas e concretamente mensuráveis sobre sua qualidade, produtividade, rendimento e durabilidade, quando essas soluções e variações puderem ser adotadas à livre escolha dos licitantes, conforme critérios objetivamente definidos no edital de licitação.

§ 2º No julgamento por técnica e preço, deverão ser avaliadas e ponderadas as propostas técnicas e, em seguida, as propostas de preço apresentadas pelos licitantes, na proporção máxima de 70% (setenta por cento) de valoração para a proposta técnica.

§ 3º O desempenho pretérito na execução de contratos com a Administração Pública deverá ser considerado na pontuação técnica, observado o disposto nos §§ 3º e 4º do art. 88 desta Lei e em regulamento.

Art. 37. O julgamento por melhor técnica ou por técnica e preço deverá ser realizado por:

I – verificação da capacitação e da experiência do licitante, comprovadas por meio da apresentação de atestados de obras, produtos ou serviços previamente realizados;

II – atribuição de notas a quesitos de natureza qualitativa por banca designada para esse fim, de acordo com orientações e limites definidos em edital, considerados a demonstração de conhecimento do objeto, a metodologia e o programa de trabalho, a qualificação das equipes técnicas e a relação dos produtos que serão entregues;

III – atribuição de notas por desempenho do licitante em contratações anteriores aferida nos documentos comprobatórios de que trata o § 3º do art. 88 desta Lei e em registro cadastral unificado disponível no Portal Nacional de Contratações Públicas (PNCP).

§ 1º A banca referida no inciso II do *caput* deste artigo terá no mínimo 3 (três) membros e poderá ser composta de:

I – servidores efetivos ou empregados públicos pertencentes aos quadros permanentes da Administração Pública;

II – profissionais contratados por conhecimento técnico, experiência ou renome na avaliação dos quesitos especificados em edital, desde que seus trabalhos sejam supervisionados por profissionais designados conforme o disposto no art. 7º desta Lei.

§ 2º Ressalvados os casos de inexigibilidade de licitação, na licitação para contratação dos serviços técnicos especializados de natureza predominantemente intelectual previstos nas alíneas *a*, *d* e *h* do inciso XVIII do *caput* do art. 6º desta Lei cujo valor estimado da contratação seja superior a R$ 300.000,00 (trezentos mil reais), o julgamento será por:

▸ Dec. nº 12.343, de 30-12-2024, atualiza o valor constante neste parágrafo para R$ 376.353,48 (trezentos e setenta e seis mil trezentos e cinquenta e três reais e quarenta e oito centavos).

I – melhor técnica; ou

II – técnica e preço, na proporção de 70% (setenta por cento) de valoração da proposta técnica.

▸ § 2º promulgado nos termos do art. 66, § 5º, da CF (*DOU* de 11-6-2021).

Art. 38. No julgamento por melhor técnica ou por técnica e preço, a obtenção de pontuação devido à capacitação técnico-profissional exigirá que a execução do respectivo contrato tenha participação direta e pessoal do profissional correspondente.

Art. 39. O julgamento por maior retorno econômico, utilizado exclusivamente para a celebração de contrato de eficiência, considerará a maior economia para a Administração, e a remuneração deverá ser fixada em percentual que incidirá de forma proporcional à economia efetivamente obtida na execução do contrato.

§ 1º Nas licitações que adotarem o critério de julgamento de que trata o *caput* deste artigo, os licitantes apresentarão:

I – proposta de trabalho, que deverá contemplar:

a) as obras, os serviços ou os bens, com os respectivos prazos de realização ou fornecimento;

b) a economia que se estima gerar, expressa em unidade de medida associada à obra, ao bem ou ao serviço e em unidade monetária;

II – proposta de preço, que corresponderá a percentual sobre a economia que se estima gerar durante determinado período, expressa em unidade monetária.

§ 2º O edital de licitação deverá prever parâmetros objetivos de mensuração da economia gerada com a execução do contrato, que servirá de base de cálculo para a remuneração devida ao contratado.

§ 3º Para efeito de julgamento da proposta, o retorno econômico será o resultado da economia que se estima gerar com a execução da proposta de trabalho, deduzida a proposta de preço.

§ 4º Nos casos em que não for gerada a economia prevista no contrato de eficiência:

I – a diferença entre a economia contratada e a efetivamente obtida será descontada da remuneração do contratado;

II – se a diferença entre a economia contratada e a efetivamente obtida for superior ao limite máximo estabelecido no contrato, o contratado sujeitar-se-á, ainda, a outras sanções cabíveis.

SEÇÃO IV
DISPOSIÇÕES SETORIAIS

SUBSEÇÃO I
DAS COMPRAS

Art. 40. O planejamento de compras deverá considerar a expectativa de consumo anual e observar o seguinte:

I – condições de aquisição e pagamento semelhantes às do setor privado;

II – processamento por meio de sistema de registro de preços, quando pertinente;

III – determinação de unidades e quantidades a serem adquiridas em função de consumo e utilização prováveis, cuja estimativa será obtida, sempre que possível, mediante adequadas técnicas quantitativas, admitido o fornecimento contínuo;

IV – condições de guarda e armazenamento que não permitam a deterioração do material;

V – atendimento aos princípios:

a) da padronização, considerada a compatibilidade de especificações estéticas, técnicas ou de desempenho;

b) do parcelamento, quando for tecnicamente viável e economicamente vantajoso;

c) da responsabilidade fiscal, mediante a comparação da despesa estimada com a prevista no orçamento.

§ 1º O termo de referência deverá conter os elementos previstos no inciso XXIII do *caput* do art. 6º desta Lei, além das seguintes informações:

I – especificação do produto, preferencialmente conforme catálogo eletrônico de padronização, observados os requisitos de qualidade, rendimento, compatibilidade, durabilidade e segurança;

II – indicação dos locais de entrega dos produtos e das regras para recebimentos provisório e definitivo, quando for o caso;

III – especificação da garantia exigida e das condições de manutenção e assistência técnica, quando for o caso.

§ 2º Na aplicação do princípio do parcelamento, referente às compras, deverão ser considerados:

I – a viabilidade da divisão do objeto em lotes;

II – o aproveitamento das peculiaridades do mercado local, com vistas à economicidade, sempre que possível, desde que atendidos os parâmetros de qualidade; e

III – o dever de buscar a ampliação da competição e de evitar a concentração de mercado.

§ 3º O parcelamento não será adotado quando:

I – a economia de escala, a redução de custos de gestão de contratos ou a maior vantagem na contratação recomendar a compra do item do mesmo fornecedor;

II – o objeto a ser contratado configurar sistema único e integrado e houver a possibilidade de risco ao conjunto do objeto pretendido;

III – o processo de padronização ou de escolha de marca levar a fornecedor exclusivo.

§ 4º Em relação à informação de que trata o inciso III do § 1º deste artigo, desde que fundamentada em estudo técnico preliminar, a Administração poderá exigir que os serviços de manutenção e assistência técnica sejam prestados mediante deslocamento de técnico ou disponibilizados em unidade de prestação de serviços localizada em distância compatível com suas necessidades.

Art. 41. No caso de licitação que envolva o fornecimento de bens, a Administração poderá excepcionalmente:

I – indicar uma ou mais marcas ou modelos, desde que formalmente justificado, nas seguintes hipóteses:

a) em decorrência da necessidade de padronização do objeto;

b) em decorrência da necessidade de manter a compatibilidade com plataformas e padrões já adotados pela Administração;

c) quando determinada marca ou modelo comercializados por mais de um fornecedor forem os únicos capazes de atender às necessidades do contratante;

d) quando a descrição do objeto a ser licitado puder ser mais bem compreendida pela identificação de determinada marca ou determinado modelo aptos a servir apenas como referência;

II – exigir amostra ou prova de conceito do bem no procedimento de pré-qualificação permanente, na fase de julgamento das propostas ou de lances, ou no período de vigência do contrato ou da ata de registro de preços, desde que previsto no edital da licitação e justificada a necessidade de sua apresentação;

III – vedar a contratação de marca ou produto, quando, mediante processo administrativo, restar comprovado que produtos adquiridos e utilizados anteriormente pela Administração não atendem a requisitos indispensáveis ao pleno adimplemento da obrigação contratual;

IV – solicitar, motivadamente, carta de solidariedade emitida pelo fabricante, que assegure a execução do contrato, no caso de licitante revendedor ou distribuidor.

Parágrafo único. A exigência prevista no inciso II do *caput* deste artigo restringir-se-á ao licitante provisoriamente vencedor quando realizada na fase de julgamento das propostas ou de lances.

Art. 42. A prova de qualidade de produto apresentado pelos proponentes como similar ao das marcas eventualmente indicadas no edital será admitida por qualquer um dos seguintes meios:

I – comprovação de que o produto está de acordo com as normas técnicas determinadas pelos órgãos oficiais competentes, pela Associação Brasileira de Normas Técnicas (ABNT) ou por outra entidade credenciada pelo Inmetro;

II – declaração de atendimento satisfatório emitida por outro órgão ou entidade de nível federativo equivalente ou superior que tenha adquirido o produto;

III – certificação, certificado, laudo laboratorial ou documento similar que possibilite a aferição da qualidade e da conformidade do produto ou do processo de fabricação, inclusive sob o aspecto ambiental, emitido por instituição oficial competente ou por entidade credenciada.

§ 1º O edital poderá exigir, como condição de aceitabilidade da proposta, certificação de qualidade do produto por instituição credenciada pelo Conselho Nacional de Metrologia, Normalização e Qualidade Industrial (CONMETRO).

§ 2º A Administração poderá, nos termos do edital de licitação, oferecer protótipo do objeto pretendido e exigir, na fase de julgamento das propostas, amostras do licitante provisoriamente vencedor, para atender a diligência ou, após o julgamento, como condição para firmar contrato.

§ 3º No interesse da Administração, as amostras a que se refere o § 2º deste artigo poderão ser examinadas por instituição com reputação ético-profissional na especialidade do objeto, previamente indicada no edital.

Art. 43. O processo de padronização deverá conter:

I – parecer técnico sobre o produto, considerados especificações técnicas e estéticas, desempenho, análise de contratações anteriores, custo e condições de manutenção e garantia;

II – despacho motivado da autoridade superior, com a adoção do padrão;

III – síntese da justificativa e descrição sucinta do padrão definido, divulgadas em sítio eletrônico oficial.

§ 1º É permitida a padronização com base em processo de outro órgão ou entidade de nível federativo igual ou superior ao do órgão adquirente, devendo o ato que decidir pela adesão a outra padronização ser devidamente motivado, com indicação da necessidade da Administração e dos riscos decorrentes dessa decisão, e divulgado em sítio eletrônico oficial.

§ 2º As contratações de soluções baseadas em *software* de uso disseminado serão disciplinadas em regulamento que defina processo de gestão estratégica das contratações desse tipo de solução.

Art. 44. Quando houver a possibilidade de compra ou de locação de bens, o estudo técnico preliminar deverá considerar os custos e os benefícios de cada opção, com indicação da alternativa mais vantajosa.

Subseção II

DAS OBRAS E SERVIÇOS DE ENGENHARIA

Art. 45. As licitações de obras e serviços de engenharia devem respeitar, especialmente, as normas relativas a:

I – disposição final ambientalmente adequada dos resíduos sólidos gerados pelas obras contratadas;

II – mitigação por condicionantes e compensação ambiental, que serão definidas no procedimento de licenciamento ambiental;

III – utilização de produtos, de equipamentos e de serviços que, comprovadamente, favoreçam a redução do consumo de energia e de recursos naturais;

IV – avaliação de impacto de vizinhança, na forma da legislação urbanística;

V – proteção do patrimônio histórico, cultural, arqueológico e imaterial, inclusive por meio da avaliação do impacto direto ou indireto causado pelas obras contratadas;

VI – acessibilidade para pessoas com deficiência ou com mobilidade reduzida.

Art. 46. Na execução indireta de obras e serviços de engenharia, são admitidos os seguintes regimes:

I – empreitada por preço unitário;

II – empreitada por preço global;

III – empreitada integral;

IV – contratação por tarefa;

V – contratação integrada;

VI – contratação semi-integrada;

VII – fornecimento e prestação de serviço associado.

§ 1º É vedada a realização de obras e serviços de engenharia sem projeto executivo, ressalvada a hipótese prevista no § 3º do art. 18 desta Lei.

§ 2º A Administração é dispensada da elaboração de projeto básico nos casos de contratação integrada, hipótese em que deverá ser elaborado anteprojeto de acordo com metodologia definida em ato do órgão competente, observados os requisitos estabelecidos no inciso XXIV do art. 6º desta Lei.

§ 3º Na contratação integrada, após a elaboração do projeto básico pelo contratado, o conjunto de desenhos, especificações, memoriais e cronograma físico-financeiro deverá ser submetido à aprovação da Administração, que avaliará sua adequação em relação aos parâmetros definidos no edital e conformidade com as normas técnicas, vedadas alterações que reduzam a qualidade ou a vida útil do empreendimento e mantida a responsabilidade integral do contratado pelos riscos associados ao projeto básico.

§ 4º Nos regimes de contratação integrada e semi-integrada, o edital e o contrato, sempre que for o caso, deverão prever as providências necessárias para a efetivação de desapropriação autorizada pelo poder público, bem como:

I – o responsável por cada fase do procedimento expropriatório;

II – a responsabilidade pelo pagamento das indenizações devidas;

III – a estimativa do valor a ser pago a título de indenização pelos bens expropriados, inclusive de custos correlatos;

IV – a distribuição objetiva de riscos entre as partes, incluído o risco pela diferença entre o custo da desapropriação e a estimativa de valor e pelos eventuais danos e prejuízos ocasionados por atraso na disponibilização dos bens expropriados;

V – em nome de quem deverá ser promovido o registro de imissão provisória na posse e o registro de propriedade dos bens a serem desapropriados.

§ 5º Na contratação semi-integrada, mediante prévia autorização da Administração, o projeto básico poderá ser alterado, desde que demonstrada a superioridade das inovações propostas pelo contratado em termos de redução de custos, de aumento da qualidade, de redução do prazo de execução ou de facilidade de manutenção ou operação, assumindo o contratado a responsabilidade integral pelos riscos associados à alteração do projeto básico.

§ 6º A execução de cada etapa será obrigatoriamente precedida da conclusão e da aprovação, pela autoridade competente, dos trabalhos relativos às etapas anteriores.

§§ 7º e 8º VETADOS.

§ 9º Os regimes de execução a que se referem os incisos II, III, IV, V e VI do *caput* deste artigo serão licitados por preço global e adotarão sistemática de medição e pagamento associada à execução de etapas do cronograma físico-financeiro vinculadas ao cumprimento de metas de resultado, vedada a adoção de sistemática de remuneração orientada por preços unitários ou referenciada pela execução de quantidades de itens unitários.

Subseção III
DOS SERVIÇOS EM GERAL

Art. 47. As licitações de serviços atenderão aos princípios:

I – da padronização, considerada a compatibilidade de especificações estéticas, técnicas ou de desempenho;

II – do parcelamento, quando for tecnicamente viável e economicamente vantajoso.

§ 1º Na aplicação do princípio do parcelamento deverão ser considerados:

I – a responsabilidade técnica;

II – o custo para a Administração de vários contratos frente às vantagens da redução de custos, com divisão do objeto em itens;

III – o dever de buscar a ampliação da competição e de evitar a concentração de mercado.

§ 2º Na licitação de serviços de manutenção e assistência técnica, o edital deverá definir o local de realização dos serviços, admitida a exigência de deslocamento de técnico ao local da repartição ou a exigência de que o contratado tenha unidade de prestação de serviços em distância compatível com as necessidades da Administração.

Art. 48. Poderão ser objeto de execução por terceiros as atividades materiais acessórias, instrumentais ou complementares aos assuntos que constituam área de competência legal do órgão ou da entidade, vedado à Administração ou a seus agentes, na contratação do serviço terceirizado:

I – indicar pessoas expressamente nominadas para executar direta ou indiretamente o objeto contratado;

II – fixar salário inferior ao definido em lei ou em ato normativo a ser pago pelo contratado;

III – estabelecer vínculo de subordinação com funcionário de empresa prestadora de serviço terceirizado;

IV – definir forma de pagamento mediante exclusivo reembolso dos salários pagos;

V – demandar a funcionário de empresa prestadora de serviço terceirizado a execução de tarefas fora do escopo do objeto da contratação;

VI – prever em edital exigências que constituam intervenção indevida da Administração na gestão interna do contratado.

Parágrafo único. Durante a vigência do contrato, é vedado ao contratado contratar cônjuge, companheiro ou parente em linha reta, colateral ou por afinidade, até o terceiro grau, de dirigente do órgão ou entidade contratante ou de agente público que desempenhe função na licitação ou atue na fiscalização ou na gestão do contrato, devendo essa proibição constar expressamente do edital de licitação.

Art. 49. A Administração poderá, mediante justificativa expressa, contratar mais de uma empresa ou instituição para executar o mesmo serviço, desde que essa contratação não implique perda de economia de escala, quando:

I – o objeto da contratação puder ser executado de forma concorrente e simultânea por mais de um contratado; e

II – a múltipla execução for conveniente para atender à Administração.

Parágrafo único. Na hipótese prevista no *caput* deste artigo, a Administração deverá manter o controle individualizado da execução do objeto contratual relativamente a cada um dos contratados.

Art. 50. Nas contratações de serviços com regime de dedicação exclusiva de mão de obra, o contratado deverá apresentar, quando solicitado pela Administração, sob pena de multa, comprovação do cumprimento das obrigações trabalhistas e com o Fundo de Garantia do Tempo de Serviço (FGTS) em relação aos empregados diretamente envolvidos na execução do contrato, em especial quanto ao:

I – registro de ponto;

II – recibo de pagamento de salários, adicionais, horas extras, repouso semanal remunerado e décimo terceiro salário;

III – comprovante de depósito do FGTS;

IV – recibo de concessão e pagamento de férias e do respectivo adicional;

V – recibo de quitação de obrigações trabalhistas e previdenciárias dos empregados dispensados até a data da extinção do contrato;

VI – recibo de pagamento de vale-transporte e vale-alimentação, na forma prevista em norma coletiva.

Subseção IV
DA LOCAÇÃO DE IMÓVEIS

Art. 51. Ressalvado o disposto no inciso V do *caput* do art. 74 desta Lei, a locação de imóveis deverá ser precedida de licitação e avaliação prévia do bem, do seu estado de conservação, dos custos de adaptações e do prazo de amortização dos investimentos necessários.

Subseção V
DAS LICITAÇÕES INTERNACIONAIS

Art. 52. Nas licitações de âmbito internacional, o edital deverá ajustar-se às diretrizes da política monetária e do comércio exterior e atender às exigências dos órgãos competentes.

§ 1º Quando for permitido ao licitante estrangeiro cotar preço em moeda estrangeira, o licitante brasileiro igualmente poderá fazê-lo.

§ 2º O pagamento feito ao licitante brasileiro eventualmente contratado em virtude de licitação nas condições de que trata o § 1º deste artigo será efetuado em moeda corrente nacional.

§ 3º As garantias de pagamento ao licitante brasileiro serão equivalentes àquelas oferecidas ao licitante estrangeiro.

§ 4º Os gravames incidentes sobre os preços constarão do edital e serão definidos a partir de estimativas ou médias dos tributos.

§ 5º As propostas de todos os licitantes estarão sujeitas às mesmas regras e condições, na forma estabelecida no edital.

§ 6º Observados os termos desta Lei, o edital não poderá prever condições de habilitação, classificação e julgamento que constituam barreiras de acesso ao licitante estrangeiro, admitida a previsão de margem de preferência para bens produzidos no País e serviços nacionais que atendam às normas técnicas brasileiras, na forma definida no art. 26 desta Lei.

CAPÍTULO III
DA DIVULGAÇÃO DO EDITAL DE LICITAÇÃO

Art. 53. Ao final da fase preparatória, o processo licitatório seguirá para o órgão de assessoramento jurídico da Administração, que realizará controle prévio de legalidade mediante análise jurídica da contratação.

§ 1º Na elaboração do parecer jurídico, o órgão de assessoramento jurídico da Administração deverá:

I – apreciar o processo licitatório conforme critérios objetivos prévios de atribuição de prioridade;

II – redigir sua manifestação em linguagem simples e compreensível e de forma clara e objetiva, com apreciação de todos os elementos indispensáveis à contratação e com exposição dos pressupostos de fato e de direito levados em consideração na análise jurídica;

III – VETADO.

§ 2º VETADO.

§ 3º Encerrada a instrução do processo sob os aspectos técnico e jurídico, a autoridade determinará a divulgação do edital de licitação conforme disposto no art. 54.

§ 4º Na forma deste artigo, o órgão de assessoramento jurídico da Administração também realizará controle prévio de legalidade de contratações diretas, acordos, termos de cooperação, convênios, ajustes, adesões a atas de registro de preços, outros instrumentos congêneres e de seus termos aditivos.

§ 5º É dispensável a análise jurídica nas hipóteses previamente definidas em ato da autoridade jurídica máxima competente, que deverá considerar o baixo valor, a baixa complexidade da contratação, a entrega imediata do bem ou a utilização de minutas de editais e instrumentos de contrato, convênio ou outros ajustes previamente padronizados pelo órgão de assessoramento jurídico.

§ 6º VETADO.

Art. 54. A publicidade do edital de licitação será realizada mediante divulgação e manutenção do inteiro teor do ato convocatório e de seus anexos no Portal Nacional de Contratações Públicas (PNCP).

§ 1º Sem prejuízo do disposto no *caput*, é obrigatória a publicação de extrato do edital no *Diário Oficial da União, do Estado, do Distrito Federal* ou *do Município*, ou, no caso de consórcio público, do ente de maior nível entre eles, bem como em jornal diário de grande circulação.

▸ § 1º promulgado nos termos do art. 66, § 5º, da CF (*DOU* de 11-6-2021).

§ 2º É facultada a divulgação adicional e a manutenção do inteiro teor do edital e de seus anexos em sítio eletrônico oficial do ente federativo do órgão ou entidade responsável pela licitação ou, no caso de consórcio público, do ente de maior nível entre eles, admitida, ainda, a divulgação direta a interessados devidamente cadastrados para esse fim.

§ 3º Após a homologação do processo licitatório, serão disponibilizados no Portal Nacional de Contratações Públicas (PNCP) e, se o órgão ou entidade responsável pela licitação entender cabível, também no sítio referido no § 2º deste artigo, os documentos elaborados na fase preparatória que porventura não tenham integrado o edital e seus anexos.

CAPÍTULO IV
DA APRESENTAÇÃO DE PROPOSTAS E LANCES

Art. 55. Os prazos mínimos para apresentação de propostas e lances, contados a partir da data de divulgação do edital de licitação, são de:

I – para aquisição de bens:

a) 8 (oito) dias úteis, quando adotados os critérios de julgamento de menor preço ou de maior desconto;

b) 15 (quinze) dias úteis, nas hipóteses não abrangidas pela alínea *a* deste inciso;

II – no caso de serviços e obras:

a) 10 (dez) dias úteis, quando adotados os critérios de julgamento de menor preço ou de maior desconto, no caso de serviços comuns e de obras e serviços comuns de engenharia;

b) 25 (vinte e cinco) dias úteis, quando adotados os critérios de julgamento de menor preço ou de maior desconto, no caso de serviços especiais e de obras e serviços especiais de engenharia;

c) 60 (sessenta) dias úteis, quando o regime de execução for de contratação integrada;

d) 35 (trinta e cinco) dias úteis, quando o regime de execução for o de contratação semi-integrada ou nas hipóteses não abrangidas pelas alíneas *a*, *b* e *c* deste inciso;

III – para licitação em que se adote o critério de julgamento de maior lance, 15 (quinze) dias úteis;

IV – para licitação em que se adote o critério de julgamento de técnica e preço ou de melhor técnica ou conteúdo artístico, 35 (trinta e cinco) dias úteis.

§ 1º Eventuais modificações no edital implicarão nova divulgação na mesma forma de sua divulgação inicial, além do cumprimento dos mesmos prazos dos atos e procedimentos originais, exceto quando a alteração não comprometer a formulação das propostas.

§ 2º Os prazos previstos neste artigo poderão, mediante decisão fundamentada, ser reduzidos até a metade nas licitações realizadas pelo Ministério da Saúde, no âmbito do Sistema Único de Saúde (SUS).

Art. 56. O modo de disputa poderá ser, isolada ou conjuntamente:

I – aberto, hipótese em que os licitantes apresentarão suas propostas por meio de lances públicos e sucessivos, crescentes ou decrescentes;

II – fechado, hipótese em que as propostas permanecerão em sigilo até a data e hora designadas para sua divulgação.

§ 1º A utilização isolada do modo de disputa fechado será vedada quando adotados os critérios de julgamento de menor preço ou de maior desconto.

► A alteração que seria inserida pela neste parágrafo pela Lei nº 14.770, de 22-12-2023, foi vetada, razão pela qual mantivemos sua redação.

§ 2º A utilização do modo de disputa aberto será vedada quando adotado o critério de julgamento de técnica e preço.

§ 3º Serão considerados intermediários os lances:

I – iguais ou inferiores ao maior já ofertado, quando adotado o critério de julgamento de maior lance;

II – iguais ou superiores ao menor já ofertado, quando adotados os demais critérios de julgamento.

§ 4º Após a definição da melhor proposta, se a diferença em relação à proposta classificada em segundo lugar for de pelo menos 5% (cinco por cento), a Administração poderá admitir o reinício da disputa aberta, nos termos estabelecidos no instrumento convocatório, para a definição das demais colocações.

§ 5º Nas licitações de obras ou serviços de engenharia, após o julgamento, o licitante vencedor deverá reelaborar e apresentar à Administração, por meio eletrônico, as planilhas com indicação dos quantitativos e dos custos unitários, bem como com detalhamento das Bonificações e Despesas Indiretas (BDI) e dos Encargos Sociais (ES), com os respectivos valores adequados ao valor final da proposta vencedora, admitida a utilização dos preços unitários, no caso de empreitada por preço global, empreitada integral, contratação semi-integrada e contratação integrada, exclusivamente para eventuais adequações indispensáveis no cronograma físico-financeiro e para balizar excepcional aditamento posterior do contrato.

Art. 57. O edital de licitação poderá estabelecer intervalo mínimo de diferença de valores entre os lances, que incidirá tanto em relação aos lances intermediários quanto em relação à proposta que cobrir a melhor oferta.

Art. 58. Poderá ser exigida, no momento da apresentação da proposta, a comprovação do recolhimento de quantia a título de garantia de proposta, como requisito de pré-habilitação.

§ 1º A garantia de proposta não poderá ser superior a 1% (um por cento) do valor estimado para a contratação.

§ 2º A garantia de proposta será devolvida aos licitantes no prazo de 10 (dez) dias úteis, contado da assinatura do contrato ou da data em que for declarada fracassada a licitação.

§ 3º Implicará execução do valor integral da garantia de proposta a recusa em assinar o contrato ou a não apresentação dos documentos para a contratação.

§ 4º A garantia de proposta poderá ser prestada nas modalidades de que trata o § 1º do art. 96 desta Lei.

CAPÍTULO V
DO JULGAMENTO

Art. 59. Serão desclassificadas as propostas que:

I – contiverem vícios insanáveis;

II – não obedecerem às especificações técnicas pormenorizadas no edital;

III – apresentarem preços inexequíveis ou permanecerem acima do orçamento estimado para a contratação;

IV – não tiverem sua exequibilidade demonstrada, quando exigido pela Administração;

V – apresentarem desconformidade com quaisquer outras exigências do edital, desde que insanável.

§ 1º A verificação da conformidade das propostas poderá ser feita exclusivamente em relação à proposta mais bem classificada.

§ 2º A Administração poderá realizar diligências para aferir a exequibilidade das propostas ou exigir dos licitantes que ela seja demonstrada, conforme disposto no inciso IV do *caput* deste artigo.

§ 3º No caso de obras e serviços de engenharia e arquitetura, para efeito de avaliação da exequibilidade e de sobrepreço, serão considerados o preço global, os quantitativos e os preços unitários tidos como relevantes, observado o critério de aceitabilidade de preços unitário e global a ser fixado no edital, conforme as especificidades do mercado correspondente.

§ 4º No caso de obras e serviços de engenharia, serão consideradas inexequíveis as propostas cujos valores forem inferiores a 75% (setenta e cinco por cento) do valor orçado pela Administração.

§ 5º Nas contratações de obras e serviços de engenharia, será exigida garantia adicional do licitante vencedor cuja proposta for inferior a 85% (oitenta e cinco por cento) do valor orçado pela Administração, equivalente à diferença entre este último e o valor da proposta, sem prejuízo das demais garantias exigíveis de acordo com esta Lei.

Art. 60. Em caso de empate entre duas ou mais propostas, serão utilizados os seguintes critérios de desempate, nesta ordem:

► Dec. nº 12.304, de 9-12-2024, regulamenta o *caput* deste artigo.

I – disputa final, hipótese em que os licitantes empatados poderão apresentar nova proposta em ato contínuo à classificação;

II – avaliação do desempenho contratual prévio dos licitantes, para a qual deverão preferencialmente ser utilizados registros cadastrais para efeito de atesto de cumprimento de obrigações previstos nesta Lei;

III – desenvolvimento pelo licitante de ações de equidade entre homens e mulheres no ambiente de trabalho, conforme regulamento;

► Dec. nº 11.430, de 8-3-2023, regulamenta este inciso.

IV – desenvolvimento pelo licitante de programa de integridade, conforme orientações dos órgãos de controle.

► Dec. nº 12.304, de 9-12-2024, regulamenta este inciso.

§ 1º Em igualdade de condições, se não houver desempate, será assegurada preferência, sucessivamente, aos bens e serviços produzidos ou prestados por:

I – empresas estabelecidas no território do Estado ou do Distrito Federal do órgão ou entidade da Administração Pública estadual ou distrital licitante ou, no caso de licitação realizada por órgão ou entidade de Município, no território do Estado em que este se localize;

II – empresas brasileiras;

III – empresas que invistam em pesquisa e no desenvolvimento de tecnologia no País;

IV – empresas que comprovem a prática de mitigação, nos termos da Lei nº 12.187, de 29 de dezembro de 2009.

§ 2º As regras previstas no *caput* deste artigo não prejudicarão a aplicação do disposto no art. 44 da Lei Complementar nº 123, de 14 de dezembro de 2006.

Art. 61. Definido o resultado do julgamento, a Administração poderá negociar condições mais vantajosas com o primeiro colocado.

§ 1º A negociação poderá ser feita com os demais licitantes, segundo a ordem de classificação inicialmente estabelecida, quando o primeiro colocado, mesmo após a negociação, for desclassificado em razão de sua proposta permanecer acima do preço máximo definido pela Administração.

§ 2º A negociação será conduzida por agente de contratação ou comissão de contratação, na forma de regulamento, e, depois de concluída, terá seu resultado divulgado a todos os licitantes e anexado aos autos do processo licitatório.

CAPÍTULO VI
DA HABILITAÇÃO

Art. 62. A habilitação é a fase da licitação em que se verifica o conjunto de informações e documentos necessários e suficientes para demonstrar a capacidade do licitante de realizar o objeto da licitação, dividindo-se em:

I – jurídica;

II – técnica;

III – fiscal, social e trabalhista;

IV – econômico-financeira.

Art. 63. Na fase de habilitação das licitações serão observadas as seguintes disposições:

I – poderá ser exigida dos licitantes a declaração de que atendem aos requisitos de habilitação, e o declarante responderá pela veracidade das informações prestadas, na forma da lei;

II – será exigida a apresentação dos documentos de habilitação apenas pelo licitante vencedor, exceto quando a fase de habilitação anteceder a de julgamento;

III – serão exigidos os documentos relativos à regularidade fiscal, em qualquer caso, somente em momento posterior ao julgamento das propostas, e apenas do licitante mais bem classificado;

IV – será exigida do licitante declaração de que cumpre as exigências de reserva de cargos para pessoa com deficiência e para reabilitado da Previdência Social, previstas em lei e em outras normas específicas.

§ 1º Constará do edital de licitação cláusula que exija dos licitantes, sob pena de desclassificação, declaração de que suas propostas econômicas compreendem a integralidade dos custos para atendimento dos direitos trabalhistas assegurados na Constituição Federal, nas leis trabalhistas, nas normas infralegais, nas convenções coletivas de trabalho e nos termos de ajustamento de conduta vigentes na data de entrega das propostas.

§ 2º Quando a avaliação prévia do local de execução for imprescindível para o conhecimento pleno das condições e peculiaridades do objeto a ser contratado, o edital de licitação poderá prever, sob pena de inabilitação, a necessidade de o licitante atestar que conhece o local e as condições de realização da obra ou serviço, assegurado a ele o direito de realização de vistoria prévia.

§ 3º Para os fins previstos no § 2º deste artigo, o edital de licitação sempre deverá prever a possibilidade de substituição da vistoria por declaração formal assinada pelo responsável técnico do licitante acerca do conhecimento pleno das condições e peculiaridades da contratação.

§ 4º Para os fins previstos no § 2º deste artigo, se os licitantes optarem por realizar vistoria prévia, a Administração deverá disponibilizar data e horário diferentes para os eventuais interessados.

Art. 64. Após a entrega dos documentos para habilitação, não será permitida a substituição ou a apresentação de novos documentos, salvo em sede de diligência, para:

I – complementação de informações acerca dos documentos já apresentados pelos licitantes e desde que necessária para apurar fatos existentes à época da abertura do certame;

II – atualização de documentos cuja validade tenha expirado após a data de recebimento das propostas.

§ 1º Na análise dos documentos de habilitação, a comissão de licitação poderá sanar erros ou falhas que não alterem a substância dos documentos e sua validade jurídica, mediante despacho fundamentado registrado e acessível a todos, atribuindo-lhes eficácia para fins de habilitação e classificação.

§ 2º Quando a fase de habilitação anteceder a de julgamento e já tiver sido encerrada, não caberá exclusão de licitante por motivo relacionado à habilitação, salvo em razão de fatos supervenientes ou só conhecidos após o julgamento.

Art. 65. As condições de habilitação serão definidas no edital.

§ 1º As empresas criadas no exercício financeiro da licitação deverão atender a todas as exigências da habilitação e ficarão autorizadas a substituir os demonstrativos contábeis pelo balanço de abertura.

§ 2º A habilitação poderá ser realizada por processo eletrônico de comunicação a distância, nos termos dispostos em regulamento.

Art. 66. A habilitação jurídica visa a demonstrar a capacidade de o licitante exercer direitos e assumir obrigações, e a documentação a ser apresentada por ele limita-se à comprovação de existência jurídica da pessoa e, quando cabível, de autorização para o exercício da atividade a ser contratada.

Art. 67. A documentação relativa à qualificação técnico-profissional e técnico-operacional será restrita a:

I – apresentação de profissional, devidamente registrado no conselho profissional competente, quando for o caso, detentor de atestado de responsabilidade técnica por execução de obra ou serviço de características semelhantes, para fins de contratação;

II – certidões ou atestados, regularmente emitidos pelo conselho profissional competente, quando for o caso, que demonstrem capacidade operacional na execução de serviços similares de complexidade tecnológica e operacional equivalente ou superior, bem como documentos comprobatórios emitidos na forma do § 3º do art. 88 desta Lei;

III – indicação do pessoal técnico, das instalações e do aparelhamento adequados e disponíveis para a realização do objeto da licitação, bem como da qualificação de cada membro da equipe técnica que se responsabilizará pelos trabalhos;

IV – prova do atendimento de requisitos previstos em lei especial, quando for o caso;

V – registro ou inscrição na entidade profissional competente, quando for o caso;

VI – declaração de que o licitante tomou conhecimento de todas as informações e das condições locais para o cumprimento das obrigações objeto da licitação.

§ 1º A exigência de atestados será restrita às parcelas de maior relevância ou valor significativo do objeto da licitação, assim consideradas as que tenham valor individual igual ou superior a 4% (quatro por cento) do valor total estimado da contratação.

§ 2º Observado o disposto no *caput* e no § 1º deste artigo, será admitida a exigência de atestados com quantidades mínimas de até 50% (cinquenta por cento) das parcelas de que trata o referido parágrafo, vedadas limitações de tempo e de locais específicos relativas aos atestados.

§ 3º Salvo na contratação de obras e serviços de engenharia, as exigências a que se referem os incisos I e II do *caput* deste artigo, a critério da Administração, poderão ser substituídas por outra prova de que o profissional ou a empresa possui conhecimento técnico e experiência prática na execução de serviço de características semelhantes, hipótese em que as provas alternativas aceitáveis deverão ser previstas em regulamento.

§ 4º Serão aceitos atestados ou outros documentos hábeis emitidos por entidades estrangeiras quando acompanhados de tradução para o português, salvo se comprovada a inidoneidade da entidade emissora.

§ 5º Em se tratando de serviços contínuos, o edital poderá exigir certidão ou atestado que demonstre que o licitante tenha executado serviços similares ao objeto da licitação, em períodos sucessivos ou não, por um prazo mínimo, que não poderá ser superior a 3 (três) anos.

§ 6º Os profissionais indicados pelo licitante na forma dos incisos I e III do *caput* deste artigo deverão participar da obra ou serviço objeto da licitação, e será admitida a sua substituição por profissionais de experiência equivalente ou superior, desde que aprovada pela Administração.

§ 7º Sociedades empresárias estrangeiras atenderão à exigência prevista no inciso V do *caput* deste artigo por meio da apresentação, no momento da assinatura do contrato, da solicitação de registro perante a entidade profissional competente no Brasil.

§ 8º Será admitida a exigência da relação dos compromissos assumidos pelo licitante que importem em diminuição da disponibilidade do pessoal técnico referido nos incisos I e III do *caput* deste artigo.

§ 9º O edital poderá prever, para aspectos técnicos específicos, que a qualificação técnica seja demonstrada por meio de atestados relativos a potencial subcontratado, limitado a 25% (vinte e cinco por cento) do objeto a ser licitado, hipótese em que mais de um licitante poderá apresentar atestado relativo ao mesmo potencial subcontratado.

§ 10. Em caso de apresentação por licitante de atestado de desempenho anterior emitido em favor de consórcio do qual tenha feito parte, se o atestado ou o contrato de constituição do consórcio não identificar a atividade desempenhada por cada consorciado individualmente, serão adotados os seguintes critérios na avaliação de sua qualificação técnica:

I – caso o atestado tenha sido emitido em favor de consórcio homogêneo, as experiências atestadas deverão ser reconhecidas para cada empresa consorciada na proporção quantitativa de sua participação no consórcio, salvo nas licitações para contratação de serviços técnicos especializados de natureza predominantemente intelectual, em que todas as experiências atestadas deverão ser reconhecidas para cada uma das empresas consorciadas;

II – caso o atestado tenha sido emitido em favor de consórcio heterogêneo, as experiências atestadas deverão ser reconhecidas para cada consorciado de acordo com os respectivos campos de atuação, inclusive nas licitações para contratação de serviços técnicos especializados de natureza predominantemente intelectual.

§ 11. Na hipótese do § 10 deste artigo, para fins de comprovação do percentual de participação do consorciado, caso este não conste expressamente do atestado ou da certidão, deverá ser juntada ao atestado ou à certidão cópia do instrumento de constituição do consórcio.

§ 12. Na documentação de que trata o inciso I do *caput* deste artigo, não serão admitidos atestados de responsabilidade técnica de profissionais que, na forma de regulamento, tenham dado causa à aplicação das sanções previstas nos incisos III e IV do *caput* do art. 156 desta Lei em decorrência de orientação proposta, de prescrição técnica ou de qualquer ato profissional de sua responsabilidade.

Art. 68. As habilitações fiscal, social e trabalhista serão aferidas mediante a verificação dos seguintes requisitos:

I – a inscrição no Cadastro de Pessoas Físicas (CPF) ou no Cadastro Nacional da Pessoa Jurídica (CNPJ);

II – a inscrição no cadastro de contribuintes estadual e/ou municipal, se houver, relativo ao domicílio ou sede do licitante, pertinente ao seu ramo de atividade e compatível com o objeto contratual;

III – a regularidade perante a Fazenda federal, estadual e/ou municipal do domicílio ou sede do licitante, ou outra equivalente, na forma da lei;

IV – a regularidade relativa à Seguridade Social e ao FGTS, que demonstre cumprimento dos encargos sociais instituídos por lei;

V – a regularidade perante a Justiça do Trabalho;

VI – o cumprimento do disposto no inciso XXXIII do art. 7º da Constituição Federal.

§ 1º Os documentos referidos nos incisos do *caput* deste artigo poderão ser substituídos ou supridos, no todo ou em parte, por outros meios hábeis a comprovar a regularidade do licitante, inclusive por meio eletrônico.

§ 2º A comprovação de atendimento do disposto nos incisos III, IV e V do *caput* deste artigo deverá ser feita na forma da legislação específica.

Art. 69. A habilitação econômico-financeira visa a demonstrar a aptidão econômica do licitante para cumprir as obrigações decorrentes do futuro contrato, devendo ser comprovada de forma objetiva, por coeficientes e índices econômicos previstos no edital, devidamente justificados no processo licitatório, e será restrita à apresentação da seguinte documentação:

I – balanço patrimonial, demonstração de resultado de exercício e demais demonstrações contábeis dos 2 (dois) últimos exercícios sociais;

II – certidão negativa de feitos sobre falência expedida pelo distribuidor da sede do licitante.

§ 1º A critério da Administração, poderá ser exigida declaração, assinada por profissional habilitado da área contábil, que ateste o atendimento pelo licitante dos índices econômicos previstos no edital.

§ 2º Para o atendimento do disposto no *caput* deste artigo, é vedada a exigência de valores mínimos de faturamento anterior e de índices de rentabilidade ou lucratividade.

§ 3º É admitida a exigência da relação dos compromissos assumidos pelo licitante que importem em diminuição de sua capacidade econômico-financeira, excluídas parcelas já executadas de contratos firmados.

§ 4º A Administração, nas compras para entrega futura e na execução de obras e serviços, poderá estabelecer no edital a exigência de capital mínimo ou de patrimônio líquido mínimo equivalente a até 10% (dez por cento) do valor estimado da contratação.

§ 5º É vedada a exigência de índices e valores não usualmente adotados para a avaliação de situação econômico-financeira suficiente para o cumprimento das obrigações decorrentes da licitação.

§ 6º Os documentos referidos no inciso I do *caput* deste artigo limitar-se-ão ao último exercício no caso de a pessoa jurídica ter sido constituída há menos de 2 (dois) anos.

Art. 70. A documentação referida neste Capítulo poderá ser:

I – apresentada em original, por cópia ou por qualquer outro meio expressamente admitido pela Administração;

II – substituída por registro cadastral emitido por órgão ou entidade pública, desde que previsto no edital e que o registro tenha sido feito em obediência ao disposto nesta Lei;

III – dispensada, total ou parcialmente, nas contratações para entrega imediata, nas contratações em valores inferiores a 1/4 (um quarto) do limite para dispensa de licitação para compras em geral e nas contratações de produto para pesquisa e desenvolvimento até o valor de R$ 300.000,00 (trezentos mil reais).

▸ Dec. nº 12.343, de 30-12-2024, atualiza o valor constante neste inciso para R$ 376.353,48 (trezentos e setenta e seis mil trezentos e cinquenta e três reais e quarenta e oito centavos).

Parágrafo único. As empresas estrangeiras que não funcionem no País deverão apresentar documentos equivalentes, na forma de regulamento emitido pelo Poder Executivo federal.

CAPÍTULO VII
DO ENCERRAMENTO DA LICITAÇÃO

Art. 71. Encerradas as fases de julgamento e habilitação, e exauridos os recursos administrativos, o processo licitatório será encaminhado à autoridade superior, que poderá:

I – determinar o retorno dos autos para saneamento de irregularidades;

II – revogar a licitação por motivo de conveniência e oportunidade;

III – proceder à anulação da licitação, de ofício ou mediante provocação de terceiros, sempre que presente ilegalidade insanável;

IV – adjudicar o objeto e homologar a licitação.

§ 1º Ao pronunciar a nulidade, a autoridade indicará expressamente os atos com vícios insanáveis, tornando sem efeito todos os subsequentes que deles dependam, e dará ensejo à apuração de responsabilidade de quem lhes tenha dado causa.

§ 2º O motivo determinante para a revogação do processo licitatório deverá ser resultante de fato superveniente devidamente comprovado.

§ 3º Nos casos de anulação e revogação, deverá ser assegurada a prévia manifestação dos interessados.

§ 4º O disposto neste artigo será aplicado, no que couber, à contratação direta e aos procedimentos auxiliares da licitação.

CAPÍTULO VIII
DA CONTRATAÇÃO DIRETA

Seção I
DO PROCESSO DE CONTRATAÇÃO DIRETA

Art. 72. O processo de contratação direta, que compreende os casos de inexigibilidade e de dispensa de licitação, deverá ser instruído com os seguintes documentos:

I – documento de formalização de demanda e, se for o caso, estudo técnico preliminar, análise de riscos, termo de referência, projeto básico ou projeto executivo;

II – estimativa de despesa, que deverá ser calculada na forma estabelecida no art. 23 desta Lei;

III – parecer jurídico e pareceres técnicos, se for o caso, que demonstrem o atendimento dos requisitos exigidos;

IV – demonstração da compatibilidade da previsão de recursos orçamentários com o compromisso a ser assumido;

V – comprovação de que o contratado preenche os requisitos de habilitação e qualificação mínima necessária;

VI – razão da escolha do contratado;

VII – justificativa de preço;

VIII – autorização da autoridade competente.

Parágrafo único. O ato que autoriza a contratação direta ou o extrato decorrente do contrato deverá ser divulgado e mantido à disposição do público em sítio eletrônico oficial.

Art. 73. Na hipótese de contratação direta indevida ocorrida com dolo, fraude ou erro grosseiro, o contratado e o agente público responsável responderão solidariamente pelo dano causado ao erário, sem prejuízo de outras sanções legais cabíveis.

Seção II
DA INEXIGIBILIDADE DE LICITAÇÃO

Art. 74. É inexigível a licitação quando inviável a competição, em especial nos casos de:

I – aquisição de materiais, de equipamentos ou de gêneros ou contratação de serviços que só possam ser fornecidos por produtor, empresa ou representante comercial exclusivos;

II – contratação de profissional do setor artístico, diretamente ou por meio de empresário exclusivo, desde que consagrado pela crítica especializada ou pela opinião pública;

III – contratação dos seguintes serviços técnicos especializados de natureza predominantemente intelectual com profissionais ou empresas de notória especialização, vedada a inexigibilidade para serviços de publicidade e divulgação:

a) estudos técnicos, planejamentos, projetos básicos ou projetos executivos;

b) pareceres, perícias e avaliações em geral;

c) assessorias ou consultorias técnicas e auditorias financeiras ou tributárias;

d) fiscalização, supervisão ou gerenciamento de obras ou serviços;

e) patrocínio ou defesa de causas judiciais ou administrativas;
f) treinamento e aperfeiçoamento de pessoal;
g) restauração de obras de arte e de bens de valor histórico;
h) controles de qualidade e tecnológico, análises, testes e ensaios de campo e laboratoriais, instrumentação e monitoramento de parâmetros específicos de obras e do meio ambiente e demais serviços de engenharia que se enquadrem no disposto neste inciso;

IV – objetos que devam ou possam ser contratados por meio de credenciamento;

V – aquisição ou locação de imóvel cujas características de instalações e de localização tornem necessária sua escolha.

§ 1º Para fins do disposto no inciso I do *caput* deste artigo, a Administração deverá demonstrar a inviabilidade de competição mediante atestado de exclusividade, contrato de exclusividade, declaração do fabricante ou outro documento idôneo capaz de comprovar que o objeto é fornecido ou prestado por produtor, empresa ou representante comercial exclusivos, vedada a preferência por marca específica.

§ 2º Para fins do disposto no inciso II do *caput* deste artigo, considera-se empresário exclusivo a pessoa física ou jurídica que possua contrato, declaração, carta ou outro documento que ateste a exclusividade permanente e contínua de representação, no País ou em Estado específico, do profissional do setor artístico, afastada a possibilidade de contratação direta por inexigibilidade por meio de empresário com representação restrita a evento ou local específico.

§ 3º Para fins do disposto no inciso III do *caput* deste artigo, considera-se de notória especialização o profissional ou a empresa cujo conceito no campo de sua especialidade, decorrente de desempenho anterior, estudos, experiência, publicações, organização, aparelhamento, equipe técnica ou outros requisitos relacionados com suas atividades, permita inferir que o seu trabalho é essencial e reconhecidamente adequado à plena satisfação do objeto do contrato.

§ 4º Nas contratações com fundamento no inciso III do *caput* deste artigo, é vedada a subcontratação de empresas ou a atuação de profissionais distintos daqueles que tenham justificado a inexigibilidade.

§ 5º Nas contratações com fundamento no inciso V do *caput* deste artigo, devem ser observados os seguintes requisitos:

I – avaliação prévia do bem, do seu estado de conservação, dos custos de adaptações, quando imprescindíveis às necessidades de utilização, e do prazo de amortização dos investimentos;

II – certificação da inexistência de imóveis públicos vagos e disponíveis que atendam ao objeto;

III – justificativas que demonstrem a singularidade do imóvel a ser comprado ou locado pela Administração e que evidenciem vantagem para ela.

Seção III

DA DISPENSA DE LICITAÇÃO

Art. 75. É dispensável a licitação:

I – para contratação que envolva valores inferiores a R$ 100.000,00 (cem mil reais), no caso de obras e serviços de engenharia ou de serviços de manutenção de veículos automotores;

▸ Dec. nº 12.343, de 30-12-2024, atualiza o valor constante neste inciso para R$ 125.451,15 (cento e vinte e cinco mil quatrocentos e cinquenta e um reais e quinze centavos).

II – para contratação que envolva valores inferiores a R$ 50.000,00 (cinquenta mil reais), no caso de outros serviços e compras;

▸ Dec. nº 12.343, de 30-12-2024, atualiza o valor constante neste inciso para R$ 62.725,59 (sessenta e dois mil setecentos e vinte e cinco reais e cinquenta e nove centavos).

III – para contratação que mantenha todas as condições definidas em edital de licitação realizada há menos de 1 (um) ano, quando se verificar que naquela licitação:

a) não surgiram licitantes interessados ou não foram apresentadas propostas válidas;
b) as propostas apresentadas consignaram preços manifestamente superiores aos praticados no mercado ou incompatíveis com os fixados pelos órgãos oficiais competentes;

IV – para contratação que tenha por objeto:

a) bens, componentes ou peças de origem nacional ou estrangeira necessários à manutenção de equipamentos, a serem adquiridos do fornecedor original desses equipamentos durante o período de garantia técnica, quando essa condição de exclusividade for indispensável para a vigência da garantia;
b) bens, serviços, alienações ou obras, nos termos de acordo internacional específico aprovado pelo Congresso Nacional, quando as condições ofertadas forem manifestamente vantajosas para a Administração;
c) produtos para pesquisa e desenvolvimento, limitada a contratação, no caso de obras e serviços de engenharia, ao valor de R$ 300.000,00 (trezentos mil reais);

▸ Dec. nº 12.343, de 30-12-2024, atualiza o valor constante nesta alínea para R$ 376.353,48 (trezentos e setenta e seis mil trezentos e cinquenta e três reais e quarenta e oito centavos).

d) transferência de tecnologia ou licenciamento de direito de uso ou de exploração de criação protegida, nas contratações realizadas por instituição científica, tecnológica e de inovação (ICT) pública ou por agência de fomento, desde que demonstrada vantagem para a Administração;
e) hortifrutigranjeiros, pães e outros gêneros perecíveis, no período necessário para a realização dos processos licitatórios correspondentes, hipótese em que a contratação será realizada diretamente com base no preço do dia;
f) bens ou serviços produzidos ou prestados no País que envolvam, cumulativamente, alta complexidade tecnológica e defesa nacional;
g) materiais de uso das Forças Armadas, com exceção de materiais de uso pessoal e administrativo, quando houver necessidade de manter a padronização requerida pela estrutura de apoio logístico dos meios navais, aéreos e terrestres, mediante autorização por ato do comandante da força militar;
h) bens e serviços para atendimento dos contingentes militares das forças singulares brasileiras empregadas em operações de paz no exterior, hipótese em que a contratação deverá ser justificada quanto ao preço e à escolha do fornecedor ou executante e ratificada pelo comandante da força militar;
i) abastecimento ou suprimento de efetivos militares em estada eventual de curta duração em portos, aeroportos ou localidades diferentes de suas sedes, por motivo de movimentação operacional ou de adestramento;
j) coleta, processamento e comercialização de resíduos sólidos urbanos recicláveis ou reutilizáveis, em áreas com sistema de coleta seletiva de lixo, realizados por associações ou cooperativas formadas exclusivamente de pessoas físicas de baixa renda reconhecidas pelo poder público como catadores de materiais recicláveis, com o uso de equipamentos compatíveis com as normas técnicas, ambientais e de saúde pública;
k) aquisição ou restauração de obras de arte e objetos históricos, de autenticidade certificada, desde que inerente às finalidades do órgão ou com elas compatível;
l) serviços especializados ou aquisição ou locação de equipamentos destinados ao rastreamento e à obtenção de provas previstas nos incisos II e V do *caput* do art. 3º da Lei nº 12.850, de 2 de agosto de 2013, quando houver necessidade justificada de manutenção de sigilo sobre a investigação;
m) aquisição de medicamentos destinados exclusivamente ao tratamento de doenças raras definidas pelo Ministério da Saúde;

V – para contratação com vistas ao cumprimento do disposto nos arts. 3º, 3º-A, 4º, 5º e 20 da Lei nº 10.973, de 2 de dezembro de 2004, observados os princípios gerais de contratação constantes da referida Lei;

VI – para contratação que possa acarretar comprometimento da segurança nacional, nos casos estabelecidos pelo Ministro de Estado da Defesa, mediante demanda dos comandos das Forças Armadas ou dos demais ministérios;

VII – nos casos de guerra, estado de defesa, estado de sítio, intervenção federal ou de grave perturbação da ordem;

VIII – nos casos de emergência ou de calamidade pública, quando caracterizada urgência de atendimento de situação que possa ocasionar prejuízo ou comprometer a continuidade dos serviços públicos ou a segurança de pessoas, obras, serviços, equipamentos e outros bens, públicos ou particulares, e somente para aquisição dos bens necessários ao atendimento da situação emergencial ou calamitosa e para as parcelas de obras e serviços que possam ser concluídas no prazo máximo de 1 (um) ano, contado da data de ocorrência da emergência ou da calamidade, vedadas a prorrogação dos respectivos contratos e a recontratação de empresa já contratada com base no disposto neste inciso;

▸ O STF, por unanimidade, julgou parcialmente procedente a ADI nº 6.890, para dar interpretação conforme à Constituição a este inciso (*DOU* de 16-9-2024).

IX – para a aquisição, por pessoa jurídica de direito público interno, de bens produzidos ou serviços prestados por órgão ou entidade que integrem a Administração Pública e que tenham sido criados para esse fim específico, desde que o preço contratado seja compatível com o praticado no mercado;

X – quando a União tiver que intervir no domínio econômico para regular preços ou normalizar o abastecimento;

XI – para celebração de contrato de programa com ente federativo ou com entidade de sua Administração Pública indireta que envolva prestação de serviços públicos de forma associada nos termos autorizados em contrato de consórcio público ou em convênio de cooperação;

XII – para contratação em que houver transferência de tecnologia de produtos estratégicos para o Sistema Único de Saúde (SUS), conforme elencados em ato da direção nacional do SUS, inclusive por ocasião da aquisição desses produtos durante as etapas de absorção tecnológica, e em valores compatíveis com aqueles definidos no instrumento firmado para a transferência de tecnologia;

XIII – para contratação de profissionais para compor a comissão de avaliação de critérios de técnica, quando se tratar de profissional técnico de notória especialização;

XIV – para contratação de associação de pessoas com deficiência, sem fins lucrativos e de comprovada idoneidade, por órgão ou entidade da Administração Pública, para a prestação de serviços, desde que o preço contratado seja compatível com o praticado no mercado e os serviços contratados sejam prestados exclusivamente por pessoas com deficiência;

XV – para contratação de instituição brasileira que tenha por finalidade estatutária apoiar, captar e executar atividades de ensino, pesquisa, extensão, desenvolvimento institucional, científico e tecnológico e estímulo à inovação, inclusive para gerir administrativa e financeiramente essas atividades, ou para contratação de instituição dedicada à recuperação social da pessoa presa, desde que o contratado tenha inquestionável reputação ética e profissional e não tenha fins lucrativos;

XVI – para aquisição, por pessoa jurídica de direito público interno, de insumos estratégicos para a saúde produzidos por fundação que, regimental ou estatutariamente, tenha por finalidade apoiar órgão da Administração Pública direta, sua autarquia ou fundação em projetos de ensino, pesquisa, extensão, desenvolvimento institucional, científico e tecnológico e de estímulo à inovação, inclusive na gestão administrativa e financeira necessária à execução desses projetos, ou em parcerias que envolvam transferência de tecnologia de produtos estratégicos para o SUS, nos termos do inciso XII deste *caput*, e que tenha sido criada para esse fim específico em data anterior à entrada em vigor desta Lei, desde que o preço contratado seja compatível com o praticado no mercado;

- Inciso XVI com a redação dada pela Lei nº 14.628, de 20-7-2023.

XVII – para contratação de entidades privadas sem fins lucrativos para a implementação de cisternas ou outras tecnologias sociais de acesso à água para consumo humano e produção de alimentos, a fim de beneficiar as famílias rurais de baixa renda atingidas pela seca ou pela falta regular de água; e

XVIII – para contratação de entidades privadas sem fins lucrativos, para a implementação do Programa Cozinha Solidária, que tem como finalidade fornecer alimentação gratuita preferencialmente à população em situação de vulnerabilidade e risco social, incluída a população em situação de rua, com vistas à promoção de política de segurança alimentar e nutricional e de assistência social e à efetivação de direitos sociais, dignidade humana, resgate social e melhoria da qualidade de vida.

- Incisos XVII e XVIII acrescidos pela Lei nº 14.628, de 20-7-2023.

§ 1º Para fins de aferição dos valores que atendam aos limites referidos nos incisos I e II do *caput* deste artigo, deverão ser observados:

I – o somatório do que for despendido no exercício financeiro pela respectiva unidade gestora;

II – o somatório da despesa realizada com objetos de mesma natureza, entendidos como tais aqueles relativos a contratações no mesmo ramo de atividade.

§ 2º Os valores referidos nos incisos I e II do *caput* deste artigo serão duplicados para compras, obras e serviços contratados por consórcio público ou por autarquia ou fundação qualificadas como agências executivas na forma da lei.

§ 3º As contratações de que tratam os incisos I e II do *caput* deste artigo serão preferencialmente precedidas de divulgação de aviso em sítio eletrônico oficial, pelo prazo mínimo de 3 (três) dias úteis, com a especificação do objeto pretendido e com a manifestação de interesse da Administração em obter propostas adicionais de eventuais interessados, devendo ser selecionada a proposta mais vantajosa.

§ 4º As contratações de que tratam os incisos I e II do *caput* deste artigo serão preferencialmente pagas por meio de cartão de pagamento, cujo extrato deverá ser divulgado e mantido à disposição do público no Portal Nacional de Contratações Públicas (PNCP).

§ 5º A dispensa prevista na alínea *c* do inciso IV do *caput* deste artigo, quando aplicada a obras e serviços de engenharia, seguirá procedimentos especiais instituídos em regulamentação específica.

§ 6º Para os fins do inciso VIII do *caput* deste artigo, considera-se emergencial a contratação por dispensa com objetivo de manter a continuidade do serviço público, e deverão ser observados os valores praticados pelo mercado na forma do art. 23 desta Lei e adotadas as providências necessárias para a conclusão do processo licitatório, sem prejuízo de apuração de responsabilidade dos agentes públicos que deram causa à situação emergencial.

§ 7º Não se aplica o disposto no § 1º deste artigo às contratações de até R$ 8.000,00 (oito mil reais) de serviços de manutenção de veículos automotores de propriedade do órgão ou entidade contratante, incluído o fornecimento de peças.

- Dec. nº 12.343, de 30-12-2024, atualiza o valor constante neste parágrafo para R$ 10.036,10 (dez mil trinta e seis reais e dez centavos).

CAPÍTULO IX
DAS ALIENAÇÕES

Art. 76. A alienação de bens da Administração Pública, subordinada à existência de interesse público devidamente justificado, será precedida de avaliação e obedecerá às seguintes normas:

I – tratando-se de bens imóveis, inclusive os pertencentes às autarquias e às fundações, exigirá autorização legislativa e dependerá de licitação na modalidade leilão, dispensada a realização de licitação nos casos de:

a) dação em pagamento;

b) doação, permitida exclusivamente para outro órgão ou entidade da Administração Pública, de qualquer esfera de governo, ressalvado o disposto nas alíneas *f*, *g* e *h* deste inciso;

c) permuta por outros imóveis que atendam aos requisitos relacionados às finalidades precípuas da Administração, desde que a diferença apurada não ultrapasse a metade do valor do imóvel que será ofertado pela União, segundo avaliação prévia, e ocorra a torna de valores, sempre que for o caso;

d) investidura;

e) venda a outro órgão ou entidade da Administração Pública de qualquer esfera de governo;

f) alienação gratuita ou onerosa, aforamento, concessão de direito real de uso, locação e permissão de uso de bens imóveis residenciais construídos, destinados ou efetivamente usados em programas de habitação ou de regularização fundiária de interesse social desenvolvidos por órgão ou entidade da Administração Pública;

g) alienação gratuita ou onerosa, aforamento, concessão de direito real de uso, locação e permissão de uso de bens imóveis comerciais de âmbito local, com área de até 250 m² (duzentos e cinquenta metros quadrados) e destinados a programas de regularização fundiária de interesse social desenvolvidos por órgão ou entidade da Administração Pública;

h) alienação e concessão de direito real de uso, gratuita ou onerosa, de terras públicas rurais da União e do Instituto Nacional de Colonização e Reforma Agrária (INCRA) onde incidam ocupações até o limite de que trata o § 1º do art. 6º da Lei nº 11.952, de 25 de junho de 2009, para fins de regularização fundiária, atendidos os requisitos legais;

i) legitimação de posse de que trata o art. 29 da Lei nº 6.383, de 7 de dezembro de 1976, mediante iniciativa e deliberação dos órgãos da Administração Pública competentes;

j) legitimação fundiária e legitimação de posse de que trata a Lei nº 13.465, de 11 de julho de 2017;

II – tratando-se de bens móveis, dependerá de licitação na modalidade leilão, dispensada a realização de licitação nos casos de:

a) doação, permitida exclusivamente para fins e uso de interesse social, após avaliação de oportunidade e conveniência socioeconômica em relação à escolha de outra forma de alienação;

b) permuta, permitida exclusivamente entre órgãos ou entidades da Administração Pública;

c) venda de ações, que poderão ser negociadas em bolsa, observada a legislação específica;

d) venda de títulos, observada a legislação pertinente;

e) venda de bens produzidos ou comercializados por entidades da Administração Pública, em virtude de suas finalidades;

f) venda de materiais e equipamentos sem utilização previsível por quem deles dispõe para outros órgãos ou entidades da Administração Pública.

§ 1º A alienação de bens imóveis da Administração Pública cuja aquisição tenha sido derivada de procedimentos judiciais ou de dação em pagamento dispensará autorização legislativa e exigirá apenas avaliação prévia e licitação na modalidade leilão.

§ 2º Os imóveis doados com base na alínea *b* do inciso I do *caput* deste artigo, cessadas as razões que justificaram sua doação, serão revertidos ao patrimônio da pessoa jurídica doadora, vedada sua alienação pelo beneficiário.

§ 3º A Administração poderá conceder título de propriedade ou de direito real de uso de imóvel, admitida a dispensa de licitação, quando o uso destinar-se a:

I – outro órgão ou entidade da Administração Pública, qualquer que seja a localização do imóvel;

II – pessoa natural que, nos termos de lei, regulamento ou ato normativo do órgão competente, haja implementado os requisitos mínimos de cultura, de ocupação mansa e pacífica e de exploração direta sobre área rural, observado o limite de que trata o § 1º do art. 6º da Lei nº 11.952, de 25 de junho de 2009.

§ 4º A aplicação do disposto no inciso II do § 3º deste artigo será dispensada de autorização legislativa e submeter-se-á aos seguintes condicionamentos:

I – aplicação exclusiva às áreas em que a detenção por particular seja comprovadamente anterior a 1º de dezembro de 2004;

II – submissão aos demais requisitos e impedimentos do regime legal e administrativo de destinação e de regularização fundiária de terras públicas;

III – vedação de concessão para exploração não contemplada na lei agrária, nas leis de destinação de terras públicas ou nas normas legais ou administrativas de zoneamento ecológico-econômico;

IV – previsão de extinção automática da concessão, dispensada notificação, em caso de declaração de utilidade pública, de necessidade pública ou de interesse social;

V – aplicação exclusiva a imóvel situado em zona rural e não sujeito a vedação, impedimento ou inconveniente à exploração mediante atividade agropecuária;

VI – limitação a áreas de que trata o § 1º do art. 6º da Lei nº 11.952, de 25 de junho de 2009, vedada a dispensa de licitação para áreas superiores;

VII – acúmulo com o quantitativo de área decorrente do caso previsto na alínea *i* do inciso I do *caput* deste artigo até o limite previsto no inciso VI deste parágrafo.

§ 5º Entende-se por investidura, para os fins desta Lei, a:

I – alienação, ao proprietário de imóvel lindeiro, de área remanescente ou resultante de obra pública que se tornar inaproveitável isoladamente, por preço que não seja inferior ao da avaliação nem superior a 50% (cinquenta por cento) do valor máximo permitido para dispensa de licitação de bens e serviços previsto nesta Lei;

II – alienação, ao legítimo possuidor direto ou, na falta dele, ao poder público, de imóvel para fins residenciais construído em núcleo urbano anexo a usina hidrelétrica, desde que considerado dispensável na fase de operação da usina e que não integre a categoria de bens reversíveis ao final da concessão.

§ 6º A doação com encargo será licitada e de seu instrumento constarão, obrigatoriamente, os encargos, o prazo de seu cumprimento e a cláusula de reversão, sob pena de nulidade do ato, dispensada a licitação em caso de interesse público devidamente justificado.

§ 7º Na hipótese do § 6º deste artigo, caso o donatário necessite oferecer o imóvel em garantia de financiamento, a cláusula de reversão e as demais obrigações serão garantidas por hipoteca em segundo grau em favor do doador.

Art. 77. Para a venda de bens imóveis, será concedido direito de preferência ao licitante que, submetendo-se a todas as regras do edital, comprove a ocupação do imóvel objeto da licitação.

CAPÍTULO X
DOS INSTRUMENTOS AUXILIARES

Seção I
DOS PROCEDIMENTOS AUXILIARES

Art. 78. São procedimentos auxiliares das licitações e das contratações regidas por esta Lei:

I – credenciamento;

II – pré-qualificação;

III – procedimento de manifestação de interesse;

IV – sistema de registro de preços;

V – registro cadastral.

§ 1º Os procedimentos auxiliares de que trata o *caput* deste artigo obedecerão a critérios claros e objetivos definidos em regulamento.

§ 2º O julgamento que decorrer dos procedimentos auxiliares das licitações previstos nos incisos II e III do *caput* deste artigo seguirá o mesmo procedimento das licitações.

Seção II
DO CREDENCIAMENTO

Art. 79. O credenciamento poderá ser usado nas seguintes hipóteses de contratação:

▶ Dec. nº 11.878, de 9-1-2024, regulamenta este artigo.

I – paralela e não excludente: caso em que é viável e vantajosa para a Administração a realização de contratações simultâneas em condições padronizadas;

II – com seleção a critério de terceiros: caso em que a seleção do contratado está a cargo do beneficiário direto da prestação;

III – em mercados fluidos: caso em que a flutuação constante do valor da prestação e das condições de contratação inviabiliza a seleção de agente por meio de processo de licitação.

Parágrafo único. Os procedimentos de credenciamento serão definidos em regulamento, observadas as seguintes regras:

I – a Administração deverá divulgar e manter à disposição do público, em sítio eletrônico oficial, edital de chamamento de interessados, de modo a permitir o cadastramento permanente de novos interessados;

II – na hipótese do inciso I do *caput* deste artigo, quando o objeto não permitir a contratação imediata e simultânea de todos os credenciados, deverão ser adotados critérios objetivos de distribuição da demanda;

III – o edital de chamamento de interessados deverá prever as condições padronizadas de contratação e, nas hipóteses dos incisos I e II do *caput* deste artigo, deverá definir o valor da contratação;

IV – na hipótese do inciso III do *caput* deste artigo, a Administração deverá registrar as cotações de mercado vigentes no momento da contratação;

V – não será permitido o cometimento a terceiros do objeto contratado sem autorização expressa da Administração;

VI – será admitida a denúncia por qualquer das partes nos prazos fixados no edital.

Seção III
DA PRÉ-QUALIFICAÇÃO

Art. 80. A pré-qualificação é o procedimento técnico-administrativo para selecionar previamente:

I – licitantes que reúnam condições de habilitação para participar de futura licitação ou de licitação vinculada a programas de obras ou de serviços objetivamente definidos;

II – bens que atendam às exigências técnicas ou de qualidade estabelecidas pela Administração.

§ 1º Na pré-qualificação observar-se-á o seguinte:

I – quando aberta a licitantes, poderão ser dispensados os documentos que já constarem do registro cadastral;

II – quando aberta a bens, poderá ser exigida a comprovação de qualidade.

§ 2º O procedimento de pré-qualificação ficará permanentemente aberto para a inscrição de interessados.

§ 3º Quanto ao procedimento de pré-qualificação, constarão do edital:

I – as informações mínimas necessárias para definição do objeto;

II – a modalidade, a forma da futura licitação e os critérios de julgamento.

§ 4º A apresentação de documentos far-se-á perante órgão ou comissão indicada pela Administração, que deverá examiná-los no prazo máximo de 10 (dez) dias úteis e determinar correção ou reapresentação de documentos, quando for o caso, com vistas à ampliação da competição.

§ 5º Os bens e os serviços pré-qualificados deverão integrar o catálogo de bens e serviços da Administração.

§ 6º A pré-qualificação poderá ser realizada em grupos ou segmentos, segundo as especialidades dos fornecedores.

§ 7º A pré-qualificação poderá ser parcial ou total, com alguns ou todos os requisitos técnicos ou de habilitação necessários à contratação, assegurada, em qualquer hipótese, a igualdade de condições entre os concorrentes.

§ 8º Quanto ao prazo, a pré-qualificação terá validade:

I – de 1 (um) ano, no máximo, e poderá ser atualizada a qualquer tempo;

II – não superior ao prazo de validade dos documentos apresentados pelos interessados.

§ 9º Os licitantes e os bens pré-qualificados serão obrigatoriamente divulgados e mantidos à disposição do público.

§ 10. A licitação que se seguir ao procedimento da pré-qualificação poderá ser restrita a licitantes ou bens pré-qualificados.

Seção IV

DO PROCEDIMENTO DE MANIFESTAÇÃO DE INTERESSE

Art. 81. A Administração poderá solicitar à iniciativa privada, mediante procedimento aberto de manifestação de interesse a ser iniciado com a publicação de edital de chamamento público, a propositura e a realização de estudos, investigações, levantamentos e projetos de soluções inovadoras que contribuam com questões de relevância pública, na forma de regulamento.

§ 1º Os estudos, as investigações, os levantamentos e os projetos vinculados à contratação e de utilidade para a licitação, realizados pela Administração ou com a sua autorização, estarão à disposição dos interessados, e o vencedor da licitação deverá ressarcir os dispêndios correspondentes, conforme especificado no edital.

§ 2º A realização, pela iniciativa privada, de estudos, investigações, levantamentos e projetos em decorrência do procedimento de manifestação de interesse previsto no *caput* deste artigo:

I – não atribuirá ao realizador direito de preferência no processo licitatório;

II – não obrigará o poder público a realizar licitação;

III – não implicará, por si só, direito a ressarcimento de valores envolvidos em sua elaboração;

IV – será remunerada somente pelo vencedor da licitação, vedada, em qualquer hipótese, a cobrança de valores do poder público.

§ 3º Para aceitação dos produtos e serviços de que trata o *caput* deste artigo, a Administração deverá elaborar parecer fundamentado com a demonstração de que o produto ou serviço entregue é adequado e suficiente à compreensão do objeto, de que as premissas adotadas são compatíveis com as reais necessidades do órgão e de que a metodologia proposta é a que propicia maior economia e vantagem entre as demais possíveis.

§ 4º O procedimento previsto no *caput* deste artigo poderá ser restrito a *startups*, assim considerados os microempreendedores individuais, as microempresas e as empresas de pequeno porte, de natureza emergente e com grande potencial, que se dediquem à pesquisa, ao desenvolvimento e à implementação de novos produtos ou serviços baseados em soluções tecnológicas inovadoras que possam causar alto impacto, exigida, na seleção definitiva da inovação, validação prévia fundamentada em métricas objetivas, de modo a demonstrar o atendimento das necessidades da Administração.

Seção V

DO SISTEMA DE REGISTRO DE PREÇOS

▸ Dec. nº 11.462, de 31-3-2023, regulamenta os arts. 82 a 86 desta Lei.

Art. 82. O edital de licitação para registro de preços observará as regras gerais desta Lei e deverá dispor sobre:

I – as especificidades da licitação e de seu objeto, inclusive a quantidade máxima de cada item que poderá ser adquirida;

II – a quantidade mínima a ser cotada de unidades de bens ou, no caso de serviços, de unidades de medida;

III – a possibilidade de prever preços diferentes:

a) quando o objeto for realizado ou entregue em locais diferentes;

b) em razão da forma e do local de acondicionamento;

c) quando admitida cotação variável em razão do tamanho do lote;

d) por outros motivos justificados no processo;

IV – a possibilidade de o licitante oferecer ou não proposta em quantitativo inferior ao máximo previsto no edital, obrigando-se nos limites dela;

V – o critério de julgamento da licitação, que será o de menor preço ou o de maior desconto sobre tabela de preços praticada no mercado;

VI – as condições para alteração de preços registrados;

VII – o registro de mais de um fornecedor ou prestador de serviço, desde que aceitem cotar o objeto em preço igual ao do licitante vencedor, assegurada a preferência de contratação de acordo com a ordem de classificação;

VIII – a vedação à participação do órgão ou entidade em mais de uma ata de registro de preços com o mesmo objeto no prazo de validade daquela de que já tiver participado, salvo na ocorrência de ata que tenha registrado quantitativo inferior ao máximo previsto no edital;

IX – as hipóteses de cancelamento da ata de registro de preços e suas consequências.

§ 1º O critério de julgamento de menor preço por grupo de itens somente poderá ser adotado quando for demonstrada a inviabilidade de se promover a adjudicação por item e for evidenciada a sua vantagem técnica e econômica, e o critério de aceitabilidade de preços unitários máximos deverá ser indicado no edital.

§ 2º Na hipótese de que trata o § 1º deste artigo, observados os parâmetros estabelecidos nos §§ 1º, 2º e 3º do art. 23 desta Lei, a contratação posterior de item específico constante de grupo de itens exigirá prévia pesquisa de mercado e demonstração de sua vantagem para o órgão ou entidade.

§ 3º É permitido registro de preços com indicação limitada a unidades de contratação, sem indicação do total a ser adquirido, apenas nas seguintes situações:

I – quando for a primeira licitação para o objeto e o órgão ou entidade não tiver registro de demandas anteriores;

II – no caso de alimento perecível;

III – no caso em que o serviço estiver integrado ao fornecimento de bens.

§ 4º Nas situações referidas no § 3º deste artigo, é obrigatória a indicação do valor máximo da despesa e é vedada a participação de outro órgão ou entidade na ata.

§ 5º O sistema de registro de preços poderá ser usado para a contratação de bens e serviços, inclusive de obras e serviços de engenharia, observadas as seguintes condições:

I – realização prévia de ampla pesquisa de mercado;

II – seleção de acordo com os procedimentos previstos em regulamento;

III – desenvolvimento obrigatório de rotina de controle;

IV – atualização periódica dos preços registrados;

V – definição do período de validade do registro de preços;

VI – inclusão, em ata de registro de preços, do licitante que aceitar cotar os bens ou serviços em preços iguais aos do licitante vencedor na sequência de classificação da licitação e inclusão do licitante que mantiver sua proposta original.

§ 6º O sistema de registro de preços poderá, na forma de regulamento, ser utilizado nas hipóteses de inexigibilidade e de dispensa de licitação para a aquisição de bens ou para a contratação de serviços por mais de um órgão ou entidade.

Art. 83. A existência de preços registrados implicará compromisso de fornecimento nas condições estabelecidas, mas não obrigará a Administração a contratar, facultada a realização de licitação específica para a aquisição pretendida, desde que devidamente motivada.

Art. 84. O prazo de vigência da ata de registro de preços será de 1 (um) ano e poderá ser prorrogado, por igual período, desde que comprovado o preço vantajoso.

Parágrafo único. O contrato decorrente da ata de registro de preços terá sua vigência estabelecida em conformidade com as disposições nela contidas.

Art. 85. A Administração poderá contratar a execução de obras e serviços de engenharia pelo sistema de registro de preços, desde que atendidos os seguintes requisitos:

I – existência de projeto padronizado, sem complexidade técnica e operacional;

II – necessidade permanente ou frequente de obra ou serviço a ser contratado.

Art. 86. O órgão ou entidade gerenciadora deverá, na fase preparatória do processo licitatório, para fins de registro de preços, realizar procedimento público de intenção de registro de preços para, nos termos de regulamento, possibilitar, pelo prazo mínimo de 8 (oito) dias úteis, a participação de outros órgãos ou entidades na respectiva ata e determinar a estimativa total de quantidades da contratação.

§ 1º O procedimento previsto no *caput* deste artigo será dispensável quando o órgão ou entidade gerenciadora for o único contratante.

§ 2º Se não participarem do procedimento previsto no *caput* deste artigo, os órgãos e entidades poderão aderir à ata de registro de preços na condição de não participantes, observados os seguintes requisitos:

I – apresentação de justificativa da vantagem da adesão, inclusive em situações de provável desabastecimento ou descontinuidade de serviço público;

II – demonstração de que os valores registrados estão compatíveis com os valores praticados pelo mercado na forma do art. 23 desta Lei;

III – prévias consulta e aceitação do órgão ou entidade gerenciadora e do fornecedor.

§ 3º A faculdade de aderir à ata de registro de preços na condição de não participante poderá ser exercida:

▸ *Caput* do § 3º com a redação dada pela Lei nº 14.770, de 22-12-2023.

I – por órgãos e entidades da Administração Pública federal, estadual, distrital e municipal, relativamente a ata de registro de preços de órgão ou entidade gerenciadora federal, estadual ou distrital; ou

II – por órgãos e entidades da Administração Pública municipal, relativamente a ata de registro de preços de órgão ou entidade gerenciadora municipal, desde que o sistema de registro de preços tenha sido formalizado mediante licitação.

▸ Incisos I e II acrescidos pela Lei nº 14.770, de 22-12-2023.

§ 4º As aquisições ou as contratações adicionais a que se refere o § 2º deste artigo não poderão exceder, por órgão ou entidade, a 50% (cinquenta por cento) dos quantitativos dos itens do instrumento convocatório registrados na ata de registro de preços para o órgão gerenciador e para os órgãos participantes.

§ 5º O quantitativo decorrente das adesões à ata de registro de preços a que se refere o § 2º deste artigo não poderá exceder, na totalidade, ao dobro do quantitativo de cada item registrado na ata de registro de preços para o órgão gerenciador e órgãos participantes, independentemente do número de órgãos não participantes que aderirem.

§ 6º A adesão à ata de registro de preços de órgão ou entidade gerenciadora do Poder Executivo federal por órgãos e entidades da Administração Pública estadual, distrital e municipal poderá ser exigida para fins de transferências voluntárias, não ficando sujeita ao limite de que trata o § 5º deste artigo se destinada à execução descentralizada de programa ou projeto federal e comprovada a compatibilidade dos preços registrados com os valores praticados no mercado na forma do art. 23 desta Lei.

§ 7º Para aquisição emergencial de medicamentos e material de consumo médico-hospitalar por órgãos e entidades da Administração Pública federal, estadual, distrital e municipal, a adesão à ata de registro de preços gerenciada pelo Ministério da Saúde não estará sujeita ao limite de que trata o § 5º deste artigo.

§ 8º Será vedada aos órgãos e entidades da Administração Pública federal a adesão à ata de registro de preços gerenciada por órgão ou entidade estadual, distrital ou municipal.

Seção VI
DO REGISTRO CADASTRAL

Art. 87. Para os fins desta Lei, os órgãos e entidades da Administração Pública deverão utilizar o sistema de registro cadastral unificado disponível no Portal Nacional de Contratações Públicas (PNCP), para efeito de cadastro unificado de licitantes, na forma disposta em regulamento.

§ 1º O sistema de registro cadastral unificado será público e deverá ser amplamente divulgado e estar permanentemente aberto aos interessados, e será obrigatória a realização de chamamento público pela internet, no mínimo anualmente, para atualização dos registros existentes e para ingresso de novos interessados.

§ 2º É proibida a exigência, pelo órgão ou entidade licitante, de registro cadastral complementar para acesso a edital e anexos.

§ 3º A Administração poderá realizar licitação restrita a fornecedores cadastrados, atendidos os critérios, as condições e os limites estabelecidos em regulamento, bem como a ampla publicidade dos procedimentos para o cadastramento.

§ 4º Na hipótese a que se refere o § 3º deste artigo, será admitido fornecedor que realize seu cadastro dentro do prazo previsto no edital para apresentação de propostas.

Art. 88. Ao requerer, a qualquer tempo, inscrição no cadastro ou a sua atualização, o interessado fornecerá os elementos necessários exigidos para habilitação previstos nesta Lei.

§ 1º O inscrito, considerada sua área de atuação, será classificado por categorias, subdivididas em grupos, segundo a qualificação técnica e econômico-financeira avaliada, de acordo com regras objetivas divulgadas em sítio eletrônico oficial.

§ 2º Ao inscrito será fornecido certificado, renovável sempre que atualizar o registro.

§ 3º A atuação do contratado no cumprimento de obrigações assumidas será avaliada pelo contratante, que emitirá documento comprobatório da avaliação realizada, com menção ao seu desempenho na execução contratual, baseado em indicadores objetivamente definidos e aferidos, e a eventuais penalidades aplicadas, o que constará do registro cadastral em que a inscrição for realizada.

§ 4º A anotação do cumprimento de obrigações pelo contratado, de que trata o § 3º deste artigo, será condicionada à implantação e à regulamentação do cadastro de atesto de cumprimento de obrigações, apto à realização do registro de forma objetiva, em atendimento aos princípios da impessoalidade, da igualdade, da isonomia, da publicidade e da transparência, de modo a possibilitar a implementação de medidas de incentivo aos licitantes que possuírem ótimo desempenho anotado em seu registro cadastral.

§ 5º A qualquer tempo poderá ser alterado, suspenso ou cancelado o registro de inscrito que deixar de satisfazer exigências determinadas por esta Lei ou por regulamento.

§ 6º O interessado que requerer o cadastro na forma do *caput* deste artigo poderá participar de processo licitatório até a decisão da Administração, e a celebração do contrato ficará condicionada à emissão do certificado referido no § 2º deste artigo.

TÍTULO III – DOS CONTRATOS ADMINISTRATIVOS

CAPÍTULO I
DA FORMALIZAÇÃO DOS CONTRATOS

Art. 89. Os contratos de que trata esta Lei regular-se-ão pelas suas cláusulas e pelos preceitos de direito público, e a eles serão aplicados, supletivamente, os princípios da teoria geral dos contratos e as disposições de direito privado.

§ 1º Todo contrato deverá mencionar os nomes das partes e os de seus representantes, a finalidade, o ato que autorizou sua lavratura, o número do processo da licitação ou da contratação direta e a sujeição dos contratantes às normas desta Lei e às cláusulas contratuais.

§ 2º Os contratos deverão estabelecer com clareza e precisão as condições para sua execução, expressas em cláusulas que definam os direitos, as obrigações e as responsabilidades das partes, em conformidade com os termos do edital de licitação e os da proposta vencedora ou com os termos do ato que autorizou a contratação direta e os da respectiva proposta.

Art. 90. A Administração convocará regularmente o licitante vencedor para assinar o termo de contrato ou para aceitar ou retirar o instrumento equivalente, dentro do prazo e nas condições estabelecidas no edital de licitação, sob pena de decair o direito à contratação, sem prejuízo das sanções previstas nesta Lei.

§ 1º O prazo de convocação poderá ser prorrogado 1 (uma) vez, por igual período, mediante solicitação da parte durante seu transcurso, devidamente justificada, e desde que o motivo apresentado seja aceito pela Administração.

§ 2º Será facultado à Administração, quando o convocado não assinar o termo de contrato ou não aceitar ou não retirar o instrumento equivalente no prazo e nas condições estabelecidas, convocar os licitantes remanescentes, na ordem de classificação, para a celebração do contrato nas condições propostas pelo licitante vencedor.

§ 3º Decorrido o prazo de validade da proposta indicado no edital sem convocação para a contratação, ficarão os licitantes liberados dos compromissos assumidos.

§ 4º Na hipótese de nenhum dos licitantes aceitar a contratação nos termos do § 2º deste artigo, a Administração, observados o valor estimado e sua eventual atualização nos termos do edital, poderá:

I – convocar os licitantes remanescentes para negociação, na ordem de classificação, com vistas à obtenção de preço melhor, mesmo que acima do preço do adjudicatário;

II – adjudicar e celebrar o contrato nas condições ofertadas pelos licitantes remanescentes, atendida a ordem classificatória, quando frustrada a negociação de melhor condição.

§ 5º A recusa injustificada do adjudicatário em assinar o contrato ou em aceitar ou retirar o instrumento equivalente no prazo estabelecido pela Administração caracterizará o descumprimento total da obrigação assumida e o sujeitará às penalidades legalmente estabelecidas e à imediata perda da garantia de proposta em favor do órgão ou entidade licitante.

§ 6º A regra do § 5º não se aplicará aos licitantes remanescentes convocados na forma do inciso I do § 4º deste artigo.

§ 7º Será facultada à Administração a convocação dos demais licitantes classificados para a contratação de remanescente de obra, de serviço ou de fornecimento em consequência de rescisão contratual, observados os mesmos critérios estabelecidos nos §§ 2º e 4º deste artigo.

§ 8º *Na situação de que trata o § 7º deste artigo, é autorizado o aproveitamento, em favor da nova contratada, de eventual saldo a liquidar inscrito em despesas empenhadas ou em restos a pagar não processados.*

§ 9º *Se frustradas as providências dos §§ 2º e 4º, o saldo de que trata o § 8º deste artigo poderá ser computado como efetiva disponibilidade para nova licitação, desde que identificada vantajosidade para a administração pública e mantido o objeto programado.*

▸ §§ 8º e 9º acrescidos pela Lei nº 14.770, de 22-12-2023, promulgados nos termos do art. 66, § 5º, da CF (*DOU* de 22-5-2024).

Art. 91. Os contratos e seus aditamentos terão forma escrita e serão juntados ao processo que tiver dado origem à contratação, divulgados e mantidos à disposição do público em sítio eletrônico oficial.

§ 1º Será admitida a manutenção em sigilo de contratos e de termos aditivos quando imprescindível à segurança da sociedade e do Estado, nos termos da legislação que regula o acesso à informação.

§ 2º Contratos relativos a direitos reais sobre imóveis serão formalizados por escritura pública lavrada em notas de tabelião, cujo teor deverá ser divulgado e mantido à disposição do público em sítio eletrônico oficial.

§ 3º Será admitida a forma eletrônica na celebração de contratos e de termos aditivos, atendidas as exigências previstas em regulamento.

§ 4º Antes de formalizar ou prorrogar o prazo de vigência do contrato, a Administração deverá verificar a regularidade fiscal do contratado, consultar o Cadastro Nacional de Empresas Inidôneas e Suspensas (CEIS) e o Cadastro Nacional de Empresas Punidas (CNEP), emitir as certidões negativas de inidoneidade, de impedimento e de débitos trabalhistas e juntá-las ao respectivo processo.

Art. 92. São necessárias em todo contrato cláusulas que estabeleçam:

I – o objeto e seus elementos característicos;

II – a vinculação ao edital de licitação e à proposta do licitante vencedor ou ao ato que tiver autorizado a contratação direta e à respectiva proposta;

III – a legislação aplicável à execução do contrato, inclusive quanto aos casos omissos;

IV – o regime de execução ou a forma de fornecimento;

V – o preço e as condições de pagamento, os critérios, a data-base e a periodicidade do reajustamento de preços e os critérios de atualização monetária entre a data do adimplemento das obrigações e a do efetivo pagamento;

VI – os critérios e a periodicidade da medição, quando for o caso, e o prazo para liquidação e para pagamento;

▸ A alteração que seria inserida pela neste inciso pela Lei nº 14.770, de 22-12-2023, foi vetada, razão pela qual mantivemos sua redação.

VII – os prazos de início das etapas de execução, conclusão, entrega, observação e recebimento definitivo, quando for o caso;

VIII – o crédito pelo qual correrá a despesa, com a indicação da classificação funcional programática e da categoria econômica;

IX – a matriz de risco, quando for o caso;

X – o prazo para resposta ao pedido de repactuação de preços, quando for o caso;

XI – o prazo para resposta ao pedido de restabelecimento do equilíbrio econômico-financeiro, quando for o caso;

XII – as garantias oferecidas para assegurar sua plena execução, quando exigidas, inclusive as que forem oferecidas pelo contratado no caso de antecipação de valores a título de pagamento;

XIII – o prazo de garantia mínima do objeto, observados os prazos mínimos estabelecidos nesta Lei e nas normas técnicas aplicáveis, e as condições de manutenção e assistência técnica, quando for o caso;

XIV – os direitos e as responsabilidades das partes, as penalidades cabíveis e os valores das multas e suas bases de cálculo;

XV – as condições de importação e a data e a taxa de câmbio para conversão, quando for o caso;

XVI – a obrigação do contratado de manter, durante toda a execução do contrato, em compatibilidade com as obrigações por ele assumidas, todas as condições exigidas para a habilitação na licitação, ou para a qualificação, na contratação direta;

XVII – a obrigação de o contratado cumprir as exigências de reserva de cargos prevista em lei, bem como em outras normas específicas, para pessoa com deficiência, para reabilitado da Previdência Social e para aprendiz;

XVIII – o modelo de gestão do contrato, observados os requisitos definidos em regulamento;

XIX – os casos de extinção.

§ 1º Os contratos celebrados pela Administração Pública com pessoas físicas ou jurídicas, inclusive as domiciliadas no exterior, deverão conter cláusula que declare competente o foro da sede da Administração para dirimir qualquer questão contratual, ressalvadas as seguintes hipóteses:

I – licitação internacional para a aquisição de bens e serviços cujo pagamento seja feito com o produto de financiamento concedido por organismo financeiro internacional de que o Brasil faça parte ou por agência estrangeira de cooperação;

II – contratação com empresa estrangeira para a compra de equipamentos fabricados e entregues no exterior precedida de autorização do Chefe do Poder Executivo;

III – aquisição de bens e serviços realizada por unidades administrativas com sede no exterior.

§ 2º De acordo com as peculiaridades de seu objeto e de seu regime de execução, o contrato conterá cláusula que preveja período antecedente à expedição da ordem de serviço para verificação de pendências, liberação de áreas ou adoção de outras providências cabíveis para a regularidade do início de sua execução.

§ 3º Independentemente do prazo de duração, o contrato deverá conter cláusula que estabeleça o índice de reajustamento de preço, com data-base vinculada à data do orçamento estimado, e poderá ser estabelecido mais de um índice específico ou setorial, em conformidade com a realidade de mercado dos respectivos insumos.

§ 4º Nos contratos de serviços contínuos, observado o interregno mínimo de 1 (um) ano, o critério de reajustamento de preços será por:

I – reajustamento em sentido estrito, quando não houver regime de dedicação exclusiva de mão de obra ou predominância de mão de obra, mediante previsão de índices específicos ou setoriais;

II – repactuação, quando houver regime de dedicação exclusiva de mão de obra ou predominância de mão de obra, mediante demonstração analítica da variação dos custos.

§ 5º Nos contratos de obras e serviços de engenharia, sempre que compatível com o regime de execução, a medição será mensal.

§ 6º Nos contratos para serviços contínuos com regime de dedicação exclusiva de mão de obra ou com predominância de mão de obra, o prazo para resposta ao pedido de repactuação de preços será preferencialmente de 1 (um) mês, contado da data do fornecimento da documentação prevista no § 6º do art. 135 desta Lei.

§ 7º Para efeito do disposto nesta Lei, considera-se como adimplemento da obrigação contratual a prestação do serviço, a realização da obra ou a entrega do bem, ou parcela destes, bem como qualquer outro evento contratual a cuja ocorrência esteja vinculada a emissão de documento de cobrança.

▸ § 7º acrescido pela Lei nº 14.770, de 22-12-2023.

Art. 93. Nas contratações de projetos ou de serviços técnicos especializados, inclusive daqueles que contemplem o desenvolvimento de programas e aplicações de internet para computadores, máquinas, equipamentos e dispositivos de tratamento e de comunicação da informação (*software*) – e a respectiva documentação técnica associada –, o autor deverá ceder todos os direitos patrimoniais a eles relativos para a Administração Pública, hipótese em que poderão ser livremente utilizados e alterados por ela em outras ocasiões, sem necessidade de nova autorização de seu autor.

§ 1º Quando o projeto se referir a obra imaterial de caráter tecnológico, insuscetível de privilégio, a cessão dos direitos a que se refere o *caput* deste artigo incluirá o fornecimento de todos os dados, documentos e elementos de informação pertinentes à tecnologia de concepção, desenvolvimento, fixação em suporte físico de qualquer natureza e aplicação da obra.

§ 2º É facultado à Administração Pública deixar de exigir a cessão de direitos a que se refere o *caput* deste artigo quando o objeto da contratação envolver atividade de pesquisa e desenvolvimento de caráter científico, tecnológico ou de inovação, considerados os princípios e os mecanismos instituídos pela Lei nº 10.973, de 2 de dezembro de 2004.

§ 3º Na hipótese de posterior alteração do projeto pela Administração Pública, o autor deverá ser comunicado, e os registros serão promovidos nos órgãos ou entidades competentes.

Art. 94. A divulgação no Portal Nacional de Contratações Públicas (PNCP) é condição indispensável para a eficácia do contrato e de seus aditamentos e deverá ocorrer nos seguintes prazos, contados da data de sua assinatura:

I – 20 (vinte) dias úteis, no caso de licitação;

II – 10 (dez) dias úteis, no caso de contratação direta.

§ 1º Os contratos celebrados em caso de urgência terão eficácia a partir de sua assinatura e deverão ser publicados nos prazos previstos nos incisos I e II do *caput* deste artigo, sob pena de nulidade.

§ 2º A divulgação de que trata o *caput* deste artigo, quando referente à contratação de profissional do setor artístico por inexigibilidade, deverá identificar os custos do cachê do artista, dos músicos ou da banda, quando houver, do transporte, da hospedagem, da infraestrutura, da logística do evento e das demais despesas específicas.

§ 3º No caso de obras, a Administração divulgará em sítio eletrônico oficial, em até 25 (vinte e cinco) dias úteis após a assinatura do contrato, os quantitativos e os preços unitários e totais que contratar e, em até 45 (quarenta e cinco) dias úteis após a conclusão do contrato, os quantitativos executados e os preços praticados.

§§ 4º e 5º VETADOS.

Art. 95. O instrumento de contrato é obrigatório, salvo nas seguintes hipóteses, em que a Administração poderá substituí-lo por outro instrumento hábil, como carta-contrato, nota de empenho de despesa, autorização de compra ou ordem de execução de serviço:

I – dispensa de licitação em razão de valor;

II – compras com entrega imediata e integral dos bens adquiridos e dos quais não resultem obrigações futuras, inclusive quanto a assistência técnica, independentemente de seu valor.

§ 1º Às hipóteses de substituição do instrumento de contrato, aplica-se, no que couber, o disposto no art. 92 desta Lei.

§ 2º É nulo e de nenhum efeito o contrato verbal com a Administração, salvo o de pequenas compras ou o de prestação de serviços de pronto pagamento, assim entendidos aqueles de valor não superior a R$ 10.000,00 (dez mil reais).

▸ Dec. nº 12.343, de 30-12-2024, atualiza o valor constante neste parágrafo para R$ 12.545,11 (doze mil quinhentos e quarenta e cinco reais e onze centavos).

CAPÍTULO II
DAS GARANTIAS

Art. 96. A critério da autoridade competente, em cada caso, poderá ser exigida, mediante previsão no edital, prestação de garantia nas contratações de obras, serviços e fornecimentos.

§ 1º Caberá ao contratado optar por uma das seguintes modalidades de garantia:

I – caução em dinheiro ou em títulos da dívida pública emitidos sob a forma escritural, mediante registro em sistema centralizado de liquidação e de custódia autorizado pelo Banco Central do Brasil, e avaliados por seus valores econômicos, conforme definido pelo Ministério da Economia;

II – seguro-garantia;

III – fiança bancária emitida por banco ou instituição financeira devidamente autorizada a operar no País pelo Banco Central do Brasil;

IV – título de capitalização custeado por pagamento único, com resgate pelo valor total.

▸ Inciso IV acrescido pela Lei nº 14.770, de 22-12-2023.

§ 2º Na hipótese de suspensão do contrato por ordem ou inadimplemento da Administração, o contratado ficará desobrigado de renovar a garantia ou de endossar a apólice de seguro até a ordem de reinício da execução ou o adimplemento pela Administração.

§ 3º O edital fixará prazo mínimo de 1 (um) mês, contado da data de homologação da licitação e anterior à assinatura do contrato, para a prestação da garantia pelo contratado quando optar pela modalidade prevista no inciso II do § 1º deste artigo.

Art. 97. O seguro-garantia tem por objetivo garantir o fiel cumprimento das obrigações assumidas pelo contratado perante a Administração, inclusive as multas, os prejuízos e as indenizações decorrentes de inadimplemento, observadas as seguintes regras nas contratações regidas por esta Lei:

I – o prazo de vigência da apólice será igual ou superior ao prazo estabelecido no contrato principal e deverá acompanhar as modificações referentes à vigência deste mediante a emissão do respectivo endosso pela seguradora;

II – o seguro-garantia continuará em vigor mesmo se o contratado não tiver pago o prêmio nas datas convencionadas.

Parágrafo único. Nos contratos de execução continuada ou de fornecimento contínuo de bens e serviços, será permitida a substituição da apólice de seguro-garantia na data de renovação ou de aniversário, desde que mantidas as mesmas condições e coberturas da apólice vigente e desde que nenhum período fique descoberto, ressalvado o disposto no § 2º do art. 96 desta Lei.

Art. 98. Nas contratações de obras, serviços e fornecimentos, a garantia poderá ser de até 5% (cinco por cento) do valor inicial do contrato, autorizada a majoração desse percentual para até 10% (dez por cento), desde que justificada mediante análise da complexidade técnica e dos riscos envolvidos.

Parágrafo único. Nas contratações de serviços e fornecimentos contínuos com vigência superior a 1 (um) ano, assim como nas subsequentes prorrogações, será utilizado o valor anual do contrato para definição e aplicação dos percentuais previstos no *caput* deste artigo.

Art. 99. Nas contratações de obras e serviços de engenharia de grande vulto, poderá ser exigida a prestação de garantia, na modalidade seguro-garantia, com cláusula de retomada prevista no art. 102 desta Lei, em percentual equivalente a até 30% (trinta por cento) do valor inicial do contrato.

Art. 100. A garantia prestada pelo contratado será liberada ou restituída após a fiel execução do contrato ou após a sua extinção por culpa exclusiva da Administração e, quando em dinheiro, atualizada monetariamente.

Art. 101. Nos casos de contratos que impliquem a entrega de bens pela Administração, dos quais o contratado ficará depositário, o valor desses bens deverá ser acrescido ao valor da garantia.

Art. 102. Na contratação de obras e serviços de engenharia, o edital poderá exigir a prestação da garantia na modalidade seguro-garantia e prever a obrigação de a seguradora, em caso de inadimplemento pelo contratado, assumir a execução e concluir o objeto do contrato, hipótese em que:

I – a seguradora deverá firmar o contrato, inclusive os aditivos, como interveniente anuente e poderá:

a) ter livre acesso às instalações em que for executado o contrato principal;

b) acompanhar a execução do contrato principal;

c) ter acesso a auditoria técnica e contábil;

d) requerer esclarecimentos ao responsável técnico pela obra ou pelo fornecimento;

II – a emissão de empenho em nome da seguradora, ou a quem ela indicar para a conclusão do contrato, será autorizada desde que demonstrada sua regularidade fiscal;

III – a seguradora poderá subcontratar a conclusão do contrato, total ou parcialmente.

Parágrafo único. Na hipótese de inadimplemento do contratado, serão observadas as seguintes disposições:

I – caso a seguradora execute e conclua o objeto do contrato, estará isenta da obrigação de pagar a importância segurada indicada na apólice;

II – caso a seguradora não assuma a execução do contrato, pagará a integralidade da importância segurada indicada na apólice.

CAPÍTULO III
DA ALOCAÇÃO DE RISCOS

Art. 103. O contrato poderá identificar os riscos contratuais previstos e presumíveis e prever matriz de alocação de riscos, alocando-os entre contratante e contratado, mediante indicação daqueles a serem assumidos pelo setor público ou pelo setor privado ou daqueles a serem compartilhados.

§ 1º A alocação de riscos de que trata o *caput* deste artigo considerará, em compatibilidade com as obrigações e os encargos atribuídos às partes no contrato, a natureza do risco, o beneficiário das prestações a que se vincula e a capacidade de cada setor para melhor gerenciá-lo.

§ 2º Os riscos que tenham cobertura oferecida por seguradoras serão preferencialmente transferidos ao contratado.

§ 3º A alocação dos riscos contratuais será quantificada para fins de projeção dos reflexos de seus custos no valor estimado da contratação.

§ 4º A matriz de alocação de riscos definirá o equilíbrio econômico-financeiro inicial do contrato em relação a eventos supervenientes e deverá ser observada na solução de eventuais pleitos das partes.

§ 5º Sempre que atendidas as condições do contrato e da matriz de alocação de riscos, será considerado mantido o equilíbrio econômico-financeiro, renunciando as partes aos pedidos de restabelecimento do equilíbrio relacionados aos riscos assumidos, exceto no que se refere:

I – às alterações unilaterais determinadas pela Administração, nas hipóteses do inciso I do *caput* do art. 124 desta Lei;

II – ao aumento ou à redução, por legislação superveniente, dos tributos diretamente pagos pelo contratado em decorrência do contrato.

§ 6º Na alocação de que trata o *caput* deste artigo, poderão ser adotados métodos e padrões usualmente utilizados por entidades públicas e privadas, e os ministérios e secretarias supervisores dos órgãos e das entidades da Administração Pública poderão definir os parâmetros e o detalhamento dos procedimentos necessários a sua identificação, alocação e quantificação financeira.

CAPÍTULO IV
DAS PRERROGATIVAS DA ADMINISTRAÇÃO

Art. 104. O regime jurídico dos contratos instituído por esta Lei confere à Administração, em relação a eles, as prerrogativas de:

I – modificá-los, unilateralmente, para melhor adequação às finalidades de interesse público, respeitados os direitos do contratado;

II – extingui-los, unilateralmente, nos casos especificados nesta Lei;

III – fiscalizar sua execução;

IV – aplicar sanções motivadas pela inexecução total ou parcial do ajuste;

V – ocupar provisoriamente bens móveis e imóveis e utilizar pessoal e serviços vinculados ao objeto do contrato nas hipóteses de:

a) risco à prestação de serviços essenciais;

b) necessidade de acautelar apuração administrativa de faltas contratuais pelo contratado, inclusive após extinção do contrato.

§ 1º As cláusulas econômico-financeiras e monetárias dos contratos não poderão ser alteradas sem prévia concordância do contratado.

§ 2º Na hipótese prevista no inciso I do *caput* deste artigo, as cláusulas econômico-financeiras do contrato deverão ser revistas para que se mantenha o equilíbrio contratual.

CAPÍTULO V
DA DURAÇÃO DOS CONTRATOS

Art. 105. A duração dos contratos regidos por esta Lei será a prevista em edital, e deverão ser observadas, no momento da contratação e a cada exercício financeiro, a disponibilidade de créditos orçamentários, bem como a previsão no plano plurianual, quando ultrapassar 1 (um) exercício financeiro.

Parágrafo único. *Não serão objeto de cancelamento automático os restos a pagar vinculados a contratos de duração plurianual, senão depois de encerrada a vigência destes, nem os vinculados a contratos rescindidos, nos casos dos §§ 8º e 9º do art. 90 desta Lei.*

▸ Parágrafo único acrescido pela Lei nº 14.770, de 22-12-2023, promulgado nos termos do art. 66, § 5º, da CF (*DOU* de 22-5-2024).

Art. 106. A Administração poderá celebrar contratos com prazo de até 5 (cinco) anos nas hipóteses de serviços e fornecimentos contínuos, observadas as seguintes diretrizes:

I – a autoridade competente do órgão ou entidade contratante deverá atestar a maior vantagem econômica vislumbrada em razão da contratação plurianual;

II – a Administração deverá atestar, no início da contratação e de cada exercício, a existência de créditos orçamentários vinculados à contratação e a vantagem em sua manutenção;

III – a Administração terá a opção de extinguir o contrato, sem ônus, quando não dispuser de créditos orçamentários para sua continuidade ou quando entender que o contrato não mais lhe oferece vantagem.

§ 1º A extinção mencionada no inciso III do *caput* deste artigo ocorrerá apenas na próxima data de aniversário do contrato e não poderá ocorrer em prazo inferior a 2 (dois) meses, contado da referida data.

§ 2º Aplica-se o disposto neste artigo ao aluguel de equipamentos e à utilização de programas de informática.

Art. 107. Os contratos de serviços e fornecimentos contínuos poderão ser prorrogados sucessivamente, respeitada a vigência máxima decenal, desde que haja previsão em edital e que a autoridade competente ateste que as condições e os preços permanecem vantajosos para a Administração, permitida a negociação com o contratado ou a extinção contratual sem ônus para qualquer das partes.

Art. 108. A Administração poderá celebrar contratos com prazo de até 10 (dez) anos nas hipóteses previstas nas alíneas *f* e *g* do inciso IV e nos incisos V, VI, XII e XVI do *caput* do art. 75 desta Lei.

Art. 109. A Administração poderá estabelecer a vigência por prazo indeterminado nos contratos em que seja usuária de serviço público oferecido em regime de monopólio, desde que comprovada, a cada exercício financeiro, a existência de créditos orçamentários vinculados à contratação.

Art. 110. Na contratação que gere receita e no contrato de eficiência que gere economia para a Administração, os prazos serão de:

I – até 10 (dez) anos, nos contratos sem investimento;

II – até 35 (trinta e cinco) anos, nos contratos com investimento, assim considerados aqueles que impliquem a elaboração de benfeitorias permanentes, realizadas exclusivamente a expensas do contratado, que serão revertidas ao patrimônio da Administração Pública ao término do contrato.

Art. 111. Na contratação que previr a conclusão de escopo predefinido, o prazo de vigência será automaticamente prorrogado quando seu objeto não for concluído no período firmado no contrato.

Parágrafo único. Quando a não conclusão decorrer de culpa do contratado:

I – o contratado será constituído em mora, aplicáveis a ele as respectivas sanções administrativas;

II – a Administração poderá optar pela extinção do contrato e, nesse caso, adotará as medidas admitidas em lei para a continuidade da execução contratual.

Art. 112. Os prazos contratuais previstos nesta Lei não excluem nem revogam os prazos contratuais previstos em lei especial.

Art. 113. O contrato firmado sob o regime de fornecimento e prestação de serviço associado terá sua vigência máxima definida pela soma do prazo relativo ao fornecimento inicial ou à entrega da obra com o prazo relativo ao serviço de operação e manutenção, este limitado a 5 (cinco) anos contados da data de recebimento do objeto inicial, autorizada a prorrogação na forma do art. 107 desta Lei.

Art. 114. O contrato que previr a operação continuada de sistemas estruturantes de tecnologia da informação poderá ter vigência máxima de 15 (quinze) anos.

CAPÍTULO VI
DA EXECUÇÃO DOS CONTRATOS

Art. 115. O contrato deverá ser executado fielmente pelas partes, de acordo com as cláusulas avençadas e as normas desta Lei, e cada parte responderá pelas consequências de sua inexecução total ou parcial.

§ 1º É proibido à Administração retardar imotivadamente a execução de obra ou serviço, ou de suas parcelas, inclusive na hipótese de posse do respectivo chefe do Poder Executivo ou de novo titular no órgão ou entidade contratante.

§§ 2º e 3º VETADOS.

§ 4º Nas contratações de obras e serviços de engenharia, sempre que a responsabilidade pelo licenciamento ambiental for da Administração, a manifestação prévia ou licença prévia, quando cabíveis, deverão ser obtidas antes da divulgação do edital.

▸ § 4º promulgado nos termos do art. 66, § 5º, da CF (*DOU* de 11-6-2021).

§ 5º Em caso de impedimento, ordem de paralisação ou suspensão do contrato, o cronograma de execução será prorrogado automaticamente pelo tempo correspondente, anotadas tais circunstâncias mediante simples apostila.

§ 6º Nas contratações de obras, verificada a ocorrência do disposto no § 5º deste artigo por mais de 1 (um) mês, a Administração deverá divulgar, em sítio eletrônico oficial e em placa a ser afixada em local da obra de fácil visualização pelos cidadãos, aviso público de obra paralisada, com o motivo e o responsável pela inexecução temporária do objeto do contrato e a data prevista para o reinício da sua execução.

§ 7º Os textos com as informações de que trata o § 6º deste artigo deverão ser elaborados pela Administração.

Art. 116. Ao longo de toda a execução do contrato, o contratado deverá cumprir a reserva de cargos prevista em lei para pessoa com deficiência, para reabilitado da Previdência Social ou para aprendiz, bem como as reservas de cargos previstas em outras normas específicas.

Parágrafo único. Sempre que solicitado pela Administração, o contratado deverá comprovar o cumprimento da reserva de cargos a que se refere o *caput* deste artigo, com a indicação dos empregados que preencherem as referidas vagas.

Art. 117. A execução do contrato deverá ser acompanhada e fiscalizada por 1 (um) ou mais fiscais do contrato, representantes da Administração especialmente designados conforme requisitos estabelecidos no art. 7º desta Lei, ou pelos respectivos substitutos, permitida a contratação de terceiros para assisti-los e subsidiá-los com informações pertinentes a essa atribuição.

§ 1º O fiscal do contrato anotará em registro próprio todas as ocorrências relacionadas à execução do contrato, determinando o que for necessário para a regularização das faltas ou dos defeitos observados.

§ 2º O fiscal do contrato informará a seus superiores, em tempo hábil para a adoção das medidas convenientes, a situação que demandar decisão ou providência que ultrapasse sua competência.

§ 3º O fiscal do contrato será auxiliado pelos órgãos de assessoramento jurídico e de controle interno da Administração, que deverão dirimir dúvidas e subsidiá-lo com informações relevantes para prevenir riscos na execução contratual.

§ 4º Na hipótese da contratação de terceiros prevista no *caput* deste artigo, deverão ser observadas as seguintes regras:

I – a empresa ou o profissional contratado assumirá responsabilidade civil objetiva pela veracidade e pela precisão das informações prestadas, firmará termo de compromisso de confidencialidade e não poderá exercer atribuição própria e exclusiva de fiscal de contrato;

II – a contratação de terceiros não eximirá de responsabilidade o fiscal do contrato, nos limites das informações recebidas do terceiro contratado.

Art. 118. O contratado deverá manter preposto aceito pela Administração no local da obra ou do serviço para representá-lo na execução do contrato.

Art. 119. O contratado será obrigado a reparar, corrigir, remover, reconstruir ou substituir, a suas expensas, no total ou em parte, o objeto do contrato em que se verificarem vícios, defeitos ou incorreções resultantes de sua execução ou de materiais nela empregados.

Art. 120. O contratado será responsável pelos danos causados diretamente à Administração ou a terceiros em razão da execução do contrato, e não excluirá nem reduzirá essa responsabilidade a fiscalização ou o acompanhamento pelo contratante.

Art. 121. Somente o contratado será responsável pelos encargos trabalhistas, previdenciários, fiscais e comerciais resultantes da execução do contrato.

§ 1º A inadimplência do contratado em relação aos encargos trabalhistas, fiscais e comerciais não transferirá à Administração a responsabilidade pelo seu pagamento e não poderá onerar o objeto do contrato nem restringir a regularização e o uso das obras e das edificações, inclusive perante o registro de imóveis, ressalvada a hipótese prevista no § 2º deste artigo.

§ 2º Exclusivamente nas contratações de serviços contínuos com regime de dedicação exclusiva de mão de obra, a Administração responderá solidariamente pelos encargos previdenciários e subsidiariamente pelos encargos trabalhistas se comprovada falha na fiscalização do cumprimento das obrigações do contratado.

§ 3º Nas contratações de serviços contínuos com regime de dedicação exclusiva de mão de obra, para assegurar o cumprimento de obrigações trabalhistas pelo contratado, a Administração, mediante disposição em edital ou em contrato, poderá, entre outras medidas:

I – exigir caução, fiança bancária ou contratação de seguro-garantia com cobertura para verbas rescisórias inadimplidas;

II – condicionar o pagamento à comprovação de quitação das obrigações trabalhistas vencidas relativas ao contrato;

III – efetuar o depósito de valores em conta vinculada;

IV – em caso de inadimplemento, efetuar diretamente o pagamento das verbas trabalhistas, que serão deduzidas do pagamento devido ao contratado;

V – estabelecer que os valores destinados a férias, a décimo terceiro salário, a ausências legais e a verbas rescisórias dos empregados do contratado que participarem da execução dos serviços contratados serão pagos pelo contratante ao contratado somente na ocorrência do fato gerador.

§ 4º Os valores depositados na conta vinculada a que se refere o inciso III do § 3º deste artigo são absolutamente impenhoráveis.

§ 5º O recolhimento das contribuições previdenciárias observará o disposto no art. 31 da Lei nº 8.212, de 24 de julho de 1991.

Art. 122. Na execução do contrato e sem prejuízo das responsabilidades contratuais e legais, o contratado poderá subcontratar partes da obra, do serviço ou do fornecimento até o limite autorizado, em cada caso, pela Administração.

§ 1º O contratado apresentará à Administração documentação que comprove a capacidade técnica do subcontratado, que será avaliada e juntada aos autos do processo correspondente.

§ 2º Regulamento ou edital de licitação poderão vedar, restringir ou estabelecer condições para a subcontratação.

§ 3º Será vedada a subcontratação de pessoa física ou jurídica, se aquela ou os dirigentes desta mantiverem vínculo de natureza técnica, comercial, econômica, financeira, trabalhista ou civil com dirigente do órgão ou entidade contratante ou com agente público que desempenhe função na licitação ou atue na fiscalização ou na gestão do contrato, ou se deles forem cônjuge, companheiro ou parente em linha reta, colateral, ou por afinidade, até o terceiro grau, devendo essa proibição constar expressamente do edital de licitação.

Art. 123. A Administração terá o dever de explicitamente emitir decisão sobre todas as solicitações e reclamações relacionadas à execução dos contratos regidos por esta Lei, ressalvados os requerimentos manifestamente impertinentes, meramente protelatórios ou de nenhum interesse para a boa execução do contrato.

Parágrafo único. Salvo disposição legal ou cláusula contratual que estabeleça prazo específico, concluída a instrução do requerimento, a Administração terá o prazo de 1 (um) mês para decidir, admitida a prorrogação motivada por igual período.

CAPÍTULO VII
DA ALTERAÇÃO DOS CONTRATOS E DOS PREÇOS

Art. 124. Os contratos regidos por esta Lei poderão ser alterados, com as devidas justificativas, nos seguintes casos:

I – unilateralmente pela Administração:

a) quando houver modificação do projeto ou das especificações, para melhor adequação técnica a seus objetivos;

b) quando for necessária a modificação do valor contratual em decorrência de acréscimo ou diminuição quantitativa de seu objeto, nos limites permitidos por esta Lei;

II – por acordo entre as partes:

a) quando conveniente a substituição da garantia de execução;

b) quando necessária a modificação do regime de execução da obra ou do serviço, bem como do modo de fornecimento, em face de verificação técnica da inaplicabilidade dos termos contratuais originários;

c) quando necessária a modificação da forma de pagamento por imposição de circunstâncias supervenientes, mantido o valor inicial atualizado e vedada a antecipação do pagamento em relação ao cronograma financeiro fixado sem a correspondente contraprestação de fornecimento de bens ou execução de obra ou serviço;

d) para restabelecer o equilíbrio econômico-financeiro inicial do contrato em caso de força maior, caso fortuito ou fato do príncipe ou em decorrência de fatos imprevisíveis ou previsíveis de consequências incalculáveis, que inviabilizem a execução do contrato tal como pactuado, respeitada, em qualquer caso, a repartição objetiva de risco estabelecida no contrato.

§ 1º Se forem decorrentes de falhas de projeto, as alterações de contratos de obras e serviços de engenharia ensejarão apuração de responsabilidade do responsável técnico e adoção das providências necessárias para o ressarcimento dos danos causados à Administração.

§ 2º Será aplicado o disposto na alínea *d* do inciso II do *caput* deste artigo às contratações de obras e serviços de engenharia, quando a execução for obstada pelo atraso na conclusão de procedimentos de desapropriação, desocupação, servidão administrativa ou licenciamento ambiental, por circunstâncias alheias ao contratado.

Art. 125. Nas alterações unilaterais a que se refere o inciso I do *caput* do art. 124 desta Lei, o contratado será obrigado a aceitar, nas mesmas condições contratuais, acréscimos ou supressões de até 25% (vinte e cinco por cento) do valor inicial atualizado do contrato que se fizerem nas obras, nos serviços ou nas compras, e, no caso de reforma de edifício ou de equipamento, o limite para os acréscimos será de 50% (cinquenta por cento).

Art. 126. As alterações unilaterais a que se refere o inciso I do *caput* do art. 124 desta Lei não poderão transfigurar o objeto da contratação.

Art. 127. Se o contrato não contemplar preços unitários para obras ou serviços cujo aditamento se fizer necessário, esses serão fixados por meio da aplicação da relação geral entre os valores da proposta e o do orçamento-base da Administração sobre os preços referenciais ou de mercado vigentes na data do aditamento, respeitados os limites estabelecidos no art. 125 desta Lei.

Art. 128. Nas contratações de obras e serviços de engenharia, a diferença percentual entre o valor global do contrato e o preço global de referência não poderá ser reduzida em favor do contratado em decorrência de aditamentos que modifiquem a planilha orçamentária.

Art. 129. Nas alterações contratuais para supressão de obras, bens ou serviços, se o contratado já houver adquirido os materiais e os colocado no local dos trabalhos, estes deverão ser pagos pela Administração pelos custos de aquisição regularmente comprovados e monetariamente reajustados, podendo caber indenização por outros danos eventualmente decorrentes da supressão, desde que regularmente comprovados.

Art. 130. Caso haja alteração unilateral do contrato que aumente ou diminua os encargos do contratado, a Administração deverá restabelecer, no mesmo termo aditivo, o equilíbrio econômico-financeiro inicial.

Art. 131. A extinção do contrato não configurará óbice para o reconhecimento do desequilíbrio econômico-financeiro, hipótese em que será concedida indenização por meio de termo indenizatório.

Parágrafo único. O pedido de restabelecimento do equilíbrio econômico-financeiro deverá ser formulado durante a vigência do contrato e antes de eventual prorrogação nos termos do art. 107 desta Lei.

Art. 132. A formalização do termo aditivo é condição para a execução, pelo contratado, das prestações determinadas pela Administração no curso da execução do contrato, salvo nos casos de justificada necessidade de antecipação de seus efeitos, hipótese em que a formalização deverá ocorrer no prazo máximo de 1 (um) mês.

Art. 133. Nas hipóteses em que for adotada a contratação integrada ou semi-integrada, é vedada a alteração dos valores contratuais, exceto nos seguintes casos:

I – para restabelecimento do equilíbrio econômico-financeiro decorrente de caso fortuito ou força maior;

II – por necessidade de alteração do projeto ou das especificações para melhor adequação técnica aos objetivos da contratação, a pedido da Administração, desde que não decorrente de erros ou omissões por parte do contratado, observados os limites estabelecidos no art. 125 desta Lei;

III – por necessidade de alteração do projeto nas contratações semi-integradas, nos termos do § 5º do art. 46 desta Lei;

IV – por ocorrência de evento superveniente alocado na matriz de riscos como de responsabilidade da Administração.

Art. 134. Os preços contratados serão alterados, para mais ou para menos, conforme o caso, se houver, após a data da apresentação da proposta, criação, alteração ou extinção de quaisquer tributos ou encargos legais ou a superveniência de disposições legais, com comprovada repercussão sobre os preços contratados.

Art. 135. Os preços dos contratos para serviços contínuos com regime de dedicação exclusiva de mão de obra ou com predominância de mão de obra serão repactuados para manutenção do equilíbrio econômico-financeiro, mediante demonstração analítica da variação dos custos contratuais, com data vinculada:

I – à da apresentação da proposta, para custos decorrentes do mercado;

II – ao acordo, à convenção coletiva ou ao dissídio coletivo ao qual a proposta esteja vinculada, para os custos de mão de obra.

§ 1º A Administração não se vinculará às disposições contidas em acordos, convenções ou dissídios coletivos de trabalho que tratem de matéria não trabalhista, de pagamento de participação dos trabalhadores nos lucros ou resultados do contratado, ou que estabeleçam direitos não previstos em lei, como valores ou índices obrigatórios de encargos sociais ou previdenciários, bem como de preços para os insumos relacionados ao exercício da atividade.

§ 2º É vedado a órgão ou entidade contratante vincular-se às disposições previstas nos acordos, convenções ou dissídios coletivos de trabalho que tratem de obrigações e direitos que somente se aplicam aos contratos com a Administração Pública.

§ 3º A repactuação deverá observar o interregno mínimo de 1 (um) ano, contado da data da apresentação da proposta ou da data da última repactuação.

§ 4º A repactuação poderá ser dividida em tantas parcelas quantas forem necessárias, observado o princípio da anualidade do reajuste de preços da contratação, podendo ser realizada em momentos distintos para discutir a variação de custos que tenham sua anualidade resultante em datas diferenciadas, como os decorrentes de mão de obra e os decorrentes dos insumos necessários à execução dos serviços.

§ 5º Quando a contratação envolver mais de uma categoria profissional, a repactuação a que se refere o inciso II do *caput* deste artigo poderá ser dividida em tantos quantos forem os acordos, convenções ou dissídios coletivos de trabalho das categorias envolvidas na contratação.

§ 6º A repactuação será precedida de solicitação do contratado, acompanhada de demonstração analítica da variação dos custos, por meio de apresentação da planilha de custos e formação de preços, ou do novo acordo, convenção ou sentença normativa que fundamenta a repactuação.

Art. 136. Registros que não caracterizam alteração do contrato podem ser realizados por simples apostila, dispensada a celebração de termo aditivo, como nas seguintes situações:

I – variação do valor contratual para fazer face ao reajuste ou à repactuação de preços previstos no próprio contrato;

II – atualizações, compensações ou penalizações financeiras decorrentes das condições de pagamento previstas no contrato;

III – alterações na razão ou na denominação social do contratado;

IV – empenho de dotações orçamentárias.

CAPÍTULO VIII
DAS HIPÓTESES DE EXTINÇÃO DOS CONTRATOS

Art. 137. Constituirão motivos para extinção do contrato, a qual deverá ser formalmente motivada nos autos do processo, assegurados o contraditório e a ampla defesa, as seguintes situações:

I – não cumprimento ou cumprimento irregular de normas editalícias ou de cláusulas contratuais, de especificações, de projetos ou de prazos;

II – desatendimento das determinações regulares emitidas pela autoridade designada para acompanhar e fiscalizar sua execução ou por autoridade superior;

III – alteração social ou modificação da finalidade ou da estrutura da empresa que restrinja sua capacidade de concluir o contrato;

IV – decretação de falência ou de insolvência civil, dissolução da sociedade ou falecimento do contratado;

V – caso fortuito ou força maior, regularmente comprovados, impeditivos da execução do contrato;

VI – atraso na obtenção da licença ambiental, ou impossibilidade de obtê-la, ou alteração substancial do anteprojeto que dela resultar, ainda que obtida no prazo previsto;

VII – atraso na liberação das áreas sujeitas a desapropriação, a desocupação ou a servidão administrativa, ou impossibilidade de liberação dessas áreas;

VIII – razões de interesse público, justificadas pela autoridade máxima do órgão ou da entidade contratante;

IX – não cumprimento das obrigações relativas à reserva de cargos prevista em lei, bem como em outras normas específicas, para pessoa com deficiência, para reabilitado da Previdência Social ou para aprendiz.

§ 1º Regulamento poderá especificar procedimentos e critérios para verificação da ocorrência dos motivos previstos no *caput* deste artigo.

§ 2º O contratado terá direito à extinção do contrato nas seguintes hipóteses:

I – supressão, por parte da Administração, de obras, serviços ou compras que acarrete modificação do valor inicial do contrato além do limite permitido no art. 125 desta Lei;

II – suspensão de execução do contrato, por ordem escrita da Administração, por prazo superior a 3 (três) meses;

III – repetidas suspensões que totalizem 90 (noventa) dias úteis, independentemente do pagamento obrigatório de indenização pelas sucessivas e contratualmente imprevistas desmobilizações e mobilizações e outras previstas;

IV – atraso superior a 2 (dois) meses, contado da emissão da nota fiscal, dos pagamentos ou de parcelas de pagamentos devidos pela Administração por despesas de obras, serviços ou fornecimentos;

V – não liberação pela Administração, nos prazos contratuais, de área, local ou objeto, para execução de obra, serviço ou fornecimento, e de fontes de materiais naturais especificadas no projeto, inclusive devido a atraso ou descumprimento das obrigações atribuídas pelo contrato à Administração relacionadas a desapropriação, a desocupação de áreas públicas ou a licenciamento ambiental.

§ 3º As hipóteses de extinção a que se referem os incisos II, III e IV do § 2º deste artigo observarão as seguintes disposições:

I – não serão admitidas em caso de calamidade pública, de grave perturbação da ordem interna ou de guerra, bem como quando decorrerem de ato ou fato que o contratado tenha praticado, do qual tenha participado ou para o qual tenha contribuído;

II – assegurarão ao contratado o direito de optar pela suspensão do cumprimento das obrigações assumidas até a normalização da situação, admitido o restabelecimento do equilíbrio econômico-financeiro do contrato, na forma da alínea *d* do inciso II do *caput* do art. 124 desta Lei.

§ 4º Os emitentes das garantias previstas no art. 96 desta Lei deverão ser notificados pelo contratante quanto ao início de processo administrativo para apuração de descumprimento de cláusulas contratuais.

Art. 138. A extinção do contrato poderá ser:

I – determinada por ato unilateral e escrito da Administração, exceto no caso de descumprimento decorrente de sua própria conduta;

II – consensual, por acordo entre as partes, por conciliação, por mediação ou por comitê de resolução de disputas, desde que haja interesse da Administração;

III – determinada por decisão arbitral, em decorrência de cláusula compromissória ou compromisso arbitral, ou por decisão judicial.

§ 1º A extinção determinada por ato unilateral da Administração e a extinção consensual deverão ser precedidas de autorização escrita e fundamentada da autoridade competente e reduzidas a termo no respectivo processo.

§ 2º Quando a extinção decorrer de culpa exclusiva da Administração, o contratado será ressarcido pelos prejuízos regularmente comprovados que houver sofrido e terá direito a:

I – devolução da garantia;

II – pagamentos devidos pela execução do contrato até a data de extinção;

III – pagamento do custo da desmobilização.

Art. 139. A extinção determinada por ato unilateral da Administração poderá acarretar, sem prejuízo das sanções previstas nesta Lei, as seguintes consequências:

I – assunção imediata do objeto do contrato, no estado e local em que se encontrar, por ato próprio da Administração;

II – ocupação e utilização do local, das instalações, dos equipamentos, do material e do pessoal empregados na execução do contrato e necessários à sua continuidade;

III – execução da garantia contratual para:

a) ressarcimento da Administração Pública por prejuízos decorrentes da não execução;

b) pagamento de verbas trabalhistas, fundiárias e previdenciárias, quando cabível;

c) pagamento das multas devidas à Administração Pública;

d) exigência da assunção da execução e da conclusão do objeto do contrato pela seguradora, quando cabível;

IV – retenção dos créditos decorrentes do contrato até o limite dos prejuízos causados à Administração Pública e das multas aplicadas.

§ 1º A aplicação das medidas previstas nos incisos I e II do *caput* deste artigo ficará a critério da Administração, que poderá dar continuidade à obra ou ao serviço por execução direta ou indireta.

§ 2º Na hipótese do inciso II do *caput* deste artigo, o ato deverá ser precedido de autorização expressa do ministro de Estado, do secretário estadual ou do secretário municipal competente, conforme o caso.

CAPÍTULO IX
DO RECEBIMENTO DO OBJETO DO CONTRATO

Art. 140. O objeto do contrato será recebido:

I – em se tratando de obras e serviços:

a) provisoriamente, pelo responsável por seu acompanhamento e fiscalização, mediante termo detalhado, quando verificado o cumprimento das exigências de caráter técnico;

b) definitivamente, por servidor ou comissão designada pela autoridade competente, mediante termo detalhado que comprove o atendimento das exigências contratuais;

II – em se tratando de compras:

a) provisoriamente, de forma sumária, pelo responsável por seu acompanhamento e fiscalização, com verificação posterior da conformidade do material com as exigências contratuais;

b) definitivamente, por servidor ou comissão designada pela autoridade competente, mediante termo detalhado que comprove o atendimento das exigências contratuais.

§ 1º O objeto do contrato poderá ser rejeitado, no todo ou em parte, quando estiver em desacordo com o contrato.

§ 2º O recebimento provisório ou definitivo não excluirá a responsabilidade civil pela solidez e pela segurança da obra ou serviço nem a responsabilidade ético-profissional pela perfeita execução do contrato, nos limites estabelecidos pela lei ou pelo contrato.

§ 3º Os prazos e os métodos para a realização dos recebimentos provisório e definitivo serão definidos em regulamento ou no contrato.

§ 4º Salvo disposição em contrário constante do edital ou de ato normativo, os ensaios, os testes e as demais provas para aferição da boa execução do objeto do contrato exigidos por normas técnicas oficiais correrão por conta do contratado.

§ 5º Em se tratando de projeto de obra, o recebimento definitivo pela Administração não eximirá o projetista ou o consultor da responsabilidade objetiva por todos os danos causados por falha de projeto.

§ 6º Em se tratando de obra, o recebimento definitivo pela Administração não eximirá o contratado, pelo prazo mínimo de 5 (cinco) anos, admitida a previsão de prazo de garantia superior no edital e no contrato, da responsabilidade objetiva pela solidez e pela segurança dos materiais e dos serviços executados e pela funcionalidade da construção, da reforma, da recuperação ou da ampliação do bem imóvel, e, em caso de vício, defeito ou incorreção identificados, o contratado ficará responsável pela reparação, pela correção, pela reconstrução ou pela substituição necessárias.

CAPÍTULO X
DOS PAGAMENTOS

Art. 141. No dever de pagamento pela Administração, será observada a ordem cronológica para cada fonte diferenciada de recursos, subdividida nas seguintes categorias de contratos:

I – fornecimento de bens;

II – locações;

III – prestação de serviços;

IV – realização de obras.

§ 1º A ordem cronológica referida no *caput* deste artigo poderá ser alterada, mediante prévia justificativa da autoridade competente e posterior comunicação ao órgão de controle interno da Administração e ao tribunal de contas competente, exclusivamente nas seguintes situações:

I – grave perturbação da ordem, situação de emergência ou calamidade pública;

II – pagamento a microempresa, empresa de pequeno porte, agricultor familiar, produtor rural pessoa física, microempreendedor individual e sociedade cooperativa, desde que demonstrado o risco de descontinuidade do cumprimento do objeto do contrato;

III – pagamento de serviços necessários ao funcionamento dos sistemas estruturantes, desde que demonstrado o risco de descontinuidade do cumprimento do objeto do contrato;

IV – pagamento de direitos oriundos de contratos em caso de falência, recuperação judicial ou dissolução da empresa contratada;

V – pagamento de contrato cujo objeto seja imprescindível para assegurar a integridade do patrimônio público ou para manter o funcionamento das atividades finalísticas do órgão ou entidade, quando demonstrado o risco de descontinuidade da prestação de serviço público de relevância ou o cumprimento da missão institucional.

§ 2º A inobservância imotivada da ordem cronológica referida no *caput* deste artigo ensejará a apuração de responsabilidade do agente responsável, cabendo aos órgãos de controle a sua fiscalização.

§ 3º O órgão ou entidade deverá disponibilizar, mensalmente, em seção específica de acesso à informação em seu sítio na internet, a ordem cronológica de seus pagamentos, bem como as justificativas que fundamentarem a eventual alteração dessa ordem.

Art. 142. Disposição expressa no edital ou no contrato poderá prever pagamento em conta vinculada ou pagamento pela efetiva comprovação do fato gerador.

Parágrafo único. VETADO.

Art. 143. No caso de controvérsia sobre a execução do objeto, quanto a dimensão, qualidade e quantidade, a parcela incontroversa deverá ser liberada no prazo previsto para pagamento.

Art. 144. Na contratação de obras, fornecimentos e serviços, inclusive de engenharia, poderá ser estabelecida remuneração variável vinculada ao desempenho do contratado, com base em metas, padrões de qualidade, critérios de sustentabilidade ambiental e prazos de entrega definidos no edital de licitação e no contrato.

§ 1º O pagamento poderá ser ajustado em base percentual sobre o valor economizado em determinada despesa, quando o objeto do contrato visar à implantação de processo de racionalização, hipótese em que as despesas correrão à conta dos mesmos créditos orçamentários, na forma de regulamentação específica.

§ 2º A utilização de remuneração variável será motivada e respeitará o limite orçamentário fixado pela Administração para a contratação.

Art. 145. Não será permitido pagamento antecipado, parcial ou total, relativo a parcelas contratuais vinculadas ao fornecimento de bens, à execução de obras ou à prestação de serviços.

§ 1º A antecipação de pagamento somente será permitida se propiciar sensível economia de recursos ou se representar condição indispensável para a obtenção do bem ou para a prestação do serviço, hipótese que deverá ser previamente justificada no processo licitatório e expressamente prevista no edital de licitação ou instrumento formal de contratação direta.

§ 2º A Administração poderá exigir a prestação de garantia adicional como condição para o pagamento antecipado.

§ 3º Caso o objeto não seja executado no prazo contratual, o valor antecipado deverá ser devolvido.

Art. 146. No ato de liquidação da despesa, os serviços de contabilidade comunicarão aos órgãos da administração tributária as características da despesa e os valores pagos, conforme o disposto no art. 63 da Lei nº 4.320, de 17 de março de 1964.

CAPÍTULO XI
DA NULIDADE DOS CONTRATOS

Art. 147. Constatada irregularidade no procedimento licitatório ou na execução contratual, caso não seja possível o saneamento, a decisão sobre a suspensão da execução ou sobre a declaração de nulidade do contrato somente será adotada na hipótese em que se revelar medida de interesse público, com avaliação, entre outros, dos seguintes aspectos:

I – impactos econômicos e financeiros decorrentes do atraso na fruição dos benefícios do objeto do contrato;

II – riscos sociais, ambientais e à segurança da população local decorrentes do atraso na fruição dos benefícios do objeto do contrato;

III – motivação social e ambiental do contrato;
IV – custo da deterioração ou da perda das parcelas executadas;
V – despesa necessária à preservação das instalações e dos serviços já executados;
VI – despesa inerente à desmobilização e ao posterior retorno às atividades;
VII – medidas efetivamente adotadas pelo titular do órgão ou entidade para o saneamento dos indícios de irregularidades apontados;
VIII – custo total e estágio de execução física e financeira dos contratos, dos convênios, das obras ou das parcelas envolvidas;
IX – fechamento de postos de trabalho diretos e indiretos em razão da paralisação;
X – custo para realização de nova licitação ou celebração de novo contrato;
XI – custo de oportunidade do capital durante o período de paralisação.

Parágrafo único. Caso a paralisação ou anulação não se revele medida de interesse público, o poder público deverá optar pela continuidade do contrato e pela solução da irregularidade por meio de indenização por perdas e danos, sem prejuízo da apuração de responsabilidade e da aplicação de penalidades cabíveis.

Art. 148. A declaração de nulidade do contrato administrativo requererá análise prévia do interesse público envolvido, na forma do art. 147 desta Lei, e operará retroativamente, impedindo os efeitos jurídicos que o contrato deveria produzir ordinariamente e desconstituindo os já produzidos.

§ 1º Caso não seja possível o retorno à situação fática anterior, a nulidade será resolvida pela indenização por perdas e danos, sem prejuízo da apuração de responsabilidade e aplicação das penalidades cabíveis.

§ 2º Ao declarar a nulidade do contrato, a autoridade, com vistas à continuidade da atividade administrativa, poderá decidir que ela só tenha eficácia em momento futuro, suficiente para efetuar nova contratação, por prazo de até 6 (seis) meses, prorrogável uma única vez.

Art. 149. A nulidade não exonerará a Administração do dever de indenizar o contratado pelo que houver executado até a data em que for declarada ou tornada eficaz, bem como por outros prejuízos regularmente comprovados, desde que não lhe seja imputável, e será promovida a responsabilização de quem lhe tenha dado causa.

Art. 150. Nenhuma contratação será feita sem a caracterização adequada de seu objeto e sem a indicação dos créditos orçamentários para pagamento das parcelas contratuais vincendas no exercício em que for realizada a contratação, sob pena de nulidade do ato e de responsabilização de quem lhe tiver dado causa.

CAPÍTULO XII
DOS MEIOS ALTERNATIVOS DE RESOLUÇÃO DE CONTROVÉRSIAS

Art. 151. Nas contratações regidas por esta Lei, poderão ser utilizados meios alternativos de prevenção e resolução de controvérsias, notadamente a conciliação, a mediação, o comitê de resolução de disputas e a arbitragem.

Parágrafo único. Será aplicado o disposto no *caput* deste artigo às controvérsias relacionadas a direitos patrimoniais disponíveis, como as questões relacionadas ao restabelecimento do equilíbrio econômico-financeiro do contrato, ao inadimplemento de obrigações contratuais por quaisquer das partes e ao cálculo de indenizações.

Art. 152. A arbitragem será sempre de direito e observará o princípio da publicidade.

Art. 153. Os contratos poderão ser aditados para permitir a adoção dos meios alternativos de resolução de controvérsias.

Art. 154. O processo de escolha dos árbitros, dos colegiados arbitrais e dos comitês de resolução de disputas observará critérios isonômicos, técnicos e transparentes.

TÍTULO IV – DAS IRREGULARIDADES

CAPÍTULO I
DAS INFRAÇÕES E SANÇÕES ADMINISTRATIVAS

Art. 155. O licitante ou o contratado será responsabilizado administrativamente pelas seguintes infrações:
I – dar causa à inexecução parcial do contrato;
II – dar causa à inexecução parcial do contrato que cause grave dano à Administração, ao funcionamento dos serviços públicos ou ao interesse coletivo;
III – dar causa à inexecução total do contrato;
IV – deixar de entregar a documentação exigida para o certame;
V – não manter a proposta, salvo em decorrência de fato superveniente devidamente justificado;
VI – não celebrar o contrato ou não entregar a documentação exigida para a contratação, quando convocado dentro do prazo de validade de sua proposta;
VII – ensejar o retardamento da execução ou da entrega do objeto da licitação sem motivo justificado;
VIII – apresentar declaração ou documentação falsa exigida para o certame ou prestar declaração falsa durante a licitação ou a execução do contrato;
IX – fraudar a licitação ou praticar ato fraudulento na execução do contrato;
X – comportar-se de modo inidôneo ou cometer fraude de qualquer natureza;
XI – praticar atos ilícitos com vistas a frustrar os objetivos da licitação;
XII – praticar ato lesivo previsto no art. 5º da Lei nº 12.846, de 1º de agosto de 2013.

Art. 156. Serão aplicadas ao responsável pelas infrações administrativas previstas nesta Lei as seguintes sanções:
I – advertência;
II – multa;
III – impedimento de licitar e contratar;
IV – declaração de inidoneidade para licitar ou contratar.

§ 1º Na aplicação das sanções serão considerados:
I – a natureza e a gravidade da infração cometida;
II – as peculiaridades do caso concreto;
III – as circunstâncias agravantes ou atenuantes;
IV – os danos que dela provierem para a Administração Pública;
V – a implantação ou o aperfeiçoamento de programa de integridade, conforme normas e orientações dos órgãos de controle.

§ 2º A sanção prevista no inciso I do *caput* deste artigo será aplicada exclusivamente pela infração administrativa prevista no inciso I do *caput* do art. 155 desta Lei, quando não se justificar a imposição de penalidade mais grave.

§ 3º A sanção prevista no inciso II do *caput* deste artigo, calculada na forma do edital ou do contrato, não poderá ser inferior a 0,5% (cinco décimos por cento) nem superior a 30% (trinta por cento) do valor do contrato licitado ou celebrado com contratação direta e será aplicada ao responsável por qualquer das infrações administrativas previstas no art. 155 desta Lei.

§ 4º A sanção prevista no inciso III do *caput* deste artigo será aplicada ao responsável pelas infrações administrativas previstas nos incisos II, III, IV, V, VI e VII do *caput* do art. 155 desta Lei, quando não se justificar a imposição de penalidade mais grave, e impedirá o responsável de licitar ou contratar no âmbito da Administração Pública direta e indireta do ente federativo que tiver aplicado a sanção, pelo prazo máximo de 3 (três) anos.

§ 5º A sanção prevista no inciso IV do *caput* deste artigo será aplicada ao responsável pelas infrações administrativas previstas nos incisos VIII, IX, X, XI e XII do *caput* do art. 155 desta Lei, bem como pelas infrações administrativas previstas nos incisos II, III, IV, V, VI e VII do *caput* do referido artigo que justifiquem a imposição de penalidade mais grave que a sanção referida no § 4º deste artigo, e impedirá o responsável de licitar ou contratar no âmbito da Administração Pública direta e indireta de todos os entes federativos, pelo prazo mínimo de 3 (três) anos e máximo de 6 (seis) anos.

§ 6º A sanção estabelecida no inciso IV do *caput* deste artigo será precedida de análise jurídica e observará as seguintes regras:
I – quando aplicada por órgão do Poder Executivo, será de competência exclusiva de ministro de Estado, de secretário estadual ou de secretário municipal e, quando aplicada por autarquia ou fundação, será de competência exclusiva da autoridade máxima da entidade;
II – quando aplicada por órgãos dos Poderes Legislativo e Judiciário, pelo Ministério Público e pela Defensoria Pública no desempenho da função administrativa, será de competência exclusiva de autoridade de nível hierárquico equivalente às autoridades referidas no inciso I deste parágrafo, na forma de regulamento.

§ 7º As sanções previstas nos incisos I, III e IV do *caput* deste artigo poderão ser aplicadas cumulativamente com a prevista no inciso II do *caput* deste artigo.

§ 8º Se a multa aplicada e as indenizações cabíveis forem superiores ao valor de pagamento eventualmente devido pela Administração ao contratado, além da perda desse valor, a diferença será descontada da garantia prestada ou será cobrada judicialmente.

§ 9º A aplicação das sanções previstas no *caput* deste artigo não exclui, em hipótese alguma, a obrigação de reparação integral do dano causado à Administração Pública.

Art. 157. Na aplicação da sanção prevista no inciso II do *caput* do art. 156 desta Lei, será facultada a defesa do interessado no prazo de 15 (quinze) dias úteis, contado da data de sua intimação.

Art. 158. A aplicação das sanções previstas nos incisos III e IV do *caput* do art. 156 desta Lei requererá a instauração de processo de responsabilização, a ser conduzido por comissão composta de 2 (dois) ou mais servidores estáveis, que avaliará fatos e circunstâncias conhecidos e intimará o licitante ou o contratado para, no prazo de 15 (quinze) dias úteis, contado da data de intimação, apresentar defesa escrita e especificar as provas que pretenda produzir.

§ 1º Em órgão ou entidade da Administração Pública cujo quadro funcional não seja formado de servidores estatutários, a comissão a que se refere o *caput* deste artigo será composta de 2 (dois) ou mais empregados públicos pertencentes aos seus quadros permanentes, preferencialmente com, no mínimo, 3 (três) anos de tempo de serviço no órgão ou entidade.

§ 2º Na hipótese de deferimento de pedido de produção de novas provas ou de juntada de provas julgadas indispensáveis pela comissão, o licitante ou o contratado poderá apresentar alegações finais no prazo de 15 (quinze) dias úteis, contado da data da intimação.

§ 3º Serão indeferidas pela comissão, mediante decisão fundamentada, provas ilícitas, impertinentes, desnecessárias, protelatórias ou intempestivas.

§ 4º A prescrição ocorrerá em 5 (cinco) anos, contados da ciência da infração pela Administração, e será:

I – interrompida pela instauração do processo de responsabilização a que se refere o *caput* deste artigo;

II – suspensa pela celebração de acordo de leniência previsto na Lei nº 12.846, de 1º de agosto de 2013;

III – suspensa por decisão judicial que inviabilize a conclusão da apuração administrativa.

Art. 159. Os atos previstos como infrações administrativas nesta Lei ou em outras leis de licitações e contratos da Administração Pública que também sejam tipificados como atos lesivos na Lei nº 12.846, de 1º de agosto de 2013, serão apurados e julgados conjuntamente, nos mesmos autos, observados o rito procedimental e a autoridade competente definidos na referida Lei.

Parágrafo único. VETADO.

Art. 160. A personalidade jurídica poderá ser desconsiderada sempre que utilizada com abuso do direito para facilitar, encobrir ou dissimular a prática dos atos ilícitos previstos nesta Lei ou para provocar confusão patrimonial, e, nesse caso, todos os efeitos das sanções aplicadas à pessoa jurídica serão estendidos aos seus administradores e sócios com poderes de administração, a pessoa jurídica sucessora ou a empresa do mesmo ramo com relação de coligação ou controle, de fato ou de direito, com o sancionado, observados, em todos os casos, o contraditório, a ampla defesa e a obrigatoriedade de análise jurídica prévia.

Art. 161. Os órgãos e entidades dos Poderes Executivo, Legislativo e Judiciário de todos os entes federativos deverão, no prazo máximo 15 (quinze) dias úteis, contado da data de aplicação da sanção, informar e manter atualizados os dados relativos às sanções por eles aplicadas, para fins de publicidade no Cadastro Nacional de Empresas Inidôneas e Suspensas (CEIS) e no Cadastro Nacional de Empresas Punidas (CNEP), instituídos no âmbito do Poder Executivo federal.

Parágrafo único. Para fins de aplicação das sanções previstas nos incisos I, II, III e IV do *caput* do art. 156 desta Lei, o Poder Executivo regulamentará a forma de cômputo e as consequências da soma de diversas sanções aplicadas a uma mesma empresa e derivadas de contratos distintos.

Art. 162. O atraso injustificado na execução do contrato sujeitará o contratado a multa de mora, na forma prevista em edital ou em contrato.

Parágrafo único. A aplicação de multa de mora não impedirá que a Administração a converta em compensatória e promova a extinção unilateral do contrato com a aplicação cumulada de outras sanções previstas nesta Lei.

Art. 163. É admitida a reabilitação do licitante ou contratado perante a própria autoridade que aplicou a penalidade, exigidos, cumulativamente:

I – reparação integral do dano causado à Administração Pública;

II – pagamento da multa;

III – transcurso do prazo mínimo de 1 (um) ano da aplicação da penalidade, no caso de impedimento de licitar e contratar, ou de 3 (três) anos da aplicação da penalidade, no caso de declaração de inidoneidade;

IV – cumprimento das condições de reabilitação definidas no ato punitivo;

V – análise jurídica prévia, com posicionamento conclusivo quanto ao cumprimento dos requisitos definidos neste artigo.

Parágrafo único. A sanção pelas infrações previstas nos incisos VIII e XII do *caput* do art. 155 desta Lei exigirá, como condição de reabilitação do licitante ou contratado, a implantação ou aperfeiçoamento de programa de integridade pelo responsável.

▸ Dec. nº 12.304, de 9-12-2024, regulamenta este parágrafo.

CAPÍTULO II

DAS IMPUGNAÇÕES, DOS PEDIDOS DE ESCLARECIMENTO E DOS RECURSOS

Art. 164. Qualquer pessoa é parte legítima para impugnar edital de licitação por irregularidade na aplicação desta Lei ou para solicitar esclarecimento sobre os seus termos, devendo protocolar o pedido até 3 (três) dias úteis antes da data de abertura do certame.

Parágrafo único. A resposta à impugnação ou ao pedido de esclarecimento será divulgada em sítio eletrônico oficial no prazo de até 3 (três) dias úteis, limitado ao último dia útil anterior à data da abertura do certame.

Art. 165. Dos atos da Administração decorrentes da aplicação desta Lei cabem:

I – recurso, no prazo de 3 (três) dias úteis, contado da data de intimação ou de lavratura da ata, em face de:

a) ato que defira ou indefira pedido de pré-qualificação de interessado ou de inscrição em registro cadastral, sua alteração ou cancelamento;

b) julgamento das propostas;

c) ato de habilitação ou inabilitação de licitante;

d) anulação ou revogação da licitação;

e) extinção do contrato, quando determinada por ato unilateral e escrito da Administração;

II – pedido de reconsideração, no prazo de 3 (três) dias úteis, contado da data de intimação, relativamente a ato do qual não caiba recurso hierárquico.

§ 1º Quanto ao recurso apresentado em virtude do disposto nas alíneas *b* e *c* do inciso I do *caput* deste artigo, serão observadas as seguintes disposições:

I – a intenção de recorrer deverá ser manifestada imediatamente, sob pena de preclusão, e o prazo para apresentação das razões recursais previsto no inciso I do *caput* deste artigo será iniciado na data de intimação ou de lavratura da ata de habilitação ou inabilitação ou, na hipótese de adoção da inversão de fases prevista no § 1º do art. 17 desta Lei, da ata de julgamento;

II – a apreciação dar-se-á em fase única.

§ 2º O recurso de que trata o inciso I do *caput* deste artigo será dirigido à autoridade que tiver editado o ato ou proferido a decisão recorrida, que, se não reconsiderar o ato ou a decisão no prazo de 3 (três) dias úteis, encaminhará o recurso com a sua motivação à autoridade superior, a qual deverá proferir sua decisão no prazo máximo de 10 (dez) dias úteis, contado do recebimento dos autos.

§ 3º O acolhimento do recurso implicará invalidação apenas de ato insuscetível de aproveitamento.

§ 4º O prazo para apresentação de contrarrazões será o mesmo do recurso e terá início na data de intimação pessoal ou de divulgação da interposição do recurso.

§ 5º Será assegurado ao licitante vista dos elementos indispensáveis à defesa de seus interesses.

Art. 166. Da aplicação das sanções previstas nos incisos I, II e III do *caput* do art. 156 desta Lei caberá recurso no prazo de 15 (quinze) dias úteis, contado da data da intimação.

Parágrafo único. O recurso de que trata o *caput* deste artigo será dirigido à autoridade que tiver proferido a decisão recorrida, que, se não a reconsiderar no prazo de 5 (cinco) dias úteis, encaminhará o recurso com sua motivação à autoridade superior, a qual deverá proferir sua decisão no prazo máximo de 20 (vinte) dias úteis, contado do recebimento dos autos.

Art. 167. Da aplicação da sanção prevista no inciso IV do *caput* do art. 156 desta Lei caberá apenas pedido de reconsideração, que deverá ser apresentado no prazo de 15 (quinze) dias úteis, contado da data da intimação, e decidido no prazo máximo de 20 (vinte) dias úteis, contado do seu recebimento.

Art. 168. O recurso e o pedido de reconsideração terão efeito suspensivo do ato ou da decisão recorrida até que sobrevenha decisão final da autoridade competente.

Parágrafo único. Na elaboração de suas decisões, a autoridade competente será auxiliada pelo órgão de assessoramento jurídico, que deverá dirimir dúvidas e subsidiá-la com as informações necessárias.

CAPÍTULO III

DO CONTROLE DAS CONTRATAÇÕES

Art. 169. As contratações públicas deverão submeter-se a práticas contínuas e permanentes de gestão de riscos e de controle preventivo, inclusive mediante adoção de recursos de tecnologia da informação, e, além de estar subordinadas ao controle social, sujeitar-se-ão às seguintes linhas de defesa:

I – primeira linha de defesa, integrada por servidores e empregados públicos, agentes de licitação e autoridades que atuam na estrutura de governança do órgão ou entidade;

II – segunda linha de defesa, integrada pelas unidades de assessoramento jurídico e de controle interno do próprio órgão ou entidade;

III – terceira linha de defesa, integrada pelo órgão central de controle interno da Administração e pelo tribunal de contas.

§ 1º Na forma de regulamento, a implementação das práticas a que se refere o *caput* deste artigo será de responsabilidade da alta administração do órgão ou entidade e levará em consideração os custos e os benefícios decorrentes de sua implementação, optando-se pelas medidas que promovam relações íntegras e confiáveis, com segurança jurídica para todos os envolvidos, e que produzam o resultado mais vantajoso para a Administração, com eficiência, eficácia e efetividade nas contratações públicas.

§ 2º Para a realização de suas atividades, os órgãos de controle deverão ter acesso irrestrito aos documentos e às informações necessárias à realização dos trabalhos, inclusive aos documentos classificados pelo órgão ou entidade nos termos da Lei nº 12.527, de 18 de novembro de 2011, e o órgão de controle com o qual foi compartilhada eventual informação sigilosa tornar-se-á corresponsável pela manutenção do seu sigilo.

§ 3º Os integrantes das linhas de defesa a que se referem os incisos I, II e III do *caput* deste artigo observarão o seguinte:

I – quando constatarem simples impropriedade formal, adotarão medidas para o seu saneamento e para a mitigação de riscos de sua nova ocorrência, preferencialmente com o aperfeiçoamento dos controles preventivos e com a capacitação dos agentes públicos responsáveis;

II – quando constatarem irregularidade que configure dano à Administração, sem prejuízo das medidas previstas no inciso I deste § 3º, adotarão as providências necessárias para a apuração das infrações administrativas, observadas a segregação de funções e a necessidade de individualização das condutas, bem como remeterão ao Ministério Público competente cópias dos documentos cabíveis para a apuração dos ilícitos de sua competência.

Art. 170. Os órgãos de controle adotarão, na fiscalização dos atos previstos nesta Lei, critérios de oportunidade, materialidade, relevância e risco e considerarão as razões apresentadas pelos órgãos e entidades responsáveis e os resultados obtidos com a contratação, observado o disposto no § 3º do art. 169 desta Lei.

§ 1º As razões apresentadas pelos órgãos e entidades responsáveis deverão ser encaminhadas aos órgãos de controle até a conclusão da fase de instrução do processo e não poderão ser desentranhadas dos autos.

§ 2º A omissão na prestação das informações não impedirá as deliberações dos órgãos de controle nem retardará a aplicação de qualquer de seus prazos de tramitação e de deliberação.

§ 3º Os órgãos de controle desconsiderarão os documentos impertinentes, meramente protelatórios ou de nenhum interesse para o esclarecimento dos fatos.

§ 4º Qualquer licitante, contratado ou pessoa física ou jurídica poderá representar aos órgãos de controle interno ou ao tribunal de contas competente contra irregularidades na aplicação desta Lei.

Art. 171. Na fiscalização de controle será observado o seguinte:

I – viabilização de oportunidade de manifestação aos gestores sobre possíveis propostas de encaminhamento que terão impacto significativo nas rotinas de trabalho dos órgãos e entidades fiscalizados, a fim de que eles disponibilizem subsídios para avaliação prévia da relação entre custo e benefício dessas possíveis proposições;

II – adoção de procedimentos objetivos e imparciais e elaboração de relatórios tecnicamente fundamentados, baseados exclusivamente nas evidências obtidas e organizados de acordo com as normas de auditoria do respectivo órgão de controle, de modo a evitar que interesses pessoais e interpretações tendenciosas interfiram na apresentação e no tratamento dos fatos levantados;

III – definição de objetivos, nos regimes de empreitada por preço global, empreitada integral, contratação semi-integrada e contratação integrada, atendidos os requisitos técnicos, legais, orçamentários e financeiros, de acordo com as finalidades da contratação, devendo, ainda, ser perquirida a conformidade do preço global com os parâmetros de mercado para o objeto contratado, considerada inclusive a dimensão geográfica.

§ 1º Ao suspender cautelarmente o processo licitatório, o tribunal de contas deverá pronunciar-se definitivamente sobre o mérito da irregularidade que tenha dado causa à suspensão no prazo de 25 (vinte e cinco) dias úteis, contado da data do recebimento das informações a que se refere o § 2º deste artigo, prorrogável por igual período uma única vez, e definirá objetivamente:

I – as causas da ordem de suspensão;

II – o modo como será garantido o atendimento do interesse público obstado pela suspensão da licitação, no caso de objetos essenciais ou de contratação por emergência.

§ 2º Ao ser intimado da ordem de suspensão do processo licitatório, o órgão ou entidade deverá, no prazo de 10 (dez) dias úteis, admitida a prorrogação:

I – informar as medidas adotadas para cumprimento da decisão;

II – prestar todas as informações cabíveis;

III – proceder à apuração de responsabilidade, se for o caso.

§ 3º A decisão que examinar o mérito da medida cautelar a que se refere o § 1º deste artigo deverá definir as medidas necessárias e adequadas, em face das alternativas possíveis, para o saneamento do processo licitatório, ou determinar a sua anulação.

§ 4º O descumprimento do disposto no § 2º deste artigo ensejará a apuração de responsabilidade e a obrigação de reparação do prejuízo causado ao erário.

Art. 172. VETADO.

Art. 173. Os tribunais de contas deverão, por meio de suas escolas de contas, promover eventos de capacitação para os servidores efetivos e empregados públicos designados para o desempenho das funções essenciais à execução desta Lei, incluídos cursos presenciais e a distância, redes de aprendizagem, seminários e congressos sobre contratações públicas.

TÍTULO V – DISPOSIÇÕES GERAIS

CAPÍTULO I – DO PORTAL NACIONAL DE CONTRATAÇÕES PÚBLICAS (PNCP)

Art. 174. É criado o Portal Nacional de Contratações Públicas (PNCP), sítio eletrônico oficial destinado à:

I – divulgação centralizada e obrigatória dos atos exigidos por esta Lei;

II – realização facultativa das contratações pelos órgãos e entidades dos Poderes Executivo, Legislativo e Judiciário de todos os entes federativos.

§ 1º O PNCP será gerido pelo Comitê Gestor da Rede Nacional de Contratações Públicas, a ser presidido por representante indicado pelo Presidente da República e composto de:

▶ Dec. nº 10.764, de 9-8-2021, dispõe sobre o Comitê Gestor da Rede Nacional de Contratações Públicas, de que trata este parágrafo.

I – 3 (três) representantes da União indicados pelo Presidente da República;

II – 2 (dois) representantes dos Estados e do Distrito Federal indicados pelo Conselho Nacional de Secretários de Estado da Administração;

III – 2 (dois) representantes dos Municípios indicados pela Confederação Nacional de Municípios.

§ 2º O PNCP conterá, entre outras, as seguintes informações acerca das contratações:

I – planos de contratação anuais;

II – catálogos eletrônicos de padronização;

III – editais de credenciamento e de pré-qualificação, avisos de contratação direta e editais de licitação e respectivos anexos;

IV – atas de registro de preços;

V – contratos e termos aditivos;

VI – notas fiscais eletrônicas, quando for o caso.

§ 3º O PNCP deverá, entre outras funcionalidades, oferecer:

I – sistema de registro cadastral unificado;

II – painel para consulta de preços, banco de preços em saúde e acesso à base nacional de notas fiscais eletrônicas;

III – sistema de planejamento e gerenciamento de contratações, incluído o cadastro de atesto de cumprimento de obrigações previsto no § 4º do art. 88 desta Lei;

IV – sistema eletrônico para a realização de sessões públicas;

V – acesso ao Cadastro Nacional de Empresas Inidôneas e Suspensas (CEIS) e ao Cadastro Nacional de Empresas Punidas (CNEP);

VI – sistema de gestão compartilhada com a sociedade de informações referentes à execução do contrato, que possibilite:

a) envio, registro, armazenamento e divulgação de mensagens de texto ou imagens pelo interessado previamente identificado;

b) acesso ao sistema informatizado de acompanhamento de obras a que se refere o inciso III do *caput* do art. 19 desta Lei;

c) comunicação entre a população e representantes da Administração e do contratado designados para prestar as informações e esclarecimentos pertinentes, na forma de regulamento;

d) divulgação, na forma de regulamento, de relatório final com informações sobre a consecução dos objetivos que tenham justificado a contratação e eventuais condutas a serem adotadas para o aprimoramento das atividades da Administração.

§ 4º O PNCP adotará o formato de dados abertos e observará as exigências previstas na Lei nº 12.527, de 18 de novembro de 2011.

§ 5º VETADO.

Art. 175. Sem prejuízo do disposto no art. 174 desta Lei, os entes federativos poderão instituir sítio eletrônico oficial para divulgação complementar e realização das respectivas contratações.

§ 1º Desde que mantida a integração com o PNCP, as contratações poderão ser realizadas por meio de sistema eletrônico fornecido por pessoa jurídica de direito privado, na forma de regulamento.

§ 2º Até 31 de dezembro de 2023, os Municípios deverão realizar divulgação complementar de suas contratações mediante publicação de extrato de edital de licitação em jornal diário de grande circulação local.

▸ § 2º promulgado nos termos do art. 66, § 5º, da CF (*DOU* de 11-6-2021).

Art. 176. Os Municípios com até 20.000 (vinte mil) habitantes terão o prazo de 6 (seis) anos, contado da data de publicação desta Lei, para cumprimento:

I – dos requisitos estabelecidos no art. 7º e no *caput* do art. 8º desta Lei;

II – da obrigatoriedade de realização da licitação sob a forma eletrônica a que se refere o § 2º do art. 17 desta Lei;

III – das regras relativas à divulgação em sítio eletrônico oficial.

Parágrafo único. Enquanto não adotarem o PNCP, os Municípios a que se refere o *caput* deste artigo deverão:

I – publicar, em diário oficial, as informações que esta Lei exige que sejam divulgadas em sítio eletrônico oficial, admitida a publicação de extrato;

II – disponibilizar a versão física dos documentos em suas repartições, vedada a cobrança de qualquer valor, salvo o referente ao fornecimento de edital ou de cópia de documento, que não será superior ao custo de sua reprodução gráfica.

CAPÍTULO II
DAS ALTERAÇÕES LEGISLATIVAS

Art. 177. O *caput* do art. 1.048 da Lei nº 13.105, de 16 de março de 2015 (Código de Processo Civil), passa a vigorar acrescido do seguinte inciso IV:

▸ Alterações inseridas no texto do referido Código.

Art. 178. O Título XI da Parte Especial do Decreto-Lei nº 2.848, de 7 de dezembro de 1940 (Código Penal), passa a vigorar acrescido do seguinte Capítulo II-B:

▸ Alterações inseridas no texto do referido Código.

Art. 179. Os incisos II e III do *caput* do art. 2º da Lei nº 8.987, de 13 de fevereiro de 1995, passam a vigorar com a seguinte redação:

▸ Alterações inseridas no texto da referida Lei.

Art. 180. O *caput* do art. 10 da Lei nº 11.079, de 30 de dezembro de 2004, passa a vigorar com a seguinte redação:

▸ Alterações inseridas no texto da referida Lei.

CAPÍTULO III
DISPOSIÇÕES TRANSITÓRIAS E FINAIS

Art. 181. Os entes federativos instituirão centrais de compras, com o objetivo de realizar compras em grande escala, para atender a diversos órgãos e entidades sob sua competência e atingir as finalidades desta Lei.

Parágrafo único. No caso dos Municípios com até 10.000 (dez mil) habitantes, serão preferencialmente constituídos consórcios públicos para a realização das atividades previstas no *caput* deste artigo, nos termos da Lei nº 11.107, de 6 de abril de 2005.

Art. 182. O Poder Executivo federal atualizará, a cada dia 1º de janeiro, pelo Índice Nacional de Preços ao Consumidor Amplo Especial (IPCA-E) ou por índice que venha a substituí-lo, os valores fixados por esta Lei, os quais serão divulgados no PNCP.

Art. 183. Os prazos previstos nesta Lei serão contados com exclusão do dia do começo e inclusão do dia do vencimento e observarão as seguintes disposições:

I – os prazos expressos em dias corridos serão computados de modo contínuo;

II – os prazos expressos em meses ou anos serão computados de data a data;

III – nos prazos expressos em dias úteis, serão computados somente os dias em que ocorrer expediente administrativo no órgão ou entidade competente.

§ 1º Salvo disposição em contrário, considera-se dia do começo do prazo:

I – o primeiro dia útil seguinte ao da disponibilização da informação na internet;

II – a data de juntada aos autos do aviso de recebimento, quando a notificação for pelos correios.

§ 2º Considera-se prorrogado o prazo até o primeiro dia útil seguinte se o vencimento cair em dia em que não houver expediente, se o expediente for encerrado antes da hora normal ou se houver indisponibilidade da comunicação eletrônica.

§ 3º Na hipótese do inciso II do *caput* deste artigo, se no mês do vencimento não houver o dia equivalente àquele do início do prazo, considera-se como termo o último dia do mês.

Art. 184. Aplicam-se as disposições desta Lei, no que couber e na ausência de norma específica, aos convênios, acordos, ajustes e outros instrumentos congêneres celebrados por órgãos e entidades da Administração Pública, na forma estabelecida em regulamento do Poder Executivo federal.

§ 1º VETADO. Lei nº 14.770, de 22-12-2023.

§ 2º Quando, verificada qualquer das hipóteses da alínea d do inciso II do *caput* do art. 124 desta Lei, o valor global inicialmente pactuado demonstrar-se insuficiente para a execução do objeto, poderão ser:

I – utilizados saldos de recursos ou rendimentos de aplicação financeira;

II – aportados novos recursos pelo concedente;

III – reduzidas as metas e as etapas, desde que isso não comprometa a fruição ou a funcionalidade do objeto pactuado.

§ 3º São permitidos ajustes nos instrumentos celebrados com recursos de transferências voluntárias, para promover alterações em seu objeto, desde que:

I – isso não importe transposição, remanejamento ou transferência de recursos de uma categoria de programação para outra ou de um órgão para outro;

II – seja apresentada justificativa objetiva pelo convenente; e

III – quando se tratar de obra, seja mantido o que foi pactuado quanto a suas características.

▸ §§ 2º e 3º acrescidos pela Lei nº 14.770, de 22-12-2023.

§ 4º *Os saldos remanescentes e os rendimentos financeiros auferidos na forma do § 1º deste artigo serão obrigatoriamente computados a crédito do convênio e aplicados no objeto de sua finalidade e na ampliação de meta, quando possível, sem prejuízo da funcionalidade do objeto pactuado, devendo constar de demonstrativo específico que integrará as prestações de contas do ajuste.*

▸ § 4º acrescido pela Lei nº 14.770, de 22-12-2023, promulgado nos termos do art. 66, § 5º, da CF (*DOU* de 2-7-2025).

Art. 184-A. À celebração, à execução, ao acompanhamento e à prestação de contas dos convênios, contratos de repasse e instrumentos congêneres em que for parte a União, com valor global de até R$ 1.500.000,00 (um milhão e quinhentos mil reais), aplicar-se-á o seguinte regime simplificado:

▸ Dec. nº 12.343, de 30-12-2024, atualiza o valor constante neste *caput* para R$ 1.576.882,20 (um milhão quinhentos e setenta e seis mil oitocentos e oitenta e dois reais e vinte centavos).

I – o plano de trabalho aprovado conterá parâmetros objetivos para caracterizar o cumprimento do objeto;

II – a minuta dos instrumentos deverá ser simplificada;

III – *a liberação dos recursos dar-se-á em parcela única;*

▸ Inciso III acrescido pela Lei nº 14.770, de 22-12-2023, promulgado nos termos do art. 66, § 5º, da CF (*DOU* de 2-7-2025).

IV – a verificação da execução do objeto ocorrerá mediante visita de constatação da compatibilidade com o plano de trabalho.

§ 1º O acompanhamento pela concedente ou mandatária será realizado pela verificação dos boletins de medição e fotos georreferenciadas registradas pela empresa executora e pelo convenente do Transferegov e por vistorias in loco, realizadas considerando o marco de execução de 100% (cem por cento) do cronograma físico, podendo ocorrer outras vistorias, quando necessárias.

§ 2º *Não haverá análise nem aceite de termo de referência, anteprojeto, projeto, orçamento, resultado do processo licitatório ou outro documento necessário para o início da execução do objeto, e caberá à concedente ou mandatária verificar o cumprimento do objeto pactuado ao final da execução do instrumento.*

▶ § 2º acrescido pela Lei nº 14.770, de 22-12-2023, promulgado nos termos do art. 66, § 5º, da CF (*DOU* de 22-5-2024).

§ 3º *Quando exigidos, os registros dos projetos de engenharia, dos documentos de titularidade de área, do licenciamento ambiental e do processo licitatório pelo convenente no Transferegov constituirão condição para a liberação da parcela única dos recursos de que trata o inciso III do caput deste artigo.*

▶ § 3º acrescido pela Lei nº 14.770, de 22-12-2023, promulgado nos termos do art. 66, § 5º, da CF (*DOU* de 2-7-2025).

§ 4º O regime simplificado de que trata este artigo aplica-se aos convênios, contratos de repasse e instrumentos congêneres celebrados após a publicação desta Lei.

▶ Art. 184-A acrescido pela Lei nº 14.770, de 22-12-2023.

Art. 185. Aplicam-se às licitações e aos contratos regidos pela Lei nº 13.303, de 30 de junho de 2016, as disposições do Capítulo II-B do Título XI da Parte Especial do Decreto-Lei nº 2.848, de 7 de dezembro de 1940 (Código Penal).

Art. 186. Aplicam-se as disposições desta Lei subsidiariamente à Lei nº 8.987, de 13 de fevereiro de 1995, à Lei nº 11.079, de 30 de dezembro de 2004, e à Lei nº 12.232, de 29 de abril de 2010.

Art. 187. Os Estados, o Distrito Federal e os Municípios poderão aplicar os regulamentos editados pela União para execução desta Lei.

Art. 188. VETADO.

Art. 189. Aplica-se esta Lei às hipóteses previstas na legislação que façam referência expressa à Lei nº 8.666, de 21 de junho de 1993, à Lei nº 10.520, de 17 de julho de 2002, e aos arts. 1º a 47-A da Lei nº 12.462, de 4 de agosto de 2011.

Art. 190. O contrato cujo instrumento tenha sido assinado antes da entrada em vigor desta Lei continuará a ser regido de acordo com as regras previstas na legislação revogada.

Art. 191. Até o decurso do prazo de que trata o inciso II do *caput* do art. 193, a Administração poderá optar por licitar ou contratar diretamente de acordo com esta Lei ou de acordo com as leis citadas no referido inciso, e a opção escolhida deverá ser indicada expressamente no edital ou no aviso ou instrumento de contratação direta, vedada a aplicação combinada desta Lei com as citadas no referido inciso.

Parágrafo único. Na hipótese do *caput* deste artigo, se a Administração optar por licitar de acordo com as leis citadas no inciso II do *caput* do art. 193 desta Lei, o contrato respectivo será regido pelas regras nelas previstas durante toda a sua vigência.

Art. 192. O contrato relativo a imóvel do patrimônio da União ou de suas autarquias e fundações continuará regido pela legislação pertinente, aplicada esta Lei subsidiariamente.

Art. 193. Revogam-se:

I – os arts. 89 a 108 da Lei nº 8.666, de 21 de junho de 1993, na data de publicação desta Lei;

II – em 30 de dezembro de 2023:

a) a Lei nº 8.666, de 21 de junho de 1993;

b) a Lei nº 10.520, de 17 de julho de 2002; e

c) os arts. 1º a 47-A da Lei nº 12.462, de 4 de agosto de 2011.

▶ Inciso II com a redação dada pela LC nº 198, de 28-6-2023.

Art. 194. Esta Lei entra em vigor na data de sua publicação.

Brasília, 1º de abril de 2021;
200º da Independência e
133º da República.
Jair Messias Bolsonaro

DECRETO Nº 10.818, DE 27 DE SETEMBRO DE 2021

Regulamenta o disposto no art. 20 da Lei nº 14.133, de 1º de abril de 2021, para estabelecer o enquadramento dos bens de consumo adquiridos para suprir as demandas das estruturas da administração pública federal nas categorias de qualidade comum e de luxo.

▶ Publicado no *DOU* de 28-9-2021.

Objeto e âmbito de aplicação

Art. 1º Este Decreto regulamenta o disposto no art. 20 da Lei nº 14.133, de 1º de abril de 2021, para estabelecer o enquadramento dos bens de consumo adquiridos para suprir as demandas das estruturas da administração pública federal nas categorias de qualidade comum e de luxo.

Parágrafo único. Este Decreto aplica-se às contratações realizadas por outros entes federativos com a utilização de recursos da União oriundos de transferências voluntárias.

Definições

Art. 2º Para fins do disposto neste Decreto, considera-se:

I – bem de luxo – bem de consumo com alta elasticidade-renda da demanda, identificável por meio de características tais como:

a) ostentação;

b) opulência;

c) forte apelo estético; ou

d) requinte;

II – bem de qualidade comum – bem de consumo com baixa ou moderada elasticidade-renda da demanda;

III – bem de consumo – todo material que atenda a, no mínimo, um dos seguintes critérios:

a) durabilidade – em uso normal, perde ou reduz as suas condições de uso, no prazo de dois anos;

b) fragilidade – facilmente quebradiço ou deformável, de modo irrecuperável ou com perda de sua identidade;

c) perecibilidade – sujeito a modificações químicas ou físicas que levam à deterioração ou à perda de suas condições de uso com o decorrer do tempo;

d) incorporabilidade – destinado à incorporação em outro bem, ainda que suas características originais sejam alteradas, de modo que sua retirada acarrete prejuízo à essência do bem principal; ou

e) transformabilidade – adquirido para fins de utilização como matéria-prima ou matéria intermediária para a geração de outro bem; e

IV – elasticidade-renda da demanda – razão entre a variação percentual da quantidade demandada e a variação percentual da renda média.

Classificação de bens

Art. 3º O ente público considerará no enquadramento do bem como de luxo, conforme conceituado no inciso I do *caput* do art. 2º:

I – relatividade econômica – variáveis econômicas que incidem sobre o preço do bem, principalmente a facilidade ou a dificuldade logística regional ou local de acesso ao bem; e

II – relatividade temporal – mudança das variáveis mercadológicas do bem ao longo do tempo, em função de aspectos como:

a) evolução tecnológica;

b) tendências sociais;

c) alterações de disponibilidade no mercado; e

d) modificações no processo de suprimento logístico.

Art. 4º Não será enquadrado como bem de luxo aquele que, mesmo considerado na definição do inciso I do *caput* do art. 2º:

I – for adquirido a preço equivalente ou inferior ao preço do bem de qualidade comum de mesma natureza; ou

II – tenha as características superiores justificadas em face da estrita atividade do órgão ou da entidade.

Vedação à aquisição de bens de luxo

Art. 5º É vedada a aquisição de bens de consumo enquadrados como bens de luxo, nos termos do disposto neste Decreto.

Bens de luxo na elaboração do plano de contratação anual

Art. 6º As unidades de contratação dos órgãos e das entidades, em conjunto com as unidades técnicas, identificarão os bens de consumo de luxo constantes dos documentos de formalização de demandas antes da elaboração do plano de contratações anual de que trata o inciso VII do *caput* do art. 12 da Lei nº 14.133, de 2021.

Parágrafo único. Na hipótese de identificação de demandas por bens de consumo de luxo, nos termos do disposto no *caput*, os documentos de formalização de demandas retornarão aos setores requisitantes para supressão ou substituição dos bens demandados.

Normas complementares

Art. 7º O Secretário de Gestão da Secretaria Especial de Desburocratização, Gestão e Governo Digital do Ministério da Economia poderá editar normas complementares para a execução do disposto neste Decreto.

Vigência

Art. 8º Este Decreto entra em vigor em 29 de setembro de 2021.

Brasília, 27 de setembro de 2021;
200º da Independência e
133º da República.
Jair Messias Bolsonaro

NOVA

LEI Nº 14.965, DE 9 DE SETEMBRO DE 2024

Dispõe sobre as normas gerais relativas a concursos públicos.

▸ Publicada no *DOU* de 10-9-2024.

CAPÍTULO I
DISPOSIÇÕES PRELIMINARES

Art. 1º Esta Lei estabelece normas gerais sobre concurso público para provimento de cargos e empregos públicos, para assegurar a aplicação dos princípios da administração pública e do disposto no inciso II do *caput* do art. 37 da Constituição Federal.

§ 1º Os concursos públicos serão regidos por esta Lei, pelas leis e pelos regulamentos específicos, no que forem compatíveis com esta Lei, e pelos respectivos editais.

§ 2º Esta Lei aplica-se subsidiariamente aos concursos públicos previstos no § 2º do art. 131 e no art. 132 da Constituição Federal, naquilo que não contrariar normas específicas da Constituição Federal e das leis orgânicas.

§ 3º Esta Lei não se aplica aos concursos públicos:

I – previstos no inciso I do *caput* do art. 93, no § 3º do art. 129, no § 1º do art. 134 e no inciso X do § 3º do art. 142 da Constituição Federal;

II – das empresas públicas e das sociedades de economia mista que não recebam recursos da União para pagamento de despesas de pessoal ou de custeio em geral;

III – das empresas públicas e das sociedades de economia mista que não recebam recursos dos Estados, do Distrito Federal e dos Municípios para pagamento de despesas de pessoal ou de custeio em geral.

§ 4º É facultada a aplicação total ou parcial desta Lei, se previsto no ato que autorizar sua abertura, aos concursos a que se refere o § 3º deste artigo, bem como aos processos relativos aos casos do inciso IX do *caput* do art. 37, do § 4º do art. 198 e do § 1º do art. 207 da Constituição Federal e a outros não sujeitos ao inciso II do *caput* do art. 37 da Constituição Federal.

Art. 2º O concurso público tem por objetivo a seleção isonômica de candidatos fundamentalmente por meio da avaliação dos conhecimentos, das habilidades e, nos casos em que couber, das competências necessários ao desempenho com eficiência das atribuições do cargo ou emprego público, assegurada, nos termos do edital do concurso e da legislação, a promoção da diversidade no setor público.

§ 1º Para os fins desta Lei, considera-se:

I – conhecimentos: domínio de matérias ou conteúdos relacionados às atribuições do cargo ou emprego público;

II – habilidades: aptidão para execução prática de atividades compatíveis com as atribuições do cargo ou emprego público;

III – competências: aspectos inter-relacionais vinculados às atribuições do cargo ou emprego público.

§ 2º Sem prejuízo de outras formas ou etapas de avaliação previstas no edital, o concurso público compreenderá, no mínimo, a avaliação por provas ou provas e títulos, facultada a realização de curso ou programa de formação, desde que justificada em razão da natureza das atribuições do cargo e prevista no edital.

§ 3º O curso ou programa de formação será obrigatório quando assim dispuser a lei específica da respectiva carreira.

§ 4º É vedada em qualquer fase ou etapa do concurso público a discriminação ilegítima de candidatos, com base em aspectos como idade, sexo, estado civil, condição física, deficiência, etnia, naturalidade, proveniência ou local de origem, observadas as políticas de ações afirmativas previstas em legislação específica.

CAPÍTULO II
DA AUTORIZAÇÃO PARA ABERTURA DE CONCURSO PÚBLICO

Art. 3º A autorização para abertura de concurso público deverá ser expressamente motivada, contendo, no mínimo:

I – evolução do quadro de pessoal nos últimos 5 (cinco) anos e estimativa das necessidades futuras em face das metas de desempenho institucional para os próximos 5 (cinco) anos;

II – denominação e quantidade dos cargos e empregos públicos a serem providos, com descrição de suas atribuições;

III – inexistência de concurso público anterior válido para os mesmos cargos e empregos públicos, com candidato aprovado e não nomeado;

IV – adequação do provimento dos cargos e empregos públicos, em face das necessidades e possibilidades de toda a administração pública;

V – estimativa de impacto orçamentário-financeiro no exercício previsto para o provimento e nos 2 (dois) exercícios seguintes, bem como sua adequação à Lei Complementar nº 101, de 4 de maio de 2000 (Lei de Responsabilidade Fiscal).

Parágrafo único. Se houver concurso público anterior válido, com candidato aprovado e não nomeado, para os mesmos cargos e empregos públicos, é autorizada a abertura excepcional de novo certame mediante demonstração de insuficiência da quantidade de candidatos aprovados e não nomeados diante das necessidades da administração pública.

CAPÍTULO III
DO PLANEJAMENTO DO CONCURSO PÚBLICO

Art. 4º O planejamento e a execução do concurso público poderão, por ato da autoridade competente para autorizar sua abertura, ser atribuídos a:

I – comissão organizadora interna do órgão ou entidade; ou

II – órgão ou entidade pública pertencente ao mesmo ente federativo ou, excepcionalmente, a ente diverso, que seja especializado na seleção, na capacitação ou na avaliação de servidores ou empregados públicos.

Art. 5º A comissão organizadora será composta por número ímpar de membros, ocupantes de cargo ou emprego público, dos quais 1 (um) deles será seu presidente, e decidirá por maioria absoluta.

§ 1º Sempre que possível, a comissão contará com, no mínimo, 1 (um) membro da área de recursos humanos, e os demais membros deverão exercer atividades de complexidade igual ou superior às dos cargos ou empregos públicos a serem providos.

§ 2º É vedada a participação na comissão de quem tenha vínculo com entidades direcionadas à preparação para concursos públicos ou à sua execução.

§ 3º Deve ser substituído o membro da comissão cujo cônjuge, companheiro ou parente, consanguíneo ou afim, até o terceiro grau, se inscreva como candidato no concurso público.

§ 4º As reuniões da comissão serão registradas em atas, que ficarão arquivadas e disponíveis para conhecimento geral, exceto quanto a informações que possam comprometer a efetividade ou a integridade do certame, que serão disponibilizadas após a divulgação dos seus resultados.

§ 5º O órgão ou entidade delegados a que se refere o inciso II do *caput* do art. 4º desta Lei constituirão comissão organizadora, com observância deste artigo.

Art. 6º Compete à comissão organizadora:

I – planejar todas as etapas do concurso público;

II – identificar os conhecimentos, as habilidades e, quando for o caso, as competências necessários ao exercício dos cargos ou empregos públicos a serem providos;

III – decidir sobre os tipos de prova e os critérios de avaliação mais adequados à seleção, em vista dos conhecimentos, das habilidades e das competências necessários;

IV – definir, com base nas atribuições dos cargos e empregos públicos, o conteúdo programático, as atividades práticas e as habilidades e competências a serem avaliados;

V – decidir sobre o uso de avaliação por títulos, se lei específica não a determinar, bem como sobre os títulos a serem considerados, em vista dos conhecimentos, das habilidades e das competências necessários;

VI – fazer publicar o edital de abertura e os demais comunicados relativos ao concurso público;

VII – executar todas as fases ou etapas do concurso;

VIII – *designar* os avaliadores das provas, com formação acadêmica e atividade profissional compatíveis e sujeitos às vedações e aos impedimentos previstos nos §§ 2º e 3º do art. 5º desta Lei;

IX – *designar* os supervisores do programa de formação, segundo os requisitos constantes do inciso VIII do *caput* deste artigo.

§ 1º Por decisão da comissão organizadora, a execução do concurso público ou de suas etapas poderá ser atribuída a instituição especializada, que:

I – consultará formalmente a comissão organizadora sempre que houver dúvida quanto à execução do concurso público;

II – será responsável por assegurar o sigilo das provas.

§ 2º Caberá à comissão organizadora exercer as competências previstas nos incisos I a V do *caput* deste artigo e acompanhar a execução do concurso.

CAPÍTULO IV
DA EXECUÇÃO DO CONCURSO PÚBLICO

Art. 7º O edital do concurso público deverá conter, no mínimo:

I – a denominação e a quantidade dos cargos ou empregos públicos a serem providos, com a descrição de suas atribuições e dos conhecimentos, das habilidades e das competências necessários, correlatos com as atividades a serem desempenhadas pelo servidor;

II – a identificação do ato que autorizou o certame, as leis de criação e os regulamentos dos cargos ou empregos públicos, bem como o vencimento inicial, com a discriminação das parcelas que o compõem;

III – os procedimentos para inscrição;

IV – o valor da taxa de inscrição, bem como as hipóteses e os procedimentos para sua isenção ou redução;

V – as etapas do concurso público;

VI – os tipos de prova e os critérios de avaliação, com especificação do conteúdo programático, das atividades práticas e, quando for o caso, das habilidades e das competências a serem avaliados;

VII – quando couber, os títulos a serem considerados e a sua forma de avaliação;

VIII – a instituição especializada responsável pela execução do concurso ou de suas etapas, quando for o caso;

IX – a sistemática do programa de formação, com especificação dos tipos e critérios de avaliação, da duração e das responsabilidades dos candidatos aprovados para essa etapa;

X – os critérios de classificação, de desempate e de aprovação no concurso público, bem como os requisitos para nomeação;

XI – os percentuais mínimos e máximos de vagas destinadas a pessoas com deficiência ou que se enquadrem nas hipóteses legais de ações afirmativas e de reparação histórica, com indicação dos procedimentos para comprovação;

XII – as condições para a realização das provas por pessoas com deficiência ou em situação especial;

XIII – as formas de divulgação dos resultados;

XIV – a forma e o prazo para interposição de recursos;

XV – o prazo de validade do concurso e a possibilidade de prorrogação.

Art. 8º O concurso poderá ser realizado total ou parcialmente à distância, de forma online ou por plataforma eletrônica com acesso individual seguro e em ambiente controlado, desde que garantida a igualdade de acesso às ferramentas e aos dispositivos do ambiente virtual.

Parágrafo único. A aplicação do disposto neste artigo depende de regulamentação, que poderá ser geral para o ente da Federação ou específica de cada órgão ou entidade, com consulta pública prévia obrigatória, observados os padrões de segurança da informação previstos em lei.

CAPÍTULO V
DA AVALIAÇÃO POR PROVAS OU PROVAS E TÍTULOS

Art. 9º As provas do concurso público deverão avaliar os conhecimentos, as habilidades e, quando for o caso, as competências necessários ao desempenho das atribuições do cargo ou emprego público, de modo combinado ou distribuído por diferentes etapas.

§ 1º As provas poderão ser classificatórias, eliminatórias ou classificatórias e eliminatórias, independentemente do seu tipo ou dos critérios de avaliação.

§ 2º Sem prejuízo de outros tipos de prova previstos no edital, são formas válidas de avaliação:

I – de conhecimentos: provas escritas, objetivas ou dissertativas, e provas orais, que cubram conteúdos gerais ou específicos;

II – de habilidades: elaboração de documentos e simulação de tarefas próprias do cargo ou emprego público, bem como testes físicos compatíveis com suas atividades;

III – de competências: avaliação psicológica, exame de higidez mental ou teste psicotécnico, conduzido por profissional habilitado nos termos da regulamentação específica.

§ 3º O edital indicará de modo claro, para cada tipo de prova, se a avaliação será de conhecimentos, habilidades ou competências, facultada a combinação de tais avaliações em uma mesma prova ou etapa.

Art. 10. A avaliação por títulos terá por base os conhecimentos, as habilidades e as competências necessários ao desempenho das atribuições do cargo ou emprego público e terá caráter classificatório.

CAPÍTULO VI
DO CURSO OU PROGRAMA DE FORMAÇÃO

Art. 11. A realização de curso ou programa de formação é facultativa, ressalvada disposição diversa em lei específica.

§ 1º O curso ou programa de formação poderá ser de caráter eliminatório, classificatório ou eliminatório e classificatório, introduzirá os candidatos às atividades do órgão ou ente, avaliará seu desempenho na execução de atribuições ligadas ao cargo ou emprego público e compreenderá:

I – instrução quanto à missão, às competências e ao funcionamento do órgão ou ente;

II – treinamento para as atividades, as práticas e as rotinas próprias do cargo ou emprego público.

§ 2º A instrução e o treinamento do candidato poderão ser feitos por meio de aulas, cursos, palestras ou outras dinâmicas de ensino, presenciais ou a distância, e serão avaliados com base em provas que garantam impessoalidade na avaliação.

§ 3º O treinamento para as atividades terá por base práticas que integrem a rotina do cargo ou emprego público, vedado o exercício de competências decisórias que possam impor dever ou condicionar direito.

§ 4º Será considerado reprovado e, consequentemente, eliminado do concurso, o candidato que não formalizar matrícula para o curso de formação dentro do prazo fixado pelo ato de convocação ou que não cumprir no mínimo 85% (oitenta e cinco por cento) de sua carga horária.

§ 5º A duração do programa será definida em regulamento ou no edital do concurso, de forma proporcional ao necessário para atingimento dos objetivos previstos no § 1º deste artigo.

CAPÍTULO VII
DISPOSIÇÕES FINAIS

Art. 12. A decisão controladora ou judicial que, com base em valores jurídicos abstratos, impugnar tipo de prova ou critério de avaliação previsto no edital do concurso público deverá considerar as consequências práticas da medida, especialmente em função dos conhecimentos, das habilidades e das competências necessários ao desempenho das atribuições do cargo ou emprego público, em observância ao *caput* do art. 20 do Decreto-Lei nº 4.657, de 4 de setembro de 1942 (Lei de Introdução às Normas do Direito Brasileiro).

Art. 13. Esta Lei entra em vigor no dia 1º de janeiro do quarto ano após a sua publicação oficial, podendo sua aplicação ser antecipada pelo ato que autorizar a abertura de cada concurso público.

§ 1º Esta Lei não se aplica aos concursos públicos cuja abertura tenha sido autorizada por ato editado antes de sua entrada em vigor.

§ 2º Alternativamente à observância das normas desta Lei, os Estados, o Distrito Federal e os Municípios podem optar por editar normas próprias, observados os princípios constitucionais da administração pública e desta Lei.

Brasília, 9 de setembro de 2024;
203º da Independência e
136º da República.

Luiz Inácio Lula da Silva

LEGISLAÇÃO DE DIREITO FINANCEIRO

ÍNDICE CRONOLÓGICO DA LEGISLAÇÃO DE DIREITO FINANCEIRO

LEI Nº 4.320, DE 17 DE MARÇO DE 1964

Estatui normas gerais de direito financeiro para elaboração e controle dos orçamentos e balanços da União, dos Estados, dos Municípios e do Distrito Federal.

▸ Publicada no *DOU* de 23-3-1964.

DISPOSIÇÃO PRELIMINAR

Art. 1º Esta Lei estatui normas gerais de direito financeiro para elaboração e controle dos orçamentos e balanços da União, dos Estados, dos Municípios e do Distrito Federal, de acordo com o disposto no artigo 5º, XV, *b*, da Constituição Federal.

TÍTULO I – DA LEI DE ORÇAMENTO

CAPÍTULO I – DISPOSIÇÕES GERAIS

Art. 2º A Lei de Orçamento conterá a discriminação da receita e despesa de forma a evidenciar a política econômico-financeira e o programa de trabalho do Governo, obedecidos os princípios de unidade, universalidade e anualidade.

§ 1º Integrarão a Lei de Orçamento:

I – sumário geral da receita por fontes e da despesa por funções do Governo;

II – quadro demonstrativo da receita e despesa segundo as categorias econômicas, na forma do Anexo nº 1;

III – quadro discriminativo da receita por fontes e respectiva legislação;

IV – quadro das dotações por órgãos do Governo e da Administração.

§ 2º Acompanharão a Lei de Orçamento:

I – quadros demonstrativos da receita e planos de aplicação dos fundos especiais;

II – quadros demonstrativos da despesa, na forma dos Anexos nºs 6 e 9;

III – quadro demonstrativo do programa anual de trabalho do Governo, em termos de realização de obras e de prestação de serviços.

Art. 3º A Lei de Orçamento compreenderá todas as receitas, inclusive as de operações de crédito autorizadas em lei.

Parágrafo único. Não se consideram para os fins deste artigo as operações de crédito por antecipação da receita, as emissões de papel-moeda e outras entradas compensatórias no ativo e passivo financeiros.

Art. 4º A Lei de Orçamento compreenderá todas as despesas próprias dos órgãos do Governo e da Administração centralizada, ou que, por intermédio deles se devam realizar, observado o disposto no artigo 2º.

Art. 5º A Lei de Orçamento não consignará dotações globais destinadas a atender indiferentemente a despesas de pessoal, material, serviços de terceiros, transferências ou quaisquer outras, ressalvado o disposto no artigo 20 e seu parágrafo único.

Art. 6º Todas as receitas e despesas constarão da Lei de Orçamento pelos seus totais, vedadas quaisquer deduções.

§ 1º As cotas de receitas que uma entidade pública deva transferir a outra incluir-se-ão, como despesa, no orçamento da entidade obrigada à transferência e, como receita, no orçamento da que as deva receber.

§ 2º Para cumprimento do disposto no parágrafo anterior, o cálculo das cotas terá por base os dados apurados no balanço do exercício anterior àquele em que se elaborar a proposta orçamentária do Governo obrigado à transferência.

Art. 7º A Lei de Orçamento poderá conter autorização ao Executivo para:

I – abrir créditos suplementares até determinada importância, obedecidas as disposições do artigo 43;

II – realizar, em qualquer mês do exercício financeiro, operações de crédito por antecipação da receita, para atender a insuficiência de caixa.

§ 1º Em casos de *deficit*, a Lei de Orçamento indicará as fontes de recursos que o Poder Executivo fica autorizado a utilizar para atender a sua cobertura.

§ 2º O produto estimado de operações de crédito e de alienação de bens imóveis somente se incluirá na receita quando umas e outras forem especificamente autorizadas pelo Poder Legislativo em forma que juridicamente possibilite ao Poder Executivo realizá-las no exercício.

§ 3º A autorização legislativa a que se refere o parágrafo anterior, no tocante a operações de crédito, poderá constar da própria Lei de Orçamento.

Art. 8º A discriminação da receita geral e da despesa de cada órgão do Governo ou unidade administrativa, a que se refere o artigo 2º, § 1º, III e IV, obedecerá a forma do Anexo nº 2.

§ 1º Os itens da discriminação da receita e da despesa, mencionados nos artigos 11, § 4º, e 13, serão identificados por números de código decimal, na forma dos Anexos nºs 3 e 4.

§ 2º Completarão os números do código decimal referido no parágrafo anterior os algarismos caracterizadores da classificação funcional da despesa conforme estabelece o Anexo nº 5.

§ 3º O código geral estabelecido nesta Lei não prejudicará a adoção de códigos locais.

CAPÍTULO II – DA RECEITA

Art. 9º Tributo é a receita derivada, instituída pelas entidades de direito público, compreendendo os impostos, as taxas e contribuições, nos termos da Constituição e das leis vigentes em matéria financeira, destinando-se o seu produto ao custeio de atividades gerais ou específicas exercidas por essas entidades.

Art. 10. VETADO.

Art. 11. A receita classificar-se-á nas seguintes categorias econômicas: Receitas Correntes e Receitas de Capital.

§ 1º São Receitas Correntes as receitas tributária, de contribuições, patrimonial, agropecuária, industrial, de serviços e outras e, ainda, as provenientes de recursos financeiros recebidos de outras pessoas de direito público ou privado, quando destinadas a atender despesas classificáveis em Despesas Correntes.

§ 2º São Receitas de Capital as provenientes da realização de recursos financeiros oriundos de constituição de dívidas; da conversão, em espécie, de bens e direitos; os recursos recebidos de outras pessoas de direito público ou privado, destinados a atender despesas classificáveis em Despesas de Capital e, ainda, o superávit do Orçamento Corrente.

§ 3º O superávit do Orçamento Corrente resultante do balanceamento dos totais das receitas e despesas correntes, apurado na demonstração a que se refere o Anexo nº 1, não constituirá item de receita orçamentária.

§ 4º A classificação da receita obedecerá ao seguinte esquema:

Receitas Correntes

Receita Tributária

Impostos

Taxas

Contribuições de Melhoria

Receita de Contribuições

Receita Patrimonial

Receita Agropecuária

Receita Industrial

Receita de Serviços

Transferências Correntes

Outras Receitas Correntes

Receitas de Capital

Operações de Crédito

Alienação de Bens

Amortização de Empréstimos

Transferências de Capital

Outras receitas de Capital

▸ Art. 11 com a redação dada pelo Dec.-lei nº 1.939, de 20-5-1982.

CAPÍTULO III – DA DESPESA

Art. 12. A despesa será classificada nas seguintes categorias econômicas:

Despesas Correntes

Despesas de Custeio

Transferências Correntes

Despesas de Capital

Investimentos

Inversões Financeiras

Transferências de Capital

§ 1º Classificam-se como Despesas de Custeio as dotações para manutenção de serviços anteriormente criados, inclusive as destinadas a atender a obras de conservação e adaptação de bens imóveis.

§ 2º Classificam-se como Transferências Correntes as dotações para despesas às quais não corresponda contraprestação direta em bens ou serviços, inclusive para contribuições e subvenções destinadas a atender à manutenção de outras entidades de direito público ou privado.

§ 3º Consideram-se subvenções, para os efeitos desta Lei, as transferências destinadas a cobrir despesas de custeio das entidades beneficiadas, distinguindo-se como:

I – subvenções sociais, as que se destinem a instituições públicas ou privadas de caráter assistencial ou cultural, sem finalidade lucrativa;

II – subvenções econômicas, as que se destinem a empresas públicas ou privadas de caráter industrial, comercial, agrícola ou pastoril.

§ 4º Classificam-se como investimentos as dotações para o planejamento e a execução de obras, inclusive as destinadas à aquisição de imóveis considerados necessários à realização destas últimas, bem como para os programas especiais de trabalho, aquisição de instalações, equipamentos e material permanente e constituição ou aumento do capital de empresas que não sejam de caráter comercial ou financeiro.

§ 5º Classificam-se como Inversões Financeiras as dotações destinadas a:

I – aquisição de imóveis, ou de bens de capital já em utilização;

II – aquisição de títulos representativos do capital de empresas ou entidades de qualquer espécie, já constituídas, quando a operação não importe aumento do capital;

III – constituição ou aumento do capital de entidades ou empresas que visem a objetivos comerciais ou financeiros, inclusive operações bancárias ou de seguros.

§ 6º São Transferências de Capital as dotações para investimentos ou inversões financeiras que outras pessoas de direito público ou privado devam realizar, independentemente de contraprestação direta em bens ou serviços, constituindo essas transferências auxílios ou contribuições, segundo derivem diretamente da Lei de Orçamento ou de lei especialmente anterior, bem como as dotações para amortização da dívida pública.

Art. 13. Observadas as categorias econômicas do artigo 12, a discriminação ou especificação da despesa por elementos, em cada unidade administrativa ou órgão do Governo, obedecerá ao seguinte esquema:

Despesas Correntes

Despesas de Custeio

Pessoal Civil

Pessoal Militar

Material de Consumo

Serviços de Terceiros

Encargos Diversos

Transferências Correntes

Subvenções Sociais

Subvenções Econômicas

Inativos

Pensionistas

Salário-Família e Abono Familiar

Juros da Dívida Pública

Contribuições de Previdência Social

Diversas Transferências Correntes

Despesas de Capital

Investimentos

Obras Públicas

Serviços em Regime de Programação Especial

Equipamentos e Instalações

Material Permanente

Participação em Constituição ou Aumento de Capital de Empresas ou Entidades Industriais ou Agrícolas

Inversões Financeiras

Aquisição de Imóveis

Participação em Constituição ou Aumento de Capital de Empresas ou Entidades Comerciais ou Financeiras

Aquisição de Títulos Representativos de Capital de Empresa em Funcionamento

Constituição de Fundos Rotativos

Concessão de Empréstimos

Diversas Inversões Financeiras

Transferência de Capital

Amortização da Dívida Pública

Auxílios para Obras Públicas

Auxílios para Equipamentos e Instalações

Auxílios para Inversões Financeiras

Outras Contribuições

Art. 14. Constitui unidade orçamentária o agrupamento de serviços subordinados ao mesmo órgão ou repartição a que serão consignadas dotações próprias.

Parágrafo único. Em casos excepcionais, serão consignadas dotações a unidades administrativas subordinadas ao mesmo órgão.

Art. 15. Na Lei de Orçamento a discriminação da despesa far-se-á, no mínimo, por elementos.

§ 1º Entende-se por elementos o desdobramento da despesa com pessoal, material, serviços, obras e outros meios de que se serve a administração pública para consecução de seus fins.

§ 2º Para efeito de classificação da despesa, considera-se material permanente o de duração superior a dois anos.

Seção I – Das Despesas Correntes

Subseção Única – Das Transferências Correntes

I) Das Subvenções Sociais

Art. 16. Fundamentalmente e nos limites das possibilidades financeiras a concessão de subvenções sociais visará à prestação de serviços essenciais de assistência social, médica e educacional, sempre que a suplementação de recursos de origem privada aplicados a esses objetivos revelar-se mais econômica.

Parágrafo único. O valor das subvenções, sempre que possível, será calculado com base em unidades de serviços efetivamente prestados ou postos à disposição dos interessados, obedecidos os padrões mínimos de eficiência previamente fixados.

Art. 17. Somente à instituição cujas condições de funcionamento forem julgadas satisfatórias pelos órgãos oficiais de fiscalização serão concedidas subvenções.

II) Das Subvenções Econômicas

Art. 18. A cobertura dos *deficits* de manutenção das empresas públicas, de natureza autárquica ou não, far-se-á mediante subvenções econômicas expressamente incluídas nas despesas correntes do orçamento da União, do Estado, do Município ou do Distrito Federal.

Parágrafo único. Consideram-se, igualmente, como subvenções econômicas:

a) as dotações destinadas a cobrir a diferença entre os preços de mercado e os preços de revenda, pelo Governo, de gêneros alimentícios ou outros materiais;

b) as dotações destinadas ao pagamento de bonificações a produtores de determinados gêneros ou materiais.

Art. 19. A Lei de Orçamento não consignará ajuda financeira, a qualquer título, a empresa de fins lucrativos, salvo quando se tratar de subvenções cuja concessão tenha sido expressamente autorizada em lei especial.

Seção II – Das Despesas de Capital

Subseção I – Dos Investimentos

Art. 20. Os investimentos serão discriminados na Lei de Orçamento segundo os projetos de obras e de outras aplicações.

Parágrafo único. Os programas especiais de trabalho que, por sua natureza, não possam cumprir-se subordinadamente às normas gerais de execução da despesa poderão ser custeados por dotações globais, classificadas entre as Despesas de Capital.

Subseção II – Das Transferências de Capital

Art. 21. A Lei de Orçamento não consignará auxílio para investimentos que se devam incorporar ao patrimônio das empresas privadas de fins lucrativos.

Parágrafo único. O disposto neste artigo aplica-se às transferências de capital à conta de fundos especiais ou dotações sob regime excepcional de aplicação.

TÍTULO II – DA PROPOSTA ORÇAMENTÁRIA

CAPÍTULO I – CONTEÚDO E FORMA DA PROPOSTA ORÇAMENTÁRIA

Art. 22. A proposta orçamentária que o Poder Executivo encaminhará ao Poder Legislativo, nos prazos estabelecidos nas Constituições e nas Leis Orgânicas dos Municípios, compor-se-á de:

I – mensagem que conterá: exposição circunstanciada da situação econômico-financeira, documentada com demonstração da dívida fundada e flutuante, saldos de créditos especiais, restos a pagar e outros compromissos financeiros exigíveis; exposição e justificação da política econômico-financeira do Governo; justificação da receita e despesa, particularmente no tocante ao orçamento de capital;

II – projeto de Lei de Orçamento;

III – tabelas explicativas, das quais, além das estimativas de receita e despesa, constarão, em colunas distintas e para fins de comparação:

a) a receita arrecadada nos três últimos exercícios anteriores àquele em que se elaborou a proposta;

b) a receita prevista para o exercício em que se elabora a proposta;

c) a receita prevista para o exercício a que se refere a proposta;

d) a despesa realizada no exercício imediatamente anterior;

e) a despesa fixada para o exercício em que se elabora a proposta; e

f) a despesa prevista para o exercício a que se refere a proposta;

IV – especificação dos programas especiais de trabalho custeados por dotações globais, em termos de metas visadas, decompostas em estimativa do custo das obras a realizar e dos serviços a prestar, acompanhadas de justificação econômica, financeira, social e administrativa.

Parágrafo único. Constará da proposta orçamentária, para cada unidade administrativa, descrição sucinta de suas principais finalidades, com indicação da respectiva legislação.

CAPÍTULO II
DA ELABORAÇÃO DA PROPOSTA ORÇAMENTÁRIA

Seção I
DAS PREVISÕES PLURIANUAIS

Art. 23. As receitas e despesas de capital serão objeto de um Quadro de Recursos e de Aplicação de Capital, aprovado por decreto do Poder Executivo, abrangendo, no mínimo, um triênio.

Parágrafo único. O Quadro de Recursos e de Aplicação de Capital será anualmente reajustado acrescentando-se-lhe as previsões de mais um ano, de modo a assegurar a projeção contínua dos períodos.

Art. 24. O Quadro de Recursos e de Aplicação de Capital abrangerá:

I – as despesas e, como couber, também as receitas previstas em planos especiais aprovados em lei e destinados a atender a regiões ou a setores da administração ou da economia;

II – as despesas à conta de fundos especiais e, como couber, as receitas que os constituam;

III – em anexos, as despesas de capital das entidades referidas no Título X desta Lei, com indicação das respectivas receitas, para as quais forem previstas transferências de capital.

Art. 25. Os programas constantes do Quadro de Recursos e de Aplicação de Capital sempre que possível serão correlacionados a metas objetivas em termos de realização de obras e de prestação de serviços.

Parágrafo único. Consideram-se metas os resultados que se pretendem obter com a realização de cada programa.

Art. 26. A proposta orçamentária conterá o programa anual atualizado dos investimentos, inversões financeiras e transferências previstos no Quadro de Recursos e de Aplicação de Capital.

Seção II
DAS PREVISÕES ANUAIS

Art. 27. As propostas parciais de orçamento guardarão estrita conformidade com a política econômico-financeira, o programa anual de trabalho do Governo e, quando fixado, o limite global máximo para o orçamento de cada unidade administrativa.

Art. 28. As propostas parciais das unidades administrativas, organizadas em formulário próprio, serão acompanhadas de:

I – tabelas explicativas da despesa, sob a forma estabelecida no artigo 22, III, *d*, *e* e *f*;

II – justificação pormenorizada de cada dotação solicitada, com a indicação dos atos de aprovação de projetos e orçamentos de obras públicas, para cujo início ou prosseguimento ela se destina.

Art. 29. Caberá aos órgãos de contabilidade ou de arrecadação organizar demonstrações mensais da receita arrecadada, segundo as rubricas, para servirem de base à estimativa da receita na proposta orçamentária.

Parágrafo único. Quando houver órgão central de orçamento, essas demonstrações ser-lhe-ão remetidas mensalmente.

Art. 30. A estimativa da receita terá por base as demonstrações a que se refere o artigo anterior à arrecadação dos três últimos exercícios, pelo menos, bem como as circunstâncias de ordem conjuntural e outras, que possam afetar a produtividade de cada fonte de receita.

Art. 31. As propostas orçamentárias parciais serão revistas e coordenadas na proposta geral, considerando-se a receita estimada e as novas circunstâncias.

TÍTULO III – DA ELABORAÇÃO DA LEI DE ORÇAMENTO

Art. 32. Se não receber a proposta orçamentária no prazo fixado nas Constituições ou nas Leis Orgânicas dos Municípios, o Poder Legislativo considerará como proposta a Lei de Orçamento vigente.

Art. 33. Não se admitirão emendas ao projeto de Lei de Orçamento que visem a:

a) alterar a dotação solicitada para despesa de custeio, salvo quando provada, nesse ponto, a inexatidão da proposta;

b) conceder dotação para o início de obra cujo projeto não esteja aprovado pelos órgãos competentes;

c) conceder dotação para instalação ou funcionamento de serviço que não esteja anteriormente criado;

d) conceder dotação superior aos quantitativos previamente fixados em resolução do Poder Legislativo para concessão de auxílios e subvenções.

TÍTULO IV – DO EXERCÍCIO FINANCEIRO

Art. 34. O exercício financeiro coincidirá com o ano civil.

Art. 35. Pertencem ao exercício financeiro:

I – as receitas nele arrecadadas;

II – as despesas nele legalmente empenhadas.

Art. 36. Consideram-se Restos a Pagar as despesas empenhadas mas não pagas até o dia 31 de dezembro, distinguindo-se as processadas das não processadas.

Parágrafo único. Os empenhos que correm à conta de créditos com vigência plurianual, que não tenham sido liquidados, só serão computados como Restos a Pagar no último ano de vigência do crédito.

Art. 37. As despesas de exercícios encerrados, para as quais o orçamento respectivo consignava crédito próprio, com saldo suficiente para atendê-las, que não se tenham processado na época própria, bem como os Restos a Pagar com prescrição interrompida e os compromissos reconhecidos após o encerramento do exercício correspondente poderão ser pagos à conta de dotação específica consignada no orçamento, discriminada por elementos, obedecida, sempre que possível, a ordem cronológica.

Art. 38. Reverte à dotação a importância de despesa anulada no exercício: quando a anulação ocorrer após o encerramento deste considerar-se-á receita do ano em que se efetivar.

Art. 39. Os créditos da Fazenda Pública, de natureza tributária ou não tributária, serão escriturados como receita do exercício em que forem arrecadados, nas respectivas rubricas orçamentárias.

§ 1º Os créditos de que trata este artigo, exigíveis pelo transcurso do prazo para pagamento, serão inscritos, na forma da legislação própria, como Dívida Ativa, em registro próprio, após apurada a sua liquidez e certeza, e a respectiva receita será escriturada a esse título.

§ 2º Dívida Ativa Tributária é o crédito da Fazenda Pública dessa natureza, proveniente de obrigação legal relativa a tributos e respectivos adicionais e multas, e Dívida Ativa Não Tributária são os demais créditos da Fazenda Pública, tais como os provenientes de empréstimos compulsórios, contribuições estabelecidas em lei, multas de qualquer origem ou natureza, exceto as tributárias, foros, laudêmios, aluguéis ou taxas de ocupação, custas processuais, preços de serviços prestados por estabelecimentos públicos, indenizações, reposições, restituições, alcances dos responsáveis definitivamente julgados, bem assim os créditos decorrentes de obrigações em moeda estrangeira, de sub-rogação de hipoteca, fiança, aval ou outra garantia, de contratos em geral ou de outras obrigações legais.

§ 3º O valor do crédito da Fazenda Nacional em moeda estrangeira será convertido ao correspondente valor na moeda nacional à taxa cambial oficial, para compra, na data da notificação ou intimação do devedor, pela autoridade administrativa, ou, à sua falta, na data da inscrição da Dívida Ativa, incidindo, a partir da conversão, a atualização monetária e os juros de mora, de acordo com preceitos legais pertinentes aos débitos tributários.

§ 4º A receita da Dívida Ativa abrange os créditos mencionados nos parágrafos anteriores, bem como os valores correspondentes à respectiva atualização monetária, à multa e juros de mora e ao encargo de que tratam o artigo 1º do Decreto-Lei nº 1.025, de 21 de outubro de 1969, e o artigo 3º do Decreto-Lei nº 1.645, de 11 de dezembro de 1978.

§ 5º A Dívida Ativa da União será apurada e inscrita na Procuradoria da Fazenda Nacional.

▸ Art. 39 com a redação dada pelo Dec.-lei nº 1.735, de 20-12-1979.

Art. 39-A. *A União, o Estado, o Distrito Federal ou o Município poderá ceder onerosamente, nos termos desta Lei e de lei específica que o autorize, direitos originados de créditos tributários e não tributários, inclusive quando inscritos em dívida ativa, a pessoas jurídicas de direito privado ou a fundos de investimento regulamentados pela Comissão de Valores Mobiliários (CVM).*

§ 1º Para fins do disposto no caput, a cessão dos direitos creditórios deverá:

I – preservar a natureza do crédito de que se tenha originado o direito cedido, mantendo as garantias e os privilégios desse crédito;

II – manter inalterados os critérios de atualização ou correção de valores e os montantes representados pelo principal, os juros e as multas, assim como as condições de pagamento e as datas de vencimento, os prazos e os demais termos avençados originalmente entre a Fazenda Pública ou o órgão da administração pública e o devedor ou contribuinte;

III – assegurar à Fazenda Pública ou ao órgão da administração pública a prerrogativa de cobrança judicial e extrajudicial dos créditos de que se tenham originado os direitos cedidos;

IV – realizar-se mediante operação definitiva, isentando o cedente de responsabilidade, compromisso ou dívida de que decorra obrigação de pagamento perante o cessionário, de modo que a obrigação de pagamento dos direitos creditórios cedidos permaneça, a todo tempo, com o devedor ou contribuinte;

V – abranger apenas o direito autônomo ao recebimento do crédito, assim como recair somente sobre o produto de créditos já constituídos e reconhecidos pelo devedor ou contribuinte, inclusive mediante a formalização de parcelamento;

VI – ser autorizada, na forma de lei específica do ente, pelo chefe do Poder Executivo ou por autoridade administrativa a quem se faça a delegação dessa competência;

VII – realizar-se até 90 (noventa) dias antes da data de encerramento do mandato do chefe do Poder Executivo, ressalvado o caso em que o integral pagamento pela cessão dos direitos creditórios ocorra após essa data.

§ 2º A cessão de direitos creditórios preservará a base de cálculo das vinculações constitucionais no exercício financeiro em que o contribuinte efetuar o pagamento.

§ 3º A cessão de direitos creditórios não poderá abranger percentuais do crédito que, por força de regras constitucionais, pertençam a outros entes da Federação.

§ 4º As cessões de direitos creditórios realizadas nos termos deste artigo não se enquadram nas definições de que tratam os incisos III e IV do art. 29 e o art. 37 da Lei Complementar nº 101, de 4 de maio de 2000 (Lei de Responsabilidade Fiscal), sendo consideradas operação de venda definitiva de patrimônio público.

§ 5º As cessões de direitos creditórios tributários são consideradas atividades da administração tributária, não se aplicando a vedação constante do inciso IV do art. 167 da Constituição Federal aos créditos originados de impostos, respeitados os §§ 2º e 3º deste artigo.

§ 6º A receita de capital decorrente da venda de ativos de que trata este artigo observará o disposto no art. 44 da Lei Complementar nº 101, de 4 de maio de 2000 (Lei de Responsabilidade Fiscal), devendo-se destinar pelo menos 50% (cinquenta por cento) desse montante a despesas associadas a regime de previdência social, e o restante, a despesas com investimentos.

§ 7º A cessão de direitos creditórios de que trata este artigo poderá ser realizada por intermédio de sociedade de propósito específico, criada para esse fim pelo ente cedente, dispensada, nessa hipótese, a licitação.

§ 8º É vedado à instituição financeira controlada pelo ente federado cedente:

I – participar de operação de aquisição primária dos direitos creditórios desse ente;

II – adquirir ou negociar direitos creditórios desse ente em mercado secundário;

III – realizar operação lastreada ou garantida pelos direitos creditórios desse ente.

§ 9º O disposto no § 8º deste artigo não impede a instituição financeira pública de participar da estruturação financeira da operação, atuando como prestadora de serviços.

§ 10. A cessão de direitos creditórios originados de parcelamentos administrativos não inscritos em dívida ativa é limitada ao estoque de créditos existentes até a data de publicação da respectiva lei federal, estadual, distrital ou municipal que conceder a autorização legislativa para a operação.

▶ Art. 39-A acrescido pela LC nº 208, de 2-7-2024.

TÍTULO V – DOS CRÉDITOS ADICIONAIS

Art. 40. São créditos adicionais as autorizações de despesa não computadas ou insuficientemente dotadas na Lei de Orçamento.

Art. 41. Os créditos adicionais classificam-se em:

I – suplementares, os destinados a reforço de dotação orçamentária;

II – especiais, os destinados a despesas para as quais não haja dotação orçamentária específica;

III – extraordinários, os destinados a despesas urgentes e imprevistas, em caso de guerra, comoção intestina ou calamidade pública.

Art. 42. Os créditos suplementares e especiais serão autorizados por lei e abertos por decreto executivo.

Art. 43. A abertura dos créditos suplementares e especiais depende da existência de recursos disponíveis para ocorrer à despesa e será precedida de ex-posição justificativa.

§ 1º Consideram-se recursos para o fim deste artigo, desde que não comprometidos:

I – o superávit financeiro apurado em balanço patrimonial do exercício anterior;

II – os provenientes de excesso de arrecadação;

III – os resultantes de anulação parcial ou total de dotações orçamentárias ou de créditos adicionais, autorizados em lei;

IV – o produto de operações de crédito autorizadas, em forma que juridicamente possibilite ao Poder Executivo realizá-las.

§ 2º Entende-se por superávit financeiro a diferença positiva entre o ativo financeiro e o passivo financeiro, conjugando-se, ainda, os saldos dos créditos adicionais transferidos e as operações de crédito a eles vinculadas.

§ 3º Entende-se por excesso de arrecadação, para os fins deste artigo, o saldo positivo das diferenças acumuladas mês a mês, entre a arrecadação prevista e a realizada, considerando-se, ainda, a tendência do exercício.

§ 4º Para o fim de apurar os recursos utilizáveis, provenientes de excesso de arrecadação, deduzir-se-á a importância dos créditos extraordinários abertos no exercício.

Art. 44. Os créditos extraordinários serão abertos por decreto do Poder Executivo, que deles dará imediato conhecimento ao Poder Legislativo.

Art. 45. Os créditos adicionais terão vigência adstrita ao exercício financeiro em que forem abertos, salvo expressa disposição legal em contrário, quanto aos especiais e extraordinários.

Art. 46. O ato que abrir crédito adicional indicará a importância, a espécie do mesmo e a classificação da despesa, até onde for possível.

TÍTULO VI – DA EXECUÇÃO DO ORÇAMENTO

CAPÍTULO I – DA PROGRAMAÇÃO DA DESPESA

Art. 47. Imediatamente após a promulgação da Lei de Orçamento e com base nos limites nela fixados, o Poder Executivo aprovará um quadro de cotas trimestrais da despesa que cada unidade orçamentária fica autorizada a utilizar.

Art. 48. A fixação das cotas a que se refere o artigo anterior atenderá aos seguintes objetivos:

a) assegurar às unidades orçamentárias, em tempo útil, a soma de recursos necessários e suficientes à melhor execução do seu programa anual de trabalho;

b) manter, durante o exercício, na medida do possível, o equilíbrio entre a receita arrecadada e a despesa realizada, de modo a reduzir ao mínimo eventuais insuficiências de tesouraria.

Art. 49. A programação da despesa orçamentária, para efeito do disposto no artigo anterior, levará em conta os créditos adicionais e as operações extraorçamentárias.

Art. 50. As cotas trimestrais poderão ser alteradas durante o exercício, observados o limite da dotação e o comportamento da execução orçamentária.

CAPÍTULO II – DA RECEITA

Art. 51. Nenhum tributo será exigido ou aumentado sem que a lei o estabeleça, nenhum será cobrado em cada exercício sem prévia autorização orçamentária, ressalvados a tarifa aduaneira e o imposto lançado por motivo de guerra.

Art. 52. São objeto de lançamento os impostos diretos e quaisquer outras rendas com vencimento determinado em lei, regulamento ou contrato.

Art. 53. O lançamento da receita é ato da repartição competente, que verifica a procedência do crédito fiscal e a pessoa que lhe é devedora e inscreve o débito desta.

Art. 54. Não será admitida a compensação da observação de recolher rendas ou receitas com direito creditório contra a Fazenda Pública.

Art. 55. Os agentes da arrecadação devem fornecer recibos das importâncias que arrecadarem.

§ 1º Os recibos devem conter o nome da pessoa que paga a soma arrecadada, proveniência e classificação, bem como a data e assinatura do agente arrecadador.

§ 2º Os recibos serão fornecidos em uma única via.

Art. 56. O recolhimento de todas as receitas far-se-á em estrita observância ao princípio de unidade de tesouraria, vedada qualquer fragmentação para criação de caixas especiais.

Art. 57. Ressalvado o disposto no parágrafo único do artigo 3º desta Lei serão classificadas como receita orçamentária, sob as rubricas próprias, todas as receitas arrecadadas, inclusive as provenientes de operações de crédito, ainda que não previstas no Orçamento.

CAPÍTULO III – DA DESPESA

Art. 58. O empenho de despesa é o ato emanado de autoridade competente que cria para o Estado obrigação de pagamento pendente ou não de implemento de condição.

Art. 59. O empenho da despesa não poderá exceder o limite dos créditos concedidos.

§ 1º Ressalvado o disposto no artigo 67 da Constituição Federal, é vedado aos Municípios empenhar, no último mês do mandato do prefeito, mais do que o duodécimo da despesa prevista no Orçamento vigente.

§ 2º Fica, também, vedado aos Municípios, no mesmo período, assumir, por qualquer forma, compromissos financeiros para execução depois do término do mandato do prefeito.

§ 3º As disposições dos parágrafos anteriores não se aplicam nos casos comprovados de calamidade pública.

§ 4º Reputam-se nulos e de nenhum efeito os empenhos e atos praticados em desacordo com o disposto nos §§ 1º e 2º deste artigo, sem prejuízo da responsabilidade do prefeito nos termos do artigo 1º, V, do Decreto-Lei nº 201, de 27 de fevereiro de 1967.

▸ Art. 59 com a redação dada pela Lei nº 6.397, de 10-12-1976.

Art. 60. É vedada a realização de despesa sem prévio empenho.

§ 1º Em casos especiais previstos na legislação específica será dispensada a emissão da nota de empenho.

§ 2º Será feito por estimativa o empenho da despesa cujo montante não se possa determinar.

§ 3º É permitido o empenho global de despesas contratuais e outras, sujeitas a parcelamento.

Art. 61. Para cada empenho será extraído um documento denominado nota de empenho que indicará o nome do credor, a representação e a importância da despesa, bem como a dedução desta do saldo da dotação própria.

Art. 62. O pagamento da despesa só será efetuado quando ordenado após sua regular liquidação.

Art. 63. A liquidação da despesa consiste na verificação do direito adquirido pelo credor tendo por base os títulos e documentos comprobatórios do respectivo crédito.

§ 1º Essa verificação tem por fim apurar:

I – a origem e o objeto do que se deve pagar;

II – a importância exata a pagar;

III – a quem se deve pagar a importância, para extinguir a obrigação.

§ 2º A liquidação da despesa por fornecimentos feitos ou serviços prestados terá por base:

I – o contrato, ajuste ou acordo respectivo;

II – a nota de empenho;

III – os comprovantes da entrega de material ou da prestação efetiva do serviço.

Art. 64. A ordem de pagamento é o despacho exarado por autoridade competente, determinando que a despesa seja paga.

Parágrafo único. A ordem de pagamento só poderá ser exarada em documentos processados pelos serviços de contabilidade.

Art. 65. O pagamento da despesa será efetuado por tesouraria ou pagadoria regularmente instituídos por estabelecimentos bancários credenciados e, em casos excepcionais, por meio de adiantamento.

Art. 66. As dotações atribuídas às diversas unidades orçamentárias poderão quando expressamente determinado na Lei de Orçamento ser movimentadas por órgãos centrais de administração geral.

Parágrafo único. É permitida a redistribuição de parcelas das dotações de pessoal, de uma para outra unidade orçamentária, quando considerada indispensável à movimentação de pessoal dentro das tabelas ou quadros comuns às unidades interessadas, a que se realize em obediência à legislação específica.

Art. 67. Os pagamentos devidos pela Fazenda Pública, em virtude de sentença judiciária, far-se-ão na ordem de apresentação dos precatórios e à conta dos créditos respectivos, sendo proibida a designação de casos ou de pessoas nas dotações orçamentárias e nos créditos adicionais abertos para esse fim.

▸ Lei nº 6.830, de 22-9-1980 (Lei das Execuções Fiscais).

Art. 68. O regime de adiantamento é aplicável aos casos de despesas expressamente definidos em lei e consiste na entrega de numerário a servidor, sempre precedida de empenho na dotação própria para o fim de realizar despesas que não possam subordinar-se ao processo normal de aplicação.

Art. 69. Não se fará adiantamento a servidor em alcance nem a responsável por dois adiantamentos.

Art. 70. A aquisição de material, o fornecimento e a adjudicação de obras e serviços serão regulados em lei, respeitado o princípio da concorrência.

TÍTULO VII – DOS FUNDOS ESPECIAIS

Art. 71. Constitui fundo especial o produto de receitas especificadas que por lei se vinculam à realização de determinados objetivos ou serviços, facultada a adoção de normas peculiares de aplicação.

Art. 72. A aplicação das receitas orçamentárias vinculadas a fundos especiais far-se-á através de dotação consignada na Lei de Orçamento ou em créditos adicionais.

Art. 73. Salvo determinação em contrário da lei que o instituiu, o saldo positivo do fundo especial apurado em balanço será transferido para o exercício seguinte, a crédito do mesmo fundo.

Art. 74. A lei que instituir fundo especial poderá determinar normas peculiares de controle, prestação e tomada de contas, sem, de qualquer modo, elidir a competência específica do Tribunal de Contas ou órgão equivalente.

TÍTULO VIII – DO CONTROLE DA EXECUÇÃO ORÇAMENTÁRIA

CAPÍTULO I
DISPOSIÇÕES GERAIS

Art. 75. O controle da execução orçamentária compreenderá:

I – a legalidade dos atos de que resultem a arrecadação da receita ou a realização da despesa, o nascimento ou a extinção de direitos e obrigações;

II – a fidelidade funcional dos agentes da administração, responsáveis por bens e valores públicos;

III – o cumprimento do programa de trabalho expresso em termos monetários e em termos de realização de obras e prestação de serviços.

CAPÍTULO II
DO CONTROLE INTERNO

Art. 76. O Poder Executivo exercerá os três tipos de controle a que se refere o artigo 75, sem prejuízo das atribuições do Tribunal de Contas ou órgão equivalente.

Art. 77. A verificação da legalidade dos atos de execução orçamentária será prévia, concomitante e subsequente.

Art. 78. Além da prestação ou tomada de contas anual, quando instituída em lei, ou por fim de gestão, poderá haver, a qualquer tempo, levantamento, prestação ou tomada de contas de todos os responsáveis por bens ou valores públicos.

Art. 79. Ao órgão incumbido da elaboração da proposta orçamentária ou a outro indicado na legislação, caberá o controle estabelecido no inciso III do artigo 75.

Parágrafo único. Esse controle far-se-á, quando for o caso, em termos de unidades de medida, previamente estabelecidos para cada atividade.

Art. 80. Compete aos serviços de contabilidade ou órgãos equivalentes verificar a exata observância dos limites das cotas trimestrais atribuídas a cada unidade orçamentária, dentro do sistema que for instituído para esse fim.

CAPÍTULO III
DO CONTROLE EXTERNO

Art. 81. O controle da execução orçamentária, pelo Poder Legislativo, terá por objetivo verificar a probidade da administração, a guarda e legal emprego dos dinheiros públicos e o cumprimento da Lei de Orçamento.

Art. 82. O Poder Executivo, anualmente, prestará contas ao Poder Legislativo, no prazo estabelecido nas Constituições ou nas Leis Orgânicas dos Municípios.

§ 1º As contas do Poder Executivo serão submetidas ao Poder Legislativo, com parecer prévio do Tribunal de Contas ou órgão equivalente.

§ 2º Quando, no Município não houver Tribunal de Contas ou órgão equivalente, a Câmara de Vereadores poderá designar peritos contadores para verificarem as contas do prefeito e sobre elas emitirem parecer.

TÍTULO IX – DA CONTABILIDADE

CAPÍTULO I
DISPOSIÇÕES GERAIS

Art. 83. A contabilidade evidenciará perante a Fazenda Pública a situação de todos quantos, de qualquer modo, arrecadem receitas, efetuem despesas, administrem ou guardem bens a ela pertencentes ou confiados.

Art. 84. Ressalvada a competência do Tribunal de Contas ou órgão equivalente, a tomada de contas dos agentes responsáveis por bens ou dinheiros públicos será realizada ou superintendida pelos serviços de contabilidade.

Art. 85. Os serviços de contabilidade serão organizados de forma a permitirem o acompanhamento da execução orçamentária, o conhecimento da composição patrimonial, a determinação dos custos dos serviços industriais, o levantamento dos balanços gerais, a análise e a interpretação dos resultados econômicos e financeiros.

Art. 86. A escrituração sintética das operações financeiras e patrimoniais efetuar-se-á pelo método das partidas dobradas.

Art. 87. Haverá controle contábil dos direitos e obrigações oriundos de ajustes ou contratos em que a administração pública for parte.

Art. 88. Os débitos e créditos serão escriturados com individuação do devedor ou do credor e especificação da natureza, importância e data do vencimento, quando fixada.

Art. 89. A contabilidade evidenciará os fatos ligados à administração orçamentária, financeira, patrimonial e industrial.

CAPÍTULO II – DA CONTABILIDADE ORÇAMENTÁRIA E FINANCEIRA

Art. 90. A contabilidade deverá evidenciar, em seus registros, o montante dos créditos orçamentários vigentes, a despesa empenhada e a despesa realizada, à conta dos mesmos créditos, e as dotações disponíveis.

Art. 91. O registro contábil da receita e da despesa far-se-á de acordo com as especificações constantes da Lei de Orçamento e dos créditos adicionais.

Art. 92. A dívida flutuante compreende:

I – os restos a pagar, excluídos os serviços da dívida;

II – os serviços da dívida a pagar;

III – os depósitos;

IV – os débitos de tesouraria.

Parágrafo único. O registro dos Restos a Pagar far-se-á por exercício e por credor, distinguindo-se as despesas processadas das não processadas.

Art. 93. Todas as operações de que resultem débitos e créditos de natureza financeira, não compreendidas na execução orçamentária, serão também objeto de registro, individuação e controle contábil.

CAPÍTULO III – DA CONTABILIDADE PATRIMONIAL E INDUSTRIAL

Art. 94. Haverá registros analíticos de todos os bens de caráter permanente, com indicação dos elementos necessários para a perfeita caracterização de cada um deles e dos agentes responsáveis pela sua guarda e administração.

Art. 95. A contabilidade manterá registros sintéticos dos bens móveis e imóveis.

Art. 96. O levantamento geral dos bens móveis e imóveis terá por base o inventário analítico de cada unidade administrativa e os elementos da escrituração sintética na contabilidade.

Art. 97. Para fins orçamentários e determinação dos devedores, ter-se-á o registro contábil das receitas patrimoniais, fiscalizando-se sua efetivação.

Art. 98. A dívida fundada compreende os compromissos de exigibilidade superior a doze meses, contraídos para atender a desequilíbrio orçamentário ou a financeiro de obras e serviços públicos.

Parágrafo único. A dívida fundada será escriturada com individuação e especificações que permitem verificar, a qualquer momento, a posição dos empréstimos, bem como os respectivos serviços de amortização e juros.

Art. 99. Os serviços públicos industriais, ainda que não organizados como empresa pública ou autárquica, manterão contabilidade especial para determinação dos custos, ingressos e resultados, sem prejuízo da escrituração patrimonial e financeira comum.

Art. 100. As alterações da situação líquida patrimonial, que abrangem os resultados da execução orçamentária, bem como as variações independentes dessa execução e as superveniências e insubsistências ativas e passivas, constituirão elementos da conta patrimonial.

CAPÍTULO IV – DOS BALANÇOS

Art. 101. Os resultados gerais do exercício serão demonstrados no Balanço Orçamentário, no Balanço Financeiro, no Balanço Patrimonial, na Demonstração das Variações Patrimoniais, segundo os Anexos nºs 12, 13, 14 e 15 e os quadros demonstrativos constantes dos Anexos nºs 1, 6, 7, 8, 9, 10, 11, 16 e 17.

Art. 102. O Balanço Orçamentário demonstrará as receitas e despesas previstas em confronto com as realizadas.

Art. 103. O Balanço Financeiro demonstrará a receita e a despesa orçamentárias, bem como os recebimentos e os pagamentos de natureza extraorçamentária, conjugados com os saldos em espécie provenientes do exercício anterior, e os que se transferem para o exercício seguinte.

Parágrafo único. Os Restos a Pagar do exercício serão computados na receita extraorçamentária para compensar sua inclusão na despesa orçamentária.

Art. 104. A Demonstração das Variações Patrimoniais evidenciará as alterações verificadas no patrimônio, resultantes ou independentes da execução orçamentária, e indicará o resultado patrimonial do exercício.

Art. 105. O Balanço Patrimonial demonstrará:

I – o Ativo Financeiro;

II – o Ativo Permanente;

III – o Passivo Financeiro;

IV – o Passivo Permanente;

V – o Saldo Patrimonial;

VI – as Contas de Compensação.

§ 1º O Ativo Financeiro compreenderá os créditos e valores realizáveis independentemente de autorização orçamentária e os valores numerários.

§ 2º O Ativo Permanente compreenderá os bens, créditos e valores, cuja mobilização ou alienação dependa de autorização legislativa.

§ 3º O Passivo Financeiro compreenderá as dívidas fundadas e outras, cujo pagamento independa de autorização orçamentária.

§ 4º O Passivo Permanente compreenderá as dívidas fundadas e outras que dependam de autorização legislativa para amortização ou resgate.

§ 5º Nas contas de compensação serão registrados os bens, valores, obrigações e situações não compreendidas nos parágrafos anteriores e que, imediata ou indiretamente, possam vir a afetar o patrimônio.

Art. 106. A avaliação dos elementos patrimoniais obedecerá às normas seguintes:

I – os débitos e créditos, bem como os títulos de renda, pelo seu valor nominal, feita a conversão, quando em moeda estrangeira, à taxa de câmbio vigente na data do balanço;

II – os bens móveis e imóveis, pelo valor de aquisição ou pelo custo de produção ou de construção;

III – os bens de almoxarifado, pelo preço médio ponderado das compras.

§ 1º Os valores em espécie, assim como os débitos e créditos, quando em moeda estrangeira, deverão figurar ao lado das correspondentes importâncias em moeda nacional.

§ 2º As variações resultantes da conversão dos débitos, créditos e valores em espécie serão levadas à conta patrimonial.

§ 3º Poderão ser feitas reavaliações dos bens móveis e imóveis.

TÍTULO X – DAS AUTARQUIAS E OUTRAS ENTIDADES

Art. 107. As entidades autárquicas ou paraestatais, inclusive de previdência social ou investidas de delegação para arrecadação de contribuições parafiscais da União, dos Estados, dos Municípios e do Distrito Federal, terão seus orçamentos aprovados por decreto do Poder Executivo, salvo se disposição legal expressa determinar que o sejam pelo Poder Legislativo.

Parágrafo único. Compreendem-se nesta disposição as empresas com autonomia financeira e administrativa cujo capital pertencer, integralmente, ao Poder Público.

Art. 108. Os orçamentos das entidades referidas no artigo anterior vincular-se-ão ao orçamento da União, dos Estados, dos Municípios e do Distrito Federal, pela inclusão:

I – como receita, salvo disposição legal em contrário, de saldo positivo previsto entre os totais das receitas e despesas;

II – como subvenção econômica, na receita do orçamento da beneficiária, salvo disposição legal em contrário, do saldo negativo previsto entre os totais das receitas e despesas.

§ 1º Os investimentos ou inversões financeiras da União, dos Estados, dos Municípios e do Distrito Federal, realizados por intermédio das entidades aludidas no artigo anterior, serão classificados como receita de capital destas e despesa de transferência de capital daqueles.

§ 2º As previsões para depreciação serão computadas para efeito de apuração do saldo líquido das mencionadas entidades.

Art. 109. Os orçamentos e balanços das entidades compreendidas no artigo 107 serão publicados como complemento dos orçamentos e balanços da União, dos Estados, dos Municípios e do Distrito Federal a que estejam vinculados.

Art. 110. Os orçamentos e balanços das entidades já referidas obedecerão aos padrões e normas instituídas por esta Lei, ajustados às respectivas peculiaridades.

Parágrafo único. Dentro do prazo que a legislação fixar, os balanços serão remetidos ao órgão central de contabilidade da União, dos Estados, dos Municípios e do Distrito Federal, para fins de incorporação dos resultados, salvo disposição legal em contrário.

TÍTULO XI – DISPOSIÇÕES FINAIS

Art. 111. O Conselho Técnico de Economia e Finanças do Ministério de Fazenda, além de outras apurações, para fins estatísticos, de interesse nacional, organizará e publicará o balanço consolidado das contas da União, Estados, Municípios e Distrito Federal, suas autarquias e outras entidades, bem como um quadro estruturalmente idêntico, baseado em dados orçamentários.

§ 1º Os quadros referidos neste artigo terão a estrutura do Anexo nº 1.

§ 2º O quadro baseado nos orçamentos será publicado até o último dia do primeiro semestre do próprio exercício e o baseado nos balanços, até o último dia do segundo semestre do exercício imediato àquele a que se referirem.

Art. 112. Para cumprimento do disposto no artigo precedente, a União, os Estados, os Municípios e o Distrito Federal remeterão ao mencionado órgão, até 30 de abril, os orçamentos do exercício, e até 30 de junho, os balanços do exercício anterior.

Parágrafo único. O pagamento, pela União, de auxílio ou contribuição a Estados, Municípios ou Distrito Federal, cuja concessão não decorra de imperativo constitucional, dependerá de prova do atendimento ao que se determina neste artigo.

Art. 113. Para fiel e uniforme aplicação das presentes normas, o Conselho Técnico de Economia e Finanças do Ministério da Fazenda atenderá a consultas, coligirá elementos, promoverá o intercâmbio de dados informativos, expedirá recomendações técnicas, quando solicitadas, e atualizará, sempre que julgar conveniente, os anexos que integram a presente Lei.

Parágrafo único. Para os fins previstos neste artigo, poderão ser promovidas, quando necessário, conferências ou reuniões técnicas, com a participação de representantes das entidades abrangidas por estas normas.

Art. 114. Os efeitos desta Lei são contados a partir de 1º de janeiro de 1964, para o fim da elaboração dos orçamentos, e a partir de 1º de janeiro de 1965, quanto às demais atividades estatuídas.

► Art. 114 com a redação dada pela Lei nº 4.489, de 19-11-1964.

Art. 115. Revogam-se as disposições em contrário.

Brasília, 17 de março de 1964;
143º da Independência e
76º da República.
João Goulart

► Optamos por não publicar os anexos nesta edição.

DECRETO-LEI Nº 201, DE 27 DE FEVEREIRO DE 1967

Dispõe sobre a responsabilidade dos Prefeitos e Vereadores, e dá outras providências.

► Publicado no *DOU* de 27-2-1967.

Art. 1º São crimes de responsabilidade dos Prefeitos Municipais, sujeitos ao julgamento do Poder Judiciário, independentemente do pronunciamento da Câmara dos Vereadores:

► Súm. nº 164 do STJ.

I – apropriar-se de bens ou rendas públicas, ou desviá-los em proveito próprio ou alheio;
II – utilizar-se, indevidamente, em proveito próprio ou alheio, de bens, rendas ou serviços públicos;
III – desviar, ou aplicar indevidamente, rendas ou verbas públicas;
IV – empregar subvenções, auxílios, empréstimos ou recursos de qualquer natureza, em desacordo com os planos ou programas a que se destinam;
V – ordenar ou efetuar despesas não autorizadas por lei, ou realizá-las em desacordo com as normas financeiras pertinentes;
VI – deixar de prestar contas anuais da administração financeira do Município à Câmara de Vereadores, ou ao órgão que a Constituição do Estado indicar, nos prazos e condições estabelecidos;
VII – deixar de prestar contas, no devido tempo, ao órgão competente, da aplicação de recursos, empréstimos, subvenções ou auxílios internos ou externos, recebidos a qualquer título;
VIII – contrair empréstimo, emitir apólices, ou obrigar o Município por títulos de crédito, sem autorização da Câmara, ou em desacordo com a lei;
IX – conceder empréstimos, auxílios ou subvenções sem autorização da Câmara, ou em desacordo com a lei;
X – alienar ou onerar bens imóveis, ou rendas municipais, sem autorização da Câmara, ou em desacordo com a lei;
XI – adquirir bens, ou realizar serviços e obras, sem concorrência ou coleta de preços, nos casos exigidos em lei;
XII – antecipar ou inverter a ordem de pagamento a credores do Município, sem vantagem para o erário;
XIII – nomear, admitir ou designar servidor, contra expressa disposição de lei;
XIV – negar execução a lei federal, estadual ou municipal, ou deixar de cumprir ordem judicial, sem dar o motivo da recusa ou da impossibilidade, por escrito, à autoridade competente;
XV – deixar de fornecer certidões de atos ou contratos municipais dentro do prazo estabelecido em lei;
XVI – deixar de ordenar a redução do montante da dívida consolidada, nos prazos estabelecidos em lei, quando o montante ultrapassar o valor resultante da aplicação do limite máximo fixado pelo Senado Federal;
XVII – ordenar ou autorizar a abertura de crédito em desacordo com os limites estabelecidos pelo Senado Federal, sem fundamento na lei orçamentária ou na de crédito adicional ou com inobservância de prescrição legal;
XVIII – deixar de promover ou de ordenar, na forma da lei, o cancelamento, a amortização ou a constituição de reserva para anular os efeitos de operação de crédito realizada com inobservância de limite, condição ou montante estabelecido em lei;
XIX – deixar de promover ou de ordenar a liquidação integral de operação de crédito por antecipação de receita orçamentária, inclusive os respectivos juros e demais encargos, até o encerramento do exercício financeiro;
XX – ordenar ou autorizar, em desacordo com a lei, a realização de operação de crédito com qualquer um dos demais entes da Federação, inclusive suas entidades da administração indireta, ainda que na forma de novação, refinanciamento ou postergação de dívida contraída anteriormente;
XXI – captar recursos a título de antecipação de receita de tributo ou contribuição cujo fato gerador ainda não tenha ocorrido;
XXII – ordenar ou autorizar a destinação de recursos provenientes da emissão de títulos para finalidade diversa da prevista na lei que a autorizou;
XXIII – realizar ou receber transferência voluntária em desacordo com limite ou condição estabelecida em lei.

► Incisos XVI a XXIII acrescidos pela Lei nº 10.028, de 19-10-2000.

§ 1º Os crimes definidos neste artigo são de ação pública, punidos os dos itens I e II, com a pena de reclusão, de dois a doze anos, e os demais, com a pena de detenção, de três meses a três anos.

§ 2º A condenação definitiva em qualquer dos crimes definidos neste artigo acarreta a perda do cargo e a inabilitação, pelo prazo de cinco anos, para o exercício de cargo ou função pública, eletivo ou de nomeação, sem prejuízo da reparação civil do dano causado ao patrimônio público ou particular.

Art. 2º O processo dos crimes definidos no artigo anterior é o comum do juízo singular, estabelecido pelo Código de Processo Penal, com as seguintes modificações:

I – antes de receber a denúncia, o juiz ordenará a notificação do acusado para apresentar defesa prévia no prazo de cinco dias. Se o acusado não for encontrado para a notificação, ser-lhe-á nomeado defensor, a quem caberá apresentar a defesa, dentro no mesmo prazo;
II – ao receber a denúncia, o juiz manifestar-se-á, obrigatória e motivadamente, sobre a prisão preventiva do acusado, nos casos dos itens I e II do artigo anterior, e sobre o seu afastamento do exercício do cargo durante a instrução criminal, em todos os casos;

► Arts. 311 a 316 do CPP.

III – do despacho, concessivo ou denegatório, de prisão preventiva, ou de afastamento do cargo do acusado, caberá recurso, em sentido estrito, para o Tribunal competente, no prazo de cinco dias, em autos apartados. O recurso do despacho que decretar a prisão preventiva ou o afastamento do cargo terá efeito suspensivo.

§ 1º Os órgãos federais, estaduais ou municipais, interessados na apuração da responsabilidade do Prefeito, podem requerer a abertura de inquérito policial ou a instauração da ação penal pelo Ministério Público, bem como intervir, em qualquer fase do processo, como assistente da acusação.

§ 2º Se as providências para a abertura do inquérito policial ou instauração da ação penal não forem atendidas pela autoridade policial ou pelo Ministério Público estadual, poderão ser requeridas ao Procurador-Geral da República.

Art. 3º O Vice-Prefeito, ou quem vier a substituir o Prefeito, fica sujeito ao mesmo processo do substituído, ainda que tenha cessado a substituição.

Art. 4º São infrações político-administrativas dos Prefeitos Municipais sujeitas ao julgamento pela Câmara dos Vereadores e sancionadas com a cassação do mandato:

I – impedir o funcionamento regular da Câmara;
II – impedir o exame de livros, folhas de pagamento e demais documentos que devam constar dos arquivos da Prefeitura, bem como a verificação de obras e serviços municipais, por comissão de investigação da Câmara ou auditoria, regularmente instituída;
III – desatender, sem motivo justo, as convocações ou os pedidos de informações da Câmara, quando feitos a tempo e em forma regular;
IV – retardar a publicação ou deixar de publicar as leis e atos sujeitos a essa formalidade;

V – deixar de apresentar à Câmara, no devido tempo, e em forma regular, a proposta orçamentária;

VI – descumprir o orçamento aprovado para o exercício financeiro;

VII – praticar, contra expressa disposição de lei, ato de sua competência ou omitir-se na sua prática;

VIII – omitir-se ou negligenciar na defesa de bens, rendas, direitos ou interesses do Município, sujeitos à administração da Prefeitura;

IX – ausentar-se do Município, por tempo superior ou permitido em lei, ou afastar-se da Prefeitura, sem autorização da Câmara dos Vereadores;

X – proceder de modo incompatível com a dignidade e o decoro do cargo.

Art. 5º O processo de cassação do mandato do Prefeito pela Câmara, por infrações definidas no artigo anterior, obedecerá ao seguinte rito, se outro não for estabelecido pela legislação do Estado respectivo:

I – a denúncia escrita da infração poderá ser feita por qualquer eleitor, com a exposição dos fatos e a indicação das provas. Se o denunciante for Vereador, ficará impedido de votar sobre a denúncia e de integrar a Comissão processante, podendo, todavia, praticar todos os atos de acusação. Se o denunciante for o Presidente da Câmara, passará a Presidência ao substituto legal, para os atos do processo, e só votará se necessário para completar o *quorum* de julgamento. Será convocado o suplente do Vereador impedido de votar, o qual não poderá integrar a Comissão processante;

II – de posse da denúncia, o Presidente da Câmara, na primeira sessão, determinará sua leitura e consultará a Câmara sobre o seu recebimento. Decidido o recebimento, pelo voto da maioria dos presentes, na mesma sessão será constituída a Comissão processante, com três Vereadores sorteados entre os desimpedidos, os quais elegerão, desde logo, o Presidente e o Relator;

III – recebendo o processo, o Presidente da Comissão iniciará os trabalhos, dentro em cinco dias, notificando o denunciado, com a remessa de cópia da denúncia e documentos que a instruírem, para que, no prazo de dez dias, apresente defesa prévia, por escrito, indique as provas que pretender produzir e arrole testemunhas, até o máximo de dez. Se estiver ausente do Município, a notificação far-se-á por edital, publicado duas vezes, no órgão oficial, com intervalo de três dias, pelo menos, contado o prazo da primeira publicação. Decorrido o prazo de defesa, a Comissão processante emitirá parecer dentro em cinco dias, opinando pelo prosseguimento ou arquivamento da denúncia, o qual, neste caso, será submetido ao Plenário. Se a Comissão opinar pelo prosseguimento, o Presidente designará, desde logo, o início da instrução, e determinará os atos, diligências e audiências que se fizerem necessários, para o depoimento do denunciado e inquirição das testemunhas;

IV – o denunciado deverá ser intimado de todos os atos do processo, pessoalmente, ou na pessoa de seu procurador, com a antecedência, pelo menos, de vinte e quatro horas, sendo-lhe permitido assistir às diligências e audiências, bem como formular perguntas e reperguntas às testemunhas e requerer o que for de interesse da defesa;

V – concluída a instrução, será aberta vista do processo ao denunciado, para razões escritas, no prazo de 5 (cinco) dias, e, após, a Comissão processante emitirá parecer final, pela procedência ou improcedência da acusação, e solicitará ao Presidente da Câmara a convocação de sessão para julgamento. Na sessão de julgamento, serão lidas as peças requeridas por qualquer dos Vereadores e pelos denunciados, e, a seguir, os que desejarem poderão manifestar-se verbalmente, pelo tempo máximo de 15 (quinze) minutos cada um, e, ao final, o denunciado, ou seu procurador, terá o prazo máximo de 2 (duas) horas para produzir sua defesa oral;

▶ Inciso V com a redação dada pela Lei nº 11.966, de 3-7-2009.

VI – concluída a defesa, proceder-se-á a tantas votações nominais quantas forem as infrações articuladas na denúncia. Considerar-se-á afastado, definitivamente, do cargo, o denunciado que for declarado, pelo voto de dois terços pelo menos, dos membros da Câmara, incurso em qualquer das infrações especificadas na denúncia. Concluído o julgamento, o Presidente da Câmara proclamará imediatamente o resultado e fará lavrar ata que consigne a votação nominal sobre cada infração, e, se houver condenação, expedirá o competente decreto legislativo de cassação do mandato de Prefeito. Se o resultado da votação for absolutório, o Presidente determinará o arquivamento do processo. Em qualquer dos casos, o Presidente da Câmara comunicará à Justiça Eleitoral o resultado;

VII – o processo, a que se refere este artigo, deverá estar concluído dentro em noventa dias, contados da data em que se efetivar a notificação do acusado. Transcorrido o prazo sem o julgamento, o processo será arquivado, sem prejuízo de nova denúncia ainda que sobre os mesmos fatos.

Art. 6º Extingue-se o mandato de Prefeito, e, assim, deve ser declarado pelo Presidente da Câmara de Vereadores, quando:

I – ocorrer falecimento, renúncia por escrito, cassação dos direitos políticos ou condenação por crime funcional ou eleitoral;

II – deixar de tomar posse, sem motivo justo aceito pela Câmara, dentro do prazo estabelecido em lei;

III – incidir nos impedimentos para o exercício do cargo, estabelecidos em lei, e não se desincompatibilizar até a posse, e, nos casos supervenientes, no prazo que a lei ou a Câmara fixar.

Parágrafo único. A extinção do mandato independe de deliberação do plenário e se tornará efetiva desde a declaração do fato ou ato extintivo pelo Presidente e sua inserção em ata.

Art. 7º A Câmara poderá cassar o mandato de Vereador, quando:

I – utilizar-se do mandato para a prática de atos de corrupção ou de improbidade administrativa;

II – fixar residência fora do Município;

▶ Art. 42, parágrafo único, do CE.

III – proceder de modo incompatível com a dignidade da Câmara ou faltar com o decoro na sua conduta pública.

§ 1º O processo de cassação de mandato de Vereador é, no que couber, o estabelecido no artigo 5º deste Decreto-Lei.

§ 2º *Revogado*. Lei nº 9.504, de 30-9-1997.

Art. 8º Extingue-se o mandato do Vereador e assim será declarado pelo Presidente da Câmara, quando:

I – ocorrer falecimento, renúncia por escrito, cassação dos direitos políticos ou condenação por crime funcional ou eleitoral;

II – deixar de tomar posse, sem motivo justo aceito pela Câmara, dentro do prazo estabelecido em lei;

III – deixar de comparecer, em cada sessão legislativa anual, à terça parte das sessões ordinárias da Câmara Municipal, salvo por motivo de doença comprovada, licença ou missão autorizada pela edilidade; ou, ainda, deixar de comparecer a cinco sessões extraordinárias convocadas pelo Prefeito, por escrito e mediante recibo de recebimento, para apreciação de matéria urgente, assegurada ampla defesa, em ambos os casos;

▶ Inciso III com a redação dada pela Lei nº 6.793, de 11-6-1980.

IV – incidir nos impedimentos para o exercício do mandato, estabelecidos em lei e não se desincompatibilizar até a posse, e, nos casos supervenientes, no prazo fixado em lei ou pela Câmara.

§ 1º Ocorrido e comprovado o ato ou fato extintivo, o Presidente da Câmara, na primeira sessão, comunicará ao plenário e fará constar da ata a declaração da extinção do mandato e convocará imediatamente o respectivo suplente.

§ 2º Se o Presidente da Câmara omitir-se nas providências do parágrafo anterior, o suplente do Vereador ou o Prefeito Municipal poderá requerer a declaração de extinção do mandato, por via judicial, e se procedente, o juiz condenará o Presidente omisso nas custas do processo e honorários de advogado que fixará de plano, importando a decisão judicial na destituição automática do cargo da Mesa e no impedimento para nova investidura durante toda a legislatura.

§ 3º O disposto no item III não se aplicará às sessões extraordinárias que forem convocadas pelo Prefeito, durante os períodos de recesso das Câmaras Municipais.

▶ § 3º acrescido pela Lei nº 5.659, de 8-6-1971.

Art. 9º O presente Decreto-Lei entrará em vigor na data de sua publicação, revogadas as Leis nºs 211, de 7 de janeiro de 1948, e 3.528, de 3 de janeiro de 1959, e demais disposições em contrário.

Brasília, 27 de fevereiro de 1967;
146º da Independência e
79º da República.

H. Castello Branco

LEI COMPLEMENTAR Nº 101, DE 4 DE MAIO DE 2000

Estabelece normas de finanças públicas voltadas para a responsabilidade na gestão fiscal e dá outras providências.

▶ Publicada no *DOU* de 5-5-2000.

▶ Lei nº 11.457, de 16-3-2007 (Lei da Super-Receita).

CAPÍTULO I

DISPOSIÇÕES PRELIMINARES

Art. 1º Esta Lei Complementar estabelece normas de finanças públicas voltadas para a responsabilidade na gestão fiscal, com amparo no Capítulo II do Título VI da Constituição.

§ 1º A responsabilidade na gestão fiscal pressupõe a ação planejada e transparente, em que se previnem riscos e corrigem desvios capazes de afetar o equilíbrio das contas públicas, mediante o cumprimento de metas de resultados entre receitas e despesas e a obediência a limites e condições no que tange a renúncia de receita, geração de despesas com pessoal, da seguridade social e outras, dívidas consolidada e mobiliária, operações de crédito, inclusive por antecipação de receita, concessão de garantia e inscrição em Restos a Pagar.

§ 2º As disposições desta Lei Complementar obrigam a União, os Estados, o Distrito Federal e os Municípios.

§ 3º Nas referências:

I – à União, aos Estados, ao Distrito Federal e aos Municípios, estão compreendidos:

a) o Poder Executivo, o Poder Legislativo, neste abrangidos os Tribunais de Contas, o Poder Judiciário e o Ministério Público;

b) as respectivas administrações diretas, fundos, autarquias, fundações e empresas estatais dependentes;

II – a Estados entende-se considerado o Distrito Federal;

III – a Tribunais de Contas estão incluídos: Tribunal de Contas da União, Tribunal de Contas do Estado e, quando houver, Tribunal de Contas dos Municípios e Tribunal de Contas do Município.

Art. 2º Para os efeitos desta Lei Complementar, entende-se como:

I – ente da Federação: a União, cada Estado, o Distrito Federal e cada Município;

II – empresa controlada: sociedade cuja maioria do capital social com direito a voto pertença, direta ou indiretamente, a ente da Federação;

III – empresa estatal dependente: empresa controlada que receba do ente controlador recursos financeiros para pagamento de despesas com pessoal ou de custeio em geral ou de capital, excluídos, no último caso, aqueles provenientes de aumento de participação acionária;

IV – receita corrente líquida: somatório das receitas tributárias, de contribuições, patrimoniais, industriais, agropecuárias, de serviços, transferências correntes e outras receitas também correntes, deduzidos:

a) *na União, os valores transferidos aos Estados, Distrito Federal e Municípios por determinação constitucional ou legal, inclusive os valores entregues aos Estados e ao Distrito Federal por meio do Fundo instituído pelo art. 159-A da Constituição, e as contribuições mencionadas na alínea a do inciso I e no inciso II do art. 195, e no art. 239 da Constituição;*

▸ Alínea *a* com a redação dada pela LC nº 214, de 16-1-2025.

b) nos Estados, as parcelas entregues aos Municípios por determinação constitucional;

c) na União, nos Estados e nos Municípios, a contribuição dos servidores para o custeio do seu sistema de previdência e assistência social e as receitas provenientes da compensação financeira citada no § 9º do art. 201 da Constituição.

§ 1º Serão computados no cálculo da receita corrente líquida os valores pagos e recebidos em decorrência da Lei Complementar nº 87, de 13 de setembro de 1996, e do fundo previsto pelo art. 60 do Ato das Disposições Constitucionais Transitórias.

§ 2º Não serão considerados na receita corrente líquida do Distrito Federal e dos Estados do Amapá e de Roraima os recursos recebidos da União para atendimento das despesas de que trata o inciso V do § 1º do art. 19.

§ 3º A receita corrente líquida será apurada somando-se as receitas arrecadadas no mês em referência e nos onze anteriores, excluídas as duplicidades.

CAPÍTULO II
DO PLANEJAMENTO

▸ Lei nº 10.180, de 6-1-2001, organiza os Sistemas de Planejamento e de Orçamento Federal, de Administração Financeira Federal, de Contabilidade Federal e de Controle Interno do Poder Executivo Federal.

SEÇÃO I
DO PLANO PLURIANUAL

Art. 3º VETADO.

SEÇÃO II
DA LEI DE DIRETRIZES ORÇAMENTÁRIAS

Art. 4º A lei de diretrizes orçamentárias atenderá o disposto no § 2º do art. 165 da Constituição e:

I – disporá também sobre:

a) equilíbrio entre receitas e despesas;

b) critérios e forma de limitação de empenho, a ser efetivada nas hipóteses previstas na alínea *b* do inciso II deste artigo, no art. 9º e no inciso II do § 1º do art. 31;

c e d) VETADAS;

e) normas relativas ao controle de custos e à avaliação dos resultados dos programas financiados com recursos dos orçamentos;

f) demais condições e exigências para transferências de recursos a entidades públicas e privadas;

II e III – VETADOS.

§ 1º Integrará o projeto de lei de diretrizes orçamentárias Anexo de Metas Fiscais, em que serão estabelecidas metas anuais, em valores correntes e constantes, relativas a receitas, despesas, resultados nominal e primário e montante da dívida pública, para o exercício a que se referirem e para os dois seguintes.

§ 2º O Anexo conterá, ainda:

I – avaliação do cumprimento das metas relativas ao ano anterior;

II – demonstrativo das metas anuais, instruído com memória e metodologia de cálculo que justifiquem os resultados pretendidos, comparando-as com as fixadas nos três exercícios anteriores, e evidenciando a consistência delas com as premissas e os objetivos da política econômica nacional;

III – evolução do patrimônio líquido, também nos últimos três exercícios, destacando a origem e a aplicação dos recursos obtidos com a alienação de ativos;

IV – avaliação da situação financeira e atuarial:

a) dos regimes geral de previdência social e próprio dos servidores públicos e do Fundo de Amparo ao Trabalhador;

b) dos demais fundos públicos e programas estatais de natureza atuarial;

V – demonstrativo da estimativa e compensação da renúncia de receita e da margem de expansão das despesas obrigatórias de caráter continuado;

VI – quadro demonstrativo do cálculo da meta do resultado primário de que trata o § 1º deste artigo, que evidencie os principais agregados de receitas e despesas, os resultados, comparando-os com os valores programados para o exercício em curso e os realizados nos 2 (dois) exercícios anteriores, e as estimativas para o exercício a que se refere a lei de diretrizes orçamentárias e para os subsequentes.

▸ Inciso VI acrescido pela LC nº 200, de 30-8-2023.

§ 3º A lei de diretrizes orçamentárias conterá Anexo de Riscos Fiscais, onde serão avaliados os passivos contingentes e outros riscos capazes de afetar as contas públicas, informando as providências a serem tomadas, caso se concretizem.

§ 4º A mensagem que encaminhar o projeto da União apresentará, em anexo específico, os objetivos das políticas monetária, creditícia e cambial, bem como os parâmetros e as projeções para seus principais agregados e variáveis, e ainda as metas de inflação, para o exercício subsequente.

§ 5º No caso da União, o Anexo de Metas Fiscais do projeto de lei de diretrizes orçamentárias conterá também:

I – as metas anuais para o exercício a que se referir e para os 3 (três) seguintes, com o objetivo de garantir sustentabilidade à trajetória da dívida pública;

II – o marco fiscal de médio prazo, com projeções para os principais agregados fiscais que compõem os cenários de referência, distinguindo-se as despesas primárias das financeiras e as obrigatórias daquelas discricionárias;

III – o efeito esperado e a compatibilidade, no período de 10 (dez) anos, do cumprimento das metas de resultado primário sobre a trajetória de convergência da dívida pública, evidenciando o nível de resultados fiscais consistentes com a estabilização da Dívida Bruta do Governo Geral (DBGG) em relação ao Produto Interno Bruto (PIB);

IV – os intervalos de tolerância para verificação do cumprimento das metas anuais de resultado primário, convertido em valores correntes, de menos 0,25 p.p. (vinte e cinco centésimos ponto percentual) e de mais 0,25 p.p. (vinte e cinco centésimos ponto percentual) do PIB previsto no respectivo projeto de lei de diretrizes orçamentárias;

V – os limites e os parâmetros orçamentários dos Poderes e órgãos autônomos compatíveis com as disposições estabelecidas na lei complementar prevista no inciso VIII do *caput* do art. 163 da Constituição Federal e no art. 6º da Emenda Constitucional nº 126, de 21 de dezembro de 2022;

VI – a estimativa do impacto fiscal, quando couber, das recomendações resultantes da avaliação das políticas públicas previstas no § 16 do art. 37 da Constituição Federal.

§ 6º Os Estados, o Distrito Federal e os Municípios poderão adotar, total ou parcialmente, no que couber, o disposto no § 5º deste artigo.

▸ §§ 5º e 6º acrescidos pela LC nº 200, de 30-8-2023.

§ 7º A lei de diretrizes orçamentárias não poderá dispor sobre a exclusão de quaisquer despesas primárias da apuração da meta de resultado primário dos orçamentos fiscal e da seguridade social.

► § 7º acrescido pela LC nº 200, de 30-8-2023, promulgado nos termos do art. 66, § 5º, da CF (*DOU* de 22-12-2023 – ed. extra C).

Seção III

DA LEI ORÇAMENTÁRIA ANUAL

Art. 5º O projeto de lei orçamentária anual, elaborado de forma compatível com o plano plurianual, com a lei de diretrizes orçamentárias e com as normas desta Lei Complementar:

I – conterá, em anexo, demonstrativo da compatibilidade da programação dos orçamentos com os objetivos e metas constantes do documento de que trata o § 1º do art. 4º;

II – será acompanhado do documento a que se refere o § 6º do art. 165 da Constituição, bem como das medidas de compensação a renúncias de receita e ao aumento de despesas obrigatórias de caráter continuado;

III – conterá reserva de contingência, cuja forma de utilização e montante, definido com base na receita corrente líquida, serão estabelecidos na lei de diretrizes orçamentárias, destinada ao:

a) VETADA;

b) atendimento de passivos contingentes e outros riscos e eventos fiscais imprevistos.

§ 1º Todas as despesas relativas à dívida pública, mobiliária ou contratual, e as receitas que as atenderão, constarão da lei orçamentária anual.

§ 2º O refinanciamento da dívida pública constará separadamente na lei orçamentária e nas de crédito adicional.

§ 3º A atualização monetária do principal da dívida mobiliária refinanciada não poderá superar a variação do índice de preços previsto na lei de diretrizes orçamentárias, ou em legislação específica.

§ 4º É vedado consignar na lei orçamentária crédito com finalidade imprecisa ou com dotação ilimitada.

§ 5º A lei orçamentária não consignará dotação para investimento com duração superior a um exercício financeiro que não esteja previsto no plano plurianual ou em lei que autorize a sua inclusão, conforme disposto no § 1º do art. 167 da Constituição.

§ 6º Integrarão as despesas da União, e serão incluídas na lei orçamentária, as do Banco Central do Brasil relativas a pessoal e encargos sociais, custeio administrativo, inclusive os destinados a benefícios e assistência aos servidores, e a investimentos.

§ 7º VETADO.

Art. 6º VETADO.

Art. 7º O resultado do Banco Central do Brasil, apurado após a constituição ou reversão de reservas, constitui receita do Tesouro Nacional, e será transferido até o décimo dia útil subsequente à aprovação dos balanços semestrais.

§ 1º O resultado negativo constituirá obrigação do Tesouro para com o Banco Central do Brasil e será consignado em dotação específica no orçamento.

§ 2º O impacto e o custo fiscal das operações realizadas pelo Banco Central do Brasil serão demonstrados trimestralmente, nos termos em que dispuser a lei de diretrizes orçamentárias da União.

§ 3º Os balanços trimestrais do Banco Central do Brasil conterão notas explicativas sobre os custos da remuneração das disponibilidades do Tesouro Nacional e da manutenção das reservas cambiais e a rentabilidade de sua carteira de títulos, destacando os de emissão da União.

Seção IV

DA EXECUÇÃO ORÇAMENTÁRIA E DO CUMPRIMENTO DAS METAS

Art. 8º Até trinta dias após a publicação dos orçamentos, nos termos em que dispuser a lei de diretrizes orçamentárias e observado o disposto na alínea *c* do inciso I do art. 4º, o Poder Executivo estabelecerá a programação financeira e o cronograma de execução mensal de desembolso.

Parágrafo único. Os recursos legalmente vinculados a finalidade específica serão utilizados exclusivamente para atender ao objeto de sua vinculação, ainda que em exercício diverso daquele em que ocorrer o ingresso.

Art. 9º Se verificado, ao final de um bimestre, que a realização da receita poderá não comportar o cumprimento das metas de resultado primário ou nominal estabelecidas no Anexo de Metas Fiscais, os Poderes e o Ministério Público promoverão, por ato próprio e nos montantes necessários, nos trinta dias subsequentes, limitação de empenho e movimentação financeira, segundo os critérios fixados pela lei de diretrizes orçamentárias.

§ 1º No caso de restabelecimento da receita prevista, ainda que parcial, a recomposição das dotações cujos empenhos foram limitados dar-se-á de forma proporcional às reduções efetivadas.

§ 2º Não serão objeto de limitação as despesas que constituam obrigações constitucionais e legais do ente, inclusive aquelas destinadas ao pagamento do serviço da dívida, as relativas à inovação e ao desenvolvimento científico e tecnológico custeadas por fundo criado para tal finalidade e as ressalvadas pela lei de diretrizes orçamentárias.

► § 2º com a redação dada pela LC nº 177, de 12-1-2021.

§ 3º No caso de os Poderes Legislativo e Judiciário e o Ministério Público não promoverem a limitação no prazo estabelecido no *caput*, é o Poder Executivo autorizado a limitar os valores financeiros segundo os critérios fixados pela lei de diretrizes orçamentárias.

► O STF, por maioria dos votos, julgou procedente o pedido formulado na ADI nº 2.238 para declarar a inconstitucionalidade deste parágrafo (*DOU* de 13-8-2020).

► Art. 168 da CF.

§ 4º Até o final dos meses de maio, setembro e fevereiro, o Ministro ou Secretário de Estado da Fazenda demonstrará e avaliará o cumprimento das metas fiscais de cada quadrimestre e a trajetória da dívida, em audiência pública na comissão referida no § 1º do art. 166 da Constituição Federal ou conjunta com as comissões temáticas do Congresso Nacional ou equivalente nas Casas Legislativas estaduais e municipais.

► § 4º com a redação dada pela LC nº 200, de 30-8-2023.

§ 5º No prazo de noventa dias após o encerramento de cada semestre, o Banco Central do Brasil apresentará, em reunião conjunta das comissões temáticas pertinentes do Congresso Nacional, avaliação do cumprimento dos objetivos e metas das políticas monetária, creditícia e cambial, evidenciando o impacto e o custo fiscal de suas operações e os resultados demonstrados nos balanços.

Art. 10. A execução orçamentária e financeira identificará os beneficiários de pagamento de sentenças judiciais, por meio de sistema de contabilidade e administração financeira, para fins de observância da ordem cronológica determinada no art. 100 da Constituição.

CAPÍTULO III

DA RECEITA PÚBLICA

Seção I

DA PREVISÃO E DA ARRECADAÇÃO

Art. 11. Constituem requisitos essenciais da responsabilidade na gestão fiscal a instituição, previsão e efetiva arrecadação de todos os tributos da competência constitucional do ente da Federação.

Parágrafo único. É vedada a realização de transferências voluntárias para o ente que não observe o disposto no *caput*, no que se refere aos impostos.

Art. 12. As previsões de receita observarão as normas técnicas e legais, considerarão os efeitos das alterações na legislação, da variação do índice de preços, do crescimento econômico ou de qualquer outro fator relevante e serão acompanhadas de demonstrativo de sua evolução nos últimos três anos, da projeção para os dois seguintes àquele a que se referirem, e da metodologia de cálculo e premissas utilizadas.

► Arts. 29 e 30 da Lei nº 4.320, de 17-3-1964, que estatui normas gerais de direito financeiro para elaboração e controle dos orçamentos e balanços da União, dos Estados, dos Municípios e do Distrito Federal.

§ 1º Reestimativa de receita por parte do Poder Legislativo só será admitida se comprovado erro ou omissão de ordem técnica ou legal.

§ 2º O montante previsto para as receitas de operações de crédito não poderá ser superior ao das despesas de capital constantes do projeto de lei orçamentária.

► O STF, por unanimidade de votos, julgou parcialmente procedente a ADI nº 2.238, conferindo a este parágrafo interpretação conforme ao inciso III do art. 167 da CF, em ordem a explicitar que a proibição não abrange operações de crédito autorizadas mediante créditos suplementares ou especiais com finalidade precisa, aprovados pelo Poder Legislativo (*DOU* de 13-8-2020).

§ 3º O Poder Executivo de cada ente colocará à disposição dos demais Poderes e do Ministério Público, no mínimo trinta dias antes do prazo final para encaminhamento de suas propostas orçamentárias, os estudos e as estimativas das receitas para o exercício subsequente, inclusive da corrente líquida, e as respectivas memórias de cálculo.

Art. 13. No prazo previsto no art. 8º, as receitas previstas serão desdobradas, pelo Poder Executivo, em metas bimestrais de arrecadação, com a especificação, em separado, quando cabível, das medidas de combate à evasão e à sonegação, da quantidade e valores de ações ajuizadas para cobrança da dívida ativa, bem como da evolução do montante dos créditos tributários passíveis de cobrança administrativa.

▸ Res. do SF nº 33, de 13-7-2006, autoriza a cessão, para cobrança, da dívida ativa dos municípios a instituições financeiras.

Seção II

DA RENÚNCIA DE RECEITA

Art. 14. A concessão ou ampliação de incentivo ou benefício de natureza tributária da qual decorra renúncia de receita deverá estar acompanhada de estimativa do impacto orçamentário-financeiro no exercício em que deva iniciar sua vigência e nos dois seguintes, atender ao disposto na lei de diretrizes orçamentárias e a pelo menos uma das seguintes condições:

▸ Arts. 70 e 151 da CF.

▸ Art. 4º da LC nº 160, de 7-8-2017, que dispõe sobre convênio que permite aos Estados e ao Distrito Federal deliberar sobre a remissão dos créditos tributários, constituídos ou não, decorrentes das isenções, dos incentivos e dos benefícios fiscais ou financeiro-fiscais instituídos em desacordo com o disposto no art. 155, § 2º, XII, *g* da CF e a reinstituição das respectivas isenções, incentivos e benefícios fiscais ou financeiro-fiscais.

I – demonstração pelo proponente de que a renúncia foi considerada na estimativa de receita da lei orçamentária, na forma do art. 12, e de que não afetará as metas de resultados fiscais previstas no anexo próprio da lei de diretrizes orçamentárias;

▸ Arts. 70 e 151 da CF.

II – estar acompanhada de medidas de compensação, no período mencionado no *caput*, por meio do aumento de receita, proveniente da elevação de alíquotas, ampliação da base de cálculo, majoração ou criação de tributo ou contribuição.

§ 1º A renúncia compreende anistia, remissão, subsídio, crédito presumido, concessão de isenção em caráter não geral, alteração de alíquota ou modificação de base de cálculo que implique redução discriminada de tributos ou contribuições, e outros benefícios que correspondam a tratamento diferenciado.

§ 2º Se o ato de concessão ou ampliação do incentivo ou benefício de que trata o *caput* deste artigo decorrer da condição contida no inciso II, o benefício só entrará em vigor quando implementadas as medidas referidas no mencionado inciso.

§ 3º O disposto neste artigo não se aplica:

I – às alterações das alíquotas dos impostos previstos nos incisos I, II, IV e V do art. 153 da Constituição, na forma do seu § 1º;

II – ao cancelamento de débito cujo montante seja inferior ao dos respectivos custos de cobrança.

CAPÍTULO IV

DA DESPESA PÚBLICA

Seção I

DA GERAÇÃO DA DESPESA

Art. 15. Serão consideradas não autorizadas, irregulares e lesivas ao patrimônio público a geração de despesa ou assunção de obrigação que não atendam o disposto nos arts. 16 e 17.

▸ Art. 167, I e II, e § 1º, da CF.

Art. 16. A criação, expansão ou aperfeiçoamento de ação governamental que acarrete aumento da despesa será acompanhado de:

I – estimativa do impacto orçamentário-financeiro no exercício em que deva entrar em vigor e nos dois subsequentes;

II – declaração do ordenador da despesa de que o aumento tem adequação orçamentária e financeira com a lei orçamentária anual e compatibilidade com o plano plurianual e com a lei de diretrizes orçamentárias.

§ 1º Para os fins desta Lei Complementar, considera-se:

I – adequada com a lei orçamentária anual, a despesa objeto de dotação específica e suficiente, ou que esteja abrangida por crédito genérico, de forma que somadas todas as despesas da mesma espécie, realizadas e a realizar, previstas no programa de trabalho, não sejam ultrapassados os limites estabelecidos para o exercício;

II – compatível com o plano plurianual e a lei de diretrizes orçamentárias, a despesa que se conforme com as diretrizes, objetivos, prioridades e metas previstos nesses instrumentos e não infrinja qualquer de suas disposições.

§ 2º A estimativa de que trata o inciso I do *caput* será acompanhada das premissas e metodologia de cálculo utilizadas.

§ 3º Ressalva-se do disposto neste artigo a despesa considerada irrelevante, nos termos em que dispuser a lei de diretrizes orçamentárias.

§ 4º As normas do *caput* constituem condição prévia para:

I – empenho e licitação de serviços, fornecimento de bens ou execução de obras;

II – desapropriação de imóveis urbanos a que se refere o § 3º do art. 182 da Constituição.

Subseção I

DA DESPESA OBRIGATÓRIA DE CARÁTER CONTINUADO

Art. 17. Considera-se obrigatória de caráter continuado a despesa corrente derivada de lei, medida provisória ou ato administrativo normativo que fixem para o ente a obrigação legal de sua execução por um período superior a dois exercícios.

§ 1º Os atos que criarem ou aumentarem despesa de que trata o *caput* deverão ser instruídos com a estimativa prevista no inciso I do art. 16 e demonstrar a origem dos recursos para seu custeio.

▸ Art. 37, X, da CF.

§ 2º Para efeito do atendimento do § 1º, o ato será acompanhado de comprovação de que a despesa criada ou aumentada não afetará as metas de resultados fiscais previstas no anexo referido no § 1º do art. 4º, devendo seus efeitos financeiros, nos períodos seguintes, ser compensados pelo aumento permanente de receita ou pela redução permanente de despesa.

§ 3º Para efeito do § 2º, considera-se aumento permanente de receita o proveniente da elevação de alíquotas, ampliação da base de cálculo, majoração ou criação de tributo ou contribuição.

§ 4º A comprovação referida no § 2º, apresentada pelo proponente, conterá as premissas e metodologia de cálculo utilizadas, sem prejuízo do exame de compatibilidade da despesa com as demais normas do plano plurianual e da lei de diretrizes orçamentárias.

§ 5º A despesa de que trata este artigo não será executada antes da implementação das medidas referidas no § 2º, as quais integrarão o instrumento que a criar ou aumentar.

§ 6º O disposto no § 1º não se aplica às despesas destinadas ao serviço da dívida nem ao reajustamento de remuneração de pessoal de que trata o inciso X do art. 37 da Constituição.

§ 7º Considera-se aumento de despesa a prorrogação daquela criada por prazo determinado.

Seção II

DAS DESPESAS COM PESSOAL

Subseção I

DEFINIÇÕES E LIMITES

Art. 18. Para os efeitos desta Lei Complementar, entende-se como despesa total com pessoal: o somatório dos gastos do ente da Federação com os ativos, os inativos e os pensionistas, relativos a mandatos eletivos, cargos, funções ou empregos, civis, militares e de membros de Poder, com quaisquer espécies remuneratórias, tais como vencimentos e vantagens, fixas e variáveis, subsídios, proventos da aposentadoria, reformas e pensões, inclusive adicionais, gratificações, horas extras e vantagens pessoais de qualquer natureza, bem como encargos sociais e contribuições recolhidas pelo ente às entidades de previdência.

▸ O STF, por unanimidade, no julgamento da ADC nº 69, declarou a constitucionalidade deste *caput* (*DOU* de 12-7-2023).

§ 1º Os valores dos contratos de terceirização de mão de obra que se referem à substituição de servidores e empregados públicos serão contabilizados como "Outras Despesas de Pessoal".

§ 2º A despesa total com pessoal será apurada somando-se a realizada no mês em referência com as dos 11 (onze) imediatamente anteriores, adotando-se o regime de competência, independentemente de empenho.

▸ § 2º com a redação dada pela LC nº 178, de 13-1-2021.

§ 3º Para a apuração da despesa total com pessoal, será observada a remuneração bruta do servidor, sem qualquer dedução ou retenção, ressalvada a redução para atendimento ao disposto no art. 37, inciso XI, da Constituição Federal.

▸ § 3º acrescido pela LC nº 178, de 13-1-2021.

Art. 19. Para os fins do disposto no *caput* do art. 169 da Constituição, a despesa total com pessoal, em cada período de apuração e em cada ente da Federação, não poderá exceder os percentuais da receita corrente líquida, a seguir discriminados:

▸ O STF, por unanimidade, no julgamento da ADC nº 69, declarou a constitucionalidade deste *caput* (*DOU* de 12-7-2023).

I – União: 50% (cinquenta por cento);

II – Estados: 60% (sessenta por cento);

III – Municípios: 60% (sessenta por cento).

§ 1º Na verificação do atendimento dos limites definidos neste artigo, não serão computadas as despesas:

▸ O STF, por unanimidade, no julgamento da ADC nº 69, declarou a constitucionalidade deste parágrafo (*DOU* de 12-7-2023).

I – de indenização por demissão de servidores ou empregados;

II – relativas a incentivos à demissão voluntária;

III – derivadas da aplicação do disposto no inciso II do § 6º do art. 57 da Constituição;

IV – decorrentes de decisão judicial e da competência de período anterior ao da apuração a que se refere o § 2º do art. 18;

V – com pessoal, do Distrito Federal e dos Estados do Amapá e Roraima, custeadas com recursos transferidos pela União na forma dos incisos XIII e XIV do art. 21 da Constituição e do art. 31 da Emenda Constitucional nº 19;

VI – com inativos e pensionistas, ainda que pagas por intermédio de unidade gestora única ou fundo previsto no art. 249 da Constituição Federal, quanto à parcela custeada por recursos provenientes:

▶ *Caput* do inciso VI com a redação dada pela LC nº 178, de 13-1-2021.

a) da arrecadação de contribuições dos segurados;

▶ Arts. 29, VII, e 29-A da CF.

b) da compensação financeira de que trata o § 9º do art. 201 da Constituição;

c) de transferências destinadas a promover o equilíbrio atuarial do regime de previdência, na forma definida pelo órgão do Poder Executivo federal responsável pela orientação, pela supervisão e pelo acompanhamento dos regimes próprios de previdência social dos servidores públicos.

▶ Alínea *c* com a redação dada pela LC nº 178, de 13-1-2021.

§ 2º Observado o disposto no inciso IV do § 1º, as despesas com pessoal decorrentes de sentenças judiciais serão incluídas no limite do respectivo Poder ou órgão referido no art. 20.

▶ O STF, por unanimidade, no julgamento da ADC nº 69, declarou a constitucionalidade deste parágrafo (*DOU* de 12-7-2023).

§ 3º Na verificação do atendimento dos limites definidos neste artigo, é vedada a dedução da parcela custeada com recursos aportados para a cobertura do déficit financeiro dos regimes de previdência.

▶ § 3º acrescido pela LC nº 178, de 13-1-2021.

Art. 20. A repartição dos limites globais do art. 19 não poderá exceder os seguintes percentuais:

I – na esfera federal:

a) 2,5% (dois inteiros e cinco décimos por cento) para o Legislativo, incluído o Tribunal de Contas da União;

b) 6% (seis por cento) para o Judiciário;

c) 40,9% (quarenta inteiros e nove décimos por cento) para o Executivo, destacando-se 3% (três por cento) para as despesas com pessoal decorrentes do que dispõem os incisos XIII e XIV do art. 21 da Constituição e o art. 31 da Emenda Constitucional nº 19, repartidos de forma proporcional à média das despesas relativas a cada um destes dispositivos, em percentual da receita corrente líquida, verificadas nos três exercícios financeiros imediatamente anteriores ao da publicação desta Lei Complementar;

d) 0,6% (seis décimos por cento) para o Ministério Público da União;

II – na esfera estadual:

a) 3% (três por cento) para o Legislativo, incluído o Tribunal de Contas do Estado;

b) 6% (seis por cento) para o Judiciário;

c) 49% (quarenta e nove por cento) para o Executivo;

d) 2% (dois por cento) para o Ministério Público dos Estados;

III – na esfera municipal:

a) 6% (seis por cento) para o Legislativo, incluído o Tribunal de Contas do Município, quando houver;

▶ Arts. 29, VII, e 29-A da CF.

b) 54% (cinquenta e quatro por cento) para o Executivo.

§ 1º Nos Poderes Legislativo e Judiciário de cada esfera, os limites serão repartidos entre seus órgãos de forma proporcional à média das despesas com pessoal, em percentual da receita corrente líquida, verificadas nos três exercícios financeiros imediatamente anteriores ao da publicação desta Lei Complementar.

§ 2º Para efeito deste artigo entende-se como órgão:

I – o Ministério Público;

II – no Poder Legislativo:

a) Federal, as respectivas Casas e o Tribunal de Contas da União;

b) Estadual, a Assembleia Legislativa e os Tribunais de Contas;

c) do Distrito Federal, a Câmara Legislativa e o Tribunal de Contas do Distrito Federal;

d) Municipal, a Câmara de Vereadores e o Tribunal de Contas do Município, quando houver;

III – no Poder Judiciário:

a) Federal, os tribunais referidos no art. 92 da Constituição;

b) Estadual, o Tribunal de Justiça e outros, quando houver.

§ 3º Os limites para as despesas com pessoal do Poder Judiciário, a cargo da União por força do inciso XIII do art. 21 da Constituição, serão estabelecidos mediante aplicação da regra do § 1º.

§ 4º Nos Estados em que houver Tribunal de Contas dos Municípios, os percentuais definidos nas alíneas *a* e *c* do inciso II do *caput* serão, respectivamente, acrescidos e reduzidos em 0,4% (quatro décimos por cento).

▶ Art. 31, § 4º, da CF.

§ 5º Para os fins previstos no art. 168 da Constituição, a entrega dos recursos financeiros correspondentes à despesa total com pessoal por Poder e órgão será a resultante da aplicação dos percentuais definidos neste artigo, ou aqueles fixados na lei de diretrizes orçamentárias.

§ 6º VETADO.

§ 7º Os Poderes e órgãos referidos neste artigo deverão apurar, de forma segregada para aplicação dos limites de que trata este artigo, a integralidade das despesas com pessoal dos respectivos servidores inativos e pensionistas, mesmo que o custeio dessas despesas esteja a cargo de outro Poder ou órgão.

▶ § 7º acrescido pela LC nº 178, de 13-1-2021.

Subseção II
DO CONTROLE DA DESPESA TOTAL COM PESSOAL

Art. 21. É nulo de pleno direito:

I – o ato que provoque aumento da despesa com pessoal e não atenda:

a) às exigências dos arts. 16 e 17 desta Lei Complementar e o disposto no inciso XIII do *caput* do art. 37 e no § 1º do art. 169 da Constituição Federal; e

b) ao limite legal de comprometimento aplicado às despesas com pessoal inativo;

II – o ato de que resulte aumento da despesa com pessoal nos 180 (cento e oitenta) dias anteriores ao final do mandato do titular de Poder ou órgão referido no art. 20;

III – o ato de que resulte aumento da despesa com pessoal que preveja parcelas a serem implementadas em períodos posteriores ao final do mandato do titular de Poder ou órgão referido no art. 20;

IV – a aprovação, a edição ou a sanção, por Chefe do Poder Executivo, por Presidente e demais membros da Mesa ou órgão decisório equivalente do Poder Legislativo, por Presidente de Tribunal do Poder Judiciário e pelo Chefe do Ministério Público, da União e dos Estados, de norma legal contendo plano de alteração, reajuste e reestruturação de carreiras do setor público, ou a edição de ato, por esses agentes, para nomeação de aprovados em concurso público, quando:

a) resultar em aumento da despesa com pessoal nos 180 (cento e oitenta) dias anteriores ao final do mandato do titular do Poder Executivo; ou

b) resultar em aumento da despesa com pessoal que preveja parcelas a serem implementadas em períodos posteriores ao final do mandato do titular do Poder Executivo.

§ 1º As restrições de que tratam os incisos II, III e IV:

I – devem ser aplicadas inclusive durante o período de recondução ou reeleição para o cargo de titular do Poder ou órgão autônomo; e

II – aplicam-se somente aos titulares ocupantes de cargo eletivo dos Poderes referidos no art. 20.

§ 2º Para fins do disposto neste artigo, serão considerados atos de nomeação ou de provimento de cargo público aqueles referidos no § 1º do art. 169 da Constituição Federal ou aqueles que, de qualquer modo, acarretem a criação ou o aumento de despesa obrigatória.

▶ Art. 21 com a redação dada pela LC nº 173, de 27-5-2020.

Art. 22. A verificação do cumprimento dos limites estabelecidos nos arts. 19 e 20 será realizada ao final de cada quadrimestre.

Parágrafo único. Se a despesa total com pessoal exceder a 95% (noventa e cinco por cento) do limite, são vedados ao Poder ou órgão referido no art. 20 que houver incorrido no excesso:

▶ Art. 11, X, do Dec. nº 8.109, de 17-9-2013, que dispõe sobre a competência da Secretaria Federal de Controle Interno da Controladoria-Geral da União.

I – concessão de vantagem, aumento, reajuste ou adequação de remuneração a qualquer título, salvo os derivados de sentença judicial ou de determinação legal ou contratual, ressalvada a revisão prevista no inciso X do art. 37 da Constituição;

II – criação de cargo, emprego ou função;

III – alteração de estrutura de carreira que implique aumento de despesa;

IV – provimento de cargo público, admissão ou contratação de pessoal a qualquer título, ressalvada a reposição decorrente de aposentadoria ou falecimento de servidores das áreas de educação, saúde e segurança;

V – contratação de hora extra, salvo no caso do disposto no inciso II do § 6º do art. 57 da Constituição e as situações previstas na lei de diretrizes orçamentárias.

Art. 23. Se a despesa total com pessoal, do Poder ou órgão referido no art. 20, ultrapassar os limites definidos no mesmo artigo, sem prejuízo das medidas previstas no art. 22, o percentual excedente terá de ser eliminado nos dois quadrimestres seguintes, sendo pelo menos um terço no primeiro, adotando-se, entre outras, as providências previstas nos §§ 3º e 4º do art. 169 da Constituição.

- Art. 33, § 3º, desta Lei.
- Art. 11, X, do Dec. nº 8.109, de 17-9-2013, que dispõe sobre a competência da Secretaria Federal de Controle Interno da Controladoria-Geral da União.

§ 1º No caso do inciso I do § 3º do art. 169 da Constituição, o objetivo poderá ser alcançado tanto pela extinção de cargos e funções quanto pela redução dos valores a eles atribuídos.

- O STF, por unanimidade de votos, julgou procedente a ADI nº 2.238, tão somente para declarar, parcialmente, a inconstitucionalidade, sem redução do texto, deste parágrafo, de modo a obstar interpretação segundo a qual é possível reduzir valores de função ou cargo que estiver provido (*DOU* de 13-8-2020).

§ 2º É facultada a redução temporária da jornada de trabalho com adequação dos vencimentos à nova carga horária.

- O STF, por unanimidade de votos, julgou procedente a ADI nº 2.238, para declarar a inconstitucionalidade deste parágrafo, ratificando a cautelar (*DOU* de 13-8-2020).

§ 3º Não alcançada a redução no prazo estabelecido e enquanto perdurar o excesso, o Poder ou órgão referido no art. 20 não poderá:

- *Caput* do § 3º com a redação dada pela LC nº 178, de 13-1-2021.
- Art. 33, § 3º, desta Lei.

I – receber transferências voluntárias;

II – obter garantia, direta ou indireta, de outro ente;

III – contratar operações de crédito, ressalvadas as destinadas ao pagamento da dívida mobiliária e as que visem à redução das despesas com pessoal.

- Inciso III com a redação dada pela LC nº 178, de 13-1-2021.
- Art. 6º da LC nº 160, de 7-8-2017, que dispõe sobre convênio que permite aos Estados e ao Distrito Federal deliberar sobre a remissão dos créditos tributários, constituídos ou não, decorrentes das isenções, dos incentivos e dos benefícios fiscais ou financeiro-fiscais instituídos em desacordo com o disposto no art. 155, § 2º, XII, *g* da CF e a reinstituição das respectivas isenções, incentivos e benefícios fiscais ou financeiro-fiscais.

§ 4º As restrições do § 3º aplicam-se imediatamente se a despesa total com pessoal exceder o limite no primeiro quadrimestre do último ano do mandato dos titulares de Poder ou órgão referidos no art. 20.

§ 5º As restrições previstas no § 3º deste artigo não se aplicam ao Município em caso de queda de receita real superior a 10% (dez por cento), em comparação ao correspondente quadrimestre do exercício financeiro anterior, devido a:

I – diminuição das transferências recebidas do Fundo de Participação dos Municípios decorrente de concessão de isenções tributárias pela União; e

II – diminuição das receitas recebidas de *royalties* e participações especiais.

§ 6º O disposto no § 5º deste artigo só se aplica caso a despesa total com pessoal do quadrimestre vigente não ultrapasse o limite percentual previsto no art. 19 desta Lei Complementar, considerada, para este cálculo, a receita corrente líquida do quadrimestre correspondente do ano anterior atualizada monetariamente.

- §§ 5º e 6º acrescidos pela LC nº 164, de 18-12-2018.

Seção III

DAS DESPESAS COM A SEGURIDADE SOCIAL

Art. 24. Nenhum benefício ou serviço relativo à seguridade social poderá ser criado, majorado ou estendido sem a indicação da fonte de custeio total, nos termos do § 5º do art. 195 da Constituição, atendidas ainda as exigências do art. 17.

§ 1º É dispensada da compensação referida no art. 17 o aumento de despesa decorrente de:

I – concessão de benefício a quem satisfaça as condições de habilitação prevista na legislação pertinente;

II – expansão quantitativa do atendimento e dos serviços prestados;

III – reajustamento de valor do benefício ou serviço, a fim de preservar o seu valor real.

§ 2º O disposto neste artigo aplica-se a benefício ou serviço de saúde, previdência e assistência social, inclusive os destinados aos servidores públicos e militares, ativos e inativos, e aos pensionistas.

CAPÍTULO V

DAS TRANSFERÊNCIAS VOLUNTÁRIAS

Art. 25. Para efeito desta Lei Complementar, entende-se por transferência voluntária a entrega de recursos correntes ou de capital a outro ente da Federação, a título de cooperação, auxílio ou assistência financeira, que não decorra de determinação constitucional, legal ou os destinados ao Sistema Único de Saúde.

- Arts. 157 a 159 da CF.

§ 1º São exigências para a realização de transferência voluntária, além das estabelecidas na lei de diretrizes orçamentárias:

I – existência de dotação específica;

II – VETADO;

III – observância do disposto no inciso X do art. 167 da Constituição;

IV – comprovação, por parte do beneficiário, de:

a) que se acha em dia quanto ao pagamento de tributos, empréstimos e financiamentos devidos ao ente transferidor, bem como quanto à prestação de contas de recursos anteriormente dele recebidos;

b) cumprimento dos limites constitucionais relativos à educação e à saúde;

- Art. 212 da CF.

c) observância dos limites das dívidas consolidada e mobiliária, de operações de crédito, inclusive por antecipação de receita, de inscrição em Restos a Pagar e de despesa total com pessoal;

d) previsão orçamentária de contrapartida.

§ 2º É vedada a utilização de recursos transferidos em finalidade diversa da pactuada.

§ 3º Para fins da aplicação das sanções de suspensão de transferências voluntárias constantes desta Lei Complementar, excetuam-se aquelas relativas a ações de educação, saúde e assistência social.

CAPÍTULO VI

DA DESTINAÇÃO DE RECURSOS PÚBLICOS PARA O SETOR PRIVADO

Art. 26. A destinação de recursos para, direta ou indiretamente, cobrir necessidades de pessoas físicas ou déficits de pessoas jurídicas deverá ser autorizada por lei específica, atender às condições estabelecidas na lei de diretrizes orçamentárias e estar prevista no orçamento ou em seus créditos adicionais.

§ 1º O disposto no *caput* aplica-se a toda a administração indireta, inclusive fundações públicas e empresas estatais, exceto, no exercício de suas atribuições precípuas, as instituições financeiras e o Banco Central do Brasil.

§ 2º Compreende-se incluída a concessão de empréstimos, financiamentos e refinanciamentos, inclusive as respectivas prorrogações e a composição de dívidas, a concessão de subvenções e a participação em constituição ou aumento de capital.

Art. 27. Na concessão de crédito por ente da Federação a pessoa física, ou jurídica que não esteja sob seu controle direto ou indireto, os encargos financeiros, comissões e despesas congêneres não serão inferiores aos definidos em lei ou ao custo de captação.

Parágrafo único. Dependem de autorização em lei específica as prorrogações e composições de dívidas decorrentes de operações de crédito, bem como a concessão de empréstimos ou financiamentos em desacordo com o *caput*, sendo o subsídio correspondente consignado na lei orçamentária.

Art. 28. Salvo mediante lei específica, não poderão ser utilizados recursos públicos, inclusive de operações de crédito, para socorrer instituições do Sistema Financeiro Nacional, ainda que mediante a concessão de empréstimos de recuperação ou financiamentos para mudança de controle acionário.

§ 1º A prevenção de insolvência e outros riscos ficará a cargo de fundos, e outros mecanismos, constituídos pelas instituições do Sistema Financeiro Nacional, na forma da lei.

§ 2º O disposto no *caput* não proíbe o Banco Central do Brasil de conceder às instituições financeiras operações de redesconto e de empréstimos de prazo inferior a trezentos e sessenta dias.

CAPÍTULO VII

DA DÍVIDA E DO ENDIVIDAMENTO

Seção I

DEFINIÇÕES BÁSICAS

Art. 29. Para os efeitos desta Lei Complementar, são adotadas as seguintes definições:

I – dívida pública consolidada ou fundada: montante total, apurado sem duplicidade, das obrigações financeiras do ente da Federação, assumidas em virtude de leis, contratos, convênios ou tratados e da realização de operações de crédito, para amortização em prazo superior a doze meses;

▸ Art. 92 da Lei nº 4.320, de 17-3-1964, que estatui normas gerais de direito financeiro para elaboração e controle dos orçamentos e balanços da União, dos Estados, dos Municípios e do Distrito Federal.

II – dívida pública mobiliária: dívida pública representada por títulos emitidos pela União, inclusive os do Banco Central do Brasil, Estados e Municípios;

III – operação de crédito: compromisso financeiro assumido em razão de mútuo, abertura de crédito, emissão e aceite de título, aquisição financiada de bens, recebimento antecipado de valores provenientes da venda a termo de bens e serviços, arrendamento mercantil e outras operações assemelhadas, inclusive com o uso de derivativos financeiros;

IV – concessão de garantia: compromisso de adimplência de obrigação financeira ou contratual assumida por ente da Federação ou entidade a ele vinculada;

V – refinanciamento da dívida mobiliária: emissão de títulos para pagamento do principal acrescido da atualização monetária.

§ 1º Equipara-se a operação de crédito a assunção, o reconhecimento ou a confissão de dívidas pelo ente da Federação, sem prejuízo do cumprimento das exigências dos arts. 15 e 16.

§ 2º Será incluída na dívida pública consolidada da União a relativa à emissão de títulos de responsabilidade do Banco Central do Brasil.

§ 3º Também integram a dívida pública consolidada as operações de crédito de prazo inferior a doze meses cujas receitas tenham constado do orçamento.

§ 4º O refinanciamento do principal da dívida mobiliária não excederá, ao término de cada exercício financeiro, o montante do final do exercício anterior, somado ao das operações de crédito autorizadas no orçamento para este efeito e efetivamente realizadas, acrescido de atualização monetária.

Seção II
DOS LIMITES DA DÍVIDA PÚBLICA E DAS OPERAÇÕES DE CRÉDITO

Art. 30. No prazo de noventa dias após a publicação desta Lei Complementar, o Presidente da República submeterá ao:

I – Senado Federal: proposta de limites globais para o montante da dívida consolidada da União, Estados e Municípios, cumprindo o que estabelece o inciso VI do art. 52 da Constituição, bem como de limites e condições relativos aos incisos VII, VIII e IX do mesmo artigo;

▸ Res. do SF nº 40, de 20-12-2001, dispõe sobre os limites globais para o montante da dívida pública consolidada e da dívida pública mobiliária dos Estados, do Distrito Federal e dos Municípios.

II – Congresso Nacional: projeto de lei que estabeleça limites para o montante da dívida mobiliária federal a que se refere o inciso XIV do art. 48 da Constituição, acompanhado da demonstração de sua adequação aos limites fixados para a dívida consolidada da União, atendido o disposto no inciso I do § 1º deste artigo.

§ 1º As propostas referidas nos incisos I e II do *caput* e suas alterações conterão:

I – demonstração de que os limites e condições guardam coerência com as normas estabelecidas nesta Lei Complementar e com os objetivos da política fiscal;

II – estimativas do impacto da aplicação dos limites a cada uma das três esferas de governo;

III – razões de eventual proposição de limites diferenciados por esfera de governo;

IV – metodologia de apuração dos resultados primário e nominal.

§ 2º As propostas mencionadas nos incisos I e II do *caput* também poderão ser apresentadas em termos de dívida líquida, evidenciando a forma e a metodologia de sua apuração.

§ 3º Os limites de que tratam os incisos I e II do *caput* serão fixados em percentual da receita corrente líquida para cada esfera de governo e aplicados igualmente a todos os entes da Federação que a integrem, constituindo, para cada um deles, limites máximos.

§ 4º Para fins de verificação do atendimento do limite, a apuração do montante da dívida consolidada será efetuada ao final de cada quadrimestre.

§ 5º No prazo previsto no art. 5º, o Presidente da República enviará ao Senado Federal ou ao Congresso Nacional, conforme o caso, proposta de manutenção ou alteração dos limites e condições previstos nos incisos I e II do *caput*.

§ 6º Sempre que alterados os fundamentos das propostas de que trata este artigo, em razão de instabilidade econômica ou alterações nas políticas monetária ou cambial, o Presidente da República poderá encaminhar ao Senado Federal ou ao Congresso Nacional solicitação de revisão dos limites.

§ 7º Os precatórios judiciais não pagos durante a execução do orçamento em que houverem sido incluídos integram a dívida consolidada, para fins de aplicação dos limites.

Seção III
DA RECONDUÇÃO DA DÍVIDA AOS LIMITES

Art. 31. Se a dívida consolidada de um ente da Federação ultrapassar o respectivo limite ao final de um quadrimestre, deverá ser a ele reconduzida até o término dos três subsequentes, reduzindo o excedente em pelo menos 25% (vinte e cinco por cento) no primeiro.

▸ Arts. 65, I, e 66 desta Lei.
▸ Art. 11, XI, do Dec. nº 8.109, de 17-9-2013, que dispõe sobre a competência da Secretaria Federal de Controle Interno da Controladoria-Geral da União.

§ 1º Enquanto perdurar o excesso, o ente que nele houver incorrido:

I – estará proibido de realizar operação de crédito interna ou externa, inclusive por antecipação de receita, ressalvadas as para pagamento de dívidas mobiliárias;

▸ Inciso I com a redação dada pela LC nº 178, de 13-1-2021.

II – obterá resultado primário necessário à recondução da dívida ao limite, promovendo, entre outras medidas, limitação de empenho, na forma do art. 9º.

§ 2º Vencido o prazo para retorno da dívida ao limite, e enquanto perdurar o excesso, o ente ficará também impedido de receber transferências voluntárias da União ou do Estado.

§ 3º As restrições do § 1º aplicam-se imediatamente se o montante da dívida exceder o limite no primeiro quadrimestre do último ano do mandato do Chefe do Poder Executivo.

§ 4º O Ministério da Fazenda divulgará, mensalmente, a relação dos entes que tenham ultrapassado os limites das dívidas consolidada e mobiliária.

§ 5º As normas deste artigo serão observadas nos casos de descumprimento dos limites da dívida mobiliária e das operações de crédito internas e externas.

Seção IV
DAS OPERAÇÕES DE CRÉDITO

▸ A Res. do SF nº 43, de 21-12-2001, dispõe sobre as operações de crédito interno e externo dos Estados, do Distrito Federal e dos Municípios, inclusive concessão de garantias, seus limites e condições de autorização.

Subseção I
DA CONTRATAÇÃO

Art. 32. O Ministério da Fazenda verificará o cumprimento dos limites e condições relativos à realização de operações de crédito de cada ente da Federação, inclusive das empresas por eles controladas, direta ou indiretamente.

§ 1º O ente interessado formalizará seu pleito fundamentando-o em parecer de seus órgãos técnicos e jurídicos, demonstrando a relação custo-benefício, o interesse econômico e social da operação e o atendimento das seguintes condições:

I – existência de prévia e expressa autorização para a contratação, no texto da lei orçamentária, em créditos adicionais ou lei específica;

II – inclusão no orçamento ou em créditos adicionais dos recursos provenientes da operação, exceto no caso de operações por antecipação de receita;

III – observância dos limites e condições fixados pelo Senado Federal;

IV – autorização específica do Senado Federal, quando se tratar de operação de crédito externo;

V – atendimento do disposto no inciso III do art. 167 da Constituição;

VI – observância das demais restrições estabelecidas nesta Lei Complementar.

§ 2º As operações relativas à dívida mobiliária federal autorizadas, no texto da lei orçamentária ou de créditos adicionais, serão objeto de processo simplificado que atenda às suas especificidades.

§ 3º Para fins do disposto no inciso V do § 1º, considerar-se-á, em cada exercício financeiro, o total dos recursos de operações de crédito nele ingressados e o das despesas de capital executadas, observado o seguinte:

I – não serão computadas nas despesas de capital as realizadas sob a forma de empréstimo ou financiamento a contribuinte, com o intuito de promover incentivo fiscal, tendo por base tributo de competência do ente da Federação, se resultar a diminuição, direta ou indireta, do ônus deste;

II – se o empréstimo ou financiamento a que se refere o inciso I for concedido por instituição financeira controlada pelo ente da Federação, o valor da operação será deduzido das despesas de capital;

III – VETADO.

§ 4º Sem prejuízo das atribuições próprias do Senado Federal e do Banco Central do Brasil, o Ministério da Fazenda efetuará o registro eletrônico centralizado e atualizado das dívidas públicas interna e externa, garantido o acesso público às informações, que incluirão:

I – encargos e condições de contratação;

II – saldos atualizados e limites relativos às dívidas consolidada e mobiliária, operações de crédito e concessão de garantias.

§ 5º Os contratos de operação de crédito externo não conterão cláusula que importe na compensação automática de débitos e créditos.

§ 6º O prazo de validade da verificação dos limites e das condições de que trata este artigo e da análise realizada para a concessão de garantia pela União será de, no mínimo, 90 (noventa) dias e, no máximo, 270 (duzentos e setenta) dias, a critério do Ministério da Fazenda.

▶ § 6º acrescido pela LC nº 159, de 19-5-2017.

▶ Port. da MF nº 500, de 2-6-2023, regulamenta os prazos de validade da verificação do cumprimento de limites e de condições de que trata este parágrafo.

§ 7º Poderá haver alteração da finalidade de operação de crédito de Estados, do Distrito Federal e de Municípios sem a necessidade de nova verificação pelo Ministério da Economia, desde que haja prévia e expressa autorização para tanto, no texto da lei orçamentária, em créditos adicionais ou em lei específica, que se demonstre a relação custo-benefício e o interesse econômico e social da operação e que não configure infração a dispositivo desta Lei Complementar.

▶ § 7º acrescido pela LC nº 178, de 13-1-2021.

Art. 33. A instituição financeira que contratar operação de crédito com ente da Federação, exceto quando relativa à dívida mobiliária ou à externa, deverá exigir comprovação de que a operação atende às condições e limites estabelecidos.

§ 1º A operação realizada com infração do disposto nesta Lei Complementar será considerada nula, procedendo-se ao seu cancelamento, mediante a devolução do principal, vedados o pagamento de juros e demais encargos financeiros.

§ 2º Se a devolução não for efetuada no exercício de ingresso dos recursos, será consignada reserva específica na lei orçamentária para o exercício seguinte.

§ 3º Enquanto não for efetuado o cancelamento ou a amortização ou constituída a reserva de que trata o § 2º, aplicam-se ao ente as restrições previstas no § 3º do art. 23.

▶ § 3º com a redação dada pela LC nº 178, de 13-1-2021.

§ 4º Também se constituirá reserva, no montante equivalente ao excesso, se não atendido o disposto no inciso III do art. 167 da Constituição, consideradas as disposições do § 3º do art. 32.

Subseção II

DAS VEDAÇÕES

Art. 34. O Banco Central do Brasil não emitirá títulos da dívida pública a partir de dois anos após a publicação desta Lei Complementar.

▶ Art. 164, § 2º, da CF.

Art. 35. É vedada a realização de operação de crédito entre um ente da Federação, diretamente ou por intermédio de fundo, autarquia, fundação ou empresa estatal dependente, e outro, inclusive suas entidades da administração indireta, ainda que sob a forma de novação, refinanciamento ou postergação de dívida contraída anteriormente.

▶ Art. 52, IV a IX, da CF.

▶ Art. 17 da LC nº 212, de 13-1-2025, que institui o Programa de Pleno Pagamento de Dívidas dos Estados (PROPAG).

§ 1º Excetuam-se da vedação a que se refere o *caput* as operações entre instituição financeira estatal e outro ente da Federação, inclusive suas entidades da administração indireta, que não se destinem a:

I – *financiar, direta ou indiretamente, despesas correntes, ressalvadas as operações destinadas a financiar a estruturação de projetos ou a garantir contraprestações em contratos de parceria público-privada ou de concessão;*

▶ Inciso I com a redação dada pela LC nº 212, de 13-1-2025.

II – refinanciar dívidas não contraídas junto à própria instituição concedente.

§ 2º O disposto no *caput* não impede Estados e Municípios de comprar títulos da dívida da União como aplicação de suas disponibilidades.

Art. 36. É proibida a operação de crédito entre uma instituição financeira estatal e o ente da Federação que a controle, na qualidade de beneficiário do empréstimo.

▶ Art. 37 da CF.

Parágrafo único. O disposto no *caput* não proíbe instituição financeira controlada de adquirir, no mercado, títulos da dívida pública para atender investimento de seus clientes, ou títulos da dívida de emissão da União para aplicação de recursos próprios.

Art. 37. Equiparam-se a operações de crédito e estão vedados:

I – captação de recursos a título de antecipação de receita de tributo ou contribuição cujo fato gerador ainda não tenha ocorrido, sem prejuízo do disposto no § 7º do art. 150 da Constituição;

II – recebimento antecipado de valores de empresa em que o Poder Público detenha, direta ou indiretamente, a maioria do capital social com direito a voto, salvo lucros e dividendos, na forma da legislação;

III – assunção direta de compromisso, confissão de dívida ou operação assemelhada, com fornecedor de bens, mercadorias ou serviços, mediante emissão, aceite ou aval de título de crédito, não se aplicando esta vedação a empresas estatais dependentes;

IV – assunção de obrigação, sem autorização orçamentária, com fornecedores para pagamento *a posteriori* de bens e serviços.

Subseção III

DAS OPERAÇÕES DE CRÉDITO POR ANTECIPAÇÃO DE RECEITA ORÇAMENTÁRIA

Art. 38. A operação de crédito por antecipação de receita destina-se a atender insuficiência de caixa durante o exercício financeiro e cumprirá as exigências mencionadas no art. 32 e mais as seguintes:

I – realizar-se-á somente a partir do décimo dia do início do exercício;

II – deverá ser liquidada, com juros e outros encargos incidentes, até o dia dez de dezembro de cada ano;

▶ Art. 10, VIII, da Lei nº 1.079, de 10-4-1950 (Lei dos Crimes de Responsabilidade).

▶ Art. 1º, XIX, do Dec.-lei nº 201, de 27-2-1967 (Lei de Responsabilidade dos Prefeitos e Vereadores).

III – não será autorizada se forem cobrados outros encargos que não a taxa de juros da operação, obrigatoriamente prefixada ou indexada à taxa básica financeira, ou à que vier a esta substituir;

IV – estará proibida:

a) enquanto existir operação anterior da mesma natureza não integralmente resgatada;

b) no último ano de mandato do Presidente, Governador ou Prefeito Municipal.

§ 1º As operações de que trata este artigo não serão computadas para efeito do que dispõe o inciso III do art. 167 da Constituição, desde que liquidadas no prazo definido no inciso II do *caput*.

§ 2º As operações de crédito por antecipação de receita realizadas por Estados ou Municípios serão efetuadas mediante abertura de crédito junto à instituição financeira vencedora em processo competitivo eletrônico promovido pelo Banco Central do Brasil.

§ 3º O Banco Central do Brasil manterá sistema de acompanhamento e controle do saldo do crédito aberto e, no caso de inobservância dos limites, aplicará as sanções cabíveis à instituição credora.

Subseção IV

DAS OPERAÇÕES COM O BANCO CENTRAL DO BRASIL

Art. 39. Nas suas relações com ente da Federação, o Banco Central do Brasil está sujeito às vedações constantes do art. 35 e mais às seguintes:

I – compra de título da dívida, na data de sua colocação no mercado, ressalvado o disposto no § 2º deste artigo;

II – permuta, ainda que temporária, por intermédio de instituição financeira ou não, de título da dívida de ente da Federação por título da dívida pública federal, bem como a operação de compra e venda, a termo, daquele título, cujo efeito final seja semelhante à permuta;

III – concessão de garantia.

§ 1º O disposto no inciso II, *in fine*, não se aplica ao estoque de Letras do Banco Central do Brasil, Série Especial, existente na carteira das instituições financeiras, que pode ser refinanciado mediante novas operações de venda a termo.

§ 2º O Banco Central do Brasil só poderá comprar diretamente títulos emitidos pela União para refinanciar a dívida mobiliária federal que estiver vencendo na sua carteira.

§ 3º A operação mencionada no § 2º deverá ser realizada à taxa média e condições alcançadas no dia, em leilão público.

§ 4º É vedado ao Tesouro Nacional adquirir títulos da dívida pública federal existentes na carteira do Banco Central do Brasil, ainda que com cláusula de reversão, salvo para reduzir a dívida mobiliária.

Seção V

DA GARANTIA E DA CONTRAGARANTIA

Art. 40. Os entes poderão conceder garantia em operações de crédito internas ou externas, observados o disposto neste artigo, as normas do art. 32 e, no caso da União, também os limites e as condições estabelecidos pelo Senado Federal e as normas emitidas pelo Ministério da Economia acerca da classificação de capacidade de pagamento dos mutuários.

▸ *Caput* com a redação dada pela LC nº 178, de 13-1-2021.

§ 1º A garantia estará condicionada ao oferecimento de contragarantia, em valor igual ou superior ao da garantia a ser concedida, e à adimplência da entidade que a pleitear relativamente a suas obrigações junto ao garantidor e às entidades por este controladas, observado o seguinte:

I – não será exigida contragarantia de órgãos e entidades do próprio ente;

II – a contragarantia exigida pela União a Estado ou Município, ou pelos Estados aos Municípios, poderá consistir na vinculação de receitas tributárias diretamente arrecadadas e provenientes de transferências constitucionais, com outorga de poderes ao garantidor para retê-las e empregar o respectivo valor na liquidação da dívida vencida.

▸ Art. 359-E do CP.

§ 2º No caso de operação de crédito junto a organismo financeiro internacional, ou a instituição federal de crédito e fomento para o repasse de recursos externos, a União só prestará garantia a ente que atenda, além do disposto no § 1º, as exigências legais para o recebimento de transferências voluntárias.

§§ 3º e 4º VETADOS.

§ 5º É nula a garantia concedida acima dos limites fixados pelo Senado Federal.

§ 6º É vedado às entidades da administração indireta, inclusive suas empresas controladas e subsidiárias, conceder garantia, ainda que com recursos de fundos.

§ 7º O disposto no § 6º não se aplica à concessão de garantia por:

I – empresa controlada a subsidiária ou controlada sua, nem à prestação de contragarantia nas mesmas condições;

II – instituição financeira a empresa nacional, nos termos da lei.

§ 8º Excetua-se do disposto neste artigo a garantia prestada:

I – por instituições financeiras estatais, que se submeterão às normas aplicáveis às instituições financeiras privadas, de acordo com a legislação pertinente;

II – pela União, na forma de lei federal, a empresas de natureza financeira por ela controladas, direta e indiretamente, quanto às operações de seguro de crédito à exportação.

§ 9º Quando honrarem dívida de outro ente, em razão de garantia prestada, a União e os Estados poderão condicionar as transferências constitucionais ao ressarcimento daquele pagamento.

▸ Art. 160 da CF.

§ 10. O ente da Federação cuja dívida tiver sido honrada pela União ou por Estado, em decorrência de garantia prestada em operação de crédito, terá suspenso o acesso a novos créditos ou financiamentos até a total liquidação da mencionada dívida.

§ 11. A alteração da metodologia utilizada para fins de classificação da capacidade de pagamento de Estados e Municípios deverá ser precedida de consulta pública, assegurada a manifestação dos entes.

▸ § 11 acrescido pela LC nº 178, de 13-1-2021.

Seção VI

DOS RESTOS A PAGAR

Art. 41. VETADO.

Art. 41-A. *A partir de 1º de janeiro de 2027, se verificado, ao final de um exercício, que a disponibilidade de caixa não é suficiente para honrar os compromissos com Restos a Pagar processados e não processados inscritos e com as demais obrigações financeiras, aplica-se imediatamente ao respectivo Poder ou órgão referido no art. 20, até a próxima apuração anual, a vedação à concessão ou à ampliação de incentivo ou benefício de natureza tributária.*

Parágrafo único. *Se verificado que a insuficiência de que trata o caput perdura por 2 (dois) anos consecutivos, aplicam-se imediatamente ao respectivo Poder ou órgão, enquanto perdurar a insuficiência, as vedações previstas nos incisos I, II e III do parágrafo único do art. 22, bem como a vedação à concessão ou à ampliação de incentivo ou benefício de natureza tributária.*

▸ Art. 41-A acrescido pela LC nº 212, de 13-1-2025.

Art. 42. É vedado ao titular de Poder ou órgão referido no art. 20, nos últimos dois quadrimestres do seu mandato, contrair obrigação de despesa que não possa ser cumprida integralmente dentro dele, ou que tenha parcelas a serem pagas no exercício seguinte sem que haja suficiente disponibilidade de caixa para este efeito.

▸ A alteração que seria inserida neste artigo pela LC nº 178, de 13-1-2021, foi vetada, razão pela qual mantivemos a sua redação.

▸ Art. 359-C do CP.

Parágrafo único. Na determinação da disponibilidade de caixa serão considerados os encargos e despesas compromissadas a pagar até o final do exercício.

CAPÍTULO VIII

DA GESTÃO PATRIMONIAL

Seção I

DAS DISPONIBILIDADES DE CAIXA

Art. 43. As disponibilidades de caixa dos entes da Federação serão depositadas conforme estabelece o § 3º do art. 164 da Constituição.

§ 1º As disponibilidades de caixa dos regimes de previdência social, geral e próprio dos servidores públicos, ainda que vinculadas a fundos específicos a que se referem os arts. 249 e 250 da Constituição, ficarão depositadas em conta separada das demais disponibilidades de cada ente e aplicadas nas condições de mercado, com observância dos limites e condições de proteção e prudência financeira.

§ 2º É vedada a aplicação das disponibilidades de que trata o § 1º em:

I – títulos da dívida pública estadual e municipal, bem como em ações e outros papéis relativos às empresas controladas pelo respectivo ente da Federação;

II – empréstimos, de qualquer natureza, aos segurados e ao Poder Público, inclusive a suas empresas controladas.

Seção II

DA PRESERVAÇÃO DO PATRIMÔNIO PÚBLICO

Art. 44. É vedada a aplicação da receita de capital derivada da alienação de bens e direitos que integram o patrimônio público para o financiamento de despesa corrente, salvo se destinada por lei aos regimes de previdência social, geral e próprio dos servidores públicos.

Art. 45. Observado o disposto no § 5º do art. 5º, a lei orçamentária e as de créditos adicionais só incluirão novos projetos após adequadamente atendidos os em andamento e contempladas as despesas de conservação do patrimônio público, nos termos em que dispuser a lei de diretrizes orçamentárias.

Parágrafo único. O Poder Executivo de cada ente encaminhará ao Legislativo, até a data do envio do projeto de lei de diretrizes orçamentárias, relatório com as informações necessárias ao cumprimento do disposto neste artigo, ao qual será dada ampla divulgação.

Art. 46. É nulo de pleno direito ato de desapropriação de imóvel urbano expedido sem o atendimento do disposto no § 3º do art. 182 da Constituição, ou prévio depósito judicial do valor da indenização.

▸ Art. 15, § 1º, do Dec.-lei nº 3.365, de 21-6-1941 (Lei das Desapropriações).

Seção III

DAS EMPRESAS CONTROLADAS PELO SETOR PÚBLICO

Art. 47. A empresa controlada que firmar contrato de gestão em que se estabeleçam objetivos e metas de desempenho, na forma da lei, disporá de autonomia gerencial, orçamentária e financeira, sem prejuízo do disposto no inciso II do § 5º do art. 165 da Constituição.

Parágrafo único. A empresa controlada incluirá em seus balanços trimestrais nota explicativa em que informará:

I – fornecimento de bens e serviços ao controlador, com respectivos preços e condições, comparando-os com os praticados no mercado;

II – recursos recebidos do controlador, a qualquer título, especificando valor, fonte e destinação;

III – venda de bens, prestação de serviços ou concessão de empréstimos e financiamentos com preços, taxas, prazos ou condições diferentes dos vigentes no mercado.

CAPÍTULO IX

DA TRANSPARÊNCIA, CONTROLE E FISCALIZAÇÃO

Seção I

DA TRANSPARÊNCIA DA GESTÃO FISCAL

▸ Dec. nº 6.976, de 7-10-2009, dispõe sobre o Sistema de Contabilidade Federal.

Art. 48. São instrumentos de transparência da gestão fiscal, aos quais será dada ampla divulgação, inclusive em meios eletrônicos de acesso público: os planos, orçamentos e leis de diretrizes orçamentárias; as prestações de contas e o respectivo parecer prévio; o Relatório Resumido da Execução Orçamentária e o Relatório de Gestão Fiscal; e as versões simplificadas desses documentos.

§ 1º A transparência será assegurada também mediante:

▶ Parágrafo único renumerado para § 1º pela LC nº 156, de 28-12-2016.

I – incentivo à participação popular e realização de audiências públicas, durante os processos de elaboração e discussão dos planos, lei de diretrizes orçamentárias e orçamentos;

II – liberação ao pleno conhecimento e acompanhamento da sociedade, em tempo real, de informações pormenorizadas sobre a execução orçamentária e financeira, em meios eletrônicos de acesso público; e

▶ Inciso II com a redação dada pela LC nº 156, de 28-12-2016.

III – adoção de sistema integrado de administração financeira e controle, que atenda a padrão mínimo de qualidade estabelecido pelo Poder Executivo da União e ao disposto no art. 48-A.

▶ Inciso III acrescido pela LC nº 131, de 27-5-2009.

▶ Dec. nº 7.185, de 27-5-2010, dispõe sobre o padrão mínimo de qualidade do sistema integrado de administração financeira e controle, no âmbito de cada ente da Federação, nos termos deste inciso.

§ 2º A União, os Estados, o Distrito Federal e os Municípios disponibilizarão suas informações e dados contábeis, orçamentários e fiscais conforme periodicidade, formato e sistema estabelecidos pelo órgão central de contabilidade da União, os quais deverão ser divulgados em meio eletrônico de amplo acesso público.

§ 3º Os Estados, o Distrito Federal e os Municípios encaminharão ao Ministério da Fazenda, nos termos e na periodicidade a serem definidos em instrução específica deste órgão, as informações necessárias para a constituição do registro eletrônico centralizado e atualizado das dívidas públicas interna e externa, de que trata o § 4º do art. 32.

§ 4º A inobservância do disposto nos §§ 2º e 3º ensejará as penalidades previstas no § 2º do art. 51.

§ 5º Nos casos de envio conforme disposto no § 2º, para todos os efeitos, a União, os Estados, o Distrito Federal e os Municípios cumprem o dever de ampla divulgação a que se refere o *caput*.

§ 6º Todos os Poderes e órgãos referidos no art. 20, incluídos autarquias, fundações públicas, empresas estatais dependentes e fundos, do ente da Federação devem utilizar sistemas únicos de execução orçamentária e financeira, mantidos e gerenciados pelo Poder Executivo, resguardada a autonomia.

▶ §§ 2º a 6º acrescidos pela LC nº 156, de 28-12-2016.

Art. 48-A. Para os fins a que se refere o inciso II do parágrafo único do art. 48, os entes da Federação disponibilizarão a qualquer pessoa física ou jurídica o acesso a informações referentes a:

I – quanto à despesa: todos os atos praticados pelas unidades gestoras no decorrer da execução da despesa, no momento de sua realização, com a disponibilização mínima dos dados referentes ao número do correspondente processo, ao bem fornecido ou ao serviço prestado, à pessoa física ou jurídica beneficiária do pagamento e, quando for o caso, ao procedimento licitatório realizado;

II – quanto à receita: o lançamento e o recebimento de toda a receita das unidades gestoras, inclusive referente a recursos extraordinários.

▶ Art. 48-A acrescido pela LC nº 131, de 27-5-2009.

Art. 49. As contas apresentadas pelo Chefe do Poder Executivo ficarão disponíveis, durante todo o exercício, no respectivo Poder Legislativo e no órgão técnico responsável pela sua elaboração, para consulta e apreciação pelos cidadãos e instituições da sociedade.

▶ Art. 74, § 2º, da CF.

Parágrafo único. A prestação de contas da União conterá demonstrativos do Tesouro Nacional e das agências financeiras oficiais de fomento, incluído o Banco Nacional de Desenvolvimento Econômico e Social, especificando os empréstimos e financiamentos concedidos com recursos oriundos dos orçamentos fiscal e da seguridade social e, no caso das agências financeiras, avaliação circunstanciada do impacto fiscal de suas atividades no exercício.

Seção II
DA ESCRITURAÇÃO E CONSOLIDAÇÃO DAS CONTAS

Art. 50. Além de obedecer às demais normas de contabilidade pública, a escrituração das contas públicas observará as seguintes:

▶ Arts. 83 a 100 da Lei nº 4.320, de 17-3-1964, que estatui normas gerais de direito financeiro para elaboração e controle dos orçamentos e balanços da União, dos Estados, dos Municípios e do Distrito Federal.

I – a disponibilidade de caixa constará de registro próprio, de modo que os recursos vinculados a órgão, fundo ou despesa obrigatória fiquem identificados e escriturados de forma individualizada;

II – a despesa e a assunção de compromisso serão registradas segundo o regime de competência, apurando-se, em caráter complementar, o resultado dos fluxos financeiros pelo regime de caixa;

III – as demonstrações contábeis compreenderão, isolada e conjuntamente, as transações e operações de cada órgão, fundo ou entidade da administração direta, autárquica e fundacional, inclusive empresa estatal dependente;

IV – as receitas e despesas previdenciárias serão apresentadas em demonstrativos financeiros e orçamentários específicos;

V – as operações de crédito, as inscrições em Restos a Pagar e as demais formas de financiamento ou assunção de compromissos junto a terceiros, deverão ser escrituradas de modo a evidenciar o montante e a variação da dívida pública no período, detalhando, pelo menos, a natureza e o tipo de credor;

VI – a demonstração das variações patrimoniais dará destaque à origem e ao destino dos recursos provenientes da alienação de ativos.

§ 1º No caso das demonstrações conjuntas, excluir-se-ão as operações intragovernamentais.

§ 2º A edição de normas gerais para consolidação das contas públicas caberá ao órgão central de contabilidade da União, enquanto não implantado o conselho de que trata o art. 67.

§ 3º A Administração Pública manterá sistema de custos que permita a avaliação e o acompanhamento da gestão orçamentária, financeira e patrimonial.

Art. 51. O Poder Executivo da União promoverá, até o dia trinta de junho, a consolidação, nacional e por esfera de governo, das contas dos entes da Federação relativas ao exercício anterior, e a sua divulgação, inclusive por meio eletrônico de acesso público.

§ 1º Os Estados e os Municípios encaminharão suas contas ao Poder Executivo da União até 30 de abril.

§ 2º O descumprimento dos prazos previstos neste artigo impedirá, até que a situação seja regularizada, que o Poder ou órgão referido no art. 20 receba transferências voluntárias e contrate operações de crédito, exceto as destinadas ao pagamento da dívida mobiliária.

▶ §§ 1º e 2º com a redação dada pela LC nº 178, de 13-1-2021.

Seção III
DO RELATÓRIO RESUMIDO DA EXECUÇÃO ORÇAMENTÁRIA

Art. 52. O relatório a que se refere o § 3º do art. 165 da Constituição abrangerá todos os Poderes e o Ministério Público, será publicado até trinta dias após o encerramento de cada bimestre e composto de:

▶ Art. 182, § 3º, da CF.

I – balanço orçamentário, que especificará, por categoria econômica, as:

a) receitas por fonte, informando as realizadas e a realizar, bem como a previsão atualizada;

b) despesas por grupo de natureza, discriminando a dotação para o exercício, a despesa liquidada e o saldo;

II – demonstrativos da execução das:

a) receitas, por categoria econômica e fonte, especificando a previsão inicial, a previsão atualizada para o exercício, a receita realizada no bimestre, a realizada no exercício e a previsão a realizar;

b) despesas, por categoria econômica e grupo de natureza da despesa, discriminando dotação inicial, dotação para o exercício, despesas empenhada e liquidada, no bimestre e no exercício;

c) despesas, por função e subfunção.

§ 1º Os valores referentes ao refinanciamento da dívida mobiliária constarão destacadamente nas receitas de operações de crédito e nas despesas com amortização da dívida.

§ 2º O descumprimento do prazo previsto neste artigo sujeita o ente às sanções previstas no § 2º do art. 51.

Art. 53. Acompanharão o Relatório Resumido demonstrativos relativos a:

I – apuração da receita corrente líquida, na forma definida no inciso IV do art. 2º, sua evolução, assim como a previsão de seu desempenho até o final do exercício;

▶ Art. 36, § 2º, da Lei nº 11.457, de 16-3-2007 (Lei da Super-Receita).

II – receitas e despesas previdenciárias a que se refere o inciso IV do art. 50;

III – resultados nominal e primário;

IV – despesas com juros, na forma do inciso II do art. 4º;

V – Restos a Pagar, detalhando, por Poder e órgão referido no art. 20, os valores inscritos, os pagamentos realizados e o montante a pagar.

§ 1º O relatório referente ao último bimestre do exercício será acompanhado também de demonstrativos:

I – do atendimento do disposto no inciso III do art. 167 da Constituição, conforme o § 3º do art. 32;

II – das projeções atuariais dos regimes de previdência social, geral e próprio dos servidores públicos;

III – da variação patrimonial, evidenciando a alienação de ativos e a aplicação dos recursos dela decorrentes.

§ 2º Quando for o caso, serão apresentadas justificativas:

I – da limitação de empenho;

II – da frustração de receitas, especificando as medidas de combate à sonegação e à evasão fiscal, adotadas e a adotar, e as ações de fiscalização e cobrança.

Seção IV
DO RELATÓRIO DE GESTÃO FISCAL

Art. 54. Ao final de cada quadrimestre será emitido pelos titulares dos Poderes e órgãos referidos no art. 20 Relatório de Gestão Fiscal, assinado pelo:

I – Chefe do Poder Executivo;

II – Presidente e demais membros da Mesa Diretora ou órgão decisório equivalente, conforme regimentos internos dos órgãos do Poder Legislativo;

III – Presidente de Tribunal e demais membros de Conselho de Administração ou órgão decisório equivalente, conforme regimentos internos dos órgãos do Poder Judiciário;

IV – Chefe do Ministério Público, da União e dos Estados.

▶ Art. 11, V, do Dec. nº 8.109, de 17-9-2013, que dispõe sobre a competência da Secretaria Federal de Controle Interno da Controladoria-Geral da União.

Parágrafo único. O relatório também será assinado pelas autoridades responsáveis pela administração financeira e pelo controle interno, bem como por outras definidas por ato próprio de cada Poder ou órgão referido no art. 20.

Art. 55. O relatório conterá:

I – comparativo com os limites de que trata esta Lei Complementar, dos seguintes montantes:

a) despesa total com pessoal, distinguindo a com inativos e pensionistas;

b) dívidas consolidada e mobiliária;

c) concessão de garantias;

d) operações de crédito, inclusive por antecipação de receita;

e) despesas de que trata o inciso II do art. 4º;

II – indicação das medidas corretivas adotadas ou a adotar, se ultrapassado qualquer dos limites;

III – demonstrativos, no último quadrimestre:

a) do montante das disponibilidades de caixa em trinta e um de dezembro;

b) da inscrição em Restos a Pagar, das despesas:

1) liquidadas;

2) empenhadas e não liquidadas, inscritas por atenderem a uma das condições do inciso II do art. 41;

3) empenhadas e não liquidadas, inscritas até o limite do saldo da disponibilidade de caixa;

4) não inscritas por falta de disponibilidade de caixa e cujos empenhos foram cancelados;

c) do cumprimento do disposto no inciso II e na alínea *b* do inciso IV do art. 38.

§ 1º O relatório dos titulares dos órgãos mencionados nos incisos II, III e IV do art. 54 conterá apenas as informações relativas à alínea *a* do inciso I, e os documentos referidos nos incisos II e III.

§ 2º O relatório será publicado até trinta dias após o encerramento do período a que corresponder, com amplo acesso ao público, inclusive por meio eletrônico.

§ 3º O descumprimento do prazo a que se refere o § 2º sujeita o ente à sanção prevista no § 2º do art. 51.

§ 4º Os relatórios referidos nos arts. 52 e 54 deverão ser elaborados de forma padronizada, segundo modelos que poderão ser atualizados pelo conselho de que trata o art. 67.

Seção V
DAS PRESTAÇÕES DE CONTAS

Art. 56. As contas prestadas pelos Chefes do Poder Executivo incluirão, além das suas próprias, as dos Presidentes dos órgãos dos Poderes Legislativo e Judiciário e do Chefe do Ministério Público, referidos no art. 20, as quais receberão parecer prévio, separadamente, do respectivo Tribunal de Contas.

▶ O STF, por maioria de votos, julgou procedente a ADI nº 2.324, para declarar a inconstitucionalidade do *caput* deste artigo (*DOU* de 17-9-2019).

▶ Arts. 2º e 71, I e II, da CF.

§ 1º As contas do Poder Judiciário serão apresentadas no âmbito:

I – da União, pelos Presidentes do Supremo Tribunal Federal e dos Tribunais Superiores, consolidando as dos respectivos tribunais;

II – dos Estados, pelos Presidentes dos Tribunais de Justiça, consolidando as dos demais tribunais.

§ 2º O parecer sobre as contas dos Tribunais de Contas será proferido no prazo previsto no art. 57 pela comissão mista permanente referida no § 1º do art. 166 da Constituição ou equivalente das Casas Legislativas estaduais e municipais.

§ 3º Será dada ampla divulgação dos resultados da apreciação das contas, julgadas ou tomadas.

Art. 57. Os Tribunais de Contas emitirão parecer prévio conclusivo sobre as contas no prazo de sessenta dias do recebimento, se outro não estiver estabelecido nas constituições estaduais ou nas leis orgânicas municipais.

▶ O STF, por maioria de votos, deferiu medida cautelar na ADI nº 2.238-5 (*DJE* de 12-9-2008).

§ 1º No caso de Municípios que não sejam capitais e que tenham menos de duzentos mil habitantes o prazo será de cento e oitenta dias.

§ 2º Os Tribunais de Contas não entrarão em recesso enquanto existirem contas de Poder, ou órgão referido no art. 20, pendentes de parecer prévio.

Art. 58. A prestação de contas evidenciará o desempenho da arrecadação em relação à previsão, destacando as providências adotadas no âmbito da fiscalização das receitas e combate à sonegação, as ações de recuperação de créditos nas instâncias administrativa e judicial, bem como as demais medidas para incremento das receitas tributárias e de contribuições.

▶ Art. 2º, § 2º, da Lei nº 11.457, de 16-3-2007 (Lei da Super-Receita).

Seção VI
DA FISCALIZAÇÃO DA GESTÃO FISCAL

Art. 59. O Poder Legislativo, diretamente ou com o auxílio dos Tribunais de Contas, e o sistema de controle interno de cada Poder e do Ministério Público fiscalizarão o cumprimento desta Lei Complementar, consideradas as normas de padronização metodológica editadas pelo conselho de que trata o art. 67, com ênfase no que se refere a:

▶ *Caput* com a redação dada pela LC nº 178, de 13-1-2021.

▶ Art. 74 da CF.

I – atingimento das metas estabelecidas na lei de diretrizes orçamentárias;

II – limites e condições para realização de operações de crédito e inscrição em Restos a Pagar;

III – medidas adotadas para o retorno da despesa total com pessoal ao respectivo limite, nos termos dos arts. 22 e 23;

IV – providências tomadas, conforme o disposto no art. 31, para recondução dos montantes das dívidas consolidada e mobiliária aos respectivos limites;

V – destinação de recursos obtidos com a alienação de ativos, tendo em vista as restrições constitucionais e as desta Lei Complementar;

VI – cumprimento do limite de gastos totais dos legislativos municipais, quando houver.

§ 1º Os Tribunais de Contas alertarão os Poderes ou órgãos referidos no art. 20 quando constatarem:

I – a possibilidade de ocorrência das situações previstas no inciso II do art. 4º e no art. 9º;

II – que o montante da despesa total com pessoal ultrapassou 90% (noventa por cento) do limite;

III – que os montantes das dívidas consolidada e mobiliária, das operações de crédito e da concessão de garantia se encontram acima de 90% (noventa por cento) dos respectivos limites;

IV – que os gastos com inativos e pensionistas se encontram acima do limite definido em lei;

V – fatos que comprometam os custos ou os resultados dos programas ou indícios de irregularidades na gestão orçamentária.

§ 2º Compete ainda aos Tribunais de Contas verificar os cálculos dos limites da despesa total com pessoal de cada Poder e órgão referido no art. 20.

§ 3º O Tribunal de Contas da União acompanhará o cumprimento do disposto nos §§ 2º, 3º e 4º do art. 39.

CAPÍTULO X
DISPOSIÇÕES FINAIS E TRANSITÓRIAS

Art. 60. Lei estadual ou municipal poderá fixar limites inferiores àqueles previstos nesta Lei Complementar para as dívidas consolidada e mobiliária, operações de crédito e concessão de garantias.

Art. 61. Os títulos da dívida pública, desde que devidamente escriturados em sistema centralizado de liquidação e custódia, poderão ser oferecidos em caução para garantia de empréstimos, ou em outras transações previstas em lei, pelo seu valor econômico, conforme definido pelo Ministério da Fazenda.

▸ Art. 835 do CPC/2015.

Art. 62. Os Municípios só contribuirão para o custeio de despesas de competência de outros entes da Federação se houver:

I – autorização na lei de diretrizes orçamentárias e na lei orçamentária anual;

II – convênio, acordo, ajuste ou congênere, conforme sua legislação.

Art. 63. É facultado aos Municípios com população inferior a cinquenta mil habitantes optar por:

I – aplicar o disposto no art. 22 e no § 4º do art. 30 ao final do semestre;

II – divulgar semestralmente:

a) VETADA;

b) o Relatório de Gestão Fiscal;

c) os demonstrativos de que trata o art. 53;

III – elaborar o Anexo de Política Fiscal do plano plurianual, o Anexo de Metas Fiscais e o Anexo de Riscos Fiscais da lei de diretrizes orçamentárias e o anexo de que trata o inciso I do art. 5º a partir do quinto exercício seguinte ao da publicação desta Lei Complementar.

§ 1º A divulgação dos relatórios e demonstrativos deverá ser realizada em até trinta dias após o encerramento do semestre.

§ 2º Se ultrapassados os limites relativos à despesa total com pessoal ou à dívida consolidada, enquanto perdurar esta situação, o Município ficará sujeito aos mesmos prazos de verificação e de retorno ao limite definidos para os demais entes.

Art. 64. A União prestará assistência técnica e cooperação financeira aos Municípios para a modernização das respectivas administrações tributária, financeira, patrimonial e previdenciária, com vistas ao cumprimento das normas desta Lei Complementar.

§ 1º A assistência técnica consistirá no treinamento e desenvolvimento de recursos humanos e na transferência de tecnologia, bem como no apoio à divulgação dos instrumentos de que trata o art. 48 em meio eletrônico de amplo acesso público.

§ 2º A cooperação financeira compreenderá a doação de bens e valores, o financiamento por intermédio das instituições financeiras federais e o repasse de recursos oriundos de operações externas.

§ 3º A assistência técnica e a cooperação financeira a que se refere o caput poderão ser prestadas para a modernização da gestão educacional dos Estados e Municípios.

▸ § 3º acrescido pela LC nº 212, de 13-1-2025.

Art. 65. Na ocorrência de calamidade pública reconhecida pelo Congresso Nacional, no caso da União, ou pelas Assembleias Legislativas, na hipótese dos Estados e Municípios, enquanto perdurar a situação:

▸ Arts. 136 e 137 da CF.

I – serão suspensas a contagem dos prazos e as disposições estabelecidas nos arts. 23, 31 e 70;

II – serão dispensados o atingimento dos resultados fiscais e a limitação de empenho prevista no art. 9º.

§ 1º Na ocorrência de calamidade pública reconhecida pelo Congresso Nacional, nos termos de decreto legislativo, em parte ou na integralidade do território nacional e enquanto perdurar a situação, além do previsto nos inciso I e II do *caput*:

I – serão dispensados os limites, condições e demais restrições aplicáveis à União, aos Estados, ao Distrito Federal e aos Municípios, bem como sua verificação, para:

a) contratação e aditamento de operações de crédito;

b) concessão de garantias;

c) contratação entre entes da Federação; e

d) recebimento de transferências voluntárias.

II – serão dispensados os limites e afastadas as vedações e sanções previstas e decorrentes dos arts. 35, 37 e 42, bem como será dispensado o cumprimento do disposto no parágrafo único do art. 8º desta Lei Complementar, desde que os recursos arrecadados sejam destinados ao combate à calamidade pública;

III – serão afastadas as condições e as vedações previstas nos arts. 14, 16 e 17 desta Lei Complementar, desde que o incentivo ou benefício e a criação ou o aumento da despesa sejam destinados ao combate à calamidade pública.

▸ Parágrafo único transformado em § 1º e com a redação dada pela LC nº 173, de 27-5-2020.

§ 2º O disposto no § 1º deste artigo, observados os termos estabelecidos no decreto legislativo que reconhecer o estado de calamidade pública:

I – aplicar-se-á exclusivamente:

a) às unidades da Federação atingidas e localizadas no território em que for reconhecido o estado de calamidade pública pelo Congresso Nacional e enquanto perdurar o referido estado de calamidade;

b) aos atos de gestão orçamentária e financeira necessários ao atendimento de despesas relacionadas ao cumprimento do decreto legislativo;

II – não afasta as disposições relativas a transparência, controle e fiscalização.

§ 3º No caso de aditamento de operações de crédito garantidas pela União com amparo no disposto no § 1º deste artigo, a garantia será mantida, não sendo necessária a alteração dos contratos de garantia e de contragarantia vigentes.

▸ §§ 2º e 3º acrescidos pela LC nº 173, de 27-5-2020.

Art. 65-A. Não serão contabilizadas na meta de resultado primário, para efeito do disposto no art. 9º desta Lei Complementar, as transferências federais aos demais entes da Federação, devidamente identificadas, para enfrentamento das consequências sociais e econômicas no setor cultural decorrentes de calamidades públicas ou pandemias, desde que sejam autorizadas em acréscimo aos valores inicialmente previstos pelo Congresso Nacional na lei orçamentária anual.

▸ Art. 65-A acrescido pela LC nº 195, de 8-7-2022, promulgado nos termos do art. 66, § 5º, da CF (DOU de 8-7-2022 – ed. extra B).

Art. 66. Os prazos estabelecidos nos arts. 23, 31 e 70 serão duplicados no caso de crescimento real baixo ou negativo do Produto Interno Bruto (PIB) nacional, regional ou estadual por período igual ou superior a quatro trimestres.

§ 1º Entende-se por baixo crescimento a taxa de variação real acumulada do Produto Interno Bruto inferior a 1% (um por cento), no período correspondente aos quatro últimos trimestres.

§ 2º A taxa de variação será aquela apurada pela Fundação Instituto Brasileiro de Geografia e Estatística ou outro órgão que vier a substituí-la, adotada a mesma metodologia para apuração dos PIB nacional, estadual e regional.

§ 3º Na hipótese do *caput*, continuarão a ser adotadas as medidas previstas no art. 22.

§ 4º Na hipótese de se verificarem mudanças drásticas na condução das políticas monetária e cambial, reconhecidas pelo Senado Federal, o prazo referido no *caput* do art. 31 poderá ser ampliado em até quatro quadrimestres.

Art. 67. O acompanhamento e a avaliação, de forma permanente, da política e da operacionalidade da gestão fiscal serão realizados por conselho de gestão fiscal, constituído por representantes de todos os Poderes e esferas de Governo, do Ministério Público e de entidades técnicas representativas da sociedade, visando a:

I – harmonização e coordenação entre os entes da Federação;

II – disseminação de práticas que resultem em maior eficiência na alocação e execução do gasto público, na arrecadação de receitas, no controle do endividamento e na transparência da gestão fiscal;

III – adoção de normas de consolidação das contas públicas, padronização das prestações de contas e dos relatórios e demonstrativos de gestão fiscal de que trata esta Lei Complementar, normas e padrões mais simples para os pequenos Municípios, bem como outros, necessários ao controle social;

IV – divulgação de análises, estudos e diagnósticos.

§ 1º O conselho a que se refere o *caput* instituirá formas de premiação e reconhecimento público aos titulares de Poder que alcançarem resultados meritórios em suas políticas de desenvolvimento social, conjugados com a prática de uma gestão fiscal pautada pelas normas desta Lei Complementar.

§ 2º Lei disporá sobre a composição e a forma de funcionamento do conselho.

Art. 68. Na forma do art. 250 da Constituição, é criado o Fundo do Regime Geral de Previdência Social, vinculado ao Ministério da Previdência e Assistência Social, com a finalidade de prover recursos para o pagamento dos benefícios do regime geral da previdência social.

▸ Art. 165, § 9º, II, *in fine*, da CF.

▸ Art. 36 do ADCT.

▸ Art. 43, § 1º, desta Lei Complementar.

▸ Art. 71 da Lei nº 4.320, de 17-3-1964, que estatui normas gerais de direito financeiro para elaboração e controle dos orçamentos e balanços da União, dos Estados, dos Municípios e do Distrito Federal.

▸ Art. 2º, § 1º, da Lei nº 11.457, de 16-3-2007 (Lei da Super-Receita).

§ 1º O Fundo será constituído de:

I – bens móveis e imóveis, valores e rendas do Instituto Nacional do Seguro Social não utilizados na operacionalização deste;

II – bens e direitos que, a qualquer título, lhe sejam adjudicados ou que lhe vierem a ser vinculados por força de lei;

III – receita das contribuições sociais para a seguridade social, previstas na alínea *a* do inciso I e no inciso II do art. 195 da Constituição;

IV – produto da liquidação de bens e ativos de pessoa física ou jurídica em débito com a Previdência Social;

V – resultado da aplicação financeira de seus ativos;

VI – recursos provenientes do orçamento da União.

§ 2º O Fundo será gerido pelo Instituto Nacional do Seguro Social, na forma da lei.

Art. 69. O ente da Federação que mantiver ou vier a instituir regime próprio de previdência social para seus servidores conferir-lhe-á caráter contributivo e o organizará com base em normas de contabilidade e atuária que preservem seu equilíbrio financeiro e atuarial.

▸ Art. 40 da CF.

▸ Lei nº 9.717, de 27-11-1998, dispõe sobre regras gerais para a organização e o funcionamento dos regimes próprios de previdência social dos servidores públicos da União, dos Estados, do Distrito Federal e dos Municípios, dos militares dos Estados e do Distrito Federal.

Art. 70. O Poder ou órgão referido no art. 20 cuja despesa total com pessoal no exercício anterior ao da publicação desta Lei Complementar estiver acima dos limites estabelecidos nos arts. 19 e 20 deverá enquadrar-se no respectivo limite em até dois exercícios, eliminando o excesso, gradualmente, à razão de, pelo menos, 50% a.a. (cinquenta por cento ao ano), mediante a adoção, entre outras, das medidas previstas nos arts. 22 e 23.

Parágrafo único. A inobservância do disposto no *caput*, no prazo fixado, sujeita o ente às sanções previstas no § 3º do art. 23.

Art. 71. Ressalvada a hipótese do inciso X do art. 37 da Constituição, até o término do terceiro exercício financeiro seguinte à entrada em vigor desta Lei Complementar, a despesa total com pessoal dos Poderes e órgãos referidos no art. 20 não ultrapassará, em percentual da receita corrente líquida, a despesa verificada no exercício imediatamente anterior, acrescida de até 10% (dez por cento), se esta for inferior ao limite definido na forma do art. 20.

Art. 72. A despesa com serviços de terceiros dos Poderes e órgãos referidos no art. 20 não poderá exceder, em percentual da receita corrente líquida, a do exercício anterior à entrada em vigor desta Lei Complementar, até o término do terceiro exercício seguinte.

▸ O STF, por unanimidade de votos, na medida cautelar da ADI nº 2.238-5, conferiu interpretação conforme a CF a este artigo, para considerar a proibição restrita aos contratos de prestação de serviços permanentes (*DJE* de 12-9-2008).

Art. 73. As infrações dos dispositivos desta Lei Complementar serão punidas segundo o Decreto-Lei nº 2.848, de 7 de dezembro de 1940 (Código Penal); a Lei nº 1.079, de 10 de abril de 1950; o Decreto-Lei nº 201, de 27 de fevereiro de 1967; a Lei nº 8.429, de 2 de junho de 1992; e demais normas da legislação pertinente.

▸ Arts. 359-A a 359-H do CP.

Art. 73-A. Qualquer cidadão, partido político, associação ou sindicato é parte legítima para denunciar ao respectivo Tribunal de Contas e ao órgão competente do Ministério Público o descumprimento das prescrições estabelecidas nesta Lei Complementar.

Art. 73-B. Ficam estabelecidos os seguintes prazos para o cumprimento das determinações dispostas nos incisos II e III do parágrafo único do art. 48 e do art. 48-A:

I – 1 (um) ano para a União, os Estados, o Distrito Federal e os Municípios com mais de 100.000 (cem mil) habitantes;

II – 2 (dois) anos para os Municípios que tenham entre 50.000 (cinquenta mil) e 100.000 (cem mil) habitantes;

III – 4 (quatro) anos para os Municípios que tenham até 50.000 (cinquenta mil) habitantes.

Parágrafo único. Os prazos estabelecidos neste artigo serão contados a partir da data de publicação da lei complementar que introduziu os dispositivos referidos no *caput* deste artigo.

Art. 73-C. O não atendimento, até o encerramento dos prazos previstos no art. 73-B, das determinações contidas nos incisos II e III do parágrafo único do art. 48 e no art. 48-A sujeita o ente à sanção prevista no inciso I do § 3º do art. 23.

▸ Arts. 73-A a 73-C acrescidos pela LC nº 131, de 27-5-2009.

Art. 74. Esta Lei Complementar entra em vigor na data da sua publicação.

Art. 75. Revoga-se a Lei Complementar nº 96, de 31 de maio de 1999.

Brasília, 4 de maio de 2000;
179º da Independência e
112º da República.

Fernando Henrique Cardoso

LEI Nº 10.028, DE 19 DE OUTUBRO DE 2000

Altera o Decreto-Lei nº 2.848, de 7 de dezembro de 1940 – Código Penal, a Lei nº 1.079, de 10 de abril de 1950, e o Decreto-Lei nº 201, de 27 de fevereiro de 1967.

▸ Publicada no *DOU* de 20-10-2000.

Art. 1º O art. 339 do Decreto-Lei nº 2.848, de 7 de dezembro de 1940, passa a vigorar com a seguinte redação:

▸ Alteração inserida no texto do CP.

Art. 2º O Título XI do Decreto-Lei nº 2.848, de 1940, passa a vigorar acrescido do seguinte capítulo e artigos:

▸ Alterações inseridas no texto do CP.

Art. 3º A Lei nº 1.079, de 10 de abril de 1950, passa a vigorar com as seguintes alterações:

▸ Alterações inseridas no texto da referida Lei.

Art. 4º O art. 1º do Decreto-Lei nº 201, de 27 de fevereiro de 1967, passa a vigorar com a seguinte redação:

▸ Alterações inseridas no texto do referido Dec.-lei.

Art. 5º Constitui infração administrativa contra as leis de finanças públicas:

I – deixar de divulgar ou de enviar ao Poder Legislativo e ao Tribunal de Contas o relatório de gestão fiscal, nos prazos e condições estabelecidos em lei;

II – propor lei de diretrizes orçamentárias anual que não contenha as metas fiscais na forma da lei;

III – deixar de expedir ato determinando limitação de empenho e movimentação financeira, nos casos e condições estabelecidos em lei;

IV – deixar de ordenar ou de promover, na forma e nos prazos da lei, a execução de medida para a redução do montante da despesa total com pessoal que houver excedido a repartição por Poder do limite máximo.

§ 1º A infração prevista neste artigo é punida com multa de trinta por cento dos vencimentos anuais do agente que lhe der causa, sendo o pagamento da multa de sua responsabilidade pessoal.

§ 2º A infração a que se refere este artigo será processada e julgada pelo Tribunal de Contas a que competir a fiscalização contábil, financeira e orçamentária da pessoa jurídica de direito público envolvida.

Art. 6º Esta Lei entra em vigor na data de sua publicação.

Brasília, 19 de outubro de 2000;
179º da Independência e
112º da República.

Fernando Henrique Cardoso

LEI COMPLEMENTAR Nº 151, DE 5 DE AGOSTO DE 2015

Altera a Lei Complementar nº 148, de 25 de novembro de 2014; revoga as Leis nºs 10.819, de 16 de dezembro de 2003, e 11.429, de 26 de dezembro de 2006; e dá outras providências.

▸ Publicada no *DOU* de 6-8-2015, republicada no *DOU* de 26-11-2015.

▸ O STF, por unanimidade, no julgamento das Ações Diretas de Inconstitucionalidade nºs 5.361 e 5.463, declarou a constitucionalidade desta Lei (*DOU* de 1º-12-2023).

(EXCERTOS)

....

Art. 2º Os depósitos judiciais e administrativos em dinheiro referentes a processos judiciais ou administrativos, tributários ou não tributários, nos quais o Estado, o Distrito Federal ou os Municípios sejam parte, deverão ser efetuados em instituição financeira oficial federal, estadual ou distrital.

Art. 3º A instituição financeira oficial transferirá para a conta única do Tesouro do Estado, do Distrito Federal ou do Município 70% (setenta por cento) do valor atualizado dos depósitos referentes aos processos judiciais e administrativos de que trata o art. 2º, bem como os respectivos acessórios.

§ 1º Para implantação do disposto no *caput* deste artigo, deverá ser instituído fundo de reserva destinado a garantir a restituição da parcela transferida ao Tesouro, observados os demais termos desta Lei Complementar.

§ 2º A instituição financeira oficial tratará de forma segregada os depósitos judiciais e os depósitos administrativos.

§ 3º O montante dos depósitos judiciais e administrativos não repassado ao Tesouro constituirá o fundo de reserva referido no § 1º deste artigo, cujo saldo não poderá ser inferior a 30% (trinta por cento) do total dos depósitos de que trata o art. 2º desta Lei Complementar, acrescidos da remuneração que lhes foi atribuída.

§ 4º VETADO.

§ 5º Os valores recolhidos ao fundo de reserva terão remuneração equivalente à taxa referencial do Sistema Especial de Liquidação e de Custódia – SELIC para títulos federais.

§ 6º Compete à instituição financeira gestora do fundo de reserva de que trata este artigo manter escrituração individualizada para cada depósito efetuado na forma do art. 2º, discriminando:

I – o valor total do depósito, acrescido da remuneração que lhe foi originalmente atribuída; e

II – o valor da parcela do depósito mantido na instituição financeira, nos termos do § 3º deste artigo, a remuneração que lhe foi originalmente atribuída e os rendimentos decorrentes do disposto no § 5º deste artigo.

Art. 4º A habilitação do ente federado ao recebimento das transferências referidas no art. 3º é condicionada à apresentação ao órgão jurisdicional responsável pelo julgamento dos litígios aos quais se refiram os depósitos de termo de compromisso firmado pelo chefe do Poder Executivo que preveja:

I – a manutenção do fundo de reserva na instituição financeira responsável pelo repasse das parcelas ao Tesouro, observado o disposto no § 3º do art. 3º desta Lei Complementar;

II – a destinação automática ao fundo de reserva do valor correspondente à parcela dos depósitos judiciais mantida na instituição financeira nos termos do § 3º do art. 3º, condição esta a ser observada a cada transferência recebida na forma do art. 3º desta Lei Complementar;

III – a autorização para a movimentação do fundo de reserva para os fins do disposto nos arts. 5º e 7º desta Lei Complementar; e

IV – a recomposição do fundo de reserva pelo ente federado, em até quarenta e oito horas, após comunicação da instituição financeira, sempre que o seu saldo estiver abaixo dos limites estabelecidos no § 3º do art. 3º desta Lei Complementar.

Art. 5º A constituição do fundo de reserva e a transferência da parcela dos depósitos judiciais e administrativos acumulados até a data de publicação desta Lei Complementar, conforme dispõe o art. 3º, serão realizadas pela instituição financeira em até quinze dias após a apresentação de cópia do termo de compromisso de que trata o art. 4º.

§ 1º Para identificação dos depósitos, cabe ao ente federado manter atualizada na instituição financeira a relação de inscrições no Cadastro Nacional da Pessoa Jurídica – CNPJ dos órgãos que integram a sua administração pública direta e indireta.

§ 2º Realizada a transferência de que trata o *caput*, os repasses subsequentes serão efetuados em até dez dias após a data de cada depósito.

§ 3º Em caso de descumprimento dos prazos estabelecidos no *caput* e no § 2º deste artigo, a instituição financeira deverá transferir a parcela do depósito acrescida da taxa referencial do SELIC para títulos federais mais multa de 0,33% (trinta e três centésimos por cento) por dia de atraso.

Art. 6º São vedadas quaisquer exigências por parte do órgão jurisdicional ou da instituição financeira além daquelas estabelecidas nesta Lei Complementar.

Art. 7º Os recursos repassados na forma desta Lei Complementar ao Estado, ao Distrito Federal ou ao Município, ressalvados os destinados ao fundo de reserva de que trata o § 3º do art. 3º, serão aplicados, exclusivamente, no pagamento de:

I – precatórios judiciais de qualquer natureza;

II – dívida pública fundada, caso a lei orçamentária do ente federativo preveja dotações suficientes para o pagamento da totalidade dos precatórios judiciais exigíveis no exercício e não remanesçam precatórios não pagos referentes aos exercícios anteriores;

III – despesas de capital, caso a lei orçamentária do ente federativo preveja dotações suficientes para o pagamento da totalidade dos precatórios judiciais exigíveis no exercício, não remanesçam precatórios não pagos referentes aos exercícios anteriores e o ente federado não conte com compromissos classificados como dívida pública fundada;

IV – recomposição dos fluxos de pagamento e do equilíbrio atuarial dos fundos de previdência referentes aos regimes próprios de cada ente federado, nas mesmas hipóteses do inciso III.

Parágrafo único. Independentemente das prioridades de pagamento estabelecidas no *caput* deste artigo, poderá o Estado, o Distrito Federal ou o Município utilizar até 10% (dez por cento) da parcela que lhe for transferida nos termos do *caput* do art. 3º para constituição de Fundo Garantidor de PPPs ou de outros mecanismos de garantia previstos em lei, dedicados exclusivamente a investimentos de infraestrutura.

Art. 8º Encerrado o processo litigioso com ganho de causa para o depositante, mediante ordem judicial ou administrativa, o valor do depósito efetuado nos termos desta Lei Complementar acrescido da remuneração que lhe foi originalmente atribuída será colocado à disposição do depositante pela instituição financeira responsável, no prazo de 3 (três) dias úteis, observada a seguinte composição:

I – a parcela que foi mantida na instituição financeira nos termos do § 3º do art. 3º acrescida da remuneração que lhe foi originalmente atribuída será de responsabilidade direta e imediata da instituição depositária; e

II – a diferença entre o valor referido no inciso I e o total devido ao depositante nos termos do *caput* será debitada do saldo existente no fundo de reserva de que trata o § 3º do art. 3º.

§ 1º Na hipótese de o saldo do fundo de reserva após o débito referido no inciso II ser inferior ao valor mínimo estabelecido no § 3º do art. 3º, o ente federado será notificado para recompô-lo na forma do inciso IV do art. 4º.

§ 2º Na hipótese de insuficiência de saldo no fundo de reserva para o débito do montante devido nos termos do inciso II, a instituição financeira restituirá ao depositante o valor disponível no fundo acrescido do valor referido no inciso I.

§ 3º Na hipótese referida no § 2º deste artigo, a instituição financeira notificará a autoridade expedidora da ordem de liberação do depósito, informando a composição detalhada dos valores liberados, sua atualização monetária, a parcela efetivamente disponibilizada em favor do depositante e o saldo a ser pago depois de efetuada a recomposição prevista no § 1º deste artigo.

Art. 9º Nos casos em que o ente federado não recompuser o fundo de reserva até o saldo mínimo referido no § 3º do art. 3º, será suspenso o repasse das parcelas referentes a novos depósitos até a regularização do saldo.

Parágrafo único. Sem prejuízo do disposto no *caput*, na hipótese de descumprimento por três vezes da obrigação referida no inciso IV do art. 4º, será o ente federado excluído da sistemática de que trata esta Lei Complementar.

Art. 10. Encerrado o processo litigioso com ganho de causa para o ente federado, ser-lhe-á transferida a parcela do depósito mantida na instituição financeira nos termos do § 3º do art. 3º acrescida da remuneração que lhe foi originalmente atribuída.

§ 1º O saque da parcela de que trata o *caput* deste artigo somente poderá ser realizado até o limite máximo do qual não resulte saldo inferior ao mínimo exigido no § 3º do art. 3º.

§ 2º Na situação prevista no *caput*, serão transformados em pagamento definitivo, total ou parcial, proporcionalmente à exigência tributária ou não tributária, conforme o caso, inclusive seus acessórios, os valores depositados na forma do *caput* do art. 2º acrescidos da remuneração que lhes foi originalmente atribuída.

Art. 11. O Poder Executivo de cada ente federado estabelecerá regras de procedimentos, inclusive orçamentários, para a execução do disposto nesta Lei Complementar.

Art. 12. Esta Lei Complementar entra em vigor na data de sua publicação.

Art. 13. Ficam revogadas as Leis nº 10.819, de 16 de dezembro de 2003, e 11.429, de 26 de dezembro de 2006.

Brasília, 5 de agosto de 2015;
194º da Independência e
127º da República.

Dilma Rousseff

LEI COMPLEMENTAR Nº 200, DE 30 DE AGOSTO DE 2023

Institui regime fiscal sustentável para garantir a estabilidade macroeconômica do País e criar as condições adequadas ao crescimento socioeconômico, com fundamento no art. 6º da Emenda Constitucional nº 126, de 21 de dezembro de 2022, e no inciso VIII do caput e no parágrafo único do art. 163 da Constituição Federal; e altera a Lei Complementar nº 101, de 4 de maio de 2000 (Lei de Responsabilidade Fiscal).

▶ Publicada no *DOU* de 31-8-2023.

CAPÍTULO I
DISPOSIÇÕES PRELIMINARES

Art. 1º Fica instituído regime fiscal sustentável para garantir a estabilidade macroeconômica do País e criar as condições adequadas ao crescimento socioeconômico, com fundamento no art. 6º da Emenda Constitucional nº 126, de 21 de dezembro de 2022, e no inciso VIII do *caput* e no parágrafo único do art. 163 da Constituição Federal.

§ 1º O disposto nesta Lei Complementar:

I – aplica-se às receitas primárias e às despesas primárias dos orçamentos fiscal e da seguridade social da União;

II – não afasta as limitações e as condicionantes para geração de despesa e de renúncia de receita estabelecidas na Lei Complementar nº 101, de 4 de maio de 2000 (Lei de Responsabilidade Fiscal), observadas as disposições da lei de diretrizes orçamentárias, inclusive em relação aos efeitos das renúncias de receita sobre a sustentabilidade do regime fiscal instituído nesta Lei Complementar.

§ 2º A política fiscal da União deve ser conduzida de modo a manter a dívida pública em níveis sustentáveis, prevenindo riscos e promovendo medidas de ajuste fiscal em caso de desvios, garantindo a solvência e a sustentabilidade intertemporal das contas públicas.

§ 3º Integram o conjunto de medidas de ajuste fiscal a obtenção de resultados fiscais compatíveis com a sustentabilidade da dívida, a adoção de limites ao crescimento da despesa, a aplicação das vedações previstas nos incisos I a X do *caput* do art. 167-A da Constituição Federal, bem como a recuperação e a gestão de receitas públicas.

CAPÍTULO II
DAS METAS FISCAIS COMPATÍVEIS COM A SUSTENTABILIDADE DA DÍVIDA

Art. 2º A lei de diretrizes orçamentárias, nos termos do § 2º do art. 165 da Constituição Federal e do art. 4º da Lei Complementar nº 101, de 4 de maio de 2000 (Lei de Responsabilidade Fiscal), estabelecerá as diretrizes de política fiscal e as respectivas metas anuais de resultado primário do Governo Central, para o exercício a que se referir e para os 3 (três) seguintes, compatíveis com a trajetória sustentável da dívida pública.

§ 1º Considera-se compatível com a sustentabilidade da dívida pública o estabelecimento de metas de resultados primários, nos termos das leis de diretrizes orçamentárias, até a estabilização da relação entre a Dívida Bruta do Governo Geral (DBGG) e o Produto Interno Bruto (PIB), conforme o Anexo de Metas Fiscais de que trata o § 5º do art. 4º da Lei Complementar nº 101, de 4 de maio de 2000 (Lei de Responsabilidade Fiscal).

§ 2º A trajetória de convergência do montante da dívida, os indicadores de sua apuração e os níveis de compatibilidade dos resultados fiscais com a sustentabilidade da dívida constarão do Anexo de Metas Fiscais da lei de diretrizes orçamentárias.

§ 3º A elaboração e a aprovação do projeto de lei orçamentária anual, bem como a execução da respectiva lei, deverão ser compatíveis com a obtenção da meta de resultado primário estabelecida na lei de diretrizes orçamentárias, observados, na execução, os intervalos de tolerância de que trata o inciso IV do § 5º do art. 4º da Lei Complementar nº 101, de 4 de maio de 2000 (Lei de Responsabilidade Fiscal).

§ 4º A apuração do resultado primário e da relação entre a DBGG e o PIB será realizada pelo Banco Central do Brasil.

CAPÍTULO III
DAS DESPESAS SUJEITAS A LIMITES POR PODER E ÓRGÃO

Art. 3º Com fundamento no inciso VIII do *caput* do art. 163, no art. 164-A e nos §§ 2º e 12 do art. 165 da Constituição Federal, ficam estabelecidos, para cada exercício a partir de 2024, observado o disposto nos arts. 4º, 5º e 9º desta Lei Complementar, limites individualizados para o montante global das dotações orçamentárias relativas a despesas primárias:

I – do Poder Executivo federal;

II – do Supremo Tribunal Federal, do Superior Tribunal de Justiça, do Conselho Nacional de Justiça, da Justiça do Trabalho, da Justiça Federal, da Justiça Militar da União, da Justiça Eleitoral e da Justiça do Distrito Federal e dos Territórios, no âmbito do Poder Judiciário;

III – do Senado Federal, da Câmara dos Deputados e do Tribunal de Contas da União, no âmbito do Poder Legislativo;

IV – do Ministério Público da União e do Conselho Nacional do Ministério Público; e

V – da Defensoria Pública da União.

§ 1º Cada um dos limites a que se refere o *caput* deste artigo equivalerá:

I – para o exercício de 2024, às dotações orçamentárias primárias constantes da Lei nº 14.535, de 17 de janeiro de 2023, considerados os créditos suplementares e especiais vigentes na data de promulgação desta Lei Complementar, relativas ao respectivo Poder ou órgão referido no *caput* deste artigo, corrigidas nos termos do art. 4º e pelo crescimento real da despesa primária calculado nos termos do art. 5º desta Lei Complementar, excluídas as dotações correspondentes às despesas de que trata o § 2º deste artigo; e

II – para os exercícios posteriores a 2024, ao valor do limite referente ao exercício imediatamente anterior, corrigido nos termos dos arts. 4º e 5º desta Lei Complementar, observado que as alterações nas dotações orçamentárias realizadas para atender à situação prevista no *caput* do art. 9º desta Lei Complementar não deverão ser incluídas para a definição do limite do exercício subsequente.

§ 2º Não se incluem na base de cálculo e nos limites estabelecidos neste artigo:

I – as transferências estabelecidas no § 1º do art. 20, no inciso III do parágrafo único do art. 146, no § 5º do art. 153, no art. 157, nos incisos I e II do *caput* do art. 158, no art. 159 e no § 6º do art. 212, as despesas referentes ao inciso XIV do *caput* do art. 21 e as complementações de que tratam os incisos IV e V do *caput* do art. 212-A, todos da Constituição Federal;

II – os créditos extraordinários a que se refere o § 3º do art. 167 da Constituição Federal;

III – as despesas nos valores custeados com recursos de doações ou com recursos decorrentes de acordos judiciais ou extrajudiciais firmados para reparação de danos em decorrência de desastre;

IV – as despesas das universidades públicas federais, das empresas públicas da União prestadoras de serviços para hospitais universitários federais, das instituições federais de educação, ciência e tecnologia vinculadas ao Ministério da Educação, dos estabelecimentos de ensino militares federais e das demais instituições científicas, tecnológicas e de inovação, nos valores custeados com receitas próprias, ou de convênios, contratos ou instrumentos congêneres, celebrados com os demais entes federativos ou entidades privadas;

V – as despesas nos valores custeados com recursos oriundos de transferências dos demais entes federativos para a União destinados à execução direta de obras e serviços de engenharia;

VI – as despesas para cumprimento do disposto no § 20 do art. 100 da Constituição Federal e no § 3º do art. 107-A do Ato das Disposições Constitucionais Transitórias;

VII – as despesas para cumprimento do disposto nos §§ 11 e 21 do art. 100 da Constituição Federal;

VIII – as despesas não recorrentes da Justiça Eleitoral com a realização de eleições;

IX – as transferências legais estabelecidas nas alíneas *a* e *b* do inciso II do *caput* do art. 39 da Lei nº 11.284, de 2 de março de 2006, e no art. 17 da Lei nº 13.240, de 30 de dezembro de 2015.

§ 3º Os limites estabelecidos no inciso IV do *caput* do art. 51, no inciso XIII do *caput* do art. 52, no § 1º do art. 99, no § 3º do art. 127 e no § 3º do art. 134 da Constituição Federal não poderão ser superiores aos estabelecidos neste artigo.

§ 4º A mensagem que encaminhar o projeto de lei orçamentária anual demonstrará os valores máximos de programação compatíveis com os limites individualizados calculados na forma prevista no § 1º deste artigo.

§ 5º As despesas primárias autorizadas na lei orçamentária anual e os respectivos créditos suplementares e especiais, inclusive reabertos, sujeitos aos limites de que trata este artigo não poderão exceder aos valores máximos demonstrados nos termos do § 4º deste artigo.

§ 6º O cálculo do limite do Poder Executivo federal de que trata o inciso I do § 1º deste artigo deverá considerar a despesa anualizada das transferências aos fundos de saúde dos Estados, do Distrito Federal e dos Municípios, na forma de assistência financeira complementar para cumprimento dos pisos nacionais salariais para o enfermeiro, o técnico de enfermagem, o auxiliar de enfermagem e a parteira, de acordo com o disposto nos §§ 12, 13, 14 e 15 do art. 198 da Constituição Federal, vedada a dupla contabilização dos mesmos valores.

§ 7º Os limites de pagamento e de movimentação financeira não poderão ultrapassar os limites orçamentários de que trata o *caput* deste artigo, exceto quando as estimativas de receitas e despesas durante o exercício indicarem que não haverá comprometimento na obtenção da meta de resultado primário da União, observados os intervalos de tolerância de que trata o inciso IV do § 5º do art. 4º da Lei Complementar nº 101, de 4 de maio de 2000 (Lei de Responsabilidade Fiscal).

§ 8º Respeitado o somatório em cada um dos incisos de II a IV do *caput* deste artigo, a lei de diretrizes orçamentárias poderá dispor sobre a compensação entre os limites individualizados dos órgãos referidos em cada inciso.

CAPÍTULO IV
DA CORREÇÃO DO LIMITE DE CRESCIMENTO DA DESPESA

Art. 4º Os limites individualizados a que se refere o art. 3º desta Lei Complementar serão corrigidos a cada exercício pela variação acumulada do Índice Nacional de Preços ao Consumidor Amplo (IPCA), publicado pela Fundação Instituto Brasileiro de Geografia e Estatística (IBGE), ou de outro índice que vier a substituí-lo, considerados os valores apurados no período de 12 (doze) meses encerrado em junho do exercício anterior ao que se refere a lei orçamentária anual, acrescidos da variação real da despesa, calculada nos termos do art. 5º desta Lei Complementar.

§ 1º O resultado da diferença entre a correção calculada com base na variação acumulada do IPCA, ou do índice que vier a substituí-lo, nos termos do *caput* deste artigo, e o valor apurado em 12 (doze) meses ao final do exercício poderá ser utilizado para ampliar o limite autorizado para o Poder Executivo na lei orçamentária anual, por meio de crédito, quando necessário à suplementação de despesas, nos termos da lei de diretrizes orçamentárias e das leis orçamentárias anuais, observado que a ampliação não se incorporará à base de cálculo dos exercícios seguintes.

§ 2º A proibição de se incorporar a ampliação à base de cálculo de que trata o § 1º deste artigo não se aplica aos créditos abertos em 2024.

Art. 5º A variação real dos limites de despesa primária de que trata o art. 3º desta Lei Complementar será cumulativa e ficará limitada, em relação à variação real da receita primária, apurada na forma do § 2º deste artigo, às seguintes proporções:

I – 70% (setenta por cento), caso a meta de resultado primário apurada no exercício anterior ao da elaboração da lei orçamentária anual tenha sido cumprida, observados os intervalos de tolerância de que trata o inciso IV do § 5º do art. 4º da Lei Complementar nº 101, de 4 de maio de 2000 (Lei de Responsabilidade Fiscal); ou

II – 50% (cinquenta por cento), caso a meta de resultado primário apurada no exercício anterior ao da elaboração da lei orçamentária anual não tenha sido cumprida, observados os intervalos de tolerância de que trata o inciso IV do § 5º do art. 4º da Lei Complementar nº 101, de 4 de maio de 2000 (Lei de Responsabilidade Fiscal).

§ 1º O crescimento real dos limites da despesa primária, nos casos previstos nos incisos I e II do *caput* deste artigo, não será inferior a 0,6% a.a. (seis décimos por cento ao ano) nem superior a 2,5% a.a. (dois inteiros e cinco décimos por cento ao ano).

§ 2º Para os fins do disposto neste artigo, será considerada a receita, na forma a ser regulamentada em ato do Ministro de Estado da Fazenda, resultante da receita primária total do Governo Central, deduzidos os seguintes itens:

I – receitas primárias de concessões e permissões;

II – receitas primárias de dividendos e participações;

III – receitas primárias de exploração de recursos naturais;

IV – receitas primárias de que trata o parágrafo único do art. 121 do Ato das Disposições Constitucionais Transitórias;

V – receitas de programas especiais de recuperação fiscal, destinados a promover a regularização de créditos perante a União, criados a partir da publicação desta Lei Complementar; e

VI – transferências legais e constitucionais por repartição de receitas primárias, descontadas as decorrentes das receitas de que tratam os incisos I a V deste parágrafo.

§ 3º Será considerada cumprida a meta se o resultado primário do Governo Central apurado pelo Banco Central do Brasil for superior ao limite inferior do intervalo de tolerância de que trata o inciso IV do § 5º do art. 4º da Lei Complementar nº 101, de 4 de maio de 2000 (Lei de Responsabilidade Fiscal), da meta estabelecida para o respectivo exercício, em valores nominais.

§ 4º A variação real da receita a que se refere o § 2º deste artigo considerará os valores acumulados no período de 12 (doze) meses encerrado em junho do exercício anterior ao que se refere a lei orçamentária anual, descontados da variação acumulada do IPCA, publicado pelo IBGE, ou de outro índice que vier a substituí-lo, apurada no mesmo período.

Art. 5º-A. *O crescimento anual de despesa anualizada sujeita ao limite de que trata o inciso I do caput do art. 3º, decorrente de criação ou prorrogação de benefícios da seguridade social pela União, fica limitado pelas regras de correção do limite de crescimento da despesa previstas nos arts. 4º e 5º desta Lei Complementar.*

▸ Art. 5º-A acrescido pela LC nº 211, de 30-12-2024.

CAPÍTULO V
DAS MEDIDAS DE AJUSTE FISCAL

Art. 6º Caso o resultado primário do Governo Central apurado, relativo ao exercício anterior, seja menor que o limite inferior do intervalo de tolerância da meta, de que trata o inciso IV do § 5º do art. 4º da Lei Complementar nº 101, de 4 de maio de 2000 (Lei de Responsabilidade Fiscal), sem prejuízo da aplicação da redução do limite nos termos do inciso II do *caput* do art. 5º desta Lei Complementar e de outras medidas, aplicam-se imediatamente, até a próxima apuração anual, com fundamento no parágrafo único do art. 163 da Constituição Federal, as vedações previstas nos incisos II, III e VI a X do art. 167-A da Constituição Federal.

§ 1º Caso o resultado de que trata o *caput* deste artigo seja, pelo segundo ano consecutivo, menor que o limite inferior do intervalo de tolerância da meta, aplicam-se, imediatamente, enquanto perdurar o descumprimento, as vedações previstas nos incisos I a X do art. 167-A da Constituição Federal.

§ 2º Nas hipóteses deste artigo, o Presidente da República poderá enviar mensagem ao Congresso Nacional acompanhada de projeto de lei complementar que proponha a suspensão parcial ou a gradação das vedações previstas neste artigo, demonstrando que o impacto e a duração das medidas adotadas serão suficientes para compensar a diferença havida entre o resultado primário apurado de que trata o *caput* deste artigo e o limite inferior do intervalo de tolerância.

§ 3º Na aplicação das medidas de ajuste fiscal de que trata este artigo, a vedação prevista no inciso VIII do *caput* do art. 167-A da Constituição Federal não se aplica aos reajustes do salário mínimo decorrentes das diretrizes instituídas em lei de valorização do salário mínimo.

Art. 6º-A. *Em caso de apuração de déficit primário do Governo Central, nos termos do § 4º do art. 2º desta Lei Complementar, a partir do exercício de 2025, ficam vedadas, no exercício subsequente ao da apuração, e até a constatação de superávit primário anual:*

I – a promulgação de lei que conceda, amplie ou prorrogue incentivo ou benefício de natureza tributária; e

II – até 2030, no projeto de lei orçamentária anual e na lei orçamentária anual, a programação de crescimento anual real do montante da despesa de pessoal e de encargos com pessoal de cada um dos Poderes ou órgãos autônomos acima do índice inferior de que trata o § 1º do art. 5º desta Lei Complementar, excluídos os montantes concedidos por força de sentença judicial.

Parágrafo único. *Fica autorizado o Poder Executivo federal a não aplicar as vedações de que trata o caput deste artigo na hipótese de ocorrência de calamidade pública reconhecida pelo Congresso Nacional, nos termos do art. 65 da Lei Complementar nº 101, de 4 de maio de 2000 (Lei de Responsabilidade Fiscal).*

Art. 6º-B. *A partir do projeto de lei orçamentária de 2027, se verificado que as despesas discricionárias totais tenham redução nominal, na comparação do realizado no exercício anterior com o imediatamente antecedente, ficam vedadas, no exercício de vigência da respectiva lei orçamentária, e até que as despesas discricionárias totais voltem a ter crescimento nominal:*

I – a promulgação de lei que conceda, amplie ou prorrogue incentivo ou benefício de natureza tributária; e

II – até 2030, no projeto de lei orçamentária anual e na lei orçamentária anual, a programação de crescimento anual real do montante da despesa de pessoal e de encargos com pessoal de cada um dos Poderes ou órgãos autônomos acima do índice inferior de que trata o § 1º do art. 5º desta Lei Complementar, excluídos os montantes concedidos por força de sentença judicial.

▸ Arts. 6º-A e 6º-B acrescidos pela LC nº 211, de 30-12-2024.

Art. 7º Não configura infração à Lei Complementar nº 101, de 4 de maio de 2000 (Lei de Responsabilidade Fiscal), o descumprimento do limite inferior da meta de resultado primário, relativamente ao agente responsável, desde que:

I – tenha adotado, no âmbito de sua competência, as medidas de limitação de empenho e pagamento, preservado o nível mínimo de despesas discricionárias necessárias ao funcionamento regular da administração pública; e

II – não tenha ordenado ou autorizado medida em desacordo com as vedações previstas nos arts. 6º e 8º desta Lei Complementar.

§ 1º Na hipótese de estado de calamidade pública de âmbito nacional, aplica-se o disposto no art. 167-B da Constituição Federal e no art. 65 da Lei Complementar nº 101, de 4 de maio de 2000 (Lei de Responsabilidade Fiscal).

§ 2º O nível mínimo de despesas discricionárias necessárias ao funcionamento regular da administração pública é de 75% (setenta e cinco por cento) do valor autorizado na respectiva lei orçamentária anual.

§ 3º VETADO.

Art. 8º Quando verificado, relativamente ao exercício financeiro anterior, que, no âmbito das despesas sujeitas aos limites de que trata o art. 3º desta Lei Complementar, a proporção da despesa primária obrigatória em relação à despesa primária total foi superior a 95% (noventa e cinco por cento), aplicar-se-ão imediatamente as vedações previstas nos incisos I a IX do *caput* do art. 167-A da Constituição Federal.

§ 1º O Presidente da República poderá enviar mensagem ao Congresso Nacional acompanhada de projeto de lei complementar que proponha a suspensão parcial ou a gradação das vedações previstas neste artigo, demonstrando que o impacto e a duração das medidas adotadas serão suficientes para a correção do desvio apurado.

§ 2º Na aplicação das medidas de ajuste de que trata este artigo, a vedação prevista no inciso VIII do *caput* do art. 167-A da Constituição Federal não se aplica aos reajustes do salário mínimo decorrentes das diretrizes instituídas em lei de valorização do salário mínimo.

CAPÍTULO VI
DO EXCEDENTE DE RESULTADO PRIMÁRIO E DOS INVESTIMENTOS

Art. 9º Caso o resultado primário do Governo Central apurado exceda ao limite superior do intervalo de tolerância de que trata o inciso IV do § 5º do art. 4º da Lei Complementar nº 101, de 4 de maio de 2000 (Lei de Responsabilidade Fiscal), o Poder Executivo federal poderá ampliar as dotações orçamentárias, em valor equivalente a até 70% (setenta por cento) do montante excedente, por meio de crédito adicional:

I – para investimentos, prioritariamente para obras inacabadas ou em andamento, nos termos do § 12 do art. 165 da Constituição Federal e do art. 45 da Lei Complementar nº 101, de 4 de maio de 2000 (Lei de Responsabilidade Fiscal);

II – para inversões financeiras previstas no inciso II do § 1º do art. 10 desta Lei Complementar.

§ 1º O disposto no *caput* deste artigo não se aplica quando for apurado déficit no resultado primário.

§ 2º A ampliação das dotações orçamentárias de que trata o *caput* deste artigo não será contabilizada no valor mínimo de que trata o art. 10 desta Lei Complementar.

§ 3º A ampliação das dotações orçamentárias de que trata o *caput* deste artigo não poderá ultrapassar, em qualquer hipótese, o montante de até 0,25 p.p. (vinte e cinco centésimos ponto percentual) do PIB do exercício anterior.

Art. 10. A programação destinada a investimentos constante do projeto e da lei orçamentária anual não será inferior ao montante equivalente a 0,6% (seis décimos por cento) do PIB estimado no respectivo projeto.

§ 1º Os investimentos a que se refere o *caput* deste artigo correspondem àqueles classificados no Grupo de Natureza de Despesa (GND):

I – nº 4 – investimentos, ou a classificação que vier a substituí-lo; ou

II – nº 5 – inversões financeiras, ou a classificação que vier a substituí-lo, quando a despesa se destinar a programas habitacionais que incluam em seus objetivos a provisão subsidiada ou financiada de unidades habitacionais novas ou usadas em áreas urbanas ou rurais.

§ 2º Nos exercícios subsequentes, para a apuração do montante estabelecido no caput serão utilizadas as mesmas classificações indicadas no § 1º deste artigo ou outras que venham a substituí-las.

CAPÍTULO VII
DISPOSIÇÕES FINAIS E TRANSITÓRIAS

Art. 11. A Lei Complementar nº 101, de 4 de maio de 2000 (Lei de Responsabilidade Fiscal), passa a vigorar com as seguintes alterações:

▸ Alterações inseridas no texto da referida Lei Complementar.

Art. 12. Para o exercício financeiro de 2023, os limites individualizados para as despesas primárias e demais operações que afetam o resultado primário, bem como suas respectivas exceções, corresponderão àqueles vigentes no momento da publicação da Lei nº 14.535, de 17 de janeiro de 2023, relativas ao respectivo Poder ou órgão.

§ 1º É vedada a abertura de crédito suplementar ou especial que exceda ao limite total autorizado de despesa primária sujeita aos limites de que trata este artigo.

§ 2º Para fins de verificação do cumprimento dos limites de que trata este artigo, serão consideradas as despesas primárias pagas, incluídos os restos a pagar pagos e as demais operações que afetem o resultado primário no exercício.

Art. 13. Os precatórios decorrentes de demandas relativas à complementação da União aos Estados e aos Municípios por conta do Fundo de Manutenção e Desenvolvimento do Ensino Fundamental e de Valorização do Magistério (FUNDEF), nos termos do art. 4º da Emenda Constitucional nº 114, de 16 de dezembro de 2021, não serão incluídos na base de cálculo e no limite do Poder Executivo federal estabelecido no art. 3º desta Lei Complementar.

Art. 14. *No exercício financeiro de 2024, fica autorizada a abertura de crédito suplementar por ato do Poder Executivo para ampliar o limite de que trata o inciso I do caput e o inciso II do § 1º do art. 3º, após a primeira avaliação bimestral de receitas e despesas primárias, no montante decorrente da aplicação de índice equivalente à diferença entre 70% (setenta por cento) do crescimento real da receita para 2024 estimado nessa avaliação em comparação com a receita arrecadada em 2023 e o índice calculado para fins do crescimento real do limite da despesa primária do Poder Executivo estabelecido na lei orçamentária anual para 2024, calculados nos termos do inciso I do § 1º do art. 3º, respeitado o limite superior de que trata o § 1º do art. 5º desta Lei Complementar, observado que, ao final do exercício financeiro de 2024, se o montante ampliado da despesa primária for superior ao calculado com base em 70% (setenta por cento) do crescimento real de receita primária efetivamente realizada, a diferença será reduzida da base de cálculo e subtraída do limite do exercício financeiro de 2025.*

▸ Art. 14 com a redação dada pela LC nº 207, de 16-5-2024.

Art. 15. Esta Lei Complementar entra em vigor:

I – em 1º de janeiro de 2024, quanto ao art. 11; e

II – na data de sua publicação, quanto aos demais dispositivos.

Brasília, 30 de agosto de 2023;
202º da Independência e
135º da República.

Luiz Inácio Lula da Silva

LEGISLAÇÃO DE DIREITO AMBIENTAL

ÍNDICE CRONOLÓGICO DA LEGISLAÇÃO DE DIREITO AMBIENTAL

LEI Nº 5.197, DE 3 DE JANEIRO DE 1967

Dispõe sobre a proteção à fauna e dá outras providências.

- Publicada no *DOU* de 5-1-1967.
- Lei nº 7.173, de 14-12-1983, dispõe sobre o estabelecimento de funcionamento de jardins zoológicos.
- Lei nº 9.605, de 12-2-1998 (Lei dos Crimes Ambientais).
- Lei nº 10.519, de 17-7-2002, dispõe sobre a promoção e a fiscalização da defesa sanitária animal quando da realização de rodeio.
- Lei nº 11.794, de 8-10-2008, estabelece procedimentos para o uso científico de animais.
- Dec.-lei nº 221, de 28-2-1967 (Lei da Proteção e Estímulos à Pesca).

Art. 1º Os animais de quaisquer espécies, em qualquer fase do seu desenvolvimento e que vivem naturalmente fora do cativeiro, constituindo a fauna silvestre, bem como seus ninhos, abrigos e criadouros naturais são propriedades do Estado, sendo proibida a sua utilização, perseguição, destruição, caça ou apanha.

§ 1º Se peculiaridades regionais comportarem o exercício da caça, a permissão será estabelecida em ato regulamentador do Poder Público Federal.

§ 2º A utilização, perseguição, caça ou apanha de espécies da fauna silvestre em terras de domínio privado, mesmo quando permitidas na forma do parágrafo anterior, poderão ser igualmente proibidas pelos respectivos proprietários, assumindo estes a responsabilidade da fiscalização de seus domínios. Nestas áreas, para a prática do ato de caça é necessário o consentimento expresso ou tácito dos proprietários, nos termos dos arts. 594, 595, 596, 597 e 598 do Código Civil.

- Refere-se ao CC/1916; não há correspondência no CC/2002.

Art. 2º É proibido o exercício da caça profissional.

- Dec. nº 6.514, de 22-7-2008, dispõe sobre as infrações e sanções administrativas ao meio ambiente e estabelece o processo administrativo federal para apuração destas infrações.

Art. 3º É proibido o comércio de espécimes da fauna silvestre e de produtos e objetos que impliquem na sua caça, perseguição, destruição ou apanha.

- Dec. nº 6.514, de 22-7-2008, dispõe sobre as infrações e sanções administrativas ao meio ambiente e estabelece o processo administrativo federal para apuração destas infrações.

§ 1º Excetuam-se os espécimes provenientes de criadouros devidamente legalizados.

§ 2º Será permitida mediante licença da autoridade competente, a apanha de ovos, larvas e filhotes que se destinem aos estabelecimentos acima referidos, bem como a destruição de animais silvestres considerados nocivos à agricultura ou à saúde pública.

§ 3º O simples desacompanhamento de comprovação de procedência de peles ou outros produtos de animais silvestres, nos carregamentos de via terrestre, fluvial, marítima ou aérea, que se iniciem ou transitem pelo País, caracterizará, de imediato, o descumprimento do disposto no *caput* deste artigo.

- § 3º acrescido pela Lei nº 9.111, de 10-10-1995.

Art. 4º Nenhuma espécie poderá ser introduzida no País, sem parecer técnico oficial favorável e licença expedida na forma da Lei.

Art. 5º *Revogado*. Lei nº 9.985, de 18-7-2000.

Art. 6º O Poder Público estimulará:

a) a formação e o funcionamento de clubes e sociedades amadoristas de caça e de tiro ao voo objetivando alcançar o espírito associativista para a prática desse esporte;

b) a construção de criadouros destinados à criação de animais silvestres para fins econômicos e industriais.

Art. 7º A utilização, perseguição, destruição, caça ou apanha de espécimes da fauna silvestre, quando consentidas na forma desta Lei, serão considerados atos de caça.

Art. 8º O órgão público federal competente, no prazo de 120 dias, publicará e atualizará anualmente:

a) a relação das espécies cuja utilização, perseguição, caça ou apanha será permitida indicando e delimitando as respectivas áreas;

b) a época e o número de dias em que o ato acima será permitido;

c) a quota diária de exemplares cuja utilização, perseguição, caça ou apanha será permitida.

Parágrafo único. Poderão ser igualmente, objeto de utilização, caça, perseguição ou apanha os animais domésticos que, por abandono, se tornem selvagens ou feras.

Art. 9º Observado o disposto no artigo 8º e satisfeitas as exigências legais poderão ser capturados e mantidos em cativeiro espécimes da fauna silvestre.

Art. 10. A utilização, perseguição, destruição, caça ou apanha de espécimes da fauna silvestre são proibidas:

a) com visgos, atiradeiras, fundas, bodoques, veneno, incêndio ou armadilhas que maltratem a caça;

b) com armas a bala, a menos de três quilômetros de qualquer via térrea ou rodovia pública;

c) com armas de calibre 22 para animais de porte superior ao tapiti (*Sylvilagus brasiliensis*);

d) com armadilhas, constituídas de armas de fogo;

e) nas zonas urbanas, suburbanas, povoados e nas estâncias hidrominerais e climáticas;

f) nos estabelecimentos oficiais e açudes do domínio público, bem como nos terrenos adjacentes, até a distância de cinco quilômetros;

g) na faixa de quinhentos metros de cada lado do eixo das vias férreas e rodovias públicas;

h) nas áreas destinadas à proteção da fauna, da flora e das belezas naturais;

i) nos jardins zoológicos, nos parques e jardins públicos;

j) fora do período de permissão de caça, mesmo em propriedades privadas;

l) à noite, exceto em casos especiais e no caso de animais nocivos;

m) do interior de veículos de qualquer espécie.

Art. 11. Os clubes ou Sociedades Amadoristas de Caça e de tiro ao voo, poderão ser organizados distintamente ou em conjunto com os de pesca, e só funcionarão validamente após a obtenção da personalidade jurídica, na forma da Lei civil e o registro no órgão público federal competente.

Art. 12. As entidades a que se refere o artigo anterior deverão requerer licença especial para seus associados transitarem com arma de caça e de esporte, para uso em suas sedes durante o período defeso e dentro do perímetro determinado.

Art. 13. Para exercício da caça, é obrigatória a licença anual, de caráter específico e de âmbito regional, expedida pela autoridade competente.

Parágrafo único. A licença para caçar com armas de fogo deverá ser acompanhada do porte de arma emitido pela Polícia Civil.

Art. 14. Poderá ser concedida a cientistas, pertencentes a instituições científicas, oficiais ou oficializadas, ou por estas indicadas, licença especial para a coleta de material destinado a fins científicos, em qualquer época.

- Dec. nº 6.514, de 22-7-2008, dispõe sobre as infrações e sanções administrativas ao meio ambiente e estabelece o processo administrativo federal para apuração destas infrações.

§ 1º Quando se tratar de cientistas estrangeiros, devidamente credenciados pelo país de origem, deverá o pedido de licença ser aprovado e encaminhado ao órgão público federal competente, por intermédio de instituição científica oficial do país.

§ 2º As instituições a que se refere este artigo, para efeito da renovação anual da licença, darão ciência ao órgão público federal competente das atividades dos cientistas licenciados no ano anterior.

§ 3º As licenças referidas neste artigo não poderão ser utilizadas para fins comerciais ou esportivos.

§ 4º Aos cientistas das instituições nacionais que tenham por Lei, a atribuição de coletar material zoológico, para fins científicos, serão concedidas licenças permanentes.

Art. 15. O Conselho de Fiscalização das Expedições Artísticas e Científicas do Brasil ouvirá o órgão público federal competente toda vez que, nos processos em julgamento, houver matéria referente à fauna.

Art. 16. Fica instituído o registro das pessoas físicas ou jurídicas que negociem com animais silvestres e seus produtos.

Art. 17. As pessoas físicas ou jurídicas, de que trata o artigo anterior, são obrigadas à apresentação de declaração de estoques e valores, sempre que exigida pela autoridade competente.

- Dec. nº 6.514, de 22-7-2008, dispõe sobre as infrações e sanções administrativas ao meio ambiente e estabelece o processo administrativo federal para apuração destas infrações.

Parágrafo único. O não cumprimento do disposto neste artigo, além das penalidades previstas nesta lei obriga o cancelamento do registro.

Art. 18. É proibida a exportação para o Exterior, de peles e couros de anfíbios e répteis, em bruto.

Art. 19. O transporte interestadual e para o Exterior, de animas silvestres, lepidópteros, e outros insetos e seus produtos depende de guia de trânsito, fornecida pela autoridade competente.

Parágrafo único. Fica isento dessa exigência o material consignado a Instituições Científicas Oficiais.

Art. 20. As licenças de caçadores serão concedidas mediante pagamento de uma taxa anual equivalente a um décimo do salário mínimo mensal.

Parágrafo único. Os turistas pagarão uma taxa equivalente a um salário mínimo mensal, e a licença será válida por 30 dias.

Art. 21. O registro de pessoas físicas ou jurídicas, a que se refere o art. 16, será feito mediante o pagamento de uma taxa equivalente a meio salário mínimo mensal.

Parágrafo único. As pessoas físicas ou jurídicas de que trata este artigo pagarão a título de licença, uma taxa anual para as diferentes formas de comércio até o limite de um salário mínimo mensal.

Art. 22. O registro de clubes ou sociedades amadoristas, de que trata o art. 11, será concedido mediante pagamento de uma taxa equivalente a meio salário mínimo mensal.

Parágrafo único. As licenças de trânsito com arma de caça e de esporte, referidas no art. 12, estarão sujeitas ao pagamento de uma taxa anual equivalente a um vigésimo do salário mínimo mensal.

Art. 23. Far-se-á, com a cobrança da taxa equivalente a dois décimos do salário mínimo mensal, o registro dos criadouros.

Art. 24. O pagamento das licenças, registros e taxas previstos nesta Lei, será recolhido ao Banco do Brasil S.A. em conta especial, a crédito do Fundo Federal Agropecuário, sob o título "Recursos da Fauna".

Art. 25. A União fiscalizará diretamente pelo órgão executivo específico, do Ministério da Agricultura, ou em convênio com os Estados e Municípios, a aplicação das normas desta Lei, podendo, para tanto, criar os serviços indispensáveis.

Parágrafo único. A fiscalização da caça pelos órgãos especializados não exclui a ação da autoridade policial ou das Forças Armadas por iniciativa própria.

Art. 26. Todos os funcionários, no exercício da fiscalização da caça, são equiparados aos agentes de segurança pública, sendo-lhes assegurado o porte de armas.

Art. 27. Constitui crime punível com pena de reclusão de 2 (dois) a 5 (cinco) anos a violação do disposto nos arts. 2º, 3º, 17 e 18 desta lei.

▸ *Caput* com a redação dada pela Lei nº 7.653, de 12-2-1988.

§ 1º É considerado crime punível com a pena de reclusão de 1 (um) a 3 (três) anos a violação do disposto no artigo 1º e seus parágrafos 4º, 8º e suas alíneas *a*, *b* e *c*, 10 e suas alíneas *a*, *b*, *c*, *d*, *e*, *f*, *g*, *h*, *i*, *j*, *l* e *m*, e 14 e seu § 3º desta lei.

§ 2º Incorre na pena prevista no *caput* deste artigo quem provocar, pelo uso direto ou indireto de agrotóxicos ou de qualquer outra substância química, o perecimento de espécimes da fauna ictiológica existente em rios, lagos, açudes, lagoas, baías ou mar territorial brasileiro.

§ 3º Incide na pena prevista no § 1º deste artigo quem praticar pesca predatória, usando instrumento proibido, explosivo, erva ou sustância química de qualquer natureza.

▸ §§ 1º a 3º acrescidos pela Lei nº 7.653, de 12-2-1988.

§ 4º *Revogado*. Lei nº 7.679, de 23-11-1988.

§ 5º Quem, de qualquer maneira, concorrer para os crimes previstos no *caput* e no § 1º deste artigo incidirá nas penas a eles cominadas.

§ 6º Se o autor da infração considerada crime nesta lei for estrangeiro, será expulso do País, após o cumprimento da pena que lhe for imposta, (VETADO), devendo a autoridade judiciária ou administrativa remeter, ao Ministério da Justiça, cópia da decisão cominativa da pena aplicada, no prazo de 30 (trinta) dias do trânsito em julgado de sua decisão.

▸ §§ 5º e 6º acrescidos pela Lei nº 7.653, de 12-2-1988.

▸ Art. 27 revogado tacitamente pela Lei nº 9.605, de 12-2-1998.

Art. 28. Além das contravenções estabelecidas no artigo precedente, subsistem os dispositivos sobre contravenções e crimes previstos no Código Penal e nas demais leis, com as penalidades neles contidas.

▸ Artigo revogado tacitamente pela Lei nº 9.605, de 12-2-1998.

Art. 29. São circunstâncias que agravam a pena, afora aquelas constantes do Código Penal e da Lei das Contravenções Penais, as seguintes:

a) cometer a infração em período defeso à caça ou durante a noite;

b) empregar fraude ou abuso de confiança;

c) aproveitar indevidamente licença de autoridade;

d) incidir a infração sobre animais silvestres e seus produtos oriundos de áreas onde a caça é proibida.

▸ Art. 29 revogado tacitamente pela Lei nº 9.605, de 12-2-1998.

Art. 30. As penalidades incidirão sobre os autores, sejam eles:

a) direto;

b) arrendatários, parceiros, posseiros, gerentes, administradores, diretores, promitentes compradores ou proprietários das áreas, desde que praticada por prepostos ou subordinados e no interesse dos proponentes ou dos superiores hierárquicos;

c) autoridades que por ação ou omissão consentirem na prática do ato ilegal, ou que cometerem abusos do poder.

Parágrafo único. Em caso de ações penais simultâneas pelo mesmo fato, iniciadas por várias autoridades, o juiz reunirá os processos na jurisdição em que se firmar a competência.

▸ Art. 30 revogado tacitamente pela Lei nº 9.605, de 12-2-1998.

Art. 31. A ação penal independe de queixa mesmo em se tratando de lesão em propriedade privada, quando os bens atingidos, são animais silvestres e seus produtos, instrumentos de trabalho, documentos e atos relacionados com a proteção da fauna disciplinada nesta Lei.

▸ Artigo revogado tacitamente pela Lei nº 9.605, de 12-2-1998.

Art. 32. São autoridades competentes para instaurar, presidir e proceder a inquéritos policiais, lavrar autos de prisão em flagrante e intentar a ação penal, nos casos de crimes ou de contravenções previstas nesta Lei ou em outras leis que tenham por objeto os animais silvestres, seus produtos, instrumentos e documentos relacionados com os mesmos, as indicadas no Código de Processo Penal.

▸ Artigo revogado tacitamente pela Lei nº 9.605, de 12-2-1998.

Art. 33. A autoridade apreenderá os produtos da caça e/ou da pesca bem como os instrumentos utilizados na infração, e se estes, por sua natureza ou volume, não puderem acompanhar o inquérito, serão entregues ao depositário público local, se houver e, na sua falta, ao que for nomeado pelo juiz.

▸ Art. 33 com a redação dada pela Lei nº 7.653, de 12-2-1988.

▸ Artigo revogado tacitamente pela Lei nº 9.605, de 12-2-1998.

Parágrafo único. Em se tratando de produtos perecíveis, poderão ser os mesmos doados a instituições científicas, penais, hospitais e/ou casas de caridade mais próximas.

Art. 34. Os crimes previstos nesta lei são inafiançáveis e serão apurados mediante processo sumário, aplicando-se no que couber, as normas do Título II, Capítulo V, do Código de Processo Penal.

▸ Artigo com a redação dada pela Lei nº 7.653, de 12-2-1988.

▸ Artigo revogado tacitamente pela Lei nº 9.605, de 12-2-1998.

Art. 35. Dentro de dois anos a partir da promulgação desta Lei, nenhuma autoridade poderá permitir a adoção de livros escolares de leitura que não contenham textos sobre a proteção da fauna, aprovados pelo Conselho Federal de Educação.

§ 1º Os programas de ensino de nível primário e médio deverão contar pelo menos com duas aulas anuais sobre a matéria a que se refere o presente artigo.

§ 2º Igualmente os programas de rádio e televisão deverão incluir textos e dispositivos aprovados pelo órgão público federal competente, no limite mínimo de cinco minutos semanais, distribuídos ou não, em diferentes dias.

Art. 36. Fica instituído o Conselho Nacional de Proteção à Fauna, com sede em Brasília, como órgão consultivo e normativo da política de proteção à fauna do País.

▸ Dec. nº 97.633, de 10-4-1989, dispõe sobre o Conselho Nacional de Proteção à Fauna – CNPF.

Parágrafo único. O Conselho, diretamente subordinado ao Ministério da Agricultura, terá sua composição e atribuições estabelecidas por decreto do Poder Executivo.

Art. 37. O Poder Executivo regulamentará a presente Lei no que for Julgado necessário à sua execução.

Art. 38. Esta Lei entra em vigor na data de sua publicação, revogados o Decreto-Lei nº 5.894, de 20 de outubro de 1943, e demais disposições em contrário.

Brasília, 3 de janeiro de 1967;
146º da Independência e
79º da República.

H. Castello Branco

DECRETO-LEI Nº 1.413, DE 14 DE AGOSTO DE 1975

Dispõe sobre o controle da poluição do meio ambiente provocada por atividades industriais.

- Publicado no *DOU* de 14-8-1975.
- Lei nº 8.723, de 28-10-1993, dispõe sobre a redução de emissão de poluentes por veículos automotores.

Art. 1º As indústrias instaladas ou a se instalarem em território nacional são obrigadas a promover as medidas necessárias a prevenir ou corrigir os inconvenientes e prejuízos da poluição e da contaminação do meio ambiente.

Parágrafo único. As medidas a que se refere este artigo serão definidas pelos órgãos federais competentes, no interesse do bem-estar, da saúde e da segurança das populações.

Art. 2º Compete exclusivamente ao Poder Executivo Federal, nos casos de inobservância do disposto no artigo 1º deste Decreto-lei, determinar ou cancelar a suspensão do funcionamento de estabelecimento industrial cuja atividade seja considerada de alto interesse do desenvolvimento e da segurança nacional.

Art. 3º Dentro de uma política preventiva, os órgãos gestores de incentivos governamentais considerarão sempre a necessidade de não agravar a situação de áreas já críticas, nas decisões sobre localização industrial.

Art. 4º Nas áreas críticas, será adotado esquema de zoneamento urbano, objetivando, inclusive, para as situações existentes, viabilizar alternativa adequada de nova localização, nos casos mais graves, assim como, em geral, estabelecer prazos razoáveis para a instalação dos equipamentos de controle da poluição.

Parágrafo único. Para efeito dos ajustamentos necessários, dar-se-á apoio de Governo, nos diferentes níveis, inclusive por financiamento especial para aquisição de dispositivos de controle.

Art. 5º Respeitado o disposto nos artigos anteriores, os Estados e Municípios poderão estabelecer, no limite das respectivas competências, condições para o funcionamento de empresas de acordo com as medidas previstas no parágrafo único do artigo 1º.

Art. 6º Este Decreto-lei entrará em vigor na data de sua publicação, revogadas as disposições em contrário.

Brasília, 14 de agosto de 1975; 154º da Independência e 87º da República.

Ernesto Geisel

LEI Nº 6.902, DE 27 DE ABRIL DE 1981

Dispõe sobre a criação de Estações Ecológicas, Áreas de Proteção Ambiental e dá outras providências.

- Publicada no *DOU* de 28-4-1981.
- Dec. nº 99.274, de 6-6-1990, regulamenta esta Lei.

Art. 1º Estações Ecológicas são áreas representativas de ecossistemas brasileiros, destinadas à realização de pesquisas básicas e aplicadas de Ecologia, à proteção do ambiente natural e ao desenvolvimento da educação conservacionista.

§ 1º 90% (noventa por cento) ou mais da área de cada Estação Ecológica será destinada, em caráter permanente, e definida em ato do Poder Executivo, à preservação integral da biota.

§ 2º Na área restante, desde que haja um plano de zoneamento aprovado, segundo se dispuser em regulamento, poderá ser autorizada a realização de pesquisas ecológicas que venham a acarretar modificações no ambiente natural.

§ 3º As pesquisas científicas e outras atividades realizadas nas Estações Ecológicas levarão sempre em conta a necessidade de não colocar em perigo a sobrevivência das populações das espécies ali existentes.

Art. 2º As Estações Ecológicas serão criadas pela União, Estados e Municípios, em terras de seus domínios, definidos, no ato de criação, seus limites geográficos e o órgão responsável pela sua administração.

Art. 3º Nas áreas vizinhas às Estações Ecológicas serão observados, para a proteção da biota local, os cuidados a serem estabelecidos em regulamento, e na forma prevista nas Leis nºs 4.771, de 15 de setembro de 1965, e 5.197, de 3 de janeiro de 1967.

- A Lei nº 4.771, de 15-9-1965, foi revogada pela Lei nº 12.651, de 25-5-2012 (Novo Código Florestal).

Art. 4º As Estações Ecológicas serão implantadas e estruturadas de modo a permitir estudos comparativos com as áreas da mesma região ocupadas e modificadas pelo homem, a fim de obter informações úteis ao planejamento regional e ao uso racional de recursos naturais.

Art. 5º Os órgãos federais financiadores de pesquisas e projetos no campo da ecologia darão atenção especial aos trabalhos científicos a serem realizados nas Estações Ecológicas.

Art. 6º Caberá ao Ministério do Interior, através da Secretaria Especial do Meio Ambiente (SEMA), zelar pelo cumprimento da destinação das Estações Ecológicas, manter organizado o cadastro das que forem criadas e promover a realização de reuniões científicas, visando à elaboração de planos e trabalhos a serem nelas desenvolvidos.

- A expressão Secretaria Especial do Meio Ambiente – SEMA foi substituída por Instituto Brasileiro do Meio Ambiente e Recursos Naturais Renováveis – IBAMA, pelo art. 3º da Lei nº 7.804, de 18-7-1989.

Art. 7º As Estações Ecológicas não poderão ser reduzidas nem utilizadas para fins diversos daqueles para os quais foram criadas.

§ 1º Na área reservada às Estações Ecológicas será proibido:

a) presença de rebanho de animais domésticos de propriedade particular;

b) exploração de recursos naturais, exceto para fins experimentais, que não importem em prejuízo para a manutenção da biota nativa, ressalvado o disposto no § 2º do art. 1º;

c) porte e uso de armas de qualquer tipo;

d) porte e uso de instrumentos de corte de árvores;

e) porte e uso de redes de apanha de animais e outros artefatos de captura.

§ 2º Quando destinados aos trabalhos científicos e à manutenção da Estação, a autoridade responsável pela sua administração poderá autorizar o uso e o porte dos objetos mencionados nas alíneas *c*, *d* e *e* do parágrafo anterior.

§ 3º A infração às proibições estabelecidas nesta Lei sujeitará o infrator à apreensão do material proibido, pelo prazo de 1 (um) a 2 (dois) anos, e ao pagamento de indenização pelos danos causados.

§ 4º As penalidades previstas no parágrafo anterior serão aplicadas pela Administração da Estação Ecológica.

Art. 8º O Poder Executivo, quando houver relevante interesse público, poderá declarar determinadas áreas do Território Nacional como de interesse para a proteção ambiental, a fim de assegurar o bem-estar das populações humanas e conservar ou melhorar as condições ecológicas locais.

Art. 9º Em cada Área de Proteção Ambiental, dentro dos princípios constitucionais que regem o exercício do direito de propriedade, o Poder Executivo estabelecerá normas, limitando ou proibindo:

a) a implantação e o funcionamento de indústrias potencialmente poluidoras, capazes de afetar mananciais de água;

b) a realização de obras de terraplenagem e a abertura de canais, quando essas iniciativas importarem em sensível alteração das condições ecológicas locais;

c) o exercício de atividades capazes de provocar uma acelerada erosão das terras e/ou um acentuado assoreamento das coleções hídricas;

d) o exercício de atividades que ameacem extinguir na área protegida as espécies raras da biota regional.

§ 1º A Secretaria Especial do Meio Ambiente, ou órgão equivalente no âmbito estadual, em conjunto ou isoladamente, ou mediante convênio com outras entidades, fiscalizará e supervisionará as Áreas de Proteção Ambiental.

- A expressão Secretaria Especial do Meio Ambiente – SEMA foi substituída por Instituto Brasileiro do Meio Ambiente e Recursos Naturais Renováveis – IBAMA, pelo art. 3º da Lei nº 7.804, de 18-7-1989.

§ 2º Nas Áreas de Proteção Ambiental, o não cumprimento das normas disciplinadoras previstas neste artigo sujeitará os infratores ao embargo das iniciativas irregulares, à medida cautelar de apreensão do material e das máquinas usadas nessas atividades, à obrigação de reposição e reconstituição, tanto quanto possível, da situação anterior e a imposição de multas graduadas de CR$ 200,00 (duzentos cruzeiros) a CR$ 2.000,00 (dois mil cruzeiros), aplicáveis, diariamente, em caso de infração continuada, e reajustáveis de acordo com os índices das ORTNs – Obrigações Reajustáveis do Tesouro Nacional.

§ 3º As penalidades previstas no parágrafo anterior serão aplicadas por iniciativa da Secretaria Especial do Meio Ambiente ou do órgão estadual correspondente e constituirão, respectivamente, receita da União ou do Estado, quando se tratar de multas.

- A expressão Secretaria Especial do Meio Ambiente – SEMA foi substituída por Instituto Brasileiro do Meio Ambiente e Recursos Naturais Renováveis – IBAMA, pelo art. 3º da Lei nº 7.804, de 18-7-1989.

§ 4º Aplicam-se às multas previstas nesta Lei as normas da legislação tributária e do processo administrativo fiscal que disciplinam a imposição e a cobrança das penalidades fiscais.

Art. 10. Esta Lei entrará em vigor na data de sua publicação.

Art. 11. Revogam-se as disposições em contrário.

Brasília, em 27 de abril de 1981;
160º da Independência e
93º da República.

João Figueiredo

LEI Nº 6.938, DE 31 DE AGOSTO DE 1981

Dispõe sobre a Política Nacional do Meio Ambiente, seus fins e mecanismos de formulação e aplicação, e dá outras providências.

- Publicada no *DOU* de 2-9-1981.
- Art. 225, § 1º, I a VII, da CF.
- LC nº 140, de 8-12-2011, fixa normas, nos termos do art. 23 da CF, para a cooperação entre a União, os Estados, o Distrito Federal e os Municípios nas ações administrativas decorrentes do exercício da competência comum relativas à proteção das paisagens naturais notáveis, à proteção do meio ambiente, ao combate à poluição em qualquer de suas formas e à preservação das florestas, da fauna e da flora.
- Lei nº 7.735, de 22-2-1989, dispõe sobre a extinção de órgão e de entidade autárquica e cria o Instituto Brasileiro do Meio Ambiente e dos Recursos Naturais Renováveis (IBAMA).
- Lei nº 9.795, de 24-4-1999, dispõe sobre a educação ambiental e institui a Política Nacional de Educação Ambiental.
- Lei nº 9.985, de 18-7-2000 (Lei do Sistema Nacional de Unidades de Conservação da Natureza).
- Lei nº 10.650, de 16-4-2003, dispõe sobre o acesso público aos dados e informações existentes nos órgãos e entidades integrantes do SISNAMA.
- Lei nº 11.284, de 2-3-2006 (Lei de Gestão de Florestas Públicas).
- Lei nº 12.305, de 2-8-2010 (Lei da Política Nacional de Resíduos Sólidos), regulamentada pelo Dec. nº 10.936, de 12-1-2022.
- Dec. nº 99.274, de 6-6-1990, regulamenta esta Lei.
- Dec. nº 4.339, de 22-8-2002, institui princípios e diretrizes para a implementação da Política Nacional da Biodiversidade.
- Art. 35 do Anexo I do Dec. nº 6.101, de 26-4-2007, que atribui ao CONAMA o exercício da competência prevista nesta Lei.
- Res. do CONAMA nº 420, de 28-12-2009, dispõe sobre critérios e valores orientadores de qualidade do solo quanto à presença de substâncias químicas e estabelece diretrizes para o gerenciamento ambiental de áreas contaminadas por essas substâncias em decorrência de atividades antrópicas.

Art. 1º Esta lei, com fundamento nos incisos VI e VII do art. 23 e no art. 235 da Constituição, estabelece a Política Nacional do Meio Ambiente, seus fins e mecanismos de formulação e aplicação, constitui o Sistema Nacional do Meio Ambiente – SISNAMA e institui o Cadastro de Defesa Ambiental.

- Artigo com a redação dada pela Lei nº 8.028, de 12-4-1990.
- Mantivemos art. 235, conforme publicação oficial.
- Art. 225 da CF.
- Lei nº 7.735, de 22-2-1989, dispõe sobre a extinção de órgão e de entidade autárquica e cria o Instituto Brasileiro do Meio Ambiente e dos Recursos Naturais Renováveis (IBAMA).

DA POLÍTICA NACIONAL DO MEIO AMBIENTE

Art. 2º A Política Nacional do Meio Ambiente tem por objetivo a preservação, melhoria e recuperação da qualidade ambiental propícia à vida, visando assegurar, no País, condições ao desenvolvimento socioeconômico, aos interesses da segurança nacional e à proteção da dignidade da vida humana, atendidos os seguintes princípios:

I – ação governamental na manutenção do equilíbrio ecológico, considerando o meio ambiente como um patrimônio público a ser necessariamente assegurado e protegido, tendo em vista o uso coletivo;

II – racionalização do uso do solo, do subsolo, da água e do ar;

III – planejamento e fiscalização do uso dos recursos ambientais;

IV – proteção dos ecossistemas, com a preservação de áreas representativas;

V – controle e zoneamento das atividades potencial ou efetivamente poluidoras;

VI – incentivos ao estudo e à pesquisa de tecnologias orientadas para o uso racional e a proteção dos recursos ambientais;

VII – acompanhamento do estado da qualidade ambiental;

VIII – recuperação de áreas degradadas;

- Dec. nº 97.632, de 10-4-1989, regulamenta este inciso.
- Res. do CONAMA nº 429, de 28-2-2011, dispõe sobre a metodologia de recuperação das Áreas de Preservação Permanente – APPs.

IX – proteção de áreas ameaçadas de degradação;

X – educação ambiental a todos os níveis do ensino, inclusive a educação da comunidade, objetivando capacitá-la para participação ativa na defesa do meio ambiente.

Art. 3º Para os fins previstos nesta Lei, entende-se por:

I – meio ambiente, o conjunto de condições, leis, influências e interações de ordem física, química e biológica, que permite, abriga e rege a vida em todas as suas formas;

II – degradação da qualidade ambiental, a alteração adversa das características do meio ambiente;

III – poluição, a degradação da qualidade ambiental resultante de atividades que direta ou indiretamente:

a) prejudiquem a saúde, a segurança e o bem-estar da população;

b) criem condições adversas às atividades sociais e econômicas;

c) afetem desfavoravelmente a biota;

d) afetem as condições estéticas ou sanitárias do meio ambiente;

e) lancem matérias ou energia em desacordo com os padrões ambientais estabelecidos;

IV – poluidor, a pessoa física ou jurídica, de direito público ou privado, responsável, direta ou indiretamente, por atividade causadora de degradação ambiental;

V – recursos ambientais: a atmosfera, as águas interiores, superficiais e subterrâneas, os estuários, o mar territorial, o solo, o subsolo, os elementos da biosfera, a fauna e a flora.

- Inciso V com a redação dada pela Lei nº 7.804, de 18-7-1989.

DOS OBJETIVOS DA POLÍTICA NACIONAL DO MEIO AMBIENTE

Art. 4º A Política Nacional do Meio Ambiente visará:

I – à compatibilização do desenvolvimento econômico social com a preservação da qualidade do meio ambiente e do equilíbrio ecológico;

II – à definição de áreas prioritárias de ação governamental relativa à qualidade e ao equilíbrio ecológico, atendendo aos interesses da União, dos Estados, do Distrito Federal, dos Territórios e dos Municípios;

III – ao estabelecimento de critérios e padrões da qualidade ambiental e de normas relativas ao uso e manejo de recursos ambientais;

IV – ao desenvolvimento de pesquisas e de tecnologias nacionais orientadas para o uso racional de recursos ambientais;

V – à difusão de tecnologias de manejo do meio ambiente, à divulgação de dados e informações ambientais e à formação de uma consciência pública sobre a necessidade de preservação da qualidade ambiental e do equilíbrio ecológico;

VI – à preservação e restauração dos recursos ambientais com vistas à sua utilização racional e disponibilidade permanente, concorrendo para a manutenção do equilíbrio ecológico propício à vida;

VII – à imposição, ao poluidor e ao predador, da obrigação de recuperar e/ou indenizar os danos causados, e ao usuário, da contribuição pela utilização de recursos ambientais com fins econômicos.

Art. 5º As diretrizes da Política Nacional do Meio Ambiente serão formuladas em normas e planos, destinados a orientar a ação dos Governos da União, dos Estados, do Distrito Federal, dos Territórios e dos Municípios no que se relaciona com a preservação da qualidade ambiental e manutenção do equilíbrio ecológico, observados os princípios estabelecidos no art. 2º desta Lei.

Parágrafo único. As atividades empresariais públicas ou privadas serão exercidas em consonância com as diretrizes da Política Nacional do Meio Ambiente.

- Dec. nº 5.098, de 3-6-2004, dispõe sobre a criação do Plano Nacional de Prevenção, Preparação e Resposta Rápida a Emergências Ambientais com Produtos Químicos Perigosos – P2R2.

DO SISTEMA NACIONAL DO MEIO AMBIENTE

Art. 6º Os órgãos e entidades da União, dos Estados, do Distrito Federal, dos Territórios e dos Municípios, bem como as fundações instituídas pelo Poder Público, responsáveis pela proteção e melhoria da qualidade ambiental, constituirão o Sistema Nacional do Meio Ambiente – SISNAMA, assim estruturado:

- Lei nº 10.650, de 16-4-2003, dispõe sobre o acesso público aos dados e informações existentes nos órgãos e entidades integrantes do SISNAMA.

I – órgão superior: o Conselho de Governo, com a função de assessorar o Presidente da República na formulação da política nacional e nas diretrizes governamentais para o meio ambiente e os recursos ambientais;

II – órgão consultivo e deliberativo: o Conselho Nacional do Meio Ambiente – CONAMA, com a finalidade de assessorar, estudar e propor ao Conselho de Governo, diretrizes de políticas governamentais para o meio ambiente e os recursos naturais e deliberar, no âmbito de sua competência, sobre normas e padrões compatíveis com o meio ambiente ecologicamente equilibrado e essencial à sadia qualidade de vida;

III – órgão central: a Secretaria do Meio Ambiente da Presidência da República, com a finalidade de planejar, coordenar, supervisionar e controlar, como órgão federal, a política nacional e as diretrizes governamentais fixadas para o meio ambiente;

▶ Incisos I a III com a redação dada pela Lei nº 8.028, de 12-4-1990.

IV – órgãos executores: o Instituto Brasileiro do Meio Ambiente e dos Recursos Naturais Renováveis – IBAMA e o Instituto Chico Mendes de Conservação da Biodiversidade – Instituto Chico Mendes, com a finalidade de executar e fazer executar a política e as diretrizes governamentais fixadas para o meio ambiente, de acordo com as respectivas competências;

▶ Inciso IV com a redação dada pela Lei nº 12.856, de 2-9-2013.

V – órgãos seccionais: os órgãos ou entidades estaduais responsáveis pela execução de programas, projetos e pelo controle e fiscalização de atividades capazes de provocar a degradação ambiental;

▶ Inciso V com a redação dada pela Lei nº 7.804, de 18-7-1989.

VI – órgãos locais: os órgãos ou entidades municipais, responsáveis pelo controle e fiscalização dessas atividades, nas suas respectivas jurisdições.

▶ Inciso VI acrescido pela Lei nº 7.804, de 18-7-1989.

§ 1º Os Estados, na esfera de suas competências e nas áreas de sua jurisdição, elaborarão normas supletivas e complementares e padrões relacionados com o meio ambiente, observados os que forem estabelecidos pelo CONAMA.

§ 2º Os Municípios, observadas as normas e os padrões federais e estaduais, também poderão elaborar as normas mencionadas no parágrafo anterior.

§ 3º Os órgãos central, setoriais, seccionais e locais mencionados neste artigo deverão fornecer os resultados das análises efetuadas e sua fundamentação, quando solicitados por pessoa legitimamente interessada.

§ 4º De acordo com a legislação em vigor, é o Poder Executivo autorizado a criar uma Fundação de apoio técnico científico às atividades do IBAMA.

▶ A expressão Secretaria Especial do Meio Ambiente – SEMA foi substituída por Instituto Brasileiro do Meio Ambiente e Recursos Naturais Renováveis – IBAMA, pelo art. 3º da Lei nº 7.804, de 18-7-1989.

CONSELHO NACIONAL DO MEIO AMBIENTE

Art. 7º *Revogado.* Lei nº 8.028, de 12-4-1990.

Art. 8º Compete ao CONAMA:

▶ *Caput* com a redação dada pela Lei nº 8.028, de 12-4-1990.

I – estabelecer, mediante proposta do IBAMA, normas e critérios para o licenciamento de atividades efetiva ou potencialmente poluidoras, a ser concedido pelos Estados e supervisionado pelo IBAMA;

▶ A expressão Secretaria Especial do Meio Ambiente – SEMA foi substituída por Instituto Brasileiro do Meio Ambiente e Recursos Naturais Renováveis – IBAMA, pelo art. 3º da Lei nº 7.804, de 18-7-1989.

II – determinar, quando julgar necessário, a realização de estudos das alternativas e das possíveis consequências ambientais de projetos públicos ou privados, requisitando aos órgãos federais, estaduais e municipais, bem assim a entidades privadas, as informações indispensáveis para apreciação dos estudos de impacto ambiental, e respectivos relatórios, no caso de obras ou atividades de significativa degradação ambiental, especialmente nas áreas consideradas patrimônio nacional;

▶ Inciso II com a redação dada pela Lei nº 8.028, de 12-4-1990.

III – *Revogado* a partir da instalação do Conselho Administrativo de Recursos Fiscais. Lei nº 11.941, de 27-5-2009;

IV – homologar acordos visando à transformação de penalidades pecuniárias na obrigação de executar medidas de interesse para a proteção ambiental (VETADO);

V – determinar, mediante representação do IBAMA, a perda ou restrição de benefícios fiscais concedidos pelo Poder Público, em caráter geral ou condicional, e a perda ou suspensão de participação em linhas de financiamento em estabelecimentos oficiais de crédito;

▶ A expressão Secretaria Especial do Meio Ambiente – SEMA foi substituída por Instituto Brasileiro do Meio Ambiente e Recursos Naturais Renováveis – IBAMA, pelo art. 3º da Lei nº 7.804, de 18-7-1989.

VI – estabelecer, privativamente, normas e padrões nacionais de controle da poluição por veículos automotores, aeronaves e embarcações, mediante audiência dos Ministérios competentes;

▶ Res. do CONAMA nº 418, de 25-11-2009, dispõe sobre critérios para a elaboração de Planos de Controle de Poluição Veicular – PCPV e para a implantação de Programas de Inspeção e Manutenção de Veículos em Uso – I/M pelos órgãos estaduais e municipais de meio ambiente e determina novos limites de emissão e procedimentos para a avaliação do estado de manutenção de veículo em uso.

VII – estabelecer normas, critérios e padrões relativos ao controle e à manutenção da qualidade do meio ambiente com vistas ao uso racional dos recursos ambientais, principalmente os hídricos.

Parágrafo único. O Secretário do Meio Ambiente é, sem prejuízo de suas funções, o Presidente do CONAMA.

▶ Parágrafo único acrescido pela Lei nº 8.028, de 12-4-1990.

DOS INSTRUMENTOS DA POLÍTICA NACIONAL DO MEIO AMBIENTE

Art. 9º São instrumentos da Política Nacional do Meio Ambiente:

I – o estabelecimento de padrões de qualidade ambiental;

II – o zoneamento ambiental;

▶ Dec. nº 4.297, de 10-7-2002, regulamenta este inciso.

III – a avaliação de impactos ambientais;

IV – o licenciamento e a revisão de atividades efetiva ou potencialmente poluidoras;

V – os incentivos à produção e instalação de equipamentos e a criação ou absorção de tecnologia, voltados para a melhoria da qualidade ambiental;

VI – a criação de espaços territoriais especialmente protegidos pelo Poder Público federal, estadual e municipal, tais como áreas de proteção ambiental, de relevante interesse ecológico e reservas extrativistas;

▶ Inciso VI com a redação dada pela Lei nº 7.804, de 18-7-1989.

▶ Dec. nº 98.897, de 30-1-1990, dispõe sobre as reservas extrativistas.

VII – o sistema nacional de informações sobre o meio ambiente;

▶ Res. do CONAMA nº 369, de 28-3-2006, dispõe sobre os casos excepcionais, de utilidade pública, interesse social ou baixo impacto ambiental, que possibilitam a intervenção ou supressão de vegetação em Área de Preservação Permanente – APP.

VIII – o Cadastro Técnico Federal de Atividades e Instrumentos de Defesa Ambiental;

IX – as penalidades disciplinares ou compensatórias ao não cumprimento das medidas necessárias à preservação ou correção da degradação ambiental;

X – a instituição do Relatório de Qualidade do Meio Ambiente, a ser divulgado anualmente pelo Instituto Brasileiro do Meio Ambiente e Recursos Naturais Renováveis – IBAMA;

▶ Res. do CONAMA nº 369, de 28-3-2006, dispõe sobre os casos excepcionais, de utilidade pública, interesse social ou baixo impacto ambiental, que possibilitam a intervenção ou supressão de vegetação em Área de Preservação Permanente – APP.

XI – a garantia da prestação de informações relativas ao Meio Ambiente, obrigando-se o Poder Público a produzi-las, quando inexistentes;

▶ Res. do CONAMA nº 369, de 28-3-2006, dispõe sobre os casos excepcionais, de utilidade pública, interesse social ou baixo impacto ambiental, que possibilitam a intervenção ou supressão de vegetação em Área de Preservação Permanente – APP.

XII – o Cadastro Técnico Federal de atividades potencialmente poluidoras e/ou utilizadoras dos recursos ambientais;

▶ Incisos X a XII acrescidos pela Lei nº 7.804, de 18-7-1989.

XIII – instrumentos econômicos, como concessão florestal, servidão ambiental, seguro ambiental e outros.

▶ Inciso XIII acrescido pela Lei nº 11.284, de 2-3-2006.

Art. 9º-A. O proprietário ou possuidor de imóvel, pessoa natural ou jurídica, pode, por instrumento público ou particular ou por termo administrativo firmado perante órgão integrante do SISNAMA, limitar o uso de toda a sua propriedade ou de parte dela para preservar, conservar ou recuperar os recursos ambientais existentes, instituindo servidão ambiental.

▶ *Caput* com a redação dada pela Lei nº 12.651, de 25-5-2012.

§ 1º O instrumento ou termo de instituição da servidão ambiental deve incluir, no mínimo, os seguintes itens:

▶ *Caput* do § 1º com a redação dada pela Lei nº 12.651, de 25-5-2012.

I – memorial descritivo da área da servidão ambiental, contendo pelo menos um ponto de amarração georreferenciado;

II – objeto da servidão ambiental;

III – direitos e deveres do proprietário ou possuidor instituidor;

IV – prazo durante o qual a área permanecerá como servidão ambiental.

► Incisos I a IV acrescidos pela Lei nº 12.651, de 25-5-2012.

§ 2º A servidão ambiental não se aplica às Áreas de Preservação Permanente e à Reserva Legal mínima exigida.

§ 3º A restrição ao uso ou à exploração da vegetação da área sob servidão ambiental deve ser, no mínimo, a mesma estabelecida para a Reserva Legal.

► §§ 2º e 3º com a redação dada pela Lei nº 12.651, de 25-5-2012.

§ 4º Devem ser objeto de averbação na matrícula do imóvel no registro de imóveis competente:

► *Caput* do § 4º com a redação dada pela Lei nº 12.651, de 25-5-2012.

I – o instrumento ou termo de instituição da servidão ambiental;

II – o contrato de alienação, cessão ou transferência da servidão ambiental.

► Incisos I e II acrescidos pela Lei nº 12.651, de 25-5-2012.

§ 5º Na hipótese de compensação de Reserva Legal, a servidão ambiental deve ser averbada na matrícula de todos os imóveis envolvidos.

► § 5º com a redação dada pela Lei nº 12.651, de 25-5-2012.

§ 6º É vedada, durante o prazo de vigência da servidão ambiental, a alteração da destinação da área, nos casos de transmissão do imóvel a qualquer título, de desmembramento ou de retificação dos limites do imóvel.

§ 7º As áreas que tenham sido instituídas na forma de servidão florestal, nos termos do art. 44-A da Lei nº 4.771, de 15 de setembro de 1965, passam a ser consideradas, pelo efeito desta Lei, como de servidão ambiental.

► §§ 6º e 7º acrescidos pela Lei nº 12.651, de 25-5-2012.

Art. 9º-B. A servidão ambiental poderá ser onerosa ou gratuita, temporária ou perpétua.

§ 1º O prazo mínimo da servidão ambiental temporária é de 15 (quinze) anos.

§ 2º A servidão ambiental perpétua equivale, para fins creditícios, tributários e de acesso aos recursos de fundos públicos, à Reserva Particular do Patrimônio Natural – RPPN, definida no art. 21 da Lei nº 9.985, de 18 de julho de 2000.

§ 3º O detentor da servidão ambiental poderá aliená-la, cedê-la ou transferi-la, total ou parcialmente, por prazo determinado ou em caráter definitivo, em favor de outro proprietário ou de entidade pública ou privada que tenha a conservação ambiental como fim social.

Art. 9º-C. O contrato de alienação, cessão ou transferência da servidão ambiental deve ser averbado na matrícula do imóvel.

§ 1º O contrato referido no *caput* deve conter, no mínimo, os seguintes itens:

I – a delimitação da área submetida à preservação, conservação ou recuperação ambiental;

II – o objeto da servidão ambiental;

III – os direitos e deveres do proprietário instituidor e dos futuros adquirentes ou sucessores;

IV – os direitos e deveres do detentor da servidão ambiental;

V – os benefícios de ordem econômica do instituidor e do detentor da servidão ambiental;

VI – a previsão legal para garantir o seu cumprimento, inclusive medidas judiciais necessárias, em caso de ser descumprido.

§ 2º São deveres do proprietário do imóvel serviente, entre outras obrigações estipuladas no contrato:

I – manter a área sob servidão ambiental;

II – prestar contas ao detentor da servidão ambiental sobre as condições dos recursos naturais ou artificiais;

III – permitir a inspeção e a fiscalização da área pelo detentor da servidão ambiental;

IV – defender a posse da área serviente, por todos os meios em direito admitidos.

§ 3º São deveres do detentor da servidão ambiental, entre outras obrigações estipuladas no contrato:

I – documentar as características ambientais da propriedade;

II – monitorar periodicamente a propriedade para verificar se a servidão ambiental está sendo mantida;

III – prestar informações necessárias a quaisquer interessados na aquisição ou aos sucessores da propriedade;

IV – manter relatórios e arquivos atualizados com as atividades da área objeto da servidão;

V – defender judicialmente a servidão ambiental.

► Arts. 9º-B e 9º-C acrescidos pela Lei nº 12.651, de 25-5-2012.

Art. 10. A construção, instalação, ampliação e funcionamento de estabelecimentos e atividades utilizadores de recursos ambientais, efetiva ou potencialmente poluidores ou capazes, sob qualquer forma, de causar degradação ambiental dependerão de prévio licenciamento ambiental.

► *Caput* com a redação dada pela LC nº 140, de 8-12-2011.

§ 1º Os pedidos de licenciamento, sua renovação e a respectiva concessão serão publicados no jornal oficial, bem como em periódico regional ou local de grande circulação, ou em meio eletrônico de comunicação mantido pelo órgão ambiental competente.

► § 1º com a redação dada pela LC nº 140, de 8-12-2011.

§§ 2º a 4º *Revogados.* LC nº 140, de 8-12-2011.

Art. 11. Compete ao IBAMA propor ao CONAMA normas e padrões para implantação, acompanhamento e fiscalização do licenciamento previsto no artigo anterior, além das que forem oriundas do próprio CONAMA.

► *Caput* com a redação dada pela Lei nº 7.804, de 18-7-1989.

§ 1º *Revogado.* LC nº 140, de 8-12-2011.

§ 2º Inclui-se na competência da fiscalização e controle a análise de projetos de entidades, públicas ou privadas, objetivando a preservação ou a recuperação de recursos ambientais, afetados por processos de exploração predatórios ou poluidores.

Art. 12. As entidades e órgãos de financiamento e incentivos governamentais condicionarão a aprovação de projetos habilitados a esses benefícios ao licenciamento, na forma desta Lei, e ao cumprimento das normas, dos critérios e dos padrões expedidos pelo CONAMA.

Parágrafo único. As entidades e órgãos referidos no *caput* deste artigo deverão fazer constar dos projetos a realização de obras e aquisição de equipamentos destinados ao controle de degradação ambiental e a melhoria da qualidade do meio ambiente.

Art. 13. O Poder Executivo incentivará as atividades voltadas ao meio ambiente, visando:

I – ao desenvolvimento, no País, de pesquisas e processos tecnológicos destinados a reduzir a degradação da qualidade ambiental;

II – à fabricação de equipamentos antipoluidores;

III – a outras iniciativas que propiciem a racionalização do uso de recursos ambientais.

Parágrafo único. Os órgãos, entidades e programas do Poder Público, destinados ao incentivo das pesquisas científicas e tecnológicas, considerarão, entre as suas metas prioritárias, o apoio aos projetos que visem a adquirir e desenvolver conhecimentos básicos e aplicáveis na área ambiental e ecológica.

Art. 14. Sem prejuízo das penalidades definidas pela legislação federal, estadual e municipal, o não cumprimento das medidas necessárias à preservação ou correção dos inconvenientes e danos causados pela degradação da qualidade ambiental sujeitará os transgressores:

I – à multa simples ou diária, nos valores correspondentes, no mínimo, a 10 (dez) e, no máximo, a 1.000 (mil) Obrigações do Tesouro Nacional – OTNs, agravada em casos de reincidência específica, conforme dispuser o regulamento, vedada a sua cobrança pela União se já tiver sido aplicada pelo Estado, Distrito Federal, Territórios ou pelos Municípios;

II – à perda ou restrição de incentivos e benefícios fiscais concedidos pelo Poder Público;

III – à perda ou suspensão de participação em linhas de financiamento em estabelecimentos oficiais de crédito;

IV – à suspensão de sua atividade.

► Dec. nº 6.514, de 22-7-2008, dispõe sobre as infrações e sanções administrativas ao meio ambiente e estabelece o processo administrativo federal para apuração destas infrações.

§ 1º Sem obstar a aplicação das penalidades previstas neste artigo, é o poluidor obrigado, independentemente da existência de culpa, a indenizar ou reparar os danos causados ao meio ambiente e a terceiros, afetados por sua atividade. O Ministério Público da União e dos Estados terá legitimidade para propor ação de responsabilidade civil e criminal, por danos causados ao meio ambiente.

§ 2º No caso de omissão da autoridade estadual ou municipal, caberá ao Secretário do Meio Ambiente a aplicação das penalidades pecuniárias previstas neste artigo.

§ 3º Nos casos previstos nos incisos II e III deste artigo, o ato declaratório da perda, restrição ou suspensão será atribuição da autoridade administrativa ou financeira que concedeu os benefícios, incentivos ou financiamento, cumprimento resolução do CONAMA.

§ 4º *Revogado.* Lei nº 9.966, de 28-4-2000.

§ 5º A execução das garantias exigidas do poluidor não impede a aplicação das obrigações de indenização e reparação de danos previstas no § 1º deste artigo.

► § 5º acrescido pela Lei nº 11.284, de 2-3-2006.

Art. 15. O poluidor que expuser a perigo a incolumidade humana, animal ou vegetal, ou estiver tornando mais grave situação de perigo existente, fica sujeito à pena de reclusão de 1 (um) a 3 (três) anos e multa de 100 (cem) a 1.000 (mil) MVR.

§ 1º A pena é aumentada até o dobro se:

I – resultar:

a) dano irreversível à fauna, à flora e ao meio ambiente;

b) lesão corporal grave;

II – a poluição é decorrente de atividade industrial ou de transporte;

III – o crime é praticado durante a noite, em domingo ou em feriado.

§ 2º Incorre no mesmo crime a autoridade competente que deixar de promover as medidas tendentes a impedir a prática das condutas acima descritas.

▸ Art. 15 com a redação dada pela Lei nº 7.804, de 18-7-1989.

▸ Lei nº 9.605, de 12-2-1998 (Lei dos Crimes Ambientais).

Art. 16. *Revogado.* Lei nº 7.804, de 18-7-1989.

Art. 17. Fica instituído, sob a administração do Instituto Brasileiro do Meio Ambiente e Recursos Naturais Renováveis – IBAMA:

I – Cadastro Técnico Federal de Atividades e Instrumentos de Defesa Ambiental, para registro obrigatório de pessoas físicas ou jurídicas que se dedicam à consultoria técnica sobre problemas ecológicos e ambientais e à indústria e comércio de equipamentos, aparelhos e instrumentos destinados ao controle de atividades efetiva ou potencialmente poluidoras;

II – Cadastro Técnico Federal de Atividades Potencialmente Poluidoras ou Utilizadoras de Recursos Ambientais, para registro obrigatório de pessoas físicas ou jurídicas que se dedicam a atividades potencialmente poluidoras e/ou à extração, produção, transporte e comercialização de produtos potencialmente perigosos ao meio ambiente, assim como de produtos e subprodutos da fauna e flora.

▸ Art. 17 com a redação dada pela Lei nº 7.804, de 18-7-1989.

▸ Dec. nº 6.514, de 22-7-2008, dispõe sobre as infrações e sanções administrativas ao meio ambiente e estabelece o processo administrativo federal para apuração destas infrações.

Art. 17-A. São estabelecidos os preços dos serviços e produtos do Instituto Brasileiro do Meio Ambiente e dos Recursos Naturais Renováveis – IBAMA, a serem aplicados em âmbito nacional, conforme Anexo a esta Lei.

▸ Art. 17-A acrescido pela Lei nº 9.960, de 28-1-2000.

Art. 17-B. Fica instituída a Taxa de Controle e Fiscalização Ambiental – TCFA, cujo fato gerador é o exercício regular do poder de polícia conferido ao Instituto Brasileiro do Meio Ambiente e dos Recursos Naturais Renováveis – IBAMA para controle e fiscalização das atividades potencialmente poluidoras e utilizadoras de recursos naturais.

▸ *Caput* com a redação dada pela Lei nº 10.165, de 27-12-2000.

§§ 1º e 2º *Revogados.* Lei nº 10.165, de 27-12-2000.

Art. 17-C. É sujeito passivo da TCFA todo aquele que exerça as atividades constantes do Anexo VIII desta Lei.

▸ *Caput* com a redação dada pela Lei nº 10.165, de 27-12-2000.

§ 1º O sujeito passivo da TCFA é obrigado a entregar até o dia 31 de março de cada ano relatório das atividades exercidas no ano anterior, cujo modelo será definido pelo IBAMA, para o fim de colaborar com os procedimentos de controle e fiscalização.

§ 2º O descumprimento da providência determinada no § 1º sujeita o infrator a multa equivalente a vinte por cento da TCFA devida, sem prejuízo da exigência desta.

▸ §§ 1º e 2º com a redação dada pela Lei nº 10.165, de 27-12-2000.

§ 3º *Revogado.* Lei nº 10.165, de 27-12-2000.

Art. 17-D. A TCFA é devida por estabelecimento e os seus valores são os fixados no Anexo IX desta Lei.

§ 1º Para os fins desta Lei, consideram-se:

I – microempresa e empresa de pequeno porte, as pessoas jurídicas que se enquadrem, respectivamente, nas descrições dos incisos I e II do *caput* do art. 2º da Lei nº 9.841, de 5 de outubro de 1999;

▸ A Lei nº 9.841, de 5-10-1999, foi revogada pela LC nº 123, de 14-12-2006.

II – empresa de médio porte, a pessoa jurídica que tiver receita bruta anual superior a R$ 1.200.000,00 (um milhão e duzentos mil reais) e igual ou inferior a R$ 12.000.000,00 (doze milhões de reais);

III – empresa de grande porte, a pessoa jurídica que tiver receita bruta anual superior a R$ 12.000.000,00 (doze milhões de reais).

§ 2º O potencial de poluição (PP) e o grau de utilização (GU) de recursos naturais de cada uma das atividades sujeitas à fiscalização encontram-se definidos no Anexo VIII desta Lei.

§ 3º Caso o estabelecimento exerça mais de uma atividade sujeita à fiscalização, pagará a taxa relativamente a apenas uma delas, pelo valor mais elevado.

▸ Art. 17-D com a redação dada pela Lei nº 10.165, de 27-12-2000.

Art. 17-E. É o IBAMA autorizado a cancelar débitos de valores inferiores a R$ 40,00 (quarenta reais), existentes até 31 de dezembro de 1999.

▸ Art. 17-E acrescido pela Lei nº 9.960, de 28-1-2000.

Art. 17-F. São isentas do pagamento da TCFA as entidades públicas federais, distritais, estaduais e municipais, as entidades filantrópicas, aqueles que praticam agricultura de subsistência e as populações tradicionais.

▸ Artigo com a redação dada pela Lei nº 10.165, de 27-12-2000.

Art. 17-G. A TCFA será devida no último dia útil de cada trimestre do ano civil, nos valores fixados no Anexo IX desta Lei, e o recolhimento será efetuado em conta bancária vinculada ao IBAMA, por intermédio de documento próprio de arrecadação, até o quinto dia útil do mês subsequente.

▸ *Caput* com a redação dada pela Lei nº 10.165, de 27-12-2000.

Parágrafo único. *Revogado.* Lei nº 10.165, de 27-12-2000.

§ 2º Os recursos arrecadados com a TCFA terão utilização restrita em atividades de controle e fiscalização ambiental.

▸ § 2º acrescido pela Lei nº 11.284, de 2-3-2006.

Art. 17-H. A TCFA não recolhida nos prazos e nas condições estabelecidas no artigo anterior será cobrada com os seguintes acréscimos:

I – juros de mora, na via administrativa ou judicial, contados do mês seguinte ao do vencimento, à razão de um por cento;

II – multa de mora de vinte por cento, reduzida a dez por cento se o pagamento for efetuado até o último dia útil do mês subsequente ao do vencimento;

III – encargo de vinte por cento, substitutivo da condenação do devedor em honorários de advogado, calculado sobre o total do débito inscrito como Dívida Ativa, reduzido para dez por cento se o pagamento for efetuado antes do ajuizamento da execução.

§ 1º-A. Os juros de mora não incidem sobre o valor da multa de mora.

§ 1º Os débitos relativos à TCFA poderão ser parcelados de acordo com os critérios fixados na legislação tributária, conforme dispuser o regulamento desta Lei.

▸ Art. 17-H com a redação dada pela Lei nº 10.165, de 27-12-2000.

Art. 17-I. As pessoas físicas e jurídicas que exerçam as atividades mencionadas nos incisos I e II do art. 17 e que não estiverem inscritas nos respectivos cadastros até o último dia útil do terceiro mês que se seguir ao da publicação desta Lei incorrerão em infração punível com multa de:

▸ *Caput* com a redação dada pela Lei nº 10.165, de 27-12-2000.

I – R$ 50,00 (cinquenta reais), se pessoa física;

II – R$ 150,00 (cento e cinquenta reais), se microempresa;

III – R$ 900,00 (novecentos reais), se empresa de pequeno porte;

IV – R$ 1.800,00 (mil e oitocentos reais), se empresa de médio porte;

V – R$ 9.000,00 (nove mil reais), se empresa de grande porte.

▸ Incisos I a V com a redação dada pela Lei nº 10.165, de 27-12-2000.

Parágrafo único. *Revogado.* Lei nº 10.165, de 27-12-2000.

Art. 17-J. *Revogado.* Lei nº 10.165, de 27-12-2000.

Art. 17-L. As ações de licenciamento, registro, autorizações, concessões e permissões relacionadas à fauna, à flora, e ao controle ambiental são de competência exclusiva dos órgãos integrantes do Sistema Nacional do Meio Ambiente.

Art. 17-M. Os preços dos serviços administrativos prestados pelo IBAMA, inclusive os referentes à venda de impressos e publicações, assim como os de entrada, permanência e utilização de áreas ou instalações nas unidades de conservação, serão definidos em portaria do Ministro de Estado do Meio Ambiente, mediante proposta do Presidente daquele Instituto.

Art. 17-N. Os preços dos serviços técnicos do Laboratório de Produtos Florestais do IBAMA, assim como os para venda de produtos da flora, serão, também, definidos em portaria do Ministro de Estado do Meio Ambiente, mediante proposta do Presidente daquele Instituto.

▸ Arts. 17-L a 17-N acrescidos pela Lei nº 9.960, de 28-1-2000.

Art. 17-O. Os proprietários rurais que se beneficiarem com redução do valor do Imposto sobre a Propriedade Territorial Rural – ITR, com base em Ato Declaratório Ambiental – ADA, deverão recolher ao IBAMA a importância prevista no item 3.11 do Anexo VII da Lei nº 9.960, de 29 de janeiro de 2000, a título de Taxa de Vistoria.

▸ *Caput* do art. 17-O com a redação dada pela Lei nº 10.165, de 27-12-2000.

§ 1º-A. A Taxa de Vistoria a que se refere o *caput* deste artigo não poderá exceder a dez por cento do valor da redução do imposto proporcionada pelo ADA.

▸ § 1º-A com a redação dada pela Lei nº 10.165, de 27-12-2000.

§ 1º Revogado. *Lei nº 14.932, de 23-7-2024.*

§ 2º O pagamento de que trata o *caput* deste artigo poderá ser efetivado em cota única ou em parcelas, nos mesmos moldes escolhidos pelo contribuinte para o pagamento do ITR, em documento próprio de arrecadação do IBAMA.

§ 3º Para efeito de pagamento parcelado, nenhuma parcela poderá ser inferior a R$ 50,00 (cinquenta reais).

§ 4º O inadimplemento de qualquer parcela ensejará a cobrança de juros e multa nos termos dos incisos I e II do *caput* e §§ 1º-A e 1º, todos do art. 17-H desta Lei.

§ 5º Após a vistoria, realizada por amostragem, caso os dados constantes do ADA não coincidam com os efetivamente levantados pelos técnicos do IBAMA, estes lavrarão, de ofício, novo ADA, contendo os dados reais, o qual será encaminhado à Secretaria da Receita Federal, para as providências cabíveis.

▸ §§ 2º a 5º com a redação dada pela Lei nº 10.165, de 27-12-2000.

▸ A Secretaria da Receita Federal passou a ser denominada Secretaria da Receita Federal do Brasil pelo art. 1º da Lei nº 11.457, de 16-3-2007 (Lei da Super-Receita).

Art. 17-P. Constitui crédito para compensação com o valor devido a título de TCFA, até o limite de sessenta por cento e relativamente ao mesmo ano, o montante efetivamente pago pelo estabelecimento ao Estado, ao Município e ao Distrito Federal em razão de taxa de fiscalização ambiental.

§ 1º Valores recolhidos ao Estado, ao Município e ao Distrital Federal a qualquer outro título, tais como taxas ou preços públicos de licenciamento e venda de produtos, não constituem crédito para compensação com a TCFA.

§ 2º A restituição, administrativa ou judicial, qualquer que seja a causa que a determine, da taxa de fiscalização ambiental estadual ou distrital compensada com a TCFA restaura o direito de crédito do IBAMA contra o estabelecimento, relativamente ao valor compensado.

Art. 17-Q. É o IBAMA autorizado a celebrar convênios com os Estados, os Municípios e o Distrito Federal para desempenharem atividades de fiscalização ambiental, podendo repassar-lhes parcela da receita obtida com a TCFA.

▸ Arts. 17-P e 17-Q acrescidos pela Lei nº 10.165, de 27-12-2000.

Art. 18. *Revogado.* Lei nº 9.985, de 18-7-2000.

Art. 19. Ressalvado o disposto nas Leis nºs 5.357, de 17 de novembro de 1967, e 7.661, de 16 de maio de 1988, a receita proveniente da aplicação desta Lei será recolhida de acordo com o disposto no art. 4º da Lei nº 7.735, de 22 de fevereiro de 1989.

▸ Art. 19 acrescido pela Lei nº 7.804, de 18-7-1989.

Art. 20. Esta Lei entrará em vigor na data de sua publicação.

Art. 21. Revogam-se as disposições em contrário.

Brasília, 31 de agosto de 1981;
160º da Independência e
93º da República.

João Figueiredo

▸ Optamos por não publicar os Anexos desta Lei nesta edição.

LEI Nº 7.797, DE 10 DE JULHO DE 1989

Cria o Fundo Nacional de Meio Ambiente e dá outras providências.

▸ Publicada no *DOU* de 11-7-1989.

▸ Lei nº 7.347, de 24-7-1985 (Lei da Ação Civil Pública).

▸ Dec. nº 10.224, de 5-2-2020, regulamenta esta Lei.

Art. 1º Fica instituído o Fundo Nacional de Meio Ambiente, com o objetivo de desenvolver os projetos que visem ao uso racional e sustentável de recursos naturais, incluindo a manutenção, melhoria ou recuperação da qualidade ambiental no sentido de elevar a qualidade de vida da população brasileira.

Art. 2º Constituirão recursos do Fundo Nacional de Meio Ambiente de que trata o art. 1º desta Lei:

I – dotações orçamentárias da União;

II – recursos resultantes de doações, contribuições em dinheiro, valores, bens móveis e imóveis, que venha a receber de pessoas físicas e jurídicas;

III – rendimentos de qualquer natureza, que venha a auferir como remuneração decorrente de aplicações do seu patrimônio;

III-A – *recursos provenientes de emendas parlamentares; e*

▸ Inciso III-A acrescido pela Lei nº 15.143, de 5-6-2025.

IV – outros, destinados por lei.

Parágrafo único. *Revogado.* Lei nº 8.134, de 27-12-1990.

Art. 3º Os recursos do Fundo Nacional de Meio Ambiente deverão ser aplicados através de órgãos públicos dos níveis federal, estadual e municipal ou de entidades privadas cujos objetivos estejam em consonância com os objetivos do Fundo Nacional de Meio Ambiente, desde que não possuam, as referidas entidades, fins lucrativos.

Art. 3º-A. *Os recursos financeiros do Fundo Nacional de Meio Ambiente poderão ser transferidos aos entes subnacionais, para conta específica, dispensada a celebração de convênio ou instrumento congênere, para financiar projetos de prevenção, preparação e combate a incêndios florestais, inclusive de resposta à fauna atingida ou potencialmente atingida, nos termos do regulamento.*

§ 1º Os recursos de que trata o caput deste artigo poderão ser destinados para despesas correntes e investimentos com valor de referência padronizado, observado o disposto no inciso X do caput do art. 167 da Constituição Federal.

§ 2º Na hipótese prevista no caput deste artigo, sem prejuízo das competências dos órgãos de controle federal, caberão ao ente federativo destinatário, por meio dos respectivos órgãos de controle, e ao conselho local de meio ambiente ou congênere o controle e o acompanhamento da execução dos recursos.

§ 3º Sem prejuízo de outras exigências previstas em regulamento, a transferência de recursos de que trata o caput deste artigo será condicionada:

I – à apresentação de requerimento pelo ente subnacional interessado;

II – à declaração, pelo Ministro de Estado do Meio Ambiente e Mudança do Clima, de situação de emergência ambiental na região sob risco de incêndio florestal; e

III – à aprovação de plano operativo de prevenção e combate a incêndios florestais para a região declarada em situação de emergência ambiental, observado o disposto na Lei nº 14.944, de 31 de julho de 2024.

§ 4º Na hipótese de ser constatada a presença de vícios nos documentos apresentados, a inexecução do objeto ou a não prestação de contas, o ente federativo destinatário ficará obrigado a devolver os valores repassados, devidamente atualizados.

§ 5º A prestação de contas dos recursos recebidos será realizada mediante relatório anual, que deverá ser:

I – encaminhado ao Fundo Nacional de Meio Ambiente e ao respectivo conselho local de meio ambiente; e

II – amplamente divulgado no sítio eletrônico do ente federativo destinatário.

Art. 3º-B. *Os recursos financeiros do Fundo Nacional de Meio Ambiente poderão ser transferidos aos entes subnacionais, para conta específica, dispensada a celebração de convênio ou instrumento congênere, com a finalidade de financiar projetos de proteção e manejo populacional ético de cães e gatos.*

§ 1º A transferência de recursos prevista no caput deste artigo ficará condicionada à adesão do ente subnacional interessado ao Programa Nacional de Proteção e Manejo Populacional Ético de Cães e Gatos, sem prejuízo de outras exigências previstas em regulamento.

§ 2º Aos recursos financeiros destinados à finalidade prevista neste artigo, aplicar-se-á, no que couber, o disposto nos §§ 1º, 2º, 4º e 5º do art. 3º-A desta Lei.

▸ Arts. 3º-A e 3º-B acrescidos pela Lei nº 15.143, de 5-6-2025.

Art. 4º O Fundo Nacional de Meio Ambiente é administrado pela Secretaria do Meio Ambiente da Presidência da República, de acordo com as diretrizes fixadas pelo Conselho de

Governo, sem prejuízo das competências do CONAMA.

▶ Artigo com a redação dada pela Lei nº 8.028, de 12-4-1990.

Art. 5º Serão consideradas prioritárias as aplicações de recursos financeiros de que trata esta Lei, em projetos nas seguintes áreas:

I – Unidade de Conservação;
II – Pesquisa e Desenvolvimento Tecnológico;
III – Educação Ambiental;
IV – Manejo e Extensão Florestal;
V – Desenvolvimento Institucional;
VI – Controle Ambiental;
VII – *aproveitamento econômico racional e sustentável da flora e da fauna nativas;*
VIII – *recuperação de áreas degradadas por acidentes ou desastres ambientais; e*

▶ Incisos VII e VIII com a redação dada pela Lei nº 15.143, de 5-6-2025.

IX – *ações de prevenção, preparação e combate a incêndios florestais, inclusive de resposta à fauna atingida ou potencialmente atingida.*

▶ Inciso IX acrescido pela Lei nº 15.143, de 5-6-2025.

§ 1º Os programas serão periodicamente revistos, de acordo com os princípios e diretrizes da política nacional de meio ambiente, devendo ser anualmente submetidos ao Congresso Nacional.

§ 2º Sem prejuízo das ações em âmbito nacional, será dada prioridade aos projetos que tenham sua área de atuação na Amazônia Legal ou no Pantanal Mato-Grossense.

▶ § 2º com a redação dada pela Lei nº 13.156, de 4-8-2015.

Art. 6º Dentro de 90 (noventa) dias, a contar da data da publicação desta Lei, a Secretaria de Planejamento e Coordenação da Presidência da República – SEPLAN/PR e o Instituto Brasileiro do Meio Ambiente e Recursos Naturais Renováveis – IBAMA regulamentarão o Fundo Nacional de Meio Ambiente, fixando as normas para a obtenção e distribuição de recursos, assim como as diretrizes e os critérios para sua aplicação.

Art. 7º Esta Lei entra em vigor na data de sua publicação.

Art. 8º Revogam-se as disposições em contrário.

Brasília, 10 de julho de 1989;
168º da Independência e
101º da República.

José Sarney

▶ Optamos por não publicar os anexos desta lei nesta edição.

LEI Nº 8.171, DE 17 DE JANEIRO DE 1991

Dispõe sobre a política agrícola.

▶ Publicada no *DOU* de 18-1-1991 e retificada no *DOU* de 12-3-1991.

▶ Lei nº 6.894, de 16-2-1980, dispõe sobre a inspeção e fiscalização da produção e do comércio de fertilizantes, corretivos, inoculantes, estimulantes ou biofertilizantes, destinados à agricultura.

▶ Lei nº 10.831, de 23-12-2003, dispõe sobre a agricultura orgânica.

▶ Lei nº 14.785, de 27-12-2023, Dispõe sobre a pesquisa, a experimentação, a produção, a embalagem, a rotulagem, o transporte, o armazenamento, a comercialização, a utilização, a importação, a exportação, o destino final dos resíduos e das embalagens, o registro, a classificação, o controle, a inspeção e a fiscalização de agrotóxicos, de produtos de controle ambiental, de seus produtos técnicos e afins.

CAPÍTULO I
DOS PRINCÍPIOS FUNDAMENTAIS

Art. 1º Esta lei fixa os fundamentos, define os objetivos e as competências institucionais, prevê os recursos e estabelece as ações e instrumentos da política agrícola, relativamente às atividades agropecuárias, agroindustriais e de planejamento das atividades pesqueira e florestal.

Parágrafo único. Para os efeitos desta lei, entende-se por atividade agrícola a produção, o processamento e a comercialização dos produtos, subprodutos e derivados, serviços e insumos agrícolas, pecuários, pesqueiros e florestais.

Art. 2º A política fundamenta-se nos seguintes pressupostos:

I – a atividade agrícola compreende processos físicos, químicos e biológicos, onde os recursos naturais envolvidos devem ser utilizados e gerenciados, subordinando-se às normas e princípios de interesse público, de forma que seja cumprida a função social e econômica da propriedade;

II – o setor agrícola é constituído por segmentos como: produção, insumos, agroindústria, comércio, abastecimento e afins, os quais respondem diferenciadamente às políticas públicas e às forças de mercado;

III – como atividade econômica, a agricultura deve proporcionar, aos que a ela se dediquem, rentabilidade compatível com a de outros setores da economia;

IV – o adequado abastecimento alimentar é condição básica para garantir a tranquilidade social, a ordem pública e o processo de desenvolvimento econômico-social;

V – a produção agrícola ocorre em estabelecimentos rurais heterogêneos quanto à estrutura fundiária, condições edafoclimáticas, disponibilidade de infraestrutura, capacidade empresarial, níveis tecnológicos e condições sociais, econômicas e culturais;

VI – o processo de desenvolvimento agrícola deve proporcionar ao homem do campo o acesso aos serviços essenciais: saúde, educação, segurança pública, transporte, eletrificação, comunicação, habitação, saneamento, lazer e outros benefícios sociais.

Art. 3º São objetivos da política agrícola:

I – na forma como dispõe o art. 174 da Constituição, o Estado exercerá função de planejamento, que será determinante para o setor público e indicativo para o setor privado, destinado a promover, regular, fiscalizar, controlar, avaliar atividade e suprir necessidades, visando assegurar o incremento da produção e da produtividade agrícolas, a regularidade do abastecimento interno, especialmente alimentar, e a redução das disparidades regionais;

II – sistematizar a atuação do Estado para que os diversos segmentos intervenientes da agricultura possam planejar suas ações e investimentos numa perspectiva de médio e longo prazos, reduzindo as incertezas do setor;

III – eliminar as distorções que afetam o desempenho das funções econômica e social da agricultura;

IV – proteger o meio ambiente, garantir o seu uso racional e estimular a recuperação dos recursos naturais;

V – VETADO;

VI – promover a descentralização da execução dos serviços públicos de apoio ao setor rural, visando a complementaridade de ações com Estados, Distrito Federal, Territórios e Municípios, cabendo a estes assumir suas responsabilidades na execução da política agrícola, adequando os diversos instrumentos às suas necessidades e realidades;

VII – compatibilizar as ações da política agrícola com as de reforma agrária, assegurando aos beneficiários o apoio à sua integração ao sistema produtivo;

VIII – promover e estimular o desenvolvimento da ciência e da tecnologia agrícola pública e privada, em especial aquelas voltadas para a utilização dos fatores de produção internos;

IX – possibilitar a participação efetiva de todos os segmentos atuantes no setor rural, na definição dos rumos da agricultura brasileira;

X – prestar apoio institucional ao produtor rural, com prioridade de atendimento ao pequeno produtor e sua família;

XI – estimular o processo de agroindustrialização junto às respectivas áreas de produção;

XII – VETADO;

XIII – promover a saúde animal e a sanidade vegetal;

XIV – promover a idoneidade dos insumos e serviços empregados na agricultura;

XV – assegurar a qualidade dos produtos de origem agropecuária, seus derivados e resíduos de valor econômico;

XVI – promover a concorrência leal entre os agentes que atuam nos setores e a proteção destes em relação a práticas desleais e a riscos de doenças e pragas exóticas no País;

XVII – melhorar a renda e a qualidade de vida no meio rural.

▶ Inciso XIII a XVII acrescidos pela Lei nº 10.298, de 30-10-2001.

Art. 4º As ações e instrumentos de política agrícola referem-se a:

I – planejamento agrícola;
II – pesquisa agrícola tecnológica;
III – assistência técnica e extensão rural;
IV – proteção do meio ambiente, conservação e recuperação dos recursos naturais;
V – defesa da agropecuária;
VI – informação agrícola;
VII – produção, comercialização, abastecimento e armazenagem;
VIII – associativismo e cooperativismo;
IX – formação profissional e educação rural;
X – investimentos públicos e privados;
XI – crédito rural;
XII – garantia da atividade agropecuária;
XIII – seguro agrícola;
XIV – tributação e incentivos fiscais;
XV – irrigação e drenagem;
XVI – habitação rural;
XVII – eletrificação rural;
XVIII – mecanização agrícola;
XIX – crédito fundiário.

Parágrafo único. Os instrumentos de política agrícola deverão orientar-se pelos planos plurianuais.

▶ Parágrafo único acrescido pela Lei nº 10.246, de 2-7-2001.

CAPÍTULO II
DA ORGANIZAÇÃO INSTITUCIONAL

Art. 5º Fica instituído o Conselho Nacional de Política Agrícola – CNPA, vinculado ao Ministério da Agricultura, Pecuária e Abastecimento, com as seguintes atribuições:

▶ *Caput* com a redação dada pela Lei nº 13.901, de 11-11-2019.

I e II – VETADOS;

III – orientar a elaboração do Plano de Safra;

IV – propor ajustamentos ou alterações na política agrícola;

V – VETADO;

VI – manter sistema de análise e informação sobre a conjuntura econômica e social da atividade agrícola.

§ 1º O Conselho Nacional da Política Agrícola – CNPA será constituído pelos seguintes membros:

I – um do Ministério da Economia, Fazenda e Planejamento;

II – um do Banco do Brasil S.A.;

III – dois da Confederação Nacional da Agricultura;

IV – dois representantes da Confederação Nacional dos Trabalhadores na Agricultura – CONTAG;

V – dois da Organização das Cooperativas Brasileiras, ligados ao setor agropecuário;

VI – um do Departamento Nacional da Defesa do Consumidor;

VII – um da Secretaria do Meio Ambiente;

VIII – um da Secretaria do Desenvolvimento Regional;

IX – três do Ministério da Agricultura e Reforma Agrária – MARA;

X – um do Ministério da Infraestrutura;

XI – dois representantes de setores econômicos privados abrangidos pela Lei Agrícola, de livre nomeação do Ministério da Agricultura e Reforma Agrária – MARA;

XII – VETADO.

§ 2º VETADO.

§ 3º O Conselho Nacional da Política Agrícola – CNPA contará com uma Secretaria Executiva e sua estrutura funcional será integrada por Câmaras Setoriais, especializadas em produtos, insumos, comercialização, armazenamento, transporte, crédito, seguro e demais componentes da atividade rural.

§ 4º As Câmaras Setoriais serão instaladas por ato e a critério do Ministro de Estado da Agricultura, Pecuária e Abastecimento.

§ 5º O regimento interno do CNPA será elaborado pelo Ministério da Agricultura, Pecuária e Abastecimento e submetido à aprovação do plenário do Conselho.

▶ §§ 4º e 5º com a redação dada pela Lei nº 13.901, de 11-11-2019.

§ 6º O Conselho Nacional de Política Agrícola – CNPA coordenará a organização de Conselhos Estaduais e Municipais de Política Agrícola, com as mesmas finalidades, no âmbito de suas competências.

§§ 7º e 8º VETADOS.

§ 9º Os atos de instalação das Câmaras Setoriais do CNPA a que se refere o § 4º deste artigo estabelecerão o número de seus membros e suas atribuições.

▶ § 9º acrescido pela Lei nº 13.901, de 11-11-2019.

Art. 6º A ação governamental para o setor agrícola é organizada pela União, Estados, Distrito Federal, Territórios e Municípios, cabendo:

I – VETADO;

II – ao Governo Federal a orientação normativa, as diretrizes nacionais e a execução das atividades estabelecidas em lei;

▶ Inciso II acrescido pela Lei nº 10.327, de 12-12-2001.

III – às entidades de administração direta e indireta dos Estados, do Distrito Federal e dos Territórios o planejamento, a execução, o acompanhamento, o controle e a avaliação de atividades específicas.

▶ Inciso II renumerado para inciso III pela Lei nº 10.327, de 12-12-2001.

Art. 7º A ação governamental para o setor agrícola desenvolvida pela União, pelos Estados, Distrito Federal, Territórios e Municípios, respeitada a autonomia constitucional, é exercida em sintonia, evitando-se superposições e paralelismos, conforme dispuser lei complementar prevista no parágrafo único do art. 23 da Constituição.

CAPÍTULO III
DO PLANEJAMENTO AGRÍCOLA

Art. 8º O planejamento agrícola será feito em consonância com o que dispõe o art. 174 da Constituição, de forma democrática e participativa, através de planos nacionais de desenvolvimento agrícola plurianuais, planos de safras e planos operativos anuais, observadas as definições constantes desta lei.

§§ 1º e 2º VETADOS.

§ 3º Os planos de safra e os planos plurianuais, elaborados de acordo com os instrumentos gerais de planejamento, considerarão o tipo de produto, fatores e ecossistemas homogêneos, o planejamento das ações dos órgãos e entidades da administração federal direta e indireta, as especificidades regionais e estaduais, de acordo com a vocação agrícola e as necessidades diferenciadas de abastecimento, formação de estoque e exportação.

▶ § 3º com a redação dada pela Lei nº 10.246, de 2-7-2001.

§ 4º Os planos deverão prever a integração das atividades de produção e de transformação do setor agrícola, e deste com os demais setores da economia.

Art. 9º O Ministério da Agricultura e Reforma Agrária – MARA coordenará, a nível nacional, as atividades de planejamento agrícola, em articulação com os Estados, o Distrito Federal, os Territórios e os Municípios.

Art. 10. O Poder Público deverá:

I – proporcionar a integração dos instrumentos de planejamento agrícola com os demais setores da economia;

II – desenvolver e manter atualizada uma base de indicadores sobre o desempenho do setor agrícola, a eficácia da ação governamental e os efeitos e impactos dos programas dos planos plurianuais.

CAPÍTULO IV
DA PESQUISA AGRÍCOLA

Art. 11. VETADO.

Parágrafo único. É o Ministério da Agricultura e Reforma Agrária – MARA autorizado a instituir o Sistema Nacional de Pesquisa Agropecuária – SNPA, sob a coordenação da Empresa Brasileira de Pesquisa Agropecuária – EMBRAPA e em convênio com os Estados, o Distrito Federal, os Territórios, os Municípios, entidades públicas e privadas, universidades, cooperativas, sindicatos, fundações e associações.

Art. 12. A pesquisa agrícola deverá:

I – estar integrada à assistência técnica e extensão rural, aos produtores, comunidades e agroindústrias, devendo ser gerada ou adaptada a partir do conhecimento biológico da integração dos diversos ecossistemas, observando as condições econômicas e culturais dos segmentos sociais do setor produtivo;

II – dar prioridade ao melhoramento dos materiais genéticos produzidos pelo ambiente natural dos ecossistemas, objetivando o aumento de sua produtividade, preservando ao máximo a heterogeneidade genética;

III – dar prioridade à geração e à adaptação de tecnologias agrícolas destinadas ao desenvolvimento dos pequenos agricultores, enfatizando os alimentos básicos, equipamentos e implementos agrícolas voltados para esse público;

IV – observar as características regionais e gerar tecnologias voltadas para a sanidade animal e vegetal, respeitando a preservação da saúde e do meio ambiente.

Art. 13. É autorizada a importação de material genético para a agricultura desde que não haja proibição legal.

Art. 14. Os programas de desenvolvimento científico e tecnológico, tendo em vista a geração de tecnologia de ponta, merecerão nível de prioridade que garanta a independência e os parâmetros de competitividade internacional à agricultura brasileira.

CAPÍTULO V
DA ASSISTÊNCIA TÉCNICA E EXTENSÃO RURAL

Art. 15. VETADO.

Art. 16. A assistência técnica e extensão rural buscarão viabilizar, com o produtor rural, proprietário ou não, suas famílias e organizações, soluções adequadas a seus problemas de produção, gerência, beneficiamento, armazenamento, comercialização, industrialização, eletrificação, consumo, bem-estar e preservação do meio ambiente.

Art. 17. O Poder Público manterá serviço oficial de assistência técnica e extensão rural, sem paralelismo na área governamental ou privada, de caráter educativo, garantindo atendimento gratuito aos pequenos produtores e suas formas associativas, visando:

I – difundir tecnologias necessárias ao aprimoramento da economia agrícola, à conservação dos recursos naturais e à melhoria das condições de vida do meio rural;

II – estimular e apoiar a participação e a organização da população rural, respeitando a organização da unidade familiar bem como as entidades de representação dos produtores rurais;

III – identificar tecnologias alternativas juntamente com instituições de pesquisa e produtores rurais;

IV – disseminar informações conjunturais nas áreas de produção agrícola, comercialização, abastecimento e agroindústria.

Art. 18. A ação de assistência técnica e extensão rural deverá estar integrada à pesquisa agrícola, aos produtores rurais e suas entidades representativas e às comunidades rurais.

CAPÍTULO VI
DA PROTEÇÃO AO MEIO AMBIENTE E DA CONSERVAÇÃO DOS RECURSOS NATURAIS

Art. 19. O Poder Público deverá:

I – integrar, a nível de Governo Federal, os Estados, o Distrito Federal, os Territórios, os Municípios e as comunidades na preservação do meio ambiente e conservação dos recursos naturais;

II – disciplinar e fiscalizar o uso racional do solo, da água, da fauna e da flora;

III – realizar zoneamentos agroecológicos que permitam estabelecer critérios para o disciplinamento e o ordenamento da ocupação espacial pelas diversas atividades produtivas, bem como para a instalação de novas hidrelétricas;

IV – promover e/ou estimular a recuperação das áreas em processo de desertificação;

V – desenvolver programas de educação ambiental, a nível formal e informal, dirigidos à população;

VI – fomentar a produção de sementes e mudas de essências nativas;

VII – coordenar programas de estímulo e incentivo à preservação das nascentes dos cursos d'água e do meio ambiente, bem como o aproveitamento de dejetos animais para conversão em fertilizantes.

Parágrafo único. A fiscalização e o uso racional dos recursos naturais do meio ambiente é também de responsabilidade dos proprietários de direito, dos beneficiários da reforma agrária e dos ocupantes temporários dos imóveis rurais.

Art. 20. As bacias hidrográficas constituem-se em unidades básicas de planejamento do uso, da conservação e da recuperação dos recursos naturais.

Art. 21. VETADO.

Art. 21-A. O Poder Público procederá à identificação, em todo o território nacional, das áreas desertificadas, as quais somente poderão ser exploradas mediante a adoção de adequado plano de manejo, com o emprego de tecnologias capazes de interromper o processo de desertificação e de promover a recuperação dessas áreas.

§ 1º O Poder Público estabelecerá cadastros das áreas sujeitas a processos de desertificação, em âmbito estadual ou municipal.

§ 2º O Poder Público, por intermédio dos órgãos competentes, promoverá a pesquisa, a geração e a difusão de tecnologias capazes de suprir as condições expressas neste artigo.

▶ Art. 21-A acrescido pela Lei nº 10.228, de 29-5-2001.

Art. 22. A prestação de serviços e aplicações de recursos pelo Poder Público em atividades agrícolas devem ter por premissa básica o uso tecnicamente indicado, o manejo racional dos recursos naturais e a preservação do meio ambiente.

Art. 23. As empresas que exploram economicamente águas represadas e as concessionárias de energia elétrica serão responsáveis pelas alterações ambientais por elas provocadas e obrigadas à recuperação do meio ambiente, na área de abrangência de suas respectivas bacias hidrográficas.

Art. 24. VETADO.

Art. 25. O Poder Público implementará programas de estímulo às atividades de interesse econômico apícolas e criatórias de peixes e outros produtos de vida fluvial, lacustre e marinha, visando ao incremento da oferta de alimentos e à preservação das espécies animais e vegetais.

▶ Artigo com a redação dada pela Lei nº 10.990, de 13-12-2004.

Art. 26. A proteção do meio ambiente e dos recursos naturais terá programas plurianuais e planos operativos anuais elaborados pelos órgãos competentes, mantidos ou não pelo Poder Público, sob a coordenação da União e das Unidades da Federação.

CAPÍTULO VII
DA DEFESA AGROPECUÁRIA

Art. 27. VETADO.

Art. 27-A. São objetivos da defesa agropecuária assegurar:

▶ Dec. nº 5.741, de 30-3-2006, regulamenta este artigo.

I – a sanidade das populações vegetais;

II – a saúde dos rebanhos animais;

III – a idoneidade dos insumos e dos serviços utilizados na agropecuária;

IV – a identidade e a segurança higiênico-sanitária e tecnológica dos produtos agropecuários finais destinados aos consumidores.

§ 1º Na busca do atingimento dos objetivos referidos no *caput*, o Poder Público desenvolverá, permanentemente, as seguintes atividades:

I – vigilância e defesa sanitária vegetal;

II – vigilância e defesa sanitária animal;

III – inspeção e classificação de produtos de origem vegetal, seus derivados, subprodutos e resíduos de valor econômico;

IV – inspeção e classificação de produtos de origem animal, seus derivados, subprodutos e resíduos de valor econômico;

V – fiscalização dos insumos e dos serviços usados nas atividades agropecuárias.

§ 2º As atividades constantes do parágrafo anterior serão organizadas de forma a garantir o cumprimento das legislações vigentes que tratem da defesa agropecuária e dos compromissos internacionais firmados pela União.

▶ Art. 27-A acrescido pela Lei nº 9.712, de 20-11-1998.

Art. 28. VETADO.

Art. 28-A. Visando à promoção da saúde, as ações de vigilância e defesa sanitária dos animais e dos vegetais serão organizadas, sob a coordenação do Poder Público nas várias instâncias federativas e no âmbito de sua competência, em um Sistema Unificado de Atenção à Sanidade Agropecuária, articulado, no que for atinente à saúde pública, com o Sistema Único de Saúde de que trata a Lei nº 8.080, de 19 de setembro de 1990, do qual participarão:

▶ Dec. nº 5.741, de 30-3-2006, regulamenta este artigo.

I – serviços e instituições oficiais;

II – produtores e trabalhadores rurais, suas associações e técnicos que lhes prestam assistência;

III – órgãos de fiscalização das categorias profissionais diretamente vinculadas à sanidade agropecuária;

IV – entidades gestoras de fundos organizados pelo setor privado para complementar as ações públicas no campo da defesa agropecuária.

§ 1º A área municipal será considerada unidade geográfica básica para a organização e o funcionamento dos serviços oficiais de sanidade agropecuária.

§ 2º A instância local do sistema unificado de atenção à sanidade agropecuária dará, na sua jurisdição, plena atenção à sanidade, com a participação da comunidade organizada, tratando especialmente das seguintes atividades:

I – cadastro das propriedades;

II – inventário das populações animais e vegetais;

III – controle de trânsito de animais e plantas;

IV – cadastro dos profissionais de sanidade atuantes;

V – cadastro das casas de comércio de produtos de uso agronômico e veterinário;

VI – cadastro dos laboratórios de diagnósticos de doenças;

VII – inventário das doenças diagnosticadas;

VIII – execução de campanhas de controle de doenças;

IX – educação e vigilância sanitária;

X – participação em projetos de erradicação de doenças e pragas.

§ 3º As instâncias intermediárias do Sistema Unificado de Atenção à Sanidade Agropecuária competem as seguintes atividades:

I – vigilância do trânsito interestadual de plantas e animais;

II – coordenação das campanhas de controle e erradicação de pragas e doenças;

III – manutenção dos informes nosográficos;

IV – coordenação das ações de epidemiologia;

V – coordenação das ações de educação sanitária;

VI – controle de rede de diagnóstico e dos profissionais de sanidade credenciados.

§ 4º A instância central e superior do Sistema Unificado de Atenção à Sanidade Agropecuária compete:

I – a vigilância de portos, aeroportos e postos de fronteira internacionais;

II – a fixação de normas referentes a campanhas de controle e erradicação de pragas e doenças;

III – a aprovação dos métodos de diagnóstico e dos produtos de uso veterinário e agronômico;

IV – a manutenção do sistema de informações epidemiológicas;

V – a avaliação das ações desenvolvidas nas instâncias locais e intermediárias do sistema unificado de atenção à sanidade agropecuária;

VI – a representação do País nos fóruns internacionais que tratam da defesa agropecuária;

VII – a realização de estudos de epidemiologia e de apoio ao desenvolvimento do Sistema Unificado de Atenção à Sanidade Agropecuária;

VIII – a cooperação técnica às outras instâncias do Sistema Unificado;

IX – o aprimoramento do Sistema Unificado;

X – a coordenação do Sistema Unificado;

XI – a manutenção do Código de Defesa Agropecuária.

§ 5º Integrarão o Sistema Unificado de Atenção à Sanidade Agropecuária instituições gestoras de fundos organizados por entidades privadas para complementar as ações públicas no campo da defesa agropecuária.

§ 6º As estratégias e políticas de promoção à sanidade e de vigilância serão ecossistêmicas e descentralizadas, por tipo de problema sanitário, visando ao alcance de áreas livres de pra-

LEGISLAÇÃO AMBIENTAL

gas e doenças, conforme previsto em acordos e tratados internacionais subscritos pelo País.

§ 7º Sempre que recomendado epidemiologicamente é prioritária a erradicação das doenças e pragas, na estratégia de áreas livres.

▸ Art. 28-A acrescido pela Lei nº 9.712, de 20-11-1998.

Art. 29. VETADO.

Art. 29-A. A inspeção industrial e sanitária de produtos de origem vegetal e animal, bem como a dos insumos agropecuários, será gerida de maneira que os procedimentos e a organização da inspeção se faça por métodos universalizados e aplicados equitativamente em todos os estabelecimentos inspecionados.

▸ *Caput* do art. 29-A acrescido pela Lei nº 9.712, de 20-11-1998.

▸ Dec. nº 5.741, de 30-3-2006, regulamenta este artigo.

§ 1º Na inspeção poderá ser adotado o método de análise de riscos e pontos críticos de controle.

§ 2º Como parte do Sistema Unificado de Atenção à Sanidade Agropecuária, serão constituídos um sistema brasileiro de inspeção de produtos de origem vegetal e um sistema brasileiro de inspeção de produtos de origem animal, bem como sistemas específicos de inspeção para insumos usados na agropecuária.

▸ §§ 1º e 2º acrescidos pela Lei nº 9.712, de 20-11-1998.

▸ Dec. nº 5.741, de 30-3-2006, regulamenta este artigo.

§ 3º É instituído o Sistema de Gestão de Serviços de Inspeção (e-SISBI) no âmbito do Ministério da Agricultura, Pecuária e Abastecimento, para cadastro dos serviços oficiais de inspeção e fiscalização dos Estados, do Distrito Federal, dos Municípios e dos consórcios municipais, bem como dos estabelecimentos e dos produtos de origem animal.

§ 4º Os serviços oficiais de inspeção dos Estados, do Distrito Federal, dos Municípios e dos consórcios municipais, devidamente cadastrados no e-SISBI, integram o Sistema Brasileiro de Inspeção de Produtos de Origem Animal (SISBI-POA) previsto no § 2º deste artigo.

§ 5º O Ministério da Agricultura, Pecuária e Abastecimento editará norma para definir os objetivos e as metas nacionais de inocuidade e de conformidade dos produtos de origem animal, que deverá ser observada pelos serviços de inspeção dos Estados, do Distrito Federal, dos Municípios e dos consórcios municipais integrantes do SISBI-POA.

§ 6º O Ministério da Agricultura, Pecuária e Abastecimento auditará os serviços de inspeção dos Estados, do Distrito Federal, dos Municípios e dos consórcios municipais integrantes do SISBI-POA, com o objetivo de verificar a equivalência com o Serviço de Inspeção Federal.

§ 7º Fica autorizado o comércio interestadual dos produtos sob inspeção dos serviços integrantes do SISBI-POA, mediante prévio cadastro dos estabelecimentos e dos produtos no e-SISBI, realizado pelos respectivos serviços de inspeção.

▸ §§ 3º a 7º acrescidos pela Lei nº 14.515, de 29-12-2022.

CAPÍTULO VIII

DA INFORMAÇÃO AGRÍCOLA

Art. 30. O Ministério da Agricultura e Reforma Agrária – MARA, integrado com os Estados, o Distrito Federal, os Territórios e os Municípios, manterá um sistema de informação agrícola ampla para divulgação de:

I – previsão de safras por Estado, Distrito Federal e Território, incluindo estimativas de área cultivada ou colhida, produção e produtividade;

II – preços recebidos e pagos pelo produtor, com a composição dos primeiros até os mercados atacadistas e varejistas, por Estado, Distrito Federal e Território;

III – valores e preços de exportação FOB, com a decomposição dos preços até o interior, a nível de produtor, destacando as taxas e impostos cobrados;

IV – valores e preços de importação CIF, com a decomposição dos preços dos mercados internacionais até a colocação do produto em portos brasileiros, destacando, taxas e impostos cobrados;

V – cadastro, cartografia e solo das propriedades rurais;

VI – volume dos estoques públicos e privados, reguladores e estratégicos, discriminados por produtos, tipos e localização;

▸ Incisos V e VI com a redação dada pela Lei nº 9.272, de 3-5-1996.

VII e VIII – VETADOS;

IX – dados de meteorologia e climatologia agrícolas;

X a XII – VETADOS;

XIII – pesquisas em andamento e os resultados daquelas já concluídas;

XIV – informações sobre doenças e pragas;

▸ Inciso XIV com a redação dada pela Lei nº 9.272, de 3-5-1996.

XV – indústria de produtos de origem vegetal e animal e de insumos;

XVI – classificação de produtos agropecuários;

XVII – inspeção de produtos e insumos;

XVIII – infratores das várias legislações relativas à agropecuária.

▸ Incisos XV a XVIII acrescidos pela Lei nº 9.272, de 3-5-1996.

Parágrafo único. O Ministério da Agricultura e Reforma Agrária – MARA coordenará a realização de estudos e análises detalhadas do comportamento dos mercados interno e externo dos produtos agrícolas e agroindustriais, informando sua apropriação e divulgação para o pleno e imediato conhecimento dos produtores rurais e demais agentes do mercado.

CAPÍTULO IX

DA PRODUÇÃO, DA COMERCIALIZAÇÃO, DO ABASTECIMENTO E DA ARMAZENAGEM

Art. 31. O Poder Público formará, localizará adequadamente e manterá estoques reguladores e estratégicos, visando garantir a compra do produtor, na forma da lei, assegurar o abastecimento e regular o preço do mercado interno.

§ 1º Os estoques reguladores devem contemplar, prioritariamente, os produtos básicos.

§ 2º VETADO.

§ 3º Os estoques reguladores devem ser adquiridos preferencialmente de organizações associativas de pequenos e médios produtores.

§ 4º VETADO.

§ 5º A formação e a liberação destes estoques obedecerão regras pautadas no princípio da menor interferência na livre comercialização privada, observando-se prazos e procedimentos preestabelecidos e de amplo conhecimento público, sem ferir a margem mínima do ganho real do produtor rural, assentada em custos de produção atualizados e produtividades médias históricas.

Arts. 32 e 33. VETADOS.

§ 1º VETADO.

§ 2º A garantia de preços mínimos far-se-á através de financiamento da comercialização e da aquisição dos produtos agrícolas amparados.

§ 3º Os alimentos considerados básicos terão tratamento privilegiado para efeito de preço mínimo.

Art. 34. VETADO.

Art. 35. As vendas dos estoques públicos serão realizadas através de leilões em bolsas de mercadorias, ou diretamente, mediante licitação pública.

Art. 36. O Poder Público criará estímulos para a melhoria das condições de armazenagem, processamento, embalagem e redução de perdas em nível de estabelecimento rural, inclusive comunitário.

Art. 37. É mantida, no território nacional, a exigência de padronização, fiscalização e classificação de produtos animais, subprodutos e derivados e seus resíduos de valor econômico, bem como dos produtos de origem animal destinados ao consumo e à industrialização para o mercado interno e externo.

▸ *Caput* com a redação dada pela Lei nº 9.972, de 25-5-2000.

Parágrafo único. VETADO.

Arts. 38 a 41. VETADOS.

Art. 42. É estabelecido, em caráter obrigatório, o cadastro nacional de unidades armazenadoras de produtos agrícolas.

CAPÍTULO X

DO PRODUTOR RURAL, DA PROPRIEDADE RURAL E SUA FUNÇÃO SOCIAL

Arts. 43 e 44. VETADOS.

CAPÍTULO XI

DO ASSOCIATIVISMO E DO COOPERATIVISMO

Art. 45. O Poder Público apoiará e estimulará os produtores rurais a se organizarem nas suas diferentes formas de associações, cooperativas, sindicatos, condomínios e outras, através de:

I – inclusão, nos currículos de 1º e 2º graus, de matérias voltadas para o associativismo e cooperativismo;

II – promoção de atividades relativas à motivação, organização, legislação e educação associativista e cooperativista para o público do meio rural;

III – promoção das diversas formas de associativismo como alternativa e opção para ampliar a oferta de emprego e de integração do trabalhador rural com o trabalhador urbano;

IV – integração entre os segmentos cooperativistas de produção, consumo, comercialização, crédito e de trabalho;

V – implantação de agroindústrias.

Parágrafo único. O apoio do Poder Público será extensivo aos grupos indígenas, pescadores artesanais e àqueles que se dedicam às atividades de extrativismo vegetal não predatório.

Art. 46. VETADO.

CAPÍTULO XII
DOS INVESTIMENTOS PÚBLICOS

Art. 47. O Poder Público deverá implantar obras que tenham como objetivo o bem-estar social de comunidades rurais, compreendendo, entre outras:

a) barragens, açudes, perfuração de poços, diques e comportas para projetos de irrigação, retificação de cursos d'água e drenagens de áreas alagadiças;
b) armazéns comunitários;
c) mercados de produtor;
d) estradas;
e) escolas e postos de saúde rurais;
f) energia;
g) comunicação;
h) saneamento básico;
i) lazer.

CAPÍTULO XIII
DO CRÉDITO RURAL

Art. 48. O crédito rural, instrumento de financiamento da atividade rural, será suprido por todos os agentes financeiros sem discriminação entre eles, mediante aplicação compulsória, recursos próprios livres, dotações das operações oficiais de crédito, fundos e quaisquer outros recursos, com os seguintes objetivos:

I – estimular os investimentos rurais para produção, extrativismo não predatório, armazenamento, beneficiamento e instalação de agroindústria, sendo esta quando realizada por produtor rural ou suas formas associativas;
II – favorecer o custeio oportuno e adequado da produção, do extrativismo não predatório e da comercialização de produtos agropecuários;
III – incentivar a introdução de métodos racionais no sistema de produção, visando ao aumento da produtividade, à melhoria do padrão de vida das populações rurais e à adequada conservação do solo e preservação do meio ambiente;
IV – VETADO;
V – propiciar, através de modalidade de crédito fundiário, a aquisição e regularização de terras pelos pequenos produtores, posseiros e arrendatários e trabalhadores rurais;
VI – desenvolver atividades florestais e pesqueiras;
VII – apoiar a substituição do sistema de pecuária extensivo pelo sistema de pecuária intensivo;
VIII – estimular o desenvolvimento do sistema orgânico de produção agropecuária.

► Incisos VII e VIII acrescidos pela Lei nº 13.158, de 4-8-2015.

§ 1º Quando destinado a agricultor familiar ou empreendedor familiar rural, nos termos do art. 3º da Lei nº 11.326, de 24 de julho de 2006, o crédito rural terá por objetivo estimular a geração de renda e o melhor uso da mão de obra familiar, por meio do financiamento de atividades e serviços rurais agropecuários e não agropecuários, desde que desenvolvidos em estabelecimento rural ou áreas comunitárias próximas, inclusive o turismo rural, a produção de artesanato e assemelhados.

► Parágrafo único transformado em § 1º pela Lei nº 11.718, de 20-6-2008.

§ 2º Quando destinado a agricultor familiar ou empreendedor familiar rural, nos termos do art. 3º da Lei nº 11.326, de 24 de julho de 2006, o crédito rural poderá ser destinado à construção ou reforma de moradias no imóvel rural e em pequenas comunidades rurais.

► § 2º acrescido pela Lei nº 11.718, de 20-6-2008.

Art. 49. O crédito rural terá como beneficiários produtores rurais extrativistas não predatórios e indígenas, assistidos por instituições competentes, pessoas físicas ou jurídicas que, embora não conceituadas como produtores rurais, se dediquem às seguintes atividades vinculadas ao setor:

I – produção de mudas ou sementes básicas, fiscalizadas ou certificadas;
II – produção de sêmen para inseminação artificial e embriões;
III – atividades de pesca artesanal e aquicultura para fins comerciais;
IV – atividades florestais e pesqueiras.

§ 1º Podem ser beneficiários do crédito rural de comercialização, quando necessário ao escoamento da produção agropecuária, beneficiadores e agroindústrias que beneficiem ou industrializem o produto, desde que comprovada a aquisição da matéria-prima diretamente de produtores ou suas cooperativas, por preço não inferior ao mínimo fixado ou ao adotado como base de cálculo do financiamento, e mediante deliberação e disciplinamento do Conselho Monetário Nacional.

§ 2º Para efeito do disposto no § 1º deste artigo, enquadram-se como beneficiadores os cerealistas que exerçam, cumulativamente, as atividades de limpeza, padronização, armazenamento e comercialização de produtos agrícolas.

► §§ 1º e 2º com a redação dada pela Lei nº 11.775, de 17-9-2008.

Art. 50. A concessão de crédito rural observará os seguintes preceitos básicos:

I – idoneidade do tomador;
II – fiscalização pelo financiador;
III – liberação do crédito diretamente aos agricultores ou por intermédio de suas associações formais ou informais, ou organizações cooperativas;
IV – liberação do crédito em função do ciclo da produção e da capacidade de ampliação do financiamento;
V – prazos e épocas de reembolso ajustados à natureza e especificidade das operações rurais, bem como à capacidade de pagamento e às épocas normais de comercialização dos bens produzidos pelas atividades financeiras.

§ 1º VETADO.

§ 2º Poderá exigir-se dos demais produtores rurais contrapartida de recursos próprios, em percentuais diferenciados, tendo em conta a natureza e o interesse da exploração agrícola.

§ 3º A aprovação do crédito rural levará sempre em conta o zoneamento agroecológico.

Art. 51. VETADO.

Art. 52. O Poder Público assegurará crédito rural especial e diferenciado aos produtores rurais assentados em áreas de reforma agrária.

Arts. 53 e 54. VETADOS.

CAPÍTULO XIV
DO CRÉDITO FUNDIÁRIO

Art. 55. VETADO.

CAPÍTULO XV
DO SEGURO AGRÍCOLA

Art. 56. É instituído o seguro agrícola destinado a:

I – cobrir prejuízos decorrentes de sinistros que atinjam bens fixos e semifixos ou semoventes;
II – cobrir prejuízos decorrentes de fenômenos naturais, pragas, doenças e outros que atinjam plantações.

Parágrafo único. As atividades florestais e pesqueiras serão amparadas pelo seguro agrícola previsto nesta lei.

Art. 57. VETADO.

Art. 58. A apólice de seguro agrícola poderá constituir garantia nas operações de crédito rural.

CAPÍTULO XVI
DA GARANTIA DA ATIVIDADE AGROPECUÁRIA

► Dec. nº 175, de 10-7-1991, dispõe sobre o Programa de Garantia da Atividade Agropecuária – PROAGRO.

Art. 59. O Programa de Garantia da Atividade Agropecuária – PROAGRO será regido pelas disposições desta Lei e assegurará ao produtor rural, na forma estabelecida pelo Conselho Monetário Nacional:

► *Caput* com a redação dada pela Lei nº 12.058, de 13-10-2009.

I – a exoneração de obrigações financeiras relativas a operação de crédito rural de custeio cuja liquidação seja dificultada pela ocorrência de fenômenos naturais, pragas e doenças que atinjam rebanhos e plantações;

► Inciso I com a redação dada pela Lei nº 12.058, de 13-10-2009.

II – a indenização de recursos próprios utilizados pelo produtor em custeio rural, quando ocorrer perdas em virtude dos eventos citados no inciso anterior.

Art. 60. O Programa de Garantia da Atividade Agropecuária – PROAGRO será custeado:

I – por recursos provenientes da participação dos produtores rurais;
II – por recursos do Orçamento da União e outros recursos que vierem a ser alocados ao programa;

► Inciso II com a redação dada pela Lei nº 12.058, de 13-10-2009.

III – pelas receitas auferidas da aplicação dos recursos dos incisos anteriores.

Arts. 61 a 64. VETADOS.

Art. 65. O Programa de Garantia da Atividade Agropecuária – PROAGRO cobrirá integral ou parcialmente:

I – os financiamentos de custeio rural;
II – os recursos próprios aplicados pelo produtor em custeio rural, vinculados ou não a financiamentos rurais.

Parágrafo único. Não serão cobertas as perdas relativas à exploração rural conduzida sem a observância da legislação e das normas do PROAGRO.

► Parágrafo único com a redação dada pela Lei nº 12.058, de 13-10-2009.

LEGISLAÇÃO AMBIENTAL

Art. 65-A. Será operado, no âmbito do PROAGRO, o Programa de Garantia da Atividade Agropecuária da Agricultura Familiar – PROAGRO Mais, que assegurará ao agricultor familiar, na forma estabelecida pelo Conselho Monetário Nacional:

I – a exoneração de obrigações financeiras relativas a operação de crédito rural de custeio ou de parcelas de investimento, cuja liquidação seja dificultada pela ocorrência de fenômenos naturais, pragas e doenças que atinjam rebanhos e plantações;

II – a indenização de recursos próprios utilizados pelo produtor em custeio ou em investimento rural, quando ocorrerem perdas em virtude dos eventos citados no inciso I;

III – a garantia de renda mínima da produção agropecuária vinculada ao custeio rural.

Art. 65-B. A comprovação das perdas será efetuada pela instituição financeira, mediante laudo de avaliação expedido por profissional habilitado.

Art. 65-C. Os Ministérios da Agricultura, Pecuária e Abastecimento – MAPA e do Desenvolvimento Agrário – MDA, em articulação com o Banco Central do Brasil, deverão estabelecer conjuntamente as diretrizes para o credenciamento e para a supervisão dos encarregados dos serviços de comprovação de perdas imputáveis ao PROAGRO.

Parágrafo único. O MDA credenciará e supervisionará os encarregados da comprovação de perdas imputáveis ao PROAGRO, devendo definir e divulgar instrumentos operacionais e a normatização técnica para o disposto neste artigo, observadas as diretrizes definidas na forma do *caput*.

▸ Arts. 65-A a 65-C acrescidos pela Lei nº 12.058, de 13-10-2009.

Art. 66. Competirá à Comissão Especial de Recursos – CER decidir, em única instância administrativa, sobre recursos relativos à apuração de prejuízos e respectivas indenizações no âmbito do Programa de Garantia da Atividade Agropecuária – PROAGRO.

Art. 66-A. O PROAGRO será administrado pelo Banco Central do Brasil, conforme normas, critérios e condições definidas pelo Conselho Monetário Nacional.

▸ Art. 66-A acrescido pela Lei nº 12.058, de 13-10-2009.

Art. 66-B. ***O planejamento anual das contratações do Programa ficará sujeito à disponibilidade orçamentária para o custeio de que trata o art. 60 desta Lei.***

▸ Art. 66-B acrescido pela Lei nº 15.077, de 27-12-2024.

CAPÍTULO XVII
DA TRIBUTAÇÃO E DOS INCENTIVOS FISCAIS

Arts. 67 a 76. VETADOS.

CAPÍTULO XVIII
DO FUNDO NACIONAL DE DESENVOLVIMENTO RURAL

Arts. 77 a 80. VETADOS.

Art. 81. São fontes de recursos financeiros para o crédito rural:

I – VETADO;

II – programas oficiais de fomento;

III – cadernetas de poupança rural operadas por instituições públicas e privadas;

IV – recursos financeiros de origem externa, decorrentes de empréstimos, acordos ou convênios, especialmente reservados para aplicações em crédito rural;

V – recursos captados pelas cooperativas de crédito rural;

VI – multas aplicadas a instituições do sistema financeiro pelo descumprimento de leis e normas de crédito rural;

VII – VETADO;

VIII – recursos orçamentários da União;

IX – VETADO;

X – outros recursos que venham a ser alocados pelo Poder Público.

Art. 82. São fontes de recursos financeiros para o seguro agrícola:

I – os recursos provenientes da participação dos produtores rurais, pessoa física e jurídica, de suas cooperativas e associações;

II e III – VETADOS;

IV e V – *Revogados*. LC nº 137, de 26-8-2010;

VI – dotações orçamentárias e outros recursos alocados pela União; e

VII – VETADO.

Art. 83. VETADO.

§§ 1º e 2º VETADOS.

CAPÍTULO XIX
DA IRRIGAÇÃO E DRENAGEM

Art. 84. A política de irrigação e drenagem será executada em todo o território nacional, de acordo com a Constituição e com prioridade para áreas de comprovada aptidão para irrigação, áreas de reforma agrária ou de colonização e projetos públicos de irrigação.

Art. 85. Compete ao Poder Público:

I – estabelecer as diretrizes da política nacional de irrigação e drenagem, ouvido o Conselho Nacional de Política Agrícola – CNPA;

II – coordenar e executar o programa nacional de irrigação;

III – baixar normas objetivando o aproveitamento racional dos recursos hídricos destinados à irrigação, promovendo a integração das ações dos órgãos federais, estaduais, municipais e entidades públicas, ouvido o Conselho Nacional de Política Agrícola – CNPA;

IV – apoiar estudos para a execução de obras de infraestrutura e outras referentes ao aproveitamento das bacias hidrográficas, áreas de rios perenizados ou vales irrigáveis, com vistas a melhor e mais racional utilização das águas para irrigação;

V – instituir linhas de financiamento ou incentivos, prevendo encargos e prazos, bem como modalidades de garantia compatíveis com as características da agricultura irrigada, ouvido o Conselho Nacional de Política Agrícola – CNPA.

Art. 86. VETADO.

CAPÍTULO XX
DA HABITAÇÃO RURAL

Art. 87. É criada a política de habitação rural, cabendo à União destinar recursos financeiros para a construção e/ou recuperação da habitação rural.

§ 1º Parcela dos depósitos da Caderneta de Poupança Rural será destinada ao financiamento da habitação rural.

§ 2º VETADO.

Art. 88. VETADO.

Art. 89. O Poder Público estabelecerá incentivos fiscais para a empresa rural ou para o produtor rural, nos casos em que sejam aplicados recursos próprios na habitação para o produtor rural.

Arts. 90 a 92. VETADOS.

CAPÍTULO XXI
DA ELETRIFICAÇÃO RURAL

Art. 93. Compete ao Poder Público implementar a política de eletrificação rural, com a participação dos produtores rurais, cooperativas e outras entidades associativas.

§ 1º A política de energização rural e agroenergia engloba a eletrificação rural, qualquer que seja sua fonte de geração, o reflorestamento energético e a produção de combustíveis, a partir de culturas, da biomassa e dos resíduos agrícolas.

§ 2º Entende-se por energização rural e agroenergia a produção e utilização de insumos energéticos relevantes à produção e produtividade agrícola e ao bem-estar social dos agricultores e trabalhadores rurais.

Art. 94. O Poder Público incentivará prioritariamente:

I – atividades de eletrificação rural e cooperativas rurais, através de financiamentos das instituições de crédito oficiais, assistência técnica na implantação de projetos e tarifas de compra e venda de energia elétrica, compatíveis com os custos de prestação de serviços;

II – a construção de pequenas centrais hidrelétricas e termoelétricas de aproveitamento de resíduos agrícolas, que objetivem a eletrificação rural por cooperativas rurais e outras formas associativas;

III – os programas de florestamento energético e manejo florestal, em conformidade com a legislação ambiental, nas propriedades rurais;

IV – o estabelecimento de tarifas diferenciadas horozonais.

Art. 95. As empresas concessionárias de energia elétrica deverão promover a capacitação de mão de obra a ser empregada nas pequenas centrais referidas no inciso II do artigo anterior.

CAPÍTULO XXII
DA MECANIZAÇÃO AGRÍCOLA

Art. 96. Compete ao Poder Público implementar um conjunto de ações no âmbito da mecanização agrícola, para que, com recursos humanos, materiais e financeiros, alcance:

I – preservar e incrementar o parque nacional de máquinas agrícolas, evitando-se o sucateamento e obsolescência, proporcionando sua evolução tecnológica;

II – incentivar a formação de empresas públicas ou privadas com o objetivo de prestação de serviços mecanizados à agricultura, diretamente aos produtores e através de associações ou cooperativas;

III – fortalecer a pesquisa nas universidades e institutos de pesquisa e desenvolvimento na área de máquinas agrícolas assim como os serviços de extensão rural e treinamento em mecanização;

IV – aprimorar os centros de ensaios e testes para o desenvolvimento de máquinas agrícolas;

V – VETADO;

VI – divulgar e estimular as práticas de mecanização que promovam a conservação do solo e do meio ambiente.

CAPÍTULO XXIII
DAS DISPOSIÇÕES FINAIS

Art. 97. No prazo de noventa dias da promulgação desta lei, o Poder Executivo encaminhará ao Congresso Nacional projeto de lei dispondo sobre: produção, comercialização e uso de produtos biológicos de uso em imunologia e de uso veterinário, corretivos, fertilizantes e inoculantes, sementes e mudas, alimentos de origem animal e vegetal, código e uso de solo e da água, e reformulando a legislação que regula as atividades dos armazéns gerais.

Art. 98. É o Poder Executivo autorizado a outorgar concessões remuneradas de uso pelo prazo máximo de até vinte e cinco anos, sobre as faixas de domínio das rodovias federais, para fins exclusivos de implantação de reflorestamentos.

Parágrafo único. As concessões de que trata este artigo deverão obedecer às normas específicas sobre a utilização de bens públicos e móveis, constantes da legislação pertinente.

Art. 99. A partir do ano seguinte ao de promulgação desta lei, obriga-se o proprietário rural, quando for o caso, a recompor em sua propriedade a Reserva Florestal Legal, prevista na Lei nº 4.771, de 15 de setembro de 1965, com a nova redação dada pela Lei nº 7.803, de 18 de julho de 1989, mediante o plantio, em cada ano, de pelo menos um trinta avos da área total para complementar a referida Reserva Florestal Legal – RFL.

▶ A Lei nº 4.771, de 15-9-1965, foi revogada pela Lei nº 12.651, de 25-5-2012 (Novo Código Florestal).

▶ Arts. 17 e 66 da Lei nº 12.651, de 25-5-2012 (Novo Código Florestal).

§ 1º VETADO.

§ 2º O reflorestamento de que trata o *caput* deste artigo será efetuado mediante normas que serão aprovadas pelo órgão gestor da matéria.

Arts. 100 e 101. VETADOS.

Art. 102. O solo deve ser respeitado como patrimônio natural do País.

Parágrafo único. A erosão dos solos deve ser combatida pelo Poder Público e pelos proprietários rurais.

Art. 103. O Poder Público, através dos órgãos competentes, concederá incentivos especiais ao proprietário rural que:

I – preservar e conservar a cobertura florestal nativa existente na propriedade;

II – recuperar com espécies nativas ou ecologicamente adaptadas as áreas já devastadas de sua propriedade;

III – sofrer limitação ou restrição no uso de recursos naturais existentes na sua propriedade, para fins de proteção dos ecossistemas, mediante ato do órgão competente, federal ou estadual;

IV – promover a substituição do sistema de pecuária extensivo pelo sistema de pecuária intensivo;

▶ Inciso IV com a redação dada pela Lei nº 13.158, de 4-8-2015.

V – adotar o sistema orgânico de produção agropecuária, nos termos da Lei nº 10.831, de 23 de dezembro de 2003.

▶ Inciso V acrescido pela Lei nº 13.158, de 4-8-2015.

Parágrafo único. Para os efeitos desta lei, consideram-se incentivos:

I – a prioridade na obtenção de apoio financeiro oficial, através da concessão de crédito rural e outros tipos de financiamentos, bem como a cobertura do seguro agrícola concedidos pelo Poder Público;

II – a prioridade na concessão de benefícios associados a programas de infraestrutura rural, notadamente de energização, irrigação, armazenagem, telefonia e habitação;

III – a preferência na prestação de serviços oficiais de assistência técnica e de fomento, através dos órgãos competentes;

IV – o fornecimento de mudas de espécies nativas e/ou ecologicamente adaptadas produzidas com a finalidade de recompor a cobertura florestal; e

V – o apoio técnico-educativo no desenvolvimento de projetos de preservação, conservação e recuperação ambiental.

Art. 104. São isentas de tributação e do pagamento do Imposto Territorial Rural as áreas dos imóveis rurais consideradas de preservação permanente e de reserva legal, previstas na Lei nº 4.771, de 1965, com a nova redação dada pela Lei nº 7.803, de 1989.

▶ A Lei nº 4.771, de 15-9-1965, foi revogada pela Lei nº 12.651, de 25-5-2012 (Novo Código Florestal).

▶ Art. 41 da Lei nº 12.651, de 25-5-2012 (Novo Código Florestal).

Parágrafo único. A isenção do Imposto Territorial Rural – ITR estende-se às áreas da propriedade rural de interesse ecológico para a proteção dos ecossistemas, assim declarados por ato do órgão competente federal ou estadual e que ampliam as restrições de uso previstas no *caput* deste artigo.

Art. 105. VETADO.

Art. 106. É o Ministério da Agricultura e Reforma Agrária – MARA autorizado a firmar convênios ou ajustes com os Estados, o Distrito Federal, os Territórios, os Municípios, entidades e órgãos públicos e privados, cooperativas, sindicatos, universidades, fundações e associações, visando ao desenvolvimento das atividades agropecuárias, agroindustriais, pesqueiras e florestais, dentro de todas as ações, instrumentos, objetivos e atividades previstas nesta lei.

Art. 107. Esta lei entra em vigor na data de sua publicação.

Art. 108. Revogam-se as disposições em contrário.

Brasília, 17 de janeiro de 1991;
170º da Independência e
103º da República.

Fernando Collor

LEI Nº 9.433, DE 8 DE JANEIRO DE 1997

Institui a Política Nacional de Recursos Hídricos, cria o Sistema Nacional de Gerenciamento de Recursos Hídricos, regulamenta o inciso XIX do art. 21 da Constituição Federal, e altera o art. 1º da Lei nº 8.001, de 13 de março de 1990, que modificou a Lei nº 7.990, de 28 de dezembro de 1989.

▶ Publicada no *DOU* de 9-1-1997.

▶ Lei nº 9.966, de 28-4-2000, dispõe sobre a prevenção, o controle e a fiscalização de poluição causada por lançamento de óleo e outras substâncias nocivas ou perigosas em águas sob jurisdição nacional.

▶ Lei nº 9.984, de 17-7-2000, dispõe sobre a criação da Agência Nacional de Águas e Saneamento Básico – ANA, entidade federal de implementação da Política Nacional de Recursos Hídricos, integrante do Sistema Nacional de Gerenciamento de Recursos Hídricos – SINGREH e responsável pela instituição de normas de referência para a regulação dos serviços públicos de saneamento básico.

▶ Lei nº 10.881, de 9-6-2004, dispõe sobre os contratos de gestão entre a Agência Nacional de Águas e entidades delegatárias das funções de Agências de Águas relativas à gestão de recursos hídricos e domínio da União.

▶ Lei nº 11.445, de 5-1-2007, dispõe sobre as diretrizes nacionais para o saneamento básico, regulamentada pelo Dec. nº 7.217, de 21-6-2010.

▶ Lei nº 12.651, de 25-5-2012 (Novo Código Florestal).

▶ Lei nº 14.026, de 15-7-2020 (Novo Marco Legal do Saneamento Básico).

▶ Dec.-lei nº 7.841, de 8-8-1945 (Código de Águas Minerais).

▶ Dec. nº 24.643, de 10-7-1934 (Código de Águas).

▶ Dec. nº 4.613, de 11-3-2003, regulamenta esta lei.

TÍTULO I – DA POLÍTICA NACIONAL DE RECURSOS HÍDRICOS

CAPÍTULO I
DOS FUNDAMENTOS

Art. 1º A Política Nacional de Recursos Hídricos baseia-se nos seguintes fundamentos:

I – a água é um bem de domínio público;

II – a água é um recurso natural limitado, dotado de valor econômico;

III – em situações de escassez, o uso prioritário dos recursos hídricos é o consumo humano e a dessedentação de animais;

IV – a gestão dos recursos hídricos deve sempre proporcionar o uso múltiplo das águas;

V – a bacia hidrográfica é a unidade territorial para implementação da Política Nacional de Recursos Hídricos e atuação do Sistema Nacional de Gerenciamento de Recursos Hídricos;

VI – a gestão dos recursos hídricos deve ser descentralizada e contar com a participação do Poder Público, dos usuários e das comunidades.

CAPÍTULO II
DOS OBJETIVOS

Art. 2º São objetivos da Política Nacional de Recursos Hídricos:

I – assegurar à atual e às futuras gerações a necessária disponibilidade de água, em padrões de qualidade adequados aos respectivos usos;

II – a utilização racional e integrada dos recursos hídricos, incluindo o transporte aquaviário, com vistas ao desenvolvimento sustentável;

III – a prevenção e a defesa contra eventos hidrológicos críticos de origem natural ou decorrentes do uso inadequado dos recursos naturais;

IV – incentivar e promover a captação, a preservação e o aproveitamento de águas pluviais.

▶ Inciso IV acrescido pela Lei nº 13.501, de 30-10-2017.

CAPÍTULO III
DAS DIRETRIZES GERAIS DE AÇÃO

Art. 3º Constituem diretrizes gerais de ação para implementação da Política Nacional de Recursos Hídricos:

I – a gestão sistemática dos recursos hídricos, sem dissociação dos aspectos de quantidade e qualidade;

II – a adequação da gestão de recursos hídricos às diversidades físicas, bióticas, demográficas, econômicas, sociais e culturais das diversas regiões do País;

III – a integração da gestão de recursos hídricos com a gestão ambiental;

IV – a articulação do planejamento de recursos hídricos com o dos setores usuários e com os planejamentos regional, estadual e nacional;

V – a articulação da gestão de recursos hídricos com a do uso do solo;

VI – a integração da gestão das bacias hidrográficas com a dos sistemas estuarinos e zonas costeiras.

Art. 4º A União articular-se-á com os Estados tendo em vista o gerenciamento dos recursos hídricos de interesse comum.

CAPÍTULO IV
DOS INSTRUMENTOS

Art. 5º São instrumentos da Política Nacional de Recursos Hídricos:

I – os Planos de Recursos Hídricos;

II – o enquadramento dos corpos de água em classes, segundo os usos preponderantes da água;

III – a outorga dos direitos de uso de recursos hídricos;

IV – a cobrança pelo uso de recursos hídricos;

V – a compensação a municípios;

VI – o Sistema de Informações sobre Recursos Hídricos.

Seção I
DOS PLANOS DE RECURSOS HÍDRICOS

Art. 6º Os Planos de Recursos Hídricos são planos diretores que visam a fundamentar e orientar a implementação da Política Nacional de Recursos Hídricos e o gerenciamento dos recursos hídricos.

Art. 7º Os Planos de Recursos Hídricos são planos de longo prazo, com horizonte de planejamento compatível com o período de implantação de seus programas e projetos e terão o seguinte conteúdo mínimo:

I – diagnóstico da situação atual dos recursos hídricos;

II – análise de alternativas de crescimento demográfico, de evolução de atividades produtivas e de modificações dos padrões de ocupação do solo;

III – balanço entre disponibilidades e demandas futuras dos recursos hídricos, em quantidade e qualidade, com identificação de conflitos potenciais;

IV – metas de racionalização de uso, aumento da quantidade e melhoria da qualidade dos recursos hídricos disponíveis;

V – medidas a serem tomadas, programas a serem desenvolvidos e projetos a serem implantados, para o atendimento das metas previstas;

VI e VII – VETADOS;

VIII – prioridades para outorga de direitos de uso de recursos hídricos;

IX – diretrizes e critérios para a cobrança pelo uso dos recursos hídricos;

X – propostas para a criação de áreas sujeitas a restrição de uso, com vistas à proteção dos recursos hídricos.

Art. 8º Os Planos de Recursos Hídricos serão elaborados por bacia hidrográfica, por Estado e para o País.

Seção II
DO ENQUADRAMENTO DOS CORPOS DE ÁGUA EM CLASSES, SEGUNDO OS USOS PREPONDERANTES DA ÁGUA

▶ Res. do CONAMA nº 396, de 3-4-2008, dispõe sobre a classificação e diretrizes ambientais para o enquadramento das águas subterrâneas.

Art. 9º O enquadramento dos corpos de água em classes, segundo os usos preponderantes da água, visa a:

I – assegurar às águas qualidade compatível com os usos mais exigentes a que forem destinadas;

II – diminuir os custos de combate à poluição das águas, mediante ações preventivas permanentes.

Art. 10. As classes de corpos de água serão estabelecidas pela legislação ambiental.

Seção III
DA OUTORGA DE DIREITOS DE USO DE RECURSOS HÍDRICOS

Art. 11. O regime de outorga de direitos de uso de recursos hídricos tem como objetivos assegurar o controle quantitativo e qualitativo dos usos da água e o efetivo exercício dos direitos de acesso à água.

Art. 12. Estão sujeitos a outorga pelo Poder Público os direitos dos seguintes usos de recursos hídricos:

▶ Res. do CONAMA nº 369, de 28-3-2006, dispõe sobre os casos excepcionais, de utilidade pública, interesse social ou baixo impacto ambiental, que possibilitam a intervenção ou supressão de vegetação em Área de Preservação Permanente – APP.

I – derivação ou captação de parcela da água existente em um corpo de água para consumo final, inclusive abastecimento público, ou insumo de processo produtivo;

II – extração de água de aquífero subterrâneo para consumo final ou insumo de processo produtivo;

III – lançamento em corpo de água de esgotos e demais resíduos líquidos ou gasosos, tratados ou não, com o fim de sua diluição, transporte ou disposição final;

IV – aproveitamento dos potenciais hidrelétricos;

V – outros usos que alterem o regime, a quantidade ou a qualidade da água existente em um corpo de água.

§ 1º Independem de outorga pelo Poder Público, conforme definido em regulamento:

I – o uso de recursos hídricos para a satisfação das necessidades de pequenos núcleos populacionais, distribuídos no meio rural;

II – as derivações, captações e lançamentos considerados insignificantes;

III – as acumulações de volumes de água consideradas insignificantes.

§ 2º A outorga e a utilização de recursos hídricos para fins de geração de energia elétrica estará subordinada ao Plano Nacional de Recursos Hídricos, aprovado na forma do disposto no inciso VIII do art. 35 desta Lei, obedecida a disciplina da legislação setorial específica.

Art. 13. Toda outorga estará condicionada às prioridades de uso estabelecidas nos Planos de Recursos Hídricos e deverá respeitar a classe em que o corpo de água estiver enquadrado e a manutenção de condições adequadas ao transporte aquaviário, quando for o caso.

Parágrafo único. A outorga de uso dos recursos hídricos deverá preservar o uso múltiplo destes.

Art. 14. A outorga efetivar-se-á por ato da autoridade competente do Poder Executivo Federal, dos Estados ou do Distrito Federal.

§ 1º O Poder Executivo Federal poderá delegar aos Estados e ao Distrito Federal competência para conceder outorga de direito de uso de recurso hídrico de domínio da União.

§ 2º VETADO.

Art. 15. A outorga de direito de uso de recursos hídricos poderá ser suspensa parcial ou totalmente, em definitivo ou por prazo determinado, nas seguintes circunstâncias:

I – não cumprimento pelo outorgado dos termos da outorga;

II – ausência de uso por três anos consecutivos;

III – necessidade premente de água para atender a situações de calamidade, inclusive as decorrentes de condições climáticas adversas;

IV – necessidade de se prevenir ou reverter grave degradação ambiental;

V – necessidade de se atender a usos prioritários, de interesse coletivo, para os quais não se disponha de fontes alternativas;

VI – necessidade de serem mantidas as características de navegabilidade do corpo de água.

Art. 16. Toda outorga de direitos de uso de recursos hídricos far-se-á por prazo não excedente a trinta e cinco anos, renovável.

Art. 17. VETADO.

Art. 18. A outorga não implica a alienação parcial das águas, que são inalienáveis, mas o simples direito de seu uso.

Seção IV
DA COBRANÇA DO USO DE RECURSOS HÍDRICOS

Art. 19. A cobrança pelo uso de recursos hídricos objetiva:

I – reconhecer a água como bem econômico e dar ao usuário uma indicação de seu real valor;

II – incentivar a racionalização do uso da água;

III – obter recursos financeiros para o financiamento dos programas e intervenções contemplados nos planos de recursos hídricos.

Art. 20. Serão cobrados os usos de recursos hídricos sujeitos a outorga, nos termos do art. 12 desta Lei.

Parágrafo único. VETADO.

Art. 21. Na fixação dos valores a serem cobrados pelo uso dos recursos hídricos devem ser observados, dentre outros:

I – nas derivações, captações e extrações de água, o volume retirado e seu regime de variação;

II – nos lançamentos de esgotos e demais resíduos líquidos ou gasosos, o volume lançado e seu regime de variação e as características físico-químicas, biológicas e de toxidade do afluente.

Art. 22. Os valores arrecadados com a cobrança pelo uso de recursos hídricos serão aplicados prioritariamente na bacia hidrográfica em que foram gerados e serão utilizados:

I – no financiamento de estudos, programas, projetos e obras incluídos nos Planos de Recursos Hídricos;

II – no pagamento de despesas de implantação e custeio administrativo dos órgãos e entidades integrantes do Sistema Nacional de Gerenciamento de Recursos Hídricos.

§ 1º A aplicação nas despesas previstas no inciso II deste artigo é limitada a sete e meio por cento do total arrecadado.

§ 2º Os valores previstos no *caput* deste artigo poderão ser aplicados a fundo perdido em projetos e obras que alterem, de modo considerado benéfico à coletividade, a qualidade, a quantidade e o regime de vazão de um corpo de água.

§ 3º VETADO.

Art. 23. VETADO.

Seção V

DA COMPENSAÇÃO A MUNICÍPIOS

Art. 24. VETADO.

Seção VI

DO SISTEMA DE INFORMAÇÕES SOBRE RECURSOS HÍDRICOS

Art. 25. O Sistema de Informações sobre Recursos Hídricos é um sistema de coleta, tratamento, armazenamento e recuperação de informações sobre recursos hídricos e fatores intervenientes em sua gestão.

Parágrafo único. Os dados gerados pelos órgãos integrantes do Sistema Nacional de Gerenciamento de Recursos Hídricos serão incorporados ao Sistema Nacional de Informações sobre Recursos Hídricos.

Art. 26. São princípios básicos para o funcionamento do Sistema de Informações sobre Recursos Hídricos:

I – descentralização da obtenção e produção de dados e informações;

II – coordenação unificada do sistema;

III – acesso aos dados e informações garantido a toda a sociedade.

Art. 27. São objetivos do Sistema Nacional de Informações sobre Recursos Hídricos:

I – reunir, dar consistência e divulgar os dados e informações sobre a situação qualitativa e quantitativa dos recursos hídricos no Brasil;

II – atualizar permanentemente as informações sobre disponibilidade e demanda de recursos hídricos em todo o território nacional;

III – fornecer subsídios para a elaboração dos Planos de Recursos Hídricos.

CAPÍTULO V

DO RATEIO DE CUSTOS DAS OBRAS DE USO MÚLTIPLO, DE INTERESSE COMUM OU COLETIVO

Art. 28. VETADO.

CAPÍTULO VI

DA AÇÃO DO PODER PÚBLICO

Art. 29. Na implementação da Política Nacional de Recursos Hídricos, compete ao Poder Executivo Federal:

I – tomar as providências necessárias à implementação e ao funcionamento do Sistema Nacional de Gerenciamento de Recursos Hídricos;

II – outorgar os direitos de uso de recursos hídricos, e regulamentar e fiscalizar os usos, na sua esfera de competência;

III – implantar e gerir o Sistema de Informações sobre Recursos Hídricos, em âmbito nacional;

IV – promover a integração da gestão de recursos hídricos com a gestão ambiental.

Parágrafo único. O Poder Executivo Federal indicará, por decreto, a autoridade responsável pela efetivação de outorgas de direito de uso dos recursos hídricos sob domínio da União.

Art. 30. Na implementação da Política Nacional de Recursos Hídricos, cabe aos Poderes Executivos Estaduais e do Distrito Federal, na sua esfera de competência:

I – outorgar os direitos de uso de recursos hídricos e regulamentar e fiscalizar os seus usos;

II – realizar o controle técnico das obras de oferta hídrica;

III – implantar e gerir o Sistema de Informações sobre Recursos Hídricos, em âmbito estadual e do Distrito Federal;

IV – promover a integração da gestão de recursos hídricos com a gestão ambiental.

Art. 31. Na implementação da Política Nacional de Recursos Hídricos, os Poderes Executivos do Distrito Federal e dos Municípios promoverão a integração das políticas locais de saneamento básico, de uso, ocupação e conservação do solo e de meio ambiente com as políticas federal e estaduais de recursos hídricos.

TÍTULO II – DO SISTEMA NACIONAL DE GERENCIAMENTO DE RECURSOS HÍDRICOS

CAPÍTULO I

DOS OBJETIVOS E DA COMPOSIÇÃO

Art. 32. Fica criado o Sistema Nacional de Gerenciamento de Recursos Hídricos, com os seguintes objetivos:

I – coordenar a gestão integrada das águas;

II – arbitrar administrativamente os conflitos relacionados com os recursos hídricos;

III – implementar a Política Nacional de Recursos Hídricos;

IV – planejar, regular e controlar o uso, a preservação e a recuperação dos recursos hídricos;

V – promover a cobrança pelo uso de recursos hídricos.

Art. 33. Integram o Sistema Nacional de Gerenciamento de Recursos Hídricos:

I – o Conselho Nacional de Recursos Hídricos;

I-A – a Agência Nacional de Águas;

▶ Inciso I-A acrescido pela Lei nº 9.984, de 17-7-2000.

II – os Conselhos de Recursos Hídricos dos Estados e do Distrito Federal;

III – os Comitês de Bacia Hidrográfica;

IV – os órgãos dos poderes públicos federal, estaduais, do Distrito Federal e municipais cujas competências se relacionem com a gestão de recursos hídricos;

▶ Inciso IV com a redação dada pela Lei nº 9.984, de 17-7-2000.

V – as Agências de Água.

CAPÍTULO II

DO CONSELHO NACIONAL DE RECURSOS HÍDRICOS

▶ Dec. nº 4.613, de 11-3-2003, regulamenta o Conselho Nacional de Recursos Hídricos.

Art. 34. O Conselho Nacional de Recursos Hídricos é composto por:

I – representantes dos Ministérios e Secretarias da Presidência da República com atuação no gerenciamento ou no uso de recursos hídricos;

II – representantes indicados pelos Conselhos Estaduais de Recursos Hídricos;

▶ Res. do CNRH nº 93, de 5-11-2008 (*DOU* de 11-2-2009), regula os procedimentos para o arbitramento de conflitos existentes entre Conselhos Estaduais de Recursos Hídricos.

III – representantes dos usuários dos recursos hídricos;

IV – representantes das organizações civis de recursos hídricos.

Parágrafo único. O número de representantes do Poder Executivo Federal não poderá exceder à metade mais um do total dos membros do Conselho Nacional de Recursos Hídricos.

Art. 35. Compete ao Conselho Nacional de Recursos Hídricos:

I – promover a articulação do planejamento de recursos hídricos com os planejamentos nacional, regional, estaduais e dos setores usuários;

II – arbitrar, em última instância administrativa, os conflitos existentes entre Conselhos Estaduais de Recursos Hídricos;

III – deliberar sobre os projetos de aproveitamento de recursos hídricos cujas repercussões extrapolem o âmbito dos Estados em que serão implantados;

IV – deliberar sobre as questões que lhe tenham sido encaminhadas pelos Conselhos Estaduais de Recursos Hídricos ou pelos Comitês de Bacia Hidrográfica;

V – analisar propostas de alteração da legislação pertinente a recursos hídricos e à Política Nacional de Recursos Hídricos;

VI – estabelecer diretrizes complementares para implementação da Política Nacional de Recursos Hídricos, aplicação de seus instrumentos e atuação do Sistema Nacional de Gerenciamento de Recursos Hídricos;

VII – aprovar propostas de instituição dos Comitês de Bacia Hidrográfica e estabelecer critérios gerais para a elaboração de seus regimentos;

VIII – VETADO;

IX – acompanhar a execução e aprovar o Plano Nacional de Recursos Hídricos e determinar as providências necessárias ao cumprimento de suas metas;

▶ Inciso IX com a redação dada pela Lei nº 9.984, de 17-7-2000.

X – estabelecer critérios gerais para a outorga de direitos de uso de recursos hídricos e para a cobrança por seu uso;

XI – zelar pela implementação da Política Nacional de Segurança de Barragens (PNSB);

XII – estabelecer diretrizes para implementação da PNSB, aplicação de seus instrumentos e atuação do Sistema Nacional de Informações sobre Segurança de Barragens (SNISB);

XIII – apreciar o Relatório de Segurança de Barragens, fazendo, se necessário, recomendações para melhoria da segurança das obras, bem como encaminhá-lo ao Congresso Nacional.

▶ Incisos XI a XIII acrescidos pela Lei nº 12.334, de 20-9-2010.

Art. 36. O Conselho Nacional de Recursos Hídricos será gerido por:

I – 1 (um) Presidente, que será o Ministro de Estado da Integração e do Desenvolvimento Regional;

II – 1 (um) Secretário-Executivo, que será o titular do órgão integrante da estrutura do Ministério da Integração e do Desenvolvimento Regional responsável pela gestão dos recursos hídricos.

▸ Incisos I e II com a redação dada pela Lei nº 14.600, de 19-6-2023.

CAPÍTULO III
DOS COMITÊS DE BACIA HIDROGRÁFICA

Art. 37. Os Comitês de Bacia Hidrográfica terão como área de atuação:

I – a totalidade de uma bacia hidrográfica;

II – sub-bacia hidrográfica de tributário do curso de água principal da bacia, ou de tributário desse tributário; ou

III – grupo de bacias ou sub-bacias hidrográficas contíguas.

Parágrafo único. A instituição de Comitês de Bacia Hidrográfica em rios de domínio da União será efetivada por ato do Presidente da República.

Art. 38. Compete aos Comitês de Bacia Hidrográfica, no âmbito de sua área de atuação:

I – promover o debate das questões relacionadas a recursos hídricos e articular a atuação das entidades intervenientes;

II – arbitrar, em primeira instância administrativa, os conflitos relacionados aos recursos hídricos;

III – aprovar o Plano de Recursos Hídricos da bacia;

IV – acompanhar a execução do Plano de Recursos Hídricos da bacia e sugerir as providências necessárias ao cumprimento de suas metas;

V – propor ao Conselho Nacional e aos Conselhos Estaduais de Recursos Hídricos as acumulações, derivações, captações e lançamentos de pouca expressão, para efeito de isenção da obrigatoriedade de outorga de direitos de uso de recursos hídricos, de acordo com os domínios destes;

VI – estabelecer os mecanismos de cobrança pelo uso de recursos hídricos e sugerir os valores a serem cobrados;

VII e VIII – VETADOS;

IX – estabelecer critérios e promover o rateio de custo das obras de uso múltiplo, de interesse comum ou coletivo.

Parágrafo único. Das decisões dos Comitês de Bacia Hidrográfica caberá recurso ao Conselho Nacional ou aos Conselhos Estaduais de Recursos Hídricos, de acordo com sua esfera de competência.

Art. 39. Os Comitês de Bacia Hidrográfica são compostos por representantes:

I – da União;

II – dos Estados e do Distrito Federal cujos territórios se situem, ainda que parcialmente, em suas respectivas áreas de atuação;

III – dos Municípios situados, no todo ou em parte, em sua área de atuação;

IV – dos usuários das águas de sua área de atuação;

V – das entidades civis de recursos hídricos com atuação comprovada na bacia.

§ 1º O número de representantes de cada setor mencionado neste artigo, bem como os critérios para sua indicação, serão estabelecidos nos regimentos dos comitês, limitada a representação dos poderes executivos da União, Estados, Distrito Federal e Municípios à metade do total de membros.

§ 2º Nos Comitês de Bacia Hidrográfica de bacias de rios fronteiriços e transfronteiriços de gestão compartilhada, a representação da União deverá incluir um representante do Ministério das Relações Exteriores.

§ 3º Nos Comitês de Bacia Hidrográfica de bacias cujos territórios abranjam terras indígenas devem ser incluídos representantes:

I – da Fundação Nacional do Índio – FUNAI, como parte da representação da União;

II – das comunidades indígenas ali residentes ou com interesses na bacia.

§ 4º A participação da União nos Comitês de Bacia Hidrográfica com área de atuação restrita a bacias de rios sob domínio estadual, dar-se-á na forma estabelecida nos respectivos regimentos.

Art. 40. Os Comitês de Bacia Hidrográfica serão dirigidos por um Presidente e um Secretário, eleitos dentre seus membros.

CAPÍTULO IV
DAS AGÊNCIAS DE ÁGUA

Art. 41. As Agências de Água exercerão a função de secretaria executiva do respectivo ou respectivos Comitês de Bacia Hidrográfica.

Art. 42. As Agências de Água terão a mesma área de atuação de um ou mais Comitês de Bacia Hidrográfica.

Parágrafo único. A criação das Agências de Água será autorizada pelo Conselho Nacional de Recursos Hídricos ou pelos Conselhos Estaduais de Recursos Hídricos mediante solicitação de um ou mais Comitês de Bacia Hidrográfica.

Art. 43. A criação de uma Agência de Água é condicionada ao atendimento dos seguintes requisitos:

I – prévia existência do respectivo ou respectivos Comitês de Bacia Hidrográfica;

II – viabilidade financeira assegurada pela cobrança do uso dos recursos hídricos em sua área de atuação.

Art. 44. Compete às Agências de Água, no âmbito de sua área de atuação:

I – manter balanço atualizado da disponibilidade de recursos hídricos em sua área de atuação;

II – manter o cadastro de usuários de recursos hídricos;

III – efetuar, mediante delegação do outorgante, a cobrança pelo uso de recursos hídricos;

IV – analisar e emitir pareceres sobre os projetos e obras a serem financiados com recursos gerados pela cobrança pelo uso de Recursos Hídricos e encaminhá-los à instituição financeira responsável pela administração desses recursos;

V – acompanhar a administração financeira dos recursos arrecadados com a cobrança pelo uso de recursos hídricos em sua área de atuação;

VI – gerir o Sistema de Informações sobre Recursos Hídricos em sua área de atuação;

VII – celebrar convênios e contratar financiamentos e serviços para a execução de suas competências;

VIII – elaborar a sua proposta orçamentária e submetê-la à apreciação do respectivo ou respectivos Comitês de Bacia Hidrográfica;

IX – promover os estudos necessários para a gestão dos recursos hídricos em sua área de atuação;

X – elaborar o Plano de Recursos Hídricos para apreciação do respectivo Comitê de Bacia Hidrográfica;

XI – propor ao respectivo ou respectivos Comitês de Bacia Hidrográfica:

a) o enquadramento dos corpos de água nas classes de uso, para encaminhamento ao respectivo Conselho Nacional ou Conselhos Estaduais de Recursos Hídricos, de acordo com o domínio destes;

b) os valores a serem cobrados pelo uso de recursos hídricos;

c) o plano de aplicação dos recursos arrecadados com a cobrança pelo uso de recursos hídricos;

d) o rateio de custo das obras de uso múltiplo, de interesse comum ou coletivo.

CAPÍTULO V
DA SECRETARIA EXECUTIVA DO CONSELHO NACIONAL DE RECURSOS HÍDRICOS

Art. 45. A Secretaria-Executiva do Conselho Nacional de Recursos Hídricos será exercida pelo órgão integrante da estrutura do Ministério da Integração e do Desenvolvimento Regional responsável pela gestão dos recursos hídricos.

▸ Artigo com a redação dada pela Lei nº 14.600, de 19-6-2023.

Art. 46. Compete à Secretaria Executiva do Conselho Nacional de Recursos Hídricos:

I – prestar apoio administrativo, técnico e financeiro ao Conselho Nacional de Recursos Hídricos;

II – *Revogado*. Lei nº 9.984, de 17-7-2000;

III – instruir os expedientes provenientes dos Conselhos Estaduais de Recursos Hídricos e dos Comitês de Bacia Hidrográfica;

IV – *Revogado*. Lei nº 9.984, de 17-7-2000;

V – elaborar seu programa de trabalho e respectiva proposta orçamentária anual e submetê-los à aprovação do Conselho Nacional de Recursos Hídricos.

CAPÍTULO VI
DAS ORGANIZAÇÕES CIVIS DE RECURSOS HÍDRICOS

Art. 47. São consideradas, para os efeitos desta Lei, organizações civis de recursos hídricos:

I – consórcios e associações intermunicipais de bacias hidrográficas;

II – associações regionais, locais ou setoriais de usuários de recursos hídricos;

III – organizações técnicas e de ensino e pesquisa com interesse na área de recursos hídricos;

IV – organizações não governamentais com objetivos de defesa de interesses difusos e coletivos da sociedade;

V – outras organizações reconhecidas pelo Conselho Nacional ou pelos Conselhos Estaduais de Recursos Hídricos.

Art. 48. Para integrar o Sistema Nacional de Recursos Hídricos, as organizações civis de recursos hídricos devem ser legalmente constituídas.

TÍTULO III – DAS INFRAÇÕES E PENALIDADES

Art. 49. Constitui infração das normas de utilização de recursos hídricos superficiais ou subterrâneos:

I – derivar ou utilizar recursos hídricos para qualquer finalidade, sem a respectiva outorga de direito de uso;

II – iniciar a implantação ou implantar empreendimento relacionado com a derivação ou a utilização de recursos hídricos, superficiais ou subterrâneos, que implique alterações no regime, quantidade ou qualidade dos mesmos, sem autorização dos órgãos ou entidades competentes;

III – VETADO;

IV – utilizar-se dos recursos hídricos ou executar obras ou serviços relacionados com os mesmos em desacordo com as condições estabelecidas na outorga;

V – perfurar poços para extração de água subterrânea ou operá-los sem a devida autorização;

VI – fraudar as medições dos volumes de água utilizados ou declarar valores diferentes dos medidos;

VII – infringir normas estabelecidas no regulamento desta Lei e nos regulamentos administrativos, compreendendo instruções e procedimentos fixados pelos órgãos ou entidades competentes;

VIII – obstar ou dificultar a ação fiscalizadora das autoridades competentes no exercício de suas funções.

Art. 50. Por infração de qualquer disposição legal ou regulamentar referente à execução de obras e serviços hidráulicos, derivação ou utilização de recursos hídricos, ou pelo não atendimento das solicitações feitas, o infrator, a critério da autoridade competente, ficará sujeito às seguintes penalidades, independentemente de sua ordem de enumeração:

▸ *Caput* com a redação dada pela Lei nº 14.066, de 30-9-2020.

I – advertência por escrito, na qual serão estabelecidos prazos para correção das irregularidades;

II – multa, simples ou diária, proporcional à gravidade da infração, de R$ 100,00 (cem reais) a R$ 50.000.000,00 (cinquenta milhões de reais);

▸ Inciso II com a redação dada pela Lei nº 14.066, de 30-9-2020.

III – embargo provisório, por prazo determinado, para execução de serviços e obras necessárias ao efetivo cumprimento das condições de outorga ou para o cumprimento de normas referentes ao uso, controle, conservação e proteção dos recursos hídricos;

IV – embargo definitivo, com revogação da outorga, se for o caso, para repor incontinenti, no seu antigo estado, os recursos hídricos, leitos e margens, nos termos dos arts. 58 e 59 do Código de Águas ou tamponar os poços de extração de água subterrânea.

§ 1º Sempre que da infração cometida resultar prejuízo a serviço público de abastecimento de água, riscos à saúde ou à vida, perecimento de bens ou animais, ou prejuízos de qualquer natureza a terceiros, a multa a ser aplicada nunca será inferior à metade do valor máximo cominado em abstrato.

§ 2º No caso dos incisos III e IV, independentemente da pena de multa, serão cobradas do infrator as despesas em que incorrer a Administração para tornar efetivas as medidas previstas nos citados incisos, na forma dos arts. 36, 53, 56 e 58 do Código de Águas, sem prejuízo de responder pela indenização dos danos a que der causa.

§ 3º Da aplicação das sanções previstas neste título caberá recurso à autoridade administrativa competente, nos termos do regulamento.

§ 4º Em caso de reincidência, a multa será aplicada em dobro.

TÍTULO IV – DAS DISPOSIÇÕES GERAIS E TRANSITÓRIAS

Art. 51. O Conselho Nacional de Recursos Hídricos e os Conselhos Estaduais de Recursos Hídricos poderão delegar a organizações sem fins lucrativos relacionadas no art. 47 desta Lei, por prazo determinado, o exercício de funções de competência das Agências de Água, enquanto esses organismos não estiverem constituídos.

▸ Artigo com a redação dada pela Lei nº 10.881, de 9-6-2004.

Art. 52. Enquanto não estiver aprovado e regulamentado o Plano Nacional de Recursos Hídricos, a utilização dos potenciais hidráulicos para fins de geração de energia elétrica continuará subordinada à disciplina da legislação setorial específica.

Art. 53. O Poder Executivo, no prazo de cento e vinte dias a partir da publicação desta Lei, encaminhará ao Congresso Nacional projeto de lei dispondo sobre a criação das Agências de Água.

Art. 54. O art. 1º da Lei nº 8.001, de 13 de março de 1990, passa a vigorar com a seguinte redação:

"Art.1º ....

....

III – quatro inteiros e quatro centésimos por cento à Secretaria de Recursos Hídricos do Ministério do Meio Ambiente, dos Recursos Hídricos e da Amazônia Legal;

IV – três inteiros e seis centésimos por cento ao Departamento Nacional de Águas e Energia Elétrica – DNAEE, do Ministério de Minas e Energia;

V – dois por cento ao Ministério da Ciência e Tecnologia.

....

§ 4º A cota destinada à Secretaria de Recursos Hídricos do Ministério do Meio Ambiente, dos Recursos Hídricos e da Amazônia Legal será empregada na implementação da Política Nacional de Recursos Hídricos e do Sistema Nacional de Gerenciamento de Recursos Hídricos e na gestão da rede hidrometeorológica nacional.

§ 5º A cota destinada ao DNAEE será empregada na operação e expansão de sua rede hidrometeorológica, no estudo dos recursos hídricos e em serviços relacionados ao aproveitamento da energia hidráulica."

Parágrafo único. Os novos percentuais definidos no *caput* deste artigo entrarão em vigor no prazo de cento e oitenta dias contados a partir da data de publicação desta Lei.

Art. 55. O Poder Executivo Federal regulamentará esta Lei no prazo de cento e oitenta dias, contados da data de sua publicação.

Art. 56. Esta Lei entra em vigor na data de sua publicação.

Art. 57. Revogam-se as disposições em contrário.

Brasília, 8 de janeiro de 1997;
176º da Independência e
109º da República.

Fernando Henrique Cardoso

LEI Nº 9.605, DE 12 DE FEVEREIRO DE 1998

Dispõe sobre as sanções penais e administrativas derivadas de condutas e atividades lesivas ao meio ambiente, e dá outras providências.

▸ Publicada no *DOU* de 13-2-1998 e retificada no *DOU* de 17-2-1998.

▸ Art. 225, § 3º, da CF.

▸ Lei nº 12.305, de 2-8-2010 (Lei da Política Nacional de Resíduos Sólidos), regulamentada pelo Dec. nº 10.936, de 12-1-2022.

▸ Dec. nº 6.514, de 22-7-2008, dispõe sobre as infrações e sanções administrativas ao meio ambiente e estabelece o processo administrativo federal para apuração destas infrações.

CAPÍTULO I – DISPOSIÇÕES GERAIS

Art. 1º VETADO.

Art. 2º Quem, de qualquer forma, concorre para a prática dos crimes previstos nesta Lei, incide nas penas a estes cominadas, na medida da sua culpabilidade, bem como o diretor, o administrador, o membro de conselho e de órgão técnico, o auditor, o gerente, o preposto ou mandatário de pessoa jurídica, que, sabendo da conduta criminosa de outrem, deixar de impedir a sua prática, quando podia agir para evitá-la.

▸ Arts. 29 a 31 do CP.

Art. 3º As pessoas jurídicas serão responsabilizadas administrativa, civil e penalmente conforme o disposto nesta Lei, nos casos em que a infração seja cometida por decisão de seu representante legal ou contratual, ou de seu órgão colegiado, no interesse ou benefício da sua entidade.

Parágrafo único. A responsabilidade das pessoas jurídicas não exclui a das pessoas físicas, autoras, coautoras ou partícipes do mesmo fato.

▸ Art. 225, § 3º, da CF.

▸ Arts. 40 a 52 do CC.

Art. 4º Poderá ser desconsiderada a pessoa jurídica sempre que sua personalidade for obstáculo ao ressarcimento de prejuízos causados à qualidade do meio ambiente.

▸ Arts. 134, VII, e 135 do CTN.

▸ Art. 28 do CDC.

Art. 5º VETADO.

CAPÍTULO II – DA APLICAÇÃO DA PENA

Art. 6º Para imposição e gradação da penalidade, a autoridade competente observará:

▸ Arts. 6º, IX, 381, III, e 387, II e III, do CPP.

▸ Art. 69 do CPM.

▸ Art. 5º da LEP.

I – a gravidade do fato, tendo em vista os motivos da infração e suas consequências para a saúde pública e para o meio ambiente;

II – os antecedentes do infrator quanto ao cumprimento da legislação de interesse ambiental;

III – a situação econômica do infrator, no caso de multa.

▸ Art. 5º, XLVI, da CF.
▸ Arts. 59 e 60 do CP.

Art. 7º As penas restritivas de direitos são autônomas e substituem as privativas de liberdade quando:

I – tratar-se de crime culposo ou for aplicada a pena privativa de liberdade inferior a quatro anos;

II – a culpabilidade, os antecedentes, a conduta social e a personalidade do condenado, bem como os motivos e as circunstâncias do crime indicarem que a substituição seja suficiente para efeitos de reprovação e prevenção do crime.

Parágrafo único. As penas restritivas de direitos a que se refere este artigo terão a mesma duração da pena privativa de liberdade substituída.

▸ Arts. 44, 46, § 4º, 55, 59, IV, do CP.

Art. 8º As penas restritivas de direitos são:

I – prestação de serviços à comunidade;
II – interdição temporária de direitos;
III – suspensão parcial ou total de atividades;
IV – prestação pecuniária;
V – recolhimento domiciliar.

▸ Art. 43 do CP.

Art. 9º A prestação de serviços à comunidade consiste na atribuição ao condenado de tarefas gratuitas junto a parques e jardins públicos e unidades de conservação, e, no caso de dano da coisa particular, pública ou tombada, na restauração desta, se possível.

▸ Art. 46 do CP.

Art. 10. As penas de interdição temporária de direito são a proibição de o condenado contratar com o Poder Público, de receber incentivos fiscais ou quaisquer outros benefícios, bem como de participar de licitações, pelo prazo de cinco anos, no caso de crimes dolosos, e de três anos, no de crimes culposos.

▸ Art. 47 do CP.

Art. 11. A suspensão de atividades será aplicada quando estas não estiverem obedecendo às prescrições legais.

Art. 12. A prestação pecuniária consiste no pagamento em dinheiro à vítima ou à entidade pública ou privada com fim social, de importância, fixada pelo juiz, não inferior a um salário mínimo nem superior a trezentos e sessenta salários mínimos. O valor pago será deduzido do montante de eventual reparação civil a que for condenado o infrator.

Art. 13. O recolhimento domiciliar baseia-se na autodisciplina e senso de responsabilidade do condenado, que deverá, sem vigilância, trabalhar, frequentar curso ou exercer atividade autorizada, permanecendo recolhido nos dias e horários de folga em residência ou em qualquer local destinado a sua moradia habitual, conforme estabelecido na sentença condenatória.

▸ Art. 36 do CP.

Art. 14. São circunstâncias que atenuam a pena:

▸ Arts. 65 e 66 do CP.
▸ Art. 72 do CPM.

I – baixo grau de instrução ou escolaridade do agente;

II – arrependimento do infrator, manifestado pela espontânea reparação do dano, ou limitação significativa da degradação ambiental causada;

III – comunicação prévia pelo agente do perigo iminente de degradação ambiental;

IV – colaboração com os agentes encarregados da vigilância e do controle ambiental.

Art. 15. São circunstâncias que agravam a pena, quando não constituem ou qualificam o crime:

▸ Arts. 61 e 62 do CP.
▸ Art. 70 do CPM.

I – reincidência nos crimes de natureza ambiental;

II – ter o agente cometido a infração:

a) para obter vantagem pecuniária;
b) coagindo outrem para a execução material da infração;
c) afetando ou expondo a perigo, de maneira grave, a saúde pública ou o meio ambiente;
d) concorrendo para danos à propriedade alheia;
e) atingindo áreas de unidades de conservação ou áreas sujeitas, por ato do Poder Público, a regime especial de uso;
f) atingindo áreas urbanas ou quaisquer assentamentos humanos;
g) em período de defeso à fauna;
h) em domingos ou feriados;
i) à noite;
j) em épocas de seca ou inundações;
l) no interior do espaço territorial especialmente protegido;
m) com o emprego de métodos cruéis para abate ou captura de animais;
n) mediante fraude ou abuso de confiança;
o) mediante abuso do direito de licença, permissão ou autorização ambiental;
p) no interesse de pessoa jurídica mantida, total ou parcialmente, por verbas públicas ou beneficiada por incentivos fiscais;
q) atingindo espécies ameaçadas, listadas em relatórios oficiais das autoridades competentes;
r) facilitada por funcionário público no exercício de suas funções.

Art. 16. Nos crimes previstos nesta Lei, a suspensão condicional da pena pode ser aplicada nos casos de condenação a pena privativa de liberdade não superior a três anos.

▸ Art. 77 do CP.
▸ Art. 84 do CPM.

Art. 17. A verificação da reparação a que se refere o § 2º do artigo 78 do Código Penal será feita mediante laudo de reparação do dano ambiental, e as condições a serem impostas pelo juiz deverão relacionar-se com a proteção ao meio ambiente.

Art. 18. A multa será calculada segundo os critérios do Código Penal; se revelar-se ineficaz, ainda que aplicada no valor máximo, poderá ser aumentada até três vezes, tendo em vista o valor da vantagem econômica auferida.

▸ Arts. 49 a 52 e 60 do CP.

Art. 19. A perícia de constatação do dano ambiental, sempre que possível, fixará o montante do prejuízo causado para efeitos de prestação de fiança e cálculo de multa.

▸ Art. 326 do CPP.

Parágrafo único. A perícia produzida no inquérito civil ou no juízo cível poderá ser aproveitada no processo penal, instaurando-se o contraditório.

Art. 20. A sentença penal condenatória, sempre que possível, fixará o valor mínimo para reparação dos danos causados pela infração, considerando os prejuízos sofridos pelo ofendido ou pelo meio ambiente.

Parágrafo único. Transitada em julgado a sentença condenatória, a execução poderá efetuar-se pelo valor fixado nos termos do *caput*, sem prejuízo da liquidação para apuração do dano efetivamente sofrido.

Art. 21. As penas aplicáveis isolada, cumulativa ou alternativamente às pessoas jurídicas, de acordo com o disposto no artigo 3º, são:

I – multa;
II – restritivas de direitos;
III – prestação de serviços à comunidade.

▸ Art. 225, § 3º, da CF.
▸ Arts. 32, II e III, e 43, IV, do CP.

Art. 22. As penas restritivas de direitos da pessoa jurídica são:

I – suspensão parcial ou total de atividades;
II – interdição temporária de estabelecimento, obra ou atividade;
III – proibição de contratar com o Poder Público, bem como dele obter subsídios, subvenções ou doações.

§ 1º A suspensão de atividades será aplicada quando estas não estiverem obedecendo às disposições legais ou regulamentares, relativas à proteção do meio ambiente.

§ 2º A interdição será aplicada quando o estabelecimento, obra ou atividade estiver funcionando sem a devida autorização, ou em desacordo com a concedida, ou com violação de disposição legal ou regulamentar.

§ 3º A proibição de contratar com o Poder Público e dele obter subsídios subvenções ou doações não poderá exceder o prazo de dez anos.

Art. 23. A prestação de serviços à comunidade pela pessoa jurídica consistirá em:

I – custeio de programas e de projetos ambientais;
II – execução de obras de recuperação de áreas degradadas;
III – manutenção de espaços públicos;
IV – contribuições a entidades ambientais ou culturais públicas.

▸ Art. 5º, XLVI, *d*, da CF.
▸ Art. 78, § 1º, do CP.

Art. 24. A pessoa jurídica constituída ou utilizada, preponderantemente, com o fim de permitir, facilitar ou ocultar a prática de crime definido nesta Lei terá decretada sua liquidação forçada, seu patrimônio será considerado instrumento do crime e como tal perdido em favor do Fundo Penitenciário Nacional.

▸ Art. 5º, XLVI, *b*, da CF.

CAPÍTULO III
DA APREENSÃO DO PRODUTO E DO INSTRUMENTO DE INFRAÇÃO ADMINISTRATIVA OU DE CRIME

Art. 25. Verificada a infração, serão apreendidos seus produtos e instrumentos, lavrando-se os respectivos autos.

§ 1º Os animais serão prioritariamente libertados em seu *hábitat* ou, sendo tal medida inviável ou não recomendável por questões sanitárias, entregues a jardins zoológicos, fundações ou entidades assemelhadas, para guarda e cuidados sob a responsabilidade de técnicos habilitados.

- § 1º com a redação dada pela Lei nº 13.052, de 8-12-2014.
- Res. do CONAMA nº 457, de 26-6-2013, dispõe sobre o depósito e a guarda provisórios de animais silvestres apreendidos ou resgatados pelos órgãos ambientais integrantes do Sistema Nacional do Meio Ambiente, como também oriundos de entrega espontânea, quando houver justificada impossibilidade das destinações previstas neste § 1º.

§ 2º Até que os animais sejam entregues às instituições mencionadas no § 1º deste artigo, o órgão autuante zelará para que eles sejam mantidos em condições adequadas de acondicionamento e transporte que garantam o seu bem-estar físico.

- § 2º acrescido pela Lei nº 13.052, de 8-12-2014.

§ 3º Tratando-se de produtos perecíveis ou madeiras, serão estes avaliados e doados a instituições científicas, hospitalares, penais e outras com fins beneficentes.

- Antigo § 2º renumerado para § 3º pela Lei nº 13.052, de 8-12-2014.

§ 4º Os produtos e subprodutos da fauna não perecíveis serão destruídos ou doados a instituições científicas, culturais ou educacionais.

- Antigo § 3º renumerado para § 4º pela Lei nº 13.052, de 8-12-2014.

§ 5º Os instrumentos utilizados na prática da infração serão vendidos, garantida a sua descaracterização por meio da reciclagem.

- Antigo § 4º renumerado para § 5º pela Lei nº 13.052, de 8-12-2014.
- Art. 6º do CPP.
- Art. 69 da Lei nº 9.099, de 26-9-1995 (Lei dos Juizados Especiais).

CAPÍTULO IV
DA AÇÃO E DO PROCESSO PENAL

Art. 26. Nas infrações penais previstas nesta Lei, a ação penal é pública incondicionada.

- Art. 129, I, da CF.
- Art. 100 do CP.
- Arts. 24 a 29 do CPP.

Parágrafo único. VETADO.

Art. 27. Nos crimes ambientais de menor potencial ofensivo, a proposta de aplicação imediata de pena restritiva de direitos ou multa, prevista no artigo 76 da Lei nº 9.099, de 26 de setembro de 1995, somente poderá ser formulada desde que tenha havido a prévia composição do dano ambiental, de que trata o artigo 74 da mesma lei, salvo em caso de comprovada impossibilidade.

Art. 28. As disposições do artigo 89 da Lei nº 9.099, de 26 de setembro de 1995, aplicam-se aos crimes de menor potencial ofensivo definidos nesta Lei, com as seguintes modificações:

I – a declaração de extinção de punibilidade, de que trata o § 5º do artigo referido no *caput*, dependerá de laudo de constatação de reparação do dano ambiental, ressalvada a impossibilidade prevista no inciso I do § 1º do mesmo artigo;

II – na hipótese de o laudo de constatação comprovar não ter sido completa a reparação, o prazo de suspensão do processo será prorrogado, até o período máximo previsto no artigo referido no *caput*, acrescido de mais um ano, com suspensão do prazo da prescrição;

III – no período de prorrogação, não se aplicarão as condições dos incisos II, III e IV do § 1º do artigo mencionado no *caput*;

IV – findo o prazo de prorrogação, proceder-se-á à lavratura de novo laudo de constatação de reparação do dano ambiental, podendo, conforme seu resultado, ser novamente prorrogado o período de suspensão, até o máximo previsto no inciso II deste artigo, observado o disposto no inciso III;

V – esgotado o prazo máximo de prorrogação, a declaração de extinção de punibilidade dependerá de laudo de constatação que comprove ter o acusado tomado as providências necessárias à reparação integral do dano.

- Arts. 74, 76 e 89 da Lei nº 9.099, de 26-9-1995 (Lei dos Juizados Especiais).

CAPÍTULO V
DOS CRIMES CONTRA O MEIO AMBIENTE

SEÇÃO I
DOS CRIMES CONTRA A FAUNA

Art. 29. Matar, perseguir, caçar, apanhar, utilizar espécimes da fauna silvestre, nativos ou em rota migratória, sem a devida permissão, licença ou autorização da autoridade competente, ou em desacordo com a obtida:

Pena – detenção de seis meses a um ano, e multa.

§ 1º Incorre nas mesmas penas:

I – quem impede a procriação da fauna, sem licença, autorização ou em desacordo com a obtida;

II – quem modifica, danifica ou destrói ninho, abrigo ou criadouro natural;

III – quem vende, expõe à venda, exporta ou adquire, guarda, tem em cativeiro ou depósito, utiliza ou transporta ovos, larvas ou espécimes da fauna silvestre, nativa ou em rota migratória, bem como produtos e objetos dela oriundos, provenientes de criadores não autorizados ou sem a devida permissão, licença ou autorização da autoridade competente.

§ 2º No caso de guarda doméstica de espécie silvestre não considerada ameaçada de extinção, pode o juiz, considerando as circunstâncias, deixar de aplicar a pena.

§ 3º São espécimes da fauna silvestre todos aqueles pertencentes às espécies nativas, migratórias e quaisquer outras, aquáticas ou terrestres, que tenham todo ou parte de seu ciclo de vida ocorrendo dentro dos limites do território brasileiro, ou águas jurisdicionais brasileiras.

§ 4º A pena é aumentada de metade, se o crime é praticado:

I – contra espécie rara ou considerada ameaçada de extinção, ainda que somente no local da infração;

II – em período proibido à caça;

III – durante a noite;

IV – com abuso de licença;

V – em unidade de conservação;

VI – com emprego de métodos ou instrumentos capazes de provocar destruição em massa.

§ 5º A pena é aumentada até o triplo, se o crime decorre do exercício de caça profissional.

§ 6º As disposições deste artigo não se aplicam aos atos de pesca.

- Arts 1º a 3º e 27 da Lei nº 5.197, de 3-1-1967 (Lei de Proteção à Fauna).
- Arts. 11, I e II, § 1º, I, II e III, §§ 2º, 3º, 4º, 15 e 16 do Dec. nº 3.179, de 21-9-1999, que dispõe sobre a especificação das sanções aplicáveis às condutas e atividades lesivas ao meio ambiente.

Art. 30. Exportar para o exterior peles e couros de anfíbios e répteis em bruto, sem a autorização da autoridade ambiental competente:

Pena – reclusão, de um a três anos, e multa.

- Arts. 3º, § 3º, e 18 da Lei nº 5.197, de 3-1-1967 (Lei de Proteção à Fauna).
- Art. 26 do Dec. nº 6.514, de 22-7-2008, que dispõe sobre as infrações e sanções administrativas ao meio ambiente e estabelece o processo administrativo federal para apuração destas infrações.

Art. 31. Introduzir espécime animal no País, sem parecer técnico oficial favorável e licença expedida por autoridade competente:

Pena – detenção, de três meses a um ano, e multa.

- Art. 4º da Lei nº 5.197, de 3-1-1967 (Lei de Proteção à Fauna).
- Art. 25 do Dec. nº 6.514, de 22-7-2008, que dispõe sobre as infrações e sanções administrativas ao meio ambiente e estabelece o processo administrativo federal para apuração destas infrações.

Art. 32. Praticar ato de abuso, maus tratos, ferir ou mutilar animais silvestres, domésticos ou domesticados, nativos ou exóticos:

Pena – detenção, de três meses a um ano, e multa.

§ 1º Incorre nas mesmas penas quem realiza experiência dolorosa ou cruel em animal vivo, ainda que para fins didáticos ou científicos, quando existirem recursos alternativos.

§ 1º-A. Quando se tratar de cão ou gato, a pena para as condutas descritas no *caput* deste artigo será de reclusão, de 2 (dois) a 5 (cinco) anos, multa e proibição da guarda.

- § 1º-A acrescido pela Lei nº 14.064, de 29-9-2020.

§ 1º-B. *Incorre nas mesmas penas quem realiza ou permite a realização de tatuagens e a colocação de piercings em cães e gatos, com fins estéticos.*

- § 1º-B acrescido pela Lei nº 15.150, de 16-6-2025.

§ 2º A pena é aumentada de um sexto a um terço, se ocorre morte do animal.

- Art. 64 da LCP.
- Lei nº 11.794, de 8-10-2008, estabelece procedimentos para o uso científico de animais.
- Art. 29 do Dec. nº 6.514, de 22-7-2008, que dispõe sobre as infrações e sanções administrativas ao meio ambiente e estabelece o processo administrativo federal para apuração destas infrações.

Art. 33. Provocar, pela emissão de efluentes ou carreamento de materiais, o perecimento de espécimes da fauna aquática existentes em rios, lagos, açudes, lagoas, baías ou águas jurisdicionais brasileiras:

Pena – detenção, de um a três anos, ou multa, ou ambas cumulativamente.

Parágrafo único. Incorre nas mesmas penas:

I – quem causa degradação em viveiros, açudes ou estações de aquicultura de domínio público;

II – quem explora campos naturais de invertebrados aquáticos e algas, sem licença, permissão ou autorização da autoridade competente;

III – quem fundeia embarcações ou lança detritos de qualquer natureza sobre bancos de moluscos ou corais, devidamente demarcados em carta náutica.

- Art. 33 revogou tacitamente o art. 27, § 2º, da Lei nº 5.197, de 3-1-1967 (Lei de Proteção à Fauna).
- Art. 39, III, do Dec. nº 6.514, de 22-7-2008, que dispõe sobre as infrações e sanções administrativas

ao meio ambiente e estabelece o processo administrativo federal para apuração destas infrações.

Art. 34. Pescar em período no qual a pesca seja proibida ou em lugares interditados por órgão competente:

Pena – detenção de um ano a três anos ou multa, ou ambas as penas cumulativamente.

Parágrafo único. Incorre nas mesmas penas quem:

I – pesca espécies que devam ser preservadas ou espécimes com tamanhos inferiores aos permitidos;

II – pesca quantidades superiores às permitidas, ou mediante a utilização de aparelhos, petrechos, técnicas e métodos não permitidos;

III – transporta, comercializa, beneficia ou industrializa espécimes provenientes da coleta, apanha e pesca proibidas.

- Lei nº 7.643, de 18-12-1987, proíbe a pesca de cetáceo nas águas jurisdicionais brasileiras.
- Arts. 1º, I, § 1º, 2º, 3º, 4º e 9º, da Lei nº 7.679, de 23-11-1988, que dispõe sobre a proibição da pesca de espécies em períodos de reprodução.
- Dec.-lei nº 221, de 28-2-1967 (Lei de Proteção e Estímulos à Pesca).
- Art. 35 do Dec. nº 6.514, de 22-7-2008, que dispõe sobre as infrações e sanções administrativas ao meio ambiente e estabelece o processo administrativo federal para apuração destas infrações.

Art. 35. Pescar mediante a utilização de:

I – explosivos ou substâncias que, em contato com a água, produzam efeito semelhante;

II – substâncias tóxicas, ou outro meio proibido pela autoridade competente:

Pena – reclusão de um ano a cinco anos.

- Art. 35 revogou tacitamente o art. 8º da Lei nº 7.679, de 23-11-1988, que dispõe sobre a proibição da pesca de espécies em períodos de reprodução.
- Lei nº 7.643, de 18-12-1987, proíbe a pesca de cetáceo nas águas jurisdicionais brasileiras.
- Arts. 35, *c* e *d*, e 61 a 63 do Dec.-lei nº 221, de 28-2-1967 (Lei de Proteção e Estímulos à Pesca).
- Art. 36 do Dec. nº 6.514, de 22-7-2008, que dispõe sobre as infrações e sanções administrativas ao meio ambiente e estabelece o processo administrativo federal para apuração destas infrações.

Art. 36. Para os efeitos desta Lei, considera-se pesca todo ato tendente a retirar, extrair, coletar, apanhar, apreender ou capturar espécimes dos grupos dos peixes, crustáceos, moluscos e vegetais hidróbios, suscetíveis ou não de aproveitamento econômico, ressalvadas as espécies ameaçadas de extinção, constantes nas listas oficiais da fauna e da flora.

Art. 37. Não é crime o abate de animal, quando realizado:

I – em estado de necessidade, para saciar a fome do agente ou de sua família;

- Art. 24 do CP.
- Art. 65 do CPP.
- Art. 160, I, do CC.

II – para proteger lavouras, pomares e rebanhos da ação predatória ou destruidora de animais, desde que legal e expressamente autorizado pela autoridade competente;

III – VETADO;

IV – por ser nocivo o animal, desde que assim caracterizado pelo órgão competente.

SEÇÃO II
DOS CRIMES CONTRA A FLORA

Art. 38. Destruir ou danificar floresta considerada de preservação permanente, mesmo que em formação, ou utilizá-la com infringência das normas de proteção:

Pena – detenção, de um a três anos, ou multa, ou ambas as penas cumulativamente.

Parágrafo único. Se o crime for culposo, a pena será reduzida à metade.

- Art. 60 da Lei nº 12.651, de 25-5-2012 (Novo Código Florestal).
- Art. 43 do Dec. nº 6.514, de 22-7-2008, que dispõe sobre as infrações e sanções administrativas ao meio ambiente e estabelece o processo administrativo federal para apuração destas infrações.

Art. 38-A. Destruir ou danificar vegetação primária ou secundária, em estágio avançado ou médio de regeneração, do Bioma Mata Atlântica, ou utilizá-la com infringência das normas de proteção:

Pena – detenção, de 1 (um) a 3 (três) anos, ou multa, ou ambas as penas cumulativamente.

Parágrafo único. Se o crime for culposo, a pena será reduzida à metade.

- Art. 38-A acrescido pela Lei nº 11.428, de 22-12-2006.

Art. 39. Cortar árvores em floresta considerada de preservação permanente, sem permissão da autoridade competente:

Pena – detenção, de um a três anos, ou multa, ou ambas as penas cumulativamente.

- Art. 60 da Lei nº 12.651, de 25-5-2012 (Novo Código Florestal).
- Art. 44 do Dec. nº 6.514, de 22-7-2008, que dispõe sobre as infrações e sanções administrativas ao meio ambiente e estabelece o processo administrativo federal para apuração destas infrações.

Art. 40. Causar dano direto ou indireto às Unidades de Conservação e às áreas de que trata o artigo 27 do Decreto nº 99.274, de 6 de junho de 1990, independentemente de sua localização:

Pena – reclusão, de um a cinco anos.

§ 1º Entende-se por Unidades de Conservação de Proteção Integral as Estações Ecológicas, as Reservas Biológicas, os Parques Nacionais, os Monumentos Naturais e os Refúgios de Vida Silvestre.

§ 2º A ocorrência de dano afetando espécies ameaçadas de extinção no interior das Unidades de Conservação de Proteção Integral será considerada circunstância agravante para a fixação da pena.

§ 3º Se o crime for culposo, a pena será reduzida à metade.

- Art. 40 com a redação dada pela Lei nº 9.985, de 18-7-2000.

Art. 40-A. VETADO. Lei nº 9.985, de 18-7-2000.

§ 1º Entende-se por Unidades de Conservação de Uso Sustentável as Áreas de Proteção Ambiental, as Áreas de Relevante Interesse Ecológico, as Florestas Nacionais, as Reservas Extrativistas, as Reservas Fauna, as Reservas de Desenvolvimento Sustentável e as Reservas Particulares do Patrimônio Natural.

§ 2º A ocorrência de dano afetando espécies ameaçadas de extinção no interior das Unidades de Conservação de Uso Sustentável será considerada circunstância agravante para a fixação da pena.

§ 3º Se o crime for culposo, a pena será reduzida à metade.

- Art. 40-A acrescido pela Lei nº 9.985, de 18-7-2000.
- Art. 91 do Dec. nº 6.514, de 22-7-2008, que dispõe sobre as infrações e sanções administrativas ao meio ambiente e estabelece o processo administrativo federal para apuração destas infrações.

Art. 41. *Provocar incêndio em floresta ou em demais formas de vegetação:*

- *Caput* com a redação dada pela Lei nº 14.944, de 31-7-2024.

Pena – reclusão, de dois a quatro anos, e multa.

Parágrafo único. Se o crime é culposo, a pena é de detenção de seis meses a um ano, e multa.

- Art. 250, § 1º, II, *h*, do CP.
- Art. 173 do CPP.
- Art. 343 do CPPM.
- Arts. 268 e 386 do CPM.
- Art. 10, *a*, da Lei nº 5.197, de 3-1-1967 (Lei de Proteção à Fauna).
- Art. 38 da Lei nº 12.651, de 25-5-2012 (Novo Código Florestal).
- Dec. nº 2.661, de 8-7-1998, regulamenta o parágrafo único do art. 27 da Lei nº 4.771, de 15-9-1965 (Código Florestal), mediante o estabelecimento de normas de precaução relativas ao emprego do fogo em práticas agropastoris e florestais.
- Art. 58 do Dec. nº 6.514, de 22-7-2008, que dispõe sobre as infrações e sanções administrativas ao meio ambiente e estabelece o processo administrativo federal para apuração destas infrações.

Art. 42. Fabricar, vender, transportar ou soltar balões que possam provocar incêndios nas florestas e demais formas de vegetação, em áreas urbanas ou qualquer tipo de assentamento humano:

Pena – detenção de um a três anos ou multa, ou ambas as penas cumulativamente.

- Art 42 revogou tacitamente o art. 28, parágrafo único, da LCP.
- Art. 59 do Dec. nº 6.514, de 22-7-2008, que dispõe sobre as infrações e sanções administrativas ao meio ambiente e estabelece o processo administrativo federal para apuração destas infrações.

Art. 43. VETADO.

Art. 44. Extrair de florestas de domínio público ou consideradas de preservação permanente, sem prévia autorização, pedra, areia, cal ou qualquer espécie de minerais:

Pena – detenção, de seis meses a um ano, e multa.

- Dec.-lei nº 227, de 28-2-1967 (Código de Mineração).
- Art. 45 do Dec. nº 6.514, de 22-7-2008, que dispõe sobre as infrações e sanções administrativas ao meio ambiente e estabelece o processo administrativo federal para apuração destas infrações.

Art. 45. Cortar ou transformar em carvão madeira de lei, assim classificada por ato do Poder Público, para fins industriais, energéticos ou para qualquer outra exploração, econômica ou não, em desacordo com as determinações legais:

Pena – reclusão, de um a dois anos, e multa.

- Art. 46 do Dec. nº 6.514, de 22-7-2008, que dispõe sobre as infrações e sanções administrativas ao meio ambiente e estabelece o processo administrativo federal para apuração destas infrações.

Art. 46. Receber ou adquirir, para fins comerciais ou industriais, madeira, lenha, carvão e outros produtos de origem vegetal, sem exigir a exibição de licença do vendedor, outorgada pela autoridade competente, e sem munir-se da via que deverá acompanhar o produto até final beneficiamento:

Pena – detenção, de seis meses a um ano, e multa.

Parágrafo único. Incorre nas mesmas penas quem vende, expõe à venda, tem em depósito, transporta ou guarda madeira, lenha, carvão e outros produtos de origem vegetal, sem licença válida para todo o tempo da viagem ou do armazenamento, outorgada pela autoridade competente.

▶ Art. 47 do Dec. nº 6.514, de 22-7-2008, que dispõe sobre as infrações e sanções administrativas ao meio ambiente e estabelece o processo administrativo federal para apuração destas infrações.

Art. 47. VETADO.

Art. 48. Impedir ou dificultar a regeneração natural de florestas e demais formas de vegetação:

Pena – detenção, de seis meses a um ano, e multa.

▶ Art. 60 da Lei nº 12.651, de 25-5-2012 (Novo Código Florestal).

▶ Art. 48 do Dec. nº 6.514, de 22-7-2008, que dispõe sobre as infrações e sanções administrativas ao meio ambiente e estabelece o processo administrativo federal para apuração destas infrações.

Art. 49. Destruir, danificar, lesar ou maltratar, por qualquer modo ou meio, plantas de ornamentação de logradouros públicos ou em propriedade privada alheia:

Pena – detenção, de três meses a um ano, ou multa, ou ambas as penas cumulativamente.

Parágrafo único. No crime culposo, a pena é de um a seis meses, ou multa.

▶ Art. 56 do Dec. nº 6.514, de 22-7-2008, que dispõe sobre as infrações e sanções administrativas ao meio ambiente e estabelece o processo administrativo federal para apuração destas infrações.

Art. 50. Destruir ou danificar florestas nativas ou plantadas ou vegetação fixadora de dunas, protetora de mangues, objeto de especial preservação:

Pena – detenção, de três meses a um ano, e multa.

▶ Art. 50 do Dec. nº 6.514, de 22-7-2008, que dispõe sobre as infrações e sanções administrativas ao meio ambiente e estabelece o processo administrativo federal para apuração destas infrações.

Art. 50-A. Desmatar, explorar economicamente ou degradar floresta, plantada ou nativa, em terras de domínio público ou devolutas, sem autorização do órgão competente:

Pena – reclusão de 2 (dois) a 4 (quatro) anos e multa.

§ 1º Não é crime a conduta praticada quando necessária à subsistência imediata pessoal do agente ou de sua família.

§ 2º Se a área explorada for superior a 1.000 ha (mil hectares), a pena será aumentada de 1 (um) ano por milhar de hectare.

▶ Art. 50-A acrescido pela Lei nº 11.284, de 2-3-2006.

Art. 51. Comercializar motosserra ou utilizá-la em florestas e nas demais formas de vegetação, sem licença ou registro da autoridade competente:

Pena – detenção, de três meses a um ano, e multa.

▶ Art. 57 do Dec. nº 6.514, de 22-7-2008, que dispõe sobre as infrações e sanções administrativas ao meio ambiente e estabelece o processo administrativo federal para apuração destas infrações.

Art. 52. Penetrar em Unidades de Conservação conduzindo substâncias ou instrumentos próprios para caça ou para exploração de produtos ou subprodutos florestais, sem licença da autoridade competente:

Pena – detenção, de seis meses a um ano, e multa.

▶ Art. 92 do Dec. nº 6.514, de 22-7-2008, que dispõe sobre as infrações e sanções administrativas ao meio ambiente e estabelece o processo administrativo federal para apuração destas infrações.

Art. 53. Nos crimes previstos nesta Seção, a pena é aumentada de um sexto a um terço se:

I – do fato resulta á diminuição de águas naturais, a erosão do solo ou a modificação do regime climático;

II – o crime é cometido:

a) no período de queda das sementes;

b) no período de formação de vegetações;

c) contra espécies raras ou ameaçadas de extinção, ainda que a ameaça ocorra somente no local da infração;

d) em época de seca ou inundação;

e) durante a noite, em domingo ou feriado.

Seção III
DA POLUIÇÃO E OUTROS CRIMES AMBIENTAIS

Art. 54. Causar poluição de qualquer natureza em níveis tais que resultem ou possam resultar em danos à saúde humana, ou que provoquem a mortandade de animais ou a destruição significativa da flora:

Pena – reclusão, de um a quatro anos, e multa.

§ 1º Se o crime é culposo:

Pena – detenção, de seis meses a um ano, e multa.

§ 2º Se o crime:

I – tornar uma área, urbana ou rural, imprópria para a ocupação humana;

II – causar poluição atmosférica que provoque a retirada, ainda que momentânea, dos habitantes das áreas afetadas, ou que cause danos diretos à saúde da população;

III – causar poluição hídrica que torne necessária a interrupção do abastecimento público de água de uma comunidade;

▶ Arts. 270 e 271 do CP.

▶ Arts. 293, 294 e 385 do CPM.

▶ Art. 1º, III, *j*, da Lei nº 7.960, de 21-12-1989 (Lei da Prisão Temporária).

IV – dificultar ou impedir o uso público das praias;

V – ocorrer por lançamento de resíduos sólidos, líquidos ou gasosos, ou detritos, óleos ou substâncias oleosas, em desacordo com as exigências estabelecidas em leis ou regulamentos:

▶ Lei nº 12.305, de 2-8-2010 (Lei da Política Nacional de Resíduos Sólidos), regulamentada pelo Dec. nº 10.936, de 12-1-2022.

Pena – reclusão, de um a cinco anos.

§ 3º Incorre nas mesmas penas previstas no parágrafo anterior quem deixar de adotar, quando assim o exigir a autoridade competente, medidas de precaução em caso de risco de dano ambiental grave ou irreversível.

▶ Art. 54 revogou tacitamente o art. 15 da Lei nº 6.938, de 31-8-1981 (Lei da Política Nacional do Meio Ambiente).

▶ Arts. 270, *caput*, 1ª parte, e 271 do CP.

▶ Art. 38 da LCP.

▶ Lei nº 6.803, de 2-7-1980, dispõe sobre as diretrizes básicas para o zoneamento industrial nas áreas críticas de poluição.

▶ Art. 3º, IV, da Lei nº 8.171, de 17-1-1991 (Lei da Política Agrícola).

▶ Lei nº 8.723, de 28-10-1993, dispõe sobre a redução de emissão de poluentes por veículos automotores.

▶ Lei nº 9.433, de 8-1-1997, institui a Política Nacional de Recursos Hídricos, cria o Sistema Nacional de Gerenciamento de Recursos Hídricos, regulamenta o inciso XIX do art. 21 da CF e altera o art. 1º da Lei nº 8.001, de 13-3-1990.

▶ Lei nº 9.966, de 28-4-2000, dispõe sobre a prevenção, o controle e a fiscalização da poluição causada por lançamento de óleo e outras substâncias nocivas ou perigosas em águas sob jurisdição nacional.

▶ Arts. 61 e 62 do Dec. nº 6.514, de 22-7-2008, que dispõe sobre as infrações e sanções administrativas ao meio ambiente e estabelece o processo administrativo federal para apuração destas infrações.

Art. 55. Executar pesquisa, lavra ou extração de recursos minerais sem a competente autorização, permissão, concessão ou licença, ou em desacordo com a obtida:

Pena – detenção, de seis meses a um ano, e multa.

Parágrafo único. Nas mesmas penas incorre quem deixa de recuperar a área pesquisada ou explorada, nos termos da autorização, permissão, licença, concessão ou determinação do órgão competente.

▶ Art. 55 revogou tacitamente o art. 21 da Lei nº 7.805, de 18-7-1989, que altera o Dec.-lei nº 227, de 28-2-1967 (Código de Mineração), cria o regime de permissão de lavra garimpeira e extingue o regime de matrícula.

▶ Art. 55 revogou tacitamente o art. 24 da Lei nº 6.453, de 17-10-1977, que dispõe sobre a responsabilidade civil por danos nucleares e a responsabilidade criminal por atos relacionados com atividades nucleares.

▶ Dec.-lei nº 227, de 28-2-1967 (Código de Mineração).

▶ Art. 22 do Dec. nº 98.816, de 11-1-1990, que regulamenta a Lei nº 7.802, de 11-7-1989, que dispõe sobre a pesquisa, a experimentação, a produção, a embalagem e rotulagem, o transporte, o armazenamento, a comercialização, a propaganda comercial, a utilização, a importação, a exportação, o destino final dos resíduos e embalagens, o registro, a classificação, o controle, a inspeção e a fiscalização, de agrotóxicos, seus componentes e afins).

▶ Art. 63 do Dec. nº 6.514, de 22-7-2008, que dispõe sobre as infrações e sanções administrativas ao meio ambiente e estabelece o processo administrativo federal para apuração destas infrações.

Art. 56. Produzir, processar, embalar, importar, exportar, comercializar, fornecer, transportar, armazenar, guardar, ter em depósito ou usar produto ou substância tóxica, perigosa ou nociva à saúde humana ou ao meio ambiente, em desacordo com as exigências estabelecidas em leis ou nos seus regulamentos:

Pena – reclusão, de um a quatro anos, e multa.

§ 1º Nas mesmas penas incorre quem:

▶ *Caput* do § 1º com a redação dada pela Lei nº 12.305, de 2-8-2010.

I – abandona os produtos ou substâncias referidos no *caput* ou os utiliza em desacordo com as normas ambientais ou de segurança;

II – manipula, acondiciona, armazena, coleta, transporta, reutiliza, recicla ou dá destinação final a resíduos perigosos de forma diversa da estabelecida em lei ou regulamento.

▶ Incisos I e II acrescidos pela Lei nº 12.305, de 2-8-2010.

§ 2º Se o produto ou a substância for nuclear ou radioativa, a pena é aumentada de um sexto a um terço.

§ 3º Se o crime é culposo:

Pena – detenção, de seis meses a um ano, e multa.

- Art. 56 revogou tacitamente os arts. 20, 22, 24 e 25 da Lei nº 6.453, de 17-10-1977, que dispõe sobre a responsabilidade civil por danos nucleares e a responsabilidade criminal por atos relacionados com atividades nucleares.
- Art. 56 revogou tacitamente o art. 15 da Lei nº 7.802, de 11-7-1989, que dispõe sobre a pesquisa, a experimentação, a produção, a embalagem e rotulagem, o transporte, o armazenamento, a comercialização, a propaganda comercial, a utilização, a importação, a exportação, o destino final dos resíduos e embalagens, o registro, a classificação, o controle, a inspeção e a fiscalização de agrotóxicos, seus componentes e afins.
- Lei nº 4.118, de 27-8-1962, dispõe sobre a Política Nacional de Energia Nuclear e cria a Comissão Nacional de Energia Nuclear (CNEN).
- Arts. 22, VIII, e 71 a 91 do Dec. nº 98.816, de 11-1-1990, que regulamenta a Lei nº 7.802, de 11-7-1989, que dispõe sobre a pesquisa, a experimentação, a produção, a embalagem e rotulagem, o transporte, o armazenamento, a comercialização, a propaganda comercial, a utilização, a importação, a exportação, o destino final dos resíduos e embalagens, o registro, a classificação, o controle, a inspeção e a fiscalização de agrotóxicos, seus componentes e afins.
- Art. 64 do Dec. nº 6.514, de 22-7-2008, que dispõe sobre as infrações e sanções administrativas ao meio ambiente e estabelece o processo administrativo federal para apuração destas infrações.

Art. 57. VETADO.

Art. 58. Nos crimes dolosos previstos nesta Seção, as penas serão aumentadas:

I – de um sexto a um terço, se resulta dano irreversível à flora ou ao meio ambiente em geral;

II – de um terço até a metade, se resulta lesão corporal de natureza grave em outrem;

III – até o dobro, se resultar a morte de outrem.

Parágrafo único. As penalidades previstas neste artigo somente serão aplicadas se do fato não resultar crime mais grave.

Art. 59. VETADO.

Art. 60. Construir, reformar, ampliar, instalar ou fazer funcionar, em qualquer parte do território nacional, estabelecimentos, obras ou serviços potencialmente poluidores, sem licença ou autorização dos órgãos ambientais competentes, ou contrariando as normas legais e regulamentares pertinentes:

Pena – detenção, de um a seis meses, ou multa, ou ambas as penas cumulativamente.

- Art. 225, § 1º, IV, da CF.
- Art. 10 da Lei nº 6.938, de 31-8-1981 (Lei da Política Nacional do Meio Ambiente).
- MP nº 2.163-41, de 23-8-2001, que até o encerramento desta edição não havia sido convertida em Lei.
- Art. 66 do Dec. nº 6.514, de 22-7-2008, que dispõe sobre as infrações e sanções administrativas ao meio ambiente e estabelece o processo administrativo federal para apuração destas infrações.

Art. 61. Disseminar doença ou praga ou espécies que possam causar dano à agricultura, à pecuária, à fauna, à flora ou aos ecossistemas:

Pena – reclusão, de um a quatro anos, e multa.

- Art. 61 revogou tacitamente o art. 259 do CP.
- Art. 67 do Dec. nº 6.514, de 22-7-2008, que dispõe sobre as infrações e sanções administrativas ao meio ambiente e estabelece o processo administrativo federal para apuração destas infrações.

Seção IV
DOS CRIMES CONTRA O ORDENAMENTO URBANO E O PATRIMÔNIO CULTURAL

Art. 62. Destruir, inutilizar ou deteriorar:

I – bem especialmente protegido por lei, ato administrativo ou decisão judicial;

II – arquivo, registro, museu, biblioteca, pinacoteca, instalação científica ou similar protegido por lei, ato administrativo ou decisão judicial:

Pena – reclusão, de um a três anos, e multa.

Parágrafo único. Se o crime for culposo, a pena é de seis meses a um ano de detenção, sem prejuízo da multa.

- Art. 62 revogou tacitamente o art. 165 do CP.
- Art. 216 da CF.
- Art. 163, III, do CP.
- Lei nº 3.924, de 26-7-1961 (Lei dos Monumentos Arqueológicos e Pré-Históricos).
- Dec.-lei nº 25, de 30-11-1937, organiza a proteção do patrimônio histórico e artístico nacional.
- Art. 72 do Dec. nº 6.514, de 22-7-2008, que dispõe sobre as infrações e sanções administrativas ao meio ambiente e estabelece o processo administrativo federal para apuração destas infrações.

Art. 63. Alterar o aspecto ou estrutura de edificação ou local especialmente protegido por lei, ato administrativo ou decisão judicial, em razão de seu valor paisagístico, ecológico, turístico, artístico, histórico, cultural, religioso, arqueológico, etnográfico ou monumental, sem autorização da autoridade competente ou em desacordo com a concedida:

Pena – reclusão, de um a três anos, e multa.

- Art. 63 revogou tacitamente o art. 166 do CP.
- Art. 216 da CF.
- Art. 163, III, do CP.
- Lei nº 3.924, de 26-7-1961 (Lei dos Monumentos Arqueológicos e Pré-Históricos).
- Dec.-lei nº 25, de 30-11-1937, organiza a proteção do patrimônio histórico e artístico nacional.
- Art. 73 do Dec. nº 6.514, de 22-7-2008, que dispõe sobre as infrações e sanções administrativas ao meio ambiente e estabelece o processo administrativo federal para apuração destas infrações.

Art. 64. Promover construção em solo não edificável, ou no seu entorno, assim considerado em razão de seu valor paisagístico, ecológico, artístico, turístico, histórico, cultural, religioso, arqueológico, etnográfico ou monumental, sem autorização da autoridade competente ou em desacordo com a concedida:

- Arts. 165 e 166 do CP.
- Art. 169 do CPP.

Pena – detenção, de seis meses a um ano, e multa.

- Lei nº 3.924, de 26-7-1961 (Lei dos Monumentos Arqueológicos e Pré-Históricos).
- Dec.-lei nº 25, de 30-11-1937, organiza a proteção do patrimônio histórico e artístico nacional.
- Art. 74 do Dec. nº 6.514, de 22-7-2008, que dispõe sobre as infrações e sanções administrativas ao meio ambiente e estabelece o processo administrativo federal para apuração destas infrações.

Art. 65. Pichar ou por outro meio conspurcar edificação ou monumento urbano:

Pena – detenção, de 3 (três) meses a 1 (um) ano, e multa.

- *Caput* e pena com a redação dada pela Lei nº 12.408, de 25-5-2011.

§ 1º Se o ato for realizado em monumento ou coisa tombada em virtude do seu valor artístico, arqueológico ou histórico, a pena é de 6 (seis) meses a 1 (um) ano de detenção e multa.

- Antigo parágrafo único renumerado para § 1º e com a redação dada pela Lei nº 12.408, de 25-5-2011.

§ 2º Não constitui crime a prática de grafite realizada com o objetivo de valorizar o patrimônio público ou privado mediante manifestação artística, desde que consentida pelo proprietário e, quando couber, pelo locatário ou arrendatário do bem privado e, no caso de bem público, com a autorização do órgão competente e a observância das posturas municipais e das normas editadas pelos órgãos governamentais responsáveis pela preservação e conservação do patrimônio histórico e artístico nacional.

- § 2º acrescido pela Lei nº 12.408, de 25-5-2011.
- Art. 163, III, do CP.
- Art. 259 do CPM.
- Art. 75 do Dec. nº 6.514, de 22-7-2008, que dispõe sobre as infrações e sanções administrativas ao meio ambiente e estabelece o processo administrativo federal para apuração destas infrações.

Seção V
DOS CRIMES CONTRA A ADMINISTRAÇÃO AMBIENTAL

Art. 66. Fazer o funcionário público afirmação falsa ou enganosa, omitir a verdade, sonegar informações ou dados técnico-científicos em procedimentos de autorização ou de licenciamento ambiental:

Pena – reclusão, de um a três anos, e multa.

- Arts. 312 a 327 do CP.

Art. 67. Conceder o funcionário público licença, autorização ou permissão em desacordo com as normas ambientais, para as atividades, obras ou serviços cuja realização depende de ato autorizativo do Poder Público:

- Art. 327 do CP.

Pena – detenção, de um a três anos, e multa.

Parágrafo único. Se o crime é culposo, a pena é de três meses a um ano de detenção, sem prejuízo da multa.

- Art. 67 revogou tacitamente o art. 21 da Lei nº 6.453, de 17-10-1977, que dispõe sobre a responsabilidade civil por danos nucleares e a responsabilidade criminal por atos relacionados com atividades nucleares.

Art. 68. Deixar, aquele que tiver o dever legal ou contratual de fazê-lo, de cumprir obrigação de relevante interesse ambiental:

- Art. 30, § 4º, da Lei nº 11.284, de 2-3-2006 (Lei de Gestão de Florestas Públicas).
- Arts. 23, 39, § 2º, e 52 da Lei nº 12.305, de 2-8-2010 (Lei da Política Nacional de Resíduos Sólidos).

Pena – detenção, de um a três anos, e multa.

Parágrafo único. Se o crime é culposo, a pena é de três meses a um ano, sem prejuízo da multa.

- Art. 68 revogou tacitamente o art. 16 da Lei nº 7.802, de 11-7-1989, que dispõe sobre a pesquisa, a experimentação, a produção, a embalagem e rotulagem, o transporte, o armazenamento, a comercialização, a propaganda comercial, a utilização, a importação, a exportação, o destino final dos resíduos e embalagens, o registro, a classificação, o controle, a inspeção e a fiscalização, de agrotóxicos, seus componentes e afins.
- Art. 83 do Dec. nº 6.514, de 22-7-2008, que dispõe sobre as infrações e sanções administrativas ao meio ambiente e estabelece o processo administrativo federal para apuração destas infrações.

Art. 69. Obstar ou dificultar a ação fiscalizadora do Poder Público no trato de questões ambientais:

Pena – detenção, de um a três anos, e multa.

▸ Art. 69 revogou tacitamente o art. 17 da Lei nº 5.197, de 3-1-1967 (Lei de Proteção à Fauna).

Art. 69-A. Elaborar ou apresentar, no licenciamento, concessão florestal ou qualquer outro procedimento administrativo, estudo, laudo ou relatório ambiental total ou parcialmente falso ou enganoso, inclusive por omissão:

Pena – reclusão, de 3 (três) a 6 (seis) anos, e multa.

§ 1º Se o crime é culposo:

Pena – detenção, de 1 (um) a 3 (três) anos.

§ 2º A pena é aumentada de 1/3 (um terço) a 2/3 (dois terços), se há dano significativo ao meio ambiente, em decorrência do uso da informação falsa, incompleta ou enganosa.

▸ Art. 69-A acrescido pela Lei nº 11.284, de 2-3-2006.

CAPÍTULO VI
DA INFRAÇÃO ADMINISTRATIVA

Art. 70. Considera-se infração administrativa ambiental toda ação ou omissão que viole as regras jurídicas de uso, gozo, promoção, proteção e recuperação do meio ambiente.

▸ Art. 2º do Dec. nº 6.514, de 22-7-2008, que dispõe sobre as infrações e sanções administrativas ao meio ambiente e estabelece o processo administrativo federal para apuração destas infrações.

§ 1º São autoridades competentes para lavrar auto de infração ambiental e instaurar processo administrativo os funcionários de órgãos ambientais integrantes do Sistema Nacional de Meio Ambiente – SISNAMA, designados para as atividades de fiscalização, bem como os agentes das Capitanias dos Portos, do Ministério da Marinha.

§ 2º Qualquer pessoa, constatando infração ambiental, poderá dirigir representação às autoridades relacionadas no parágrafo anterior, para efeito do exercício do seu poder de polícia.

§ 3º A autoridade ambiental que tiver conhecimento de infração ambiental é obrigada a promover a sua apuração imediata, mediante processo administrativo próprio, sob pena de corresponsabilidade.

§ 4º As infrações ambientais são apuradas em processo administrativo próprio, assegurado o direito de ampla defesa e o contraditório, observadas as disposições desta Lei.

Art. 71. O processo administrativo para apuração de infração ambiental deve observar os seguintes prazos máximos:

I – vinte dias para o infrator oferecer defesa ou impugnação contra o auto de infração, contados da data da ciência da autuação;

II – trinta dias para a autoridade competente julgar o auto de infração, contados da data da sua lavratura, apresentada ou não a defesa ou impugnação;

III – vinte dias para o infrator recorrer da decisão condenatória à instância superior do Sistema Nacional do Meio Ambiente – SISNAMA, ou à Diretoria de Portos e Costas, do Ministério da Marinha, de acordo com o tipo de autuação;

IV – cinco dias para o pagamento de multa, contados da data do recebimento da notificação.

Art. 72. As infrações administrativas são punidas com as seguintes sanções, observado o disposto no artigo 6º:

I – advertência;

II – multa simples;

III – multa diária;

IV – apreensão dos animais, produtos e subprodutos da fauna e da flora, instrumentos, petrechos, equipamentos ou veículos de qualquer natureza utilizados na infração;

V – destruição ou inutilização do produto;

VI – suspensão de venda e fabricação do produto;

VII – embargo de obra ou atividade;

VIII – demolição de obra;

IX – suspensão parcial ou total de atividades;

X – VETADO;

XI – restritiva de direitos.

§ 1º Se o infrator cometer, simultaneamente, duas ou mais infrações, ser-lhe-ão aplicadas, cumulativamente, as sanções a elas cominadas.

§ 2º A advertência será aplicada pela inobservância das disposições desta Lei e da legislação em vigor, ou de preceitos regulamentares, sem prejuízo das demais sanções previstas neste artigo.

§ 3º A multa simples será aplicada sempre que o agente, por negligência ou dolo:

I – advertido por irregularidades que tenham sido praticadas, deixar de saná-las, no prazo assinalado por órgão competente do SISNAMA ou pela Capitania dos Portos, do Ministério da Marinha;

II – opuser embaraço à fiscalização dos órgãos do SISNAMA ou da Capitania dos Portos, do Ministério da Marinha.

§ 4º A multa simples pode ser convertida em serviços de preservação, melhoria e recuperação da qualidade do meio ambiente.

§ 5º A multa diária será aplicada sempre que o cometimento da infração se prolongar no tempo.

§ 6º A apreensão e destruição referidas nos incisos IV e V do *caput* obedecerão ao disposto no artigo 25 desta Lei.

§ 7º As sanções indicadas nos incisos VI a IX do *caput* serão aplicadas quando o produto, a obra, a atividade ou o estabelecimento não estiverem obedecendo às prescrições legais ou regulamentares.

§ 8º As sanções restritivas de direitos são:

I – suspensão de registro, licença ou autorização;

II – cancelamento de registro, licença ou autorização;

III – perda ou restrição de incentivos e benefícios fiscais;

IV – perda ou suspensão da participação em linhas de financiamento em estabelecimentos oficiais de crédito;

V – proibição de contratar com a Administração Pública, pelo período de até três anos.

▸ Art. 72 revogou tacitamente o art. 14, I, II, III, IV, §§ 2º e 3º, da Lei nº 6.938, de 31-8-1981 (Lei da Política Nacional do Meio Ambiente), estabelecendo critérios para o Zoneamento Ecológico-Econômico do Brasil – ZEE.

▸ Art. 3º do Dec. nº 6.514, de 22-7-2008, que dispõe sobre as infrações e sanções administrativas ao meio ambiente e estabelece o processo administrativo federal para apuração destas infrações.

Art. 73. Os valores arrecadados em pagamento de multas por infração ambiental serão revertidos ao Fundo Nacional do Meio Ambiente, criado pela Lei nº 7.797, de 10 de julho de 1989, ao Fundo Naval, criado pelo Decreto nº 20.923, de 8 de janeiro de 1932, ao Fundo Nacional para Calamidades Públicas, Proteção e Defesa Civil (FUNCAP), criado pela Lei nº 12.340, de 1º de dezembro de 2010, e aos fundos estaduais ou municipais de meio ambiente, ou correlatos, conforme dispuser o órgão arrecadador.

▸ *Caput* com a redação dada pela Lei nº 14.691, de 3-10-2023.

▸ Art. 13 do Dec. nº 6.514, de 22-7-2008, que dispõe sobre as infrações e sanções administrativas ao meio ambiente e estabelece o processo administrativo federal para apuração destas infrações.

§ 1º Reverterão ao Fundo Nacional do Meio Ambiente 50% (cinquenta por cento) dos valores arrecadados em pagamento de multas aplicadas pela União, percentual que poderá ser alterado a critério dos órgãos arrecadadores.

▸ § 1º acrescido pela Lei nº 14.691, de 3-10-2023.

§ 2º VETADO. Lei nº 14.691, de 3-10-2023.

Art. 74. A multa terá por base a unidade, hectare, metro cúbico, quilograma ou outra medida pertinente, de acordo com o objeto jurídico lesado.

▸ Art. 8º do Dec. nº 6.514, de 22-7-2008, que dispõe sobre as infrações e sanções administrativas ao meio ambiente e estabelece o processo administrativo federal para apuração destas infrações.

Art. 75. O valor da multa de que trata este Capítulo será fixado no regulamento desta Lei e corrigido periodicamente, com base nos índices estabelecidos na legislação pertinente, sendo o mínimo de R$ 50,00 (cinquenta reais) e o máximo de R$ 50.000.000,00 (cinquenta milhões de reais).

▸ Art. 9º do Dec. nº 6.514, de 22-7-2008, que dispõe sobre as infrações e sanções administrativas ao meio ambiente e estabelece o processo administrativo federal para apuração destas infrações.

Art. 76. O pagamento de multa imposta pelos Estados, Municípios, Distrito Federal ou Territórios substitui a multa federal na mesma hipótese de incidência.

▸ Art. 12 do Dec. nº 6.514, de 22-7-2008, que dispõe sobre as infrações e sanções administrativas ao meio ambiente e estabelece o processo administrativo federal para apuração destas infrações.

CAPÍTULO VII
DA COOPERAÇÃO INTERNACIONAL PARA A PRESERVAÇÃO DO MEIO AMBIENTE

Art. 77. Resguardados a soberania nacional, a ordem pública e os bons costumes, o governo brasileiro prestará, no que concerne ao meio ambiente, a necessária cooperação a outro país, sem qualquer ônus, quando solicitado para:

I – produção de prova;

II – exame de objetos e lugares;

III – informações sobre pessoas e coisas;

IV – presença temporária da pessoa presa, cujas declarações tenham relevância para a decisão de uma causa;

V – outras formas de assistência permitidas pela legislação em vigor ou pelos tratados de que o Brasil seja parte.

§ 1º A solicitação de que trata este artigo será dirigida ao Ministério da Justiça, que a remeterá, quando necessário, ao órgão judiciário competente para decidir a seu respeito, ou a encaminhará à autoridade capaz de atendê-la.

§ 2º A solicitação deverá conter:

I – o nome e a qualificação da autoridade solicitante;

II – o objeto e o motivo de sua formulação;

III – a descrição sumária do procedimento em curso no país solicitante;

IV – a especificação da assistência solicitada;

V – a documentação indispensável ao seu esclarecimento, quando for o caso.

► Arts. 1º, I, e 4º, IX, da CF.

Art. 78. Para a consecução dos fins visados nesta Lei e especialmente para a reciprocidade da cooperação internacional, deve ser mantido sistema de comunicações apto a facilitar o intercâmbio rápido e seguro de informações com órgãos de outros países.

CAPÍTULO VIII
DISPOSIÇÕES FINAIS

Art. 79. Aplicam-se subsidiariamente a esta Lei as disposições do Código Penal e do Código de Processo Penal.

Art. 79-A. Para o cumprimento do disposto nesta Lei, os órgãos ambientais integrantes do SISNAMA, responsáveis pela execução de programas e projetos e pelo controle e fiscalização dos estabelecimentos e das atividades suscetíveis de degradarem a qualidade ambiental, ficam autorizados a celebrar, com força de título executivo extrajudicial, termo de compromisso com pessoas físicas ou jurídicas responsáveis pela construção, instalação, ampliação e funcionamento de estabelecimentos e atividades utilizadores de recursos ambientais, considerados efetiva ou potencialmente poluidores.

§ 1º O termo de compromisso a que se refere este artigo destinar-se-á, exclusivamente, a permitir que as pessoas físicas e jurídicas mencionadas no *caput* possam promover as necessárias correções de suas atividades, para o atendimento das exigências impostas pelas autoridades ambientais competentes, sendo obrigatório que o respectivo instrumento disponha sobre:

I – o nome, a qualificação e o endereço das partes compromissadas e dos respectivos representantes legais;

II – o prazo de vigência do compromisso, que, em função da complexidade das obrigações nele fixadas, poderá variar entre o mínimo de noventa dias e o máximo de três anos, com possibilidade de prorrogação por igual período;

III – a descrição detalhada de seu objeto, o valor do investimento previsto e o cronograma físico de execução e de implantação das obras e serviços exigidos, com metas trimestrais a serem atingidas;

IV – as multas que podem ser aplicadas à pessoa física ou jurídica compromissada e os casos de rescisão, em decorrência do não cumprimento das obrigações nele pactuadas;

V – o valor da multa de que trata o inciso IV não poderá ser superior ao valor do investimento previsto;

VI – o foro competente para dirimir litígios entre as partes.

§ 2º No tocante aos empreendimentos em curso até o dia 30 de março de 1998, envolvendo construção, instalação, ampliação e funcionamento de estabelecimentos e atividades utilizadores de recursos ambientais, considerados efetiva ou potencialmente poluidores, a assinatura do termo de compromisso deverá ser requerida pelas pessoas físicas e jurídicas interessadas, até o dia 31 de dezembro de 1998, mediante requerimento escrito protocolizado junto aos órgãos competentes do SISNAMA, devendo ser firmado pelo dirigente máximo do estabelecimento.

§ 3º Da data da protocolização do requerimento previsto no § 2º e enquanto perdurar a vigência do correspondente termo de compromisso, ficarão suspensas, em relação aos fatos que deram causa à celebração do instrumento, a aplicação de sanções administrativas contra a pessoa física ou jurídica que o houver firmado.

► Art. 140 do Dec. nº 6.514, de 22-7-2008, que dispõe sobre as infrações e sanções administrativas ao meio ambiente e estabelece o processo administrativo federal para apuração destas infrações.

§ 4º A celebração do termo de compromisso de que trata este artigo não impede a execução de eventuais multas aplicadas antes da protocolização do requerimento.

§ 5º Considera-se rescindido de pleno direito o termo de compromisso, quando descumprida qualquer de suas cláusulas, ressalvado o caso fortuito ou de força maior.

§ 6º O termo de compromisso deverá ser firmado em até noventa dias, contados da protocolização do requerimento.

§ 7º O requerimento de celebração do termo de compromisso deverá conter as informações necessárias à verificação da sua viabilidade técnica e jurídica, sob pena de indeferimento do plano.

§ 8º Sob pena de ineficácia, os termos de compromisso deverão ser publicados no órgão oficial competente, mediante extrato.

► Art. 79-A acrescido pela MP nº 2.163-41, de 23-8-2001, que até o encerramento desta edição não havia sido convertida em Lei.

► Art. 60 desta Lei.

Art. 80. O Poder Executivo regulamentará esta Lei no prazo de noventa dias a contar de sua publicação.

Art. 81. VETADO.

Art. 82. Revogam-se as disposições em contrário.

Brasília, 12 de fevereiro de 1998;
177º da Independência e
110º da República.

Fernando Henrique Cardoso

LEI Nº 9.985, DE 18 DE JULHO DE 2000

Regulamenta o art. 225, § 1º, incisos I, II, III e VII da Constituição Federal, institui o Sistema Nacional de Unidades de Conservação da Natureza e dá outras providências.

► Publicada no *DOU* de 19-7-2000.

► Lei nº 6.902, de 27-4-1981 (Lei das Estações Ecológicas e das Áreas de Proteção Ambiental).

► Lei nº 11.105, de 24-3-2005 (Lei de Biossegurança).

► Lei nº 11.284, de 2-3-2006 (Lei de Gestão de Florestas Públicas).

► Lei nº 11.428, de 22-12-2006 (Lei de Proteção do Bioma Mata Atlântica).

► Lei nº 12.651, de 25-5-2012 (Novo Código Florestal).

► Dec. nº 4.340, de 22-8-2002, regulamenta artigos desta Lei.

► Res. do CONAMA nº 371, de 5-4-2006, estabelece diretrizes aos órgãos ambientais para o cálculo, cobrança, aplicação, aprovação e controle de gastos de recursos advindos de compensação ambiental, conforme a Lei nº 9.985, de 18-7-2000, que institui o Sistema Nacional de Unidades de Conservação da Natureza – SNUC.

CAPÍTULO I
DAS DISPOSIÇÕES PRELIMINARES

Art. 1º Esta Lei institui o Sistema Nacional de Unidades de Conservação da Natureza – SNUC, estabelece critérios e normas para a criação, implantação e gestão das unidades de conservação.

Art. 2º Para os fins previstos nesta Lei, entende-se por:

I – unidade de conservação: espaço territorial e seus recursos ambientais, incluindo as águas jurisdicionais, com características naturais relevantes, legalmente instituído pelo Poder Público, com objetivos de conservação e limites definidos, sob regime especial de administração, ao qual se aplicam garantias adequadas de proteção;

II – conservação da natureza: o manejo do uso humano da natureza, compreendendo a preservação, a manutenção, a utilização sustentável, a restauração e a recuperação do ambiente natural, para que possa produzir o maior benefício, em bases sustentáveis, às atuais gerações, mantendo seu potencial de satisfazer as necessidades e aspirações das gerações futuras, e garantindo a sobrevivência dos seres vivos em geral;

III – diversidade biológica: a variabilidade de organismos vivos de todas as origens, compreendendo, dentre outros, os ecossistemas terrestres, marinhos e outros ecossistemas aquáticos e os complexos ecológicos de que fazem parte; compreendendo ainda a diversidade dentro de espécies, entre espécies e de ecossistemas;

IV – recurso ambiental: a atmosfera, as águas interiores, superficiais e subterrâneas, os estuários, o mar territorial, o solo, o subsolo, os elementos da biosfera, a fauna e a flora;

V – preservação: conjunto de métodos, procedimentos e políticas que visem a proteção a longo prazo das espécies, hábitats e ecossistemas, além da manutenção dos processos ecológicos, prevenindo a simplificação dos sistemas naturais;

VI – proteção integral: manutenção dos ecossistemas livres de alterações causadas por interferência humana, admitido apenas o uso indireto dos seus atributos naturais;

VII – conservação *in situ*: conservação de ecossistemas e hábitats naturais e a manutenção e recuperação de populações viáveis de espécies em seus meios naturais e, no caso de espécies domesticadas ou cultivadas, nos meios onde tenham desenvolvido suas propriedades características;

VIII – manejo: todo e qualquer procedimento que vise assegurar a conservação da diversidade biológica e dos ecossistemas;

IX – uso indireto: aquele que não envolve consumo, coleta, dano ou destruição dos recursos naturais;

X – uso direto: aquele que envolve coleta e uso, comercial ou não, dos recursos naturais;

XI – uso sustentável: exploração do ambiente de maneira a garantir a perenidade dos recursos ambientais renováveis e dos processos ecológicos, mantendo a biodiversidade e os demais atributos ecológicos, de forma socialmente justa e economicamente viável;

XII – extrativismo: sistema de exploração baseado na coleta e extração, de modo sustentável, de recursos naturais renováveis;

XIII – recuperação: restituição de um ecossistema ou de uma população silvestre degradada a uma condição não degradada, que pode ser diferente de sua condição original;

XIV – restauração: restituição de um ecossistema ou de uma população silvestre degradada o mais próximo possível da sua condição original;

XV – VETADO;

XVI – zoneamento: definição de setores ou zonas em uma unidade de conservação com objetivos de manejo e normas específicos, com o propósito de proporcionar os meios e as condições para que todos os objetivos da unidade possam ser alcançados de forma harmônica e eficaz;

XVII – plano de manejo: documento técnico mediante o qual, com fundamento nos objetivos gerais de uma unidade de conservação, se estabelece o seu zoneamento e as normas que devem presidir o uso da área e o manejo dos recursos naturais, inclusive a implantação das estruturas físicas necessárias à gestão da unidade;

XVIII – zona de amortecimento: o entorno de uma unidade de conservação, onde as atividades humanas estão sujeitas a normas e restrições específicas, com o propósito de minimizar os impactos negativos sobre a unidade; e

XIX – corredores ecológicos: porções de ecossistemas naturais ou seminaturais, ligando unidades de conservação, que possibilitam entre elas o fluxo de genes e o movimento da biota, facilitando a dispersão de espécies e a recolonização de áreas degradadas, bem como a manutenção de populações que demandam para sua sobrevivência áreas com extensão maior do que aquela das unidades individuais.

CAPÍTULO II

DO SISTEMA NACIONAL DE UNIDADES DE CONSERVAÇÃO DA NATUREZA – SNUC

Art. 3º O Sistema Nacional de Unidades de Conservação da Natureza – SNUC é constituído pelo conjunto das unidades de conservação federais, estaduais e municipais, de acordo com o disposto nesta Lei.

Art. 4º O SNUC tem os seguintes objetivos:

I – contribuir para a manutenção da diversidade biológica e dos recursos genéticos no território nacional e nas águas jurisdicionais;

II – proteger as espécies ameaçadas de extinção no âmbito regional e nacional;

III – contribuir para a preservação e a restauração da diversidade de ecossistemas naturais;

IV – promover o desenvolvimento sustentável a partir dos recursos naturais;

V – promover a utilização dos princípios e práticas de conservação da natureza no processo de desenvolvimento;

VI – proteger paisagens naturais e pouco alteradas de notável beleza cênica;

VII – proteger as características relevantes de natureza geológica, geomorfológica, espeleológica, arqueológica, paleontológica e cultural;

VIII – proteger e recuperar recursos hídricos e edáficos;

IX – recuperar ou restaurar ecossistemas degradados;

X – proporcionar meios e incentivos para atividades de pesquisa científica, estudos e monitoramento ambiental;

XI – valorizar econômica e socialmente a diversidade biológica;

XII – favorecer condições e promover a educação e interpretação ambiental, a recreação em contato com a natureza e o turismo ecológico;

XIII – proteger os recursos naturais necessários à subsistência de populações tradicionais, respeitando e valorizando seu conhecimento e sua cultura e promovendo-as social e economicamente.

Art. 5º O SNUC será regido por diretrizes que:

I – assegurem que no conjunto das unidades de conservação estejam representadas amostras significativas e ecologicamente viáveis das diferentes populações, hábitats e ecossistemas do território nacional e das águas jurisdicionais, salvaguardando o patrimônio biológico existente;

II – assegurem os mecanismos e procedimentos necessários ao envolvimento da sociedade no estabelecimento e na revisão da política nacional de unidades de conservação;

III – assegurem a participação efetiva das populações locais na criação, implantação e gestão das unidades de conservação;

IV – busquem o apoio e a cooperação de organizações não governamentais, de organizações privadas e pessoas físicas para o desenvolvimento de estudos, pesquisas científicas, práticas de educação ambiental, atividades de lazer e de turismo ecológico, monitoramento, manutenção e outras atividades de gestão das unidades de conservação;

V – incentivem as populações locais e as organizações privadas a estabelecerem e administrarem unidades de conservação dentro do sistema nacional;

VI – assegurem, nos casos possíveis, a sustentabilidade econômica das unidades de conservação;

VII – permitam o uso das unidades de conservação para a conservação *in situ* de populações das variantes genéticas selvagens dos animais e plantas domesticados e recursos genéticos silvestres;

VIII – assegurem que o processo de criação e a gestão das unidades de conservação sejam feitos de forma integrada com as políticas de administração das terras e águas circundantes, considerando as condições e necessidades sociais e econômicas locais;

IX – considerem as condições e necessidades das populações locais no desenvolvimento e adaptação de métodos e técnicas de uso sustentável dos recursos naturais;

X – garantam às populações tradicionais cuja subsistência dependa da utilização de recursos naturais existentes no interior das unidades de conservação meios de subsistência alternativos ou a justa indenização pelos recursos perdidos;

XI – garantam uma alocação adequada dos recursos financeiros necessários para que, uma vez criadas, as unidades de conservação possam ser geridas de forma eficaz e atender aos seus objetivos;

XII – busquem conferir às unidades de conservação, nos casos possíveis e respeitadas as conveniências da administração, autonomia administrativa e financeira; e

XIII – busquem proteger grandes áreas por meio de um conjunto integrado de unidades de conservação de diferentes categorias, próximas ou contíguas, e suas respectivas zonas de amortecimento e corredores ecológicos, integrando as diferentes atividades de preservação da natureza, uso sustentável dos recursos naturais e restauração e recuperação dos ecossistemas.

Art. 6º O SNUC será gerido pelos seguintes órgãos, com as respectivas atribuições:

I – Órgão consultivo e deliberativo: o Conselho Nacional do Meio Ambiente – CONAMA, com as atribuições de acompanhar a implementação do Sistema;

II – Órgão central: o Ministério do Meio Ambiente, com a finalidade de coordenar o Sistema; e

III – órgãos executores: o Instituto Chico Mendes e o IBAMA, em caráter supletivo, os órgãos estaduais e municipais, com a função de implementar o SNUC, subsidiar as propostas de criação e administrar as unidades de conservação federais, estaduais e municipais, nas respectivas esferas de atuação.

▸ Inciso III com a redação dada pela Lei nº 11.516, de 28-8-2007.

Parágrafo único. Podem integrar o SNUC, excepcionalmente e a critério do CONAMA, unidades de conservação estaduais e municipais que, concebidas para atender a peculiaridades regionais ou locais, possuam objetivos de manejo que não possam ser satisfatoriamente atendidos por nenhuma categoria prevista nesta Lei e cujas características permitam, em relação a estas, uma clara distinção.

CAPÍTULO III

DAS CATEGORIAS DE UNIDADES DE CONSERVAÇÃO

Art. 7º As unidades de conservação integrantes do SNUC dividem-se em dois grupos, com características específicas:

I – Unidades de Proteção Integral;

II – Unidades de Uso Sustentável.

§ 1º O objetivo básico das Unidades de Proteção Integral é preservar a natureza, sendo admitido apenas o uso indireto dos seus recursos naturais, com exceção dos casos previstos nesta Lei.

§ 2º O objetivo básico das Unidades de Uso Sustentável é compatibilizar a conservação da natureza com o uso sustentável de parcela dos seus recursos naturais.

Art. 8º O grupo das Unidades de Proteção Integral é composto pelas seguintes categorias de unidade de conservação:

I – Estação Ecológica;

II – Reserva Biológica;

III – Parque Nacional;

IV – Monumento Natural;

V – Refúgio de Vida Silvestre.

Art. 9º A Estação Ecológica tem como objetivo a preservação da natureza e a realização de pesquisas científicas.

§ 1º A Estação Ecológica é de posse e domínio públicos, sendo que as áreas particulares incluídas em seus limites serão desapropriadas, de acordo com o que dispõe a lei.

§ 2º É proibida a visitação pública, exceto quando com objetivo educacional, de acordo com o que dispuser o Plano de Manejo da unidade ou regulamento específico.

§ 3º A pesquisa científica depende de autorização prévia do órgão responsável pela administração da unidade e está sujeita às condições e restrições por este estabelecidas, bem como àquelas previstas em regulamento.

§ 4º Na Estação Ecológica só podem ser permitidas alterações dos ecossistemas no caso de:

I – medidas que visem a restauração de ecossistemas modificados;

II – manejo de espécies com o fim de preservar a diversidade biológica;

III – coleta de componentes dos ecossistemas com finalidades científicas;

IV – pesquisas científicas cujo impacto sobre o ambiente seja maior do que aquele causado pela simples observação ou pela coleta controlada de componentes dos ecossistemas, em uma área correspondente a no máximo três por cento da extensão total da unidade e até o limite de um mil e quinhentos hectares.

Art. 10. A Reserva Biológica tem como objetivo a preservação integral da biota e demais atributos naturais existentes em seus limites, sem interferência humana direta ou modificações ambientais, excetuando-se as medidas de recuperação de seus ecossistemas alterados e as ações de manejo necessárias para recuperar e preservar o equilíbrio natural, a diversidade biológica e os processos ecológicos naturais.

§ 1º A Reserva Biológica é de posse e domínio públicos, sendo que as áreas particulares incluídas em seus limites serão desapropriadas, de acordo com o que dispõe a lei.

§ 2º É proibida a visitação pública, exceto aquela com objetivo educacional, de acordo com regulamento específico.

§ 3º A pesquisa científica depende de autorização prévia do órgão responsável pela administração da unidade e está sujeita às condições e restrições por este estabelecidas, bem como àquelas previstas em regulamento.

Art. 11. O Parque Nacional tem como objetivo básico a preservação de ecossistemas naturais de grande relevância ecológica e beleza cênica, possibilitando a realização de pesquisas científicas e o desenvolvimento de atividades de educação e interpretação ambiental, de recreação em contato com a natureza e de turismo ecológico.

§ 1º O Parque Nacional é de posse e domínio públicos, sendo que as áreas particulares incluídas em seus limites serão desapropriadas, de acordo com o que dispõe a lei.

§ 2º A visitação pública está sujeita às normas e restrições estabelecidas no Plano de Manejo da unidade, às normas estabelecidas pelo órgão responsável por sua administração, e àquelas previstas em regulamento.

§ 3º A pesquisa científica depende de autorização prévia do órgão responsável pela administração da unidade e está sujeita às condições e restrições por este estabelecidas, bem como àquelas previstas em regulamento.

§ 4º As unidades dessa categoria, quando criadas pelo Estado ou Município, serão denominadas, respectivamente, Parque Estadual e Parque Natural Municipal.

Art. 12. O Monumento Natural tem como objetivo básico preservar sítios naturais raros, singulares ou de grande beleza cênica.

§ 1º O Monumento Natural pode ser constituído por áreas particulares, desde que seja possível compatibilizar os objetivos da unidade com a utilização da terra e dos recursos naturais do local pelos proprietários.

§ 2º Havendo incompatibilidade entre os objetivos da área e as atividades privadas ou não havendo aquiescência do proprietário às condições propostas pelo órgão responsável pela administração da unidade para a coexistência do Monumento Natural com o uso da propriedade, a área deve ser desapropriada, de acordo com o que dispõe a lei.

§ 3º A visitação pública está sujeita às condições e restrições estabelecidas no Plano de Manejo da unidade, às normas estabelecidas pelo órgão responsável por sua administração e àquelas previstas em regulamento.

Art. 13. O Refúgio de Vida Silvestre tem como objetivo proteger ambientes naturais onde se asseguram condições para a existência ou reprodução de espécies ou comunidades da flora local e da fauna residente ou migratória.

§ 1º O Refúgio de Vida Silvestre pode ser constituído por áreas particulares, desde que seja possível compatibilizar os objetivos da unidade com a utilização da terra e dos recursos naturais do local pelos proprietários.

§ 2º Havendo incompatibilidade entre os objetivos da área e as atividades privadas ou não havendo aquiescência do proprietário às condições propostas pelo órgão responsável pela administração da unidade para a coexistência do Refúgio de Vida Silvestre com o uso da propriedade, a área deve ser desapropriada, de acordo com o que dispõe a lei.

§ 3º A visitação pública está sujeita às normas e restrições estabelecidas no Plano de Manejo da unidade, às normas estabelecidas pelo órgão responsável por sua administração, e àquelas previstas em regulamento.

§ 4º A pesquisa científica depende de autorização prévia do órgão responsável pela administração da unidade e está sujeita às condições e restrições por este estabelecidas, bem como àquelas previstas em regulamento.

Art. 14. Constituem o Grupo das Unidades de Uso Sustentável as seguintes categorias de unidade de conservação:

I – Área de Proteção Ambiental;

II – Área de Relevante Interesse Ecológico;

III – Floresta Nacional;

IV – Reserva Extrativista;

V – Reserva de Fauna;

VI – Reserva de Desenvolvimento Sustentável; e

VII – Reserva Particular do Patrimônio Natural.

Art. 15. A Área de Proteção Ambiental é uma área em geral extensa, com um certo grau de ocupação humana, dotada de atributos abióticos, bióticos, estéticos ou culturais especialmente importantes para a qualidade de vida e o bem-estar das populações humanas, e tem como objetivos básicos proteger a diversidade biológica, disciplinar o processo de ocupação e assegurar a sustentabilidade do uso dos recursos naturais.

§ 1º A Área de Proteção Ambiental é constituída por terras públicas ou privadas.

§ 2º Respeitados os limites constitucionais, podem ser estabelecidas normas e restrições para a utilização de uma propriedade privada localizada em uma Área de Proteção Ambiental.

§ 3º As condições para a realização de pesquisa científica e visitação pública nas áreas sob domínio público serão estabelecidas pelo órgão gestor da unidade.

§ 4º Nas áreas sob propriedade privada, cabe ao proprietário estabelecer as condições para pesquisa e visitação pelo público, observadas as exigências e restrições legais.

§ 5º A Área de Proteção Ambiental disporá de um Conselho presidido pelo órgão responsável por sua administração e constituído por representantes dos órgãos públicos, de organizações da sociedade civil e da população residente, conforme se dispuser no regulamento desta Lei.

Art. 16. A Área de Relevante Interesse Ecológico é uma área em geral de pequena extensão, com pouca ou nenhuma ocupação humana, com características naturais extraordinárias ou que abriga exemplares raros da biota regional, e tem como objetivo manter os ecossistemas naturais de importância regional ou local e regular o uso admissível dessas áreas, de modo a compatibilizá-lo com os objetivos de conservação da natureza.

§ 1º A Área de Relevante Interesse Ecológico é constituída por terras públicas ou privadas.

§ 2º Respeitados os limites constitucionais, podem ser estabelecidas normas e restrições para a utilização de uma propriedade privada localizada em uma Área de Relevante Interesse Ecológico.

Art. 17. A Floresta Nacional é uma área com cobertura florestal de espécies predominantemente nativas e tem como objetivo básico o uso múltiplo sustentável dos recursos florestais e a pesquisa científica, com ênfase em métodos para exploração sustentável de florestas nativas.

▸ Arts. 4º, I, 5º, 39, § 1º, 76 e 78, II, da Lei nº 11.284, de 2-3-2006 (Lei de Gestão de Florestas Públicas).

§ 1º A Floresta Nacional é de posse e domínio públicos, sendo que as áreas particulares incluídas em seus limites devem ser desapropriadas de acordo com o que dispõe a lei.

§ 2º Nas Florestas Nacionais é admitida a permanência de populações tradicionais que a habitam quando de sua criação, em conformidade com o disposto em regulamento e no Plano de Manejo da unidade.

§ 3º A visitação pública é permitida, condicionada às normas estabelecidas para o manejo da unidade pelo órgão responsável por sua administração.

§ 4º A pesquisa é permitida e incentivada, sujeitando-se à prévia autorização do órgão responsável pela administração da unidade, às condições e restrições por este estabelecidas e àquelas previstas em regulamento.

§ 5º A Floresta Nacional disporá de um Conselho Consultivo, presidido pelo órgão responsável por sua administração e constituído por representantes de órgãos públicos, de organizações da sociedade civil e, quando for o caso, das populações tradicionais residentes.

▸ Lei nº 11.284, de 2-3-2006 (Lei de Gestão de Florestas Públicas).

§ 6º A unidade desta categoria, quando criada pelo Estado ou Município, será denominada, respectivamente, Floresta Estadual e Floresta Municipal.

Art. 18. A Reserva Extrativista é uma área utilizada por populações extrativistas tradicionais, cuja subsistência baseia-se no extrativismo e, complementarmente, na agricultura de subsistência e na criação de animais de pequeno porte, e tem como objetivos básicos proteger os meios de vida e a cultura dessas populações, e assegurar o uso sustentável dos recursos naturais da unidade.

§ 1º A Reserva Extrativista é de domínio público, com uso concedido às populações extrativistas tradicionais conforme o disposto no art. 23 desta Lei e em regulamentação específica, sendo que as áreas particulares incluídas em seus limites devem ser desapropriadas, de acordo com o que dispõe a lei.

§ 2º A Reserva Extrativista será gerida por um Conselho Deliberativo, presidido pelo órgão responsável por sua administração e constituído por representantes de órgãos públicos, de organizações da sociedade civil e das populações tradicionais residentes na área, conforme se dispuser em regulamento e no ato de criação da unidade.

§ 3º A visitação pública é permitida, desde que compatível com os interesses locais e de acordo com o disposto no Plano de Manejo da área.

§ 4º A pesquisa científica é permitida e incentivada, sujeitando-se à prévia autorização do órgão responsável pela administração da unidade, às condições e restrições por este estabelecidas e às normas previstas em regulamento.

§ 5º O Plano de Manejo da unidade será aprovado pelo seu Conselho Deliberativo.

§ 6º São proibidas a exploração de recursos minerais e a caça amadorística ou profissional.

§ 7º A exploração comercial de recursos madeireiros só será admitida em bases sustentáveis e em situações especiais e complementares às demais atividades desenvolvidas na Reserva Extrativista, conforme o disposto em regulamento e no Plano de Manejo da unidade.

Art. 19. A Reserva de Fauna é uma área natural com populações animais de espécies nativas, terrestres ou aquáticas, residentes ou migratórias, adequadas para estudos técnico-científicos sobre o manejo econômico sustentável de recursos faunísticos.

§ 1º A Reserva de Fauna é de posse e domínio públicos, sendo que as áreas particulares incluídas em seus limites devem ser desapropriadas de acordo com o que dispõe a lei.

§ 2º A visitação pública pode ser permitida, desde que compatível com o manejo da unidade e de acordo com as normas estabelecidas pelo órgão responsável por sua administração.

§ 3º É proibido o exercício da caça amadorística ou profissional.

§ 4º A comercialização dos produtos e subprodutos resultantes das pesquisas obedecerá ao disposto nas leis sobre fauna e regulamentos.

Art. 20. A Reserva de Desenvolvimento Sustentável é uma área natural que abriga populações tradicionais, cuja existência baseia-se em sistemas sustentáveis de exploração dos recursos naturais, desenvolvidos ao longo de gerações e adaptados às condições ecológicas locais e que desempenham um papel fundamental na proteção da natureza e na manutenção da diversidade biológica.

§ 1º A Reserva de Desenvolvimento Sustentável tem como objetivo básico preservar a natureza e, ao mesmo tempo, assegurar as condições e os meios necessários para a reprodução e a melhoria dos modos e da qualidade de vida e exploração dos recursos naturais das populações tradicionais, bem como valorizar, conservar e aperfeiçoar o conhecimento e as técnicas de manejo do ambiente, desenvolvido por estas populações.

§ 2º A Reserva de Desenvolvimento Sustentável é de domínio público, sendo que as áreas particulares incluídas em seus limites devem ser, quando necessário, desapropriadas, de acordo com o que dispõe a lei.

§ 3º O uso das áreas ocupadas pelas populações tradicionais será regulado de acordo com o disposto no art. 23 desta Lei e em regulamentação específica.

§ 4º A Reserva de Desenvolvimento Sustentável será gerida por um Conselho Deliberativo, presidido pelo órgão responsável por sua administração e constituído por representantes de órgãos públicos, de organizações da sociedade civil e das populações tradicionais residentes na área, conforme se dispuser em regulamento e no ato de criação da unidade.

§ 5º As atividades desenvolvidas na Reserva de Desenvolvimento Sustentável obedecerão às seguintes condições:

I – é permitida e incentivada a visitação pública, desde que compatível com os interesses locais e de acordo com o disposto no Plano de Manejo da área;

II – é permitida e incentivada a pesquisa científica voltada à conservação da natureza, à melhor relação das populações residentes com seu meio e à educação ambiental, sujeitando-se à prévia autorização do órgão responsável pela administração da unidade, às condições e restrições por este estabelecidas e às normas previstas em regulamento;

III – deve ser sempre considerado o equilíbrio dinâmico entre o tamanho da população e a conservação; e

IV – é admitida a exploração de componentes dos ecossistemas naturais em regime de manejo sustentável e a substituição da cobertura vegetal por espécies cultiváveis, desde que sujeitas ao zoneamento, às limitações legais e ao Plano de Manejo da área.

§ 6º O Plano de Manejo da Reserva de Desenvolvimento Sustentável definirá as zonas de proteção integral, de uso sustentável e de amortecimento e corredores ecológicos, e será aprovado pelo Conselho Deliberativo da unidade.

Art. 21. A Reserva Particular do Patrimônio Natural é uma área privada, gravada com perpetuidade, com o objetivo de conservar a diversidade biológica.

▶ Dec. nº 5.746, de 5-4-2006, regulamenta este artigo.

§ 1º O gravame de que trata este artigo constará de termo de compromisso assinado perante o órgão ambiental, que verificará a existência de interesse público, e será averbado à margem da inscrição no Registro Público de Imóveis.

§ 2º Só poderá ser permitida, na Reserva Particular do Patrimônio Natural, conforme se dispuser em regulamento:

I – a pesquisa científica;

II – a visitação com objetivos turísticos, recreativos e educacionais;

III – VETADO.

§ 3º Os órgãos integrantes do SNUC, sempre que possível e oportuno, prestarão orientação técnica e científica ao proprietário de Reserva Particular do Patrimônio Natural para a elaboração de um Plano de Manejo ou de Proteção e de Gestão da unidade.

CAPÍTULO IV
DA CRIAÇÃO, IMPLANTAÇÃO E GESTÃO DAS UNIDADES DE CONSERVAÇÃO

Art. 22. As unidades de conservação são criadas por ato do Poder Público.

§ 1º VETADO.

§ 2º A criação de uma unidade de conservação deve ser precedida de estudos técnicos e de consulta pública que permitam identificar a localização, a dimensão e os limites mais adequados para a unidade, conforme se dispuser em regulamento.

§ 3º No processo de consulta de que trata o § 2º, o Poder Público é obrigado a fornecer informações adequadas e inteligíveis à população local e a outras partes interessadas.

§ 4º Na criação de Estação Ecológica ou Reserva Biológica não é obrigatória a consulta de que trata o § 2º deste artigo.

§ 5º As unidades de conservação do grupo de Uso Sustentável podem ser transformadas total ou parcialmente em unidades do grupo de Proteção Integral, por instrumento normativo do mesmo nível hierárquico do que criou a unidade, desde que obedecidos os procedimentos de consulta estabelecidos no § 2º deste artigo.

§ 6º A ampliação dos limites de uma unidade de conservação, sem modificação dos seus limites originais, exceto pelo acréscimo proposto, pode ser feita por instrumento normativo do mesmo nível hierárquico do que criou a unidade, desde que obedecidos os procedimentos de consulta estabelecidos no § 2º deste artigo.

§ 7º A desafetação ou redução dos limites de uma unidade de conservação só pode ser feita mediante lei específica.

▶ Art. 5º, parágrafo único, do Dec. nº 5.746, de 5-4-2006, que dispõe sobre a extinção ou alteração dos limites de Reserva Particular do Patrimônio Natural.

Art. 22-A. O Poder Público poderá, ressalvadas as atividades agropecuárias e outras atividades econômicas em andamento e obras públicas licenciadas, na forma da lei, decretar limitações administrativas provisórias ao exercício de atividades e empreendimentos efetiva ou potencialmente causadores de degradação ambiental, para a realização de estudos com vistas na criação de Unidade de Conservação, quando, a critério do órgão ambiental competente, houver risco de dano grave aos recursos naturais ali existentes.

§ 1º Sem prejuízo da restrição e observada a ressalva constante do *caput*, na área submetida a limitações administrativas, não serão permitidas atividades que importem em exploração a corte raso da floresta e demais formas de vegetação nativa.

LEGISLAÇÃO AMBIENTAL

§ 2º A destinação final da área submetida ao disposto neste artigo será definida no prazo de sete meses, improrrogáveis, findo o qual fica extinta a limitação administrativa.

▶ Artigo acrescido pela Lei nº 11.132, de 4-7-2005.

Art. 23. A posse e o uso das áreas ocupadas pelas populações tradicionais nas Reservas Extrativistas e Reservas de Desenvolvimento Sustentável serão regulados por contrato, conforme se dispuser no regulamento desta Lei.

§ 1º As populações de que trata este artigo obrigam-se a participar da preservação, recuperação, defesa e manutenção da unidade de conservação.

§ 2º O uso dos recursos naturais pelas populações de que trata este artigo obedecerá às seguintes normas:

I – proibição do uso de espécies localmente ameaçadas de extinção ou de práticas que danifiquem os seus hábitats;

II – proibição de práticas ou atividades que impeçam a regeneração natural dos ecossistemas;

III – demais normas estabelecidas na legislação, no Plano de Manejo da unidade de conservação e no contrato de concessão de direito real de uso.

Art. 24. O subsolo e o espaço aéreo, sempre que influírem na estabilidade do ecossistema, integram os limites das unidades de conservação.

Art. 25. As unidades de conservação, exceto Área de Proteção Ambiental e Reserva Particular do Patrimônio Natural, devem possuir uma zona de amortecimento e, quando conveniente, corredores ecológicos.

§ 1º O órgão responsável pela administração da unidade estabelecerá normas específicas regulamentando a ocupação e o uso dos recursos da zona de amortecimento e dos corredores ecológicos de uma unidade de conservação.

§ 2º Os limites da zona de amortecimento e dos corredores ecológicos e as respectivas normas de que trata o § 1º poderão ser definidas no ato de criação da unidade ou posteriormente.

Art. 26. Quando existir um conjunto de unidades de conservação de categorias diferentes ou não, próximas, justapostas ou sobrepostas, e outras áreas protegidas públicas ou privadas, constituindo um mosaico, a gestão do conjunto deverá ser feita de forma integrada e participativa, considerando-se os seus distintos objetivos de conservação, de forma a compatibilizar a presença da biodiversidade, a valorização da sociodiversidade e o desenvolvimento sustentável no contexto regional.

Parágrafo único. O regulamento desta Lei disporá sobre a forma de gestão integrada do conjunto das unidades.

Art. 27. As unidades de conservação devem dispor de um Plano de Manejo.

§ 1º O Plano de Manejo deve abranger a área da unidade de conservação, sua zona de amortecimento e os corredores ecológicos, incluindo medidas com o fim de promover sua integração à vida econômica e social das comunidades vizinhas.

§ 2º Na elaboração, atualização e implementação do Plano de Manejo das Reservas Extrativistas, das Reservas de Desenvolvimento Sustentável, das Áreas de Proteção Ambiental e, quando couber, das Florestas Nacionais e das Áreas de Relevante Interesse Ecológico, será assegurada a ampla participação da população residente.

§ 3º O Plano de Manejo de uma unidade de conservação deve ser elaborado no prazo de cinco anos a partir da data de sua criação.

§ 4º O Plano de Manejo poderá dispor sobre as atividades de liberação planejada e cultivo de organismos geneticamente modificados nas Áreas de Proteção Ambiental e nas zonas de amortecimento das demais categorias de unidade de conservação, observadas as informações contidas na decisão técnica da Comissão Técnica Nacional de Biossegurança – CTNBio sobre:

I – o registro de ocorrência de ancestrais diretos e parentes silvestres;

II – as características de reprodução, dispersão e sobrevivência do organismo geneticamente modificado;

III – o isolamento reprodutivo do organismo geneticamente modificado em relação aos seus ancestrais diretos e parentes silvestres; e

IV – situações de risco do organismo geneticamente modificado à biodiversidade.

▶ § 4º com a redação dada pela Lei nº 11.460, de 21-3-2007.

Art. 28. São proibidas, nas unidades de conservação, quaisquer alterações, atividades ou modalidades de utilização em desacordo com os seus objetivos, o seu Plano de Manejo e seus regulamentos.

Parágrafo único. Até que seja elaborado o Plano de Manejo, todas as atividades e obras desenvolvidas nas unidades de conservação de proteção integral devem se limitar àquelas destinadas a garantir a integridade dos recursos que a unidade objetiva proteger, assegurando-se às populações tradicionais porventura residentes na área as condições e os meios necessários para a satisfação de suas necessidades materiais, sociais e culturais.

Art. 29. Cada unidade de conservação do grupo de Proteção Integral disporá de um Conselho Consultivo, presidido pelo órgão responsável por sua administração e constituído por representantes de órgãos públicos, de organizações da sociedade civil, por proprietários de terras localizadas em Refúgio de Vida Silvestre ou Monumento Natural, quando for o caso, e, na hipótese prevista no § 2º do art. 42, das populações tradicionais residentes, conforme se dispuser em regulamento e no ato de criação da unidade.

Art. 30. As unidades de conservação podem ser geridas por organizações da sociedade civil de interesse público com objetivos afins aos da unidade, mediante instrumento a ser firmado com o órgão responsável por sua gestão.

Art. 31. É proibida a introdução nas unidades de conservação de espécies não autóctones.

§ 1º Excetuam-se do disposto neste artigo as Áreas de Proteção Ambiental, as Florestas Nacionais, as Reservas Extrativistas e as Reservas de Desenvolvimento Sustentável, bem como os animais e plantas necessários à administração e às atividades das demais categorias de unidades de conservação, de acordo com o que se dispuser em regulamento e no Plano de Manejo da unidade.

§ 2º Nas áreas particulares localizadas em Refúgios de Vida Silvestre e Monumentos Naturais podem ser criados animais domésticos e cultivadas plantas considerados compatíveis com as finalidades da unidade, de acordo com o que dispuser o seu Plano de Manejo.

Art. 32. Os órgãos executores articular-se-ão com a comunidade científica com o propósito de incentivar o desenvolvimento de pesquisas sobre a fauna, a flora e a ecologia das unidades de conservação e sobre formas de uso sustentável dos recursos naturais, valorizando-se o conhecimento das populações tradicionais.

§ 1º As pesquisas científicas nas unidades de conservação não podem colocar em risco a sobrevivência das espécies integrantes dos ecossistemas protegidos.

§ 2º A realização de pesquisas científicas nas unidades de conservação, exceto Área de Proteção Ambiental e Reserva Particular do Patrimônio Natural, depende de aprovação prévia e está sujeita à fiscalização do órgão responsável por sua administração.

§ 3º Os órgãos competentes podem transferir para as instituições de pesquisa nacionais, mediante acordo, a atribuição de aprovar a realização de pesquisas científicas e de credenciar pesquisadores para trabalharem nas unidades de conservação.

Art. 33. A exploração comercial de produtos, subprodutos ou serviços obtidos ou desenvolvidos a partir dos recursos naturais, biológicos, cênicos ou culturais ou da exploração da imagem de unidade de conservação, exceto Área de Proteção Ambiental e Reserva Particular do Patrimônio Natural, dependerá de prévia autorização e sujeitará o explorador a pagamento, conforme disposto em regulamento.

Art. 34. Os órgãos responsáveis pela administração das unidades de conservação podem receber recursos ou doações de qualquer natureza, nacionais ou internacionais, com ou sem encargos, provenientes de organizações privadas ou públicas ou de pessoas físicas que desejarem colaborar com a sua conservação.

Parágrafo único. A administração dos recursos obtidos cabe ao órgão gestor da unidade, e estes serão utilizados exclusivamente na sua implantação, gestão e manutenção.

Art. 35. Os recursos obtidos pelas unidades de conservação do Grupo de Proteção Integral mediante a cobrança de taxa de visitação e outras rendas decorrentes de arrecadação, serviços e atividades da própria unidade serão aplicados de acordo com os seguintes critérios:

I – até cinquenta por cento, e não menos que vinte e cinco por cento, na implementação, manutenção e gestão da própria unidade;

II – até cinquenta por cento, e não menos que vinte e cinco por cento, na regularização fundiária das unidades de conservação do Grupo;

III – até cinquenta por cento, e não menos que quinze por cento, na implementação, manutenção e gestão de outras unidades de conservação do Grupo de Proteção Integral.

Art. 36. Nos casos de licenciamento ambiental de empreendimentos de significativo impacto ambiental, assim considerado pelo órgão ambiental competente, com fundamento em estudo de impacto ambiental e respectivo relatório – EIA/RIMA, o empreendedor é obrigado a apoiar a implantação e manutenção de unidade de conservação do Grupo de Proteção

Integral, de acordo com o disposto neste artigo e no regulamento desta Lei.

- Art. 32, II, da Lei nº 11.428, de 22-12-2006 (Lei de Proteção do Bioma Mata Atlântica).
- Res. do CONAMA nº 369, de 28-3-2006, dispõe sobre os casos excepcionais, de utilidade pública, interesse social ou baixo impacto ambiental, que possibilitam a intervenção ou supressão de vegetação em Área de Preservação Permanente – APP.

§ 1º O montante de recursos a ser destinado pelo empreendedor para esta finalidade não pode ser inferior a meio por cento dos custos totais previstos para a implantação do empreendimento, sendo o percentual fixado pelo órgão ambiental licenciador, de acordo com o grau de impacto ambiental causado pelo empreendimento.

- O STF, por maioria de votos, julgou procedente a ADI nº 3.378, para declarar a inconstitucionalidade da expressão "não pode ser inferior a meio por cento dos custos totais previstos para a implantação do empreendimento", contida neste parágrafo (*DJ* de 20-6-2008).

§ 2º Ao órgão ambiental licenciador compete definir as unidades de conservação a serem beneficiadas, considerando as propostas apresentadas no EIA/RIMA e ouvido o empreendedor, podendo inclusive ser contemplada a criação de novas unidades de conservação.

§ 3º Quando o empreendimento afetar unidade de conservação específica ou sua zona de amortecimento, o licenciamento a que se refere o *caput* deste artigo só poderá ser concedido mediante autorização do órgão responsável por sua administração, e a unidade afetada, mesmo que não pertencente ao Grupo de Proteção Integral, deverá ser uma das beneficiárias da compensação definida neste artigo.

- Art. 29 do Dec. nº 5.746, de 5-4-2006, que dispõe sobre o impacto ambiental sobre Reserva Particular do Patrimônio Natural já criada.

§ 4º A obrigação de que trata o *caput* deste artigo poderá, em virtude do interesse público, ser cumprida em unidades de conservação de posse e domínio públicos do grupo de Uso Sustentável, especialmente as localizadas na Amazônia Legal.

- § 4º acrescido pela Lei nº 13.668, de 28-5-2018.

CAPÍTULO V
DOS INCENTIVOS, ISENÇÕES E PENALIDADES

Art. 37. VETADO.

Art. 38. A ação ou omissão das pessoas físicas ou jurídicas que importem inobservância aos preceitos desta Lei e a seus regulamentos ou resultem em dano à flora, à fauna e aos demais atributos naturais das unidades de conservação, bem como às suas instalações e às zonas de amortecimento e corredores ecológicos, sujeitam os infratores às sanções previstas em lei.

Art. 39. Dê-se ao art. 40 da Lei nº 9.605, de 12 de fevereiro de 1998, a seguinte redação:

- Alterações inseridas no texto da referida Lei.

Art. 40. Acrescente-se à Lei nº 9.605, de 1998, o seguinte art. 40-A:

- Alterações inseridas no texto da referida Lei.

CAPÍTULO VI
DAS RESERVAS DA BIOSFERA

Art. 41. A Reserva da Biosfera é um modelo, adotado internacionalmente, de gestão integrada, participativa e sustentável dos recursos naturais, com os objetivos básicos de preservação da diversidade biológica, o desenvolvimento de atividades de pesquisa, o monitoramento ambiental, a educação ambiental, o desenvolvimento sustentável e a melhoria da qualidade de vida das populações.

§ 1º A Reserva da Biosfera é constituída por:

I – uma ou várias áreas núcleo, destinadas à proteção integral da natureza;

II – uma ou várias zonas de amortecimento, onde só são admitidas atividades que não resultem em dano para as áreas núcleo; e

III – uma ou várias zonas de transição, sem limites rígidos, onde o processo de ocupação e o manejo dos recursos naturais são planejados e conduzidos de modo participativo e em bases sustentáveis.

§ 2º A Reserva da Biosfera é constituída por áreas de domínio público ou privado.

§ 3º A Reserva da Biosfera pode ser integrada por unidades de conservação já criadas pelo Poder Público, respeitadas as normas legais que disciplinam o manejo de cada categoria específica.

§ 4º A Reserva da Biosfera é gerida por um Conselho Deliberativo, formado por representantes de instituições públicas, de organizações da sociedade civil e da população residente, conforme se dispuser em regulamento e no ato de constituição da unidade.

§ 5º A Reserva da Biosfera é reconhecida pelo Programa Intergovernamental "O Homem e a Biosfera – MAB", estabelecido pela UNESCO, organização da qual o Brasil é membro.

CAPÍTULO VII
DAS DISPOSIÇÕES GERAIS E TRANSITÓRIAS

Art. 42. As populações tradicionais residentes em unidades de conservação nas quais sua permanência não seja permitida serão indenizadas ou compensadas pelas benfeitorias existentes e devidamente realocadas pelo Poder Público, em local e condições acordados entre as partes.

§ 1º O Poder Público, por meio do órgão competente, priorizará o reassentamento das populações tradicionais a serem realocadas.

§ 2º Até que seja possível efetuar o reassentamento de que trata este artigo, serão estabelecidas normas e ações específicas destinadas a compatibilizar a presença das populações tradicionais residentes com os objetivos da unidade, sem prejuízo dos modos de vida, das fontes de subsistência e dos locais de moradia destas populações, assegurando-se a sua participação na elaboração das referidas normas e ações.

§ 3º Na hipótese prevista no § 2º, as normas regulando o prazo de permanência e suas condições serão estabelecidas em regulamento.

Art. 43. O Poder Público fará o levantamento nacional das terras devolutas, com o objetivo de definir áreas destinadas à conservação da natureza, no prazo de cinco anos após a publicação desta Lei.

Art. 44. As ilhas oceânicas e costeiras destinam-se prioritariamente à proteção da natureza e sua destinação para fins diversos deve ser precedida de autorização do órgão ambiental competente.

Parágrafo único. Estão dispensados da autorização citada no *caput* os órgãos que se utilizam das citadas ilhas por força de dispositivos legais ou quando decorrente de compromissos legais assumidos.

Art. 45. Excluem-se das indenizações referentes à regularização fundiária das unidades de conservação, derivadas ou não de desapropriação:

I e II – VETADOS;

III – as espécies arbóreas declaradas imunes de corte pelo Poder Público;

IV – expectativas de ganhos e lucro cessante;

V – o resultado de cálculo efetuado mediante a operação de juros compostos;

VI – as áreas que não tenham prova de domínio inequívoco e anterior à criação da unidade.

Art. 46. A instalação de redes de abastecimento de água, esgoto, energia e infraestrutura urbana em geral, em unidades de conservação onde estes equipamentos são admitidos depende de prévia aprovação do órgão responsável por sua administração, sem prejuízo da necessidade de elaboração de estudos de impacto ambiental e outras exigências legais.

Parágrafo único. Esta mesma condição se aplica à zona de amortecimento das unidades do Grupo de Proteção Integral, bem como às áreas de propriedade privada inseridas nos limites dessas unidades e ainda não indenizadas.

Art. 47. O órgão ou empresa, público ou privado, responsável pelo abastecimento de água ou que faça uso de recursos hídricos, beneficiário da proteção proporcionada por uma unidade de conservação, deve contribuir financeiramente para a proteção e implementação da unidade, de acordo com o disposto em regulamentação específica.

Art. 48. O órgão ou empresa, público ou privado, responsável pela geração e distribuição de energia elétrica, beneficiário da proteção oferecida por uma unidade de conservação, deve contribuir financeiramente para a proteção e implementação da unidade, de acordo com o disposto em regulamentação específica.

Art. 49. A área de uma unidade de conservação do Grupo de Proteção Integral é considerada zona rural, para os efeitos legais.

Parágrafo único. A zona de amortecimento das unidades de conservação de que trata este artigo, uma vez definida formalmente, não pode ser transformada em zona urbana.

Art. 50. O Ministério do Meio Ambiente organizará e manterá um Cadastro Nacional de Unidades de Conservação, com a colaboração do IBAMA e dos órgãos estaduais e municipais competentes.

- Art. 25, II, do Dec. nº 5.746, de 5-4-2006, que dispõe sobre o cadastro previsto neste artigo.

§ 1º O Cadastro a que se refere este artigo conterá os dados principais de cada unidade de conservação, incluindo, dentre outras características relevantes, informações sobre espécies ameaçadas de extinção, situação fundiária, recursos hídricos, clima, solos e aspectos socioculturais e antropológicos.

- Art. 7º do Dec. nº 5.746, de 5-4-2006, que dispõe sobre a comunicação da criação de Reserva Particular do Patrimônio Natural.

§ 2º O Ministério do Meio Ambiente divulgará e colocará à disposição do público interessado os dados constantes do Cadastro.

Art. 51. O Poder Executivo Federal submeterá à apreciação do Congresso Nacional, a cada dois anos, um relatório de avaliação global da situação das unidades de conservação federais do País.

Art. 52. Os mapas e cartas oficiais devem indicar as áreas que compõem o SNUC.

Art. 53. O IBAMA elaborará e divulgará periodicamente uma relação revista e atualizada das espécies da flora e da fauna ameaçadas de extinção no território brasileiro.

Parágrafo único. O IBAMA incentivará os competentes órgãos estaduais e municipais a elaborarem relações equivalentes abrangendo suas respectivas áreas de jurisdição.

Art. 54. O IBAMA, excepcionalmente, pode permitir a captura de exemplares de espécies ameaçadas de extinção destinadas a programas de criação em cativeiro ou formação de coleções científicas, de acordo com o disposto nesta Lei e em regulamentação específica.

Art. 55. As unidades de conservação e áreas protegidas criadas com base nas legislações anteriores e que não pertençam às categorias previstas nesta Lei serão reavaliadas, no todo ou em parte, no prazo de até dois anos, com o objetivo de definir sua destinação com base na categoria e função para as quais foram criadas, conforme o disposto no regulamento desta Lei.

Art. 56. VETADO.

Art. 57. Os órgãos federais responsáveis pela execução das políticas ambiental e indigenista deverão instituir grupos de trabalho para, no prazo de cento e oitenta dias a partir da vigência desta Lei, propor as diretrizes a serem adotadas com vistas à regularização das eventuais superposições entre áreas indígenas e unidades de conservação.

Parágrafo único. No ato de criação dos grupos de trabalho serão fixados os participantes, bem como a estratégia de ação e a abrangência dos trabalhos, garantida a participação das comunidades envolvidas.

Art. 57-A. O Poder Executivo estabelecerá os limites para o plantio de organismos geneticamente modificados nas áreas que circundam as unidades de conservação até que seja fixada sua zona de amortecimento e aprovado o seu respectivo Plano de Manejo.

Parágrafo único. O disposto no *caput* deste artigo não se aplica às Áreas de Proteção Ambiental e Reservas de Particulares do Patrimônio Nacional.

- Artigo acrescido pela Lei nº 11.460, de 21-3-2007.
- Dec. nº 5.950, de 31-10-2006, regulamenta este artigo.

Art. 58. O Poder Executivo regulamentará esta Lei, no que for necessário à sua aplicação, no prazo de cento e oitenta dias a partir da data de sua publicação.

Art. 59. Esta Lei entra em vigor na data de sua publicação.

Art. 60. Revogam-se os arts. 5º e 6º da Lei nº 4.771, de 15 de setembro de 1965; o art. 5º da Lei nº 5.197, de 3 de janeiro de 1967; e o art. 18 da Lei nº 6.938, de 31 de agosto de 1981.

- A Lei nº 4.771, de 15-9-1965, foi revogada pela Lei nº 12.651, de 25-5-2012 (Novo Código Florestal).

Brasília, 18 de julho de 2000;
179º da Independência e
112º da República.

Marco Antonio de Oliveira Maciel

LEI Nº 10.831, DE 23 DE DEZEMBRO DE 2003

Dispõe sobre a agricultura orgânica e dá outras providências.

- Publicada no *DOU* de 24-12-2003.
- Lei nº 6.894, de 16-2-1980, dispõe sobre a inspeção e fiscalização da produção e do comércio de fertilizantes, corretivos, inoculantes, estimulantes ou biofertilizantes, destinados à agricultura.
- Lei nº 8.171, de 17-1-1991 (Lei da Política Agrícola).
- Lei nº 14.785, de 27-12-2023, dispõe sobre a pesquisa, a experimentação, a produção, a embalagem, a rotulagem, o transporte, o armazenamento, a comercialização, a utilização, a importação, a exportação, o destino final dos resíduos e das embalagens, o registro, a classificação, o controle, a inspeção e a fiscalização de agrotóxicos, de produtos de controle ambiental, de seus produtos técnicos e afins.
- Dec. nº 6.323, de 27-12-2007, regulamenta esta Lei.

Art. 1º Considera-se sistema orgânico de produção agropecuária todo aquele em que se adotam técnicas específicas, mediante a otimização do uso dos recursos naturais e socioeconômicos disponíveis e o respeito à integridade cultural das comunidades rurais, tendo por objetivo a sustentabilidade econômica e ecológica, a maximização dos benefícios sociais, a minimização da dependência de energia não renovável, empregando, sempre que possível, métodos culturais, biológicos e mecânicos, em contraposição ao uso de materiais sintéticos, a eliminação do uso de organismos geneticamente modificados e radiações ionizantes, em qualquer fase do processo de produção, processamento, armazenamento, distribuição e comercialização, e a proteção do meio ambiente.

§ 1º A finalidade de um sistema de produção orgânico é:

I – a oferta de produtos saudáveis isentos de contaminantes intencionais;

II – a preservação da diversidade biológica dos ecossistemas naturais e a recomposição ou incremento da diversidade biológica dos ecossistemas modificados em que se insere o sistema de produção;

III – incrementar a atividade biológica do solo;

IV – promover um uso saudável do solo, da água e do ar, e reduzir ao mínimo todas as formas de contaminação desses elementos que possam resultar das práticas agrícolas;

V – manter ou incrementar a fertilidade do solo a longo prazo;

VI – a reciclagem de resíduos de origem orgânica, reduzindo ao mínimo o emprego de recursos não renováveis;

VII – basear-se em recursos renováveis e em sistemas agrícolas organizados localmente;

VIII – incentivar a integração entre os diferentes segmentos da cadeia produtiva e de consumo de produtos orgânicos e a regionalização da produção e comércio desses produtos;

IX – manipular os produtos agrícolas com base no uso de métodos de elaboração cuidadosos, com o propósito de manter a integridade orgânica e as qualidades vitais do produto em todas as etapas.

§ 2º O conceito de sistema orgânico de produção agropecuária e industrial abrange os denominados: ecológico, biodinâmico, natural, regenerativo, biológico, agroecológicos, permacultura e outros que atendam os princípios estabelecidos por esta Lei.

Art. 2º Considera-se produto da agricultura orgânica ou produto orgânico, seja ele *in natura* ou processado, aquele obtido em sistema orgânico de produção agropecuário ou oriundo de processo extrativista sustentável e não prejudicial ao ecossistema local.

Parágrafo único. Toda pessoa, física ou jurídica, responsável pela geração de produto definido no *caput* deste artigo é considerada como produtor para efeito desta Lei.

Art. 3º Para sua comercialização, os produtos orgânicos deverão ser certificados por organismo reconhecido oficialmente, segundo critérios estabelecidos em regulamento.

§ 1º No caso da comercialização direta aos consumidores, por parte dos agricultores familiares, inseridos em processos próprios de organização e controle social, previamente cadastrados junto ao órgão fiscalizador, a certificação será facultativa, uma vez assegurada aos consumidores e ao órgão fiscalizador a rastreabilidade do produto e o livre acesso aos locais de produção ou processamento.

§ 2º A certificação da produção orgânica de que trata o *caput* deste artigo, enfocando sistemas, critérios e circunstâncias de sua aplicação, será matéria de regulamentação desta Lei, considerando os diferentes sistemas de certificação existentes no País.

Art. 4º A responsabilidade pela qualidade relativa às características regulamentadas para produtos orgânicos caberá aos produtores, distribuidores, comerciantes e entidades certificadoras, segundo o nível de participação de cada um.

Parágrafo único. A qualidade de que trata o *caput* deste artigo não exime os agentes dessa cadeia produtiva do cumprimento de demais normas e regulamentos que estabeleçam outras medidas relativas à qualidade de produtos e processos.

Art. 5º Os procedimentos relativos à fiscalização da produção, circulação, armazenamento, comercialização e certificação de produtos orgânicos nacionais e estrangeiros, serão objeto de regulamentação pelo Poder Executivo.

§ 1º A regulamentação deverá definir e atribuir as responsabilidades pela implementação desta Lei no âmbito do Governo Federal.

§ 2º Para a execução desta Lei, poderão ser celebrados convênios, ajustes e acordos entre órgãos e instituições da Administração Federal, Estados e Distrito Federal.

Art. 6º *Revogado.* Lei nº 14.515, de 29-12-2022.

Art. 7º Caberá ao órgão definido em regulamento adotar medidas cautelares que se demonstrem indispensáveis ao atendimento dos objetivos desta Lei, assim como dispor sobre a destinação de produtos apreendidos ou condenados na forma de seu regulamento.

§ 1º O detentor do bem que for apreendido poderá ser nomeado seu depositário.

§ 2º Os custos referentes a quaisquer dos procedimentos mencionados neste artigo correrão por conta do infrator.

Art. 8º As pessoas físicas ou jurídicas, de direito público ou privado, que produzam, transportem, comercializem ou armazenem produtos orgânicos ficam obrigadas a promover a regularização de suas atividades junto aos órgãos competentes.

Parágrafo único. Os procedimentos de registro, cadastramento, licenciamento e outros mecanismos de controle deverão atender ao disposto no regulamento desta Lei e nos demais instrumentos legais pertinentes.

Art. 9º Os insumos com uso regulamentado para a agricultura orgânica deverão ser objeto de processo de registro diferenciado, que garanta a simplificação e agilização de sua regularização.

Parágrafo único. Os órgãos federais competentes definirão em atos complementares os procedimentos para a aplicabilidade do disposto no *caput* deste artigo.

Art. 10. Para o atendimento de exigências relativas a medidas sanitárias e fitossanitárias, as autoridades competentes deverão, sempre que possível, adotar medidas compatíveis com as características e especificidades dos produtos orgânicos, de modo a não descaracterizá-los.

Art. 11. O Poder Executivo regulamentará esta Lei, definindo as normas técnicas para a produção orgânica e sua estrutura de gestão no âmbito da União, dos Estados e do Distrito Federal.

§ 1º A regulamentação deverá contemplar a participação de representantes do setor agropecuário e da sociedade civil, com reconhecida atuação em alguma etapa da cadeia produtiva orgânica.

§ 2º A regulamentação desta Lei será revista e atualizada sempre que necessário e, no máximo, a cada quatro anos.

Art. 12. VETADO.

Parágrafo único. O regulamento desta Lei deverá estabelecer um prazo mínimo de 01 (um) ano para que todos os segmentos envolvidos na cadeia produtiva possam se adequar aos procedimentos que não estejam anteriormente estabelecidos por regulamentação oficial.

Art. 13. Esta Lei entra em vigor na data de sua publicação.

Brasília, 23 de dezembro de 2003;
182º da Independência e
115º da República.

Luiz Inácio Lula da Silva

LEI Nº 11.105, DE 24 DE MARÇO DE 2005

Regulamenta os incisos II, IV e V do § 1º do art. 225 da Constituição Federal, estabelece normas de segurança e mecanismos de fiscalização de atividades que envolvam organismos geneticamente modificados – OGM e seus derivados, cria o Conselho Nacional de Biossegurança – CNBS, reestrutura a Comissão Técnica Nacional de Biossegurança – CTNBio, dispõe sobre a Política Nacional de Biossegurança – PNB, revoga a Lei nº 8.974, de 5 de janeiro de 1995, e a Medida Provisória nº 2.191-9, de 23 de agosto de 2001, e os arts. 5º, 6º, 7º, 8º, 9º, 10 e 16 da Lei nº 10.814, de 15 de dezembro de 2003, e dá outras providências.

- Publicada no *DOU* de 28-3-2005.
- O STF, por maioria, no julgamento da ADI nº 3.526, declarou a constitucionalidade desta lei (*DOU* de 26-10-2023).
- Art. 225, § 1º, I, II e VII, da CF.
- Lei nº 9.985, de 18-7-2000 (Lei do Sistema Nacional de Unidades de Conservação da Natureza).
- Lei nº 10.603, de 17-12-2002, dispõe sobre a proteção de informação não divulgada submetida para aprovação da comercialização de produtos.
- Dec. nº 5.591, de 22-11-2005, regulamenta esta lei.

CAPÍTULO I
DISPOSIÇÕES PRELIMINARES E GERAIS

Art. 1º Esta Lei estabelece normas de segurança e mecanismos de fiscalização sobre a construção, o cultivo, a produção, a manipulação, o transporte, a transferência, a importação, a exportação, o armazenamento, a pesquisa, a comercialização, o consumo, a liberação no meio ambiente e o descarte de organismos geneticamente modificados – OGM e seus derivados, tendo como diretrizes o estímulo ao avanço científico na área de biossegurança e biotecnologia, a proteção à vida e à saúde humana, animal e vegetal, e a observância do princípio da precaução para a proteção do meio ambiente.

§ 1º Para os fins desta Lei, considera-se atividade de pesquisa a realizada em laboratório, regime de contenção ou campo, como parte do processo de obtenção de OGM e seus derivados ou de avaliação da biossegurança de OGM e seus derivados, o que engloba, no âmbito experimental, a construção, o cultivo, a manipulação, o transporte, a transferência, a importação, a exportação, o armazenamento, a liberação no meio ambiente e o descarte de OGM e seus derivados.

§ 2º Para os fins desta Lei, considera-se atividade de uso comercial de OGM e seus derivados a que não se enquadra como atividade de pesquisa, e que trata do cultivo, da produção, da manipulação, do transporte, da transferência, da comercialização, da importação, da exportação, do armazenamento, do consumo, da liberação e do descarte de OGM e seus derivados para fins comerciais.

Art. 2º As atividades e projetos que envolvam OGM e seus derivados, relacionados ao ensino com manipulação de organismos vivos, à pesquisa científica, ao desenvolvimento tecnológico e à produção industrial ficam restritos ao âmbito de entidades de direito público ou privado, que serão responsáveis pela obediência aos preceitos desta Lei e de sua regulamentação, bem como pelas eventuais consequências ou efeitos advindos de seu descumprimento.

§ 1º Para os fins desta Lei, consideram-se atividades e projetos no âmbito de entidade os conduzidos em instalações próprias ou sob a responsabilidade administrativa, técnica ou científica da entidade.

§ 2º As atividades e projetos de que trata este artigo são vedados a pessoas físicas em atuação autônoma e independente, ainda que mantenham vínculo empregatício ou qualquer outro com pessoas jurídicas.

§ 3º Os interessados em realizar atividade prevista nesta Lei deverão requerer autorização à Comissão Técnica Nacional de Biossegurança – CTNBio, que se manifestará no prazo fixado em regulamento.

§ 4º As organizações públicas e privadas, nacionais, estrangeiras ou internacionais, financiadoras ou patrocinadoras de atividades ou de projetos referidos no *caput* deste artigo devem exigir a apresentação de Certificado de Qualidade em Biossegurança, emitido pela CTNBio, sob pena de se tornarem corresponsáveis pelos eventuais efeitos decorrentes do descumprimento desta Lei ou de sua regulamentação.

Art. 3º Para os efeitos desta Lei, considera-se:

I – organismo: toda entidade biológica capaz de reproduzir ou transferir material genético, inclusive vírus e outras classes que venham a ser conhecidas;

II – ácido desoxirribonucléico – ADN, ácido ribonucléico – ARN: material genético que contém informações determinantes dos caracteres hereditários transmissíveis à descendência;

III – moléculas de ADN/ARN recombinante: as moléculas manipuladas fora das células vivas mediante a modificação de segmentos de ADN/ARN natural ou sintético e que possam multiplicar-se em uma célula viva, ou ainda as moléculas de ADN/ARN resultantes dessa multiplicação; consideram-se também os segmentos de ADN/ARN sintéticos equivalentes aos de ADN/ARN natural;

IV – engenharia genética: atividade de produção e manipulação de moléculas de ADN/ARN recombinante;

V – organismo geneticamente modificado – OGM: organismo cujo material genético – ADN/ARN tenha sido modificado por qualquer técnica de engenharia genética;

VI – derivado de OGM: produto obtido de OGM e que não possua capacidade autônoma de replicação ou que não contenha forma viável de OGM;

VII – célula germinal humana: célula-mãe responsável pela formação de gametas presentes nas glândulas sexuais femininas e masculinas e suas descendentes diretas em qualquer grau de ploidia;

VIII – clonagem: processo de reprodução assexuada, produzida artificialmente, baseada em um único patrimônio genético, com ou sem utilização de técnicas de engenharia genética;

IX – clonagem para fins reprodutivos: clonagem com a finalidade de obtenção de um indivíduo;

X – clonagem terapêutica: clonagem com a finalidade de produção de células-tronco embrionárias para utilização terapêutica;

XI – células-tronco embrionárias: células de embrião que apresentam a capacidade de se transformar em células de qualquer tecido de um organismo.

§ 1º Não se inclui na categoria de OGM o resultante de técnicas que impliquem a introdução direta, num organismo, de material hereditário, desde que não envolvam a utilização de moléculas de ADN/ARN recombinante ou OGM, inclusive fecundação *in vitro*, conjugação, transdução, transformação, indução poliploide e qualquer outro processo natural.

§ 2º Não se inclui na categoria de derivado de OGM a substância pura, quimicamente definida, obtida por meio de processos biológicos e que não contenha OGM, proteína heteróloga ou ADN recombinante.

Art. 4º Esta Lei não se aplica quando a modificação genética for obtida por meio das seguintes técnicas, desde que não impliquem a utilização de OGM como receptor ou doador:

I – mutagênese;

II – formação e utilização de células somáticas de hibridoma animal;

III – fusão celular, inclusive a de protoplasma, de células vegetais, que possa ser produzida mediante métodos tradicionais de cultivo;

IV – autoclonagem de organismos não patogênicos que se processe de maneira natural.

Art. 5º É permitida, para fins de pesquisa e terapia, a utilização de células-tronco embrionárias obtidas de embriões humanos produzidos por fertilização *in vitro* e não utilizados no respectivo procedimento, atendidas as seguintes condições:

I – sejam embriões inviáveis; ou

II – sejam embriões congelados há 3 (três) anos ou mais, na data da publicação desta Lei, ou que, já congelados na data da publicação desta Lei, depois de completarem 3 (três) anos, contados a partir da data de congelamento.

§ 1º Em qualquer caso, é necessário o consentimento dos genitores.

§ 2º Instituições de pesquisa e serviços de saúde que realizem pesquisa ou terapia com células-tronco embrionárias humanas deverão submeter seus projetos à apreciação e aprovação dos respectivos comitês de ética em pesquisa.

§ 3º É vedada a comercialização do material biológico a que se refere este artigo e sua prática implica o crime tipificado no art. 15 da Lei nº 9.434, de 4 de fevereiro de 1997.

Art. 6º Fica proibido:

I – implementação de projeto relativo a OGM sem a manutenção de registro de seu acompanhamento individual;

II – engenharia genética em organismo vivo ou o manejo *in vitro* de ADN/ARN natural ou recombinante, realizado em desacordo com as normas previstas nesta Lei;

III – engenharia genética em célula germinal humana, zigoto humano e embrião humano;

IV – clonagem humana;

V – destruição ou descarte no meio ambiente de OGM e seus derivados em desacordo com as normas estabelecidas pela CTNBio, pelos órgãos e entidades de registro e fiscalização, referidos no art. 16 desta Lei, e as constantes desta Lei e de sua regulamentação;

VI – liberação no meio ambiente de OGM ou seus derivados, no âmbito de atividades de pesquisa, sem a decisão técnica favorável da CTNBio e, nos casos de liberação comercial, sem o parecer técnico favorável da CTNBio, ou sem o licenciamento do órgão ou entidade ambiental responsável, quando a CTNBio considerar a atividade como potencialmente causadora de degradação ambiental, ou sem a aprovação do Conselho Nacional de Biossegurança – CNBS, quando o processo tenha sido por ele avocado, na forma desta Lei e de sua regulamentação;

VII – a utilização, a comercialização, o registro, o patenteamento e o licenciamento de tecnologias genéticas de restrição do uso.

Parágrafo único. Para os efeitos desta Lei, entende-se por tecnologias genéticas de restrição do uso qualquer processo de intervenção humana para geração ou multiplicação de plantas geneticamente modificadas para produzir estruturas reprodutivas estéreis, bem como qualquer forma de manipulação genética que vise à ativação ou desativação de genes relacionados à fertilidade das plantas por indutores químicos externos.

Art. 7º São obrigatórias:

I – a investigação de acidentes ocorridos no curso de pesquisas e projetos na área de engenharia genética e o envio de relatório respectivo à autoridade competente no prazo máximo de 5 (cinco) dias a contar da data do evento;

II – a notificação imediata à CTNBio e às autoridades da saúde pública, da defesa agropecuária e do meio ambiente sobre acidente que possa provocar a disseminação de OGM e seus derivados;

III – a adoção de meios necessários para plenamente informar à CTNBio, às autoridades da saúde pública, do meio ambiente, da defesa agropecuária, à coletividade e aos demais empregados da instituição ou empresa sobre os riscos a que possam estar submetidos, bem como os procedimentos a serem tomados no caso de acidentes com OGM.

CAPÍTULO II
DO CONSELHO NACIONAL DE BIOSSEGURANÇA – CNBS

Art. 8º Fica criado o Conselho Nacional de Biossegurança – CNBS, vinculado à Presidência da República, órgão de assessoramento superior do Presidente da República para a formulação e implementação da Política Nacional de Biossegurança – PNB.

§ 1º Compete ao CNBS:

I – fixar princípios e diretrizes para a ação administrativa dos órgãos e entidades federais com competências sobre a matéria;

II – analisar, a pedido da CTNBio, quanto aos aspectos da conveniência e oportunidade socioeconômicas e do interesse nacional, os pedidos de liberação para uso comercial de OGM e seus derivados;

III – avocar e decidir, em última e definitiva instância, com base em manifestação da CTNBio e, quando julgar necessário, dos órgãos e entidades referidos no art. 16 desta Lei, no âmbito de suas competências, sobre os processos relativos a atividades que envolvam o uso comercial de OGM e seus derivados;

IV – VETADO.

§ 2º VETADO.

§ 3º Sempre que o CNBS deliberar favoravelmente à realização da atividade analisada, encaminhará sua manifestação aos órgãos e entidades de registro e fiscalização referidos no art. 16 desta Lei.

§ 4º Sempre que o CNBS deliberar contrariamente à atividade analisada, encaminhará sua manifestação à CTNBio para informação ao requerente.

Art. 9º O CNBS é composto pelos seguintes membros:

I – Ministro de Estado Chefe da Casa Civil da Presidência da República, que o presidirá;

II – Ministro de Estado da Ciência e Tecnologia;

III – Ministro de Estado do Desenvolvimento Agrário;

IV – Ministro de Estado da Agricultura, Pecuária e Abastecimento;

V – Ministro de Estado da Justiça;

VI – Ministro de Estado da Saúde;

VII – Ministro de Estado do Meio Ambiente;

VIII – Ministro de Estado do Desenvolvimento, Indústria e Comércio Exterior;

IX – Ministro de Estado das Relações Exteriores;

X – Ministro de Estado da Defesa;

XI – Secretário Especial de Aquicultura e Pesca da Presidência da República.

§ 1º O CNBS reunir-se-á sempre que convocado pelo Ministro de Estado Chefe da Casa Civil da Presidência da República, ou mediante provocação da maioria de seus membros.

§ 2º VETADO.

§ 3º Poderão ser convidados a participar das reuniões, em caráter excepcional, representantes do setor público e de entidades da sociedade civil.

§ 4º O CNBS contará com uma Secretaria Executiva, vinculada à Casa Civil da Presidência da República.

§ 5º A reunião do CNBS poderá ser instalada com a presença de 6 (seis) de seus membros e as decisões serão tomadas com votos favoráveis da maioria absoluta.

CAPÍTULO III
DA COMISSÃO TÉCNICA NACIONAL DE BIOSSEGURANÇA – CTNBio

Art. 10. A CTNBio, integrante do Ministério da Ciência e Tecnologia, é instância colegiada multidisciplinar de caráter consultivo e deliberativo, para prestar apoio técnico e de assessoramento ao Governo Federal na formulação, atualização e implementação da PNB de OGM e seus derivados, bem como no estabelecimento de normas técnicas de segurança e de pareceres técnicos referentes à autorização para atividades que envolvam pesquisa e uso comercial de OGM e seus derivados, com base na avaliação de seu risco zoofitossanitário, à saúde humana e ao meio ambiente.

Parágrafo único. A CTNBio deverá acompanhar o desenvolvimento e o progresso técnico e científico nas áreas de biossegurança, biotecnologia, bioética e afins, com o objetivo de aumentar sua capacitação para a proteção da saúde humana, dos animais e das plantas e do meio ambiente.

Art. 11. A CTNBio, composta de membros titulares e suplentes, designados pelo Ministro de Estado da Ciência e Tecnologia, será constituída por 27 (vinte e sete) cidadãos brasileiros de reconhecida competência técnica, de notória atuação e saber científicos, com grau acadêmico de doutor e com destacada atividade profissional nas áreas de biossegurança, biotecnologia, biologia, saúde humana e animal ou meio ambiente, sendo:

I – 12 (doze) especialistas de notório saber científico e técnico, em efetivo exercício profissional, sendo:

a) 3 (três) da área de saúde humana;
b) 3 (três) da área animal;
c) 3 (três) da área vegetal;
d) 3 (três) da área de meio ambiente;

II – um representante de cada um dos seguintes órgãos, indicados pelos respectivos titulares:

a) Ministério da Ciência e Tecnologia;
b) Ministério da Agricultura, Pecuária e Abastecimento;
c) Ministério da Saúde;
d) Ministério do Meio Ambiente;
e) Ministério do Desenvolvimento Agrário;
f) Ministério do Desenvolvimento, Indústria e Comércio Exterior;
g) Ministério da Defesa;
h) Secretaria Especial de Aquicultura e Pesca da Presidência da República;
i) Ministério das Relações Exteriores;

III – um especialista em defesa do consumidor, indicado pelo Ministro da Justiça;

IV – um especialista na área de saúde, indicado pelo Ministro da Saúde;

V – um especialista em meio ambiente, indicado pelo Ministro do Meio Ambiente;

VI – um especialista em biotecnologia, indicado pelo Ministro da Agricultura, Pecuária e Abastecimento;

VII – um especialista em agricultura familiar, indicado pelo Ministro do Desenvolvimento Agrário;

VIII – um especialista em saúde do trabalhador, indicado pelo Ministro do Trabalho e Emprego.

§ 1º Os especialistas de que trata o inciso I do *caput* deste artigo serão escolhidos a partir de lista tríplice, elaborada com a participação das sociedades científicas, conforme disposto em regulamento.

§ 2º Os especialistas de que tratam os incisos III a VIII do *caput* deste artigo serão escolhidos a partir de lista tríplice, elaborada pelas organizações da sociedade civil, conforme disposto em regulamento.

§ 3º Cada membro efetivo terá um suplente, que participará dos trabalhos na ausência do titular.

§ 4º Os membros da CTNBio terão mandato de 2 (dois) anos, renovável por até mais 2 (dois) períodos consecutivos.

§ 5º O presidente da CTNBio será designado, entre seus membros, pelo Ministro da Ciência e Tecnologia para um mandato de 2 (dois) anos, renovável por igual período.

§ 6º Os membros da CTNBio devem pautar a sua atuação pela observância estrita dos conceitos ético-profissionais, sendo vedado participar do julgamento de questões com as quais tenham algum envolvimento de ordem profissional ou pessoal, sob pena de perda de mandato, na forma do regulamento.

§ 7º A reunião da CTNBio poderá ser instalada com a presença de 14 (catorze) de seus membros, incluído pelo menos um representante de cada uma das áreas referidas no inciso I do *caput* deste artigo.

§ 8º VETADO.

§ 8º-A. As decisões da CTNBio serão tomadas com votos favoráveis da maioria absoluta de seus membros.

▸ § 8º-A acrescido pela Lei nº 11.460, de 21-3-2007.

§ 9º Órgãos e entidades integrantes da administração pública federal poderão solicitar participação nas reuniões da CTNBio para tratar de assuntos de seu especial interesse, sem direito a voto.

§ 10. Poderão ser convidados a participar das reuniões, em caráter excepcional, representantes da comunidade científica e do setor público e entidades da sociedade civil, sem direito a voto.

Art. 12. O funcionamento da CTNBio será definido pelo regulamento desta Lei.

§ 1º A CTNBio contará com uma Secretaria Executiva e cabe ao Ministério da Ciência e Tecnologia prestar-lhe o apoio técnico e administrativo.

§ 2º VETADO.

Art. 13. A CTNBio constituirá subcomissões setoriais permanentes na área de saúde humana, na área animal, na área vegetal e na área ambiental, e poderá constituir subcomissões extraordinárias, para análise prévia dos temas a serem submetidos ao plenário da Comissão.

§ 1º Tanto os membros titulares quanto os suplentes participarão das subcomissões setoriais e caberá a todos a distribuição dos processos para análise.

§ 2º O funcionamento e a coordenação dos trabalhos nas subcomissões setoriais e extraordinárias serão definidos no regimento interno da CTNBio.

Art. 14. Compete à CTNBio:

I – estabelecer normas para as pesquisas com OGM e derivados de OGM;

II – estabelecer normas relativamente às atividades e aos projetos relacionados a OGM e seus derivados;

III – estabelecer, no âmbito de suas competências, critérios de avaliação e monitoramento de risco de OGM e seus derivados;

IV – proceder à análise da avaliação de risco, caso a caso, relativamente a atividades e projetos que envolvam OGM e seus derivados;

V – estabelecer os mecanismos de funcionamento das Comissões Internas de Biossegurança – CIBio, no âmbito de cada instituição que se dedique ao ensino, à pesquisa científica, ao desenvolvimento tecnológico e à produção industrial que envolvam OGM ou seus derivados;

VI – estabelecer requisitos relativos à biossegurança para autorização de funcionamento de laboratório, instituição ou empresa que desenvolverá atividades relacionadas a OGM e seus derivados;

VII – relacionar-se com instituições voltadas para a biossegurança de OGM e seus derivados, em âmbito nacional e internacional;

VIII – autorizar, cadastrar e acompanhar as atividades de pesquisa com OGM ou derivado de OGM, nos termos da legislação em vigor;

IX – autorizar a importação de OGM e seus derivados para atividade de pesquisa;

X – prestar apoio técnico consultivo e de assessoramento ao CNBS na formulação da PNB de OGM e seus derivados;

XI – emitir Certificado de Qualidade em Biossegurança – CQB para o desenvolvimento de atividades com OGM e seus derivados em laboratório, instituição ou empresa e enviar cópia do processo aos órgãos de registro e fiscalização referidos no art. 16 desta Lei;

XII – emitir decisão técnica, caso a caso, sobre a biossegurança de OGM e seus derivados no âmbito das atividades de pesquisa e de uso comercial de OGM e seus derivados, inclusive a classificação quanto ao grau de risco e nível de biossegurança exigido, bem como medidas de segurança exigidas e restrições ao uso;

XIII – definir o nível de biossegurança a ser aplicado ao OGM e seus usos, e os respectivos procedimentos e medidas de segurança quanto ao seu uso, conforme as normas estabelecidas na regulamentação desta Lei, bem como quanto aos seus derivados;

XIV – classificar os OGM segundo a classe de risco, observados os critérios estabelecidos no regulamento desta Lei;

XV – acompanhar o desenvolvimento e o progresso técnico-científico na biossegurança de OGM e seus derivados;

XVI – emitir resoluções, de natureza normativa, sobre as matérias de sua competência;

XVII – apoiar tecnicamente os órgãos competentes no processo de prevenção e investigação de acidentes e de enfermidades, verificados no curso dos projetos e das atividades com técnicas de ADN/ARN recombinante;

XVIII – apoiar tecnicamente os órgãos e entidades de registro e fiscalização, referidos no art. 16 desta Lei, no exercício de suas atividades relacionadas a OGM e seus derivados;

XIX – divulgar no *Diário Oficial da União*, previamente à análise, os extratos dos pleitos e, posteriormente, dos pareceres dos processos que lhe forem submetidos, bem como dar ampla publicidade no Sistema de Informações em Biossegurança – SIB a sua agenda, processos em trâmite, relatórios anuais, atas das reuniões e demais informações sobre suas atividades, excluídas as informações sigilosas, de interesse comercial, apontadas pelo proponente e assim consideradas pela CTNBio;

XX – identificar atividades e produtos decorrentes do uso de OGM e seus derivados potencialmente causadores de degradação do meio ambiente ou que possam causar riscos à saúde humana;

XXI – reavaliar suas decisões técnicas por solicitação de seus membros ou por recurso dos órgãos e entidades de registro e fiscalização, fundamentado em fatos ou conhecimentos científicos novos, que sejam relevantes quanto à biossegurança do OGM ou derivado, na forma desta Lei e seu regulamento;

XXII – propor a realização de pesquisas e estudos científicos no campo da biossegurança de OGM e seus derivados;

XXIII – apresentar proposta de regimento interno ao Ministro da Ciência e Tecnologia.

§ 1º Quanto aos aspectos de biossegurança do OGM e seus derivados, a decisão técnica da CTNBio vincula os demais órgãos e entidades da administração.

§ 2º Nos casos de uso comercial, dentre outros aspectos técnicos de sua análise, os órgãos de registro e fiscalização, no exercício de suas atribuições em caso de solicitação pela CTNBio, observarão, quanto aos aspectos de biossegurança do OGM e seus derivados, a decisão técnica da CTNBio.

§ 3º Em caso de decisão técnica favorável sobre a biossegurança no âmbito da atividade de pesquisa, a CTNBio remeterá o processo respectivo aos órgãos e entidades referidos no art. 16 desta Lei, para o exercício de suas atribuições.

§ 4º A decisão técnica da CTNBio deverá conter resumo de sua fundamentação técnica, explicitar as medidas de segurança e restrições ao uso do OGM e seus derivados e considerar as particularidades das diferentes regiões do País, com o objetivo de orientar e subsidiar os órgãos e entidades de registro e fiscalização, referidos no art. 16 desta Lei, no exercício de suas atribuições.

§ 5º Não se submeterá a análise e emissão de parecer técnico da CTNBio o derivado cujo OGM já tenha sido por ela aprovado.

§ 6º As pessoas físicas ou jurídicas envolvidas em qualquer das fases do processo de produção agrícola, comercialização ou transporte de produto geneticamente modificado que tenham obtido a liberação para uso comercial estão dispensadas de apresentação do CQB e constituição de CIBio, salvo decisão em contrário da CTNBio.

Art. 15. A CTNBio poderá realizar audiências públicas, garantida participação da sociedade civil, na forma do regulamento.

Parágrafo único. Em casos de liberação comercial, audiência pública poderá ser requerida por partes interessadas, incluindo-se entre estas organizações da sociedade civil que comprovem interesse relacionado à matéria, na forma do regulamento.

CAPÍTULO IV

DOS ÓRGÃOS E ENTIDADES DE REGISTRO E FISCALIZAÇÃO

Art. 16. Caberá aos órgãos e entidades de registro e fiscalização do Ministério da Saúde, do Ministério da Agricultura, Pecuária e Abastecimento e do Ministério do Meio Ambiente, e da Secretaria Especial de Aquicultura e Pesca da Presidência da República entre outras atribuições, no campo de suas competências, observadas a decisão técnica da CTNBio, as deliberações do CNBS e os mecanismos estabelecidos nesta Lei e na sua regulamentação:

I - fiscalizar as atividades de pesquisa de OGM e seus derivados;

II - registrar e fiscalizar a liberação comercial de OGM e seus derivados;

III - emitir autorização para a importação de OGM e seus derivados para uso comercial;

IV - manter atualizado no SIB o cadastro das instituições e responsáveis técnicos que realizam atividades e projetos relacionados a OGM e seus derivados;

V - tornar públicos, inclusive no SIB, os registros e autorizações concedidas;

VI - aplicar as penalidades de que trata esta Lei;

VII - subsidiar a CTNBio na definição de quesitos de avaliação de biossegurança de OGM e seus derivados.

§ 1º Após manifestação favorável da CTNBio, ou do CNBS, em caso de avocação ou recurso, caberá, em decorrência de análise específica e decisão pertinente:

I - ao Ministério da Agricultura, Pecuária e Abastecimento emitir as autorizações e registros e fiscalizar produtos e atividades que utilizem OGM e seus derivados destinados a uso animal, na agricultura, pecuária, agroindústria e áreas afins, de acordo com a legislação em vigor e segundo o regulamento desta Lei;

II - ao órgão competente do Ministério da Saúde emitir as autorizações e registros e fiscalizar produtos e atividades com OGM e seus derivados destinados a uso humano, farmacológico, domissanitário e áreas afins, de acordo com a legislação em vigor e segundo o regulamento desta Lei;

III - ao órgão competente do Ministério do Meio Ambiente emitir as autorizações e registros e fiscalizar produtos e atividades que envolvam OGM e seus derivados a serem liberados nos ecossistemas naturais, de acordo com a legislação em vigor e segundo o regulamento desta Lei, bem como o licenciamento, nos casos em que a CTNBio deliberar, na forma desta Lei, que o OGM é potencialmente causador de significativa degradação do meio ambiente;

IV - à Secretaria Especial de Aquicultura e Pesca da Presidência da República emitir as autorizações e registros de produtos e atividades com OGM e seus derivados destinados ao uso na pesca e aquicultura, de acordo com a legislação em vigor e segundo esta Lei e seu regulamento.

§ 2º Somente se aplicam as disposições dos incisos I e II do art. 8º e do *caput* do art. 10 da Lei nº 6.938, de 31 de agosto de 1981, nos casos em que a CTNBio deliberar que o OGM é potencialmente causador de significativa degradação do meio ambiente.

§ 3º A CTNBio delibera, em última e definitiva instância, sobre os casos em que a atividade é potencial ou efetivamente causadora de degradação ambiental, bem como sobre a necessidade do licenciamento ambiental.

§ 4º A emissão dos registros, das autorizações e do licenciamento ambiental referidos nesta Lei deverá ocorrer no prazo máximo de 120 (cento e vinte) dias.

§ 5º A contagem do prazo previsto no § 4º deste artigo será suspensa, por até 180 (cento e oitenta) dias, durante a elaboração, pelo requerente, dos estudos ou esclarecimentos necessários.

§ 6º As autorizações e registros de que trata este artigo estarão vinculados à decisão técnica da CTNBio correspondente, sendo vedadas exigências técnicas que extrapolem as condições estabelecidas naquela decisão, nos aspectos relacionados à biossegurança.

§ 7º Em caso de divergência quanto à decisão técnica da CTNBio sobre a liberação comercial de OGM e derivados, os órgãos e entidades de registro e fiscalização, no âmbito de suas competências, poderão apresentar recurso ao CNBS, no prazo de até 30 (trinta) dias, a contar da data de publicação da decisão técnica da CTNBio.

CAPÍTULO V

DA COMISSÃO INTERNA DE BIOSSEGURANÇA – CIBio

Art. 17. Toda instituição que utilizar técnicas e métodos de engenharia genética ou realizar pesquisas com OGM e seus derivados deverá criar uma Comissão Interna de Biossegurança – CIBio, além de indicar um técnico principal responsável para cada projeto específico.

Art. 18. Compete à CIBio, no âmbito da instituição onde constituída:

I - manter informados os trabalhadores e demais membros da coletividade, quando suscetíveis de serem afetados pela atividade, sobre as questões relacionadas com a saúde e a segurança, bem como sobre os procedimentos em caso de acidentes;

II - estabelecer programas preventivos e de inspeção para garantir o funcionamento das instalações sob sua responsabilidade, dentro dos padrões e normas de biossegurança, definidos pela CTNBio na regulamentação desta Lei;

III - encaminhar à CTNBio os documentos cuja relação será estabelecida na regulamentação desta Lei, para efeito de análise, registro ou autorização do órgão competente, quando couber;

IV - manter registro do acompanhamento individual de cada atividade ou projeto em desenvolvimento que envolvam OGM ou seus derivados;

V - notificar à CTNBio, aos órgãos e entidades de registro e fiscalização, referidos no art. 16 desta Lei, e às entidades de trabalhadores o resultado de avaliações de risco a que estão submetidas as pessoas expostas, bem como qualquer acidente ou incidente que possa provocar a disseminação de agente biológico;

VI - investigar a ocorrência de acidentes e as enfermidades possivelmente relacionados a OGM e seus derivados e notificar suas conclusões e providências à CTNBio.

CAPÍTULO VI

DO SISTEMA DE INFORMAÇÕES EM BIOSSEGURANÇA – SIB

Art. 19. Fica criado, no âmbito do Ministério da Ciência e Tecnologia, o Sistema de Informações em Biossegurança – SIB, destinado à gestão das informações decorrentes das atividades de análise, autorização, registro, monitoramento e acompanhamento das atividades que envolvam OGM e seus derivados.

§ 1º As disposições dos atos legais, regulamentares e administrativos que alterem, complementem ou produzam efeitos sobre a legislação de biossegurança de OGM e seus derivados deverão ser divulgadas no SIB concomitantemente com a entrada em vigor desses atos.

§ 2º Os órgãos e entidades de registro e fiscalização, referidos no art. 16 desta Lei, deverão alimentar o SIB com as informações relativas às atividades de que trata esta Lei, processadas no âmbito de sua competência.

CAPÍTULO VII

DA RESPONSABILIDADE CIVIL E ADMINISTRATIVA

Art. 20. Sem prejuízo da aplicação das penas previstas nesta Lei, os responsáveis pelos danos ao meio ambiente e a terceiros responderão, solidariamente, por sua indenização ou reparação integral, independentemente da existência de culpa.

Art. 21. Considera-se infração administrativa toda ação ou omissão que viole as normas previstas nesta Lei e demais disposições legais pertinentes.

Parágrafo único. As infrações administrativas serão punidas na forma estabelecida no regulamento desta Lei, independentemente das medidas cautelares de apreensão de produtos, suspensão de venda de produto e embargos de atividades, com as seguintes sanções:

I - advertência;

II - multa;

III - apreensão de OGM e seus derivados;

IV - suspensão da venda de OGM e seus derivados;

V - embargo da atividade;

VI - interdição parcial ou total do estabelecimento, atividade ou empreendimento;

VII - suspensão de registro, licença ou autorização;

VIII - cancelamento de registro, licença ou autorização;

IX - perda ou restrição de incentivo e benefício fiscal concedidos pelo governo;

X - perda ou suspensão da participação em linha de financiamento em estabelecimento oficial de crédito;

XI - intervenção no estabelecimento;

XII - proibição de contratar com a administração pública, por período de até 5 (cinco) anos.

Art. 22. Compete aos órgãos e entidades de registro e fiscalização, referidos no art. 16 desta Lei, definir critérios, valores e aplicar multas de R$ 2.000,00 (dois mil reais) a R$ 1.500.000,00 (um milhão e quinhentos mil reais), proporcionalmente à gravidade da infração.

§ 1º As multas poderão ser aplicadas cumulativamente com as demais sanções previstas neste artigo.

§ 2º No caso de reincidência, a multa será aplicada em dobro.

§ 3º No caso de infração continuada, caracterizada pela permanência da ação ou omissão inicialmente punida, será a respectiva penalidade aplicada diariamente até cessar sua causa, sem prejuízo da paralisação imediata da atividade ou da interdição do laboratório ou da instituição ou empresa responsável.

Art. 23. As multas previstas nesta Lei serão aplicadas pelos órgãos e entidades de registro e fiscalização dos Ministérios da Agricultura, Pecuária e Abastecimento, da Saúde, do Meio Ambiente e da Secretaria Especial de Aquicultura e Pesca da Presidência da República, referidos no art. 16 desta Lei, de acordo com suas respectivas competências.

§ 1º Os recursos arrecadados com a aplicação de multas serão destinados aos órgãos e entidades de registro e fiscalização, referidos no art. 16 desta Lei, que aplicarem a multa.

§ 2º Os órgãos e entidades fiscalizadores da administração pública federal poderão celebrar convênios com os Estados, Distrito Federal e Municípios, para a execução de serviços relacionados à atividade de fiscalização prevista nesta Lei e poderão repassar-lhes parcela da receita obtida com a aplicação de multas.

§ 3º A autoridade fiscalizadora encaminhará cópia do auto de infração à CTNBio.

§ 4º Quando a infração constituir crime ou contravenção, ou lesão à Fazenda Pública ou ao consumidor, a autoridade fiscalizadora representará junto ao órgão competente para apuração das responsabilidades administrativa e penal.

CAPÍTULO VIII
DOS CRIMES E DAS PENAS

Art. 24. Utilizar embrião humano em desacordo com o que dispõe o art. 5º desta Lei:

Pena – detenção, de 1 (um) a 3 (três) anos, e multa.

Art. 25. Praticar engenharia genética em célula germinal humana, zigoto humano ou embrião humano:

Pena – reclusão, de 1 (um) a 4 (quatro) anos, e multa.

Art. 26. Realizar clonagem humana:

Pena – reclusão, de 2 (dois) a 5 (cinco) anos, e multa.

Art. 27. Liberar ou descartar OGM no meio ambiente, em desacordo com as normas estabelecidas pela CTNBio e pelos órgãos e entidades de registro e fiscalização:

Pena – reclusão, de 1 (um) a 4 (quatro) anos, e multa.

§ 1º VETADO.

§ 2º Agrava-se a pena:

I – de 1/6 (um sexto) a 1/3 (um terço), se resultar dano à propriedade alheia;

II – de 1/3 (um terço) até a metade, se resultar dano ao meio ambiente;

III – da metade até 2/3 (dois terços), se resultar lesão corporal de natureza grave em outrem;

IV – de 2/3 (dois terços) até o dobro, se resultar a morte de outrem.

Art. 28. Utilizar, comercializar, registrar, patentear e licenciar tecnologias genéticas de restrição do uso:

Pena – reclusão, de 2 (dois) a 5 (cinco) anos, e multa.

Art. 29. Produzir, armazenar, transportar, comercializar, importar ou exportar OGM ou seus derivados, sem autorização ou em desacordo com as normas estabelecidas pela CTNBio e pelos órgãos e entidades de registro e fiscalização:

Pena – reclusão, de 1 (um) a 2 (dois) anos, e multa.

CAPÍTULO IX
DISPOSIÇÕES FINAIS E TRANSITÓRIAS

Art. 30. Os OGM que tenham obtido decisão técnica da CTNBio favorável a sua liberação comercial até a entrada em vigor desta Lei poderão ser registrados e comercializados, salvo manifestação contrária do CNBS, no prazo de 60 (sessenta) dias, a contar da data da publicação desta Lei.

Art. 31. A CTNBio e os órgãos e entidades de registro e fiscalização, referidos no art. 16 desta Lei, deverão rever suas deliberações de caráter normativo, no prazo de 120 (cento e vinte) dias, a fim de promover sua adequação às disposições desta Lei.

Art. 32. Permanecem em vigor os Certificados de Qualidade em Biossegurança, comunicados e decisões técnicas já emitidos pela CTNBio, bem como, no que não contrariarem o disposto nesta Lei, os atos normativos emitidos ao amparo da Lei nº 8.974, de 5 de janeiro de 1995.

Art. 33. As instituições que desenvolverem atividades reguladas por esta Lei na data de sua publicação deverão adequar-se as suas disposições no prazo de 120 (cento e vinte) dias, contado da publicação do decreto que a regulamentar.

Art. 34. Ficam convalidados e tornam-se permanentes os registros provisórios concedidos sob a égide da Lei nº 10.814, de 15 de dezembro de 2003.

Art. 35. Ficam autorizadas a produção e a comercialização de sementes de cultivares de soja geneticamente modificadas tolerantes a glifosato registradas no Registro Nacional de Cultivares – RNC do Ministério da Agricultura, Pecuária e Abastecimento.

Art. 36. Fica autorizado o plantio de grãos de soja geneticamente modificada tolerante a glifosato, reservados pelos produtores rurais para uso próprio, na safra 2004/2005, sendo vedada a comercialização da produção como semente.

Parágrafo único. O Poder Executivo poderá prorrogar a autorização de que trata o *caput* deste artigo.

Art. 37. A descrição do Código 20 do Anexo VIII da Lei nº 6.938, de 31 de agosto de 1981, acrescido pela Lei nº 10.165, de 27 de dezembro de 2000, passa a vigorar com a seguinte redação:

- Optamos por não publicar a alteração do Anexo VIII nesta edição.

Art. 38. VETADO.

Art. 39. Não se aplica aos OGM e seus derivados o disposto na Lei nº 7.802, de 11 de julho de 1989, e suas alterações, exceto para os casos em que eles sejam desenvolvidos para servir de matéria-prima para a produção de agrotóxicos.

Art. 40. Os alimentos e ingredientes alimentares destinados ao consumo humano ou animal que contenham ou sejam produzidos a partir de OGM ou derivados deverão conter informação nesse sentido em seus rótulos, conforme regulamento.

Art. 41. Esta Lei entra em vigor na data de sua publicação.

Art. 42. Revogam-se a Lei nº 8.974, de 5 de janeiro de 1995, a Medida Provisória nº 2.191-9, de 23 de agosto de 2001, e os arts. 5º, 6º, 7º, 8º, 9º, 10 e 16 da Lei nº 10.814, de 15 de dezembro de 2003.

Brasília, 24 de março de 2005;
184º da Independência e
117º da República.

Luiz Inácio Lula da Silva

LEI Nº 11.284, DE 2 DE MARÇO DE 2006

Dispõe sobre a gestão de florestas públicas para a produção sustentável; institui, na estrutura do Ministério do Meio Ambiente, o Serviço Florestal Brasileiro – SFB; cria o Fundo Nacional de Desenvolvimento Florestal – FNDF; altera as Leis nºs 10.683, de 28 de maio de 2003, 5.868, de 12 de dezembro de 1972, 9.605, de 12 de fevereiro de 1998, 4.771, de 15 de setembro de 1965, 6.938, de 31 de agosto de 1981, e 6.015, de 31 de dezembro de 1973; e dá outras providências.

- Publicada no *DOU* de 3-3-2006.
- A referida Lei nº 4.771, de 15-9-1965, foi revogada pela Lei nº 12.651, de 25-5-2012 (Novo Código Florestal).
- Lei nº 6.902, de 27-4-1981 (Lei das Estações Ecológicas e das Áreas de Proteção Ambiental).
- Lei nº 9.985, de 18-7-2000 (Lei do Sistema Nacional de Unidades de Conservação da Natureza).
- Lei nº 11.428, de 22-12-2006 (Lei de Proteção do Bioma Mata Atlântica).
- Lei nº 12.651, de 25-5-2012 (Novo Código Florestal).
- Dec. nº 6.063, de 20-3-2007, regulamenta esta Lei.
- Art. 40 do Anexo I do Dec. nº 6.101, de 26-4-2007, que atribui à Comissão de Gestão de Florestas Públicas as competências estabelecidas nesta Lei.
- Dec. nº 12.046, de 5-6-2024, regulamenta esta lei.

TÍTULO I – DISPOSIÇÕES PRELIMINARES

CAPÍTULO ÚNICO
DOS PRINCÍPIOS E DEFINIÇÕES

Art. 1º Esta Lei dispõe sobre a gestão de florestas públicas para produção sustentável, institui o Serviço Florestal Brasileiro – SFB, na estrutura do Ministério do Meio Ambiente, e cria o Fundo Nacional de Desenvolvimento Florestal – FNDF.

Art. 2º Constituem princípios da gestão de florestas públicas:

I – a proteção dos ecossistemas, do solo, da água, da biodiversidade e valores culturais associados, bem como do patrimônio público;

II – o estabelecimento de atividades que promovam o uso eficiente e racional das florestas e que contribuam para o cumprimento das metas do desenvolvimento sustentável local, regional e de todo o País;

III – o respeito ao direito da população, em especial das comunidades locais, de acesso às florestas públicas e aos benefícios decorrentes de seu uso e conservação;

IV – a promoção do processamento local e o incentivo ao incremento da agregação de valor aos produtos e serviços da floresta, bem como à diversificação industrial, ao desenvolvimento tecnológico, à utilização e à capacitação de empreendedores locais e da mão de obra regional;

V – o acesso livre de qualquer indivíduo às informações referentes à gestão de florestas públicas, nos termos da Lei nº 10.650, de 16 de abril de 2003;

VI – a promoção e difusão da pesquisa florestal, faunística e edáfica, relacionada à conservação, à recuperação e ao uso sustentável das florestas;

VII – o fomento ao conhecimento e a promoção da conscientização da população sobre a importância da conservação, da recuperação e do manejo sustentável dos recursos florestais;

VIII – a garantia de condições estáveis e seguras que estimulem investimentos de longo prazo no manejo, na conservação e na recuperação das florestas.

§ 1º Os Estados, o Distrito Federal e os Municípios promoverão as adaptações necessárias de sua legislação às prescrições desta Lei, buscando atender às peculiaridades das diversas modalidades de gestão de florestas públicas.

§ 2º Os Estados, o Distrito Federal e os Municípios, na esfera de sua competência e em relação às florestas públicas sob sua jurisdição, poderão elaborar normas supletivas e complementares e estabelecer padrões relacionados à gestão florestal.

§ 3º Caberá ao poder público empregar os meios e esforços necessários para evitar e reprimir invasões nas áreas concedidas e sujeitas à concessão florestal, de ofício ou a partir do recebimento da comunicação a ser realizada pelo concessionário nos termos do inciso III do *caput* do art. 31 desta Lei, sem prejuízo da legitimidade ativa do concessionário para a defesa e a retomada da posse, inclusive por via judicial.

▸ § 3º acrescido pela Lei nº 14.590, de 24-5-2023.

Art. 3º Para os fins do disposto nesta Lei, consideram-se:

I – florestas públicas: florestas, naturais ou plantadas, localizadas nos diversos biomas brasileiros, em bens sob o domínio da União, dos Estados, dos Municípios, do Distrito Federal ou das entidades da administração indireta;

II – recursos florestais: elementos ou características de determinada floresta, potencial ou efetivamente geradores de produtos ou serviços florestais;

III – produtos florestais: produtos madeireiros e não madeireiros gerados pelo manejo florestal sustentável;

IV – serviços florestais: turismo e outras ações ou benefícios decorrentes do manejo e conservação da floresta, não caracterizados como produtos florestais;

V – ciclo: período decorrido entre 2 (dois) momentos de colheita de produtos florestais numa mesma área;

VI – manejo florestal sustentável: administração da floresta para a obtenção de benefícios econômicos, sociais e ambientais, respeitando-se os mecanismos de sustentação do ecossistema objeto do manejo e considerando-se, cumulativa ou alternativamente, a utilização de múltiplas espécies madeireiras, de múltiplos produtos e subprodutos não madeireiros, bem como a utilização de outros bens e serviços de natureza florestal;

▸ Art. 2º, parágrafo único, do Dec. nº 5.975, de 30-11-2006, que dispõe sobre o Plano de Manejo Florestal Sustentável – PMFS.

VII – concessão florestal: delegação onerosa, feita pelo poder concedente, do direito de praticar atividades de manejo florestal sustentável, de restauração florestal e de exploração de produtos e serviços em unidade de manejo, conforme especificado no objeto do contrato de concessão, mediante licitação, à pessoa jurídica, em consórcio ou não, que atenda às exigências do respectivo edital de licitação e demonstre capacidade para seu desempenho, por sua conta e risco e por prazo determinado;

VIII – unidade de manejo: perímetro definido a partir de critérios técnicos, socioculturais, econômicos e ambientais, objeto de um Plano de Manejo Florestal Sustentável (PMFS) ou utilizado para atividades de restauração florestal ou de exploração de demais serviços e produtos, localizado em florestas públicas, podendo conter áreas degradadas;

▸ Incisos VII e VIII com a redação dada pela Lei nº 14.590, de 24-5-2023.

IX – lote de concessão florestal: conjunto de unidades de manejo a serem licitadas;

X – comunidades locais: populações tradicionais e outros grupos humanos, organizados por gerações sucessivas, com estilo de vida relevante à conservação e à utilização sustentável da diversidade biológica;

▸ Art. 14, *caput*, do Dec. nº 6.063, de 20-3-2007, que regulamenta esta Lei.

XI – auditoria florestal: ato de avaliação independente e qualificada de atividades florestais e obrigações econômicas, sociais e ambientais assumidas de acordo com o PMFS e o contrato de concessão florestal, executada por entidade reconhecida pelo órgão gestor, mediante procedimento administrativo específico;

XII – inventário amostral: levantamento de informações qualitativas e quantitativas sobre determinada floresta, utilizando-se processo de amostragem;

XIII – órgão gestor: órgão ou entidade do poder concedente com a competência de disciplinar e conduzir o processo de outorga da concessão florestal;

XIV – órgão consultivo: órgão com representação do Poder Público e da sociedade civil, com a finalidade de assessorar, avaliar e propor diretrizes para a gestão de florestas públicas;

XV – poder concedente: União, Estado, Distrito Federal ou Município.

§ 1º As modalidades de concessão previstas nesta Lei não se confundem com as concessões de serviços, de áreas ou de instalações de unidades de conservação.

§ 2º As atividades de restauração florestal podem incluir sistemas agroflorestais que combinem espécies nativas e exóticas de interesse econômico e ecológico, conforme regulamento.

▸ §§ 1º e 2º acrescidos pela Lei nº 14.590, de 24-5-2023.

TÍTULO II – DA GESTÃO DE FLORESTAS PÚBLICAS PARA PRODUÇÃO SUSTENTÁVEL

CAPÍTULO I – DISPOSIÇÕES GERAIS

Art. 4º A gestão de florestas públicas para produção sustentável compreende:

I – a criação de florestas nacionais, estaduais e municipais, nos termos do art. 17 da Lei nº 9.985, de 18 de julho de 2000, e sua gestão direta;

II – a destinação de florestas públicas às comunidades locais, nos termos do art. 6º desta Lei;

III – a concessão florestal, incluindo florestas naturais ou plantadas e as unidades de manejo das áreas protegidas referidas no inciso I do *caput* deste artigo.

CAPÍTULO II – DA GESTÃO DIRETA

Art. 5º O Poder Público poderá exercer diretamente a gestão de florestas nacionais, estaduais e municipais criadas nos termos do art. 17 da Lei nº 9.985, de 18 de julho de 2000, sendo-lhe facultado, para execução de atividades subsidiárias, firmar convênios, termos de parceria, contratos ou instrumentos similares com terceiros, observados os procedimentos licitatórios e demais exigências legais pertinentes.

§ 1º A duração dos contratos e instrumentos similares a que se refere o *caput* deste artigo fica limitada a 120 (cento e vinte) meses.

§ 2º Nas licitações para as contratações de que trata este artigo, além do preço, poderá ser considerado o critério da melhor técnica previsto no inciso II do *caput* do art. 26 desta Lei.

CAPÍTULO III – DA DESTINAÇÃO ÀS COMUNIDADES LOCAIS

Art. 6º Antes da realização das concessões florestais, as florestas públicas ocupadas ou utilizadas por comunidades locais serão identificadas para a destinação, pelos órgãos competentes, por meio de:

I – criação de reservas extrativistas e reservas de desenvolvimento sustentável, observados os requisitos previstos da Lei nº 9.985, de 18 de julho de 2000;

II – concessão de uso, por meio de projetos de assentamento florestal, de desenvolvimento sustentável, agroextrativistas ou outros similares, nos termos do art. 189 da Constituição Federal e das diretrizes do Programa Nacional de Reforma Agrária;

III – outras formas previstas em lei.

§ 1º A destinação de que trata o *caput* deste artigo será feita de forma não onerosa para o beneficiário e efetuada em ato administrativo próprio, conforme previsto em legislação específica.

§ 2º Sem prejuízo das formas de destinação previstas no *caput* deste artigo, as comunidades locais poderão participar das licitações previstas no Capítulo IV deste Título, por meio de associações comunitárias, cooperativas ou outras pessoas jurídicas admitidas em lei.

§ 3º O Poder Público poderá, com base em condicionantes socioambientais definidas em regulamento, regularizar posses de comunidades locais sobre as áreas por elas tradicionalmente ocupadas ou utilizadas, que sejam imprescindíveis à conservação dos recursos ambientais essenciais para sua reprodução física e cultural, por meio de concessão de direito real de uso ou outra forma admitida em lei, dispensada licitação.

CAPÍTULO IV
DAS CONCESSÕES FLORESTAIS

Seção I
DISPOSIÇÕES GERAIS

Art. 7º A concessão florestal será autorizada em ato do poder concedente e formalizada mediante contrato, que deverá observar os termos desta Lei, das normas pertinentes e do edital de licitação.

Parágrafo único. Os relatórios ambientais preliminares, licenças ambientais, relatórios de impacto ambiental, contratos, relatórios de fiscalização e de auditorias e outros documentos relevantes do processo de concessão florestal serão disponibilizados por meio da Rede Mundial de Computadores, sem prejuízo do disposto no art. 25 desta Lei.

Art. 8º A publicação do edital de licitação de cada lote de concessão florestal deverá ser precedida de audiência pública, por região, realizada pelo órgão gestor, nos termos do regulamento, sem prejuízo de outras formas de consulta pública.

Seção II
DO PLANO PLURIANUAL DE OUTORGA FLORESTAL

► Denominação da Seção com a redação dada pela Lei nº 14.590, de 24-5-2023.

Art. 9º São elegíveis para fins de concessão florestal as unidades de manejo previstas no Plano Plurianual de Outorga Florestal (PPAOF).

► Artigo com a redação dada pela Lei nº 14.590, de 24-5-2023.

Art. 10. O PPAOF, proposto pelo órgão gestor e definido pelo poder concedente, conterá o conjunto de florestas públicas a serem submetidas a processos de concessão no período em que vigorar.

► *Caput* com a redação dada pela Lei nº 14.590, de 24-5-2023.

§ 1º O PPAOF será submetido pelo órgão gestor à manifestação do órgão consultivo da respectiva esfera de governo.

§ 2º A inclusão de novas áreas de florestas públicas sob o domínio da União no PPAOF requer manifestação prévia do órgão ou entidade do Poder Executivo federal competente pela administração do patrimônio imobiliário da União.

§ 3º O PPAOF deverá ser previamente apreciado pelo Conselho de Defesa Nacional quando estiverem incluídas áreas situadas na faixa de fronteira definida no § 2º do art. 20 da Constituição Federal.

► §§ 1º a 3º com a redação dada pela Lei nº 14.590, de 24-5-2023.

§ 4º VETADO.

§ 5º O prazo de vigência do PPAOF será de 4 (quatro) anos, com prazos compatíveis com o Plano Plurianual (PPA).

§ 6º O PPAOF poderá ser alterado ao longo do seu prazo de vigência, respeitados os mesmos procedimentos necessários para sua elaboração e aprovação.

► §§ 5º e 6º acrescidos pela Lei nº 14.590, de 24-5-2023.

Art. 11. O PPAOF para concessão florestal considerará:

► *Caput* com a redação dada pela Lei nº 14.590, de 24-5-2023.

I – as políticas e o planejamento para o setor florestal, a reforma agrária, a regularização fundiária, a agricultura, o meio ambiente, os recursos hídricos, o ordenamento territorial e o desenvolvimento regional;

II – o Zoneamento Ecológico-Econômico – ZEE nacional e estadual e demais instrumentos que disciplinam o uso, a ocupação e a exploração dos recursos ambientais;

III – a exclusão das unidades de conservação de proteção integral, das reservas de desenvolvimento sustentável, das reservas extrativistas, das reservas de fauna e das áreas de relevante interesse ecológico, salvo quanto a atividades expressamente admitidas no plano de manejo da unidade de conservação;

IV – a exclusão das terras indígenas, das áreas ocupadas por comunidades locais e das áreas de interesse para a criação de unidades de conservação de proteção integral;

V – as áreas de convergência com as concessões de outros setores, conforme regulamento;

VI – as normas e as diretrizes governamentais relativas à faixa de fronteira e outras áreas consideradas indispensáveis para a defesa do território nacional;

VII – as políticas públicas dos Estados, dos Municípios e do Distrito Federal.

§ 1º Além do disposto no *caput* deste artigo, o PPAOF da União considerará os PPAOFs dos Estados, dos Municípios e do Distrito Federal.

§ 2º O PPAOF deverá observar as áreas destinadas às comunidades locais de que trata o art. 6º desta Lei.

§ 3º O PPAOF deve conter disposições direcionadas a auxiliar o planejamento do monitoramento e fiscalização ambiental a cargo dos órgãos do Sistema Nacional do Meio Ambiente (SISNAMA).

► §§ 1º a 3º com a redação dada pela Lei nº 14.590, de 24-5-2023.

Seção III
DO PROCESSO DE OUTORGA

Art. 12. O poder concedente publicará, previamente ao edital de licitação, ato justificando a conveniência da concessão florestal, caracterizando seu objeto e a unidade de manejo.

Art. 13. As licitações para concessão florestal observarão os termos desta Lei e, supletivamente, da legislação própria, respeitados os princípios da legalidade, moralidade, publicidade, igualdade, do julgamento por critérios objetivos e da vinculação ao instrumento convocatório.

§ 1º As licitações para concessão florestal serão realizadas na modalidade concorrência e outorgadas a título oneroso.

§ 2º Nas licitações para concessão florestal, é vedada a declaração de inexigibilidade prevista no art. 74 da Lei nº 14.133, de 1º de abril de 2021.

► § 2º com a redação dada pela Lei nº 14.590, de 24-5-2023.

Seção IV
DO OBJETO DA CONCESSÃO

Art. 14. A concessão florestal terá como objeto a exploração de produtos e serviços florestais, contratualmente especificados, em unidade de manejo de floresta pública, com perímetro *georreferenciado*, registrada no respectivo cadastro de florestas públicas e incluída no lote de concessão florestal.

Parágrafo único. Fica instituído o Cadastro Nacional de Florestas Públicas, interligado ao Sistema Nacional de Cadastro Rural e integrado:

I – pelo Cadastro Geral de Florestas Públicas da União;

II – pelos cadastros de florestas públicas dos Estados, do Distrito Federal e dos Municípios.

Art. 15. O objeto de cada concessão será fixado no edital, que definirá os produtos florestais e serviços cuja exploração será autorizada.

Art. 16. A concessão florestal confere ao concessionário somente os direitos expressamente previstos no contrato de concessão.

§ 1º É vedada a outorga de qualquer dos seguintes direitos no âmbito da concessão florestal:

► Art. 50 do Dec. nº 6.063, de 20-3-2007, que regulamenta esta Lei.

I – titularidade imobiliária ou preferência em sua aquisição;

II – *Revogado*. Lei nº 14.590, de 24-5-2023;

III – uso dos recursos hídricos acima do especificado como insignificante, nos termos da Lei nº 9.433, de 8 de janeiro de 1997;

IV – exploração dos recursos minerais;

V – exploração de recursos pesqueiros ou da fauna silvestre;

V e VI – *Revogados*. Lei nº 14.590, de 24-5-2023.

§ 2º Ressalvadas as áreas ocupadas ou utilizadas por comunidades locais, o contrato de concessão poderá prever a transferência de titularidade dos créditos de carbono do poder concedente ao concessionário, durante o período da concessão, bem como o direito de comercializar certificados representativos de créditos de carbono e serviços ambientais associados, conforme regulamento.

► § 2º com a redação dada pela Lei nº 14.590, de 24-5-2023.

§ 3º O manejo da fauna silvestre pelas comunidades locais observará a legislação específica.

§ 4º Também poderá ser incluída no objeto da concessão a exploração de produtos e de serviços florestais não madeireiros, desde que realizada nas respectivas unidades de manejo florestal, nos termos do regulamento.

► § 4º acrescido pela Lei nº 14.590, de 24-5-2023.

Art. 17. Os produtos de uso tradicional e de subsistência para as comunidades locais serão excluídos do objeto da concessão e explicitados no edital, juntamente com a definição das restrições e da responsabilidade pelo manejo das espécies das quais derivam esses produtos, bem como por eventuais prejuízos ao meio ambiente e ao poder concedente.

► Art. 18 do Dec. nº 6.063, de 20-3-2007, que regulamenta esta Lei.

Seção V
DO LICENCIAMENTO AMBIENTAL

Art. 18. A exploração de florestas nativas e formações sucessoras de domínio público dependerá de licenciamento pelo órgão competente do SISNAMA, mediante aprovação prévia do PMFS, conforme o Capítulo VII da Lei nº 12.651, de 25 de maio de 2012, exceto as concessões para conservação e para restauração, que serão dispensadas do licenciamento ambiental.

▸ *Caput* com a redação dada pela Lei nº 14.590, de 24-5-2023.

§§ 1º a 8º *Revogados*. Lei nº 14.590, de 24-5-2023.

§ 9º Os procedimentos relativos à autorização ou à licença ambiental das atividades de restauração florestal ou de exploração de outros serviços e produtos observarão o disposto em legislação específica.

▸ § 9º acrescido pela Lei nº 14.590, de 24-5-2023.

Seção VI

DA HABILITAÇÃO

Art. 19. Além de outros requisitos previstos na Lei nº 14.133, de 1º de abril de 2021, exige-se para habilitação nas licitações de concessão florestal a comprovação de ausência de:

▸ *Caput* com a redação dada pela Lei nº 14.590, de 24-5-2023.

I – débitos inscritos na dívida ativa relativos a infração ambiental nos órgãos competentes integrantes do SISNAMA;

II – decisões condenatórias, com trânsito em julgado, em ações penais relativas a crime contra o meio ambiente ou a ordem tributária ou a crime previdenciário, observada a reabilitação de que trata o art. 93 do Decreto-lei nº 2.848, de 7 de dezembro de 1940 – Código Penal.

§ 1º Somente poderão ser habilitadas nas licitações para concessão florestal empresas ou outras pessoas jurídicas constituídas sob as leis brasileiras e que tenham sede e administração no País.

§ 2º Os órgãos do SISNAMA organizarão sistema de informações unificado, tendo em vista assegurar a emissão do comprovante requerido no inciso I do *caput* deste artigo.

Seção VII

DO EDITAL DE LICITAÇÃO

Art. 20. O edital de licitação será elaborado pelo poder concedente, observados os critérios e as normas gerais da Lei nº 14.133, de 1º de abril de 2021, e conterá, especialmente:

▸ *Caput* com a redação dada pela Lei nº 14.590, de 24-5-2023.

I – o objeto, com a descrição dos produtos e dos serviços a serem explorados;

II – a delimitação da unidade de manejo, com localização e topografia, além de mapas e imagens de satélite e das informações públicas disponíveis sobre a unidade;

III – os resultados do inventário amostral;

IV – o prazo da concessão e as condições de prorrogação;

V – a descrição da infraestrutura disponível;

VI – as condições e datas para a realização de visitas de reconhecimento das unidades de manejo e levantamento de dados adicionais;

VII – a descrição das condições necessárias à exploração sustentável dos produtos e serviços florestais;

VIII – os prazos e os procedimentos para recebimento das propostas, julgamento da licitação, assinatura do contrato e convocação de licitantes remanescentes;

▸ Inciso VIII com a redação dada pela Lei nº 14.590, de 24-5-2023.

IX – o período, com data de abertura e encerramento, o local e o horário em que serão fornecidos aos interessados os dados, estudos e projetos necessários à elaboração dos orçamentos e apresentação das propostas;

X – os critérios e a relação dos documentos exigidos para a aferição da idoneidade financeira, da regularidade jurídica e fiscal e da capacidade técnica;

▸ Inciso X com a redação dada pela Lei nº 14.590, de 24-5-2023.

XI – os critérios, os indicadores, as fórmulas e parâmetros a serem utilizados no julgamento da proposta;

XII – o preço mínimo da concessão e os critérios de reajuste e revisão;

XIII – a descrição das garantias financeiras e dos seguros exigidos;

XIV – as características dos bens reversíveis, incluindo as condições em que se encontram aqueles já existentes;

XV – as condições de liderança da empresa ou pessoa jurídica responsável, na hipótese em que for permitida a participação de consórcio;

XVI – a minuta do respectivo contrato, que conterá as cláusulas essenciais referidas no art. 30 desta Lei;

XVII – as condições de extinção do contrato de concessão; e

▸ Inciso XVII com a redação dada pela Lei nº 14.590, de 24-5-2023.

XVIII – as regras para que o concessionário possa explorar a comercialização de crédito por serviços ambientais, inclusive de carbono ou instrumentos congêneres, de acordo com regulamento.

▸ Inciso XVIII acrescido pela Lei nº 14.590, de 24-5-2023.

§ 1º As exigências previstas nos incisos II e III do *caput* deste artigo serão adaptadas à escala da unidade de manejo florestal, caso não se justifique a exigência do detalhamento.

§ 2º O edital será submetido a audiência pública previamente ao seu lançamento, nos termos do art. 8º desta Lei.

§ 3º Para fins do disposto no inciso X do *caput* deste artigo, na hipótese de consórcio, será admitido o somatório dos quantitativos de cada consorciado para a aferição da capacidade técnica.

§ 4º O edital deverá prever a seguinte ordem entre as etapas de julgamento e habilitação:

I – encerrada a fase de classificação das propostas, será aberto o envelope com os documentos de habilitação do licitante mais bem classificado, para verificação do atendimento das condições fixadas no edital;

II – verificado o atendimento das exigências do edital, o licitante será declarado vencedor;

III – inabilitado o licitante mais bem classificado, serão analisados os documentos de habilitação do licitante classificado em segundo lugar, e assim sucessivamente, até que um dos licitantes atenda às condições fixadas no edital;

IV – proclamado o resultado do certame, o objeto será adjudicado ao vencedor nas condições técnicas e econômicas por ele ofertadas.

§ 5º O edital poderá definir percentual de participação do poder concedente nos recursos recebidos a título de crédito de carbono pelo concessionário.

▸ §§ 3º a 5º acrescidos pela Lei nº 14.590, de 24-5-2023.

Art. 21. As garantias e os seguros previstos no inciso XIII do *caput* do art. 20 desta Lei:

▸ *Caput* com a redação dada pela Lei nº 14.590, de 24-5-2023.

▸ Art. 47 do Dec. nº 6.063, de 20-3-2007, que regulamenta esta Lei.

I – incluirão seguro de responsabilidade civil contra eventuais danos causados ao meio ambiente ou a terceiros, como consequência da execução das operações relativas à prática de manejo florestal;

▸ Inciso I com a redação dada pela Lei nº 14.590, de 24-5-2023.

II – poderão incluir, nos termos de regulamento, a cobertura do desempenho do concessionário em termos de produção florestal;

III – incluirão garantia de execução contratual destinada à cobertura de inadimplência de obrigações contratuais e sanções por descumprimento contratual.

▸ Inciso III acrescido pela Lei nº 14.590, de 24-5-2023.

§ 1º *Revogado*. Lei nº 14.590, de 24-5-2023.

§ 1º-A. O ato convocatório definirá os valores a serem caucionados sob a forma de garantia de execução e de cobertura para danos, na forma do regulamento.

§ 1º-B. A execução do seguro de responsabilidade civil será deduzida do montante de eventual reparação civil a que for condenado o infrator, por atividades associadas à execução do contrato de concessão florestal.

§ 1º-C. A prestação integral do seguro e da garantia de execução contratual pode ser efetuada em fases, de acordo com a implementação dos contratos e das atividades de manejo florestal sustentável, nos termos do regulamento.

▸ §§ 1º-A a 1º-C acrescidos pela Lei nº 14.590, de 24-5-2023.

§ 2º São modalidades de garantia aquelas previstas na forma da lei para contratos firmados com a administração pública.

▸ *Caput* do § 2º com a redação dada pela Lei nº 14.590, de 24-5-2023.

I a V – *Revogados*. Lei nº 14.590, de 24-5-2023.

§ 3º Para concessão florestal a pessoas jurídicas de pequeno porte, microempresas e associações de comunidades locais, serão previstas em regulamento formas alternativas de fixação de seguros e de garantias.

▸ § 3º com a redação dada pela Lei nº 14.590, de 24-5-2023.

§ 4º O seguro e a garantia serão reajustados na forma do regulamento e do ato convocatório.

▸ § 4º acrescido pela Lei nº 14.590, de 24-5-2023.

Art. 22. Quando permitida na licitação a participação de pessoa jurídica em consórcio, observar-se-ão, adicionalmente aos requisitos referidos no art. 19 desta Lei, os seguintes requisitos:

I – comprovação de compromisso, público ou particular, de constituição de consórcio, subscrito pelas consorciadas;

II – indicação da empresa-líder, que deverá atender às condições de liderança estipuladas no edital e será a representante das consorciadas perante o poder concedente;

III – apresentação dos documentos de que trata o inciso X do *caput* do art. 20 desta Lei, por parte de cada consorciada;

IV – comprovação de cumprimento da exigência constante do inciso XV do *caput* do art. 20 desta Lei;

V – impedimento de participação de empresas consorciadas na mesma licitação, por intermédio de mais de 1 (um) consórcio ou isoladamente.

§ 1º O licitante vencedor ficará obrigado a promover, antes da celebração do contrato, a constituição e registro do consórcio, nos termos do compromisso referido no inciso I do *caput* deste artigo.

§ 2º A pessoa jurídica líder do consórcio é responsável pelo cumprimento do contrato de concessão perante o poder concedente, sem prejuízo da responsabilidade solidária das demais consorciadas.

§ 3º As alterações na constituição dos consórcios deverão ser submetidas previamente ao poder concedente para a verificação da manutenção das condições de habilitação, sob pena de rescisão do contrato de concessão.

Art. 23. É facultado ao poder concedente, desde que previsto no edital, determinar que o licitante vencedor, no caso de consórcio, constitua-se em empresa antes da celebração do contrato.

Art. 24. Os estudos, levantamentos, projetos, obras, despesas ou investimentos já efetuados na unidade de manejo e vinculados ao processo de licitação para concessão, realizados pelo poder concedente ou com a sua autorização, estarão à disposição dos interessados.

§ 1º O edital de licitação indicará os itens, entre os especificados no *caput* deste artigo, e seus respectivos valores, que serão ressarcidos pelo vencedor da licitação.

§ 2º As empresas de pequeno porte, microempresas e associações de comunidades locais ficarão dispensadas do ressarcimento previsto no § 1º deste artigo.

Art. 25. É assegurado a qualquer pessoa o acesso aos contratos, decisões ou pareceres relativos à licitação ou às próprias concessões.

SEÇÃO VIII – DOS CRITÉRIOS DE SELEÇÃO

Art. 26. No julgamento da licitação, a melhor proposta será considerada em razão da combinação dos seguintes critérios:

I – o maior preço ofertado como pagamento ao poder concedente pela outorga da concessão florestal;

II – a melhor técnica, considerando:

a) o menor impacto ambiental;

b) os maiores benefícios sociais diretos;

c e d) Revogadas. Lei nº 14.590, de 24-5-2023.

§ 1º A aplicação dos critérios descritos nos incisos I e II do *caput* deste artigo será previamente estabelecida no edital de licitação, com regras e fórmulas precisas para avaliação ambiental, econômica, social e financeira.

§ 2º Para fins de aplicação do disposto no inciso II do *caput* deste artigo, o edital de licitação conterá parâmetros e exigências para formulação de propostas técnicas.

§ 3º O poder concedente recusará propostas manifestamente inexequíveis ou financeiramente incompatíveis com os objetivos da licitação.

SEÇÃO IX – DO CONTRATO DE CONCESSÃO

Art. 27. Para cada unidade de manejo licitada, será assinado um contrato de concessão exclusivo com um único concessionário, que será responsável por todas as obrigações nele previstas, além de responder pelos prejuízos causados ao poder concedente, ao meio ambiente ou a terceiros, sem que a fiscalização exercida pelos órgãos competentes exclua ou atenue essa responsabilidade.

§ 1º Sem prejuízo da responsabilidade a que se refere o *caput* deste artigo, o concessionário poderá contratar terceiros para o desenvolvimento de atividades inerentes ou subsidiárias ao manejo florestal sustentável dos produtos e à exploração dos serviços florestais concedidos.

▶ Art. 44 do Dec. nº 6.063, de 20-3-2007, que regulamenta este parágrafo.

§ 2º As contratações, inclusive de mão de obra, feitas pelo concessionário serão regidas pelo direito privado, não se estabelecendo qualquer relação jurídica entre os terceiros contratados pelo concessionário e o poder concedente.

§ 3º A execução das atividades contratadas com terceiros pressupõe o cumprimento das normas regulamentares relacionadas a essas atividades.

§ 4º É vedada a subconcessão na concessão florestal.

§ 5º É facultado ao concessionário promover a unificação operacional das atividades de manejo florestal sustentável em unidades de manejo florestal, contínuas ou não, concedidas ao mesmo concessionário, desde que situadas na mesma unidade de conservação ou lote de concessão.

§ 6º A unificação operacional ocorrerá por meio de termo aditivo aos contratos de concessão e permitirá a elaboração de um único PMFS para todas as unidades de manejo e a unificação das Operações florestais, nos termos do regulamento.

§ 7º Os termos aditivos unificarão e manterão as obrigações contratuais, e caberá ao órgão gestor fazer as adequações necessárias decorrentes do ganho de escala da operação florestal, por meio da adição dos compromissos assumidos nas propostas vencedoras, de técnica e preço, presentes nos diferentes contratos a serem unificados.

▶ §§ 5º a 7º acrescidos pela Lei nº 14.590, de 24-5-2023.

Art. 28. A transferência do controle societário do concessionário sem prévia anuência do poder concedente implicará a rescisão do contrato e a aplicação das sanções contratuais, sem prejuízo da execução das garantias oferecidas.

Parágrafo único. Para fins de obtenção da anuência referida no *caput* deste artigo, o pretendente deverá:

I – atender às exigências da habilitação estabelecidas para o concessionário;

II – comprometer-se a cumprir todas as cláusulas do contrato em vigor.

Art. 29. Nos contratos de financiamento, os concessionários poderão oferecer em garantia os direitos emergentes da concessão, até o limite que não comprometa a operacionalização e a continuidade da execução, pelo concessionário, do PMFS ou das demais atividades florestais.

Parágrafo único. O limite previsto no *caput* deste artigo será definido pelo órgão gestor.

Art. 30. São cláusulas essenciais do contrato de concessão as relativas:

I – ao objeto, com a descrição dos produtos e dos serviços a serem explorados e da unidade de manejo;

II – ao prazo da concessão;

III – ao prazo máximo para o concessionário iniciar a execução do PMFS, a restauração e as demais atividades relativas a produtos e serviços previstas no objeto do contrato;

▶ Inciso III com a redação dada pela Lei nº 14.590, de 24-5-2023.

IV – ao modo, à forma, às condições e aos prazos da realização das auditorias florestais;

V – ao modo, à forma e às condições de exploração de serviços e prática do manejo florestal, da restauração e das demais atividades relativas a produtos e serviços definidos como objeto da concessão;

▶ Inciso V com a redação dada pela Lei nº 14.590, de 24-5-2023.

VI – aos critérios, aos indicadores, às fórmulas e aos parâmetros definidores da qualidade do meio ambiente;

VII – aos critérios máximos e mínimos de aproveitamento dos recursos florestais;

VIII – às ações de melhoria e recuperação ambiental na área da concessão e seu entorno assumidas pelo concessionário;

IX – à conservação de serviços ecossistêmicos e da biodiversidade assumida pelo concessionário e às ações direcionadas ao benefício da comunidade local, inclusive quanto à sua participação na receita decorrente da comercialização de créditos de carbono ou de serviços ambientais, quando for o caso, nos termos do regulamento;

▶ Inciso IX com a redação dada pela Lei nº 14.590, de 24-5-2023.

X – aos preços e aos critérios e procedimentos para reajuste e revisão;

XI – aos direitos e às obrigações do poder concedente e do concessionário, inclusive os relacionados a necessidades de alterações futuras e modernização, aperfeiçoamento e ampliação dos equipamentos, infraestrutura e instalações;

XII – às garantias e aos seguros a serem oferecidos pelo concessionário;

XIII – à forma de monitoramento e avaliação das instalações, dos equipamentos, dos métodos e práticas de execução do manejo florestal sustentável, da restauração florestal e da exploração de demais serviços e produtos previstos no objeto do contrato;

▶ Incisos XII e XIII com a redação dada pela Lei nº 14.590, de 24-5-2023.

XIV – às penalidades contratuais e administrativas a que se sujeita o concessionário e sua forma de aplicação;

XV – aos casos de extinção do contrato de concessão;

XVI – aos bens reversíveis;

XVII – às condições para revisão e prorrogação;

XVIII – à obrigatoriedade, à forma e à periodicidade da prestação de contas do concessionário ao poder concedente;

XIX – aos critérios de bonificação para o concessionário que atingir melhores índices de desempenho socioambiental que os previstos no contrato, conforme regulamento;

XX – ao foro e ao modo amigável de solução das divergências contratuais.

§ 1º No exercício da fiscalização, o órgão gestor terá acesso aos dados relativos à administração, contabilidade, recursos técnicos, econômicos e financeiros do concessionário, respeitando-se os limites do sigilo legal ou constitucionalmente previsto.

§ 2º Sem prejuízo das atribuições dos órgãos do SISNAMA responsáveis pelo controle e fiscalização ambiental, o órgão gestor poderá suspender a execução de atividades desenvolvidas em desacordo com o contrato de concessão, devendo, nessa hipótese, determinar a imediata correção das irregularidades identificadas.

▶ Art. 51 do Dec. nº 6.063, de 20-3-2007, que regulamenta este parágrafo.

§ 3º A suspensão de que trata o § 2º deste artigo não isenta o concessionário do cumprimento das demais obrigações contratuais.

§ 4º As obrigações previstas nos incisos V a IX do *caput* deste artigo são de relevante interesse ambiental, para os efeitos do art. 68 da Lei nº 9.605, de 12 de fevereiro de 1998.

Art. 31. Incumbe ao concessionário:

I – elaborar e executar o PMFS, a restauração florestal e a exploração de demais serviços e produtos, conforme previsto nas normas técnicas aplicáveis e nas especificações do contrato;

II – evitar ações ou omissões passíveis de gerar danos ao ecossistema ou a qualquer de seus elementos, salvo se os danos decorrerem de invasões praticadas por terceiros, caso em que caberá ao concessionário o cumprimento da comunicação prevista no inciso III deste *caput*;

▶ Incisos I e II com a redação dada pela Lei nº 14.590, de 24-5-2023.

III – informar imediatamente a autoridade competente no caso de ações ou omissões próprias ou de terceiros ou fatos que acarretem danos ao ecossistema, a qualquer de seus elementos ou às comunidades locais;

IV – recuperar as áreas degradadas, quando identificado o nexo de causalidade entre suas ações ou omissões e os danos ocorridos, independentemente de culpa ou dolo, sem prejuízo das responsabilidades contratuais, administrativas, civis ou penais;

V – cumprir e fazer cumprir as normas de manejo florestal, de restauração e de exploração de serviços e produtos, bem como as cláusulas contratuais da concessão;

VI – garantir a execução do ciclo contínuo do manejo florestal, iniciada dentro do prazo máximo fixado no edital;

▶ Incisos V e VI com a redação dada pela Lei nº 14.590, de 24-5-2023.

VII – buscar o uso múltiplo da floresta, nos limites contratualmente definidos e observadas as restrições aplicáveis às áreas de preservação permanente e as demais exigências da legislação ambiental;

VIII – realizar as benfeitorias necessárias na unidade de manejo;

IX – executar as atividades necessárias à manutenção da unidade de manejo e da infraestrutura;

X – comercializar os produtos auferidos em decorrência da execução do objeto do contrato, obtido mediante processo autorizativo específico e legislação vigente;

▶ Inciso X com a redação dada pela Lei nº 14.590, de 24-5-2023.

XI – executar medidas de prevenção e controle de incêndios;

XII – monitorar a execução do PMFS, da restauração e dos demais serviços e produtos, conforme estabelecido em contrato e na legislação vigente;

▶ Inciso XII com a redação dada pela Lei nº 14.590, de 24-5-2023.

XIII – zelar pela integridade dos bens e benfeitorias vinculados à unidade de manejo concedida;

XIV – manter atualizado o inventário e o registro dos bens vinculados à concessão;

XV – elaborar e disponibilizar o relatório anual sobre a execução do objeto da concessão ao órgão gestor, nos termos definidos no contrato;

▶ Inciso XV com a redação dada pela Lei nº 14.590, de 24-5-2023.

XVI – permitir amplo e irrestrito acesso aos encarregados da fiscalização e auditoria, a qualquer momento, às obras, aos equipamentos e às instalações da unidade de manejo, bem como à documentação necessária para o exercício da fiscalização;

XVII – realizar os investimentos ambientais e sociais definidos no contrato de concessão.

§ 1º As benfeitorias permanentes reverterão sem ônus ao titular da área ao final do contrato de concessão, ressalvados os casos previstos no edital de licitação e no contrato de concessão.

§ 2º Constitui requisito indispensável para o início das operações de exploração do objeto da concessão a obtenção da devida autorização ou licença ambiental pelo concessionário, nos termos do art. 18 desta Lei.

▶ § 2º com a redação dada pela Lei nº 14.590, de 24-5-2023.

§ 3º Findo o contrato de concessão, o concessionário fica obrigado a devolver a unidade de manejo ao poder concedente nas condições previstas no contrato de concessão, sob pena de aplicação das devidas sanções contratuais e administrativas, bem como da responsabilização nas esferas penal e civil, inclusive a decorrente da Lei nº 6.938, de 31 de agosto de 1981.

Art. 32. A unidade de manejo deverá apresentar área geograficamente delimitada destinada à reserva absoluta, representativa dos ecossistemas florestais manejados, equivalente a, no mínimo, 5% (cinco por cento) do total da área concedida, para conservação da biodiversidade e para avaliação e monitoramento dos impactos do manejo florestal, da restauração e da exploração dos demais produtos e serviços previstos em contrato.

▶ *Caput* com a redação dada pela Lei nº 14.590, de 24-5-2023.

§ 1º Para efeito do cálculo do percentual previsto no *caput* deste artigo, não serão computadas as áreas de preservação permanente.

§ 2º A área de reserva absoluta não poderá ser objeto de qualquer tipo de exploração econômica.

§ 3º A área de reserva absoluta poderá ser definida pelo órgão gestor previamente ao início das atividades previstas no contrato de concessão.

▶ § 3º com a redação dada pela Lei nº 14.590, de 24-5-2023.

§ 4º Para unidades de manejo florestal localizadas em unidades de conservação, a reserva absoluta poderá ser alocada em zonas de proteção da floresta pública, não atingida a área concedida.

▶ § 4º acrescido pela Lei nº 14.590, de 24-5-2023.

Art. 33. Para fins de garantir o direito de acesso às concessões florestais por pessoas jurídicas de pequeno porte, por microempresas e por médias empresas, serão definidos no PPAOF, nos termos de regulamento, lotes de concessão com várias unidades de manejo de tamanhos diversos, estabelecidos com base em critérios técnicos, que deverão considerar as condições e as necessidades do setor florestal e dos demais setores econômicos envolvidos, as peculiaridades regionais, a estrutura das cadeias produtivas, as infraestruturas locais e o acesso aos mercados.

▶ Artigo com a redação dada pela Lei nº 14.590, de 24-5-2023.

▶ Art. 24, *caput*, do Dec. nº 6.063, de 20-3-2007, que regulamenta este artigo.

Art. 34. Sem prejuízo da legislação pertinente à proteção da concorrência e de outros requisitos estabelecidos em regulamento, deverão ser observadas as seguintes salvaguardas para evitar a concentração econômica:

I – em cada lote de concessão florestal, não poderão ser outorgados a cada concessionário, individualmente ou em consórcio, mais de 2 (dois) contratos;

II – cada concessionário, individualmente ou em consórcio, terá um limite percentual máximo de área de concessão florestal, definido no PAOF.

Parágrafo único. O limite previsto no inciso II do *caput* deste artigo será aplicado sobre o total da área destinada à concessão florestal pelo PAOF e pelos planos anuais de outorga em execução aprovados nos anos anteriores.

Art. 35. O prazo dos contratos de concessão florestal será estabelecido de acordo com o ciclo de colheita ou exploração, considerando o produto ou grupo de produtos com ciclo mais longo incluído no objeto da concessão, podendo ser fixado prazo equivalente a, no mínimo, um ciclo e, no máximo, 40 (quarenta) anos.

Parágrafo único. O prazo dos contratos de concessão exclusivos para exploração de serviços florestais será de, no mínimo, 5 (cinco) e, no máximo, 20 (vinte) anos.

Seção X
DOS PREÇOS FLORESTAIS

Art. 36. O regime econômico e financeiro da concessão florestal, conforme estabelecido no respectivo contrato, compreende:

I – o pagamento de preço calculado sobre os custos de realização do edital de licitação da concessão florestal da unidade de manejo;

II – o pagamento de preço, não inferior ao mínimo definido no edital de licitação, calculado em função da quantidade de produto ou serviço auferido do objeto da concessão ou do faturamento líquido ou bruto;

▶ Art. 40, § 3º, do Dec. nº 6.063, de 20-3-2007, que regulamenta este inciso.

III – a responsabilidade do concessionário de realizar outros investimentos previstos no edital e no contrato;

IV – a indisponibilidade, pelo concessionário, salvo disposição contratual, dos bens considerados reversíveis.

§ 1º O preço referido no inciso I do *caput* deste artigo poderá ser parcelado, e seu valor, forma, prazo e condições de pagamento serão definidos no edital de licitação, com base em critérios técnicos e consideradas as peculiaridades locais.

▶ § 1º com a redação dada pela Lei nº 14.590, de 24-5-2023.

§ 2º A definição do preço mínimo no edital deverá considerar:

I – o estímulo à competição e à concorrência;

II – a garantia de condições de competição do manejo em terras privadas;

III – a cobertura dos custos do sistema de outorga;

IV – a geração de benefícios para a sociedade, aferidos inclusive pela renda gerada;

V – o estímulo ao uso múltiplo da floresta;

VI – a manutenção e a ampliação da competitividade da atividade de base florestal;

VII – as referências internacionais aplicáveis.

§ 3º Será fixado, nos termos de regulamento, valor mínimo a ser exigido anualmente do concessionário, independentemente da produção ou dos valores por ele auferidos com a exploração do objeto da concessão.

▶ Art. 40, *caput*, do Dec. nº 6.063, de 20-3-2007, que regulamenta esta Lei.

§ 4º O valor mínimo previsto no § 3º deste artigo integrará os pagamentos anuais devidos pelo concessionário para efeito do pagamento do preço referido no inciso II do *caput* deste artigo.

§ 5º A soma dos valores pagos com base no § 3º deste artigo não poderá ser superior a 30% (trinta por cento) do preço referido no inciso II do *caput* deste artigo.

Art. 37. O preço referido no inciso II do *caput* do art. 36 desta Lei compreende:

I – o valor estabelecido no contrato de concessão;

II – os valores resultantes da aplicação dos critérios de revisão ou de reajuste, nas condições do respectivo contrato, definidos em ato específico do órgão gestor.

Parágrafo único. A divulgação do ato a que se refere o inciso II do *caput* deste artigo deverá preceder a data de pagamento do preço em, no mínimo, 30 (trinta) dias.

Art. 38. O contrato de concessão referido no art. 27 desta Lei poderá prever o compromisso de investimento mínimo anual do concessionário, destinado à modernização da execução dos PMFS, com vistas na sua sustentabilidade.

Art. 39. Os recursos financeiros oriundos dos preços da concessão florestal de unidades localizadas em áreas de domínio da União serão distribuídos da seguinte forma:

I – o valor referido no § 3º do art. 36 desta Lei será destinado:

a) 70% (setenta por cento) ao órgão gestor para a execução de suas atividades;

b) 30% (trinta por cento) ao Instituto Brasileiro do Meio Ambiente e dos Recursos Naturais Renováveis – IBAMA, para utilização restrita em atividades de controle e fiscalização ambiental de atividades florestais, de unidades de conservação e do desmatamento;

II – o preço pago, excluído o valor mencionado no inciso I do *caput* deste artigo, terá a seguinte destinação:

a) Estados: 30% (trinta por cento), destinados proporcionalmente à distribuição da floresta pública outorgada em suas respectivas jurisdições, para o apoio e promoção da utilização sustentável dos recursos florestais, sempre que o ente beneficiário cumprir com a finalidade deste aporte;

b) Municípios: 30% (trinta por cento), destinados proporcionalmente à distribuição da floresta pública outorgada em suas respectivas jurisdições, para o apoio e promoção da utilização sustentável dos recursos florestais, sempre que o ente beneficiário cumprir com a finalidade deste aporte;

c) Fundo Nacional de Desenvolvimento Florestal – FNDF: 40% (quarenta por cento).

§ 1º Quando os recursos financeiros forem oriundos dos preços da concessão florestal de unidades localizadas em florestas nacionais criadas pela União nos termos do art. 17 da Lei nº 9.985, de 18 de julho de 2000, serão distribuídos da seguinte forma:

I – o valor referido no § 3º do art. 36 desta Lei será destinado ao órgão gestor para a execução de suas atividades;

II – o preço pago, excluído o valor mencionado no inciso I do *caput* deste artigo, terá a seguinte destinação:

a) Instituto Chico Mendes: 40% (quarenta por cento), para utilização restrita na gestão das unidades de conservação de uso sustentável;

▶ Alínea *a* com a redação dada pela Lei nº 11.516, de 28-8-2007.

b) Estados: 20% (vinte por cento), destinados proporcionalmente à distribuição da floresta pública outorgada em suas respectivas jurisdições, para o apoio e promoção da utilização sustentável dos recursos florestais, sempre que o ente beneficiário cumprir com a finalidade deste aporte;

c) Municípios: 20% (vinte por cento), destinados proporcionalmente à distribuição da floresta pública outorgada em suas respectivas jurisdições, para o apoio e promoção da utilização sustentável dos recursos florestais, sempre que o ente beneficiário cumprir com a finalidade deste aporte;

d) FNDF: 20% (vinte por cento).

§ 2º VETADO.

§ 3º O repasse dos recursos a Estados e Municípios previsto neste artigo será condicionado à instituição de conselho de meio ambiente pelo respectivo ente federativo, com participação social, e à aprovação, por este conselho:

I – do cumprimento das metas relativas à aplicação desses recursos referentes ao ano anterior;

II – da programação da aplicação dos recursos do ano em curso.

Art. 40. Os recursos financeiros oriundos dos preços de cada concessão florestal da União serão depositados e movimentados exclusivamente por intermédio dos mecanismos da conta única do Tesouro Nacional, na forma do regulamento.

§ 1º O Tesouro Nacional, trimestralmente, repassará aos Estados e Municípios os recursos recebidos de acordo com o previsto nas alíneas *a* e *b* do inciso II do *caput* e nas alíneas *b* e *c* do inciso II do § 1º, ambos do art. 39 desta Lei.

§ 2º O Órgão Central de Contabilidade da União editará as normas gerais relativas à consolidação das contas públicas aplicáveis aos recursos financeiros oriundos da concessão florestal e à sua distribuição.

Seção XI

DO FUNDO NACIONAL DE DESENVOLVIMENTO FLORESTAL

Art. 41. Fica criado o Fundo Nacional de Desenvolvimento Florestal – FNDF, de natureza contábil, gerido pelo órgão gestor federal, destinado a fomentar o desenvolvimento de atividades sustentáveis de base florestal no Brasil e a promover a inovação tecnológica do setor.

§ 1º Os recursos do FNDF serão aplicados prioritariamente em projetos nas seguintes áreas:

I – pesquisa e desenvolvimento tecnológico em manejo florestal;

II – assistência técnica e extensão florestal;

III – recuperação de áreas degradadas com espécies nativas;

IV – aproveitamento econômico racional e sustentável dos recursos florestais;

V – controle e monitoramento das atividades florestais e desmatamentos;

VI – capacitação em manejo florestal e formação de agentes multiplicadores em atividades florestais;

VII – educação ambiental;

VIII – proteção ao meio ambiente e conservação dos recursos naturais.

§ 2º O FNDF contará com um conselho consultivo, com participação dos entes federativos e da sociedade civil, com a função de opinar sobre a distribuição dos seus recursos e a avaliação de sua aplicação.

§ 3º Aplicam-se aos membros do conselho de que trata o § 2º deste artigo as restrições previstas no art. 59 desta Lei.

§ 4º Adicionalmente aos recursos previstos na alínea *c* do inciso II do *caput* e na alínea *d* do inciso II do § 1º, ambos do art. 39 desta Lei, constituem recursos do FNDF a reversão dos saldos anuais não aplicados, doações realizadas por entidades nacionais ou internacionais, públicas ou privadas, e outras fontes de recursos que lhe forem especificamente destinadas, inclusive orçamentos compartilhados com outros entes da Federação.

§ 5º É vedada ao FNDF a prestação de garantias.

§ 6º Será elaborado plano plurianual de aplicação regionalizada dos recursos do FNDF, e o relatório de sua execução deverá integrar o relatório anual de que trata o § 2º do art. 53 desta Lei, no âmbito da União.

▶ § 6º com a redação dada pela Lei nº 14.590, de 24-5-2023.

§ 7º Os recursos do FNDF somente poderão ser destinados a projetos de órgãos e entidades públicas, ou de entidades privadas sem fins lucrativos.

§ 8º A aplicação dos recursos do FNDF nos projetos de que trata o inciso I do § 1º deste artigo será feita prioritariamente em entidades públicas de pesquisa.

§ 9º A aplicação dos recursos do FNDF nos projetos de que trata o § 1º deste artigo poderá abranger comunidades indígenas, sem prejuízo do atendimento de comunidades locais e outros beneficiários e observado o disposto no § 7º deste artigo.

Seção XII

DAS AUDITORIAS FLORESTAIS

Art. 42. Sem prejuízo das ações de fiscalização ordinárias, as concessões serão submetidas a auditorias florestais, de caráter independente, em prazos não superiores a 3 (três) anos, cujos custos serão de responsabilidade do concessionário.

§ 1º Em casos excepcionais, previstos no edital de licitação, nos quais a escala da atividade florestal torne inviável o pagamento dos custos das auditorias florestais pelo concessionário, o órgão gestor adotará formas alternativas de realização das auditorias, conforme regulamento.

§ 2º As auditorias apresentarão suas conclusões em um dos seguintes termos:

I – constatação de regular cumprimento do contrato de concessão, a ser devidamente validada pelo órgão gestor;

II – constatação de deficiências sanáveis, que condiciona a manutenção contratual ao saneamento de todos os vícios e irregularidades verificados, no prazo máximo de 12 (doze) meses;

▶ Inciso II com a redação dada pela Lei nº 14.590, de 24-5-2023.

III – constatação de descumprimento, que, devidamente validada, implica a aplicação de sanções segundo sua gravidade, incluindo a rescisão contratual, conforme esta Lei.

§ 3º As entidades que poderão realizar auditorias florestais serão reconhecidas em ato administrativo do órgão gestor.

Art. 43. Qualquer pessoa física ou jurídica, de forma justificada e devidamente assistida por profissionais habilitados, poderá fazer visitas de comprovação às operações florestais de campo, sem obstar o regular desenvolvimento das atividades, observados os seguintes requisitos:

I – prévia obtenção de licença de visita no órgão gestor;

II – programação prévia com o concessionário.

Seção XIII

DA EXTINÇÃO DA CONCESSÃO

Art. 44. Extingue-se a concessão florestal por qualquer das seguintes causas:

I – esgotamento do prazo contratual;

II – rescisão;

III – anulação;

IV – falência ou extinção do concessionário e falecimento ou incapacidade do titular, no caso de empresa individual;

V – desistência e devolução, por opção do concessionário, do objeto da concessão.

§ 1º Extinta a concessão, retornam ao titular da floresta pública todos os bens reversíveis, direitos e privilégios transferidos ao concessionário, conforme previsto no edital e estabelecido em contrato.

§ 2º A extinção da concessão autoriza, independentemente de notificação prévia, a ocupação das instalações e a utilização, pelo titular da floresta pública, de todos os bens reversíveis.

§ 3º A extinção da concessão pelas causas previstas nos incisos II, IV e V do *caput* deste artigo autoriza o poder concedente a executar as garantias contratuais, sem prejuízo da responsabilidade civil por danos ambientais prevista na Lei nº 6.938, de 31 de agosto de 1981.

§ 4º A devolução de áreas não implicará ônus para o poder concedente, nem conferirá ao concessionário qualquer direito de indenização pelos bens reversíveis, os quais passarão à propriedade do poder concedente.

§ 5º Em qualquer caso de extinção da concessão, o concessionário fará, por sua conta exclusiva, a remoção dos equipamentos e bens que não sejam objeto de reversão e ficará obrigado a reparar ou indenizar os danos decorrentes de suas atividades e a praticar os atos de recuperação determinados pelos órgãos competentes.

▶ § 5º com a redação dada pela Lei nº 14.590, de 24-5-2023.

§ 6º Extinta a concessão pelas causas previstas nos incisos II, III, IV e V do *caput* deste artigo no prazo de 10 (dez) anos após a assinatura do contrato, fica o poder concedente autorizado a convocar os licitantes remanescentes, na ordem de classificação, para assinar o termo de contrato pelo prazo remanescente do contrato extinto, mediante as seguintes condições, em conformidade com o ato convocatório:

I – aceitar os termos contratuais vigentes assumidos pelo concessionário anterior, inclusive quanto aos preços e à proposta técnica atualizados;

II – manter os bens reversíveis existentes;

III – dar continuidade ao ciclo de produção florestal iniciado.

▶ § 6º acrescido pela Lei nº 14.590, de 24-5-2023.

Art. 45. A inexecução total ou parcial do contrato acarretará, a critério do poder concedente, a rescisão da concessão, a aplicação das sanções contratuais e a execução das garantias, sem prejuízo da responsabilidade civil por danos ambientais prevista na Lei nº 6.938, de 31 de agosto de 1981, e das devidas sanções nas esferas administrativa e penal.

§ 1º A rescisão da concessão poderá ser efetuada unilateralmente pelo poder concedente, quando:

I – o concessionário descumprir cláusulas contratuais ou disposições legais e regulamentares concernentes à concessão;

II – o concessionário descumprir o PMFS, as atividades de restauração ou os demais serviços e produtos previstos em contrato, de forma que afete elementos essenciais de proteção do meio ambiente e a sustentabilidade das atividades;

III – o concessionário paralisar a execução do PMFS, das atividades de restauração ou dos demais serviços e produtos por prazo maior que o previsto em contrato, ressalvadas as hipóteses decorrentes de caso fortuito ou força maior, ou as que, com anuência do órgão gestor, visem à proteção ambiental;

▶ Incisos II e III com a redação dada pela Lei nº 14.590, de 24-5-2023.

IV – descumprimento, total ou parcial, da obrigação de pagamento dos preços florestais;

V – o concessionário perder as condições econômicas, técnicas ou operacionais para manter a regular execução do PMFS, da restauração florestal ou da exploração dos demais serviços e produtos previstos em contrato;

▶ Inciso V com a redação dada pela Lei nº 14.590, de 24-5-2023.

VI – o concessionário não cumprir as penalidades impostas por infrações, nos devidos prazos;

VII – o concessionário não atender a notificação do órgão gestor no sentido de regularizar o exercício de suas atividades;

VIII – o concessionário for condenado em sentença transitada em julgado por crime contra o meio ambiente ou a ordem tributária, ou por crime previdenciário;

IX – ocorrer fato superveniente de relevante interesse público que justifique a rescisão, mediante lei autorizativa específica, com indenização das parcelas de investimento ainda não amortizadas vinculadas aos bens reversíveis que tenham sido realizados;

X – o concessionário submeter trabalhadores a condições degradantes de trabalho ou análogas à de escravo ou explorar o trabalho de crianças e adolescentes.

§ 2º A rescisão do contrato de concessão deverá ser precedida da verificação de processo administrativo, assegurado o direito de ampla defesa.

§ 3º Não será instaurado processo administrativo de inadimplência antes da notificação do concessionário e a fixação de prazo para correção das falhas e transgressões apontadas.

§ 4º Instaurado o processo administrativo e comprovada a inadimplência, a rescisão será efetuada por ato do poder concedente, sem prejuízo da responsabilização administrativa, civil e penal.

§ 5º Rescindido o contrato de concessão, não resultará para o órgão gestor qualquer espécie de responsabilidade em relação aos encargos, ônus, obrigações ou compromissos com terceiros ou com empregados do concessionário.

§ 6º O Poder Público poderá instituir seguro para cobertura da indenização prevista no inciso IX do § 1º deste artigo.

Art. 46. Desistência é o ato formal pelo qual o concessionário manifesta seu desinteresse pela continuidade da concessão.

▶ *Caput* com a redação dada pela Lei nº 14.590, de 24-5-2023.

§ 1º A desistência é condicionada à aceitação expressa do poder concedente e dependerá de avaliação prévia do órgão competente para determinar o cumprimento ou não do PMFS, da restauração florestal e da exploração de demais produtos e serviços conforme especificado em contrato, devendo o desistente assumir o custo dessa avaliação e, conforme o caso, as obrigações emergentes.

▶ § 1º com a redação dada pela Lei nº 14.590, de 24-5-2023.

§ 2º A desistência não desonerará o concessionário de suas obrigações com terceiros.

§ 3º Regulamento detalhará os procedimentos para requerimento e aceitação da desistência, bem como a transição das obrigações do concessionário.

▶ § 3º acrescido pela Lei nº 14.590, de 24-5-2023.

Art. 47. O contrato de concessão poderá ser rescindido por iniciativa do concessionário, no caso de descumprimento das normas contratuais pelo poder concedente, mediante ação judicial especialmente intentada para esse fim.

SEÇÃO XIV

DAS FLORESTAS NACIONAIS, ESTADUAIS E MUNICIPAIS

Art. 48. As concessões em florestas nacionais, estaduais e municipais devem observar o disposto nesta Lei, na Lei nº 9.985, de 18 de julho de 2000, e no plano de manejo da unidade de conservação.

§ 1º A inserção de unidades de manejo dentro de unidades de conservação de uso sustentável no PPAOF requer prévia autorização do órgão gestor da unidade de conservação.

§ 2º Os recursos florestais e demais produtos e serviços não vedados nesta lei presentes nas unidades de manejo de florestas nacionais, estaduais e municipais somente serão objeto de concessão após aprovação do plano de manejo da unidade de conservação, nos termos da Lei nº 9.985, de 18 de julho de 2000.

▶ §§ 1º e 2º com a redação pela Lei nº 14.590, de 24-5-2023.

§ 3º Para a elaboração do edital e do contrato de concessão florestal das unidades de manejo em florestas nacionais, estaduais e municipais, ouvir-se-á o respectivo conselho consultivo, constituído nos termos do art. 17, § 5º, da Lei nº 9.985, de 18 de julho de 2000, o qual acompanhará todas as etapas do processo de outorga.

TÍTULO III – DOS ÓRGÃOS RESPONSÁVEIS PELA GESTÃO E FISCALIZAÇÃO

CAPÍTULO I

DO PODER CONCEDENTE

Art. 49. Cabe ao poder concedente, no âmbito de sua competência, formular as estratégias, políticas, planos e programas para a gestão de florestas públicas e, especialmente:

I – definir o PPAOF;

II – ouvir o órgão consultivo sobre a adoção de ações de gestão de florestas públicas e sobre o PPAOF;

▶ Incisos I e II com a redação pela Lei nº 14.590, de 24-5-2023.

III – definir as áreas a serem submetidas à concessão florestal;

IV – estabelecer os termos de licitação e os critérios de seleção;

V – publicar editais, julgar licitações, promover os demais procedimentos licitatórios, definir os critérios para formalização dos contratos para o manejo florestal sustentável e celebrar os contratos de concessão florestal;

VI – planejar ações voltadas à disciplina do mercado no setor florestal, quando couber.

§ 1º No exercício da competência referida nos incisos IV e V do *caput* deste artigo, o poder concedente poderá delegar ao órgão gestor a operacionalização dos procedimentos licitatórios e a celebração de contratos, nos termos do regulamento.

▶ Art. 60 do Dec. nº 6.063, de 20-3-2007, que regulamenta este parágrafo.

§ 2º No âmbito federal, as competências definidas neste artigo serão exercidas pelo órgão ou entidade competente do Poder Executivo federal, conforme regulamento.

▶ § 2º com a redação pela Lei nº 14.590, de 24-5-2023.

CAPÍTULO II

DOS ÓRGÃOS DO SISNAMA RESPONSÁVEIS PELO CONTROLE E FISCALIZAÇÃO AMBIENTAL

Art. 50. Caberá aos órgãos do SISNAMA responsáveis pelo controle e fiscalização ambiental das atividades florestais em suas respectivas jurisdições:

I – fiscalizar e garantir a proteção das florestas públicas;

II – efetuar em qualquer momento, de ofício, por solicitação da parte ou por denúncia de terceiros, fiscalização da unidade de manejo, independentemente de prévia notificação;

III – aplicar as devidas sanções administrativas em caso de infração ambiental;

IV – *Revogado*. Lei nº 14.590, de 24-5-2023;

V – aprovar e monitorar o PMFS da unidade de manejo das respectivas florestas públicas.

§ 1º Em âmbito federal, o IBAMA exercerá as atribuições previstas neste artigo.

§ 2º O IBAMA deve estruturar formas de atuação conjunta com os órgãos seccionais e locais do SISNAMA para a fiscalização e proteção das florestas públicas, podendo firmar convênios ou acordos de cooperação.

§ 3º Os órgãos seccionais e locais podem delegar ao IBAMA, mediante convênio ou acordo de cooperação, a aprovação e o monitoramento do PMFS das unidades de manejo das florestas públicas estaduais ou municipais e outras atribuições.

CAPÍTULO III

DO ÓRGÃO CONSULTIVO

Art. 51. Sem prejuízo das atribuições do Conselho Nacional do Meio Ambiente (CONAMA), fica instituída a Comissão de Gestão de Florestas Públicas, no âmbito do órgão ou entidade competente do Poder Executivo federal, conforme regulamento, de natureza consultiva, com as funções de exercer, na esfera federal, as atribuições de órgão consultivo previstas nesta Lei e, especialmente:

▶ *Caput* com a redação pela Lei nº 14.590, de 24-5-2023.

I – assessorar, avaliar e propor diretrizes para gestão de florestas públicas da União;

II – manifestar-se sobre o PPAOF da União;

▶ Inciso II com a redação pela Lei nº 14.590, de 24-5-2023.

III – exercer as atribuições de órgão consultivo do SFB.

Parágrafo único. Os Estados, o Distrito Federal e os Municípios disporão sobre o órgão competente para exercer as atribuições de que trata este Capítulo nas respectivas esferas de atuação.

Art. 52. A Comissão de Gestão de Florestas Públicas será composta por representantes do Poder Público, dos empresários, dos trabalhadores, da comunidade científica, dos movimentos sociais e das organizações não governamentais, e terá sua composição e seu funcionamento definidos em regulamento.

Parágrafo único. Os membros da Comissão de Gestão de Florestas Públicas exercem função não remunerada de interesse público relevante, com precedência, na esfera federal, sobre quaisquer cargos públicos de que sejam titulares e, quando convocados, farão jus a transporte e diárias.

CAPÍTULO IV

DO ÓRGÃO GESTOR

Art. 53. Caberá aos órgãos gestores federal, estaduais e municipais, no âmbito de suas competências:

▶ Art. 42, I, do Anexo I do Dec. nº 6.101, de 26-4-2007, que atribui competência ao Serviço Florestal Brasileiro – SFB, para exercer a função de gestor prevista neste artigo.

I – elaborar proposta de PPAOF, a ser submetida ao poder concedente;

▶ Inciso I com a redação pela Lei nº 14.590, de 24-5-2023.

II – disciplinar a operacionalização da concessão florestal;

III – *Revogado*. Lei nº 14.590, de 24-5-2023;

IV – elaborar inventário amostral, relatório ambiental preliminar e outros estudos;

V – publicar editais, julgar licitações, promover os demais procedimentos licitatórios, inclusive audiência e consulta pública, definir os critérios para formalização dos contratos e celebrá-los com concessionários de manejo florestal sustentável, quando delegado pelo poder concedente;

VI – gerir e fiscalizar os contratos de concessão florestal;

VII – dirimir, no âmbito administrativo, as divergências entre concessionários, produtores independentes e comunidades locais;

VIII – controlar e cobrar o cumprimento das metas fixadas no contrato de concessão;

IX – fixar os critérios para cálculo dos preços de que trata o art. 36 desta Lei e proceder à sua revisão e reajuste na forma desta Lei, das normas pertinentes e do contrato;

X – cobrar e verificar o pagamento dos preços florestais e distribuí-los de acordo com esta Lei;

XI – acompanhar e intervir na execução do PMFS, nos casos e condições previstos nesta Lei;

XII – fixar e aplicar as penalidades administrativas e contratuais impostas aos concessionários, sem prejuízo das atribuições dos órgãos do SISNAMA responsáveis pelo controle e fiscalização ambiental;

XIII – indicar ao poder concedente a necessidade de extinção da concessão, nos casos previstos nesta Lei e no contrato;

XIV – estimular o aumento da qualidade, produtividade, rendimento e conservação do meio ambiente nas áreas sob concessão florestal;

XV – dispor sobre a realização de auditorias florestais independentes, conhecer seus resultados e adotar as medidas cabíveis, conforme o resultado;

XVI – disciplinar o acesso às unidades de manejo;

XVII – atuar em estreita cooperação com os órgãos de defesa da concorrência, com vistas em impedir a concentração econômica nos serviços e produtos florestais e na promoção da concorrência;

XVIII – incentivar a competitividade e zelar pelo cumprimento da legislação de defesa da concorrência, monitorando e acompanhando as práticas de mercado dos agentes do setor florestal;

XIX – efetuar o controle prévio e *a posteriori* de atos e negócios jurídicos a serem celebrados entre concessionários, impondo-lhes restrições à mútua constituição de direitos e obrigações,

LEGISLAÇÃO AMBIENTAL

especialmente comerciais, incluindo a abstenção do próprio ato ou contrato ilegal;

▸ Art. 54 do Dec. nº 6.063, de 20-3-2007, que regulamenta esta Lei.

XX – conhecer e julgar recursos em procedimentos administrativos;

XXI – promover ações para a disciplina dos mercados de produtos florestais e seus derivados, em especial para controlar a competição de produtos florestais de origem não sustentável;

XXII – reconhecer em ato administrativo as entidades que poderão realizar auditorias florestais;

XXIII – estimular a agregação de valor ao produto florestal na região em que for explorado.

§ 1º Compete ao órgão gestor a guarda das florestas públicas durante o período de pousio entre uma concessão e outra ou, quando por qualquer motivo, houver extinção do contrato de concessão.

§ 2º O órgão gestor deverá encaminhar ao poder concedente, ao Poder Legislativo e ao conselho de meio ambiente, nas respectivas esferas de governo, relatório anual sobre as concessões outorgadas, o valor dos preços florestais, a situação de adimplemento dos concessionários, os PMFS e seu estado de execução, as vistorias e auditorias florestais realizadas e os respectivos resultados, assim como as demais informações relevantes sobre o efetivo cumprimento dos objetivos da gestão de florestas públicas.

▸ Art. 54 do Dec. nº 6.063, de 20-3-2007, que regulamenta este parágrafo.

§ 3º O relatório previsto no § 2º deste artigo relativo às concessões florestais da União deverá ser encaminhado ao CONAMA e ao Congresso Nacional até 31 de março de cada ano.

§ 4º Caberá ao CONAMA, considerando as informações contidas no relatório referido no § 3º deste artigo, manifestar-se sobre a adequação do sistema de concessões florestais e de seu monitoramento e sugerir os aperfeiçoamentos necessários.

§ 5º Os Estados, o Distrito Federal e os Municípios disporão sobre o órgão competente para exercer as atribuições de que trata este Capítulo nas respectivas esferas de atuação.

TÍTULO IV – DO SERVIÇO FLORESTAL BRASILEIRO

CAPÍTULO I
DA CRIAÇÃO DO SERVIÇO FLORESTAL BRASILEIRO

Art. 54. Fica criado, na estrutura básica do Ministério do Meio Ambiente, o Serviço Florestal Brasileiro – SFB.

Art. 55. O SFB atua exclusivamente na gestão das florestas públicas e tem por competência:

▸ Art. 17 do Dec. nº 6.063, de 20-3-2007, que regulamenta esta Lei.

I – exercer a função de órgão gestor prevista no art. 53 desta Lei, no âmbito federal, bem como de órgão gestor do FNDF;

II – apoiar a criação e gestão de programas de treinamento, capacitação, pesquisa e assistência técnica para a implementação de atividades florestais, incluindo manejo florestal, processamento de produtos florestais e exploração de serviços florestais;

III – estimular e fomentar a prática de atividades florestais sustentáveis madeireira, não madeireira e de serviços;

IV – promover estudos de mercado para produtos e serviços gerados pelas florestas;

V – propor planos de produção florestal sustentável de forma compatível com as demandas da sociedade;

VI – criar e manter o Sistema Nacional de Informações Florestais integrado ao Sistema Nacional de Informações sobre o Meio Ambiente;

VII – gerenciar o Cadastro Nacional de Florestas Públicas, exercendo as seguintes funções:

a) organizar e manter atualizado o Cadastro Geral de Florestas Públicas da União;

b) adotar as providências necessárias para interligar os cadastros estaduais e municipais ao Cadastro Nacional;

VIII – apoiar e atuar em parceria com os seus congêneres estaduais e municipais.

§ 1º No exercício de suas atribuições, o SFB promoverá a articulação com os Estados, o Distrito Federal e os Municípios, para a execução de suas atividades de forma compatível com as diretrizes nacionais de planejamento para o setor florestal e com a Política Nacional do Meio Ambiente.

§ 2º Para a concessão das florestas públicas sob a titularidade dos outros entes da Federação, de órgãos e empresas públicas e de associações de comunidades locais, poderão ser firmados convênios com o Ministério do Meio Ambiente, representado pelo SFB.

§ 3º As atribuições previstas nos incisos II a V do *caput* deste artigo serão exercidas sem prejuízo de atividades desenvolvidas por outros órgãos e entidades da Administração Pública Federal que atuem no setor.

CAPÍTULO II
DA ESTRUTURA ORGANIZACIONAL E GESTÃO DO SERVIÇO FLORESTAL BRASILEIRO

SEÇÃO I
DO CONSELHO DIRETOR

Art. 56. O Poder Executivo disporá sobre a estrutura organizacional e funcionamento do SFB, observado o disposto neste artigo.

§ 1º O SFB será dirigido por um Conselho Diretor, composto por um Diretor-Geral e 4 (quatro) diretores, em regime de colegiado, ao qual caberá:

I – exercer a administração do SFB;

II – examinar, decidir e executar ações necessárias ao cumprimento das competências do SFB;

III – editar normas sobre matérias de competência do SFB;

IV – aprovar o regimento interno do SFB, a organização, a estrutura e o âmbito decisório de cada diretoria;

V – elaborar e divulgar relatórios sobre as atividades do SFB;

VI – conhecer e julgar pedidos de reconsideração de decisões de componentes das diretorias do SFB.

§ 2º As decisões relativas às atribuições do SFB são tomadas pelo Conselho Diretor, por maioria absoluta de votos.

Art. 57. O SFB terá, em sua estrutura, unidade de assessoramento jurídico, observada a legislação pertinente.

Art. 58. O Diretor-Geral e os demais membros do Conselho Diretor do SFB serão brasileiros, de reputação ilibada, experiência comprovada e elevado conceito no campo de especialidade dos cargos para os quais serão nomeados.

§ 1º VETADO.

§ 2º O regulamento do SFB disciplinará a substituição do Diretor-Geral e os demais membros do Conselho Diretor em seus impedimentos ou afastamentos regulamentares e ainda no período de vacância que anteceder à nomeação de novo diretor.

Art. 59. Está impedido de exercer cargo de direção no SFB quem mantiver, ou tiver mantido nos 24 (vinte e quatro) meses anteriores à nomeação, os seguintes vínculos com qualquer pessoa jurídica concessionária ou com produtor florestal independente:

I – acionista ou sócio com participação individual direta superior a 1% (um por cento) no capital social ou superior a 2% (dois por cento) no capital social de empresa controladora;

II – membro do conselho de administração, fiscal ou de diretoria executiva;

III – empregado, mesmo com o contrato de trabalho suspenso, inclusive das empresas controladoras ou das fundações de previdência de que sejam patrocinadoras.

Parágrafo único. Também está impedido de exercer cargo de direção no SFB membro do conselho ou diretoria de associação ou sindicato, regional ou nacional, representativo de interesses dos agentes mencionados no *caput* deste artigo, ou de categoria profissional de empregados desses agentes.

Art. 60. O ex-dirigente do SFB, durante os 12 (doze) meses seguintes ao seu desligamento do cargo, estará impedido de prestar, direta ou indiretamente, independentemente da forma ou natureza do contrato, qualquer tipo de serviço às pessoas jurídicas concessionárias, sob regulamentação ou fiscalização do SFB, inclusive controladas, coligadas ou subsidiárias.

Parágrafo único. Incorre na prática de advocacia administrativa, sujeitando-se o infrator às penas previstas no art. 321 do Decreto-lei nº 2.848, de 7 de dezembro de 1940 – Código Penal, o ex-dirigente do SFB que descumprir o disposto no *caput* deste artigo.

Art. 61. Os cargos em comissão e funções gratificadas do SFB deverão ser exercidos, preferencialmente, por servidores do seu quadro efetivo, aplicando-se-lhes as restrições do art. 59 desta Lei.

SEÇÃO II
DA OUVIDORIA

Art. 62. O SFB contará com uma Ouvidoria, à qual competirá:

I – receber pedidos de informação e esclarecimento, acompanhar o processo interno de apuração das denúncias e reclamações afetas ao SFB e responder diretamente aos interessados, que serão cientificados, em até 30 (trinta) dias, das providências tomadas;

II – zelar pela qualidade dos serviços prestados pelo SFB e acompanhar o processo interno de apuração das denúncias e reclamações dos usuários, seja contra a atuação do SFB, seja contra a atuação dos concessionários;

III – produzir, semestralmente e quando julgar oportuno:

a) relatório circunstanciado de suas atividades e encaminhá-lo à Diretoria-Geral do SFB e ao Ministro de Estado do Meio Ambiente;

b) apreciações sobre a atuação do SFB, encaminhando-as ao Conselho Diretor, à Comissão de Gestão de Florestas Públicas, aos Ministros de Estado do Meio Ambiente, da Fazenda, do Planejamento, Orçamento e Gestão e Chefe da Casa Civil da Presidência da República, bem como às comissões de fiscalização e controle da Câmara dos Deputados e do Senado Federal, publicando-as para conhecimento geral.

§ 1º O Ouvidor atuará junto ao Conselho Diretor do SFB, sem subordinação hierárquica, e exercerá as suas atribuições sem acumulação com outras funções.

§ 2º O Ouvidor será nomeado pelo Presidente da República para mandato de 3 (três) anos, sem direito a recondução.

§ 3º O Ouvidor somente poderá perder o mandato em caso de renúncia, condenação judicial transitada em julgado ou condenação em processo administrativo disciplinar.

§ 4º O processo administrativo contra o Ouvidor somente poderá ser instaurado pelo Ministro de Estado do Meio Ambiente.

§ 5º O Ouvidor terá acesso a todos os assuntos e contará com o apoio administrativo de que necessitar.

§ 6º Aplica-se ao ex-Ouvidor o disposto no art. 60 desta Lei.

Seção III

DO CONSELHO GESTOR

Art. 63. VETADO.

Seção IV

DOS SERVIDORES DO SFB

Art. 64. O SFB constituirá quadro de pessoal, por meio da realização de concurso público de provas, ou de provas e títulos, ou da redistribuição de servidores de órgãos e entidades da administração federal direta, autárquica ou fundacional.

Art. 65. O SFB poderá requisitar, independentemente da designação para cargo em comissão ou função de confiança, e sem prejuízo dos vencimentos e vantagens a que façam jus no órgão de origem, servidores de órgãos e entidades integrantes da administração pública federal direta, autárquica e fundacional, observado o quantitativo máximo estabelecido em ato conjunto dos Ministros de Estado do Planejamento, Orçamento e Gestão e do Meio Ambiente.

Parágrafo único. No caso de requisição ao IBAMA, ela deverá ser precedida de autorização do órgão.

Art. 66. Ficam criados 49 (quarenta e nove) cargos do Grupo Direção e Assessoramento Superiores – DAS, no âmbito do Poder Executivo Federal, para reestruturação do Ministério do Meio Ambiente, com a finalidade de integrar a estrutura do SFB, assim distribuídos:

I – 1 (um) DAS-6;
II – 4 (quatro) DAS-5;
III – 17 (dezessete) DAS-4;
IV – 10 (dez) DAS-3;
V – 9 (nove) DAS-2;
VI – 8 (oito) DAS-1.

Seção V

DA AUTONOMIA ADMINISTRATIVA DO SFB

Art. 67. O Poder Executivo poderá assegurar ao SFB autonomia administrativa e financeira, no grau conveniente ao exercício de suas atribuições, mediante a celebração de contrato de gestão e de desempenho, nos termos do § 8º do art. 37 da Constituição Federal, negociado e firmado entre o Ministério do Meio Ambiente e o Conselho Diretor.

§ 1º O contrato de gestão e de desempenho será o instrumento de controle da atuação administrativa do SFB e da avaliação do seu desempenho, bem como elemento integrante da sua prestação de contas, bem como do Ministério do Meio Ambiente, aplicado o disposto no art. 9º da Lei nº 8.443, de 16 de julho de 1992, sendo sua inexistência considerada falta de natureza formal, conforme disposto no inciso II do art. 16 da mesma Lei.

§ 2º O contrato de gestão e de desempenho deve estabelecer, nos programas anuais de trabalho, indicadores que permitam quantificar, de forma objetiva, a avaliação do SFB.

§ 3º O contrato de gestão e de desempenho será avaliado periodicamente e, se necessário, revisado por ocasião da renovação parcial da diretoria do SFB.

Seção VI

DA RECEITA E DO ACERVO DO SERVIÇO FLORESTAL BRASILEIRO

Art. 68. Constituem receitas do SFB:

I – recursos oriundos da cobrança dos preços de concessão florestal, conforme destinação prevista na alínea *a* do inciso I do *caput* e no inciso I do § 1º, ambos do art. 39 desta Lei, além de outros referentes ao contrato de concessão, incluindo os relativos aos custos do edital de licitação e os recursos advindos de aplicação de penalidades contratuais;

II – recursos ordinários do Tesouro Nacional, consignados no Orçamento Fiscal da União e em seus créditos adicionais, transferências e repasses que lhe forem conferidos;

III – produto da venda de publicações, material técnico, dados e informações, inclusive para fins de licitação pública, e de emolumentos administrativos;

IV – recursos provenientes de convênios ou acordos celebrados com entidades, organismos ou empresas públicas, ou contratos celebrados com empresas privadas;

V – doações, legados, subvenções e outros recursos que lhe forem destinados.

TÍTULO V – DISPOSIÇÕES TRANSITÓRIAS E FINAIS

Art. 69. Sem prejuízo do disposto nos incisos VI e VII do art. 23 da Constituição Federal, a execução das atividades relacionadas às concessões florestais poderá ser delegada pelos Estados, Distrito Federal e Municípios à União, bem como pela União aos demais entes federados, mediante convênio firmado com o órgão gestor competente.

Parágrafo único. É vedado ao órgão gestor conveniado exigir do concessionário sob sua ação complementar de regulação, controle e fiscalização obrigação não prevista previamente em contrato.

Art. 70. As unidades de manejo em florestas públicas com PMFS aprovados e em execução até a data de publicação desta Lei serão vistoriadas:

I – pelo órgão competente do SISNAMA, para averiguar o andamento do manejo florestal;

II – pelo órgão fundiário competente, para averiguar a situação da ocupação, de acordo com os parâmetros estabelecidos na legislação específica.

§ 1º As vistorias realizadas pelo órgão fundiário competente serão acompanhadas por representante do Poder Público local.

§ 2º Nas unidades de manejo onde não for verificado o correto andamento do manejo florestal, os detentores do PMFS serão notificados para apresentar correções, no prazo estabelecido pelo órgão competente do SISNAMA.

§ 3º Caso não sejam atendidas as exigências da notificação mencionada no § 2º deste artigo, o PMFS será cancelado e a área correspondente deverá ser desocupada sem ônus para o Poder Público e sem prejuízo das demais penalidades previstas em lei.

§ 4º As unidades de manejo onde o correto andamento do manejo florestal for verificado ou saneado nos termos do § 2º deste artigo serão submetidas a processo licitatório, no prazo de até 24 (vinte e quatro) meses a partir da data da manifestação dos órgãos a respeito da vistoria prevista no *caput* deste artigo, desde que não seja constatado conflito com comunidades locais pela ocupação do território e uso dos recursos florestais.

§ 5º Será dada a destinação prevista no art. 6º desta Lei às unidades de manejo onde o correto andamento do manejo florestal for verificado e os detentores dos PMFS forem comunidades locais.

§ 6º Até que sejam submetidas ao processo licitatório, as unidades de manejo mencionadas no § 4º deste artigo permanecerão sob a responsabilidade do detentor do PMFS, que poderá dar continuidade às atividades de manejo mediante assinatura de contrato com o poder concedente.

§ 7º O contrato previsto no § 6º deste artigo terá vigência limitada à assinatura do contrato de concessão resultante do processo licitatório.

§ 8º Findo o processo licitatório, o detentor do PMFS que der continuidade à sua execução, nos termos deste artigo, pagará ao órgão gestor competente valor proporcional ao preço da concessão florestal definido na licitação, calculado com base no período decorrido desde a verificação pelo órgão competente do SISNAMA até a adjudicação do vencedor na licitação.

Art. 71. A licitação para a concessão florestal das unidades de manejo mencionadas no § 4º do art. 70 desta Lei, além de observar os termos desta Lei, deverá seguir as seguintes determinações:

I – o vencedor da licitação, após firmar o contrato de concessão, deverá seguir o PMFS em execução, podendo revisá-lo nas condições previstas em regulamento;

II – o edital de licitação deverá conter os valores de ressarcimento das benfeitorias e investimentos já realizados na área a serem pagos ao detentor do PMFS pelo vencedor do processo de licitação, descontado o valor da produção auferida previamente à licitação nos termos do § 8º do art. 70 desta Lei.

Art. 72. As florestas públicas não destinadas a manejo florestal ou unidades de conservação ficam impossibilitadas de conversão para uso alternativo do solo, até que sua classificação de acordo com o ZEE esteja oficializada e a conversão seja plenamente justificada.

Art. 73. As áreas públicas já ocupadas e convertidas para uso alternativo do solo na data de publicação desta Lei estarão excluídas das concessões florestais, desde que confirmada a sua vocação para o uso atual por meio do ZEE aprovado de acordo com a legislação pertinente.

§ 1º Nos remanescentes das áreas previstas no *caput* deste artigo, o Poder Público poderá autorizar novos Planos de Manejo Florestal Sustentável, observada a legislação vigente.

§ 2º Fica garantido o direito de continuidade das atividades econômicas realizadas, em conformidade com a lei, pelos atuais ocupantes em áreas de até 2.500ha (dois mil e quinhentos hectares), pelo prazo de 5 (cinco) anos a partir da data de publicação desta Lei.

Art. 74. Os parâmetros para definição dos tamanhos das unidades de manejo a serem concedidas às pessoas jurídicas de pequeno porte, micro e médias empresas, na forma do art. 33 desta Lei, serão definidos em regulamento, previamente à aprovação do primeiro PAOF.

Art. 75. Após 5 (cinco) anos da implantação do primeiro PAOF, será feita avaliação sobre os aspectos técnicos, econômicos, sociais e ambientais da aplicação desta Lei, a que se dará publicidade.

Art. 76. Em 10 (dez) anos contados da data de publicação desta Lei, a área total com concessões florestais da União não poderá ultrapassar 20% (vinte por cento) do total de área de suas florestas públicas disponíveis para a concessão, com exceção das unidades de manejo localizadas em florestas nacionais criadas nos termos do art. 17 da Lei nº 9.985, de 18 de julho de 2000.

Art. 77. Ao final dos 10 (dez) primeiros anos contados da data de publicação desta Lei, cada concessionário, individualmente ou em consórcio, não poderá concentrar mais de 10% (dez por cento) do total da área das florestas públicas disponíveis para a concessão em cada esfera de governo.

Art. 78. Até a aprovação do primeiro PAOF, fica o poder concedente autorizado a realizar concessões florestais em:

I – unidades de manejo em áreas públicas que, somadas, não ultrapassem 750.000ha (setecentos e cinquenta mil hectares), localizadas numa faixa de até 100Km (cem quilômetros) ao longo da rodovia BR-163;

II – florestas nacionais ou estaduais criadas nos termos do art. 17 da Lei nº 9.985, de 18 de julho de 2000, observados os seguintes requisitos:

a) autorização prévia do órgão gestor da unidade de conservação;

b) aprovação prévia do plano de manejo da unidade de conservação nos termos da Lei nº 9.985, de 18 de julho de 2000;

c) oitiva do conselho consultivo da unidade de conservação, nos termos do § 3º do art. 48 desta Lei;

d) previsão de zonas de uso restrito destinadas às comunidades locais.

Parágrafo único. As concessões de que tratam os incisos I e II do *caput* deste artigo devem ser objeto de licitação e obedecer às normas previstas nos arts. 8º e 12 a 47 desta Lei.

Art. 79. As associações civis que venham a participar, de qualquer forma, das concessões florestais ou da gestão direta das florestas públicas deverão ser constituídas sob as leis brasileiras e ter sede e administração no País.

Art. 79-A. Aplicam-se às concessões florestais, quando couber e de forma subsidiária a esta Lei, o disposto nas Leis nºs 8.987, de 13 de fevereiro de 1995, e 11.079, de 30 de dezembro de 2004, e em leis correlatas.

▸ Art. 79-A acrescido pela Lei nº 14.590, de 24-5-2023.

Art. 80. O inciso XV do art. 29 da Lei nº 10.683, de 28 de maio de 2003, passa a vigorar com a seguinte redação:

"Art. 29. ....

....

XV – do Ministério do Meio Ambiente o Conselho Nacional do Meio Ambiente, o Conselho Nacional da Amazônia Legal, o Conselho Nacional de Recursos Hídricos, o Conselho de Gestão do Patrimônio Genético, o Conselho Deliberativo do Fundo Nacional do Meio Ambiente, o Serviço Florestal Brasileiro, a Comissão de Gestão de Florestas Públicas e até 5 (cinco) Secretarias;

...."

Art. 81. O art. 1º da Lei nº 5.868, de 12 de dezembro de 1972, passa a vigorar acrescido do seguinte inciso V:

"Art. 1º..

....

V – Cadastro Nacional de Florestas Públicas.

...."

Art. 82. A Lei nº 9.605, de 12 de fevereiro de 1998, passa a vigorar acrescida dos seguintes arts. 50-A e 69-A:

▸ Alterações inseridas no texto da referida Lei.

Art. 83. O art. 19 da Lei nº 4.771, de 15 de setembro de 1965, passa a vigorar com a seguinte redação:

▸ A Lei nº 4.771, de 15-9-1965, foi revogada pela Lei nº 12.651, de 25-5-2012 (Novo Código Florestal).

Art. 84. A Lei nº 6.938, de 31 de agosto de 1981, passa a vigorar com as seguintes alterações:

▸ Alterações inseridas no texto da referida Lei.

Art. 85. O inciso II do *caput* do art. 167 da Lei nº 6.015, de 31 de dezembro de 1973, passa a vigorar acrescido dos seguintes itens 22 e 23:

▸ Alterações inseridas no texto da referida Lei.

Art. 86. Esta Lei entra em vigor na data de sua publicação.

Brasília, 2 de março de 2006;
185º da Independência e
118º da República.

Luiz Inácio Lula da Silva

LEI Nº 11.428, DE 22 DE DEZEMBRO DE 2006

Dispõe sobre a utilização e proteção da vegetação nativa do Bioma Mata Atlântica, e dá outras providências.

▸ Publicada no *DOU* de 26-12-2006.

▸ Lei nº 6.902, de 27-4-1981 (Lei das Estações Ecológicas e das Áreas de Proteção Ambiental).

▸ Lei nº 9.985, de 18-7-2000 (Lei do Sistema Nacional de Unidades de Conservação da Natureza).

▸ Lei nº 11.284, de 2-3-2006 (Lei de Gestão de Florestas Públicas).

▸ Lei nº 12.651, de 25-5-2012 (Novo Código Florestal).

▸ Dec. nº 6.660, de 21-11-2008, regulamenta dispositivos desta Lei.

▸ Res. do CONAMA nº 423, de 12-4-2010, dispõe sobre parâmetros básicos para identificação e análise da vegetação primária e dos estágios sucessionais da vegetação secundária nos Campos de Altitude associados ou abrangidos pela Mata Atlântica.

TÍTULO I – DAS DEFINIÇÕES, OBJETIVOS E PRINCÍPIOS DO REGIME JURÍDICO DO BIOMA MATA ATLÂNTICA

Art. 1º A conservação, a proteção, a regeneração e a utilização do Bioma Mata Atlântica, patrimônio nacional, observarão o que estabelece esta Lei, bem como a legislação ambiental vigente, em especial a Lei nº 4.771, de 15 de setembro de 1965.

▸ A Lei nº 4.771, de 15-9-1965, foi revogada pela Lei nº 12.651, de 25-5-2012 (Novo Código Florestal).

CAPÍTULO I – DAS DEFINIÇÕES

Art. 2º Para os efeitos desta Lei, consideram-se integrantes do Bioma Mata Atlântica as seguintes formações florestais nativas e ecossistemas associados, com as respectivas delimitações estabelecidas em mapa do Instituto Brasileiro de Geografia e Estatística – IBGE, conforme regulamento: Floresta Ombrófila Densa; Floresta Ombrófila Mista, também denominada de Mata de Araucárias; Floresta Ombrófila Aberta; Floresta Estacional Semidecidual; e Floresta Estacional Decidual, bem como os manguezais, as vegetações de restingas, campos de altitude, brejos interioranos e encraves florestais do Nordeste.

▸ Art. 2º da Res. do CONAMA nº 423, de 12-4-2010, que dispõe sobre parâmetros básicos para identificação e análise da vegetação primária e dos estágios sucessionais da vegetação secundária nos Campos de Altitude associados ou abrangidos pela Mata Atlântica.

Parágrafo único. Somente os remanescentes de vegetação nativa no estágio primário e nos estágios secundário inicial, médio e avançado de regeneração na área de abrangência definida no *caput* deste artigo terão seu uso e conservação regulados por esta Lei.

Art. 3º Consideram-se para os efeitos desta Lei:

I – pequeno produtor rural: aquele que, residindo na zona rural, detenha a posse de gleba rural não superior a 50 (cinquenta) hectares, explorando-a mediante o trabalho pessoal e de sua família, admitida a ajuda eventual de terceiros, bem como as posses coletivas de terra considerando-se a fração individual não superior a 50 (cinquenta) hectares, cuja renda bruta seja proveniente de atividades ou usos agrícolas, pecuários ou silviculturais ou do extrativismo rural em 80% (oitenta por cento) no mínimo;

II – população tradicional: população vivendo em estreita relação com o ambiente natural, dependendo de seus recursos naturais para a sua reprodução sociocultural, por meio de atividades de baixo impacto ambiental;

III – pousio: prática que prevê a interrupção de atividades ou usos agrícolas, pecuários ou silviculturais do solo por até 10 (dez) anos para possibilitar a recuperação de sua fertilidade;

IV – prática preservacionista: atividade técnica e cientificamente fundamentada, imprescindível à proteção da integridade da vegetação nativa, tal como controle de fogo, erosão, espécies exóticas e invasoras;

V – exploração sustentável: exploração do ambiente de maneira a garantir a perenidade dos recursos ambientais renováveis e dos processos ecológicos, mantendo a biodiversidade e os demais atributos ecológicos, de forma socialmente justa e economicamente viável;

VI – enriquecimento ecológico: atividade técnica e cientificamente fundamentada que vise à recuperação da diversidade biológica em áreas de vegetação nativa, por meio da reintrodução de espécies nativas;

VII – utilidade pública:

a) atividades de segurança nacional e proteção sanitária;

b) as obras essenciais de infraestrutura de interesse nacional destinadas aos serviços públicos de transporte, saneamento e energia, declaradas pelo poder público federal ou dos Estados;

VIII – interesse social:

a) as atividades imprescindíveis à proteção da integridade da vegetação nativa, tais como: prevenção, combate e controle do fogo, controle da erosão, erradicação de invasoras e proteção de plantios com espécies nativas, conforme resolução do Conselho Nacional do Meio Ambiente – CONAMA;

b) as atividades de manejo agroflorestal sustentável praticadas na pequena propriedade ou posse rural familiar que não descaracterizem a cobertura vegetal e não prejudiquem a função ambiental da área;

▸ Res. do CONAMA nº 425, de 25-5-2010, dispõe sobre critérios para a caracterização de atividades e empreendimentos agropecuários sustentáveis do agricultor familiar, empreendedor rural familiar, e dos povos e comunidades tradicionais como de interesse social para fins de produção, intervenção e recuperação de Áreas de Preservação Permanente e outras de uso limitado.

c) demais obras, planos, atividades ou projetos definidos em resolução do Conselho Nacional do Meio Ambiente.

Art. 4º A definição de vegetação primária e de vegetação secundária nos estágios avançado, médio e inicial de regeneração do Bioma Mata Atlântica, nas hipóteses de vegetação nativa localizada, será de iniciativa do Conselho Nacional do Meio Ambiente.

▸ Art. 3º da Res. do CONAMA nº 423, de 12-4-2010, que dispõe sobre parâmetros básicos para identificação e análise da vegetação primária e dos estágios sucessionais da vegetação secundária nos Campos de Altitude associados ou abrangidos pela Mata Atlântica.

§ 1º O Conselho Nacional do Meio Ambiente terá prazo de 180 (cento e oitenta) dias para estabelecer o que dispõe o *caput* deste artigo, sendo que qualquer intervenção na vegetação primária ou secundária nos estágios avançado e médio de regeneração somente poderá ocorrer após atendido o disposto neste artigo.

§ 2º Na definição referida no *caput* deste artigo, serão observados os seguintes parâmetros básicos:

I – fisionomia;

II – estratos predominantes;

III – distribuição diamétrica e altura;

IV – existência, diversidade e quantidade de epífitas;

V – existência, diversidade e quantidade de trepadeiras;

VI – presença, ausência e características da serapilheira;

VII – sub-bosque;

VIII – diversidade e dominância de espécies;

IX – espécies vegetais indicadoras.

Art. 5º A vegetação primária ou a vegetação secundária em qualquer estágio de regeneração do Bioma Mata Atlântica não perderão esta classificação nos casos de incêndio, desmatamento ou qualquer outro tipo de intervenção não autorizada ou não licenciada.

CAPÍTULO II
DOS OBJETIVOS E PRINCÍPIOS DO REGIME JURÍDICO DO BIOMA MATA ATLÂNTICA

Art. 6º A proteção e a utilização do Bioma Mata Atlântica têm por objetivo geral o desenvolvimento sustentável e, por objetivos específicos, a salvaguarda da biodiversidade, da saúde humana, dos valores paisagísticos, estéticos e turísticos, do regime hídrico e da estabilidade social.

Parágrafo único. Na proteção e na utilização do Bioma Mata Atlântica, serão observados os princípios da função socioambiental da propriedade, da equidade intergeracional, da prevenção, da precaução, do usuário pagador, da transparência das informações e atos, da gestão democrática, da celeridade procedimental, da gratuidade dos serviços administrativos prestados ao pequeno produtor rural e às populações tradicionais e do respeito ao direito de propriedade.

Art. 7º A proteção e a utilização do Bioma Mata Atlântica far-se-ão dentro de condições que assegurem:

I – a manutenção e a recuperação da biodiversidade, vegetação, fauna e regime hídrico do Bioma Mata Atlântica para as presentes e futuras gerações;

II – o estímulo à pesquisa, à difusão de tecnologias de manejo sustentável da vegetação e à formação de uma consciência pública sobre a necessidade de recuperação e manutenção dos ecossistemas;

III – o fomento de atividades públicas e privadas compatíveis com a manutenção do equilíbrio ecológico;

IV – o disciplinamento da ocupação rural e urbana, de forma a harmonizar o crescimento econômico com a manutenção do equilíbrio ecológico.

TÍTULO II – DO REGIME JURÍDICO GERAL DO BIOMA MATA ATLÂNTICA

Art. 8º O corte, a supressão e a exploração da vegetação do Bioma Mata Atlântica far-se-ão de maneira diferenciada, conforme se trate de vegetação primária ou secundária, nesta última levando-se em conta o estágio de regeneração.

Art. 9º A exploração eventual, sem propósito comercial direto ou indireto, de espécies da flora nativa, para consumo nas propriedades ou posses das populações tradicionais ou de pequenos produtores rurais, independe de autorização dos órgãos competentes, conforme regulamento.

Parágrafo único. Os órgãos competentes, sem prejuízo do disposto no *caput* deste artigo, deverão assistir as populações tradicionais e os pequenos produtores no manejo e exploração sustentáveis das espécies da flora nativa.

Art. 10. O poder público fomentará o enriquecimento ecológico da vegetação do Bioma Mata Atlântica, bem como o plantio e o reflorestamento com espécies nativas, em especial as iniciativas voluntárias de proprietários rurais.

§ 1º Nos casos em que o enriquecimento ecológico exigir a supressão de espécies nativas que gerem produtos ou subprodutos comercializáveis, será exigida a autorização do órgão estadual ou federal competente, mediante procedimento simplificado.

§ 2º Visando a controlar o efeito de borda nas áreas de entorno de fragmentos de vegetação nativa, o poder público fomentará o plantio de espécies florestais, nativas ou exóticas.

Art. 11. O corte e a supressão de vegetação primária ou nos estágios avançado e médio de regeneração do Bioma Mata Atlântica ficam vedados quando:

I – a vegetação:

a) abrigar espécies da flora e da fauna silvestres ameaçadas de extinção, em território nacional ou em âmbito estadual, assim declaradas pela União ou pelos Estados, e a intervenção ou o parcelamento puserem em risco a sobrevivência dessas espécies;

b) exercer a função de proteção de mananciais ou de prevenção e controle de erosão;

c) formar corredores entre remanescentes de vegetação primária ou secundária em estágio avançado de regeneração;

d) proteger o entorno das unidades de conservação; ou

e) possuir excepcional valor paisagístico, reconhecido pelos órgãos executivos competentes do Sistema Nacional do Meio Ambiente – SISNAMA;

II – o proprietário ou posseiro não cumprir os dispositivos da legislação ambiental, em especial as exigências da Lei nº 4.771, de 15 de setembro de 1965, no que respeita às Áreas de Preservação Permanente e à Reserva Legal.

▸ A Lei nº 4.771, de 15-9-1965, foi revogada pela Lei nº 12.651, de 25-5-2012 (Novo Código Florestal).

Parágrafo único. Verificada a ocorrência do previsto na alínea *a* do inciso I deste artigo, os órgãos competentes do Poder Executivo adotarão as medidas necessárias para proteger as espécies da flora e da fauna silvestres ameaçadas de extinção caso existam fatores que o exijam, ou fomentarão e apoiarão as ações e os proprietários de áreas que estejam mantendo ou sustentando a sobrevivência dessas espécies.

Art. 12. Os novos empreendimentos que impliquem o corte ou a supressão de vegetação do Bioma Mata Atlântica deverão ser implantados preferencialmente em áreas já substancialmente alteradas ou degradadas.

Art. 13. Os órgãos competentes do Poder Executivo adotarão normas e procedimentos especiais para assegurar ao pequeno produtor e às populações tradicionais, nos pedidos de autorização de que trata esta Lei:

I – acesso fácil à autoridade administrativa, em local próximo ao seu lugar de moradia;

II – procedimentos gratuitos, céleres e simplificados, compatíveis com o seu nível de instrução;

III – análise e julgamento prioritários dos pedidos.

Art. 14. A supressão de vegetação primária e secundária no estágio avançado de regeneração somente poderá ser autorizada em caso de utilidade pública, sendo que a vegetação secundária em estágio médio de regeneração poderá ser suprimida nos casos de utilidade pública e interesse social, em todos os casos devidamente caracterizados e motivados em procedimento administrativo próprio, quando inexistir alternativa técnica e locacional ao empreendimento proposto, ressalvado o disposto no inciso I do art. 30 e nos §§ 1º e 2º do art. 31 desta Lei.

§ 1º A supressão de que trata o *caput* deste artigo dependerá de autorização do órgão ambiental estadual competente, com anuência prévia, quando couber, do órgão federal ou municipal de meio ambiente, ressalvado o disposto no § 2º deste artigo.

§ 2º A supressão de vegetação no estágio médio de regeneração situada em área urbana dependerá de autorização do órgão ambiental municipal competente, desde que o município possua conselho de meio ambiente, com caráter deliberativo e plano diretor, mediante anuência prévia do órgão ambiental estadual competente fundamentada em parecer técnico.

§ 3º Na proposta de declaração de utilidade pública disposta na alínea *b* do inciso VII do art. 3º desta lei, caberá ao proponente indicar de forma detalhada a alta relevância e o interesse nacional.

▸ § 3º com a redação retificada no *DOU* de 9-1-2007.

Art. 15. Na hipótese de obra ou atividade potencialmente causadora de significativa degradação do meio ambiente, o órgão competente exigirá a elaboração de Estudo Prévio de Impacto Ambiental, ao qual se dará publicidade, assegurada a participação pública.

Art. 16. Na regulamentação desta Lei, deverão ser adotadas normas e procedimentos especiais, simplificados e céleres, para os casos de reutilização das áreas agrícolas submetidas ao pousio.

Art. 17. O corte ou a supressão de vegetação primária ou secundária nos estágios médio ou avançado de regeneração do Bioma Mata Atlântica, autorizados por esta Lei, ficam condicionados à compensação ambiental, na forma da destinação de área equivalente à extensão da área desmatada, com as mesmas características ecológicas, na mesma bacia hidrográfica, sempre que possível na mesma microbacia hidrográfica, e, nos casos previstos nos arts. 30 e 31, ambos desta Lei, em áreas localizadas no mesmo Município ou região metropolitana.

§ 1º Verificada pelo órgão ambiental a impossibilidade da compensação ambiental prevista no *caput* deste artigo, será exigida a reposição florestal, com espécies nativas, em área equivalente à desmatada, na mesma bacia hidrográfica, sempre que possível na mesma microbacia hidrográfica.

§ 2º A compensação ambiental a que se refere este artigo não se aplica aos casos previstos no inciso III do art. 23 desta Lei ou de corte ou supressão ilegais.

Art. 18. No Bioma Mata Atlântica, é livre a coleta de subprodutos florestais tais como frutos, folhas ou sementes, bem como as atividades de uso indireto, desde que não coloquem em risco as espécies da fauna e flora, observando-se as limitações legais específicas e em particular as relativas ao acesso ao patrimônio genético, à proteção e ao acesso ao conhecimento tradicional associado e de biossegurança.

▸ Art. 28 do Dec. nº 6.660, de 21-11-2008, que regulamenta dispositivos desta Lei.

Art. 19. O corte eventual de vegetação primária ou secundária nos estágios médio e avançado de regeneração do Bioma Mata Atlântica, para fins de práticas preservacionistas e de pesquisa científica, será devidamente regulamentado pelo Conselho Nacional do Meio Ambiente e autorizado pelo órgão competente do SISNAMA.

TÍTULO III – DO REGIME JURÍDICO ESPECIAL DO BIOMA MATA ATLÂNTICA

CAPÍTULO I
DA PROTEÇÃO DA VEGETAÇÃO PRIMÁRIA

Art. 20. O corte e a supressão da vegetação primária do Bioma Mata Atlântica somente serão autorizados em caráter excepcional, quando necessários à realização de obras, projetos ou atividades de utilidade pública, pesquisas científicas e práticas preservacionistas.

Parágrafo único. O corte e a supressão de vegetação, no caso de utilidade pública, obedecerão ao disposto no art. 14 desta Lei, além da realização de Estudo Prévio de Impacto Ambiental/Relatório de Impacto Ambiental – EIA/RIMA.

CAPÍTULO II
DA PROTEÇÃO DA VEGETAÇÃO SECUNDÁRIA EM ESTÁGIO AVANÇADO DE REGENERAÇÃO

Art. 21. O corte, a supressão e a exploração da vegetação secundária em estágio avançado de regeneração do Bioma Mata Atlântica somente serão autorizados:

I – em caráter excepcional, quando necessários à execução de obras, atividades ou projetos de utilidade pública, pesquisa científica e práticas preservacionistas;

II – VETADO;

III – nos casos previstos no inciso I do art. 30 desta Lei.

Art. 22. O corte e a supressão previstos no inciso I do art. 21 desta Lei no caso de utilidade pública serão realizados na forma do art. 14 desta Lei, além da realização de Estudo Prévio de Impacto Ambiental, bem como na forma do art. 19 desta Lei para os casos de práticas preservacionistas e pesquisas científicas.

CAPÍTULO III
DA PROTEÇÃO DA VEGETAÇÃO SECUNDÁRIA EM ESTÁGIO MÉDIO DE REGENERAÇÃO

Art. 23. O corte, a supressão e a exploração da vegetação secundária em estágio médio de regeneração do Bioma Mata Atlântica somente serão autorizados:

I – em caráter excepcional, quando necessários à execução de obras, atividades ou projetos de utilidade pública ou de interesse social, pesquisa científica e práticas preservacionistas;

II – VETADO;

III – quando necessários ao pequeno produtor rural e populações tradicionais para o exercício de atividades ou usos agrícolas, pecuários ou silviculturais imprescindíveis à sua subsistência e de sua família, ressalvadas as áreas de preservação permanente e, quando for o caso, após averbação da reserva legal, nos termos da Lei nº 4.771, de 15 de setembro de 1965;

▸ A Lei nº 4.771, de 15-9-1965, foi revogada pela Lei nº 12.651, de 25-5-2012 (Novo Código Florestal).

IV – nos casos previstos nos §§ 1º e 2º do art. 31 desta Lei.

Art. 24. O corte e a supressão da vegetação em estágio médio de regeneração, de que trata o inciso I do art. 23 desta Lei, nos casos de utilidade pública ou interesse social, obedecerão ao disposto no art. 14 desta Lei.

Parágrafo único. Na hipótese do inciso III do art. 23 desta Lei, a autorização é de competência do órgão estadual competente, informando-se ao IBAMA, na forma da regulamentação desta Lei.

CAPÍTULO IV
DA PROTEÇÃO DA VEGETAÇÃO SECUNDÁRIA EM ESTÁGIO INICIAL DE REGENERAÇÃO

Art. 25. O corte, a supressão e a exploração da vegetação secundária em estágio inicial de regeneração do Bioma Mata Atlântica serão autorizados pelo órgão estadual competente.

Parágrafo único. O corte, a supressão e a exploração de que trata este artigo, nos Estados em que a vegetação primária e secundária remanescente do Bioma Mata Atlântica for inferior a 5% (cinco por cento) da área original, submeter-se-ão ao regime jurídico aplicável à vegetação secundária em estágio médio de regeneração, ressalvadas as áreas urbanas e regiões metropolitanas.

Art. 26. Será admitida a prática agrícola do pousio nos Estados da Federação onde tal procedimento é utilizado tradicionalmente.

CAPÍTULO V
DA EXPLORAÇÃO SELETIVA DE VEGETAÇÃO SECUNDÁRIA EM ESTÁGIOS AVANÇADO, MÉDIO E INICIAL DE REGENERAÇÃO

Art. 27. VETADO.

Art. 28. O corte, a supressão e o manejo de espécies arbóreas pioneiras nativas em fragmentos florestais em estágio médio de regeneração, em que sua presença for superior a 60% (sessenta por cento) em relação às demais espécies, poderão ser autorizados pelo órgão estadual competente, observado o disposto na Lei nº 4.771, de 15 de setembro de 1965.

▸ A Lei nº 4.771, de 15-9-1965, foi revogada pela Lei nº 12.651, de 25-5-2012 (Novo Código Florestal).

▸ Art. 35 do Dec. nº 6.660, de 21-11-2008, que regulamenta dispositivos desta Lei.

Art. 29. VETADO.

CAPÍTULO VI
DA PROTEÇÃO DO BIOMA MATA ATLÂNTICA NAS ÁREAS URBANAS E REGIÕES METROPOLITANAS

Art. 30. É vedada a supressão de vegetação primária do Bioma Mata Atlântica, para fins de loteamento ou edificação, nas regiões metropolitanas e áreas urbanas consideradas como tal em lei específica, aplicando-se à supressão da vegetação secundária em estágio avançado de regeneração as seguintes restrições:

▶ Art. 40 do Dec. nº 6.660, de 21-11-2008, que regulamenta dispositivos desta Lei.

I – nos perímetros urbanos aprovados até a data de início de vigência desta Lei, a supressão de vegetação secundária em estágio avançado de regeneração dependerá de prévia autorização do órgão estadual competente e somente será admitida, para fins de loteamento ou edificação, no caso de empreendimentos que garantam a preservação de vegetação nativa em estágio avançado de regeneração em no mínimo 50% (cinquenta por cento) da área total coberta por esta vegetação, ressalvado o disposto nos arts. 11, 12 e 17 desta Lei e atendido o disposto no Plano Diretor do Município e demais normas urbanísticas e ambientais aplicáveis;

II – nos perímetros urbanos aprovados após a data de início de vigência desta Lei, é vedada a supressão de vegetação secundária em estágio avançado de regeneração do Bioma Mata Atlântica para fins de loteamento ou edificação.

Art. 31. Nas regiões metropolitanas e áreas urbanas, assim consideradas em lei, o parcelamento do solo para fins de loteamento ou qualquer edificação em área de vegetação secundária, em estágio médio de regeneração, do Bioma Mata Atlântica, devem obedecer ao disposto no Plano Diretor do Município e demais normas aplicáveis, e dependerão de prévia autorização do órgão estadual competente, ressalvado o disposto nos arts. 11, 12 e 17 desta Lei.

▶ Art. 40 do Dec. nº 6.660, de 21-11-2008, que regulamenta dispositivos desta Lei.

§ 1º Nos perímetros urbanos aprovados até a data de início de vigência desta Lei, a supressão de vegetação secundária em estágio médio de regeneração somente será admitida, para fins de loteamento ou edificação, no caso de empreendimentos que garantam a preservação de vegetação nativa em estágio médio de regeneração em no mínimo 30% (trinta por cento) da área total coberta por esta vegetação.

§ 2º Nos perímetros urbanos delimitados após a data de início de vigência desta Lei, a supressão de vegetação secundária em estágio médio de regeneração fica condicionada à manutenção de vegetação em estágio médio de regeneração em no mínimo 50% (cinquenta por cento) da área total coberta por esta vegetação.

CAPÍTULO VII
DAS ATIVIDADES MINERÁRIAS EM ÁREAS DE VEGETAÇÃO SECUNDÁRIA EM ESTÁGIO AVANÇADO E MÉDIO DE REGENERAÇÃO

Art. 32. A supressão de vegetação secundária em estágio avançado e médio de regeneração para fins de atividades minerárias somente será admitida mediante:

I – licenciamento ambiental, condicionado à apresentação de Estudo Prévio de Impacto Ambiental/Relatório de Impacto Ambiental – EIA/RIMA, pelo empreendedor, e desde que demonstrada a inexistência de alternativa técnica e locacional ao empreendimento proposto;

II – adoção de medida compensatória que inclua a recuperação de área equivalente à área do empreendimento, com as mesmas características ecológicas, na mesma bacia hidrográfica e sempre que possível na mesma microbacia hidrográfica, independentemente do disposto no art. 36 da Lei nº 9.985, de 18 de julho de 2000.

TÍTULO IV – DOS INCENTIVOS ECONÔMICOS

Art. 33. O poder público, sem prejuízo das obrigações dos proprietários e posseiros estabelecidas na legislação ambiental, estimulará, com incentivos econômicos, a proteção e o uso sustentável do Bioma Mata Atlântica.

§ 1º Na regulamentação dos incentivos econômicos ambientais, serão observadas as seguintes características da área beneficiada:

I – a importância e representatividade ambientais do ecossistema e da gleba;

II – a existência de espécies da fauna e flora ameaçadas de extinção;

III – a relevância dos recursos hídricos;

IV – o valor paisagístico, estético e turístico;

V – o respeito às obrigações impostas pela legislação ambiental;

VI – a capacidade de uso real e sua produtividade atual.

§ 2º Os incentivos de que trata este Título não excluem ou restringem outros benefícios, abatimentos e deduções em vigor, em especial as doações a entidades de utilidade pública efetuadas por pessoas físicas ou jurídicas.

Art. 34. As infrações dos dispositivos que regem os benefícios econômicos ambientais, sem prejuízo das sanções penais e administrativas cabíveis, sujeitarão os responsáveis a multa civil de 3 (três) vezes o valor atualizado recebido, ou do imposto devido em relação a cada exercício financeiro, além das penalidades e demais acréscimos previstos na legislação fiscal.

§ 1º Para os efeitos deste artigo, considera-se solidariamente responsável por inadimplência ou irregularidade a pessoa física ou jurídica doadora ou propositora de projeto ou proposta de benefício.

§ 2º A existência de pendências ou irregularidades na execução de projetos de proponentes no órgão competente do SISNAMA suspenderá a análise ou concessão de novos incentivos, até a efetiva regularização.

Art. 35. A conservação, em imóvel rural ou urbano, da vegetação primária ou da vegetação secundária em qualquer estágio de regeneração do Bioma Mata Atlântica cumpre função social e é de interesse público, podendo, a critério do proprietário, as áreas sujeitas à restrição de que trata esta Lei ser computadas para efeito da Reserva Legal e seu excedente utilizado para fins de compensação ambiental ou instituição de Cota de Reserva Ambiental – CRA.

▶ *Caput* com a redação dada pela Lei nº 12.651, de 25-5-2012.

Parágrafo único. Ressalvadas as hipóteses previstas em lei, as áreas de preservação permanente não integrarão a reserva legal.

CAPÍTULO I
DO FUNDO DE RESTAURAÇÃO DO BIOMA MATA ATLÂNTICA

Art. 36. Fica instituído o Fundo de Restauração do Bioma Mata Atlântica destinado ao financiamento de projetos de restauração ambiental e de pesquisa científica.

§§ 1º a 3º VETADOS.

Art. 37. Constituirão recursos do Fundo de que trata o art. 36 desta Lei:

I – dotações orçamentárias da União;

II – recursos resultantes de doações, contribuições em dinheiro, valores, bens móveis e imóveis, que venha a receber de pessoas físicas e jurídicas, nacionais ou internacionais;

III – rendimentos de qualquer natureza, que venha a auferir como remuneração decorrente de aplicações do seu patrimônio;

IV – outros, destinados em lei.

Art. 38. Serão beneficiados com recursos do Fundo de Restauração do Bioma Mata Atlântica os projetos que envolvam conservação de remanescentes de vegetação nativa, pesquisa científica ou áreas a serem restauradas, implementados em Municípios que possuam plano municipal de conservação e recuperação da Mata Atlântica, devidamente aprovado pelo Conselho Municipal de Meio Ambiente.

▶ Art. 40 do Dec. nº 6.660, de 21-11-2008, que regulamenta dispositivos desta Lei.

§ 1º Terão prioridade de apoio os projetos destinados à conservação e recuperação das áreas de preservação permanente, reservas legais, reservas particulares do patrimônio natural e áreas do entorno de unidades de conservação.

§ 2º Os projetos poderão beneficiar áreas públicas e privadas e serão executados por órgãos públicos, instituições acadêmicas públicas e organizações da sociedade civil de interesse público que atuem na conservação, restauração ou pesquisa científica no Bioma Mata Atlântica.

CAPÍTULO II
DA SERVIDÃO AMBIENTAL

Arts. 39 e 40. VETADOS.

CAPÍTULO III
DOS INCENTIVOS CREDITÍCIOS

Art. 41. O proprietário ou posseiro que tenha vegetação primária ou secundária em estágios avançado e médio de regeneração do Bioma Mata Atlântica receberá das instituições financeiras benefícios creditícios, entre os quais:

I – prioridade na concessão de crédito agrícola, para os pequenos produtores rurais e populações tradicionais;

II e III – VETADOS.

Parágrafo único. Os critérios, condições e mecanismos de controle dos benefícios referidos neste artigo serão definidos, anualmente, sob pena de responsabilidade, pelo órgão competente do Poder Executivo, após anuência do órgão competente do Ministério da Fazenda.

TÍTULO V – DAS PENALIDADES

Art. 42. A ação ou omissão das pessoas físicas ou jurídicas que importem inobservância aos preceitos desta Lei e a seus regulamentos ou resultem em dano à flora, à fauna e aos demais atributos naturais sujeitam os infratores às sanções previstas em lei, em especial as dispostas na Lei nº 9.605, de 12 de fevereiro de 1998, e seus decretos regulamentadores.

Art. 43. A Lei nº 9.605, de 12 de fevereiro de 1998, passa a vigorar acrescida do seguinte art. 38-A:

▶ Alteração inserida no texto da referida Lei.

Art. 44. VETADO.

TÍTULO VI – DISPOSIÇÕES FINAIS

Art. 45. VETADO.

Art. 46. Os órgãos competentes adotarão as providências necessárias para o rigoroso e fiel cumprimento desta Lei, e estimularão estudos técnicos e científicos visando à conservação e ao manejo racional do Bioma Mata Atlântica e de sua biodiversidade.

Art. 47. Para os efeitos do inciso I do *caput* do art. 3º desta Lei, somente serão consideradas as propriedades rurais com área de até 50 (cinquenta) hectares, registradas em cartório até a data de início de vigência desta Lei, ressalvados os casos de fracionamento por transmissão *causa mortis*.

Art. 48. O art. 10 da Lei nº 9.393, de 19 de dezembro de 1996, passa a vigorar com a seguinte redação:

"Art. 10. ....

§ 1º ....

....

II – ....

d) sob regime de servidão florestal ou ambiental;

e) cobertas por florestas nativas, primárias ou secundárias em estágio médio ou avançado de regeneração;

....

IV – ....

b) de que tratam as alíneas do inciso II deste parágrafo;

...."

Art. 49. O § 6º do art. 44 da Lei nº 4.771, de 15 de setembro de 1965, alterada pela Medida Provisória nº 2.166-7, de 24 de agosto de 2001, passa a vigorar com a seguinte redação:

▶ A Lei nº 4.771, de 15-9-1965, foi revogada pela Lei nº 12.651, de 25-5-2012 (Novo Código Florestal).

Art. 50. VETADO.

Art. 51. Esta Lei entra em vigor na data de sua publicação.

Brasília, 22 de dezembro de 2006;
185º da Independência e
118º da República.

Luiz Inácio Lula da Silva

LEI Nº 11.445, DE 5 DE JANEIRO DE 2007

Estabelece as diretrizes nacionais para o saneamento básico; cria o Comitê Interministerial de Saneamento Básico; altera as Leis nºs 6.766, de 19 de dezembro de 1979, 8.666, de 21 de junho de 1993, e 8.987, de 13 de fevereiro de 1995; e revoga a Lei nº 6.528, de 11 de maio de 1978.

▶ Publicada no *DOU* de 8-1-2007 e retificada no *DOU* de 11-1-2007.

▶ Ementa com a redação dada pela Lei nº 14.026, de 15-7-2020.

▶ Lei nº 12.305, de 2-8-2010 (Lei da Política Nacional de Resíduos Sólidos), regulamentada pelo Dec. nº 10.936, de 12-1-2022.

▶ Lei nº 14.026, de 15-7-2020 (Novo Marco Legal do Saneamento Básico).

▶ Dec. nº 7.217, de 21-6-2010, regulamenta esta Lei.

CAPÍTULO I – DOS PRINCÍPIOS FUNDAMENTAIS

Art. 1º Esta Lei estabelece as diretrizes nacionais para o saneamento básico e para a política federal de saneamento básico.

Art. 2º Os serviços públicos de saneamento básico serão prestados com base nos seguintes princípios fundamentais:

I – universalização do acesso e efetiva prestação do serviço;

II – integralidade, compreendida como o conjunto de atividades e componentes de cada um dos diversos serviços de saneamento que propicie à população o acesso a eles em conformidade com suas necessidades e maximize a eficácia das ações e dos resultados;

III – abastecimento de água, esgotamento sanitário, limpeza urbana e manejo dos resíduos sólidos realizados de forma adequada à saúde pública, à conservação dos recursos naturais e à proteção do meio ambiente;

IV – disponibilidade, nas áreas urbanas, de serviços de drenagem e manejo das águas pluviais, tratamento, limpeza e fiscalização preventiva das redes, adequados à saúde pública, à proteção do meio ambiente e à segurança da vida e do patrimônio público e privado;

▶ Incisos I a IV com a redação dada pela Lei nº 14.026, de 15-7-2020.

V – adoção de métodos, técnicas e processos que considerem as peculiaridades locais e regionais;

VI – articulação com as políticas de desenvolvimento urbano e regional, de habitação, de combate à pobreza e de sua erradicação, de proteção ambiental, de promoção da saúde, de recursos hídricos e outras de interesse social relevante, destinadas à melhoria da qualidade de vida, para as quais o saneamento básico seja fator determinante;

▶ Inciso VI com a redação dada pela Lei nº 14.026, de 15-7-2020.

VII – eficiência e sustentabilidade econômica;

VIII – estímulo à pesquisa, ao desenvolvimento e à utilização de tecnologias apropriadas, consideradas a capacidade de pagamento dos usuários, a adoção de soluções graduais e progressivas e a melhoria da qualidade com ganhos de eficiência e redução dos custos para os usuários;

▶ Inciso VIII com a redação dada pela Lei nº 14.026, de 15-7-2020.

IX – transparência das ações, baseada em sistemas de informações e processos decisórios institucionalizados;

X – controle social;

XI – segurança, qualidade, regularidade e continuidade;

XII – integração das infraestruturas e dos serviços com a gestão eficiente dos recursos hídricos;

XIII – redução e controle das perdas de água, inclusive na distribuição de água tratada, estímulo à racionalização de seu consumo pelos usuários e fomento à eficiência energética, ao reúso de efluentes sanitários e ao aproveitamento de águas de chuva;

▶ Incisos XI a XIII com a redação dada pela Lei nº 14.026, de 15-7-2020.

XIV – prestação regionalizada dos serviços, com vistas à geração de ganhos de escala e à garantia da universalização e da viabilidade técnica e econômico-financeira dos serviços;

XV – seleção competitiva do prestador dos serviços; e

XVI – prestação concomitante dos serviços de abastecimento de água e de esgotamento sanitário.

▶ Incisos XIV a XVI acrescidos pela Lei nº 14.026, de 15-7-2020.

Art. 3º Para fins do disposto nesta Lei, considera-se:

▶ *Caput* com a redação dada pela Lei nº 14.026, de 15-7-2020.

I – saneamento básico: conjunto de serviços públicos, infraestruturas e instalações operacionais de:

a) abastecimento de água potável: constituído pelas atividades e pela disponibilização e manutenção de infraestruturas e instalações operacionais necessárias ao abastecimento público de água potável, desde a captação até as ligações prediais e seus instrumentos de medição;

b) esgotamento sanitário: constituído pelas atividades e pela disponibilização e manutenção de infraestruturas e instalações operacionais necessárias à coleta, ao transporte, ao tratamento e à disposição final adequados dos esgotos sanitários, desde as ligações prediais até sua destinação final para produção de água de reúso ou seu lançamento de forma adequada no meio ambiente;

c) limpeza urbana e manejo de resíduos sólidos: constituídos pelas atividades e pela disponibilização e manutenção de infraestruturas e instalações operacionais de coleta, varrição manual e mecanizada, asseio e conservação urbana, transporte, transbordo, tratamento e destinação final ambientalmente adequada dos resíduos sólidos domiciliares e dos resíduos de limpeza urbana; e

d) drenagem e manejo das águas pluviais urbanas: constituídos pelas atividades, pela infraestrutura e pelas instalações operacionais de drenagem de águas pluviais, transporte, detenção ou retenção para o amortecimento de vazões de cheias, tratamento e disposição final das águas pluviais drenadas, contempladas a limpeza e a fiscalização preventiva das redes;

II – gestão associada: associação voluntária entre entes federativos, por meio de consórcio público ou convênio de cooperação, conforme disposto no art. 241 da Constituição Federal;

III – universalização: ampliação progressiva do acesso de todos os domicílios ocupados ao saneamento básico, em todos os serviços previstos no inciso XIV do *caput* deste artigo, incluídos o tratamento e a disposição final adequados dos esgotos sanitários;

IV – controle social: conjunto de mecanismos e procedimentos que garantem à sociedade informações, representações técnicas e participação nos processos de formulação de políticas, de planejamento e de avaliação relacionados com os serviços públicos de saneamento básico;

▶ Incisos I a IV com a redação dada pela Lei nº 14.026, de 15-7-2020.

V – VETADO;

VI – prestação regionalizada: modalidade de prestação integrada de um ou mais componentes dos serviços públicos de saneamento básico em determinada região cujo território abranja mais de um Município, podendo ser estruturada em:

a) região metropolitana, aglomeração urbana ou microrregião: unidade instituída pelos Estados mediante lei complementar, de acordo com o § 3º do art. 25 da Constituição Federal, composta de agrupamento de Municípios limítrofes e instituída nos termos da Lei nº 13.089, de 12 de janeiro de 2015 (Estatuto da Metrópole);

b) unidade regional de saneamento básico: unidade instituída pelos Estados mediante lei ordinária, constituída pelo agrupamento de Municípios não necessariamente limítrofes, para atender adequadamente às exigências de higiene e saúde pública, ou para dar viabilidade econômica e técnica aos Municípios menos favorecidos;

c) bloco de referência: agrupamento de Municípios não necessariamente limítrofes, estabelecido pela União nos termos do § 3º do art. 52 desta Lei e formalmente criado por meio de gestão associada voluntária dos titulares;

VII – subsídios: instrumentos econômicos de política social que contribuem para a universalização do acesso aos serviços públicos de saneamento básico por parte de populações de baixa renda;

VIII – localidades de pequeno porte: vilas, aglomerados rurais, povoados, núcleos, lugarejos e aldeias, assim definidos pela Fundação Instituto Brasileiro de Geografia e Estatística (IBGE);

► Incisos VI a VIII com a redação dada pela Lei nº 14.026, de 15-7-2020.

IX – contratos regulares: aqueles que atendem aos dispositivos legais pertinentes à prestação de serviços públicos de saneamento básico;

X – núcleo urbano: assentamento humano, com uso e características urbanas, constituído por unidades imobiliárias com área inferior à fração mínima de parcelamento prevista no art. 8º da Lei nº 5.868, de 12 de dezembro de 1972, independentemente da propriedade do solo, ainda que situado em área qualificada ou inscrita como rural;

XI – núcleo urbano informal: aquele clandestino, irregular ou no qual não tenha sido possível realizar a titulação de seus ocupantes, ainda que atendida a legislação vigente à época de sua implantação ou regularização;

XII – núcleo urbano informal consolidado: aquele de difícil reversão, considerados o tempo da ocupação, a natureza das edificações, a localização das vias de circulação e a presença de equipamentos públicos, entre outras circunstâncias a serem avaliadas pelo Município ou pelo Distrito Federal;

XIII – operação regular: aquela que observa integralmente as disposições constitucionais, legais e contratuais relativas ao exercício da titularidade e à contratação, prestação e regulação dos serviços;

XIV – serviços públicos de saneamento básico de interesse comum: serviços de saneamento básico prestados em regiões metropolitanas, aglomerações urbanas e microrregiões instituídas por lei complementar estadual, em que se verifique o compartilhamento de instalações operacionais de infraestrutura de abastecimento de água e/ou de esgotamento sanitário entre 2 (dois) ou mais Municípios, denotando a necessidade de organizá-los, planejá-los, executá-los e operá-los de forma conjunta e integrada pelo Estado e pelos Municípios que compartilham, no todo ou em parte, as referidas instalações operacionais;

XV – serviços públicos de saneamento básico de interesse local: funções públicas e serviços cujas infraestruturas e instalações operacionais atendam a um único Município;

XVI – sistema condominial: rede coletora de esgoto sanitário, assentada em posição viável no interior dos lotes ou conjunto de habitações, interligada à rede pública convencional em um único ponto ou à unidade de tratamento, utilizada onde há dificuldades de execução de redes ou ligações prediais no sistema convencional de esgotamento;

XVII – sistema individual alternativo de saneamento: ação de saneamento básico ou de afastamento e destinação final dos esgotos, quando o local não for atendido diretamente pela rede pública;

XVIII – sistema separador absoluto: conjunto de condutos, instalações e equipamentos destinados a coletar, transportar, condicionar e encaminhar exclusivamente esgoto sanitário;

XIX – sistema unitário: conjunto de condutos, instalações e equipamentos destinados a coletar, transportar, condicionar e encaminhar conjuntamente esgoto sanitário e águas pluviais.

► Incisos IX a XIX acrescidos pela Lei nº 14.026, de 15-7-2020.

§§ 1º a 3º VETADOS.

§ 4º VETADO. Lei nº 14.026, de 15-7-2020.

§ 5º No caso de Região Integrada de Desenvolvimento (RIDE), a prestação regionalizada do serviço de saneamento básico estará condicionada à anuência dos Municípios que a integram.

► § 5º acrescido pela Lei nº 14.026, de 15-7-2020.

Art. 3º-A. Consideram-se serviços públicos de abastecimento de água a sua distribuição mediante ligação predial, incluídos eventuais instrumentos de medição, bem como, quando vinculadas a essa finalidade, as seguintes atividades:

I – reservação de água bruta;

II – captação de água bruta;

III – adução de água bruta;

IV – tratamento de água bruta;

V – adução de água tratada; e

VI – reservação de água tratada.

Art. 3º-B. Consideram-se serviços públicos de esgotamento sanitário aqueles constituídos por 1 (uma) ou mais das seguintes atividades:

I – coleta, incluída ligação predial, dos esgotos sanitários;

II – transporte dos esgotos sanitários;

III – tratamento dos esgotos sanitários; e

IV – disposição final dos esgotos sanitários e dos lodos originários da operação de unidades de tratamento coletivas ou individuais de forma ambientalmente adequada, incluídas fossas sépticas.

Parágrafo único. Nas Zonas Especiais de Interesse Social (ZEIS) ou outras áreas do perímetro urbano ocupadas predominantemente por população de baixa renda, o serviço público de esgotamento sanitário, realizado diretamente pelo titular ou por concessionário, inclui conjuntos sanitários para as residências e solução para a destinação de efluentes, quando inexistentes, assegurada compatibilidade com as diretrizes da política municipal de regularização fundiária.

Art. 3º-C. Consideram-se serviços públicos especializados de limpeza urbana e de manejo de resíduos sólidos as atividades operacionais de coleta, transbordo, transporte, triagem para fins de reutilização ou reciclagem, tratamento, inclusive por compostagem, e destinação final dos:

I – resíduos domésticos;

II – resíduos originários de atividades comerciais, industriais e de serviços, em quantidade e qualidade similares às dos resíduos domésticos, que, por decisão do titular, sejam considerados resíduos sólidos urbanos, desde que tais resíduos não sejam de responsabilidade de seu gerador nos termos da norma legal ou administrativa, de decisão judicial ou de termo de ajustamento de conduta; e

III – resíduos originários dos serviços públicos de limpeza urbana, tais como:

a) serviços de varrição, capina, roçada, poda e atividades correlatas em vias e logradouros públicos;

b) asseio de túneis, escadarias, monumentos, abrigos e sanitários públicos;

c) raspagem e remoção de terra, areia e quaisquer materiais depositados pelas águas pluviais em logradouros públicos;

d) desobstrução e limpeza de bueiros, bocas de lobo e correlatos;

e) limpeza de logradouros públicos onde se realizem feiras públicas e outros eventos de acesso aberto ao público; e

f) outros eventuais serviços de limpeza urbana.

Art. 3º-D. Consideram-se serviços públicos de manejo das águas pluviais urbanas aqueles constituídos por 1 (uma) ou mais das seguintes atividades:

I – drenagem urbana;

II – transporte de águas pluviais urbanas;

III – detenção ou retenção de águas pluviais urbanas para amortecimento de vazões de cheias; e

IV – tratamento e disposição final de águas pluviais urbanas.

► Arts. 3º-A a 3º-D acrescidos pela Lei nº 14.026, de 15-7-2020.

Art. 4º Os recursos hídricos não integram os serviços públicos de saneamento básico.

Parágrafo único. A utilização de recursos hídricos na prestação de serviços públicos de saneamento básico, inclusive para disposição ou diluição de esgotos e outros resíduos líquidos, é sujeita a outorga de direito de uso, nos termos da Lei nº 9.433, de 8 de janeiro de 1997, de seus regulamentos e das legislações estaduais.

Art. 5º Não constitui serviço público a ação de saneamento executada por meio de soluções individuais, desde que o usuário não dependa de terceiros para operar os serviços, bem como as ações e serviços de saneamento básico de responsabilidade privada, incluindo o manejo de resíduos de responsabilidade do gerador.

Art. 6º O lixo originário de atividades comerciais, industriais e de serviços cuja responsabilidade pelo manejo não seja atribuída ao gerador pode, por decisão do poder público, ser considerado resíduo sólido urbano.

Art. 7º Para os efeitos desta Lei, o serviço público de limpeza urbana e de manejo de resíduos sólidos urbanos é composto pelas seguintes atividades:

I – de coleta, de transbordo e de transporte dos resíduos relacionados na alínea *c* do inciso I do *caput* do art. 3º desta Lei;

II – de triagem, para fins de reutilização ou reciclagem, de tratamento, inclusive por compostagem, e de destinação final dos resíduos relacionados na alínea c do inciso I do *caput* do art. 3º desta Lei; e

III – de varrição de logradouros públicos, de limpeza de dispositivos de drenagem de águas pluviais, de limpeza de córregos e outros serviços, tais como poda, capina, raspagem e roçada, e de outros eventuais serviços de limpeza urbana, bem como de coleta, de acondicionamento e de destinação final ambientalmente adequada dos resíduos sólidos provenientes dessas atividades.

► Incisos I a III com a redação dada pela Lei nº 14.026, de 15-7-2020.

CAPÍTULO II
DO EXERCÍCIO DA TITULARIDADE

Art. 8º Exercem a titularidade dos serviços públicos de saneamento básico:

I – os Municípios e o Distrito Federal, no caso de interesse local;

II – o Estado, em conjunto com os Municípios que compartilham efetivamente instalações operacionais integrantes de regiões metropolitanas, aglomerações urbanas e microrregiões, instituídas por lei complementar estadual, no caso de interesse comum.

§ 1º O exercício da titularidade dos serviços de saneamento poderá ser realizado também por gestão associada, mediante consórcio público ou convênio de cooperação, nos termos do art. 241 da Constituição Federal, observadas as seguintes disposições:

I – fica admitida a formalização de consórcios intermunicipais de saneamento básico, exclusivamente composto de Municípios, que poderão prestar o serviço aos seus consorciados diretamente, pela instituição de autarquia intermunicipal;

II – os consórcios intermunicipais de saneamento básico terão como objetivo, exclusivamente, o financiamento das iniciativas de implantação de medidas estruturais de abastecimento de água potável, esgotamento sanitário, limpeza urbana, manejo de resíduos sólidos, drenagem e manejo de águas pluviais, vedada a formalização de contrato de programa com sociedade de economia mista ou empresa pública, ou a subdelegação do serviço prestado pela autarquia intermunicipal sem prévio procedimento licitatório.

§ 2º Para os fins desta Lei, as unidades regionais de saneamento básico devem apresentar sustentabilidade econômico-financeira e contemplar, preferencialmente, pelo menos 1 (uma) região metropolitana, facultada a sua integração por titulares dos serviços de saneamento.

§ 3º A estrutura de governança para as unidades regionais de saneamento básico seguirá o disposto na Lei nº 13.089, de 12 de janeiro de 2015 (Estatuto da Metrópole).

§ 4º Os Chefes dos Poderes Executivos da União, dos Estados, do Distrito Federal e dos Municípios poderão formalizar a gestão associada para o exercício de funções relativas aos serviços públicos de saneamento básico, ficando dispensada, em caso de convênio de cooperação, a necessidade de autorização legal.

§ 5º O titular dos serviços públicos de saneamento básico deverá definir a entidade responsável pela regulação e fiscalização desses serviços, independentemente da modalidade de sua prestação.

► Art. 8º com a redação dada pela Lei nº 14.026, de 15-7-2020.

Art. 8º-A. É facultativa a adesão dos titulares dos serviços públicos de saneamento de interesse local às estruturas das formas de prestação regionalizada.

Art. 8º-B. No caso de prestação regionalizada dos serviços de saneamento, as responsabilidades administrativa, civil e penal são exclusivamente aplicadas aos titulares dos serviços públicos de saneamento, nos termos do art. 8º desta Lei.

► Arts. 8º-A e 8º-B acrescidos pela Lei nº 14.026, de 15-7-2020.

Art. 9º O titular dos serviços formulará a respectiva política pública de saneamento básico, devendo, para tanto:

I – elaborar os planos de saneamento básico, nos termos desta Lei, bem como estabelecer metas e indicadores de desempenho e mecanismos de aferição de resultados, a serem obrigatoriamente observados na execução dos serviços prestados de forma direta ou por concessão;

II – prestar diretamente os serviços, ou conceder a prestação deles, e definir, em ambos os casos, a entidade responsável pela regulação e fiscalização da prestação dos serviços públicos de saneamento básico;

III – definir os parâmetros a serem adotados para a garantia do atendimento essencial à saúde pública, inclusive quanto ao volume mínimo per capita de água para abastecimento público, observadas as normas nacionais relativas à potabilidade da água;

IV – estabelecer os direitos e os deveres dos usuários;

V – estabelecer os mecanismos e os procedimentos de controle social, observado o disposto no inciso IV do *caput* do art. 3º desta Lei;

► Incisos I a V com a redação dada pela Lei nº 14.026, de 15-7-2020.

VI – implementar sistema de informações sobre os serviços públicos de saneamento básico, articulado com o Sistema Nacional de Informações em Saneamento Básico (SINISA), o Sistema Nacional de Informações sobre a Gestão dos Resíduos Sólidos (SINIR) e o Sistema Nacional de Gerenciamento de Recursos Hídricos (SINGREH), observadas a metodologia e a periodicidade estabelecidas pelo Ministério das Cidades; e

► Inciso VI com a redação dada pela Lei nº 14.600, de 19-6-2023.

VII – intervir e retomar a operação dos serviços delegados, por indicação da entidade reguladora, nas hipóteses e nas condições previstas na legislação e nos contratos.

► Inciso VII com a redação dada pela Lei nº 14.026, de 15-7-2020.

Parágrafo único. No exercício das atividades a que se refere o *caput* deste artigo, o titular poderá receber cooperação técnica do respectivo Estado e basear-se em estudos fornecidos pelos prestadores dos serviços.

► Parágrafo único acrescido pela Lei nº 14.026, de 15-7-2020.

Art. 10. A prestação dos serviços públicos de saneamento básico por entidade que não integre a administração do titular depende da celebração de contrato de concessão, mediante prévia licitação, nos termos do art. 175 da Constituição Federal, vedada a sua disciplina mediante contrato de programa, convênio, termo de parceria ou outros instrumentos de natureza precária.

► *Caput* com a redação dada pela Lei nº 14.026, de 15-7-2020.

§§ 1º e 2º *Revogados*. Lei nº 14.026, de 15-7-2020.

§ 3º Os contratos de programa regulares vigentes permanecem em vigor até o advento do seu termo contratual.

► § 3º acrescido pela Lei nº 14.026, de 15-7-2020.

Art. 10-A. Os contratos relativos à prestação dos serviços públicos de saneamento básico deverão conter, expressamente, sob pena de nulidade, as cláusulas essenciais previstas no art. 23 da Lei nº 8.987, de 13 de fevereiro de 1995, além das seguintes disposições:

I – metas de expansão dos serviços, de redução de perdas na distribuição de água tratada, de qualidade na prestação dos serviços, de eficiência e de uso racional da água, da energia e de outros recursos naturais, do reúso de efluentes sanitários e do aproveitamento de águas de chuva, em conformidade com os serviços a serem prestados;

II – possíveis fontes de receitas alternativas, complementares ou acessórias, bem como as provenientes de projetos associados, incluindo, entre outras, a alienação e o uso de efluentes sanitários para a produção de água de reúso, com possibilidade de as receitas serem compartilhadas entre o contratante e o contratado, caso aplicável;

III – metodologia de cálculo de eventual indenização relativa aos bens reversíveis não amortizados por ocasião da extinção do contrato; e

IV – repartição de riscos entre as partes, incluindo os referentes a caso fortuito, força maior, fato do príncipe e álea econômica extraordinária.

§ 1º Os contratos que envolvem a prestação dos serviços públicos de saneamento básico poderão prever mecanismos privados para resolução de disputas decorrentes do contrato ou a ele relacionadas, inclusive a arbitragem, a ser realizada no Brasil e em língua portuguesa, nos termos da Lei nº 9.307, de 23 de setembro de 1996.

§ 2º As outorgas de recursos hídricos atualmente detidas pelas empresas estaduais poderão ser segregadas ou transferidas da operação a ser concedida, permitidas a continuidade da prestação do serviço público de produção de água pela empresa detentora da outorga de recursos hídricos e a assinatura de contrato de longo prazo entre esta empresa produtora de água e a empresa operadora da distribuição de água para o usuário final, com objeto de compra e venda de água.

Art. 10-B. Os contratos em vigor, incluídos aditivos e renovações, autorizados nos termos desta Lei, bem como aqueles provenientes de licitação para prestação ou concessão dos serviços públicos de saneamento básico, estarão condicionados à comprovação da capacidade econômico-financeira da contratada, por recursos próprios ou por contratação de dívida, com vistas a viabilizar a universalização dos serviços na área licitada até 31 de dezembro de 2033, nos termos do § 2º do art. 11-B desta Lei.

Parágrafo único. A metodologia para comprovação da capacidade econômico-financeira da contratada será regulamentada por decreto do Poder Executivo no prazo de 90 (noventa) dias.

▶ Arts. 10-A e 10-B acrescidos pela Lei nº 14.026, de 15-7-2020.

▶ Dec. nº 11.598, de 12-7-2023, regulamenta este artigo, para estabelecer a metodologia para comprovação da capacidade econômico-financeira dos prestadores de serviços públicos de abastecimento de água potável ou de esgotamento sanitário, considerados os contratos em vigor, com vistas a viabilizar o cumprimento das metas de universalização.

Art. 11. São condições de validade dos contratos que tenham por objeto a prestação de serviços públicos de saneamento básico:

I – a existência de plano de saneamento básico;

II – a existência de estudo que comprove a viabilidade técnica e econômico-financeira da prestação dos serviços, nos termos estabelecidos no respectivo plano de saneamento básico;

▶ Inciso II com a redação dada pela Lei nº 14.026, de 15-7-2020.

▶ Port. do Ministério das Cidades nº 557, de 11-11-2016, institui normas de referência para a elaboração de estudos de viabilidade técnica e econômico-financeira (EVTE) previstos neste inciso.

III – a existência de normas de regulação que prevejam os meios para o cumprimento das diretrizes desta Lei, incluindo a designação da entidade de regulação e de fiscalização;

IV – a realização prévia de audiência e de consulta públicas sobre o edital de licitação, no caso de concessão, e sobre a minuta do contrato;

V – a existência de metas e cronograma de universalização dos serviços de saneamento básico.

▶ Inciso V acrescido pela Lei nº 14.026, de 15-7-2020.

§ 1º Os planos de investimentos e os projetos relativos ao contrato deverão ser compatíveis com o respectivo plano de saneamento básico.

§ 2º Nos casos de serviços prestados mediante contratos de concessão ou de programa, as normas previstas no inciso III do *caput* deste artigo deverão prever:

I – a autorização para a contratação dos serviços, indicando os respectivos prazos e a área a ser atendida;

II – a inclusão, no contrato, das metas progressivas e graduais de expansão dos serviços, de redução progressiva e controle de perdas na distribuição de água tratada, de qualidade, de eficiência e de uso racional da água, da energia e de outros recursos naturais, em conformidade com os serviços a serem prestados e com o respectivo plano de saneamento básico;

▶ Inciso II com a redação dada pela Lei nº 14.026, de 15-7-2020.

III – as prioridades de ação, compatíveis com as metas estabelecidas;

IV – as condições de sustentabilidade e equilíbrio econômico-financeiro da prestação dos serviços, em regime de eficiência, incluindo:

a) o sistema de cobrança e a composição de taxas e tarifas;

b) a sistemática de reajustes e de revisões de taxas e tarifas;

c) a política de subsídios;

V – mecanismos de controle social nas atividades de planejamento, regulação e fiscalização dos serviços;

VI – as hipóteses de intervenção e de retomada dos serviços.

§ 3º Os contratos não poderão conter cláusulas que prejudiquem as atividades de regulação e de fiscalização ou o acesso às informações sobre os serviços contratados.

§ 4º Na prestação regionalizada, o disposto nos incisos I a IV do *caput* e nos §§ 1º e 2º deste artigo poderá se referir ao conjunto de municípios por ela abrangidos.

§ 5º Fica vedada a distribuição de lucros e dividendos, do contrato em execução, pelo prestador de serviços que estiver descumprindo as metas e cronogramas estabelecidos no contrato específico da prestação de serviço público de saneamento básico.

▶ § 5º acrescido pela Lei nº 14.026, de 15-7-2020.

Art. 11-A. Na hipótese de prestação dos serviços públicos de saneamento básico por meio de contrato, o prestador de serviços poderá, além de realizar licitação e contratação de parceria público-privada, nos termos da Lei nº 11.079, de 30 de dezembro de 2004, e desde que haja previsão contratual ou autorização expressa do titular dos serviços, subdelegar o objeto contratado, observado, para a referida subdelegação, o limite de 25% (vinte e cinco por cento) do valor do contrato.

§ 1º A subdelegação fica condicionada à comprovação técnica, por parte do prestador de serviços, do benefício em termos de eficiência e qualidade dos serviços públicos de saneamento básico.

§ 2º Os contratos de subdelegação disporão sobre os limites da sub-rogação de direitos e obrigações do prestador de serviços pelo subdelegatário e observarão, no que couber, o disposto no § 2º do art. 11 desta Lei, bem como serão precedidos de procedimento licitatório.

§ 3º Para a observância do princípio da modicidade tarifária aos usuários e aos consumidores, na forma da Lei nº 8.987, de 13 de fevereiro de 1995, ficam vedadas subconcessões ou subdelegações que impliquem sobreposição de custos administrativos ou gerenciais a serem pagos pelo usuário final.

§ 4º Os Municípios com estudos para concessões ou parcerias público-privadas em curso, pertencentes a uma região metropolitana, podem dar seguimento ao processo e efetivar a contratação respectiva, mesmo se ultrapassado o limite previsto no *caput* deste artigo, desde que tenham o contrato assinado em até 1 (um) ano.

§ 5º VETADO. Lei nº 14.026, de 15-7-2020.

§ 6º Para fins de aferição do limite previsto no *caput* deste artigo, o critério para definição do valor do contrato do subdelegatário deverá ser o mesmo utilizado para definição do valor do contrato do prestador do serviço.

§ 7º Caso o contrato do prestador do serviço não tenha valor de contrato, o faturamento anual projetado para o subdelegatário não poderá ultrapassar 25% (vinte e cinco por cento) do faturamento anual projetado para o prestador do serviço.

Art. 11-B. Os contratos de prestação dos serviços públicos de saneamento básico deverão definir metas de universalização que garantam o atendimento de 99% (noventa e nove por cento) da população com água potável e de 90% (noventa por cento) da população com coleta e tratamento de esgotos até 31 de dezembro de 2033, assim como metas quantitativas de não intermitência do abastecimento, de redução de perdas e de melhoria dos processos de tratamento.

§ 1º Os contratos em vigor que não possuírem as metas de que trata o *caput* deste artigo terão até 31 de março de 2022 para viabilizar essa inclusão.

§ 2º Contratos firmados por meio de procedimentos licitatórios que possuam metas diversas daquelas previstas no *caput* deste artigo, inclusive contratos que tratem, individualmente, de água ou de esgoto, permanecerão inalterados nos moldes licitados, e o titular do serviço deverá buscar alternativas para atingir as metas definidas no *caput* deste artigo, incluídas as seguintes:

I – prestação direta da parcela remanescente;

II – licitação complementar para atingimento da totalidade da meta; e

III – aditamento de contratos já licitados, incluindo eventual reequilíbrio econômico-financeiro, desde que em comum acordo com a contratada.

§ 3º As metas de universalização deverão ser calculadas de maneira proporcional no período compreendido entre a assinatura do contrato ou do termo aditivo e o prazo previsto no *caput* deste artigo, de forma progressiva, devendo ser antecipadas caso as receitas advindas da prestação eficiente do serviço assim o permitirem, nos termos da regulamentação.

§ 4º É facultado à entidade reguladora prever hipóteses em que o prestador poderá utilizar métodos alternativos e descentralizados para os serviços de abastecimento de água e de coleta e tratamento de esgoto em áreas rurais, remotas ou em núcleos urbanos informais consolidados, sem prejuízo da sua cobrança, com vistas a garantir a economicidade da prestação dos serviços públicos de saneamento básico.

§ 5º O cumprimento das metas de universalização e não intermitência do abastecimento, de redução de perdas e de melhoria dos processos de tratamento deverá ser verificado anualmente pela agência reguladora, observando-se um intervalo dos últimos 5 (cinco) anos, nos quais as metas deverão ter sido cumpridas em, pelo menos, 3 (três), e a primeira fiscalização deverá ser realizada apenas ao término do quinto ano de vigência do contrato.

§ 6º As metas previstas neste artigo deverão ser observadas no âmbito municipal, quando exercida a titularidade de maneira independente, ou no âmbito da prestação regionalizada, quando aplicável.

§ 7º No caso do não atingimento das metas, nos termos deste artigo, deverá ser iniciado procedimento administrativo pela agência reguladora com o objetivo de avaliar as ações

LEGISLAÇÃO AMBIENTAL

a serem adotadas, incluídas medidas sancionatórias, com eventual declaração de caducidade da concessão, assegurado o direito à ampla defesa.

§ 8º Os contratos provisórios não formalizados e os vigentes prorrogados em desconformidade com os regramentos estabelecidos nesta Lei serão considerados irregulares e precários.

§ 9º Quando os estudos para a licitação da prestação regionalizada apontarem para a inviabilidade econômico-financeira da universalização na data referida no *caput* deste artigo, mesmo após o agrupamento de Municípios de diferentes portes, fica permitida a dilação do prazo, desde que não ultrapasse 1º de janeiro de 2040 e haja anuência prévia da agência reguladora, que, em sua análise, deverá observar o princípio da modicidade tarifária.

▸ Arts. 11-A e 11-B acrescidos pela Lei nº 14.026, de 15-7-2020.

Art. 12. Nos serviços públicos de saneamento básico em que mais de um prestador execute atividade interdependente com outra, a relação entre elas deverá ser regulada por contrato e haverá entidade única encarregada das funções de regulação e de fiscalização.

§ 1º A entidade de regulação definirá, pelo menos:

I – as normas técnicas relativas à qualidade, quantidade e regularidade dos serviços prestados aos usuários e entre os diferentes prestadores envolvidos;

II – as normas econômicas e financeiras relativas às tarifas, aos subsídios e aos pagamentos por serviços prestados aos usuários e entre os diferentes prestadores envolvidos;

III – a garantia de pagamento de serviços prestados entre os diferentes prestadores dos serviços;

IV – os mecanismos de pagamento de diferenças relativas a inadimplemento dos usuários, perdas comerciais e físicas e outros créditos devidos, quando for o caso;

V – o sistema contábil específico para os prestadores que atuem em mais de um Município.

§ 2º O contrato a ser celebrado entre os prestadores de serviços a que se refere o *caput* deste artigo deverá conter cláusulas que estabeleçam pelo menos:

I – as atividades ou insumos contratados;

II – as condições e garantias recíprocas de fornecimento e de acesso às atividades ou insumos;

III – o prazo de vigência, compatível com as necessidades de amortização de investimentos, e as hipóteses de sua prorrogação;

IV – os procedimentos para a implantação, ampliação, melhoria e gestão operacional das atividades;

V – as regras para a fixação, o reajuste e a revisão das taxas, tarifas e outros preços públicos aplicáveis ao contrato;

VI – as condições e garantias de pagamento;

VII – os direitos e deveres sub-rogados ou os que autorizam a sub-rogação;

VIII – as hipóteses de extinção, inadmitida a alteração e a rescisão administrativas unilaterais;

IX – as penalidades a que estão sujeitas as partes em caso de inadimplemento;

X – a designação do órgão ou entidade responsável pela regulação e fiscalização das atividades ou insumos contratados.

§ 3º Inclui-se entre as garantias previstas no inciso VI do § 2º deste artigo a obrigação do contratante de destacar, nos documentos de cobrança aos usuários, o valor da remuneração dos serviços prestados pelo contratado e de realizar a respectiva arrecadação e entrega dos valores arrecadados.

§ 4º No caso de execução mediante concessão de atividades interdependentes a que se refere o *caput* deste artigo, deverão constar do correspondente edital de licitação as regras e os valores das tarifas e outros preços públicos a serem pagos aos demais prestadores, bem como a obrigação e a forma de pagamento.

Art. 13. Os entes da Federação, isoladamente ou reunidos em consórcios públicos, poderão instituir fundos, aos quais poderão ser destinadas, entre outros recursos, parcelas das receitas dos serviços, com a finalidade de custear, na conformidade do disposto nos respectivos planos de saneamento básico, a universalização dos serviços públicos de saneamento básico.

Parágrafo único. Os recursos dos fundos a que se refere o *caput* deste artigo poderão ser utilizados como fontes ou garantias em operações de crédito para financiamento dos investimentos necessários à universalização dos serviços públicos de saneamento básico.

CAPÍTULO III
DA PRESTAÇÃO REGIONALIZADA DE SERVIÇOS PÚBLICOS DE SANEAMENTO BÁSICO

Arts. 14 a 16. *Revogados.* Lei nº 14.026, de 15-7-2020.

Art. 17. O serviço regionalizado de saneamento básico poderá obedecer a plano regional de saneamento básico elaborado para o conjunto de Municípios atendidos.

§ 1º O plano regional de saneamento básico poderá contemplar um ou mais componentes do saneamento básico, com vistas à otimização do planejamento e da prestação dos serviços.

§ 2º As disposições constantes do plano regional de saneamento básico prevalecerão sobre aquelas constantes dos planos municipais, quando existirem.

§ 3º O plano regional de saneamento básico dispensará a necessidade de elaboração e publicação de planos municipais de saneamento básico.

§ 4º O plano regional de saneamento básico poderá ser elaborado com suporte de órgãos e entidades das administrações públicas federal, estaduais e municipais, além de prestadores de serviço.

Art. 18. Os prestadores que atuem em mais de um Município ou região ou que prestem serviços públicos de saneamento básico diferentes em um mesmo Município ou região manterão sistema contábil que permita registrar e demonstrar, separadamente, os custos e as receitas de cada serviço em cada um dos Municípios ou regiões atendidas e, se for o caso, no Distrito Federal.

Parágrafo único. Nos casos em que os contratos previstos no *caput* deste artigo se encerrarem após o prazo fixado no contrato de programa da empresa estatal ou de capital misto contratante, por vencimento ordinário ou caducidade, o ente federativo controlador da empresa delegatária da prestação de serviços públicos de saneamento básico, por ocasião da assinatura do contrato de parceria público-privada ou de subdelegação, deverá assumir esses contratos, mantidos iguais prazos e condições perante o licitante vencedor.

▸ Arts. 17 e 18 com a redação dada pela Lei nº 14.026, de 15-7-2020.

Art. 18-A. O prestador dos serviços públicos de saneamento básico deve disponibilizar infraestrutura de rede até os respectivos pontos de conexão necessários à implantação dos serviços nas edificações e nas unidades imobiliárias decorrentes de incorporação imobiliária e de parcelamento de solo urbano.

Parágrafo único. A agência reguladora instituirá regras para que empreendedores imobiliários façam investimentos em redes de água e esgoto, identificando as situações nas quais os investimentos representam antecipação de atendimento obrigatório do operador local, fazendo jus ao ressarcimento futuro por parte da concessionária, por critérios de avaliação regulatórios, e aquelas nas quais os investimentos configuram-se como de interesse restrito do empreendedor imobiliário, situação na qual não fará jus ao ressarcimento.

▸ Art. 18-A acrescido pela Lei nº 14.026, de 15-7-2020.

CAPÍTULO IV
DO PLANEJAMENTO

Art. 19. A prestação de serviços públicos de saneamento básico observará plano, que poderá ser específico para cada serviço, o qual abrangerá, no mínimo:

I – diagnóstico da situação e de seus impactos nas condições de vida, utilizando sistema de indicadores sanitários, epidemiológicos, ambientais e socioeconômicos e apontando as causas das deficiências detectadas;

II – objetivos e metas de curto, médio e longo prazos para a universalização, admitidas soluções graduais e progressivas, observando a compatibilidade com os demais planos setoriais;

III – programas, projetos e ações necessárias para atingir os objetivos e as metas, de modo compatível com os respectivos planos plurianuais e com outros planos governamentais correlatos, identificando possíveis fontes de financiamento;

IV – ações para emergências e contingências;

V – mecanismos e procedimentos para a avaliação sistemática da eficiência e eficácia das ações programadas.

§ 1º Os planos de saneamento básico serão aprovados por atos dos titulares e poderão ser elaborados com base em estudos fornecidos pelos prestadores de cada serviço.

▸ § 1º com a redação dada pela Lei nº 14.026, de 15-7-2020.

§ 2º A consolidação e compatibilização dos planos específicos de cada serviço serão efetuadas pelos respectivos titulares.

§ 3º Os planos de saneamento básico deverão ser compatíveis com os planos das bacias hidrográficas e com planos diretores dos Municípios em que estiverem inseridos, ou com os planos de desenvolvimento urbano integrado das unidades regionais por eles abrangidas.

§ 4º Os planos de saneamento básico serão revistos periodicamente, em prazo não superior a 10 (dez) anos.

▶ §§ 3º e 4º com a redação dada pela Lei nº 14.026, de 15-7-2020.

§ 5º Será assegurada ampla divulgação das propostas dos planos de saneamento básico e dos estudos que as fundamentem, inclusive com a realização de audiências ou consultas públicas.

§ 6º A delegação de serviço de saneamento básico não dispensa o cumprimento pelo prestador do respectivo plano de saneamento básico em vigor à época da delegação.

§ 7º Quando envolverem serviços regionalizados, os planos de saneamento básico devem ser editados em conformidade com o estabelecido no art. 14 desta Lei.

§ 8º Exceto quando regional, o plano de saneamento básico deverá englobar integralmente o território do ente da Federação que o elaborou.

§ 9º Os Municípios com população inferior a 20.000 (vinte mil) habitantes poderão apresentar planos simplificados, com menor nível de detalhamento dos aspectos previstos nos incisos I a V do *caput* deste artigo.

▶ § 9º acrescido pela Lei nº 14.026, de 15-7-2020.

Art. 20. VETADO.

Parágrafo único. Incumbe à entidade reguladora e fiscalizadora dos serviços a verificação do cumprimento dos planos de saneamento por parte dos prestadores de serviços, na forma das disposições legais, regulamentares e contratuais.

CAPÍTULO V
DA REGULAÇÃO

Art. 21. A função de regulação, desempenhada por entidade de natureza autárquica dotada de independência decisória e autonomia administrativa, orçamentária e financeira, atenderá aos princípios de transparência, tecnicidade, celeridade e objetividade das decisões.

▶ *Caput* com a redação dada pela Lei nº 14.026, de 15-7-2020.

I e II – *Revogados*. Lei nº 14.026, de 15-7-2020.

Art. 22. São objetivos da regulação:

I – estabelecer padrões e normas para a adequada prestação e a expansão da qualidade dos serviços e para a satisfação dos usuários, com observação das normas de referência editadas pela ANA;

II – garantir o cumprimento das condições e metas estabelecidas nos contratos de prestação de serviços e nos planos municipais ou de prestação regionalizada de saneamento básico;

III – prevenir e reprimir o abuso do poder econômico, ressalvada a competência dos órgãos integrantes do Sistema Brasileiro de Defesa da Concorrência; e

IV – definir tarifas que assegurem tanto o equilíbrio econômico-financeiro dos contratos quanto a modicidade tarifária, por mecanismos que gerem eficiência e eficácia dos serviços e que permitam o compartilhamento dos ganhos de produtividade com os usuários.

▶ Incisos I a IV com a redação dada pela Lei nº 14.026, de 15-7-2020.

Art. 23. A entidade reguladora, observadas as diretrizes determinadas pela ANA, editará normas relativas às dimensões técnica, econômica e social de prestação dos serviços públicos de saneamento básico, que abrangerão, pelo menos, os seguintes aspectos:

▶ *Caput* com a redação dada pela Lei nº 14.026, de 15-7-2020.

I – padrões e indicadores de qualidade da prestação dos serviços;

II – requisitos operacionais e de manutenção dos sistemas;

III – as metas progressivas de expansão e de qualidade dos serviços e os respectivos prazos;

IV – regime, estrutura e níveis tarifários, bem como os procedimentos e prazos de sua fixação, reajuste e revisão;

V – medição, faturamento e cobrança de serviços;

VI – monitoramento dos custos;

VII – avaliação da eficiência e eficácia dos serviços prestados;

VIII – plano de contas e mecanismos de informação, auditoria e certificação;

IX – subsídios tarifários e não tarifários;

X – padrões de atendimento ao público e mecanismos de participação e informação;

XI – medidas de segurança, de contingência e de emergência, inclusive quanto a racionamento;

▶ Inciso XI com a redação dada pela Lei nº 14.026, de 15-7-2020.

XII – VETADO;

XIII – procedimentos de fiscalização e de aplicação de sanções previstas nos instrumentos contratuais e na legislação do titular; e

XIV – diretrizes para a redução progressiva e controle das perdas de água.

▶ Incisos XIII e XIV acrescidos dada pela Lei nº 14.026, de 15-7-2020.

§ 1º A regulação da prestação dos serviços públicos de saneamento básico poderá ser delegada pelos titulares a qualquer entidade reguladora, e o ato de delegação explicitará a forma de atuação e a abrangência das atividades a serem desempenhadas pelas partes envolvidas.

▶ § 1º com a redação dada pela Lei nº 14.026, de 15-7-2020.

§ 1º-A. Nos casos em que o titular optar por aderir a uma agência reguladora em outro Estado da Federação, deverá ser considerada a relação de agências reguladoras de que trata o art. 4º-B da Lei nº 9.984, de 17 de julho de 2000, e essa opção só poderá ocorrer nos casos em que:

I – não exista no Estado do titular agência reguladora constituída que tenha aderido às normas de referência da ANA;

II – seja dada prioridade, entre as agências reguladoras qualificadas, àquela mais próxima à localidade do titular; e

III – haja anuência da agência reguladora escolhida, que poderá cobrar uma taxa de regulação diferenciada, de acordo com a distância de seu Estado.

§ 1º-B. Selecionada a agência reguladora mediante contrato de prestação de serviços, ela não poderá ser alterada até o encerramento contratual, salvo se deixar de adotar as normas de referência da ANA ou se estabelecido de acordo com o prestador de serviços.

▶ §§ 1º-A e 1º-B acrescidos pela Lei nº 14.026, de 15-7-2020.

§ 2º As normas a que se refere o *caput* deste artigo fixarão prazo para os prestadores de serviços comunicarem aos usuários as providências adotadas em face de queixas ou de reclamações relativas aos serviços.

§ 3º As entidades fiscalizadoras deverão receber e se manifestar conclusivamente sobre as reclamações que, a juízo do interessado, não tenham sido suficientemente atendidas pelos prestadores dos serviços.

§ 4º No estabelecimento de metas, indicadores e métodos de monitoramento, poderá ser utilizada a comparação do desempenho de diferentes prestadores de serviços.

▶ § 4º acrescido pela Lei nº 14.026, de 15-7-2020.

Art. 24. Em caso de gestão associada ou prestação regionalizada dos serviços, os titulares poderão adotar os mesmos critérios econômicos, sociais e técnicos da regulação em toda a área de abrangência da associação ou da prestação.

Art. 25. Os prestadores de serviços públicos de saneamento básico deverão fornecer à entidade reguladora todos os dados e informações necessários para o desempenho de suas atividades, na forma das normas legais, regulamentares e contratuais.

§ 1º Incluem-se entre os dados e informações a que se refere o *caput* deste artigo aquelas produzidas por empresas ou profissionais contratados para executar serviços ou fornecer materiais e equipamentos específicos.

§ 2º Compreendem-se nas atividades de regulação dos serviços de saneamento básico a interpretação e a fixação de critérios para a fiel execução dos contratos, dos serviços e para a correta administração de subsídios.

Art. 25-A. A ANA instituirá normas de referência para a regulação da prestação dos serviços públicos de saneamento básico por seus titulares e suas entidades reguladoras e fiscalizadoras, observada a legislação federal pertinente.

▶ Art. 25-A acrescido pela Lei nº 14.026, de 15-7-2020.

***Art. 26.** Será dada publicidade aos relatórios, estudos, decisões e instrumentos equivalentes que se refiram à regulação e à fiscalização dos serviços públicos de saneamento básico, com informação sobre os níveis dos reservatórios de água para abastecimento público e outros dados relativos à segurança hídrica, bem como aos direitos e deveres dos usuários e prestadores, a eles facultado o acesso de qualquer indivíduo, independentemente da existência de interesse direto.*

▶ *Caput* com a redação dada pela Lei nº 15.012, de 4-11-2024.

§ 1º Excluem-se do disposto no *caput* deste artigo os documentos considerados sigilosos em razão de interesse público relevante, mediante prévia e motivada decisão.

§ 2º A publicidade a que se refere o *caput* deste artigo deverá se efetivar, preferencialmente, por meio de sítio mantido na rede mundial de computadores – internet.

Art. 27. É assegurado aos usuários de serviços públicos de saneamento básico, na forma das normas legais, regulamentares e contratuais:

I – amplo acesso a informações sobre os serviços prestados;

LEGISLAÇÃO AMBIENTAL

II – prévio conhecimento dos seus direitos e deveres e das penalidades a que podem estar sujeitos;
III – acesso a manual de prestação do serviço e de atendimento ao usuário, elaborado pelo prestador e aprovado pela respectiva entidade de regulação;
IV – acesso a relatório periódico sobre a qualidade da prestação dos serviços;
V – acesso a relatórios periódicos sobre o nível dos reservatórios de água para abastecimento público e a outros dados relativos à segurança hídrica.

▸ Inciso V acrescido pela Lei nº 15.012, de 4-11-2024.

Art. 28. VETADO.

CAPÍTULO VI
DOS ASPECTOS ECONÔMICOS E SOCIAIS

Art. 29. Os serviços públicos de saneamento básico terão a sustentabilidade econômico-financeira assegurada por meio de remuneração pela cobrança dos serviços, e, quando necessário, por outras formas adicionais, como subsídios ou subvenções, vedada a cobrança em duplicidade de custos administrativos ou gerenciais a serem pagos pelo usuário, nos seguintes serviços:

▸ *Caput* com a redação dada pela Lei nº 14.026, de 15-7-2020.

I – de abastecimento de água e esgotamento sanitário, na forma de taxas, tarifas e outros preços públicos, que poderão ser estabelecidos para cada um dos serviços ou para ambos, conjuntamente;
II – de limpeza urbana e manejo de resíduos sólidos, na forma de taxas, tarifas e outros preços públicos, conforme o regime de prestação do serviço ou das suas atividades; e
III – de drenagem e manejo de águas pluviais urbanas, na forma de tributos, inclusive taxas, ou tarifas e outros preços públicos, em conformidade com o regime de prestação do serviço ou das suas atividades.

▸ Incisos I a III com a redação dada pela Lei nº 14.026, de 15-7-2020.

§ 1º Observado o disposto nos incisos I a III do *caput* deste artigo, a instituição das tarifas, preços públicos e taxas para os serviços de saneamento básico observará as seguintes diretrizes:
I – prioridade para atendimento das funções essenciais relacionadas à saúde pública;
II – ampliação do acesso dos cidadãos e localidades de baixa renda aos serviços;
III – geração dos recursos necessários para realização dos investimentos, objetivando o cumprimento das metas e objetivos do serviço;
IV – inibição do consumo supérfluo e do desperdício de recursos;
V – recuperação dos custos incorridos na prestação do serviço, em regime de eficiência;
VI – remuneração adequada do capital investido pelos prestadores dos serviços;
VII – estímulo ao uso de tecnologias modernas e eficientes, compatíveis com os níveis exigidos de qualidade, continuidade e segurança na prestação dos serviços;
VIII – incentivo à eficiência dos prestadores dos serviços.

§ 2º Poderão ser adotados subsídios tarifários e não tarifários para os usuários que não tenham capacidade de pagamento suficiente para cobrir o custo integral dos serviços.

§ 3º As novas edificações condominiais adotarão padrões de sustentabilidade ambiental que incluam, entre outros procedimentos, a medição individualizada do consumo hídrico por unidade imobiliária, nos termos da Lei nº 13.312, de 12 de julho de 2016.

▸ §§ 2º e 3º com a redação dada pela Lei nº 14.026, de 15-7-2020.

§ 4º Na hipótese de prestação dos serviços sob regime de concessão, as tarifas e preços públicos serão arrecadados pelo prestador diretamente do usuário, e essa arrecadação será facultativa em caso de taxas.

§ 5º Os prédios, edifícios e condomínios que foram construídos sem a individualização da medição até a entrada em vigor da Lei nº 13.312, de 12 de julho de 2016, ou em que a individualização for inviável, pela onerosidade ou por razão técnica, poderão instrumentalizar contratos especiais com os prestadores de serviços, nos quais serão estabelecidos as responsabilidades, os critérios de rateio e a forma de cobrança.

▸ §§ 4º e 5º acrescidos pela Lei nº 14.026, de 15-7-2020.

Art. 30. Observado o disposto no art. 29 desta Lei, a estrutura de remuneração e de cobrança dos serviços públicos de saneamento básico considerará os seguintes fatores:

▸ *Caput* com a redação dada pela Lei nº 14.026, de 15-7-2020.

I – categorias de usuários, distribuídas por faixas ou quantidades crescentes de utilização ou de consumo;
II – padrões de uso ou de qualidade requeridos;
III – quantidade mínima de consumo ou de utilização do serviço, visando à garantia de objetivos sociais, como a preservação da saúde pública, o adequado atendimento dos usuários de menor renda e a proteção do meio ambiente;
IV – custo mínimo necessário para disponibilidade do serviço em quantidade e qualidade adequadas;
V – ciclos significativos de aumento da demanda dos serviços, em períodos distintos; e
VI – capacidade de pagamento dos consumidores.

Art. 31. Os subsídios destinados ao atendimento de usuários determinados de baixa renda serão, dependendo da origem dos recursos:

▸ *Caput* com a redação dada pela Lei nº 14.026, de 15-7-2020.

I – *Revogado*. Lei nº 14.026, de 15-7-2020;
II – tarifários, quando integrarem a estrutura tarifária, ou fiscais, quando decorrerem da alocação de recursos orçamentários, inclusive por meio de subvenções; e
III – internos a cada titular ou entre titulares, nas hipóteses de prestação regionalizada.

▸ Incisos II e III com a redação dada pela Lei nº 14.026, de 15-7-2020.

Arts. 32 a 34. VETADOS.

Art. 35. As taxas ou as tarifas decorrentes da prestação de serviço de limpeza urbana e de manejo de resíduos sólidos considerarão a destinação adequada dos resíduos coletados e o nível de renda da população da área atendida, de forma isolada ou combinada, e poderão, ainda, considerar:

▸ *Caput* com a redação dada pela Lei nº 14.026, de 15-7-2020.

I – *Revogado*. Lei nº 14.026, de 15-7-2020;
II – as características dos lotes e as áreas que podem ser neles edificadas;

▸ Inciso II com a redação dada pela Lei nº 14.026, de 15-7-2020.

III – o peso ou o volume médio coletado por habitante ou por domicílio;
IV – o consumo de água; e
V – a frequência de coleta.

▸ Incisos IV e V acrescidos pela Lei nº 14.026, de 15-7-2020.

§ 1º Na hipótese de prestação de serviço sob regime de delegação, a cobrança de taxas ou tarifas poderá ser realizada na fatura de consumo de outros serviços públicos, com a anuência da prestadora do serviço.

§ 2º A não proposição de instrumento de cobrança pelo titular do serviço nos termos deste artigo, no prazo de 12 (doze) meses de vigência desta Lei, configura renúncia de receita e exigirá a comprovação de atendimento, pelo titular do serviço, do disposto no art. 14 da Lei Complementar nº 101, de 4 de maio de 2000, observadas as penalidades constantes da referida legislação no caso de eventual descumprimento.

§ 3º Na hipótese de prestação sob regime de delegação, o titular do serviço deverá obrigatoriamente demonstrar a sustentabilidade econômico-financeira da prestação dos serviços ao longo dos estudos que subsidiaram a contratação desses serviços e deverá comprovar, no respectivo processo administrativo, a existência de recursos suficientes para o pagamento dos valores incorridos na delegação, por meio da demonstração de fluxo histórico e projeção futura de recursos.

▸ §§ 1º a 3º acrescidos pela Lei nº 14.026, de 15-7-2020.

Art. 36. A cobrança pela prestação do serviço público de drenagem e manejo de águas pluviais urbanas deve levar em conta, em cada lote urbano, os percentuais de impermeabilização e a existência de dispositivos de amortecimento ou de retenção de água de chuva, bem como poderá considerar:
I – o nível de renda da população da área atendida;
II – as características dos lotes urbanos e as áreas que podem ser neles edificadas.

Art. 37. Os reajustes de tarifas de serviços públicos de saneamento básico serão realizados observando-se o intervalo mínimo de 12 (doze) meses, de acordo com as normas legais, regulamentares e contratuais.

Art. 38. As revisões tarifárias compreenderão a reavaliação das condições da prestação dos serviços e das tarifas praticadas e poderão ser:
I – periódicas, objetivando a distribuição dos ganhos de produtividade com os usuários e a reavaliação das condições de mercado;
II – extraordinárias, quando se verificar a ocorrência de fatos não previstos no contrato, fora do controle do prestador dos serviços, que alterem o seu equilíbrio econômico-financeiro.

§ 1º As revisões tarifárias terão suas pautas definidas pelas respectivas entidades reguladoras, ouvidos os titulares, os usuários e os prestadores dos serviços.

§ 2º Poderão ser estabelecidos mecanismos tarifários de indução à eficiência, inclusive fatores de produtividade, assim como de antecipação de metas de expansão e qualidade dos serviços.

§ 3º Os fatores de produtividade poderão ser definidos com base em indicadores de outras empresas do setor.

§ 4º A entidade de regulação poderá autorizar o prestador de serviços a repassar aos usuários custos e encargos tributários não previstos originalmente e por ele não administrados, nos termos da Lei nº 8.987, de 13 de fevereiro de 1995.

Art. 39. As tarifas serão fixadas de forma clara e objetiva, devendo os reajustes e as revisões serem tornados públicos com antecedência mínima de 30 (trinta) dias com relação à sua aplicação.

Parágrafo único. A fatura a ser entregue ao usuário final deverá obedecer a modelo estabelecido pela entidade reguladora, que definirá os itens e custos que deverão estar explicitados.

Art. 40. Os serviços poderão ser interrompidos pelo prestador nas seguintes hipóteses:

I – situações de emergência que atinjam a segurança de pessoas e bens;

II – necessidade de efetuar reparos, modificações ou melhorias de qualquer natureza nos sistemas, respeitados os padrões de qualidade e continuidade estabelecidos pela regulação do serviço;

▸ Inciso II com a redação dada pela Lei nº 14.026, de 15-7-2020.

III – negativa do usuário em permitir a instalação de dispositivo de leitura de água consumida, após ter sido previamente notificado a respeito;

IV – manipulação indevida de qualquer tubulação, medidor ou outra instalação do prestador, por parte do usuário; e

V – inadimplemento, pelo usuário do serviço de abastecimento de água ou de esgotamento sanitário, do pagamento das tarifas, após ter sido formalmente notificado, de forma que, em caso de coleta, afastamento e tratamento de esgoto, a interrupção dos serviços deverá preservar as condições mínimas de manutenção da saúde dos usuários, de acordo com norma de regulação ou norma do órgão de política ambiental.

▸ Inciso V com a redação dada pela Lei nº 14.026, de 15-7-2020.

§ 1º As interrupções programadas serão previamente comunicadas ao regulador e aos usuários.

§ 2º A suspensão dos serviços prevista nos incisos III e V do *caput* deste artigo será precedida de prévio aviso ao usuário, não inferior a 30 (trinta) dias da data prevista para a suspensão.

§ 3º A interrupção ou a restrição do fornecimento de água por inadimplência a estabelecimentos de saúde, a instituições educacionais e de internação coletiva de pessoas e a usuário residencial de baixa renda beneficiário de tarifa social deverá obedecer a prazos e critérios que preservem condições mínimas de manutenção da saúde das pessoas atingidas.

Art. 41. Desde que previsto nas normas de regulação, grandes usuários poderão negociar suas tarifas com o prestador dos serviços, mediante contrato específico, ouvido previamente o regulador.

Art. 42. Os valores investidos em bens reversíveis pelos prestadores constituirão créditos perante o titular, a serem recuperados mediante a exploração dos serviços, nos termos das normas regulamentares e contratuais e, quando for o caso, observada a legislação pertinente às sociedades por ações.

§ 1º Não gerarão crédito perante o titular os investimentos feitos sem ônus para o prestador, tais como os decorrentes de exigência legal aplicável à implantação de empreendimentos imobiliários e os provenientes de subvenções ou transferências fiscais voluntárias.

§ 2º Os investimentos realizados, os valores amortizados, a depreciação e os respectivos saldos serão anualmente auditados e certificados pela entidade reguladora.

§ 3º Os créditos decorrentes de investimentos devidamente certificados poderão constituir garantia de empréstimos aos delegatários, destinados exclusivamente a investimentos nos sistemas de saneamento objeto do respectivo contrato.

§ 4º VETADO.

§ 5º A transferência de serviços de um prestador para outro será condicionada, em qualquer hipótese, à indenização dos investimentos vinculados a bens reversíveis ainda não amortizados ou depreciados, nos termos da Lei nº 8.987, de 13 de fevereiro de 1995, facultado ao titular atribuir ao prestador que assumirá o serviço a responsabilidade por seu pagamento.

▸ § 5º acrescido pela Lei nº 14.026, de 15-7-2020.

CAPÍTULO VII
DOS ASPECTOS TÉCNICOS

Art. 43. A prestação dos serviços atenderá a requisitos mínimos de qualidade, incluindo a regularidade, a continuidade e aqueles relativos aos produtos oferecidos, ao atendimento dos usuários e às condições operacionais e de manutenção dos sistemas, de acordo com as normas regulamentares e contratuais.

§ 1º A União definirá parâmetros mínimos de potabilidade da água.

▸ Parágrafo único transformado em § 1º e com a redação dada pela Lei nº 14.026, de 15-7-2020.

§ 2º A entidade reguladora estabelecerá limites máximos de perda na distribuição de água tratada, que poderão ser reduzidos gradualmente, conforme se verifiquem avanços tecnológicos e maiores investimentos em medidas para diminuição desse desperdício.

▸ § 2º acrescido pela Lei nº 14.026, de 15-7-2020.

Art. 43-A. É obrigação dos prestadores de serviço público de abastecimento de água, conforme regulamento:

I – corrigir as falhas da rede hidráulica, de modo a evitar vazamentos e perdas e a aumentar a eficiência do sistema de distribuição; e

II – fiscalizar a rede de abastecimento de água para coibir as ligações irregulares.

▸ Art. 43-A acrescido pela Lei nº 14.546, de 4-4-2023.

Art. 44. O licenciamento ambiental de unidades de tratamento de esgotos sanitários, de efluentes gerados nos processos de tratamento de água e das instalações integrantes dos serviços públicos de manejo de resíduos sólidos considerará os requisitos de eficácia e eficiência, a fim de alcançar progressivamente os padrões estabelecidos pela legislação ambiental, ponderada a capacidade de pagamento das populações e usuários envolvidos.

▸ *Caput* com a redação dada pela Lei nº 14.026, de 15-7-2020.

§ 1º A autoridade ambiental competente assegurará prioridade e estabelecerá procedimentos simplificados de licenciamento para as atividades a que se refere o *caput* deste artigo, em função do porte das unidades, dos impactos ambientais esperados e da resiliência de sua área de implantação.

▸ § 1º com a redação dada pela Lei nº 14.026, de 15-7-2020.

§ 2º A autoridade ambiental competente estabelecerá metas progressivas para que a qualidade dos efluentes de unidades de tratamento de esgotos sanitários atenda aos padrões das classes dos corpos hídricos em que forem lançados, a partir dos níveis presentes de tratamento e considerando a capacidade de pagamento das populações e usuários envolvidos.

§ 3º A agência reguladora competente estabelecerá metas progressivas para a substituição do sistema unitário pelo sistema separador absoluto, sendo obrigatório o tratamento dos esgotos coletados em períodos de estiagem, enquanto durar a transição.

▸ § 3º acrescido pela Lei nº 14.026, de 15-7-2020.

Art. 45. As edificações permanentes urbanas serão conectadas às redes públicas de abastecimento de água e de esgotamento sanitário disponíveis e sujeitas ao pagamento de taxas, tarifas e outros preços públicos decorrentes da disponibilização e da manutenção da infraestrutura e do uso desses serviços.

▸ *Caput* com a redação dada pela Lei nº 14.026, de 15-7-2020.

§ 1º Na ausência de redes públicas de saneamento básico, serão admitidas soluções individuais de abastecimento de água e de afastamento e destinação final dos esgotos sanitários, observadas as normas editadas pela entidade reguladora e pelos órgãos responsáveis pelas políticas ambiental, sanitária e de recursos hídricos.

§ 2º A instalação hidráulica predial ligada à rede pública de abastecimento de água não poderá ser também alimentada por outras fontes.

§ 3º A instalação hidráulica predial prevista no § 2º deste artigo constitui a rede ou tubulação que se inicia na ligação de água da prestadora e finaliza no reservatório de água do usuário.

§ 4º Quando disponibilizada rede pública de esgotamento sanitário, o usuário estará sujeito aos pagamentos previstos no *caput* deste artigo, sendo-lhe assegurada a cobrança de um valor mínimo de utilização dos serviços, ainda que a sua edificação não esteja conectada à rede pública.

§ 5º O pagamento de taxa ou de tarifa, na forma prevista no *caput* deste artigo, não isenta o usuário da obrigação de conectar-se à rede pública de esgotamento sanitário, e o descumprimento dessa obrigação sujeita o usuário ao pagamento de multa e demais sanções previstas na legislação, ressalvados os casos de reúso e de captação de água de chuva, nos termos do regulamento.

§ 6º A entidade reguladora ou o titular dos serviços públicos de saneamento básico deverão estabelecer prazo não superior a 1 (um) ano para que os usuários conectem suas edificações à rede de esgotos, onde disponível, sob pena de o prestador do serviço realizar a conexão mediante cobrança do usuário.

§ 7º A entidade reguladora ou o titular dos serviços públicos de saneamento básico deverá, sob pena de responsabilidade administrativa, contratual e ambiental, até 31 de dezembro de 2025, verificar e aplicar o procedimento previsto no § 6º deste artigo a todas as edificações implantadas na área coberta com serviço de esgotamento sanitário.

§ 8º O serviço de conexão de edificação ocupada por família de baixa renda à rede de esgotamento sanitário poderá gozar de gratuidade, ainda que os serviços públicos de saneamento básico sejam prestados mediante concessão, observado, quando couber, o reequilíbrio econômico-financeiro dos contratos.

§ 9º Para fins de concessão da gratuidade prevista no § 8º deste artigo, caberá ao titular regulamentar os critérios para enquadramento das famílias de baixa renda, consideradas as peculiaridades locais e regionais.

§ 10. A conexão de edificações situadas em núcleo urbano, núcleo urbano informal e núcleo urbano informal consolidado observará o disposto na Lei nº 13.465, de 11 de julho de 2017.

§ 11. As edificações para uso não residencial ou condomínios regidos pela Lei nº 4.591, de 16 de dezembro de 1964, poderão utilizar-se de fontes e métodos alternativos de abastecimento de água, incluindo águas subterrâneas, de reúso ou pluviais, desde que autorizados pelo órgão gestor competente e que promovam o pagamento pelo uso de recursos hídricos, quando devido.

§ 12. Para a satisfação das condições descritas no § 11 deste artigo, os usuários deverão instalar medidor para contabilizar o seu consumo e deverão arcar apenas com o pagamento pelo uso da rede de coleta e tratamento de esgoto na quantidade equivalente ao volume de água captado.

► §§ 3º a 12 acrescidos pela Lei nº 14.026, de 15-7-2020.

Art. 46. Em situação crítica de escassez ou contaminação de recursos hídricos que obrigue à adoção de racionamento, declarada pela autoridade gestora de recursos hídricos, o ente regulador poderá adotar mecanismos tarifários de contingência, com objetivo de cobrir custos adicionais decorrentes, garantindo o equilíbrio financeiro da prestação do serviço e a gestão da demanda.

Parágrafo único. Sem prejuízo da adoção dos mecanismos a que se refere o *caput* deste artigo, a ANA poderá recomendar, independentemente da dominialidade dos corpos hídricos que formem determinada bacia hidrográfica, a restrição ou a interrupção do uso de recursos hídricos e a prioridade do uso para o consumo humano e para a dessedentação de animais.

► Parágrafo único acrescido pela Lei nº 14.026, de 15-7-2020.

Art. 46-A. VETADO. Lei nº 14.026, de 15-7-2020.

CAPÍTULO VIII
DA PARTICIPAÇÃO DE ÓRGÃOS COLEGIADOS NO CONTROLE SOCIAL

Art. 47. O controle social dos serviços públicos de saneamento básico poderá incluir a participação de órgãos colegiados de caráter consultivo, nacional, estaduais, distrital e municipais, em especial o Conselho Nacional de Recursos Hídricos, nos termos da Lei nº 9.433, de 8 de janeiro de 1997, assegurada a representação:

► *Caput* com a redação dada pela Lei nº 14.026, de 15-7-2020.

I – dos titulares dos serviços;

II – de órgãos governamentais relacionados ao setor de saneamento básico;

III – dos prestadores de serviços públicos de saneamento básico;

IV – dos usuários de serviços de saneamento básico;

V – de entidades técnicas, organizações da sociedade civil e de defesa do consumidor relacionadas ao setor de saneamento básico.

§ 1º As funções e competências dos órgãos colegiados a que se refere o *caput* deste artigo poderão ser exercidas por órgãos colegiados já existentes, com as devidas adaptações das leis que os criaram.

§ 2º No caso da União, a participação a que se refere o *caput* deste artigo será exercida nos termos da Medida Provisória nº 2.220, de 4 de setembro de 2001, alterada pela Lei nº 10.683, de 28 de maio de 2003.

CAPÍTULO IX
DA POLÍTICA FEDERAL DE SANEAMENTO BÁSICO

Art. 48. A União, no estabelecimento de sua política de saneamento básico, observará as seguintes diretrizes:

I – prioridade para as ações que promovam a equidade social e territorial no acesso ao saneamento básico;

II – aplicação dos recursos financeiros por ela administrados de modo a promover o desenvolvimento sustentável, a eficiência e a eficácia;

III – uniformização da regulação do setor e divulgação de melhores práticas, conforme o disposto na Lei nº 9.984, de 17 de julho de 2000;

► Inciso III com a redação dada pela Lei nº 14.026, de 15-7-2020.

IV – utilização de indicadores epidemiológicos e de desenvolvimento social no planejamento, implementação e avaliação das suas ações de saneamento básico;

V – melhoria da qualidade de vida e das condições ambientais e de saúde pública;

VI – colaboração para o desenvolvimento urbano e regional;

VII – garantia de meios adequados para o atendimento da população rural, por meio da utilização de soluções compatíveis com as suas características econômicas e sociais peculiares;

► Inciso VII com a redação dada pela Lei nº 14.026, de 15-7-2020.

VIII – fomento ao desenvolvimento científico e tecnológico, à adoção de tecnologias apropriadas e à difusão dos conhecimentos gerados;

IX – adoção de critérios objetivos de elegibilidade e prioridade, considerados fatores como nível de renda e cobertura, grau de urbanização, concentração populacional, porte populacional, áreas rurais e comunidades tradicionais e indígenas, disponibilidade hídrica e riscos sanitários, epidemiológicos e ambientais;

► Inciso IX com a redação dada pela Lei nº 14.026, de 15-7-2020.

X – adoção da bacia hidrográfica como unidade de referência para o planejamento de suas ações;

XI – estímulo à implementação de infraestruturas e serviços comuns a Municípios, mediante mecanismos de cooperação entre entes federados;

XII – redução progressiva e controle das perdas de água, inclusive na distribuição da água tratada, estímulo à racionalização de seu consumo pelos usuários e fomento à eficiência energética, ao reúso de efluentes sanitários e ao aproveitamento de águas de chuva, em conformidade com as demais normas ambientais e de saúde pública;

► Inciso XII com a redação dada pela Lei nº 14.026, de 15-7-2020.

XIII – estímulo ao desenvolvimento e ao aperfeiçoamento de equipamentos e métodos economizadores de água;

XIV – promoção da segurança jurídica e da redução dos riscos regulatórios, com vistas a estimular investimentos públicos e privados;

XV – estímulo à integração das bases de dados;

XVI – acompanhamento da governança e da regulação do setor de saneamento; e

XVII – prioridade para planos, programas e projetos que visem à implantação e à ampliação dos serviços e das ações de saneamento básico integrado, nos termos desta Lei.

► Incisos XIII a XVII acrescidos pela Lei nº 14.026, de 15-7-2020.

Parágrafo único. As políticas e ações da União de desenvolvimento urbano e regional, de habitação, de combate e erradicação da pobreza, de proteção ambiental, de promoção da saúde, de recursos hídricos e outras de relevante interesse social direcionadas à melhoria da qualidade de vida devem considerar a necessária articulação, inclusive no que se refere ao financiamento e à governança, com o saneamento básico.

► Parágrafo único com a redação dada pela Lei nº 14.026, de 15-7-2020.

Art. 48-A. Em programas habitacionais públicos federais ou subsidiados com recursos públicos federais, o sistema de esgotamento sanitário deverá ser interligado à rede existente, ressalvadas as hipóteses do § 4º do art. 11-B desta Lei.

► Art. 48-A acrescido pela Lei nº 14.026, de 15-7-2020.

Art. 49. São objetivos da Política Federal de Saneamento Básico:

I – contribuir para o desenvolvimento nacional, a redução das desigualdades regionais, a geração de emprego e de renda, a inclusão social e a promoção da saúde pública;

II – priorizar planos, programas e projetos que visem à implantação e à ampliação dos serviços e das ações de saneamento básico nas áreas ocupadas por populações de baixa renda, incluídos os núcleos urbanos informais consolidados, quando não se encontrarem em situação de risco;

► Incisos I e II com a redação dada pela Lei nº 14.026, de 15-7-2020.

III – proporcionar condições adequadas de salubridade ambiental aos povos indígenas e outras populações tradicionais, com soluções compatíveis com suas características socioculturais;

IV – proporcionar condições adequadas de salubridade ambiental às populações rurais e às pequenas comunidades;

▶ Inciso IV com a redação dada pela Lei nº 14.026, de 15-7-2020.

V – assegurar que a aplicação dos recursos financeiros administrados pelo poder público dê-se segundo critérios de promoção da salubridade ambiental, de maximização da relação benefício-custo e de maior retorno social;

VI – incentivar a adoção de mecanismos de planejamento, regulação e fiscalização da prestação dos serviços de saneamento básico;

VII – promover alternativas de gestão que viabilizem a autossustentação econômica e financeira dos serviços de saneamento básico, com ênfase na cooperação federativa;

VIII – promover o desenvolvimento institucional do saneamento básico, estabelecendo meios para a unidade e articulação das ações dos diferentes agentes, bem como do desenvolvimento de sua organização, capacidade técnica, gerencial, financeira e de recursos humanos, contempladas as especificidades locais;

IX – fomentar o desenvolvimento científico e tecnológico, a adoção de tecnologias apropriadas e a difusão dos conhecimentos gerados de interesse para o saneamento básico;

X – minimizar os impactos ambientais relacionados à implantação e desenvolvimento das ações, obras e serviços de saneamento básico e assegurar que sejam executadas de acordo com as normas relativas à proteção do meio ambiente, ao uso e ocupação do solo e à saúde;

XI – incentivar a adoção de equipamentos sanitários que contribuam para a redução do consumo de água;

▶ Inciso XI acrescido pela Lei nº 12.862, de 17-9-2013.

XII – promover educação ambiental destinada à economia de água pelos usuários;

▶ Inciso XII com a redação dada pela Lei nº 14.026, de 15-7-2020.

XIII – promover a capacitação técnica do setor;

XIV – promover a regionalização dos serviços, com vistas à geração de ganhos de escala, por meio do apoio à formação dos blocos de referência e à obtenção da sustentabilidade econômica financeira do bloco;

XV – promover a concorrência na prestação dos serviços; e

XVI – priorizar, apoiar e incentivar planos, programas e projetos que visem à implantação e à ampliação dos serviços e das ações de saneamento integrado, nos termos desta Lei.

▶ Incisos XIII a XVI acrescidos pela Lei nº 14.026, de 15-7-2020.

Art. 49-A. No âmbito da Política Federal de Saneamento Básico, a União estimulará o uso das águas de chuva e o reúso não potável das águas cinzas em novas edificações e nas atividades paisagísticas, agrícolas, florestais e industriais, conforme regulamento.

§ 1º A rede hidráulica e o reservatório destinado a acumular águas de chuva e águas cinzas das edificações devem ser distintos da rede de água proveniente do abastecimento público.

§ 2º VETADO.

§ 3º As águas de chuva e as águas cinzas passarão por processo de tratamento que assegure sua utilização segura, previamente à acumulação e ao uso na edificação.

▶ Art. 49-A acrescido pela Lei nº 14.546, de 4-4-2023.

Art. 50. A alocação de recursos públicos federais e os financiamentos com recursos da União ou com recursos geridos ou operados por órgãos ou entidades da União serão feitos em conformidade com as diretrizes e objetivos estabelecidos nos arts. 48 e 49 desta Lei e com os planos de saneamento básico e condicionados:

▶ Dec. nº 11.599, de 12-7-2023, dispõe sobre a alocação de recursos públicos federais e os financiamentos com recursos da União ou geridos ou operados por órgãos ou entidades da União de que trata este artigo.

I – ao alcance de índices mínimos de:

a) desempenho do prestador na gestão técnica, econômica e financeira dos serviços; e

b) eficiência e eficácia na prestação dos serviços públicos de saneamento básico;

▶ Alíneas *a* e *b* com a redação dada pela Lei nº 14.026, de 15-7-2020.

II – à operação adequada e à manutenção dos empreendimentos anteriormente financiados com os recursos mencionados no *caput* deste artigo;

▶ Inciso II com a redação dada pela Lei nº 14.026, de 15-7-2020.

III – à observância das normas de referência para a regulação da prestação dos serviços públicos de saneamento básico expedidas pela ANA;

▶ Inciso III acrescido pela Lei nº 14.026, de 15-7-2020.

IV – ao cumprimento de índice de perda de água na distribuição, conforme estabelecido em ato do Ministro de Estado das Cidades;

V – ao fornecimento de informações atualizadas para o SINISA, conforme critérios, métodos e periodicidade estabelecidos pelo Ministério das Cidades;

▶ Incisos IV e V com a redação dada pela Lei nº 14.600, de 19-6-2023.

VI – à regularidade da operação a ser financiada, nos termos do inciso XIII do *caput* do art. 3º desta Lei;

VII – à estruturação de prestação regionalizada;

VIII – à adesão pelos titulares dos serviços públicos de saneamento básico à estrutura de governança correspondente em até 180 (cento e oitenta) dias contados de sua instituição, nos casos de unidade regional de saneamento básico, blocos de referência e gestão associada; e

IX – à constituição da entidade de governança federativa no prazo estabelecido no inciso VIII do *caput* deste artigo.

▶ Incisos VI a IX acrescidos pela Lei nº 14.026, de 15-7-2020.

§ 1º Na aplicação de recursos não onerosos da União, serão priorizados os investimentos de capital que viabilizem a prestação de serviços regionalizada, por meio de blocos regionais, quando a sua sustentabilidade econômico-financeira não for possível apenas com recursos oriundos de tarifas ou taxas, mesmo após agrupamento com outros Municípios do Estado, e os investimentos que visem ao atendimento dos Municípios com maiores déficits de saneamento cuja população não tenha capacidade de pagamento compatível com a viabilidade econômico-financeira dos serviços.

▶ § 1º com a redação dada pela Lei nº 14.026, de 15-7-2020.

§ 2º A União poderá instituir e orientar a execução de programas de incentivo à execução de projetos de interesse social na área de saneamento básico com participação de investidores privados, mediante operações estruturadas de financiamentos realizados com recursos de fundos privados de investimento, de capitalização ou de previdência complementar, em condições compatíveis com a natureza essencial dos serviços públicos de saneamento básico.

§ 3º É vedada a aplicação de recursos orçamentários da União na administração, operação e manutenção de serviços públicos de saneamento básico não administrados por órgão ou entidade federal, salvo por prazo determinado em situações de eminente risco à saúde pública e ao meio ambiente.

§ 4º Os recursos não onerosos da União, para subvenção de ações de saneamento básico promovidas pelos demais entes da Federação, serão sempre transferidos para Municípios, o Distrito Federal ou Estados.

§ 5º No fomento à melhoria da prestação dos serviços públicos de saneamento básico, a União poderá conceder benefícios ou incentivos orçamentários, fiscais ou creditícios como contrapartida ao alcance de metas de desempenho operacional previamente estabelecidas.

▶ § 5º com a redação dada pela Lei nº 14.026, de 15-7-2020.

§ 6º A exigência prevista na alínea a do inciso I do *caput* deste artigo não se aplica à destinação de recursos para programas de desenvolvimento institucional do operador de serviços públicos de saneamento básico.

§ 7º VETADO.

§ 8º A manutenção das condições e do acesso aos recursos referidos no *caput* deste artigo dependerá da continuidade da observância dos atos normativos e da conformidade dos órgãos e das entidades reguladoras ao disposto no inciso III do *caput* deste artigo.

§ 9º A restrição de acesso a recursos públicos federais e a financiamentos decorrente do descumprimento do inciso III do *caput* deste artigo não afetará os contratos celebrados anteriormente à sua instituição e as respectivas previsões de desembolso.

§ 10. O disposto no inciso III do *caput* deste artigo não se aplica às ações de saneamento básico em:

I – áreas rurais;

II – comunidades tradicionais, incluídas áreas quilombolas; e

III – terras indígenas.

§ 11. A União poderá criar cursos de capacitação técnica dos gestores públicos municipais, em consórcio ou não com os Estados, para a elaboração e implementação dos planos de saneamento básico.

▶ §§ 8º a 11 acrescidos pela Lei nº 14.026, de 15-7-2020.

§ 12. VETADO. Lei nº 14.026, de 15-7-2020.

§ 13. *As condicionantes para alocação de recursos de que tratam os incisos I a IX do caput deste artigo não se aplicam ao componente de drenagem e manejo de águas pluviais urbanas quando destinados a Municípios em situação de emergência ou estado de calamidade pública reconhecidos pelo Poder Executivo federal ou suscetíveis a eventos de enxurradas e inundações, conforme cadastro*

LEGISLAÇÃO AMBIENTAL

publicado pelo Poder Executivo, nos termos do regulamento.

▸ § 13 acrescido pela Lei nº 15.112, de 17-3-2025.

Art. 51. O processo de elaboração e revisão dos planos de saneamento básico deverá prever sua divulgação em conjunto com os estudos que os fundamentarem, o recebimento de sugestões e críticas por meio de consulta ou audiência pública e, quando previsto na legislação do titular, análise e opinião por órgão colegiado criado nos termos do art. 47 desta Lei.

Parágrafo único. A divulgação das propostas dos planos de saneamento básico e dos estudos que as fundamentarem dar-se-á por meio da disponibilização integral de seu teor a todos os interessados, inclusive por meio da internet e por audiência pública.

Art. 52. A União elaborará, sob a coordenação do Ministério das Cidades:

▸ *Caput* com a redação dada pela Lei nº 14.600, de 19-6-2023.

I – o Plano Nacional de Saneamento Básico, que conterá:

▸ *Caput* do inciso I com a redação dada pela Lei nº 14.026, de 15-7-2020.

a) os objetivos e metas nacionais e regionalizadas, de curto, médio e longo prazos, para a universalização dos serviços de saneamento básico e o alcance de níveis crescentes de saneamento básico no território nacional, observando a compatibilidade com os demais planos e políticas públicas da União;

b) as diretrizes e orientações para o equacionamento dos condicionantes de natureza político-institucional, legal e jurídica, econômico-financeira, administrativa, cultural e tecnológica com impacto na consecução das metas e objetivos estabelecidos;

c) a proposição de programas, projetos e ações necessários para atingir os objetivos e as metas da política federal de saneamento básico, com identificação das fontes de financiamento, de forma a ampliar os investimentos públicos e privados no setor;

▸ Alínea *c* com a redação dada pela Lei nº 14.026, de 15-7-2020.

d) as diretrizes para o planejamento das ações de saneamento básico em áreas de especial interesse turístico;

e) os procedimentos para a avaliação sistemática da eficiência e eficácia das ações executadas;

II – planos regionais de saneamento básico, elaborados e executados em articulação com os Estados, Distrito Federal e Municípios envolvidos para as regiões integradas de desenvolvimento econômico ou nas que haja a participação de órgão ou entidade federal na prestação de serviço público de saneamento básico.

§ 1º O Plano Nacional de Saneamento Básico deverá:

▸ *Caput* do § 1º com a redação dada pela Lei nº 14.026, de 15-7-2020.

I – abranger o abastecimento de água, o esgotamento sanitário, o manejo de resíduos sólidos e o manejo de águas pluviais, com limpeza e fiscalização preventiva das respectivas redes de drenagem, além de outras ações de saneamento básico de interesse para a melhoria da salubridade ambiental, incluindo o provimento de banheiros e unidades hidrossanitárias para populações de baixa renda;

▸ Inciso I com a redação dada pela Lei nº 13.308, de 6-7-2016.

II – tratar especificamente das ações da União relativas ao saneamento básico nas áreas indígenas, nas reservas extrativistas da União e nas comunidades quilombolas;

III – contemplar programa específico para ações de saneamento básico em áreas rurais;

IV – contemplar ações específicas de segurança hídrica; e

V – contemplar ações de saneamento básico em núcleos urbanos informais ocupados por populações de baixa renda, quando estes forem consolidados e não se encontrarem em situação de risco.

▸ Incisos III a V acrescidos pela Lei nº 14.026, de 15-7-2020.

§ 2º Os planos de que tratam os incisos I e II do *caput* deste artigo devem ser elaborados com horizonte de 20 (vinte) anos, avaliados anualmente e revisados a cada 4 (quatro) anos, preferencialmente em períodos coincidentes com os de vigência dos planos plurianuais.

§ 3º A União estabelecerá, de forma subsidiária aos Estados, blocos de referência para a prestação regionalizada dos serviços públicos de saneamento básico.

▸ § 3º acrescido pela Lei nº 14.026, de 15-7-2020.

Art. 53. Fica instituído o Sistema Nacional de Informações em Saneamento Básico – SINISA, com os objetivos de:

I – coletar e sistematizar dados relativos às condições da prestação dos serviços públicos de saneamento básico;

II – disponibilizar estatísticas, indicadores e outras informações relevantes para a caracterização da demanda e da oferta de serviços públicos de saneamento básico;

III – permitir e facilitar o monitoramento e avaliação da eficiência e da eficácia da prestação dos serviços de saneamento básico.

§ 1º As informações do SINISA são públicas, gratuitas, acessíveis a todos e devem ser publicadas na internet, em formato de dados abertos.

▸ § 1º com a redação dada pela Lei nº 14.026, de 15-7-2020.

§ 2º A União apoiará os titulares dos serviços a organizar sistemas de informação em saneamento básico, em atendimento ao disposto no inciso VI do *caput* do art. 9º desta Lei.

▸ § 2º acrescido pela Lei nº 14.026, de 15-7-2020.

§ 3º Competem ao Ministério das Cidades a organização, a implementação e a gestão do SINISA, além do estabelecimento dos critérios, dos métodos e da periodicidade para o preenchimento das informações pelos titulares, pelas entidades reguladoras e pelos prestadores dos serviços e para a auditoria própria do sistema.

§ 4º A ANA e o Ministério das Cidades promoverão a interoperabilidade do Sistema Nacional de Informações sobre Recursos Hídricos (SNIRH) com o SINISA.

§ 5º O Ministério das Cidades dará ampla transparência e publicidade aos sistemas de informações por ele geridos e considerará as demandas dos órgãos e das entidades envolvidos na política federal de saneamento básico para fornecer os dados necessários ao desenvolvimento, à implementação e à avaliação das políticas públicas do setor.

§ 6º O Ministério das Cidades estabelecerá mecanismo sistemático de auditoria das informações inseridas no SINISA.

▸ §§ 3º a 6º com a redação dada pela Lei nº 14.600, de 19-6-2023.

§ 7º Os titulares, os prestadores de serviços públicos de saneamento básico e as entidades reguladoras fornecerão as informações a serem inseridas no SINISA.

▸ § 7º acrescido pela Lei nº 14.026, de 15-7-2020.

Art. 53-A. Fica criado o Comitê Interministerial de Saneamento Básico (CISB), colegiado que, sob a presidência do Ministério do Desenvolvimento Regional, tem a finalidade de assegurar a implementação da política federal de saneamento básico e de articular a atuação dos órgãos e das entidades federais na alocação de recursos financeiros em ações de saneamento básico.

Parágrafo único. A composição do CISB será definida em ato do Poder Executivo federal.

Art. 53-B. Compete ao CISB:

I – coordenar, integrar, articular e avaliar a gestão, em âmbito federal, do Plano Nacional de Saneamento Básico;

II – acompanhar o processo de articulação e as medidas que visem à destinação dos recursos para o saneamento básico, no âmbito do Poder Executivo federal;

III – garantir a racionalidade da aplicação dos recursos federais no setor de saneamento básico, com vistas à universalização dos serviços e à ampliação dos investimentos públicos e privados no setor;

IV – elaborar estudos técnicos para subsidiar a tomada de decisões sobre a alocação de recursos federais no âmbito da política federal de saneamento básico; e

V – avaliar e aprovar orientações para a aplicação dos recursos federais em saneamento básico.

Art. 53-C. Regimento interno disporá sobre a organização e o funcionamento do CISB.

Art. 53-D. Fica estabelecida como política federal de saneamento básico a execução de obras de infraestrutura básica de esgotamento sanitário e abastecimento de água potável em núcleos urbanos formais, informais e informais consolidados, passíveis de serem objeto de Regularização Fundiária Urbana (REURB), nos termos da Lei nº 13.465, de 11 de julho de 2017, salvo aqueles que se encontrarem em situação de risco.

Parágrafo único. Admite-se, prioritariamente, a implantação e a execução das obras de infraestrutura básica de abastecimento de água e esgotamento sanitário mediante sistema condominial, entendido como a participação comunitária com tecnologias apropriadas para produzir soluções que conjuguem redução de custos de operação e aumento da eficiência, a fim de criar condições para a universalização.

▸ Arts. 53-A a 53-D acrescidos pela Lei nº 14.026, de 15-7-2020.

CAPÍTULO X
DISPOSIÇÕES FINAIS

Art. 54. VETADO.

Art. 54-A. Fica instituído o Regime Especial de Incentivos para o Desenvolvimento do Saneamento Básico – REISB, com o objetivo de estimular a pessoa jurídica prestadora de serviços públicos de saneamento básico a aumentar seu volume de investimentos por meio da concessão de créditos tributários.

Parágrafo único. A vigência do REISB se estenderá até o ano de 2026.

Art. 54-B. É beneficiária do REISB a pessoa jurídica que realize investimentos voltados para a sustentabilidade e para a eficiência dos sistemas de saneamento básico e em acordo com o Plano Nacional de Saneamento Básico.

§ 1º Para efeitos do disposto no *caput*, ficam definidos como investimentos em sustentabilidade e em eficiência dos sistemas de saneamento básico aqueles que atendam:

I – ao alcance das metas de universalização do abastecimento de água para consumo humano e da coleta e tratamento de esgoto;

II – à preservação de áreas de mananciais e de unidades de conservação necessárias à proteção das condições naturais e de produção de água;

III – à redução de perdas de água e à ampliação da eficiência dos sistemas de abastecimento de água para consumo humano e dos sistemas de coleta e tratamento de esgoto;

IV – à inovação tecnológica.

§ 2º Somente serão beneficiados pelo REISB projetos cujo enquadramento às condições definidas no *caput* seja atestado pela Administração da pessoa jurídica beneficiária nas demonstrações financeiras dos períodos em que se apurarem ou se utilizarem os créditos.

§ 3º Não se poderão beneficiar do REISB as pessoas jurídicas optantes pelo Regime Especial Unificado de Arrecadação de Tributos e Contribuições devidos pelas Microempresas e Empresas de Pequeno Porte – SIMPLES Nacional, de que trata a Lei Complementar nº 123, de 14 de dezembro de 2006, e as pessoas jurídicas de que tratam o inciso II do art. 8º da Lei nº 10.637, de 30 de dezembro de 2002, e o inciso II do art. 10 da Lei nº 10.833, de 29 de dezembro de 2003.

§ 4º A adesão ao REISB é condicionada à regularidade fiscal da pessoa jurídica em relação aos impostos e às contribuições administrados pela Secretaria da Receita Federal do Brasil.

▸ Arts. 54-A e 54-B acrescidos pela Lei nº 13.329, de 1º-8-2016 (*DOU* de 2-8-2016) para entrar em vigor na data de sua publicação e produzir efeitos a partir do segundo exercício subsequente à sua vigência.

Art. 54-C. VETADO. Lei nº 13.329, de 1º-8-2016.

Art. 55. O § 5º do art. 2º da Lei nº 6.766, de 19 de dezembro de 1979, passa a vigorar com a seguinte redação:

▸ Alterações inseridas no texto da referida Lei.

Art. 56. VETADO.

Art. 57. O inciso XXVII do *caput* do art. 24 da Lei nº 8.666, de 21 de junho de 1993, passa a vigorar com a seguinte redação:

▸ Alterações inseridas no texto da referida Lei.

Art. 58. O art. 42 da Lei nº 8.987, de 13 de fevereiro de 1995, passa a vigorar com a seguinte redação:

▸ Alterações inseridas no texto da referida Lei.

Art. 59. VETADO.

▸ Art. 1º do Dec.-lei nº 4.657, de 4-9-1942, que trata da *vacatio legis*.

Art. 60. Revoga-se a Lei nº 6.528, de 11 de maio de 1978.

Brasília, 5 de janeiro de 2007;
186º da Independência e
119º da República.

Luiz Inácio Lula da Silva

DECRETO Nº 6.514, DE 22 DE JULHO DE 2008

Dispõe sobre as infrações e sanções administrativas ao meio ambiente, estabelece o processo administrativo federal para apuração destas infrações, e dá outras providências.

▸ Publicado no *DOU* de 23-7-2008.

▸ Dec. nº 7.008, de 12-11-2009, institui Operação Arco Verde, no âmbito do Plano de Ação a Prevenção e Controle de Desmatamento na Amazônia Legal.

▸ Dec. nº 7.830, de 17-10-2012, que dispõe sobre o Sistema de Cadastro Ambiental Rural, o Cadastro Ambiental Rural e estabelece normas de caráter geral aos Programas de Regularização Ambiental.

CAPÍTULO I
DAS INFRAÇÕES E SANÇÕES ADMINISTRATIVAS AO MEIO AMBIENTE

SEÇÃO I
DAS DISPOSIÇÕES GERAIS

Art. 1º Este Capítulo dispõe sobre as condutas infracionais ao meio ambiente e suas respectivas sanções administrativas.

Art. 2º Considera-se infração administrativa ambiental, toda ação ou omissão que viole as regras jurídicas de uso, gozo, promoção, proteção e recuperação do meio ambiente, conforme o disposto na Seção III deste Capítulo.

Parágrafo único. O elenco constante da Seção III deste Capítulo não exclui a previsão de outras infrações previstas na legislação.

***Art. 3º** O órgão ou a entidade ambiental, no exercício do seu poder de polícia ambiental, aplicará as seguintes sanções e medidas administrativas cautelares:*

▸ *Caput* com a redação dada pelo Dec. nº 12.189, de 20-9-2024.

I – advertência;

II – multa simples;

III – multa diária;

IV – apreensão dos animais, produtos e subprodutos da fauna e flora e demais produtos e subprodutos objeto da infração, instrumentos, petrechos, equipamentos ou veículos de qualquer natureza utilizados na infração;

▸ Inciso IV com a redação dada pelo Dec. nº 6.686, de 10-12-2008.

V – destruição ou inutilização do produto;

VI – suspensão de venda e fabricação do produto;

VII – embargo de obra ou atividade e suas respectivas áreas;

VIII – demolição de obra;

IX – suspensão parcial ou total das atividades; e

X – restritiva de direitos.

§ 1º Os valores estabelecidos na Seção III deste Capítulo, quando não disposto de forma diferente, referem-se à multa simples e não impedem a aplicação cumulativa das demais sanções previstas neste Decreto.

§ 2º A caracterização de negligência ou dolo será exigível nas hipóteses previstas nos incisos I e II do § 3º do art. 72 da Lei nº 9.605, de 12 de fevereiro de 1998.

Art. 4º O agente autuante, ao lavrar o auto de infração, indicará as sanções estabelecidas neste Decreto, observando:

▸ *Caput* com a redação dada pelo Dec. nº 6.686, de 10-12-2008.

I – gravidade dos fatos, tendo em vista os motivos da infração e suas consequências para a saúde pública e para o meio ambiente;

II – antecedentes do infrator, quanto ao cumprimento da legislação de interesse ambiental; e

III – situação econômica do infrator.

§ 1º Para a aplicação do disposto no inciso I, o órgão ou entidade ambiental estabelecerá de forma objetiva critérios complementares para o agravamento e atenuação das sanções administrativas.

§ 2º As sanções aplicadas pelo agente autuante estarão sujeitas à confirmação pela autoridade julgadora.

▸ §§ 1º e 2º acrescidos pelo Dec. nº 6.686, de 10-12-2008.

SUBSEÇÃO I
DA ADVERTÊNCIA

Art. 5º A sanção de advertência poderá ser aplicada, mediante a lavratura de auto de infração, para as infrações administrativas de menor lesividade ao meio ambiente, garantidos a ampla defesa e o contraditório.

§ 1º Consideram-se infrações administrativas de menor lesividade ao meio ambiente aquelas em que a multa consolidada não ultrapasse o valor de R$ 1.000,00 (mil reais) ou, na hipótese de multa por unidade de medida, não exceda o valor referido.

▸ § 1º com a redação dada pelo Dec. nº 11.080, de 24-5-2022.

§ 2º Sem prejuízo do disposto no *caput*, caso o agente autuante constate a existência de irregularidades a serem sanadas, lavrará o auto de infração com a indicação da respectiva sanção de advertência, ocasião em que estabelecerá prazo para que o infrator sane tais irregularidades.

§ 3º Sanadas as irregularidades no prazo concedido, o agente autuante certificará o ocorrido nos autos e dará seguimento ao processo estabelecido no Capítulo II.

§ 4º Caso o autuado, por negligência ou dolo, deixe de sanar as irregularidades, o agente autuante certificará o ocorrido e aplicará a sanção de multa relativa à infração praticada, independentemente da advertência.

Art. 6º A sanção de advertência não excluirá a aplicação de outras sanções.

Art. 7º Fica vedada a aplicação de nova sanção de advertência no período de três anos contados do julgamento da defesa da última advertência ou de outra penalidade aplicada.

SUBSEÇÃO II
DAS MULTAS

Art. 8º A multa terá por base a unidade, hectare, metro cúbico, quilograma, metro de carvão-mdc, estéreo, metro quadrado, dúzia, estipe, cento, milheiros ou outra medida pertinente, de acordo com o objeto jurídico lesado.

Parágrafo único. O órgão ou entidade ambiental poderá especificar a unidade de medida aplicável para cada espécie de recurso ambiental objeto da infração.

Art. 9º O valor da multa de que trata este Decreto será corrigido, periodicamente, com base nos índices estabelecidos na legislação pertinente, sendo o mínimo de R$ 50,00 (cinquenta reais) e o máximo de R$ 50.000.000,00 (cinquenta milhões de reais).

§ 1º Decorrido o prazo estabelecido no *caput* do art. 113, as multas estarão sujeitas à atualização monetária até o seu efetivo pagamento, sem prejuízo da aplicação de juros de mora e demais encargos, conforme previsto em lei.

§ 2º O valor da multa ambiental consolidada não poderá exceder o limite previsto no *caput*, ressalvado o disposto no § 1º.

► §§ 1º e 2º acrescidos pelo Dec. nº 11.080, de 24-5-2022.

Art. 10. A multa diária será aplicada sempre que o cometimento da infração se prolongar no tempo.

§ 1º Constatada a situação prevista no *caput*, o agente autuante lavrará auto de infração, indicando, além dos requisitos constantes do art. 97, o valor da multa-dia.

§ 2º O valor da multa-dia deverá ser fixado de acordo com os critérios estabelecidos neste Decreto, não podendo ser inferior ao mínimo estabelecido no art. 9º nem superior a dez por cento do valor da multa simples máxima cominada para a infração.

§ 3º Lavrado o auto de infração, será aberto prazo de defesa nos termos estabelecidos no Capítulo II deste Decreto.

§ 4º A multa diária deixará de ser aplicada a partir da data em que o autuado apresentar ao órgão ambiental documentos que comprovem a regularização da situação que deu causa à lavratura do auto de infração.

§ 5º Caso o agente autuante ou a autoridade competente verifique que a situação que deu causa à lavratura do auto de infração não foi regularizada, a multa diária voltará a ser imposta desde a data em que deixou de ser aplicada, sendo notificado o autuado, sem prejuízo da adoção de outras sanções previstas neste Decreto.

► §§ 4º e 5º com a redação dada pelo Dec. nº 6.686, de 10-12-2008.

§ 6º Por ocasião do julgamento do auto de infração, a autoridade competente deverá, em caso de procedência da autuação, confirmar ou modificar o valor da multa-dia, decidir o período de sua aplicação e consolidar o montante devido pelo autuado, para posterior execução.

► § 6º com a redação dada pelo Dec. nº 11.080, de 24-5-2022.

§ 7º O valor da multa será consolidado e executado periodicamente após o julgamento final, nos casos em que a infração não tenha cessado.

► § 7º com a redação dada pelo Dec. nº 6.686, de 10-12-2008.

§ 8º A celebração de termo de compromisso de reparação ou cessação dos danos encerrará a contagem da multa diária.

► § 8º acrescido pelo Dec. nº 6.686, de 10-12-2008.

Art. 11. O cometimento de nova infração ambiental pelo mesmo infrator, no período de cinco anos, contado da data em que a decisão administrativa que o tenha condenado por infração anterior tenha se tornado definitiva, implicará:

► *Caput* com a redação dada pelo Dec. nº 11.080, de 24-5-2022.

I – aplicação da multa em triplo, no caso de cometimento da mesma infração; ou

II – aplicação da multa em dobro, no caso de cometimento de infração distinta.

§ 1º O agravamento será apurado no procedimento da nova infração, do qual se fará constar certidão com as informações sobre o auto de infração anterior e o julgamento definitivo que o confirmou.

§ 2º Constatada a existência de decisão condenatória irrecorrível por infração anterior, o autuado será notificado para se manifestar, no prazo de dez dias, sobre a possibilidade de agravamento da penalidade.

§ 3º Caracterizada a reincidência, a autoridade competente agravará a penalidade, na forma do disposto nos incisos I e II do *caput*.

► §§ 1º a 3º com a redação dada pelo Dec. nº 11.080, de 24-5-2022.

§ 4º O agravamento da penalidade por reincidência não poderá ser aplicado após o julgamento de que trata o art. 124.

► *Caput* do § 4º com a redação dada pelo Dec. nº 11.080, de 24-5-2022.

I a III – *Revogados*. Dec. nº 11.080, de 24-5-2022.

§ 5º A adesão a uma das soluções legais previstas na alínea *b* do inciso II do § 1º do art. 98-A não eximirá a contabilização da infração cometida para fins de aplicação do disposto neste artigo.

► § 5º com a redação dada pelo Dec. nº 11.080, de 24-5-2022.

Art. 12. O pagamento de multa por infração ambiental imposta pelos Estados, Municípios, Distrito Federal ou Territórios substitui a aplicação de penalidade pecuniária pelo órgão federal, em decorrência do mesmo fato, respeitados os limites estabelecidos neste Decreto.

Parágrafo único. Somente o efetivo pagamento da multa será considerado para efeito da substituição de que trata o *caput*, não sendo admitida para esta finalidade a celebração de termo de compromisso de ajustamento de conduta ou outra forma de compromisso de regularização da infração ou composição de dano, salvo se deste também participar o órgão ambiental federal.

► Parágrafo único com a redação dada pelo Dec. nº 6.686, de 10-12-2008.

Art. 13. Reverterão ao Fundo Nacional do Meio Ambiente – FNMA cinquenta por cento dos valores arrecadados em pagamento de multas aplicadas pela União, podendo o referido percentual ser alterado, a critério dos órgãos arrecadadores.

► *Caput* com a redação dada pelo Dec. nº 11.373, de 1º-1-2023.

Parágrafo único. A destinação dos valores excedentes ao percentual estabelecido no *caput* a fundos administrados por outros entes federativos dependerá da celebração de instrumento específico entre o órgão arrecadador e o gestor do fundo, observado o disposto no art. 73 da Lei nº 9.605, de 1998.

► Parágrafo único acrescido pelo Dec. nº 11.080, de 24-5-2022.

Subseção III
DAS DEMAIS SANÇÕES ADMINISTRATIVAS

Art. 14. A sanção de apreensão de animais, produtos e subprodutos da fauna e flora, produtos e subprodutos objeto da infração, instrumentos, petrechos, equipamentos ou veículos e embarcações de qualquer natureza utilizados na infração reger-se-á pelo disposto nas Seções II, IV e VI do Capítulo II deste Decreto.

► Artigo com a redação dada pelo Dec. nº 6.686, de 10-12-2008.

Art. 15. As sanções indicadas nos incisos V a IX do art. 3º serão aplicadas quando o produto, a obra, a atividade ou o estabelecimento não estiverem obedecendo às determinações legais ou regulamentares.

Art. 15-A. O embargo de obra ou atividade restringe-se aos locais onde efetivamente caracterizou-se a infração ambiental, não alcançando as demais atividades realizadas em áreas não embargadas da propriedade ou posse ou não correlacionadas com a infração.

Art. 15-B. A cessação das penalidades de suspensão e embargo dependerá de decisão da autoridade ambiental após a apresentação, por parte do autuado, de documentação que regularize a obra ou atividade.

► Arts 15-A e 15-B acrescidos pelo Dec. nº 6.686, de 10-12-2008.

Art. 16. No caso de áreas irregularmente desmatadas ou queimadas, o agente autuante embargará quaisquer obras ou atividades nelas localizadas ou desenvolvidas, excetuando as atividades de subsistência.

► *Caput* com a redação dada pelo Dec. nº 6.686, de 10-12-2008.

§ 1º O agente autuante deverá colher todas as provas possíveis de autoria e materialidade, bem como da extensão do dano, apoiando-se em documentos, fotos e dados de localização, incluindo as coordenadas geográficas da área embargada, que deverão constar do respectivo auto de infração para posterior georreferenciamento.

► § 1º acrescido pelo Dec. nº 6.689, de 10-12-2008.

§ 2º Não se aplicará a medida administrativa cautelar de embargo de obra, de atividade, ou de área, nos casos em que a infração de que trata o caput se der fora da área de preservação permanente ou reserva legal, salvo quando se tratar de desmatamento ou queima não autorizada de vegetação nativa.

► § 2º com a redação dada pelo Dec. nº 12.189, de 20-9-2024.

Art. 16-A. *O órgão competente poderá embargar área que corresponda a conjunto de polígonos relativos ao mesmo tipo de infração ambiental, com o objetivo de:*

I – cessar a infração e a degradação ambiental;

II – impedir que qualquer pessoa aufira lucro ou obtenha vantagem econômica com o cometimento de infração ambiental;

III – prevenir a ocorrência de novas infrações;

IV – resguardar a recuperação ambiental;

V – promover a reparação dos danos ambientais; e

VI – garantir o resultado prático de processos de responsabilização administrativa.

§ 1º A aplicação do embargo de área que corresponda a conjunto de polígonos poderá ser formalizada em um único termo próprio.

§ 2º A critério do órgão competente, os polígonos relativos ao mesmo tipo de infração ambiental poderão ser agrupados por bioma, unidade federativa, gleba, unidade de conservação, terra indígena, imóvel, região ou delimitação geográfica sob fiscalização.

▸ Art. 16-A acrescido pelo Dec. nº 12.189, de 20-9-2024.

Art. 17. O embargo de área irregularmente explorada e objeto do Plano de Manejo Florestal Sustentável – PMFS não exonera seu detentor da execução de atividades de manutenção ou recuperação da floresta, na forma e prazos fixados no PMFS e no termo de responsabilidade de manutenção da floresta.

▸ Artigo com a redação dada pelo Dec. nº 6.686, de 10-12-2008.

Art. 18. O descumprimento total ou parcial de embargo, sem prejuízo do disposto no art. 79, ensejará a aplicação cumulativa das seguintes sanções:

I – suspensão da atividade que originou a infração e da venda de produtos ou subprodutos criados ou produzidos na área ou local objeto do embargo infringido; e

II – cancelamento de registros, licenças ou autorizações de funcionamento da atividade econômica junto aos órgãos ambientais e de fiscalização.

▸ Inciso II com a redação dada pelo Dec. nº 6.686, de 10-12-2008.

§ 1º O órgão ou entidade ambiental promoverá a divulgação dos dados do imóvel rural, da área ou local embargado e do respectivo titular em lista oficial, resguardados os dados protegidos por legislação específica para efeitos do disposto no inciso III do art. 4º da Lei nº 10.650, de 16 de abril de 2003, especificando o exato local da área embargada e informando que o auto de infração encontra-se julgado ou pendente de julgamento.

▸ Parágrafo único transformado em § 1º e com a redação dada pelo Dec. nº 6.686, de 10-12-2008.

§ 2º A pedido do interessado, o órgão ambiental autuante emitirá certidão em que conste a atividade, a obra e a parte da área do imóvel que são objetos do embargo, conforme o caso.

▸ § 2º acrescido pelo Dec. nº 6.686, de 10-12-2008.

Art. 19. A sanção de demolição de obra poderá ser aplicada pela autoridade ambiental, após o contraditório e ampla defesa, quando:

▸ *Caput* com a redação dada pelo Dec. nº 6.686, de 10-12-2008.

I – verificada a construção de obra em área ambientalmente protegida em desacordo com a legislação ambiental; ou

II – quando a obra ou construção realizada não atenda às condicionantes da legislação ambiental e não seja passível de regularização.

§ 1º A demolição poderá ser feita pela administração ou pelo infrator, em prazo assinalado, após o julgamento do auto de infração, sem prejuízo do disposto no art. 112.

§ 2º As despesas para a realização da demolição correrão às custas do infrator, que será notificado para realizá-la ou para reembolsar aos cofres públicos os gastos que tenham sido efetuados pela administração.

§ 3º Não será aplicada a penalidade de demolição quando, mediante laudo técnico, for comprovado que o desfazimento poderá trazer piores impactos ambientais que sua manutenção, caso em que a autoridade ambiental, mediante decisão fundamentada, deverá, sem prejuízo das demais sanções cabíveis, impor as medidas necessárias à cessação e mitigação do dano ambiental, observada a legislação em vigor.

▸ § 3º acrescido pelo Dec. nº 6.686, de 10-12-2008.

Art. 20. As sanções restritivas de direito aplicáveis às pessoas físicas ou jurídicas são:

I – suspensão de registro, licença ou autorização;

II – cancelamento de registro, licença ou autorização;

▸ Incisos I e II com a redação dada pelo Dec. nº 6.686, de 10-12-2008.

III – perda ou restrição de incentivos e benefícios fiscais;

IV – perda ou suspensão da participação em linhas de financiamento em estabelecimentos oficiais de crédito; e

V – proibição de contratar com a administração pública;

§ 1º A autoridade competente, quando do julgamento de que trata o art. 124, deverá se pronunciar sobre a aplicação das sanções previstas neste artigo.

▸ *Caput* do § 1º com a redação dada pelo Dec. nº 12.189, de 20-9-2024.

I e II – Revogados. Dec. nº 12.189, de 20-9-2024.

§ 2º Caso a autoridade competente decida pela aplicação de sanção restritiva de direito, a autoridade julgadora fixará o período de vigência da medida, observados os seguintes prazos:

I – até cinco anos para a sanção prevista no inciso V do caput; e

II – até dez anos para as demais sanções previstas no caput.

▸ § 2º com a redação dada pelo Dec. nº 12.189, de 20-9-2024.

§ 3º A autoridade julgadora poderá revisar o período de aplicação da sanção restritiva de direito aplicada a pedido do infrator nos casos de regularização da conduta, observado o devido processo administrativo.

▸ § 3º acrescido pelo Dec. nº 12.189, de 20-9-2024.

Seção II
Dos Prazos Prescricionais

Art. 21. Prescreve em cinco anos a ação da administração objetivando apurar a prática de infrações contra o meio ambiente, contada da data da prática do ato, ou, no caso de infração permanente ou continuada, do dia em que esta tiver cessado.

▸ Súm. nº 467 do STJ.

§ 1º Considera-se iniciada a ação de apuração de infração ambiental pela administração com a lavratura do auto de infração.

§ 2º Incide a prescrição no procedimento de apuração do auto de infração paralisado por mais de três anos, pendente de julgamento ou despacho, cujos autos serão arquivados de ofício ou mediante requerimento da parte interessada, sem prejuízo da apuração da responsabilidade funcional decorrente da paralisação.

▸ § 2º com a redação dada pelo Dec. nº 6.686, de 10-12-2008.

§ 3º Quando o fato objeto da infração também constituir crime, a prescrição de que trata o *caput* reger-se-á pelo prazo previsto na lei penal.

§ 4º A prescrição da pretensão punitiva da administração não elide a obrigação de reparar o dano ambiental.

▸ § 4º acrescido pelo Dec. nº 6.686, de 10-12-2008.

Art. 22. Interrompe-se a prescrição:

I – pelo recebimento do auto de infração ou pela cientificação do infrator por qualquer outro meio, inclusive por edital;

II – por qualquer ato inequívoco da administração que importe apuração do fato; e

III – pela decisão condenatória recorrível.

Parágrafo único. Considera-se ato inequívoco da administração, para o efeito do que dispõe o inciso II, aqueles que impliquem instrução do processo.

Art. 23. O disposto neste Capítulo não se aplica aos procedimentos relativos a Taxa de Controle e Fiscalização Ambiental de que trata o art. 17-B da Lei nº 6.938, de 31 de agosto de 1981.

Seção III
Das Infrações Administrativas Cometidas contra o Meio Ambiente

Subseção I
Das Infrações contra a Fauna

Art. 24. Matar, perseguir, caçar, apanhar, coletar, utilizar espécimes da fauna silvestre, nativos ou em rota migratória, sem a devida permissão, licença ou autorização da autoridade competente, ou em desacordo com a obtida:

Multa de:

I – R$ 500,00 (quinhentos reais) por indivíduo de espécie não constante de listas oficiais de risco ou ameaça de extinção;

II – R$ 5.000,00 (cinco mil reais), por indivíduo de espécie constante de listas oficiais de fauna brasileira ameaçada de extinção, inclusive da Convenção de Comércio Internacional das Espécies da Flora e Fauna Selvagens em Perigo de Extinção – CITES.

▸ Inciso II com a redação dada pelo Dec. nº 6.686, de 10-12-2008.

§ 1º As multas serão aplicadas em dobro se a infração for praticada com finalidade de obter vantagem pecuniária.

§ 2º Na impossibilidade de aplicação do critério de unidade por espécime para a fixação da multa, aplicar-se-á o valor de R$ 500,00 (quinhentos reais) por quilograma ou fração.

§ 3º Incorre nas mesmas multas:

I – quem impede a procriação da fauna, sem licença, autorização ou em desacordo com a obtida;

II – quem modifica, danifica ou destrói ninho, abrigo ou criadouro natural; ou

III – quem vende, expõe à venda, exporta ou adquire, guarda, tem em cativeiro ou depósito, utiliza ou transporta ovos, larvas ou espécimes da fauna silvestre, nativa ou em rota migratória, bem como produtos e objetos dela oriundos, provenientes de criadouros não autorizados, sem a devida permissão, licença ou autorização da autoridade ambiental competente ou em desacordo com a obtida.

§ 4º No caso de guarda doméstica de espécime silvestre não considerada ameaçada de extinção, pode a autoridade competente, considerando as circunstâncias, deixar de aplicar a multa, em analogia ao disposto no § 2º do art. 29 da Lei nº 9.605, de 1998.

§ 5º No caso de guarda de espécime silvestre, deve a autoridade competente deixar de aplicar as sanções previstas neste Decreto, quando o agente espontaneamente entregar os animais ao órgão ambiental competente.

§ 6º Caso a quantidade ou espécie constatada no ato fiscalizatório esteja em desacordo com o autorizado pela autoridade ambiental competente, o agente autuante promoverá a autuação considerando a totalidade do objeto da fiscalização.

§ 7º São espécimes da fauna silvestre, para os efeitos deste Decreto, todos os organismos incluídos no reino animal, pertencentes às espécies nativas, migratórias e quaisquer outras não exóticas, aquáticas ou terrestres, que tenham todo ou parte de seu ciclo original de vida ocorrendo dentro dos limites do território brasileiro ou em águas jurisdicionais brasileiras.

▸ § 7º com a redação dada pelo Dec. nº 6.686, de 10-12-2008.

§ 8º A coleta de material destinado a fins científicos somente é considerada infração, nos termos deste artigo, quando se caracterizar, pelo seu resultado, como danosa ao meio ambiente.

§ 9º A autoridade julgadora poderá, considerando a natureza dos animais, em razão de seu pequeno porte, aplicar multa de R$ 500,00 (quinhentos reais) a R$ 100.000,00 (cem mil reais) quando a contagem individual for de difícil execução ou quando, nesta situação, ocorrendo a contagem individual, a multa final restar desproporcional em relação à gravidade da infração e a capacidade econômica do infrator.

▸ §§ 8º e 9º acrescidos pelo Dec. nº 6.686, de 10-12-2008.

Art. 25. Introduzir espécime animal silvestre, nativo ou exótico, no País ou fora de sua área de distribuição natural, sem parecer técnico oficial favorável e licença expedida pela autoridade ambiental competente, quando exigível:

▸ *Caput* com a redação dada pelo Dec. nº 6.686, de 10-12-2008.

Multa de R$ 2.000,00 (dois mil reais), com acréscimo por exemplar excedente de:

I – R$ 200,00 (duzentos reais), por indivíduo de espécie não constante em listas oficiais de espécies em risco ou ameaçadas de extinção;

II – R$ 5.000,00 (cinco mil reais), por indivíduo de espécie constante de listas oficiais de fauna brasileira ameaçada de extinção, inclusive da CITES.

▸ Inciso II com a redação dada pelo Dec. nº 6.686, de 10-12-2008.

§ 1º Entende-se por introdução de espécime animal no País, além do ato de ingresso nas fronteiras nacionais, a guarda e manutenção continuada a qualquer tempo.

§ 2º Incorre nas mesmas penas quem reintroduz na natureza espécime da fauna silvestre sem parecer técnico oficial favorável e licença expedida pela autoridade ambiental competente, quando exigível.

▸ § 2º com a redação dada pelo Dec. nº 6.686, de 10-12-2008.

Art. 26. Exportar peles e couros de anfíbios e répteis em bruto, sem autorização da autoridade competente:

Multa de R$ 2.000,00 (dois mil reais), com acréscimo de:

I – R$ 200,00 (duzentos reais), por unidade não constante em listas oficiais de espécies em risco ou ameaçadas de extinção; ou

II – R$ 5.000,00 (cinco mil reais), por unidade constante de listas oficiais de fauna brasileira ameaçada de extinção, inclusive da CITES.

▸ Inciso II com a redação dada pelo Dec. nº 6.686, de 10-12-2008.

Parágrafo único. Caso a quantidade ou espécie constatada no ato fiscalizatório esteja em desacordo com o autorizado pela autoridade ambiental competente, o agente autuante promoverá a autuação considerando a totalidade do objeto da fiscalização.

Art. 27. Praticar caça profissional no País:

Multa de R$ 5.000,00 (cinco mil reais), com acréscimo de:

I – R$ 500,00 (quinhentos reais), por indivíduo capturado; ou

II – R$ 10.000,00 (dez mil reais), por indivíduo de espécie constante de listas oficiais de fauna brasileira ameaçada de extinção, inclusive da CITES.

▸ Incisos I e II com a redação dada pelo Dec. nº 6.686, de 10-12-2008.

Art. 28. Comercializar produtos, instrumentos e objetos que impliquem a caça, perseguição, destruição ou apanha de espécimes da fauna silvestre:

Multa de R$ 1.000,00 (mil reais), com acréscimo de R$ 200,00 (duzentos reais), por unidade excedente.

Art. 29. Praticar ato de abuso, maus-tratos, ferir ou mutilar animais silvestres, domésticos ou domesticados, nativos ou exóticos:

Multa de R$ 500,00 (quinhentos reais) a R$ 3.000,00 (três mil reais) por indivíduo.

Art. 30. Molestar de forma intencional qualquer espécie de cetáceo, pinípede ou sirênio em águas jurisdicionais brasileiras:

Multa de R$ 2.500,00 (dois mil e quinhentos reais).

Art. 31. Deixar, o jardim zoológico e os criadouros autorizados, de ter o livro de registro do acervo faunístico ou mantê-lo de forma irregular:

Multa de R$ 500,00 a R$ 5.000,00 (mil reais).

Parágrafo único. Incorre na mesma multa quem deixa de manter registro de acervo faunístico e movimentação de plantel em sistemas informatizados de controle de fauna ou fornece dados inconsistentes ou fraudados.

Art. 32. Deixar, o comerciante, de apresentar declaração de estoque e valores oriundos de comércio de animais silvestres:

Multa de R$ 200,00 (duzentos reais) a R$ 10.000,00 (dez mil reais).

Art. 33. Explorar ou fazer uso comercial de imagem de animal silvestre mantido irregularmente em cativeiro ou em situação de abuso ou maus-tratos:

Multa de R$ 5.000,00 (cinco mil reais) a R$ 500.000,00 (quinhentos mil reais).

Parágrafo único. O disposto no *caput* não se aplica ao uso de imagem para fins jornalísticos, informativos, acadêmicos, de pesquisas científicas e educacionais.

Art. 34. Causar degradação em viveiros, açudes ou estação de aquicultura de domínio público:

Multa de R$ 5.000,00 (cinco mil reais) a R$ 500.000,00 (quinhentos mil reais).

Art. 35. Pescar em período ou local no qual a pesca seja proibida:

Multa de R$ 700,00 (setecentos reais) a R$ 100.000,00 (cem mil reais), com acréscimo de R$ 20,00 (vinte reais), por quilo ou fração do produto da pescaria, ou por espécime quando se tratar de produto de pesca para uso ornamental.

Parágrafo único. Incorre nas mesmas multas quem:

I – pesca espécies que devam ser preservadas ou espécimes com tamanhos inferiores aos permitidos;

II – pesca quantidades superiores às permitidas ou mediante a utilização de aparelhos, petrechos, técnicas e métodos não permitidos;

III – transporta, comercializa, beneficia ou industrializa espécimes provenientes da coleta, apanha e pesca proibida;

IV – transporta, conserva, beneficia, descaracteriza, industrializa ou comercializa pescados ou produtos originados da pesca, sem comprovante de origem ou autorização do órgão competente;

V – captura, extrai, coleta, transporta, comercializa ou exporta espécimes de espécies ornamentais oriundos da pesca, sem autorização do órgão competente ou em desacordo com a obtida; e

VI – deixa de apresentar declaração de estoque.

Art. 36. Pescar mediante a utilização de explosivos ou substâncias que, em contato com a água, produzam efeitos semelhantes, ou substâncias tóxicas, ou ainda, por outro meio proibido pela autoridade competente:

Multa de R$ 700,00 (setecentos reais) a R$ 100.000,00 (cem mil reais), com acréscimo de R$ 20,00 (vinte reais), por quilo ou fração do produto da pescaria.

Art. 37. Exercer a pesca sem prévio cadastro, inscrição, autorização, licença, permissão ou registro do órgão competente, ou em desacordo com o obtido:

Multa de R$ 300,00 (trezentos reais) a R$ 10.000,00 (dez mil reais), com acréscimo de R$ 20,00 (vinte reais) por quilo ou fração do produto da pesca, ou por espécime quando se tratar de produto de pesca para ornamentação.

Parágrafo único. Caso a quantidade ou espécie constatada no ato fiscalizatório esteja em desacordo com o autorizado pela autoridade ambiental competente, o agente autuante promoverá a autuação considerando a totalidade do objeto da fiscalização.

Art. 38. Importar ou exportar quaisquer espécies aquáticas, em qualquer estágio de desenvolvimento, bem como introduzir espécies nativas, exóticas ou não autóctones em águas jurisdicionais brasileiras, sem autorização ou licença do órgão competente, ou em desacordo com a obtida:

Multa de R$ 3.000,00 (três mil reais) a R$ 50.000,00 (cinquenta mil reais), com acréscimo de R$ 20,00 (vinte reais) por quilo ou fração do produto da pescaria, ou por espécime quando se tratar de espécies aquáticas, oriundas de produto de pesca para ornamentação.

§ 1º Incorre na mesma multa quem introduzir espécies nativas ou exóticas em águas jurisdicionais brasileiras, sem autorização do órgão competente, ou em desacordo com a obtida.

§ 2º A multa de que trata o *caput* será aplicada em dobro se houver dano ou destruição de recife de coral.

Art. 39. Explorar campos naturais de invertebrados aquáticos e algas, bem como recifes de coral sem autorização do órgão ambiental competente ou em desacordo com a obtida:

Multa de R$ 500,00 (quinhentos reais) a R$ 50.000,00 (cinquenta mil reais), com acréscimo de R$ 20,00 (vinte reais) por quilo ou espécime do produto.

Parágrafo único. Incorre nas mesmas multas quem:

I – utiliza, comercializa ou armazena invertebrados aquáticos, algas, ou recifes de coral ou subprodutos destes sem autorização do órgão competente ou em desacordo com a obtida; e

II – fundeia embarcações ou lança detritos de qualquer natureza sobre bancos de moluscos ou corais, devidamente demarcados em carta náutica.

Art. 40. A comercialização do produto da pesca de que trata esta Subseção agravará a penalidade da respectiva infração quando esta incidir sobre espécies sobreexplotadas ou ameaçadas de sobreexplotação, conforme regulamento do órgão ambiental competente, com o acréscimo de:

I – R$ 40,00 (quarenta reais) por quilo ou fração do produto da pesca de espécie constante das listas oficiais brasileiras de espécies ameaçadas de sobreexplotação; ou

II – R$ 60,00 (sessenta reais) por quilo ou fração do produto da pesca de espécie constante das listas oficiais brasileiras de espécies sobreexplotadas.

Art. 41. Deixar, os comandantes de embarcações destinadas à pesca, de preencher e entregar, ao fim de cada viagem ou semanalmente, os mapas fornecidos pelo órgão competente:

Multa: R$ 1.000,00 (mil reais).

Art. 42. Para os efeitos deste Decreto, considera-se pesca todo ato tendente a extrair, retirar, coletar, apanhar, apreender ou capturar espécimes dos grupos dos peixes, crustáceos, moluscos aquáticos e vegetais hidróbios suscetíveis ou não de aproveitamento econômico, ressalvadas as espécies ameaçadas de extinção, constantes nas listas oficiais da fauna e da flora.

Parágrafo único. Entende-se por ato tendente à pesca aquele em que o infrator esteja munido, equipado ou armado com petrechos de pesca, na área de pesca ou dirigindo-se a ela.

Subseção II

Das Infrações contra a Flora

Art. 43. Destruir ou danificar florestas ou demais formas de vegetação natural ou utilizá-las com infringência das normas de proteção em área considerada de preservação permanente, sem autorização do órgão competente, quando exigível, ou em desacordo com a obtida:

▶ *Caput* com a redação dada pelo Dec. nº 6.686, de 10-12-2008.

Multa de R$ 5.000,00 (cinco mil reais) a R$ 50.000,00 (cinquenta mil reais), por hectare ou fração.

▶ Art. 20 do Dec. nº 7.830, de 17-10-2012, que dispõe sobre o Sistema de Cadastro Ambiental Rural, o Cadastro Ambiental Rural e estabelece normas de caráter geral aos Programas de Regularização Ambiental.

Art. 44. Cortar árvores em área considerada de preservação permanente ou cuja espécie seja especialmente protegida, sem permissão da autoridade competente:

Multa de R$ 5.000,00 (cinco mil reais) a R$ 20.000,00 (vinte mil reais) por hectare ou fração, ou R$ 500,00 (quinhentos reais) por árvore, metro cúbico ou fração.

Art. 45. Extrair de florestas de domínio público ou áreas de preservação permanente, sem prévia autorização, pedra, areia, cal ou qualquer espécie de minerais:

Multa simples de R$ 5.000,00 (cinco mil reais) a R$ 50.000,00 (cinquenta mil reais) por hectare ou fração.

Art. 46. Transformar madeira oriunda de floresta ou demais formas de vegetação nativa em carvão, para fins industriais, energéticos ou para qualquer outra exploração, econômica ou não, sem licença ou em desacordo com as determinações legais:

Multa de R$ 500,00 (quinhentos reais), por metro cúbico de carvão-mdc.

Art. 47. Receber ou adquirir, para fins comerciais ou industriais, madeira serrada ou em tora, lenha, carvão ou outros produtos de origem vegetal, sem exigir a exibição de licença do vendedor, outorgada pela autoridade competente, e sem munir-se da via que deverá acompanhar o produto até final beneficiamento:

Multa de R$ 300,00 (trezentos reais) por unidade, estéreo, quilo, mdc ou metro cúbico aferido pelo método geométrico.

§ 1º Incorre nas mesmas multas quem vende, expõe à venda, tem em depósito, transporta ou guarda madeira, lenha, carvão ou outros produtos de origem vegetal, sem licença válida para todo o tempo da viagem ou do armazenamento, outorgada pela autoridade competente ou em desacordo com a obtida.

§ 2º Considera-se licença válida para todo o tempo da viagem ou do armazenamento aquela cuja autenticidade seja confirmada pelos sistemas de controle eletrônico oficiais, inclusive no que diz respeito à quantidade e espécie autorizada para transporte e armazenamento.

§ 3º Nas infrações de transporte, caso a quantidade ou espécie constatada no ato fiscalizatório esteja em desacordo com o autorizado pela autoridade ambiental competente, o agente autuante promoverá a autuação considerando a totalidade do objeto da fiscalização.

▶ § 3º com a redação dada pelo Dec. nº 6.686, de 10-12-2008.

§ 4º Para as demais infrações previstas neste artigo, o agente autuante promoverá a autuação considerando o volume integral de madeira, lenha, carvão ou outros produtos de origem vegetal que não guarde correspondência com aquele autorizado pela autoridade ambiental competente, em razão da quantidade ou espécie.

▶ § 4º acrescido pelo Dec. nº 6.686, de 10-12-2008.

Art. 48. Impedir ou dificultar a regeneração natural de florestas ou demais formas de vegetação nativa em unidades de conservação ou outras áreas especialmente protegidas, quando couber, área de preservação permanente, reserva legal ou demais locais cuja regeneração tenha sido indicada pela autoridade ambiental competente:

Multa de R$ 5.000,00 (cinco mil reais), por hectare ou fração.

▶ Art. 20 do Dec. nº 7.830, de 17-10-2012, que dispõe sobre o Sistema de Cadastro Ambiental Rural, o Cadastro Ambiental Rural e estabelece normas de caráter geral aos Programas de Regularização Ambiental.

Parágrafo único. O disposto no *caput* não se aplica para o uso permitido das áreas de preservação permanente.

▶ Art. 48 com a redação dada pelo Dec. nº 6.686, de 10-12-2008.

Art. 49. Destruir ou danificar florestas ou qualquer tipo de vegetação nativa, objeto de especial preservação, não passíveis de autorização para exploração ou supressão:

▶ *Caput* com a redação dada pelo Dec. nº 6.686, de 10-12-2008.

Multa de R$ 6.000,00 (seis mil reis) por hectare ou fração.

Parágrafo único. A multa será acrescida de R$ 1.000,00 (mil reais) por hectare ou fração quando a situação prevista no *caput* se der em detrimento de vegetação primária ou secundária no estágio avançado ou médio de regeneração do bioma Mata Atlântica.

Art. 50. Destruir ou danificar florestas ou qualquer tipo de vegetação nativa ou de espécies nativas plantadas, objeto de especial preservação, sem autorização ou licença da autoridade ambiental competente:

Multa de R$ 5.000,00 (cinco mil reais) por hectare ou fração.

§ 1º A multa será acrescida de R$ 500,00 (quinhentos reais) por hectare ou fração quando a situação prevista no *caput* se der em detrimento de vegetação secundária no estágio inicial de regeneração do bioma Mata Atlântica.

§ 2º Para os fins dispostos no art. 49 e no *caput* deste artigo, são consideradas de especial preservação as florestas e demais formas de vegetação nativa que tenham regime jurídico próprio e especial de conservação ou preservação definido pela legislação.

Art. 51. Destruir, desmatar, danificar ou explorar floresta ou qualquer tipo de vegetação nativa ou de espécies nativas plantadas, em área de reserva legal ou servidão florestal, de domínio público ou privado, sem autorização prévia do órgão ambiental competente ou em desacordo com a concedida:

▶ *Caput* com a redação dada pelo Dec. nº 6.686, de 10-12-2008.

Multa de R$ 5.000,00 (cinco mil reais) por hectare ou fração.

▶ Art. 20 do Dec. nº 7.830, de 17-10-2012, que dispõe sobre o Sistema de Cadastro Ambiental Rural, o Cadastro Ambiental Rural e estabelece normas de caráter geral aos Programas de Regularização Ambiental.

Art. 51-A. Executar manejo florestal sem autorização prévia do órgão ambiental competente, sem observar os requisitos técnicos estabelecidos em PMFS ou em desacordo com a autorização concedida:

Multa de R$ 1.000,00 (mil reais) por hectare ou fração.

► Artigo com a redação dada pelo Dec. nº 6.686, de 10-12-2008.

Art. 52. Desmatar, a corte raso, florestas ou demais formações nativas, fora da reserva legal, sem autorização da autoridade competente:

Multa de R$ 1.000,00 (mil reais) por hectare ou fração.

► Multa com a redação dada pelo Dec. nº 6.686, de 10-12-2008.

Art. 53. Explorar ou danificar floresta ou qualquer tipo de vegetação nativa ou de espécies nativas plantadas, localizada fora de área de reserva legal averbada, de domínio público ou privado, sem aprovação prévia do órgão ambiental competente ou em desacordo com a concedida:

Multa de R$ 300,00 (trezentos reais), por hectare ou fração, ou por unidade, estéreo, quilo, mdc ou metro cúbico.

Parágrafo único. Incide nas mesmas penas quem deixa de cumprir a reposição florestal obrigatória.

Art. 54. Adquirir, intermediar, transportar ou comercializar produto ou subproduto de origem animal ou vegetal produzido sobre área objeto de embargo:

Multa de R$ R$ 500,00 (quinhentos reais) por quilograma ou unidade.

Parágrafo único. A aplicação do disposto neste artigo dependerá de prévia divulgação dos dados do imóvel rural, da área ou local embargado e do respectivo titular de que trata o § 1º do art. 18 e estará limitada à área onde efetivamente ocorreu o ilícito.

► Parágrafo único com a redação dada pelo Dec. nº 6.686, de 10-12-2008.

Art. 54-A. Adquirir, intermediar, transportar ou comercializar produto ou subproduto de origem animal ou vegetal produzido sobre área objeto de desmatamento irregular, localizada no interior de unidade de conservação, após a sua criação:

Multa de R$ 500,00 (quinhentos reais) por quilograma ou unidade.

► Art. 54-A acrescido pelo Dec. nº 11.080, de 24-5-2022.

Art. 55. Deixar de averbar a reserva legal:

► Art. 152 deste Decreto.

► Art. 20 do Dec. nº 7.830, de 17-10-2012, que dispõe sobre o Sistema de Cadastro Ambiental Rural, o Cadastro Ambiental Rural e estabelece normas de caráter geral aos Programas de Regularização Ambiental.

Penalidade de advertência e multa diária de R$ 50,00 (cinquenta reais) a R$ 500,00 (quinhentos reais) por hectare ou fração da área de reserva legal.

► Penalidade com a redação dada pelo Dec. nº 6.686, de 10-12-2008.

§ 1º O autuado será advertido para que, no prazo de cento e oitenta dias, apresente termo de compromisso de regularização da reserva legal na forma das alternativas previstas na Lei nº 4.771, de 15 de setembro de 1965.

► § 1º com a redação dada pelo Dec. nº 7.029, de 10-12-2009.

► A Lei nº 4.771, de 15-9-1965, foi revogada pela Lei nº 12.651, de 25-5-2012 (Novo Código Florestal).

► Art. 18, § 2º, da Lei nº 12.651, de 25-5-2012 (Novo Código Florestal).

► O Dec. nº 7.029, de 10-12-2008, foi revogado pelo Dec. nº 7.830, de 17-10-2012, que dispõe sobre o Sistema de Cadastro Ambiental Rural, o Cadastro Ambiental Rural e estabelece normas de caráter geral aos Programas de Regularização Ambiental.

§ 2º Durante o período previsto no § 1º, a multa diária será suspensa.

► § 2º com a redação dada pelo Dec. nº 6.686, de 10-12-2008.

§ 3º Caso o autuado não apresente o termo de compromisso previsto no § 1º nos cento e vinte dias assinalados, deverá a autoridade ambiental cobrar a multa diária desde o dia da lavratura do auto de infração, na forma estipulada neste Decreto.

§ 4º As sanções previstas neste artigo não serão aplicadas quando o prazo previsto não for cumprido por culpa imputável exclusivamente ao órgão ambiental.

► §§ 3º e 4º acrescidos pelo Dec. nº 6.686, de 10-12-2008.

§ 5º O proprietário ou possuidor terá prazo de cento e vinte dias para averbar a localização, compensação ou desoneração da reserva legal, contados da emissão dos documentos por parte do órgão ambiental competente ou instituição habilitada.

§ 6º No prazo a que se refere o § 5º, as sanções previstas neste artigo não serão aplicadas.

► §§ 5º e 6º acrescidos pelo Dec. nº 7.029, de 10-12-2009.

► O Dec. nº 7.029, de 10-12-2008, foi revogado pelo Dec. nº 7.830, de 17-10-2012, que dispõe sobre o Sistema de Cadastro Ambiental Rural, o Cadastro Ambiental Rural e estabelece normas de caráter geral aos Programas de Regularização Ambiental.

Art. 56. Destruir, danificar, lesar ou maltratar, por qualquer modo ou meio, plantas de ornamentação de logradouros públicos ou em propriedade privada alheia:

Multa de R$ 100,00 (cem reais) a R$ 1.000,00 (mil reais) por unidade ou metro quadrado.

Art. 57. Comercializar, portar ou utilizar em floresta ou demais formas de vegetação, motosserra sem licença ou registro da autoridade ambiental competente:

Multa de R$ 1.000,00 (mil reais), por unidade.

Art. 58. Fazer uso de fogo em áreas agropastoris sem autorização do órgão competente ou em desacordo com a obtida:

Multa de R$ 3.000,00 (três mil reais) por hectare ou fração.

► Multa com a redação dada pelo Dec. nº 12.189, de 20-9-2024.

Art. 58-A. *Provocar incêndio em floresta ou qualquer forma de vegetação nativa:*

Multa de R$10.000,00 (dez mil reais) por hectare ou fração.

Art. 58-B. *Provocar incêndio em floresta cultivada:*

Multa de R$5.000,00 (cinco mil reais) por hectare ou fração.

Art. 58-C. *Deixar de implementar, o responsável pelo imóvel rural, as ações de prevenção e de combate aos incêndios florestais em sua propriedade de acordo com as normas estabelecidas pelo Comitê Nacional de Manejo Integrado do Fogo e pelos órgãos competentes do SISNAMA:*

Multa de R$5.000,00 (cinco mil reais) a R$10.000.000,00 (dez milhões de reais).

► Arts. 58-A a 58-C acrescidos pelo Dec. nº 12.189, de 20-9-2024.

Art. 59. Fabricar, vender, transportar ou soltar balões que possam provocar incêndios nas florestas e demais formas de vegetação, em áreas urbanas ou qualquer tipo de assentamento humano:

Multa de R$ 1.000,00 (mil reais) a R$ 10.000,00 (dez mil reais), por unidade.

Art. 60. *As sanções administrativas previstas nesta Subseção serão aplicadas em dobro quando:*

I – a infração for consumada mediante uso de fogo ou provocação de incêndio, ressalvados os casos previstos nos art. 46, art. 58, art. 58-A e art. 58-B; e

II – a infração afetar terra indígena.

► Art. 60 com a redação dada pelo Dec. nº 12.189, de 20-9-2024.

Art. 60-A. Nas hipóteses previstas nos arts. 50, 51, 52 e 53, em se tratando de espécies nativas plantadas, a autorização de corte poderá ser substituída pelo protocolo do pedido junto ao órgão ambiental competente, caso em que este será instado pelo agente de fiscalização a fazer as necessárias verificações quanto à real origem do material.

► Art. 60-A acrescido pelo Dec. nº 6.686, de 10-12-2008.

Subseção III

DAS INFRAÇÕES RELATIVAS À POLUIÇÃO E OUTRAS INFRAÇÕES AMBIENTAIS

Art. 61. Causar poluição de qualquer natureza em níveis tais que resultem ou possam resultar em danos à saúde humana, ou que provoquem a mortandade de animais ou a destruição significativa da biodiversidade:

Multa de R$ 5.000,00 (cinco mil reais) a R$ 50.000.000,00 (cinquenta milhões de reais).

Parágrafo único. As multas e demais penalidades de que trata o *caput* serão aplicadas após laudo técnico elaborado pelo órgão ambiental competente, identificando a dimensão do dano decorrente da infração e em conformidade com a gradação do impacto.

Art. 62. Incorre nas mesmas multas do art. 61 quem:

I – tornar uma área, urbana ou rural, imprópria para ocupação humana;

II – causar poluição atmosférica que provoque a retirada, ainda que momentânea, dos habitantes das áreas afetadas ou que provoque, de forma recorrente, significativo desconforto respiratório ou olfativo devidamente atestado pelo agente autuante;

► Inciso II com a redação dada pelo Dec. nº 6.686, de 10-12-2008.

III – causar poluição hídrica que torne necessária a interrupção do abastecimento público de água de uma comunidade;

IV – dificultar ou impedir o uso público das praias pelo lançamento de substâncias, efluentes, carreamento de materiais ou uso indevido dos recursos naturais;

V – lançar resíduos sólidos, líquidos ou gasosos ou detritos, óleos ou substâncias oleosas em desacordo com as exigências estabelecidas em leis ou atos normativos;

▶ Lei nº 12.305, de 2-8-2010 (Lei da Política Nacional de Resíduos Sólidos), regulamentada pelo Dec. nº 10.936, de 12-1-2022.

VI – deixar, aquele que tem obrigação, de dar destinação ambientalmente adequada a produtos, subprodutos, embalagens, resíduos ou substâncias quando assim determinar a lei ou ato normativo;

VII – deixar de adotar, quando assim o exigir a autoridade competente, medidas de precaução ou contenção em caso de risco ou de dano ambiental grave ou irreversível; e

VIII – provocar pela emissão de efluentes ou carreamento de materiais o perecimento de espécimes da biodiversidade;

IX – lançar resíduos sólidos ou rejeitos em praias, no mar ou em quaisquer recursos hídricos;

X – lançar resíduos sólidos ou rejeitos *in natura* a céu aberto, excetuados os resíduos de mineração, ou depositá-los em unidades inadequadas, não licenciadas para a atividade;

XI – queimar resíduos sólidos ou rejeitos a céu aberto ou em recipientes, instalações e equipamentos não licenciados para a atividade;

XII – descumprir obrigação prevista no sistema de logística reversa implementado nos termos do disposto na Lei nº 12.305, de 2010, em conformidade com as responsabilidades específicas estabelecidas para o referido sistema;

▶ Lei nº 12.305, de 2-8-2010, institui a Política Nacional de Resíduos Sólidos

XIII – deixar de segregar resíduos sólidos na forma estabelecida para a coleta seletiva, quando a referida coleta for instituída pelo titular do serviço público de limpeza urbana e manejo de resíduos sólidos;

XIV – destinar resíduos sólidos urbanos à recuperação energética em desconformidade com o disposto no § 1º do art. 9º da Lei nº 12.305, de 2010, e no seu regulamento;

▶ Lei nº 12.305, de 2-8-2010, institui a Política Nacional de Resíduos Sólidos

XV – deixar de atualizar e disponibilizar ao órgão municipal competente e a outras autoridades informações completas sobre a execução das ações do sistema de logística reversa sobre sua responsabilidade;

XVI – deixar de atualizar e disponibilizar ao órgão municipal competente, ao órgão licenciador do SISNAMA e a outras autoridades informações completas sobre a implementação e a operacionalização do plano de gerenciamento de resíduos sólidos sob a sua responsabilidade; e

XVII – deixar de cumprir as regras sobre registro, gerenciamento e informação de que trata o § 2º do art. 39 da Lei nº 12.305, de 2010.

▶ Incisos IX a XVII com a redação dada pelo Dec. nº 10.936, de 12-1-2022.

§ 1º As multas de que tratam os incisos I a XI do *caput* serão aplicadas após laudo de constatação.

§ 2º Os consumidores que descumprirem as obrigações previstas nos sistemas de logística reversa e de coleta seletiva ficarão sujeitos à penalidade de advertência.

§ 3º Na hipótese de reincidência no cometimento da infração prevista no § 2º, poderá ser aplicada a penalidade de multa no valor de R$ 50,00 (cinquenta reais) a R$ 500,00 (quinhentos reais).

§ 4º A multa a que se refere o § 3º poderá ser convertida em serviços de preservação, melhoria e recuperação da qualidade do meio ambiente.

§ 5º Não estão compreendidas na infração de que trata o inciso IX do *caput* as atividades de deslocamento de material do leito de corpos d'água por meio de dragagem, devidamente licenciado ou aprovado.

§ 6º As bacias de decantação de resíduos ou rejeitos industriais ou de mineração, devidamente licenciadas pelo órgão competente do SISNAMA, não serão consideradas corpos hídricos para fins do disposto no inciso IX do *caput*.

▶ §§ 1º a 6º com a redação dada pelo Dec. nº 10.936, de 12-1-2022.

Art. 63. Executar pesquisa, lavra ou extração de minerais sem a competente autorização, permissão, concessão ou licença da autoridade ambiental competente ou em desacordo com a obtida:

Multa de R$ 1.500,00 (mil e quinhentos reais) a R$ 3.000,00 (três mil reais), por hectare ou fração.

Parágrafo único. Incorre nas mesmas multas quem deixa de recuperar a área pesquisada ou explorada, nos termos da autorização, permissão, licença, concessão ou determinação do órgão ambiental competente.

Art. 64. Produzir, processar, embalar, importar, exportar, comercializar, fornecer, transportar, armazenar, guardar, ter em depósito ou usar produto ou substância tóxica, perigosa ou nociva à saúde humana ou ao meio ambiente, em desacordo com as exigências estabelecidas em leis ou em seus regulamentos:

Multa de R$ 500,00 (quinhentos reais) a R$ 2.000.000,00 (dois milhões de reais).

§ 1º Incorre nas mesmas penas quem abandona os produtos ou substâncias referidas no *caput*, descarta de forma irregular ou os utiliza em desacordo com as normas de segurança.

§ 2º Se o produto ou a substância for nuclear ou radioativa, a multa é aumentada ao quíntuplo.

Art. 65. Deixar, o fabricante de veículos ou motores, de cumprir os requisitos de garantia ao atendimento dos limites vigentes de emissão de poluentes atmosféricos e de ruído, durante os prazos e quilometragens previstos na legislação:

Multa de R$ 100.000,00 (cem mil reais) a R$ 1.000.000,00 (um milhão de reais).

Art. 66. Construir, reformar, ampliar, instalar ou fazer funcionar estabelecimentos, atividades, obras ou serviços utilizadores de recursos ambientais, considerados efetiva ou potencialmente poluidores, sem licença ou autorização dos órgãos ambientais competentes, em desacordo com a licença obtida ou contrariando as normas legais e regulamentos pertinentes:

▶ *Caput* com a redação dada pelo Dec. nº 6.686, de 10-12-2008.

Multa de R$ 500,00 (quinhentos reais) a R$ 10.000.000,00 (dez milhões de reais).

Parágrafo único. Incorre nas mesmas multas quem:

I – constrói, reforma, amplia, instala ou faz funcionar estabelecimento, obra ou serviço sujeito a licenciamento ambiental localizado em unidade de conservação ou em sua zona de amortecimento, ou em áreas de proteção de mananciais legalmente estabelecidas, sem anuência do respectivo órgão gestor; e

▶ Inciso I com a redação dada pelo Dec. nº 6.686, de 10-12-2008.

II – deixa de atender a condicionantes estabelecidas na licença ambiental.

Art. 67. Disseminar doença ou praga ou espécies que possam causar dano à fauna, à flora ou aos ecossistemas:

▶ *Caput* com a redação dada pelo Dec. nº 6.686, de 10-12-2008.

Multa de R$ 5.000,00 (cinco mil reais) a R$ 5.000.000,00 (cinco milhões de reais).

Art. 68. Conduzir, permitir ou autorizar a condução de veículo automotor em desacordo com os limites e exigências ambientais previstos na legislação:

Multa de R$ 1.000,00 (mil reais) a R$ 10.000,00 (dez mil reais).

Art. 69. Importar ou comercializar veículo automotor sem Licença para Uso da Configuração de Veículos ou Motor – LCVM expedida pela autoridade competente:

Multa de R$ 1.000,00 (mil reais) a R$ 10.000.000,00 (dez milhões de reais) e correção de todas as unidades de veículo ou motor que sofrerem alterações.

Art. 70. Importar pneu usado ou reformado em desacordo com a legislação:

▶ Res. do CONAMA nº 416, de 30-9-2009, dispõe sobre a prevenção à degradação ambiental causada por pneus inservíveis e sua destinação ambientalmente adequada.

Multa de R$ 400,00 (quatrocentos reais), por unidade.

§ 1º Incorre na mesma multa quem comercializa, transporta, armazena, guarda ou mantém em depósito pneu usado ou reformado, importado nessas condições.

§ 2º Ficam isentas do pagamento da multa a que se refere este artigo as importações de pneumáticos reformados classificados nas NCM 4012.1100, 4012.1200, 4012.1300 e 4012.1900, procedentes dos Estados Partes do MERCOSUL, ao amparo do Acordo de Complementação Econômica nº 18.

Art. 71. Alterar ou promover a conversão de qualquer item em veículos ou motores novos ou usados que provoque alterações nos limites e exigências ambientais previstas na legislação:

Multa de R$ 500,00 (quinhentos reais) a R$ 10.000,00 (dez mil reais), por veículo, e correção da irregularidade.

Art. 71-A. Importar resíduos sólidos perigosos e rejeitos, bem como resíduos sólidos cujas características causem dano ao meio ambiente, à saúde pública e animal e à sanidade vegetal, ainda que para tratamento, reforma, reúso, reutilização ou recuperação:

Multa de R$ 500,00 (quinhentos reais) a R$ 10.000.000,00 (dez milhões de reais).

▶ Art. 71-A com a redação dada pelo Dec. nº 10.936, de 12-1-2022.

LEGISLAÇÃO AMBIENTAL

SUBSEÇÃO IV

DAS INFRAÇÕES CONTRA O ORDENAMENTO URBANO E O PATRIMÔNIO CULTURAL

Art. 72. Destruir, inutilizar ou deteriorar:

I – bem especialmente protegido por lei, ato administrativo ou decisão judicial; ou

II – arquivo, registro, museu, biblioteca, pinacoteca, instalação científica ou similar protegido por lei, ato administrativo ou decisão judicial:

Multa de R$ 10.000,00 (dez mil reais) a R$ 500.000,00 (quinhentos mil reais).

Art. 73. Alterar o aspecto ou estrutura de edificação ou local especialmente protegido por lei, ato administrativo ou decisão judicial, em razão de seu valor paisagístico, ecológico, turístico, artístico, histórico, cultural, religioso, arqueológico, etnográfico ou monumental, sem autorização da autoridade competente ou em desacordo com a concedida:

Multa de R$ 10.000,00 (dez mil reais) a R$ 200.000,00 (duzentos mil reais).

Art. 74. Promover construção em solo não edificável, ou no seu entorno, assim considerado em razão de seu valor paisagístico, ecológico, artístico, turístico, histórico, cultural, religioso, arqueológico, etnográfico ou monumental, sem autorização da autoridade competente ou em desacordo com a concedida:

Multa de R$ 10.000,00 (dez mil reais) a R$ 100.000,00 (cem mil reais).

Art. 75. Pichar, grafitar ou por outro meio conspurcar edificação alheia ou monumento urbano:

Multa de R$ 1.000,00 (mil reais) a R$ 50.000,00 (cinquenta mil reais).

▸ Art. 65 da Lei nº 9.605, de 12-2-1998 (Lei dos Crimes Ambientais).

Parágrafo único. Se o ato for realizado em monumento ou coisa tombada, a multa é aplicada em dobro.

SUBSEÇÃO V

DAS INFRAÇÕES ADMINISTRATIVAS CONTRA A ADMINISTRAÇÃO AMBIENTAL

Art. 76. Deixar de inscrever-se no Cadastro Técnico Federal de que trata o art. 17 da Lei nº 6.938, de 1981:

Multa de:

I – R$ 50,00 (cinquenta reais), se pessoa física;

II – R$ 150,00 (cento e cinquenta reais), se microempresa;

III – R$ 900,00 (novecentos reais), se empresa de pequeno porte;

IV – R$ 1.800,00 (mil e oitocentos reais), se empresa de médio porte; e

V – R$ 9.000,00 (nove mil reais), se empresa de grande porte.

Art. 77. Obstar ou dificultar a ação do Poder Público no exercício de atividades de fiscalização ambiental:

Multa de R$ 500,00 (quinhentos reais) a R$ 100.000,00 (cem mil reais).

Art. 78. Obstar ou dificultar a ação do órgão ambiental, ou de terceiro por ele encarregado, na coleta de dados para a execução de georreferenciamento de imóveis rurais para fins de fiscalização:

▸ *Caput* com a redação dada pelo Dec. nº 6.686, de 10-12-2008.

Multa de R$ 100,00 (cem reais) a R$ 300,00 (trezentos reais) por hectare do imóvel.

Art. 79. Descumprir embargo de obra ou atividade e suas respectivas áreas:

Multa de R$ 10.000,00 (dez mil reais) a R$ 10.000.000,00 (dez milhões de reais).

▸ Multa com a redação dada pelo Dec. nº 12.189, de 20-9-2024.

***Parágrafo único.** Incorre nas multas previstas no caput aquele que descumprir suspensão ou sanção restritiva de direitos.*

▸ Parágrafo único acrescido pelo Dec. nº 12.189, de 20-9-2024.

Art. 80. Deixar de atender a exigências legais ou regulamentares quando devidamente notificado pela autoridade ambiental competente no prazo concedido, visando à regularização, correção ou adoção de medidas de controle para cessar a degradação ambiental:

▸ *Caput* com a redação dada pelo Dec. nº 6.686, de 10-12-2008.

Multa de R$ 1.000,00 (mil reais) a R$ 1.000.000,00 (um milhão de reais).

Art. 81. Deixar de apresentar relatórios ou informações ambientais nos prazos exigidos pela legislação ou, quando aplicável, naquele determinado pela autoridade ambiental:

Multa de R$ 1.000,00 (mil reais) a R$ 100.000,00 (cem mil reais).

Art. 82. Elaborar ou apresentar informação, estudo, laudo ou relatório ambiental total ou parcialmente falso, enganoso ou omisso, seja nos sistemas oficiais de controle, seja no licenciamento, na concessão florestal ou em qualquer outro procedimento administrativo ambiental:

Multa de R$ 1.500,00 (mil e quinhentos reais) a R$ 1.000.000,00 (um milhão de reais).

Parágrafo único. Quando a infração de que trata o *caput* envolver movimentação ou geração de crédito em sistema oficial de controle da origem de produtos florestais, a multa será acrescida de R$ 300,00 (trezentos reais) por unidade, estéreo, quilo, metro de carvão ou metro cúbico.

▸ Parágrafo único acrescido pelo Dec. nº 11.080, de 24-5-2022.

Art. 83. Deixar de cumprir compensação ambiental determinada por lei, na forma e no prazo exigidos pela autoridade ambiental:

Multa de R$ 10.000,00 (dez mil reais) a R$ 1.000.000,00 (um milhão de reais).

***Art. 83-A.** Comprar, vender, intermediar, utilizar, produzir, armazenar, transportar, importar, exportar, financiar e fomentar produto, substância ou espécie animal ou vegetal sem autorização, licença ou permissão ambiental válida ou em desacordo com aquela concedida:*

Multa de R$ 100,00 (cem reais) a R$ 1.000,00 (mil reais) por quilograma, hectare ou unidade de medida compatível com a mensuração do objeto da infração.

***Art. 83-B.** Deixar de reparar, compensar ou indenizar dano ambiental, na forma e no prazo exigidos pela autoridade competente, ou implementar prestação em desacordo com a definida:*

Multa de R$ 10.000,00 (dez mil reais) a R$ 50.000.000,00 (cinquenta milhões de reais).

***Parágrafo único.** A pretensão relativa à reparação, à compensação ou à indenização de dano ambiental é imprescritível.*

▸ Arts. 83-A e 83-B acrescidos pelo Dec. nº 12.189, de 20-9-2024.

SUBSEÇÃO VI

DAS INFRAÇÕES COMETIDAS EXCLUSIVAMENTE EM UNIDADES DE CONSERVAÇÃO

Art. 84. Introduzir em unidade de conservação espécies alóctones:

Multa de R$ 2.000,00 (dois mil reais) a R$ 100.000,00 (cem mil reais).

§ 1º Excetuam-se do disposto neste artigo as áreas de proteção ambiental, as florestas nacionais, as reservas extrativistas e as reservas de desenvolvimento sustentável, bem como os animais e plantas necessários à administração e às atividades das demais categorias de unidades de conservação, de acordo com o que se dispuser em regulamento e no plano de manejo da unidade.

§ 2º Nas áreas particulares localizadas em refúgios de vida silvestre, monumentos naturais e reservas particulares do patrimônio natural podem ser criados animais domésticos e cultivadas plantas considerados compatíveis com as finalidades da unidade, de acordo com o que dispuser o seu plano de manejo.

Art. 85. Violar as limitações administrativas provisórias impostas às atividades efetiva ou potencialmente causadoras de degradação ambiental nas áreas delimitadas para realização de estudos com vistas à criação de unidade de conservação:

Multa de R$ 1.500,00 (mil e quinhentos reais) a R$ 1.000.000,00 (um milhão de reais).

Parágrafo único. Incorre nas mesmas multas quem explora a corte raso a floresta ou outras formas de vegetação nativa nas áreas definidas no *caput*.

Art. 86. Realizar pesquisa científica, envolvendo ou não coleta de material biológico, em unidade de conservação sem a devida autorização, quando esta for exigível:

Multa de R$ 500,00 (quinhentos reais) a R$ 10.000,00 (dez mil reais).

§ 1º A multa será aplicada em dobro caso as atividades de pesquisa coloquem em risco demográfico as espécies integrantes dos ecossistemas protegidos.

§ 2º Excetuam-se do disposto neste artigo as áreas de proteção ambiental e reservas particulares do patrimônio natural, quando as atividades de pesquisa científica não envolverem a coleta de material biológico.

Art. 87. Explorar comercialmente produtos ou subprodutos não madeireiros, ou ainda serviços obtidos ou desenvolvidos a partir de recursos naturais, biológicos, cênicos ou culturais em unidade de conservação sem autorização ou permissão do órgão gestor da unidade ou em desacordo com a obtida, quando esta for exigível:

▸ *Caput* com a redação dada pelo Dec. nº 6.686, de 10-12-2008.

Multa de R$ 1.500,00 (mil e quinhentos reais) a R$ 100.000,00 (cem mil reais).

Parágrafo único. Excetuam-se do disposto neste artigo as áreas de proteção ambiental e reservas particulares do patrimônio natural.

Art. 88. Explorar ou fazer uso comercial de imagem de unidade de conservação sem autorização do órgão gestor da unidade ou em desacordo com a recebida:

Multa de R$ 5.000,00 (cinco mil reais) a R$ 2.000.000,00 (dois milhões de reais).

Parágrafo único. Excetuam-se do disposto neste artigo as áreas de proteção ambiental e reservas particulares do patrimônio natural.

Art. 89. Realizar liberação planejada ou cultivo de organismos geneticamente modificados em áreas de proteção ambiental, ou zonas de amortecimento das demais categorias de unidades de conservação, em desacordo com o estabelecido em seus respectivos planos de manejo, regulamentos ou recomendações da Comissão Técnica Nacional de Biossegurança – CTNBIO:

Multa de R$ 1.500,00 (mil e quinhentos reais) a R$ 1.000.000,00 (um milhão de reais).

§ 1º A multa será aumentada ao triplo se o ato ocorrer no interior de unidade de conservação de proteção integral.

§ 2º A multa será aumentado ao quádruplo se o organismo geneticamente modificado, liberado ou cultivado irregularmente em unidade de conservação, possuir na área ancestral direto ou parente silvestre ou se representar risco à biodiversidade.

§ 3º O Poder Executivo estabelecerá os limites para o plantio de organismos geneticamente modificados nas áreas que circundam as unidades de conservação até que seja fixada sua zona de amortecimento e aprovado o seu respectivo plano de manejo.

Art. 90. Realizar quaisquer atividades ou adotar conduta em desacordo com os objetivos da unidade de conservação, o seu plano de manejo e regulamentos:

Multa de R$ 500,00 (quinhentos reais) a R$ 10.000,00 (dez mil reais).

Art. 91. Causar dano à unidade de conservação:

► *Caput* com a redação dada pelo Dec. nº 6.686, de 10-12-2008.

Multa de R$ 200,00 (duzentos reais) a R$ 100.000,00 (cem mil reais).

Art. 92. Penetrar em unidade de conservação conduzindo substâncias ou instrumentos próprios para caça, pesca ou para exploração de produtos ou subprodutos florestais e minerais, sem licença da autoridade competente, quando esta for exigível:

Multa de R$ 1.000,00 (mil reais) a R$ 10.000,00 (dez mil reais).

Parágrafo único. Incorre nas mesmas multas quem penetrar em unidade de conservação cuja visitação pública ou permanência sejam vedadas pelas normas aplicáveis ou ocorram em desacordo com a licença da autoridade competente.

Art. 93. As infrações previstas neste Decreto, quando afetarem ou forem cometidas em unidade de conservação ou em sua zona de amortecimento, terão os valores de suas respectivas multas aplicados em dobro, ressalvados os casos em que a determinação de aumento do valor da multa seja superior a este ou as hipóteses em que a unidade de conservação configure elementar do tipo.

► Artigo com a redação dada pelo Dec. nº 11.080, de 24-5-2022.

CAPÍTULO II
DO PROCESSO ADMINISTRATIVO PARA APURAÇÃO DE INFRAÇÕES AMBIENTAIS

Seção I
DAS DISPOSIÇÕES PRELIMINARES

Art. 94. Este Capítulo regula o processo administrativo federal para a apuração de infrações administrativas por condutas e atividades lesivas ao meio ambiente.

Parágrafo único. O objetivo deste Capítulo é dar unidade às normas legais esparsas que versam sobre procedimentos administrativos em matéria ambiental, bem como, nos termos do que dispõe o art. 84, inciso VI, alínea "a", da Constituição, disciplinar as regras de funcionamento pelas quais a administração pública federal, de caráter ambiental, deverá pautar-se na condução do processo.

Art. 95. O processo será orientado pelos princípios da legalidade, finalidade, motivação, razoabilidade, proporcionalidade, moralidade, ampla defesa, contraditório, segurança jurídica, interesse público e eficiência, bem como pelos critérios mencionados no parágrafo único do art. 2º da Lei nº 9.784, de 29 de janeiro de 1999.

Art. 95-A. A adesão a uma das soluções legais previstas no inciso II do § 5º do art. 96 será estimulada pela administração pública federal ambiental, com vistas a encerrar os processos administrativos federais relativos à apuração de infrações administrativas por condutas e atividades lesivas ao meio ambiente.

► Art. 95-A com a redação dada pelo Dec. nº 11.373, de 1º-1-2023.

Art. 95-B. O procedimento para a adesão a uma das soluções legais previstas no inciso II do § 5º do art. 96 será estabelecido em regulamento do órgão ou da entidade ambiental responsável pela apuração da infração ambiental.

► *Caput* do art. 95-B com a redação dada pelo Dec. nº 11.373, de 1º-1-2023.

§ 1º A adesão de que trata o *caput* será admitida somente na hipótese de multa ambiental consolidada.

§ 2º O pagamento da multa ambiental consolidada será interpretado como adesão a solução legal e implicará o encerramento imediato do processo administrativo, observadas as condições previstas em regulamento do órgão ou da entidade ambiental responsável pela apuração da infração ambiental.

► §§ 1º e 2º com a redação dada pelo Dec. nº 11.373, de 1º-1-2023.

§ 3º *Revogado.* Dec. nº 11.373, de 1º-1-2023.

Seção II
DA AUTUAÇÃO

Art. 96. Constatada a ocorrência de infração administrativa ambiental, será lavrado auto de infração, do qual deverá ser dado ciência ao autuado, assegurando-se o contraditório e a ampla defesa.

§ 1º O autuado será intimado da lavratura do auto de infração pelas seguintes formas:

► *Caput* do § 1º com a redação dada pelo Dec. nº 6.686, de 10-12-2008.

I – pessoalmente;

II – por seu representante legal;

III – por carta registrada com aviso de recebimento;

IV – por edital, se estiver o infrator autuado em lugar incerto, não sabido ou se não for localizado no endereço.

► Incisos I a IV acrescidos pelo Dec. nº 6.686, de 10 12 2008.

§ 2º Caso o autuado se recuse a dar ciência do auto de infração, o agente autuante certificará o ocorrido na presença de duas testemunhas e o entregará ao autuado.

► § 2º com a redação dada pelo Dec. nº 6.686, de 10-12-2008.

§ 3º Nos casos de evasão ou ausência do responsável pela infração administrativa, e inexistindo preposto identificado, o agente autuante aplicará o disposto no § 1º, encaminhando o auto de infração por via postal com aviso de recebimento ou outro meio válido que assegure a sua ciência.

► § 3º acrescido pelo Dec. nº 6.686, de 10-12-2008.

§ 4º *A intimação pessoal ou por via postal com aviso de recebimento será substituída por intimação eletrônica ou ocorrerá por registro de acesso do autuado ou do seu procurador à íntegra do processo administrativo eletrônico correspondente.*

► § 4º com a redação dada pelo Dec. nº 12.189, de 20-9-2024.

§ 5º Do termo de notificação da lavratura do auto de infração constará que o autuado, no prazo de vinte dias, contado da data da cientificação, poderá:

► *Caput* do § 5º acrescido pelo Dec. nº 11.080, de 24-5-2022.

I – apresentar defesa ou impugnação contra o auto de infração; ou

► Inciso I com a redação dada pelo Dec. nº 11.373, de 1º-1-2023.

II – aderir a uma das seguintes soluções legais possíveis para o encerramento do processo:

► *Caput* do inciso II com a redação dada pelo Dec. nº 11.373, de 1º-1-2023.

a) pagamento da multa com desconto;

b) parcelamento da multa; ou

c) conversão da multa em serviços de preservação, de melhoria e de recuperação da qualidade do meio ambiente.

► Alíneas *a* a *c* acrescidas pelo Dec. nº 11.373, de 1º-1-2023.

III – *Revogado.* Dec. nº 11.373, de 1º-1-2023.

§ 6º Os autos de infração, os processos administrativos deles originados e os polígonos de embargo são públicos e deverão ser disponibilizados à população via sítio oficial na internet, respeitada a Lei nº 13.709, de 14 de agosto de 2018.

§ 7º Os órgãos responsáveis pela autuação deverão manter base de dados pública de todos os autos de infração emitidos e disponibilizá-la à população via sítio oficial na Internet.

► §§ 6º e 7º acrescidos pelo Dec. nº 11.373, de 1º-1-2023.

Art. 97. O auto de infração deverá ser lavrado em impresso próprio, com a identificação do autuado, a descrição clara e objetiva das infrações administrativas constatadas e a indicação dos respectivos dispositivos legais e regulamentares infringidos, não devendo conter emendas ou rasuras que comprometam sua validade.

Art. 97-A. *Revogado.* Dec. nº 11.373, de 1º-1-2023.

Art. 97-B. O requerimento de adesão imediata a uma das soluções legais previstas no inciso II do § 5º do art. 96 conterá:

▸ *Caput* do art. 97-B com a redação dada pelo Dec. nº 11.373, de 1º-1-2023.

I – a confissão irrevogável e irretratável do débito, indicado pelo autuado, decorrente de multa ambiental consolidada na data do requerimento;

II – a desistência de impugnar judicial ou administrativamente a autuação ambiental ou de prosseguir com eventuais impugnações ou recursos administrativos e ações judiciais que tenham por objeto o auto de infração discriminado no requerimento; e

III – a renúncia a quaisquer alegações de direito sobre as quais possam ser fundamentadas as impugnações e os recursos administrativos e as ações judiciais a que se refere o inciso II.

▸ Incisos I a III acrescidos pelo Dec. nº 11.080, de 24-5-2022.

Parágrafo único. Na hipótese de autuação ambiental impugnada judicialmente, o autuado apresentará, no ato do requerimento de que trata o *caput*, cópia do protocolo do pedido de extinção do respectivo processo com resolução do mérito, dirigido ao juízo competente, com fundamento na alínea *c* do inciso III do *caput* do art. 487 da Lei nº 13.105, de 16 de março de 2015 – Código de Processo Civil.

▸ Parágrafo único acrescido pelo Dec. nº 11.080, de 24-5-2022.

Art. 98. O auto de infração, os eventuais termos de aplicação de medidas administrativas, o relatório de fiscalização e o documento de comprovação da ciência do autuado serão encaminhados ao setor competente para o processamento da autuação ambiental.

▸ *Caput* com a redação dada pelo Dec. nº 11.080, de 24-5-2022.

Parágrafo único. O relatório de fiscalização será elaborado pelo agente autuante e conterá:

▸ *Caput* acrescido pelo Dec. nº 9.760, de 11-4-2019.

I – a descrição das circunstâncias que levaram à constatação da infração ambiental e à identificação da autoria;

▸ Inciso I acrescido pelo Dec. nº 9.760, de 11-4-2019.

II – o registro da situação por fotografias, imagens de satélite, vídeos, mapas, termos de declaração ou outros meios de prova;

▸ Inciso II com a redação dada pelo Dec. nº 11.373, de 1º-1-2023.

III – os critérios utilizados para a fixação da multa acima do limite mínimo, quando for o caso;

IV – a indicação justificada da incidência de circunstâncias agravantes ou atenuantes, observados os critérios estabelecidos pelo órgão ou pela entidade ambiental; e

▸ Incisos III e IV com a redação dada pelo Dec. nº 11.080, de 24-5-2022.

V – outras informações consideradas relevantes.

▸ Inciso V acrescido pelo Dec. nº 11.080, de 24-5-2022.

Arts. 98-A a 98-D. *Revogados.* Dec. nº 11.373, de 1º-1-2023.

Art. 99. O auto de infração que apresentar vício sanável poderá ser convalidado de ofício pela autoridade julgadora, mediante despacho saneador, devidamente justificado.

▸ *Caput* com a redação dada pelo Dec. nº 11.373, de 1º-1-2023.

Parágrafo único. *Revogado.* Dec. nº 11.373, de 1º-1-2023.

Art. 100. O auto de infração que apresentar vício insanável será declarado nulo pela autoridade julgadora.

▸ *Caput* com a redação dada pelo Dec. nº 11.080, de 24-5-2022.

§ 1º Para os efeitos do *caput*, considera-se vício insanável aquele em que a correção da autuação implica modificação do fato descrito no auto de infração.

§ 2º Nos casos em que o auto de infração for declarado nulo e estiver caracterizada a conduta ou atividade lesiva ao meio ambiente, deverá ser lavrado novo auto, observadas as regras relativas à prescrição.

§ 3º O erro no enquadramento legal da infração não implica vício insanável, podendo ser alterado pela autoridade julgadora mediante decisão fundamentada que retifique o auto de infração.

▸ § 3º acrescido pelo Dec. nº 6.686, de 10-12-2008.

Art. 101. Constatada a infração ambiental, o agente autuante, no uso do seu poder de polícia, poderá adotar as seguintes medidas administrativas:

I – apreensão;

II – embargo de obra ou atividade e suas respectivas áreas;

III – suspensão de venda ou fabricação de produto;

IV – suspensão parcial ou total de atividades;

V – destruição ou inutilização dos produtos, subprodutos e instrumentos da infração; e

VI – demolição.

§ 1º As medidas de que trata este artigo têm como objetivo prevenir a ocorrência de novas infrações, resguardar a recuperação ambiental e garantir o resultado prático do processo administrativo.

§ 2º A aplicação de tais medidas será lavrada em formulário próprio, sem emendas ou rasuras que comprometam sua validade, e deverá conter, além da indicação dos respectivos dispositivos legais e regulamentares infringidos, os motivos que ensejaram o agente autuante a assim proceder.

§ 3º A administração ambiental estabelecerá os formulários específicos a que se refere o § 2º.

§ 4º O embargo de obra ou atividade restringe-se aos locais onde efetivamente caracterizou-se a infração ambiental, não alcançando as demais atividades realizadas em áreas não embargadas da propriedade ou posse ou não correlacionadas com a infração.

▸ § 4º acrescido pelo Dec. nº 6.686, de 10-12-2008.

Art. 102. Os animais, produtos, subprodutos, instrumentos, petrechos, veículos de qualquer natureza referidos no inciso IV do art. 72 da Lei nº 9.605, de 1998, serão objeto da apreensão de que trata o inciso I do art. 101, salvo impossibilidade justificada.

§ 1º A apreensão de produtos, subprodutos, instrumentos, petrechos e veículos de qualquer natureza de que trata o *caput* independe de sua fabricação ou utilização exclusiva para a prática de atividades ilícitas.

▸ Parágrafo único transformado em § 1º e com a redação dada pelo Dec. nº 11.080, de 24-5-2022.

§ 2º Na hipótese de o responsável pela infração administrativa ou o detentor ou o proprietário dos bens de que trata o *caput* ser indeterminado, desconhecido ou de domicílio indefinido, a notificação da lavratura do termo de apreensão será realizada por meio da publicação de seu extrato no Diário Oficial da União.

▸ § 2º acrescido pelo Dec. nº 11.080, de 24-5-2022.

Art. 103. Os animais domésticos e exóticos serão apreendidos quando:

I – forem encontrados no interior de unidade de conservação de proteção integral; ou

II – forem encontrados em área de preservação permanente ou quando impedirem a regeneração natural de vegetação em área cujo corte não tenha sido autorizado, desde que, em todos os casos, tenha havido prévio embargo.

§ 1º Na hipótese prevista no inciso II, os proprietários deverão ser previamente notificados para que promovam a remoção dos animais do local no prazo assinalado pela autoridade competente.

§ 2º Não será adotado o procedimento previsto no § 1º quando não for possível identificar o proprietário dos animais apreendidos, seu preposto ou representante.

§ 3º O disposto no *caput* não será aplicado quando a atividade tenha sido caracterizada como de baixo impacto e previamente autorizada, quando couber, nos termos da legislação em vigor.

▸ § 3º acrescido pelo Dec. nº 6.686, de 10-12-2008.

Art. 104. A autoridade ambiental, mediante decisão fundamentada em que se demonstre a existência de interesse público relevante, poderá autorizar o uso do bem apreendido nas hipóteses em que não haja outro meio disponível para a consecução da respectiva ação fiscalizatória.

Parágrafo único. Os veículos de qualquer natureza que forem apreendidos poderão ser utilizados pela administração ambiental para fazer o deslocamento do material apreendido até local adequado ou para promover a recomposição do dano ambiental.

Art. 105. Os bens apreendidos deverão ficar sob a guarda do órgão ou entidade responsável pela fiscalização, podendo, excepcionalmente, ser confiados a fiel depositário, até o julgamento do processo administrativo.

Parágrafo único. Nos casos de anulação, cancelamento ou revogação da apreensão, o órgão ou a entidade ambiental responsável pela apreensão restituirá o bem no estado em que se encontra ou, na impossibilidade de fazê-lo, indenizará o proprietário pelo valor de avaliação consignado no termo de apreensão.

Art. 106. A critério da administração, o depósito de que trata o art. 105 poderá ser confiado:

I – a órgãos e entidades de caráter ambiental, beneficente, científico, cultural, educacional, hospitalar, penal e militar; ou

II – ao próprio autuado, desde que a posse dos bens ou animais não traga risco de utilização em novas infrações.

§ 1º Os órgãos e entidades públicas que se encontrarem sob a condição de depositário serão preferencialmente contemplados no caso da destinação final do bem ser a doação.

§ 2º Os bens confiados em depósito não poderão ser utilizados pelos depositários, salvo o uso lícito de veículos e embarcações pelo próprio autuado.

§ 3º A entidade fiscalizadora poderá celebrar convênios ou acordos com os órgãos e entidades públicas para garantir, após a destinação final, o repasse de verbas de ressarcimento relativas aos custos do depósito.

Art. 107. Após a apreensão, a autoridade competente, levando-se em conta a natureza dos bens e animais apreendidos e considerando o risco de perecimento, procederá da seguinte forma:

I – os animais da fauna silvestre serão libertados em seu hábitat ou entregues a jardins zoológicos, fundações, entidades de caráter científico, centros de triagem, criadouros regulares ou entidades assemelhadas, desde que fiquem sob a responsabilidade de técnicos habilitados, podendo ainda, respeitados os regulamentos vigentes, serem entregues em guarda doméstica provisória.

▸ Inciso I com a redação dada pelo Dec. nº 6.686, de 10-12-2008.

II – os animais domésticos ou exóticos mencionados no art. 103 poderão ser vendidos;

III – os produtos perecíveis e as madeiras sob risco iminente de perecimento serão avaliados e doados.

§ 1º Os animais de que trata o inciso II, após avaliados, poderão ser doados, mediante decisão motivada da autoridade ambiental, sempre que sua guarda ou venda forem inviáveis econômica ou operacionalmente.

§ 2º A doação a que se refere o § 1º será feita às instituições mencionadas no art. 135.

§ 3º O órgão ou entidade ambiental deverá estabelecer mecanismos que assegurem a indenização ao proprietário dos animais vendidos ou doados, pelo valor de avaliação consignado no termo de apreensão, caso esta não seja confirmada na decisão do processo administrativo.

§ 4º Serão consideradas sob risco iminente de perecimento as madeiras que estejam acondicionadas a céu aberto ou que não puderem ser guardadas ou depositadas em locais próprios, sob vigilância, ou ainda quando inviável o transporte e guarda, atestados pelo agente autuante no documento de apreensão.

§ 5º A libertação dos animais da fauna silvestre em seu hábitat natural deverá observar os critérios técnicos previamente estabelecidos pelo órgão ou entidade ambiental competente.

▸ § 5º acrescido pelo Dec. nº 6.686, de 10-12-2008.

Art. 108. O embargo de obra ou atividade e suas respectivas áreas tem por objetivo impedir a continuidade do dano ambiental, propiciar a regeneração do meio ambiente e dar viabilidade à recuperação da área degradada, devendo restringir-se exclusivamente ao local onde verificou-se a prática do ilícito.

▸ *Caput* com a redação dada pelo Dec. nº 6.686, de 10-12-2008.

§ 1º No caso de descumprimento ou violação do embargo, a autoridade competente, além de adotar as medidas previstas nos arts. 18 e 79, deverá comunicar ao Ministério Público, no prazo máximo de setenta e duas horas, para que seja apurado o cometimento de infração penal.

▸ § 1º com a redação dada pelo Dec. nº 6.686, de 10-12-2008.

§ 2º Nos casos em que o responsável pela infração administrativa ou o detentor do imóvel onde foi praticada a infração for indeterminado, desconhecido ou de domicílio indefinido, será realizada notificação da lavratura do termo de embargo mediante a publicação de seu extrato no *Diário Oficial da União*.

Art. 109. A suspensão de venda ou fabricação de produto constitui medida que visa a evitar a colocação no mercado de produtos e subprodutos oriundos de infração administrativa ao meio ambiente ou que tenha como objetivo interromper o uso contínuo de matéria-prima e subprodutos de origem ilegal.

Art. 110. A suspensão parcial ou total de atividades constitui medida que visa a impedir a continuidade de processos produtivos em desacordo com a legislação ambiental.

Art. 111. Os produtos, inclusive madeiras, subprodutos e instrumentos utilizados na prática da infração poderão ser destruídos ou inutilizados quando:

I – a medida for necessária para evitar o seu uso e aproveitamento indevidos nas situações em que o transporte e a guarda forem inviáveis em face das circunstâncias; ou

II – possam expor o meio ambiente a riscos significativos ou comprometer a segurança da população e dos agentes públicos envolvidos na fiscalização.

Parágrafo único. O termo de destruição ou inutilização deverá ser instruído com elementos que identifiquem as condições anteriores e posteriores à ação, bem como a avaliação dos bens destruídos.

Art. 112. A demolição de obra, edificação ou construção não habitada e utilizada diretamente para a infração ambiental dar-se-á excepcionalmente no ato da fiscalização nos casos em que se constatar que a ausência da demolição importa em iminente risco de agravamento do dano ambiental ou de graves riscos à saúde.

▸ *Caput* com a redação dada pelo Dec. nº 6.686, de 10-12-2008.

§ 1º A demolição poderá ser feita pelo agente autuante, por quem este autorizar ou pelo próprio infrator e deverá ser devidamente descrita e documentada, inclusive com fotografias.

▸ § 1º com a redação dada pelo Dec. nº 6.686, de 10-12-2008.

§ 2º As despesas para a realização da demolição correrão às custas do infrator.

§ 3º A demolição de que trata o *caput* não será realizada em edificações residenciais.

Seção III

DA DEFESA

Art. 113. O autuado poderá, no prazo de vinte dias, contado da data da ciência da autuação, oferecer defesa ou impugnação contra o auto de infração.

▸ *Caput* com a redação dada pelo Dec. nº 11.373, de 1º-1-2023.

§§ 1º e 2º *Revogados*. Dec. nº 11.373, de 1º-1-2023.

Parágrafo único. O desconto de trinta por cento de que tratam o § 2º do art. 3º e o art. 4º da Lei nº 8.005, de 22 de março de 1990, será aplicado na hipótese de o autuado optar pelo pagamento da multa à vista.

▸ Parágrafo único acrescido pelo Dec. nº 11.373, de 1º-1-2023.

Art. 114. A defesa poderá ser protocolizada em qualquer unidade administrativa do órgão ambiental que promoveu a autuação, que o encaminhará imediatamente à unidade responsável.

Art. 115. A defesa será formulada por escrito e deverá conter os fatos e fundamentos jurídicos que contrariem o disposto no auto de infração e termos que o acompanham, bem como a especificação das provas que o autuado pretende produzir a seu favor, devidamente justificadas.

Parágrafo único. Requerimentos formulados fora do prazo de defesa não serão conhecidos, podendo ser desentranhados dos autos conforme decisão da autoridade ambiental competente.

Art. 116. O autuado poderá ser representado por advogado ou procurador legalmente constituído, e deverá anexar à defesa o respectivo instrumento de procuração.

Parágrafo único. O autuado poderá requerer prazo de até quinze dias para a juntada do instrumento a que se refere o *caput*.

▸ Art. 116 com a redação dada pelo Dec. nº 11.373, de 1º-1-2023.

Art. 117. A defesa não será conhecida quando apresentada:

I – fora do prazo;

II – por quem não seja legitimado; ou

III – perante órgão ou entidade ambiental incompetente.

Seção IV

DA INSTRUÇÃO E JULGAMENTO

Art. 118. Ao autuado caberá a prova dos fatos que tenha alegado, sem prejuízo do dever atribuído à autoridade julgadora para instrução do processo.

Art. 119. A autoridade julgadora poderá requisitar a produção de provas necessárias à sua convicção e parecer técnico ou contradita do agente autuante, especificado o objeto a ser esclarecido.

▸ *Caput* com a redação dada pelo Dec. nº 11.373, de 1º-1-2023.

§§ 1º a 3º *Revogados*. Dec. nº 11.373, de 1º-1-2023.

Art. 120. As provas ilícitas, impertinentes, desnecessárias ou protelatórias propostas pelo autuado serão recusadas por meio de decisão fundamentada.

▸ Artigo com a redação dada pelo Dec. nº 11.080, de 24-5-2022.

Art. 121. O órgão da Procuradoria-Geral Federal, quando houver controvérsia jurídica, emitirá parecer fundamentado para a motivação da decisão da autoridade julgadora.

▸ Artigo com a redação dada pelo Dec. nº 6.686, de 10-12-2008.

Art. 122. Encerrada a instrução, o autuado terá o direito de manifestar-se em alegações finais, no prazo máximo de dez dias.

§ 1º Para fins de apresentação de alegações finais pelos interessados, o setor responsável pela instrução notificará o autuado e publicará em sua sede administrativa e na internet a relação dos processos que entrarão na pauta de julgamento.

▸ Parágrafo único transformado em § 1º e com a redação dada pelo Dec. nº 11.373, de 1º-1-2023.

§ 2º A notificação de que trata o § 1º deste artigo poderá ser realizada por:

I – via postal com aviso de recebimento;

II – notificação eletrônica, observado o disposto no § 4º do art. 96; ou

III – outro meio válido.

▸ § 2º acrescido pelo Dec. nº 11.373, de 1º-1-2023.

Art. 123. A decisão da autoridade julgadora não se vincula às sanções aplicadas pelo agente autuante, ou ao valor da multa, podendo, em decisão motivada, de ofício ou a requerimento do interessado, minorar, manter ou majorar o seu valor, respeitados os limites estabelecidos na legislação ambiental vigente.

▸ *Caput* com a redação dada pelo Dec. nº 6.686, de 10-12-2008.

Parágrafo único. Na hipótese de ser identificada, após o encerramento da instrução processual, a possibilidade de agravamento da penalidade, o autuado será notificado, para que formule, no prazo de dez dias, as suas alegações, antes do julgamento de que trata o art. 124:

I – por via postal com aviso de recebimento;

II – por notificação eletrônica, observado o disposto no § 4º do art. 96; ou

III – por outro meio válido que assegure a certeza da ciência.

▸ Parágrafo único com a redação dada pelo Dec. nº 11.080, de 24-5-2022.

Art. 124. Oferecida ou não a defesa, a autoridade julgadora, no prazo de trinta dias, julgará o auto de infração, decidindo sobre a aplicação das penalidades.

§ 1º Nos termos do que dispõe o art. 101, as medidas administrativas que forem aplicadas no momento da autuação deverão ser apreciadas no ato decisório, sob pena de ineficácia.

§ 2º A inobservância do prazo para julgamento não torna nula a decisão da autoridade julgadora e o processo.

§ 3º O órgão ou entidade ambiental competente indicará, em ato próprio, a autoridade administrativa responsável pelo julgamento da defesa, observando-se o disposto no art. 17 da Lei nº 9.784, de 1999.

Art. 125. A decisão deverá ser motivada, com a indicação dos fatos e fundamentos jurídicos em que se baseia.

Parágrafo único. A motivação deve ser explícita, clara e congruente, podendo consistir em declaração de concordância com fundamentos de anteriores pareceres, informações ou decisões, que, neste caso, serão parte integrante do ato decisório.

Art. 126. Julgado o auto de infração, o autuado será notificado por via postal com aviso de recebimento ou outro meio válido que assegure a certeza de sua ciência para pagar a multa no prazo de cinco dias, a partir do recebimento da notificação, ou para apresentar recurso.

Parágrafo único. O pagamento realizado no prazo disposto no *caput* contará com o desconto de trinta por cento do valor corrigido da penalidade, nos termos do art. 4º da Lei nº 8.005, de 1990.

Seção V

DOS RECURSOS

▸ Arts. 6º-A e 6º-B do Dec. nº 99.274, de 6-6-1990, que dispõem sobre a Câmara Especial Recursal do CONAMA.

Art. 127. Da decisão proferida pela autoridade julgadora caberá recurso no prazo de vinte dias.

▸ *Caput* com a redação dada pelo Dec. nº 6.686, de 10-12-2008.

§ 1º O recurso voluntário de que trata este artigo será dirigido à autoridade que proferiu o julgamento na primeira instância, a qual, se não reconsiderar a decisão no prazo de cinco dias, o encaminhará à autoridade competente para o julgamento em segunda e última instância administrativa.

▸ § 1º com a redação dada pelo Dec. nº 11.080, de 24-5-2022.

§ 2º O órgão ou entidade ambiental competente indicará, em ato próprio, a autoridade superior que será responsável pelo julgamento do recurso mencionado no *caput*.

▸ § 2º acrescido pelo Dec. nº 6.686, de 10-12-2008.

§ 3º O autuado poderá exercer, no prazo a que se refere o *caput*, a faculdade prevista no § 2º do art. 148, o que caracterizará a renúncia ao direito de recorrer.

▸ § 3º acrescido pelo Dec. nº 11.080, de 24-5-2022.

Art. 127-A. O julgamento proferido em primeira instância estará sujeito ao reexame necessário nas hipóteses estabelecidas em regulamento do órgão ou da entidade ambiental competente.

▸ *Caput* do art. 127-A com a redação dada pelo Dec. nº 11.080, de 24-5-2022.

Parágrafo único. O recurso de ofício será interposto mediante declaração na própria decisão.

▸ Parágrafo único acrescido pelo Dec. nº 6.686, de 10-12-2008.

Art. 128. O recurso interposto na forma prevista no art. 127 não terá efeito suspensivo.

§ 1º Na hipótese de justo receio de prejuízo de difícil ou incerta reparação, a autoridade recorrida ou a imediatamente superior poderá, de ofício ou a pedido do recorrente, conceder efeito suspensivo ao recurso.

§ 2º Quando se tratar de penalidade de multa, o recurso de que trata o art. 127 terá efeito suspensivo quanto a esta penalidade.

Art. 129. A autoridade responsável pelo julgamento do recurso poderá confirmar, modificar, anular ou revogar, total ou parcialmente, a decisão recorrida.

▸ *Caput* com a redação dada pelo Dec. nº 11.080, de 24-5-2022.

§§ 1º e 2º *Revogados*. Dec. nº 11.080, de 24-5-2022.

Art. 130. *Revogado*. Dec. nº 11.080, de 24-5-2022.

Art. 131. O recurso não será conhecido quando interposto:

I – fora do prazo;

II – perante órgão ambiental incompetente; ou

III – por quem não seja legitimado.

Arts. 132 e 133. *Revogados*. Dec. nº 11.080, de 24-5-2022.

Seção VI

DO PROCEDIMENTO RELATIVO À DESTINAÇÃO DOS BENS E ANIMAIS APREENDIDOS

Art. 134. Após decisão que confirme o auto de infração, os bens e animais apreendidos que ainda não tenham sido objeto da destinação prevista no art. 107, não mais retornarão ao infrator, devendo ser destinados da seguinte forma:

I – os produtos perecíveis serão doados;

II – as madeiras poderão ser doadas a órgãos ou entidades públicas, vendidas ou utilizadas pela administração quando houver necessidade, conforme decisão motivada da autoridade competente;

▸ Inciso II com a redação dada pelo Dec. nº 6.686, de 10-12-2008.

III – os produtos e subprodutos da fauna não perecíveis serão destruídos ou doados a instituições científicas, culturais ou educacionais;

IV – os instrumentos utilizados na prática da infração poderão ser destruídos, utilizados pela administração quando houver necessidade, doados ou vendidos, garantida a sua descaracterização, neste último caso, por meio da reciclagem quando o instrumento puder ser utilizado na prática de novas infrações;

V – os demais petrechos, equipamentos, veículos e embarcações descritos no inciso IV do art. 72 da Lei nº 9.605, de 1998, poderão ser utilizados pela administração quando houver necessidade, ou ainda vendidos, doados ou destruídos, conforme decisão motivada da autoridade ambiental;

VI – os animais domésticos e exóticos serão vendidos ou doados;

VII – os animais da fauna silvestre serão libertados em seu hábitat ou entregues a jardins zoológicos, fundações, centros de triagem, criadouros regulares ou entidades assemelhadas, desde que fiquem sob a responsabilidade de técnicos habilitados.

▸ Inciso VII acrescido pelo Dec. nº 6.686, de 10-12-2008.

Art. 135. Os bens apreendidos poderão ser doados pela autoridade competente para órgãos e entidades públicas de caráter científico, cultural, educacional, hospitalar, penal, militar e social, bem como para outras entidades sem fins lucrativos de caráter beneficente.

▸ *Caput* com a redação dada pelo Dec. nº 6.686, de 10-12-2008.

Parágrafo único. Os produtos da fauna não perecíveis serão destruídos ou doados a instituições científicas, culturais ou educacionais.

Art. 136. Tratando-se de apreensão de substâncias ou produtos tóxicos, perigosos ou nocivos à saúde humana ou ao meio ambiente, as medidas a serem adotadas, inclusive a destruição, serão determinadas pelo órgão competente e correrão a expensas do infrator.

Art. 137. O termo de doação de bens apreendidos vedará a transferência a terceiros, a qualquer título, dos animais, produtos, subprodutos, instrumentos, petrechos, equipamentos, veículos e embarcações doados.

Parágrafo único. A autoridade ambiental poderá autorizar a transferência dos bens doados quando tal medida for considerada mais adequada à execução dos fins institucionais dos beneficiários.

Art. 138. Os bens sujeitos à venda serão submetidos a leilão, nos termos do § 5º do art. 22 da Lei nº 8.666, de 21 de junho de 1993.

▸ A Lei nº 8.666, de 21-6-1993, foi revogada pela Lei nº 14.133, de 1º-4-2021.

▸ Art. 6º da Lei nº 14.133, de 1º-4-2021 (Nova Lei de Licitações e Contratos Administrativos).

Parágrafo único. Os custos operacionais de depósito, remoção, transporte, beneficiamento e demais encargos legais correrão à conta do adquirente.

Seção VII

DO PROCEDIMENTO DE CONVERSÃO DE MULTA SIMPLES EM SERVIÇOS DE PRESERVAÇÃO, MELHORIA E RECUPERAÇÃO DA QUALIDADE DO MEIO AMBIENTE

Art. 139. Fica instituído o Programa de Conversão de Multas Ambientais emitidas por órgãos e entidades da União, integrantes do Sistema Nacional do Meio Ambiente – SISNAMA.

▸ *Caput* com a redação dada pelo Dec. nº 9.179, de 23-10-2017.

Parágrafo único. A autoridade competente, nos termos do disposto no § 4º do art. 72 da Lei nº 9.605, de 1998, poderá converter a multa simples em serviços de preservação, de melhoria e de recuperação da qualidade do meio ambiente, exceto as multas decorrentes de infrações ambientais que tenham provocado morte humana e outras hipóteses previstas em regulamento do órgão ou da entidade ambiental responsável pela apuração da infração ambiental.

▸ Parágrafo único com a redação dada pelo Dec. nº 11.080, de 24-5-2022.

Art. 140. São considerados serviços de preservação, melhoria e recuperação da qualidade do meio ambiente as ações, as atividades e as obras incluídas em projetos com, no mínimo, um dos seguintes objetivos:

▸ *Caput* com a redação dada pelo Dec. nº 9.179, de 23-10-2017.

I – recuperação:

▸ *Caput* do inciso I com a redação dada pelo Dec. nº 9.179, de 23-10-2017.

a) de áreas degradadas para conservação da biodiversidade e conservação e melhoria da qualidade do meio ambiente;

▸ Alínea *a* com a redação dada pelo Dec. nº 9.179, de 23-10-2017.

b) de processos ecológicos e de serviços ecossistêmicos essenciais;

c) de vegetação nativa;

d) de áreas de recarga de aquíferos; e

▸ Alíneas *b* a *d* com a redação dada pelo Dec. nº 11.080, de 24-5-2022.

e) de solos degradados ou em processo de desertificação;

▸ Alínea *e* acrescida pelo Dec. nº 11.080, de 24-5-2022.

II – proteção e manejo de espécies da flora nativa e da fauna silvestre;

III – monitoramento da qualidade do meio ambiente e desenvolvimento de indicadores ambientais;

IV – mitigação ou adaptação às mudanças do clima;

V – manutenção de espaços públicos que tenham como objetivo a conservação, a proteção e a recuperação de espécies da flora nativa ou da fauna silvestre e de áreas verdes urbanas destinadas à proteção dos recursos hídricos;

▸ Incisos II a V com a redação dada pelo Dec. nº 9.179, de 23-10-2017.

VI – educação ambiental;

▸ Inciso VI com a redação dada pelo Dec. nº 9.760, de 11-4-2019.

VII – promoção da regularização fundiária de unidades de conservação;"

▸ Inciso VII com a redação dada pelo Dec. nº 9.760, de 11-4-2019.

VIII – saneamento básico;

▸ Inciso VIII acrescido pelo Dec. nº 9.760, de 11-4-2019.

IX – garantia da sobrevivência e ações de recuperação e de reabilitação de espécies da flora nativa e da fauna silvestre por instituições públicas de qualquer ente federativo ou privadas sem fins lucrativos; ou

▸ Inciso IX com a redação dada pelo Dec. nº 11.080, de 24-5-2022.

X – implantação, gestão, monitoramento e proteção de unidades de conservação.

▸ Inciso X acrescido pelo Dec. nº 9.760, de 11-4-2019.

§ 1º Na hipótese de os serviços a serem executados demandarem recuperação da vegetação nativa em imóvel rural, as áreas beneficiadas com a prestação de serviço objeto da conversão deverão estar inscritas no Cadastro Ambiental Rural – CAR.

§ 2º O disposto no § 1º não se aplica aos assentamentos de reforma agrária, aos territórios indígenas e quilombolas e às unidades de conservação, ressalvadas as Áreas de Proteção Ambiental.

▸ §§ 1º e 2º com a redação dada pelo Dec. nº 9.179, de 23-10-2017.

▸ Art. 3º do Dec. nº 9.179, de 23-10-2017.

Art. 140-A. *Revogado*. Dec. nº 11.080, de 24-5-2022.

Art. 140-B. Os órgãos federais de que trata esta Seção poderão realizar chamamentos públicos para selecionar projetos apresentados por órgãos e entidades, públicas ou privadas sem fins lucrativos, para a execução dos serviços de que trata o art. 140, em áreas públicas ou privadas.

Parágrafo único. Os chamamentos públicos previstos no *caput* poderão ser realizados de forma conjunta pelos órgãos federais de que trata esta Seção.

▸ Art. 140-B acrescido pelo Dec. nº 11.373, de 1º-1-2023.

Art. 141. Não caberá conversão de multa para reparação de danos decorrentes das próprias infrações.

▸ *Caput* com a redação dada pelo Dec. nº 9.179, de 23-10-2017.

▸ Art. 3º do Dec. nº 9.179, de 23-10-2017.

I e II – *Revogados*. Dec. nº 9.179, de 23-10-2017.

Parágrafo único. *Revogado*. Dec. nº 9.179, de 23-10-2017.

Art. 142. O autuado poderá requerer a conversão de multa de que trata esta Seção até o momento da sua manifestação em alegações finais, na forma estabelecida no art. 122.

▸ *Caput* com a redação dada pelo Dec. nº 11.373, de 1º-1-2023.

I a III – *Revogados*. Dec. nº 11.373, de 1º-1-2023.

Art. 142-A. O autuado, ao pleitear a conversão de multa, deverá optar pela:

▸ *Caput* do art. 142-A com a redação dada pelo Dec. nº 11.373, de 1º-1-2023.

I – conversão direta, com a implementação, por seus meios, de serviço de preservação, de melhoria e de recuperação da qualidade do meio ambiente, no âmbito de, no mínimo, um dos objetivos previstos no *caput* do art. 140; ou

II – conversão indireta, com adesão a projeto previamente selecionado pelo órgão federal emissor da multa, na forma estabelecida no art. 140-B, observados os objetivos previstos no *caput* do art. 140.

▸ Incisos I e II com a redação dada pelo Dec. nº 11.373, de 1º-1-2023.

§ 1º Na hipótese prevista no inciso I do *caput*, o autuado respeitará as diretrizes definidas pelo órgão federal emissor da multa, que poderá admitir a participação de mais de um autuado na elaboração e na execução do projeto.

§ 2º Na hipótese prevista no inciso II do *caput*, o autuado poderá outorgar poderes ao órgão federal emissor da multa para escolha do projeto a ser contemplado.

§ 3º Ato normativo próprio do órgão ou da entidade ambiental responsável pela apuração da infração ambiental detalhará as regras para operacionalização da conversão de multa direta e indireta.

▸ §§ 1º a 3º com a redação dada pelo Dec. nº 11.373, de 1º-1-2023.

§§ 4º e 5º *Revogados*. Dec. nº 11.373, de 1º-1-2023.

Art. 143. O valor dos custos dos serviços de preservação, conservação, melhoria e recuperação da qualidade do meio ambiente será igual ou superior ao valor da multa convertida.

▸ *Caput* com a redação dada pelo Dec. nº 9.179, de 23-10-2017.

§ 1º Independentemente do valor da multa aplicada, o autuado fica obrigado a reparar integralmente o dano que tenha causado.

▸ § 1º com a redação dada pelo Dec. nº 9.179, de 23-10-2017.

§ 2º A autoridade ambiental, ao deferir o pedido de conversão, aplicará sobre o valor da multa consolidada o desconto de:

▸ *Caput* do § 2º com a redação dada pelo Dec. nº 11.373, de 1º-1-2023.

I – quarenta por cento, na hipótese prevista no inciso I do *caput* do art. 142-A, se a conversão for requerida juntamente com a defesa;

II – trinta e cinco por cento, na hipótese prevista no inciso I do *caput* do art. 142-A, se a conversão for requerida até o prazo das alegações finais;

III – sessenta por cento, na hipótese prevista no inciso II do *caput* do art. 142-A, se a conversão for requerida juntamente com a defesa; ou

▸ Incisos I a III com a redação dada pelo Dec. nº 11.373, de 1º-1-2023.

IV – cinquenta por cento, na hipótese prevista no inciso II do *caput* do art. 142-A, se a conversão for requerida até o prazo das alegações finais.

▸ Inciso IV acrescido pelo Dec. nº 11.373, de 1º-1-2023.

§ 3º *Revogado*. Dec. nº 9.760, de 11-4-2019.

LEGISLAÇÃO AMBIENTAL

§ 3º-A. Na hipótese prevista nos incisos III e IV do § 2º, o valor consolidado nominal da multa a ser convertida poderá ser parcelado em até vinte e quatro parcelas mensais e sucessivas, sobre as quais incidirá reajuste mensal com base na variação do Índice Nacional de Preços ao Consumidor Amplo – IPCA.

▸ § 3º-A acrescido pelo Dec. nº 11.373, de 1º-1-2023.

§ 4º *Revogado*. Dec. nº 9.760, de 11-4-2019.

§ 4º-A. Os custos decorrentes de serviços bancários necessários à operacionalização da conversão de multa na modalidade prevista nos incisos III e IV do *caput* do art. 142-A serão deduzidos dos valores obtidos por meio dos rendimentos sobre os valores depositados em conta garantia em banco público, até o limite dos referidos custos.

▸ § 4º-A acrescido pelo Dec. nº 11.373, de 1º-1-2023.

§ 5º *Revogado*. Dec. nº 9.760, de 11-4-2019.

§ 5º-A. Na hipótese de os resultados dos rendimentos sobre os valores depositados em conta garantia não serem suficientes para a cobertura dos custos bancários, o autuado complementará o valor faltoso.

▸ § 5º-A acrescido pelo Dec. nº 11.373, de 1º-1-2023.

§ 6º *Revogado*. Dec. nº 9.760, de 11-4-2019.

§ 6º-A. Na hipótese de os resultados dos rendimentos sobre os valores depositados em conta garantia ultrapassarem o valor devido aos custos bancários, o excedente será aplicado integralmente na prestação de serviços ambientais estabelecidos pelo órgão federal emissor da multa, conforme estabelecido no art. 140.

▸ § 6º-A acrescido pelo Dec. nº 11.373, de 1º-1-2023.

§ 7º O valor resultante do desconto não poderá ser inferior ao valor mínimo legal aplicável à infração.

▸ § 7º com a redação dada pelo Dec. nº 11.373, de 1º-1-2023.

Art. 144. *Revogado*. Dec. nº 9.760, de 11-4-2019.

Art. 144-A. O requerimento de conversão de multa na modalidade prevista no inciso I do *caput* do art. 142-A será instruído com o projeto, conforme as diretrizes estabelecidas pelo órgão federal emissor da multa.

§ 1º Na hipótese de o autuado não dispor de projeto na data do requerimento, a autoridade julgadora, se provocada, poderá conceder prazo de sessenta dias para que o autuado apresente o referido projeto.

§ 2º Antes de decidir sobre o pedido de conversão de multa na modalidade de que trata este artigo, a autoridade julgadora poderá determinar ao autuado que proceda, em prazo predefinido, a emendas, revisões e ajustes no projeto, incluído o objetivo de adequá-lo ao valor consolidado da multa a ser convertida.

§ 3º O não atendimento por parte do autuado das situações previstas neste artigo implicará o indeferimento do pedido de conversão de multa.

▸ Art. 144-A acrescido pelo Dec. nº 11.373, de 1º-1-2023.

Art. 145. A autoridade julgadora deverá, em decisão única, julgar o auto de infração e o pedido de conversão da multa por ocasião do julgamento do auto de infração.

▸ *Caput* com a redação dada pelo Dec. nº 11.373, de 1º-1-2023.

§ 1º A autoridade julgadora considerará as peculiaridades do caso concreto, os antecedentes do infrator e o efeito dissuasório da multa ambiental, e poderá, em decisão motivada, deferir ou não o pedido de conversão formulado pelo autuado, observado o disposto no art. 141.

§ 2º Na hipótese de deferimento do pedido de conversão, a autoridade julgadora notificará o autuado para comparecer à unidade administrativa indicada pelo órgão federal do emissor da multa para a assinatura do termo de compromisso de que trata o art. 146.

§ 3º O deferimento do pedido de conversão suspende o prazo para interposição de recurso hierárquico.

§ 4º Caberá recurso hierárquico da decisão que indeferir o pedido de conversão da multa aplicada, na forma estabelecida no art. 127.

▸ §§ 1º a 4º com a redação dada pelo Dec. nº 11.373, de 1º-1-2023.

§ 5º Caberá recurso hierárquico da decisão da autoridade julgadora que indeferir o pedido de conversão da multa aplicada, na forma do disposto no art. 127.

§ 6º Não caberá recurso da decisão da autoridade superior que indeferir o pedido de conversão da multa aplicada.

▸ §§ 5º e 6º com a redação dada pelo Dec. nº 9.760, de 11-4-2019.

Art. 146. Na hipótese de decisão favorável ao pedido, as partes celebrarão termo de compromisso, que estabelecerá os termos da vinculação do autuado ao objeto da conversão de multa pelo prazo de execução do projeto aprovado ou de sua cota-parte no projeto escolhido pelo órgão federal emissor da multa.

▸ *Caput* com a redação dada pelo Dec. nº 9.179, de 23-10-2017.

I a V – *Revogados*. Dec. nº 9.179, de 23-10-2017.

§ 1º O termo de compromisso conterá as seguintes cláusulas obrigatórias:

I – nome, qualificação e endereço das partes compromissadas e de seus representantes legais;

II – serviço ambiental objeto da conversão;

III – prazo de vigência do compromisso, que será vinculado ao tempo necessário à conclusão do objeto da conversão que, em função de sua complexidade e das obrigações pactuadas, poderá variar entre o mínimo de noventa dias e o máximo de dez anos, admitida a prorrogação, desde que justificada;

IV – multa a ser aplicada em decorrência do não cumprimento das obrigações pactuadas;

V – efeitos do descumprimento parcial ou total do objeto pactuado;

▸ Incisos I a V com a redação dada pelo Dec. nº 9.179, de 23-10-2017.

VI – regularização ambiental e reparação dos danos decorrentes da infração ambiental;

▸ Inciso VI com a redação dada pelo Dec. nº 11.373, de 1º-1-2023.

VII – foro competente para dirimir litígios entre as partes.

▸ Inciso VII com a redação dada pelo Dec. nº 9.179, de 23-10-2017.

§ 2º Na hipótese da conversão prevista no inciso I do *caput* do art. 142-A, o termo de compromisso conterá:

I – a descrição detalhada do objeto;

II – o valor do investimento previsto para sua execução;

III – as metas a serem atingidas; e

IV – o anexo com plano de trabalho, do qual constarão os cronogramas físico e financeiro de implementação do projeto aprovado.

▸ § 2º com a redação dada pelo Dec. nº 9.179, de 23-10-2017.

§ 3º *Revogado*. Dec. nº 9.760, de 11-4-2019.

§ 3º-A. Na hipótese da conversão prevista no inciso II do *caput* do art. 142-A, o termo de compromisso deverá:

I – ser instruído com comprovante de depósito integral ou de parcela em conta garantia em banco público, observado o previsto no § 3º-A do art. 143, referente ao valor do projeto selecionado ou à respectiva cota-parte de projeto, nos termos definidos pelo órgão federal emissor da multa;

II – conter a outorga de poderes do autuado ao órgão federal emissor da multa para a escolha do projeto a ser apoiado, quando for o caso;

III – contemplar a autorização do infrator ao banco público, detentor do depósito do valor da multa a ser convertida, para custear as despesas do projeto selecionado;

IV – prever a inclusão da entidade selecionada como signatária e suas obrigações para a execução do projeto contemplado; e

V – estabelecer a vedação do levantamento, a qualquer tempo, pelo autuado ou pelo órgão federal emissor da multa, do valor depositado na conta garantia, na forma estabelecida no inciso I deste parágrafo.

▸ § 3º-A acrescido pelo Dec. nº 11.373, de 1º-1-2023.

§ 4º A assinatura do termo de compromisso suspende a exigibilidade da multa aplicada e implica renúncia ao direito de recorrer administrativamente.

§ 5º A celebração do termo de compromisso não põe fim ao processo administrativo e o órgão ambiental monitorará e avaliará, a qualquer tempo, o cumprimento das obrigações pactuadas.

§ 6º A efetiva conversão da multa se concretizará somente após a conclusão do objeto, parte integrante do projeto, a sua comprovação pelo executor e a aprovação pelo órgão federal emissor da multa.

▸ §§ 4º a 6º com a redação dada pelo Dec. nº 9.179, de 23-10-2017.

§ 7º O termo de compromisso terá efeito nas esferas civil e administrativa.

§ 8º O inadimplemento do termo de compromisso implica:

I – na esfera administrativa, a inscrição imediata do débito em dívida ativa para cobrança da multa resultante do auto de infração em seu valor integral, acrescido dos consectários legais incidentes; e

II – na esfera civil, a execução judicial imediata das obrigações pactuadas, tendo em vista seu caráter de título executivo extrajudicial.

▸ §§ 7º e 8º acrescidos pelo Dec. nº 9.179, de 23-10-2017.

§ 9º *Revogado*. Dec. nº 9.760, de 11-4-2019.

§ 10. Os recursos depositados pelo autuado na conta garantia referida no inciso I do § 3º-A estão vinculados ao projeto e assegurarão o cumprimento da sua obrigação de prestar os serviços de preservação, de melhoria e de recuperação da qualidade do meio ambiente.

▸ § 10 acrescido pelo Dec. nº 11.373, de 1º-1-2023.

Art. 147. Os extratos dos termos de compromisso celebrados serão publicados no *Diário Oficial da União*.

▸ Artigo com a redação dada pelo Dec. nº 9.179, de 23-10-2017.

Art. 148. O órgão federal emissor da multa definirá as diretrizes e os critérios para os projetos a que se refere esta Seção e a forma de acompanhamento e de fiscalização da execução dos serviços prestados em decorrência das multas a serem convertidas.

▸ *Caput* com a redação dada pelo Dec. nº 11.373, de 1º-1-2023.

I e II – *Revogados*. Dec. nº 11.080, de 24-5-2022.

§ 1º O órgão federal emissor da multa instituirá Câmara Consultiva Nacional para subsidiar a estratégia de implementação do Programa de Conversão de Multas Ambientais no que se refere às infrações apuradas por ele, e caberá à Câmara opinar sobre temas e áreas prioritárias a serem beneficiadas com os serviços decorrentes da conversão e sobre as estratégias de monitoramento, observadas as diretrizes da Política Nacional do Meio Ambiente e da Política Nacional sobre Mudança do Clima.

§ 2º A Câmara Consultiva Nacional será presidida pelo órgão federal emissor da multa e contemplará a participação, além de seus representantes, de representantes do Ministério do Meio Ambiente e de seus órgãos vinculados, bem como da sociedade civil.

§ 3º O órgão federal emissor da multa poderá criar câmaras regionais ou estaduais e grupos de trabalho direcionados a territórios, temas ou projetos específicos.

▸ §§ 1º a 3º com a redação dada pelo Dec. nº 11.373, de 1º-1-2023.

§ 4º A composição e o funcionamento dos órgãos colegiados referidos neste artigo serão definidos em ato normativo editado pelo órgão federal emissor da multa.

§ 5º Os órgãos federais emissores de multa poderão estruturar, conjuntamente, câmaras regionais ou estaduais ou grupos de trabalho conforme referido no § 3º.

▸ §§ 4º e 5º acrescidos pelo Dec. nº 11.373, de 1º-1-2023.

Art. 148-A. Ao autuado que, sob a égide de regime jurídico anterior, tenha pleiteado tempestivamente a conversão da multa, é garantida a adequação aos termos deste Decreto.

▸ Art. 148-A acrescido pelo Dec. nº 11.373, de 1º-1-2023.

CAPÍTULO III
DAS DISPOSIÇÕES FINAIS

Art. 149. Os órgãos ambientais integrantes do Sistema Nacional do Meio Ambiente – SISNAMA ficam obrigados a dar, trimestralmente, publicidade das sanções administrativas aplicadas com fundamento neste Decreto:

▸ *Caput* com a redação dada pelo Dec. nº 6.686, de 10-12-2008.

I – no Sistema Nacional de Informações Ambientais – SISNIMA, de que trata o art. 9º, inciso VII, da Lei nº 6.938, de 1981; e

II – em seu sítio na rede mundial de computadores.

Parágrafo único. Quando da publicação das listas, nos termos do *caput*, o órgão ambiental deverá, obrigatoriamente, informar se os processos estão julgados em definitivo ou encontram-se pendentes de julgamento ou recurso.

▸ Parágrafo único acrescido pelo Dec. nº 6.686, de 10-12-2008.

Art. 149-A. O disposto no art. 11 aplica-se aos autos de infração lavrados a partir da entrada em vigor do Decreto nº 11.080, de 2022.

▸ Art. 149-A acrescido pelo Dec. nº 11.080, de 24-5-2022.

Art. 150. Nos termos do que dispõe o § 1º do art. 70 da Lei nº 9.605, de 1998, este Decreto se aplica, no que couber, à Capitania dos Portos do Comando da Marinha.

Art. 150-A. Os prazos de que trata este Decreto contam-se na forma do disposto no *caput* do art. 66 da Lei nº 9.784, de 1999.

▸ Art. 150-A acrescido pelo Dec. nº 9.760, de 11-4-2019.

Art. 151. Os órgãos e entidades ambientais federais competentes estabelecerão, por meio de instrução normativa, os procedimentos administrativos complementares relativos à execução deste Decreto.

Art. 152. O disposto no art. 55 entrará em vigor em 11 de junho de 2012.

▸ Artigo com a redação dada pelo Dec. nº 7.719, de 11-4-2012.

Art. 152-A. Os embargos impostos em decorrência da ocupação irregular de áreas de reserva legal não averbadas e cuja vegetação nativa tenha sido suprimida até 21 de dezembro de 2007, serão suspensos até 11 de dezembro de 2009, mediante o protocolo pelo interessado de pedido de regularização da reserva legal junto ao órgão ambiental competente.

▸ *Caput* com a redação dada pelo Dec. nº 6.695, de 15-12-2008.

Parágrafo único. O disposto no *caput* não se aplica a desmatamentos irregulares ocorridos no Bioma Amazônia.

▸ Parágrafo único acrescido pelo Dec. nº 6.695, de 15-12-2008.

Art. 153. Ficam revogados os Decretos nºs 3.179, de 21 de setembro de 1999, 3.919, de 14 de setembro de 2001, 4.592, de 11 de fevereiro de 2003, 5.523, de 25 de agosto de 2005, os arts. 26 e 27 do Decreto nº 5.975, de 30 de novembro de 2006, e os arts. 12 e 13 do Decreto nº 6.321, de 21 de dezembro de 2007.

Art. 154. Este Decreto entra em vigor na data de sua publicação.

Brasília, 22 de julho de 2008; 187º da Independência e 120º da República.

Luiz Inácio Lula da Silva

LEI Nº 11.794, DE 8 DE OUTUBRO DE 2008

Regulamenta o inciso VII do § 1º do art. 225 da Constituição Federal, estabelecendo procedimentos para o uso científico de animais; revoga a Lei nº 6.638, de 8 de maio de 1979; e dá outras providências.

▸ Publicada no *DOU* de 9-10-2008.

▸ Lei nº 5.197, de 3-1-1967 (Lei de Proteção à Fauna).

▸ Lei nº 7.173, de 14-12-1983, dispõe sobre o estabelecimento de funcionamento de jardins zoológicos.

▸ Lei nº 10.519, de 17-7-2002, dispõe sobre a promoção e a fiscalização da defesa sanitária animal quando da realização de rodeio.

▸ Dec.-lei nº 221, de 28-2-1967 (Lei da Proteção e Estímulos à Pesca).

CAPÍTULO I
DAS DISPOSIÇÕES PRELIMINARES

Art. 1º A criação e a utilização de animais em atividades de ensino e pesquisa científica, em todo o território nacional, obedece aos critérios estabelecidos nesta Lei.

§ 1º A utilização de animais em atividades educacionais fica restrita a:

I – estabelecimentos de ensino superior;

II – estabelecimentos de educação profissional técnica de nível médio da área biomédica.

§ 2º São consideradas como atividades de pesquisa científica todas aquelas relacionadas com ciência básica, ciência aplicada, desenvolvimento tecnológico, produção e controle da qualidade de drogas, medicamentos, alimentos, imunobiológicos, instrumentos, ou quaisquer outros testados em animais, conforme definido em regulamento próprio.

§ 3º Não são consideradas como atividades de pesquisa as práticas zootécnicas relacionadas à agropecuária.

Art. 2º O disposto nesta Lei aplica-se aos animais das espécies classificadas como filo *Chordata*, subfilo *Vertebrata*, observada a legislação ambiental.

Art. 3º Para as finalidades desta Lei entende-se por:

I – filo *Chordata*: animais que possuem, como características exclusivas, ao menos na fase embrionária, a presença de notocorda, fendas branquiais na faringe e tubo nervoso dorsal único;

II – subfilo *Vertebrata*: animais cordados que têm, como características exclusivas, um encéfalo grande encerrado numa caixa craniana e uma coluna vertebral;

III – experimentos: procedimentos efetuados em animais vivos, visando à elucidação de fenômenos fisiológicos ou patológicos, mediante técnicas específicas e preestabelecidas;

IV – morte por meios humanitários: a morte de um animal em condições que envolvam, segundo as espécies, um mínimo de sofrimento físico ou mental.

Parágrafo único. Não se considera experimento:

I – a profilaxia e o tratamento veterinário do animal que deles necessite;

II – o anilhamento, a tatuagem, a marcação ou a aplicação de outro método com finalidade de identificação do animal, desde que cause apenas dor ou aflição momentânea ou dano passageiro;

III – as intervenções não experimentais relacionadas às práticas agropecuárias.

CAPÍTULO II
DO CONSELHO NACIONAL DE CONTROLE DE EXPERIMENTAÇÃO ANIMAL – CONCEA

▸ Dec. nº 6.899, de 15-7-2009, dispõe sobre a composição do CONCEA, estabelece normas para o seu funcionamento e de sua Secretaria-Executiva e cria o Cadastro das Instituições de Uso Científico de Animais – CIUCA.

Art. 4º Fica criado o Conselho Nacional de Controle de Experimentação Animal – CONCEA.

Art. 5º Compete ao CONCEA:

I – formular e zelar pelo cumprimento das normas relativas à utilização humanitária de animais com finalidade de ensino e pesquisa científica;

II – credenciar instituições para criação ou utilização de animais em ensino e pesquisa científica;

▶ Art. 60 do Dec. nº 6.899, de 15-7-2009, que estabelece que o credenciamento e licenciamento só serão exigíveis após a implementação pelos órgãos competentes.

III – monitorar e avaliar a introdução de técnicas alternativas que substituam a utilização de animais em ensino e pesquisa;

IV – estabelecer e rever, periodicamente, as normas para uso e cuidados com animais para ensino e pesquisa, em consonância com as convenções internacionais das quais o Brasil seja signatário;

V – estabelecer e rever, periodicamente, normas técnicas para instalação e funcionamento de centros de criação, de biotérios e de laboratórios de experimentação animal, bem como sobre as condições de trabalho em tais instalações;

VI – estabelecer e rever, periodicamente, normas para credenciamento de instituições que criem ou utilizem animais para ensino e pesquisa;

VII – manter cadastro atualizado dos procedimentos de ensino e pesquisa realizados ou em andamento no País, assim como dos pesquisadores, a partir de informações remetidas pelas Comissões de Ética no Uso de Animais – CEUAs, de que trata o art. 8º desta Lei;

VIII – apreciar e decidir recursos interpostos contra decisões das CEUAs;

IX – elaborar e submeter ao Ministro de Estado da Ciência e Tecnologia, para aprovação, o seu regimento interno;

X – assessorar o Poder Executivo a respeito das atividades de ensino e pesquisa tratadas nesta Lei.

Art. 6º O CONCEA é constituído por:

I – Plenário;

II – Câmaras Permanentes e Temporárias;

III – Secretaria Executiva.

§ 1º As Câmaras Permanentes e Temporárias do CONCEA serão definidas no regimento interno.

§ 2º A Secretaria Executiva é responsável pelo expediente do CONCEA e terá o apoio administrativo do Ministério da Ciência e Tecnologia.

§ 3º O CONCEA poderá valer-se de consultores *ad hoc* de reconhecida competência técnica e científica, para instruir quaisquer processos de sua pauta de trabalhos.

Art. 7º O CONCEA será presidido pelo Ministro de Estado da Ciência e Tecnologia e integrado por:

I – 1 (um) representante de cada órgão e entidade a seguir indicados:

a) Ministério da Ciência e Tecnologia;

b) Conselho Nacional de Desenvolvimento Científico e Tecnológico – CNPq;

c) Ministério da Educação;

d) Ministério do Meio Ambiente;

e) Ministério da Saúde;

f) Ministério da Agricultura, Pecuária e Abastecimento;

g) Conselho de Reitores das Universidades do Brasil – CRUB;

h) Academia Brasileira de Ciências;

i) Sociedade Brasileira para o Progresso da Ciência;

j) Federação das Sociedades de Biologia Experimental;

l) Colégio Brasileiro de Experimentação Animal;

m) Federação Nacional da Indústria Farmacêutica;

II – 2 (dois) representantes das sociedades protetoras de animais legalmente estabelecidas no País.

§ 1º Nos seus impedimentos, o Ministro de Estado da Ciência e Tecnologia será substituído, na Presidência do CONCEA, pelo Secretário Executivo do respectivo Ministério.

§ 2º O Presidente do CONCEA terá o voto de qualidade.

§ 3º Os membros do CONCEA não serão remunerados, sendo os serviços por eles prestados considerados, para todos os efeitos, de relevante serviço público.

CAPÍTULO III
DAS COMISSÕES DE ÉTICA NO USO DE ANIMAIS – CEUAS

Art. 8º É condição indispensável para o credenciamento das instituições com atividades de ensino ou pesquisa com animais a constituição prévia de Comissões de Ética no Uso de Animais – CEUAs.

Art. 9º As CEUAs são integradas por:

I – médicos veterinários e biólogos;

II – docentes e pesquisadores na área específica;

III – 1 (um) representante de sociedades protetoras de animais legalmente estabelecidas no País, na forma do Regulamento.

Art. 10. Compete às CEUAs:

I – cumprir e fazer cumprir, no âmbito de suas atribuições, o disposto nesta Lei e nas demais normas aplicáveis à utilização de animais para ensino e pesquisa, especialmente nas resoluções do CONCEA;

II – examinar previamente os procedimentos de ensino e pesquisa a serem realizados na instituição à qual esteja vinculada, para determinar sua compatibilidade com a legislação aplicável;

III – manter cadastro atualizado dos procedimentos de ensino e pesquisa realizados, ou em andamento, na instituição, enviando cópia ao CONCEA;

IV – manter cadastro dos pesquisadores que realizem procedimentos de ensino e pesquisa, enviando cópia ao CONCEA;

V – expedir, no âmbito de suas atribuições, certificados que se fizerem necessários perante órgãos de financiamento de pesquisa, periódicos científicos ou outros;

VI – notificar imediatamente ao CONCEA e às autoridades sanitárias a ocorrência de qualquer acidente com os animais nas instituições credenciadas, fornecendo informações que permitam ações saneadoras.

§ 1º Constatado qualquer procedimento em descumprimento às disposições desta Lei na execução de atividade de ensino e pesquisa, a respectiva CEUA determinará a paralisação de sua execução, até que a irregularidade seja sanada, sem prejuízo da aplicação de outras sanções cabíveis.

§ 2º Quando se configurar a hipótese prevista no § 1º deste artigo, a omissão da CEUA acarretará sanções à instituição, nos termos dos arts. 17 e 20 desta Lei.

§ 3º Das decisões proferidas pelas CEUAs cabe recurso, sem efeito suspensivo, ao CONCEA.

§ 4º Os membros das CEUAs responderão pelos prejuízos que, por dolo, causarem às pesquisas em andamento.

§ 5º Os membros das CEUAs estão obrigados a resguardar o segredo industrial, sob pena de responsabilidade.

CAPÍTULO IV
DAS CONDIÇÕES DE CRIAÇÃO E USO DE ANIMAIS PARA ENSINO E PESQUISA CIENTÍFICA

Art. 11. Compete ao Ministério da Ciência e Tecnologia licenciar as atividades destinadas à criação de animais, ao ensino e à pesquisa científica de que trata esta Lei.

▶ Art. 60 do Dec. nº 6.899, de 15-7-2009, que estabelece que o credenciamento e licenciamento só serão exigíveis após a implementação pelos órgãos competentes.

§§ 1º a 3º VETADOS.

Art. 12. A criação ou a utilização de animais para pesquisa ficam restritas, exclusivamente, às instituições credenciadas no CONCEA.

Art. 13. Qualquer instituição legalmente estabelecida em território nacional que crie ou utilize animais para ensino e pesquisa deverá requerer credenciamento no CONCEA, para uso de animais, desde que, previamente, crie a CEUA.

§ 1º A critério da instituição e mediante autorização do CONCEA, é admitida a criação de mais de uma CEUA por instituição.

§ 2º Na hipótese prevista no § 1º deste artigo, cada CEUA definirá os laboratórios de experimentação animal, biotérios e centros de criação sob seu controle.

Art. 14. O animal só poderá ser submetido às intervenções recomendadas nos protocolos dos experimentos que constituem a pesquisa ou programa de aprendizado quando, antes, durante e após o experimento, receber cuidados especiais, conforme estabelecido pelo CONCEA.

§ 1º O animal será submetido a eutanásia, sob estrita obediência às prescrições pertinentes a cada espécie, conforme as diretrizes do Ministério da Ciência e Tecnologia, sempre que, encerrado o experimento ou em qualquer de suas fases, for tecnicamente recomendado aquele procedimento ou quando ocorrer intenso sofrimento.

§ 2º Excepcionalmente, quando os animais utilizados em experiências ou demonstrações não forem submetidos a eutanásia, poderão sair do biotério após a intervenção, ouvida a respectiva CEUA quanto aos critérios vigentes de segurança, desde que destinados a pessoas idôneas ou entidades protetoras de animais devidamente legalizadas, que por eles queiram responsabilizar-se.

§ 3º Sempre que possível, as práticas de ensino deverão ser fotografadas, filmadas ou gravadas, de forma a permitir sua reprodução para ilustração de práticas futuras, evitando-se a repetição desnecessária de procedimentos didáticos com animais.

§ 4º O número de animais a serem utilizados para a execução de um projeto e o tempo de duração de cada experimento será o mínimo indispensável para produzir o resultado conclusivo, poupando-se, ao máximo, o animal de sofrimento.

§ 5º Experimentos que possam causar dor ou angústia desenvolver-se-ão sob sedação, analgesia ou anestesia adequadas.

§ 6º Experimentos cujo objetivo seja o estudo dos processos relacionados à dor e à angústia exigem autorização específica da CEUA, em obediência a normas estabelecidas pelo CONCEA.

§ 7º É vedado o uso de bloqueadores neuromusculares ou de relaxantes musculares em substituição a substâncias sedativas, analgésicas ou anestésicas.

§ 8º É vedada a reutilização do mesmo animal depois de alcançado o objetivo principal do projeto de pesquisa.

§ 9º Em programa de ensino, sempre que forem empregados procedimentos traumáticos, vários procedimentos poderão ser realizados num mesmo animal, desde que todos sejam executados durante a vigência de um único anestésico e que o animal seja sacrificado antes de recobrar a consciência.

§ 10. Para a realização de trabalhos de criação e experimentação de animais em sistemas fechados, serão consideradas as condições e normas de segurança recomendadas pelos organismos internacionais aos quais o Brasil se vincula.

Art. 15. O CONCEA, levando em conta a relação entre o nível de sofrimento para o animal e os resultados práticos que se esperam obter, poderá restringir ou proibir experimentos que importem em elevado grau de agressão.

Art. 16. Todo projeto de pesquisa científica ou atividade de ensino será supervisionado por profissional de nível superior, graduado ou pós-graduado na área biomédica, vinculado a entidade de ensino ou pesquisa credenciada pelo CONCEA.

CAPÍTULO V
DAS PENALIDADES

Art. 17. As instituições que executem atividades reguladas por esta Lei estão sujeitas, em caso de transgressão às suas disposições e ao seu regulamento, às penalidades administrativas de:

I – advertência;

II – multa de R$ 5.000,00 (cinco mil reais) a R$ 20.000,00 (vinte mil reais);

III – interdição temporária;

IV – suspensão de financiamentos provenientes de fontes oficiais de crédito e fomento científico;

V – interdição definitiva.

Parágrafo único. A interdição por prazo superior a 30 (trinta) dias somente poderá ser determinada em ato do Ministro de Estado da Ciência e Tecnologia, ouvido o CONCEA.

Art. 18. Qualquer pessoa que execute de forma indevida atividades reguladas por esta Lei ou participe de procedimentos não autorizados pelo CONCEA será passível das seguintes penalidades administrativas:

I – advertência;

II – multa de R$ 1.000,00 (mil reais) a R$ 5.000,00 (cinco mil reais);

III – suspensão temporária;

IV – interdição definitiva para o exercício da atividade regulada nesta Lei.

Art. 19. As penalidades previstas nos arts. 17 e 18 desta Lei serão aplicadas de acordo com a gravidade da infração, os danos que dela provierem, as circunstâncias agravantes ou atenuantes e os antecedentes do infrator.

Art. 20. As sanções previstas nos arts. 17 e 18 desta Lei serão aplicadas pelo CONCEA, sem prejuízo de correspondente responsabilidade penal.

Art. 21. A fiscalização das atividades reguladas por esta Lei fica a cargo dos órgãos dos Ministérios da Agricultura, Pecuária e Abastecimento, da Saúde, da Educação, da Ciência e Tecnologia e do Meio Ambiente, nas respectivas áreas de competência.

CAPÍTULO VI
DISPOSIÇÕES GERAIS E TRANSITÓRIAS

Art. 22. As instituições que criem ou utilizem animais para ensino ou pesquisa existentes no País antes da data de vigência desta Lei deverão:

I – criar a CEUA, no prazo máximo de 90 (noventa) dias, após a regulamentação referida no art. 25 desta Lei;

II – compatibilizar suas instalações físicas, no prazo máximo de 5 (cinco) anos, a partir da entrada em vigor das normas estabelecidas pelo CONCEA, com base no inciso V do *caput* do art. 5º desta Lei.

Art. 23. O CONCEA, mediante resolução, recomendará às agências de amparo e fomento à pesquisa científica o indeferimento de projetos por qualquer dos seguintes motivos:

I – que estejam sendo realizados sem a aprovação da CEUA;

II – cuja realização tenha sido suspensa pela CEUA.

Art. 24. Os recursos orçamentários necessários ao funcionamento do CONCEA serão previstos nas dotações do Ministério da Ciência e Tecnologia.

Art. 25. Esta Lei será regulamentada no prazo de 180 (cento e oitenta) dias.

Art. 26. Esta Lei entra em vigor na data de sua publicação.

Art. 27. Revoga-se a Lei nº 6.638, de 8 de maio de 1979.

Brasília, 8 de outubro de 2008;
187º da Independência e
120º da República.

Luiz Inácio Lula da Silva

LEI Nº 12.305, DE 2 DE AGOSTO DE 2010

Institui a Política Nacional de Resíduos Sólidos; altera a Lei nº 9.605, de 12 de fevereiro de 1998; e dá outras providências.

- Publicada no *DOU* de 3-8-2010.
- Art. 2º da Lei nº 6.803, de 2-7-1980, que dispõe sobre as diretrizes básicas para o zoneamento industrial nas áreas críticas de poluição.
- Art. 10, § 3º, da Lei nº 6.938, de 31-8-1981 (Lei da Política Nacional do Meio Ambiente).
- Lei nº 9.605, de 12-2-1998 (Lei dos Crimes Ambientais).
- Lei nº 9.966, de 28-4-2000, dispõe sobre a prevenção, o controle e a fiscalização da poluição causada por lançamento de óleo e outras substâncias nocivas ou perigosas em águas sob jurisdição nacional.
- Lei nº 11.445, de 5-1-2007, estabelece diretrizes nacionais para o saneamento básico.
- Lei nº 14.026, de 15-7-2020 (Novo Marco Legal do Saneamento Básico).
- Dec. nº 99.274, de 6-6-1990, regulamenta a Lei nº 6.902, de 27 de abril de 1981, e a Lei nº 6.938, de 31 de agosto de 1981, que dispõem, respectivamente, sobre a criação de Estações Ecológicas e Áreas de Proteção Ambiental e sobre a Política Nacional do Meio Ambiente.
- Dec. nº 6.514, de 22-7-2008, dispõe sobre as infrações e sanções administrativas ao meio ambiente, estabelece o processo administrativo federal para apuração destas infrações.
- Dec. nº 10.936, de 12-1-2022, regulamenta esta lei.

TÍTULO I – DISPOSIÇÕES GERAIS

CAPÍTULO I
DO OBJETO E DO CAMPO DE APLICAÇÃO

Art. 1º Esta Lei institui a Política Nacional de Resíduos Sólidos, dispondo sobre seus princípios, objetivos e instrumentos, bem como sobre as diretrizes relativas à gestão integrada e ao gerenciamento de resíduos sólidos, incluídos os perigosos, às responsabilidades dos geradores e do poder público e aos instrumentos econômicos aplicáveis.

§ 1º Estão sujeitas à observância desta Lei as pessoas físicas ou jurídicas, de direito público ou privado, responsáveis, direta ou indiretamente, pela geração de resíduos sólidos e as que desenvolvam ações relacionadas à gestão integrada ou ao gerenciamento de resíduos sólidos.

§ 2º Esta Lei não se aplica aos rejeitos radioativos, que são regulados por legislação específica.

Art. 2º Aplicam-se aos resíduos sólidos, além do disposto nesta Lei, nas Leis nºs 11.445, de 5 de janeiro de 2007, 9.974, de 6 de junho de 2000, e 9.966, de 28 de abril de 2000, as normas estabelecidas pelos órgãos do Sistema Nacional do Meio Ambiente (SISNAMA), do Sistema Nacional de Vigilância Sanitária (SNVS), do Sistema Unificado de Atenção à Sanidade Agropecuária (SUASA) e do Sistema Nacional de Metrologia, Normalização e Qualidade Industrial (SINMETRO).

CAPÍTULO II
DEFINIÇÕES

Art. 3º Para os efeitos desta Lei, entende-se por:

I – acordo setorial: ato de natureza contratual firmado entre o poder público e fabricantes, importadores, distribuidores ou comerciantes, tendo em vista a implantação da responsabilidade compartilhada pelo ciclo de vida do produto;

II – área contaminada: local onde há contaminação causada pela disposição, regular ou irregular, de quaisquer substâncias ou resíduos;

III – área órfã contaminada: área contaminada cujos responsáveis pela disposição não sejam identificáveis ou individualizáveis;

IV – ciclo de vida do produto: série de etapas que envolvem o desenvolvimento do produto, a obtenção de matérias-primas e insumos, o processo produtivo, o consumo e a disposição final;

V – coleta seletiva: coleta de resíduos sólidos previamente segregados conforme sua constituição ou composição;

LEGISLAÇÃO AMBIENTAL

VI – controle social: conjunto de mecanismos e procedimentos que garantam à sociedade informações e participação nos processos de formulação, implementação e avaliação das políticas públicas relacionadas aos resíduos sólidos;

VII – destinação final ambientalmente adequada: destinação de resíduos que inclui a reutilização, a reciclagem, a compostagem, a recuperação e o aproveitamento energético ou outras destinações admitidas pelos órgãos competentes do SISNAMA, do SNVS e do SUASA, entre elas a disposição final, observando normas operacionais específicas de modo a evitar danos ou riscos à saúde pública e à segurança e a minimizar os impactos ambientais adversos;

VIII – disposição final ambientalmente adequada: distribuição ordenada de rejeitos em aterros, observando normas operacionais específicas de modo a evitar danos ou riscos à saúde pública e à segurança e a minimizar os impactos ambientais adversos;

IX – geradores de resíduos sólidos: pessoas físicas ou jurídicas, de direito público ou privado, que geram resíduos sólidos por meio de suas atividades, nelas incluído o consumo;

X – gerenciamento de resíduos sólidos: conjunto de ações exercidas, direta ou indiretamente, nas etapas de coleta, transporte, transbordo, tratamento e destinação final ambientalmente adequada dos resíduos sólidos e disposição final ambientalmente adequada dos rejeitos, de acordo com plano municipal de gestão integrada de resíduos sólidos ou com plano de gerenciamento de resíduos sólidos, exigidos na forma desta Lei;

XI – gestão integrada de resíduos sólidos: conjunto de ações voltadas para a busca de soluções para os resíduos sólidos, de forma a considerar as dimensões política, econômica, ambiental, cultural e social, com controle social e sob a premissa do desenvolvimento sustentável;

XII – logística reversa: instrumento de desenvolvimento econômico e social caracterizado por um conjunto de ações, procedimentos e meios destinados a viabilizar a coleta e a restituição dos resíduos sólidos ao setor empresarial, para reaproveitamento, em seu ciclo ou em outros ciclos produtivos, ou outra destinação final ambientalmente adequada;

XIII – padrões sustentáveis de produção e consumo: produção e consumo de bens e serviços de forma a atender as necessidades das atuais gerações e permitir melhores condições de vida, sem comprometer a qualidade ambiental e o atendimento das necessidades das gerações futuras;

XIV – reciclagem: processo de transformação dos resíduos sólidos que envolve a alteração de suas propriedades físicas, físico-químicas ou biológicas, com vistas à transformação em insumos ou novos produtos, observadas as condições e os padrões estabelecidos pelos órgãos competentes do SISNAMA e, se couber, do SNVS e do SUASA;

XV – rejeitos: resíduos sólidos que, depois de esgotadas todas as possibilidades de tratamento e recuperação por processos tecnológicos disponíveis e economicamente viáveis, não apresentem outra possibilidade que não a disposição final ambientalmente adequada;

XVI – resíduos sólidos: material, substância, objeto ou bem descartado resultante de atividades humanas em sociedade, a cuja destinação final se procede, se propõe proceder ou se está obrigado a proceder, nos estados sólido ou semissólido, bem como gases contidos em recipientes e líquidos cujas particularidades tornem inviável o seu lançamento na rede pública de esgotos ou em corpos d'água, ou exijam para isso soluções técnica ou economicamente inviáveis em face da melhor tecnologia disponível;

XVII – responsabilidade compartilhada pelo ciclo de vida dos produtos: conjunto de atribuições individualizadas e encadeadas dos fabricantes, importadores, distribuidores e comerciantes, dos consumidores e dos titulares dos serviços públicos de limpeza urbana e de manejo dos resíduos sólidos, para minimizar o volume de resíduos sólidos e rejeitos gerados, bem como para reduzir os impactos causados à saúde humana e à qualidade ambiental decorrentes do ciclo de vida dos produtos, nos termos desta Lei;

XVIII – reutilização: processo de aproveitamento dos resíduos sólidos sem sua transformação biológica, física ou físico-química, observadas as condições e os padrões estabelecidos pelos órgãos competentes do SISNAMA e, se couber, do SNVS e do SUASA;

XIX – serviço público de limpeza urbana e de manejo de resíduos sólidos: conjunto de atividades previstas no art. 7º da Lei nº 11.445, de 2007.

TÍTULO II – DA POLÍTICA NACIONAL DE RESÍDUOS SÓLIDOS

CAPÍTULO I – DISPOSIÇÕES GERAIS

Art. 4º A Política Nacional de Resíduos Sólidos reúne o conjunto de princípios, objetivos, instrumentos, diretrizes, metas e ações adotados pelo Governo Federal, isoladamente ou em regime de cooperação com Estados, Distrito Federal, Municípios ou particulares, com vistas à gestão integrada e ao gerenciamento ambientalmente adequado dos resíduos sólidos.

Art. 5º A Política Nacional de Resíduos Sólidos integra a Política Nacional do Meio Ambiente e articula-se com a Política Nacional de Educação Ambiental, regulada pela Lei nº 9.795, de 27 de abril de 1999, com a Política Federal de Saneamento Básico, regulada pela Lei nº 11.445, de 2007, e com a Lei nº 11.107, de 6 de abril de 2005.

- Lei nº 6.938, de 31-8-1981 (Lei da Política Nacional do Meio Ambiente).
- Lei nº 9.795, de 27-4-1999, dispõe sobre a educação ambiental, institui a Política Nacional de Educação Ambiental.
- Lei nº 11.107, de 6-4-2005 (Lei de Consórcios Públicos).
- Lei nº 11.445, de 5-1-2007, estabelece diretrizes nacionais para o saneamento básico.

CAPÍTULO II – DOS PRINCÍPIOS E OBJETIVOS

Art. 6º São princípios da Política Nacional de Resíduos Sólidos:

I – a prevenção e a precaução;

II – o poluidor-pagador e o protetor-recebedor;

III – a visão sistêmica, na gestão dos resíduos sólidos, que considere as variáveis ambiental, social, cultural, econômica, tecnológica e de saúde pública;

IV – o desenvolvimento sustentável;

V – a ecoeficiência, mediante a compatibilização entre o fornecimento, a preços competitivos, de bens e serviços qualificados que satisfaçam as necessidades humanas e tragam qualidade de vida e a redução do impacto ambiental e do consumo de recursos naturais a um nível, no mínimo, equivalente à capacidade de sustentação estimada do planeta;

VI – a cooperação entre as diferentes esferas do poder público, o setor empresarial e demais segmentos da sociedade;

VII – a responsabilidade compartilhada pelo ciclo de vida dos produtos;

VIII – o reconhecimento do resíduo sólido reutilizável e reciclável como um bem econômico e de valor social, gerador de trabalho e renda e promotor de cidadania;

IX – o respeito às diversidades locais e regionais;

X – o direito da sociedade à informação e ao controle social;

XI – a razoabilidade e a proporcionalidade.

Art. 7º São objetivos da Política Nacional de Resíduos Sólidos:

I – proteção da saúde pública e da qualidade ambiental;

II – não geração, redução, reutilização, reciclagem e tratamento dos resíduos sólidos, bem como disposição final ambientalmente adequada dos rejeitos;

III – estímulo à adoção de padrões sustentáveis de produção e consumo de bens e serviços;

IV – adoção, desenvolvimento e aprimoramento de tecnologias limpas como forma de minimizar impactos ambientais;

V – redução do volume e da periculosidade dos resíduos perigosos;

VI – incentivo à indústria da reciclagem, tendo em vista fomentar o uso de matérias-primas e insumos derivados de materiais recicláveis e reciclados;

VII – gestão integrada de resíduos sólidos;

VIII – articulação entre as diferentes esferas do poder público, e destas com o setor empresarial, com vistas à cooperação técnica e financeira para a gestão integrada de resíduos sólidos;

IX – capacitação técnica continuada na área de resíduos sólidos;

X – regularidade, continuidade, funcionalidade e universalização da prestação dos serviços públicos de limpeza urbana e de manejo de resíduos sólidos, com adoção de mecanismos gerenciais e econômicos que assegurem a recuperação dos custos dos serviços prestados, como forma de garantir sua sustentabilidade operacional e financeira, observada a Lei nº 11.445, de 2007;

XI – prioridade, nas aquisições e contratações governamentais, para:

a) produtos reciclados e recicláveis;

b) bens, serviços e obras que considerem critérios compatíveis com padrões de consumo social e ambientalmente sustentáveis;

XII – integração dos catadores de materiais reutilizáveis e recicláveis nas ações que envolvam a responsabilidade compartilhada pelo ciclo de vida dos produtos;

XIII – estímulo à implementação da avaliação do ciclo de vida do produto;

XIV – incentivo ao desenvolvimento de sistemas de gestão ambiental e empresarial voltados para a melhoria dos processos produtivos e ao reaproveitamento dos resíduos sólidos, incluídos a recuperação e o aproveitamento energético;

XV – estímulo à rotulagem ambiental e ao consumo sustentável.

CAPÍTULO III
DOS INSTRUMENTOS

Art. 8º São instrumentos da Política Nacional de Resíduos Sólidos, entre outros:

I – os planos de resíduos sólidos;

II – os inventários e o sistema declaratório anual de resíduos sólidos;

III – a coleta seletiva, os sistemas de logística reversa e outras ferramentas relacionadas à implementação da responsabilidade compartilhada pelo ciclo de vida dos produtos;

IV – o incentivo à criação e ao desenvolvimento de cooperativas ou de outras formas de associação de catadores de materiais reutilizáveis e recicláveis;

V – o monitoramento e a fiscalização ambiental, sanitária e agropecuária;

VI – a cooperação técnica e financeira entre os setores público e privado para o desenvolvimento de pesquisas de novos produtos, métodos, processos e tecnologias de gestão, reciclagem, reutilização, tratamento de resíduos e disposição final ambientalmente adequada de rejeitos;

VII – a pesquisa científica e tecnológica;

VIII – a educação ambiental;

IX – os incentivos fiscais, financeiros e creditícios;

X – o Fundo Nacional do Meio Ambiente e o Fundo Nacional de Desenvolvimento Científico e Tecnológico;

XI – o Sistema Nacional de Informações sobre a Gestão dos Resíduos Sólidos (SINIR);

XII – o Sistema Nacional de Informações em Saneamento Básico (SINISA);

XIII – os conselhos de meio ambiente e, no que couber, os de saúde;

XIV – os órgãos colegiados municipais destinados ao controle social dos serviços de resíduos sólidos urbanos;

XV – o Cadastro Nacional de Operadores de Resíduos Perigosos;

XVI – os acordos setoriais;

XVII – no que couber, os instrumentos da Política Nacional de Meio Ambiente, entre eles:

a) os padrões de qualidade ambiental;

b) o Cadastro Técnico Federal de Atividades Potencialmente Poluidoras ou Utilizadoras de Recursos Ambientais;

c) o Cadastro Técnico Federal de Atividades e Instrumentos de Defesa Ambiental;

d) a avaliação de impactos ambientais;

e) o Sistema Nacional de Informação sobre Meio Ambiente (SINIMA);

f) o licenciamento e a revisão de atividades efetiva ou potencialmente poluidoras;

XVIII – os termos de compromisso e os termos de ajustamento de conduta;

XIX – o incentivo à adoção de consórcios ou de outras formas de cooperação entre os entes federados, com vistas à elevação das escalas de aproveitamento e à redução dos custos envolvidos.

TÍTULO III – DAS DIRETRIZES APLICÁVEIS AOS RESÍDUOS SÓLIDOS

CAPÍTULO I
DISPOSIÇÕES PRELIMINARES

Art. 9º Na gestão e gerenciamento de resíduos sólidos, deve ser observada a seguinte ordem de prioridade: não geração, redução, reutilização, reciclagem, tratamento dos resíduos sólidos e disposição final ambientalmente adequada dos rejeitos.

§ 1º Poderão ser utilizadas tecnologias visando à recuperação energética dos resíduos sólidos urbanos, desde que tenha sido comprovada sua viabilidade técnica e ambiental e com a implantação de programa de monitoramento de emissão de gases tóxicos aprovado pelo órgão ambiental.

§ 2º A Política Nacional de Resíduos Sólidos e as Políticas de Resíduos Sólidos dos Estados, do Distrito Federal e dos Municípios serão compatíveis com o disposto no *caput* e no § 1º deste artigo e com as demais diretrizes estabelecidas nesta Lei.

Art. 10. Incumbe ao Distrito Federal e aos Municípios a gestão integrada dos resíduos sólidos gerados nos respectivos territórios, sem prejuízo das competências de controle e fiscalização dos órgãos federais e estaduais do SISNAMA, do SNVS e do SUASA, bem como da responsabilidade do gerador pelo gerenciamento de resíduos, consoante o estabelecido nesta Lei.

Art. 11. Observadas as diretrizes e demais determinações estabelecidas nesta Lei e em seu regulamento, incumbe aos Estados:

I – promover a integração da organização, do planejamento e da execução das funções públicas de interesse comum relacionadas à gestão dos resíduos sólidos nas regiões metropolitanas, aglomerações urbanas e microrregiões, nos termos da lei complementar estadual prevista no § 3º do art. 25 da Constituição Federal;

II – controlar e fiscalizar as atividades dos geradores sujeitas a licenciamento ambiental pelo órgão estadual do SISNAMA.

Parágrafo único. A atuação do Estado na forma do *caput* deve apoiar e priorizar as iniciativas do Município de soluções consorciadas ou compartilhadas entre 2 (dois) ou mais Municípios.

Art. 12. A União, os Estados, o Distrito Federal e os Municípios organizarão e manterão, de forma conjunta, o Sistema Nacional de Informações sobre a Gestão dos Resíduos Sólidos (SINIR), articulado com o SINISA e o SINIMA.

▸ Art. 38, § 3º, desta Lei.

Parágrafo único. Incumbe aos Estados, ao Distrito Federal e aos Municípios fornecer ao órgão federal responsável pela coordenação do SINIR todas as informações necessárias sobre os resíduos sob sua esfera de competência, na forma e na periodicidade estabelecidas em regulamento.

Art. 13. Para os efeitos desta Lei, os resíduos sólidos têm a seguinte classificação:

I – quanto à origem:

a) resíduos domiciliares: os originários de atividades domésticas em residências urbanas;

b) resíduos de limpeza urbana: os originários da varrição, limpeza de logradouros e vias públicas e outros serviços de limpeza urbana;

c) resíduos sólidos urbanos: os englobados nas alíneas *a* e *b*;

d) resíduos de estabelecimentos comerciais e prestadores de serviços: os gerados nessas atividades, excetuados os referidos nas alíneas *b*, *e*, *g*, *h* e *j*;

e) resíduos dos serviços públicos de saneamento básico: os gerados nessas atividades, excetuados os referidos na alínea c;

f) resíduos industriais: os gerados nos processos produtivos e instalações industriais;

g) resíduos de serviços de saúde: os gerados nos serviços de saúde, conforme definido em regulamento ou em normas estabelecidas pelos órgãos do SISNAMA e do SNVS;

h) resíduos da construção civil: os gerados nas construções, reformas, reparos e demolições de obras de construção civil, incluídos os resultantes da preparação e escavação de terrenos para obras civis;

i) resíduos agrossilvopastoris: os gerados nas atividades agropecuárias e silviculturais, incluídos os relacionados a insumos utilizados nessas atividades;

j) resíduos de serviços de transportes: os originários de portos, aeroportos, terminais alfandegários, rodoviários e ferroviários e passagens de fronteira;

▸ Art. 20, IV, desta Lei.

k) resíduos de mineração: os gerados na atividade de pesquisa, extração ou beneficiamento de minérios;

II – quanto à periculosidade:

a) resíduos perigosos: aqueles que, em razão de suas características de inflamabilidade, corrosividade, reatividade, toxicidade, patogenicidade, carcinogenicidade, teratogenicidade e mutagenicidade, apresentam significativo risco à saúde pública ou à qualidade ambiental, de acordo com lei, regulamento ou norma técnica;

b) resíduos não perigosos: aqueles não enquadrados na alínea *a*.

Parágrafo único. Respeitado o disposto no art. 20, os resíduos referidos na alínea *d* do inciso I do *caput*, se caracterizados como não perigosos, podem, em razão de sua natureza, composição ou volume, ser equiparados aos resíduos domiciliares pelo poder público municipal.

CAPÍTULO II
DOS PLANOS DE RESÍDUOS SÓLIDOS

Seção I
DISPOSIÇÕES GERAIS

Art. 14. São planos de resíduos sólidos:

I – o Plano Nacional de Resíduos Sólidos;

II – os planos estaduais de resíduos sólidos;

III – os planos microrregionais de resíduos sólidos e os planos de resíduos sólidos de regiões metropolitanas ou aglomerações urbanas;

IV – os planos intermunicipais de resíduos sólidos;

V – os planos municipais de gestão integrada de resíduos sólidos;

VI – os planos de gerenciamento de resíduos sólidos.

Parágrafo único. É assegurada ampla publicidade ao conteúdo dos planos de resíduos sólidos, bem como controle social em sua formulação, implementação e operacionalização, observado o disposto na Lei nº 10.650, de 16 de abril de 2003, e no art. 47 da Lei nº 11.445, de 2007.

- Lei nº 10.650, de 16-4-2003, dispõe sobre o acesso público aos dados e informações existentes nos órgãos e entidades integrantes do SISNAMA.
- Lei nº 11.445, de 5-1-2007, estabelece diretrizes nacionais para o saneamento básico.

Seção II

DO PLANO NACIONAL DE RESÍDUOS SÓLIDOS

Art. 15. A União elaborará, sob a coordenação do Ministério do Meio Ambiente, o Plano Nacional de Resíduos Sólidos, com vigência por prazo indeterminado e horizonte de 20 (vinte) anos, a ser atualizado a cada 4 (quatro) anos, tendo como conteúdo mínimo:

I – diagnóstico da situação atual dos resíduos sólidos;

II – proposição de cenários, incluindo tendências internacionais e macroeconômicas;

III – metas de redução, reutilização, reciclagem, entre outras, com vistas a reduzir a quantidade de resíduos e rejeitos encaminhados para disposição final ambientalmente adequada;

IV – metas para o aproveitamento energético dos gases gerados nas unidades de disposição final de resíduos sólidos;

V – metas para a eliminação e recuperação de lixões, associadas à inclusão social e à emancipação econômica de catadores de materiais reutilizáveis e recicláveis;

VI – programas, projetos e ações para o atendimento das metas previstas;

VII – normas e condicionantes técnicas para o acesso a recursos da União, para a obtenção de seu aval ou para o acesso a recursos administrados, direta ou indiretamente, por entidade federal, quando destinados a ações e programas de interesse dos resíduos sólidos;

VIII – medidas para incentivar e viabilizar a gestão regionalizada dos resíduos sólidos;

IX – diretrizes para o planejamento e demais atividades de gestão de resíduos sólidos das regiões integradas de desenvolvimento instituídas por lei complementar, bem como para as áreas de especial interesse turístico;

X – normas e diretrizes para a disposição final de rejeitos e, quando couber, de resíduos;

XI – meios a serem utilizados para o controle e a fiscalização, no âmbito nacional, de sua implementação e operacionalização, assegurado o controle social.

Parágrafo único. O Plano Nacional de Resíduos Sólidos será elaborado mediante processo de mobilização e participação social, incluindo a realização de audiências e consultas públicas.

Seção III

DOS PLANOS ESTADUAIS DE RESÍDUOS SÓLIDOS

Art. 16. A elaboração de plano estadual de resíduos sólidos, nos termos previstos por esta Lei, é condição para os Estados terem acesso a recursos da União, ou por ela controlados, destinados a empreendimentos e serviços relacionados à gestão de resíduos sólidos, ou para serem beneficiados por incentivos ou financiamentos de entidades federais de crédito ou fomento para tal finalidade.

- Art. 55 desta Lei.

§ 1º Serão priorizados no acesso aos recursos da União referidos no *caput* os Estados que instituírem microrregiões, consoante o § 3º do art. 25 da Constituição Federal, para integrar a organização, o planejamento e a execução das ações a cargo de Municípios limítrofes na gestão dos resíduos sólidos.

- Art. 18, § 1º, desta Lei.

§ 2º Serão estabelecidas em regulamento normas complementares sobre o acesso aos recursos da União na forma deste artigo.

§ 3º Respeitada a responsabilidade dos geradores nos termos desta Lei, as microrregiões instituídas conforme previsto no § 1º abrangem atividades de coleta seletiva, recuperação e reciclagem, tratamento e destinação final dos resíduos sólidos urbanos, a gestão de resíduos de construção civil, de serviços de transporte, de serviços de saúde, agrossilvopastoris ou outros resíduos, de acordo com as peculiaridades microrregionais.

Art. 17. O plano estadual de resíduos sólidos será elaborado para vigência por prazo indeterminado, abrangendo todo o território do Estado, com horizonte de atuação de 20 (vinte) anos e revisões a cada 4 (quatro) anos, e tendo como conteúdo mínimo:

I – diagnóstico, incluída a identificação dos principais fluxos de resíduos no Estado e seus impactos socioeconômicos e ambientais;

II – proposição de cenários;

III – metas de redução, reutilização, reciclagem, entre outras, com vistas a reduzir a quantidade de resíduos e rejeitos encaminhados para disposição final ambientalmente adequada;

IV – metas para o aproveitamento energético dos gases gerados nas unidades de disposição final de resíduos sólidos; associadas à inclusão social e à emancipação econômica de catadores de materiais reutilizáveis e recicláveis;

V – metas para a eliminação e recuperação de lixões, associadas à inclusão social e à emancipação econômica de catadores de materiais reutilizáveis e recicláveis;

- Art. 48, II, desta Lei.

VI – programas, projetos e ações para o atendimento das metas previstas;

VII – normas e condicionantes técnicas para o acesso a recursos do Estado, para a obtenção de seu aval ou para o acesso de recursos administrados, direta ou indiretamente, por entidade estadual, quando destinados às ações e programas de interesse dos resíduos sólidos;

VIII – medidas para incentivar e viabilizar a gestão consorciada ou compartilhada dos resíduos sólidos;

IX – diretrizes para o planejamento e demais atividades de gestão de resíduos sólidos de regiões metropolitanas, aglomerações urbanas e microrregiões;

X – normas e diretrizes para a disposição final de rejeitos e, quando couber, de resíduos, respeitadas as disposições estabelecidas em âmbito nacional;

XI – previsão, em conformidade com os demais instrumentos de planejamento territorial, especialmente o zoneamento ecológico-econômico e o zoneamento costeiro, de:

a) zonas favoráveis para a localização de unidades de tratamento de resíduos sólidos ou de disposição final de rejeitos;

b) áreas degradadas em razão de disposição inadequada de resíduos sólidos ou rejeitos a serem objeto de recuperação ambiental;

XII – meios a serem utilizados para o controle e a fiscalização, no âmbito estadual, de sua implementação e operacionalização, assegurado o controle social.

§ 1º Além do plano estadual de resíduos sólidos, os Estados poderão elaborar planos microrregionais de resíduos sólidos, bem como planos específicos direcionados às regiões metropolitanas ou às aglomerações urbanas.

§ 2º A elaboração e a implementação pelos Estados de planos microrregionais de resíduos sólidos, ou de planos de regiões metropolitanas ou aglomerações urbanas, em consonância com o previsto no § 1º, dar-se-ão obrigatoriamente com a participação dos Municípios envolvidos e não excluem nem substituem qualquer das prerrogativas a cargo dos Municípios previstas por esta Lei.

§ 3º Respeitada a responsabilidade dos geradores nos termos desta Lei, o plano microrregional de resíduos sólidos deve atender ao previsto para o plano estadual e estabelecer soluções integradas para a coleta seletiva, a recuperação e a reciclagem, o tratamento e a destinação final dos resíduos sólidos urbanos e, consideradas as peculiaridades microrregionais, outros tipos de resíduos.

Seção IV

DOS PLANOS MUNICIPAIS DE GESTÃO INTEGRADA DE RESÍDUOS SÓLIDOS

Art. 18. A elaboração de plano municipal de gestão integrada de resíduos sólidos, nos termos previstos por esta Lei, é condição para o Distrito Federal e os Municípios terem acesso a recursos da União, ou por ela controlados, destinados a empreendimentos e serviços relacionados à limpeza urbana e ao manejo de resíduos sólidos, ou para serem beneficiados por incentivos ou financiamentos de entidades federais de crédito ou fomento para tal finalidade.

- Art. 55 desta Lei.

§ 1º Serão priorizados no acesso aos recursos da União referidos no *caput* os Municípios que:

I – optarem por soluções consorciadas intermunicipais para a gestão dos resíduos sólidos, incluída a elaboração e implementação de plano intermunicipal, ou que se inserirem de forma voluntária nos planos microrregionais de resíduos sólidos referidos no § 1º do art. 16;

II – implantarem a coleta seletiva com a participação de cooperativas ou outras formas de associação de catadores de materiais reutilizáveis e recicláveis formadas por pessoas físicas de baixa renda.

§ 2º Serão estabelecidas em regulamento normas complementares sobre o acesso aos recursos da União na forma deste artigo.

Art. 19. O plano municipal de gestão integrada de resíduos sólidos tem o seguinte conteúdo mínimo:

I – diagnóstico da situação dos resíduos sólidos gerados no respectivo território, contendo a origem, o volume, a caracterização dos resíduos e as formas de destinação e disposição final adotadas;

II – identificação de áreas favoráveis para disposição final ambientalmente adequada de rejeitos, observado o plano diretor de que trata o § 1º do art. 182 da Constituição Federal e o zoneamento ambiental, se houver;

III – identificação das possibilidades de implantação de soluções consorciadas ou compartilhadas com outros Municípios, considerando, nos critérios de economia de escala, a proximidade dos locais estabelecidos e as formas de prevenção dos riscos ambientais;
IV – identificação dos resíduos sólidos e dos geradores sujeitos a plano de gerenciamento específico nos termos do art. 20 ou a sistema de logística reversa na forma do art. 33, observadas as disposições desta Lei e de seu regulamento, bem como as normas estabelecidas pelos órgãos do SISNAMA e do SNVS;
V – procedimentos operacionais e especificações mínimas a serem adotados nos serviços públicos de limpeza urbana e de manejo de resíduos sólidos, incluída a disposição final ambientalmente adequada dos rejeitos e observada a Lei nº 11.445, de 2007;
VI – indicadores de desempenho operacional e ambiental dos serviços públicos de limpeza urbana e de manejo de resíduos sólidos;
VII – regras para o transporte e outras etapas do gerenciamento de resíduos sólidos de que trata o art. 20, observadas as normas estabelecidas pelos órgãos do SISNAMA e do SNVS e demais disposições pertinentes da legislação federal e estadual;
VIII – definição das responsabilidades quanto à sua implementação e operacionalização, incluídas as etapas do plano de gerenciamento de resíduos sólidos a que se refere o art. 20 a cargo do poder público;
IX – programas e ações de capacitação técnica voltados para sua implementação e operacionalização;
X – programas e ações de educação ambiental que promovam a não geração, a redução, a reutilização e a reciclagem de resíduos sólidos;
XI – programas e ações para a participação dos grupos interessados, em especial das cooperativas ou outras formas de associação de catadores de materiais reutilizáveis e recicláveis formadas por pessoas físicas de baixa renda, se houver;
XII – mecanismos para a criação de fontes de negócios, emprego e renda, mediante a valorização dos resíduos sólidos;
XIII – sistema de cálculo dos custos da prestação dos serviços públicos de limpeza urbana e de manejo de resíduos sólidos, bem como a forma de cobrança desses serviços, observada a Lei nº 11.445, de 2007;
XIV – metas de redução, reutilização, coleta seletiva e reciclagem, entre outras, com vistas a reduzir a quantidade de rejeitos encaminhados para disposição final ambientalmente adequada;
XV – descrição das formas e dos limites da participação do poder público local na coleta seletiva e na logística reversa, respeitado o disposto no art. 33, e de outras ações relativas à responsabilidade compartilhada pelo ciclo de vida dos produtos;
XVI – meios a serem utilizados para o controle e a fiscalização, no âmbito local, da implementação e operacionalização dos planos de gerenciamento de resíduos sólidos de que trata o art. 20 e dos sistemas de logística reversa previstos no art. 33;
XVII – ações preventivas e corretivas a serem praticadas, incluindo programa de monitoramento;
XVIII – identificação dos passivos ambientais relacionados aos resíduos sólidos, incluindo áreas contaminadas, e respectivas medidas saneadoras;
XIX – periodicidade de sua revisão, observado o período máximo de 10 (dez) anos.

► Inciso XIX com a redação dada pela Lei nº 14.026, de 15-7-2020.

§ 1º O plano municipal de gestão integrada de resíduos sólidos pode estar inserido no plano de saneamento básico previsto no art. 19 da Lei nº 11.445, de 2007, respeitado o conteúdo mínimo previsto nos incisos do *caput* e observado o disposto no § 2º, todos deste artigo.

§ 2º Para Municípios com menos de 20.000 (vinte mil) habitantes, o plano municipal de gestão integrada de resíduos sólidos terá conteúdo simplificado, na forma do regulamento.

§ 3º O disposto no § 2º não se aplica a Municípios:
I – integrantes de áreas de especial interesse turístico;
II – inseridos na área de influência de empreendimentos ou atividades com significativo impacto ambiental de âmbito regional ou nacional;
III – cujo território abranja, total ou parcialmente, Unidades de Conservação.

§ 4º A existência de plano municipal de gestão integrada de resíduos sólidos não exime o Município ou o Distrito Federal do licenciamento ambiental de aterros sanitários e de outras infraestruturas e instalações operacionais integrantes do serviço público de limpeza urbana e de manejo de resíduos sólidos pelo órgão competente do SISNAMA.

§ 5º Na definição de responsabilidades na forma do inciso VIII do *caput* deste artigo, é vedado atribuir ao serviço público de limpeza urbana e de manejo de resíduos sólidos a realização de etapas do gerenciamento dos resíduos a que se refere o art. 20 em desacordo com a respectiva licença ambiental ou com normas estabelecidas pelos órgãos do SISNAMA e, se couber, do SNVS.

§ 6º Além do disposto nos incisos I a XIX do *caput* deste artigo, o plano municipal de gestão integrada de resíduos sólidos contemplará ações específicas a serem desenvolvidas no âmbito dos órgãos da administração pública, com vistas à utilização racional dos recursos ambientais, ao combate a todas as formas de desperdício e à minimização da geração de resíduos sólidos.

§ 7º O conteúdo do plano municipal de gestão integrada de resíduos sólidos será disponibilizado para o SINIR, na forma do regulamento.

§ 8º A inexistência do plano municipal de gestão integrada de resíduos sólidos não pode ser utilizada para impedir a instalação ou a operação de empreendimentos ou atividades devidamente licenciados pelos órgãos competentes.

§ 9º Nos termos do regulamento, o Município que optar por soluções consorciadas intermunicipais para a gestão dos resíduos sólidos, assegurado que o plano intermunicipal preencha os requisitos estabelecidos nos incisos I a XIX do *caput* deste artigo, pode ser dispensado da elaboração de plano municipal de gestão integrada de resíduos sólidos.

Seção V
DO PLANO DE GERENCIAMENTO DE RESÍDUOS SÓLIDOS

Art. 20. Estão sujeitos à elaboração de plano de gerenciamento de resíduos sólidos:

► Arts. 13, parágrafo único, 27 e 39, § 1º, desta Lei.

I – os geradores de resíduos sólidos previstos nas alíneas *e*, *f*, *g* e *k* do inciso I do art. 13;
II – os estabelecimentos comerciais e de prestação de serviços que:
a) gerem resíduos perigosos;
b) gerem resíduos que, mesmo caracterizados como não perigosos, por sua natureza, composição ou volume, não sejam equiparados aos resíduos domiciliares pelo poder público municipal;
III – as empresas de construção civil, nos termos do regulamento ou de normas estabelecidas pelos órgãos do SISNAMA;
IV – os responsáveis pelos terminais e outras instalações referidas na alínea *j* do inciso I do art. 13 e, nos termos do regulamento ou de normas estabelecidas pelos órgãos do SISNAMA e, se couber, do SNVS, as empresas de transporte;
V – os responsáveis por atividades agrossilvopastoris, se exigido pelo órgão competente do SISNAMA, do SNVS ou do SUASA.

Parágrafo único. Observado o disposto no Capítulo IV deste Título, serão estabelecidas por regulamento exigências específicas relativas ao plano de gerenciamento de resíduos perigosos.

Art. 21. O plano de gerenciamento de resíduos sólidos tem o seguinte conteúdo mínimo:
I – descrição do empreendimento ou atividade;
II – diagnóstico dos resíduos sólidos gerados ou administrados, contendo a origem, o volume e a caracterização dos resíduos, incluindo os passivos ambientais a eles relacionados;
III – observadas as normas estabelecidas pelos órgãos do SISNAMA, do SNVS e do SUASA e, se houver, o plano municipal de gestão integrada de resíduos sólidos:
a) explicitação dos responsáveis por cada etapa do gerenciamento de resíduos sólidos;
b) definição dos procedimentos operacionais relativos às etapas do gerenciamento de resíduos sólidos sob responsabilidade do gerador;
IV – identificação das soluções consorciadas ou compartilhadas com outros geradores;
V – ações preventivas e corretivas a serem executadas em situações de gerenciamento incorreto ou acidentes;
VI – metas e procedimentos relacionados à minimização da geração de resíduos sólidos e, observadas as normas estabelecidas pelos órgãos do SISNAMA, do SNVS e do SUASA, à reutilização e reciclagem;
VII – se couber, ações relativas à responsabilidade compartilhada pelo ciclo de vida dos produtos, na forma do art. 31;
VIII – medidas saneadoras dos passivos ambientais relacionados aos resíduos sólidos;
IX – periodicidade de sua revisão, observado, se couber, o prazo de vigência da respectiva licença de operação a cargo dos órgãos do SISNAMA.

§ 1º O plano de gerenciamento de resíduos sólidos atenderá ao disposto no plano municipal de gestão integrada de resíduos sólidos do respectivo Município, sem prejuízo das normas estabelecidas pelos órgãos do SISNAMA, do SNVS e do SUASA.

§ 2º A inexistência do plano municipal de gestão integrada de resíduos sólidos não obsta a elaboração, a implementação ou a operacionalização do plano de gerenciamento de resíduos sólidos

§ 3º Serão estabelecidos em regulamento:

► Art. 50 desta Lei.

I – normas sobre a exigibilidade e o conteúdo do plano de gerenciamento de resíduos sólidos relativo à atuação de cooperativas ou de outras formas de associação de catadores de materiais reutilizáveis e recicláveis;

II – critérios e procedimentos simplificados para apresentação dos planos de gerenciamento de resíduos sólidos para microempresas e empresas de pequeno porte, assim consideradas as definidas nos incisos I e II do art. 3º da Lei Complementar nº 123, de 14 de dezembro de 2006, desde que as atividades por elas desenvolvidas não gerem resíduos perigosos.

► LC nº 123, de 14-12-2006 (Estatuto Nacional da Microempresa e da Empresa de Pequeno Porte).

Art. 22. Para a elaboração, implementação, operacionalização e monitoramento de todas as etapas do plano de gerenciamento de resíduos sólidos, nelas incluído o controle da disposição final ambientalmente adequada dos rejeitos, será designado responsável técnico devidamente habilitado.

Art. 23. Os responsáveis por plano de gerenciamento de resíduos sólidos manterão atualizadas e disponíveis ao órgão municipal competente, ao órgão licenciador do SISNAMA e a outras autoridades, informações completas sobre a implementação e a operacionalização do plano sob sua responsabilidade.

§ 1º Para a consecução do disposto no *caput*, sem prejuízo de outras exigências cabíveis por parte das autoridades, será implementado sistema declaratório com periodicidade, no mínimo, anual, na forma do regulamento.

§ 2º As informações referidas no *caput* serão repassadas pelos órgãos públicos ao SINIR, na forma do regulamento.

Art. 24. O plano de gerenciamento de resíduos sólidos é parte integrante do processo de licenciamento ambiental do empreendimento ou atividade pelo órgão competente do SISNAMA.

§ 1º Nos empreendimentos e atividades não sujeitos a licenciamento ambiental, a aprovação do plano de gerenciamento de resíduos sólidos cabe à autoridade municipal competente.

§ 2º No processo de licenciamento ambiental referido no § 1º a cargo de órgão federal ou estadual do SISNAMA, será assegurada oitiva do órgão municipal competente, em especial quanto à disposição final ambientalmente adequada de rejeitos.

CAPÍTULO III

DAS RESPONSABILIDADES DOS GERADORES E DO PODER PÚBLICO

SEÇÃO I

DISPOSIÇÕES GERAIS

Art. 25. O poder público, o setor empresarial e a coletividade são responsáveis pela efetividade das ações voltadas para assegurar a observância da Política Nacional de Resíduos Sólidos e das diretrizes e demais determinações estabelecidas nesta Lei e em seu regulamento.

Art. 26. O titular dos serviços públicos de limpeza urbana e de manejo de resíduos sólidos é responsável pela organização e prestação direta ou indireta desses serviços, observados o respectivo plano municipal de gestão integrada de resíduos sólidos, a Lei nº 11.445, de 2007, e as disposições desta Lei e seu regulamento.

Art. 27. As pessoas físicas ou jurídicas referidas no art. 20 são responsáveis pela implementação e operacionalização integral do plano de gerenciamento de resíduos sólidos aprovado pelo órgão competente na forma do art. 24.

§ 1º A contratação de serviços de coleta, armazenamento, transporte, transbordo, tratamento ou destinação final de resíduos sólidos, ou de disposição final de rejeitos, não isenta as pessoas físicas ou jurídicas referidas no art. 20 da responsabilidade por danos que vierem a ser provocados pelo gerenciamento inadequado dos respectivos resíduos ou rejeitos.

§ 2º Nos casos abrangidos pelo art. 20, as etapas sob responsabilidade do gerador que forem realizadas pelo poder público serão devidamente remuneradas pelas pessoas físicas ou jurídicas responsáveis, observado o disposto no § 5º do art. 19.

Art. 28. O gerador de resíduos sólidos domiciliares tem cessada sua responsabilidade pelos resíduos com a disponibilização adequada para a coleta ou, nos casos abrangidos pelo art. 33, com a devolução.

Art. 29. Cabe ao poder público atuar, subsidiariamente, com vistas a minimizar ou cessar o dano, logo que tome conhecimento de evento lesivo ao meio ambiente ou à saúde pública relacionado ao gerenciamento de resíduos sólidos.

Parágrafo único. Os responsáveis pelo dano ressarcirão integralmente o poder público pelos gastos decorrentes das ações empreendidas na forma do *caput*.

SEÇÃO II

DA RESPONSABILIDADE COMPARTILHADA

Art. 30. É instituída a responsabilidade compartilhada pelo ciclo de vida dos produtos, a ser implementada de forma individualizada e encadeada, abrangendo os fabricantes, importadores, distribuidores e comerciantes, os consumidores e os titulares dos serviços públicos de limpeza urbana e de manejo de resíduos sólidos, consoante as atribuições e procedimentos previstos nesta Seção.

Parágrafo único. A responsabilidade compartilhada pelo ciclo de vida dos produtos tem por objetivo:

I – compatibilizar interesses entre os agentes econômicos e sociais e os processos de gestão empresarial e mercadológica com os de gestão ambiental, desenvolvendo estratégias sustentáveis;

II – promover o aproveitamento de resíduos sólidos, direcionando-os para a sua cadeia produtiva ou para outras cadeias produtivas;

III – reduzir a geração de resíduos sólidos, o desperdício de materiais, a poluição e os danos ambientais;

IV – incentivar a utilização de insumos de menor agressividade ao meio ambiente e de maior sustentabilidade;

V – estimular o desenvolvimento de mercado, a produção e o consumo de produtos derivados de materiais reciclados e recicláveis;

VI – propiciar que as atividades produtivas alcancem eficiência e sustentabilidade;

VII – incentivar as boas práticas de responsabilidade socioambiental.

Art. 31. Sem prejuízo das obrigações estabelecidas no plano de gerenciamento de resíduos sólidos e com vistas a fortalecer a responsabilidade compartilhada e seus objetivos, os fabricantes, importadores, distribuidores e comerciantes têm responsabilidade que abrange:

► Art. 21, VII, desta Lei.

I – investimento no desenvolvimento, na fabricação e na colocação no mercado de produtos:

a) que sejam aptos, após o uso pelo consumidor, à reutilização, à reciclagem ou a outra forma de destinação ambientalmente adequada;

b) cuja fabricação e uso gerem a menor quantidade de resíduos sólidos possível;

II – divulgação de informações relativas às formas de evitar, reciclar e eliminar os resíduos sólidos associados a seus respectivos produtos;

III – recolhimento dos produtos e dos resíduos remanescentes após o uso, assim como sua subsequente destinação final ambientalmente adequada, no caso de produtos objeto de sistema de logística reversa na forma do art. 33;

IV – compromisso de, quando firmados acordos ou termos de compromisso com o Município, participar das ações previstas no plano municipal de gestão integrada de resíduos sólidos, no caso de produtos ainda não inclusos no sistema de logística reversa.

Art. 32. As embalagens devem ser fabricadas com materiais que propiciem a reutilização ou a reciclagem.

§ 1º Cabe aos respectivos responsáveis assegurar que as embalagens sejam:

I – restritas em volume e peso às dimensões requeridas à proteção do conteúdo e à comercialização do produto;

II – projetadas de forma a serem reutilizadas de maneira tecnicamente viável e compatível com as exigências aplicáveis ao produto que contêm;

III – recicladas, se a reutilização não for possível.

§ 2º O regulamento disporá sobre os casos em que, por razões de ordem técnica ou econômica, não seja viável a aplicação do disposto no *caput*.

► Dec. nº 11.300, de 21-12-2022, regulamenta este parágrafo.

§ 3º É responsável pelo atendimento do disposto neste artigo todo aquele que:

I – manufatura embalagens ou fornece materiais para a fabricação de embalagens;

II – coloca em circulação embalagens, materiais para a fabricação de embalagens ou produtos embalados, em qualquer fase da cadeia de comércio.

Art. 33. São obrigados a estruturar e implementar sistemas de logística reversa, mediante retorno dos produtos após o uso pelo consumidor, de forma independente do serviço público de limpeza urbana e de manejo dos resíduos sólidos, os fabricantes, importadores, distribuidores e comerciantes de:

► Art. 56 desta Lei.

▶ Dec. nº 11.413, de 13-2-2023, regulamenta este artigo.

I – agrotóxicos, seus resíduos e embalagens, assim como outros produtos cuja embalagem, após o uso, constitua resíduo perigoso, observadas as regras de gerenciamento de resíduos perigosos previstas em lei ou regulamento, em normas estabelecidas pelos órgãos do SISNAMA, do SNVS e do SUASA, ou em normas técnicas;

II – pilhas e baterias;

III – pneus;

IV – óleos lubrificantes, seus resíduos e embalagens;

V – lâmpadas fluorescentes, de vapor de sódio e mercúrio e de luz mista;

VI – produtos eletroeletrônicos e seus componentes.

▶ Dec. nº 10.240, de 12-2-2020, regulamenta este inciso.

§ 1º Na forma do disposto em regulamento ou em acordos setoriais e termos de compromisso firmados entre o poder público e o setor empresarial, os sistemas previstos no *caput* serão estendidos a produtos comercializados em embalagens plásticas, metálicas ou de vidro, e aos demais produtos e embalagens, considerando, prioritariamente, o grau e a extensão do impacto à saúde pública e ao meio ambiente dos resíduos gerados.

▶ Decretos nºs 10.388, de 5-6-2020, e 11.300, de 21-12-2022, regulamentam este parágrafo.

§ 2º A definição dos produtos e embalagens a que se refere o § 1º considerará a viabilidade técnica e econômica da logística reversa, bem como o grau e a extensão do impacto à saúde pública e ao meio ambiente dos resíduos gerados.

§ 3º Sem prejuízo de exigências específicas fixadas em lei ou regulamento, em normas estabelecidas pelos órgãos do SISNAMA e do SNVS, ou em acordos setoriais e termos de compromisso firmados entre o poder público e o setor empresarial, cabe aos fabricantes, importadores, distribuidores e comerciantes dos produtos a que se referem os incisos II, III, V e VI ou dos produtos e embalagens a que se referem os incisos I e IV do *caput* e o § 1º tomar todas as medidas necessárias para assegurar a implementação e operacionalização do sistema de logística reversa sob seu encargo, consoante o estabelecido neste artigo, podendo, entre outras medidas:

I – implantar procedimentos de compra de produtos ou embalagens usados;

II – disponibilizar postos de entrega de resíduos reutilizáveis e recicláveis;

III – atuar em parceria com cooperativas ou outras formas de associação de catadores de materiais reutilizáveis e recicláveis, nos casos de que trata o § 1º.

§ 4º Os consumidores deverão efetuar a devolução após o uso, aos comerciantes ou distribuidores, dos produtos e das embalagens a que se referem os incisos I a VI do *caput*, e de outros produtos ou embalagens objeto de logística reversa, na forma do § 1º.

§ 5º Os comerciantes e distribuidores deverão efetuar a devolução aos fabricantes ou aos importadores dos produtos e embalagens reunidos ou devolvidos na forma dos §§ 3º e 4º.

§ 6º Os fabricantes e os importadores darão destinação ambientalmente adequada aos produtos e às embalagens reunidos ou devolvidos, sendo o rejeito encaminhado para a disposição final ambientalmente adequada, na forma estabelecida pelo órgão competente do SISNAMA e, se houver, pelo plano municipal de gestão integrada de resíduos sólidos.

§ 7º Se o titular do serviço público de limpeza urbana e de manejo de resíduos sólidos, por acordo setorial ou termo de compromisso firmado com o setor empresarial, encarregar-se de atividades de responsabilidade dos fabricantes, importadores, distribuidores e comerciantes nos sistemas de logística reversa dos produtos e embalagens a que se refere este artigo, as ações do poder público serão devidamente remuneradas, na forma previamente acordada entre as partes.

▶ Art. 36, IV, desta Lei.

§ 8º Com exceção dos consumidores, todos os participantes dos sistemas de logística reversa manterão atualizadas e disponíveis ao órgão municipal competente e a outras autoridades informações completas sobre a realização das ações sob sua responsabilidade.

Art. 34. Os acordos setoriais ou termos de compromisso referidos no inciso IV do *caput* do art. 31 e no § 1º do art. 33 podem ter abrangência nacional, regional, estadual ou municipal.

§ 1º Os acordos setoriais e termos de compromisso firmados em âmbito nacional têm prevalência sobre os firmados em âmbito regional ou estadual, e estes sobre os firmados em âmbito municipal.

§ 2º Na aplicação de regras concorrentes consoante o § 1º, os acordos firmados com menor abrangência geográfica podem ampliar, mas não abrandar, as medidas de proteção ambiental constantes nos acordos setoriais e termos de compromisso firmados com maior abrangência geográfica.

Art. 35. Sempre que estabelecido sistema de coleta seletiva pelo plano municipal de gestão integrada de resíduos sólidos e na aplicação do art. 33, os consumidores são obrigados a:

I – acondicionar adequadamente e de forma diferenciada os resíduos sólidos gerados;

II – disponibilizar adequadamente os resíduos sólidos reutilizáveis e recicláveis para coleta ou devolução.

Parágrafo único. O poder público municipal pode instituir incentivos econômicos aos consumidores que participam do sistema de coleta seletiva referido no *caput*, na forma de lei municipal.

Art. 36. No âmbito da responsabilidade compartilhada pelo ciclo de vida dos produtos, cabe ao titular dos serviços públicos de limpeza urbana e de manejo de resíduos sólidos, observado, se houver, o plano municipal de gestão integrada de resíduos sólidos:

I – adotar procedimentos para reaproveitar os resíduos sólidos reutilizáveis e recicláveis oriundos dos serviços públicos de limpeza urbana e de manejo de resíduos sólidos;

II – estabelecer sistema de coleta seletiva;

III – articular com os agentes econômicos e sociais medidas para viabilizar o retorno ao ciclo produtivo dos resíduos sólidos reutilizáveis e recicláveis oriundos dos serviços de limpeza urbana e de manejo de resíduos sólidos;

IV – realizar as atividades definidas por acordo setorial ou termo de compromisso na forma do § 7º do art. 33, mediante a devida remuneração pelo setor empresarial;

V – implantar sistema de compostagem para resíduos sólidos orgânicos e articular com os agentes econômicos e sociais formas de utilização do composto produzido;

VI – dar disposição final ambientalmente adequada aos resíduos e rejeitos oriundos dos serviços públicos de limpeza urbana e de manejo de resíduos sólidos.

§ 1º Para o cumprimento do disposto nos incisos I a IV do *caput*, o titular dos serviços públicos de limpeza urbana e de manejo de resíduos sólidos priorizará a organização e o funcionamento de cooperativas ou de outras formas de associação de catadores de materiais reutilizáveis e recicláveis formadas por pessoas físicas de baixa renda, bem como sua contratação.

§ 2º A contratação prevista no § 1º é dispensável de licitação, nos termos do inciso XXVII do art. 24 da Lei nº 8.666, de 21 de junho de 1993.

▶ Art. 75, IV, *j*, da Lei nº 14.133, de 1º-4-2021 (Nova Lei de Licitações e Contratos Administrativos).

CAPÍTULO IV
DOS RESÍDUOS PERIGOSOS

Art. 37. A instalação e o funcionamento de empreendimento ou atividade que gere ou opere com resíduos perigosos somente podem ser autorizados ou licenciados pelas autoridades competentes se o responsável comprovar, no mínimo, capacidade técnica e econômica, além de condições para prover os cuidados necessários ao gerenciamento desses resíduos.

Art. 38. As pessoas jurídicas que operam com resíduos perigosos, em qualquer fase do seu gerenciamento, são obrigadas a se cadastrar no Cadastro Nacional de Operadores de Resíduos Perigosos.

§ 1º O cadastro previsto no *caput* será coordenado pelo órgão federal competente do SISNAMA e implantado de forma conjunta pelas autoridades federais, estaduais e municipais.

§ 2º Para o cadastramento, as pessoas jurídicas referidas no *caput* necessitam contar com responsável técnico pelo gerenciamento dos resíduos perigosos, de seu próprio quadro de funcionários ou contratado, devidamente habilitado, cujos dados serão mantidos atualizados no cadastro.

§ 3º O cadastro a que se refere o *caput* é parte integrante do Cadastro Técnico Federal de Atividades Potencialmente Poluidoras ou Utilizadoras de Recursos Ambientais e do Sistema de Informações previsto no art. 12.

Art. 39. As pessoas jurídicas referidas no art. 38 são obrigadas a elaborar plano de gerenciamento de resíduos perigosos e submetê-lo ao órgão competente do SISNAMA e, se couber, do SNVS, observado o conteúdo mínimo estabelecido no art. 21 e demais exigências previstas em regulamento ou em normas técnicas.

§ 1º O plano de gerenciamento de resíduos perigosos a que se refere o *caput* poderá estar inserido no plano de gerenciamento de resíduos a que se refere o art. 20.

§ 2º Cabe às pessoas jurídicas referidas no art. 38:

I – manter registro atualizado e facilmente acessível de todos os procedimentos relacionados à implementação e à operacionalização do plano previsto no *caput*;

II – informar anualmente ao órgão competente do SISNAMA e, se couber, do SNVS, sobre a quantidade, a natureza e a destinação temporária ou final dos resíduos sob sua responsabilidade;

III – adotar medidas destinadas a reduzir o volume e a periculosidade dos resíduos sob sua responsabilidade, bem como a aperfeiçoar seu gerenciamento;

IV – informar imediatamente aos órgãos competentes sobre a ocorrência de acidentes ou outros sinistros relacionados aos resíduos perigosos.

§ 3º Sempre que solicitado pelos órgãos competentes do SISNAMA e do SNVS, será assegurado acesso para inspeção das instalações e dos procedimentos relacionados à implementação e à operacionalização do plano de gerenciamento de resíduos perigosos.

§ 4º No caso de controle a cargo de órgão federal ou estadual do SISNAMA e do SNVS, as informações sobre o conteúdo, a implementação e a operacionalização do plano previsto no *caput* serão repassadas ao poder público municipal, na forma do regulamento.

Art. 40. No licenciamento ambiental de empreendimentos ou atividades que operem com resíduos perigosos, o órgão licenciador do SISNAMA pode exigir a contratação de seguro de responsabilidade civil por danos causados ao meio ambiente ou à saúde pública, observadas as regras sobre cobertura e os limites máximos de contratação fixados em regulamento.

Parágrafo único. O disposto no *caput* considerará o porte da empresa, conforme regulamento.

Art. 41. Sem prejuízo das iniciativas de outras esferas governamentais, o Governo Federal deve estruturar e manter instrumentos e atividades voltados para promover a descontaminação de áreas órfãs.

Parágrafo único. Se, após descontaminação de sítio órfão realizada com recursos do Governo Federal ou de outro ente da Federação, forem identificados os responsáveis pela contaminação, estes ressarcirão integralmente o valor empregado ao poder público.

CAPÍTULO V
DOS INSTRUMENTOS ECONÔMICOS

Art. 42. O poder público poderá instituir medidas indutoras e linhas de financiamento para atender, prioritariamente, às iniciativas de:

I – prevenção e redução da geração de resíduos sólidos no processo produtivo;

II – desenvolvimento de produtos com menores impactos à saúde humana e à qualidade ambiental em seu ciclo de vida;

III – implantação de infraestrutura física e aquisição de equipamentos para cooperativas ou outras formas de associação de catadores de materiais reutilizáveis e recicláveis formadas por pessoas físicas de baixa renda;

IV – desenvolvimento de projetos de gestão dos resíduos sólidos de caráter intermunicipal ou, nos termos do inciso I do *caput* do art. 11, regional;

V – estruturação de sistemas de coleta seletiva e de logística reversa;

VI – descontaminação de áreas contaminadas, incluindo as áreas órfãs;

VII – desenvolvimento de pesquisas voltadas para tecnologias limpas aplicáveis aos resíduos sólidos;

VIII – desenvolvimento de sistemas de gestão ambiental e empresarial voltados para a melhoria dos processos produtivos e ao reaproveitamento dos resíduos.

Art. 43. No fomento ou na concessão de incentivos creditícios destinados a atender diretrizes desta Lei, as instituições oficiais de crédito podem estabelecer critérios diferenciados de acesso dos beneficiários aos créditos do Sistema Financeiro Nacional para investimentos produtivos.

Art. 44. A União, os Estados, o Distrito Federal e os Municípios, no âmbito de suas competências, poderão instituir normas com o objetivo de conceder incentivos fiscais, financeiros ou creditícios, respeitadas as limitações da Lei Complementar nº 101, de 4 de maio de 2000 (Lei de Responsabilidade Fiscal), a:

I – indústrias e entidades dedicadas à reutilização, ao tratamento e à reciclagem de resíduos sólidos produzidos no território nacional;

II – projetos relacionados à responsabilidade pelo ciclo de vida dos produtos, prioritariamente em parceria com cooperativas ou outras formas de associação de catadores de materiais reutilizáveis e recicláveis formadas por pessoas físicas de baixa renda;

III – empresas dedicadas à limpeza urbana e a atividades a ela relacionadas.

Art. 45. Os consórcios públicos constituídos, nos termos da Lei nº 11.107, de 2005, com o objetivo de viabilizar a descentralização e a prestação de serviços públicos que envolvam resíduos sólidos, têm prioridade na obtenção dos incentivos instituídos pelo Governo Federal.

▸ Lei nº 11.107, de 6-4-2005 (Lei de Consórcios Públicos).

Art. 46. O atendimento ao disposto neste Capítulo será efetivado em consonância com a Lei Complementar nº 101, de 2000 (Lei de Responsabilidade Fiscal), bem como com as diretrizes e objetivos do respectivo plano plurianual, as metas e as prioridades fixadas pelas leis de diretrizes orçamentárias e no limite das disponibilidades propiciadas pelas leis orçamentárias anuais.

CAPÍTULO VI
DAS PROIBIÇÕES

Art. 47. São proibidas as seguintes formas de destinação ou disposição final de resíduos sólidos ou rejeitos:

I – lançamento em praias, no mar ou em quaisquer corpos hídricos;

II – lançamento *in natura* a céu aberto, excetuados os resíduos de mineração;

III – queima a céu aberto ou em recipientes, instalações e equipamentos não licenciados para essa finalidade;

IV – outras formas vedadas pelo poder público.

§ 1º Quando decretada emergência sanitária, a queima de resíduos a céu aberto pode ser realizada, desde que autorizada e acompanhada pelos órgãos competentes do SISNAMA, do SNVS e, quando couber, do SUASA.

§ 2º Assegurada a devida impermeabilização, as bacias de decantação de resíduos ou rejeitos industriais ou de mineração, devidamente licenciadas pelo órgão competente do SISNAMA, não são consideradas corpos hídricos para efeitos do disposto no inciso I do *caput*.

Art. 48. São proibidas, nas áreas de disposição final de resíduos ou rejeitos, as seguintes atividades:

I – utilização dos rejeitos dispostos como alimentação;

II – catação, observado o disposto no inciso V do art. 17;

III – criação de animais domésticos;

IV – fixação de habitações temporárias ou permanentes;

V – outras atividades vedadas pelo poder público.

***Art. 49.** É proibida a importação de resíduos sólidos e de rejeitos, inclusive de papel, derivados de papel, plástico, vidro e metal.*

▸ *Caput* com a redação dada pela Lei nº 15.088, de 6-1-2025.

§ 1º É ressalvada da proibição prevista no caput deste artigo a importação de resíduos utilizados na transformação de materiais e minerais estratégicos, inclusive aparas de papel de fibra longa, nos termos de regulamento, e de resíduos de metais e materiais metálicos.

▸ Dec. nº 12.451, de 6-5-2025, regulamenta este parágrafo.

§ 2º O importador ou o fabricante de autopeças, exceto de pneus, são autorizados a importar resíduos sólidos derivados de produtos nacionais previamente exportados, para fins exclusivos de logística reversa e reciclagem integral, ainda que classificados como resíduos perigosos, nos termos de regulamento.

▸ §§ 1º e 2º acrescidos pela Lei nº 15.088, de 6-1-2025.

TÍTULO IV – DISPOSIÇÕES TRANSITÓRIAS E FINAIS

Art. 50. A inexistência do regulamento previsto no § 3º do art. 21 não obsta a atuação, nos termos desta Lei, das cooperativas ou outras formas de associação de catadores de materiais reutilizáveis e recicláveis.

Art. 51. Sem prejuízo da obrigação de, independentemente da existência de culpa, reparar os danos causados, a ação ou omissão das pessoas físicas ou jurídicas que importe inobservância aos preceitos desta Lei ou de seu regulamento sujeita os infratores às sanções previstas em lei, em especial às fixadas na Lei nº 9.605, de 12 de fevereiro de 1998, que "dispõe sobre as sanções penais e administrativas derivadas de condutas e atividades lesivas ao meio ambiente, e dá outras providências", e em seu regulamento.

Art. 52. A observância do disposto no *caput* do art. 23 e no § 2º do art. 39 desta Lei é considerada obrigação de relevante interesse ambiental para efeitos do art. 68 da Lei nº 9.605, de 1998, sem prejuízo da aplicação de outras sanções cabíveis nas esferas penal e administrativa.

Art. 53. O § 1º do art. 56 da Lei nº 9.605, de 12 de fevereiro de 1998, passa a vigorar com a seguinte redação:

▸ Alteração inserida no texto da referida Lei.

Art. 54. A disposição final ambientalmente adequada dos rejeitos deverá ser implantada até 31 de dezembro de 2020, exceto para os Municípios que até essa data tenham elaborado plano intermunicipal de resíduos sólidos ou plano municipal de gestão integrada de resíduos sólidos e que disponham de mecanismos de cobrança que garantam sua sustentabilidade econômico-financeira, nos termos do art. 29 da Lei nº 11.445, de 5 de janeiro de 2007, para os quais ficam definidos os seguintes prazos:

I – até 2 de agosto de 2021, para capitais de Estados e Municípios integrantes de Região Metropolitana (RM) ou de Região Integrada de Desenvolvimento (RIDE) de capitais;

II – até 2 de agosto de 2022, para Municípios com população superior a 100.000 (cem mil) habitantes no Censo 2010, bem como para Municípios cuja mancha urbana da sede municipal esteja situada a menos de 20 (vinte) quilômetros da fronteira com países limítrofes;

III – até 2 de agosto de 2023, para Municípios com população entre 50.000 (cinquenta mil) e 100.000 (cem mil) habitantes no Censo 2010; e

IV – até 2 de agosto de 2024, para Municípios com população inferior a 50.000 (cinquenta mil) habitantes no Censo 2010.

§ 1º VETADO. Lei nº 14.026, de 15-7-2020.

§ 2º Nos casos em que a disposição de rejeitos em aterros sanitários for economicamente inviável, poderão ser adotadas outras soluções, observadas normas técnicas e operacionais estabelecidas pelo órgão competente, de modo a evitar danos ou riscos à saúde pública e à segurança e a minimizar os impactos ambientais."

▸ Art. 54 com a redação dada pela Lei nº 14.026, de 15-7-2020.

Art. 55. O disposto nos arts. 16 e 18 entra em vigor 2 (dois) anos após a data de publicação desta Lei.

Art. 56. A logística reversa relativa aos produtos de que tratam os incisos V e VI do *caput* do art. 33 será implementada progressivamente segundo cronograma estabelecido em regulamento.

▸ Dec. nº 10.240, de 12-2-2020, regulamenta este artigo.

Art. 57. Esta Lei entra em vigor na data de sua publicação.

Brasília, 2 de agosto de 2010;
189º da Independência e
122º da República.

Luiz Inácio Lula da Silva

LEI COMPLEMENTAR Nº 140, DE 8 DE DEZEMBRO DE 2011

Fixa normas, nos termos dos incisos III, VI e VII do caput e do parágrafo único do art. 23 da Constituição Federal, para a cooperação entre a União, os Estados, o Distrito Federal e os Municípios nas ações administrativas decorrentes do exercício da competência comum relativas à proteção das paisagens naturais notáveis, à proteção do meio ambiente, ao combate à poluição em qualquer de suas formas e à preservação das florestas, da fauna e da flora; e altera a Lei nº 6.938, de 31 de agosto de 1981.

▸ Publicada no *DOU* de 9-12-2011.

▸ Art. 1º da Lei nº 6.938, de 31-8-1981 (Lei da Política Nacional do Meio Ambiente).

CAPÍTULO I – DISPOSIÇÕES GERAIS

Art. 1º Esta Lei Complementar fixa normas, nos termos dos incisos III, VI e VII do *caput* e do parágrafo único do art. 23 da Constituição Federal, para a cooperação entre a União, os Estados, o Distrito Federal e os Municípios nas ações administrativas decorrentes do exercício da competência comum relativas à proteção das paisagens naturais notáveis, à proteção do meio ambiente, ao combate à poluição em qualquer de suas formas e à preservação das florestas, da fauna e da flora.

Art. 2º Para os fins desta Lei Complementar, consideram-se:

I – licenciamento ambiental: o procedimento administrativo destinado a licenciar atividades ou empreendimentos utilizadores de recursos ambientais, efetiva ou potencialmente poluidores ou capazes, sob qualquer forma, de causar degradação ambiental;

II – atuação supletiva: ação do ente da Federação que se substitui ao ente federativo originariamente detentor das atribuições, nas hipóteses definidas nesta Lei Complementar;

III – atuação subsidiária: ação do ente da Federação que visa a auxiliar no desempenho das atribuições decorrentes das competências comuns, quando solicitado pelo ente federativo originariamente detentor das atribuições definidas nesta Lei Complementar.

Art. 3º Constituem objetivos fundamentais da União, dos Estados, do Distrito Federal e dos Municípios, no exercício da competência comum a que se refere esta Lei Complementar:

I – proteger, defender e conservar o meio ambiente ecologicamente equilibrado, promovendo gestão descentralizada, democrática e eficiente;

II – garantir o equilíbrio do desenvolvimento socioeconômico com a proteção do meio ambiente, observando a dignidade da pessoa humana, a erradicação da pobreza e a redução das desigualdades sociais e regionais;

III – harmonizar as políticas e ações administrativas para evitar a sobreposição de atuação entre os entes federativos, de forma a evitar conflitos de atribuições e garantir uma atuação administrativa eficiente;

IV – garantir a uniformidade da política ambiental para todo o País, respeitadas as peculiaridades regionais e locais.

CAPÍTULO II – DOS INSTRUMENTOS DE COOPERAÇÃO

Art. 4º Os entes federativos podem valer-se, entre outros, dos seguintes instrumentos de cooperação institucional:

I – consórcios públicos, nos termos da legislação em vigor;

II – convênios, acordos de cooperação técnica e outros instrumentos similares com órgãos e entidades do Poder Público, respeitado o art. 241 da Constituição Federal;

III – Comissão Tripartite Nacional, Comissões Tripartites Estaduais e Comissão Bipartite do Distrito Federal;

IV – fundos públicos e privados e outros instrumentos econômicos;

V – delegação de atribuições de um ente federativo a outro, respeitados os requisitos previstos nesta Lei Complementar;

VI – delegação da execução de ações administrativas de um ente federativo a outro, respeitados os requisitos previstos nesta Lei Complementar.

§ 1º Os instrumentos mencionados no inciso II do *caput* podem ser firmados com prazo indeterminado.

§ 2º A Comissão Tripartite Nacional será formada, paritariamente, por representantes dos Poderes Executivos da União, dos Estados, do Distrito Federal e dos Municípios, com o objetivo de fomentar a gestão ambiental compartilhada e descentralizada entre os entes federativos.

§ 3º As Comissões Tripartites Estaduais serão formadas, paritariamente, por representantes dos Poderes Executivos da União, dos Estados e dos Municípios, com o objetivo de fomentar a gestão ambiental compartilhada e descentralizada entre os entes federativos.

§ 4º A Comissão Bipartite do Distrito Federal será formada, paritariamente, por representantes dos Poderes Executivos da União e do Distrito Federal, com o objetivo de fomentar a gestão ambiental compartilhada e descentralizada entre esses entes federativos.

§ 5º As Comissões Tripartites e a Comissão Bipartite do Distrito Federal terão sua organização e funcionamento regidos pelos respectivos regimentos internos.

Art. 5º O ente federativo poderá delegar, mediante convênio, a execução de ações administrativas a ele atribuídas nesta Lei Complementar, desde que o ente destinatário da delegação disponha de órgão ambiental capacitado a executar as ações administrativas a serem delegadas e de conselho de meio ambiente.

Parágrafo único. Considera-se órgão ambiental capacitado, para os efeitos do disposto no *caput*, aquele que possui técnicos próprios ou em consórcio, devidamente habilitados e em número compatível com a demanda das ações administrativas a serem delegadas.

CAPÍTULO III – DAS AÇÕES DE COOPERAÇÃO

Art. 6º As ações de cooperação entre a União, os Estados, o Distrito Federal e os Municípios deverão ser desenvolvidas de modo a atingir os objetivos previstos no art. 3º e a garantir o desenvolvimento sustentável, harmonizando e integrando todas as políticas governamentais.

Art. 7º São ações administrativas da União:

I – formular, executar e fazer cumprir, em âmbito nacional, a Política Nacional do Meio Ambiente;

II – exercer a gestão dos recursos ambientais no âmbito de suas atribuições;

III – promover ações relacionadas à Política Nacional do Meio Ambiente nos âmbitos nacional e internacional;

IV – promover a integração de programas e ações de órgãos e entidades da administração pública da União, dos Estados, do Distrito Federal e dos Municípios, relacionados à proteção e à gestão ambiental;

V – articular a cooperação técnica, científica e financeira, em apoio à Política Nacional do Meio Ambiente;

VI – promover o desenvolvimento de estudos e pesquisas direcionados à proteção e à gestão ambiental, divulgando os resultados obtidos;

VII – promover a articulação da Política Nacional do Meio Ambiente com as de Recursos Hídricos, Desenvolvimento Regional, Ordenamento Territorial e outras;

VIII – organizar e manter, com a colaboração dos órgãos e entidades da administração pública dos Estados, do Distrito Federal e dos Municípios, o Sistema Nacional de Informação sobre Meio Ambiente (SINIMA);

IX – elaborar o zoneamento ambiental de âmbito nacional e regional;

X – definir espaços territoriais e seus componentes a serem especialmente protegidos;

XI – promover e orientar a educação ambiental em todos os níveis de ensino e a conscientização pública para a proteção do meio ambiente;

XII – controlar a produção, a comercialização e o emprego de técnicas, métodos e substâncias que comportem risco para a vida, a qualidade de vida e o meio ambiente, na forma da lei;

XIII – exercer o controle e fiscalizar as atividades e empreendimentos cuja atribuição para licenciar ou autorizar, ambientalmente, for cometida à União;

XIV – promover o licenciamento ambiental de empreendimentos e atividades:

a) localizados ou desenvolvidos conjuntamente no Brasil e em país limítrofe;

b) localizados ou desenvolvidos no mar territorial, na plataforma continental ou na zona econômica exclusiva;

c) localizados ou desenvolvidos em terras indígenas;

d) localizados ou desenvolvidos em unidades de conservação instituídas pela União, exceto em Áreas de Proteção Ambiental (APAs);

e) localizados ou desenvolvidos em 2 (dois) ou mais Estados;

f) de caráter militar, excetuando-se do licenciamento ambiental, nos termos de ato do Poder Executivo, aqueles previstos no preparo e emprego das Forças Armadas, conforme disposto na Lei Complementar nº 97, de 9 de junho de 1999;

g) destinados a pesquisar, lavrar, produzir, beneficiar, transportar, armazenar e dispor material radioativo, em qualquer estágio, ou que utilizem energia nuclear em qualquer de suas formas e aplicações, mediante parecer da Comissão Nacional de Energia Nuclear (CNEN); ou

h) que atendam tipologia estabelecida por ato do Poder Executivo, a partir de proposição da Comissão Tripartite Nacional, assegurada a participação de um membro do Conselho Nacional do Meio Ambiente (CONAMA), e considerados os critérios de porte, potencial poluidor e natureza da atividade ou empreendimento;

► Art. 18, § 1º, desta Lei.

XV – aprovar o manejo e a supressão de vegetação, de florestas e formações sucessoras em:

a) florestas públicas federais, terras devolutas federais ou unidades de conservação instituídas pela União, exceto em APAs; e

b) atividades ou empreendimentos licenciados ou autorizados, ambientalmente, pela União;

XVI – elaborar a relação de espécies da fauna e da flora ameaçadas de extinção e de espécies sobre-explotadas no território nacional, mediante laudos e estudos técnico-científicos, fomentando as atividades que conservem essas espécies *in situ*;

XVII – controlar a introdução no País de espécies exóticas potencialmente invasoras que possam ameaçar os ecossistemas, hábitats e espécies nativas;

XVIII – aprovar a liberação de exemplares de espécie exótica da fauna e da flora em ecossistemas naturais frágeis ou protegidos;

XIX – controlar a exportação de componentes da biodiversidade brasileira na forma de espécimes silvestres da flora, micro-organismos e da fauna, partes ou produtos deles derivados;

XX – controlar a apanha de espécimes da fauna silvestre, ovos e larvas;

XXI – proteger a fauna migratória e as espécies inseridas na relação prevista no inciso XVI;

XXII – exercer o controle ambiental da pesca em âmbito nacional ou regional;

XXIII – gerir o patrimônio genético e o acesso ao conhecimento tradicional associado, respeitadas as atribuições setoriais;

XXIV – exercer o controle ambiental sobre o transporte marítimo de produtos perigosos; e

XXV – exercer o controle ambiental sobre o transporte interestadual, fluvial ou terrestre, de produtos perigosos.

Parágrafo único. O licenciamento dos empreendimentos cuja localização compreenda concomitantemente áreas das faixas terrestre e marítima da zona costeira será de atribuição da União exclusivamente nos casos previstos em tipologia estabelecida por ato do Poder Executivo, a partir de proposição da Comissão Tripartite Nacional, assegurada a participação de um membro do Conselho Nacional do Meio Ambiente (CONAMA) e considerados os critérios de porte, potencial poluidor e natureza da atividade ou empreendimento.

Art. 8º São ações administrativas dos Estados:

I – executar e fazer cumprir, em âmbito estadual, a Política Nacional do Meio Ambiente e demais políticas nacionais relacionadas à proteção ambiental;

II – exercer a gestão dos recursos ambientais no âmbito de suas atribuições;

III – formular, executar e fazer cumprir, em âmbito estadual, a Política Estadual de Meio Ambiente;

IV – promover, no âmbito estadual, a integração de programas e ações de órgãos e entidades da administração pública da União, dos Estados, do Distrito Federal e dos Municípios, relacionados à proteção e à gestão ambiental;

V – articular a cooperação técnica, científica e financeira, em apoio às Políticas Nacional e Estadual de Meio Ambiente;

VI – promover o desenvolvimento de estudos e pesquisas direcionados à proteção e à gestão ambiental, divulgando os resultados obtidos;

VII – organizar e manter, com a colaboração dos órgãos municipais competentes, o Sistema Estadual de Informações sobre Meio Ambiente;

VIII – prestar informações à União para a formação e atualização do SINIMA;

IX – elaborar o zoneamento ambiental de âmbito estadual, em conformidade com os zoneamentos de âmbito nacional e regional;

X – definir espaços territoriais e seus componentes a serem especialmente protegidos;

XI – promover e orientar a educação ambiental em todos os níveis de ensino e a conscientização pública para a proteção do meio ambiente;

XII – controlar a produção, a comercialização e o emprego de técnicas, métodos e substâncias que comportem risco para a vida, a qualidade de vida e o meio ambiente, na forma da lei;

XIII – exercer o controle e fiscalizar as atividades e empreendimentos cuja atribuição para licenciar ou autorizar, ambientalmente, for cometida aos Estados;

XIV – promover o licenciamento ambiental de atividades ou empreendimentos utilizadores de recursos ambientais, efetiva ou potencialmente poluidores ou capazes, sob qualquer forma, de causar degradação ambiental, ressalvado o disposto nos arts. 7º e 9º;

XV – promover o licenciamento ambiental de atividades ou empreendimentos localizados ou desenvolvidos em unidades de conservação instituídas pelo Estado, exceto em Áreas de Proteção Ambiental (APAs);

XVI – aprovar o manejo e a supressão de vegetação, de florestas e formações sucessoras em:

a) florestas públicas estaduais ou unidades de conservação do Estado, exceto em Áreas de Proteção Ambiental (APAs);

b) imóveis rurais, observadas as atribuições previstas no inciso XV do art. 7º; e

c) atividades ou empreendimentos licenciados ou autorizados, ambientalmente, pelo Estado;

XVII – elaborar a relação de espécies da fauna e da flora ameaçadas de extinção no respectivo território, mediante laudos e estudos técnico-científicos, fomentando as atividades que conservem essas espécies *in situ*;

XVIII – controlar a apanha de espécimes da fauna silvestre, ovos e larvas destinadas à implantação de criadouros e à pesquisa científica, ressalvado o disposto no inciso XX do art. 7º;

XIX – aprovar o funcionamento de criadouros da fauna silvestre;

XX – exercer o controle ambiental da pesca em âmbito estadual; e

XXI – exercer o controle ambiental do transporte fluvial e terrestre de produtos perigosos, ressalvado o disposto no inciso XXV do art. 7º.

Art. 9º São ações administrativas dos Municípios:

I – executar e fazer cumprir, em âmbito municipal, as Políticas Nacional e Estadual de Meio Ambiente e demais políticas nacionais e estaduais relacionadas à proteção do meio ambiente;

II – exercer a gestão dos recursos ambientais no âmbito de suas atribuições;

III – formular, executar e fazer cumprir a Política Municipal de Meio Ambiente;

IV – promover, no Município, a integração de programas e ações de órgãos e entidades da administração pública federal, estadual e municipal, relacionados à proteção e à gestão ambiental;

V – articular a cooperação técnica, científica e financeira, em apoio às Políticas Nacional, Estadual e Municipal de Meio Ambiente;

VI – promover o desenvolvimento de estudos e pesquisas direcionados à proteção e à gestão ambiental, divulgando os resultados obtidos;

VII – organizar e manter o Sistema Municipal de Informações sobre Meio Ambiente;

VIII – prestar informações aos Estados e à União para a formação e atualização dos Sistemas Estadual e Nacional de Informações sobre Meio Ambiente;

IX – elaborar o Plano Diretor, observando os zoneamentos ambientais;

X – definir espaços territoriais e seus componentes a serem especialmente protegidos;

XI – promover e orientar a educação ambiental em todos os níveis de ensino e a conscientização pública para a proteção do meio ambiente;

XII – controlar a produção, a comercialização e o emprego de técnicas, métodos e substâncias que comportem risco para a vida, a qualidade de vida e o meio ambiente, na forma da lei;

XIII – exercer o controle e fiscalizar as atividades e empreendimentos cuja atribuição para licenciar ou autorizar, ambientalmente, for cometida ao Município;

XIV – observadas as atribuições dos demais entes federativos previstas nesta Lei Complementar, promover o licenciamento ambiental das atividades ou empreendimentos:

a) que causem ou possam causar impacto ambiental de âmbito local, conforme tipologia definida pelos respectivos Conselhos Estaduais de Meio Ambiente, considerados os critérios de porte, potencial poluidor e natureza da atividade; ou

▸ Art. 18, § 2º, desta lei.

b) localizados em unidades de conservação instituídas pelo Município, exceto em Áreas de Proteção Ambiental (APAs);

XV – observadas as atribuições dos demais entes federativos previstas nesta Lei Complementar, aprovar:

a) a supressão e o manejo de vegetação, de florestas e formações sucessoras em florestas públicas municipais e unidades de conservação instituídas pelo Município, exceto em Áreas de Proteção Ambiental (APAs); e

b) a supressão e o manejo de vegetação, de florestas e formações sucessoras em empreendimentos licenciados ou autorizados, ambientalmente, pelo Município.

Art. 10. São ações administrativas do Distrito Federal as previstas nos arts. 8º e 9º.

Art. 11. A lei poderá estabelecer regras próprias para atribuições relativas à autorização de manejo e supressão de vegetação, considerada a sua caracterização como vegetação primária ou secundária em diferentes estágios de regeneração, assim como a existência de espécies da flora ou da fauna ameaçadas de extinção.

Art. 12. Para fins de licenciamento ambiental de atividades ou empreendimentos utilizadores de recursos ambientais, efetiva ou potencialmente poluidores ou capazes, sob qualquer forma, de causar degradação ambiental, e para autorização de supressão e manejo de vegetação, o critério do ente federativo instituidor da unidade de conservação não será aplicado às Áreas de Proteção Ambiental (APAs).

Parágrafo único. A definição do ente federativo responsável pelo licenciamento e autorização a que se refere o *caput*, no caso das APAs, seguirá os critérios previstos nas alíneas *a*, *b*, *e*, *f* e *h* do inciso XIV do art. 7º, no inciso XIV do art. 8º e na alínea *a* do inciso XIV do art. 9º.

Art. 13. Os empreendimentos e atividades são licenciados ou autorizados, ambientalmente, por um único ente federativo, em conformidade com as atribuições estabelecidas nos termos desta Lei Complementar.

§ 1º Os demais entes federativos interessados podem manifestar-se ao órgão responsável pela licença ou autorização, de maneira não vinculante, respeitados os prazos e procedimentos do licenciamento ambiental.

§ 2º A supressão de vegetação decorrente de licenciamentos ambientais é autorizada pelo ente federativo licenciador.

§ 3º Os valores alusivos às taxas de licenciamento ambiental e outros serviços afins devem guardar relação de proporcionalidade com o custo e a complexidade do serviço prestado pelo ente federativo.

Art. 14. Os órgãos licenciadores devem observar os prazos estabelecidos para tramitação dos processos de licenciamento.

§ 1º As exigências de complementação oriundas da análise do empreendimento ou atividade devem ser comunicadas pela autoridade licenciadora de uma única vez ao empreendedor, ressalvadas aquelas decorrentes de fatos novos.

§ 2º As exigências de complementação de informações, documentos ou estudos feitas pela autoridade licenciadora suspendem o prazo de aprovação, que continua a fluir após o seu atendimento integral pelo empreendedor.

§ 3º O decurso dos prazos de licenciamento, sem a emissão da licença ambiental, não implica emissão tácita nem autoriza a prática de ato que dela dependa ou decorra, mas instaura a competência supletiva referida no art. 15.

§ 4º A renovação de licenças ambientais deve ser requerida com antecedência mínima de 120 (cento e vinte) dias da expiração de seu prazo de validade, fixado na respectiva licença, ficando este automaticamente prorrogado até a manifestação definitiva do órgão ambiental competente.

▸ O STF, por unanimidade, julgou parcialmente procedente a ADI nº 4.757, para conferir interpretação conforme à Constituição Federal a este parágrafo (*DOU* de 16-12-2022).

Art. 15. Os entes federativos devem atuar em caráter supletivo nas ações administrativas de licenciamento e na autorização ambiental, nas seguintes hipóteses:

I – inexistindo órgão ambiental capacitado ou conselho de meio ambiente no Estado ou no Distrito Federal, a União deve desempenhar as ações administrativas estaduais ou distritais até a sua criação;

II – inexistindo órgão ambiental capacitado ou conselho de meio ambiente no Município, o Estado deve desempenhar as ações administrativas municipais até a sua criação; e

III – inexistindo órgão ambiental capacitado ou conselho de meio ambiente no Estado e no Município, a União deve desempenhar as ações administrativas até a sua criação em um daqueles entes federativos.

Art. 16. A ação administrativa subsidiária dos entes federativos dar-se-á por meio de apoio técnico, científico, administrativo ou financeiro, sem prejuízo de outras formas de cooperação.

Parágrafo único. A ação subsidiária deve ser solicitada pelo ente originariamente detentor da atribuição nos termos desta Lei Complementar.

Art. 17. Compete ao órgão responsável pelo licenciamento ou autorização, conforme o caso, de um empreendimento ou atividade, lavrar auto de infração ambiental e instaurar processo administrativo para a apuração de infrações à legislação ambiental cometidas pelo empreendimento ou atividade licenciada ou autorizada.

§ 1º Qualquer pessoa legalmente identificada, ao constatar infração ambiental decorrente de empreendimento ou atividade utilizadores de recursos ambientais, efetiva ou potencialmente poluidores, pode dirigir representação ao órgão a que se refere o *caput*, para efeito do exercício de seu poder de polícia.

§ 2º Nos casos de iminência ou ocorrência de degradação da qualidade ambiental, o ente federativo que tiver conhecimento do fato deverá determinar medidas para evitá-la, fazer cessá-la ou mitigá-la, comunicando imediatamente ao órgão competente para as providências cabíveis.

§ 3º O disposto no *caput* deste artigo não impede o exercício pelos entes federativos da atribuição comum de fiscalização da conformidade de empreendimentos e atividades efetiva ou potencialmente poluidores ou utilizadores de recursos naturais com a legislação ambiental em vigor, prevalecendo o auto de infração ambiental lavrado por órgão que detenha a atribuição de licenciamento ou autorização a que se refere o *caput*.

▸ O STF, por unanimidade, julgou parcialmente procedente a ADI nº 4.757, para conferir interpretação conforme à Constituição Federal a este parágrafo (*DOU* de 16-12-2022).

CAPÍTULO IV
DISPOSIÇÕES FINAIS E TRANSITÓRIAS

Art. 18. Esta Lei Complementar aplica-se apenas aos processos de licenciamento e autorização ambiental iniciados a partir de sua vigência.

§ 1º Na hipótese de que trata a alínea *h* do inciso XIV do art. 7º, a aplicação desta Lei Complementar dar-se-á a partir da entrada em vigor do ato previsto no referido dispositivo.

§ 2º Na hipótese de que trata a alínea *a* do inciso XIV do art. 9º, a aplicação desta Lei Complementar dar-se-á a partir da edição da decisão do respectivo Conselho Estadual.

§ 3º Enquanto não forem estabelecidas as tipologias de que tratam os §§ 1º e 2º deste artigo, os processos de licenciamento e autorização ambiental serão conduzidos conforme a legislação em vigor.

Art. 19. O manejo e a supressão de vegetação em situações ou áreas não previstas nesta Lei Complementar dar-se-ão nos termos da legislação em vigor.

Art. 20. O art. 10 da Lei nº 6.938, de 31 de agosto de 1981, passa a vigorar com a seguinte redação:

▸ Alterações inseridas no texto da referida Lei.

Art. 21. Revogam-se os §§ 2º, 3º e 4º do art. 10 e o § 1º do art. 11 da Lei nº 6.938, de 31 de agosto de 1981.

Art. 22. Esta Lei Complementar entra em vigor na data de sua publicação.

Brasília, 8 de dezembro de 2011;
190º da Independência e
123º da República.

Dilma Rousseff

LEI Nº 12.651, DE 25 DE MAIO DE 2012

Dispõe sobre a proteção da vegetação nativa; altera as Leis nºs 6.938, de 31 de agosto de 1981, 9.393, de 19 de dezembro de 1996, e 11.428, de 22 de dezembro de 2006; revoga as Leis nºs 4.771, de 15 de setembro de 1965, e 7.754, de 14 de abril de 1989, e a Medida Provisória nº 2.166-67, de 24 de agosto de 2001; e dá outras providências.

▶ Publicada no *DOU* de 28-5-2012.
▶ Lei nº 6.902, de 27-4-1981 (Lei das Estações Ecológicas e Áreas de Proteção Ambiental).
▶ Lei nº 9.985, de 18-7-2000 (Lei do Sistema Nacional de Unidades de Conservação da Natureza).
▶ Lei nº 11.284, de 2-3-2006 (Lei de Gestão de Florestas Públicas).
▶ Lei nº 11.428, de 22-12-2006 (Lei de Proteção do Bioma Mata Atlântica).
▶ Dec. nº 6.063, de 20-3-2007, regulamenta a Lei nº 11.284, de 2-3-2006.
▶ Dec. nº 7.830, de 17-10-2012, que dispõe sobre o Sistema de Cadastro Ambiental Rural, o Cadastro Ambiental Rural e estabelece normas de caráter geral aos Programas de Regularização Ambiental.
▶ Dec. nº 8.972, de 23-1-2017, institui a Política Nacional de Recuperação da Vegetação Nativa.
▶ Res. do CONAMA nº 369, de 28-3-2006, dispõe sobre os casos excepcionais, de utilidade pública, interesse social ou baixo impacto ambiental, que possibilitam a intervenção ou supressão de vegetação em Área de Preservação Permanente – APP.
▶ Res. do CONAMA nº 378, de 19-10-2006, define os crimes potencialmente causadores de impacto ambiental nacional ou regional.
▶ Res. do CONAMA nº 425, de 25-5-2010, dispõe sobre critérios para a caracterização de atividades e empreendimentos agropecuários sustentáveis do agricultor familiar, empreendedor rural familiar e dos povos e comunidades tradicionais como de interesse social para fins de produção, intervenção e recuperação de Áreas de Preservação Permanente e outras de uso limitado.

CAPÍTULO I
DISPOSIÇÕES GERAIS

Art. 1º VETADO.

Art. 1º-A. Esta Lei estabelece normas gerais sobre a proteção da vegetação, áreas de Preservação Permanente e as áreas de Reserva Legal; a exploração florestal, o suprimento de matéria-prima florestal, o controle da origem dos produtos florestais e o controle e prevenção dos incêndios florestais, e prevê instrumentos econômicos e financeiros para o alcance de seus objetivos.

▶ *Caput* com a redação dada pela Lei nº 12.727, de 17-10-2012.
▶ A Lei nº 12.727, de 17-10-2012, ao converter a MP nº 571, de 25-5-2012, não manteve o acréscimo dos incisos I a VIII.

Parágrafo único. Tendo como objetivo o desenvolvimento sustentável, esta Lei atenderá aos seguintes princípios:

I – afirmação do compromisso soberano do Brasil com a preservação das suas florestas e demais formas de vegetação nativa, bem como da biodiversidade, do solo, dos recursos hídricos e da integridade do sistema climático, para o bem-estar das gerações presentes e futuras;

II – reafirmação da importância da função estratégica da atividade agropecuária e do papel das florestas e demais formas de vegetação nativa na sustentabilidade, no crescimento econômico, na melhoria da qualidade de vida da população brasileira e na presença do País nos mercados nacional e internacional de alimentos e bioenergia;

III – ação governamental de proteção e uso sustentável de florestas, consagrando o compromisso do País com a compatibilização e harmonização entre o uso produtivo da terra e a preservação da água, do solo e da vegetação;

IV – responsabilidade comum da União, Estados, Distrito Federal e Municípios, em colaboração com a sociedade civil, na criação de políticas para a preservação e restauração da vegetação nativa e de suas funções ecológicas e sociais nas áreas urbanas e rurais;

V – fomento à pesquisa científica e tecnológica na busca da inovação para o uso sustentável do solo e da água, a recuperação e a preservação das florestas e demais formas de vegetação nativa;

VI – criação e mobilização de incentivos econômicos para fomentar a preservação e a recuperação da vegetação nativa e para promover o desenvolvimento de atividades produtivas sustentáveis.

▶ Parágrafo único acrescido pela Lei nº 12.727, de 17-10-2012.

Art. 2º As florestas existentes no território nacional e as demais formas de vegetação nativa, reconhecidas de utilidade às terras que revestem, são bens de interesse comum a todos os habitantes do País, exercendo-se os direitos de propriedade com as limitações que a legislação em geral e especialmente esta Lei estabelecem.

§ 1º Na utilização e exploração da vegetação, as ações ou omissões contrárias às disposições desta Lei são consideradas uso irregular da propriedade, aplicando-se o procedimento sumário previsto no inciso II do art. 275 da Lei nº 5.869, de 11 de janeiro de 1973 – Código de Processo Civil, sem prejuízo da responsabilidade civil, nos termos do § 1º do art. 14 da Lei nº 6.938, de 31 de agosto de 1981, e das sanções administrativas, civis e penais.

§ 2º As obrigações previstas nesta Lei têm natureza real e são transmitidas ao sucessor, de qualquer natureza, no caso de transferência de domínio ou posse do imóvel rural.

Art. 3º Para os efeitos desta Lei, entende-se por:

I – Amazônia Legal: os Estados do Acre, Pará, Amazonas, Roraima, Rondônia, Amapá e Mato Grosso e as regiões situadas ao norte do paralelo 13º S, dos Estados de Tocantins e Goiás, e ao oeste do meridiano de 44º W, do Estado do Maranhão;

II – Área de Preservação Permanente – APP: área protegida, coberta ou não por vegetação nativa, com a função ambiental de preservar os recursos hídricos, a paisagem, a estabilidade geológica e a biodiversidade, facilitar o fluxo gênico de fauna e flora, proteger o solo e assegurar o bem-estar das populações humanas;

III – Reserva Legal: área localizada no interior de uma propriedade ou posse rural, delimitada nos termos do art. 12, com a função de assegurar o uso econômico de modo sustentável dos recursos naturais do imóvel rural, auxiliar a conservação e a reabilitação dos processos ecológicos e promover a conservação da biodiversidade, bem como o abrigo e a proteção de fauna silvestre e da flora nativa;

IV – área rural consolidada: área de imóvel rural com ocupação antrópica preexistente a 22 de julho de 2008, com edificações, benfeitorias ou atividades agrossilvipastoris, admitida, neste último caso, a adoção do regime de pousio;

V – pequena propriedade ou posse rural familiar: aquela explorada mediante o trabalho pessoal do agricultor familiar e empreendedor familiar rural, incluindo os assentamentos e projetos de reforma agrária, e que atenda ao disposto no art. 3º da Lei nº 11.326, de 24 de julho de 2006;

VI – uso alternativo do solo: substituição de vegetação nativa e formações sucessoras por outras coberturas do solo, como atividades agropecuárias, industriais, de geração e transmissão de energia, de mineração e de transporte, assentamentos urbanos ou outras formas de ocupação humana;

VII – manejo sustentável: administração da vegetação natural para a obtenção de benefícios econômicos, sociais e ambientais, respeitando-se os mecanismos de sustentação do ecossistema objeto do manejo e considerando-se, cumulativa ou alternativamente, a utilização de múltiplas espécies madeireiras ou não, de múltiplos produtos e subprodutos da flora, bem como a utilização de outros bens e serviços;

VIII – utilidade pública:

a) as atividades de segurança nacional e proteção sanitária;

b) as obras de infraestrutura destinadas às concessões e aos serviços públicos de transporte, sistema viário, inclusive aquele necessário aos parcelamentos de solo urbano aprovados pelos Municípios, saneamento, gestão de resíduos, energia, telecomunicações, radiodifusão, instalações necessárias à realização de competições esportivas estaduais, nacionais ou internacionais, bem como mineração, exceto, neste último caso, a extração de areia, argila, saibro e cascalho;

▶ O STF, por maioria dos votos, julgou parcialmente procedente a ADC Nº 42 e as Ações Diretas de Inconstitucionalidade nºs 4.903 e 4.937, para declarar a inconstitucionalidade das expressões "gestão de resíduos" e "instalações necessárias à realização de competições esportivas estaduais, nacionais ou internacionais", contidas nesta alínea (*DOU* de 6-3-2018).

c) atividades e obras de defesa civil;

d) atividades que comprovadamente proporcionem melhorias na proteção das funções ambientais referidas no inciso II deste artigo;

e) outras atividades similares devidamente caracterizadas e motivadas em procedimento administrativo próprio, quando inexistir alternativa técnica e locacional ao empreendimento proposto, definidas em ato do Chefe do Poder Executivo federal;

IX – interesse social:

a) as atividades imprescindíveis à proteção da integridade da vegetação nativa, tais como prevenção, combate e controle do fogo, controle da erosão, erradicação de invasoras e proteção de plantios com espécies nativas;

b) a exploração agroflorestal sustentável praticada na pequena propriedade ou posse rural familiar ou por povos e comunidades tradicionais, desde que não descaracterize a cobertura vegetal existente e não prejudique a função ambiental da área;

c) a implantação de infraestrutura pública destinada a esportes, lazer e atividades educacionais e culturais ao ar livre em áreas urbanas e rurais consolidadas, observadas as condições estabelecidas nesta Lei;

d) a regularização fundiária de assentamentos humanos ocupados predominantemente por população de baixa renda em áreas urbanas consolidadas, observadas as condições estabelecidas na Lei nº 11.977, de 7 de julho de 2009;

e) implantação de instalações necessárias à captação e condução de água e de efluentes tratados para projetos cujos recursos hídricos são partes integrantes e essenciais da atividade;

f) as atividades de pesquisa e extração de areia, argila, saibro e cascalho, outorgadas pela autoridade competente;

g) outras atividades similares devidamente caracterizadas e motivadas em procedimento administrativo próprio, quando inexistir alternativa técnica e locacional à atividade proposta, definidas em ato do Chefe do Poder Executivo federal;

X – atividades eventuais ou de baixo impacto ambiental:

a) abertura de pequenas vias de acesso interno e suas pontes e pontilhões, quando necessárias à travessia de um curso d'água, ao acesso de pessoas e animais para a obtenção de água ou à retirada de produtos oriundos das atividades de manejo agroflorestal sustentável;

b) implantação de instalações necessárias à captação e condução de água e efluentes tratados, desde que comprovada a outorga do direito de uso da água, quando couber;

c) implantação de trilhas para o desenvolvimento do ecoturismo;

d) construção de rampa de lançamento de barcos e pequeno ancoradouro;

e) construção de moradia de agricultores familiares, remanescentes de comunidades quilombolas e outras populações extrativistas e tradicionais em áreas rurais, onde o abastecimento de água se dê pelo esforço próprio dos moradores;

f) construção e manutenção de cercas na propriedade;

g) pesquisa científica relativa a recursos ambientais, respeitados outros requisitos previstos na legislação aplicável;

h) coleta de produtos não madeireiros para fins de subsistência e produção de mudas, como sementes, castanhas e frutos, respeitada a legislação específica de acesso a recursos genéticos;

i) plantio de espécies nativas produtoras de frutos, sementes, castanhas e outros produtos vegetais, desde que não implique supressão da vegetação existente nem prejudique a função ambiental da área;

j) exploração agroflorestal e manejo florestal sustentável, comunitário e familiar, incluindo a extração de produtos florestais não madeireiros, desde que não descaracterizem a cobertura vegetal nativa existente nem prejudiquem a função ambiental da área;

j-A) atividades com o objetivo de recompor a vegetação nativa no entorno de nascentes ou outras áreas degradadas, conforme norma expedida pelo órgão competente do Sistema Nacional do Meio Ambiente (SISNAMA);

▸ Alínea j-A acrescida pela Lei nº 14.653, de 23-8-2023.

k) outras ações ou atividades similares, reconhecidas como eventuais e de baixo impacto ambiental em ato do Conselho Nacional do Meio Ambiente – CONAMA ou dos Conselhos Estaduais de Meio Ambiente;

XI – VETADO;

XII – vereda: fitofisionomia de savana, encontrada em solos hidromórficos, usualmente com a palmeira arbórea Mauritia flexuosa – buriti emergente, sem formar dossel, em meio a agrupamentos de espécies arbustivo-herbáceas;

▸ Inciso XII com a redação dada pela Lei nº 12.727, de 17-10-2012.

XIII – manguezal: ecossistema litorâneo que ocorre em terrenos baixos, sujeitos à ação das marés, formado por vasas lodosas recentes ou arenosas, às quais se associa, predominantemente, a vegetação natural conhecida como mangue, com influência fluviomarinha, típica de solos limosos de regiões estuarinas e com dispersão descontínua ao longo da costa brasileira, entre os Estados do Amapá e de Santa Catarina;

XIV – salgado ou marismas tropicais hipersalinos: áreas situadas em regiões com frequências de inundações intermediárias entre marés de sizígias e de quadratura, com solos cuja salinidade varia entre 100 (cem) e 150 (cento e cinquenta) partes por 1.000 (mil), onde pode ocorrer a presença de vegetação herbácea específica;

XV – apicum: áreas de solos hipersalinos situadas nas regiões entremarés superiores, inundadas apenas pelas marés de sizígias, que apresentam salinidade superior a 150 (cento e cinquenta) partes por 1.000 (mil), desprovidas de vegetação vascular;

XVI – restinga: depósito arenoso paralelo à linha da costa, de forma geralmente alongada, produzido por processos de sedimentação, onde se encontram diferentes comunidades que recebem influência marinha, com cobertura vegetal em mosaico, encontrada em praias, cordões arenosos, dunas e depressões, apresentando, de acordo com o estágio sucessional, estrato herbáceo, arbustivo e arbóreo, este último mais interiorizado;

XVII – nascente: afloramento natural do lençol freático que apresenta perenidade e dá início a um curso d'água;

XVIII – olho d'água: afloramento natural do lençol freático, mesmo que intermitente;

XIX – leito regular: a calha por onde correm regularmente as águas do curso d'água durante o ano;

XX – área verde urbana: espaços, públicos ou privados, com predomínio de vegetação, preferencialmente nativa, natural ou recuperada, previstos no Plano Diretor, nas Leis de Zoneamento Urbano e Uso do Solo do Município, indisponíveis para construção de moradias, destinados aos propósitos de recreação, lazer, melhoria da qualidade ambiental urbana, proteção dos recursos hídricos, manutenção ou melhoria paisagística, proteção de bens e manifestações culturais;

XXI – várzea de inundação ou planície de inundação: áreas marginais a cursos d'água sujeitas a enchentes e inundações periódicas;

XXII – faixa de passagem de inundação: área de várzea ou planície de inundação adjacente a cursos d'água que permite o escoamento da enchente;

XXIII – relevo ondulado: expressão geomorfológica usada para designar área caracterizada por movimentações do terreno que geram depressões, cuja intensidade permite sua classificação como relevo suave ondulado, ondulado, fortemente ondulado e montanhoso;

XXIV – pousio: prática de interrupção temporária de atividades ou usos agrícolas, pecuários ou silviculturais, por no máximo 5 (cinco) anos, para possibilitar a recuperação da capacidade de uso ou da estrutura física do solo;

XXV – áreas úmidas: pantanais e superfícies terrestres cobertas de forma periódica por águas, cobertas originalmente por florestas ou outras formas de vegetação adaptadas à inundação;

▸ Incisos XXIV e XXV com a redação dada pela Lei nº 12.727, de 17-10-2012.

XXVI – área urbana consolidada: aquela que atende os seguintes critérios:

▸ *Caput* com a redação dada pela Lei nº 14.285, de 29-12-2021.

a) estar incluída no perímetro urbano ou em zona urbana pelo plano diretor ou por lei municipal específica;

b) dispor de sistema viário implantado;

c) estar organizada em quadras e lotes predominantemente edificados;

d) apresentar uso predominantemente urbano, caracterizado pela existência de edificações residenciais, comerciais, industriais, institucionais, mistas ou direcionadas à prestação de serviços;

e) dispor de, no mínimo, 2 (dois) dos seguintes equipamentos de infraestrutura urbana implantados:

1. drenagem de águas pluviais;
2. esgotamento sanitário;
3. abastecimento de água potável;
4. distribuição de energia elétrica e iluminação pública; e
5. limpeza urbana, coleta e manejo de resíduos sólidos;

▸ Alíneas *a* a *e* acrescidas pela Lei nº 14.285, de 29-12-2021.

XXVII – *crédito de carbono: ativo transacionável, autônomo, com natureza jurídica de fruto civil no caso de créditos de carbono florestais de preservação ou de reflorestamento, exceto os oriundos de programas jurisdicionais, desde que respeitadas todas as limitações impostas a tais programas por esta Lei, representativo de efetiva retenção, redução de emissões ou remoção de 1 tCO2e (uma tonelada de dióxido de carbono equivalente), obtido a partir de projetos ou programas de redução ou remoção de GEE, realizados por entidade pública ou privada, submetidos a metodologias nacionais ou internacionais que adotem critérios e regras para mensuração, relato e verificação de emissões, externos ao Sistema Brasileiro de Comércio de Emissões de Gases de Efeito Estufa (SBCE).*

▸ Inciso XXVII com a redação dada pela Lei nº 15.042, de 11-12-2024.

Parágrafo único. Para os fins desta Lei, estende-se o tratamento dispensado aos imóveis a que se refere o inciso V deste artigo às propriedades e posses rurais com até 4 (quatro) módulos fiscais que desenvolvam atividades agrossilvipastoris, bem como às terras indígenas demarcadas e às demais áreas tituladas de povos e comunidades tradicionais que façam uso coletivo do seu território.

▶ O STF, por maioria dos votos, julgou parcialmente procedente a ADC nº 42 e a ADI nº 4.903, para declarar a inconstitucionalidade das expressões "demarcadas" e "tituladas", contidas neste parágrafo (*DOU* de 6-3-2018).

CAPÍTULO II
DAS ÁREAS DE PRESERVAÇÃO PERMANENTE

SEÇÃO I
DA DELIMITAÇÃO DAS ÁREAS DE PRESERVAÇÃO PERMANENTE

Art. 4º Considera-se Área de Preservação Permanente, em zonas rurais ou urbanas, para os efeitos desta Lei:

I – as faixas marginais de qualquer curso d'água natural perene e intermitente, excluídos os efêmeros, desde a borda da calha do leito regular, em largura mínima de:

▶ *Caput* do inciso I com a redação dada pela Lei nº 12.727, de 17-10-2012.

a) 30 (trinta) metros, para os cursos d'água de menos de 10 (dez) metros de largura;

b) 50 (cinquenta) metros, para os cursos d'água que tenham de 10 (dez) a 50 (cinquenta) metros de largura;

c) 100 (cem) metros, para os cursos d'água que tenham de 50 (cinquenta) a 200 (duzentos) metros de largura;

d) 200 (duzentos) metros, para os cursos d'água que tenham de 200 (duzentos) a 600 (seiscentos) metros de largura;

e) 500 (quinhentos) metros, para os cursos d'água que tenham largura superior a 600 (seiscentos) metros;

II – as áreas no entorno dos lagos e lagoas naturais, em faixa com largura mínima de:

a) 100 (cem) metros, em zonas rurais, exceto para o corpo d'água com até 20 (vinte) hectares de superfície, cuja faixa marginal será de 50 (cinquenta) metros;

b) 30 (trinta) metros, em zonas urbanas;

III – as áreas no entorno dos reservatórios d'água artificiais, decorrentes de barramento ou represamento de cursos d'água naturais, na faixa definida na licença ambiental do empreendimento;

IV – as áreas no entorno das nascentes e dos olhos d'água perenes, qualquer que seja sua situação topográfica, no raio mínimo de 50 (cinquenta) metros;

▶ Incisos III e IV com a redação dada pela Lei nº 12.727, de 17-10-2012.

V – as encostas ou partes destas com declividade superior a 45º, equivalente a 100% (cem por cento) na linha de maior declive;

VI – as restingas, como fixadoras de dunas ou estabilizadoras de mangues;

VII – os manguezais, em toda a sua extensão;

VIII – as bordas dos tabuleiros ou chapadas, até a linha de ruptura do relevo, em faixa nunca inferior a 100 (cem) metros em projeções horizontais;

IX – no topo de morros, montes, montanhas e serras, com altura mínima de 100 (cem) metros e inclinação média maior que 25º, as áreas delimitadas a partir da curva de nível correspondente a 2/3 (dois terços) da altura mínima da elevação sempre em relação à base, sendo esta definida pelo plano horizontal determinado por planície ou espelho d'água adjacente ou, nos relevos ondulados, pela cota do ponto de sela mais próximo da elevação;

X – as áreas em altitude superior a 1.800 (mil e oitocentos) metros, qualquer que seja a vegetação;

XI – em veredas, a faixa marginal, em projeção horizontal, com largura mínima de 50 (cinquenta) metros, a partir do espaço permanentemente brejoso e encharcado.

▶ Inciso XI com a redação dada pela Lei nº 12.727, de 17-10-2012.

§ 1º Não será exigida Área de Preservação Permanente no entorno de reservatórios artificiais de água que não decorram de barramento ou represamento de cursos d'água naturais.

▶ § 1º com a redação dada pela Lei nº 12.727, de 17-10-2012.

§ 2º *Revogado*. Lei nº 12.727, de 17-10-2012.

§ 3º VETADO.

§ 4º Nas acumulações naturais ou artificiais de água com superfície inferior a 1 (um) hectare, fica dispensada a reserva da faixa de proteção prevista nos incisos II e III do *caput*, vedada nova supressão de áreas de vegetação nativa, salvo autorização do órgão ambiental competente do Sistema Nacional do Meio Ambiente – SISNAMA.

▶ § 4º com a redação dada pela Lei nº 12.727, de 17-10-2012.

§ 5º É admitido, para a pequena propriedade ou posse rural familiar, de que trata o inciso V do art. 3º desta Lei, o plantio de culturas temporárias e sazonais de vazante de ciclo curto na faixa de terra que fica exposta no período de vazante dos rios ou lagos, desde que não implique supressão de novas áreas de vegetação nativa, seja conservada a qualidade da água e do solo e seja protegida a fauna silvestre.

§ 6º Nos imóveis rurais com até 15 (quinze) módulos fiscais, é admitida, nas áreas de que tratam os incisos I e II do *caput* deste artigo, a prática da aquicultura e a infraestrutura física diretamente a ela associada, desde que:

I – sejam adotadas práticas sustentáveis de manejo de solo e água e de recursos hídricos, garantindo sua qualidade e quantidade, de acordo com norma dos Conselhos Estaduais de Meio Ambiente;

II – esteja de acordo com os respectivos planos de bacia ou planos de gestão de recursos hídricos;

III – seja realizado o licenciamento pelo órgão ambiental competente;

IV – o imóvel esteja inscrito no Cadastro Ambiental Rural – CAR;

V – não implique novas supressões de vegetação nativa.

▶ Inciso V com a redação dada pela Lei nº 12.727, de 17-10-2012.

§§ 7º e 8º VETADOS.

§ 9º VETADO. Lei nº 12.727, de 17-10-2012.

§ 10. Em áreas urbanas consolidadas, ouvidos os conselhos estaduais, municipais ou distrital de meio ambiente, lei municipal ou distrital poderá definir faixas marginais distintas daquelas estabelecidas no inciso I do *caput* deste artigo, com regras que estabeleçam:

I – a não ocupação de áreas com risco de desastres;

II – a observância das diretrizes do plano de recursos hídricos, do plano de bacia, do plano de drenagem ou do plano de saneamento básico, se houver; e

III – a previsão de que as atividades ou os empreendimentos a serem instalados nas áreas de preservação permanente urbanas devem observar os casos de utilidade pública, de interesse social ou de baixo impacto ambiental fixados nesta Lei.

▶ § 10 acrescido pela Lei nº 14.285, de 29-12-2021.

▶ A alteração que seria inserida neste parágrafo pela Lei nº 14.595, de 5-6-2023, foi vetada, razão pela qual mantivemos a sua redação.

Art. 5º Na implantação de reservatório d'água artificial destinado a geração de energia ou abastecimento público, é obrigatória a aquisição, desapropriação ou instituição de servidão administrativa pelo empreendedor das Áreas de Preservação Permanente criadas em seu entorno, conforme estabelecido no licenciamento ambiental, observando-se a faixa mínima de 30 (trinta) metros e máxima de 100 (cem) metros em área rural, e a faixa mínima de 15 (quinze) metros e máxima de 30 (trinta) metros em área urbana.

▶ *Caput* com a redação dada pela Lei nº 12.727, de 17-10-2012.

§ 1º Na implantação de reservatórios d'água artificiais de que trata o *caput*, o empreendedor, no âmbito do licenciamento ambiental, elaborará Plano Ambiental de Conservação e Uso do Entorno do Reservatório, em conformidade com termo de referência expedido pelo órgão competente do Sistema Nacional do Meio Ambiente – SISNAMA, não podendo o uso exceder a 10% (dez por cento) do total da Área de Preservação Permanente.

▶ § 1º com a redação dada pela Lei nº 12.727, de 17-10-2012.

§ 2º O Plano Ambiental de Conservação e Uso do Entorno de Reservatório Artificial, para os empreendimentos licitados a partir da vigência desta Lei, deverá ser apresentado ao órgão ambiental concomitantemente com o Plano Básico Ambiental e aprovado até o início da operação do empreendimento, não constituindo a sua ausência impedimento para a expedição da licença de instalação.

§ 3º VETADO.

Art. 6º Consideram-se, ainda, de preservação permanente, quando declaradas de interesse social por ato do Chefe do Poder Executivo, as áreas cobertas com florestas ou outras formas de vegetação destinadas a uma ou mais das seguintes finalidades:

I – conter a erosão do solo e mitigar riscos de enchentes e deslizamentos de terra e de rocha;

II – proteger as restingas ou veredas;

III – proteger várzeas;

IV – abrigar exemplares da fauna ou da flora ameaçados de extinção;

V – proteger sítios de excepcional beleza ou de valor científico, cultural ou histórico;

VI – formar faixas de proteção ao longo de rodovias e ferrovias;

VII – assegurar condições de bem-estar público;

VIII – auxiliar a defesa do território nacional, a critério das autoridades militares;

IX – proteger áreas úmidas, especialmente as de importância internacional.

▶ Inciso IX com a redação dada pela Lei nº 12.727, de 17-10-2012.

Seção II

DO REGIME DE PROTEÇÃO DAS ÁREAS DE PRESERVAÇÃO PERMANENTE

Art. 7º A vegetação situada em Área de Preservação Permanente deverá ser mantida pelo proprietário da área, possuidor ou ocupante a qualquer título, pessoa física ou jurídica, de direito público ou privado.

§ 1º Tendo ocorrido supressão de vegetação situada em Área de Preservação Permanente, o proprietário da área, possuidor ou ocupante a qualquer título é obrigado a promover a recomposição da vegetação, ressalvados os usos autorizados previstos nesta Lei.

§ 2º A obrigação prevista no § 1º tem natureza real e é transmitida ao sucessor no caso de transferência de domínio ou posse do imóvel rural.

§ 3º No caso de supressão não autorizada de vegetação realizada após 22 de julho de 2008, é vedada a concessão de novas autorizações de supressão de vegetação enquanto não cumpridas as obrigações previstas no § 1º.

Art. 8º A intervenção ou a supressão de vegetação nativa em Área de Preservação Permanente somente ocorrerá nas hipóteses de utilidade pública, de interesse social ou de baixo impacto ambiental previstas nesta Lei.

§ 1º A supressão de vegetação nativa protetora de nascentes, dunas e restingas somente poderá ser autorizada em caso de utilidade pública.

§ 2º A intervenção ou a supressão de vegetação nativa em Área de Preservação Permanente de que tratam os incisos VI e VII do *caput* do art. 4º poderá ser autorizada, excepcionalmente, em locais onde a função ecológica do manguezal esteja comprometida, para execução de obras habitacionais e de urbanização, inseridas em projetos de regularização fundiária de interesse social, em áreas urbanas consolidadas ocupadas por população de baixa renda.

§ 3º É dispensada a autorização do órgão ambiental competente para a execução, em caráter de urgência, de atividades de segurança nacional e obras de interesse da defesa civil destinadas à prevenção e mitigação de acidentes em áreas urbanas.

§ 4º Não haverá, em qualquer hipótese, direito à regularização de futuras intervenções ou supressões de vegetação nativa, além das previstas nesta Lei.

Art. 9º É permitido o acesso de pessoas e animais às Áreas de Preservação Permanente para obtenção de água e para realização de atividades de baixo impacto ambiental.

CAPÍTULO III

DAS ÁREAS DE USO RESTRITO

Art. 10. Nos pantanais e planícies pantaneiras, é permitida a exploração ecologicamente sustentável, devendo-se considerar as recomendações técnicas dos órgãos oficiais de pesquisa, ficando novas supressões de vegetação nativa para uso alternativo do solo condicionadas à autorização do órgão estadual do meio ambiente, com base nas recomendações mencionadas neste artigo.

▸ Artigo com a redação dada pela Lei nº 12.727, de 17-10-2012.

Art. 11. Em áreas de inclinação entre 25º e 45º, serão permitidos o manejo florestal sustentável e o exercício de atividades agrossilvipastoris, bem como a manutenção da infraestrutura física associada ao desenvolvimento das atividades, observadas boas práticas agronômicas, sendo vedada a conversão de novas áreas, excetuadas as hipóteses de utilidade pública e interesse social.

CAPÍTULO III-A

DO USO ECOLOGICAMENTE SUSTENTÁVEL DOS APICUNS E SALGADOS

Art. 11-A. A Zona Costeira é patrimônio nacional, nos termos do § 4º do art. 225 da Constituição Federal, devendo sua ocupação e exploração dar-se de modo ecologicamente sustentável.

§ 1º Os apicuns e salgados podem ser utilizados em atividades de carcinicultura e salinas, desde que observados os seguintes requisitos:

I – área total ocupada em cada Estado não superior a 10% (dez por cento) dessa modalidade de fitofisionomia no bioma amazônico e a 35% (trinta e cinco por cento) no restante do País, excluídas as ocupações consolidadas que atendam ao disposto no § 6º deste artigo;

II – salvaguarda da absoluta integridade dos manguezais arbustivos e dos processos ecológicos essenciais a eles associados, bem como da sua produtividade biológica e condição de berçário de recursos pesqueiros;

III – licenciamento da atividade e das instalações pelo órgão ambiental estadual, cientificado o Instituto Brasileiro do Meio Ambiente e dos Recursos Naturais Renováveis – IBAMA e, no caso de uso de terrenos de marinha ou outros bens da União, realizada regularização prévia da titulação perante a União;

IV – recolhimento, tratamento e disposição adequados dos efluentes e resíduos;

V – garantia da manutenção da qualidade da água e do solo, respeitadas as Áreas de Preservação Permanente; e

VI – respeito às atividades tradicionais de sobrevivência das comunidades locais.

§ 2º A licença ambiental, na hipótese deste artigo, será de 5 (cinco) anos, renovável apenas se o empreendedor cumprir as exigências da legislação ambiental e do próprio licenciamento, mediante comprovação anual, inclusive por mídia fotográfica.

§ 3º São sujeitos à apresentação de Estudo Prévio de Impacto Ambiental – EPIA e Relatório de Impacto Ambiental – RIMA os novos empreendimentos:

I – com área superior a 50 (cinquenta) hectares, vedada a fragmentação do projeto para ocultar ou camuflar seu porte;

II – com área de até 50 (cinquenta) hectares, se potencialmente causadores de significativa degradação do meio ambiente; ou

III – localizados em região com adensamento de empreendimentos de carcinicultura ou salinas cujo impacto afete áreas comuns.

§ 4º O órgão licenciador competente, mediante decisão motivada, poderá, sem prejuízo das sanções administrativas, cíveis e penais cabíveis, bem como do dever de recuperar os danos ambientais causados, alterar as condicionantes e as medidas de controle e adequação, quando ocorrer:

I – descumprimento ou cumprimento inadequado das condicionantes ou medidas de controle previstas no licenciamento, ou desobediência às normas aplicáveis;

II – fornecimento de informação falsa, dúbia ou enganosa, inclusive por omissão, em qualquer fase do licenciamento ou período de validade da licença; ou

III – superveniência de informações sobre riscos ao meio ambiente ou à saúde pública.

§ 5º A ampliação da ocupação de apicuns e salgados respeitará o Zoneamento Ecológico-Econômico da Zona Costeira – ZEEZOC, com a individualização das áreas ainda passíveis de uso, em escala mínima de 1:10.000, que deverá ser concluído por cada Estado no prazo máximo de 1 (um) ano a partir da data da publicação desta Lei.

§ 6º É assegurada a regularização das atividades e empreendimentos de carcinicultura e salinas cuja ocupação e implantação tenham ocorrido antes de 22 de julho de 2008, desde que o empreendedor, pessoa física ou jurídica, comprove sua localização em apicum ou salgado e se obrigue, por termo de compromisso, a proteger a integridade dos manguezais arbustivos adjacentes.

§ 7º É vedada a manutenção, licenciamento ou regularização, em qualquer hipótese ou forma, de ocupação ou exploração irregular em apicum ou salgado, ressalvadas as exceções previstas neste artigo.

▸ Art. 11-A com a redação dada pela Lei nº 12.727, de 17-10-2012.

CAPÍTULO IV

DA ÁREA DE RESERVA LEGAL

Seção I

DA DELIMITAÇÃO DA ÁREA DE RESERVA LEGAL

Art. 12. Todo imóvel rural deve manter área com cobertura de vegetação nativa, a título de Reserva Legal, sem prejuízo da aplicação das normas sobre as Áreas de Preservação Permanente, observados os seguintes percentuais mínimos em relação à área do imóvel, excetuados os casos previstos no art. 68 desta Lei:

▸ *Caput* com a redação dada pela Lei nº 12.727, de 17-10-2012.

I – localizado na Amazônia Legal:

a) 80% (oitenta por cento), no imóvel situado em área de florestas;

b) 35% (trinta e cinco por cento), no imóvel situado em área de cerrado;

c) 20% (vinte por cento), no imóvel situado em área de campos gerais;

II – localizado nas demais regiões do País: 20% (vinte por cento).

§ 1º Em caso de fracionamento do imóvel rural, a qualquer título, inclusive para assentamentos pelo Programa de Reforma Agrária, será considerada, para fins do disposto do *caput*, a área do imóvel antes do fracionamento.

§ 2º O percentual de Reserva Legal em imóvel situado em área de formações florestais, de cerrado ou de campos gerais na Amazônia Legal será definido considerando separadamente os índices contidos nas alíneas *a*, *b* e *c* do inciso I do *caput*.

§ 3º Após a implantação do CAR, a supressão de novas áreas de floresta ou outras formas de vegetação nativa apenas será autorizada pelo órgão ambiental estadual integrante do SISNAMA se o imóvel estiver inserido no mencionado cadastro, ressalvado o previsto no art. 30.

§ 4º Nos casos da alínea *a* do inciso I, o poder público poderá reduzir a Reserva Legal para até 50% (cinquenta por cento), para fins de recomposição, quando o Município tiver mais de 50% (cinquenta por cento) da área ocupada por unidades de conservação da natureza de domínio público e por terras indígenas homologadas.

§ 5º Nos casos da alínea *a* do inciso I, o poder público estadual, ouvido o Conselho Estadual de Meio Ambiente, poderá reduzir a Reserva Legal para até 50% (cinquenta por cento), quando o Estado tiver Zoneamento Ecológico-Econômico aprovado e mais de 65% (sessenta e cinco por cento) do seu território ocupado por unidades de conservação da natureza de domínio público, devidamente regularizadas, e por terras indígenas homologadas.

§ 6º Os empreendimentos de abastecimento público de água e tratamento de esgoto não estão sujeitos à constituição de Reserva Legal.

§ 7º Não será exigido Reserva Legal relativa às áreas adquiridas ou desapropriadas por detentor de concessão, permissão ou autorização para exploração de potencial de energia hidráulica, nas quais funcionem empreendimentos de geração de energia elétrica, subestações ou sejam instaladas linhas de transmissão e de distribuição de energia elétrica.

§ 8º Não será exigido Reserva Legal relativa às áreas adquiridas ou desapropriadas com o objetivo de implantação e ampliação de capacidade de rodovias e ferrovias.

Art. 13. Quando indicado pelo Zoneamento Ecológico-Econômico – ZEE estadual, realizado segundo metodologia unificada, o poder público federal poderá:

I – reduzir, exclusivamente para fins de regularização, mediante recomposição, regeneração ou compensação da Reserva Legal de imóveis com área rural consolidada, situados em área de floresta localizada na Amazônia Legal, para até 50% (cinquenta por cento) da propriedade, excluídas as áreas prioritárias para conservação da biodiversidade e dos recursos hídricos e os corredores ecológicos;

II – ampliar as áreas de Reserva Legal em até 50% (cinquenta por cento) dos percentuais previstos nesta Lei, para cumprimento de metas nacionais de proteção à biodiversidade ou de redução de emissão de gases de efeito estufa.

§ 1º No caso previsto no inciso I do *caput*, o proprietário ou possuidor de imóvel rural que mantiver Reserva Legal conservada e averbada em área superior aos percentuais exigidos no referido inciso poderá instituir servidão ambiental sobre a área excedente, nos termos da Lei nº 6.938, de 31 de agosto de 1981, e Cota de Reserva Ambiental.

§ 2º Os Estados que não possuem seus Zoneamentos Ecológico-Econômicos – ZEEs segundo a metodologia unificada, estabelecida em norma federal, terão o prazo de 5 (cinco) anos, a partir da data da publicação desta Lei, para a sua elaboração e aprovação.

Art. 14. A localização da área de Reserva Legal no imóvel rural deverá levar em consideração os seguintes estudos e critérios:

I – o plano de bacia hidrográfica;

II – o Zoneamento Ecológico-Econômico;

III – a formação de corredores ecológicos com outra Reserva Legal, com Área de Preservação Permanente, com Unidade de Conservação ou com outra área legalmente protegida;

IV – as áreas de maior importância para a conservação da biodiversidade; e

V – as áreas de maior fragilidade ambiental.

§ 1º O órgão estadual integrante do SISNAMA ou instituição por ele habilitada deverá aprovar a localização da Reserva Legal após a inclusão do imóvel no CAR, conforme o art. 29 desta Lei.

§ 2º Protocolada a documentação exigida para a análise da localização da área de Reserva Legal, ao proprietário ou possuidor rural não poderá ser imputada sanção administrativa, inclusive restrição a direitos, por qualquer órgão ambiental competente integrante do SISNAMA, em razão da não formalização da área de Reserva Legal.

▸ § 2º com a redação dada pela Lei nº 12.727, de 17-10-2012.

Art. 15. Será admitido o cômputo das Áreas de Preservação Permanente no cálculo do percentual da Reserva Legal do imóvel, desde que:

I – o benefício previsto neste artigo não implique a conversão de novas áreas para o uso alternativo do solo;

II – a área a ser computada esteja conservada ou em processo de recuperação, conforme comprovação do proprietário ao órgão estadual integrante do SISNAMA; e

III – o proprietário ou possuidor tenha requerido inclusão do imóvel no Cadastro Ambiental Rural – CAR, nos termos desta Lei.

§ 1º O regime de proteção da Área de Preservação Permanente não se altera na hipótese prevista neste artigo.

§ 2º O proprietário ou possuidor de imóvel com Reserva Legal conservada e inscrita no Cadastro Ambiental Rural – CAR de que trata o art. 29, cuja área ultrapasse o mínimo exigido por esta Lei, poderá utilizar a área excedente para fins de constituição de servidão ambiental, Cota de Reserva Ambiental e outros instrumentos congêneres previstos nesta Lei.

§ 3º O cômputo de que trata o *caput* aplica-se a todas as modalidades de cumprimento da Reserva Legal, abrangendo a regeneração, a recomposição e a compensação.

▸ § 3º com a redação dada pela Lei nº 12.727, de 17-10-2012.

§ 4º É dispensada a aplicação do inciso I do *caput* deste artigo, quando as Áreas de Preservação Permanente conservadas ou em processo de recuperação, somadas às demais florestas e outras formas de vegetação nativa existentes em imóvel, ultrapassarem:

▸ § 4º acrescido pela Lei nº 12.727, de 17-10-2012.

I – 80% (oitenta por cento) do imóvel rural localizado em áreas de floresta na Amazônia Legal; e

▸ Inciso I acrescido pela Lei nº 12.727, de 17-10-2012.

II – VETADO. Lei nº 12.727, de 17-10-2012.

Art. 16. Poderá ser instituído Reserva Legal em regime de condomínio ou coletiva entre propriedades rurais, respeitado o percentual previsto no art. 12 em relação a cada imóvel.

▸ *Caput* com a redação dada pela Lei nº 12.727, de 17-10-2012.

Parágrafo único. No parcelamento de imóveis rurais, a área de Reserva Legal poderá ser agrupada em regime de condomínio entre os adquirentes.

Seção II

DO REGIME DE PROTEÇÃO DA RESERVA LEGAL

Art. 17. A Reserva Legal deve ser conservada com cobertura de vegetação nativa pelo proprietário do imóvel rural, possuidor ou ocupante a qualquer título, pessoa física ou jurídica, de direito público ou privado.

§ 1º Admite-se a exploração econômica da Reserva Legal mediante manejo sustentável, previamente aprovado pelo órgão competente do SISNAMA, de acordo com as modalidades previstas no art. 20.

§ 2º Para fins de manejo de Reserva Legal na pequena propriedade ou posse rural familiar, os órgãos integrantes do SISNAMA deverão estabelecer procedimentos simplificados de elaboração, análise e aprovação de tais planos de manejo.

§ 3º É obrigatória a suspensão imediata das atividades em área de Reserva Legal desmatada irregularmente após 22 de julho de 2008.

§ 4º Sem prejuízo das sanções administrativas, cíveis e penais cabíveis, deverá ser iniciado, nas áreas de que trata o § 3º deste artigo, o processo de recomposição da Reserva Legal em até 2 (dois) anos contados a partir da data da publicação desta Lei, devendo tal processo ser concluído nos prazos estabelecidos pelo Programa de Regularização Ambiental – PRA, de que trata o art. 59.

▸ §§ 3º e 4º com a redação dada pela Lei nº 12.727, de 17-10-2012.

Art. 18. A área de Reserva Legal deverá ser registrada no órgão ambiental competente por meio de inscrição no CAR de que trata o art. 29, sendo vedada a alteração de sua destinação, nos casos de transmissão, a qualquer título, ou de desmembramento, com as exceções previstas nesta Lei.

§ 1º A inscrição da Reserva Legal no CAR será feita mediante a apresentação de planta e memorial descritivo, contendo a indicação das coordenadas geográficas com pelo menos um ponto de amarração, conforme ato do Chefe do Poder Executivo.

§ 2º Na posse, a área de Reserva Legal é assegurada por termo de compromisso firmado pelo possuidor com o órgão competente do SISNAMA, com força de título executivo extrajudicial, que explicite, no mínimo, a localização da área de Reserva Legal e as obrigações assumidas pelo possuidor por força do previsto nesta Lei.

§ 3º A transferência da posse implica a sub-rogação das obrigações assumidas no termo de compromisso de que trata o § 2º.

§ 4º O registro da Reserva Legal no CAR desobriga a averbação no Cartório de Registro de Imóveis, sendo que, no período entre a data da publicação desta Lei e o registro no CAR, o proprietário ou possuidor rural que desejar fazer a averbação terá direito à gratuidade deste ato.

▸ § 4º com a redação dada pela Lei nº 12.727, de 17-10-2012.

Art. 19. A inserção do imóvel rural em perímetro urbano definido mediante lei municipal não desobriga o proprietário ou posseiro da manutenção da área de Reserva Legal, que só será extinta concomitantemente ao registro do parcelamento do solo para fins urbanos aprovado segundo a legislação específica e consoante as diretrizes do plano diretor de que trata o § 1º do art. 182 da Constituição Federal.

Art. 20. No manejo sustentável da vegetação florestal da Reserva Legal, serão adotadas práticas de exploração seletiva nas modalidades de manejo sustentável sem propósito comercial para consumo na propriedade e manejo sustentável para exploração florestal com propósito comercial.

Art. 21. É livre a coleta de produtos florestais não madeireiros, tais como frutos, cipós, folhas e sementes, devendo-se observar:

I – os períodos de coleta e volumes fixados em regulamentos específicos, quando houver;

II – a época de maturação dos frutos e sementes;

III – técnicas que não coloquem em risco a sobrevivência de indivíduos e da espécie coletada no caso de coleta de flores, folhas, cascas, óleos, resinas, cipós, bulbos, bambus e raízes.

Art. 22. O manejo florestal sustentável da vegetação da Reserva Legal com propósito comercial depende de autorização do órgão competente e deverá atender as seguintes diretrizes e orientações:

I – não descaracterizar a cobertura vegetal e não prejudicar a conservação da vegetação nativa da área;

II – assegurar a manutenção da diversidade das espécies;

III – conduzir o manejo de espécies exóticas com a adoção de medidas que favoreçam a regeneração de espécies nativas.

Art. 23. O manejo sustentável para exploração florestal eventual sem propósito comercial, para consumo no próprio imóvel, independe de autorização dos órgãos competentes, devendo apenas ser declarados previamente ao órgão ambiental a motivação da exploração e o volume explorado, limitada a exploração anual a 20 (vinte) metros cúbicos.

Art. 24. No manejo florestal nas áreas fora de Reserva Legal, aplica-se igualmente o disposto nos arts. 21, 22 e 23.

Seção III
DO REGIME DE PROTEÇÃO DAS ÁREAS VERDES URBANAS

Art. 25. O poder público municipal contará, para o estabelecimento de áreas verdes urbanas, com os seguintes instrumentos:

I – o exercício do direito de preempção para aquisição de remanescentes florestais relevantes, conforme dispõe a Lei nº 10.257, de 10 de julho de 2001;

II – a transformação das Reservas Legais em áreas verdes nas expansões urbanas;

III – o estabelecimento de exigência de áreas verdes nos loteamentos, empreendimentos comerciais e na implantação de infraestrutura; e

IV – aplicação em áreas verdes de recursos oriundos da compensação ambiental.

CAPÍTULO V
DA SUPRESSÃO DE VEGETAÇÃO PARA USO ALTERNATIVO DO SOLO

Art. 26. A supressão de vegetação nativa para uso alternativo do solo, tanto de domínio público como de domínio privado, dependerá do cadastramento do imóvel no CAR, de que trata o art. 29, e de prévia autorização do órgão estadual competente do SISNAMA.

§§ 1º e 2º VETADOS.

§ 3º No caso de reposição florestal, deverão ser priorizados projetos que contemplem a utilização de espécies nativas do mesmo bioma onde ocorreu a supressão.

§ 4º O requerimento de autorização de supressão de que trata o *caput* conterá, no mínimo, as seguintes informações:

I – a localização do imóvel, das Áreas de Preservação Permanente, da Reserva Legal e das áreas de uso restrito, por coordenada geográfica, com pelo menos um ponto de amarração do perímetro do imóvel;

II – a reposição ou compensação florestal, nos termos do § 4º do art. 33;

III – a utilização efetiva e sustentável das áreas já convertidas;

IV – o uso alternativo da área a ser desmatada.

Art. 27. Nas áreas passíveis de uso alternativo do solo, a supressão de vegetação que abrigue espécie da flora ou da fauna ameaçada de extinção, segundo lista oficial publicada pelos órgãos federal ou estadual ou municipal do SISNAMA, ou espécies migratórias, dependerá da adoção de medidas compensatórias e mitigadoras que assegurem a conservação da espécie.

Art. 28. Não é permitida a conversão de vegetação nativa para uso alternativo do solo no imóvel rural que possuir área abandonada.

CAPÍTULO VI
DO CADASTRO AMBIENTAL RURAL

Art. 29. É criado o Cadastro Ambiental Rural – CAR, no âmbito do Sistema Nacional de Informação sobre Meio Ambiente – SINIMA, registro público eletrônico de âmbito nacional, obrigatório para todos os imóveis rurais, com a finalidade de integrar as informações ambientais das propriedades e posses rurais, compondo base de dados para controle, monitoramento, planejamento ambiental e econômico e combate ao desmatamento.

§ 1º A inscrição do imóvel rural no CAR deverá ser feita, preferencialmente, no órgão ambiental municipal ou estadual, que, nos termos do regulamento, exigirá do proprietário ou possuidor rural:

▸ *Caput* do § 1º com a redação dada pela Lei nº 12.727, de 17-10-2012.

I – identificação do proprietário ou possuidor rural;

II – comprovação da propriedade ou posse;

III – identificação do imóvel por meio de planta e memorial descritivo, contendo a indicação das coordenadas geográficas com pelo menos um ponto de amarração do perímetro do imóvel, informando a localização dos remanescentes de vegetação nativa, das Áreas de Preservação Permanente, das Áreas de Uso Restrito, das áreas consolidadas e, caso existente, também da localização da Reserva Legal.

§ 2º O cadastramento não será considerado título para fins de reconhecimento do direito de propriedade ou posse, tampouco elimina a necessidade de cumprimento do disposto no art. 2º da Lei nº 10.267, de 28 de agosto de 2001.

§ 3º A inscrição no CAR é obrigatória e por prazo indeterminado para todas as propriedades e posses rurais.

▸ § 3º com a redação dada pela Lei nº 13.887, de 17-10-2019.

§ 4º Terão direito à adesão ao PRA, de que trata o art. 59 desta Lei, os proprietários e possuidores dos imóveis rurais com área acima de 4 (quatro) módulos fiscais que os inscreverem no CAR até o dia 31 de dezembro de 2023, bem como os proprietários e possuidores dos imóveis rurais com área de até 4 (quatro) módulos fiscais ou que atendam ao disposto no art. 3º da Lei nº 11.326, de 24 de julho de 2006, que os inscreverem no CAR até o dia 31 de dezembro de 2025.

▸ § 4º com a redação dada pela Lei nº 14.595, de 5-6-2023.

§ 5º É o produtor rural autorizado a apresentar o CAR de que trata o caput deste artigo, para fins de apuração da área tributável prevista no inciso II do § 1º do art. 10 da Lei nº 9.393, de 19 de dezembro de 1996, que dispõe sobre o Imposto sobre a Propriedade Territorial Rural (ITR).

▸ § 5º acrescido pela Lei nº 14.932, de 23-7-2024.

Art. 30. Nos casos em que a Reserva Legal já tenha sido averbada na matrícula do imóvel e em que essa averbação identifique o perímetro e a localização da reserva, o proprietário não será obrigado a fornecer ao órgão ambiental as informações relativas à Reserva Legal previstas no inciso III do § 1º do art. 29.

Parágrafo único. Para que o proprietário se desobrigue nos termos do *caput*, deverá apresentar ao órgão ambiental competente a certidão de registro de imóveis onde conste a averbação da Reserva Legal ou termo de compromisso já firmado nos casos de posse.

CAPÍTULO VII
DA EXPLORAÇÃO FLORESTAL

Art. 31. A exploração de florestas nativas e formações sucessoras, de domínio público ou privado, ressalvados os casos previstos nos arts. 21, 23 e 24, dependerá de licenciamento pelo órgão competente do SISNAMA, mediante aprovação prévia de Plano de Manejo Florestal Sustentável – PMFS que contemple técnicas de condução, exploração, reposição florestal e manejo compatíveis com os variados ecossistemas que a cobertura arbórea forme.

§ 1º O PMFS atenderá os seguintes fundamentos técnicos e científicos:

I – caracterização dos meios físico e biológico;

II – determinação do estoque existente;

III – intensidade de exploração compatível com a capacidade de suporte ambiental da floresta;

IV – ciclo de corte compatível com o tempo de restabelecimento do volume de produto extraído da floresta;

V – promoção da regeneração natural da floresta;

VI – adoção de sistema silvicultural adequado;

VII – adoção de sistema de exploração adequado;

VIII – monitoramento do desenvolvimento da floresta remanescente;

IX – adoção de medidas mitigadoras dos impactos ambientais e sociais.

§ 2º A aprovação do PMFS pelo órgão competente do SISNAMA confere ao seu detentor a licença ambiental para a prática do manejo florestal sustentável, não se aplicando outras etapas de licenciamento ambiental.

§ 3º O detentor do PMFS encaminhará relatório anual ao órgão ambiental competente com as informações sobre toda a área de manejo florestal sustentável e a descrição das atividades realizadas.

§ 4º O PMFS será submetido a vistorias técnicas para fiscalizar as operações e atividades desenvolvidas na área de manejo.

§ 5º Respeitado o disposto neste artigo, serão estabelecidas em ato do Chefe do Poder Executivo disposições diferenciadas sobre os PMFS em escala empresarial, de pequena escala e comunitário.

§ 6º Para fins de manejo florestal na pequena propriedade ou posse rural familiar, os órgãos do SISNAMA deverão estabelecer procedimentos simplificados de elaboração, análise e aprovação dos referidos PMFS.

§ 7º Compete ao órgão federal de meio ambiente a aprovação de PMFS incidentes em florestas públicas de domínio da União.

Art. 32. São isentos de PMFS:

I – a supressão de florestas e formações sucessoras para uso alternativo do solo;

II – o manejo e a exploração de florestas plantadas localizadas fora das Áreas de Preservação Permanente e de Reserva Legal;

III – a exploração florestal não comercial realizada nas propriedades rurais a que se refere o inciso V do art. 3º ou por populações tradicionais.

Art. 33. As pessoas físicas ou jurídicas que utilizam matéria-prima florestal em suas atividades devem suprir-se de recursos oriundos de:

I – florestas plantadas;

II – PMFS de floresta nativa aprovado pelo órgão competente do SISNAMA;

III – supressão de vegetação nativa autorizada pelo órgão competente do SISNAMA;

IV – outras formas de biomassa florestal definidas pelo órgão competente do SISNAMA.

§ 1º São obrigadas à reposição florestal as pessoas físicas ou jurídicas que utilizam matéria-prima florestal oriunda de supressão de vegetação nativa ou que detenham autorização para supressão de vegetação nativa.

§ 2º É isento da obrigatoriedade da reposição florestal aquele que utilize:

I – costaneiras, aparas, cavacos ou outros resíduos provenientes da atividade industrial;

II – matéria-prima florestal:

a) oriunda de PMFS;

b) oriunda de floresta plantada;

c) não madeireira.

§ 3º A isenção da obrigatoriedade da reposição florestal não desobriga o interessado da comprovação perante a autoridade competente da origem do recurso florestal utilizado.

§ 4º A reposição florestal será efetivada no Estado de origem da matéria-prima utilizada, mediante o plantio de espécies preferencialmente nativas, conforme determinações do órgão competente do SISNAMA.

Art. 34. As empresas industriais que utilizam grande quantidade de matéria-prima florestal são obrigadas a elaborar e implementar Plano de Suprimento Sustentável – PSS, a ser submetido à aprovação do órgão competente do SISNAMA.

§ 1º O PSS assegurará produção equivalente ao consumo de matéria-prima florestal pela atividade industrial.

§ 2º O PSS incluirá, no mínimo:

I – programação de suprimento de matéria-prima florestal;

II – indicação das áreas de origem da matéria-prima florestal georreferenciadas;

III – cópia do contrato entre os particulares envolvidos, quando o PSS incluir suprimento de matéria-prima florestal oriunda de terras pertencentes a terceiros.

§ 3º Admite-se o suprimento mediante matéria-prima em oferta no mercado:

I – na fase inicial de instalação da atividade industrial, nas condições e durante o período, não superior a 10 (dez) anos, previstos no PSS, ressalvados os contratos de suprimento mencionados no inciso III do § 2º;

II – no caso de aquisição de produtos provenientes do plantio de florestas exóticas, licenciadas por órgão competente do SISNAMA, o suprimento será comprovado posteriormente mediante relatório anual em que conste a localização da floresta e as quantidades produzidas.

§ 4º O PSS de empresas siderúrgicas, metalúrgicas ou outras que consumam grandes quantidades de carvão vegetal ou lenha estabelecerá a utilização exclusiva de matéria-prima oriunda de florestas plantadas ou de PMFS e será parte integrante do processo de licenciamento ambiental do empreendimento.

§ 5º Serão estabelecidos, em ato do Chefe do Poder Executivo, os parâmetros de utilização de matéria-prima florestal para fins de enquadramento das empresas industriais no disposto no *caput*.

CAPÍTULO VIII
DO CONTROLE DA ORIGEM DOS PRODUTOS FLORESTAIS

Art. 35. O controle da origem da madeira, do carvão e de outros produtos ou subprodutos florestais incluirá sistema nacional que integre os dados dos diferentes entes federativos, coordenado, fiscalizado e regulamentado pelo órgão federal competente do SISNAMA.

▶ *Caput* com a redação dada pela Lei nº 12.727, de 17-10-2012.

§ 1º O plantio ou reflorestamento com espécies florestais nativas ou exóticas independem de autorização prévia, desde que observadas as limitações e condições previstas nesta Lei, devendo ser informados ao órgão competente, no prazo de até 1 (um) ano, para fins de controle de origem.

▶ A alteração que seria inserida neste artigo pela Lei nº 12.727, de 17-10-2012, foi vetada, razão pela qual mantivemos a redação.

§ 2º É livre a extração de lenha e demais produtos de florestas plantadas nas áreas não consideradas Áreas de Preservação Permanente e Reserva Legal.

§ 3º O corte ou a exploração de espécies nativas plantadas em área de uso alternativo do solo serão permitidos independentemente de autorização prévia, devendo o plantio ou reflorestamento estar previamente cadastrado no órgão ambiental competente e a exploração ser previamente declarada nele para fins de controle de origem.

§ 4º Os dados do sistema referido no *caput* serão disponibilizados para acesso público por meio da rede mundial de computadores, cabendo ao órgão federal coordenador do sistema fornecer os programas de informática a serem utilizados e definir o prazo para integração dos dados e as informações que deverão ser aportadas ao sistema nacional.

§ 5º O órgão federal coordenador do sistema nacional poderá bloquear a emissão de Documento de Origem Florestal – DOF dos entes federativos não integrados ao sistema e fiscalizar os dados e relatórios respectivos.

▶ § 5º com a redação dada pela Lei nº 12.727, de 17-10-2012.

Art. 36. O transporte, por qualquer meio, e o armazenamento de madeira, lenha, carvão e outros produtos ou subprodutos florestais oriundos de florestas de espécies nativas, para fins comerciais ou industriais, requerem licença do órgão competente do SISNAMA, observado o disposto no art. 35.

§ 1º A licença prevista no *caput* será formalizada por meio da emissão do DOF, que deverá acompanhar o material até o beneficiamento final.

§ 2º Para a emissão do DOF, a pessoa física ou jurídica responsável deverá estar registrada no Cadastro Técnico Federal de Atividades Potencialmente Poluidoras ou Utilizadoras de Recursos Ambientais, previsto no art. 17 da Lei nº 6.938, de 31 de agosto de 1981.

§ 3º Todo aquele que recebe ou adquire, para fins comerciais ou industriais, madeira, lenha, carvão e outros produtos ou subprodutos de florestas de espécies nativas é obrigado a exigir a apresentação do DOF e munir-se da via que deverá acompanhar o material até o beneficiamento final.

§ 4º No DOF deverão constar a especificação do material, sua volumetria e dados sobre sua origem e destino.

§ 5º O órgão ambiental federal do SISNAMA regulamentará os casos de dispensa da licença prevista no *caput*.

▶ § 5º com a redação dada pela Lei nº 12.727, de 17-10-2012.

Art. 37. O comércio de plantas vivas e outros produtos oriundos da flora nativa dependerá de licença do órgão estadual competente do SISNAMA e de registro no Cadastro Técnico Federal de Atividades Potencialmente Poluidoras ou Utilizadoras de Recursos Ambientais, previsto no art. 17 da Lei nº 6.938, de 31 de agosto de 1981, sem prejuízo de outras exigências cabíveis.

Parágrafo único. A exportação de plantas vivas e outros produtos da flora dependerá de licença do órgão federal competente do SISNAMA, observadas as condições estabelecidas no *caput*.

CAPÍTULO IX
DA PROIBIÇÃO DO USO DE FOGO E DO CONTROLE DOS INCÊNDIOS

Art. 38. É proibido o uso de fogo na vegetação, exceto nas seguintes situações:

I – em locais ou regiões cujas peculiaridades justifiquem o emprego do fogo em práticas agropastoris ou florestais, mediante prévia aprovação do órgão estadual ambiental competente do SISNAMA, para cada imóvel rural ou de forma regionalizada, que estabelecerá os critérios de monitoramento e controle;

II – emprego da queima controlada em Unidades de Conservação, em conformidade com o respectivo plano de manejo e mediante prévia aprovação do órgão gestor da Unidade de Conservação, visando ao manejo conservacionista da vegetação nativa, cujas características ecológicas estejam associadas evolutivamente à ocorrência do fogo;

III – atividades de pesquisa científica vinculada a projeto de pesquisa devidamente aprovado pelos órgãos competentes e realizada por instituição de pesquisa reconhecida, mediante prévia aprovação do órgão ambiental competente do SISNAMA.

§ 1º Na situação prevista no inciso I, o órgão estadual ambiental competente do SISNAMA exigirá que os estudos demandados para o licenciamento da atividade rural contenham planejamento específico sobre o emprego do fogo e o controle dos incêndios.

§ 2º Excetuam-se da proibição constante no *caput* as práticas de prevenção e combate aos incêndios e as de agricultura de subsistência exercidas pelas populações tradicionais e indígenas.

§ 3º Na apuração da responsabilidade pelo uso irregular do fogo em terras públicas ou particulares, a autoridade competente para fiscalização e autuação deverá comprovar o nexo de causalidade entre a ação do proprietário ou qualquer preposto e o dano efetivamente causado.

§ 4º É necessário o estabelecimento de nexo causal na verificação das responsabilidades por infração pelo uso irregular do fogo em terras públicas ou particulares.

Art. 39. *Os órgãos ambientais do SISNAMA, bem como todo e qualquer órgão público ou privado responsável pela gestão de áreas com vegetação nativa ou plantios florestais, deverão elaborar, atualizar e implementar planos de manejo integrado do fogo.*

▸ *Caput* com a redação dada pela Lei nº 14.944, de 31-7-2024.

§ 1º Os planos de contingência para o combate aos incêndios florestais dos órgãos do SISNAMA conterão diretrizes para o uso da aviação agrícola no combate a incêndios em todos os tipos de vegetação.

§ 2º As aeronaves utilizadas para combate a incêndios deverão atender às normas técnicas definidas pelas autoridades competentes do poder público e ser pilotadas por profissionais devidamente qualificados para o desempenho dessa atividade, na forma do regulamento.

▸ §§ 1º e 2º acrescidos pela Lei nº 14.406, de 12-7-2022.

Art. 40. O Governo Federal deverá estabelecer uma Política Nacional de Manejo e Controle de Queimadas, Prevenção e Combate aos Incêndios Florestais, que promova a articulação institucional com vistas na substituição do uso do fogo no meio rural, no controle de queimadas, na prevenção e no combate aos incêndios florestais e no manejo do fogo em áreas naturais protegidas.

§ 1º A Política mencionada neste artigo deverá prever instrumentos para a análise dos impactos das queimadas sobre mudanças climáticas e mudanças no uso da terra, conservação dos ecossistemas, saúde pública e fauna, para subsidiar planos estratégicos de prevenção de incêndios florestais.

§ 2º A Política mencionada neste artigo deverá observar cenários de mudanças climáticas e potenciais aumentos de risco de ocorrência de incêndios florestais.

§ 3º A Política de que trata o *caput* deste artigo contemplará programa de uso da aviação agrícola no combate a incêndios em todos os tipos de vegetação.

▸ § 3º acrescido pela Lei nº 14.406, de 12-7-2022.

CAPÍTULO X
DO PROGRAMA DE APOIO E INCENTIVO À PRESERVAÇÃO E RECUPERAÇÃO DO MEIO AMBIENTE

Art. 41. É o Poder Executivo federal autorizado a instituir, sem prejuízo do cumprimento da legislação ambiental, programa de apoio e incentivo à conservação do meio ambiente, bem como para adoção de tecnologias e boas práticas que conciliem a produtividade agropecuária e florestal, com redução dos impactos ambientais, como forma de promoção do desenvolvimento ecologicamente sustentável, observados sempre os critérios de progressividade, abrangendo as seguintes categorias e linhas de ação:

▸ *Caput* com a redação dada pela Lei nº 12.727, de 17-10-2012.

I – pagamento ou incentivo a serviços ambientais como retribuição, monetária ou não, às atividades de conservação e melhoria dos ecossistemas e que gerem serviços ambientais, tais como, isolada ou cumulativamente:

a) o sequestro, a conservação, a manutenção e o aumento do estoque e a diminuição do fluxo de carbono;

b) a conservação da beleza cênica natural;

c) a conservação da biodiversidade;

d) a conservação das águas e dos serviços hídricos;

e) a regulação do clima;

f) a valorização cultural e do conhecimento tradicional ecossistêmico;

g) a conservação e o melhoramento do solo;

h) a manutenção de Áreas de Preservação Permanente, de Reserva Legal e de uso restrito;

II – compensação pelas medidas de conservação ambiental necessárias para o cumprimento dos objetivos desta Lei, utilizando-se dos seguintes instrumentos, dentre outros:

a) obtenção de crédito agrícola, em todas as suas modalidades, com taxas de juros menores, bem como limites e prazos maiores que os praticados no mercado;

b) contratação do seguro agrícola em condições melhores que as praticadas no mercado;

c) dedução das Áreas de Preservação Permanente, de Reserva Legal e de uso restrito da base de cálculo do Imposto sobre a Propriedade Territorial Rural – ITR, gerando créditos tributários;

d) destinação de parte dos recursos arrecadados com a cobrança pelo uso da água, na forma da Lei nº 9.433, de 8 de janeiro de 1997, para a manutenção, recuperação ou recomposição das Áreas de Preservação Permanente, de Reserva Legal e de uso restrito na bacia de geração da receita;

e) linhas de financiamento para atender iniciativas de preservação voluntária de vegetação nativa, proteção de espécies da flora nativa ameaçadas de extinção, manejo florestal e agroflorestal sustentável realizados na propriedade ou posse rural, ou recuperação de áreas degradadas;

f) isenção de impostos para os principais insumos e equipamentos, tais como: fios de arame, postes de madeira tratada, bombas d'água, trado de perfuração de solo, dentre outros utilizados para os processos de recuperação e manutenção das Áreas de Preservação Permanente, de Reserva Legal e de uso restrito;

III – incentivos para comercialização, inovação e aceleração das ações de recuperação, conservação e uso sustentável das florestas e demais formas de vegetação nativa, tais como:

a) participação preferencial nos programas de apoio à comercialização da produção agrícola;

b) destinação de recursos para a pesquisa científica e tecnológica e a extensão rural relacionadas à melhoria da qualidade ambiental.

§ 1º Para financiar as atividades necessárias à regularização ambiental das propriedades rurais, o programa poderá prever:

I – destinação de recursos para a pesquisa científica e tecnológica e a extensão rural relacionadas à melhoria da qualidade ambiental;

II – dedução da base de cálculo do imposto de renda do proprietário ou possuidor de imóvel rural, pessoa física ou jurídica, de parte dos gastos efetuados com a recomposição das Áreas de Preservação Permanente, de Reserva Legal e de uso restrito cujo desmatamento seja anterior a 22 de julho de 2008;

III – utilização de fundos públicos para concessão de créditos reembolsáveis e não reembolsáveis destinados à compensação, recuperação ou recomposição das Áreas de Preservação Permanente, de Reserva Legal e de uso restrito cujo desmatamento seja anterior a 22 de julho de 2008.

§ 2º O programa previsto no *caput* poderá, ainda, estabelecer diferenciação tributária para empresas que industrializem ou comercializem produtos originários de propriedades ou posses rurais que cumpram os padrões e limites estabelecidos nos arts. 4º, 6º, 11 e 12 desta Lei, ou que estejam em processo de cumpri-los.

§ 3º Os proprietários ou possuidores de imóveis rurais inscritos no CAR, inadimplentes em relação ao cumprimento do termo de compromisso ou PRA ou que estejam sujeitos a sanções por infrações ao disposto nesta Lei, exceto aquelas suspensas em virtude do disposto no Capítulo XIII, não são elegíveis para os incentivos previstos nas alíneas *a* a *e* do inciso II do *caput* deste artigo até que as referidas sanções sejam extintas.

§ 4º As atividades de manutenção das Áreas de Preservação Permanente, de Reserva Legal e de uso restrito são elegíveis para quaisquer pagamentos ou incentivos por serviços ambientais, configurando adicionalidade para fins de mercados nacionais e internacionais de reduções de emissões certificadas de gases de efeito estufa.

§ 5º O programa relativo a serviços ambientais previsto no inciso I do *caput* deste artigo deverá integrar os sistemas em âmbito nacional e

LEGISLAÇÃO AMBIENTAL

estadual, objetivando a criação de um mercado de serviços ambientais.

§ 6º Os proprietários localizados nas zonas de amortecimento de Unidades de Conservação de Proteção Integral são elegíveis para receber apoio técnico-financeiro da compensação prevista no art. 36 da Lei nº 9.985, de 18 de julho de 2000, com a finalidade de recuperação e manutenção de áreas prioritárias para a gestão da unidade.

§ 7º O pagamento ou incentivo a serviços ambientais a que se refere o inciso I deste artigo serão prioritariamente destinados aos agricultores familiares como definidos no inciso V do art. 3º desta Lei.

▶ § 7º acrescido pela Lei nº 12.727, de 17-10-2012.

Art. 42. O Governo Federal implantará programa para conversão da multa prevista no art. 50 do Decreto nº 6.514, de 22 de julho de 2008, destinado a imóveis rurais, referente a autuações vinculadas a desmatamentos em áreas onde não era vedada a supressão, que foram promovidos sem autorização ou licença, em data anterior a 22 de julho de 2008.

▶ Artigo com a redação dada pela Lei nº 12.727, de 17-10-2012.

Art. 43. VETADO.

Art. 44. É instituída a Cota de Reserva Ambiental – CRA, título nominativo representativo de área com vegetação nativa, existente ou em processo de recuperação:

▶ Dec. nº 9.640, de 27-12-2018, regulamenta este artigo.

I – sob regime de servidão ambiental, instituída na forma do art. 9º-A da Lei nº 6.938, de 31 de agosto de 1981;

II – correspondente à área de Reserva Legal instituída voluntariamente sobre a vegetação que exceder os percentuais exigidos no art. 12 desta Lei;

III – protegida na forma de Reserva Particular do Patrimônio Natural – RPPN, nos termos do art. 21 da Lei nº 9.985, de 18 de julho de 2000;

IV – existente em propriedade rural localizada no interior de Unidade de Conservação de domínio público que ainda não tenha sido desapropriada.

§ 1º A emissão de CRA será feita mediante requerimento do proprietário, após inclusão do imóvel no CAR e laudo comprobatório emitido pelo próprio órgão ambiental ou por entidade credenciada, assegurado o controle do órgão federal competente do SISNAMA, na forma de ato do Chefe do Poder Executivo.

§ 2º A CRA não pode ser emitida com base em vegetação nativa localizada em área de RPPN instituída em sobreposição à Reserva Legal do imóvel.

§ 3º A Cota de Reserva Florestal – CRF emitida nos termos do art. 44-B da Lei nº 4.771, de 15 de setembro de 1965, passa a ser considerada, pelo efeito desta Lei, como Cota de Reserva Ambiental.

§ 4º Poderá ser instituída CRA da vegetação nativa que integra a Reserva Legal dos imóveis a que se refere o inciso V do art. 3º desta Lei.

Art. 45. A CRA será emitida pelo órgão competente do SISNAMA em favor de proprietário de imóvel incluído no CAR que mantenha área nas condições previstas no art. 44.

§ 1º O proprietário interessado na emissão da CRA deve apresentar ao órgão referido no *caput* proposta acompanhada de:

I – certidão atualizada da matrícula do imóvel expedida pelo registro de imóveis competente;

II – cédula de identidade do proprietário, quando se tratar de pessoa física;

III – ato de designação de responsável, quando se tratar de pessoa jurídica;

IV – certidão negativa de débitos do Imposto sobre a Propriedade Territorial Rural – ITR;

V – memorial descritivo do imóvel, com a indicação da área a ser vinculada ao título, contendo pelo menos um ponto de amarração georreferenciado relativo ao perímetro do imóvel e um ponto de amarração georreferenciado relativo à Reserva Legal.

§ 2º Aprovada a proposta, o órgão referido no *caput* emitirá a CRA correspondente, identificando:

I – o número da CRA no sistema único de controle;

II – o nome do proprietário rural da área vinculada ao título;

III – a dimensão e a localização exata da área vinculada ao título, com memorial descritivo contendo pelo menos um ponto de amarração georreferenciado;

IV – o bioma correspondente à área vinculada ao título;

V – a classificação da área em uma das condições previstas no art. 46.

§ 3º O vínculo de área à CRA será averbado na matrícula do respectivo imóvel no registro de imóveis competente.

§ 4º O órgão federal referido no *caput* pode delegar ao órgão estadual competente atribuições para emissão, cancelamento e transferência da CRA, assegurada a implementação de sistema único de controle.

Art. 46. Cada CRA corresponderá a 1 (um) hectare:

I – de área com vegetação nativa primária ou com vegetação secundária em qualquer estágio de regeneração ou recomposição;

II – de áreas de recomposição mediante reflorestamento com espécies nativas.

§ 1º O estágio sucessional ou o tempo de recomposição ou regeneração da vegetação nativa será avaliado pelo órgão ambiental estadual competente com base em declaração do proprietário e vistoria de campo.

§ 2º A CRA não poderá ser emitida pelo órgão ambiental competente quando a regeneração ou recomposição da área forem improváveis ou inviáveis.

Art. 47. É obrigatório o registro da CRA pelo órgão emitente, no prazo de 30 (trinta) dias, contado da data da sua emissão, em bolsas de mercadorias de âmbito nacional ou em sistemas de registro e de liquidação financeira de ativos autorizados pelo Banco Central do Brasil.

Art. 48. A CRA pode ser transferida, onerosa ou gratuitamente, a pessoa física ou a pessoa jurídica de direito público ou privado, mediante termo assinado pelo titular da CRA e pelo adquirente.

§ 1º A transferência da CRA só produz efeito uma vez registrado o termo previsto no *caput* no sistema único de controle.

§ 2º A CRA só pode ser utilizada para compensar Reserva Legal de imóvel rural situado no mesmo bioma da área à qual o título está vinculado.

§ 3º A CRA só pode ser utilizada para fins de compensação de Reserva Legal se respeitados os requisitos estabelecidos no § 6º do art. 66.

§ 4º A utilização de CRA para compensação da Reserva Legal será averbada na matrícula do imóvel no qual se situa a área vinculada ao título e na do imóvel beneficiário da compensação.

Art. 49. Cabe ao proprietário do imóvel rural em que se situa a área vinculada à CRA a responsabilidade plena pela manutenção das condições de conservação da vegetação nativa da área que deu origem ao título.

§ 1º A área vinculada à emissão da CRA com base nos incisos I, II e III do art. 44 desta Lei poderá ser utilizada conforme PMFS.

§ 2º A transmissão *inter vivos* ou *causa mortis* do imóvel não elimina nem altera o vínculo de área contida no imóvel à CRA.

Art. 50. A CRA somente poderá ser cancelada nos seguintes casos:

I – por solicitação do proprietário rural, em caso de desistência de manter áreas nas condições previstas nos incisos I e II do art. 44;

II – automaticamente, em razão de término do prazo da servidão ambiental;

III – por decisão do órgão competente do SISNAMA, no caso de degradação da vegetação nativa da área vinculada à CRA cujos custos e prazo de recuperação ambiental inviabilizem a continuidade do vínculo entre a área e o título.

§ 1º O cancelamento da CRA utilizada para fins de compensação de Reserva Legal só pode ser efetivado se assegurada Reserva Legal para o imóvel no qual a compensação foi aplicada.

§ 2º O cancelamento da CRA nos termos do inciso III do *caput* independe da aplicação das devidas sanções administrativas e penais decorrentes de infração à legislação ambiental, nos termos da Lei nº 9.605, de 12 de fevereiro de 1998.

§ 3º O cancelamento da CRA deve ser averbado na matrícula do imóvel no qual se situa a área vinculada ao título e do imóvel no qual a compensação foi aplicada.

CAPÍTULO XI
DO CONTROLE DO DESMATAMENTO

Art. 51. O órgão ambiental competente, ao tomar conhecimento do desmatamento em desacordo com o disposto nesta Lei, deverá embargar a obra ou atividade que deu causa ao uso alternativo do solo, como medida administrativa voltada a impedir a continuidade do dano ambiental, propiciar a regeneração do meio ambiente e dar viabilidade à recuperação da área degradada.

§ 1º O embargo restringe-se aos locais onde efetivamente ocorreu o desmatamento ilegal, não alcançando as atividades de subsistência ou as demais atividades realizadas no imóvel não relacionadas com a infração.

§ 2º O órgão ambiental responsável deverá disponibilizar publicamente as informações sobre o imóvel embargado, inclusive por meio da rede mundial de computadores, resguardados os dados protegidos por legislação específica, caracterizando o exato local da área embargada e informando em que estágio se encontra o respectivo procedimento administrativo.

§ 3º A pedido do interessado, o órgão ambiental responsável emitirá certidão em que conste a atividade, a obra e a parte da área do imóvel que são objetos do embargo, conforme o caso.

CAPÍTULO XII
DA AGRICULTURA FAMILIAR

Art. 52. A intervenção e a supressão de vegetação em Áreas de Preservação Permanente e de Reserva Legal para as atividades eventuais ou de baixo impacto ambiental, previstas no inciso X do art. 3º, excetuadas as alíneas *b* e *g*, quando desenvolvidas nos imóveis a que se refere o inciso V do art. 3º, dependerão de simples declaração ao órgão ambiental competente, desde que esteja o imóvel devidamente inscrito no CAR.

Art. 53. Para o registro no CAR da Reserva Legal, nos imóveis a que se refere o inciso V do art. 3º, o proprietário ou possuidor apresentará os dados identificando a área proposta de Reserva Legal, cabendo aos órgãos competentes integrantes do SISNAMA, ou instituição por ele habilitada, realizar a captação das respectivas coordenadas geográficas.

Parágrafo único. O registro da Reserva Legal nos imóveis a que se refere o inciso V do art. 3º é gratuito, devendo o poder público prestar apoio técnico e jurídico.

Art. 54. Para cumprimento da manutenção da área de reserva legal nos imóveis a que se refere o inciso V do art. 3º, poderão ser computados os plantios de árvores frutíferas, ornamentais ou industriais, compostos por espécies exóticas, cultivadas em sistema intercalar ou em consórcio com espécies nativas da região em sistemas agroflorestais.

Parágrafo único. O poder público estadual deverá prestar apoio técnico para a recomposição da vegetação da Reserva Legal nos imóveis a que se refere o inciso V do art. 3º.

Art. 55. A inscrição no CAR dos imóveis a que se refere o inciso V do art. 3º observará procedimento simplificado no qual será obrigatória apenas a apresentação dos documentos mencionados nos incisos I e II do § 1º do art. 29 e de croqui indicando o perímetro do imóvel, as Áreas de Preservação Permanente e os remanescentes que formam a Reserva Legal.

Art. 56. O licenciamento ambiental de PMFS comercial nos imóveis a que se refere o inciso V do art. 3º se beneficiará de procedimento simplificado de licenciamento ambiental.

§ 1º O manejo sustentável da Reserva Legal para exploração florestal eventual, sem propósito comercial direto ou indireto, para consumo no próprio imóvel a que se refere o inciso V do art. 3º, independe de autorização dos órgãos ambientais competentes, limitada a retirada anual de material lenhoso a 2 (dois) metros cúbicos por hectare.

§ 2º O manejo previsto no § 1º não poderá comprometer mais de 15% (quinze por cento) da biomassa da Reserva Legal nem ser superior a 15 (quinze) metros cúbicos de lenha para uso doméstico e uso energético, por propriedade ou posse rural, por ano.

§ 3º Para os fins desta Lei, entende-se por manejo eventual, sem propósito comercial, o suprimento, para uso no próprio imóvel, de lenha ou madeira serrada destinada a benfeitorias e uso energético nas propriedades e posses rurais, em quantidade não superior ao estipulado no § 1º deste artigo.

§ 4º Os limites para utilização previstos no § 1º deste artigo no caso de posse coletiva de populações tradicionais ou de agricultura familiar serão adotados por unidade familiar.

§ 5º As propriedades a que se refere o inciso V do art. 3º são desobrigadas da reposição florestal se a matéria-prima florestal for utilizada para consumo próprio.

Art. 57. Nos imóveis a que se refere o inciso V do art. 3º, o manejo florestal madeireiro sustentável da Reserva Legal com propósito comercial direto ou indireto depende de autorização simplificada do órgão ambiental competente, devendo o interessado apresentar, no mínimo, as seguintes informações:

I – dados do proprietário ou possuidor rural;

II – dados da propriedade ou posse rural, incluindo cópia da matrícula do imóvel no Registro Geral do Cartório de Registro de Imóveis ou comprovante de posse;

III – croqui da área do imóvel com indicação da área a ser objeto do manejo seletivo, estimativa do volume de produtos e subprodutos florestais a serem obtidos com o manejo seletivo, indicação da sua destinação e cronograma de execução previsto.

Art. 58. Assegurado o controle e a fiscalização dos órgãos ambientais competentes dos respectivos planos ou projetos, assim como as obrigações do detentor do imóvel, o poder público poderá instituir programa de apoio técnico e incentivos financeiros, podendo incluir medidas indutoras e linhas de financiamento para atender, prioritariamente, os imóveis a que se refere o inciso V do *caput* do art. 3º, nas iniciativas de:

▸ *Caput* com a redação dada pela Lei nº 12.727, de 17-10-2012.

I – preservação voluntária de vegetação nativa acima dos limites estabelecidos no art. 12;

II – proteção de espécies da flora nativa ameaçadas de extinção;

III – implantação de sistemas agroflorestal e agrossilvipastoril;

IV – recuperação ambiental de Áreas de Preservação Permanente e de Reserva Legal;

V – recuperação de áreas degradadas;

VI – promoção de assistência técnica para regularização ambiental e recuperação de áreas degradadas;

VII – produção de mudas e sementes;

VIII – pagamento por serviços ambientais.

CAPÍTULO XIII
DISPOSIÇÕES TRANSITÓRIAS

Seção I
DISPOSIÇÕES GERAIS

Art. 59. A União, os Estados e o Distrito Federal deverão implantar Programas de Regularização Ambiental (PRAs) de posses e propriedades rurais, com o objetivo de adequá-las aos termos deste Capítulo.

▸ *Caput* com a redação dada pela Lei nº 13.887, de 17-10-2019.

§ 1º Na regulamentação dos PRAs, a União estabelecerá normas de caráter geral, e os Estados e o Distrito Federal ficarão incumbidos do seu detalhamento por meio da edição de normas de caráter específico, em razão de suas peculiaridades territoriais, climáticas, históricas, culturais, econômicas e sociais, conforme preceitua o art. 24 da Constituição Federal.

▸ § 1º com a redação dada pela Lei nº 13.887, de 17-10-2019.

§ 2º A inscrição do imóvel rural no CAR é condição obrigatória para a adesão ao PRA, que será requerida pelo proprietário ou possuidor do imóvel rural no prazo de 1 (um) ano, contado da notificação pelo órgão competente, que realizará previamente a validação do cadastro e a identificação de passivos ambientais, observado o disposto no § 4º do art. 29 desta Lei.

▸ § 2º com a redação dada pela Lei nº 14.595, de 5-6-2023.

§ 3º Com base no requerimento de adesão ao PRA, o órgão competente integrante do SISNAMA convocará o proprietário ou possuidor para assinar o termo de compromisso, que constituirá título executivo extrajudicial.

§ 4º No período entre a publicação desta Lei e o vencimento do prazo de adesão do interessado ao PRA, e enquanto estiver sendo cumprido o termo de compromisso, o proprietário ou possuidor não poderá ser autuado por infrações cometidas antes de 22 de julho de 2008, relativas à supressão irregular de vegetação em Áreas de Preservação Permanente, de Reserva Legal e de uso restrito.

▸ § 4º com a redação dada pela Lei nº 14.595, de 5-6-2023.

§ 5º A partir da assinatura do termo de compromisso, serão suspensas as sanções decorrentes das infrações mencionadas no § 4º deste artigo e, cumpridas as obrigações estabelecidas no PRA ou no termo de compromisso para a regularização ambiental das exigências desta Lei, nos prazos e condições neles estabelecidos, as multas referidas neste artigo serão consideradas como convertidas em serviços de preservação, melhoria e recuperação da qualidade do meio ambiente, regularizando o uso de áreas rurais consolidadas conforme definido no PRA.

§ 6º VETADO. Lei nº 12.727, de 17-10-2012.

§ 7º Caso os Estados e o Distrito Federal não implantem o PRA até 31 de dezembro de 2020, o proprietário ou possuidor de imóvel rural poderá aderir ao PRA implantado pela União, observado o disposto no § 2º deste artigo.

▸ § 7º acrescido pela Lei nº 13.887, de 17-10-2019.

§ 8º A partir da assinatura do termo de compromisso e durante o seu cumprimento na vigência do PRA, o proprietário ou possuidor de imóvel rural estará em processo de regularização ambiental e não poderá ter o financiamento de sua atividade negado em face do descumprimento desta Lei ou dos arts. 38, 39 e 48 da Lei nº 9.605, de 12 de fevereiro de 1998, devendo as instituições financeiras embasar suas decisões em informações de órgãos oficiais.

▸ § 8º acrescido pela Lei nº 14.595, de 5-6-2023, promulgado nos termos do art. 66, § 5º, da CF (*DOU* de 22-12-2023 – ed. extra C).

§ 9º Os órgãos ambientais competentes devem garantir o acesso de instituições financeiras a dados do CAR e do PRA que permitam verificar a regularidade ambiental do proprietário ou possuidor de imóvel rural.

§ 10. Os órgãos ambientais competentes manterão atualizado e disponível em sítio eletrônico demonstrativo sobre a situação da regularização ambiental dos imóveis rurais, indicando, no mínimo, a quantidade de imóveis inscritos no CAR, os cadastros em processo de validação, os requerimentos de adesão ao PRA recebidos e os termos de compromisso assinados.

▸ §§ 9º e 10 acrescidos pela Lei nº 14.595, de 5-6-2023.

Art. 60. A assinatura de termo de compromisso para regularização de imóvel ou posse rural perante o órgão ambiental competente, mencionado no art. 59, suspenderá a punibilidade dos crimes previstos nos arts. 38, 39 e 48 da Lei nº 9.605, de 12 de fevereiro de 1998, enquanto o termo estiver sendo cumprido.

§ 1º A prescrição ficará interrompida durante o período de suspensão da pretensão punitiva.

§ 2º Extingue-se a punibilidade com a efetiva regularização prevista nesta Lei.

Seção II

DAS ÁREAS CONSOLIDADAS EM ÁREAS DE PRESERVAÇÃO PERMANENTE

Art. 61. VETADO.

Art. 61-A. Nas Áreas de Preservação Permanente, é autorizada, exclusivamente, a continuidade das atividades agrossilvipastoris, de ecoturismo e de turismo rural em áreas rurais consolidadas até 22 de julho de 2008.

§ 1º Para os imóveis rurais com área de até 1 (um) módulo fiscal que possuam áreas consolidadas em Áreas de Preservação Permanente ao longo de cursos d'água naturais, será obrigatória a recomposição das respectivas faixas marginais em 5 (cinco) metros, contados da borda da calha do leito regular, independentemente da largura do curso d'água.

§ 2º Para os imóveis rurais com área superior a 1 (um) módulo fiscal e de até 2 (dois) módulos fiscais que possuam áreas consolidadas em Áreas de Preservação Permanente ao longo de cursos d'água naturais, será obrigatória a recomposição das respectivas faixas marginais em 8 (oito) metros, contados da borda da calha do leito regular, independentemente da largura do curso d'água.

§ 3º Para os imóveis rurais com área superior a 2 (dois) módulos fiscais e de até 4 (quatro) módulos fiscais que possuam áreas consolidadas em Áreas de Preservação Permanente ao longo de cursos d'água naturais, será obrigatória a recomposição das respectivas faixas marginais em 15 (quinze) metros, contados da borda da calha do leito regular, independentemente da largura do curso d'água.

§ 4º Para os imóveis rurais com área superior a 4 (quatro) módulos fiscais que possuam áreas consolidadas em Áreas de Preservação Permanente ao longo de cursos d'água naturais, será obrigatória a recomposição das respectivas faixas marginais:

I – VETADO. Lei nº 12.727, de 17-10-2012; e

II – nos demais casos, conforme determinação do PRA, observado o mínimo de 20 (vinte) e o máximo de 100 (cem) metros, contados da borda da calha do leito regular.

§ 5º Nos casos de áreas rurais consolidadas em Áreas de Preservação Permanente no entorno de nascentes e olhos d'água perenes, será admitida a manutenção de atividades agrossilvipastoris, de ecoturismo ou de turismo rural, sendo obrigatória a recomposição do raio mínimo de 15 (quinze) metros.

§ 6º Para os imóveis rurais que possuam áreas consolidadas em Áreas de Preservação Permanente no entorno de lagos e lagoas naturais, será admitida a manutenção de atividades agrossilvipastoris, de ecoturismo ou de turismo rural, sendo obrigatória a recomposição de faixa marginal com largura mínima de:

I – 5 (cinco) metros, para imóveis rurais com área de até 1 (um) módulo fiscal;

II – 8 (oito) metros, para imóveis rurais com área superior a 1 (um) módulo fiscal e de até 2 (dois) módulos fiscais;

III – 15 (quinze) metros, para imóveis rurais com área superior a 2 (dois) módulos fiscais e de até 4 (quatro) módulos fiscais; e

IV – 30 (trinta) metros, para imóveis rurais com área superior a 4 (quatro) módulos fiscais.

§ 7º Nos casos de áreas rurais consolidadas em veredas, será obrigatória a recomposição das faixas marginais, em projeção horizontal, delimitadas a partir do espaço brejoso e encharcado, de largura mínima de:

I – 30 (trinta) metros, para imóveis rurais com área de até 4 (quatro) módulos fiscais; e

II – 50 (cinquenta) metros, para imóveis rurais com área superior a 4 (quatro) módulos fiscais.

§ 8º Será considerada, para os fins do disposto no *caput* e nos §§ 1º a 7º, a área detida pelo imóvel rural em 22 de julho de 2008.

§ 9º A existência das situações previstas no *caput* deverá ser informada no CAR para fins de monitoramento, sendo exigida, nesses casos, a adoção de técnicas de conservação do solo e da água que visem à mitigação dos eventuais impactos.

§ 10. Antes mesmo da disponibilização do CAR, no caso das intervenções já existentes, é o proprietário ou possuidor rural responsável pela conservação do solo e da água, por meio de adoção de boas práticas agronômicas.

§ 11. A realização das atividades previstas no *caput* observará critérios técnicos de conservação do solo e da água indicados no PRA previsto nesta Lei, sendo vedada a conversão de novas áreas para uso alternativo do solo nesses locais.

§ 12. Será admitida a manutenção de residências e da infraestrutura associada às atividades agrossilvipastoris, de ecoturismo e de turismo rural, inclusive o acesso a essas atividades, independentemente das determinações contidas no *caput* e nos §§ 1º a 7º, desde que não estejam em área que ofereça risco à vida ou à integridade física das pessoas.

§ 13. A recomposição de que trata este artigo poderá ser feita, isolada ou conjuntamente, pelos seguintes métodos:

I – condução de regeneração natural de espécies nativas;

II – plantio de espécies nativas;

III – plantio de espécies nativas conjugado com a condução da regeneração natural de espécies nativas;

IV – plantio intercalado de espécies lenhosas, perenes ou de ciclo longo, exóticas com nativas de ocorrência regional, em até 50% (cinquenta por cento) da área total a ser recomposta, no caso dos imóveis a que se refere o inciso V do *caput* do art. 3º;

V – VETADO. Lei nº 12.727, de 17-10-2012.

§ 14. Em todos os casos previstos neste artigo, o poder público, verificada a existência de risco de agravamento de processos erosivos ou de inundações, determinará a adoção de medidas mitigadoras que garantam a estabilidade das margens e a qualidade da água, após deliberação do Conselho Estadual de Meio Ambiente ou de órgão colegiado estadual equivalente.

§ 15. A partir da data da publicação desta Lei e até o término do prazo de adesão ao PRA de que trata o § 2º do art. 59, é autorizada a continuidade das atividades desenvolvidas nas áreas de que trata o *caput*, as quais deverão ser informadas no CAR para fins de monitoramento, sendo exigida a adoção de medidas de conservação do solo e da água.

§ 16. As Áreas de Preservação Permanente localizadas em imóveis inseridos nos limites de Unidades de Conservação de Proteção Integral criadas por ato do poder público até a data de publicação desta Lei não são passíveis de ter quaisquer atividades consideradas como consolidadas nos termos do *caput* e dos §§ 1º a 15, ressalvado o que dispuser o Plano de Manejo elaborado e aprovado de acordo com as orientações emitidas pelo órgão competente do SISNAMA, nos termos do que dispuser regulamento do Chefe do Poder Executivo, devendo o proprietário, possuidor rural ou ocupante a qualquer título adotar todas as medidas indicadas.

§ 17. Em bacias hidrográficas consideradas críticas, conforme previsto em legislação específica, o Chefe do Poder Executivo poderá, em ato próprio, estabelecer metas e diretrizes de recuperação ou conservação da vegetação nativa superiores às definidas no *caput* e nos §§ 1º a 7º, como projeto prioritário, ouvidos o Comitê de Bacia Hidrográfica e o Conselho Estadual de Meio Ambiente.

§ 18. VETADO. Lei nº 12.727, de 17-10-2012.

Art. 61-B. Aos proprietários e possuidores dos imóveis rurais que, em 22 de julho de 2008, detinham até 10 (dez) módulos fiscais e desenvolviam atividades agrossilvipastoris nas áreas consolidadas em Áreas de Preservação Permanente é garantido que a exigência de recomposição, nos termos desta Lei, somadas todas as Áreas de Preservação Permanente do imóvel, não ultrapassará:

I – 10% (dez por cento) da área total do imóvel, para imóveis rurais com área de até 2 (dois) módulos fiscais;

II – 20% (vinte por cento) da área total do imóvel, para imóveis rurais com área superior a 2 (dois) e de até 4 (quatro) módulos fiscais;

III – VETADO. Lei nº 12.727, de 17-10-2012.

Art. 61-C. Para os assentamentos do Programa de Reforma Agrária, a recomposição de áreas consolidadas em Áreas de Preservação Permanente ao longo ou no entorno de cursos d'água, lagos e lagoas naturais observará as exigências estabelecidas no art. 61-A, observados os limites de cada área demarcada individualmente, objeto de contrato de concessão de uso, até a titulação por parte do Instituto Nacional de Colonização e Reforma Agrária – INCRA.

▸ Arts. 61-A a 61-C com a redação dada pela Lei nº 12.727, de 17-10-2012.

Art. 62. Para os reservatórios artificiais de água destinados a geração de energia ou abastecimento público que foram registrados ou tiveram seus contratos de concessão ou autorização assinados anteriormente à Medida Provisória nº 2.166-67, de 24 de agosto de 2001, a faixa da Área de Preservação Permanente será a distância entre o nível máximo operativo normal e a cota máxima *maximorum*.

Art. 63. Nas áreas rurais consolidadas nos locais de que tratam os incisos V, VIII, IX e X do art. 4º, será admitida a manutenção de atividades florestais, culturas de espécies lenhosas, perenes ou de ciclo longo, bem como da infraestrutura física associada ao desenvolvimento de atividades agrossilvipastoris, vedada a conversão de novas áreas para uso alternativo do solo.

§ 1º O pastoreio extensivo nos locais referidos no *caput* deverá ficar restrito às áreas de vegetação campestre natural ou já convertidas para vegetação campestre, admitindo-se o consórcio com vegetação lenhosa perene ou de ciclo longo.

§ 2º A manutenção das culturas e da infraestrutura de que trata o *caput* é condicionada à adoção de práticas conservacionistas do solo e da água indicadas pelos órgãos de assistência técnica rural.

§ 3º Admite-se, nas Áreas de Preservação Permanente, previstas no inciso VIII do art. 4º, dos imóveis rurais de até 4 (quatro) módulos fiscais, no âmbito do PRA, a partir de boas práticas agronômicas e de conservação do solo e da água, mediante deliberação dos Conselhos Estaduais de Meio Ambiente ou órgãos colegiados estaduais equivalentes, a consolidação de outras atividades agrossilvipastoris, ressalvadas as situações de risco de vida.

Art. 64. Na Reurb-S dos núcleos urbanos informais que ocupam Áreas de Preservação Permanente, a regularização fundiária será admitida por meio da aprovação do projeto de regularização fundiária, na forma da lei específica de regularização fundiária urbana.

▸ *Caput* com a redação dada pela Lei nº 13.465, de 11-7-2017.

§ 1º O projeto de regularização fundiária de interesse social deverá incluir estudo técnico que demonstre a melhoria das condições ambientais em relação à situação anterior com a adoção das medidas nele preconizadas.

§ 2º O estudo técnico mencionado no § 1º deverá conter, no mínimo, os seguintes elementos:

I – caracterização da situação ambiental da área a ser regularizada;

II – especificação dos sistemas de saneamento básico;

III – proposição de intervenções para a prevenção e o controle de riscos geotécnicos e de inundações;

IV – recuperação de áreas degradadas e daquelas não passíveis de regularização;

V – comprovação da melhoria das condições de sustentabilidade urbano-ambiental, considerados o uso adequado dos recursos hídricos, a não ocupação das áreas de risco e a proteção das unidades de conservação, quando for o caso;

VI – comprovação da melhoria da habitabilidade dos moradores propiciada pela regularização proposta; e

VII – garantia de acesso público às praias e aos corpos d'água.

Art. 65. Na Reurb-E dos núcleos urbanos informais que ocupam Áreas de Preservação Permanente não identificadas como áreas de risco, a regularização fundiária será admitida por meio da aprovação do projeto de regularização fundiária, na forma da lei específica de regularização fundiária urbana.

▸ *Caput* com a redação dada pela Lei nº 13.465, de 11-7-2017.

§ 1º O processo de regularização fundiária de interesse específico deverá incluir estudo técnico que demonstre a melhoria das condições ambientais em relação à situação anterior e ser instruído com os seguintes elementos:

▸ *Caput* do § 1º com a redação dada pela Lei nº 13.465, de 11-7-2017.

I – a caracterização físico-ambiental, social, cultural e econômica da área;

II – a identificação dos recursos ambientais, dos passivos e fragilidades ambientais e das restrições e potencialidades da área;

III – a especificação e a avaliação dos sistemas de infraestrutura urbana e de saneamento básico implantados, outros serviços e equipamentos públicos;

IV – a identificação das unidades de conservação e das áreas de proteção de mananciais na área de influência direta da ocupação, sejam elas águas superficiais ou subterrâneas;

V – a especificação da ocupação consolidada existente na área;

VI – a identificação das áreas consideradas de risco de inundações e de movimentos de massa rochosa, tais como deslizamento, queda e rolamento de blocos, corrida de lama e outras definidas como de risco geotécnico;

VII – a indicação das faixas ou áreas em que devem ser resguardadas as características típicas da Área de Preservação Permanente com a devida proposta de recuperação de áreas degradadas e daquelas não passíveis de regularização;

VIII – a avaliação dos riscos ambientais;

IX – a comprovação da melhoria das condições de sustentabilidade urbano-ambiental e de habitabilidade dos moradores a partir da regularização; e

X – a demonstração de garantia de acesso livre e gratuito pela população às praias e aos corpos d'água, quando couber.

§ 2º Para fins da regularização ambiental prevista no *caput*, ao longo dos rios ou de qualquer curso d'água, será mantida faixa não edificável com largura mínima de 15 (quinze) metros de cada lado.

§ 3º Em áreas urbanas tombadas como patrimônio histórico e cultural, a faixa não edificável de que trata o § 2º poderá ser redefinida de maneira a atender aos parâmetros do ato do tombamento.

Seção III

DAS ÁREAS CONSOLIDADAS EM ÁREAS DE RESERVA LEGAL

Art. 66. O proprietário ou possuidor de imóvel rural que detinha, em 22 de julho de 2008, área de Reserva Legal em extensão inferior ao estabelecido no art. 12, poderá regularizar sua situação, independentemente da adesão ao PRA, adotando as seguintes alternativas, isolada ou conjuntamente:

I – recompor a Reserva Legal;

II – permitir a regeneração natural da vegetação na área de Reserva Legal;

III – compensar a Reserva Legal.

§ 1º A obrigação prevista no *caput* tem natureza real e é transmitida ao sucessor no caso de transferência de domínio ou posse do imóvel rural.

§ 2º A recomposição de que trata o inciso I do *caput* deverá atender os critérios estipulados pelo órgão competente do SISNAMA e ser concluída em até 20 (vinte) anos, abrangendo, a cada 2 (dois) anos, no mínimo 1/10 (um décimo) da área total necessária à sua complementação.

§ 3º A recomposição de que trata o inciso I do *caput* poderá ser realizada mediante o plantio intercalado de espécies nativas com exóticas ou frutíferas, em sistema agroflorestal, observados os seguintes parâmetros:

▸ *Caput* do § 3º com a redação dada pela Lei nº 12.727, de 17-10-2012.

I – o plantio de espécies exóticas deverá ser combinado com as espécies nativas de ocorrência regional;

II – a área recomposta com espécies exóticas não poderá exceder a 50% (cinquenta por cento) da área total a ser recuperada.

§ 4º Os proprietários ou possuidores do imóvel que optarem por recompor a Reserva Legal na forma dos §§ 2º e 3º terão direito à sua exploração econômica, nos termos desta Lei.

§ 5º A compensação de que trata o inciso III do *caput* deverá ser precedida pela inscrição da propriedade no CAR e poderá ser feita mediante:

I – aquisição de Cota de Reserva Ambiental – CRA;

II – arrendamento de área sob regime de servidão ambiental ou Reserva Legal;

III – doação ao poder público de área localizada no interior de Unidade de Conservação de domínio público pendente de regularização fundiária;

IV – cadastramento de outra área equivalente e excedente à Reserva Legal, em imóvel de mesma titularidade ou adquirida em imóvel de terceiro, com vegetação nativa estabelecida, em regeneração ou recomposição, desde que localizada no mesmo bioma.

§ 6º As áreas a serem utilizadas para compensação na forma do § 5º deverão:

I – ser equivalentes em extensão à área da Reserva Legal a ser compensada;

II – estar localizadas no mesmo bioma da área de Reserva Legal a ser compensada;

III – se fora do Estado, estar localizadas em áreas identificadas como prioritárias pela União ou pelos Estados.

§ 7º A definição de áreas prioritárias de que trata o § 6º buscará favorecer, entre outros, a recuperação de bacias hidrográficas excessivamente desmatadas, a criação de corredores ecológicos, a conservação de grandes áreas protegidas e a conservação ou recuperação de ecossistemas ou espécies ameaçados.

§ 8º Quando se tratar de imóveis públicos, a compensação de que trata o inciso III do *caput* poderá ser feita mediante concessão de direito real de uso ou doação, por parte da pessoa jurídica de direito público proprietária de imóvel rural que não detém Reserva Legal em extensão suficiente, ao órgão público responsável pela Unidade de Conservação de área localizada no interior de Unidade de Conservação de domínio público, a ser criada ou pendente de regularização fundiária.

§ 9º As medidas de compensação previstas neste artigo não poderão ser utilizadas como forma de viabilizar a conversão de novas áreas para uso alternativo do solo.

Art. 67. Nos imóveis rurais que detinham, em 22 de julho de 2008, área de até 4 (quatro) módulos fiscais e que possuam remanescente de vegetação nativa em percentuais inferiores ao previsto no art. 12, a Reserva Legal será constituída com a área ocupada com a vegetação nativa existente em 22 de julho de 2008, vedadas novas conversões para uso alternativo do solo.

Art. 68. Os proprietários ou possuidores de imóveis rurais que realizaram supressão de vegetação nativa respeitando os percentuais de Reserva Legal previstos pela legislação em vigor à época em que ocorreu a supressão são dispensados de promover a recomposição, compensação ou regeneração para os percentuais exigidos nesta Lei.

§ 1º Os proprietários ou possuidores de imóveis rurais poderão provar essas situações consolidadas por documentos tais como a descrição de fatos históricos de ocupação da região, registros de comercialização, dados agropecuários da atividade, contratos e documentos bancários relativos à produção, e por todos os outros meios de prova em direito admitidos.

§ 2º Os proprietários ou possuidores de imóveis rurais, na Amazônia Legal, e seus herdeiros necessários que possuam índice de Reserva Legal maior que 50% (cinquenta por cento) de cobertura florestal e não realizaram a supressão da vegetação nos percentuais previstos pela legislação em vigor à época poderão utilizar a área excedente de Reserva Legal também para fins de constituição de servidão ambiental, Cota de Reserva Ambiental – CRA e outros instrumentos congêneres previstos nesta Lei.

CAPÍTULO XIV
DISPOSIÇÕES COMPLEMENTARES E FINAIS

Art. 69. São obrigados a registro no órgão federal competente do SISNAMA os estabelecimentos comerciais responsáveis pela comercialização de motosserras, bem como aqueles que as adquirirem.

§ 1º A licença para o porte e uso de motosserras será renovada a cada 2 (dois) anos.

§ 2º Os fabricantes de motosserras são obrigados a imprimir, em local visível do equipamento, numeração cuja sequência será encaminhada ao órgão federal competente do SISNAMA e constará nas correspondentes notas fiscais.

Art. 70. Além do disposto nesta Lei e sem prejuízo da criação de unidades de conservação da natureza, na forma da Lei nº 9.985, de 18 de julho de 2000, e de outras ações cabíveis voltadas à proteção das florestas e outras formas de vegetação, o poder público federal, estadual ou municipal poderá:

I – proibir ou limitar o corte das espécies da flora raras, endêmicas, em perigo ou ameaçadas de extinção, bem como das espécies necessárias à subsistência das populações tradicionais, delimitando as áreas compreendidas no ato, fazendo depender de autorização prévia, nessas áreas, o corte de outras espécies;

II – declarar qualquer árvore imune de corte, por motivo de sua localização, raridade, beleza ou condição de porta-sementes;

III – estabelecer exigências administrativas sobre o registro e outras formas de controle de pessoas físicas ou jurídicas que se dedicam à extração, indústria ou comércio de produtos ou subprodutos florestais.

Art. 71. A União, em conjunto com os Estados, o Distrito Federal e os Municípios, realizará o Inventário Florestal Nacional, para subsidiar a análise da existência e qualidade das florestas do País, em imóveis privados e terras públicas.

Parágrafo único. A União estabelecerá critérios e mecanismos para uniformizar a coleta, a manutenção e a atualização das informações do Inventário Florestal Nacional.

Art. 72. Para efeitos desta Lei, a atividade de silvicultura, quando realizada em área apta ao uso alternativo do solo, é equiparada à atividade agrícola, nos termos da Lei nº 8.171, de 17 de janeiro de 1991, que "dispõe sobre a política agrícola".

Art. 73. Os órgãos centrais e executores do SISNAMA criarão e implementarão, com a participação dos órgãos estaduais, indicadores de sustentabilidade, a serem publicados semestralmente, com vistas em aferir a evolução dos componentes do sistema abrangidos por disposições desta Lei.

Art. 74. A Câmara de Comércio Exterior – CAMEX, de que trata o art. 20-B da Lei nº 9.649, de 27 de maio de 1998, com a redação dada pela Medida Provisória nº 2.216-37, de 31 de agosto de 2001, é autorizada a adotar medidas de restrição às importações de bens de origem agropecuária ou florestal produzidos em países que não observem normas e padrões de proteção do meio ambiente compatíveis com as estabelecidas pela legislação brasileira.

Art. 75. Os PRAs instituídos pela União, Estados e Distrito Federal deverão incluir mecanismo que permita o acompanhamento de sua implementação, considerando os objetivos e metas nacionais para florestas, especialmente a implementação dos instrumentos previstos nesta Lei, a adesão cadastral dos proprietários e possuidores de imóvel rural, a evolução da regularização das propriedades e posses rurais, o grau de regularidade do uso de matéria-prima florestal e o controle e prevenção de incêndios florestais.

Arts. 76 e 77. VETADOS.

Art. 78. O art. 9º-A da Lei nº 6.938, de 31 de agosto de 1981, passa a vigorar com a seguinte redação:

▶ Alterações inseridas no texto da referida Lei.

Art. 78-A. Após 31 de dezembro de 2017, as instituições financeiras só concederão crédito agrícola, em qualquer de suas modalidades, para proprietários de imóveis rurais que estejam inscritos no CAR.

▶ *Caput* com a redação dada pela Lei nº 13.295, de 14-6-2016.

Parágrafo único. O prazo de que trata este artigo será prorrogado em observância aos novos prazos de que trata o § 3º do art. 29.

▶ Parágrafo único acrescido pela Lei nº 13.295, de 14-6-2016.

Art. 78-B. VETADO. Lei nº 14.595, de 5-6-2023.

Art. 79. A Lei nº 6.938, de 31 de agosto de 1981, passa a vigorar acrescida dos seguintes arts. 9º-B e 9º-C:

▶ Alterações inseridas no texto da referida Lei.

Art. 80. A alínea *d* do inciso II do § 1º do art. 10 da Lei nº 9.393, de 19 de dezembro de 1996, passa a vigorar com a seguinte redação:

"Art. 10. ....

§ 1º ....

II – ....

....

d) sob regime de servidão ambiental;

.........."

Art. 81. O *caput* do art. 35 da Lei nº 11.428, de 22 de dezembro de 2006, passa a vigorar com a seguinte redação:

▶ Alterações inseridas no texto da referida Lei.

Art. 82. São a União, os Estados, o Distrito Federal e os Municípios autorizados a instituir, adaptar ou reformular, no prazo de 6 (seis) meses, no âmbito do SISNAMA, instituições florestais ou afins, devidamente aparelhadas para assegurar a plena consecução desta Lei.

Parágrafo único. As instituições referidas no *caput* poderão credenciar, mediante edital de seleção pública, profissionais devidamente habilitados para apoiar a regularização ambiental das propriedades previstas no inciso V do art. 3º, nos termos de regulamento baixado por ato do Chefe do Poder Executivo.

Art. 83. Revogam-se as Leis nºs 4.771, de 15 de setembro de 1965, e 7.754, de 14 de abril de 1989, e suas alterações posteriores, e a Medida Provisória nº 2.166-67, de 24 de agosto de 2001.

▶ A alteração que seria introduzida neste artigo pela Lei nº 12.727, de 17-10-2012, foi vetada, razão pela qual mantivemos a sua redação.

Art. 84. Esta Lei entra em vigor na data de sua publicação.

Brasília, 25 de maio de 2012;
191º da Independência e
124º da República.

Dilma Rousseff

LEI Nº 13.123, DE 20 DE MAIO DE 2015

Regulamenta o inciso II do § 1º e o § 4º do art. 225 da Constituição Federal, o Artigo 1, a alínea j do Artigo 8, a alínea c do Artigo 10, o Artigo 15 e os §§ 3º e 4º do Artigo 16 da Convenção sobre Diversidade Biológica, promulgada pelo Decreto nº 2.519, de 16 de março de 1998; dispõe sobre o acesso ao patrimônio genético, sobre a proteção e o acesso ao conhecimento tradicional associado e sobre a repartição de benefícios para conservação e uso sustentável da biodiversidade; revoga a Medida Provisória nº 2.186-16, de 23 de agosto de 2001; e dá outras providências.

▶ Publicada no *DOU* de 21-5-2015.

▶ Dec. nº 8.772, de 11-5-2016, regulamenta esta lei.

CAPÍTULO I
DISPOSIÇÕES GERAIS

Art. 1º Esta Lei dispõe sobre bens, direitos e obrigações relativos:

I – ao acesso ao patrimônio genético do País, bem de uso comum do povo encontrado em condições *in situ*, inclusive as espécies domesticadas e populações espontâneas, ou mantido em condições *ex situ*, desde que encontrado em condições *in situ* no território nacional, na plataforma continental, no mar territorial e na zona econômica exclusiva;

II – ao conhecimento tradicional associado ao patrimônio genético, relevante à conservação da diversidade biológica, à integridade do patrimônio genético do País e à utilização de seus componentes;

III – ao acesso à tecnologia e à transferência de tecnologia para a conservação e a utilização da diversidade biológica;

IV – à exploração econômica de produto acabado ou material reprodutivo oriundo de acesso ao patrimônio genético ou ao conhecimento tradicional associado;

V – à repartição justa e equitativa dos benefícios derivados da exploração econômica de produto acabado ou material reprodutivo oriundo de acesso ao patrimônio genético ou ao conhecimento tradicional associado, para conservação e uso sustentável da biodiversidade;

VI – à remessa para o exterior de parte ou do todo de organismos, vivos ou mortos, de espécies animais, vegetais, microbianas ou de outra natureza, que se destine ao acesso ao patrimônio genético; e

VII – à implementação de tratados internacionais sobre o patrimônio genético ou o conhecimento tradicional associado aprovados pelo Congresso Nacional e promulgados.

§ 1º O acesso ao patrimônio genético ou ao conhecimento tradicional associado será efetuado sem prejuízo dos direitos de propriedade material ou imaterial que incidam sobre o patrimônio genético ou sobre o conhecimento tradicional associado acessado ou sobre o local de sua ocorrência.

§ 2º O acesso ao patrimônio genético existente na plataforma continental observará o disposto na Lei nº 8.617, de 4 de janeiro de 1993.

Art. 2º Além dos conceitos e das definições constantes da Convenção sobre Diversidade Biológica – CDB, promulgada pelo Decreto nº 2.519, de 16 de março de 1998, consideram-se para os fins desta Lei:

I – patrimônio genético – informação de origem genética de espécies vegetais, animais, microbianas ou espécies de outra natureza, incluindo substâncias oriundas do metabolismo destes seres vivos;

II – conhecimento tradicional associado – informação ou prática de população indígena, comunidade tradicional ou agricultor tradicional sobre as propriedades ou usos diretos ou indiretos associada ao patrimônio genético;

III – conhecimento tradicional associado de origem não identificável – conhecimento tradicional associado em que não há a possibilidade de vincular a sua origem a, pelo menos, uma população indígena, comunidade tradicional ou agricultor tradicional;

IV – comunidade tradicional – grupo culturalmente diferenciado que se reconhece como tal, possui forma própria de organização social e ocupa e usa territórios e recursos naturais como condição para a sua reprodução cultural, social, religiosa, ancestral e econômica, utilizando conhecimentos, inovações e práticas geradas e transmitidas pela tradição;

V – provedor de conhecimento tradicional associado – população indígena, comunidade tradicional ou agricultor tradicional que detém e fornece a informação sobre conhecimento tradicional associado para o acesso;

VI – consentimento prévio informado – consentimento formal, previamente concedido por população indígena ou comunidade tradicional segundo os seus usos, costumes e tradições ou protocolos comunitários;

VII – protocolo comunitário – norma procedimental das populações indígenas, comunidades tradicionais ou agricultores tradicionais que estabelece, segundo seus usos, costumes e tradições, os mecanismos para o acesso ao conhecimento tradicional associado e a repartição de benefícios de que trata esta Lei;

VIII – acesso ao patrimônio genético – pesquisa ou desenvolvimento tecnológico realizado sobre amostra de patrimônio genético;

IX – acesso ao conhecimento tradicional associado – pesquisa ou desenvolvimento tecnológico realizado sobre conhecimento tradicional associado ao patrimônio genético que possibilite ou facilite o acesso ao patrimônio genético, ainda que obtido de fontes secundárias tais como feiras, publicações, inventários, filmes, artigos científicos, cadastros e outras formas de sistematização e registro de conhecimentos tradicionais associados;

X – pesquisa – atividade, experimental ou teórica, realizada sobre o patrimônio genético ou conhecimento tradicional associado, com o objetivo de produzir novos conhecimentos, por meio de um processo sistemático de construção do conhecimento que gera e testa hipóteses e teorias, descreve e interpreta os fundamentos de fenômenos e fatos observáveis;

XI – desenvolvimento tecnológico – trabalho sistemático sobre o patrimônio genético ou sobre o conhecimento tradicional associado, baseado nos procedimentos existentes, obtidos pela pesquisa ou pela experiência prática, realizado com o objetivo de desenvolver novos materiais, produtos ou dispositivos, aperfeiçoar ou desenvolver novos processos para exploração econômica;

XII – cadastro de acesso ou remessa de patrimônio genético ou de conhecimento tradicional associado – instrumento declaratório obrigatório das atividades de acesso ou remessa de patrimônio genético ou de conhecimento tradicional associado;

XIII – remessa – transferência de amostra de patrimônio genético para instituição localizada fora do País com a finalidade de acesso, na qual a responsabilidade sobre a amostra é transferida para a destinatária;

XIV – autorização de acesso ou remessa – ato administrativo que permite, sob condições específicas, o acesso ao patrimônio genético ou ao conhecimento tradicional associado e a remessa de patrimônio genético;

XV – usuário – pessoa natural ou jurídica que realiza acesso a patrimônio genético ou conhecimento tradicional associado ou explora economicamente produto acabado ou material reprodutivo oriundo de acesso ao patrimônio genético ou ao conhecimento tradicional associado;

XVI – produto acabado – produto cuja natureza não requer nenhum tipo de processo produtivo adicional, oriundo de acesso ao patrimônio genético ou ao conhecimento tradicional associado, no qual o componente do patrimônio genético ou do conhecimento tradicional associado seja um dos elementos principais de agregação de valor ao produto, estando apto à utilização pelo consumidor final, seja este pessoa natural ou jurídica;

XVII – produto intermediário – produto cuja natureza é a utilização em cadeia produtiva, que o agregará em seu processo produtivo, na condição de insumo, excipiente e matéria-prima, para o desenvolvimento de outro produto intermediário ou de produto acabado;

XVIII – elementos principais de agregação de valor ao produto – elementos cuja presença no produto acabado é determinante para a existência das características funcionais ou para a formação do apelo mercadológico;

XIX – notificação de produto – instrumento declaratório que antecede o início da atividade de exploração econômica de produto acabado ou material reprodutivo oriundo de acesso ao patrimônio genético ou ao conhecimento tradicional associado, no qual o usuário declara o cumprimento dos requisitos desta Lei e indica a modalidade de repartição de benefícios, quando aplicável, a ser estabelecida no acordo de repartição de benefícios;

XX – acordo de repartição de benefícios – instrumento jurídico que qualifica as partes, o objeto e as condições para repartição de benefícios;

XXI – acordo setorial – ato de natureza contratual firmado entre o poder público e usuários, tendo em vista a repartição justa e equitativa dos benefícios decorrentes da exploração econômica oriunda de acesso ao patrimônio genético ou ao conhecimento tradicional associado de origem não identificável;

XXII – atestado de regularidade de acesso – ato administrativo pelo qual o órgão competente declara que o acesso ao patrimônio genético ou ao conhecimento tradicional associado cumpriu os requisitos desta Lei;

XXIII – termo de transferência de material – instrumento firmado entre remetente e destinatário para remessa ao exterior de uma ou mais amostras contendo patrimônio genético acessado ou disponível para acesso, que indica, quando for o caso, se houve acesso a conhecimento tradicional associado e que estabelece o compromisso de repartição de benefícios de acordo com as regras previstas nesta Lei;

XXIV – atividades agrícolas – atividades de produção, processamento e comercialização de alimentos, bebidas, fibras, energia e florestas plantadas;

XXV – condições *in situ* – condições em que o patrimônio genético existe em ecossistemas e hábitats naturais e, no caso de espécies domesticadas ou cultivadas, nos meios onde naturalmente tenham desenvolvido suas características distintivas próprias, incluindo as que formem populações espontâneas;

XXVI – espécie domesticada ou cultivada – espécie em cujo processo de evolução influiu o ser humano para atender suas necessidades;

XXVII – condições *ex situ* – condições em que o patrimônio genético é mantido fora de seu hábitat natural;

XXVIII – população espontânea – população de espécies introduzidas no território nacional, ainda que domesticadas, capazes de se autoperpetuarem naturalmente nos ecossistemas e hábitats brasileiros;

XXIX – material reprodutivo – material de propagação vegetal ou de reprodução animal de qualquer gênero, espécie ou cultivo proveniente de reprodução sexuada ou assexuada;

XXX – envio de amostra – envio de amostra que contenha patrimônio genético para a prestação de serviços no exterior como parte de pesquisa ou desenvolvimento tecnológico na qual a responsabilidade sobre a amostra é de quem realiza o acesso no Brasil;

XXXI – agricultor tradicional – pessoa natural que utiliza variedades tradicionais locais ou crioulas ou raças localmente adaptadas ou crioulas e mantém e conserva a diversidade genética, incluído o agricultor familiar;

XXXII – variedade tradicional local ou crioula – variedade proveniente de espécie que ocorre em condição *in situ* ou mantida em condição *ex situ*, composta por grupo de plantas dentro de um táxon no nível mais baixo conhecido, com diversidade genética desenvolvida ou adaptada por população indígena, comunidade tradicional ou agricultor tradicional, incluindo seleção natural combinada com seleção humana no ambiente local, que não seja substancialmente semelhante a cultivares comerciais; e

XXXIII – raça localmente adaptada ou crioula – raça proveniente de espécie que ocorre em condição *in situ* ou mantida em condição *ex situ*, representada por grupo de animais com diversidade genética desenvolvida ou adaptada a um determinado nicho ecológico e formada a partir de seleção natural ou seleção realizada adaptada por população indígena, comunidade tradicional ou agricultor tradicional.

Parágrafo único. Considera-se parte do patrimônio genético existente no território nacional, para os efeitos desta Lei, o microrganismo que tenha sido isolado a partir de substratos do território nacional, do mar territorial, da zona econômica exclusiva ou da plataforma continental.

Art. 3º O acesso ao patrimônio genético existente no País ou ao conhecimento tradicional associado para fins de pesquisa ou desenvolvimento tecnológico e a exploração econômica de produto acabado ou material reprodutivo oriundo desse acesso somente serão realizados mediante cadastro, autorização ou notificação, e serão submetidos a fiscalização, restrições e repartição de benefícios nos termos e nas condições estabelecidos nesta Lei e no seu regulamento.

Parágrafo único. São de competência da União a gestão, o controle e a fiscalização das atividades descritas no *caput*, nos termos do disposto no inciso XXIII do *caput* do art. 7º da Lei Complementar nº 140, de 8 de dezembro de 2011.

Art. 4º Esta Lei não se aplica ao patrimônio genético humano.

Art. 5º É vedado o acesso ao patrimônio genético e ao conhecimento tradicional associado para práticas nocivas ao meio ambiente, à reprodução cultural e à saúde humana e para o desenvolvimento de armas biológicas e químicas.

CAPÍTULO II
DAS COMPETÊNCIAS E ATRIBUIÇÕES INSTITUCIONAIS

Art. 6º Fica criado no âmbito do Ministério do Meio Ambiente o Conselho de Gestão do Patrimônio Genético – CGen, órgão colegiado de caráter deliberativo, normativo, consultivo e recursal, responsável por coordenar a elaboração e a implementação de políticas para a gestão do acesso ao patrimônio genético e ao conhecimento tradicional associado e da repartição de benefícios, formado por representação de órgãos e entidades da administração pública federal que detêm competência sobre as diversas ações de que trata esta Lei com participação máxima de 60% (sessenta por cento) e a representação da sociedade civil em no mínimo 40% (quarenta por cento) dos membros, assegurada a paridade entre:

I – setor empresarial;

II – setor acadêmico; e

III – populações indígenas, comunidades tradicionais e agricultores tradicionais.

§ 1º Compete também ao CGen:

I – estabelecer:

a) normas técnicas;

b) diretrizes e critérios para elaboração e cumprimento do acordo de repartição de benefícios;

c) critérios para a criação de banco de dados para o registro de informação sobre patrimônio genético e conhecimento tradicional associado;

II – acompanhar, em articulação com órgãos federais, ou mediante convênio com outras instituições, as atividades de:

a) acesso e remessa de amostra que contenha o patrimônio genético; e

b) acesso a conhecimento tradicional associado;

III – deliberar sobre:

a) as autorizações de que trata o inciso II do § 3º do art. 13;

b) o credenciamento de instituição nacional que mantém coleção *ex situ* de amostras que contenham o patrimônio genético; e

c) o credenciamento de instituição nacional para ser responsável pela criação e manutenção da base de dados de que trata o inciso IX;

IV – atestar a regularidade do acesso ao patrimônio genético ou ao conhecimento tradicional associado de que trata o Capítulo IV desta Lei;

V – registrar o recebimento da notificação do produto acabado ou material reprodutivo e a apresentação do acordo de repartição de benefícios, nos termos do art. 16;

VI – promover debates e consultas públicas sobre os temas de que trata esta Lei;

VII – funcionar como instância superior de recurso em relação à decisão de instituição credenciada e aos atos decorrentes da aplicação desta Lei, na forma do regulamento;

VIII – estabelecer diretrizes para aplicação dos recursos destinados ao Fundo Nacional para a Repartição de Benefícios – FNRB, previsto no art. 30, a título de repartição de benefícios;

IX – criar e manter base de dados relativos:

a) aos cadastros de acesso ao patrimônio genético ou ao conhecimento tradicional associado e de remessa;

b) às autorizações de acesso ao patrimônio genético ou ao conhecimento tradicional associado e de remessa;

c) aos instrumentos e termos de transferência de material;

d) às coleções *ex situ* das instituições credenciadas que contenham amostras de patrimônio genético;

e) às notificações de produto acabado ou material reprodutivo;

f) aos acordos de repartição de benefícios;

g) aos atestados de regularidade de acesso;

X – cientificar órgãos federais de proteção dos direitos de populações indígenas e comunidades tradicionais sobre o registro em cadastro de acesso a conhecimentos tradicionais associados;

XI – VETADO; e

XII – aprovar seu regimento interno.

§ 2º Regulamento disporá sobre a composição e o funcionamento do CGen.

§ 3º O CGen criará Câmaras Temáticas e Setoriais, com a participação paritária do Governo e da sociedade civil, sendo esta representada pelos setores empresarial, acadêmico e representantes das populações indígenas, comunidades tradicionais e agricultores tradicionais, para subsidiar as decisões do plenário.

Art. 7º A administração pública federal disponibilizará ao CGen, na forma do regulamento, as informações necessárias para a rastreabilidade das atividades decorrentes de acesso ao patrimônio genético ou ao conhecimento tradicional associado, inclusive as relativas à exploração econômica oriunda desse acesso.

CAPÍTULO III
DO CONHECIMENTO TRADICIONAL ASSOCIADO

Art. 8º Ficam protegidos por esta Lei os conhecimentos tradicionais associados ao patrimônio genético de populações indígenas, de comunidade tradicional ou de agricultor tradicional contra a utilização e exploração ilícita.

§ 1º O Estado reconhece o direito de populações indígenas, de comunidades tradicionais e de agricultores tradicionais de participar da tomada de decisões, no âmbito nacional, sobre assuntos relacionados à conservação e ao uso sustentável de seus conhecimentos tradicionais associados ao patrimônio genético do País, nos termos desta Lei e do seu regulamento.

§ 2º O conhecimento tradicional associado ao patrimônio genético de que trata esta Lei integra o patrimônio cultural brasileiro e poderá ser depositado em banco de dados, conforme dispuser o CGen ou legislação específica.

§ 3º São formas de reconhecimento dos conhecimentos tradicionais associados, entre outras:

I – publicações científicas;

II – registros em cadastros ou bancos de dados; ou

III – inventários culturais.

§ 4º O intercâmbio e a difusão de patrimônio genético e de conhecimento tradicional associado praticados entre si por populações indígenas, comunidade tradicional ou agricultor tradicional para seu próprio benefício e baseados em seus usos, costumes e tradições são isentos das obrigações desta Lei.

Art. 9º O acesso ao conhecimento tradicional associado de origem identificável está condicionado à obtenção do consentimento prévio informado.

§ 1º A comprovação do consentimento prévio informado poderá ocorrer, a critério da população indígena, da comunidade tradicional ou do agricultor tradicional, pelos seguintes instrumentos, na forma do regulamento:

I – assinatura de termo de consentimento prévio;

II – registro audiovisual do consentimento;

III – parecer do órgão oficial competente; ou

IV – adesão na forma prevista em protocolo comunitário.

§ 2º O acesso a conhecimento tradicional associado de origem não identificável independe de consentimento prévio informado.

§ 3º O acesso ao patrimônio genético de variedade tradicional local ou crioula ou à raça localmente adaptada ou crioula para atividades agrícolas compreende o acesso ao conhecimento tradicional associado não identificável que deu origem à variedade ou à raça e não depende do consentimento prévio da população indígena, da comunidade tradicional ou do agricultor tradicional que cria, desenvolve, detém ou conserva a variedade ou a raça.

Art. 10. Às populações indígenas, às comunidades tradicionais e aos agricultores tradicionais que criam, desenvolvem, detêm ou conservam conhecimento tradicional associado são garantidos os direitos de:

I – ter reconhecida sua contribuição para o desenvolvimento e conservação de patrimônio genético, em qualquer forma de publicação, utilização, exploração e divulgação;

II – ter indicada a origem do acesso ao conhecimento tradicional associado em todas as publicações, utilizações, explorações e divulgações;

III – perceber benefícios pela exploração econômica por terceiros, direta ou indiretamente, de conhecimento tradicional associado, nos termos desta Lei;

IV – participar do processo de tomada de decisão sobre assuntos relacionados ao acesso a conhecimento tradicional associado e à repartição de benefícios decorrente desse acesso, na forma do regulamento;

V – usar ou vender livremente produtos que contenham patrimônio genético ou conhecimento tradicional associado, observados os dispositivos das Leis nº 9.456, de 25 de abril de 1997, e nº 10.711, de 5 de agosto de 2003; e

VI – conservar, manejar, guardar, produzir, trocar, desenvolver, melhorar material reprodutivo que contenha patrimônio genético ou conhecimento tradicional associado.

§ 1º Para os fins desta Lei, qualquer conhecimento tradicional associado ao patrimônio genético será considerado de natureza coletiva, ainda que apenas um indivíduo de população indígena ou de comunidade tradicional o detenha.

§ 2º O patrimônio genético mantido em coleções *ex situ* em instituições nacionais geridas com recursos públicos e as informações a ele associadas poderão ser acessados pelas populações indígenas, pelas comunidades tradicionais e pelos agricultores tradicionais, na forma do regulamento.

CAPÍTULO IV
DO ACESSO, DA REMESSA E DA EXPLORAÇÃO ECONÔMICA

Art. 11. Ficam sujeitas às exigências desta Lei as seguintes atividades:

I – acesso ao patrimônio genético ou ao conhecimento tradicional associado;

II – remessa para o exterior de amostras de patrimônio genético; e

III – exploração econômica de produto acabado ou material reprodutivo oriundo de acesso ao patrimônio genético ou ao conhecimento tradicional associado realizado após a vigência desta Lei.

§ 1º É vedado o acesso ao patrimônio genético ou ao conhecimento tradicional associado por pessoa natural estrangeira.

§ 2º A remessa para o exterior de amostra de patrimônio genético depende de assinatura do termo de transferência de material, na forma prevista pelo CGen.

Art. 12. Deverão ser cadastradas as seguintes atividades:

I – acesso ao patrimônio genético ou ao conhecimento tradicional associado dentro do País realizado por pessoa natural ou jurídica nacional, pública ou privada;

II – acesso ao patrimônio genético ou conhecimento tradicional associado por pessoa jurídica sediada no exterior associada a instituição nacional de pesquisa científica e tecnológica, pública ou privada;

III – acesso ao patrimônio genético ou ao conhecimento tradicional associado realizado no exterior por pessoa natural ou jurídica nacional, pública ou privada;

IV – remessa de amostra de patrimônio genético para o exterior com a finalidade de acesso, nas hipóteses dos incisos II e III deste *caput*; e

V – envio de amostra que contenha patrimônio genético por pessoa jurídica nacional, pública ou privada, para prestação de serviços no exterior como parte de pesquisa ou desenvolvimento tecnológico.

§ 1º O cadastro de que trata este artigo terá seu funcionamento definido em regulamento.

§ 2º O cadastramento deverá ser realizado previamente à remessa, ou ao requerimento de qualquer direito de propriedade intelectual, ou à comercialização do produto intermediário, ou à divulgação dos resultados, finais ou parciais, em meios científicos ou de comunicação, ou à notificação de produto acabado ou material reprodutivo desenvolvido em decorrência do acesso.

§ 3º São públicas as informações constantes do banco de dados de que trata o inciso IX do § 1º do art. 6º, ressalvadas aquelas que possam prejudicar as atividades de pesquisa ou desenvolvimento científico ou tecnológico ou as atividades comerciais de terceiros, podendo ser estas informações disponibilizadas mediante autorização do usuário.

Art. 13. As seguintes atividades poderão, a critério da União, ser realizadas mediante autorização prévia, na forma do regulamento:

I – acesso ao patrimônio genético ou ao conhecimento tradicional associado em área indispensável à segurança nacional, que se dará após anuência do Conselho de Defesa Nacional;

II – acesso ao patrimônio genético ou ao conhecimento tradicional associado em águas jurisdicionais brasileiras, na plataforma continental e na zona econômica exclusiva, que se dará após anuência da autoridade marítima.

§ 1º As autorizações de acesso e de remessa podem ser requeridas em conjunto ou isoladamente.

§ 2º A autorização de remessa de amostra de patrimônio genético para o exterior transfere a responsabilidade da amostra ou do material remetido para a destinatária.

§§ 3º e 4º VETADOS.

Art. 14. A conservação *ex situ* de amostra do patrimônio genético encontrado na condição *in situ* deverá ser preferencialmente realizada no território nacional.

Art. 15. A autorização ou o cadastro para remessa de amostra do patrimônio genético para o exterior depende da informação do uso pretendido, observados os requisitos do regulamento.

Art. 16. Para a exploração econômica de produto acabado ou material reprodutivo oriundo de acesso ao patrimônio genético ou ao conhecimento tradicional associado serão exigidas:

I – a notificação do produto acabado ou do material reprodutivo ao CGen; e

II – a apresentação do acordo de repartição de benefícios, ressalvado o disposto no § 5º do art. 17 e no § 4º do art. 25.

§ 1º A modalidade de repartição de benefícios, monetária ou não monetária, deverá ser indicada no momento da notificação do produto acabado ou material reprodutivo oriundo do acesso ao patrimônio genético ou ao conhecimento tradicional associado.

§ 2º O acordo de repartição de benefícios deve ser apresentado em até 365 (trezentos e sessenta e cinco) dias a partir do momento da notificação do produto acabado ou do material reprodutivo, na forma prevista no Capítulo V desta Lei, ressalvados os casos que envolverem conhecimentos tradicionais associados de origem identificável.

CAPÍTULO V
DA REPARTIÇÃO DE BENEFÍCIOS

Art. 17. Os benefícios resultantes da exploração econômica de produto acabado ou de material reprodutivo oriundo de acesso ao patrimônio genético de espécies encontradas em condições *in situ* ou ao conhecimento tradicional associado, ainda que produzido fora do País, serão repartidos, de forma justa e equitativa, sendo que no caso do produto acabado o componente do patrimônio genético ou do conhecimento tradicional associado deve ser um dos elementos principais de agregação de valor, em conformidade ao que estabelece esta Lei.

§ 1º Estará sujeito à repartição de benefícios exclusivamente o fabricante do produto acabado ou o produtor do material reprodutivo, independentemente de quem tenha realizado o acesso anteriormente.

§ 2º Os fabricantes de produtos intermediários e desenvolvedores de processos oriundos de acesso ao patrimônio genético ou ao conhecimento tradicional associado ao longo da cadeia produtiva estarão isentos da obrigação de repartição de benefícios.

§ 3º Quando um único produto acabado ou material reprodutivo for o resultado de acessos distintos, estes não serão considerados cumulativamente para o cálculo da repartição de benefícios.

§ 4º As operações de licenciamento, transferência ou permissão de utilização de qualquer forma de direito de propriedade intelectual sobre produto acabado, processo ou material reprodutivo oriundo do acesso ao patrimônio genético ou ao conhecimento tradicional associado por terceiros são caracterizadas como exploração econômica isenta da obrigação de repartição de benefícios.

§ 5º Ficam isentos da obrigação de repartição de benefícios, nos termos do regulamento:

I – as microempresas, as empresas de pequeno porte, os microempreendedores individuais, conforme disposto na Lei Complementar nº 123, de 14 de dezembro de 2006; e

II – os agricultores tradicionais e suas cooperativas, com receita bruta anual igual ou inferior ao limite máximo estabelecido no inciso II do art. 3º da Lei Complementar nº 123, de 14 de dezembro de 2006.

§ 6º No caso de acesso ao conhecimento tradicional associado pelas pessoas previstas no § 5º, os detentores desse conhecimento serão beneficiados nos termos do art. 33.

§ 7º Caso o produto acabado ou o material reprodutivo não tenha sido produzido no Brasil, o importador, subsidiária, controlada, coligada, vinculada ou representante comercial do produtor estrangeiro em território nacional ou em território de países com os quais o Brasil mantiver acordo com este fim responde solidariamente com o fabricante do produto acabado ou do material reprodutivo pela repartição de benefícios.

§ 8º Na ausência de acesso a informações essenciais à determinação da base de cálculo de repartição de benefícios em tempo adequado, nos casos a que se refere o § 7º, a União arbitrará o valor da base de cálculo de acordo com a melhor informação disponível, considerando o percentual previsto nesta Lei ou em acordo setorial, garantido o contraditório.

§ 9º A União estabelecerá por decreto a Lista de Classificação de Repartição de Benefícios, com base na Nomenclatura Comum do MERCOSUL – NCM.

§ 10. VETADO.

Art. 18. Os benefícios resultantes da exploração econômica de produto oriundo de acesso ao patrimônio genético ou ao conhecimento tradicional associado para atividades agrícolas serão repartidos sobre a comercialização do material reprodutivo, ainda que o acesso ou a exploração econômica dê-se por meio de pessoa física ou jurídica subsidiária, controlada, coligada, contratada, terceirizada ou vinculada, respeitado o disposto no § 7º do art. 17.

§ 1º A repartição de benefícios, prevista no *caput*, deverá ser aplicada ao último elo da cadeia produtiva de material reprodutivo, ficando isentos os demais elos.

§ 2º No caso de exploração econômica de material reprodutivo oriundo de acesso a patrimônio genético ou a conhecimento tradicional associado para fins de atividades agrícolas e destinado exclusivamente à geração de produtos acabados nas cadeias produtivas que não envolvam atividade agrícola, a repartição de benefícios ocorrerá somente sobre a exploração econômica do produto acabado.

§ 3º Fica isenta da repartição de benefícios a exploração econômica de produto acabado ou de material reprodutivo oriundo do acesso ao patrimônio genético de espécies introduzidas no território nacional pela ação humana, ainda que domesticadas, exceto:

I – as que formem populações espontâneas que tenham adquirido características distintivas próprias no País; e

II – variedade tradicional local ou crioula ou a raça localmente adaptada ou crioula.

Art. 19. A repartição de benefícios decorrente da exploração econômica de produto acabado ou material reprodutivo oriundo de acesso ao patrimônio genético ou ao conhecimento tradicional associado poderá constituir-se nas seguintes modalidades:

I – monetária; ou

II – não monetária, incluindo, entre outras:

a) projetos para conservação ou uso sustentável de biodiversidade ou para proteção e manutenção de conhecimentos, inovações ou práticas de populações indígenas, de comunidades tradicionais ou de agricultores tradicionais, preferencialmente no local de ocorrência da espécie em condição *in situ* ou de obtenção da amostra quando não se puder especificar o local original;

b) transferência de tecnologias;

c) disponibilização em domínio público de produto, sem proteção por direito de propriedade intelectual ou restrição tecnológica;

d) licenciamento de produtos livre de ônus;

e) capacitação de recursos humanos em temas relacionados à conservação e uso sustentável do patrimônio genético ou do conhecimento tradicional associado; e

f) distribuição gratuita de produtos em programas de interesse social.

§ 1º No caso de acesso a patrimônio genético fica a critério do usuário a opção por uma das modalidades de repartição de benefícios previstas no *caput*.

§ 2º Ato do Poder Executivo disciplinará a forma de repartição de benefícios da modalidade não monetária nos casos de acesso a patrimônio genético.

§ 3º A repartição de benefícios não monetária correspondente a transferência de tecnologia poderá realizar-se, dentre outras formas, mediante:

I – participação na pesquisa e desenvolvimento tecnológico;

II – intercâmbio de informações;

III – intercâmbio de recursos humanos, materiais ou tecnologia entre instituição nacional de pesquisa científica e tecnológica, pública ou privada, e instituição de pesquisa sediada no exterior;

IV – consolidação de infraestrutura de pesquisa e de desenvolvimento tecnológico; e

V – estabelecimento de empreendimento conjunto de base tecnológica.

§ 4º VETADO.

Art. 20. Quando a modalidade escolhida for a repartição de benefícios monetária decorrente da exploração econômica de produto acabado ou de material reprodutivo oriundo de acesso ao patrimônio genético, será devida uma parcela de 1% (um por cento) da receita líquida anual obtida com a exploração econômica, ressalvada a hipótese de redução para até 0,1 (um décimo) por acordo setorial previsto no art. 21.

Art. 21. Com o fim de garantir a competitividade do setor contemplado, a União poderá, a pedido do interessado, conforme o regulamento, celebrar acordo setorial que permita reduzir o valor da repartição de benefícios monetária para até 0,1% (um décimo por cento) da receita líquida anual obtida com a exploração econômica do produto acabado ou do material reprodutivo oriundo de acesso ao patrimônio genético ou ao conhecimento tradicional associado de origem não identificável.

Parágrafo único. Para subsidiar a celebração de acordo setorial, os órgãos oficiais de defesa dos direitos de populações indígenas e de comunidades tradicionais poderão ser ouvidos, nos termos do regulamento.

Art. 22. Nas modalidades de repartição de benefícios não monetárias correspondentes às alíneas *a*, *e* e *f* do inciso II do *caput* do art. 19, a repartição de benefícios deverá ser equivalente a 75% (setenta e cinco por cento) do previsto para a modalidade monetária, conforme os critérios definidos pelo CGen.

Parágrafo único. O CGen poderá delimitar critérios ou parâmetros de resultado ou efetividade que os usuários deverão atender, em substituição ao parâmetro de custo previsto no *caput* para a repartição de benefícios não monetária.

Art. 23. Quando o produto acabado ou o material reprodutivo for oriundo de acesso ao conhecimento tradicional associado de origem não identificável, a repartição decorrente do uso desse conhecimento deverá ser feita na modalidade prevista no inciso I do *caput* do art. 19 e em montante correspondente ao estabelecido nos arts. 20 e 21 desta Lei.

Art. 24. Quando o produto acabado ou o material reprodutivo for oriundo de acesso ao conhecimento tradicional associado que seja de origem identificável, o provedor de conhecimento tradicional associado terá direito de receber benefícios mediante acordo de repartição de benefícios.

§ 1º A repartição entre usuário e provedor será negociada de forma justa e equitativa entre as partes, atendendo a parâmetros de clareza, lealdade e transparência nas cláusulas pactuadas, que deverão indicar condições, obrigações, tipos e duração dos benefícios de curto, médio e longo prazo.

§ 2º A repartição com os demais detentores do mesmo conhecimento tradicional associado dar-se-á na modalidade monetária, realizada por meio do Fundo Nacional para a Repartição de Benefícios – FNRB.

§ 3º A parcela devida pelo usuário para a repartição de benefícios prevista no § 2º, a ser depositada no Fundo Nacional para a Repartição de Benefícios – FNRB, corresponderá à metade daquela prevista no art. 20 desta Lei ou definida em acordo setorial.

§ 4º A repartição de benefícios de que trata o § 3º independe da quantidade de demais detentores do conhecimento tradicional associado acessado.

§ 5º Em qualquer caso, presume-se, de modo absoluto, a existência de demais detentores do mesmo conhecimento tradicional associado.

Art. 25. O acordo de repartição de benefícios deverá indicar e qualificar com clareza as partes, que serão:

I – no caso de exploração econômica de produto acabado ou de material reprodutivo oriundo de acesso a patrimônio genético ou conhecimento tradicional associado de origem não identificável:

a) a União, representada pelo Ministério do Meio Ambiente; e

b) aquele que explora economicamente produto acabado ou material reprodutivo oriundo de acesso ao patrimônio genético ou ao conhecimento tradicional associado de origem não identificável; e

II – no caso de exploração econômica de produto acabado ou de material reprodutivo oriundo de acesso a conhecimento tradicional associado de origem identificável:

a) o provedor de conhecimento tradicional associado; e

b) aquele que explora economicamente produto acabado ou material reprodutivo oriundo de acesso ao conhecimento tradicional associado.

§ 1º Adicionalmente ao Acordo de Repartição de Benefícios, o usuário deverá depositar o valor estipulado no § 3º do art. 24 no Fundo Nacional para a Repartição de Benefícios – FNRB quando explorar economicamente produto acabado ou material reprodutivo oriundo de acesso a conhecimento tradicional associado de origem identificável.

§ 2º No caso de exploração econômica de produto acabado ou de material reprodutivo oriundo de acesso ao patrimônio genético ou ao conhecimento tradicional associado de origem não identificável, poderão ser assinados acordos setoriais com a União com objetivo de repartição de benefícios, conforme regulamento.

§ 3º A repartição de benefícios decorrente da exploração econômica de produto acabado ou de material reprodutivo oriundo de acesso ao conhecimento tradicional associado dispensa o usuário de repartir benefícios referentes ao patrimônio genético.

§ 4º A repartição de benefícios monetária de que trata o inciso I do *caput* poderá, a critério do usuário, ser depositada diretamente no Fundo Nacional para a Repartição de Benefícios – FNRB, sem necessidade de celebração de acordo de repartição de benefícios, na forma do regulamento.

Art. 26. São cláusulas essenciais do acordo de repartição de benefícios, sem prejuízo de outras que venham a ser estabelecidas em regulamento, as que dispõem sobre:

I – produtos objeto de exploração econômica;

II – prazo de duração;

III – modalidade de repartição de benefícios;

IV – direitos e responsabilidades das partes;

V – direito de propriedade intelectual;

VI – rescisão;

VII – penalidades; e

VIII – foro no Brasil.

CAPÍTULO VI
DAS SANÇÕES ADMINISTRATIVAS

Art. 27. Considera-se infração administrativa contra o patrimônio genético ou contra o conhecimento tradicional associado toda ação ou omissão que viole as normas desta Lei, na forma do regulamento.

§ 1º Sem prejuízo das sanções penais e cíveis cabíveis, as infrações administrativas serão punidas com as seguintes sanções:

I – advertência;

II – multa;

III – apreensão:

a) das amostras que contêm o patrimônio genético acessado;

b) dos instrumentos utilizados na obtenção ou no processamento do patrimônio genético ou do conhecimento tradicional associado acessado;

c) dos produtos derivados de acesso ao patrimônio genético ou ao conhecimento tradicional associado; ou

d) dos produtos obtidos a partir de informação sobre conhecimento tradicional associado;

IV – suspensão temporária da fabricação e venda do produto acabado ou do material reprodutivo derivado de acesso ao patrimônio genético ou ao conhecimento tradicional associado até a regularização;

V – embargo da atividade específica relacionada à infração;

VI – interdição parcial ou total do estabelecimento, atividade ou empreendimento;

VII – suspensão de atestado ou autorização de que trata esta Lei; ou

VIII – cancelamento de atestado ou autorização de que trata esta Lei.

§ 2º Para imposição e gradação das sanções administrativas, a autoridade competente observará:

I – a gravidade do fato;

II – os antecedentes do infrator, quanto ao cumprimento da legislação referente ao patrimônio genético e ao conhecimento tradicional associado;

III – a reincidência; e

IV – a situação econômica do infrator, no caso de multa.

§ 3º As sanções previstas no § 1º poderão ser aplicadas cumulativamente.

§ 4º As amostras, os produtos e os instrumentos de que trata o inciso III do § 1º terão sua destinação definida pelo CGen.

§ 5º A multa de que trata o inciso II do § 1º será arbitrada pela autoridade competente, por infração, e pode variar:

I – de R$ 1.000,00 (mil reais) a R$ 100.000,00 (cem mil reais), quando a infração for cometida por pessoa natural; ou

II – de R$ 10.000,00 (dez mil reais) a R$ 10.000.000,00 (dez milhões de reais), quando a infração for cometida por pessoa jurídica, ou com seu concurso.

§ 6º Verifica-se a reincidência quando o agente comete nova infração no prazo de até 5 (cinco) anos contados do trânsito em julgado da decisão administrativa que o tenha condenado por infração anterior.

§ 7º O regulamento disporá sobre o processo administrativo próprio para aplicação das sanções de que trata esta Lei, assegurado o direito a ampla defesa e a contraditório.

Art. 28. Os órgãos federais competentes exercerão a fiscalização, a interceptação e a apreensão de amostras que contêm o patrimônio genético acessado, de produtos ou de material reprodutivo oriundos de acesso ao patrimônio genético ou ao conhecimento tradicional associado, quando o acesso ou a exploração econômica tiver sido em desacordo com as disposições desta Lei e seu regulamento.

Art. 29. VETADO.

CAPÍTULO VII
DO FUNDO NACIONAL PARA A REPARTIÇÃO DE BENEFÍCIOS E DO PROGRAMA NACIONAL DE REPARTIÇÃO DE BENEFÍCIOS

Art. 30. Fica instituído o Fundo Nacional para a Repartição de Benefícios – FNRB, de natureza financeira, vinculado ao Ministério do Meio Ambiente, com o objetivo de valorizar o patrimônio genético e os conhecimentos tradicionais associados e promover o seu uso de forma sustentável.

Art. 31. O Poder Executivo disporá em regulamento sobre a composição, organização e funcionamento do Comitê Gestor do FNRB.

Parágrafo único. A gestão de recursos monetários depositados no FNRB destinados a populações indígenas, a comunidades tradicionais e a agricultores tradicionais dar-se-á com a sua participação, na forma do regulamento.

Art. 32. Constituem receitas do FNRB:

I – dotações consignadas na lei orçamentária anual e seus créditos adicionais;

II – doações;

III – valores arrecadados com o pagamento de multas administrativas aplicadas em virtude do descumprimento desta Lei;

IV – recursos financeiros de origem externa decorrentes de contratos, acordos ou convênios, reservados para as finalidades do Fundo;

V – contribuições feitas por usuários de patrimônio genético ou de conhecimento tradicional associado para o Programa Nacional de Repartição de Benefícios;

VI – valores provenientes da repartição de benefícios; e

VII – outras receitas que lhe vierem a ser destinadas.

§ 1º Os recursos monetários depositados no FNRB decorrentes da exploração econômica de produto acabado ou de material reprodutivo oriundo de acesso a conhecimento tradicional associado serão destinados exclusivamente em benefício dos detentores de conhecimentos tradicionais associados.

§ 2º Os recursos monetários depositados no FNRB decorrentes da exploração econômica de produto acabado ou de material reprodutivo oriundo de acesso a patrimônio genético proveniente de coleções *ex situ* serão parcialmente destinados em benefício dessas coleções, na forma do regulamento.

§ 3º O FNRB poderá estabelecer instrumentos de cooperação, inclusive com Estados, Municípios e o Distrito Federal.

Art. 33. Fica instituído o Programa Nacional de Repartição de Benefícios – PNRB, com a finalidade de promover:

I – conservação da diversidade biológica;

II – recuperação, criação e manutenção de coleções *ex situ* de amostra do patrimônio genético;

III – prospecção e capacitação de recursos humanos associados ao uso e à conservação do patrimônio genético ou do conhecimento tradicional associado;

IV – proteção, promoção do uso e valorização dos conhecimentos tradicionais associados;

V – implantação e desenvolvimento de atividades relacionadas ao uso sustentável da diversidade biológica, sua conservação e repartição de benefícios;

VI – fomento a pesquisa e desenvolvimento tecnológico associado ao patrimônio genético e ao conhecimento tradicional associado;

VII – levantamento e inventário do patrimônio genético, considerando a situação e o grau de variação das populações existentes, incluindo aquelas de uso potencial e, quando viável, avaliando qualquer ameaça a elas;

VIII – apoio aos esforços das populações indígenas, das comunidades tradicionais e dos agricultores tradicionais no manejo sustentável e na conservação de patrimônio genético;

IX – conservação das plantas silvestres;

X – desenvolvimento de um sistema eficiente e sustentável de conservação *ex situ* e *in situ* e desenvolvimento e transferência de tecnologias apropriadas para essa finalidade com vistas a melhorar o uso sustentável do patrimônio genético;

XI – monitoramento e manutenção da viabilidade, do grau de variação e da integridade genética das coleções de patrimônio genético;

XII – adoção de medidas para minimizar ou, se possível, eliminar as ameaças ao patrimônio genético;

XIII – desenvolvimento e manutenção dos diversos sistemas de cultivo que favoreçam o uso sustentável do patrimônio genético;

XIV – elaboração e execução dos Planos de Desenvolvimento Sustentável de Populações ou Comunidades Tradicionais; e

XV – outras ações relacionadas ao acesso ao patrimônio genético e aos conhecimentos tradicionais associados, conforme o regulamento.

Art. 34. O PNRB será implementado por meio do FNRB.

CAPÍTULO VIII
DAS DISPOSIÇÕES TRANSITÓRIAS SOBRE A ADEQUAÇÃO E A REGULARIZAÇÃO DE ATIVIDADES

Art. 35. O pedido de autorização ou regularização de acesso e de remessa de patrimônio genético ou de conhecimento tradicional associado ainda em tramitação na data de entrada em vigor desta Lei deverá ser reformulado pelo usuário como pedido de cadastro ou de autorização de acesso ou remessa, conforme o caso.

Art. 36. O prazo para o usuário reformular o pedido de autorização ou regularização de que trata o art. 35 será de 1 (um) ano, contado da data da disponibilização do cadastro pelo CGen.

Art. 37. Deverá adequar-se aos termos desta Lei, no prazo de 1 (um) ano, contado da data da disponibilização do cadastro pelo CGen, o usuário que realizou, a partir de 30 de junho de 2000, as seguintes atividades de acordo com a Medida Provisória nº 2.186-16, de 23 de agosto de 2001:

I – acesso a patrimônio genético ou conhecimento tradicional associado;

II – exploração econômica de produto acabado ou de material reprodutivo oriundo de acesso a patrimônio genético ou ao conhecimento tradicional associado.

Parágrafo único. Para fins do disposto no *caput*, o usuário, observado o art. 44, deverá adotar uma ou mais das seguintes providências, conforme o caso:

I – cadastrar o acesso ao patrimônio genético ou ao conhecimento tradicional associado;

II – notificar o produto acabado ou o material reprodutivo objeto da exploração econômica, nos termos desta Lei; e

III – repartir os benefícios referentes à exploração econômica realizada a partir da data de entrada em vigor desta Lei, nos termos do Capítulo V, exceto quando o tenha feito na forma da Medida Provisória nº 2.186-16, de 23 de agosto de 2001.

Art. 38. Deverá regularizar-se nos termos desta Lei, no prazo de 1 (um) ano, contado da data da disponibilização do Cadastro pelo CGen, o usuário que, entre 30 de junho de 2000 e a data de entrada em vigor desta Lei, realizou as seguintes atividades em desacordo com a legislação em vigor à época:

I – acesso a patrimônio genético ou a conhecimento tradicional associado;

II – acesso e exploração econômica de produto ou processo oriundo do acesso a patrimônio genético ou a conhecimento tradicional associado, de que trata a Medida Provisória nº 2.186-16, de 23 de agosto de 2001;

III – remessa ao exterior de amostra de patrimônio genético; ou

IV – divulgação, transmissão ou retransmissão de dados ou informações que integram ou constituem conhecimento tradicional associado.

§ 1º A regularização de que trata o *caput* está condicionada a assinatura de Termo de Compromisso.

§ 2º Na hipótese de acesso ao patrimônio genético ou ao conhecimento tradicional associado unicamente para fins de pesquisa científica, o usuário estará dispensado de firmar o Termo de Compromisso, regularizando-se por meio de cadastro ou autorização da atividade, conforme o caso.

§ 3º O cadastro e a autorização de que trata o § 2º extinguem a exigibilidade das sanções administrativas previstas na Medida Provisória nº 2.186-16, de 23 de agosto de 2001, e especificadas nos arts. 15 e 20 do Decreto nº 5.459, de 7 de junho de 2005, desde que a infração tenha sido cometida até o dia anterior à data de entrada em vigor desta Lei.

▸ O Dec. nº 5.459, de 7-6-2005, foi revogado pelo Dec. nº 8.772, de 11-5-2016, regulamenta a Lei nº 13.123, de 20-5-2015, que dispõe sobre o acesso ao patrimônio genético, sobre a proteção e o acesso ao conhecimento tradicional associado e sobre a repartição de benefícios para conservação e uso sustentável da biodiversidade.

▸ O referido decreto foi revogado pelo Dec. nº 8.772, de 11-5-2016, regulamenta a Lei nº 13.123, de 20 de maio de 2015 (Marco Legal da Biodiversidade).

§ 4º Para fins de regularização no Instituto Nacional de Propriedade Industrial – INPI dos pedidos de patentes depositados durante a vigência da Medida Provisória nº 2.186-16, de 23 de agosto de 2001, o requerente deverá apresentar o comprovante de cadastro ou de autorização de que trata este artigo.

Art. 39. O Termo de Compromisso será firmado entre o usuário e a União, representada pelo Ministro de Estado do Meio Ambiente.

Parágrafo único. O Ministro de Estado do Meio Ambiente poderá delegar a competência prevista no *caput*.

Art. 40. O Termo de Compromisso deverá prever, conforme o caso:

I – o cadastro ou a autorização de acesso ou remessa de patrimônio genético ou de conhecimento tradicional associado;

II – a notificação de produto ou processo oriundo do acesso a patrimônio genético ou a conhecimento tradicional associado, de que trata a Medida Provisória nº 2.186-16, de 23 de agosto de 2001; e

III – a repartição de benefícios obtidos, na forma do Capítulo V desta Lei, referente ao tempo em que o produto desenvolvido após 30 de junho de 2000 oriundo de acesso a patrimônio genético ou a conhecimento tradicional associado tiver sido disponibilizado no mercado, no limite de até 5 (cinco) anos anteriores à celebração do Termo de Compromisso, subtraído o tempo de sobrestamento do processo em tramitação no CGen.

Art. 41. A assinatura do Termo de Compromisso suspenderá, em todos os casos:

▸ O Dec. nº 5.459, de 7-6-2005, foi revogado pelo Dec. nº 8.772, de 11-5-2016, regulamenta a Lei nº 13.123, de 20-5-2015, que dispõe sobre o acesso ao patrimônio genético, sobre a proteção e o acesso ao conhecimento tradicional associado e sobre a repartição de benefícios para conservação e uso sustentável da biodiversidade.

I – a aplicação das sanções administrativas previstas na Medida Provisória nº 2.186-16, de 23 de agosto de 2001, e especificadas nos arts. 16 a 19 e 21 a 24 do Decreto nº 5.459, de 7 de junho de 2005, desde que a infração tenha sido cometida até o dia anterior à data da entrada em vigor desta Lei; e

II – a exigibilidade das sanções aplicadas com base na Medida Provisória nº 2.186-16, de 23 de agosto de 2001, e nos arts. 16 a 19 e 21 a 24 do Decreto nº 5.459, de 7 de junho de 2005.

▸ O Dec. nº 5.459, de 7-6-2005, foi revogado pelo Dec. nº 8.772, de 11-5-2016, regulamenta a Lei nº 13.123, de 20-5-2015, que dispõe sobre o acesso ao patrimônio genético, sobre a proteção e o acesso ao conhecimento tradicional associado e sobre a repartição de benefícios para conservação e uso sustentável da biodiversidade.

§ 1º O Termo de Compromisso de que trata este artigo constitui título executivo extrajudicial.

§ 2º Suspende-se a prescrição durante o período de vigência do Termo de Compromisso.

§ 3º Cumpridas integralmente as obrigações assumidas no Termo de Compromisso, desde que comprovado em parecer técnico emitido pelo Ministério do Meio Ambiente:

▸ O Dec. nº 5.459, de 7-6-2005, foi revogado pelo Dec. nº 8.772, de 11-5-2016, regulamenta a Lei nº 13.123, de 20-5-2015 (Marco Legal da Biodiversidade).

I – não se aplicarão as sanções administrativas de que tratam os arts. 16, 17, 18, 21, 22, 23 e 24 do Decreto nº 5.459, de 7 de junho de 2005;

▸ O Dec. nº 5.459, de 7-6-2005, foi revogado pelo Dec. nº 8.772, de 11-5-2016, regulamenta a Lei nº 13.123, de 20-5-2015, que dispõe sobre o acesso ao patrimônio genético, sobre a proteção e o acesso ao conhecimento tradicional associado e sobre a repartição de benefícios para conservação e uso sustentável da biodiversidade.

II – as sanções administrativas aplicadas com base nos arts. 16 a 18 do Decreto nº 5.459, de 7 de junho de 2005, terão sua exigibilidade extinta; e

▸ O Dec. nº 5.459, de 7-6-2005, foi revogado pelo Dec. nº 8.772, de 11-5-2016, regulamenta a Lei nº 13.123, de 20-5-2015, que dispõe sobre o acesso ao patrimônio genético, sobre a proteção e o acesso ao conhecimento tradicional associado e sobre a repartição de benefícios para conservação e uso sustentável da biodiversidade.

III – os valores das multas aplicadas com base nos arts. 19, 21, 22, 23 e 24 do Decreto nº 5.459, de 7 de junho de 2005, atualizadas monetariamente, serão reduzidos em 90% (noventa por cento) do seu valor.

▸ O Dec. nº 5.459, de 7-6-2005, foi revogado pelo Dec. nº 8.772, de 11-5-2016, regulamenta a Lei nº 13.123, de 20-5-2015, que dispõe sobre o acesso ao patrimônio genético, sobre a proteção e o acesso ao conhecimento tradicional associado e sobre a repartição de benefícios para conservação e uso sustentável da biodiversidade.

§ 4º O usuário que tiver iniciado o processo de regularização antes da data de entrada em vigor desta Lei poderá, a seu critério, repartir os benefícios de acordo com os termos da Medida Provisória nº 2.186-16, de 23 de agosto de 2001.

§ 5º O saldo remanescente dos valores de que trata o inciso III do § 3º será convertido, a pedido do usuário, pela autoridade fiscalizadora, em obrigação de executar uma das modalidades de repartição de benefícios não monetária, previstas no inciso II do *caput* do art. 19 desta Lei.

§ 6º As sanções previstas no *caput* terão exigibilidade imediata nas hipóteses de:

I – descumprimento das obrigações previstas no Termo de Compromisso por fato do infrator; ou

II – prática de nova infração administrativa prevista nesta Lei durante o prazo de vigência do Termo de Compromisso.

§ 7º A extinção da exigibilidade da multa não descaracteriza a infração já cometida para fins de reincidência.

Art. 42. Havendo interesse das partes, com o intuito de findar questões controversas e eventuais litígios administrativos ou judiciais, poderão ser aplicadas as regras de regularização ou adequação, conforme a hipótese observada, ainda que para casos anteriores à Medida Provisória nº 2.052, de 29 de junho de 2000.

Parágrafo único. No caso de litígio judicial, respeitadas as regras de regularização ou adequação previstas nesta Lei, a União fica autorizada a:

I – firmar acordo ou transação judicial; ou

II – desistir da ação.

Art. 43. Permanecem válidos os atos e decisões do CGen referentes a atividades de acesso ou de remessa de patrimônio genético ou de conhecimento tradicional associado que geraram produtos ou processos em comercialização no mercado e que já foram objeto de regularização antes da entrada em vigor desta Lei.

§ 1º Caberá ao CGen cadastrar no sistema as autorizações já emitidas.

§ 2º Os acordos de repartição de benefícios celebrados antes da entrada em vigor desta Lei serão válidos pelo prazo neles previstos.

Art. 44. Ficam remitidas as indenizações civis relacionadas a patrimônio genético ou a conhecimento tradicional associado das quais a União seja credora.

Art. 45. O pedido de regularização previsto neste Capítulo autoriza a continuidade da análise de requerimento de direito de propriedade industrial em andamento no órgão competente.

CAPÍTULO IX
DISPOSIÇÕES FINAIS

Art. 46. As atividades realizadas sobre patrimônio genético ou sobre conhecimento tradicional associado que constarem em acordos internacionais aprovados pelo Congresso Nacional e promulgados, quando utilizadas para os fins dos referidos acordos internacionais, deverão ser efetuadas em conformidade com as condições neles definidas, mantidas as exigências deles constantes.

Parágrafo único. A repartição de benefícios prevista no Protocolo de Nagoia não se aplica à exploração econômica, para fins de atividade agrícola, de material reprodutivo de espécies introduzidas no País pela ação humana até a entrada em vigor desse Tratado.

Art. 47. A concessão de direito de propriedade intelectual pelo órgão competente sobre produto acabado ou sobre material reprodutivo obtido a partir de acesso a patrimônio genético ou a conhecimento tradicional associado fica condicionada ao cadastramento ou autorização, nos termos desta Lei.

Art. 48. Ficam extintas, no âmbito do Poder Executivo, Funções Comissionadas Técnicas, criadas pelo art. 58 da Medida Provisória nº 2.229-43, de 6 de setembro de 2001, nos seguintes quantitativos por nível:

I – 33 (trinta e três) FCT-12; e

II – 53 (cinquenta e três) FCT-11.

Parágrafo único. Ficam criados os seguintes cargos em comissão Grupo-Direção e Assessoramento Superiores – DAS, destinados à unidade que exercerá a função de Secretaria Executiva do CGen:

I – 1 (um) DAS-5;

II – 3 (três) DAS-4; e

III – 6 (seis) DAS-3.

Art. 49. Esta Lei entra em vigor após decorridos 180 (cento e oitenta) dias da data de sua publicação oficial.

Art. 50. Fica revogada a Medida Provisória nº 2.186-16, de 23 de agosto de 2001.

Brasília, 20 de maio de 2015;
194º da Independência e
127º da República.

Dilma Rousseff

LEI Nº 14.026, DE 15 DE JULHO DE 2020

Atualiza o marco legal do saneamento básico e altera a Lei nº 9.984, de 17 de julho de 2000, para atribuir à Agência Nacional de Águas e Saneamento Básico (ANA) competência para editar normas de referência sobre o serviço de saneamento, a Lei nº 10.768, de 19 de novembro de 2003, para alterar o nome e as atribuições do cargo de Especialista em Recursos Hídricos, a Lei nº 11.107, de 6 de abril de 2005, para vedar a prestação por contrato de programa dos serviços públicos de que trata o art. 175 da Constituição Federal, a Lei nº 11.445, de 5 de janeiro de 2007, para aprimorar as condições estruturais do saneamento básico no País, a Lei nº 12.305, de 2 de agosto de 2010, para tratar dos prazos para a disposição final ambientalmente adequada dos rejeitos, a Lei nº 13.089, de 12 de janeiro de 2015 (Estatuto da Metrópole), para estender seu âmbito de aplicação às microrregiões, e a Lei nº 13.529, de 4 de dezembro de 2017, para autorizar a União a participar de fundo com a finalidade exclusiva de financiar serviços técnicos especializados.

▸ Publicada no *DOU* de 16-7-2020.

Art. 1º Esta Lei atualiza o marco legal do saneamento básico e altera a Lei nº 9.984, de 17 de julho de 2000, para atribuir à Agência Nacional de Águas e Saneamento Básico (ANA) competência para instituir normas de referência para a regulação dos serviços públicos de saneamento básico, a Lei nº 10.768, de 19 de novembro de 2003, para alterar o nome e as atribuições do cargo de Especialista em Recursos Hídricos, a Lei nº 11.107, de 6 de abril de 2005, para vedar a prestação por contrato de programa dos serviços públicos de que trata o art. 175 da Constituição Federal, a Lei nº 11.445, de 5 de janeiro de 2007, para aprimorar as condições estruturais do saneamento básico no País, a Lei nº 12.305, de 2 de agosto de 2010, para tratar de prazos para a disposição final ambientalmente adequada dos rejeitos, a Lei nº 13.089, de 12 de janeiro de 2015 (Estatuto da Metrópole), para estender seu âmbito de aplicação a unidades regionais, e a Lei nº 13.529, de 4 de dezembro de 2017, para autorizar a União a participar de fundo com a finalidade exclusiva de financiar serviços técnicos especializados.

Art. 2º A ementa da Lei nº 9.984, de 17 de julho de 2000, passa a vigorar com a seguinte redação:

"Dispõe sobre a criação da Agência Nacional de Águas e Saneamento Básico (ANA), entidade federal de implementação da Política Nacional de Recursos Hídricos, integrante do Sistema Nacional de Gerenciamento de Recursos Hídricos (SINGREH) e responsável pela instituição de normas de referência para a regulação dos serviços públicos de saneamento básico."

Art. 3º A Lei nº 9.984, de 17 de julho de 2000, passa a vigorar com as seguintes alterações:

"Art. 1º Esta Lei cria a Agência Nacional de Águas e Saneamento Básico (ANA), entidade federal de implementação da Política Nacional de Recursos Hídricos, integrante do Sistema Nacional de Gerenciamento de Recursos Hídricos (SINGREH) e responsável pela instituição de normas de referência para a regulação dos serviços públicos de saneamento básico, e estabelece regras para sua atuação, sua estrutura administrativa e suas fontes de recursos."

"Art. 3º Fica criada a Agência Nacional de Águas e Saneamento Básico (ANA), autarquia sob regime especial, com autonomia administrativa e financeira, vinculada ao Ministério do Desenvolvimento Regional, integrante do Sistema Nacional de Gerenciamento de Recursos Hídricos (SINGREH), com a finalidade de implementar, no âmbito de suas competências, a Política Nacional de Recursos Hídricos e de instituir normas de referência para a regulação dos serviços públicos de saneamento básico.

....

"Art. 4º ....

....

XXIII – declarar a situação crítica de escassez quantitativa ou qualitativa de recursos hídricos nos corpos hídricos que impacte o atendimento aos usos múltiplos localizados em rios de domínio da União, por prazo determinado, com base em estudos e dados de monitoramento, observados os critérios estabelecidos pelo Conselho Nacional de Recursos Hídricos, quando houver; e

XXIV – estabelecer e fiscalizar o cumprimento de regras de uso da água, a fim de assegurar os usos múltiplos durante a vigência da declaração de situação crítica de escassez de recursos hídricos a que se refere o inciso XXIII do *caput* deste artigo.

....

§ 2º (Revogado).

....

§ 9º As regras a que se refere o inciso XXIV do *caput* deste artigo serão aplicadas aos corpos hídricos abrangidos pela declaração de situação crítica de escassez de recursos hídricos a que se refere o inciso XXIII do *caput* deste artigo.

§ 10. A ANA poderá delegar as competências estabelecidas nos incisos V e XII do *caput* deste artigo, por meio de convênio ou de outro instrumento, a outros órgãos e entidades da administração pública federal, estadual e distrital.

Art. 4º-A. A ANA instituirá normas de referência para a regulação dos serviços públicos de saneamento básico por seus titulares e suas entidades reguladoras e fiscalizadoras, observadas as diretrizes para a função de regulação estabelecidas na Lei nº 11.445, de 5 de janeiro de 2007.

§ 1º Caberá à ANA estabelecer normas de referência sobre:

I – padrões de qualidade e eficiência na prestação, na manutenção e na operação dos sistemas de saneamento básico;

II – regulação tarifária dos serviços públicos de saneamento básico, com vistas a promover a prestação adequada, o uso racional de recursos naturais, o equilíbrio econômico-financeiro e a universalização do acesso ao saneamento básico;

III – padronização dos instrumentos negociais de prestação de serviços públicos de saneamento básico firmados entre o titular do serviço público e o delegatário, os quais contemplarão metas de qualidade, eficiência e ampliação da cobertura dos serviços, bem como especificação da matriz de riscos e dos mecanismos de manutenção do equilíbrio econômico-financeiro das atividades;

IV – metas de universalização dos serviços públicos de saneamento básico para concessões que considerem, entre outras condições, o nível de cobertura de serviço existente, a viabilidade econômico-financeira da expansão da prestação do serviço e o número de Municípios atendidos;

V – critérios para a contabilidade regulatória;

VI – redução progressiva e controle da perda de água;

VII – metodologia de cálculo de indenizações devidas em razão dos investimentos realizados e ainda não amortizados ou depreciados;

VIII – governança das entidades reguladoras, conforme princípios estabelecidos no art. 21 da Lei nº 11.445, de 5 de janeiro de 2007;

IX – reúso dos efluentes sanitários tratados, em conformidade com as normas ambientais e de saúde pública;

X – parâmetros para determinação de caducidade na prestação dos serviços públicos de saneamento básico;

XI – normas e metas de substituição do sistema unitário pelo sistema separador absoluto de tratamento de efluentes;

XII – sistema de avaliação do cumprimento de metas de ampliação e universalização da cobertura dos serviços públicos de saneamento básico;

XIII – conteúdo mínimo para a prestação universalizada e para a sustentabilidade econômico-financeira dos serviços públicos de saneamento básico.

§ 2º As normas de referência para a regulação dos serviços públicos de saneamento básico contemplarão os princípios estabelecidos no inciso I do *caput* do art. 2º da Lei nº 11.445, de 5 de janeiro de 2007, e serão instituídas pela ANA de forma progressiva.

§ 3º As normas de referência para a regulação dos serviços públicos de saneamento básico deverão:

I – promover a prestação adequada dos serviços, com atendimento pleno aos usuários, observados os princípios da regularidade, da continuidade, da eficiência, da segurança, da atualidade, da generalidade, da cortesia, da modicidade tarifária, da utilização racional dos recursos hídricos e da universalização dos serviços;

II – estimular a livre concorrência, a competitividade, a eficiência e a sustentabilidade econômica na prestação dos serviços;

III – estimular a cooperação entre os entes federativos com vistas à prestação, à contratação e à regulação dos serviços de forma adequada e eficiente, a fim de buscar a universalização dos serviços e a modicidade tarifária;

IV – possibilitar a adoção de métodos, técnicas e processos adequados às peculiaridades locais e regionais;

V – incentivar a regionalização da prestação dos serviços, de modo a contribuir para a viabilidade técnica e econômico-financeira, a criação de ganhos de escala e de eficiência e a universalização dos serviços;

VI – estabelecer parâmetros e periodicidade mínimos para medição do cumprimento das metas de cobertura dos serviços, do atendimento aos indicadores de qualidade e aos padrões de potabilidade, observadas as peculiaridades contratuais e regionais;

VII – estabelecer critérios limitadores da sobreposição de custos administrativos ou gerenciais a serem pagos pelo usuário final, independentemente da configuração de subcontratações ou de subdelegações; e

VIII – assegurar a prestação concomitante dos serviços de abastecimento de água e de esgotamento sanitário.

§ 4º No processo de instituição das normas de referência, a ANA:

I – avaliará as melhores práticas regulatórias do setor, ouvidas as entidades encarregadas da regulação e da fiscalização e as entidades representativas dos Municípios;

II – realizará consultas e audiências públicas, de forma a garantir a transparência e a publicidade dos atos, bem como a possibilitar a análise de impacto regulatório das normas propostas; e

III – poderá constituir grupos ou comissões de trabalho com a participação das entidades reguladoras e fiscalizadoras e das entidades representativas dos Municípios para auxiliar na elaboração das referidas normas.

§ 5º A ANA disponibilizará, em caráter voluntário e com sujeição à concordância entre as partes, ação mediadora ou arbitral nos conflitos que envolvam titulares, agências reguladoras ou prestadores de serviços públicos de saneamento básico.

§ 6º A ANA avaliará o impacto regulatório e o cumprimento das normas de referência de que trata o § 1º deste artigo pelos órgãos e pelas entidades responsáveis pela regulação e pela fiscalização dos serviços.

§ 7º No exercício das competências a que se refere este artigo, a ANA zelará pela uniformidade regulatória do setor de saneamento básico e pela segurança jurídica na prestação e na regulação dos serviços, observado o disposto no inciso IV do § 3º deste artigo.

§ 8º Para fins do disposto no inciso II do § 1º deste artigo, as normas de referência de regulação tarifária estabelecerão os mecanismos de subsídios para as populações de baixa renda, a fim de possibilitar a universalização dos serviços, observado o disposto no art. 31 da Lei nº 11.445, de 5 de janeiro de 2007, e, quando couber, o compartilhamento dos ganhos de produtividade com os usuários dos serviços.

§ 9º Para fins do disposto no inciso III do § 1º deste artigo, as normas de referência regulatórias estabelecerão parâmetros e condições para investimentos que permitam garantir a manutenção dos níveis de serviços desejados durante a vigência dos contratos.

§ 10. Caberá à ANA elaborar estudos técnicos para o desenvolvimento das melhores práticas regulatórias para os serviços públicos de saneamento básico, bem como guias e manuais para subsidiar o desenvolvimento das referidas práticas.

§ 11. Caberá à ANA promover a capacitação de recursos humanos para a regulação adequada e eficiente do setor de saneamento básico.

§ 12. A ANA contribuirá para a articulação entre o Plano Nacional de Saneamento Básico, o Plano Nacional de Resíduos Sólidos e o Plano Nacional de Recursos Hídricos."

"Art. 4º-B. A ANA manterá atualizada e disponível, em seu sítio eletrônico, a relação das entidades reguladoras e fiscalizadoras que adotam as normas de referência nacionais para a regulação dos serviços públicos de saneamento básico, com vistas a viabilizar o acesso aos recursos públicos federais ou a contratação de financiamentos com recursos da União ou com recursos geridos ou operados por órgãos ou entidades da administração pública federal, nos termos do art. 50 da Lei nº 11.445, de 5 de janeiro de 2007.

§ 1º A ANA disciplinará, por meio de ato normativo, os requisitos e os procedimentos a serem observados pelas entidades encarregadas da regulação e da fiscalização dos serviços públicos de saneamento básico, para a comprovação da adoção das normas regulatórias de referência, que poderá ser gradual, de modo a preservar as expectativas e os direitos decorrentes das normas a serem substituídas e a propiciar a adequada preparação das entidades reguladoras.

§ 2º A verificação da adoção das normas de referência nacionais para a regulação da prestação dos serviços públicos de saneamento básico estabelecidas pela ANA ocorrerá periodicamente e será obrigatória no momento da contratação dos financiamentos com recursos da União ou com recursos geridos ou operados por órgãos ou entidades da administração pública federal."

"Art. 8º A ANA dará publicidade aos pedidos de outorga de direito de uso de recursos hídricos de domínio da União por meio de publicação em seu sítio eletrônico, e os atos administrativos que deles resultarem serão publicados no *Diário Oficial da União* e no sítio eletrônico da ANA."

"Art. 8º-A. A ANA poderá criar mecanismos de credenciamento e descredenciamento de técnicos, de empresas especializadas, de consultores independentes e de auditores externos para obter, analisar e atestar informações ou dados necessários ao desempenho de suas atividades."

"Art. 11. ....

§ 1º É vedado aos dirigentes da ANA, conforme disposto em seu regimento interno, ter interesse direto ou indireto em empresa relacionada com o SINGREH e em empresa relacionada com a prestação de serviços públicos de saneamento básico.

...."

"Art. 13. ....

....

XI – encaminhar periodicamente ao Comitê Interministerial de Saneamento Básico (CISB) os relatórios analisados pela Diretoria Colegiada e os demais assuntos do interesse desse órgão."

"Art. 17-A. O Ministério da Economia fica autorizado a promover a lotação ou o exercício de servidores de órgãos e de entidades da administração pública federal na ANA.

Parágrafo único. A lotação ou o exercício de servidores de que trata o *caput* deste artigo ocorrerá sem prejuízo de outras medidas de fortalecimento da capacidade institucional."

Art. 4º A ementa da Lei nº 10.768, de 19 de novembro de 2003, passa a vigorar com a seguinte redação:

"Dispõe sobre o Quadro de Pessoal da Agência Nacional de Águas e Saneamento Básico (ANA) e dá outras providências."

Art. 5º A Lei nº 10.768, de 19 de novembro de 2003, passa a vigorar com as seguintes alterações:

"Art. 1º Ficam criados, no quadro de pessoal da Agência Nacional de Águas e Saneamento Básico (ANA), os seguintes cargos efetivos, integrantes de carreiras de mesmo nome, e respectivos quantitativos:

I – 239 (duzentos e trinta e nove) cargos de Especialista em Regulação de Recursos Hídricos e Saneamento Básico;

...."

"Art. 3º É atribuição do cargo de Especialista em Regulação de Recursos Hídricos e Saneamento Básico o exercício de atividades de nível superior de elevada complexidade relativas à gestão de recursos hídricos, que envolvam:

I – regulação, outorga, inspeção, fiscalização e controle do uso de recursos hídricos e da prestação de serviços públicos na área de saneamento básico;

II – elaboração de normas de referência para a regulação do uso de recursos hídricos e da prestação dos serviços públicos de saneamento básico;

III – implementação e avaliação dos instrumentos da Política Nacional de Recursos Hídricos;

IV – análise e desenvolvimento de programas e projetos sobre:

a) despoluição de bacias hidrográficas;

b) eventos críticos em recursos hídricos; e

c) promoção do uso integrado de solo e água;

V – promoção de ações educacionais em recursos hídricos;

VI – promoção e fomento de pesquisas científicas e tecnológicas nas áreas de desenvolvimento sustentável, conservação e gestão de recursos hídricos e saneamento básico, envolvendo a promoção de cooperação e a divulgação técnico-científica, bem como a transferência de tecnologia nas áreas; e

VII – outras ações e atividades análogas decorrentes do cumprimento das atribuições institucionais da ANA.

§ 1º (Revogado).

§ 2º No exercício das atribuições de natureza fiscal ou decorrentes do poder de polícia, são asseguradas aos ocupantes do cargo efetivo de que trata o *caput* deste artigo as prerrogativas de promover a interdição de estabelecimentos, instalações ou equipamentos, assim como a apreensão de bens ou produtos, e de requisitar, quando necessário, o auxílio de força policial federal ou estadual, em caso de desacato ou embaraço ao exercício de suas funções.

"Art. 8º ....

Parágrafo único. A investidura nos cargos de Especialista em Regulação de Recursos Hídricos e Saneamento Básico, Especialista em Geoprocessamento e Analista Administrativo ocorrerá, exclusivamente, no padrão inicial da classe inicial da respectiva tabela.

Art. 6º A ementa da Lei nº 11.445, de 5 de janeiro de 2007, passa a vigorar com a seguinte redação:

▶ Alterações inseridas no texto da referida lei.

Art. 7º A Lei nº 11.445, de 5 de janeiro de 2007, passa a vigorar com as seguintes alterações:

▶ Alterações inseridas no texto da referida lei.

Art. 8º A Lei nº 13.529, de 4 de dezembro de 2017, passa a vigorar com as seguintes alterações:

"Art. 1º Fica a União autorizada a participar de fundo que tenha por finalidade exclusiva financiar serviços técnicos profissionais especializados, com vistas a apoiar a estruturação e o desenvolvimento de projetos de concessão e parcerias público-privadas da União, dos Estados, do Distrito Federal e dos Municípios, em regime isolado ou consorciado.

Parágrafo único. (Revogado)."

"Art. 2º ....

....

§ 3º ....

....

II – por doações de qualquer natureza, inclusive de Estados, do Distrito Federal, de Municípios, de outros países, de organismos internacionais e de organismos multilaterais;

III – pelo reembolso de valores despendidos pelo agente administrador e pelas bonificações decorrentes da contratação dos serviços de que trata o art. 1º desta Lei;

....

V – pelos recursos derivados de alienação de bens e direitos, ou de publicações, material técnico, dados e informações; e

VI – por outros recursos definidos em lei.

§ 4º ....

I – as atividades e os serviços técnicos necessários à estruturação e ao desenvolvimento das concessões e das parcerias público-privadas passíveis de contratação no âmbito da União, dos Estados, do Distrito Federal e dos Municípios, em regime isolado ou consorciado;

I-A – os serviços de assistência técnica a serem financiados pelo fundo;

I-B – o apoio à execução de obras;

....

III-A – as regras de participação do fundo nas modalidades de assistência técnica apoiadas;

IV – o chamamento público para verificar o interesse dos entes federativos, em regime isolado ou consorciado, em realizar concessões e parcerias público-privadas, exceto em condições específicas a serem definidas pelo Conselho de Participação no fundo a que se refere o art. 4º desta Lei;

....

VI – as sanções aplicáveis na hipótese de descumprimento dos termos pactuados com os beneficiários;

VII – a contratação de instituições parceiras de qualquer natureza para a consecução de suas finalidades; e

VIII – a contratação de serviços técnicos especializados.

....

§ 10. O chamamento público de que trata o inciso IV do § 4º deste artigo não se aplica à hipótese de estruturação de concessões de titularidade da União, permitida a seleção dos empreendimentos diretamente pelo Conselho de Participação no fundo de que trata o art. 4º desta Lei.

§ 11. Os recursos destinados à assistência técnica relativa aos serviços públicos de saneamento básico serão segregados dos demais e não poderão ser destinados para outras finalidades do fundo."

Art. 9º A Lei nº 11.107, de 6 de abril de 2005, passa a vigorar com as seguintes alterações:

▶ Alterações inseridas no texto da referida lei.

Art. 10. O § 1º do art. 1º da Lei nº 13.089, de 12 de janeiro de 2015 (Estatuto da Metrópole), passa a vigorar acrescido do seguinte inciso III:

▶ Alterações inseridas no texto da referida lei.

Art. 11. A Lei nº 12.305, de 2 de agosto de 2010, passa a vigorar com as seguintes alterações:

▶ Alterações inseridas no texto da referida lei.

Art. 12. Fica autorizada a transformação, sem aumento de despesa, por ato do Poder Executivo federal, de cargos do Grupo-Direção e Assessoramento Superiores (DAS) com valores remuneratórios totais correspondentes a:

I – 4 (quatro) Cargos Comissionados de Gerência Executiva (CGE), dos quais:

a) 2 (dois) CGE I; e

b) 2 (dois) CGE III;

II – 12 (doze) Cargos Comissionados Técnicos (CCT) V; e

III – 10 (dez) Cargos Comissionados Técnicos (CCT) II.

Art. 13. Decreto disporá sobre o apoio técnico e financeiro da União à adaptação dos serviços públicos de saneamento básico às disposições desta Lei, observadas as seguintes etapas:

▶ Dec. nº 11.599, de 12-7-2023, dispõe sobre a prestação regionalizada dos serviços públicos de saneamento básico, o apoio técnico e financeiro de que trata este artigo.

I – adesão pelo titular a mecanismo de prestação regionalizada;

II – estruturação da governança de gestão da prestação regionalizada;

III – elaboração ou atualização dos planos regionais de saneamento básico, os quais devem levar em consideração os ambientes urbano e rural;

IV – modelagem da prestação dos serviços em cada bloco, urbano e rural, com base em estudos de viabilidade técnica, econômica e ambiental (EVTEA);

V – alteração dos contratos de programa vigentes, com vistas à transição para o novo modelo de prestação;

VI – licitação para concessão dos serviços ou para alienação do controle acionário da estatal prestadora, com a substituição de todos os contratos vigentes.

§ 1º Caso a transição referida no inciso V do *caput* deste artigo exija a substituição de contratos com prazos distintos, estes poderão ser reduzidos ou prorrogados, de maneira a convergir a data de término com o início do contrato de concessão definitivo, observando-se que:

I – na hipótese de redução do prazo, o prestador será indenizado na forma do art. 37 da Lei nº 8.987, de 13 de fevereiro de 1995; e

II – na hipótese de prorrogação do prazo, proceder-se-á, caso necessário, à revisão extraordinária, na forma do inciso II do *caput* do art. 38 da Lei nº 11.445, de 5 de janeiro de 2007.

§ 2º O apoio da União será condicionado a compromisso de conclusão das etapas de que trata o *caput* deste artigo pelo titular do serviço, que ressarcirá as despesas incorridas em caso de descumprimento desse compromisso.

§ 3º Na prestação dos serviços públicos de saneamento básico, os Municípios que obtiverem a aprovação do Poder Executivo, nos casos de concessão, e da respectiva Câmara Municipal, nos casos de privatização, terão prioridade na obtenção de recursos públicos federais para a elaboração do plano municipal de saneamento básico.

§ 4º Os titulares que elegerem entidade de regulação de outro ente federativo terão prioridade na obtenção de recursos públicos federais para a elaboração do plano municipal de saneamento básico.

Art. 14. Em caso de alienação de controle acionário de empresa pública ou sociedade de economia mista prestadora de serviços públicos de saneamento básico, os contratos de programa ou de concessão em execução poderão ser substituídos por novos contratos de concessão, observando-se, quando aplicável, o Programa Estadual de Desestatização.

§ 1º Caso o controlador da empresa pública ou da sociedade de economia mista não manifeste a necessidade de alteração de prazo, de objeto ou de demais cláusulas do contrato no momento da alienação, ressalvado o disposto no § 1º do art. 11-B da Lei nº 11.445, de 5 de janeiro de 2007, fica dispensada anuência prévia da alienação pelos entes públicos que formalizaram o contrato de programa.

§ 2º Caso o controlador da empresa pública ou da sociedade de economia mista proponha alteração de prazo, de objeto ou de demais cláusulas do contrato de que trata este artigo antes de sua alienação, deverá ser apresentada proposta de substituição dos contratos existentes aos entes públicos que formalizaram o contrato de programa.

§ 3º Os entes públicos que formalizaram o contrato de programa dos serviços terão o prazo de 180 (cento e oitenta) dias, contado do recebimento da comunicação da proposta de que trata o § 2º deste artigo, para manifestarem sua decisão.

§ 4º A decisão referida no § 3º deste artigo deverá ser tomada pelo ente público que formalizou o contrato de programa com as empresas públicas e sociedades de economia mista.

§ 5º A ausência de manifestação dos entes públicos que formalizaram o contrato de programa no prazo estabelecido no § 3º deste artigo configurará anuência à proposta de que trata o § 2º deste artigo.

§§ 6º e 7º VETADOS.

Art. 15. A competência de que trata o § 3º do art. 52 da Lei nº 11.445, de 5 de janeiro de 2007, somente será exercida caso as unidades regionais de saneamento básico não sejam estabelecidas pelo Estado no prazo de 1 (um) ano da publicação desta Lei.

Art. 16. VETADO.

Art. 17. Os contratos de concessão e os contratos de programa para prestação dos serviços públicos de saneamento básico existentes na data de publicação desta Lei permanecerão em vigor até o advento do seu termo contratual.

Parágrafo único. VETADO.

Art. 18. Os contratos de parcerias público-privadas ou de subdelegações que tenham sido firmados por meio de processos licitatórios deverão ser mantidos pelo novo controlador, em caso de alienação de controle de empresa estatal ou sociedade de economia mista.

Parágrafo único. As parcerias público-privadas e as subdelegações previstas neste artigo serão mantidas em prazos e condições pelo ente federativo exercente da competência delegada, mediante sucessão contratual direta.

Art. 19. Os titulares de serviços públicos de saneamento básico deverão publicar seus planos de saneamento básico até 31 de dezembro de 2022, manter controle e dar publicidade sobre o seu cumprimento, bem como comunicar os respectivos dados à ANA para inserção no SINISA.

Parágrafo único. Serão considerados planos de saneamento básico os estudos que fundamentem a concessão ou a privatização, desde que contenham os requisitos legais necessários.

Arts. 20 a 22. VETADOS.

Art. 23. Revogam-se:

I – o § 2º do art. 4º da Lei nº 9.984, de 17 de julho de 2000;

II – o § 1º (antigo parágrafo único) do art. 3º da Lei nº 10.768, de 19 de novembro de 2003;

III – os seguintes dispositivos da Lei nº 11.107, de 6 de abril de 2005:

a) o § 1º do art. 12;

b) o § 6º do art. 13;

IV – os seguintes dispositivos da Lei nº 11.445, de 5 de janeiro de 2007:

a) os §§ 1º e 2º do art. 10;

b) os arts. 14, 15 e 16;

c) os incisos I e II do *caput* do art. 21;

d) o inciso I do *caput* do art. 31;

e) o inciso I do *caput* do art. 35;

V – os seguintes dispositivos da Lei nº 13.529, de 4 de dezembro de 2017:

a) o parágrafo único do art. 1º;

b) o § 3º do art. 4º.

Art. 24. Esta Lei entra em vigor na data de sua publicação.

Brasília, 15 de julho de 2020;
199º da Independência e
132º da República.

Jair Messias Bolsonaro

LEGISLAÇÃO DE DIREITO INTERNACIONAL

ÍNDICE CRONOLÓGICO DA LEGISLAÇÃO DE DIREITO INTERNACIONAL

Lei

Decretos

Acordo

Carta

Convenções

Declaração

Estatutos

Protocolos

Tratados

CONVENÇÃO DE HAVANA SOBRE TRATADOS

Artigo 1º

Os tratados serão celebrados pelos poderes competentes dos Estados ou pelos seus representantes, segundo o seu direito interno respectivo.

Artigo 2º

É condição essencial nos tratados a forma escrita. A confirmação, prorrogação, renovação ou recondução serão igualmente feitas por escrito, salvo estipulação em contrário.

Artigo 3º

A interpretação autêntica dos tratados, quando as partes contratantes a julgarem necessária, será, também, formulada por escrito.

Artigo 4º

Os tratados serão publicados imediatamente depois da troca das ratificações.

A omissão, no cumprimento desta obrigação internacional, não prejudicará a vigência dos tratados, nem a exigibilidade das obrigações neles contidas.

Artigo 5º

Os tratados não são obrigatórios senão depois de ratificados pelos Estados contratantes, ainda que esta cláusula não conste nos plenos poderes dos negociadores, nem figure no próprio tratado.

Artigo 6º

A ratificação deve ser dada sem condições e abranger todo o tratado. Será feita por escrito, de conformidade com a legislação do Estado.

Se o Estado que ratifica faz reservas ao tratado, este entrará em vigor, desde que, informada dessas reservas, a outra parte contratante as aceite expressamente, ou, não as havendo rejeitado formalmente, execute atos que impliquem a sua aceitação.

Nos tratados internacionais celebrados entre diversos Estados, a reserva feita por um deles, no ato da ratificação, só atinge a aplicação da cláusula respectiva, nas relações dos demais Estados contratantes com o Estado que faz a reserva.

Artigo 7º

A falta da ratificação ou a reserva são atos inerentes à soberania nacional e, como tais, constituem o exercício de um direito, que não viola nenhuma disposição ou norma internacional. Em caso de negativa, esta será comunicada aos outros contratantes.

Artigo 8º

Os tratados vigorarão desde a troca ou depósito das ratificações, salvo se, por cláusula expressa, outra data tiver sido convencionada.

Artigo 9º

A aceitação ou não aceitação das cláusulas de um tratado, em favor de um terceiro Estado, que não foi parte contratante, depende exclusivamente da decisão deste.

Artigo 10

Nenhum Estado se pode eximir das obrigações do tratado ou modificar as suas estipulações, senão com o acordo, pacificamente obtido, dos outros contratantes.

Artigo 11

Os tratados continuarão a produzir os seus efeitos, ainda que se modifique a constituição interna dos Estados contratantes. Se a organização do Estado mudar, de maneira que a execução seja impossível, por divisão de território ou por outros motivos análogos, os tratados serão adaptados às novas condições.

Artigo 12

Quando o tratado se torna inexequível, por culpa da parte que se obrigou, ou por circunstâncias que, no momento da celebração, dependiam dessa parte e eram ignoradas pela outra parte, aquela é responsável pelos prejuízos resultantes da sua inexecução.

Artigo 13

A execução do tratado pode, por cláusula expressa ou em virtude de convênio especial, ser posta, no todo ou em parte, sob a garantia de um ou mais Estados.

O Estado garante não poderá intervir na execução do tratado, senão em virtude de requerimento de uma das partes interessadas e quando se realizarem as condições sob as quais foi estipulada a intervenção, e ao fazê-lo, só lhe será, lícito empregar meios autorizados pelo direito internacional e sem outras exigências de maior alcance do que as do próprio Estado garantido.

Artigo 14

Os tratados cessam de vigorar:

a) cumprida a obrigação estipulada;
b) decorrido o prazo pelo qual foi celebrado;
c) verificada a condição resolutiva;
d) por acordo entre as partes;
e) com a renúncia da parte a quem aproveita o tratado de modo exclusivo;
f) pela denúncia, total ou parcial, quando proceda;
g) quando se torna inexequível.

Artigo 15

Poderá igualmente declarar-se a caducidade de um tratado, quando este seja permanente e de aplicação não contínua, sempre que as causas que lhe deram origem hajam desaparecido e se possa logicamente deduzir que se não apresentarão no futuro.

A parte contratante que alegar essa caducidade, caso não obtenha o assentimento da outra ou das outras, poderá apelar para a arbitragem, sem cuja decisão favorável e enquanto esta não for pronunciada, continuarão em vigor as obrigações contraídas.

Artigo 16

As obrigações contraídas nos tratados serão sancionadas, nos casos de não cumprimento, e depois de esgotadas sem êxito as negociações diplomáticas, por decisão de uma corte de justiça internacional ou de um tribunal arbitral, dentro dos limites e com os trâmites que estiverem vigentes no momento em que a infração se alegar.

Artigo 17

Os tratados cuja denúncia haja sido convencionada e os que estabelecem regras de Direito Internacional não podem ser denunciados, senão de acordo com o processo por eles estabelecidos.

Em falta de estipulação, o tratado pode ser denunciado por qualquer Estado contratante, o qual notificará aos outros essa decisão, uma vez que haja cumprido todas as obrigações estabelecidas no mesmo.

Neste caso, o tratado ficará sem efeito, em relação ao denunciante, um ano depois da última notificação, e continuará subsistente para os demais signatários, se os houver.

Artigo 18

Dois ou mais Estados podem convir em que as suas relações se rejam por outras regras que não as estabelecidas em convenções gerais celebradas por eles mesmos com outros Estados.

Este preceito é aplicável não somente aos tratados futuros, senão também aos que estejam em vigor ao tempo desta Convenção.

Artigo 19

Um Estado que não haja tomado parte na celebração de um tratado poderá aderir ao mesmo, se a isso se não opuser alguma das partes contratantes, a todas as quais deve o fato ser comunicado. A adesão será considerada como definitiva, a menos que seja feita com reserva expressa de ratificação.

Artigo 20

A presente Convenção não atinge os compromissos tomados anteriormente pelas partes contratantes, em virtude de acordos internacionais.

Artigo 21

A presente Convenção, depois de firmada, será submetida às ratificações dos Estados signatários. O Governo de Cuba fica encarregado de enviar cópias devidamente autenticadas aos governos, para o referido fim da ratificação. O instrumento de ratificação será depositado nos arquivos da União Pan-Americana, em Washington, que notificará esse depósito aos Governos signatários; tal notificação equivalerá a uma troca de ratificações. Esta Convenção ficará aberta à adesão dos Estados não signatários.

Em fé do que, os plenipotenciários mencionados assinam a presente Convenção, em espanhol, inglês, francês e português, na cidade de Havana, em 20 de fevereiro de 1928.

RESERVA DA DELEGAÇÃO DO MÉXICO

A delegação mexicana, sem levar em conta os votos que deseja emitir contra vários artigos, firmará as diversas convenções de Direito internacional público aprovadas, fazendo como única reserva a relativa ao artigo treze, que não aceita, da Convenção sobre tratados.

RESERVA DA DELEGAÇÃO DO SALVADOR

A delegação do Salvador não só opõe o seu voto negativo ao artigo treze, mas também vota negativamente a Convenção, e não a subscreve.

RESERVA DA DELEGAÇÃO DA BOLÍVIA

No conceito da Delegação da Bolívia, a inexecução a que se refere a alínea g), do artigo 14, ocorre, entre outros, nos seguintes casos:

I. Quando os fatos e circunstâncias que lhe deram origem ou lhe serviram de base, se modificaram fundamentalmente;

II. Quando sua execução se torna contrária à natureza das coisas;

III. Quando se torna incompatível com a existência dum Estado, com sua independência ou dignidade;

IV. Quando se torna ruinoso para sua riqueza ou o seu comércio.

A reserva da Bolívia, sobre o art. 15, tem em vista que sejam suscetíveis de caducidade não só os tratados de aplicação não contínua, como estabelece, o dito artigo, mas também toda espécie de tratados, qualquer que seja o seu caráter ou denominação, inclusive os chamados definitivos, que como toda convenção humana, são suscetíveis de erro, já que nada há que seja imutável e eterno.

CONVENÇÃO DE DIREITO INTERNACIONAL PRIVADO (CÓDIGO DE BUSTAMANTE)

▶ Adotada na Sexta Conferência Internacional Americana, reunida em Havana, Cuba, e assinada a 20-2-1928. Aprovada, no Brasil, pelo Dec. nº 5.647, de 8-1-1929, e promulgada pelo Dec. nº 18.871, de 13-8-1929.

OS PRESIDENTES DAS REPÚBLICAS DO PERU, URUGUAI, PANAMÁ, EQUADOR, MÉXICO, SALVADOR, GUATEMALA, NICARÁGUA, BOLÍVIA, VENEZUELA, COLÔMBIA, HONDURAS, COSTA RICA, CHILE, BRASIL, ARGENTINA, PARAGUAI, HAITI, REPÚBLICA DOMINICANA, ESTADOS UNIDOS DA AMÉRICA E CUBA,

Desejando que os respectivos países se representassem na Sexta Conferência Internacional Americana, a ela enviaram, devidamente autorizados, para aprovar as recomendações, resoluções, convenções e tratados que julgassem úteis aos interesses da América, os seguintes senhores delegados:

PERU:
Jesús Melquiades Salazar, Victor Maúrtua, Enrique Castro Oyanguren, Luis Ernesto Denegri.

URUGUAI:
Jacobo Varela Acevedo, Juan José Amézaga, Leenel Aguirre, Pedro Erasmo Callorda.

PANAMÁ:
Ricardo J. Alfaro, Eduardo Chiari.

EQUADOR:
Gonzalo Zaldumbique, Victor Zevalos, Colón Eloy Alfaro.

MÉXICO:
Julio Garcia, Fernando González Roa, Salvador Urbina, Aquiles Elorduy.

SALVADOR:
Gustavo Guerrero, Héctor David Castro, Eduardo Alvarez.

GUATEMALA:
Carlos Salazar, Bernardo Alvarado Tello, Luis Beltranema, José Azurdia.

NICARÁGUA:
Carlos Cuadra Pazos, Joaquín Gómez, Máximo H. Zepeda.

BOLÍVIA:
José Antezana, Adolfo Costa du Rels.

VENEZUELA:
Santiago Key Ayala, Francisco Geraldo Yanes, Rafael Angel Arraiz.

COLÔMBIA:
Enrique Olaya Herrera, Jesús M. Yepes, Roberto Urdaneta Arbeláez, Ricardo Gutiéirrez Lee.

HONDURAS:
Fausto Dávila, Mariano Vásquez.

COSTA RICA:
Ricardo Castro Beeche, J. Rafael Oreamuno, Arturo Tinoco.

CHILE:
Alejandro Lira, Alejandro Alvarez, Carlos Silva Vidósola, Manuel Bianchi.

BRASIL:
Raul Fernandes, Lindolfo Collor, Alarico da Silveira, Sampaio Corrêa, Eduardo Espinola.

ARGENTINA:
Honorio Pueyrredón, Laurentino Olascoaga, Felipe A. Espil.

PARAGUAI:
Lisandro Diaz León.

HAITI:
Fernando Dennis, Charles Riboul.

REPÚBLICA DOMINICANA:
Francisco J. Peynado, Gustavo A. Diaz, Elias Brache, Angel Morales, Tulio M. Cesteros, Ricardo Pérez Alfonseca, Jacinto R. de Castro, Federico C. Alvarez.

ESTADOS UNIDOS DA AMÉRICA:
Charles Evans Hughes, Noble Brandon Judah, Henry P. Flecther, Oscar W. Underwood, Morgan J. O'Brien, Dwight W. Morrow, James Brown Scott, Ray Lyman Wilbur, Leo S. Rowe.

CUBA:
Antonio S. de Bustamante, Orestes Ferrara, Enrique Hernández Cartaya, José Manuel Cortina, Aristides Aguero, José B. Alemán, Manuel Márquez Sterling, Fernando Ortiz, Néstor Carbonell, Jesús Maria Barraqué.

Os quais, depois de se haverem comunicado os seus plenos poderes, achados em boa e devida forma, convieram no seguinte:

Art. 1º As Repúblicas contratantes aceitam e põem em vigor o Código de Direito Internacional Privado, anexo à presente convenção.

Art. 2º As disposições deste Código não serão aplicáveis senão às Repúblicas contratantes e aos demais Estados que a ele aderirem, na forma que mais adiante se consigna.

Art. 3º Cada uma das Repúblicas contratantes, ao ratificar a presente convenção, poderá declarar que faz reserva quanto à aceitação de um ou vários artigos do Código anexo e que não a obrigarão as disposições a que a reserva se referir.

Art. 4º O Código entrará em vigor, para as Repúblicas que o ratifiquem, trinta dias depois do depósito da respectiva ratificação e desde que tenha sido ratificado, pelo menos, por dois países.

Art. 5º As ratificações serão depositadas na Secretaria da União Pan-Americana, que transmitirá cópia delas a cada uma das Repúblicas contratantes.

Art. 6º Os Estados ou pessoas jurídicas internacionais não contratantes, que desejam aderir a esta convenção e, no todo ou em parte, ao Código anexo, notificarão isso à Secretaria da União Pan-Americana, que, por sua vez, o comunicará a todos os Estados até então contratantes ou aderentes. Passados seis meses desde essa comunicação, o Estado ou pessoa jurídica internacional interessado poderá depositar, na Secretaria da União Pan-Americana, o instrumento de adesão e ficará ligado por esta convenção com caráter recíproco, trinta dias depois da adesão, em relação a todos os regidos pela mesma e que não tiverem feito reserva alguma total ou parcial quanto à adesão solicitada.

Art. 7º Qualquer República americana ligada a esta convenção e que desejar modificar, no todo ou em parte, o Código anexo, apresentará a proposta correspondente à Conferência Internacional Americana seguinte, para a resolução que for procedente.

Art. 8º Se alguma das pessoas jurídicas internacionais contratantes ou aderentes quiser denunciar a presente Convenção, notificará a denúncia, por escrito, à União Pan-Americana, a qual transmitirá imediatamente às demais uma cópia literal autentica da notificação, dando-lhes a conhecer a data em que a tiver recebido.

A denúncia não produzirá efeito senão no que respeita ao contratante que a tiver notificado e depois de um ano de recebida na Secretaria da União Pan-Americana.

Art. 9º A Secretaria da União Pan-Americana manterá um registro das datas de depósito das ratificações e recebimento de adesões e denúncias, e expedirá cópias autenticadas do dito registro a todo contratante que o solicitar.

Em fé do que, os plenipotenciários assinam a presente convenção e põem nela o selo da Sexta Conferência Internacional Americana.

Dado na cidade de Havana, no dia vinte de fevereiro de mil novecentos e vinte e oito, em quatro exemplares, escritos respectivamente em espanhol, francês, inglês e português e que se depositarão na Secretaria da União Pan-Americana, com o fim de serem enviadas cópias autenticadas de todos a cada uma das Repúblicas signatárias.

CÓDIGO DE DIREITO INTERNACIONAL PRIVADO

TÍTULO PRELIMINAR

Regras gerais

Art. 1º Os estrangeiros que pertençam a qualquer dos Estados contratantes gozam, no território dos demais, dos mesmos direitos civis que se concedam aos nacionais.

Cada Estado contratante pode, por motivo de ordem pública, recusar ou sujeitar a condições especiais o exercício de determinados direitos civis aos nacionais dos outros, e qualquer desses Estados pode, em casos idênticos, recusar ou sujeitar a condições especiais o mesmo exercício aos nacionais do primeiro.

Art. 2º Os estrangeiros que pertençam a qualquer dos Estados contratantes gozarão também, no território dos demais, de garantias individuais idênticas às dos nacionais, salvo as restrições que em cada um estabeleçam a Constituição e as leis.

As garantias individuais idênticas não se estendem ao desempenho de funções públicas, ao direito de sufrágio e a outros direitos políticos, salvo disposição especial da legislação interna.

Art. 3º Para o exercício dos direitos civis e para o gozo das garantias individuais idênticas, as leis e regras vigentes em cada Estado contratante consideram-se divididas nas três categorias seguintes:

I – As que se aplicam às pessoais em virtude do seu domicílio ou da sua nacionalidade e as seguem, ainda que se mudem para outro país – denominadas pessoais ou de ordem pública interna;

II – As que obrigam por igual a todos os que residem no território, sejam ou não nacionais – denominadas territoriais, locais ou de ordem pública internacional;

III – As que se aplicam somente mediante a expressão, a interpretação ou a presunção da vontade das partes ou de alguma delas – denominadas voluntárias, supletórias ou de ordem privada.

Art. 4º Os preceitos constitucionais são de ordem pública internacional.

Art. 5º Todas as regras de proteção individual e coletiva, estabelecida pelo direito político e pelo administrativo, são também de ordem pública internacional, salvo o caso de que nelas expressamente se disponha o contrário.

Art. 6º Em todos os casos não previstos por este Código, cada um dos Estados contratantes aplicará a sua própria definição às instituições ou relações jurídicas que tiverem de corresponder aos grupos de leis mencionadas no art. 3º.

Art. 7º Cada Estado contratante aplicará como leis pessoais as do domicílio, as da nacionalidade ou as que tenha adotado ou adote no futuro a sua legislação interna.

Art. 8º Os direitos adquiridos segundo as regras deste Código têm plena eficácia extraterritorial nos Estados contratantes, salvo se se opuser a algum dos seus efeitos ou consequências uma regra de ordem pública internacional.

LIVRO I – DIREITO CIVIL INTERNACIONAL

TÍTULO I – DAS PESSOAS

CAPÍTULO I – DA NACIONALIDADE E NATURALIZAÇÃO

Art. 9º Cada Estado contratante aplicará o seu direito próprio à determinação da nacionalidade de origem de toda pessoa individual ou jurídica e à sua aquisição, perda ou recuperação posterior, realizadas dentro ou fora do seu território, quando uma das nacionalidades sujeitas à controvérsia seja a do dito Estado. Os demais casos serão regidos pelas disposições que se acham estabelecidas nos restantes artigos deste capítulo.

Art. 10. Às questões sobre nacionalidade de origem em que não esteja interessado o Estado em que elas se debatem, aplicar-se-á a lei daquela das nacionalidades discutidas em que tiver domicílio a pessoa de que se trate.

Art. 11. Na falta desse domicílio, aplicar-se-ão ao caso previsto no artigo anterior os princípios aceitos pela lei do julgador.

Art. 12. As questões sobre aquisição individual de uma nova nacionalidade serão resolvidas de acordo com a lei da nacionalidade que se suponha adquirida.

Art. 13. Às naturalizações coletivas, no caso de independência de um Estado, aplicar-se-á a lei do Estado novo, se tiver sido reconhecido pelo Estado julgador, e, na sua falta, a do antigo, tudo sem prejuízo das estipulações contratuais entre os dois Estados interessados, as quais terão sempre preferência.

Art. 14. À perda de nacionalidade deve aplicar-se a lei da nacionalidade perdida.

Art. 15. A recuperação da nacionalidade submete-se à lei da nacionalidade que se readquire.

Art. 16. A nacionalidade de origem das corporações e das fundações será determinada pela lei do Estado que as autorize ou as aprove.

Art. 17. A nacionalidade de origem das associações será a do país em que se constituam, e nele devem ser registradas ou inscritas, se a legislação local exigir esse requisito.

Art. 18. As sociedades civis, mercantis ou industriais, que não sejam anônimas, terão a nacionalidade estipulada na escritura social e, em sua falta, a do lugar onde tenha sede habitualmente a sua gerência ou direção principal.

Art. 19. A nacionalidade das sociedades anônimas será determinada pelo contrato social e, eventualmente, pela lei do lugar em que normalmente se reúne a junta geral de acionistas ou, em sua falta, pela do lugar onde funcione o seu principal Conselho administrativo ou Junta diretiva.

Art. 20. A mudança de nacionalidade das corporações, fundações, associações e sociedades, salvo casos de variação da soberania territorial, terá que se sujeitar às condições exigidas pela sua lei antiga e pela nova.

Se se mudar a soberania territorial, no caso de independência, aplicar-se-á a regra estabelecida no art. 13 para as naturalizações coletivas.

Art. 21. As disposições do art. 9º, no que se referem a pessoas jurídicas, e as dos arts. 16 a 20 não serão aplicadas nos Estados contratantes, que não atribuam nacionalidade às ditas pessoas jurídicas.

CAPÍTULO II – DO DOMICÍLIO

Art. 22. O conceito, aquisição, perda e reaquisição do domicílio geral e especial das pessoas naturais ou jurídicas reger-se-ão pela lei territorial.

Art. 23. O domicílio dos funcionários diplomáticos e o dos indivíduos que residam temporariamente no estrangeiro, por emprego ou comissão de seu governo ou para estudos científicos ou artísticos, será o último que hajam tido em território nacional.

Art. 24. O domicílio legal do chefe da família estende-se à mulher e aos filhos, não emancipados, e o do tutor ou curador, aos menores ou incapazes sob a sua guarda se não se achar disposto o contrário na legislação pessoal, daqueles a quem se atribui o domicílio de outrem.

Art. 25. As questões sobre a mudança de domicílio das pessoas naturais ou jurídicas serão resolvidas de acordo com a lei do tribunal, se este for um dos Estados interessados e, se não, pela do lugar em que se pretenda ter adquirido o último domicílio.

Art. 26. Para as pessoas que não tenham domicílio, entender-se-á como tal o lugar de sua residência, ou aquele em que se encontrem.

CAPÍTULO III – NASCIMENTO, EXTINÇÃO E CONSEQUÊNCIAS DA PERSONALIDADE CIVIL

Seção I – DAS PESSOAS INDIVIDUAIS

Art. 27. A capacidade das pessoas individuais rege-se pela sua lei pessoal, salvo as restrições fixadas para seu exercício, por este Código ou pelo direito local.

Art. 28. Aplicar-se-á a lei pessoal para decidir se o nascimento determina a personalidade e se o nascituro se tem por nascido, para tudo o que lhe seja favorável, assim como para a viabilidade e os efeitos da prioridade do nascimento, no caso de partos duplos ou múltiplos.

Art. 29. As presunções de sobrevivência ou de morte simultânea, na falta de prova, serão reguladas pela lei pessoal de cada um dos falecidos em relação à sua respectiva sucessão.

Art. 30. Cada Estado aplica a sua própria legislação, para declarar extinta a personalidade civil pela morte natural das pessoas individuais e o desaparecimento ou dissolução oficial das pessoas jurídicas, assim como para decidir se a menoridade, a demência ou imbecilidade, a surdo-mudez, a prodigalidade e a interdição civil são unicamente restrições da personalidade, que permitem direitos e também certas obrigações.

Seção II – DAS PESSOAS JURÍDICAS

Art. 31. Cada Estado contratante, no seu caráter de pessoa jurídica, tem capacidade para adquirir e exercer direitos civis e contrair obrigações da mesma natureza no território dos demais, sem outras restrições, senão as estabelecidas expressamente pelo direito local.

Art. 32. O conceito e reconhecimento das pessoas jurídicas serão regidos pela lei territorial.

Art. 33. Salvo as restrições estabelecidas nos dois artigos precedentes, a capacidade civil das corporações é regida pela lei que as tiver criado ou reconhecido; a das fundações, pelas regras da sua instituição, aprovadas pela autoridade correspondente, se o exigir o seu direito nacional; e a das associações, pelos seus estatutos, em iguais condições.

Art. 34. Com as mesmas restrições, a capacidade civil das sociedades civis, comerciais ou industriais é regida pelas disposições relativas ao contrato de sociedade.

Art. 35. A lei local aplicar-se-á aos bens das pessoas jurídicas que deixem de existir, a menos que o caso esteja previsto de outro modo, nos seus estatutos, nas suas cláusulas básicas ou no direito em vigor referente às sociedades.

CAPÍTULO IV – DO MATRIMÔNIO E DO DIVÓRCIO

Seção I – CONDIÇÕES JURÍDICAS QUE DEVEM PRECEDER A CELEBRAÇÃO DO MATRIMÔNIO

Art. 36. Os nubentes estarão sujeitos à sua lei pessoal, em tudo quanto se refira à capacidade para celebrar o matrimônio, ao consentimento ou conselhos paternos, aos impedimentos e à sua dispensa.

Art. 37. Os estrangeiros devem provar, antes de casar, que preencheram as condições exigidas pelas suas leis pessoais, no que se refere ao artigo precedente. Podem fazê-lo mediante certidão dos respectivos funcionários diplomáticos ou agentes consulares ou por outros meios julgados suficientes pela autoridade local, que terá em todo caso completa liberdade de apreciação.

Art. 38. A legislação local é aplicável aos estrangeiros, quanto aos impedimentos que, por sua parte, estabelecer e que não sejam dispensáveis, à forma do consentimento, à força obrigatória ou não dos esponsais, à oposição ao matrimônio ou obrigação de denunciar os impedimentos e às consequências civis da denúncia falsa, à forma das diligências preliminares e à autoridade competente para celebrá-lo.

Art. 39. Rege-se pela lei pessoal comum das partes e, na sua falta, pelo direito local, a obrigação, ou não, de indenização em consequência de promessa de casamento não executada ou de publicação de proclamas, em igual caso.

Art. 40. Os Estados contratantes não são obrigados a reconhecer o casamento celebrado em qualquer deles, pelos seus nacionais ou por estrangeiros, que infrinjam as suas disposições relativas à necessidade da, dissolução de um casamento anterior, aos graus de consanguinidade ou afinidade em relação aos quais exista estorvo absoluto, à proibição de se casar estabelecida em relação aos culpados de adultério que tenha sido motivo de dissolução do casamento de um deles e à própria proibição, referente ao responsável de atentado contra a vida de um dos cônjuges, para se casar com o sobrevivente, ou a qualquer outra causa de nulidade que se não possa remediar.

Seção II

DA FORMA DO MATRIMÔNIO

Art. 41. Ter-se-á em toda parte como válido, quanto à forma, o matrimônio celebrado na que estabeleçam como eficaz as leis do país em que se efetue. Contudo, os Estados, cuja legislação exigir uma cerimônia religiosa, poderão negar validade aos matrimônios contraídos por seus nacionais no estrangeiro sem a observância dessa formalidade.

Art. 42. Nos países em que as leis o permitam, os casamentos contraídos ante os funcionários diplomáticos ou consulares dos dois contraentes ajustar-se-ão à sua lei pessoal, sem prejuízo de que lhes sejam aplicáveis as disposições do art. 40.

Seção III

DOS EFEITOS DO MATRIMÔNIO QUANTO ÀS PESSOAS DOS CÔNJUGES

Art. 43. Aplicar-se-á o direito pessoal de ambos os cônjuges, e, se for diverso, o do marido, no que toque aos deveres respectivos de proteção e de obediência, à obrigação ou não da mulher de seguir o marido quando mudar de residência, à disposição e administração dos bens comuns e aos demais efeitos especiais do matrimônio.

Art. 44. A lei pessoal da mulher regerá a disposição e administração de seus próprios bens e seu comparecimento em juízo.

Art. 45. Fica sujeita ao direito territorial a obrigação dos cônjuges de viver juntos, guardar fidelidade e socorrer-se mutuamente.

Art. 46. Também se aplica imperativamente o direito local que prive de efeitos civis o matrimônio do bígamo.

Seção IV

DA NULIDADE DO MATRIMÔNIO E SEUS EFEITOS

Art. 47. A nulidade do matrimônio deve regular-se pela mesma lei a que estiver submetida a condição intrínseca ou extrínseca que a tiver motivado.

Art. 48. A coação, o medo e o rapto, como causas de nulidade do matrimônio, são regulados pela lei do lugar da celebração.

Art. 49. Aplicar-se-á a lei pessoal de ambos os cônjuges, se for comum; na sua falta, a do cônjuge que tiver procedido de boa fé, e, na falta de ambas, a do varão, às regras sobre o cuidado dos filhos de matrimônios nulos, nos casos em que os pais não possam ou não queiram estipular nada sobre o assunto.

Art. 50. Essa mesma lei pessoal deve aplicar-se aos demais efeitos civis do matrimônio nulo, exceto os que se referem aos bens dos cônjuges, que seguirão a lei do regime econômico matrimonial.

Art. 51. São de ordem pública internacional as regras que estabelecem os efeitos judiciais do pedido de nulidade.

Seção V

DA SEPARAÇÃO DE CORPOS E DO DIVÓRCIO

Art. 52. O direito à separação de corpos e ao divórcio regula-se pela lei do domicílio conjugal, mas não se pode fundar em causas anteriores à aquisição do dito domicílio, se as não autorizar, com iguais efeitos, a lei pessoal de ambos os cônjuges.

Art. 53. Cada Estado contratante tem o direito de permitir ou reconhecer, ou não, o divórcio ou o novo casamento de pessoas divorciadas no estrangeiro, em casos, com efeitos ou por causas que não admita o seu direito pessoal.

Art. 54. As causas do divórcio e da separação de corpos submeter-se-ão à lei do lugar em que forem solicitados, desde que nele estejam domiciliados os cônjuges.

Art. 55. A lei do juiz perante quem se litiga determina as consequências judiciais da demanda e as disposições da sentença a respeito dos cônjuges e dos filhos.

Art. 56. A separação de corpos e o divórcio, obtidos conforme os artigos que precedem, produzem efeitos civis, de acordo com a legislação do tribunal que os outorga, nos demais Estados contratantes, salvo o disposto no art. 53.

CAPÍTULO V

DA PATERNIDADE E FILIAÇÃO

Art. 57. São regras de ordem pública interna, devendo aplicar-se a lei pessoal do filho, se for distinta da do pai, as referentes à presunção de legitimidade e suas condições, as que conferem o direito ao apelido e as que determinam as provas de filiação e regulam a sucessão do filho.

Art. 58. Têm o mesmo caráter, mas se lhes aplica a lei pessoal do pai, as regras que outorguem aos filhos legitimados direitos de sucessão.

Art. 59. É de ordem pública internacional a regra que dá ao filho o direito a alimentos.

Art. 60. A capacidade para legitimar rege-se pela lei pessoal do pai e a capacidade para ser legitimado pela lei pessoal do filho, requerendo a legitimação a concorrência das condições exigidas em ambas.

Art. 61. A proibição de legitimar filhos não simplesmente naturais é de ordem pública internacional.

Art. 62. As consequências da legitimação e a ação para a impugnar submetem-se à lei pessoal do filho.

Art. 63. A investigação da paternidade e da maternidade e a sua proibição regulam-se pelo direito territorial.

Art. 64. Dependem da lei pessoal do filho as regras que indicam as condições do reconhecimento, obrigam a fazê-lo em certos casos, estabelecem as ações para esse efeito, concedem ou negam o nome e indicam as causas de nulidade.

Art. 65. Subordinam-se à lei pessoal do pai os direitos de sucessão dos filhos ilegítimos e à pessoal do filho os dos pais ilegítimos.

Art. 66. A forma e circunstâncias do reconhecimento dos filhos ilegítimos subordinam-se ao direito territorial.

CAPÍTULO VI

DOS ALIMENTOS ENTRE PARENTES

Art. 67. Sujeitar-se-ão à lei pessoal do alimentado o conceito legal dos alimentos, a ordem da sua prestação, a maneira de os subministrar e a extensão desse direito.

Art. 68. São de ordem pública internacional as disposições que estabelecem o dever de prestar alimentos, seu montante, redução e aumento, a oportunidade em que são devidos e a forma do seu pagamento, assim como as que proíbem renunciar e ceder esse direito.

CAPÍTULO VII

DO PÁTRIO PODER

Art. 69. Estão submetidas à lei pessoal do filho a existência e o alcance geral do pátrio poder a respeito da pessoa e bens, assim como as causas da sua extinção e recuperação, e a limitação, por motivo de novas núpcias, do direito de castigar.

Art. 70. A existência do direito de usufruto e as demais regras aplicáveis às diferentes classes de pecúlio submetam-se também à lei pessoal do filho, seja qual for a natureza dos bens e o lugar em que se encontrem.

Art. 71. O disposto no artigo anterior é aplicável em território estrangeiro, sem prejuízo dos direitos de terceiro que a lei local outorgue e das disposições locais sobre publicidade e especialização de garantias hipotecárias.

Art. 72. São de ordem pública internacional as disposições que determinem a natureza e os limites da faculdade do pai de corrigir e castigar e o seu recurso às autoridades, assim como os que o privam do pátrio poder por incapacidade, ausência ou sentença.

CAPÍTULO VIII

DA ADOÇÃO

Art. 73. A capacidade para adotar e ser adotado e as condições e limitações para adotar ficam sujeitas à lei pessoal de cada um dos interessados.

Art. 74. Pela lei pessoal do adotante, regulam-se seus efeitos, no que se refere à sucessão deste; e, pela lei pessoal do adotado, tudo quanto se refira ao nome, direitos e deveres que conserve em relação à sua família natural, assim como à sua sucessão com respeito ao adotante.

Art. 75. Cada um dos interessados poderá impugnar a adoção, de acordo com as prescrições da sua lei pessoal.

Art. 76. São de ordem pública internacional as disposições que, nesta matéria, regulam o direito a alimentos e as que estabelecem para a adoção formas solenes.

Art. 77. As disposições dos quatro artigos precedentes não se aplicarão aos Estados cujas legislações não reconheçam a adoção.

CAPÍTULO IX
DA AUSÊNCIA

Art. 78. As medidas provisórias em caso de ausência são de ordem pública internacional.

Art. 79. Não obstante o disposto no artigo anterior, designar-se-á a representação do presumido ausente de acordo com a sua lei pessoal.

Art. 80. A lei pessoal do ausente determina a quem compete o direito de pedir a declaração da ausência e rege a curadoria respectiva.

Art. 81. Compete ao direito local decidir quando se faz e surte efeito a declaração de ausência e quando e como deve cessar a administração dos bens do ausente, assim como a obrigação e forma de prestar contas.

Art. 82. Tudo o que se refira à presunção de morte do ausente e a seus direitos eventuais será regulado pela sua lei pessoal.

Art. 83. A declaração de ausência ou de sua presunção, assim como a sua terminação, e a de presunção da morte de ausente têm eficácia extraterritorial, inclusive no que se refere à nomeação e faculdades dos administradores.

CAPÍTULO X
DA TUTELA

Art. 84. Aplicar-se-á a lei pessoal do menor ou incapaz no que se refere ao objeto da tutela ou curatela, sua organização e suas espécies.

Art. 85. Deve observar-se a mesma lei quanto à instituição do protutor.

Art. 86. As incapacidades e excusas para a tutela, curatela e protutela devem aplicar-se, simultaneamente, as leis pessoais do tutor ou curador e as do menor ou incapaz.

Art. 87. A fiança da tutela ou curatela e as regras para o seu exercício ficam submetidas à lei pessoal do menor ou incapaz. Se a fiança for hipotecária ou pignoratícia, deverá constituir-se na forma prevista pela lei local.

Art. 88. Regem-se também pela lei pessoal do menor ou incapaz as obrigações relativas às contas, salvo as responsabilidades de ordem penal, que são territoriais.

Art. 89. Quanto ao registro de tutelas, aplicar-se-ão simultaneamente a lei local e as pessoais do tutor ou curador e do menor ou incapaz.

Art. 90. São de ordem pública internacional os preceitos que obrigam o Ministério Público ou qualquer funcionário local a solicitar a declaração de incapacidade de dementes e surdos-mudos e os que fixam os trâmites dessa declaração.

Art. 91. São também de ordem pública internacional as regras que estabelecem as consequências da interdição.

Art. 92. A declaração de incapacidade e a interdição civil produzem efeitos extraterritoriais.

Art. 93. Aplicar-se-á a lei local à obrigação do tutor ou curador alimentar o menor ou incapaz e à faculdade de os corrigir só moderadamente.

Art. 94. A capacidade para ser membro de um conselho de família regula-se pela lei pessoal do interessado.

Art. 95. As incapacidades especiais e a organização, funcionamento, direitos e deveres do conselho de família submetem-se à lei pessoal do tutelado.

Art. 96. Em todo caso, as atas e deliberações do conselho de família deverão ajustar-se às formas e solenidades prescritas pela lei do lugar em que se reunir.

Art. 97. Os Estados contratantes que tenham por lei pessoal a do domicílio poderão exigir, no caso de mudança do domicílio dos incapazes de um país para outro, que se ratifique a tutela ou curatela ou se outorgue outra.

CAPÍTULO XI
DA PRODIGALIDADE

Art. 98. A declaração de prodigalidade e seus efeitos subordinam-se à lei pessoal do pródigo.

Art. 99. Apesar do disposto no artigo anterior, a lei do domicílio pessoal não terá aplicação à declaração de prodigalidade das pessoas cujo direito pessoal desconheça esta instituição.

Art. 100. A declaração de prodigalidade, feita num dos Estados contratantes, tem eficácia extraterritorial em relação aos demais, sempre que o permita o direito local.

CAPÍTULO XII
DA EMANCIPAÇÃO E MAIORIDADE

Art. 101. As regras aplicáveis à emancipação e à maioridade são as estabelecidas pela legislação pessoal do interessado.

Art. 102. Contudo, a legislação local pode ser declarada aplicável à maioridade como requisito para se optar pela nacionalidade da dita legislação.

CAPÍTULO XIII
DO REGISTRO CIVIL

Art. 103. As disposições relativas ao registro civil são territoriais, salvo no que se refere ao registro mantido pelos agentes consulares ou funcionários diplomáticos.

Essa prescrição não prejudica os direitos de outro Estado, quanto às relações jurídicas submetidas ao direito internacional público.

Art. 104. De toda inscrição relativa a um nacional de qualquer dos Estados contratantes, que se fizer no registro civil de outro, deve enviar-se, gratuitamente, por via diplomática, certidão literal e oficial, ao país do interessado.

TÍTULO II – DOS BENS

CAPÍTULO I
DA CLASSIFICAÇÃO DOS BENS

Art. 105. Os bens, seja qual for a sua classe, ficam submetidos à lei do lugar.

Art. 106. Para os efeitos do artigo anterior, ter-se-á em conta, quanto aos bens móveis corpóreos e títulos representativos de créditos de qualquer classe, o lugar da sua situação ordinária ou normal.

Art. 107. A situação dos créditos determina-se pelo lugar onde se devem tornar efetivos, e, no caso de não estar fixado, pelo domicílio do devedor.

Art. 108. A propriedade industrial e intelectual e os demais direitos análogos, de natureza econômica, que autorizam o exercício de certas atividades concedidas pela lei, consideram-se situados onde se tiverem registrado oficialmente.

Art. 109. As concessões reputam-se situadas onde houverem sido legalmente obtidas.

Art. 110. Em falta de toda e qualquer outra regra e, além disto, para os casos não previstos neste Código, entender-se-á que os bens móveis de toda classe estão situados no domicílio do seu proprietário, ou, na falta deste, no do possuidor.

Art. 111. Excetuam-se do disposto no artigo anterior as coisas dadas em penhor, que se consideram situadas no domicílio da pessoa em cuja posse tenham sido colocadas.

Art. 112. Aplicar-se-á sempre a lei territorial para se distinguir entre os bens móveis e imóveis, sem prejuízo dos direitos adquiridos por terceiros.

Art. 113. À mesma lei territorial, sujeitam-se as demais classificações e qualificações jurídicas dos bens.

CAPÍTULO II
DA PROPRIEDADE

Art. 114. O bem de família, inalienável e isento de gravames e embargos, regula-se pela lei da situação.

Contudo, os nacionais de um Estado contratante em que se não admita ou regule essa espécie de propriedade, não a poderão ter ou constituir em outro, a não ser que, com isso, não prejudiquem seus herdeiros forçados.

Art. 115. A propriedade intelectual e a industrial regular-se-ão pelo estabelecido nos convênios internacionais especiais, ora existentes, ou que no futuro se venham a celebrar.

Na falta deles, sua obtenção, registro e gozo ficarão submetidos ao direito local que as outorgue.

Art. 116. Cada Estado contratante tem a faculdade de submeter a regras especiais, em relação aos estrangeiros, a propriedade mineira, a dos navios de pesca e de cabotagem, as indústrias no mar territorial e na zona marítima e a obtenção e gozo de concessões e obras de utilidade pública e de serviço público.

Art. 117. As regras gerais sobre propriedade e o modo de a adquirir ou alienar entre vivos, inclusive as aplicáveis a tesouro oculto, assim como as que regem as águas do domínio público e privado e seu aproveitamento, são de ordem pública internacional.

CAPÍTULO III
DA COMUNHÃO DE BENS

Art. 118. A comunhão de bens rege-se, em geral, pelo acordo ou vontade das partes e, na sua falta, pela lei do lugar. Ter-se-á, este último como domicílio da comunhão, na falta do acordo em contrário.

Art. 119. Aplicar-se-á sempre a lei local, com caráter exclusivo, ao direito de pedir a divisão de objeto comum e às formas e condições do seu exercício.

Art. 120. São de ordem pública internacional as disposições sobre demarcação e balizamento, sobre o direito de fechar as propriedades rústicas e as relativas a edifícios em ruína e árvores que ameacem cair.

CAPÍTULO IV
DA POSSE

Art. 121. A posse e os seus efeitos regulam-se pela lei local.

Art. 122. Os modos de adquirir a posse regulam-se pela lei aplicável a cada um deles, segundo a sua natureza.

Art. 123. Determinam-se pela lei do tribunal os meios e os trâmites utilizáveis para se manter a posse do possuidor inquietado, perturbado ou despojado, em virtude de medidas ou decisões judiciais ou em consequência delas.

CAPÍTULO V

DO USUFRUTO, DO USO E DA HABITAÇÃO

Art. 124. Quando o usufruto se constituir por determinação da lei de um Estado contratante, a dita lei regulá-lo-á obrigatoriamente.

Art. 125. Se o usufruto se houver constituído pela vontade dos particulares, manifestada em atos *inter vivos* ou *mortis causa*, aplicar-se-á, respectivamente, a lei do ato ou a da sucessão.

Art. 126. Se o usufruto surgir por prescrição, sujeitar-se-á à lei local que a tiver estabelecido.

Art. 127. Depende da lei pessoal do filho o preceito que dispensa, ou não, da fiança o pai usufrutuário.

Art. 128. Subordinam-se à lei da sucessão a necessidade de prestar fiança o cônjuge sobrevivente, pelo usufruto hereditário, e a obrigação do usufrutuário de pagar certos legados ou dívidas hereditárias.

Art. 129. São de ordem pública internacional as regras que definem o usufruto e as formas da sua constituição, as que fixam as causas legais, pelas quais ele se extingue, e as que o limitam a certo número de anos para as comunidades, corporações ou sociedades.

Art. 130. O uso e a habitação regem-se pela vontade da parte ou das partes que os estabelecerem.

CAPÍTULO VI

DAS SERVIDÕES

Art. 131. Aplicar-se-á o direito local ao conceito e classificação das servidões, aos modos não convencionais de as adquirir e de se extinguirem e aos direitos e obrigações, neste caso, dos proprietários dos prédios dominante e serviente.

Art. 132. As servidões de origem contratual ou voluntária submetem-se à lei do ato ou relação jurídica que as origina.

Art. 133. Excetuam-se do que se dispõe no artigo anterior e estão sujeitos à lei territorial a comunidade de pastos em terrenos públicos e o resgate do aproveitamento de lenhas e demais produtos dos montes de propriedade particular.

Art. 134. São de ordem privada as regras aplicáveis às servidões legais que se impõem no interesse ou por utilidade particular.

Art. 135. Deve aplicar-se o direito territorial ao conceito e enumeração das servidões legais, bem como à regulamentação não convencional das águas, passagens, meações, luz e vista, escoamento de águas de edifícios e distâncias e obras intermédias para construções e plantações.

CAPÍTULO VII

DOS REGISTROS DA PROPRIEDADE

Art. 136. São de ordem pública internacional as disposições que estabelecem e regulam os registros da propriedade e impõem a sua necessidade em relação a terceiros.

Art. 137. Inscrever-se-ão nos registros de propriedade de cada um dos Estados contratantes os documentos ou títulos, suscetíveis de inscrição, outorgados em outro, que tenham força no primeiro, de acordo com este Código, e os julgamentos executórios a que, de acordo com o mesmo, se dê cumprimento no Estado a que o registro corresponda ou tenha nele força de coisa julgada.

Art. 138. As disposições sobre hipoteca legal, a favor do Estado, das províncias ou dos municípios, são de ordem pública internacional.

Art. 139. A hipoteca legal que algumas leis concedem em benefício de certas pessoas individuais somente será exigível quando a lei pessoal concorde com a lei do lugar em que estejam situados os bens atingidos por ela.

TÍTULO III – DE VÁRIOS MODOS DE ADQUIRIR

CAPÍTULO I

REGRA GERAL

Art. 140. Aplica-se o direito local aos modos de adquirir em relação aos quais não haja neste Código disposições em contrário.

CAPÍTULO II

DAS DOAÇÕES

Art. 141. As doações, quando forem de origem contratual, ficarão submetidas, para sua perfeição e efeitos, *inter vivos*, às regras gerais dos contratos.

Art. 142. Sujeitar-se-á às leis pessoais respectivas, do doador e do donatário, a capacidade de cada um deles.

Art. 143. As doações que devam produzir efeito por morte do doador participarão da natureza das disposições de última vontade e se regerão pelas regras internacionais estabelecidas, neste Código, para a sucessão testamentária.

CAPÍTULO III

DAS SUCESSÕES EM GERAL

Art. 144. As sucessões legítimas e as testamentárias, inclusive a ordem de sucessão, a quota dos direitos sucessórios e a validade intrínseca das disposições, reger-se-ão, salvo as exceções adiante estabelecidas, pela lei pessoal do *de cujus*, qualquer que seja a natureza dos bens e o lugar em que se encontrem.

Art. 145. É de ordem pública internacional o preceito em virtude do qual os direitos à sucessão de uma pessoa se transmitem no momento da sua morte.

CAPÍTULO IV

DOS TESTAMENTOS

Art. 146. A capacidade para dispor por testamento regula-se pela lei pessoal do testador.

Art. 147. Aplicar-se-á a lei territorial às regras estabelecidas por cada Estado para prova de que o testador demente está em intervalo lúcido.

Art. 148. São de ordem pública internacional as disposições que não admitem o testamento mancomunado, o ológrafo ou o verbal, e as que o declarem ato personalíssimo.

Art. 149. Também são de ordem pública internacional as regras sobre a forma de papéis privados relativos ao testamento e sobre nulidade do testamento outorgado com violência, dolo ou fraude.

Art. 150. Os preceitos sobre a forma dos testamentos são de ordem pública internacional, com exceção dos relativos ao testamento outorgado no estrangeiro e ao militar e ao marítimo, nos casos em que se outorguem fora do país.

Art. 151. Subordinam-se à lei pessoal do testador a procedência, condições e efeitos da revogação de um testamento, mas a presunção de o haver revogado é determinada pela lei local.

CAPÍTULO V

DA HERANÇA

Art. 152. A capacidade para suceder por testamento ou sem ele regula-se pela lei pessoal do herdeiro ou legatário.

Art. 153. Não obstante o disposto no artigo precedente, são de ordem pública internacional as incapacidades para suceder que os Estados contratantes considerem como tais.

Art. 154. A instituição e a substituição de herdeiros ajustar-se-ão à lei pessoal do testador.

Art. 155. Aplicar-se-á, todavia, o direito local à proibição ou substituições fideicomissárias que passem do segundo grau ou que se façam a favor de pessoas que não vivam por ocasião do falecimento do testador e as que envolvam proibição perpétua de alienar.

Art. 156. A nomeação e as faculdades dos testamenteiros ou executores testamentários dependem da lei pessoal do defunto e devem ser reconhecidas em cada um dos Estados contratantes, de acordo com essa lei.

Art. 157. Na sucessão intestada, quando a lei chamar o Estado a título de herdeiro, na falta de outros, aplicar-se-á a lei pessoal do *de cujus*, mas se o chamar como ocupante de *res nullius* aplicar-se-á o direito local.

Art. 158. As precauções que se devem adotar quando a viúva estiver grávida ajustar-se-ão ao disposto na legislação do lugar em que ela se encontrar.

Art. 159. As formalidades requeridas para aceitação da herança a benefício de inventário, ou para se fazer uso do direito de deliberar, são as estabelecidas na lei do lugar em que a sucessão for aberta, bastando isso para os seus efeitos extraterritoriais.

Art. 160. O preceito que se refira à proindivisão ilimitada da herança ou estabeleça a partilha provisória é de ordem pública internacional.

Art. 161. A capacidade para pedir e levar a cabo a divisão subordina-se à lei pessoal do herdeiro.

Art. 162. A nomeação e as faculdades do contador ou perito partidor dependem da lei pessoal do *de cujus*.

Art. 163. Subordina-se a essa mesma lei o pagamento das dívidas hereditárias. Contudo, os credores que tiverem garantia de caráter real poderão torná-la efetiva, de acordo com a lei que reja essa garantia.

TÍTULO IV – DAS OBRIGAÇÕES E CONTRATOS

CAPÍTULO I

DAS OBRIGAÇÕES EM GERAL

Art. 164. O conceito e a classificação das obrigações subordinam-se à lei territorial.

Art. 165. As obrigações derivadas da lei regem-se pelo direito que as tiver estabelecido.

Art. 166. As obrigações que nascem dos contratos têm força da lei entre as partes contratantes e devem cumprir-se segundo o teor dos mesmos, salvo as limitações estabelecidas neste Código.

Art. 167. As obrigações originadas por delitos ou faltas estão sujeitas ao mesmo direito que o delito ou falta de que procedem.

Art. 168. As obrigações que derivem de atos ou omissões, em que intervenha culpa ou negligência não punida pela lei, reger-se-ão pelo direito do lugar em que tiver ocorrido a negligência ou culpa que as origine.

Art. 169. A natureza e os efeitos das diversas categorias de obrigações, assim como a sua extinção, regem-se pela lei da obrigação de que se trate.

Art. 170. Não obstante o disposto no artigo anterior, a lei local regula as condições do pagamento e a moeda em que se deve fazer.

Art. 171. Também se submete à lei do lugar a determinação de quem deve satisfazer às despesas judiciais que o pagamento originar, assim como a sua regulamentação.

Art. 172. A prova das obrigações subordina-se, quanto à sua admissão e eficácia, à lei que reger a mesma obrigação.

Art. 173. A impugnação da certeza do lugar da outorga de um documento particular, se influir na sua eficácia, poderá ser feita sempre pelo terceiro a quem prejudicar, e a prova ficará a cargo de quem a apresentar.

Art. 174. A presunção de coisa julgada por sentença estrangeira será admissível, sempre que a sentença reunir as condições necessárias para a sua execução no território, conforme o presente Código.

CAPÍTULO II
DOS CONTRATOS EM GERAL

Art. 175. São regras de ordem pública internacional as que vedam o estabelecimento de pactos, cláusulas e condições contrárias às leis, à moral e à ordem pública e as que proíbem o juramento e o consideram sem valor.

Art. 176. Dependem da lei pessoal de cada contratante as regras que determinam a capacidade ou a incapacidade para prestar o consentimento.

Art. 177. Aplicar-se-á a lei territorial ao erro, à violência, à intimidação e ao dolo, em relação ao consentimento.

Art. 178. É também territorial toda regra que proíbe sejam objeto de contrato serviços contrários às leis e aos bons costumes e coisas que estejam fora do comércio.

Art. 179. São de ordem pública internacional as disposições que se referem à causa ilícita nos contratos.

Art. 180. Aplicar-se-ão simultaneamente a lei do lugar do contrato e a da sua execução, à necessidade de outorgar escritura ou documento público para a eficácia de determinados convênios e a de os fazer constar por escrito.

Art. 181. A rescisão dos contratos, por incapacidade ou ausência, determina-se pela lei pessoal do ausente ou incapaz.

Art. 182. As demais causas de rescisão e sua forma e efeitos subordinam-se à lei territorial.

Art. 183. As disposições sobre nulidade dos contratos são submetidas à lei de que dependa a causa da nulidade.

Art. 184. A interpretação dos contratos deve efetuar-se, como regra geral, de acordo com a lei que os rege.

Contudo, quando essa lei for discutida e deva resultar da vontade tácita das partes, aplicar-se-á, por presunção, a legislação que para esse caso se determina nos arts. 185 e 186, ainda que isso leve a aplicar ao contrato uma lei distinta, como resultado da interpretação da vontade.

Art. 185. Fora das regras já estabelecidas e das que no futuro se consignem para os casos especiais, nos contratos de adesão presume-se aceita, na falta de vontade expressa ou tácita, a lei de quem os oferece ou prepara.

Art. 186. Nos demais contratos, e para o caso previsto no artigo anterior, aplicar-se-á em primeiro lugar a lei pessoal comum aos contratantes e, na sua falta, a do lugar da celebração.

CAPÍTULO III
DOS CONTRATOS MATRIMONIAIS EM RELAÇÃO AOS BENS

Art. 187. Os contratos matrimoniais regem-se pela lei pessoal comum aos contratantes e, na sua falta, pela do primeiro domicílio matrimonial.

Essas mesmas leis determinam, nessa ordem, o regime legal supletivo, na falta de estipulação.

Art. 188. É de ordem pública internacional o preceito que veda celebrar ou modificar contratos nupciais na constância do matrimônio, ou que se altere o regime de bens por mudanças de nacionalidade ou de domicílio posteriores ao mesmo.

Art. 189. Têm igual caráter os preceitos que se referem à rigorosa aplicação das leis e dos bons costumes, aos efeitos dos contratos nupciais em relação a terceiros e à sua forma solene.

Art. 190. A vontade das partes regula o direito aplicável às doações por motivo de matrimônio, exceto no que se refere à capacidade dos contratantes, à salvaguarda de direitos dos herdeiros legítimos e à sua nulidade, enquanto o matrimônio subsistir, subordinando-se tudo à lei geral que o regular e desde que a ordem pública internacional não seja atingida.

Art. 191. As disposições relativas ao dote e aos bens parafernais dependem da lei pessoal da mulher.

Art. 192. É de ordem pública internacional o preceito que repudia a inalienabilidade do dote.

Art. 193. É de ordem pública internacional a proibição de renunciar à comunhão de bens adquiridos durante o matrimônio.

CAPÍTULO IV
DA COMPRA E VENDA, CESSÃO DE CRÉDITO E PERMUTA

Art. 194. São de ordem pública internacional as disposições relativas à alienação forçada por utilidade publica.

Art. 195. O mesmo sucede com as disposições que fixam os efeitos da posse e do registro entre vários adquirentes e as referentes à remissão legal.

CAPÍTULO V
DO ARRENDAMENTO

Art. 196. No arrendamento de coisas, deve aplicar-se a lei territorial às medidas para salvaguarda do interesse de terceiros e aos direitos e deveres do comprador de imóvel arrendado.

Art. 197. É de ordem pública internacional, na locação de serviços, a regra que impede contratá-los por toda a vida ou por mais de certo tempo.

Art. 198. Também é territorial a legislação sobre acidentes do trabalho e proteção social do trabalhador.

Art. 199. São territoriais, quanto aos transportes por água, terra e ar, as leis e regulamentos locais e especiais.

CAPÍTULO VI
DOS FOROS

Art. 200. Aplica-se a lei territorial à determinação do conceito e categorias dos foros, seu caráter remissível, sua prescrição e à ação real que deles deriva.

Art. 201. Para o foro enfitêutico, são igualmente territoriais as disposições que fixam as duas condições e formalidades, que lhe impõem um reconhecimento ao fim de certo número de anos e que proíbem a subenfiteuse.

Art. 202. No foro consignativo, é de ordem pública internacional a regra que proíbe que o pagamento em frutos possa consistir em uma parte alíquota do que produza a propriedade aforada.

Art. 203. Tem o mesmo caráter, no foro reservativo, a exigência de que se valorize a propriedade aforada.

CAPÍTULO VII
DA SOCIEDADE

Art. 204. São leis territoriais as que exigem, na sociedade, um objeto lícito, formas solenes, e inventários, quando haja imóveis.

CAPÍTULO VIII
DO EMPRÉSTIMO

Art. 205. Aplica-se a lei local à necessidade do pacto expresso de juros e sua taxa.

CAPÍTULO IX
DO DEPÓSITO

Art. 206. São territoriais as disposições referentes ao depósito necessário e ao sequestro.

CAPÍTULO X
DOS CONTRATOS ALEATÓRIOS

Art. 207. Os efeitos das capacidades, em ações nascidas do contrato de jogo, determinam-se pela lei pessoal do interessado.

Art. 208. A lei local define os contratos dependentes de sorte e determina o jogo e a aposta permitidos ou proibidos.

Art. 209. É territorial a disposição que declara nula a renda vitalícia sobre a vida de uma pessoa, morta na data da outorga, ou dentro de certo prazo, se estiver padecendo de doença incurável.

CAPÍTULO XI
DAS TRANSAÇÕES E COMPROMISSOS

Art. 210. São territoriais as disposições que proíbem transigir ou sujeitar a compromissos determinadas matérias.

Art. 211. A extensão e efeitos do compromisso e a autoridade de coisa julgada da transação dependem também da lei territorial.

CAPÍTULO XII

DA FIANÇA

Art. 212. É de ordem pública internacional a regra que proíbe ao fiador obrigar-se por mais do que o devedor principal.

Art. 213. Correspondem à mesma categoria as disposições relativas à fiança legal ou judicial.

CAPÍTULO XIII

DO PENHOR, DA HIPOTECA E DA ANTICRESE

Art. 214. É territorial a disposição que proíbe ao credor apropriar-se das coisas recebidas como penhor ou hipoteca.

Art. 215. Também o são os preceitos que determinam os requisitos essenciais do contrato de penhor, e eles devem vigorar quando o objeto penhorado se transfira a outro lugar onde as regras sejam diferentes das exigidas ao celebrar-se o contrato.

Art. 216. São igualmente territoriais as prescrições em virtude das quais o penhor deva ficar em poder do credor ou de um terceiro, as que exijam, para valer contra terceiros, que conste, por instrumento público, a data certa e as que fixem o processo para a sua alienação.

Art. 217. Os regulamentos especiais de montes de socorro e estabelecimentos públicos análogos são obrigatórios territorialmente para todas as operações que com eles se realizem.

Art. 218. São territoriais as disposições que fixam o objeto, as condições, os requisitos, o alcance e a inscrição do contrato de hipoteca.

Art. 219. É igualmente territorial a proibição de que o credor adquira a propriedade do imóvel em anticrese, por falta do pagamento da dívida.

CAPÍTULO XIV

DOS QUASE CONTRATOS

Art. 220. A gestão de negócios alheios é regulada pela lei do lugar em que se efetuar.

Art. 221. A cobrança do indébito submete-se à lei pessoal comum das partes e, na sua falta, à do lugar em que se fizer o pagamento.

Art. 222. Os demais quase contratos subordinam-se à lei que regule a instituição jurídica que os origine.

CAPÍTULO XV

DO CONCURSO E PREFERÊNCIA DE CRÉDITOS

Art. 223. Se as obrigações concorrentes não têm caráter real e estão submetidas a uma lei comum, a dita lei regulará também a sua preferência.

Art. 224. Ás obrigações garantidas com ação real, aplicar-se-á a lei da situação da garantia.

Art. 225. Fora dos casos previstos nos artigos anteriores, deve aplicar-se à preferência de créditos a lei do tribunal que tiver que a decidir.

Art. 226. Se a questão for apresentada, simultaneamente em mais de um tribunal de Estados diversos, resolver-se-á de acordo com a lei daquele que tiver realmente sob a sua jurisdição os bens ou numerário em que se deva fazer efetiva a preferência.

CAPÍTULO XVI

DA PRESCRIÇÃO

Art. 227. A prescrição aquisitiva de bens móveis ou imóveis é regulada pela lei do lugar em que estiverem situados.

Art. 228. Se as coisas móveis mudarem de situação, estando a caminho de prescrever, será regulada a prescrição pela lei do lugar em que se encontrarem ao completar-se o tempo requerido.

Art. 229. A prescrição extintiva de ações pessoais é regulada pela lei a que estiver sujeita a obrigação que se vai extinguir.

Art. 230. A prescrição extintiva de ações reais é regulada pela lei do lugar em que esteja situada a coisa a que se refira.

Art. 231. Se, no caso previsto no artigo anterior, se tratar de coisas móveis que tiverem mudado de lugar durante o prazo da prescrição, aplicar-se-á a lei do lugar em que se encontrarem ao completar-se o período ali marcado para a prescrição.

LIVRO II – DIREITO COMERCIAL INTERNACIONAL

TÍTULO I – DOS COMERCIANTES E DO COMÉRCIO EM GERAL

CAPÍTULO I

DOS COMERCIANTES

Art. 232. A capacidade para exercer o comércio e para intervir em atos e contratos comerciais é regulada pela lei pessoal de cada interessado.

Art. 233. A essa mesma lei pessoal se subordinam as incapacidades e a sua habilitação.

Art. 234. A lei do lugar em que o comércio se exerce deve aplicar-se às medidas de publicidade necessárias para que se possam dedicar a ele, por meio de seus representantes, os incapazes, ou, por si mesmas, as mulheres casadas.

Art. 235. A lei local deve aplicar-se à incompatibilidade para o exercício do comércio pelos empregados públicos e pelos agentes de comércio e corretores.

Art. 236. Toda incompatibilidade para o comércio, que resultar de leis ou disposições especiais em determinado território, será regida pelo direito desse território.

Art. 237. A dita incompatibilidade, quanto a funcionários diplomáticos e agentes consulares, será regulada pela lei do Estado que os nomear. O país onde residirem tem igualmente o direito de lhes proibir o exercício do comércio.

Art. 238. O contrato social ou a lei a que o mesmo fique sujeito aplica-se à proibição de que os sócios coletivos ou comanditários realizem, por conta própria ou alheia, operações mercantis ou determinada classe destas.

CAPÍTULO II

DA QUALIDADE DE COMERCIANTE E DOS ATOS DE COMÉRCIO

Art. 239. Para todos os efeitos de caráter público, a qualidade do comerciante é determinada pela lei do lugar em que se tenha realizado o ato ou exercido a indústria de que se trate.

Art. 240. A forma dos contratos e atos comerciais é subordinada à lei territorial.

CAPÍTULO III

DO REGISTRO MERCANTIL

Art. 241. São territoriais as disposições relativas à inscrição, no registro mercantil, dos comerciantes e sociedades estrangeiras.

Art. 242. Têm o mesmo caráter as regras que estabelecem o efeito da inscrição, no dito registro, de créditos ou direitos de terceiros.

CAPÍTULO IV

DOS LUGARES E CASAS DE BOLSA E COTAÇÃO OFICIAL DE TÍTULOS PÚBLICOS E DOCUMENTOS DE CRÉDITO AO PORTADOR

Art. 243. As disposições relativas aos lugares e casas de bolsa e cotação oficial de títulos públicos e documentos de crédito ao portador são de ordem pública internacional.

CAPÍTULO V

DISPOSIÇÕES GERAIS SOBRE OS CONTRATOS DE COMÉRCIO

Art. 244. Aplicar-se-ão aos contratos de comércio as regras gerais estabelecidas para os contratos civis no capítulo segundo, título quarto, livro primeiro deste Código.

Art. 245. Os contratos por correspondência só ficarão perfeitos mediante o cumprimento das condições que para esse efeito indicar a legislação de todos os contratantes.

Art. 246. São de ordem pública internacional as disposições relativas a contratos ilícitos e a prazos de graça, cortesia e outros análogos.

TÍTULO II – DOS CONTRATOS ESPECIAIS DE COMÉRCIO

CAPÍTULO I

DAS COMPANHIAS COMERCIAIS

Art. 247. O caráter comercial de uma sociedade coletiva ou comanditária determina-se pela lei a que estiver submetido o contrato social e, na sua falta, pela do lugar em que tiver o seu domicílio comercial.

Se essas leis não distinguirem entre sociedades comerciais e civis, aplicar-se-á o direito do país em que a questão for submetida a juízo.

Art. 248. O caráter mercantil de uma sociedade anônima depende da lei do contrato social, na falta deste, da do lugar em que se efetuem as assembleias gerais de acionistas, e em sua falta da do em que normalmente resida o seu Conselho ou Junta diretiva.

Se essas leis não distinguirem entre sociedades comerciais e civis, terá um ou outro caráter, conforme esteja ou não inscrita no registro comercial do país onde a questão deva ser julgada. Em falta de registro mercantil, aplicar-se-á o direito local deste último país.

Art. 249. Tudo quanto se relacione com a constituição e maneira de funcionar das sociedades mercantis e com a responsabilidade dos seus órgãos está sujeito ao contrato social, e, eventualmente, à lei que o reja.

Art. 250. A emissão de ações e obrigações em um Estado contratante, as formas e garantias de publicidade e a responsabilidade dos gerentes de agências e sucursais, a respeito de terceiros, submetem-se à lei territorial.

Art. 251. São também territoriais as leis que subordinam a sociedade a um regime especial, em vista das suas operações.

Art. 252. As sociedades mercantis, devidamente constituídas em um Estado contratante, gozarão da mesma personalidade jurídica nos demais, salvas as limitações do direito territorial.

Art. 253. São territoriais as disposições que se referem à criação, funcionamento e privilégios dos bancos de emissão e desconto, companhias de armazéns gerais de depósitos, e outras análogas.

CAPÍTULO II
DA COMISSÃO MERCANTIL

Art. 254. São de ordem pública internacional as prescrições relativas à forma da venda urgente pelo comissário, para salvar, na medida do possível, o valor das coisas em que a comissão consista.

Art. 255. As obrigações do preposto estão sujeitas à lei do domicílio mercantil do mandante.

CAPÍTULO III
DO DEPÓSITO E EMPRÉSTIMO MERCANTIS

Art. 256. As responsabilidades não civis do depositário, regem-se pela lei do lugar do depósito.

Art. 257. A taxa legal e a liberdade dos juros mercantis são de ordem pública internacional.

Art. 258. São territoriais as disposições referentes ao empréstimo com garantia de títulos cotizáveis, negociado em bolsa, com intervenção de agente competente ou funcionário oficial.

CAPÍTULO IV
DO TRANSPORTE TERRESTRE

Art. 259. Nos casos de transporte internacional, há somente um contrato, regido pela lei que lhe corresponda, segundo a sua natureza.

Art. 260. Os prazos e formalidades para o exercício de ações surgidas desse contrato, e não previstas no mesmo, regem-se pela lei do lugar em que se produzam os fatos que as originem.

CAPÍTULO V
DOS CONTRATOS DE SEGURO

Art. 261. O contrato de seguro contra incêndios rege-se pela lei do lugar onde, ao ser efetuado, se ache a coisa segurada.

Art. 262. Os demais contratos de seguros seguem a regra geral, regulando-se pela lei pessoal comum das partes ou, na sua falta, pela do lugar da celebração; mas, as formalidades externas para comprovação de fatos ou omissões, necessárias ao exercício ou conservação de ações ou direitos, ficam sujeitas à lei do lugar em que se produzir o fato ou omissão que as originar.

CAPÍTULO VI
DO CONTRATO E LETRA DE CÂMBIO E EFEITOS MERCANTIS ANÁLOGOS

Art. 263. A forma do saque, endosso, fiança, intervenção, aceite e protesto de uma letra de câmbio submete-se à lei do lugar em que cada um dos ditos atos se realizar.

Art. 264. Na falta de convênio expresso ou tácito, as relações jurídicas entre o sacador e o tomador serão reguladas pela lei do lugar em que a letra se saca.

Art. 265. Em igual caso, as obrigações e direitos entre o aceitante e o portador regulam-se pela lei do lugar em que se tiver efetuado o aceite.

Art. 266. Na mesma hipótese, os efeitos jurídicos que o endosso produz, entre o endossante e o endossado, dependem da lei do lugar em que a letra for endossada.

Art. 267. A maior ou menor extensão das obrigações de cada endossante não altera os direitos e deveres originários do sacador e do tomador.

Art. 268. O aval, nas mesmas condições, é regulado pela lei do lugar em que se presta.

Art. 269. Os efeitos jurídicos da aceitação por intervenção regulam-se, em falta de convenção, pela lei do lugar em que o terceiro intervier.

Art. 270. Os prazos e formalidades para o aceite, pagamento e protesto submetem-se à lei local.

Art. 271. As regras deste capítulo são aplicáveis às notas promissórias, vales e cheques.

CAPÍTULO VII
DA FALSIFICAÇÃO, ROUBO, FURTO OU EXTRAVIO DE DOCUMENTOS DE CRÉDITO E TÍTULOS AO PORTADOR

Art. 272. As disposições relativas à falsificação, roubo, furto ou extravio de documentos de crédito e títulos ao portador são de ordem pública internacional.

Art. 273. A adoção das medidas que estabeleça a lei do lugar em que o ato se produz não dispensa os interessados de tomar quaisquer outras determinadas pela lei do lugar em que esses documentos e efeitos tenham cotação e pela do lugar do seu pagamento.

TÍTULO III – DO COMÉRCIO MARÍTIMO E AÉREO

CAPÍTULO I
DOS NAVIOS E AERONAVES

Art. 274. A nacionalidade dos navios prova-se pela patente de navegação e a certidão do registro, e tem a bandeira como sinal distintivo aparente.

Art. 275. A lei do pavilhão regula as formas de publicidade requeridas para a transmissão da propriedade de um navio.

Art. 276. À lei da situação deve submeter-se a faculdade de embargar e vender judicialmente um navio, esteja ou não carregado e despachado.

Art. 277. Regulam-se pela lei do pavilhão os direitos dos credores, depois da venda do navio, e a extinção dos mesmos.

Art. 278. A hipoteca marítima e os privilégios e garantias de caráter real, constituídos de acordo com a lei do pavilhão, têm efeitos extraterritoriais, até nos países cuja legislação não conheça ou não regule essa hipoteca ou esses privilégios.

Art. 279. Sujeitam-se também à lei do pavilhão os poderes e obrigações do capitão e a responsabilidade dos proprietários e armadores pelos seus atos.

Art. 280. O reconhecimento do navio, o pedido de prático e a polícia sanitária dependem da lei territorial.

Art. 281. As obrigações dos oficiais e gente do mar e a ordem interna do navio subordinam-se à lei do pavilhão.

Art. 282. As precedentes disposições deste capítulo aplicam-se também às aeronaves.

Art. 283. São de ordem pública internacional as regras sobre a nacionalidade dos proprietários de navios e aeronaves e dos armadores, assim como dos oficiais e da tripulação.

Art. 284. Também são de ordem pública internacional as disposições sobre nacionalidade de navios e aeronaves para o comércio fluvial, lacustre e de cabotagem e entre determinados lugares do território dos Estados contratantes, assim como para a pesca e outras indústrias submarinas no mar territorial.

CAPÍTULO II
DOS CONTRATOS ESPECIAIS DE COMÉRCIO MARÍTIMO E AÉREO

Art. 285. O fretamento, caso não seja um contrato de adesão, reger-se-á pela lei do lugar de saída das mercadorias.

Os atos de execução do contrato ajustar-se-ão à lei do lugar em que se efetuarem.

Art. 286. As faculdades do capitão para o empréstimo de risco marítimo determinam-se pela lei do pavilhão.

Art. 287. O contrato de empréstimo de risco marítimo, salvo convenção em contrário, subordina-se à lei do lugar em que o empréstimo se efetue.

Art. 288. Para determinar se a avaria é simples ou grossa e a proporção em que devem contribuir para suportar o navio e a carga, aplica-se a lei do pavilhão.

Art. 289. O abalroamento fortuito, em águas territoriais ou no espaço aéreo nacional, submete-se à lei do pavilhão, se este for comum.

Art. 290. No mesmo caso, se os pavilhões diferem, aplica-se a lei do lugar.

Art. 291. Aplica-se essa mesma lei local a todo caso de abalroamento culpável, em águas territoriais ou no espaço aéreo nacional.

Art. 292. A lei do pavilhão aplicar-se-á nos casos de abalroamento fortuito ou culpável, em alto mar ou no livre espaço, se os navios ou aeronaves tiverem o mesmo pavilhão.

Art. 293. Em caso contrário, regular-se-á pelo pavilhão do navio ou aeronave abalroado, se o abalroamento for culpável.

Art. 294. Nos casos de abalroamento fortuito, no alto mar ou no espaço aéreo livre, entre navios ou aeronaves de diferentes pavilhões, cada um suportará a metade da soma total do dano, dividido segundo a lei de um deles, e a metade restante dividida segundo a lei do outro.

TÍTULO IV – DA PRESCRIÇÃO

Art. 295. A prescrição das ações originadas em contratos e atos comerciais ajustar-se-á às regras estabelecidas neste Código, a respeito das ações cíveis.

LEGISLAÇÃO INTERNACIONAL

LIVRO III – DIREITO PENAL INTERNACIONAL

CAPÍTULO I

DAS LEIS PENAIS

Art. 296. As leis penais obrigam a todos os que residem no território, sem mais exceções do que as estabelecidas neste capítulo.

Art. 297. Estão isentos das leis penais de cada Estado contratante os chefes de outros Estados que se encontrem no seu território.

Art. 298. Gozam de igual isenção os representantes diplomáticos dos Estados contratantes, em cada um dos demais, assim como os seus empregados estrangeiros, e as pessoas da família dos primeiros, que vivam em sua companhia.

Art. 299. As leis penais de um Estado não são, tão pouco, aplicáveis aos delitos cometidos no perímetro das operações militares, quando esse Estado haja autorizado a passagem, pelo seu território, de um exército de outro Estado contratante, contanto que tais delitos não tenham relação legal com o dito exército.

Art. 300. Aplica-se a mesma isenção aos delitos cometidos em águas territoriais ou no espaço aéreo nacional, a bordo de navios ou aeronaves estrangeiros de guerra.

Art. 301. O mesmo sucede com os delitos cometidos em águas territoriais ou espaço aéreo nacional, em navios ou aeronaves mercantes estrangeiros, se não têm relação alguma com o país e seus habitantes, nem perturbam a sua tranquilidade.

Art. 302. Quando os atos de que se componha um delito se realizem em Estados contratantes diversos, cada Estado pode castigar o ato realizado em seu país, se ele constitui, por si só, um fato punível.

Em caso contrário, dar-se-á preferência ao direito da soberania local em que o delito se tiver consumado.

Art. 303. Se se trata de delitos conexos em territórios de mais de um Estado contratante, só ficará subordinado à lei penal de cada um o que for cometido no seu território.

Art. 304. Nenhum Estado contratante aplicará em seu território as leis penais dos outros.

CAPÍTULO II

DOS DELITOS COMETIDOS EM UM ESTADO ESTRANGEIRO CONTRATANTE

Art. 305. Estão sujeitos, no estrangeiro, às leis penais de cada Estado contratante, os que cometerem um delito contra a segurança interna ou externa do mesmo Estado ou contra o seu crédito público, seja qual for a nacionalidade ou o domicílio do delinquente.

Art. 306. Todo nacional de um Estado contratante ou todo estrangeiro nele domiciliado, que cometa em país estrangeiro um delito contra a independência desse Estado, fica sujeito às suas leis penais.

Art. 307. Também estarão sujeitos às leis penais do Estado estrangeiro em que possam ser detidos e julgados aqueles que cometam fora do território um delito, como o tráfico de mulheres brancas, que esse Estado contratante se tenha obrigado a reprimir por acordo internacional.

CAPÍTULO III

DOS DELITOS COMETIDOS FORA DO TERRITÓRIO NACIONAL

Art. 308. A pirataria, o tráfico de negros e o comércio de escravos, o tráfico de mulheres brancas, a destruição ou deterioração de cabos submarinos e os demais delitos da mesma índole, contra o direito internacional, cometidos no alto-mar, no ar livre e em territórios não organizados ainda em Estado, serão punidos pelo captor, de acordo com as suas leis penais.

Art. 309. Nos casos de abalroamento culpável, no alto-mar ou no espaço aéreo, entre navios ou aeronaves de pavilhões diversos, aplicar-se-á a lei penal da vítima.

CAPÍTULO IV

QUESTÕES VÁRIAS

Art. 310. Para o conceito legal da reiteração ou da reincidência, será levada em conta a sentença pronunciada num Estado estrangeiro contratante, salvo os casos em que a isso se opuser a legislação local.

Art. 311. A pena de interdição civil terá efeito nos outros Estados, mediante o prévio cumprimento das formalidades de registro ou publicação que a legislação de cada um deles exija.

Art. 312. A prescrição do delito subordina-se à lei do Estado a que corresponda o seu conhecimento.

Art. 313. A prescrição da pena regula-se pela lei do Estado que a tenha imposto.

LIVRO IV – DIREITO PROCESSUAL INTERNACIONAL

TÍTULO I – PRINCÍPIOS GERAIS

Art. 314. A lei de cada Estado contratante determina a competência dos tribunais, assim como a sua organização, as formas de processo e a execução das sentenças e os recursos contra suas decisões.

Art. 315. Nenhum Estado contratante organizará ou manterá no seu território tribunais especiais para os membros dos demais Estados contratantes.

Art. 316. A competência *ratione loci* subordina-se, na ordem das relações internacionais, à lei do Estado contratante que a estabelece.

Art. 317. A competência *ratione materiae ratione personae*, na ordem das relações internacionais, não se deve basear, por parte dos Estados contratantes, na condição de nacionais ou estrangeiros das pessoas interessadas, em prejuízo destas.

TÍTULO II – DA COMPETÊNCIA

CAPÍTULO I

DAS REGRAS GERAIS DE COMPETÊNCIA NO CÍVEL E NO COMERCIAL

Art. 318. O juiz competente, em primeira instância, para conhecer dos pleitos a que dê origem o exercício das ações cíveis e mercantis de qualquer espécie, será aquele a quem os litigantes se submetam expressa ou tacitamente, sempre que um deles, pelo menos, seja nacional do Estado contratante a que o juiz pertença ou tenha nele o seu domicílio e salvo o direito local, em contrário.

A submissão não será possível para as ações reais ou mistas sobre bens imóveis, se a proibir a lei da sua situação.

Art. 319. A submissão só se poderá fazer ao juiz que exerça jurisdição ordinária e que a tenha para conhecer de igual classe de negócios no mesmo grau.

Art. 320. Em caso algum poderão as partes recorrer, expressa ou tacitamente, para juiz ou tribunal diferente daquele ao qual, segundo as leis locais, estiver subordinado o que tiver conhecido do caso, na primeira instância.

Art. 321. Entender-se-á por submissão expressa a que for feita pelos interessados com renúncia clara e terminante do seu foro próprio e a designação precisa do juiz a quem se submetem.

Art. 322. Entender-se-á que existe a submissão tácita do autor quando este comparece em juízo para propor a demanda, e a do réu quando este pratica, depois de chamado a juízo, qualquer ato que não seja a apresentação formal de declinatório. Não se entenderá que há submissão tácita se o processo correr à revelia.

Art. 323. Fora dos casos de submissão expressa ou tácita, e salvo o direito local, em contrário, será juiz competente, para o exercício de ações pessoais, o do lugar do cumprimento da obrigação, e, na sua falta, o do domicílio dos réus ou, subsidiariamente, o da sua residência.

Art. 324. Para o exercício de ações reais sobre bens móveis, será competente o juiz da situação, e, se esta não for conhecida do autor, o do domicílio, e, na sua falta, o da residência do réu.

Art. 325. Para o exercício de ações reais sobre bens imóveis e para o das ações mistas de limites e divisão de bens comuns, será juiz competente o da situação dos bens.

Art. 326. Se, nos casos a que se referem os dois artigos anteriores, houver bens situados em mais de um Estado contratante, poderá recorrer-se aos juízes de qualquer deles, salvo se a lei da situação, no referente a imóveis, o proibir.

Art. 327. Nos juízos de testamentos ou *ab intestato*, será juiz competente o do lugar em que o finado tiver tido o seu último domicílio.

Art. 328. Nos concursos de credores e no de falência, quando for voluntária a confissão desse estado pelo devedor, será juiz competente o do seu domicílio.

Art. 329. Nas concordatas ou falências promovidas pelos credores, será juiz competente o de qualquer dos lugares que conheça da reclamação que as motiva, preferindo-se, caso esteja entre eles, o do domicílio do devedor, se este ou a maioria dos credores o reclamarem.

Art. 330. Para os atos de jurisdição voluntária, salvo também o caso de submissão e respeitado o direito local, será competente o juiz do lugar em que a pessoa que os motivar tenha ou haja tido o seu domicílio, ou, na falta deste, a residência.

Art. 331. Nos atos de jurisdição voluntária em matéria de comércio, fora do caso de submissão, e salvo o direito local, será competente o juiz do lugar em que a obrigação se deva cumprir ou, na sua falta, o do lugar do fato que os origine.

Art. 332. Dentro de cada Estado contratante, a competência preferente dos diversos juízes será regulada pelo seu direito nacional.

CAPÍTULO II
DAS EXCEÇÕES ÀS REGRAS GERAIS DE COMPETÊNCIA NO CÍVEL E NO COMERCIAL

Art. 333. Os juízes e tribunais de cada Estado contratante serão incompetentes para conhecer dos assuntos cíveis ou comerciais em que sejam parte demandada os demais Estados contratantes ou seus chefes, se se trata de uma ação pessoal, salvo o caso de submissão expressa ou de pedido de reconvenção.

Art. 334. Em caso idêntico e com a mesma exceção, eles serão incompetentes quando se exercitem ações reais, se o Estado contratante ou o seu chefe têm atuado no assunto como tais e no seu caráter público, devendo aplicar-se, nessa hipótese, o disposto na última alínea do art. 318.

Art. 335. Se o Estado estrangeiro contratante ou o seu chefe tiverem atuado como particulares ou como pessoas privadas, serão competentes os juízes ou tribunais para conhecer dos assuntos em que se exercitem ações reais ou mistas, se essa competência lhes corresponder em relação a indivíduos estrangeiros, de acordo com este Código.

Art. 336. A regra do artigo anterior será aplicável aos juízos universais, seja qual for o caráter com que neles atue o Estado estrangeiro contratante ou o seu chefe.

Art. 337. As disposições estabelecidas nos artigos anteriores aplicar-se-ão aos funcionários diplomáticos estrangeiros e aos comandantes de navios ou aeronaves de guerra.

Art. 338. Os cônsules estrangeiros não estarão isentos da competência dos juízes e tribunais civis do país em que funcionem, exceto quanto aos seus atos oficiais.

Art. 339. Em nenhum caso poderão os juízes ou tribunais ordenar medidas coercitivas ou de outra natureza que devam ser executadas no interior das legações ou consulados ou em seus arquivos, nem a respeito da correspondência diplomática ou consular, sem o consentimento dos respectivos funcionários diplomáticos ou consulares.

CAPÍTULO III
REGRAS GERAIS DE COMPETÊNCIA EM MATÉRIA PENAL

Art. 340. Para conhecer dos delitos e faltas e os julgar, são competentes os juízes e tribunais do Estado contratante em que tenham sido cometidos.

Art. 341. A competência estende-se a todos os demais delitos e faltas a que se deva aplicar a lei penal do Estado, conforme as disposições deste Código.

Art. 342. Compreende, além disso, os delitos ou faltas cometidos no estrangeiro por funcionários nacionais que gozem do benefício da imunidade.

CAPÍTULO IV
DAS EXCEÇÕES ÀS REGRAS GERAIS DE COMPETÊNCIA EM MATÉRIA PENAL

Art. 343. Não estão sujeitos, em matéria penal, à competência de juízes e tribunais dos Estados contratantes, as pessoas e os delitos ou infrações que não são atingidos pela lei penal do respectivo Estado.

TÍTULO III – DA EXTRADIÇÃO

Art. 344. Para se tornar efetiva a competência judicial internacional em matéria penal, cada um dos Estados contratantes acederá ao pedido de qualquer dos outros, para a entrega de indivíduos condenados ou processados por delitos que se ajustem às disposições deste título, sem prejuízo das disposições dos tratados ou convenções internacionais que contenham listas de infrações penais que autorizem a extradição.

Art. 345. Os Estados contratantes não estão obrigados a entregar os seus nacionais. A nação que se negue a entregar um de seus cidadãos fica obrigada a julgá-lo.

Art. 346. Quando, anteriormente ao recebimento do pedido, um indivíduo processado ou condenado tiver delinquido no país a que se pede a sua entrega, pode adiar-se essa entrega até que seja ele julgado e cumprida a pena.

Art. 347. Se vários Estados contratantes solicitam a extradição de um delinquente pelo mesmo delito, deve ser ele entregue àquele Estado em cujo território o delito se tenha cometido.

Art. 348. Caso a extradição se solicite por atos diversos, terá preferência o Estado contratante em cujo território se tenha cometido o delito mais grave segundo a legislação do Estado requerido.

Art. 349. Se todos os atos imputados tiverem igual gravidade será preferido o Estado contratante que primeiro houver apresentado o pedido de extradição. Sendo simultânea a apresentação, o Estado requerido decidirá, mas deve conceder preferência ao Estado de origem ou, na sua falta, ao do domicílio do delinquente, se for um dos solicitantes.

Art. 350. As regras anteriores sobre preferência não serão aplicáveis, se o Estado contratante estiver obrigado para com um terceiro, em virtude de tratados vigentes, anteriores a este Código, a estabelecê-la de modo diferente.

Art. 351. Para conceder a extradição, é necessário que o delito tenha sido cometido no território do Estado que a peça ou que lhe sejam aplicáveis suas leis penais, de acordo com o livro terceiro deste Código.

Art. 352. A extradição alcança os processados ou condenados como autores, cúmplices ou encobridores do delito.

Art. 353. Para que a extradição possa ser pedida, é necessário que o fato que a motive tenha caráter de delito, na legislação do Estado requerente e na do requerido.

Art. 354. Será igualmente exigido que a pena estabelecida para os fatos incriminados, conforme a sua qualificação provisória ou definitiva, pelo juiz ou tribunal competente do Estado que solicita a extradição, não seja menor de um ano de privação de liberdade e que esteja autorizada ou decidida a prisão ou detenção preventiva do acusado, se não houver ainda sentença final. Esta deve ser de privação de liberdade.

Art. 355. Estão excluídos da extradição os delitos políticos e os com eles relacionados, segundo a definição do Estado requerido.

Art. 356. A extradição também não será concedida, se se provar que a petição de entrega foi formulada, de fato, com o fim de se julgar e castigar o acusado por um delito de caráter político, segundo a mesma definição.

Art. 357. Não será reputado delito político, nem fato conexo, o homicídio ou assassínio do chefe de um Estado contratante, ou de qualquer pessoa que nele exerça autoridade.

Art. 358. Não será concedida a extradição, se a pessoa reclamada já tiver sido julgada e posta em liberdade ou cumprido a pena ou estiver submetida a processo no território do Estado requerido, pelo mesmo delito que motiva o pedido.

Art. 359. Não se deve, tão pouco, aceder ao pedido de extradição, se estiver prescrito o delito ou a pena, segundo as leis do Estado requerente ou as do requerido.

Art. 360. A legislação do Estado requerido posterior ao delito não poderá impedir a extradição.

Art. 361. Os cônsules-gerais, cônsules, vice-cônsules ou agentes consulares podem pedir que se prendam e entreguem, a bordo de um navio ou aeronave de seu país, oficiais, marinheiros ou tripulantes de seus navios ou aeronaves de guerra ou mercantes, que tiverem desertado de uns ou de outras.

Art. 362. Para os efeitos do artigo anterior, eles apresentarão à autoridade local correspondente, deixando-lhe, além disso, cópia autêntica, os registros do navio ou aeronave, rol da tripulação ou qualquer outro documento oficial em que o pedido se basear.

Art. 363. Nos países limítrofes, poderão estabelecer-se regras especiais para a extradição, nas regiões ou localidades da fronteira.

Art. 364. O pedido de extradição deve fazer-se por intermédio dos funcionários devidamente autorizados para esse fim, pelas leis do Estado requerente.

Art. 365. Com o pedido definitivo de extradição, devem apresentar-se:

I – Uma sentença condenatória ou um mandado ou auto de captura ou um documento de igual força, ou que obrigue o interessado a comparecer periodicamente ante a jurisdição repressiva, acompanhado das peças do processo que subministrem provas ou, pelo menos, indícios razoáveis da culpabilidade da pessoa de que se trate;

II – A filiação do indivíduo reclamado ou os sinais ou circunstâncias que possam servir para o identificar;

III – A cópia autêntica das disposições que estabeleçam a qualificação legal do fato que motiva o pedido de entrega, definam a participação nele atribuída ao culpado e precisem a pena aplicável.

Art. 366. A extradição pode solicitar-se telegraficamente e, nesse caso, os documentos mencionados no artigo anterior serão apresentados ao país requerido ou à sua legação ou consulado geral no país requerente, dentro nos dois meses seguintes à detenção do indigitado. Na sua falta, este será posto em liberdade.

Art. 367. Se o Estado requerente não dispõe da pessoa reclamada dentro nos três meses seguintes ao momento em que foi colocada à sua disposição, ela será posta, igualmente, em liberdade.

Art. 368. O detido poderá usar, no Estado ao qual se fizer o pedido de extradição, de todos os meios legais concedidos aos nacionais para recuperar a liberdade, baseando-se para isto nas disposições deste Código.

Art. 369. O detido poderá igualmente, depois disso, utilizar os recursos legais que procedam, no Estado que pedir a extradição, contra as qualificações e resoluções em que esta se funda.

Art. 370. A entrega deve ser feita com todos os objetos que se encontrarem em poder da pessoa reclamada, quer sejam produto do delito imputado, quer peças que possam servir para a prova do mesmo, tanto quanto for praticável, de acordo com as leis do Estado que a efetue e respeitando-se devidamente os direitos de terceiros.

Art. 371. A entrega dos objetos, a que se refere o artigo anterior, poderá ser feita, se a pedir o Estado requerente da extradição, ainda que o detido morra ou se evada antes de efetuada esta.

Art. 372. As despesas com a detenção ou entrega serão por conta do Estado requerente, mas este não terá que despender importância alguma com os serviços que prestarem os empregados públicos pagos pelo Governo ao qual se peça a extradição.

Art. 373. A importância dos serviços prestados por empregados públicos ou outros serventuários, que só recebam direitos ou emolumentos, não excederá àquela que habitualmente percebam por essas diligências ou serviços, segundo as leis do país em que residam.

Art. 374. A responsabilidade, que se possa originar do fato da detenção provisória, caberá ao Estado que a solicitar.

Art. 375. O trânsito da pessoa extraditada e de seus guardas pelo território dum terceiro Estado contratante será permitido mediante apresentação do exemplar original ou de uma cópia autêntica do documento que conceda a extradição.

Art. 376. O Estado que obtiver a extradição de um acusado que for logo absolvido ficará obrigado a comunicar ao que a concedeu uma cópia autêntica da sentença.

Art. 377. A pessoa entregue não poderá ser detida em prisão, nem julgada pelo Estado contratante a que seja entregue, por um delito diferente daquele que houver motivado a extradição e cometido antes desta, salvo se nisso consentir o Estado requerido, ou se o extraditado permanecer em liberdade no primeiro, três meses depois de ter sido julgado e absolvido pelo delito que foi origem da extradição, ou de haver cumprido a pena de privação de liberdade que lhe tenha sido imposta.

Art. 378. Em caso algum se imporá ou se executará a pena de morte, por delito que tiver sido causa da extradição.

Art. 379. Sempre que se deva levar em conta o tempo da prisão preventiva, contar-se-á como tal o tempo decorrido desde a detenção do extraditado, no Estado ao qual tenha sido pedida.

Art. 380. O detido será posto em liberdade, se o Estado requerente não apresentar o pedido de extradição em prazo razoável e no menor espaço de tempo possível, depois da prisão provisória, levando-se em conta a distância e as facilidades de comunicações postais entre os dois países.

Art. 381. Negada a extradição de uma pessoa, não se pode voltar a pedi-la pelo mesmo delito.

TÍTULO IV – DO DIREITO DE COMPARECER EM JUÍZO E SUAS MODALIDADES

Art. 382. Os nacionais de cada Estado contratante gozarão, em cada um dos outros, do benefício de assistência judiciária, nas mesmas condições dos naturais.

Art. 383. Não se fará distinção entre nacionais e estrangeiros, nos Estados contratantes, quanto à prestação de fiança para o comparecimento em juízo.

Art. 384. Os estrangeiros pertencentes a um Estado contratante poderão solicitar, nos demais, a ação pública em matéria penal, nas mesmas condições que os nacionais.

Art. 385. Não se exigirá tão pouco a esses estrangeiros que prestem fiança para o exercício de ação privada, nos casos em que se não faça tal exigência aos nacionais.

Art. 386. Nenhum dos Estados contratantes imporá aos nacionais de outro a caução *judicio ou o onus probandi*, nos casos em que não exija uma ou outra aos próprios nacionais.

Art. 387. Não se autorizarão embargos preventivos, nem fianças, nem outras medidas processuais de índole análoga, a respeito de nacionais dos Estados contratantes, só pelo fato da sua condição de estrangeiros.

TÍTULO V – CARTAS ROGATÓRIAS E COMISSÕES ROGATÓRIAS

Art. 388. Toda diligência judicial que um Estado contratante necessite praticar em outro será efetuada mediante carta rogatória ou comissão rogatória, transmitida por via diplomática. Contudo, os Estados contratantes poderão convencionar ou aceitar entre si, em matéria cível ou comercial, qualquer outra forma de transmissão.

Art. 389. Cabe ao juiz deprecante decidir a respeito da sua competência e da legalidade e oportunidade do ato ou prova, sem prejuízo da jurisdição do juiz deprecado.

Art. 390. O juiz deprecado resolverá sobre a sua própria competência *ratione materiae*, para o ato que lhe é cometido.

Art. 391. Aquele que recebe a carta ou comissão rogatória se deve sujeitar, quanto ao seu objeto, à lei do deprecante e, quanto à forma de a cumprir, à sua própria lei.

Art. 392. A rogatória será redigida na língua do Estado deprecante e acompanhada de uma tradução na língua do Estado deprecado, devidamente certificada por intérprete juramentado.

Art. 393. Os interessados no cumprimento das cartas rogatórias de natureza privada deverão constituir procuradores, correndo por sua conta as despesas que esses procuradores e as diligências ocasionem.

TÍTULO VI – EXECUÇÕES QUE TÊM CARÁTER INTERNACIONAL

Art. 394. A litispendência, por motivo de pleito em outro Estado contratante poderá ser alegada em matéria cível, quando a sentença, proferida em um deles, deva produzir no outro os efeitos de coisa julgada.

Art. 395. Em matéria penal, não se poderá alegar a exceção de litispendência por causa pendente em outro Estado contratante.

Art. 396. A exceção de coisa julgada, que se fundar em sentença de outro Estado contratante, só poderá ser alegada quando a sentença tiver sido pronunciada com o comparecimento das partes ou de seus representantes legítimos, sem que se haja suscitado questão de competência do tribunal estrangeiro baseada em disposições deste Código.

Art. 397. Em todos os casos de relações jurídicas submetidas a este Código, poderão suscitar-se questões de competência por declinatória fundada em seus preceitos.

TÍTULO VII – DA PROVA

CAPÍTULO I
DISPOSIÇÕES GERAIS SOBRE A PROVA

Art. 398. A lei que rege o delito ou a relação de direito, objeto de ação cível ou comercial, determina a quem incumbe a prova.

Art. 399. Para decidir os meios de prova que se podem utilizar em cada caso, é competente a lei do lugar em que se realizar o ato ou fato que se trate de provar, excetuando-se os não autorizados pela lei do lugar em que corra a ação.

Art. 400. A forma por que se há de produzir qualquer prova regula-se pela lei vigente no lugar em que for feita.

Art. 401. A apreciação da prova depende da lei do julgador.

Art. 402. Os documentos lavrados em cada um dos Estados contratantes terão nos outros o mesmo valor em juízo que os lavrados neles próprios, se reunirem os requisitos seguintes:

I – Que o assunto ou matéria do ato ou contrato seja lícito e permitido pelas leis do país onde foi lavrado e daquele em que o documento deve produzir efeitos;

II – Que os litigantes tenham aptidão e capacidade legal para se obrigar conforme sua lei pessoal;

III – Que ao se lavrar o documento se observem as formas e solenidades estabelecidas no país onde se tenham verificado os atos ou contratos;

IV – Que o documento esteja legalizado e preencha os demais requisitos necessários para a sua autenticidade no lugar onde dele se faça uso.

Art. 403. A força executória de um documento subordina-se ao direito local.

Art. 404. A capacidade das testemunhas e a sua recusa dependem da lei a que se submeta a relação de direito, objeto da ação.

Art. 405. A forma de juramento ajustar-se-á à lei do juiz ou tribunal perante o qual se preste e a sua eficácia à que regula o fato sobre o qual se jura.

Art. 406. As presunções derivadas de um fato subordinam-se à lei do lugar em que se realiza o fato de que nascem.

Art. 407. A prova indiciária depende da lei do juiz ou tribunal.

CAPÍTULO II
REGRAS ESPECIAIS SOBRE A PROVA DE LEIS ESTRANGEIRAS

Art. 408. Os juízes e tribunais de cada Estado contratante aplicarão de ofício, quando for o caso, as leis dos demais, sem prejuízo dos meios probatórios a que este capítulo se refere.

Art. 409. A parte que invoque a aplicação do direito de qualquer Estado contratante em um dos outros, ou dela divirja, poderá justificar o texto legal, sua vigência e sentido mediante certidão, devidamente legalizada, de dois advogados em exercício no país de cuja legislação se trate.

Art. 410. Na falta de prova ou se, por qualquer motivo, o juiz ou o tribunal a julgar insuficiente, um ou outro poderá solicitar de ofício pela via diplomática, antes de decidir, que o Estado, de cuja legislação se trate, forneça um relatório sobre o texto, vigência e sentido do direito aplicável.

Art. 411. Cada Estado contratante se obriga a ministrar aos outros, no mais breve prazo possível, a informação a que o artigo anterior se refere e que deverá proceder de seu mais alto tribunal, ou de qualquer de suas câmaras ou seções, ou da procuradoria-geral ou da Secretaria ou Ministério da Justiça.

TÍTULO VIII – DO RECURSO DE CASSAÇÃO

Art. 412. Em todo Estado contratante onde existir o recurso de cassação, ou instituição correspondente poderá ele interpor-se, por infração, interpretação errônea ou aplicação indevida de uma lei de outro Estado contratante, nas mesmas condições e casos em que o possa quanto ao direito nacional.

Art. 413. Serão aplicáveis ao recurso de cassação as regras estabelecidas no capítulo segundo do título anterior, ainda que o juiz ou tribunal inferior já tenha feito uso delas.

TÍTULO IX – DA FALÊNCIA OU CONCORDATA

CAPÍTULO I
DA UNIDADE DA FALÊNCIA OU CONCORDATA

Art. 414. Se o devedor concordatário ou falido tem apenas um domicílio civil ou mercantil, não pode haver mais do que um juízo de processos preventivos, de concordata ou falência, ou uma suspensão de pagamentos, ou quitação e moratória para todos os seus bens e obrigações nos Estados contratantes.

Art. 415. Se uma mesma pessoa ou sociedade tiver em mais de um Estado contratante vários estabelecimentos mercantis, inteiramente separados economicamente, pode haver tantos juízos de processos preventivos e falência quantos estabelecimentos mercantis.

CAPÍTULO II
DA UNIVERSALIDADE DA FALÊNCIA OU CONCORDATA E DOS SEUS EFEITOS

Art. 416. A declaração de incapacidade do falido ou concordatário tem efeitos extraterritoriais nos Estados contratantes, mediante prévio cumprimento das formalidades de registo ou publicação, que a legislação de cada um deles exija.

Art. 417. A sentença declaratória da falência ou concordata, proferida em um dos Estados contratantes, executar-se-á nos outros Estados, nos casos e forma estabelecidos neste Código para as resoluções judiciais; mas, produzirá, desde que seja definitiva e para as pessoas a respeito das quais o seja, os efeitos de coisa julgada.

Art. 418. As faculdades e funções dos síndicos, nomeados em um dos Estados contratantes, de acordo com as disposições deste Código, terão efeito extraterritorial nos demais, sem necessidade de trâmite algum local.

Art. 419. O efeito retroativo da declaração de falência ou concordata e a anulação de certos atos, em consequência dessas decisões, determinar-se-ão pela lei dos mesmos e serão aplicáveis ao território dos demais Estados contratantes.

Art. 420. As ações reais e os direitos da mesma índole continuarão subordinados, não obstante a declaração de falência ou concordata, à lei da situação das coisas por eles atingidas e à competência dos juízes no lugar em que estas se encontrarem.

CAPÍTULO III
DA CONCORDATA E DA REABILITAÇÃO

Art. 421. A concordata entre os credores e o falido terá efeitos extraterritoriais nos demais Estados contratantes, salvo o direito dos credores por ação real que a não houverem aceitado.

Art. 422. A reabilitação do falido tem também eficácia extraterritorial nos demais Estados contratantes, desde que se torne definitiva a resolução judicial que a determina e de acordo com os seus termos.

TÍTULO X – DA EXECUÇÃO DE SENTENÇAS PROFERIDAS POR TRIBUNAIS ESTRANGEIROS

CAPÍTULO I
MATÉRIA CÍVEL

Art. 423. Toda sentença civil ou contencioso-administrativa, proferida em um dos Estados contratantes, terá força e poderá executar-se nos demais, se reunir as seguintes condições:

1. Que o juiz ou tribunal que a tiver pronunciado tenha competência para conhecer do assunto e julgá-lo, de acordo com as regras deste Código;
2. Que as partes tenham sido citadas pessoalmente ou por seu representante legal, para a ação;
3. Que a sentença não ofenda a ordem pública ou o direito público do país onde deva ser executada;
4. Que seja executória no Estado em que tiver sido proferida;
5. Que seja traduzida autorizadamente por um funcionário ou intérprete oficial do Estado em que se há de executar, se aí for diferente o idioma empregado;
6. Que o documento que a contém reúna os requisitos para ser considerado como autêntico no Estado de que proceda, e os exigidos, para que faça fé, pela legislação do Estado onde se pretende que a sentença seja cumprida.

Art. 424. A execução da sentença deverá ser solicitada ao juiz do tribunal competente para levar a efeito, depois de satisfeitas as formalidades requeridas pela legislação interna.

Art. 425. Contra a resolução judicial, no caso a que o artigo anterior se refere, serão admitidos todos os recursos que as leis do Estado concedam a respeito das sentenças definitivas proferidas em ação declaratória de maior quantia.

Art. 426. O juiz ou tribunal, ao qual se peça a execução, ouvirá, antes de a decretar ou denegar, e dentro no prazo de vinte dias, a parte contra quem ela seja solicitada e o procurador ou Ministério Público.

Art. 427. A citação da parte, que deve ser ouvida, será feita por meio de carta ou comissão rogatória, segundo o disposto neste Código, se tiver o seu domicílio no estrangeiro e não tiver, no país, procurador bastante, ou, na forma estabelecida pelo direito local, se tiver domicílio no Estado deprecado.

Art. 428. Passado o prazo que o juiz ou tribunal indicar para o comparecimento, prosseguirá o feito, haja ou não comparecido o citado.

Art. 429. Se o cumprimento é denegado, a carta de sentença será devolvida a quem a tiver apresentado.

Art. 430. Quando se acorde cumprir a sentença, a sua execução será submetida aos tramites determinados pela lei do juiz ou tribunal para as suas próprias sentenças.

Art. 431. As sentenças definitivas, proferidas por um Estado contratante, e cujas disposições não sejam exequíveis, produzirão, nos demais, os efeitos de coisa julgada, caso reúnam as condições que para esse fim determina este Código, salvo as relativas à sua execução.

Art. 432. O processo e os efeitos regulados nos artigos anteriores serão aplicados nos Estados contratantes às sentenças proferidas em qualquer deles por árbitros ou compositores amigáveis, sempre que o assunto que as motiva possa ser objeto de compromisso, nos termos da legislação do país em que a execução se solicite.

Art. 433. Aplicar-se-á também esse mesmo processo às sentenças cíveis, pronunciadas em qualquer dos Estados contratantes, por um tribunal internacional, e que se refiram a pessoas ou interesses privados.

CAPÍTULO II
DOS ATOS DE JURISDIÇÃO VOLUNTÁRIA

Art. 434. As disposições adotadas em ações de jurisdição voluntária, em matéria de comércio, por juízes e tribunais de um Estado contratante, ou por seus agentes consulares, serão executadas nos demais Estados segundo os trâmites e na forma indicados no capítulo anterior.

Art. 435. As resoluções em atos de jurisdição voluntária, em matéria cível, procedentes de um Estado contratante, serão aceitas pelos demais, se reunirem as condições exigidas por este Código, para as eficácia dos documentos outorgados em país estrangeiro, e procederem de juiz ou tribunal competente, e terão por conseguinte eficácia extraterritorial.

CAPÍTULO III
MATÉRIA PENAL

Art. 436. Nenhum Estado contratante executará as sentenças proferidas em qualquer dos outros em matéria penal, relativamente às sanções dessa natureza que elas imponham.

Art. 437. Poderão, entretanto, executar-se as ditas sentenças, no que toca à responsabilidade civil e a seus efeitos sobre os bens do condenado, se forem proferidas pelo juiz ou tribunal competente, segundo este Código, e com audiência do interessado e se se cumprirem as demais condições formais e processuais que o capítulo primeiro deste título estabelece.

DECLARAÇÕES E RESERVAS

RESERVAS DA DELEGAÇÃO ARGENTINA

A Delegação Argentina faz constar as seguintes reservas, que formula ao Projeto de Convenção de Direito Internacional Privado, submetido ao estudo da Sexta Conferência Internacional Americana:

I – Entende que a codificação do Direito Internacional Privado deve ser "gradual e progressiva", especialmente no que se refere a instituições que, nos Estados americanos, apresentam identidade ou analogia de caracteres fundamentais.

II – Mantém em vigor os Tratados de Direito Civil Internacional, Direito Penal Internacional, Direito Comercial Internacional e Direito Processual Internacional, adotados em Montevidéu no ano de 1889, com os seus convênios e Protocolos respectivos.

III – Não aceita princípios que modifiquem o sistema da "lei do domicílio", especialmente em tudo o que se oponha ao texto e espírito da legislação civil Argentina.

IV – Não aprova disposições que atinjam, direta ou indiretamente, o princípio sustentado pelas legislações civil e comercial da República Argentina, de que "as pessoas jurídicas devem exclusivamente a sua existência à lei do Estado que as autorize e por consequência não são nacionais nem estrangeiras; suas funções se determinam pela dita lei, de conformidade com os preceitos derivados do domicílio que ela lhes reconhece".

V – Não aceita princípios que admitam ou tendam a sancionar o divórcio *ad vinculum*.

VI – Aceita o sistema da "unidade das sucessões", com a limitação derivada da *lex rei sitx*, em matéria de bens imóveis.

VII – Admite todo princípio que tenda a reconhecer, em favor da mulher, os mesmos direitos civis conferidos ao homem de maior idade.

VIII – Não aprova os princípio que modifiquem o sistema do *jus soli, como meio de adquirir a nacionalidade*.

IX – Não admite preceitos que resolvam conflitos relativos à "dupla nacionalidade" com prejuízo da aplicação exclusiva do *jus soli*.

X – Não aceita normas que permitam a intervenção de agentes diplomáticos e consulares, nos juízos e sucessão que interessem a estrangeiros, salvo os preceitos já estabelecidos na República Argentina e que regulam essa intervenção.

XI – No regime da Letra de Câmbio e Cheques em geral, não admite disposições que modifiquem critérios aceitos nas conferências universais, como as da Haia de 1910 e 1912.

XII – Faz reserva expressa da aplicação da "lei do pavilhão" nas questões relativas ao Direito Marítimo, especialmente no que se refere ao contrato de fretamento e suas consequências jurídicas, por considerar que se devem submeter à lei e jurisdição do país do porto de destino.

Este princípio foi sustentado com êxito pela seção Argentina de *International Law Association*, na 31ª sessão desta e atualmente é uma das chamadas "regras de Buenos Aires".

XIII – Reafirma o conceito de que todos os delitos cometidos em aeronaves, dentro do espaço aéreo nacional ou em navios mercantes estrangeiros, se deverão julgar e punir pelas autoridades e leis do Estado em que se encontrem.

XIV – Ratifica a tese aprovada pelo Instituto Americano de Direito Internacional, na sua sessão de Montevidéu de 1927, cujo conteúdo é o seguinte: "A nacionalidade do réu não poderá ser invocada como causa para se denegar a sua extradição".

XV – Não admite princípios que regulamentem as questões internacionais do trabalho e situação jurídica dos operários, pelas razões expostas, quando se discutiu o artigo 198 do Projeto de Convenção de Direito Civil Internacional, na Junta Internacional de Jurisconsultos do Rio de Janeiro, em 1927.

A Delegação Argentina lembra que, como já o manifestou na ilustre Comissão número 3, ratifica, na Sexta Conferência Internacional Americana, os votos emitidos e a atitude assumida pela Delegação Argentina na reunião da Junta Internacional de Jurisconsultos, celebrada na cidade do Rio de Janeiro, nos meses de abril e maio de 1927.

DECLARAÇÃO DA DELEGAÇÃO DOS ESTADOS UNIDOS DA AMÉRICA

Sente muito não poder dar a sua aprovação, deste agora, ao Código Bustamante, por isto que, em face da Constituição dos Estados Unidos da América, das relações entre os Estados-membros da União Federal e das atribuições e poderes do Governo Federal, acha muito difícil fazê-lo. O Governo dos Estados Unidos da América mantém firme o propósito de não se desligar da América Latina, e, por isto, de acordo com o artigo 6º da Convenção, que permite a cada Governo a ela aderir mais tarde, fará uso do privilégio desse artigo 6º, afim de que, depois de examinar cuidadosamente o Código em todas as suas cláusulas, possa aderir pelo menos a uma grande parte do mesmo. Por estas razões, a Delegação dos Estados Unidos da América reserva o seu voto, na esperança de poder aderir, como disse, a uma parte ou a considerável número de disposições do Código.

DECLARAÇÃO DA DELEGAÇÃO DO URUGUAI

A Delegação do Uruguai faz reservas tendentes a que o critério dessa Delegação seja coerente com o que sustentou na Junta de Jurisconsultos do Rio de Janeiro o Dr. Pedro Varela, catedrático da Faculdade de Direito do seu país. Mantém tais reservas, declarando que o Uruguai dá a sua aprovação ao Código em geral.

RESERVAS DA DELEGAÇÃO DO PARAGUAI

1. Declara que o Paraguai mantém a sua adesão ao Tratados de Direito Civil Internacional, Direito Comercial Internacional, Direito Penal Internacional e Direito Processual Internacional, que foram adotados em Montevidéu, em 1888 e 1889, com os convênios e Protocolos que os acompanham.
2. Não está de acordo em que se modifique o sistema da "lei do domicílio", consagrado pela legislação civil da República.
3. Mantém a sua adesão ao princípio da sua legislação de que as pessoas jurídicas devem exclusivamente sua existência à lei do Estado que as autoriza e que, por consequência, não são nacionais, nem estrangeiras; as suas funções estão assinaladas pela lei especial, de acordo com os princípios derivados do domicílio.
4. Admite o sistema da unidade das sucessões, com a limitação derivada da *lex rei sitx*, em matéria de bens imóveis.
5. Está de acordo com todo princípio que tende a reconhecer em favor da mulher os mesmos direitos civis concedidos ao homem de maior idade.
6. Não aceita os princípios que modifiquem o sistema do *jus soli* como meio de adquirir a nacionalidade.
7. Não está de acordo com os preceitos que resolverem o problema da "dupla nacionalidade" com prejuízo da aplicação exclusiva do *jus soli*.
8. Adere ao critério aceito nas conferências universais sobre o regime da Letra de Câmbio e Cheque.
9. Faz reserva da aplicação da "lei do pavilhão", em questões relativas ao Direito Marítimo.
10. Está de acordo em que os delitos cometidos em aeronaves dentro do espaço aéreo nacional, ou em navios mercantes, estrangeiros, devem ser julgados pelos tribunais do Estado em que se encontrem.

RESERVA DA DELEGAÇÃO DO BRASIL

Impugnada a emenda substitutiva que propôs para o artigo 53, a Delegação do Brasil nega a sua aprovação ao artigo 52, que estabelece a competência da lei do domicílio conjugal para regular a separação de corpos e o divórcio, assim como também ao artigo 54.

DECLARAÇÕES QUE FAZEM AS DELEGAÇÕES DA COLÔMBIA E COSTA RICA

As Delegações da Colômbia e Costa Rica subscrevem o Código de Direito Internacional Privado em conjunto, com a reserva expressa de tudo quanto possa estar em contradição com a legislação colombiana e a costarriquense.

No tocante a pessoas jurídicas, a nossa opinião é que elas devem estar submetidas à lei local para tudo o que se refira ao "seu conceito e reconhecimento", como sabiamente dispõe o artigo 32 do Código, em contradição (pelo menos aparente) com as outras disposições do mesmo, como os artigos 16 e 21. Para as legislações das duas delegações, as pessoas jurídicas não podem ter nacionalidade, nem de acordo com os princípios científicos, nem em relação com as mais altas e permanentes conveniências da América. Teria sido preferível que, no Código, que vamos aprovar, se tivesse omitido tudo quanto possa servir pra afirmar que as pessoas jurídicas, particularmente as sociedades de capitães, têm nacionalidade.

As delegações abaixo-assinadas, ao aceitarem o compromisso consignado no artigo 7º entre as doutrinas europeias da personalidade do direito e genuinamente americana do domicílio para reger o estado civil e a capacidade das pessoas em direito internacional privado, declaram que aceitam esse compromisso para não retardar a aprovação do Código, que todas as nações da América esperam hoje, como uma das obras mais transcendentais desta Conferência, mas afirmam, enfaticamente, que esse compromisso deve ser transitório, porque a unidade jurídica do Continente se há de verificar em torno da lei do domicílio, única que salvaguarda eficazmente a soberania e independência dos povos da América. Povos imigração, como são ou deverão ser todas estas repúblicas, não podem eles ver, sem grande inquietação, que os imigrantes europeus tragam a pretensão de invocar na América as suas próprias leis de origem, afim de, com elas, determinarem, aqui o seu estado civil de capacidade para contratar. Admitir esta possibilidade (que consagra o princípio da lei nacional, reconhecido parcialmente pelo Código) é criar na América um Estado dentro de Estado e pôr-nos quase sob o regime das capitulações, que a Europa impôs durante séculos às nações da Ásia, por ela consideradas como inferiores nas suas relações internacionais. As Delegações abaixo-assinadas fazem votos por que muito breve desapareçam de todas as legislações americanas todos os vestígios das teorias (mais políticas do que jurídicas) preconizadas pela Europa para conservar aqui a jurisdição sobre os seus nacionais estabelecidos nas terras livres da América e esperam que a legislação do Continente se unifique de acordo com os princípios que submetem o estrangeiro imigrante ao império, sem restrições, das leis locais. Com a esperança, pois, de que, em, breve a lei do domicílio seja a que reja na América o estado civil e a capacidade das pessoas e na certeza de que ela será um dos aspectos mais característico de pan-americanismo jurídico que todos aspiramos a criar, as delegações signatárias votam o Código de Direito Internacional Privado e aceitam o compromisso doutrinário em que o mesmo se inspira.

Referindo-se às disposições sobre o divórcio, a delegação colombiana formula a sua reserva absoluta, relativamente a ser o divórcio regulado pela lei do domicílio conjugal, porque considera que para tais efeitos, e dado o caráter excepcionalmente transcendental o sagrado do matrimônio (base da sociedade e até do Estado), a Colômbia não pode aceitar, dentro do seu território, a aplicação de legislações estranhas.

As Delegações desejam, além disso, manifestar a sua admiração entusiástica pela obra fecunda do Dr. Sánchez de Bustamante, consubstanciadas neste Código, nos seus 500 artigos formulados em cláusulas lapidares, que bem poderiam servir como exemplo para os legisladores de todos os povos. Doravante, o Dr. Sánchez de Bustamante será, não somente um dos filhos mais esclarecidos de Cuba, senão também um dos mais exímios cidadãos da grande pátria americana, que pode, com justiça, ufanar-se de produzir homens de ciência e estadistas tão egrégios, como o autor do Código do Direito Internacional Privado, que estudamos o que a Sexta Conferência Internacional Americana vai adotar em nome de toda a América.

RESERVAS DA DELEGAÇÃO DE SALVADOR

Reserva primeira: especialmente aplicável aos artigos 44, 146, 176, 232 e 233: No que se refere às incapacidades que, segundo a sua lei pessoal, podem ter os estrangeiros, para testar, contratar, comparecer em juízo, exercer o comércio ou intervir em atos ou contratos mercantis, faz a reserva de que, no Salvador, tais incapacidades não serão reconhecidas nos casos em que os atos ou contratos tenham celebrados no Salvador, sem infração da lei salvadorense e para terem efeitos no seu território nacional.

Reserva segunda: aplicável ao artigo 187, parágrafo último:

No caso de comunidade de bens imposta aos casados como lei pessoal por um Estado estrangeiro, ela só será reconhecida no Salvador, se se confirmar por contrato entre as partes interessadas, cumprindo-se todos os requisitos que a lei salvadorense determina, ou venha a determinar no futuro, relativamente a bens situados no Salvador.

Reserva terceira: especialmente aplicável nos artigos 327, 328 e 329:

Faz-se a reserva de que não será admissível, relativamente ao Salvador, a jurisdição de juízes ou tribunais estrangeiros nos juízos ou diligências de sucessões e nas concordatas e falências, sempre que atinjam bens imóveis, situados no Salvador.

RESERVAS DA DELEGAÇÃO DA REPÚBLICA DOMINICANA

1. A Delegação da República Dominicana deseja manter o predomínio da lei nacional, nas questões que se referem ao estado e capacidade dos Dominicanos, onde quer que estes se encontrem. Por este motivo, não pode aceitar, senão com reservas, as disposições do Projeto de Codificação em que se dá preeminência à lei "do domicílio", ou à lei local; tudo isto, não obstante o princípio conciliador enunciado no artigo 7º do Projeto, do qual é uma aplicação o artigo 53 do mesmo.

2. No que se refere à nacionalidade, título 1º, livro 1º, artigo 9º e seguintes, estabelecemos uma reserva, relativamente, primeiro, à nacionalidade das sociedades, e segundo, muito especialmente, ao princípio geral da nossa Constituição política, pela qual a nenhum Dominicano se reconhecerá outra nacionalidade que não seja a dominicana, enquanto resida em território da República.

3. Quanto ao domicílio das sociedades estrangeiras, quaisquer que sejam os estatutos e o lugar no qual o tenham fixado, ou em que tenham o seu principal estabelecimento etc., reservamos este princípio de ordem pública na República Dominicana: qualquer pessoa que, física ou moralmente, exerça atos da vida jurídica no seu território, terá por domicílio o lugar onde possua um estabelecimento, uma agência ou um representante qualquer. Esse domicílio é atributivo de jurisdição para os tribunais nacionais nas relações jurídicas que se referem a atos ocorridos no país, qualquer que seja a natureza dos mesmos.

DECLARAÇÃO DA DELEGAÇÃO DO EQUADOR

A Delegação do Equador tem a honra de subscrever, na íntegra, a Convenção do Código de Direito Internacional Privado, em homenagem ao Dr. Bustamante. Não crê necessário particularizar reserva alguma, excetuando, somente, a faculdade geral contida na mesma Convenção, que deixa aos Governos a liberdade de a ratificar.

DECLARAÇÃO DA DELEGAÇÃO DE NICARÁGUA

Nicarágua, em assuntos que agora ou no futuro considere de algum modo sujeitos ao Direito Canônico, não poderá aplicar as disposições do Código de Direito Internacional Privado, que estejam em conflito com aquele direito.

Declara que, como manifestou verbalmente em vários casos, durante a discussão, algumas das disposições do Código aprovado estão em desacordo com disposições expressas da legislação de Nicarágua ou com princípios que são básicos nessa legislação; mas, como uma homenagem à obra insigne do ilustre autor daquele Código, prefere, em vez de discriminar reservas, fazer esta declaração e deixar que os poderes públicos de Nicarágua formulem tais reservas ou reformem, até onde seja possível, a legislação nacional, nos casos de incompatibilidade.

DECLARAÇÃO DA DELEGAÇÃO DO CHILE

A Delegação do Chile compraz-se em apresentar as suas mais calorosas felicitações ao eminente sábio jurisconsulto americano, Sr. Antonio Sánchez de Bustamante, pela magna obra que realizou, redigindo um projeto de Código de Direito Internacional Privado, destinado a reger as relações entre os Estados da América. Esse trabalho é uma contribuição poderosa para o desenvolvimento do pan-americanismo jurídico, que todos os países do Novo Mundo desejam ver fortalecido e desenvolvido. Ainda que esta grandiosa obra de codificação não se possa realizar em breve espaço de tempo, porque precisa da madureza e da reflexão dos Estados que na mesma devem participar, a Delegação de Chile não será um obstáculo para que esta Conferência Pan-americana aprove um Código de Direito Internacional Privado; mas ressalvará o seu voto nas matérias e nos pontos que julgue conveniente, em especial, nos pontos referentes à sua política tradicional ou à sua legislação nacional.

DECLARAÇÃO DA DELEGAÇÃO DO PANAMÁ

Ao emitir o seu voto a favor do projeto de Código de Direito Internacional Privado, na sessão celebrada por esta Comissão, no dia 27 de janeiro último, a Delegação da República do Panamá declarou que, oportunamente, apresentaria as reservas que julgasse necessárias, se esse fosse o caso. Essa atitude da Delegação do Panamá obedeceu a certas dúvidas que tinha sobre o alcance e extensão de algumas disposições contidas no Projeto, especialmente no que se refere à aplicação da lei nacional do estrangeiro residente no país, o que teria dado lugar a um verdadeiro conflito, visto que, na República do Panamá, impera o sistema da lei territorial, desde o momento preciso em que se constituiu como Estado independente. Apesar disto, a Delegação panamense crê que todas as dificuldades que se pudessem apresentar nesta delicada matéria foram previstas e ficaram sabiamente resolvidas por meio do artigo sétimo do Projeto, segundo o qual "cada Estado contratante aplicará como leis pessoais as do domicílio ou as da nacionalidade, segundo o sistema que tenha adotado ou no futuro adote a legislação interna". Como todos os outros Estados que subscrevam e ratifiquem a Convenção respectiva, o Panamá ficará, pois, com plena liberdade de aplicar a sua própria lei, que é a territorial.

Entendidas, assim, as coisas, à Delegação do Panamá é grão declarar, como realmente o faz, que à a sua aprovação, sem a menor reserva, no Projeto de Código do Direito Internacional Privado, ou Código Bustamante, que é como se deveria chamar, em homenagem ao seu autor.

DECLARAÇÃO DA DELEGAÇÃO DE GUATEMALA

Guatemala adotou na sua legislação civil o sistema do domicílio, mas, ainda que assim não fosse, os artigos conciliatórios do Código fazem harmonizar perfeitamente qualquer conflito que se possa suscitar entre os diferentes Estados, segundo as escolas diversas a que tenham sido filiados.

Por consequência, a Delegação de Guatemala está de perfeito acordo com o método que, com tanta ilustração, prudência, genialidade e critério científico, se ostenta no Projeto de Código do Direito Internacional Privado e deseja deixar expressa a sua aceitação absoluta e sem reservas de espécie alguma.

(13 de fevereiro de 1928)

CONVENÇÃO DE AVIAÇÃO CIVIL INTERNACIONAL

▶ Promulgada pelo Dec. nº 21.713, de 27-8-1946. O texto aqui apresentado inclui as seguintes emendas: Montreal, 1947 (Dec. nº 27.649/1949); Montreal, 1954 (Dec. nº 51.424/1962); Montreal, 1954 (Dec. nº 51.425/1962); Montreal, 1961 (Dec. nº 64.990/1969); Roma, 1962 (Dec. nº 80.487/1977); Nova York, 1971 (Dec. nº 73.002/1973); Viena, 1971 (Dec. nº 80.486/1977); Montreal, 1974 (Dec. nº 85.705/1981).

PREÂMBULO

Considerando que o desenvolvimento futuro da aviação civil internacional pode contribuir poderosamente para criar e conservar a amizade e a compreensão entre as nações e os povos do mundo, mas que seu abuso pode transformar-se em ameaça ou perigo para a segurança geral, e

Considerando que é aconselhável evitar todo atrito ou desinteligência e estimular entre as nações e os povos a cooperação da qual depende a paz do mundo;

Os Governos abaixo assinados tendo concordado em certos princípios e entendimentos para que a aviação civil internacional se desenvolva de maneira segura e sistemática, e que os serviços de transporte aéreo internacional, se estabeleçam numa base de igualdade de oportunidades, funcionem eficaz e economicamente, concluem a presente Convenção com este objetivo.

PARTE I – NAVEGAÇÃO AÉREA

CAPÍTULO I – PRINCÍPIOS GERAIS E APLICAÇÃO DA CONVENÇÃO

Art. 1º *Soberania*

Os Estados contratantes reconhecem ter cada Estado a soberania exclusiva e absoluta sobre o espaço aéreo sobre seu território.

Art. 2º *Territórios*

Para os fins da presente Convenção considera-se como território de um Estado, a extensão terrestre e as águas territoriais adjacentes, sob a soberania, jurisdição, proteção ou mandato do citado Estado.

Art. 3º *Aeronaves civis e do Estado*

a) Esta Convenção será aplicável unicamente a aeronaves civis, e não a aeronaves de propriedade do Governo.

b) São consideradas aeronaves de propriedade do Governo aquelas usadas para serviços militares, alfandegários ou policiais.

c) Nenhuma aeronave governamental pertencente a um Estado contratante poderá voar sobre o território de outro Estado ou aterrissar no mesmo, sem autorização outorgada por acordo especial ou de outro modo, e de conformidade com as condições nele estipuladas.

d) Os Estados contratantes, quando estabelecerem regulamentos para aeronaves governamentais se comprometem a tomar em devida consideração a segurança da navegação das aeronaves civis.

Art. 4º *Abuso da aviação civil*

Cada Estado contratante concorda em não utilizar a aviação civil para fins incompatíveis com os propósitos desta Convenção.

CAPÍTULO II – VOOS SOBRE TERRITÓRIOS DE ESTADOS CONTRATANTES

Art. 5º *Direito de voos não regulares*

Os Estados contratantes concordam em que, todas as aeronaves dos outros Estados contratantes que não se dediquem a serviços aéreos internacionais regulares, tenham direito nos termos desta Convenção a voar e transitar sem fazer escala sobre seu território, e a fazer escalas para fins não comerciais sem necessidade de obter licença prévia, sujeitos porém ao direito do Estado sobre o qual voem de exigir aterrissagem. Os Estados contratantes se reservam no entanto o direito, por razões de segurança da navegação aérea, de exigir que as aeronaves que desejam voar sobre regiões inacessíveis ou que não contem com as facilidades adequadas para a navegação aérea, de seguir rotas determinadas ou de obter licenças especiais para esses voos.

Tais aeronaves, quando dedicadas ao transporte de passageiros, carga ou correio, remunerada ou fretada, em serviços internacionais não regulares, terão também o privilégio, sujeito ao disposto no artigo 7º, de tomar ou descarregar passageiros, carga ou correio tendo o Estado onde se faça o embarque ou desembarque, o direito de impor os regulamentos, condições e restrições que considerar necessários.

Art. 6º *Serviços aéreos regulares*

Serviços aéreos internacionais regulares não poderão funcionar no território ou sobre o território de um Estado contratante, a não ser com a permissão especial ou outra autorização do mesmo Estado e de conformidade com as condições de tal permissão ou autorização.

Art. 7º *Cabotagem*

Cada um dos Estados contratantes, terá o direito de negar às aeronaves dos demais Estados contratantes permissão para tomar em seu território, contra remuneração ou frete, passageiros, correio ou carga destinados a outro ponto de seu território. Cada um dos Estados contratantes se compromete a não estabelecer acordos que especificamente concedam tal privilégio a título de exclusividade a qualquer outro Estado ou a uma empresa aérea de qualquer outro Estado, e se compromete também a não obter de qualquer outro Estado algum privilégio exclusivo desta natureza.

Art. 8º *Aeronave sem piloto*

Nenhuma aeronave capaz de navegar sem piloto, poderá sobrevoar sem piloto o território de um Estado contratante sem autorização especial do citado Estado e de conformidade com os termos da mesma autorização. Cada Estado contratante se compromete a tomar as disposições necessárias para que o voo sem piloto de tal aeronave nas regiões acessíveis de aeronaves civis seja controlada de modo a evitar todo perigo para as aeronaves civis.

Art. 9º *Zonas proibidas*

a) Por razões militares ou de segurança pública, os Estados contratantes poderão limitar ou proibir de maneira uniforme que as aeronaves de outros Estados voem sobre certas zonas do seu território, sempre que não façam distinção entre suas próprias aeronaves fazendo serviços internacionais regulares de transporte aéreo, e as aeronaves dos outros Estados contratantes que se dediquem a serviços idênticos. Estas zonas proibidas terão uma extensão razoável e serão situadas de modo a não prejudicar inutilmente a navegação aérea. Os limites das zonas proibidas situadas no território de um Estado contratante e toda modificação a eles feita posteriormente deverão ser comunicados com a maior brevidade possível aos demais Estados contratantes e a Organização Internacional de Aviação Civil.

b) Os Estados contratantes se reservam também o direito, em circunstâncias excepcionais ou durante um período de emergência, ou ainda no interesse da segurança pública, e para que tenha efeito imediato, de limitar ou proibir temporariamente os voos sobre a totalidade ou parte do seu território, contanto que estas restrições se apliquem às aeronaves de todos os demais Estados sem distinção de nacionalidade.

c) Cada Estado contratante, de conformidade com os regulamentos que venha a estabelecer, pode exigir de toda aeronave que penetre nas zonas referidas nos parágrafos acima (*a*) ou (*b*), de aterrissar logo que seja possível em algum aeroporto que designar no seu próprio território.

Art. 10. *Pouso em aeroportos aduaneiros*

Exceto nos casos em que, de conformidade com as disposições desta Convenção ou com uma autorização especial, aeronaves podem atravessar o território de um Estado contratante sem aterrissar, toda aeronave que penetre em território de um Estado contratante, se os regulamentos do mesmo Estado assim o exigirem, deverá descer ao aeroporto designado por este Estado para inspeção alfandegária e outros exames. Ao partir do território de um Estado contratante, estas aeronaves deverão fazê-lo de um aeroporto alfandegário, igualmente designado. O Estado publicará os detalhes a respeito dos aeroportos aduaneiros e os comunicará à Organização Internacional de Aviação Civil, instituída na Parte II desta Convenção para que sejam transmitidos a todos os demais Estados contratantes.

Art. 11. *Aplicação dos regulamentos de tráfego*

De acordo com o disposto nesta Convenção, as leis e regulamentos de um Estado contratante, relativos à entrada no ou saída do seu território, de aeronaves empregadas na navegação aérea internacional, ou relativos à operação e navegação de tais aeronaves enquanto estejam em seu território, se aplicarão às aeronaves de todos os Estados contratantes sem distinção de nacionalidade, e estas aeronaves as observarão ao entrar e ao sair do território deste Estado ou enquanto nele se encontrem.

Art. 12. *Regras de tráfego*

Cada um dos Estados contratantes se compromete a tomar as medidas necessárias para assegurar que todas as aeronaves que voem seu território, ou manobrem dentro dele, e todas as aeronaves que levem o distintivo de sua nacionalidade, onde quer que se encontrem, observem as regras e regulamentos que regem voos e manobras de aeronaves. Cada um dos Estados contratantes se compromete a manter seus próprios regulamentos tanto quanto possível, semelhantes aos que venham a ser estabelecidos em virtude desta Convenção. No que se refere a voos sobre o mar, os regulamentos serão os estabelecidos em virtude desta Convenção. Cada um dos Estados contratantes se compromete a processar todos os infratores dos regulamentos em vigor.

Art. 13. *Regulamentos para entradas e saídas*

As leis e regulamentos de um Estado contratante, sobre a entrada ou a saída de seu território de passageiros, tripulação ou carga de aeronaves (tais como regulamentos de entrada, despacho, imigração, passaportes, alfândega e quarentena) deverão ser cumpridas ou observadas pelos passageiros, tripulação ou carga, ou por seu representante, tanto por ocasião de entrada como de saída ou enquanto permanecerem no território desse Estado.

Art. 14. *Medidas contra disseminação de doenças*

Cada um dos Estados concorda em tomar medidas eficazes para impedir que, por meio da navegação aérea, se propaguem a cólera, tifo (epidêmico), a varíola, a febre amarela, a peste bubônica e qualquer outra enfermidade contagiosa que os Estados contratantes, oportunamente designem; para esse fim, os Estados contratantes farão consultas frequentes às organizações que tratam de regulamentos internacionais relativos a medidas sanitárias aplicáveis às aeronaves. Estas consultas não deverão prejudicar a aplicação de qualquer Convenção internacional existente sobre esta matéria de que façam parte os Estados contratantes.

Art. 15. *Taxas de aeroportos e outros impostos*

Todo aeroporto de um Estado contratante que esteja aberto ao uso público de suas aeronaves nacionais, estará também aberto, sujeito ao disposto no artigo 68, em condições uniformes de igualdade às aeronaves de todos os Estados contratantes. Essas condições uniformes aplicar-se-ão ao uso pelas aeronaves de todos os Estados contratantes de todas as facilidades de navegação aérea, incluindo os serviços de rádio e meteorologia, que estejam à disposição do público para a segurança e rapidez da navegação aérea.

As taxas exigidas ou permitidas por um Estado contratante para o uso de aeroportos ou facilidades para a navegação aérea por parte das aeronaves de qualquer outro Estado contratante se ajustarão às seguintes normas:

a) No tocante às aeronaves que não se dediquem a serviços aéreos internacionais regulares, não serão mais altas que as pagas por aeronaves nacionais da mesma classe dedicadas a operações similares; e

b) No tocante às aeronaves empregadas em serviços aéreos internacionais as taxas não serão mais altas que as pagas por aeronaves nacionais empregadas em serviços aéreos internacionais similares.

Estas taxas serão divulgadas e comunicadas à Organização Internacional de Aviação Civil, ficando entendido que, se um Estado contratante interessado solicitar as taxas exigidas para o uso de aeroportos e outras instalações, estarão sujeitos a exame pelo Conselho, que opinará a respeito e fará recomendações ao Estado ou aos Estados interessados. Nenhum Estado contratante imporá direitos ou outros impostos simplesmente pelo privilégio de trânsito sobre o seu território, ou de entrada ou saída no mesmo, às aeronaves de outro Estado contratante ou sobre as pessoas ou bens que estejam a bordo das mesmas.

Art. 16. *Busca em aeronaves*

As autoridades competentes de cada um dos Estados contratantes terão direito de busca nas aeronaves dos demais Estados contratantes por ocasião de sua entrada e saída, sem causar demora desnecessária, e de examinar os certificados e outros documentos prescritos por esta Convenção.

CAPÍTULO III
NACIONALIDADE DAS AERONAVES

Art. 17. *Nacionalidade das aeronaves*

As aeronaves terão a nacionalidade do Estado em que estejam registradas.

Art. 18. *Registro duplo*

Nenhuma aeronave poderá registrar-se legalmente em mais de um Estado, podendo entretanto o registro ser mudado de um Estado para outro.

Art. 19. *Legislação nacional sobre o registro*

O registro ou transferência de registro de uma aeronave de um Estado contratante se fará de conformidade com as suas leis e regulamentos.

Art. 20. *Distintivos*

Toda aeronave empregada para a navegação aérea internacional levará distintivos apropriados de sua nacionalidade e registro.

Art. 21. *Informações sobre registros*

A pedido de qualquer outro Estado contratante ou da Organização Internacional de Aviação Civil, cada um dos Estados contratantes se compromete a fornecer informações relativas ao registro e propriedade de qualquer aeronave particular registrada no Estado. Além disso, cada um dos Estados contratantes transmitirá informações à Organização Internacional de Aviação Civil, de conformidade com os regulamentos por esta prescritos, fornecendo os dados pertinentes à propriedade e ao controle de aeronaves registradas no Estado e que se dediquem regularmente à navegação aérea internacional. A Organização Internacional de Aviação Civil manterá à disposição dos outros Estados Contratantes, os dados assim obtidos.

CAPÍTULO IV
MEDIDAS PARA FACILITAR A NAVEGAÇÃO AÉREA

Art. 22. *Simplificação de formalidades*

Cada um dos Estados contratantes concorda em adotar todas as medidas possíveis, mediante regulamentos especiais ou de qualquer outro modo, para facilitar e fomentar a navegação de aeronaves entre os territórios dos Estados contratantes e evitar todo atraso desnecessário às aeronaves, tripulações, passageiros e carga especialmente no que se refere à aplicação das leis de imigração, quarentena, alfândega e despacho.

Art. 23. *Normas alfandegárias e de imigração*

Cada um dos Estados contratantes se compromete, na medida do possível, em adotar regulamentos de alfândega e de imigração que se apliquem à navegação aérea internacional conformes com as normas que venham a ser estabelecidas ou recomendadas oportunamente em virtude desta Convenção. Nada na presente Convenção deverá ser interpretado como empecilho ao estabelecimento de aeroportos francos.

Art. 24. *Direitos de alfândega*

a) As aeronaves em voo para o território de um Estado contratante, saindo deste ou atravessando seu território, serão admitidas temporariamente com isenção de direitos, ficando no entanto sujeitas aos regulamentos alfandegários do Estado. O combustível, óleos lubrificantes, peças sobressalentes, equipamento regular ou provisões normais a bordo das aeronaves de um Estado contratante quando chegar no território de outro Estado contratante, e que continuem a bordo por ocasião de saída da aeronave do território deste Estado, estarão isentos de direitos alfandegários, taxas de inspeção ou outros direitos ou impostos semelhantes nacionais ou locais. Esta isenção não será aplicável às quantidades ou artigos descarregados, da aeronave senão de conformidade com regulamentos de alfândegas do Estado, que poderá exigir que permaneçam debaixo de vigilância da alfândega.

b) As peças sobressalentes e equipamento importados no território de um Estado contratante para serem montados ou utilizados na aeronave de um outro Estado contratante servindo a navegação aérea internacional, serão admitidos com isenção de direitos aduaneiros, sujeitos aos regulamentos do Estado interessado, que poderá exigir que permaneçam debaixo da vigilância e controle da alfândega.

Art. 25. *Aeronaves em perigo*

Os Estados contratantes se comprometem a proporcionar todo auxílio possível às aeronaves que se achem em perigo em seu território e a permitir, sujeito ao controle de suas próprias autoridades, que os donos das aeronaves, ou as autoridades do Estado contratante onde estejam registradas prestem o auxílio que as circunstâncias exigirem. Todos os Estados contratantes, ao empreenderem a busca de aeronaves perdidas, colaborarão de conformidade com medidas coordenadas que tenham sido recomendadas em ocasião oportuna em virtude desta Convenção.

Art. 26. *Investigação de acidentes*

No caso em que uma aeronave de um Estado contratante sofra algum acidente em território de outro Estado contratante, acarretando morte ou ferimentos graves, ou indicando sérios defeitos técnicos na aeronave ou nas facilidades de navegação aérea, o Estado onde tiver ocorrido o acidente procederá a um inquérito sobre as circunstâncias que provocaram o acidente, de conformidade, dentro do permissível por suas próprias leis com o procedimento que possa ser recomendado nas circunstâncias pela Organização Internacional de Aviação Civil. Será oferecido ao Estado de registro da aeronave a oportunidade de designar observadores para assistirem as investigações, e o Estado onde se esteja processando o inquérito transmitirá ao outro Estado as informações e conclusões apuradas.

Art. 27. *Isenção de embargo, por reclamação de patentes*

a) Enquanto empregada na navegação aérea internacional uma aeronave de um Estado contratante, que entrar devidamente autorizada no território de outro Estado contratante, ou trânsito com licença através do seu território, aterrissando ou não, não estará sujeita a embargo ou detenção nem a qualquer reclamação contra o proprietário da empresa que a utilize, nem a interferência de tal Estado ou de pessoa nele domiciliada, sob a alegação de que a construção, o mecanismo, as peças sobressalentes, os acessórios ou a própria utilização da aeronave infrinjam alguma patente, desenho, modelo devidamente patenteado ou registrado ao Estado onde haja penetrado a aeronave; ficando estabelecido que em caso algum se exigirá, ao Estado em que penetra a aeronave, a prestação de algum depósito ligado à citada isenção de embargo ou detenção.

b) As disposições do parágrafo *a*), deste artigo serão aplicadas também à armazenagem de peças sobressalentes e equipamento sobressalente para aeronaves, e ao direito de usá-los e instalá-los no conserto de aeronaves de um Estado contratante no território de outro Estado contratante, uma vez que qualquer peça ou equipamento patenteado, assim armazenado não seja vendido ou distribuído internamente ou exportado comercialmente do Estado contratante onde penetrou a aeronave.

c) Os benefícios deste artigo se aplicarão somente aos Estados-partes desta Convenção, que (1) façam parte da Convenção Internacional para a proteção da Propriedade Industrial e das emendas da mesma; (2) tenham promulgado legislação de patentes que reconheça e proteja adequadamente as invenções feitas por nacionais de outros Estados que façam parte desta Convenção.

Art. 28. *Auxílio à navegação aérea e sistemas uniformes*

Na medida do possível, cada um dos Estados contratantes se compromete:

a) A estabelecer em seu território aeroportos, serviços de radiocomunicação, serviços de meteorologia e outras facilidades para a navegação aérea internacional, de conformidade com as normas e processos que forem recomendados ou estabelecidos oportunamente em virtude desta Convenção;

b) A adotar e pôr em vigor os sistemas uniformes apropriados de comunicações, processos, código, distintivos, sinais, luzes e outras normas ou regulamentos que se recomendem ou se estabeleçam oportunamente de conformidade com esta Convenção;

c) A colaborar em medidas de caráter internacional, a fim de garantir a publicação de mapas e cartas aeronáuticas conforme com as normas que se recomendam e se estabeleçam em virtude desta Convenção.

CAPÍTULO V

CONDIÇÕES A SEREM CUMPRIDAS RELATIVAS A AERONAVES

Art. 29. *Documentos que as aeronaves devem levar*

Toda aeronave de um Estado contratante que se dedique à navegação internacional, deverá levar os seguintes documentos de conformidade com as condições presentes nesta Convenção:

a) Certificado de registro;

b) Certificado de navegabilidade;

c) Licença apropriada para cada membro da tripulação:

d) Diário de bordo;

e) Se a aeronave estiver equipada com aparelhos de rádio, a licença da estação de rádio da aeronave;

f) Se levar passageiros, uma lista dos nomes e dos lugares de embarque e pontos de destino;

g) Se levar carga, um manifesto e declarações detalhadas da mesma.

Art. 30. *Aparelho de rádio da aeronave*

a) As aeronaves de cada Estado contratante, quando em voo sobre ou no território de outro Estado contratante, poderão ter a bordo aparelho de radiotransmissão somente se as autoridades apropriadas do Estado de registro da aeronave tiverem concedido uma licença para a instalação e operação de tal aparelho. O uso de radiotransmissores no território do Estado contratante sobre o qual voe a aeronave será de acordo com os regulamentos estabelecidos por este Estado.

b) Os aparelhos radiotransmissores poderão ser utilizados apenas pelos membros da tripulação de voo que tenham licença especial para este fim expedida pela autoridade apropriada do Estado de registro da aeronave.

Art. 31. *Certificado de navegabilidade*

Toda aeronave que se dedique à navegação internacional será munida de um certificado de navegabilidade expedido ou declarado válido pelo Estado em que esteja registrada.

Art. 32. *Licenças do pessoal*

a) O piloto e os tripulantes de toda aeronave empregada na navegação internacional, serão munidos de certificado de competência e de licenças expedidas ou declaradas válidas pelo Estado onde esteja registrada a aeronave.

b) Cada Estado contratante se reserva o direito de recusar reconhecer, em se tratando de voos sobre o seu próprio território, certificados de competência e licenças outorgadas a seus nacionais por outro Estado contratante.

Art. 33. *Aceitação de certificados e de licenças*

Os Estados contratantes aceitarão a validade de certificado de navegabilidade, de certificados de competência e licenças expedidas ou declaradas válidas pelo Estado contratante onde esteja registrada a aeronave, sempre que os requisitos conforme os quais foram expedidos declarados válidos estes certificados ou licenças sejam iguais ou superiores às normas mínimas que, periodicamente, se estabeleçam em virtude desta Convenção.

Art. 34. *Diário de bordo*

Toda aeronave que se dedique à navegação internacional, terá um diário de bordo onde serão assentados os detalhes acerca da aeronave, de sua tripulação e de cada viagem na forma que oportunamente se prescreva em virtude desta Convenção.

Art. 35. *Restrições sobre a carga*

a) As aeronaves que se dediquem à navegação aérea internacional, não levarão munições nem apetrechos de guerra, ao entrar no território de um Estado ou ao voar sobre este, exceto com o consentimento deste Estado. Cada Estado determinará, mediante regulamentos o que se deve entender por munições e apetrechos de guerra para os fins deste artigo, dando a devida consideração às recomendações que com o objetivo de uniformidade venham a ser feitas oportunamente pela Organização Internacional de Aviação Civil.

b) Por razões de ordem pública e de segurança, cada Estado se reserva o direito de regulamentar ou proibir o transporte em seu território ou sobre ele, de artigos adicionais aos enumerados no parágrafo *a*), ficando entendido que não se estabelecerão neste sentido distinção entre aeronaves nacionais dedicadas à navegação aérea e às aeronaves de outros Estados utilizadas para fins análogos não serão impostas restrições que interfiram com o transporte e uso nas aeronaves de aparelhos necessários para a operação e navegação da mesma ou para a segurança da tripulação ou dos passageiros.

Art. 36. *Aparelhos de fotografia*

Cada Estado contratante poderá proibir ou regulamentar o uso de aparelhos de fotografia em aeronaves voando sobre seu território.

CAPÍTULO VI

NORMAS INTERNACIONAIS E PROGRAMAS RECOMENDADOS

Art. 37. *Adoção de normas e processos internacionais*

Os Estados contratantes se comprometem a colaborar a fim de lograr a maior uniformidade possível em regulamentos, padrões, normas e organização relacionados com as aeronaves, pessoal, aerovias e serviços auxiliares, em todos os casos em que a uniformidade facilite e melhore a navegação aérea.

Para este fim, a Organização Internacional de Aviação Civil adotará e emendará oportunamente, segundo a necessidade, as normas internacionais e as práticas e processos relativos aos pontos seguintes:

a) Sistema de comunicação e auxílio à navegação aérea, inclusive as marcações terrestres;

b) Característicos de aeroportos e áreas de pouso;
c) Regras de tráfego e métodos de controle de tráfego aéreo;
d) Licenças para o pessoal de voo e mecânicos;
e) Navegabilidade das aeronaves;
f) Registro e matrícula de aeronaves;
g) Coleta e troca de dados meteorológicos;
h) Livros de bordo;
i) Mapas e cartas aeronáuticas;
j) Formalidades de alfândega e de imigração;
k) Aeronaves em perigo e investigação de acidentes.

Assim como todas as sugestões relacionadas com a segurança, regularidade e eficiência de navegação aérea que oportunamente forem necessárias.

Art. 38. *Diferenças entre as normas e processos internacionais*

Se um Estado se vê impossibilitado de cumprir em todos os seus detalhes certas normas ou processos internacionais, ou de fazer que seus próprios regulamentos e práticas concordem por completo com as normas e processos internacionais que tenham sido objeto de emendas, ou se o Estado considerar necessário adotar regulamentos e práticas diferentes em algum ponto dos estabelecidos por normas internacionais, informará imediatamente a Organização Internacional de Aviação Civil das diferenças existentes entre suas próprias práticas e as internacionais. Em caso de emendas a estas últimas o Estado que não fizer estas alterações nos seus regulamentos ou práticas deverá informar o Conselho dentro do período de 60 (sessenta) dias a contar da data em que for adotada a emenda às normas internacionais, ou indicará o que fará a esse respeito. Em tal caso o Conselho notificará imediatamente a todos os demais Estados a diferença existente entre as normas internacionais e as normas correspondentes no Estado em apreço.

Art. 39. *Anotações em certificados e licenças*

a) Qualquer aeronave, ou parte desta a respeito da qual exista uma norma internacional de navegabilidade ou de suas características, que deixe de algum modo de satisfazer as normas quando for expedido o certificado levará escrito no dorso do seu certificado de navegabilidade, ou junta a este, a enumeração completa dos detalhes em que difere a citada norma;
b) Qualquer pessoa que tiver uma licença que não satisfaz plenamente as condições presentes pelas normas internacionais respectivas terá sua licença endossada de uma enumeração completa dos pontos em que não satisfaz estas condições.

Art. 40. *Validade de certificados e licenças anotadas*

Aeronaves, ou pessoal com certificados ou licenças assim endossadas, não poderão tomar parte na navegação internacional exceto com licença do Estado ou Estados em cujo território entrem o registro ou o uso de tais aeronaves ou de qualquer parte de aeronave certificada, em qualquer Estado que não seja o que outorgou ou do Estado para o qual a aeronave ou a peça em apreço for importada.

Art. 41. *Aceitação de normas de navegabilidade*

O disposto neste Capítulo não se aplicará às aeronaves e ao equipamento das aeronaves dos tipos cujo protótipo é submetido às autoridades nacionais competentes para homologação nos 3 (três) anos que seguirão à data em que se adote uma norma internacional de navegabilidade para tal equipamento.

Art. 42. *Aceitação de normas de competência do pessoal*

O disposto neste capítulo não se aplicará ao pessoal cuja licença original se haja expedido antes de decorrido 1 (um) ano depois da data em que se adote inicialmente uma norma internacional de qualificação para tal pessoal; elas se aplicarão, entretanto, de qualquer modo ao pessoal cujas licenças são ainda válidas 5 (cinco) anos depois da adoção desta norma.

PARTE II – ORGANIZAÇÃO INTERNACIONAL DE AVIAÇÃO CIVIL

CAPÍTULO VII
A ORGANIZAÇÃO

Art. 43. *Nome e composição*

Esta Convenção estabelece uma organização que se denominará Organização Internacional de Aviação Civil, e será composta de uma Assembleia, de um Conselho e dos demais órgãos julgados necessários.

Art. 44. *Objetivos*

Os fins e objetivos da Organização serão desenvolver os princípios e a técnica da navegação aérea internacional e de favorecer o estabelecimento e estimular o desenvolvimento de transportes aéreos internacionais a fim de poder:

a) Assegurar o desenvolvimento seguro e ordeiro da aviação civil internacional do mundo;
b) Incentivar a técnica de desenhar aeronaves e sua operação para fins pacíficos.
c) Estimular o desenvolvimento de aerovias, aeroportos e facilidade de navegação aérea na aviação civil internacional;
d) Satisfazer às necessidades dos povos do mundo no tocante a transporte aéreo seguro, regular, eficiente e econômico;
e) Evitar o desperdício de recursos econômicos causados por competição desarrazoável;
f) Assegurar que os direitos dos Estados contratantes sejam plenamente respeitados, e que todo o Estado contratante tenha uma oportunidade equitativa de operar empresas aéreas internacionais;
g) Evitar a discriminação entre os Estados contratantes;
h) Contribuir para a segurança dos voos na navegação aérea internacional;
i) Fomentar, de modo geral, o desenvolvimento de todos os aspectos da aeronáutica civil internacional.

Art. 45. *Sede permanente*

A sede permanente da Organização será determinada na sessão final da Assembleia Preliminar da Organização Provisória Internacional de Aviação Civil estabelecida por acordo preliminar sobre a Aviação Civil Internacional, assinado em Chicago, em 7 de dezembro de 1944.

Por decisão do Conselho a sede poderá ser transferida temporariamente para outro lugar, e, não sendo em caráter provisório, por decisão da Assembleia. Para tal decisão será necessário o número de votos fixados pela Assembleia. O número de votos assim fixados não poderá ser inferior a três quintos de número total de Estados contratantes.

Art. 46. *Primeira reunião da Assembleia*

A primeira reunião da Assembleia será convocada pelo Conselho Interino constituído pelo acordo para estabelecer a Organização Provisória Internacional de Aviação Civil Internacional, assinado em Chicago em 7 de dezembro de 1944, logo após a entrada em vigor da Convenção, para reunir-se na data e no lugar que esse Conselho Interino designar.

Art. 47. *Personalidade jurídica*

A Organização gozará, no território de cada um dos Estados contratantes, de capacidade jurídica necessária para o desempenho de suas funções. Ser-lhe-á concedida plena personalidade jurídica sempre que o permitam a Constituição e as leis do Estado interessado.

CAPÍTULO VIII
A ASSEMBLEIA

Art. 48. *Sessões da Assembleia e votação*

a) A Assembleia se reunirá pelo menos uma vez cada 3 (três) anos e será convocada pelo Conselho em data e lugar apropriados. A Assembleia poderá realizar uma reunião extraordinária, a qualquer momento, por convocação do Conselho ou a requerimento dirigido ao Secretário-Geral, de, pelo menos, a quinta parte do número total de Estados contratantes.
b) Todos os Estados contratantes terão direito igual a ser representados nas reuniões da Assembleia, e cada Estado contratante terá direito a um voto. Os delegados que representam os Estados contratantes poderão ter o auxílio de assessores técnicos, que terão direito a participar das reuniões, porém sem direito a voto.
c) Nas reuniões da Assembleia, será requerida a maioria dos Estados contratantes para constituir *quorum*. A menos que esta Convenção disponha de modo contrário, as decisões da Assembleia serão tomadas por maioria dos votos consignados.

Art. 49. *Poderes e deveres da Assembleia*

Serão faculdades e funções da Assembleia:

a) Eleger em cada reunião seu Presidente e outros funcionários;
b) Eleger os Estados contratantes que estarão representados no Conselho, de acordo com as disposições do Capítulo IX;
c) Examinar e tomar medidas pertinentes no que se refere aos relatórios do Conselho e decidir qualquer assunto a que este se refira;
d) Determinar o seu próprio regulamento e estabelecer as comissões subsidiárias que julgue necessárias ou aconselháveis;
e) Votar orçamentos anuais e fazer os arranjos financeiros da Organização, de conformidade com as disposições do Capítulo XII;
f) Examinar os gastos e aprovar as contas da Organização;
g) A seu critério, entregar ao Conselho, às comissões auxiliares, ou a qualquer outro órgão, qualquer assunto que esteja dentro da sua esfera;
h) Delegar ao Conselho as faculdades e autoridades necessárias ou aconselháveis para o desempenho das funções da Organização; e revogar ou modificar a qualquer momento tal delegação;
i) Executar as disposições do Capítulo XII que sejam oportunas;

j) Considerar propostas para a modificação ou emenda das disposições desta Convenção e, se as aprovar, recomendá-las aos Estados contratantes de acordo com as disposições do Capítulo XXI;

k) Tratar de qualquer assunto, dentro da esfera de ação da Organização, que não tenha sido atribuído especificamente ao Conselho.

CAPÍTULO IX
O CONSELHO

Art. 50. *Composição e eleição do Conselho*

a) O Conselho será um órgão permanente, responsável perante a Assembleia. Será composto de trinta e três Estados contratantes eleitos pela Assembleia. Uma eleição será feita na primeira reunião da Assembleia, e depois de 3 (três) em 3 (três) anos. Os membros do Conselho assim eleitos desempenharão seus cargos até a próxima eleição.

b) Ao eleger os membros do Conselho, a Assembleia dará a devida representação (1) aos Estados de maior importância em matéria de transporte aéreo; (2) aos Estados que não sejam representados de outro modo, e que mais contribuam a prover facilidades para a navegação aérea civil internacional; e (3) aos Estados que são representados de outro modo, e cuja nomeação assegurar a representação no Conselho de todas as principais regiões geográficas do mundo. Toda vaga no Conselho será preenchida pela Assembleia o mais depressa possível; o Estado contratante assim eleito para o Conselho exercerá suas funções durante o resto do período que correspondia a seu predecessor.

c) Nenhum dos representantes dos Estados contratantes no Conselho poderá estar associado ativamente na operação de algum serviço aéreo internacional, nem interessado financeiramente em tal serviço.

Art. 51. *Presidente do Conselho*

O Conselho elegerá seu Presidente por um período de 3 (três) anos. O Presidente não terá direito a voto. O Conselho elegerá entre os seus membros um ou mais Vice-Presidentes, que conservarão seu direito de voto quando na função de Presidente interino. O Presidente não será necessariamente escolhido entre os representantes dos membros do Conselho; se um deles, entretanto, for eleito, o seu lugar, considerado vago, será preenchido pelo Estado que representava. As funções do Presidente serão:

a) Convocar as reuniões do Conselho do Comitê de Transporte Aéreo e da Comissão de Navegação Aérea;

b) Servir como representante do Conselho; e

c) Desempenhar em nome do Conselho, as funções que lhe atribuir.

Art. 52. *Votação no Conselho*

Para as decisões do Conselho será necessária a aprovação da maioria de seus membros. O Conselho poderá delegar a um Comitê composto de seus membros, plena autoridade relativa a qualquer assunto especial. Qualquer Estado contratante interessado poderá apelar perante o Conselho relativamente às decisões de qualquer Comitê do Conselho.

Art. 53. *Participação sem direito a voto*

Qualquer Estado contratante poderá tomar parte, sem direito a voto, nas deliberações do Conselho e dos seus comitês e comissões sobre qualquer assunto que afete especialmente seus interesses. Nenhum dos membros do Conselho poderá votar no exame pelo Conselho de uma controvérsia da qual seja parte.

Art. 54. *O Conselho deverá:*

a) Apresentar à Assembleia relatórios anuais;

b) Executar as instruções da Assembleia, e desempenhar as funções e assumir as obrigações que lhe sejam atribuídas por esta Convenção;

c) Determinar a sua própria organização e regulamento;

d) Nomear um Comitê de Transporte Aéreo e definir as suas funções. Este comitê será escolhido entre os representantes dos membros do Conselho e será responsável perante ele;

e) Estabelecer uma Comissão de Navegação Aérea, de acordo com as disposições do Capítulo X;

f) Administrar as finanças da Organização de acordo com as disposições dos Capítulos XII e XV;

g) Fixar os vencimentos do Presidente do Conselho;

h) Nomear um funcionário executivo Chefe, que será denominado Secretário Geral; e providenciar para a nomeação do pessoal necessário, de acordo com as disposições do Capítulo XI;

i) Solicitar, compilar, examinar e publicar informações relativas ao progresso da navegação aérea e à operação de serviços aéreos internacionais, incluindo informações acerca do custo de operação e detalhes sobre os subsídios oficiais pagos às empresas aéreas;

j) Informar os Estados contratantes a respeito de qualquer infração desta Convenção e qualquer omissão ocorrida por deixar de executar as recomendações ou determinações do Conselho;

k) Avisar a Assembleia de toda infração desta Convenção no caso em que algum Estado-membro deixe de tomar as medidas necessárias num prazo razoável, depois de ter sido notificado de infração;

l) Adotar de acordo com as disposições do Capítulo VI desta Convenção, as normas internacionais e os processos recomendados; para a maior conveniência designá-los como Anexos a esta Convenção e notificar todos os Estados contratantes da ação tomada;

m) Estudar as recomendações da Comissão de Navegação Aérea relativas às emendas dos Anexos, e agir de acordo com as disposições do Capítulo XX;

n) Examinar qualquer assunto relativo à Convenção que lhe seja submetido por qualquer Estado contratante.

Art. 55. *Funções facultativas do Conselho*

O Conselho poderá:

a) Quando apropriado e quando a experiência indicar sua conveniência, criar comissões de transporte aéreo, subordinadas, sobre base regional ou de outra natureza, e definir os grupos de Estados ou empresas aéreas com as quais ou por meio das quais possa tratar para facilitar o êxito dos objetivos desta Convenção;

b) Delegar à Comissão de Navegação Aérea funções adicionais às estabelecidas na Convenção e revogar ou modificar a qualquer momento tal delegação de autoridade;

c) Fazer pesquisas em todos o setores de transporte e de navegação aérea de importância internacional; transmitir o resultado das pesquisas aos Estados contratantes, e facilitar entre estes o intercâmbio de informações sobre assuntos relativos ao transporte e à navegação aérea;

d) Estudar qualquer questão que afete a organização e operação do transporte aéreo internacional, inclusive a propriedade e a exploração internacional em rotas troncos, e submeter à Assembleia planos relacionados com estes assuntos;

e) Investigar, a pedido de qualquer Estado contratante, toda a situação da qual possam surgir obstáculos evitáveis ao desenvolvimento da navegação aérea internacional e apresentar, depois de tal investigação, o parecer que julgar aconselhável.

CAPÍTULO X
COMISSÃO DE NAVEGAÇÃO AÉREA

Art. 56. *Designação e nomeação de comissão*

A Comissão de Navegação Aérea será composta de quinze membros, nomeados pelo Conselho entre pessoas designadas pelo Estado contratante. Estas pessoas deverão ter qualificação e experiência adequadas na ciência e na prática da aeronáutica. O Conselho solicitará de todos os Estados contratantes que apresentem candidatos. O Conselho nomeará o Presidente da Comissão de Navegação Aérea.

Art. 57. *Funções da Comissão*

Serão funções da Comissão de Navegação Aérea:

a) Considerar modificações aos Anexos desta Convenção e recomendá-las ao Conselho para que sejam adotadas;

b) Estabelecer subcomissões técnicas, nas quais qualquer Estado contratante poderá estar representado, se assim o desejar;

c) Assessorar o Conselho a respeito de coleta, e transmissão aos Estados contratantes, de quaisquer informações que considerar necessárias ou úteis ao progresso da navegação aérea.

CAPÍTULO XI
O PESSOAL

Art. 58. *Nomeação do pessoal*

Sujeito aos regulamentos ditados pela Assembleia e às disposições desta Convenção o Conselho determinará, quanto ao Secretário Geral e o pessoal da Organização, o método de proceder e determinar as nomeações, o licenciamento, os salários, gratificações e condições de serviço, podendo empregar e utilizar os serviços de nacionais de qualquer Estado contratante.

Art. 59. *Caráter internacional do pessoal*

O Presidente do Conselho, o Secretário Geral e o resto do pessoal não solicitarão nem receberão instruções de autoridade alguma não pertencente à Organização relativamente ao desempenho de suas funções. Os Estados contratantes se comprometem a respeitar plenamente o caráter internacional das funções de pessoal e de não procurar exercer influência alguma sobre seus nacionais no desempenho de suas funções.

Art. 60. *Imunidades e prerrogativas do pessoal*

Os Estados contratantes se comprometem, tanto quanto o permitam seus processos constitucionais, a outorgar ao Presidente do Conselho, ao Secretário Geral e demais pessoal da Organização, as imunidades e as prerrogativas que são outorgadas ao pessoal da mesma categoria, de outras organizações públicas internacionais. Na eventualidade de celebrar-se um acordo geral internacional sobre imunidades e privilégios de servidores civis internacionais, as imunidades e prerrogativas concedidas ao Presidente, ao Secretário Geral, e aos demais pessoal da Organização, serão idênticas às concedidas em virtude de tal acordo geral internacional.

CAPÍTULO XII

FINANÇAS

Art. 61. *Orçamento e repartição de gastos*

O Conselho submeterá à Assembleia orçamentos anuais, prestações de contas anuais e estimativas de todas as receitas e despesas. A Assembleia aprovará os orçamentos com as modificações que achar oportunas, e com exceção das participações contidas pelos Estados, em virtude do Capítulo XV, repartirá as despesas da Organização entre os Estados contratantes, em proporções determinadas periodicamente.

Art. 62. *Suspensão do direito de voto*

A Assembleia poderá suspender o direito de voto na Assembleia e no Conselho de qualquer Estado contratante que, dentro de um período de tempo razoável, deixa de cumprir suas obrigações financeiras para com a Organização.

Art. 63. *Gastos de delegações e outros representantes*

Cada Estado contratante tomará a seu cargo os gastos de sua própria delegação na Assembleia e a remuneração, gastos de viagem e outras despesas de qualquer pessoa que nomeia para servir no Conselho, e de seus representantes em quaisquer comitês ou comissões subsidiárias da Organização.

CAPÍTULO XIII

OUTROS ENTENDIMENTOS INTERNACIONAIS

Art. 64. *Acordos de segurança*

Em relação a questões de aviação de sua jurisdição, que afetem diretamente a segurança mundial, a Organização, por voto da Assembleia poderá proceder a entendimentos convenientes com qualquer organização geral estabelecida pelas nações do mundo para a manutenção da paz.

Art. 65. *Entendimentos com outras entidades internacionais*

O Conselho, em nome da Organização, poderá entrar em acordos com outras entidades internacionais para a manutenção de serviços comuns e relativamente a entendimentos conjuntos concernentes ao pessoal, e, com a aprovação da Assembleia, poderá ainda entrar em convênios destinados a facilitar o trabalho da Organização.

Art. 66. *Funções relativas a outros acordos*

a) A Organização deverá desempenhar as funções que lhe forem atribuídas pela Convenção Relativa ao Trânsito dos Serviços Aéreos Internacionais e a Convenção sobre Transporte Aéreo Internacional, elaborados em Chicago, a 7 de dezembro de 1944, de acordo com os termos e condições neles estabelecidas.

b) Os membros da Assembleia e do Conselho que não aceitaram o Acordo de Trânsito do Serviço Internacional Aéreo ou o Acordo de Transporte Internacional Aéreo, feitos em Chicago em 6 de dezembro de 1944, não terão o direito de voto em qualquer questão referida à Assembleia ou ao Conselho de conformidade com as disposições do acordo respectivo.

PARTE III – TRANSPORTE AÉREO INTERNACIONAL

CAPÍTULO XIV

INFORMAÇÕES E RELATÓRIOS

Art. 67. *Relatórios de arquivo com o Conselho*

Cada Estado Contratante se compromete a que suas empresas aéreas internacionais, de conformidade com as disposições estabelecidas pelo Conselho, transmitam a este informações sobre o tráfego, estatísticas de custo, e contabilidade, expondo, entre outras coisas, todas as receitas e a sua fonte.

CAPÍTULO XV

AEROPORTOS E OUTRAS FACILIDADES PARA NAVEGAÇÃO AÉREA

Art. 68. *Determinação de rotas e de aeroportos*

Cada Estado contratante poderá, sujeito às disposições desta Convenção, designar a rota a ser seguida dentro do seu território por qualquer serviço aéreo internacional e os aeroportos utilizados por tais serviços.

Art. 69. *Melhoria de facilidades para a navegação aérea*

Se o Conselho for de opinião que os aeroportos ou outras facilidades para a navegação aérea, incluindo os serviços de rádio e de meteorologia de um Estado contratante, não são razoavelmente adequados para assegurar a segurança, regularidade, eficiência e operação econômica de serviços aéreos internacionais, existentes ou projetados, o Conselho deverá consultar o Estado diretamente interessado, e os demais Estados afetados, com o objetivo de encontrar meios para remediar a situação e poderá fazer recomendações para tal fim. Nenhum Estado contratante será culpado de infração desta Convenção no deixar de executar tais recomendações.

Art. 70. *Financiamento de facilidades para a navegação aérea*

Um Estado Contratante, nas circunstâncias indicadas no artigo 69, poderá concluir um acordo com o Conselho para dar efeito a tais recomendações. O Estado poderá tomar a seu cargo todas as despesas decorrentes de tal acordo. No caso contrário, o Conselho poderá concordar a pedido do Estado, em fornecer a totalidade ou parte dos fundos necessários.

Art. 71. *Fornecimento e manutenção de facilidades pelo Conselho*

Se um Estado contratante o solicitar, o Conselho poderá fornecer, dotar, manter, e administrar um ou todos os aeroportos e demais instalações para facilitar a navegação aérea, inclusive serviços meteorológicos e de rádio, necessários no seu território para o funcionamento seguro, regular, eficiente e econômico dos serviços aéreos internacionais dos outros Estados contratantes, e poderá fixar taxas justas e razoáveis pelo uso dessas facilidades.

Art. 72. *Aquisição ou uso de terrenos*

No caso em que se necessitem terrenos para instalações custeadas totalmente ou em parte pelo Conselho a pedido de um Estado contratante, aquele Estado fornecerá ele próprio o terreno, conservando o título de propriedade se assim o desejar ou permitirá que o Conselho o use em condições justas e razoáveis e de acordo com as leis do Estado interessado.

Art. 73. *Despesas e repartição de fundos*

Dentro do limite dos fundos, que, de acordo com o Capítulo XII, a Assembleia ponha à disposição do Conselho, este poderá proceder a despesas correntes para os objetivos deste artigo por conta dos fundos gerais da Organização. O Conselho deverá repartir os fundos necessários para os fins deste artigo em proporções previamente concordadas, através de um período de tempo razoável, entre os Estados contratantes, que deram seu consentimento, cujas empresas aéreas se utilizem destas facilidades. O Conselho poderá também atribuir a Estados que concordarem, quaisquer fundos correntes que sejam necessários.

Art. 74. *Assistência técnica e utilização das rendas*

Quando o Conselho, a pedido de um Estado contratante, adiantar fundos ou fornecer aeroportos ou outras facilidades, total ou parcialmente, o entendimento poderá incluir, com o consentimento do Estado interessado, assistência técnica na fiscalização e operação dos aeroportos e outras facilidades, e providenciar para o pagamento, por conta da renda procedente da operação dos aeroportos e outras facilidades, das despesas de operação, e dos juros e amortização.

Art. 75. *Posse das instalações*

Um Estado contratante poderá a qualquer momento liquidar qualquer compromisso que tenha assumido em virtude do artigo 70, e tomar a si os aeroportos e outras facilidades que o Conselho tenha fornecido, em seu território, de conformidade com as disposições dos artigos 71 e 72, pagando ao Conselho a soma que na opinião do Conselho seja razoável nas circunstâncias. Se o Estado julgar que a importância fixada pelo Conselho não é razoável, poderá apelar da decisão do Conselho perante a Assembleia que poderá confirmar ou emendar a decisão do Conselho.

Art. 76. *Reembolsos*

Os fundos obtidos pelo Conselho por reembolso em virtude do artigo 75 ou provimentos de pagamentos de juros e amortização, em virtude do artigo 74, no caso de adiantamentos financiados originalmente por Estados, de conformidade com o artigo 73, serão devolvidos aos Estados entre os quais foram repartidos proporcionalmente de acordo com a sua parte inicial, segundo determinação do Conselho.

CAPÍTULO XVI

ORGANIZAÇÕES CONJUNTAS E SERVIÇOS MÚTUOS

Art. 77. *Permissão de constituição de organizações conjuntas*

Nada nesta Convenção proibirá dois ou mais Estados contratantes constituírem organiza-

LEGISLAÇÃO INTERNACIONAL

ções conjuntas de operações de transportes aéreos ou agências de operações internacionais e que fundem os seus serviços aéreos em quaisquer rotas ou regiões. Tais organizações ou agências e tais serviços conjuntos estarão sujeitos a todas as disposições desta Convenção, inclusive as relativas ao registro de acordos com o Conselho.

O Conselho determinará como as cláusulas desta Convenção relativos à nacionalidade de aeronaves se aplicarão às aeronaves que trafeguem sob a direção de agências internacionais de operações.

Art. 78. *Função do Conselho*

O Conselho poderá propor a Estados contratantes interessados que formem organizações conjuntas para operar serviços aéreos em quaisquer rotas ou regiões.

Art. 79. *Participações em organizações de operação*

Um Estado poderá participar em entendimentos de serviços mútuos, organizações conjuntas, operações, seja por intermédio do Governo ou por intermédio de uma empresa ou empresas de navegação aérea designadas por seu Governo.

As empresas, segundo o critério exclusivo do Estado interessado, poderão ser inteira ou parcialmente de propriedade do Estado ou de propriedade particular.

PARTE IV – DISPOSIÇÕES FINAIS

CAPÍTULO XVII

OUTROS ACORDOS E ENTENDIMENTOS AERONÁUTICOS

Art. 80. *Convenções de Paris e de Havana*

As Partes contratantes se comprometem, assim que a presente Convenção entrar em vigor a denunciar a Convenção relativa à Regulamentação da Navegação Aérea, firmada em Paris, a 13 de outubro de 1919, ou a Convenção sobre Aviação Comercial, assinada em Havana, a 20 de fevereiro de 1928, quando fizerem parte de qualquer uma das duas. Entre os Estados contratantes, esta Convenção substitui as referidas Convenções de Paris e de Havana.

Art. 81. *Registro de acordos existentes*

Todos os acordos aeronáuticos existentes por ocasião da entrada em vigor desta, entre um Estado Contratante e qualquer outro Estado ou entre uma empresa de navegação aérea de um Estado Contratante e outro Estado qualquer ou empresa de navegação aérea de qualquer outro Estado, serão imediatamente registrados no Conselho.

Art. 82. *Ab-rogação de ajustes incompatíveis*

As Partes contratantes aceitam esta Convenção como ab-rogando todas as obrigações e entendimentos entre eles incompatíveis com os seus termos, e se comprometem a não assumir obrigações ou entendimentos desta natureza. Um Estado contratante que, antes de tornar-se membro da Organização, tenha assumido com um Estado não contratante ou com um nacional de Estado contratante ou de Estado não contratante compromisso incompatível com as cláusulas desta Convenção, tomará medidas imediatas para se desobrigar do referido compromisso. Se uma empresa de navegação aérea de qualquer Estado contratante houver assumido semelhantes obrigações incompatíveis, o Estado de sua nacionalidade se esforçará na medida do possível para assegurar sua imediata terminação e de qualquer modo, providenciará para a sua terminação logo que for possível fazê-lo depois da entrada em vigor desta Convenção.

Art. 83. *Registro de novos entendimentos*

Sujeito às disposições do artigo anterior qualquer Estado contratante poderá realizar entendimentos compatíveis com as cláusulas desta Convenção. Qualquer entendimento desta natureza deverá ser imediatamente registrado no Conselho que dará publicidade ao mesmo assim que for possível.

CAPÍTULO XVIII

DISPUTA E FALTA DE CUMPRIMENTO

Art. 84. *Solução de disputa*

Qualquer desacordo entre dois ou mais Estados contratantes sobre a interpretação ou a aplicação desta Convenção e seus anexos que não puder ser resolvido por meio de negociações será mediante pedido de qualquer dos Estados, envolvido no desacordo, decidido pelo Conselho. Nenhum membro do Conselho terá direito a voto na solução pelo Conselho de qualquer disputa na qual seja parte interessada. Qualquer Estado contratante poderá, observado o disposto no artigo 85, pedir revisão da decisão do Conselho a um Tribunal Arbitral *Ad Hoc*, aceito pelos demais interessados, ou à Corte Permanente de Justiça Internacional. Qualquer recurso desta ordem será levado ao conhecimento do Conselho dentro do prazo de 30 (trinta) dias, contados a partir da data do recebimento de notificação da decisão do Conselho.

Art. 85. *Processo arbitral*

Se qualquer Estado contratante envolvido em disputa na qual a decisão do Conselho estiver sendo apelada não tiver aceito o Estatuto da Corte Permanente de Justiça Internacional e os Estados contratantes interessados não chegarem a um acordo no tocante à escolha do tribunal arbitral, cada um dos Estados contratantes, parte na disputa nomeará um árbitro e estes indicarão um juiz. Se algum Estado contratante envolvido na disputa deixar de nomear um árbitro dentro de um período de 3 (três) meses, contados a partir da data do apelo, o Presidente do Conselho escolherá, de uma lista de indivíduos qualificados e disponíveis, mantida pelo Conselho, um árbitro para este Estado. Se, dentro de 30 (trinta) dias, os árbitros não chegarem a um acordo sobre o juiz, o Presidente do Conselho escolherá um juiz da referida lista. Os árbitros e o juiz constituirão então conjuntamente, um tribunal arbitral. Qualquer tribunal constituído nos termos deste ou do precedente artigo adotará seu próprio processo e decidirá por maioria de votos, podendo entretanto o Conselho determinar o processo a ser adotado na hipótese de dar-se um atraso excessivo na sua opinião.

Art. 86. *Dos recursos*

Salvo decisão contrária do Conselho, qualquer decisão do Conselho sobre se uma empresa de navegação aérea internacional opera em conformidade com as cláusulas desta Convenção será válida exceto se for modificada em consequência de apelo. Sobre qualquer outro assunto, as decisões do Conselho, se impugnadas, serão suspensas até que o recurso seja julgado. As decisões da Corte Permanente de Justiça Internacional e de um tribunal arbitral serão finais e obrigarão as partes.

Art. 87. *Penas por falta de cumprimento por parte de empresas de navegação aérea*

Cada Estado contratante se compromete a não permitir que uma empresa de navegação aérea de Estado contratante opere no espaço aéreo sobre o seu território se o Conselho tiver resolvido que a empresa em questão não está acatando uma decisão final pronunciada de acordo com o artigo precedente.

Art. 88. *Penalidades por não cumprimento por parte do Estado*

A Assembleia suspenderá o direito de voto na Assembleia e no Conselho de qualquer Estado contratante em falta no tocante às disposições deste Capítulo.

CAPÍTULO XIX

GUERRA

Art. 89. *Guerra e condições de emergência*

Em caso de guerra, as disposições desta Convenção não afetarão a liberdade de ação de qualquer dos Estados contratante atingidos, seja como beligerante ou neutro. O mesmo princípio será aplicado no caso de qualquer Estado contratante que declarar um estado nacional de emergência e que comunique o fato ao Conselho.

CAPÍTULO XX

ANEXOS

Art. 90. *Adoção e emendas de anexos*

a) A adoção pelo Conselho dos Anexos descritos no artigo 54, subparágrafo 1º, necessitará dois terços de votos do Conselho em reunião convocada com tal finalidade e será em seguida, submetida pelo Conselho a cada Estado contratante. Qualquer anexo ou emenda de um anexo, tornar-se-á efetiva dentro de 3 (três) meses, contados a partir da data em que forem submetidos à apreciação dos Estados contratantes, ou findo um período mais extenso que o Conselho possa adotar, salvo se nesse ínterim, uma maioria dos Estados contratantes manifestar sua desaprovação do Conselho.

b) O Conselho comunicará, imediatamente, aos Estados contratantes a entrada em vigor de qualquer anexo ou emenda de anexo.

CAPÍTULO XXI

RATIFICAÇÕES, ADESÕES, EMENDAS E DENÚNCIAS

Art. 91. *Ratificação da Convenção*

a) Esta Convenção deverá ser ratificada pelos Estados signatários. O instrumento de ratificação será depositado nos arquivos do Governo dos Estados Unidos da América, que comunicará a data do depósito a cada Estado que tenha assinado ou aderido à Convenção.

b) Assim que esta Convenção tenha sido ratificada por, ou a ela tenham aderido, vinte seis Estados, ela entrará em vigor entre eles no 30º (trigésimo) dia após o depósito do vigésimo sexto instrumento. Entrará em vigor para os Estados que o ratificarem posteriormente ao 30º (trigésimo) dia depois do depósito do respectivo instrumento de ratificação.

c) Caberá ao Governo dos Estados Unidos da América levar ao conhecimento do Governo de cada Estado ratificante ou aderente a data em que esta Convenção entrar em vigor.

Art. 92. *Adesões à Convenção*

a) Esta Convenção, após a data de encerramento das assinaturas, estará aberta à adesão por parte dos membros das Nações Unidas e dos Estados a eles associados e de Estados que permaneceram neutros durante a atual conflagração mundial.

b) As adesões serão efetuadas por meio da comunicação dirigida ao Governo dos Estados Unidos da América e entrarão em vigor do 30º (trigésimo) dia após o recebimento da comunicação, pelo Governo dos Estados Unidos da América que o comunicará a todos os Estados contratantes.

Art. 93. *Admissão de outros Estados*

Os Estados, além dos mencionados nos artigos 91 e 92 (a), poderão ser admitidos para participar desta Convenção, mediante quatro quintos de votos da Assembleia e sujeitos às condições que a Assembleia prescrever com a aprovação da organização geral internacional constituída pelas Nações do Mundo para a preservação da paz, sendo que em cada caso é necessário o assentimento de qualquer Estado invadido ou agredido durante a presente guerra pelo Estado que solicitar admissão.

Art. 93 BIS.

a) Apesar das disposições dos artigos 91, 92 e 93:

1. Um Estado, cujo Governo for objeto, por parte da Assembleia-Geral das Nações Unidas, de uma recomendação tendente a privá-lo de sua qualidade de membro das instituições internacionais estabelecidas pela Organização das Nações Unidas ou ligadas a esta, deixará automaticamente de ser membro da Organização de Aviação Civil Internacional;
2. Um Estado excluído da Organização das Nações Unidas deixará automaticamente de ser membro da Organização de Aviação Civil Internacional, a menos que a Assembleia-Geral da Organização das Nações Unidas inclua em seu ato de exclusão uma recomendação em sentido contrário;

b) Um Estado que, em virtude das disposições do parágrafo *a)* acima referido, deixe de ser membro da Organização de Aviação Civil Internacional, pode, a seu pedido e de acordo com a Assembleia-Geral da Organização das Nações Unidas e aprovação da maioria do Conselho, ser readmitido na Organização de Aviação Civil Internacional;

c) Os membros da Organização, privados do exercício de seus direitos e privilégios inerentes à qualidade de membros da Organização das Nações Unidas, serão a pedido desta última, privados dos direitos e privilégios como membros da presente Organização.

Art. 94. *Emenda da Convenção*

a) Qualquer proposta de emenda desta Convenção deverá ser aprovada por dois terços de votos da Assembleia e entrará então em vigor no tocante aos Estados que ratificaram a Emenda, quando ratificada pelo número de Estados contratantes especificado pela Assembleia. O número assim especificado não será inferior a dois terços do número total de Estados contratantes.

b) Se na sua opinião a Emenda é de natureza a justificar a medida, a Assembleia, em sua resolução recomendado a adoção, poderá estipular que qualquer Estado que não tiver ratificado dentro de um determinado período depois de sua entrada em vigor, deixará, como resultado, de ser membro de Organização e parte da Convenção.

Art. 95. *Denúncia da Convenção*

a) Qualquer Estado contratante poderá denunciar esta Convenção 3 (três) anos depois de sua entrada em vigor mediante comunicação dirigida ao Governo dos Estados Unidos da América, que informará imediatamente os demais Estados contratantes.

b) A denúncia terá efeito um ano depois da data de recepção da comunicação e só será operante com relação ao Estado que efetuou a denúncia.

CAPÍTULO XXII

DEFINIÇÕES

Art. 96. *Para efeito desta Convenção a expressão:*

a) "Serviço aéreo" (*Air service*) significa qualquer serviço aéreo regular por aeronaves para o transporte público de passageiros, correio ou carga.

b) "Serviço aéreo internacional" (*Internacional Air Service*) significa o serviço aéreo que passa pelo espaço aéreo sobre o território de mais de um Estado.

c) "Empresa de navegação aérea" (*Airline*) significa qualquer organização de transporte aéreo operando um serviço aéreo internacional.

d) "Escala sem fins comerciais" (*stop for non-traffic purposes*) significa um pouso para tomar ou desembarcar passageiros, correio ou carga.

ASSINATURA DA CONVENÇÃO

Em testemunho de que, os Plenipotenciários abaixo assinados, tendo sido devidamente autorizados, assinam esta Convenção em nome dos seus respectivos Governos nas datas que aparecem ao lado das suas assinaturas.

Feito em Chicago, dia 7 de dezembro de 1944, em inglês. Texto em inglês, francês e espanhol, sendo cada um de igual autenticidade, serão abertos para assinatura em Washington, D.C. Ambos os textos serão depositados nos arquivos do Governo dos Estados Unidos da América, e cópias autênticas serão enviadas por este Governo aos governos de todos os Estados que devam assinar ou aderir a esta Convenção.

CARTA DAS NAÇÕES UNIDAS

▶ Assinada em São Francisco, Califórnia, em 26-6-1945, entrou em vigor em 24-10-1945. No Brasil, foi aprovada pelo Dec.-lei nº 7.935, de 4-9-1945, promulgada pelo Dec. nº 19.841, de 22-10-1945.

PREÂMBULO

NÓS, OS POVOS DAS NAÇÕES UNIDAS, RESOLVIDOS a preservar as gerações vindouras do flagelo da guerra, que por duas vezes, no espaço da nossa vida, trouxe sofrimentos indizíveis à humanidade, e a reafirmar a fé nos direitos fundamentais do homem, na dignidade e no valor do ser humano, na igualdade de direito dos homens e das mulheres, assim como das nações grandes e pequenas, e a estabelecer condições sob as quais a justiça e o respeito às obrigações decorrentes de tratados e de outras fontes do direito internacional possam ser mantidos, e a promover o progresso social e melhores condições de vida dentro de uma liberdade ampla.

E PARA TAIS FINS, praticar a tolerância e viver em paz, uns com os outros, como bons vizinhos, e unir as nossas forças para manter a paz e a segurança internacionais, e a garantir, pela aceitação de princípios e a instituição dos métodos, que a força armada não será usada a não ser no interesse comum, a empregar um mecanismo internacional para promover o progresso econômico e social de todos os povos.

RESOLVEMOS CONJUGAR NOSSOS ESFORÇOS PARA A CONSECUÇÃO DESSES OBJETIVOS. Em vista disso, nossos respectivos Governos, por intermédio de representantes reunidos na cidade de São Francisco, depois de exibirem seus plenos poderes, que foram achados em boa e devida forma, concordaram com a presente Carta das Nações Unidas e estabelecem, por meio dela, uma organização internacional que será conhecida pelo nome de Nações Unidas.

CAPÍTULO I

PROPÓSITOS E PRINCÍPIOS

Art. 1º Os propósitos das Nações unidas são:

1. Manter a paz e a segurança internacionais e, para esse fim: tomar, coletivamente, medidas efetivas para evitar ameaças à paz e reprimir os atos de agressão ou outra qualquer ruptura da paz e chegar, por meios pacíficos e de conformidade com os princípios da justiça e do direito internacional, a um ajuste ou solução das controvérsias ou situações que possam levar a uma perturbação da paz;

▶ Arts. 24 e 25 desta Carta.

▶ Capítulos VI e VII desta Carta.

2. Desenvolver relações amistosas entre as nações, baseadas no respeito ao princípio de igualdade de direitos e de autodeterminação dos povos, e tomar outras medidas apropriadas ao fortalecimento da paz universal;

3. Conseguir uma cooperação internacional para resolver os problemas internacionais de caráter econômico, social, cultural ou humanitário, e para promover e estimular o respeito aos direitos humanos e às liberdades fundamentais para todos, sem distinção de raça, sexo, língua ou religião; e

▶ Arts. 13, 55, 56, 62 e 68 desta Carta.

▶ Declaração Universal dos Direitos Humanos (Res. da AGNU nº 217, adotada em 10-12-1948).

▶ Pacto Internacional sobre Direitos Civis e Políticos (1966).

▶ Pacto Internacional sobre Direitos Econômicos, Sociais e Culturais (1966).

▶ Convenção sobre os Direitos da Criança (1989).

4. Ser um centro destinado a harmonizar a ação das nações para a consecução desses objetivos comuns.

Art. 2º A Organização e seus Membros, para a realização dos propósitos mencionados no Artigo 1º, agirão de acordo com os seguintes Princípios:

1. A Organização é baseada no princípio da igualdade de todos os seus Membros.

2. Todos os Membros, a fim de assegurarem para todos em geral os direitos e vantagens

resultantes de sua qualidade de Membros, deverão cumprir de boa fé as obrigações por eles assumidas de acordo com a presente Carta.

► Arts. 26 e 31(1) da Convenção de Viena sobre Direito dos Tratados (1969).

3. Todos os Membros deverão resolver suas controvérsias internacionais por meios pacíficos, de modo que não sejam ameaçadas a paz, a segurança e a justiça internacionais.

4. Todos os Membros deverão evitar em suas relações internacionais a ameaça ou o uso da força contra a integridade territorial ou a independência política de qualquer Estado, ou qualquer outra ação incompatível com os Propósitos das Nações Unidas.

5. Todos os Membros darão às Nações toda assistência em qualquer ação a que elas recorrerem de acordo com a presente Carta e se absterão de dar auxílio a qualquer Estado contra o qual as Nações Unidas agirem de modo preventivo ou coercitivo.

6. A Organização fará com que os Estados que não são Membros das Nações Unidas ajam de acordo com esses Princípios em tudo quanto for necessário à manutenção da paz e da segurança internacionais.

7. Nenhum dispositivo da presente Carta autorizará as Nações Unidas a intervirem em assuntos que dependam essencialmente da jurisdição interna de qualquer Estado ou obrigará os Membros a submeterem tais assuntos a uma solução, nos termos da presente Carta; este princípio, porém, não prejudicará a aplicação das medidas coercitivas constantes do Capítulo VII.

► Art. 4º, IV, da CF.

CAPÍTULO II
DOS MEMBROS

Art. 3º Os Membros originais das Nações Unidas serão os Estados que, tendo participado da Conferência das Nações Unidas sobre a Organização Internacional, realizada em São Francisco, ou, tendo assinado previamente a Declaração das Nações Unidas, de 1º de janeiro de 1942, assinarem a presente Carta, e a ratificarem, de acordo com o Artigo 110.

Art. 4º

1. A admissão como Membro das Nações Unidas fica aberta a todos os Estados amantes da paz que aceitarem as obrigações contidas na presente Carta e que, a juízo da Organização, estiverem aptos e dispostos a cumprir tais obrigações.

2. A admissão de qualquer desses Estados como Membros das Nações Unidas será efetuada por decisão da Assembleia-Geral, mediante recomendação do Conselho de Segurança.

Art. 5º O Membro das Nações Unidas, contra o qual for levada a efeito ação preventiva ou coercitiva por parte do Conselho de Segurança, poderá ser suspenso do exercício dos direitos e privilégios de Membro pela Assembleia-Geral, mediante recomendação do Conselho de Segurança. O exercício desses direitos e privilégios poderá ser restabelecido pelo Conselho de Segurança.

Art. 6º O Membro das Nações Unidas que houver violado persistentemente os Princípios contidos na presente Carta, poderá ser expulso da Organização pela Assembleia-Geral mediante recomendação do Conselho de Segurança.

CAPÍTULO III
ÓRGÃOS

Art. 7º

1. Ficam estabelecidos como órgãos principais das Nações Unidas: uma Assembleia-Geral, um Conselho de Segurança, um Conselho Econômico e Social, um Conselho de Tutela, uma Corte Internacional de Justiça e um Secretariado.

2. Serão estabelecidos, de acordo com a presente Carta, os órgãos subsidiários considerados de necessidade.

Art. 8º As Nações Unidas não farão restrições quanto à elegibilidade de homens e mulheres destinados a participar em qualquer caráter e em condições de igualdade em seus órgãos principais e subsidiários.

CAPÍTULO IV
ASSEMBLEIA-GERAL

Composição

Art. 9º

1. A Assembleia-Geral será constituída por todos os Membros das Nações Unidas.

2. Cada Membro não deverá ter mais de cinco representantes na Assembleia-Geral.

Funções e atribuições

Art. 10. A Assembleia-Geral poderá discutir quaisquer questões ou assuntos que estiverem dentro das finalidades da presente Carta ou que se relacionarem com as atribuições e funções de qualquer dos órgãos nela previstos e, com exceção do estipulado no artigo 12, poderá fazer recomendações aos Membros das Nações Unidas ou ao Conselho de Segurança ou a este e àqueles, conjuntamente, com referência a qualquer daquelas questões ou assuntos.

Art. 11.

1. A Assembleia-Geral poderá considerar os princípios gerais de cooperação na manutenção da paz e da segurança internacionais, inclusive os princípios que disponham sobre o desarmamento e a regulamentação dos armamentos, e poderá fazer recomendações relativas a tais princípios aos Membros ou ao Conselho de Segurança, ou a este e àqueles conjuntamente.

2. A Assembleia-Geral poderá discutir quaisquer questões relativas à manutenção da paz e da segurança internacionais, que a ela forem submetidas por qualquer Membro das Nações Unidas, ou pelo Conselho de Segurança, ou por um Estado que não seja Membro das Nações Unidas, de acordo com o artigo 35, parágrafo 2º, e, com exceção do que fica estipulado no Artigo 12, poderá fazer recomendações relativas a quaisquer destas questões ao Estado ou Estados interessados, ou ao Conselho de Segurança ou a ambos. Qualquer destas questões, para cuja solução for necessária uma ação, será submetida ao Conselho de Segurança pela Assembleia-Geral, antes ou depois da discussão.

3. A Assembleia-Geral poderá solicitar a atenção do Conselho de Segurança para situações que possam constituir ameaça à paz e à segurança internacionais.

4. As atribuições da Assembleia-Geral enumeradas neste Artigo não limitarão a finalidade geral do Artigo 10.

Art. 12.

1. Enquanto o Conselho de Segurança estiver exercendo, em relação a qualquer controvérsia ou situação, as funções que lhe são atribuídas na presente Carta, a Assembleia-Geral não fará nenhuma recomendação a respeito dessa controvérsia ou situação, a menos que o Conselho de Segurança a solicite.

2. O Secretário-Geral, com o consentimento do Conselho de Segurança, comunicará à Assembleia-Geral, em cada sessão, quaisquer assuntos relativos à manutenção da paz e da segurança internacionais que estiverem sendo tratados pelo Conselho de Segurança, e da mesma maneira dará conhecimento de tais assuntos à Assembleia-Geral, ou aos Membros das Nações Unidas se a Assembleia-Geral não estiver em sessão, logo que o Conselho de Segurança terminar o exame dos referidos assuntos.

Art. 13.

1. A Assembleia-Geral iniciará estudos e fará recomendações, destinados a:

a) promover cooperação internacional no terreno político e incentivar o desenvolvimento progressivo do direito internacional e a sua codificação;

b) promover cooperação internacional nos terrenos econômico, social, cultural, educacional e sanitário e favorecer o pleno gozo dos direitos humanos e das liberdades fundamentais, por parte de todos os povos, sem distinção de raça, sexo, língua ou religião.

2. As demais responsabilidades, funções e atribuições da Assembleia-Geral, em relação aos assuntos mencionados no parágrafo 1º (*b*) acima, estão enumeradas nos Capítulos IX e X.

Art. 14. A Assembleia-Geral, sujeita aos dispositivos do Artigo 12, poderá recomendar medidas para a solução pacífica de qualquer situação, qualquer que seja sua origem, que lhe pareça prejudicial ao bem-estar geral ou às relações amistosas entre as nações, inclusive em situações que resultem da violação dos dispositivos da presente Carta que estabelecem os Propósitos e Princípios das Nações Unidas.

Art. 15.

1. A Assembleia-Geral receberá e examinará os relatórios anuais e especiais do Conselho de Segurança. Esses relatórios incluirão uma relação das medidas que o Conselho de Segurança tenha adotado ou aplicado a fim de manter a paz e a segurança internacionais.

2. A Assembleia-Geral receberá e examinará os relatórios dos outros órgãos das Nações Unidas.

Art. 16. A Assembleia-Geral desempenhará, com relação ao sistema internacional de tutela, as funções que a ela atribuídas nos Capítulos XII e XIII, inclusive a aprovação de acordos de tutela referentes às zonas não designadas como estratégicas.

Art. 17.

1. A Assembleia-Geral considerará e aprovará o orçamento da Organização.

2. As despesas da Organização serão custeadas pelos Membros, segundo cotas fixadas pela Assembleia-Geral.

3. A Assembleia-Geral considerará e aprovará quaisquer ajustes financeiros e orçamentários com as entidades especializadas, a que se refere o artigo 57 e examinará os orçamentos

administrativos de tais instituições especializadas com o fim de lhes fazer recomendações.

Votação

Art. 18.

1. Cada Membro da Assembleia-Geral terá um voto.

2. As decisões da Assembleia-Geral, em questões importantes, serão tomadas por maioria de dois terços dos Membros presentes e votantes. Essas questões compreenderão: recomendações relativas à manutenção da paz e da segurança internacionais; a eleição dos Membros não permanentes do Conselho de Segurança; a eleição dos Membros do Conselho Econômico e Social; a eleição dos Membros dos Conselho de Tutela, de acordo como parágrafo 1º (c) do Artigo 86; à admissão de novos Membros das Nações Unidas; a suspensão dos direitos e privilégios de Membros; a expulsão dos Membros; questões referentes ao funcionamento do sistema de tutela e questões orçamentárias.

3. As decisões sobre outras questões, inclusive a determinação de categorias adicionais de assuntos a serem debatidos por uma maioria dos membros presentes e que votem.

Art. 19. O Membro das Nações Unidas que estiver em atraso no pagamento de sua contribuição financeira à Organização não terá voto na Assembleia-Geral, se o total de suas contribuições atrasadas igualar ou exceder a soma das contribuições correspondentes aos dois anos anteriores completos. A Assembleia-Geral poderá entretanto, permitir que o referido Membro vote, se ficar provado que a falta de pagamento é devida a condições independentes de sua vontade.

Processo

Art. 20. A Assembleia-Geral reunir-se-á em sessões anuais regulares e em sessões especiais exigidas pelas circunstâncias. As sessões especiais serão convocadas pelo Secretário-Geral, a pedido do Conselho de Segurança ou da maioria dos Membros das Nações Unidas.

Art. 21. A Assembleia-Geral adotará suas regras de processo e elegerá seu Presidente para cada sessão.

Art. 22. A Assembleia-Geral poderá estabelecer os órgãos subsidiários que julgar necessários ao desempenho de suas funções.

CAPÍTULO V
CONSELHO DE SEGURANÇA

Composição

Art. 23.

1. O Conselho de Segurança será composto de quinze Membros das Nações Unidas. A República da China, a França, a União das Repúblicas Socialistas Soviéticas, o Reino Unido da Grã-Bretanha e Irlanda do norte e os Estados Unidos da América serão membros permanentes do Conselho de Segurança. A Assembleia-Geral elegerá dez outros Membros das Nações Unidas para Membros não permanentes do Conselho de Segurança, tendo especialmente em vista, em primeiro lugar, a contribuição dos Membros das Nações Unidas para a manutenção da paz e da segurança internacionais e para os outros propósitos da Organização e também a distribuição geográfica equitativa.

2. Os membros não permanentes do Conselho de Segurança serão eleitos por um período de dois anos. Na primeira eleição dos Membros não permanentes do Conselho de Segurança, que se celebre depois de haver-se aumentado de onze para quinze o número de membros do Conselho de Segurança, dois dos quatro membros novos serão eleitos por um período de um ano. Nenhum membro que termine seu mandato poderá ser reeleito para o período imediato.

3. Cada Membro do Conselho de Segurança terá um representante.

Funções e atribuições

Art. 24.

1. A fim de assegurar pronta e eficaz ação por parte das Nações Unidas, seus Membros conferem ao Conselho de Segurança a principal responsabilidade na manutenção da paz e da segurança internacionais e concordam em que no cumprimento dos deveres impostos por essa responsabilidade o Conselho de Segurança aja em nome deles.

2. No cumprimento desses deveres, o Conselho de Segurança agirá de acordo com os Propósitos e Princípios das Nações Unidas. As atribuições específicas do Conselho de Segurança para o cumprimento desses deveres estão enumeradas nos capítulos VI, VII, VIII e XII.

3. O Conselho de Segurança submeterá relatórios anuais e, quando necessário, especiais à Assembleia-Geral para sua consideração.

Art. 25. Os Membros das Nações Unidas concordam em aceitar e executar as decisões do Conselho de Segurança, de acordo com a presente Carta.

Art. 26. A fim de promover o estabelecimento e a manutenção da paz e da segurança internacionais, desviando para armamentos o menos possível dos recursos humanos e econômicos do mundo, o Conselho de Segurança terá o encargo de formular, com a assistência da Comissão de Estado-Maior, a que se refere o Artigo 47, os planos a serem submetidos aos Membros das Nações Unidas, para o estabelecimento de um sistema de regulamentação dos armamentos.

Votação

Art. 27.

1. Cada membro do Conselho de Segurança terá um voto.

2. As decisões do Conselho de Segurança, em questões processuais, serão tomadas pelo voto afirmativo de nove Membros.

3. As decisões do Conselho de Segurança, em todos os outros assuntos, serão tomadas pelo voto afirmativo de nove membros, inclusive os votos afirmativos de todos os membros permanentes, ficando estabelecido que, nas decisões previstas no capítulo VI e no parágrafo 3º do artigo 52, aquele que for parte em uma controvérsia se absterá de votar.

Processo

Art. 28.

1. O Conselho de Segurança será organizado de maneira que possa funcionar continuamente. Cada membro do Conselho de Segurança será, para tal fim, em todos os momentos, representado na sede da Organização.

2. O Conselho de Segurança terá reuniões periódicas, nas quais cada um de seus membros poderá, se assim o desejar, ser representado por um membro do governo ou por outro representante especialmente designado.

3. O Conselho de Segurança poderá reunir-se em outros lugares, fora da sede da Organização, e que, a seu juízo, possam facilitar o seu trabalho.

Art. 29. O Conselho de Segurança poderá estabelecer órgãos subsidiários que julgar necessários para o desempenho de suas funções.

Art. 30. O Conselho de Segurança adotará seu próprio regulamento interno, que incluirá o método de escolha de seu Presidente.

Art. 31. Qualquer membro das Nações Unidas, que não for Membro do Conselho de Segurança, poderá participar, sem direito a voto, na discussão de qualquer questão submetida ao Conselho de Segurança, sempre que este considere que os interesses do referido membro estão especialmente em jogo.

Art. 32. Qualquer Membro das Nações Unidas que não for Membro do Conselho de Segurança, ou qualquer Estado que não for Membro das Nações Unidas será convidado, desde que seja parte em uma controvérsia submetida ao Conselho de Segurança, a participar, sem voto, na discussão dessa controvérsia. O Conselho de Segurança determinará as condições que lhe parecerem justas para a participação de um Estado que não for Membro das Nações Unidas.

CAPÍTULO VI
SOLUÇÃO PACÍFICA DE CONTROVÉRSIAS

Art. 33.

1. As partes em uma controvérsia, que possa vir a constituir uma ameaça à paz e à segurança internacionais, procurarão, antes de tudo, chegar a uma solução por negociação, inquérito, mediação, conciliação, arbitragem, solução judicial, recurso a entidades ou acordos regionais, ou a qualquer outro meio pacífico à sua escolha.

2. O Conselho de Segurança convidará, quando julgar necessário, as referidas partes a resolver, por tais meios, suas controvérsias.

Art. 34. O Conselho de Segurança poderá investigar sobre qualquer controvérsia ou situação suscetível de provocar atritos entre as Nações ou dar origem a uma controvérsia, a fim de determinar se a continuação de tal controvérsia ou situação pode constituir ameaça à manutenção da paz e da segurança internacionais.

Art. 35.

1. Qualquer Membro das Nações Unidas poderá solicitar a atenção do Conselho de Segurança ou da Assembleia-Geral para qualquer controvérsia, ou qualquer situação, da natureza das que se acham previstas no Artigo 34.

2. Um Estado que não for Membro das Nações Unidas poderá solicitar a atenção do Conselho de Segurança ou da Assembleia-Geral para qualquer controvérsia em que seja parte, uma vez que aceite, previamente, em relação a essa controvérsia, as obrigações de solução pacífica previstas na presente Carta.

3. Os atos da Assembleia-Geral, a respeito dos assuntos submetidos à sua atenção, de acordo

com este artigo, serão sujeitos aos dispositivos dos artigos 11 e 12.

Art. 36.

1. O Conselho de Segurança poderá, em qualquer fase de uma controvérsia da natureza a que se refere o artigo 33, ou de uma situação de natureza semelhante, recomendar procedimentos ou métodos de solução apropriados.

2. O Conselho de Segurança deverá tomar em consideração quaisquer procedimentos para a solução de uma controvérsia que já tenham sido adotados pelas partes.

3. Ao fazer recomendações, de acordo com este artigo, o Conselho de Segurança deverá tomar em consideração que as controvérsias de caráter jurídico devem, em regra geral, ser submetidas pelas partes à Corte Internacional de Justiça, de acordo com os dispositivos do Estatuto da Corte.

Art. 37.

1. No caso em que as partes em controvérsia da natureza a que se refere o artigo 33 não conseguirem resolvê-la pelos meios indicados no mesmo artigo, deverão submetê-la ao Conselho de Segurança.

2. O Conselho de Segurança, caso julgue que a continuação dessa controvérsia poderá realmente constituir uma ameaça à manutenção da paz e da segurança internacionais, decidirá sobre a conveniência de agir de acordo com o Artigo 36 ou recomendar as condições que lhe parecerem apropriadas à sua solução.

Art. 38. Sem prejuízo dos dispositivos dos Artigos 33 a 37, o Conselho de Segurança poderá, se todas as partes em uma controvérsia assim o solicitarem, fazer recomendações às partes, tendo em vista uma solução pacífica da controvérsia.

CAPÍTULO VII

AÇÃO RELATIVA A AMEAÇAS À PAZ, RUPTURA DA PAZ E ATOS DE AGRESSÃO

Art. 39. O Conselho de Segurança determinará a existência de qualquer ameaça à paz, ruptura da paz ou ato de agressão, e fará recomendações ou decidirá que medidas deverão ser tomadas de acordo com os artigos 41 e 42, a fim de manter ou restabelecer a paz e a segurança internacionais.

► Art. 16 do Estatuto de Roma do Tribunal Penal (1998).

Art. 40. A fim de evitar que a situação se agrave, o Conselho de Segurança poderá, antes de fazer as recomendações ou decidir a respeito das medidas previstas no artigo 39, convidar as partes interessadas a que aceitem as medidas provisórias que lhe pareçam necessárias ou aconselháveis. Tais medidas provisórias não prejudicarão os direitos ou pretensões, nem a situação das partes interessadas. O Conselho de Segurança tomará devida nota do não cumprimento dessas medidas.

Art. 41. O Conselho de Segurança decidirá sobre as medidas que, sem envolver o emprego de forças armadas, deverão ser tomadas para tornar efetivas suas decisões e poderá conclamar os Membros das Nações Unidas a aplicarem tais medidas. Estas poderão incluir a interrupção completa ou parcial das relações econômicas, dos meios de comunicação ferroviários, marítimos, aéreos, postais, telegráficos, radiofônicos, ou de outra qualquer espécie e o rompimento das relações diplomáticas.

Art. 42. No caso de o Conselho de Segurança considerar que as medidas previstas no Artigo 41 seriam ou demonstraram que são inadequadas, poderá levar e efeito, por meio de forças aéreas, navais ou terrestres, a ação que julgar necessária para manter ou restabelecer a paz e a segurança internacionais. Tal ação poderá compreender demonstrações, bloqueios e outras operações, por parte das forças aéreas, navais ou terrestres dos Membros das Nações Unidas.

Art. 43.

1. Todos os Membros das Nações Unidas, a fim de contribuir para a manutenção da paz e da segurança internacionais, se comprometem a proporcionar ao Conselho de Segurança, a seu pedido e de conformidade com o acordo ou acordos especiais, forças armadas, assistência e facilidades, inclusive direitos de passagem, necessários à manutenção da paz e da segurança internacionais.

2. Tal acordo ou tais acordos determinarão o número e tipo das forças, seu grau de preparação e sua localização geral, bem como a natureza das facilidades e da assistência a serem proporcionadas.

3. O acordo ou acordos serão negociados o mais cedo possível, por iniciativa do Conselho de Segurança. Serão concluídos entre o Conselho de Segurança e Membros da Organização ou entre o Conselho de Segurança e grupos de Membros e submetidos à ratificação, pelos Estados signatários, de conformidade com seus respectivos processos constitucionais.

Art. 44. Quando o Conselho de Segurança decidir o emprego de força, deverá, antes de solicitar a um Membro nele não representado o fornecimento de forças armadas em cumprimento das obrigações assumidas em virtude do artigo 43, convidar o referido Membro, se este assim o desejar, a participar das decisões do Conselho de Segurança relativas ao emprego de contingentes das forças armadas do dito Membro.

Art. 45. A fim de habilitar as Nações Unidas a tomarem medidas militares urgentes, os Membros das Nações Unidas deverão manter, imediatamente utilizáveis, contingentes das forças aéreas nacionais para a execução combinada de uma ação coercitiva internacional. A potência e o grau de preparação desses contingentes, bem como os planos de ação combinada, serão determinados pelo Conselho de Segurança com a assistência da Comissão de Estado-Maior, dentro dos limites estabelecidos no acordo ou acordos especiais a que se refere o Artigo 43.

Art. 46. O Conselho de Segurança, com a assistência da Comissão de Estado-Maior, fará planos para a aplicação das forças armadas.

Art. 47.

1. Será estabelecida uma Comissão de Estado-Maior destinada a orientar e assistir o Conselho de Segurança, em todas as questões relativas às exigências militares do mesmo Conselho, para a manutenção da paz e da segurança internacionais, utilização e comando das forças colocadas à sua disposição, regulamentação de armamentos e possível desarmamento.

2. A Comissão de Estado-Maior será composta dos Chefes de Estado-Maior dos Membros Permanentes do Conselho de Segurança ou de seus representantes. Todo Membro das Nações Unidas que não estiver permanentemente representado na Comissão será por esta convidado a tomar parte nos seus trabalhos, sempre que a sua participação for necessária ao eficiente cumprimento das responsabilidades da Comissão.

3. A Comissão de Estado-Maior será responsável, sob a autoridade do Conselho de Segurança, pela direção estratégica de todas as forças armadas postas à disposição do dito Conselho. As questões relativas ao comando dessas forças serão resolvidas ulteriormente.

4. A Comissão de Estado-Maior, com autorização do Conselho de Segurança e depois de consultar os organismos regionais adequados, poderá estabelecer subcomissões regionais.

Art. 48.

1. A ação necessária ao cumprimento das decisões do Conselho de Segurança para manutenção da paz e da segurança internacionais será levada a efeito por todos os Membros das Nações Unidas ou por alguns deles, conforme seja determinado pelo Conselho de Segurança.

2. Essas decisões serão executadas pelos Membros das Nações Unidas diretamente e, por seu intermédio, nos organismos internacionais apropriados de que façam parte.

Art. 49. Os Membros das Nações Unidas prestar-se-ão assistência mútua para a execução das medidas determinadas pelo Conselho de Segurança.

Art. 50. No caso de serem tomadas medidas preventivas ou coercitivas contra um Estado pelo Conselho de Segurança, qualquer outro Estado, Membro ou não das Nações Unidas, que se sinta em presença de problemas especiais de natureza econômica, resultantes da execução daquelas medidas, terá o direito de consultar o Conselho de Segurança a respeito da solução de tais problemas.

Art. 51. Nada na presente Carta prejudicará o direito inerente de legítima defesa individual ou coletiva no caso de ocorrer um ataque armado contra um Membro das Nações Unidas, até que o Conselho de Segurança tenha tomado as medidas necessárias para a manutenção da paz e da segurança internacionais. As medidas tomadas pelos Membros no exercício desse direito de legítima defesa serão comunicadas imediatamente ao Conselho de Segurança e não deverão, de modo algum, atingir a autoridade e a responsabilidade que a presente Carta atribui ao Conselho para levar a efeito, em qualquer tempo, a ação que julgar necessária à manutenção ou ao restabelecimento da paz e da segurança internacionais.

CAPÍTULO VIII

ACORDOS REGIONAIS

Art. 52.

1. Nada na presente Carta impede a existência de acordos ou de entidades regionais, destinadas a tratar dos assuntos relativos à manutenção da paz e da segurança internacionais que forem suscetíveis de uma ação regional, desde que tais acordos ou entidades regionais e suas atividades sejam compatíveis com os Propósitos e Princípios das Nações Unidas.

2. Os Membros das Nações Unidas, que forem parte em tais acordos ou que constituírem tais entidades, empregarão todos os esforços para chegar a uma solução pacífica das controvérsias locais por meio desses acordos e entidades

regionais, antes de as submeter ao Conselho de Segurança.

3. O Conselho de Segurança estimulará o desenvolvimento da solução pacífica de controvérsias locais mediante os referidos acordos ou entidades regionais, por iniciativa dos Estados interessados ou a instância do próprio Conselho de Segurança.

4. Este Artigo não prejudica, de modo algum, a aplicação dos arts. 34 e 35.

Art. 53.

1. O Conselho de Segurança utilizará, quando for o caso, tais acordos e entidades regionais para uma ação coercitiva sob a sua própria autoridade. Nenhuma ação coercitiva será, no entanto, levada a efeito de conformidade com acordos ou entidades regionais sem autorização do Conselho de Segurança, com exceção das medidas contra um Estado inimigo como está definido no parágrafo 2º deste artigo, que forem determinadas em consequência do artigo 107 ou em acordos regionais destinados a impedir a renovação de uma política agressiva por parte de qualquer desses Estados, até o momento em que a Organização possa, a pedido dos Governos interessados, ser incumbida de impedir toda nova agressão por parte de tal Estado.

2. O termo Estado inimigo, usado no parágrafo 1º deste artigo, aplica-se a qualquer Estado que, durante a Segunda Guerra Mundial, foi inimigo de qualquer signatário da presente Carta.

Art. 54. O Conselho de Segurança será sempre informado de toda ação empreendida ou projetada de conformidade com os acordos ou entidades regionais para manutenção da paz e da segurança internacionais.

CAPÍTULO IX

COOPERAÇÃO INTERNACIONAL ECONÔMICA E SOCIAL

Art. 55. Com o fim de criar condições de estabilidade e bem-estar, necessárias às relações pacíficas e amistosas entre as Nações, baseadas no respeito ao princípio da igualdade de direitos e da autodeterminação dos povos, as Nações Unidas favorecerão:

a) níveis mais altos de vida, trabalho efetivo e condições de progresso e desenvolvimento econômico e social;

b) a solução dos problemas internacionais econômicos, sociais, sanitários e conexos; a cooperação internacional, de caráter cultural e educacional; e

c) o respeito universal e efetivo dos direitos humanos e das liberdades fundamentais para todos, sem distinção de raça, sexo, língua ou religião.

Art. 56. Para a realização dos propósitos enumerados no artigo 55, todos os Membros da Organização se comprometem a agir em cooperação com esta, em conjunto ou separadamente.

Art. 57.

1. As várias entidades especializadas, criadas por acordos intergovernamentais e com amplas responsabilidades internacionais, definidas em seus instrumentos básicos, nos campos econômico, social, cultural, educacional, sanitário e conexos, serão vinculadas às Nações Unidas, de conformidade com as disposições do Artigo 63.

2. Tais entidades assim vinculadas às Nações Unidas serão designadas, daqui por diante, como entidades especializadas.

Art. 58. A Organização fará recomendação para coordenação dos programas e atividades das entidades especializadas.

Art. 59. A Organização, quando julgar conveniente, iniciará negociações entre os Estados interessados para a criação de novas entidades especializadas que forem necessárias ao cumprimento dos propósitos enumerados no artigo 55.

Art. 60. A Assembleia-Geral e, sob sua autoridade, o Conselho Econômico e Social, que dispõe, para esse efeito, da competência que lhe é atribuída no Capítulo X, são incumbidos de exercer as funções da Organização estipuladas no presente capítulo.

CAPÍTULO X

CONSELHO ECONÔMICO E SOCIAL

Composição

Art. 61.

1. O Conselho Econômico e Social será composto de cinquenta e quatro Membros das Nações Unidas eleitos pela Assembleia-Geral.

2. De acordo com os dispositivos do parágrafo 3º, dezoito Membros do Conselho Econômico e Social serão eleitos cada ano para um período de três anos, podendo, ao terminar esse prazo, ser reeleitos para o período seguinte.

3. Na primeira eleição a realizar-se depois de elevado de vinte e sete para cinquenta e quatro o número de Membros do Conselho Econômico e Social, além dos Membros que forem eleitos para substituir os nove Membros, cujo mandato expira no fim desse ano, serão eleitos outros vinte e sete Membros. O mandato de nove destes vinte e sete Membros suplementares assim eleitos expirará no fim de um ano e o de nove outros no fim de dois anos, de acordo com o que for determinado pela Assembleia-Geral.

4. Cada Membro do Conselho Econômico e social terá nele um representante.

Funções e atribuições

Art. 62.

1. O Conselho Econômico e Social fará ou iniciará estudos e relatórios a respeito de assuntos internacionais de caráter econômico, social, cultural, educacional, sanitário e conexos e poderá fazer recomendações a respeito de tais assuntos à Assembleia-Geral, aos Membros das Nações Unidas e às entidades especializadas interessadas.

2. Poderá, igualmente, fazer recomendações destinadas a promover o respeito e a observância dos direitos humanos e das liberdades fundamentais para todos.

3. Poderá preparar projetos de convenções a serem submetidos à Assembleia-Geral, sobre assuntos de sua competência.

4. Poderá convocar, de acordo com as regras estipuladas pelas Nações Unidas, conferências internacionais sobre assuntos de sua competência.

Art. 63.

1. O Conselho Econômico e Social poderá estabelecer acordos com qualquer das entidades a que se refere o Artigo 57, a fim de determinar as condições em que a entidade interessada será vinculada às Nações Unidas. Tais acordos serão submetidos à aprovação da Assembleia-Geral.

2. Poderá coordenar as atividades das entidades especializadas, por meio de consultas e recomendações às mesmas e de recomendações à Assembleia-Geral e aos Membros das Nações Unidas.

Art. 64.

1. O Conselho Econômico e Social poderá tomar as medidas adequadas a fim de obter relatórios regulares das entidades especializadas. Poderá entrar em entendimentos com os Membros das Nações Unidas e com as entidades especializadas, a fim de obter relatórios sobre as medidas tomadas para cumprimento de suas próprias recomendações e das que forem feitas pela Assembleia-Geral sobre assuntos da competência do Conselho.

2. Poderá comunicar à Assembleia-Geral suas observações a respeito desses relatórios.

Art. 65. O Conselho Econômico e Social poderá fornecer informações ao Conselho de Segurança e, a pedido deste, prestar-lhe assistência.

Art. 66.

1. O Conselho Econômico e Social desempenhará as funçõesque forem de sua competência em relação ao cumprimento das recomendações da Assembleia-Geral.

2. Poderá mediante aprovação da Assembleia-Geral, prestar os serviços que lhe forem solicitados pelos Membros das Nações unidas e pelas entidades especializadas.

3. Desempenhará as demais funções especificadas em outras partes da presente Carta ou as que lhe forem atribuídas pela Assembleia-Geral.

Votação

Art. 67.

1. Cada Membro do Conselho Econômico e Social terá um voto.

2. As decisões do Conselho Econômico e Social serão tomadas por maioria dos membros presentes e votantes.

Processo

Art. 68. O Conselho Econômico e Social criará comissões para os assuntos econômicos e sociais e a proteção dos direitos humanos assim como outras comissões que forem necessárias para o desempenho de suas funções.

Art. 69. O Conselho Econômico e Social poderá convidar qualquer Membro das Nações Unidas a tomar parte, sem voto, em suas deliberações sobre qualquer assunto que interesse particularmente a esse Membro.

Art. 70. O Conselho Econômico e Social poderá entrar em entendimentos para que representantes das entidades especializadas tomem parte, sem voto, em suas deliberações e nas das comissões por ele criadas, e para que os seus próprios representantes tomem parte nas deliberações das entidades especializadas.

Art. 71. O Conselho Econômico e Social poderá entrar nos entendimentos convenientes para a consulta com organizações não governamentais, encarregadas de questões que estiverem dentro da sua própria competência. Tais entendimentos poderão ser feitos com organizações internacionais e, quando for o caso, com organizações nacionais, depois de efetuadas consultas com o Membro das Nações Unidas no caso.

Art. 72.

1. O Conselho Econômico e Social adotará seu próprio regulamento, que incluirá o método de escolha de seu Presidente.

2. O Conselho Econômico e Social reunir-se-á quando for necessário, de acordo com o seu regulamento, o qual deverá incluir disposições referentes à convocação de reuniões a pedido da maioria dos Membros.

CAPÍTULO XI
DECLARAÇÃO RELATIVA A TERRITÓRIOS SEM GOVERNO PRÓPRIO

Art. 73. Os Membros das Nações Unidas, que assumiram ou assumam responsabilidades pela administração de territórios cujos povos não tenham atingido a plena capacidade de se governarem a si mesmos, reconhecem o princípio de que os interesses dos habitantes desses territórios são da mais alta importância, e aceitam, como missão sagrada, a obrigação de promover no mais alto grau, dentro do sistema de paz e segurança internacionais estabelecido na presente Carta, o bem-estar dos habitantes desses territórios e, para tal fim, se obrigam a:

a) assegurar, com o devido respeito à cultura dos povos interessados, o seu progresso político, econômico, social e educacional, o seu tratamento equitativo e a sua proteção contra todo abuso;

b) desenvolver sua capacidade de governo próprio, tomar devida nota das aspirações políticas dos povos e auxiliá-los no desenvolvimento progressivo de suas instituições políticas livres, de acordo com as circunstâncias peculiares a cada território e seus habitantes e os diferentes graus de seu adiantamento;

c) consolidar a paz e a segurança internacionais;

d) promover medidas construtivas de desenvolvimento, estimular pesquisas, cooperar uns com os outros e, quando for o caso, com entidades internacionais especializadas, com vistas à realização prática dos propósitos de ordem social, econômica ou científica enumerados neste Artigo; e

e) transmitir regularmente ao Secretário-Geral, para fins de informação, sujeitas às reservas impostas por considerações de segurança e de ordem constitucional, informações estatísticas ou de outro caráter técnico, relativas às condições econômicas, sociais e educacionais dos territórios pelos quais são respectivamente responsáveis e que não estejam compreendidos entre aqueles a que se referem os Capítulos XII e XIII da Carta.

Art. 74. Os Membros das Nações Unidas concordam também em que a sua política com relação aos territórios a que se aplica o presente Capítulo deve ser baseada, do mesmo modo que a política seguida nos respectivos territórios metropolitanos, no princípio geral de boa vizinhança, tendo na devida conta os interesses e o bem-estar do resto do mundo no que se refere às questões sociais, econômicas e comerciais.

CAPÍTULO XII
SISTEMA INTERNACIONAL DE TUTELA

Art. 75. As Nações Unidas estabelecerão sob sua autoridade um sistema internacional de tutela para a administração e fiscalização dos territórios que possam ser colocados sob tal sistema em consequência de futuros acordos individuais. Esses territórios serão, daqui em diante, mencionados como territórios tutelados.

Art. 76. Os objetivos básicos do sistema de tutela, de acordo com os Propósitos das Nações Unidas enumerados no artigo 1º da presente Carta são:

a) favorecer a paz e a segurança internacionais;

b) fomentar o progresso político, econômico, social e educacional dos habitantes dos territórios tutelados e o seu desenvolvimento progressivo para alcançar governo próprio ou independência, como mais convenha às circunstâncias particulares de cada território e de seus habitantes e aos desejos livremente expressos dos povos interessados e como for previsto nos termos de cada acordo de tutela;

c) estimular o respeito aos direitos humanos e às liberdades fundamentais para todos, sem distinção de raça, sexo, língua ou religião e favorecer o reconhecimento da interdependência de todos os povos; e

d) assegurar igualdade de tratamento nos domínios social, econômico e comercial para todos os Membros das Nações Unidas e seus nacionais e, para estes últimos, igual tratamento na administração da justiça, sem prejuízo dos objetivos acima expostos e sob reserva das disposições do artigo 80.

Art. 77.

1. O sistema de tutela será aplicado aos territórios das categorias seguintes, que venham a ser colocados sob tal sistema por meio de acordos de tutela:

a) territórios atualmente sob mandato;

b) territórios que possam ser separados de Estados inimigos em consequência da Segunda Guerra Mundial; e

c) territórios voluntariamente colocados sob tal sistema por Estados responsáveis pela sua administração.

2. Será objeto de acordo ulterior a determinação dos territórios das categorias acima mencionadas a serem colocados sob o sistema de tutela e das condições em que o serão.

Art. 78. O sistema de tutela não será aplicado a territórios que se tenham tornado Membros das Nações Unidas, cujas relações mútuas deverão basear-se no respeito ao princípio da igualdade soberana.

Art. 79. As condições de tutela em que cada território será colocado sob este sistema, bem como qualquer alteração ou emenda, serão determinadas por acordo entre os Estados diretamente interessados, inclusive a potência mandatária no caso de território sob mandato de um Membro das Nações Unidas e serão aprovadas de conformidade com as disposições dos artigos 83 e 85.

Art. 80.

1. Salvo o que for estabelecido em acordos individuais de tutela, feitos de conformidade com os Artigos 77, 79 e 81, pelos quais se coloque cada território sob este sistema e até que tais acordos tenham sido concluídos, nada neste Capítulo será interpretado como alteração de qualquer espécie nos direitos de qualquer Estado ou povo ou dos termos dos atos internacionais vigentes em que os Membros das Nações Unidas forem partes.

2. O parágrafo 1º deste artigo não será interpretado como motivo para demora ou adiamento da negociação e conclusão de acordos destinados a colocar territórios dentro do sistema de tutela, conforme as disposições do artigo 77.

Art. 81. O acordo de tutela deverá, em cada caso, incluir as condições sob as quais o território tutelado será administrado e designar a autoridade que exercerá essa administração. Tal autoridade, daqui em diante chamada a autoridade administradora, poderá ser um ou mais Estados ou a própria Organização.

Art. 82. Poderão designar-se, em qualquer acordo de tutela, uma ou várias zonas estratégicas, que compreendam parte ou a totalidade do território tutelado a que o mesmo se aplique, sem prejuízo de qualquer acordo ou acordos especiais feitos de conformidade com o Artigo 43.

Art. 83.

1. Todas as funções atribuídas às Nações Unidas relativamente às zonas estratégicas, inclusive a aprovação das condições dos acordos de tutela, assim como de sua alteração ou emendas, serão exercidas pelo Conselho de Segurança.

2. Os objetivos básicos enumerados no artigo 76 serão aplicáveis aos habitantes de cada zona estratégica.

3. O Conselho de Segurança, ressalvadas as disposições dos acordos de tutela e sem prejuízo das exigências de segurança, poderá valer-se da assistência do Conselho de Tutela para desempenhar as funções que cabem às Nações Unidas pelo sistema de tutela, relativamente a matérias políticas, econômicas, sociais ou educacionais dentro das zonas estratégicas.

Art. 84. A autoridade administradora terá o dever de assegurar que o território tutelado preste sua colaboração à manutenção da paz e da segurança internacionais. Para tal fim, a autoridade administradora poderá fazer uso de forças voluntárias, de facilidades e da ajuda do território tutelado para o desempenho das obrigações por ele assumidas a este respeito perante o Conselho de Segurança, assim como para a defesa local e para a manutenção da lei e da ordem dentro do território tutelado.

Art. 85.

1. As funções das Nações Unidas relativas a acordos de tutela para todas as zonas não designadas como estratégicas, inclusive a aprovação das condições dos acordos de tutela e de sua alteração ou emenda, serão exercidas pela Assembleia-Geral.

2. O Conselho de Tutela, que funcionará sob a autoridade da Assembleia-Geral, auxiliará esta no desempenho dessas atribuições.

CAPÍTULO XIII
O CONSELHO DE TUTELA

Composição

Art. 86.

1. O Conselho de Tutela será composto dos seguintes Membros das Nações Unidas:

a) os Membros que administrem territórios tutelados;

b) aqueles dentre os Membros mencionados nominalmente no artigo 23, que não estiverem administrando territórios tutelados; e

c) quantos outros Membros eleitos por um período de três anos, pela Assembleia-Geral, sejam necessários para assegurar que o número total de Membros do Conselho de Tutela fique igualmente dividido entre os Membros das Nações Unidas que administrem territórios tutelados e aqueles que o não fazem.

2. Cada Membro do Conselho de Tutela designará uma pessoa especialmente qualificada para representá-lo perante o Conselho.

Funções e atribuições

Art. 87. A Assembleia-Geral e, sob a sua autoridade, o Conselho de Tutela, no desempenho de suas funções, poderão:

a) examinar os relatórios que lhes tenham sido submetidos pela autoridade administradora;

b) aceitar petições e examiná-las, em consulta com a autoridade administradora;

c) providenciar sobre visitas periódicas aos territórios tutelados em épocas fixadas de acordo com a autoridade administradora; e

d) tomar estas e outras medidas de conformidade com os termos dos acordos de tutela.

Art. 88. O Conselho de Tutela formulará um questionário sobre o adiantamento político, econômico, social e educacional dos habitantes de cada território tutelado e a autoridade administradora de cada um destes territórios, dentro da competência da Assembleia-Geral, fará um relatório anual à Assembleia, baseado no referido questionário.

Votação

Art. 89.

1. Cada Membro do Conselho de Tutela terá um voto.

2. As decisões do Conselho de Tutela serão tomadas por uma maioria dos membros presentes e votantes.

Processo

Art. 90.

1. O Conselho de Tutela adotará seu próprio regulamento que incluirá o método de escolha de seu Presidente.

2. O Conselho de Tutela reunir-se-á quando for necessário, de acordo com o seu regulamento, que incluirá uma disposição referente à convocação de reuniões a pedido da maioria dos seus membros.

Art. 91. O Conselho de Tutela valer-se-á, quando for necessário, da colaboração do Conselho Econômico e Social e das entidades especializadas, a respeito das matérias em que estas e aquele sejam respectivamente interessados.

CAPÍTULO XIV

A CORTE INTERNACIONAL DE JUSTIÇA

Art. 92. A Corte Internacional de Justiça será o principal órgão judiciário das Nações Unidas. Funcionará de acordo com o Estatuto anexo, que é baseado no Estatuto da Corte Permanente de Justiça Internacional e faz parte integrante da presente Carta.

Art. 93.

1. Todos os Membros das Nações Unidas são *ipso facto* partes do Estatuto da Corte Internacional de Justiça.

2. Um Estado que não for Membro das Nações Unidas poderá tornar-se parte no Estatuto da Corte Internacional de Justiça, em condições que serão determinadas, em cada caso, pela Assembleia-Geral, mediante recomendação do Conselho de Segurança.

Art. 94.

1. Cada Membro das Nações Unidas se compromete a conformar-se com a decisão da Corte Internacional de Justiça em qualquer caso em que for parte.

2. Se uma das partes num caso deixar de cumprir as obrigações que lhe incumbem em virtude de sentença proferida pela Corte, a outra terá direito de recorrer ao Conselho de Segurança que poderá, se julgar necessário, fazer recomendações ou decidir sobre medidas a serem tomadas para o cumprimento da sentença.

Art. 95. Nada na presente Carta impedirá os Membros das Nações Unidas de confiarem a solução de suas divergências a outros tribunais, em virtude de acordos já vigentes ou que possam ser concluídos no futuro.

Art. 96.

1. A Assembleia-Geral ou o Conselho de Segurança poderá solicitar parecer consultivo da Corte Internacional de Justiça, sobre qualquer questão de ordem jurídica.

2. Outros órgãos das Nações Unidas e entidades especializadas, que forem em qualquer época devidamente autorizados pela Assembleia-Geral, poderão também solicitar pareceres consultivos da Corte sobre questões jurídicas surgidas dentro da esfera de suas atividades.

CAPÍTULO XV

O SECRETARIADO

▶ Res. da AGNU nº 11, adotada em 24-1-1946.

Art. 97. O Secretariado será composto de um Secretário-Geral e do pessoal exigido pela Organização. O Secretário-Geral será indicado pela Assembleia-Geral mediante a recomendação do Conselho de Segurança. Será o principal funcionário administrativo da Organização.

Art. 98. O Secretário-Geral atuará neste caráter em todas as reuniões da Assembleia-Geral, do Conselho de Segurança, do Conselho Econômico e Social e do Conselho de Tutela e desempenhará outras funções que lhe forem atribuídas por estes órgãos. O Secretário-Geral fará um relatório anual à Assembleia-Geral sobre os trabalhos da Organização.

Art. 99. O Secretário-Geral poderá chamar a atenção do Conselho de Segurança para qualquer assunto que em sua opinião possa ameaçar a manutenção da paz e da segurança internacionais.

Art. 100.

1. No desempenho de seus deveres, o Secretário-Geral e o pessoal do Secretariado não solicitarão nem receberão instruções de qualquer governo ou de qualquer autoridade estranha à organização. Abster-se-ão de qualquer ação que seja incompatível com a sua posição de funcionários internacionais responsáveis somente perante a Organização.

2. Cada Membro das Nações Unidas se compromete a respeitar o caráter exclusivamente internacional das atribuições do Secretário-Geral e do pessoal do Secretariado e não procurará exercer qualquer influência sobre eles, no desempenho de suas funções.

Art. 101.

1. O pessoal do Secretariado será nomeado pelo Secretário Geral, de acordo com regras estabelecidas pela Assembleia-Geral.

2. Será também nomeado, em caráter permanente, o pessoal adequado para o Conselho Econômico e Social, o Conselho de Tutela e, quando for necessário, para outros órgãos das Nações Unidas. Esses funcionários farão parte do Secretariado.

3. A consideração principal que prevalecerá na escolha do pessoal e na determinação das condições de serviço será a da necessidade de assegurar o mais alto grau de eficiência, competência e integridade. Deverá ser levada na devida conta a importância de ser a escolha do pessoal feita dentro do mais amplo critério geográfico possível.

CAPÍTULO XVI

DISPOSIÇÕES DIVERSAS

Art. 102.

▶ Art. 80 da Convenção de Viena sobre Direito dos Tratados (1969).

1. Todo Tratado e todo acordo internacional, concluídos por qualquer Membro das Nações Unidas depois da entrada em vigor da presente Carta, deverão, dentro do mais breve prazo possível, ser registrados e publicados pelo Secretariado.

2. Nenhuma parte em qualquer Tratado ou acordo internacional que não tenha sido registrado de conformidade com as disposições do parágrafo 1º deste artigo poderá invocar tal tratado ou acordo perante qualquer órgão das Nações Unidas.

Art. 103. No caso de conflito entre as obrigações dos Membros das Nações Unidas, em virtude da presente Carta e as obrigações resultantes de qualquer outro acordo internacional, prevalecerão as obrigações assumidas em virtude da presente Carta.

Art. 104. A Organização gozará, no território de cada um de seus Membros, da capacidade jurídica necessária ao exercício de suas funções e à realização de seus propósitos.

Art. 105.

1. A Organização gozará, no território de cada um de seus Membros, dos privilégios e imunidades necessários à realização de seus propósitos.

▶ Convenção sobre Privilégios e Imunidades das Nações Unidas (Dec. nº 27.784, de 16-11-1950).

▶ Convenção sobre os Privilégios e Imunidades das Organizações Especializadas das Nações Unidas (Dec. nº 52.288, de 24-6-1963).

2. Os representantes dos Membros das Nações Unidas e os funcionários da Organização gozarão, igualmente, dos privilégios e imunidades necessários ao exercício independente de suas funções relacionadas com a Organização.

3. A Assembleia-Geral poderá fazer recomendações com o fim de determinar os pormenores da aplicação dos parágrafos 1º e 2º deste artigo ou poderá propor aos Membros das Nações Unidas convenções nesse sentido.

CAPÍTULO XVII

DISPOSIÇÕES TRANSITÓRIAS SOBRE SEGURANÇA

Art. 106. Antes da entrada em vigor dos acordos especiais a que se refere o artigo 43, que, a juízo do Conselho de Segurança, o habilitem ao exercício de suas funções previstas no artigo 42, as partes na Declaração das Quatro Nações, assinada em Moscou, a 30 de outubro de 1943, e a França, deverão, de acordo com as disposições do parágrafo 5º daquela Declaração, consultar-se entre si e, sempre que a ocasião o exija, com outros Membros das Nações Unidas a fim de ser levada a efeito, em nome da Organização, qualquer ação conjunta que se torne necessária à manutenção da paz e da segurança internacionais.

Art. 107. Nada na presente Carta invalidará ou impedirá qualquer ação que, em relação a um Estado inimigo de qualquer dos signatários da presente Carta durante a Segunda Guerra Mundial, for levada a efeito ou autorizada em consequência da dita guerra, pelos governos responsáveis por tal ação.

CAPÍTULO XVIII

EMENDAS

Art. 108. As emendas à presente Carta entrarão em vigor para todos os Membros das Nações Unidas, quando forem adotadas pelos votos de dois terços dos membros da Assembleia-Geral e ratificada de acordo com os seus respectivos métodos constitucionais por dois terços dos Membros das Nações Unidas, inclusive todos os membros permanentes do Conselho de Segurança.

Art. 109.

1. Uma Conferência Geral dos Membros das Nações Unidas, destinada a rever a presente Carta, poderá reunir-se em data e lugar a serem fixados pelo voto de dois terços dos membros da Assembleia-Geral e de nove membros quaisquer do Conselho de Segurança. Cada Membro das Nações Unidas terá um voto nessa Conferência.

2. Qualquer modificação à presente Carta, que for recomendada por dois terços dos votos da Conferência, terá efeito depois de ratificada, de acordo com os respectivos métodos constitucionais, por dois terços dos Membros das Nações Unidas, inclusive todos os membros permanentes do Conselho de Segurança.

3. Se essa Conferência não for celebrada antes da décima sessão anual da Assembleia-Geral que se seguir à entrada em vigor da presente Carta, a proposta de sua convocação deverá figurar na agenda da referida sessão da Assembleia-Geral, e a Conferência será realizada, se assim for decidido por maioria de votos dos membros da Assembleia-Geral, e pelo voto de sete membros quaisquer do Conselho de Segurança.

CAPÍTULO XIX

RATIFICAÇÃO E ASSINATURA

Art. 110.

1. A presente Carta deverá ser ratificada pelos Estados signatários, de acordo com os respectivos métodos constitucionais.

2. As ratificações serão depositadas junto ao Governo dos Estados Unidos da América, que notificará de cada depósito todos os Estados signatários, assim como o Secretário-Geral da Organização depois que este for escolhido.

3. A presente Carta entrará em vigor depois do depósito de ratificações pela República da China, França, União das Repúblicas Socialistas Soviéticas, Reino Unido da Grã Bretanha e Irlanda do Norte e Estados Unidos da América, e pela maioria dos outros Estados signatários. O Governo dos Estados Unidos da América organizará, em seguida, um protocolo das ratificações depositadas, o qual será comunicado, por meio de cópias, aos Estados signatários.

4. Os Estados signatários da presente Carta, que a ratificarem depois de sua entrada em vigor tornar-se-ão membros fundadores das Nações Unidas, na data do depósito de suas respectivas ratificações.

Art. 111. A presente Carta, cujos textos em chinês, francês, russo, inglês, e espanhol fazem igualmente fé, ficará depositada nos arquivos do Governo dos Estados Unidos da América. Cópias da mesma, devidamente autenticadas, serão transmitidas por este último Governo aos Governos dos outros Estados signatários.

EM FÉ DO QUE, os representantes dos Governos das Nações Unidas assinaram a presente Carta.

FEITA na cidade de São Francisco, aos vinte e seis dias do mês de junho de mil novecentos e quarenta e cinco.

ESTATUTO DA CORTE INTERNACIONAL DE JUSTIÇA

▶ Aprovado pelo Dec.-lei nº 7.935, de 4-9-1945, e promulgado pelo Dec. nº 19.841, de 22-10-1945. Ratificado em 21-9-1945, entrou em vigor em 24-10-1945.

Artigo 1

A Corte Internacional de Justiça, estabelecida pela Carta das Nações Unidas como o principal órgão judiciário das Nações Unidas, será constituída e funcionará de acordo com as disposições do presente Estatuto.

CAPÍTULO I

ORGANIZAÇÃO DA CORTE

Artigo 2

A Corte será composta de um corpo de juízes independentes, eleitos sem atenção à sua nacionalidade, dentre pessoas que gozem de alta consideração moral e possuam as condições exigidas em seus respectivos países para o desempenho das mais altas funções judiciárias ou que sejam jurisconsultos de reconhecida competência em direito internacional.

Artigo 3

1. A Corte será composta de quinze membros, não podendo figurar entre eles dois nacionais do mesmo Estado.

2. A pessoa que possa ser considerada nacional de mais de um Estado será, para efeito de sua inclusão como membro da Corte, considerada nacional do Estado em que exercer ordinariamente seus direitos civis e políticos.

Artigo 4

1. Os membros da Corte serão eleitos pela Assembleia-Geral e pelo Conselho de Segurança de uma lista de pessoas apresentadas pelos grupos nacionais da Corte Permanente de Arbitragem, de acordo com as disposições seguintes.

2. Quando se tratar de Membros das Nações Unidas não representados na Corte Permanente de Arbitragem, os candidatos serão apresentados por grupos nacionais designados para esse fim pelos seus Governos, nas mesmas condições que as estipuladas para os Membros da Corte Permanente de Arbitragem pelo artigo 44 da Convenção de Haia de 1907, referente à solução pacífica das controvérsias internacionais.

3. As condições pelas quais um Estado, que é parte do presente Estatuto, sem ser Membro das Nações Unidas, poderá participar na eleição dos membros da Corte serão, na falta de acordo especial, determinadas pela Assembleia-Geral mediante recomendação do Conselho de Segurança.

Artigo 5

1. Três meses, pelo menos, antes da data da eleição, o Secretário-Geral das Nações Unidas convidará, por escrito, os membros da Corte Permanente de Arbitragem pertencentes a Estados que sejam partes no presente Estatuto e os membros dos grupos nacionais designados de conformidade com o artigo 4º, § 2º, para que indiquem, por grupos nacionais, dentro de um prazo estabelecido, os nomes das pessoas em condições de desempenhar as funções de membros da Corte.

2. Nenhum grupo deverá indicar mais de quatro pessoas, das quais, no máximo, duas poderão ser de sua nacionalidade. Em nenhum caso, o número dos candidatos indicados por um grupo poderá ser maior do que o dobro dos lugares a serem preenchidos.

Artigo 6

Recomenda-se que, antes de fazer estas indicações, cada grupo nacional consulte sua mais alta Corte de Justiça, suas faculdades e escolas de direito, suas academias nacionais e as seções nacionais de academias internacionais dedicadas ao estudo de direito.

Artigo 7

1. O Secretário-Geral preparará uma lista, por ordem alfabética de todas as pessoas assim indicadas. Salvo o caso previsto no artigo 12, § 2º, serão elas as únicas pessoas elegíveis.

2. O Secretário-Geral submeterá esta lista à Assembleia-Geral e ao Conselho de Segurança.

Artigo 8

A Assembleia-Geral e o Conselho de Segurança procederão, independentemente um do outro, à eleição dos membros da Corte.

Artigo 9

Em cada eleição, os eleitores devem ter presente não só que as pessoas a serem eleitas possuam individualmente as condições exigidas, mas também que, no conjunto desse órgão judiciário, seja assegurada a representação das mais altas formas da civilização e dos principais sistemas jurídicos do mundo.

Artigo 10

1. Os candidatos que obtiverem maioria absoluta de votos na Assembleia-Geral e no Conselho de Segurança serão considerados eleitos.

2. Nas votações do Conselho de Segurança, quer para a eleição dos juízes, quer para a nomeação dos membros da comissão prevista no artigo 12, não haverá qualquer distinção entre

membros permanentes e não permanentes do Conselho de Segurança.

3. No caso em que a maioria absoluta de votos, tanto da Assembleia-Geral quanto do Conselho de Segurança, contemple mais de um nacional do mesmo Estado, o mais velho dos dois será considerado eleito.

Artigo 11

Se, depois da primeira reunião convocada para fins de eleição, um ou mais lugares continuarem vagos, deverá ser realizada uma segunda e, se for necessário, uma terceira reunião.

Artigo 12

1. Se, depois da terceira reunião, um ou mais lugares ainda continuarem vagos, uma comissão, composta de seis membros, três indicados pela Assembleia-Geral e três pelo Conselho de Segurança, poderá ser formada em qualquer momento, por solicitação da Assembleia ou do Conselho de Segurança, com o fim de escolher, por maioria absoluta de votos, um nome para cada lugar ainda vago, o qual será submetido à Assembleia-Geral e ao Conselho de Segurança para sua respectiva aceitação.

2. A comissão mista, caso concorde unanimemente com a escolha de uma pessoa que preencha as condições exigidas, poderá incluí-la em sua lista, ainda que a mesma não tenha figurado na lista de indicações a que se refere o artigo 7º.

3. Se a comissão mista chegar à convicção de que não logrará resultados com uma eleição, os membros já eleitos da Corte deverão, dentro de um prazo a ser fixado pelo Conselho de Segurança, preencher os lugares vagos, e o farão por escolha dentre os candidatos que tenham obtido votos na Assembleia-Geral ou no Conselho de Segurança.

4. No caso de um empate na votação dos juízes, o mais velho deles terá voto decisivo.

Artigo 13

1. Os membros da Corte serão eleitos por nove anos e poderão ser reeleitos; fica estabelecido, entretanto, que, dos juízes eleitos na primeira eleição, cinco terminarão suas funções no fim de um período de três anos e outros cinco no fim de um período de seis anos.

2. Os juízes cujas funções deverão terminar no fim dos referidos períodos iniciais de três e seis anos serão escolhidos por sorteio, que será efetuado pelo Secretário Geral imediatamente depois de terminada a primeira eleição.

3. Os membros da Corte continuarão no desempenho de suas funções até que suas vagas tenham sido preenchidas. Ainda depois de substituídos, deverão terminar qualquer questão cujo estudo tenha começado.

4. No caso de renúncia de um membro da Corte, o pedido de demissão deverá ser dirigido ao Presidente da Corte, que o transmitirá ao Secretário-Geral. Esta última notificação significará a abertura de vaga.

Artigo 14

As vagas serão preenchidas pelo método estabelecido para a primeira eleição, de acordo com a seguinte disposição: o Secretário-Geral, dentro de um mês a contar da abertura da vaga, expedirá os convites a que se refere o artigo 5º, e a data da eleição será fixada pelo Conselho de Segurança.

Artigo 15

O membro da Corte eleito na vaga de um membro que não terminou seu mandato completará o período do mandato de seu predecessor.

Artigo 16

1. Nenhum membro da Corte poderá exercer qualquer função política ou administrativa ou dedicar-se a outra ocupação de natureza profissional.

2. Qualquer dúvida a esse respeito será resolvida por decisão da Corte.

Artigo 17

1. Nenhum membro da Corte poderá servir como agente, consultor ou advogado em qualquer questão.

2. Nenhum membro poderá participar da decisão de qualquer questão na qual anteriormente tenha intervindo como agente consultor ou advogado de uma das partes, como membro de um tribunal nacional ou internacional, ou de uma comissão de inquérito, ou em qualquer outro caráter.

3. Qualquer dúvida a esse respeito será resolvida por decisão da Corte.

Artigo 18

1. Nenhum membro da Corte poderá ser demitido, a menos que, na opinião unânime dos outros membros, tenha deixado de preencher as condições exigidas.

2. O Secretário-Geral será disso notificado, oficialmente, pelo Escrivão da Corte.

3. Essa notificação significará a abertura da vaga.

Artigo 19

Os membros da Corte, quando no exercício de suas funções, gozarão dos privilégios e imunidades diplomáticas.

Artigo 20

Todo membro da Corte, antes de assumir as suas funções, fará, em sessão pública, a declaração solene de que exercerá as suas atribuições imparcial e conscienciosamente.

Artigo 21

1. A Corte elegerá, pelo período de três anos, seu Presidente e seu Vice-Presidente que poderão ser reeleitos.

2. A Corte nomeará seu Escrivão e providenciará sobre a nomeação de outros funcionários que sejam necessários.

Artigo 22

1. A sede da Corte será a cidade de Haia. Isto, entretanto, não impedirá que a Corte se reúna e exerça suas funções em qualquer outro lugar que considere conveniente.

2. O Presidente e o Escrivão residirão na sede da Corte.

Artigo 23

1. A Corte funcionará permanentemente, exceto durante as férias judiciárias, cuja data e duração serão por ela fixadas.

2. Os membros da Corte gozarão de licenças periódicas, cujas datas e duração serão fixadas pela Corte, sendo tomadas em consideração as distâncias entre Haia e o domicílio de cada juiz.

3. Os membros da Corte serão obrigados a ficar permanentemente à disposição da Corte, a menos que estejam em licença ou impedidos de comparecer por motivo de doença ou outra séria razão, devidamente justificada perante o Presidente.

Artigo 24

1. Se, por qualquer razão especial, o membro da Corte considerar que não deve tomar parte no julgamento de uma determinada questão, deverá informar disto o Presidente.

2. Se o Presidente considerar que, por uma razão especial, um dos membros da Corte não deve funcionar numa determinada questão, deverá informá-lo disto.

3. Se, em qualquer desses casos, o membro da Corte e o Presidente não estiverem de acordo, o assunto será resolvido por decisão da Corte.

Artigo 25

1. A Corte funcionará em sessão plenária, exceto nos casos previstos em contrário no presente Estatuto.

2. O regulamento da Corte poderá permitir que um ou mais juízes, de acordo com as circunstâncias e rotativamente, sejam dispensados das sessões, contanto que o número de juízes disponíveis para constituir a Corte não seja reduzido a menos de onze.

3. O *quorum* de nove juízes será suficiente para constituir a Corte.

Artigo 26

1. A Corte poderá periodicamente formar uma ou mais Câmaras, compostas de três ou mais juízes, conforme ela mesma determinar, a fim de tratar de questões de caráter especial, como por exemplo, questões trabalhistas e assuntos referentes a trânsito e comunicações.

2. A Corte poderá, em qualquer tempo, formar uma Câmara para tratar de uma determinada questão. O número de juízes que constituirão essa Câmara será determinado pela Corte, com a aprovação das partes.

3. As questões serão consideradas e resolvidas pelas Câmaras a que se refere o presente artigo, se as partes assim o solicitarem.

Artigo 27

Uma sentença proferida por qualquer das Câmaras, a que se referem os artigos 26 e 29, será considerada como sentença emanada da Corte.

Artigo 28

As Câmaras, a que se referem os artigos 26 e 29, poderão, com o consentimento das partes, reunir-se e exercer suas funções fora da cidade de Haia.

Artigo 29

Com o fim de apressar a solução dos assuntos, a Corte formará anualmente uma Câmara, composta de cinco juízes, a qual, a pedido das partes, poderá considerar e resolver sumariamente as questões. Além dos cinco juízes, serão escolhidos outros dois, que atuarão como substitutos, no impedimento de um daqueles.

Artigo 30

1. A Corte estabelecerá regras para o desempenho de suas funções, especialmente as que se refiram aos métodos processuais.

2. O Regulamento da Corte disporá sobre a nomeação de assessores para a Corte ou para qualquer de suas Câmaras, os quais não terão direito a voto.

Artigo 31

1. Os juízes da mesma nacionalidade de qualquer das partes conservam o direito de funcionar numa questão julgada pela Corte.

2. Se a Corte incluir entre os seus membros um juiz de nacionalidade de uma das partes, qualquer outra parte poderá escolher uma pessoa para funcionar como juiz. Essa pessoa deverá, de preferência, ser escolhida dentre os que figuram entre os candidatos a que se referem os artigos 4º e 5º.

3. Se a Corte não incluir entre os seus membros nenhum juiz de nacionalidade das partes, cada uma destas poderá proceder à escolha de um juiz, de conformidade com o § 2º deste artigo.

4. As disposições deste artigo serão aplicadas aos casos previstos nos artigos 26 e 29. Em tais casos, o Presidente solicitará a um ou, se necessário, a dois dos membros da Corte integrantes da Câmara que cedam seu lugar aos membros da Corte de nacionalidade das partes interessadas, e, na falta ou impedimento destes, aos juízes especialmente escolhidos pelas partes.

5. No caso de haver diversas partes interessadas na mesma questão, elas serão, para os fins das disposições precedentes, consideradas como uma só parte. Qualquer dúvida sobre este ponto será resolvida por decisão da Corte.

6. Os juízes escolhidos de conformidade com os §§ 2º, 3º e 4º deste artigo deverão preencher as condições exigidas pelos artigos 2º e 17 (§ 2º), 20 e 24, do presente Estatuto e tomarão parte nas decisões em condições de completa igualdade com seus colegas.

Artigo 32

1. Os membros da Corte perceberão vencimentos anuais.

2. O Presidente receberá, por um ano, um subsídio especial.

3. O Vice-Presidente receberá um subsídio especial, correspondente a cada dia em que funcionar como Presidente.

4. Os juízes escolhidos de conformidade com o artigo 31, que não sejam membros da Corte, receberão uma remuneração correspondente a cada dia em que exerçam suas funções.

5. Esses vencimentos, subsídios e remunerações serão fixados pela Assembleia-Geral e não poderão ser diminuídos enquanto durarem os mandatos.

6. Os vencimentos do Escrivão serão fixados pela Assembleia-Geral, por proposta da Corte.

7. O Regulamento elaborado pela Assembleia-Geral fixará as condições pelas quais serão concedidas pensões aos membros da Corte e ao Escrivão, e as condições pelas quais os membros da Corte e o Escrivão serão reembolsados de suas despesas de viagem.

8. Os vencimentos, subsídios e remuneração acima mencionados estarão livres de qualquer imposto.

Artigo 33

As despesas da Corte serão custeadas pelas Nações Unidas da maneira que for decidida pela Assembleia-Geral.

CAPÍTULO II

COMPETÊNCIA DA CORTE

Artigo 34

1. Só os Estados poderão ser partes em questões perante a Corte.

2. Sobre as questões que forem submetidas, a Corte, nas condições prescritas por seu Regulamento, poderá solicitar informação de organizações públicas internacionais e receberá as informações que lhe forem prestadas, por iniciativa própria, pelas referidas organizações.

3. Sempre que, no julgamento de uma questão perante a Corte, for discutida a interpretação do instrumento constitutivo de uma organização pública internacional ou de uma convenção internacional, adotada em virtude do mesmo, o Escrivão dará conhecimento disso à organização pública internacional interessada e lhe encaminhará cópias de todo o expediente escrito.

Artigo 35

1. A Corte estará aberta aos Estados que são partes do presente Estatuto.

2. As condições pelas quais a Corte estará aberta a outros Estados serão determinadas pelo Conselho de Segurança, ressalvadas as disposições especiais dos tratados vigentes; em nenhum caso, porém, tais condições colocarão as partes em posição de desigualdade perante a Corte.

3. Quando um Estado que não é Membro das Nações Unidas for parte numa questão, a Corte fixará a importância com que ele deverá contribuir para as despesas da Corte. Esta disposição não será aplicada se tal Estado já contribuir para as referidas despesas.

Artigo 36

1. A competência da Corte abrange todas as questões que as partes lhe submetam, bem como todos os assuntos especialmente previstos na Carta das Nações Unidas ou em tratados e convenções em vigor.

2. Os Estados-partes do presente Estatuto, poderão, em qualquer momento, declarar que reconhecem como obrigatória, *ipso facto* e sem acordo especial, em relação a qualquer outro Estado que aceite a mesma obrigação, a jurisdição da Corte em todas as controvérsias de ordem jurídica que tenham por objeto:

a) a interpretação de um tratado;
b) qualquer ponto de direito internacional;
c) a existência de qualquer fato que, se verificado, constituiria violação de um compromisso internacional;
d) a natureza ou extensão da reparação devida pela ruptura de um compromisso internacional.

3. As declarações acima mencionadas poderão ser feitas pura e simplesmente ou sob condição de reciprocidade da parte de vários ou de certos Estados, ou por prazo determinado.

4. Tais declarações serão depositadas junto ao Secretário-Geral das Nações Unidas que as transmitirá, por cópia, às partes contratantes do presente Estatuto e ao Escrivão da Corte.

5. Nas relações entre as partes contratantes do presente Estatuto, as declarações feitas de acordo com o artigo 36 do Estatuto da Corte Permanente de Justiça Internacional e que ainda estejam em vigor serão consideradas como importando na aceitação da jurisdição obrigatória da Corte Internacional de Justiça, pelo período em que ainda devem vigorar e de conformidade com os seus termos.

6. Qualquer controvérsia sobre a jurisdição da Corte será resolvida por decisão da própria Corte.

Artigo 37

Sempre que um tratado ou convenção em vigor disponha que um assunto deva ser submetido a uma jurisdição a ser instituída pela Liga das Nações ou à Corte Permanente de Justiça Internacional, o assunto deverá, no que respeita às partes contratantes do presente Estatuto, ser submetido à Corte Internacional de Justiça.

Artigo 38

1. A Corte, cuja função é decidir de acordo com o direito internacional as controvérsias que lhe forem submetidas, aplicará:

a) as convenções internacionais, quer gerais, quer especiais, que estabeleçam regras expressamente reconhecidas pelos Estados litigantes;
b) o costume internacional, como prova de uma prática geral aceita como sendo o direito;
c) os princípios gerais de direito, reconhecidos pelas nações civilizadas;
d) sob ressalva da disposição do artigo 59, as decisões judiciárias e a doutrina dos juristas mais qualificados das diferentes nações, como meio auxiliar para a determinação das regras de direito.

2. A presente disposição não prejudicará a faculdade da Corte de decidir uma questão *ex aequo et bono*, se as partes com isto concordarem.

CAPÍTULO III

PROCESSO

Artigo 39

1. As línguas oficiais da Corte serão o francês e o inglês. Se as partes concordarem em que todo o processo se efetue em francês, a sentença será proferida em francês. Se as partes concordarem em que todo o processo se efetue em inglês, a sentença será proferida em inglês.

2. Na ausência de acordo a respeito da língua que deverá ser empregada, cada parte deverá, em suas alegações, usar a língua que preferir; a sentença da Corte será proferida em francês e em inglês. Neste caso, a Corte determinará ao mesmo tempo qual dos dois textos fará fé.

3. A pedido de uma das partes, a Corte poderá autorizá-la a usar uma língua que não seja o francês ou o inglês.

Artigo 40

1. As questões serão submetidas à Corte, conforme o caso, por notificação do acordo especial ou por uma petição escrita dirigida ao Escrivão. Em qualquer dos casos, o objeto da controvérsia e as partes deverão ser indicados.

2. O Escrivão comunicará imediatamente a petição a todos os interessados.

3. Notificará também os Membros das Nações Unidas por intermédio do Secretário-Geral e quaisquer outros Estado com direito a comparecer perante a Corte.

Artigo 41

1. A Corte terá a faculdade de indicar, se julgar que as circunstâncias o exigem, quaisquer me-

didas provisórias que devam ser tomadas para preservar os direitos de cada parte.

2. Antes que a sentença seja proferida, as partes e o Conselho de Segurança deverão ser informados imediatamente das medidas sugeridas.

Artigo 42

1. As partes serão representadas por agentes.

2. Estes terão a assistência de consultores ou advogados, perante a Corte.

3. Os agentes, os consultores e os advogados das partes perante a Corte gozarão dos privilégios e imunidades necessários ao livre exercício de suas atribuições.

Artigo 43

1. O processo constará de duas fases: uma escrita e outra oral.

2. O processo escrito compreenderá a comunicação à Corte e às partes de memórias, contra memórias e, se necessário, réplicas assim como quaisquer peças e documentos em apoio das mesmas.

3. Essas comunicações serão feitas por intermédio do Escrivão na ordem e dentro do prazo fixados pela Corte.

4. Uma cópia autenticada de cada documento apresentado por uma das partes será comunicada à outra parte.

5. O processo oral consistirá na audiência, pela Corte, de testemunhas, peritos, agentes, consultores e advogados.

Artigo 44

1. Para citação de outras pessoas que não sejam os agentes, os consultores ou advogados, a Corte dirigir-se-á diretamente ao governo do Estado em cujo território deva ser feita a citação.

2. O mesmo processo será usado sempre que for necessário providenciar para obter quaisquer meios de prova, no lugar do fato.

Artigo 45

Os debates serão dirigidos pelo Presidente, ou, no impedimento deste, pelo Vice-Presidente; se ambos estiverem impossibilitados de presidir, o mais antigo dos juízes presentes ocupará a presidência.

Artigo 46

As audiências da Corte serão públicas, a menos que a Corte decida de outra maneira ou que as partes solicitem a não admissão do público.

Artigo 47

1. Será lavrada ata de cada audiência, assinada pelo Escrivão e pelo Presidente.

2. Só essa ata fará fé.

Artigo 48

A Corte proferirá decisões sobre o andamento do processo, a forma e o tempo em que cada parte terminará suas alegações e tomará todas as medidas relacionadas com a apresentação das provas.

Artigo 49

A Corte poderá, ainda antes do início da audiência, intimar os agentes a apresentarem qualquer documento ou a fornecerem quaisquer explicações. Qualquer recusa deverá constar da ata.

Artigo 50

A Corte poderá, em qualquer momento, confiar a qualquer indivíduo, companhia, repartição, comissão ou outra organização, à sua escolha, a tarefa de proceder a um inquérito ou a uma perícia.

Artigo 51

Durante os debates, todas as perguntas de interesse serão feitas às testemunhas e peritos de conformidade com as condições determinadas pela Corte no Regulamento a que se refere o artigo 30.

Artigo 52

Depois de receber as provas e depoimentos dentro do prazo fixado para esse fim, a Corte poderá recusar-se a aceitar qualquer novo depoimento oral ou escrito que uma das partes deseje apresentar, a menos que as outras partes com isso concordem.

Artigo 53

1. Se uma das partes deixar de comparecer perante a Corte ou de apresentar a sua defesa, a outra parte poderá solicitar à Corte que decida a favor de sua pretensão.

2. A Corte, antes de decidir nesse sentido, deve certificar-se não só de que o assunto é de sua competência, de conformidade com os artigos 36 e 37, mas também de que a pretensão é bem fundada, de fato e de direito.

Artigo 54

1. Quando os agentes consultores e advogados tiverem concluído, sob a fiscalização da Corte, a apresentação de sua causa, o Presidente declarará encerrados os debates.

2. A Corte retirar-se-á para deliberar.

3. As deliberações da Corte serão tomadas privadamente e permanecerão secretas.

Artigo 55

1. Todas as questões serão decididas por maioria dos juízes presentes.

2. No caso de empate na votação, o Presidente ou o juiz que funcionar em seu lugar decidirá com o seu voto.

Artigo 56

1. A sentença deverá declarar as razões em que se funda.

2. Deverá mencionar os nomes dos juízes que tomaram parte na decisão.

Artigo 57

Se a sentença não representar, no todo ou em parte, opinião unânime dos juízes, qualquer um deles terá direito de lhe juntar a exposição de sua opinião individual.

Artigo 58

A sentença será assinada pelo Presidente e pelo Escrivão. Deverá ser lida em sessão pública, depois de notificados, devidamente, os agentes.

Artigo 59

A decisão da Corte só será obrigatória para as partes litigantes e a respeito do caso em questão.

Artigo 60

A Sentença é definitiva e inapelável. Em caso de controvérsia quanto ao sentido e ao alcance da sentença, caberá à Corte interpretá-la a pedido de qualquer das partes.

Artigo 61

1. O pedido de revisão de uma sentença só poderá ser feito em razão do descobrimento de algum fato susceptível de exercer influência decisiva, o qual, na ocasião de ser proferida a sentença, era desconhecido da Corte e também da parte que solicita a revisão, contanto que tal desconhecimento não tenha sido devido à negligência.

2. O processo de revisão será aberto por uma sentença da Corte, na qual se consignará expressamente a existência do fato novo, com o reconhecimento do caráter que determina a abertura da revisão e a declaração de que é cabível a solicitação nesse sentido.

3. A Corte poderá subordinar a abertura do processo de revisão à prévia execução da sentença.

4. O pedido de revisão deverá ser feito no prazo máximo de seis meses a partir do descobrimento do fato novo.

5. Nenhum pedido de revisão poderá ser feito depois de transcorridos dez anos da data da sentença.

Artigo 62

1. Quando um Estado entender que a decisão de uma causa é susceptível de comprometer um interesse seu de ordem jurídica, esse Estado poderá solicitar à Corte permissão para intervir em tal causa.

2. A Corte decidirá sobre esse pedido.

Artigo 63

1. Quando se tratar da interpretação de uma convenção, da qual forem partes outros Estados, além dos litigantes, o Escrivão notificará imediatamente todos os Estados interessados.

2. Cada Estado assim notificado terá o direito de intervir no processo; mas, se usar deste direito, a interpretação dada pela sentença será igualmente obrigatória para ele.

Artigo 64

A menos que seja decidido em contrário pela Corte, cada parte pagará suas custas no processo.

CAPÍTULO IV

PARECERES CONSULTIVOS

Artigo 65

1. A Corte poderá dar parecer consultivo sobre qualquer questão jurídica a pedido do órgão que, de acordo com a Carta das Nações Unidas ou por ela autorizado, estiver em condições de fazer tal pedido.

2. As questões sobre as quais for pedido o parecer consultivo da Corte serão submetidas a ela por meio de petição escrita, que deverá conter uma exposição do assunto sobre o qual é solicitado o parecer e será acompanhada de todos os documentos que possam elucidar a questão.

Artigo 66

1. O Escrivão notificará imediatamente todos os Estados, com direito a comparecer perante a Corte, do pedido de parecer consultivo.

2. Além disto, a todo Estado admitido a comparecer perante a Corte e a qualquer organização internacional que, a juízo da Corte ou de seu Presidente, se a Corte não estiver reunida, forem suscetíveis de fornecer informações sobre a questão, o Escrivão fará saber, por comunicação especial e direta, que a Corte estará disposta a receber exposições escritas, dentro de um prazo a ser fixado pelo Presidente, ou a ouvir exposições orais, durante uma audiência pública realizada para tal fim.

3. Se qualquer Estado com direito a comparecer perante a Corte deixar de receber a comu-

nicação especial a que se refere o § 2º deste artigo, tal Estado poderá manifestar o desejo de submeter a ela uma exposição escrita ou oral. A Corte decidirá.

4. Os Estados e organizações que tenham apresentado exposição escrita ou oral, ou ambas, terão a facilidade de discutir as exposições feitas por outros Estados ou organizações, na forma, extensão ou limite de tempo, que a Corte, ou se ela não estiver reunida, o seu Presidente determinar, em cada caso particular. Para esse efeito, o Escrivão deverá, no devido tempo, comunicar qualquer dessas exposições escritas aos Estados e organizações que submeterem exposições semelhantes.

Artigo 67

A Corte dará seus pareceres consultivos em sessão pública, depois de terem sido notificados o Secretário-Geral, os representantes dos Membros das Nações Unidas, bem como de outros Estados e das organizações internacionais diretamente interessadas.

Artigo 68

No exercício de suas funções consultivas, a Corte deverá guiar-se, além disso, pelas disposições do presente Estatuto, que se aplicam em casos contenciosos, na medida em que, na sua opinião, tais disposições forem aplicáveis.

CAPÍTULO V
EMENDAS

Artigo 69

As emendas ao presente Estatuto serão efetuadas pelo mesmo processo estabelecido pela Carta das Nações Unidas para emendas à Carta, ressalvadas, entretanto, quaisquer disposições que a Assembleia-Geral, por determinação do Conselho de Segurança, possa adotar a respeito da participação de Estados que, tendo aceitado o presente Estatuto, não são Membros das Nações Unidas.

Artigo 70

A Corte terá a faculdade de propor por escrito ao Secretário-Geral quaisquer emendas ao presente Estatuto que julgar necessárias, a fim de que as mesmas sejam consideradas de conformidade com as disposições do Artigo 69.

DECLARAÇÃO UNIVERSAL DOS DIREITOS HUMANOS

▶ Aprovada pela Resolução nº 217, durante a 3ª Assembleia-Geral da ONU, em Paris, França, em 10-12-1948.

Considerando que o reconhecimento da dignidade inerente a todos os membros da família humana e de seus direitos iguais e inalienáveis é o fundamento da liberdade, da justiça e da paz no mundo,

Considerando que o desprezo e o desrespeito pelos direitos humanos resultaram em atos bárbaros que ultrajaram a consciência da humanidade e que o advento de um mundo em que os homens gozem de liberdade de palavra, de crença e da liberdade de viverem a salvo do temor e da necessidade foi proclamado como a mais alta aspiração do homem comum,

Considerando essencial que os direitos humanos sejam protegidos pelo Estado de Direito, para que o homem não seja compelido, como último recurso, à rebelião contra a tirania e a opressão,

Considerando essencial promover o desenvolvimento de relações amistosas entre as nações,

Considerando que os povos das Nações Unidas reafirmaram, na Carta, sua fé nos direitos humanos fundamentais, na dignidade e no valor da pessoa humana e na igualdade de direitos dos homens e das mulheres, e que decidiram promover o progresso social e melhores condições de vida em uma liberdade mais ampla,

Considerando que os Estados-Membros se comprometeram a promover, em cooperação com as Nações Unidas, o respeito universal aos direitos humanos e liberdades fundamentais da pessoa e a observância desses direitos e liberdades,

Considerando que uma compreensão comum desses direitos e liberdades é da mais alta importância para o pleno cumprimento desse compromisso,

A Assembleia-Geral proclama:

A presente Declaração Universal dos Direitos Humanos como o ideal comum a ser atingido por todos os povos e todas as nações, com o objetivo de que cada indivíduo e cada órgão da sociedade, tendo sempre em mente esta Declaração, se esforce, através do ensino e da educação, por promover o respeito a esses direitos e liberdades, e, pela adoção de medidas progressivas de caráter nacional e internacional, por assegurar o seu reconhecimento e a sua observância universais e efetivos, tanto entre os povos dos próprios Estados-Membros, quanto entre os povos dos territórios sob sua jurisdição.

Artigo I

Todas as pessoas nascem livres e iguais em dignidade e direitos. São dotadas de razão e consciência e devem agir em relação umas às outras com espírito de fraternidade.

Artigo II

Toda pessoa tem capacidade para gozar os direitos e as liberdades estabelecidas nesta Declaração, sem distinção de qualquer espécie, seja de raça, cor, sexo, língua, religião, opinião política ou de outra natureza, origem nacional ou social, riqueza, nascimento, ou qualquer outra condição.

Não será tampouco feita qualquer distinção fundada na condição política, jurídica ou internacional do país ou território a que pertença uma pessoa, quer se trate de um território independente, sob tutela, sem governo próprio, quer sujeito a qualquer outra limitação de soberania.

Artigo III

Toda pessoa tem direito à vida, à liberdade e à segurança pessoal.

▶ Art. 6º do Dec. nº 592, de 6-7-1992, que promulga o Pacto Internacional sobre Direitos Civis e Políticos.

Artigo IV

Ninguém será mantido em escravidão ou servidão; a escravidão e o tráfico de escravos serão proibidos em todas as suas formas.

▶ Art. 8º do Dec. nº 592, de 6-7-1992, que promulga o Pacto Internacional sobre Direitos Civis e Políticos.

Artigo V

Ninguém será submetido à tortura, nem a tratamento ou castigo cruel, desumano ou degradante.

▶ Art. 7º do Dec. nº 592, de 6-7-1992, que promulga o Pacto Internacional sobre Direitos Civis e Políticos.

Artigo VI

Toda pessoa tem o direito de ser, em todos os lugares, reconhecida como pessoa perante a lei.

▶ Art. 16 do Dec. nº 592, de 6-7-1992, que promulga o Pacto Internacional sobre Direitos Civis e Políticos.

Artigo VII

Todos são iguais perante a lei e têm direito, sem qualquer distinção, a igual proteção da lei. Todos têm direito a igual proteção contra qualquer discriminação que viole a presente Declaração e contra qualquer incitamento a tal discriminação.

▶ Art. 16 do Dec. nº 592, de 6-7-1992, que promulga o Pacto Internacional sobre Direitos Civis e Políticos.

Artigo VIII

Toda pessoa tem direito a receber dos tribunais nacionais competentes recurso efetivo para os atos que violem os direitos fundamentais que lhe sejam reconhecidos pela constituição ou pela lei.

Artigo IX

Ninguém será arbitrariamente preso, detido ou exilado.

▶ Arts. 9º e 12.1 do Dec. nº 592, de 6-7-1992, que promulga o Pacto Internacional sobre Direitos Civis e Políticos.

Artigo X

Toda pessoa tem direito, em plena igualdade, a uma audiência justa e pública por parte de um tribunal independente e imparcial, para decidir de seus direitos e deveres ou do fundamento de qualquer acusação criminal contra ela.

▶ Art. 14 do Dec. nº 592, de 6-7-1992, que promulga o Pacto Internacional sobre Direitos Civis e Políticos.

Artigo XI

1. Toda pessoa acusada de um ato delituoso tem o direito de ser presumida inocente até que a sua culpabilidade tenha sido provada de acordo com a lei, em julgamento público no qual lhe tenham sido asseguradas todas as garantias necessárias à sua defesa.

2. Ninguém poderá ser culpado por qualquer ação ou omissão que, no momento, não constituam delito perante o direito nacional ou internacional. Tampouco será imposta pena mais forte do que aquela que, no momento da prática, era aplicável ao ato delituoso.

▶ Art. 14.2 do Dec. nº 592, de 6-7-1992, que promulga o Pacto Internacional sobre Direitos Civis e Políticos.

Artigo XII

Ninguém será sujeito a interferências na sua vida privada, na de sua família, no seu lar ou na sua correspondência, nem a ataques à sua honra e reputação. Toda pessoa tem direito à proteção da lei contra tais interferências ou ataques.

▶ Art. 17 do Dec. nº 592, de 6-7-1992, que promulga o Pacto Internacional sobre Direitos Civis e Políticos.

Artigo XIII

1. Toda pessoa tem direito à liberdade de locomoção e residência dentro das fronteiras de cada Estado.

2. Toda pessoa tem o direito de deixar qualquer país, inclusive o próprio, e a este regressar.

▶ Art. 12 do Dec. nº 592, de 6-7-1992, que promulga o Pacto Internacional sobre Direitos Civis e Políticos.

Artigo XIV

1. Toda pessoa, vítima de perseguição, tem o direito de procurar e de gozar asilo em outros países.

2. Este direito não pode ser invocado em caso de perseguição legitimamente motivada por crimes de direito comum ou por atos contrários aos propósitos e princípios das Nações Unidas.

Artigo XV

1. Toda pessoa tem direito a uma nacionalidade.

2. Ninguém será arbitrariamente privado de sua nacionalidade, nem do direito de mudar de nacionalidade.

Artigo XVI

Os homens e mulheres de maior idade, sem qualquer restrição de raça, nacionalidade ou religião, têm o direito de contrair matrimônio e fundar uma família. Gozam de iguais direitos em relação ao casamento, sua duração e sua dissolução.

1. O casamento não será válido senão com o livre e pleno consentimento dos nubentes.

2. A família é o núcleo natural e fundamental da sociedade e tem direito à proteção da sociedade e do Estado.

► Art. 23 do Dec. nº 592, de 6-7-1992, que promulga o Pacto Internacional sobre Direitos Civis e Políticos.

Artigo XVII

1. Toda pessoa tem direito à propriedade, só ou em sociedade com outros.

2. Ninguém será arbitrariamente privado de sua propriedade.

Artigo XVIII

Toda pessoa tem direito à liberdade de pensamento, consciência e religião; este direito inclui a liberdade de mudar de religião ou crença e a liberdade de manifestar essa religião ou crença, pelo ensino, pela prática, pelo culto e pela observância, isolada ou coletivamente, em público ou em particular.

► Art. 18 do Dec. nº 592, de 6-7-1992, que promulga o Pacto Internacional sobre Direitos Civis e Políticos.

Artigo XIX

Toda pessoa tem direito à liberdade de opinião e expressão; este direito inclui a liberdade de, sem interferência, ter opiniões e de procurar, receber e transmitir informações e ideias por quaisquer meios e independentemente de fronteiras.

► Art. 19 do Dec. nº 592, de 6-7-1992, que promulga o Pacto Internacional sobre Direitos Civis e Políticos.

Artigo XX

1. Toda pessoa tem direito à liberdade de reunião e associação pacíficas.

2. Ninguém pode ser obrigado a fazer parte de uma associação.

► Art. 21 do Dec. nº 592, de 6-7-1992, que promulga o Pacto Internacional sobre Direitos Civis e Políticos.

Artigo XXI

1. Toda pessoa tem o direito de tomar parte no governo de seu país, diretamente ou por intermédio de representantes livremente escolhidos.

2. Toda pessoa tem igual direito de acesso ao serviço público do seu país.

3. A vontade do povo será a base da autoridade do governo; esta vontade será expressa em eleições periódicas e legítimas, por sufrágio universal, por voto secreto ou processo equivalente que assegure a liberdade de voto.

► Art. 25 do Dec. nº 592, de 6-7-1992, que promulga o Pacto Internacional sobre Direitos Civis e Políticos.

Artigo XXII

Toda pessoa, como membro da sociedade, tem direito à segurança social e à realização, pelo esforço nacional, pela cooperação internacional de acordo com a organização e recursos de cada Estado, dos direitos econômicos, sociais e culturais indispensáveis à sua dignidade e ao livre desenvolvimento da sua personalidade.

Artigo XXIII

1. Toda pessoa tem direito ao trabalho, à livre escolha de emprego, a condições justas e favoráveis de trabalho e à proteção contra o desemprego.

2. Toda pessoa, sem qualquer distinção, tem direito a igual remuneração por igual trabalho.

3. Toda pessoa que trabalha tem direito a uma remuneração justa e satisfatória, que lhe assegure, assim como à sua família, uma existência compatível com a dignidade humana, e a que se acrescentarão, se necessário, outros meios de proteção social.

4. Toda pessoa tem direito a organizar sindicatos e a neles ingressar para a proteção de seus interesses.

Artigo XXIV

Toda pessoa tem direito a repouso e lazer, inclusive a limitação razoável das horas de trabalho e a férias periódicas remuneradas.

Artigo XXV

1. Toda pessoa tem direito a um padrão de vida capaz de assegurar a si e a sua família saúde e bem-estar, inclusive alimentação, vestuário, habitação, cuidados médicos e os serviços sociais indispensáveis, e direito à segurança em caso de desemprego, doença, invalidez, viuvez, velhice ou outros casos de perda dos meios de subsistência em circunstâncias fora de seu controle.

2. A maternidade e a infância têm direito a cuidados e assistência especiais. Todas as crianças, nascidas dentro ou fora do matrimônio, gozarão da mesma proteção social.

Artigo XXVI

1. Toda pessoa tem direito à instrução. A instrução será gratuita, pelo menos nos graus elementares e fundamentais. A instrução elementar será obrigatória. A instrução técnico-profissional será acessível a todos, bem como a instrução superior, esta baseada no mérito.

2. A instrução será orientada no sentido do pleno desenvolvimento da personalidade humana e do fortalecimento do respeito pelos direitos humanos e pelas liberdades fundamentais. A instrução promoverá a compreensão, a tolerância e a amizade entre todas as nações e grupos raciais ou religiosos, e coadjuvará as atividades das Nações Unidas em prol da manutenção da paz.

3. Os pais têm prioridade de direito na escolha do gênero de instrução que será ministrada a seus filhos.

Artigo XXVII

1. Toda pessoa tem o direito de participar livremente da vida cultural da comunidade, de fruir as artes e de participar do progresso científico e de seus benefícios.

2. Toda pessoa tem direito à proteção dos interesses morais e materiais decorrentes de qualquer produção científica, literária ou artística da qual seja autor.

Artigo XXVIII

Toda pessoa tem direito a uma ordem social e internacional em que os direitos e liberdades estabelecidos na presente Declaração possam ser plenamente realizados.

Artigo XXIX

1. Toda pessoa tem deveres para com a comunidade, em que o livre e pleno desenvolvimento de sua personalidade é possível.

2. No exercício de seus direitos e liberdades, toda pessoa estará sujeita apenas às limitações determinadas por lei, exclusivamente com o fim de assegurar o devido reconhecimento e respeito dos direitos e liberdades de outrem e de satisfazer às justas exigências da moral, da ordem pública e do bem-estar de uma sociedade democrática.

3. Esses direitos e liberdades não podem, em hipótese alguma, ser exercidos contrariamente aos propósitos e princípios das Nações Unidas.

Artigo XXX

Nenhuma disposição da presente Declaração pode ser interpretada como o reconhecimento a qualquer Estado, grupo ou pessoa, do direito de exercer qualquer atividade ou praticar qualquer ato destinado à destruição de quaisquer dos direitos e liberdades aqui estabelecidos.

ESTATUTO EMENDADO DA CONFERÊNCIA DA HAIA DE DIREITO INTERNACIONAL PRIVADO

► Aprovado na VII Conferência, realizada no período de 9 a 31-10-1951, entrou em vigor em 15-7-1955. No Brasil, foi aprovado pelo Dec. Legislativo nº 41, de 14-5-1998, e promulgado pelo Dec. nº 3.832, de 1º-6-2001.

► Dec. nº 7.156, de 9-4-2010, promulga o texto do Estatuto Emendado da Conferência da Haia de Direito Internacional Privado, assinado em 30-6-2005.

Os Governos dos Estados a seguir enumerados, República Federal da Alemanha, Áustria, Bélgica, Dinamarca, Espanha, Finlândia, França, Itália, Japão, Luxemburgo, Noruega, Países Baixos, Portugal, Reino Unido da Grã-Bretanha e Irlanda do Norte, Suécia e Suíça;

Considerando o caráter permanente da Conferência da Haia de Direito Internacional Privado;

Desejando acentuar esse caráter;

Tendo, para esse fim, julgado desejável dotar a Conferência de um Estatuto;

Convieram nas seguintes disposições:

Artigo 1º

A Conferência da Haia tem como objetivo trabalhar para a unificação progressiva das regras de direito internacional privado.

Artigo 2º

1. São Membros da Conferência da Haia de Direito Internacional Privado os Estados que participaram de uma ou várias das sessões da Conferência e que aceitem o presente Estatuto.

2. Poderão tornar-se Membros quaisquer outros Estados cuja participação tenha importância jurídica para os trabalhos da Conferência. A admissão de novos Estados-Membros será decidida pelos Governos dos Estados partici-

pantes, por propostas de um ou vários dentre eles, por maioria dos votos expressos, num prazo de seis meses contados da data em que essa proposta for submetida aos Governos.

3. A admissão se efetivará por meio da aceitação do presente Estatuto pelo Estado interessado.

Artigo 3º

1. Os Estados-Membros da Conferência poderão, numa reunião relativa a assuntos gerais e política na qual esteja presente a maioria dos Estados-Membros, por maioria de votos expressos, decidir admitir também como Membro qualquer Organização Regional de Integração Econômica que haja apresentado ao Secretário-Geral solicitação para tornar-se Membro.

As referências aos Membros de acordo com este Estatuto incluirão essas Organizações Membros, exceto quando expressamente disposto de forma diversa. A admissão se efetivará por meio da aceitação do Estatuto pela Organização Regional de Integração Econômica interessada.

2. A fim de estar habilitada a fazer a solicitação para tornar-se Membro da Conferência, a Organização Regional de Integração Econômica deve ser constituída unicamente por Estados soberanos, à qual seus Estados-Membros tenham transferido a competência sobre uma gama de assuntos dentro do campo de ação da Conferência, inclusive a autoridade para tomar decisões vinculantes para seus Estados-Membros com relação àqueles assuntos.

3. Cada Organização Regional de Integração Econômica que fizer a solicitação para tornar-se Membro deverá submeter, por ocasião da solicitação, uma declaração de competência que especifique os assuntos cuja competência lhe tenha sido transferida por seus Estados-Membros.

4. Cada Organização-Membro e seus Estados-Membros zelarão para que qualquer mudança relativa à competência da Organização ou em sua composição seja notificada ao Secretário-Geral, que circulará essa informação aos demais Membros da Conferência.

5. Presumir-se-á que os Estados-Membros da Organização-Membro conservam a competência sobre todos os assuntos a respeito dos quais não tenham sido especificamente declaradas ou notificadas transferências de competência.

6. Qualquer Membro da Conferência poderá requerer à Organização-Membro e a seus Estados-Membros que informem se a Organização-Membro tem competência em relação a qualquer questão específica submetida à Conferência. A Organização-Membro e seus Estados-Membros assegurarão o fornecimento dessa informação quando requerida.

7. A Organização-Membro exercerá seus direitos de Membro alternativamente com seus Estados-Membros que sejam Membros da Conferência, nos campos de suas respectivas competências.

8. A Organização-Membro poderá dispor, nos assuntos de sua competência, em quaisquer reuniões da Conferência em que tenha direito a participar, de um número de votos igual ao número de seus Estados-Membros que lhe tenham transferido competência em relação ao assunto em questão, e que tenham direito a votar e tenham se registrado para tais reuniões. Sempre que a Organização-Membro exercer seu direito de voto, seus Estados-Membros não exercerão os seus, e vice-versa.

9. "Organização Regional de Integração Econômica" significa uma organização internacional que seja constituída unicamente de Estados soberanos e à qual seus Estados-Membros tenham transferido competência sobre uma gama de assuntos, inclusive autoridade para tomar decisões vinculantes para seus Estados-Membros em relação àqueles assuntos.

Artigo 4º

1. O Conselho de Assuntos Gerais e Política, (doravante "o Conselho") composto por todos os Membros, fica encarregado do funcionamento da Conferência. As reuniões do Conselho serão, em princípio, realizadas anualmente.

2. O Conselho assegurará esse funcionamento por meio de uma Secretaria Permanente, cujas atividades dirigirá.

3. O Conselho examinará todas as propostas sugeridas para inscrição na Agenda da Conferência. Terá liberdade para determinar as medidas a serem tomadas em relação a essas propostas.

4. A Comissão de Estado dos Países Baixos, instituída pelo Decreto Real de 20 de fevereiro de 1897 com a finalidade de promover a codificação do direito internacional privado, determinará, após consulta aos Membros da Conferência, a data das Sessões Diplomáticas.

5. A Comissão de Estado se dirigirá ao Governo dos Países Baixos para a convocação dos Membros. O Presidente da Comissão de Estado presidirá as Sessões da Conferência.

6. As Sessões Ordinárias da Conferência serão realizadas, em princípio, a cada quatro anos.

7. Caso necessário, o Conselho poderá, após consulta à Comissão de Estado, solicitar ao Governo dos Países Baixos a convocação de Sessão Extraordinária da Conferência.

8. O Conselho poderá consultar a Comissão de Estado sobre qualquer outro tema relevante para a Conferência.

Artigo 5º

1. A Secretaria Permanente terá sua sede na Haia. Será composta por um Secretário-Geral e quatro Secretários, que serão nomeados pelo Governo dos Países Baixos mediante proposta da Comissão de Estado.

2. O Secretário-Geral e os Secretários devem obrigatoriamente possuir conhecimento jurídico e experiência prática apropriados.

Para sua nomeação também serão levadas em consideração a diversidade de representação geográfica e a experiência jurídica.

3. O número de Secretários poderá ser aumentado após consulta ao Conselho e em conformidade com o Artigo 10.

Artigo 6º

Sob a direção do Conselho, a Secretaria Permanente ficará encarregada:

a) da preparação e organização das Sessões da Conferência da Haia e das reuniões do Conselho e as de quaisquer Comissões Especiais;

b) do trabalho do Secretariado das Sessões e reuniões acima previstas;

c) de todas as tarefas pertinentes às atividades de um secretariado.

Artigo 7º

1. A fim de facilitar a comunicação entre os Membros da Conferência e a Secretaria Permanente, o Governo de cada Estado-Membro designará um órgão nacional e cada Organização-Membro um órgão de contato.

2. A Secretaria Permanente poderá corresponder-se com todos os órgãos assim designados e com as organizações internacionais competentes.

Artigo 8º

1. As Sessões e, no intervalo entre as Sessões, o Conselho, poderão criar Comissões Especiais a fim de elaborar projetos de convenções ou estudar quaisquer questões de direito internacional privado incluídas nos objetivos da Conferência.

2. As Sessões, o Conselho e as Comissões Especiais funcionarão, tanto quanto possível, na base de consenso.

Artigo 9º

1. Os custos da Conferência incluídos no orçamento serão rateados entre os Estados-Membros.

2. Uma Organização-Membro não terá obrigação de contribuir adicionalmente a seus Estados-Membros para o orçamento anual da Conferência, mas pagará uma importância a ser determinada pela Conferência, em consulta à Organização-Membro, para cobrir despesas administrativas adicionais decorrentes de sua atuação como Membro.

3. Em qualquer caso, as despesas de viagem e permanência dos delegados ao Conselho e às Comissões Especiais serão custeadas pelos Membros representados.

Artigo 10

1. O orçamento da Conferência será submetido a cada ano à aprovação do Conselho de Representantes Diplomáticos dos Estados-Membros na Haia.

2. Esses Representantes deverão igualmente ratear entre os Estados-Membros as despesas a estes atribuídas pelo orçamento.

3. Os Representantes Diplomáticos reunir-se-ão, para tal finalidade, sob a presidência do Ministro dos Negócios Estrangeiros do Reino dos Países Baixos.

Artigo 11

1. As despesas decorrentes das Sessões Ordinárias e Extraordinárias da Conferência serão custeadas pelo Governo dos Países Baixos.

2. Em todos os casos as despesas de viagem e de permanência dos delegados serão custeadas pelos respectivos Membros.

Artigo 12

As práticas adotadas pela Conferência continuarão a ser mantidas em relação a tudo que não for contrário ao presente Estatuto ou aos Regulamentos.

Artigo 13

1. As emendas ao Estatuto deverão ser adotadas por consenso dos Estados-Membros presentes a uma reunião sobre assuntos gerais e política.

2. Tais emendas entrarão em vigor, para todos os Membros, três meses depois de serem aprovadas por dois terços dos Estados-Membros,

em conformidade com seus respectivos procedimentos internos, porém não antes de nove meses a contar da data de sua adoção.

3. A reunião referida no parágrafo 1º poderá modificar, por consenso, os períodos de tempo mencionados no parágrafo 2º.

Artigo 14

A fim de assegurar sua execução, as disposições do presente Estatuto serão complementadas por Regulamentos. Os Regulamentos serão adotados pela Secretaria Permanente e submetidos a uma Sessão Diplomática, ao Conselho de Representantes Diplomáticos ou ao Conselho de Assuntos Gerais e Política para aprovação.

Artigo 15

1. O presente Estatuto será submetido à aceitação dos Governos dos Estados que tiverem participado de uma ou mais Sessões da Conferência. Entrará em vigor quando tiver sido aceito pela maioria dos Estados representados na Sétima Sessão.

2. A declaração de aceitação será depositada junto ao Governo dos Países Baixos, que a informará aos Governos mencionados no primeiro parágrafo deste Artigo.

3. Em caso de admissão de novo Membro, o Governo dos Países Baixos informará todos os Membros da declaração de aceitação desse novo Membro.

Artigo 16

1. Cada Membro poderá denunciar o presente Estatuto após um período de cinco anos contados da data de sua entrada em vigor, nos termos do artigo 15, parágrafo 1.

2. A notificação da denúncia deverá ser apresentada ao Ministério dos Negócios Estrangeiros do Reino dos Países Baixos pelo menos seis meses antes do término do ano orçamentário da Conferência, e passará a vigorar ao término do referido ano orçamentário, mas somente em relação ao Membro que houver apresentado a mencionada notificação.

Os textos em francês e inglês deste Estatuto, tal como emendados em 1º de janeiro de 2007, são igualmente autênticos.

CONVENÇÃO SOBRE ASILO TERRITORIAL

▶ Assinada em Caracas, a 28-3-1954, teve seu instrumento de ratificação depositado pelo Brasil, junto à União Pan-americana, a 14-1-1965. Aprovada pelo Dec. Legislativo nº 34, de 20-5-1964 e promulgada pelo Dec. nº 55.929, de 14-4-1965.

Os governos dos Estados-Membros da Organização dos Estados Americanos, desejosos de estabelecer uma Convenção sobre Asilo Territorial, convieram nos seguintes artigos:

Artigo I

Todo Estado tem direito, no exercício de sua soberania, de admitir dentro de seu território as pessoas que julgar conveniente, sem que, pelo exercício desse direito, nenhum outro Estado possa fazer qualquer reclamação.

Artigo II

O respeito que, segundo o Direito Internacional, se deve à jurisdição de cada Estado sobre os habitantes de seu território, deve-se igualmente, sem nenhuma restrição à jurisdição que tem sobre as pessoas que nele entram, procedentes de um Estado, onde sejam perseguidas por suas crenças, opiniões e filiação política ou por atos que possam ser considerados delitos políticos. Qualquer violação da soberania consistindo em atos de um governo ou de seus agentes contra a vida ou a segurança de uma pessoa, praticados em território de outro Estado, não se pode considerar atenuada pelo fato de ter a perseguição começado fora de suas fronteiras ou de obedecer a motivos políticos ou a razões de Estado.

Artigo III

Nenhum Estado é obrigado a entregar a outro Estado ou a expulsar de seu território pessoas perseguidas por motivos ou delitos políticos.

Artigo IV

A extradição não se aplica, quando se trate de pessoas que, segundo a classificação do Estado suplicado, sejam perseguidas por delitos políticos ou delitos comuns cometidos com fins políticos, nem quando a extradição for solicitada obedecendo a motivos predominantemente políticos.

Artigo V

O fato de o ingresso de uma pessoa na jurisdição territorial de um Estado se ter efetuado clandestina ou irregularmente não atinge as estipulações desta Convenção.

Artigo VI

Sem prejuízo ao disposto nos artigos seguintes, nenhum Estado é obrigado a estabelecer em sua legislação ou em suas disposições ou atos administrativos aplicáveis e estrangeiros, qualquer distinção motivada pelo único fato de se tratar de asilados ou refugiados políticos.

Artigo VII

A liberdade de expressão de pensamento, que o direito interno reconhece a todos os habitantes de um Estado, não pode ser motivo de reclamação por outro Estado, baseada em conceitos que contra este ou seu governo expressem publicamente os asilados ou refugiado, salvo no caso de tais conceitos constituírem propaganda sistemática por meio da qual se incite ao emprego da força ou da violência contra o governo do Estado reclamante.

Artigo VIII

Nenhum Estado tem o direito de pedir a outro Estado que restrinja aos asilados ou refugiados políticos a liberdade de reunião ou associação que a legislação interna deste reconheça a todos os estrangeiros dentro do seu território, salvo se tais reuniões ou associações tiverem por objetivo promover o emprego da força ou da violência contra o governo do Estado suplicante.

Artigo IX

A pedido do Estado interessado, o país que concedeu refúgio ou asilo procederá à vigilância ou ao internamento, em distância prudente de suas fronteiras, dos refugiados ou asilados políticos que forem dirigentes notórios de um movimento subversivo assim como daqueles sobre os quais existam provas de que dispõem a incorporar-se no mesmo movimento.

A determinação da distância prudente das fronteiras para os efeitos de internamento, dependerá do critério das autoridades do Estado suplicado.

As despesas de toda espécie exigidas pelo internamento de asilados e refugiados políticos correrão por conta do Estado que o solicitar.

Artigo X

Os internados políticos, a que se refere o artigo anterior, sempre que desejarem sair do território do Estado em que se encontram, comunicarão esse fato ao respectivo governo. A saída ser-lhes-á concedida, sob a condição de não se dirigirem ao país de sua procedência e mediante aviso ao governo interessado.

Artigo XI

Em todos os caos em que segundo esta Convenção, a apresentação de uma reclamação ou de um requerimento seja procedente, a apreciação da prova apresentada pelo Estado suplicante dependerá do critério do Estado suplicado.

Artigo XII

A presente Convenção fica aberta à assinatura dos Estados-Membros da Organização dos Estados Americanos e será ratificada pelos Estados signatários de acordo com as respectivas normas constitucionais.

Artigo XIII

O original da convenção, cujos textos em português, espanhol, francês e inglês são igualmente autênticos, será depositado na União Pan-americana, a qual enviará cópias certificadas aos governos para fins de ratificação. Os instrumentos de ratificação serão depositados na União Pan-americana que notificará os governos signatários do referido depósito.

Artigo XIV

A presente Convenção entrará em vigor entre os Estados que a ratifiquem, à medida que depositarem as respectivas ratificações.

Artigo XV

A presente Convenção regerá indefinidamente, mas poderá ser denunciada por qualquer dos Estados signatários, mediante aviso prévio de um ano, transcorrido o qual cessarão seus efeitos o denunciante continuando em vigor para os demais Estados signatários. A denúncia será transmitida à União Pan-americana e esta comunicá-la-á aos demais Estados signatários.

RESERVAS

GUATEMALA

Fazemos reserva expressa ao Artigo III (terceiro) no que se refere à entrega de pessoas perseguidas por motivos ou delitos políticos; porque, de acordo com as disposições de nossa Constituição política sustentamos que essa entrega de refugiados políticos nunca poderá efetuar-se.

Fazemos constar por outra parte, que entendemos o termo "internamento", no artigo IX, como simples afastamento das fronteiras.

REPÚBLICA DOMINICANA

A Delegação da República Dominicana assina a Convenção Sobre Asilo Territorial com as seguintes reservas:

Artigo I

A República Dominicana aceita o princípio geral consagrado no referido artigo no sentido de que "Todo Estado tem direito de admitir dentro do seu território as pessoas que julgar conveniente", mas não renuncia ao direito de efetuar as representações diplomáticas que, por considerações de segurança nacional, julgue conveniente fazer perante outro Estado.

Artigo II

Aceita o segundo parágrafo deste artigo, no entendimento de que o mesmo não afeta as prescrição da polícia de fronteiras.

Artigo III

A República Dominicana não renuncia ao direito de recorrer aos processos de solução pacífica das controvérsias internacionais que possam surgir da prática do asilo territorial.

MÉXICO

A Delegação do México faz reserva expressa dos Artigos IX e X da Convenção sobre asilo Territorial, porque são contrários às garantias individuais de que gozam todos os habitantes da República, de acordo com a Constituição Política dos Estados Unidos Mexicanos.

PERU

A Delegação do Peru faz reserva ao texto do Artigo VIII da Convenção sobre asilo Territorial, na parte em que diverge do artigo VI do projeto do Conselho Interamericano de jurisconsultos, com o qual concorda esta Delegação.

HONDURAS

A Delegação de Honduras subscreve a Convenção sobre Asilo Territorial com as reservas pertinentes a respeito dos artigos que se oponham à Constituição e às leis vigentes da República de Honduras.

ARGENTINA

A Delegação Argentina votou favoravelmente à Convenção sobre asilo territorial, mas formula reserva expressa a respeito do artigo VII, por entender que o mesmo não considera devidamente nem resolve satisfatoriamente o problema oriundo do exercício, por parte dos asilados políticos, do direito de livre expressão do pensamento.

Em fé do que, os Plenipotenciários abaixo assinados, depois de haverem apresentado os seus plenos poderes, que foram achados em boa e devida forma, assinam achados em boa e devida forma, assinam a presente Convenção, em nome de seus respectivos governos, na cidade de Caracas, no dia vinte e oito de março de mil novecentos e cinquenta e quatro.

CONVENÇÃO SOBRE ASILO DIPLOMÁTICO

- Assinada em Caracas, a 28-3-1954. Ratificada pelo Brasil por carta de 25-6-1957. Depósito a 17-9-1957, junto à União Pan-americana, em Washington, do instrumento brasileiro de ratificação da referida Convenção. Aprovada pelo Dec. Legislativo nº 13, de 11-6-1957. Promulgada pelo Dec. nº 42.628, de 13-11-1957.

Os Governos dos Estados-Membros da Organização dos Estados Americanos, desejosos de estabelecer uma Convenção sobre Asilo Diplomático, convieram nos seguintes artigos:

Artigo I

O asilo outorgado em legações, navios de guerra e acampamentos ou aeronaves militares, a pessoas perseguidas por motivos ou delitos políticos, será respeitado pelo Estado territorial, de acordo com as disposições desta Convenção.

Para os fins desta Convenção, legação é a sede de toda missão diplomática ordinária, a residência dos chefes de missão, e os locais por eles destinados para esse efeito, quando o número de asilados exceder a capacidade normal dos edifícios.

Os navios de guerra ou aeronaves militares, que se encontrarem provisóriamente em estaleiros, arsenais ou oficinas para serem reparados, não podem constituir recinto de asilo.

Artigo II

Todo Estado tem o direito de conceder asilo, mas não se acha obrigado a concedê-lo, nem a declarar por que o nega.

Artigo III

Não é lícito conceder asilo a pessoas que, na ocasião em que o solicitem, tenham sido acusadas de delitos comuns, processadas ou condenadas por esse motivo pelos tribunais ordinários competentes, sem haverem cumprido as penas respectivas; nem a desertores das forças de terra, mar e ar, salvo quando os fatos que motivarem o pedido de asilo, seja qual for o caso, apresentem claramente caráter político.

As pessoas mencionadas no parágrafo precedente, que se refugiarem em lugar apropriado para servir de asilo, deverão ser convidadas a retirar-se, ou, conforme o caso, ser entregues ao governo local, o qual não poderá julgá-las por delitos políticos anteriores ao momento da entrega.

Artigo IV

Compete ao Estado asilante a classificação da natureza do delito ou dos motivos da perseguição.

Artigo V

O asilo só poderá ser concedido em casos de urgência e pelo tempo estritamente indispensável para que o asilado deixe o país com as garantias concedidas pelo governo do Estado territorial, a fim de não correrem perigo sua vida, sua liberdade ou sua integridade pessoal, ou para que de outra maneira o asilado seja posto em segurança.

Artigo VI

Entendem-se por casos de urgência, entre outros, aqueles em que o indivíduo é perseguido por pessoas ou multidões que não possam ser contidas pelas autoridades, ou pelas próprias autoridades, bem como quando se encontre em perigo de ser privado de sua vida ou de sua liberdade por motivos de perseguição política e não possa, sem risco, por-se de outro modo em segurança.

Artigo VII

Compete ao Estado asilante julgar se se trata de caso de urgência.

Artigo VIII

O agente diplomático, comandante de navio de guerra, acampamento ou aeronave militar, depois de concedido o asilo, comunicá-lo-á, com a maior brevidade possível, ao Ministro das Relações Exteriores do Estado territorial ou à autoridade administrativa do lugar, se o fato houver ocorrido fora da Capital.

Artigo IX

A autoridade asilante tomará em conta as informações que o governo territorial lhe oferecer para formar seu critério sobre a natureza do delito ou a existência de delitos comuns conexos; porém, será respeitada sua determinação de continuar a conceder asilo ou exigir salvo-conduto para o perseguido.

Artigo X

O fato de não estar o governo do Estado territorial reconhecido pelo Estado asilante não impedirá a observância desta Convenção e nenhum ato executado em virtude da mesma implicará o reconhecimento.

Artigo XI

O Governo do Estado territorial pode, em qualquer momento, exigir que o asilado seja retirado do país, para o que deverá conceder salvo-conduto e as garantias estipuladas no Artigo V.

Artigo XII

Concedido o asilo, o Estado asilante pode pedir a saída do asilado para território estrangeiro, sendo o Estado territorial obrigado a conceder imediatamente, salvo caso de força maior, as garantias necessárias a que se refere o Artigo V e o correspondente salvo-conduto.

Artigo XIII

Nos casos referidos nos artigos anteriores, o Estado asilante pode exigir que as garantias sejam dadas por escrito e tomar em consideração, para a rapidez da viagem, as condições reais de perigo apresentadas para a saída do asilado.

Ao Estado asilante cabe o direito de conduzir o asilado para fora do país. O Estado territorial pode escolher o itinerário preferido para a saída do asilado, sem que isso implique determinar o país de destino.

Se o asilo se verificar a bordo de navio de guerra ou aeronave militar, a saída pode se efetuar nos mesmos, devendo, porém, ser previamente preenchido o requisito da obtenção do salvo-conduto.

Artigo XIV

Não se pode culpar o Estado asilante do prolongamento do asilo, decorrente da necessidade de coligir informações indispensáveis para julgar da procedência do mesmo, ou de fatos circunstanciais que ponham em perigo a segurança do asilado durante o trajeto para um país estrangeiro.

Artigo XV

Quando para a transferência de um asilado para outro país for necessário atravessar o território de um Estado-Parte nesta Convenção, o trânsito será autorizado por este sem outro requisito além da apresentação, por via diplomática, do respectivo salvo-conduto visado e com a declaração, por parte da missão diplomática asilante, da qualidade de asilado.

Durante o mencionado trânsito o asilado ficará sob a proteção do Estado que concede o asilo.

Artigo XVI

Os asilados não poderão ser desembarcados em ponto algum do Estado territorial, nem em lugar que dele esteja próximo, salvo por necessidade de transporte.

Artigo XVII

Efetuada a saída do asilado, o Estado asilante não é obrigado a conceder-lhe permanência no seu território; mas não o poderá mandar de volta ao seu país de origem, salvo por vontade expressa do asilado.

O fato de o Estado territorial comunicar à autoridade asilante a intenção de solicitar a extradição posterior do asilado não prejudicará a aplicação de qualquer dispositivo desta Convenção. Nesse caso, o asilado permanecerá residindo no território do Estado asilante, até que se receba o pedido formal de extradição, segundo as normas jurídicas que regem essa instituição no Estado asilante. A vigilância sobre o asilado não poderá exceder de trinta dias.

As despesas desse transporte e as da permanência preventiva cabem ao Estado do suplicante.

Artigo XVIII

A autoridade asilante não permitirá aos asilados praticar atos contrários à tranquilidade pública, nem intervir na política interna do Estado territorial.

Artigo XIX

Se, por motivo de ruptura de relações, o representante diplomático que concedeu o asilo tiver de abandonar o Estado territorial, sairá com os asilados.

Se o estabelecido no parágrafo anterior não for possível por causas independentes da vontade dos mesmos ou do agente diplomático, deverá entregá-los à representação diplomática de um terceiro Estado, com as garantias estabelecidas nesta Convenção.

Se isto também não for possível, poderá entregá-los a um Estado que não faça parte desta Convenção e concorde em manter o asilo. O Estado territorial deverá respeitar esse asilo.

Artigo XX

O asilo diplomático não estará sujeito à reciprocidade. Toda pessoa, seja qual for sua nacionalidade, pode estar sob proteção.

Artigo XXI

A presente Convenção fica aberta à assinatura dos Estados-Membros da Organização dos Estados Americanos e será ratificada pelos Estados signatários, de acordo com as respectivas normas constitucionais.

Artigo XXII

O instrumento original, cujos textos em português, espanhol, francês e inglês são igualmente autênticos, será depositado na União Pan-Americana, que enviará cópias autenticadas aos Governos, para fins de ratificação. Os instrumentos de ratificação serão depositados na União Pan-Americana, que notificará aos Governos signatários e do referido depósito.

Artigo XXIII

A presente Convenção entrará em vigor entre os Estados que a ratificarem, na ordem em que depositem as respectivas ratificações.

Artigo XXIV

A presente Convenção vigorará indefinidamente, podendo ser denunciada por qualquer dos Estados signatários, mediante aviso prévio de um ano, decorrido o qual cessarão seus efeitos para o denunciante, subsistindo para os demais. A denúncia será enviada à União Pan-Americana, que a comunicará aos demais Estados signatários.

RESERVAS

GUATEMALA

Fazemos reserva expressa ao Artigo II na parte que declara não serem os Estados obrigados a conceder asilo, porque mantemos o conceito amplo e firme do direito de asilo.

URUGUAI

O Governo do Uruguai faz reserva ao Artigo II na parte que estabelece: a autoridade asilante não está em asilo nem a declarar por que o nega. Faz, outrossim, reserva ao Artigo XV na parte que estabelece: "...sem outro requisito além da apresentação, por via diplomática, do respectivo salvo-conduto visado e com a declaração, por parte da missão diplomática asilante, da qualidade de asilado. Durante o mencionado trânsito o asilado ficará sob a proteção do Estado que concede o Asilo". Finalmente, faz reserva à Segunda alínea do Artigo XX, pois o Governo do Uruguai, entende que todas as pessoas, qualquer que seja seu sexo, nacionalidade, opinião ou religião, gozam do direito de asilo.

REPÚBLICA DOMINICANA

A República Dominicana assina a Convenção anterior com as reservas seguintes:

Primeira: A República Dominicana não aceita as disposições contidas nos Artigos VII e seguintes no que concerne à classificação unilteral da urgência pelo Estado asilante; e

Segunda: As disposições desta Convenção, não são aplicáveis, por conseguinte, no que concerne à República Dominicana, às controvérsias que possam surgir entre o Estado asilante, e que se refiram concretamente à falta de seriedade ou inexistência de uma ação de verdadeira perseguição contra o asilado da parte das autoridades locais.

HONDURAS

A Delegação de Honduras assina a Convenção sobre Asilo Diplomático com as reservas pertinentes aos artigos que se oponham à Constituição e às leis vigentes da República de Honduras.

EM FÉ DO QUE, os Plenipotenciários abaixo assinados, apresentados seus plenos poderes que foram achados em boa e devida forma, firmam a presente Convenção em nome de seus governos, na cidade de Caracas, aos vinte e oito dias de março de mil novecentos e cinquenta e quatro.

CONVENÇÃO SOBRE O RECONHECIMENTO E A EXECUÇÃO DE SENTENÇAS ARBITRAIS ESTRANGEIRAS

▶ Feita em Nova Iorque, em 10-6-1958. Aprovada por meio do Dec. Legislativo nº 52, de 25-4-2002, e promulgada pelo Dec. nº 4.311, de 23-7-2002.

Artigo I

A presente Convenção aplicar-se-á ao reconhecimento e à execução de sentenças arbitrais estrangeiras proferidas no território de um Estado que não o Estado em que se tencione o reconhecimento e a execução de tais sentenças, oriundas de divergências entre pessoas, sejam elas físicas ou jurídicas. A Convenção aplicar-se-á igualmente a sentenças arbitrais não consideradas como sentenças domésticas no Estado onde se tencione o seu reconhecimento e a sua execução.

Entender-se-á por "sentenças arbitrais" não só as sentenças proferidas por árbitros nomeados para cada caso mas também aquelas emitidas por órgãos arbitrais permanentes aos quais as partes se submetam.

Quando da assinatura, ratificação ou adesão à presente Convenção, ou da notificação de extensão nos termos do Artigo X, qualquer Estado poderá, com base em reciprocidade, declarar que aplicará a Convenção ao reconhecimento e à execução de sentenças proferidas unicamente no território de outro Estado signatário. Poderá igualmente declarar que aplicará a Convenção somente a divergências oriundas de relacionamentos jurídicos, sejam eles contratuais ou não, que sejam considerados como comerciais nos termos da lei nacional do Estado que fizer tal declaração.

Artigo II

Cada Estado signatário deverá reconhecer o acordo escrito pelo qual as partes se comprometem a submeter à arbitragem todas as divergências que tenham surgido ou que possam vir a surgir entre si no que diz respeito a um relacionamento jurídico definido, seja ele contratual ou não, com relação a uma matéria passível de solução mediante arbitragem.

Entender-se-á por "acordo escrito" uma cláusula arbitral inserida em contrato ou acordo de arbitragem, firmado pelas partes ou contido em troca de cartas ou telegramas.

O tribunal de um Estado signatário, quando de posse de ação sobre matéria com relação à qual as partes tenham estabelecido acordo nos termos do presente artigo, a pedido de uma delas, encaminhará as partes à arbitragem, a menos que constate que tal acordo é nulo e sem efeitos, inoperante ou inexequível.

Artigo III

Cada Estado signatário reconhecerá as sentenças como obrigatórias e as executará em conformidade com as regras de procedimento do território no qual a sentença é invocada, de acordo com as condições estabelecidas nos artigos que se seguem. Para fins de reconhecimento ou de execução das sentenças arbitrais às quais a presente Convenção se aplica, não serão impostas condições substancialmente mais onerosas ou taxas ou cobranças mais altas do que as impostas para o reconhecimento ou a execução de sentenças arbitrais domésticas.

Artigo IV

A fim de obter o reconhecimento e a execução mencionados no artigo precedente, a parte que solicitar o reconhecimento e a execução fornecerá, quando da solicitação:

a) a sentença original devidamente autenticada ou uma cópia da mesma devidamente certificada;
b) o acordo original a que se refere o Artigo II ou uma cópia do mesmo devidamente autenticada.

Caso tal sentença ou tal acordo não for feito em um idioma oficial do país no qual a sentença é invocada, a parte que solicitar o reconhecimento e a execução da sentença produzirá uma tradução desses documentos para tal idioma. A tradução será certificada por um tradutor oficial ou juramentado ou por um agente diplomático ou consular.

Artigo V

O reconhecimento e a execução de uma sentença poderão ser indeferidos, a pedido da parte contra a qual ela é invocada, unicamente se esta parte fornecer, à autoridade competente onde se tenciona o reconhecimento e a execução, prova de que:

a) as partes do acordo a que se refere o Artigo II estavam, em conformidade com a lei a elas aplicável, de algum modo incapacitadas, ou que tal acordo não é válido nos termos da lei à qual as partes o submeteram, ou, na ausência de indicação sobre a matéria, nos termos da lei do país onde a sentença foi proferida; ou
b) a parte contra a qual a sentença é invocada não recebeu notificação apropriada acerca da designação do árbitro ou do processo de arbitragem, ou lhe foi impossível, por outras razões, apresentar seus argumentos; ou
c) a sentença se refere a uma divergência que não está prevista ou que não se enquadra nos termos da cláusula de submissão à arbitragem, ou contém decisões acerca de matérias que transcendem o alcance da cláusula de submissão, contanto que, se as decisões sobre as matérias suscetíveis de arbitragem puderem ser separadas daquelas não suscetíveis, a parte da sentença que contém decisões sobre matérias suscetíveis de arbitragem possa ser reconhecida e executada; ou
d) a composição da autoridade arbitral ou o procedimento arbitral não se deu em conformidade com o acordado pelas partes, ou, na ausência de tal acordo, não se deu em conformidade com a lei do país em que a arbitragem ocorreu; ou
e) a sentença ainda não se tornou obrigatória para as partes ou foi anulada ou suspensa por autoridade competente do país em que, ou conforme a lei do qual, a sentença tenha sido proferida.

O reconhecimento e a execução de uma sentença arbitral também poderão ser recusados caso a autoridade competente do país em que se tenciona o reconhecimento e a execução constatar que:

a) segundo a lei daquele país, o objeto da divergência não é passível de solução mediante arbitragem; ou
b) o reconhecimento ou a execução da sentença seria contrário à ordem pública daquele país.

Artigo VI

Caso a anulação ou a suspensão da sentença tenha sido solicitada à autoridade competente mencionada no Artigo V, 1. (e), a autoridade perante a qual a sentença está sendo invocada poderá, se assim julgar cabível, adiar a decisão quanto a execução da sentença e poderá, igualmente, a pedido da parte que reivindica a execução da sentença, ordenar que a outra parte forneça garantias apropriadas.

Artigo VII

As disposições da presente Convenção não afetarão a validade de acordos multilaterais ou bilaterais relativos ao reconhecimento e à execução de sentenças arbitrais celebrados pelos Estados signatários nem privarão qualquer parte interessada de qualquer direito que ela possa ter de valer-se de uma sentença arbitral da maneira e na medida permitidas pela lei ou pelos tratados do país em que a sentença é invocada.

O Protocolo de Genebra sobre Cláusulas de Arbitragem de 1923 e a Convenção de Genebra sobre a Execução de Sentenças Arbitrais Estrangeiras de 1927 deixarão de ter efeito entre os Estados signatários quando, e na medida em que, eles se tornem obrigados pela presente Convenção.

Artigo VIII

A presente Convenção estará aberta, até 31 de dezembro de 1958, à assinatura de qualquer Membro das Nações Unidas e também de qualquer outro Estado que seja ou que doravante se torne membro de qualquer órgão especializado das Nações Unidas, ou que seja ou que doravante se torne parte do Estatuto da Corte Internacional de Justiça, ou qualquer outro Estado convidado pela Assembleia-Geral das Nações Unidas.

A presente Convenção deverá ser ratificada e o instrumento de ratificação será depositado junto ao Secretário Geral das Nações Unidas.

Artigo IX

A presente Convenção estará aberta para adesão a todos os Estados mencionados no Artigo VIII.

A adesão será efetuada mediante o depósito de instrumento de adesão junto ao Secretário Geral das Nações Unidas.

Artigo X

Qualquer Estado poderá, quando da assinatura, ratificação ou adesão, declarar que a presente Convenção se estenderá a todos ou a qualquer dos territórios por cujas relações internacionais ele é responsável. Tal declaração passará a ter efeito quando a Convenção entrar em vigor para tal Estado.

A qualquer tempo a partir dessa data, qualquer extensão será feita mediante notificação dirigida ao Secretário Geral das Nações Unidas e terá efeito a partir do nonagésimo dia a contar do recebimento pelo Secretário Geral das Nações Unidas de tal notificação, ou a partir da data de entrada em vigor da Convenção para tal Estado, considerada sempre a última data.

Com respeito àqueles territórios aos quais a presente Convenção não for estendida quando da assinatura, ratificação ou adesão, cada Estado interessado examinará a possibilidade de tomar as medidas necessárias a fim de estender a aplicação da presente Convenção a tais territórios, respeitando-se a necessidade, quando assim exigido por razões constitucionais, do consentimento dos Governos de tais territórios.

Artigo XI

No caso de um Estado federativo ou não unitário, aplicar-se-ão as seguintes disposições:

a) com relação aos artigos da presente Convenção que se enquadrem na jurisdição legislativa da autoridade federal, as obrigações do Governo federal serão as mesmas que aquelas dos Estados signatários que não são Estados federativos;
b) com relação àqueles artigos da presente Convenção que se enquadrem na jurisdição legislativa dos estados e das províncias constituintes que, em virtude do sistema constitucional da confederação, não são obrigados a adotar medidas legislativas, o Governo federal, o mais cedo possível, levará tais artigos, com recomendação favorável, ao conhecimento das autoridades competentes dos estados e das províncias constituintes;
c) um Estado federativo Parte da presente Convenção fornecerá, atendendo a pedido de qualquer outro Estado signatário que lhe tenha sido transmitido por meio do Secretário Geral das Nações Unidas, uma declaração da lei e da prática na confederação e em suas unidades constituintes com relação a qualquer disposição em particular da presente Convenção, indicando até que ponto se tornou efetiva aquela disposição mediante ação legislativa ou outra.

Artigo XII

A presente Convenção entrará em vigor no nonagésimo dia após a data de depósito do terceiro instrumento de ratificação ou adesão.

Para cada Estado que ratificar ou aderir à presente Convenção após o depósito do terceiro instrumento de ratificação ou adesão, a presente Convenção entrará em vigor no nonagésimo dia após o depósito por tal Estado de seu instrumento de ratificação ou adesão.

Artigo XIII

Qualquer Estado signatário poderá denunciar a presente Convenção mediante notificação por escrito dirigida ao Secretário Geral das Nações Unidas. A denúncia terá efeito um ano após a data de recebimento da notificação pelo Secretário Geral.

Qualquer Estado que tenha feito uma declaração ou notificação nos termos do Artigo X poderá, a qualquer tempo a partir dessa data, mediante notificação ao Secretário Geral das Nações Unidas, declarar que a presente Convenção deixará de aplicar-se ao território em questão um ano após a data de recebimento da notificação pelo Secretário Geral.

A presente Convenção continuará sendo aplicável a sentenças arbitrais com relação às quais tenham sido instituídos processos de reconhecimento ou de execução antes de a denúncia surtir efeito.

Artigo XIV

Um Estado signatário não poderá valer-se da presente Convenção contra outros Estados signatários, salvo na medida em que ele mesmo esteja obrigado a aplicar a Convenção.

Artigo XV

O Secretário Geral das Nações Unidas notificará os Estados previstos no Artigo VIII acerca de:

a) assinaturas e ratificações em conformidade com o Artigo VIII;
b) adesões em conformidade com o Artigo IX;
c) declarações e notificações nos termos dos Artigos I, X e XI;
d) data em que a presente Convenção entrar em vigor em conformidade com o Artigo XII;
e) denúncias e notificações em conformidade com o Artigo XIII.

Artigo XVI

A presente Convenção, da qual os textos em chinês, inglês, francês, russo e espanhol são igualmente autênticos, será depositada nos arquivos das Nações Unidas.

O Secretário Geral das Nações Unidas transmitirá uma cópia autenticada da presente Convenção aos Estados contemplados no Artigo VIII.

PROTOCOLO AO TRATADO DA ANTÁRTIDA SOBRE PROTEÇÃO AO MEIO AMBIENTE

▶ Assinado em Madri, em 4-10-1991. Aprovado por meio do Dec. Legislativo nº 88, de 6-6-1995. Entrou em vigor internacional em 14-1-1998. Promulgado pelo Dec. nº 2.742, de 20-8-1998.

PREÂMBULO

Os Estados-Partes neste Protocolo ao Tratado da Antártida, doravante denominados as Partes;

Convencidos da necessidade de desenvolver a proteção ao meio ambiente antártico e aos ecossistemas dependentes e associados;

Convencidos da necessidade de reforçar o sistema de Tratado da Antártida de maneira a assegurar que a Antártida seja para sempre exclusivamente utilizada para fins pacíficos e não se converta em cenário ou em objeto de discórdia internacional;

Tendo presente a especial situação jurídica e política da Antártida e a responsabilidade especial das Partes Consultivas do Tratado da Antártida de assegurar que todas as atividades executadas na Antártida estejam de acordo com os propósitos e princípios do Tratado;

Recordando a designação da Antártida como Área de Conservação Especial e outras medidas adotadas no quadro do sistema do Tratado da Antártida para proteger o meio ambiente antártico e os ecossistemas dependentes e associados;

Reconhecendo, também, as oportunidades únicas que a Antártida oferece para o monitoramento científico e para a pesquisa de processos de importância global e regional;

Reafirmando os princípios de conservação contidos na Convenção sobre a Conservação dos Recursos Vivos Marinhos Antárticos;

Convencidos de que o desenvolvimento de um regime abrangente de proteção ao meio ambiente antártico e aos ecossistemas dependentes e associados interessa a toda a humanidade;

Desejando complementar para esse fim o Tratado da Antártida;

Acordam no seguinte:

Artigo 1
Definições

Para os fins deste Protocolo:

a) "Tratado da Antártida" significa o Tratado da Antártida feito em Washington a 1º dezembro de 1959;

b) "Área do Tratado da Antártida" significa a área a qual se aplicam as disposições do Tratado da Antártida, de acordo com o artigo VI do referido Tratado;

c) "Reuniões Consultivas do Tratado da Antártida" significa as reuniões mencionadas no artigo IX do Tratado da Antártida;

d) "Partes Consultivas do Tratado da Antártida" significa as Partes Contratantes do Tratado da Antártida com direito a designar representantes para participar das reuniões mencionadas no artigo IX do referido Tratado;

e) "Sistema do Tratado da Antártida" significa o Tratado da Antártida, as medidas vigentes conforme esse Tratado, os instrumentos internacionais independentes associados ao Tratado e que estejam em vigor, assim como as medidas vigentes conforme esses instrumentos;

f) "Tribunal Arbitral" significa o Tribunal Arbitral constituído de acordo com o Apêndice a este Protocolo, que é parte integrante dele;

g) "Comitê" significa o Comitê para Proteção do Meio Ambiente estabelecido de acordo com o artigo 11.

Artigo 2
Objetivo e designação

As Partes comprometem-se a assegurar a proteção abrangente ao meio ambiente antártico e aos ecossistemas dependentes e associados e, por este Protocolo, designam a Antártida como reserva natural, consagrada à Paz e à ciência.

Artigo 3
Princípios relativos à proteção ao meio ambiente

1. A proteção ao meio ambiente antártico e aos ecossistemas dependentes e associados, assim como a preservação do valor intrínseco da Antártida, inclusive suas qualidades estéticas, seu estado natural e seu valor como área destinada à pesquisa científica, especialmente à pesquisa essencial à compreensão do meio ambiente global, serão considerações fundamentais no planejamento e na execução de todas as atividades que se desenvolverem na área do Tratado da Antártida.

2. Com esse fim:

a) as atividades a serem realizadas na área do Tratado da Antártida deverão ser planejadas e executadas de forma a limitar os impactos negativos sobre o meio ambiente antártico e os ecossistemas dependentes e associados;

b) as atividades a serem realizadas na área do Tratado da Antártida deverão ser planejadas e executadas de forma a evitar:

i) efeitos negativos sobre os padrões de clima ou de tempo;

ii) efeitos negativos significativos sobre a qualidade do ar ou da água;

iii) modificações significativas no meio ambiente atmosférico, terrestre (inclusive aquáticos), glacial ou marinho;

iv) mudanças prejudiciais à distribuição, quantidade ou produtividade de espécies ou populações de espécies animais e vegetais;

v) riscos adicionais para as espécies ou populações de tais espécies animais e vegetais, em perigo ou ameaçados de extinção;

vi) degradação ou sério risco de degradação de áreas com significado biológico, científico, histórico, estético ou natural.

c) as atividades a serem realizadas na área do Tratado da Antártida deverão ser planejadas e executadas com base em informações suficientes que permitam avaliações prévias e uma apreciação fundamentada de seus possíveis impactos no meio ambiente antártico e nos ecossistemas dependentes e associados, assim como na importância da Antártida para a realização da pesquisa científica; essas apreciações deverão levar plenamente em consideração:

i) o alcance da atividade, sua área, duração e intensidade;

ii) o impacto cumulativo da atividade, tanto por seu próprio efeito quanto em conjunto com outras atividades na área do Tratado da Antártida;

iii) o efeito prejudicial que puder eventualmente ter a atividade sobre qualquer outra atividade na área do Tratado da Antártida;

iv) a disponibilidade de meios tecnológicos e procedimentos capazes de garantir que as operações sejam seguras para o meio ambiente;

v) a existência de meios de monitoramento dos principais parâmetros relativos ao meio ambiente, assim como dos elementos dos ecossistemas, de maneira a identificar e assinalar com suficiente antecedência qualquer efeito negativo da atividade e a providenciar as modificações dos processos operacionais que puderem ser necessárias à luz dos resultados do monitoramento ou de um melhor conhecimento do meio ambiente antártico e dos ecossistemas dependentes e associados; e

vi) a existência de meios para intervir rápida e eficazmente em caso de acidentes, especialmente aqueles com efeitos potenciais sobre o meio ambiente;

d) um monitoramento regular e eficaz deverá ser mantido para permitir uma avaliação do impacto das atividades em curso, inclusive a verificação do impacto previsto;

e) um monitoramento regular e eficaz deverá ser mantido para facilitar uma identificação rápida dos eventuais efeitos imprevistos sobre o meio ambiente antártico e os ecossistemas dependentes e associados que resultarem de atividades realizadas dentro ou fora da área do Tratado da Antártida.

3. As atividades deverão ser planejadas e executadas na área do Tratado da Antártida de forma a dar prioridade à pesquisa científica e a preservar o valor da Antártida como área consagrada à pesquisa, inclusive às pesquisas essenciais a compreensão do meio ambiente global.

4. As atividades executadas na área do Tratado da Antártida, em decorrência de programas de pesquisa científica, de turismo e de todas as outras atividades governamentais ou não governamentais, na área do Tratado da Antártida, para as quais o parágrafo 5 do artigo VII do Tratado da Antártida, exija notificação prévia, inclusive as atividades associadas de apoio logístico, deverão:

a) desenvolver-se de maneira coerente com os princípios deste artigo; e

b) ser modificadas, suspensas, ou canceladas se provocarem ou ameaçarem provocar, no meio ambiente antártico ou nos ecossistemas dependentes e associados, impacto incompatível com esses princípios.

Artigo 4
Relações com os outros componentes do sistema do Tratado da Antártida

1. Este Protocolo complementa o Tratado da Antártida, mas não o modifica nem emenda.

2. Nenhuma das disposições deste Protocolo prejudica os direitos e obrigações que, para as Partes no Protocolo, resultem de outros instrumentos internacionais em vigor no âmbito do sistema do Tratado da Antártida.

Artigo 5
Compatibilidade com os outros componentes do sistema do Tratado da Antártida

No intuito de assegurar a realização dos objetivos e princípios deste Protocolo e de evitar qualquer impedimento a realização dos objetivos e princípios de outros instrumentos internacionais em vigor no âmbito do sistema do Tratado da Antártida, ou qualquer incompatibilidade entre a aplicação desses instrumentos e a deste Protocolo, as Partes deverão consultar as Partes Contratantes dos ditos instrumentos internacionais e suas respectivas instituições e com elas cooperar.

Artigo 6
Cooperação

1. As Partes deverão cooperar no planejamento e realização de atividades na área do Tratado da Antártida. Com essa finalidade, cada Parte deverá esforçar-se no sentido de:

a) promover programas de cooperação de valor científico, técnico e educativo, relativos à proteção ao meio ambiente antártico e aos ecossistemas dependentes e associados;
b) proporcionar às demais Partes assistência apropriada na preparação das avaliações de impacto ambiental;
c) proporcionar às demais Partes, quando essas o requererem, informação sobre qualquer risco potencial para o meio ambiente e fornecer-lhes assistência com vistas a minimizar os efeitos de acidentes suscetíveis de prejudicar o meio ambiente antártico ou os ecossistemas dependentes e associados;
d) consultar as demais Partes a respeito da escolha de sítios de possíveis estações e outras instalações em projeto, a fim de evitar os impactos cumulativos acarretados por sua concentração excessiva em qualquer local;
e) empreender, quando apropriado, expedições conjuntas e compartilhar a utilização de estações e outras instalações; e
f) executar as medidas que forem acordadas durante as Reuniões Consultivas do Tratado da Antártida.

2. Com a finalidade de proteger o meio ambiente antártico e os ecossistemas dependentes e associados, cada Parte compromete-se, tanto quanto possível, a compartilhar as informações úteis para as demais Partes no planejamento e execução de suas atividades na área do Tratado da Antártida.

3. Com a finalidade de assegurar que as atividades na área do Tratado da Antártida não ocasionem impacto negativo no meio ambiente das zonas adjacentes à área do Tratado da Antártida, as Partes deverão cooperar com aquelas que entre elas, exercerem jurisdição nessas zonas.

Artigo 7
Proibição das atividades relacionadas com os recursos minerais

É proibida qualquer atividade relacionada com recursos minerais, exceto a de pesquisa científica.

Artigo 8
Avaliação de impacto ambiental

1. As atividades propostas, citadas no parágrafo 2 abaixo, deverão estar sujeitas aos procedimentos previstos no Anexo I para avaliação prévia de seu impacto no meio ambiente antártico ou nos ecossistemas dependentes e associados, se forem identificadas como tendo:

a) um impacto inferior a um impacto menor ou transitório;
b) um impacto menor ou transitório; ou
c) um impacto superior a um impacto menor ou transitório.

2. Cada Parte deverá assegurar que os procedimentos de avaliação previstos no Anexo I sejam aplicados ao processo de planejamento das decisões sobre qualquer atividade realizada na área do Tratado da Antártida em decorrência de programas de pesquisa científica, de turismo e de todas as outras atividades governamentais e não governamentais na área do Tratado da Antártida para as quais o artigo VII, parágrafo 5, do Tratado da Antártida, exija notificação prévia, inclusive as atividades associadas de apoio logístico.

3. Os procedimentos de avaliação previstos no Anexo I serão aplicados a toda mudança ocorrida em uma atividade, seja resultante de aumento ou diminuição da intensidade de uma atividade existente, seja da introdução de uma atividade, da desativação de uma instalação ou de qualquer outra causa.

4. Quando as atividades forem planejadas conjuntamente por mais de uma Parte, as Partes envolvidas deverão indicar uma delas para coordenar a aplicação dos procedimentos de avaliação de impacto ambiental previstos no Anexo I.

Artigo 9
Anexos

1. Os Anexos a este Protocolo constituem parte integrante dele.

2. Anexos posteriores aos Anexos I a IV poderão ser adotados e entrar em vigor de acordo com o artigo IX do Tratado da Antártida.

3. As emendas e modificações aos Anexos poderão ser adotadas e entrar em vigor de acordo com o artigo IX do Tratado da Antártida, mas qualquer Anexo poderá conter disposições que abreviem a entrada em vigor de emendas e modificações.

4. Para uma Parte Contratante do Tratado da Antártida que não for Parte Consultiva deste ou que não o tiver sido no momento da adoção de Anexos ou de emendas ou modificações que tiverem entrado em vigor de acordo com o parágrafo 2 e 3 acima, o Anexo, emenda ou modificação de que se tratar, deverá entrar em vigor quando o Depositário tiver recebido a notificação de sua aprovação por essa Parte Contratante, a menos que o Anexo disponha em contrário com relação à entrada em vigor de qualquer emenda ou modificação a ele mesmo.

5. Exceto na medida em que um Anexo dispuser em contrário, os Anexos deverão estar sujeitos aos procedimentos de solução de controvérsias previstos nos artigos 18 a 20.

Artigo 10
Reuniões Consultivas do Tratado da Antártida

1. Valendo-se dos pareceres científicos e técnicos mais abalizados de que disponham, as Reuniões Consultivas do Tratado da Antártida deverão:

a) definir, de acordo com as disposições deste Protocolo, a política geral de proteção abrangente ao meio ambiente antártico e aos ecossistemas dependentes e associados; e
b) adotar as medidas necessárias para aplicação deste Protocolo conforme o artigo IX do Tratado da Antártida.

2. As Reuniões Consultivas do Tratado da Antártida deverão considerar os trabalhos do Comitê e, para a realização das tarefas mencionadas no parágrafo 1 acima, valer-se plenamente de seus pareceres e recomendações, assim como dos pareceres do Comitê Científico para Pesquisas Antárticas.

Artigo 11
Comitê para Proteção ao Meio Ambiente

1. Fica criado o Comitê para Proteção ao Meio Ambiente.

2. Cada Parte terá o direito de ser membro do Comitê e de designar um representante que poderá fazer-se acompanhar de peritos e assessores.

3. A condição de observador no Comitê deverá estar aberta a qualquer Parte Contratante do Tratado da Antártida, que não for Parte deste Protocolo.

4. O Comitê deverá convidar o Presidente do Comitê Científico para as Pesquisas Antárticas e Presidente do Comitê Científico para a Conservação dos Recursos Vivos Marinhos Antárticos a participar de suas sessões como observadores. Com a aprovação da Reunião Consultiva do Tratado da Antártida, o Comitê poderá, igualmente, convidar a participar de suas sessões como observadores quaisquer outras organizações científicas, ambientais e técnicas relevantes que puderem contribuir para seu trabalho.

5. O Comitê deverá apresentar um relatório sobre cada uma de suas sessões à Reunião Consultiva do Tratado da Antártida, o relatório deverá tratar de todos os assuntos examinados durante a sessão e refletir as opiniões expressadas. O relatório será distribuído às Partes e aos observadores presentes à sessão e, em seguida, deverá ter divulgação pública.

6. O Comitê deverá adotar seu regimento interno, que será submetido à aprovação da Reunião Consultiva do Tratado da Antártida.

Artigo 12
Funções do Comitê

1. O Comitê terá a função de emitir pareceres e formular recomendações às Partes sobre a aplicação deste Protocolo, inclusive seus Anexos, para exame durante as Reuniões Consultivas do Tratado da Antártida, e exercer qualquer outra função a ele confiada pelas Reuniões Consultivas do Tratado da Antártida. Em especial, o Comitê deverá pronunciar-se sobre:

a) a eficácia das medidas tomadas em decorrência deste Protocolo;
b) a necessidade de atualizar, fortalecer ou de qualquer outra forma aperfeiçoar essa medida;
c) a eventual necessidade de medidas adicionais, inclusive novos Anexos;
d) a aplicação e execução dos procedimentos de avaliação de impacto ambiental previstos no artigo 8 e no Anexo I;
e) os meios de minimizar ou de atenuar o impacto ambiental das atividades na área do Tratado da Antártida;

f) os procedimentos relativos às situações que exigirem providências urgentes, inclusive para reagir perante situações de emergência no meio ambiente;
g) o funcionamento e desenvolvimento do Sistema de Áreas Protegidas da Antártida;
h) os procedimentos de inspeção, inclusive os modelos de relatórios e as listas de requisitos para as inspeções;
i) a coleta, o arquivamento, a permuta e a avaliação das informações relativas à proteção ao meio ambiente;
j) a situação do meio ambiente antártico; e
k) a necessidade de realizar pesquisas científicas, inclusive o monitoramento do meio ambiente, relacionadas com a aplicação deste Protocolo.

2. No cumprimento de suas funções, o Comitê deverá consultar-se, se for o caso, com o Comitê Científico para Pesquisas Antárticas, o Comitê Científico para a Conservação dos Recursos Vivos Marinhos Antárticos e outras organizações científicas, ambientais e técnicas relevantes.

Artigo 13
Cumprimento deste Protocolo

1. No âmbito de sua competência, cada Parte deverá tomar as medidas necessárias, inclusive a adoção de leis e regulamentos, atos administrativos e medidas coercivas, para assegurar o cumprimento deste Protocolo.

2. Cada Parte deverá levar a cabo, de acordo com a Carta das Nações Unidas, os esforços necessários a que ninguém empreenda qualquer atividade contrária a este Protocolo.

3. Cada Parte deverá notificar todas as demais Partes das medidas que tomar em decorrência dos parágrafos 1 e 2 acima.

4. Cada Parte deverá alertar todas as demais Partes sobre qualquer atividade que, na sua opinião, afetar a consecução dos objetivos e princípios deste Protocolo.

5. As reuniões Consultivas do Tratado da Antártida deverão alertar qualquer Estado que não seja Parte neste Protocolo sobre qualquer atividade desse Estado, seus órgãos, empresas públicas, pessoas físicas ou jurídicas, navios, aeronaves ou outros meios de transporte, que prejudicarem a consecução dos objetivos e princípios deste Protocolo.

Artigo 14
Inspeção

1. No intuito de promover a proteção ao meio ambiente antártico e aos ecossistemas dependentes e associados, e de assegurar o cumprimento deste Protocolo, as Partes Consultivas do Tratado da Antártida deverão, individual ou coletivamente, providenciar a realização de inspeções a serem efetuadas por observadores, de acordo com o artigo VII do Tratado da Antártida.

2. São observadores:
a) os observadores designados por qualquer Parte Consultiva do Tratado da Antártida, que serão nacionais dessa Parte; e
b) qualquer observador designado durante as Reuniões Consultivas do Tratado da Antártida para realizar inspeções, conforme os procedimentos a serem estabelecidos por uma Reunião Consultiva do Tratado da Antártida.

3. As Partes deverão cooperar plenamente com os observadores que efetuarem inspeções e assegurar que, no seu decurso, tenham eles acesso a todos os locais das estações, instalações, equipamento, navios e aeronaves abertos à inspeção conforme com o parágrafo 3 do artigo VII do Tratado da Antártida, assim como a todos os registros que aí se conservem e sejam exigidos em decorrência deste Protocolo.

4. Os relatórios de inspeção serão remetidos às Partes cujas estações, instalações, equipamentos, navios ou aeronaves forem objeto deles. Depois de essas Partes terem tido a possibilidade de comentá-los, esses relatórios, assim como todos os comentários a respeito deverão ser distribuídos a todas as Partes e ao próprio Comitê, examinados durante a Reunião Consultiva do Tratado da Antártida seguinte e, posteriormente, deverão ter divulgação pública.

Artigo 15
Reação diante de situações de emergência

1. No intuito de reagir diante de situações de emergência para o meio ambiente na área do Tratado da Antártida, cada Parte acorda:
a) em tomar medidas para atuar de maneira rápida e eficaz para reagir diante das emergências que possam sobrevir na execução de programas de pesquisa científica, de turismo e de qualquer outra atividade governamental ou não governamental na área do Tratado da Antártida para as quais o parágrafo 5 do artigo VII do Tratado da Antártida, exija notificação prévia, inclusive as atividades associadas de apoio logístico; e
b) em estabelecer planos de emergência para reagir em casos de acidentes que possam ocasionar efeito negativo sobre o meio ambiente antártico ou os ecossistemas dependentes e associados.

2. Com esse propósito, as Partes deverão:
a) cooperar na elaboração e aplicação desses planos de emergência; e
b) estabelecer um procedimento de notificação imediata e de reação conjunta em situações de emergência para o meio ambiente.

3. Para a aplicação deste artigo as Partes deverão valer-se do parecer das organizações internacionais apropriadas.

Artigo 16
Responsabilidade

De acordo com os objetivos deste Protocolo para a proteção abrangente ao meio ambiente antártico e aos ecossistemas dependentes e associados, as Partes comprometem-se a elaborar normas e procedimentos relativos à responsabilidade por danos decorrentes de atividades executadas na área do Tratado da Antártida e cobertas por este Protocolo. Tais normas e procedimentos deverão ser incluídos em um ou mais Anexos a serem adotados de acordo com o parágrafo 2 do artigo 9.

Artigo 17
Relatório anual das partes

1. Cada Parte deverá elaborar um relatório anual sobre as medidas adotadas para a aplicação deste Protocolo. Tais relatórios deverão incluir as notificações feitas de acordo com o parágrafo 3 do artigo 13, os planos de emergência estabelecidos conforme o artigo 15 e todas as outras notificações e informações exigidas por este Protocolo e que não sejam previstas por nenhuma outra disposição relativa a transmissão e à permuta de informação.

2. Os relatórios elaborados de acordo com o parágrafo 1 acima deverão ser distribuídos a todas as Partes e ao Comitê, examinados durante a Reunião Consultiva do Tratado da Antártida seguinte e ter divulgação pública.

Artigo 18
Solução de controvérsias

Em caso de controvérsia relativa a interpretação ou a aplicação deste Protocolo, as partes na controvérsia deverão, a pedido de qualquer uma delas, consultar-se entre si, logo que possível, com a finalidade de resolver a controvérsia mediante negociação, inquérito, mediação, conciliação, arbitragem, decisão judicial ou outro meio pacífico de sua escolha.

Artigo 19
Escolha do procedimento para a solução de controvérsias

1. Na ocasião de assinar, ratificar, aceitar ou aprovar este Protocolo, ou de a ele aderir, ou em qualquer momento posterior, cada Parte pode escolher, mediante declaração escrita, um dos dois meios indicados a seguir, ou ambos, para solucionar as controvérsias relativas à interpretação ou à aplicação dos artigos 7, 8 e 15 e, salvo se um Anexo dispuser em contrário, das disposições de qualquer Anexo e, na medida em que estiver relacionado com esses artigos e disposições, do artigo 13:
a) a Corte Internacional de Justiça;
b) o Tribunal Arbitral.

2. Uma declaração efetuada de acordo com o parágrafo 1 acima não prejudicará a aplicação do artigo 18 e do parágrafo 2 do artigo 20.

3. Considerar-se-á que uma Parte terá aceito a competência do Tribunal Arbitral se não tiver feito uma declaração conforme o parágrafo 1 acima ou cuja declaração, feita conforme o referido parágrafo, não estiver mais em vigor.

4. Caso as Partes em controvérsia tiverem aceito o mesmo modo de solução, a controvérsia somente poderá ser submetida a esse procedimento, a menos que as Partes decidam em contrário.

5. Caso as Partes em uma controvérsia não tiverem aceito o mesmo modo de solução ou se uma e outra tiverem aceito ambos os modos, a controvérsia somente poderá ser submetida ao Tribunal Arbitral, a mesmos que as Partes decidam em contrário.

6. Uma declaração formulada de acordo com o parágrafo 1 acima continuará em vigor até sua expiração de acordo com seus próprios termos ou até 3 (três) meses após o depósito de uma notificação por escrito da sua revogação junto ao Depositário.

7. Uma nova declaração, uma notificação de revogação ou a expiração de uma declaração não prejudicarão de maneira alguma os processos em curso perante a Corte Internacional de Justiça ou o Tribunal Arbitral, a menos que as Partes na controvérsia decidam em contrário.

8. As declarações e notificações mencionadas neste artigo serão depositadas junto ao Depositário, que delas deverá transmitir cópias a todas as Partes.

Artigo 20
Procedimento para a solução de controvérsias

1. Se as Partes em uma controvérsia relativa à interpretação ou à aplicação dos artigos 7, 8 ou 15 ou, salvo se um Anexo dispuser de outro modo, da disposição de qualquer Anexo ou, na medida em que estiver relacionado com esses artigos e disposições, do artigo 13, não concordarem em um modo de solucioná-la, em um prazo de doze meses a partir da solicitação de consulta prevista no artigo 18, a controvérsia será encaminhada para sua solução, a pedido de qualquer das partes na controvérsia, de acordo com o procedimento previsto nos parágrafos 4 e 5 do artigo 19.

2. O Tribunal Arbitral não terá competência para decidir ou despachar qualquer assunto incluído no Âmbito do artigo IV do Tratado da Antártida. Além disso, nada neste Protocolo deverá ser interpretado no sentido de outorgar competência ou jurisdição a Corte Internacional de Justiça ou a qualquer outro tribunal estabelecido com o fim de solucionar controvérsias entre as Partes para decidir ou emitir laudo sobre qualquer assunto incluído no âmbito do artigo IV do Tratado da Antártida.

Artigo 21
Assinatura

Este Protocolo permanecerá aberto a assinatura de qualquer Estado que seja Parte Contratante do Tratado da Antártida, em Madri, até 4 de outubro de 1991 e, posteriormente, em Washington, até 3 de outubro de 1992.

Artigo 22
Ratificação, aceitação, aprovação ou adesão

1. Este Protocolo está sujeito à ratificação, aceitação ou aprovação dos Estados signatários.

2. Depois de 3 de outubro de 1992 neste Protocolo permanecerá aberto à adesão de qualquer Estado que seja Parte Contratante do Tratado da Antártida.

3. Os instrumentos de ratificação, aceitação, aprovação ou adesão serão depositados junto ao Governo dos Estados Unidos da América, designado como Depositário por este Protocolo.

4. Após a data de entrada em vigor deste Protocolo, as Partes Consultivas do Tratado da Antártida não deverão considerar qualquer notificação relativa ao direito de uma Parte Contratante do Tratado da Antártida de indicar representantes para participar das Reuniões Consultivas do Tratado da Antártida de acordo com o parágrafo 2 do artigo IX do Tratado da Antártida, a menos que essa Parte Contratante tenha previamente ratificado, aceito ou aprovado este Protocolo, ou a ele tiver aderido.

Artigo 23
Entrada em vigor

1. Este Protocolo entrará em vigor no trigésimo dia seguinte a data de depósito dos instrumentos de ratificação, aceitação, aprovação ou adesão por todos os Estados que sejam Partes Consultivas do Tratado da Antártida na data de adoção deste Protocolo.

2. Para cada Parte Contratante do Tratado da Antártida que, posteriormente à data de entrada em vigor deste Protocolo, depositar um instrumento de ratificação, aceitação, aprovação ou adesão, este Protocolo entrará em vigor no trigésimo dia seguinte à data do referido depósito.

Artigo 24
Reservas

Não são permitidas reservas a este Protocolo.

Artigo 25
Modificação ou emenda

1. Sem prejuízo das disposições do artigo 9, este Protocolo pode ser modificado ou emendado a qualquer momento, de acordo com os procedimentos estabelecidos no parágrafo 1, alíneas (*a*) e (*b*) do artigo XII, do Tratado da Antártida.

2. Se, depois de um período de 50 (cinquenta) anos, a contar da data de entrada em vigor deste Protocolo, qualquer, das Partes Consultivas do Tratado da Antártida o solicitar, por meio de uma comunicação dirigida ao Depositário, uma conferência será realizada, tão logo possível, para rever a aplicação deste Protocolo.

3. Qualquer modificação ou emenda, proposta no decurso de qualquer Conferência de Revisão convocado em decorrência do parágrafo 2 acima, deverá ser adotada pela maioria das Partes, inclusive as três quartas partes dos Estados que, no momento da adoção deste Protocolo, sejam Partes Consultivas do Tratado da Antártida.

4. Qualquer modificação ou emenda adotada nos termos do parágrafo 3 acima entrará em vigor após a ratificação, aceitação, aprovação ou adesão de três quartas partes das Partes Consultivas, inclusive as ratificações, aceitações, aprovações ou adesões de todos os Estados que, no momento da adoção deste Protocolo, sejam Partes Consultivas do Tratado da Antártida.

5. *a*) No que diz respeito ao artigo 7, perdurará a proibição nele contida das atividades relativas aos recursos minerais a menos que esteja em vigor um regime jurídico compulsório sobre as atividades relativas aos recursos minerais antárticos que incluir um modo acordado para determinar se essas atividades poderiam ser aceitas e, se assim fosse, em que condições. Esse regime deverá salvaguardar plenamente os interesses de todos os Estados mencionados no artigo IV do Tratado da Antártida e aplicar os princípios que ali se encontram enunciados. Em consequência, se uma modificação ou emenda ao artigo 7 for proposta no decurso da Conferência de Revisão mencionada no parágrafo 2 acima, essa proposta deverá incluir o referido regime jurídico compulsório.

b) Se tais modificações ou emendas não tiverem entrado em vigor no prazo de 3 (três) anos a partir da data de sua adoção, qualquer Parte poderá notificar o Depositário, em qualquer momento posterior àquela data, de sua retirada deste Protocolo, e essa retirada entrará em vigor 2 (dois) anos após o recebimento da notificação por parte do Depositário.

Artigo 26
Notificações pelo depositário

O Depositário deverá notificar todas as Partes Contratantes do Tratado da Antártida:

a) das assinaturas deste Protocolo e do depósito dos instrumentos de ratificação, aceitação, aprovação ou adesão;

b) da data de entrada em vigor deste Protocolo e de qualquer Anexo adicional a ele;

c) da data de entrada em vigor de qualquer modificação ou emenda a este Protocolo;

d) do deposito das declarações e notificações feitas em decorrência do artigo 19; e

e) de qualquer notificação recebida em decorrência do parágrafo 5, alínea (*b*) do artigo 25.

Artigo 27
Textos autênticos e registro junto às Nações Unidas

1. Este Protocolo, feito nas línguas espanhola, francesa, inglesa e russa, sendo cada versão igualmente autêntica, será depositado nos arquivos do Governo dos Estados Unidos da América, que dele deverá enviar cópias devidamente certificadas a todas as Partes Contratantes do Tratado da Antártida.

2. Este Protocolo será registrado pelo Depositário de acordo com as disposições do artigo 102 da Carta das Nações Unidas.

APÊNDICE AO PROTOCOLO

ARBITRAGEM

Artigo 1

1. O Tribunal Arbitral deverá ser constituído e funcionar de acordo com o Protocolo, inclusive este Apêndice.

2. O Secretário ao qual se faz referência neste Apêndice e o Secretário-Geral da Corte Permanente de Arbitragem.

Artigo 2

1. Cada Parte terá o direito de designar Árbitros até o número de três, dos quais pelo menos um será designado no prazo de 3 (três) meses a partir da entrada em vigor do Protocolo para a referida Parte. Cada Árbitro deverá ter experiência em assuntos antárticos, conhecer direito internacional com profundidade e gozar da mais alta reputação de imparcialidade, competência e integridade. Os nomes das pessoas assim designadas constituirão a lista de Árbitros. Cada Parte deverá manter permanentemente o nome de pelo menos um Árbitro nessa lista.

2. Sem prejuízo do parágrafo 3 abaixo, um Árbitro designado por uma Parte permanecerá na lista durante um período de 5 (cinco) anos e poderá ser novamente designado pela referida Parte por períodos adicionais de 5 (cinco) anos.

3. A Parte que tiver designado um Árbitro poderá retirar o nome deste da lista. Em caso de falecimento de um Árbitro ou se, por uma razão qualquer, uma Parte retirar da lista o nome de um Árbitro de sua designação, a Parte que designou o Árbitro em questão deverá informar o Secretário com a maior brevidade. Um Árbitro cujo nome for retirado da lista continuará atuando no Tribunal Arbitral para o qual tiver sido designado até a conclusão do processo que estiver tramitando no Tribunal Arbitral.

4. O Secretário deverá assegurar a manutenção de uma lista atualizada dos Árbitros designados em decorrência deste artigo.

Artigo 3

1. O Tribunal Arbitral deverá ser composto por três Árbitros designados da seguinte forma:

a) A parte na controvérsia que der início ao processo deverá designar um Árbitro, que poderá ser da sua nacionalidade, escolhido da lista mencionada no artigo 2. Essa designação deverá ser incluída na notificação mencionada no artigo 4.

b) No prazo de 40 (quarenta) dias a partir do recebimento da referida notificação, a outra parte na controvérsia deverá designar o segundo Árbitro, que poderá ser da sua nacionalidade, escolhido da lista mencionada no artigo 2.

c) No prazo de 60 (sessenta) dias a partir da designação do segundo Árbitro, as partes na controvérsia deverão designar de comum acordo o terceiro Árbitro, escolhido da lista mencionada no artigo 2. O terceiro Árbitro não poderá ser nacional de parte alguma na controvérsia, nem ser uma pessoa designada para a lista mencionada no artigo 2 por uma das referidas Partes, nem ter a mesma nacionalidade que qualquer dos dois primeiros Árbitros. O terceiro Árbitro presidirá o Tribunal Arbitral.

d) Se o segundo Árbitro não tiver sido designado no prazo estipulado ou caso as partes na controvérsia não tiverem, no prazo estipulado, chegado a um acordo a respeito da escolha do terceiro Árbitro, o Árbitro ou os Árbitros serão designados pelo Presidente da Corte Internacional de Justiça, a pedido de qualquer das partes na controvérsia e no prazo de 30 (trinta) dias a partir do recebimento de tal solicitação, dentre os nomes da lista mencionada no artigo 2 e sem prejuízo das condições enumeradas nas alíneas (*b*) e (*c*) acima. No desempenho das funções que lhe são atribuídas nesta alínea, o Presidente da Corte deverá consultar as partes na controvérsia.

e) Se o Presidente da Corte Internacional de Justiça não puder exercer as funções que lhe são atribuídas na alínea (*d*) acima, ou for nacional de uma das partes na controvérsia, suas funções serão desempenhadas pelo Vice-Presidente da Corte, salvo no caso em que o Vice-Presidente estiver impedido de exercer essas funções ou for nacional de uma das partes na controvérsia, quando essas funções deverão ser exercidas pelo mais antigo dos membros da Corte que estiver disponível e que não for nacional de uma das partes na controvérsia.

2. Qualquer vaga deverá ser preenchida na forma prevista para a designação inicial.

3. Em qualquer controvérsia que envolver mais de duas Partes, as Partes que defenderem os mesmos interesses deverão de comum acordo, designar um Árbitro no prazo especificado no parágrafo 1, alínea (*b*) acima.

Artigo 4

A parte na controvérsia que der início ao processo disto deverá notificar, por escrito, a outra parte ou partes na controvérsia, assim como o Secretário. Essa notificação deverá incluir uma exposição do pedido e de suas razões. A notificação deverá ser transmitida pelo Secretário a todas as Partes.

Artigo 5

1. A menos que as Partes decidam em contrário, a arbitragem deverá realizar-se na Haia, onde serão conservados os arquivos do Tribunal Arbitral, o Tribunal Arbitral adotará suas próprias normas de procedimento. Tais normas assegurarão a cada parte na controvérsia a possibilidade de ser ouvida e de apresentar seus argumentos; assegurarão igualmente que o processo seja conduzido de forma expedita.

2. O Tribunal Arbitral poderá tomar conhecimento de pedidos reconvencionais que decorrerem da controvérsia e sobre eles decidir.

Artigo 6

1. Quando se considerar prima facie competente conforme o Protocolo, o Tribunal Arbitral poderá:

a) indicar, a pedido de qualquer das partes na controvérsia, as medidas provisórias que julgar necessárias para preservar os respectivos direitos das partes na controvérsia;

b) prescrever quaisquer medidas provisórias que considerar apropriadas, segundo as circunstâncias, para evitar danos graves ao meio ambiente antártico ou aos ecossistemas dependentes e associados.

2. As partes na controvérsia deverão cumprir prontamente qualquer medida provisória prescrita conforme o parágrafo 1, alínea (*b*) acima, na expectativa do laudo arbitral previsto no artigo 10.

3. Não obstante o prazo estabelecido no artigo 20 deste protocolo, uma das partes na controvérsia poderá a qualquer momento, mediante notificação à outra parte ou partes na controvérsia e ao Secretário, e de acordo com o artigo 4, solicitar que o Tribunal Arbitral seja constituído em caráter de urgência excepcional para indicar ou prescrever medidas provisórias urgentes de acordo com este artigo. Nesse caso, o Tribunal Arbitral deverá ser constituído, logo que possível, de acordo com o artigo 3, com a diferença de que os prazos do parágrafo 1, alíneas (*b*) e (*c*), do artigo 3 e (*d*) serão reduzidos a 14 (catorze) dias em cada caso. O Tribunal Arbitral decidirá sobre o pedido de medidas provisórias urgentes no prazo de 2 (dois) meses a partir da designação de seu Presidente.

4. Uma vez que o Tribunal Arbitral se tiver pronunciado sobre um pedido de medidas provisórias urgentes de acordo com o parágrafo 3 acima, a solução da controvérsia prosseguirá de acordo com os artigos 18, 19 e 20 do Protocolo.

Artigo 7

Qualquer Parte que julgar ter um interesse jurídico geral ou particular que puder vir a ser prejudicado de maneira substancial pelo laudo de um Tribunal Arbitral poderá intervir no processo, a menos que o Tribunal Arbitral decida em contrário.

Artigo 8

As partes na controvérsia deverão facilitar o trabalho do Tribunal Arbitral e em especial, de acordo com suas leis e recorrendo a todos os meios à sua disposição, fornecer-lhe todos os documentos e informações pertinentes e habilitá-lo a, quando necessário, convocar testemunhas ou peritos e receber seu depoimento.

Artigo 9

Se uma das partes na controvérsia deixar de comparecer perante o Tribunal Arbitral ou abstiver-se de defender sua causa, qualquer outra parte na controvérsia poderá solicitar ao Tribunal Arbitral que dê continuidade ao processo e que emita o laudo.

Artigo 10

1. O Tribunal Arbitral deverá decidir, à luz das disposições do Protocolo e de outras normas e princípios de direito internacional aplicáveis que não sejam incompatíveis com o Protocolo, todas as controvérsias que lhe forem submetidas.

2. Se as partes na controvérsia assim o decidirem, o Tribunal Arbitral poderá decidir *ex aequo et bono*, uma controvérsia que lhe for submetida.

Artigo 11

1. Antes de emitir o laudo, o Tribunal Arbitral deverá certificar-se de que tem competência na matéria da controvérsia e de que o pedido ou a reconversão estão bem fundamentados de fato e de direito.

2. O laudo será acompanhado de uma exposição de motivos da decisão adotada e será comunicado ao Secretário, que o transmitirá a todas as Partes.

3. O laudo será definitivo e compulsório para todas as partes na controvérsia e para toda Parte que tiver intervindo no processo e deverá ser cumprido sem demora. A pedido de qualquer parte na controvérsia ou de qualquer Parte interveniente, o Tribunal Arbitral deverá interpretar o laudo.

4. O laudo só será vinculante para a demanda em que for emitido.

5. A menos que o Tribunal Arbitral decidir em contrário, as partes na controvérsia deverão assumir-lhe em partes iguais os custos, inclusive a remuneração dos Árbitros.

Artigo 12

Todas as decisões do Tribunal Arbitral, inclusive as mencionadas nos artigos 5, 6 e 11, serão adotadas pela maioria dos Árbitros, que não poderão abster-se de votar.

Artigo 13

1. Este Apêndice pode ser emendado ou modificado por uma medida adotada de acordo com o parágrafo 1 do artigo IX do Tratado da Antártida. Salvo no caso em que a medida dispuser em contrário, a emenda ou modificação será considerada aprovada e entrará em vigor 1 (um) ano após o encerramento da Reunião Consultiva do Tratado da Antártida em que tiver sido adotada, a menos que uma ou mais Partes Consultivas do Tratado da Antártida nesse prazo notifiquem o Depositário de que desejam uma prorrogação do referido prazo ou de que não se encontram em condições de aprovar a medida.

2. Qualquer emenda ou modificação deste Apêndice que entrar em vigor de acordo com o parágrafo 1 acima, entrará em vigor em seguida para qualquer outra Parte quando tiver sido recebido pelo Depositário a notificação da aprovação por esta feita.

ANEXO I AO PROTOCOLO AO TRATADO DA ANTÁRTIDA SOBRE PROTEÇÃO AO MEIO AMBIENTE

AVALIAÇÃO DE IMPACTO AMBIENTAL

Artigo 1
Fase preliminar

1. O impacto ambiental das atividades propostas, mencionadas no artigo 8 do Protocolo, deverá ser considerado antes do início dessas

atividades, de acordo com os procedimentos nacionais apropriados.

2. Se for determinado que uma atividade tem um impacto inferior a um impacto menor ou transitório, tal atividade poderá ser iniciada imediatamente.

Artigo 2
Avaliação preliminar de impacto ambiental

1. A menos que se verifique que uma atividade deverá ter um impacto inferior a um impacto menor ou transitório ou que uma Avaliação Abrangente de Impacto Ambiental estiver sendo efetuada de acordo com o artigo 3, deverá ser preparada uma Avaliação Preliminar de Impacto Ambiental. Esta deverá ser suficientemente pormenorizada para permitir avaliar se a atividade proposta poderá ter um impacto superior a um impacto menor ou transitório e deverá compreender:

a) uma descrição da atividade proposta, inclusive seu objetivo, localização, duração e intensidade; e

b) um exame das alternativas à atividade proposta e de qualquer impacto que essa atividade puder causar no meio ambiente, inclusive a consideração de impactos cumulativos, à luz das atividades existentes e das atividades planejadas de que haja conhecimento.

2. Se uma Avaliação Preliminar de Impacto Ambiental indicar que uma atividade proposta não deverá ter, provavelmente, um impacto superior a um impacto menor ou transitório, a atividade poderá ser iniciada, sempre que procedimentos apropriados, que poderão incluir o monitoramento, forem estabelecidos para avaliar e verificar o impacto dessa atividade.

Artigo 3
Avaliação abrangente de impacto ambiental

1. Se uma avaliação Preliminar de Impacto Ambiental revelar, ou de outro modo for verificado, que uma atividade proposta deverá provavelmente ter um impacto superior a um impacto menor ou transitório, deverá ser preparada uma Avaliação Abrangente de Impacto Ambiental.

2. Uma Avaliação Abrangente de Impacto Ambiental deverá compreender:

a) uma descrição da atividade proposta, inclusive seu objetivo, localização, duração e intensidade, assim como as alternativas possíveis à atividade, inclusive sua não realização, e as consequências dessas alternativas;

b) uma descrição do estado inicial do meio ambiente que servirá de referência e com o qual deverão comparar-se as mudanças previstas, e um prognóstico de qual seria no futuro, e na ausência da atividade proposta, o estado do meio ambiente que servir de referência;

c) uma descrição dos métodos e dados utilizados para prever os impactos da atividade proposta;

d) uma estimativa da natureza, extensão, duração e intensidade dos impactos diretos prováveis da atividade proposta;

e) um exame dos eventuais impactos indiretos ou secundários da atividade proposta;

f) um exame dos impactos cumulativos da atividade proposta, à luz das atividades existentes e das outras atividades planejadas de que houver conhecimento;

g) a identificação das medidas, inclusive programas de monitoramento, que puderem ser adotadas para reduzir a um nível mínimo ou atenuar os impactos da atividade proposta e para detectar os impactos imprevistos, assim como das que permitirem alertar imediatamente sobre todo efeito negativo da atividade e reagir com rapidez e eficácia aos acidentes;

h) a identificação dos impactos inevitáveis da atividade proposta;

i) uma avaliação dos efeitos da atividade proposta na execução de pesquisa científica e de outros usos e valores existentes;

j) uma identificação das lacunas no conhecimento e das incertezas encontradas na coleta das informações exigidas por este parágrafo;

k) um resumo não técnico das informações fornecidas conforme este parágrafo; e

l) o nome e o endereço da pessoa ou da organização que tiver realizado a Avaliação Abrangente de Impacto Ambiental e o endereço ao qual os comentários a respeito da Avaliação deverão ser dirigidos.

3. O projeto de Avaliação Abrangente de Impacto Ambiental deverá ser divulgado e distribuído para comentários a todas as Partes, as quais, por sua vez, deverão proceder a sua divulgação pública. Um período de noventa dias será concedido para o recebimento dos comentários.

4. O projeto de Avaliação Abrangente de Impacto Ambiental será enviado ao Comitê, ao mesmo tempo em que for distribuído às Partes, pelo menos cento e vinte dias antes da Reunião Consultiva do Tratado da Antártida seguinte, para a devida consideração.

5. Nenhuma decisão definitiva quanto à execução da atividade proposta na área do Tratado da Antártida será tomada antes de o projeto de Avaliação Abrangente de Impacto Ambiental ter sido examinado pela Reunião consultiva do Tratado da Antártida, a instâncias do Comitê, e sempre que nenhuma decisão de executar a atividade proposta sofrer, devido à aplicação deste parágrafo, um atraso superior a quinze meses a contar da data de distribuição do projeto de Avaliação Abrangente do Impacto Ambiental.

6. Uma Avaliação Abrangente de Impacto Ambiental definitiva deverá examinar e incluir ou resumir os comentários recebidos sobre o projeto de Avaliação Abrangente de Impacto Ambiental. A Avaliação Abrangente de Impacto Ambiental definitiva, a notificação de qualquer decisão a seu respeito e qualquer avaliação da importância dos impactos previstos relativamente às vantagens da atividade proposta serão distribuídas a todas as Partes, as quais, por sua vez, deverão proceder a sua divulgação pública, pelo menos sessenta dias antes do começo da atividade proposta na área do Tratado da Antártida.

Artigo 4
Utilização da avaliação abrangente na tomada de decisões

Qualquer decisão de dar ou não início a uma atividade proposta à qual se aplique o artigo 3, e, no caso afirmativo, se em sua forma original ou modificada, deverá ser fundamentada na Avaliação Abrangente de Impacto Ambiental, bem como em outras considerações pertinentes.

Artigo 5
Monitoramento

1. Deverão ser estabelecidos procedimentos, inclusive de monitoramento apropriado dos indicadores ambientais básicos, para avaliar e verificar o impacto de qualquer atividade realizada após a conclusão de uma Avaliação Abrangente de Impacto Ambiental.

2. Os procedimentos mencionados no parágrafo 1 acima e no parágrafo 2 do artigo 2 deverão ser concebidos para fornecer um registro regular e verificável dos impactos da atividade com a finalidade de *inter alia*:

a) permitir a realização de avaliações que indicarem em que medida esses impactos são compatíveis com o Protocolo; e

b) fornecer informações úteis para reduzir a um nível mínimo ou atenuar os impactos e, quando apropriado, fornecer informações sobre a necessidade, de suspensão, cancelamento ou modificação da atividade.

Artigo 6
Transmissão de informações

1. As seguintes informações deverão ser distribuídas às Partes, enviadas ao Comitê e divulgadas publicamente:

a) uma descrição dos procedimentos mencionados no artigo 1;

b) uma lista anual de todas as avaliações preliminares de impacto ambiental realizadas de acordo com o artigo 2 e de todas as decisões tomadas em consequência dessas avaliações;

c) as informações significativas obtidas com base nos procedimentos estabelecidos de acordo com o parágrafo 2 do artigo 2 e com o artigo 5 e qualquer ação realizada em consequência dessas informações; e

d) as informações mencionadas no parágrafo 6 do artigo 3.

2. Qualquer Avaliação Preliminar de Impacto Ambiental efetuada de acordo com o artigo 2 deverá estar disponível a pedido.

Artigo 7
Situações de emergência

1. Este Anexo não será aplicado em situações de emergência relacionadas com a segurança da vida humana ou de navios, aeronaves ou equipamentos e instalações de alto valor ou com a proteção do meio ambiente, as quais exigirem que uma atividade seja realizada sem aguardar o cumprimento dos procedimentos estabelecidos neste Anexo.

2. Todas as Partes e o próprio Comitê deverão ser imediatamente notificados das atividades realizadas em situações de emergência e que em outras circunstâncias teriam exigido a preparação de uma Avaliação Abrangente de Impacto Ambiental. Uma explicação completa das atividades realizadas deverá ser fornecida no prazo de noventa dias a partir de sua ocorrência.

Artigo 8
Emenda ou modificação

1. Este Anexo pode ser emendado ou modificado por uma medida adotada de acordo com o parágrafo 1 do artigo IX do Tratado da Antártida. Salvo no caso em que a medida dispuser em contrário, a emenda ou modificação será

considerada aprovada e entrará em vigor um ano após o encerramento da Reunião Consultiva do Tratado da Antártida em que tiver sido adotada, a menos que uma ou mais Partes Consultivas do Tratado da Antártida nesse prazo notifiquem o Depositário de que desejam uma prorrogação do referido prazo ou de que não se encontram em condições de aprovar a medida.

2. Qualquer emenda ou modificação deste Anexo que entrar em vigor de acordo com o parágrafo 1 acima, entrará em vigor em seguida para qualquer outra Parte quando tiver sido recebida pelo Depositário a ratificação de aprovação por esta feita.

ANEXO II AO PROTOCOLO AO TRATADO DA ANTÁRTIDA SOBRE PROTEÇÃO AO MEIO AMBIENTE

CONSERVAÇÃO DA FAUNA E DA FLORA DA ANTÁRTIDA

Artigo 1
Definições

Para os fins deste Anexo:

a) "mamífero nativo" significa qualquer membro de qualquer espécie pertencente à classe dos mamíferos, autóctone da área do Tratado da Antártida, ou que possa ali ser encontrada sazonalmente devido a migrações naturais;

b) "ave nativa" significa qualquer membro, em qualquer etapa de seu ciclo de vida (inclusive os ovos), de qualquer espécie pertencente à classe das aves, autóctone da área do Tratado da Antártida, ou que possa ali ser encontrada sazonalmente devido a migrações naturais;

c) "planta nativa" significa qualquer vegetação terrestre ou de água doce, inclusive briófitos, liquens, fungos e algas, em qualquer etapa de seu ciclo de vida (inclusive as sementes e outros propágulos), autóctone da área do Tratado da Antártida;

d) "invertebrado nativo" significa qualquer invertebrado terrestre ou de água doce, em qualquer etapa de seu ciclo de vida, autóctone da área do Tratado da Antártida;

e) "autoridade competente" significa qualquer pessoa ou órgão autorizado por uma Parte a expedir licenças conforme este Anexo;

f) "licença" significa uma permissão formal, por escrito, expedida por uma autoridade competente;

g) "apanhar" ou "apanha" significa matar, ferir, capturar, manipular ou perturbar um mamífero ou ave nativos, ou retirar ou danificar uma tal quantidade de plantas nativas que sua distribuição local ou sua abundância seja prejudicada de maneira significativa;

h) "interferência nociva" significa:

i) os voos ou aterrissagens de helicópteros ou de outras aeronaves que perturbem as concentrações de aves e focas;

ii) a utilização de veículos ou navios, inclusive veículos sobre colchão de ar e pequenas embarcações, que perturbe as concentrações de aves e focas;

iii) a utilização de explosivos e armas de fogo que perturbe as concentrações de aves e focas;

iv) a perturbação deliberada, por pedestres, de aves em fase de reprodução ou muda, ou das concentrações de aves ou focas;

v) danos significativos às concentrações de plantas terrestres nativas em decorrência da aterrissagem de aeronaves, condução de veículos ou pisoteio, ou por outro meio;

vi) qualquer atividade que ocasione uma modificação desfavorável significativa do hábitat de qualquer espécie ou população de mamíferos, aves, plantas ou invertebrados nativos;

i) "Convenção Internacional para a Regulamentação da Pesca a Baleia" significa a Convenção de Washington, de 2 de dezembro de 1946.

Artigo 2
Situações de emergência

1. Este Anexo não será aplicado em situações de emergência relacionadas com a segurança da vida humana ou de navios, aeronaves ou equipamentos e instalações de alto valor ou com a proteção ao meio ambiente.

2. Todas as Partes e o Comitê deverão ser imediatamente notificados das atividades realizadas em situações de emergência.

Artigo 3
Proteção da fauna e da flora nativas

1. É proibida a "apanha" ou qualquer interferência nociva, salvo quando objeto de licença.

2. Essa licença deverá especificar a atividade autorizada, inclusive data e lugar, bem como a identidade de quem a executará, e somente será concedida nos seguintes casos:

a) para proporcionar espécimes destinados ao estudo ou à informação científica;

b) para proporcionar espécimes destinados aos museus, herbários, jardins zoológicos ou botânicos ou a outras instituições ou usos de caráter educativo ou cultural;

c) para atender às consequências inevitáveis das atividades científicas não autorizadas conforme as alíneas (*a*) ou (*b*) acima ou da construção e do funcionamento de instalações de apoio científico.

3. A concessão dessa licença deverá ser limitada de maneira a assegurar:

a) que não sejam apanhados mais mamíferos, aves ou plantas nativas que os estritamente necessários para cumprir os objetivos estabelecidos no parágrafo 2 acima;

b) que somente se abata um pequeno número de mamíferos ou aves nativos e que em nenhum caso sejam abatidos mais mamíferos ou aves das populações locais que o número que, em combinação com outras "apanhas" autorizadas, puder ser normalmente substituído por reprodução natural na estação seguinte; e

c) que se preserve a diversidade das espécies assim como o hábitat essencial à sua existência e à manutenção do equilíbrio dos sistemas ecológicos existentes na área do Tratado da Antártida.

4. Todas as espécies de mamíferos, aves e plantas enumeradas no Apêndice A deste Anexo deverão ser designadas "Espécies Especialmente Protegidas" e deverão receber proteção especial das Partes.

5. Não deverá ser concedida licença alguma de "apanha" de uma Espécie Especialmente Protegida, a menos que:

a) corresponda a um objetivo científico primordial;

b) não coloque em perigo a sobrevivência ou a recuperação dessa espécie ou da população local; e

c) utilize técnicas não letais, sempre que apropriado.

6. Qualquer "apanha" de mamíferos e aves nativos deverá fazer-se do modo a provocar o menor grau de dor e padecimento.

Artigo 4
Introdução de espécies não nativas, parasitas e enfermidades

1. Não deverá ser introduzida quer em terra, quer nas plataformas de gelo, quer nas águas da área do Tratado da Antártida qualquer espécie animal ou vegetal que não seja autóctone da área do Tratado da Antártida, salvo quando objeto de uma licença.

2. Os cães não poderão ser introduzidos em terra ou na plataforma de gelo e aqueles que se encontrem atualmente nessas regiões deverão ser retirados até 1º de abril de 1994.

3. As licenças mencionadas no parágrafo 1 acima somente serão concedidas para permitir a introdução dos animais e plantas enumerados no Apêndice B deste Anexo e deverão especificar as espécies, o número e, se for o caso, a idade e o sexo dos animais e plantas que poderão ser introduzidos, assim como as precauções a serem tomadas para evitar que se evadam ou entrem em contacto com a fauna e a flora nativas.

4. Qualquer planta ou animal para o qual se tiver concedido uma licença de acordo com os parágrafos 1 e 3 acima deverá, antes do vencimento da licença, ser retirado da área do Tratado da Antártida ou destruído por incineração ou por qualquer outro meio igualmente eficaz que permitir eliminar os riscos para a fauna e a flora nativas. A licença deverá mencionar essa obrigação. Qualquer outra planta ou animal não nativo, inclusive qualquer descendente seu, introduzido na área do Tratado da Antártida deverá ser retirado ou destruído por incineração ou por meio igualmente eficaz que ocasionar sua esterilização, a menos que se determine não apresentar qualquer risco para a flora e a fauna nativas.

5. Nenhuma disposição deste artigo deverá aplicar-se a importação de alimentos na área do Tratado da Antártida sempre que nenhum animal vivo for importado com essa finalidade e que todas as plantas eu partes e produtos de origem animal forem mantidos em condições cuidadosamente controladas e eliminados de acordo com o Anexo III do Protocolo e o Apêndice C deste Anexo.

6. Cada Parte deverá exigir que, com o intuito de impedir a introdução de micro-organismos (por exemplo vírus, bactérias, parasitas, levedos, fungos) que não façam parte da fauna e flora nativas, sejam tomadas precauções, inclusive as relacionadas no Apêndice C a este Anexo.

Artigo 5
Informação

Com a finalidade de assegurar que todas as pessoas presentes na área do Tratado da Antártida ou que tenham a intenção de nela ingressar compreendam e observem as disposições deste Anexo, cada Parte deverá preparar e tornar acessível a tais pessoas informação que exponha especificamente as atividades proibidas e proporcionar-lhes relações das Espécies Especialmente Protegidas e das áreas protegidas pertinentes.

Artigo 6

Permuta de informações

1. As Partes deverão tomar medidas para:

a) reunir e permutar registros (inclusive registros de licenças) e estatísticas relativas aos números ou quantidades de cada espécie de mamífero, de ave ou planta apanhadas anualmente na área do Tratado da Antártida;

b) obter e permutar informação relativa às condições dos mamíferos, aves, plantas e invertebrados nativos na área do Tratado da Antártida e ao grau de proteção exigido por qualquer espécie ou população;

c) estabelecer um formulário comum no qual, de acordo com o parágrafo 2 abaixo, essas informações sejam apresentadas pelas Partes.

2. Antes do fim de novembro de cada ano, cada Parte deverá informar as outras Partes, bem como o Comitê, das medidas que tiverem sido tomadas em decorrência do parágrafo 1 acima e do número e natureza das licenças concedidas, conforme este Anexo, no período de 1º de julho a 30 de julho anterior.

Artigo 7

Relação com outros acordos fora do sistema do Tratado da Antártida

Disposição alguma deste Anexo prejudica os direitos e obrigações das Partes decorrentes da Convenção Internacional para a Regulamentação da Pesca de Baleia.

Artigo 8

Revisão

As Partes deverão submeter a revisão permanente as medidas destinadas à Conservação da fauna e da flora antárticas levando em conta todas as recomendações do Comitê.

Artigo 9

Emenda ou modificação

1. Este Anexo pode ser emendado ou modificado por uma medida adotada de acordo com o parágrafo 1 do artigo IX do Tratado da Antártida. Salvo no caso em que a medida dispuser em contrário, a emenda ou modificação será considerada aprovada e entrará em vigor 1 (um) ano após o encerramento da Reunião Consultiva do Tratado da Antártida em que tiver sido adotada, a menos que uma ou mais Partes Consultivas do Tratado da Antártida nesse prazo notifiquem o Depositário de que desejam uma prorrogação do referido prazo ou de que não se encontram em condições de aprovar a medida.

2. Qualquer emenda ou modificação deste Anexo que entrar em vigor de acordo com o parágrafo 1 acima, entrará em vigor em seguida para qualquer outra Parte quando tiver sido recebida pelo Depositário a notificação da aprovação por esta feita.

APÊNDICES AO ANEXO II

Apêndice A

ESPÉCIES ESPECIALMENTE PROTEGIDAS

Todas as espécies de gênero *Arctocephalus* (focas de pelagem austral ou lobos marinhos de dois pelos) *Ommatophoca rossii* (foca de Ross).

Apêndice B

INTRODUÇÃO DE ANIMAIS E PLANTAS

Poderão ser introduzidos na área do Tratado da Antártida de acordo com licenças concedidas segundo o artigo 4 deste Anexo os seguintes animais e plantas:

a) plantas domésticas; e

b) animais e plantas de laboratório, inclusive vírus, bactérias, levedos e fungos.

Apêndice C

PRECAUÇÕES PARA PREVENIR A INTRODUÇÃO DE MICRO-ORGANISMOS

1. Aves domésticas: nenhuma ave doméstica ou outras aves vivas poderão ser introduzidas na área do Tratado da Antártida. Antes de ser embaladas para envio à área do Tratado da Antártida, as aves preparadas para consumo deverão ser submetidas a uma inspeção para detectar enfermidades, como por exemplo a doença de Newcastle, a tuberculose e a infecção por levedos. Qualquer ave ou parte de ave não consumida deverá ser retirada da área do Tratado da Antártida ou destruída por incineração ou por meios equivalentes que eliminem os riscos para a flora e a fauna nativas.

2. A introdução de solo não estéril será evitada tanto quanto possível.

ANEXO III AO PROTOCOLO AO TRATADO DA ANTÁRTIDA SOBRE PROTEÇÃO AO MEIO AMBIENTE

ELIMINAÇÃO E GERENCIAMENTO DE RESÍDUOS

Artigo 1

Obrigações gerais

1. Este Anexo deverá aplicar-se às atividades realizadas na área do Tratado da Antártida relativas aos programas de pesquisa científica, ao turismo e a todas as outras atividades governamentais e não governamentais na área do Tratado da Antártida para as quais o parágrafo 5 do artigo VII do Tratado da Antártida exigir notificação prévia, inclusive as atividades associadas de apoio logístico.

2. A quantidade de resíduos produzidos ou eliminados na área do Tratado da Antártida será reduzida tanto quanto possível, de maneira a minimizar seu impacto sobre o meio ambiente antártico e sua interferência nos valores naturais da Antártida, na pesquisa científica e em outros usos da Antártida em conformidade com os termos do Tratado da Antártida.

3. O armazenamento, a eliminação e a retirada dos resíduos da área do Tratado da Antártida, assim como sua reciclagem e sua redução na fonte, serão considerações essenciais no planejamento e na execução de atividades na área do Tratado da Antártida.

4. Os resíduos removidos da área do Tratado da Antártida serão, tanto quanto possível, devolvidos ao país onde se tiverem organizado as atividades que houverem gerado esses resíduos ou a qualquer outro país onde tiverem sido tomadas providências para a eliminação de tais resíduos, de acordo com os acordos internacionais pertinentes.

5. Os sítios antigos e atuais de eliminação de resíduos em terra e os sítios de trabalho de atividades antárticas abandonados deverão ser limpos por quem houver gerado os resíduos e pelo usuário de tais sítios. Esta obrigação não será interpretada de modo a exigir.

a) a retirada de qualquer estrutura designada como sítio histórico ou monumento; ou

b) a retirada de qualquer estrutura ou resíduos, em circunstâncias tais que a retirada por meio de qualquer procedimento prático, acarretaria para o meio ambiente um impacto negativo maior do que se a estrutura ou os resíduos fossem deixados no lugar onde se encontrassem.

Artigo 2

Eliminação dos resíduos mediante sua remoção da área do Tratado da Antártida

1. Se forem gerados depois da entrada em vigor deste Anexo, os seguintes resíduos serão removidos da área do Tratado da Antártida por quem os tiver gerado:

a) materiais radioativos;

b) baterias elétricas;

c) combustíveis, tanto líquidos quanto sólidos;

d) resíduos que contenham níveis perigosos de metais pesados ou compostos persistentes altamente tóxicos ou nocivos.

e) cloreto de polivinila (PVC), espuma de poliuretano, espuma de polestireno, borracha e óleos lubrificantes, madeiras tratadas e outros produtos que contenham aditivos que possam produzir emissões perigosas caso incinerados.

f) todos os demais resíduos plásticos, salvo recipientes de polietileno de baixa densidade (como as bolsas destinadas ao armazenamento de resíduos), sempre que tais recipientes sejam incinerados de acordo com o parágrafo 1 do artigo 3;

g) tambores de combustível; e

h) outros resíduos sólidos incombustíveis;

Sempre que a obrigação de remover os tambores e os resíduos sólidos incombustíveis contida nas alíneas (*g*) e (*h*) acima não se aplique em circunstâncias tais que a retirada desses resíduos, por meio de qualquer procedimento prático, teria para o meio ambiente um impacto negativo maior do que se os resíduos fossem deixados nos lugares onde se encontrarem.

2. Os resíduos líquidos que não estejam incluídos no parágrafo 1 acima, o esgoto e os resíduos líquidos domésticos serão removidos da área do Tratado da Antártida, tanto quanto possível, por quem os tiver gerado.

3. A menos que sejam incinerados ou esterilizados em autoclaves ou de qualquer outra maneira, os seguintes resíduos serão removidos da área do Tratado da Antártida por quem os tiver gerado:

a) resíduos de carcaças de animais importados;

b) culturas efetuadas em laboratório, de micro-organismos e de plantas patogênicas; e

c) produtos avícolas introduzidos na área.

Artigo 3
Eliminação de resíduos por incineração

1. Sem prejuízo do parágrafo 2 abaixo, os resíduos combustíveis que não forem retirados da área do Tratado da Antártida, exceto os mencionados no parágrafo 1 do artigo 2, serão queimados em incineradores que reduzam, tanto quanto possível, as emissões perigosas. Deverão ser levadas em consideração quaisquer normas em matéria de emissões e quaisquer diretrizes relativas aos equipamentos recomendadas, *inter alia*, pelo Comitê e pelo Comitê Científico para Pesquisas Antárticas. Os resíduos sólidos resultantes dessa incineração deverão ser removidos da área do Tratado da Antártida.

2. Toda incineração de resíduos ao ar livre deverá ser eliminada progressivamente, tão logo seja possível, e em nenhum caso deverá ultrapassar o fim da temporada 1998/1999. Até o abandono completo dessa prática, quando for necessário eliminar os resíduos por incineração ao ar livre, e para limitar a deposição de partículas e evitar essa deposição nas áreas de especial interesse biológico, científico, histórico, estético ou natural, inclusive, especialmente, as áreas protegidas em virtude do Tratado da Antártida, dever-se-á levar em conta a direção e a velocidade do vento e a natureza dos resíduos a queimar.

Artigo 4
Outras formas de eliminação de resíduos em terra

1. Os resíduos que não tiverem sido removidos ou eliminados de acordo com os artigos 2 e 3 não serão eliminados em áreas desprovidas de gelo ou em sistemas de água doce.

2. O esgoto, os resíduos líquidos domésticos e outros resíduos líquidos que não tiverem sido removidos da área do Tratado da Antártida de acordo com o artigo 2, não serão, tanto quanto possível, eliminados no gelo do mar, nas plataformas de gelo ou no manto de gelo aterrado, mas os resíduos gerados por estações situadas nas plataformas de gelo ou no manto de gelo aterrado poderão ser eliminados em poços profundos cavados no gelo quando tal forma de eliminação for a única opção possível. Tais poços não poderão situar-se nas linhas de fluxo de gelo conhecidas e que desemboquem em áreas desprovidas de gelo ou em áreas de intensa ablação.

3. Os resíduos produzidos em acampamentos serão, tanto possível, retirados por quem os tiver gerado e levados a estações ou navios de apoio para serem eliminados de acordo com este Anexo.

Artigo 5
Eliminação de resíduos no mar

1. Levando-se em conta a capacidade de assimilação do meio ambiente marinho receptor, o esgoto e os resíduos líquidos domésticos poderão ser descarregados diretamente no mar sempre que:

a) a descarga ocorrer, sempre que possível, em zonas que ofereçam condições propícias a uma diluição inicial e a uma rápida dispersão; e

b) as grandes quantidades de tais resíduos (gerados em uma estação cuja ocupação semanal média durante o verão austral seja de aproximadamente 30 pessoas ou mais) sejam tratadas, pelo menos, por maceração.

2. Os subprodutos do tratamento de esgoto, mediante o processo do Interruptor Biológico Giratório ou mediante outros processos similares, poderão ser eliminados no mar sempre que a referida eliminação não prejudicar o meio ambiente local, e sempre que tal eliminação no mar se realizar de acordo com o Anexo IV ao Protocolo.

Artigo 6
Armazenamento de resíduos

Todos os resíduos que devam ser retirados da área do Tratado da Antártida ou eliminados de qualquer outra forma deverão ser armazenados de modo a evitar sua dispersão no meio ambiente.

Artigo 7
Produtos proibidos

Não serão introduzidos em terra, nas plataformas de gelo ou nas águas da área do Tratado da Antártida os difenis policlorados (PCBs), os solos não estéreis, as partículas e lascas de poliestireno ou tipos de embalagem similares, ou os pesticidas (exceto os destinados a finalidades científicas, médicas ou higiênicas).

Artigo 8
Plano de gerenciamento dos resíduos

1. Cada Parte que executar atividades na área do Tratado da Antártida deverá estabelecer, no que disser respeito a essas atividades, um sistema de classificação de eliminação de resíduos que sirva de base ao registro de resíduos e facilite os estudos destinados a avaliar os impactos ambientais das atividades científicas e do apoio logístico associado. Para esse fim os resíduos produzidos serão classificados como:

a) águas residuais e resíduos líquidos domésticos (Grupo 1);

b) outros resíduos líquidos e químicos, inclusive os combustíveis e lubrificantes (Grupo 2);

c) resíduos sólidos a serem incinerados (Grupo 3);

d) outros resíduos sólidos (Grupo 4); e

e) material radioativo (Grupo 5).

2. No intuito de reduzir ainda mais o impacto dos resíduos no meio ambiente antártico, cada Parte deverá preparar, rever e atualizar anualmente seus planos de gerenciamento de resíduos (inclusive a redução, armazenamento e eliminação de resíduos), especificando para cada sítio prefixado, para os acampamentos em geral e para cada navio (exceto as embarcações pequenas utilizadas nas operações em sítios fixos ou navios e levando em consideração os planos de gerenciamento existentes para navios):

a) os programas de limpeza dos sítios existentes de eliminação de resíduos e dos sítios de trabalho abandonados;

b) as disposições atuais e planejamento para o gerenciamento de resíduos, inclusive a eliminação final destes;

c) as disposições atuais e planejadas para analisar os efeitos ambientais dos resíduos e do gerenciamento de resíduos; e

d) outras medidas para minimizar qualquer efeito dos resíduos e de seu gerenciamento sobre o meio ambiente.

3. Tanto quanto possível, cada Parte deverá preparar igualmente um inventário dos locais de atividades passadas como trilhas, depósitos de combustível, acampamentos de base, aeronaves acidentadas antes que essas informações se percam, de modo que esses locais possam ser levados em consideração quando do preparo de futuros programas científicos (como os referentes a química da neve, aos poluentes nos líquens, ou as perfurações para obtenção de testemunhos de gelo).

Artigo 9
Distribuição e revisão dos planos de gerenciamento dos resíduos

1. Os planos de gerenciamento de resíduos elaborados de acordo com o artigo 8, os relatórios sobre sua execução e os inventários mencionados no parágrafo 3 do artigo 8, deverão ser incluído na permuta anual de informações efetuada de acordo com os artigos III e VII do Tratado da Antártida e as recomendações pertinentes adotadas conforme o artigo IX do Tratado da Antártida.

2. Cada Parte deverá enviar ao Comitê cópias de seus planos de gerenciamento de resíduos, e relatórios sobre sua execução e revisão.

3. O Comitê poderá examinar os planos de gerenciamento de resíduos e os relatórios sobre tais planos e, para consideração das Partes, formular observações, inclusive sugestões que visarem a minimizar o impacto sobre o meio ambiente, assim como a modificar e aprimorar esses planos.

4. As Partes poderão permutar informações e prestar assessoria, inter alia, sobre tecnologias pouco poluentes disponíveis, reconversão de instalações existentes, exigências particulares aplicáveis aos efluentes e métodos apropriados de eliminação e descarga de resíduos.

Artigo 10
Práticas de gerenciamento

Cada Parte deverá:

a) designar um responsável pelo gerenciamento de resíduos para que desenvolva planos de gerenciamento de resíduos e vigie sua execução; no local, essa responsabilidade será confiada a uma pessoa competente para cada sítio;

b) assegurar que os membros de suas expedições recebam treinamento destinado a limitar o impacto de suas operações sobre o meio ambiente antártico e a informá-los das exigências deste Anexo; e

c) desalentar a utilização de produtos de cloreto de polivilina (PVC) e assegurar que suas expedições na área do Tratado da Antártida estejam advertidas sobre qualquer produto de PVC por elas introduzido na área do Tratado da Antártida, no intuito de que os referidos produtos possam ser depois removidos de acordo com este Anexo.

Artigo 11
Revisão

Este Anexo estará sujeito a revisões periódicas no intuito de refletir os progressos realizados na tecnologia o nos processos de eliminação de resíduos e assim assegurar a máxima proteção ao meio ambiente antártico.

Artigo 12
Situações de emergência

1. Este Anexo não será aplicado em situações de emergências relacionadas com a segurança da vida humana ou de navios, aeronaves ou

equipamentos e instalações de alto valor ou com a proteção ao meio ambiente.

2. Todas as Partes e o Comitê deverão ser imediatamente notificados das atividades realizadas em situações de emergência.

Artigo 13
Emenda ou modificação

1. Este Anexo pode ser emendado ou modificado por uma medida adotada de acordo com o parágrafo 1 do artigo IX do Tratado da Antártida. Salvo no caso em que a medida dispuser em contrário, a emenda ou modificação será considerada aprovada e entrará em vigor um ano após o encerramento da Reunião Consultiva do Tratado da Antártida em que tiver sido adotada, a menos que uma ou mais Partes Consultivas do Tratado da Antártida nesse prazo notifiquem o Depositário de que desejam uma prorrogação do referido prazo ou de que não se encontram em condições de aprovar a medida.

2. Qualquer emenda ou modificações deste Anexo que entrar em vigor de acordo com o parágrafo 1 acima, entrará em vigor em seguida para qualquer outra Parte quando tiver sido recebida pelo Depositário a notificação de aprovação por esta feita.

ANEXO IV AO PROTOCOLO AO TRATADO DA ANTÁRTIDA SOBRE PROTEÇÃO AO MEIO AMBIENTE

PREVENÇÃO DA POLUIÇÃO MARINHA

Artigo 1
Definições

Para os fins deste Anexo:

a) "descarga" significa qualquer vazão de um navio, qualquer que seja a sua causa, e inclui qualquer escapamento, eliminação, derramamento, vazamento, bombeamento, emissão ou esvaziamento;

b) "lixo" significa todo tipo de resíduos alimentares, domésticos e operacionais provenientes do trabalho de rotina do navio, com a exceção de peixe fresco, e de suas partes, e das substâncias incluídas nos artigos 3 e 4.

c) "MARPOL 73/78" significa a Convenção Internacional para a Prevenção da Poluição Causada por Navios, de 1973, emendada pelo Protocolo de 1978 e pelas emendas posteriores em vigor;

d) "substância líquida nociva" significa qualquer substância líquida nociva definida no Anexo II da MARPOL 73/78;

e) "óleo" significa o petróleo em qualquer forma, inclusive o petróleo cru, o óleo combustível, a borra, os resíduos de óleo e os produtos petrolíferos refinados (exceto os produtos petroquímicos sujeitos às disposições do artigo 4);

f) "mistura oleosa" significa qualquer mistura que contenha óleo; e

g) "navio" significa embarcação de qualquer tipo que opere no meio marinho, inclusive os hidrófilos, os veículos sobre colchão de ar, os submersíveis, os meios flutuantes e as plataformas fixas ou flutuantes.

Artigo 2
Aplicação

Este Anexo aplica-se, com respeito a cada Parte, aos navios autorizados a hastear seu pavilhão e, enquanto operar na área do Tratado da Antártida, a qualquer outro navio que participar em suas operações na Antártida ou que as apoie.

Artigo 3
Descargas de óleo

1. É proibida qualquer descarga de óleo ou misturas oleosas no mar, salvo nos casos autorizados de acordo com o Anexo 1 da MARPOL 73/78. Enquanto estiverem operando na área do Tratado da Antártida, os navios deverão conservar a bordo toda a borra, lastro sujo, água de lavagem dos tanques e outros resíduos de óleo e misturas oleosas que não puderem ser descarregados no mar. Os navios só descarregarão fora da área do Tratado da Antártida, em instalações de recebimento ou em outra forma autorizada pelo Anexo 1 da MARPOL 73/78.

2. Este artigo não será aplicado:

a) à descarga no mar de óleo ou de misturas oleosas provenientes de uma avaria sofrida por um navio ou por seu equipamento:

i) sempre que todas as precauções razoáveis tiverem sido tomadas após a avaria ou a descoberta da descarga para impedir ou reduzir tal descarga ao mínimo; e

ii) salvo se o proprietário ou o capitão tiverem agido seja com a intenção de provocar avaria, seja temerariamente e sabendo ser provável que a avaria se produzisse;

b) à descarga ao mar de substâncias que contenham óleo e que estiverem sendo utilizadas para combater casos concretos de poluição a fim de reduzir o dano resultante de tal poluição.

Artigo 4
Descarga de substâncias líquidas nocivas

É proibida a descarga no mar de toda substância líquida nociva e de qualquer outra substância química ou outra substância em quantidade ou concentração prejudiciais para meio ambiente marinho.

Artigo 5
Eliminação de lixo

1. É proibida a eliminação no mar de qualquer material plástico, incluídos, mas não exclusivamente, as cordas e redes de pesca em fibra sintética e os sacos de lixo de matéria plástica.

2. É proibida a eliminação no mar de qualquer outra forma de lixo, inclusive objetos de papel, trapos, vidros, metais, garrafas, louça doméstica, cinza de incineração, material de estiva, revestimentos e material de embalagem.

3. A eliminação dos restos de comida no mar poderá ser autorizada quando tais restos tiverem sido triturados ou moídos, sempre que essa eliminação, salvo nos casos em que puder ser autorizada conforme o Anexo V da MARPOL 73/78, for feita o mais longe possível da terra e das plataformas de gelo, mas em nenhum caso a menos de 12 milhas marinhas da terra ou da plataforma de gelo mais próxima. Esses restos de comida triturados ou moídos deverão poder passar por uma tela cujas aberturas não ultrapassem 25 milímetros.

4. Quando uma substância ou um material incluído neste artigo estiver Misturado, para fins de descarga ou eliminação, com qualquer outra substância ou material cuja descarga ou eliminação estiver submetida a exigências diferentes, serão aplicadas as exigências mais rigorosas.

5. As disposições dos parágrafos 1 e 2 acima não serão aplicadas:

a) ao escapamento de lixo resultante de avaria sofridas por um navio por seu equipamento, sempre que todas as precauções razoáveis tiverem sido tomadas, antes e depois da avaria, para impedir ou reduzir o escapamento; ou

b) à perda acidental de redes de pesca em fibra sintética, sempre que todas as precauções razoáveis tiverem sido tomadas para impedir essa perda.

6. As Partes deverão exigir, quando apropriado, a utilização de livros de registro de lixo.

Artigo 6
Descarga de esgoto

1. Salvo quando as operações na Antártida forem indevidamente prejudicadas:

a) cada Parte deverá suprimir toda descarga no mar de esgoto sem tratamento (entendendo-se por "esgoto" a definição dada no Anexo IV da MARPOL 73/78) a menos de 12 milhas marinhas da terra ou das plataformas de gelo;

b) além dessa distância, a descarga de esgoto conservada em um tanque de retenção não será efetuada instantaneamente, mas num ritmo moderado e, tanto quanto possível, quando o navio estiver navegando a uma velocidade igual ou superior a 4 nós.

Este parágrafo não se aplica aos navios autorizados a transportar um máximo de 10 pessoas.

2. As Partes deverão exigir, quando apropriado, a utilização de livros de registro de esgoto.

Artigo 7
Situações de emergência

1. Os artigos 3, 4, 5 e 6 deste Anexo não serão aplicados em situações de emergência relacionadas com a segurança de um navio e das pessoas a bordo ou com o salvamento de vidas no mar.

2. Todas as Partes e o Comitê deverão ser imediatamente notificados das atividades realizadas em situações de emergência.

Artigo 8
Efeito sobre os ecossistemas dependentes e associados

Na aplicação das disposições deste Anexo será devidamente considerada a necessidade de se evitarem efeitos prejudiciais sobre os ecossistemas dependentes e associados fora da área do Tratado da Antártida.

Artigo 9
Capacidade de retenção dos navios e instalações de recebimento

1. Cada Parte deverá tomar todas as medidas necessárias para assegurar que, antes de entrar na área do Tratado da Antártida, todos os navios com direito a hastear seu pavilhão e qualquer outro navio que participar em suas operações na Antártida ou as apoie estejam equipados com um ou vários tanques com capacidade suficiente para reter a bordo toda a borra, o lastro sujo, a água de lavagem dos tanques e outros resíduos de óleo e misturas oleosas, tenham capacidade suficiente para a retenção do lixo a bordo, enquanto estiverem operando na área do Tratado da Antártida, e tenham concluído acordos para descarregar esses resíduos petrolíferos e esse lixo numa instalação de recebimento após sua partida

da referida área. Os navios também deverão ter capacidade suficiente para reter a bordo substâncias líquidas nocivas.

2. Cada Parte cujos portos forem utilizados por navios que partam em direção à área do Tratado da Antártida ou dela retornem deverá encarregar-se de assegurar o estabelecimento, tão logo seja possível, de instalações apropriadas para o recebimento de toda a borra, o lastro sujo, a água de lavagem dos tanques, outros resíduos de óleo e misturas oleosas e lixo dos navios, sem causar demora indevida e de acordo com as necessidades dos navios que as utilizem.

3. As Partes cujos navios, partindo em direção à área do Tratado da Antártida ou dela retornando, utilizarem os portos de outras Partes deverão consultar essas Partes para assegurar que o estabelecimento de instalações portuárias de recebimento não imponha uma carga injusta sobre as Partes vizinhas à área do Tratado da Antártida.

Artigo 10
Concepção, construção, provisão e equipamento dos navios

Ao conceber, construir, tripular e equipar os navios que participarem em operações na Antártida ou as apoiem, cada Parte deverá levar em consideração os objetivos deste Anexo.

Artigo 11
Imunidade soberana

1. Este Anexo não deverá ser aplicado aos navios de guerra, nem às unidades navais auxiliares, nem a outros navios que, pertencentes a um Estado ou por ele operados e enquanto em serviço governamental, de caráter não comercial. Não obstante, cada Parte deverá, mediante a adoção de medidas oportunas mas sem prejuízo das operações ou da capacidade operativa dos navios desse tipo que lhe pertencerem ou forem por ela explorados, assegurar que, na medida em que for razoável e possível, tais navios atuem de maneira compatível com este Anexo.

2. Na aplicação do parágrafo 1 acima, cada Parte deverá levar em consideração a importância da proteção ao meio ambiente antártico.

3. Cada Parte deverá informar as demais Partes da forma como aplicar esta disposição.

4. O procedimento de solução de controvérsias estabelecido nos artigos 18 a 20 do Protocolo não se aplicará a este artigo.

Artigo 12
Medidas preventivas, preparação para situações de emergência e reação

1. No intuito de reagir com mais eficácia às situações de emergência de poluição marinha ou à ameaça dessas situações na área do Tratado da Antártida, e de acordo com o artigo 15 do Protocolo, as Partes deverão estabelecer planos de emergência para reagir aos casos de poluição marinha na área do Tratado da Antártida, inclusive planos de emergência para os navios (exceto embarcações pequenas utilizadas nas operações em sítios fixos ou em navios) que estiverem operando na área do Tratado da Antártida, em particular os que transportarem cargas de óleo, e para o caso de derramamento de óleo, provenientes de instalações costeiras, no meio ambiente marinho. Para esse fim deverão:

a) cooperar na formulação e aplicação de tais planos; e

b) valer-se dos pareceres do Comitê, da Organização Marítima Internacional e de outras organizações internacionais.

2. As Partes deverão estabelecer também procedimentos para cooperar na reação às situações de emergência de poluição e tomar medidas de reação apropriadas de acordo com esses procedimentos.

Artigo 13
Revisão

Com a finalidade de alcançar os objetivos deste Anexo, as Partes deverão submeter a revisão permanente as disposições dele e as outras medidas destinadas a prevenir e reduzir a poluição ao meio ambiente marinho da Antártida e a ela reagir, inclusive quaisquer emendas e novas regras adotadas conforme a MARPOL 73/78.

Artigo 14
Relação com a MARPOL 73/78

Com respeito às Partes que sejam também Partes da MARPOL 73/78, nada neste Anexo prejudica os direitos e deveres específicos que dela resultem.

Artigo 15
Emenda ou modificação

1. Este Anexo pode ser emendado ou modificado por uma medida adotada de acordo com o parágrafo 1 do artigo IX do Tratado da Antártida. Salvo no caso em que a medida dispuser em contrário, a emenda ou modificação será considerada aprovada e entrará em vigor um ano após o encerramento da Reunião Consultiva do Tratado da Antártida em que tiver sido adotada, a menos que uma ou mais Partes Consultivas do Tratado da Antártida nesse prazo notifiquem o Depositário de que desejam uma prorrogação do referido prazo ou de que não se encontram em condições de aprovar a medida.

2. Qualquer emenda ou modificação deste Anexo que entrar em vigor de acordo com o parágrafo 1 acima, entrará em vigor em seguida para qualquer outra Parte, quando tiver sido recebida pelo Depositário a notificação da aprovação por esta feita.

ANEXO V AO PROTOCOLO AO TRATADO DA ANTÁRTIDA SOBRE PROTEÇÃO AO MEIO AMBIENTE

PROTEÇÃO E GERENCIAMENTO DE ÁREAS

Artigo 1
Definições

Para os fins deste Anexo:

a) "autoridade competente" significa qualquer pessoa ou órgão autorizado por uma Parte a expedir licenças, em conformidade com este Anexo;

b) "licença" significa autorização formal por escrito expedida por uma autoridade competente;

c) "Plano de Gerenciamento" significa um plano para gerenciar as atividades e proteger o valor ou valores especiais em uma Área Antártica Especialmente Protegida ou em uma Área Antártica Especialmente Gerenciada.

Artigo 2
Objetivos

Para os fins estabelecidos neste Anexo, qualquer área, inclusive marinha, poderá ser designada como uma Área Antártica Especialmente Protegida ou uma Área Antártica Especialmente Gerenciada. As atividades nessas Áreas serão proibidas, restringidas ou gerenciadas de acordo com Planos de Gerenciamento adotados de acordo com as disposições deste Anexo.

Artigo 3
Áreas antárticas especialmente protegidas

1. Qualquer área, inclusive marinha, poderá ser designada como Área Antártica Especialmente Protegida para proteger valores ambientais, científicos, históricos, estético ou naturais notáveis, qualquer combinação desses valores ou pesquisa científica em curso ou planejada.

2. As Partes deverão procurar identificar, numa estrutura geográfica e ambiental sistemática, e incluir na série de Áreas Antárticas Especialmente Protegidas:

a) áreas que se houverem mantido a salvo de qualquer interferência humana, de modo que seja possível, futuramente, efetuarem-se comparações com localidades que tiverem sido atingidas por atividades humanas;

b) exemplos representativos dos principais ecossistemas terrestres, inclusive glaciais e aquáticos, e ecossistemas marinhos;

c) áreas com comunidades importantes ou incomuns de espécies, inclusive as principais colônias de reprodução de aves e mamíferos nativos;

d) a localidade típica ou o único hábitat conhecido de qualquer espécie;

e) áreas de interesse particular para a pesquisa científica em curso ou planejada;

f) exemplos de particularidades geológicas, glaciológicas ou geomorfológicas notáveis;

g) áreas de notável valor estético e natural;

h) sítios ou monumentos de reconhecido valor histórico; e

i) outras áreas conforme apropriado para se protegerem os valores indicados no parágrafo 1 acima.

3. Ficam designadas como Áreas Antárticas Especialmente Protegidas, as Áreas Especialmente Protegidas e os Sítios de Especial Interesse Científico como tais designados por anteriores Reuniões Consultivas do Tratado da Antártida, os quais deverão, assim, ser novamente denominados e numerados.

4. O ingresso em Área Antártica Especialmente Protegida e proibido, salvo de acordo com uma licença expedida conforme o artigo 7.

Artigo 4
Áreas antárticas especialmente gerenciadas

1. Qualquer área, inclusive marinha, onde atividades estiverem sendo efetuadas ou puderem sê-lo no futuro, poderá ser designada como Área Antártica Especialmente Gerenciada para assistir no planejamento e coordenação, de atividades, evitar possíveis conflitos, melhorar a cooperação entre as Partes ou minimizar o impacto ambiental.

2. As Áreas Antárticas Especialmente Gerenciadas poderão incluir:

a) áreas onde as atividades oferecerem riscos de interferência mútua ou impacto ambiental cumulativo; e
b) sítios ou monumentos de reconhecido valor histórico.

3. O ingresso em Área Antártica Especialmente Gerenciada não exigirá licença.

4. Não obstante o parágrafo 3 acima, uma Área Antártica Especialmente Gerenciada poderá conter uma ou mais Áreas Antárticas Especialmente Protegidas, nas quais o ingresso seja proibido, salvo de acordo com uma licença expedida conforme o artigo 7.

Artigo 5
Planos de gerenciamento

1. Qualquer Parte, o Comitê, o Comitê Científico para a Pesquisa Antártica ou a Comissão para a Conservação dos Recursos Vivos Marinhos Antárticos poderá propor a designação de uma área como Área Antártica Especialmente Protegida ou Área Antártica Especialmente Gerenciada, submetendo uma proposta de Plano de Gerenciamento à Reunião Consultiva do Tratado da Antártida.

2. A área proposta para designação deverá ser de tamanho suficiente para proteger os valores para os quais a proteção especial ou o gerenciamento forem solicitados.

3. As propostas de Plano de Gerenciamento deverão incluir, conforme o caso:
a) uma descrição do valor ou valores para os quais a proteção especial ou o gerenciamento forem solicitados;
b) uma declaração das metas e objetivos do Plano de Gerenciamento para a proteção e gerenciamento desses valores;
c) as atividades de gerenciamento a serem realizadas para proteger os valores para os quais a proteção especial ou o gerenciamento forem solicitados;
d) um período de designação, se for o caso;
e) uma descrição da área, inclusive:
i) as coordenadas geográficas, os marcos de divisa e as particularidades naturais que delimitem a área;
ii) acesso à área por terra, mar ou ar, inclusive roteiros marítimos e ancoradouros, caminhos para pedestres e veículos dentro da área e rotas de aeronaves e áreas de aterrissagem;
iii) a localização de estruturas, inclusive estações científicas, instalações de pesquisas ou refúgio tanto dentro da área quanto em suas proximidades; e
iv) a localização, dentro da área ou em suas proximidades, de outras Áreas Antárticas Especialmente Protegidas ou Áreas Antárticas Especialmente Gerenciadas designadas de acordo com este Anexo ou de outras áreas protegidas designadas de acordo com medidas adotadas conforme outros componentes do sistema do Tratado da Antártida;
f) a identificação de zonas dentro da área nas quais as atividades deverão ser proibidas, restringidas ou gerenciadas com o fim de alcançar as metas e objetivos indicados na alínea (*b*) acima;
g) mapas e fotografias que mostrem claramente os limites da área em relação às particularidades das redondezas e principais particularidades dentro da área;
h) documentação de apoio;
i) com referência a uma área proposta para designação como Área Antártica Especialmente Protegida, uma clara descrição das condições nas quais as licenças poderão ser concedidas pela autoridade competente, com relação:
i) ao acesso à área e movimentação dentro dela ou sobre ela;
ii) as atividades que forem ou puderem ser efetuadas dentro da área, inclusive restrições temporais e locais;
iii) à instalação, modificação ou remoção de estruturas;
iv) à localização de acampamentos;
v) às restrições a materiais e organismos que puderem ser introduzidos na área;
vi) à "apanha" de espécimes ou a interferência nociva com a flora e a fauna nativas;
vii) ao recebimento ou remoção de tudo o que não tiver sido introduzido na área pelo titular da licença;
viii) à eliminação de resíduos;
ix) às medidas que puderem ser necessárias para assegurar que as metas e objetivos do plano de gerenciamento continuem a ser alcançados; e
x) às exigências de que, com relação a visitas à área, sejam feitos relatórios às autoridades competentes;
j) com referência a uma área proposta para designação como Área Antártica Especialmente Gerenciada, um código de conduta com relação:
i) ao acesso à área e movimentação dentro dela ou sobre ela;
ii) às atividades que forem ou puderem ser efetuadas dentro da área, inclusive restrições temporais e locais;
iii) a instalação, modificação ou remoção de estruturas;
iv) à localização de acampamentos;
v) à "apanha" de espécimes ou a interferência nociva com a flora e a fauna nativas;
vi) ao recebimento ou remoção de tudo o que não tiver sido introduzido na área pelo titular da licença;
vii) à eliminação de resíduos; e
viii) a quaisquer exigências de que, com relação a visitas à área, sejam feitos relatórios as autoridades competentes; e
k) disposições sobre as circunstâncias em que as Partes devam procurar permutar informações antes do início de atividades a que se propuserem.

Artigo 6
Procedimentos de designação

1. Os Planos de Gerenciamento propostos deverão ser encaminhados ao Comitê, ao Comitê Científico sobre Pesquisa Antártica e, se apropriado, à Comissão para a Conservação dos Recursos Vivos Marinhos Antárticos. Ao formular seu parecer à Reunião Consultiva do Tratado da Antártida, o Comitê deverá levar em consideração quaisquer comentários fornecidos pelo Comitê Científico sobre Pesquisa Antártica e, se apropriado, pela Comissão para Conservação dos Recursos Vivos Marinhos Antárticos. A partir de então, os Planos de Gerenciamento poderão ser aprovados pelas Partes consultivas do Tratado da Antártida através de medida adotada em Reunião Consultiva do Tratado da Antártida, de acordo com o parágrafo 1 do artigo IX do Tratado da Antártida. Salvo nos casos em que a medida dispuser em contrário, o Plano será considerado aprovado noventa dias após o encerramento da Reunião Consultiva do Tratado da Antártida em que tenha sido adotado, a menos que, nesse prazo, uma ou mais Partes Consultivas notifiquem o Depositário de que desejam uma prorrogação do referido prazo ou de que não se encontram em condições de aprovar a medida.

2. Levando em consideração as disposições dos artigos 4 e 5 do Protocolo, nenhuma área marinha deverá ser designada como Área Antártica Especialmente Protegida ou Área Antártica Especialmente Gerenciada sem a aprovação prévia da Comissão para a Conservação dos Recursos Vivos Marinhos Antárticos.

3. A designação de uma Área Antártica Especialmente Protegida ou uma Área Antártica Especialmente Gerenciada deverá vigorar por um período indefinido, a menos que o Plano de Gerenciamento disponha em contrário. Pelo menos cada cinco anos deverá ser iniciada uma revisão dos Planos de Gerenciamento. O Plano deverá ser atualizado de acordo com as necessidades.

4. Os Planos de Gerenciamento poderão ser emendados ou revogados de acordo com o parágrafo 1 acima.

5. Quando aprovados, os Planos de Gerenciamento deverão ser distribuídos prontamente pelo Depositário a todas as Partes. O Depositário deverá manter um registro atualizado de todos os Planos de Gerenciamento aprovados.

Artigo 7
Licenças

1. Cada Parte deverá indicar uma autoridade competente para expedir licenças para ingresso e desempenho de atividades dentro de uma Área Antártica Especialmente Protegida, de acordo com as exigências do Plano de Gerenciamento relativo a essa Área. A licença deverá ser acompanhada das partes relevantes do Plano de Gerenciamento e deverá especificar a extensão e localização da Área, as atividades autorizadas, o tempo e o lugar destas e a identidade de quem as executar, bem como quaisquer outras condições impostas pelo Plano de Gerenciamento.

2. No caso de uma Área Antártica Especialmente Protegida como tal designada por anteriores Reuniões Consultivas do Tratado da Antártida e que não tiver um Plano de Gerenciamento, a autoridade competente poderá expedir uma licença para um fim científico de caráter imprescindível que não puder ser satisfeito alhures e que não puser em perigo o sistema ecológico natural na Área.

3. Cada Parte deverá exigir do titular da licença que traga consigo uma cópia desta enquanto se encontrar na Área Antártica especialmente Protegida em questão.

Artigo 8
Sítios e monumentos históricos

1. Os sítios ou monumentos de reconhecido valor histórico que tiverem sido designados Áreas Antárticas especialmente Protegidas ou Áreas Antárticas Especialmente Gerenciadas ou que estiverem localizados dentro de tais Áreas deverão ser relacionados como Sítios e Monumentos Históricos.

2. Qualquer Parte pode propor seja relacionado como Sítio ou Monumento Histórico um sítio ou monumento de valor histórico reconhecido e que não tiver sido designado Área Antártica Especialmente Protegida ou Área Antártica Especialmente Gerenciada nem estiver localizado dentro de tais Áreas. A proposta de relacionamento poderá ser aprovada pelas Partes Consultivas do Tratado da Antártida através de medida adotada em Reunião Consultiva do Tratado da Antártida, de acordo com o parágrafo 1 do artigo IX do Tratado da Antártida. Salvo nos casos em que a medida dispuser em contrário, a proposta será considerada aprovada 90 (noventa) dias após o encerramento da Reunião Consultiva do Tratado da Antártida na qual tiver sido adotada, a menos que nesse prazo uma ou mais Partes Consultivas notifiquem o Depositário de que desejam uma prorrogação do referido prazo ou de que não se encontram em condições de aprovar a medida.

3. Os Sítios e Monumentos Históricos existentes que tenham sido relacionados como tais por anteriores Reuniões Consultivas do Tratado da Antártida deverão ser incluídos na relação de Sítios e Monumentos Históricos conforme este artigo.

4. Os Sítios e Monumentos Históricos relacionados não deverão ser danificados, removidos ou destruídos.

5. A relação de Sítios e Monumentos Históricos pode ser emendada de acordo com o parágrafo 2 acima. O Depositário deverá manter uma relação atualizada de Sítios e Monumentos Históricos.

Artigo 9
Informação e divulgação

1. Com a finalidade de assegurar que todas as pessoas que visitarem ou se proponham a visitar a Antártida compreendam e observem as disposições deste Anexo, cada Parte deverá tornar acessível informação que exponha especificamente:

a) a localização das Áreas Antárticas Especialmente Protegidas e Áreas Antárticas Especialmente Gerenciadas;

b) a relação e os mapas dessas Áreas;

c) os Planos de Gerenciamento, inclusive listas das proibições referentes a cada Área;

d) a localização dos Sítios e Monumentos Históricos e qualquer proibição ou restrição a eles referentes.

2. Cada Parte deverá assegurar que a localização e, se possível, os limites das Áreas Antárticas Especialmente Protegidas. Áreas Antárticas Especialmente Gerenciadas e Sítios e Monumentos Históricos sejam assinalados em seus mapas topográficos, cartas hidrográficas e outras publicações relevantes.

3. As Partes deverão cooperar para assegurar, quando apropriado, que as divisas das Áreas Antárticas Especialmente Protegidas, Áreas Antárticas Especialmente Gerenciadas e Sítios e Monumentos Históricos sejam convenientemente demarcadas no local.

Artigo 10
Permuta de informações

1. As Partes deverão tomar providências para:

a) coletar e Permutar registros, inclusive registros de licenças e relatórios de visitas, entre as quais visitas de inspeção, às Áreas Antárticas Especialmente Protegidas e relatórios de visitas de inspeção as Áreas Antárticas Especialmente Gerenciadas;

b) obter e permutar informação sobre qualquer mudança significativa ou dano a qualquer Área Antártica Especialmente Gerenciada, Área Antártica Especialmente Protegida ou Sítio ou Monumento Histórico; e

c) estabelecer formulários comuns nos quais, de acordo com o parágrafo 2 abaixo, os registros e informações sejam apresentados pelas Partes.

2. Antes do fim de novembro de cada ano, cada Parte deverá informar as outras Partes e o Comitê do número e da natureza das licenças expedidas conforme este Anexo no período de 1º de julho a 30 de junho anterior.

3. Cada Parte que executar, financiar e ou autorizar a pesquisa ou outras atividades em Áreas Antárticas Especialmente Protegidas ou Áreas Antárticas Especialmente Gerenciadas deverá manter um registro de tais atividades e, na permuta anual de informações de acordo com o Tratado, fornecer descrições sumárias das atividades no ano anterior executadas em tais áreas por pessoas sob sua jurisdição.

4. Antes do fim de novembro de cada ano, cada Parte deverá informar as outras Partes e o Comitê das medidas que tiver tomado para aplicar este Anexo, inclusive qualquer inspeção de local e qualquer medida tomada para tratar de casos de atividades contrárias às disposições do Plano de Gerenciamento aprovado para uma Área Antártica Especialmente Protegida ou Área Antártica Especialmente Gerenciada.

Artigo 11
Situações de emergência

1. As restrições formuladas e autorizadas por este Anexo não serão aplicadas em situações de emergência que envolvam a segurança da vida humana ou de navios, aeronaves ou equipamentos e instalações de alto valor ou a proteção ao meio ambiente.

2. Todas as Partes e o Comitê deverão ser imediatamente notificados das atividades realizadas em situações de emergência.

Artigo 12
Emenda ou modificação

1. Este Anexo pode ser emendado ou modificado por uma medida adotada de acordo com o parágrafo 1 do Anexo IX do Tratado da Antártida. Salvo no caso em que a medida dispuser em contrário, a emenda ou modificação será considerada aprovada e entrará em vigor 1 (um) ano após o encerramento da Reunião Consultiva do Tratado da Antártida em que tiver sido adotada, a menos que uma ou mais Partes Consultivas do Tratado da Antártida nesse prazo notifiquem o Depositário de que desejam uma prorrogação do referido prazo ou de que não se encontram em condições de aprovar a medida.

2. Qualquer emenda ou modificação deste Anexo que entrar em vigor de acordo com o parágrafo 1 acima, entrará em vigor em seguida para qualquer outra Parte, quando tiver sido recebida pelo Depositário na notificação de aprovação por esta feita.

CONVENÇÃO DE VIENA SOBRE RELAÇÕES DIPLOMÁTICAS

► Assinada em Viena (Áustria), em 18-4-1961. Aprovada pelo Dec. nº 103, de 18-11-1964, e promulgada pelo Dec. nº 56.435, de 8-6-1965.

► Publicada no *DOU* de 11-6-1965.

Os Estados-Partes na presente Convenção,

Considerando que, desde tempos remotos, os povos de todas as Nações têm reconhecido a condição dos agentes diplomáticos;

Conscientes dos propósitos e princípios da Carta das Nações Unidas relativos à igualdade soberana dos Estados, à manutenção da paz e da segurança internacional e ao desenvolvimento das relações de amizade entre as Nações;

Estimando que uma Convenção Internacional sobre relações, privilégios e imunidades diplomáticas contribuirá para o desenvolvimento de relações amistosas entre as Nações, independentemente da diversidade dos seus regimes constitucionais e sociais;

Reconhecendo que a finalidade de tais privilégios e imunidades não é beneficiar indivíduos, mas, sim, a de garantir o eficaz desempenho das funções das Missões diplomáticas, em seu caráter de representantes dos Estados;

Afirmando que as normas de Direito internacional consuetudinário devem continuar regendo as questões que não tenham sido expressamente reguladas nas disposições da presente Convenção,

Convieram no seguinte:

Artigo 1º

Para os efeitos da presente Convenção:

a) "Chefe de Missão" é a pessoa encarregada pelo Estado acreditante de agir nessa qualidade;

b) "Membros da Missão" são o Chefe da Missão e os membros do pessoal da Missão;

c) "Membros do Pessoal da Missão" são os membros do pessoal diplomático, do pessoal administrativo e técnico e do pessoal de serviço da Missão;

d) "Membros do Pessoal Diplomático" são os membros do pessoal da Missão que tiverem a qualidade de diplomata;

e) "Agente Diplomático" é o Chefe da Missão ou um membro do pessoal diplomático da Missão;

f) "Membros do Pessoal Administrativo e Técnico" são os membros do pessoal da Missão empregados no serviço administrativo e técnico da Missão;

g) "Membros do Pessoal de Serviço" são os membros do pessoal da Missão empregados no serviço doméstico da Missão;

h) "Criado particular" é a pessoa do serviço doméstico de um membro da Missão que não seja empregado do Estado acreditante;

i) "Locais da Missão" são os edifícios, ou parte dos edifícios, e terrenos anexos, seja quem for o seu proprietário, utilizados para as finalidades da Missão inclusive a residência do Chefe da Missão.

Artigo 2º

O estabelecimento de relações diplomáticas entre Estados e o envio de Missões diplomáticas permanentes efetua-se por consentimento mútuo.

Artigo 3º

1. As funções de uma Missão diplomática consistem, entre outras, em:

a) representar o Estado acreditante perante o Estado acreditado;

b) proteger no Estado acreditado os interesses do Estado acreditante e de seus nacionais, dentro dos limites permitidos pelo direito internacional;

c) negociar com o Governo do Estado acreditado;

d) inteirar-se por todos os meios lícitos das condições existentes e da evolução dos acontecimentos no Estado acreditado e informar a esse respeito o Governo do Estado acreditante;

e) promover relações amistosas e desenvolver as relações econômicas, culturais e científicas entre o Estado acreditante e o Estado acreditado.

2. Nenhuma disposição da presente Convenção poderá ser interpretada como impedindo o exercício de funções consulares pela Missão diplomática.

Artigo 4º

1. O Estado acreditante deverá certificar-se de que a pessoa que pretende nomear como Chefe da Missão perante o Estado acreditado obteve o *agréement* do referido Estado.

2. O Estado acreditado não está obrigado a dar ao Estado acreditante as razões da negação do *agréement*.

Artigo 5º

1. O Estado acreditante poderá,, depois de haver feito a devida notificação aos Estados acreditados interessados, nomear um Chefe de Missão ou designar qualquer membro do pessoal diplomático perante dois ou mais Estados, a não ser que um dos Estados acreditados a isso se oponha expressamente.

2. Se um Estado acredita um Chefe de Missão perante dois ou mais Estados, poderá estabelecer uma Missão diplomática dirigida por um Encarregado de Negócios *ad interim* em cada um dos Estados onde o Chefe da Missão não tenha a sua sede permanente.

3. O Chefe da Missão ou qualquer membro do pessoal diplomático da Missão poderá representar o Estado acreditante perante uma organização internacional.

Artigo 6º

Dois ou mais Estados poderão acreditar a mesma pessoa como Chefe de Missão perante outro Estado, a não ser que o Estado acreditado a isso se oponha.

Artigo 7º

Respeitadas as disposições dos artigos 5º, 8º, 9º e 11, o Estado acreditante poderá nomear livremente os membros do pessoal da Missão. No caso dos adidos militar, naval ou aéreo, o Estado acreditado poderá exigir que seus nomes lhes sejam prèviamente submetidos para efeitos de aprovação.

Artigo 8º

1. Os membros do pessoal diplomático da Missão deverão, em princípio, ter a nacionalidade do Estado acreditante.

2. Os membros do pessoal diplomático da Missão não poderão ser nomeados dentre pessoas que tenham a nacionalidade do Estado acreditado, exceto com o consentimento do referido Estado, que poderá retirá-lo em qualquer momento.

3. O Estado acreditado poderá exercer o mesmo direito com relação a nacionais de terceiro Estado que não sejam igualmente nacionais do Estado acreditante.

Artigo 9º

1. O Estado acreditado poderá a qualquer momento, e sem ser obrigado a justificar a sua decisão, notificar ao Estado acreditante que o Chefe da Missão ou qualquer membro do pessoal diplomático da Missão é *persona non grata* ou que outro membro do pessoal da Missão não é aceitável. O Estado acreditante, conforme o caso, retirará a pessoa em questão ou dará por terminadas as suas funções na Missão. Uma pessoa poderá ser declarada *non grata* ou não aceitável mesmo antes de chegar ao território do Estado acreditado.

2. Se o Estado acreditante se recusar a cumprir, ou não cumpre dentro de um prazo razoável, as obrigações que lhe incumbem, nos termos do parágrafo 1º deste artigo, o Estado acreditado poderá recusar-se a reconhecer tal pessoa como membro da Missão.

Artigo 10

1. Serão notificados ao Ministério das Relações Exteriores do Estado acreditado, ou a outro Ministério em que se tenha convindo:

a) a nomeação dos membros do pessoal da Missão, sua chegada e partida definitiva ou o termo das suas funções na Missão;

b) a chegada e partida definitiva de pessoas pertencentes à família de um membro da missão e, se for o caso, o fato de uma pessoa vir a ser ou deixar de ser membro da família de um membro da Missão;

c) a chegada e a partida definitiva dos criados particulares a serviço das pessoas a que se refere a alínea *a)* deste parágrafo e, se for o caso, o fato de terem deixado o serviço de tais pessoas;

d) a admissão e a despedida de pessoas residentes no Estado acreditado como membros da Missão ou como criados particulares com direito a privilégios e imunidades.

2. Sempre que possível, a chegada e a partida definitiva deverão também ser prèviamente notificadas.

Artigo 11

1. Não havendo acordo explícito sobre o número de membros da Missão, o Estado acreditado poderá exigir que o efetivo da Missão seja mantido dentro dos limites que considere razoáveis e normais, tendo em conta as circunstâncias e condições existentes nesse Estado e as necessidades da referida Missão.

2. O Estado acreditado poderá igualmente, dentro dos mesmos limites e sem discriminação, recusar-se a admitir funcionários de uma determinada categoria.

Artigo 12

O Estado acreditado não poderá, sem o consentimento expresso e prévio do Estado acreditado, instalar escritórios que façam parte da Missão em localidades distintas daquela em que a Missão tem a sua sede.

Artigo 13

1. O Chefe da Missão é considerado como tendo assumido as suas funções no Estado acreditado no momento em que tenha entregado suas credenciais ou tenha comunicado a sua chegada e apresentado as cópias figuradas de suas credenciais ao Ministério das Relações Exteriores, ou ao Ministério em que se tenha convindo, de acordo com a prática observada no Estado acreditado, a qual deverá ser aplicada de maneira uniforme.

2. A ordem de entrega das credenciais ou de sua cópia figurada será determinada pela data e hora da chegada do Chefe da Missão.

Artigo 14

1. Os Chefes de Missão dividem-se em três classes:

a) Embaixadores ou Núncios acreditados perante Chefes de Estado, e outros Chefes de Missões de categoria equivalente;

b) Enviados, Ministros ou internúncios, acreditados perante Chefes de Estado;

c) Encarregados de Negócios, acreditados perante Ministro das Relações Exteriores.

2. Salvo em questões de precedência e etiquêta, não se fará nenhuma distinção entre Chefes de Missão em razão de sua classe.

Artigo 15

Os Estados, por acordo, determinarão a classe a que devem pertencer os Chefes de suas Missões.

Artigo 16

1. A procedência dos Chefes de Missão, dentro de cada classe, se estabelecerá de acordo com a data e hora em que tenham assumido suas funções, nos termos do art. 13.

2. As modificações nas credenciais de um Chefe de Missão, desde que não impliquem mudança de classe, não alteram a sua ordem de precedência.

3. O presente artigo não afeta a prática que exista ou venha a existir no Estado acreditado com respeito à precedência do representante da Santa Sé.

Artigo 17

O Chefe da Missão notificará ao Ministério da Relações Exteriores, ou a outro Ministério em que as partes tenham convindo, a ordem de precedência dos Membros do pessoal diplomático da Missão.

Artigo 18

O Cerimonial que se observe em cada Estado para recepção dos Chefes de Missão deverá ser uniforme a respeito de cada classe.

Artigo 19

1. Em caso de vacância do posto de Chefe da Missão, ou se um Chefe de Missão estiver impedido de desempenhar suas funções, um Encarregado de Negócios *ad interim* exercerá provisoriamente a chefia da Missão. O nome do Encarregado de Negócios *ad interim* será comunicado ao Ministério das relações Exteriores do Estado acreditado, ou ao Ministério em que as partes tenham convindo, pelo Chefe da Missão ou, se este não puder fazê-lo, pelo Ministério das Relações Exteriores do Estado acreditante.

2. Se nenhum membro do pessoal diplomático estiver presente no Estado acreditado, um membro do pessoal administrativo e técnico poderá, com o consentimento do Estado acreditado, ser designado pelo Estado acreditante para encarregar-se dos assuntos administrativos correntes da Missão.

Artigo 20

A missão e seu Chefe terão o direito de usar a bandeira e o escudo do Estado acreditante nos locais da Missão, inclusive na residência do Chefe da Missão e nos seus meios de transporte.

Artigo 21

1. O Estado acreditado deverá facilitar a aquisição em seu território, de acordo com as suas leis, pelo Estado acreditado, dos locais necessários à Missão ou ajudá-lo a consegui-los de outra maneira.

2. Quando necessário, ajudará também as Missões a obterem alojamento adequado para seus membros.

Artigo 22

1. Os locais da Missão são invioláveis. Os Agentes do Estado acreditado não poderão neles penetrar sem o consentimento do Chefe da Missão.

2. O Estado acreditado tem a obrigação especial de adotar todas as medidas apropriadas para proteger os locais da Missão contra qualquer intrusão ou dano e evitar perturbações à tranquilidade da Missão ou ofensas à sua dignidade.

3. Os locais da Missão, em mobiliário e demais bens neles situados, assim como os meios de transporte da Missão, não poderão ser objeto de busca, requisição, embargo ou medida de execução.

Artigo 23

1. O Estado acreditante e o Chefe da Missão estão isentos de todos os impostos e taxas, nacionais, regionais ou municipais, sobre os locais da Missão de que sejam proprietários ou inquilinos, excetuados os que representem o pagamento de serviços específicos que lhes sejam prestados.

2. A isenção fiscal a que se refere este artigo não se aplica aos impostos e taxas cujo pagamento, na conformidade da legislação do Estado acreditado, incumbir às pessoas que contratem com o Estado acreditante ou com o Chefe da Missão.

Artigo 24

Os arquivos e documentos da Missão são invioláveis, em qualquer momento e onde quer que se encontrem.

Artigo 25

O Estado acreditado dará todas as facilidades para o desempenho das funções da Missão.

Artigo 26

Salvo o disposto nas leis e regulamentos relativos a zonas cujo acesso é proibido ou regulamentado por motivos de segurança nacional, o Estado acreditado garantirá a todos os membros da Missão a liberdade de circulação e trânsito em seu território.

Artigo 27

1. O Estado acreditado permitirá e protegerá a livre comunicação da Missão para todos os fins oficiais. Para comunicar-se com o Governo e demais Missões e Consulados do Estado acreditante, onde quer que se encontrem, a Missão poderá empregar todos os meios de comunicação adequados, inclusive correios diplomáticos e mensagens em código ou cifra. Não obstante, a Missão só poderá instalar e usar uma emissora de rádio com o consentimento do Estado acreditado.

2. A correspondência oficial da Missão é inviolável. Por correspondência oficial entende-se toda correspondência concernente à Missão e suas funções.

3. A mala diplomática não poderá ser aberta ou retida.

4. Os volumes que constituam a mala diplomática deverão conter sinais exteriores visíveis que indiquem o seu caráter e só poderão conter documentos diplomáticos e objetos destinados a uso oficial.

5. O correio diplomático, que deverá estar munido de um documento oficial que indique sua condição e o número de volumes que constituam a mala diplomática, será, no desempenho das suas funções, protegido pelo Estado acreditado, gozará de inviolabilidade pessoal e não poderá ser objeto de nenhuma forma de detenção ou prisão.

6. O Estado acreditante ou a Missão poderão designar correios diplomáticos *ad hoc*. Em tal caso, aplicar-se-ão as disposições do parágrafo 5 deste artigo, mas as imunidades nele mencionadas deixarão de se aplicar, desde que o referido correio tenha entregado ao destinatário a mala diplomática que lhe fora confiada.

7. A mala diplomática poderá ser confiada ao comandante de uma aeronave comercial que tenha de aterrissar num aeroporto de entrada autorizada. O comandante será munido de um documento oficial que indique o número de volumes que constituam a mala, mas não será considerado correio diplomático. A Missão poderá enviar um de seus membros para receber a mala diplomática, direta e livremente, das mãos do comandante da aeronave.

Artigo 28

Os direitos e emolumentos que a Missão perceba em razão da prática de atos oficiais estarão isentos de todos os impostos ou taxas.

Artigo 29

A pessoa do agente diplomático é inviolável. Não poderá ser objeto de nenhuma forma de detenção ou prisão. O Estado acreditado tratá-lo-á com o devido respeito e adotará todas as medidas adequadas para impedir qualquer ofensa à sua pessoa, liberdade ou dignidade.

Artigo 30

1. A residência particular do agente diplomático goza da mesma inviolabilidade e proteção que os locais da missão.

2. Seus documentos, sua correspondência e, sob reserva do disposto no parágrafo 3 do artigo 31, seus bens gozarão igualmente de inviolabilidade.

Artigo 31

1. O agente diplomático gozará de imunidade de jurisdição penal do Estado acreditado. Gozará também da imunidade de jurisdição civil e administrativa, a não ser que se trate de:

a) uma ação real sobre imóvel privado situado no território do Estado acreditado, salvo se o agente diplomático o possuir por conta do Estado acreditante para os fins da missão;

b) uma ação sucessória na qual o agente diplomático figure, a titulo privado e não em nome do Estado, como executor testamentário, administrador, herdeiro ou legatário;

c) uma ação referente a qualquer profissão liberal ou atividade comercial exercida pelo agente diplomático no Estado acreditado fora de suas funções oficiais.

2. O agente diplomático não é obrigado a prestar depoimento como testemunha.

3. O agente diplomático não está sujeito a nenhuma medida de execução, a não ser nos casos previstos nas alíneas *a*, *b* e *c* do parágrafo 1 deste artigo e desde que a execução possa realizar-se sem afetar a inviolabilidade de sua pessoa ou residência.

4. A imunidade de jurisdição de um agente diplomático no Estado acreditado não o isenta da jurisdição do Estado acreditante.

Artigo 32

1. O Estado acreditante pode renunciar à imunidade de jurisdição dos seus agentes diplomáticos e das pessoas que gozem de imunidade nos termos do artigo 37.

2. A renúncia será sempre expressa.

3. Se um agente diplomático ou uma pessoa que goza de imunidade de jurisdição nos termos do artigo 37 inicia uma ação judicial, não lhe será permitido invocar a imunidade de jurisdição no tocante a uma reconvenção diretamente ligada à ação principal.

4. A renúncia à imunidade de jurisdição no tocante às ações civis ou administrativas não implica renúncia à imunidade quanto às medidas de execução da sentença, para as quais nova renúncia é necessária.

Artigo 33

1. Salvo o disposto no parágrafo 3 deste artigo o agente diplomático estará no tocante aos serviços prestados ao Estado acreditante, isento das disposições sobre seguro social que possam vigorar no Estado acreditado.

2. A isenção prevista no parágrafo 1 deste artigo aplicar-se-á também aos criados particulares que se acham ao serviço exclusivo do agente diplomático, desde que:

a) Não sejam nacionais do Estado acreditado nem nele tenham residência permanente; e

b) Estejam protegidos pelas disposições sobre seguro social vigentes no Estado acreditante ou em terceiro estado.

3. O agente diplomático que empregue pessoas a quem não se aplique a isenção prevista no parágrafo 2 deste artigo deverá respeitar as obrigações impostas aos patrões pelas disposições sobre seguro social vigentes no Estado acreditado.

4. A isenção prevista nos parágrafos 1 e 2 deste artigo não exclui a participação voluntária no sistema de seguro social do Estado acreditado, desde que tal participação seja admitida pelo referido Estado.

5. As disposições deste artigo não afetam os acordos bilaterais ou multilaterais sobre seguro social já concluídos e não impedem a celebração ulterior de acordos de tal natureza.

Artigo 34

O agente diplomático gozará de isenção de todos os impostos e taxas, pessoais ou reais, nacionais, regionais ou municipais, com as exceções seguintes:

a) os impostos indiretos que estejam normalmente incluídos no preço das mercadorias ou dos serviços;

b) os impostos e taxas sobre bens imóveis privados, situados no território do Estado acreditado, a não ser que o agente diplomático os possua em nome do Estado acreditante e para os fins da missão;

c) os direitos de sucessão percebidos pelo Estado acreditado, salvo o disposto no parágrafo 4 do artigo 39;

d) os impostos e taxas sobre rendimentos privados que tenham a sua origem no Estado acreditado e os impostos sobre o capital, referentes a investimentos em empresas comerciais no Estado acreditado;

e) os impostos e taxas que incidem sobre a remuneração relativa a serviços específicos;

f) os direitos de registro, de hipoteca, custas judiciais e imposto de selo relativos a bens imóveis, salvo o disposto no artigo 23.

Artigo 35

O Estado acreditado deverá isentar os agentes diplomáticos de toda prestação pessoal, de todo serviço público, seja qual for a sua natureza, e de obrigações militares tais como requisições, contribuições e alojamento militar.

Artigo 36

1. De acordo com leis e regulamentos que adote, o Estado acreditado permitirá a entrada livre do pagamento de direitos aduaneiros, taxas e gravames conexos, que não constituam despesas de armazenagem, transporte e outras relativas a serviços análogos;

a) dos objetos destinados ao uso oficial da missão;

b) dos objetos destinados ao uso pessoal do agente diplomático ou dos membros da sua família que com ele vivam, incluídos os bens destinados à sua instalação.

2. A bagagem pessoal do agente diplomático não está sujeita a inspeção, salvo se existirem motivos sérios para crer que a mesma contém objetos não previstos nas isenções mencionadas no parágrafo 1 deste artigo, ou objetos cuja importação ou exportação é proibida pela legislação do Estado acreditado, ou sujeitos aos seus regulamentos de quarentena. Nesse caso a inspeção só poderá ser feita em presença de agente diplomático ou de seu representante autorizado.

Artigo 37

1. Os membros da família de um agente diplomático que com ele vivam gozarão dos privilégios e imunidades mencionados nos artigos 29 e 36, desde que não sejam nacionais do Estado acreditado.

2. Os membros do pessoal administrativo e técnico da missão, assim como os membros de suas famílias que com eles vivam, desde que não sejam nacionais do Estado acreditado nem nele tenham residência permanente, gozarão dos privilégios e imunidades mencionados nos artigos 29 a 35 com ressalva de que a imunidade de jurisdição civil e administrativa do Estado acreditado, mencionada no parágrafo 1 do artigo 31, não se estenderá aos atos por eles praticados fora do exercício de suas funções; gozarão também dos privilégios mencionados no parágrafo 1 do artigo 36, no que respeita aos objetos importados para a primeira instalação.

3. Os membros do pessoal de serviço da Missão, que não sejam nacionais do Estado acreditado nem nele tenham residência permanente, gozarão de imunidades quanto aos atos praticados no exercício de suas funções, de isenção de impostos e taxas sobre os salários que perceberem pelos seus serviços e da isenção prevista no artigo 33.

4. Os criados particulares dos membros da Missão, que não sejam nacionais do Estado acreditado nem nele tenham residência permanente, estão isentos de impostos e taxas sobre os salários que perceberem pelos seus serviços. Nos demais casos, só gozarão de privilégios e imunidades na medida reconhecida pelo referido Estado. Todavia, o Estado acreditado deverá exercer a sua jurisdição sobre tais pessoas de modo a não interferir demasiadamente com o desempenho das funções da Missão.

Artigo 38

1. A não ser na medida em que o Estado acreditado conceda outros privilégios e imunidades, o agente diplomático que seja nacional do referido Estado ou nele tenha residência permanente gozará da imunidade de jurisdição e de inviolabilidade apenas quanto aos atos oficiais praticados no desempenho de suas funções.

2. Os demais membros do pessoal da Missão e os criados particulares, que sejam nacionais do Estado acreditado ou nele tenham a sua residência permanente, gozarão apenas dos privilégios e imunidades que lhes forem reconhecidos pelo referido Estado. Todavia, o Estado acreditado deverá exercer a sua jurisdição sobre tais pessoas de maneira a não interferir demasiadamente com o desempenho das funções da Missão.

Artigo 39

1. Toda pessoa que tenha direito a privilégios e imunidades gozará dos mesmos a partir do momento em que entrar no território do Estado acreditado para assumir o seu posto ou, no caso de já se encontrar no referido território, desde que a sua nomeação tenha sido notificada ao Ministério das Relações Exteriores ou ao Ministério em que se tenha convindo.

2. Quando terminarem as funções de uma pessoa que goze de privilégios e imunidades, esses privilégios e imunidades cessarão normalmente no momento em que essa pessoa deixar o país ou quando transcorrido um prazo razoável que lhe tenha sido concedido para tal fim, mas perdurarão até esse momento mesmo em caso de conflito armado. Todavia a imunidade subsiste no que diz respeito aos atos praticados por tal pessoa no exercício de suas funções, como Membro da Missão.

3. Em caso de falecimento de um membro da Missão os membros de sua família continuarão no gozo dos privilégios e imunidades a que têm direito até a expiração de um prazo razoável que lhes permita deixar o território do Estado acreditado.

4. Em caso de falecimento de um membro da Missão, que não seja nacional do Estado acreditado nem nele tenha residência permanente, ou de membro de sua família que com ele viva, o Estado acreditado permitirá que os bens móveis do falecido sejam retirados do país, com exceção dos que nele foram adquiridos e cuja exportação seja proibida no momento do falecimento. Não serão cobrados direitos de sucessão sobre os bens móveis cuja situação no Estado acreditado era devida unicamente à presença do falecido no referido Estado, como membro da Missão ou como membro da família de um membro da Missão.

Artigo 40

1. Se o agente diplomático atravessa o território ou se encontra no território de um terceiro Estado, que lhe concedeu visto no passaporte quando esse visto for exigido, a fim de assumir ou reassumir o seu posto ou regressar ao seu país, o terceiro Estado conceder-lhe-á inviolabilidade e todas as outras imunidades necessárias para lhe permitir o trânsito ou o regresso. Esta regra será igualmente aplicável aos membros da família que gozem de privilégios e imunidades, que acompanhem o agente diplomático quer viajem separadamente. Para reunir-se a ele ou regressar ao seu país.

2. Em circunstâncias análogas às previstas no parágrafo 1 deste artigo, os terceiros Estados não deverão dificultar a passagem através do seu território dos membros do pessoal administrativo e técnico ou de serviço da Missão e dos membros de suas famílias.

3. Os terceiros Estados concederão à correspondência e a outras comunicações oficiais em trânsito, inclusive às mensagens em código ou cifra, a mesma liberdade e proteção concedida pelo Estado acreditado. Concederão aos correios diplomáticos a quem um visto no passaporte tenha sido concedido, quando esse visto for exigido, bem como às malas diplomáticas em trânsito, a mesma inviolabilidade e proteção a que se acha obrigado o Estado acreditado.

4. As obrigações dos terceiros Estados em virtude dos parágrafos 1, 2 e 3 deste artigo serão aplicáveis também às pessoas mencionadas respectivamente nesses parágrafos, bem como às comunicações oficiais e às malas diplomáticas quando as mesmas se encontrem no território do terceiro Estado por motivo de força maior.

Artigo 41

1. Sem prejuízo de seus privilégios e imunidades, todas as pessoas que gozem desses privilégios e imunidades deverão respeitar as leis e os regulamentos do Estado acreditado. Têm também o dever de não se imiscuir nos assuntos internos do referido Estado.

2. Todos os assuntos oficiais que o Estado acreditante confiar à Missão para serem tratados com o Estado acreditado deverão sê-lo com o Ministério das Relações Exteriores, ou por seu intermédio, ou com outro Ministério em que se tenha convindo.

3. Os locais da Missão não devem ser utilizados de maneira incompatível com as funções da Missão, tais como são enunciadas na presente Convenção, em outras normas de direito internacional geral ou em acordos especiais em vigor entre o Estado acreditante e o Estado acreditado.

Artigo 42

O agente diplomático não exercerá no Estado acreditado nenhuma atividade profissional ou comercial em proveito próprio.

Artigo 43

As funções de agente diplomático terminarão, *inter alia*:

a) pela notificação do Estado acreditante ao Estado acreditado de que as funções do agente diplomático terminaram;

b) pela notificação do Estado acreditado ao Estado acreditante de que, nos termos do parágrafo 2 do artigo 9º, se recusa a reconhecer o agente diplomático como membro da Missão.

Artigo 44

O Estado acreditado deverá, mesmo no caso de conflito armado, conceder facilidades para que as pessoas que gozem de privilégios e imunidades, e não sejam nacionais do Estado acreditado, bem como os membros de suas famílias, seja qual for a sua nacionalidade, possam deixar o seu território o mais depressa possível. Especialmente, deverá colocar à sua disposição, se necessário, os meios de transporte indispensáveis para tais pessoas e seus bens.

Artigo 45

Em caso de ruptura das relações diplomáticas entre dois Estados, ou se uma Missão é retirada definitiva ou temporariamente:

a) o Estado acreditado está obrigado a respeitar e a proteger, mesmo em caso de conflito armado, os locais da Missão bem como os seus bens e arquivos;

b) o Estado acreditante poderá confiar a guarda dos locais da Missão bem como de seus bens e arquivos, a um terceiro Estado aceitável para o Estado acreditado;

c) o Estado acreditante poderá confiar a proteção de seus interesses e dos de seus nacionais a um terceiro Estado acreditado.

Artigo 46

Com o consentimento prévio do Estado acreditado e a pedido de um terceiro Estado nele não representado, o Estado acreditante poderá assumir a proteção temporária dos interesses do terceiro Estado e de seus nacionais.

Artigo 47

1. Na aplicação das disposições da presente Convenção, o Estado acreditado não fará nenhuma discriminação entre Estados.

2. Todavia, não será considerada discriminação:

a) o fato de o Estado acreditante aplicar restritivamente uma das disposições da presente Convenção, quando a mesma for aplicada de igual maneira à sua Missão no Estado acreditado;

b) o fato de os Estados em virtude de costume ou convênio se concederem reciprocamente um tratamento mais favorável do que o estipulado pelas disposições da presente Convenção.

Artigo 48

A presente Convenção ficará aberta para assinatura de todos os Estados-Membros das Nações Unidas ou de uma organização especializada bem como dos Estados-Partes no Estatuto da Corte Internacional de Justiça e de qualquer outro Estado convidado pela Assembleia-Geral das Nações Unidas a tornar-se Parte na Convenção, da maneira seguinte: até 31 de outubro de 1961, no Ministério Federal dos Negócios Estrangeiros da Áustria e, depois, até 13 de março de 1962, na sede das Nações Unidas, em *Nova York* .

Artigo 49

A presente Convenção será ratificada. Os instrumentos de ratificação serão depositados perante o Secretário-Geral das Nações Unidas.

Artigo 50

A presente Convenção permanecerá aberta à adesão de todo o Estado pertencente a qualquer das quatro categorias mencionadas no artigo 48. Os instrumentos de adesão serão depositados perante o Secretário-Geral das Nações Unidas.

Artigo 51

1. A presente Convenção entrará em vigor no trigésimo dia que se seguir à data do depósito perante o Secretário-Geral das Nações Unidas do vigésimo segundo instrumento de ratificação ou adesão.

2. Para cada um dos Estados que ratificarem a Convenção ou a ela aderirem depois do depósito do vigésimo segundo instrumento de ratificação ou adesão, a Convenção entrará em vigor no trigésimo dia após o depósito, por esse Estado, do instrumento de ratificação ou adesão.

Artigo 52

O Secretário-Geral das Nações Unidas comunicará a todos os Estados pertencentes a qualquer das quatro categorias mencionadas no artigo 48:

a) as assinaturas apostas à presente Convenção e o depósito dos instrumentos de ratificação ou adesão, nos termos dos artigos 48, 49 e 50;

b) a data em que a presente Convenção entrará em vigor, nos termos do artigo 51.

Artigo 53

O original da presente Convenção, cujos textos em chinês, espanhol, francês, inglês e russo, fazem igualmente fé, será depositado perante o Secretário-Geral das Nações Unidas, que enviará cópias certificadas conforme a todos os Estados pertencentes a qualquer das quatro categorias mencionadas no artigo 48.

Em fé do que, os plenipotenciários os abaixo assinados, devidamente autorizados pelos respectivos Governos, assinaram a presente Convenção.

Feito em Viena, aos dezoito dias do mês de abril de mil novecentos e sessenta e um.

TRATADO SOBRE PRINCÍPIOS REGULADORES DAS ATIVIDADES DOS ESTADOS NA EXPLORAÇÃO E USO DO ESPAÇO CÓSMICO, INCLUSIVE A LUA E DEMAIS CORPOS CELESTES

▶ Aberto à assinatura, em 27-1-1967, em Londres, Moscou e Washington. Assinado pelo Brasil em Moscou em 30-1-1967 e em Londres e Washington em 2-2-1967. Aprovado pelo Dec. Legislativo nº 41, de 2-10-1968. Depósito dos instrumentos brasileiros de ratificação em 5-3-1969, junto aos Governos dos Estados Unidos, da Grã-Bretanha e da União Soviética. Promulgado pelo Dec. nº 64.362, de 17-4-1969.

Os Estados-Partes do presente Tratado:

Inspirando-se nas vastas perspectivas que a descoberta do espaço cósmico pelo homem oferece à humanidade;

Reconhecendo o interesse que apresenta para toda a humanidade o programa da exploração e uso do espaço cósmico para fins pacíficos;

Julgando que a exploração e o uso do espaço cósmico deveriam efetuar-se para o bem de todos os povos, qualquer que seja o estágio de seu desenvolvimento econômico e científico;

Desejosos de contribuir para o desenvolvimento de uma ampla cooperação internacional no que concerne aos aspectos científicos e jurídicos da exploração e uso do espaço cósmico para fins pacíficos;

Julgando que esta cooperação contribuirá para desenvolver a compreensão mútua e para consolidar as relações de amizade entre os Estados e os povos;

Recordando a Resolução nº 1.962 (XVIII), intitulada "Declaração dos Princípios Jurídicos Reguladores das Atividades dos Estados na Exploração e Uso do Espaço Cósmico", adotada por unanimidade pela Assembleia-Geral das Nações Unidas em 13 de dezembro de 1963;

Recordando a Resolução nº 1.884 (XVIII), que insiste junto aos Estados de se absterem de colocar em órbita quaisquer objetos portadores de armas nucleares ou de qualquer outro tipo de arma de destruição em massa e de instalar tais armas em corpos celestes, resolução que a Assembleia-Geral das Nações Unidas adotou, por unanimidade, a 17 de outubro de 1963;

Considerando que a resolução nº 110 (II) da Assembleia-Geral das Nações Unidas, datada de 3 de novembro de 1947, condena a propaganda destinada a ou suscetível de provocar ou encorajar qualquer ameaça à paz, ruptura da paz ou qualquer ato de agressão, e considerando que a referida resolução é aplicável ao espaço cósmico;

Convencidos de que o Tratado sobre os princípios que regem as atividades dos Estados na exploração e uso do espaço cósmico, inclusive a Lua e demais corpos celestes, contribuirá para a realização dos propósitos e princípios da Carta das Nações Unidas;

Convieram no seguinte:

Artigo I

A exploração e o uso do espaço cósmico, inclusive da Lua e demais corpos celestes, só deverão ter em mira o bem e interesse de todos os países, qualquer que seja o estágio de seu desenvolvimento econômico e científico, e são incumbência de toda a humanidade.

O espaço cósmico, inclusive a Lua e demais corpos celestes, poderá ser explorado e utilizado livremente por todos os Estados sem qualquer discriminação, em condições de igualdade e em conformidade com o direito internacional, devendo haver liberdade de acesso a todas as regiões dos corpos celestes.

O espaço cósmico, inclusive a Lua e demais corpos celestes, estará aberto às pesquisas científicas, devendo os Estados facilitar e encorajar a cooperação internacional naquelas pesquisas.

Artigo II

O espaço cósmico, inclusive a Lua e demais corpos celestes, não poderá ser objeto de apropriação nacional por proclamação de soberania, por uso ou ocupação, nem por qualquer outro meio.

Artigo III

As atividades dos Estados-Partes deste Tratado, relativas à exploração e ao uso do espaço cósmico, inclusive da Lua e demais corpos celestes, deverão efetuar-se em conformidade com o direito internacional, inclusive a Carta das Nações Unidas, com a finalidade de manter a paz e a segurança internacional e de favorecer a cooperação e a compreensão internacionais.

Artigo IV

Os Estados-Partes do Tratado se comprometem a não colocar em órbita qualquer objeto portador de armas nucleares ou de qualquer outro tipo de armas de destruição em massa, a não instalar tais armas sobre os corpos celestes e a não colocar tais armas, de nenhuma maneira, no espaço cósmico.

Todos os Estados-Partes do Tratado utilizarão a Lua e os demais corpos celestes exclusivamente para fins pacíficos. Estarão proibidos nos corpos celestes o estabelecimento de bases, instalações ou fortificações militares, os ensaios de armas de qualquer tipo e a execução de manobras militares. Não se proíbe a utilização de pessoal militar para fins de pesquisas científicas ou para qualquer outro fim pacífico. Não se proíbe, do mesmo modo, a utilização de qualquer equipamento ou instalação necessária à exploração pacífica da Lua e demais corpos celestes.

Artigo V

Os Estados-Partes do Tratado considerarão os astronautas como enviados da humanidade no espaço cósmico e lhes prestarão toda a assistência possível em caso de acidente, perigo ou aterrissagem forçada sobre o território de um outro Estado-Parte do Tratado ou em alto-mar. Em caso de tal aterrissagem, o retorno dos astronautas ao Estado de matrícula do seu veículo espacial deverá ser efetuado prontamente e com toda a segurança.

Sempre que desenvolverem atividades no espaço cósmico e nos corpos celestes, os astronautas de um Estado-Parte do Tratado prestarão toda a assistência possível aos astronautas dos outros Estados-Partes do Tratado.

Os Estados-Partes do Tratado levarão imediatamente ao conhecimento dos outros Estados-Partes do Tratado ou do Secretário-Geral da Organização das Nações Unidas qualquer fenômeno por estes descoberto no espaço cósmico, inclusive a Lua e demais corpos celestes, que possa representar perigo para a vida ou a saúde dos astronautas.

Artigo VI

Os Estados-Partes do Tratado têm a responsabilidade internacional das atividades nacionais realizadas no espaço cósmico, inclusive na Lua e demais corpos celestes, quer sejam elas exercidas por organismos governamentais ou por entidades não governamentais, e de velar para que as atividades nacionais sejam efetuadas de acordo com as disposições anunciadas no presente Tratado. As atividades das entidades não governamentais no espaço cósmico, inclusive na Lua e demais corpos celestes, devem ser objeto de uma autorização e de uma vigilância contínua pelo componente Estado-Parte do Tratado. Em caso de atividades realizadas por uma organização internacional no espaço cósmico, inclusive na Lua e demais corpos celestes, a responsabilidade no que se refere às disposições do presente Tratado caberá a esta organização internacional e aos Estados-Partes do Tratado que fazem parte da referida organização.

Artigo VII

Todo Estado-Parte do Tratado que proceda ou mande proceder ao lançamento de um objeto ao espaço cósmico, inclusive à Lua e demais corpos celestes, e qualquer Estado-Parte, cujo território ou instalações servirem ao lançamento de um objeto, será responsável do ponto de vista internacional pelos danos causados a outro Estado-Parte do Tratado ou a suas pessoas naturais pelo referido objeto ou por seus elementos constitutivos, sobre a Terra, no espaço cósmico ou no espaço aéreo, inclusive na Lua e demais corpos celestes.

Artigo VIII

O Estado-Parte do Tratado em cujo registro figure o objeto lançado ao espaço cósmico conservará sob sua jurisdição e controle o referido objeto e todo o pessoal do mesmo objeto, enquanto se encontrarem no espaço cósmico ou em um corpo celeste. Os direitos de propriedade sobre os objetos lançados no espaço cósmico, inclusive os objetos levados ou construídos num corpo celeste, assim como seus elementos constitutivos, permanecerão inalteráveis enquanto estes objetos ou elementos se encontrarem no espaço cósmico ou em um corpo celeste e durante seu retorno à Terra. Tais objetos ou elementos constitutivos de objetos encontrados além dos limites do Estado-Parte do Tratado em cujo registro estão inscritos deverão ser restituídos a este Estado, devendo este fornecer, sob solicitação, os dados de identificação antes da restituição.

Artigo IX

No que concerne à exploração e ao uso do espaço cósmico, inclusive da Lua e demais corpos celestes, os Estados-Partes do Tratado deverão fundamentar-se sobre os princípios da cooperação e de assistência mútua e exercerão as suas atividades no espaço cósmico, inclusive na Lua e demais corpos celestes, levando devidamente em conta os interesses correspondentes dos demais Estados-Partes do Tratado. Os Estados-Partes do Tratado farão o estudo do espaço cósmico, inclusive da Lua e demais corpos celestes, e procederão à exploração de maneira a evitar os efeitos prejudiciais de sua contaminação, assim como as modificações nocivas no meio ambiente da Terra, resultantes da introdução de substâncias extraterrestres, e, quando necessário, tomarão as medidas apropriadas para este fim. Se um Estado-Parte do Tratado tem razões para crer que uma atividade ou experiência realizada por ele mesmo ou por seus nacionais no espaço cósmico, inclusive na Lua e demais corpos celestes, criaria um obstáculo capaz de prejudicar as atividades dos demais Estados-Partes do Tratado em matéria de exploração e utilização pacífica do espaço cósmico, inclusive da Lua e demais corpos celestes, deverá fazer as consultas internacionais adequadas antes de empreender a referida atividade ou experiência. Qualquer Estado-Parte do Tratado que tenha razões para crer que uma experiência ou atividade realizada por outro Estado-Parte do Tratado no espaço cósmico, inclusive na Lua e demais corpos celestes, criaria um obstáculo capaz de prejudicar as atividades exercidas em matéria de exploração e utilização pacífica do espaço cósmico, inclusive da Lua e demais corpos celestes, poderá solicitar a realização de consultas relativas à referida atividade ou experiência.

Artigo X

A fim de favorecer a cooperação internacional em matéria de exploração e uso do espaço cósmico, inclusive da Lua e demais corpos celestes, em conformidade com os fins do presente Tratado, os Estados-Partes do Tratado examinarão em condições de igualdade as solicitações dos demais Estados-Partes do Tratado no sentido de contarem com facilidades de observação do voo dos objetos espaciais lançados por esses Estados.

A natureza de tais facilidades de observação e as condições em que poderiam ser concedidas serão determinadas de comum acordo pelos Estados interessados.

Artigo XI

A fim de favorecer a cooperação internacional em matéria de exploração e uso do espaço cósmico, os Estados-Partes do Tratado que desenvolvam atividades no espaço cósmico, inclusive na Lua e demais corpos celestes, convieram, na medida em que isto seja possível e realizável, em informar ao Secretário-Geral da Organização das Nações Unidas, assim como ao público e à comunidade científica internacional, sobre a natureza da conduta dessas atividades, o lugar onde serão exercidas e seus resultados. O Secretário-Geral da Organização das Nações Unidas deverá estar em condições de assegurar, assim que as tenha recebido, a difusão efetiva dessas informações.

Artigo XII

Todas as estações, instalações, material e veículos espaciais que se encontrarem na Lua ou nos demais corpos celestes serão acessíveis, nas condições de reciprocidade aos representantes dos demais Estados-Partes do Tratado. Estes representantes notificarão, com antecedência, qualquer visita projetada, de maneira que as consultas desejadas possam realizar-se e que se possa tomar o máximo de precaução para garantir a segurança e evitar perturbações no funcionamento normal da instalação a ser visitada.

Artigo XIII

As disposições do presente Tratado aplicar-se-ão às atividades exercidas pelos Estados-Partes do Tratado na exploração e uso do espaço cósmico, inclusive da Lua e demais corpos celestes, quer estas atividades sejam exercidas por um Estado-Parte do Tratado por si só, quer juntamente com outros Estados, principalmente no quadro das organizações intergovernamentais internacionais.

Todas as questões práticas que possam surgir em virtude das atividades exercidas por organizações intergovernamentais internacionais em matéria de exploração e uso do espaço cósmico, inclusive da Lua e demais corpos celestes, serão resolvidas pelos Estados-Partes do Tratado, seja com a organização competente, seja com um ou vários dos Estados-Membros da referida organização que sejam parte do Tratado.

Artigo XIV

1. O presente Tratado ficará aberto à assinatura de todos os Estados. Qualquer Estado que não tenha assinado o presente Tratado antes de sua entrada em vigor, em conformidade com o § 3º do presente artigo, poderá a ele aderir a qualquer momento.

2. O presente Tratado ficará sujeito à ratificação dos Estados signatários. Os instrumentos de ratificação e os instrumentos de adesão ficarão depositados junto aos governos do Reino Unido da Grã-Bretanha e Irlanda do Norte, dos Estados Unidos da América e da União das Repúblicas Socialistas Soviéticas, que estão, no presente Tratado, designados como governos depositários.

3. O presente Tratado entrará em vigor após o depósito dos instrumentos de ratificação de cinco governos, inclusive daqueles designados depositários nos termos do presente Tratado.

4. Para os Estados cujos instrumentos de ratificação ou adesão forem depositados após a entrada em vigor do presente Tratado, este entrará em vigor na data do depósito de seus instrumentos de ratificação ou adesão.

5. Os governos depositários informarão sem demora todos os Estados signatários do presente Tratado e os que a ele tenham aderido da data de cada assinatura, do depósito de cada instrumento de ratificação ou de adesão ao presente Tratado, da data de sua entrada em vigor, assim como qualquer outra observação.

6. O presente Tratado será registrado pelos governos depositários, em conformidade com o artigo 102 da Carta das Nações Unidas.

Artigo XV

Qualquer Estado-Parte do presente Tratado poderá propor emendas. As emendas entrarão em vigor para cada Estado-Parte do Tratado que as aceite, após a aprovação da maioria dos Estados-Partes do Tratado, na data em que tiver sido recebida.

Artigo XVI

Qualquer Estado-Parte do presente Tratado poderá, um ano após a entrada em vigor do Tratado, comunicar sua intenção de deixar de ser Parte por meio de notificação escrita enviada aos governos depositários. Esta notificação surtirá efeito um ano após a data em que for recebida.

Artigo XVII

O presente Tratado, cujos textos em inglês, russo, espanhol, francês e chinês fazem igualmente fé, será depositado nos arquivos dos governos depositários. Cópias devidamente autenticadas do presente Tratado serão remetidas pelos governos depositários aos governos dos Estados que houverem assinado o Tratado ou que a ele houverem aderido.

Em fé do que, os abaixo assinados, devidamente habilitados para esse fim, assinaram este Tratado.

Feito em três exemplares em Londres, Moscou e Washington, aos vinte e sete dias de janeiro de mil novecentos e sessenta e sete.

CONVENÇÃO DE VIENA SOBRE RELAÇÕES CONSULARES

▸ Assinado em Viena (Áustria), em 24-4-1963. Aprovada pelo Dec. Legislativo nº 6, de 5-4-1967, e promulgada pelo Dec. nº 61.078, de 26-7-1967.

Os Estados-Partes na presente Convenção, Considerando que, desde tempos remotos, se estabeleceram relações consulares entre os povos, Conscientes dos propósitos e princípios da Carta das Nações Unidas relativos à igualidade soberana dos Estados, à manutenção da paz e da segurança internacionais e ao desenvolvimento das relações de amizade entre as nações, Considerando que a Conferência das Nações Unidas sobre as Relações e Imunidades Diplomáticas adotou a Convenção de Viena sobre Relações Diplomáticas, que foi aberta à assinatura no dia 18 de abril de 1961,

Persuadidos de que uma convenção internacional sobre as relações, privilégios e imunidades consulares contribuiria também para o desenvolvimento de relações amistosas entre os países, independentemente de seus regimes constitucionais e sociais, Convencidos de que a finalidade de tais privilégios e imunidades não é beneficiar indivíduos, mas assegurar o eficaz desempenho das funções das repartições consulares, em nome de seus respectivos Estados,

Afirmando que as normas de direito consuetudinário internacional devem continuar regendo as questões que não tenham sido expressamente reguladas pelas disposições da presente convenção, Convieram no seguinte:

Artigo 1º
Definições

1. Para os fins da presente Convenção, as expressões abaixo devem ser entendidas como a seguir se explica:

a) por "repartição consular", todo consulado geral, consulado, vice-consulado ou agência consular;

b) por "jurisdição consular" o território atribuído a uma repartição consular para o exercício das funções consulares;

c) por "chefe de repartição consular", a pessoa encarregada de agir nessa qualidade;

d) por "funcionário consular", toda pessoa, inclusive o chefe da repartição consular, encarregada nesta qualidade do exercício de funções consulares;

e) por "empregado consular", toda pessoa empregada nos serviços administrativos ou técnicos de uma repartição consular;

f) por "membro do pessoal de serviço", toda pessoa empregada no serviço doméstico de uma repartição consular;

g) por "membro da repartição consular", os funcionários consulares, empregados consulares, e membros do pessoal de serviço;

h) por "membros do pessoal consular", os funcionários consulares, com exceção do chefe da repartição consular, os empregados consulares e os membros do pessoal de serviço;

i) por "membro do pessoal privado", a pessoa empregada exclusivamente no serviço particular de um membro da repartição consular;

j) por "locais consulares", os edifícios, ou parte dos edifícios, e terrenos anexos, que, qualquer que, seja seu proprietário, sejam utilizados exclusivamente para as finalidades da repartição consular;

k) por "arquivos consulares", todos os papéis, documentos, correspondência, livros, filmes, fitas magnéticas e registros da repartição consular, bem como as cifras e os códigos, os fichários e os móveis destinados a protegê-los e conservá-los.

2. Existem duas categorias de funcionários consulares: os funcionários consulares de carreira e os funcionários consulares honorários. As disposições do capítulo II da presente Convenção aplicam-se às repartições consulares dirigidas por funcionários consulares de carreira; as disposições do capítulo III aplicam-se às repartições consulares dirigidas por funcionários consulares honorários.

3. A situação peculiar dos membros das repartições consulares que são nacionais ou residentes permanentes do Estado receptor rege-se pelo artigo 71 da presente Convenção.

CAPÍTULO I
AS RELAÇÕES CONSULARES EM GERAL

SEÇÃO I
ESTABELECIMENTO E EXERCÍCIO DAS RELAÇÕES CONSULARES

Artigo 2º
Estabelecimento de relações consulares

1. O estabelecimento de relações consulares entre Estados far-se-á por consentimento mútuo.

2. O consentimento dado para o estabelecimento de relações diplomáticas entre os dois Estados implicará, salvo indicação em contrário, o consentimento para o estabelecimento de relações consulares.

3. A ruptura das relações diplomáticas não acarretará *ipso facto* a ruptura das relações consulares.

Artigo 3º
Exercício das funções consulares

As funções consulares serão exercidas por repartições consulares. Serão também exercidas por missões diplomáticas de conformidade com as disposições da presente Convenção.

Artigo 4º
Estabelecimento de uma repartição consular

1. Uma repartição consular não pode ser estabelecida no território do Estado receptor sem seu consentimento.

2. A sede da repartição consular, sua classe e a jurisdição consular serão fixadas pelo Estado que envia e submetidas à aprovação do Estado receptor.

3. O Estado que envia não poderá modificar posteriormente a sede da repartição consular, sua classe ou sua jurisdição consular, sem o consentimento do Estado receptor.

4. Também será necessário o consentimento do Estado receptor se um consulado geral ou consulado desejar abrir um vice-consulado ou uma agência consular numa localidade diferente daquela onde se situa a própria repartição consular.

5. Não se poderá abrir fora da sede da repartição consular uma dependência que dela faça parte, sem haver obtido previamente o consentimento expresso do Estado receptor.

Artigo 5º
Funções consulares

As funções consulares consistem em:

a) proteger, no Estado receptor, os interesses do Estado que envia e de seus nacionais, pessoas físicas ou jurídicas, dentro dos limites permitidos pelo direito internacional;

b) fomentar o desenvolvimento das relações comerciais, econômicas, culturais e científicas entre o Estado que envia e o Estado receptor e promover ainda relações amistosas entre eles, de conformidade com as disposições da presente Convenção;

c) informar-se, por todos os meios lícitos, das condições e da evolução da vida comercial, econômica, cultural e científica do Estado receptor, informar a respeito o governo do Estado que envia e fornecer dados às pessoas interessadas;

d) expedir passaportes e documentos de viagem aos nacionais do Estado que envia, bem como vistos e documentos apropriados às pessoas que desejarem viajar para o referido Estado;

e) prestar ajuda e assistência aos nacionais, pessoas físicas ou jurídicas, do Estado que envia;

f) agir na qualidade de notário e oficial de registro civil, exercer funções similares, assim como outras de caráter administrativo, sempre que não contrariem as leis e regulamentos do Estado receptor;

g) resguardar, de acordo com as leis e regulamentos do Estado receptor, os intêresses dos nacionais do Estado que envia, pessoas físicas ou jurídicas, nos casos de sucessão por morte verificada no território do Estado receptor;

h) resguardar, nos limites fixados pelas leis e regulamentos do Estado receptor, os interesses dos menores e dos incapazes, nacionais do país que envia, particularmente quando para eles for requerida a instituição de tutela ou curatela;

i) representar os nacionais do país que envia e tomar as medidas convenientes para sua representação perante os tribunais e outras autoridades do Estado receptor, de conformidade com a prática e os procedimentos em vigor neste último, visando conseguir, de acordo com as leis e regulamentos do mesmo, a adoção de medidas provisórias para a salvaguarda dos direitos e interesses destes nacionais, quando, por estarem ausentes ou por qualquer outra causa, não possam os mesmos defendê-los em tempo útil;

j) comunicar decisões judiciais e extrajudiciais e executar comissões rogatórias de conformidade com os acordos internacionais em vigor, ou, em sua falta, de qualquer outra maneira compatível com as leis e regulamentos do Estado receptor;

k) exercer, de conformidade com as leis e regulamentos do Estado que envia, os direitos de controle e de inspeção sobre as embarcações que tenham a nacionalidade do Estado que envia, e sobre as aeronaves nele matriculadas, bem como sobre suas tripulações;

l) prestar assistência às embarcações e aeronaves a que se refere a alínea *k* do presente artigo e também às tripulações; receber as declarações sobre as viagens dessas embarcações, examinar e visar os documentos de bordo e, sem prejuízo dos poderes das autoridades do Estado receptor, abrir inquéritos sobre os incidentes ocorridos durante a travessia e resolver todo tipo de litígio que possa surgir entre o capitão, os oficiais e os marinheiros, sempre que autorizado pelas leis e regulamentos do Estado que envia;

m) exercer todas as demais funções confiadas à repartição consular pelo Estado que envia, as quais não sejam proibidas pelas leis e regulamentos do Estado receptor, ou às quais este não se oponha, ou ainda as que lhe sejam atribuídas pelos acordos internacionais em vigor entre o Estado que envia e o Estado receptor.

Artigo 6º
Exercício de funções consulares fora da jurisdição consular

Em circunstâncias especiais, o funcionário consular poderá, com o consentimento do Estado receptor, exercer suas funções fora de sua jurisdição consular.

Artigo 7º
Exercício de funções consulares em terceiros Estados

O Estado que envia poderá, depois de notificação aos Estados interessados, e a não ser que um deles a isso se opuser expressamente, encarregar uma repartição consular estabelecida em um Estado do exercício de funções consulares em outro Estado.

Artigo 8º
Exercício de funções consulares por conta de terceiro Estado

Uma repartição consular do Estado que envia poderá, depois da notificação competente ao Estado receptor e sempre que este não se opuser, exercer funções consulares por conta de um terceiro Estado.

Artigo 9º
Categorias de chefes de repartição consular

1. Os chefes de repartição consular se dividem em quatro categorias, a saber:

a) cônsules-gerais;

b) cônsules;

c) vice-cônsules;

d) agentes consulares;

2. O parágrafo 1º deste artigo não limitará, de modo algum, o direito de qualquer das Partes Contratantes de fixar a denominação dos funcionários consulares que não forem chefes de repartição consular.

Artigo 10
Nomeação e admissão dos chefes de repartição consular

1. Os Chefes de repartição consular serão nomeados pelo Estado que envia e serão admitidos ao exercício de suas funções pelo Estado receptor.

2. Sem prejuízo das disposições desta Convenção, as modalidades de nomeação e admissão do chefe de repartição consular serão determinadas pelas leis, regulamentos e práticas do Estado que envia e do Estado receptor, respectivamente.

Artigo 11
Carta patente ou notificação da nomeação

1. O chefe da repartição consular será munido, pelo Estado que envia, de um documento, sob a forma de carta patente ou instrumento similar, feito para cada nomeação, que ateste sua qualidade e que indique, como regra geral, seu nome completo, sua classe e categoria, a jurisdição consular e a sêde da repartição consular.

2. O Estado que envia transmitirá a carta patente ou instrumento similar, por via diplomática ou outra via apropriada, ao Governo do Estado em cujo território o chefe da repartição consular irá exercer suas funções.

3. Se o Estado receptor o aceitar, o Estado que envia poderá substituir a carta patente ou instrumento similar por uma notificação que contenha as indicações referidas no parágrafo 1º do presente artigo.

Artigo 12
Exequatur

1. O Chefe da repartição consular será admitido no exercício de suas funções por uma autorização do Estado receptor denominada *exequatur*, qualquer que seja a forma dessa autorização.

2. O Estado que negar a concessão de um *exequatur* não estará obrigado a comunicar ao Estado que envia os motivos dessa recusa.

3. Sem prejuízo das disposições dos artigos 13 e 15, o chefe da repartição consular não poderá iniciar suas funções antes de ter recebido o *exequatur*.

Artigo 13
Admissão provisória do chefe da repartição consular

Até que lhe tenha sido concedido o *exequatur*, o chefe da repartição consular poderá ser admitido provisoriamente no exercício de suas funções. Neste caso, ser-lhe-ão aplicáveis as disposições da presente Convenção.

Artigo 14
Notificação às autoridades da jurisdição consular

Logo que o chefe da repartição consular for admitido, ainda que provisoriamente, no exercício de suas funções, o Estado receptor notificará imediatamente às autoridades competentes da jurisdição consular.

Estará também obrigado a cuidar de que sejam tomadas as medidas necessárias a fim de que o chefe da repartição consular possa cumprir os deveres de seu cargo e beneficiar-se do tratamento previsto pelas disposições da presente Convenção.

Artigo 15
Exercício a título temporário das funções de chefe da repartição consular

1. Se o chefe da repartição consular não puder exercer suas funções ou se seu lugar for considerado vago, um chefe interino poderá atuar, provisoriamente, como tal.

2. O nome completo do chefe interino será comunicado ao Ministério das Relações Exteriores do Estado receptor ou à autoridade designada por esse Ministério, quer pela missão diplomática do Estado que envia, quer, na falta de missão diplomática do Estado que envia no Estado receptor, pelo chefe da repartição consular, ou, se este não o puder fazer, por qualquer autoridade competente do Estado que envia. Como regra geral, esta notificação deverá ser feita prèviamente. O Estado receptor poderá sujeitar à sua aprovação a admissão, como chefe interino, de pessoa que não for nem agente diplomático nem funcionário consular do Estado que envia no Estado receptor.

3. As autoridades competentes do Estado receptor deverão prestar assistência e proteção ao chefe interino da repartição. Durante sua gestão as disposições da presente Convenção lhe serão aplicáveis como o seriam com referência ao chefe da repartição consular interessada. O Estado receptor, entretanto, não será obrigado a conceder a um chefe interino as facilidades, privilégios e imunidades de que goze o titular, caso não esteja aquele nas mesmas condições que preenche o titular.

4. Quando, nas condições previstas no parágrafo 1º do presente artigo, um membro do pessoal diplomático da representação diplomática do Estado que envia no Estado receptor for nomeado chefe interino de repartição consular pelo Estado que envia, continuará a gozar

dos privilégios e imunidades diplomáticas, se o Estado receptor a isso não se opuser.

Artigo 16
Precedência entre os chefes de repartições consulares

1. A ordem de precedência dos chefes de repartição consular será estabelecida, em cada classe, em função da data da concessão do *exequatur*.

2. Se, entretanto, o chefe da repartição consular for admitido provisoriamente no exercício de suas funções antes de obter o *exequatur*, a data desta admissão provisória determinará a ordem de precedência; esta ordem será mantida após a concessão do *exequatur*.

3. A ordem de precedência entre dois ou mais chefes de repartição consular, que obtiveram na mesma data o *exequatur* ou admissão provisória, será determinada pela data da apresentação ao Estado receptor de suas cartas-patentes ou instrumentos similares ou das notificações previstas no parágrafo 3º do artigo 11.

4. Os chefes interinos virão, na ordem de precedência, após todos os chefes de repartição consular. Entre eles, a precedência será determinada pelas datas em que assumirem suas funções como chefes interinos, as quais tenham sido indicadas nas notificações previstas no parágrafo 2º do artigo 15.

5. Os funcionários consulares honorários que forem chefes de repartição consular virão, na ordem de precedência, em cada classe, após os de carreira, de conformidade com a ordem e as normas estabelecidas nos parágrafos precedentes.

6. Os chefes de repartição consular terão precedência sobre os funcionários consulares que não tenham tal qualidade.

Artigo 17
Prática de atos diplomáticos por funcionários consulares

1. Num Estado em que o Estado que envia não tiver missão diplomática e não estiver representado pela de um terceiro Estado, um funcionário consular poderá ser incumbido, com o consentimento do Estado receptor, e sem prejuízo de seu *status* consular, de praticar atos diplomáticos. A prática desses atos por um funcionário consular não lhe dará direito a privilégios e imunidades diplomáticas.

2. Um funcionário consular poderá, após notificação ao Estado receptor, atuar como representante do Estado que envia junto a qualquer organização intergovernamental. No desempenho dessas funções, terá direito a todos os privilégios e imunidades que o direito internacional consuetudinário ou os acordos internacionais concedam aos representantes junto a organizações intergovernamentais; entretanto, no desempenho de qualquer função consular, não terá direito a imunidade de jurisdição maior do que a reconhecida a funcionários consulares em virtude da presente Convenção.

Artigo 18
Nomeação da mesma pessoa, como funcionário consular, por dois ou mais Estados

Dois ou mais Estados poderão, com o consentimento do Estado receptor, nomear a mesma pessoa como funcionário consular nesse Estado.

Artigo 19
Nomeação de membro do pessoal consular

1. Respeitadas as disposições dos artigos 20, 22 e 23, o Estado que envia poderá nomear livremente os membros do pessoal consular.

2. O Estado que envia comunicará ao Estado receptor o nome completo, a classe e a categoria de todos os funcionários consulares, com exceção do chefe de repartição consular, com a devida antecedência para que o Estado receptor, se o desejar, possa exercer os direitos que lhe confere o parágrafo 3º artigo 23.

3. O Estado que envia poderá, se suas leis e regulamentos o exigirem, pedir ao Estado receptor a concessão de *exequatur* para um funcionário consular que não for chefe de repartição consular.

4. O Estado receptor poderá, se suas leis e regulamentos o exigirem, conceder *exequatur* a um funcionário consular que não for chefe de repartição consular.

Artigo 20
Número de membros da repartição consular

Na ausência de acordo expresso sobre o número de membros da repartição consular, o Estado receptor poderá exigir que este número seja mantido nos limites do que considera razoável e normal, segundo as circunstâncias e condições da jurisdição consular e as necessidades da repartição consular em apreço.

Artigo 21
Precedência entre os funcionários consulares de uma repartição consular

A ordem de precedência entre os funcionários consulares de uma repartição consular e quaisquer modificações à mesma serão comunicadas ao Ministério das Relações Exteriores do Estado receptor, ou à autoridade indicada por este Ministério, pela missão diplomática do Estado que envia ou, na falta de tal missão no Estado receptor, pelo chefe da repartição consular.

Artigo 22
Nacionalidade dos funcionários consulares

1. Os funcionários consulares deverão, em princípio, ter a nacionalidade do Estado que envia.

2. Os funcionários consulares só poderão ser escolhidos dentre os nacionais do Estado receptor com o consentimento expresso desse Estado, o qual poderá retirá-lo a qualquer momento.

3. O Estado receptor poderá reservar-se o mesmo direito em relação aos nacionais de um terceiro Estado que não forem também nacionais do Estado que envia.

Artigo 23
Funcionário declarado *persona non grata*

1. O Estado receptor poderá, a qualquer momento, notificar ao Estado que envia que um funcionário consular é *persona non grata* ou que qualquer outro membro da repartição consular não é aceitável.

Nestas circunstâncias, o Estado que envia, conforme o caso, o retirará a referida pessoa ou porá termo a suas funções nessa repartição consular.

2. Se o Estado que envia negar-se a executar, ou não executar num prazo razoável, as obrigações que lhe incumbem nos termos do parágrafo 1º do presente artigo, o Estado receptor poderá, conforme o caso, retirar o *exequatur* à pessoa referida ou deixar de considerá-la como membro do pessoal consular.

3. Uma pessoa nomeada membro de uma repartição consular poderá ser declarada inaceitável antes de chegar ao território do Estado receptor ou se ai já estiver, antes de assumir suas funções na repartição consular. O Estado que envia deverá, em qualquer dos casos, retirar a nomeação.

4. Nos casos mencionados nos parágrafos 1º e 3º do presente artigo, o Estado receptor não é obrigado a comunicar ao Estado que envia os motivos da sua decisão.

Artigo 24
Notificação ao Estado receptor das nomeações, chegadas e partidas

1. O Ministério das Relações Exteriores do Estado receptor, ou a autoridade indicada por este Ministério, será notificado de:

a) a nomeação dos membros de uma repartição consular, sua chegada após a nomeação para a mesma, sua partida definitiva ou a cessação de suas funções, bem como de quaisquer outras modificações que afetem seu *status*, ocorridas durante o tempo em que servir na repartição consular;

b) a chegada e a partida definitiva de uma pessoa da família de um membro da repartição consular que com ele viva, e, quando for o caso, o fato de uma pessoa se tornar, ou deixar de ser membro da família;

c) a chegada e a partida definitiva dos membros do pessoal privado e, quando for o caso, o término de seus serviços nessa qualidade;

d) a contratação e a dispensa de pessoas residentes no Estado receptor, seja na qualidade de membros da repartição consular ou de membros do pessoal privado, que tiverem direito a privilégios e imunidades.

2. A chegada e a partida definitiva serão notificadas igualmente com antecedência, sempre que possível.

Seção II

TÉRMINO DAS FUNÇÕES CONSULARES

Artigo 25
Término das funções de um membro da repartição consular

As funções de um membro da repartição terminam *inter alia*:

a) pela notificação do Estado que envia ao Estado receptor de que suas funções chegaram ao fim;

b) pela retirada do *exequatur;*

c) pela notificação do Estado receptor ao Estado que envia de que deixou de considerar a pessoa em aprêço como membro do pessoal consular.

Artigo 26
Partida do território do Estado receptor

O Estado receptor deverá, mesmo no caso de conflito armado, conceder aos membros da repartição consular e aos membros do pessoal privado, que não forem nacionais do Estado receptor, assim como aos membros de suas famílias que com eles vivam, qualquer que seja sua nacionalidade, o tempo e as facilidades necessárias para preparar sua partida e deixar o território o mais cedo possível depois do término das suas funções. Deverá, especialmente, se for o caso, por à sua disposição os meios de transporte necessários para essas pessoas e seus bens, exceto os bens adquiridos no Estado receptor e cuja exportação estiver proibida no momento da saída.

Artigo 27
Proteção dos locais e arquivos consulares e dos interesses do Estado que envia em circunstâncias excepcionais

1. No caso de rompimento das relações consulares entre dois Estados:

a) o Estado receptor ficará obrigado a respeitar e proteger, inclusive em caso de conflito armado, os locais consulares, os bens da repartição consular e seus arquivos;

b) o Estado que envia poderá confiar a custódia dos locais consulares, dos bens que aí se achem e dos arquivos consulares, a um terceiro Estado aceitável ao Estado receptor;

c) o Estado que envia poderá confiar a proteção de seus interesses e dos interesses de seus nacionais a um terceiro Estado aceitável pelo Estado receptor.

2. No caso de fechamento temporário ou definitivo de uma repartição consular, aplicar-se-ão as disposições da alínea *a* do parágrafo 1º do presente artigo.

Além disso:

a) se o Estado que envia, ainda que não estiver representado no Estado receptor por uma missão diplomática, tiver outra repartição consular no território do Estado receptor, esta poderá encarregar-se da custódia dos locais consulares que tenham sido fechados, dos bens que neles se encontrem e dos arquivos consulares e, com o consentimento do Estado receptor, do exercício das funções consulares na jurisdição da referida repartição consular; ou,

b) se o Estado que envia não tiver missão diplomática nem outra repartição consular no Estado receptor, aplicar-se-ão as disposições das alíneas *b* e *c* do parágrafo 1º deste artigo.

CAPÍTULO II
FACILIDADES, PRIVILÉGIOS E IMUNIDADES RELATIVAS ÀS REPARTIÇÕES CONSULARES, AOS FUNCIONÁRIOS CONSULARES DE CARREIRA E A OUTROS MEMBROS DA REPARTIÇÃO CONSULAR

Seção I
FACILIDADES, PRIVILÉGIOS E IMUNIDADES RELATIVAS ÀS REPARTIÇÕES CONSULARES

Artigo 28
Facilidades concedidas à repartição consular em suas atividades

O Estado receptor concederá todas as facilidades para o exercício das funções da repartição consular.

Artigo 29
Uso da bandeira e escudo nacionais

1. O Estado que envia terá direito a utilizar sua bandeira e escudo nacionais no Estado receptor, de acordo com as disposições do presente artigo.

2. O Estado que envia poderá içar sua bandeira nacional e colocar seu escudo no edifício ocupado pela repartição consular, à porta de entrada, assim como na residência do chefe da repartição consular e em seus meios de transporte, quando estes forem utilizados em serviços oficiais.

3. No exercício do direito reconhecido pelo presente artigo, levar-se-ão em conta as leis, os regulamentos e usos do Estado receptor.

Artigo 30
Acomodações

1. O Estado receptor deverá facilitar, de acordo com suas leis e regulamentos, a aquisição, em seu território, pelo Estado que envia, de acomodações necessárias à repartição consular, ou ajudá-la a obter acomodações de outra maneira.

2. Deverá igualmente ajudar, quando necessário, a repartição consular a obter acomodações convenientes para seus membros.

Artigo 31
Inviolabilidade dos locais consulares

1. Os locais consulares serão invioláveis na medida do previsto pelo presente artigo.

2. As autoridades do Estado receptor não poderão penetrar na parte dos locais consulares que a repartição consular utilizar exclusivamente para as necessidades de seu trabalho, a não ser com o consentimento do chefe da repartição consular, da pessoa por ele designada ou do chefe da missão diplomática do Estado que envia. Todavia, o consentimento do chefe da repartição consular poderá ser presumido em caso de incêndio ou outro sinistro que exija medidas de proteção imediata.

3. Sem prejuízo das disposições do parágrafo 2º do presente artigo, o Estado receptor terá a obrigação especial de tomar as medidas apropriadas para proteger os locais consulares contra qualquer invasão ou dano, bem como para impedir que se perturbe a tranquilidade da repartição consular ou se atente contra sua dignidade.

4. Os locais consulares, seus imóveis, os bens da repartição consular e seus meios de transporte não poderão ser objeto de qualquer forma de requisição para fins de defesa nacional ou de utilidade pública.

Se, para tais fins, for necessária a desapropriação, tomar-se-ão as medidas apropriadas para que não se perturbe o exercício das funções consulares, e pagar-se-á ao Estado que envia uma indenização rápida, adequada e efetiva.

Artigo 32
Isenção fiscal dos locais consulares

1. Os locais consulares e a residência do chefe da repartição consular de carreira de que for proprietário o Estado que envia ou pessoa que atue em seu nome, estarão isentos de quaisquer impostos e taxas nacionais, regionais e municipais, excetuadas as taxas cobradas em pagamento de serviços específicos prestados.

2. A isenção fiscal prevista no parágrafo 1º do presente artigo não se aplica aos mesmos impostos e taxas que, de acordo com as leis e regulamentos do Estado receptor, devam ser pagos pela pessoa que contratou com o Estado que envia ou com a pessoa que atue em seu nome.

Artigo 33
Inviolabilidade dos arquivos e documentos consulares

Os arquivos e documentos consulares serão sempre invioláveis, onde quer que estejam.

Artigo 34
Liberdade de movimento

Sem prejuízo de suas leis e regulamentos relativos às zonas cujo acesso for proibido ou limitado por razões de segurança nacional, o Estado receptor assegurará a liberdade de movimento e circulação em seu território a todos os membros da repartição consular.

Artigo 35
Liberdade de comunicação

1. O Estado receptor permitirá e protegerá a liberdade de comunicação da repartição consular para todos os fins oficiais. Ao se comunicar com o Governo, com as missões diplomáticas e outras repartições consulares do Estado que envia, onde quer que estejam, a repartição consular poderá empregar todos os meios de comunicação apropriados, inclusive correios diplomáticos e consulares, malas diplomáticas e consulares e mensagens em código ou cifra. Todavia, a repartição consular só poderá instalar e usar uma emissora de rádio com o consentimento do Estado receptor.

2. A correspondência oficial da repartição consular é inviolável. Pela expressão "correspondência oficial" entender-se-á qualquer correspondência relativa à repartição consular e suas funções.

3. A mala consultar não poderá ser aberta ou retida. Todavia, se as autoridades competentes do Estado receptor tiverem razões sérias para acreditar que a mala contém algo além da correspondência, documentos ou objetos mencionados no parágrafo 4º do presente artigo, poderão pedir que a mala seja aberta em sua presença por representante autorizado do Estado que envia. Se o pedido for recusado pelas autoridades do Estado que envia, a mala será devolvida ao lugar de origem.

4. Os volumes que constituírem a mala consular deverão ser providos de sinais exteriores visíveis, indicadores de seu caráter, e só poderão conter correspondência e documentos oficiais ou objetos destinados exclusivamente a uso oficial.

5. O correio consultar deverá estar munido de documento oficial que ateste sua qualidade e que especifique o número de volumes que constituem a mala diplomática. Exceto com o consentimento do Estado receptor, o correio não poderá ser nacional do Estado receptor nem, salvo se for nacional do Estado que envia, residente permanente no Estado receptor. No exercício de suas funções, o correio será protegido pelo Estado receptor. Gozará de inviolabilidade pessoal e não poderá ser objeto de nenhuma forma de prisão ou detenção.

6. O Estado que envia suas missões diplomáticas e suas repartições consulares poderão nomear correios consulares *ad hoc*. Neste caso, aplicar-se-ão as disposições do parágrafo 5º do presente artigo, sob a reserva de que as imunidades mencionadas deixarão de ser aplicáveis no momento em que o correio tiver entregue ao destinatário a mala pela qual é responsável.

7. A mala consular poderá ser confiada ao comandante de um navio ou aeronave comercial,

que deverá chegar a um ponto de entrada autorizado. Tal comandante terá um documento oficial em que conste o número de volumes que constituem a mala, mas não será considerado correio consular. Mediante prévio acordo com as autoridades locais competentes, a repartição consular poderá enviar um de seus membros para tomar posse da mala, direta e livremente, das mãos do comandante do navio ou aeronave.

Artigo 36
Comunicação com os nacionais do Estado que envia

1. A fim de facilitar o exercício das funções consulares relativas aos nacionais do Estado que envia:

a) os funcionários consulares terão liberdade de se comunicar com os nacionais do Estado que envia e visitá-los. Os nacionais do Estado que envia terão a mesma liberdade de se comunicarem com os funcionários consulares e de visitá-los;

b) se o interessado lhes solicitar, as autoridades competentes do Estado receptor deverão, sem tardar, informar à repartição consular competente quando, em sua jurisdição, um nacional do Estado que envia for preso, encarcerado, posto em prisão preventiva ou detido de qualquer outra maneira. Qualquer comunicação endereçada à repartição consular pela pessoa detida, encarcerada ou presa preventivamente, deve igualmente ser transmitida sem tardar pelas referidas autoridades. Estas deverão imediatamente informar o interessado de seus direitos nos termos do presente subparágrafo;

c) os funcionários consulares terão direito de visitar o nacional do Estado que envia, o qual estiver detido, encarcerado ou preso preventivamente, conversar e corresponder-se com ele, e providenciar sua defesa perante os tribunais. Terão igualmente o direito de visitar qualquer nacional do Estado que envia encarcerado, preso ou detido em sua jurisdição em virtude de execução de uma sentença. Todavia, os funcionários consulares deverão abster-se de intervir em favor de um nacional encarcerado, preso ou detido preventivamente, sempre que o interessado a isso se opuser expressamente.

2. As prerrogativas a que se refere o parágrafo 1º do presente artigo serão exercidas de acordo com as leis e regulamentos do Estado receptor, devendo, contudo, entender-se que tais leis e regulamentos não poderão impedir o pleno efeito dos direitos reconhecidos pelo presente artigo.

Artigo 37
Informações em caso de morte, tutela, curatela, naufrágio e acidente aéreo

Quando as autoridades competentes do Estado receptor possuírem as informações correspondentes, estarão obrigadas a:

a) em caso de morte de um nacional do Estado que envia, informar sem demora a repartição consular em cuja jurisdição a morte ocorreu;

b) notificar, sem demora, à repartição consular competente, todos os casos em que for necessária a nomeação de tutor ou curador para um menor ou incapaz, nacional do Estado que envia. O fornecimento dessa informação, todavia, não prejudicará a aplicação das leis e regulamentos do Estado receptor, relativas a essas nomeações;

c) informar sem demora à repartição consular mais próxima do lugar do sinistro, quando um navio, que tiver a nacionalidade do Estado que envia, naufragar ou encalhar no mar territorial ou nas águas internas do Estado receptor, ou quando uma aeronave matriculada no Estado que envia sofrer acidente no território do Estado receptor.

Artigo 38
Comunicações com as autoridades do Estado receptor

No exercício de suas funções, os funcionários consulares poderão comunicar-se com:

a) as autoridades locais competentes de sua jurisdição consular;

b) as autoridades centrais competentes do Estado receptor, se e na medida em que o permitirem as leis, regulamentos e usos do Estado receptor, bem como os acordos internacionais pertinentes.

Artigo 39
Direitos e emolumentos consulares

1. A repartição consular poderá cobrar no território do Estado receptor os direitos e emolumentos que as leis e os regulamentos do Estado que envia prescreverem para os atos consulares.

2. As somas recebidas a título de direitos e emolumentos previstos no parágrafo 1º do presente artigo e os recibos correspondentes estarão isentos de quaisquer impostos e taxas no Estado receptor.

Seção II

FACILIDADES, PRIVILÉGIOS E IMUNIDADES RELATIVAS AOS FUNCIONÁRIOS CONSULARES DE CARREIRA E OUTROS MEMBROS DA REPARTIÇÃO CONSULAR

Artigo 40
Proteção aos funcionários consulares

O Estado receptor tratará os funcionários consulares com o devido respeito e adotará todas as medidas adequadas para evitar qualquer atentado a sua pessoa, liberdade ou dignidade.

Artigo 41
Inviolabilidade pessoal dos funcionários consulares

1. Os funcionários consulares não poderão ser detidos ou presos preventivamente, exceto em caso de crime grave e em decorrência de decisão de autoridade judiciária competente.

2. Exceto no caso previsto no parágrafo 1º do presente artigo, os funcionários consulares não podem ser presos nem submetidos a qualquer outra forma de limitação de sua liberdade pessoal, senão em decorrência de sentença judiciária definitiva.

3. Quando se instaurar processo penal contra um funcionário consular, este será obrigado a comparecer perante as autoridades competentes. Todavia, as diligências serão conduzidas com as deferências devidas à sua posição oficial e, exceto no caso previsto no parágrafo 1º deste artigo, de maneira a que perturbe o menos possível o exercício das funções consulares. Quando, nas circunstâncias previstas no parágrafo 1º deste artigo, for necessário decretar a prisão preventiva de um funcionário consular, o processo correspondente deverá iniciar-se sem a menor demora.

Artigo 42
Notificação em caso de detenção, prisão preventiva ou instauração de processo

Em caso de detenção, prisão preventiva de um membro do pessoal consular ou de instauração de processo penal contra o mesmo, o Estado receptor deverá notificar imediatamente o chefe da repartição consular. Se este último for o objeto de tais medidas, o Estado receptor levará o fato ao conhecimento do Estado que enviar, por via diplomática.

Artigo 43
Imunidade de jurisdição

1. Os funcionários consulares e os empregados consulares não estão sujeitos à Jurisdição das autoridades judiciárias e administrativas do Estado receptor pelos atos realizados no exercício das funções consulares.

2. As disposições do parágrafo 1º do presente artigo não se aplicarão entretanto no caso de ação civil:

a) que resulte de contrato que o funcionário ou empregado consular não tiver realizado implícita ou explicitamente como agente do Estado que envia; ou

b) que seja proposta por terceiro como consequência de danos causados por acidente de veículo, navio ou aeronave, ocorrido no Estado receptor.

Artigo 44
Obrigação de prestar depoimento

1. Os membros de uma repartição consular poderão ser chamados a depor como testemunhas no decorrer de um processo judiciário ou administrativo. Um empregado consular ou um membro do pessoal de serviço não poderá negar-se a depor como testemunha, exceto nos casos mencionados no parágrafo 3º do presente artigo. Se um funcionário consular recusar-se a prestar depoimento, nenhuma medida coercitiva ou qualquer outra sanção ser-lhe-á aplicada.

2. A autoridade que solicitar o testemunho deverá evitar que o funcionário consular seja perturbado no exercício de suas funções. Poderá tomar o depoimento do funcionário consular em seu domicílio ou na repartição consular, ou aceitar sua declaração por escrito, sempre que for possível.

3. Os membros de uma repartição consular não serão obrigados a depor sobre fatos relacionados com o exercício de suas funções, nem a exibir correspondência e documentos oficiais que a elas se refiram.

Poderão, igualmente, recusar-se a depor na qualidade de peritos sobre as leis do Estado que envia.

Artigo 45
Renúncia aos privilégios e imunidades

1. O Estado que envia poderá renunciar, com relação a um membro da repartição consular, aos privilégios e imunidades previstos nos artigos 41, 43 e 44.

2. A renúncia será sempre expressa, exceto no caso do disposto no parágrafo 3º do presente artigo, e deve ser comunicada por escrito ao Estado receptor.

3. Se um funcionário consular, ou empregado consular, propuser ação judicial sobre matéria de que goze de imunidade de jurisdição de acordo com o disposto no artigo 43, não poderá alegar esta imunidade com relação a qualquer pedido de reconvenção diretamente ligado à demanda principal.

4. A renúncia à imunidade de jurisdição quanto a ações civis ou administrativas não implicará na renúncia à imunidade quanto a medidas de execução de sentença, para as quais nova renúncia será necessária.

Artigo 46
Isenção do registro de estrangeiros e da autorização de residência

1. Os funcionários e empregados consulares e os membros de suas famílias que com eles vivam estarão isentos de todas as obrigações previstas pelas leis e regulamentos do Estado receptor relativas ao registro de estrangeiros e à autorização de residência.

2. Todavia, as disposições do parágrafo 1º do presente artigo não se aplicarão aos empregados consulares que não sejam empregados permanentes do Estado que envia ou que exerçam no Estado receptor atividade privada de caráter lucrativo, nem tampouco aos membros da família desses empregados.

Artigo 47
Isenção de autorização de trabalho

1. Os membros da repartição consular estarão isentos, em relação aos serviços prestados ao Estado que envia, de quaisquer obrigações relativas à autorização de trabalho exigida pelas leis e regulamentos do Estado receptor referentes ao emprego de mão de obra estrangeira.

2. Os membros do pessoal privado, dos funcionários e empregados consulares, desde que não exerçam outra ocupação de caráter lucrativo no Estado receptor, estarão isentos das obrigações previstas no parágrafo 1º do presente artigo.

Artigo 48
Isenção do regime de previdência social

1. Sem prejuízo do disposto no parágrafo 3º do presente artigo, os membros da repartição consular, com relação aos serviços prestados ao Estado que envia, e os membros de sua família que com eles vivam, estarão isentos das disposições de previdência social em vigor no Estado receptor.

2. A isenção prevista no parágrafo 1º do presente artigo aplicar-se-á também aos membros do pessoal privado que estejam a serviço exclusivo dos membros da repartição consular, sempre que:

a) não sejam nacionais do Estado receptor ou nele não residam permanentemente;

b) estejam protegidos pelas disposições sobre previdência social em vigor no Estado que envia ou num terceiro Estado.

3. Os membros da repartição consular que empreguem pessoas às quais não se aplique a isenção prevista no parágrafo 2º do presente artigo devem cumprir as obrigações impostas aos empregadores pelas disposições de previdência social do Estado receptor.

4. A isenção prevista nos parágrafos 1º e 2º do presente artigo não exclui a participação voluntária no regime de previdência social do Estado receptor, desde que seja permitida por este Estado.

Artigo 49
Isenção fiscal

1. Os funcionários e empregados consulares, assim como os membros de suas famílias que com eles vivam, estarão isentos de quaisquer impostos e taxas, pessoais ou reais, nacionais, regionais ou municipais, com exceção dos:

a) impostos indiretos normalmente incluídos no preço das mercadorias ou serviços;

b) impostos e taxas sobre bens imóveis privados situados no território do Estado receptor sem prejuízo das disposições do artigo 32;

c) impostos de sucessão e de transmissão exigíveis pelo Estado receptor, sem prejuízo das disposições da alínea *b* do artigo 51;

d) impostos e taxas sobre rendas particulares, inclusive rendas de capital, que tenham origem no Estado receptor, e impostos sobre capital, correspondentes a investimentos realizados em empresas comerciais ou financeiras situadas no Estado receptor;

e) impostos e taxas percebidos como remuneração de serviços específicos prestados;

f) direitos de registro, taxas judiciárias, hipoteca e selo, sem prejuízo do disposto no artigo 32.

2. Os membros do pessoal de serviço estarão isentos de impostos e taxas sobre salários que recebam como remuneração de seus serviços.

3. Os membros da repartição consular que empregarem pessoas cujos ordenados ou salários não estejam isentos de imposto de renda no Estado receptor deverão respeitar as obrigações que as leis e regulamentos do referido Estado impuserem aos empregadores em matéria de cobrança do imposto de renda.

Artigo 50
Isenção de impostos e de inspeção alfandegária

1. O Estado receptor, de acordo com as leis e regulamentos que adotar, permitirá a entrada e concederá isenção de quaisquer impostos alfandegários, tributos e despesas conexas, com exceção das despesas de depósito, de transporte e serviços análogos, para:

a) os artigos destinados ao uso oficial da repartição consular;

b) os artigos destinados ao uso pessoal do funcionário consular e aos membros da família que com ele vivam, inclusive aos artigos destinados à sua instalação. Os artigos de consumo não deverão exceder as quantidades que estas pessoas necessitam para o consumo pessoal.

2. Os empregados consulares gozarão dos privilégios e isenções previstos no parágrafo 1º do presente artigo com relação aos objetos importados quando da primeira instalação.

3. A bagagem pessoal que acompanha os funcionários consulares e os membros da sua família que com eles vivam estará isenta de inspeção alfandegária. A mesma só poderá ser inspecionada se houver sérias razões para se supor que contenha objetos diferentes dos mencionados na alínea *b* do parágrafo 1º do presente artigo, ou cuja importação ou exportação for proibida pelas leis e regulamentos do Estado receptor ou que estejam sujeitos às suas leis e regulamentos de quarentena. Esta inspeção só poderá ser feita na presença do funcionário consular ou do membro de sua família interessado.

Artigo 51
Sucessão de um membro da repartição consular ou de um membro de sua família

No caso de morte de um membro da repartição consular ou de um membro de sua família que com ele viva o Estado receptor será obrigado a:

a) permitir a exportação dos bens móveis do defunto, exceto dos que, adquiridos no Estado receptor, tiverem a exportação proibida no momento da morte;

b) não cobrar impostos nacionais, regionais ou municipais sobre a sucessão ou a transmissão dos bens móveis que se encontrem no Estado receptor únicamente por ali ter vivido o defundo, como membro da repartição consular ou membro da família de um membro da repartição consular.

Artigo 52
Isenção de prestação de serviços pessoais

O Estado receptor deverá isentar os membros da repartição consular e os membros de sua família que com eles vivam da prestação de qualquer serviço pessoal, de qualquer serviço de interesse público, seja qual for sua natureza, bem como de encargos militares tais como requisição, contribuições e alojamentos militares.

Artigo 53
Começo e fim dos privilégios e imunidades consulares

1. Todo membro da repartição consular gozará dos privilégios e imunidades previstos pela presente Convenção desde o momento em que entre no território do Estado receptor para chegar a seu posto, ou, se ele já se encontrar nesse território, desde o momento em que assumir suas funções na repartição consular.

2. Os membros da família de um membro da repartição consular que com ele vivam, assim como, os membros de seu pessoal privado, gozarão dos privilégios e imunidades previstos na presente Convenção, a partir da última das seguintes datas: aquela a partir da qual o membro da repartição consular goze dos privilégios e imunidades de acordo com o parágrafo 1º do presente artigo; à data de sua entrada no território do Estado receptor ou à data em que se tornarem membros da referida família ou do referido pessoal privado.

3. Quando terminarem as funções de um membro da repartição consular, seus privilégios e imunidades, assim como os dos membros de sua família que com eles vivam, ou dos membros de seu pessoal privado, cessarão normalmente na primeira das datas seguintes: no momento em que a referida pessoa abandonar o território do Estado receptor ou na expiração de um prazo razoável que lhe será concedido para esse fim, subsistindo, contudo, até esse momento, mesmo no caso de conflito armado. Quanto às pessoas mencionadas no parágrafo 2º do presente artigo, seus privilégios e imunidades cessarão no momento em que deixarem de pertencer à família de um membro da repartição consular ou de estar a seu serviço. Entretanto, quando essas pessoas se dispuserem a deixar o Estado receptor dentro de um prazo razoável seus privilégios e imunidades subsistirão até o momento de sua partida.

4. Todavia, no que concerne aos atos praticados por um funcionário consular ou um empregado consular no exercício das suas funções, a imunidade de jurisdição subsistirá indefinidamente.

5. No caso de morte de um membro da repartição consular, os membros de sua família que com ele tenha vivido continuarão a gozar dos privilégios e imunidades que lhe correspondiam até a primeira das seguintes datas: a da partida do território do Estado receptor ou a da expiração de um prazo razoável que lhes será concedido para esse fim.

Artigo 54
Obrigação dos terceiros Estados

1. Se um funcionário consular atravessa o território ou se encontra no território de um terceiro Estado que lhe concedeu um visto, no caso deste visto ter sido necessário, para ir assumir ou reassumir suas funções na sua repartição consular ou para voltar ao Estado que envia, o terceiro Estado conceder-lhe-á as imunidades previstas em outros artigos da presente Convenção, necessárias para facilitar-lhe a travessia e o regresso. O terceiro Estado concederá o mesmo tratamento aos membros da família que com ele vivam e que gozem desses privilégios e imunidades, quer acompanhem o funcionário consular quer viajem separadamente para reunir-se a ele ou regressar ao Estado que envia.

2. Em condições análogas àquelas especificadas no parágrafo 1º do presente artigo, os terceiros Estados não deverão dificultar a passagem através do seu território aos demais membros da repartição consular e aos membros de sua família que com ele vivam.

3. Os terceiros Estados concederão à correspondência oficial e a outras comunicações oficiais em trânsito, inclusive às mensagens em código ou cifra, a mesma liberdade e proteção que o Estado receptor estiver obrigado a conceder em virtude da presente Convenção. Concederão aos correios consulares, a quem um visto tenha sido concedido, caso necessário, bem como às malas consulares em trânsito a mesma inviolabilidade e proteção que o Estado receptor for obrigado a conceder em virtude da presente Convenção.

4. As obrigações dos terceiros Estados decorrentes dos parágrafos 1º, 2º e 3º do presente artigo aplicar-se-ão igualmente às pessoas mencionadas nos respectivos parágrafos, assim como às comunicações oficiais e às malas consulares, quando as mesmas se encontrem no território de terceiro Estado por motivo de força maior.

Artigo 55
Respeito às leis e regulamentos do Estado receptor

1. Sem prejuízo de seus privilégios e imunidades todas as pessoas que se beneficiem desses privilégios e imunidades deverão respeitar as lei e regulamentos do Estado receptor. Terão igualmente o dever de não se imiscuir nos assuntos internos do referido Estado.

2. Os locais consulares não devem ser utilizados de maneira incompatível com o exercício das funções consulares.

3. As disposições do parágrafo 2º do presente artigo não excluirão a possibilidade de se instalar, numa parte do edifício onde se encontrem os locais da repartição consular, os escritórios de outros organismos ou agências, contanto que os locais a eles destinados estejam separados dos que utilizem a repartição consular. Neste caso, os mencionados escritórios não serão, para os fins da presente Convenção, considerados como parte integrante dos locais consulares.

Artigo 56
Seguro contra danos causados a terceiros

Os membros da repartição consular deverão cumprir todas as obrigações impostas pelas leis e regulamentos do Estado receptor relativas ao seguro de responsabilidade civil por danos causados a terceiros pela utilização de qualquer veículo, navio ou aeronave.

Artigo 57
Disposições especiais relativas às atividades privadas de caráter lucrativo

1. Os funcionários consulares de carreira não exercerão, em proveito próprio, nenhuma atividade profissional ou comercial no Estado receptor.

2. Os privilégios e imunidades previstas no presente Capítulo não serão concedidos:

a) aos empregados consulares ou membros do pessoal de serviço que exercerem atividade privada de caráter lucrativo no Estado receptor;

b) aos membros da família das pessoas mencionadas na alínea a do presente parágrafo e aos de seu pessoal privado;

c) aos membros da família do membro da repartição consular que exercerem atividade privada de caráter lucrativo no Estado receptor.

CAPÍTULO III
REGIME APLICÁVEL AOS FUNCIONÁRIOS CONSULARES HONORÁRIOS E ÀS REPARTIÇÕES CONSULARES POR ELES DIRIGIDAS

Artigo 58
Disposições gerais relativas às facilidades, privilégios e imunidades

1. Os artigos 28, 29, 30, 34, 35, 36, 37, 38 e 39 parágrafo 3º do artigo 54 e os parágrafos 2º e 3º do artigo 55 aplicar-se-ão às repartições consulares dirigidas por um funcionário consular honorário. Ademais, as facilidades, privilégios e imunidades destas repartições consulares serão reguladas pelos artigos 59, 60, 61 e 62.

2. Os artigos 42 e 43, o parágrafo 3º do artigo 44, os artigos 45 e 53, e o parágrafo 1º do artigo 55, aplicar-se-ão aos funcionários consulares honorários. As facilidades, privilégios e imunidades desses funcionários consulares reger-se-ão outrossim, pelos artigos 63, 64, 65, 66 e 67.

3. Os privilégios e imunidades previstos na presente Convenção não serão concedidos aos membros da família de funcionário consular honorário nem aos da família de empregado consular de repartição consular dirigida por funcionário consular honorário.

4. O intercâmbio de malas consulares entre duas repartições consulares situadas em países diferentes e dirigidas por funcionários consulares honorários só será admitido com o consentimento dos dois Estados receptores.

Artigo 59
Proteção dos locais consulares

O Estado receptor adotará todas as medidas apropriadas para proteger os locais consulares de uma repartição consular dirigida por um funcionário consular honorário contra qualquer intrusão ou dano e para evitar perturbações à tranquilidade da repartição consular ou ofensas à sua dignidade.

Artigo 60
Isenção fiscal dos locais consulares

1. Os locais consulares de uma repartição consular dirigida por funcionário consular honorário, de que seja proprietário ou locatário o Estado que envia, estarão isentos de todos os impostos e taxas nacionais, regionais e municipais, exceto os que representem remuneração por serviços específicos prestados.

2. A isenção fiscal, prevista no parágrafo 1º do presente artigo, não se aplicará àqueles impostos e taxas cujo pagamento, de acordo com as leis e regulamentos do Estado receptor couber às pessoas que contratarem com o Estado que envia.

Artigo 61
Inviolabilidade dos arquivos e documentos consulares

Os arquivos e documentos consulares de uma repartição consular, cujo chefe for um funcionário consular honorário, serão sempre invioláveis onde quer que se encontrem, desde que estejam separados de outros papéis e documentos e, especialmente, da correspondência particular de chefe da repartição consular, da de qualquer pessoa que com ele trabalhe, bem como dos objetos, livros e documentos relacionados com sua profissão ou negócios.

Artigo 62
Isenção de direitos alfandegários

De acordo com as leis e regulamentos que adotar, o Estado receptor permitirá e entrada com isenção de todos os direitos alfandegários, taxas e despesas conexas, com exceção das de depósito, transporte e serviços análogos, dos seguintes artigos, desde que sejam destinados exclusivamente ao uso oficial de uma repartição consular dirigida por funcionário consular honorário; escudos, bandeiras, letreiros, sinetes e selos, livros, impressos oficiais, mobiliário de escritório, material e equipamento de escritório e artigos similares fornecidos à repartição consular pelo Estado que envia ou por solicitação deste.

Artigo 63
Processo penal

Quando um processo penal for instaurado contra funcionário consular honorário, este é obrigado a se apresentar às autoridades competentes. Entretanto, o processo deverá ser conduzido com as deferências devidas ao funcionário consular honorário interessado, em razão de sua posição oficial, e, exceto no caso em que esteja preso ou detido, de maneira a pertubar o menos possível o exercício das funções consulares. Quando for necessário decretar a prisão preventiva de um funcionário consular honorário, o processo correspondente deverá iniciar-se o mais breve possível.

Artigo 64
Proteção dos funcionários consulares honorários

O Estado receptor é obrigado a conceder ao funcionário consular honorário a proteção de que possa necessitar em razão de sua posição oficial.

Artigo 65
Isenção do registro de estrangeiros e da autorização de residência

Os funcionários consulares honorários, com exceção dos que exercerem no Estado receptor atividade profissional ou comercial em proveito próprio, estarão isentos de quaisquer obrigações previstas pelas leis e regulamentos do Estado receptor em matéria de registro de estrangeiros e de autorização de residência.

Artigo 66
Isenção fiscal

Os funcionários consulares honorários estarão isentos de quaisquer impostos e taxas sobre as remunerações e os emolumentos que recebam do Estado que envia em razão do exercício das funções consulares.

Artigo 67
Isenção de prestação de serviços pessoais

O Estado receptor isentará os funcionários consulares honorários da prestação de quaisquer serviços pessoais ou de interesse público, qualquer que seja sua natureza, assim como das obrigações de caráter militar, especialmente requisições, contribuições e alojamentos militares.

Artigo 68
Caráter facultativo da instituição dos funcionários consulares honorários

Cada Estado poderá decidir livremente se nomeará ou receberá funcionários consulares honorários.

CAPÍTULO IV
DISPOSIÇÕES GERAIS

Artigo 69
Agentes consulares que não sejam chefes de repartição consular

1. Cada Estado poderá decidir livremente se estabelecerá ou admitirá agências consulares dirigidas por agentes consulares que não tenham sido designados chefes de repartição consular pelo Estado que envia.

2. As condições em que as Agências consulares poderão exercer suas atividades, de acordo com o parágrafo 1º do presente artigo, assim como os privilégios e imunidades de que poderão gozar os agentes consulares que as dirijam, serão estabelecidas por acordo entre o Estado que envia e o Estado receptor.

Artigo 70
Exercício de funções consulares pelas missões diplomáticas

1. As disposições da presente Convenção aplicar-se-ão também, na medida em que o contexto o permitir, ao exercício das funções consulares por missões diplomáticas.

2. Os nomes dos membros da missão diplomática, adidos à seção consular ou encarregados do exercício das funções consulares da missão, serão comunicados ao Ministério das Relações Exteriores do Estado receptor ou à autoridade designada por este Ministério.

3. No exercício das funções consulares, a missão diplomática poderá dirigir-se:

a) às autoridades locais da jurisdição consular;

b) às autoridades centrais do Estado receptor, desde que o permitam as leis, regulamentos e usos desse Estado ou os acordos internacionais pertinentes.

4. Os privilégios e imunidades dos membros da missão diplomática mencionados no parágrafo 2º do presente artigo continuarão a reger-se pelas regras de direito internacional relativas às relações diplomáticas.

Artigo 71
Nacionais ou residentes permanentes do Estado receptor

1. Salvo se o Estado receptor conceder outras facilidades, privilégios e imunidades, os funcionários consulares que sejam nacionais ou residentes permanentes desse Estado somente gozarão de imunidade de jurisdição e de inviolabilidade pessoal pelos atos oficiais realizados no exercício de suas funções e do privilégio estabelecido no parágrafo 3º do artigo 44. No que diz respeito a esses funcionários consulares, o Estado receptor deverá também cumprir a obrigação prevista no artigo 42. Se um processo penal for instaurado contra esses funcionários consulares, as diligências deverão ser conduzidas, exceto no caso em que o funcionário estiver prêso ou detido, de maneira a que se perturbe o menos possível o exercício das funções consulares.

2. Os demais membros da repartição consular que sejam nacionais ou residentes permanentes do Estado receptor e os membros de sua família, assim como os membros da família dos funcionários consulares mencionados no parágrafo 1º do presente artigo, só gozarão de facilidades, privilégios e imunidades que lhes forem concedidos pelo Estado receptor. Do mesmo modo, os membros da família de um membro da repartição consular e os membros do pessoal privado que sejam nacionais ou residentes permanentes do Estado receptor só gozarão das facilidades, privilégios e imunidades que lhes forem concedidos pelo Estado receptor. Todavia, o Estado receptor deverá exercer sua jurisdição sobre essas pessoas de maneira a não perturbar indevidamente o exercício das funções da repartição consular.

Artigo 72
Não discriminação entre Estados

1. O Estado receptor não discriminará entre os Estados ao aplicar as disposições da presente Convenção.

2. Todavia, não será considerado discriminatório:

a) que o Estado receptor aplique restritivamente qualquer das disposições da presente Convenção em consequência de igual tratamento às suas repartições consulares no Estado que envia;

b) que, por costume ou acordo, os Estados se concedam reciprocamente tratamento mais favorável que o estabelecido nas disposições da presente Convenção.

Artigo 73
Relação entre a presente Convenção e outros acordos internacionais

1. As disposições da presente Convenção não prejudicarão outros acordos internacionais em vigor entre as partes contratantes dos mesmos.

2. Nenhuma das disposições da presente Convenção impedirá que os Estados concluam acordos que confirmem, completem, estendam ou ampliem suas disposições.

CAPÍTULO V
DISPOSIÇÕES FINAIS

Artigo 74
Assinatura

A presente Convenção ficará aberta à assinatura de todos os Estados-Membros da Organização das Nações Unidas ou de qualquer organização especializada, bem como de todo Estado-Parte do Estatuto da Corte Internacional de Justiça e de qualquer outro Estado convidado pela Assembleia-Geral das Nações Unidas a se tornar parte da Convenção, da seguinte maneira: até 31 de outubro de 1963, no Ministério Federal dos Negócios Estrangeiros da Áustria e depois, até 31 de março de 1964, na Sede da Organização das Nações Unidas, em Nova York.

Artigo 75
Ratificação

A presente Convenção está sujeita a ratificação. Os instrumentos de ratificação serão depositados junto ao Secretário-Geral das Nações Unidas.

Artigo 76
Adesão

A presente Convenção ficará aberta à adesão dos Estados pertencentes a qualquer das quatro categorias mencionadas no artigo 74. Os instrumentos de adesão serão depositados junto ao Secretário-Geral das Nações Unidas.

Artigo 77
Entrada em vigor

1. A presente Convenção entrará em vigor no trigésimo dia que se seguir à data em que seja depositado junto ao Secretário-Geral da Organização das Nações Unidas o vigésimo segundo instrumento de ratificação ou adesão.

2. Para cada um dos Estados que ratificarem a Convenção ou a ela aderirem depois do depósito do vigésimo segundo instrumento de ratificação ou adesão, a Convenção entrará em vigor no trigésimo dia após o depósito, por esse Estado, do instrumento de ratificação ou adesão.

Artigo 78
Notificação pelo Secretário-Geral

O Secretário-Geral da Organização das Nações Unidas notificará a todos os Estados pertencentes a qualquer das quatro categorias mencionadas no artigo 74:

a) as assinaturas apostas à presente Convenção e o depósito dos instrumentos de ratificação ou adesão nos termos dos artigos 74, 75 e 76;

b) a data em que a presente Convenção entrar em vigor nos termos do artigo 77.

Artigo 79
Textos autênticos

O original da presente Convenção, cujos textos em chinês, espanhol, francês, inglês e russo serão igualmente autênticos, será depositado junto ao Secretário-Geral da Organização das Nações Unidas, que enviará cópias autenticadas a todos os Estados pertencentes a qualquer das quatro categorias mencionadas no artigo 74.

Em fé do que, os plenipotenciários abaixo assinados, devidamente autorizados por seus respectivos Governos, assinaram a presente Convenção.

Feito em Viena, aos vinte e quatro de abril de mil novecentos e sessenta e três.

CONVENÇÃO DE VIENA SOBRE O DIREITO DOS TRATADOS

▶ Concluída em Viena, em 23-5-1969. No Brasil, foi aprovada pelo Dec. nº 7.030, de 14-12-2009, ressalvados os arts. 25 e 66.

Os Estados-Partes na presente Convenção,

Considerando o papel fundamental dos tratados na história das relações internacionais;

Reconhecendo a importância cada vez maior dos tratados como fonte do Direito Internacional e como meio de desenvolver a cooperação pacífica entre as nações, quaisquer que sejam seus sistemas constitucionais e sociais;

Constatando que os princípios do livre consentimento e da boa-fé e a regra *pacta sunt servanda* são universalmente reconhecidos;

Afirmando que as controvérsias relativas aos tratados, tais como outras controvérsias internacionais, devem ser solucionadas por meios pacíficos e de conformidade com os princípios da Justiça e do Direito Internacional;

Recordando a determinação dos povos das Nações Unidas de criar condições necessárias à manutenção da Justiça e do respeito às obrigações decorrentes dos tratados;

Conscientes dos princípios de Direito Internacional incorporados na Carta das Nações Unidas, tais como os princípios da igualdade de direitos e da autodeterminação dos povos, da igualdade soberana e da independência de todos os Estados, da não intervenção nos assuntos internos dos Estados, da proibição da ameaça ou do emprego da força e do respeito universal e observância dos direitos humanos e das liberdades fundamentais para todos;

Acreditando que a codificação e o desenvolvimento progressivo do direito dos tratados alcançados na presente Convenção promoverão os propósitos das Nações Unidas enunciados na Carta, que são a manutenção da paz e da segurança internacionais, o desenvolvimento das relações amistosas e a consecução da cooperação entre as nações;

Afirmando que as regras do Direito Internacional consuetudinário continuarão a reger as questões não reguladas pelas disposições da presente Convenção;

Convieram no seguinte:

PARTE I – INTRODUÇÃO

Artigo 1
Âmbito da Presente Convenção

A presente Convenção aplica-se aos tratados entre Estados.

Artigo 2
Expressões empregadas

1. Para os fins da presente Convenção:

a) "tratado" significa um acordo internacional concluído por escrito entre Estados e regido pelo Direito Internacional, quer conste de um instrumento único, quer de dois ou mais instrumentos conexos, qualquer que seja sua denominação específica;

b) "ratificação", "aceitação", "aprovação" e "adesão" significam, conforme o caso, o ato internacional assim denominado pelo qual um Estado estabelece no plano internacional o seu consentimento em obrigar-se por um tratado;

c) "plenos poderes" significam um documento expedido pela autoridade competente de um Estado e pelo qual são designadas uma ou várias pessoas para representar o Estado na negociação, adoção ou autenticação do texto de um tratado, para manifestar o consentimento do Estado em obrigar-se por um tratado ou para praticar qualquer outro ato relativo a um tratado;

d) "reserva" significa uma declaração unilateral, qualquer que seja a sua redação ou denominação, feita por um Estado ao assinar, ratificar, aceitar ou aprovar um tratado, ou a ele aderir, com o objetivo de excluir ou modificar o efeito jurídico de certas disposições do tratado em sua aplicação a esse Estado;

e) "Estado negociador" significa um Estado que participou na elaboração e na adoção do texto do tratado;

f) "Estado contratante" significa um Estado que consentiu em se obrigar pelo tratado, tenha ou não o tratado entrado em vigor;

g) "parte" significa um Estado que consentiu em se obrigar pelo tratado e em relação ao qual este esteja em vigor;

h) "terceiro Estado" significa um Estado que não é parte no tratado;

i) "organização internacional" significa uma organização intergovernamental.

2. As disposições do parágrafo 1 relativas às expressões empregadas na presente Convenção não prejudicam o emprego dessas expressões, nem os significados que lhes possam ser dados na legislação interna de qualquer Estado.

Artigo 3
Acordos Internacionais Excluídos do Âmbito da Presente Convenção

O fato de a presente Convenção não se aplicar a acordos internacionais concluídos entre Estados e outros sujeitos de Direito Internacional, ou entre estes outros sujeitos de Direito Internacional, ou a acordos internacionais que não sejam concluídos por escrito, não prejudicará:

a) a eficácia jurídica desses acordos;

b) a aplicação a esses acordos de quaisquer regras enunciadas na presente Convenção às quais estariam sujeitos em virtude do Direito Internacional, independentemente da Convenção;

c) a aplicação da Convenção às relações entre Estados, reguladas em acordos internacionais em que sejam igualmente partes outros sujeitos de Direito Internacional.

Artigo 4
Irretroatividade da Presente Convenção

Sem prejuízo da aplicação de quaisquer regras enunciadas na presente Convenção a que os tratados estariam sujeitos em virtude do Direito Internacional, independentemente da Convenção, esta somente se aplicará aos tratados concluídos por Estados após sua entrada em vigor em relação a esses Estados.

Artigo 5
Tratados Constitutivos de Organizações Internacionais e Tratados Adotados no Âmbito de uma Organização Internacional

A presente Convenção aplica-se a todo tratado que seja o instrumento constitutivo de uma organização internacional e a todo tratado adotado no âmbito de uma organização internacional, sem prejuízo de quaisquer normas relevantes da organização.

PARTE II – CONCLUSÃO E ENTRADA EM VIGOR DE TRATADOS

Seção 1

CONCLUSÃO DE TRATADOS

Artigo 6
Capacidade dos Estados para Concluir Tratados

Todo Estado tem capacidade para concluir tratados.

Artigo 7
Plenos Poderes

1. Uma pessoa é considerada representante de um Estado para a adoção ou autenticação do texto de um tratado ou para expressar o consentimento do Estado em obrigar-se por um tratado se:

a) apresentar plenos poderes apropriados; ou

b) a prática dos Estados interessados ou outras circunstâncias indicarem que a intenção do Estado era considerar essa pessoa seu representante para esses fins e dispensar os plenos poderes.

2. Em virtude de suas funções e independentemente da apresentação de plenos poderes, são considerados representantes do seu Estado:

a) os Chefes de Estado, os Chefes de Governo e os Ministros das Relações Exteriores, para a realização de todos os atos relativos à conclusão de um tratado;

b) os Chefes de missão diplomática, para a adoção do texto de um tratado entre o Estado acreditante e o Estado junto ao qual estão acreditados;

c) os representantes acreditados pelos Estados perante uma conferência ou organização internacional ou um de seus órgãos, para a adoção do texto de um tratado em tal conferência, organização ou órgão.

Artigo 8
Confirmação Posterior de um Ato Praticado sem Autorização

Um ato relativo à conclusão de um tratado praticado por uma pessoa que, nos termos do artigo 7, não pode ser considerada representante de um Estado para esse fim não produz efeitos jurídicos, a não ser que seja confirmado, posteriormente, por esse Estado.

Artigo 9
Adoção do Texto

1. A adoção do texto do tratado efetua-se pelo consentimento de todos os Estados que participam da sua elaboração, exceto quando se aplica o disposto no parágrafo 2.

2. A adoção do texto de um tratado numa conferência internacional efetua-se pela maioria de dois terços dos Estados presentes e votantes, salvo se esses Estados, pela mesma maioria, decidirem aplicar uma regra diversa.

Artigo 10
Autenticação do Texto

O texto de um tratado é considerado autêntico e definitivo:

a) mediante o processo previsto no texto ou acordado pelos Estados que participam da sua elaboração; ou

b) na ausência de tal processo, pela assinatura, assinatura *ad referendum* ou rubrica, pelos representantes desses Estados, do texto do tratado ou da Ata Final da Conferência que incorporar o referido texto.

Artigo 11
Meios de Manifestar Consentimento em Obrigar-se por um Tratado

O consentimento de um Estado em obrigar-se por um tratado pode manifestar-se pela assinatura, troca dos instrumentos constitutivos do tratado, ratificação, aceitação, aprovação ou adesão, ou por quaisquer outros meios, se assim acordado.

Artigo 12
Consentimento em Obrigar-se por um Tratado Manifestado pela Assinatura

1. O consentimento de um Estado em obrigar-se por um tratado manifesta-se pela assinatura do representante desse Estado:

a) quando o tratado dispõe que a assinatura terá esse efeito;

b) quando se estabeleça, de outra forma, que os Estados negociadores acordaram em dar à assinatura esse efeito; ou

c) quando a intenção do Estado interessado em dar esse efeito à assinatura decorra dos plenos poderes de seu representante ou tenha sido manifestada durante a negociação.

2. Para os efeitos do parágrafo 1:

a) a rubrica de um texto tem o valor de assinatura do tratado, quando ficar estabelecido que os Estados negociadores nisso concordaram;

b) a assinatura *ad referendum* de um tratado pelo representante de um Estado, quando confirmada por esse Estado, vale como assinatura definitiva do tratado.

Artigo 13
Consentimento em Obrigar-se por um Tratado Manifestado pela Troca dos seus Instrumentos Constitutivos

1. Consentimento dos Estados em se obrigarem por um tratado, constituído por instrumentos trocados entre eles, manifesta-se por essa troca:

a) quando os instrumentos estabeleçam que a troca produzirá esse efeito; ou

b) quando fique estabelecido, por outra forma, que esses Estados acordaram em que a troca dos instrumentos produziria esse efeito.

Artigo 14
Consentimento em Obrigar-se por um Tratado Manifestado pela Ratificação, Aceitação ou Aprovação

1. O consentimento de um Estado em obrigar-se por um tratado manifesta-se pela ratificação:

a) quando o tratado disponha que esse consentimento se manifeste pela ratificação;

b) quando, por outra forma, se estabeleça que os Estados negociadores acordaram em que a ratificação seja exigida;

c) quando o representante do Estado tenha assinado o tratado sujeito a ratificação; ou

d) quando a intenção do Estado de assinar o tratado sob reserva de ratificação decorra dos plenos poderes de seu representante ou tenha sido manifestada durante a negociação.

2. O consentimento de um Estado em obrigar-se por um tratado manifesta-se pela aceitação ou aprovação em condições análogas às aplicáveis à ratificação.

Artigo 15
Consentimento em Obrigar-se por Um Tratado Manifestado pela Adesão

O consentimento de um Estado em obrigar-se por um tratado manifesta-se pela adesão:

a) quando esse tratado disponha que tal consentimento pode ser manifestado, por esse Estado, pela adesão;

b) quando, por outra forma, se estabeleça que os Estados negociadores acordaram em que tal consentimento pode ser manifestado, por esse Estado, pela adesão; ou

c) quando todas as partes acordaram posteriormente em que tal consentimento pode ser manifestado, por esse Estado, pela adesão.

Artigo 16
Troca ou Depósito dos Instrumentos de Ratificação, Aceitação, Aprovação ou Adesão

A não ser que o tratado disponha diversamente, os instrumentos de ratificação, aceitação, aprovação ou adesão estabelecem o consentimento de um Estado em obrigar-se por um tratado por ocasião:

a) da sua troca entre os Estados contratantes;

b) do seu depósito junto ao depositário; ou

c) da sua notificação aos Estados contratantes ou ao depositário, se assim for convencionado.

Artigo 17
Consentimento em Obrigar-se por Parte de um Tratado e Escolha entre Disposições Diferentes

1. Sem prejuízo do disposto nos artigos 19 a 23, o consentimento de um Estado em obrigar-se por parte de um tratado só produz efeito se o tratado o permitir ou se outros Estados contratantes nisso acordarem.

2. O consentimento de um Estado em obrigar-se por um tratado que permite a escolha entre disposições diferentes só produz efeito se as disposições a que se refere o consentimento forem claramente indicadas.

Artigo 18
Obrigação de Não Frustrar o Objeto e Finalidade de um Tratado antes de sua Entrada em Vigor

Um Estado é obrigado a abster-se da prática de atos que frustrariam o objeto e a finalidade de um tratado, quando:

a) tiver assinado ou trocado instrumentos constitutivos do tratado, sob reserva de ratificação, aceitação ou aprovação, enquanto não tiver manifestado sua intenção de não se tornar parte no tratado; ou

b) tiver expressado seu consentimento em obrigar-se pelo tratado, no período que precede a entrada em vigor do tratado, e com a condição de esta não ser indevidamente retardada.

Seção 2

RESERVAS

Artigo 19
Formulação de Reservas

Um Estado pode, ao assinar, ratificar, aceitar ou aprovar um tratado, ou a ele aderir, formular uma reserva, a não ser que:

a) a reserva seja proibida pelo tratado;

b) o tratado disponha que só possam ser formuladas determinadas reservas, entre as quais não figure a reserva em questão; ou

c) nos casos não previstos nas alíneas *a* e *b*, a reserva seja incompatível com o objeto e a finalidade do tratado.

Artigo 20
Aceitação de Reservas e Objeções às Reservas

1. Uma reserva expressamente autorizada por um tratado não requer qualquer aceitação posterior pelos outros Estados contratantes, a não ser que o tratado assim disponha.

2. Quando se infere do número limitado dos Estados negociadores, assim como do objeto e da finalidade do tratado, que a aplicação do tratado na íntegra entre todas as partes, é condição essencial para o consentimento de cada uma delas em obrigar-se pelo tratado, uma reserva requer a aceitação de todas as partes.

3. Quando o tratado é um ato constitutivo de uma organização internacional, a reserva exige a aceitação do órgão competente da organização, a não ser que o tratado disponha diversamente.

4. Nos casos não previstos nos parágrafos precedentes e a menos que o tratado disponha de outra forma:

a) a aceitação de uma reserva por outro Estado contratante torna o Estado autor da reserva parte no tratado em relação àquele outro Estado, se o tratado está em vigor ou quando entrar em vigor para esses Estados;

b) a objeção feita a uma reserva por outro Estado contratante não impede que o tratado entre em vigor entre o Estado que formulou a objeção e o Estado autor da reserva, a não ser que uma intenção contrária tenha sido expressamente manifestada pelo Estado que formulou a objeção;

c) um ato que manifestar o consentimento de um Estado em obrigar-se por um tratado e que contiver uma reserva produzirá efeito logo que pelo menos outro Estado contratante aceitar a reserva.

5. Para os fins dos parágrafos 2 e 4, e a não ser que o tratado disponha diversamente, uma reserva é tida como aceita por um Estado se este não formulou objeção à reserva quer no decurso do prazo de doze meses que se seguir à data em que recebeu a notificação, quer na data em que manifestou o seu consentimento em obrigar-se pelo tratado, se esta for posterior.

Artigo 21
Efeitos Jurídicos das Reservas e das Objeções às Reservas

1. Uma reserva estabelecida em relação a outra parte, de conformidade com os artigos 19, 20 e 23:

a) modifica para o autor da reserva, em suas relações com a outra parte, as disposições do tratado sobre as quais incide a reserva, na medida prevista por esta; e

b) modifica essas disposições, na mesma medida, quanto a essa outra parte, em suas relações com o Estado autor da reserva.

2. A reserva não modifica as disposições do tratado quanto às demais partes no tratado em suas relações *inter se*.

3. Quando um Estado que formulou objeção a uma reserva não se opôs à entrada em vigor do tratado entre ele próprio e o Estado autor da reserva, as disposições a que se refere a reserva não se aplicam entre os dois Estados, na medida prevista pela reserva.

Artigo 22
Retirada de Reservas e de Objeções às Reservas

1. A não ser que o tratado disponha de outra forma, uma reserva pode ser retirada a qualquer momento, sem que o consentimento do Estado que a aceitou seja necessário para sua retirada.

2. A não ser que o tratado disponha de outra forma, uma objeção a uma reserva pode ser retirada a qualquer momento.

3. A não ser que o tratado disponha ou fique acordado de outra forma:

a) a retirada de uma reserva só produzirá efeito em relação a outro Estado contratante quando este Estado receber a correspondente notificação;

b) a retirada de uma objeção a uma reserva só produzirá efeito quando o Estado que formulou a reserva receber notificação dessa retirada.

Artigo 23
Processo Relativo às Reservas

1. A reserva, a aceitação expressa de uma reserva e a objeção a uma reserva devem ser formuladas por escrito e comunicadas aos Estados contratantes e aos outros Estados que tenham o direito de se tornar partes no tratado.

2. Uma reserva formulada quando da assinatura do tratado sob reserva de ratificação, aceitação ou aprovação, deve ser formalmente confirmada pelo Estado que a formulou no momento em que manifestar o seu consentimento em obrigar-se pelo tratado. Nesse caso, a reserva considerar-se-á feita na data de sua confirmação.

3. Uma aceitação expressa de uma reserva, ou objeção a uma reserva, feita antes da confirmação da reserva não requer confirmação.

4. A retirada de uma reserva ou de uma objeção a uma reserva deve ser formulada por escrito.

Seção 3

ENTRADA EM VIGOR DOS TRATADOS E APLICAÇÃO PROVISÓRIA

Artigo 24
Entrada em vigor

1. Um tratado entra em vigor na forma e na data previstas no tratado ou acordadas pelos Estados negociadores.

2. Na ausência de tal disposição ou acordo, um tratado entra em vigor tão logo o consentimento em obrigar-se pelo tratado seja manifestado por todos os Estados negociadores.

3. Quando o consentimento de um Estado em obrigar-se por um tratado for manifestado após sua entrada em vigor, o tratado entrará em vigor em relação a esse Estado nessa data, a não ser que o tratado disponha de outra forma.

4. Aplicam-se desde o momento da adoção do texto de um tratado as disposições relativas à autenticação de seu texto, à manifestação do consentimento dos Estados em obrigarem-se pelo tratado, à maneira ou à data de sua entrada em vigor, às reservas, às funções de depositário e aos outros assuntos que surjam necessariamente antes da entrada em vigor do tratado.

Artigo 25
Aplicação Provisória

1. Um tratado ou uma parte do tratado aplica-se provisoriamente enquanto não entra em vigor, se:

a) o próprio tratado assim dispuser; ou

b) os Estados negociadores assim acordarem por outra forma.

2. A não ser que o tratado disponha ou os Estados negociadores acordem de outra forma, a aplicação provisória de um tratado ou parte de um tratado, em relação a um Estado, termina se esse Estado notificar aos outros Estados, entre os quais o tratado é aplicado provisoriamente, sua intenção de não se tornar parte no tratado.

PARTE III – OBSERVÂNCIA, APLICAÇÃO E INTERPRETAÇÃO DE TRATADOS

Seção 1

OBSERVÂNCIA DE TRATADOS

Artigo 26
Pacta sunt servanda

Todo tratado em vigor obriga as partes e deve ser cumprido por elas de boa-fé.

Artigo 27
Direito Interno e Observância de Tratados

Uma parte não pode invocar as disposições de seu direito interno para justificar o inadimplemento de um tratado. Esta regra não prejudica o artigo 46.

Seção 2

APLICAÇÃO DE TRATADOS

Artigo 28
Irretroatividade de Tratados

A não ser que uma intenção diferente se evidencie do tratado, ou seja estabelecida de outra forma, suas disposições não obrigam uma parte em relação a um ato ou fato anterior ou a uma situação que deixou de existir antes da entrada em vigor do tratado, em relação a essa parte.

Artigo 29
Aplicação Territorial de Tratados

A não ser que uma intenção diferente se evidencie do tratado, ou seja, estabelecida de outra forma, um tratado obriga cada uma das partes em relação a todo o seu território.

Artigo 30
Aplicação de Tratados Sucessivos sobre o Mesmo Assunto

1. Sem prejuízo das disposições do artigo 103 da Carta das Nações Unidas, os direitos e obrigações dos Estados-Partes em tratados sucessivos sobre o mesmo assunto serão determinados de conformidade com os parágrafos seguintes.

2. Quando um tratado estipular que está subordinado a um tratado anterior ou posterior ou que não deve ser considerado incompatível com esse outro tratado, as disposições deste último prevalecerão.

3. Quando todas as partes no tratado anterior são igualmente partes no tratado posterior, sem que o tratado anterior tenha cessado de vigorar ou sem que a sua aplicação tenha sido suspensa nos termos do artigo 59, o tratado anterior só se aplica na medida em que as suas disposições sejam compatíveis com as do tratado posterior.

4. Quando as partes no tratado posterior não incluem todas as partes no tratado anterior:

a) nas relações entre os Estados-Partes nos dois tratados, aplica-se o disposto no parágrafo 3;

b) nas relações entre um Estado-Parte nos dois tratados e um Estado-Parte apenas em um desses tratados, o tratado em que os dois Estados são partes rege os seus direitos e obrigações recíprocos.

5. O parágrafo 4 aplica-se sem prejuízo do artigo 41, ou de qualquer questão relativa à extinção ou suspensão da execução de um tratado nos termos do artigo 60 ou de qualquer questão de responsabilidade que possa surgir para um Estado da conclusão ou da aplicação de um tratado cujas disposições sejam incompatíveis com suas obrigações em relação a outro Estado nos termos de outro tratado.

Seção 3

INTERPRETAÇÃO DE TRATADOS

Artigo 31
Regra Geral de Interpretação

1. Um tratado deve ser interpretado de boa-fé e segundo o sentido comum atribuível aos termos do tratado em seu contexto e à luz de seu objetivo e finalidade.

2. Para os fins de interpretação de um tratado, o contexto compreenderá, além do texto, seu preâmbulo e anexos:

a) qualquer acordo relativo ao tratado e feito entre todas as partes em conexão com a conclusão do tratado;

b) qualquer instrumento estabelecido por uma ou várias partes em conexão com a conclusão do tratado e aceito pelas outras partes como instrumento relativo ao tratado.

3. Serão levados em consideração, juntamente com o contexto:

a) qualquer acordo posterior entre as partes relativo à interpretação do tratado ou à aplicação de suas disposições;

b) qualquer prática seguida posteriormente na aplicação do tratado, pela qual se estabeleça o acordo das partes relativo à sua interpretação;

c) quaisquer regras pertinentes de Direito Internacional aplicáveis às relações entre as partes.

4. Um termo será entendido em sentido especial se estabelecido que essa era a intenção das partes.

Artigo 32
Meios Suplementares de Interpretação

Pode-se recorrer a meios suplementares de interpretação, inclusive aos trabalhos preparatórios do tratado e às circunstâncias de sua conclusão, a fim de confirmar o sentido resultante da aplicação do artigo 31 ou de determinar o sentido quando a interpretação, de conformidade com o artigo 31:

a) deixa o sentido ambíguo ou obscuro; ou
b) conduz a um resultado que é manifestamente absurdo ou desarrazoado.

Artigo 33
Interpretação de Tratados Autenticados em Duas ou Mais Línguas

1. Quando um tratado foi autenticado em duas ou mais línguas, seu texto faz igualmente fé em cada uma delas, a não ser que o tratado disponha ou as partes concordem que, em caso de divergência, prevaleça um texto determinado.

2. Uma versão do tratado em língua diversa daquelas em que o texto foi autenticado só será considerada texto autêntico se o tratado o previr ou as partes nisso concordarem.

3. Presume-se que os termos do tratado têm o mesmo sentido nos diversos textos autênticos.

4. Salvo o caso em que um determinado texto prevalece nos termos do parágrafo 1, quando a comparação dos textos autênticos revela uma diferença de sentido que a aplicação dos artigos 31 e 32 não elimina, adotar-se-á o sentido que, tendo em conta o objeto e a finalidade do tratado, melhor conciliar os textos.

Seção 4

TRATADOS E TERCEIROS ESTADOS

Artigo 34
Regra Geral com Relação a Terceiros Estados

Um tratado não cria obrigações nem direitos para um terceiro Estado sem o seu consentimento.

Artigo 35
Tratados que Criam Obrigações para Terceiros Estados

Uma obrigação nasce para um terceiro Estado de uma disposição de um tratado se as partes no tratado tiverem a intenção de criar a obrigação por meio dessa disposição e o terceiro Estado aceitar expressamente, por escrito, essa obrigação.

Artigo 36
Tratados que Criam Direitos para Terceiros Estados

1. Um direito nasce para um terceiro Estado de uma disposição de um tratado se as partes no tratado tiverem a intenção de conferir, por meio dessa disposição, esse direito quer a um terceiro Estado, quer a um grupo de Estados a que pertença, quer a todos os Estados, e o terceiro Estado nisso consentir. Presume-se o seu consentimento até indicação em contrário, a menos que o tratado disponha diversamente.

2. Um Estado que exerce um direito nos termos do parágrafo 1 deve respeitar, para o exercício desse direito, as condições previstas no tratado ou estabelecidas de acordo com o tratado.

Artigo 37
Revogação ou Modificação de Obrigações ou Direitos de Terceiros Estados

1. Qualquer obrigação que tiver nascido para um terceiro Estado nos termos do artigo 35 só poderá ser revogada ou modificada com o consentimento das partes no tratado e do terceiro Estado, salvo se ficar estabelecido que elas haviam acordado diversamente.

2. Qualquer direito que tiver nascido para um terceiro Estado nos termos do artigo 36 não poderá ser revogado ou modificado pelas partes, se ficar estabelecido ter havido a intenção de que o direito não fosse revogável ou sujeito a modificação sem o consentimento do terceiro Estado.

Artigo 38
Regras de um Tratado Tornadas Obrigatórias para Terceiros Estados por Força do Costume Internacional

Nada nos artigos 34 a 37 impede que uma regra prevista em um tratado se torne obrigatória para terceiros Estados como regra consuetudinária de Direito Internacional, reconhecida como tal.

PARTE IV – EMENDA E MODIFICAÇÃO DE TRATADOS

Artigo 39
Regra Geral Relativa à Emenda de Tratados

Um tratado poderá ser emendado por acordo entre as partes. As regras estabelecidas na parte II aplicar-se-ão a tal acordo, salvo na medida em que o tratado dispuser diversamente.

Artigo 40
Emenda de Tratados Multilaterais

1. A não ser que o tratado disponha diversamente, a emenda de tratados multilaterais reger-se-á pelos parágrafos seguintes.

2. Qualquer proposta para emendar um tratado multilateral entre todas as partes deverá ser notificada a todos os Estados contratantes, cada um dos quais terá o direito de participar:

a) na decisão quanto à ação a ser tomada sobre essa proposta;
b) na negociação e conclusão de qualquer acordo para a emenda do tratado.

3. Todo Estado que possa ser parte no tratado poderá igualmente ser parte no tratado emendado.

4. O acordo de emenda não vincula os Estados que já são partes no tratado e que não se tornaram partes no acordo de emenda; em relação a esses Estados, aplicar-se-á o artigo 30, parágrafo 4 (b).

5. Qualquer Estado que se torne parte no tratado após a entrada em vigor do acordo de emenda será considerado, a menos que manifeste intenção diferente:

a) parte no tratado emendado; e
b) parte no tratado não emendado em relação às partes no tratado não vinculadas pelo acordo de emenda.

Artigo 41
Acordos para Modificar Tratados Multilaterais somente entre Algumas Partes

1. Duas ou mais partes num tratado multilateral podem concluir um acordo para modificar o tratado, somente entre si, desde que:

a) a possibilidade de tal modificação seja prevista no tratado; ou
b) a modificação em questão não seja proibida pelo tratado; e
   i) não prejudique o gozo pelas outras partes dos direitos provenientes do tratado nem o cumprimento de suas obrigações;
   ii) não diga respeito a uma disposição cuja derrogação seja incompatível com a execução efetiva do objeto e da finalidade do tratado em seu conjunto.

2. A não ser que, no caso previsto na alínea a do parágrafo 1, o tratado disponha de outra forma, as partes em questão notificarão as outras partes sua intenção de concluir o acordo e as modificações que este introduz no tratado.

PARTE V – NULIDADE, EXTINÇÃO E SUSPENSÃO DA EXECUÇÃO DE TRATADOS

Seção 1

DISPOSIÇÕES GERAIS

Artigo 42
Validade e Vigência de Tratados

1. A validade de um tratado ou do consentimento de um Estado em obrigar-se por um tratado só pode ser contestada mediante a aplicação da presente Convenção.

2. A extinção de um tratado, sua denúncia ou a retirada de uma das partes só poderá ocorrer em virtude da aplicação das disposições do tratado ou da presente Convenção. A mesma regra aplica-se à suspensão da execução de um tratado.

Artigo 43
Obrigações Impostas pelo Direito Internacional, Independentemente de um Tratado

A nulidade de um tratado, sua extinção ou denúncia, a retirada de uma das partes ou a suspensão da execução de um tratado em consequência da aplicação da presente Convenção ou das disposições do tratado não prejudicarão, de nenhum modo, o dever de um Estado de cumprir qualquer obrigação enunciada no tratado à qual estaria ele sujeito em virtude do Direito Internacional, independentemente do tratado.

Artigo 44
Divisibilidade das Disposições de um Tratado

1. O direito de uma parte, previsto num tratado ou decorrente do artigo 56, de denunciar, retirar-se ou suspender a execução do tratado, só pode ser exercido em relação à totalidade do tratado, a menos que este disponha ou as partes acordem diversamente.

2. Uma causa de nulidade, de extinção, de retirada de uma das partes ou de suspensão de execução de um tratado, reconhecida na presente Convenção, só pode ser alegada em relação à totalidade do tratado, salvo nas condições previstas nos parágrafos seguintes ou no artigo 60.

3. Se a causa diz respeito apenas a determinadas cláusulas, só pode ser alegada em relação a essas cláusulas e desde que:

a) essas cláusulas sejam separáveis do resto do tratado no que concerne a sua aplicação;
b) resulte do tratado ou fique estabelecido de outra forma que a aceitação dessas cláu-

sulas não constituía para a outra parte, ou para as outras partes no tratado, uma base essencial do seu consentimento em obrigar-se pelo tratado em seu conjunto; e

c) não seja injusto continuar a executar o resto do tratado.

4. Nos casos previstos nos artigos 49 e 50, o Estado que tem o direito de alegar o dolo ou a corrupção pode fazê-lo em relação à totalidade do tratado ou, nos termos do parágrafo 3, somente às determinadas cláusulas.

5. Nos casos previstos nos artigos 51, 52 e 53 a divisão das disposições de um tratado não é permitida.

Artigo 45
Perda do Direito de Invocar Causa de Nulidade, Extinção, Retirada ou Suspensão da Execução de um Tratado

Um Estado não pode mais invocar uma causa de nulidade, de extinção, de retirada ou de suspensão da execução de um tratado, com base nos artigos 46 a 50 ou nos artigos 60 e 62, se, depois de haver tomado conhecimento dos fatos, esse Estado:

a) tiver aceito, expressamente, que o tratado válido permanece em vigor ou continua em execução conforme o caso, ou

b) em virtude de sua conduta, deva ser considerado como tendo concordado em que o tratado é válido, permanece em vigor ou continua em execução, conforme o caso.

Seção 2
NULIDADE DE TRATADOS

Artigo 46
Disposições do Direito Interno sobre Competência para Concluir Tratados

1. Um Estado não pode invocar o fato de que seu consentimento em obrigar-se por um tratado foi expresso em violação de uma disposição de seu direito interno sobre competência para concluir tratados, a não ser que essa violação fosse manifesta e dissesse respeito a uma norma de seu direito interno de importância fundamental.

2. Uma violação é manifesta se for objetivamente evidente para qualquer Estado que proceda, na matéria, de conformidade com a prática normal e de boa-fé.

Artigo 47
Restrições Específicas ao Poder de Manifestar o Consentimento de um Estado

Se o poder conferido a um representante de manifestar o consentimento de um Estado em obrigar-se por um determinado tratado tiver sido objeto de restrição específica, o fato de o representante não respeitar a restrição não pode ser invocado como invalidando o consentimento expresso, a não ser que a restrição tenha sido notificada aos outros Estados negociadores antes da manifestação do consentimento.

Artigo 48
Erro

1. Um Estado pode invocar erro no tratado como tendo invalidado o seu consentimento em obrigar-se pelo tratado se o erro se referir a um fato ou situação que esse Estado supunha existir no momento em que o tratado foi concluído e que constitua uma base essencial de seu consentimento em obrigar-se pelo tratado.

2. O parágrafo 1 não se aplica se o referido Estado contribui para tal erro pela sua conduta ou se as circunstâncias foram tais que o Estado devia ter se apercebido da possibilidade de erro.

3. Um erro relativo somente à redação do texto de um tratado não prejudicará sua validade; neste caso, aplicar-se-á o artigo 79.

Artigo 49
Dolo

Se um Estado foi levado a concluir um tratado pela conduta fraudulenta de outro Estado negociador, o Estado pode invocar a fraude como tendo invalidado o seu consentimento em obrigar-se pelo tratado.

Artigo 50
Corrupção de Representante de um Estado

Se a manifestação do consentimento de um Estado em obrigar-se por um tratado foi obtida por meio da corrupção de seu representante, pela ação direta ou indireta de outro Estado negociador, o Estado pode alegar tal corrupção como tendo invalidado o seu consentimento em obrigar-se pelo tratado.

Artigo 51
Coação de Representante de um Estado

Não produzirá qualquer efeito jurídico a manifestação do consentimento de um Estado em obrigar-se por um tratado que tenha sido obtida pela coação de seu representante, por meio de atos ou ameaças dirigidas contra ele.

Artigo 52
Coação de um Estado pela Ameaça ou Emprego da Força

É nulo um tratado cuja conclusão foi obtida pela ameaça ou o emprego da força em violação dos princípios de Direito Internacional incorporados na Carta das Nações Unidas.

Artigo 53
Tratado em Conflito com uma Norma Imperativa de Direito Internacional Geral (*jus cogens*)

É nulo um tratado que, no momento de sua conclusão, conflite com uma norma imperativa de Direito Internacional geral. Para os fins da presente Convenção, uma norma imperativa de Direito Internacional geral é uma norma aceita e reconhecida pela comunidade internacional dos Estados como um todo, como norma da qual nenhuma derrogação é permitida e que só pode ser modificada por norma ulterior de Direito Internacional geral da mesma natureza.

Seção 3
EXTINÇÃO E SUSPENSÃO DA EXECUÇÃO DE TRATADOS

Artigo 54
Extinção ou Retirada de um Tratado em Virtude de suas Disposições ou por consentimento das Partes

A extinção de um tratado ou a retirada de uma das partes pode ter lugar:

a) de conformidade com as disposições do tratado; ou

b) a qualquer momento, pelo consentimento de todas as partes, após consulta com os outros Estados contratantes.

Artigo 55
Redução das Partes num Tratado Multilateral aquém do Número Necessário para sua Entrada em Vigor

A não ser que o tratado disponha diversamente, um tratado multilateral não se extingue pelo simples fato de que o número de partes ficou aquém do número necessário para sua entrada em vigor.

Artigo 56
Denúncia, ou Retirada, de um Tratado que não Contém Disposições sobre Extinção, Denúncia ou Retirada

1. Um tratado que não contém disposição relativa à sua extinção, e que não prevê denúncia ou retirada, não é suscetível de denúncia ou retirada, a não ser que:

a) se estabeleça terem as partes tencionado admitir a possibilidade da denúncia ou retirada; ou

b) um direito de denúncia ou retirada possa ser deduzido da natureza do tratado.

2. Uma parte deverá notificar, com pelo menos doze meses de antecedência, a sua intenção de denunciar ou de se retirar de um tratado, nos termos do parágrafo 1.

Artigo 57
Suspensão da Execução de um Tratado em Virtude de suas Disposições ou pelo Consentimento das Partes

A execução de um tratado em relação a todas as partes ou a uma parte determinada pode ser suspensa:

a) de conformidade com as disposições do tratado; ou

b) a qualquer momento, pelo consentimento de todas as partes, após consulta com os outros Estados contratantes.

Artigo 58
Suspensão da Execução de Tratado Multilateral por Acordo apenas entre Algumas da Partes

1. Duas ou mais partes num tratado multilateral podem concluir um acordo para suspender temporariamente, e somente entre si, a execução das disposições de um tratado se:

a) a possibilidade de tal suspensão estiver prevista pelo tratado; ou

b) essa suspensão não for proibida pelo tratado e:

i) não prejudicar o gozo, pelas outras partes, dos seus direitos decorrentes do tratado nem o cumprimento de suas obrigações;

ii) não for incompatível com o objeto e a finalidade do tratado.

2. Salvo se, num caso previsto no parágrafo 1 (a), o tratado dispuser diversamente, as partes em questão notificarão às outras partes sua intenção de concluir o acordo e as disposições do tratado cuja execução pretendem suspender.

Artigo 59
Extinção ou Suspensão da Execução de um Tratado em Virtude da Conclusão de um Tratado Posterior

1. Considerar-se-á extinto um tratado se todas as suas partes concluírem um tratado posterior sobre o mesmo assunto e:

a) resultar do tratado posterior, ou ficar estabelecido por outra forma, que a intenção das partes foi regular o assunto por este tratado; ou *b)* as disposições do tratado posterior forem de tal modo incompatíveis com as do anterior, que os dois tratados não possam ser aplicados ao mesmo tempo.

2. Considera-se apenas suspensa a execução do tratado anterior se se depreender do tratado posterior, ou ficar estabelecido de outra forma, que essa era a intenção das partes.

Artigo 60
Extinção ou Suspensão da Execução de um Tratado em consequência de sua Violação

1. Uma violação substancial de um tratado bilateral por uma das partes autoriza a outra parte a invocar a violação como causa de extinção ou suspensão da execução de tratado, no todo ou em parte.

2. Uma violação substancial de um tratado multilateral por uma das partes autoriza:

a) as outras partes, por consentimento unânime, a suspenderem a execução do tratado, no todo ou em parte, ou a extinguirem o tratado, quer:

i) nas relações entre elas e o Estado faltoso;

ii) entre todas as partes;

b) uma parte especialmente prejudicada pela violação a invocá-la como causa para suspender a execução do tratado, no todo ou em parte, nas relações entre ela e o Estado faltoso;

c) qualquer parte que não seja o Estado faltoso a invocar a violação como causa para suspender a execução do tratado, no todo ou em parte, no que lhe diga respeito, se o tratado for de tal natureza que uma violação substancial de suas disposições por parte modifique radicalmente a situação de cada uma das partes quanto ao cumprimento posterior de suas obrigações decorrentes do tratado.

3. Uma violação substancial de um tratado, para os fins deste artigo, consiste:

a) numa rejeição do tratado não sancionada pela presente Convenção; ou

b) na violação de uma disposição essencial para a consecução do objeto ou da finalidade do tratado.

4. Os parágrafos anteriores não prejudicam qualquer disposição do tratado aplicável em caso de violação.

5. Os parágrafos 1 a 3 não se aplicam às disposições sobre a proteção da pessoa humana contidas em tratados de caráter humanitário, especialmente às disposições que proíbem qualquer forma de represália contra pessoas protegidas por tais tratados.

Artigo 61
Impossibilidade Superveniente de Cumprimento

1. Uma parte pode invocar a impossibilidade de cumprir um tratado como causa para extinguir o tratado ou dele retirar-se, se esta possibilidade resultar da destruição ou do desaparecimento definitivo de um objeto indispensável ao cumprimento do tratado. Se a impossibilidade for temporária, pode ser invocada somente como causa para suspender a execução do tratado.

2. A impossibilidade de cumprimento não pode ser invocada por uma das partes como causa para extinguir um tratado, dele retirar-se, ou suspender a execução do mesmo, se a impossibilidade resultar de uma violação, por essa parte, quer de uma obrigação decorrente do tratado, quer de qualquer outra obrigação internacional em relação a qualquer outra parte no tratado.

Artigo 62
Mudança Fundamental de Circunstâncias

1. Uma mudança fundamental de circunstâncias, ocorrida em relação às existentes no momento da conclusão de um tratado, e não prevista pelas partes, não pode ser invocada como causa para extinguir um tratado ou dele retirar-se, salvo se:

a) a existência dessas circunstâncias tiver constituído uma condição essencial do consentimento das partes em obrigarem-se pelo tratado; e

b) essa mudança tiver por efeito a modificação radical do alcance das obrigações ainda pendentes de cumprimento em virtude do tratado.

2. Uma mudança fundamental de circunstâncias não pode ser invocada pela parte como causa para extinguir um tratado ou dele retirar-se:

a) se o tratado estabelecer limites; ou

b) se a mudança fundamental resultar de violação, pela parte que a invoca, seja de uma obrigação decorrente do tratado, seja de qualquer outra obrigação internacional em relação a qualquer outra parte no tratado.

3. Se, nos termos dos parágrafos anteriores, uma parte pode invocar uma mudança fundamental de circunstâncias como causa para extinguir um tratado ou dele retirar-se, pode também invocá-la como causa para suspender a execução do tratado.

Artigo 63
Rompimento de Relações Diplomáticas e Consulares

O rompimento de relações diplomáticas ou consulares entre partes em um tratado não afetará as relações jurídicas estabelecidas entre elas pelo tratado, salvo na medida em que a existência de relações diplomáticas ou consulares for indispensável à aplicação do tratado.

Artigo 64
Superveniência de uma Nova Norma Imperativa de Direito Internacional Geral (*jus cogens*)

Se sobrevier uma nova norma imperativa de Direito Internacional geral, qualquer tratado existente que estiver em conflito com essa norma torna-se nulo e extingue-se.

Seção 4

PROCESSO

Artigo 65
Processo Relativo à Nulidade, Extinção, Retirada ou Suspensão da Execução de um Tratado

1. Uma parte que, nos termos da presente Convenção, invocar quer um vício no seu consentimento em obrigar-se por um tratado, quer uma causa para impugnar a validade de um tratado, extingui-lo, dele retirar-se ou suspender sua aplicação, deve notificar sua pretensão às outras partes. A notificação indicará a medida que se propõe tomar em relação ao tratado e as razões para isso.

2. Salvo em caso de extrema urgência, decorrido o prazo de pelo menos três meses contados do recebimento da notificação, se nenhuma parte tiver formulado objeções, a parte que fez a notificação pode tomar, na forma prevista pelo artigo 67, a medida que propôs.

3. Se, porém, qualquer outra parte tiver formulado uma objeção, as partes deverão procurar uma solução pelos meios previstos no artigo 33 da Carta das Nações Unidas.

4. Nada nos parágrafos anteriores afetará os direitos ou obrigações das partes decorrentes de quaisquer disposições em vigor que obriguem as partes com relação à solução de controvérsias.

5. Sem prejuízo do artigo 45, o fato de um Estado não ter feito a notificação prevista no parágrafo 1 não o impede de fazer tal notificação em resposta a outra parte que exija o cumprimento do tratado ou alegue a sua violação.

Artigo 66
Processo de Solução Judicial, de Arbitragem e de Conciliação

Se, nos termos do parágrafo 3 do artigo 65, nenhuma solução foi alcançada, nos doze meses seguintes à data na qual a objeção foi formulada, o seguinte processo será adotado:

a) qualquer parte na controvérsia sobre a aplicação ou a interpretação dos artigos 53 ou 64 poderá, mediante escrito, submetê-la à decisão da Corte Internacional de Justiça, salvo se as partes decidirem, de comum acordo, submeter a controvérsia a arbitragem;

b) qualquer parte na controvérsia sobre a aplicação ou a interpretação de qualquer um dos outros artigos da Parte V da presente Convenção poderá iniciar o processo previsto no Anexo à Convenção, mediante pedido nesse sentido ao Secretário-Geral das Nações Unidas.

Artigo 67
Instrumentos Declaratórios da Nulidade, da Extinção, da Retirada ou Suspensão da Execução de um Tratado

1. A notificação prevista no parágrafo 1 do artigo 65 deve ser feita por escrito.

2. Qualquer ato que declare a nulidade, a extinção, a retirada ou a suspensão da execução de um tratado, nos termos das disposições do tratado ou dos parágrafos 2 e 3 do artigo 65, será levado a efeito através de um instrumento comunicado às outras partes. Se o instrumento não for assinado pelo Chefe de Estado, Chefe de Governo ou Ministro das Relações Exteriores, o representante do Estado que faz a comunicação poderá ser convidado a exibir plenos poderes.

Artigo 68
Revogação de Notificações e Instrumentos Previstos nos Artigos 65 e 67

Uma notificação ou um instrumento previstos nos artigos 65 ou 67 podem ser revogados a qualquer momento antes que produzam efeitos.

Seção 5

CONSEQUÊNCIAS DA NULIDADE, DA EXTINÇÃO E DA SUSPENSÃO DA EXECUÇÃO DE UM TRATADO

Artigo 69
Consequências da Nulidade de um Tratado

1. É nulo um tratado cuja nulidade resulta das disposições da presente Convenção. As dis-

posições de um tratado nulo não têm eficácia jurídica.

2. Se, todavia, tiverem sido praticados atos em virtude desse tratado:

a) cada parte pode exigir de qualquer outra parte o estabelecimento, na medida do possível, em suas relações mútuas, da situação que teria existido se esses atos não tivessem sido praticados;

b) os atos praticados de boa-fé, antes de a nulidade haver sido invocada, não serão tornados ilegais pelo simples motivo da nulidade do tratado.

3. Nos casos previstos pelos artigos 49, 50, 51 ou 52, o parágrafo 2 não se aplica com relação à parte a que é imputado o dolo, o ato de corrupção ou a coação.

4. No caso da nulidade do consentimento de um determinado Estado em obrigar-se por um tratado multilateral, aplicam-se as regras acima nas relações entre esse Estado e as partes no tratado.

Artigo 70
Consequências da Extinção de um Tratado

1. A menos que o tratado disponha ou as partes acordem de outra forma, a extinção de um tratado, nos termos de suas disposições ou da presente Convenção:

a) libera as partes de qualquer obrigação de continuar a cumprir o tratado;

b) não prejudica qualquer direito, obrigação ou situação jurídica das partes, criados pela execução do tratado antes de sua extinção.

2. Se um Estado denunciar um tratado multilateral ou dele se retirar, o parágrafo 1 aplica-se nas relações entre esse Estado e cada uma das outras partes no tratado, a partir da data em que produza efeito essa denúncia ou retirada.

Artigo 71
Consequências da Nulidade de um Tratado em Conflito com uma Norma Imperativa de Direito Internacional Geral

1. No caso de um tratado nulo em virtude do artigo 53, as partes são obrigadas a:

a) eliminar, na medida do possível, as consequências de qualquer ato praticado com base em uma disposição que esteja em conflito com a norma imperativa de Direito Internacional geral; e

b) adaptar suas relações mútuas à norma imperativa do Direito Internacional geral.

2. Quando um tratado se torne nulo e seja extinto, nos termos do artigo 64, a extinção do tratado:

a) libera as partes de qualquer obrigação de continuar a cumprir o tratado;

b) não prejudica qualquer direito, obrigação ou situação jurídica das partes, criados pela execução do tratado, antes de sua extinção; entretanto, esses direitos, obrigações ou situações só podem ser mantidos posteriormente, na medida em que sua manutenção não entre em conflito com a nova norma imperativa de Direito Internacional geral.

Artigo 72
Consequências da Suspensão da Execução de um Tratado

1. A não ser que o tratado disponha ou as partes acordem de outra forma, a suspensão da execução de um tratado, nos termos de suas disposições ou da presente Convenção:

a) libera as partes, entre as quais a execução do tratado seja suspensa, da obrigação de cumprir o tratado nas suas relações mútuas durante o período da suspensão;

b) não tem outro efeito sobre as relações jurídicas entre as partes, estabelecidas pelo tratado.

2. Durante o período da suspensão, as partes devem abster-se de atos tendentes a obstruir o reinício da execução do tratado.

PARTE VI – DISPOSIÇÕES DIVERSAS

Artigo 73
Caso de Sucessão de Estados, de Responsabilidade de um Estado e de Início de Hostilidades

As disposições da presente Convenção não prejulgarão qualquer questão que possa surgir em relação a um tratado, em virtude da sucessão de Estados, da responsabilidade internacional de um Estado ou do início de hostilidades entre Estados.

Artigo 74
Relações Diplomáticas e Consulares e Conclusão de Tratados

O rompimento ou a ausência de relações diplomáticas ou consulares entre dois ou mais Estados não obsta à conclusão de tratados entre os referidos Estados. A conclusão de um tratado, por si, não produz efeitos sobre as relações diplomáticas ou consulares.

Artigo 75
Caso de Estado Agressor

As disposições da presente Convenção não prejudicam qualquer obrigação que, em relação a um tratado, possa resultar para um Estado agressor de medidas tomadas em conformidade com a Carta das Nações Unidas, relativas à agressão cometida por esse Estado.

PARTE VII – DEPOSITÁRIOS, NOTIFICAÇÕES, CORREÇÕES E REGISTRO

Artigo 76
Depositários de Tratados

1. A designação do depositário de um tratado pode ser feita pelos Estados negociadores no próprio tratado ou de alguma outra forma. O depositário pode ser um ou mais Estados, uma organização internacional ou o principal funcionário administrativo dessa organização.

2. As funções do depositário de um tratado têm caráter internacional e o depositário é obrigado a agir imparcialmente no seu desempenho. Em especial, não afetará essa obrigação o fato de um tratado não ter entrado em vigor entre algumas das partes ou de ter surgido uma divergência, entre um Estado e o depositário, relativa ao desempenho das funções deste último.

Artigo 77
Funções dos Depositários

1. As funções do depositário, a não ser que o tratado disponha ou os Estados contratantes acordem de outra forma, compreendem particularmente:

a) guardar o texto original do tratado e quaisquer plenos poderes que lhe tenham sido entregues;

b) preparar cópias autenticadas do texto original e quaisquer textos do tratado em outros idiomas que possam ser exigidos pelo tratado e remetê-los às partes e aos Estados que tenham direito a ser partes no tratado;

c) receber quaisquer assinaturas ao tratado, receber e guardar quaisquer instrumentos, notificações e comunicações pertinentes ao mesmo;

d) examinar se a assinatura ou qualquer instrumento, notificação ou comunicação relativa ao tratado, está em boa e devida forma e, se necessário, chamar a atenção do Estado em causa sobre a questão;

e) informar as partes e os Estados que tenham direito a ser partes no tratado de quaisquer atos, notificações ou comunicações relativas ao tratado;

f) informar os Estados que tenham direito a ser partes no tratado sobre quando tiver sido recebido ou depositado o número de assinaturas ou de instrumentos de ratificação, de aceitação, de aprovação ou de adesão exigidos para a entrada em vigor do tratado;

g) registrar o tratado junto ao Secretariado das Nações Unidas;

h) exercer as funções previstas em outras disposições da presente Convenção.

2. Se surgir uma divergência entre um Estado e o depositário a respeito do exercício das funções deste último, o depositário levará a questão ao conhecimento dos Estados signatários e dos Estados contratantes ou, se for o caso, do órgão competente da organização internacional em causa.

Artigo 78
Notificações e Comunicações

A não ser que o tratado ou a presente Convenção disponham de outra forma, uma notificação ou comunicação que deva ser feita por um Estado, nos termos da presente Convenção:

a) será transmitida, se não houver depositário, diretamente aos Estados a que se destina ou, se houver depositário, a este último;

b) será considerada como tendo sido feita pelo Estado em causa somente a partir do seu recebimento pelo Estado ao qual é transmitida ou, se for o caso, pelo depositário;

c) se tiver sido transmitida a um depositário, será considerada como tendo sido recebida pelo Estado ao qual é destinada somente a partir do momento em que este Estado tenha recebido do depositário a informação prevista no parágrafo 1 (e) do artigo 77.

Artigo 79
Correção de Erros em Textos ou em Cópias Autenticadas de Tratados

1. Quando, após a autenticação do texto de um tratado, os Estados signatários e os Estados contratantes acordarem em que nele existe erro, este, salvo decisão sobre diferente maneira de correção, será corrigido:

a) mediante a correção apropriada no texto, rubricada por representantes devidamente credenciados;

b) mediante a elaboração ou troca de instrumento ou instrumentos em que estiver consignada a correção que se acordou em fazer; ou

LEGISLAÇÃO INTERNACIONAL

c) mediante a elaboração de um texto corrigido da totalidade do tratado, segundo o mesmo processo utilizado para o texto original.

2. Quando o tratado tiver um depositário, este deve notificar aos Estados signatários e contratantes a existência do erro e a proposta de corrigi-lo e fixar um prazo apropriado durante o qual possam ser formuladas objeções à correção proposta. Se, expirado o prazo:

a) nenhuma objeção tiver sido feita, o depositário deve efetuar e rubricar a correção do texto, lavrar a ata de retificação do texto e remeter cópias da mesma às partes e aos Estados que tenham direito a ser partes no tratado;

b) uma objeção tiver sido feita, o depositário deve comunicá-la aos Estados signatários e aos Estados contratantes.

3. As regras enunciadas nos parágrafos 1 e 2 aplicam-se igualmente quando o texto, autenticado em duas ou mais línguas, apresentar uma falta de concordância que, de acordo com os Estados signatários e os Estados contratantes, deva ser corrigida.

4. O texto corrigido substitui *ab initio* o texto defeituoso, a não ser que os Estados signatários e os Estados contratantes decidam de outra forma.

5. A correção do texto de um tratado já registrado será notificada ao Secretariado das Nações Unidas.

6. Quando se descobrir um erro numa cópia autenticada de um tratado, o depositário deve lavrar uma ata mencionando a retificação e remeter cópia da mesma aos Estados signatários e aos Estados contratantes.

Artigo 80
Registro e Publicação de Tratados

1. Após sua entrada em vigor, os tratados serão remetidos ao Secretariado das Nações Unidas para fins de registro ou de classificação e catalogação, conforme o caso, bem como de publicação.

2. A designação de um depositário constitui autorização para este praticar os atos previstos no parágrafo anterior.

PARTE VIII – DISPOSIÇÕES FINAIS

Artigo 81
Assinatura

A presente Convenção ficará aberta à assinatura de todos os Estados-Membros das Nações Unidas ou de qualquer das agências especializadas ou da Agência Internacional de Energia Atômica, assim como de todas as partes no Estatuto da Corte Internacional de Justiça e de qualquer outro Estado convidado pela Assembleia-Geral das Nações Unidas a tornar-se parte na Convenção, da seguinte maneira: até 30 de novembro de 1969, no Ministério Federal dos Negócios Estrangeiros da República da Áustria e, posteriormente, até 30 de abril de 1970, na sede das Nações Unidas em Nova York.

Artigo 82
Ratificação

A presente Convenção é sujeita à ratificação. Os instrumentos de ratificação serão depositados junto ao Secretário-Geral das Nações Unidas.

Artigo 83
Adesão

A presente Convenção permanecerá aberta à adesão de todo Estado pertencente a qualquer das categorias mencionadas no artigo 81. Os instrumentos de adesão serão depositados junto ao Secretário-Geral das Nações Unidas.

Artigo 84
Entrada em Vigor

1. A presente Convenção entrará em vigor no trigésimo dia que se seguir à data do depósito do trigésimo quinto instrumento de ratificação ou adesão.

2. Para cada Estado que ratificar a Convenção ou a ela aderir após o depósito do trigésimo quinto instrumento de ratificação ou adesão, a convenção entrará em vigor no trigésimo dia após o depósito, por esse Estado, de seu instrumento de ratificação ou adesão.

Artigo 85
Textos Autênticos

O original da presente convenção, cujos textos em chinês, espanhol, francês, inglês e russo fazem igualmente fé, será depositado junto ao Secretário-Geral das Nações Unidas.

Em fé do que, os plenipotenciários abaixo assinados, devidamente autorizados por seus respectivos Governos, assinaram a presente Convenção.

Feita em Viena, aos vinte e três dias de maio de mil novecentos e sessenta e nove.

ANEXO

1. O Secretário-Geral das Nações Unidas deve elaborar e manter uma lista de conciliadores composta de juristas qualificados. Para esse fim, todo Estado-Membro das Nações Unidas ou parte na presente Convenção será convidado a nomear dois conciliadores e os nomes das pessoas assim nomeadas constituirão a lista. A nomeação dos conciliadores, inclusive os nomeados para preencher uma vaga eventual, é feita por um período de cinco anos, renovável. Com a expiração do período para o qual forem nomeados, os conciliadores continuarão a exercer as funções para as quais tiverem sido escolhidos, nos termos do parágrafo seguinte.

2. Quando um pedido é apresentado ao Secretário-Geral nos termos do artigo 66, o Secretário-Geral deve submeter a controvérsia a uma comissão de conciliação, constituída do seguinte modo:

O Estado ou os Estados que constituem uma das partes na controvérsia nomeiam:

a) um conciliador da nacionalidade desse Estado ou de um desses Estados, escolhido ou não da lista prevista no parágrafo 1; e

b) um conciliador que não seja da nacionalidade desse Estado ou de um desses Estados, escolhido da lista.

O Estado ou os Estados que constituírem a outra parte na controvérsia nomeiam dois conciliadores do mesmo modo. Os quatro conciliadores escolhidos pelas partes devem ser nomeados num prazo de sessenta dias a partir da data do recebimento do pedido pelo Secretário-Geral.

1. Nos sessenta dias que se seguirem à última nomeação, os quatro conciliadores nomeiam um quinto, escolhido da lista, que será o presidente. Se a nomeação do presidente ou de qualquer outro conciliador não for feita no prazo acima previsto para essa nomeação, será feita pelo Secretário-Geral nos sessenta dias seguintes a expiração desse prazo. O Secretário-Geral pode nomear como presidente uma das pessoas inscritas na lista ou um dos membros da Comissão de Direito Internacional. Qualquer um dos prazos, nos quais as nomeações devem ser feitas, pode ser prorrogado, mediante acordo das partes na controvérsia.

2. Qualquer vaga deve ser preenchida da maneira prevista para nomeação inicial.

3. A Comissão de Conciliação adotará o seu próprio procedimento. A Comissão, com o consentimento das partes na controvérsia, pode convidar qualquer outra parte no tratado a submeter seu ponto de vista oralmente ou por escrito. A decisão e as recomendações da Comissão serão adotadas por maioria de votos de seus cinco membros.

4. A Comissão pode chamar a atenção das partes na controvérsia sobre qualquer medida suscetível de facilitar uma solução amigável.

5. A Comissão deve ouvir as partes, examinar as pretensões e objeções e fazer propostas às partes a fim de ajudá-las a chegar a uma solução amigável da controvérsia.

6. A Comissão deve elaborar um relatório nos doze meses que se seguirem à sua constituição. Seu relatório deve ser depositado junto ao Secretário-Geral e comunicado às partes na controvérsia. O relatório da Comissão, inclusive todas as conclusões nele contidas quanto aos fatos e às questões de direito, não vincula as partes e não terá outro valor senão o de recomendações submetidas à consideração das partes, a fim de facilitar uma solução amigável da controvérsia.

7. O Secretário-Geral fornecerá à Comissão a assistência e as facilidades de que ela possa necessitar. As despesas da Comissão serão custeadas pelas Nações Unidas.

CONVENÇÃO AMERICANA SOBRE DIREITOS HUMANOS
(PACTO DE SÃO JOSÉ DA COSTA RICA)

PREÂMBULO

▸ Adotada no âmbito da Organização dos Estados Americanos, em São José da Costa Rica, em 22-11-1969, entrou em vigor internacional em 18-7-1978, na forma do segundo parágrafo de seu art. 74. O Governo brasileiro depositou a Carta de Adesão a essa Convenção em 25-9-1992. Aprovada pelo Dec. Legislativo nº 27, de 25-9-1992, e promulgada pelo Dec. nº 678, de 6-11-1992.

Os Estados americanos signatários da presente Convenção,

Reafirmando seu propósito de consolidar neste Continente, dentro do quadro das instituições democráticas, um regime de liberdade pessoal e de justiça social, fundado no respeito dos direitos essenciais do homem;

Reconhecendo que os direitos essenciais do homem não derivam do fato de ser ele nacional de determinado Estado, mas sim do fato de ter como fundamento os atributos da pessoa humana, razão por que justificam uma proteção internacional, de natureza convencional, coadjuvante ou complementar da que oferece o direito interno dos Estados americanos;

Considerando que esses princípios foram consagrados na Carta da Organização dos Estados

Americanos, na Declaração Americana dos Direitos e Deveres do Homem e na Declaração Universal dos Direitos do Homem e que foram reafirmados e desenvolvidos em outros instrumentos internacionais, tanto de âmbito mundial como regional;

Reiterando que, de acordo com a Declaração Universal dos Direitos do Homem, só pode ser realizado o ideal do ser humano livre, isento do temor e da miséria, se forem criadas condições que permitam a cada pessoa gozar dos seus direitos econômicos, sociais e culturais, bem como dos seus direitos civis e políticos; e

Considerando que a Terceira Conferência Interamericana Extraordinária (Buenos Aires, 1967) aprovou a incorporação à própria Carta da Organização de normas mais amplas sobre direitos econômicos, sociais e educacionais e resolveu que uma Convenção Interamericana sobre Direitos Humanos determinasse a estrutura, competência e processo dos órgãos encarregados dessa matéria,

Convieram no seguinte:

PARTE I – DEVERES DOS ESTADOS E DIREITOS PROTEGIDOS

CAPÍTULO I – ENUMERAÇÃO DE DEVERES

Artigo 1º

Obrigação de respeitar os direitos

1. Os Estados-Partes nesta Convenção comprometem-se a respeitar os direitos e liberdades nela reconhecidos e a garantir seu livre e pleno exercício a toda pessoa que esteja sujeita à sua jurisdição, sem discriminação alguma, por motivo de raça, cor, sexo, idioma, religião, opiniões políticas ou de qualquer outra natureza, origem nacional ou social, posição econômica, nascimento ou qualquer outra condição social.

2. Para os efeitos desta Convenção, pessoa é todo ser humano.

Artigo 2º

Dever de adotar disposições de direito interno

Se o exercício dos direitos e liberdades mencionados no artigo 1º ainda não estiver garantido por disposições legislativas ou de outra natureza, os Estados-Partes comprometem-se a adotar, de acordo com as suas normas constitucionais e com as disposições desta Convenção, as medidas legislativas ou de outra natureza que forem necessárias para tornar efetivos tais direitos e liberdades.

CAPÍTULO II – DIREITOS CIVIS E POLÍTICOS

Artigo 3º

Direito ao reconhecimento da personalidade jurídica

Toda pessoa tem direito ao reconhecimento de sua personalidade jurídica.

Artigo 4º

Direito à vida

▶ Art. 5º, *caput*, e XLVII, *a*, da CF.

1. Toda pessoa tem o direito de que se respeite sua vida. Esse direito deve ser protegido pela lei e, em geral, desde o momento da concepção. Ninguém pode ser privado da vida arbitrariamente.

2. Nos países que não houverem abolido a pena de morte, esta só poderá ser imposta pelos delitos mais graves, em cumprimento de sentença final de tribunal competente e em conformidade com lei que estabeleça tal pena, promulgada antes de haver o delito sido cometido. Tampouco se estenderá sua aplicação a delitos aos quais não se aplique atualmente.

3. Não se pode restabelecer a pena de morte nos Estados que a hajam abolido.

4. Em nenhum caso pode a pena de morte ser aplicada por delitos políticos, nem por delitos comuns conexos com delitos políticos.

5. Não se deve impor a pena de morte a pessoa que, no momento da perpetração do delito, for menor de dezoito anos, ou maior de setenta, nem aplicá-la a mulher em estado de gravidez.

6. Toda pessoa condenada à morte tem direito a solicitar anistia, indulto ou comutação da pena, os quais podem ser concedidos em todos os casos. Não se pode executar a pena de morte enquanto o pedido estiver pendente de decisão ante a autoridade competente.

Artigo 5º

Direito à integridade pessoal

1. Toda pessoa tem o direito de que se respeite sua integridade física, psíquica e moral.

▶ Art. 5º, XLIX, da CF.

2. Ninguém deve ser submetido a torturas, nem a penas ou tratos cruéis, desumanos ou degradantes. Toda pessoa privada da liberdade deve ser tratada com o respeito devido à dignidade inerente ao ser humano.

▶ Art. 5º, III, da CF.

3. A pena não pode passar da pessoa do delinquente.

▶ Art. 5º, XLV, da CF.

4. Os processados devem ficar separados dos condenados, salvo em circunstâncias excepcionais, e devem ser submetidos a tratamento adequado à sua condição de pessoas não condenadas.

5. Os menores, quando puderem ser processados, devem ser separados dos adultos e conduzidos a tribunal especializado, com a maior rapidez possível, para seu tratamento.

6. As penas privativas da liberdade devem ter por finalidade essencial a reforma e a readaptação social dos condenados.

Artigo 6º

Proibição da escravidão e da servidão

▶ Art. 5º, XIII e XLVII, *c*, da CF.

1. Ninguém pode ser submetido a escravidão ou a servidão, e tanto estas como o tráfico de escravos e o tráfico de mulheres são proibidos em todas as formas.

2. Ninguém deve ser constrangido a executar trabalho forçado ou obrigatório. Nos países em que se prescreve, para certos delitos, pena privativa da liberdade acompanhada de trabalhos forçados, esta disposição não pode ser interpretada no sentido de proibir o cumprimento da dita pena, imposta por juiz ou tribunal competente. O trabalho forçado não deve afetar a dignidade nem a capacidade física e intelectual do recluso.

3. Não constituem trabalhos forçados ou obrigatórios para os efeitos deste artigo:

a) os trabalhos ou serviços normalmente exigidos de pessoa reclusa em cumprimento de sentença ou resolução formal expedida pela autoridade judiciária competente. Tais trabalhos ou serviços devem ser executados sob a vigilância e controle das autoridades públicas, e os indivíduos que os executarem não devem ser postos à disposição de particulares, companhias ou pessoas jurídicas de caráter privado;

b) o serviço militar e, nos países onde se admite a isenção por motivo de consciência, o serviço nacional que a lei estabelecer em lugar daquele;

c) o serviço imposto em casos de perigo ou calamidade que ameacem a existência ou o bem-estar da comunidade; e

d) o trabalho ou serviço que faça parte das obrigações cívicas normais.

Artigo 7º

Direito à liberdade pessoal

1. Toda pessoa tem direito à liberdade e à segurança pessoais.

2. Ninguém pode ser privado de sua liberdade física, salvo pelas causas e nas condições previamente fixadas pelas constituições políticas dos Estados-Partes ou pelas leis de acordo com elas promulgadas.

▶ Art. 5º, LXI, da CF.

3. Ninguém pode ser submetido a detenção ou encarceramento arbitrários.

4. Toda pessoa detida ou retida deve ser informada das razões da sua detenção e notificada, sem demora, da acusação ou acusações formuladas contra ela.

5. Toda pessoa detida ou retida deve ser conduzida, sem demora, à presença de um juiz ou outra autoridade autorizada pela lei a exercer funções judiciais e tem direito a ser julgada dentro de um prazo razoável ou a ser posta em liberdade, sem prejuízo de que prossiga o processo. Sua liberdade pode ser condicionada a garantias que assegurem o seu comparecimento em juízo.

▶ Art. 5º, LXXVIII, da CF.

6. Toda pessoa privada da liberdade tem direito a recorrer a um juiz ou tribunal competente, a fim de que este decida, sem demora, sobre a legalidade de sua prisão ou detenção e ordene sua soltura se a prisão ou a detenção forem ilegais. Nos Estados-Partes cujas leis preveem que toda pessoa que se vir ameaçada de ser privada de sua liberdade tem direito a recorrer a um juiz ou tribunal competente a fim de que este decida sobre a legalidade de tal ameaça, tal recurso não pode ser restringido nem abolido. O recurso pode ser interposto pela própria pessoa ou por outra pessoa.

▶ Art. 5º, LXV, da CF.

7. Ninguém deve ser detido por dívidas. Este princípio não limita os mandados de autoridade judiciária competente expedidos em virtude de inadimplemento de obrigação alimentar.

▶ Art. 5º, LXVII, da CF.

▶ Art. 11 do Dec. nº 592, de 6-7-1992, que promulga o Pacto Internacional sobre Direitos Civis e Políticos.

▶ Súm. Vinc. nº 25 do STF.

▶ Súmulas nºs 304, 305 e 419 do STJ.

Artigo 8º

Garantias judiciais

1. Toda pessoa tem direito a ser ouvida, com as devidas garantias e dentro de um prazo razoável, por um juiz ou tribunal competente, independente e imparcial, estabelecido anteriormente por lei, na apuração de qualquer

acusação penal formulada contra ela, ou para que se determinem seus direitos ou obrigações de natureza civil, trabalhista, fiscal ou de qualquer outra natureza.

▶ Art. 5º, LIII, da CF.

2. Toda pessoa acusada de delito tem direito a que se presuma sua inocência enquanto não se comprove legalmente sua culpa. Durante o processo, toda pessoa tem direito, em plena igualdade, às seguintes garantias mínimas:

▶ Art. 5º, LVII, da CF.
▶ Súm. nº 444 do STJ.

a) direito do acusado de ser assistido gratuitamente por tradutor ou intérprete, se não compreender ou não falar o idioma do juízo ou tribunal;
b) comunicação prévia e pormenorizada ao acusado da acusação formulada;
c) concessão ao acusado do tempo e dos meios adequados para a preparação de sua defesa;
d) direito do acusado de defender-se pessoalmente ou de ser assistido por um defensor de sua escolha e de comunicar-se, livremente e em particular, com seu defensor;
e) direito irrenunciável de ser assistido por um defensor proporcionado pelo Estado, remunerado ou não, segundo a legislação interna, se o acusado não se defender ele próprio, nem nomear defensor dentro do prazo estabelecido pela lei;

▶ Art. 5º, LXXIV, da CF.

f) direito da defesa de inquirir as testemunhas presentes no Tribunal e de obter o comparecimento, como testemunhas ou peritos, de outras pessoas que possam lançar luz sobre os fatos;
g) direito de não ser obrigado a depor contra si mesma, nem a declarar-se culpada; e

▶ Art. 5º, LXIII, da CF.

h) direito de recorrer da sentença para juiz ou tribunal superior.

3. A confissão do acusado só é válida se feita sem coação de nenhuma natureza.

▶ Art. 1º, I, a, da Lei nº 9.455, de 7-4-1997 (Lei dos Crimes de Tortura).

4. O acusado absolvido por sentença passada em julgado não poderá ser submetido a novo processo pelos mesmos fatos.

5. O processo penal deve ser público, salvo no que for necessário para preservar os interesses da justiça.

▶ Art. 5º, LX, da CF.

Artigo 9º
Princípio da legalidade e da retroatividade

▶ Art. 5º, XXXIX e XL, da CF.
▶ Art. 2º, parágrafo único, do CP.
▶ Art. 2º, § 1º, do CPM.
▶ Art. 66, I, da LEP.

Ninguém pode ser condenado por ações ou omissões que, no momento em que forem cometidas, não sejam delituosas, de acordo com o direito aplicável. Tampouco se pode impor pena mais grave que a aplicável no momento da perpetração do delito. Se, depois da perpetração do delito, a lei dispuser a imposição de pena mais leve, o delinquente será por isso beneficiado.

Artigo 10
Direito a indenização

▶ Art. 5º, LXXV, da CF.
▶ Art. 630 do CPP.
▶ Art. 550 do CPPM.

Toda pessoa tem direito de ser indenizada conforme a lei, no caso de haver sido condenada em sentença passada em julgado, por erro judiciário.

Artigo 11
Proteção da honra e da dignidade

▶ Art. 5º, X, XI e XII, da CF.

1. Toda pessoa tem direito ao respeito de sua honra e ao reconhecimento de sua dignidade.

2. Ninguém pode ser objeto de ingerências arbitrárias ou abusivas em sua vida privada, na de sua família, em seu domicílio ou em sua correspondência, nem de ofensas ilegais à sua honra ou reputação.

3. Toda pessoa tem direito à proteção da lei contra tais ingerências ou tais ofensas.

Artigo 12
Liberdade de consciência e de religião

▶ Art. 5º, VI e VIII, da CF.

1. Toda pessoa tem direito à liberdade de consciência e de religião. Esse direito implica a liberdade de conservar sua religião ou suas crenças, ou de mudar de religião ou de crenças, bem como a liberdade de professar e divulgar sua religião ou suas crenças, individual ou coletivamente, tanto em público como em privado.

2. Ninguém pode ser objeto de medidas restritivas que possam limitar sua liberdade de conservar sua religião ou suas crenças, ou de mudar de religião ou de crenças.

3. A liberdade de manifestar a própria religião e as próprias crenças está sujeita unicamente às limitações prescritas pela lei e que sejam necessárias para proteger a segurança, a ordem, a saúde ou a moral públicas ou os direitos e as liberdades das demais pessoas.

4. Os pais e, quando for o caso, os tutores têm direito a que seus filhos ou pupilos recebam a educação religiosa e moral que esteja acorde com suas próprias convicções.

Artigo 13
Liberdade de pensamento e de expressão

▶ Art. 5º, IV, da CF.

1. Toda pessoa tem direito à liberdade de pensamento e de expressão. Esse direito compreende a liberdade de buscar, receber e difundir informações e ideias de toda natureza, sem consideração de fronteiras, verbalmente ou por escrito, ou em forma impressa ou artística, ou por qualquer outro processo de sua escolha.

2. O exercício do direito previsto no inciso precedente não pode estar sujeito a censura prévia, mas a responsabilidades ulteriores, que devem ser expressamente fixadas pela lei e que se façam necessárias para assegurar:

a) o respeito aos direitos ou à reputação das demais pessoas; ou
b) a proteção da segurança nacional, da ordem pública, ou da saúde ou da moral públicas.

3. Não se pode restringir o direito de expressão por vias ou meios indiretos, tais como o abuso de controles oficiais ou particulares de papel de imprensa, de frequências radioelétricas ou de equipamentos e aparelhos usados na difusão de informação, nem por quaisquer outros meios destinados a obstar a comunicação e a circulação de ideias e opiniões.

4. A lei pode submeter os espetáculos públicos a censura prévia, com o objetivo exclusivo de regular o acesso a eles, para proteção moral da infância e da adolescência, sem prejuízo do disposto no inciso 2.

5. A lei deve proibir toda propaganda a favor da guerra, bem como toda apologia ao ódio nacional, racial ou religioso que constitua incitação à discriminação, à hostilidade, ao crime ou à violência.

Artigo 14
Direito de retificação ou resposta

▶ Art. 5º, V, da CF.

1. Toda pessoa, atingida por informações inexatas ou ofensivas emitidas em seu prejuízo por meios de difusão legalmente regulamentados e que se dirijam ao público em geral tem direito a fazer, pelo mesmo órgão de difusão, sua retificação ou resposta, nas condições que estabeleça a lei.

2. Em nenhum caso a retificação ou a resposta eximirão das outras responsabilidades legais em que se houver incorrido.

3. Para a efetiva proteção da honra e da reputação, toda publicação ou empresa jornalística, cinematográfica, de rádio ou televisão, deve ter uma pessoa responsável, que não seja protegida por imunidades, nem goze de foro especial.

Artigo 15
Direito de reunião

▶ Art. 5º, XVI, da CF.

É reconhecido o direito de reunião pacífica e sem armas. O exercício de tal direito só pode estar sujeito às restrições previstas pela lei e que sejam necessárias, numa sociedade democrática, no interesse da segurança nacional, da segurança ou da ordem públicas, ou para proteger a saúde ou a moral públicas ou os direitos e liberdades das demais pessoas.

Artigo 16
Liberdade de associação

▶ Art. 5º, XVII e XX, da CF.

1. Todas as pessoas têm o direito de associar-se livremente com fins ideológicos, religiosos, políticos, econômicos, trabalhistas, sociais, culturais, desportivos ou de qualquer outra natureza.

2. O exercício de tal direito só pode estar sujeito às restrições previstas pela lei que sejam necessárias, numa sociedade democrática, no interesse da segurança nacional, da segurança ou da ordem públicas, ou para proteger a saúde ou a moral públicas ou os direitos e liberdades das demais pessoas.

3. O disposto neste artigo não impede a imposição de restrições legais, e mesmo a privação do exercício do direito de associação, aos membros das forças armadas e da polícia.

Artigo 17
Proteção da família

1. A família é o elemento natural e fundamental da sociedade e deve ser protegida pela sociedade e pelo Estado.

2. É reconhecido o direito do homem e da mulher de contraírem casamento e de fundarem uma família, se tiverem a idade e as condições para isso exigidas pelas leis internas, na medida em que não afetem estas o princípio da não discriminação estabelecido nesta Convenção.

3. O casamento não pode ser celebrado sem o livre e pleno consentimento dos contraentes.

4. Os Estados-Partes devem tomar medidas apropriadas no sentido de assegurar a igualdade de direitos e a adequada equivalência de responsabilidades dos cônjuges quanto ao casamento, durante o casamento e em caso de dissolução do mesmo. Em caso de dissolução, serão adotadas disposições que assegurem a proteção necessária aos filhos, com base unicamente no interesse e conveniência dos mesmos.

5. A lei deve reconhecer iguais direitos tanto aos filhos nascidos fora do casamento como aos nascidos dentro do casamento.

Artigo 18
Direito ao nome

Toda pessoa tem direito a um prenome e aos nomes de seus pais ou ao de um destes. A lei deve regular a forma de assegurar a todos esse direito, mediante nomes fictícios, se for necessário.

Artigo 19
Direitos da criança

Toda criança tem direito às medidas de proteção que a sua condição de menor requer por parte da sua família, da sociedade e do Estado.

Artigo 20
Direito à nacionalidade

1. Toda pessoa tem direito a uma nacionalidade.

2. Toda pessoa tem direito à nacionalidade do Estado em cujo território houver nascido, se não tiver direito a outra.

3. A ninguém se deve privar arbitrariamente de sua nacionalidade nem do direito de mudá-la.

Artigo 21
Direito à propriedade privada

1. Toda pessoa tem direito ao uso e gozo dos seus bens. A lei pode subordinar esse uso e gozo ao interesse social.

2. Nenhuma pessoa pode ser privada de seus bens, salvo mediante o pagamento de indenização justa, por motivo de utilidade pública ou de interesse social e nos casos e na forma estabelecidos pela lei.

3. Tanto a usura como qualquer outra forma de exploração do homem pelo homem devem ser reprimidas pela lei.

Artigo 22
Direito de circulação e de residência

▶ Art. 5º, XV, da CF.

1. Toda pessoa que se ache legalmente no território de um Estado tem direito de circular nele e de nele residir em conformidade com as disposições legais.

2. Toda pessoa tem o direito de sair livremente de qualquer país, inclusive do próprio.

3. O exercício dos direitos acima mencionados não pode ser restringido senão em virtude de lei, na medida indispensável, numa sociedade democrática, para prevenir infrações penais ou para proteger a segurança nacional, a segurança ou a ordem públicas, a moral ou a saúde públicas, ou os direitos e liberdades das demais pessoas.

4. O exercício dos direitos reconhecidos no inciso 1 pode também ser restringido pela lei, em zonas determinadas, por motivo de interesse público.

5. Ninguém pode ser expulso do território do Estado do qual for nacional, nem ser privado do direito de nele entrar.

6. O estrangeiro que se ache legalmente no território de um Estado-Parte nesta Convenção só poderá dele ser expulso em cumprimento de decisão adotada de acordo com a lei.

7. Toda pessoa tem o direito de buscar e receber asilo em território estrangeiro, em caso de perseguição por delitos políticos ou comuns conexos com delitos políticos e de acordo com a legislação de cada Estado e com os convênios internacionais.

8. Em nenhum caso o estrangeiro pode ser expulso ou entregue a outro país, seja ou não de origem, onde seu direito à vida ou à liberdade pessoal esteja em risco de violação por causa da sua raça, nacionalidade, religião, condição social ou de suas opiniões políticas.

9. É proibida a expulsão coletiva de estrangeiros.

Artigo 23
Direitos políticos

1. Todos os cidadãos devem gozar dos seguintes direitos e oportunidades:

a) de participar da direção dos assuntos públicos, diretamente ou por meio de representantes livremente eleitos;

b) de votar e ser eleito em eleições periódicas, autênticas, realizadas por sufrágio universal e igual e por voto secreto que garanta a livre expressão da vontade dos eleitores; e

c) de ter acesso, em condições gerais de igualdade, às funções públicas de seu país.

2. A lei pode regular o exercício dos direitos e oportunidades e a que se refere o inciso anterior, exclusivamente por motivos de idade, nacionalidade, residência, idioma, instrução, capacidade civil ou mental, ou condenação, por juiz competente, em processo penal.

Artigo 24
Igualdade perante a lei

▶ Art. 5º, *caput*, da CF.

Todas as pessoas são iguais perante a lei. Por conseguinte, têm direito, sem discriminação, a igual proteção da lei.

Artigo 25
Proteção judicial

1. Toda pessoa tem direito a um recurso simples e rápido ou a qualquer outro recurso efetivo, perante os juízes ou tribunais competentes, que a proteja contra atos que violem seus direitos fundamentais reconhecidos pela Constituição, pela lei ou pela presente Convenção, mesmo quando tal violação seja cometida por pessoas que estejam atuando no exercício de suas funções oficiais.

2. Os Estados-Partes comprometem-se:

a) a assegurar que a autoridade competente prevista pelo sistema legal do Estado decida sobre os direitos de toda pessoa que interpuser tal recurso;

b) a desenvolver as possibilidades de recurso judicial; e

c) a assegurar o cumprimento, pelas autoridades competentes, de toda decisão em que se tenha considerado procedente o recurso.

CAPÍTULO III
DIREITOS ECONÔMICOS, SOCIAIS E CULTURAIS

Artigo 26
Desenvolvimento progressivo

Os Estados-Partes comprometem-se a adotar providências, tanto no âmbito interno como mediante cooperação internacional, especialmente econômica e técnica, a fim de conseguir progressivamente a plena efetividade dos direitos que decorrem das normas econômicas, sociais e sobre educação, ciência e cultura, constantes da Carta da Organização dos Estados Americanos, reformada pelo Protocolo de Buenos Aires, na medida dos recursos disponíveis, por via legislativa ou por outros meios apropriados.

CAPÍTULO IV
SUSPENSÃO DE GARANTIAS, INTERPRETAÇÃO E APLICAÇÃO

Artigo 27
Suspensão de garantias

1. Em caso de guerra, de perigo público, ou de outra emergência que ameace a independência ou segurança do Estado-Parte, este poderá adotar disposições que, na medida e pelo tempo estritamente limitados às exigências da situação, suspendam as obrigações contraídas em virtude desta Convenção, desde que tais disposições não sejam incompatíveis com as demais obrigações que lhe impõe o Direito Internacional e não encerrem discriminação alguma fundada em motivos de raça, cor, sexo, idioma, religião ou origem social.

2. A disposição precedente não autoriza a suspensão dos direitos determinados nos seguintes artigos: 3 (Direito ao Reconhecimento da Personalidade Jurídica), 4 (Direito à Vida), 5 (Direito à Integridade Pessoal), 6 (Proibição da Escravidão e Servidão), 9 (Princípio da Legalidade e da Retroatividade), 12 (Liberdade de Consciência e de Religião), 17 (Proteção da Família), 18 (Direito ao Nome), 19 (Direitos da Criança), 20 (Direito à Nacionalidade), e 23 (Direitos Políticos), nem das garantias indispensáveis para a proteção de tais direitos.

3. Todo Estado-Parte que fizer uso do direito de suspensão deverá informar imediatamente os outros Estados-Partes na presente Convenção, por intermédio do Secretário-Geral da Organização dos Estados Americanos, das disposições cuja aplicação haja suspendido, dos motivos determinantes da suspensão e da data em que haja dado por terminada tal suspensão.

Artigo 28
Cláusula federal

1. Quando se tratar de um Estado-Parte constituído como Estado federal, o governo nacional do aludido Estado-Parte cumprirá todas as disposições da presente Convenção, relacionadas com as matérias sobre as quais exerce competência legislativa e judicial.

2. No tocante às disposições relativas às matérias que correspondem à competência das entidades componentes da federação, o governo nacional deve tomar imediatamente as medidas pertinentes, em conformidade com sua constituição e suas leis, a fim de que as autoridades competentes das referidas entidades possam adotar as disposições cabíveis para o cumprimento desta Convenção.

3. Quando dois ou mais Estados-Partes decidirem constituir entre eles uma federação ou outro tipo de associação, diligenciarão no sentido de que o pacto comunitário respectivo contenha as disposições necessárias para que continuem sendo efetivas no novo Estado, assim organizado, as normas da presente Convenção.

Artigo 29

Normas de interpretação

Nenhuma disposição desta Convenção pode ser interpretada no sentido de:

a) permitir a qualquer dos Estados-Partes, grupo ou pessoa, suprimir o gozo e exercício dos direitos e liberdades reconhecidos na Convenção ou limitá-los em maior medida do que a nela prevista;

b) limitar o gozo e exercício de qualquer direito ou liberdade que possam ser reconhecidos de acordo com as leis de qualquer dos Estados-Partes ou de acordo com outra convenção em que seja parte um dos referidos Estados;

c) excluir outros direitos e garantias que são inerentes ao ser humano ou que decorrem da forma democrática representativa de governo; e

d) excluir ou limitar o efeito que possam produzir a Declaração Americana dos Direitos e Deveres do Homem e outros atos internacionais da mesma natureza.

Artigo 30

Alcance das restrições

As restrições permitidas, de acordo com esta Convenção, ao gozo e exercício dos direitos e liberdades nela reconhecidos, não podem ser aplicadas senão de acordo com leis que forem promulgadas por motivo de interesse geral e com o propósito para o qual houverem sido estabelecidas.

Artigo 31

Reconhecimento de outros direitos

Poderão ser incluídos no regime de proteção desta Convenção outros direitos e liberdades que forem reconhecidos de acordo com os processos estabelecidos nos artigos 69 e 70.

CAPÍTULO V – DEVERES DAS PESSOAS

Artigo 32

Correlação entre deveres e direitos

1. Toda pessoa tem deveres para com a família, a comunidade e a humanidade.

2. Os direitos de cada pessoa são limitados pelos direitos dos demais, pela segurança de todos e pelas justas exigências do bem comum, numa sociedade democrática.

PARTE II – MEIOS DA PROTEÇÃO

CAPÍTULO VI – ÓRGÃOS COMPETENTES

Artigo 33

São competentes para conhecer dos assuntos relacionados com o cumprimento dos compromissos assumidos pelos Estados-Partes nesta Convenção:

a) a Comissão Interamericana de Direitos Humanos, doravante denominada a Comissão; e

b) a Corte Interamericana de Direitos Humanos, doravante denominada a Corte.

CAPÍTULO VII – COMISSÃO INTERAMERICANA DE DIREITOS HUMANOS

Seção I – ORGANIZAÇÃO

Artigo 34

A Comissão Interamericana de Direitos Humanos compor-se-á de sete membros, que deverão ser pessoas de alta autoridade moral e de reconhecido saber em matéria de direitos humanos.

Artigo 35

A Comissão representa todos os Membros da Organização dos Estados Americanos.

Artigo 36

1. Os membros da Comissão serão eleitos a título pessoal, pela Assembleia-Geral da Organização, de uma lista de candidatos propostos pelos governos dos Estados-Membros.

2. Cada um dos referidos governos pode propor até três candidatos, nacionais do Estado que os propuser ou de qualquer outro Estado-Membro da Organização dos Estados Americanos. Quando for proposta uma lista de três candidatos, pelo menos um deles deverá ser nacional de Estado diferente do proponente.

Artigo 37

1. Os membros da Comissão serão eleitos por quatro anos e só poderão ser reeleitos uma vez, porém o mandato de três dos membros designados na primeira eleição expirará ao cabo de dois anos. Logo depois da referida eleição, serão determinados por sorteio, na Assembleia-Geral, os nomes desses três membros.

2. Não pode fazer parte da Comissão mais de um nacional de um mesmo Estado.

Artigo 38

As vagas que ocorrerem na Comissão, que não se devam à expiração normal do mandato, serão preenchidas pelo Conselho Permanente da Organização, de acordo com o que dispuser o Estatuto da Comissão.

Artigo 39

A Comissão elaborará seu estatuto e submetê-lo-á à aprovação da Assembleia-Geral e expedirá seu próprio regulamento.

Artigo 40

Os serviços de secretaria da Comissão devem ser desempenhados pela unidade funcional especializada que faz parte da Secretaria-Geral da Organização e deve dispor dos recursos necessários para cumprir as tarefas que lhe forem confiadas pela Comissão.

Seção II – FUNÇÕES

Artigo 41

A Comissão tem a função principal de promover a observância e a defesa dos direitos humanos e, no exercício do seu mandato, tem as seguintes funções e atribuições:

a) estimular a consciência dos direitos humanos nos povos da América;

b) formular recomendações aos governos dos Estados-Membros, quando o considerar conveniente, no sentido de que adotem medidas progressivas em prol dos direitos humanos no âmbito de suas leis internas e seus preceitos constitucionais, bem como disposições apropriadas para promover o devido respeito a esses direitos;

c) preparar os estudos ou relatórios que considerar convenientes para o desempenho de suas funções;

d) solicitar aos governos dos Estados-Membros que lhe proporcionem informações sobre as medidas que adotarem em matéria de direitos humanos;

e) atender às consultas que, por meio da Secretaria-Geral da Organização dos Estados Americanos, lhe formularem os Estados-Membros sobre questões relacionadas com os direitos humanos e, dentro de suas possibilidades, prestar-lhes o assessoramento que lhe solicitarem;

f) atuar com respeito às petições e outras comunicações, no exercício de sua autoridade, de conformidade com o disposto nos artigos 44 a 51 desta Convenção; e

g) apresentar um relatório anual à Assembleia-Geral da Organização dos Estados Americanos.

Artigo 42

Os Estados-Partes devem remeter à Comissão cópia dos relatórios e estudos que, em seus respectivos campos, submetem anualmente às Comissões Executivas do Conselho Interamericano Econômico e Social e do Conselho Interamericano de Educação, Ciência e Cultura, a fim de que aquela zele por que se promovam os direitos decorrentes das normas econômicas, sociais e sobre educação, ciência e cultura, constantes da Carta da Organização dos Estados Americanos, reformada pelo Protocolo de Buenos Aires.

Artigo 43

Os Estados-Partes obrigam-se a proporcionar à Comissão as informações que esta lhes solicitar sobre a maneira pela qual o seu direito interno assegura a aplicação efetiva de quaisquer disposições desta Convenção.

Seção III – COMPETÊNCIA

Artigo 44

Qualquer pessoa ou grupo de pessoas, ou entidade não governamental legalmente reconhecida em um ou mais Estados-Membros da Organização, pode apresentar à Comissão petições que contenham denúncias ou queixas de violação desta Convenção por um Estado-Parte.

Artigo 45

1. Todo Estado-Parte pode, no momento do depósito do seu instrumento de ratificação desta Convenção, ou de adesão a ela, ou em qualquer momento posterior, declarar que reconhece a competência da Comissão para receber e examinar as comunicações em que um Estado-Parte alegue haver outro Estado-Parte incorrido em violações dos direitos humanos estabelecidos nesta Convenção.

2. As comunicações feitas em virtude deste artigo só podem ser admitidas e examinadas se forem apresentadas por um Estado-Parte que haja feito uma declaração pela qual reconheça a referida competência da Comissão. A Comissão não admitirá nenhuma comunicação contra um Estado-Parte que não haja feito tal declaração.

3. As declarações sobre reconhecimento de competência podem ser feitas para que esta

vigore por tempo indefinido, por período determinado ou para casos específicos.

4. As declarações serão depositadas na Secretaria-Geral da Organização dos Estados Americanos, a qual encaminhará cópia das mesmas aos Estados-Membros da referida Organização.

Artigo 46

1. Para que uma petição ou comunicação apresentada de acordo com os artigos 44 ou 45 seja admitida pela Comissão, será necessário:

a) que hajam sido interpostos e esgotados os recursos da jurisdição interna, de acordo com os princípios de direito internacional geralmente reconhecidos;

b) que seja apresentada dentro do prazo de seis meses, a partir da data em que o presumido prejudicado em seus direitos tenha sido notificado da decisão definitiva;

c) que a matéria da petição ou comunicação não esteja pendente de outro processo de solução internacional; e

d) que, no caso do artigo 44, a petição contenha o nome, a nacionalidade, a profissão, o domicílio e a assinatura da pessoa ou pessoas ou do representante legal da entidade que submeter a petição.

2. As disposições das alíneas *a* e *b* do inciso 1 deste artigo não se aplicarão quando:

a) não existir, na legislação interna do Estado de que se tratar, o devido processo legal para a proteção do direito ou direitos que se alegue tenham sido violados;

b) não se houver permitido ao presumido prejudicado em seus direitos o acesso aos recursos da jurisdição interna, ou houver sido ele impedido de esgotá-los; e

c) houver demora injustificada na decisão sobre os mencionados recursos.

Artigo 47

A Comissão declarará inadmissível toda petição ou comunicação apresentada de acordo com os arts. 44 ou 45 quando:

a) não preencher algum dos requisitos estabelecidos no artigo 46;

b) não expuser fatos que caracterizem violação dos direitos garantidos por esta Convenção;

c) pela exposição do próprio peticionário ou do Estado, for manifestamente infundada a petição ou comunicação ou for evidente sua total improcedência; ou

d) for substancialmente reprodução de petição ou comunicação anterior, já examinada pela Comissão ou por outro organismo internacional.

Seção IV

PROCESSO

Artigo 48

1. A Comissão, ao receber uma petição ou comunicação na qual se alegue violação de qualquer dos direitos consagrados nesta Convenção, procederá da seguinte maneira:

a) se reconhecer a admissibilidade da petição ou comunicação, solicitará informações ao Governo do Estado ao qual pertença a autoridade apontada como responsável pela violação alegada e transcreverá as partes pertinentes da petição ou comunicação. As referidas informações devem ser enviadas dentro de um prazo razoável, fixado pela Comissão ao considerar as circunstâncias de cada caso;

b) recebidas as informações, ou transcorrido o prazo fixado sem que sejam elas recebidas, verificará se existem ou subsistem os motivos da petição ou comunicação. No caso de não existirem ou não subsistirem, mandará arquivar o expediente;

c) poderá também declarar a inadmissibilidade ou a improcedência da petição ou comunicação, com base em informação ou prova superveniente;

d) se o expediente não houver sido arquivado, e com o fim de comprovar os fatos, a Comissão procederá, com conhecimento das partes, a um exame do assunto exposto na petição ou comunicação. Se for necessário e conveniente, a Comissão procederá a uma investigação para cuja eficaz realização solicitará, e os Estados interessados lhe proporcionarão, todas as facilidades necessárias;

e) poderá pedir aos Estados interessados qualquer informação pertinente e receberá, se isso lhe for solicitado, as exposições verbais ou escritas que apresentarem os interessados; e

f) por-se-á à disposição das partes interessadas, a fim de chegar a uma solução amistosa do assunto, fundada no respeito aos direitos humanos reconhecidos nesta Convenção.

2. Entretanto, em casos graves e urgentes, pode ser realizada uma investigação, mediante prévio consentimento do Estado em cujo território se alegue haver sido cometida a violação, tão somente com a apresentação de uma petição ou comunicação que reúna todos os requisitos formais de admissibilidade.

Artigo 49

Se se houver chegado a uma solução amistosa de acordo com as disposições do inciso 1, *f*, do artigo 48, a Comissão redigirá um relatório que será encaminhado ao peticionário e aos Estados-Partes nesta Convenção e, posteriormente transmitido, para sua publicação, ao Secretário-Geral da Organização dos Estados Americanos. O referido relatório conterá uma breve exposição dos fatos e da solução alcançada. Se qualquer das partes no caso o solicitar, ser-lhe-á proporcionada a mais ampla informação possível.

Artigo 50

1. Se não se chegar a uma solução, e dentro do prazo que for fixado pelo Estatuto da Comissão, esta redigirá um relatório no qual exporá os fatos e suas conclusões. Se o relatório não representar, no todo ou em parte, o acordo unânime dos membros da Comissão, qualquer deles poderá agregar ao referido relatório seu voto em separado. Também se agregarão ao relatório as exposições verbais ou escritas que houverem sido feitas pelos interessados em virtude do inciso 1, *e*, do artigo 48.

2. O relatório será encaminhado aos Estados interessados, aos quais não será facultado publicá-lo.

3. Ao encaminhar o relatório, a Comissão pode formular as proposições e recomendações que julgar adequadas.

Artigo 51

1. Se no prazo de três meses, a partir da remessa aos Estados interessados do relatório da Comissão, o assunto não houver sido solucionado ou submetido à decisão da Corte pela Comissão ou pelo Estado interessado, aceitando sua competência, a Comissão poderá emitir, pelo voto da maioria absoluta dos seus membros, sua opinião e conclusões sobre a questão submetida à sua consideração.

2. A Comissão fará as recomendações pertinentes e fixará um prazo dentro do qual o Estado deve tomar as medidas que lhe competirem para remediar a situação examinada.

3. Transcorrido o prazo fixado, a Comissão decidirá, pelo voto da maioria absoluta dos seus membros, se o Estado tomou ou não medidas adequadas e se publica ou não seu relatório.

CAPÍTULO VIII

CORTE INTERAMERICANA DE DIREITOS HUMANOS

Seção I

ORGANIZAÇÃO

Artigo 52

1. A Corte compor-se-á de sete juízes, nacionais dos Estados-Membros da Organização, eleitos a título pessoal dentre juristas da mais alta autoridade moral, de reconhecida competência em matéria de direitos humanos, que reúnam as condições requeridas para o exercício das mais elevadas funções judiciais, de acordo com a lei do Estado do qual sejam nacionais, ou do Estado que os propuser como candidatos.

2. Não deve haver dois juízes da mesma nacionalidade.

Artigo 53

1. Os juízes da Corte serão eleitos, em votação secreta e pelo voto da maioria absoluta dos Estados-Partes na Convenção, na Assembleia-Geral da Organização, de uma lista de candidatos propostos pelos mesmos Estados.

2. Cada um dos Estados-Partes pode propor até três candidatos, nacionais do Estado que os propuser ou de qualquer outro Estado-Membro da Organização dos Estados Americanos. Quando se propuser uma lista de três candidatos, pelo menos um deles deverá ser nacional de Estado diferente do proponente.

Artigo 54

1. Os juízes da Corte serão eleitos por um período de seis anos e só poderão ser reeleitos uma vez. O mandato de três dos juízes designados na primeira eleição expirará ao cabo de três anos. Imediatamente depois da referida eleição, determinar-se-ão por sorteio, na Assembleia-Geral, os nomes desses três juízes.

2. O juiz eleito para substituir outro, cujo mandato não haja expirado, completará o período deste.

3. Os juízes permanecerão em suas funções até o término dos seus mandatos. Entretanto, continuarão funcionando nos casos de que já houverem tomado conhecimento e que se encontrem em fase de sentença e, para tais efeitos, não serão substituídos pelos novos juízes eleitos.

Artigo 55

1. O juiz, que for nacional de algum dos Estados-Partes no caso submetido à Corte, conservará o seu direito de conhecer do mesmo.

2. Se um dos juízes chamados a conhecer do caso for de nacionalidade de um dos Esta-

dos-Partes, outro Estado-Parte no caso poderá designar uma pessoa de sua escolha para integrar a Corte na qualidade de juiz *ad hoc*.

3. Se, dentre os juízes chamados a conhecer do caso, nenhum for da nacionalidade dos Estados-Partes, cada um destes poderá designar um juiz *ad hoc*.

4. O juiz *ad hoc* deve reunir os requisitos indicados no artigo 52.

5. Se vários Estados-Partes na Convenção tiverem o mesmo interesse no caso, serão considerados como uma só parte, para os fins das disposições anteriores. Em caso de dúvida, a Corte decidirá.

Artigo 56

O *quorum* para as deliberações da Corte é constituído por cinco juízes.

Artigo 57

A Comissão comparecerá em todos os casos perante a Corte.

Artigo 58

1. A Corte terá sua sede no lugar que for determinado, na Assembleia-Geral da Organização, pelos Estados-Partes na Convenção, mas poderá realizar reuniões no território de qualquer Estado-Membro da Organização dos Estados Americanos em que considerar conveniente pela maioria dos seus membros e mediante prévia aquiescência do Estado respectivo. Os Estados-Partes na Convenção podem, na Assembleia-Geral, por dois terços dos seus votos, mudar a sede da Corte.

2. A Corte designará seu Secretário.

3. O Secretário residirá na sede da Corte e deverá assistir às reuniões que ela realizar fora da mesma.

Artigo 59

A Secretaria da Corte será por esta estabelecida e funcionará sob a direção do Secretário-Geral da Organização em tudo o que não for incompatível com a independência da Corte. Seus funcionários serão nomeados pelo Secretário-Geral da Organização, em consulta com o Secretário da Corte.

Artigo 60

A Corte elaborará seu Estatuto e submetê-lo-á à aprovação da Assembleia-Geral e expedirá seu regimento.

Seção II – *COMPETÊNCIA E FUNÇÕES*

Artigo 61

1. Somente os Estados-Partes e a Comissão têm direito de submeter um caso à decisão da Corte.

2. Para que a Corte possa conhecer de qualquer caso, é necessário que sejam esgotados os processos previstos nos artigos 48 a 50.

Artigo 62

1. Todo Estado-Parte pode, no momento do depósito do seu instrumento de ratificação desta Convenção ou de adesão a ela, ou em qualquer momento posterior, declarar que reconhece como obrigatória, de pleno direito e sem convenção especial, a competência da Corte em todos os casos relativos à interpretação ou aplicação desta Convenção.

2. A declaração pode ser feita incondicionalmente, ou sob condição de reciprocidade, por prazo determinado ou para casos específicos. Deverá ser apresentada ao Secretário-Geral da Organização, que encaminhará cópias da mesma aos outros Estados-Membros da Organização e ao Secretário da Corte.

3. A Corte tem competência para conhecer de qualquer caso, relativo à interpretação e aplicação das disposições desta Convenção, que lhe seja submetido, desde que os Estados-Partes no caso tenham reconhecido ou reconheçam a referida competência, seja por declaração especial, como preveem os incisos anteriores, seja por convenção especial.

Artigo 63

1. Quando decidir que houve violação de um direito ou liberdade protegidos nesta Convenção, a Corte determinará que se assegure ao prejudicado o gozo do seu direito ou liberdade violados. Determinará também, se isso for procedente, que sejam reparadas as consequências da medida ou situação que haja configurado a violação desses direitos, bem como o pagamento de indenização justa à parte lesada.

2. Em casos de extrema gravidade e urgência, e quando se fizer necessário evitar danos irreparáveis às pessoas, a Corte, nos assuntos de que estiver conhecendo, poderá tomar as medidas provisórias que considerar pertinentes. Se se tratar de assuntos que ainda não estiverem submetidos ao seu conhecimento, poderá atuar a pedido da Comissão.

Artigo 64

1. Os Estados-Membros da Organização poderão consultar a Corte sobre a interpretação desta Convenção ou de outros tratados concernentes à proteção dos direitos humanos nos Estados americanos. Também poderão consultá-la, no que lhes compete, os órgãos enumerados no capítulo X da Carta da Organização dos Estados Americanos, reformada pelo Protocolo de Buenos Aires.

2. A Corte, a pedido de um Estado-Membro da Organização, poderá emitir pareceres sobre a compatibilidade entre qualquer de suas leis internas e os mencionados instrumentos internacionais.

Artigo 65

A Corte submeterá à consideração da Assembleia-Geral da Organização, em cada período ordinário de sessões, um relatório sobre as suas atividades no ano anterior. De maneira especial, e com as recomendações pertinentes, indicará os casos em que um Estado não tenha dado cumprimento a suas sentenças.

Seção III – *PROCESSO*

Artigo 66

1. A sentença da Corte deve ser fundamentada.

2. Se a sentença não expressar no todo ou em parte a opinião unânime dos juízes, qualquer deles terá direito a que se agregue à sentença o seu voto dissidente ou individual.

Artigo 67

A sentença da Corte será definitiva e inapelável. Em caso de divergência sobre o sentido ou alcance da sentença, a Corte interpretá-la-á, a pedido de qualquer das partes, desde que o pedido seja apresentado dentro de noventa dias a partir da data da notificação da sentença.

Artigo 68

1. Os Estados-Partes na Convenção comprometem-se a cumprir a decisão da Corte em todo caso em que forem partes.

2. A parte da sentença que determinar indenização compensatória poderá ser executada no país respectivo pelo processo interno vigente para a execução de sentenças contra o Estado.

Artigo 69

A sentença da Corte deve ser notificada às partes no caso e transmitida aos Estados-Partes na Convenção.

CAPÍTULO IX – DISPOSIÇÕES COMUNS

Artigo 70

1. Os juízes da Corte e os membros da Comissão gozam, desde o momento de sua eleição e enquanto durar o seu mandato, das imunidades reconhecidas aos agentes diplomáticos pelo Direito Internacional. Durante o exercício dos seus cargos gozam, além disso, dos privilégios diplomáticos necessários para o desempenho de suas funções.

2. Não se poderá exigir responsabilidade em tempo algum dos juízes da Corte, nem dos membros da Comissão, por votos e opiniões emitidos no exercício de suas funções.

Artigo 71

Os cargos de juiz da Corte ou de membro da Comissão são incompatíveis com outras atividades que possam afetar sua independência ou imparcialidade, conforme o que for determinado nos respectivos estatutos.

Artigo 72

Os juízes da Corte e os membros da Comissão perceberão honorários e despesas de viagem na forma e nas condições que determinarem os seus Estatutos, levando em conta a importância e independência de suas funções. Tais honorários e despesas de viagem serão fixados no orçamento-programa da Organização dos Estados Americanos, no qual devem ser incluídas, além disso, as despesas da Corte e da sua Secretaria. Para tais efeitos, a Corte elaborará o seu próprio projeto de orçamento e submetê-lo-á à aprovação da Assembleia-Geral, por intermédio da Secretaria-Geral. Esta última não poderá nele introduzir modificações.

Artigo 73

Somente por solicitação da Comissão ou da Corte, conforme o caso, cabe à Assembleia-Geral da Organização resolver sobre as sanções aplicáveis aos membros da Comissão ou aos juízes da Corte que incorrerem nos casos previstos nos respectivos estatutos. Para expedir uma resolução, será necessária maioria de dois terços dos votos dos Estados-Membros da Organização, no caso dos membros da Comissão; e, além disso, de dois terços dos votos dos Estados-Partes na Convenção, se se tratar dos juízes da Corte.

PARTE III – DISPOSIÇÕES GERAIS E TRANSITÓRIAS

CAPÍTULO X – ASSINATURA, RATIFICAÇÃO, RESERVA, EMENDA, PROTOCOLO E DENÚNCIA

Artigo 74

1. Esta Convenção fica aberta à assinatura e à ratificação ou adesão de todos os Esta-

dos-Membros da Organização dos Estados Americanos.

2. A ratificação desta Convenção ou a adesão a ela efetuar-se-á mediante depósito de um instrumento de ratificação ou de adesão na Secretaria-Geral da Organização dos Estados Americanos. Esta Convenção entrará em vigor logo que onze Estados houverem depositado os seus respectivos instrumentos de ratificação ou de adesão. Com referência a qualquer outro Estado que a ratificar ou que a ela aderir ulteriormente, a Convenção entrará em vigor na data do depósito do seu instrumento de ratificação ou de adesão.

3. O Secretário-Geral informará todos os Estados-Membros da Organização sobre a entrada em vigor da Convenção.

Artigo 75

Esta Convenção só pode ser objeto de reservas em conformidade com as disposições da Convenção de Viena sobre Direito dos Tratados, assinada em 23 de maio de 1969.

Artigo 76

1. Qualquer Estado-Parte, diretamente, e a Comissão ou a Corte, por intermédio do Secretário-Geral, podem submeter à Assembleia-Geral, para o que julgarem conveniente, proposta de emenda a esta Convenção.

2. As emendas entrarão em vigor para os Estados que ratificarem as mesmas na data em que houver sido depositado o respectivo instrumento de ratificação que corresponda ao número de dois terços dos Estados-Partes nesta Convenção. Quanto aos outros Estados-Partes, entrarão em vigor na data em que depositarem eles os seus respectivos instrumentos de ratificação.

Artigo 77

1. De acordo com a faculdade estabelecida no artigo 31, qualquer Estado-Parte e a Comissão podem submeter à consideração dos Estados-Partes reunidos por ocasião da Assembleia-Geral, projetos de protocolos adicionais a esta Convenção, com a finalidade de incluir progressivamente no regime de proteção da mesma outros direitos e liberdades.

2. Cada protocolo deve estabelecer as modalidades de sua entrada em vigor e será aplicado somente entre os Estados-Partes no mesmo.

Artigo 78

1. Os Estados-Partes poderão denunciar esta Convenção depois de expirado um prazo de cinco anos, a partir da data de entrada em vigor da mesma e mediante aviso prévio de um ano, notificando o Secretário-Geral da Organização, o qual deve informar as outras Partes.

2. Tal denúncia não terá o efeito de desligar o Estado-Parte interessado das obrigações contidas nesta Convenção, no que diz respeito a qualquer ato que, podendo constituir violação dessas obrigações, houver sido cometido por ele anteriormente à data na qual a denúncia produzir efeito.

CAPÍTULO XI
DISPOSIÇÕES TRANSITÓRIAS

Seção I
COMISSÃO INTERAMERICANA DE DIREITOS HUMANOS

Artigo 79

Ao entrar em vigor esta Convenção, o Secretário-Geral pedirá por escrito a cada Estado-Membro da Organização que apresente, dentro de um prazo de noventa dias, seus candidatos a membro da Comissão Interamericana de Direitos Humanos. O Secretário-Geral preparará uma lista por ordem alfabética dos candidatos apresentados e a encaminhará aos Estados-Membros da Organização pelo menos trinta dias antes da Assembleia-Geral seguinte.

Artigo 80

A eleição dos membros da Comissão far-se-á dentre os candidatos que figurem na lista a que se refere o artigo 79, por votação secreta da Assembleia-Geral, e serão declarados eleitos os candidatos que obtiverem maior número de votos e a maioria absoluta dos votos dos representantes dos Estados-Membros. Se, para eleger todos os membros da Comissão, for necessário realizar várias votações, serão eliminados sucessivamente, na forma que for determinada pela Assembleia-Geral, os candidatos que receberem menor número de votos.

Seção II
CORTE INTERAMERICANA DE DIREITOS HUMANOS

Artigo 81

Ao entrar em vigor esta Convenção, o Secretário-Geral solicitará por escrito a cada Estado-Parte que apresente, dentro de um prazo de noventa dias, seus candidatos a juiz da Corte Interamericana de Direitos Humanos. O Secretário-Geral preparará uma lista por ordem alfabética dos candidatos apresentados e a encaminhará aos Estados-Partes pelo menos trinta dias antes da Assembleia-Geral seguinte.

Artigo 82

A eleição dos juízes da Corte far-se-á dentre os candidatos que figurem na lista a que se refere o artigo 81, por votação secreta dos Estados-Partes, na Assembleia-Geral, e serão declarados eleitos os candidatos que obtiverem maior número de votos e a maioria absoluta dos votos dos representantes dos Estados-Partes. Se, para eleger todos os juízes da Corte, for necessário realizar várias votações, serão eliminados sucessivamente, na forma que for determinada pelos Estados-Partes, os candidatos que receberem menor número de votos.

Em fé do que, os plenipotenciários abaixo assinados, cujos plenos poderes foram encontrados em boa e devida forma, assinam esta Convenção, que se denominará "Pacto de São José da Costa Rica", na cidade de São José, Costa Rica, em vinte e dois de novembro de mil novecentos e sessenta e nove.

DECLARAÇÕES E RESERVAS

DECLARAÇÃO DO CHILE

A Delegação do Chile apõe sua assinatura a esta Convenção, sujeita à sua posterior aprovação parlamentar e ratificação, em conformidade com as normas constitucionais vigentes.

DECLARAÇÃO DO EQUADOR

A Delegação do Equador tem a honra de assinar a Convenção Americana sobre Direitos Humanos. Não crê necessário especificar reserva alguma, deixando a salvo tão somente a faculdade geral constante da mesma Convenção, que deixa aos governos a liberdade de ratificá-la.

RESERVA DO URUGUAI

O artigo 80, parágrafo 2º, da Constituição da República Oriental do Uruguai, estabelece que se suspende a cidadania "pela condição de legalmente processado em causa criminal de que possa resultar pena de penitenciária". Essa limitação ao exercício dos direitos reconhecidos no artigo 23 da Convenção não está prevista entre as circunstâncias que a tal respeito prevê o parágrafo 2 do referido artigo 23, motivo por que a Delegação do Uruguai formula a reserva pertinente.

Em fé do que, os plenipotenciários abaixo-assinados, cujos plenos poderes foram encontrados em boa e devida forma, assinam esta Convenção, que se denominará "Pacto de São José da Costa Rica", na cidade de São José, Costa Rica, em vinte e dois de novembro de mil novecentos e sessenta e nove.

DECLARAÇÃO INTERPRETATIVA DO BRASIL

Ao depositar a Carta de Adesão à Convenção Americana sobre Direitos Humanos (Pacto de São José da Costa Rica), em 25 de setembro de 1992, o Governo brasileiro fez a seguinte declaração interpretativa sobre os artigos 43 e 48, alínea *d*:

"O Governo do Brasil entende que os artigos 43 e 48, alínea *d*, não incluem o direito automático de visitas e inspeções *in loco* da Comissão Interamericana de Direitos Humanos, as quais dependerão da anuência expressa do Estado."

CONVENÇÃO INTERAMERICANA SOBRE NORMAS GERAIS DE DIREITO INTERNACIONAL PRIVADO

▶ Promulgada pelo Dec. nº 1.979, de 9-8-1996.

Os Governos dos Estados-Membros de Organização dos Estados Americanos, desejosos de concluir uma convenção sobre normas gerais de Direito Internacional Privado, convieram no seguinte:

Artigo 1º

A determinação da norma jurídica aplicável para reger situações vinculadas com o direito estrangeiro ficará sujeita ao disposto nesta Convenção e nas demais convenções internacionais assinadas, ou que venham a ser assinadas no futuro, em caráter bilateral ou multinacional, pelos Estados-Partes.

Na falta de norma internacional, os Estados-Partes aplicarão as regras de conflito do seu direito interno.

Artigo 2º

Os juízes e as autoridades dos Estados-Partes ficarão obrigados a aplicar o direito estrangeiro tal como o fariam os juízes do Estado cujo direito seja aplicável, sem prejuízo de que as partes possam alegar e provar a existência e o conteúdo da lei estrangeira invocada.

Artigo 3º

Quando a lei de um Estado-Parte previr instituições ou procedimentos essenciais para a sua aplicação adequada e que não sejam previstos na legislação de outro Estado-Parte, este poderá negar-se a aplicar a referida lei, desde que tenha instituições ou procedimentos análogos.

Artigo 4º

Todos os recursos previstos na lei processual do lugar do processo serão igualmente admitidos para os casos de aplicação da lei de qualquer dos outros Estados-Partes que seja aplicável.

Artigo 5º

A lei declarada aplicável por uma convenção de Direito Internacional Privado poderá não ser aplicada no território do Estado-Parte que a considerar manifestante contrária aos princípios da sua ordem pública.

Artigo 6º

Não se aplica como direito estrangeiro o direito de um Estado-Parte quando artificiosamente se tenham burlado os princípios fundamentais da lei do outro Estado-Parte.

Ficará a juízo das autoridades competentes do Estado receptor determinar a intenção fraudulenta das partes interessadas.

Artigo 7º

As situações jurídicas validamente constituídas em um Estado-Parte, de acordo com todas as leis com as quais tenham conexão no momento de sua constituição, serão reconhecidas nos demais Estados-Partes, desde que não contrárias aos princípios da sua ordem pública.

Artigo 8º

As questões prévias, preliminares ou incidentes que surjam em decorrência de uma questão principal não devem necessariamente ser resolvidas de acordo com a lei que regula esta última.

Artigo 9º

As diversas leis que podem ser competentes para regular os diferentes aspectos de uma mesma relação jurídica serão aplicadas de maneira harmônica, procurando-se realizar os fins colimados por cada uma das referidas legislações. As dificuldades que forem causadas por sua aplicação simultânea serão resolvidas levando-se em conta as exigências impostas pela equidade no caso concreto.

Artigo 10

Esta Convenção ficará aberta à assinatura dos Estados-Membros da Organização dos Estados Americanos.

Artigo 11

Esta Convenção está sujeita a ratificação. Os instrumentos de ratificação serão depositados na Secretaria-Geral da Organização dos Estados Americanos.

Artigo 12

Esta Convenção ficará aberta à adesão de qualquer outro Estado. Os instrumentos de adesão serão depositados na Secretaria-Geral da Organização dos Estados Americanos.

Artigo 13

Cada Estado poderá formular reservas a esta Convenção no momento de assiná-la, ratificá-la ou a ela aderir, desde que a reserva verse sobre uma ou mais disposições especificas e que não seja incompatível com o objetivo e fim da Convenção.

Artigo 14

Esta Convenção entrará em vigor no trigésimo dia a partir da data em que haja sido depositado o segundo instrumento de ratificação. Para cada Estado que ratificar a Convenção ou ela aderir depois de haver sido depositado o segundo instrumento de ratificação, a Convenção entrará em vigor no trigésimo dia a partir da data em que tal Estado haja depositado seu instrumento de ratificação ou adesão.

Artigo 15

Os Estados-Partes que tenham duas ou mais unidades territoriais em que vigorem sistemas jurídicos diferentes com relação a questões de que trata esta Convenção poderão declarar, no momento da assinatura, ratificação ou adesão, que a Convenção se aplicará a todas as suas unidades territoriais ou somente a uma ou mais delas.

Tais declarações poderão ser modificadas mediante declarações ulteriores, que especificarão expressamente a ou as unidades territoriais a que se aplicará esta Convenção. Tais declarações ulteriores serão transmitidas à Secretaria-Geral da Organização dos Estados Americanos e surtirão efeito trinta dias depois de recebidas.

Artigo 16

Esta Convenção vigorará por prazo indefinido, mas qualquer dos Estados-Partes poderá denunciá-la. O instrumento de denúncia será depositado na Secretaria-Geral da Organização dos Estados Americanos. Transcorrido um ano, contato a partir da data do depósito do instrumento de denúncia, cessarão os efeitos da Convenção para o Estado denunciante, continuando ela subsistente para os demais Estados-Partes.

Artigo 17

O Instrumento original desta Convenção, cujos textos em português, espanhol, francês e inglês são igualmente autênticos, será depositado na Secretaria-Geral da Organização dos Estados Americanos, que enviará cópia autenticada do seu texto para o respectivo registro e publicação à Secretaria das Nações Unidas, de conformidade com o artigo 102 da sua Carta Constitutiva. A Secretaria-Geral da Organização dos Estados Americanos notificará aos Estados-Membros da referida Organização, e os Estados que houverem, aderido à Convenção, as assinaturas e os depósitos de instrumentos de ratificação, de adesão e de denúncia, bem como as reservas que houver. Outrossim, transmitirá aos mesmos as declarações previstas no artigo 15 desta Convenção.

Em fé do que, os plenipotenciários infra-assinados, devidamente autorizados por seus respectivos Governos, firmam esta Convenção.

Feita na cidade de Montevidéu, República Oriental do Uruguai, no dia oito de maio de mil novecentos e setenta e nove.

TRATADO PARA A CONSTITUIÇÃO DE UM MERCADO COMUM ENTRE A REPÚBLICA ARGENTINA, A REPÚBLICA FEDERATIVA DO BRASIL, A REPÚBLICA DO PARAGUAI E A REPÚBLICA ORIENTAL DO URUGUAI

(TRATADO DE ASSUNÇÃO)

- Celebrado em Assunção, Paraguai, em 26-3-1991. Aprovado no Brasil pelo Dec. Legislativo nº 197, de 25-9-1991, e promulgado pelo Dec. nº 350, de 21-11-1991.

A República Argentina, a República Federativa do Brasil, a República do Paraguai e a República Oriental do Uruguai, doravante denominados "Estados-Partes".

Considerando que a ampliação das atuais dimensões de seus mercados nacionais, através da integração constitui condição fundamental para acelerar seus processos de desenvolvimento econômico com justiça social;

Entendendo que esse objetivo deve ser alcançado mediante o aproveitamento mais eficaz dos recursos disponíveis, a preservação do meio ambiente, o melhoramento das interconexões físicas, a coordenação de políticas macroeconômica da complementação dos diferentes setores da economia, com base nos princípios de gradualidade, flexibilidade e equilíbrio;

Tendo em conta a evolução dos acontecimentos internacionais, em especial a consolidação de grandes espaços econômicos, e a importância de lograr uma adequada inserção internacional para seus países;

Expressando que este processo de integração constitui uma resposta adequada a tais acontecimentos;

Conscientes de que o presente Tratado deve ser considerado como um novo avanço no esforço tendente ao desenvolvimento progressivo da integração da América Latina, conforme o objetivo do Tratado de Montevidéu de 1980;

Convencidos da necessidade de promover o desenvolvimento científico e tecnológico dos Estados-Partes e de modernizar suas economias para ampliar a oferta e a qualidade dos bens de serviços disponíveis, a fim de melhorar as condições de vida de seus habitantes;

Reafirmando sua vontade política de deixar estabelecidas as bases para uma união cada vez mais estreita entre seus povos, com a finalidade de alcançar os objetivos supramencionados,

Acordam:

CAPÍTULO I

PROPÓSITO, PRINCÍPIOS E INSTRUMENTOS

Artigo 1º

Os Estados-Partes decidem constituir um Mercado Comum, que deverá estar estabelecido a 31 de dezembro de 1994, e que se denominará "Mercado Comum do Sul" (MERCOSUL).

Este Mercado Comum implica:

A livre circulação de bens, serviços e fatores produtivos entre os países, através, entre outros, da eliminação dos direitos alfandegários e restrições não tarifárias à circulação de mercadorias e de qualquer outra medida de efeito equivalente;

O estabelecimento de uma tarifa externa comum e a adoção de uma política comercial comum em relação a terceiros Estados ou agrupamentos de Estados e a coordenação de posições em foros econômico-comerciais regionais e internacionais;

A coordenação de políticas macroeconômicas e setoriais entre os Estados-Partes: de comércio exterior, agrícola, industrial, fiscal, monetária, cambial e de capitais, de serviços, alfandegária, de transportes e comunicações e outras que se acordem, a fim de assegurar condições adequadas de concorrência entre os Estados-Partes; e

O compromisso dos Estados-Partes de harmonizar suas legislações, nas áreas pertinentes, para lograr o fortalecimento do processo de integração.

Artigo 2º

O Mercado Comum estará fundado na reciprocidade de direitos e obrigações entre os Estados-Partes.

Artigo 3º

Durante o período de transição, que se estenderá desde a entrada em vigor do presente

Tratado até 31 de dezembro de 1994, e a fim de facilitar a constituição do Mercado Comum, os Estados-Partes adotam um Regime Geral de Origem, um Sistema de Solução de Controvérsias e Cláusulas de Salvaguarda, que constam como Anexos II, III e IV ao presente Tratado.

Artigo 4º

Nas relações com terceiros países, os Estados-Partes assegurarão condições equitativas de comércio. Para tal fim, aplicarão suas legislações nacionais, para inibir importações cujos preços estejam influenciados por subsídios, *dumping* qualquer outra prática desleal. Paralelamente, os Estados-Partes coordenarão suas respectivas políticas nacionais com o objetivo de elaborar normas comuns sobre concorrência comercial.

Artigo 5º

Durante o período de transição, os principais instrumentos para a constituição do Mercado Comum são:

a) Um Programa de Liberação Comercial, que consistirá em reduções tarifárias progressivas, lineares e automáticas, acompanhadas da eliminação de restrições não tarifárias ou medidas de efeito equivalente, assim como de outras restrições ao comércio entre os Estados-Partes, para chegar a 31 de dezembro de 1994 com tarifa zero, sem barreiras não tarifárias sobre a totalidade do universo tarifário (Anexo I);

b) A coordenação de políticas macroeconômicas que se realizará gradualmente e de forma convergente com os programas de desgravação tarifária e eliminação de restrições não tarifárias, indicados na letra anterior;

c) Uma tarifa externa comum, que incentiva a competitividade externa dos Estados-Partes;

d) A adoção de acordos setoriais, com o fim de otimizar a utilização e mobilidade dos fatores de produção e alcançar escalas operativas eficientes.

Artigo 6º

Os Estados-Partes reconhecem diferenças pontuais de ritmo para a República do Paraguai e para a República Oriental do Uruguai, que constam no Programa de Liberação Comercial (Anexo I).

Artigo 7º

Em matéria de impostos, taxas e outros gravames internos, os produtos originários do território de um Estado-Parte gozarão, nos outros Estados-Partes, do mesmo tratamento que se aplique ao produto nacional.

Artigo 8º

Os Estados-Partes se comprometem a preservar os compromissos assumidos até a data de celebração do presente Tratado, inclusive os Acordos firmados no âmbito da Associação Latino-Americana de Integração, e a coordenar suas posições nas negociações comerciais externas que empreendam durante o período de transição. Para tanto:

a) Evitarão afetar os interesses dos Estados-Partes nas negociações comerciais que realizem entre si até 31 de dezembro de 1994;

b) Evitarão afetar os interesses dos demais Estados-Partes ou os objetivos do Mercado Comum nos Acordos que celebrarem com outros Países-membros da Associação Latino-Americana de Integração durante o período de transição;

c) Realizarão consultas entre si sempre que negociem esquemas amplos de desgravação tarifárias, tendentes à formação de zonas de livre comércio com os demais países-membros da Associação Latino-Americana de Integração;

d) Estenderão automaticamente aos demais Estados-Partes qualquer vantagem, favor, franquia, imunidade ou privilégio que concedam a um produto originário de ou destinado a terceiros países não membros da Associação Latino-Americana de Integração.

CAPÍTULO II

ESTRUTURA ORGÂNICA

Artigo 9º

A administração e execução do presente Tratado e dos Acordos específicos e decisões que se adotem no quadro jurídico que o mesmo estabelece durante o período de transição estarão a cargo dos seguintes órgãos:

a) Conselho do Mercado Comum;

b) Grupo do Mercado Comum.

Artigo 10

O Conselho é o órgão superior do Mercado Comum, correspondendo-lhe a condução política do mesmo e a tomada de decisões para assegurar o cumprimento dos objetivos e prazos estabelecidos para a constituição definitiva do Mercado Comum.

Artigo 11

O Conselho estará integrado pelos Ministros de Relações Exteriores e os Ministros de Economia dos Estados-Partes.

Reunir-se-á quantas vezes estime oportuno, e, pelo menos uma vez ao ano, o fará com a participação dos Presidentes dos Estados-Partes.

Artigo 12

A Presidência do Conselho se exercerá por rotação dos Estados-Partes e em ordem alfabética, por períodos de seis meses.

As reuniões do Conselho serão coordenadas pelos Ministros de Relações Exteriores e poderão ser convidados a delas participar outros Ministros ou autoridades de nível Ministerial.

Artigo 13

O Grupo Mercado Comum é o órgão executivo do Mercado Comum e será coordenado pelos Ministérios das Relações Exteriores. O Grupo Mercado Comum terá faculdade de iniciativa. Suas funções serão as seguintes:

– velar pelo cumprimento do Tratado;

– tomar as providências necessárias ao cumprimento das decisões adotadas pelo Conselho;

– propor medidas concretas tendentes à aplicação do Programa de Liberação Comercial, à coordenação de política macroeconômica e à negociação de Acordos frente a terceiros;

– fixar programas de trabalho que assegurem avanços para o estabelecimento do Mercado Comum.

O Grupo Mercado Comum poderá constituir os Subgrupos de Trabalho que forem necessários para o cumprimento de seus objetivos. Contará inicialmente com os Subgrupos mencionados no Anexo V.

O Grupo Mercado Comum estabelecerá seu regime interno no prazo de 60 dias de sua instalação.

Artigo 14

O Grupo Mercado Comum estará integrado por quatro membros titulares e quatro membros alternos por país, que representem os seguintes órgãos públicos:

– Ministério das Relações Exteriores;

– Ministério da Economia seus equivalentes (áreas de indústria, comércio exterior e/ou coordenação econômica);

– Banco Central.

Ao elaborar e propor medidas concretas no desenvolvimento de seus trabalhos, até 31 de dezembro de 1994, o Grupo Mercado Comum poderá convocar, quando julgar conveniente, representantes de outros órgãos da Administração Pública e do setor privado.

Artigo 15

O Grupo Mercado Comum contará com uma Secretaria Administrativa cujas principais funções consistirão na guarda de documentos e comunicações de atividades do mesmo. Terá sua sede na cidade de Montevidéu.

Artigo 16

Durante o período de transição, as decisões do Conselho do Mercado Comum e do Grupo Mercado Comum serão tomadas por consenso e com a presença de todos os Estados-Partes.

Artigo 17

Os idiomas oficiais do Mercado Comum serão o português e o espanhol e a versão oficial dos documentos de trabalho será a do idioma do país sede de cada reunião.

Artigo 18

Antes do estabelecimento do Mercado Comum, a 31 de dezembro de 1994, os Estados-Partes convocarão uma reunião extraordinária com o objetivo de determinar a estrutura institucional definitiva dos órgãos de administração do Mercado Comum, assim como as atribuições específicas de cada um deles e seu sistema de tomada de decisões.

CAPÍTULO III

VIGÊNCIA

Artigo 19

O presente Tratado terá duração indefinida e entrará em vigor 30 dias após a data do depósito do terceiro instrumento de ratificação. Os instrumentos de ratificação serão depositados ante o Governo da República do Paraguai, que comunicará a data do depósito aos Governos dos demais Estados-Partes.

O Governo da República do Paraguai notificará ao Governo de cada um dos demais Estados-Partes a data de entrada em vigor do presente Tratado.

CAPÍTULO IV

ADESÃO

Artigo 20

O presente Tratado estará aberto à adesão, mediante negociação, dos demais países-membros da Associação Latino-Americana de Integração, cujas solicitações poderão ser examinadas pelos Estados-Partes depois de cinco anos de vigência deste Tratado.

Não obstante, poderão ser consideradas antes do referido prazo as solicitações apresentadas por países-membros da Associação Latino-Americana de Integração que não façam parte de esquemas de integração subregional ou de uma associação extrarregional.

A aprovação das solicitações será objeto de decisão unânime dos Estados-Partes.

CAPÍTULO V
DENÚNCIA

Artigo 21

O Estado-Parte que desejar desvincular-se do presente Tratado deverá comunicar essa intenção aos demais Estados-Partes de maneira expressa e formal, efetuando no prazo de sessenta (60) dias a entrega do documento de denúncia ao Ministério das Relações Exteriores da República do Paraguai, que o distribuirá aos demais Estados-Partes.

Artigo 22

Formalizada a denúncia, cessarão para o Estado denunciante os direitos e obrigações que correspondam a sua condição de Estado-Parte, mantendo-se os referentes ao programa de liberação do presente Tratado e outros aspectos que os Estados-Partes, juntos com o Estado denunciante, acordem no prazo de sessenta (60) dias após a formalização da denúncia. Esses direitos e obrigações do Estado denunciante continuarão em vigor por um período de dois (2) anos a partir da data da mencionada formalização.

CAPÍTULO VI
DISPOSIÇÕES GERAIS

Artigo 23

O presente Tratado se chamará "Tratado de Assunção".

Artigo 24

Com o objetivo de facilitar a implementação do Mercado Comum, estabelecer-se-á Comissão Parlamentar Conjunta do MERCOSUL. Os Poderes Executivos dos Estados-Partes manterão seus respectivos Poderes Legislativos informados sobre a evolução do Mercado Comum objeto do presente Tratado.

Feito na cidade de Assunção, aos 26 dias do mês março de mil novecentos e noventa e um, em um original, nos idiomas português e espanhol, sendo ambos os textos igualmente autênticos. O Governo da República do Paraguai será o depositário do presente Tratado e enviará cópia devidamente autenticada do mesmo aos Governos dos demais Estados-Partes signatários e aderentes.

▶ Optamos por não publicar os Anexos deste Tratado nesta edição.

Pelo Governo da República Argentina
Carlos Saul Menem
Guido Di Tella

Pelo Governo da República Federativa do Brasil
Fernando Collor
Francisco Rezek

Pelo Governo da República do Paraguai
Andres Rodríguez
Alexis Frutos Vaesken

Pelo Governo da República Oriental do Uruguai
Luis Alberto Lacalle Herrera
Hector Gros Espiel

ACORDO CONSTITUTIVO DA ORGANIZAÇÃO MUNDIAL DE COMÉRCIO

▶ Aprovado por meio do Dec. Legislativo nº 30, de 15-12-1994, e promulgado pelo Dec. nº 1.355, de 30-12-1994. Assinado em Marrakech em 12-4-1994, entrou em vigor em 1º-1-1995.

As partes do presente Acordo,

Reconhecendo que as suas relações na esfera da atividade comercial e econômica devem objetivar a elevação dos níveis de vida, o pleno emprego e um volume considerável e em constante elevação de receitas reais e demanda efetiva, o aumento da produção e do comércio de bens e de serviços, permitindo ao mesmo tempo a utilização ótima dos recursos mundiais em conformidade com o objetivo de um desenvolvimento sustentável e buscando proteger e preservar o meio ambiente e incrementar os meios para fazê-lo, de maneira compatível com suas respectivas necessidades e interesses segundo os diferentes níveis de desenvolvimento econômico;

Reconhecendo ademais que é necessário realizar esforços positivos para que os países em desenvolvimento, especialmente os de menor desenvolvimento relativo, obtenham uma parte do incremento do comércio internacional que corresponda às necessidades de seu desenvolvimento econômico;

Desejosas de contribuir para a consecução desses objetivos mediante a celebração de acordos destinados a obter, na base da reciprocidade e de vantagens mútuas, a redução substancial das tarifas aduaneiras e dos demais obstáculos ao comércio, assim como a eliminação do tratamento discriminatório nas relações comerciais internacionais;

Resolvidas, por conseguinte, a desenvolver um sistema multilateral de comércio integrado, mais viável e duradouro que compreenda o Acordo Geral sobre Tarifas Aduaneiras e Comércio, os resultados de esforços anteriores de liberalização do comércio e os resultados integrais das Negociações Comerciais Multilaterais da Rodada Uruguai;

Decididas a preservar os princípios fundamentais e a favorecer a consecução dos objetivos que informam este sistema multilateral de comércio, acordam o seguinte:

Artigo I
Estabelecimento da Organização

Constitui-se pelo presente Acordo a Organização Mundial de Comércio (a seguir denominada "OMC").

Artigo II
Escopo da OMC

1 – A OMC constituirá o quadro institucional comum para a condução das relações comerciais entre seus Membros nos assuntos relacionados com os acordos e instrumentos legais conexos incluídos nos anexos ao presente Acordo.

2 – Os acordos e os instrumentos legais conexos incluídos nos Anexos 1, 2 e 3 (denominados a seguir "Acordos Comerciais Multilaterais") formam parte integrante do presente Acordo e obrigam a todos os Membros.

3 – Os acordos e os instrumentos legais conexos incluídos no Anexo 4 (denominados a seguir "Acordos Comerciais Plurilaterais") também formam parte do presente Acordo para os Membros que os tenham aceito e são obrigatórios para estes. Os Acordos Comerciais Plurilaterais não criam obrigações nem direitos para os Membros que não os tenham aceitado.

4 – O Acordo Geral sobre Tarifas Aduaneiras e Comércio de 1994, conforme se estipula no Anexo 1A (denominado a seguir "GATT 1994") é juridicamente distinto do Acordo Geral sobre Tarifas Aduaneiras e Comércio com data de 30 de outubro de 1947, anexo à Ata Final adotada por ocasião do encerramento do segundo período de sessões da Comissão Preparatória da Conferência das Nações Unidas sobre Comércio e Emprego, posteriormente retificado, emendado ou modificado (denominado a seguir "GATT 1947").

Artigo III
Funções da OMC

1 – A OMC facilitará a aplicação, administração e funcionamento do presente Acordo e dos Acordos Comerciais Multilaterais e promoverá a consecução de seus objetivos, e constituirá também o quadro jurídico para a aplicação, administração e funcionamento dos Acordos Comerciais Plurilaterais.

2 – A OMC será o foro para as negociações entre seus Membros acerca de suas relações comerciais multilaterais em assuntos tratados no quadro dos acordos incluídos nos Anexos ao presente Acordo. A OMC poderá também servir de foro para ulteriores negociações entre seus Membros acerca de suas relações comerciais multilaterais, e de quadro jurídico para a aplicação dos resultados dessas negociações, segundo decida a Conferência Ministerial.

3 – A OMC administrará o Entendimento relativo às normas e procedimentos que regem a solução de controvérsias (denominado a seguir "Entendimento sobre Solução de Controvérsias" ou "ESC") que figura no Anexo 2 do presente Acordo.

4 – A OMC administrará o Mecanismo de Exame das Políticas Comerciais (denominado a seguir "TPRM") estabelecido no Anexo 3 do presente Acordo.

5 – Com o objetivo de alcançar uma maior coerência na formulação das políticas econômicas em escala mundial, a OMC cooperará, no que couber, com o Fundo Monetário Internacional e com o Banco Internacional de Reconstrução e Desenvolvimento e com os órgãos a eles afiliados.

Artigo IV
Estrutura da OMC

1 – Estabelecer-se-á uma Conferência Ministerial, composta por representantes de todos os Membros, que se reunirá ao menos uma vez cada dois anos. A Conferência Ministerial desempenhará as funções da OMC e adotará as disposições necessárias para tais fins. A Conferência Ministerial terá a faculdade de adotar decisões sobre todos os assuntos compreendidos no âmbito de qualquer dos Acordos Comerciais Multilaterais, caso assim o solicite um Membro, em conformidade com o estipulado especificamente em matéria de adoção de decisões no presente Acordo e no Acordo Comercial Multilateral relevante.

2 – Estabelecer-se-á um Conselho Geral, composto por representantes de todos os Membros, que se reunirá quando cabível. Nos intervalos entre reuniões da Conferência Ministerial, o Conselho Geral desempenhará as funções da Conferência. O Conselho Geral cumprirá igualmente as funções que se lhe atribuam no presente Acordo. O Conselho Geral estabelecerá suas regras de procedimento e aprovará as dos Comitês previstos no parágrafo 7.

3 – O Conselho Geral se reunirá quando couber para desempenhar as funções do órgão de Solução de Controvérsias estabelecido no Entendimento sobre Solução de Controvérsias. O órgão de Solução de Controvérsias poderá ter seu próprio presidente, e estabelecerá as regras de procedimento que considere necessárias para o cumprimento de tais funções.

4 – O Conselho Geral se reunirá quando couber para desempenhar as funções do órgão de Exame das Políticas Comerciais estabelecido no TPRM. O órgão de Exame das Políticas Comerciais poderá ter seu próprio presidente, e estabelecerá as regras de procedimento que considere necessárias para o cumprimento de tais funções.

5 – Estabelecer-se-ão um Conselho para o Comércio de Bens, um Conselho para o Comércio de Serviços e um Conselho para os Aspectos dos Direitos de Propriedade intelectual relacionadas com o Comércio (denominado a seguir "Conselho de TPIPS"), que funcionará sob a orientação geral do Conselho Geral. O Conselho para o Comércio de Bens supervisará o funcionamento dos Acordos Comerciais Multilaterais do Anexo 1A. O Conselho para o Comércio de Serviços supervisará o funcionamento do Acordo Geral sobre o Comércio de Serviços (denominado a seguir "GATS"). O Conselho para TRIPS supervisará o funcionamento do Acordo sobre os Aspectos dos Direitos de Propriedade Intelectual relacionados com o Comércio (denominado a seguir "Acordo sobre TRIPS"). Esses Conselhos desempenharão as funções a eles atribuídas nos respectivos Acordos e pelo Conselho Geral. Estabelecerão suas respectivas regras de procedimento, sujeitas a aprovação pelo Conselho Geral. Poderão participar desses Conselhos representantes de todos os Membros. Esses Conselhos se reunirão conforme necessário para desempenhar suas funções.

6 – O Conselho para o Comércio de Bens, o Conselho para o Comércio de Serviços e o Conselho para TRIPS estabelecerão os órgãos subsidiários que sejam necessários. Tais órgãos subsidiários fixarão suas respectivas regras de procedimento, sujeitas a aprovação pelos Conselhos correspondentes.

7 – A Conferência Ministerial estabelecerá um Comitê de Comércio e Desenvolvimento, um Comitê de Restrições por Motivo de Balanço de Pagamentos e um Comitê de Assuntos Orçamentários, Financeiros e Administrativos, que desempenharão as funções a eles atribuídas no presente Acordo e nos Acordos Comerciais Multilaterais, assim como as funções adicionais que lhes atribua o Conselho Geral, e poderá estabelecer Comitês adicionais com as funções que considere apropriadas. O Comitê de Comércio e Desenvolvimento examinará periodicamente, como parte de suas funções, as disposições especiais em favor dos países de menor desenvolvimento relativo Membros contidas nos Acordos Comerciais Multilaterais e apresentará relatório ao Conselho Geral para adoção de disposições apropriadas. Poderão participar desses Comitês representantes de todos os Membros.

8 – Os órgãos estabelecidos em virtude dos Acordos Comerciais Plurilaterais desempenharão as funções a eles atribuídas em consequência de tais Acordos e funcionarão dentro do marco institucional da OMC. Tais órgãos informarão regularmente o Conselho Geral sobre suas respectivas atividades.

Artigo V
Relações com Outras Organizações

1 – O Conselho Geral tomará as providências necessárias para estabelecer cooperação efetiva com outras organizações intergovernamentais que tenham áreas de atuação relacionadas com a da OMC.

2 – O Conselho Geral poderá tomar as providências necessárias para manter consultas e cooperação com organizações não governamentais dedicadas a assuntos relacionados com os da OMC.

Artigo VI
A Secretaria

1 – Fica estabelecida uma Secretaria da OMC (doravante denominada Secretaria), chefiada por um Diretor-Geral.

2 – A Conferência Ministerial indicará o Diretor-Geral e adotará os regulamentos que estabelecem seus poderes, deveres, condições de trabalho e mandato.

3 – O Diretor-Geral indicará os integrantes do pessoal da Secretaria e definirá seus deveres e condições de trabalho, de acordo com os regulamentos adotados pela Conferência Ministerial.

4 – As competências do Diretor-Geral e do pessoal da Secretaria terão natureza exclusivamente internacional. No desempenho de suas funções, o Diretor-Geral e o pessoal da Secretaria não buscarão nem aceitarão instruções de qualquer governo ou de qualquer outra autoridade externa à OMC. Além disso, eles se absterão de toda ação que possa afetar negativamente sua condição de funcionários internacionais. Os Membros da OMC respeitarão a natureza internacional das funções do Diretor-Geral e do pessoal da Secretaria e não buscarão influenciá-los no desempenho dessas funções.

Artigo VII
Orçamento e Contribuições

1 – O Diretor-Geral apresentará a proposta orçamentária anual e o relatório financeiro ao Comitê de Orçamento, Finanças e Administração. Este examinará a proposta orçamentária anual e o relatório financeiro apresentados pelo Diretor-Geral e sobre ambos fará recomendações ao Conselho Geral. A proposta orçamentária anual será sujeita a aprovação do Conselho Geral.

2 – O Comitê de Orçamento, Finanças e Administração proporá normas financeiras ao Conselho Geral, que incluirão disciplinas sobre:

a) a escala de contribuições à OMC, divididas proporcionalmente entre os Membros; e

b) as medidas que serão tomadas com relação aos Membros em atraso.

As normas financeiras serão baseadas, na medida do possível, nos regulamentos e nas práticas do GATT 1947.

3 – O Conselho Geral adotará as normas financeiras e a proposta orçamentária anual por maioria de dois terços computados sobre *quorum* de mais da metade dos Membros da OMC.

4 – Cada Membro aportará prontamente sua quota às despesas da OMC, de acordo com as normas financeiras adotadas pelo Conselho Geral.

Artigo VIII
Status da OMC

1 – A OMC terá personalidade legal e receberá de cada um de seus Membros a capacidade legal necessária para exercer suas funções.

2 – Cada um dos Membros da OMC lhe acordará os privilégios e imunidades necessárias para o exercício de suas funções.

3 – Cada um dos Membros acordará à OMC e a seus funcionários, assim como aos representantes dos demais Membros, as imunidades e privilégios necessárias para o exercício independente de suas funções, em relação à OMC.

4 – Os privilégios e imunidades acordados por um Membro à OMC, seus funcionários e representantes dos Membros serão similares aos privilégios e imunidades estabelecidos na Convenção sobre Privilégios e Imunidades das Agências Especializadas, aprovado pela Assembleia-Geral das Nações Unidas em 21 de novembro de 1947.

5 – A OMC poderá concluir acordo de sede.

Artigo IX
Processo Decisório

1 – A OMC continuará a prática de processo decisório de consenso seguida pelo GATT 1947.[1] Salvo disposição em contrário, quando não for possível adotar uma decisão por consenso, a matéria em questão será decidida por votação. Nas reuniões da Conferência Ministerial e do Conselho Geral, cada Membro da OMC terá um voto. Quando as Comunidades Europeias exercerem seu direito de voto, terão o número de votos correspondente ao número de seus Estados-membros[2] que são Membros da OMC. As Decisões da Conferência Ministerial e do Conselho Geral serão tomadas por maioria de votos, salvo disposição em contrário do presente Acordo ou do Acordo Multilateral de Comércio pertinentes.[3]

2 – Conferência Ministerial e o Conselho Geral terão autoridade exclusiva para adotar interpretações do presente Acordo e dos Acordos Multilaterais de Comércio. No caso de uma interpretação de um Acordo Multilateral de Comércio do Anexo 1, a Conferência Ministerial e o Conselho Geral exercerão sua autoridade com base em uma recomendação do Conselho responsável pelo funcionamento do Acordo em questão. A decisão de adotar uma interpretação será tomada por maioria de três quartos dos Membros. O presente parágrafo

(1) Entende-se que o órgão pertinente decidiu por consenso matéria submetida a sua consideração quando nenhum dos Membros presentes à reunião na qual uma decisão for adotada objetar formalmente à proposta de decisão.

(2) O número de votos das Comunidades Europeias e de seus Estados-membros não excederá jamais o número de Estados-membros das Comunidades Europeias.

(3) As decisões do Conselho Geral, quando reunido na qualidade de órgão de Solução de Controvérsias, serão tomadas de acordo com o disposto no parágrafo 4 do Artigo 2 do Entendimento Relativo a Normas e Procedimentos de Solução de Controvérsias.

não será utilizado de maneira a prejudicar as disposições de alteração do Artigo X.

3 – Em circunstâncias excepcionais, a Conferência Ministerial poderá decidir a derrogação de uma obrigação de um Membro em virtude do presente Acordo ou de quaisquer dos Acordos Multilaterais de Comércio, desde que tal decisão seja tomada por três quartos[4] dos Membros, salvo disposição em contrário no presente parágrafo.

a) Um pedido de derrogação com respeito ao presente Acordo será submetido à Conferência Ministerial para consideração de acordo com a prática de processo decisório por consenso. A Conferência Ministerial estabelecerá um período de tempo, que não deverá exceder a 90 dias, para considerar o pedido. Caso não seja possível alcançar consenso durante o período do tempo estabelecido, qualquer decisão de conceder derrogação será tomada por maioria de três quartos dos Membros.

b) Um pedido de derrogação com respeito aos Acordos Multilaterais de Comércio dos Anexos 1A, 1B ou 1C e seus anexos será submetido inicialmente ao Conselho para o Comércio de Bens, ao Conselho para o Comércio de Serviços ou ao Conselho para TRIPS, respectivamente, para consideração durante um período de tempo que não excederá a 90 dias. Ao final desse período de tempo, o Conselho pertinente submeterá a um relatório à Conferência Ministerial.

4 – Uma decisão da Conferência Ministerial de conceder derrogação deverá relatar as circunstâncias excepcionais que regulamentam a aplicação da derrogação e a data em que a derrogação deverá terminar. Qualquer derrogação concedida por período superior a um ano será revista pela Conferência Ministerial em prazo não superior a um ano após a concessão, e subsequentemente a cada ano, até o término da derrogação. Em cada revisão, a Conferência Ministerial examinará se as circunstâncias excepcionais que justificam a derrogação ainda existem e se os termos e condições relacionadas à derrogação foram cumpridos. A Conferência Ministerial, com base na revisão anual, poderá estender, modificar ou terminar a derrogação.

5 – As decisões relativas ao um Acordo de Comércio Plurilateral, incluindo as decisões sobre interpretações e derrogações, serão reguladas pelas disposições daquele Acordo.

Artigo X
Alterações

1 – Qualquer Membro da OMC poderá propor a alteração das disposições do presente Acordo ou dos Acordos Multilaterais de Comércio no Anexo 1 mediante apresentação de tal proposta à Conferência Ministerial. Os Conselhos listados no parágrafo 5 do Artigo IV poderão também apresentar à Conferência Ministerial propostas de alteração de disposições dos Acordos Multilaterais de Comércio do Anexo 1 cujo funcionamento supervisionam. Exceto se a Conferência Ministerial decidir por período mais longo, no período de 90 dias após a apresentação formal de proposta à Conferência Ministerial, qualquer decisão da Conferência Ministerial de apresentar proposta de alteração aos Membros para sua aceitação deverá ser adotada por consenso. Salvo aplicação do disposto aos parágrafos 2, 5 ou 6, tal decisão da Conferência Ministerial deverá especificar-se se aplicam as disposições dos parágrafos 3 ou 4. Caso se alcance o consenso, a Conferência Ministerial apresentará prontamente a proposta de alteração aos Membros para aceitação. Caso não se alcance consenso na reunião da Conferência Ministerial dentro do período estabelecido, a Conferência Ministerial decidirá por maioria de dois terços dos Membros quanto à apresentação da proposta aos Membros para aceitação. Exceto disposto nos parágrafos 2, 5 e 6, as disposições do parágrafo 3 se aplicarão à alteração proposta, a menos que a Conferência Ministerial decida por maioria de três quartos dos Membros que o disposto no parágrafo 4 será aplicado.

2 – As alterações das disposições do presente Artigo e das disposições dos seguintes Artigos somente serão efetuadas com a aceitação de todos os Membros:

Artigo IX do presente Acordo;

Artigos I e II do GATT 1994;

Artigo II: 1 do GATS;

Artigo 4 do Acordo sobre TRIPS.

3 – As alterações das disposições do presente Acordo, ou dos Acordos Multilaterais de Comércio dos Anexos 1A e 1C, com exceção das listadas nos parágrafos 2 e 6, cuja natureza poderia alterar os direitos e obrigações dos Membros, serão aplicáveis aos Membros que as aceitaram quando da aceitação por dois terços dos Membros e, posteriormente, aos outros Membros que as aceitarem quando de sua aceitação. A Conferência Ministerial poderá decidir por maioria de três quartos dos Membros que qualquer alteração que vigore de acordo com o presente parágrafo é de tal natureza que qualquer Membro que não a tenha aceitado dentro do período especificado pela Conferência Ministerial terá, em todo caso, a liberdade de retirar-se da OMC ou permanecer seu Membro com o consentimento da Conferência Ministerial.

4 – Alterações às disposições deste Acordo ou dos Acordos Multilaterais de Comércio dos Anexos 1A e 1C, exceto os listados nos parágrafos 2 e 6, cuja natureza poderia alterar os direitos e obrigações dos Membros, vigorarão para todos os Membros quando de sua aceitação por dois terços dos Membros.

5 – Exceto pelo disposto no parágrafo 2 acima, alterações às Partes I, II e III do GATS e dos respectivos anexos vigorarão para os Membros que as aceitaram a partir da aceitação por dois terços dos Membros e, posteriormente, para outros Membros quando de sua aceitação. A Conferência Ministerial poderá decidir por maioria de três quartos dos Membros que qualquer alteração que vigore de acordo com a disposição precedente é de tal natureza que qualquer Membro que não a tenha aceitado dentro do período especificado pela Conferência Ministerial poderá em todo caso retirar-se da OMC ou permanecer seu Membro com o consentimento da Conferência Ministerial. Alterações das Partes IV, V e VI do GATS e dos respectivos anexos vigorarão para todos os Membros quando de sua aceitação por dois terços dos Membros.

6 – A despeito das demais disposições do presente Artigo, alterações ao Acordo de TRIPS que cumpram os requisitos do parágrafo 2 do Artigo 71 daquele Acordo poderão ser adotadas pela Conferência Ministerial sem outro processo formal de aceitação.

7 – Qualquer Membro que aceite uma alteração ao presente Acordo ou a um Acordo Multilateral de Comércio do Anexo 1 deverá depositar um instrumento de aceitação com o Diretor-Geral da OMC dentro do período de aceitação determinado pela Conferência Ministerial.

8 – Qualquer Membro da OMC poderá propor a alteração das disposições dos Acordos Multilaterais de Comércio contidos nos Anexos 2 e 3 mediante apresentação de proposta nesse sentido à Conferência Ministerial. A decisão de aprovar as alterações ao Acordo Multilateral de Comércio contido no Anexo 2 deverá ser tomada por consenso e tais alterações vigorarão para todos os Membros quando da aprovação pela Conferência Ministerial. As decisões de aprovar alterações no Anexo 3 vigorarão para todos os Membros quando de sua aprovação pela Conferência Ministerial.

9 – A pedido dos Membros partes de um acordo comercial, a Conferência Ministerial poderá decidir exclusivamente por consenso incluir o referido acordo no Anexo 4. A Conferência Ministerial, a pedido dos Membros partes de um Acordo Plurilateral de Comércio, poderá decidir retirá-lo do Anexo 4.

10 – Alterações de um Acordo Plurilateral de Comércio serão regidas pelas disposições do Acordo em questão.

Artigo XI
Membro Originário

1 – Tornar-se-ão Membros originários da OMC as partes contratantes do GATT 1947 na data de entrada em vigor deste Acordo, e as Comunidades Europeias, que aceitam este Acordo e os Acordos Comerciais Multilaterais, cujas Listas de Concessões e Compromissos estejam anexadas ao GATT 1994 e cujas Listas de Compromissos Específicos estejam anexadas ao GATS.

2 – Dos países de menor desenvolvimento relativo, assim reconhecidos pelas Nações Unidas, serão requeridos compromissos e concessões apenas na proporção adequada a suas necessidades de desenvolvimento, financeiras e comerciais ou a sua capacidade administrativa e institucional.

Artigo XII
Acessão

1 – Poderá aceder a este Acordo, nos termos que convencionar com a OMC, qualquer Estado ou território aduaneiro separado que tenha completa autonomia na condução de suas relações comerciais externas e de outros assuntos contemplados neste Acordo e nos Acordos Comerciais Multilaterais. Essa acessão aplica-se a este Acordo e aos Acordos Comerciais Multilaterais a este anexados.

2 – A Conferência Ministerial tomará as decisões relativas à acessão. A aprovação pela Conferência Ministerial do acordo sobre os termos de acessão far-se-á por maioria de dois terços dos Membros da OMC.

(4) Deverá ser adotada por consenso a decisão de acordar postergação de qualquer obrigação sujeita a período de transição ou período de implementação por etapas que o Membro não tenha cumprido ao final do período pertinente.

3 – A acessão a um Acordo Comercial Plurilateral reger-se-á pelas disposições daquele referido acordo.

Artigo XIII
Não Aplicação de Acordos Comerciais Multilaterais entre Membros Específicos

1 – Este Acordo e os Acordos Comerciais Multilaterais dos Anexos 1 e 2 não se aplicarão entre dois Membros quaisquer se qualquer um deles, no momento em que se torna Membro, não aceita sua aplicação.

2 – O parágrafo 1 só poderá ser invocado entre Membros originários da OMC que tenham sido partes contratantes do GATT 1947, quando o Artigo XXXV daquele acordo tiver sido invocado anteriormente e tenha estado em vigor entre aquelas partes contratantes no momento da entrada em vigor deste Acordo para elas.

3 – O parágrafo 1 só será aplicado entre um Membro e outro que tenha acedido ao amparo do Artigo XII se o Membro que não aceita a aplicação tiver notificado a Conferência Ministerial desse fato antes da aprovação pela Conferência Ministerial do acordo sobre os termos de acessão.

4 – A Conferência Ministerial poderá rever a aplicação deste artigo em casos específicos, a pedido de qualquer Membro, e fazer as recomendações apropriadas.

5 – A não aplicação de um Acordo Comercial Plurilateral entre partes daquele acordo será disciplinada pelas disposições do acordo.

Artigo XIV
Aceitação, Entrada em Vigor e Depósito

1 – Este Acordo estará aberto à aceitação, por assinatura ou outro meio, das partes contratantes do GATT 1947, e das Comunidades Europeias, que sejam elegíveis a se tornarem Membros originais da OMC de acordo com o Artigo XI do mesmo. Tal aceitação se aplicará a este Acordo e aos Acordos Comerciais Multilaterais anexos. Este Acordo e os Acordos Comerciais Multilaterais anexos entrarão em vigor na data determinada pelos Ministros em conformidade com o parágrafo 3 da Ata Final em que se Incorporam os Resultados da Rodada Uruguai de Negociações Comerciais Multilaterais e permanecerão abertos à aceitação por um período de dois anos subsequentes a essa data salvo decisão diferente dos Ministros. Uma aceitação após a entrada em vigor deste Acordo entrará em vigor 30 dias após a data de tal aceitação.

2 – Um Membro que aceite este Acordo após sua entrada em vigor implementará as concessões e obrigações contidas nos Acordos Comerciais Multilaterais a serem implementados dentro de um prazo que se inicia com a entrada em vigor do presente Acordo como se tivesse aceitado este Acordo na data de sua entrada em vigor.

3 – Até a entrada em vigor deste Acordo, o texto deste Acordo e dos Acordos Comerciais Multilaterais deverão ser depositados com o Diretor-Geral das Partes Contratantes do GATT 1947. O Diretor-Geral deverá fornecer prontamente uma cópia certificada deste Acordo e dos Acordos Comerciais Multilaterais, e uma notificação de cada aceitação dos mesmos, a cada governo e as Comunidades Europeias, que tenham aceito este Acordo. Este Acordo e os Acordos Comerciais Multilaterais, e quaisquer emendas aos mesmos, serão, quando da entrada em vigor da OMC, depositadas junto ao Diretor-Geral da OMC.

4 – A aceitação e entrada em vigor de um Acordo Comercial Plurilateral será governado pelas disposições daquele acordo. Tais acordos serão depositados junto ao Diretor-Geral das Partes Contratantes do GATT 1947. Na entrada em vigor deste Acordo, tais acordos serão depositados com o Diretor-Geral da OMC.

Artigo XV
Retirada

1 – Qualquer Membro poderá retirar-se deste Acordo. Tal retirada aplicar-se-á tanto a este Acordo quanto aos Acordos Comerciais Multilaterais e terá efeito ao fim de seis meses contados da data em que for recebida pelo Diretor-Geral da OMC comunicação escrita da retirada.

2 – A retirada de um Acordo Comercial Plurilateral será governada pelas disposições daquele acordo.

Outras Disposições:

1 – Exceto disposição em contrário no presente Acordo ou nos Acordos Multilaterais de Comércio, a OMC será regulada pelas decisões, procedimentos e práticas costumeiras seguidas pelas Partes Contratantes do GATT 1947 e pelos órgãos estabelecidos no âmbito do GATT 1947.

2 – Na medida do praticável, o Secretariado do GATT 1947 tornar-se-á o Secretariado da OMC e o Diretor-Geral das Partes Contratantes do GATT 1947 exercerá o cargo de Diretor-Geral da OMC até que a Conferência Ministerial nomeie Diretor-Geral de acordo com o parágrafo 2 do Artigo VI do presente Acordo.

3 – Na eventualidade de haver conflito entre uma disposição do presente Acordo e uma disposição de qualquer dos Acordos Multilaterais de Comércio, as disposições do presente Acordo prevalecerão no tocante ao conflito.

4 – Todo Membro deverá assegurar a conformidade de suas leis, regulamentos e procedimentos administrativos com as obrigações constantes dos acordos anexos.

5 – Não serão feitas reservas em relação a qualquer disposição do presente Acordo. Reservas com relação a qualquer disposição dos Acordos Multilaterais de Comércio somente poderão ser feitas na medida em que admitidas nos referidos acordos. Reservas com relação a disposições de um Acordo Plurilateral de Comércio serão regidas pelas disposições do acordo pertinente.

6 – O presente Acordo será registrado de acordo com o disposto no Artigo 102 da Carta das Nações Unidas.

Feito em Marraqueche no décimo quinto dia do mês de abril de mil novecentos e noventa e quatro, em uma única cópia, nas línguas inglesa, francesa e espanhola, cada texto sendo autêntico.

Notas Explicativas:

Entende-se que os termos "país" e "países", tais como utilizados no presente Acordo e nos Acordos Multilaterais de Comércio, incluem quaisquer territórios aduaneiros autônomos dos Membros da OMC.

No caso de um território aduaneiro autônomo de um Membro da OMC, quando uma expressão no presente Acordo ou nos Acordos Multilaterais de Comércio for qualificada pelo termo "nacional", tal expressão será entendida como pertencente àquele território aduaneiro, salvo especificação em contrário.

LISTA DE ANEXOS

▶ Optamos por não publicar os Anexos 1, 3 e 4 nesta edição.

ANEXO 1

ANEXO 1A

Acordos Multilaterais de Comércio de Bens;

Acordo Geral de Tarifas e Comércio de 1994;

Acordo sobre a Facilitação do Comércio

Acordo sobre Agricultura;

Acordo sobre Aplicação de Medidas Sanitárias e Fitossanitárias;

Acordo sobre Têxteis e Vestuário;

Acordo sobre Barreiras Técnicas ao Comércio;

Acordo sobre Medidas de Investimento Relacionadas com o Comércio:

Acordo sobre a Implementação do Artigo VI do GATT 1994;

Acordo sobre a Implementação do Artigo VII do GATT 1994;

Acordo sobre Inspeção Pré-Embarque;

Acordo sobre Regras de Origem;

Acordo sobre Procedimentos para o Licenciamento de Importações;

Acordo sobre Subsídios e Medidas Compensatórias;

Acordo sobre Salvaguarda.

ANEXO 1B

Acordo Geral sobre Comércio de Serviços e Anexos.

ANEXO 1C

Acordo sobre Aspectos dos Direitos de Propriedade Intelectual Relacionados ao Comércio.

ANEXO 2

Entendimento Relativo às Normas e Procedimentos sobre Solução de Controvérsias.

ANEXO 3

Mecanismo de Exame de Políticas Comerciais.

ANEXO 4

Acordos de Comércio Plurilaterais;

Acordo sobre Comércio de Aeronaves Civis;

Acordo sobre Compras Governamentais;

Acordo Internacional sobre Produtos Lácteos;

Acordo Internacional sobre Carne Bovina.

ANEXO 2 ENTENDIMENTO RELATIVO ÀS NORMAS E PROCEDIMENTOS SOBRE SOLUÇÃO DE CONTROVÉRSIAS

Os *Membros* pelo presente *acordam* o seguinte:

Artigo 1
Âmbito e Aplicação

1. As regras e procedimentos do presente Entendimento se aplicam às controvérsias pleiteadas conforme as disposições sobre consultas e solução de controvérsias dos acordos enumerados no Apêndice 1 do presente Entendimento (denominados no presente Entendimento "acordos abrangidos"). As regras e procedimentos deste Entendimento se aplicam igualmente às consultas e solução de contro-

vérsias entre Membros relativas a seus direitos ou obrigações ao amparo do Acordo Constitutivo da Organização Mundial de Comércio (denominada no presente Entendimento "Acordo Constitutivo da OMC") e do presente Entendimento, considerados isoladamente ou em conjunto com quaisquer dos outros acordos abrangidos.

2. As regras e procedimentos do presente Entendimento se aplicam sem prejuízo das regras e procedimentos especiais ou adicionais sobre solução de controvérsias contidos nos acordos abrangidos, conforme identificadas no Apêndice 2 do presente Entendimento. Havendo discrepância entre as regras e procedimentos do presente Entendimento e as regras e procedimentos especiais ou adicionais constantes do Apêndice 2, prevalecerão as regras e procedimentos especiais ou adicionais constantes do Apêndice 2. Nas controvérsias relativas a normas e procedimentos de mais de um acordo abrangido, caso haja conflito entre as regras e procedimentos especiais ou adicionais dos acordos em questão, e se as partes em controvérsia não chegarem a acordo sobre as normas e procedimentos dentro dos 20 dias seguintes ao estabelecimento do grupo especial, o Presidente do órgão de Solução de Controvérsias previsto no parágrafo 1 do artigo 2 (denominado no presente Entendimento "OSC"), em consulta com as partes envolvidas na controvérsia, determinará, no prazo de 10 dias contados da solicitação de um dos Membros, as normas e os procedimentos a serem aplicados. O Presidente seguirá o princípio de que normas e procedimentos especiais ou adicionais devem ser aplicados quando possível, e de que normas e procedimentos definidos neste Entendimento devem ser aplicados na medida necessária para evitar conflito de normas.

Artigo 2
Administração

1. Pelo presente Entendimento estabelece-se o órgão de Solução de Controvérsias para aplicar as presentes normas e procedimentos e as disposições em matéria de consultas e solução de controvérsias dos acordos abrangidos, salvo disposição em contrário de um desses acordos. Consequentemente, o OSC tem competência para estabelecer grupos especiais, acatar relatórios dos grupos especiais e do Órgão de Apelação, supervisionar a aplicação das decisões e recomendações e autorizar a suspensão de concessões e de outras obrigações determinadas pelos acordos abrangidos. Com relação às controvérsias que surjam no âmbito de um acordo dentre os Acordos Comerciais Plurilaterais, entender-se-á que o termo "Membro" utilizado no presente Entendimento se refere apenas aos Membros integrantes do Acordo Comercial Plurilateral em questão. Quando o OSC aplicar as disposições sobre solução de controvérsias de um Acordo Comercial Plurilateral, somente poderão participar das decisões ou medidas adotadas pelo OSC aqueles Membros que sejam partes do Acordo em questão.

2. O OSC deverá informar os pertinentes Conselhos e Comitês da OMC do andamento das controvérsias relacionadas com disposições de seus respectivos acordos.

3. O OSC se reunirá com a frequência necessária para o desempenho de suas funções dentro dos prazos estabelecidos pelo presente Entendimento.

4. Nos casos em que as normas e procedimentos do presente Entendimento estabeleçam que o OSC deve tomar uma decisão tal procedimento será por consenso.[5]

Artigo 3
Disposições Gerais

1. Os Membros afirmam sua adesão aos princípios de solução de controvérsias aplicados até o momento com base nos artigos XXII e XXIII do GATT 1947 e ao procedimento elaborado e modificado pelo presente instrumento.

2. O sistema de solução de controvérsias da OMC é elemento essencial para trazer segurança e previsibilidade ao sistema multilateral de comércio. Os Membros reconhecem que esse sistema é útil para preservar direitos e obrigações dos Membros dentro dos parâmetros dos acordos abrangidos e para esclarecer as disposições vigentes dos referidos acordos em conformidade com as normas correntes de interpretação do direito internacional público. As recomendações e decisões do OSC não poderão promover o aumento ou a diminuição dos direitos e obrigações definidos nos acordos abrangidos.

3. É essencial para o funcionamento eficaz da OMC e para a manutenção de equilíbrio adequado entre os direitos e as obrigações dos Membros a pronta solução das situações em que um Membro considere que quaisquer benefícios resultantes, direta ou indiretamente, dos acordos abrangidos tenham sofrido restrições por medidas adotadas por outro Membro.

4. As recomendações ou decisões formuladas pelo OSC terão por objetivo encontrar solução satisfatória para a matéria em questão, de acordo com os direitos e obrigações emanados pelo presente Entendimento e pelos acordos abrangidos.

5. Todas as soluções das questões formalmente pleiteadas ao amparo das disposições sobre consultas e solução de controvérsias, incluindo os laudos arbitrais, deverão ser compatíveis com aqueles acordos e não deverão anular ou prejudicar os benefícios de qualquer Membro em virtude daqueles acordos, nem impedir a consecução de qualquer objetivo daqueles acordos.

6. As soluções mutuamente acordadas das questões formalmente pleiteadas ao amparo das disposições sobre consultas e solução de controvérsias dos acordos abrangidos serão notificadas ao OSC e aos Conselhos e Comitês correspondentes, onde qualquer Membro poderá levantar tópicos a elas relacionadas.

7. Antes de apresentar uma reclamação, os Membros avaliarão a utilidade de atuar com base nos presentes procedimentos. O objetivo do mecanismo de solução de controvérsias é garantir uma solução positiva para as controvérsias. Deverá ser sempre dada preferência a solução mutuamente aceitável para as partes em controvérsia e que esteja em conformidade com os acordos abrangidos. Na impossibilidade de uma solução mutuamente acordada, o primeiro objetivo do mecanismo de solução de controvérsias será geralmente o de conseguir a supressão das medidas de que se trata, caso se verifique que estas são incompatíveis com as disposições de qualquer dos acordos abrangidos. Não se deverá recorrer à compensação a não ser nos casos em que não seja factível a supressão imediata das medidas incompatíveis com o acordo abrangido e como solução provisória até a supressão dessas medidas. O último recurso previsto no presente Entendimento para o Membro que invoque os procedimentos de solução de controvérsias é a possibilidade de suspender, de maneira discriminatória contra o outro Membro, a aplicação de concessões ou o cumprimento de outras obrigações no âmbito dos acordos abrangidos, caso o OSC autorize a adoção de tais medidas.

8. Nos casos de não cumprimento de obrigações contraídas em virtude de um acordo abrangido, presume-se que a medida constitua um caso de anulação ou de restrição. Isso significa que normalmente existe a presunção de que toda transgressão das normas produz efeitos desfavoráveis para outros Membros que sejam partes do acordo abrangido, e em tais casos a prova em contrário caberá ao Membro contra o qual foi apresentada a reclamação.

9. As disposições do presente Entendimento não prejudicarão o direito dos Membros de buscar interpretação autorizada das disposições de um acordo abrangido através das decisões adotadas em conformidade com o Acordo Constitutivo da OMC ou um acordo abrangido que seja um Acordo Comercial Plurilateral.

10. Fica entendido que as solicitações de conciliação e a utilização dos procedimentos de solução de controvérsias não deverão ser intentados nem considerados como ações contenciosas e que, ao surgir uma controvérsia, todos os Membros participarão do processo com boa-fé e esforçando-se para resolvê-la. Fica ainda entendido que não deverá haver vinculação entre reclamações e contrarreclamações relativas a assuntos diferentes.

11. O presente Entendimento se aplicará unicamente às novas solicitações de consultas apresentadas conforme as disposições sobre consulta dos acordos abrangidos na data da entrada em vigor do Acordo Constitutivo da OMC ou posteriormente a essa data. Com relação às controvérsias cujas solicitações de consultas tenham sido feitas baseadas no GATT 1947 ou em qualquer outro acordo anterior aos acordos abrangidos antes da data de entrada em vigor do Acordo Constitutivo da OMC, continuarão sendo aplicadas as normas e procedimentos de solução de controvérsias vigentes imediatamente antes da data de entrada em vigor do Acordo Constitutivo da OMC.[6]

12. Sem prejuízo das disposições do parágrafo 11, se um país em desenvolvimento Membro apresenta contra um país desenvolvido Membro uma reclamação baseada em qualquer dos acordos abrangidos, a parte reclamante terá o direito de se valer das disposições correspondentes da Decisão de 5 de abril de 1966 (BISD 14S/20), como alternativa às disposições contidos nos Artigos 4, 5, 6 e 12 do presente Entendimento, com a exceção de que, quando o Grupo Especial julgar que o prazo previsto no parágrafo 7 da referida Decisão for insuficiente para elaboração de seu relatório e com aprovação da parte reclamante, esse prazo poderá ser prorrogado. Quando houver diferenças entre

[5] Considerar-se-á que o OSC decidiu por consenso matéria submetida a sua consideração quando nenhum Membro presente à reunião do OSC na qual a decisão foi adotada a ela se opuser formalmente.

[6] Este parágrafo será igualmente aplicado às controvérsias cujos relatórios dos grupos especiais não tenham sido adotados ou aplicados plenamente.

normas e procedimentos dos Artigos 4, 5, 6 e 12 e as normas e procedimentos correspondentes da Decisão, prevalecerão estes últimos.

Artigo 4
Consultas

1. Os Membros afirmam sua determinação de fortalecer e aperfeiçoar a eficácia dos procedimentos de consulta utilizados pelos Membros.

2. Cada Membro se compromete a examinar com compreensão a argumentação apresentada por outro Membro e a conceder oportunidade adequada para consulta com relação a medidas adotadas dentro de seu território que afetem o funcionamento de qualquer acordo abrangido.[7]

3. Quando a solicitação de consultas for formulada com base em um acordo abrangido, o Membro ao qual a solicitação for dirigida deverá respondê-la, salvo se mutuamente acordado de outro modo, dentro de um prazo de 10 dias contados a partir da data de recebimento da solicitação, e deverá de boa-fé proceder a consultas dentro de um prazo não superior a 30 dias contados a partir da data de recebimento da solicitação, com o objetivo de chegar a uma solução mutuamente satisfatória. Se o Membro não responder dentro do prazo de 10 dias contados a partir da data de recebimento da solicitação, ou não proceder às consultas dentro de prazo não superior a 30 dias, ou dentro de outro prazo mutuamente acordado contado a partir da data de recebimento da solicitação, o Membro que houver solicitado as consultas poderá proceder diretamente à solicitação de estabelecimento de um grupo especial.

4. Todas as solicitações de consultas deverão ser notificadas ao OSC e aos Conselhos e Comitês pertinentes pelo Membro que as solicite. Todas as solicitações de consultas deverão ser apresentadas por escrito e deverão conter as razões que as fundamentam, incluindo indicação das medidas controversas e do embasamento legal em que se fundamenta a reclamação.

5. Durante as consultas realizadas em conformidade com as disposições de um acordo abrangido, os Membros procurarão obter uma solução satisfatória da questão antes de recorrer a outras medidas previstas no presente Entendimento.

6. As consultas deverão ser confidenciais e sem prejuízo dos direitos de qualquer Membro em quaisquer procedimentos posteriores.

7. Se as consultas não produzirem a solução de uma controvérsia no prazo de 60 dias contados a partir da data de recebimento da solicitação, a parte reclamante poderá requerer o estabelecimento de um grupo especial. A parte reclamante poderá requerer o estabelecimento de um grupo especial dentro do referido prazo de 60 dias se as partes envolvidas na consulta considerarem conjuntamente que as consultas não produziram solução da controvérsia.

8. Nos casos de urgência, incluindo aqueles que envolvem bens perecíveis, os Membros iniciarão as consultas dentro de prazo não superior a 10 dias contados da data de recebimento da solicitação. Se as consultas não produzirem solução da controvérsia dentro de prazo não superior a 20 dias contados da data de recebimento da solicitação, a parte reclamante poderá requerer o estabelecimento de um grupo especial.

9. Em casos de urgência, incluindo aqueles que envolvem bens perecíveis, as partes em controvérsia, os grupos especiais e o Órgão de Apelação deverão envidar todos os esforços possíveis para acelerar ao máximo os procedimentos.

10. Durante as consultas os Membros deverão dar atenção especial aos problemas e interesses específicos dos países em desenvolvimento Membros.

11. Quando um Membro não participante das consultas considerar que tem interesse comercial substancial nas consultas baseadas no parágrafo 1 do Artigo XXII do GATT 1994, parágrafo 1 do Artigo XXII do GATS, ou nas disposições pertinentes de outros acordos abrangidos[8] tal Membro poderá notificar os Membros participantes da consulta e o OSC, dentro de um prazo de 10 dias contados da data da distribuição da solicitação de consultas baseadas em tal Artigo, de seu desejo de integrar-se às mesmas. Tal Membro deverá associar-se às consultas desde que o Membro ao qual a solicitação de consultas foi encaminhada entenda que a pretensão de interesse substancial tenha fundamento. Nesse caso, o OSC deverá ser devidamente informado. Se a requisição para participação das consultas não for aceita, o Membro requerente poderá solicitar consultas com base no parágrafo 1 do Artigo XXII ou parágrafo 1 do Artigo XXIII do GATT 1994, parágrafo 1 do Artigo XXII ou parágrafo 1 do Artigo XXIII do GATS, ou nas disposições pertinentes dos acordos abrangidos.

Artigo 5
Bons Ofícios, Conciliação e Mediação

1. Bons ofícios, conciliação e mediação são procedimentos adotados voluntariamente se as partes na controvérsia assim acordarem.

2. As diligências relativas aos bons ofícios, à conciliação e à mediação, e em especial as posições adotadas durante as mesmas pelas partes envolvidas nas controvérsias, deverão ser confidenciais e sem prejuízo dos direitos de quaisquer das partes em diligências posteriores baseadas nestes procedimentos.

3. Bons ofícios, conciliação ou mediação poderão ser solicitados a qualquer tempo por qualquer das partes envolvidas na controvérsia. Poderão iniciar-se ou encerrar-se a qualquer tempo. Uma vez terminados os procedimentos de bons ofícios, conciliação ou mediação, a parte reclamante poderá requerer o estabelecimento de um grupo especial.

4. Quando bons ofícios, conciliação ou mediação se iniciarem dentro de 60 dias contados da data de recebimento da solicitação, a parte reclamante não poderá requerer o estabelecimento de um grupo especial antes de transcorrido o prazo de 60 dias a partir da data de recebimento da solicitação de consultas. A parte reclamante poderá solicitar o estabelecimento de um grupo especial no correr do prazo de 60 dias se as partes envolvidas na controvérsia considerarem de comum acordo que os bons ofícios, a conciliação e a mediação não foram suficientes para solucionar a controvérsia.

5. Se as partes envolvidas na controvérsia concordarem, os procedimentos para bons ofícios, conciliação e mediação poderão continuar enquanto prosseguirem os procedimentos do grupo especial.

6. O Diretor-Geral, atuando *ex officio*, poderá oferecer seus bons ofícios, conciliação ou mediação com o objetivo de auxiliar os Membros a resolver uma controvérsia.

Artigo 6
Estabelecimento de Grupos Especiais

1. Se a parte reclamante assim o solicitar, um grupo especial será estabelecido no mais tardar na reunião do OSC seguinte àquela em que a solicitação aparece pela primeira vez como item da agenda do OSC, a menos que nessa reunião o OSC decida por consenso não estabelecer o grupo especial.[9]

2. Os pedidos de estabelecimento de grupo especial deverão ser formulados por escrito. Deverão indicar se foram realizadas consultas, identificar as medidas em controvérsia e fornecer uma breve exposição do embasamento legal da reclamação, suficiente para apresentar o problema com clareza. Caso a parte reclamante solicite o estabelecimento do grupo especial com termos de referência diferentes dos termos padrão, o pedido escrito deverá incluir sugestão de texto para os termos de referência especiais.

Artigo 7
Termos de referência dos Grupos Especiais

1. Os termos de referência dos grupos especiais serão os seguintes, a menos que as partes envolvidas na controvérsia acordem diferentemente dentro do prazo de 20 dias a partir da data de estabelecimento do grupo especial:

> "Examinar, à luz das disposições pertinentes no (indicar o(s) acordo(s) abrangido(s) citado(s) pelas partes em controvérsia), a questão submetida ao OSC por (nome da parte) no documento ... e estabelecer conclusões que auxiliem o OSC a fazer recomendações ou emitir decisões previstas naquele(s) acordo(s)."

2. Os grupos especiais deverão considerar as disposições relevantes de todo acordo ou acordos abrangidos invocados pelas partes envolvidas na controvérsia.

3. Ao estabelecer um grupo especial, o OSC poderá autorizar seu Presidente a redigir os termos de referência do grupo especial com

---

(7) Quando as disposições de qualquer outro acordo abrangido relativos a medidas adotadas por governos ou autoridades regionais ou locais dentro do território de um Membro forem diferentes dos previstos neste parágrafo, prevalecerão as disposições do acordo abrangido.

(8) Enumeram-se, a seguir, as disposições pertinentes em matéria de consultas de acordos abrangidos: Acordo sobre Agricultura, Artigo 19; Acordo sobre Aplicação de Medidas Sanitárias e Fitossanitárias, parágrafo 1 do Artigo 11; Acordo sobre Têxteis e Vestuário, parágrafo 4 do Artigo 8; Acordo sobre Barreiras Técnicas ao Comércio, parágrafo 1 do Artigo 14; Acordo sobre Medidas de Investimento Relacionadas com o Comércio, Artigo 8; Acordo sobre a Implementação do Artigo VI do GATT 1994, parágrafo 2 do Artigo 17; Acordo sobre a Implementação do Artigo VII do GATT 1994, parágrafo 2 do Artigo 19; Acordo sobre Inspeção Pré-Embarque, Artigo 7; Acordo sobre Regras de Origem, Artigo 7; Acordo sobre Licenças de Importação, Artigo 6; Acordo sobre Subsídios e Medidas Compensatórias, Artigo 30; Acordo sobre Salvaguardas, Artigo 14; Acordo sobre Aspectos de Direito de Propriedade Intelectual Relacionados com o Comércio, parágrafo 1 do Artigo 64; e as disposições pertinentes em matéria de consultas dos Acordos Comerciais Plurilaterais que os órgãos pertinentes de cada acordo determinem e notifiquem ao OSC.

(9) Se a parte reclamante assim solicitar, uma reunião do OSC será convocada com tal objetivo dentro dos quinze dias seguintes ao pedido, sempre que se dê aviso com antecedência mínima de 10 dias.

a colaboração das partes envolvidas na controvérsia, de acordo com as disposições do parágrafo 1. Os termos de referência assim redigidos serão distribuídos a todos os Membros. Caso os termos de referência sejam diferentes do padrão, qualquer Membro poderá levantar qualquer ponto a ele relativo no OSC.

Artigo 8
Composição dos Grupos Especiais

1. Os grupos especiais serão compostos por pessoas qualificadas, funcionários governamentais ou não, incluindo aquelas que tenham integrado um grupo especial ou a ele apresentado uma argumentação, que tenham atuado como representantes de um Membro ou de uma parte contratante do GATT 1947 ou como representante no Conselho ou Comitê de qualquer acordo abrangido ou do respectivo acordo precedente, ou que tenha atuado no Secretariado, exercido atividade docente ou publicado trabalhos sobre direito ou política comercial internacional, ou que tenha sido alto funcionário na área de política comercial de um dos Membros.

2. Os membros dos grupos especiais deverão ser escolhidos de modo a assegurar a independência dos membros, suficiente diversidade de formações e largo espectro de experiências.

3. Os nacionais de Membros cujos governos[10] sejam parte na controvérsia ou terceiras partes, conforme definido no parágrafo 2 do Artigo 10, não atuarão no grupo especial que trate dessa controvérsia, a menos que as partes acordem diferentemente.

4. Para auxiliar na escolha dos integrantes dos grupos especiais, o Secretariado manterá uma lista indicativa de pessoas, funcionários governamentais ou não, que reúnem as condições indicadas no parágrafo 1, da qual os integrantes dos grupos especiais poderão ser selecionados adequadamente. Esta lista incluirá a relação de peritos não governamentais elaborada em 30 de novembro de 1984 (BISD 31S/9), e outras relações ou listas indicativas elaboradas em virtude de qualquer acordo abrangido, e manterá os nomes dos peritos que figurem naquelas relações e listas indicativas na data de entrada em vigor do Acordo Constitutivo da OMC. Os Membros poderão periodicamente sugerir nomes de pessoas, funcionários governamentais ou não, a serem incluídos na lista indicativa, fornecendo informação substantiva sobre seu conhecimento de comércio internacional e dos setores ou temas dos acordos abrangidos, e tais nomes serão acrescentados à lista após aprovação pelo OSC. Para cada pessoa que figure na lista, serão indicadas suas áreas específicas de experiência ou competência técnica nos setores ou temas dos acordos abrangidos.

5. Os grupos especiais serão compostos por três integrantes a menos que, dentro do prazo de 10 dias a partir de seu estabelecimento, as partes em controvérsia concordem em compor um grupo especial com cinco integrantes. Os Membros deverão ser prontamente informados da composição do grupo especial.

6. O Secretariado proporá às partes em controvérsia candidatos a integrantes do grupo especial. As partes não deverão se opor a tais candidaturas a não ser por motivos imperiosos.

7. Se não houver acordo quanto aos integrantes do grupo especial dentro de 20 dias após seu estabelecimento, o Diretor-Geral, a pedido de qualquer das partes, em consulta com o Presidente do OSC e o Presidente do Conselho ou Comitê pertinente, determinará a composição do grupo especial, e nomeará os integrantes mais apropriados segundo as normas e procedimentos especiais ou adicionais do acordo abrangido ou dos acordos abrangidos de que trate a controvérsia, após consulta com as partes em controvérsia.

8. Os Membros deverão comprometer-se, como regra geral, a permitir que seus funcionários integrem os grupos especiais.

9. Os integrantes dos grupos especiais deverão atuar a título pessoal e não como representantes de governos ou de uma organização. Assim sendo, os Membros não lhes fornecerão instruções nem procurarão influenciá-los com relação aos assuntos submetidos ao grupo especial.

10. Quando a controvérsia envolver um país em desenvolvimento Membro e um país desenvolvido Membro, o grupo especial deverá, se o país em desenvolvimento Membro solicitar, incluir ao menos um integrante de um país em desenvolvimento Membro.

11. As despesas dos integrantes dos grupos especiais, incluindo viagens e diárias, serão cobertas pelo orçamento da OMC, de acordo com critérios a serem adotados pelo Conselho Geral, baseados nas recomendações do Comitê de Orçamento, Finanças e Administração.

Artigo 9
Procedimento para Pluralidade de Partes Reclamantes

1. Quando mais de um Membro solicitar o estabelecimento de um grupo especial com relação a uma mesma questão, um único grupo especial deverá ser estabelecido para examinar as reclamações, levando em conta os direitos de todos os Membros interessados. Sempre que possível, um único grupo especial deverá ser estabelecido para examinar tais reclamações.

2. O grupo especial único deverá proceder a seus exames da questão e apresentar suas conclusões ao OSC de maneira a não prejudicar os direitos que caberiam às partes em controvérsia se as reclamações tivessem sido examinadas por vários grupos especiais. Se houver solicitação de uma das partes, o grupo especial deverá apresentar relatórios separados sobre a controvérsia examinada. As comunicações escritas de cada parte reclamante deverão estar à disposição das outras partes, e cada parte reclamante deverá ter direito de estar presente quando qualquer outra parte apresentar sua argumentação ao grupo especial.

3. No caso de ser estabelecido mais de um grupo especial para examinar reclamações relativas ao mesmo tema, na medida do possível as mesmas pessoas integrarão cada um dos grupos especiais e os calendários dos trabalhos dos grupos especiais que tratam dessas controvérsias deverão ser harmonizados.

Artigo 10
Terceiros

1. Os interesses das partes em controvérsia e os dos demais Membros decorrentes do acordo abrangido ao qual se refira a controvérsia deverão ser integralmente levados em consideração no correr dos trabalhos dos grupos especiais.

2. Todo Membro que tenha interesse concreto em um assunto submetido a um grupo especial e que tenha notificado esse interesse ao OSC (denominado no presente Entendimento "terceiro") terá oportunidade de ser ouvido pelo grupo especial e de apresentar-lhe comunicações escritas. Estas comunicações serão também fornecidas às partes em controvérsia e constarão do relatório do grupo especial.

3. Os terceiros receberão as comunicações das partes em controvérsia apresentadas ao grupo especial em sua primeira reunião.

4. Se um terceiro considerar que uma medida já tratada por um grupo especial anula ou prejudica benefícios a ele advindos de qualquer acordo abrangido, o referido Membro poderá recorrer aos procedimentos normais de solução de controvérsias definidos no presente Entendimento. Tal controvérsia deverá, onde possível, ser submetida ao grupo especial que tenha inicialmente tratado do assunto.

Artigo 11
Função dos Grupos Especiais

A função de um grupo especial é auxiliar o OSC a desempenhar as obrigações que lhe são atribuídas por este Entendimento e pelos acordos abrangidos. Consequentemente, um grupo especial deverá fazer uma avaliação objetiva do assunto que lhe seja submetido, incluindo uma avaliação objetiva dos fatos, da aplicabilidade e concordância com os acordos abrangidos pertinentes, e formular conclusões que auxiliem o OSC a fazer recomendações ou emitir decisões previstas nos acordos abrangidos. Os grupos especiais deverão regularmente realizar consultas com as partes envolvidas na controvérsia e propiciar-lhes oportunidade para encontrar solução mutuamente satisfatória.

Artigo 12
Procedimento dos Grupos Especiais

1. Os grupos especiais seguirão os Procedimentos de Trabalho do Apêndice 3, salvo decisão em contrário do grupo especial após consulta com as partes em controvérsia.

2. Os procedimentos do grupo especial deverão ser suficientemente flexíveis para assegurar a qualidade de seus relatórios, sem atrasar indevidamente os trabalhos do grupo especial.

3. Os integrantes do grupo especial deverão, após consultar as partes em controvérsia, o quanto antes e se possível dentro da semana seguinte em que sejam acordados a composição e os termos de referência do grupo especial, estabelecer um calendário para seus trabalhos, considerando as disposições do parágrafo 9 do Artigo 4, se pertinente.

4. Ao determinar o calendário para seus trabalhos, o grupo especial deverá estipular prazos suficientes para que as partes em controvérsia preparem suas argumentações escritas.

5. Os grupos especiais deverão definir prazos exatos para que as partes apresentem suas argumentações escritas e as partes deverão respeitar tais prazos.

6. Cada parte em controvérsia deverá consignar suas argumentações escritas ao Secretariado para transmissão imediata ao grupo especial e à outra parte ou às outras partes

[10] Caso uma união aduaneira ou um mercado comum seja parte em uma controvérsia, esta disposição se aplicará aos nacionais de todos os países-membros da união aduaneira ou do mercado comum.

em controvérsia. A parte reclamante deverá apresentar sua primeira argumentação antes da primeira argumentação da parte demandada, salvo se o grupo especial decidir, ao estabelecer o calendário previsto no parágrafo 3 e após consultar as partes em controvérsia, que as partes deverão apresentar suas argumentações simultaneamente. Quando se houver decidido pela consignação sucessiva das primeiras argumentações, o grupo especial deverá fixar um prazo rígido para recebimento das argumentações da parte demandada. Quaisquer argumentações escritas posteriores deverão ser apresentadas simultaneamente.

7. Nos casos em que as partes envolvidas na controvérsia não consigam encontrar uma solução mutuamente satisfatória, o grupo especial deverá apresentar suas conclusões em forma de relatório escrito ao OSC. Em tais casos, o relatório do grupo especial deverá expor as verificações de fatos, a aplicabilidade de disposições pertinentes e o arrazoado em que se baseiam suas decisões e recomendações. Quando se chegar a uma solução da questão controversa entre as partes, o relatório do grupo especial se limitará a uma breve descrição do caso, com indicação de que a solução foi encontrada.

8. Com o objetivo de tornar o procedimento mais eficaz, o prazo para o trabalho do grupo especial, desde a data na qual seu estabelecimento e termos de referência tenham sido acordados até a data em que seu relatório final tenha sido divulgado para as partes em controvérsia, não deverá, como regra geral, exceder a seis meses. Em casos de urgência, incluídos aqueles que tratem de bens perecíveis, o grupo especial deverá procurar divulgar seu relatório para as partes em controvérsia dentro de três meses.

9. Quando o grupo especial considerar que não poderá divulgar seu relatório dentro de seis meses, ou dentro de três meses em casos de urgência, deverá informar por escrito ao OSC as razões do atraso juntamente com uma estimativa do prazo em que procederá à divulgação do relatório. O período de tempo entre o estabelecimento do grupo especial e a divulgação do relatório para os Membros não poderá, em caso algum, exceder a nove meses.

10. No âmbito de consultas envolvendo medidas tomadas por um país em desenvolvimento Membro, as partes poderão acordar a extensão dos prazos definidos nos parágrafos 7 e 8 do Artigo 4. Se, após expiração do prazo concernente, as partes em consulta não acordarem com a sua conclusão, o Presidente do OSC deverá decidir, após consultar as partes, se o prazo concernente será prorrogado e, em caso positivo, por quanto tempo. Ademais, ao examinar uma reclamação contra um país em desenvolvimento Membro, o grupo especial deverá proporcionar tempo bastante para que o país em desenvolvimento Membro prepare e apresente sua argumentação. As disposições do parágrafo 1 do Artigo 20 e parágrafo 4 do Artigo 21 não serão afetadas por nenhuma ação decorrente deste parágrafo.

11. Quando uma ou mais das partes for um país em desenvolvimento Membro, o relatório do grupo especial indicará explicitamente a maneira pela qual foram levadas em conta as disposições pertinentes ao tratamento diferenciado e mais favorável para países em desenvolvimento Membros que façam parte dos acordos abrangidos invocados pelo país em desenvolvimento Membros no curso dos trabalhos de solução de controvérsias.

12. O grupo especial poderá suspender seu trabalho a qualquer tempo a pedido da parte reclamante por período não superior a doze meses. Ocorrendo tal suspensão, os prazos fixados nos parágrafos 8 e 9 deste Artigo, parágrafo 1 do Artigo 20, e parágrafo 4 do Artigo 21 deverão ser prorrogados pela mesma extensão de tempo em que forem suspensos os trabalhos. Se o trabalho do grupo especial tiver sido suspenso por mais de 12 meses, a autoridade para estabelecer o grupo especial caducará.

Artigo 13
Direito à Busca de Informação

1. Todo grupo especial terá direito de recorrer à informação e ao assessoramento técnico de qualquer pessoa ou entidade que considere conveniente. Contudo, antes de procurar informação ou assessoramento técnico de pessoa ou entidade submetida à jurisdição de um Membro o grupo especial deverá informar as autoridades de tal Membro. O Membro deverá dar resposta rápida e completa a toda solicitação de informação que um grupo especial considere necessária e pertinente. A informação confidencial fornecida não será divulgada sem autorização formal da pessoa, entidade ou autoridade que a proporcionou.

2. Os grupos especiais poderão buscar informação em qualquer fonte relevante e poderão consultar peritos para obter sua opinião sobre determinados aspectos de uma questão. Com relação a um aspecto concreto de uma questão de caráter científico ou técnico trazido à controvérsia por uma parte, o grupo especial poderá requerer um relatório escrito a um grupo consultivo de peritos. As normas para estabelecimento de tal grupo e seus procedimentos constam do Apêndice 4.

Artigo 14
Confidencialidade

1. As deliberações do grupo especial serão confidenciais.

2. Os relatórios dos grupos especiais serão redigidos sem a presença das partes em controvérsia, à luz das informações fornecidas e das argumentações apresentadas.

3. As opiniões individuais dos integrantes do grupo especial consignadas em seu relatório serão anônimas.

Artigo 15
Etapa Intermediária de Exame

1. Após consideração das réplicas e apresentações orais, o grupo especial distribuirá os capítulos expositivos (fatos e argumentações) de esboço de seu relatório para as partes em controvérsia. Dentro de um prazo fixado pelo grupo especial, as partes apresentarão seus comentários por escrito.

2. Expirado o prazo estabelecido para recebimento dos comentários das partes, o grupo especial distribuirá às partes um relatório provisório, nele incluindo tanto os capítulos descritivos quanto as determinações e conclusões do grupo especial. Dentro de um prazo fixado pelo grupo especial, qualquer das partes poderá apresentar por escrito solicitação para que o grupo especial reveja aspectos específicos do relatório provisório antes da distribuição do relatório definitivo aos Membros. A pedido de uma parte, o grupo especial poderá reunir-se novamente com as partes para tratar de itens apontados nos comentários escritos. No caso de não serem recebidos comentários de nenhuma das partes dentro do prazo previsto para tal fim, o relatório provisório será considerado relatório final e será prontamente distribuído aos Membros.

3. As conclusões do relatório final do grupo especial incluirão uma análise dos argumentos apresentados na etapa intermediária de exame. Esta etapa deverá ocorrer dentro do prazo estabelecido no parágrafo 8 do Artigo 12.

Artigo 16
Adoção de Relatórios dos Grupos Especiais

1. A fim de que os Membros disponham de tempo suficiente para examinar os relatórios dos grupos especiais, tais relatórios não serão examinados para efeito de aceitação pelo OSC até 20 dias após a data de distribuição aos Membros.

2. Os Membros que opuserem alguma objeção ao relatório do grupo especial deverão apresentar por escrito razões explicativas de suas objeções para serem distribuídas ao menos 10 dias antes da reunião do OSC na qual o relatório do grupo especial será examinado.

3. As partes em controvérsia deverão ter direito de participar plenamente do exame do relatório do grupo especial feito pelo OSC, e suas opiniões serão integralmente registradas.

4. Dentro dos 60 dias seguintes à data de distribuição de um relatório de um grupo especial a seus Membros, o relatório será adotado em uma reunião do OSC[11] a menos que uma das partes na controvérsia notifique formalmente ao OSC de sua decisão de apelar ou que o OSC decida por consenso não adotar o relatório. Se uma parte notificar sua decisão de apelar, o relatório do grupo especial não deverá ser considerado para efeito de adoção pelo OSC até que seja concluído o processo de apelação. O referido procedimento de adoção não prejudicará o direito dos Membros de expressar suas opiniões sobre o relatório do grupo especial.

Artigo 17
Apelação

Órgão Permanente de Apelação

1. O OSC constituirá um Órgão Permanente de Apelação, que receberá as apelações das decisões dos grupos especiais. Será composto por sete pessoas, três das quais atuarão em cada caso. Os integrantes do Órgão de Apelação atuarão em alternância. Tal alternância deverá ser determinada pelos procedimentos do Órgão de Apelação.

2. O OSC nomeará os integrantes do Órgão de Apelação para períodos de quatro anos, e poderá renovar por uma vez o mandato de cada um dos integrantes. Contudo, os mandatos de três das sete pessoas nomeadas imediatamente após a entrada em vigor do Acordo Constitutivo da OMC, que serão escolhidas por sorteio, expirará ao final de dois anos. As vagas serão preenchidas à medida que forem sendo abertas. A pessoa nomeada para subs-

[11] Se não houver uma reunião do OSC prevista dentro desse período em data que permita cumprimento das disposições dos parágrafos 1 e 4 do Artigo 16, será realizada uma reunião do OSC para tal fim.

tituir outra cujo mandato não tenha expirado exercerá o cargo durante o período que reste até a conclusão do referido mandato.

3. O Órgão de Apelação será composto de pessoas de reconhecida competência, com experiência comprovada em direito, comércio internacional e nos assuntos tratados pelos acordos abrangidos em geral. Tais pessoas não deverão ter vínculos com nenhum governo. A composição do Órgão de Apelação deverá ser largamente representativa da composição da OMC. Todas as pessoas integrantes do Órgão de Apelação deverão estar disponíveis permanentemente e em breve espaço de tempo, e deverão manter-se a par das atividades de solução de controvérsias e das demais atividades pertinentes da OMC. Não deverão participar do exame de quaisquer controvérsias que possam gerar conflito de interesses direto ou indireto.

4. Apenas as partes em controvérsia, excluindo-se terceiros interessados, poderão recorrer do relatório do grupo especial. Terceiros interessados que tenham notificado o OSC sobre interesse substancial consoante o parágrafo 2 do Artigo 10 poderão apresentar comunicações escritas ao Órgão de Apelação e poderão ser por ele ouvidos.

5. Como regra geral, o procedimento não deverá exceder 60 dias contados a partir da data em que uma parte em controvérsia notifique formalmente sua decisão de apelar até a data em que o Órgão de Apelação distribua seu relatório. Ao determinar seu calendário, o Órgão de Apelação deverá levar em conta as disposições do parágrafo 9 do Artigo 4, se pertinente. Quando o Órgão de Apelação entender que não poderá apresentar seu relatório em 60 dias, deverá informar por escrito ao OSC das razões do atraso, juntamente com uma estimativa do prazo dentro do qual poderá concluir o relatório. Em caso algum o procedimento poderá exceder a 90 dias.

6. A apelação deverá limitar-se às questões de direito tratadas pelo relatório do grupo especial e às interpretações jurídicas por ele formuladas.

7. O Órgão de Apelação deverá receber a necessária assistência administrativa e legal.

8. As despesas dos integrantes do Órgão de Apelação, incluindo gastos de viagem e diárias, serão cobertas pelo orçamento da OMC de acordo com critérios a serem adotados pelo Conselho Geral, baseado em recomendações do Comitê de Orçamento, Finanças e Administração.

Procedimentos de Apelação

9. O Órgão de Apelação, em consulta com o Presidente do OSC e com o Diretor-Geral, fixará seus procedimentos de trabalho e os comunicará aos Membros para informação.

10. Os trabalhos do Órgão de Apelação serão confidenciais. Os relatórios do Órgão de Apelação serão redigidos sem a presença das partes em controvérsia e à luz das informações recebidas e das declarações apresentadas.

11. As opiniões expressas no relatório do Órgão de Apelação por seus integrantes serão anônimas.

12. O Órgão de Apelação examinará cada uma das questões pleiteadas em conformidade com o parágrafo 6 durante o procedimento de apelação.

13. O Órgão de Apelação poderá confirmar, modificar ou revogar as conclusões e decisões jurídicas do grupo especial.

Adoção do Relatório do Órgão de Apelação

14. Os relatórios do Órgão de Apelação serão adotados pelo OSC e aceitos sem restrições pelas partes em controvérsia a menos que o OSC decida por consenso não adotar o relatório do Órgão de Apelação dentro do prazo de 30 dias contados a partir da sua distribuição aos Membros[12]. Este procedimento de adoção não prejudicará o direito dos Membros de expor suas opiniões sobre o relatório do Órgão de Apelação.

Artigo 18
Comunicações com o Grupo Especial ou o Órgão de Apelação

1. Não haverá comunicação *ex parte* com o grupo especial ou com o Órgão de Apelação com relação a assuntos submetidos à consideração do grupo especial ou do Órgão de Apelação.

2. As comunicações escritas com o grupo especial ou com o Órgão de Apelação deverão ser tratadas com confidencialidade, mas deverão estar à disposição das partes em controvérsia. Nenhuma das disposições do presente Entendimento deverá impedir uma das partes em controvérsia de publicar suas próprias posições. Os Membros deverão considerar confidenciais as informações fornecidas por outro Membro ao grupo especial ou ao Órgão de Apelação para as quais o referido Membro tenha dado a classificação de confidencial. Uma parte em controvérsia deverá, a pedido de um Membro, fornecer um resumo não confidencial das informações contidas em sua comunicação escrita que possa ser tornado público.

Artigo 19
Recomendações dos Grupos Especiais e do órgão de Apelação

1. Quando um grupo especial ou o Órgão de Apelação concluir que uma medida é incompatível com um acordo abrangido, deverá recomendar que o Membro interessado[13] torne a medida compatível com o acordo[14]. Além de suas recomendações, o grupo especial ou o Órgão de Apelação poderá sugerir a maneira pela qual o Membro interessado poderá implementar as recomendações.

2. De acordo com o parágrafo 2 do Artigo 3, as conclusões e recomendações do grupo especial e do Órgão de Apelação não poderão ampliar ou diminuir os direitos e obrigações derivados dos acordos abrangidos.

Artigo 20
Calendário das Decisões do OSC

Salvo acordado diferentemente pelas partes em controvérsia, o período compreendido entre a data de estabelecimento do grupo especial pelo OSC e a data em que o OSC examinar a adoção do relatório do grupo especial ou do órgão de apelação não deverá, como regra geral, exceder nove meses quando o relatório do grupo especial não sofrer apelação ou 12 meses quando houver apelação. Se o grupo especial ou o Órgão de Apelação, com base no parágrafo 9 do Artigo 12 ou parágrafo 5 do Artigo 17, decidirem pela prorrogação do prazo de entrega de seus relatórios, o prazo adicional será acrescentado aos períodos acima mencionados.

Artigo 21
Supervisão da Aplicação das Recomendações e Decisões

1. O pronto cumprimento das recomendações e decisões do OSC é fundamental para assegurar a efetiva solução das controvérsias, em benefício de todos os Membros.

2. As questões que envolvam interesses de países em desenvolvimento Membros deverão receber atenção especial no que tange às medidas que tenham sido objeto da solução de controvérsias.

3. Em reunião do OSC celebrada dentro de 30 dias[15] após a data de adoção do relatório do grupo especial ou do Órgão de Apelação, o membro interessado deverá informar ao OSC suas intenções com relação à implementação das decisões e recomendações do OSC. Se for impossível a aplicação imediata das recomendações e decisões, o Membro interessado deverá para tanto dispor de prazo razoável. O prazo razoável deverá ser:

(a) o prazo proposto pelo Membro interessado, desde que tal prazo seja aprovado pelo OSC; ou, não havendo tal aprovação;

(b) um prazo mutuamente acordado pelas partes em controvérsia dentro de 45 dias a partir da data de adoção das recomendações e decisões; ou, não havendo tal acordo;

(c) um prazo determinado mediante arbitragem compulsória dentro de 90 dias após a data de adoção das recomendações e decisões[16]. Em tal arbitragem, uma diretriz para o árbitro[17] será a de que o prazo razoável para implementar as recomendações do grupo especial ou do órgão de Apelação não deverá exceder a 15 meses da data de adoção do relatório do grupo especial ou do Órgão de Apelação. Contudo, tal prazo poderá ser maior ou menor, dependendo das circunstâncias particulares.

4. A não ser nos casos em que o grupo especial ou o Órgão de Apelação tenham prorrogado o prazo de entrega de seu relatório com base no parágrafo 9 do Artigo 12 ou no parágrafo 5 do Artigo 17, o período compreendido entre a data da estabelecimento do grupo especial pelo OSC e a data de determinação do prazo razoável não deverá exceder a 15 meses, salvo se as partes acordarem diferentemente. Quando um grupo especial ou o Órgão de Apelação prorrogarem o prazo de entrega de seu relató-

(12) Caso não esteja prevista reunião do OSC durante esse período, será realizada uma reunião do OSC para tal fim.

(13) O "Membro interessado" é a parte em controvérsia à qual serão dirigidas as recomendações do grupo especial ou do Órgão de Apelação.

(14) Com relação às recomendações nos casos em que não haja infração das disposições do GATT 1994 nem de nenhum outro acordo abrangido, *vide* Artigo 26.

(15) Caso não esteja prevista reunião do OSC durante esse período, será realizada uma reunião do OSC para tal fim.

(16) Caso as partes não cheguem a consenso para indicação de um árbitro nos 10 dias seguintes à submissão da questão à arbitragem, o árbitro será designado pelo Diretor-Geral em prazo de 10 dias, após consulta com as partes.

(17) Entende-se pela expressão "árbitro" tanto uma pessoa quanto um grupo de pessoas.

rio, o prazo adicional deverá ser acrescentado ao período de 15 meses; desde que o prazo total não seja superior a 18 meses, a menos que as partes em controvérsia convenham em considerar as circunstâncias excepcionais.

5. Em caso de desacordo quanto à existência de medidas destinadas a cumprir as recomendações e decisões ou quanto à compatibilidade de tais medidas com um acordo abrangido, tal desacordo se resolverá conforme os presentes procedimentos de solução de controvérsias, com intervenção, sempre que possível, do grupo especial que tenha atuado inicialmente na questão. O grupo especial deverá distribuir seu relatório dentro de 90 dias após a data em que a questão lhe for submetida. Quando o grupo especial considerar que não poderá cumprir tal prazo, deverá informar por escrito ao OSC as razões para o atraso e fornecer uma nova estimativa de prazo para entrega de seu relatório.

6. O OSC deverá manter sob vigilância a aplicação das recomendações e decisões. A questão da implementação das recomendações e decisões poderá ser arguida por qualquer Membro junto ao OSC em qualquer momento após sua adoção. Salvo decisão em contrário do OSC, a questão da implementação das recomendações e decisões deverá ser incluída na agenda da reunião do OSC seis meses após a data da definição do prazo razoável conforme o parágrafo 3 e deverá permanecer na agenda do OSC até que seja resolvida. Ao menos 10 dias antes de cada reunião, o Membro interessado deverá fornecer ao OSC relatório escrito do andamento da implementação das recomendações e decisões.

7. Se a questão tiver sido levantada por país em desenvolvimento Membro, o OSC deverá considerar quais as outras providências que seriam adequadas às circunstâncias.

8. Se o caso tiver sido submetido por país em desenvolvimento Membro, ao considerar a providência adequada a ser tomada o OSC deverá levar em consideração não apenas o alcance comercial das medidas em discussão mas também seu impacto na economia dos países em desenvolvimento Membros interessados.

Artigo 22
Compensação e Suspensão de Concessões

1. A compensação e a suspensão de concessões ou de outras obrigações são medidas temporárias disponíveis no caso de as recomendações e decisões não serem implementadas dentro de prazo razoável. No entanto, nem a compensação nem a suspensão de concessões ou de outras obrigações é preferível à total implementação de uma recomendação com o objetivo de adaptar uma medida a um acordo abrangido. A compensação é voluntária e, se concedida, deverá ser compatível com os acordos abrangidos.

2. Se o Membro afetado não adaptar a um acordo abrangido a medida considerada incompatível ou não cumprir de outro modo as recomendações e decisões adotadas dentro do prazo razoável determinado conforme o parágrafo 3 do Artigo 21, tal Membro deverá, se assim for solicitado, e em período não superior à expiração do prazo razoável, entabular negociações com quaisquer das partes que hajam recorrido ao procedimento de solução de controvérsias, tendo em vista a fixação de compensações mutuamente satisfatórias. Se dentro dos 20 dias seguintes à data de expiração do prazo razoável não se houver acordado uma compensação satisfatória, quaisquer das partes que hajam recorrido ao procedimento de solução de controvérsias poderá solicitar autorização do OSC para suspender a aplicação de concessões ou de outras obrigações decorrentes dos acordos abrangidos ao Membro interessado.

3. Ao considerar quais concessões ou outras obrigações serão suspensas, a parte reclamante aplicará os seguintes princípios e procedimentos:

(*a*) o princípio geral é o de que a parte reclamante deverá procurar primeiramente suspender concessões ou outras obrigações relativas ao(s) mesmo(s) setor(es) em que o grupo especial ou Órgão de Apelação haja constatado uma infração ou outra anulação ou prejuízo;

(*b*) se a parte considera impraticável ou ineficaz a suspensão de concessões ou outras obrigações relativas ao(s) mesmo(s) setor(es), poderá procurar suspender concessões ou outras obrigações em outros setores abarcados pelo mesmo acordo abrangido;

(*c*) se a parte considera que é impraticável ou ineficaz suspender concessões ou outras obrigações relativas a outros setores abarcados pelo mesmo acordo abrangido, e que as circunstâncias são suficientemente graves, poderá procurar suspender concessões ou outras obrigações abarcadas por outro acordo abrangido;

(*d*) ao aplicar os princípios acima, a parte deverá levar em consideração:

(*i*) o comércio no setor ou regido pelo acordo em que o grupo especial ou Órgão de Apelação tenha constatado uma violação ou outra anulação ou prejuízo, e a importância que tal comércio tenha para a parte;

(*ii*) os elementos econômicos mais gerais relacionados com a anulação ou prejuízo e as consequências econômicas mais gerais da suspensão de concessões ou outras obrigações;

(*e*) se a parte decidir solicitar autorização para suspender concessões ou outras obrigações em virtude do disposto nos subparágrafos (*b*) ou (*c*), deverá indicar em seu pedido as razões que a fundamentam. O pedido deverá ser enviado simultaneamente ao OSC e aos Conselhos correspondentes e também aos órgãos setoriais correspondentes, em caso de pedido baseado no subparágrafo (*b*);

(*f*) para efeito do presente parágrafo, entende-se por "setor":

(*i*) no que se refere a bens, todos os bens;

(*ii*) no que se refere a serviços, um setor principal dentre os que figuram na versão atual da "Lista de Classificação Setorial dos Serviços" que identifica tais setores[18];

(*iii*) no que concerne a direitos de propriedade intelectual relacionados com o comércio, quaisquer das categorias de direito de propriedade intelectual compreendidas nas seções 1, 2, 3, 4, 5, 6 ou 7 da Parte II, ou as obrigações da Parte III ou da Parte IV do Acordo sobre TRIPS;

(*g*) para efeito do presente parágrafo, entende-se por "acordo":

(*i*) no que se refere a bens, os acordos enumerados no Anexo 1A do Acordo Constitutivo da OMC, tomados em conjunto, bem como os Acordos Comerciais Plurilaterais na medida em que as partes em controvérsia sejam partes nesses acordos;

(*ii*) no que concerne a serviços, o GATS;

(*iii*) no que concerne a direitos de propriedade intelectual, o Acordo sobre TRIPS.

4. O grau da suspensão de concessões ou outras obrigações autorizado pelo OSC deverá ser equivalente ao grau de anulação ou prejuízo.

5. O OSC não deverá autorizar a suspensão de concessões ou outras obrigações se o acordo abrangido proíbe tal suspensão.

6. Quando ocorrer a situação descrita no parágrafo 2, o OSC, a pedido, poderá conceder autorização para suspender concessões ou outras obrigações dentro de 30 dias seguintes à expiração do prazo razoável, salvo se o OSC decidir por consenso rejeitar o pedido. No entanto, se o Membro afetado impugnar o grau da suspensão proposto, ou sustentar que não foram observados os princípios e procedimentos estabelecidos no parágrafo 3, no caso de uma parte reclamante haver solicitado autorização para suspender concessões ou outras obrigações com base no disposto nos parágrafos 3 (*b*) ou 3 (*c*), a questão será submetida a arbitragem. A arbitragem deverá ser efetuada pelo grupo especial que inicialmente tratou do assunto, se os membros estiverem disponíveis, ou por um árbitro[19] designado pelo Diretor-Geral, e deverá ser completada dentro de 60 dias após a data de expiração do prazo razoável. As concessões e outras obrigações não deverão ser suspensas durante o curso da arbitragem.

7. O árbitro[20] que atuar conforme o parágrafo 6 não deverá examinar a natureza das concessões ou das outras obrigações a serem suspensas, mas deverá determinar se o grau de tal suspensão é equivalente ao grau de anulação ou prejuízo. O árbitro poderá ainda determinar se a proposta de suspensão de concessões ou outras obrigações é autorizada pelo acordo abrangido. No entanto, se a questão submetida à arbitragem inclui a reclamação de que não foram observados os princípios e procedimentos definidos pelo parágrafo 3, o árbitro deverá examinar a reclamação. No caso de o árbitro determinar que aqueles princípios e procedimentos não foram observados, a parte reclamante os aplicará conforme o disposto no parágrafo 3. As partes deverão aceitar a decisão do árbitro como definitiva e as partes envolvidas não deverão procurar uma segunda arbitragem. O OSC deverá ser prontamente informado da decisão do árbitro e deverá, se solicitado, outorgar autorização para a suspensão de concessões ou outras obrigações quando a solicitação estiver conforme à decisão do

(18) Na lista integrante do documento MTN.GNG/W/120 são identificados onze setores.

(19) Entende-se pela expressão "árbitro" indistintamente uma pessoa ou um grupo de pessoas.

(20) Entende-se pela expressão "árbitro" indistintamente uma pessoa, um grupo de pessoas ou os membros do grupo especial que inicialmente tratou do assunto, se atuarem na qualidade de árbitros.

árbitro, salvo se o OSC decidir por consenso rejeitar a solicitação.

8. A suspensão de concessões ou outras obrigações deverá ser temporária e vigorar até que a medida considerada incompatível com um acordo abrangido tenha sido suprimida, ou até que o Membro que deva implementar as recomendações e decisões forneça uma solução para a anulação ou prejuízo dos benefícios, ou até que uma solução mutuamente satisfatória seja encontrada. De acordo com o estabelecido no parágrafo 6 do Artigo 21, o OSC deverá manter sob supervisão a implementação das recomendações e decisões adotadas, incluindo os casos nos quais compensações foram efetuadas ou concessões ou outras obrigações tenham sido suspensas mas não tenham sido aplicadas as recomendações de adaptar uma medida aos acordos abrangidos.

9. As disposições de solução de controvérsias dos acordos abrangidos poderão ser invocadas com respeito às medidas que afetem sua observância, tomadas por governos locais ou regionais ou por autoridades dentro do território de um Membro. Quando o OSC tiver decidido que uma disposição de um acordo abrangido não foi observada, o Membro responsável deverá tomar as medidas necessárias que estejam a seu alcance para garantir sua observância. Nos casos em que tal observância não tenha sido assegurada, serão aplicadas as disposições dos acordos abrangidos e do presente Entendimento relativas à compensação e à suspensão de concessões e outras obrigações.[21]

Artigo 23
Fortalecimento do Sistema Multilateral

1. Ao procurar reparar o não cumprimento de obrigações ou outro tipo de anulação ou prejuízo de benefícios resultantes de acordos abrangidos ou um impedimento à obtenção de quaisquer dos objetivos de um acordo abrangido, os Membros deverão recorrer e acatar as normas e procedimentos do presente Entendimento.

2. Em tais casos, os Membros deverão:

(a) não fazer determinação de que tenha ocorrido infração, de que benefícios tenham sido anulados ou prejudicados ou de que o cumprimento de quaisquer dos objetivos de um acordo abrangido tenha sido dificultado, salvo através do exercício da solução de controvérsias segundo as normas e procedimentos do presente Entendimento, e deverão fazer tal determinação consoante as conclusões contidas no relatório do grupo especial ou do Órgão de Apelação adotado pelo OSC ou em um laudo arbitral elaborado segundo este Entendimento;

(b) seguir os procedimentos definidos no Artigo 21 para determinar o prazo razoável para que o Membro interessado implemente as recomendações e decisões; e

(c) observar os procedimentos definidos no Artigo 22 para determinar o grau de suspensão de concessões ou outras obrigações e obter autorização do OSC, conforme aqueles procedimentos, antes de suspender concessões ou outras obrigações resultantes dos acordos abrangidos como resposta à não implementação, por parte do Membro interessado, das recomendações e decisões dentro daquele prazo razoável.

Artigo 24
Procedimento Especial para Casos Envolvendo Países de Menor Desenvolvimento Relativo Membros

1. Em todas as etapas da determinação das causas de uma controvérsia ou dos procedimentos de uma solução de controvérsias de casos que envolvam um país de menor desenvolvimento relativo Membro, deverá ser dada atenção especial à situação particular do país de menor desenvolvimento relativo Membro. Neste sentido, os Membros exercerão a devida moderação ao submeter a estes procedimentos matérias envolvendo um país de menor desenvolvimento relativo Membro. Se for verificada anulação ou prejuízo em consequência de medida adotada por país de menor desenvolvimento relativo Membro, as partes reclamantes deverão exercer a devida moderação ao pleitear compensações ou solicitar autorização para suspensão da aplicação de concessões ou outras obrigações nos termos destes procedimentos.

2. Quando, nos casos de solução de controvérsias que envolvam um país de menor desenvolvimento relativo Membro, não for encontrada solução satisfatória no correr das consultas realizadas, o Diretor-Geral ou o Presidente do OSC deverão, a pedido do país de menor desenvolvimento Membro, oferecer seus bons ofícios, conciliação ou mediação com o objetivo de auxiliar as partes a solucionar a controvérsia antes do estabelecimento de um grupo especial. Para prestar a assistência mencionada, o Diretor-Geral ou o Presidente do OSC poderão consultar qualquer fonte que considerem apropriada.

Artigo 25
Arbitragem

1. Um procedimento rápido de arbitragem na OMC como meio alternativo de solução de controvérsias pode facilitar a resolução de algumas controvérsias que tenham por objeto questões claramente definidas por ambas as partes.

2. Salvo disposição em contrário deste Entendimento, o recurso à arbitragem estará sujeito a acordo mútuo entre as partes, que acordarão quanto ao procedimento a ser seguido. Os acordos de recurso a arbitragem deverão ser notificados a todos os Membros com suficiente antecedência ao efetivo início do processo de arbitragem.

3. Outros Membros poderão ser parte no procedimento de arbitragem somente com o consentimento das partes que tenham convencionado recorrer à arbitragem. As partes acordarão submeter-se ao laudo arbitral. Os laudos arbitrais serão comunicados ao OSC e ao Conselho ou Comitê dos acordos pertinentes, onde qualquer Membro poderá questionar qualquer assunto a eles relacionados.

4. Os Artigos 21 e 22 do presente Entendimento serão aplicados *mutatis mutantis* aos laudos arbitrais.

Artigo 26
1. Reclamações de Não Violação do Tipo Descrito no Parágrafo 1(*b*) do Artigo XXIII do GATT 1994

Quando as disposições do parágrafo 1(*b*) do Artigo XXIII do GATT 1994 forem aplicáveis a um acordo abrangido, os grupos especiais ou o Órgão de Apelação somente poderão decidir ou fazer recomendações se uma das partes em controvérsia considera que um benefício resultante direta ou indiretamente do acordo abrangido pertinente está sendo anulado ou prejudicado ou que o cumprimento de um dos objetivos do Acordo está sendo dificultado em consequência da aplicação de alguma medida por um Membro, ocorrendo ou não conflito com as disposições daquele Acordo. Quando e na medida em que tal parte considere, e um grupo especial ou Órgão de Apelação determine, que um caso trate de medida que não seja contraditória com as disposições de um acordo abrangido ao qual as disposições do parágrafo 1(*b*) do Artigo XXIII do GATT 1994 sejam aplicáveis, deverão ser aplicados os procedimentos previstos no presente Entendimento, observando-se o seguinte:

(a) a parte reclamante deverá apresentar justificativa detalhada em apoio a qualquer reclamação relativa a medida que não seja conflitante com o acordo abrangido relevante;

(b) quando se considerar que uma medida anula ou restringe benefícios resultantes do acordo abrangido pertinente, ou que compromete a realização dos objetivos de tal acordo, sem infração de suas disposições, não haverá obrigação de revogar essa medida. No entanto, em tais casos, o grupo especial ou Órgão de Apelação deverá recomendar que o Membro interessado faça um ajuste mutuamente satisfatório;

(c) não obstante o disposto no Artigo 21, a arbitragem prevista no parágrafo 3 do Artigo 21 poderá incluir, a pedido de qualquer das partes, a determinação do grau dos benefícios anulados ou prejudicados e poderá também sugerir meios e maneiras de se atingir um ajuste mutuamente satisfatório; tais sugestões não deverão ser compulsórias para as parte em controvérsia;

(d) não obstante o disposto no parágrafo 1 do Artigo 22, a compensação poderá fazer parte de um ajuste mutuamente satisfatório como solução final para a controvérsia.

2. Reclamações do Tipo Descrito no Parágrafo 1(*c*) do Artigo XXIII do GATT 1994

Quando as disposições do parágrafo 1(*c*) do Artigo XXIII do GATT 1994 forem aplicáveis a um acordo abrangido, o grupo especial apenas poderá formular recomendações e decisões quando uma parte considerar que um benefício resultante direta ou indiretamente do acordo abrangido pertinente tenha sido anulado ou prejudicado ou que o cumprimento de um dos objetivos de tal acordo tenha sido comprometido em consequência de uma situação diferente daquelas às quais são aplicáveis as disposições dos parágrafos 1(*a*) e 1(*b*) do Artigo XXIII do GATT 1994. Quando e na medida em que essa parte considere, e um grupo especial determine, que a questão inclui-se neste parágrafo, os procedimentos deste Entendimento serão aplicados unicamente até o momento do processo em que o relatório do

[21] Quando as disposições de qualquer acordo abrangido relativas às medidas adotadas pelos governos ou autoridades regionais ou locais dentro do território de um Membro forem diferentes das enunciadas no presente parágrafo, prevalecerão as disposições do acordo abrangido.

grupo especial seja distribuído aos Membros. Serão aplicáveis as normas e procedimentos de solução de controvérsias contidos na Decisão de 12 de abril de 1989 (BISD 36S/61-67) quando da consideração para adoção e supervisão e implementação de recomendações e decisões. Será também aplicável o seguinte:

(*a*) a parte reclamante deverá apresentar justificativa detalhada como base de qualquer argumentação a respeito de questões tratadas no presente parágrafo;

(*b*) nos casos que envolvam questões tratadas pelo presente parágrafo, se um grupo especial decidir que tais casos também se referem a outras questões relativas à solução de controvérsias além daquelas previstas neste parágrafo, o grupo especial deverá fornecer ao OSC um relatório encaminhando tais questões e um relatório separado sobre os assuntos compreendidos no âmbito de aplicação do presente parágrafo.

Artigo 27

Responsabilidades do Secretariado

1. O Secretariado terá a responsabilidade de prestar assistência aos grupos especiais, em especial nos aspectos jurídicos, históricos e de procedimento dos assuntos tratados, e de fornecer apoio técnico e de secretaria.

2. Ainda que o Secretariado preste assistência com relação à solução de controvérsias aos Membros que assim o solicitem, poderá ser também necessário fornecer assessoria e assistência jurídicas adicionais com relação à solução de controvérsias aos países em desenvolvimento Membros. Para tal fim, o Secretariado colocará à disposição de qualquer país em desenvolvimento Membro que assim o solicitar um perito legal qualificado dos serviços de cooperação técnica da OMC. Este perito deverá auxiliar o país em desenvolvimento Membro de maneira a garantir a constante imparcialidade do Secretariado.

3. O Secretariado deverá organizar, para os Membros interessados, cursos especiais de treinamento sobre estes procedimentos e práticas de solução de controvérsias a fim de que os especialistas dos Membros estejam melhor informados sobre o assunto.

APÊNDICE 1 ACORDOS ABRANGIDOS PELO ENTENDIMENTO

A) Acordo Constitutivo da Organização Mundial do Comércio

B) Acordos Comerciais Multilaterais

Anexo 1A: Acordos Multilaterais sobre o Comércio de Mercadorias

Anexo 1B: Acordo geral sobre o Comércio de Serviços

Anexo 1C: Acordo sobre Aspectos de Direito de Propriedade Intelectual Relacionados com o Comércio

Anexo 2: Entendimento Relativo às Normas e Procedimentos sobre Solução de Controvérsias

C) Acordos Comerciais Plurilaterais

Anexo 4: Acordo sobre o Comércio de Aeronaves Civis

Acordo sobre Compras Governamentais

Acordo Internacional de Produtos Lácteos

Acordo Internacional de Carne Bovina

A aplicação do presente Entendimento aos Acordos Comerciais Plurilaterais dependerá da adoção, pelas partes do acordo em questão, de uma decisão na qual se estabeleçam as condições de aplicação do Entendimento ao referido acordo, com inclusão das possíveis normas ou procedimentos especiais ou adicionais para fins de sua inclusão no Apêndice 2, conforme notificado ao OSC.

APÊNDICE 2 NORMAS E PROCEDIMENTOS ESPECIAIS OU ADICIONAIS CONTIDOS NOS ACORDOS ABRANGIDOS

Acordo	Normas e Procedimentos
Acordo sobre a Aplicação de Medidas Sanitárias e Fitossanitárias	11.2
Acordo sobre Têxteis e Vestuário	2.14, 2.21, 4.4, 5.2, 5.4, 5.6, 6.9, 6.11, 8.1 a 8.12
Acordo sobre Barreiras Técnicas ao Comércio	14.2 a 14.4, Anexo 2
Acordo sobre a Implementação do Artigo VI do GATT 1994	17.4 a 17.7
Acordo sobre a Implementação do Artigo VII do GATT 1994	19.3 a 19.5, Anexo II.2(f) 3, 9, 21
Acordo sobre Subsídios e Medidas Compensatórias	4.2 a 4.12, 6.6, 7.2 a 7.10, 8.5, nota 35, 24.4, 27.7, Anexo V
Acordo Geral sobre o Comércio de Serviços	XXII:3, XXIII:3
Anexo sobre Serviços Financeiros	4
Anexo sobre Serviços de Transporte Aéreo	4
Decisão Relativa a Certos Procedimentos de Solução de Controvérsias para o GATS	1 a 5

A lista de normas e procedimentos deste Apêndice inclui disposições das quais apenas uma parte pode ser pertinente a este contexto.

Quaisquer regras ou procedimentos especiais ou adicionais dos Acordos Comerciais Plurilaterais conforme determinado pelos órgãos competentes de cada acordo e notificado ao OSC.

APÊNDICE 3 PROCEDIMENTOS DE TRABALHO

1. Em seus procedimentos os grupos especiais deverão observar as disposições pertinentes do presente Entendimento. Ademais, deverão ser aplicados os seguintes procedimentos.

2. O grupo especial deverá deliberar em reuniões fechadas. As partes em controvérsia e as partes interessadas deverão estar presentes às reuniões apenas quando convidadas a comparecer pelo grupo especial.

3. As deliberações do grupo especial e os documentos submetidos à sua consideração deverão ter caráter confidencial. Nenhuma das disposições do presente Entendimento deverá impedir a uma parte em controvérsia de tornar públicas as suas posições. Os Membros deverão considerar confidencial a informação fornecida ao grupo especial por outro Membro quando este a houver considerado como tal. Quando uma parte em controvérsia fornecer uma versão confidencial de suas argumentações escritas ao grupo especial, também deverá fornecer, a pedido de um Membro, um resumo não confidencial da informação contida nessas argumentações que possa ser tornado público.

4. Antes da primeira reunião substantiva do grupo especial com as partes, estas deverão apresentar ao grupo especial argumentações escritas nas quais relatem os fatos em questão e seus respectivos argumentos.

5. Na primeira reunião substantiva com as partes, o grupo especial deverá solicitar à parte que interpôs a reclamação que apresente suas argumentações. Em seguida, ainda na mesma reunião, a parte contrária deverá expor suas posições.

6. Todas as terceiras partes interessadas que tenham notificado ao OSC seu interesse na controvérsia deverão ser convidadas por escrito a apresentar suas opiniões durante a primeira reunião substantiva em sessão especial destinada a essa finalidade. Todas as terceiras partes poderão estar presentes à totalidade desta sessão.

7. As réplicas formais deverão ser apresentadas em uma segunda reunião substantiva do grupo especial. A parte demandada deverá ter direito à palavra em primeiro lugar, sendo seguida pela parte reclamante. Antes da reunião, as partes deverão fornecer ao grupo especial suas réplicas por escrito.

8. O grupo especial poderá a todo momento formular perguntas às partes e pedir-lhes explicações, seja durante uma reunião com elas, seja por escrito.

9. As partes em controvérsia e qualquer terceira parte convidada a expor suas opiniões de acordo com o Artigo 10 deverá colocar à disposição do grupo especial uma versão escrita de suas argumentações orais.

10. No interesse de total transparência, as exposições, réplicas e argumentações citadas nos parágrafos 5 a 9 deverão ser feitas em presença das partes. Além disso, cada comunicação escrita das partes, inclusive quaisquer comentários sobre aspectos expositivos do relatório e as respostas às questões do grupo especial, deverão ser colocadas à disposição da outra parte ou partes.

11. Quaisquer procedimentos adicionais específicos do grupo especial.

12. Proposta de calendário para os trabalhos do grupo especial:

(a)	Recebimento das primeiras argumentações escritas das partes:	
	(1) da parte reclamante	3 a 6 semanas
	(2) da parte demandada	2 a 3 semanas
(b)	Data, hora e local da primeira reunião substantiva com as partes; sessão destinada a terceiras partes:	1 a 2 semanas
(c)	Recebimento das réplicas escritas:	2 a 3 semanas
(d)	Data, hora e local da segunda reunião substantiva com as partes:	1 a 2 semanas

LEGISLAÇÃO INTERNACIONAL

(e)	Distribuição da parte expositiva do relatório às partes:	2 a 4 semanas
(f)	Recebimento de comentários das partes sobre a parte expositiva do relatório:	2 semanas
(g)	Distribuição às partes de relatório provisório, inclusive verificações e decisões:	2 a 4 semanas
(h)	Prazo final para a parte solicitar exame de parte(s) do relatório:	1 semana
(i)	Período de revisão pelo grupo especial, inclusive possível nova reunião com as partes:	2 semanas
(j)	Distribuição do relatório definitivo às partes em controvérsia:	2 semanas
(k)	Distribuição do relatório definitivo aos Membros:	3 semanas

O calendário acima poderá ser alterado à luz de acontecimentos imprevistos. Se necessário, deverão ser programadas reuniões adicionais com as partes.

APÊNDICE 4 GRUPO CONSULTIVO DE PERITOS

As regras e procedimentos seguintes serão aplicados aos grupos consultivos de peritos estabelecidos consoante as disposições do parágrafo 2 do Artigo 13.

1. Os grupos consultivos de peritos estão sob a autoridade de um grupo especial, ao qual deverão se reportar. Os termos de referência e os pormenores do procedimento de trabalho dos grupos consultivos serão decididos pelo grupo especial.

2. A participação nos grupos consultivos de peritos deverá ser exclusiva das pessoas de destaque profissional e experiência no assunto tratado.

3. Cidadãos dos países partes em uma controvérsia não deverão integrar um grupo consultivo de peritos sem a anuência conjunta das partes em controvérsia, salvo em situações excepcionais em que o grupo especial considere impossível atender de outro modo à necessidade de conhecimentos científicos especializados. Não poderão integrar um grupo consultivo de peritos os funcionários governamentais das partes em controvérsia. Os membros de um grupo consultivo de peritos deverão atuar a título de suas capacidades individuais e não como representantes de governo ou de qualquer organização. Portanto, governos e organizações não deverão dar-lhes instruções com relação aos assuntos submetidos ao grupo consultivo de peritos.

4. Os grupos consultivos de peritos poderão fazer consultas e buscar informações e assessoramento técnico em qualquer fonte que considerem apropriada. Antes de buscar informação ou assessoria de fonte submetida à jurisdição de um Membro, deverão informar ao governo de tal Membro. Todo Membro deverá atender imediata e completamente a qualquer solicitação de informação que um grupo consultivo de peritos considere necessária e apropriada.

5. As partes em controvérsia deverão ter acesso a toda informação pertinente fornecida a um grupo consultivo de peritos, a menos que tenha caráter confidencial. Informação confidencial fornecida ao grupo consultivo de peritos não deverá ser divulgada sem autorização do governo, organização ou pessoa que a forneceu. Quando tal informação for solicitada pelo grupo consultivo de peritos e este não seja autorizado a divulgá-la, um resumo não confidencial da informação será fornecido pelo governo, organização ou pessoa que a forneceu.

6. O grupo consultivo de peritos fornecerá um relatório provisório às partes em controvérsia, com vistas a recolher seus comentários e a levá-los em consideração, se pertinentes, no relatório final, que deverá ser divulgado às partes em controvérsia quando for apresentado ao grupo especial. O relatório final do grupo consultivo de peritos deverá ter caráter meramente consultivo.

DECRETO Nº 2.626, DE 15 DE JUNHO DE 1998

Promulga o Protocolo de Medidas Cautelares, concluído em Ouro Preto, em 16 de dezembro de 1994.

► Publicado no *DOU* de 16-6-1998.

O Presidente da República, no uso das atribuições que lhe confere o art. 84, inciso VIII, da Constituição Federal,

Considerando que o Protocolo de Medidas Cautelares foi concluído em Ouro Preto, em 16 de dezembro de 1994;

Considerando que o Congresso Nacional aprovou o ato multilateral em epígrafe por meio do Decreto Legislativo nº 192, de 15 de dezembro de 1995;

Considerando que o Governo brasileiro depositou o Instrumento de Ratificação do Protocolo em 18 de março de 1997, passando o mesmo a vigorar para o Brasil em 18 de abril de 1997;

Decreta:

Art. 1º O Protocolo de Medidas Cautelares, concluído em Ouro Preto, em 16 de dezembro de 1994, será executado e cumprido tão inteiramente como nele se contém.

Art. 2º Este Decreto entra em vigor na data de sua publicação.

Brasília, em 15 de junho de 1998; 177º da Independência e 110º da República.

Fernando Henrique Cardoso

ANEXO AO DECRETO QUE PROMULGA O PROTOCOLO DE MEDIDAS CAUTELARES

Os Governos da República Argentina, da República Federativa do Brasil, da República do Paraguai e da República Oriental do Uruguai, doravante denominados Estados-Partes;

Considerando que o Tratado de Assunção, firmado em 26 de março de 1991, estabelece o compromisso dos Estados-Partes de harmonizar suas legislações nas áreas pertinentes;

Reafirmando a vontade dos Estados-Partes de acordar soluções jurídicas comuns para o fortalecimento do processo de integração;

Convencidos da importância e da necessidade de oferecer ao setor privado dos Estados-Partes, um quadro de segurança jurídica que garanta soluções justas às controvérsias privadas e torne viável a cooperação cautelar entre os Estados-Partes do Tratado de Assunção,

Acordam

OBJETO DO PROTOCOLO

Artigo 1º

O presente Protocolo tem objetivo regulamentar entre os Estados-Partes do Tratado de Assunção o cumprimento de medidas cautelares destinadas a impedir a irreparabilidade de um dano em relação às pessoas, bens e obrigações de dar, de fazer ou de não fazer.

Artigo 2º

A medida cautelar poderá ser solicitada em processos ordinários, de execução, especiais ou extraordinários, de natureza civil, comercial, trabalhista e em processos penais, quanto à reparação civil.

Artigo 3º

Admitir-se-ão medidas cautelares preparatórias, incidentais de uma ação principal e as que garantam a execução de uma sentença.

ÂMBITO DE APLICAÇÃO

Artigo 4º

As autoridades jurisdicionais dos Estados-Partes do Tratado de Assunção darão cumprimento às medidas cautelares decretadas por Juízes ou Tribunais de outros Estados-Partes, competentes na esfera internacional, adotando as providências necessárias, de acordo com a lei do lugar onde sejam situados os bens ou residam as pessoas objeto da medida.

LEI APLICÁVEL

Artigo 5º

A admissibilidade da medida cautelar será regulada pelas leis e julgada pelos Juízes ou Tribunais do Estado requerente.

Artigo 6º

A execução da medida cautelar e sua contracautela ou respectiva garantia serão processadas pelo Juízes ou Tribunais do Estado requerido, segundo suas leis.

Artigo 7º

Serão também regidas pelas leis e julgadas pelos Juízes ou Tribunais do Estado requerido:

a) as modificações que no curso do processo se justificarem para o seu correto cumprimento e, se, for o caso, sua redução ou sua substituição;

b) as sanções em decorrência de litigância de má-fé; e

c) as questões relativas a domínio e demais direitos reais.

Artigo 8º

O Juiz ou Tribunal do Estado requerido poderá recusar cumprimento ou, se for o caso, determinar o levantamento da medida, quando verificada sua absoluta improcedência, nos termos deste Protocolo.

OPOSIÇÃO

Artigo 9º

O presumido devedor da obrigação ou terceiros interessados que se considerarem prejudicados poderão opor-se à medida perante a autoridade judicial requerida. Sem prejuízo da manutenção da medida cautelar, dita autoridade restituirá o procedimento ao Juiz ou Tribunal de origem, para que decida sobre a oposição segundo suas leis, com exceção do disposto na alínea c do artigo 7º.

AUTONOMIA DA COOPERAÇÃO CAUTELAR

Artigo 10

O cumprimento de uma medida cautelar pela autoridade jurisdicional requerida não implica o compromisso de reconhecimento ou execução da sentença definitiva estrangeira proferida no processo principal.

COOPERAÇÃO CAUTELAR NA EXECUÇÃO DA SENTENÇA

Artigo 11

O Juiz ou Tribunal, a quem for solicitado o cumprimento de uma sentença estrangeira, poderá determinar as medidas cautelares garantidoras da execução, de conformidade com as suas leis.

MEDIDAS CAUTELARES EM MATÉRIA DE MENORES

Artigo 12

Quando a medida cautelar se referir à custódia de menores, o Juiz ou Tribunal do Estado requerido poderá limitar o alcance da medida exclusivamente ao seu território, à espera da decisão definitiva do Juiz ou Tribunal do processo principal.

INTERPOSIÇÃO DA DEMANDA NO PROCESSO PRINCIPAL

Artigo 13

A interposição da demanda no processo principal, fora do prazo previsto na legislação do Estado requerente, produzirá a plena ineficácia da medida preparatória concedida.

OBRIGAÇÃO DE INFORMAR

Artigo 14

O Juiz ou Tribunal do Estado requerente comunicará ao do Estado requerido:

a) ao transmitir a rogatória, o prazo – contado a partir da efetivação da medida cautelar – dentro do qual o pedido da ação principal deverá ser apresentado ou interposto;

b) o mais breve possível, a data da apresentação, ou a não apresentação da demanda no processo principal.

Artigo 15

O Juiz ou Tribunal do Estado requerido comunicará, imediatamente, ao Estado requerente, a data em que foi cumprimento à medida cautelar solicitada, ou as razões pelas quais deixou de ser cumprida.

COOPERAÇÃO INTERNA

Artigo 16

Se a autoridade jurisdicional requerida se julgar incompetente para proceder o trâmite da carta rogatória, transmitirá de ofício os documentos e antecedentes do caso à autoridade jurisdicional competente de seu Estado.

ORDEM PÚBLICA

Artigo 17

A autoridade jurisdicional do Estado requerido poderá recusar o cumprimento de uma carta rogatória referente a medidas cautelares, quando estas sejam manifestamente contrárias a sua ordem pública.

MEIO EMPREGADO PARA FORMULAÇÃO DO PEDIDO

Artigo 18

A solicitação de medidas cautelares será formulada através de *exhortos* ou cartas rogatórias, termos equivalentes para os fins do presente Protocolo.

TRANSMISSÃO E DILIGENCIAMENTO

Artigo 19

A carta rogatória relativa ao cumprimento de uma medida cautelar será transmitida pela via diplomática ou consular, por intermédio da respectiva Autoridade Central ou das partes interessadas.

Quando a transmissão for efetuada pela via diplomática ou consular, ou por intermédio das autoridades centrais, não se exigirá o requisito da legalização.

Quando a carta rogatória for encaminhada por intermédio da parte interessada, deverá ser legalizada perante os agentes diplomáticos ou consulares do Estado requerido, salvo se, entre os Estados requerente e requerido, haja sido suprimido o requisito da legalização ou substituído por outra formalidade.

Os Juízes ou Tribunais das zonas fronteiriças dos Estados-Partes poderão transmitir-se, de forma direta, os *exhortos* ou cartas rogatórias previstos neste Protocolo, sem necessidade de legalização.

Não será aplicado no cumprimento das medidas cautelares o procedimento homologatório das sentenças estrangeiras.

AUTORIDADE CENTRAL

Artigo 20

Cada Estado-Parte designará uma Autoridade Central encarregada de receber e transmitir as solicitações de cooperação cautelar.

DOCUMENTOS E INFORMAÇÕES

Artigo 21

As cartas rogatórias conterão:

a) a identificação e o domicílio do juiz ou tribunal que determinou a ordem;

b) cópia autenticada da petição da medida cautelar, e da demanda principal, se houver;

c) documentos que fundamentem a petição;

d) ordem fundamentada que determine a medida cautelar;

e) informação acerca das normas que estabeleçam algum procedimento especial que a autoridade jurisdicional requerida ou solicite que se observe; e

f) indicação da pessoa que no Estado requerido deverá arcar com os gastos e custas judiciais devidas, salvo as exceções previstas no artigo 25. Será facultativa à autoridade do Estado requerido dar tramitação à carta rogatória que careça de indicação acerca da pessoa que deva atender às despesas e custas, quando ocorrerem.

As cartas rogatórias e os documentos que as acompanham deverão estar revestidos das formalidades externas necessárias para serem considerados autênticos no Estado de onde procedem.

A medida cautelar será cumprida, a não ser que lhe faltem requisitos, documentos ou informações consideradas fundamentais, que tornem inadmissível sua procedência. Nesta hipótese, o Juiz ou Tribunal requerido comunicar-se-á imediatamente com o requerente, para que, com urgência, sejam sanados os referidos defeitos.

Artigo 22

Quando as circunstâncias do caso o justifiquem, de acordo com a apreciação do Juiz ou Tribunal requerente, a rogatória informará acerca da existência e do domicílio das defensórias de ofício competentes.

TRADUÇÃO

Artigo 23

As cartas rogatórias e os documentos que as acompanham deverão ser redigidos no idioma do Estado requerente e serão acompanhados de uma tradução no idioma do Estado requerido.

CUSTAS E DESPESAS

Artigo 24

As custas judiciais e demais despesas serão de responsabilidade da parte solicitante da medida cautelar.

Artigo 25

Ficam excetuadas das obrigações estabelecidas no artigo anterior as medidas cautelares requeridas em matéria de alimentos provisionais, localização e restituição de menores e aquelas que solicitem as pessoas que, no Estado requerente, tenham obtido o benefício da justiça gratuita.

DISPOSIÇÕES FINAIS

Artigo 26

Este Protocolo não restringirá a aplicação de disposições mais favoráveis para a cooperação contidas em outras Convenções sobre medidas cautelares que estejam em vigor com caráter bilateral ou multilateral entre os Estados-Partes.

Artigo 27

As Controvérsias que surgirem entre os Estados-Partes em decorrência da aplicação, interpretação ou descumprimento das disposições contidas no presente Protocolo serão resolvidas mediante negociações diplomáticas diretas.

Se, mediante tais negociações, não se alcançar acordo ou se a controvérsia só for solucionada parcialmente, aplicar-se-ão os procedimentos previstos no Sistema de Solução de Controvérsias vigente entre os Estados-Partes do Tratado de Assunção.

Artigo 28

Os Estados-Partes ao depositar o instrumento de ratificação ao presente Protocolo comunicarão a designação da Autoridade Central ao Governo depositário, o qual dará conhecimento aos demais Estados-Partes.

Artigo 29

O presente Protocolo, parte integrante do Tratado de Assunção, será submetido aos procedimentos constitucionais de aprovação de cada Estado-Parte e entrará em vigor 30 (trinta) dias após o depósito do segundo instrumento de ratificação, com relação aos dois primeiros Estados-Partes que o ratifiquem.

Para os demais signatários, entrará em vigor no trigésimo dia posterior ao depósito do respectivo instrumento de ratificação.

Artigo 30

A adesão por parte de um Estado ao Tratado de Assunção implicará de pleno direito a adesão ao presente Protocolo.

Artigo 31

O Governo da República do Paraguai será o depositário do presente Protocolo e dos instrumentos de ratificação e enviará cópias devidamente autenticadas dos mesmos aos Governos dos demais Estados-Partes.

Outrossim, o Governo da República notificará aos Governos dos demais Estados-Partes da data de entrada em vigor do presente Protocolo e a data do depósito dos instrumentos de ratificação.

Feito em Ouro Preto, aos 16 dias do mês de dezembro de 1994, em um original nos idiomas português e espanhol, sendo ambos os mesmos textos igualmente autênticos.

PROTOCOLO ADICIONAL AO TRATADO DE ASSUNÇÃO SOBRE A ESTRUTURA INSTITUCIONAL DO MERCOSUL (PROTOCOLO DE OURO PRETO)

▸ Aprovado pelo Dec. Legislativo nº 188, de 15-12-1995, promulgado pelo Dec. nº 1.901, de 9-5-1996.

A República Argentina, a República Federativa do Brasil, a República do Paraguai e a República Oriental do Uruguai, doravante denominadas "Estados-Partes",

Em cumprimento ao disposto no art. 18 do Tratado de Assunção, de 26 de março de 1991;

Conscientes da importância dos avanços alcançados e da implementação da união aduaneira como etapa para a construção do Mercado Comum;

Reafirmando os princípios e objetivos do Tratado de Assunção e atentos à necessidade de uma consideração especial para países e regiões menos desenvolvidos do MERCOSUL;

Atentos para a dinâmica implícita em todo processo de integração e para a consequente necessidade de adaptar a estrutura institucional do MERCOSUL às mudanças ocorridas;

Reconhecendo o destacado trabalho desenvolvido pelos órgãos existentes durante o período de transição,

Acordam:

CAPÍTULO I
ESTRUTURA DO MERCOSUL

Artigo 1º

A estrutura institucional do MERCOSUL contará com os seguintes órgãos:

I – O Conselho do Mercado Comum (CMC);
II – O Grupo Mercado Comum (GMC);
III – A Comissão de Comércio do MERCOSUL (CCM);
IV – A Comissão Parlamentar Conjunta (CPC);
V – O Foro Consultivo Econômico-Social (FCES);
VI – A Secretaria Administrativa do MERCOSUL (SAM).

Parágrafo único. Poderão ser criados, nos termos do presente Protocolo, os órgãos auxiliares que se fizerem necessários à consecução dos objetivos do processo de integração.

Artigo 2º

São órgãos com capacidade decisória, de natureza intergovernamental, o Conselho do Mercado Comum, o Grupo Mercado Comum e a Comissão de Comércio do MERCOSUL.

SEÇÃO I
DO CONSELHO DO MERCADO COMUM

Artigo 3º

O Conselho do Mercado Comum é o órgão superior do MERCOSUL ao qual incumbe a condução política do processo de integração e a tomada de decisões para assegurar o cumprimento dos objetivos estabelecidos pelo Tratado de Assunção e para lograr a constituição final do mercado comum.

Artigo 4º

O Conselho do Mercado Comum será integrado pelos Ministros das Relações Exteriores e pelos Ministro da Economia, ou seus equivalentes, dos Estados-Partes.

Artigo 5º

A Presidência do Conselho do Mercado Comum será exercida por rotação dos Estados-Partes, em ordem alfabética, pelo período de seis meses.

Artigo 6º

O Conselho do Mercado Comum reunir-se-á quantas vezes estime oportuno, devendo fazê-lo pelo menos uma vez por semestre com a participação dos Presidentes dos Estados-Partes.

Artigo 7º

As reuniões do Conselho do Mercado Comum serão coordenadas pelos Ministérios das Relações Exteriores e poderão ser convidados a delas participar outros Ministros ou autoridades de nível ministerial.

Artigo 8º

São funções e atribuições do Conselho do Mercado Comum:

I – velar pelo cumprimento do Tratado de Assunção, de seus Protocolos e dos acordos firmados em seu âmbito;
II – formular políticas e promover as ações necessárias à conformação do mercado comum;
III – exercer a titularidade da personalidade jurídica do MERCOSUL;
IV – negociar e firmar acordos em nome do MERCOSUL com terceiros países, grupos de países e organizações internacionais. Estas funções podem ser delegadas ao Grupo Mercado Comum por mandato expresso, nas condições estipuladas no inciso VII do artigo 14;
V – manifestar-se sobre as propostas que lhe sejam levadas pelo Grupo Mercado Comum;
VI – criar reuniões de ministros e pronunciar-se sobre os acordos que lhe sejam remetidos pelas mesmas;
VII – criar órgãos que estime pertinentes, assim como modificá-los ou extingui-los;
VIII – esclarecer, quando estime necessário, o conteúdo e o alcance de suas Decisões;
IX – designar o Diretor da Secretaria Administrativa do MERCOSUL;
X – adotar Decisões em matéria financeira e orçamentária;
XI – homologar o Regimento Interno do Grupo Mercado Comum.

Artigo 9º

O Conselho do Mercado Comum manifestar-se-á mediante Decisões, as quais serão obrigatórias para os Estados-Partes.

SEÇÃO II
DO GRUPO MERCADO COMUM

Artigo 10

O Grupo Mercado Comum é o órgão executivo do MERCOSUL.

Artigo 11

O Grupo Mercado Comum será integrado por quatro membros titulares e quatro membros alternos por país, designados pelos respectivos Governos, dentre os quais devem constar necessariamente representantes dos Ministérios das Relações Exteriores, dos Ministérios da Economia (ou equivalentes) e dos Bancos Centrais. O Grupo Mercado Comum será coordenado pelos Ministérios das Relações Exteriores.

Artigo 12

Ao elaborar e propor medidas concretas no desenvolvimento de seus trabalhos, o Grupo Mercado Comum poderá convocar, quando julgar conveniente, representantes de outros órgãos da Administração Pública ou da estrutura institucional do MERCOSUL.

Artigo 13

O Grupo Mercado Comum reunir-se-á de forma ordinária ou extraordinária, quantas vezes se fizerem necessárias, nas condições estipuladas por ou Regimento Interno.

Artigo 14

São funções e atribuições do Grupo Mercado Comum:

I – velar, nos limites de suas competências, pelo cumprimento do Tratado de Assunção, de seus Protocolos e dos acordos firmados em seu âmbito;
II – propor projetos de Decisão ao Conselho do Mercado Comum;
III – tomar as medidas necessárias ao cumprimento das Decisões adotadas pelo Conselho do Mercado Comum;
IV – fixar programas de trabalho que assegurem avanços para o estabelecimento do mercado comum;
V – criar, modificar ou extinguir órgãos tais como subgrupos de trabalho e reuniões especializadas, para o cumprimento de seus objetivos;
VI – manifestar-se sobre as propostas ou recomendações que lhe forem submetidas pelos demais órgãos do MERCOSUL no âmbito de suas competências;
VII – negociar com a participação de representantes de todos os Estados-Partes, por delegação expressa do Conselho do Mercado Comum e dentro dos limites estabelecidos em mandatos específicos concedidos para esse fim, acordos em nome do MERCOSUL com terceiros países, grupos de países e organismos internacionais. O Grupo Mercado Comum, quando dispuser de mandato para tal fim, procederá à assinatura dos mencionados acordos. O Grupo Mercado Comum, quando autorizado pelo Conselho do Mercado Comum, poderá delegar os referidos poderes à Comissão de Comércio do MERCOSUL;

VIII – aprovar o orçamento e a prestação de contas anual apresentada pela Secretaria Administrativa do MERCOSUL;

IX – adotar resoluções em matéria financeira e orçamentária, com base nas orientações emanadas do Conselho do Mercado Comum;

X – Submeter ao Conselho do Mercado Comum seu Regimento Interno;

XI – organizar as reuniões do Conselho do Mercado Comum e preparar os relatórios e estudos que este lhe solicitar;

XII – eleger o Diretor da Secretaria Administrativa do MERCOSUL;

XIII – supervisionar as atividades da Secretaria Administrativa do MERCOSUL;

XIV – homologar os Regimentos Internos da Comissão de Comércio e do Foro Consultivo Econômico-Social.

Artigo 15

O Grupo Mercado Comum manifestar-se-á mediante Resoluções, as quais serão obrigatórias para os Estados-Partes.

Seção III – DA COMISSÃO DE COMÉRCIO DO MERCOSUL

Artigo 16

À Comissão de Comércio do MERCOSUL, órgão encarregado de assistir o Grupo Mercado Comum, compete velar pela aplicação dos instrumentos de política comercial comum acordados pelos Estados-Partes para o funcionamento da união aduaneira, bem como acompanhar e revisar os temas e matérias relacionados com as políticas comerciais comuns, com o comércio intraMERCOSUL e com terceiros países.

Artigo 17

A Comissão de Comércio do MERCOSUL será integrada por quatro membros titulares e quatro membros alternos por Estado-Parte e será coordenada pelos Ministérios das Relações Exteriores.

Artigo 18

A Comissão de Comércio do MERCOSUL reunir-se-á pelo menos uma vez por mês ou sempre que solicitado pelo Grupo Mercado Comum ou por qualquer dos Estados-Partes.

Artigo 19

São funções e atribuições da Comissão de Comércio do MERCOSUL:

I – velar pela aplicação dos instrumentos comuns de política comercial intraMERCOSUL e com terceiros países, organismos internacionais e acordos de comércio;

II – considerar e pronunciar-se sobre as solicitações apresentadas pelos Estados-Partes com respeito à aplicação e ao cumprimento da tarifa externa comum e dos demais instrumentos de política comercial comum;

III – acompanhar a aplicação dos instrumentos de política comercial comum nos Estados-Partes;

IV – analisar a evolução dos instrumentos de política comercial comum para o funcionamento da união aduaneira e formular propostas a respeito ao Grupo Mercado Comum;

V – tomar as decisões vinculadas à administração e à aplicação de tarifa externa comum e dos instrumentos de política comercial comum acordados pelos Estados-Partes;

VI – informar ao Grupo Mercado Comum sobre a evolução e a aplicação dos instrumentos de política comercial comum, sobre o trâmite das solicitações recebidas e sobre as decisões adotadas a respeito delas;

VII – propor ao Grupo Mercado Comum novas normas ou modificações às normas existentes referentes à matéria comercial e aduaneira do MERCOSUL;

VIII – propor a revisão das alíquotas tarifárias de itens específicos da tarifa comum, inclusive para contemplar casos referentes a novas atividades produtivas no âmbito do MERCOSUL;

IX – estabelecer os comitês técnicos necessários ao adequado cumprimento de suas funções, bem como dirigir e supervisionar as atividades dos mesmos;

X – desempenhar as tarefas vinculadas à política comercial comum que lhe solicite o Grupo Mercado Comum;

XI – adotar o Regimento Interno, que submeterá ao Grupo Mercado Comum para sua homologação.

Artigo 20

A Comissão de Comércio do MERCOSUL manifestar-se-á mediante Diretrizes ou Propostas. As Diretrizes serão obrigatórias para os Estados-Partes.

Artigo 21

Além das funções e atribuições estabelecidas nos arts. 16 e 19 do presente Protocolo, caberá à Comissão de Comércio do MERCOSUL considerar reclamações apresentadas pelas Seções Nacionais da Comissão de Comércio do MERCOSUL, originadas pelos Estados-Partes ou em demandas de particulares – pessoas físicas ou jurídicas, – relacionadas com as situações previstas nos arts. 1º ou 25 do Protocolo de Brasília, quando estiverem em sua área de competência.

§ 1º O exame das referidas reclamações no âmbito da Comissão de Comércio do MERCOSUL; não obstará a ação do Estado-Parte que efetuou a reclamação ao amparo do Protocolo de Brasília para Solução de Controvérsias.

§ 2º As reclamações originadas nos casos estabelecidos no presente artigo obedecerão o procedimento previsto no anexo deste Protocolo.

Seção IV – DA COMISSÃO PARLAMENTAR CONJUNTA

Artigo 22

A Comissão Parlamentar Conjunta é o órgão representativo dos Parlamentos dos Estados-Partes no âmbito do MERCOSUL.

Artigo 23

A Comissão Parlamentar Conjunta será integrada por igual número de parlamentares representantes dos Estados-Partes.

Artigo 24

Os integrantes da Comissão Parlamentar Conjunta serão designados pelos respectivos parlamentos nacionais, de acordo com seus procedimentos internos.

Artigo 25

A Comissão Parlamentar Conjunta procurará acelerar os procedimentos internos correspondentes nos Estados-Partes para a pronta entrada em vigor das normas emanadas dos órgãos do MERCOSUL, previstos no art. 2º deste Protocolo. Da mesma forma, coadjuvará na harmonização de legislações, tal como requerido pelo avanço do processo de integração. Quando necessário, o Conselho do Mercado Comum solicitará à Comissão Parlamentar Conjunta o exame de temas prioritários.

Artigo 26

A Comissão Parlamentar Conjunta encaminhará, por intermédio do Grupo Mercado Comum, recomendações ao Conselho do Mercado Comum.

Artigo 27

A Comissão Parlamentar Conjunta adotará o seu Regimento Interno.

Seção V – DO FORO CONSULTIVO ECONÔMICO-SOCIAL

Artigo 28

O Foro Consultivo Econômico-Social é o órgão de representação dos setores econômicos e sociais e será integrado por igual número de representantes de cada Estado-Parte.

Artigo 29

O Foro Consultivo Econômico-Social terá função consultiva e manifestar-se-á mediante recomendações no Grupo Mercado Comum.

Artigo 30

O Foro Consultivo Econômico-Social submeterá seu Regimento Interno ao Grupo Mercado Comum, para homologação.

Seção VI – DA SECRETARIA ADMINISTRATIVA DO MERCOSUL

Artigo 31

O MERCOSUL contará com uma Secretaria Administrativa como órgão de apoio operacional. A Secretaria Administrativa do MERCOSUL será responsável pela prestação de serviços aos demais órgãos do MERCOSUL e terá sede permanente na cidade de Montevidéu.

Artigo 32

A Secretaria Administrativa do MERCOSUL desempenhará as seguintes atividades:

I – servir como arquivo oficial da documentação do MERCOSUL;

II – realizar a publicação e a difusão das decisões adotadas no âmbito do MERCOSUL. Nesse contexto, lhe corresponderá:

i) realizar, em coordenação como os Estados-Partes, as traduções autênticas para os idiomas espanhol e português de todas as decisões adotadas pelos órgãos da estrutura institucional do MERCOSUL, conforme previsto no art. 39;

ii) editar o Boletim Oficial do MERCOSUL;

III – organizar os aspectos logísticos das reuniões do Conselho do Mercado Comum, do Grupo Mercado Comum e da Comissão de Comércio do MERCOSUL e, dentro de suas possibilidades, dos demais órgãos do MERCOSUL, quando as mesmas forem realizadas em sua sede permanente. No que se refere às reuniões realizadas fora de sua sede permanente, a Secretaria Administrativa do MERCOSUL fornecerá apoio ao Estado que sediar o evento;

IV – informar regularmente os Estados-Partes sobre as medidas implementadas por cada país para incorporar em seu ordenamento jurídico as normas emanadas dos órgãos do MERCOSUL previstos no art. 2ª deste Protocolo;

V – registrar as listas nacionais dos árbitros e especialistas, bem como desempenhar outras tarefas determinadas pelo Protocolo de Brasília, de 17 de dezembro de 1991;

VI – desempenhar as tarefas que lhe sejam solicitadas pelo Conselho do Mercado Comum, pelo Grupo Mercado Comum e pela Comissão do Comércio do MERCOSUL;
VII – elaborar seu projeto de orçamento e uma vez aprovado pelo Grupo Mercado Comum, praticar todos os atos necessários à sua correta execução;
VIII – apresentar anualmente ao Grupo Mercado Comum a sua prestação de contas, bem como relatórios sobre suas atividades.

Artigo 33

A Secretaria Administrativa do MERCOSUL estará a cargo de um Diretor, o qual será nacional de um dos Estados-Partes. Será eleito pelo Grupo Mercado Comum, em bases rotativas, prévia consulta aos Estados-Partes, e designado pelo Conselho do Mercado Comum. Terá mandato de dois anos, vedada a reeleição.

CAPÍTULO II
PERSONALIDADE JURÍDICA

Artigo 34

O MERCOSUL terá personalidade jurídica de Direito Internacional.

Artigo 35

O MERCOSUL poderá, no uso de suas atribuições, praticar todos os atos necessários à realização de seus objetivos, em especial contratar, adquirir ou alienar bens móveis e imóveis, comparecer em juízo, conservar fundos e fazer transferências.

Artigo 36

O MERCOSUL celebrará acordos de sede.

CAPÍTULO III
SISTEMA DE TOMADA DE DECISÕES

Artigo 37

As decisões dos órgãos do MERCOSUL serão tomadas por consenso e com a presença de todos os Estados-Partes.

CAPÍTULO IV
APLICAÇÃO INTERNA DAS NORMAS EMANADAS DOS ÓRGÃOS DO MERCOSUL

Artigo 38

Os Estados-Partes comprometem-se a adotar todas as medidas necessárias para assegurar, em seus respectivos territórios, o cumprimento das normas emanadas dos órgãos do MERCOSUL previstos no artigo 2º deste Protocolo.

Parágrafo único. Os Estados-Partes informarão à Secretaria Administrativa do MERCOSUL as medidas adotadas para esse fim.

Artigo 39

Serão publicados no Boletim Oficial do MERCOSUL, em sua íntegra, nos idiomas espanhol e português, o teor das Decisões do Conselho do Mercado Comum, das Resoluções do Grupo Mercado Comum, das Diretrizes da Comissão de Comércio do MERCOSUL e dos Laudos Arbitrais de solução de controvérsias, bem como de quaisquer atos aos quais o Conselho do Mercado Comum ou o Grupo Mercado Comum entendam necessário atribuir publicidade oficial.

Artigo 40

A fim de garantir a vigência simultânea nos Estados-Partes das normas emanadas dos órgãos do MERCOSUL previstos no art. 2º deste Protocolo, deverá ser observado o seguinte procedimento:
i) uma vez aprovada a norma, os Estados-Partes adotarão as medidas necessárias para a sua incorporação ao ordenamento jurídico nacional e comunicarão as mesmas à Secretaria Administrativa do MERCOSUL;
ii) quando todos os Estados-Partes tiverem informado sua incorporação aos respectivos ordenamentos jurídicos internos, a Secretaria Administrativa do MERCOSUL comunicará o fato a cada Estado-Parte;
iii) as normas entrarão em vigor simultaneamente nos Estados-Partes 30 dias após a data da comunicação efetuada pela Secretaria Administrativa do MERCOSUL, nos termos do item anterior. Com esse objetivo, os Estados-Partes, dentro do prazo acima, darão publicidade do início da vigência das referidas normas por intermédio de seus respectivos diários oficiais.

CAPÍTULO V
FONTES JURÍDICAS DO MERCOSUL

Artigo 41

As fontes jurídicas do MERCOSUL são:
I – o Tratado de Assunção, seus protocolos e os instrumentos adicionais ou complementares;
II – os acordos celebrados no âmbito do Tratado de Assunção e seus protocolos;
III – as Decisões do Conselho do Mercado Comum, as Resoluções do Grupo Mercado Comum e as Diretrizes da Comissão do MERCOSUL, adotadas deste a entrada em vigor do Tratado de Assunção.

Artigo 42

As normas emanadas dos órgãos do MERCOSUL previstos no art. 2º deste Protocolo terão caráter obrigatório e deverão, quando necessário, ser incorporadas aos ordenamentos jurídicos nacionais mediante os procedimentos previstos pela legislação de cada país.

CAPÍTULO VI
SISTEMA DE SOLUÇÃO DE CONTROVÉRSIAS

Artigo 43

As controvérsias que surgirem entre os Estados-Partes sobre a interpretação, a aplicação ou o não cumprimento das disposições contidas no Tratado de Assunção, dos acordos celebrados no âmbito do mesmo, bem como das Decisões do Conselho do Mercado Comum, das Resoluções do Grupo Mercado Comum e das Diretrizes da Comissão de Comércio do MERCOSUL, serão submetidas aos procedimentos de solução estabelecidos no Protocolo de Brasília, de 17 de dezembro de 1991.

Parágrafo único. Ficam também incorporadas aos arts. 19 e 25 do Protocolo de Brasília as Diretrizes da Comissão de Comércio do MERCOSUL.

Artigo 44

Antes de culminar o processo de convergência da tarifa externa comum, os Estados-Partes efetuarão uma revisão do atual sistema de solução de controvérsias do MERCOSUL, com vistas à adoção do sistema permanente a que se refere o item 3 do Anexo III do Tratado de Assunção e o artigo 34 do Protocolo de Brasília.

CAPÍTULO VII
ORÇAMENTO

Artigo 45

A Secretaria Administrativa do MERCOSUL contará com orçamento para cobrir seus gastos de funcionamento e aqueles que determine o Grupo Mercado Comum. Tal orçamento será financiado, em partes iguais, por contribuições dos Estados-Partes.

CAPÍTULO VIII
IDIOMAS

Artigo 46

Os idiomas oficiais do MERCOSUL são o espanhol e o português. A versão oficial dos documentos de trabalho será a do idioma do país sede de cada reunião.

CAPÍTULO IX
REVISÃO

Artigo 47

Os Estados-Partes convocarão, quando julgarem oportuno, conferência diplomática com o objetivo de revisar a estrutura institucional do MERCOSUL estabelecida pelo presente Protocolo, assim como as atribuições específicas de cada um de seus órgãos.

CAPÍTULO X
VIGÊNCIA

Artigo 48

O presente Protocolo, parte integrante do Tratado de Assunção, terá duração indefinida e entrará em vigor 30 dias após a data do depósito do terceiro instrumento de ratificação. O presente Protocolo e seus instrumentos de ratificação serão depositados ante o Governo da República do Paraguai.

Artigo 49

O Governo da República do Paraguai notificará aos Governos dos demais Estados-Partes a data do depósito dos instrumentos de ratificação e da entrada em vigor do presente Protocolo.

Artigo 50

Em matéria de adesão ou denúncia, regerão como um todo, para o presente Protocolo, as normas estabelecidas pelo Tratado de Assunção. A adesão ou denúncia ao Tratado de Assunção ou ao presente Protocolo significam, *ipso iure*, a adesão ou denúncia ao presente Protocolo e ao Tratado de Assunção.

CAPÍTULO XI
DISPOSIÇÃO TRANSITÓRIA

Artigo 51

A estrutura institucional prevista no Tratado de Assunção, de 26 de março de 1991, assim como seus órgãos, será mantida até a data de entrada em vigor do presente Protocolo.

CAPÍTULO XII
DISPOSIÇÕES GERAIS

Artigo 52

O presente Protocolo chamar-se-á "Protocolo de Ouro Preto".

Artigo 53

Ficam revogadas todas as disposições do Tratado de Assunção, de 26 de março de 1991, que conflitem com os termos do presente Protocolo e com o teor das Decisões aprovadas pelo Conselho do Mercado Comum, durante o período de transição.

Feito na cidade de Ouro Preto, República Federativa do Brasil, aos dezessete dias do mês de dezembro de mil novecentos e noventa e quatro, em um original, nos idiomas português e espanhol, sendo ambos os textos igualmente autênticos. O Governo da República do Paraguai enviará cópia devidamente autenticada do presente Protocolo aos Governos dos demais Estados-Partes.

Pela República Argentina
Carlos Saul
Guido Di Tella

Pela República Federativa do Brasil
Itamar Franco
Celso L. N. Amorim

Pela República do Paraguai
Juan Carlos Wasmosy
Luiz Maria Ramirez Boettner

Pela República Oriental do Uruguai
Luiz Alberto Lacalle Herrera
Sergio Abreu

ANEXO AO PROTOCOLO DE OURO PRETO PROCEDIMENTO GERAL PARA RECLAMAÇÕES PERANTE A COMISSÃO DE COMÉRCIO DO MERCOSUL

Artigo 1º

As reclamações apresentadas pelas Seções Nacionais da Comissão do MERCOSUL, originadas pelos Estados-Partes ou em reclamações de particulares – pessoas físicas ou jurídicas – de acordo com o previsto no Artigo 21 do Protocolo de Ouro Preto, observarão o procedimento estabelecido no presente Anexo.

Artigo 2º

O Estado-Parte reclamante apresentará sua reclamação perante a Presidência *Pro Tempore* da Comissão de Comércio do MERCOSUL, a qual tomará as providências necessárias para a incorporação do tema na agenda da primeira reunião subsequente da Comissão do MERCOSUL, respeitado o prazo mínimo de uma semana de antecedência. Se não for adotada decisão na referida reunião, a Comissão de Comércio do MERCOSUL remeterá os antecedentes, sem outro procedimento, a um Comitê Técnico.

Artigo 3º

O Comitê Técnico preparará e encaminhará à Comissão de Comércio do MERCOSUL, no prazo máximo de 30 dias corridos, um parecer conjunto sobre a matéria. Esse parecer, bem como as conclusões dos especialistas integrantes do Comitê Técnico, quando não for adotado parecer, serão levados em consideração pela Comissão do MERCOSUL, quando esta decidir sobre a reclamação.

Artigo 4º

A Comissão de Comércio do MERCOSUL decidirá sobre a questão em sua primeira reunião ordinária posterior ao recebimento do parecer conjunto ou, na sua ausência, as conclusões dos especialistas, podendo também ser convocada uma reunião extraordinária com essa finalidade.

Artigo 5º

Se não for alcançado o consenso na primeira reunião mencionada no art. 4º, a Comissão de Comércio do MERCOSUL encaminhará ao Grupo Mercado Comum as diferentes alternativas propostas, assim como o parecer conjunto ou as conclusões dos especialistas do Comitê Técnico, a fim de que seja tomada uma decisão sobre a matéria. O Grupo Mercado Comum pronunciar-se-á a respeito no prazo de trinta (30) dias corridos, contados do recebimento, pela Presidência *Pro Tempore*, das propostas encaminhadas pela Comissão de Comércio do MERCOSUL.

Artigo 6º

Se houver consenso quanto à procedência de reclamação, o Estado-Parte reclamado deverá tomar as medidas aprovadas na Comissão de Comércio do MERCOSUL no Grupo Mercado Comum. Em cada caso, a Comissão de Comércio do MERCOSUL ou, posteriormente, o Grupo Mercado Comum determinarão prazo razoável para a implementação dessas medidas. Decorrido tal prazo sem que o Estado reclamado tenha observado o disposto na decisão alcançada, seja na Comissão do Comércio do MERCOSUL ou no Grupo Mercado Comum, o Estado reclamante poderá recorrer diretamente ao procedimento previsto no Capítulo IV do Protocolo de Brasília.

Artigo 7º

Se não for alcançado consenso na Comissão de Comércio do MERCOSUL e, posteriormente, no Grupo Mercado Comum, ou se o Estado reclamado não observar, no prazo previsto no art. 6, o disposto na decisão alcançada, o Estado reclamante poderá recorrer diretamente ao procedimento previsto no Capítulo IV do Protocolo de Brasília, fato que será comunicado à Secretaria Administrativa do MERCOSUL.

O Tribunal Arbitral, antes da emissão de seu Laudo, deverá, se assim solicitar o Estado reclamante, manifestar-se, no prazo de até quinze (15) dias após sua constituição, sobre as medidas provisórias que considere apropriadas, nas condições estipuladas pelo art. 18 do Protocolo de Brasília.

▶ Optamos por não publicar os Anexos nesta edição.

PROTOCOLO DE OLIVOS PARA A SOLUÇÃO DE CONTROVÉRSIAS NO MERCOSUL

▶ Concluído em Olivos, Argentina, em 18-2-2002, teve seu instrumento de ratificação depositado pelo governo brasileiro em 2-12-2003. Entrou em vigor internacional, e para o Brasil, em 1º-1-2004. No Brasil, foi aprovado pelo Dec. Legislativo nº 712, de 14-10-2003, e promulgado pelo Dec. nº 4.982, de 9-2-2004.

A República Argentina, a República Federativa do Brasil, a República do Paraguai e a República Oriental do Uruguai, doravante denominados "Estados-Partes";

Tendo em conta o Tratado de Assunção, o Protocolo de Brasília e o Protocolo de Ouro Preto;

Reconhecendo que a evolução do processo de integração no âmbito do MERCOSUL requer o aperfeiçoamento do sistema de solução de controvérsias;

Considerando a necessidade de garantir a correta interpretação, aplicação e cumprimento dos instrumentos fundamentais do processo de integração e do conjunto normativo do MERCOSUL, de forma consistente e sistemática;

Convencidos da conveniência de efetuar modificações específicas no sistema de solução de controvérsias de maneira a consolidar a segurança jurídica no âmbito do MERCOSUL;

Acordaram o seguinte:

CAPÍTULO I

CONTROVÉRSIAS ENTRE ESTADOS-PARTES

Artigo 1º

Âmbito de aplicação

1. As controvérsias que surjam entre os Estados-Partes sobre a interpretação, a aplicação ou o não cumprimento do Tratado de Assunção, do Protocolo de Ouro Preto, dos protocolos e acordos celebrados no marco do Tratado de Assunção, das Decisões do Conselho do Mercado Comum, das Resoluções do Grupo Mercado Comum e das Diretrizes da Comissão de Comércio do MERCOSUL serão submetidas aos procedimentos estabelecidos no presente Protocolo.

2. As controvérsias compreendidas no âmbito de aplicação do presente Protocolo que possam também ser submetidas ao sistema de solução de controvérsias da Organização Mundial do Comércio ou de outros esquemas preferenciais de comércio de que sejam parte individualmente os Estados-Partes do MERCOSUL poderão submeter-se a um ou outro foro, à escolha da parte demandante. Sem prejuízo disso, as partes na controvérsia poderão, de comum acordo, definir o foro.

Uma vez iniciado um procedimento de solução de controvérsias de acordo com o parágrafo anterior, nenhuma das partes poderá recorrer a mecanismos de solução de controvérsias estabelecidos nos outros foros com relação a um mesmo objeto, definido nos termos do artigo 14 deste Protocolo.

Não obstante, no marco do estabelecido neste numeral, o Conselho do Mercado Comum regulamentará os aspectos relativos à opção de foro.

CAPÍTULO II

MECANISMOS RELATIVOS A ASPECTOS TÉCNICOS

Artigo 2º

Estabelecimento dos mecanismos

1. Quando se considere necessário, poderão ser estabelecidos mecanismos expeditos para resolver divergências entre Estados-Partes sobre aspectos técnicos regulados em instrumentos de políticas comerciais comuns.

2. As regras de funcionamento, o alcance desses mecanismos e a natureza dos pronunciamentos a serem emitidos nos mesmos serão definidos e aprovados por Decisão do Conselho do Mercado Comum.

CAPÍTULO III

OPINIÕES CONSULTIVAS

Artigo 3º

Regime de solicitação

O Conselho do Mercado Comum poderá estabelecer mecanismos relativos à solicitação de opiniões consultivas ao Tribunal Permanente de Revisão definindo seu alcance e seus procedimentos.

CAPÍTULO IV

NEGOCIAÇÕES DIRETAS

Artigo 4º

Negociações

Os Estados-Partes numa controvérsia procurarão resolvê-la, antes de tudo, mediante negociações diretas.

Artigo 5º

Procedimento e prazo

1. As negociações diretas não poderão, salvo acordo entre as partes na controvérsia, exceder um prazo de quinze (15) dias a partir da data em que uma delas comunicou à outra a decisão de iniciar a controvérsia.

2. Os Estados-Partes em uma controvérsia informarão ao Grupo Mercado Comum, por intermédio da Secretaria Administrativa do MERCOSUL, sobre as gestões que se realizarem durante as negociações e os resultados das mesmas.

CAPÍTULO V

INTERVENÇÃO DO GRUPO MERCADO COMUM

Artigo 6º

Procedimento opcional ante o GMC

1. Se mediante as negociações diretas não se alcançar um acordo ou se a controvérsia for solucionada apenas parcialmente, qualquer dos Estados-Partes na controvérsia poderá iniciar diretamente o procedimento arbitral previsto no Capítulo VI.

2. Sem prejuízo do estabelecido no numeral anterior, os Estados-Partes na controvérsia poderão, de comum acordo, submetê-la à consideração do Grupo Mercado Comum.

i) Nesse caso, o Grupo Mercado Comum avaliará a situação, dando oportunidade às partes na controvérsia para que exponham suas respectivas posições, requerendo, quando considere necessário, o assessoramento de especialistas selecionados da lista referida no artigo 43 do presente Protocolo.

ii) Os gastos relativos a esse assessoramento serão custeados em montantes iguais pelos Estados-Partes na controvérsia ou na proporção que determine o Grupo Mercado Comum.

3. A controvérsia também poderá ser levada à consideração do Grupo Mercado Comum se outro Estado, que não seja parte na controvérsia, solicitar, justificadamente, tal procedimento ao término das negociações diretas. Nesse caso, o procedimento arbitral iniciado pelo Estado-Parte demandante não será interrompido, salvo acordo entre os Estados-Partes na controvérsia.

Artigo 7º

Atribuições do GMC

1. Se a controvérsia for submetida ao Grupo Mercado Comum pelos Estados-Partes na controvérsia, este formulará recomendações que, se possível, deverão ser expressas e detalhadas, visando à solução da divergência.

2. Se a controvérsia for levada à consideração do Grupo Mercado Comum a pedido de um Estado que dela não é parte, o Grupo Mercado Comum poderá formular comentários ou recomendações a respeito.

Artigo 8º

Prazo para intervenção e pronunciamento do GMC

O procedimento descrito no presente Capítulo não poderá estender-se por um prazo superior a trinta (30), dias a partir da data da reunião em que a controvérsia foi submetida à consideração do Grupo Mercado Comum.

CAPÍTULO VI

PROCEDIMENTO ARBITRAL *AD HOC*

Artigo 9º

Início da etapa arbitral

▸ Art. 5º do Protocolo Modificativo do Protocolo de Olivos para a solução de controvérsias no MERCOSUL, aprovado pelo Dec. nº 10.215, de 30-1-2020, que dispõe que as funções atribuídas à Secretaria Administrativa do MERCOSUL previstas neste capítulo, com exceção da comunicação ao Grupo Mercado Comum a que se refere o art. 45, passarão a ser cumpridas pela Secretaria do Tribunal Permanente de Revisão.

1. Quando não tiver sido possível solucionar a controvérsia mediante a aplicação dos procedimentos referidos nos Capítulos IV e V, qualquer dos Estados-Partes na controvérsia poderá comunicar à Secretaria Administrativa do MERCOSUL sua decisão de recorrer ao procedimento arbitral estabelecido no presente Capítulo.

2. A Secretaria Administrativa do MERCOSUL notificará, de imediato, a comunicação ao outro ou aos outros Estados envolvidos na controvérsia e ao Grupo Mercado Comum.

3. A Secretaria Administrativa do MERCOSUL se encarregará das gestões administrativas que lhe sejam requeridas para a tramitação dos procedimentos.

Artigo 10

Composição do tribunal arbitral *Ad Hoc*

1. O procedimento arbitral tramitará ante um Tribunal *Ad Hoc* composto de três (3) árbitros.

2. Os árbitros serão designados da seguinte maneira:

i) Cada Estado-Parte na controvérsia designará um (1) árbitro titular da lista prevista no artigo 11.1, no prazo de quinze (15) dias, contado a partir da data em que a Secretaria Administrativa do MERCOSUL tenha comunicado aos Estados-Partes na controvérsia a decisão de um deles de recorrer à arbitragem.
Simultaneamente, designará da mesma lista, um (1) árbitro suplente para substituir o árbitro titular em caso de incapacidade ou escusa deste em qualquer etapa do procedimento arbitral.

ii) Se um dos Estados-Partes na controvérsia não tiver nomeado seus árbitros no prazo indicado no numeral 2 (*I*), eles serão designados por sorteio pela Secretaria Administrativa do MERCOSUL em um prazo de dois (2) dias, contado a partir do vencimento daquele prazo, dentre os árbitros desse Estado da lista prevista no artigo 11.1.

3. O árbitro Presidente será designado da seguinte forma:

i) Os Estados-Partes na controvérsia designarão, de comum acordo, o terceiro árbitro, que presidirá o Tribunal Arbitral *Ad Hoc*, da lista prevista no artigo 11.2 (*III*), em um prazo de quinze (15) dias, contado a partir da data em que a Secretaria Administrativa do MERCOSUL tenha comunicado aos Estados-Partes na controvérsia a decisão de um deles de recorrer à arbitragem.
Simultaneamente, designarão da mesma lista, um árbitro suplente para substituir o árbitro titular em caso de incapacidade ou escusa deste em qualquer etapa do procedimento arbitral.
O Presidente e seu suplente não poderão ser nacionais dos Estados-Partes na controvérsia.

ii) Se não houver acordo entre os Estados-Partes na controvérsia para escolher o terceiro árbitro dentro do prazo indicado, a Secretaria Administrativa do MERCOSUL, a pedido de qualquer um deles, procederá a sua designação por sorteio da lista do artigo 11.2 (*III*), excluindo do mesmo os nacionais dos Estados-Partes na controvérsia.

iii) Os designados para atuar como terceiros árbitros deverão responder, em um prazo máximo de três (3) dias, contado a partir da notificação de sua designação, sobre sua aceitação para atuar em uma controvérsia.

4. A Secretaria Administrativa do MERCOSUL notificará os árbitros de sua designação.

Artigo 11

Listas de árbitros

1. Cada Estado-Parte designará doze (12) árbitros, que integrarão uma lista que ficará registrada na Secretaria Administrativa do MERCOSUL. A designação dos árbitros, juntamente com o *curriculum vitae* detalhado de cada um deles, será notificada simultaneamente aos demais Estados-Partes e à Secretaria Administrativa do MERCOSUL.

i) Cada Estado-Parte poderá solicitar esclarecimentos sobre as pessoas designadas pelos outros Estados-Partes para integrar a lista referida no parágrafo anterior, dentro do prazo de trinta (30) dias, contado a partir de tal notificação.

ii) A Secretaria Administrativa do MERCOSUL notificará aos Estados-Partes a lista consolidada de árbitros do MERCOSUL, bem como suas sucessivas modificações.

2. Cada Estado-Parte proporá, ademais, quatro (4) candidatos para integrar a lista de terceiros árbitros. Pelo menos um dos árbitros indicados por cada Estado-Parte para esta lista não será nacional de nenhum dos Estados-Partes do MERCOSUL.

i) A lista deverá ser notificada aos demais Estados-Partes, por intermédio da Presidência *Pro Tempore*, acompanhada pelo *curriculum vitae* de cada um dos candidatos propostos.

ii) Cada Estado-Parte poderá solicitar esclarecimentos sobre as pessoas propostas pelos demais Estados-Partes ou apresentar objeções justificadas aos candidatos indicados, conforme os critérios estabelecidos no artigo 35, dentro do prazo de trinta (30) dias, contado a partir da notificação dessas propostas.
As objeções deverão ser comunicadas por intermédio da Presidência *Pro Tempore* ao Estado-Parte proponente. Se, em um prazo que não poderá exceder a trinta (30) dias contado da notificação, não se chegar a uma solução, prevalecerá a objeção.

iii) A lista consolidada de terceiros árbitros, bem como suas sucessivas modificações, acompanhadas do *curriculum vitae* dos árbitros, será comunicada pela Presidência *Pro Tempore* à Secretaria Administrativa do MERCOSUL, que a registrará e notificará aos Estados-Partes.

Artigo 12

Representantes e assessores

Os Estados-Partes na controvérsia designarão seus representantes ante o Tribunal Arbitral *Ad Hoc* e poderão ainda designar assessores para a defesa de seus direitos.

Artigo 13

Unificação de representação

Se dois ou mais Estados-Partes sustentarem a mesma posição na controvérsia, poderão unificar sua representação ante o Tribunal Arbitral e designarão um árbitro de comum acordo, no prazo estabelecido no artigo 10.2(I).

Artigo 14

Objeto da controvérsia

1. O objeto das controvérsias ficará determinado pelos textos de apresentação e de resposta apresentados ante o Tribunal Arbitral *Ad Hoc*, não podendo ser ampliado posteriormente.

2. As alegações que as partes apresentem nos textos mencionados no numeral anterior se basearão nas questões que foram consideradas nas etapas prévias, contempladas no presente Protocolo e no Anexo ao Protocolo de Ouro Preto.

3. Os Estados-Partes na controvérsia informarão ao Tribunal Arbitral *Ad Hoc*, nos textos mencionados no numeral 1 do presente artigo, sobre as instâncias cumpridas com anteriorida-

de ao procedimento arbitral e farão uma exposição dos fundamentos de fato e de direito de suas respectivas posições.

Artigo 15
Medidas provisórias

1. O Tribunal Arbitral *Ad Hoc* poderá, por solicitação da parte interessada, e na medida em que existam presunções fundamentadas de que a manutenção da situação poderá ocasionar danos graves e irreparáveis a uma das partes na controvérsia, ditar as medidas provisórias que considere apropriadas para prevenir tais danos.

2. O Tribunal poderá, a qualquer momento, tornar sem efeito tais medidas.

3. Caso o laudo seja objeto de recurso de revisão, as medidas provisórias que não tenham sido deixadas sem efeito antes da emissão do mesmo se manterão até o tratamento do tema na primeira reunião do Tribunal Permanente de Revisão, que deverá resolver sobre sua manutenção ou extinção.

Artigo 16
Laudo arbitral

O Tribunal Arbitral *Ad Hoc* emitirá o laudo num prazo de sessenta (60) dias, prorrogáveis por decisão do Tribunal por um prazo máximo de trinta (30) dias, contado a partir da comunicação efetuada pela Secretaria Administrativa do MERCOSUL às partes e aos demais árbitros, informando a aceitação pelo árbitro Presidente de sua designação.

CAPÍTULO VII
PROCEDIMENTO DE REVISÃO

Artigo 17
Recurso de revisão

▸ Art. 5º do Protocolo Modificativo do Protocolo de Olivos para a solução de controvérsias no MERCOSUL, aprovado pelo Dec. nº 10.215, de 30-1-2020, que dispõe que as funções atribuídas à Secretaria Administrativa do MERCOSUL previstas neste capítulo, com exceção da comunicação ao Grupo Mercado Comum a que se refere o art. 45, passarão a ser cumpridas pela Secretaria do Tribunal Permanente de Revisão.

1. Qualquer das partes na controvérsia poderá apresentar um recurso de revisão do laudo do Tribunal Arbitral *Ad Hoc* ao Tribunal Permanente de Revisão, em prazo não superior a quinze (15) dias a partir da notificação do mesmo.

2. O recurso estará limitado a questões de direito tratadas na controvérsia e às interpretações jurídicas desenvolvidas no laudo do Tribunal Arbitral *Ad Hoc*.

3. Os laudos dos Tribunais *Ad Hoc* emitidos com base nos princípios *ex aequo et bono* não serão suscetíveis de recurso de revisão.

4. A Secretaria Administrativa do MERCOSUL estará encarregada das gestões administrativas que lhe sejam encomendadas para o trâmite dos procedimentos e manterá informados os Estados-Partes na controvérsia e o Grupo Mercado Comum.

Artigo 18
Composição do Tribunal Permanente de Revisão

1. O Tribunal Permanente de Revisão será integrado por um (1) árbitro titular designado por cada Estado-Parte do MERCOSUL.

2. Cada Estado-Parte designará um (1) árbitro titular e seu suplente por um período de dois (2) anos, renovável por no máximo dois períodos consecutivos.

3. Na eventualidade de que o Tribunal Permanente de Revisão passe a estar integrado por um número par de árbitros titulares, de acordo com o disposto no parágrafo 1º deste artigo, serão designados (1) um árbitro titular adicional e seu suplente, que terão a nacionalidade de algum dos Estados-Partes do MERCOSUL, sem prejuízo do disposto no parágrafo 4º deste artigo.

O árbitro adicional titular e seu suplente serão escolhidos por unanimidade dos Estados-Partes, de uma lista a ser conformada por dois (2) nomes indicados por cada Estado-Parte, no prazo de trinta (30) dias a partir da entrada em vigor do Protocolo de Olivos para o novo membro ou a partir do desligamento de um Estado-Parte, de acordo com o disposto no artigo 49 do Protocolo de Olivos.

Não havendo unanimidade, a designação se fará por sorteio que realizará o Secretário da Secretaria do Tribunal Permanente de Revisão, dentre os integrantes dessa lista, dentro dos dois (2) dias seguintes ao vencimento do prazo mencionado no parágrafo anterior.

O árbitro titular adicional e seu suplente serão designados por um período de dois (2) anos, renovável por no máximo 2 (dois) períodos consecutivos, à exceção do primeiro período, cuja duração será igual à duração restante do período dos demais árbitros que integram o Tribunal.

Quando o Tribunal Permanente de Revisão contar com a participação de um árbitro adicional e houver a adesão de um novo Estado-Parte ao MERCOSUL ou a denúncia de um Estado-Parte, o árbitro adicional e seu suplente, sem prejuízo do disposto no parágrafo 6º deste artigo, exercerão seus mandatos até que seja designado o árbitro do novo Estado-Parte ou até que seja formalizada a denúncia do Estado-Parte que se retira, de acordo com o disposto no Capítulo V do Tratado de Assunção.

4. Os Estados-Partes, de comum acordo, poderão definir outros critérios para a designação do árbitro adicional e de seu suplente.

5. Pelo menos três (3) meses antes do término do mandato dos árbitros, os Estados-Partes deverão manifestar-se a respeito de sua renovação ou propor novos candidatos.

6. Caso expire o período de atuação de um árbitro que esteja atuando em uma controvérsia, este deverá permanecer em função até sua conclusão.

7. Aplica-se, no que couber, aos procedimentos descritos neste artigo o disposto no artigo 11.2.

▸ Art. 18 com a redação dada pelo Protocolo Modificativo do Protocolo de Olivos para a solução de controvérsias no MERCOSUL, aprovado pelo Dec. nº 10.215, de 30-1-2020, em vigor no trigésimo dia a partir da data em que tenha sido depositado o quarto instrumento de ratificação.

Artigo 19
Disponibilidade permanente

Os integrantes do Tribunal Permanente de Revisão, uma vez que aceitem sua designação, deverão estar disponíveis permanentemente para atuar quando convocados.

Artigo 20
Funcionamento do Tribunal

1. Quando a controvérsia envolver dois (2) Estados-Partes, o Tribunal estará integrado por três (3) árbitros. Dois (2) árbitros serão nacionais de cada Estado-parte na controvérsia e o terceiro, que exercerá a Presidência, será designado mediante sorteio a ser realizado pelo Secretário da Secretaria do Tribunal Permanente de Revisão, entre os árbitros restantes que não sejam nacionais dos Estados-Partes na controvérsia, excluído o árbitro adicional eventualmente em exercício. A designação do Presidente dar-se-á no dia seguinte à interposição do recurso de revisão, data a partir da qual estará constituído o Tribunal para todos os efeitos.

2. Quando a controvérsia envolver mais de dois (2) Estados-Partes, o Tribunal Permanente de Revisão estará constituído por todos os seus árbitros, nos termos do artigo 18.

3. Os Estados-Partes, de comum acordo, poderão definir outros critérios para o funcionamento do Tribunal estabelecido neste artigo.

▸ Art. 20 com a redação dada pelo Protocolo Modificativo do Protocolo de Olivos para a solução de controvérsias no MERCOSUL, aprovado pelo Dec. nº 10.215, de 30-1-2020, em vigor no trigésimo dia a partir da data em que tenha sido depositado o quarto instrumento de ratificação.

Artigo 21
Contestação do recurso de revisão e prazo para o laudo

1. A outra parte na controvérsia terá direito a contestar o recurso de revisão interposto, dentro do prazo de quinze (15) dias de notificada a apresentação de tal recurso.

2. O Tribunal Permanente de Revisão pronunciar-se-á sobre o recurso em um prazo máximo de trinta (30) dias, contado a partir da apresentação da contestação a que faz referência o numeral anterior ou do vencimento do prazo para a referida apresentação, conforme o caso. Por decisão do Tribunal, o prazo de trinta (30) dias poderá ser prorrogado por mais quinze (15) dias.

Artigo 22
Alcance do pronunciamento

1. O Tribunal Permanente de Revisão poderá confirmar, modificar ou revogar a fundamentação jurídica e as decisões do Tribunal Arbitral *Ad Hoc*.

2. O laudo do Tribunal Permanente de Revisão será definitivo e prevalecerá sobre o laudo do Tribunal Arbitral *Ad Hoc*.

Artigo 23
Acesso direto ao Tribunal Permanente de Revisão

1. As partes na controvérsia, culminado o procedimento estabelecido nos arts. 4º e 5º deste Protocolo, poderão acordar expressamente submeter-se diretamente e em única instância ao Tribunal Permanente de Revisão, caso em que este terá as mesmas competências que um Tribunal Arbitral *Ad Hoc*, aplicando-se, no que corresponda, os arts. 9º, 12, 13, 14, 15 e 16 do presente Protocolo.

2. Nessas condições, os laudos do Tribunal Permanente de Revisão serão obrigatórios para os Estados-Partes na controvérsia a partir do recebimento da respectiva notificação, não estarão sujeitos a recursos de revisão e terão, com relação às partes, força de coisa julgada.

Artigo 24
Medidas excepcionais e de urgência

O Conselho do Mercado Comum poderá estabelecer procedimentos especiais para atender casos excepcionais de urgência que possam ocasionar danos irreparáveis às Partes.

CAPÍTULO VIII
LAUDOS ARBITRAIS

Artigo 25
Adoção dos laudos

► Art. 5º do Protocolo Modificativo do Protocolo de Olivos para a solução de controvérsias no MERCOSUL, aprovado pelo Dec. nº 10.215, de 30-1-2020, que dispõe que as funções atribuídas à Secretaria Administrativa do MERCOSUL previstas neste capítulo, com exceção da comunicação ao Grupo Mercado Comum a que se refere o art. 45, passarão a ser cumpridas pela Secretaria do Tribunal Permanente de Revisão.

Os laudos do Tribunal Arbitral *Ad Hoc* e os do Tribunal Permanente de Revisão serão adotados por maioria, serão fundamentados e assinados pelo Presidente e pelos demais árbitros. Os árbitros não poderão fundamentar votos em dissidência e deverão manter a confidencialidade da votação. As deliberações também serão confidenciais e assim permanecerão em todo o momento.

Artigo 26
Obrigatoriedade dos laudos

1. Os laudos dos Tribunais Arbitrais *Ad Hoc* são obrigatórios para os Estados-Partes na controvérsia a partir de sua notificação e terão, em relação a eles, força de coisa julgada se, transcorrido o prazo previsto no artigo 17.1 para interpor recurso de revisão, este não tenha sido interposto.

2. Os laudos do Tribunal Permanente de Revisão são inapeláveis, obrigatórios para os Estados-Partes na controvérsia a partir de sua notificação e terão, com relação a eles, força de coisa julgada.

Artigo 27
Obrigatoriedade do cumprimento dos laudos

Os laudos deverão ser cumpridos na forma e com o alcance com que foram emitidos. A adoção de medidas compensatórias nos termos deste Protocolo não exime o Estado-Parte de sua obrigação de cumprir o laudo.

Artigo 28
Recurso de esclarecimento

1. Qualquer dos Estados-Partes na controvérsia poderá solicitar um esclarecimento do laudo do Tribunal Arbitral *Ad Hoc* ou do Tribunal Permanente de Revisão e sobre a forma com que deverá cumprir-se o laudo, dentro de quinze (15) dias subsequentes à sua notificação.

2. O Tribunal respectivo se expedirá sobre o recurso nos quinze (15) dias subsequentes à apresentação da referida solicitação e poderá outorgar um prazo adicional para o cumprimento do laudo.

Artigo 29
Prazo e modalidade de cumprimento

1. Os laudos do Tribunal *Ad Hoc* ou os do Tribunal Permanente de Revisão, conforme o caso, deverão ser cumpridos no prazo que os respectivos Tribunais estabelecerem. Se não for estabelecido um prazo, os laudos deverão ser cumpridos no prazo de trinta (30) dias seguintes à data de sua notificação.

2. Caso um Estado-Parte interponha recurso de revisão, o cumprimento do laudo do Tribunal Arbitral *Ad Hoc* será suspenso durante o trâmite do mesmo.

3. O Estado-Parte obrigado a cumprir o laudo informará à outra parte na controvérsia, assim como ao Grupo Mercado Comum, por intermédio da Secretaria Administrativa do MERCOSUL, sobre as medidas que adotará para cumprir o laudo, dentro dos quinze (15) dias contados desde sua notificação.

Artigo 30
Divergências sobre o cumprimento do laudo

1. Caso o Estado beneficiado pelo laudo entenda que as medidas adotadas não dão cumprimento ao mesmo, terá um prazo de trinta (30) dias, a partir da adoção das mesmas, para levar a situação à consideração do Tribunal Arbitral *Ad Hoc* ou do Tribunal Permanente de Revisão, conforme o caso.

2. O Tribunal respectivo terá um prazo de trinta (30) dias a partir da data que tomou conhecimento da situação para dirimir as questões referidas no numeral anterior.

3. Caso não seja possível a convocação do Tribunal Arbitral *Ad Hoc* que conheceu do caso, outro será conformado com o ou os suplentes necessários mencionados nos arts. 10.2 e 10.3.

CAPÍTULO IX
MEDIDAS COMPENSATÓRIAS

Artigo 31
Faculdade de aplicar medidas compensatórias

► Art. 5º do Protocolo Modificativo do Protocolo de Olivos para a solução de controvérsias no MERCOSUL, aprovado pelo Dec. nº 10.215, de 30-1-2020, que dispõe que as funções atribuídas à Secretaria Administrativa do MERCOSUL previstas neste capítulo, com exceção da comunicação ao Grupo Mercado Comum a que se refere o art. 45, passarão a ser cumpridas pela Secretaria do Tribunal Permanente de Revisão.

1. Se um Estado-Parte na controvérsia não cumprir total ou parcialmente o laudo do Tribunal Arbitral, a outra parte na controvérsia terá a faculdade, dentro do prazo de um (1) ano, contado a partir do dia seguinte ao término do prazo referido no artigo 29.1, e independentemente de recorrer aos procedimentos do artigo 30, de iniciar a aplicação de medidas compensatórias temporárias, tais como a suspensão de concessões ou outras obrigações equivalentes, com vistas a obter o cumprimento do laudo.

2. O Estado-Parte beneficiado pelo laudo procurará, em primeiro lugar, suspender as concessões ou obrigações equivalentes no mesmo setor ou setores afetados. Caso considere impraticável ou ineficaz a suspensão no mesmo setor, poderá suspender concessões ou obrigações em outro setor, devendo indicar as razões que fundamentam essa decisão.

3. As medidas compensatórias a serem tomadas deverão ser informadas formalmente pelo Estado-Parte que as aplicará, com uma antecedência mínima de quinze (15) dias, ao Estado-Parte que deve cumprir o laudo.

Artigo 32
Faculdade de questionar medidas compensatórias

1. Caso o Estado-Parte beneficiado pelo laudo aplique medidas compensatórias por considerar insuficiente o cumprimento do mesmo, mas o Estado-Parte obrigado a cumprir o laudo considerar que as medidas adotadas são satisfatórias, este último terá um prazo de quinze (15) dias, contado a partir da notificação prevista no artigo 31.3, para levar esta situação à consideração do Tribunal Arbitral *Ad Hoc* ou do Tribunal Permanente de Revisão, conforme o caso, o qual terá um prazo de trinta (30) dias desde a sua constituição para se pronunciar sobre o assunto.

2. Caso o Estado-Parte obrigado a cumprir o laudo considere excessivas as medidas compensatórias aplicadas, poderá solicitar, até quinze (15) dias depois da aplicação dessas medidas, que o Tribunal *Ad Hoc* ou o Tribunal Permanente de Revisão, conforme corresponda, se pronuncie a respeito, em um prazo não superior a (trinta) 30 dias, contado a partir da sua constituição.

i) O Tribunal pronunciar-se-á sobre as medidas compensatórias adotadas. Avaliará, conforme o caso, a fundamentação apresentada para aplicá-las em um setor distinto daquele afetado, assim como sua proporcionalidade com relação às consequências derivadas do não cumprimento do laudo.

ii) Ao analisar a proporcionalidade, o Tribunal deverá levar em consideração, entre outros elementos, o volume e/ou o valor de comércio no setor afetado, bem como qualquer outro prejuízo ou fator que tenha incidido na determinação do nível ou montante das medidas compensatórias.

3. O Estado-Parte que aplicou as medidas deverá adequá-las à decisão do Tribunal em um prazo máximo de dez (10) dias, salvo se o Tribunal estabelecer outro prazo.

CAPÍTULO X
DISPOSIÇÕES COMUNS AOS CAPÍTULOS VI E VII

Artigo 33
Jurisdição dos tribunais

Os Estados-Partes declaram reconhecer como obrigatória, *ipso facto* e sem necessidade de acordo especial, a jurisdição dos Tribunais Arbitrais *Ad Hoc* que em cada caso se constituam para conhecer e resolver as controvérsias a que se refere o presente Protocolo, bem como a jurisdição do Tribunal Permanente de Revisão para conhecer e resolver as controvérsias conforme as competências que lhe confere o presente Protocolo.

Artigo 34
Direito aplicável

1. Os Tribunais Arbitrais *Ad Hoc* e o Tribunal Permanente de Revisão decidirão a controvérsia com base no Tratado de Assunção, no Protocolo de Ouro Preto, nos protocolos e acordos celebrados no marco do Tratado de Assunção, nas Decisões do Conselho do Mercado Comum, nas Resoluções do Grupo Mercado Comum e nas Diretrizes da Comissão de Comércio do MERCOSUL, bem como nos princípios e disposições de Direito Internacional aplicáveis à matéria.

2. A presente disposição não restringe a faculdade dos Tribunais Arbitrais *Ad Hoc* ou a do Tribunal Permanente de Revisão, quando atue como instância direta e única conforme o disposto no artigo 23, de decidir a controvérsia *ex aequo et bono*, se as partes assim acordarem.

Artigo 35
Qualificação dos árbitros

1. Os árbitros dos Tribunais Arbitrais *Ad Hoc* e os do Tribunal Permanente de Revisão deverão ser juristas de reconhecida competência nas matérias que possam ser objeto das controvérsias e ter conhecimento do conjunto normativo do MERCOSUL.

2. Os árbitros deverão observar a necessária imparcialidade e independência funcional da Administração Pública Central ou direta dos Estados-Partes e não ter interesses de índole alguma na controvérsia. Serão designados em função de sua objetividade, confiabilidade e bom senso.

Artigo 36
Custos

1. Os gastos e honorários ocasionados pela atividade dos árbitros serão custeados pelo país que os designe e os gastos e honorários do Presidente do Tribunal Arbitral *Ad Hoc* serão custeados em partes iguais pelos Estados-Partes na controvérsia, a menos que o Tribunal decida distribuí-los em proporção distinta.

2. Os gastos e honorários ocasionados pela atividade dos árbitros do Tribunal Permanente de Revisão serão custeados em partes iguais pelos Estados-partes na controvérsia, a menos que o Tribunal decida distribuí-los em proporção distinta.

3. Os gastos a que se referem os incisos anteriores poderão ser pagos por intermédio da Secretaria Administrativa do MERCOSUL. Os pagamentos poderão ser realizados por intermédio de um Fundo Especial que poderá ser criado pelos Estados-Partes ao depositar as contribuições relativas ao orçamento da Secretaria Administrativa do MERCOSUL, conforme o artigo 45 do Protocolo de Ouro Preto, ou no momento de iniciar os procedimentos previstos nos Capítulos VI ou VII do presente Protocolo. O Fundo será administrado pela Secretaria Administrativa do MERCOSUL, a qual deverá anualmente prestar contas aos Estados-Partes sobre sua utilização.

Artigo 37
Honorários e demais Gastos

Os honorários, gastos de transporte, hospedagem, diárias e outros gastos dos árbitros serão determinados pelo Grupo Mercado Comum.

Artigo 38
Sede

A sede do Tribunal Arbitral Permanente de Revisão será a cidade de Assunção. Não obstante, por razões fundamentadas, o Tribunal poderá reunir-se, excepcionalmente, em outras cidades do MERCOSUL. Os Tribunais Arbitrais *Ad Hoc* poderão reunir-se em qualquer cidade dos Estados-Partes do MERCOSUL.

CAPÍTULO XI
RECLAMAÇÕES DE PARTICULARES

Artigo 39
Âmbito de aplicação

O procedimento estabelecido no presente Capítulo aplicar-se-á às reclamações efetuadas por particulares (pessoas físicas ou jurídicas) em razão da sanção ou aplicação, por qualquer dos Estados-Partes, de medidas legais ou administrativas de efeito restritivo, discriminatórias ou de concorrência desleal, em violação do Tratado de Assunção, do Protocolo de Ouro Preto, dos protocolos e acordos celebrados no marco do Tratado de Assunção, das Decisões do Conselho do Mercado Comum, das Resoluções do Grupo Mercado Comum e das Diretrizes da Comissão de Comércio do MERCOSUL.

Artigo 40
Início do trâmite

1. Os particulares afetados formalizarão as reclamações ante a Seção Nacional do Grupo Mercado Comum do Estado-Parte onde tenham sua residência habitual ou a sede de seus negócios.

2. Os particulares deverão fornecer elementos que permitam determinar a veracidade da violação e a existência ou ameaça de um prejuízo, para que a reclamação seja admitida pela Seção Nacional e para que seja avaliada pelo Grupo Mercado Comum e pelo grupo de especialistas, se for convocado.

Artigo 41
Procedimento

1. A menos que a reclamação se refira a uma questão que tenha motivado o início de um procedimento de Solução de Controvérsias de acordo com os Capítulos IV a VII deste Protocolo, a Seção Nacional do Grupo Mercado Comum que tenha admitido a reclamação conforme o artigo 40 do presente Capítulo deverá entabular consultas com a Seção Nacional do Grupo Mercado Comum do Estado-Parte a que se atribui a violação, a fim de buscar, mediante as consultas, uma solução imediata à questão levantada. Tais consultas se darão por concluídas automaticamente e sem mais trâmites se a questão não tiver sido resolvida em um prazo de quinze (15) dias contado a partir da comunicação da reclamação ao Estado-Parte a que se atribui a violação, salvo se as partes decidirem outro prazo.

2. Finalizadas as consultas, sem que se tenha alcançado uma solução, a Seção Nacional do Grupo Mercado Comum elevará a reclamação sem mais trâmite ao Grupo Mercado Comum.

Artigo 42
Intervenção do Grupo Mercado Comum

1. Recebida a reclamação, o Grupo Mercado Comum avaliará os requisitos estabelecidos no artigo 40.2, sobre os quais se baseou sua admissão pela Seção Nacional, na primeira reunião subsequente ao seu recebimento. Se concluir que não estão reunidos os requisitos necessários para dar-lhe curso, rejeitará a reclamação sem mais trâmite, devendo pronunciar-se por consenso.

2. Se o Grupo Mercado Comum não rejeitar a reclamação, esta considerar-se-á admitida. Neste caso, o Grupo Mercado Comum procederá de imediato à convocação de um grupo de especialistas que deverá emitir um parecer sobre sua procedência, no prazo improrrogável de trinta (30) dias contado a partir da sua designação.

3. Nesse prazo, o grupo de especialistas dará oportunidade ao particular reclamante e aos Estados envolvidos na reclamação de serem ouvidos e de apresentarem seus argumentos, em audiência conjunta.

Artigo 43
Grupo de especialistas

1. O grupo de especialistas a que faz referência o artigo 42.2 será composto de três (3) membros designados pelo Grupo Mercado Comum ou, na falta de acordo sobre um ou mais especialistas, estes serão escolhidos por votação que os Estados-Partes realizarão dentre os integrantes da lista de especialistas a que se refere o numeral 2º deste artigo. A Secretaria Administrativa do MERCOSUL comunicará ao Grupo Mercado Comum o nome do especialista ou dos especialistas que tiverem recebido o maior número de votos. Neste último caso, e salvo se o Grupo Mercado Comum decidir de outra maneira, um (1) dos especialistas designados não poderá ser nacional do Estado contra o qual foi formulada a reclamação, nem do Estado no qual o particular formalizou sua reclamação, nos termos do artigo 40.

2. Com o fim de constituir a lista dos especialistas, cada um dos Estados-Partes designará seis (6) pessoas de reconhecida competência nas questões que possam ser objeto de reclamação. Esta lista ficará registrada na Secretaria Administrativa do MERCOSUL.

3. Os gastos derivados da atuação do grupo de especialistas serão custeados na proporção que determinar o Grupo Mercado Comum ou, na falta de acordo, em montantes iguais pelas partes diretamente envolvidas na reclamação.

▸ Art. 43 com a redação dada pelo Protocolo Modificativo do Protocolo de Olivos para a solução de controvérsias no MERCOSUL, aprovado pelo Dec. nº 10.215, de 30-1-2020, em vigor no trigésimo dia a partir da data em que tenha sido depositado o quarto instrumento de ratificação.

Artigo 44
Parecer do grupo de especialistas

1. O grupo de especialistas elevará seu parecer ao Grupo Mercado Comum.

i) Se, em parecer unânime, se verificar a procedência da reclamação formulada contra um Estado-Parte, qualquer outro Estado-Parte poderá requerer-lhe a adoção de medidas corretivas ou a anulação das medidas questionadas. Se o requerimento não prosperar num prazo de quinze (15) dias, o Estado-Parte que o efetuou poderá recorrer diretamente ao procedimento arbitral, nas condições estabelecidas no Capítulo VI do presente Protocolo.

ii) Recebido um parecer que considere improcedente a reclamação por unanimidade, o Grupo Mercado Comum imediatamente dará por concluída a mesma no âmbito do presente Capítulo.

iii) Caso o grupo de especialistas não alcance unanimidade para emitir um parecer, elevará suas distintas conclusões ao Grupo Mercado Comum que, imediatamente, dará por concluída a reclamação no âmbito do presente Capítulo.

2. A conclusão da reclamação por parte do Grupo Mercado Comum, nos termos das alíneas *(ii)* e *(iii)* do numeral anterior, não impedirá que o Estado-Parte reclamante dê início aos procedimentos previstos nos Capítulos IV a VI do presente Protocolo.

CAPÍTULO XII
DISPOSIÇÕES GERAIS

Artigo 45
Acordo ou desistência

▸ Art. 5º do Protocolo Modificativo do Protocolo de Olivos para a solução de controvérsias no MERCOSUL, aprovado pelo Dec. nº 10.215, de 30-1-2020, que dispõe que as funções atribuídas à Secretaria Administrativa do MERCOSUL previstas neste capítulo, com exceção da comunicação ao Grupo Mercado Comum a que se refere o art. 45, passarão a ser cumpridas pela Secretaria do Tribunal Permanente de Revisão.

Em qualquer fase dos procedimentos, a parte que apresentou a controvérsia ou a reclamação poderá desistir das mesmas, ou as partes envolvidas no caso poderão chegar a um acordo dando-se por concluída a controvérsia ou a reclamação, em ambos os casos. As desistências e acordos deverão ser comunicados por intermédio da Secretaria Administrativa do MERCOSUL ao Grupo Mercado Comum, ou ao Tribunal que corresponda, conforme o caso.

Artigo 46
Confidencialidade

1. Todos os documentos apresentados no âmbito dos procedimentos previstos neste Protocolo são de caráter reservado às partes na controvérsia, à exceção dos laudos arbitrais.

2. A critério da Seção Nacional do Grupo Mercado Comum de cada Estado-Parte e quando isso seja necessário para a elaboração das posições a serem apresentadas ante o Tribunal, esses documentos poderão ser dados a conhe-

cer, exclusivamente, aos setores com interesse na questão.

3. Não obstante o estabelecido no numeral 1, o Conselho do Mercado Comum regulamentará a modalidade de divulgação dos textos e apresentações relativos a controvérsias já concluídas.

Artigo 47
Regulamentação

O Conselho do Mercado Comum aprovará a regulamentação do presente Protocolo no prazo de sessenta (60) dias a partir de sua entrada em vigência.

Artigo 48
Prazos

1. Todos os prazos estabelecidos no presente Protocolo são peremptórios e serão contados por dias corridos a partir do dia seguinte ao ato ou fato a que se referem. Não obstante, se o vencimento do prazo para apresentar um texto ou cumprir uma diligência não ocorrer em dia útil na sede da Secretaria Administrativa do MERCOSUL, a apresentação do texto ou cumprimento da diligência poderão ser feitos no primeiro dia útil imediatamente posterior a essa data.

2. Não obstante o estabelecido no numeral anterior, todos os prazos previstos no presente Protocolo poderão ser modificados de comum acordo pelas partes na controvérsia. Os prazos previstos para os procedimentos tramitados ante os Tribunais Arbitrais *Ad Hoc* e ante o Tribunal Permanente de Revisão poderão ser modificados quando as partes na controvérsia o solicitem ao respectivo Tribunal e este o conceda.

3. O TPR contará com uma secretaria, denominada Secretaria do Tribunal Permanente de Revisão (ST), que estará a cargo de um Secretário, que deverá ser nacional de qualquer dos Estados-Partes do MERCOSUL.

As funções da ST serão regulamentadas pelo Conselho do Mercado Comum.

▸ Item 3 acrescido pelo Protocolo Modificativo do Protocolo de Olivos para a solução de controvérsias no MERCOSUL, aprovado pelo Dec. nº 10.215, de 30-1-2020, em vigor no trigésimo dia a partir da data em que tenha sido depositado o quarto instrumento de ratificação.

CAPÍTULO XIII
DISPOSIÇÕES TRANSITÓRIAS

Artigo 49
Notificações iniciais

Os Estados-Partes realizarão as primeiras designações e notificações previstas nos artigos 11, 18 e 43.2 em um prazo de trinta (30) dias, contado a partir da entrada em vigor do presente Protocolo.

Artigo 50
Controvérsias em trâmite

As controvérsias em trâmite iniciadas de acordo com o regime do Protocolo de Brasília continuarão a ser regidas exclusivamente pelo mesmo até sua total conclusão.

Artigo 51
Regras de procedimento

1. O Tribunal Permanente de Revisão adotará suas próprias regras de procedimento no prazo de trinta (30) dias, contado a partir de sua constituição, as quais deverão ser aprovadas pelo Conselho do Mercado Comum.

2. Os Tribunais Arbitrais *Ad Hoc* adotarão suas próprias regras de procedimento, tomando como referência as Regras Modelos a serem aprovadas pelo Conselho do Mercado Comum.

3. As regras mencionadas nos numerais precedentes deste artigo garantirão que cada uma das partes na controvérsia tenha plena oportunidade de ser ouvida e de apresentar seus argumentos e assegurarão que os processos se realizem de forma expedita.

CAPÍTULO XIV
DISPOSIÇÕES FINAIS

Artigo 52
Vigência e depósito

1. O presente Protocolo, parte integrante do Tratado de Assunção, entrará em vigor no trigésimo dia a partir da data em que tenha sido depositado o quarto instrumento de ratificação.

2. A República do Paraguai será depositária do presente Protocolo e dos instrumentos de ratificação e notificará aos demais Estados-Partes a data de depósito desses instrumentos, enviando cópia devidamente autenticada deste Protocolo ao demais Estados-Partes.

Artigo 53
Revisão do sistema

Antes de culminar o processo de convergência da tarifa externa comum, os Estados-Partes efetuarão uma revisão do atual sistema de solução de controvérsias, com vistas à adoção do Sistema Permanente de Solução de Controvérsias para o Mercado Comum a que se refere o numeral 3 do Anexo III do Tratado de Assunção.

Artigo 54
Adesão ou denúncia *ipso jure*

A adesão ao Tratado de Assunção significará *ipso jure* a adesão ao presente Protocolo.

A denúncia do presente Protocolo significará *ipso jure* a denúncia do Tratado de Assunção.

Artigo 55
Derrogação

1. O presente Protocolo derroga, a partir de sua entrada em vigência, o Protocolo de Brasília para a Solução de Controvérsias, adotado em 17 de dezembro de 1991 e o Regulamento do Protocolo de Brasília, aprovado pela Decisão CMC 17/98.

2. Não obstante, enquanto as controvérsias iniciadas sob o regime do Protocolo de Brasília não estejam concluídas totalmente e até se completarem os procedimentos previstos no artigo 49, continuará sendo aplicado, no que corresponda, o Protocolo de Brasília e seu Regulamento.

3. As referências ao Protocolo de Brasília que figuram no Protocolo de Ouro Preto e seu Anexo, entendem-se remetidas, no que corresponda, ao presente Protocolo.

Artigo 56
Idiomas

Serão idiomas oficiais em todos os procedimentos previstos no presente Protocolo o português e o espanhol.

Feito na cidade de Olivos, Província de Buenos Aires, República Argentina aos dezoito dias do mês de fevereiro de dois mil e dois, em um original, nos idiomas português e espanhol, sendo ambos os textos igualmente autênticos.

Pela República Argentina:
Eduardo Duhalde
Carlos Ruckauf

Pela República Federativa do Brasil:
Fernando Henrique Cardoso
Celso Lafer

Pela República do Paraguai:
Luiz Gonzales Macchi
José Antonio Moreno Ruffinelli

Pela República Oriental do Uruguai:
Jorge Battle Ibañez
Didier Opertti

CONVENÇÃO INTERAMERICANA CONTRA O TERRORISMO

▸ Assinada em Barbados, em 3-6-2002, foi ratificada pelo governo brasileiro em 25-10-2005. Entrou em vigor internacional em 10-7-2003 e, para o Brasil, em 24-11-2005. No Brasil, foi aprovada pelo Dec. Legislativo nº 890, de 1º-9-2005, e promulgada pelo Dec. nº 5.639, de 26-12-2005.

Os Estados-Partes nesta Convenção,

Tendo presente os propósitos e princípios da Carta da Organização dos Estados Americanos e da Carta das Nações Unidas;

Considerando que o terrorismo constitui uma grave ameaça para os valores democráticos e para a paz e a segurança internacionais e é causa de profunda preocupação para todos os Estados-membros;

Reafirmando a necessidade de adotar no Sistema Interamericano medidas eficazes para prevenir, punir e eliminar o terrorismo mediante a mais ampla cooperação;

Reconhecendo que os graves danos econômicos aos Estados que podem resultar de atos terroristas são um dos fatores que reforçam a necessidade da cooperação e a urgência dos esforços para erradicar o terrorismo;

Reafirmando o compromisso dos Estados de prevenir, combater, punir e eliminar o terrorismo; e

Levando em conta a resolução RC.23/RES. 1/01 rev. 1 corr. 1, "Fortalecimento da cooperação hemisférica para prevenir, combater e eliminar o terrorismo", adotada na Vigésima Terceira Reunião de Consulta dos Ministros das Relações Exteriores,

Convieram no seguinte:

Artigo 1
Objeto e fins

Esta Convenção tem por objeto prevenir, punir e eliminar o terrorismo. Para esses fins, os Estados-Partes assumem o compromisso de adotar as medidas necessárias e fortalecer a cooperação entre eles, de acordo com o estabelecido nesta Convenção.

Artigo 2
Instrumentos internacionais aplicáveis

1. Para os propósitos desta Convenção, entende-se por "delito" aqueles estabelecidos nos instrumentos internacionais a seguir indicados:

a) Convenção para a Repressão do Apoderamento Ilícito de Aeronaves, assinada na Haia em 16 de dezembro de 1970.

b) Convenção para a Repressão de Atos Ilícitos contra a Segurança da Aviação Civil, assinada em Montreal em 23 de dezembro de 1971.

c) Convenção sobre a Prevenção e Punição de Crimes contra Pessoas que Gozam de Proteção Internacional, Inclusive Agentes Diplomáticos, adotada pela Assembleia-Geral das Nações Unidas em 14 de dezembro de 1973.

d) Convenção Internacional contra a Tomada de Reféns, adotada pela Assembleia-Geral das Nações Unidas em 17 de dezembro de 1979.

e) Convenção sobre a Proteção Física dos Materiais Nucleares, assinada em Viena em 3 de dezembro de 1980.

f) Protocolo para a Repressão de Atos Ilícitos de Violência nos Aeroportos que Prestem Serviços à Aviação Civil Internacional, complementar à Convenção para a Repressão de Atos Ilícitos contra a Segurança da Aviação Civil, assinado em Montreal em 24 de dezembro de 1988.

g) Convenção para a Supressão de Atos Ilegais contra a Segurança da Navegação Marítima, feita em Roma em 10 de dezembro de 1988.

h) Protocolo para a Supressão de Atos Ilícitos contra a Segurança das Plataformas Fixas Situadas na Plataforma Continental, feito em Roma em 10 de dezembro de 1988.

i) Convenção Internacional para a Supressão de Atentados Terroristas a Bomba, adotada pela Assembleia-Geral das Nações Unidas em 15 de dezembro de 1997.

j) Convenção Internacional para a Supressão do Financiamento do Terrorismo, adotada pela Assembleia-Geral das Nações Unidas em 9 de dezembro de 1999.

2. Ao depositar seu instrumento de ratificação desta Convenção, o Estado que não for parte de um ou mais dos instrumentos internacionais enumerados no parágrafo 1 deste artigo poderá declarar que, na aplicação desta Convenção a esse Estado-Parte, aquele instrumento não se considerará incluído no referido parágrafo. A declaração cessará em seus efeitos quando aquele instrumento entrar em vigor para o Estado-Parte, o qual notificará o depositário desse fato.

3. Quando deixe de ser parte de um dos instrumentos internacionais enumerados no parágrafo 1 deste artigo, um Estado-Parte poderá fazer uma declaração relativa àquele instrumento, em conformidade com o disposto no parágrafo 2 deste artigo.

Artigo 3
Medidas internas

Cada Estado-Parte, em conformidade com suas disposições constitucionais, esforçar-se-á para ser parte dos instrumentos internacionais enumerados no Artigo 2, dos quais ainda não seja parte e para adotar as medidas necessárias à sua efetiva aplicação, incluindo o estabelecimento em sua legislação interna de penas aos delitos aí contemplados.

Artigo 4
Medidas para prevenir, combater e erradicar o financiamento do terrorismo

1. Cada Estado-Parte, na medida em que não o tiver feito, deverá estabelecer um regime jurídico e administrativo para prevenir, combater e erradicar o financiamento do terrorismo e lograr uma cooperação internacional eficaz a respeito, a qual deverá incluir:

a) Um amplo regime interno normativo e de supervisão de bancos, outras instituições financeiras e outras entidades consideradas particularmente suscetíveis de ser utilizadas para financiar atividades terroristas. Este regime destacará os requisitos relativos à identificação de clientes, conservação de registros e comunicação de transações suspeitas ou incomuns.

b) Medidas de detecção e vigilância de movimentos transfronteiriços de dinheiro em efetivo, instrumentos negociáveis ao portador e outros movimentos relevantes de valores. Estas medidas estarão sujeitas a salvaguardas para garantir o devido uso da informação e não deverão impedir o movimento legítimo de capitais.

c) Medidas que assegurem que as autoridades competentes dedicadas ao combate dos delitos estabelecidos nos instrumentos internacionais enumerados no Artigo 2 tenham a capacidade de cooperar e intercambiar informações nos planos nacional e internacional, em conformidade com as condições prescritas no direito interno. Com essa finalidade, cada Estado-Parte deverá estabelecer e manter uma unidade de inteligência financeira que seja o centro nacional para coleta, análise e divulgação de informações relevantes sobre lavagem de dinheiro e financiamento do terrorismo. Cada Estado-Parte deverá informar o Secretário-Geral da Organização dos Estados Americanos sobre a autoridade designada como sua unidade de inteligência financeira.

2. Para a aplicação do parágrafo 1 deste artigo, os Estados-Partes utilizarão como diretrizes as recomendações desenvolvidas por entidades regionais ou internacionais especializadas, em particular, o Grupo de Ação Financeira (GAFI) e, quando for cabível, a Comissão Interamericana para o Controle do Abuso de Drogas (CICAD), o Grupo de Ação Financeira do Caribe (GAFIC) e o Grupo de Ação Financeira da América do Sul (GAFISUD).

Artigo 5
Embargo e confisco de fundos ou outros bens

1. Cada Estado-Parte, em conformidade com os procedimentos estabelecidos em sua legislação interna, adotará as medidas necessárias para identificar, congelar, embargar e, se for o caso, confiscar fundos ou outros bens que sejam produto da comissão ou tenham como propósito financiar ou tenham facilitado ou financiado a comissão de qualquer dos delitos estabelecidos nos instrumentos internacionais enumerados no Artigo 2 desta Convenção.

2. As medidas a que se refere o parágrafo 1 serão aplicáveis aos delitos cometidos tanto dentro como fora da jurisdição do Estado-Parte.

Artigo 6
Delitos prévios da lavagem de dinheiro

1. Cada Estado-Parte tomará as medidas necessárias para assegurar que sua legislação penal relativa ao delito da lavagem de dinheiro inclua como delitos prévios da lavagem de dinheiro os delitos estabelecidos nos instrumentos internacionais enumerados no Artigo 2 desta Convenção.

2. Os delitos prévios da lavagem de dinheiro a que se refere o parágrafo 1 incluirão aqueles cometidos tanto dentro como fora da jurisdição do Estado-Parte.

Artigo 7
Cooperação no âmbito fronteiriço

1. Os Estados-Partes, em conformidade com seus respectivos regimes jurídicos e administrativos internos, promoverão a cooperação e o intercâmbio de informações com o objetivo de aperfeiçoar as medidas de controle fronteiriço e aduaneiro para detectar e prevenir a circulação internacional de terroristas e o tráfico de armas ou outros materiais destinados a apoiar atividades terroristas.

2. Neste sentido, promoverão a cooperação e o intercâmbio de informações para aperfeiçoar seus controles de emissão dos documentos de viagem e identidade e evitar sua falsificação, adulteração ou utilização fraudulenta.

3. Essas medidas serão levadas a cabo sem prejuízo dos compromissos internacionais aplicáveis ao livre movimento de pessoas e à facilitação do comércio.

Artigo 8
Cooperação entre autoridades competentes para aplicação da lei

Os Estados-Partes colaborarão estreitamente, de acordo com seus respectivos ordenamentos legais e administrativos internos, a fim de fortalecer a efetiva aplicação da lei e combater os delitos estabelecidos nos instrumentos internacionais enumerados no Artigo 2. Neste sentido, estabelecerão e aperfeiçoarão, se necessário, os canais de comunicação entre suas autoridades competentes, a fim de facilitar o intercâmbio seguro e rápido de informações sobre todos os aspectos dos delitos estabelecidos nos instrumentos internacionais enumerados no Artigo 2 desta Convenção.

Artigo 9
Assistência judiciária mútua

Os Estados-Partes prestar-se-ão mutuamente a mais ampla e expedita assistência judiciária possível com relação à prevenção, investigação e processo dos delitos estabelecidos nos instrumentos internacionais enumerados no Artigo 2 e dos processos a eles relativos, em conformidade com os acordos internacionais aplicáveis em vigor. Na ausência de tais acordos, os Estados-Partes prestar-se-ão essa assistência de maneira expedita em conformidade com sua legislação interna.

Artigo 10
Translado de pessoas sob custódia

1. A pessoa que se encontrar detida ou cumprindo pena em um Estado-Parte e cuja presença seja solicitada em outro Estado-Parte para fins de prestar testemunho, ou de identificação, ou para ajudar na obtenção de provas necessárias para a investigação ou o processo de delitos estabelecidos nos instrumentos internacionais enumerados no Artigo 2, poderá ser transladada se forem atendidas as seguintes condições:

a) A pessoa dê livremente seu consentimento, uma vez informada; e

b) Ambos os Estados estejam de acordo, segundo as condições que considerem apropriadas.

2. Para os efeitos deste artigo:

a) O Estado a que a pessoa for transladada estará autorizado e obrigado a mantê-la sob detenção, a não ser que o Estado do qual foi transladada solicite ou autorize outra medida.

b) O Estado a que a pessoa for transladada cumprirá sem delonga sua obrigação de devolvê-la à custódia do Estado do qual foi transladada, em conformidade com o que as autoridades competentes de ambos os Estados tiverem acordado de antemão ou de outro modo.

c) O Estado a que a pessoa for transladada não poderá exigir do Estado do qual foi transladada que inicie procedimentos de extradição para sua devolução.

d) O tempo que a pessoa permanecer detida no Estado a que foi transladada será computado para fins de dedução da pena que está obrigada a cumprir no Estado do qual tiver sido transladada.

3. A menos que o Estado-Parte do qual uma pessoa vier a ser transladada em conformidade com este artigo esteja de acordo, esta pessoa, qualquer que seja sua nacionalidade, não será processada, detida ou submetida a qualquer outra restrição de sua liberdade pessoal no território do Estado a que seja transladada, por atos ou condenações anteriores à sua saída do território do Estado do qual foi transladada.

Artigo 11
Inaplicabilidade da exceção por delito político

Para os propósitos de extradição ou assistência judiciária mútua, nenhum dos delitos estabelecidos nos instrumentos internacionais enumerados no Artigo 2 será considerado delito político ou delito conexo com um delito político ou um delito inspirado por motivos políticos. Por conseguinte, não se poderá negar um pedido de extradição ou de assistência judiciária mútua pela única razão de que se relaciona com um delito político ou com um delito conexo com um delito político ou um delito inspirado por motivos políticos.

Artigo 12
Denegação da condição de refugiado

Cada Estado-Parte adotará as medidas cabíveis, em conformidade com as disposições pertinentes do direito interno e internacional, para assegurar que não se reconheça a condição de refugiado a pessoas com relação às quais haja motivos fundados para considerar que cometeram um delito estabelecido nos instrumentos internacionais enumerados no Artigo 2 desta Convenção.

Artigo 13
Denegação de asilo

Cada Estado-Parte adotará as medidas cabíveis, em conformidade com as disposições pertinentes do direito interno e internacional, a fim de assegurar que não se conceda asilo a pessoas com relação às quais existam motivos fundados para se considerar que cometeram um delito estabelecido nos instrumentos internacionais enumerados no Artigo 2 desta Convenção.

Artigo 14
Não discriminação

Nenhuma das disposições desta Convenção será interpretada como imposição da obrigação de prestar assistência judiciária mútua se o Estado-Parte requerido tiver razões fundadas para crer que o pedido foi feito com o fim de processar ou punir uma pessoa por motivos de raça, religião, nacionalidade, origem étnica ou opinião política, ou se o cumprimento do pedido for prejudicial à situação dessa pessoa por qualquer destas razões.

Artigo 15
Direitos humanos

1. As medidas adotadas pelos Estados-Partes em decorrência desta Convenção serão levadas a cabo com pleno respeito ao Estado de Direito, aos direitos humanos e às liberdades fundamentais.

2. Nada do disposto nesta Convenção será interpretado no sentido de desconsiderar outros direitos e obrigações dos Estados e das pessoas, nos termos do direito internacional, em particular a Carta das Nações Unidas, a Carta da Organização dos Estados Americanos, o direito internacional humanitário, o direito internacional dos direitos humanos e o direito internacional dos refugiados.

3. A toda pessoa que estiver detida ou com relação à qual se adote quaisquer medidas ou que estiver sendo processada nos termos desta Convenção será garantido um tratamento justo, inclusive o gozo de todos os direitos e garantias em conformidade com a legislação do Estado em cujo território se encontre e com as disposições pertinentes do direito internacional.

Artigo 16
Treinamento

1. Os Estados-Partes promoverão programas de cooperação técnica e treinamento em nível nacional, bilateral, sub-regional e regional e no âmbito da Organização dos Estados Americanos, para fortalecer as instituições nacionais encarregadas do cumprimento das obrigações emanadas desta Convenção.

2. Os Estados-Partes também promoverão, quando for o caso, programas de cooperação técnica e treinamento com outras organizações regionais e internacionais que realizem atividades vinculadas com os propósitos desta Convenção.

Artigo 17
Cooperação por meio da Organização dos Estados Americanos

Os Estados-Partes propiciarão a mais ampla cooperação no âmbito dos órgãos pertinentes da Organização dos Estados Americanos, inclusive o Comitê Interamericano contra o Terrorismo (CICTE), em matérias relacionadas com o objeto e os fins desta Convenção.

Artigo 18
Consulta entre as Partes

1. Os Estados-Partes realizarão reuniões periódicas de consulta, quando as considerarem oportunas, com vistas a facilitar:

a) a plena implementação desta Convenção, incluindo a consideração de assuntos de interesse a ela relativos identificados pelos Estados-Partes; e

b) o intercâmbio de informações e experiências sobre formas e métodos eficazes para prevenir, detectar, investigar e punir o terrorismo.

2. O Secretário-Geral convocará uma reunião de consulta dos Estados-Partes depois de receber o décimo instrumento de ratificação. Sem prejuízo disso, os Estados-Partes poderão realizar as consultas que considerarem apropriadas.

3. Os Estados-Partes poderão solicitar aos órgãos pertinentes da Organização dos Estados Americanos, inclusive ao CICTE, que facilitem as consultas mencionadas nos parágrafos anteriores e proporcionem outras formas de assistência no tocante à aplicação desta Convenção.

Artigo 19
Exercício de jurisdição

Nada do disposto nesta Convenção facultará um Estado-Parte a exercer jurisdição no território de outro Estado-Parte nem a nele exercer funções reservadas exclusivamente às autoridades desse outro Estado-Parte por seu direito interno.

Artigo 20
Depositário

O instrumento original desta Convenção, cujos textos em espanhol, francês, inglês e português são igualmente autênticos, será depositado na Secretaria-Geral da Organização dos Estados Americanos.

Artigo 21
Assinatura e ratificação

1. Esta Convenção está aberta à assinatura de todos os Estados-membros da Organização dos Estados Americanos.

2. Esta Convenção está sujeita a ratificação por parte dos Estados signatários, de acordo com seus respectivos procedimentos constitucionais. Os instrumentos de ratificação serão depositados na Secretaria-Geral da Organização dos Estados Americanos.

Artigo 22
Entrada em vigor

1. Esta Convenção entrará em vigor no trigésimo dia a contar da data em que tiver sido depositado o sexto instrumento de ratificação da Convenção na Secretaria-Geral da Organização dos Estados Americanos.

2. Para cada Estado que ratificar a Convenção após ter sido depositado o sexto instrumento de ratificação, a Convenção entrará em vigor no trigésimo dia a contar da data em que esse Estado tiver depositado o instrumento correspondente.

Artigo 23
Denúncia

1. Qualquer Estado-Parte poderá denunciar esta Convenção mediante notificação escrita dirigida ao Secretário-Geral da Organização dos Estados Americanos. A denúncia surtirá efeito um ano após a data em que a notificação tiver sido recebida pelo Secretário-Geral da Organização.

2. Essa denúncia não afetará nenhum pedido de informação ou de assistência feito no período de vigência da Convenção para o Estado denunciante.

ESTATUTO DE ROMA DO TRIBUNAL PENAL INTERNACIONAL

- Aprovado pelo Congresso Nacional por meio do Dec. Legislativo nº 112, de 6-6-2002, e promulgado pelo Dec. nº 4.388, de 25-9-2002, passou a vigorar, para o Brasil, em 1º-9-2002.
- Art. 5º, § 4º, da CF.
- Art. 7º do ADCT da CF.

PREÂMBULO

Os Estados-Partes no presente Estatuto,

Conscientes de que todos os povos estão unidos por laços comuns e de que suas culturas foram construídas sobre uma herança que partilham, e preocupados com o fato deste delicado mosaico poder vir a quebrar-se a qualquer instante,

Tendo presente que, no decurso deste século, milhões de crianças, homens e mulheres têm sido vítimas de atrocidades inimagináveis que chocam profundamente a consciência da humanidade,

Reconhecendo que crimes de uma tal gravidade constituem uma ameaça à paz, à segurança e ao bem-estar da humanidade,

Afirmando que os crimes de maior gravidade, que afetam a comunidade internacional no seu conjunto, não devem ficar impunes e que a sua repressão deve ser efetivamente assegurada através da adoção de medidas em nível nacional e do reforço da cooperação internacional,

Decididos a pôr fim à impunidade dos autores desses crimes e a contribuir assim para a prevenção de tais crimes,

Relembrando que é dever de cada Estado exercer a respectiva jurisdição penal sobre os responsáveis por crimes internacionais,

Reafirmando os objetivos e princípios consignados na Carta das Nações Unidas e, em particular, que todos os Estados se devem abster de recorrer à ameaça ou ao uso da força, contra a integridade territorial ou a independência política de qualquer Estado, ou de atuar por qualquer outra forma incompatível com os objetivos das Nações Unidas,

Salientando, a este propósito, que nada no presente Estatuto deverá ser entendido como autorizando qualquer Estado-Parte a intervir em um conflito armado ou nos assuntos internos de qualquer Estado,

Determinados em perseguir este objetivo e no interesse das gerações presentes e vindouras, a criar um Tribunal Penal Internacional com caráter permanente e independente, no âmbito do sistema das Nações Unidas, e com jurisdição sobre os crimes de maior gravidade que afetem a comunidade internacional no seu conjunto,

Sublinhando que o Tribunal Penal Internacional, criado pelo presente Estatuto, será complementar às jurisdições penais nacionais,

Decididos a garantir o respeito duradouro pela efetivação da justiça internacional,

Convieram no seguinte:

CAPÍTULO I
CRIAÇÃO DO TRIBUNAL

Artigo 1º
O Tribunal

É criado, pelo presente instrumento, um Tribunal Penal Internacional ("o Tribunal"). O Tribunal será uma instituição permanente, com jurisdição sobre as pessoas responsáveis pelos crimes de maior gravidade com alcance internacional, de acordo com o presente Estatuto, e será complementar às jurisdições penais nacionais. A competência e o funcionamento do Tribunal reger-se-ão pelo presente Estatuto.

Artigo 2º
Relação do Tribunal com as Nações Unidas

A relação entre o Tribunal e as Nações Unidas será estabelecida através de um acordo a ser aprovado pela Assembleia dos Estados-Partes no presente Estatuto e, em seguida, concluído pelo Presidente do Tribunal em nome deste.

Artigo 3º
Sede do Tribunal

1. A sede do Tribunal será na Haia, Países Baixos ("o Estado anfitrião").

2. O Tribunal estabelecerá um acordo de sede com o Estado anfitrião, a ser aprovado pela Assembleia dos Estados-Partes e em seguida concluído pelo Presidente do Tribunal em nome deste.

3. Sempre que entender conveniente, o Tribunal poderá funcionar em outro local, nos termos do presente Estatuto.

Artigo 4º
Regime jurídico e poderes do Tribunal

1. O Tribunal terá personalidade jurídica internacional. Possuirá, igualmente, a capacidade jurídica necessária ao desempenho das suas funções e à prossecução dos seus objetivos.

2. O Tribunal poderá exercer os seus poderes e funções nos termos do presente Estatuto, no território de qualquer Estado-Parte e, por acordo especial, no território de qualquer outro Estado.

CAPÍTULO II
COMPETÊNCIA, ADMISSIBILIDADE E DIREITO APLICÁVEL

Artigo 5º
Crimes da competência do Tribunal

1. A competência do Tribunal restringir-se-á aos crimes mais graves, que afetam a comunidade internacional no seu conjunto. Nos termos do presente Estatuto, o Tribunal terá competência para julgar os seguintes crimes:

a) O crime de genocídio;

► Convenção para a Prevenção e Repressão do Crime de Genocídio (1948).

b) Crimes contra a humanidade;

c) Crimes de guerra;

d) O crime de agressão.

2. O Tribunal poderá exercer a sua competência em relação ao crime de agressão desde que, nos termos dos artigos 121 e 123, seja aprovada uma disposição em que se defina o crime e se enunciem as condições em que o Tribunal terá competência relativamente a este crime. Tal disposição deve ser compatível com as disposições pertinentes da Carta das Nações Unidas.

Artigo 6º
Crime de genocídio

Para os efeitos do presente Estatuto, entende-se por "genocídio", qualquer um dos atos que a seguir se enumeram, praticado com intenção de destruir, no todo ou em parte, um grupo nacional, étnico, racial ou religioso, enquanto tal:

a) Homicídio de membros do grupo;

b) Ofensas graves à integridade física ou mental de membros do grupo;

c) Sujeição intencional do grupo a condições de vida com vista a provocar a sua destruição física, total ou parcial;

d) Imposição de medidas destinadas a impedir nascimentos no seio do grupo;

e) Transferência, à força, de crianças do grupo para outro grupo.

Artigo 7º
Crimes contra a humanidade

1. Para os efeitos do presente Estatuto, entende-se por "crime contra a humanidade", qualquer um dos atos seguintes, quando cometido no quadro de um ataque, generalizado ou sistemático, contra qualquer população civil, havendo conhecimento desse ataque:

a) Homicídio;

b) Extermínio;

c) Escravidão;

d) Deportação ou transferência forçada de uma população;

e) Prisão ou outra forma de privação da liberdade física grave, em violação das normas fundamentais de direito internacional;

f) Tortura;

g) Agressão sexual, escravatura sexual, prostituição forçada, gravidez forçada, esterilização forçada ou qualquer outra forma de violência no campo sexual de gravidade comparável;

h) Perseguição de um grupo ou coletividade que possa ser identificado, por motivos políticos, raciais, nacionais, étnicos, culturais, religiosos ou de gênero, tal como definido no parágrafo 3, ou em função de outros critérios universalmente reconhecidos como inaceitáveis no direito internacional, relacionados com qualquer ato referido neste parágrafo ou com qualquer crime da competência do Tribunal;

i) Desaparecimento forçado de pessoas;

j) Crime de apartheid;

k) Outros atos desumanos de caráter semelhante, que causem intencionalmente grande sofrimento, ou afetem gravemente a integridade física ou a saúde física ou mental.

2. Para efeitos do parágrafo 1:

a) Por "ataque contra uma população civil" entende-se qualquer conduta que envolva a prática múltipla de atos referidos no parágrafo 1 contra uma população civil, de acordo com a política de um Estado ou de uma organização de praticar esses atos ou tendo em vista a prossecução dessa política;

b) O "extermínio" compreende a sujeição intencional a condições de vida, tais como a privação do acesso a alimentos ou medicamentos, com vista a causar a destruição de uma parte da população;

c) Por "escravidão" entende-se o exercício, relativamente a uma pessoa, de um poder ou de um conjunto de poderes que traduzam um direito de propriedade sobre uma pessoa, incluindo o exercício desse poder no âmbito do tráfico de pessoas, em particular mulheres e crianças;

d) Por "deportação ou transferência à força de uma população" entende-se o deslocamento forçado de pessoas, através da expulsão ou outro ato coercivo, da zona em que se encontram legalmente, sem qualquer motivo reconhecido no direito internacional;

e) Por "tortura" entende-se o ato por meio do qual uma dor ou sofrimentos agudos, físicos ou mentais, são intencionalmente causados a uma pessoa que esteja sob a custódia ou o controle do acusado; este termo não compreende a dor ou os sofrimentos resultantes unicamente de sanções legais, inerentes a essas sanções ou por elas ocasionadas;

f) Por "gravidez à força" entende-se a privação ilegal de liberdade de uma mulher que foi engravidada à força, com o propósito de alterar a composição étnica de uma população ou de cometer outras violações graves do direito internacional. Esta definição não pode, de modo algum, ser interpretada como afetando as disposições de direito interno relativas à gravidez;

g) Por "perseguição" entende-se a privação intencional e grave de direitos fundamentais em violação do direito internacional, por motivos relacionados com a identidade do grupo ou da coletividade em causa;

h) Por "crime de *apartheid*" entende-se qualquer ato desumano análogo aos referidos no parágrafo 1º, praticado no contexto de um regime institucionalizado de opressão e domínio sistemático de um grupo racial sobre um ou outros grupos nacionais e com a intenção de manter esse regime;

i) Por "desaparecimento forçado de pessoas" entende-se a detenção, a prisão ou o sequestro de pessoas por um Estado ou uma organização política ou com a autorização, o apoio ou a concordância destes, seguidos de recusa a reconhecer tal estado de privação de liberdade ou a prestar qualquer informação sobre a situação ou localização dessas pessoas, com o propósito de lhes negar a proteção da lei por um prolongado período de tempo.

3. Para efeitos do presente Estatuto, entende-se que o termo "gênero" abrange os sexos masculino e feminino, dentro do contexto da sociedade, não lhe devendo ser atribuído qualquer outro significado.

Artigo 8º
Crimes de guerra

1. O Tribunal terá competência para julgar os crimes de guerra, em particular quando cometidos como parte integrante de um plano ou de uma política ou como parte de uma prática em larga escala desse tipo de crimes.

2. Para os efeitos do presente Estatuto, entende-se por "crimes de guerra":

a) As violações graves às Convenções de Genebra, de 12 de agosto de 1949, a saber, qualquer um dos seguintes atos, dirigidos contra pessoas ou bens protegidos nos termos da Convenção de Genebra que for pertinente:

i) Homicídio doloso;

ii) Tortura ou outros tratamentos desumanos, incluindo as experiências biológicas;

iii) O ato de causar intencionalmente grande sofrimento ou ofensas graves à integridade física ou à saúde;

iv) Destruição ou a apropriação de bens em larga escala, quando não justificadas por quaisquer necessidades militares e executadas de forma ilegal e arbitrária;

v) O ato de compelir um prisioneiro de guerra ou outra pessoa sob proteção a servir nas forças armadas de uma potência inimiga;

vi) Privação intencional de um prisioneiro de guerra ou de outra pessoa sob proteção do seu direito a um julgamento justo e imparcial;

vii) Deportação ou transferência ilegais, ou a privação ilegal de liberdade;

viii) Tomada de reféns;

b) Outras violações graves das leis e costumes aplicáveis em conflitos armados internacionais no âmbito do direito internacional, a saber, qualquer um dos seguintes atos:

i) Dirigir intencionalmente ataques à população civil em geral ou civis que não participem diretamente nas hostilidades;

ii) Dirigir intencionalmente ataques a bens civis, ou seja, bens que não sejam objetivos militares;

iii) Dirigir intencionalmente ataques ao pessoal, instalações, material, unidades ou veículos que participem numa missão de manutenção da paz ou de assistência humanitária, de acordo com a Carta das Nações Unidas, sempre que estes tenham direito à proteção conferida aos civis ou aos bens civis pelo direito internacional aplicável aos conflitos armados;

iv) Lançar intencionalmente um ataque, sabendo que o mesmo causará perdas acidentais de vidas humanas ou ferimentos na população civil, danos em bens de caráter civil ou prejuízos extensos, duradouros e graves no meio ambiente que se revelem claramente excessivos em relação à vantagem militar global concreta e direta que se previa;

v) Atacar ou bombardear, por qualquer meio, cidades, vilarejos, habitações ou edifícios que não estejam defendidos e que não sejam objetivos militares;

vi) Matar ou ferir um combatente que tenha deposto armas ou que, não tendo mais meios para se defender, se tenha incondicionalmente rendido;

vii) Utilizar indevidamente uma bandeira de trégua, a bandeira nacional, as insígnias militares ou o uniforme do inimigo ou das Nações Unidas, assim como os emblemas distintivos das Convenções de Genebra, causando deste modo a morte ou ferimentos graves;

viii) A transferência, direta ou indireta, por uma potência ocupante de parte da sua população civil para o território que ocupa ou a deportação ou transferência da totalidade ou de parte da população do território ocupado, dentro ou para fora desse território;

ix) Dirigir intencionalmente ataques a edifícios consagrados ao culto religioso, à educação, às artes, às ciências ou à beneficência, monumentos históricos, hospitais e lugares onde se agrupem doentes e feridos, sempre que não se trate de objetivos militares;

x) Submeter pessoas que se encontrem sob o domínio de uma parte beligerante a mutilações físicas ou a qualquer tipo de experiências médicas ou científicas que não sejam motivadas por um tratamento médico, dentário ou hospitalar, nem sejam efetuadas no interesse dessas pessoas, e que causem a morte ou coloquem seriamente em perigo a sua saúde;

xi) Matar ou ferir à traição pessoas pertencentes à nação ou ao exército inimigo;

xii) Declarar que não será dado quartel;

xiii) Destruir ou apreender bens do inimigo, a menos que tais destruições ou apreensões sejam imperativamente determinadas pelas necessidades da guerra;

xiv) Declarar abolidos, suspensos ou não admissíveis em tribunal os direitos e ações dos nacionais da parte inimiga;

xv) Obrigar os nacionais da parte inimiga a participar em operações bélicas dirigidas contra o seu próprio país, ainda que eles tenham estado ao serviço daquela parte beligerante antes do início da guerra;

xvi) Saquear uma cidade ou uma localidade, mesmo quando tomada de assalto;

xvii) Utilizar veneno ou armas envenenadas;

xviii) Utilizar gases asfixiantes, tóxicos ou outros gases ou qualquer líquido, material ou dispositivo análogo;

xix) Utilizar balas que se expandem ou achatam facilmente no interior do corpo humano, tais como balas de revestimento duro que não cobre totalmente o interior ou possui incisões;

xx) Utilizar armas, projéteis, materiais e métodos de combate que, pela sua própria natureza, causem ferimentos supérfluos ou sofrimentos desnecessários ou que surtam efeitos indiscriminados, em violação do direito internacional aplicável aos conflitos armados, na medida em que tais armas, projéteis, materiais e métodos de combate sejam objeto de uma proibição geral e estejam incluídos em um anexo ao presente Estatuto, em virtude de uma alteração aprovada em conformidade com o disposto nos artigos 121 e 123;

xxi) Ultrajar a dignidade da pessoa, em particular por meio de tratamentos humilhantes e degradantes;

xxii) Cometer atos de violação, escravidão sexual, prostituição forçada, gravidez à força, tal como definida na alínea *f* do parágrafo 2 do artigo 7º, esterilização à força e qualquer outra forma de violência sexual que constitua também um desrespeito grave às Convenções de Genebra;

xxiii) Utilizar a presença de civis ou de outras pessoas protegidas para evitar que determinados pontos, zonas ou forças militares sejam alvo de operações militares;

xxiv) Dirigir intencionalmente ataques a edifícios, material, unidades e veículos sanitários, assim como o pessoal que esteja usando os emblemas distintivos das Convenções de Genebra, em conformidade com o direito internacional;

xxv) Provocar deliberadamente a inanição da população civil como método de guerra, privando-a dos bens indispensáveis à sua sobrevivência, impedindo, inclusive, o envio de socorros, tal como previsto nas Convenções de Genebra;

xxvi) Recrutar ou alistar menores de 15 anos nas forças armadas nacionais ou utilizá-los para participar ativamente nas hostilidades;

▸ Art. 38 da Convenção sobre os Direitos da Criança (1989).

c) Em caso de conflito armado que não seja de índole internacional, as violações graves do artigo 3º comum às quatro Convenções de Genebra, de 12 de agosto de 1949, a saber, qualquer um dos atos que a seguir se indicam, cometidos contra pessoas que não participem diretamente nas hostilidades, incluindo os membros das forças armadas que tenham deposto armas e os que tenham ficado impedidos de continuar a combater devido a doença, lesões, prisão ou qualquer outro motivo:

i) Atos de violência contra a vida e contra a pessoa, em particular o homicídio sob todas as suas formas, as mutilações, os tratamentos cruéis e a tortura;

ii) Ultrajes à dignidade da pessoa, em particular por meio de tratamentos humilhantes e degradantes;

iii) A tomada de reféns;

iv) As condenações proferidas e as execuções efetuadas sem julgamento prévio por um tribunal regularmente constituído e que ofereça todas as garantias judiciais geralmente reconhecidas como indispensáveis;

d) A alínea c do parágrafo 2 do presente artigo aplica-se aos conflitos armados que não tenham caráter internacional e, por conseguinte, não se aplica a situações de distúrbio e de tensão internas, tais como motins, atos de violência esporádicos ou isolados ou outros de caráter semelhante;

e) As outras violações graves das leis e costumes aplicáveis aos conflitos armados que não têm caráter internacional, no quadro do direito internacional, a saber qualquer um dos seguintes atos:

i) Dirigir intencionalmente ataques à população civil em geral ou civis que não participem diretamente nas hostilidades;

ii) Dirigir intencionalmente ataques a edifícios, material, unidades e veículos sanitários, bem como ao pessoal que esteja usando os emblemas distintivos das Convenções de Genebra, em conformidade com o direito internacional;

iii) Dirigir intencionalmente ataques ao pessoal, instalações, material, unidades ou veículos que participem numa missão de manutenção da paz ou de assistência humanitária, de acordo com a Carta das Nações Unidas, sempre que estes tenham direito à proteção conferida pelo direito internacional dos conflitos armados aos civis e aos bens civis;

iv) Atacar intencionalmente edifícios consagrados ao culto religioso, à educação, às artes, às ciências ou à beneficência, monumentos históricos, hospitais e lugares onde se agrupem doentes e feridos, sempre que não se trate de objetivos militares;

v) Saquear um aglomerado populacional ou um local, mesmo quando tomado de assalto;

vi) Cometer atos de agressão sexual, escravidão sexual, prostituição forçada, gravidez à força, tal como definida na alínea *f* do parágrafo 2 do artigo 7º; esterilização à força ou qualquer outra forma de violência sexual que constitua uma violação grave do artigo 3º comum às quatro Convenções de Genebra;

vii) Recrutar ou alistar menores de 15 anos nas forças armadas nacionais ou em grupos, ou utilizá-los para participar ativamente nas hostilidades;

viii) Ordenar a deslocação da população civil por razões relacionadas com o conflito, salvo se assim o exigirem a segurança dos civis em questão ou razões militares imperiosas;

ix) Matar ou ferir à traição um combatente de uma parte beligerante;

x) Declarar que não será dado quartel;

xi) Submeter pessoas que se encontrem sob o domínio de outra parte beligerante a mutilações físicas ou a qualquer tipo de experiências médicas ou científicas que não sejam motivadas por um tratamento médico, dentário ou hospitalar nem sejam efetuadas no interesse dessa pessoa, e que causem a morte ou ponham seriamente a sua saúde em perigo;

xii) Destruir ou apreender bens do inimigo, a menos que as necessidades da guerra assim o exijam;

f) A alínea e do parágrafo 2 do presente artigo aplicar-se-á aos conflitos armados que não tenham caráter internacional e, por conseguinte, não se aplicará a situações de distúrbio e de tensão internas, tais como motins, atos de violência esporádicos ou isolados ou outros de caráter semelhante; aplicar-se-á, ainda, a conflitos armados que tenham lugar no território de um Estado, quando exista um conflito armado prolongado entre as autoridades governamentais e grupos armados organizados ou entre estes grupos.

3. O disposto nas alíneas *c* e *e* do parágrafo 2, em nada afetará a responsabilidade que incumbe a todo o Governo de manter e de restabelecer a ordem pública no Estado, e de defender a unidade e a integridade territorial do Estado por qualquer meio legítimo.

Artigo 9º
Elementos constitutivos dos crimes

1. Os elementos constitutivos dos crimes que auxiliarão o Tribunal a interpretar e a aplicar os artigos 6º, 7º e 8º do presente Estatuto, deverão ser adotados por uma maioria de dois terços dos membros da Assembleia dos Estados-Partes.

2. As alterações aos elementos constitutivos dos crimes poderão ser propostas por:

a) Qualquer Estado-Parte;

b) Os juízes, através de deliberação tomada por maioria absoluta;

c) O Procurador.

As referidas alterações entram em vigor depois de aprovadas por uma maioria de dois terços dos membros da Assembleia dos Estados-Partes.

3. Os elementos constitutivos dos crimes e respectivas alterações deverão ser compatíveis com as disposições contidas no presente Estatuto.

Artigo 10

Nada no presente capítulo deverá ser interpretado como limitando ou afetando, de alguma maneira, as normas existentes ou em desenvolvimento de direito internacional com fins distintos dos do presente Estatuto.

Artigo 11
Competência *ratione temporis*

1. O Tribunal só terá competência relativamente aos crimes cometidos após a entrada em vigor do presente Estatuto.

2. Se um Estado se tornar Parte no presente Estatuto depois da sua entrada em vigor, o Tribunal só poderá exercer a sua competência em relação a crimes cometidos depois da entrada em vigor do presente Estatuto relativamente a esse Estado, a menos que este tenha feito uma declaração nos termos do parágrafo 3 do artigo 12.

Artigo 12
Condições prévias ao exercício da jurisdição

1. O Estado que se torne Parte no presente Estatuto, aceitará a jurisdição do Tribunal relativamente aos crimes a que se refere o artigo 5º.

2. Nos casos referidos nos parágrafos *a* ou *c* do artigo 13, o Tribunal poderá exercer a sua jurisdição se um ou mais Estados a seguir identificados forem Partes no presente Estatuto ou aceitarem a competência do Tribunal de acordo com o disposto no parágrafo 3:

a) Estado em cujo território tenha tido lugar a conduta em causa, ou, se o crime tiver sido cometido a bordo de um navio ou de uma aeronave, o Estado de matrícula do navio ou aeronave;

b) Estado de que seja nacional a pessoa a quem é imputado um crime.

3. Se a aceitação da competência do Tribunal por um Estado que não seja Parte no presente Estatuto for necessária nos termos do parágrafo 2, pode o referido Estado, mediante declaração depositada junto do Secretário, consentir em que o Tribunal exerça a sua competência em relação ao crime em questão. O Estado que tiver aceito a competência do Tribunal colaborará com este, sem qualquer demora ou exceção, de acordo com o disposto no Capítulo IX.

Artigo 13
Exercício da jurisdição

O Tribunal poderá exercer a sua jurisdição em relação a qualquer um dos crimes a que se refere o artigo 5º, de acordo com o disposto no presente Estatuto, se:

a) Um Estado-Parte denunciar ao Procurador, nos termos do artigo 14, qualquer situação em que haja indícios de ter ocorrido a prática de um ou vários desses crimes;

b) O Conselho de Segurança, agindo nos termos do Capítulo VII da Carta das Nações Unidas, denunciar ao Procurador qualquer situação em que haja indícios de ter ocorrido a prática de um ou vários desses crimes; ou

c) O Procurador tiver dado início a um inquérito sobre tal crime, nos termos do disposto no artigo 15.

Artigo 14
Denúncia por um Estado-Parte

1. Qualquer Estado-Parte poderá denunciar ao Procurador uma situação em que haja indícios de ter ocorrido a prática de um ou vários crimes da competência do Tribunal e solicitar ao Procurador que a investigue, com vista a determinar se uma ou mais pessoas identificadas deverão ser acusadas da prática desses crimes.

2. O Estado que proceder à denúncia deverá, tanto quanto possível, especificar as circunstâncias relevantes do caso e anexar toda a documentação de que disponha.

Artigo 15
Procurador

1. O Procurador poderá, por sua própria iniciativa, abrir um inquérito com base em informações sobre a prática de crimes da competência do Tribunal.

2. O Procurador apreciará a seriedade da informação recebida. Para tal, poderá recolher informações suplementares junto aos Estados, aos órgãos da Organização das Nações Unidas, às Organizações Intergovernamentais ou Não Governamentais ou outras fontes fidedignas que considere apropriadas, bem como recolher depoimentos escritos ou orais na sede do Tribunal.

3. Se concluir que existe fundamento suficiente para abrir um inquérito, o Procurador apresentará um pedido de autorização nesse sentido ao Juízo de Instrução, acompanhado da documentação de apoio que tiver reunido. As vítimas poderão apresentar representações no Juízo de Instrução, de acordo com o Regulamento Processual.

4. Se, após examinar o pedido e a documentação que o acompanha, o Juízo de Instrução considerar que há fundamento suficiente para abrir um Inquérito e que o caso parece caber na jurisdição do Tribunal, autorizará a abertura do inquérito, sem prejuízo das decisões que o Tribunal vier a tomar posteriormente em matéria de competência e de admissibilidade.

5. A recusa do Juízo de Instrução em autorizar a abertura do inquérito não impedirá o Procurador de formular ulteriormente outro pedido

com base em novos fatos ou provas respeitantes à mesma situação.

6. Se, depois da análise preliminar a que se referem os parágrafos 1 e 2, o Procurador concluir que a informação apresentada não constitui fundamento suficiente para um inquérito, o Procurador informará quem a tiver apresentado de tal entendimento. Tal não impede que o Procurador examine, à luz de novos fatos ou provas, qualquer outra informação que lhe venha a ser comunicada sobre o mesmo caso.

Artigo 16
Adiamento do inquérito e do procedimento criminal

Nenhum inquérito ou procedimento crime poderá ter início ou prosseguir os seus termos, com base no presente Estatuto, por um período de 12 (doze) meses a contar da data em que o Conselho de Segurança assim o tiver solicitado em resolução aprovada nos termos do disposto no Capítulo VII da Carta das Nações Unidas; o pedido poderá ser renovado pelo Conselho de Segurança nas mesmas condições.

▸ Arts. 39 e 41 da Carta das Nações Unidas.

Artigo 17
Questões relativas à admissibilidade

1. Tendo em consideração o décimo parágrafo do preâmbulo e o artigo 1º, o Tribunal decidirá sobre a não admissibilidade de um caso se:

a) O caso for objeto de inquérito ou de procedimento criminal por parte de um Estado que tenha jurisdição sobre o mesmo, salvo se este não tiver vontade de levar a cabo o inquérito ou o procedimento ou, não tenha capacidade para o fazer;

b) O caso tiver sido objeto de inquérito por um Estado com jurisdição sobre ele e tal Estado tenha decidido não dar seguimento ao procedimento criminal contra a pessoa em causa, a menos que esta decisão resulte do fato de esse Estado não ter vontade de proceder criminalmente ou da sua incapacidade real para o fazer;

c) A pessoa em causa já tiver sido julgada pela conduta a que se refere a denúncia, e não puder ser julgada pelo Tribunal em virtude do disposto no parágrafo 3 do artigo 20;

d) O caso não for suficientemente grave para justificar a ulterior intervenção do Tribunal.

2. A fim de determinar se há ou não vontade de agir num determinado caso, o Tribunal, tendo em consideração as garantias de um processo equitativo reconhecidas pelo direito internacional, verificará a existência de uma ou mais das seguintes circunstâncias:

a) O processo ter sido instaurado ou estar pendente ou a decisão ter sido proferida no Estado com o propósito de subtrair a pessoa em causa à sua responsabilidade criminal por crimes da competência do Tribunal, nos termos do disposto no artigo 5º;

b) Ter havido demora injustificada no processamento, a qual, dadas as circunstâncias, se mostra incompatível com a intenção de fazer responder a pessoa em causa perante a justiça;

c) O processo não ter sido ou não estar sendo conduzido de maneira independente ou imparcial, e ter estado ou estar sendo conduzido de uma maneira que, dadas as circunstâncias, seja incompatível com a intenção de levar a pessoa em causa perante a justiça.

3. A fim de determinar se há incapacidade de agir num determinado caso, o Tribunal verificará se o Estado, por colapso total ou substancial da respectiva administração da justiça ou por indisponibilidade desta, não estará em condições de fazer comparecer o acusado, de reunir os meios de prova e depoimentos necessários ou não estará, por outros motivos, em condições de concluir o processo.

Artigo 18
Decisões preliminares sobre admissibilidade

1. Se uma situação for denunciada ao Tribunal nos termos do artigo 13, parágrafo *a*, e o Procurador determinar que existem fundamentos para abrir um inquérito ou der início a um inquérito de acordo com os artigos 13, parágrafo *c* e 15, deverá notificar todos os Estados-Partes e os Estados que, de acordo com a informação disponível, teriam jurisdição sobre esses crimes. O Procurador poderá proceder à notificação a título confidencial e, sempre que o considere necessário com vista a proteger pessoas, impedir a destruição de provas ou a fuga de pessoas, poderá limitar o âmbito da informação a transmitir aos Estados.

2. No prazo de 1 (um) mês após a recepção da referida notificação, qualquer Estado poderá informar o Tribunal de que está procedendo, ou já procedeu, a um inquérito sobre nacionais seus ou outras pessoas sob a sua jurisdição, por atos que possam constituir crimes a que se refere o artigo 5º e digam respeito à informação constante na respectiva notificação. A pedido desse Estado, o Procurador transferirá para ele o inquérito sobre essas pessoas, a menos que, a pedido do Procurador, o Juízo de Instrução decida autorizar o inquérito.

3. A transferência do inquérito poderá ser reexaminada pelo Procurador 6 (seis) meses após a data em que tiver sido decidida ou, a todo o momento, quando tenha ocorrido uma alteração significativa de circunstâncias, decorrente da falta de vontade ou da incapacidade efetiva do Estado de levar a cabo o inquérito.

4. O Estado interessado ou o Procurador poderão interpor recurso para o Juízo de Recursos da decisão proferida por um Juízo de Instrução, tal como previsto no artigo 82. Este recurso poderá seguir uma forma sumária.

5. Se o Procurador transferir o inquérito, nos termos do parágrafo 2, poderá solicitar ao Estado interessado que o informe periodicamente do andamento do mesmo e de qualquer outro procedimento subsequente. Os Estados-Partes responderão a estes pedidos sem atrasos injustificados.

6. O Procurador poderá, enquanto aguardar uma decisão a proferir no Juízo de Instrução, ou a todo o momento se tiver transferido o inquérito nos termos do presente artigo, solicitar ao tribunal de instrução, a título excepcional, que o autorize a efetuar as investigações que considere necessárias para preservar elementos de prova, quando exista uma oportunidade única de obter provas relevantes ou um risco significativo de que essas provas possam não estar disponíveis numa fase ulterior.

7. O Estado que tenha recorrido de uma decisão do Juízo de Instrução nos termos do presente artigo poderá impugnar a admissibilidade de um caso nos termos do artigo 19, invocando fatos novos relevantes ou uma alteração significativa de circunstâncias.

Artigo 19
Impugnação da jurisdição do Tribunal ou da admissibilidade do caso

1. O Tribunal deverá certificar-se de que detém jurisdição sobre todos os casos que lhe sejam submetidos. O Tribunal poderá pronunciar-se de ofício sobre a admissibilidade do caso em conformidade com o artigo 17.

2. Poderão impugnar a admissibilidade do caso, por um dos motivos referidos no artigo 17, ou impugnar a jurisdição do Tribunal:

a) O acusado ou a pessoa contra a qual tenha sido emitido um mandado ou ordem de detenção ou de comparecimento, nos termos do artigo 58;

b) Um Estado que detenha o poder de jurisdição sobre um caso, pelo fato de o estar investigando ou julgando, ou por já o ter feito antes; ou

c) Um Estado cuja aceitação da competência do Tribunal seja exigida, de acordo com o artigo 12.

3. O Procurador poderá solicitar ao Tribunal que se pronuncie sobre questões de jurisdição ou admissibilidade. Nas ações relativas a jurisdição ou admissibilidade, aqueles que tiverem denunciado um caso ao abrigo do artigo 13, bem como as vítimas, poderão também apresentar as suas observações ao Tribunal.

4. A admissibilidade de um caso ou a jurisdição do Tribunal só poderão ser impugnadas uma única vez por qualquer pessoa ou Estado a que se faz referência no parágrafo 2. A impugnação deverá ser feita antes do julgamento ou no seu início. Em circunstâncias excepcionais, o Tribunal poderá autorizar que a impugnação se faça mais de uma vez ou depois do início do julgamento. As impugnações à admissibilidade de um caso feitas no início do julgamento, ou posteriormente com a autorização do Tribunal, só poderão fundamentar-se no disposto no parágrafo 1, alínea *c* do artigo 17.

5. Os Estados a que se referem as alíneas *b* e *c* do parágrafo 2 do presente artigo deverão deduzir impugnação logo que possível.

6. Antes da confirmação da acusação, a impugnação da admissibilidade de um caso ou da jurisdição do Tribunal será submetida ao Juízo de Instrução e, após confirmação, ao Juízo de Julgamento em Primeira Instância. Das decisões relativas à jurisdição ou admissibilidade caberá recurso para o Juízo de Recursos, de acordo com o artigo 82.

7. Se a impugnação for feita pelo Estado referido nas alíneas *b* e *c* do parágrafo 2, o Procurador suspenderá o inquérito até que o Tribunal decida em conformidade com o artigo 17.

8. Enquanto aguardar uma decisão, o Procurador poderá solicitar ao Tribunal autorização para:

a) Proceder às investigações necessárias previstas no parágrafo 6 do artigo 18;

b) Recolher declarações ou o depoimento de uma testemunha ou completar o recolhimento e o exame das provas que tenha iniciado antes da impugnação; e

c) Impedir, em colaboração com os Estados interessados, a fuga de pessoas em relação às quais já tenha solicitado um mandado de detenção, nos termos do artigo 58.

9. A impugnação não afetará a validade de nenhum ato realizado pelo Procurador, nem de nenhuma decisão ou mandado anteriormente emitido pelo Tribunal.

10. Se o Tribunal tiver declarado que um caso não é admissível, de acordo com o artigo 17, o Procurador poderá pedir a revisão dessa decisão, após se ter certificado de que surgiram novos fatos que invalidam os motivos pelos quais o caso havia sido considerado inadmissível nos termos do artigo 17.

11. Se o Procurador, tendo em consideração as questões referidas no artigo 17, decidir transferir um inquérito, poderá pedir ao Estado em questão que o mantenha informado do seguimento do processo. Esta informação deverá, se esse Estado o solicitar, ser mantida confidencial. Se o Procurador decidir, posteriormente, abrir um inquérito, comunicará a sua decisão ao Estado para o qual foi transferido o processo.

Artigo 20
Ne bis in idem

1. Salvo disposição contrária do presente Estatuto, nenhuma pessoa poderá ser julgada pelo Tribunal por atos constitutivos de crimes pelos quais este já a tenha condenado ou absolvido.

2. Nenhuma pessoa poderá ser julgada por outro tribunal por um crime mencionado no artigo 5º, relativamente ao qual já tenha sido condenada ou absolvida pelo Tribunal.

3. O Tribunal não poderá julgar uma pessoa que já tenha sido julgada por outro tribunal, por atos também punidos pelos artigos 6º, 7º ou 8º, a menos que o processo nesse outro tribunal:

a) Tenha tido por objetivo subtrair o acusado à sua responsabilidade criminal por crimes da competência do Tribunal; ou

b) Não tenha sido conduzido de forma independente ou imparcial, em conformidade com as garantias de um processo equitativo reconhecidas pelo direito internacional, ou tenha sido conduzido de uma maneira que, no caso concreto, se revele incompatível com a intenção de submeter a pessoa à ação da justiça.

▸ Art. 14, item 7, do Pacto Internacional sobre Direitos Civis e Políticos (1966).

Artigo 21
Direito aplicável

1. O Tribunal aplicará:

a) Em primeiro lugar, o presente Estatuto, os Elementos Constitutivos do Crime e o Regulamento Processual;

b) Em segundo lugar, se for o caso, os tratados e os princípios e normas de direito internacional aplicáveis, incluindo os princípios estabelecidos no direito internacional dos conflitos armados;

c) Na falta destes, os princípios gerais do direito que o Tribunal retire do direito interno dos diferentes sistemas jurídicos existentes, incluindo, se for o caso, o direito interno dos Estados que exerceriam normalmente a sua jurisdição relativamente ao crime, sempre que esses princípios não sejam incompatíveis com o presente Estatuto, com o direito internacional, nem com as normas e padrões internacionalmente reconhecidos.

2. O Tribunal poderá aplicar princípios e normas de direito tal como já tenham sido por si interpretados em decisões anteriores.

3. A aplicação e interpretação do direito, nos termos do presente artigo, deverá ser compatível com os direitos humanos internacionalmente reconhecidos, sem discriminação alguma baseada em motivos tais como o gênero, definido no parágrafo 3 do artigo 7º, a idade, a raça, a cor, a religião ou o credo, a opinião política ou outra, a origem nacional, étnica ou social, a situação econômica, o nascimento ou outra condição.

CAPÍTULO III
PRINCÍPIOS GERAIS DE DIREITO PENAL

Artigo 22
Nullum crimen sine lege

1. Nenhuma pessoa será considerada criminalmente responsável, nos termos do presente Estatuto, a menos que a sua conduta constitua, no momento em que tiver lugar, um crime da competência do Tribunal.

2. A previsão de um crime será estabelecida de forma precisa e não será permitido o recurso à analogia. Em caso de ambiguidade, será interpretada a favor da pessoa objeto de inquérito, acusada ou condenada.

3. O disposto no presente artigo em nada afetará a tipificação de uma conduta como crime nos termos do direito internacional, independentemente do presente Estatuto.

Artigo 23
Nulla poena sine lege

Qualquer pessoa condenada pelo Tribunal só poderá ser punida em conformidade com as disposições do presente Estatuto.

Artigo 24
Não retroatividade *ratione personae*

1. Nenhuma pessoa será considerada criminalmente responsável, de acordo com o presente Estatuto, por uma conduta anterior à entrada em vigor do presente Estatuto.

2. Se o direito aplicável a um caso for modificado antes de proferida sentença definitiva, aplicar-se-á o direito mais favorável à pessoa objeto de inquérito, acusada ou condenada.

Artigo 25
Responsabilidade criminal individual

1. De acordo com o presente Estatuto, o Tribunal será competente para julgar as pessoas físicas.

2. Quem cometer um crime da competência do Tribunal será considerado individualmente responsável e poderá ser punido de acordo com o presente Estatuto.

3. Nos termos do presente Estatuto, será considerado criminalmente responsável e poderá ser punido pela prática de um crime da competência do Tribunal quem:

a) Cometer esse crime individualmente ou em conjunto ou por intermédio de outrem, quer essa pessoa seja, ou não, criminalmente responsável;

b) Ordenar, solicitar ou instigar à prática desse crime, sob forma consumada ou sob a forma de tentativa;

c) Com o propósito de facilitar a prática desse crime, for cúmplice ou encobridor, ou colaborar de algum modo na prática ou na tentativa de prática do crime, nomeadamente pelo fornecimento dos meios para a sua prática;

d) Contribuir de alguma outra forma para a prática ou tentativa de prática do crime por um grupo de pessoas que tenha um objetivo comum. Esta contribuição deverá ser intencional e ocorrer, conforme o caso:

i) Com o propósito de levar a cabo a atividade ou o objetivo criminal do grupo, quando um ou outro impliquem a prática de um crime da competência do Tribunal; ou

ii) Com o conhecimento da intenção do grupo de cometer o crime;

e) No caso de crime de genocídio, incitar, direta e publicamente, à sua prática;

▸ Art. 3º, *c*, da Convenção para a Prevenção e Repressão do Crime de Genocídio (1948).

f) Tentar cometer o crime mediante atos que contribuam substancialmente para a sua execução, ainda que não se venha a consumar devido a circunstâncias alheias à sua vontade. Porém, quem desistir da prática do crime, ou impedir de outra forma que este se consuma, não poderá ser punido em conformidade com o presente Estatuto pela tentativa, se renunciar total e voluntariamente ao propósito delituoso.

4. O disposto no presente Estatuto sobre a responsabilidade criminal das pessoas físicas em nada afetará a responsabilidade do Estado, de acordo com o direito internacional.

Artigo 26
Exclusão da jurisdição relativamente a menores de 18 anos

O Tribunal não terá jurisdição sobre pessoas que, à data da alegada prática do crime, não tenham ainda completado 18 anos de idade.

Artigo 27
Irrelevância da qualidade oficial

1. O presente Estatuto será aplicável de forma igual a todas as pessoas sem distinção alguma baseada na qualidade oficial. Em particular, a qualidade oficial de Chefe de Estado ou de Governo, de membro de Governo ou do Parlamento, de representante eleito ou de funcionário público, em caso algum eximirá a pessoa em causa de responsabilidade criminal nos termos do presente Estatuto, nem constituirá de per se motivo de redução da pena.

2. As imunidades ou normas de procedimento especiais decorrentes da qualidade oficial de uma pessoa; nos termos do direito interno ou do direito internacional, não deverão obstar a que o Tribunal exerça a sua jurisdição sobre essa pessoa.

Artigo 28
Responsabilidade dos chefes militares e outros superiores hierárquicos

Além de outras fontes de responsabilidade criminal previstas no presente Estatuto, por crimes da competência do Tribunal:

a) O chefe militar, ou a pessoa que atue efetivamente como chefe militar, será criminalmente responsável por crimes da competência do Tribunal que tenham sido cometidos por forças sob o seu comando e controle efetivos ou sob a sua autoridade e controle efetivos, conforme o caso, pelo fato de não exercer um controle apropriado sobre essas forças quando:

i) Esse chefe militar ou essa pessoa tinha conhecimento ou, em virtude das circunstâncias do momento, deveria ter tido conhecimento de que essas forças estavam a cometer ou preparavam-se para cometer esses crimes; e

ii) Esse chefe militar ou essa pessoa não tenha adotado todas as medidas necessárias e adequadas ao seu alcance para prevenir ou reprimir a sua prática, ou para levar o assunto ao conhecimento das autoridades competentes, para efeitos de inquérito e procedimento criminal;

b) Nas relações entre superiores hierárquicos e subordinados, não referidos na alínea *a*, o superior hierárquico será criminalmente responsável pelos crimes da competência do Tribunal que tiverem sido cometidos por subordinados sob a sua autoridade e controle efetivos, pelo fato de não ter exercido um controle apropriado sobre esses subordinados, quando:

a) O superior hierárquico teve conhecimento ou deliberadamente não levou em consideração a informação que indicava claramente que os subordinados estavam a cometer ou se preparavam para cometer esses crimes;

b) Esses crimes estavam relacionados com atividades sob a sua responsabilidade e controle efetivos; e

c) O superior hierárquico não adotou todas as medidas necessárias e adequadas ao seu alcance para prevenir ou reprimir a sua prática ou para levar o assunto ao conhecimento das autoridades competentes, para efeitos de inquérito e procedimento criminal.

Artigo 29
Imprescritibilidade

Os crimes da competência do Tribunal não prescrevem.

Artigo 30
Elementos psicológicos

1. Salvo disposição em contrário, nenhuma pessoa poderá ser criminalmente responsável e punida por um crime da competência do Tribunal, a menos que atue com vontade de o cometer e conhecimento dos seus elementos materiais.

2. Para os efeitos do presente artigo, entende-se que atua intencionalmente quem:

a) Relativamente a uma conduta, se propuser adotá-la;

b) Relativamente a um efeito do crime, se propuser causá-lo ou estiver ciente de que ele terá lugar em uma ordem normal dos acontecimentos.

3. Nos termos do presente artigo, entende-se por "conhecimento" a consciência de que existe uma circunstância ou de que um efeito irá ter lugar, em uma ordem normal dos acontecimentos. As expressões "ter conhecimento" e "com conhecimento" deverão ser entendidas em conformidade.

Artigo 31
Causas de exclusão da responsabilidade criminal

1. Sem prejuízo de outros fundamentos para a exclusão de responsabilidade criminal previstos no presente Estatuto, não será considerada criminalmente responsável a pessoa que, no momento da prática de determinada conduta:

a) Sofrer de enfermidade ou deficiência mental que a prive da capacidade para avaliar a ilicitude ou a natureza da sua conduta, ou da capacidade para controlar essa conduta a fim de não violar a lei;

b) Estiver em estado de intoxicação que a prive da capacidade para avaliar a ilicitude ou a natureza da sua conduta, ou da capacidade para controlar essa conduta a fim de não transgredir a lei, a menos que se tenha intoxicado voluntariamente em circunstâncias que lhe permitiam ter conhecimento de que, em consequência da intoxicação, poderia incorrer numa conduta tipificada como crime da competência do Tribunal, ou, de que haveria o risco de tal suceder;

c) Agir em defesa própria ou de terceiro com razoabilidade ou, em caso de crimes de guerra, em defesa de um bem que seja essencial para a sua sobrevivência ou de terceiro ou de um bem que seja essencial à realização de uma missão militar, contra o uso iminente e ilegal da força, de forma proporcional ao grau de perigo para si, para terceiro ou para os bens protegidos. O fato de participar em uma força que realize uma operação de defesa não será causa bastante de exclusão de responsabilidade criminal, nos termos desta alínea;

d) Tiver incorrido numa conduta que presumivelmente constitui crime da competência do Tribunal, em consequência de coação decorrente de uma ameaça iminente de morte ou ofensas corporais graves para si ou para outrem, e em que se veja compelida a atuar de forma necessária e razoável para evitar essa ameaça, desde que não tenha a intenção de causar um dano maior que aquele que se propunha evitar. Essa ameaça tanto poderá:

i) Ter sido feita por outras pessoas; ou

ii) Ser constituída por outras circunstâncias alheias à sua vontade.

2. O Tribunal determinará se os fundamentos de exclusão da responsabilidade criminal previstos no presente Estatuto serão aplicáveis no caso em apreço.

3. No julgamento, o Tribunal poderá levar em consideração outros fundamentos de exclusão da responsabilidade criminal, distintos dos referidos no parágrafo 1, sempre que esses fundamentos resultem do direito aplicável em conformidade com o artigo 21. O processo de exame de um fundamento de exclusão deste tipo será definido no Regulamento Processual.

Artigo 32
Erro de fato ou erro de direito

1. O erro de fato só excluirá a responsabilidade criminal se eliminar o dolo requerido pelo crime.

2. O erro de direito sobre se determinado tipo de conduta constitui crime da competência do Tribunal não será considerado fundamento de exclusão de responsabilidade criminal. No entanto, o erro de direito poderá ser considerado fundamento de exclusão de responsabilidade criminal se eliminar o dolo requerido pelo crime ou se decorrer do artigo 33 do presente Estatuto.

Artigo 33
Decisão hierárquica e disposições legais

1. Quem tiver cometido um crime da competência do Tribunal, em cumprimento de uma decisão emanada de um Governo ou de um superior hierárquico, quer seja militar ou civil, não será isento de responsabilidade criminal, a menos que:

a) Estivesse obrigado por lei a obedecer a decisões emanadas do Governo ou superior hierárquico em questão;

b) Não tivesse conhecimento de que a decisão era ilegal; e

c) A decisão não fosse manifestamente ilegal.

2. Para os efeitos do presente artigo, qualquer decisão de cometer genocídio ou crimes contra a humanidade será considerada como manifestamente ilegal.

CAPÍTULO IV
COMPOSIÇÃO E ADMINISTRAÇÃO DO TRIBUNAL

Artigo 34
Órgãos do Tribunal

O Tribunal será composto pelos seguintes órgãos:

a) A Presidência;

b) Uma Seção de Recursos, uma Seção de Julgamento em Primeira Instância e uma Seção de Instrução;

c) O Gabinete do Procurador;

d) A Secretaria.

Artigo 35
Exercício das funções de juiz

1. Os juízes serão eleitos membros do Tribunal para exercer funções em regime de exclusividade e deverão estar disponíveis para desempenhar o respectivo cargo desde o início do seu mandato.

2. Os juízes que comporão a Presidência desempenharão as suas funções em regime de exclusividade desde a sua eleição.

3. A Presidência poderá, em função do volume de trabalho do Tribunal, e após consulta dos seus membros, decidir periodicamente em que medida é que será necessário que os restantes juízes desempenhem as suas funções em regime de exclusividade. Estas decisões não prejudicarão o disposto no artigo 40.

4. Os ajustes de ordem financeira relativos aos juízes que não tenham de exercer os respectivos cargos em regime de exclusividade serão adotadas em conformidade com o disposto no artigo 49.

Artigo 36
Qualificações, candidatura e eleição dos juízes

1. Sob reserva do disposto no parágrafo 2, o Tribunal será composto por 18 juízes.

2. *a)* A Presidência, agindo em nome do Tribunal, poderá propor o aumento do número de juízes referido no parágrafo 1 fundamentando as razões pelas quais considera necessária e apropriada tal medida. O Secretário comunicará imediatamente a proposta a todos os Estados-Partes;

b) A proposta será seguidamente apreciada em sessão da Assembleia dos Estados-Partes convocada nos termos do artigo 112 e deverá ser considerada adotada se for aprovada na sessão por maioria de dois terços dos membros da Assembleia dos

Estados-Partes; a proposta entrará em vigor na data fixada pela Assembleia dos Estados-Partes;

c) *i)* Logo que seja aprovada a proposta de aumento do número de juízes, de acordo com o disposto na alínea *b*, a eleição dos juízes adicionais terá lugar no período seguinte de sessões da Assembleia dos Estados-Partes, nos termos dos parágrafos 3 a 8 do presente artigo e do parágrafo 2 do artigo 37;

ii) Após a aprovação e a entrada em vigor de uma proposta de aumento do número de juízes, de acordo com o disposto nas alíneas *b* e *c* (i), a Presidência poderá, a qualquer momento, se o volume de trabalho do Tribunal assim o justificar, propor que o número de juízes seja reduzido, mas nunca para um número inferior ao fixado no parágrafo 1. A proposta será apreciada de acordo com o procedimento definido nas alíneas *a* e *b*. Caso a proposta seja aprovada, o número de juízes será progressivamente reduzido, à medida que expirem os mandatos e até que se alcance o número previsto.

3\. *a)* Os juízes serão eleitos dentre pessoas de elevada idoneidade moral, imparcialidade e integridade, que reúnam os requisitos para o exercício das mais altas funções judiciais nos seus respectivos países.

b) Os candidatos a juízes deverão possuir:

i) Reconhecida competência em direito penal e direito processual penal e a necessária experiência em processos penais na qualidade de juiz, procurador, advogado ou outra função semelhante; ou

ii) Reconhecida competência em matérias relevantes de direito internacional, tais como o direito internacional humanitário e os direitos humanos, assim como vasta experiência em profissões jurídicas com relevância para a função judicial do Tribunal;

c) Os candidatos a juízes deverão possuir um excelente conhecimento e serem fluentes em, pelo menos, uma das línguas de trabalho do Tribunal.

4\. *a)* Qualquer Estado-Parte no presente Estatuto poderá propor candidatos às eleições para juiz do Tribunal mediante:

i) O procedimento previsto para propor candidatos aos mais altos cargos judiciais do país; ou

ii) O procedimento previsto no Estatuto da Corte Internacional de Justiça para propor candidatos a esse Tribunal.

As propostas de candidatura deverão ser acompanhadas de uma exposição detalhada comprovativa de que o candidato possui os requisitos enunciados no parágrafo 3;

b) Qualquer Estado-Parte poderá apresentar uma candidatura de uma pessoa que não tenha necessariamente a sua nacionalidade, mas que seja nacional de um Estado-Parte;

c) A Assembleia dos Estados-Partes poderá decidir constituir, se apropriado, uma Comissão consultiva para o exame das candidaturas, neste caso, a Assembleia dos Estados-Partes determinará a composição e o mandato da Comissão.

5\. Para efeitos da eleição, serão estabelecidas duas listas de candidatos:

A lista A, com os nomes dos candidatos que reúnam os requisitos enunciados na alínea *b* (i) do parágrafo 3; e

A lista B, com os nomes dos candidatos que reúnam os requisitos enunciados na alínea *b* (ii) do parágrafo 3.

O candidato que reúna os requisitos constantes de ambas as listas, poderá escolher em qual delas deseja figurar. Na primeira eleição de membros do Tribunal, pelo menos nove juízes serão eleitos entre os candidatos da lista A e pelo menos cinco entre os candidatos da lista B. As eleições subsequentes serão organizadas por forma a que se mantenha no Tribunal uma proporção equivalente de juízes de ambas as listas.

6\. *a)* Os juízes serão eleitos por escrutínio secreto, em sessão da Assembleia dos Estados-Partes convocada para esse efeito, nos termos do artigo 112. Sob reserva do disposto no parágrafo 7, serão eleitos os 18 candidatos que obtenham o maior número de votos e uma maioria de dois terços dos Estados-Partes presentes e votantes;

b) No caso em que da primeira votação não resulte eleito um número suficiente de juízes, proceder-se-á a nova votação, de acordo com os procedimentos estabelecidos na alínea *a*, até provimento dos lugares restantes.

7\. O Tribunal não poderá ter mais de um juiz nacional do mesmo Estado. Para este efeito, a pessoa que for considerada nacional de mais de um Estado será considerada nacional do Estado onde exerce habitualmente os seus direitos civis e políticos.

8\. *a)* Na seleção dos juízes, os Estados-Partes ponderarão sobre a necessidade de assegurar que a composição do Tribunal inclua:

i) A representação dos principais sistemas jurídicos do mundo;

ii) Uma representação geográfica equitativa; e

iii) Uma representação justa de juízes do sexo feminino e do sexo masculino;

b) Os Estados-Partes levarão igualmente em consideração a necessidade de assegurar a presença de juízes especializados em determinadas matérias incluindo, entre outras, a violência contra mulheres ou crianças.

9\. *a)* Salvo o disposto na alínea *b*, os juízes serão eleitos por um mandato de nove anos e não poderão ser reeleitos, salvo o disposto na alínea *c* e no parágrafo 2 do artigo 37;

b) Na primeira eleição, um terço dos juízes eleitos será selecionado por sorteio para exercer um mandato de três anos; outro terço será selecionado, também por sorteio, para exercer um mandato de seis anos; e os restantes exercerão um mandato de nove anos;

c) Um juiz selecionado para exercer um mandato de três anos, em conformidade com a alínea *b*, poderá ser reeleito para um mandato completo.

10\. Não obstante o disposto no parágrafo 9, um juiz afeto a um Juízo de Julgamento em Primeira Instância ou de Recurso, em conformidade com o artigo 39, permanecerá em funções até a conclusão do julgamento ou do recurso dos casos que tiver a seu cargo.

Artigo 37
Vagas

1\. Caso ocorra uma vaga, realizar-se-á uma eleição para o seu provimento, de acordo com o artigo 36.

2\. O juiz eleito para prover uma vaga, concluirá o mandato do seu antecessor e, se esse período for igual ou inferior a três anos, poderá ser reeleito para um mandato completo, nos termos do artigo 36.

Artigo 38
A presidência

1\. O Presidente, o Primeiro Vice-Presidente e o Segundo Vice-Presidente serão eleitos por maioria absoluta dos juízes. Cada um desempenhará o respectivo cargo por um período de três anos ou até ao termo do seu mandato como juiz, conforme o que expirar em primeiro lugar. Poderão ser reeleitos uma única vez.

2\. O Primeiro Vice-Presidente substituirá o Presidente em caso de impossibilidade ou recusa deste. O Segundo Vice-Presidente substituirá o Presidente em caso de impedimento ou recusa deste ou do Primeiro Vice-Presidente.

3\. O Presidente, o Primeiro Vice-Presidente e o Segundo Vice-Presidente constituirão a Presidência, que ficará encarregada:

a) Da adequada administração do Tribunal, com exceção do Gabinete do Procurador; e

b) Das restantes funções que lhe forem conferidas de acordo com o presente Estatuto.

4\. Embora eximindo-se da sua responsabilidade nos termos do parágrafo 3, a, a Presidência atuará em coordenação com o Gabinete do Procurador e deverá obter a aprovação deste em todos os assuntos de interesse comum.

Artigo 39
Juízos

1\. Após a eleição dos juízes e logo que possível, o Tribunal deverá organizar-se nas seções referidas no artigo 34, *b*. A Seção de Recursos será composta pelo Presidente e quatro juízes, a Seção de Julgamento em Primeira Instância por, pelo menos, seis juízes e a Seção de Instrução por, pelo menos, seis juízes. Os juízes serão adstritos às Seções de acordo com a natureza das funções que corresponderem a cada um e com as respectivas qualificações e experiência, por forma a que cada Seção disponha de um conjunto adequado de especialistas em direito penal e processual penal e em direito internacional. A Seção de Julgamento em Primeira Instância e a Seção de Instrução serão predominantemente compostas por juízes com experiência em processo penal.

2\. *a)* As funções judiciais do Tribunal serão desempenhadas em cada Seção pelos juízos;

b) *i)* O Juízo de Recursos será composto por todos os juízes da Seção de Recursos;

ii) As funções do Juízo de Julgamento em Primeira Instância serão desempenhadas por três juízes da Seção de Julgamento em Primeira Instância;

iii) As funções do Juízo de Instrução serão desempenhadas por três juízes da Seção de Instrução ou por um só juiz da referida Seção, em conformidade com o presente Estatuto e com o Regulamento Processual;

c) Nada no presente número obstará a que se constituam simultaneamente mais de um Juízo de Julgamento em Primeira Instância ou Juízo de Instrução, sempre que a gestão eficiente do trabalho do Tribunal assim o exigir.

3. a) Os juízes adstritos às Seções de Julgamento em Primeira Instância e de Instrução desempenharão o cargo nessas Seções por um período de 3 (três) anos ou, decorrido esse período, até à conclusão dos casos que lhes tenham sido cometidos pela respectiva Seção;

b) Os juízes adstritos à Seção de Recursos desempenharão o cargo nessa Seção durante todo o seu mandato.

4. Os juízes adstritos à Seção de Recursos desempenharão o cargo unicamente nessa Seção. Nada no presente artigo obstará a que sejam adstritos temporariamente juízes da Seção de Julgamento em Primeira Instância à Seção de Instrução, ou inversamente, se a Presidência entender que a gestão eficiente do trabalho do Tribunal assim o exige; porém, o juiz que tenha participado na fase instrutória não poderá, em caso algum, fazer parte do Juízo de Julgamento em Primeira Instância encarregado do caso.

Artigo 40
Independência dos juízes

1. Os juízes serão independentes no desempenho das suas funções.

2. Os juízes não desenvolverão qualquer atividade que possa ser incompatível com o exercício das suas funções judiciais ou prejudicar a confiança na sua independência.

3. Os juízes que devam desempenhar os seus cargos em regime de exclusividade na sede do Tribunal não poderão ter qualquer outra ocupação de natureza profissional.

4. As questões relativas à aplicação dos parágrafos 2 e 3 serão decididas por maioria absoluta dos juízes. Nenhum juiz participará na decisão de uma questão que lhe diga respeito.

Artigo 41
Impedimento e desqualificação de juízes

1. A Presidência poderá, a pedido de um juiz, declarar seu impedimento para o exercício de alguma das funções que lhe confere o presente Estatuto, em conformidade com o Regulamento Processual.

2. a) Nenhum juiz pode participar num caso em que, por qualquer motivo, seja posta em dúvida a sua imparcialidade. Será desqualificado, em conformidade com o disposto neste número, entre outras razões, se tiver intervindo anteriormente, a qualquer título, em um caso submetido ao Tribunal ou em um procedimento criminal conexo em nível nacional que envolva a pessoa objeto de inquérito ou procedimento criminal. Pode ser igualmente desqualificado por qualquer outro dos motivos definidos no Regulamento Processual;

b) O Procurador ou a pessoa objeto de inquérito ou procedimento criminal poderá solicitar a desqualificação de um juiz em virtude do disposto no presente número;

c) As questões relativas à desqualificação de juízes serão decididas por maioria absoluta dos juízes. O juiz cuja desqualificação for solicitada, poderá pronunciar-se sobre a questão, mas não poderá tomar parte na decisão.

Artigo 42
O Gabinete do Procurador

1. O Gabinete do Procurador atuará de forma independente, enquanto órgão autônomo do Tribunal. Competir-lhe-á recolher comunicações e qualquer outro tipo de informação, devidamente fundamentada, sobre crimes da competência do Tribunal, a fim de os examinar e investigar e de exercer a ação penal junto ao Tribunal. Os membros do Gabinete do Procurador não solicitarão nem cumprirão ordens de fontes externas ao Tribunal.

2. O Gabinete do Procurador será presidido pelo Procurador, que terá plena autoridade para dirigir e administrar o Gabinete do Procurador, incluindo o pessoal, as instalações e outros recursos. O Procurador será coadjuvado por um ou mais Procuradores-Adjuntos, que poderão desempenhar qualquer uma das funções que incumbam àquele, em conformidade com o disposto no presente Estatuto. O Procurador e os Procuradores-Adjuntos terão nacionalidades diferentes e desempenharão o respectivo cargo em regime de exclusividade.

3. O Procurador e os Procuradores-Adjuntos deverão ter elevada idoneidade moral, elevado nível de competência e vasta experiência prática em matéria de processo penal. Deverão possuir um excelente conhecimento e serem fluentes em, pelo menos, uma das línguas de trabalho do Tribunal.

4. O Procurador será eleito por escrutínio secreto e por maioria absoluta de votos dos membros da Assembleia dos Estados-Partes. Os Procuradores-Adjuntos serão eleitos da mesma forma, de entre uma lista de candidatos apresentada pelo Procurador. O Procurador proporá três candidatos para cada cargo de Procurador-Adjunto a prover. A menos que, ao tempo da eleição, seja fixado um período mais curto, o Procurador e os Procuradores-Adjuntos exercerão os respectivos cargos por um período de nove anos e não poderão ser reeleitos.

5. O Procurador e os Procuradores-Adjuntos não deverão desenvolver qualquer atividade que possa interferir com o exercício das suas funções ou afetar a confiança na sua independência e não poderão desempenhar qualquer outra função de caráter profissional.

6. A Presidência poderá, a pedido do Procurador ou de um Procurador-Adjunto, escusá-lo de intervir num determinado caso.

7. O Procurador e os Procuradores-Adjuntos não poderão participar em qualquer processo em que, por qualquer motivo, a sua imparcialidade possa ser posta em causa. Serão recusados, em conformidade com o disposto no presente número, entre outras razões, se tiverem intervindo anteriormente, a qualquer título, num caso submetido ao Tribunal ou num procedimento crime conexo em nível nacional, que envolva a pessoa objeto de inquérito ou procedimento criminal.

8. As questões relativas à recusa do Procurador ou de um Procurador-Adjunto serão decididas pelo Juízo de Recursos.

a) A pessoa objeto de inquérito ou procedimento criminal poderá solicitar, a todo o momento, a recusa do Procurador ou de um Procurador-Adjunto, pelos motivos previstos no presente artigo;

b) O Procurador ou o Procurador-Adjunto, segundo o caso, poderão pronunciar-se sobre a questão.

9. O Procurador nomeará assessores jurídicos especializados em determinadas áreas incluindo, entre outras, as da violência sexual ou violência por motivos relacionados com a pertença a um determinado gênero e da violência contra as crianças.

Artigo 43
A Secretaria

1. A Secretaria será responsável pelos aspectos não judiciais da administração e do funcionamento do Tribunal, sem prejuízo das funções e atribuições do Procurador definidas no artigo 42.

2. A Secretaria será dirigida pelo Secretário, principal responsável administrativo do Tribunal. O Secretário exercerá as suas funções na dependência do Presidente do Tribunal.

3. O Secretário e o Secretário-Adjunto deverão ser pessoas de elevada idoneidade moral e possuir um elevado nível de competência e um excelente conhecimento e domínio de, pelo menos, uma das línguas de trabalho do Tribunal.

4. Os juízes elegerão o Secretário em escrutínio secreto, por maioria absoluta, tendo em consideração as recomendações da Assembleia dos Estados-Partes. Se necessário, elegerão um Secretário-Adjunto, por recomendação do Secretário e pela mesma forma.

5. O Secretário será eleito por um período de 5 (cinco) anos para exercer funções em regime de exclusividade e só poderá ser reeleito uma vez. O Secretário-Adjunto será eleito por um período de 5 (cinco) anos, ou por um período mais curto se assim o decidirem os juízes por deliberação tomada por maioria absoluta, e exercerá as suas funções de acordo com as exigências de serviço.

6. O Secretário criará, no âmbito da Secretaria, uma Unidade de Apoio às Vítimas e Testemunhas. Esta Unidade, em conjunto com o Gabinete do Procurador, adotará medidas de proteção e dispositivos de segurança e prestará assessoria e outro tipo de assistência às testemunhas e vítimas que compareçam perante o Tribunal e a outras pessoas ameaçadas em virtude do testemunho prestado por aquelas. A Unidade incluirá pessoal especializado para atender as vítimas de traumas, nomeadamente os relacionados com crimes de violência sexual.

Artigo 44
O pessoal

1. O Procurador e o Secretário nomearão o pessoal qualificado necessário aos respectivos serviços, nomeadamente, no caso do Procurador, o pessoal encarregado de efetuar diligências no âmbito do inquérito.

2. No tocante ao recrutamento de pessoal, o Procurador e o Secretário assegurarão os mais altos padrões de eficiência, competência e integridade, tendo em consideração, *mutatis mutandis,* os critérios estabelecidos no parágrafo 8 do artigo 36.

3. O Secretário, com o acordo da Presidência e do Procurador, proporá o Estatuto do Pessoal, que fixará as condições de nomeação, remuneração e cessação de funções do pessoal do Tribunal. O Estatuto do Pessoal será aprovado pela Assembleia dos Estados-Partes.

4. O Tribunal poderá, em circunstâncias excepcionais, recorrer aos serviços de pessoal colocado à sua disposição, a título gratuito, pelos Estados-Partes, organizações intergovernamentais e organizações não governamentais, com vista a colaborar com qualquer um dos órgãos do Tribunal. O Procurador poderá anuir a tal eventualidade em nome do Gabinete do Procurador. A utilização do pessoal disponibilizado a título gratuito ficará sujeita às diretivas estabelecidas pela Assembleia dos Estados-Partes.

Artigo 45
Compromisso solene

Antes de assumir as funções previstas no presente Estatuto, os juízes, o Procurador, os Procuradores-Adjuntos, o Secretário e o Secretário-Adjunto declararão solenemente, em sessão pública, que exercerão as suas funções imparcial e conscienciosamente.

Artigo 46
Cessação de funções

1. Um Juiz, o Procurador, um Procurador-Adjunto, o Secretário ou o Secretário-Adjunto cessará as respectivas funções, por decisão adotada de acordo com o disposto no parágrafo 2, nos casos em que:

a) Se conclua que a pessoa em causa incorreu em falta grave ou incumprimento grave das funções conferidas pelo presente Estatuto, de acordo com o previsto no Regulamento Processual; ou

b) A pessoa em causa se encontre impossibilitada de desempenhar as funções definidas no presente Estatuto.

2. A decisão relativa à cessação de funções de um juiz, do Procurador ou de um Procurador-Adjunto, de acordo com o parágrafo 1, será adotada pela Assembleia dos Estados-Partes em escrutínio secreto:

a) No caso de um juiz, por maioria de dois terços dos Estados-Partes, com base em recomendação adotada por maioria de dois terços dos restantes juízes;

b) No caso do Procurador, por maioria absoluta dos Estados-Partes;

c) No caso de um Procurador-Adjunto, por maioria absoluta dos Estados-Partes, com base na recomendação do Procurador.

3. A decisão relativa à cessação de funções do Secretário ou do Secretário-Adjunto será adotada por maioria absoluta de votos dos juízes.

4. Os juízes, o Procurador, os Procuradores-Adjuntos, o Secretário ou o Secretário-Adjunto, cuja conduta ou idoneidade para o exercício das funções inerentes ao cargo em conformidade com o presente Estatuto tiver sido contestada ao abrigo do presente artigo, terão plena possibilidade de apresentar e obter meios de prova e produzir alegações de acordo com o Regulamento Processual; não poderão, no entanto, participar, de qualquer outra forma, na apreciação do caso.

Artigo 47
Medidas disciplinares

Os juízes, o Procurador, os Procuradores-Adjuntos, o Secretário ou o Secretário-Adjunto que tiverem cometido uma falta menos grave que a prevista no parágrafo 1 do artigo 46 incorrerão em responsabilidade disciplinar nos termos do Regulamento Processual.

Artigo 48
Privilégios e imunidades

1. O Tribunal gozará, no território dos Estados-Partes, dos privilégios e imunidades que se mostrem necessários ao cumprimento das suas funções.

2. Os juízes, o Procurador, os Procuradores-Adjuntos e o Secretário gozarão, no exercício das suas funções ou em relação a estas, dos mesmos privilégios e imunidades reconhecidos aos chefes das missões diplomáticas, continuando a usufruir de absoluta imunidade judicial relativamente às suas declarações, orais ou escritas, e aos atos que pratiquem no desempenho de funções oficiais após o termo do respectivo mandato.

3. O Secretário-Adjunto, o pessoal do Gabinete do Procurador e o pessoal da Secretaria gozarão dos mesmos privilégios e imunidades e das facilidades necessárias ao cumprimento das respectivas funções, nos termos do acordo sobre os privilégios e imunidades do Tribunal.

4. Os advogados, peritos, testemunhas e outras pessoas, cuja presença seja requerida na sede do Tribunal, beneficiarão do tratamento que se mostre necessário ao funcionamento adequado deste, nos termos do acordo sobre os privilégios e imunidades do Tribunal.

5. Os privilégios e imunidades poderão ser levantados:

a) No caso de um juiz ou do Procurador, por decisão adotada por maioria absoluta dos juízes;

b) No caso do Secretário, pela Presidência;

c) No caso dos Procuradores-Adjuntos e do pessoal do Gabinete do Procurador, pelo Procurador;

d) No caso do Secretário-Adjunto e do pessoal da Secretaria, pelo Secretário.

Artigo 49
Vencimentos, subsídios e despesas

Os juízes, o Procurador, os Procuradores-Adjuntos, o Secretário e o Secretário-Adjunto auferirão os vencimentos e terão direito aos subsídios e ao reembolso de despesas que forem estabelecidos em Assembleia dos Estados-Partes. Estes vencimentos e subsídios não serão reduzidos no decurso do mandato.

Artigo 50
Línguas oficiais e línguas de trabalho

1. As línguas árabe, chinesa, espanhola, francesa, inglesa e russa serão as línguas oficiais do Tribunal. As sentenças proferidas pelo Tribunal, bem como outras decisões sobre questões fundamentais submetidas ao Tribunal, serão publicadas nas línguas oficiais. A Presidência, de acordo com os critérios definidos no Regulamento Processual, determinará quais as decisões que poderão ser consideradas como decisões sobre questões fundamentais, para os efeitos do presente parágrafo.

2. As línguas francesa e inglesa serão as línguas de trabalho do Tribunal. O Regulamento Processual definirá os casos em que outras línguas oficiais poderão ser usadas como línguas de trabalho.

3. A pedido de qualquer Parte ou qualquer Estado que tenha sido admitido a intervir num processo, o Tribunal autorizará o uso de uma língua que não seja a francesa ou a inglesa, sempre que considere que tal autorização se justifica.

Artigo 51
Regulamento processual

1. O Regulamento Processual entrará em vigor mediante a sua aprovação por uma maioria de dois terços dos votos dos membros da Assembleia dos Estados-Partes.

2. Poderão propor alterações ao Regulamento Processual:

a) Qualquer Estado-Parte;

b) Os juízes, por maioria absoluta; ou

c) O Procurador.

Estas alterações entrarão em vigor mediante a aprovação por uma maioria de dois terços dos votos dos membros da Assembleia dos Estados-Partes.

3. Após a aprovação do Regulamento Processual, em casos urgentes em que a situação concreta suscitada em Tribunal não se encontre prevista no Regulamento Processual, os juízes poderão, por maioria de dois terços, estabelecer normas provisórias a serem aplicadas até que a Assembleia dos Estados-Partes as aprove, altere ou rejeite na sessão ordinária ou extraordinária seguinte.

4. O Regulamento Processual, e respectivas alterações, bem como quaisquer normas provisórias, deverão estar em consonância com o presente Estatuto. As alterações ao Regulamento Processual, assim como as normas provisórias aprovadas em conformidade com o parágrafo 3, não serão aplicadas com caráter retroativo em detrimento de qualquer pessoa que seja objeto de inquérito ou de procedimento criminal, ou que tenha sido condenada.

5. Em caso de conflito entre as disposições do Estatuto e as do Regulamento Processual, o Estatuto prevalecerá.

Artigo 52
Regimento do Tribunal

1. De acordo com o presente Estatuto e com o Regulamento Processual, os juízes aprovarão, por maioria absoluta, o Regimento necessário ao normal funcionamento do Tribunal.

2. O Procurador e o Secretário serão consultados sobre a elaboração do Regimento ou sobre qualquer alteração que lhe seja introduzida.

3. O Regimento do Tribunal e qualquer alteração posterior entrarão em vigor mediante a sua aprovação, salvo decisão em contrário dos juízes. Imediatamente após a adoção, serão circulados pelos Estados-Partes para observações e continuarão em vigor se, dentro de 6 (seis) meses, não forem formuladas objeções pela maioria dos Estados-Partes.

CAPÍTULO V
INQUÉRITO E PROCEDIMENTO CRIMINAL

Artigo 53
Abertura do inquérito

1. O Procurador, após examinar a informação de que dispõe, abrirá um inquérito, a menos que considere que, nos termos do presente Estatuto, não existe fundamento razoável para proceder ao mesmo. Na sua decisão, o Procurador terá em conta se:

a) A informação de que dispõe constitui fundamento razoável para crer que foi, ou está sendo, cometido um crime da competência do Tribunal;

b) O caso é ou seria admissível nos termos do artigo 17; e

LEGISLAÇÃO INTERNACIONAL

c) Tendo em consideração a gravidade do crime e os interesses das vítimas, não existirão, contudo, razões substanciais para crer que o inquérito não serve os interesses da justiça.

Se decidir que não há motivo razoável para abrir um inquérito e se esta decisão se basear unicamente no disposto na alínea c, o Procurador informará o Juízo de Instrução.

2. Se, concluído o inquérito, o Procurador chegar à conclusão de que não há fundamento suficiente para proceder criminalmente, na medida em que:

a) Não existam elementos suficientes, de fato ou de direito, para requerer a emissão de um mandado de detenção ou notificação para comparência, de acordo com o artigo 58;

b) O caso seja inadmissível, de acordo com o artigo 17; ou

c) O procedimento não serviria o interesse da justiça, consideradas todas as circunstâncias, tais como a gravidade do crime, os interesses das vítimas e a idade ou o estado de saúde do presumível autor e o grau de participação no alegado crime, comunicará a sua decisão, devidamente fundamentada, ao Juízo de Instrução e ao Estado que lhe submeteu o caso, de acordo com o artigo 14, ou ao Conselho de Segurança, se se tratar de um caso previsto no parágrafo *b* do artigo 13.

3. a) A pedido do Estado que tiver submetido o caso, nos termos do artigo 14, ou do Conselho de Segurança, nos termos do parágrafo *b* do artigo 13, o Juízo de Instrução poderá examinar a decisão do Procurador de não proceder criminalmente em conformidade com os parágrafos 1 ou 2 e solicitar-lhe que reconsidere essa decisão;

b) Além disso, o Juízo de Instrução poderá, oficiosamente, examinar a decisão do Procurador de não proceder criminalmente, se essa decisão se basear unicamente no disposto no parágrafo 1, alínea *c*, e no parágrafo 2, alínea *c*. Nesse caso, a decisão do Procurador só produzirá efeitos se confirmada pelo Juízo de Instrução.

4. O Procurador poderá, a todo o momento, reconsiderar a sua decisão de abrir um inquérito ou proceder criminalmente, com base em novos fatos ou novas informações.

Artigo 54
Funções e poderes do Procurador em matéria de inquérito

1. O Procurador deverá:

a) A fim de estabelecer a verdade dos fatos, alargar o inquérito a todos os fatos e provas pertinentes para a determinação da responsabilidade criminal, em conformidade com o presente Estatuto e, para esse efeito, investigar, de igual modo, as circunstâncias que interessam quer à acusação, quer à defesa;

b) Adotar as medidas adequadas para assegurar a eficácia do inquérito e do procedimento criminal relativamente aos crimes da jurisdição do Tribunal e, na sua atuação, o Procurador terá em conta os interesses e a situação pessoal das vítimas e testemunhas, incluindo a idade, o gênero tal como definido no parágrafo 3 do artigo 7º, e o estado de saúde; terá igualmente em conta a natureza do crime, em particular quando envolva violência sexual, violência por motivos relacionados com a pertença a um determinado gênero e violência contra as crianças; e

c) Respeitar plenamente os direitos conferidos às pessoas pelo presente Estatuto.

2. O Procurador poderá realizar investigações no âmbito de um inquérito no território de um Estado:

a) De acordo com o disposto na Parte IX; ou

b) Mediante autorização do Juízo de Instrução, dada nos termos do parágrafo 3, alínea *d*, do artigo 57.

3. O Procurador poderá:

a) Reunir e examinar provas;

b) Convocar e interrogar pessoas objeto de inquérito e convocar e tomar o depoimento de vítimas e testemunhas;

c) Procurar obter a cooperação de qualquer Estado ou organização intergovernamental ou instrumento intergovernamental, de acordo com a respectiva competência e/ou mandato;

d) Celebrar acordos ou convênios compatíveis com o presente Estatuto, que se mostrem necessários para facilitar a cooperação de um Estado, de uma organização intergovernamental ou de uma pessoa;

e) Concordar em não divulgar, em qualquer fase do processo, documentos ou informação que tiver obtido, com a condição de preservar o seu caráter confidencial e com o objetivo único de obter novas provas, a menos que quem tiver facilitado a informação consinta na sua divulgação; e

f) Adotar ou requerer que se adotem as medidas necessárias para assegurar o caráter confidencial da informação, a proteção de pessoas ou a preservação da prova.

Artigo 55
Direitos das pessoas no decurso do inquérito

1. No decurso de um inquérito aberto nos termos do presente Estatuto:

a) Nenhuma pessoa poderá ser obrigada a depor contra si própria ou a declarar-se culpada;

▸ Art. 14, item 3, *g*, do Pacto Internacional sobre Direitos Civis e Políticos (1966).

b) Nenhuma pessoa poderá ser submetida a qualquer forma de coação, intimidação ou ameaça, tortura ou outras formas de penas ou tratamentos cruéis, desumanos ou degradantes; e

c) Qualquer pessoa que for interrogada numa língua que não compreenda ou não fale fluentemente, será assistida, gratuitamente, por um intérprete competente e disporá das traduções que são necessárias às exigências de equidade;

d) Nenhuma pessoa poderá ser presa ou detida arbitrariamente, nem ser privada da sua liberdade, salvo pelos motivos previstos no presente Estatuto e em conformidade com os procedimentos nele estabelecidos.

2. Sempre que existam motivos para crer que uma pessoa cometeu um crime da competência do Tribunal e que deve ser interrogada pelo Procurador ou pelas autoridades nacionais, em virtude de um pedido feito em conformidade com o disposto na Parte IX do presente Estatuto, essa pessoa será informada, antes do interrogatório, de que goza ainda dos seguintes direitos:

a) A ser informada antes de ser interrogada de que existem indícios de que cometeu um crime da competência do Tribunal;

b) A guardar silêncio, sem que tal seja tido em consideração para efeitos de determinação da sua culpa ou inocência;

c) A ser assistida por um advogado da sua escolha ou, se não o tiver, a solicitar que lhe seja designado um defensor dativo, em todas as situações em que o interesse da justiça assim o exija e sem qualquer encargo se não possuir meios suficientes para lhe pagar; e

d) A ser interrogada na presença do seu advogado, a menos que tenha renunciado voluntariamente ao direito de ser assistida por um advogado.

Artigo 56
Intervenção do juízo de instrução em caso de oportunidade única de proceder a um inquérito

1. a) Sempre que considere que um inquérito oferece uma oportunidade única de recolher depoimentos ou declarações de uma testemunha ou de examinar, reunir ou verificar provas, o Procurador comunicará esse fato ao Juízo de Instrução;

b) Nesse caso, o Juízo de Instrução, a pedido do Procurador, poderá adotar as medidas que entender necessárias para assegurar a eficácia e a integridade do processo e, em particular, para proteger os direitos de defesa;

c) Salvo decisão em contrário do Juízo de Instrução, o Procurador transmitirá a informação relevante à pessoa que tenha sido detida, ou que tenha comparecido na sequência de notificação emitida no âmbito do inquérito a que se refere a alínea *a*, para que possa ser ouvida sobre a matéria em causa.

2. As medidas a que se faz referência na alínea *b* do parágrafo 1 poderão consistir em:

a) Fazer recomendações ou proferir despachos sobre o procedimento a seguir;

b) Ordenar que seja lavrado o processo;

c) Nomear um perito;

d) Autorizar o advogado de defesa do detido, ou de quem tiver comparecido no Tribunal na sequência de notificação, a participar no processo ou, no caso dessa detenção ou comparecimento não se ter ainda verificado ou não tiver ainda sido designado advogado, a nomear outro defensor que se encarregará dos interesses da defesa e os representará;

e) Encarregar um dos seus membros ou, se necessário, outro juiz disponível da Seção de Instrução ou da Seção de Julgamento em Primeira Instância, de formular recomendações ou proferir despachos sobre o recolhimento e a preservação de meios de prova e a inquirição de pessoas;

f) Adotar todas as medidas necessárias para reunir ou preservar meios de prova.

3. a) Se o Procurador não tiver solicitado as medidas previstas no presente artigo, mas o Juízo de Instrução considerar que tais medidas serão necessárias para preservar meios de prova que lhe pareçam essenciais para a defesa no julgamento, o Juízo consultará o Procurador a fim de saber se

existem motivos poderosos para este não requerer as referidas medidas. Se, após consulta, o Juízo concluir que a omissão de requerimento de tais medidas é injustificada, poderá adotar essas medidas de ofício.

b) O Procurador poderá recorrer da decisão do Juízo de Instrução de ofício, nos termos do presente número. O recurso seguirá uma forma sumária.

4. A admissibilidade dos meios de prova preservados ou recolhidos para efeitos do processo ou o respectivo registro, em conformidade com o presente artigo, reger-se-ão, em julgamento, pelo disposto no artigo 69, e terão o valor que lhes for atribuído pelo Juízo de Julgamento em Primeira Instância.

Artigo 57

Funções e poderes do juízo de instrução

1. Salvo disposição em contrário contida no presente Estatuto, o Juízo de Instrução exercerá as suas funções em conformidade com o presente artigo.

2. *a)* Para os despachos do Juízo de Instrução proferidos ao abrigo dos artigos 15, 18, 19, 54, parágrafo 2, 61, parágrafo 7, e 72, deve concorrer maioria de votos dos juízes que o compõem;

b) Em todos os outros casos, um único juiz do Juízo de Instrução poderá exercer as funções definidas no presente Estatuto, salvo disposição em contrário contida no Regulamento Processual ou decisão em contrário do Juízo de Instrução tomada por maioria de votos.

3. Independentemente das outras funções conferidas pelo presente Estatuto, o Juízo de Instrução poderá:

a) A pedido do Procurador, proferir os despachos e emitir os mandados que se revelem necessários para um inquérito;

b) A pedido de qualquer pessoa que tenha sido detida ou tenha comparecido na sequência de notificação expedida nos termos do artigo 58, proferir despachos, incluindo medidas tais como as indicadas no artigo 56, ou procurar obter, nos termos do disposto na Parte IX, a cooperação necessária para auxiliar essa pessoa a preparar a sua defesa;

c) Sempre que necessário, assegurar a proteção e o respeito pela privacidade de vítimas e testemunhas, a preservação da prova, a proteção de pessoas detidas ou que tenham comparecido na sequência de notificação para comparecimento, assim como a proteção de informação que afete a segurança nacional;

d) Autorizar o Procurador a adotar medidas específicas no âmbito de um inquérito, no território de um Estado-Parte sem ter obtido a cooperação deste nos termos do disposto na Parte IX, caso o Juízo de Instrução determine que, tendo em consideração, na medida do possível, a posição do referido Estado, este último não está manifestamente em condições de satisfazer um pedido de cooperação face à incapacidade de todas as autoridades ou órgãos do seu sistema judiciário com competência para dar seguimento a um pedido de cooperação formulado nos termos do disposto na Parte IX.

e) Quando tiver emitido um mandado de detenção ou uma notificação para comparecimento nos termos do artigo 58, e levando em consideração o valor das provas e os direitos das partes em questão, em conformidade com o disposto no presente Estatuto e no Regulamento Processual, procurar obter a cooperação dos Estados, nos termos do parágrafo 1, alínea *k* do artigo 93, para adoção de medidas cautelares que visem à apreensão, em particular no interesse superior das vítimas.

Artigo 58

Mandado de detenção e notificação para comparecimento do juízo de instrução

1. A todo o momento após a abertura do inquérito, o Juízo de Instrução poderá, a pedido do Procurador, emitir um mandado de detenção contra uma pessoa se, após examinar o pedido e as provas ou outras informações submetidas pelo Procurador, considerar que:

a) Existem motivos suficientes para crer que essa pessoa cometeu um crime da competência do Tribunal; e

b) A detenção dessa pessoa se mostra necessária para:

i) Garantir o seu comparecimento em tribunal;

ii) Garantir que não obstruirá, nem porá em perigo, o inquérito ou a ação do Tribunal; ou

iii) Se for o caso, impedir que a pessoa continue a cometer esse crime ou um crime conexo que seja da competência do Tribunal e tenha a sua origem nas mesmas circunstâncias.

2. Do requerimento do Procurador deverão constar os seguintes elementos:

a) O nome da pessoa em causa e qualquer outro elemento útil de identificação;

b) A referência precisa do crime da competência do Tribunal que a pessoa tenha presumivelmente cometido;

c) Uma descrição sucinta dos fatos que alegadamente constituem o crime;

d) Um resumo das provas e de qualquer outra informação que constitua motivo suficiente para crer que a pessoa cometeu o crime; e

e) Os motivos pelos quais o Procurador considere necessário proceder à detenção daquela pessoa.

3. Do mandado de detenção deverão constar os seguintes elementos:

a) O nome da pessoa em causa e qualquer outro elemento útil de identificação;

b) A referência precisa do crime da competência do Tribunal que justifique o pedido de detenção; e

c) Uma descrição sucinta dos fatos que alegadamente constituem o crime.

4. O mandado de detenção manter-se-á válido até decisão em contrário do Tribunal.

5. Com base no mandado de detenção, o Tribunal poderá solicitar a prisão preventiva ou a detenção e entrega da pessoa em conformidade com o disposto na Parte IX do presente Estatuto.

6. O Procurador poderá solicitar ao Juízo de Instrução que altere o mandado de detenção no sentido de requalificar os crimes aí indicados ou de adicionar outros. O Juízo de Instrução alterará o mandado de detenção se considerar que existem motivos suficientes para crer que a pessoa cometeu quer os crimes na forma que se indica nessa requalificação, quer os novos crimes.

7. O Procurador poderá solicitar ao Juízo de Instrução que, em vez de um mandado de detenção, emita uma notificação para comparecimento. Se o Juízo considerar que existem motivos suficientes para crer que a pessoa cometeu o crime que lhe é imputado e que uma notificaçao para comparecimento será suficiente para garantir a sua presença efetiva em tribunal, emitirá uma notificação para que a pessoa compareça, com ou sem a imposição de medidas restritivas de liberdade (distintas da detenção) se previstas no direito interno. Da notificação para comparecimento deverão constar os seguintes elementos:

a) O nome da pessoa em causa e qualquer outro elemento útil de identificação;

b) A data de comparecimento;

c) A referência precisa ao crime da competência do Tribunal que a pessoa alegadamente tenha cometido; e

d) Uma descrição sucinta dos fatos que alegadamente constituem o crime.

Esta notificação será diretamente feita à pessoa em causa.

Artigo 59

Procedimento de detenção no Estado da detenção

1. O Estado-Parte que receber um pedido de prisão preventiva ou de detenção e entrega, adotará imediatamente as medidas necessárias para proceder à detenção, em conformidade com o respectivo direito interno e com o disposto na Parte IX.

2. O detido será imediatamente levado à presença da autoridade judiciária competente do Estado da detenção que determinará se, de acordo com a legislação desse Estado:

a) O mandado de detenção é aplicável à pessoa em causa;

b) A detenção foi executada de acordo com a lei;

c) Os direitos do detido foram respeitados,

3. O detido terá direito a solicitar à autoridade competente do Estado da detenção autorização para aguardar a sua entrega em liberdade.

4. Ao decidir sobre o pedido, a autoridade competente do Estado da detenção determinará se, em face da gravidade dos crimes imputados, se verificam circunstâncias urgentes e excepcionais que justifiquem a liberdade provisória e se existem as garantias necessárias para que o Estado de detenção possa cumprir a sua obrigação de entregar a pessoa ao Tribunal. Essa autoridade não terá competência para examinar se o mandado de detenção foi regularmente emitido, nos termos das alíneas *a* e *b* do parágrafo 1 do artigo 58.

5. O pedido de liberdade provisória será notificado ao Juízo de Instrução, o qual fará recomendações à autoridade competente do Estado da detenção. Antes de tomar uma decisão, a autoridade competente do Estado da detenção terá em conta essas recomendações, incluindo as relativas a medidas adequadas para impedir a fuga da pessoa.

6. Se a liberdade provisória for concedida, o Juízo de Instrução poderá solicitar informações periódicas sobre a situação de liberdade provisória.

7. Uma vez que o Estado da detenção tenha ordenado a entrega, o detido será colocado, o mais rapidamente possível, à disposição do Tribunal.

Artigo 60

Início da fase instrutória

1. Logo que uma pessoa seja entregue ao Tribunal ou nele compareça voluntariamente em cumprimento de uma notificação para comparecimento, o Juízo de Instrução deverá assegurar-se de que essa pessoa foi informada dos crimes que lhe são imputados e dos direitos que o presente Estatuto lhe confere, incluindo o direito de solicitar autorização para aguardar o julgamento em liberdade.

2. A pessoa objeto de um mandado de detenção poderá solicitar autorização para aguardar julgamento em liberdade. Se o Juízo de Instrução considerar verificadas as condições enunciadas no parágrafo 1 do artigo 58, a detenção será mantida. Caso contrário, a pessoa será posta em liberdade, com ou sem condições.

3. O Juízo de Instrução reexaminará periodicamente a sua decisão quanto à liberdade provisória ou à detenção, podendo fazê-lo a todo o momento, a pedido do Procurador ou do interessado. Ao tempo da revisão, o Juízo poderá modificar a sua decisão quanto à detenção, à liberdade provisória ou às condições desta, se considerar que a alteração das circunstâncias o justifica.

4. O Juízo de Instrução certificar-se-á de que a detenção não será prolongada por período não razoável devido a demora injustificada por parte do Procurador. Caso se produza a referida demora, o Tribunal considerará a possibilidade de por o interessado em liberdade, com ou sem condições.

5. Se necessário, o Juízo de Instrução poderá emitir um mandado de detenção para garantir o comparecimento de uma pessoa que tenha sido posta em liberdade.

Artigo 61

Apreciação da acusação antes do julgamento

1. Salvo o disposto no parágrafo 2, e em um prazo razoável após a entrega da pessoa ao Tribunal ou ao seu comparecimento voluntário perante este, o Juízo de Instrução realizará uma audiência para apreciar os fatos constantes da acusação com base nos quais o Procurador pretende requerer o julgamento. A audiência ocorrerá lugar na presença do Procurador e do acusado, assim como do defensor deste.

2. O Juízo de Instrução, de ofício ou a pedido do Procurador, poderá realizar a audiência na ausência do acusado, a fim de apreciar os fatos constantes da acusação com base nos quais o Procurador pretende requerer o julgamento, se o acusado:

a) Tiver renunciado ao seu direito a estar presente; ou

b) Tiver fugido ou não for possível encontrá-lo, tendo sido tomadas todas as medidas razoáveis para assegurar o seu comparecimento em Tribunal e para o informar dos fatos constantes da acusação e da realização de uma audiência para apreciação dos mesmos.

Neste caso, o acusado será representado por um defensor, se o Juízo de Instrução decidir que tal servirá os interesses da justiça.

3. Num prazo razoável antes da audiência, o acusado:

a) Receberá uma cópia do documento especificando os fatos constantes da acusação com base nos quais o Procurador pretende requerer o julgamento; e

b) Será informado das provas que o Procurador pretende apresentar em audiência.

O Juízo de Instrução poderá proferir despacho sobre a divulgação de informação para efeitos da audiência.

4. Antes da audiência, o Procurador poderá reabrir o inquérito e alterar ou retirar parte dos fatos constantes da acusação. O acusado será notificado de qualquer alteração ou retirada em tempo razoável, antes da realização da audiência. No caso de retirada de parte dos fatos constantes da acusação, o Procurador informará o Juízo de Instrução dos motivos da mesma.

5. Na audiência, o Procurador produzirá provas satisfatórias dos fatos constantes da acusação, nos quais baseou a sua convicção de que o acusado cometeu o crime que lhe é imputado. O Procurador poderá basear-se em provas documentais ou um resumo das provas, não sendo obrigado a chamar as testemunhas que irão depor no julgamento.

6. Na audiência, o acusado poderá:

a) Contestar as acusações;

b) Impugnar as provas apresentadas pelo Procurador; e

c) Apresentar provas.

7. Com base nos fatos apreciados durante a audiência, o Juízo de Instrução decidirá se existem provas suficientes de que o acusado cometeu os crimes que lhe são imputados. De acordo com essa decisão, o Juízo de Instrução:

a) Declarará procedente a acusação na parte relativamente à qual considerou terem sido reunidas provas suficientes e remeterá o acusado para o juízo de Julgamento em Primeira Instância, a fim de aí ser julgado pelos fatos confirmados;

b) Não declarará procedente a acusação na parte relativamente à qual considerou não terem sido reunidas provas suficientes;

c) Adiará a audiência e solicitará ao Procurador que considere a possibilidade de:

i) Apresentar novas provas ou efetuar novo inquérito relativamente a um determinado fato constante da acusação; ou

ii) Modificar parte da acusação, se as provas reunidas parecerem indicar que um crime distinto, da competência do Tribunal, foi cometido.

8. A declaração de não procedência relativamente a parte de uma acusação, proferida pelo Juízo de Instrução, não obstará a que o Procurador solicite novamente a sua apreciação, na condição de apresentar provas adicionais.

9. Tendo os fatos constantes da acusação sido declarados procedentes, e antes do início do julgamento, o Procurador poderá, mediante autorização do Juízo de Instrução e notificação prévia do acusado, alterar alguns fatos constantes da acusação. Se o Procurador pretender acrescentar novos fatos ou substituí-los por outros de natureza mais grave, deverá, nos termos do preserve artigo, requerer uma audiência para a respectiva apreciação. Após o início do julgamento, o Procurador poderá retirar a acusação, com autorização do Juízo de Instrução.

10. Qualquer mandado emitido deixará de ser válido relativamente aos fatos constantes da acusação que tenham sido declarados não procedentes pelo Juízo de Instrução ou que tenham sido retirados pelo Procurador.

11. Tendo a acusação sido declarada procedente nos termos do presente artigo, a Presidência designará um Juízo de Julgamento em Primeira Instância que, sob reserva do disposto no parágrafo 9 do presente artigo e no parágrafo 4 do artigo 64, se encarregará da fase seguinte do processo e poderá exercer as funções do Juízo de Instrução que se mostrem pertinentes e apropriadas nessa fase do processo.

CAPÍTULO VI
O JULGAMENTO

Artigo 62

Local do julgamento

Salvo decisão em contrário, o julgamento terá lugar na sede do Tribunal.

Artigo 63

Presença do acusado em julgamento

1. O acusado estará presente durante o julgamento.

2. Se o acusado, presente em tribunal, perturbar persistentemente a audiência, o Juízo de Julgamento em Primeira Instância poderá ordenar a sua remoção da sala e providenciar para que acompanhe o processo e dê instruções ao seu defensor a partir do exterior da mesma, utilizando, se necessário, meios técnicos de comunicação. Estas medidas só serão adotadas em circunstâncias excepcionais e pelo período estritamente necessário, após se terem esgotado outras possibilidades razoáveis.

Artigo 64

Funções e poderes do juízo de julgamento em primeira instância

1. As funções e poderes do Juízo de Julgamento em Primeira Instância, enunciadas no presente artigo, deverão ser exercidas em conformidade com o presente Estatuto e o Regulamento Processual.

2. O Juízo de Julgamento em Primeira Instância zelará para que o julgamento seja conduzido de maneira equitativa e célere, com total respeito dos direitos do acusado e tendo em devida conta a proteção das vítimas e testemunhas.

3. O Juízo de Julgamento em Primeira Instância a que seja submetido um caso nos termos do presente Estatuto:

a) Consultará as partes e adotará as medidas necessárias para que o processo se desenrole de maneira equitativa e célere;

b) Determinará qual a língua, ou quais as línguas, a utilizar no julgamento; e

c) Sob reserva de qualquer outra disposição pertinente do presente Estatuto, providenciará pela revelação de quaisquer documentos ou da informação que não tenha sido divulgada anteriormente, com suficiente antecedência relativamente ao início do julgamento, a fim de permitir a sua preparação adequada para o julgamento.

4. O Juízo de Julgamento em Primeira Instância poderá, se mostrar necessário para o seu funcionamento eficaz e imparcial, remeter questões preliminares ao Juízo de Instrução ou, se necessário, a um outro juiz disponível da Seção de Instrução.

5. Mediante notificação às partes, o Juízo de Julgamento em Primeira Instância poderá, conforme se lhe afigure mais adequado, ordenar que as acusações contra mais de um acusado sejam deduzidas conjunta ou separadamente.

6. No desempenho das suas funções, antes ou no decurso de um julgamento, o Juízo de Julgamento em Primeira Instância poderá, se necessário:

a) Exercer qualquer uma das funções do Juízo de Instrução consignadas no parágrafo 11 do artigo 61;

b) Ordenar a comparência e a audição de testemunhas e a apresentação de documentos e outras provas, obtendo para tal, se necessário, o auxílio de outros Estados, conforme previsto no presente Estatuto;

c) Adotar medidas para a proteção da informação confidencial;

d) Ordenar a apresentação de provas adicionais às reunidas antes do julgamento ou às apresentadas no decurso do julgamento pelas partes;

e) Adotar medidas para a proteção do acusado, testemunhas e vítimas; e

f) Decidir sobre qualquer outra questão pertinente.

7. A audiência de julgamento será pública. No entanto, o Juízo de Julgamento em Primeira Instância poderá decidir que determinadas diligências se efetuem à porta fechada, em conformidade com os objetivos enunciados no artigo 68 ou com vista a proteger informação de caráter confidencial ou restrita que venha a ser apresentada como prova.

8. a) No início da audiência de julgamento, o Juízo de Julgamento em Primeira Instância ordenará a leitura ao acusado, dos fatos constantes da acusação previamente confirmados pelo Juízo de Instrução. O Juízo de Julgamento em Primeira Instância deverá certificar-se de que o acusado compreende a natureza dos fatos que lhe são imputados e dar-lhe a oportunidade de os confessar, de acordo com o disposto no artigo 65, ou de se declarar inocente;

b) Durante o julgamento, o juiz presidente poderá dar instruções sobre a condução da audiência, nomeadamente para assegurar que esta se desenrole de maneira equitativa e imparcial. Salvo qualquer orientação do juiz presidente, as partes poderão apresentar provas em conformidade com as disposições do presente Estatuto.

9. O Juízo de Julgamento em Primeira Instância poderá, inclusive, de ofício ou a pedido de uma das partes, a saber:

a) Decidir sobre a admissibilidade ou pertinência das provas; e

b) Tomar todas as medidas necessárias para manter a ordem na audiência.

10. O Juízo de Julgamento em Primeira Instância providenciará para que o Secretário proceda a um registro completo da audiência de julgamento onde sejam fielmente relatadas todas as diligências efetuadas, registro que deverá manter e preservar.

Artigo 65
Procedimento em caso de confissão

1. Se o acusado confessar nos termos do parágrafo 8, alínea *a*, do artigo 64, o Juízo de Julgamento em Primeira Instância apurará:

a) Se o acusado compreende a natureza e as consequências da sua confissão;

b) Se essa confissão foi feita livremente, após devida consulta ao seu advogado de defesa; e

c) Se a confissão é corroborada pelos fatos que resultam:

i) Da acusação deduzida pelo Procurador e aceita pelo acusado;

ii) De quaisquer meios de prova que confirmam os fatos constantes da acusação deduzida pelo Procurador e aceita pelo acusado; e

iii) De quaisquer outros meios de prova, tais como depoimentos de testemunhas, apresentados pelo Procurador ou pelo acusado.

2. Se o Juízo de Julgamento em Primeira Instância estimar que estão reunidas as condições referidas no parágrafo 1, considerará que a confissão, juntamente com quaisquer provas adicionais produzidas, constitui um reconhecimento de todos os elementos essenciais constitutivos do crime pelo qual o acusado se declarou culpado e poderá condená-lo por esse crime.

3. Se o Juízo de Julgamento em Primeira Instância estimar que não estão reunidas as condições referidas no parágrafo 1, considerará a confissão como não tendo tido lugar e, nesse caso, ordenará que o julgamento prossiga de acordo com o procedimento comum estipulado no presente Estatuto, podendo transmitir o processo a outro Juízo de Julgamento em Primeira Instância.

4. Se o Juízo de Julgamento em Primeira Instância considerar necessária, no interesse da justiça, e em particular no interesse das vítimas, uma explanação mais detalhada dos fatos integrantes do caso, poderá:

a) Solicitar ao Procurador que apresente provas adicionais, incluindo depoimentos de testemunhas; ou

b) Ordenar que o processo prossiga de acordo com o procedimento comum estipulado no presente Estatuto, caso em que considerará a confissão como não tendo tido lugar e poderá transmitir o processo a outro Juízo de Julgamento em Primeira Instância.

5. Quaisquer consultas entre o Procurador e a defesa, no que diz respeito à alteração dos fatos constantes da acusação, à confissão ou à pena a ser imposta, não vincularão o Tribunal.

Artigo 66
Presunção de inocência

1. Toda a pessoa se presume inocente até prova da sua culpa perante o Tribunal, de acordo com o direito aplicável.

2. Incumbe ao Procurador o ônus da prova da culpa do acusado.

3. Para proferir sentença condenatória, o Tribunal deve estar convencido de que o acusado é culpado, além de qualquer dúvida razoável.

▸ Art. 14, item 7, do Pacto Internacional sobre Direitos Civis e Políticos (1966).

Artigo 67
Direitos do acusado

1. Durante a apreciação de quaisquer fatos constantes da acusação, o acusado tem direito a ser ouvido em audiência pública, levando em conta o disposto no presente Estatuto, a uma audiência conduzida de forma equitativa e imparcial e às seguintes garantias mínimas, em situação de plena igualdade:

a) A ser informado, sem demora e de forma detalhada, numa língua que compreenda e fale fluentemente, da natureza, motivo e conteúdo dos fatos que lhe são imputados;

b) A dispor de tempo e de meios adequados para a preparação da sua defesa e a comunicar-se livre e confidencialmente com um defensor da sua escolha;

c) A ser julgado sem atrasos indevidos;

d) Salvo o disposto no parágrafo 2 do artigo 63, o acusado terá direito a estar presente na audiência de julgamento e a defender-se a si próprio ou a ser assistido por um defensor da sua escolha; se não o tiver, a ser informado do direito de o tribunal lhe nomear um defensor sempre que o interesse da justiça o exija, sendo tal assistência gratuita se o acusado carecer de meios suficientes para remunerar o defensor assim nomeado;

e) A inquirir ou a fazer inquirir as testemunhas de acusação e a obter o comparecimento das testemunhas de defesa e a inquirição destas nas mesmas condições que as testemunhas de acusação. O acusado terá também direito a apresentar defesa e a oferecer qualquer outra prova admissível, de acordo com o presente Estatuto;

f) A ser assistido gratuitamente por um intérprete competente e a serem-lhe facultadas as traduções necessárias que a equidade exija, se não compreender perfeitamente ou não falar a língua utilizada em qualquer ato processual ou documento produzido em tribunal;

g) A não ser obrigado a depor contra si próprio, nem a declarar-se culpado, e a guardar silêncio, sem que este seja levado em conta na determinação da sua culpa ou inocência;

h) A prestar declarações não ajuramentadas, oralmente ou por escrito, em sua defesa; e

i) A que não lhe seja imposta quer a inversão do ônus da prova, quer a impugnação.

2. Além de qualquer outra revelação de informação prevista no presente Estatuto, o Procurador comunicará à defesa, logo que possível, as provas que tenha em seu poder ou sob o seu controle e que, no seu entender, revelem ou tendam a revelar a inocência do acusado, ou a atenuar a sua culpa, ou que possam afetar a credibilidade das provas de acusação. Em caso de dúvida relativamente à aplicação do presente número, cabe ao Tribunal decidir.

▸ Art. 14, item 3, do Pacto Internacional sobre Direitos Civis e Políticos (1966).

Artigo 68
Proteção das vítimas e das testemunhas e sua participação no processo

1. O Tribunal adotará as medidas adequadas para garantir a segurança, o bem-estar físico e psicológico, a dignidade e a vida privada das vítimas e testemunhas. Para tal, o Tribunal levará em conta todos os fatores pertinentes, incluindo a idade, o gênero tal como definido no parágrafo 3 do artigo 7º, e o estado de saúde, assim como a natureza do crime, em particular, mas não apenas quando este envolva elementos de agressão sexual, de violência relacionada com a pertença a um determinado gênero ou de violência contra crianças. O Procurador adotará estas medidas, nomeadamente du-

rante o inquérito e o procedimento criminal. Tais medidas não poderão prejudicar nem ser incompatíveis com os direitos do acusado ou com a realização de um julgamento equitativo e imparcial.

2. Enquanto excepção ao princípio do caráter público das audiências estabelecido no artigo 67, qualquer um dos Juízos que compõem o Tribunal poderá, a fim de proteger as vítimas e as testemunhas ou o acusado, decretar que um ato processual se realize, no todo ou em parte, à porta fechada ou permitir a produção de prova por meios eletrônicos ou outros meios especiais. Estas medidas aplicar-se-ão, nomeadamente, no caso de uma vítima de violência sexual ou de um menor que seja vítima ou testemunha, salvo decisão em contrário adotada pelo Tribunal, ponderadas todas as circunstâncias, particularmente a opinião da vítima ou da testemunha.

3. Se os interesses pessoais das vítimas forem afetados, o Tribunal permitir-lhes-á que expressem as suas opiniões e preocupações em fase processual que entenda apropriada e por forma a não prejudicar os direitos do acusado nem a ser incompatível com estes ou com a realização de um julgamento equitativo e imparcial. Os representantes legais das vítimas poderão apresentar as referidas opiniões e preocupações quando o Tribunal o considerar oportuno e em conformidade com o Regulamento Processual.

4. A Unidade de Apoio às Vítimas e Testemunhas poderá aconselhar o Procurador e o Tribunal relativamente a medidas adequadas de proteção, mecanismos de segurança, assessoria e assistência a que se faz referência no parágrafo 6 do artigo 43.

5. Quando a divulgação de provas ou de informação, de acordo com o presente Estatuto, representar um grave perigo para a segurança de uma testemunha ou da sua família, o Procurador poderá, para efeitos de qualquer diligência anterior ao julgamento, não apresentar as referidas provas ou informação, mas antes um resumo das mesmas. As medidas desta natureza deverão ser postas em prática de uma forma que não seja prejudicial aos direitos do acusado ou incompatível com estes e com a realização de um julgamento equitativo e imparcial.

6. Qualquer Estado poderá solicitar que sejam tomadas as medidas necessárias para assegurar a proteção dos seus funcionários ou agentes, bem como a proteção de toda a informação de caráter confidencial ou restrito.

Artigo 69
Prova

1. Em conformidade com o Regulamento Processual e antes de depor, qualquer testemunha se comprometerá a fazer o seu depoimento com verdade.

2. A prova testemunhal deverá ser prestada pela própria pessoa no decurso do julgamento, salvo quando se apliquem as medidas estabelecidas no artigo 68 ou no Regulamento Processual. De igual modo, o Tribunal poderá permitir que uma testemunha preste declarações oralmente ou por meio de gravação em vídeo ou áudio, ou que sejam apresentados documentos ou transcrições escritas, nos termos do presente Estatuto e de acordo com o Regulamento Processual. Estas medidas não poderão prejudicar os direitos do acusado, nem ser incompatíveis com eles.

3. As partes poderão apresentar provas que interessem ao caso, nos termos do artigo 64. O Tribunal será competente para solicitar de ofício a produção de todas as provas que entender necessárias para determinar a veracidade dos fatos.

4. O Tribunal poderá decidir sobre a relevância ou admissibilidade de qualquer prova, tendo em conta, entre outras coisas, o seu valor probatório e qualquer prejuízo que possa acarretar para a realização de um julgamento equitativo ou para a avaliação equitativa dos depoimentos de uma testemunha, em conformidade com o Regulamento Processual.

5. O Tribunal respeitará e atenderá aos privilégios de confidencialidade estabelecidos no Regulamento Processual.

6. O Tribunal não exigirá prova dos fatos do domínio público, mas poderá fazê-los constar dos autos.

7. Não serão admissíveis as provas obtidas com violação do presente Estatuto ou das normas de direitos humanos internacionalmente reconhecidas quando:

a) Essa violação suscite sérias dúvidas sobre a fiabilidade das provas; ou

b) A sua admissão atente contra a integridade do processo ou resulte em grave prejuízo deste.

8. O Tribunal, ao decidir sobre a relevância ou admissibilidade das provas apresentadas por um Estado, não poderá pronunciar-se sobre a aplicação do direito interno desse Estado.

Artigo 70
Infrações contra a administração da justiça

1. O Tribunal terá competência para conhecer das seguintes infrações contra a sua administração da justiça, quando cometidas intencionalmente:

a) Prestação de falso testemunho, quando há a obrigação de dizer a verdade, de acordo com o parágrafo 1 do artigo 69;

b) Apresentação de provas, tendo a parte conhecimento de que são falsas ou que foram falsificadas;

c) Suborno de uma testemunha, impedimento ou interferência no seu comparecimento ou depoimento, represálias contra uma testemunha por esta ter prestado depoimento, destruição ou alteração de provas ou interferência nas diligências de obtenção de prova;

d) Entrave, intimidação ou corrupção de um funcionário do Tribunal, com a finalidade de o obrigar ou o induzir a não cumprir as suas funções ou a fazê-lo de maneira indevida;

e) Represálias contra um funcionário do Tribunal, em virtude das funções que ele ou outro funcionário tenham desempenhado; e

f) Solicitação ou aceitação de suborno na qualidade de funcionário do Tribunal, e em relação com o desempenho das respectivas funções oficiais.

2. O Regulamento Processual estabelecerá os princípios e procedimentos que regularão o exercício da competência do Tribunal relativamente às infrações a que se faz referência no presente artigo. As condições de cooperação internacional com o Tribunal, relativamente ao procedimento que adote de acordo com o presente artigo, reger-se-ão pelo direito interno do Estado requerido.

3. Em caso de decisão condenatória, o Tribunal poderá impor uma pena de prisão não superior a 5 (cinco) anos, ou de multa, de acordo com o Regulamento Processual, ou ambas.

4. *a)* Cada Estado-Parte tornará extensivas as normas penais de direito interno que punem as infrações contra a realização da justiça às infrações contra a administração da justiça a que se faz referência no presente artigo, e que sejam cometidas no seu território ou por um dos seus nacionais;

b) A pedido do Tribunal, qualquer Estado-Parte submeterá, sempre que o entender necessário, o caso à apreciação das suas autoridades competentes para fins de procedimento criminal. Essas autoridades conhecerão do caso com diligência e acionarão os meios necessários para a sua eficaz condução.

Artigo 71
Sanções por desrespeito ao tribunal

1. Em caso de atitudes de desrespeito ao Tribunal, tal como perturbar a audiência ou recusar-se deliberadamente a cumprir as suas instruções, o Tribunal poderá impor sanções administrativas que não impliquem privação de liberdade, como, por exemplo, a expulsão temporária ou permanente da sala de audiências, a multa ou outra medida similar prevista no Regulamento Processual.

2. O processo de imposição das medidas a que se refere o número anterior reger-se-á pelo Regulamento Processual.

Artigo 72
Proteção de informação relativa à segurança nacional

1. O presente artigo aplicar-se-á a todos os casos em que a divulgação de informação ou de documentos de um Estado possa, no entender deste, afetar os interesses da sua segurança nacional. Tais casos incluem os abrangidos pelas disposições constantes dos parágrafos 2 e 3 do artigo 56, parágrafo 3 do artigo 61, parágrafo 3 do artigo 64, parágrafo 2 do artigo 67, parágrafo 6 do artigo 68, parágrafo 6 do artigo 87 e do artigo 93, assim como os que se apresentem em qualquer outra fase do processo em que uma tal divulgação possa estar em causa.

2. O presente artigo aplicar-se-á igualmente aos casos em que uma pessoa a quem tenha sido solicitada a prestação de informação ou provas, se tenha recusado a apresentá-las ou tenha entregue a questão ao Estado, invocando que tal divulgação afetaria os interesses da segurança nacional do Estado, e o Estado em causa confirme que, no seu entender, essa divulgação afetaria os interesses da sua segurança nacional.

3. Nada no presente artigo afetará os requisitos de confidencialidade a que se referem as alíneas e e *f* do parágrafo 3 do artigo 54, nem a aplicação do artigo 73.

4. Se um Estado tiver conhecimento de que informações ou documentos do Estado estão a ser, ou poderão vir a ser, divulgados em qualquer fase do processo, e considerar que essa divulgação afetaria os seus interesses de segurança nacional, tal Estado terá o direito

de intervir com vista a ver alcançada a resolução desta questão em conformidade com o presente artigo.

5. O Estado que considere que a divulgação de determinada informação poderá afetar os seus interesses de segurança nacional adotará, em conjunto com o Procurador, a defesa, o Juízo de Instrução ou o Juízo de Julgamento em Primeira Instância, conforme o caso, todas as medidas razoavelmente possíveis para encontrar uma solução através da concertação. Estas medidas poderão incluir:

a) A alteração ou o esclarecimento dos motivos do pedido;

b) Uma decisão do Tribunal relativa à relevância das informações ou dos elementos de prova solicitados, ou uma decisão sobre se as provas, ainda que relevantes, não poderiam ser ou ter sido obtidas junto de fonte distinta do Estado requerido;

c) A obtenção da informação ou de provas de fonte distinta ou em uma forma diferente; ou

d) Um acordo sobre as condições em que a assistência poderá ser prestada, incluindo, entre outras, a disponibilização de resumos ou exposições, restrições à divulgação, recurso ao procedimento à porta fechada ou à revelia de uma das partes, ou aplicação de outras medidas de proteção permitidas pelo Estatuto ou pelas Regulamento Processual.

6. Realizadas todas as diligências razoavelmente possíveis com vista a resolver a questão por meio de concertação, e se o Estado considerar não haver meios nem condições para que as informações ou os documentos possam ser fornecidos ou revelados sem prejuízo dos seus interesses de segurança nacional, notificará o Procurador ou o Tribunal nesse sentido, indicando as razões precisas que fundamentaram a sua decisão, a menos que a descrição específica dessas razões prejudique, necessariamente, os interesses de segurança nacional do Estado.

7. Posteriormente, se decidir que a prova é relevante e necessária para a determinação da culpa ou inocência do acusado, o Tribunal poderá adotar as seguintes medidas:

a) Quando a divulgação da informação ou do documento for solicitada no âmbito de um pedido de cooperação, nos termos da Parte IX do presente Estatuto ou nas circunstâncias a que se refere o parágrafo 2 do presente artigo, e o Estado invocar o motivo de recusa estatuído no parágrafo 4 do artigo 93:

i) O Tribunal poderá, antes de chegar a qualquer uma das conclusões a que se refere o ponto (ii) da alínea a do parágrafo 7, solicitar consultas suplementares com o fim de ouvir o Estado, incluindo, se for caso disso, a sua realização à porta fechada ou à revelia de uma das partes;

ii) Se o Tribunal concluir que, ao invocar o motivo de recusa estatuído no parágrafo 4 do artigo 93, dadas as circunstâncias do caso, o Estado requerido não está a atuar de harmonia com as obrigações impostas pelo presente Estatuto, poderá remeter a questão nos termos do parágrafo 7 do artigo 87, especificando as razões da sua conclusão; e

iii) O Tribunal poderá tirar as conclusões, que entender apropriadas, em razão das circunstâncias, ao julgar o acusado, quanto à existência ou inexistência de um fato; ou

b) Em todas as restantes circunstâncias:

i) Ordenar a revelação; ou

ii) Se não ordenar a revelação, inferir, no julgamento do acusado, quanto à existência ou inexistência de um fato, conforme se mostrar apropriado.

Artigo 73
Informação ou documentos disponibilizados por terceiros

Se um Estado-Parte receber um pedido do Tribunal para que lhe forneça uma informação ou um documento que esteja sob sua custódia, posse ou controle, e que lhe tenha sido comunicado a título confidencial por um Estado, uma organização intergovernamental ou uma organização internacional, tal Estado-Parte deverá obter o consentimento do seu autor para a divulgação dessa informação ou documento. Se o autor for um Estado-Parte, este poderá consentir em divulgar a referida informação ou documento ou comprometer-se a resolver a questão com o Tribunal, salvaguardando-se o disposto no artigo 72. Se o autor não for um Estado-Parte e não consentir em divulgar a informação ou o documento, o Estado requerido comunicará ao Tribunal que não lhe será possível fornecer a informação ou o documento em causa, devido à obrigação previamente assumida com o respectivo autor de preservar o seu caráter confidencial.

Artigo 74
Requisitos para a decisão

1. Todos os juízes do Juízo de Julgamento em Primeira Instância estarão presentes em cada uma das fases do julgamento e nas deliberações. A Presidência poderá designar, conforme o caso, um ou vários juízes substitutos, em função das disponibilidades, para estarem presentes em todas as fases do julgamento, bem como para substituírem qualquer membro do Juízo de Julgamento em Primeira Instância que se encontre impossibilitado de continuar a participar no julgamento.

2. O Juízo de Julgamento em Primeira Instância fundamentará a sua decisão com base na apreciação das provas e do processo no seu conjunto. A decisão não exorbitará dos fatos e circunstâncias descritos na acusação ou nas alterações que lhe tenham sido feitas. O Tribunal fundamentará a sua decisão exclusivamente nas provas produzidas ou examinadas em audiência de julgamento.

3. Os juízes procurarão tomar uma decisão por unanimidade e, não sendo possível, por maioria.

4. As deliberações do Juízo de Julgamento em Primeira Instância serão e permanecerão secretas.

5. A decisão será proferida por escrito e conterá uma exposição completa e fundamentada da apreciação das provas e as conclusões do Juízo de Julgamento em Primeira Instância. Será proferida uma só decisão pelo Juízo de Julgamento em Primeira Instância. Se não houver unanimidade, a decisão do Juízo de Julgamento em Primeira Instância conterá as opiniões tanto da maioria como da minoria dos juízes. A leitura da decisão ou de uma sua súmula far-se-á em audiência pública.

Artigo 75
Reparação em favor das vítimas

1. O Tribunal estabelecerá princípios aplicáveis às formas de reparação, tais como a restituição, a indenização ou a reabilitação, que hajam de ser atribuídas às vítimas ou aos titulares desse direito. Nesta base, o Tribunal poderá, de ofício ou por requerimento, em circunstâncias excepcionais, determinar a extensão e o nível dos danos, da perda ou do prejuízo causados às vítimas ou aos titulares do direito à reparação, com a indicação dos princípios nos quais fundamentou a sua decisão.

2. O Tribunal poderá lavrar despacho contra a pessoa condenada, no qual determinará a reparação adequada a ser atribuída às vítimas ou aos titulares de tal direito. Esta reparação poderá, nomeadamente, assumir a forma de restituição, indenização ou reabilitação. Se for caso disso, o Tribunal poderá ordenar que a indenização atribuída a título de reparação seja paga por intermédio do Fundo previsto no artigo 79.

3. Antes de lavrar qualquer despacho ao abrigo do presente artigo, o Tribunal poderá solicitar e levar em consideração as pretensões formuladas pela pessoa condenada, pelas vítimas, por outras pessoas interessadas ou por outros Estados interessados, bem como as observações formuladas em nome dessas pessoas ou desses Estados.

4. Ao exercer os poderes conferidos pelo presente artigo, o Tribunal poderá, após a condenação por crime que seja da sua competência, determinar se, para fins de aplicação dos despachos que lavrar ao abrigo do presente artigo, será necessário tomar quaisquer medidas em conformidade com o parágrafo 1 do artigo 93.

5. Os Estados-Partes observarão as decisões proferidas nos termos deste artigo como se as disposições do artigo 109 se aplicassem ao presente artigo.

6. Nada no presente artigo será interpretado como prejudicando os direitos reconhecidos às vítimas pelo direito interno ou internacional.

Artigo 76
Aplicação da pena

1. Em caso de condenação, o Juízo de Julgamento em Primeira Instância determinará a pena a aplicar tendo em conta os elementos de prova e as exposições relevantes produzidos no decurso do julgamento.

2. Salvo nos casos em que seja aplicado o artigo 65 e antes de concluído o julgamento, o Juízo de Julgamento em Primeira Instância poderá, oficiosamente, e deverá, a requerimento do Procurador ou do acusado, convocar uma audiência suplementar, a fim de conhecer de quaisquer novos elementos de prova ou exposições relevantes para a determinação da pena, de harmonia com o Regulamento Processual.

3. Sempre que o parágrafo 2 for aplicável, as pretensões previstas no artigo 75 serão ouvidas pelo Juízo de Julgamento em Primeira Instância no decorrer da audiência suplementar referida no parágrafo 2 e, se necessário, no decorrer de qualquer nova audiência.

4. A sentença será proferida em audiência pública e, sempre que possível, na presença do acusado.

CAPÍTULO VII

AS PENAS

Artigo 77

Penas aplicáveis

1. Sem prejuízo do disposto no artigo 110, o Tribunal pode impor à pessoa condenada por um dos crimes previstos no artigo 5º do presente Estatuto uma das seguintes penas:

a) Pena de prisão por um número determinado de anos, até ao limite máximo de 30 (trinta) anos; ou

b) Pena de prisão perpétua, se o elevado grau de ilicitude do fato e as condições pessoais do condenado o justificarem.

2. Além da pena de prisão, o Tribunal poderá aplicar:

a) Uma multa, de acordo com os critérios previstos no Regulamento Processual;

b) A perda de produtos, bens e haveres provenientes, direta ou indiretamente, do crime, sem prejuízo dos direitos de terceiros que tenham agido de boa-fé.

Artigo 78

Determinação da pena

1. Na determinação da pena, o Tribunal atenderá, em harmonia com o Regulamento Processual, a fatores tais como a gravidade do crime e as condições pessoais do condenado.

2. O Tribunal descontará, na pena de prisão que vier a aplicar, o período durante o qual o acusado esteve sob detenção por ordem daquele. O Tribunal poderá ainda descontar qualquer outro período de detenção que tenha sido cumprido em razão de uma conduta constitutiva do crime.

3. Se uma pessoa for condenada pela prática de vários crimes, o Tribunal aplicará penas de prisão parcelares relativamente a cada um dos crimes e uma pena única, na qual será especificada a duração total da pena de prisão. Esta duração não poderá ser inferior à da pena parcelar mais elevada e não poderá ser superior a 30 (trinta) anos de prisão ou ir além da pena de prisão perpétua prevista no artigo 77, parágrafo 1, alínea *b*.

Artigo 79

Fundo em favor das vítimas

1. Por decisão da Assembleia dos Estados-Partes, será criado um Fundo a favor das vítimas de crimes da competência do Tribunal, bem como das respectivas famílias.

2. O Tribunal poderá ordenar que o produto das multas e quaisquer outros bens declarados perdidos revertam para o Fundo.

3. O Fundo será gerido em harmonia com os critérios a serem adotados pela Assembleia dos Estados-Partes.

Artigo 80

Não interferência no regime de aplicação de penas nacionais e nos direitos internos

Nada no presente Capítulo prejudicará a aplicação, pelos Estados, das penas previstas nos respectivos direitos internos, ou a aplicação da legislação de Estados que não preveja as penas referidas neste Capítulo.

CAPÍTULO VIII

RECURSO E REVISÃO

Artigo 81

Recurso da sentença condenatória ou absolutória ou da pena

1. A sentença proferida nos termos do artigo 74 é recorrível em conformidade com o disposto no Regulamento Processual nos seguintes termos:

a) O Procurador poderá interpor recurso com base num dos seguintes fundamentos:

i) Vício processual;

ii) Erro de fato; ou

iii) Erro de direito;

b) O condenado ou o Procurador, no interesse daquele; poderá interpor recurso com base num dos seguintes fundamentos:

i) Vício processual;

ii) Erro de fato;

iii) Erro de direito; ou

iv) Qualquer outro motivo suscetível de afetar a equidade ou a regularidade do processo ou da sentença.

2. a) O Procurador ou o condenado poderá, em conformidade com o Regulamento Processual, interpor recurso da pena decretada invocando desproporção entre esta e o crime;

b) Se, ao conhecer de recurso interposto da pena decretada, o Tribunal considerar que há fundamentos suscetíveis de justificar a anulação, no todo ou em parte, da sentença condenatória, poderá convidar o Procurador e o condenado a motivarem a sua posição nos termos da alínea *a* ou *b* do parágrafo 1 do artigo 81, após o que poderá pronunciar-se sobre a sentença condenatória nos termos do artigo 83;

c) O mesmo procedimento será aplicado sempre que o Tribunal, ao conhecer de recurso interposto unicamente da sentença condenatória, considerar haver fundamentos comprovativos de uma redução da pena nos termos da alínea *a* do parágrafo 2.

3. a) Salvo decisão em contrário do Juízo de Julgamento em Primeira Instância, o condenado permanecerá sob prisão preventiva durante a tramitação do recurso;

b) Se o período de prisão preventiva ultrapassar a duração da pena decretada, o condenado será posto em liberdade; todavia, se o Procurador também interpuser recurso, a libertação ficará sujeita às condições enunciadas na alínea *c* infra;

c) Em caso de absolvição, o acusado será imediatamente posto em liberdade, sem prejuízo das seguintes condições:

i) Em circunstâncias excepcionais e tendo em conta, nomeadamente, o risco de fuga, a gravidade da infração e as probabilidades de o recurso ser julgado procedente, o Juízo de Julgamento em Primeira Instância poderá, a requerimento do Procurador, ordenar que o acusado seja mantido em regime de prisão preventiva durante a tramitação do recurso;

ii) A decisão proferida pelo juízo de julgamento em primeira instância nos termos da subalínea (i), será recorrível em harmonia com as Regulamento Processual.

4. Sem prejuízo do disposto nas alíneas *a* e *b* do parágrafo 3, a execução da sentença condenatória ou da pena ficará suspensa pelo período fixado para a interposição do recurso, bem como durante a fase de tramitação do recurso.

Artigo 82

Recurso de outras decisões

1. Em conformidade com o Regulamento Processual, qualquer uma das Partes poderá recorrer das seguintes decisões:

a) Decisão sobre a competência ou a admissibilidade do caso;

b) Decisão que autorize ou recuse a libertação da pessoa objeto de inquérito ou de procedimento criminal;

c) Decisão do Juízo de Instrução de agir por iniciativa própria, nos termos do parágrafo 3 do artigo 56;

d) Decisão relativa a uma questão suscetível de afetar significativamente a tramitação equitativa e célere do processo ou o resultado do julgamento, e cuja resolução imediata pelo Juízo de Recursos poderia, no entender do Juízo de Instrução ou do Juízo de Julgamento em Primeira Instância, acelerar a marcha do processo.

2. Quer o Estado interessado quer o Procurador poderão recorrer da decisão proferida pelo Juízo de Instrução, mediante autorização deste, nos termos do artigo 57, parágrafo 3, alínea *d*. Este recurso adotará uma forma sumária.

3. O recurso só terá efeito suspensivo se o Juízo de Recursos assim o ordenar, mediante requerimento, em conformidade com o Regulamento Processual.

4. O representante legal das vítimas, o condenado ou o proprietário de boa fé de bens que hajam sido afetados por um despacho proferido ao abrigo do artigo 75 poderá recorrer de tal despacho, em conformidade com o Regulamento Processual.

Artigo 83

Processo sujeito a recurso

1. Para os fins do procedimento referido no artigo 81 e no presente artigo, o Juízo de Recursos terá todos os poderes conferidos ao Juízo de Julgamento em Primeira Instância.

2. Se o Juízo de Recursos concluir que o processo sujeito a recurso padece de vícios tais que afetem a regularidade da decisão ou da sentença, ou que a decisão ou a sentença recorridas estão materialmente afetadas por erros de fato ou de direito, ou vício processual, ela poderá:

a) Anular ou modificar a decisão ou a pena; ou

b) Ordenar um novo julgamento perante um outro Juízo de Julgamento em Primeira Instância.

Para os fins mencionados, poderá o Juízo de Recursos reenviar uma questão de fato para o Juízo de Julgamento em Primeira Instância à qual foi submetida originariamente, a fim de que esta decida a questão e lhe apresente um relatório, ou pedir, ela própria, elementos de prova para decidir. Tendo o recurso da decisão ou da pena sido interposto somente pelo condenado, ou pelo Procurador no interesse daquele, não poderão aquelas ser modificadas em prejuízo do condenado.

3. Se, ao conhecer, do recurso de uma pena, o Juízo de Recursos considerar que a pena é desproporcionada relativamente ao crime, poderá modificá-la nos termos do Capítulo VII.

4. O acórdão do Juízo de Recursos será tirado por maioria dos juízes e proferido em audiência pública. O acórdão será sempre fundamentado. Não havendo unanimidade, deverá conter as opiniões da parte maioria e da minoria de juízes; contudo, qualquer juiz poderá exprimir uma opinião separada ou discordante sobre uma questão de direito.

5. O Juízo de Recursos poderá emitir o seu acórdão na ausência da pessoa absolvida ou condenada.

Artigo 84
Revisão da sentença condenatória ou da pena

1. O condenado ou, se este tiver falecido, o cônjuge sobrevivo, os filhos, os pais ou qualquer pessoa que, em vida do condenado, dele tenha recebido incumbência expressa, por escrito, nesse sentido, ou o Procurador no seu interesse, poderá submeter ao Juízo de Recursos um requerimento solicitando a revisão da sentença condenatória ou da pena pelos seguintes motivos:

a) A descoberta de novos elementos de prova:

i) De que não dispunha ao tempo do julgamento, sem que essa circunstância pudesse ser imputada, no todo ou em parte, ao requerente; e

ii) De tal forma importantes que, se tivessem ficado provados no julgamento, teriam provavelmente conduzido a um veredicto diferente;

b) A descoberta de que elementos de prova, apreciados no julgamento e decisivos para a determinação da culpa, eram falsos ou tinham sido objeto de contrafação ou falsificação;

c) Um ou vários dos juízes que intervieram na sentença condenatória ou confirmaram a acusação hajam praticado atos de conduta reprovável ou de incumprimento dos respectivos deveres de tal forma graves que justifiquem a sua cessação de funções nos termos do artigo 46.

2. O Juízo de Recursos rejeitará o pedido se o considerar manifestamente infundado. Caso contrário, poderá o Juízo, se julgar oportuno:

a) Convocar de novo o Juízo de Julgamento em Primeira Instância que proferiu a sentença inicial;

b) Constituir um novo Juízo de Julgamento em Primeira Instância; ou

c) Manter a sua competência para conhecer da causa, a fim de determinar se, após a audição das partes nos termos do Regulamento Processual, haverá lugar à revisão da sentença.

Artigo 85
Indenização do detido ou condenado

1. Quem tiver sido objeto de detenção ou prisão ilegal terá direito a reparação.

2. Sempre que uma decisão final seja posteriormente anulada em razão de fatos novos ou recentemente descobertos que apontem inequivocamente para um erro judiciário, a pessoa que tiver cumprido pena em resultado de tal sentença condenatória será indenizada, em conformidade com a lei, a menos que fique provado que a não revelação, em tempo útil, do fato desconhecido lhe seja imputável, no todo ou em parte.

3. Em circunstâncias excepcionais e em face de fatos que conclusivamente demonstrem a existência de erro judiciário grave e manifesto, o Tribunal poderá, no uso do seu poder discricionário, atribuir uma indenização, de acordo com os critérios enunciados no Regulamento Processual, à pessoa que, em virtude de sentença absolutória ou de extinção da instância por tal motivo, haja sido posta em liberdade.

CAPÍTULO IX
COOPERAÇÃO INTERNACIONAL E AUXÍLIO JUDICIÁRIO

Artigo 86
Obrigação geral de cooperar

Os Estados-Partes deverão, em conformidade com o disposto no presente Estatuto, cooperar plenamente com o Tribunal no inquérito e no procedimento contra crimes da competência deste.

Artigo 87
Pedidos de cooperação: disposições gerais

1. *a)* O Tribunal estará habilitado a dirigir pedidos de cooperação aos Estados-Partes. Estes pedidos serão transmitidos pela via diplomática ou por qualquer outra via apropriada escolhida pelo Estado-Parte no momento de ratificação, aceitação, aprovação ou adesão ao presente Estatuto.

Qualquer Estado-Parte poderá alterar posteriormente a escolha feita nos termos do Regulamento Processual.

b) Se for caso disso, e sem prejuízo do disposto na alínea *a*, os pedidos poderão ser igualmente transmitidos pela Organização internacional de Polícia Criminal (INTERPOL) ou por qualquer outra organização regional competente.

2. Os pedidos de cooperação e os documentos comprovativos que os instruam serão redigidos na língua oficial do Estado requerido ou acompanhados de uma tradução nessa língua, ou numa das línguas de trabalho do Tribunal ou acompanhados de uma tradução numa dessas línguas, de acordo com a escolha feita pelo Estado requerido no momento da ratificação, aceitação, aprovação ou adesão ao presente Estatuto.

Qualquer alteração posterior será feita de harmonia com o Regulamento Processual.

3. O Estado requerido manterá a confidencialidade dos pedidos de cooperação e dos documentos comprovativos que os instruam, salvo quando a sua revelação for necessária para a execução do pedido.

4. Relativamente aos pedidos de auxílio formulados ao abrigo do presente Capítulo, o Tribunal poderá, nomeadamente em matéria de proteção da informação, tomar as medidas necessárias à garantia da segurança e do bem-estar físico ou psicológico das vítimas, das potenciais testemunhas e dos seus familiares. O Tribunal poderá solicitar que as informações fornecidas ao abrigo do presente Capítulo sejam comunicadas e tratadas por forma a que a segurança e o bem-estar físico ou psicológico das vítimas, das potenciais testemunhas e dos seus familiares sejam devidamente preservados.

5. *a)* O Tribunal poderá convidar qualquer Estado que não seja Parte no presente Estatuto a prestar auxílio ao abrigo do presente Capítulo com base num convênio *ad hoc*, num acordo celebrado com esse Estado ou por qualquer outro modo apropriado.

b) Se, após a celebração de um convênio *ad hoc* ou de um acordo com o Tribunal, um Estado que não seja Parte no presente Estatuto se recusar a cooperar nos termos de tal convênio ou acordo, o Tribunal dará conhecimento desse fato à Assembleia dos Estados-Partes ou ao Conselho de Segurança, quando tiver sido este a referenciar o fato ao Tribunal.

6. O Tribunal poderá solicitar informações ou documentos a qualquer organização intergovernamental. Poderá igualmente requerer outras formas de cooperação e auxílio a serem acordadas com tal organização e que estejam em conformidade com a sua competência ou o seu mandato.

7. Se, contrariamente ao disposto no presente Estatuto, um Estado-Parte recusar um pedido de cooperação formulado pelo Tribunal, impedindo-o assim de exercer os seus poderes e funções nos termos do presente Estatuto, o Tribunal poderá elaborar um relatório e remeter a questão à Assembleia dos Estados-Partes ou ao Conselho de Segurança, quando tiver sido este a submeter o fato ao Tribunal.

Artigo 88
Procedimentos previstos no direito interno

Os Estados-Partes deverão assegurar-se de que o seu direito interno prevê procedimentos que permitam responder a todas as formas de cooperação especificadas neste Capítulo.

Artigo 89
Entrega de pessoas ao tribunal

1. O Tribunal poderá dirigir um pedido de detenção e entrega de uma pessoa, instruído com os documentos comprovativos referidos no artigo 91, a qualquer Estado em cujo território essa pessoa se possa encontrar, e solicitar a cooperação desse Estado na detenção e entrega da pessoa em causa. Os Estados-Partes darão satisfação aos pedidos de detenção e de entrega em conformidade com o presente Capítulo e com os procedimentos previstos nos respectivos direitos internos.

2. Sempre que a pessoa cuja entrega é solicitada impugnar a sua entrega perante um tribunal nacional com, base no princípio ne *bis in idem* previsto no artigo 20, o Estado requerido consultará, de imediato, o Tribunal para determinar se houve uma decisão relevante sobre a admissibilidade. Se o caso for considerado admissível, o Estado requerido dará seguimento ao pedido. Se estiver pendente decisão sobre a admissibilidade, o Estado requerido poderá diferir a execução do pedido até que o Tribunal se pronuncie.

3. *a)* Os Estados-Partes autorizarão, de acordo com os procedimentos previstos na respectiva legislação nacional, o trânsito, pelo seu território, de uma pessoa entregue ao Tribunal por um outro Estado, salvo quando o trânsito por esse Estado impedir ou retardar a entrega.

b) Um pedido de trânsito formulado pelo Tribunal será transmitido em conformidade com o artigo 87. Do pedido de trânsito constarão:

i) A identificação da pessoa transportada;

ii) Um resumo dos fatos e da respectiva qualificação jurídica;

iii) O mandado de detenção e entrega.

c) A pessoa transportada será mantida sob custódia no decurso do trânsito.

d) Nenhuma autorização será necessária se a pessoa for transportada por via aérea e não esteja prevista qualquer aterrissagem no território do Estado de trânsito.

e) Se ocorrer, uma aterrissagem imprevista no território do Estado de trânsito, poderá este exigir ao Tribunal a apresentação de um pedido de trânsito nos termos previstos na alínea *b*. O Estado de trânsito manterá a pessoa sob detenção até a recepção do pedido de trânsito e a efetivação do trânsito. Todavia, a detenção ao abrigo da presente alínea não poderá prolongar-se para além das noventa e seis horas subsequentes à aterrissagem imprevista se o pedido não for recebido dentro desse prazo.

4. Se a pessoa reclamada for objeto de procedimento criminal ou estiver cumprindo uma pena no Estado requerido por crime diverso do que motivou o pedido de entrega ao Tribunal, este Estado consultará o Tribunal após ter decidido anuir ao pedido

Artigo 90
Pedidos concorrentes

1. Um Estado-Parte que, nos termos do artigo 89, receba um pedido de entrega de uma pessoa formulado pelo Tribunal, e receba igualmente, de qualquer outro Estado, um pedido de extradição relativo à mesma pessoa, pelos mesmos fatos que motivaram o pedido de entrega por parte do Tribunal, deverá notificar o Tribunal e o Estado requerente de tal fato.

2. Se o Estado requerente for um Estado-Parte, o Estado requerido dará prioridade ao pedido do Tribunal:

a) Se o Tribunal tiver decidido, nos termos do artigo 18 ou 19, da admissibilidade do caso a que respeita o pedido de entrega, e tal determinação tiver levado em conta o inquérito ou o procedimento criminal conduzido pelo Estado requerente relativamente ao pedido de extradição por este formulado; ou

b) Se o Tribunal tiver tomado a decisão referida na alínea *a* em conformidade com a notificação feita pelo Estado requerido, em aplicação do parágrafo 1.

3. Se o Tribunal não tiver tomado uma decisão nos termos da alínea *a* do parágrafo 2, o Estado requerido poderá, se assim o entender, estando pendente a determinação do Tribunal nos termos da alínea *b* do parágrafo 2, dar seguimento ao pedido de extradição formulado pelo Estado requerente sem, contudo, extraditar a pessoa até que o Tribunal decida sobre a admissibilidade do caso. A decisão do Tribunal seguirá a forma sumária.

4. Se o Estado requerente não for Parte no presente Estatuto, o Estado requerido, desde que não esteja obrigado por uma norma internacional a extraditar o acusado para o Estado requerente, dará prioridade ao pedido de entrega formulado pelo Tribunal, no caso de este se ter decidido pela admissibilidade do caso.

5. Quando um caso previsto no parágrafo 4 não tiver sido declarado admissível pelo Tribunal, o Estado requerido poderá, se assim o entender, dar seguimento ao pedido de extradição formulado pelo Estado requerente.

6. Relativamente aos casos em que o disposto no parágrafo 4 seja aplicável, mas o Estado requerido se veja obrigado, por força de uma norma internacional, a extraditar a pessoa para o Estado requerente que não seja Parte no presente Estatuto, o Estado requerido decidirá se procederá à entrega da pessoa em causa ao Tribunal ou se a extraditará para o Estado requerente. Na sua decisão, o Estado requerido terá em conta todos os fatores relevantes, incluindo, entre outros:

a) A ordem cronológica dos pedidos;

b) Os interesses do Estado requerente, incluindo, se relevante, se o crime foi cometido no seu território bem como a nacionalidade das vítimas e da pessoa reclamada; e

c) A possibilidade de o Estado requerente vir a proceder posteriormente à entrega da pessoa ao Tribunal.

7. Se um Estado-Parte receber um pedido de entrega de uma pessoa formulado pelo Tribunal e um pedido de extradição formulado por um outro Estado-Parte relativamente à mesma pessoa, por fatos diferentes dos que constituem o crime objeto do pedido de entrega:

a) O Estado requerido dará prioridade ao pedido do Tribunal, se não estiver obrigado por uma norma internacional a extraditar a pessoa para o Estado requerente;

b) O Estado requerido terá de decidir se entrega a pessoa ao Tribunal ou a extradita para o Estado requerente, se estiver obrigado por uma norma internacional a extraditar a pessoa para o Estado requerente. Na sua decisão, o Estado requerido considerará todos os fatores relevantes, incluindo, entre outros, os constantes do parágrafo 6; todavia, deverá dar especial atenção à natureza e à gravidade dos fatos em causa.

8. Se, em conformidade com a notificação prevista no presente artigo, o Tribunal se tiver pronunciado pela inadmissibilidade do caso e, posteriormente, a extradição para o Estado requerente for recusada, o Estado requerido notificará o Tribunal dessa decisão.

Artigo 91
Conteúdo do pedido de detenção e de entrega

1. O pedido de detenção e de entrega será formulado por escrito. Em caso de urgência, o pedido poderá ser feito através de qualquer outro meio de que fique registro escrito, devendo, no entanto, ser confirmado através dos canais previstos na alínea *a* do parágrafo 1 do artigo 87.

2. O pedido de detenção e entrega de uma pessoa relativamente à qual o Juízo de Instrução tiver emitido um mandado de detenção ao abrigo do artigo 58, deverá conter ou ser acompanhado dos seguintes documentos:

a) Uma descrição da pessoa procurada, contendo informação suficiente que permita a sua identificação, bem como informação sobre a sua provável localização;

b) Uma cópia do mandado de detenção; e

c) Os documentos, declarações e informações necessários para satisfazer os requisitos do processo de entrega pelo Estado requerido; contudo, tais requisitos não deverão ser mais rigorosos dos que os que devem ser observados em caso de um pedido de extradição em conformidade com tratados ou convênios celebrados entre o Estado requerido e outros Estados, devendo, se possível, ser menos rigorosos face à natureza específica de que se reveste o Tribunal.

3. Se o pedido respeitar à detenção e à entrega de uma pessoa já condenada, deverá conter ou ser acompanhado dos seguintes documentos:

a) Uma cópia do mandado de detenção dessa pessoa;

b) Uma cópia da sentença condenatória;

c) Elementos que demonstrem que a pessoa procurada é a mesma a que se refere a sentença condenatória; e

d) Se a pessoa já tiver sido condenada, uma cópia da sentença e, em caso de pena de prisão, a indicação do período que já tiver cumprido, bem como o período que ainda lhe falte cumprir.

4. Mediante requerimento do Tribunal, um Estado-Parte manterá, no que respeite a questões genéricas ou a uma questão específica, consultas com o Tribunal sobre quaisquer requisitos previstos no seu direito interno que possam ser aplicados nos termos da alínea c do parágrafo 2. No decurso de tais consultas, o Estado-Parte informará o Tribunal dos requisitos específicos constantes do seu direito interno.

Artigo 92
Prisão preventiva

1. Em caso de urgência, o Tribunal poderá solicitar a prisão preventiva da pessoa procurada até a apresentação do pedido de entrega e os documentos de apoio referidos no artigo 91.

2. O pedido de prisão preventiva será transmitido por qualquer meio de que fique registro escrito e conterá:

a) Uma descrição da pessoa procurada, contendo informação suficiente que permita a sua identificação, bem como informação sobre a sua provável localização;

b) Uma exposição sucinta dos crimes pelos quais a pessoa é procurada, bem como dos fatos alegadamente constitutivos de tais crimes incluindo, se possível, a data e o local da sua prática;

c) Uma declaração que certifique a existência de um mandado de detenção ou de uma decisão condenatória contra a pessoa procurada; e

d) Uma declaração de que o pedido de entrega relativo à pessoa procurada será enviado posteriormente.

3. Qualquer pessoa mantida sob prisão preventiva poderá ser posta em liberdade se o Estado requerido não tiver recebido, em conformidade com o artigo 91, o pedido de entrega e os respectivos documentos no prazo fixado pelo Regulamento Processual. Todavia, essa pessoa poderá consentir na sua entrega antes do termo do período se a legislação do Estado requerido o permitir. Nesse caso, o Estado requerido procede à entrega da pessoa reclamada ao Tribunal, o mais rapidamente possível.

4. O fato de a pessoa reclamada ter sido posta em liberdade em conformidade com o parágrafo 3 não obstará a que seja de novo detida e entregue se o pedido de entrega e os documentos em apoio, vierem a ser apresentados posteriormente.

Artigo 93
Outras formas de cooperação

1. Em conformidade com o disposto no presente Capítulo e nos termos dos procedimentos

previstos nos respectivos direitos internos, os Estados-Partes darão seguimento aos pedidos formulados pelo Tribunal para concessão de auxílio, no âmbito de inquéritos ou procedimentos criminais, no que se refere a:

a) Identificar uma pessoa e o local onde se encontra, ou localizar objetos;

b) Reunir elementos de prova, incluindo os depoimentos prestados sob juramento, bem como produzir elementos de prova, incluindo perícias e relatórios de que o Tribunal necessita;

c) Interrogar qualquer pessoa que seja objeto de inquérito ou de procedimento criminal;

d) Notificar documentos, nomeadamente documentos judiciários;

e) Facilitar o comparecimento voluntária, perante o Tribunal, de pessoas que deponham na qualidade de testemunhas ou de peritos;

f) Proceder à transferência temporária de pessoas, em conformidade com o parágrafo 7;

g) Realizar inspeções, nomeadamente a exumação e o exame de cadáveres enterrados em fossas comuns;

h) Realizar buscas e apreensões;

i) Transmitir registros e documentos, nomeadamente registros e documentos oficiais;

j) Proteger vítimas e testemunhas, bem como preservar elementos de prova;

k) Identificar, localizar e congelar ou apreender o produto de crimes, bens, haveres e instrumentos ligados aos crimes, com vista à sua eventual declaração de perda, sem prejuízo dos direitos de terceiros de boa-fé; e

l) Prestar qualquer outra forma de auxílio não proibida pela legislação do Estado requerido, destinada a facilitar o inquérito e o julgamento por crimes da competência do Tribunal.

2. O Tribunal tem poderes para garantir à testemunha ou ao perito que perante ele compareça de que não serão perseguidos, detidos ou sujeitos a qualquer outra restrição da sua liberdade pessoal, por fato ou omissão anteriores à sua saída do território do Estado requerido.

3. Se a execução de uma determinada medida de auxílio constante de um pedido apresentado ao abrigo do parágrafo 1 não for permitida no Estado requerido em virtude de um princípio jurídico fundamental de aplicação geral, o Estado em causa iniciará sem demora consultas com o Tribunal com vista à solução dessa questão. No decurso das consultas, serão consideradas outras formas de auxílio, bem como as condições da sua realização. Se, concluídas as consultas, a questão não estiver resolvida, o Tribunal alterará o conteúdo do pedido conforme se mostrar necessário.

4. Nos termos do disposto no artigo 72, um Estado-Parte só poderá recusar, no todo ou em parte, um pedido de auxílio formulado pelo Tribunal se tal pedido se reportar unicamente à produção de documentos ou à divulgação de elementos de prova que atentem contra a sua segurança nacional.

5. Antes de denegar o pedido de auxílio previsto na alínea *l* do parágrafo 1, o Estado requerido considerará se o auxílio poderá ser concedido sob determinadas condições ou se poderá sê-lo em data ulterior ou sob uma outra forma, com a ressalva de que, se o Tribunal ou o Procurador aceitarem tais condições, deverão observá-las.

6. O Estado requerido que recusar um pedido de auxílio comunicará, sem demora, os motivos ao Tribunal ou ao Procurador.

7. *a)* O Tribunal poderá pedir a transferência temporária de uma pessoa detida para fins de identificação ou para obter um depoimento ou outras forma de auxílio. A transferência realizar-se-á sempre que:

i) A pessoa der o seu consentimento, livremente e com conhecimento de causa; e

ii) O Estado requerido concordar com a transferência, sem prejuízo das condições que esse Estado e o Tribunal possam acordar;

b) A pessoa transferida permanecerá detida. Esgotado o fim que determinou a transferência, o Tribunal reenviá-la-á imediatamente para o Estado requerido.

8. *a)* O Tribunal garantirá a confidencialidade dos documentos e das informações recolhidas, exceto se necessários para o inquérito e os procedimentos descritos no pedido;

b) O Estado requerido poderá, se necessário, comunicar os documentos ou as informações ao Procurador a título confidencial. O Procurador só poderá utilizá-los para recolher novos elementos de prova;

c) O Estado requerido poderá, de ofício ou a pedido do Procurador, autorizar a divulgação posterior de tais documentos ou informações; os quais poderão ser utilizados como meios de prova, nos termos do disposto nos Capítulos V e VI e no Regulamento Processual.

9. *a)* *i)* Se um Estado-Parte receber pedidos concorrentes formulados pelo Tribunal e por um outro Estado, no âmbito de uma obrigação internacional, e cujo objeto não seja nem a entrega nem a extradição, esforçar-se-á, mediante consultas com o Tribunal e esse outro Estado, por dar satisfação a ambos os pedidos adiando ou estabelecendo determinadas condições a um ou outro pedido, se necessário.

ii) Não sendo possível, os pedidos concorrentes observarão os princípios fixados no artigo 90.

b) Todavia, sempre que o pedido formulado pelo Tribunal respeitar a informações, bens ou pessoas que estejam sob o controle de um Estado terceiro ou de uma organização internacional ao abrigo de um acordo internacional, os Estados requeridos informarão o Tribunal em conformidade, este dirigirá o seu pedido ao Estado terceiro ou à organização internacional.

10. *a)* Mediante pedido, o Tribunal cooperará com um Estado-Parte e prestar-lhe-á auxílio na condução de um inquérito ou julgamento relacionado com fatos que constituam um crime da jurisdição do Tribunal ou que constituam um crime grave à luz do direito interno do Estado requerente.

b) i) O auxílio previsto na alínea *a* deve compreender, a saber:

a. A transmissão de depoimentos, documentos e outros elementos de prova recolhidos no decurso do inquérito ou do julgamento conduzidos pelo Tribunal; e

b. O interrogatório de qualquer pessoa detida por ordem do Tribunal;

ii) No caso previsto na alínea *b*), i), a;

a. A transmissão dos documentos e de outros elementos de prova obtidos com o auxílio de um Estado necessita do consentimento desse Estado;

b. A transmissão de depoimentos, documentos e outros elementos de prova fornecidos quer por uma testemunha, quer por um perito, será feita em conformidade com o disposto no artigo 68.

c) O Tribunal poderá, em conformidade com as condições enunciadas neste número, deferir um pedido de auxílio formulado por um Estado que não seja parte no presente Estatuto.

Artigo 94
Suspensão da execução de um pedido relativamente a um inquérito ou a procedimento criminal em curso

1. Se a imediata execução de um pedido prejudicar o desenrolar de um inquérito ou de um procedimento criminal relativos a um caso diferente daquele a que se reporta o pedido, o Estado requerido poderá suspender a execução do pedido por tempo determinado, acordado com o Tribunal. Contudo, a suspensão não deve prolongar-se além do necessário para que o inquérito ou o procedimento criminal em causa sejam efetuados no Estado requerido. Este, antes de decidir suspender a execução do pedido, verificará se o auxílio não poderá ser concedido de imediato sob determinadas condições.

2. Se for decidida a suspensão de execução do pedido em conformidade com o parágrafo 1, o Procurador poderá, no entanto, solicitar que sejam adotadas medidas para preservar os elementos de prova, nos termos da alínea *j* do parágrafo 1 do artigo 93.

Artigo 95
Suspensão da execução de um pedido por impugnação de admissibilidade

Se o Tribunal estiver apreciando uma impugnação de admissibilidade, de acordo com os artigos 18 ou 19, o Estado requerido poderá suspender a execução de um pedido formulado ao abrigo do presente Capítulo enquanto aguarda que o Tribunal se pronuncie, a menos que o Tribunal tenha especificamente ordenado que o Procurador continue a reunir elementos de prova, nos termos dos artigos 18 ou 19.

Artigo 96
Conteúdo do pedido sob outras formas de cooperarão previstas no artigo 93

1. Todo o pedido relativo a outras formas de cooperação previstas no artigo 93 será formulado por escrito. Em caso de urgência, o pedido poderá ser feito por qualquer meio que permita manter um registro escrito, desde que seja confirmado através dos canais indicados na alínea *a* do parágrafo 1 do artigo 87.

2. O pedido deverá conter, ou ser instruído com, os seguintes documentos:

a) Um resumo do objeto do pedido, bem como da natureza do auxílio solicitado, incluindo os fundamentos jurídicos e os motivos do pedido;

b) Informações tão completas quanto possível sobre a pessoa ou o lugar a identificar ou a

LEGISLAÇÃO INTERNACIONAL

localizar, por forma a que o auxílio solicitado possa ser prestado;

c) Uma exposição sucinta dos fatos essenciais que fundamentam o pedido;

d) A exposição dos motivos e a explicação pormenorizada dos procedimentos ou das condições a respeitar;

e) Toda a informação que o Estado requerido possa exigir de acordo com o seu direito interno para dar seguimento ao pedido; e

f) Toda a informação útil para que o auxílio possa ser concedido.

3. A requerimento do Tribunal, um Estado-Parte manterá, no que respeita a questões genéricas ou a uma questão específica, consultas com o Tribunal sobre as disposições aplicáveis do seu direito interno, susceptíveis de serem aplicadas em conformidade com a alínea e do parágrafo 2. No decurso de tais consultas, o Estado-Parte informará o Tribunal das disposições específicas constantes do seu direito interno.

4. O presente artigo aplicar-se-á, se for caso disso, a qualquer pedido de auxílio dirigido ao Tribunal.

Artigo 97
Consultas

Sempre que, ao abrigo do presente Capítulo, um Estado-Parte receba um pedido e verifique que este suscita dificuldades que possam obviar à sua execução ou impedi-la, o Estado em causa iniciará, sem demora, as consultas com o Tribunal com vista à solução desta questão. Tais dificuldades podem revestir as seguintes formas:

a) Informações insuficientes para dar seguimento ao pedido;

b) No caso de um pedido de entrega, o paradeiro da pessoa reclamada continuar desconhecido a despeito de todos os esforços ou a investigação realizada permitiu determinar que a pessoa que se encontra no Estado Requerido não é manifestamente a pessoa identificada no mandado; ou

c) O Estado requerido ver-se-ia compelido, para cumprimento do pedido na sua forma atual, a violar uma obrigação constante de um tratado anteriormente celebrado com outro Estado.

Artigo 98
Cooperação relativa à renúncia, à imunidade e ao consentimento na entrega

1. O Tribunal pode não dar seguimento a um pedido de entrega ou de auxílio por força do qual o Estado requerido devesse atuar de forma incompatível com as obrigações que lhe incumbem à luz do direito internacional em matéria de imunidade dos Estados ou de imunidade diplomática de pessoa ou de bens de um Estado terceiro, a menos que obtenha, previamente a cooperação desse Estado terceiro com vista ao levantamento da imunidade.

2. O Tribunal pode não dar seguimento à execução de um pedido de entrega por força do qual o Estado requerido devesse atuar de forma incompatível com as obrigações que lhe incumbem em virtude de acordos internacionais à luz dos quais o consentimento do Estado de envio é necessário para que uma pessoa pertencente a esse Estado seja entregue ao Tribunal, a menos que o Tribunal consiga, previamente, obter a cooperação do Estado de envio para consentir na entrega.

Artigo 99
Execução dos pedidos apresentados ao abrigo dos artigos 93 e 96

1. Os pedidos de auxílio serão executados de harmonia com os procedimentos previstos na legislação interna do Estado requerido e, a menos que o seu direito interno o proíba, na forma especificada no pedido, aplicando qualquer procedimento nele indicado ou autorizando as pessoas nele indicadas a estarem presentes e a participarem na execução do pedido.

2. Em caso de pedido urgente, os documentos e os elementos de prova produzidos na resposta serão, a requerimento do Tribunal, enviados com urgência.

3. As respostas do Estado requerido serão transmitidas na sua língua e forma originais.

4. Sem prejuízo dos demais artigos do presente Capítulo, sempre que for necessário para a execução com sucesso de um pedido, e não haja que recorrer a medidas coercitivas, nomeadamente quando se trate de ouvir ou levar uma pessoa a depor de sua livre vontade, mesmo sem a presença das autoridades do Estado-Parte requerido se tal for determinante para a execução do pedido, ou quando se trate de examinar, sem proceder a alterações, um lugar público ou um outro local público, o Procurador poderá dar cumprimento ao pedido diretamente no território de um Estado, de acordo com as seguintes modalidades:

a) Quando o Estado requerido for o Estado em cujo território haja indícios de ter sido cometido o crime e existir uma decisão sobre a admissibilidade tal como previsto nos artigos 18 e 19, o Procurador poderá executar diretamente o pedido, depois de ter levado a cabo consultas tão amplas quanto possível com o Estado requerido;

b) Em outros casos, o Procurador poderá executar o pedido após consultas com o Estado-Parte requerido e tendo em conta as condições ou as preocupações razoáveis que esse Estado tenha eventualmente argumentado. Sempre que o Estado requerido verificar que a execução de um pedido nos termos da presente alínea suscita dificuldades, consultará de imediato o Tribunal para resolver a questão.

5. As disposições que autorizam a pessoa ouvida ou interrogada pelo Tribunal ao abrigo do artigo 72, a invocar as restrições previstas para impedir a divulgação de informações confidenciais relacionadas com a segurança nacional, aplicar-se-ão de igual modo à execução dos pedidos de auxílio referidos no presente artigo.

Artigo 100
Despesas

1. As despesas ordinárias decorrentes da execução dos pedidos no território do Estado requerido serão por este suportadas, com exceção das seguintes, que correrão a cargo do Tribunal:

a) As despesas relacionadas com as viagens e a proteção das testemunhas e dos peritos ou com a transferência de detidos ao abrigo do artigo 93;

b) As despesas de tradução, de interpretação e de transcrição;

c) As despesas de deslocação e de estada dos juízes, do Procurador, dos Procuradores-adjuntos, do Secretário, do Secretário-Adjunto e dos membros do pessoal de todos os órgãos do Tribunal;

d) Os custos das perícias ou dos relatórios periciais solicitados pelo Tribunal;

e) As despesas decorrentes do transporte das pessoas entregues ao Tribunal pelo Estado de detenção; e

f) Após consulta, quaisquer despesas extraordinárias decorrentes da execução de um pedido.

2. O disposto no parágrafo 1 aplicar-se-á, sempre que necessário, aos pedidos dirigidos pelos Estados-Partes ao Tribunal. Neste caso, o Tribunal tomará a seu cargo as despesas ordinárias decorrentes da execução.

Artigo 101
Regra da especialidade

1. Nenhuma pessoa entregue ao Tribunal nos termos do presente Estatuto poderá ser perseguida, condenada ou detida por condutas anteriores à sua entrega, salvo quando estas constituam crimes que tenham fundamentado a sua entrega.

2. O Tribunal poderá solicitar uma derrogação dos requisitos estabelecidos no parágrafo 1 ao Estado que lhe tenha entregue uma pessoa e, se necessário, facultar-lhe-á, em conformidade com o artigo 91, informações complementares. Os Estados-Partes estarão habilitados a conceder uma derrogação ao Tribunal e deverão envidar esforços nesse sentido.

Artigo 102
Termos usados

Para os fins do presente Estatuto:

a) Por "entrega", entende-se a entrega de uma pessoa por um Estado ao Tribunal nos termos do presente Estatuto.

b) Por "extradição", entende-se a entrega de uma pessoa por um Estado a outro Estado conforme previsto em um tratado, em uma convenção ou no direito interno.

CAPÍTULO X
EXECUÇÃO DA PENA

Artigo 103
Função dos Estados na execução das penas privativas de liberdade

1. *a)* As penas privativas de liberdade serão cumpridas num Estado indicado pelo Tribunal a partir de uma lista de Estados que lhe tenham manifestado a sua disponibilidade para receber pessoas condenadas.

b) Ao declarar a sua disponibilidade para receber pessoas condenadas, um Estado poderá formular condições acordadas com o Tribunal e em conformidade com o presente Capítulo.

c) O Estado indicado no âmbito de um determinado caso dará prontamente a conhecer se aceita ou não a indicação do Tribunal.

2. *a)* O Estado da execução informará o Tribunal de qualquer circunstância, incluindo o cumprimento de quaisquer condições acordadas nos termos do parágrafo 1, que possam afetar materialmente as condições ou a duração da detenção. O Tribunal será informado com, pelo menos, 45 (quarenta e cinco) dias de antecedência sobre qualquer circunstância dessa natureza, conhecida ou previsível. Durante este período, o Estado da execução não tomará qualquer medida que possa ser contrária às suas obrigações ao abrigo do artigo 110.

b) Se o Tribunal não puder aceitar as circunstâncias referidas na alínea a, deverá informar o Estado da execução e proceder em harmonia com o parágrafo 1 do artigo 104.

3. Sempre que exercer o seu poder de indicação em conformidade com o parágrafo 1, o Tribunal levará em consideração:

a) O princípio segundo o qual os Estados-Partes devem partilhar da responsabilidade na execução das penas privativas de liberdade, em conformidade com os princípios de distribuição equitativa estabelecidos no Regulamento Processual;

b) A aplicação de normas convencionais do direito internacional amplamente aceitas, que regulam o tratamento dos reclusos;

c) A opinião da pessoa condenada; e

d) A nacionalidade da pessoa condenada;

e) Outros fatores relativos às circunstâncias do crime, às condições pessoais da pessoa condenada ou à execução efetiva da pena, adequadas à indicação do Estado da execução.

4. Se nenhum Estado for designado nos termos do parágrafo 1, a pena privativa de liberdade será cumprida num estabelecimento prisional designado pelo Estado anfitrião, em conformidade com as condições estipuladas no acordo que determinou o local da sede previsto no parágrafo 2 do artigo 3º. Neste caso, as despesas relacionadas com a execução da pena ficarão a cargo do Tribunal.

Artigo 104
Alteração da indicação do Estado da execução

1. O Tribunal poderá, a qualquer momento, decidir transferir um condenado para uma prisão de um outro Estado.

2. A pessoa condenada pelo Tribunal poderá, a qualquer momento, solicitar-lhe que a transfira do Estado encarregado da execução.

Artigo 105
Execução da pena

1. Sem prejuízo das condições que um Estado haja estabelecido nos termos do artigo 103, parágrafo 1, alínea *b*, a pena privativa de liberdade é vinculativa para os Estados-Partes, não podendo estes modificá-la em caso algum.

2. Será da exclusiva competência do Tribunal pronunciar-se sobre qualquer pedido de revisão ou recurso. O Estado da execução não obstará a que o condenado apresente um tal pedido.

Artigo 106
Controle da execução da pena e das condições de detenção

1. A execução de uma pena privativa de liberdade será submetida ao controle do Tribunal e observará as regras convencionais internacionais amplamente aceitas em matéria de tratamento dos reclusos.

2. As condições de detenção serão reguladas pela legislação do Estado da execução e observarão as regras convencionais internacionais amplamente aceitas em matéria de tratamento dos reclusos. Em caso algum devem ser menos ou mais favoráveis do que as aplicáveis aos reclusos condenados no Estado da execução por infrações análogas.

3. As comunicações entre o condenado e o Tribunal serão livres e terão caráter confidencial.

Artigo 107
Transferência do condenado depois de cumprida a pena

1. Cumprida a pena, a pessoa que não seja nacional do Estado da execução poderá, de acordo com a legislação desse mesmo Estado, ser transferida para um outro Estado obrigado a aceitá-la ou ainda para um outro Estado que aceite acolhê-la tendo em conta a vontade expressa pela pessoa em ser transferida para esse Estado; a menos que o Estado da execução autorize essa pessoa a permanecer no seu território.

2. As despesas relativas à transferência do condenado para um outro Estado nos termos do parágrafo 1 serão suportadas pelo Tribunal se nenhum Estado as tomar a seu cargo.

3. Sem prejuízo do disposto no artigo 108, o Estado da execução poderá igualmente, em harmonia com o seu direito interno, extraditar ou entregar por qualquer outro modo a pessoa a um Estado que tenha solicitado a sua extradição ou a sua entrega para fins de julgamento ou de cumprimento de uma pena.

Artigo 108
Restrições ao procedimento criminal ou à condenação por outras infrações

1. A pessoa condenada que esteja detida no Estado da execução não poderá ser objeto de procedimento criminal, condenação ou extradição para um Estado terceiro em virtude de uma conduta anterior à sua transferência para o Estado da execução, a menos que a Tribunal tenha dado a sua aprovação a tal procedimento, condenação ou extradição, a pedido do Estado da execução.

2. Ouvido o condenado, o Tribunal pronunciar-se-á sobre a questão.

3. O parágrafo 1 deixará de ser aplicável se o condenado permanecer voluntariamente no território do Estado da execução por um período superior a trinta dias após o cumprimento integral da pena proferida pelo Tribunal, ou se regressar ao território desse Estado após dele ter saído.

Artigo 109
Execução das penas de multa e das medidas de perda

1. Os Estados-Partes aplicarão as penas de multa, bem como as medidas de perda ordenadas pelo Tribunal ao abrigo do Capítulo VII, sem prejuízo dos direitos de terceiros de boa fé e em conformidade com os procedimentos previstos no respectivo direito interno.

2. Sempre que um Estado-Parte não possa tornar efetiva a declaração de perda, deverá tomar medidas para recuperar o valor do produto, dos bens ou dos haveres cuja perda tenha sido declarada pelo Tribunal, sem prejuízo dos direitos de terceiros de boa-fé.

3. Os bens, ou o produto da venda de bens imóveis ou, se for caso disso, da venda de outros bens, obtidos por um Estado-Parte por força da execução de uma decisão do Tribunal, serão transferidos para o Tribunal.

Artigo 110
Reexame pelo Tribunal da questão de redução de pena

1. O Estado da execução não poderá libertar o recluso antes de cumprida a totalidade da pena proferida pelo Tribunal.

2. Somente o Tribunal terá a faculdade de decidir sobre qualquer redução da pena e, ouvido o condenado, pronunciar-se-á a tal respeito.

3. Quando a pessoa já tiver cumprido dois terços da pena, ou vinte e cinco anos de prisão em caso de pena de prisão perpétua, o Tribunal reexaminará a pena para determinar se haverá lugar a sua redução. Tal reexame só será efetuado transcorrido o período acima referido.

4. No reexame a que se refere o parágrafo 3, o Tribunal poderá reduzir a pena se constatar que se verificam uma ou várias das condições seguintes:

a) A pessoa tiver manifestado, desde o início e de forma contínua, a sua vontade em cooperar com o Tribunal no inquérito e no procedimento;

b) A pessoa tiver, voluntariamente, facilitado a execução das decisões e despachos do Tribunal em outros casos, nomeadamente ajudando-o a localizar bens sobre os quais recaíam decisões de perda, de multa ou de reparação que poderão ser usados em benefício das vítimas; ou

c) Outros fatores que conduzam a uma clara e significativa alteração das circunstâncias suficiente para justificar a redução da pena, conforme previsto no Regulamento Processual;

5. Se, no reexame inicial a que se refere o parágrafo 3, o Tribunal considerar não haver motivo para redução da pena, ele reexaminará subsequentemente a questão da redução da pena com a periodicidade e nos termos previstos no Regulamento Processual.

Artigo 111
Evasão

Se um condenado se evadir do seu local de detenção e fugir do território do Estado da execução, este poderá, depois de ter consultado o Tribunal, pedir ao Estado no qual se encontra localizado o condenado que o entregue em conformidade com os acordos bilaterais ou multilaterais em vigor, ou requerer ao Tribunal que solicite a entrega dessa pessoa ao abrigo do Capítulo IX. O Tribunal poderá, ao solicitar a entrega da pessoa, determinar que esta seja entregue ao Estado no qual se encontrava a cumprir a sua pena, ou a outro Estado por ele indicado.

CAPÍTULO XI
ASSEMBLEIA DOS ESTADOS-PARTES

Artigo 112
Assembleia dos Estados-Partes

1. É constituída, pelo presente instrumento, uma Assembleia dos Estados-Partes. Cada um dos Estados-Partes nela disporá de um representante, que poderá ser coadjuvado por substitutos e assessores. Outros Estados signatários do Estatuto ou da Ata Final poderão participar nos trabalhos da Assembleia na qualidade de observadores.

2. A Assembleia:

a) Examinará e adotará, se adequado, as recomendações da Comissão Preparatória;

b) Promoverá junto à Presidência, ao Procurador e ao Secretário as linhas orientadoras gerais no que toca à administração do Tribunal;

c) Examinará os relatórios e as atividades da Mesa estabelecido nos termos do parágrafo 3 e tomará as medidas apropriadas;

d) Examinará e aprovará o orçamento do Tribunal;
e) Decidirá, se for caso disso, alterar o número de juízes nos termos do artigo 36;
f) Examinará, em harmonia com os parágrafos 5 e 7 do artigo 87, qualquer questão relativa à não cooperação dos Estados;
g) Desempenhará qualquer outra função compatível com as disposições do presente Estatuto ou do Regulamento Processual;

3. a) A Assembleia será dotada de uma Mesa composta por um presidente, dois vice-presidentes e 18 membros por ela eleitos por períodos de três anos;
b) A Mesa terá um caráter representativo, atendendo nomeadamente ao princípio da distribuição geográfica equitativa e à necessidade de assegurar uma representação adequada dos principais sistemas jurídicos do mundo;
c) A Mesa reunir-se-á as vezes que forem necessárias, mas, pelo menos, uma vez por ano. Assistirá a Assembleia no desempenho das suas funções.

4. A Assembleia poderá criar outros órgãos subsidiários que julgue necessários, nomeadamente um mecanismo de controle independente que proceda a inspeções, avaliações e inquéritos em ordem a melhorar a eficiência e economia da administração do Tribunal.

5. O Presidente do Tribunal, o Procurador e o Secretário ou os respectivos representantes poderão participar, sempre que julguem oportuno, nas reuniões da Assembleia e da Mesa.

6. A Assembleia reunir-se-á na sede do Tribunal ou na sede da Organização das Nações Unidas uma vez por ano e, sempre que as circunstâncias o exigirem, reunir-se-á em sessão extraordinária. A menos que o presente Estatuto estabeleça em contrário, as sessões extraordinárias são convocadas pela Mesa, de ofício ou a pedido de um terço dos Estados-Partes.

7. Cada um dos Estados-Partes disporá de um voto. Todos os esforços deverão ser envidados para que as decisões da Assembleia e da Mesa sejam adotadas por consenso. Se tal não for possível, e a menos que o Estatuto estabeleça em contrário:
a) As decisões sobre as questões de fundo serão tomadas por maioria de dois terços dos membros presentes e votantes, sob a condição que a maioria absoluta dos Estados-Partes constitua *quorum* para o escrutínio;
b) As decisões sobre as questões de procedimento serão tomadas por maioria simples dos Estados-Partes presentes e votantes.

8. O Estado-Parte em atraso no pagamento da sua contribuição financeira para as despesas do Tribunal não poderá votar nem na Assembleia nem na Mesa se o total das suas contribuições em atraso igualar ou exceder a soma das contribuições correspondentes aos dois anos anteriores completos por ele devidos. A Assembleia-Geral poderá, no entanto, autorizar o Estado em causa a votar na Assembleia ou na Mesa se ficar provado que a falta de pagamento é devida a circunstâncias alheias ao controle do Estado-Parte.

9. A Assembleia adotará o seu próprio Regimento.

10. As línguas oficiais e de trabalho da Assembleia dos Estados-Partes serão as línguas oficiais e de trabalho da Assembleia-Geral da Organização das Nações Unidas.

CAPÍTULO XII
FINANCIAMENTO

Artigo 113
Regulamento financeiro

Salvo disposição expressa em contrário, todas as questões financeiras atinentes ao Tribunal e às reuniões da Assembleia dos Estados-Partes, incluindo a sua Mesa e os seus órgãos subsidiários, serão reguladas pelo presente Estatuto, pelo Regulamento Financeiro e pelas normas de gestão financeira adotados pela Assembleia dos Estados-Partes.

Artigo 114
Pagamento de despesas

As despesas do Tribunal e da Assembleia dos Estados-Partes, incluindo a sua Mesa e os seus órgãos subsidiários, serão pagas pelos fundos do Tribunal.

Artigo 115
Fundos do Tribunal e da Assembleia dos Estados-Partes

As despesas do Tribunal e da Assembleia dos Estados-Partes, incluindo a sua Mesa e os seus órgãos subsidiários, inscritas no orçamento aprovado pela Assembleia dos Estados-Partes, serão financiadas:
a) Pelas quotas dos Estados-Partes;
b) Pelos fundos provenientes da Organização das Nações Unidas, sujeitos à aprovação da Assembleia-Geral, nomeadamente no que diz respeito às despesas relativas a questões remetidas para o Tribunal pelo Conselho de Segurança.

Artigo 116
Contribuições voluntárias

Sem prejuízo do artigo 115, o Tribunal poderá receber e utilizar, a título de fundos adicionais, as contribuições voluntárias dos Governos, das organizações internacionais, dos particulares, das empresas e demais entidades, de acordo com os critérios estabelecidos pela Assembleia dos Estados-Partes nesta matéria.

Artigo 117
Cálculo das quotas

As quotas dos Estados-Partes serão calculadas em conformidade com uma tabela de quotas que tenha sido acordada, com base na tabela adotada pela Organização das Nações Unidas para o seu orçamento ordinário, e adaptada de harmonia com os princípios nos quais se baseia tal tabela.

Artigo 118
Verificação anual de contas

Os relatórios, livros e contas do Tribunal, incluindo os balanços financeiros anuais, serão verificados anualmente por um revisor de contas independente.

CAPÍTULO XIII
CLÁUSULAS FINAIS

Artigo 119
Resolução de diferendos

1. Qualquer diferendo relativo às funções judiciais do Tribunal será resolvido por decisão do Tribunal.

2. Quaisquer diferendos entre dois ou mais Estados-Partes relativos à interpretação ou à aplicação do presente Estatuto, que não forem resolvidos pela via negocial num período de três meses após o seu início, serão submetidos à Assembleia dos Estados-Partes. A Assembleia poderá procurar resolver o diferendo ou fazer recomendações relativas a outros métodos de resolução, incluindo a submissão do diferendo à Corte Internacional de Justiça, em conformidade com o Estatuto dessa Corte.

Artigo 120
Reservas

Não são admitidas reservas a este Estatuto.

Artigo 121
Alterações

1. Expirado o período de sete anos após a entrada em vigor do presente Estatuto, qualquer Estado-Parte poderá propor alterações ao Estatuto. O texto das propostas de alterações será submetido ao Secretário-Geral da Organização das Nações Unidas, que o comunicará sem demora a todos os Estados-Partes.

2. Decorridos pelo menos três meses após a data desta notificação, a Assembleia dos Estados-Partes decidirá na reunião seguinte, por maioria dos seus membros presentes e votantes, se deverá examinar a proposta. A Assembleia poderá tratar desta proposta, ou convocar uma Conferência de Revisão se a questão suscitada o justificar.

3. A adoção de uma alteração numa reunião da Assembleia dos Estados-Partes ou numa Conferência de Revisão exigirá a maioria de dois terços dos Estados-Partes, quando não for possível chegar a um consenso.

4. Sem prejuízo do disposto no parágrafo 5, qualquer alteração entrará em vigor, para todos os Estados-Partes, um ano depois que sete oitavos de entre eles tenham depositado os respectivos instrumentos de ratificação ou de aceitação junto do Secretário-Geral da Organização das Nações Unidas.

5. Qualquer alteração ao artigo 5º, 6º, 7º e 8º do presente Estatuto entrará em vigor, para todos os Estados-Partes que a tenham aceitado, um ano após o depósito dos seus instrumentos de ratificação ou de aceitação. O Tribunal não exercerá a sua competência relativamente a um crime abrangido pela alteração sempre que este tiver sido cometido por nacionais de um Estado-Parte que não tenha aceitado a alteração, ou no território desse Estado-Parte.

6. Se uma alteração tiver sido aceita por sete oitavos dos Estados-Partes nos termos do parágrafo 4, qualquer Estado-Parte que não a tenha aceito poderá retirar-se do Estatuto com efeito imediato, não obstante o disposto no parágrafo 1 do artigo 127, mas sem prejuízo do disposto no parágrafo 2 do artigo 127, mediante notificação da sua retirada o mais tardar um ano após a entrada em vigor desta alteração.

7. O Secretário-Geral da Organização dás Nações Unidas comunicará a todos os Estados-Partes quaisquer alterações que tenham sido adotadas em reunião da Assembleia dos Estados-Partes ou numa Conferência de Revisão.

Artigo 122
Alteração de disposições de caráter institucional

1. Não obstante o artigo 121, parágrafo 1, qualquer Estado-Parte poderá, em qualquer momento, propor alterações às disposições do

Estatuto, de caráter exclusivamente institucional, a saber, artigos 35, 36, parágrafos 8 e 9, artigos 37, 38, 39, parágrafos 1 (as primeiras duas frases), 2 e 4, artigo 42, parágrafos 4 a 9, artigo 43, parágrafos 2 e 3 e artigos 44, 46, 47 e 49. O texto de qualquer proposta será submetido ao Secretário-Geral da Organização das Nações Unidas ou a qualquer outra pessoa designada pela Assembleia dos Estados-Partes, que o comunicará sem demora a todos os Estados-Partes e aos outros participantes na Assembleia.

2. As alterações apresentadas nos termos deste artigo, sobre as quais não seja possível chegar a um consenso, serão adotadas pela Assembleia dos Estados-Partes ou por uma Conferência de Revisão, por uma maioria de dois terços dos Estados-Partes. Tais alterações entrarão em vigor, para todos os Estados-Partes, seis meses após a sua adoção pela Assembleia ou, conforme o caso, pela Conferência de Revisão.

Artigo 123
Revisão do Estatuto

1. Sete anos após a entrada em vigor do presente Estatuto, o Secretário-Geral da Organização das Nações Unidas convocará uma Conferência de Revisão para examinar qualquer alteração ao presente Estatuto. A revisão poderá incidir nomeadamente, mas não exclusivamente, sobre a lista de crimes que figura no artigo 5º. A Conferência estará aberta aos participantes na Assembleia dos Estados-Partes, nas mesmas condições.

2. A todo o momento ulterior, a requerimento de um Estado-Parte e para os fins enunciados no parágrafo 1, o Secretário-Geral da Organização das Nações Unidas, mediante aprovação da maioria dos Estados-Partes, convocará uma Conferência de Revisão.

3. A adoção e a entrada em vigor de qualquer alteração ao Estatuto examinada numa Conferência de Revisão serão reguladas pelas disposições do artigo 121, parágrafos 3 a 7.

Artigo 124
Disposição transitória

Não obstante o disposto nos parágrafos 1 e 2 do artigo 12, um Estado que se torne Parte no presente Estatuto, poderá declarar que, durante um período de sete anos a contar da data da entrada em vigor do Estatuto no seu território, não aceitará a competência do Tribunal relativamente à categoria de crimes referidos no artigo 8º, quando haja indícios de que um crime tenha sido praticado por nacionais seus ou no seu território. A declaração formulada ao abrigo deste artigo poderá ser retirada a qualquer momento. O disposto neste artigo será reexaminado na Conferência de Revisão a convocar em conformidade com o parágrafo 1 do artigo 123.

Artigo 125
Assinatura, ratificação, aceitação, aprovação ou adesão

1. O presente Estatuto estará aberto à assinatura de todos os Estados na sede da Organização das Nações Unidas para a Alimentação e a Agricultura, em Roma, a 17 de julho de 1998, continuando aberto à assinatura no Ministério dos Negócios Estrangeiros de Itália, em Roma, até 17 de outubro de 1998. Após esta data, o Estatuto continuará aberto na sede da Organização das Nações Unidas, em Nova Iorque, até 31 de dezembro de 2000.

2. O presente Estatuto ficará sujeito a ratificação, aceitação ou aprovação dos Estados signatários. Os instrumentos de ratificação, aceitação ou aprovação serão depositados junto do Secretário-Geral da Organização das Nações Unidas.

3. O presente Estatuto ficará aberto à adesão de qualquer Estado. Os instrumentos de adesão serão depositados junto do Secretário-Geral da Organização das Nações Unidas.

Artigo 126
Entrada em vigor

1. O presente Estatuto entrará em vigor no primeiro dia do mês seguinte ao termo de um período de sessenta dias após a data do depósito do sexagésimo instrumento de ratificação, de aceitação, de aprovação ou de adesão junto do Secretário-Geral da Organização das Nações Unidas.

2. Em relação ao Estado que ratifique, aceite ou aprove o Estatuto, ou a ele adira após o depósito do sexagésimo instrumento de ratificação, de aceitação, de aprovação ou de adesão, o Estatuto entrará em vigor no primeiro dia do mês seguinte ao termo de um período de sessenta dias após a data do depósito do respectivo instrumento de ratificação, de aceitação, de aprovação ou de adesão.

Artigo 127
Retirada

1. Qualquer Estado-Parte poderá, mediante notificação escrita e dirigida ao Secretário-Geral da Organização das Nações Unidas, retirar-se do presente Estatuto. A retirada produzirá efeitos um ano após a data de recepção da notificação, salvo se esta indicar uma data ulterior.

2. A retirada não isentará o Estado das obrigações que lhe incumbem em virtude do presente Estatuto enquanto Parte do mesmo, incluindo as obrigações financeiras que tiver assumido, não afetando também a cooperação com o Tribunal no âmbito de inquéritos e de procedimentos criminais relativamente aos quais o Estado tinha o dever de cooperar e que se iniciaram antes da data em que a retirada começou a produzir efeitos; a retirada em nada afetará a prossecução da apreciação das causas que o Tribunal já tivesse começado a apreciar antes da data em que a retirada começou a produzir efeitos.

Artigo 128
Textos autênticos

O original do presente Estatuto, cujos textos em árabe, chinês, espanhol, francês, inglês e russo fazem igualmente fé, será depositado junto do Secretário-Geral das Nações Unidas, que enviará cópia autenticada a todos os Estados.

Em fé do que, os abaixo assinados, devidamente autorizados pelos respectivos Governos, assinaram o presente Estatuto.

Feito em Roma, aos dezessete dias do mês de julho de mil novecentos e noventa e oito.

CONVENÇÃO SOBRE OS DIREITOS DAS PESSOAS COM DEFICIÊNCIA

- No Brasil, foi aprovada pelo Dec. Legislativo nº 186, de 9-7-2008, e promulgada pelo Dec. nº 6.949, de 25-8-2009.
- Arts. 24, XIV, 37, VIII, 203, IV, 208, III, 227, § 1º, II, e 244 da CF.
- Lei nº 13.146, de 6-7-2015 (Estatuto da Pessoa com Deficiência).

PREÂMBULO

Os Estados-Partes da presente Convenção,

a) Relembrando os princípios consagrados na Carta das Nações Unidas, que reconhecem a dignidade e o valor inerentes e os direitos iguais e inalienáveis de todos os membros da família humana como o fundamento da liberdade, da justiça e da paz no mundo,

b) Reconhecendo que as Nações Unidas, na Declaração Universal dos Direitos Humanos e nos Pactos Internacionais sobre Direitos Humanos, proclamaram e concordaram que toda pessoa faz jus a todos os direitos e liberdades ali estabelecidos, sem distinção de qualquer espécie,

c) Reafirmando a universalidade, a indivisibilidade, a interdependência e a inter-relação de todos os direitos humanos e liberdades fundamentais, bem como a necessidade de garantir que todas as pessoas com deficiência os exerçam plenamente, sem discriminação,

d) Relembrando o Pacto Internacional dos Direitos Econômicos, Sociais e Culturais, o Pacto Internacional dos Direitos Civis e Políticos, a Convenção Internacional sobre a Eliminação de Todas as Formas de Discriminação Racial, a Convenção sobre a Eliminação de todas as Formas de Discriminação contra a Mulher, a Convenção contra a Tortura e Outros Tratamentos ou Penas Cruéis, Desumanos ou Degradantes, a Convenção sobre os Direitos da Criança e a Convenção Internacional sobre a Proteção dos Direitos de Todos os Trabalhadores Migrantes e Membros de suas Famílias,

e) Reconhecendo que a deficiência é um conceito em evolução e que a deficiência resulta da interação entre pessoas com deficiência e as barreiras devidas às atitudes e ao ambiente que impedem a plena e efetiva participação dessas pessoas na sociedade em igualdade de oportunidades com as demais pessoas,

f) Reconhecendo a importância dos princípios e das diretrizes de política, contidos no Programa de Ação Mundial para as Pessoas Deficientes e nas Normas sobre a Equiparação de Oportunidades para Pessoas com Deficiência, para influenciar a promoção, a formulação e a avaliação de políticas, planos, programas e ações em níveis nacional, regional e internacional para possibilitar maior igualdade de oportunidades para pessoas com deficiência,

g) Ressaltando a importância de trazer questões relativas à deficiência ao centro das preocupações da sociedade como parte integrante das estratégias relevantes de desenvolvimento sustentável,

h) Reconhecendo também que a discriminação contra qualquer pessoa, por motivo de deficiência, configura violação da dignidade e do valor inerentes ao ser humano,

i) Reconhecendo ainda a diversidade das pessoas com deficiência,

j) Reconhecendo a necessidade de promover e proteger os direitos humanos de todas as pessoas com deficiência, inclusive daquelas que requerem maior apoio, *k)* Preocupados com o fato de que, não obstante esses diversos instrumentos e compromissos, as pessoas com deficiência continuam a enfrentar barreiras contra sua participação como membros iguais da sociedade e violações de seus direitos humanos em todas as partes do mundo,

l) Reconhecendo a importância da cooperação internacional para melhorar as condições de vida das pessoas com deficiência em todos os países, particularmente naqueles em desenvolvimento,

m) Reconhecendo as valiosas contribuições existentes e potenciais das pessoas com deficiência ao bem-estar comum e à diversidade de suas comunidades, e que a promoção do pleno exercício, pelas pessoas com deficiência, de seus direitos humanos e liberdades fundamentais e de sua plena participação na sociedade resultará no fortalecimento de seu senso de pertencimento à sociedade e no significativo avanço do desenvolvimento humano, social e econômico da sociedade, bem como na erradicação da pobreza,

n) Reconhecendo a importância, para as pessoas com deficiência, de sua autonomia e independência individuais, inclusive da liberdade para fazer as próprias escolhas,

o) Considerando que as pessoas com deficiência devem ter a oportunidade de participar ativamente das decisões relativas a programas e políticas, inclusive aos que lhes dizem respeito diretamente,

p) Preocupados com as difíceis situações enfrentadas por pessoas com deficiência que estão sujeitas a formas múltiplas ou agravadas de discriminação por causa de raça, cor, sexo, idioma, religião, opiniões políticas ou de outra natureza, origem nacional, étnica, nativa ou social, propriedade, nascimento, idade ou outra condição,

q) Reconhecendo que mulheres e meninas com deficiência estão frequentemente expostas a maiores riscos, tanto no lar como fora dele, de sofrer violência, lesões ou abuso, descaso ou tratamento negligente, maus-tratos ou exploração,

r) Reconhecendo que as crianças com deficiência devem gozar plenamente de todos os direitos humanos e liberdades fundamentais em igualdade de oportunidades com as outras crianças e relembrando as obrigações assumidas com esse fim pelos Estados-Partes na Convenção sobre os Direitos da Criança,

s) Ressaltando a necessidade de incorporar a perspectiva de gênero aos esforços para promover o pleno exercício dos direitos humanos e liberdades fundamentais por parte das pessoas com deficiência,

t) Salientando o fato de que a maioria das pessoas com deficiência vive em condições de pobreza e, nesse sentido, reconhecendo a necessidade crítica de lidar com o impacto negativo da pobreza sobre pessoas com deficiência,

u) Tendo em mente que as condições de paz e segurança baseadas no pleno respeito aos propósitos e princípios consagrados na Carta das Nações Unidas e a observância dos instrumentos de direitos humanos são indispensáveis para a total proteção das pessoas com deficiência, particularmente durante conflitos armados e ocupação estrangeira,

v) Reconhecendo a importância da acessibilidade aos meios físico, social, econômico e cultural, à saúde, à educação e à informação e comunicação, para possibilitar às pessoas com deficiência o pleno gozo de todos os direitos humanos e liberdades fundamentais,

w) Conscientes de que a pessoa tem deveres para com outras pessoas e para com a comunidade a que pertence e que, portanto, tem a responsabilidade de esforçar-se para a promoção e a observância dos direitos reconhecidos na Carta Internacional dos Direitos Humanos,

x) Convencidos de que a família é o núcleo natural e fundamental da sociedade e tem o direito de receber a proteção da sociedade e do Estado e de que as pessoas com deficiência e seus familiares devem receber a proteção e a assistência necessárias para tornar as famílias capazes de contribuir para o exercício pleno e equitativo dos direitos das pessoas com deficiência,

y) Convencidos de que uma convenção internacional geral e integral para promover e proteger os direitos e a dignidade das pessoas com deficiência prestará significativa contribuição para corrigir as profundas desvantagens sociais das pessoas com deficiência e para promover sua participação na vida econômica, social e cultural, em igualdade de oportunidades, tanto nos países em desenvolvimento como nos desenvolvidos,

Acordaram o seguinte:

Artigo 1º
Propósito

O propósito da presente Convenção é promover, proteger e assegurar o exercício pleno e equitativo de todos os direitos humanos e liberdades fundamentais por todas as pessoas com deficiência e promover o respeito pela sua dignidade inerente.

Pessoas com deficiência são aquelas que têm impedimentos de longo prazo de natureza física, mental, intelectual ou sensorial, os quais, em interação com diversas barreiras, podem obstruir sua participação plena e efetiva na sociedade em igualdades de condições com as demais pessoas.

Artigo 2º
Definições

Para os propósitos da presente Convenção:

"Comunicação" abrange as línguas, a visualização de textos, o *braille*, a comunicação tátil, os caracteres ampliados, os dispositivos de multimídia acessível, assim como a linguagem simples, escrita e oral, os sistemas auditivos e os meios de voz digitalizada e os modos, meios e formatos aumentativos e alternativos de comunicação, inclusive a tecnologia da informação e comunicação acessíveis;

"Língua" abrange as línguas faladas e de sinais e outras formas de comunicação não falada;

"Discriminação por motivo de deficiência" significa qualquer diferenciação, exclusão ou restrição baseada em deficiência, com o propósito ou efeito de impedir ou impossibilitar o reconhecimento, o desfrute ou o exercício, em igualdade de oportunidades com as demais pessoas, de todos os direitos humanos e liberdades fundamentais nos âmbitos político, econômico, social, cultural, civil ou qualquer outro. Abrange todas as formas de discriminação, inclusive a recusa de adaptação razoável;

"Adaptação razoável" significa as modificações e os ajustes necessários e adequados que não acarretem ônus desproporcional ou indevido, quando requeridos em cada caso, a fim de assegurar que as pessoas com deficiência possam gozar ou exercer, em igualdade de oportunidades com as demais pessoas, todos os direitos humanos e liberdades fundamentais;

"Desenho universal" significa a concepção de produtos, ambientes, programas e serviços a serem usados, na maior medida possível, por todas as pessoas, sem necessidade de adaptação ou projeto específico. O "desenho universal" não excluirá as ajudas técnicas para grupos específicos de pessoas com deficiência, quando necessárias.

Artigo 3º
Princípios gerais

Os princípios da presente Convenção são:

a) O respeito pela dignidade inerente, a autonomia individual, inclusive a liberdade de fazer as próprias escolhas, e a independência das pessoas;

b) A não discriminação;

c) A plena e efetiva participação e inclusão na sociedade;

d) O respeito pela diferença e pela aceitação das pessoas com deficiência como parte da diversidade humana e da humanidade;

e) A igualdade de oportunidades;

f) A acessibilidade;

g) A igualdade entre o homem e a mulher;

h) O respeito pelo desenvolvimento das capacidades das crianças com deficiência e pelo direito das crianças com deficiência de preservar sua identidade.

Artigo 4º
Obrigações gerais

1. Os Estados-Partes se comprometem a assegurar e promover o pleno exercício de todos os direitos humanos e liberdades fundamentais por todas as pessoas com deficiência, sem qualquer tipo de discriminação por causa de sua deficiência. Para tanto, os Estados-Partes se comprometem a:

a) Adotar todas as medidas legislativas, administrativas e de qualquer outra natureza, necessárias para a realização dos direitos reconhecidos na presente Convenção;

b) Adotar todas as medidas necessárias, inclusive legislativas, para modificar ou revogar leis, regulamentos, costumes e práticas vigentes, que constituírem discriminação contra pessoas com deficiência;

c) Levar em conta, em todos os programas e políticas, a proteção e a promoção dos direitos humanos das pessoas com deficiência;

d) Abster-se de participar em qualquer ato ou prática incompatível com a presente Convenção e assegurar que as autoridades públicas e instituições atuem em conformidade com a presente Convenção;

e) Tomar todas as medidas apropriadas para eliminar a discriminação baseada em deficiência, por parte de qualquer pessoa, organização ou empresa privada;

f) Realizar ou promover a pesquisa e o desenvolvimento de produtos, serviços, equipamentos e instalações com desenho universal, conforme definidos no Artigo 2 da presente Convenção, que exijam o mínimo possível de adaptação e cujo custo seja o mínimo possível, destinados a atender às necessidades específicas de pessoas com deficiência, a promover sua disponibilidade e seu uso e a promover o desenho universal quando da elaboração de normas e diretrizes;

g) Realizar ou promover a pesquisa e o desenvolvimento, bem como a disponibilidade e o emprego de novas tecnologias, inclusive as tecnologias da informação e comunicação, ajudas técnicas para locomoção, dispositivos e tecnologias assistivas, adequados a pessoas com deficiência, dando prioridade a tecnologias de custo acessível;

h) Propiciar informação acessível para as pessoas com deficiência a respeito de ajudas técnicas para locomoção, dispositivos e tecnologias assistivas, incluindo novas tecnologias bem como outras formas de assistência, serviços de apoio e instalações;

i) Promover a capacitação em relação aos direitos reconhecidos pela presente Convenção dos profissionais e equipes que trabalham com pessoas com deficiência, de forma a melhorar a prestação de assistência e serviços garantidos por esses direitos.

2. Em relação aos direitos econômicos, sociais e culturais, cada Estado-Parte se compromete a tomar medidas, tanto quanto permitirem os recursos disponíveis e, quando necessário, no âmbito da cooperação internacional, a fim de assegurar progressivamente o pleno exercício desses direitos, sem prejuízo das obrigações contidas na presente Convenção que forem imediatamente aplicáveis de acordo com o direito internacional.

3. Na elaboração e implementação de legislação e políticas para aplicar a presente Convenção e em outros processos de tomada de decisão relativos às pessoas com deficiência, os Estados-Partes realizarão consultas estreitas e envolverão ativamente pessoas com deficiência, inclusive crianças com deficiência, por intermédio de suas organizações representativas.

4. Nenhum dispositivo da presente Convenção afetará quaisquer disposições mais propícias à realização dos direitos das pessoas com deficiência, as quais possam estar contidas na legislação do Estado-Parte ou no direito internacional em vigor para esse Estado.

Não haverá nenhuma restrição ou derrogação de qualquer dos direitos humanos e liberdades fundamentais reconhecidos ou vigentes em qualquer Estado-Parte da presente Convenção, em conformidade com leis, convenções, regulamentos ou costumes, sob a alegação de que a presente Convenção não reconhece tais direitos e liberdades ou que os reconhece em menor grau.

5. As disposições da presente Convenção se aplicam, sem limitação ou exceção, a todas as unidades constitutivas dos Estados federativos.

Artigo 5º
Igualdade e não discriminação

1. Os Estados-Partes reconhecem que todas as pessoas são iguais perante e sob a lei e que fazem jus, sem qualquer discriminação, a igual proteção e igual benefício da lei.

2. Os Estados-Partes proibirão qualquer discriminação baseada na deficiência e garantirão às pessoas com deficiência igual e efetiva proteção legal contra a discriminação por qualquer motivo.

3. A fim de promover a igualdade e eliminar a discriminação, os Estados-Partes adotarão todas as medidas apropriadas para garantir que a adaptação razoável seja oferecida.

4. Nos termos da presente Convenção, as medidas específicas que forem necessárias para acelerar ou alcançar a efetiva igualdade das pessoas com deficiência não serão consideradas discriminatórias.

Artigo 6º
Mulheres com deficiência

1. Os Estados-Partes reconhecem que as mulheres e meninas com deficiência estão sujeitas a múltiplas formas de discriminação e, portanto, tomarão medidas para assegurar às mulheres e meninas com deficiência o pleno e igual exercício de todos os direitos humanos e liberdades fundamentais.

2. Os Estados-Partes tomarão todas as medidas apropriadas para assegurar o pleno desenvolvimento, o avanço e o empoderamento das mulheres, a fim de garantir-lhes o exercício e o gozo dos direitos humanos e liberdades fundamentais estabelecidos na presente Convenção.

Artigo 7º
Crianças com deficiência

1. Os Estados-Partes tomarão todas as medidas necessárias para assegurar às crianças com deficiência o pleno exercício de todos os direitos humanos e liberdades fundamentais, em igualdade de oportunidades com as demais crianças.

2. Em todas as ações relativas às crianças com deficiência, o superior interesse da criança receberá consideração primordial.

3. Os Estados-Partes assegurarão que as crianças com deficiência tenham o direito de expressar livremente sua opinião sobre todos os assuntos que lhes disserem respeito, tenham a sua opinião devidamente valorizada de acordo com sua idade e maturidade, em igualdade de oportunidades com as demais crianças, e recebam atendimento adequado à sua deficiência e idade, para que possam exercer tal direito.

Artigo 8º
Conscientização

1. Os Estados-Partes se comprometem a adotar medidas imediatas, efetivas e apropriadas para:

a) Conscientizar toda a sociedade, inclusive as famílias, sobre as condições das pessoas com deficiência e fomentar o respeito pelos direitos e pela dignidade das pessoas com deficiência;

b) Combater estereótipos, preconceitos e práticas nocivas em relação a pessoas com deficiência, inclusive aqueles relacionados a sexo e idade, em todas as áreas da vida;

c) Promover a conscientização sobre as capacidades e contribuições das pessoas com deficiência.

2. As medidas para esse fim incluem:

a) Lançar e dar continuidade a efetivas campanhas de conscientização públicas, destinadas a:

i) Favorecer atitude receptiva em relação aos direitos das pessoas com deficiência;

ii) Promover percepção positiva e maior consciência social em relação às pessoas com deficiência;

iii) Promover o reconhecimento das habilidades, dos méritos e das capacidades das pessoas com deficiência e de sua contribuição ao local de trabalho e ao mercado laboral;

b) Fomentar em todos os níveis do sistema educacional, incluindo neles todas as crianças desde tenra idade, uma atitude de respeito para com os direitos das pessoas com deficiência;

c) Incentivar todos os órgãos da mídia a retratar as pessoas com deficiência de maneira compatível com o propósito da presente Convenção;

d) Promover programas de formação sobre sensibilização a respeito das pessoas com deficiência e sobre os direitos das pessoas com deficiência.

Artigo 9º
Acessibilidade

1. A fim de possibilitar às pessoas com deficiência viver de forma independente e participar plenamente de todos os aspectos da vida, os Estados-Partes tomarão as medidas apropriadas para assegurar às pessoas com deficiência o acesso, em igualdade de oportunidades com as demais pessoas, ao meio físico, ao transporte, à informação e comunicação, inclusive aos sistemas e tecnologias da informação e comunicação, bem como a outros serviços e instalações abertos ao público ou de uso público, tanto na zona urbana como na rural. Essas medidas, que incluirão a identificação e a eliminação de obstáculos e barreiras à acessibilidade, serão aplicadas, entre outros, a:

a) Edifícios, rodovias, meios de transporte e outras instalações internas e externas, inclusive escolas, residências, instalações médicas e local de trabalho;

b) Informações, comunicações e outros serviços, inclusive serviços eletrônicos e serviços de emergência.

2. Os Estados-Partes também tomarão medidas apropriadas para:

a) Desenvolver, promulgar e monitorar a implementação de normas e diretrizes mínimas para a acessibilidade das instalações e dos serviços abertos ao público ou de uso público;

b) Assegurar que as entidades privadas que oferecem instalações e serviços abertos ao público ou de uso público levem em consideração todos os aspectos relativos à acessibilidade para pessoas com deficiência;

c) Proporcionar, a todos os atores envolvidos, formação em relação às questões de acessibilidade com as quais as pessoas com deficiência se confrontam;

d) Dotar os edifícios e outras instalações abertas ao público ou de uso público de sinalização em *braille* e em formatos de fácil leitura e compreensão;

e) Oferecer formas de assistência humana ou animal e serviços de mediadores, incluindo guias, ledores e intérpretes profissionais da língua de sinais, para facilitar o acesso aos edifícios e outras instalações abertas ao público ou de uso público;

f) Promover outras formas apropriadas de assistência e apoio a pessoas com deficiência, a fim de assegurar a essas pessoas o acesso a informações;

g) Promover o acesso de pessoas com deficiência a novos sistemas e tecnologias da informação e comunicação, inclusive à Internet;

h) Promover, desde a fase inicial, a concepção, o desenvolvimento, a produção e a disseminação de sistemas e tecnologias de informação e comunicação, a fim de que esses sistemas e tecnologias se tornem acessíveis a custo mínimo.

Artigo 10
Direito à vida

Os Estados-Partes reafirmam que todo ser humano tem o inerente direito à vida e tomarão todas as medidas necessárias para assegurar o efetivo exercício desse direito pelas pessoas com deficiência, em igualdade de oportunidades com as demais pessoas.

Artigo 11
Situações de risco e emergências humanitárias

Em conformidade com suas obrigações decorrentes do direito internacional, inclusive do direito humanitário internacional e do direito internacional dos direitos humanos, os Estados-Partes tomarão todas as medidas necessárias para assegurar a proteção e a segurança das pessoas com deficiência que se encontrarem em situações de risco, inclusive situações de conflito armado, emergências humanitárias e ocorrência de desastres naturais.

Artigo 12
Reconhecimento igual perante a lei

1. Os Estados-Partes reafirmam que as pessoas com deficiência têm o direito de ser reconhecidas em qualquer lugar como pessoas perante a lei.

2. Os Estados-Partes reconhecerão que as pessoas com deficiência gozam de capacidade legal em igualdade de condições com as demais pessoas em todos os aspectos da vida.

3. Os Estados-Partes tomarão medidas apropriadas para prover o acesso de pessoas com deficiência ao apoio que necessitarem no exercício de sua capacidade legal.

4. Os Estados-Partes assegurarão que todas as medidas relativas ao exercício da capacidade legal incluam salvaguardas apropriadas e efetivas para prevenir abusos, em conformidade com o direito internacional dos direitos humanos. Essas salvaguardas assegurarão que as medidas relativas ao exercício da capacidade legal respeitem os direitos, a vontade e as preferências da pessoa, sejam isentas de conflito de interesses e de influência indevida, sejam proporcionais e apropriadas às circunstâncias da pessoa, se apliquem pelo período mais curto possível e sejam submetidas à revisão regular por uma autoridade ou órgão judiciário competente, independente e imparcial. As salvaguardas serão proporcionais ao grau em que tais medidas afetarem os direitos e interesses da pessoa.

5. Os Estados-Partes, sujeitos ao disposto neste Artigo, tomarão todas as medidas apropriadas e efetivas para assegurar às pessoas com deficiência o igual direito de possuir ou herdar bens, de controlar as próprias finanças e de ter igual acesso a empréstimos bancários, hipotecas e outras formas de crédito financeiro, e assegurarão que as pessoas com deficiência não sejam arbitrariamente destituídas de seus bens.

Artigo 13
Acesso à justiça

1. Os Estados-Partes assegurarão o efetivo acesso das pessoas com deficiência à justiça, em igualdade de condições com as demais pessoas, inclusive mediante a provisão de adaptações processuais adequadas à idade, a fim de facilitar o efetivo papel das pessoas com deficiência como participantes diretos ou indiretos, inclusive como testemunhas, em todos os procedimentos jurídicos, tais como investigações e outras etapas preliminares.

2. A fim de assegurar às pessoas com deficiência o efetivo acesso à justiça, os Estados-Partes promoverão a capacitação apropriada daqueles que trabalham na área de administração da justiça, inclusive a polícia e os funcionários do sistema penitenciário.

Artigo 14
Liberdade e segurança da pessoa

1. Os Estados-Partes assegurarão que as pessoas com deficiência, em igualdade de oportunidades com as demais pessoas:

a) Gozem do direito à liberdade e à segurança da pessoa; e

b) Não sejam privadas ilegal ou arbitrariamente de sua liberdade e que toda privação de liberdade esteja em conformidade com a lei, e que a existência de deficiência não justifique a privação de liberdade.

2. Os Estados-Partes assegurarão que, se pessoas com deficiência forem privadas de liberdade mediante algum processo, elas, em igualdade de oportunidades com as demais pessoas, façam jus a garantias de acordo com o direito internacional dos direitos humanos e sejam tratadas em conformidade com os objetivos e princípios da presente Convenção, inclusive mediante a provisão de adaptação razoável.

Artigo 15
Prevenção contra tortura ou tratamentos ou penas cruéis, desumanos ou degradantes

1. Nenhuma pessoa será submetida à tortura ou a tratamentos ou penas cruéis, desumanos ou degradantes. Em especial, nenhuma pessoa deverá ser sujeita a experimentos médicos ou científicos sem seu livre consentimento.

2. Os Estados-Partes tomarão todas as medidas efetivas de natureza legislativa, administrativa, judicial ou outra para evitar que pessoas com deficiência, do mesmo modo que as demais pessoas, sejam submetidas à tortura ou a tratamentos ou penas cruéis, desumanos ou degradantes.

Artigo 16
Prevenção contra a exploração, a violência e o abuso

1. Os Estados-Partes tomarão todas as medidas apropriadas de natureza legislativa, administrativa, social, educacional e outras para proteger as pessoas com deficiência, tanto dentro como fora do lar, contra todas as formas de exploração, violência e abuso, incluindo aspectos relacionados a gênero.

2. Os Estados-Partes também tomarão todas as medidas apropriadas para prevenir todas as formas de exploração, violência e abuso, assegurando, entre outras coisas, formas apropriadas de atendimento e apoio que levem em conta o gênero e a idade das pessoas com deficiência e de seus familiares e atendentes, inclusive mediante a provisão de informação e educação sobre a maneira de evitar, reconhecer e denunciar casos de exploração, violência e abuso. Os Estados-Partes assegurarão que os serviços de proteção levem em conta a idade, o gênero e a deficiência das pessoas.

3. A fim de prevenir a ocorrência de quaisquer formas de exploração, violência e abuso, os Estados-Partes assegurarão que todos os programas e instalações destinados a atender pessoas com deficiência sejam efetivamente monitorados por autoridades independentes.

4. Os Estados-Partes tomarão todas as medidas apropriadas para promover a recuperação física, cognitiva e psicológica, inclusive mediante a provisão de serviços de proteção, a reabilitação e a reinserção social de pessoas com deficiência que forem vítimas de qualquer forma de exploração, violência ou abuso. Tais recuperação e reinserção ocorrerão em ambientes que promovam a saúde, o bem-estar, o autorrespeito, a dignidade e a autonomia da pessoa e levem em consideração as necessidades de gênero e idade.

5. Os Estados-Partes adotarão leis e políticas efetivas, inclusive legislação e políticas voltadas para mulheres e crianças, a fim de assegurar que os casos de exploração, violência e abuso contra pessoas com deficiência sejam identificados, investigados e, caso necessário, julgados.

Artigo 17
Proteção da integridade da pessoa

Toda pessoa com deficiência tem o direito a que sua integridade física e mental seja respeitada, em igualdade de condições com as demais pessoas.

Artigo 18
Liberdade de movimentação e nacionalidade

1. Os Estados-Partes reconhecerão os direitos das pessoas com deficiência à liberdade de movimentação, à liberdade de escolher sua residência e à nacionalidade, em igualdade de oportunidades com as demais pessoas, inclusive assegurando que as pessoas com deficiência:

a) Tenham o direito de adquirir nacionalidade e mudar de nacionalidade e não sejam privadas arbitrariamente de sua nacionalidade em razão de sua deficiência.

b) Não sejam privadas, por causa de sua deficiência, da competência de obter, possuir e utilizar documento comprovante de sua nacionalidade ou outro documento de identidade, ou de recorrer a processos relevantes, tais como procedimentos relativos à imigração, que forem necessários para facilitar o exercício de seu direito à liberdade de movimentação.

c) Tenham liberdade de sair de qualquer país, inclusive do seu; e

d) Não sejam privadas, arbitrariamente ou por causa de sua deficiência, do direito de entrar no próprio país.

2. As crianças com deficiência serão registradas imediatamente após o nascimento e terão, desde o nascimento, o direito a um nome, o direito de adquirir nacionalidade e, tanto quanto

possível, o direito de conhecer seus pais e de ser cuidadas por eles.

Artigo 19
Vida independente e inclusão na comunidade

Os Estados-Partes desta Convenção reconhecem o igual direito de todas as pessoas com deficiência de viver na comunidade, com a mesma liberdade de escolha que as demais pessoas, e tomarão medidas efetivas e apropriadas para facilitar às pessoas com deficiência o pleno gozo desse direito e sua plena inclusão e participação na comunidade, inclusive assegurando que:

a) As pessoas com deficiência possam escolher seu local de residência e onde e com quem morar, em igualdade de oportunidades com as demais pessoas, e que não sejam obrigadas a viver em determinado tipo de moradia;

b) As pessoas com deficiência tenham acesso a uma variedade de serviços de apoio em domicílio ou em instituições residenciais ou a outros serviços comunitários de apoio, inclusive os serviços de atendentes pessoais que forem necessários como apoio para que as pessoas com deficiência vivam e sejam incluídas na comunidade e para evitar que fiquem isoladas ou segregadas da comunidade;

c) Os serviços e instalações da comunidade para a população em geral estejam disponíveis às pessoas com deficiência, em igualdade de oportunidades, e atendam às suas necessidades.

Artigo 20
Mobilidade pessoal

Os Estados-Partes tomarão medidas efetivas para assegurar às pessoas com deficiência sua mobilidade pessoal com a máxima independência possível:

a) Facilitando a mobilidade pessoal das pessoas com deficiência, na forma e no momento em que elas quiserem, e a custo acessível;

b) Facilitando às pessoas com deficiência o acesso a tecnologias assistivas, dispositivos e ajudas técnicas de qualidade, e formas de assistência humana ou animal e de mediadores, inclusive tornando-os disponíveis a custo acessível;

c) Propiciando às pessoas com deficiência e ao pessoal especializado uma capacitação em técnicas de mobilidade;

d) Incentivando entidades que produzem ajudas técnicas de mobilidade, dispositivos e tecnologias assistivas a levarem em conta todos os aspectos relativos à mobilidade de pessoas com deficiência.

Artigo 21
Liberdade de expressão e de opinião e acesso à informação

Os Estados-Partes tomarão todas as medidas apropriadas para assegurar que as pessoas com deficiência possam exercer seu direito à liberdade de expressão e opinião, inclusive à liberdade de buscar, receber e compartilhar informações e ideias, em igualdade de oportunidades com as demais pessoas e por intermédio de todas as formas de comunicação de sua escolha, conforme o disposto no Artigo 2º da presente Convenção, entre as quais:

a) Fornecer, prontamente e sem custo adicional, às pessoas com deficiência, todas as informações destinadas ao público em geral, em formatos acessíveis e tecnologias apropriadas aos diferentes tipos de deficiência;

b) Aceitar e facilitar, em trâmites oficiais, o uso de línguas de sinais, *braille*, comunicação aumentativa e alternativa, e de todos os demais meios, modos e formatos acessíveis de comunicação, à escolha das pessoas com deficiência;

c) Urgir as entidades privadas que oferecem serviços ao público em geral, inclusive por meio da Internet, a fornecer informações e serviços em formatos acessíveis, que possam ser usados por pessoas com deficiência;

d) Incentivar a mídia, inclusive os provedores de informação pela Internet, a tornar seus serviços acessíveis a pessoas com deficiência;

e) Reconhecer e promover o uso de línguas de sinais.

Artigo 22
Respeito à privacidade

1. Nenhuma pessoa com deficiência, qualquer que seja seu local de residência ou tipo de moradia, estará sujeita a interferência arbitrária ou ilegal em sua privacidade, família, lar, correspondência ou outros tipos de comunicação, nem a ataques ilícitos à sua honra e reputação. As pessoas com deficiência têm o direito à proteção da lei contra tais interferências ou ataques.

2. Os Estados-Partes protegerão a privacidade dos dados pessoais e dados relativos à saúde e à reabilitação de pessoas com deficiência, em igualdade de condições com as demais pessoas.

Artigo 23
Respeito pelo lar e pela família

1. Os Estados-Partes tomarão medidas efetivas e apropriadas para eliminar a discriminação contra pessoas com deficiência, em todos os aspectos relativos a casamento, família, paternidade e relacionamentos, em igualdade de condições com as demais pessoas, de modo a assegurar que:

a) Seja reconhecido o direito das pessoas com deficiência, em idade de contrair matrimônio, de casar-se e estabelecer família, com base no livre e pleno consentimento dos pretendentes;

b) Sejam reconhecidos os direitos das pessoas com deficiência de decidir livre e responsavelmente sobre o número de filhos e o espaçamento entre esses filhos e de ter acesso a informações adequadas à idade e à educação em matéria de reprodução e de planejamento familiar, bem como os meios necessários para exercer esses direitos.

c) As pessoas com deficiência, inclusive crianças, conservem sua fertilidade, em igualdade de condições com as demais pessoas.

2. Os Estados-Partes assegurarão os direitos e responsabilidades das pessoas com deficiência, relativos à guarda, custódia, curatela e adoção de crianças ou instituições semelhantes, caso esses conceitos constem na legislação nacional. Em todos os casos, prevalecerá o superior interesse da criança. Os Estados-Partes prestarão a devida assistência às pessoas com deficiência para que essas pessoas possam exercer suas responsabilidades na criação dos filhos.

3. Os Estados-Partes assegurarão que as crianças com deficiência terão iguais direitos em relação à vida familiar. Para a realização desses direitos e para evitar ocultação, abandono, negligência e segregação de crianças com deficiência, os Estados-Partes fornecerão prontamente informações abrangentes sobre serviços e apoios a crianças com deficiência e suas famílias.

4. Os Estados-Partes assegurarão que uma criança não será separada de seus pais contra a vontade destes, exceto quando autoridades competentes, sujeitas a controle jurisdicional, determinarem, em conformidade com as leis e procedimentos aplicáveis, que a separação é necessária, no superior interesse da criança. Em nenhum caso, uma criança será separada dos pais sob alegação de deficiência da criança ou de um ou ambos os pais.

5. Os Estados-Partes, no caso em que a família imediata de uma criança com deficiência não tenha condições de cuidar da criança, farão todo esforço para que cuidados alternativos sejam oferecidos por outros parentes e, se isso não for possível, dentro de ambiente familiar, na comunidade.

Artigo 24
Educação

1. Os Estados-Partes reconhecem o direito das pessoas com deficiência à educação. Para efetivar esse direito sem discriminação e com base na igualdade de oportunidades, os Estados-Partes assegurarão sistema educacional inclusivo em todos os níveis, bem como o aprendizado ao longo de toda a vida, com os seguintes objetivos:

a) O pleno desenvolvimento do potencial humano e do senso de dignidade e autoestima, além do fortalecimento do respeito pelos direitos humanos, pelas liberdades fundamentais e pela diversidade humana;

b) O máximo desenvolvimento possível da personalidade e dos talentos e da criatividade das pessoas com deficiência, assim como de suas habilidades físicas e intelectuais;

c) A participação efetiva das pessoas com deficiência em uma sociedade livre.

2. Para a realização desse direito, os Estados-Partes assegurarão que:

a) As pessoas com deficiência não sejam excluídas do sistema educacional geral sob alegação de deficiência e que as crianças com deficiência não sejam excluídas do ensino primário gratuito e compulsório ou do ensino secundário, sob alegação de deficiência;

b) As pessoas com deficiência possam ter acesso ao ensino primário inclusivo, de qualidade e gratuito, e ao ensino secundário, em igualdade de condições com as demais pessoas na comunidade em que vivem;

c) Adaptações razoáveis de acordo com as necessidades individuais sejam providenciadas;

d) As pessoas com deficiência recebam o apoio necessário, no âmbito do sistema educacional geral, com vistas a facilitar sua efetiva educação;

e) Medidas de apoio individualizadas e efetivas sejam adotadas em ambientes que maximizem o desenvolvimento acadêmico e social, de acordo com a meta de inclusão plena.

3. Os Estados-Partes assegurarão às pessoas com deficiência a possibilidade de adquirir as competências práticas e sociais necessárias de modo a facilitar às pessoas com deficiência sua plena e igual participação no sistema de ensino e na vida em comunidade. Para tanto, os Estados-Partes tomarão medidas apropriadas, incluindo:

a) Facilitação do aprendizado do *braille*, escrita alternativa, modos, meios e formatos de comunicação aumentativa e alternativa, e habilidades de orientação e mobilidade, além de facilitação do apoio e aconselhamento de pares;

b) Facilitação do aprendizado da língua de sinais e promoção da identidade linguística da comunidade surda;

c) Garantia de que a educação de pessoas, em particular crianças cegas, surdo-cegas e surdas, seja ministrada nas línguas e nos modos e meios de comunicação mais adequados ao indivíduo e em ambientes que favoreçam ao máximo seu desenvolvimento acadêmico e social.

4. A fim de contribuir para o exercício desse direito, os Estados-Partes tomarão medidas apropriadas para empregar professores, inclusive professores com deficiência, habilitados para o ensino da língua de sinais e/ou do *braille*, e para capacitar profissionais e equipes atuantes em todos os níveis de ensino. Essa capacitação incorporará a conscientização da deficiência e a utilização de modos, meios e formatos apropriados de comunicação aumentativa e alternativa, e técnicas e materiais pedagógicos, como apoios para pessoas com deficiência.

5. Os Estados-Partes assegurarão que as pessoas com deficiência possam ter acesso ao ensino superior em geral, treinamento profissional de acordo com sua vocação, educação para adultos e formação continuada, sem discriminação e em igualdade de condições.

Para tanto, os Estados-Partes assegurarão a provisão de adaptações razoáveis para pessoas com deficiência.

Artigo 25
Saúde

Os Estados-Partes reconhecem que as pessoas com deficiência têm o direito de gozar do estado de saúde mais elevado possível, sem discriminação baseada na deficiência. Os Estados-Partes tomarão todas as medidas apropriadas para assegurar às pessoas com deficiência o acesso a serviços de saúde, incluindo os serviços de reabilitação, que levarão em conta as especificidades de gênero. Em especial, os Estados-Partes:

a) Oferecerão às pessoas com deficiência programas e atenção à saúde gratuitos ou a custos acessíveis da mesma variedade, qualidade e padrão que são oferecidos às demais pessoas, inclusive na área de saúde sexual e reprodutiva e de programas de saúde pública destinados à população em geral;

b) Propiciarão serviços de saúde que as pessoas com deficiência necessitam especificamente por causa de sua deficiência, inclusive diagnóstico e intervenção precoces, bem como serviços projetados para reduzir ao máximo e prevenir deficiências adicionais, inclusive entre crianças e idosos;

c) Propiciarão esses serviços de saúde às pessoas com deficiência, o mais próximo possível de suas comunidades, inclusive na zona rural;

d) Exigirão dos profissionais de saúde que dispensem às pessoas com deficiência a mesma qualidade de serviços dispensada às demais pessoas e, principalmente, que obtenham o consentimento livre e esclarecido das pessoas com deficiência concernentes. Para esse fim, os Estados-Partes realizarão atividades de formação e definirão regras éticas para os setores de saúde público e privado, de modo a conscientizar os profissionais de saúde acerca dos direitos humanos, da dignidade, autonomia e das necessidades das pessoas com deficiência;

e) Proibirão a discriminação contra pessoas com deficiência na provisão de seguro de saúde e seguro de vida, caso tais seguros sejam permitidos pela legislação nacional, os quais deverão ser providos de maneira razoável e justa;

f) Prevenirão que se neguem, de maneira discriminatória, os serviços de saúde ou de atenção à saúde ou a administração de alimentos sólidos ou líquidos por motivo de deficiência.

Artigo 26
Habilitação e reabilitação

1. Os Estados-Partes tomarão medidas efetivas e apropriadas, inclusive mediante apoio dos pares, para possibilitar que as pessoas com deficiência conquistem e conservem o máximo de autonomia e plena capacidade física, mental, social e profissional, bem como plena inclusão e participação em todos os aspectos da vida. Para tanto, os Estados-Partes organizarão, fortalecerão e ampliarão serviços e programas completos de habilitação e reabilitação, particularmente nas áreas de saúde, emprego, educação e serviços sociais, de modo que esses serviços e programas:

a) Comecem no estágio mais precoce possível e sejam baseados em avaliação multidisciplinar das necessidades e pontos fortes de cada pessoa;

b) Apoiem a participação e a inclusão na comunidade e em todos os aspectos da vida social, sejam oferecidos voluntariamente e estejam disponíveis às pessoas com deficiência o mais próximo possível de suas comunidades, inclusive na zona rural.

2. Os Estados-Partes promoverão o desenvolvimento da capacitação inicial e continuada de profissionais e de equipes que atuam nos serviços de habilitação e reabilitação.

3. Os Estados-Partes promoverão a disponibilidade, o conhecimento e o uso de dispositivos e tecnologias assistivas, projetados para pessoas com deficiência e relacionados com a habilitação e a reabilitação.

Artigo 27
Trabalho e emprego

1. Os Estados-Partes reconhecem o direito das pessoas com deficiência ao trabalho, em igualdade de oportunidades com as demais pessoas. Esse direito abrange o direito à oportunidade de se manter com um trabalho de sua livre escolha ou aceitação no mercado laboral, em ambiente de trabalho que seja aberto, inclusivo e acessível a pessoas com deficiência. Os Estados-Partes salvaguardarão e promoverão a realização do direito ao trabalho, inclusive daqueles que tiverem adquirido uma deficiência no emprego, adotando medidas apropriadas, incluídas na legislação, com o fim de, entre outros:

a) Proibir a discriminação baseada na deficiência com respeito a todas as questões relacionadas com as formas de emprego, inclusive condições de recrutamento, contratação e admissão, permanência no emprego, ascensão profissional e condições seguras e salubres de trabalho;

b) Proteger os direitos das pessoas com deficiência, em condições de igualdade com as demais pessoas, às condições justas e favoráveis de trabalho, incluindo iguais oportunidades e igual remuneração por trabalho de igual valor, condições seguras e salubres de trabalho, além de reparação de injustiças e proteção contra o assédio no trabalho;

c) Assegurar que as pessoas com deficiência possam exercer seus direitos trabalhistas e sindicais, em condições de igualdade com as demais pessoas;

d) Possibilitar às pessoas com deficiência o acesso efetivo a programas de orientação técnica e profissional e a serviços de colocação no trabalho e de treinamento profissional e continuado;

e) Promover oportunidades de emprego e ascensão profissional para pessoas com deficiência no mercado de trabalho, bem como assistência na procura, obtenção e manutenção do emprego e no retorno ao emprego;

f) Promover oportunidades de trabalho autônomo, empreendedorismo, desenvolvimento de cooperativas e estabelecimento de negócio próprio;

g) Empregar pessoas com deficiência no setor público;

h) Promover o emprego de pessoas com deficiência no setor privado, mediante políticas e medidas apropriadas, que poderão incluir programas de ação afirmativa, incentivos e outras medidas;

i) Assegurar que adaptações razoáveis sejam feitas para pessoas com deficiência no local de trabalho;

j) Promover a aquisição de experiência de trabalho por pessoas com deficiência no mercado aberto de trabalho;

k) Promover reabilitação profissional, manutenção do emprego e programas de retorno ao trabalho para pessoas com deficiência.

2. Os Estados-Partes assegurarão que as pessoas com deficiência não serão mantidas em escravidão ou servidão e que serão protegidas, em igualdade de condições com as demais pessoas, contra o trabalho forçado ou compulsório.

Artigo 28
Padrão de vida e proteção social adequados

1. Os Estados-Partes reconhecem o direito das pessoas com deficiência a um padrão adequado de vida para si e para suas famílias, inclusive alimentação, vestuário e moradia adequados,

bem como à melhoria contínua de suas condições de vida, e tomarão as providências necessárias para salvaguardar e promover a realização desse direito sem discriminação baseada na deficiência.

2. Os Estados-Partes reconhecem o direito das pessoas com deficiência à proteção social e ao exercício desse direito sem discriminação baseada na deficiência, e tomarão as medidas apropriadas para salvaguardar e promover a realização desse direito, tais como:

a) Assegurar igual acesso de pessoas com deficiência a serviços de saneamento básico e assegurar o acesso aos serviços, dispositivos e outros atendimentos apropriados para as necessidades relacionadas com a deficiência;

b) Assegurar o acesso de pessoas com deficiência, particularmente mulheres, crianças e idosos com deficiência, a programas de proteção social e de redução da pobreza;

c) Assegurar o acesso de pessoas com deficiência e suas famílias em situação de pobreza à assistência do Estado em relação a seus gastos ocasionados pela deficiência, inclusive treinamento adequado, aconselhamento, ajuda financeira e cuidados de repouso;

d) Assegurar o acesso de pessoas com deficiência a programas habitacionais públicos;

e) Assegurar igual acesso de pessoas com deficiência a programas e benefícios de aposentadoria.

Artigo 29
Participação na vida política e pública

Os Estados-Partes garantirão às pessoas com deficiência direitos políticos e oportunidade de exercê-los em condições de igualdade com as demais pessoas, e deverão:

a) Assegurar que as pessoas com deficiência possam participar efetiva e plenamente na vida política e pública, em igualdade de oportunidades com as demais pessoas, diretamente ou por meio de representantes livremente escolhidos, incluindo o direito e a oportunidade de votarem e serem votadas, mediante, entre outros:

i) Garantia de que os procedimentos, instalações e materiais e equipamentos para votação serão apropriados, acessíveis e de fácil compreensão e uso;

ii) Proteção do direito das pessoas com deficiência ao voto secreto em eleições e plebiscitos, sem intimidação, e a candidatar-se nas eleições, efetivamente ocupar cargos eletivos e desempenhar quaisquer funções públicas em todos os níveis de governo, usando novas tecnologias assistivas, quando apropriado;

iii) Garantia da livre expressão de vontade das pessoas com deficiência como eleitores e, para tanto, sempre que necessário e a seu pedido, permissão para que elas sejam auxiliadas na votação por uma pessoa de sua escolha;

b) Promover ativamente um ambiente em que as pessoas com deficiência possam participar efetiva e plenamente na condução das questões públicas, sem discriminação e em igualdade de oportunidades com as demais pessoas, e encorajar sua participação nas questões públicas, mediante:

i) Participação em organizações não governamentais relacionadas com a vida pública e política do país, bem como em atividades e administração de partidos políticos;

ii) Formação de organizações para representar pessoas com deficiência em níveis internacional, regional, nacional e local, bem como a filiação de pessoas com deficiência a tais organizações.

Artigo 30
Participação na vida cultural e em recreação, lazer e esporte

1. Os Estados-Partes reconhecem o direito das pessoas com deficiência de participar na vida cultural, em igualdade de oportunidades com as demais pessoas, e tomarão todas as medidas apropriadas para que as pessoas com deficiência possam:

a) Ter acesso a bens culturais em formatos acessíveis;

b) Ter acesso a programas de televisão, cinema, teatro e outras atividades culturais, em formatos acessíveis; e

c) Ter acesso a locais que ofereçam serviços ou eventos culturais, tais como teatros, museus, cinemas, bibliotecas e serviços turísticos, bem como, tanto quanto possível, ter acesso a monumentos e locais de importância cultural nacional.

2. Os Estados-Partes tomarão medidas apropriadas para que as pessoas com deficiência tenham a oportunidade de desenvolver e utilizar seu potencial criativo, artístico e intelectual, não somente em benefício próprio, mas também para o enriquecimento da sociedade.

3. Os Estados-Partes deverão tomar todas as providências, em conformidade com o direito internacional, para assegurar que a legislação de proteção dos direitos de propriedade intelectual não constitua barreira excessiva ou discriminatória ao acesso de pessoas com deficiência a bens culturais.

4. As pessoas com deficiência farão jus, em igualdade de oportunidades com as demais pessoas, a que sua identidade cultural e linguística específica seja reconhecida e apoiada, incluindo as línguas de sinais e a cultura surda.

5. Para que as pessoas com deficiência participem, em igualdade de oportunidades com as demais pessoas, de atividades recreativas, esportivas e de lazer, os Estados-Partes tomarão medidas apropriadas para:

a) Incentivar e promover a maior participação possível das pessoas com deficiência nas atividades esportivas comuns em todos os níveis;

b) Assegurar que as pessoas com deficiência tenham a oportunidade de organizar, desenvolver e participar em atividades esportivas e recreativas específicas às deficiências e, para tanto, incentivar a provisão de instrução, treinamento e recursos adequados, em igualdade de oportunidades com as demais pessoas;

c) Assegurar que as pessoas com deficiência tenham acesso a locais de eventos esportivos, recreativos e turísticos;

d) Assegurar que as crianças com deficiência possam, em igualdade de condições com as demais crianças, participar de jogos e atividades recreativas, esportivas e de lazer, inclusive no sistema escolar;

e) Assegurar que as pessoas com deficiência tenham acesso aos serviços prestados por pessoas ou entidades envolvidas na organização de atividades recreativas, turísticas, esportivas e de lazer.

Artigo 31
Estatísticas e coleta de dados

1. Os Estados-Partes coletarão dados apropriados, inclusive estatísticos e de pesquisas, para que possam formular e implementar políticas destinadas a pôr em prática a presente Convenção. O processo de coleta e manutenção de tais dados deverá:

a) Observar as salvaguardas estabelecidas por lei, inclusive pelas leis relativas à proteção de dados, a fim de assegurar a confidencialidade e o respeito pela privacidade das pessoas com deficiência;

b) Observar as normas internacionalmente aceitas para proteger os direitos humanos, as liberdades fundamentais e os princípios éticos na coleta de dados e utilização de estatísticas.

2. As informações coletadas de acordo com o disposto neste Artigo serão desagregadas, de maneira apropriada, e utilizadas para avaliar o cumprimento, por parte dos Estados-Partes, de suas obrigações na presente Convenção e para identificar e enfrentar as barreiras com as quais as pessoas com deficiência se deparam no exercício de seus direitos.

3. Os Estados-Partes assumirão responsabilidade pela disseminação das referidas estatísticas e assegurarão que elas sejam acessíveis às pessoas com deficiência e a outros.

Artigo 32
Cooperação internacional

1. Os Estados-Partes reconhecem a importância da cooperação internacional e de sua promoção, em apoio aos esforços nacionais para a consecução do propósito e dos objetivos da presente Convenção e, sob este aspecto, adotarão medidas apropriadas e efetivas entre os Estados e, de maneira adequada, em parceria com organizações internacionais e regionais relevantes e com a sociedade civil e, em particular, com organizações de pessoas com deficiência. Estas medidas poderão incluir, entre outras:

a) Assegurar que a cooperação internacional, incluindo os programas internacionais de desenvolvimento, sejam inclusivos e acessíveis para pessoas com deficiência;

b) Facilitar e apoiar a capacitação, inclusive por meio do intercâmbio e compartilhamento de informações, experiências, programas de treinamento e melhores práticas;

c) Facilitar a cooperação em pesquisa e o acesso a conhecimentos científicos e técnicos;

d) Propiciar, de maneira apropriada, assistência técnica e financeira, inclusive mediante facilitação do acesso a tecnologias assistivas e acessíveis e seu compartilhamento, bem como por meio de transferência de tecnologias.

2. O disposto neste Artigo se aplica sem prejuízo das obrigações que cabem a cada Estado-Parte em decorrência da presente Convenção.

Artigo 33
Implementação e monitoramento nacionais

1. Os Estados-Partes, de acordo com seu sistema organizacional, designarão um ou mais de um ponto focal no âmbito do Governo para assuntos relacionados com a implementação da presente Convenção e darão a devida consideração ao estabelecimento ou designação de um mecanismo de coordenação no âmbito do Governo, a fim de facilitar ações correlatas nos diferentes setores e níveis.

2. Os Estados-Partes, em conformidade com seus sistemas jurídico e administrativo, manterão, fortalecerão, designarão ou estabelecerão estrutura, incluindo um ou mais de um mecanismo independente, de maneira apropriada, para promover, proteger e monitorar a implementação da presente Convenção. Ao designar ou estabelecer tal mecanismo, os Estados-Partes levarão em conta os princípios relativos ao *status* e funcionamento das instituições nacionais de proteção e promoção dos direitos humanos.

3. A sociedade civil e, particularmente, as pessoas com deficiência e suas organizações representativas serão envolvidas e participarão plenamente no processo de monitoramento.

Artigo 34
Comitê sobre os Direitos das Pessoas com Deficiência

1. Um Comitê sobre os Direitos das Pessoas com Deficiência (doravante denominado "Comitê") será estabelecido, para desempenhar as funções aqui definidas.

2. O Comitê será constituído, quando da entrada em vigor da presente Convenção, de doze peritos. Quando a presente Convenção alcançar sessenta ratificações ou adesões, o Comitê será acrescido em seis membros, perfazendo o total de 18 membros.

3. Os membros do Comitê atuarão a título pessoal e apresentarão elevada postura moral, competência e experiência reconhecidas no campo abrangido pela presente Convenção. Ao designar seus candidatos, os Estados-Partes são instados a dar a devida consideração ao disposto no Artigo 4.3 da presente Convenção.

4. Os membros do Comitê serão eleitos pelos Estados-Partes, observando-se uma distribuição geográfica equitativa, representação de diferentes formas de civilização e dos principais sistemas jurídicos, representação equilibrada de gênero e participação de peritos com deficiência.

5. Os membros do Comitê serão eleitos por votação secreta em sessões da Conferência dos Estados-Partes, a partir de uma lista de pessoas designadas pelos Estados-Partes entre seus nacionais. Nessas sessões, cujo *quorum* será de dois terços dos Estados-Partes, os candidatos eleitos para o Comitê serão aqueles que obtiverem o maior número de votos e a maioria absoluta dos votos dos representantes dos Estados-Partes presentes e votantes.

6. A primeira eleição será realizada, o mais tardar, até seis meses após a data de entrada em vigor da presente Convenção. Pelo menos quatro meses antes de cada eleição, o Secretário-Geral das Nações Unidas dirigirá carta aos Estados-Partes, convidando-os a submeter os nomes de seus candidatos no prazo de dois meses. O Secretário-Geral, subsequentemente, preparará lista em ordem alfabética de todos os candidatos apresentados, indicando que foram designados pelos Estados-Partes, e submeterá essa lista aos Estados-Partes da presente Convenção.

7. Os membros do Comitê serão eleitos para mandato de quatro anos, podendo ser candidatos à reeleição uma única vez. Contudo, o mandato de seis dos membros eleitos na primeira eleição expirará ao fim de dois anos; imediatamente após a primeira eleição, os nomes desses seis membros serão selecionados por sorteio pelo presidente da sessão a que se refere o parágrafo 5 deste Artigo.

8. A eleição dos seis membros adicionais do Comitê será realizada por ocasião das eleições regulares, de acordo com as disposições pertinentes deste Artigo.

9. Em caso de morte, demissão ou declaração de um membro de que, por algum motivo, não poderá continuar a exercer suas funções, o Estado-Parte que o tiver indicado designará um outro perito que tenha as qualificações e satisfaça aos requisitos estabelecidos pelos dispositivos pertinentes deste Artigo, para concluir o mandato em questão.

10. O Comitê estabelecerá suas próprias normas de procedimento.

11. O Secretário-Geral das Nações Unidas proverá o pessoal e as instalações necessários para o efetivo desempenho das funções do Comitê segundo a presente Convenção e convocará sua primeira reunião.

12. Com a aprovação da Assembleia Geral, os membros do Comitê estabelecido sob a presente Convenção receberão emolumentos dos recursos das Nações Unidas, sob termos e condições que a Assembleia possa decidir, tendo em vista a importância das responsabilidades do Comitê.

13. Os membros do Comitê terão direito aos privilégios, facilidades e imunidades dos peritos em missões das Nações Unidas, em conformidade com as disposições pertinentes da Convenção sobre Privilégios e Imunidades das Nações Unidas.

Artigo 35
Relatórios dos Estados-Partes

1. Cada Estado-Parte, por intermédio do Secretário-Geral das Nações Unidas, submeterá relatório abrangente sobre as medidas adotadas em cumprimento de suas obrigações estabelecidas pela presente Convenção e sobre o progresso alcançado nesse aspecto, dentro do período de dois anos após a entrada em vigor da presente Convenção para o Estado-Parte concernente.

2. Depois disso, os Estados-Partes submeterão relatórios subsequentes, ao menos a cada quatro anos, ou quando o Comitê o solicitar.

3. O Comitê determinará as diretrizes aplicáveis ao teor dos relatórios.

4. Um Estado-Parte que tiver submetido ao Comitê um relatório inicial abrangente não precisará, em relatórios subsequentes, repetir informações já apresentadas. Ao elaborar os relatórios ao Comitê, os Estados-Partes são instados a fazê-lo de maneira franca e transparente e a levar em consideração o disposto no Artigo 4.3 da presente Convenção.

5. Os relatórios poderão apontar os fatores e as dificuldades que tiverem afetado o cumprimento das obrigações decorrentes da presente Convenção.

Artigo 36
Consideração dos relatórios

1. Os relatórios serão considerados pelo Comitê, que fará as sugestões e recomendações gerais que julgar pertinentes e as transmitirá aos respectivos Estados-Partes. O Estado-Parte poderá responder ao Comitê com as informações que julgar pertinentes. O Comitê poderá pedir informações adicionais ao Estados-Partes, referentes à implementação da presente Convenção.

2. Se um Estado-Parte atrasar consideravelmente a entrega de seu relatório, o Comitê poderá notificar esse Estado de que examinará a aplicação da presente Convenção com base em informações confiáveis de que disponha, a menos que o relatório devido seja apresentado pelo Estado dentro do período de três meses após a notificação.

O Comitê convidará o Estado-Parte interessado a participar desse exame. Se o Estado-Parte responder entregando seu relatório, aplicar-se-á o disposto no parágrafo 1 do presente artigo.

3. O Secretário-Geral das Nações Unidas colocará os relatórios à disposição de todos os Estados-Partes.

4. Os Estados-Partes tornarão seus relatórios amplamente disponíveis ao público em seus países e facilitarão o acesso à possibilidade de sugestões e de recomendações gerais a respeito desses relatórios.

5. O Comitê transmitirá às agências, fundos e programas especializados das Nações Unidas e a outras organizações competentes, da maneira que julgar apropriada, os relatórios dos Estados-Partes que contenham demandas ou indicações de necessidade de consultoria ou de assistência técnica, acompanhados de eventuais observações e sugestões do Comitê em relação às referidas demandas ou indicações, a fim de que possam ser consideradas.

Artigo 37
Cooperação entre os Estados-Partes e o Comitê

1. Cada Estado-Parte cooperará com o Comitê e auxiliará seus membros no desempenho de seu mandato.

2. Em suas relações com os Estados-Partes, o Comitê dará a devida consideração aos meios e modos de aprimorar a capacidade de cada Estado-Parte para a implementação da presente Convenção, inclusive mediante cooperação internacional.

Artigo 38
Relações do Comitê com outros órgãos

A fim de promover a efetiva implementação da presente Convenção e de incentivar a cooperação internacional na esfera abrangida pela presente Convenção:

a) As agências especializadas e outros órgãos das Nações Unidas terão o direito de se fazer representar quando da consideração da implementação de disposições da presente Convenção que disserem respeito aos seus respectivos mandatos. O Comitê poderá convidar as agências especializadas e outros órgãos competentes, segundo julgar apropriado, a oferecer consultoria de peritos sobre a implementação da Convenção em áreas pertinentes a seus respectivos mandatos. O Comitê poderá convidar agências especializadas e outros órgãos das Nações Unidas a apresentar relatórios sobre a implementação da Convenção em áreas pertinentes às suas respectivas atividades;

b) No desempenho de seu mandato, o Comitê consultará, de maneira apropriada, outros órgãos pertinentes instituídos ao amparo de tratados internacionais de direitos humanos, a fim de assegurar a consistência de suas respectivas diretrizes para a elaboração de relatórios, sugestões e recomendações gerais e de evitar duplicação e superposição no desempenho de suas funções.

Artigo 39
Relatório do Comitê

A cada dois anos, o Comitê submeterá à Assembleia Geral e ao Conselho Econômico e Social um relatório de suas atividades e poderá fazer sugestões e recomendações gerais baseadas no exame dos relatórios e nas informações recebidas dos Estados-Partes. Estas sugestões e recomendações gerais serão incluídas no relatório do Comitê, acompanhadas, se houver, de comentários dos Estados-Partes.

Artigo 40
Conferência dos Estados-Partes

1. Os Estados-Partes reunir-se-ão regularmente em Conferência dos Estados-Partes a fim de considerar matérias relativas à implementação da presente Convenção.

2. O Secretário-Geral das Nações Unidas convocará, dentro do período de seis meses após a entrada em vigor da presente Convenção, a Conferência dos Estados-Partes. As reuniões subsequentes serão convocadas pelo Secretário-Geral das Nações Unidas a cada dois anos ou conforme a decisão da Conferência dos Estados-Partes.

Artigo 41
Depositário

O Secretário-Geral das Nações Unidas será o depositário da presente Convenção.

Artigo 42
Assinatura

A presente Convenção será aberta à assinatura de todos os Estados e organizações de integração regional na sede das Nações Unidas em Nova York, a partir de 30 de março de 2007.

Artigo 43
Consentimento em comprometer-se

A presente Convenção será submetida à ratificação pelos Estados signatários e à confirmação formal por organizações de integração regional signatárias. Ela estará aberta à adesão de qualquer Estado ou organização de integração regional que não a houver assinado.

Artigo 44
Organizações de integração regional

1. "Organização de integração regional" será entendida como organização constituída por Estados soberanos de determinada região, à qual seus Estados-Membros tenham delegado competência sobre matéria abrangida pela presente Convenção. Essas organizações declararão, em seus documentos de confirmação formal ou adesão, o alcance de sua competência em relação à matéria abrangida pela presente Convenção. Subsequentemente, as organizações informarão ao depositário qualquer alteração substancial no âmbito de sua competência.

2. As referências a "Estados-Partes" na presente Convenção serão aplicáveis a essas organizações, nos limites da competência destas.

3. Para os fins do parágrafo 1 do Artigo 45 e dos parágrafos 2 e 3 do Artigo 47, nenhum instrumento depositado por organização de integração regional será computado.

4. As organizações de integração regional, em matérias de sua competência, poderão exercer o direito de voto na Conferência dos Estados-Partes, tendo direito ao mesmo número de votos quanto for o número de seus Estados-membros que forem Partes da presente Convenção. Essas organizações não exercerão seu direito de voto, se qualquer de seus Estados-membros exercer seu direito de voto, e vice-versa.

Artigo 45
Entrada em vigor

1. A presente Convenção entrará em vigor no trigésimo dia após o depósito do vigésimo instrumento de ratificação ou adesão.

2. Para cada Estado ou organização de integração regional que ratificar ou formalmente confirmar a presente Convenção ou a ela aderir após o depósito do referido vigésimo instrumento, a Convenção entrará em vigor no trigésimo dia a partir da data em que esse Estado ou organização tenha depositado seu instrumento de ratificação, confirmação formal ou adesão.

Artigo 46
Reservas

1. Não serão permitidas reservas incompatíveis com o objeto e o propósito da presente Convenção.

2. As reservas poderão ser retiradas a qualquer momento.

Artigo 47
Emendas

1. Qualquer Estado-Parte poderá propor emendas à presente Convenção e submetê-las ao Secretário-Geral das Nações Unidas. O Secretário-Geral comunicará aos Estados-Partes quaisquer emendas propostas, solicitando-lhes que o notifiquem se são favoráveis a uma Conferência dos Estados-Partes para considerar as propostas e tomar decisão a respeito delas. Se, até quatro meses após a data da referida comunicação, pelo menos um terço dos Estados-Partes se manifestar favorável a essa Conferência, o Secretário-Geral das Nações Unidas convocará a Conferência, sob os auspícios das Nações Unidas. Qualquer emenda adotada por maioria de dois terços dos Estados-Partes presentes e votantes será submetida pelo Secretário-Geral à aprovação da Assembleia Geral das Nações Unidas e, posteriormente, à aceitação de todos os Estados-Partes.

2. Qualquer emenda adotada e aprovada conforme o disposto no parágrafo 1 do presente artigo entrará em vigor no trigésimo dia após a data na qual o número de instrumentos de aceitação tenha atingido dois terços do número de Estados-Partes na data de adoção da emenda. Posteriormente, a emenda entrará em vigor para todo Estado-Parte no trigésimo dia após o depósito por esse Estado do seu instrumento de aceitação. A emenda será vinculante somente para os Estados-Partes que a tiverem aceitado.

3. Se a Conferência dos Estados-Partes assim o decidir por consenso, qualquer emenda adotada e aprovada em conformidade com o disposto no parágrafo 1 deste Artigo, relacionada exclusivamente com os artigos 34, 38, 39 e 40, entrará em vigor para todos os Estados-Partes no trigésimo dia a partir da data em que o número de instrumentos de aceitação depositados tiver atingido dois terços do número de Estados-Partes na data de adoção da emenda.

Artigo 48
Denúncia

Qualquer Estado-Parte poderá denunciar a presente Convenção mediante notificação por escrito ao Secretário-Geral das Nações Unidas. A denúncia tornar-se-á efetiva um ano após a data de recebimento da notificação pelo Secretário-Geral.

Artigo 49
Formatos acessíveis

O texto da presente Convenção será colocado à disposição em formatos acessíveis.

Artigo 50
Textos autênticos

Os textos em árabe, chinês, espanhol, francês, inglês e russo da presente Convenção serão igualmente autênticos.

Em fé do que os plenipotenciários abaixo assinados, devidamente autorizados para tanto por seus respectivos Governos, firmaram a presente Convenção.

PROTOCOLO FACULTATIVO À CONVENÇÃO SOBRE OS DIREITOS DAS PESSOAS COM DEFICIÊNCIA

Os Estados-Partes do presente Protocolo acordaram o seguinte:

Artigo 1

1. Qualquer Estado-Parte do presente Protocolo ("Estado-Parte") reconhece a competência do Comitê sobre os Direitos das Pessoas com Deficiência ("Comitê") para receber e considerar comunicações submetidas por pessoas ou grupos de pessoas, ou em nome deles, sujeitos à sua jurisdição, alegando serem vítimas de violação das disposições da Convenção pelo referido Estado-Parte.

2. O Comitê não receberá comunicação referente a qualquer Estado-Parte que não seja signatário do presente Protocolo.

Artigo 2

O Comitê considerará inadmissível a comunicação quando:

a) A comunicação for anônima;

b) A comunicação constituir abuso do direito de submeter tais comunicações ou for incompatível com as disposições da Convenção;

c) A mesma matéria já tenha sido examinada pelo Comitê ou tenha sido ou estiver sendo examinada sob outro procedimento de investigação ou resolução internacional;

d) Não tenham sido esgotados todos os recursos internos disponíveis, salvo no caso em que a tramitação desses recursos se prolongue injustificadamente, ou seja improvável que se obtenha com eles solução efetiva;

e) A comunicação estiver precariamente fundamentada ou não for suficientemente substanciada; ou *f)* Os fatos que motivaram a comunicação tenham ocorrido antes da entrada em vigor do presente Protocolo para o Estado-Parte em apreço, salvo se os fatos continuaram ocorrendo após aquela data.

Artigo 3

Sujeito ao disposto no Artigo 2 do presente Protocolo, o Comitê levará confidencialmente ao conhecimento do Estado-Parte concernente qualquer comunicação submetida ao Comitê. Dentro do período de seis meses, o Estado concernente submeterá ao Comitê explicações ou declarações por escrito, esclarecendo a matéria e a eventual solução adotada pelo referido Estado.

Artigo 4

1. A qualquer momento após receber uma comunicação e antes de decidir o mérito dessa comunicação, o Comitê poderá transmitir ao Estado-Parte concernente, para sua urgente consideração, um pedido para que o Estado-Parte tome as medidas de natureza cautelar que forem necessárias para evitar possíveis danos irreparáveis à vítima ou às vítimas da violação alegada.

2. O exercício pelo Comitê de suas faculdades discricionárias em virtude do parágrafo 1 do presente Artigo não implicará prejuízo algum sobre a admissibilidade ou sobre o mérito da comunicação.

Artigo 5

O Comitê realizará sessões fechadas para examinar comunicações a ele submetidas em conformidade com o presente Protocolo.

Depois de examinar uma comunicação, o Comitê enviará suas sugestões e recomendações, se houver, ao Estado-Parte concernente e ao requerente.

Artigo 6

1. Se receber informação confiável indicando que um Estado-Parte está cometendo violação grave ou sistemática de direitos estabelecidos na Convenção, o Comitê convidará o referido Estado-Parte a colaborar com a verificação da informação e, para tanto, a submeter suas observações a respeito da informação em pauta.

2. Levando em conta quaisquer observações que tenham sido submetidas pelo Estado-Parte concernente, bem como quaisquer outras informações confiáveis em poder do Comitê, este poderá designar um ou mais de seus membros para realizar investigação e apresentar, em caráter de urgência, relatório ao Comitê. Caso se justifique e o Estado-Parte o consinta, a investigação poderá incluir uma visita ao território desse Estado.

3. Após examinar os resultados da investigação, o Comitê os comunicará ao Estado-Parte concernente, acompanhados de eventuais comentários e recomendações.

4. Dentro do período de seis meses após o recebimento dos resultados, comentários e recomendações transmitidos pelo Comitê, o Estado-Parte concernente submeterá suas observações ao Comitê.

5. A referida investigação será realizada confidencialmente e a cooperação do Estado-Parte será solicitada em todas as fases do processo.

Artigo 7

1. O Comitê poderá convidar o Estado-Parte concernente a incluir em seu relatório, submetido em conformidade com o disposto no Artigo 35 da Convenção, pormenores a respeito das medidas tomadas em consequência da investigação realizada em conformidade com o Artigo 6 do presente Protocolo.

2. Caso necessário, o Comitê poderá, encerrado o período de seis meses a que se refere o parágrafo 4 do Artigo 6, convidar o Estado-Parte concernente a informar o Comitê a respeito das medidas tomadas em consequência da referida investigação.

Artigo 8

Qualquer Estado-Parte poderá, quando da assinatura ou ratificação do presente Protocolo ou de sua adesão a ele, declarar que não reconhece a competência do Comitê, a que se referem os Artigos 6 e 7.

Artigo 9

O Secretário-Geral das Nações Unidas será o depositário do presente Protocolo.

Artigo 10

O presente Protocolo será aberto à assinatura dos Estados e organizações de integração regional signatários da Convenção, na sede das Nações Unidas em Nova York, a partir de 30 de março de 2007.

Artigo 11

O presente Protocolo estará sujeito à ratificação pelos Estados signatários do presente Protocolo que tiverem ratificado a Convenção ou aderido a ela. Ele estará sujeito à confirmação formal por organizações de integração regional signatárias do presente Protocolo que tiverem formalmente confirmado a Convenção ou a ela aderido.

O Protocolo ficará aberto à adesão de qualquer Estado ou organização de integração regional que tiver ratificado ou formalmente confirmado a Convenção ou a ela aderido e que não tiver assinado o Protocolo.

Artigo 12

1. "Organização de integração regional" será entendida como organização constituída por Estados soberanos de determinada região, à qual seus Estados-membros tenham delegado competência sobre matéria abrangida pela Convenção e pelo presente Protocolo. Essas organizações declararão, em seus documentos de confirmação formal ou adesão, o alcance de sua competência em relação à matéria abrangida pela Convenção e pelo presente Protocolo. Subsequentemente, as organizações informarão ao depositário qualquer alteração substancial no alcance de sua competência.

2. As referências a "Estados-Partes" no presente Protocolo serão aplicáveis a essas organizações, nos limites da competência de tais organizações.

3. Para os fins do parágrafo 1 do Artigo 13 e do parágrafo 2 do Artigo 15, nenhum instrumento depositado por organização de integração regional será computado.

4. As organizações de integração regional, em matérias de sua competência, poderão exercer o direito de voto na Conferência dos Estados-Partes, tendo direito ao mesmo número de votos que seus Estados-membros que forem Partes do presente Protocolo. Essas organizações não exercerão seu direito de voto se qualquer de seus Estados-membros exercer seu direito de voto, e vice-versa.

Artigo 13

1. Sujeito à entrada em vigor da Convenção, o presente Protocolo entrará em vigor no trigésimo dia após o depósito do décimo instrumento de ratificação ou adesão.

2. Para cada Estado ou organização de integração regional que ratificar ou formalmente confirmar o presente Protocolo ou a ele aderir depois do depósito do décimo instrumento dessa natureza, o Protocolo entrará em vigor no trigésimo dia a partir da data em que esse Estado ou organização tenha depositado seu instrumento de ratificação, confirmação formal ou adesão.

Artigo 14

1. Não serão permitidas reservas incompatíveis com o objeto e o propósito do presente Protocolo.

2. As reservas poderão ser retiradas a qualquer momento.

Artigo 15

1. Qualquer Estado-Parte poderá propor emendas ao presente Protocolo e submetê-las ao Secretário-Geral das Nações Unidas. O Secretário-Geral comunicará aos Estados-Partes quaisquer emendas propostas, solicitando-lhes que o notifiquem se são favoráveis a uma Conferência dos Estados-Partes para considerar as propostas e tomar decisão a respeito delas. Se, até quatro meses após a data da referida comunicação, pelo menos um terço dos Estados-Partes se manifestar favorável a essa Conferência, o Secretário-Geral das Nações Unidas convocará a Conferência, sob os auspícios das Nações Unidas. Qualquer emenda adotada por maioria de dois terços dos Estados-Partes presentes e votantes será submetida pelo Secretário-Geral à aprovação da Assembleia Geral das Nações Unidas e, posteriormente, à aceitação de todos os Estados-Partes.

2. Qualquer emenda adotada e aprovada conforme o disposto no parágrafo 1 do presente artigo entrará em vigor no trigésimo dia após a data na qual o número de instrumentos de aceitação tenha atingido dois terços do número de Estados-Partes na data de adoção da emenda. Posteriormente, a emenda entrará em vigor para todo Estado-Parte no trigésimo dia após o depósito por esse Estado do seu instrumento de aceitação. A emenda será vinculante somente para os Estados-Partes que a tiverem aceitado.

Artigo 16

Qualquer Estado-Parte poderá denunciar o presente Protocolo mediante notificação por escrito ao Secretário-Geral das Nações Unidas.

A denúncia tornar-se-á efetiva um ano após a data de recebimento da notificação pelo Secretário-Geral.

Artigo 17

O texto do presente Protocolo será colocado à disposição em formatos acessíveis.

Artigo 18

Os textos em árabe, chinês, espanhol, francês, inglês e russo e do presente Protocolo serão igualmente autênticos.

Em fé do que os plenipotenciários abaixo assinados, devidamente autorizados para tanto por seus respectivos governos, firmaram o presente Protocolo.

CONVENÇÃO PARA A REDUÇÃO DOS CASOS DE APATRIDIA

▶ Concluída em Nova York, em 30-8-1961, foi ratificada pelo governo brasileiro em 25-10-2007. Entrou em vigor dois anos após a data do depósito do sexto instrumento de ratificação ou de adesão. Aprovada pelo De. Legislativo nº 274, de 4-10-2007, e promulgada pelo Dec. nº 8.501, de 18-8-2015.

Os Estados Contratantes,

Agindo em conformidade com a Resolução 896 (IX), adotada pela Assembleia-Geral das Nações Unidas em 4 de dezembro de 1954,

Considerando conveniente reduzir os casos de apatridia por meio de um acordo internacional,

Convêm no seguinte:

Artigo 1º

1. Todo Estado Contratante concederá sua nacionalidade a uma pessoa nascida em seu território e que de outro modo seria apátrida. A nacionalidade será concedida:

a) de pleno direito, no momento do nascimento; ou

b) mediante requerimento apresentado à autoridade competente pelo interessado ou em seu nome, conforme prescrito pela legislação do Estado em questão. Nos termos do disposto no parágrafo 2 deste artigo, nenhum requerimento poderá ser indeferido.

Todo Estado Contratante cuja legislação preveja a concessão de sua nacionalidade mediante requerimento, segundo a alínea *b* deste parágrafo, poderá também conceder sua nacionalidade de pleno direito na idade e sob as condições prescritas em sua legislação nacional.

2. Todo Estado Contratante poderá subordinar a concessão de sua nacionalidade segundo a alínea *b* do parágrafo 1 deste Artigo a uma ou mais das seguintes condições:

a) que o requerimento seja apresentado dentro de um período fixado pelo Estado Contratante, que deverá começar não depois da idade de dezoito anos e terminar não antes da idade de vinte e um anos, de modo que o interessado disponha de um ano, no mínimo, durante o qual possa apresentar o requerimento sem ter de obter autorização judicial para fazê-lo;

b) que o interessado tenha residido habitualmente no território do Estado Contratante por período, fixado por este Estado, não superior a cinco anos imediatamente anteriores à apresentação do requerimento nem a dez anos ao todo;

c) que o interessado não tenha sido condenado por crime contra a segurança nacional nem tenha sido condenado, em virtude de processo criminal, a cinco anos ou mais de prisão;

d) que o interessado sempre tenha sido apátrida.

3. Não obstante o disposto nos parágrafos 1, *b* e 2 do presente Artigo, todo filho legítimo nascido no território de um Estado Contratante e cuja mãe seja nacional daquele Estado, adquirirá essa nacionalidade no momento do nascimento se, do contrário, viesse a ser apátrida.

4. Todo Estado Contratante concederá sua nacionalidade a qualquer pessoa que do contrário seja apátrida e que não pôde adquirir a nacionalidade do Estado Contratante em cujo território tiver nascido por ter passado da idade estabelecida para a apresentação de seu requerimento ou por não preencher os requisitos de residência exigidos se no momento do nascimento do interessado um de seus pais possuía a nacionalidade do Estado Contratante inicialmente mencionado. Se seus pais não possuíam a mesma nacionalidade no momento de seu nascimento, a legislação do Estado Contratante cuja nacionalidade estiver sendo solicitada determinará se prevalecerá a condição do pai ou da mãe. Caso seja necessário requerimento para tal nacionalidade, tal requerimento deverá ser apresentado à autoridade competente pelo interessado ou em seu nome, conforme prescrito pela legislação do Estado Contratante. Nos termos do disposto no parágrafo 5 do presente Artigo, nenhum requerimento poderá ser indeferido.

5. Todo Estado Contratante poderá subordinar a concessão de sua nacionalidade, segundo o parágrafo 4 do presente Artigo, a uma ou mais das seguintes condições:

a) que o requerimento seja apresentado antes de o interessado atingir a idade determinada pelo Estado Contratante, a qual não poderá ser inferior a 23 anos;

b) que o interessado tenha residido habitualmente no território do Estado Contratante por período, fixado por este Estado, não superior a três anos;

c) que o interessado sempre tenha sido apátrida.

Artigo 2º

Salvo prova em contrário, presume-se que um menor abandonado que tenha sido encontrado no território de um Estado Contratante tenha nascido nesse território, de pais que possuem a nacionalidade daquele Estado.

Artigo 3º

Para o fim de se determinarem as obrigações dos Estados Contratantes nos termos da presente Convenção, o nascimento a bordo de um navio ou uma aeronave será considerado como ocorrido no território do Estado de cuja bandeira for o navio ou no território do Estado em que a aeronave estiver matriculada, conforme o caso.

Artigo 4º

1. Todo Estado Contratante concederá sua nacionalidade a qualquer pessoa que não tenha nascido no território de um Estado Contratante e que do contrário seria apátrida se no momento de seu nascimento um de seus pais possuía a nacionalidade do primeiro destes Estados. Se seus pais não possuíam a mesma nacionalidade no momento de seu nascimento, a legislação daquele Estado Contratante determinará se prevalecerá a condição do pai ou da mãe. A nacionalidade a que se refere este Artigo será concedida:

a) de pleno direito, no momento do nascimento; ou

b) mediante requerimento apresentado à autoridade competente pelo interessado ou em seu nome, conforme prescrito pela legislação do Estado em questão. Nos termos do disposto do parágrafo 2 deste Artigo, nenhum requerimento poderá se indeferido.

2. Todo Estado Contratante poderá subordinar a concessão de sua nacionalidade, segundo o parágrafo 4 do presente Artigo, a uma ou mais das seguintes condições:

a) que o requerimento seja apresentado antes de o interessado atingir a idade determinada pelo Estado Contratante, a qual não poderá ser inferior a 23 anos;

b) que o interessado tenha residido habitualmente no território do Estado Contratante por período, fixado por este Estado, não superior a três anos;

c) que o interessado não tenha sido condenado por crime contra a segurança nacional;

d) que o interessado sempre tenha sido apátrida.

Artigo 5º

1. Caso a legislação de um Estado Contratante imponha a perda de nacionalidade em decorrência da mudança do estado civil de uma pessoa, tal como casamento, dissolução da sociedade conjugal, legitimação, reconhecimento ou adoção, tal perda será condicionada à titularidade ou aquisição de outra nacionalidade.

2. Se, de acordo com a legislação de um Estado Contratante, um filho natural perder a nacionalidade daquele Estado como consequência de um reconhecimento de filiação, ser-lhe-á oferecida a oportunidade de recuperá-la mediante requerimento apresentado perante a autoridade competente, requerimento este que não poderá ser objeto de condições mais rigorosas do que aquelas determinadas no parágrafo 2 do Artigo 1 da presente Convenção.

Artigo 6º

A mudança ou a perda da nacionalidade de um dos cônjuges, do pai ou da mãe não acarretará perda da nacionalidade do outro cônjuge nem a dos filhos, a menos que já possuam ou tenha adquirido outra nacionalidade.

Artigo 7º

1. *a)* Se a legislação de um Estado Contratante permitir a renúncia à nacionalidade, tal renúncia só será válida se o interessado tiver ou adquirir outra nacionalidade.

b) A disposição da alínea *a* deste parágrafo não prevalecerá quando sua aplicação for incompatível com os princípios enunciados nos artigos 13 e 14 da Declaração Universal dos Direitos Humanos, aprovada em 10 de dezembro de 1948 pela Assembléia Geral das Nações Unidas.

2. A pessoa que solicitar a naturalização em um país estrangeiro, ou tenha obtido uma permissão de expatriação com esse fim, só perderá sua nacionalidade se adquirir a nacionalidade desse país estrangeiro.

3. Salvo o disposto nos parágrafos 4 e 5 deste Artigo, o nacional de um Estado Contratante não poderá perder sua nacionalidade pelo fato de abandonar o país, residir no exterior ou deixar de inscrever-se no registro correspondente, ou por qualquer outra razão semelhante, se tal perda implicar sua apatridia.

4. Os naturalizados podem perder sua nacionalidade pelo fato de residirem em seu país de origem por um período que exceda o autorizado pela legislação do Estado Contratante, que não poderá ser inferior a sete anos consecutivos, se não declararem perante as autoridades competentes sua intenção de conservar sua nacionalidade.

5. Em caso de nacionais de um Estado Contratante nascidos fora de seu território, a legislação desse Estado poderá subordinar a conservação da nacionalidade, a partir do ano seguinte à data em que o interessado

alcançar a maioridade, ao cumprimento do requisito de residência, naquele momento, no território do Estado ou de inscrição no registro correspondente.

6. Salvo nos casos aos quais se refere esse Artigo, uma pessoa não perderá a nacionalidade de um Estado Contratante se tal perda puder convertê-la em apátrida, ainda que tal perda não esteja expressamente proibida por nenhuma das outras disposições da presente Convenção.

Artigo 8º

1. Os Estados Contratantes não privarão uma pessoa de sua nacionalidade se essa privação vier a convertê-la em apátrida.

2. Não obstante o disposto no parágrafo 1 deste Artigo, uma pessoa poderá ser privada da nacionalidade de um Estado Contratante:

a) nos casos em que, de acordo com os parágrafos 4 e 5 do Artigo 7, uma pessoa seja passível de perder sua nacionalidade;

b) nos casos em que a nacionalidade tenha sido obtida por declaração falsa ou fraude.

3. Não obstante o disposto no parágrafo 1 deste Artigo, os Estados Contratantes poderão conservar o direito de privar uma pessoa de sua nacionalidade se, no momento da assinatura, ratificação ou adesão, especificarem que se reservam tal direito por um ou mais dos seguintes motivos, sempre que estes estejam previstos em sua legislação nacional naquele momento:

a) quando, em condições incompatíveis com o dever de lealdade ao Estado Contratante, a pessoa:

I – apesar de proibição expressa do Estado Contratante, tiver prestado ou continuar prestando serviços a outro Estado, tiver recebido ou continuar recebendo dinheiro de outro Estado; ou

II – tiver se conduzido de maneira gravemente prejudicial aos interesses vitais do Estado;

b) quando a pessoa tiver prestado juramento de lealdade ou tiver feito uma declaração formal de lealdade a outro Estado, ou dado provas decisivas de sua determinação de repudiar a lealdade que deve ao Estado Contratante.

4. Os Estados Contratantes só exercerão o direito de privar uma pessoa de sua nacionalidade, nas condições definidas nos parágrafos 2 ou 3 do presente Artigo, de acordo com a lei, que assegurará ao interessado o direto à ampla defesa perante um tribunal ou outro órgão independente.

Artigo 9º

Os Estados Contratantes não poderão privar qualquer pessoa ou grupo de pessoas de sua nacionalidade por motivos raciais, étnicos, religiosos ou políticos.

Artigo 10

1. Todo tratado entre os Estados Contratantes que dispuser sobre a transferência de território deverá incluir disposições para assegurar que os habitantes do referido território não se converterão em apátridas como resultado de tal transferência. Os Estados Contratantes se empenharão em assegurar que tais disposições figurem em todo tratado desse gênero realizado com um Estado que não seja Parte na presente Convenção.

2. Na ausência de tais disposições, o Estado Contratante ao qual tenha sido cedido um território ou que de outro modo haja adquirido um território atribuirá sua nacionalidade aos habitantes do referido território que de outro modo se tornariam apátridas como resultado da transferência ou aquisição de tal território.

Artigo 11

Os Estados Contratantes comprometem-se a criar, dentro da estrutura das Nações Unidas, tão logo possível, depois do depósito do sexto instrumento de ratificação ou de adesão, um órgão ao qual uma pessoa que reivindique o benefício da presente Convenção possa solicitar o exame de sua reivindicação, bem como assistência em sua apresentação à autoridade competente.

Artigo 12

1. O Estado Contratante que não conceda sua nacionalidade de pleno direito, no momento do nascimento da pessoa, nos termos do parágrafo 1 do Artigo 1 ou do Artigo 4 da presente Convenção, deverá aplicar uma ou outra dessas disposições, segundo o caso, as pessoas nascidas tanto antes como depois da data de entrada em vigor da presente Convenção.

2. O disposto no parágrafo 4 do Artigo 1 da presente Convenção aplicar-se-á tanto às pessoas nascidas antes quanto às pessoas nascidas depois da entrada em vigor da presente Convenção.

3. O disposto no Artigo 2 da presente Convenção aplicar-se-á somente aos menores abandonados encontrados no território de um Estado Contratante depois da data da entrada em vigor da presente Convenção para aquele Estado.

Artigo 13

Nenhuma disposição da presente Convenção será interpretada de modo a restringir a aplicação de disposições mais favoráveis relativas à redução da apatridia por ventura existentes na legislação nacional que esteja em vigor ou que entre em vigor em qualquer Estado Contratante, ou que constem de qualquer outra convenção, tratado ou acordo que esteja em vigor ou que entre em vigor entre dois ou mais Estados Contratantes.

Artigo 14

Toda controvérsia que surja entre Estados Contratantes referente à interpretação ou à aplicação da presente Convenção que não possa ser solucionada por outros meios poderá ser submetida à Corte Internacional de Justiça por iniciativa de qualquer das partes da controvérsia.

Artigo 15

1. A presente Convenção se aplicará a todos os territórios não autônomos, sob tutela, coloniais e outros territórios não metropolitanos cujas relações internacionais estejam a cargo de qualquer Estado Contratante; o Estado Contratante em questão deverá, sem prejuízo das disposições do parágrafo 2 deste Artigo, declarar, no momento da assinatura, ratificação ou adesão, a qual território ou territórios não metropolitanos a presente Convenção se aplicará *ipso facto*, como resultado de tal assinatura, ratificação ou adesão.

2. Nos casos em que, para efeitos de nacionalidade, um território não metropolitano não seja considerado parte integrante do território metropolitano, ou nos casos que requeiram o consentimento prévio de um território não metropolitano, em virtude das leis ou práticas constitucionais do Estado Contratante ou do território não metropolitano, para que a presente Convenção se aplique a tal território, o Estado Contratante envidará esforços para obter o consentimento necessário do território não metropolitano dentro do prazo de 12 meses a partir da data da assinatura da presente Convenção por aquele Estado Contratante. Quando tiver obtido tal consentimento, o Estado Contratante notificará o Secretário-Geral das Nações Unidas.

A presente Convenção se aplicará ao território ou territórios mencionados em tal notificação a partir da data em que seja recebida pelo Secretário-Geral.

3. Decorrido o prazo de 12 meses mencionado no parágrafo 2 desse Artigo, os Estados Contratantes interessados informarão ao Secretário-Geral os resultados das gestões junto àqueles territórios não metropolitanos cujas relações internacionais estiverem a seu cargo e cujo consentimento para a aplicação da presente Convenção tenha ficado pendente.

Artigo 16

1. A presente Convenção ficará aberta à assinatura na Sede das Nações Unidas de 30 de agosto de 1961 a 31 de maio de 1962.

2. A presente Convenção ficará aberta à assinatura:

a) de todos os Estados-Membros das Nações Unidas;

b) de qualquer outro Estado convidado para a Conferência das Nações Unidas sobre a Eliminação ou Redução da Apatrídia Futura;

c) de todo Estado ao qual a Assembleia-Geral das Nações Unidas possa vir a dirigir convite para assinatura ou adesão.

3. A presente Convenção será ratificada e os instrumentos de ratificação serão depositados junto ao Secretário-Geral das Nações Unidas.

4. Os Estados aos quais se refere o parágrafo 2 deste Artigo poderão aderir à presente Convenção. A adesão se efetuará mediante o depósito de instrumento de adesão junto ao Secretário-Geral das Nações Unidas.

Artigo 17

1. No momento da assinatura, ratificação ou adesão, todo Estado pode formular reservas aos Artigos 11, 14 e 15.

2. Nenhuma outra reserva poderá ser feita à presente Convenção.

Artigo 18

1. A presente Convenção entrará em vigor dois anos após a data do depósito do sexto instrumento de ratificação ou de adesão.

2. Para todo Estado que ratificar ou aderir à presente Convenção após o depósito do sexto instrumento de ratificação ou de adesão, a presente Convenção entrará em vigor no nonagésimo dia após a data do depósito por aquele Estado de seu instrumento de ratificação ou de adesão ou na data de entrada em vigor da presente Convenção nos termos do parágrafo 1 deste Artigo, se esta última data for posterior.

Artigo 19

1. Todo Estado Contratante poderá denunciar a presente Convenção em qualquer momento, mediante notificação por escrito dirigida ao Secretário-Geral das Nações Unidas. A de-

núncia terá efeito para o Estado em questão um ano após a data de seu recebimento pelo Secretário-Geral.

2. Nos casos em que, de acordo com o disposto no Artigo 15, a presente Convenção se tenha tornado aplicável a um território não metropolitano de um Estado Contratante, aquele Estado poderá, a partir daquele momento, com o consentimento do território em questão, notificar o Secretário-Geral das Nações Unidas que denuncia a presente Convenção no tocante àquele território. A denúncia terá efeito um ano após a data do recebimento da notificação pelo Secretário-Geral, que informará os demais Estados Contratantes sobre tal notificação e a data de seu recebimento.

Artigo 20

1. O Secretário Geral das Nações Unidas notificará todos os Estados-Membros das Nações Unidas e os Estados não membros mencionados no artigo 16 sobre:

a) assinaturas, ratificações e adesões previstas no artigo 16;
b) reservas amparadas pelo artigo 17;
c) a data em que a presente Convenção entrará em vigor nos termos do artigo 18;
d) denúncias amparadas pelo artigo 19.

2. O Secretário-Geral das Nações Unidas levará à atenção da Assembléia Geral, no mais tardar após o depósito do sexto instrumento de ratificação ou de adesão, a questão da criação do organismo mencionado no artigo 11.

Artigo 21

A presente Convenção será registrada pelo Secretário-Geral das Nações Unidas na data de sua entrada em vigor.

Em testemunho do que os Plenipotenciários abaixo-assinados firmam a presente Convenção.

Feita em Nova York, no dia trinta de agosto de mil novecentos e sessenta e um, em exemplar único, cujos textos em chinês, espanhol, francês, inglês e russo são igualmente autênticos, que será depositado nos arquivos das Nações Unidas e do qual o Secretário-Geral das Nações Unidas entregará cópias devidamente autenticadas a todos os Estados-Membros das Nações Unidas e a todos os Estados não-membros referidos no Artigo 16 da presente Convenção.

DECRETO Nº 8.660, DE 29 DE JANEIRO DE 2016

Promulga a Convenção sobre a Eliminação da Exigência de Legalização de Documentos Públicos Estrangeiros, firmada pela República Federativa do Brasil, em Haia, em 5 de outubro de 1961.

▸ Publicado no *DOU* de 1º-2-2016.

A PRESIDENTA DA REPÚBLICA, no uso da atribuição que lhe confere o art. 84, *caput*, inciso IV, da Constituição, e

Considerando que a Convenção sobre a Eliminação da Exigência de Legalização de Documentos Públicos Estrangeiros foi firmada em Haia, em 5 de outubro de 1961;

Considerando que o Congresso Nacional aprovou a Convenção sobre a Eliminação da Exigência de Legalização de Documentos Públicos Estrangeiros, por meio do Decreto Legislativo nº 148, de 6 de julho de 2015;

Considerando que o Governo brasileiro depositou, junto ao Ministério das Relações Exteriores dos Países Baixos, em 2 de dezembro de 2015, o instrumento de adesão da República Federativa do Brasil à Convenção sobre a Eliminação da Exigência de Legalização de Documentos Públicos Estrangeiros; e

Considerando que a Convenção sobre a Eliminação da Exigência de Legalização de Documentos Públicos Estrangeiros entrará em vigor para a República Federativa do Brasil, no plano jurídico externo, em 14 de agosto de 2016;

DECRETA:

Art. 1º Fica promulgada a Convenção sobre a Eliminação da Exigência de Legalização de Documentos Públicos Estrangeiros, firmada em Haia, em 5 de outubro de 1961, anexa a este Decreto.

Art. 2º São sujeitos à aprovação do Congresso Nacional atos que possam resultar em revisão do Acordo e ajustes complementares que acarretem encargos ou compromissos gravosos ao patrimônio nacional, nos termos do inciso I do *caput* do art. 49 da Constituição.

Art. 3º Este Decreto entra em vigor na data de sua publicação.

Brasília, 29 de janeiro de 2016;
195º da Independência e
128º da República.

Dilma Rousseff

CONVENÇÃO SOBRE A ELIMINAÇÃO DA EXIGÊNCIA DE LEGALIZAÇÃO DE DOCUMENTOS PÚBLICOS ESTRANGEIROS

▸ Celebrada em 5-11-1961. No Brasil, foi aprovada pelo Dec. nº 8.660, de 29-1-2016.

Os Estados Signatários da presente Convenção, Desejando eliminar a exigência de legalização diplomática ou consular de documentos públicos estrangeiros,

Decidiram celebrar uma Convenção com essa finalidade e concordaram com as seguintes disposições:

Artigo 1º

A presente Convenção aplica-se a documentos públicos feitos no território de um dos Estados Contratantes e que devam produzir efeitos no território de outro Estado Contratante.

No âmbito da presente Convenção, são considerados documentos públicos:

a) Os documentos provenientes de uma autoridade ou de um agente público vinculados a qualquer jurisdição do Estado, inclusive os documentos provenientes do Ministério Público, de escrivão judiciário ou de oficial de justiça;
b) Os documentos administrativos;
c) Os atos notariais;
d) As declarações oficiais apostas em documentos de natureza privada, tais como certidões que comprovem o registro de um documento ou a sua existência em determinada data, e reconhecimentos de assinatura.

Entretanto, a presente Convenção não se aplica:

a) Aos documentos emitidos por agentes diplomáticos ou consulares;
b) Aos documentos administrativos diretamente relacionados a operações comerciais ou aduaneiras.

Artigo 2º

Cada Estado Contratante dispensará a legalização dos documentos aos quais se aplica a presente Convenção e que devam produzir efeitos em seu território. No âmbito da presente Convenção, legalização significa apenas a formalidade pela qual os agentes diplomáticos ou consulares do país no qual o documento deve produzir efeitos atestam a autenticidade da assinatura, a função ou o cargo exercidos pelo signatário do documento e, quando cabível, a autenticidade do selo ou carimbo aposto no documento.

Artigo 3º

A única formalidade que poderá ser exigida para atestar a autenticidade da assinatura, a função ou cargo exercido pelo signatário do documento e, quando cabível, a autenticidade do selo ou carimbo aposto no documento, consiste na aposição da apostila definida no artigo 4º, emitida pela autoridade competente do Estado no qual o documento é originado.

Contudo, a formalidade prevista no parágrafo anterior não pode ser exigida se as leis, os regulamentos ou os costumes em vigor no Estado onde o documento deva produzir efeitos – ou um acordo entre dois ou mais Estados contratantes – a afastem ou simplifiquem, ou dispensem o ato de legalização.

Artigo 4º

A apostila prevista no primeiro parágrafo do artigo 3º será aposta no próprio documento ou em uma folha a ele apensa e deverá estar em conformidade com o modelo anexo à presente Convenção.

A apostila poderá, contudo, ser redigida no idioma oficial da autoridade que a emite. Os termos padronizados nela inscritos também poderão ser redigidos em um segundo idioma. O título "Apostille (Convention de La Haye du 5 octobre 1961)" deverá ser escrito em francês.

Artigo 5º

A apostila será emitida mediante solicitação do signatário do documento ou de qualquer portador. Quando preenchida adequadamente, a apostila atesta a autenticidade da assinatura, a função ou o cargo exercido pelo signatário do documento e, quando cabível, a autenticidade do selo ou carimbo nele aposto. A assinatura, selo ou carimbo contidos na apostila serão isentos de qualquer certificação.

Artigo 6º

Cada Estado Contratante designará as autoridades às quais, em razão do cargo ou função que exercem, será atribuída a competência para emitir a apostila prevista no primeiro parágrafo do artigo 3º.

Esta designação deverá ser notificada pelo Estado Contratante ao Ministério das Relações Exteriores dos Países Baixos, no momento do depósito do respectivo instrumento de ratificação, adesão ou da respectiva declaração de extensão. Todas as modificações que ocorrerem na designação daquelas autoridades também deverão ser notificadas ao referido Ministério.

Artigo 7º

Cada uma das autoridades designadas nos termos do artigo 6º manterá registro ou arquivo no qual serão anotadas as apostilas emitidas, especificando:

a) O número e a data da apostila;

LEGISLAÇÃO INTERNACIONAL

b) O nome do signatário do documento público e o cargo ou função por ele exercida ou, no caso de documentos não assinados, a indicação da autoridade que após o selo ou carimbo.

Mediante solicitação de qualquer interessado, a autoridade emissora da apostila verificará se os dados nela inscritos correspondem àqueles contidos no registro ou no arquivo.

Artigo 8º

Sempre que um tratado, convenção ou acordo entre dois ou mais Estados Contratantes contiver disposições que sujeitem o reconhecimento de uma assinatura, selo ou carimbo a certas formalidades, a presente Convenção apenas derrogará as referidas disposições se tais formalidades forem mais rigorosas do que a formalidade prevista nos artigos 3º e 4º.

Artigo 9º

Cada Estado Contratante tomará as providências necessárias para evitar que seus agentes diplomáticos ou consulares realizem legalizações nos casos em que esse procedimento seja dispensado pela presente Convenção.

Artigo 10

A presente Convenção fica aberta à assinatura pelos Estados representados na 9ª Sessão da Conferência da Haia sobre Direito Internacional Privado, bem como por Irlanda, Islândia, Liechtenstein e Turquia.

A Convenção será ratificada e os instrumentos de ratificação serão depositados junto ao Ministério das Relações Exteriores dos Países Baixos.

Artigo 11

A presente Convenção entrará em vigor no sexagésimo dia após o depósito do terceiro instrumento de ratificação previsto no segundo parágrafo do artigo 10.

A Convenção entrará em vigor, para cada Estado signatário que a ratifique posteriormente, no sexagésimo dia após o depósito do respectivo instrumento de ratificação.

Artigo 12

Qualquer Estado que não esteja mencionado no artigo 10 poderá aderir à presente Convenção depois da sua entrada em vigor, de acordo com o primeiro parágrafo do artigo 11. O instrumento de adesão será depositado junto ao Ministério das Relações Exteriores dos Países Baixos.

A adesão somente produzirá efeitos no âmbito das relações entre o Estado aderente e os Estados Contratantes que não apresentem objeção à adesão nos seis meses posteriores ao recebimento da notificação prevista no artigo 15, alínea *d*. Qualquer objeção será informada ao Ministério das Relações Exteriores dos Países Baixos.

A Convenção entrará em vigor entre o Estado aderente e os Estados que não tiverem apresentado objeção à adesão no sexagésimo dia após a expiração do prazo de seis meses previsto no parágrafo anterior.

Artigo 13

Qualquer Estado, no momento da assinatura, da ratificação ou da adesão, poderá declarar que a aplicação da presente Convenção se estenderá ao conjunto dos territórios que ele representa no plano internacional, ou a um ou a alguns dentre eles. Essa declaração terá efeito na data da entrada em vigor da Convenção para o Estado em questão.

Posteriormente, tais extensões serão notificadas ao Ministério das Relações Exteriores dos Países Baixos.

Quando um Estado que tenha assinado e ratificado a presente Convenção apresentar declaração de extensão, esta entrará em vigor nos territórios em questão conforme o artigo 11. Quando a declaração de extensão for feita por um Estado que tenha aderido à Convenção, esta entrará em vigor nos territórios em questão conforme o artigo 12.

Artigo 14

A presente Convenção terá vigência de cinco anos a partir da data da sua entrada em vigor, nos termos do primeiro parágrafo do artigo 11, inclusive para os Estados que a ratificaram ou a ela aderiram posteriormente.

Caso não haja denúncia, a Convenção será renovada tacitamente a cada cinco anos.

A denúncia será notificada ao Ministério das Relações Exteriores dos Países Baixos, pelo menos seis meses antes do final do período de cinco anos.

A denúncia poderá limitar-se a alguns dos territórios aos quais a Convenção se aplica.

A denúncia produzirá efeitos apenas em relação ao Estado que tenha feito a respectiva notificação.

A Convenção permanecerá em vigor para os outros Estados Contratantes.

Artigo 15

O Ministério das Relações Exteriores dos Países Baixos deverá notificar os Estados mencionados no artigo 10 e os Estados que tenham aderido nos termos do artigo 12 sobre o seguinte:

a) As notificações previstas no segundo parágrafo do artigo 6º;

b) As assinaturas e ratificações previstas no Artigo 10;

c) A data em que a presente Convenção entrará em vigor nos termos do primeiro parágrafo do Artigo 11;

d) As adesões e objeções previstas no Artigo 12 e a data em que as adesões entrarão em vigor;

e) As extensões previstas no Artigo 13 e a data em que entrarão em vigor; e

f) As denúncias previstas no terceiro parágrafo do Artigo 14.

Em fé do que, os abaixo assinados, devidamente autorizados, firmaram a presente Convenção.

Concluída na Haia, em 5 de outubro de 1961, em francês e inglês, sendo que o texto em francês prevalecerá em caso de divergência entre os dois textos, em uma única cópia que será depositada nos arquivos do Governo dos Países Baixos e da qual será remetida uma cópia autenticada, por via diplomática, para cada Estado representado na 9ª Sessão da Conferência da Haia sobre Direito Internacional Privado, bem como para Irlanda, Islândia, Liechtenstein e Turquia.

ANEXO À CONVENÇÃO
MODELO DE APOSTILA

APOSTILLE
(Convention de La Haye du 5 octobre 1961)

País: ....

Este documento público

2. foi assinado por ....

3. agindo na qualidade de ....

4. e tem o selo ou carimbo do ....

Reconhecido

5. em .... 6. em ....

7. pelo ....

8. sob o nº ....

9. Selo/carimbo: .... 10. Assinatura: ....

....

A apostila terá a forma de um quadrado com lados medindo no mínimo 9 centímetros

DECRETO Nº 9.039, DE 27 DE ABRIL DE 2017

Promulga a Convenção sobre a Obtenção de Provas no Estrangeiro em Matéria Civil ou Comercial, firmada em Haia, em 18 de março de 1970.

▸ Publicado no *DOU* de 28-4-2017.

O PRESIDENTE DA REPÚBLICA, no uso da atribuição que lhe confere o art. 84, *caput*, inciso IV, da Constituição,

Considerando que a República Federativa do Brasil aderiu à Convenção sobre a Obtenção de Provas no Estrangeiro em Matéria Civil ou Comercial, em Haia, em 18 de março de 1970;

Considerando que o Congresso Nacional aprovou a Convenção, por meio do Decreto Legislativo nº 137, de 19 de fevereiro de 2013, com reserva ao parágrafo 2º do art. 4º e ao Capítulo II, nos termos do art. 33, e com as declarações previstas nos art. 8º e art. 23;

Considerando que a República Federativa do Brasil depositou, junto ao Ministério dos Negócios Estrangeiros dos Países Baixos, em 9 de abril de 2014 com reserva ao parágrafo 2º do art. 4º e ao Capítulo II, nos termos do art. 33, e com as declarações previstas nos art. 8º e art. 23; e

Considerando que a Convenção entrou em vigor para a República Federativa do Brasil, no plano jurídico externo, em 8 de junho de 2014;

DECRETA:

Art. 1º Fica promulgada a Convenção sobre a Obtenção de Provas no Estrangeiro em Matéria Civil ou Comercial, firmada em Haia, em 18 de março de 1970, com reserva ao parágrafo 2º do art. 4º e ao Capítulo II, nos termos do art. 33, e com as declarações previstas nos art. 8º e art. 23, anexa a este Decreto.

Art. 2º São sujeitos à aprovação do Congresso Nacional atos que possam resultar em revisão da Convenção e ajustes complementares que acarretem encargos ou compromissos gravosos ao patrimônio nacional, nos termos do inciso I do *caput* do art. 49 da Constituição.

Art. 3º Este Decreto entra em vigor na data de sua publicação.

Brasília, 27 de abril de 2017;
196º da Independência e
129º da República.

Michel Temer

CONVENÇÃO SOBRE A OBTENÇÃO DE PROVAS NO ESTRANGEIRO EM MATÉRIA CIVIL OU COMERCIAL

(Firmada em 18 de março de 1970)

(Em vigor desde 7 de outubro de 1972)

Os Estados Signatários da presente Convenção,

Desejando facilitar a transmissão e o cumprimento de Cartas Rogatórias e promover a harmonização dos diversos métodos por eles utilizados para tais fins;

Desejando tornar mais eficiente a cooperação judiciária mútua em matéria civil ou comercial;

Decidiram firmar uma Convenção e concordaram com as seguintes disposições:

CAPÍTULO I
CARTAS ROGATÓRIAS

Artigo 1º

Em matéria civil ou comercial, uma autoridade judiciária de um Estado Contratante pode, de acordo com as disposições de sua legislação, requerer por Carta Rogatória à autoridade competente de um outro Estado Contratante a obtenção de provas ou a prática de qualquer outro ato judicial.

Cartas Rogatórias não serão utilizadas para obter meios de prova que não sejam destinados a ser utilizados em processo judicial já iniciado ou que se pretenda iniciar.

A expressão "outro ato judicial" não diz respeito à citação, intimação ou notificação de documentos judiciais nem à entrega de processos pelos quais são executadas decisões ou determinações judiciais, nem às medidas provisórias ou de salvaguarda.

Artigo 2º

Cada Estado Contratante designará uma Autoridade Central que se encarregará de receber as Cartas Rogatórias procedentes de uma autoridade judiciária de outro Estado Contratante e de transmiti-las à autoridade competente para cumprimento. A Autoridade Central é organizada de acordo com a legislação prevista por cada Estado.

As Cartas Rogatórias serão remetidas à Autoridade Central do Estado requerido, sem intervenção de qualquer outra autoridade deste Estado.

Artigo 3º

A Carta Rogatória especificará:

a) a autoridade requerente e, se for do conhecimento da autoridade requerente, a autoridade requerida;

b) o nome e o endereço das partes e de seus representantes, se houver algum;

c) a natureza do processo para o qual as provas são requeridas, fornecendo todas as informações necessárias para esse fim;

d) as provas a serem obtidas ou outros documentos judiciais a serem cumpridos.

Quando apropriado, a Carta Rogatória conterá, *inter alia*:

e) o nome e o endereço das pessoas a serem ouvidas;

f) as perguntas a serem feitas às pessoas a serem ouvidas ou os fatos sobre os quais elas devem ser ouvidas;

g) os documentos ou outros bens, móveis e imóveis, a serem examinados;

h) o pedido de receber o depoimento sob juramento ou compromisso e qualquer formalidade especial a ser utilizada;

i) as formalidades especiais a serem seguidas, conforme previsto no artigo 9º.

A Carta Rogatória fornecerá também as informações necessárias à aplicação do artigo 11.

Não poderá ser exigida a legalização da Carta Rogatória ou qualquer outra formalidade análoga.

Artigo 4º

A Carta Rogatória será redigida no idioma da autoridade requerida ou acompanhada de uma tradução para esse idioma.

Entretanto, os Estados Contratantes aceitarão as Cartas Rogatórias redigidas em inglês ou francês, ou traduzidas para um desses idiomas, a não ser que tenham feito a ressalva permitida pelo artigo 33.

Os Estados Contratantes que tenham mais de um idioma oficial e não possam, segundo sua legislação interna, aceitar Cartas Rogatórias em um desses idiomas para a totalidade de seu território, especificarão, por meio de uma declaração, o idioma no qual as cartas ou as suas traduções serão redigidas para execução em determinadas partes de seu território. Em caso de inobservância, sem motivos justificáveis, da obrigação decorrente daquela declaração, os custos da tradução para o idioma exigido ficarão a cargo do Estado de origem.

Os Estados Contratantes poderão, por meio de declaração, especificar outro idioma ou outros idiomas, diferentes dos previstos nos parágrafos precedentes, nos quais as Cartas Rogatórias possam ser dirigidas à sua Autoridade Central.

As traduções anexas às Cartas Rogatórias serão reconhecidas como corretas nos dois Estados, quer por representante diplomático ou consular, quer por tradutor juramentado ou por pessoa com autorização para tal.

Artigo 5º

Caso a Autoridade Central considere que as disposições da presente Convenção não foram respeitadas, informará imediatamente à autoridade do Estado requerente que transmitiu a Carta Rogatória, expondo os motivos de sua objeção à Carta.

Artigo 6º

Se a Carta Rogatória tiver sido transmitida a uma autoridade que não possua competência para cumpri-la, esta deverá enviá-la imediatamente à autoridade judiciária competente do mesmo Estado para que seja cumprida de acordo com sua legislação.

Artigo 7º

A autoridade requerente será informada, se assim o desejar, da data e do local em que ocorrerão os procedimentos, para que as partes interessadas e seus representantes, se houver, possam estar presentes. Essa informação será enviada diretamente às partes ou a seus representantes, se a autoridade do Estado requerente assim o solicitar.

Artigo 8º

Qualquer Estado Contratante poderá declarar que autoridades judiciárias da autoridade requerente de um outro Estado Contratante poderão assistir ao cumprimento de uma Carta Rogatória. Poderá ser exigida autorização prévia da autoridade competente designada pelo Estado declarante.

Artigo 9º

A autoridade judiciária que cumprirá a Carta Rogatória aplicará a legislação de seu país no que diz respeito às formalidades a serem seguidas.

Entretanto, essa autoridade atenderá ao pedido da autoridade requerente de que se proceda de forma especial, a não ser que tal procedimento seja incompatível com a legislação do Estado requerido ou que sua execução não seja possível, quer em virtude da prática judiciária seguida, quer em virtude de dificuldades de ordem prática.

As Cartas Rogatórias serão cumpridas prontamente.

Artigo 10

No cumprimento de uma Carta Rogatória, a autoridade requerida utilizará os meios de coação apropriados e previstos por sua legislação para a execução de decisões proferidas por suas próprias autoridades ou de pedidos formulados por uma parte em processo interno.

Artigo 11

A Carta Rogatória não será cumprida caso a pessoa em causa invoque uma prerrogativa para que não deponha ou um impedimento legal que a impeça de depor, estabelecida de acordo com:

a) a lei do Estado requerido; ou

b) a lei do Estado requerente, quando a prerrogativa ou o impedimento tenham sido especificados na Carta Rogatória ou, a pedido da autoridade requerida, tenham sido, de outra forma, confirmados pela autoridade requerente.

Os Estados Contratantes poderão ainda declarar que reconhecem as prerrogativas e os impedimentos legais previstos na legislação de outros Estados, diferentes do Estado requerente e do Estado requerido, nos termos especificados em tal declaração.

Artigo 12

O cumprimento da Carta Rogatória só poderá ser recusado quando:

a) no Estado requerido o cumprimento não estiver no âmbito das atribuições do poder judiciário; ou

b) o Estado requerido considerá-lo prejudicial à sua soberania ou segurança.

O cumprimento não pode ser recusado pela única razão de a legislação do Estado requerido reivindicar uma competência judiciária exclusiva sobre o objeto do pedido ou não reconhecer o direito em que se baseia o pedido.

Artigo 13

Os documentos que indicam o cumprimento da Carta Rogatória serão transmitidos pela autoridade requerida à autoridade requerente pela mesma via utilizada por esta.

Quando a Carta Rogatória não for cumprida, no todo ou em parte, a autoridade requerente será imediatamente informada pela mesma via e ser-lhe-ão comunicadas as razões do não cumprimento.

Artigo 14

O cumprimento das Cartas Rogatórias não poderá dar lugar ao reembolso de taxas ou custas de qualquer natureza.

Entretanto, o Estado requerido tem o direito de exigir que o Estado requerente o reembolse dos honorários pagos a peritos e intérpretes e das custas ocasionadas pela aplicação de um procedimento especial solicitado pelo Estado requerente, conforme previsto no artigo 9º, parágrafo 2º.

A autoridade requerida, cuja lei obriga as próprias partes a recolher as provas e que não é capaz, por si só, de cumprir as Cartas Rogatórias, poderá designar uma pessoa habilitada para o cumprimento, após obter o consentimento da autoridade requerente. Ao procurar obter esse consentimento, a autoridade requerida indicará os custos aproximados que resultariam desse procedimento. Caso a autoridade requerente consinta, deverá reembolsar as despesas daí decorrentes. Na falta de consentimento, a autoridade requerente não será responsável pelos custos.

CAPÍTULO II

OBTENÇÃO DE PROVAS POR REPRESENTANTES DIPLOMÁTICOS, AGENTES CONSULARES OU COMISSÁRIOS

Artigo 15

Em matéria civil ou comercial, os representantes diplomáticos ou agentes consulares de um Estado Contratante poderão, sem coação, no território de um outro Estado Contratante e na área em que exercem suas funções, obter qualquer prova de cidadãos de um Estado que eles representam para auxiliar em processos instaurados neste Estado.

Os Estados Contratantes poderão declarar que tais provas poderão ser obtidas por um representante diplomático ou agente consular somente mediante autorização concedida pela autoridade competente designada pelo Estado declarante.

Artigo 16

Os representantes diplomáticos ou agentes consulares de um Estado Contratante poderão ainda obter, sem coação, no território de um outro Estado Contratante e na área em que exercem suas funções, qualquer prova de cidadãos do Estado em que exercem suas funções ou de um terceiro Estado, para auxiliar em processos instaurados no Estado que representam, se:

a) uma autoridade competente designada pelo Estado no qual exerce suas funções conceder sua autorização de forma geral ou em caso específico;

b) forem respeitadas as condições que a autoridade competente fixar na autorização.

Os Estados Contratantes poderão declarar que as provas previstas neste artigo poderão ser obtidas sem autorização prévia.

Artigo 17

Em matéria civil ou comercial, uma pessoa devidamente designada como comissário poderá obter, sem coação, no território de um Estado Contratante, provas para auxiliar um processo instaurado em outro Estado Contratante, se:

a) uma autoridade competente designada pelo Estado onde tem lugar a obtenção das provas conceder sua autorização de forma geral ou em caso específico; e

b) o comissário respeitar as condições que a referida autoridade designada estabelecer na autorização.

Os Estados Contratantes poderão declarar que as provas previstas neste artigo poderão ser obtidas sem autorização prévia.

Artigo 18

Os Estados Contratantes poderão declarar que os representantes diplomáticos, agentes consulares ou comissários autorizados a recolher provas, de acordo com os artigos 15, 16 ou 17, têm autonomia para se dirigir às autoridades competentes por eles designadas para obter a assistência necessária ao recolhimento, com coação, de tais provas. As declarações poderão impor as condições que os Estados declarantes julguem convenientes.

Se a autoridade competente deferir o pedido, utilizará as medidas de coação apropriadas e previstas por sua legislação para procedimentos internos.

Artigo 19

A autoridade competente, ao conceder a autorização prevista nos artigos 15, 16 ou 17 ou ao deferir o requerimento mencionado no artigo 18, poderá indicar as condições que julgar adequadas, como no que diz respeito à data, hora e lugar da obtenção de provas. Do mesmo modo, poderá exigir que lhe sejam previamente notificados, com razoável antecedência, a data, a hora e o lugar acima referidos. Em tal caso, um representante da autoridade ficará autorizado a estar presente na obtenção das provas.

Artigo 20

Quando da obtenção das provas conforme previsto nos artigos deste Capítulo, as pessoas interessadas poderão ser representadas legalmente.

Artigo 21

Quando um representante diplomático, agente consular ou comissário for autorizado a obter provas, conforme previsto nos artigos 15, 16 ou 17:

a) poderá recolher qualquer tipo de prova que não for incompatível com a legislação do Estado onde as provas são recolhidas ou que não contrariar a autorização concedida nos termos dos artigos supracitados e obter, nas mesmas condições, um depoimento sob juramento ou simples compromisso;

b) salvo se a pessoa convocada a comparecer ou fornecer provas for cidadã do Estado onde o processo aguarda julgamento, a convocação para comparecer ou fornecer provas será redigida no idioma do lugar em que a prova deva ser recolhida ou será acompanhada de uma tradução para esse idioma;

c) a convocação indicará que a pessoa em questão poderá ser representada de acordo com a lei e, nos Estados que não tenham apresentado a declaração prevista no artigo 18, que não é obrigada a comparecer nem a apresentar provas;

d) as provas poderão ser recolhidas da forma prevista pela legislação do Estado no qual corre o processo desde que elas não sejam proibidas pela legislação do Estado onde são recolhidas;

e) a pessoa convocada a fornecer provas poderá invocar as prerrogativas e os impedimentos legais previstos no artigo 11.

Artigo 22

Caso o recolhimento de provas não seja realizado conforme previsto no presente Capítulo, em virtude de uma pessoa se recusar a fornecê-las, será possível remeter posteriormente uma Carta Rogatória para o mesmo fim, de acordo com as disposições do Capítulo I.

CAPÍTULO III

DISPOSIÇÕES GERAIS

Artigo 23

Os Estados Contratantes podem, no momento da assinatura, ratificação ou adesão, declarar que não cumprirão as Cartas Rogatórias que tenham sido emitidas com o propósito de obterem o que é conhecido, nos países de *Common Law*, pela designação de "pre-trial discovery of documents".

Artigo 24

Um Estado Contratante pode designar, além da Autoridade Central, outras autoridades cuja competência determinará. Entretanto, as Cartas Rogatórias poderão ser sempre transmitidas à Autoridade Central.

Os Estados Federais poderão designar mais de uma Autoridade Central.

Artigo 25

Os Estados Contratantes nos quais mais de um sistema jurídico esteja em vigor poderão designar as autoridades de um desses sistemas, que terão competência exclusiva para o cumprimento das Cartas Rogatórias, conforme disposto na presente Convenção.

Artigo 26

Qualquer Estado Contratante, se obrigado por razões de limitações de ordem constitucional, poderá solicitar ao Estado requerente que o reembolse das despesas resultantes do cumprimento de Cartas Rogatórias quando se referirem à citação, intimação ou notificação para comparecimento de pessoa para a obtenção de provas, à ajuda de custo devida à pessoa que prestar depoimento e aos custos relativos à transcrição de tais provas.

Quando um Estado recorrer às disposições do parágrafo precedente, qualquer outro Estado poderá solicitar-lhe o reembolso de despesas semelhantes.

Artigo 27

As disposições da presente Convenção não impedirão que um Estado Contratante:

a) declare que possam ser transmitidas Cartas Rogatórias às suas autoridades judiciárias por outras vias que não sejam as previstas no artigo 2º;

b) permita, nos termos de sua legislação ou práticas internas, que quaisquer atos decorrentes da aplicação da presente Convenção sejam realizados em condições menos restritivas;

c) permita, nos termos de sua legislação ou práticas internas, métodos de obtenção de provas diferentes dos previstos na presente Convenção.

Artigo 28

A presente Convenção não impedirá que dois ou mais Estados Contratantes convenham em derrogar:

a) as disposições do artigo 2º, no que diz respeito aos métodos de transmissão das Cartas Rogatórias;

b) as disposições do artigo 4º, no que diz respeito ao emprego dos idiomas;

c) as disposições do artigo 8º, no que diz respeito à presença de autoridades judiciárias no cumprimento das Cartas Rogatórias;

d) as disposições do artigo 11, no que diz respeito às prerrogativas para não depor e aos impedimentos para depor;

e) as disposições do artigo 13, no que diz respeito aos métodos de devolução das Cartas Rogatórias cumpridas à autoridade requerente;

f) as disposições do artigo 14, no que diz respeito ao pagamento de custos;

g) as disposições do Capítulo II.

Artigo 29

A presente Convenção substituirá, nas relações entre os Estados que a tenham ratificado, os artigos 8º a 16, das Convenções relativas ao Processo Civil, assinadas na Haia, respectivamente em 17 de julho de 1905 e em 1º de março de 1954, caso os referidos Estados sejam partes de uma ou de ambas as Convenções.

Artigo 30

A presente Convenção em nada afetará a aplicação do artigo 23 da Convenção de 1905 ou do artigo 24 da Convenção de 1954.

Artigo 31

Os acordos adicionais às Convenções de 1905 e 1954, firmados pelos Estados Contratantes, serão considerados igualmente aplicáveis à presente Convenção, a menos que os Estados interessados convenham de outro modo.

Artigo 32

Sem prejuízo da aplicação dos artigos 29 e 31, a presente Convenção não derroga as convenções de que os Estados Contratantes sejam ou venham a ser partes e que contenham disposições sobre as matérias regidas pela presente Convenção.

Artigo 33

Os Estados Contratantes, no momento da assinatura da ratificação ou da adesão, têm autonomia para excluir, no todo ou em parte, a aplicação das disposições do parágrafo 2º do artigo 4º, bem como do Capítulo II. Nenhuma outra reserva será permitida.

Os Estados Contratantes poderão, a qualquer momento, retirar uma reserva que tenham feito. O efeito da reserva cessará sessenta dias após a notificação de sua retirada.

Quando um Estado tenha feito uma reserva, qualquer outro Estado afetado por ela poderá aplicar a mesma regra em relação ao Estado que a adotou.

Artigo 34

Os Estados poderão, a qualquer momento, retirar ou modificar uma declaração.

Artigo 35

Os Estados Contratantes indicarão ao Ministério dos Negócios Estrangeiros dos Países Baixos, quer no momento do depósito de seu instrumento de ratificação ou adesão, quer posteriormente, as autoridades previstas nos artigos 2º, 8º, 24 e 25.

Os Estados Contratantes deverão, do mesmo modo, caso necessário, informar o Ministério sobre:

a) a designação das autoridades às quais os representantes diplomáticos ou agentes consulares deverão dirigir-se para prestar informação, solicitar permissão ou obtenção de provas, nos termos do disposto nos artigos 15, 16 e 18, respectivamente;

b) a designação das autoridades que poderão conceder aos comissários a autorização para a obtenção de provas, nos termos do disposto no artigo 17 ou a assistência prevista no artigo 18;

c) as declarações mencionadas nos artigos 4º, 8º, 11, 15, 16, 17, 18, 23 e 27;

d) a retirada ou a modificação das designações e declarações acima mencionadas;

e) a retirada das reservas.

Artigo 36

As dificuldades que possam surgir entre os Estados Contratantes por motivo da aplicação da presente Convenção serão solucionadas pela via diplomática.

Artigo 37

A presente Convenção fica aberta à assinatura dos Estados representados na 11ª Sessão da Conferência da Haia de Direito Internacional Privado.

Será ratificada e os instrumentos de ratificação serão depositados no Ministério dos Negócios Estrangeiros dos Países Baixos.

Artigo 38

A presente Convenção entrará em vigor no sexagésimo dia após o depósito do terceiro instrumento de ratificação previsto no artigo 37, parágrafo 2º.

A Convenção entrará em vigor, para cada Estado signatário que a tenha ratificado posteriormente, no sexagésimo dia após o depósito do respectivo instrumento de ratificação.

Artigo 39

Os Estados não representados na 11ª Sessão da Conferência da Haia de Direito Internacional Privado que sejam membros da Conferência ou da Organização das Nações Unidas ou de um órgão especial desta, ou que sejam parte do Estatuto do Tribunal Internacional de Justiça poderão aderir à presente Convenção após sua entrada em vigor, nos termos do artigo 38, parágrafo 1º.

O instrumento de adesão será depositado no Ministério dos Negócios Estrangeiros dos Países Baixos.

A Convenção entrará em vigor, para o Estado aderente, sessenta dias após o depósito de seu instrumento de adesão.

A adesão só produzirá efeitos nas relações entre o Estado aderente e os Estados Contratantes que declararem aceitar essa adesão. A declaração será depositada no Ministério dos Negócios Estrangeiros dos Países Baixos, que enviará, pela via diplomática, uma cópia certificada a cada um dos Estados Contratantes.

A Convenção entrará em vigor entre o Estado aderente e o Estado que declarar aceitar essa adesão sessenta dias após o depósito da declaração de aceitação.

Artigo 40

Qualquer Estado, no momento da assinatura, da ratificação ou da adesão, poderá declarar que a presente Convenção se aplicará ao conjunto dos territórios por si representados no plano internacional, ou a um ou mais deles. Essa declaração terá efeito a partir do momento da entrada em vigor da Convenção para o Estado em questão.

Posteriormente, a qualquer momento, as extensões dessa natureza serão notificadas ao Ministério dos Negócios Estrangeiros dos Países Baixos.

A Convenção entrará em vigor, nos territórios abrangidos por tal extensão, no sexagésimo dia após a notificação mencionada no parágrafo precedente.

Artigo 41

A presente Convenção terá a duração de cinco anos a contar da data de sua entrada em vigor nos termos do artigo 38, parágrafo 1º, mesmo para os Estados que tiverem ratificado ou que a ela tiverem aderido posteriormente.

A Convenção será tacitamente renovada de cinco em cinco anos, salvo denúncia.

A denúncia será notificada ao Ministério dos Negócios Estrangeiros dos Países Baixos, pelo menos seis meses antes do final do período de cinco anos.

A denúncia poderá limitar-se a alguns dos territórios aos quais a Convenção se aplica.

A denúncia só produzirá efeito relativamente ao Estado que a tiver notificado. A Convenção continuará em vigor para os demais Estados contratantes.

Artigo 42

O Ministério dos Negócios Estrangeiros dos Países Baixos notificará, aos Estados referidos no artigo 37, bem como aos Estados que tiverem aderido nos termos do artigo 39, sobre:

a) as assinaturas e ratificações mencionadas no artigo 37;

b) a data na qual a presente Convenção entrará em vigor, conforme o disposto no artigo 38, parágrafo 1º;

c) as adesões previstas no artigo 39 e as datas a partir das quais produzirão seus efeitos;

d) as extensões previstas no artigo 40 e as datas a partir das quais produzirão seus efeitos;

e) as designações, reservas e declarações mencionadas nos artigos 33 e 35;

f) as denúncias previstas no artigo 41, parágrafo 3º.

Em fé do que, os abaixo assinados, devidamente autorizados, firmaram a presente Convenção.

Concluída na Haia, em 18 de março de 1970, em inglês e francês, tendo os dois textos igual fé, em um único exemplar, que será depositado nos arquivos do Governo dos Países Baixos e do qual será remetida, por via diplomática, uma cópia certificada a cada um dos Estados representados na 11ª Sessão da Conferência da Haia de Direito Internacional Privado.

LEI Nº 13.445, DE 24 DE MAIO DE 2017

Institui a Lei de Migração.

- Publicada no *DOU* de 25-5-2017.
- Dec. nº 9.199, de 20-11-2017, regulamenta esta lei.

O PRESIDENTE DA REPÚBLICA Faço saber que o Congresso Nacional decreta e eu sanciono a seguinte Lei:

CAPÍTULO I – DISPOSIÇÕES PRELIMINARES

SEÇÃO I – *DISPOSIÇÕES GERAIS*

Art. 1º Esta Lei dispõe sobre os direitos e os deveres do migrante e do visitante, regula a sua entrada e estada no País e estabelece princípios e diretrizes para as políticas públicas para o emigrante.

§ 1º Para os fins desta Lei, considera-se:

I – VETADO;

II – imigrante: pessoa nacional de outro país ou apátrida que trabalha ou reside e se estabelece temporária ou definitivamente no Brasil;

III – emigrante: brasileiro que se estabelece temporária ou definitivamente no exterior;

IV – residente fronteiriço: pessoa nacional de país limítrofe ou apátrida que conserva a sua residência habitual em município fronteiriço de país vizinho;

V – visitante: pessoa nacional de outro país ou apátrida que vem ao Brasil para estadas de curta duração, sem pretensão de se estabelecer temporária ou definitivamente no território nacional;

VI – apátrida: pessoa que não seja considerada como nacional por nenhum Estado, segundo a sua legislação, nos termos da Convenção sobre o Estatuto dos Apátridas, de 1954, promulgada pelo Decreto nº 4.246, de 22 de maio de 2002, ou assim reconhecida pelo Estado brasileiro.

§ 2º VETADO.

Art. 2º Esta Lei não prejudica a aplicação de normas internas e internacionais específicas sobre refugiados, asilados, agentes e pessoal diplomático ou consular, funcionários de organização internacional e seus familiares.

SEÇÃO II – *DOS PRINCÍPIOS E DAS GARANTIAS*

Art. 3º A política migratória brasileira rege-se pelos seguintes princípios e diretrizes:

I – universalidade, indivisibilidade e interdependência dos direitos humanos;

II – repúdio e prevenção à xenofobia, ao racismo e a quaisquer formas de discriminação;

III – não criminalização da migração;

IV – não discriminação em razão dos critérios ou dos procedimentos pelos quais a pessoa foi admitida em território nacional;

V – promoção de entrada regular e de regularização documental;

VI – acolhida humanitária;

VII – desenvolvimento econômico, turístico, social, cultural, esportivo, científico e tecnológico do Brasil;

VIII – garantia do direito à reunião familiar;

IX – igualdade de tratamento e de oportunidade ao migrante e a seus familiares;

X – inclusão social, laboral e produtiva do migrante por meio de políticas públicas;

XI – acesso igualitário e livre do migrante a serviços, programas e benefícios sociais, bens públicos, educação, assistência jurídica integral pública, trabalho, moradia, serviço bancário e seguridade social;

XII – promoção e difusão de direitos, liberdades, garantias e obrigações do migrante;

XIII – diálogo social na formulação, na execução e na avaliação de políticas migratórias e promoção da participação cidadã do migrante;

XIV – fortalecimento da integração econômica, política, social e cultural dos povos da América Latina, mediante constituição de espaços de cidadania e de livre circulação de pessoas;

XV – cooperação internacional com Estados de origem, de trânsito e de destino de movimentos migratórios, a fim de garantir efetiva proteção aos direitos humanos do migrante;

XVI – integração e desenvolvimento das regiões de fronteira e articulação de políticas públicas regionais capazes de garantir efetividade aos direitos do residente fronteiriço;

XVII – proteção integral e atenção ao superior interesse da criança e do adolescente migrante;

XVIII – observância ao disposto em tratado;

XIX – proteção ao brasileiro no exterior;

XX – migração e desenvolvimento humano no local de origem, como direitos inalienáveis de todas as pessoas;

XXI – promoção do reconhecimento acadêmico e do exercício profissional no Brasil, nos termos da lei; e

XXII – repúdio a práticas de expulsão ou de deportação coletivas.

Art. 4º Ao migrante é garantida no território nacional, em condição de igualdade com os nacionais, a inviolabilidade do direito à vida, à liberdade, à igualdade, à segurança e à propriedade, bem como são assegurados:

I – direitos e liberdades civis, sociais, culturais e econômicos;

II – direito à liberdade de circulação em território nacional;

III – direito à reunião familiar do migrante com seu cônjuge ou companheiro e seus filhos, familiares e dependentes;

IV – medidas de proteção a vítimas e testemunhas de crimes e de violações de direitos;

V – direito de transferir recursos decorrentes de sua renda e economias pessoais a outro país, observada a legislação aplicável;

VI – direito de reunião para fins pacíficos;

VII – direito de associação, inclusive sindical, para fins lícitos;

VIII – acesso a serviços públicos de saúde e de assistência social e à previdência social, nos termos da lei, sem discriminação em razão da nacionalidade e da condição migratória;

IX – amplo acesso à justiça e à assistência jurídica integral gratuita aos que comprovarem insuficiência de recursos;

X – direito à educação pública, vedada a discriminação em razão da nacionalidade e da condição migratória;

XI – garantia de cumprimento de obrigações legais e contratuais trabalhistas e de aplicação das normas de proteção ao trabalhador, sem discriminação em razão da nacionalidade e da condição migratória;

XII – isenção das taxas de que trata esta Lei, mediante declaração de hipossuficiência econômica, na forma de regulamento;

XIII – direito de acesso à informação e garantia de confidencialidade quanto aos dados pessoais do migrante, nos termos da Lei nº 12.527, de 18 de novembro de 2011;

XIV – direito a abertura de conta bancária;

XV – direito de sair, de permanecer e de reingressar em território nacional, mesmo enquanto pendente pedido de autorização de residência, de prorrogação de estada ou de transformação de visto em autorização de residência; e

XVI – direito do imigrante de ser informado sobre as garantias que lhe são asseguradas para fins de regularização migratória.

§ 1º Os direitos e as garantias previstos nesta Lei serão exercidos em observância ao disposto na Constituição Federal, independentemente da situação migratória, observado o disposto no § 4º deste artigo, e não excluem outros decorrentes de tratado de que o Brasil seja parte.

§§ 2º a 4º VETADOS.

CAPÍTULO II – DA SITUAÇÃO DOCUMENTAL DO MIGRANTE E DO VISITANTE

SEÇÃO I – *DOS DOCUMENTOS DE VIAGEM*

Art. 5º São documentos de viagem:

I – passaporte;

II – *laissez-passer*;

III – autorização de retorno;

IV – salvo-conduto;

V – carteira de identidade de marítimo;

VI – carteira de matrícula consular;

VII – documento de identidade civil ou documento estrangeiro equivalente, quando admitidos em tratado;

VIII – certificado de membro de tripulação de transporte aéreo; e

IX – outros que vierem a ser reconhecidos pelo Estado brasileiro em regulamento.

§ 1º Os documentos previstos nos incisos I, II, III, IV, V, VI e IX, quando emitidos pelo Estado brasileiro, são de propriedade da União, cabendo a seu titular a posse direta e o uso regular.

§ 2º As condições para a concessão dos documentos de que trata o § 1º serão previstas em regulamento.

Seção II
DOS VISTOS

Subseção I
DISPOSIÇÕES GERAIS

Art. 6º O visto é o documento que dá a seu titular expectativa de ingresso em território nacional.

Parágrafo único. VETADO.

Art. 7º O visto será concedido por embaixadas, consulados-gerais, consulados, vice-consulados e, quando habilitados pelo órgão competente do Poder Executivo, por escritórios comerciais e de representação do Brasil no exterior.

Parágrafo único. Excepcionalmente, os vistos diplomático, oficial e de cortesia poderão ser concedidos no Brasil.

Art. 8º Poderão ser cobrados taxas e emolumentos consulares pelo processamento do visto.

Art. 9º Regulamento disporá sobre:

I – requisitos de concessão de visto, bem como de sua simplificação, inclusive por reciprocidade;

II – prazo de validade do visto e sua forma de contagem;

III – prazo máximo para a primeira entrada e para a estada do imigrante e do visitante no País;

IV – hipóteses e condições de dispensa recíproca ou unilateral de visto e de taxas e emolumentos consulares por seu processamento; e

V – solicitação e emissão de visto por meio eletrônico.

Parágrafo único. A simplificação e a dispensa recíproca de visto ou de cobrança de taxas e emolumentos consulares por seu processamento poderão ser definidas por comunicação diplomática.

Art. 10. Não se concederá visto:

I – a quem não preencher os requisitos para o tipo de visto pleiteado;

II – a quem comprovadamente ocultar condição impeditiva de concessão de visto ou de ingresso no País; ou

III – a menor de 18 (dezoito) anos desacompanhado ou sem autorização de viagem por escrito dos responsáveis legais ou de autoridade competente.

Art. 11. Poderá ser denegado visto a quem se enquadrar em pelo menos um dos casos de impedimento definidos nos incisos I, II, III, IV e IX do art. 45.

Parágrafo único. A pessoa que tiver visto brasileiro denegado será impedida de ingressar no País enquanto permanecerem as condições que ensejaram a denegação.

Subseção II
DOS TIPOS DE VISTO

Art. 12. Ao solicitante que pretenda ingressar ou permanecer em território nacional poderá ser concedido visto:

I – de visita;

II – temporário;

III – diplomático;

IV – oficial;

V – de cortesia.

Subseção III
DO VISTO DE VISITA

Art. 13. O visto de visita poderá ser concedido ao visitante que venha ao Brasil para estada de curta duração, sem intenção de estabelecer residência, nos seguintes casos:

I – turismo;

II – negócios;

III – trânsito;

IV – atividades artísticas ou desportivas; e

V – outras hipóteses definidas em regulamento.

§ 1º É vedado ao beneficiário de visto de visita exercer atividade remunerada no Brasil.

§ 2º O beneficiário de visto de visita poderá receber pagamento do governo, de empregador brasileiro ou de entidade privada a título de diária, ajuda de custo, cachê, pró-labore ou outras despesas com a viagem, bem como concorrer a prêmios, inclusive em dinheiro, em competições desportivas ou em concursos artísticos ou culturais.

§ 3º O visto de visita não será exigido em caso de escala ou conexão em território nacional, desde que o visitante não deixe a área de trânsito internacional.

Subseção IV
DO VISTO TEMPORÁRIO

Art. 14. O visto temporário poderá ser concedido ao imigrante que venha ao Brasil com o intuito de estabelecer residência por tempo determinado e que se enquadre em pelo menos uma das seguintes hipóteses:

I – o visto temporário tenha como finalidade:

a) pesquisa, ensino ou extensão acadêmica;

b) tratamento de saúde;

c) acolhida humanitária;

d) estudo;

e) trabalho;

f) férias-trabalho;

g) prática de atividade religiosa ou serviço voluntário;

h) realização de investimento ou de atividade com relevância econômica, social, científica, tecnológica ou cultural;

i) reunião familiar;

j) atividades artísticas ou desportivas com contrato por prazo determinado;

II – o imigrante seja beneficiário de tratado em matéria de vistos;

III – outras hipóteses definidas em regulamento.

§ 1º O visto temporário para pesquisa, ensino ou extensão acadêmica poderá ser concedido ao imigrante com ou sem vínculo empregatício com a instituição de pesquisa ou de ensino brasileira, exigida, na hipótese de vínculo, a comprovação de formação superior compatível ou equivalente reconhecimento científico.

§ 2º O visto temporário para tratamento de saúde poderá ser concedido ao imigrante e a seu acompanhante, desde que o imigrante comprove possuir meios de subsistência suficientes.

§ 3º O visto temporário para acolhida humanitária poderá ser concedido ao apátrida ou ao nacional de qualquer país em situação de grave ou iminente instabilidade institucional, de conflito armado, de calamidade de grande proporção, de desastre ambiental ou de grave violação de direitos humanos ou de direito internacional humanitário, ou em outras hipóteses, na forma de regulamento.

§ 4º O visto temporário para estudo poderá ser concedido ao imigrante que pretenda vir ao Brasil para frequentar curso regular ou realizar estágio ou intercâmbio de estudo ou de pesquisa.

§ 5º Observadas as hipóteses previstas em regulamento, o visto temporário para trabalho poderá ser concedido ao imigrante que venha exercer atividade laboral, com ou sem vínculo empregatício no Brasil, desde que comprove oferta de trabalho formalizada por pessoa jurídica em atividade no País, dispensada esta exigência se o imigrante comprovar titulação em curso de ensino superior ou equivalente.

§ 6º O visto temporário para férias-trabalho poderá ser concedido ao imigrante maior de 16 (dezesseis) anos que seja nacional de país que conceda idêntico benefício ao nacional brasileiro, em termos definidos por comunicação diplomática.

§ 7º Não se exigirá do marítimo que ingressar no Brasil em viagem de longo curso ou em cruzeiros marítimos pela costa brasileira o visto temporário de que trata a alínea *e* do inciso I do *caput*, bastando a apresentação da carteira internacional de marítimo, nos termos de regulamento.

§ 8º É reconhecida ao imigrante a quem se tenha concedido visto temporário para trabalho a possibilidade de modificação do local de exercício de sua atividade laboral.

§ 9º O visto para realização de investimento poderá ser concedido ao imigrante que aporte recursos em projeto com potencial para geração de empregos ou de renda no País.

§ 10. VETADO.

Subseção V
DOS VISTOS DIPLOMÁTICO, OFICIAL E DE CORTESIA

Art. 15. Os vistos diplomático, oficial e de cortesia serão concedidos, prorrogados ou dispensados na forma desta Lei e de regulamento.

Parágrafo único. Os vistos diplomático e oficial poderão ser transformados em autorização de residência, o que importará cessação de todas as prerrogativas, privilégios e imunidades decorrentes do respectivo visto.

Art. 16. Os vistos diplomático e oficial poderão ser concedidos a autoridades e funcionários estrangeiros que viajem ao Brasil em missão oficial de caráter transitório ou permanente, representando Estado estrangeiro ou organismo internacional reconhecido.

§ 1º Não se aplica ao titular dos vistos referidos no *caput* o disposto na legislação trabalhista brasileira.

§ 2º Os vistos diplomático e oficial poderão ser estendidos aos dependentes das autoridades referidas no *caput*.

Art. 17. O titular de visto diplomático ou oficial somente poderá ser remunerado por Estado estrangeiro ou organismo internacional, ressalvado o disposto em tratado que contenha cláusula específica sobre o assunto.

Parágrafo único. O dependente de titular de visto diplomático ou oficial poderá exercer atividade remunerada no Brasil, sob o amparo da legislação trabalhista brasileira, desde que seja nacional de país que assegure reciprocidade de tratamento ao nacional brasileiro, por comunicação diplomática.

Art. 18. O empregado particular titular de visto de cortesia somente poderá exercer atividade remunerada para o titular de visto diplomático, oficial ou de cortesia ao qual esteja vinculado, sob o amparo da legislação trabalhista brasileira.

Parágrafo único. O titular de visto diplomático, oficial ou de cortesia será responsável pela saída de seu empregado do território nacional.

Seção III

DO REGISTRO E DA IDENTIFICAÇÃO CIVIL DO IMIGRANTE E DOS DETENTORES DE VISTOS DIPLOMÁTICO, OFICIAL E DE CORTESIA

Art. 19. O registro consiste na identificação civil por dados biográficos e biométricos, e é obrigatório a todo imigrante detentor de visto temporário ou de autorização de residência.

§ 1º O registro gerará número único de identificação que garantirá o pleno exercício dos atos da vida civil.

§ 2º O documento de identidade do imigrante será expedido com base no número único de identificação.

§ 3º Enquanto não for expedida identificação civil, o documento comprobatório de que o imigrante a solicitou à autoridade competente garantirá ao titular o acesso aos direitos disciplinados nesta Lei.

Art. 20. A identificação civil de solicitante de refúgio, de asilo, de reconhecimento de apatridia e de acolhimento humanitário poderá ser realizada com a apresentação dos documentos de que o imigrante dispuser.

Art. 21. Os documentos de identidade emitidos até a data de publicação desta Lei continuarão válidos até sua total substituição.

Art. 22. A identificação civil, o documento de identidade e as formas de gestão da base cadastral dos detentores de vistos diplomático, oficial e de cortesia atenderão a disposições específicas previstas em regulamento.

CAPÍTULO III

DA CONDIÇÃO JURÍDICA DO MIGRANTE E DO VISITANTE

Seção I

DO RESIDENTE FRONTEIRIÇO

Art. 23. A fim de facilitar a sua livre circulação, poderá ser concedida ao residente fronteiriço, mediante requerimento, autorização para a realização de atos da vida civil.

Parágrafo único. Condições específicas poderão ser estabelecidas em regulamento ou tratado.

Art. 24. A autorização referida no *caput* do art. 23 indicará o Município fronteiriço no qual o residente estará autorizado a exercer os direitos a ele atribuídos por esta Lei.

§ 1º O residente fronteiriço detentor da autorização gozará das garantias e dos direitos assegurados pelo regime geral de migração desta Lei, conforme especificado em regulamento.

§ 2º O espaço geográfico de abrangência e de validade da autorização será especificado no documento de residente fronteiriço.

Art. 25. O documento de residente fronteiriço será cancelado, a qualquer tempo, se o titular:

I – tiver fraudado documento ou utilizado documento falso para obtê-lo;

II – obtiver outra condição migratória;

III – sofrer condenação penal; ou

IV – exercer direito fora dos limites previstos na autorização.

Seção II

DA PROTEÇÃO DO APÁTRIDA E DA REDUÇÃO DA APATRIDIA

Art. 26. Regulamento disporá sobre instituto protetivo especial do apátrida, consolidado em processo simplificado de naturalização.

§ 1º O processo de que trata o *caput* será iniciado tão logo seja reconhecida a situação de apatridia.

§ 2º Durante a tramitação do processo de reconhecimento da condição de apátrida, incidem todas as garantias e mecanismos protetivos e de facilitação da inclusão social relativos à Convenção sobre o Estatuto dos Apátridas de 1954, promulgada pelo Decreto nº 4.246, de 22 de maio de 2002, à Convenção relativa ao Estatuto dos Refugiados, promulgada pelo Decreto nº 50.215, de 28 de janeiro de 1961, e à Lei nº 9.474, de 22 de julho de 1997.

§ 3º Aplicam-se ao apátrida residente todos os direitos atribuídos ao migrante relacionados no art. 4º.

§ 4º O reconhecimento da condição de apátrida assegura os direitos e garantias previstos na Convenção sobre o Estatuto dos Apátridas, de 1954, promulgada pelo Decreto nº 4.246, de 22 de maio de 2002, bem como outros direitos e garantias reconhecidos pelo Brasil.

§ 5º O processo de reconhecimento da condição de apátrida tem como objetivo verificar se o solicitante é considerado nacional pela legislação de algum Estado e poderá considerar informações, documentos e declarações prestadas pelo próprio solicitante e por órgãos e organismos nacionais e internacionais.

§ 6º Reconhecida a condição de apátrida, nos termos do inciso VI do § 1º do art. 1º, o solicitante será consultado sobre o desejo de adquirir a nacionalidade brasileira.

§ 7º Caso o apátrida opte pela naturalização, a decisão sobre o reconhecimento será encaminhada ao órgão competente do Poder Executivo para publicação dos atos necessários à efetivação da naturalização no prazo de 30 (trinta) dias, observado o art. 65.

§ 8º O apátrida reconhecido que não opte pela naturalização imediata terá a autorização de residência outorgada em caráter definitivo.

§ 9º Caberá recurso contra decisão negativa de reconhecimento da condição de apátrida.

§ 10. Subsistindo a denegação do reconhecimento da condição de apátrida, é vedada a devolução do indivíduo para país onde sua vida, integridade pessoal ou liberdade estejam em risco.

§ 11. Será reconhecido o direito de reunião familiar a partir do reconhecimento da condição de apátrida.

§ 12. Implica perda da proteção conferida por esta Lei:

I – a renúncia;

II – a prova da falsidade dos fundamentos invocados para o reconhecimento da condição de apátrida; ou

III – a existência de fatos que, se fossem conhecidos por ocasião do reconhecimento, teriam ensejado decisão negativa.

Seção III

DO ASILADO

Art. 27. O asilo político, que constitui ato discricionário do Estado, poderá ser diplomático ou territorial e será outorgado como instrumento de proteção à pessoa.

Parágrafo único. Regulamento disporá sobre as condições para a concessão e a manutenção de asilo.

Art. 28. Não se concederá asilo a quem tenha cometido crime de genocídio, crime contra a humanidade, crime de guerra ou crime de agressão, nos termos do Estatuto de Roma do Tribunal Penal Internacional, de 1998, promulgado pelo Decreto nº 4.388, de 25 de setembro de 2002.

Art. 29. A saída do asilado do País sem prévia comunicação implica renúncia ao asilo.

Seção IV

DA AUTORIZAÇÃO DE RESIDÊNCIA

Art. 30. A residência poderá ser autorizada, mediante registro, ao imigrante, ao residente fronteiriço ou ao visitante que se enquadre em uma das seguintes hipóteses:

I – a residência tenha como finalidade:

a) pesquisa, ensino ou extensão acadêmica;

b) tratamento de saúde;

c) acolhida humanitária;

d) estudo;

e) trabalho;

f) férias-trabalho;

g) prática de atividade religiosa ou serviço voluntário;

h) realização de investimento ou de atividade com relevância econômica, social, científica, tecnológica ou cultural;

i) reunião familiar;

II – a pessoa:

a) seja beneficiária de tratado em matéria de residência e livre circulação;

b) seja detentora de oferta de trabalho;

c) já tenha possuído a nacionalidade brasileira e não deseje ou não reúna os requisitos para readquiri-la;

d) VETADO;

e) seja beneficiária de refúgio, de asilo ou de proteção ao apátrida;

f) seja menor nacional de outro país ou apátrida, desacompanhado ou abandonado, que se encontre nas fronteiras brasileiras ou em território nacional;

g) tenha sido vítima de tráfico de pessoas, de trabalho escravo ou de violação de direito agravada por sua condição migratória;

h) esteja em liberdade provisória ou em cumprimento de pena no Brasil;

III – outras hipóteses definidas em regulamento.

§ 1º Não se concederá a autorização de residência a pessoa condenada criminalmente no Brasil ou no exterior por sentença transitada em julgado, desde que a conduta esteja tipificada na legislação penal brasileira, ressalvados os casos em que:

I – a conduta caracterize infração de menor potencial ofensivo;

II – VETADO; ou

III – a pessoa se enquadre nas hipóteses previstas nas alíneas *b*, *c* e *i* do inciso I e na alínea *a* do inciso II do *caput* deste artigo.

§ 2º O disposto no § 1º não obsta progressão de regime de cumprimento de pena, nos termos da Lei nº 7.210, de 11 de julho de 1984, ficando a pessoa autorizada a trabalhar quando assim exigido pelo novo regime de cumprimento de pena.

§ 3º Nos procedimentos conducentes ao cancelamento de autorização de residência e no recurso contra a negativa de concessão de autorização de residência devem ser respeitados o contraditório e a ampla defesa.

Art. 31. Os prazos e o procedimento da autorização de residência de que trata o art. 30 serão dispostos em regulamento, observado o disposto nesta Lei.

§ 1º Será facilitada a autorização de residência nas hipóteses das alíneas *a* e *e* do inciso I do art. 30 desta Lei, devendo a deliberação sobre a autorização ocorrer em prazo não superior a 60 (sessenta) dias, a contar de sua solicitação.

§ 2º Nova autorização de residência poderá ser concedida, nos termos do art. 30, mediante requerimento.

§ 3º O requerimento de nova autorização de residência após o vencimento do prazo da autorização anterior implicará aplicação da sanção prevista no inciso II do art. 109.

§ 4º O solicitante de refúgio, de asilo ou de proteção ao apátrida fará jus a autorização provisória de residência até a obtenção de resposta ao seu pedido.

§ 5º Poderá ser concedida autorização de residência independentemente da situação migratória.

Art. 32. Poderão ser cobradas taxas pela autorização de residência.

Art. 33. Regulamento disporá sobre a perda e o cancelamento da autorização de residência em razão de fraude ou de ocultação de condição impeditiva de concessão de visto, de ingresso ou de permanência no País, observado procedimento administrativo que garanta o contraditório e a ampla defesa.

Art. 34. Poderá ser negada autorização de residência com fundamento nas hipóteses previstas nos incisos I, II, III, IV e IX do art. 45.

Art. 35. A posse ou a propriedade de bem no Brasil não confere o direito de obter visto ou autorização de residência em território nacional, sem prejuízo do disposto sobre visto para realização de investimento.

Art. 36. O visto de visita ou de cortesia poderá ser transformado em autorização de residência, mediante requerimento e registro, desde que satisfeitos os requisitos previstos em regulamento.

Seção V

DA REUNIÃO FAMILIAR

Art. 37. O visto ou a autorização de residência para fins de reunião familiar será concedido ao imigrante:

I – cônjuge ou companheiro, sem discriminação alguma;

II – filho de imigrante beneficiário de autorização de residência, ou que tenha filho brasileiro ou imigrante beneficiário de autorização de residência;

III – ascendente, descendente até o segundo grau ou irmão de brasileiro ou de imigrante beneficiário de autorização de residência; ou

IV – que tenha brasileiro sob sua tutela ou guarda.

Parágrafo único. VETADO.

CAPÍTULO IV

DA ENTRADA E DA SAÍDA DO TERRITÓRIO NACIONAL

Seção I

DA FISCALIZAÇÃO MARÍTIMA, AEROPORTUÁRIA E DE FRONTEIRA

Art. 38. As funções de polícia marítima, aeroportuária e de fronteira serão realizadas pela Polícia Federal nos pontos de entrada e de saída do território nacional.

Parágrafo único. É dispensável a fiscalização de passageiro, tripulante e estafe de navio em passagem inocente, exceto quando houver necessidade de descida de pessoa a terra ou de subida a bordo do navio.

Art. 39. O viajante deverá permanecer em área de fiscalização até que seu documento de viagem tenha sido verificado, salvo os casos previstos em lei.

Art. 40. Poderá ser autorizada a admissão excepcional no País de pessoa que se encontre em uma das seguintes condições, desde que esteja de posse de documento de viagem válido:

I – não possua visto;

II – seja titular de visto emitido com erro ou omissão;

III – tenha perdido a condição de residente por ter permanecido ausente do País na forma especificada em regulamento e detenha as condições objetivas para a concessão de nova autorização de residência;

IV – VETADO; ou

V – seja criança ou adolescente desacompanhado de responsável legal e sem autorização expressa para viajar desacompanhado, independentemente do documento de viagem que portar, hipótese em que haverá imediato encaminhamento ao Conselho Tutelar ou, em caso de necessidade, a instituição indicada pela autoridade competente.

Parágrafo único. Regulamento poderá dispor sobre outras hipóteses excepcionais de admissão, observados os princípios e as diretrizes desta Lei.

Art. 41. A entrada condicional, em território nacional, de pessoa que não preencha os requisitos de admissão poderá ser autorizada mediante a assinatura, pelo transportador ou por seu agente, de termo de compromisso de custear as despesas com a permanência e com as providências para a repatriação do viajante.

Art. 42. O tripulante ou o passageiro que, por motivo de força maior, for obrigado a interromper a viagem em território nacional poderá ter seu desembarque permitido mediante termo de responsabilidade pelas despesas decorrentes do transbordo.

Art. 43. A autoridade responsável pela fiscalização contribuirá para a aplicação de medidas sanitárias em consonância com o Regulamento Sanitário Internacional e com outras disposições pertinentes.

Seção II

DO IMPEDIMENTO DE INGRESSO

Art. 44. VETADO.

Art. 45. Poderá ser impedida de ingressar no País, após entrevista individual e mediante ato fundamentado, a pessoa:

I – anteriormente expulsa do País, enquanto os efeitos da expulsão vigorarem;

II – condenada ou respondendo a processo por ato de terrorismo ou por crime de genocídio, crime contra a humanidade, crime de guerra ou crime de agressão, nos termos definidos pelo Estatuto de Roma do Tribunal Penal Internacional, de 1998, promulgado pelo Decreto nº 4.388, de 25 de setembro de 2002;

III – condenada ou respondendo a processo em outro país por crime doloso passível de extradição segundo a lei brasileira;

IV – que tenha o nome incluído em lista de restrições por ordem judicial ou por compromisso assumido pelo Brasil perante organismo internacional;

V – que apresente documento de viagem que:

a) não seja válido para o Brasil;

b) esteja com o prazo de validade vencido; ou

c) esteja com rasura ou indício de falsificação;

VI – que não apresente documento de viagem ou documento de identidade, quando admitido;

VII – cuja razão da viagem não seja condizente com o visto ou com o motivo alegado para a isenção de visto;

VIII – que tenha, comprovadamente, fraudado documentação ou prestado informação falsa por ocasião da solicitação de visto; ou

IX – que tenha praticado ato contrário aos princípios e objetivos dispostos na Constituição Federal.

Parágrafo único. Ninguém será impedido de ingressar no País por motivo de raça, religião, nacionalidade, pertinência a grupo social ou opinião política.

CAPÍTULO V

DAS MEDIDAS DE RETIRADA COMPULSÓRIA

Seção I

DISPOSIÇÕES GERAIS

Art. 46. A aplicação deste Capítulo observará o disposto na Lei nº 9.474, de 22 de julho de 1997, e nas disposições legais, tratados, instrumentos e mecanismos que tratem da proteção aos apátridas ou de outras situações humanitárias.

Art. 47. A repatriação, a deportação e a expulsão serão feitas para o país de nacionalidade ou de procedência do migrante ou do visitante, ou para outro que o aceite, em observância aos tratados dos quais o Brasil seja parte.

Art. 48. Nos casos de deportação ou expulsão, o chefe da unidade da Polícia Federal poderá representar perante o juízo federal, respeitados, nos procedimentos judiciais, os direitos à ampla defesa e ao devido processo legal.

Seção II

DA REPATRIAÇÃO

Art. 49. A repatriação consiste em medida administrativa de devolução de pessoa em situação de impedimento ao país de procedência ou de nacionalidade.

§ 1º Será feita imediata comunicação do ato fundamentado de repatriação à empresa transportadora e à autoridade consular do país de procedência ou de nacionalidade do migrante ou do visitante, ou a quem o representa.

§ 2º A Defensoria Pública da União será notificada, preferencialmente por via eletrônica, no caso do § 4º deste artigo ou quando a repatriação imediata não seja possível.

§ 3º Condições específicas de repatriação podem ser definidas por regulamento ou tratado, observados os princípios e as garantias previstos nesta Lei.

§ 4º Não será aplicada medida de repatriação à pessoa em situação de refúgio ou de apatridia, de fato ou de direito, ao menor de 18 (dezoito) anos desacompanhado ou separado de sua família, exceto nos casos em que se demonstrar favorável para a garantia de seus direitos ou para a reintegração a sua família de origem, ou a quem necessite de acolhimento humanitário, nem, em qualquer caso, medida de devolução para país ou região que possa apresentar risco à vida, à integridade pessoal ou à liberdade da pessoa.

§ 5º VETADO.

Seção III

DA DEPORTAÇÃO

Art. 50. A deportação é medida decorrente de procedimento administrativo que consiste na retirada compulsória de pessoa que se encontre em situação migratória irregular em território nacional.

§ 1º A deportação será precedida de notificação pessoal ao deportando, da qual constem, expressamente, as irregularidades verificadas e prazo para a regularização não inferior a 60 (sessenta) dias, podendo ser prorrogado, por igual período, por despacho fundamentado e mediante compromisso de a pessoa manter atualizadas suas informações domiciliares.

§ 2º A notificação prevista no § 1º não impede a livre circulação em território nacional, devendo o deportando informar seu domicílio e suas atividades.

§ 3º Vencido o prazo do § 1º sem que se regularize a situação migratória, a deportação poderá ser executada.

§ 4º A deportação não exclui eventuais direitos adquiridos em relações contratuais ou decorrentes da lei brasileira.

§ 5º A saída voluntária de pessoa notificada para deixar o País equivale ao cumprimento da notificação de deportação para todos os fins.

§ 6º O prazo previsto no § 1º poderá ser reduzido nos casos que se enquadrem no inciso IX do art. 45.

Art. 51. Os procedimentos conducentes à deportação devem respeitar o contraditório e a ampla defesa e a garantia de recurso com efeito suspensivo.

§ 1º A Defensoria Pública da União deverá ser notificada, preferencialmente por meio eletrônico, para prestação de assistência ao deportando em todos os procedimentos administrativos de deportação.

§ 2º A ausência de manifestação da Defensoria Pública da União, desde que prévia e devidamente notificada, não impedirá a efetivação da medida de deportação.

Art. 52. Em se tratando de apátrida, o procedimento de deportação dependerá de prévia autorização da autoridade competente.

Art. 53. Não se procederá à deportação se a medida configurar extradição não admitida pela legislação brasileira.

Seção IV

DA EXPULSÃO

Art. 54. A expulsão consiste em medida administrativa de retirada compulsória de migrante ou visitante do território nacional, conjugada com o impedimento de reingresso por prazo determinado.

§ 1º Poderá dar causa à expulsão a condenação com sentença transitada em julgado relativa à prática de:

I – crime de genocídio, crime contra a humanidade, crime de guerra ou crime de agressão, nos termos definidos pelo Estatuto de Roma do Tribunal Penal Internacional, de 1998, promulgado pelo Decreto nº 4.388, de 25 de setembro de 2002; ou

II – crime comum doloso passível de pena privativa de liberdade, consideradas a gravidade e as possibilidades de ressocialização em território nacional.

§ 2º Caberá à autoridade competente resolver sobre a expulsão, a duração do impedimento de reingresso e a suspensão ou a revogação dos efeitos da expulsão, observado o disposto nesta Lei.

§ 3º O processamento da expulsão em caso de crime comum não prejudicará a progressão de regime, o cumprimento da pena, a suspensão condicional do processo, a comutação da pena ou a concessão de pena alternativa, de indulto coletivo ou individual, de anistia ou de quaisquer benefícios concedidos em igualdade de condições ao nacional brasileiro.

§ 4º O prazo de vigência da medida de impedimento vinculada aos efeitos da expulsão será proporcional ao prazo total da pena aplicada e nunca será superior ao dobro de seu tempo.

Art. 55. Não se procederá à expulsão quando:

I – a medida configurar extradição inadmitida pela legislação brasileira;

II – o expulsando:

a) tiver filho brasileiro que esteja sob sua guarda ou dependência econômica ou socioafetiva ou tiver pessoa brasileira sob sua tutela;

b) tiver cônjuge ou companheiro residente no Brasil, sem discriminação alguma, reconhecido judicial ou legalmente;

c) tiver ingressado no Brasil até os 12 (doze) anos de idade, residindo desde então no País;

d) for pessoa com mais de 70 (setenta) anos que resida no País há mais de 10 (dez) anos, considerados a gravidade e o fundamento da expulsão; ou

e) VETADO.

Art. 56. Regulamento definirá procedimentos para apresentação e processamento de pedidos de suspensão e de revogação dos efeitos das medidas de expulsão e de impedimento de ingresso e permanência em território nacional.

Art. 57. Regulamento disporá sobre condições especiais de autorização de residência para viabilizar medidas de ressocialização a migrante e a visitante em cumprimento de penas aplicadas ou executadas em território nacional.

Art. 58. No processo de expulsão serão garantidos o contraditório e a ampla defesa.

§ 1º A Defensoria Pública da União será notificada da instauração de processo de expulsão, se não houver defensor constituído.

§ 2º Caberá pedido de reconsideração da decisão sobre a expulsão no prazo de 10 (dez) dias, a contar da notificação pessoal do expulsando.

Art. 59. Será considerada regular a situação migratória do expulsando cujo processo esteja pendente de decisão, nas condições previstas no art. 55.

Art. 60. A existência de processo de expulsão não impede a saída voluntária do expulsando do País.

Seção V

DAS VEDAÇÕES

Art. 61. Não se procederá à repatriação, à deportação ou à expulsão coletivas.

Parágrafo único. Entende-se por repatriação, deportação ou expulsão coletiva aquela que não individualiza a situação migratória irregular de cada pessoa.

Art. 62. Não se procederá à repatriação, à deportação ou à expulsão de nenhum indivíduo quando subsistirem razões para acreditar que a medida poderá colocar em risco a vida ou a integridade pessoal.

CAPÍTULO VI

DA OPÇÃO DE NACIONALIDADE E DA NATURALIZAÇÃO

Seção I

DA OPÇÃO DE NACIONALIDADE

Art. 63. O filho de pai ou de mãe brasileiro nascido no exterior e que não tenha sido registrado em repartição consular poderá, a qualquer tempo, promover ação de opção de nacionalidade.

Parágrafo único. O órgão de registro deve informar periodicamente à autoridade competente os dados relativos à opção de nacionalidade, conforme regulamento.

Seção II

DAS CONDIÇÕES DA NATURALIZAÇÃO

Art. 64. A naturalização pode ser:

I – ordinária;

II – extraordinária;

III – especial; ou

IV – provisória.

Art. 65. Será concedida a naturalização ordinária àquele que preencher as seguintes condições:

I – ter capacidade civil, segundo a lei brasileira;

II – ter residência em território nacional, pelo prazo mínimo de 4 (quatro) anos;

III – comunicar-se em língua portuguesa, consideradas as condições do naturalizando; e

IV – não possuir condenação penal ou estiver reabilitado, nos termos da lei.

Art. 66. O prazo de residência fixado no inciso II do *caput* do art. 65 será reduzido para, no mínimo, 1 (um) ano se o naturalizando preencher quaisquer das seguintes condições:

I – VETADO;

II – ter filho brasileiro;

III – ter cônjuge ou companheiro brasileiro e não estar dele separado legalmente ou de fato no momento de concessão da naturalização;

IV – VETADO;

V – haver prestado ou poder prestar serviço relevante ao Brasil; ou

VI – recomendar-se por sua capacidade profissional, científica ou artística.

Parágrafo único. O preenchimento das condições previstas nos incisos V e VI do *caput* será avaliado na forma disposta em regulamento.

Art. 67. A naturalização extraordinária será concedida a pessoa de qualquer nacionalidade fixada no Brasil há mais de 15 (quinze) anos ininterruptos e sem condenação penal, desde que requeira a nacionalidade brasileira.

Art. 68. A naturalização especial poderá ser concedida ao estrangeiro que se encontre em uma das seguintes situações:

I – seja cônjuge ou companheiro, há mais de 5 (cinco) anos, de integrante do Serviço Exterior Brasileiro em atividade ou de pessoa a serviço do Estado brasileiro no exterior; ou

II – seja ou tenha sido empregado em missão diplomática ou em repartição consular do Brasil por mais de 10 (dez) anos ininterruptos.

Art. 69. São requisitos para a concessão da naturalização especial:

I – ter capacidade civil, segundo a lei brasileira;

II – comunicar-se em língua portuguesa, consideradas as condições do naturalizando; e

III – não possuir condenação penal ou estiver reabilitado, nos termos da lei.

Art. 70. A naturalização provisória poderá ser concedida ao migrante criança ou adolescente que tenha fixado residência em território nacional antes de completar 10 (dez) anos de idade e deverá ser requerida por intermédio de seu representante legal.

Parágrafo único. A naturalização prevista no *caput* será convertida em definitiva se o naturalizando expressamente assim o requerer no prazo de 2 (dois) anos após atingir a maioridade.

Art. 71. O pedido de naturalização será apresentado e processado na forma prevista pelo órgão competente do Poder Executivo, sendo cabível recurso em caso de denegação.

§ 1º No curso do processo de naturalização, o naturalizando poderá requerer a tradução ou a adaptação de seu nome à língua portuguesa.

§ 2º Será mantido cadastro com o nome traduzido ou adaptado associado ao nome anterior.

Art. 72. No prazo de até 1 (um) ano após a concessão da naturalização, deverá o naturalizado comparecer perante a Justiça Eleitoral para o devido cadastramento.

Seção III

DOS EFEITOS DA NATURALIZAÇÃO

Art. 73. A naturalização produz efeitos após a publicação no *Diário Oficial* do ato de naturalização.

Art. 74. VETADO.

Seção IV

DA PERDA DA NACIONALIDADE

Art. 75. O naturalizado perderá a nacionalidade em razão de condenação transitada em julgado por atividade nociva ao interesse nacional, nos termos do inciso I do § 4º do art. 12 da Constituição Federal.

Parágrafo único. O risco de geração de situação de apatridia será levado em consideração antes da efetivação da perda da nacionalidade.

Seção V

DA REAQUISIÇÃO DA NACIONALIDADE

Art. 76. O brasileiro que, em razão do previsto no inciso II do § 4º do art. 12 da Constituição Federal, houver perdido a nacionalidade, uma vez cessada a causa, poderá readquiri-la ou ter o ato que declarou a perda revogado, na forma definida pelo órgão competente do Poder Executivo.

CAPÍTULO VII

DO EMIGRANTE

Seção I

DAS POLÍTICAS PÚBLICAS PARA OS EMIGRANTES

Art. 77. As políticas públicas para os emigrantes observarão os seguintes princípios e diretrizes:

I – proteção e prestação de assistência consular por meio das representações do Brasil no exterior;

II – promoção de condições de vida digna, por meio, entre outros, da facilitação do registro consular e da prestação de serviços consulares relativos às áreas de educação, saúde, trabalho, previdência social e cultura;

III – promoção de estudos e pesquisas sobre os emigrantes e as comunidades de brasileiros no exterior, a fim de subsidiar a formulação de políticas públicas;

IV – atuação diplomática, nos âmbitos bilateral, regional e multilateral, em defesa dos direitos do emigrante brasileiro, conforme o direito internacional

V – ação governamental integrada, com a participação de órgãos do governo com atuação nas áreas temáticas mencionadas nos incisos I, II, III e IV, visando a assistir as comunidades brasileiras no exterior; e

VI – esforço permanente de desburocratização, atualização e modernização do sistema de atendimento, com o objetivo de aprimorar a assistência ao emigrante.

Seção II

DOS DIREITOS DO EMIGRANTE

Art. 78. Todo emigrante que decida retornar ao Brasil com ânimo de residência poderá introduzir no País, com isenção de direitos de importação e de taxas aduaneiras, os bens novos ou usados que um viajante, em compatibilidade com as circunstâncias de sua viagem, puder destinar para seu uso ou consumo pessoal e profissional, sempre que, por sua quantidade, natureza ou variedade, não permitam presumir importação ou exportação com fins comerciais ou industriais.

Art. 79. Em caso de ameaça à paz social e à ordem pública por grave ou iminente instabilidade institucional ou de calamidade de grande proporção na natureza, deverá ser prestada especial assistência ao emigrante pelas representações brasileiras no exterior.

Art. 80. O tripulante brasileiro contratado por embarcação ou armadora estrangeira, de cabotagem ou a longo curso e com sede ou filial no Brasil, que explore economicamente o mar territorial e a costa brasileira terá direito a seguro a cargo do contratante, válido para todo o período da contratação, conforme o disposto no Registro de Embarcações Brasileiras (REB), contra acidente de trabalho, invalidez total ou parcial e morte, sem prejuízo de benefícios de apólice mais favorável vigente no exterior.

CAPÍTULO VIII

DAS MEDIDAS DE COOPERAÇÃO

Seção I

DA EXTRADIÇÃO

Art. 81. A extradição é a medida de cooperação internacional entre o Estado brasileiro e outro Estado pela qual se concede ou solicita a entrega de pessoa sobre quem recaia condenação criminal definitiva ou para fins de instrução de processo penal em curso.

§ 1º A extradição será requerida por via diplomática ou pelas autoridades centrais designadas para esse fim.

§ 2º A extradição e sua rotina de comunicação serão realizadas pelo órgão competente do Poder Executivo em coordenação com as autoridades judiciárias e policiais competentes.

Art. 82. Não se concederá a extradição quando:

I – o indivíduo cuja extradição é solicitada ao Brasil for brasileiro nato;

II – o fato que motivar o pedido não for considerado crime no Brasil ou no Estado requerente;

III – o Brasil for competente, segundo suas leis, para julgar o crime imputado ao extraditando;

IV – a lei brasileira impuser ao crime pena de prisão inferior a 2 (dois) anos;

V – o extraditando estiver respondendo a processo ou já houver sido condenado ou absolvido no Brasil pelo mesmo fato em que se fundar o pedido;

VI – a punibilidade estiver extinta pela prescrição, segundo a lei brasileira ou a do Estado requerente;

VII – o fato constituir crime político ou de opinião;

VIII – o extraditando tiver de responder, no Estado requerente, perante tribunal ou juízo de exceção; ou

IX – o extraditando for beneficiário de refúgio, nos termos da Lei nº 9.474, de 22 de julho de 1997, ou de asilo territorial.

§ 1º A previsão constante do inciso VII do *caput* não impedirá a extradição quando o fato constituir, principalmente, infração à lei penal comum ou quando o crime comum, conexo ao delito político, constituir o fato principal.

§ 2º Caberá à autoridade judiciária competente a apreciação do caráter da infração.

§ 3º Para determinação da incidência do disposto no inciso I, será observada, nos casos de aquisição de outra nacionalidade por naturalização, a anterioridade do fato gerador da extradição.

§ 4º O Supremo Tribunal Federal poderá deixar de considerar crime político o atentado contra chefe de Estado ou quaisquer autoridades, bem como crime contra a humanidade, crime de guerra, crime de genocídio e terrorismo.

§ 5º Admite-se a extradição de brasileiro naturalizado, nas hipóteses previstas na Constituição Federal.

Art. 83. São condições para concessão da extradição:

I – ter sido o crime cometido no território do Estado requerente ou serem aplicáveis ao extraditando as leis penais desse Estado; e

II – estar o extraditando respondendo a processo investigatório ou a processo penal ou ter sido condenado pelas autoridades judiciárias do Estado requerente a pena privativa de liberdade.

Art. 84. Em caso de urgência, o Estado interessado na extradição poderá, previamente ou conjuntamente com a formalização do pedido extradicional, requerer, por via diplomática ou por meio de autoridade central do Poder Executivo, prisão cautelar com o objetivo de assegurar a executoriedade da medida de extradição que, após exame da presença dos pressupostos formais de admissibilidade exigidos nesta Lei ou em tratado, deverá representar à autoridade judicial competente, ouvido previamente o Ministério Público Federal.

§ 1º O pedido de prisão cautelar deverá conter informação sobre o crime cometido e deverá ser fundamentado, podendo ser apresentado por correio, fax, mensagem eletrônica ou qualquer outro meio que assegure a comunicação por escrito.

§ 2º O pedido de prisão cautelar poderá ser transmitido à autoridade competente para extradição no Brasil por meio de canal estabelecido com o ponto focal da Organização Internacional de Polícia Criminal (Interpol) no País, devidamente instruído com a documentação comprobatória da existência de ordem de prisão proferida por Estado estrangeiro, e, em caso de ausência de tratado, com a promessa de reciprocidade recebida por via diplomática.

§ 3º Efetivada a prisão do extraditando, o pedido de extradição será encaminhado à autoridade judiciária competente.

§ 4º Na ausência de disposição específica em tratado, o Estado estrangeiro deverá formalizar o pedido de extradição no prazo de 60 (sessenta) dias, contado da data em que tiver sido cientificado da prisão do extraditando.

§ 5º Caso o pedido de extradição não seja apresentado no prazo previsto no § 4º, o extraditando deverá ser posto em liberdade, não se admitindo novo pedido de prisão cautelar pelo mesmo fato sem que a extradição tenha sido devidamente requerida.

§ 6º A prisão cautelar poderá ser prorrogada até o julgamento final da autoridade judiciária competente quanto à legalidade do pedido de extradição.

Art. 85. Quando mais de um Estado requerer a extradição da mesma pessoa, pelo mesmo fato, terá preferência o pedido daquele em cujo território a infração foi cometida.

§ 1º Em caso de crimes diversos, terá preferência, sucessivamente:

I – o Estado requerente em cujo território tenha sido cometido o crime mais grave, segundo a lei brasileira;

II – o Estado que em primeiro lugar tenha pedido a entrega do extraditando, se a gravidade dos crimes for idêntica;

III – o Estado de origem, ou, em sua falta, o domiciliar do extraditando, se os pedidos forem simultâneos.

§ 2º Nos casos não previstos nesta Lei, o órgão competente do Poder Executivo decidirá sobre a preferência do pedido, priorizando o Estado requerente que mantiver tratado de extradição com o Brasil.

§ 3º Havendo tratado com algum dos Estados requerentes, prevalecerão suas normas no que diz respeito à preferência de que trata este artigo.

Art. 86. O Supremo Tribunal Federal, ouvido o Ministério Público, poderá autorizar prisão albergue ou domiciliar ou determinar que o extraditando responda ao processo de extradição em liberdade, com retenção do documento de viagem ou outras medidas cautelares necessárias, até o julgamento da extradição ou a entrega do extraditando, se pertinente, considerando a situação administrativa migratória, os antecedentes do extraditando e as circunstâncias do caso.

Art. 87. O extraditando poderá entregar-se voluntariamente ao Estado requerente, desde que o declare expressamente, esteja assistido por advogado e seja advertido de que tem direito ao processo judicial de extradição e à proteção que tal direito encerra, caso em que o pedido será decidido pelo Supremo Tribunal Federal.

Art. 88. Todo pedido que possa originar processo de extradição em face de Estado estrangeiro deverá ser encaminhado ao órgão competente do Poder Executivo diretamente pelo órgão do Poder Judiciário responsável pela decisão ou pelo processo penal que a fundamenta.

§ 1º Compete a órgão do Poder Executivo o papel de orientação, de informação e de avaliação dos elementos formais de admissibilidade dos processos preparatórios para encaminhamento ao Estado requerido.

§ 2º Compete aos órgãos do sistema de Justiça vinculados ao processo penal gerador de pedido de extradição a apresentação de todos os documentos, manifestações e demais elementos necessários para o processamento do pedido, inclusive suas traduções oficiais.

§ 3º O pedido deverá ser instruído com cópia autêntica ou com o original da sentença condenatória ou da decisão penal proferida, conterá indicações precisas sobre o local, a data, a natureza e as circunstâncias do fato criminoso e a identidade do extraditando e será acompanhado de cópia dos textos legais sobre o crime, a competência, a pena e a prescrição.

§ 4º O encaminhamento do pedido de extradição ao órgão competente do Poder Executivo confere autenticidade aos documentos.

Art. 89. O pedido de extradição originado de Estado estrangeiro será recebido pelo órgão competente do Poder Executivo e, após exame da presença dos pressupostos formais de admissibilidade exigidos nesta Lei ou em tratado, encaminhado à autoridade judiciária competente.

Parágrafo único. Não preenchidos os pressupostos referidos no *caput*, o pedido será arquivado mediante decisão fundamentada, sem prejuízo da possibilidade de renovação do pedido, devidamente instruído, uma vez superado o óbice apontado.

Art. 90. Nenhuma extradição será concedida sem prévio pronunciamento do Supremo Tribunal Federal sobre sua legalidade e procedência, não cabendo recurso da decisão.

Art. 91. Ao receber o pedido, o relator designará dia e hora para o interrogatório do extraditando e, conforme o caso, nomear-lhe-á curador ou advogado, se não o tiver.

§ 1º A defesa, a ser apresentada no prazo de 10 (dez) dias contado da data do interrogatório, versará sobre a identidade da pessoa reclamada, defeito de forma de documento apresentado ou ilegalidade da extradição.

§ 2º Não estando o processo devidamente instruído, o Tribunal, a requerimento do órgão do Ministério Público Federal correspondente, poderá converter o julgamento em diligência para suprir a falta.

§ 3º Para suprir a falta referida no § 2º, o Ministério Público Federal terá prazo improrrogável de 60 (sessenta) dias, após o qual o pedido será julgado independentemente da diligência.

§ 4º O prazo referido no § 3º será contado da data de notificação à missão diplomática do Estado requerente.

Art. 92. Julgada procedente a extradição e autorizada a entrega pelo órgão competente do Poder Executivo, será o ato comunicado por via diplomática ao Estado requerente, que, no prazo de 60 (sessenta) dias da comunicação, deverá retirar o extraditando do território nacional.

Art. 93. Se o Estado requerente não retirar o extraditando do território nacional no prazo previsto no art. 92, será ele posto em liberdade, sem prejuízo de outras medidas aplicáveis.

Art. 94. Negada a extradição em fase judicial, não se admitirá novo pedido baseado no mesmo fato.

Art. 95. Quando o extraditando estiver sendo processado ou tiver sido condenado, no Brasil, por crime punível com pena privativa de liberdade, a extradição será executada somente depois da conclusão do processo ou do cumprimento da pena, ressalvadas as hipóteses de liberação antecipada pelo Poder Judiciário e de determinação da transferência da pessoa condenada.

§ 1º A entrega do extraditando será igualmente adiada se a efetivação da medida puser em risco sua vida em virtude de enfermidade grave comprovada por laudo médico oficial.

§ 2º Quando o extraditando estiver sendo processado ou tiver sido condenado, no Brasil, por infração de menor potencial ofensivo, a entrega poderá ser imediatamente efetivada.

Art. 96. Não será efetivada a entrega do extraditando sem que o Estado requerente assuma o compromisso de:

I – não submeter o extraditando a prisão ou processo por fato anterior ao pedido de extradição;

II – computar o tempo da prisão que, no Brasil, foi imposta por força da extradição;

III – comutar a pena corporal, perpétua ou de morte em pena privativa de liberdade, respeitado o limite máximo de cumprimento de 30 (trinta) anos;

IV – não entregar o extraditando, sem consentimento do Brasil, a outro Estado que o reclame;

V – não considerar qualquer motivo político para agravar a pena; e

VI – não submeter o extraditando a tortura ou a outros tratamentos ou penas cruéis, desumanos ou degradantes.

Art. 97. A entrega do extraditando, de acordo com as leis brasileiras e respeitado o direito de terceiro, será feita com os objetos e instrumentos do crime encontrados em seu poder.

Parágrafo único. Os objetos e instrumentos referidos neste artigo poderão ser entregues independentemente da entrega do extraditando.

Art. 98. O extraditando que, depois de entregue ao Estado requerente, escapar à ação da Justiça e homiziar-se no Brasil, ou por ele transitar, será detido mediante pedido feito diretamente por via diplomática ou pela Interpol e novamente entregue, sem outras formalidades.

Art. 99. Salvo motivo de ordem pública, poderá ser permitido, pelo órgão competente do Poder Executivo, o trânsito no território nacional de pessoa extraditada por Estado estrangeiro, bem como o da respectiva guarda, mediante apresentação de documento comprobatório de concessão da medida.

Seção II

DA TRANSFERÊNCIA DE EXECUÇÃO DA PENA

Art. 100. Nas hipóteses em que couber solicitação de extradição executória, a autoridade competente poderá solicitar ou autorizar a transferência de execução da pena, desde que observado o princípio do non bis in idem.

Parágrafo único. Sem prejuízo do disposto no Decreto-Lei nº 2.848, de 7 de dezembro de 1940 (Código Penal), a transferência de execução da pena será possível quando preenchidos os seguintes requisitos:

I – o condenado em território estrangeiro for nacional ou tiver residência habitual ou vínculo pessoal no Brasil;

II – a sentença tiver transitado em julgado;

III – a duração da condenação a cumprir ou que restar para cumprir for de, pelo menos, 1 (um) ano, na data de apresentação do pedido ao Estado da condenação;

IV – o fato que originou a condenação constituir infração penal perante a lei de ambas as partes; e

V – houver tratado ou promessa de reciprocidade.

Art. 101. O pedido de transferência de execução da pena de Estado estrangeiro será requerido por via diplomática ou por via de autoridades centrais.

§ 1º O pedido será recebido pelo órgão competente do Poder Executivo e, após exame da presença dos pressupostos formais de admissibilidade exigidos nesta Lei ou em tratado, encaminhado ao Superior Tribunal de Justiça para decisão quanto à homologação.

§ 2º Não preenchidos os pressupostos referidos no § 1º, o pedido será arquivado mediante decisão fundamentada, sem prejuízo da possibilidade de renovação do pedido, devidamente instruído, uma vez superado o óbice apontado.

Art. 102. A forma do pedido de transferência de execução da pena e seu processamento serão definidos em regulamento.

Parágrafo único. Nos casos previstos nesta Seção, a execução penal será de competência da Justiça Federal.

Seção III

DA TRANSFERÊNCIA DE PESSOA CONDENADA

Art. 103. A transferência de pessoa condenada poderá ser concedida quando o pedido se fundamentar em tratado ou houver promessa de reciprocidade.

§ 1º O condenado no território nacional poderá ser transferido para seu país de nacionalidade ou país em que tiver residência habitual ou vínculo pessoal, desde que expresse interesse nesse sentido, a fim de cumprir pena a ele imposta pelo Estado brasileiro por sentença transitada em julgado.

§ 2º A transferência de pessoa condenada no Brasil pode ser concedida juntamente com a aplicação de medida de impedimento de reingresso em território nacional, na forma de regulamento.

Art. 104. A transferência de pessoa condenada será possível quando preenchidos os seguintes requisitos:

I – o condenado no território de uma das partes for nacional ou tiver residência habitual ou vínculo pessoal no território da outra parte que justifique a transferência;

II – a sentença tiver transitado em julgado;

III – a duração da condenação a cumprir ou que restar para cumprir for de, pelo menos, 1 (um) ano, na data de apresentação do pedido ao Estado da condenação;

IV – o fato que originou a condenação constituir infração penal perante a lei de ambos os Estados;

V – houver manifestação de vontade do condenado ou, quando for o caso, de seu representante; e

VI – houver concordância de ambos os Estados.

Art. 105. A forma do pedido de transferência de pessoa condenada e seu processamento serão definidos em regulamento.

§ 1º Nos casos previstos nesta Seção, a execução penal será de competência da Justiça Federal.

§ 2º Não se procederá à transferência quando inadmitida a extradição.

§ 3º VETADO.

CAPÍTULO IX

DAS INFRAÇÕES E DAS PENALIDADES ADMINISTRATIVAS

Art. 106. Regulamento disporá sobre o procedimento de apuração das infrações administrativas e seu processamento e sobre a fixação e a atualização das multas, em observância ao disposto nesta Lei.

Art. 107. As infrações administrativas previstas neste Capítulo serão apuradas em processo administrativo próprio, assegurados o contraditório e a ampla defesa e observadas as disposições desta Lei.

§ 1º O cometimento simultâneo de duas ou mais infrações importará cumulação das sanções cabíveis, respeitados os limites estabelecidos nos incisos V e VI do art. 108.

§ 2º A multa atribuída por dia de atraso ou por excesso de permanência poderá ser convertida em redução equivalente do período de autorização de estada para o visto de visita, em caso de nova entrada no País.

Art. 108. O valor das multas tratadas neste Capítulo considerará:

I – as hipóteses individualizadas nesta Lei;

II – a condição econômica do infrator, a reincidência e a gravidade da infração;

III – a atualização periódica conforme estabelecido em regulamento;

IV – o valor mínimo individualizável de R$ 100,00 (cem reais);

V – o valor mínimo de R$ 100,00 (cem reais) e o máximo de R$ 10.000,00 (dez mil reais) para infrações cometidas por pessoa física;

VI – o valor mínimo de R$ 1.000,00 (mil reais) e o máximo de R$ 1.000.000,00 (um milhão de reais) para infrações cometidas por pessoa jurídica, por ato infracional.

Art. 109. Constitui infração, sujeitando o infrator às seguintes sanções:

I – entrar em território nacional sem estar autorizado:

Sanção: deportação, caso não saia do País ou não regularize a situação migratória no prazo fixado;

II – permanecer em território nacional depois de esgotado o prazo legal da documentação migratória:

Sanção: multa por dia de excesso e deportação, caso não saia do País ou não regularize a situação migratória no prazo fixado;

III – deixar de se registrar, dentro do prazo de 90 (noventa) dias do ingresso no País, quando for obrigatória a identificação civil:

Sanção: multa;

IV – deixar o imigrante de se registrar, para efeito de autorização de residência, dentro do prazo de 30 (trinta) dias, quando orientado a fazê-lo pelo órgão competente:

Sanção: multa por dia de atraso;

V – transportar para o Brasil pessoa que esteja sem documentação migratória regular:

Sanção: multa por pessoa transportada;

VI – deixar a empresa transportadora de atender a compromisso de manutenção da estada ou de promoção da saída do território nacional de quem tenha sido autorizado a ingresso condicional no Brasil por não possuir a devida documentação migratória:

Sanção: multa;

VII – furtar-se ao controle migratório, na entrada ou saída do território nacional:

Sanção: multa.

Art. 110. As penalidades aplicadas serão objeto de pedido de reconsideração e de recurso, nos termos de regulamento.

Parágrafo único. Serão respeitados o contraditório, a ampla defesa e a garantia de recurso, assim como a situação de hipossuficiência do migrante ou do visitante.

CAPÍTULO X

DISPOSIÇÕES FINAIS E TRANSITÓRIAS

Art. 111. Esta Lei não prejudica direitos e obrigações estabelecidos por tratados vigentes no Brasil e que sejam mais benéficos ao migrante e ao visitante, em particular os tratados firmados no âmbito do Mercosul.

Art. 112. As autoridades brasileiras serão tolerantes quanto ao uso do idioma do residente

LEGISLAÇÃO INTERNACIONAL

fronteiriço e do imigrante quando eles se dirigirem a órgãos ou repartições públicas para reclamar ou reivindicar os direitos decorrentes desta Lei.

Art. 113. As taxas e emolumentos consulares são fixados em conformidade com a tabela anexa a esta Lei.

§ 1º Os valores das taxas e emolumentos consulares poderão ser ajustados pelo órgão competente da administração pública federal, de forma a preservar o interesse nacional ou a assegurar a reciprocidade de tratamento.

§ 2º Não serão cobrados emolumentos consulares pela concessão de:

I – vistos diplomáticos, oficiais e de cortesia; e

II – vistos em passaportes diplomáticos, oficiais ou de serviço, ou equivalentes, mediante reciprocidade de tratamento a titulares de documento de viagem similar brasileiro.

§ 3º Não serão cobrados taxas e emolumentos consulares pela concessão de vistos ou para a obtenção de documentos para regularização migratória aos integrantes de grupos vulneráveis e indivíduos em condição de hipossuficiência econômica.

§ 4º VETADO.

Art. 114. Regulamento poderá estabelecer competência para órgãos do Poder Executivo disciplinarem aspectos específicos desta Lei.

Art. 115. O Decreto-Lei nº 2.848, de 7 de dezembro de 1940 (Código Penal), passa a vigorar acrescido do seguinte art. 232-A:

▶ Alteração inserida no texto do CP.

Art. 116. VETADO.

Art. 117. O documento conhecido por Registro Nacional de Estrangeiro passa a ser denominado Registro Nacional Migratório.

▶ Dec. nº 9.277, de 5-2-2018, dispõe sobre a identificação do solicitante de refúgio e sobre o Documento Provisório de Registro Nacional Migratório.

Art. 118. VETADO.

Art. 119. O visto emitido até a data de entrada em vigor desta Lei poderá ser utilizado até a data prevista de expiração de sua validade, podendo ser transformado ou ter seu prazo de estada prorrogado, nos termos de regulamento.

Art. 120. A Política Nacional de Migrações, Refúgio e Apatridia terá a finalidade de coordenar e articular ações setoriais implementadas pelo Poder Executivo federal em regime de cooperação com os Estados, o Distrito Federal e os Municípios, com participação de organizações da sociedade civil, organismos internacionais e entidades privadas, conforme regulamento.

§ 1º Ato normativo do Poder Executivo federal poderá definir os objetivos, a organização e a estratégia de coordenação da Política Nacional de Migrações, Refúgio e Apatridia.

§ 2º Ato normativo do Poder Executivo federal poderá estabelecer planos nacionais e outros instrumentos para a efetivação dos objetivos desta Lei e a coordenação entre órgãos e colegiados setoriais.

§ 3º Com vistas à formulação de políticas públicas, deverá ser produzida informação quantitativa e qualitativa, de forma sistemática, sobre os migrantes, com a criação de banco de dados.

Art. 121. Na aplicação desta Lei, devem ser observadas as disposições da Lei nº 9.474, de 22 de julho de 1997, nas situações que envolvam refugiados e solicitantes de refúgio.

Art. 122. A aplicação desta Lei não impede o tratamento mais favorável assegurado por tratado em que a República Federativa do Brasil seja parte.

Art. 123. Ninguém será privado de sua liberdade por razões migratórias, exceto nos casos previstos nesta Lei.

Art. 124. Revogam-se:

I – a Lei nº 818, de 18 de setembro de 1949; e

II – a Lei nº 6.815, de 19 de agosto de 1980 (Estatuto do Estrangeiro).

Art. 125. Esta Lei entra em vigor após decorridos 180 (cento e oitenta) dias de sua publicação oficial.

Brasília, 24 de maio de 2017;
196º da Independência e
129º da República.

Michel Temer

DECRETO Nº 10.932, DE 10 DE JANEIRO DE 2022

Promulga a Convenção Interamericana contra o Racismo, a Discriminação Racial e Formas Correlatas de Intolerância, firmado pela República Federativa do Brasil, na Guatemala, em 5 de junho de 2013.

▶ Publicado no *DOU* de 11-1-2022.

Art. 1º Fica promulgada a Convenção Interamericana contra o Racismo, a Discriminação Racial e Formas Correlatas de Intolerância, firmada na 43ª Sessão Ordinária da Assembleia-Geral da Organização dos Estados Americanos, na Guatemala, em 5 de junho de 2013, anexa a este Decreto.

Art. 2º São sujeitos à aprovação do Congresso Nacional atos que possam resultar em revisão da Convenção e ajustes complementares que acarretem encargos ou compromissos gravosos ao patrimônio nacional, nos termos do inciso I do *caput* do art. 49 da Constituição.

Art. 3º Este Decreto entra em vigor na data de sua publicação.

Brasília, 10 de janeiro de 2022;
201º da Independência e
134º da República.

Jair Messias Bolsonaro

CONVENÇÃO INTERAMERICANA CONTRA O RACISMO, A DISCRIMINAÇÃO RACIAL E FORMAS CORRELATAS DE INTOLERÂNCIA

CAPÍTULO I
DEFINIÇÕES

Artigo 1

Para os efeitos desta Convenção:

1. Discriminação racial é qualquer distinção, exclusão, restrição ou preferência, em qualquer área da vida pública ou privada, cujo propósito ou efeito seja anular ou restringir o reconhecimento, gozo ou exercício, em condições de igualdade, de um ou mais direitos humanos e liberdades fundamentais consagrados nos instrumentos internacionais aplicáveis aos Estados-Partes. A discriminação racial pode basear-se em raça, cor, ascendência ou origem nacional ou étnica.

2. Discriminação racial indireta é aquela que ocorre, em qualquer esfera da vida pública ou privada, quando um dispositivo, prática ou critério aparentemente neutro tem a capacidade de acarretar uma desvantagem particular para pessoas pertencentes a um grupo específico, com base nas razões estabelecidas no artigo 1.1, ou as coloca em desvantagem, a menos que esse dispositivo, prática ou critério tenha um objetivo ou justificativa razoável e legítima à luz do Direito Internacional dos Direitos Humanos.

3. Discriminação múltipla ou agravada é qualquer preferência, distinção, exclusão ou restrição baseada, de modo concomitante, em dois ou mais critérios dispostos no artigo 1.1, ou outros reconhecidos em instrumentos internacionais, cujo objetivo ou resultado seja anular ou restringir o reconhecimento, gozo ou exercício, em condições de igualdade, de um ou mais direitos humanos e liberdades fundamentais consagrados nos instrumentos internacionais aplicáveis aos Estados-Partes, em qualquer área da vida pública ou privada.

4. Racismo consiste em qualquer teoria, doutrina, ideologia ou conjunto de ideias que enunciam um vínculo causal entre as características fenotípicas ou genotípicas de indivíduos ou grupos e seus traços intelectuais, culturais e de personalidade, inclusive o falso conceito de superioridade racial. O racismo ocasiona desigualdades raciais e a noção de que as relações discriminatórias entre grupos são moral e cientificamente justificadas. Toda teoria, doutrina, ideologia e conjunto de ideias racistas descritas neste artigo são cientificamente falsas, moralmente censuráveis, socialmente injustas e contrárias aos princípios fundamentais do Direito Internacional e, portanto, perturbam gravemente a paz e a segurança internacional, sendo, dessa maneira, condenadas pelos Estados-Partes.

5. As medidas especiais ou de ação afirmativa adotadas com a finalidade de assegurar o gozo ou exercício, em condições de igualdade, de um ou mais direitos humanos e liberdades fundamentais de grupos que requeiram essa proteção não constituirão discriminação racial, desde que essas medidas não levem à manutenção de direitos separados para grupos diferentes e não se perpetuem uma vez alcançados seus objetivos.

6. Intolerância é um ato ou conjunto de atos ou manifestações que denotam desrespeito, rejeição ou desprezo à dignidade, características, convicções ou opiniões de pessoas por serem diferentes ou contrárias. Pode manifestar-se como a marginalização e a exclusão de grupos em condições de vulnerabilidade da participação em qualquer esfera da vida pública ou privada ou como violência contra esses grupos.

CAPÍTULO II
DIREITOS PROTEGIDOS

Artigo 2

Todo ser humano é igual perante a lei e tem direito à igual proteção contra o racismo, a discriminação racial e formas correlatas de intolerância, em qualquer esfera da vida pública ou privada.

Artigo 3

Todo ser humano tem direito ao reconhecimento, gozo, exercício e proteção, em condições de igualdade, tanto no plano individual como no coletivo, de todos os direitos humanos e liberdades fundamentais consagrados na legislação interna e nos instrumentos internacionais aplicáveis aos Estados-Partes.

CAPÍTULO III

DEVERES DO ESTADO

Artigo 4

Os Estados comprometem-se a prevenir, eliminar, proibir e punir, de acordo com suas normas constitucionais e com as disposições desta Convenção, todos os atos e manifestações de racismo, discriminação racial e formas correlatas de intolerância, inclusive:

i. apoio público ou privado a atividades racialmente discriminatórias e racistas ou que promovam a intolerância, incluindo seu financiamento;

ii. publicação, circulação ou difusão, por qualquer forma e/ou meio de comunicação, inclusive a internet, de qualquer material racista ou racialmente discriminatório que:

a) defenda, promova ou incite o ódio, a discriminação e a intolerância; e

b) tolere, justifique ou defenda atos que constituam ou tenham constituído genocídio ou crimes contra a humanidade, conforme definidos pelo Direito Internacional, ou promova ou incite a prática desses atos;

iii. violência motivada por qualquer um dos critérios estabelecidos no artigo 1.1;

iv. atividade criminosa em que os bens da vítima sejam alvos intencionais, com base em qualquer um dos critérios estabelecidos no artigo 1.1;

v. qualquer ação repressiva fundamentada em qualquer dos critérios enunciados no artigo 1.1, em vez de basear-se no comportamento da pessoa ou em informações objetivas que identifiquem seu envolvimento em atividades criminosas;

vi. restrição, de maneira indevida ou não razoável, do exercício dos direitos individuais à propriedade, administração e disposição de bens de qualquer tipo, com base em qualquer dos critérios enunciados no artigo 1.1;

vii. qualquer distinção, exclusão, restrição ou preferência aplicada a pessoas, devido a sua condição de vítima de discriminação múltipla ou agravada, cujo propósito ou resultado seja negar ou prejudicar o reconhecimento, gozo, exercício ou proteção, em condições de igualdade, dos direitos e liberdades fundamentais;

viii. qualquer restrição racialmente discriminatória do gozo dos direitos humanos consagrados nos instrumentos internacionais e regionais aplicáveis e pela jurisprudência dos tribunais internacionais e regionais de direitos humanos, especialmente com relação a minorias ou grupos em situação de vulnerabilidade e sujeitos à discriminação racial;

ix. qualquer restrição ou limitação do uso de idioma, tradições, costumes e cultura das pessoas em atividades públicas ou privadas;

x. elaboração e implementação de material, métodos ou ferramentas pedagógicas que reproduzam estereótipos ou preconceitos, com base em qualquer critério estabelecido no artigo 1.1 desta Convenção;

xi. negação do acesso à educação pública ou privada, bolsas de estudo ou programas de financiamento educacional, com base em qualquer critério estabelecido no artigo 1.1 desta Convenção;

xii. negação do acesso a qualquer direito econômico, social e cultural, com base em qualquer critério estabelecido no artigo 1.1 desta Convenção;

xiii. realização de pesquisas ou aplicação dos resultados de pesquisas sobre o genoma humano, especialmente nas áreas da biologia, genética e medicina, com vistas à seleção ou à clonagem humana, que extrapolem o respeito aos direitos humanos, às liberdades fundamentais e à dignidade humana, gerando qualquer forma de discriminação fundamentada em características genéticas;

xiv. restrição ou limitação, com base em qualquer dos critérios enunciados no artigo 1.1 desta Convenção, do direito de toda pessoa de obter acesso à água, aos recursos naturais, aos ecossistemas, à biodiversidade e aos serviços ecológicos que constituem o patrimônio natural de cada Estado, protegido pelos instrumentos internacionais pertinentes e suas próprias legislações nacionais, bem como de usá-los de maneira sustentável; e

xv. restrição do acesso a locais públicos e locais privados franqueados ao público pelos motivos enunciados no artigo 1.1 desta Convenção.

Artigo 5

Os Estados-Partes comprometem-se a adotar as políticas especiais e ações afirmativas necessárias para assegurar o gozo ou exercício dos direitos e liberdades fundamentais das pessoas ou grupos sujeitos ao racismo, à discriminação racial e formas correlatas de intolerância, com o propósito de promover condições equitativas para a igualdade de oportunidades, inclusão e progresso para essas pessoas ou grupos. Tais medidas ou políticas não serão consideradas discriminatórias ou incompatíveis com o propósito ou objeto desta Convenção, não resultarão na manutenção de direitos separados para grupos distintos e não se estenderão além de um período razoável ou após terem alcançado seu objetivo.

Artigo 6

Os Estados-Partes comprometem-se a formular e implementar políticas cujo propósito seja proporcionar tratamento equitativo e gerar igualdade de oportunidades para todas as pessoas, em conformidade com o alcance desta Convenção; entre elas políticas de caráter educacional, medidas trabalhistas ou sociais, ou qualquer outro tipo de política promocional, e a divulgação da legislação sobre o assunto por todos os meios possíveis, inclusive pelos meios de comunicação de massa e pela internet.

Artigo 7

Os Estados-Partes comprometem-se a adotar legislação que defina e proíba expressamente o racismo, a discriminação racial e formas correlatas de intolerância, aplicável a todas as autoridades públicas, e a todos os indivíduos ou pessoas físicas e jurídicas, tanto no setor público como no privado, especialmente nas áreas de emprego, participação em organizações profissionais, educação, capacitação, moradia, saúde, proteção social, exercício de atividade econômica e acesso a serviços públicos, entre outras, bem como revogar ou reformar toda legislação que constitua ou produza racismo, discriminação racial e formas correlatas de intolerância.

Artigo 8

Os Estados-Partes comprometem-se a garantir que a adoção de medidas de qualquer natureza, inclusive aquelas em matéria de segurança, não discrimine direta ou indiretamente pessoas ou grupos com base em qualquer critério mencionado no artigo 1.1 desta Convenção.

Artigo 9

Os Estados-Partes comprometem-se a garantir que seus sistemas políticos e jurídicos reflitam adequadamente a diversidade de suas sociedades, a fim de atender às necessidades legítimas de todos os setores da população, de acordo com o alcance desta Convenção.

Artigo 10

Os Estados-Partes comprometem-se a garantir às vítimas do racismo, discriminação racial e formas correlatas de intolerância um tratamento equitativo e não discriminatório, acesso igualitário ao sistema de justiça, processo ágeis e eficazes e reparação justa nos âmbitos civil e criminal, conforme pertinente.

Artigo 11

Os Estados-Partes comprometem-se a considerar agravantes os atos que resultem em discriminação múltipla ou atos de intolerância, ou seja, qualquer distinção, exclusão ou restrição baseada em dois ou mais critérios enunciados nos artigos 1.1 e 1.3 desta Convenção.

Artigo 12

Os Estados-Partes comprometem-se a realizar pesquisas sobre a natureza, as causas e as manifestações do racismo, da discriminação racial e formas correlatas de intolerância em seus respectivos países, em âmbito local, regional e nacional, bem como coletar, compilar e divulgar dados sobre a situação de grupos ou indivíduos que sejam vítimas do racismo, da discriminação racial e formas correlatas de intolerância.

Artigo 13

Os Estados-Partes comprometem-se a estabelecer ou designar, de acordo com sua legislação interna, uma instituição nacional que será responsável por monitorar o cumprimento desta Convenção, devendo informar essa instituição à Secretaria-Geral da OEA.

Artigo 14

Os Estados-Partes comprometem-se a promover a cooperação internacional com vistas ao intercâmbio de ideias e experiências, bem como a executar programas voltados à realização dos objetivos desta Convenção.

CAPÍTULO IV

MECANISMOS DE PROTEÇÃO E ACOMPANHAMENTO DA CONVENÇÃO

Artigo 15

A fim de monitorar a implementação dos compromissos assumidos pelos Estados-Partes na Convenção:

i. qualquer pessoa ou grupo de pessoas, ou entidade não governamental juridicamente reconhecida em um ou mais Estados membros da Organização dos Estados Americanos, pode apresentar à Comissão Interamericana de Direitos Humanos petições que contenham denúncias ou queixas de violação desta Convenção por um Estado-Parte. Além disso, qualquer Estado-Parte pode, quando do depósito de seu instrumento de ratificação desta Convenção ou de adesão a ela, ou em qualquer momento posterior, declarar que reconhece a competência da Comissão para receber e examinar as comunicações em que um Estado-Parte alegue que outro Estado-Parte incorreu em violações dos direitos humanos dispostas nesta Convenção. Nesse caso, serão aplicáveis todas as normas de procedimento pertinentes constantes da Convenção Americana sobre Direitos Humanos assim como o Estatuto e o Regulamento da Comissão;

ii. os Estados-Partes poderão consultar a Comissão sobre questões relacionadas com a aplicação efetiva desta Convenção. Poderão também solicitar à Comissão assessoria e cooperação técnica para assegurar a aplicação efetiva de qualquer disposição desta Convenção. A Comissão, na medida de sua capacidade, proporcionará aos Estados-Partes os serviços de assessoria e assistência solicitados;

iii. qualquer Estado-Parte poderá, ao depositar seu instrumento de ratificação desta Convenção ou de adesão a ela, ou em qualquer momento posterior, declarar que reconhece como obrigatória, de pleno direito, e sem acordo especial, a competência da Corte Interamericana de Direitos Humanos em todas as matérias referentes à interpretação ou aplicação desta Convenção. Nesse caso, serão aplicáveis todas as normas de procedimento pertinentes constantes da Convenção Americana sobre Direitos Humanos, bem como o Estatuto e o Regulamento da Corte;

iv. será estabelecido um Comitê Interamericano para a Prevenção e Eliminação do Racismo, Discriminação Racial e Todas as Formas de Discriminação e Intolerância, o qual será constituído por um perito nomeado por cada Estado-Parte, que exercerá suas funções de maneira independente e cuja tarefa será monitorar os compromissos assumidos nesta Convenção. O Comitê também será responsável por monitorar os compromissos assumidos pelos Estados que são partes na Convenção Interamericana contra Toda Forma de Discriminação e Intolerância. O Comitê será criado quando a primeira das Convenções entrar em vigor, e sua primeira reunião será convocada pela Secretaria-Geral da OEA uma vez recebido o décimo instrumento de ratificação de qualquer das Convenções. A primeira reunião do Comitê será realizada na sede da Organização, três meses após sua convocação, para declará-lo constituído, aprovar seu Regulamento e metodologia de trabalho e eleger suas autoridades. Essa reunião será presidida pelo representante do país que depositar o primeiro instrumento de ratificação da Convenção que estabelecer o Comitê; e

v. o Comitê será o foro para intercambiar ideias e experiências, bem como examinar o progresso alcançado pelos Estados-Partes na implementação desta Convenção, e qualquer circunstância ou dificuldade que afete seu cumprimento em alguma medida. O referido Comitê poderá recomendar aos Estados-Partes que adotem as medidas apropriadas. Com esse propósito, os Estados-Partes comprometem-se a apresentar um relatório ao Comitê, transcorrido um ano da realização da primeira reunião, com o cumprimento das obrigações constantes desta Convenção. Dos relatórios que os Estados-Partes apresentarem ao Comitê também constarão dados e estatísticas desagregados sobre os grupos vulneráveis. Posteriormente, os Estados-Partes apresentarão relatórios a cada quatro anos. A Secretaria-Geral da OEA proporcionará ao Comitê o apoio necessário para o cumprimento de suas funções.

CAPÍTULO V

DISPOSIÇÕES GERAIS

Artigo 16
Interpretação

1. Nenhuma disposição desta Convenção será interpretada no sentido de restringir ou limitar a legislação interna de um Estado-Parte que ofereça proteção e garantias iguais ou superiores às estabelecidas nesta Convenção.

2. Nenhuma disposição desta Convenção será interpretada no sentido de restringir ou limitar as convenções internacionais sobre direitos humanos que ofereçam proteção igual ou superior nessa matéria.

Artigo 17
Depósito

O instrumento original desta Convenção, cujos textos em espanhol, francês, inglês e português são igualmente autênticos, será depositado na Secretaria-Geral da Organização dos Estados Americanos.

Artigo 18
Assinatura e ratificação

1. Esta Convenção está aberta à assinatura e ratificação por parte de todos os Estados membros da Organização dos Estados Americanos. Uma vez em vigor, esta Convenção será aberta à adesão de todos os Estados que não a tenham assinado.

2. Esta Convenção está sujeita à ratificação pelos Estados signatários de acordo com seus respectivos procedimentos constitucionais. Os instrumentos de ratificação ou adesão serão depositados na Secretaria-Geral da Organização dos Estados Americanos.

Artigo 19
Reservas

Os Estados-Partes poderão apresentar reservas a esta Convenção quando da assinatura, ratificação ou adesão, desde que não sejam incompatíveis com seu objetivo e propósito e se refiram a uma ou mais disposições específicas.

Artigo 20
Entrada em vigor

1. Esta Convenção entrará em vigor no trigésimo dia a partir da data em que se depositar o segundo instrumento de ratificação ou de adesão na Secretaria-Geral da Organização dos Estados Americanos.

2. Para cada Estado que ratificar esta Convenção, ou a ela aderir, após o depósito do segundo instrumento de ratificação ou adesão, a Convenção entrará em vigor no trigésimo dia a partir da data em que tal Estado tenha depositado o respectivo instrumento.

Artigo 21
Denúncia

Esta Convenção permanecerá em vigor indefinidamente, mas qualquer Estado-Parte poderá denunciá-la mediante notificação por escrito dirigida ao Secretário-Geral da Organização dos Estados Americanos. Os efeitos da Convenção cessarão para o Estado que a denunciar um ano após a data de depósito do instrumento de denúncia, permanecendo em vigor para os demais Estado-Partes. A denúncia não eximirá o Estado-Parte das obrigações a ele impostas por esta Convenção com relação a toda ação ou omissão anterior à data em que a denúncia produziu efeito.

Artigo 22
Protocolos adicionais

Qualquer Estado-Parte poderá submeter à consideração dos Estados-Partes reunidos em Assembleia-Geral projetos de protocolos adicionais a esta Convenção, com a finalidade de incluir gradualmente outros direitos em seu regime de proteção. Cada protocolo determinará a maneira de sua entrada em vigor e se aplicará somente aos Estados que nele sejam partes.

SÚMULAS, ORIENTAÇÕES JURISPRUDENCIAIS E PRECEDENTES NORMATIVOS

SÚMULAS VINCULANTES DO SUPREMO TRIBUNAL FEDERAL

- Art. 103-A da CF.
- Lei nº 11.417, de 19-12-2006 (Lei da Súmula Vinculante).

1. Ofende a garantia constitucional do ato jurídico perfeito a decisão que, sem ponderar as circunstâncias do caso concreto, desconsidera a validez e a eficácia de acordo constante de termo de adesão instituído pela Lei Complementar nº 110/2001.

- Publicada no *DOU* de 6-6-2007.
- Art. 5º, XXXVI, da CF.
- LC nº 110, de 29-6-2001, institui contribuições sociais, autoriza créditos de complementos de atualização monetária em contas vinculadas do FGTS.

2. É inconstitucional a lei ou ato normativo estadual ou distrital que disponha sobre sistemas de consórcios e sorteios, inclusive bingos e loterias.

- Publicada no *DOU* de 6-6-2007.
- Art. 22, XX, da CF.

3. Nos processos perante o Tribunal de Contas da União asseguram-se o contraditório e a ampla defesa quando da decisão puder resultar anulação ou revogação de ato administrativo que beneficie o interessado, excetuada a apreciação da legalidade do ato de concessão inicial de aposentadoria, reforma e pensão.

- Publicada no *DOU* de 6-6-2007.
- Arts. 5º, LIV, LV, e 71, III, da CF.
- Art. 2º da Lei nº 9.784, de 29-1-1999 (Lei do Processo Administrativo Federal).

4. Salvo nos casos previstos na Constituição, o salário mínimo não pode ser usado como indexador de base de cálculo de vantagem de servidor público ou de empregado, nem ser substituído por decisão judicial.

- Publicada no *DOU* de 9-5-2008.
- Arts. 7º, XXIII, 39, *caput*, § 1º, 42, § 1º, e 142, X, da CF.

5. A falta de defesa técnica por advogado no processo administrativo disciplinar não ofende a Constituição.

- Publicada no *DOU* de 16-5-2008.
- Art. 5º, LV, da CF.

6. Não viola a Constituição o estabelecimento de remuneração inferior ao salário mínimo para as praças prestadoras de serviço militar inicial.

- Publicada no *DOU* de 16-5-2008.
- Arts. 1º, III, 7º, IV, e 142, § 3º, VIII, da CF.

7. A norma do § 3º do artigo 192 da Constituição, revogada pela Emenda Constitucional nº 40/2003, que limitava a taxa de juros reais a 12% ao ano, tinha sua aplicação condicionada à edição de lei complementar.

- Publicada no *DOU* de 20-6-2008.
- Art. 591 do CC.
- MP nº 2.172-32, de 23-8-2001, que até o encerramento desta edição não havia sido convertida em lei, estabelece a nulidade das disposições contratuais que menciona e inverte, nas hipóteses que prevê, o ônus da prova nas ações intentadas para sua declaração.

8. São inconstitucionais o parágrafo único do artigo 5º do Decreto-Lei nº 1.569/1977 e os artigos 45 e 46 da Lei nº 8.212/1991, que tratam de prescrição e decadência de crédito tributário.

- Publicada no *DOU* de 20-6-2008.
- Art. 146, III, *b*, da CF.
- Arts. 173 e 174 do CTN.
- Art. 2º, § 3º, da Lei nº 6.830, de 22-9-1980 (Lei das Execuções Fiscais).
- Art. 348 do Dec. nº 3.048, de 6-5-1999 (Regulamento da Previdência Social).

9. O disposto no artigo 127 da Lei nº 7.210/1984 (Lei de Execução Penal) foi recebido pela ordem constitucional vigente, e não se lhe aplica o limite temporal previsto no *caput* do artigo 58.

- Publicada no *DOU* de 20-6-2008 e republicada no *DOU* de 27-6-2008.
- Art. 5º, XXXVI, da CF.

10. Viola a cláusula de reserva de plenário (CF, art. 97) a decisão de órgão fracionário de Tribunal que, embora não declare expressamente a inconstitucionalidade de lei ou ato normativo do poder público, afasta sua incidência, no todo ou em parte.

- Publicada no *DOU* de 27-6-2008.
- Art. 97 da CF.

11. Só é lícito o uso de algemas em casos de resistência e de fundado receio de fuga ou de perigo à integridade física própria ou alheia, por parte do preso ou de terceiros, justificada a excepcionalidade por escrito, sob pena de responsabilidade disciplinar, civil e penal do agente ou da autoridade e de nulidade da prisão ou do ato processual a que se refere, sem prejuízo da responsabilidade civil do Estado.

- Publicada no *DOU* de 22-8-2008.
- Art. 5º, XLIX, da CF.
- Arts. 23, III, 329 a 331 e 352 do CP.
- Arts. 284 e 292 do CPP.
- Arts. 42, 177, 180, 298 a 301 do CPM.
- Arts. 234 e 242 do CPPM.
- Art. 40 da LEP.
- Lei nº 13.869, de 5-9-2019 (Lei do Abuso de Autoridade).

12. A cobrança de taxa de matrícula nas universidades públicas viola o disposto no art. 206, IV, da Constituição Federal.

- Publicada no *DOU* de 22-8-2008.

13. A nomeação de cônjuge, companheiro ou parente em linha reta, colateral ou por afinidade, até o terceiro grau, inclusive, da autoridade nomeante ou de servidor da mesma pessoa jurídica investido em cargo de direção, chefia ou assessoramento, para o exercício de cargo em comissão ou de confiança ou, ainda, de função gratificada na administração pública direta e indireta em qualquer dos Poderes da União, dos Estados, do Distrito Federal e dos Municípios, compreendido o ajuste mediante designações recíprocas, viola a Constituição Federal.

- Publicada no *DOU* de 29-8-2008.
- Art. 37, *caput*, da CF.
- Dec. nº 7.203, de 4-6-2010, dispõe sobre a vedação do nepotismo no âmbito da administração pública federal.

14. É direito do defensor, no interesse do representado, ter acesso amplo aos elementos de prova que, já documentados em procedimento investigatório realizado por órgão com competência de polícia judiciária, digam respeito ao exercício do direito de defesa.

- Publicada no *DOU* de 9-2-2009.
- Art. 5º, XXXIII, LIV e LV, da CF.
- Art. 9º do CPP.
- Arts. 6º, parágrafo único, e 7º, XIII e XIV, da Lei nº 8.906, de 4-7-1994 (Estatuto da Advocacia e da OAB).

15. O cálculo de gratificações e outras vantagens do servidor público não incide sobre o abono utilizado para se atingir o salário mínimo.

- Publicada no *DOU* de 1º-7-2009.
- Art. 7º, IV, da CF.

16. Os artigos 7º, IV, e 39, § 3º (redação da EC nº 19/1998), da Constituição, referem-se ao total da remuneração percebida pelo servidor público.

- Publicada no *DOU* de 1º-7-2009.

17. Durante o período previsto no § 1º do artigo 100 da Constituição, não incidem juros de mora sobre os precatórios que nele sejam pagos.

- Publicada no *DOU* de 10-11-2009.
- Refere-se ao art. 100, § 5º, com a redação dada pela EC nº 62, de 9-12-2009.

18. A dissolução da sociedade ou do vínculo conjugal, no curso do mandato, não afasta a inelegibilidade prevista no § 7º do artigo 14 da Constituição Federal.

- Publicada no *DOU* de 10-11-2009.

19. A taxa cobrada exclusivamente em razão dos serviços públicos de coleta, remoção e tratamento ou destinação de lixo ou resíduos provenientes de imóveis, não viola o artigo 145, II, da Constituição Federal.

- Publicada no *DOU* de 10-11-2009.

20. A Gratificação de Desempenho de Atividade Técnico-Administrativa – GDATA, instituída pela Lei nº 10.404/2002, deve ser deferida aos inativos nos valores correspondentes a 37,5 (trinta e sete vírgula cinco) pontos no período de fevereiro a maio de 2002 e, nos termos do artigo 5º, parágrafo único, da Lei nº 10.404/2002, no período de junho de 2002 até a conclusão dos efeitos do último ciclo de avaliação a que se refere o artigo 1º da Medida Provisória nº 198/2004, a partir da qual passa a ser de 60 (sessenta) pontos.

- Publicada no *DOU* de 10-11-2009.
- Art. 40, § 8º, da CF.

21. É inconstitucional a exigência de depósito ou arrolamento prévios de dinheiro ou bens para admissibilidade de recurso administrativo.

- Publicada no *DOU* de 10-11-2009.
- Art. 5º, XXXIV, *a*, e LV, da CF.
- Art. 33, § 2º, do Dec. nº 70.235, de 6-3-1972 (Lei do Processo Administrativo Fiscal).

22. A Justiça do Trabalho é competente para processar e julgar as ações de indenização por danos morais e patrimoniais decorrentes de acidente de trabalho propostas por empregado contra empregador, inclusive aquelas que ainda não possuíam sentença de mérito em primeiro grau quando da promulgação da Emenda Constitucional nº 45/2004.

- Publicada no *DOU* de 11-12-2009.
- Arts. 7º, XXVIII, 109, I, e 114 da CF.
- Súm. nº 235 do STF.

23. A Justiça do Trabalho é competente para processar e julgar ação possessória ajuizada em decorrência do exercício do direito de greve pelos trabalhadores da iniciativa privada.

- Publicada no *DOU* de 11-12-2009.
- Art. 114, II, da CF.

24. Não se tipifica crime material contra a ordem tributária, previsto no art. 1º, incisos I a IV, da Lei nº 8.137/1990, antes do lançamento definitivo do tributo.

- Publicada no *DOU* de 11-12-2009.
- Art. 5º, LV, da CF.
- Art. 142, *caput*, do CTN.

- Lei nº 8.137, de 27-12-1990 (Lei dos Crimes Contra a Ordem Tributária, Econômica e Contra as Relações de Consumo).
- Art. 83 da Lei nº 9.430, de 27-12-1996, que dispõe sobre a legislação tributária federal, as contribuições para a seguridade social e o processo administrativo de consulta.
- Art. 9º, § 2º, da Lei nº 10.684, de 30-5-2003, que dispõe sobre parcelamento de débitos junto à Secretaria da Receita Federal, à Procuradoria Geral da Fazenda Nacional e ao Instituto Nacional do Seguro Social.

25. É ilícita a prisão civil de depositário infiel, qualquer que seja a modalidade do depósito.

- Publicada no *DOU* de 23-12-2009.
- Art. 5º, § 2º, da CF.
- Art. 7º, 7, do Pacto de São José da Costa Rica.
- Súmulas nºs 304, 305 e 419 do STJ.

26. Para efeito de progressão de regime no cumprimento de pena por crime hediondo, ou equiparado, o juízo da execução observará a inconstitucionalidade do art. 2º da Lei nº 8.072, de 25 de julho de 1990, sem prejuízo de avaliar se o condenado preenche, ou não, os requisitos objetivos e subjetivos do benefício, podendo determinar, para tal fim, de modo fundamentado, a realização de exame criminológico.

- Publicada no *DOU* de 23-12-2009.
- Art. 5º, XLVI e XLVII, da CF.
- Arts. 33, § 3º, e 59 do CP.
- Art. 66, III, *b*, da LEP.
- Lei nº 8.072, de 25-7-1990 (Lei dos Crimes Hediondos).
- Súmulas nºs 439 e 471 do STJ.

27. Compete à Justiça estadual julgar causas entre consumidor e concessionária de serviço público de telefonia, quando a ANATEL não seja litisconsorte passiva necessária, assistente, nem opoente.

- Publicada no *DOU* de 23-12-2009.
- Arts. 98, I, e 109, I, da CF.

28. É inconstitucional a exigência de depósito prévio como requisito de admissibilidade de ação judicial na qual se pretenda discutir a exigibilidade de crédito tributário.

- Publicada no *DOU* de 17-2-2010.
- Art. 5º, XXXV, da CF.
- Súm. nº 112 do STJ.

29. É constitucional a adoção, no cálculo do valor de taxa, de um ou mais elementos da base de cálculo própria de determinado imposto, desde que não haja integral identidade entre uma base e outra.

- Publicada no *DOU* de 17-2-2010.
- Art. 145, § 2º, da CF.

30. ....

- O STF decidiu suspender a publicação da Súmula Vinculante nº 30, em razão de questão de ordem levantada pelo Ministro José Antonio Dias Toffoli, em 4-2-2010.

31. É inconstitucional a incidência do Imposto sobre Serviços de Qualquer Natureza – ISS sobre operações de locação de bens móveis.

- Publicada no *DOU* de 17-2-2010.
- Art. 156, III, da CF.
- LC nº 116, de 31-4-2003 (Lei do ISS).

32. O ICMS não incide sobre alienação de salvados de sinistro pelas seguradoras.

- Publicada no *DOU* de 24-2-2011.
- Art. 153, V, da CF.
- Art. 3º, IX, da LC nº 87, de 13-9-1996 (Lei Kandir – ICMS).
- Art. 73 do Dec.-lei nº 73, de 21-11-1966, que dispõe sobre o Sistema Nacional de Seguros Privados, e regula as operações de seguros e resseguros.

33. Aplicam-se ao servidor público, no que couber, as regras do regime geral da previdência social sobre aposentadoria especial de que trata o artigo 40, § 4º, inciso III da Constituição Federal, até a edição de lei complementar específica.

- Publicada no *DOU* de 24-4-2014.
- Arts. 57 e 58 da Lei nº 8.213, de 24-7-1991 (Lei dos Planos de Benefícios da Previdência Social).

34. A Gratificação de Desempenho de Atividade de Seguridade Social e do Trabalho – GDASST, instituída pela Lei nº 10.483/2002, deve ser estendida aos inativos no valor correspondente a 60 (sessenta) pontos, desde o advento da Medida Provisória nº 198/2004, convertida na Lei nº 10.971/2004, quando tais inativos façam jus à paridade constitucional.

- Publicada no *DOU* de 24-10-2014.
- Arts. 5º, *caput*, e 40, § 8º, da CF.

35. A homologação da transação penal prevista no artigo 76 da Lei nº 9.099/1995 não faz coisa julgada material e, descumpridas suas cláusulas, retoma-se a situação anterior, possibilitando-se ao Ministério Público a continuidade da persecução penal mediante oferecimento de denúncia ou requisição de inquérito policial.

- Publicada no *DOU* de 24-10-2014.
- Arts. 5º, XXXVI, LIV, e 98, I, da CF.

36. Compete à Justiça Federal comum processar e julgar civil denunciado pelos crimes de falsificação e de uso de documento falso quando se tratar de falsificação da Caderneta de Inscrição e Registro (CIR) ou de Carteira de Habilitação de Amador (CHA), ainda que expedidas pela Marinha do Brasil.

- Publicada no *DOU* de 24-10-2014.
- Arts. 21, XXII, 109, IV, e 144, § 1º, III, da CF.
- Arts. 311 e 315 do CPM.

37. Não cabe ao Poder Judiciário, que não tem função legislativa, aumentar vencimentos de servidores públicos sob o fundamento de isonomia.

- Publicada no *DOU* de 24-10-2014.
- Arts. 2º, 5º, *caput*, II, e 37, X, da CF.
- Súm. nº 339 do STF.

38. É competente o Município para fixar o horário de funcionamento de estabelecimento comercial.

- Publicada no *DOU* de 20-3-2015.
- Art. 30, I, da CF.
- Súm. nº 645 do STF.

39. Compete privativamente à União legislar sobre vencimentos dos membros das polícias civil e militar e do corpo de bombeiros militar do Distrito Federal.

- Publicada no *DOU* de 20-3-2015.
- Art. 21, XIV, da CF.
- Súm. nº 647 do STF.

40. A contribuição confederativa de que trata o art. 8º, IV, da Constituição Federal, só é exigível dos filiados ao sindicato respectivo.

- Publicada no *DOU* de 20-3-2015.
- Art. 8º, IV, da CF.
- Súm. nº 666 do STF.

41. O serviço de iluminação pública não pode ser remunerado mediante taxa.

- Publicada no *DOU* de 20-3-2015.
- Art. 145, II, da CF.
- Súm. nº 670 do STF.

42. É inconstitucional a vinculação do reajuste de vencimentos de servidores estaduais ou municipais a índices federais de correção monetária.

- Publicada no *DOU* de 20-3-2015.
- Art. 37, XIII, da CF.
- Súm. nº 681 do STF.

43. É inconstitucional toda modalidade de provimento que propicie ao servidor investir-se, sem prévia aprovação em concurso público destinado ao seu provimento, em cargo que não integra a carreira na qual anteriormente investido.

- Publicada no *DOU* de 17-4-2015.
- Art. 37, II, da CF.
- Súm. nº 685 do STF.

44. Só por lei se pode sujeitar a exame psicotécnico a habilitação de candidato a cargo público.

- Publicada no *DOU* de 17-4-2015.
- Art. 37, I, da CF.
- Súm. nº 686 do STF.

45. A competência constitucional do Tribunal do Júri prevalece sobre o foro por prerrogativa de função estabelecido exclusivamente pela constituição estadual.

- Publicada no *DOU* de 17-4-2015.
- Arts. 5º, XXXVIII, *d*, e 125, § 1º, da CF.
- Art. 74, § 1º, do CPP.
- Súm. nº 721 do STF.

46. A definição dos crimes de responsabilidade e o estabelecimento das respectivas normas de processo e julgamento são da competência legislativa privativa da União.

- Publicada no *DOU* de 17-4-2015.
- Art. 22, I, da CF.
- Art. 513 do CPP.
- Art. 690 do CPPM.
- Súm. nº 722 do STF.

47. Os honorários advocatícios incluídos na condenação ou destacados do montante principal devido ao credor consubstanciam verba de natureza alimentar cuja satisfação ocorrerá com a expedição de precatório ou requisição de pequeno valor, observada ordem especial restrita aos créditos dessa natureza.

- Publicada no *DOU* de 2-6-2015.
- Art. 100, § 1º, da CF.
- Arts. 22, § 3º, e 23 da Lei nº 8.906, de 4-7-1994 (EOAB).

48. Na entrada de mercadoria importada do exterior, é legítima a cobrança do ICMS por ocasião do desembaraço aduaneiro.

- Publicada no *DOU* de 2-6-2015.
- Art. 155, § 2º, IX, *a*, da CF.

49. Ofende o princípio da livre concorrência lei municipal que impede a instalação de estabelecimentos comerciais do mesmo ramo em determinada área.

- Publicada no *DOU* de 23-6-2015.
- Arts. 170, IV, V, parágrafo único e 173, § 4º, da CF.

50. Norma legal que altera o prazo de recolhimento de obrigação tributária não se sujeita ao princípio da anterioridade.

- Publicada no *DOU* de 23-6-2015.
- Art. 195, § 6º, da CF.

51. O reajuste de 28,86%, concedido aos servidores militares pelas Leis nºs 8.622/1993 e 8.627/1993, estende-se aos servidores civis do poder executivo, observadas as eventuais compensações decorrentes dos reajustes diferenciados concedidos pelos mesmos diplomas legais.

▸ Publicada no *DOU* de 23-6-2015.

52. Ainda quando alugado a terceiros, permanece imune ao IPTU o imóvel pertencente a qualquer das entidades referidas pelo art. 150, VI, *c*, da Constituição Federal, desde que o valor dos aluguéis seja aplicado nas atividades para as quais tais entidades foram constituídas.

▸ Publicada no *DOU* de 23-6-2015.

53. A competência da Justiça do Trabalho prevista no art. 114, VIII, da Constituição Federal alcança a execução de ofício das contribuições previdenciárias relativas ao objeto da condenação constante das sentenças que proferir e acordos por ela homologados.

▸ Publicada no *DOU* de 23-6-2015.

54. A medida provisória não apreciada pelo congresso nacional podia, até a Emenda Constitucional 32/2001, ser reeditada dentro do seu prazo de eficácia de trinta dias, mantidos os efeitos de lei desde a primeira edição.

▸ Publicada no *DJe* de 22-3-2016.

55. O direito ao auxílio-alimentação não se estende aos servidores inativos.

▸ Publicada no *DJe* de 22-3-2016.

56. A falta de estabelecimento penal adequado não autoriza a manutenção do condenado em regime prisional mais gravoso, devendo-se observar, nessa hipótese, os parâmetros fixados no RE 641.320/RS.

▸ Publicada no *DOU* de 8-8-2016.

57. A imunidade tributária constante do art. 150, VI, *d*, da CF aplica-se à importação e comercialização, no mercado interno, do livro eletrônico (*e-book*) e dos suportes exclusivamente utilizados para fixá-lo, como os leitores de livros eletrônicos (*e-readers*), ainda que possuam funcionalidades acessórias.

▸ Publicada no *DOU* de 24-4-2020.

58. Inexiste direito a crédito presumido de IPI relativamente à entrada de insumos isentos, sujeitos à alíquota zero ou não tributáveis, o que não contraria o princípio da não cumulatividade.

▸ Publicada no *DOU* de 8-5-2020.

59. É impositiva a fixação do regime aberto e a substituição da pena privativa de liberdade por restritiva de direitos quando reconhecida a figura do tráfico privilegiado (art. 33, § 4º, da Lei nº 11.343/2006) e ausentes vetores negativos na primeira fase da dosimetria (art. 59 do CP), observados os requisitos do art. 33, § 2º, alínea c, e do art. 44, ambos do Código Penal.

▸ Publicada no *DOU* de 27-10-2023.

***60.** O pedido e a análise administrativos de fármacos na rede pública de saúde, a judicialização do caso, bem ainda seus desdobramentos (administrativos e jurisdicionais), devem observar os termos dos 3 (três) acordos interfederativos (e seus fluxos) homologados pelo Supremo Tribunal Federal, em governança judicial colaborativa, no tema 1.234 da sistemática da repercussão geral (RE nº 1.366.243).*

▸ Publicada no *DOU* de 20-9-2024.

***61.** A concessão judicial de medicamento registrado na ANVISA, mas não incorporado às listas de dispensação do Sistema Único de Saúde, deve observar as teses firmadas no julgamento do Tema 6 da Repercussão Geral (RE nº 566.471).*

▸ Publicada no *DOU* de 3-10-2024.

***62.** É legítima a revogação da isenção estabelecida no art. 6º, II, da Lei Complementar nº 70/1991 pelo art. 56 da Lei nº 9.430/1996, dado que a LC nº 70/1991 é apenas formalmente complementar, mas materialmente ordinária com relação aos dispositivos concernentes à contribuição social por ela instituída.*

▸ Publicada no *DOU* de 9-1-2025.

SÚMULAS DO SUPREMO TRIBUNAL FEDERAL

▶ As súmulas, a partir do nº 622, foram publicadas após a CF/1988.

1. É vedada a expulsão de estrangeiro casado com brasileira, ou que tenha filho brasileiro dependente da economia paterna.

2. *Sem eficácia. Habeas Corpus* nº 47.663/SP (*DJU* de 27-11-1970).

3. A imunidade concedida a deputados estaduais é restrita à Justiça do Estado.

▶ *Súmula superada*. Recurso Extraordinário nº 456.679-6/DF (*DJU* de 7-4-2006).

▶ Súm. nº 245 do STF.

4. *Cancelada*. Inquérito nº 104/RS (*DJU* de 2-10-1981).

5. A sanção do projeto supre a falta de iniciativa do Poder Executivo.

▶ Súmula aplicável na vigência da CF/1946. Representação nº 890/GB.

6. A revogação ou anulação, pelo Poder Executivo, de aposentadoria, ou qualquer outro ato aprovado pelo Tribunal de Contas, não produz efeitos antes de aprovada por aquele Tribunal, ressalvada a competência revisora do Judiciário.

7. Sem prejuízo de recurso para o congresso, não é exequível contrato administrativo a que o tribunal de contas houver negado registro.

8. Diretor de sociedade de economia mista pode ser destituído no curso do mandato.

9. Para o acesso de auditores ao Superior Tribunal Militar, só concorrem os de segunda entrância.

10. O tempo de serviço militar conta-se para efeito de disponibilidade e aposentadoria do servidor público estadual.

11. A vitaliciedade não impede a extinção do cargo, ficando o funcionário em disponibilidade, com todos os vencimentos.

12. A vitaliciedade do professor catedrático não impede o desdobramento da cátedra.

13. A equiparação de extranumerário a funcionário efetivo, determinada pela Lei nº 2.284, de 9-8-1954, não envolve reestruturação, não compreendendo, portanto, os vencimentos.

▶ Lei nº 2.284, de 9-8-1954, regula a estabilidade do pessoal extranumerário mensalista da União e das autarquias.

14. *Cancelada*. Recursos Extraordinários nºs 88.968-0/PR (*DJU* de 11-4-1980) e 74.486/RJ.

15. Dentro do prazo de validade do concurso, o candidato aprovado tem o direito à nomeação, quando o cargo for preenchido sem observância da classificação.

16. Funcionário nomeado por concurso tem o direito à posse.

17. A nomeação de funcionário sem concurso pode ser desfeita antes da posse.

18. Pela falta residual, não compreendida na absolvição pelo juízo criminal, é admissível a punição administrativa do servidor público.

▶ Arts. 63 a 68 e 92 a 94 do CPP.

19. É inadmissível segunda punição de servidor público, baseada no mesmo processo em que se fundou a primeira.

20. É necessário processo administrativo, com ampla defesa, para demissão de funcionário admitido por concurso.

21. Funcionário em estágio probatório não pode ser exonerado nem demitido sem inquérito ou sem as formalidades legais de apuração de sua capacidade.

22. O estágio probatório não protege o funcionário contra a extinção do cargo.

23. Verificados os pressupostos legais para o licenciamento da obra, não o impede a declaração de utilidade pública para desapropriação do imóvel, mas o valor da obra não se incluirá na indenização, quando a desapropriação for efetivada.

▶ Arts. 7º, 10 e 26 do Dec.-lei nº 3.365, de 21-6-1941 (Lei das Desapropriações).

24. Funcionário interino substituto é demissível, mesmo antes de cessar a causa da substituição.

25. A nomeação a termo não impede a livre demissão, pelo Presidente da República, de ocupante de cargo dirigente de autarquia.

26. Os servidores do instituto de aposentadoria e pensões dos industriários não podem acumular a sua gratificação bienal com o adicional de tempo de serviço previsto no estatuto dos funcionários civis da união.

27. Os servidores públicos não têm vencimentos irredutíveis, prerrogativa dos membros do poder judiciário e dos que lhes são equiparados.

28. O estabelecimento bancário é responsável pelo pagamento de cheque falso, ressalvadas as hipóteses de culpa exclusiva ou concorrente do correntista.

29. Gratificação devida a servidores do "sistema fazendário" não se estende aos dos tribunais de contas.

30. Servidores de coletorias não têm direito a percentagem pela cobrança de contribuições destinadas à PETROBRAS.

31. Para aplicação da Lei nº 1.741, de 22-11-1952, soma-se o tempo de serviço ininterrupto em mais de um cargo em comissão.

▶ Lei nº 1.741, de 22-11-1952, assegura ao ocupante de cargo de caráter permanente e de provimento em comissão, o direito de continuar a perceber o vencimento do mesmo cargo.

32. Para aplicação da Lei nº 1.741, de 22-11-1952, soma-se o tempo de serviço ininterrupto em cargo em comissão e em função gratificada.

33. A Lei nº 1.741, de 22-11-1952, é aplicável às autarquias federais.

34. No Estado de São Paulo, funcionário eleito vereador fica licenciado por toda a duração do mandato.

35. Em caso de acidente do trabalho ou de transporte, a concubina tem direito de ser indenizada pela morte do amásio, se entre eles não havia impedimento para o matrimônio.

36. Servidor vitalício está sujeito à aposentadoria compulsória, em razão da idade.

37. Não tem direito de se aposentar pelo tesouro nacional o servidor que não satisfizer as condições estabelecidas na legislação do serviço público federal, ainda que aposentado pela respectiva instituição previdenciária, com direito, em tese, a duas aposentadorias.

38. Reclassificação posterior à aposentadoria não aproveita ao servidor aposentado.

39. À falta de lei, funcionário em disponibilidade não pode exigir, judicialmente, o seu aproveitamento, que fica subordinado ao critério de conveniência da administração.

40. A elevação da entrância da comarca não promove automaticamente o juiz, mas não interrompe o exercício de suas funções na mesma comarca.

41. Juízes preparadores ou substitutos não têm direito aos vencimentos da atividade fora dos períodos de exercício.

42. É legítima a equiparação de juízes do Tribunal de Contas, em direitos e garantias, aos membros do Poder Judiciário.

43. Não contraria a Constituição Federal o art. 61 da Constituição de São Paulo, que equiparou os vencimentos do Ministério Público aos da Magistratura.

44. O exercício do cargo pelo prazo determinado na Lei nº 1.341, de 30-1-1951, art. 91, dá preferência para a nomeação interina de Procurador da República.

45. A estabilidade dos substitutos do Ministério Público Militar não confere direito aos vencimentos da atividade fora dos períodos de exercício.

46. Desmembramento de serventia de justiça não viola o princípio da vitaliciedade do serventuário.

47. Reitor de universidade não é livremente demissível pelo Presidente da República durante o prazo de sua investidura.

48. É legítimo o rodízio de docentes livres na substituição do professor catedrático.

49. A cláusula de inalienabilidade inclui a incomunicabilidade dos bens.

▶ Art. 1.848 do CC.

50. A lei pode estabelecer condições para a demissão de extranumerário.

51. Militar não tem direito a mais de duas promoções na passagem para a inatividade, ainda que por motivos diversos.

52. A promoção de militar, vinculada à inatividade, pode ser feita, quando couber, a posto inexistente no quadro.

53. A promoção de professor militar, vinculada à sua reforma, pode ser feita, quando couber, a posto inexistente no quadro.

54. A reserva ativa do magistério militar não confere vantagens vinculadas à efetiva passagem para a inatividade.

55. Militar da reserva está sujeito à pena disciplinar.

56. Militar reformado não está sujeito à pena disciplinar.

57. Militar inativo não tem direito ao uso do uniforme fora dos casos previstos em lei ou regulamento.

58. É válida a exigência de média superior a quatro para aprovação em estabelecimento de ensino superior, consoante o respectivo regimento.

59. Imigrante pode trazer, sem licença prévia, automóvel que lhe pertença desde mais de seis meses antes do seu embarque para o Brasil.

60. Não pode o estrangeiro trazer automóvel quando não comprovada a transferência definitiva de sua residência para o Brasil.

61. Brasileiro domiciliado no estrangeiro, que se transfere definitivamente para o Brasil, pode trazer automóvel licenciado em seu nome há mais de seis meses.

62. Não basta a simples estada no estrangeiro por mais de seis meses, para dar direito à trazida de automóvel com fundamento em transferência de residência.

63. É indispensável, para trazida de automóvel, a prova do licenciamento há mais de seis meses no país de origem.

64. É permitido trazer do estrangeiro, como bagagem, objetos de uso pessoal e doméstico, desde que, por sua quantidade e natureza, não induzam finalidade comercial.

65. A cláusula de aluguel progressivo anterior à Lei nº 3.494, de 19-12-1958, continua em vigor em caso de prorrogação legal ou convencional da locação.

- A Lei nº 3.494, de 19-12-1958, foi revogada pela Lei nº 4.494, de 25-11-1964.

66. É legítima a cobrança do tributo que houver sido aumentado após o orçamento, mas antes do início do respectivo exercício financeiro.

67. É inconstitucional a cobrança do tributo que houver sido criado ou aumentado no mesmo exercício financeiro.

68. É legítima a cobrança, pelos municípios, no exercício de 1961, de tributo estadual, regularmente criado ou aumentado, e que lhes foi transferido pela Emenda Constitucional nº 5, de 21-11-1961.

69. A Constituição Estadual não pode estabelecer limite para o aumento de tributos municipais.

70. É inadmissível a interdição de estabelecimento como meio coercitivo para cobrança do tributo.

71. Embora pago indevidamente, não cabe restituição de tributo indireto.

- Súm. nº 546 do STF.

72. No julgamento de questão constitucional, vinculada a decisão do Tribunal Superior Eleitoral, não estão impedidos os ministros do Supremo Tribunal Federal que ali tenham funcionado no mesmo processo ou no processo originário.

73. A imunidade das autarquias, implicitamente contida no artigo 31, V, *a*, da Constituição Federal, abrange tributos estaduais e municipais.

74. O imóvel transcrito em nome de autarquia, embora objeto de promessa de venda a particulares, continua imune de impostos locais.

- RE nº 69.781, do Tribunal Pleno, julgou que "não mais vigora a Súmula 74".
- Súmulas nºs 73 e 583 do STF.

75. Sendo vendedora uma autarquia, a sua imunidade fiscal não compreende o imposto de transmissão *inter vivos*, que é encargo do comprador.

76. As sociedades de economia mista não estão protegidas pela imunidade fiscal do artigo 31, V, *a*, da Constituição Federal.

77. Está isenta de impostos federais a aquisição de bens pela Rede Ferroviária Federal.

78. Estão isentas de impostos locais as empresas de energia elétrica, no que respeita às suas atividades específicas.

79. O Banco do Brasil não tem isenção de tributos locais.

80. Para a retomada de prédio situado fora do domicílio do locador, exige-se a prova da necessidade.

- Súm. nº 483 do STF.

81. As cooperativas não gozam de isenção de impostos locais, com fundamento na Constituição e nas leis federais.

82. São inconstitucionais o Imposto de Cessão e a taxa sobre inscrição de promessa de venda de imóvel, substitutivos do Imposto de Transmissão, por incidirem sobre ato que não transfere o domínio.

83. Os ágios de importação incluem-se no valor dos artigos importados para incidência do Imposto de Consumo.

84. Não estão isentos do Imposto de Consumo os produtos importados pelas cooperativas.

85. Não estão sujeitos ao Imposto de Consumo os bens de uso pessoal e doméstico trazidos, como bagagem, do exterior.

86. Não está sujeito ao Imposto de Consumo automóvel usado, trazido do exterior pelo proprietário.

87. Somente no que não colidirem com a Lei nº 3.244, de 14-8-1957, são aplicáveis acordos tarifários anteriores.

88. É válida a majoração da tarifa alfandegária, resultante da Lei nº 3.244, de 14-8-1957, que modificou o acordo geral sobre tarifas aduaneiras e comércio (GATT), aprovado pela Lei nº 313, de 30-7-1948.

89. Estão isentas do Imposto de Importação frutas importadas da Argentina, do Chile, da Espanha e de Portugal, enquanto vigentes os respectivos acordos comerciais.

90. É legítima a lei local que faça incidir o imposto de indústrias e profissões com base no movimento econômico do contribuinte.

91. A incidência do Imposto Único não isenta comerciante de combustíveis do Imposto de Indústrias e Profissões.

92. É constitucional o art. 100, II, da Lei nº 4.563, de 20-2-1957, do município de Recife, que faz variar o Imposto de Licença em função do aumento do capital do contribuinte.

93. Não está isenta do Imposto de Renda a atividade profissional do arquiteto.

94. É competente a autoridade alfandegária para o desconto, na fonte, do Imposto de Renda correspondente às comissões dos despachantes aduaneiros.

95. Para cálculo do Imposto de Lucro Extraordinário, incluem-se, no capital, as reservas do ano-base, apuradas em balanço.

96. O Imposto de Lucro Imobiliário incide sobre a venda de imóvel da meação do cônjuge sobrevivente, ainda que aberta a sucessão antes da vigência da Lei nº 3.470, de 28-11-1958.

- Conforme Res. do SF nº 38, de 8-7-1960, está suspensa, por motivo de inconstitucionalidade declarada pelo STF, a execução da Lei nº 3.470, de 28-11-1958, no que se refere à cobrança do Imposto de Renda sobre os vencimentos dos magistrados.

97. É devida a alíquota anterior do Imposto de Lucro Imobiliário, quando a promessa de venda houver sido celebrada antes da vigência da lei que a tiver elevado.

- Conforme Res. do SF nº 38, de 8-7-1960, está suspensa, por motivo de inconstitucionalidade declarada pelo STF, a execução da Lei nº 3.470, de 28-11-1958, no que se refere à cobrança do Imposto de Renda sobre os vencimentos dos magistrados.

98. Sendo o imóvel alienado na vigência da Lei nº 3.470, de 28-11-1958, ainda que adquirido por herança, usucapião ou a título gratuito, é devido o Imposto de Lucro Imobiliário.

- Conforme Res. do SF nº 38, de 8-7-1960, está suspensa, por motivo de inconstitucionalidade declarada pelo STF, a execução da Lei nº 3.470, de 28-11-1958, no que se refere à cobrança do Imposto de Renda sobre os vencimentos dos magistrados.

99. Não é devido o Imposto de Lucro Imobiliário quando a alienação de imóvel, adquirido por herança, ou a título gratuito, tiver sido anterior à vigência da Lei nº 3.470, de 28-11-1958.

- Conforme Res. do SF nº 38, de 8-7-1960, está suspensa, por motivo de inconstitucionalidade declarada pelo STF, a execução da Lei nº 3.470, de 28-11-1958, no que se refere à cobrança do Imposto de Renda sobre os vencimentos dos magistrados.

100. Não é devido o Imposto de Lucro Imobiliário quando a alienação de imóvel, adquirido por usucapião, tiver sido anterior à vigência da Lei nº 3.470, de 28-11-1958.

- Conforme Res. do SF nº 38, de 8-7-1960, está suspensa, por motivo de inconstitucionalidade declarada pelo STF, a execução da Lei nº 3.470, de 28-11-1958, no que se refere à cobrança do Imposto de Renda sobre os vencimentos dos magistrados.

101. O mandado de segurança não substitui a ação popular.

102. É devido o Imposto Federal do Selo pela incorporação de reservas, em reavaliação de ativo, ainda que realizada antes da vigência da Lei nº 3.519, de 30-12-1958.

- Art. 15 da Lei nº 5.143, de 20-10-1966, que revoga o Imposto do Selo.

103. É devido o Imposto Federal do Selo na simples reavaliação de ativo, realizada posteriormente à vigência da Lei nº 3.519, de 30-12-1958.

- Art. 15 da Lei nº 5.143, de 20-10-1966, que revoga o Imposto do Selo.

104. Não é devido o Imposto Federal do Selo na simples reavaliação de ativo anterior à vigência da Lei nº 3.519, de 30-12-1958.

- Art. 15 da Lei nº 5.143, de 20-10-1966, que revoga o Imposto do Selo.

105. Salvo se tiver havido premeditação, o suicídio do segurado no período contratual de carência não exime o segurador do pagamento do seguro.

- Art. 798 do CC.

106. É legítima a cobrança de selo sobre registro de automóvel, na conformidade da legislação estadual.

107. É inconstitucional o imposto de selo de 3%, *ad valorem*, do Paraná, quanto aos produtos remetidos para fora do Estado.

108. É legítima a incidência do Imposto de Transmissão *Inter Vivos* sobre o valor do imóvel ao tempo da alienação, e não da promessa, na conformidade da legislação local.

109. É devida a multa prevista no art. 15, § 6º, da Lei nº 1.300, de 28-12-1950, ainda que a desocupação do imóvel tenha resultado da notificação e não haja sido proposta ação de despejo.

- A Lei nº 1.300, de 28-12-1950, foi revogada pela Lei nº 4.494, de 25-11-1964.

110. O Imposto de Transmissão *Inter Vivos* não incide sobre a construção, ou parte dela, realizada pelo adquirente, mas sobre o que tiver sido construído ao tempo da alienação do terreno.

▶ Súm. nº 470 do STF.

111. É legítima a incidência do Imposto de Transmissão *Inter Vivos* sobre a restituição, ao antigo proprietário, de imóvel que deixou de servir à finalidade da sua desapropriação.

112. O Imposto de Transmissão *Causa Mortis* é devido pela alíquota vigente ao tempo da abertura da sucessão.

▶ Súmulas nºs 113, 114, 331 e 590 do STF.

113. O Imposto de Transmissão *Causa Mortis* é calculado sobre o valor dos bens na data da avaliação.

▶ Súmulas nºs 112, 114, 115, 331 e 590 do STF.

114. O Imposto de Transmissão *Causa Mortis* não é exigível antes da homologação do cálculo.

▶ Súmulas nºs 112, 113, 331 e 590 do STF.

115. Sobre os honorários do advogado contratado pelo inventariante, com a homologação do Juiz, não incide o Imposto de Transmissão *Causa Mortis*.

116. Em desquite ou inventário, é legítima a cobrança do chamado Imposto de Reposição, quando houver desigualdade dos valores partilhados.

▶ A Lei nº 6.515, de 26-12-1997 (Lei do Divórcio).

117. A lei estadual pode fazer variar a alíquota do Imposto de Vendas e Consignações em razão da espécie do produto.

118. Estão sujeitas ao Imposto de Vendas e Consignações as transações sobre minerais, que ainda não estão compreendidos na legislação federal sobre o Imposto Único.

▶ Súmula superada com a vigência da Lei nº 4.425, de 8-10-1964. RE nº 70.138.

▶ A Lei nº 4.425, de 8-10-1964, foi revogada pelo Dec.-lei nº 1.038, de 21-10-1969.

▶ Arts. 74 e 75 do CTN.

119. É devido o Imposto de Vendas e Consignações sobre a venda de cafés ao Instituto Brasileiro do Café, embora o lote, originariamente, se destinasse à exportação.

120. Parede de tijolos de vidro translúcido pode ser levantada a menos de metro e meio do prédio vizinho, não importando servidão sobre ele.

▶ Art. 1.301 do CC.

121. É vedada a capitalização de juros, ainda que expressamente convencionada.

▶ Súmulas nºs 539 e 541 do STJ.

122. O enfiteuta pode purgar a mora enquanto não decretado o comisso por sentença.

123. Sendo a locação regida pelo Dec. nº 24.150, de 20-4-1934, o locatário não tem direito à purgação da mora, prevista na Lei nº 1.300, de 28-12-1950.

▶ O Dec. nº 24.150, de 20-4-1934, foi revogado pela Lei nº 8.245, de 18-10-1991 (Lei das Locações).

▶ A Lei nº 1.300, de 28-12-1950, foi revogada pela Lei nº 4.494, de 25-11-1964.

124. É inconstitucional o adicional do Imposto de Vendas e Consignações cobrado pelo Estado do Espírito Santo sobre cafés da cota de expurgo entregues ao Instituto Brasileiro do Café.

125. Não é devido o Imposto de Vendas e Consignações sobre a parcela do Imposto de Consumo que onera a primeira venda realizada pelo produtor.

126. É inconstitucional a chamada taxa de aguardente, do Instituto do Açúcar e do Álcool.

127. É indevida a taxa de armazenagem, posteriormente aos primeiros trinta dias, quando não exigível o Imposto de Consumo, cuja cobrança tenha motivado a retenção da mercadoria.

128. É indevida a taxa de assistência médica e hospitalar das instituições de previdência social.

129. Na conformidade da legislação local, é legítima a cobrança de taxas de calçamento.

130. A taxa de despacho aduaneiro (art. 66 da Lei nº 3.244, de 14-8-1957) continua a ser exigível após o Dec. Legislativo nº 14, de 25-8-1960, que aprovou alterações introduzidas no Acordo Geral sobre Tarifas Aduaneiras e Comércio (GATT).

▶ Súmula com pedido de revisão proposto no RE nº 69.234/SP.

131. A taxa de despacho aduaneiro (art. 66 da Lei nº 3.244, de 14-8-1957) continua a ser exigível após o Dec. Legislativo nº 14, de 25-8-1960, mesmo para as mercadorias incluídas na vigente lista III do Acordo Geral sobre Tarifas Aduaneiras e Comércio (GATT).

▶ Súmula com pedido de revisão proposto no RE nº 69.234/SP.

132. Não é devida a taxa de previdência social na importação de amianto bruto ou em fibra.

133. Não é devida a taxa de despacho aduaneiro na importação de fertilizantes e inseticidas.

134. A isenção fiscal para a importação de frutas da Argentina compreende a taxa de despacho aduaneiro e a taxa de previdência social.

135. É inconstitucional a taxa de eletrificação de Pernambuco.

136. É constitucional a taxa de estatística da Bahia.

137. A taxa de fiscalização da exportação incide sobre a bonificação cambial concedida ao exportador.

138. É inconstitucional a taxa contra fogo, do Estado de Minas Gerais, incidente sobre prêmio de seguro contra fogo.

139. É indevida a cobrança do imposto de transação a que se refere a Lei nº 899, de 1957, art. 58, IV, e, do antigo Distrito Federal.

140. Na importação de lubrificantes é devida a taxa de previdência social.

141. Não incide a taxa de previdência social sobre combustíveis.

142. Não é devida a taxa de previdência social sobre mercadorias isentas do Imposto de Importação.

143. Na forma da lei estadual, é devido o Imposto de Vendas e Consignações na exportação de café pelo Estado da Guanabara, embora proveniente de outro Estado.

144. É inconstitucional a incidência da taxa de recuperação econômica de Minas Gerais sobre contrato sujeito ao Imposto Federal do Selo.

145. Não há crime, quando a preparação do flagrante pela polícia torna impossível a sua consumação.

▶ Arts. 302 e 303 do CPP.

▶ Art. 244 do CPPM.

146. A prescrição da ação penal regula-se pela pena concretizada na sentença, quando não há recurso da acusação.

▶ Art. 110 do CP.

147. A prescrição de crime falimentar começa a correr da data em que deveria estar encerrada a falência, ou do trânsito em julgado da sentença que a encerrar ou que julgar cumprida a concordata.

▶ Súm. nº 592 do STF.

148. É legítimo o aumento de tarifas portuárias por ato do Ministro da Viação e Obras Públicas.

149. É imprescritível a ação de investigação de paternidade, mas não o é a de petição de herança.

150. Prescreve a execução no mesmo prazo de prescrição da ação.

151. Prescreve em um ano a ação do segurador sub-rogado para haver indenização por extravio ou perda de carga transportada por navio.

152. *Revogada*. Súm. nº 494 do STF.

153. Simples protesto cambiário não interrompe a prescrição.

154. Simples vistoria não interrompe a prescrição.

155. É relativa a nulidade do processo criminal por falta de intimação da expedição de precatória para inquirição de testemunha.

▶ Arts. 563 a 573 do CPP.

▶ Arts. 499 a 509 do CPPM.

156. É absoluta a nulidade do julgamento, pelo júri, por falta de quesito obrigatório.

▶ Arts. 482 a 491 e 564, III, *k*, do CPP.

157. É necessária prévia autorização do Presidente da República para desapropriação, pelos Estados, de empresa de energia elétrica.

158. Salvo estipulação contratual averbada no Registro Imobiliário, não responde o adquirente pelas benfeitorias do locatário.

159. Cobrança excessiva, mas de boa-fé, não dá lugar às sanções do art. 1.531 do Código Civil.

▶ Refere-se ao CC/1916. Art. 940 do CC/2002.

160. É nula a decisão do Tribunal que acolhe, contra o réu, nulidade não arguida no recurso da acusação, ressalvados os casos de recurso de ofício.

▶ Arts. 563 a 573 do CPP.

161. Em contrato de transporte, é inoperante a cláusula de não indenizar.

162. É absoluta a nulidade do julgamento pelo júri, quando os quesitos da defesa não precedem aos das circunstâncias agravantes.

▶ Arts. 482 a 491 e 563 a 573 do CPP.

163. Salvo contra a Fazenda Pública, sendo a obrigação ilíquida, contam-se os juros moratórios desde a citação inicial para a ação.

▶ Súmula com a primeira parte superada. RE nº 109.156/SP (*DJU* de 7-8-1987).

164. No processo de desapropriação, são devidos juros compensatórios desde a antecipada imissão de posse, ordenada pelo juiz, por motivo de urgência.

165. A venda realizada diretamente pelo mandante ao mandatário não é atingida pela nulidade do art. 1.133, II, do Código Civil.

▶ Refere-se ao CC/1916. Art. 497 do CC/2002.

166. É inadmissível o arrependimento no compromisso de compra e venda sujeito ao regime do Dec.-Lei nº 58, de 10 de dezembro de 1937.

- Lei nº 6.766, de 19-12-1979 (Lei do Parcelamento do Solo).

167. Não se aplica o regime do Dec.-Lei nº 58, de 10-12-1937, ao compromisso de compra e venda não inscrito no Registro Imobiliário, salvo se o promitente vendedor se obrigou a efetuar o registro.

168. Para os efeitos do Dec.-Lei nº 58, de 10 de dezembro de 1937, admite-se a inscrição imobiliária do compromisso de compra e venda no curso da ação.

- Lei nº 6.766, de 19-12-1979 (Lei do Parcelamento do Solo).

169. Depende de sentença a aplicação da pena de comisso.

170. É resgatável a enfiteuse instituída anteriormente à vigência do Código Civil.

- Refere-se ao CC/1916. Art. 2.038 do CC.

171. Não se admite, na locação em curso, de prazo determinado, a majoração de encargos a que se refere a Lei nº 3.844, de 15-12-1960.

- A Lei nº 3.844, de 15-12-1960, foi revogada pela Lei nº 4.494, de 25-11-1964.

172. Não se admite, na locação em curso, de prazo determinado, o reajustamento de aluguel a que se refere a Lei nº 3.085, de 29-12-1956.

- A Lei nº 3.085, de 29-12-1956, foi revogada pela Lei nº 4.494, de 25-11-1964.

173. Em caso de obstáculo judicial admite-se a purga da mora, pelo locatário, além do prazo legal.

174. Para a retomada do imóvel alugado, não é necessária a comprovação dos requisitos legais na notificação prévia.

175. Admite-se a retomada de imóvel alugado para uso de filho que vai contrair matrimônio.

176. O promitente comprador, nas condições previstas na Lei nº 1.300, de 28-12-1950, pode retomar o imóvel locado.

- A Lei nº 1.300, de 28-12-1950, foi revogada pela Lei nº 4.494, de 25-11-1964.

177. O cessionário do promitente comprador, nas mesmas condições deste, pode retomar o imóvel locado.

178. Não excederá de cinco anos a renovação judicial de contrato de locação fundada no Dec. nº 24.150, de 20-4-1934.

- O Dec. nº 24.150, de 20-4-1934, foi revogado pela Lei nº 8.245, de 18-10-1991 (Lei das Locações).

179. O aluguel arbitrado judicialmente nos termos da Lei nº 3.085, de 29-12-1956, art. 6º, vigora a partir da data do laudo pericial.

- A Lei nº 3.085, de 29-12-1956, foi revogada pela Lei nº 4.494, de 25-11-1964.

180. Na ação revisional do art. 31 do Dec. nº 24.150, de 20-4-1934, o aluguel arbitrado vigora a partir do laudo pericial.

- O Dec. nº 24.150, de 20-4-1934, foi revogado pela Lei nº 8.245, de 18-10-1991 (Lei das Locações).

181. Na retomada, para construção mais útil, de imóvel sujeito ao Dec. nº 24.150, de 20-4-1934, é sempre devida indenização para despesas de mudança do locatário.

- O Dec. nº 24.150, de 20-4-1934, foi revogado pela Lei nº 8.245, de 18-10-1991 (Lei das Locações).

182. Não impede o reajustamento do débito pecuário, nos termos da Lei nº 1.002, de 24-12-1949, a falta de cancelamento da renúncia à moratória da Lei nº 209, de 2-1-1948.

183. Não se incluem no reajustamento pecuário dívidas estranhas à atividade agropecuária.

184. Não se incluem no reajustamento pecuário dívidas contraídas posteriormente a 19-12-1946.

185. Em processo de reajustamento pecuário, não responde a União pelos honorários do advogado do credor ou do devedor.

186. Não infringe a lei a tolerância da quebra de um por cento no transporte por estrada de ferro, prevista no regulamento de transportes.

187. A responsabilidade contratual do transportador, pelo acidente com o passageiro, não é elidida por culpa de terceiro, contra o qual tem ação regressiva.

188. O segurador tem ação regressiva contra o causador do dano, pelo que efetivamente pagou, até o limite previsto no contrato de seguro.

189. Avais em branco e superpostos consideram-se simultâneos e não sucessivos.

190. O não pagamento de título vencido há mais de 30 dias, sem protesto, não impede a concordata preventiva.

191. *Cancelada.* RE nº 79.625/SP (*DJU* de 8-7-1975).

192. Não se inclui no crédito habilitado em falência a multa fiscal com efeito de pena administrativa.

- Art. 83, III, da Lei nº 11.101, de 9-2-2005 (Lei de Recuperação de Empresas e Falências).
- Súm. nº 565 do STF.

193. Para a restituição prevista no artigo 76, § 2º, da Lei das Falências, conta-se o prazo de quinze dias da entrega da coisa e não da sua remessa.

- Refere-se à antiga Lei das Falências. Art. 85, parágrafo único, da Lei nº 11.101, de 9-2-2005 (Lei de Recuperação de Empresas e Falências).
- Arts. 83, III, e 85, parágrafo único, da Lei nº 11.101, de 9-2-2005 (Lei de Recuperação de Empresas e Falências).
- Súmulas nºs 417 e 495 do STF.

194. É competente o Ministro do Trabalho para a especificação das atividades insalubres.

195. Contrato de trabalho para obra certa, ou de prazo determinado, transforma-se em contrato de prazo indeterminado, quando prorrogado por mais de quatro anos.

196. Ainda que exerça atividade rural, o empregado de empresa industrial ou comercial é classificado de acordo com a categoria do empregador.

197. O empregado com representação sindical só pode ser despedido mediante inquérito em que se apure falta grave.

198. As ausências motivadas por acidente do trabalho não são descontáveis do período aquisitivo das férias.

199. O salário das férias do empregado horista corresponde à média do período aquisitivo, não podendo ser inferior ao mínimo.

200. Não é inconstitucional a Lei nº 1.530, de 26-12-1951, que manda incluir na indenização por despedida injusta parcela correspondente a férias proporcionais.

201. O vendedor pracista, remunerado mediante comissão, não tem direito ao repouso semanal remunerado.

202. Na equiparação de salário, em caso de trabalho igual, toma-se em conta o tempo de serviço na função, e não no emprego.

203. Não está sujeita à vacância de sessenta dias a vigência de novos níveis de salário mínimo.

204. Tem direito o trabalhador substituto, ou de reserva, ao salário mínimo no dia em que fica à disposição do empregador sem ser aproveitado na função específica; se aproveitado, recebe o salário-contratual.

- Súm. nº 159 do TST.

205. Tem direito a salário integral o menor não sujeito à aprendizagem metódica.

206. É nulo o julgamento ulterior pelo júri com a participação de jurado que funcionou em julgamento anterior do mesmo processo.

- Arts. 563 a 573 do CPP.

207. As gratificações habituais, inclusive a de Natal, consideram-se tacitamente convencionadas, integrando o salário.

208. O assistente do Ministério Público não pode recorrer, extraordinariamente, de decisão concessiva de *habeas corpus*.

- Arts. 268 a 273 do CPP.
- Súm. nº 210 do STF.

209. O salário produção, como outras modalidades de salário prêmio, é devido, desde que verificada a condição a que estiver subordinado, e não pode ser suprimido unilateralmente pelo empregador, quando pago com habitualidade.

210. O assistente do Ministério Público pode recorrer, inclusive extraordinariamente, na ação penal, nos casos dos artigos 584, § 1º, e 598 do Código de Processo Penal.

- Arts. 268 a 273 do CPP.

211. Contra a decisão proferida sobre o agravo no auto do processo, por ocasião do julgamento da apelação, não se admitem embargos infringentes ou de nulidade.

212. Tem direito ao adicional de serviço perigoso o empregado de posto de revenda de combustível líquido.

213. É devido o adicional de serviço noturno, ainda que sujeito o empregado ao regime de revezamento.

214. A duração legal da hora de serviço noturno (52 minutos e 30 segundos) constitui vantagem suplementar, que não dispensa o salário adicional.

215. Conta-se a favor de empregado readmitido o tempo de serviço anterior, salvo se houver sido despedido por falta grave ou tiver recebido a indenização legal.

216. Para decretação da absolvição de instância pela paralisação do processo por mais de trinta dias, é necessário que o autor, previamente intimado, não promova o andamento da causa.

217. Tem direito de retornar ao emprego, ou ser indenizado em caso de recusa do empregador, o aposentado que recupera a capacidade de trabalho dentro de cinco anos, a contar da aposentadoria, que se torna definitiva após esse prazo.

218. É competente o Juízo da Fazenda Nacional da Capital do Estado, e não o da situação da coisa, para a desapropriação promovida por empresa de energia elétrica, se a União Federal intervém como assistente.

219. Para a indenização devida a empregado que tinha direito a ser readmitido, e não foi, levam-se em conta as vantagens advindas à sua categoria no período do afastamento.

220. A indenização devida a empregado estável, que não é readmitido ao cessar sua aposentadoria, deve ser paga em dobro.

221. A transferência de estabelecimento, ou a sua extinção parcial, por motivo que não seja de força maior, não justifica a transferência de empregado estável.

222. O princípio da identidade física do juiz não é aplicável às Juntas de Conciliação e Julgamento da Justiça do Trabalho.

▸ EC nº 24, de 9-12-1999, extinguiu a representação pelos juízes classistas na Justiça do Trabalho e substituiu as Juntas de Conciliação e Julgamento por Varas do Trabalho.

223. Concedida isenção de custas ao empregado, por elas não responde o sindicato que o representa em juízo.

224. Os juros da mora, nas reclamações trabalhistas, são contados desde a notificação inicial.

225. Não é absoluto o valor probatório das anotações da Carteira Profissional.

226. Na ação de desquite, os alimentos são devidos desde a inicial e não da data da decisão que os concede.

▸ Arts. 19 a 21 da Lei nº 6.515, de 26-12-1977 (Lei do Divórcio).

227. A concordata do empregador não impede a execução de crédito nem a reclamação de empregado na Justiça do Trabalho.

▸ Lei nº 11.101, de 9-2-2005 (Lei de Recuperação de Empresas e Falências).

228. Não é provisória a execução na pendência de recurso extraordinário, ou de agravo destinado a fazê-lo admitir.

▸ O STF, no julgamento do RE nº 84.334/SP, decidiu que essa súmula não mais prevalece.

229. A indenização acidentária não exclui a do direito comum, em caso de dolo ou culpa grave do empregador.

230. A prescrição da ação de acidente do trabalho conta-se do exame pericial que comprovar a enfermidade ou verificar a natureza da incapacidade.

231. O revel, em processo cível, pode produzir provas, desde que compareça em tempo oportuno.

232. Em caso de acidente do trabalho, são devidas diárias até doze meses, as quais não se confundem com a indenização acidentária, nem com o auxílio-enfermidade.

233. Salvo em caso de divergência qualificada (Lei nº 623, de 1949), não cabe recurso de embargos contra decisão que nega provimento a agravo ou não conhece de recurso extraordinário, ainda que por maioria de votos.

234. São devidos honorários de advogado em ação de acidente do trabalho julgada procedente.

235. É competente para a ação de acidente do trabalho a Justiça Cível Comum, inclusive em segunda instância, ainda que seja parte autarquia seguradora.

▸ O STF, no julgamento do Conflito de Competência nº 7.204, definiu a competência da justiça trabalhista, a partir da EC nº 45/2004, para julgamento das ações de indenização por danos morais e patrimoniais decorrentes de acidente do trabalho.

▸ Art. 114, VI, da CF.

▸ Súm. Vinc. nº 22 do STF.

▸ Súm. nº 501 do STF.

▸ Súm. nº 15 do STJ.

236. Em ação de acidente do trabalho, a autarquia seguradora não tem isenção de custas.

▸ Súm. nº 445 do STF.

237. O usucapião pode ser arguido em defesa.

▸ Súm. nº 445 do STF.

238. Em caso de acidente do trabalho, a multa pelo retardamento da liquidação é exigível do segurador sub-rogado, ainda que autarquia.

239. Decisão que declara indevida a cobrança do imposto em determinado exercício não faz coisa julgada em relação aos posteriores.

240. O depósito para recorrer, em ação de acidente do trabalho, é exigível do segurador sub-rogado, ainda que autarquia.

241. A contribuição previdenciária incide sobre o abono incorporado ao salário.

242. O agravo no auto do processo deve ser apreciado, no julgamento da apelação, ainda que o agravante não tenha apelado.

243. Em caso de dupla aposentadoria, os proventos a cargo do IAPFESP não são equiparáveis aos pagos pelo Tesouro Nacional, mas calculados à base da média salarial nos últimos doze meses de serviço.

244. A importação de máquinas de costura está isenta do Imposto de Consumo.

245. A imunidade parlamentar não se estende ao corréu sem essa prerrogativa.

▸ Súmulas nºs 3 e 4 do STF.

246. Comprovado não ter havido fraude, não se configura o crime de emissão de cheque sem fundos.

▸ Art. 171, § 2º, VI, do CP.

▸ Súm. nº 554 do STF.

247. O relator não admitirá os embargos da Lei nº 623, de 19-2-1949, nem deles conhecerá o Supremo Tribunal Federal, quando houver jurisprudência firme do plenário no mesmo sentido da decisão embargada.

248. É competente, originariamente, o Supremo Tribunal Federal, para o mandado de segurança contra o ato do Tribunal de Contas da União.

▸ Art. 102, I, *d*, da CF.

249. É competente o Supremo Tribunal Federal para a ação rescisória, quando, embora não tendo conhecido do recurso extraordinário, ou havendo negado provimento a agravo, tiver apreciado a questão federal controvertida.

▸ Súm. nº 515 do STF.

250. A intervenção da União desloca o processo do juízo cível comum para o fazendário.

251. Responde a Rede Ferroviária Federal S.A. perante o foro comum e não perante o juízo especial da Fazenda Nacional, a menos que a União intervenha na causa.

▸ Súmulas nºs 508, 517 e 556 do STF.

▸ Súm. nº 42 do STJ.

252. Na ação rescisória, não estão impedidos juízes que participaram do julgamento rescindendo.

253. Nos embargos da Lei nº 623, de 19-2-1949, no Supremo Tribunal Federal, a divergência somente será acolhida, se tiver sido indicada na petição de recurso extraordinário.

254. Incluem-se os juros moratórios na liquidação, embora omisso o pedido inicial ou a condenação.

255. *Cancelada.* ERE nº 74.244/PR (*DJU* de 19-12-1973).

256. É dispensável pedido expresso para condenação do réu em honorários, com fundamento nos artigos 63 ou 64 do Código de Processo Civil.

▸ Refere-se ao CPC/1939.

▸ Arts. 82, § 2º, 84 e 85 do CPC/2015.

257. São cabíveis honorários de advogado na ação regressiva do segurador contra o causador do dano.

258. É admissível reconvenção em ação declaratória.

259. Para produzir efeito em juízo não é necessária a inscrição, no Registro Público, de documentos de procedência estrangeira, autenticados por via consular.

260. O exame de livros comerciais, em ação judicial, fica limitado às transações entre os litigantes.

261. Para a ação de indenização, em caso de avaria, é dispensável que a vistoria se faça judicialmente.

262. Não cabe medida possessória liminar para liberação alfandegária de automóvel.

263. O possuidor deve ser citado pessoalmente para a ação de usucapião.

▸ Súm. nº 391 do STF.

264. Verifica-se a prescrição intercorrente pela paralisação da ação rescisória por mais de cinco anos.

265. Na apuração de haveres, não prevalece o balanço não aprovado pelo sócio falecido, excluído ou que se retirou.

266. Não cabe mandado de segurança contra lei em tese.

267. Não cabe mandado de segurança contra ato judicial passível de recurso ou correição.

▸ Art. 5º, II, da Lei nº 12.016, de 7-8-2009 (Lei do Mandado de Segurança Individual e Coletivo).

268. Não cabe mandado de segurança contra decisão judicial com trânsito em julgado.

▸ Art. 5º, III, da Lei nº 12.016, de 7-8-2009 (Lei do Mandado de Segurança Individual e Coletivo).

269. O mandado de segurança não é substitutivo de ação de cobrança.

▸ Súm. nº 271 do STF.

270. Não cabe mandado de segurança para impugnar enquadramento da Lei nº 3.780, de 12-7-1960, que envolva exame de prova ou de situação funcional complexa.

271. Concessão de mandado de segurança não produz efeitos patrimoniais em relação a período pretérito, os quais devem ser reclamados administrativamente ou pela via judicial própria.

▸ Súm. nº 269 do STF.

272. Não se admite como ordinário recurso extraordinário de decisão denegatória de mandado de segurança.

273. Nos embargos da Lei nº 623, de 19-2-1949, a divergência sobre questão prejudicial ou preliminar, suscitada após a interposição do recurso extraordinário, ou do agravo, somente será acolhida se o acórdão padrão for anterior à decisão embargada.

274. *Revogada.* Súm. nº 549 do STF.

275. Está sujeita a recurso *ex officio* sentença concessiva de reajustamento pecuário anterior à vigência da Lei nº 2.804, de 25 de junho de 1956.

276. Não cabe recurso de revista em ação executiva fiscal.

277. São cabíveis embargos, em favor da Fazenda Pública, em ação executiva fiscal, não sendo unânime a decisão.

278. São cabíveis embargos em ação executiva fiscal contra decisão reformatória da de primeira instância, ainda que unânime.

279. Para simples reexame de prova não cabe recurso extraordinário.

- Art. 102, III, *a* a *d*, da CF.
- Súm. nº 7 do STJ.

280. Por ofensa a direito local não cabe recurso extraordinário.

- Art. 102, III, *a* a *d*, da CF.

281. É inadmissível o recurso extraordinário, quando couber, na Justiça de origem, recurso ordinário da decisão impugnada.

- Art. 102, III, *a* a *d*, da CF.

282. É inadmissível o recurso extraordinário, quando não ventilada, na decisão recorrida, a questão federal suscitada.

- Art. 102, III, *a* a *d*, da CF.
- Súm. nº 356 do STF.
- Súm. nº 320 do STJ.

283. É inadmissível o recurso extraordinário, quando a decisão recorrida assenta em mais de um fundamento suficiente e o recurso não abrange todos eles.

- Art. 102, III, *a* a *d*, da CF.

284. É inadmissível o recurso extraordinário, quando a deficiência na sua fundamentação não permitir a exata compreensão da controvérsia.

- Art. 102, III, *a* a *d*, da CF.

285. Não sendo razoável a arguição de inconstitucionalidade, não se conhece do recurso extraordinário fundado na letra c do artigo 101, III, da Constituição Federal.

- Art. 102, III, *a* a *d*, da CF.

286. Não se conhece do recurso extraordinário fundado em divergência jurisprudencial, quando a orientação do plenário do Supremo Tribunal Federal já se firmou no mesmo sentido da decisão recorrida.

- Art. 102, III, *a* a *d*, da CF.
- Súm. nº 83 do STJ.

287. Nega-se provimento ao agravo, quando a deficiência na sua fundamentação, ou na do recurso extraordinário, não permitir a exata compreensão da controvérsia.

- Art. 102, III, *a* a *d*, da CF.

288. Nega-se provimento a agravo para subida de recurso extraordinário, quando faltar no traslado o despacho agravado, a decisão recorrida, a petição de recurso extraordinário ou qualquer peça essencial à compreensão da controvérsia.

- Art. 102, III, *a* a *d*, da CF.
- Súm. nº 639 do STF.

289. O provimento do agravo por uma das Turmas do Supremo Tribunal Federal, ainda que sem ressalva, não prejudica a questão do cabimento do recurso extraordinário.

- Art. 102, III, *a* a *d*, da CF.
- Súm. nº 300 do STF.

290. Nos embargos da Lei nº 623, de 19-2-1949, a prova de divergência far-se-á por certidão, ou mediante indicação do *Diário da Justiça* ou de repertório de jurisprudência autorizado, que a tenha publicado, com a transcrição do trecho que configure a divergência, mencionadas as circunstâncias que identifiquem ou assemelhem os casos confrontados.

291. No recurso extraordinário pela letra *d* do art. 101, III, da Constituição, a prova do dissídio jurisprudencial far-se-á por certidão, ou mediante indicação do *Diário da Justiça* ou de repertório de jurisprudência autorizado, com a transcrição do trecho que configure a divergência, mencionadas as circunstâncias que identifiquem ou assemelhem os casos confrontados.

- Refere-se à CF/1946.
- Art. 1.029, § 1º, do CPC/2015.

292. Interposto o recurso extraordinário por mais de um dos fundamentos indicados no artigo 101, III, da Constituição, a admissão apenas por um deles não prejudica o seu conhecimento por qualquer dos outros.

- Refere-se à CF/ 1946. Art. 102, III, da CF.

293. São inadmissíveis embargos infringentes contra decisão em matéria constitucional submetida ao plenário dos Tribunais.

- Art. 609, parágrafo único, do CPP.
- Arts. 538 a 549 do CPPM.
- Súmulas nºs 296 e 455 do STF.

294. São inadmissíveis embargos infringentes contra decisão do Supremo Tribunal Federal em mandado de segurança.

- Art. 25 da Lei nº 12.016, de 7-8-2009 (Lei do Mandado de Segurança Individual e Coletivo).
- Súm. nº 597 do STF.
- Súm. nº 169 do STJ.

295. São inadmissíveis embargos infringentes contra decisão unânime do Supremo Tribunal Federal em ação rescisória.

296. São inadmissíveis embargos infringentes sobre matéria não ventilada, pela Turma, do julgamento do recurso extraordinário.

- Súm. nº 293 do STF.
- Súmulas nºs 20, 30, 55 e 109 do TFR.

297. Oficiais e praças das milícias dos Estados, no exercício de função policial civil, não são considerados militares para efeitos penais, sendo competente a Justiça Comum para julgar os crimes cometidos por ou contra eles.

- Súmula com pedido de revisão proposto no RHC nº 56.049/SP (*DJU* de 30-6-1978) e HC nº 82.142-1/MS (*DJU* de 12-9-2003).
- Súmulas nºs 364 e 555 do STF.
- Súmulas nºs 20, 30 e 55 do TFR.

298. O legislador ordinário só pode sujeitar civis à Justiça Militar, em tempo de paz, nos crimes contra a segurança externa do País ou as instituições militares.

- Arts. 9º, III, *a* a *d*, e 136 a 148 do CPM.

299. O recurso ordinário e o extraordinário interpostos no mesmo processo de mandado de segurança, ou de *habeas corpus*, serão julgados conjuntamente pelo Tribunal Pleno.

- Arts. 9º, III, *a* a *d*, e 136 a 148 do CPM.

300. São incabíveis os embargos da Lei nº 623, de 19-2-1949, contra provimento de agravo para subida de recurso extraordinário.

- Súm. nº 289 do STF.

301. *Cancelada.* RHC nº 49.038/AM.

302. Está isenta da taxa de previdência social a importação de petróleo bruto.

303. Não é devido o Imposto Federal de Selo em contrato firmado com autarquia anteriormente à vigência da Emenda Constitucional nº 5, de 21-11-1961.

304. Decisão denegatória de mandado de segurança, não fazendo coisa julgada contra o impetrante, não impede o uso da ação própria.

305. Acordo de desquite ratificado por ambos os cônjuges não é retratável unilateralmente.

- Súmula editada antes da vigência da Lei nº 6.515, de 26-12-1977 (Lei do Divórcio).

306. As taxas de recuperação econômica e de assistência hospitalar de Minas Gerais são legítimas, quando incidem sobre matéria tributável pelo Estado.

307. É devido o adicional de serviço insalubre, calculado à base do salário mínimo da região, ainda que a remuneração contratual seja superior ao salário mínimo acrescido da taxa de insalubridade.

308. A taxa de despacho aduaneiro, sendo adicional do Imposto de Importação, não incide sobre borracha importada com isenção daquele imposto.

309. A taxa de despacho aduaneiro, sendo adicional do Imposto de Importação, não está compreendida na isenção do Imposto de Consumo para automóvel usado trazido do exterior pelo proprietário.

310. Quando a intimação tiver lugar na sexta-feira, ou a publicação com efeito de intimação for feita nesse dia, o prazo judicial terá início na segunda-feira imediata, salvo se não houver expediente, caso em que começará no primeiro dia útil que se seguir.

- Art. 798 do CPP.
- Art. 110, § 1º, do RISTF.

311. No típico acidente do trabalho, a existência de ação judicial não exclui a multa pelo retardamento da liquidação.

312. Músico integrante de orquestra da empresa, com atuação permanente e vínculo de subordinação, está sujeito à legislação geral do trabalho, e não à especial dos artistas.

313. Provada a identidade entre o trabalho diurno e o noturno, é devido o adicional, quanto a este, sem a limitação do art. 73, § 3º, da CLT, independentemente da natureza da atividade do empregador.

314. Na composição do dano por acidente do trabalho, ou de transporte, não é contrário à lei tomar para base da indenização o salário do tempo da perícia ou da sentença.

315. Indispensável o traslado das razões da revista, para julgamento, pelo Tribunal Superior do Trabalho, do agravo para sua admissão.

316. A simples adesão à greve não constitui falta grave.

317. São improcedentes os embargos declaratórios, quando não pedida a declaração do julgado anterior, em que se verificou a omissão.

318. É legítima a cobrança, em 1962, pela municipalidade de São Paulo, do Imposto de Indústrias e Profissões, consoante as Leis n°s 5.917 e 5.919, de 1961 (aumento anterior à vigência do orçamento e incidência do tributo sobre o movimento econômico do contribuinte).

319. O prazo do recurso ordinário para o Supremo Tribunal Federal, em *habeas corpus* ou mandado de segurança, é de cinco dias.

- Art. 102, II, *a* e *b*, da CF.

320. A apelação despachada pelo juiz no prazo legal não fica prejudicada pela demora da juntada, por culpa do cartório.

- Art. 1.003 do CPC/2015.
- Súmulas n°s 425 e 428 do STF.

321. *Revogada.* Representação nº 1.428-2/RO (*DJU* de 17-2-1989).

322. Não terá seguimento pedido ou recurso dirigido ao Supremo Tribunal Federal, quando manifestamente incabível, ou apresentado fora do prazo, ou quando for evidente a incompetência do Tribunal.

323. É inadmissível a apreensão de mercadorias como meio coercitivo para pagamento de tributos.

324. A imunidade do artigo 31, V, da Constituição Federal não compreende as taxas.

- Refere-se à CF/1946.
- Art. 150, VI, da CF/1988.

325. As emendas ao Regimento Interno do Supremo Tribunal Federal, sobre julgamento de questão constitucional, aplicam-se aos pedidos ajuizados e aos recursos interpostos anteriormente a sua aprovação.

326. É legítima a incidência do Imposto de Transmissão *Inter Vivos* sobre a transferência do domínio útil.

327. O direito trabalhista admite a prescrição intercorrente.

328. É legítima a incidência de Imposto de Transmissão *Inter Vivos* sobre a doação de imóvel.

329. O Imposto de Transmissão *Inter Vivos* não incide sobre a transferência de ações de sociedade imobiliária.

330. O Supremo Tribunal Federal não é competente para conhecer de mandado de segurança contra atos dos Tribunais de Justiça dos Estados.

- Súm. nº 624 do STF.
- Súm. nº 41 do STJ.

331. É legítima a incidência do Imposto de Transmissão *Causa Mortis*, no inventário por morte presumida.

332. É legítima a incidência do Imposto de Vendas e Consignações sobre a parcela do preço correspondente aos ágios cambiais.

333. Está sujeita ao Imposto de Vendas e Consignações a venda realizada por invernista não qualificado como pequeno produtor.

334. É legítima a cobrança, ao empreiteiro, do Imposto de Vendas e Consignações, sobre o valor dos materiais empregados, quando a empreitada não for apenas de lavor.

335. É válida a cláusula de eleição do foro para os processos oriundos do contrato.

336. A imunidade da autarquia financiadora, quanto ao contrato de financiamento, não se estende à compra e venda entre particulares, embora constantes os dois atos de um só instrumento.

337. A controvérsia entre o empregador e o segurador não suspende o pagamento devido ao empregado por acidente do trabalho.

338. Não cabe ação rescisória no âmbito da Justiça do Trabalho.

339. Não cabe ao Poder Judiciário, que não tem função legislativa, aumentar vencimentos de servidores públicos sob fundamento de isonomia.

- Súm. Vinc. nº 37 do STF.

340. Desde a vigência do Código Civil, os bens dominicais, como os demais bens públicos, não podem ser adquiridos por usucapião.

- Refere-se ao CC/1916. Art. 100 do CC.

341. É presumida a culpa do patrão ou comitente pelo ato culposo do empregado ou preposto.

342. Cabe agravo no auto do processo, e não agravo de petição, do despacho que não admite a reconvenção.

343. Não cabe ação rescisória por ofensa a literal disposição de lei, quando a decisão rescindenda se tiver baseado em texto legal de interpretação controvertida nos tribunais.

344. Sentença de primeira instância concessiva de *habeas corpus*, em caso de crime praticado em detrimento de bens, serviços ou interesses da União, está sujeita a recurso *ex officio*.

- Art. 574, I, do CPP.

345. Na chamada desapropriação indireta, os juros compensatórios são devidos a partir da perícia, desde que tenha atribuído valor atual ao imóvel.

- O STF, no julgamento do RE nº 74.803, decidiu que essa súmula não mais prevalece.
- Súmulas n°s 164 e 618 do STF.
- Súm. nº 114 do STJ.

346. A Administração Pública pode declarar a nulidade dos seus próprios atos.

347. O Tribunal de Contas, no exercício de suas atribuições, pode apreciar a constitucionalidade das leis e dos atos do Poder Público.

348. É constitucional a criação de taxa de construção, conservação e melhoramento de estradas.

- Súm. nº 595 do STF.

349. A prescrição atinge somente as prestações de mais de dois anos, reclamadas com fundamento em decisão normativa da Justiça do Trabalho, ou em convenção coletiva de trabalho, quando não estiver em causa a própria validade de tais atos.

350. O Imposto de Indústrias e Profissões não é exigível de empregado, por falta de autonomia na sua atividade profissional.

351. É nula a citação por edital de réu preso na mesma unidade da Federação em que o juiz exerce a sua jurisdição.

- Art. 361 do CPP.

352. Não é nulo o processo penal por falta de nomeação de curador ao réu menor que teve assistência de defensor dativo.

- Arts. 563 a 573 do CPP.
- Arts. 499 a 509 do CPPM.

353. São incabíveis os embargos da Lei nº 623, de 19-2-1949, com fundamento em divergência entre decisões da mesma Turma do Supremo Tribunal Federal.

354. Em caso de embargos infringentes parciais, é definitiva a parte da decisão embargada em que não houve divergência na votação.

355. Em caso de embargos infringentes parciais, é tardio o recurso extraordinário interposto após o julgamento dos embargos, quanto à parte da decisão embargada que não fora por eles abrangida.

356. O ponto omisso da decisão, sobre o qual não foram opostos embargos declaratórios, não pode ser objeto de recurso extraordinário, por faltar o requisito do prequestionamento.

- Art. 102, III, *a* a *d*, da CF.
- Arts. 382 e 619 do CPP.
- Art. 538 do CPPM.
- Súm. nº 282 do STF.

357. É lícita a convenção pela qual o locador renuncia, durante a vigência do contrato, a ação revisional do art. 31 do Decreto nº 24.150, de 20-4-1934.

- O Dec. nº 24.150, de 20-4-1934, foi revogado pela Lei nº 8.245, de 18-10-1991 (Lei das Locações).

358. O servidor público em disponibilidade tem direito aos vencimentos integrais do cargo.

359. Ressalvada a revisão prevista em lei, os proventos da inatividade regulam-se pela lei vigente ao tempo em que o militar, ou o servidor civil, reuniu os requisitos necessários.

- Súmula com redação alterada. ERE nº 72.509/PR.

360. Não há prazo de decadência para a representação de inconstitucionalidade prevista no artigo 8º, parágrafo único, da Constituição Federal.

- Refere-se à CF/1946.
- Art. 34, V e VII, da CF/1988.

361. No processo penal, é nulo o exame realizado por um só perito, considerando-se impedido o que tiver funcionado anteriormente na diligência da apreensão.

- Arts. 159 e 563 a 573 do CPP.
- Arts. 499 a 509 do CPPM.

362. A condição de ter o clube sede própria para a prática de jogo lícito não o obriga a ser proprietário do imóvel em que tem sede.

363. A pessoa jurídica de direito privado pode ser demandada no domicílio da agência, ou estabelecimento, em que se praticou o ato.

364. Enquanto o Estado da Guanabara não tiver Tribunal Militar de segunda instância, o Tribunal de Justiça é competente para julgar os recursos das decisões da auditoria da Polícia Militar.

- Súmulas n°s 297 e 555 do STF.

365. Pessoa jurídica não tem legitimidade para propor ação popular.

366. Não é nula a citação por edital que indica o dispositivo da lei penal, embora não transcreva a denúncia ou queixa, ou não resuma os fatos em que se baseia.

- Art. 365 do CPP.
- Art. 286 do CPPM.

367. Concede-se liberdade ao extraditando que não foi retirado do País no prazo do artigo 16 do Decreto-Lei nº 394, de 28-4-1938.

368. Não há embargos infringentes no processo de reclamação.

369. Julgados do mesmo tribunal não servem para fundamentar o recurso extraordinário por divergência jurisprudencial.

▶ Art. 102, III, *a* a *d*, da CF.

370. Julgada improcedente a ação renovatória da locação, terá o locatário, para desocupar o imóvel, o prazo de seis meses, acrescido de tantos meses quantos forem os anos da ocupação, até o limite total de dezoito meses.

▶ O STF, no julgamento do RE nº 65.137/RJ, decidiu que essa súmula não é mais aplicada, desde que revogada a Lei nº 1.300, de 28-12-1950.

▶ Lei nº 8.245, de 18-10-1991 (Lei das Locações).

371. Ferroviário, que foi admitido como servidor autárquico, não tem direito a dupla aposentadoria.

372. A Lei nº 2.752, de 10-4-1956, sobre dupla aposentadoria, aproveita, quando couber, a servidores aposentados antes de sua publicação.

373. Servidor nomeado após aprovação no curso de capacitação policial, instituído na polícia do Distrito Federal, em 1941, preenche o requisito da nomeação por concurso a que se referem as Lei nºs 705, de 16-5-1949, e 1.639, de 14-7-1952.

374. Na retomada para construção mais útil, não é necessário que a obra tenha sido ordenada pela autoridade pública.

375. Não renovada a locação regida pelo Dec. nº 24.150, de 20-4-1934, aplica-se o direito comum e não a legislação especial do inquilinato.

▶ O Dec. nº 24.150, de 20-4-1934, foi revogado pela Lei nº 8.245, de 18-10-1991 (Lei das Locações).

376. Na renovação de locação, regida pelo Decreto nº 24.150, de 20-4-1934, o prazo do novo contrato conta-se da transcrição da decisão exequenda no Registro de Títulos e Documentos; começa, porém, da terminação do contrato anterior, se esta tiver ocorrido antes do registro.

▶ O Dec. nº 24.150, de 20-4-1934, foi revogado pela Lei nº 8.245, de 18-10-1991 (Lei das Locações).

377. No regime de separação legal de bens, comunicam-se os adquiridos na constância do casamento.

378. Na indenização por desapropriação incluem-se honorários do advogado do expropriado.

379. No acordo de desquite não se admite renúncia aos alimentos, que poderão ser pleiteados ulteriormente, verificados os pressupostos legais.

▶ Lei nº 6.515, de 26-12-1977 (Lei do Divórcio).

380. Comprovada a existência de sociedade de fato entre os concubinos, é cabível a sua dissolução judicial, com a partilha do patrimônio adquirido pelo esforço comum.

381. Não se homologa sentença de divórcio obtida por procuração, em país de que os cônjuges não eram nacionais.

▶ Súmula editada antes da vigência da Lei nº 6.515, de 26-12-1977 (Lei do Divórcio).

▶ Súm. nº 420 do STF.

382. A vida em comum sob o mesmo teto, *more uxorio*, não é indispensável à caracterização do concubinato.

383. A prescrição em favor da Fazenda Pública recomeça a correr, por dois anos e meio, a partir do ato interruptivo, mas não fica reduzida aquém de cinco anos, embora o titular do direito a interrompa durante a primeira metade do prazo.

384. A demissão de extranumerário do serviço público federal, equiparado a funcionário de provimento efetivo para efeito de estabilidade, é da competência do Presidente da República.

385. Oficial das Forças Armadas só pode ser reformado, em tempo de paz, por decisão de Tribunal Militar permanente, ressalvada a situação especial dos atingidos pelo art. 177 da Constituição de 1937.

386. Pela execução de obra musical por artistas remunerados é devido direito autoral, não exigível quando a orquestra for de amadores.

387. A cambial emitida ou aceita com omissões, ou em branco, pode ser completada pelo credor de boa-fé, antes da cobrança ou do protesto.

388. *Revogada*. HC nº 53.777/MG.

389. Salvo limite legal, a fixação de honorários de advogado, em complemento da condenação, depende das circunstâncias da causa, não dando lugar a recurso extraordinário.

390. A exibição judicial de livros comerciais pode ser requerida como medida preventiva.

▶ Súm. nº 439 do STF.

391. O confinante certo deve ser citado pessoalmente para a ação de usucapião.

▶ Súm. nº 263 do STF.

392. O prazo para recorrer de acórdão concessivo de segurança conta-se da publicação oficial de suas conclusões, e não da anterior ciência à autoridade para cumprimento da decisão.

▶ Lei nº 12.016, de 7-8-2009 (Lei do Mandado de Segurança Individual e Coletivo).

393. Para requerer revisão criminal, o condenado não é obrigado a recolher-se à prisão.

▶ Art. 622 do CPP.

▶ Art. 552 do CPPM.

394. *Cancelada*, com efeito *ex nunc*. Inq. nº 687-4/SP (*DJU* de 9-11-2001).

395. Não se conhece de recurso de *habeas corpus* cujo objeto seja resolver sobre o ônus das custas, por não estar mais em causa a liberdade de locomoção.

▶ Art. 647 do CPP.

▶ Art. 466 do CPPM.

396. Para a ação penal por ofensa à honra, sendo admissível a exceção da verdade quanto ao desempenho de função pública, prevalece a competência especial por prerrogativa de função, ainda que já tenha cessado o exercício funcional do ofendido.

▶ Arts. 138, § 3º, e 139, parágrafo único, do CP.

397. O poder de polícia da Câmara dos Deputados e do Senado Federal, em caso de crime cometido nas suas dependências, compreende, consoante o regimento, a prisão em flagrante do acusado e a realização do inquérito.

▶ Art. 302 do CPP.

398. O Supremo Tribunal Federal não é competente para processar e julgar, originariamente, deputado ou senador acusado de crime.

399. Não cabe recurso extraordinário por violação de lei federal, quando a ofensa alegada for a regimento de tribunal.

▶ Art. 102, III, *a* a *d*, da CF.

400. Decisão que deu razoável interpretação à lei, ainda que não seja a melhor, não autoriza recurso extraordinário pela letra *a* do artigo 101, III, da Constituição Federal.

▶ Refere-se à CF/1946.

▶ Art. 102, III, *a* e *b*, da CF/1988.

401. Não se conhece do recurso de revista, nem dos embargos de divergência, do processo trabalhista, quando houver jurisprudência firme do Tribunal Superior do Trabalho no mesmo sentido da decisão impugnada, salvo se houver colisão com a jurisprudência do Supremo Tribunal Federal.

402. Vigia noturno tem direito a salário adicional.

403. É de decadência o prazo de trinta dias para instauração do inquérito judicial, a contar da suspensão, por falta grave, de empregado estável.

404. Não contrariam a Constituição os artigos 3º, 22 e 27 da Lei nº 3.244, de 14-8-1957, que definem as atribuições do Conselho de Política Aduaneira quanto à tarifa flexível.

▶ Refere-se à CF/1946.

405. Denegado o mandado de segurança pela sentença, ou no julgamento do agravo, dela interposto, fica sem efeito a liminar concedida, retroagindo os efeitos da decisão contrária.

406. O estudante ou professor bolsista e o servidor público em missão de estudo satisfazem a condição da mudança de residência para o efeito de trazer automóvel do exterior, atendidos os demais requisitos legais.

▶ Súm. nº 61 do STF.

407. Não tem direito ao terço de campanha o militar que não participou de operações de guerra, embora servisse na "zona de guerra".

408. Os servidores fazendários não têm direito a percentagem pela arrecadação de receita federal destinada ao Banco Nacional de Desenvolvimento Econômico.

409. Ao retomante, que tenha mais de um prédio alugado, cabe optar entre eles, salvo abuso de direito.

▶ Súm. nº 410 do STF.

410. Se o locador, utilizando prédio próprio para residência ou atividade comercial, pede o imóvel locado para uso próprio, diverso do que tem o por ele ocupado, não está obrigado a provar a necessidade, que se presume.

▶ Súm. nº 409 do STF.

411. O locatário autorizado a ceder a locação pode sublocar o imóvel.

▶ Súm. nº 409 do STF.

412. No compromisso de compra e venda com cláusula de arrependimento, a devolução do sinal por quem o deu, ou a sua restituição em dobro, por quem a recebeu, exclui indenização maior a título de perdas e danos, salvo os juros moratórios e os encargos do processo.

413. O compromisso de compra e venda de imóveis, ainda que não loteados, dá direito à execução compulsória quando reunidos os requisitos legais.

414. Não se distingue a visão direta da oblíqua, na proibição de abrir janela, ou fazer terraço, eirado, ou varanda, a menos de metro e meio do prédio de outrem.

415. Servidão de trânsito não titulada, mas tornada permanente, sobretudo pela natureza das obras realizadas, considera-se aparente, conferindo direito à proteção possessória.

416. Pela demora no pagamento do preço da desapropriação não cabe indenização complementar além dos juros.

417. Pode ser objeto de restituição, na falência, dinheiro em poder do falido, recebido em nome de outrem, ou do qual, por lei ou contrato, não tivesse ele a disponibilidade.

- Súmula editada antes da vigência da Lei nº 11.101, de 9-2-2005 (Lei de Recuperação de Empresas e Falências).
- Súmulas nºs 193 e 495 do STF.

418. O empréstimo compulsório não é tributo, e sua arrecadação não está sujeita à exigência constitucional da prévia autorização orçamentária.

- O STF, no julgamento do RE nº 111.954-3/PR (*DJU* de 24-6-1988), decidiu que essa súmula perdeu a validade em face dos arts. 18, § 3º e 21, § 2º, II, da CF/1967 (EC nº 1/1969).
- Art. 148 da CF.

419. Os Municípios têm competência para regular o horário do comércio local, desde que não infrinjam leis estaduais ou federais válidas.

420. Não se homologa sentença proferida no estrangeiro, sem prova do trânsito em julgado.

- Súm. nº 381 do STF.

421. Não impede a extradição a circunstância de ser o extraditando casado com brasileira ou ter filho brasileiro.

422. A absolvição criminal não prejudica a medida de segurança, quando couber, ainda que importe privação da liberdade.

- Art. 96 do CP.

423. Não transita em julgado a sentença por haver omitido o recurso *ex officio*, que se considera interposto *ex lege*.

424. Transita em julgado o despacho saneador de que não houve recurso, excluídas as questões deixadas, explícita ou implicitamente, para a sentença.

- O STF, no julgamento do RE nº 104.469, decidiu que essa súmula não é aplicável às hipóteses previstas no art. 267, § 3º do CPC/1973.
- Art. 485, § 3º, do CPC/2015.

425. O agravo despachado no prazo legal não fica prejudicado pela demora da juntada, por culpa do cartório; nem o agravo entregue em cartório no prazo legal, embora despachado tardiamente.

- Art. 1.003 do CPC/2015.
- Súmulas nºs 320 e 428 do STF.

426. A falta do termo específico não prejudica o agravo no auto do processo, quando oportuna a interposição por petição ou no termo da audiência.

427. *Cancelada*. RE nº 66.447/MG.

428. Não fica prejudicada a apelação entregue em cartório no prazo legal, embora despachada tardiamente.

- Art. 1.003 do CPC/2015.
- Art. 593 do CPP.
- Art. 526 do CPPM.
- Súmulas nºs 320 e 428 do STF.

429. A existência de recurso administrativo com efeito suspensivo não impede o uso do mandado de segurança contra omissão da autoridade.

- Art. 5º, I, da Lei nº 12.016, de 7-8-2009 (Lei do Mandado de Segurança Individual e Coletivo).

430. Pedido de reconsideração na via administrativa não interrompe o prazo para o mandado de segurança.

431. É nulo o julgamento de recurso criminal, na segunda instância, sem prévia intimação, ou publicação da pauta, salvo em *habeas corpus*.

432. Não cabe recurso extraordinário com fundamento no artigo 101, III, *d*, da Constituição Federal, quando a divergência alegada for entre decisões da Justiça do Trabalho.

433. É competente o Tribunal Regional do Trabalho para julgar mandado de segurança contra ato de seu presidente em execução de sentença trabalhista.

- Súm. nº 505 do STF.

434. A controvérsia entre seguradores indicados pelo empregador na ação de acidente do trabalho não suspende o pagamento devido ao acidentado.

435. O Imposto de Transmissão *Causa Mortis*, pela transferência de ações, é devido ao Estado em que tem sede a companhia.

436. É válida a Lei nº 4.093, de 24-10-1959, do Paraná, que revogou a isenção concedida às cooperativas por lei anterior.

437. Está isenta da taxa de despacho aduaneiro a importação de equipamento para a indústria automobilística, segundo plano aprovado, no prazo legal, pelo órgão competente.

438. É legítima a cobrança, em 1962, da taxa de educação e saúde, de Santa Catarina, adicional do Imposto de Vendas e Consignações.

439. Estão sujeitos à fiscalização tributária ou previdenciária quaisquer livros comerciais, limitado o exame aos pontos objetos da investigação.

440. Os benefícios da legislação federal de serviços de guerra não são exigíveis dos Estados, sem que a lei estadual assim disponha.

441. O militar, que passa à inatividade com proventos integrais, não tem direito às cotas trigésimas a que se refere o código de vencimentos e vantagens dos militares.

442. A inscrição do contrato de locação no Registro de Imóveis, para a validade da cláusula de vigência contra o adquirente do imóvel, ou perante terceiros, dispensa a transcrição no Registro de Títulos e Documentos.

443. A prescrição das prestações anteriores ao período previsto em lei não ocorre, quando não tiver sido negado, antes daquele prazo, o próprio direito reclamado, ou a situação jurídica de que ele resulta.

444. Na retomada para construção mais útil, de imóvel sujeito ao Decreto nº 24.150, de 20-4-1934, a indenização se limita às despesas de mudança.

- O Dec. nº 24.150, de 20-4-1934, foi revogado pela Lei nº 8.245, de 18-10-1991 (Lei das Locações).

445. A Lei nº 2.437, de 7-3-1955, que reduz prazo prescricional, é aplicável às prescrições em curso na data de sua vigência (1º de janeiro de 1956), salvo quanto aos processos então pendentes.

- Lei nº 2.437, de 7-3-1955, refere-se ao CC/1916.
- Súm. nº 237 do STF.

446. Contrato de exploração de jazida ou pedreira não está sujeito ao Decreto nº 24.150, de 20-4-1934.

- O Dec. nº 24.150, de 20-4-1934, foi revogado pela Lei nº 8.245, de 18-10-1991 (Lei das Locações).

447. É válida a disposição testamentária em favor de filho adulterino do testador com sua concubina.

- Refere-se ao CC/1916.

448. O prazo para o assistente recorrer, supletivamente, começa a correr imediatamente após o transcurso do prazo do Ministério Público.

- Súmula com pedido de revisão preliminar suscitado no HC nº 50.417/SP.

449. O valor da causa, na consignatória de aluguel, corresponde a uma anuidade.

450. São devidos honorários de advogado sempre que vencedor o beneficiário de justiça gratuita.

451. A competência especial por prerrogativa de função não se estende ao crime cometido após a cessação definitiva do exercício funcional.

452. Oficiais e praças do Corpo de Bombeiros do Estado da Guanabara respondem perante a Justiça Comum por crime anterior à Lei nº 427, de 11-10-1948.

- Art. 8º da LC nº 20, de 1º-7-1974, que estabelece que os Estados do Rio de Janeiro e da Guanabara passarão a constituir um único Estado, sob a denominação de Estado do Rio de Janeiro, a partir de 15 de março de 1975.

453. Não se aplicam à segunda instância o artigo 384 e parágrafo único do Código de Processo Penal, que possibilitam dar nova definição jurídica ao fato delituoso, em virtude de circunstância elementar não contida explícita ou implicitamente, na denúncia ou queixa.

- O art. 384, do CPP foi alterado pela Lei nº 11.719/2008.

454. Simples interpretação de cláusulas contratuais não dá lugar a recurso extraordinário.

455. Da decisão que se seguir ao julgamento de constitucionalidade pelo Tribunal Pleno, são inadmissíveis embargos infringentes quanto à matéria constitucional.

- Súm. nº 293 do STF.

456. O Supremo Tribunal Federal, conhecendo do recurso extraordinário, julgará a causa, aplicando o direito à espécie.

- Art. 102, III, *a* a *d*, da CF.

457. O Tribunal Superior do Trabalho, conhecendo da revista, julgará a causa, aplicando o direito à espécie.

458. O processo de execução trabalhista não exclui a remição pelo executado.

459. No cálculo da indenização por despedida injusta, incluem-se os adicionais, ou gratificações que, pela habitualidade, se tenham incorporado ao salário.

460. Para efeito do adicional de insalubridade, a perícia judicial, em reclamação trabalhista, não dispensa o enquadramento da atividade entre as insalubres, que é ato da competência do Ministro do Trabalho e Previdência Social.

461. É duplo, e não triplo, o pagamento de salário nos dias destinados a descanso.

462. No cálculo da indenização por despedida injusta inclui-se, quando devido, o repouso semanal remunerado.

463. Para efeito de indenização e estabilidade, conta-se o tempo em que o empregado esteve afastado, em serviço militar obrigatório, mesmo anteriormente à Lei nº 4.072, de 1º-6-1962.

464. No cálculo da indenização por acidente de trabalho, inclui-se, quando devido, o repouso semanal remunerado.

465. O regime de manutenção de salário, aplicável ao IAPM e ao IAPTEC, exclui a indenização tarifada na lei de acidentes do trabalho, mas não o benefício previdenciário.

466. Não é inconstitucional a inclusão de sócios e administradores de sociedades e titulares de firmas individuais como contribuintes obrigatórios da previdência social.

467. A base do cálculo das contribuições previdenciárias, anteriormente à vigência da Lei Orgânica da Previdência Social, é o salário mínimo mensal, observados os limites da Lei nº 2.755, de 1956.

468. Após a Emenda Constitucional nº 5, de 21-11-1961, em contrato firmado com a União, Estado, Município ou Autarquia, é devido o Imposto Federal de Selo pelo contratante não protegido pela imunidade, ainda que haja repercussão do ônus tributário sobre o patrimônio daquelas entidades.

469. A multa de cem por cento, para o caso de mercadoria importada irregularmente, é calculada à base do custo de câmbio da categoria correspondente.

470. O Imposto de Transmissão *Inter Vivos* não incide sobre a construção, ou parte dela, realizada, inequivocadamente, pelo promitente comprador, mas sobre o valor do que tiver sido construído antes da promessa de venda.

- Súm. nº 110 do STF.

471. As empresas aeroviárias não estão isentas do Imposto de Indústrias e Profissões.

472. A condenação do autor em honorários de advogado, com fundamento no art. 64 do CPC, depende de reconvenção.

- Refere-se ao CPC/1939. Art. 20 do CPC/1973.
- Arts. 82, § 2º, 84 e 85 do CPC/2015.

473. A administração pode anular seus próprios atos, quando eivados de vícios que os tornam ilegais, porque deles não se originam direitos; ou revogá-los, por motivo de conveniência ou oportunidade, respeitados os direitos adquiridos, e ressalvada, em todos os casos, a apreciação judicial.

474. Não há direito líquido e certo, amparado pelo mandado de segurança, quando se escuda em lei cujos efeitos foram anulados por outra, declarada constitucional pelo Supremo Tribunal Federal.

475. A Lei nº 4.686, de 21-6-1965, tem aplicação imediata aos processos em curso, inclusive em grau de recurso extraordinário.

- Dec.-lei nº 3.365/1941 (Lei das Desapropriações).

476. Desapropriadas as ações de uma sociedade, o poder desapropriante, imitido na posse, pode exercer, desde logo, todos os direitos inerentes aos respectivos títulos.

477. As concessões de terras devolutas situadas na faixa de fronteira, feitas pelos Estados, autorizam, apenas, o uso, permanecendo o domínio com a União, ainda que se mantenha inerte ou tolerante, em relação aos possuidores.

478. O provimento em cargos de juízes substitutos do trabalho deve ser feito independentemente de lista tríplice, na ordem de classificação dos candidatos.

479. As margens dos rios navegáveis são de domínio público, insuscetíveis de expropriação e, por isso mesmo, excluídas de indenização.

480. Pertencem ao domínio e administração da União, nos termos dos artigos 4º, IV, e 186, da Constituição Federal de 1967, as terras ocupadas por silvícolas.

- Art. 231 da CF/1988.

481. Se a locação compreende, além do imóvel, fundo de comércio, com instalações e pertences, como no caso de teatros, cinemas e hotéis, não se aplicam ao retomante as restrições do artigo 8º, e, parágrafo único, do Decreto nº 24.150, de 20-4-1934.

- O Dec. nº 24.150, de 20-4-1934, foi revogado pela Lei nº 8.245, de 18-10-1991 (Lei das Locações).

482. O locatário, que não for sucessor ou cessionário do que o precedeu na locação, não pode somar os prazos concedidos a este, para pedir a renovação do contrato, nos termos do Decreto nº 24.150, de 20-4-1934.

- O Dec. nº 24.150, de 20-4-1934, foi revogado pela Lei nº 8.245, de 18-10-1991 (Lei das Locações).

483. É dispensável a prova da necessidade, na retomada de prédio situado em localidade para onde o proprietário pretende transferir residência, salvo se mantiver, também, a anterior, quando dita prova será exigida.

484. Pode, legitimamente, o proprietário pedir o prédio para a residência de filho, ainda que solteiro, de acordo com o artigo 11, III, da Lei nº 4.494, de 25-11-1964.

- Lei nº 8.245, de 18-10-1991 (Lei das Locações).

485. Nas locações regidas pelo Decreto nº 24.150, de 20-4-1934, a presunção de sinceridade do retomante é relativa, podendo ser ilidida pelo locatário.

- O Dec. nº 24.150, de 20-4-1934, foi revogado pela Lei nº 8.245, de 18-10-1991 (Lei das Locações).

486. Admite-se a retomada para sociedade da qual o locador, ou seu cônjuge, seja sócio, com participação predominante no capital social.

487. Será deferida a posse a quem, evidentemente, tiver o domínio, se com base neste for ela disputada.

- Art. 1.210, § 2º, do CC.

488. A preferência a que se refere o art. 9º da Lei nº 3.912, de 3-7-1961, constitui direito pessoal. Sua violação resolve-se em perdas e danos.

- Lei nº 8.245, de 18-10-1991 (Lei das Locações).

489. A compra e venda de automóvel não prevalece contra terceiros, de boa-fé, se o contrato não foi transcrito no Registro de Títulos e Documentos.

490. A pensão correspondente à indenização oriunda de responsabilidade civil deve ser calculada com base no salário mínimo vigente ao tempo da sentença e ajustar-se-á às variações ulteriores.

491. É indenizável o acidente que cause a morte de filho menor, ainda que não exerça trabalho remunerado.

492. A empresa locadora de veículos responde, civil e solidariamente com o locatário, pelos danos por este causados a terceiros, no uso do carro locado.

493. O valor da indenização, se consistente em prestações periódicas e sucessivas, compreenderá, para que se mantenha inalterável na sua fixação, parcelas compensatórias do Imposto de Renda, incidentes sobre os juros do capital gravado ou caucionado, nos termos dos artigos 911 e 912 do Código de Processo Civil.

- Refere-se ao CPC/1939.
- Art. 533 do CPC/2015.

494. A ação para anular venda de ascendente a descendente, sem consentimento dos demais, prescreve em vinte anos, contados da data do ato, revogada a Súmula nº 152.

- Arts. 205 e 496 do CC.

495. A restituição em dinheiro da coisa vendida a crédito, entregue nos 15 (quinze) dias anteriores ao pedido de falência ou de concordata, cabe, quando, ainda que consumada ou transformada, não faça o devedor prova de haver sido alienada a terceiro.

- Súmula editada antes da vigência da Lei nº 11.101, de 9-2-2005 (Lei de Recuperação de Empresas e Falências).
- Art. 86, I, da Lei nº 11.101, de 9-2-2005 (Lei de Recuperação de Empresas e Falências).
- Súmulas nºs 193 e 417 do STF.

496. São válidos, porque salvaguardados pelas Disposições Constitucionais Transitórias da Constituição Federal de 1967, os Decretos-Leis expedidos entre 24 de janeiro e 15 de março de 1967.

497. Quando se tratar de crime continuado, a prescrição regula-se pela pena imposta na sentença, não se computando o acréscimo decorrente da continuação.

- Art. 110 do CP.

498. Compete à Justiça dos Estados, em ambas as instâncias, o processo e o julgamento dos crimes contra a economia popular.

- Lei nº 1.521, de 26-12-1951 (Lei dos Crimes contra a Economia Popular).

499. Não obsta à concessão do *sursis* condenação anterior à pena de multa.

- Art. 77, § 1º, do CP.

500. Não cabe a ação cominatória para compelir-se o réu a cumprir obrigação de dar.

501. Compete à Justiça ordinária estadual o processo e o julgamento, em ambas as instâncias, das causas de acidente do trabalho, ainda que promovidas contra a União, suas autarquias, empresas públicas ou sociedades de economia mista.

- Art. 114, I, da CF.
- Súm. nº 235 do STF.

502. Na aplicação do artigo 839, do Código de Processo Civil, com a redação da Lei nº 4.290, de 5-12-1963, a relação do valor da causa e salário mínimo vigente na capital do estado, ou do território, para o efeito de alçada, deve ser considerada na data do ajuizamento do pedido.

- Refere-se ao CPC/1939. Arts. 258 a 261 do CPC/1973.
- Arts. 291 a 293 do CPC/2015.

503. A dúvida, suscitada por particular, sobre o direito de tributar, manifestado por dois Estados, não configura litígio da competência originária do Supremo Tribunal Federal.

504. Compete à Justiça Federal, em ambas as instâncias, o processo e o julgamento das causas fundadas em contrato de seguro marítimo.

505. Salvo quando contrariarem a Constituição, não cabe recurso para o Supremo Tribunal Federal, de quaisquer decisões da Justiça do Trabalho, inclusive dos presidentes de seus tribunais.

506. *Revogada.* SS (AgRg no AgRg no AgRg) nº 1.945-7/AL.

507. A ampliação dos prazos a que se refere o artigo 32 do Código de Processo Civil aplica-se aos executivos fiscais.

▸ Refere-se ao CPC/1939.

508. Compete à Justiça Estadual, em ambas as instâncias, processar e julgar as causas que for parte o Banco do Brasil S.A.

▸ Súmulas nºs 251 e 517 do STF.

509. A Lei nº 4.632, de 18-5-1965, que alterou o artigo 64 do Código de Processo Civil, aplica-se aos processos em andamento, nas instâncias ordinárias.

▸ Refere-se ao CPC/1939.

510. Praticado o ato por autoridade, no exercício de competência delegada, contra ela cabe o mandado de segurança ou a medida judicial.

511. Compete à Justiça Federal, em ambas as instâncias, processar e julgar as causas entre autarquias federais e entidades públicas locais, inclusive mandados de segurança, ressalvada a ação fiscal, nos termos da Constituição Federal de 1967, artigo 119, § 3º.

▸ Art. 109 da CF.

512. Não cabe condenação em honorários de advogados na ação de mandado de segurança.

▸ Art. 25 da Lei nº 12.016, de 7-8-2009 (Lei do Mandado de Segurança Individual e Coletivo).

▸ Súm. nº 105 do STJ.

513. A decisão que enseja a interposição de recurso ordinário ou extraordinário, não é a do plenário que resolve o incidente de inconstitucionalidade, mas a do órgão (Câmaras, Grupos ou Turmas) que completa o julgamento do feito.

514. Admite-se ação rescisória contra sentença transitada em julgado, ainda que contra ela não se tenham esgotado todos os recursos.

515. A competência para a ação rescisória não é do Supremo Tribunal Federal, quando a questão federal, apreciada no recurso extraordinário ou no agravo de instrumento, seja diversa da que foi suscitada no pedido rescisório.

▸ Súm. nº 249 do STF.

516. O Serviço Social da Indústria – SESI – está sujeito à jurisdição da Justiça Estadual.

▸ Súm. nº 251 do STF.

517. As sociedades de economia mista só têm foro na Justiça Federal, quando a União intervém como assistente ou opoente.

▸ Súmulas nºs 251 e 508 do STF.

518. A intervenção da União, em feito já julgado pela segunda instância e pendente de embargos, não desloca o processo para o Tribunal Federal de Recursos.

▸ O TFR foi extinto pela CF/1988.

519. Aplica-se aos executivos fiscais o princípio da sucumbência a que se refere o art. 64 do Código de Processo Civil.

▸ Refere-se ao CPC/1939. Art. 20 do CPC/1973.

▸ Art. 82, § 2º, do CPC/2015.

520. Não exige a lei que, para requerer o exame a que se refere o artigo 777 do Código de Processo Penal, tenha o sentenciado cumprido mais de metade do prazo da medida de segurança imposta.

▸ Art. 176 da LEP.

521. *Superada.* Art. 70, § 4º, do CPP.

522. Salvo ocorrência de tráfico para o exterior, quando, então, a competência será da Justiça Federal, compete à Justiça dos Estados o processo e julgamento dos crimes relativos a entorpecentes.

523. No processo penal, a falta da defesa constitui nulidade absoluta, mas a sua deficiência só o anulará se houver prova de prejuízo para o réu.

▸ Arts. 5º, LV, e 133 da CF.

▸ Arts. 532 e 564, III, *c*, do CPP.

▸ Art. 71 do CPPM.

524. Arquivado o inquérito policial, por despacho do juiz, a requerimento do Promotor de Justiça, não pode a ação penal ser iniciada, sem novas provas.

▸ Arts. 67, I, e 414, parágrafo único, do CPP.

▸ Art. 25 do CPPM.

▸ Art. 7º da Lei nº 1.521, de 26-12-1951 (Lei dos Crimes contra a Economia Popular).

525. A medida de segurança não será aplicada em segunda instância, quando só o réu tenha recorrido.

526. Subsiste a competência do Supremo Tribunal Federal para conhecer e julgar a apelação, nos crimes de Lei de Segurança Nacional, se houve sentença antes da vigência do Ato Institucional nº 2.

▸ Súmula editada antes da CF/1988.

527. Após a vigência do Ato Institucional nº 6, que deu nova redação ao art. 114, III, da Constituição Federal de 1967, não cabe recurso extraordinário das decisões do juiz singular.

528. Se a decisão contiver partes autônomas, a admissão parcial, pelo Presidente do Tribunal *a quo*, de recurso extraordinário que, sobre qualquer delas se manifestar, não limitará a apreciação de todas pelo Supremo Tribunal Federal, independentemente de interposição de agravo de instrumento.

529. Subsiste a responsabilidade do empregador pela indenização decorrente de acidente do trabalho, quando o segurador, por haver entrado em liquidação, ou por outro motivo, não se encontrar em condições financeiras, de efetuar, na forma da lei, o pagamento que o seguro obrigatório visava garantir.

▸ Art. 114, I, da CF.

530. Na legislação anterior ao art. 4º da Lei nº 4.749, de 12-8-1965, a contribuição para a previdência social não estava sujeita ao limite estabelecido no art. 69 da Lei nº 3.807, de 26-8-1960, sobre o 13º salário a que se refere o art. 3º da Lei nº 4.281, de 8-11-1963.

▸ Lei nº 8.212, de 24-7-1991 (Lei Orgânica da Seguridade Social).

531. É inconstitucional o Decreto nº 51.668, de 17-1-1963, que estabeleceu salário profissional para trabalhadores de transportes marítimos, fluviais e lacustres.

532. É constitucional a Lei nº 5.043, de 21-6-1966, que concedeu remissão das dívidas fiscais oriundas da falta de oportuno pagamento de selo nos contratos particulares com a Caixa Econômica e outras entidades autárquicas.

▸ A Lei nº 5.043, de 21-6-1966, foi revogada pela Lei nº 5.143, de 20-10-1966.

533. Nas operações denominadas "crediários", com emissão de vales ou certificados para compras e nas quais, pelo financiamento, se cobram, em separado, juros, selos e outras despesas, incluir-se-á tudo no custo da mercadoria e sobre esse preço global calcular-se-á o Imposto de Vendas e Consignações.

534. O Imposto de Importação sobre o extrato alcoólico de malte, como matéria-prima para fabricação de *whisky*, incide à base de 60%, desde que desembarcado antes do Decreto-Lei nº 398, de 30-12-1968.

535. Na importação, a granel, de combustíveis líquidos é admissível a diferença de peso, para mais, até 4%, motivada pelas variações previstas no Decreto-Lei nº 1.028, de 4-1-1939, art. 1º.

536. São objetivamente imunes ao Imposto sobre Circulação de Mercadoria os produtos industrializados, em geral, destinados à exportação, além de outros, com a mesma destinação, cuja isenção a lei determinar.

537. É inconstitucional a exigência de Imposto Estadual do Selo, quando feita nos atos e instrumentos tributados ou regulados por lei federal, ressalvado o disposto no art. 15, § 5º da Constituição Federal de 1946.

538. A avaliação judicial para o efeito de cálculo das benfeitorias dedutíveis do Imposto sobre Lucro Imobiliário, independe do limite a que se refere a Lei nº 3.470, de 28-11-1958, art. 8º, parágrafo único.

539. É constitucional a lei do município que reduz o Imposto Predial Urbano sobre imóvel ocupado pela residência do proprietário, que não possua outro.

540. No preço da mercadoria sujeita ao Imposto de Vendas e Consignações, não se incluem as despesas de frete e carreto.

▸ Art. 155, II, da CF.

▸ LC nº 87, de 13-9-1996 (Lei Kandir – ICMS).

541. O Imposto sobre Vendas e Consignações não incide sobre a venda ocasional de veículos e equipamentos usados, que não se insere na atividade profissional do vendedor, e não é realizada com o fim de lucro, sem caráter, pois, de comercialidade.

▸ Art. 155, II, da CF.

▸ LC nº 87, de 13-9-1996 (Lei Kandir – ICMS).

542. Não é inconstitucional a multa instituída pelo Estado-Membro, como sanção pelo retardamento do início ou da ultimação do inventário.

543. A Lei nº 2.975, de 27-11-1965, revogou, apenas, as isenções de caráter geral, relativa ao imposto único sobre combustíveis, não as especiais, por outras leis concedidas.

544. Isenções tributárias concedidas, sob condição onerosa, não podem ser livremente suprimidas.

545. Preços de serviços públicos e taxas não se confundem, porque estas, diferentemente daqueles, são compulsórias e têm sua cobrança condicionada à prévia autorização orçamentária, em relação à lei que as instituiu.

546. Cabe a restituição do tributo pago indevidamente, quando reconhecido por decisão que o contribuinte *de jure* não recuperou do contribuinte *de facto* o *quantum* respectivo.

▸ Súm. nº 71 do STF.

547. Não é lícito à autoridade proibir que o contribuinte em débito adquira estampilhas, despache mercadorias nas alfândegas e exerça suas atividades profissionais.

548. É inconstitucional o Decreto-Lei nº 643, de 19-6-1947, artigo 4º, do Paraná, na parte que exige selo proporcional sobre atos e instrumentos regulados por lei federal.

549. A taxa de bombeiros do Estado de Pernambuco é constitucional, revogada a Súmula nº 274.

550. A isenção concedida pelo artigo 2º da Lei nº 1.815, de 1953, às empresas de navegação aérea não compreende a taxa de melhoramentos de portos, instituída pela Lei nº 3.421, de 1958.

551. É inconstitucional a taxa de urbanização da Lei nº 2.320, de 20-12-1961, instituída pelo município de Porto Alegre, porque seu fato gerador é o mesmo da transmissão imobiliária.

552. Com a regulamentação do art. 15, da Lei nº 5.316/1967, pelo Decreto nº 71.037/1972, tornou-se exequível a exigência da exaustão da via administrativa antes do início da ação de acidente do trabalho.

- Súmula superada. RE nº 91.742-0/SP (*DJU* de 21-12-1979) e RE nº 87.160-8/SP (*DJU* de 14-9-1979).

553. O Adicional ao Frete para Renovação da Marinha Mercante (AFRMM) é contribuição parafiscal, não sendo abrangido pela imunidade prevista na letra *d*, inciso III, do artigo 19 da Constituição Federal.

- Refere-se à CF/1967.

554. O pagamento de cheque emitido sem provisão de fundos, após o recebimento da denúncia, não obsta ao prosseguimento da ação penal.

- Súm. nº 246 do STF.

555. É competente o Tribunal de Justiça para julgar conflito de jurisdição entre Juiz de Direito do Estado e a Justiça Militar local.

- O STF, no julgamento dos Conflitos de Jurisdição nº 6.155-2/SP (*DJU* de 25-5-1979) e nº 6.195/SP (*DJU* de 28-9-1979), entendeu que não mais vigora o princípio contido nesta súmula.
- Arts. 102, I, *o*, 105, I, *d*, e 108, I, *e*, da CF.
- Súmulas nºs 297 e 364 do STF.
- Súm. nº 19 do TFR.

556. É competente a Justiça Comum para julgar as causas em que é parte sociedade de economia mista.

557. É competente a Justiça Federal para julgar as causas em que são partes a COBAL e a CIBRAZEM.

558. É constitucional o art. 27, do Decreto-Lei nº 898, de 29-9-1969.

559. O Decreto-Lei nº 730, de 5 agosto de 1969, revogou a exigência de homologação, pelo Ministro da Fazenda, das Resoluções do Conselho de Política Aduaneira.

560. A extinção de punibilidade, pelo pagamento do tributo devido, estende-se ao crime de contrabando ou descaminho, por força do artigo 18, § 2º, do Decreto-Lei nº 157/1967.

- Prejudicada pela Lei nº 6.910, de 27-5-1981, que restringe a aplicação do referido Decreto-Lei.

561. Em desapropriação, é devida a correção monetária até a data do efetivo pagamento da indenização, devendo proceder-se à atualização do cálculo, ainda que por mais de uma vez.

- Súm. nº 67 do STJ.

562. Na indenização de danos materiais decorrentes de ato ilícito cabe a atualização de seu valor, utilizando-se, para esse fim, dentre outros critérios, os índices de correção monetária.

563. *Cancelada*. ADPF nº 357/DF (*DOU* de 6-7-2021).

564. A ausência de fundamentação do despacho de recebimento de denúncia por crime falimentar enseja nulidade processual, salvo se já houver sentença condenatória.

565. A multa fiscal moratória constitui pena administrativa, não se incluindo no crédito habilitado em falência.

- Art. 83, III, da Lei nº 11.101, de 9-2-2005 (Lei de Recuperação de Empresas e Falências).
- Súm. nº 192 do STF.

566. Enquanto pendente, o pedido de readaptação fundado em desvio funcional não gera direitos para o servidor, relativamente ao cargo pleiteado.

567. A Constituição, ao assegurar, no parágrafo 3º, do art. 102, a contagem integral de tempo de serviço público federal, estadual ou municipal para os efeitos de aposentadoria e disponibilidade não proíbe à União, aos Estados e aos Municípios mandarem contar, mediante Lei, para efeito diverso, tempo de serviço prestado a outra pessoa de direito público interno.

- Refere-se à CF/1967.
- Art. 19, III, da CF/1988.

568. A identificação criminal não constitui constrangimento ilegal, ainda que o indiciado já tenha sido identificado civilmente.

- Súmula superada. Art. 5º, LVIII, da CF/1988 e RHC nº 66.881-0/DF.
- Lei nº 12.037, de 1º-10-2009 (Lei da Identificação Criminal).

569. É inconstitucional a discriminação de alíquotas do Imposto de Circulação de Mercadorias nas operações interestaduais, em razão de o destinatário ser, ou não, contribuinte.

570. O Imposto de Circulação de Mercadorias não incide sobre a importação de bens de capital.

571. O comprador de café ao IBC, ainda que sem expedição de nota fiscal, habilita-se, quando da comercialização do produto, ao crédito do ICM que incidiu sobre a operação anterior.

572. No cálculo do Imposto de Circulação de Mercadorias devido na saída de mercadorias para o exterior, não se incluem fretes pagos a terceiros, seguros e despesas de embarque.

573. Não constitui fato gerador do Imposto de Circulação de Mercadorias a saída física de máquinas, utensílios e implementos a título de comodato.

574. Sem lei estadual que a estabeleça, é ilegítima a cobrança do Imposto de Circulação de Mercadorias sobre o fornecimento de alimentação e bebidas em restaurante ou estabelecimento similar.

575. À mercadoria importada de país signatário do GATT, ou membro da ALALC, estende-se a isenção do Imposto sobre Circulação de Mercadorias concedida a similar nacional.

576. É lícita a cobrança do Imposto de Circulação de Mercadorias sobre produtos importados sob o regime da alíquota zero.

577. Na importação de mercadorias do exterior, o fato gerador do Imposto de Circulação de Mercadorias ocorre no momento de sua entrada no estabelecimento do importador.

578. Não podem os Estados, a título de ressarcimento de despesas, reduzir a parcela de 20% (vinte por cento) do produto da arrecadação do Imposto de Circulação de Mercadorias, atribuída aos Municípios pelo artigo 23, § 8º, da Constituição Federal.

- Refere-se à CF/1967. Art. 155, II, da CF.

579. A cal virgem e a hidratada estão sujeitas ao Imposto de Circulação de Mercadorias.

580. A isenção prevista no art. 13, parágrafo único, do Decreto-Lei nº 43/1966, restringe-se aos filmes cinematográficos.

581. A exigência de transporte em navio de bandeira brasileira, para efeito de isenção tributária, legitimou-se com o advento do Decreto-Lei nº 666, de 2-7-1969.

582. É constitucional a Res. nº 640/69, do Conselho de Política Aduaneira, que reduziu a alíquota do Imposto de Importação para a soda cáustica, destinada a zonas de difícil distribuição e abastecimento.

583. Promitente-comprador de imóvel residencial transcrito em nome de autarquia é contribuinte do Imposto Predial e Territorial Urbano.

- Súmulas nºs 73, 74, 75 e 336 do STF.

584. *Cancelada*. RE nº 592.396 (*DJe* de 28-3-2016).

585. Não incide o Imposto de Renda sobre a remessa de divisas para pagamento de serviços prestados no exterior, por empresa que não opera no Brasil.

- O STF no julgamento do RE nº 101.066-5/SP (*DJU* de 19-10-1984), entendeu inaplicável esta súmula após a vigência do Dec.-lei nº 1.418/1975.

586. Incide Imposto de Renda sobre os juros remetidos para o exterior, com base em contrato de mútuo.

587. Incide Imposto de Renda sobre o pagamento de serviços técnicos contratados no exterior e prestados no Brasil.

588. O Imposto sobre Serviços não incide sobre os depósitos, as comissões e taxas de desconto, cobrados pelos estabelecimentos bancários.

- Súm. nº 424 do STJ.

589. É inconstitucional a fixação de adicional progressivo do Imposto Predial e Territorial Urbano em função do número de imóveis do contribuinte.

590. Calcula-se o Imposto de Transmissão *Causa Mortis* sobre o saldo credor da promessa de compra e venda de imóvel, no momento da abertura da sucessão do promitente vendedor.

591. A imunidade ou a isenção tributária do comprador não se estende ao produtor, contribuinte do Imposto sobre Produtos Industrializados.

592. Nos crimes falimentares, aplicam-se as causas interruptivas da prescrição, previstas no Código Penal.

- Súm. nº 147 do STF.

593. Incide o percentual do Fundo de Garantia do Tempo de Serviço (FGTS) sobre a parcela da remuneração correspondente a horas extraordinárias de trabalho.

594. Os direitos de queixa e de representação podem ser exercidos, independentemente, pelo ofendido ou por seu representante legal.

- Arts. 34 e 39 do CPP.

595. É inconstitucional a taxa municipal de conservação de estradas de rodagem cuja base de cálculo seja idêntica à do Imposto Territorial Rural.

- Súm. nº 348 do STF.

596. As disposições do Decreto nº 22.626 de 1933 não se aplicam às taxas de juros e aos outros encargos cobrados nas operações realizadas por instituições públicas ou privadas, que integram o Sistema Financeiro Nacional.

- Dec. nº 22.626, de 7-4-1933 (Lei da Usura).
- Súmulas nºs 283, 539 e 541 do STJ.

597. Não cabem embargos infringentes de acórdão que, em mandado de segurança, decidiu, por maioria de votos, a apelação.

- Art. 25 da Lei nº 12.016, de 7-8-2009 (Lei do Mandado de Segurança Individual e Coletivo).
- Súm. nº 281 do STF.
- Súm. nº 169 do STJ.

598. Nos embargos de divergência não servem como padrão de discordância os mesmos paradigmas invocados para demonstrá-la, mas repelidos como não dissidentes no julgamento do recurso extraordinário.

599. *Cancelada.* RE (AgRg nos EDiv nos EDcl no AgRg) nº 283.240-5/RS (*DJE* de 14-3-2008), RE (AgRg nos EDiv nos EDcl no AgRg) nº 285.093-4/MG (*DJE* de 28-3-2008) e RE (AgRg nos EDiv no AgRg) nº 356.069-7/RS (*DJE* de 28-3-2008).

600. Cabe ação executiva contra o emitente e seus avalistas, ainda que não apresentado o cheque ao sacado no prazo legal, desde que não prescrita ação cambiária.

601. Os artigos 3º, II, e 55 da Lei Complementar nº 40/1981 (Lei Orgânica do Ministério Público) não revogaram a legislação anterior que atribui a iniciativa para a ação penal pública, no processo sumário, ao juiz ou à autoridade policial, mediante Portaria ou Auto de Prisão em Flagrante.

602. Nas causas criminais, o prazo de interposição de recurso extraordinário é de dez dias.

- Art. 102, III, *a* a *d*, da CF.

603. A competência para o processo e julgamento de latrocínio é do juiz singular e não do Tribunal do Júri.

- Art. 157, § 3º, *in fine*, do CP.

604. A prescrição pela pena em concreto é somente da pretensão executória da pena privativa de liberdade.

- Art. 110 do CP.

605. *Superada.* Art. 71, parágrafo único, do CP.

606. Não cabe *habeas corpus* originário para o Tribunal Pleno de decisão de Turma, ou do Plenário, proferida em *habeas corpus* ou no respectivo recurso.

- Art. 647 do CPP.
- Art. 466 do CPPM.

607. Na ação penal regida pela Lei nº 4.611/1965, a denúncia, como substitutivo da Portaria, não interrompe a prescrição.

- A Lei nº 4.611, de 2-4-1965, foi revogada pela Lei nº 9.099, de 26-9-1995 (Lei dos Juizados Especiais).

608. No crime de estupro, praticado mediante violência real, a ação penal é pública incondicionada.

- Art. 225 do CP.

609. É pública incondicionada a ação penal por crime de sonegação fiscal.

- Lei nº 4.729, de 14-7-1965 (Lei do Crime de Sonegação Fiscal).

610. Há crime de latrocínio, quando o homicídio se consuma, ainda que não realize o agente a subtração de bens da vítima.

- Art. 157, § 3º, *in fine*, do CP.

611. Transitada em julgado a sentença condenatória, compete ao Juízo das Execuções a aplicação da lei mais benigna.

- Art. 66, I, da LEP.

612. Ao trabalhador rural não se aplicam, por analogia, os benefícios previstos na Lei nº 6.367, de 19-10-1976.

613. Os dependentes de trabalhador rural não têm direito a pensão previdenciária, se o óbito ocorreu anteriormente à vigência da Lei Complementar nº 11/1971.

614. Somente o Procurador-Geral da Justiça tem legitimidade para propor ação direta interventiva por inconstitucionalidade de lei municipal.

615. O princípio constitucional da anualidade (§ 29 do artigo 153 da Constituição Federal) não se aplica à revogação de isenção do Imposto de Circulação de Mercadorias.

- Refere-se à CF/1967. Art. 150, I e III, da CF.

616. É permitida a cumulação da multa contratual com os honorários de advogado, após o advento do Código de Processo Civil vigente.

- Refere-se ao CPC/1973.

617. A base de cálculo dos honorários de advogado em desapropriação é a diferença entre a oferta e a indenização, corrigidas ambas monetariamente.

- Súmulas nºs 131 e 141 do STJ.

618. Na desapropriação, direta ou indireta, a taxa dos juros compensatórios é de 12% (doze por cento) ao ano.

619. *Revogada.* HC nº 92.566/SP (*DJE* de 5-6-2009).

620. A sentença proferida contra Autarquias não está sujeita a reexame necessário, salvo quando sucumbente em execução de dívida ativa.

- Lei nº 9.469, de 10-7-1997, dispõe sobre a intervenção da União nas causas em que figurarem como autores ou réus.

621. Não enseja embargos de terceiro à penhora a promessa de compra e venda não inscrita no Registro de Imóveis.

- Súm. nº 84 do STJ.

622. Não cabe agravo regimental contra decisão do relator que concede ou indefere liminar em mandado de segurança.

- Art. 16 da Lei nº 12.016, de 7-8-2009 (Lei do Mandado de Segurança Individual e Coletivo).

623. Não gera por si só a competência originária do Supremo Tribunal Federal para conhecer do mandado de segurança com base no art. 102, I, *n*, da Constituição, dirigir-se o pedido contra deliberação administrativa do tribunal de origem, da qual haja participado a maioria ou a totalidade de seus membros.

624. Não compete ao Supremo Tribunal Federal conhecer originariamente de mandado de segurança contra atos de outros tribunais.

- Súm. nº 330 do STF.

625. Controvérsia sobre matéria de direito não impede concessão de mandado de segurança.

626. A suspensão da liminar em mandado de segurança, salvo determinação em contrário da decisão que a deferir, vigorará até o trânsito em julgado da decisão definitiva de concessão da segurança ou, havendo recurso, até a sua manutenção pelo Supremo Tribunal Federal, desde que o objeto da liminar deferida coincida, total ou parcialmente, com o da impetração.

- Art. 15 da Lei nº 12.016, de 7-8-2009 (Lei do Mandado de Segurança Individual e Coletivo).

627. No mandado de segurança contra a nomeação de magistrado da competência do Presidente da República, este é considerado autoridade coatora, ainda que o fundamento da impetração seja nulidade ocorrida em fase anterior do procedimento.

628. Integrante de lista de candidatos a determinada vaga da composição de tribunal é parte legítima para impugnar a validade da nomeação de concorrente.

629. A impetração de mandado de segurança coletivo por entidade de classe em favor dos associados independe da autorização destes.

- Art. 21 da Lei nº 12.016, de 7-8-2009 (Lei do Mandado de Segurança Individual e Coletivo).

630. A entidade de classe tem legitimação para o mandado de segurança ainda quando a pretensão veiculada interesse apenas a uma parte da respectiva categoria.

- Art. 21 da Lei nº 12.016, de 7-8-2009 (Lei do Mandado de Segurança Individual e Coletivo).

631. Extingue-se o processo de mandado de segurança se o impetrante não promove, no prazo assinado, a citação do litisconsorte passivo necessário.

- Arts. 114, 115, parágrafo único, e 116 do CPC/2015.

632. É constitucional lei que fixa o prazo de decadência para a impetração de mandado de segurança.

- Art. 23 da Lei nº 12.016, de 7-8-2009 (Lei do Mandado de Segurança Individual e Coletivo).

633. É incabível a condenação em verba honorária nos recursos extraordinários interpostos em processo trabalhista, exceto nas hipóteses previstas na Lei nº 5.584/1970.

634. Não compete ao Supremo Tribunal Federal conceder medida cautelar para dar efeito suspensivo a recurso extraordinário que ainda não foi objeto de juízo de admissibilidade na origem.

635. Cabe ao Presidente do Tribunal de origem decidir o pedido de medida cautelar em recurso extraordinário ainda pendente do seu juízo de admissibilidade.

636. Não cabe recurso extraordinário por contrariedade ao princípio constitucional da legalidade, quando a sua verificação pressuponha rever a interpretação dada a normas infraconstitucionais pela decisão recorrida.

637. Não cabe recurso extraordinário contra acórdão de Tribunal de Justiça que defere pedido de intervenção estadual em Município.

638. A controvérsia sobre a incidência, ou não, de correção monetária em operações de crédito rural é de natureza infraconstitucional, não viabilizando recurso extraordinário.

639. Aplica-se a Súmula nº 288 quando não constarem do traslado do agravo de instrumento as cópias das peças necessárias à verificação da tempestividade do recurso extraordinário não admitido pela decisão agravada.

640. É cabível recurso extraordinário contra decisão proferida por juiz de primeiro grau nas causas de alçada, ou por turma recursal de juizado especial cível e criminal.

641. Não se conta em dobro o prazo para recorrer, quando só um dos litisconsortes haja sucumbido.

642. Não cabe ação direta de inconstitucionalidade de lei do Distrito Federal derivada da sua competência legislativa municipal.

643. O Ministério Público tem legitimidade para promover ação civil pública cujo fundamento seja a ilegalidade de reajuste de mensalidades escolares.

644. Ao titular do cargo de procurador de autarquia não se exige a apresentação de instrumento de mandato para representá-la em juízo.

► Súmula retificada. *DJU* de 9-12-2003.

645. É competente o Município para fixar o horário de funcionamento de estabelecimento comercial.

► Súm. Vinc. nº 38 do STF.

646. Ofende o princípio da livre concorrência lei municipal que impede a instalação de estabelecimentos comerciais do mesmo ramo em determinada área.

► Súm. Vinc. nº 49 do STF.

647. Compete privativamente à União legislar sobre vencimentos dos membros das polícias civil e militar do Distrito Federal.

► Súm. Vinc. nº 39 do STF.

648. A norma do § 3º do art. 192 da Constituição, revogada pela EC nº 40/2003, que limitava a taxa de juros reais a 12% ao ano, tinha sua aplicabilidade condicionada à edição de lei complementar.

► Súm. Vinc. nº 7 do STF.

649. É inconstitucional a criação, por Constituição estadual, de órgão de controle administrativo do Poder Judiciário do qual participem representantes de outros Poderes ou entidades.

650. Os incisos I e XI do art. 20 da CF não alcançam terras de aldeamentos extintos, ainda que ocupadas por indígenas em passado remoto.

► Súmula retificada. *DJU* de 29-10-2003.

651. A medida provisória não apreciada pelo Congresso Nacional podia, até a EC nº 32/2001, ser reeditada dentro do seu prazo de eficácia de trinta dias, mantidos os efeitos de lei desde a primeira edição.

► Súmula retificada. *DJU* de 1º-7-2004.

► Convertida na Súm. Vinc. nº 54 do STF.

652. Não contraria a Constituição o art. 15, § 1º, do Decreto-Lei nº 3.365/1941 (Lei da Desapropriação por utilidade pública).

► Art. 5º, XXIV, da CF.

653. No Tribunal de Contas estadual, composto por sete conselheiros, quatro devem ser escolhidos pela Assembleia Legislativa e três pelo chefe do Poder Executivo estadual, cabendo a este indicar um dentre auditores e outro dentre membros do Ministério Público, e um terceiro à sua livre escolha.

654. A garantia da irretroatividade da lei, prevista no art. 5º, XXXVI, da Constituição da República, não é invocável pela entidade estatal que a tenha editado.

655. A exceção prevista no art. 100, *caput*, da Constituição, em favor dos créditos de natureza alimentícia, não dispensa a expedição de precatório, limitando-se a isentá-los da observância da ordem cronológica dos precatórios decorrentes de condenações de outra natureza.

► Res. do CNJ nº 92, de 13-10-2009, dispõe sobre a Gestão de Precatórios no âmbito do Poder Judiciário.

656. É inconstitucional a lei que estabelece alíquotas progressivas para o Imposto de Transmissão *Inter Vivos* de Bens Imóveis – ITBI com base no valor venal do imóvel.

► Arts. 145, § 1º, e 156, II, da CF.

657. A imunidade prevista no art. 150, VI, *d*, da CF abrange os filmes e papéis fotográficos necessários à publicação de jornais e periódicos.

658. São constitucionais os arts. 7º da Lei nº 7.787/1989 e 1º da Lei nº 7.894/1989 e da Lei nº 8.147/1990, que majoraram a alíquota de FINSOCIAL, quando devida a contribuição por empresas dedicadas exclusivamente à prestação de serviços.

659. É legítima a cobrança da COFINS, do PIS e do FINSOCIAL sobre as operações relativas a energia elétrica, serviços de telecomunicações, derivados de petróleo, combustíveis e minerais do País.

► Arts. 155, § 3º, 195, *caput* e § 7º, da CF.

660. Não incide ICMS na importação de bens por pessoa física ou jurídica que não seja contribuinte do imposto.

► Súmula republicada. *DJU* de 28-3-2006.

► Art. 155, § 2º, IX, *a*, da CF.

661. Na entrada de mercadoria importada do exterior, é legítima a cobrança do ICMS por ocasião do desembaraço aduaneiro.

► Art. 155, § 2º, IX, *a*, da CF.

► Súm. Vinc. nº 48 do STF.

662. É legítima a incidência do ICMS na comercialização de exemplares de obras cinematográficas, gravados em fitas de videocassete.

► Art. 155, II, da CF.

663. Os §§ 1º e 3º do art. 9º do Decreto-Lei nº 406/1968 foram recebidos pela Constituição.

► Art. 34, § 5º, do ADCT.

664. É inconstitucional o inciso V do art. 1º da Lei nº 8.033/1990, que instituiu a incidência do Imposto nas Operações de Crédito, Câmbio e Seguros – IOF sobre saques efetuados em caderneta de poupança.

► A Res. do SF nº 28, de 29-11-2007 (*DOU* de 30-11-2007), suspendeu a execução do inciso V do art. 1º da Lei nº 8.033, de 12-4-1990.

665. É constitucional a Taxa de Fiscalização dos Mercados de Títulos e Valores Mobiliários instituída pela Lei nº 7.940/1989.

► Art. 145, II, e § 2º, da CF.

666. A contribuição confederativa de que trata o art. 8º, IV, da Constituição, só é exigível dos filiados ao sindicato respectivo.

► Súm. Vinc. nº 40 do STF.

667. Viola a garantia constitucional de acesso à jurisdição a taxa judiciária calculada sem limite sobre o valor da causa.

► Arts. 5º, XXXVI, e 145 da CF.

668. É inconstitucional a lei municipal que tenha estabelecido, antes da Emenda Constitucional nº 29/2000, alíquotas progressivas para o IPTU, salvo se destinada a assegurar o cumprimento da função social da propriedade urbana.

► Arts. 145, § 1º, 182, §§ 2º e 4º, da CF.

► Art. 7º da Lei nº 10.257, de 10-7-2001 (Estatuto da Cidade).

669. Norma legal que altera o prazo de recolhimento da obrigação tributária não se sujeita ao princípio da anterioridade.

► Art. 195, § 6º, da CF.

► Súm. Vinc. nº 50 do STF.

670. O serviço de iluminação pública não pode ser remunerado mediante taxa.

► Art. 145, II, da CF.

► Súm. Vinc. nº 41 do STF.

671. Os servidores públicos e os trabalhadores em geral têm direito, no que concerne à URP de abril/maio de 1988, apenas ao valor correspondente a 7/30 de 16,19% sobre os vencimentos e salários pertinentes aos meses de abril e maio de 1988, não cumulativamente, devidamente corrigido até o efetivo pagamento.

672. O reajuste de 28,86%, concedido aos servidores militares pelas Leis nºs 8.622/1993 e 8.627/1993, estende-se aos servidores civis do Poder Executivo, observadas as eventuais compensações decorrentes dos reajustes diferenciados concedidos pelos mesmos diplomas legais.

► Súmula retificada. *DJU* de 1º-6-2004.

► Súm. Vinc. nº 51 do STF.

673. O art. 125, § 4º, da Constituição, não impede a perda da graduação de militar mediante procedimento administrativo.

674. A anistia prevista no art. 8º do ADCT não alcança os militares expulsos com base em legislação disciplinar ordinária, ainda que em razão de atos praticados por motivação política.

675. Intervalos fixados para descanso e alimentação durante a jornada de seis horas não descaracterizam o sistema de turnos ininterruptos de revezamento para o efeito do art. 7º, XIV, da Constituição.

676. A garantia da estabilidade provisória prevista no art. 10, II, a, do ADCT, também se aplica ao suplente do cargo de direção de Comissões Internas de Prevenção de Acidentes (CIPA).

677. Até que lei venha a dispor a respeito, incumbe ao Ministério do Trabalho proceder ao registro das entidades sindicais e zelar pela observância do princípio da unicidade.

678. São inconstitucionais os incisos I e III do art. 7º da Lei nº 8.162/1991, que afastam, para efeito de anuênio e de licença-prêmio, a contagem do tempo de serviço regido pela CLT dos servidores que passaram a submeter-se ao regime jurídico único.

679. A fixação de vencimentos dos servidores públicos não pode ser objeto de convenção coletiva.

680. O direito ao auxílio-alimentação não se estende aos servidores inativos.

- Convertida na Súm. Vinc. nº 55 do STF.

681. É inconstitucional a vinculação do reajuste de vencimentos de servidores estaduais ou municipais a índices federais de correção monetária.

- Súm. Vinc. nº 42 do STF.

682. Não ofende a Constituição a correção monetária no pagamento com atraso dos vencimentos de servidores públicos.

683. O limite de idade para a inscrição em concurso público só se legitima em face do art. 7º, XXX, da Constituição, quando possa ser justificado pela natureza das atribuições do cargo a ser preenchido.

- Art. 27 da Lei nº 10.741, de 1º-10-2003 (Estatuto da Pessoa Idosa).

684. É inconstitucional o veto não motivado à participação de candidato a concurso público.

- Art. 5º, XXXVI, da CF.
- Art. 27 da Lei nº 10.741, de 1º-10-2003 (Estatuto da Pessoa Idosa).

685. É inconstitucional toda modalidade de provimento que propicie ao servidor investir-se, sem prévia aprovação em concurso público destinado ao seu provimento, em cargo que não integra a carreira na qual anteriormente investido.

- Súm. Vinc. nº 43 do STF.

686. Só por lei se pode sujeitar a exame psicotécnico a habilitação de candidato a cargo público.

- Art. 37, I, da CF.
- Súm. Vinc. nº 44 do STF.

687. A revisão de que trata o art. 58 do ADCT não se aplica aos benefícios previdenciários concedidos após a promulgação da Constituição de 1988.

688. É legítima a incidência da contribuição previdenciária sobre o 13º salário.

- Art. 195, I, da CF.

689. O segurado pode ajuizar ação contra a instituição previdenciária perante o juízo federal do seu domicílio ou nas varas federais da Capital do Estado-Membro.

690. Compete originariamente ao Supremo Tribunal Federal o julgamento de *habeas corpus* contra decisão de Turma Recursal de Juizados Especiais Criminais.

- O Tribunal Pleno, no julgamento do HC nº 86.834-7/SP (*DJU* de 9-3-2007), decidiu que não mais prevalece essa súmula.

691. Não compete ao Supremo Tribunal Federal conhecer de *habeas corpus* impetrado contra decisão do Relator que, em *habeas corpus* requerido a tribunal superior, indefere a liminar.

- Art. 102, I, *i*, da CF.
- Art. 647 do CPP.
- Art. 466 do CPPM.

692. Não se conhece de *habeas corpus* contra omissão de relator de extradição, se fundado em fato ou direito estrangeiro cuja prova não constava dos autos, nem foi ele provocado a respeito.

- Art. 647 do CPP.
- Art. 466 do CPPM.

693. Não cabe *habeas corpus* contra decisão condenatória a pena de multa, ou relativo a processo em curso por infração penal a que a pena pecuniária seja a única cominada.

- Art. 51 do CP.
- Art. 647 do CPP.
- Art. 466 do CPPM.

694. Não cabe *habeas corpus* contra a imposição da pena de exclusão de militar ou de perda de patente ou de função pública.

- Art. 92 do CP.
- Art. 647 do CPP.
- Art. 466 do CPPM.

695. Não cabe *habeas corpus* quando já extinta a pena privativa de liberdade.

- Art. 647 do CPP.
- Art. 466 do CPPM.

696. Reunidos os pressupostos legais permissivos da suspensão condicional do processo, mas se recusando o Promotor de Justiça a propô-la, o Juiz, dissentindo, remeterá a questão ao Procurador-Geral, aplicando-se por analogia o art. 28 do Código de Processo Penal.

- Art. 89 da Lei nº 9.099, de 26-9-1995 (Lei dos Juizados Especiais).

697. A proibição de liberdade provisória nos processos por crimes hediondos não veda o relaxamento da prisão processual por excesso de prazo.

- Art. 5º, XLIII, da CF.
- Súmula editada antes da Lei nº 11.464, de 28-3-2007, que alterou o art. 2º, II, da Lei nº 8.072, de 25-7-1990 (Lei Crimes Hediondos).

698. Não se estende aos demais crimes hediondos a admissibilidade de progressão no regime de execução da pena aplicada ao crime de tortura.

- Súmula editada antes da Lei nº 11.464, de 28-3-2007, que alterou o art. 2º, II, da Lei nº 8.072, de 25-7-1990 (Lei Crimes Hediondos).
- Súm. Vinc. nº 26 do STF.

699. O prazo para interposição de agravo, em processo penal, é de cinco dias, de acordo com a Lei nº 8.038/1990, não se aplicando o disposto a respeito nas alterações da Lei nº 8.950/1994 ao Código de Processo Civil.

- Refere-se ao CPC/1973.

700. É de cinco dias o prazo para interposição de agravo contra decisão do juiz da execução penal.

- Art. 586 do CPP.

701. No mandado de segurança impetrado pelo Ministério Público contra decisão proferida em processo penal, é obrigatória a citação do réu como litisconsorte passivo.

- Art. 5º, LV, da CF.

702. A competência do Tribunal de Justiça para julgar prefeitos restringe-se aos crimes de competência da Justiça comum estadual; nos demais casos, a competência originária caberá ao respectivo tribunal de segundo grau.

- Art. 29, X, da CF.

703. A extinção do mandato do prefeito não impede a instauração de processo pela prática dos crimes previstos no art. 1º do Decreto-Lei nº 201/1967.

- Art. 29, X, da CF.
- Dec.-lei nº 201, de 27-2-1967 (Lei de Responsabilidade dos Prefeitos e Vereadores).

704. Não viola as garantias do juiz natural, da ampla defesa e do devido processo legal a atração por continência ou conexão do processo do corréu ao foro por prerrogativa de função de um dos denunciados.

- Art. 5º, LIII, LIV e LV, da CF.
- Arts. 79 e 84 do CPP.

705. A renúncia do réu ao direito de apelação, manifestada sem a assistência do defensor, não impede o conhecimento da apelação por este interposta.

- Art. 577 do CPP.
- Art. 511 do CPPM.

706. É relativa a nulidade decorrente da inobservância da competência penal por prevenção.

- Arts. 75, parágrafo único, 83 e 563 a 573 do CPP.
- Arts. 499 a 509 do CPPM.

707. Constitui nulidade a falta de intimação do denunciado para oferecer contrarrazões ao recurso interposto da rejeição da denúncia, não a suprindo a nomeação de defensor dativo.

- Arts. 563 a 573 e 588 do CPP.
- Arts. 499 a 509 do CPPM.

708. É nulo o julgamento da apelação se, após a manifestação nos autos da renúncia do único defensor, o réu não foi previamente intimado para constituir outro.

- Arts. 5º, LV, e 133 da CF.
- Arts. 261 e 564, III, *c*, do CPP.
- Art. 71 do CPPM.

709. Salvo quando nula a decisão de primeiro grau, o acórdão que provê o recurso contra a rejeição da denúncia vale, desde logo, pelo recebimento dela.

710. No processo penal, contam-se os prazos da data da intimação, e não da juntada aos autos do mandado ou da carta precatória ou de ordem.

711. A lei penal mais grave aplica-se ao crime continuado ou ao crime permanente, se a sua vigência é anterior à cessação da continuidade ou permanência.

- Art. 71 do CP.
- Art. 303 do CPP.
- Art. 244, parágrafo único, do CPPM.

712. É nula a decisão que determina o desaforamento de processo da competência do júri sem audiência da defesa.

- Art. 5º, LV, da CF.
- Arts. 70, 427 e 428 do CPP.
- Art. 109 do CPPM.

713. O efeito devolutivo da apelação contra decisões do júri é adstrito aos fundamentos da sua interposição.

- Art. 599 do CPP.

714. É concorrente a legitimidade do ofendido, mediante queixa, e do Ministério Público, condicionada à representação do ofendido, para a ação penal por crime contra a honra de servidor público em razão do exercício de suas funções.

- Art. 5º, X, da CF.
- Arts. 138 a 145 do CP.

715. A pena unificada para atender ao limite de trinta anos de cumprimento, determinado pelo art. 75 do Código Penal, não é considerada para a concessão de outros benefícios, como o livramento condicional ou regime mais favorável de execução.

- Art. 111 da LEP.

716. Admite-se a progressão de regime de cumprimento da pena ou a aplicação imediata de regime menos severo nela determinada, antes do trânsito em julgado da sentença condenatória.

▶ Art. 112 da LEP.

▶ Súm. nº 471 do STJ.

717. Não impede a progressão de regime de execução da pena, fixada em sentença não transitada em julgado, o fato de o réu se encontrar em prisão especial.

▶ Art. 295 do CPP.

718. A opinião do julgador sobre a gravidade em abstrato do crime não constitui motivação idônea para a imposição de regime mais severo do que o permitido segundo a pena aplicada.

▶ Arts. 33, § 2º, e 59, III, do CP.

▶ Súm. nº 440 do STJ.

719. A imposição do regime de cumprimento mais severo do que a pena aplicada permitir exige motivação idônea.

▶ Art. 93, IX, da CF.

▶ Arts. 33, § 2º, e 59, III, do CP.

▶ Súm. nº 440 do STJ.

720. O art. 309 do Código de Trânsito Brasileiro, que reclama decorra do fato perigo de dano, derrogou o art. 32 da Lei das Contravenções Penais no tocante à direção sem habilitação em vias terrestres.

721. A competência constitucional do Tribunal do Júri prevalece sobre o foro por prerrogativa de função estabelecido exclusivamente pela Constituição estadual.

▶ Arts. 5º, XXXVIII, *d*, e 125, § 1º, da CF.

▶ Súm. Vinc. nº 45 do STF.

722. São da competência legislativa da União a definição dos crimes de responsabilidade e o estabelecimento das respectivas normas de processo e julgamento.

▶ Arts. 22, I, e 85, parágrafo único, da CF.

▶ Súm. Vinc. nº 46 do STF.

723. Não se admite a suspensão condicional do processo por crime continuado, se a soma da pena mínima da infração mais grave com o aumento mínimo de um sexto for superior a um ano.

▶ Art. 71 do CP.

▶ Art. 89 da Lei nº 9.099, de 26-9-1995 (Lei dos Juizados Especiais).

724. Ainda quando alugado a terceiros, permanece imune ao IPTU o imóvel pertencente a qualquer das entidades referidas pelo art. 150, VI, *c*, da Constituição, desde que o valor dos aluguéis seja aplicado nas atividades essenciais de tais entidades.

▶ Súm. Vinc. nº 52 do STF.

725. É constitucional o § 2º do art. 6º da Lei nº 8.024/1990, resultante da conversão da Medida Provisória nº 168/1990, que fixou o BTN fiscal como índice de correção monetária aplicável aos depósitos bloqueados pelo Plano Collor I.

726. Para efeito de aposentadoria especial de professores, não se computa o tempo de serviço prestado fora da sala de aula.

▶ Art. 40, § 5º, da CF.

727. Não pode o magistrado deixar de encaminhar ao Supremo Tribunal Federal o agravo de instrumento interposto da decisão que não admite recurso extraordinário, ainda que referente a causa instaurada no âmbito dos Juizados Especiais.

▶ Art. 102, III, *a* a *d*, da CF.

728. É de três dias o prazo para a interposição de recurso extraordinário contra decisão do Tribunal Superior Eleitoral, contado, quando for o caso, a partir da publicação do acórdão, na própria sessão de julgamento, nos termos do art. 12 da Lei nº 6.055/1974, que não foi revogado pela Lei nº 8.950/1994.

▶ Art. 1.003, § 5º, do CPC/2015.

729. A decisão na ADECON nº 4 não se aplica à antecipação de tutela em causa de natureza previdenciária.

730. A imunidade tributária conferida a instituições de assistência social sem fins lucrativos pelo art. 150, VI, *c*, da Constituição, somente alcança as entidades fechadas de previdência social privada se não houver contribuição dos beneficiários.

731. Para fim da competência originária do Supremo Tribunal Federal, é de interesse geral da magistratura a questão de saber se, em face da LOMAN, os juízes têm direito à licença-prêmio.

▶ Art. 102, I, *n*, da CF.

732. É constitucional a cobrança da contribuição do salário-educação, seja sob a Carta de 1969, seja sob a Constituição Federal de 1988, e no regime da Lei nº 9.424/1996.

733. Não cabe recurso extraordinário contra decisão proferida no processamento de precatórios.

▶ Art. 100, § 2º, da CF.

734. Não cabe reclamação quando já houver transitado em julgado o ato judicial que se alega tenha desrespeitado decisão do Supremo Tribunal Federal.

▶ Art. 156 do RISTF.

735. Não cabe recurso extraordinário contra acórdão que defere medida liminar.

▶ Arts. 5º, XXXVIII, *d*, e 102, III, *a*, da CF.

736. Compete à Justiça do Trabalho julgar as ações que tenham como causa de pedir o descumprimento de normas trabalhistas relativas à segurança, higiene e saúde dos trabalhadores.

▶ Art. 114 da CF.

▶ Art. 643 da CLT.

SÚMULAS DO TRIBUNAL FEDERAL DE RECURSOS

► As Súmulas abaixo foram publicadas antes da CF/1988, que extinguiu o TFR. Foram mantidas nesta edição por sua importância histórica.

1. Ao servidor que se integrar, pelas chamadas clientelas originária ou secundária, no Plano de Classificação de Cargos, é vedado concorrer, pela denominação clientela geral, à inclusão em outra Categoria Funcional.

2. Nos termos do art. 3º do Decreto-Lei nº 730/1969, pode a Comissão Executiva do Conselho de Política Aduaneira estabelecer preço de referência e baixar a respectiva resolução.

3. Não se aplica à admissão de pessoal pelo Banco Central do Brasil a norma do art. 1º da Lei nº 6.334, de 1976, que fixa em 50 (cinquenta) anos o limite de idade para inscrição em concursos.

4. É compatível com o art. 19 do Código Tributário Nacional a disposição do art. 23 do Decreto-Lei nº 37, de 18 de novembro de 1966.

5. A multa prevista no art. 60, I, da Lei nº 3.244, de 1957, na redação do art. 169 do Decreto-Lei nº 37, de 1966, não se aplica ao caso de embarque da mercadoria no Exterior após o vencimento do prazo de validade da respectiva guia de importação.

6. A multa prevista no art. 60, I, da Lei nº 3.244, de 1957, na redação do art. 169 do Decreto-Lei nº 37, de 1966, não se aplica ao caso de embarque da mercadoria no Exterior antes de emitida a guia de importação, mas chegada ao território nacional depois da expedição do referido documento.

7. O art. 51 do Código da Propriedade Industrial (Lei nº 5.772, de 21-12-1971) também se aplica aos pedidos de privilégio.

► A Lei nº 5.772, de 21-12-1971, foi revogada pela Lei nº 9.279, de 14-5-1996 (Lei da Propriedade Industrial).

8. Não constitui obstáculo à concessão da dupla aposentadoria de que trata a Lei nº 2.752, de 1958, art. 1º e parágrafo único, em favor do ferroviário da Estrada de Ferro Central do Brasil, o fato de deter a condição de extranumerário da União Federal à data da autarquização da referida Estrada, e nessa situação ter sido posto à sua disposição, nela obtendo modificações e melhorias funcionais.

9. O aumento de 30% do Decreto-Lei nº 1.348, de 1974, no que respeita aos funcionários aposentados anteriormente à implantação do Plano de Classificação de Cargos, incide sobre a totalidade dos respectivos proventos.

10. Considera-se como termo inicial dos prazos do art. 24 da Lei nº 5.772, de 21 de dezembro de 1971 (Código da Propriedade Industrial), para os depósitos anteriores a essa Lei, a data de sua vigência.

► A Lei nº 5.772, de 21-12-1971, foi revogada pela Lei nº 9.279, de 14-5-1996 (Lei de Propriedade Industrial).

11. Nas readaptações de que tratam as Leis nºs 3.780, de 1960, e 4.242, de 1963, não é exigível a prova de suficiência do art. 5º do Decreto-Lei nº 625, de 1969.

12. A regra do § 1º do art. 15 da Lei nº 4.862, de 1965, somente se refere a decisões proferidas na instância administrativa.

13. A Justiça Federal é competente para o processo e julgamento da ação de usucapião, desde que o bem usucapiendo confronte com imóvel da União, autarquias ou empresas públicas federais.

14. O processo e julgamento de ação possessória relativa a terreno do domínio da União, autarquias e empresas públicas federais, somente são da competência da Justiça Federal, quando dela participar qualquer dessas entidades, como autora, ré, assistente ou opoente.

15. Compete à Justiça Federal julgar mandado de segurança contra ato que diga respeito ao ensino superior, praticado por dirigente de estabelecimento particular.

16. Compete à Justiça Estadual julgar mandado de segurança contra ato referente ao ensino de 1º e 2º graus e exames supletivos (Lei nº 5.692, de 1971), salvo se praticado por autoridade federal.

17. A competência para homologar opção de servidor da União, autarquias e empresas públicas federais, pelo FGTS, é do Juiz Federal.

18. O processo e julgamento das reclamações trabalhistas de que trata o art. 110 da Constituição competem ao Juiz Federal da Seção Judiciária onde o empregado prestar serviços (CLT, art. 651), embora o empregador tenha sede e foro noutra unidade da federação.

19. Compete ao Tribunal Federal de Recursos julgar conflito de jurisdição entre auditor militar e juiz de direito dos Estados em que haja Tribunal Militar Estadual (Constituição Federal, art. 192).

20. Compete à Justiça Militar Estadual processar e julgar os integrantes das polícias militares estaduais nos crimes militares (Código Penal Militar, art. 9º).

21. Após a Emenda Constitucional nº 7, de 1977, a competência para o processo e julgamento das ações de indenização, por danos ocorridos em mercadorias, no transporte aéreo, é da Justiça comum estadual, ainda quando se discuta a aplicação da Convenção de Varsóvia relativamente ao limite da responsabilidade do transportador.

22. Compete à Justiça Federal processar e julgar contravenções penais praticadas em detrimento de bens, serviços ou interesses da União, autarquias e empresas públicas federais.

23. O juízo da execução criminal é o competente para a aplicação de lei nova mais benigna a fato julgado por sentença condenatória irrecorrível.

24. A avaliação da indenização devida ao proprietário do solo, em razão de alvará de pesquisa mineral, é processada no juízo estadual da situação do imóvel.

25. É aplicável a correção monetária, em razão da mora no pagamento de indenização decorrente de seguro obrigatório.

27. É legítima a exigência do Adicional ao Frete para a Renovação da Marinha Mercante (AFRMM), em importação sob regime de *drawback*, realizada antes da vigência do Decreto-Lei nº 1.626, de 1º de junho de 1978.

28. O preço de referência (Decreto-Lei nº 1.111, de 1970, art. 2º) aplica-se também às importações, provenientes de países-membros da ALALC.

29. Os certificados de quitação e de regularidade não podem ser negados, enquanto pendente de decisão, na via administrativa, o débito levantado.

30. Conexos os crimes praticados por policial militar e por civil, ou acusados estes como coautores pela mesma infração, compete à Justiça Militar Estadual processar e julgar o policial militar pelo crime militar (Código Penal Militar, art. 9º) e à Justiça comum, o civil.

31. Compete à Justiça Estadual o processo e julgamento de crime de falsificação ou de uso de certificado de conclusão de curso de 1º e 2º graus, desde que não se refira a estabelecimento federal de ensino ou a falsidade não seja de assinatura de funcionário federal.

32. Na execução por carta (CPC, art. 747 c/c o art. 658), os embargos do devedor serão decididos no juízo deprecante, salvo se versarem unicamente vícios ou defeitos da penhora, avaliação ou alienação dos bens.

► Refere-se ao CPC/1973.
► Arts. 914, § 2º, c/c 845, § 2º, do CPC/2015.

33. O juízo deprecado, na execução por carta, é o competente para julgar os embargos de terceiro, salvo se o bem apreendido foi indicado pelo juízo deprecante.

34. O duplo grau de jurisdição (Código de Processo Civil, art. 475, II) é aplicável quando se trata de sentença proferida contra a União, o Estado e o Município, só incidindo, em relação às autarquias, quando estas forem sucumbentes na execução da dívida ativa (Código de Processo Civil, art. 475, III).

► Refere-se ao CPC/1973.
► Art. 496 do CPC/2015.
► Lei nº 9.469, de 10-7-1997, dispõe sobre a intervenção da União nas causas em que figurarem como autores ou réus.

35. Aos militares citados no art. 2º da Lei nº 3.067, de 1956 (Polícia Militar e Corpo de Bombeiros), aplicam-se os critérios de promoção previstos no art. 33, § 2º, da Lei nº 2.370, de 1954.

36. A promoção prevista no art. 33 da Lei nº 2.370, de 1954, não se acumula com a do art. 1º da Lei nº 3.067, de 1956.

38. Os Certificados de Quitação e de Regularidade de Situação não podem ser negados, se o débito estiver garantido por penhora regular (CTN, art. 206).

39. Não está sujeita ao Imposto de Renda a indenização recebida por pessoa jurídica, em decorrência de desapropriação amigável ou judicial.

40. A execução fiscal da Fazenda Pública federal será proposta perante o juiz de direito da comarca do domicílio do devedor, desde que não seja ela sede de vara da Justiça Federal.

41. O direito do servidor inativo à revisão de proventos prevista no art. 10 e seus parágrafos do Decreto-Lei nº 1.256, de 1973, só se integrou com a publicação do decreto de implantação do plano de classificação de cargos instituído pela Lei nº 5.645, de 1970, no órgão respectivo, e desde que tenha sido efetivada essa condicionante antes da revogação daqueles dispositivos pelo Decreto-Lei nº 1.325, de 1974.

42. Salvo convenção das partes, o processo expropriatório não se suspende por motivo de dúvida fundada em domínio.

43. O direito de crédito a que se refere o art. 36 do RIPI, Decreto nº 70.162, de 18 de fevereiro de 1972, restringe-se às máquinas, aparelhos e equipamentos produzidos no País, não se estendendo a mercadorias importadas, de idêntica natureza, provenientes de país signatário do Acordo Geral de Tarifas e Comércio (GATT).

44. Ajuizada a execução fiscal anteriormente à falência, com penhora realizada antes desta, não ficam os bens penhorados sujeitos à arrecadação no juízo falimentar; proposta a execução fiscal contra a massa falida, a penhora far-se-á no rosto dos autos do processo da quebra, citando-se o síndico.

45. As multas fiscais, sejam moratórias ou punitivas, estão sujeitas à correção monetária.

46. Nos casos de devolução do depósito efetuado em garantia de instância e de repetição do indébito tributário, a correção monetária é calculada desde a data do depósito ou do pagamento indevido e incide até o efetivo recebimento da importância reclamada.

▸ Súm. nº 162 do STJ.

47. Cancelado o débito fiscal, a correção monetária, relativa à restituição da importância depositada em garantia de instância, incide a partir da data da efetivação do depósito.

48. Não cabem embargos infringentes a acórdão proferido em agravo de petição, em execução fiscal, após a vigência do Código de Processo Civil de 1973.

49. Compete à Justiça Estadual processar e julgar as causas em que são partes instituições financeiras em regime de liquidação extrajudicial, salvo se a União Federal, suas entidades autárquicas e empresas públicas forem interessadas na condição de autoras, rés, assistentes ou opoentes.

50. Tem direito, em tese, à aposentadoria pelo Tesouro Nacional o ferroviário da antiga "The Great Western of Brazil Railway Company Limited" que tenha nela ingressado antes da encampação, passando para Rede Ferroviária Federal na condição de servidor cedido.

51. Compete à Justiça Estadual decidir pedido de brasileira naturalizada para adicionar patronímico de companheiro brasileiro nato.

52. Compete à Justiça Federal o processo e julgamento unificado dos crimes conexos de competência federal e estadual, não se aplicando a regra do art. 78, II, *a*, do Código de Processo Penal.

53. Compete à Justiça Estadual processar e julgar questões pertinentes ao direito de família, ainda que estas objetivem reivindicação de benefícios previdenciários.

54. Compete à Justiça Estadual de primeira instância processar e julgar crimes de tráfico internacional de entorpecentes, quando praticado o delito em comarca que não seja sede de vara do juízo federal.

55. Compete à Justiça comum o julgamento de militar das Forças Armadas que, não se encontrando numa das situações previstas no art. 9º do Código Penal Militar, praticar delito contra integrante da Polícia Militar em função policial civil.

56. Faz jus à aposentadoria estatutária o ferroviário servidor da administração direta que haja optado pelo regime da CLT após implementar 35 (trinta e cinco) anos de serviço efetivo.

57. É cabível a reversão da pensão previdenciária e daquela decorrente de ato ilícito aos demais beneficiários, em caso de morte do respectivo titular ou a sua perda por força de impedimento.

58. Não é absoluta a competência definida no art. 96, do Código de Processo Civil, relativamente à abertura de inventário, ainda que existente interesse de menor, podendo a ação ser ajuizada em foro diverso do domicílio do inventariado.

▸ Refere-se ao CPC/1973.

▸ Art. 48 do CPC/2015.

59. A autoridade fiscal de primeiro grau que expede a notificação para pagamento do tributo está legitimada passivamente para a ação de segurança, ainda que sobre a controvérsia haja decisão, em grau de recurso, de Conselho de Contribuintes.

60. Compete à Justiça Federal decidir da admissibilidade de mandado de segurança impetrado contra atos de dirigentes de pessoas jurídicas privadas, ao argumento de estarem agindo por delegação do poder público federal.

61. Para configurar a competência da Justiça Federal, é necessário que a União, entidade autárquica ou empresa pública federal, ao intervir como assistente, demonstre legítimo interesse jurídico no deslinde da demanda, não bastando a simples alegação de interesse na causa.

62. Compete à Justiça Federal processar e julgar ação de desapropriação promovida por concessionária de energia elétrica, se a União intervém como assistente.

▸ Súm. nº 218 do STF.

63. A pensão de que trata o art. 242 da Lei nº 1.711, de 1952, não se confunde com a que decorre de filiação do falecido funcionário ao regime da previdência social (LOPS). É cabível sua cumulação, preenchidos os requisitos legais exigidos.

64. A mulher que dispensou, no acordo de desquite, a prestação de alimentos, conserva, não obstante, o direito à pensão decorrente do óbito do marido, desde que comprovada a necessidade do benefício.

▸ Súm. nº 379 do STF.

65. Nas operações realizadas com a empresa Investors Overseas Services, é indevida a aplicação da multa aos investidores, cabendo a estes apenas o pagamento do Imposto do Selo.

66. Compete à Justiça do Trabalho processar e julgar os litígios decorrentes das relações de trabalho entre os Municípios de Território Federal e seus empregados.

67. Compete à Justiça Federal processar e julgar os litígios decorrentes das relações de trabalho entre os Territórios Federais e seus empregados.

68. A correção monetária não incide nas aquisições de unidades residenciais do INPS, quando a opção de compra tiver sido anterior à vigência do Decreto-lei nº 19, de 1966, sendo irrelevantes, em face da Lei nº 5.049, de 1966, o valor ou a área do imóvel.

69. Incumbe ao expropriante pagar o salário do assistente técnico do expropriado.

70. Os juros moratórios, na desapropriação, fluem a partir do trânsito em julgado da sentença que fixa a indenização.

71. A correção monetária incide sobre as prestações de benefícios previdenciários em atraso, observado o critério do salário mínimo vigente à época da liquidação da obrigação.

▸ Súm. nº 148 do STF.

72. Compete à Justiça do Trabalho processar e julgar os litígios decorrentes das relações de trabalho entre as Fundações instituídas por lei federal e seus empregados.

73. Não cabe exigir dos municípios o certificado de quitação, ou de regularidade de situação.

74. Os juros compensatórios, na desapropriação, incidem a partir da imissão na posse e são calculados, até a data do laudo, sobre o valor simples da indenização e, desde então, sobre referido valor corrigido monetariamente.

▸ Súmulas nºs 113 e 114 do STJ.

75. Na desapropriação, a correção monetária prevista no § 2º do art. 26 do Decreto-Lei nº 3.365, de 1941, incide a partir da data do laudo de avaliação, observando-se a Lei nº 5.670, de 1971.

76. Em tema de Imposto de Renda, a desclassificação da escrita somente se legitima na ausência de elementos concretos que permitam a apuração do lucro real da empresa, não a justificando simples atraso na escrita.

77. Cabem embargos infringentes a acórdão não unânime proferido em remessa *ex officio* (Código de Processo Civil, art. 475).

▸ Refere-se ao CPC/1973.

▸ Art. 496 do CPC/2015.

78. Proposta a ação no prazo fixado para o seu exercício, a demora na citação, por motivos inerentes ao mecanismo da Justiça, não justifica o acolhimento da arguição de prescrição.

▸ Súm. nº 106 do STJ.

79. Não incide a contribuição previdenciária sobre a quantia paga a título de indenização de aviso prévio.

80. É legítima a cobrança da taxa de despacho aduaneiro de empresas de energia elétrica no período compreendido entre a vigência do Decreto-Lei nº 37, de 1966, e a data da extinção do tributo.

81. Mármores e granitos afeiçoados ao emprego final, mediante processo de industrialização, estão sujeitos ao Imposto sobre Produtos Industrializados.

82. Compete à Justiça do Trabalho processar e julgar as reclamações pertinentes ao cadastramento no Plano de Integração Social (PIS) ou indenização compensatória pela falta deste, desde que não envolvam relações de trabalho dos servidores da União, suas autarquias e empresas públicas.

83. Compete à Justiça Federal processar e julgar reclamação trabalhista movida contra representação diplomática de país estrangeiro, inclusive para decidir sobre a preliminar de imunidade de jurisdição.

84. A aposentadoria assegurada no art. 197, letra *c*, da Constituição Federal, aos ex-combatentes, submete-se, quanto ao cálculo dos proventos, aos critérios da legislação previdenciária, ressalvada a situação daqueles que, na vigência da Lei nº 4.297, de 1963, preencheram as condições nela previstas.

85. A contribuição previdenciária da empresa, por serviços prestados pelo trabalhador autônomo, passou a ser devida a partir da vigência do Decreto-Lei nº 959, de 13 de outubro de 1969.

86. Estendem-se às empresas de construção civil, que tenham aderido ao programa de contenção de preços, os favores fiscais constantes do art. 35, § 2º, da Lei nº 4.862, de 1965.

87. Compete à Justiça comum estadual o processo e julgamento da ação de cobrança de contribuições sindicais.

88. Compete à Justiça do Trabalho o processo e julgamento de reclamação ajuizada contra a Rede Ferroviária Federal S/A por servidor cedido pela União Federal.

89. Compete à Junta de Conciliação e Julgamento, sediada em Comarca do interior, cumprir carta precatória expedida por Juiz Federal, em matéria trabalhista.

90. Ao servidor estatutário que optou pelo regime celetista, na forma da Lei nº 6.184, de 1974, é assegurado o direito à gratificação adicional por tempo de serviço correspondente aos períodos anteriores à opção.

91. O reajuste do abono de permanência, a partir da vigência do Decreto-Lei nº 795, de 1969, obedece ao critério das variações do salário mínimo.

92. O pagamento dos tributos, para efeito de extinção de punibilidade (Decreto-Lei nº 157, de 1967, art. 18, § 2º; STF, Súmula nº 560), não elide a pena de perdimento de bens autorizada pelo Decreto-Lei nº 1.455, de 1976, art. 23.

▸ Súmula prejudicada pela edição da Lei nº 6.910, de 25-5-1981, que restringe a aplicação do Dec.-lei nº 157, de 10-2-1967.

93. A multa decorrente do atraso no pagamento das contribuições previdenciárias não é aplicável às pessoas de direito público.

94. Provadas as despesas com assistência médico-hospitalar prestada a segurado, vítima de acidente de trânsito, tem o INPS direito à sub-rogação perante a seguradora responsável pelo seguro obrigatório.

95. Compete ao juiz federal processar e julgar pedido de *habeas corpus* contra ato do Secretário-Geral do Ministério da Justiça que, no exercício de competência delegada pelo Ministro do Estado, decreta prisão administrativa.

96. As companhias distribuidoras de títulos e valores mobiliários estão sujeitas a registro nos Conselhos Regionais de Economia.

97. As resoluções do Conselho de Política Aduaneira, destinadas à fixação de pauta de valor mínimo, devem conter motivação expressa.

98. Compete à Justiça Federal processar e julgar os crimes praticados contra servidor público federal, no exercício de suas funções com estas relacionados.

99. A Fazenda Pública, nas execuções fiscais, não está sujeita a prévio depósito para custear despesas do avaliador.

100. O lucro obtido com a exportação de açúcar demerara, adquirido e exportado pelo Instituto do Açúcar e do Álcool, está isento do Imposto de Renda.

101. As multas fiscais não são dedutíveis como despesas operacionais, para fins do Imposto de Renda.

102. A regra inscrita no art. 205 da Constituição, com a redação da Emenda Constitucional nº 7, de 1977, não é de aplicabilidade imediata, porque dependente de lei regulamentadora.

103. Compete ao Tribunal Federal de Recursos processar e julgar, originariamente, mandado de segurança impetrado contra ato de órgão colegiado presidido por ministro de Estado.

104. A Lei nº 2.579, de 1955, somente ampara o ex-combatente que tenha servido no teatro de operações bélicas da Itália.

105. Aos prazos em curso no período compreendido entre 20 de dezembro e 6 de janeiro, na Justiça Federal, aplica-se a regra do art. 179 do Código de Processo Civil.

▸ Refere-se ao CPC/1973.

▸ Art. 220 do CPC/2015.

106. A seguradora não tem direito à restituição do Imposto sobre Produtos Industrializados, no caso de sinistro ocorrido com mercadorias, após a sua saída do estabelecimento produtor.

107. A ação de cobrança do crédito previdenciário contra a Fazenda Pública está sujeita à prescrição quinquenal estabelecida no Decreto nº 20.910, de 1932.

108. A constituição do crédito previdenciário está sujeita ao prazo de decadência de 5 (cinco) anos.

109. A desapropriação iniciada segundo o procedimento previsto no Decreto-Lei nº 512, de 1969, prosseguirá na forma da Lei das Desapropriações por Utilidade Pública, no caso de manifesta discordância do expropriado com o preço oferecido.

110. Os juros compensatórios, na desapropriação, são calculados à taxa de 12% (doze por cento) ao ano.

111. Os embargos do devedor devem ser previamente preparados no prazo de 30 (trinta) dias, contado da intimação do despacho que determinar o seu pagamento.

112. Em execução fiscal, a responsabilidade pessoal do sócio-gerente de sociedade por quotas, decorrente de violação da lei ou excesso de mandato, não atinge a meação de sua mulher.

113. As netas maiores, órfãs de pai e mãe, só terão direito à pensão militar (Lei nº 3.765, de 1960, art. 7º, inciso III) se forem inválidas ou interditas e não puderem prover a própria subsistência.

114. Compete à Justiça Comum Estadual processar e julgar as causas entre os sindicatos e seus associados.

115. Compete à Justiça Federal processar e julgar os crimes contra a organização do trabalho, quando tenham por objeto a organização geral do trabalho ou direitos dos trabalhadores considerados coletivamente.

116. O militar reformado ou transferido para a reserva a partir da vigência da Lei nº 4.902, de 1965, não faz jus à promoção ao posto ou graduação imediatos.

117. A regra do art. 236, § 2º, do Código de Processo Civil, não incide quando o procurador da República funciona como advogado da União Federal, ressalvada a disposição inscrita no art. 25 da Lei nº 6.830, de 1980.

▸ Refere-se ao CPC/1973.

118. Na ação expropriatória, a revelia do expropriado não implica em aceitação do valor da oferta e, por isso, não autoriza a dispensa da avaliação.

119. A partir da vigência do Código de Processo Civil de 1973, é cabível a cumulação da multa contratual com honorários advocatícios na execução hipotecária, regida pela Lei nº 5.741, de 1971.

120. A decisão proferida em processo de retificação do registro civil, a fim de fazer prova junto à administração militar, não faz coisa julgada relativamente à União Federal, se esta não houver sido citada para o feito.

121. Não cabe mandado de segurança contra ato ou decisão, de natureza jurisdicional, emanado de relator ou presidente de turma.

122. A companheira, atendidos os requisitos legais, faz jus à pensão do segurado falecido, quer em concorrência com os filhos do casal, quer em sucessão a estes, não constituindo obstáculo a ocorrência do óbito antes da vigência do Decreto-Lei nº 66, de 1966.

124. Prescreve em 20 (vinte) anos a ação do beneficiário, ou do terceiro sub-rogado nos direitos destes, fundada no seguro obrigatório de responsabilidade civil.

125. Compete à Justiça comum estadual processar e julgar ação penal instaurada em decorrência de acidente de trânsito envolvendo veículo da União, de autarquia ou de empresa pública federal.

126. Na cobrança de crédito previdenciário, proveniente da execução de contrato de construção de obra, o proprietário, dono da obra ou condômino de unidade imobiliária, somente será acionado quando não for possível lograr do construtor, através de execução contra ele intentada, a respectiva liquidação.

129. É exigível das autarquias o depósito previsto no art. 488, II, do Código de Processo Civil, para efeito de processamento da ação rescisória.

▸ Refere-se ao CPC/1973.

▸ Art. 968, II, do CPC/2015.

130. No cálculo do Imposto de Renda, não se inclui o ágio cambial pago na aquisição da moeda estrangeira a ser remetida para o Exterior a título de juros devidos.

131. A partir do exercício de 1967, o contribuinte do Imposto de Renda, para fazer jus à alíquota minorada de 3% (três por cento), prevista no art. 53 da Lei nº 4.504, de 1964, deverá comprovar o cadastramento do imóvel no INCRA.

132. Os fundos de reserva e os lucros suspensos, enquanto não distribuídos, integram o patrimônio da sociedade e devem ser considerados para efeito de tributação, ainda que pessoa pública detenha a maioria das ações do seu capital.

133. Compete à Justiça comum estadual processar e julgar prefeito municipal acusado de desvio de verba recebida em razão de convênio firmado com a União Federal.

134. Não cabe ação rescisória por violação de literal disposição de lei se, ao tempo em que foi prolatada a sentença rescindenda, a interpretação era controvertida nos tribunais, embora posteriormente se tenha fixado favoravelmente à pretensão do autor.

136. A correção monetária, na desapropriação, deve ser calculada com base na variação nominal das Obrigações do Tesouro Nacional (OTN).

137. A sentença que, em execução fiscal promovida por autarquia, julga extinto o processo, sem decidir o mérito (Código de Processo Civil, art. 267), não está sujeita ao duplo grau de jurisdição obrigatório.

- Refere-se ao CPC/1973.
- Art. 485 do CPC/2015.
- Lei nº 9.469, de 10-7-1997, dispõe sobre a intervenção da União nas causas em que figurarem como autores ou réus.

138. A pena de perdimento de veículo, utilizado em contrabando ou descaminho, somente se justifica se demonstrada, em procedimento regular, a responsabilidade do seu proprietário na prática do ilícito.

139. Mercadoria estrangeira importada de países signatários do GATT ou do Tratado de Montevidéu, para a Zona Franca de Manaus, está isenta do pagamento do Adicional ao Frete para Renovação da Marinha Mercante – AFRMM.

140. As unidades hospitalares, com até 200 leitos, que possuam "dispensário de medicamentos", não estão sujeitas à exigência de manter farmacêutico.

141. Nas ações de desapropriação, computam-se, no cálculo da verba advocatícia, as parcelas relativas aos juros compensatórios e moratórios, devidamente corrigidas.

- Súmulas nºs 131 e 141 do STJ.

142. A limitação administrativa *non aedificandi* imposta aos terrenos marginais das estradas de rodagem, em zona rural, não afeta o domínio do proprietário, nem obriga a qualquer indenização.

143. Os serviços de composição e impressão gráficas, personalizados, previstos no art. 8º, § 1º, do Decreto-Lei nº 406, de 1968, com as alterações introduzidas pelo Decreto-Lei nº 834, de 1969, estão sujeitos apenas ao ISS, não incidindo o IPI.

144. Para que faça jus à isenção da quota patronal relativa às contribuições previdenciárias, é indispensável comprove a entidade filantrópica ter sido declarada de utilidade pública por decreto federal.

145. Extingue-se o processo de mandado de segurança, se o autor não promover, no prazo assinado, a citação do litisconsorte necessário.

146. A "quota de previdência" relativa aos serviços prestados pelos Estados, Municípios e suas autarquias incide sobre tarifas ou preços públicos, mesmo no regime anterior ao Decreto-Lei nº 1.505, de 1976, não atingindo, porém, as taxas, entendidas estas na restrita acepção de espécie do gênero tributo.

147. É indispensável a instauração do procedimento administrativo, a que alude o art. 27 do Decreto-Lei nº 1.455, de 1976, para aplicação da pena de perdimento de mercadorias importadas, cujo prazo de permanência em recintos alfandegados tenha-se expirado.

148. É competente a Justiça comum estadual para processar e julgar ação cível proposta contra o Escritório Central de Arrecadação e Distribuição – ECAD.

150. Compete à Justiça do Trabalho processar e julgar os litígios entre a administração direta ou indireta do Distrito Federal e os seus servidores, regidos pela legislação trabalhista.

151. É vedado, ao oficial médico da ativa, o exercício acumulado de cargo ou emprego público de médico civil.

153. Constituído, no quinquênio, através de auto de infração ou notificação de lançamento, o crédito tributário, não há falar em decadência, fluindo, a partir daí, em princípio, o prazo prescricional, que, todavia, fica em suspenso, até que sejam decididos os recursos administrativos.

154. A Fazenda Pública, nas execuções fiscais, não está sujeita a prévio depósito para custear despesas do oficial de justiça.

155. O "primeiro provimento" a que se refere o art. 3º da Lei nº 6.732, de 1979, para efeito de incorporação dos quintos, há de ser entendido como a primeira investidura em cargo ou função de confiança, ainda que anterior ao Plano de Classificação de Cargos, instituído pela Lei nº 5.645, de 1970.

156. Sindicatos representativos de atividades econômicas ou profissionais idênticas, ou categoria econômica específica, podem organizar-se em federações.

157. A perda definitiva do vínculo com a administração pública federal, ou a passagem do servidor para a inatividade, faz cessar o direito à ocupação de imóvel funcional, em Brasília.

158. Compete à Justiça do Trabalho processar e julgar reclamação contra empresa privada contratada para a prestação de serviços à administração pública.

159. É legítima a divisão da pensão previdenciária entre a esposa e a companheira, atendidos os requisitos exigidos.

160. A suspeita de fraude na concessão de benefício previdenciário, não enseja, de plano, a sua suspensão ou cancelamento, mas dependerá de apuração em procedimento administrativo.

161. Não se inclui na base de cálculo do PIS a parcela relativa ao IPI.

163. Nas relações jurídicas de trato sucessivo, em que a Fazenda Pública figure como devedora, somente prescrevem as prestações vencidas antes do quinquênio anterior à propositura da ação.

164. O gozo dos benefícios fiscais dos arts. 13 e 14, da Lei nº 4.239, de 1963, até o advento do Decreto-Lei nº 1.598, de 1977, não se restringia aos rendimentos industriais ou agrícolas do empreendimento.

165. A isenção do Imposto de Importação, concedida por Resolução do CPA, não exclui a mercadoria da alíquota minorada de 1% (um por cento), prevista na Lista Nacional Brasileira, para a Taxa de Melhoramento dos Portos.

166. Os Municípios não estão sujeitos ao recolhimento do salário-educação.

167. A contribuição previdenciária não incide sobre o valor da habitação fornecida por empresa agroindustrial, a título de liberalidade, a seus empregados, em observância a acordo coletivo de trabalho.

168. O encargo de 20% (vinte por cento), do Decreto-Lei nº 1.025, de 1969, é sempre devido nas execuções fiscais da União e substitui, nos embargos, a condenação do devedor em honorários advocatícios.

169. Na comarca em que não foi criada Junta de Conciliação e Julgamento, é competente o Juiz de Direito para processar e julgar litígios de natureza trabalhista.

170. Não se extingue a pensão previdenciária, se do novo casamento não resulta melhoria na situação econômico-financeira da viúva, de modo a tornar dispensável o benefício.

171. No cálculo da renda mensal do benefício de aposentadoria invalidez é considerado como de atividade o período em que o segurado tenha percebido auxílio-doença ou outra aposentadoria invalidez.

174. A partir da vigência do Decreto-Lei nº 1.418, de 1975, o imposto de renda incide na fonte sobre a remessa de divisas para o exterior, em pagamento de serviços técnicos, de assistência técnica, administrativa e semelhantes, ali prestados por empresa estrangeira, sem prejuízo das isenções previstas no Decreto-Lei nº 1.446, de 1976.

175. A base de cálculo da contribuição FUNRURAL é o valor comercial da mercadoria, neste incluído o ICM, se devido.

178. Resolvido o contrato de trabalho com a transferência do servidor do regime da CLT para o estatutário, em decorrência de lei, assiste-lhe o direito de movimentar a conta vinculada do FGTS.

180. Compete à Justiça Federal processar e julgar pedidos de complementação de proventos da aposentadoria dos ferroviários cedidos à Rede Ferroviária Federal S/A. Imprópria a reclamação trabalhista para a espécie.

181. Cabe ao empregador, e não ao BNH ou IAPAS, o encargo de individualizar as contas vinculadas dos empregados, referentes ao FGTS.

182. É ilegítimo o lançamento do Imposto de Renda arbitrado com base apenas em extratos ou depósitos bancários.

183. Compete ao Juiz Federal do Distrito Federal processar e julgar mandado de segurança contra ato do Presidente do BNH.

184. Em execução movida contra sociedade por quotas, o sócio-gerente, citado em nome próprio, não tem legitimidade para opor embargos de terceiro, visando livrar da constrição judicial seus bens particulares.

185. Filhos solteiros maiores e inválidos, presumida a dependência econômica, têm direito a pensão previdenciária por morte do pai.

186. A prescrição de que trata o art. 110, § 1º, do Código Penal é da pretensão punitiva.

187. O adicional de insalubridade incide sobre o salário mínimo regional.

188. Na liquidação por cálculo do contador, a apelação da sentença homologatória ressente-se do pressuposto de admissibilidade, quando o apelante não tenha oferecido oportuna impugnação.

189. Proposta a execução fiscal, a posterior mudança de domicílio do executado não desloca a competência já fixada.

190. A intimação pessoal da penhora ao executado torna dispensável a publicação de que trata o art. 12 da Lei das Execuções Fiscais.

191. É compatível a exigência da contribuição para o PIS com o Imposto Único sobre Combustíveis e Lubrificantes.

192. O agente marítimo, quando no exercício exclusivo das atribuições próprias, não é considerado responsável tributário, nem se equipara ao transportador para efeitos do Decreto-Lei nº 37, de 1966.

193. A majoração da alíquota do Adicional ao Frete para Renovação da Marinha Mercante não está sujeita ao princípio da anterioridade.

194. Os servidores previdenciários inscritos no Plano de Pecúlio Facultativo – PPF antes das alterações unilateralmente editadas pela Portaria MPAS nº 1.160, de 1978, têm direito, na aposentadoria, ao levantamento de 20% (vinte por cento) do pecúlio, independentemente de opção por acréscimo da contribuição.

195. O mandado de segurança não é meio processual idôneo para dirimir litígios trabalhistas.

196. Cabem embargos, e não agravo de petição, da sentença de liquidação no processo de execução trabalhista.

197. A pensão por morte de trabalhador rural, ocorrida após a entrada em vigor da Lei Complementar nº 11, de 1971, não requerida na via administrativa, é devida a partir da citação.

198. Atendidos os demais requisitos, é devida a aposentadoria especial, se perícia judicial constata que a atividade exercida pelo segurado é perigosa, insalubre ou penosa, mesmo não inscrita em Regulamento.

199. Compete à Justiça Militar Estadual processar e julgar os crimes cometidos por policial militar, mediante uso de arma da corporação, mesmo que se encontre no exercício de policiamento civil.

200. Compete à Justiça Federal processar e julgar o crime de falsificação ou de uso de documento perante a Justiça do Trabalho.

201. Não constitui obstáculo à conversão da aposentadoria comum, por tempo de serviço, em especial, o fato de o segurado haver se aposentado antes da vigência da Lei nº 6.887, de 1980.

203. O procedimento sumário previsto na Lei nº 1.508, de 1951, compreende também a iniciativa do Ministério Público para a ação penal, nas contravenções referentes à caça, conforme remissão feita pelo art. 34 da Lei nº 5.197, de 1967.

204. O fato de a Lei nº 6.439, de 1977, que instituiu o SINPAS, dizer que as entidades da Previdência Social têm sede e foro no Distrito Federal podendo, provisoriamente, funcionar no Rio de Janeiro, não importa em que as ações contra elas interpostas devam ser necessariamente ajuizadas nesta última cidade.

205. O reajuste semestral de salário não se aplica ao servidor público regido pela Consolidação das Leis do Trabalho.

206. O reajuste da base de cálculo de contribuições previdenciárias, instituído pelo art. 5.º e parágrafos da Lei nº 6.332, de 1976, não está sujeito ao princípio da anterioridade.

207. Nas ações executivas regidas pela Lei nº 5.741, de 1971, o praceamento do imóvel penhorado independe de avaliação.

208. A simples confissão da dívida, acompanhada do seu pedido de parcelamento, não configura denúncia espontânea.

209. Nas execuções fiscais da Fazenda Nacional, é legítima a cobrança cumulativa de juros de mora e multa moratória.

210. Na execução fiscal, não sendo encontrado o devedor, nem bens arrestáveis, é cabível a citação editalícia.

211. O Adicional ao Frete para Renovação da Marinha Mercante (AFRMM) não é devido na remessa de mercadoria nacional para a Zona Franca de Manaus.

212. A partir da vigência do Decreto-Lei nº 1.820, de 1980, o servidor público celetista não tem direito à percepção de salário mínimo profissional.

213. O exaurimento da via administrativa não é condição para a propositura de ação de natureza previdenciária.

214. A prestação de serviços de caráter continuado, em atividades de natureza permanente, com subordinação, observância de horário e normas de repartição, mesmo em Grupo Tarefa, configura relação empregatícia.

215. Servidor contratado a título precário não pode concorrer a processo seletivo para ascensão funcional.

216. Compete à Justiça Federal processar e julgar mandado de segurança impetrado contra ato de autoridade previdenciária, ainda que localizada em comarca do interior.

217. No âmbito da Justiça Federal, aplica-se aos feitos trabalhistas o princípio da identidade física do Juiz.

218. A sentença, proferida em ação expropriatória à qual se tenha atribuído valor igual ou inferior a 50 (cinquenta) OTNs, não está sujeita ao duplo grau obrigatório, nem enseja recurso de apelação.

219. Não havendo antecipação de pagamento, o direito de constituir o crédito previdenciário extingue-se decorridos 5 (cinco) anos do primeiro dia do exercício seguinte àquele em que ocorreu o fato gerador.

220. As mercadorias oriundas do estrangeiro, com simples trânsito em porto nacional, destinadas a outro País, não estão sujeitas ao pagamento de Taxa de Melhoramento dos Portos (TMP).

221. A Taxa de Melhoramento dos Portos (TMP), referente a mercadoria oriunda do estrangeiro com trânsito em porto nacional e destinada a outro porto nacional, somente é devida no destino.

222. A prorrogação da jornada diária de trabalho não constitui alteração unilateral do contrato, desde que mantido o limite do horário semanal avençado.

223. O empregado, durante o desvio funcional, tem direito à diferença salarial, ainda que o empregador possua quadro de pessoal organizado em carreira.

224. O fato de não serem adjudicados bens que, levados a leilão, deixaram de ser arrematados, não acarreta a extinção do processo de execução.

226. Na prorrogação da jornada de trabalho da mulher bancária, até 8 (oito) horas diárias, não excedentes de 40 (quarenta) horas semanais (CLT, art. 225), com observância do disposto no art. 59 e seu § 1º da CLT, é inaplicável a regra do art. 374 desse diploma legal.

227. A mudança de critério jurídico adotado pelo fisco não autoriza a revisão de lançamento.

229. A mãe do segurado tem direito à pensão previdenciária, em caso de morte do filho, se provada a dependência econômica, mesmo não exclusiva.

230. No processo seletivo de ascensão funcional das entidades componentes do SINPAS, o servidor somente pode concorrer no âmbito da autarquia a que pertence.

231. O aeronauta em atividade profissional, após reunir as condições para aposentadoria especial por tempo de serviço, tem direito ao abono de permanência.

232. A pensão do art. 5º, parágrafo único, da Lei nº 3.373, de 1958, ampara com exclusividade as filhas de funcionário público federal.

233. Compete à Justiça Comum Estadual processar e julgar o policial militar por crime de promover ou facilitar fuga de preso de cadeia pública.

234. Não cabe medida cautelar em ação rescisória para obstar os efeitos da coisa julgada.

235. A falta de peças de traslado obrigatório será suprida com a conversão do agravo de instrumento em diligência.

236. O empréstimo compulsório instituído pelo Decreto-Lei nº 2.047, de 1983, não está sujeito ao princípio da anterioridade.

238. A saída de veículo furtado para o exterior não configura o crime de descaminho ou contrabando, competindo à Justiça Comum Estadual o processo e julgamento dos delitos dela decorrentes.

240. A intimação do representante judicial da Fazenda Pública, nos embargos à execução fiscal, será feita pessoalmente.

241. A extinção da punibilidade pela prescrição da pretensão punitiva prejudica o exame do mérito da apelação criminal.

► Súm. nº 438 do STJ.

242. O bem alienado fiduciariamente não pode ser objeto de penhora nas execuções ajuizadas contra o devedor fiduciário.

244. A intervenção da União, suas autarquias e empresas públicas em concurso de credores ou de preferência não desloca a competência para a Justiça Federal.

245. Na execução de sentença prevalece, para efeito da alçada recursal de que trata a Lei nº 6.825, de 1980, o valor apurado na liquidação.

► A Lei nº 6.825, de 22-9-1980, foi revogada pela Lei nº 8.197, de 27-6-1991, também revogada pela Lei nº 9.469, de 10-7-1997, que dispõe sobre a intervenção da União nas causas em que figurarem, como autores ou réus, entes da administração indireta e regula os pagamentos devidos pela Fazenda Pública em virtude de sentença judiciária.

247. Não constitui pressuposto da ação anulatória do débito fiscal o depósito de que cuida o art. 38 da Lei nº 6.830, de 1980.

248. O prazo da prescrição interrompido pela confissão e parcelamento da dívida fiscal recomeça a fluir no dia em que o devedor deixa de cumprir o acordo celebrado.

249. A reparação do dano não pode ser imposta como condição da suspensão da execução da pena.

251. Os ferroviários provenientes da "The Leopoldina Railway Company Limited" são regidos pela CLT, pelo que não têm direito à dupla aposentadoria.

252. O § 3º do art. 125 da Constituição Federal institui hipótese de competência relativa, pelo que não elide a competência concorrente da Justiça Federal.

▸ Refere-se à CF/1969.

253. A companheira tem direito a concorrer com outros dependentes à pensão militar, sem observância da ordem de preferência.

254. Compete à Justiça Federal processar e julgar os delitos praticados por funcionário público federal no exercício de suas funções e com estas relacionadas.

255. Compete à Justiça Federal processar e julgar causa cujo objeto diga respeito a eleições sindicais.

256. A falta de impugnação dos embargos do devedor não produz, em relação à Fazenda Pública, os efeitos de revelia.

257. Não rendem juros os depósitos judiciais na Caixa Econômica Federal a que se referem o Decreto-lei nº 759, de 12-8-1969, art. 16, e o Decreto-Lei nº 1.737, de 20-12-1979, art. 3º.

258. Inclui-se na base de cálculo do PIS a parcela relativa ao ICM.

259. Não cabe agravo de instrumento em causa sujeita à alçada de que trata a Lei nº 6.825, de 1980, salvo se versar sobre valor da causa ou admissibilidade do recurso.

▸ A Lei nº 6.825, de 22-9-1980, foi revogada pela Lei nº 8.197, de 27-6-1991.

260. No primeiro reajuste do benefício previdenciário, deve-se aplicar o índice integral do aumento verificado, independentemente do mês da concessão, considerado, nos reajustes subsequentes, o salário mínimo então atualizado.

261. No litisconsórcio ativo voluntário, determina-se o valor da causa, para efeito de alçada recursal, dividindo-se o valor global pelo número de litisconsortes.

262. Não se vincula ao processo o juiz que não colheu prova em audiência.

263. A produção antecipada de prova, por si só, não previne a competência da ação principal.

264. As cooperativas não estão sujeitas à tributação do Imposto de Renda por excesso de retirada de seus dirigentes.

265. No pagamento antecipado de débito oriundo de contrato de mútuo com garantia hipotecária, de que conste correção monetária anual, o saldo devedor será atualizado de acordo com a variação da UPC.

SÚMULAS DO SUPERIOR TRIBUNAL DE JUSTIÇA

1. O foro do domicílio ou da residência do alimentando é o competente para a ação de investigação de paternidade, quando cumulada com a de alimentos.

▸ Art. 53, II, do CPC/2015.

2. Não cabe *habeas data* (Constituição Federal, artigo 5º, LXXII, *a*) se não houve recusa de informações por parte da autoridade administrativa.

3. Compete ao Tribunal Regional Federal dirimir conflito de competência verificado, na respectiva região, entre Juiz Federal e Juiz Estadual investido de jurisdição federal.

▸ Art. 108, I, *e*, da CF.

4. Compete à Justiça Estadual julgar causa decorrente do processo eleitoral sindical.

▸ Art. 8º da CF.

5. A simples interpretação de cláusula contratual não enseja recurso especial.

▸ Art. 105, III, da CF.
▸ Art. 257 do RISTJ.

6. Compete à Justiça Comum Estadual processar e julgar delito decorrente de acidente de trânsito envolvendo viatura de Polícia Militar, salvo se autor e vítima forem policiais militares em situação de atividade.

▸ Art. 125, § 4º, da CF.
▸ Art. 9º, II, *a*, do CPM.

7. A pretensão de simples reexame de prova não enseja recurso especial.

▸ Art. 105, III, *a* a *c*, da CF.
▸ Art. 257 do RISTJ.

8. Aplica-se a correção monetária aos créditos habilitados em concordata preventiva, salvo durante o período compreendido entre as datas de vigência da Lei nº 7.274, de 10-12-1984, e do Decreto-Lei nº 2.283, de 27-2-1986.

▸ Lei nº 11.101, de 9-2-2005 (Lei de Recuperação de Empresas e Falências).

9. A exigência da prisão provisória, para apelar, não ofende a garantia constitucional da presunção de inocência.

▸ Art. 5º, LVII, da CF.
▸ Art. 393, I, do CPP.
▸ Súm. nº 347 do STJ.

10. Instalada a Junta de Conciliação e Julgamento, cessa a competência do Juiz de Direito em matéria trabalhista, inclusive para a execução das sentenças por ele proferidas.

▸ EC nº 24, de 9-12-1999, extinguiu a representação pelos juízes classistas na Justiça do Trabalho e substituiu as Juntas de Conciliação e Julgamento por Varas do Trabalho.

11. A presença da União ou de qualquer de seus entes, na ação de usucapião especial, não afasta a competência do foro da situação do imóvel.

▸ Art. 109, § 3º, da CF.
▸ Art. 4º, § 1º, da Lei nº 6.969, de 10-12-1981 (Lei da Usucapião Especial).

12. Em desapropriação, são cumuláveis juros compensatórios e moratórios.

13. A divergência entre julgados do mesmo Tribunal não enseja recurso especial.

▸ Art. 105, III, *c*, da CF.
▸ Art. 255 do RISTJ.

14. Arbitrados os honorários advocatícios em percentual sobre o valor da causa, a correção monetária incide a partir do respectivo ajuizamento.

15. Compete à Justiça Estadual processar e julgar os litígios decorrentes de acidente do trabalho.

▸ Art. 114, I, da CF.

16. A legislação ordinária sobre crédito rural não veda a incidência da correção monetária.

17. Quando o falso se exaure no estelionato, sem mais potencialidade lesiva, é por este absorvido.

▸ Art. 171 do CP.

18. A sentença concessiva do perdão judicial é declaratória da extinção da punibilidade, não subsistindo qualquer efeito condenatório.

▸ Arts. 107, IX, e 120 do CP.

19. A fixação do horário bancário, para atendimento ao público, é da competência da União.

▸ Art. 4º, VIII, da Lei nº 4.595, de 31-12-1964 (Lei do Sistema Financeiro Nacional).

20. A mercadoria importada de país signatário do GATT é isenta do ICM, quando contemplado com esse favor o similar nacional.

▸ Art. 98 do CTN.

21. Pronunciado o réu, fica superada a alegação do constrangimento ilegal da prisão por excesso de prazo na instrução.

▸ Art. 413 do CPP.

22. Não há conflito de competência entre o Tribunal de Justiça e Tribunal de Alçada do mesmo Estado-Membro.

▸ Art. 4º da EC nº 45, de 8-12-2004, que determina a extinção dos Tribunais de Alçada.

23. O Banco Central do Brasil é parte legítima nas ações fundadas na Res. nº 1.154/1986.

24. Aplica-se ao crime de estelionato, em que figure como vítima entidade autárquica da Previdência Social, a qualificadora do § 3º do artigo 171 do Código Penal.

25. Nas ações da Lei de Falências o prazo para a interposição de recurso conta-se da intimação da parte.

▸ Lei nº 11.101, de 9-2-2005 (Lei de Recuperação de Empresas e Falências).

26. O avalista do título de crédito vinculado a contrato de mútuo também responde pelas obrigações pactuadas, quando no contrato figurar como devedor solidário.

27. Pode a execução fundar-se em mais de um título extrajudicial relativos ao mesmo negócio.

▸ Art. 780 do CPC/2015.

28. O contrato de alienação fiduciária em garantia pode ter por objeto bem que já integrava o patrimônio do devedor.

29. No pagamento em juízo para elidir falência, são devidos correção monetária, juros e honorários de advogado.

▸ Art. 98, parágrafo único, da Lei nº 11.101, de 9-2-2005 (Lei de Recuperação de Empresas e Falências).

30. A comissão de permanência e a correção monetária são inacumuláveis.

▸ Súm. nº 472 do STJ.

31. A aquisição, pelo segurado, de mais de um imóvel financiado pelo Sistema Financeiro da Habitação, situados na mesma localidade, não exime a seguradora da obrigação de pagamento dos seguros.

32. Compete à Justiça Federal processar justificações judiciais destinadas a instruir pedidos perante entidades que nela têm exclusividade de foro, ressalvada a aplicação do artigo 15, II, da Lei nº 5.010/1966.

33. A incompetência relativa não pode ser declarada de ofício.

▸ Art. 64 do CPC/2015.

34. Compete à Justiça Estadual processar e julgar causa relativa a mensalidade escolar, cobrada por estabelecimento particular de ensino.

35. Incide correção monetária sobre as prestações pagas, quando de sua restituição, em virtude da retirada ou exclusão do participante de plano de consórcio.

36. A correção monetária integra o valor da restituição, em caso de adiantamento de câmbio, requerida em concordata ou falência.

▸ Lei nº 11.101, de 9-2-2005 (Lei de Recuperação de Empresas e Falências).

37. São cumuláveis as indenizações por dano material e dano moral oriundos do mesmo fato.

38. Compete à Justiça Estadual Comum, na vigência da Constituição de 1988, o processo por contravenção penal, ainda que praticada em detrimento de bens, serviços ou interesse da União ou de suas entidades.

▸ Art. 109, IV, da CF.

39. Prescreve em vinte anos a ação para haver indenização, por responsabilidade civil, de sociedade de economia mista.

▸ Art. 205 do CC.

40. Para obtenção dos benefícios de saída temporária e trabalho externo, considera-se o tempo de cumprimento da pena no regime fechado.

▸ Arts. 40 e 122 da LEP.

41. O Superior Tribunal de Justiça não tem competência para processar e julgar, originariamente, mandado de segurança contra ato de outros tribunais ou dos respectivos órgãos.

▸ Art. 105, I, *b*, da CF.
▸ Lei nº 12.016, de 7-8-2009 (Lei do Mandado de Segurança Individual e Coletivo).

42. Compete à Justiça Comum Estadual processar e julgar as causas cíveis em que é parte sociedade de economia mista e os crimes praticados em seu detrimento.

▸ Art. 109, I e IV, da CF.

43. Incide correção monetária sobre dívida por ato ilícito a partir da data do efetivo prejuízo.

44. A definição, em ato regulamentar, de grau mínimo de disacusia, não exclui, por si só, a concessão do benefício previdenciário.

45. No reexame necessário, é defeso, ao Tribunal, agravar a condenação imposta à Fazenda Pública.

▸ Art. 496, I, do CPC/2015.

46. Na execução por carta, os embargos do devedor serão decididos no juízo deprecante, salvo se versarem unicamente vícios ou defeitos da penhora, avaliação ou alienação dos bens.

▸ Arts. 845, § 2º, e 914, § 2º, do CPC/2015.
▸ Art. 20 da Lei nº 6.830, de 22-9-1980 (Lei das Execuções Fiscais).

47. Compete à Justiça Militar processar e julgar crime cometido por militar contra civil, com emprego de arma pertencente à corporação, mesmo não estando em serviço.

48. Compete ao juízo do local da obtenção da vantagem ilícita processar e julgar crimes de estelionato cometido mediante falsificação de cheque.

▶ Art. 171 do CP.

49. Na exportação de café em grão, não se inclui na base de cálculo do ICM a quota de contribuição, a que se refere o artigo 2º do Decreto-Lei nº 2.295, de 21-11-1986.

50. O Adicional de Tarifa Portuária incide apenas nas operações realizadas com mercadorias importadas ou exportadas, objeto do comércio de navegação de longo curso.

51. A punição do intermediador, no jogo do bicho, independe da identificação do "apostador" ou do "banqueiro".

▶ Art. 58 da LCP.

52. Encerrada a instrução criminal, fica superada a alegação de constrangimento por excesso de prazo.

▶ Arts. 400, 412 e 531 do CPP.

53. Compete à Justiça Comum Estadual processar e julgar civil acusado de prática de crime contra instituições militares estaduais.

▶ Art. 125, §§ 4º e 5º, da CF.

54. Os juros moratórios fluem a partir do evento danoso, em caso de responsabilidade extracontratual.

55. Tribunal Regional Federal não é competente para julgar recurso de decisão proferida por juiz estadual não investido de jurisdição federal.

▶ Art. 108, II, da CF.

56. Na desapropriação para instituir servidão administrativa são devidos os juros compensatórios pela limitação de uso da propriedade.

57. Compete à Justiça Comum Estadual processar e julgar ação de cumprimento fundada em acordo ou convenção coletiva não homologados pela Justiça do Trabalho.

▶ Art. 114 da CF.

58. Proposta a execução fiscal, a posterior mudança de domicílio do executado não desloca a competência já fixada.

59. Não há conflito de competência se já existe sentença com trânsito em julgado, proferida por um dos juízos conflitantes.

60. É nula a obrigação cambial assumida por procurador do mutuário vinculado ao mutuante, no exclusivo interesse deste.

61. *Cancelada. DJe* de 7-5-2018.

62. Compete à Justiça Estadual processar e julgar o crime de falsa anotação na Carteira de Trabalho e Previdência Social, atribuído à empresa privada.

63. São devidos direitos autorais pela retransmissão radiofônica de músicas em estabelecimentos comerciais.

64. Não constitui constrangimento ilegal o excesso de prazo na instrução, provocado pela defesa.

▶ Arts. 400, 412 e 531 do CPP.

65. O cancelamento, previsto no artigo 29 do Decreto-Lei nº 2.303, de 21-11-1986, não alcança os débitos previdenciários.

66. Compete à Justiça Federal processar e julgar execução fiscal promovida por Conselho de Fiscalização profissional.

▶ Art. 109, I, da CF.

67. Na desapropriação, cabe a atualização monetária, ainda que por mais de uma vez, independente do decurso de prazo superior a um ano entre o cálculo e o efetivo pagamento da indenização.

68. *Cancelada. DJe* de 3-4-2019.

69. Na desapropriação direta, os juros compensatórios são devidos desde a antecipada imissão na posse e, na desapropriação indireta, a partir da efetiva ocupação do imóvel.

70. Os juros moratórios, na desapropriação direta ou indireta, contam-se desde o trânsito em julgado da sentença.

71. O bacalhau importado de país signatário do GATT é isento do ICM.

72. A comprovação da mora é imprescindível à busca e apreensão do bem alienado fiduciariamente.

▶ Art. 2º, §§ 2º e 3º, do Dec.-lei nº 911, de 1-10-1969 (Lei das Alienações Fiduciárias).

73. A utilização de papel-moeda grosseiramente falsificado configura, em tese, o crime de estelionato, da competência da Justiça Estadual.

▶ Arts. 171 e 289 do CP.

74. Para efeitos penais, o reconhecimento da menoridade do réu requer prova por documento hábil.

▶ Art. 65, I, do CP.

▶ Art. 72, I, do CPM.

75. Compete à Justiça Comum Estadual processar e julgar o policial militar por crime de promover ou facilitar a fuga de preso de estabelecimento penal.

▶ Art. 351 do CP.

76. A falta de registro de compromisso de compra e venda de imóvel não dispensa a prévia interpelação para constituir em mora o devedor.

▶ Art. 22 do Dec.-lei nº 58, de 10-12-1937, que dispõe sobre o loteamento e a venda de terrenos para pagamento em prestações.

77. A Caixa Econômica Federal é parte ilegítima para figurar no polo passivo das ações relativas às contribuições para o fundo PIS/PASEP.

78. Compete à Justiça Militar processar e julgar policial de corporação estadual, ainda que o delito tenha sido praticado em outra unidade federativa.

79. Os bancos comerciais não estão sujeitos a registro nos Conselhos Regionais de Economia.

80. A Taxa de Melhoramento dos Portos não se inclui na base de cálculo do ICM.

81. Não se concede fiança quando, em concurso material, a soma das penas mínimas cominadas for superior a dois anos de reclusão.

▶ Art. 69 do CP.

82. Compete à Justiça Federal, excluídas as reclamações trabalhistas, processar e julgar os feitos relativos a movimentação do FGTS.

83. Não se conhece do recurso especial pela divergência, quando a orientação do Tribunal se firmou no mesmo sentido da decisão recorrida.

▶ Art. 105, III, *a* a *c*, da CF.

84. É admissível a oposição de embargos de terceiro fundados em alegação de posse advinda do compromisso de compra e venda de imóvel, ainda que desprovido do registro.

▶ Art. 674 do CPC/2015.

85. Nas relações jurídicas de trato sucessivo em que a Fazenda Pública figure como devedora, quando não tiver sido negado o próprio direito reclamado, a prescrição atinge apenas as prestações vencidas antes do quinquênio anterior à propositura da ação.

86. Cabe recurso especial contra acórdão proferido no julgamento de agravo de instrumento.

▶ Art. 105, III, *a* a *c*, da CF.

87. A isenção do ICMS relativa às rações balanceadas para animais abrange o concentrado e o suplemento.

88. São admissíveis embargos infringentes em processo falimentar.

89. A ação acidentária prescinde de exaurimento da via administrativa.

90. Compete à Justiça Estadual Militar processar e julgar o policial militar pela prática do crime militar, e à Comum pela prática do crime comum simultâneo àquele.

▶ Art. 125, §§ 4º e 5º, da CF.

91. *Cancelada. DJU* de 23-11-2000.

92. A terceiro de boa-fé não é oponível a alienação fiduciária não anotada no Certificado de Registro do veículo automotor.

93. A legislação sobre cédulas de crédito rural, comercial e industrial admite o pacto de capitalização de juros.

94. *Cancelada. DJe* de 3-4-2019.

95. A redução da alíquota do Imposto sobre Produtos Industrializados ou do Imposto de Importação não implica redução do ICMS.

96. O crime de extorsão consuma-se independentemente da obtenção da vantagem indevida.

▶ Art. 158 do CP.

▶ Art. 243 do CPM.

97. Compete à Justiça do Trabalho processar e julgar reclamação de servidor público relativamente a vantagens trabalhistas anteriores à instituição do regime jurídico único.

▶ Art. 114 da CF.

98. Embargos de declaração manifestados com notório propósito de prequestionamento não têm caráter protelatório.

▶ Art. 1.026 do CPC/2015.

99. O Ministério Público tem legitimidade para recorrer no processo em que oficiou como fiscal da lei, ainda que não haja recurso da parte.

▶ Art. 996 do CPC/2015.

100. É devido o Adicional ao Frete para Renovação da Marinha Mercante na importação sob o regime de Benefícios Fiscais à Exportação (BEFIEX).

101. A ação de indenização do segurado em grupo contra a seguradora prescreve em um ano.

▶ Súmulas nºs 229 e 278 do STJ.

102. A incidência dos juros moratórios sobre os compensatórios, nas ações expropriatórias, não constitui anatocismo vedado em lei.

103. Incluem-se entre os imóveis funcionais que podem ser vendidos os administrados pelas Forças Armadas e ocupados pelos servidores civis.

104. Compete à Justiça Estadual o processo e julgamento dos crimes de falsificação e uso de documento falso relativo a estabelecimento particular de ensino.

▸ Art. 304 do CP.

105. Na ação de mandado de segurança não se admite condenação em honorários advocatícios.

▸ Art. 25 da Lei nº 12.016, de 7-8-2009 (Lei do Mandado de Segurança Individual e Coletivo).

▸ Súm. nº 512 do STF.

106. Proposta a ação no prazo fixado para o seu exercício, a demora na citação, por motivos inerentes ao mecanismo da Justiça, não justifica o acolhimento da arguição de prescrição ou decadência.

107. Compete à Justiça Comum Estadual processar e julgar crime de estelionato praticado mediante falsificação das guias de recolhimento das contribuições previdenciárias, quando não ocorrente lesão à autarquia federal.

▸ Art. 171 do CP.

108. A aplicação de medidas socioeducativas ao adolescente, pela prática de ato infracional, é de competência exclusiva do juiz.

▸ Art. 112 do ECA.

109. O reconhecimento do direito a indenização, por falta de mercadoria transportada via marítima, independe de vistoria.

110. A isenção do pagamento de honorários advocatícios, nas ações acidentárias, é restrita ao segurado.

▸ Art. 129, parágrafo único, da Lei nº 8.213, de 24-7-1991 (Lei dos Planos de Benefícios da Previdência Social).

111. Os honorários advocatícios, nas ações previdenciárias, não incidem sobre as prestações vencidas após a sentença.

▸ Súmula com redação alterada. *DJU* de 4-10-2006.

112. O depósito somente suspende a exigibilidade do crédito tributário se for integral e em dinheiro.

▸ Art. 151, II, do CTN.

▸ Súm. Vinc. nº 28 do STF.

113. Os juros compensatórios, na desapropriação direta, incidem a partir da imissão na posse, calculados sobre o valor da indenização, corrigido monetariamente.

▸ Art. 182, § 3º, da CF.

114. Os juros compensatórios, na desapropriação indireta, incidem a partir da ocupação, calculados sobre o valor da indenização, corrigido monetariamente.

▸ Art. 182, § 3º, da CF.

115. Na instância especial é inexistente recurso interposto por advogado sem procuração nos autos.

▸ Art. 104 do CPC/2015.

116. A Fazenda Pública e o Ministério Público têm o prazo em dobro para interpor agravo regimental no Superior Tribunal de Justiça.

▸ Arts. 180 e 183 do CPC/2015.

▸ Arts. 258 e 259 do RISTJ.

117. A inobservância do prazo de quarenta e oito horas, entre a publicação de pauta e o julgamento sem a presença das partes, acarreta nulidade.

▸ Art. 935 do CPC/2015.

118. O agravo de instrumento é o recurso cabível da decisão que homologa a atualização do cálculo da liquidação.

119. A ação de desapropriação indireta prescreve em vinte anos.

120. O oficial de farmácia, inscrito no Conselho Regional de Farmácia, pode ser responsável técnico por drogaria.

121. Na execução fiscal o devedor deverá ser intimado, pessoalmente, do dia e hora da realização do leilão.

122. Compete à Justiça Federal o processo e julgamento unificado dos crimes conexos de competência federal e estadual, não se aplicando a regra do art. 78, II, *a*, do Código de Processo Penal.

▸ Art. 109 da CF.

▸ Art. 78, II, *a*, e III, do CPP.

123. A decisão que admite, ou não, o recurso especial deve ser fundamentada, com o exame dos seus pressupostos gerais e constitucionais.

▸ Arts. 93, IX, e 105, III, *a* a *c*, da CF.

124. A Taxa de Melhoramento dos Portos tem base de cálculo diversa do Imposto de Importação, sendo legítima a sua cobrança sobre a importação de mercadorias de países signatários do GATT, da ALALC ou ALADI.

125. O pagamento de férias não gozadas por necessidade do serviço não está sujeito à incidência do Imposto de Renda.

▸ Art. 153, III, da CF.

126. É inadmissível recurso especial, quando o acórdão recorrido assenta em fundamentos constitucional e infraconstitucional, qualquer deles suficiente, por si só, para mantê-lo, e a parte vencida não manifesta recurso extraordinário.

▸ Art. 105, III, *a* a *c*, da CF.

127. É ilegal condicionar a renovação da licença de veículo ao pagamento de multa, da qual o infrator não foi notificado.

128. Na execução fiscal haverá segundo leilão, se o primeiro não houver lanço superior à avaliação.

129. O exportador adquire o direito de transferência de crédito do ICMS quando realiza a exportação do produto e não ao estocar a matéria-prima.

130. A empresa responde, perante o cliente, pela reparação de dano ou furto de veículo ocorridos em seu estacionamento.

131. Nas ações de desapropriação incluem-se no cálculo da verba advocatícia as parcelas relativas aos juros compensatórios e moratórios, devidamente corrigidos.

132. A ausência de registro da transferência não implica a responsabilidade do antigo proprietário por dano resultante de acidente que envolva o veículo alienado.

133. A restituição da importância adiantada, à conta de contrato de câmbio, independe de ter sido a antecipação efetuada nos quinze dias anteriores ao requerimento da concordata.

134. Embora intimado de penhora em imóvel do casal, o cônjuge do executado pode opor embargos de terceiro para defesa de sua meação.

135. O ICMS não incide na gravação e distribuição de filmes e videoteipes.

136. O pagamento de licença-prêmio não gozada por necessidade do serviço não está sujeito ao Imposto de Renda.

137. Compete à Justiça Comum Estadual processar e julgar ação de servidor público municipal, pleiteando direitos relativos a vínculo estatutário.

138. O ISS incide na operação de arrendamento mercantil de coisas móveis.

▸ Súm. Vinc. nº 31 do STF.

139. Cabe à Procuradoria da Fazenda Nacional propor execução fiscal para cobrança de crédito relativo ao ITR.

140. Compete à Justiça Comum Estadual processar e julgar crime em que o indígena figure autor ou vítima.

▸ Art. 109 da CF.

141. Os honorários de advogado em desapropriação direta são calculados sobre a diferença entre a indenização e a oferta, corrigidos monetariamente.

142. *Cancelada.* AR nº 512/DF (*DJU* de 19-2-2001).

143. Prescreve em cinco anos a ação de perdas e danos pelo uso de marca comercial.

144. Os créditos de natureza alimentícia gozam de preferência, desvinculados os precatórios da ordem cronológica dos créditos de natureza diversa.

▸ Art. 100 da CF.

▸ Art. 33, parágrafo único, do ADCT.

▸ Arts. 534, 535 e 910 do CPC/2015.

▸ Res. do CNJ nº 92, de 13-10-2009, dispõe sobre a Gestão de Precatórios no âmbito do Poder Judiciário.

145. No transporte desinteressado, de simples cortesia, o transportador só será civilmente responsável por danos causados ao transportado quando incorrer em dolo ou culpa grave.

146. O segurado, vítima de novo infortúnio, faz jus a um único benefício, somado ao salário de contribuição vigente no dia do acidente.

147. Compete à Justiça Federal processar e julgar os crimes praticados contra funcionário público federal, quando relacionados com o exercício da função.

▸ Art. 109, IV, da CF.

148. Os débitos relativos a benefício previdenciário, vencidos e cobrados em juízo após a vigência da Lei nº 6.899/1981, devem ser corrigidos monetariamente na forma prevista nesse diploma legal.

149. A prova exclusivamente testemunhal não basta à comprovação da atividade rurícola, para efeito da obtenção de benefício previdenciário.

150. Compete à Justiça Federal decidir sobre a existência de interesse jurídico, que justifique a presença, no processo, da União, suas autarquias ou empresas públicas.

▸ Art. 109 da CF.

▸ Súm. nº 254 do STJ.

151. A competência para o processo e julgamento por crime de contrabando ou descaminho define-se pela prevenção do Juízo Federal do lugar da apreensão dos bens.

▸ Art. 334 do CP.

▸ Art. 71 do CPP.

152. *Cancelada.* REsp. nº 73.552/RJ, de 13-6-2007 (*DJU* de 25-6-2007).

153. A desistência da execução fiscal, após o oferecimento dos embargos, não exime o exequente dos encargos da sucumbência.

154. Os optantes pelo FGTS, nos termos da Lei nº 5.958, de 1973, têm direito à taxa progressiva de juros, na forma do artigo 4º da Lei nº 5.107, de 1966.

- Lei nº 8.036, de 11-5-1990 (Lei do FGTS).
- Súmulas nºs 210 e 398 do STJ.

155. O ICMS incide na importação de aeronave, por pessoa física, para uso próprio.

156. A prestação de serviço de composição gráfica, personalizada e sob encomenda, ainda que envolva fornecimento de mercadorias, está sujeita, apenas, ao ISS.

157. *Cancelada*. REsp. nº 261.571/SP, de 24-4-2002 (*DJU* de 7-5-2002).

158. Não se presta a justificar embargos de divergência o dissídio com acórdão de Turma ou Seção que não mais tenha competência para a matéria neles versada.

- Art. 1.043, I, do CPC/2015.

159. O benefício acidentário, no caso de contribuinte que perceba remuneração variável, deve ser calculado com base na média aritmética dos últimos doze meses de contribuição.

160. É defeso, ao município, atualizar o IPTU, mediante decreto, em percentual superior ao índice oficial de correção monetária.

- Arts. 33 e 97, §§ 1º e 2º, do CTN.

161. É da competência da Justiça Estadual autorizar o levantamento dos valores relativos ao PIS/PASEP e FGTS, em decorrência do falecimento do titular da conta.

162. Na repetição de indébito tributário, a correção monetária incide a partir do pagamento indevido.

- Art. 165 do CTN.

163. O fornecimento de mercadorias com a simultânea prestação de serviços em bares, restaurantes e estabelecimentos similares constitui fato gerador do ICMS a incidir sobre o valor total da operação.

164. O prefeito municipal, após a extinção do mandato, continua sujeito a processo por crime previsto no artigo 1º do Decreto-Lei nº 201, de 27-2-1967.

165. Compete à Justiça Federal processar e julgar crime de falso testemunho cometido no processo trabalhista.

- Art. 109, IV, da CF.

166. Não constitui fato gerador do ICMS o simples deslocamento de mercadoria de um para outro estabelecimento do mesmo contribuinte.

167. O fornecimento de concreto, por empreitada, para construção civil, preparado no trajeto até a obra em betoneiras acopladas a caminhões, é prestação de serviço, sujeitando-se apenas à incidência do ISS.

168. Não cabem embargos de divergência, quando a jurisprudência do Tribunal se firmou no mesmo sentido do acórdão embargado.

169. São inadmissíveis embargos infringentes no processo de mandado de segurança.

- Art. 25 da Lei nº 12.016, de 7-8-2009 (Lei do Mandado de Segurança Individual e Coletivo).
- Art. 260 do RISTJ.
- Súmulas nºs 294 e 597 do STF.

170. Compete ao juízo onde primeiro for intentada a ação envolvendo acumulação de pedidos, trabalhista e estatuário, decidi-la nos limites da sua jurisdição, sem prejuízo do ajuizamento de nova causa, com o pedido remanescente, no juízo próprio.

171. Cominadas cumulativamente, em Lei especial, penas privativa de liberdade e pecuniária, é defeso a substituição da prisão por multa.

- Art. 60, § 2º, do CP.

172. Compete à Justiça Comum processar e julgar militar por crime de abuso de autoridade, ainda que praticado em serviço.

- Lei nº 13.869, de 5-9-2019 (Lei do Abuso de Autoridade).

173. Compete à Justiça Federal processar e julgar o pedido de reintegração em cargo público federal, ainda que o servidor tenha sido dispensado antes da instituição do Regime Jurídico Único.

- Art. 109, I, da CF.
- Art. 28 da Lei nº 8.112, de 11-12-1990 (Estatuto dos Servidores Públicos Civis da União, Autarquias e Fundações Públicas Federais).

174. *Cancelada*. REsp. nº 213.054/SP, de 24-10-2001 (*DJU* de 6-11-2001).

175. Descabe o depósito prévio nas ações rescisórias propostas pelo INSS.

176. É nula a cláusula contratual que sujeita o devedor à taxa de juros divulgada pela ANBID/CETIP.

177. O Superior Tribunal de Justiça é incompetente para processar e julgar, originariamente, mandado de segurança contra ato de órgão colegiado presidido por Ministro de Estado.

- Art 105, I, *b*, da CF.

178. O INSS não goza de isenção do pagamento de custas e emolumentos, nas ações acidentárias e de benefícios propostas na Justiça Estadual.

- Art. 24, IV, da CF.

179. O estabelecimento de crédito que recebe dinheiro, em depósito judicial, responde pelo pagamento da correção monetária relativa aos valores recolhidos.

180. Na lide trabalhista, compete ao Tribunal Regional do Trabalho dirimir conflito de competência verificado, na respectiva região, entre Juiz Estadual e Junta de Conciliação e Julgamento.

- A EC nº 24, de 9-12-1999, extinguiu a representação pelos juízes classistas na Justiça do Trabalho e substituiu as Juntas de Conciliação e Julgamento por Varas do Trabalho.
- Arts. 668, 803 e 808 da CLT.

181. É admissível ação declaratória, visando obter certeza quanto à exata interpretação de cláusula contratual.

182. É inviável o agravo do artigo 545 do Código de Processo Civil que deixa de atacar especificamente os fundamentos da decisão agravada.

- Art. 1.016, II, do CPC/2015.

183. *Cancelada*. EDecl. no Confl. de Comp. nº 27.676/BA, de 8-11-2000 (*DJU* de 24-11-2000).

184. A microempresa de representação comercial é isenta do Imposto de Renda.

185. Nos depósitos judiciais, não incide o Imposto sobre Operações Financeiras.

- Art. 97, I, do CTN.

186. Nas indenizações por ato ilícito, os juros compostos somente são devidos por aquele que praticou o crime.

187. É deserto o recurso interposto para o Superior Tribunal de Justiça, quando o recorrente não recolhe, na origem, a importância das despesas de remessa e retorno dos autos.

- Art. 1.007 do CPC/2015.
- Art. 112 do RISTJ.

188. Os juros moratórios, na repetição do indébito tributário, são devidos a partir do trânsito em julgado da sentença.

- Art. 167, parágrafo único, do CTN.

189. É desnecessária a intervenção do Ministério Público nas execuções fiscais.

190. Na execução fiscal, processada perante a Justiça Estadual, cumpre à Fazenda Pública antecipar o numerário destinado ao custeio das despesas com o transporte dos oficiais de justiça.

191. A pronúncia é causa interruptiva da prescrição, ainda que o Tribunal do Júri venha a desclassificar o crime.

- Art. 117, II, do CP.
- Art. 413 do CPP.

192. Compete ao Juízo das Execuções Penais do Estado a execução das penas impostas a sentenciados pela Justiça Federal, Militar ou Eleitoral, quando recolhidos a estabelecimentos sujeitos à administração estadual.

- Art. 62 do CPM.
- Arts. 2º, 65 e 66 da LEP.

193. O direito de uso de linha telefônica pode ser adquirido por usucapião.

194. Prescreve em vinte anos a ação para obter, do construtor, indenização por defeitos da obra.

- Art. 43, II, da Lei nº 4.591, de 16-12-1964 (Lei do Condomínio e Incorporações).

195. Em embargos de terceiro não se anula ato jurídico, por fraude contra credores.

196. Ao executado que, citado por edital ou por hora certa, permanecer revel, será nomeado curador especial, com legitimidade para apresentação de embargos.

- Art. 5º, LV, da CF.
- Arts. 771, parágrafo único, 806, *caput* e § 1º, e 815 do CPC/2015.

197. O divórcio direto pode ser concedido sem que haja prévia partilha dos bens.

198. Na importação de veículo por pessoa física, destinado a uso próprio, incide o ICMS.

- Art. 155, § 2º, IX, *a*, da CF.

199. Na execução hipotecária de crédito vinculado ao Sistema Financeiro da Habilitação, nos termos da Lei nº 5.741/1971, a petição inicial deve ser instruída com, pelo menos, dois avisos de cobrança.

- Art. 2º, IV, da Lei nº 5.741, de 1-12-1971 (Lei de Execução Hipotecária).

200. O Juízo Federal competente para processar e julgar acusado de crime de uso de passaporte falso é o do lugar onde o delito se consumou.

- Art. 109 da CF.
- Arts. 304 e 308 do CP.
- Arts. 69, I, e 70 do CPP.

201. Os honorários advocatícios não podem ser fixados em salários mínimos.

202. A impetração de segurança por terceiro, contra ato judicial, não se condiciona à interposição de recurso.

► Art. 996 do CPC/2015.

203. Não cabe recurso especial contra decisão proferida por órgão de segundo grau dos Juizados Especiais.

► Súmula com redação alterada. *DJU* de 3-6-2002.

204. Os juros de mora nas ações relativas a benefícios previdenciários incidem a partir da citação válida.

205. A Lei nº 8.009/1990 aplica-se à penhora realizada antes de sua vigência.

206. A existência de vara privativa, instituída por lei estadual, não altera a competência territorial resultante das leis de processo.

► Art. 51 do CPC/2015.

207. É inadmissível recurso especial quando cabíveis embargos infringentes contra o acórdão proferido no tribunal de origem.

► Art. 105, III, da CF.
► Art. 942 do CPC/2015.

208. Compete à Justiça Federal processar e julgar prefeito municipal por desvio de verba sujeita a prestação de contas perante órgão federal.

► Art. 109 da CF.

209. Compete à Justiça Estadual processar e julgar prefeito por desvio de verba transferida e incorporada ao patrimônio municipal.

► Art. 29, X, da CF.

210. A ação de cobrança das contribuições para o FGTS prescreve em trinta anos.

► Art. 7º, XXIX, da CF.
► Súmulas nºs 154 e 398 do STJ.
► Súm. nº 362 do TST.

211. Inadmissível recurso especial quanto à questão que, a despeito da oposição de embargos declaratórios, não foi apreciada pelo tribunal *a quo*.

► Art. 1.022, II, do CPC/2015.

212. *Cancelada*. *DJe* de 19-9-2022.

213. O mandado de segurança constitui ação adequada para a declaração do direito à compensação tributária.

► Art. 7º, § 2º, da Lei nº 12.016, de 7-8-2009 (Lei do Mandado de Segurança Individual e Coletivo).

214. O fiador na locação não responde por obrigações resultantes de aditamento ao qual não anuiu.

215. A indenização recebida pela adesão a programa de incentivo à demissão voluntária não está sujeita à incidência do Imposto de Renda.

216. A tempestividade de recurso interposto no Superior Tribunal de Justiça é aferida pelo registro no protocolo da Secretaria e não pela data da entrega na agência do correio.

► Arts. 413 e 1.003, § 5º, do CPC/2015.
► Art. 66 do RISTJ.

217. *Cancelada*. AgRg na SS nº 1.204/AM, de 23-10-2003 (*DJU* de 10-11-2003).

218. Compete à Justiça dos Estados processar e julgar ação de servidor estadual decorrente de direitos e vantagens estatuários no exercício de cargo em comissão.

219. Os créditos decorrentes de serviços prestados à massa falida, inclusive a remuneração do síndico, gozam dos privilégios próprios dos trabalhistas.

220. A reincidência não influi no prazo da prescrição da pretensão punitiva.

► Arts. 63 e 110 do CP.
► Art. 71 do CPM.

221. São civilmente responsáveis pelo ressarcimento de dano, decorrente de publicação pela imprensa, tanto o autor do escrito quanto o proprietário do veículo de divulgação.

222. *Cancelada. DJe de 29-11-2024.*

223. A certidão de intimação do acórdão recorrido constitui peça obrigatória no instrumento de agravo.

224. Excluído do feito o ente federal, cuja presença levara o Juiz Estadual a declinar da competência, deve o Juiz Federal restituir os autos e não suscitar conflito.

► Súmulas nºs 150 e 254 do STJ.

225. Compete ao Tribunal Regional do Trabalho apreciar recursos contra sentença proferida por órgão de primeiro grau da Justiça Trabalhista, ainda que para declarar-lhe a nulidade em virtude de incompetência.

226. O Ministério Público tem legitimidade para recorrer na ação de acidente do trabalho, ainda que o segurado esteja assistido por advogado.

► Art. 178, I e III, do CPC/2015.

227. A pessoa jurídica pode sofrer dano moral.

228. É inadmissível o interdito proibitório para a proteção do direito autoral.

229. O pedido de pagamento de indenização à seguradora suspende o prazo de prescrição até que o segurado tenha ciência da decisão.

► Súmulas nºs 101 e 278 do STJ.

230. *Cancelada*. CComp. nºs 30.513/SP, 30.500/SP e 30.504/SP, de 11-10-2000 (*DJU* de 9-11-2000).

231. A incidência da circunstância atenuante não pode conduzir à redução da pena abaixo do mínimo legal.

► Art. 65 do CP.
► Art. 72 do CPM.

232. A Fazenda Pública, quando parte no processo, fica sujeita à exigência do depósito prévio dos honorários do perito.

► Art. 39 da Lei nº 6.830, de 22-9-1980 (Lei das Execuções Fiscais).

233. O contrato de abertura de crédito, ainda que acompanhado de extrato da conta-corrente, não é título executivo.

► Súmulas nºs 247 e 258 do STJ.

234. A participação de membro do Ministério Público na fase investigatória criminal não acarreta o seu impedimento ou suspeição para o oferecimento da denúncia.

► Arts. 251 a 258 do CPP.
► Arts. 57 a 59 do CPPM.

235. A conexão não determina a reunião dos processos, se um deles já foi julgado.

► Arts. 76 a 82 do CPP.
► Arts. 99 a 107 do CPPM.

236. Não compete ao Superior Tribunal de Justiça dirimir conflitos de competência entre juízes trabalhistas vinculados a Tribunais Regionais do Trabalho diversos.

237. Nas operações com cartão de crédito, os encargos relativos ao financiamento não são considerados no cálculo do ICMS.

238. A avaliação da indenização devida ao proprietário do solo, em razão de alvará de pesquisa mineral, é processada no Juízo Estadual da situação do imóvel.

239. O direito à adjudicação compulsória não se condiciona ao registro do compromisso de compra e venda no cartório de imóveis.

240. A extinção do processo, por abandono da causa pelo autor, depende de requerimento do réu.

► Art. 485, III, do CPC/2015.

241. A reincidência penal não pode ser considerada como circunstância agravante e, simultaneamente, como circunstância judicial.

► Arts. 59, 61, I, e 63 do CP.
► Arts. 69, 70, I, e 71 do CPM.
► Súm. nº 444 do STJ.

242. Cabe ação declaratória para reconhecimento de tempo de serviço para fins previdenciários.

► Arts. 19, I, do CPC/2015.

243. O benefício da suspensão do processo não é aplicável em relação às infrações penais cometidas em concurso material, concurso formal ou continuidade delitiva, quando a pena mínima cominada, seja pelo somatório seja pela incidência da majorante, ultrapassar o limite de 1 (um) ano.

► Arts. 69 a 71 do CP.
► Art. 89 da Lei nº 9.099, de 26-9-1995 (Lei dos Juizados Especiais).

244. *Superada*. Art. 70, § 4º, do CPP.

245. A notificação destinada a comprovar a mora nas dívidas garantidas por alienação fiduciária dispensa a indicação do valor do débito.

► Art. 2º, § 2º, do Dec.-lei nº 911, de 1-10-1969 (Lei das Alienações Fiduciárias).

246. O valor do seguro obrigatório deve ser deduzido da indenização judicialmente fixada.

► Súmulas nºs 257 e 426 do STJ.

247. O contrato de abertura de crédito em conta-corrente, acompanhado do demonstrativo de débito, constitui documento hábil para o ajuizamento de ação monitória.

► Art. 700, *caput*, I e II, do CPC/2015.
► Súmulas nºs 233 e 258 do STJ.

248. Comprovada a prestação dos serviços, a duplicata não aceita, mas protestada, é título hábil para instruir pedido de falência.

► Lei nº 11.101, de 9-2-2005 (Lei de Recuperação de Empresas e Falências).

249. A Caixa Econômica Federal tem legitimidade passiva para integrar processo em que se discute correção monetária do FGTS.

► Art. 7º da Lei nº 8.036, de 11-5-1990 (Lei do FGTS).
► Súm. nº 445 do STJ.

250. É legítima a cobrança de multa fiscal de empresa em regime de concordata.

► Lei nº 11.101, de 9-2-2005 (Lei de Recuperação de Empresas e Falências).

251. A meação só responde pelo ato ilícito quando o credor, na execução fiscal, provar que o enriquecimento dele resultante aproveitou ao casal.

252. Os saldos das contas do FGTS, pela legislação infraconstitucional, são corrigidos em

SÚMULAS

42,72% (IPC) quanto às perdas de janeiro de 1989 e 44,80% (IPC) quanto às de abril de 1990, acolhidos pelo STJ os índices de 18,02% (LBC) quanto às perdas de junho de 1987, de 5,38% (BTN) para maio de 1990 e 7,00% (TR) para fevereiro de 1991, de acordo com o entendimento do STF (RE nº 226.855-7/RS).

253. O art. 557 do CPC, que autoriza o relator a decidir o recurso, alcança o reexame necessário.

254. A decisão do Juízo Federal que exclui da relação processual ente federal não pode ser reexaminada no Juízo Estadual.

- Súm. nº 150 do STJ.

255. Cabem embargos infringentes contra acórdão, proferido por maioria, em agravo retido, quando se tratar de matéria de mérito.

- Arts. 942 e 1.015 do CPC/2015.

256. *Cancelada*. AgRg nº 792.846/SP, de 21-5-2008 (*DJE* de 9-6-2008).

257. A falta de pagamento do prêmio do seguro obrigatório de Danos Pessoais causados por Veículos Automotores de Vias Terrestres (DPVAT) não é motivo para a recusa do pagamento da indenização.

- Súmulas nºs 246 e 426 do STJ.

258. A nota promissória vinculada a contrato de abertura de crédito não goza de autonomia em razão da iliquidez do título que a originou.

- Art. 784 do CPC/2015.
- Súmulas nºs 233 e 247 do STJ.

259. A ação de prestação de contas pode ser proposta pelo titular de conta-corrente bancária.

- Arts. 550 a 553 do CPC/2015.
- Art. 43, § 2º, do CDC.

260. A convenção de condomínio aprovada, ainda que sem registro, é eficaz para regular as relações entre os condôminos.

- Art. 9º da Lei nº 4.591, de 16-12-1964 (Lei do Condomínio e Incorporações).

261. A cobrança de direitos autorais pela retransmissão radiofônica de músicas, em estabelecimentos hoteleiros, deve ser feita conforme a taxa média de utilização de equipamento, apurada em liquidação.

262. Incide o Imposto de Renda sobre o resultado das aplicações financeiras realizadas pelas cooperativas.

263. *Cancelada*. REsps. nºs 443.143/GO e 470.632/SP, de 27-8-2003 (*DJU* de 24-9-2003).

264. É irrecorrível o ato judicial que apenas manda processar a concordata preventiva.

- Lei nº 11.101, de 9-2-2005 (Lei de Recuperação de Empresas e Falências).

265. É necessária a oitiva do menor infrator antes de decretar-se a regressão da medida socioeducativa.

- Arts. 110 e 112 do ECA.

266. O diploma ou habilitação legal para o exercício do cargo deve ser exigido na posse e não na inscrição para o concurso público.

- Art. 37, I e II, da CF.

267. A interposição de recurso, sem efeito suspensivo, contra decisão condenatória não obsta a expedição de mandado de prisão.

- Art. 637 do CPP.

268. O fiador que não integrou a relação processual na ação de despejo não responde pela execução do julgado.

- Art. 779 do CPC/2015.

269. É admissível a adoção do regime prisional semiaberto aos reincidentes condenados a pena igual ou inferior a quatro anos se favoráveis as circunstâncias judiciais.

- Arts. 35, 59 e 63 do CP.

270. O protesto pela preferência de crédito, apresentado por ente federal em execução que tramita na Justiça Estadual, não desloca a competência para a Justiça Federal.

- Art. 186 do CTN.

271. A correção monetária dos depósitos judiciais independe de ação específica contra o banco depositário.

272. O trabalhador rural, na condição de segurado especial, sujeito à contribuição obrigatória sobre a produção rural comercializada, somente faz jus à aposentadoria por tempo de serviço, se recolher contribuições facultativas.

- Art. 195, § 8º, da CF.
- Arts. 11, VII, 39 e 52 da Lei nº 8.213, de 24-7-1991 (Lei dos Planos de Benefícios da Previdência Social).

273. Intimada a defesa da expedição da carta precatória, torna-se desnecessária intimação da data da audiência no juízo deprecado.

- Art. 222 do CPP.

274. O ISS incide sobre o valor dos serviços de assistência médica, incluindo-se neles as refeições, os medicamentos e as diárias hospitalares.

275. O auxiliar de farmácia não pode ser responsável técnico por farmácia ou drogaria.

276. *Cancelada*. AR nº 3.761/PR, de 12-11-2008 (*DJe* de 20-11-2008).

277. Julgada procedente a investigação de paternidade, os alimentos são devidos a partir da citação.

- Art. 13, § 2º, da Lei nº 5.478, de 25-7-1968 (Lei da Ação de Alimentos).

278. O termo inicial do prazo prescricional, na ação de indenização, é a data em que o segurado teve ciência inequívoca da incapacidade laboral.

- Súmulas nºs 101 e 229 do STJ.

279. É cabível execução por título extrajudicial contra a Fazenda Pública.

280. O art. 35 do Decreto-Lei nº 7.661, de 1945, que estabelece a prisão administrativa, foi revogado pelos incisos LXI e LXVII do art. 5º da Constituição Federal de 1988.

- O Dec.-lei nº 7.661, de 21-6-1945, foi revogado pela Lei nº 11.101, de 9-2-2005 (Lei de Recuperação de Empresas e Falências).

281. A indenização por dano moral não está sujeita a tarifação prevista na Lei de Imprensa.

- O STF julgou procedente a ADPF nº 130-7 (*DOU* de 12-5-2009), para declarar a incompatibilidade da Lei nº 5.250, de 9-2-1967 (Lei de Imprensa), com a CF/1988.

282. Cabe a citação por edital em ação monitória.

- Art. 701, *caput*, do CPC/2015.

283. As empresas administradoras de cartão de crédito são instituições financeiras e, por isso, os juros remuneratórios por elas cobrados não sofrem as limitações da Lei de Usura.

- Art. 4º do Dec. nº 22.626, de 7-4-1933 (Lei da Usura).
- Súm. nº 596 do STF.

284. A purga da mora, nos contratos de alienação fiduciária, só é permitida quando já pagos pelo menos 40% (quarenta por cento) do valor financiado.

- Art. 53 do CDC.
- Art. 3º do Dec.-lei nº 911, de 1º-10-1969 (Lei das Alienações Fiduciárias).

285. Nos contratos bancários posteriores ao Código de Defesa do Consumidor incide a multa moratória nele prevista.

- Art. 52, § 1º, do CDC.

286. A renegociação de contrato bancário ou a confissão da dívida não impede a possibilidade de discussão sobre eventuais ilegalidades dos contratos anteriores.

287. A Taxa Básica Financeira (TBF) não pode ser utilizada como indexador de correção monetária nos contratos bancários.

288. A Taxa de Juros de Longo Prazo (TJLP) pode ser utilizada como indexador de correção monetária nos contratos bancários.

289. A restituição das parcelas pagas a plano de previdência privada deve ser objeto de correção plena, por índice que recomponha a efetiva desvalorização da moeda.

290. Nos planos de previdência privada, não cabe ao beneficiário a devolução da contribuição efetuada pelo patrocinador.

291. A ação de cobrança de parcelas de complementação de aposentadoria pela previdência privada prescreve em cinco anos.

- Súm. nº 427 do STJ.

292. A reconvenção é cabível na ação monitória, após a conversão do procedimento em ordinário.

- Art. 702 do CPC/2015.

293. A cobrança antecipada do Valor Residual Garantido (VRG) não descaracteriza o contrato de arrendamento mercantil.

- Lei nº 6.099, de 12-9-1974 (Lei do Arrendamento Mercantil).

294. Não é potestativa a cláusula contratual que prevê a comissão de permanência, calculada pela taxa média de mercado apurada pelo Banco Central do Brasil, limitada à taxa do contrato.

- Súmulas nºs 30, 296 e 472 do STJ.

295. A Taxa Referencial (TR) é indexador válido para contratos posteriores à Lei nº 8.177/1991, desde que pactuada.

- Lei nº 8.177, de 1º-3-1991, estabelece regras para a desindexação da economia.

296. Os juros remuneratórios, não cumuláveis com a comissão de permanência, são devidos no período de inadimplência, à taxa média de mercado estipulada pelo Banco Central do Brasil, limitada ao percentual contratado.

- Súm. nº 472 do STJ.

297. O Código de Defesa do Consumidor é aplicável às instituições financeiras.

- Art. 3º, § 2º, do CDC.

298. O alongamento de dívida originada de crédito rural não constitui faculdade da instituição financeira, mas, direito do devedor nos termos da lei.

▶ Art. 187 da CF.

299. É admissível a ação monitória fundada em cheque prescrito.

▶ Art. 700, *caput*, I e II, do CPC/2015.

300. O instrumento de confissão de dívida, ainda que originário de contrato de abertura de crédito, constitui título executivo extrajudicial.

▶ Art. 784 do CPC/2015.

301. Em ação investigatória, a recusa do suposto pai a submeter-se ao exame de DNA induz presunção *juris tantum* de paternidade.

▶ Art. 374, IV, do CPC/2015.

302. É abusiva a cláusula contratual de plano de saúde que limita no tempo a internação hospitalar do segurado.

▶ Art. 51, IV, do CDC.

303. Em embargos de terceiro, quem deu causa à constrição indevida deve arcar com os honorários advocatícios.

304. É ilegal a decretação da prisão civil daquele que não assume expressamente o encargo de depositário judicial.

▶ Art. 5º, LXVII, da CF.

305. É descabida a prisão civil do depositário quando, decretada a falência da empresa, sobrevém a arrecadação do bem pelo síndico.

▶ Art. 5º, LXVII, da CF.
▶ Lei nº 11.101, de 9-2-2005 (Lei de Recuperação de Empresas e Falências).
▶ Súm. nº 419 do STJ.

306. Os honorários advocatícios devem ser compensados quando houver sucumbência recíproca, assegurado o direito autônomo do advogado à execução do saldo sem excluir a legitimidade da própria parte.

▶ Art. 23 da Lei nº 8.906, de 4-7-1994 (Estatuto da Advocacia e da OAB).

307. A restituição de adiantamento de contrato de câmbio, na falência, deve ser atendida antes de qualquer crédito.

▶ Art. 75, § 3º, da Lei nº 4.728, de 14-7-1965 (Lei do Mercado de Capitais).

308. A hipoteca firmada entre a construtora e o agente financeiro, anterior ou posterior à celebração da promessa de compra e venda, não tem eficácia perante os adquirentes do imóvel.

▶ Art. 1.420 do CC.

309. O débito alimentar que autoriza a prisão civil do alimentante é o que compreende as três prestações anteriores ao ajuizamento da execução e as que se vencerem no curso do processo.

▶ Súmula com redação alterada. *DJU* de 19-4-2006.
▶ Arts. 528 e 911 do CPC/2015.

310. O auxílio-creche não integra o salário de contribuição.

▶ Art. 28 da Lei nº 8.212, de 24-7-1991 (Lei Orgânica da Seguridade Social).

311. Os atos do presidente do tribunal que disponham sobre processamento e pagamento de precatório não têm caráter jurisdicional.

312. No processo administrativo para imposição de multa de trânsito, são necessárias as notificações da autuação e da aplicação da pena decorrente da infração.

▶ Art. 5º, LV, da CF.
▶ Arts. 280, 281 e 282 do CTB.

313. Em ação de indenização, procedente o pedido, é necessária a constituição de capital ou caução fidejussória para a garantia de pagamento da pensão, independentemente da situação financeira do demandado.

314. Em execução fiscal, não localizados bens penhoráveis, suspende-se o processo por um ano, findo o qual se inicia o prazo da prescrição quinquenal intercorrente.

▶ Art. 40 da Lei nº 6.830, de 22-9-1980 (Lei das Execuções Fiscais).

315. Não cabem embargos de divergência no âmbito do agravo de instrumento que não admite recurso especial.

▶ Art. 1.042 do CPC/2015.
▶ Art. 266 do RISTJ.

316. Cabem embargos de divergência contra acórdão que, em agravo regimental, decide recurso especial.

▶ Art. 266 do RISTJ.

317. É definitiva a execução de título extrajudicial, ainda que pendente apelação contra sentença que julgue improcedentes os embargos.

▶ Art. 1.012, III, do CPC/2015.

318. Formulado pedido certo e determinado, somente o autor tem interesse recursal em arguir o vício da sentença ilíquida.

▶ Art. 490 do CPC/2015.

319. O encargo de depositário de bens penhorados pode ser expressamente recusado.

320. A questão federal somente ventilada no voto vencido não atende ao requisito do prequestionamento.

321. *Cancelada*. REsp 1.536.786-MG (*DJe* 29-2-2016).

322. Para a repetição de indébito, nos contratos de abertura de crédito em conta-corrente, não se exige a prova do erro.

▶ Art. 877 do CC.

323. A inscrição do nome do devedor pode ser mantida nos serviços de proteção ao crédito até o prazo máximo de cinco anos, independentemente da prescrição da execução.

▶ Súmula com a redação alterada. *DJE* de 16-12-2009.
▶ Art. 43, §§ 1º e 5º, do CDC.

324. Compete à Justiça Federal processar e julgar ações de que participa a Fundação Habitacional do Exército, equiparada à entidade autárquica federal, supervisionada pelo Ministério do Exército.

325. A remessa oficial devolve ao Tribunal o reexame de todas as parcelas da condenação suportadas pela Fazenda Pública, inclusive dos honorários de advogado.

▶ Art. 496, II, do CPC/2015.

326. Na ação de indenização por dano moral, a condenação em montante inferior ao postulado na inicial não implica sucumbência recíproca.

327. Nas ações referentes ao Sistema Financeiro da Habitação, a Caixa Econômica Federal tem legitimidade como sucessora do Banco Nacional da Habitação.

328. Na execução contra instituição financeira, é penhorável o numerário disponível, excluídas as reservas bancárias mantidas no Banco Central.

▶ Art. 835, I, do CPC/2015.

329. O Ministério Público tem legitimidade para propor ação civil pública em defesa do patrimônio público.

▶ Art. 129, III, da CF.
▶ Lei nº 7.347, de 24-7-1985 (Lei da Ação Civil Pública).

330. É desnecessária a resposta preliminar de que trata o artigo 514 do Código de Processo Penal, na ação penal instruída por inquérito policial.

331. A apelação interposta contra sentença que julga embargos à arrematação tem efeito meramente devolutivo.

▶ Art. 1.012, III, do CPC/2015.

332. A fiança prestada sem autorização de um dos cônjuges implica a ineficácia total da garantia.

▶ Art. 1.647, III, do CC.

333. Cabe mandado de segurança contra ato praticado em licitação promovida por sociedade de economia mista ou empresa pública.

▶ Arts. 37, XXI, e 173, § 1º, III, da CF.
▶ Lei nº 12.016, de 7-8-2009 (Lei do Mandado de Segurança Individual e Coletivo).
▶ Lei nº 14.133, de 1º-4-2021 (Nova Lei de Licitações e Contratos Administrativos).

334. O ICMS não incide no serviço dos provedores de acesso à Internet.

▶ Art. 2º da LC nº 87, de 13-9-1996 (Lei Kandir – ICMS).

335. Nos contratos de locação, é válida a cláusula de renúncia à indenização das benfeitorias e ao direito de retenção.

▶ Art. 35 da Lei nº 8.245, de 18-10-1991 (Lei das Locações).

336. A mulher que renunciou aos alimentos na separação judicial tem direito à pensão previdenciária por morte do ex-marido, comprovada a necessidade econômica superveniente.

▶ Arts. 201, V, e 226, § 3º, da CF.
▶ Art. 76, §§ 1º e 2º, da Lei nº 8.213, de 24-7-1991 (Lei dos Planos de Benefícios da Previdência Social).

337. É cabível a suspensão condicional do processo na desclassificação do crime e na procedência parcial da pretensão punitiva.

▶ Art. 89 da Lei nº 9.099, de 26-9-1995 (Lei dos Juizados Especiais).

338. A prescrição penal é aplicável nas medidas socioeducativas.

▶ Arts. 109 e 110 do CP.
▶ Arts. 112 e 226 do ECA.

339. É cabível ação monitória contra a Fazenda Pública.

340. A lei aplicável à concessão de pensão previdenciária por morte é aquela vigente na data do óbito do segurado.

▶ Súm. nº 416 do STJ.

341. A frequência a curso de ensino formal é causa de remição de parte do tempo de execução de pena sob regime fechado ou semiaberto.

▶ Arts. 126 a 130 da LEP.

342. No procedimento para aplicação de medida socioeducativa, é nula a desistência de outras provas em face da confissão do adolescente.

▶ Art. 112 do ECA.

343. *Cancelada*. *DJe* de 3-5-2021.

344. A liquidação por forma diversa estabelecida na sentença não ofende a coisa julgada.

345. São devidos honorários advocatícios pela Fazenda Pública nas execuções individuais de sentença proferida em ações coletivas, ainda que não embargadas.

- Art. 85, § 8º, do CPC/2015.
- Art. 1º-D da Lei nº 9.494, de 10-9-1997, que disciplina a aplicação da tutela antecipada contra a Fazenda Pública.

346. É vedada aos militares temporários, para aquisição de estabilidade, a contagem em dobro de férias e licenças não gozadas.

347. O conhecimento de recurso de apelação do réu independe de sua prisão.

- Art. 5º, LV, da CF.
- Art. 387, parágrafo único, do CPP.

348. *Cancelada*. Conflito de Competência nº 107.635/PR (*DJE* de 23-3-2010).

349. Compete à Justiça Federal ou aos juízes com competência delegada o julgamento das execuções fiscais de contribuições devidas pelo empregador ao FGTS.

- Art. 2º da Lei nº 8.844, de 20-1-1994, que dispõe sobre a fiscalização, apuração e cobrança judicial as contribuições e multas devidas ao Fundo de Garantia do Tempo de Serviço (FGTS).

350. O ICMS não incide sobre o serviço de habilitação de telefone celular.

- Art. 2º, III, da LC nº 87, de 13-9-1996 (Lei Kandir – ICMS).

351. A alíquota de contribuição para o Seguro de Acidente do Trabalho (SAT) é aferida pelo grau de risco desenvolvido em cada empresa, individualizada pelo seu CNPJ, ou pelo grau de risco da atividade preponderante quando houver apenas um registro.

- Art. 22, II, da Lei nº 8.212, de 24-7-1991 (Lei Orgânica da Seguridade Social).

352. A obtenção ou a renovação do Certificado de Entidade Beneficente de Assistência Social (CEBAS) não exime a entidade do cumprimento dos requisitos legais supervenientes.

- LC nº 187, de 16-12-2021, dispõe sobre a certificação das entidades beneficentes.
- Art. 195, § 7º, da CF.

353. As disposições do Código Tributário Nacional não se aplicam às contribuições para o FGTS.

354. A invasão do imóvel é causa de suspensão do processo expropriatório para fins de reforma agrária.

- Art. 2º, § 6º, da Lei nº 8.629, de 25-2-1993, que dispõe sobre a regulamentação dos dispositivos constitucionais relativos à reforma agrária.

355. É válida a notificação do ato de exclusão do programa de recuperação fiscal do REFIS pelo *Diário Oficial* ou pela Internet.

356. É legítima a cobrança da tarifa básica pelo uso dos serviços de telefonia fixa.

- Lei nº 9.472, de 16-7-1997, dispõe sobre a organização dos serviços de telecomunicações.

357. *Revogada*. REsp. nº 1.074.799/MG (*DJE* de 22-6-2009).

358. O cancelamento de pensão alimentícia de filho que atingiu a maioridade está sujeito à decisão judicial, mediante contraditório, ainda que nos próprios autos.

359. Cabe ao órgão mantenedor do Cadastro de Proteção ao Crédito a notificação do devedor antes de proceder à inscrição.

- Art. 43, § 2º, do CDC.
- Súm. nº 404 do STJ.

360. O benefício da denúncia espontânea não se aplica aos tributos sujeitos a lançamento por homologação regularmente declarados, mas pagos a destempo.

- Art. 138, *caput*, do CTN.

361. A notificação do protesto, para requerimento de falência da empresa devedora, exige a identificação da pessoa que a recebeu.

- Art. 94, § 3º, da Lei nº 11.101, de 9-2-2005 (Lei de Recuperação de Empresas e Falências).

362. A correção monetária do valor da indenização do dano moral incide desde a data do arbitramento.

363. Compete à Justiça estadual processar e julgar a ação de cobrança ajuizada por profissional liberal contra cliente.

364. O conceito de impenhorabilidade de bem de família abrange também o imóvel pertencente a pessoas solteiras, separadas e viúvas.

- Art. 1º da Lei nº 8.009, de 29-3-1990 (Lei da Impenhorabilidade do Bem de Família).

365. A intervenção da União como sucessora da Rede Ferroviária Federal S/A (RFFSA) desloca a competência para a Justiça Federal ainda que a sentença tenha sido proferida por Juízo estadual.

- Art. 109, I, da CF.
- Súm. nº 505 do STJ.

366. *Cancelada*. Conf. de Comp. nº 101.977/SP (*DJE* de 22-9-2009).

367. A competência estabelecida pela EC nº 45/2004 não alcança os processos já sentenciados.

368. Compete à Justiça comum estadual processar e julgar os pedidos de retificação de dados cadastrais da Justiça Eleitoral.

369. No contrato de arrendamento mercantil (*leasing*), ainda que haja cláusula resolutiva expressa, é necessária a notificação prévia do arrendatário para constituí-lo em mora.

370. Caracteriza dano moral a apresentação antecipada de cheque pré-datado.

- Art. 32, parágrafo único, da Lei nº 7.357, de 2-9-1985 (Lei do Cheque).

371. Nos contratos de participação financeira para a aquisição de linha telefônica, o Valor Patrimonial da Ação (VPA) é apurado com base no balancete do mês da integralização.

- Art. 170, § 1º, I e II, da Lei nº 6.404, de 15-12-1976 (Lei das Sociedades por Ações).

372. Na ação de exibição de documentos, não cabe a aplicação de multa cominatória.

373. É ilegítima a exigência de depósito prévio para admissibilidade de recurso administrativo.

- Art. 5º, XXXIV, *a*, e LV, da CF.
- Art. 151, III, do CTN.

374. Compete à Justiça Eleitoral processar e julgar a ação para anular débito decorrente de multa eleitoral.

- Art. 367, IV, do CE.

375. O reconhecimento da fraude à execução depende do registro da penhora do bem alienado ou da prova de má-fé do terceiro adquirente.

- Arts. 792, IV, e 844 do CPC/2015.

376. Compete à turma recursal processar e julgar o mandado de segurança contra ato de juizado especial.

- Art. 98, I, da CF.
- Art. 21, VI, da LC nº 35, de 14-3-1979 (Lei Orgânica da Magistratura Nacional).
- Art. 41, § 1º, da Lei nº 9.099, de 26-9-1995 (Lei dos Juizados Especiais).

377. O portador de visão monocular tem direito de concorrer, em concurso público, às vagas reservadas aos deficientes.

- Art. 37, VIII, da CF.

378. Reconhecido o desvio de função, o servidor faz jus às diferenças salariais decorrentes.

379. Nos contratos bancários não regidos por legislação específica, os juros moratórios poderão ser convencionados até o limite de 1% ao mês.

- Art. 406 do CC.
- Art. 161, § 1º, do CTN.
- Art. 5º do Dec. nº 22.626, de 7-4-1933 (Lei da Usura).

380. A simples propositura da ação de revisão de contrato não inibe a caracterização da mora do autor.

- Arts. 394 a 401 do CC.

381. Nos contratos bancários, é vedado ao julgador conhecer, de ofício, da abusividade das cláusulas.

- Art. 51 do CDC.

382. A estipulação de juros remuneratórios superiores a 12% ao ano, por si só, não indica abusividade.

383. A competência para processar e julgar as ações conexas de interesse de menor é, em princípio, do foro do domicílio do detentor de sua guarda.

- Art. 147, I, do ECA.

384. Cabe ação monitória para haver saldo remanescente oriundo de venda extrajudicial de bem alienado fiduciariamente em garantia.

- Art. 700, *caput*, I e II, do CPC/2015.

385. Da anotação irregular em cadastro de proteção ao crédito, não cabe indenização por dano moral, quando preexistente legítima inscrição, ressalvado o direito ao cancelamento.

- Art. 43 do CDC.

386. São isentas de imposto de renda as indenizações de férias proporcionais e o respectivo adicional.

- Art. 6º, V, da Lei nº 7.713, de 22-12-1988, que altera a legislação do imposto de renda.
- Súmulas nºs 125 e 136 do STJ.

387. É lícita a cumulação das indenizações de dano estético e dano moral.

- Art. 5º, X, da CF.

388. A simples devolução indevida de cheque caracteriza dano moral.

389. A comprovação do pagamento do "custo do serviço" referente ao fornecimento de certidão de assentamentos constantes dos livros da companhia é requisito de procedibilidade da ação de exibição de documentos ajuizada em face da sociedade anônima.

- Art. 100, § 1º, da Lei nº 6.404, de 15-12-1976 (Lei das Sociedades por Ações).

390. Nas decisões por maioria, em reexame necessário, não se admitem embargos infringentes.

391. O ICMS incide sobre o valor da tarifa de energia elétrica correspondente à demanda de potência efetivamente utilizada.

392. A Fazenda Pública pode substituir a certidão de dívida ativa (CDA) até a prolação da sentença de embargos, quando se tratar de correção de erro material ou formal, vedada a modificação do sujeito passivo da execução.

- Art. 201 do CTN.
- Art. 2º, § 8º, da Lei nº 6.830, de 22-9-1980 (Lei das Execuções Fiscais).

393. A exceção de pré-executividade é admissível na execução fiscal relativamente às matérias conhecíveis de ofício que não demandem dilação probatória.

394. É admissível, em embargos à execução fiscal, compensar os valores de imposto de renda retidos indevidamente na fonte com os valores restituídos apurados na declaração anual.

- Súmula republicada. *DJE* de 21-10-2009.

395. O ICMS incide sobre o valor da venda a prazo constante da nota fiscal.

- Art. 2º, I, do Dec.-lei nº 406, de 31-12-1968, que estabelece normas gerais de direito financeiro, aplicáveis aos impostos sobre operações relativas à circulação de mercadorias e sobre serviços de qualquer natureza.

396. A Confederação Nacional da Agricultura tem legitimidade ativa para a cobrança da contribuição sindical rural.

- Art. 8º, IV, da CF.
- Art. 578 da CLT.

397. O contribuinte do IPTU é notificado do lançamento pelo envio do carnê ao seu endereço.

398. A prescrição da ação para pleitear os juros progressivos sobre os saldos de conta vinculada do FGTS não atinge o fundo de direito, limitando-se às parcelas vencidas.

- Súmulas nºs 154 e 210 do STJ.

399. Cabe à legislação municipal estabelecer o sujeito passivo do IPTU.

- Art. 34 do CTN.

400. O encargo de 20% previsto no Dec.-lei nº 1.025/1969 é exigível na execução fiscal proposta contra a massa falida.

401. O prazo decadencial da ação rescisória só se inicia quando não for cabível qualquer recurso do último pronunciamento judicial.

- Art. 975 do CPC/2015.

402. O contrato de seguro por danos pessoais compreende os danos morais, salvo cláusula expressa de exclusão.

403. Independe de prova do prejuízo a indenização pela publicação não autorizada de imagem de pessoa com fins econômicos ou comerciais.

- Art. 5º, X, da CF.
- Arts. 186 e 927 do CC.

404. É dispensável o aviso de recebimento (AR) na carta de comunicação ao consumidor sobre a negativação de seu nome em bancos de dados e cadastros.

- Art. 43, § 2º, do CDC.
- Súm. nº 359 do STJ.

405. A ação de cobrança de seguro obrigatório (DPVAT) prescreve em três anos.

- Art. 206, § 3º, IX, do CC.

406. A Fazenda Pública pode recusar a substituição do bem penhorado por precatório.

- Arts. 835, XIII, do CPC/2015.
- Art. 15 da Lei nº 6.830, de 22-9-1980 (Lei das Execuções Fiscais).

407. É legítima a cobrança da tarifa de água fixada de acordo com as categorias de usuários e as faixas de consumo.

- Art. 175, parágrafo único, III, da CF.
- Lei nº 8.987, de 13-2-1995 (Lei da Concessão e Permissão da Prestação de Serviços Públicos).

408. *Cancelada. DJe* de 18-11-2020.

409. Em execução fiscal, a prescrição ocorrida antes da propositura da ação pode ser decretada de ofício (art. 219, § 5º, do CPC).

410. A prévia intimação pessoal do devedor constitui condição necessária para a cobrança de multa pelo descumprimento de obrigação de fazer ou não fazer.

- Art. 815 do CPC/2015.

411. É devida a correção monetária ao creditamento do IPI quando há oposição ao seu aproveitamento decorrente de resistência ilegítima do Fisco.

412. A ação de repetição de indébito de tarifas de água e esgoto sujeita-se ao prazo prescricional estabelecido no Código Civil.

- Art. 205 do CC.

413. O farmacêutico pode acumular a responsabilidade técnica por uma farmácia e uma drogaria ou por duas drogarias.

414. A citação por edital na execução fiscal é cabível quando frustradas as demais modalidades.

- Art. 8º, IV, da Lei nº 6.830, de 22-9-1980 (Lei das Execuções Fiscais).

415. O período de suspensão do prazo prescricional é regulado pelo máximo da pena cominada.

- Art. 109 do CP.
- Art. 366 do CPP.

416. É devida a pensão por morte aos dependentes do segurado que, apesar de ter perdido essa qualidade, preencheu os requisitos legais para a obtenção de aposentadoria até a data do seu óbito.

- Arts. 15, 26, I, 74 e 102, § 2º, da Lei nº 8.213, de 24-7-1991 (Lei dos Planos de Benefícios da Previdência Social).
- Súm. nº 340 do STJ.

417. Na execução civil, a penhora de dinheiro na ordem de nomeação de bens não tem caráter absoluto.

- Art. 835, I, do CPC/2015.
- Art. 11, I, da Lei nº 6.830, de 22-9-1980 (Lei das Execuções Fiscais).

418. *Cancelada.* (*DJe* de 1º-8-2016).

419. Descabe a prisão civil do depositário judicial infiel.

- Art. 5º, LXVII, da CF.
- Art. 652 do CC.
- Art. 11 do Dec. nº 592, de 6-7-1992, que promulga o Pacto Internacional sobre Direitos Civis e Políticos.
- Art. 7º, 7, do Pacto de São José da Costa Rica.
- Súm. Vinc. nº 25 do STF.
- Súmulas nºs 304 e 305 do STJ.

420. Incabível, em embargos de divergência, discutir o valor de indenização por danos morais.

- Art. 5º, X, da CF.
- Arts. 366 e 994, IX, do CPC/2015.

421. *Cancelada. Questão de Ordem no REsp. nº 1.108.013/RJ (DJe de 22-4-2024).*

422. O art. 6º, e, da Lei nº 4.380/1964 não estabelece limitação aos juros remuneratórios nos contratos vinculados ao SFH.

- Lei nº 4.380, de 21-8-1964, institui a correção monetária nos contratos imobiliários de interesse social, o sistema financeiro para aquisição da casa própria, cria o Banco Nacional da Habitação (BNH), e Sociedades de Crédito Imobiliário, as Letras Imobiliárias, o Serviço Federal de Habitação e Urbanismo.
- Lei nº 5.741, de 1º-12-1971, dispõe sobre a proteção do financiamento de bens imóveis vinculados ao Sistema Financeiro da Habitação.
- Art. 9º da Lei nº 8.036, de 11-5-1990 (Lei do FGTS).
- Art. 10, I, do Dec.-lei nº 70, de 21-11-1966 (Lei de Execução de Cédula Hipotecária).
- Art. 1º do Dec.-lei nº 2.291, de 21-11-1986, que extingue o Banco Nacional da Habitação – BNH.

423. A Contribuição para Financiamento da Seguridade Social – COFINS incide sobre as receitas provenientes das operações de locação de bens móveis.

- Art. 195 da CF.
- Art. 2º da LC nº 70, de 30-12-1991, que institui contribuição para financiamento da Seguridade Social e eleva a alíquota da contribuição social sobre o lucro das instituições financeiras.
- Art. 1º da Lei nº 10.833, de 29-12-2003, que altera a legislação tributária federal.
- Arts. 8º, § 14, e 25, parágrafo único, da Lei nº 10.865, de 30-4-2004, que dispõe sobre a Contribuição para os Programas de Integração Social e de Formação do Patrimônio do Servidor Público e a Contribuição para o Financiamento da Seguridade Social incidentes sobre a importação de bens e serviços.

424. É legítima a incidência de ISS sobre os serviços bancários congêneres da lista anexa ao Dec.-lei nº 406/1968 e à LC nº 56/1987.

- Art. 156, III, da CF.
- A LC nº 56, de 15-12-1987, foi revogada pela LC nº 116, de 31-7-2003 (Lei do ISS).
- Art. 2º, III, da LC nº 116, de 31-7-2003 (Lei do ISS).
- Dec.-lei nº 406, de 3-12-1968, estabelece normas gerais de direito financeiro, aplicáveis aos Impostos sobre Operações relativas à Circulação de Mercadorias e sobre Serviços de qualquer Natureza.
- Súm. nº 588 do STF.

425. A retenção da contribuição para a seguridade social pelo tomador do serviço não se aplica às empresas optantes pelo SIMPLES.

- LC nº 123, de 14-12-2006 (Estatuto Nacional da Microempresa e da Empresa de Pequeno Porte).
- Art. 31, § 1º, da Lei nº 8.212, de 24-7-1991 (Lei Orgânica da Seguridade Social).

426. Os juros de mora na indenização do seguro DPVAT fluem a partir da citação.

- Arts. 405, 757 e 772 do CC.
- Art. 240 do CPC/2015.
- Súmulas nºs 246 e 257 do STJ.

427. A ação de cobrança de diferenças de valores de complementação de aposentadoria prescreve em cinco anos contados da data do pagamento.

- Art. 75 da LC nº 109, de 29-5-2001 (Lei do Regime de Previdência Complementar).
- Art. 103, parágrafo único, da Lei nº 8.213, de 24-7-1991 (Lei dos Planos de Benefícios da Previdência Social).
- Súm. nº 291 do STJ.

428. Compete ao Tribunal Regional Federal decidir os conflitos de competência entre juizado especial federal e juízo federal da mesma seção judiciária.

- Art. 109, I, *e*, da CF.
- Lei nº 10.259, de 12-7-2001 (Lei dos Juizados Especiais Federais).

429. A citação postal, quando autorizada por lei, exige o aviso de recebimento.

- Arts. 231, I, e 248 do CPC/2015.
- Art. 8º, I a III, da Lei nº 6.830, de 22-9-1980 (Lei das Execuções Fiscais).
- Art. 39, parágrafo único, da Lei nº 9.307, de 23-9-1996 (Lei da Arbitragem).

430. O inadimplemento da obrigação tributária pela sociedade não gera, por si só, a responsabilidade solidária do sócio-gerente.

- Art. 135, III, do CTN.
- Art. 158 da Lei nº 6.404, de 15-12-1976 (Lei das Sociedades por Ações).
- Art. 4º, V, da Lei nº 6.830, de 22-9-1980 (Lei das Execuções Fiscais).

431. É ilegal a cobrança de ICMS com base no valor da mercadoria submetido ao regime de pauta fiscal.

- Art. 148 do CTN.
- Art. 8º da LC nº 87, de 13-9-1996 (Lei Kandir – ICMS).
- Art. 2º, I e II, do Dec.-lei nº 406, de 3-12-1968, que estabelece normas gerais de direito financeiro, aplicáveis aos Impostos sobre Operações relativas à Circulação de Mercadorias e sobre Serviços de qualquer Natureza.

432. As empresas de construção civil não estão obrigadas a pagar ICMS sobre mercadorias adquiridas como insumos em operações interestaduais.

- Art. 3º da LC nº 87, de 13-9-1996 (Lei Kandir – ICMS).

433. O produto semielaborado, para fins de incidência de ICMS, é aquele que preenche cumulativamente os três requisitos do art. 1º da Lei Complementar nº 65/1991.

- LC nº 65, de 15-4-1991, define, na forma da alínea *a* do inciso X do § 2º, do art. 155 da Constituição, os produtos semielaborados que podem ser tributados pelos Estados e Distrito Federal, quando de sua exportação para o exterior.

434. O pagamento da multa por infração de trânsito não inibe a discussão judicial do débito.

- Arts. 286, § 2º, e 288 do CTB.

435. Presume-se dissolvida irregularmente a empresa que deixar de funcionar no seu domicílio fiscal, sem comunicação aos órgãos competentes, legitimando o redirecionamento da execução fiscal para o sócio-gerente.

- Art. 127 do CTN.
- Art. 206 da Lei nº 6.404, de 15-12-1976 (Lei das Sociedades por Ações).
- Art. 4º, V, da Lei nº 6.830, de 22-9-1980 (Lei das Execuções Fiscais).

436. A entrega de declaração pelo contribuinte reconhecendo débito fiscal constitui o crédito tributário, dispensada qualquer outra providência por parte do fisco.

- Arts. 142 e 150 do CTN.
- Art. 15, IV, da Lei nº 9.779, de 19-1-1999, que altera a legislação do IR, relativamente à tributação dos Fundos de Investimento Imobiliário e dos rendimentos auferidos em aplicação ou operação financeira de renda fixa ou variável, ao SIMPLES, à incidência sobre rendimentos de beneficiários no exterior, bem assim a legislação do IPI, relativamente ao aproveitamento de créditos e à equiparação de atacadista a estabelecimento industrial, do IOF, relativamente às operações de mútuo, e da CSLL, relativamente às despesas financeiras.

437. A suspensão da exigibilidade do crédito tributário superior a quinhentos mil reais para opção pelo REFIS pressupõe a homologação expressa do comitê gestor e a constituição de garantia por meio do arrolamento de bens.

- Art. 151, VI, do CTN.
- Art. 64 da Lei nº 9.532, de 10-12-1997, que altera a legislação tributária federal.
- Art. 3º, §§ 4º e 5º, da Lei nº 9.964, de 10-4-2000, que institui o Programa de Recuperação Fiscal – REFIS.
- Art. 23 da Lei nº 10.637, de 30-12-2002, que dispõe sobre a não cumulatividade na cobrança da contribuição para o PIS/PASEP, nos casos que especifica; sobre o pagamento e o parcelamento de débitos tributários federais, a compensação de créditos fiscais, a declaração de inaptidão de inscrição de pessoas jurídicas e a legislação aduaneira.
- Art. 2º da Lei nº 10.684, de 30-7-2003, que dispõe sobre parcelamento de débitos junto à Secretaria da Receita Federal, à Procuradoria-Geral da Fazenda Nacional e ao Instituto Nacional do Seguro Social.

438. É inadmissível a extinção da punibilidade pela prescrição da pretensão punitiva com fundamento em pena hipotética, independentemente da existência ou sorte do processo penal.

- Arts. 107, IV, 109 e 110 do CP.
- Art. 581, VIII, do CPP.
- Súm. nº 241 do TFR.

439. Admite-se o exame criminológico pelas peculiaridades do caso, desde que em decisão motivada.

- Arts. 34 e 97, § 1º, do CP.
- Arts. 8º e 174 da LEP.
- Súm. Vinc. nº 26 do STF.

440. Fixada a pena-base no mínimo legal, é vedado o estabelecimento de regime prisional mais gravoso do que o cabível em razão da sanção imposta, com base apenas na gravidade abstrata do delito.

- Arts. 33, §§ 2º e 3º, 59 e 68 do CP.
- Súm. nº 718 do STF.

441. A falta grave não interrompe o prazo para obtenção de livramento condicional.

- Art. 83 do CP.
- Arts. 49 a 52 e 131 da LEP.
- Súm. nº 535 do STJ.

442. É inadmissível aplicar, no furto qualificado, pelo concurso de agentes, a majorante do roubo.

- Arts. 155, § 4º, IV, e 157, § 2º, II, do CP.

443. O aumento na terceira fase de aplicação da pena no crime de roubo circunstanciado exige fundamentação concreta, não sendo suficiente para a sua exasperação a mera indicação do número de majorantes.

- Arts. 68, parágrafo único, e 157, § 2º, do CP.

444. É vedada a utilização de inquéritos policiais e ações penais em curso para agravar a pena-base.

- Art. 5º, LVII, da CF.
- Arts. 59 e 68 do CP.

445. As diferenças de correção monetária resultantes de expurgos inflacionários sobre os saldos de FGTS têm como termo inicial a data em que deveriam ter sido creditadas.

- LC nº 110, de 29-6-2001, institui contribuições sociais, autoriza créditos de complementos de atualização monetária em contas vinculadas do Fundo de Garantia do Tempo de Serviço – FGTS.
- Lei nº 8.036, de 11-5-1990 (Lei do FGTS).
- Súm. nº 249 do STJ.
- Orientações Jurisprudenciais da SBDI-I nºs 341, 344 e 370 do TST.

446. Declarado e não pago o débito tributário pelo contribuinte, é legítima a recusa de expedição de certidão negativa ou positiva com efeito de negativa.

- Arts. 205 e 206 do CTN.

447. Os Estados e o Distrito Federal são partes legítimas na ação de restituição de imposto de renda retido na fonte proposta por seus servidores.

- Art. 157, I, da CF.
- Art. 43 do CTN.

448. A opção pelo SIMPLES de estabelecimentos dedicados às atividades de creche, pré-escola e ensino fundamental é admitida somente a partir de 24-10-2000, data de vigência da Lei nº 10.034/2000.

- Art. 18, § 5º-B, I, da LC nº 123, de 14-12-2006 (Estatuto Nacional da Microempresa e da Empresa de Pequeno Porte).
- Lei nº 10.034, de 24-10-2000, institui o Sistema Integrado de Imposto e Contribuições das Microempresas e das Empresas de Pequeno Porte – SIMPLES.
- Art. 24 da Lei nº 10.684, de 30-7-2003, que dispõe sobre parcelamento de débitos junto à Secretaria da Receita Federal, à Procuradoria-Geral da Fazenda Nacional e ao Instituto Nacional do Seguro Social.

449. A vaga de garagem que possui matrícula própria no registro de imóveis não constitui bem de família para efeito de penhora.

- Art. 2º da Lei nº 4.591, de 12-12-1964 (Lei do Condomínio e Incorporações).
- Arts. 260 a 265 da Lei nº 6.015, de 31-12-1973 (Lei dos Registros Públicos).
- Art. 1º da Lei nº 8.009, de 29-3-1990 (Lei da Impenhorabilidade do Bem de Família).

450. Nos contratos vinculados ao SFH, a atualização do saldo devedor antecede sua amortização pelo pagamento da prestação.

- Lei nº 4.380, de 21-8-1964, institui a correção monetária nos contratos imobiliários de interesse social, o sistema financeiro para aquisição da casa própria, cria o Banco Nacional da Habitação (BNH), e Sociedades de Crédito Imobiliário, as Letras Imobiliárias, o Serviço Federal de Habitação e Urbanismo.
- Lei nº 5.741, de 1º-12-1971, dispõe sobre a proteção do financiamento de bens imóveis vinculados ao Sistema Financeiro da Habitação.
- Art. 9º da Lei nº 8.036, de 11-5-1990 (Lei do FGTS).
- Art. 10, I, do Dec.-lei nº 70, de 21-11-1966 (Lei de Execução de Cédula Hipotecária).
- Art. 1º do Dec.-lei nº 2.291, de 21-11-1986, que extingue o Banco Nacional da Habitação – BNH.

451. É legítima a penhora da sede do estabelecimento comercial.

- Art. 1.142 do CC.
- Art. 833, V, do CPC/2015.
- Art. 11, § 1º, da Lei nº 6.830, de 22-9-1980 (Lei das Execuções Fiscais).

452. A extinção das ações de pequeno valor é faculdade da Administração Federal, vedada a atuação judicial de ofício.

- Arts. 1º e 1º-A da Lei nº 9.469, de 10-7-1997, que dispõe sobre a intervenção da União nas causas em que figurarem, como autores ou réus, entes da administração indireta e regula os pagamentos devidos pela Fazenda Pública em virtude de sentença judiciária.

453. Os honorários sucumbenciais, quando omitidos em decisão transitada em julgado, não podem ser cobrados em execução ou em ação própria.

- Arts. 85, § 17, 494 e 1.022, II, do CPC/2015.

454. Pactuada a correção monetária nos contratos do SFH pelo mesmo índice aplicável à caderneta de poupança, incide a taxa referencial (TR) a partir da vigência da Lei nº 8.177, de 1º-3-1991.

- Lei nº 4.380, de 21-8-1964, institui a correção monetária nos contratos imobiliários de interesse social, o sistema financeiro para aquisição da casa própria, cria o Banco Nacional da Habitação (BNH), e Sociedades de Crédito Imobiliário, as Letras Imobiliárias, o Serviço Federal de Habitação e Urbanismo.
- Art. 9º, II, da Lei nº 8.036, de 11-5-1990 (Lei do FGTS).
- Lei nº 8.177, de 1º-3-1991, estabelece regras para a desindexação da economia.
- Art. 1º do Dec.-lei nº 2.291, de 21-11-1986, que extingue o Banco Nacional da Habitação – BNH.

455. A decisão que determina a produção antecipada de provas com base no art. 366 do CPP deve ser concretamente fundamentada, não a justificando unicamente o mero decurso do tempo.

456. É incabível a correção monetária dos salários de contribuição considerados no cálculo do salário de benefício de auxílio-doença, aposentadoria por invalidez, pensão ou auxílio-reclusão concedidos antes da vigência da CF/1988.

- Art. 201, § 3º, da CF.

457. Os descontos incondicionais nas operações mercantis não se incluem na base de cálculo do ICMS.

- Art. 155, II, da CF.
- Art. 13, § 1º, II, *a*, da LC nº 87, de 13-9-1996 (Lei Kandir – ICMS).

458. A contribuição previdenciária incide sobre a comissão paga ao corretor de seguros.

- Art. 11, parágrafo único, *a*, da Lei nº 8.212, de 24-7-1991 (Lei Orgânica da Seguridade Social).

459. A Taxa Referencial (TR) é o índice aplicável, a título de correção monetária, aos débitos com o FGTS recolhidos pelo empregador mas não repassados ao fundo.

- Art. 22 da Lei nº 8.036, de 11-5-1990 (Lei do FGTS).
- Lei nº 8.177, de 1º-3-1991, estabelece regras para a desindexação da economia.

460. É incabível o mandado de segurança para convalidar a compensação tributária realizada pelo contribuinte.

- Art. 170 do CTN.
- Lei nº 12.016, de 7-8-2009 (Lei do Mandado de Segurança Individual e Coletivo).

461. O contribuinte pode optar por receber, por meio de precatório ou por compensação, o indébito tributário certificado por sentença declaratória transitada em julgado.

- Art. 100 da CF.
- Arts. 156, II, 165 e 170 do CTN.
- Art. 66, § 2º, da Lei nº 8.383, de 30-12-1991, que institui a Unidade Fiscal de Referência e altera a legislação do Imposto de Renda.

462. Nas ações em que representa o FGTS, a CEF, quando sucumbente, não está isenta de reembolsar as custas antecipadas pela parte vencedora.

- Lei nº 8.036, de 11-5-1990 (Lei do FGTS).
- Art. 24-A, parágrafo único, da Lei nº 9.028, de 12-4-1995, que dispõe sobre o exercício das atribuições institucionais da Advocacia-Geral da União, em caráter emergencial e provisório.

463. Incide imposto de renda sobre os valores percebidos a título de indenização por horas extraordinárias trabalhadas, ainda que decorrentes de acordo coletivo.

- Art. 43, I, do CTN.

464. A regra de imputação de pagamentos estabelecida no art. 354 do Código Civil não se aplica às hipóteses de compensação tributária.

- Art. 170 do CTN.
- Art. 66 da Lei nº 8.383, de 30-12-1991, que institui a Unidade Fiscal de Referência e altera a legislação do Imposto de Renda.
- Art. 74, § 12, da Lei nº 9.430, de 27-12-1996, que dispõe sobre a legislação tributária federal, as contribuições para a seguridade social e o processo administrativo de consulta.

465. Ressalvada a hipótese de efetivo agravamento do risco, a seguradora não se exime do dever de indenizar em razão da transferência do veículo sem a sua prévia comunicação.

- Arts. 757 e 785, § 1º, do CC.

466. O titular da conta vinculada ao FGTS tem o direito de sacar o saldo respectivo quando declarado nulo seu contrato de trabalho por ausência de prévia aprovação em concurso público.

- Art. 37, § 2º, da CF.
- Art. 19-A da Lei nº 8.036, de 11-5-1990 (Lei do FGTS).

467. Prescreve em cinco anos, contados do término do processo administrativo, a pretensão da Administração Pública de promover a execução da multa por infração ambiental.

- Art. 1º-A da Lei nº 9.873, de 23-11-1999, que estabelece prazo de prescrição para o exercício de ação punitiva pela Administração Pública Federal, direta e indireta.
- Art. 1º do Dec. nº 20.910, de 6-1-1932, que regula a prescrição quinquenal.
- Art. 21 do Dec. nº 6.514, de 22-7-2008, que dispõe sobre as infrações e sanções administrativas ao meio ambiente e estabelece o processo administrativo federal para apuração destas infrações.

468. A base de cálculo do PIS, até a edição da MP nº 1.212/1995, era o faturamento ocorrido no sexto mês anterior ao do fato gerador.

- Art. 6º, parágrafo único, da LC nº 7, de 7-9-1970, que institui o Programa de Integração Social.
- Lei nº 9.715, de 25-11-1998, dispõe sobre as contribuições para os Programas de Integração Social e de Formação do Patrimônio do Servidor Público – PIS/PASEP.
- Lei nº 9.718, de 27-11-1998, altera a Legislação Tributária Federal.
- Dec. nº 9.978, de 20-8-2019, dispõe sobre o Fundo PIS-PASEP e institui o Conselho Diretor do Fundo PIS-PASEP.

469. *Cancelada. DJe* de 17-4-2018.

470. *Cancelada. DJe* de 15-6-2015.

471. Os condenados por crimes hediondos ou assemelhados cometidos antes da vigência da Lei nº 11.464/2007 sujeitam-se ao disposto no art. 112 da Lei nº 7.210/1984 (Lei de Execução Penal) para a progressão de regime prisional.

- Art. 5º, XL, da CF.
- Art. 2º, parágrafo único, do CP.
- Art. 2º, §§ 1º e 2º, da Lei nº 8.072, de 25-7-1990 (Lei dos Crimes Hediondos).
- Súm. Vinc. nº 26 do STF.
- Súm. nº 716 do STF.

472. A cobrança de comissão de permanência – cujo valor não pode ultrapassar a soma dos encargos remuneratórios e moratórios previstos no contrato – exclui a exigibilidade dos juros remuneratórios, moratórios e da multa contratual.

- Súmulas nºs 30, 294 e 296 do STJ.

473. O mutuário do SFH não pode ser compelido a contratar o seguro habitacional obrigatório com a instituição financeira mutuante ou com a seguradora por ela indicada.

- Art. 39, I, do CDC.

474. A indenização do seguro DPVAT, em caso de invalidez parcial do beneficiário, será paga de forma proporcional ao grau da invalidez.

- Súm. nº 544 do STJ.

475. Responde pelos danos decorrentes de protesto indevido o endossatário que recebe por endosso translativo título de crédito contendo vício formal extrínseco ou intrínseco, ficando ressalvado seu direito de regresso contra os endossantes e avalistas.

- Arts. 13, § 4º, 14 e 25 da Lei nº 5.474, de 18-7-1968 (Lei das Duplicatas).

476. O endossatário de título de crédito por endosso-mandato só responde por danos decorrentes de protesto indevido se extrapolar os poderes de mandatário.

- Arts. 186, 662 e 917 do CC.
- Art. 26 da Lei nº 7.357, de 2-9-1985 (Lei do Cheque).
- Art. 18, anexo I, do Dec. nº 57.663, de 24-1-1966 (Lei Uniforme em Matéria de Letras de Câmbio e Notas Promissórias).

477. A decadência do art. 26 do CDC não é aplicável à prestação de contas para obter esclarecimentos sobre cobrança de taxas, tarifas e encargos bancários.

478. Na execução de crédito relativo a cotas condominiais, este tem preferência sobre o hipotecário.

479. As instituições financeiras respondem objetivamente pelos danos gerados por fortuito interno relativo a fraudes e delitos praticados por terceiros no âmbito de operações bancárias.

- Art. 927, parágrafo único, do CC.
- Arts. 14, § 3º, II, e 17 do CDC.

480. O juízo da recuperação judicial não é competente para decidir sobre a constrição de bens não abrangidos pelo plano de recuperação da empresa.

- Lei nº 11.101, de 9-2-2005 (Lei de Recuperação de Empresas e Falências).

481. Faz jus ao benefício da justiça gratuita a pessoa jurídica com ou sem fins lucrativos que demonstrar sua impossibilidade de arcar com os encargos processuais.

- Lei nº 1.060, de 5-2-1950 (Lei de Assistência Judiciária).

482. A falta de ajuizamento da ação principal no prazo do art. 806 do CPC acarreta a perda da eficácia da liminar deferida e a extinção do processo cautelar.

- Arts. 308, *caput*, e 309 do CPC/2015.

483. O INSS não está obrigado a efetuar depósito prévio do preparo por gozar das prerrogativas e privilégios da Fazenda Pública.

- Art. 91 do CPC/2015.
- Art. 8º da Lei nº 8.620, de 5-1-1993.
- Súm. nº 178 do STJ.

484. Admite-se que o preparo seja efetuado no primeiro dia útil subsequente, quando a interposição do recurso ocorrer após o encerramento do expediente bancário.

► Art. 1.007 do CPC/2015.

485. A Lei de Arbitragem aplica-se aos contratos que contenham cláusula arbitral, ainda que celebrados antes da sua edição.

► Arts. 337, IX, e 485, VII, do CPC/2015.

► Lei nº 9.307, de 23-9-1996 (Lei da Arbitragem).

486. É impenhorável o único imóvel residencial do devedor que esteja locado a terceiros, desde que a renda obtida com a locação seja revertida para a subsistência ou a moradia da sua família.

► Arts. 1.711 a 1.722 do CC.

► Arts. 832 e 833 do CPC/2015.

► Arts. 1º e 5º da Lei nº 8.009, de 29-3-1990 (Lei da Impenhorabilidade do Bem de Família).

487. O parágrafo único do art. 741 do CPC não se aplica às sentenças transitadas em julgado em data anterior à da sua vigência.

► Art. 5º, XXXVI, da CF.

► Lei nº 11.232, de 22-12-2005.

488. O § 2º do art. 6º da Lei nº 9.469/1997, que obriga à repartição dos honorários advocatícios, é inaplicável a acordos ou transações celebrados em data anterior à sua vigência.

► O referido art. 6º, § 2º, foi revogado pela Lei nº 13.140, de 26-6-2015.

489. Reconhecida a continência, devem ser reunidas na Justiça Federal as ações civis públicas propostas nesta e na Justiça estadual.

► Art. 109, I, da CF.

► Arts. 57 e 66 do CPC/2015.

► Lei nº 7.347, de 24-7-1985 (Lei da Ação Civil Pública).

490. A dispensa de reexame necessário, quando o valor da condenação ou do direito controvertido for inferior a sessenta salários mínimos, não se aplica a sentenças ilíquidas.

► Art. 496, § 3º, do CPC/2015.

491. É inadmissível a chamada progressão *per saltum* de regime prisional.

► Art. 112 da LEP.

492. O ato infracional análogo ao tráfico de drogas, por si só, não conduz obrigatoriamente à imposição de medida socioeducativa de internação do adolescente.

► Art. 122 do ECA.

493. É inadmissível a fixação de pena substitutiva (art. 44 do CP) como condição especial ao regime aberto.

► Art. 44 do CP.

► Art. 115 da LEP.

494. O benefício fiscal do ressarcimento do crédito presumido do IPI relativo às exportações incide mesmo quando as matérias-primas ou os insumos sejam adquiridos de pessoa física ou jurídica não contribuinte do PIS/PASEP.

► Lei nº 9.363, de 13-12-1996, dispõe sobre a instituição de crédito presumido do Imposto sobre Produtos Industrializados, para ressarcimento do valor do PIS/PASEP e COFINS nos casos que especifica.

495. A aquisição de bens integrantes do ativo permanente da empresa não gera direito a creditamento de IPI.

496. Os registros de propriedade particular de imóveis situados em terrenos de marinha não são oponíveis à União.

► Art. 20, VII, da CF.

► Arts. 99 e 1.231 do CC.

► Arts. 1º, *a*, 2º, 3º e 198 do Dec.-lei nº 9.760, de 5-9-1946 (Lei dos Bens Imóveis da União).

497. *Cancelada. DJe* de 19-9-2022.

498. Não incide imposto de renda sobre a indenização por danos morais.

► Art. 43 do CTN.

499. As empresas prestadoras de serviços estão sujeitas às contribuições ao Sesc e Senac, salvo se integradas noutro serviço social.

► Art. 240 da CF.

► Arts. 570 e 577 da CLT.

500. A configuração do crime do art. 244-B do ECA independe da prova da efetiva corrupção do menor, por se tratar de delito formal.

501. É cabível a aplicação retroativa da Lei nº 11.343/2006, desde que o resultado da incidência das suas disposições, na íntegra, seja mais favorável ao réu do que o advindo da aplicação da Lei nº 6.368/1976, sendo vedada a combinação de leis.

► Arts. 2º, parágrafo único, 59, 65, 68 do CP.

► Art. 33, § 4º, da Lei nº 11.343, de 23-8-2006 (Lei Antidrogas).

502. Presentes a materialidade e a autoria, afigura-se típica, em relação ao crime previsto no art. 184, § 2º, do CP, a conduta de expor à venda CDs e DVDs "piratas".

503. O prazo para ajuizamento de ação monitória em face do emitente de cheque sem força executiva é quinquenal, a contar do dia seguinte à data de emissão estampada na cártula.

504. O prazo para ajuizamento de ação monitória em face do emitente de nota promissória sem força executiva é quinquenal, a contar do dia seguinte ao vencimento do título.

505. A competência para processar e julgar as demandas que têm por objeto obrigações decorrentes dos contratos de planos de previdência privada firmados com a Fundação Rede Ferroviária de Seguridade Social – REFER é da Justiça estadual.

► Súm. nº 365 do STJ.

506. A Anatel não é parte legítima nas demandas entre a concessionária e o usuário de telefonia decorrentes de relação contratual.

507. A acumulação de auxílio-acidente com aposentadoria pressupõe que a lesão incapacitante e a aposentadoria sejam anteriores a 11-11-1997, observado o critério do art. 23 da Lei nº 8.213/1991 para definição do momento da lesão nos casos de doença profissional ou do trabalho.

508. A isenção da COFINS concedida pelo art. 6º, II, da LC nº 70/1991 às sociedades civis de prestação de serviços profissionais foi revogada pelo art. 56 da Lei nº 9.430/1996.

509. É lícito ao comerciante de boa-fé aproveitar os créditos de ICMS decorrentes de nota fiscal posteriormente declarada inidônea, quando demonstrada a veracidade da compra e venda.

510. A liberação de veículo retido apenas por transporte irregular de passageiros não está condicionada ao pagamento de multas e despesas.

511. É possível o reconhecimento do privilégio previsto no § 2º do art. 155 do CP nos casos de crime de furto qualificado, se estiverem presentes a primariedade do agente, o pequeno valor da coisa e a qualificadora for de ordem objetiva.

512. *Cancelada.* QO na Pet 11.796/DF (*DJe* de 28-11-2016).

513. A *abolitio criminis* temporária prevista na Lei nº 10.826/2003 aplica-se ao crime de posse de arma de fogo de uso permitido com numeração, marca ou qualquer outro sinal de identificação raspado, suprimido ou adulterado, praticado somente até 23-10-2005.

► Arts. 30 e 32 da Lei nº 10.826, de 22-12-2003 (Estatuto do Desarmamento).

514. A CEF é responsável pelo fornecimento dos extratos das contas individualizadas vinculadas ao FGTS dos trabalhadores participantes do Fundo de Garantia do Tempo de Serviço, inclusive para fins de exibição em juízo, independentemente do período em discussão.

► Art. 24 do Dec. nº 99.684, de 8-11-1990, que dispõe sobre o regulamento do Fundo de Garantia do Tempo de Serviço – FGTS.

515. A reunião de execuções fiscais contra o mesmo devedor constitui faculdade do Juiz.

► Art. 28 da Lei nº 6.830, de 22-9-1980 (Lei das Execuções Fiscais).

516. A contribuição de intervenção no domínio econômico para o INCRA (Decreto-Lei nº 1.110/1970), devida por empregadores rurais e urbanos, não foi extinta pelas Leis nºs 7.787/1989, 8.212/1991 e 8.213/1991, não podendo ser compensada com a contribuição ao INSS.

517. São devidos honorários advocatícios no cumprimento de sentença, haja ou não impugnação, depois de escoado o prazo para pagamento voluntário, que se inicia após a intimação do advogado da parte executada.

► Arts. 82, § 2º, 85, 513 e 523 do CPC/2015.

518. Para fins do art. 105, III, *a*, da Constituição Federal, não é cabível recurso especial fundado em alegada violação de enunciado de súmula.

519. Na hipótese de rejeição da impugnação ao cumprimento de sentença, não são cabíveis honorários advocatícios.

520. O benefício de saída temporária no âmbito da execução penal é ato jurisdicional insuscetível de delegação à autoridade administrativa do estabelecimento prisional.

► Arts. 66, IV, 123 e 124 da Lei nº 7.210, de 11-7-1984 (Lei de Execução Penal).

521. A legitimidade para a execução fiscal de multa pendente de pagamento imposta em sentença condenatória é exclusiva da Procuradoria da Fazenda Pública.

► Art. 51 do CP.

► Art. 1º da Lei 6.830, de 22-9-1980 (Lei das Execuções Fiscais).

522. A conduta de atribuir-se falsa identidade perante autoridade policial é típica, ainda que em situação de alegada autodefesa.

► Arts. 304 e 307 do CP.

523. A taxa de juros de mora incidente na repetição de indébito de tributos estaduais deve corresponder à utilizada para cobrança do tributo pago em atraso, sendo legítima a incidência da taxa Selic, em ambas as hipóteses, quando prevista na legislação local, vedada sua cumulação com quaisquer outros índices.

▶ Art. 161, § 1º, do CTN.

524. No tocante à base de cálculo, o ISSQN incide apenas sobre a taxa de agenciamento quando o serviço prestado por sociedade empresária de trabalho temporário for de intermediação, devendo, entretanto, englobar também os valores dos salários e encargos sociais dos trabalhadores por ela contratados nas hipóteses de fornecimento de mão de obra.

▶ Item 10 da Lista de Serviços Anexa à LC nº 116, de 37-7-2003 (Dispõe sobre o Imposto Sobre Serviços de Qualquer Natureza – ISSQN).

▶ Art. 9º do Dec.-lei nº 406, de 31-12-1968.

525. A Câmara de Vereadores não possui personalidade jurídica, apenas personalidade judiciária, somente podendo demandar em juízo para defender os seus direitos institucionais.

526. O reconhecimento de falta grave decorrente do cometimento de fato definido como crime doloso no cumprimento da pena prescinde do trânsito em julgado de sentença penal condenatória no processo penal instaurado para apuração do fato.

▶ Arts. 52, *caput*, 118, I, da Lei nº 7.210, de 11-7-1984 (Lei de Execução Penal).

527. O tempo de duração da medida de segurança não deve ultrapassar o limite máximo da pena abstratamente cominada ao delito praticado.

▶ Art. 5º, XLVII, *b*, da CF.

▶ Arts. 75, 97, § 1º, 109 e 110 do CP.

528. *Cancelada. DJe* de 24-2-2022.

529. No seguro de responsabilidade civil facultativo, não cabe o ajuizamento de ação pelo terceiro prejudicado direta e exclusivamente em face da seguradora do apontado causador do dano.

▶ Art. 787 do CC.

530. Nos contratos bancários, na impossibilidade de comprovar a taxa de juros efetivamente contratada – por ausência de pactuação ou pela falta de juntada do instrumento aos autos –, aplica-se a taxa média de mercado, divulgada pelo BACEN, praticada nas operações da mesma espécie, salvo se a taxa cobrada for mais vantajosa para o devedor.

▶ Arts. 406 e 591 do CC.

531. Em ação monitória fundada em cheque prescrito ajuizada contra o emitente, é dispensável a menção ao negócio jurídico subjacente à emissão da cártula.

▶ Art. 700, *caput*, I e II, do CPC/2015.

532. Constitui prática comercial abusiva o envio de cartão de crédito sem prévia e expressa solicitação do consumidor, configurando-se ato ilícito indenizável e sujeito à aplicação de multa administrativa.

▶ Art. 39, III, do CDC.

533. Para o reconhecimento da prática de falta disciplinar no âmbito da execução penal, é imprescindível a instauração de procedimento administrativo pelo diretor do estabelecimento prisional, assegurado o direito de defesa, a ser realizado por advogado constituído ou defensor público nomeado.

▶ Arts. 15, 16, 47, 53, 54, 57 e 59, da Lei nº 7.210, de 11-7-1984 (LEP).

534. A prática de falta grave interrompe a contagem do prazo para a progressão de regime de cumprimento de pena, o qual se reinicia a partir do cometimento dessa infração.

▶ Arts. 50, 51, 53, 57, parágrafo único e 127, da Lei nº 7.210, de 11-7-1984 (LEP).

535. A prática de falta grave não interrompe o prazo para fim de comutação de pena ou indulto.

▶ Arts. 127 e 142 da Lei nº 7.210, de 11-7-1984 (LEP).

▶ Súm. nº 441 do STJ.

536. A suspensão condicional do processo e a transação penal não se aplicam na hipótese de delitos sujeitos ao rito da Lei Maria da Penha.

▶ Art. 129, § 9º, do CP.

▶ Art. 89 da Lei nº 9.099, de 26-9-1995 (Lei dos Juizados Especiais).

▶ Art. 41 da Lei nº 11.340, de 7-8-2006 (Lei que Coíbe a Violência Doméstica e Familiar Contra a Mulher).

537. Em ação de reparação de danos, a seguradora denunciada, se aceitar a denunciação ou contestar o pedido do autor, pode ser condenada, direta e solidariamente junto com o segurado, ao pagamento da indenização devida à vítima, nos limites contratados na apólice.

▶ Art. 125, II, do CPC/2015.

538. As administradoras de consórcio têm liberdade para estabelecer a respectiva taxa de administração, ainda que fixada em percentual superior a dez por cento.

539. É permitida a capitalização de juros com periodicidade inferior à anual em contratos celebrados com instituições integrantes do Sistema Financeiro Nacional a partir de 31-3-2000 (MP nº 1.963-17/2000, reeditada como MP nº 2.170-36/2001), desde que expressamente pactuada.

▶ Art. 591 do CC.

▶ Art. 4º do Dec. nº 22.626, de 7-4-1933 (Lei da Usura).

▶ Súmulas nºs 121 e 596 do STF.

540. Na ação de cobrança do seguro DPVAT, constitui faculdade do autor escolher entre os foros do seu domicílio, do local do acidente ou ainda do domicílio do réu.

▶ Arts. 46 e 53 do CPC/2015.

541. A previsão no contrato bancário de taxa de juros anual superior ao duodécuplo da mensal é suficiente para permitir a cobrança da taxa efetiva anual contratada.

▶ Art. 591 do CC.

▶ Art. 4º do Dec. nº 22.626, de 7-4-1933 (Lei da Usura).

▶ Súmulas nºs 121 e 596 do STF.

542. A ação penal relativa ao crime de lesão corporal resultante de violência doméstica contra a mulher é pública incondicionada.

▶ Lei nº 11.340, de 7-8-2006 (Lei que Coíbe a Violência Doméstica e Familiar Contra a Mulher).

543. Na hipótese de resolução de contrato de promessa de compra e venda de imóvel submetido ao Código de Defesa do Consumidor, deve ocorrer a imediata restituição das parcelas pagas pelo promitente comprador – integralmente, em caso de culpa exclusiva do promitente vendedor/construtor, ou parcialmente, caso tenha sido o comprador quem deu causa ao desfazimento.

▶ Art. 51, I e II, do CDC.

544. É válida a utilização de tabela do Conselho Nacional de Seguros Privados para estabelecer a proporcionalidade da indenização do seguro DPVAT ao grau de invalidez também na hipótese de sinistro anterior a 16-12-2008, data da entrada em vigor da Medida Provisória nº 451/2008.

▶ Súm. nº 474 do STJ.

545. Quando a confissão for utilizada para a formação do convencimento do julgador, o réu fará jus à atenuante prevista no art. 65, III, *d*, do Código Penal.

546. A competência para processar e julgar o crime de uso de documento falso é firmada em razão da entidade ou órgão ao qual foi apresentado o documento público, não importando a qualificação do órgão expedidor.

▶ Art. 304 do CP.

547. Nas ações em que se pleiteia o ressarcimento dos valores pagos a título de participação financeira do consumidor no custeio de construção de rede elétrica, o prazo prescricional é de vinte anos na vigência do Código Civil de 1916. Na vigência do Código Civil de 2002, o prazo é de cinco anos se houver previsão contratual de ressarcimento e de três anos na ausência de cláusula nesse sentido, observada a regra de transição disciplinada em seu art. 2.028.

▶ Art. 206, § 3º, IV, § 5º, I, do CC.

548. Incumbe ao credor a exclusão do registro da dívida em nome do devedor no cadastro de inadimplentes no prazo de cinco dias úteis, a partir do integral e efetivo pagamento do débito.

▶ Arts. 43, § 3º, e 73 do CDC.

549. É válida a penhora de bem de família pertencente a fiador de contrato de locação.

▶ Art. 3º, VII da Lei nº 8.009, de 29-3-1990 (Lei da Impenhorabilidade do Bem de Família).

550. A utilização de escore de crédito, método estatístico de avaliação de risco que não constitui banco de dados, dispensa o consentimento do consumidor, que terá o direito de solicitar esclarecimentos sobre as informações pessoais valoradas e as fontes dos dados considerados no respectivo cálculo.

▶ Art. 43 do CDC.

▶ Arts. 3º, § 3º, I e II, 5º, IV, 7º, I e 16 da Lei nº 12.414, de 9-6-2011 (Lei do Cadastro Positivo).

551. Nas demandas por complementação de ações de empresas de telefonia, admite-se a condenação ao pagamento de dividendos e juros sobre capital próprio independentemente de pedido expresso. No entanto, somente quando previstos no título executivo, poderão ser objeto de cumprimento de sentença.

552. O portador de surdez unilateral não se qualifica como pessoa com deficiência para o fim de disputar as vagas reservadas em concursos públicos.

▶ Art. 37, VIII, da CF.

▶ Lei nº 7.853, de 24-10-1989 (Lei de Apoio às Pessoas Portadoras de Deficiência).

553. Nos casos de empréstimo compulsório sobre o consumo de energia elétrica, é competente a Justiça estadual para o julgamento de demanda proposta exclusivamente contra a Eletrobrás. Requerida a intervenção da União no feito após a prolação de sentença pelo juízo estadual, os autos devem ser remetidos ao Tribunal Regional Federal competente para o julgamento da apelação se deferida a intervenção.

- ▸ Art. 5º, *caput*, e parágrafo único da Lei nº 9.469, de 10-7-1997.

554. Na hipótese de sucessão empresarial, a responsabilidade da sucessora abrange não apenas os tributos devidos pela sucedida, mas também as multas moratórias ou punitivas referentes a fatos geradores ocorridos até a data da sucessão.

- ▸ Arts. 113, § 1º, 129, 132, 133 e 139 do CTN.

555. Quando não houver declaração do débito, o prazo decadencial quinquenal para o Fisco constituir o crédito tributário conta-se exclusivamente na forma do art. 173, I, do CTN, nos casos em que a legislação atribui ao sujeito passivo o dever de antecipar o pagamento sem prévio exame da autoridade administrativa.

556. É indevida a incidência de imposto de renda sobre o valor da complementação de aposentadoria pago por entidade de previdência privada e em relação ao resgate de contribuições recolhidas para referidas entidades patrocinadoras no período de 1º-1-1989 a 31-12-1995, em razão da isenção concedida pelo art. 6º, VII, *b*, da Lei nº 7.713/1988, na redação anterior à que lhe foi dada pela Lei nº 9.250/1995.

- ▸ Art. 33 da Lei nº 9.250, de 26-12-1995.

557. A renda mensal inicial (RMI) alusiva ao benefício de aposentadoria por invalidez precedido de auxílio-doença será apurada na forma do art. 36, § 7º, do Decreto nº 3.048/1999, observando-se, porém, os critérios previstos no art. 29, § 5º, da Lei nº 8.213/1991, quando intercalados períodos de afastamento e de atividade laboral.

558. Em ações de execução fiscal, a petição inicial não pode ser indeferida sob o argumento da falta de indicação do CPF e/ou RG ou CNPJ da parte executada.

- ▸ Art. 319, II, do CPC/2015.
- ▸ Art. 6º da Lei nº 6.830, de 22-9-1980.
- ▸ Art. 15 da Lei nº 11.419, de 19-12-2006.

559. Em ações de execução fiscal, é desnecessária a instrução da petição inicial com o demonstrativo de cálculo do débito, por tratar-se de requisito não previsto no art. 6º da Lei nº 6.830/1980.

560. A decretação da indisponibilidade de bens e direitos, na forma do art. 185-A do CTN, pressupõe o exaurimento das diligências na busca por bens penhoráveis, o qual fica caracterizado quando infrutíferos o pedido de constrição sobre ativos financeiros e a expedição de ofícios aos registros públicos do domicílio do executado, ao DENATRAN ou DETRAN.

561. Os Conselhos Regionais de Farmácia possuem atribuição para fiscalizar e autuar as farmácias e drogarias quanto ao cumprimento da exigência de manter profissional legalmente habilitado (farmacêutico) durante todo o período de funcionamento dos respectivos estabelecimentos.

562. É possível a remição de parte do tempo de execução da pena quando o condenado, em regime fechado ou semiaberto, desempenha atividade laborativa, ainda que extramuros.

563. O Código de Defesa do Consumidor é aplicável às entidades abertas de previdência complementar, não incidindo nos contratos previdenciários celebrados com entidades fechadas.

564. No caso de reintegração de posse em arrendamento mercantil financeiro, quando a soma da importância antecipada a título de valor residual garantido (VRG) com o valor da venda do bem ultrapassar o total do VRG previsto contratualmente, o arrendatário terá direito de receber a respectiva diferença, cabendo, porém, se estipulado no contrato, o prévio desconto de outras despesas ou encargos pactuados.

565. A pactuação das tarifas de abertura de crédito (TAC) e de emissão de carnê (TEC), ou outra denominação para o mesmo fato gerador, é válida apenas nos contratos bancários anteriores ao início da vigência da Resolução-CMN n. 3.518/2007, em 30/4/2008.

566. Nos contratos bancários posteriores ao início da vigência da Resolução-CMN n. 3.518/2007, em 30/4/2008, pode ser cobrada a tarifa de cadastro no início do relacionamento entre o consumidor e a instituição financeira.

567. Sistema de vigilância realizado por monitoramento eletrônico ou por existência de segurança no interior de estabelecimento comercial, por si só, não torna impossível a configuração do crime de furto.

568. O relator, monocraticamente e no Superior Tribunal de Justiça, poderá dar ou negar provimento ao recurso quando houver entendimento dominante acerca do tema.

569. Na importação, é indevida a exigência de nova certidão negativa de débito no desembaraço aduaneiro, se já apresentada a comprovação da quitação de tributos federais quando da concessão do benefício relativo ao regime de *drawback*.

570. Compete à Justiça Federal o processo e julgamento de demanda em que se discute a ausência de ou o obstáculo ao credenciamento de instituição particular de ensino superior no Ministério da Educação como condição de expedição de diploma de ensino a distância aos estudantes.

571. A taxa progressiva de juros não se aplica às contas vinculadas ao FGTS de trabalhadores qualificados como avulsos. (Súmula nº 571, PRIMEIRA SEÇÃO, julgado em 27-4-2016, *DJe* 2-5-2016)

572. O Banco do Brasil, na condição de gestor do Cadastro de Emitentes de Cheques sem Fundos (CCF), não tem a responsabilidade de notificar previamente o devedor acerca da sua inscrição no aludido cadastro, tampouco legitimidade passiva para as ações de reparação de danos fundadas na ausência de prévia comunicação.

573. Nas ações de indenização decorrente de seguro DPVAT, a ciência inequívoca do caráter permanente da invalidez, para fins de contagem do prazo prescricional, depende de laudo médico, exceto nos casos de invalidez permanente notória ou naqueles em que o conhecimento anterior resulte comprovado na fase de instrução.

574. Para a configuração do delito de violação de direito autoral e a comprovação de sua materialidade, é suficiente a perícia realizada por amostragem do produto apreendido, nos aspectos externos do material, e é desnecessária a identificação dos titulares dos direitos autorais violados ou daqueles que os representem.

575. Constitui crime a conduta de permitir, confiar ou entregar a direção de veículo automotor a pessoa que não seja habilitada, ou que se encontre em qualquer das situações previstas no art. 310 do CTB, independentemente da ocorrência de lesão ou de perigo de dano concreto na condução do veículo.

576. Ausente requerimento administrativo no INSS, o termo inicial para a implantação da aposentadoria por invalidez concedida judicialmente será a data da citação válida.

- ▸ Art. 43 da Lei nº 8.213, de 24-7-1991 (Lei dos Planos de Benefícios da Previdência Social).
- ▸ Art. 44 do Dec. nº 3.048, de 6-5-1999 (Regulamento da Previdência Social).

577. É possível reconhecer o tempo de serviço rural anterior ao documento mais antigo apresentado, desde que amparado em convincente prova testemunhal colhida sob o contraditório.

- ▸ Art. 106 da Lei nº 8.213, de 24-7-1991 (Lei dos Planos de Benefícios da Previdência Social).
- ▸ Art. 56, § 1º, do Dec. nº 3.048, de 6-5-1999 (Regulamento da Previdência Social).

578. Os empregados que laboram no cultivo da cana-de-açúcar para empresa agroindustrial ligada ao setor sucroalcooleiro detêm a qualidade de rurícola, ensejando a isenção do FGTS desde a edição da Lei Complementar nº 11/1971 até a promulgação da Constituição Federal de 1988.

579. Não é necessário ratificar o recurso especial interposto na pendência do julgamento dos embargos de declaração, quando inalterado o resultado anterior.

580. A correção monetária nas indenizações do seguro DPVAT por morte ou invalidez, prevista no § 7º do art. 5º da Lei nº 6.194/1974, redação dada pela Lei nº 11.482/2007, incide desde a data do evento danoso.

- ▸ A Lei nº 6.194, de 19-12-1974, foi revogada pela LC nº 207, de 16-5-2024.

581. A recuperação judicial do devedor principal não impede o prosseguimento das ações e execuções ajuizadas contra terceiros devedores solidários ou coobrigados em geral, por garantia cambial, real ou fidejussória.

582. Consuma-se o crime de roubo com a inversão da posse do bem mediante emprego de violência ou grave ameaça, ainda que por breve tempo e em seguida à perseguição imediata ao agente e recuperação da coisa roubada, sendo prescindível a posse mansa e pacífica ou desvigiada.

583. O arquivamento provisório previsto no art. 20 da Lei nº 10.522/2002, dirigido aos débitos inscritos como dívida ativa da União pela Procuradoria-Geral da Fazenda Nacional ou por ela cobrados, não se aplica às execuções fiscais movidas pelos conselhos de fiscalização profissional ou pelas autarquias federais.

584. As sociedades corretoras de seguros, que não se confundem com as sociedades de valores mobiliários ou com os agentes autônomos de seguro privado, estão fora do rol de entidades constantes do art. 22, § 1º, da Lei nº 8.212/1991, não se sujeitando à majoração da alíquota da COFINS prevista no art. 18 da Lei nº 10.684/2003.

585. A responsabilidade solidária do ex-proprietário, prevista no art. 134 do Código de Trânsito Brasileiro – CTB, não abrange o IPVA incidente sobre o veículo automotor, no que se refere ao período posterior à sua alienação.

586. A exigência de acordo entre o credor e o devedor na escolha do agente fiduciário aplica-se, exclusivamente, aos contratos não vinculados ao Sistema Financeiro da Habitação – SFH.

587. Para a incidência da majorante prevista no art. 40, V, da Lei nº 11.343/2006, é desnecessária a efetiva transposição de fronteiras entre estados da Federação, sendo suficiente a demonstração inequívoca da intenção de realizar o tráfico interestadual.

588. A prática de crime ou contravenção penal contra a mulher com violência ou grave ameaça no ambiente doméstico impossibilita a substituição da pena privativa de liberdade por restritiva de direitos.

589. É inaplicável o princípio da insignificância nos crimes ou contravenções penais praticados contra a mulher no âmbito das relações domésticas.

590. Constitui acréscimo patrimonial a atrair a incidência do imposto de renda, em caso de liquidação de entidade de previdência privada, a quantia que couber a cada participante, por rateio do patrimônio, superior ao valor das respectivas contribuições à entidade em liquidação, devidamente atualizadas e corrigidas.

591. É permitida a "prova emprestada" no processo administrativo disciplinar, desde que devidamente autorizada pelo juízo competente e respeitados o contraditório e a ampla defesa.

592. O excesso de prazo para a conclusão do processo administrativo disciplinar só causa nulidade se houver demonstração de prejuízo à defesa.

593. O crime de estupro de vulnerável se configura com a conjunção carnal ou prática de ato libidinoso com menor de 14 anos, sendo irrelevante eventual consentimento da vítima para a prática do ato, sua experiência sexual anterior ou existência de relacionamento amoroso com o agente.

594. O Ministério Público tem legitimidade ativa para ajuizar ação de alimentos em proveito de criança ou adolescente independentemente do exercício do poder familiar dos pais, ou do fato de o menor se encontrar nas situações de risco descritas no art. 98 do Estatuto da Criança e do Adolescente, ou de quaisquer outros questionamentos acerca da existência ou eficiência da Defensoria Pública na comarca.

595. As instituições de ensino superior respondem objetivamente pelos danos suportados pelo aluno/consumidor pela realização de curso não reconhecido pelo Ministério da Educação, sobre o qual não lhe tenha sido dada prévia e adequada informação.

596. A obrigação alimentar dos avós tem natureza complementar e subsidiária, somente se configurando no caso de impossibilidade total ou parcial de seu cumprimento pelos pais.

597. A cláusula contratual de plano de saúde que prevê carência para utilização dos serviços de assistência médica nas situações de emergência ou de urgência é considerada abusiva se ultrapassado o prazo máximo de 24 horas contado da data da contratação.

598. É desnecessária a apresentação de laudo médico oficial para o reconhecimento judicial da isenção do imposto de renda, desde que o magistrado entenda suficientemente demonstrada a doença grave por outros meios de prova.

599. O princípio da insignificância é inaplicável aos crimes contra a administração pública.

600. Para a configuração da violência doméstica e familiar prevista no artigo 5º da Lei nº 11.340/2006 (Lei Maria da Penha) não se exige a coabitação entre autor e vítima.

601. O Ministério Público tem legitimidade ativa para atuar na defesa de direitos difusos, coletivos e individuais homogêneos dos consumidores, ainda que decorrentes da prestação de serviço público.

602. O Código de Defesa do Consumidor é aplicável aos empreendimentos habitacionais promovidos pelas sociedades cooperativas.

603. *Cancelada. DJe* de 27-8-2018.

604. O mandado de segurança não se presta para atribuir efeito suspensivo a recurso criminal interposto pelo Ministério Público.

605. A superveniência da maioridade penal não interfere na apuração de ato infracional nem na aplicabilidade de medida socioeducativa em curso, inclusive na liberdade assistida, enquanto não atingida a idade de 21 anos.

606. Não se aplica o princípio da insignificância a casos de transmissão clandestina de sinal de internet via radiofrequência, que caracteriza o fato típico previsto no art. 183 da Lei nº 9.472/1997.

607. A majorante do tráfico transnacional de drogas (art. 40, I, da Lei nº 11.343/2006) configura-se com a prova da destinação internacional das drogas, ainda que não consumada a transposição de fronteiras.

608. Aplica-se o Código de Defesa do Consumidor aos contratos de plano de saúde, salvo os administrados por entidades de autogestão.

609. A recusa de cobertura securitária, sob a alegação de doença preexistente, é ilícita se não houve a exigência de exames médicos prévios à contratação ou a demonstração de má-fé do segurado.

610. O suicídio não é coberto nos dois primeiros anos de vigência do contrato de seguro de vida, ressalvado o direito do beneficiário à devolução do montante da reserva técnica formada.

611. Desde que devidamente motivada e com amparo em investigação ou sindicância, é permitida a instauração de processo administrativo disciplinar com base em denúncia anônima, em face do poder-dever de autotutela imposto à Administração.

612. O certificado de entidade beneficente de assistência social (CEBAS), no prazo de sua validade, possui natureza declaratória para fins tributários, retroagindo seus efeitos à data em que demonstrado o cumprimento dos requisitos estabelecidos por lei complementar para a fruição da imunidade.

613. Não se admite a aplicação da teoria do fato consumado em tema de Direito Ambiental.

614. O locatário não possui legitimidade ativa para discutir a relação jurídico-tributária de IPTU e de taxas referentes ao imóvel alugado nem para repetir indébito desses tributos.

615. Não pode ocorrer ou permanecer a inscrição do município em cadastros restritivos fundada em irregularidades na gestão anterior quando, na gestão sucessora, são tomadas as providências cabíveis à reparação dos danos eventualmente cometidos.

616. A indenização securitária é devida quando ausente a comunicação prévia do segurado acerca do atraso no pagamento do prêmio, por constituir requisito essencial para a suspensão ou resolução do contrato de seguro.

617. A ausência de suspensão ou revogação do livramento condicional antes do término do período de prova enseja a extinção da punibilidade pelo integral cumprimento da pena.

618. A inversão do ônus da prova aplica-se às ações de degradação ambiental.

619. A ocupação indevida de bem público configura mera detenção, de natureza precária, insuscetível de retenção ou indenização por acessões e benfeitorias.

620. A embriaguez do segurado não exime a seguradora do pagamento da indenização prevista em contrato de seguro de vida.

621. Os efeitos da sentença que reduz, majora ou exonera o alimentante do pagamento retroagem à data da citação, vedadas a compensação e a repetibilidade.

622. A notificação do auto de infração faz cessar a contagem da decadência para a constituição do crédito tributário; exaurida a instância administrativa com o decurso do prazo para a impugnação ou com a notificação de seu julgamento definitivo e esgotado o prazo concedido pela Administração para o pagamento voluntário, inicia-se o prazo prescricional para a cobrança judicial.

623. As obrigações ambientais possuem natureza *propter rem*, sendo admissível cobrá-las do proprietário ou possuidor atual e/ou dos anteriores, à escolha do credor.

624. É possível cumular a indenização do dano moral com a reparação econômica da Lei nº 10.559/2002 (Lei da Anistia Política).

625. O pedido administrativo de compensação ou de restituição não interrompe o prazo prescricional para a ação de repetição de indébito tributário de que trata o art. 168 do CTN nem o da execução de título judicial contra a Fazenda Pública.

626. A incidência do IPTU sobre imóvel situado em área considerada pela lei local como urbanizável ou de expansão urbana não está condicionada à existência dos melhoramentos elencados no art. 32, § 1º, do CTN.

627. O contribuinte faz jus à concessão ou à manutenção da isenção do imposto de renda, não se lhe exigindo a demonstração da contemporaneidade dos sintomas da doença nem da recidiva da enfermidade.

628. A teoria da encampação é aplicada no mandado de segurança quando presentes, cumulativamente, os seguintes requisitos:
a) existência de vínculo hierárquico entre a autoridade que prestou informações e a que ordenou a prática do ato impugnado;
b) manifestação a respeito do mérito nas informações prestadas; e
c) ausência de modificação de competência estabelecida na Constituição Federal.

629. Quanto ao dano ambiental, é admitida a condenação do réu à obrigação de fazer ou à de não fazer cumulada com a de indenizar.

630. A incidência da atenuante da confissão espontânea no crime de tráfico ilícito de entorpecentes exige o reconhecimento da traficância pelo acusado, não bastando a mera admissão da posse ou propriedade para uso próprio.

631. O indulto extingue os efeitos primários da condenação (pretensão executória), mas não atinge os efeitos secundários, penais ou extrapenais.

632. Nos contratos de seguro regidos pelo Código Civil, a correção monetária sobre a indenização securitária incide a partir da contratação até o efetivo pagamento.

633. A Lei nº 9.784/1999, especialmente no que diz respeito ao prazo decadencial para a revisão de atos administrativos no âmbito da Administração Pública federal, pode ser aplicada, de forma subsidiária, aos estados e municípios, se inexistente norma local e específica que regule a matéria.

634. Ao particular aplica-se o mesmo regime prescricional previsto na Lei de Improbidade Administrativa para o agente público.

635. Os prazos prescricionais previstos no art. 142 da Lei nº 8.112/1990 iniciam-se na data em que a autoridade competente para a abertura do procedimento administrativo toma conhecimento do fato, interrompem-se com o primeiro ato de instauração válido – sindicância de caráter punitivo ou processo disciplinar – e voltam a fluir por inteiro, após decorridos 140 dias desde a interrupção.

636. A folha de antecedentes criminais é documento suficiente a comprovar os maus antecedentes e a reincidência.

637. O ente público detém legitimidade e interesse para intervir, incidentalmente, na ação possessória entre particulares, podendo deduzir qualquer matéria defensiva, inclusive, se for o caso, o domínio.

638. É abusiva a cláusula contratual que restringe a responsabilidade de instituição financeira pelos danos decorrentes de roubo, furto ou extravio de bem entregue em garantia no âmbito de contrato de penhor civil.

639. Não fere o contraditório e o devido processo decisão que, sem ouvida prévia da defesa, determine transferência ou permanência de custodiado em estabelecimento penitenciário federal.

640. O benefício fiscal que trata do Regime Especial de Reintegração de Valores Tributários para as Empresas Exportadoras (REINTEGRA) alcança as operações de venda de mercadorias de origem nacional para a Zona Franca de Manaus, para consumo, industrialização ou reexportação para o estrangeiro.

641. A portaria de instauração do processo administrativo disciplinar prescinde da exposição detalhada dos fatos a serem apurados.

642. O direito à indenização por danos morais transmite-se com o falecimento do titular, possuindo os herdeiros da vítima legitimidade ativa para ajuizar ou prosseguir a ação indenizatória.

643. A execução da pena restritiva de direitos depende do trânsito em julgado da condenação.

644. O núcleo de prática jurídica deve apresentar o instrumento de mandato quando constituído pelo réu hipossuficiente, salvo nas hipóteses em que é nomeado pelo juízo.

645. O crime de fraude à licitação é formal, e sua consumação prescinde da comprovação do prejuízo ou da obtenção de vantagem.

646. É irrelevante a natureza da verba trabalhista para fins de incidência da contribuição ao FGTS, visto que apenas as verbas elencadas em lei (art. 28, § 9º, da Lei nº 8.212/1991), em rol taxativo, estão excluídas da sua base de cálculo, por força do disposto no art. 15, § 6º, da Lei nº 8.036/1990.

647. São imprescritíveis as ações indenizatórias por danos morais e materiais decorrentes de atos de perseguição política com violação de direitos fundamentais ocorridos durante o regime militar.

648. A superveniência da sentença condenatória prejudica o pedido de trancamento da ação penal por falta de justa causa feito em *habeas corpus*.

649. Não incide ICMS sobre o serviço de transporte interestadual de mercadorias destinadas ao exterior.

650. A autoridade administrativa não dispõe de discricionariedade para aplicar ao servidor pena diversa de demissão quando caracterizadas as hipóteses previstas no art. 132 da Lei nº 8.112/1990.

651. Compete à autoridade administrativa aplicar a servidor público a pena de demissão em razão da prática de improbidade administrativa, independentemente de prévia condenação, por autoridade judiciária, à perda da função pública.

652. A responsabilidade civil da Administração Pública por danos ao meio ambiente, decorrente de sua omissão no dever de fiscalização, é de caráter solidário, mas de execução subsidiária.

653. O pedido de parcelamento fiscal, ainda que indeferido, interrompe o prazo prescricional, pois caracteriza confissão extrajudicial do débito.

654. A tabela de preços máximos ao consumidor (PMC) publicada pela ABCFarma, adotada pelo FISCO para a fixação da base de cálculo do ICMS na sistemática da substituição tributária, não se aplica aos medicamentos destinados exclusivamente para uso de hospitais e clínicas.

655. Aplica-se à união estável contraída por septuagenário o regime da separação obrigatória de bens, comunicando-se os adquiridos na constância, quando comprovado o esforço comum.

656. É válida a cláusula de prorrogação automática de fiança na renovação do contrato principal. A exoneração do fiador depende da notificação prevista no art. 835 do Código Civil.

657. Atendidos os requisitos de segurada especial no RGPS e do período de carência, a indígena menor de 16 anos faz jus ao salário-maternidade.

658. O crime de apropriação indébita tributária pode ocorrer tanto em operações próprias, como em razão de substituição tributária.

659. A fração de aumento em razão da prática de crime continuado deve ser fixada de acordo com o número de delitos cometidos, aplicando-se 1/6 pela prática de duas infrações, 1/5 para três, 1/4 para quatro, 1/3 para cinco, 1/2 para seis e 2/3 para sete ou mais infrações.

660. A posse, pelo apenado, de aparelho celular ou de seus componentes essenciais constitui falta grave.

661. A falta grave prescinde da perícia do celular apreendido ou de seus componentes essenciais.

662. Para a prorrogação do prazo de permanência no sistema penitenciário federal, é prescindível a ocorrência de fato novo; basta constar, em decisão fundamentada, a persistência dos motivos que ensejaram a transferência inicial do preso.

663. A pensão por morte de servidor público federal pode ser concedida ao filho inválido de qualquer idade, desde que a invalidez seja anterior ao óbito.

664. É inaplicável a consunção entre o delito de embriaguez ao volante e o de condução de veículo automotor sem habilitação.

665. O controle jurisdicional do processo administrativo disciplinar restringe-se ao exame da regularidade do procedimento e da legalidade do ato, à luz dos princípios do contraditório, da ampla defesa e do devido processo legal, não sendo possível incursão no mérito administrativo, ressalvadas as hipóteses de flagrante ilegalidade, teratologia ou manifesta desproporcionalidade da sanção aplicada.

666. *A legitimidade passiva, em demandas que visam à restituição de contribuições de terceiros, está vinculada à capacidade tributária ativa; assim, nas hipóteses em que as entidades terceiras são meras destinatárias das contribuições, não possuem elas legitimidade* ad causam *para figurar no polo passivo, juntamente com a União.*

667. *Eventual aceitação de proposta de suspensão condicional do processo não prejudica a análise do pedido de trancamento de ação penal.*

668. *Não é hediondo o delito de porte ou posse de arma de fogo de uso permitido, ainda que com numeração, marca ou qualquer outro sinal de identificação raspado, suprimido ou adulterado.*

669. *O fornecimento de bebida alcoólica a criança ou adolescente, após o advento da Lei* *nº 13.106, de 17 de março de 2015, configura o crime previsto no art. 243 do ECA.*

***670.** Nos crimes sexuais cometidos contra a vítima em situação de vulnerabilidade temporária, em que ela recupera suas capacidades físicas e mentais e o pleno discernimento para decidir acerca da persecução penal de seu ofensor, a ação penal é pública condicionada à representação se o fato houver sido praticado na vigência da redação conferida ao art. 225 do Código Penal pela Lei nº 12.015, de 2009.*

***671.** Não incide o IPI quando sobrevém furto ou roubo do produto industrializado após sua saída do estabelecimento industrial ou equiparado e antes de sua entrega ao adquirente.*

***672.** A alteração da capitulação legal da conduta do servidor, por si só, não enseja a nulidade do processo administrativo disciplinar.*

***673.** A comprovação da regular notificação do executado para o pagamento da dívida de anuidade de conselhos de classe ou, em caso de recurso, o esgotamento das instâncias administrativas são requisitos indispensáveis à constituição e execução do crédito.*

***674.** A autoridade administrativa pode se utilizar de fundamentação per relationem nos processos disciplinares.*

***675.** É legítima a atuação dos órgãos de defesa do consumidor na aplicação de sanções administrativas previstas no CDC quando a conduta praticada ofender direito consumerista, o que não exclui nem inviabiliza a atuação do órgão ou entidade de controle quando a atividade é regulada.*

***676.** Em razão da Lei nº 13.964/2019, não é mais possível ao juiz, de ofício, decretar ou converter prisão em flagrante em prisão preventiva.*

SÚMULAS

SÚMULAS DO SUPERIOR TRIBUNAL MILITAR

1. *Cancelada.* (*DJU* de 24-4-1995).

2. *Cancelada.* (*DJU* de 24-4-1995).

3. Não constituem excludentes de culpabilidade, nos crimes de deserção e insubmissão, alegações de ordem particular ou familiar desacompanhadas de provas.

4. *Cancelada.* (*DJU* de 24-4-1995).

5. A desclassificação de crime capitulado na denúncia pode ser operada pelo Tribunal ou pelos Conselhos de Justiça, mesmo sem manifestação neste sentido do Ministério Público Militar nas alegações finais, desde quando importe em benefício para o réu e conste da matéria fática.

▶ Art. 437, *a*, do CPPM.

6. *Cancelada.* (*DJU* de 24-4-1995).

7. O crime de insubmissão, capitulado no art. 183 do CPM, caracteriza-se quando provado de maneira inconteste o conhecimento pelo conscrito da data e local de sua apresentação para incorporação, através de documento hábil constante dos autos. A confissão do indigitado insubmisso deverá ser considerada no quadro do conjunto probatório.

8. O desertor sem estabilidade e o insubmisso que, por apresentação voluntária ou em razão de captura, forem julgado em inspeção de saúde, para fins de reinclusão ou incorporação, incapazes para o Serviço Militar, podem ser isentos do processo, após o pronunciamento do representante do Ministério Público.

▶ Arts. 457, § 2º, e 464 do CPPM.

9. A Lei nº 9.099, de 26-9-1995, que dispõe sobre os Juízos Especiais Cíveis e Criminais e dá outras providências, não se aplica à Justiça Militar da União.

▶ Art. 142 da CF.

10. *Cancelada. DJe* 13-6-2018.

11. O recolhimento à prisão, como condição para apelar (art. 527 do CPPM), aplica-se ao réu foragido e, tratando-se de revel, só é aplicável se a sentença houver negado o direito de apelar em liberdade.

▶ Súm. nº 347 do STJ.

12. A praça sem estabilidade não pode ser denunciada por deserção sem ter readquirido o *status* de militar, condição de procedibilidade para a *persecutio criminis*, através da reinclusão. Para a praça estável, a condição de procedibilidade é a reversão ao serviço ativo.

▶ Art. 457, §§ 1º e 3º, do CPPM.

13. A declaração de extinção de punibilidade em IPI, IPD e IPM deve ser objeto de decisão, que, também, determinará o arquivamento dos autos.

14. Tendo em vista a especialidade da legislação militar, a Lei nº 11.343, de 23 de agosto de 2006, que instituiu o Sistema Nacional de Políticas Públicas sobre Drogas, não se aplica à Justiça Militar da União.

15. *Cancelada.* (*DOU* de 17-5-2016).

16. A suspensão condicional da pena (sursis) não é espécie de pena; portanto, o transcurso do período de prova, estabelecido em audiência admonitória, não atende ao requisito objetivo exigível para a declaração de extinção da punibilidade pelo indulto.

17. Compete aos Conselhos Especial e Permanente de Justiça processar e julgar acusados que, em tese, praticaram crimes militares na condição de militares das Forças Armadas.

18. O art. 28-A do Código de Processo Penal comum, que dispõe sobre o Acordo de não Persecução Penal, não se aplica à Justiça Militar da União.

SÚMULAS DO TRIBUNAL SUPERIOR ELEITORAL

1. *Cancelada*. Processo Administrativo nº 323-45.2013.6.00.0000 – Classe 26 – Brasília/DF.

2. Assinada e recebida a ficha de filiação partidária até o termo final do prazo fixado em lei, considera-se satisfeita a correspondente condição de elegibilidade, ainda que não tenha fluído, até a mesma data, o tríduo legal de impugnação.

▶ Arts. 17 e 19 da Lei nº 9.096, de 19-9-1995 (Lei dos Partidos Políticos).

3. No processo de registro de candidatos, não tendo o juiz aberto prazo para o suprimento de defeito da instrução do pedido, pode o documento, cuja falta houver motivado o indeferimento, ser juntado com o recurso ordinário.

▶ Art. 11, § 3º, da Lei nº 9.504, de 30-9-1997 (Lei das Eleições).

4. Não havendo preferência entre candidatos que pretendam o registro da mesma variação nominal, defere-se o do que primeiro o tenha requerido.

5. Serventuário de cartório, celetista, não se inclui na exigência do art. 1º, II, *l*, da LC nº 64/90.

6. São inelegíveis para o cargo de Chefe do Executivo o cônjuge e os parentes, indicados no § 7º do art. 14 da Constituição Federal, do titular do mandato, salvo se este, reelegível, tenha falecido, renunciado ou se afastado definitivamente do cargo até seis meses antes do pleito.

▶ Redação dada no Processo Administrativo nº 323-45.2013.6.00.0000 – Classe 26 – Brasília/DF.

▶ O TSE assentou que o cônjuge e os parentes do chefe do Executivo são elegíveis para o mesmo cargo do titular, quando este for reelegível e tiver se afastado definitivamente até seis meses antes do pleito (Res. nº 20.931, de 20-11-2001).

7 e 8. *Canceladas*. Processo Administrativo nº 323-45.2013.6.00.0000 – Classe 26 – Brasília/DF.

9. A suspensão de direitos políticos decorrente de condenação criminal transitada em julgado cessa com o cumprimento ou a extinção da pena, independendo de reabilitação ou de prova de reparação dos danos.

▶ Art. 15, III, da CF.

10. No processo de registro de candidatos, quando a sentença for entregue em cartório antes de três dias contados da conclusão ao juiz, o prazo para o recurso ordinário, salvo intimação pessoal anterior, só se conta do termo final daquele tríduo.

▶ Art. 8º da LC nº 64, de 18-5-1990 (Lei dos Casos de Inelegibilidade).

11. No processo de registro de candidatos, o partido que não o impugnou não tem legitimidade para recorrer da sentença que o deferiu, salvo se se cuidar de matéria constitucional.

12. São inelegíveis, no município desmembrado, e ainda não instalado, o cônjuge e os parentes consanguíneos ou afins, até o segundo grau ou por adoção, do prefeito do município-mãe, ou de quem o tenha substituído, dentro dos seis meses anteriores ao pleito, salvo se já titular de mandato eletivo.

▶ Art. 14, § 7º, da CF.

13. Não é autoaplicável o § 9º do art. 14 da Constituição, com a redação da Emenda Constitucional de Revisão nº 4/94.

14. *Cancelada*. Processo Administrativo nº 323-45.2013.6.00.0000 – Classe 26 – Brasília/DF.

15. O exercício de mandato eletivo não é circunstância capaz, por si só, de comprovar a condição de alfabetizado do candidato.

▶ Redação dada no Processo Administrativo nº 323-45.2013.6.00.0000 – Classe 26 – Brasília/DF.

16 e 17. *Canceladas*. Processo Administrativo nº 323-45.2013.6.00.0000 – Classe 26 – Brasília/DF.

18. Conquanto investido de poder de polícia, não tem legitimidade o juiz eleitoral para, de ofício, instaurar procedimento com a finalidade de impor multa pela veiculação de propaganda eleitoral em desacordo com a Lei nº 9.504/1997.

19. O prazo de inelegibilidade decorrente da condenação por abuso do poder econômico ou político tem início no dia da eleição em que este se verificou e finda no dia de igual número no oitavo ano seguinte (art. 22, XIV, da LC nº 64/1990).

▶ Redação dada no Processo Administrativo nº 323-45.2013.6.00.0000 – Classe 26 – Brasília/DF.

20. A prova de filiação partidária daquele cujo nome não constou da lista de filiados de que trata o art. 19 da Lei nº 9.096/95, pode ser realizada por outros elementos de convicção, salvo quando se tratar de documentos produzidos unilateralmente, destituídos de fé pública.

▶ Redação dada no Processo Administrativo nº 323-45.2013.6.00.0000 – Classe 26 – Brasília/DF.

21. *Cancelada*. Processo Administrativo nº 323-45.2013.6.00.0000 – Classe 26 – Brasília/DF.

22. Não cabe mandado de segurança contra decisão judicial recorrível, salvo situações de teratologia ou manifestamente ilegais.

23. Não cabe mandado de segurança contra decisão judicial transitada em julgado.

24. Não cabe recurso especial eleitoral para simples reexame do conjunto fático-probatório.

25. É indispensável o esgotamento das instâncias ordinárias para a interposição de recurso especial eleitoral.

26. É inadmissível o recurso que deixa de impugnar especificamente fundamento da decisão recorrida que é, por si só, suficiente para a manutenção desta.

27. É inadmissível recurso cuja deficiência de fundamentação impossibilite a compreensão da controvérsia.

28. A divergência jurisprudencial que fundamenta o recurso especial interposto com base na alínea *b* do inciso I do art. 276 do Código Eleitoral somente estará demonstrada mediante a realização de cotejo analítico e a existência de similitude fática entre os acórdãos paradigma e o aresto recorrido.

29. A divergência entre julgados do mesmo Tribunal não se presta a configurar dissídio jurisprudencial apto a fundamentar recurso especial eleitoral.

30. Não se conhece de recurso especial eleitoral por dissídio jurisprudencial, quando a decisão recorrida estiver em conformidade com a jurisprudência do Tribunal Superior Eleitoral.

31. Não cabe recurso especial eleitoral contra acórdão que decide sobre pedido de medida liminar.

32. É inadmissível recurso especial eleitoral por violação à legislação municipal ou estadual, ao Regimento Interno dos Tribunais Eleitorais ou às normas partidárias.

33. Somente é cabível ação rescisória de decisões do Tribunal Superior Eleitoral que versem sobre a incidência de causa de inelegibilidade.

34. Não compete ao Tribunal Superior Eleitoral processar e julgar mandado de segurança contra ato de membro de Tribunal Regional Eleitoral.

35. Não é cabível reclamação para arguir o descumprimento de resposta a consulta ou de ato normativo do Tribunal Superior Eleitoral.

36. Cabe recurso ordinário de acórdão de Tribunal Regional Eleitoral que decida sobre inelegibilidade, expedição ou anulação de diploma ou perda de mandato eletivo nas eleições federais ou estaduais (art. 121, § 4º, incisos III e IV, da Constituição Federal).

37. Compete originariamente ao Tribunal Superior Eleitoral processar e julgar recurso contra expedição de diploma envolvendo eleições federais ou estaduais.

38. Nas ações que visem à cassação de registro, diploma ou mandato, há litisconsórcio passivo necessário entre o titular e o respectivo vice da chapa majoritária.

39. Não há formação de litisconsórcio necessário em processos de registro de candidatura.

40. O partido político não é litisconsorte passivo necessário em ações que visem à cassação de diploma.

41. Não cabe à Justiça Eleitoral decidir sobre o acerto ou desacerto das decisões proferidas por outros Órgãos do Judiciário ou dos Tribunais de Contas que configurem causa de inelegibilidade.

42. A decisão que julga não prestadas as contas de campanha impede o candidato de obter a certidão de quitação eleitoral durante o curso do mandato ao qual concorreu, persistindo esses efeitos, após esse período, até a efetiva apresentação das contas.

43. As alterações fáticas ou jurídicas supervenientes ao registro que beneficiem o candidato, nos termos da parte final do art. 11, § 10, da Lei nº 9.504/97, também devem ser admitidas para as condições de elegibilidade.

44. O disposto no art. 26-C da LC nº 64/90 não afasta o poder geral de cautela conferido ao magistrado pelo Código de Processo Civil.

45. Nos processos de registro de candidatura, o Juiz Eleitoral pode conhecer de ofício da existência de causas de inelegibilidade ou da ausência de condição de elegibilidade, desde que resguardados o contraditório e a ampla defesa.

46. É ilícita a prova colhida por meio da quebra do sigilo fiscal sem prévia e fundamentada autorização judicial, podendo o Ministério Público Eleitoral acessar diretamente apenas a relação dos doadores que excederam os limites legais, para os fins da representação cabível, em que poderá requerer, judicialmente e de forma individualizada, o acesso aos dados relativos aos rendimentos do doador.

47. A inelegibilidade superveniente que autoriza a interposição de recurso contra expedição de diploma, fundado no art. 262 do Código Eleitoral, é aquela de índole constitucional ou, se infraconstitucional, superveniente ao registro de candidatura, e que surge até a data do pleito.

48. A retirada da propaganda irregular, quando realizada em bem particular, não é capaz de elidir a multa prevista no art. 37, § 1º, da Lei nº 9.504/1997.

49. O prazo de cinco dias, previsto no art. 3º da LC nº 64/90, para o Ministério Público impugnar o registro inicia-se com a publicação do edital, caso em que é excepcionada a regra que determina a sua intimação pessoal.

50. O pagamento da multa eleitoral pelo candidato ou a comprovação do cumprimento regular de seu parcelamento após o pedido de registro, mas antes do julgamento respectivo, afasta a ausência de quitação eleitoral.

51. O processo de registro de candidatura não é o meio adequado para se afastarem os eventuais vícios apurados no processo de prestação de contas de campanha ou partidárias.

52. Em registro de candidatura, não cabe examinar o acerto ou desacerto da decisão que examinou, em processo específico, a filiação partidária do eleitor.

53. O filiado a partido político, ainda que não seja candidato, possui legitimidade e interesse para impugnar pedido de registro de coligação partidária da qual é integrante, em razão de eventuais irregularidades havidas em convenção.

54. A desincompatibilização de servidor público que possui cargo em comissão é de três meses antes do pleito e pressupõe a exoneração do cargo comissionado, e não apenas seu afastamento de fato.

55. A Carteira Nacional de Habilitação gera a presunção da escolaridade necessária ao deferimento do registro de candidatura.

56. A multa eleitoral constitui dívida ativa de natureza não tributária, submetendo-se ao prazo prescricional de 10 (dez) anos, nos moldes do art. 205 do Código Civil.

57. A apresentação das contas de campanha é suficiente para a obtenção da quitação eleitoral, nos termos da nova redação conferida ao art. 11, § 7º, da Lei nº 9.504/97, pela Lei nº 12.034/2009.

58. Não compete à Justiça Eleitoral, em processo de registro de candidatura, verificar a prescrição da pretensão punitiva ou executória do candidato e declarar a extinção da pena imposta pela Justiça Comum.

59. O reconhecimento da prescrição da pretensão executória pela Justiça Comum não afasta a inelegibilidade prevista no art. 1º, I, e, da LC nº 64/90, porquanto não extingue os efeitos secundários da condenação.

60. O prazo da causa de inelegibilidade prevista no art. 1º, I, e, da LC nº 64/90 deve ser contado a partir da data em que ocorrida a prescrição da pretensão executória e não do momento da sua declaração judicial.

61. O prazo concernente à hipótese de inelegibilidade prevista no art. 1º, I, e, da LC nº 64/90 projeta-se por oito anos após o cumprimento da pena, seja ela privativa de liberdade, restritiva de direito ou multa.

62. Os limites do pedido são demarcados pelos fatos imputados na inicial, dos quais a parte se defende, e não pela capitulação legal atribuída pelo autor.

63. A execução fiscal de multa eleitoral só pode atingir os sócios se preenchidos os requisitos para a desconsideração da personalidade jurídica previstos no art. 50 do Código Civil, tendo em vista a natureza não tributária da dívida, observados, ainda, o contraditório e a ampla defesa.

64. Contra acórdão que discute, simultaneamente, condições de elegibilidade e de inelegibilidade, é cabível o recurso ordinário.

65. Considera-se tempestivo o recurso interposto antes da publicação da decisão recorrida.

66. A incidência do § 2º do art. 26-C da LC nº 64/90 não acarreta o imediato indeferimento do registro ou o cancelamento do diploma, sendo necessário o exame da presença de todos os requisitos essenciais à configuração da inelegibilidade, observados os princípios do contraditório e da ampla defesa.

67. A perda do mandato em razão da desfiliação partidária não se aplica aos candidatos eleitos pelo sistema majoritário.

68. A União é parte legítima para requerer a execução de *astreintes*, fixada por descumprimento de ordem judicial no âmbito da Justiça Eleitoral.

69. Os prazos de inelegibilidade previstos nas alíneas *j* e *h* do inciso I do art. 1º da LC nº 64/90 têm termo inicial no dia do primeiro turno da eleição e termo final no dia de igual número no oitavo ano seguinte.

70. O encerramento do prazo de inelegibilidade antes do dia da eleição constitui fato superveniente que afasta a inelegibilidade, nos termos do art. 11, § 10, da Lei nº 9.504/1997.

71. Na hipótese de negativa de seguimento ao recurso especial e da consequente interposição de agravo, a parte deverá apresentar contrarrazões tanto ao agravo quanto ao recurso especial, dentro do mesmo tríduo legal.

72. É inadmissível o recurso especial eleitoral quando a questão suscitada não foi debatida na decisão recorrida e não foi objeto de embargos de declaração.

***73.** A fraude à cota de gênero, consistente no desrespeito ao percentual mínimo de 30% (trinta por cento) de candidaturas femininas, nos termos do art. 10, § 3º, da Lei nº 9.504/1997, configura-se com a presença de um ou alguns dos seguintes elementos, quando os fatos e as circunstâncias do caso concreto assim permitirem concluir: (1) votação zerada ou inexpressiva; (2) prestação de contas zerada, padronizada ou ausência de movimentação financeira relevante; e (3) ausência de atos efetivos de campanhas, divulgação ou promoção da candidatura de terceiros. O reconhecimento do ilícito acarretará: (a) a cassação do Demonstrativo de Regularidade de Atos Partidários (DRAP) da legenda e dos diplomas dos candidatos a ele vinculados, independentemente de prova de participação, ciência ou anuência deles; (b) a inelegibilidade daqueles que praticaram ou anuíram com a conduta, nas hipóteses de Ação de Investigação Judicial Eleitoral (AIJE); (c) a nulidade dos votos obtidos pelo partido, com a recontagem dos quocientes eleitoral e partidário (art. 222 do Código Eleitoral), inclusive para fins de aplicação do art. 224 do Código Eleitoral.*

SÚMULAS DO TRIBUNAL SUPERIOR DO TRABALHO

▶ Res. do TST nº 129, de 5-4-2005, altera a denominação dos verbetes da jurisprudência predominante do Tribunal Superior do Trabalho de "Enunciado" para "Súmula".

1. Prazo judicial. Quando a intimação tiver lugar na sexta-feira, ou a publicação com efeito de intimação for feita nesse dia, o prazo judicial será contado da segunda-feira imediata, inclusive, salvo se não houver expediente, caso em que fluirá no dia útil que se seguir.

2 a 5. *Canceladas*. Res. do TST nº 121, de 28-10-2003 (*DJU* de 21-11-2003).

6. Equiparação salarial. Art. 461 da CLT.

I – Para os fins previstos no § 2º do art. 461 da CLT, só é válido o quadro de pessoal organizado em carreira quando homologado pelo Ministério do Trabalho, excluindo-se, apenas, dessa exigência o quadro de carreira das entidades de direito público da administração direta, autárquica e fundacional aprovado por ato administrativo da autoridade competente. (ex-Súm. nº 6 – alterada pela Res. nº 104/2000, *DJ* 20-12-2000)

II – Para efeito de equiparação de salários em caso de trabalho igual, conta-se o tempo de serviço na função e não no emprego. (ex-Súm. nº 135 – RA 102/1982, *DJ* de 11-10-1982 e *DJ* 15-10-1982)

III – A equiparação salarial só é possível se o empregado e o paradigma exercerem a mesma função, desempenhando as mesmas tarefas, não importando se os cargos têm, ou não, a mesma denominação. (ex-OJ da SBDI-I nº 328 – *DJ* de 9-12-2003)

IV – É desnecessário que, ao tempo da reclamação sobre equiparação salarial, reclamante e paradigma estejam a serviço do estabelecimento, desde que o pedido se relacione com situação pretérita. (ex-Súm. nº 22 – RA 57/1970, *DO-GB* 27-11-1970)

V – A cessão de empregados não exclui a equiparação salarial, embora exercida a função em órgão governamental estranho à cedente, se esta responde pelos salários do paradigma e do reclamante. (ex-Súm. nº 111 – RA 102/1980, *DJ* de 25-9-1980)

VI – Presentes os pressupostos do art. 461 da CLT, é irrelevante a circunstância de que o desnível salarial tenha origem em decisão judicial que beneficiou o paradigma, exceto:

a) se decorrente de vantagem pessoal ou de tese jurídica superada pela jurisprudência de Corte Superior;

b) na hipótese de equiparação salarial em cadeia, suscitada em defesa, se o empregador produzir prova do alegado fato modificativo, impeditivo ou extintivo do direito à equiparação salarial em relação ao paradigma remoto, considerada irrelevante, para esse efeito, a existência de diferença de tempo de serviço na função superior a dois anos entre o reclamante e os empregados paradigmas componentes da cadeia equiparatória, à exceção do paradigma imediato.

▶ Item VI com a redação dada pela Res. do TST nº 198, de 9-6-2015 (*DJE* de 11-6-2015).

VII – Desde que atendidos os requisitos do art. 461 da CLT, é possível a equiparação salarial de trabalho intelectual, que pode ser avaliado por sua perfeição técnica, cuja aferição terá critérios objetivos. (ex-OJ da SBDI-I nº 298 – *DJ* de 11-8-2003)

VIII – É do empregador o ônus da prova do fato impeditivo, modificativo ou extintivo da equiparação salarial. (ex-Súm. nº 68 – RA 9/1977, *DJ* de 11-2-1977)

IX – Na ação de equiparação salarial, a prescrição é parcial e só alcança as diferenças salariais vencidas no período de 5 (cinco) anos que precedeu o ajuizamento. (ex-Súm. nº 274 – alterada pela Res. nº 121/2003, *DJ* de 21-11-2003)

X – O conceito de "mesma localidade" de que trata o art. 461 da CLT refere-se, em princípio, ao mesmo município, ou a municípios distintos que, comprovadamente, pertençam à mesma região metropolitana. (ex-OJ da SBDI-I nº 252 – inserida em 13-3-2002)

▶ Redação dada pela Res. do TST nº 185, de 14-9-2012.

7. Férias. A indenização pelo não deferimento das férias no tempo oportuno será calculada com base na remuneração devida ao empregado na época da reclamação ou, se for o caso, na da extinção do contrato.

8. Juntada de documento. A juntada de documentos na fase recursal só se justifica quando provado o justo impedimento para sua oportuna apresentação ou se referir a fato posterior à sentença.

9. Ausência do reclamante. A ausência do reclamante, quando adiada a instrução após contestada a ação em audiência, não importa arquivamento do processo.

10. Professor. Dispensa sem justa causa. Término do ano letivo ou no curso de férias escolares. Aviso prévio. O direito aos salários do período de férias escolares assegurado aos professores (art. 322, *caput*, e § 3º, da CLT) não exclui o direito ao aviso prévio, na hipótese de dispensa sem justa causa ao término do ano letivo ou no curso das férias escolares.

▶ Redação dada pela Res. do TST nº 185, de 14-9-2012.

11. *Cancelada*. Res. do TST nº 121, de 28-10-2003 (*DJU* de 21-11-2003).

12. Carteira profissional. As anotações apostas pelo empregador na Carteira Profissional do empregado não geram presunção *juris et de jure*, mas apenas *juris tantum*.

13. Mora. O só pagamento dos salários atrasados em audiência não ilide a mora capaz de determinar a rescisão do contrato de trabalho.

14. Culpa recíproca. Reconhecida a culpa recíproca na rescisão do contrato de trabalho (art. 484 da CLT), o empregado tem direito a 50% (cinquenta por cento) do valor do aviso prévio, do décimo terceiro salário e das férias proporcionais.

▶ Redação dada pela Res. do TST nº 121, de 28-10-2003 (*DJU* de 21-11-2003).

15. Atestado médico. A justificação da ausência do empregado motivada por doença, para a percepção do salário-enfermidade e da remuneração do repouso semanal, deve observar a ordem preferencial dos atestados médicos estabelecida em lei.

16. Notificação. Presume-se recebida a notificação 48 (quarenta e oito) horas depois de sua postagem. O seu não recebimento ou a entrega após o decurso desse prazo constitui ônus de prova do destinatário.

▶ Redação dada pela Res. do TST nº 121, de 28-10-2003 (*DJU* de 21-11-2003).

17. *Cancelada*. Res. do TST nº 148, de 26-6-2008 (*DJU* de 4-7-2008 e republicada no *DJU* de 8-7-2008).

18. Compensação. A compensação, na Justiça do Trabalho, está restrita a dívidas de natureza trabalhista.

19. Quadro de carreira. A Justiça do Trabalho é competente para apreciar reclamação de empregado que tenha por objeto direito fundado em quadro de carreira.

20. *Cancelada*. Res. do TST nº 106, de 15-3-2001 (*DJU* de 21-3-2001).

21. *Cancelada*. Res. do TST nº 30, de 27-4-1994 (*DJU* de 12-5-1994).

22. Incorporada à Súmula nº 6 do TST.

23. Recurso. Não se conhece de recurso de revista ou de embargos, se a decisão recorrida resolver determinado item do pedido por diversos fundamentos e a jurisprudência transcrita não abranger a todos.

24. Serviço extraordinário. Insere-se no cálculo da indenização por antiguidade o salário relativo a serviço extraordinário, desde que habitualmente prestado.

25. Custas processuais. Inversão do ônus da sucumbência.

I – A parte vencedora na primeira instância, se vencida na segunda, está obrigada, independentemente de intimação, a pagar as custas fixadas na sentença originária, das quais ficara isenta a parte então vencida.

II – No caso de inversão do ônus da sucumbência em segundo grau, sem acréscimo ou atualização do valor das custas e se estas já foram devidamente recolhidas, descabe um novo pagamento pela parte vencida, ao recorrer. Deverá ao final, se sucumbente, reembolsar a quantia.

III – Não caracteriza deserção a hipótese em que, acrescido o valor da condenação, não houve fixação ou cálculo do valor devido a título de custas e tampouco intimação da parte para o preparo do recurso, devendo ser as custas pagas ao final.

IV – O reembolso das custas à parte vencedora faz-se necessário mesmo na hipótese em que a parte vencida for pessoa isenta do seu pagamento, nos termos do art. 790-A, parágrafo único, da CLT.

▶ Redação dada pela Res. do TST nº 197, de 12-5-2015.

26. *Cancelada*. Res. do TST nº 121, de 28-10-2003 (*DJU* de 21-11-2003).

27. Comissionista. É devida a remuneração do repouso semanal e dos dias feriados ao empregado comissionista, ainda que pracista.

28. Indenização. No caso de se converter a reintegração em indenização dobrada, o direito aos salários é assegurado até a data da primeira decisão que determinou essa conversão.

▶ Redação dada pela Res. do TST nº 121, de 28-10-2003 (*DJU* de 21-11-2003).

29. Transferência. Empregado transferido, por ato unilateral do empregador, para local mais distante de sua residência, tem direito a suplemento salarial correspondente ao acréscimo da despesa de transporte.

30. Intimação da sentença. Quando não juntada a ata ao processo em quarenta e oito horas, contadas da audiência de julgamento (artigo 851, § 2º, da CLT), o prazo para recurso será contado da data em que a parte receber a intimação da sentença.

31. *Cancelada*. Res. do TST nº 31, de 27-4-1994 (*DJU* de 12-5-1994).

32. Abandono de emprego. Presume-se o abandono de emprego se o trabalhador não retornar ao serviço no prazo de 30 (trinta) dias após a cessação do benefício previdenciário nem justificar o motivo de não o fazer.

▶ Redação dada pela Res. do TST nº 121, de 28-10-2003 (*DJU* de 21-11-2003).

33. Mandado de segurança. Decisão judicial transitada em julgado. Não cabe mandado de segurança de decisão judicial transitada em julgado.

34 e 35. *Canceladas*. Res. do TST nº 121, de 28-10-2003 (*DJU* de 21-11-2003).

36. Nas ações plúrimas, as custas incidem sobre o respectivo valor global.

37. *Cancelada*. Res. do TST nº 32, de 27-4-1994 (*DJU* de 12-5-1994).

38. *Cancelada*. Res. do TST nº 121, de 28-10-2003 (*DJU* de 21-11-2003).

39. Periculosidade. Os empregados que operam em bomba de gasolina têm direito ao adicional de periculosidade (Lei nº 2.573, de 15 de agosto de 1955).

40 a 42. *Canceladas*. Res. do TST nº 121, de 28-10-2003 (*DJU* de 21-11-2003).

43. Transferência. Presume-se abusiva a transferência de que trata o § 1º do artigo 469 da CLT, sem comprovação da necessidade do serviço.

44. Aviso prévio. A cessação da atividade da empresa, com o pagamento da indenização, simples ou em dobro, não exclui, por si só, o direito do empregado ao aviso prévio.

45. Serviço suplementar. A remuneração do serviço suplementar, habitualmente prestado, integra o cálculo da gratificação natalina prevista na Lei nº 4.090, de 13-7-1962.

46. Acidente de trabalho. As faltas ou ausências decorrentes de acidente do trabalho não são consideradas para os efeitos de duração de férias e cálculo da gratificação natalina.

47. Insalubridade. O trabalho executado em condições insalubres, em caráter intermitente não afasta, só por essa circunstância, o direito à percepção do respectivo adicional.

48. Compensação. A compensação só poderá ser arguida com a contestação.

49. *Cancelada*. Res. do TST nº 121, de 28-10-2003 (*DJU* de 21-11-2003).

50. Gratificação natalina. A gratificação natalina, instituída pela Lei nº 4.090, de 13-7-1962, é devida pela empresa cessionária ao servidor público cedido enquanto durar a cessão.

51. Norma regulamentar. Vantagens e opção pelo novo regulamento. Art. 468 da CLT.

I – As cláusulas regulamentares, que revoguem ou alterem vantagens deferidas anteriormente, só atingirão os trabalhadores admitidos após a revogação ou alteração do regulamento.

II – Havendo a coexistência de dois regulamentos da empresa, a opção do empregado por um deles tem efeito jurídico de renúncia às regras do sistema do outro.

▶ Redação dada pela Res. do TST nº 129, de 5-4-2005 (*DJU* de 20-4-2005).

52. Tempo de serviço. O adicional de tempo de serviço (quinquênio) é devido, nas condições estabelecidas no art. 19 da Lei nº 4.345, de 26-6-1964, aos contratados sob o regime da CLT, pela empresa a que se refere a mencionada Lei, inclusive para o fim de complementação de aposentadoria.

53. Custas. O prazo para pagamento das custas, no caso de recurso, é contado da intimação do cálculo.

54. Optante. Rescindindo por acordo seu contrato de trabalho, o empregado estável optante tem direito ao mínimo de 60% (sessenta por cento) do total da indenização em dobro, calculada sobre o maior salário percebido no emprego. Se houver recebido menos do que esse total, qualquer que tenha sido a forma de transação, assegura-se-lhe a complementação até aquele limite.

55. Financeiras. As empresas de crédito, financiamento ou investimento, também denominadas financeiras, equiparam-se aos estabelecimentos bancários para os efeitos do artigo 224 da CLT.

56. *Cancelada*. Res. do TST nº 121, de 28-10-2003 (*DJU* de 21-11-2003).

57. *Cancelada*. Res. do TST nº 3, de 28-4-1993 (*DJU* de 6-5-1993).

58. Pessoal de obras. Ao empregado admitido como "pessoal de obras", em caráter permanente e não amparado pelo regime estatutário, aplica-se a legislação trabalhista.

59. *Cancelada*. Res. do TST nº 121, de 28-10-2003 (*DJU* de 21-11-2003).

60. Adicional noturno. Integração no salário e prorrogação em horário diurno.

I – O adicional noturno, pago com habitualidade, integra o salário do empregado para todos os efeitos.

II – Cumprida integralmente a jornada no período noturno e prorrogada esta, devido é também o adicional quanto às horas prorrogadas. Exegese do art. 73, § 5º, da CLT.

▶ Redação dada pela Res. do TST nº 129, de 5-4-2005 (*DJU* de 20-4-2005).

61. Ferroviário. Aos ferroviários que trabalham em estação do interior, assim classificada por autoridade competente, não são devidas horas extras (art. 243 da CLT).

62. Abandono de emprego. O prazo de decadência do direito do empregador de ajuizar inquérito em face do empregado que incorre em abandono de emprego é contado a partir do momento em que o empregado pretendeu seu retorno ao serviço.

63. Fundo de garantia. A contribuição para o Fundo de Garantia do Tempo de Serviço incide sobre a remuneração mensal devida ao empregado, inclusive horas extras e adicionais eventuais.

64. *Cancelada*. Res. do TST nº 121, de 28-10-2003 (*DJU* de 21-11-2003).

65. Vigia. O direito à hora reduzida para cinquenta e dois minutos e trinta segundos aplica-se ao vigia noturno.

66. *Cancelada*. Res. do TST nº 121, de 28-10-2003 (*DJU* de 21-11-2003).

67. Gratificação. Ferroviário. Chefe de trem, regido pelo estatuto dos ferroviários (Decreto nº 35.530, de 19-9-1959), não tem direito à gratificação prevista no respectivo artigo 110.

68. Incorporada à Súmula nº 6 do TST.

69. Rescisão do contrato. A partir da Lei nº 10.272, de 5-9-2001, havendo rescisão do contrato de trabalho e sendo revel e confesso quanto à matéria de fato, deve ser o empregador condenado ao pagamento das verbas rescisórias, não quitadas na primeira audiência, com acréscimo de 50% (cinquenta por cento).

▶ Redação dada pela Res. do TST nº 121, de 28-10-2003 (*DJU* de 21-11-2003).

70. Adicional de periculosidade. O adicional de periculosidade não incide sobre os triênios pagos pela PETROBRAS.

71. Alçada. A alçada é fixada pelo valor dado à causa na data de seu ajuizamento, desde que não impugnado, sendo inalterável no curso do processo.

72. Aposentadoria. O prêmio aposentadoria instituído por norma regulamentar da empresa não está condicionado ao disposto no § 2º do art. 14 da Lei nº 8.036, de 11-5-1990.

▶ Redação dada pela Res. do TST nº 121, de 28-10-2003 (*DJU* de 21-11-2003).

73. Despedida. Justa causa. A ocorrência de justa causa, salvo a de abandono de emprego, no decurso do prazo do aviso prévio dado pelo empregador, retira do empregado qualquer direito às verbas rescisórias de natureza indenizatória.

▶ Redação dada pela Res. do TST nº 121, de 28-10-2003 (*DJU* de 21-11-2003).

74. Confissão.

I – Aplica-se a confissão à parte que, expressamente intimada com aquela cominação, não comparecer à audiência em prosseguimento, na qual deveria depor. (ex-Súmula nº 74 – RA 69/1978, *DJ* 26-9-1978)

II – A prova pré-constituída nos autos pode ser levada em conta para confronto com a confissão ficta (arts. 442 e 443, do CPC de 2015 – art. 400, I, do CPC de 1973), não implicando cerceamento de defesa o indeferimento de provas posteriores. (ex-OJ nº 184 da SBDI-1 – inserida em 8-11-2000)

▶ Itens I e II com a redação dada pela Res. do TST nº 208, de 19-4-2016 (*DJe* de 22-4-2016).

III – A vedação à produção de prova posterior pela parte confessa somente a ela se aplica, não afetando o exercício, pelo magistrado, do poder/dever de conduzir o processo.

▶ Redação dada pela Res. do TST nº 174, de 24-5-2011 (*DJE* de 27-5-2011).

75 e 76. *Canceladas*. Res. do TST nº 121, de 28-10-2003 (*DJU* de 21-11-2003).

77. Punição. Nula é a punição de empregado se não precedida de inquérito ou sindicância internos a que se obrigou a empresa por norma regulamentar.

78 e 79. *Canceladas*. Res. do TST nº 121, de 28-10-2003 (*DJU* de 21-11-2003).

80. Insalubridade. A eliminação da insalubridade mediante fornecimento de aparelhos protetores aprovados pelo órgão competente do Poder Executivo exclui a percepção do respectivo adicional.

81. Férias. Os dias de férias gozados após o período legal de concessão deverão ser remunerados em dobro.

82. Assistência. A intervenção assistencial, simples ou adesiva, só é admissível se demonstrado o interesse jurídico e não o meramente econômico.

▶ Redação dada pela Res. do TST nº 121, de 28-10-2003 (*DJU* de 21-11-2003).

83. Ação rescisória. Matéria controvertida.

I – Não procede pedido formulado na ação rescisória por violação literal de lei se a decisão rescindenda estiver baseada em texto legal infraconstitucional de interpretação controvertida nos Tribunais.

II – O marco divisor quanto a ser, ou não, controvertida, nos Tribunais, a interpretação dos dispositivos legais citados na ação rescisória é a data da inclusão, na Orientação Jurisprudencial do TST, da matéria discutida.

▶ Redação dada pela Res. do TST nº 137, de 4-8-2005 (*DJU* de 22-8-2005).

84. Adicional regional. O adicional regional, instituído pela PETROBRAS, não contraria o art. 7º, XXXII, da CF/1988.

▶ Redação dada pela Res. do TST nº 121, de 28-10-2003 (*DJU* de 21-11-2003).

85. Compensação de jornada.

I – A compensação de jornada de trabalho deve ser ajustada por acordo individual escrito, acordo coletivo ou convenção coletiva. (ex-Súmula nº 85 – primeira parte – alterada pela Res. 121/2003, *DJ* 21-11-2003)

II – O acordo individual para compensação de horas é válido, salvo se houver norma coletiva em sentido contrário. (ex-OJ nº 182 da SBDI-1 - inserida em 8-11-2000)

III – O mero não atendimento das exigências legais para a compensação de jornada, inclusive quando encetada mediante acordo tácito, não implica a repetição do pagamento das horas excedentes à jornada normal diária, se não dilatada a jornada máxima semanal, sendo devido apenas o respectivo adicional. (ex-Súmula nº 85 – segunda parte – alterada pela Res. 121/2003, *DJ* 21-11-2003)

IV – A prestação de horas extras habituais descaracteriza o acordo de compensação de jornada. Nesta hipótese, as horas que ultrapassarem a jornada semanal normal deverão ser pagas como horas extraordinárias e, quanto àquelas destinadas à compensação, deverá ser pago a mais apenas o adicional por trabalho extraordinário. (ex-OJ nº 220 da SBDI-1 – inserida em 20-6-2001)

V – As disposições contidas nesta súmula não se aplicam ao regime compensatório na modalidade "banco de horas", que somente pode ser instituído por negociação coletiva.

VI – Não é válido acordo de compensação de jornada em atividade insalubre, ainda que estipulado em norma coletiva, sem a necessária inspeção prévia e permissão da autoridade competente, na forma do art. 60 da CLT.

▶ Redação dada pela Res. do TST nº 209, de 1º-6-2016 (*DJe* de 1º-6-2016).

86. Deserção. Massa falida. Empresa em liquidação extrajudicial. Não ocorre deserção de recurso da massa falida por falta de pagamento de custas ou de depósito do valor da condenação. Esse privilégio, todavia, não se aplica à empresa em liquidação extrajudicial.

▶ Redação dada pela Res. do TST nº 129, de 5-4-2005 (*DJU* de 20-4-2005).

87. Previdência privada. Se o empregado, ou seu beneficiário, já recebeu da instituição previdenciária privada, criada pela empresa, vantagem equivalente, é cabível a dedução de seu valor do benefício a que faz jus por norma regulamentar anterior.

88. *Cancelada*. Res. do TST nº 42, de 8-2-1995 (*DJU* de 17-2-1995).

89. Falta ao serviço. Se as faltas já são justificadas pela lei, consideram-se como ausências legais e não serão descontadas para o cálculo do período de férias.

90. Horas *in itinere*. Tempo de serviço.

I – O tempo despendido pelo empregado, em condução fornecida pelo empregador, até o local de trabalho de difícil acesso, ou não servido por transporte público regular, e para o seu retorno é computável na jornada de trabalho.

II – A incompatibilidade entre os horários de início e término da jornada do empregado e os do transporte público regular é circunstância que também gera o direito às horas *in itinere*.

III – A mera insuficiência de transporte público não enseja o pagamento de horas *in itinere*.

IV – Se houver transporte público regular em parte do trajeto percorrido em condução da empresa, as horas *in itinere* remuneradas limitam-se ao trecho não alcançado pelo transporte público.

V – Considerando que as horas *in itinere* são computáveis na jornada de trabalho, o tempo que extrapola a jornada legal é considerado como extraordinário e sobre ele deve incidir o adicional respectivo.

▶ Redação dada pela Res. do TST nº 129, de 5-4-2005 (*DJU* de 20-4-2005).

91. Salário complessivo. Nula é a cláusula contratual que fixa determinada importância ou percentagem para atender englobadamente vários direitos legais ou contratuais do trabalhador.

92. Aposentadoria. O direito à complementação de aposentadoria, criado pela empresa, com requisitos próprios, não se altera pela instituição de benefício previdenciário por órgão oficial.

▶ OJ da SBDI-I Transitória nº 69 do TST.

93. Bancário. Integra a remuneração do bancário a vantagem pecuniária por ele auferida na colocação ou na venda de papéis ou valores mobiliários de empresas pertencentes ao mesmo grupo econômico, se exercida essa atividade no horário e local de trabalho e com o consentimento, tácito ou expresso, do banco empregador.

94 e 95. *Canceladas*. Res. do TST nº 121, de 28-10-2003 (*DJU* de 21-11-2003).

96. Marítimo. A permanência do tripulante a bordo do navio, no período de repouso, além da jornada, não importa presunção de que esteja à disposição do empregador ou em regime de prorrogação de horário, circunstâncias que devem resultar provadas, dada a natureza do serviço.

97. Aposentadoria. Complementação. Instituída complementação de aposentadoria, por ato da empresa, expressamente dependente de regulamentação, as condições desta devem ser observadas como parte integrante da norma.

▶ OJ da SBDI-I Transitória nº 69 do TST.

98. FGTS. Indenização. Equivalência. Compatibilidade.

I – A equivalência entre os regimes do Fundo de Garantia do Tempo de Serviço e da estabilidade prevista na CLT é meramente jurídica e não econômica, sendo indevidos valores a título de reposição de diferenças.

II – A estabilidade contratual ou a derivada de regulamento de empresa são compatíveis com o regime do FGTS. Diversamente ocorre com a estabilidade legal (decenal, art. 492 da CLT), que é renunciada com a opção pelo FGTS.

▶ Redação dada pela Res. do TST nº 129, de 5-4-2005 (*DJU* de 20 4 2005).

99. Ação rescisória. Deserção. Prazo. Havendo recurso ordinário em sede de rescisória, o depósito recursal só é exigível quando for julgado procedente o pedido e imposta condenação em pecúnia, devendo este ser efetuado no prazo recursal, no limite e nos termos da legislação vigente, sob pena de deserção.

▶ Redação dada pela Res. do TST nº 137, de 4-8-2005 (*DJU* de 22-8-2005).

100. Ação rescisória. Decadência.

I – O prazo de decadência, na ação rescisória, conta-se do dia imediatamente subsequente ao trânsito em julgado da última decisão proferida na causa, seja de mérito ou não.

II – Havendo recurso parcial no processo principal, o trânsito em julgado dá-se em momentos e em tribunais diferentes, contando-se o prazo decadencial para a ação rescisória do trânsito em julgado de cada decisão, salvo se o recurso tratar de preliminar ou prejudicial que possa tornar insubsistente a decisão recorrida, hipótese em que flui a decadência a partir do trânsito em julgado da decisão que julgar o recurso parcial.

III – Salvo se houver dúvida razoável, a interposição de recurso intempestivo ou a interposição de recurso incabível não protrai o termo inicial do prazo decadencial.

IV – O juízo rescindente não está adstrito à certidão de trânsito em julgado juntada com a ação rescisória, podendo formar sua convicção através de outros elementos dos autos quanto à antecipação ou postergação do *dies a quo* do prazo decadencial.

V – O acordo homologado judicialmente tem força de decisão irrecorrível, na forma do art. 831 da CLT. Assim sendo, o termo conciliatório transita em julgado na data da sua homologação judicial.

VI – Na hipótese de colusão das partes, o prazo decadencial da ação rescisória somente começa a fluir para o Ministério Público, que não interveio no processo principal, a partir do momento em que tem ciência da fraude.

VII – Não ofende o princípio do duplo grau de jurisdição a decisão do TST que, após afastar a decadência em sede de recurso ordinário, aprecia desde logo a lide, se a causa versar questão exclusivamente de direito e estiver em condições de imediato julgamento.

VIII – A exceção de incompetência, ainda que oposta no prazo recursal, sem ter sido aviado o recurso próprio, não tem o condão de afastar a consumação da coisa julgada e, assim, postergar o termo inicial do prazo decadencial para a ação rescisória.

IX – Prorroga-se até o primeiro dia útil, imediatamente subsequente, o prazo decadencial para ajuizamento de ação rescisória quando expira em férias forenses, feriados, finais de semana ou em dia em que não houver expediente forense. Aplicação do art. 775 da CLT.

X – Conta-se o prazo decadencial da ação rescisória, após o decurso do prazo legal previsto para a interposição do recurso extraordinário, apenas quando esgotadas todas as vias recursais ordinárias.

▸ Redação dada pela Res. do TST nº 137, de 4-8-2005 (*DJU* de 22-8-2005).

101. Diárias de viagem. Salário. Integram o salário, pelo seu valor total e para efeitos indenizatórios, as diárias de viagem que excedam a 50% (cinquenta por cento) do salário do empregado, enquanto perdurarem as viagens.

▸ Redação dada pela Res. do TST nº 129, de 5-4-2005 (*DJU* de 20-4-2005).

102. Bancário. Cargo de confiança.

I – A configuração, ou não, do exercício da função de confiança a que se refere o art. 224, § 2º, da CLT, dependente da prova das reais atribuições do empregado, é insuscetível de exame mediante recurso de revista ou de embargos.

II – O bancário que exerce a função a que se refere o § 2º do art. 224 da CLT e recebe gratificação não inferior a um terço de seu salário já tem remuneradas as duas horas extraordinárias excedentes de seis.

III – Ao bancário exercente de cargo de confiança previsto no artigo 224, § 2º, da CLT são devidas as 7ª e 8ª horas, como extras, no período em que se verificar o pagamento a menor da gratificação de 1/3.

IV – O bancário sujeito à regra do art. 224, § 2º, da CLT cumpre jornada de trabalho de 8 (oito) horas, sendo extraordinárias as trabalhadas além da oitava.

V – O advogado empregado de banco, pelo simples exercício da advocacia, não exerce cargo de confiança, não se enquadrando, portanto, na hipótese do § 2º do art. 224 da CLT.

VI – O caixa bancário, ainda que caixa executivo, não exerce cargo de confiança. Se perceber gratificação igual ou superior a um terço do salário do posto efetivo, essa remunera apenas a maior responsabilidade do cargo e não as duas horas extraordinárias além da sexta.

VII – O bancário exercente de função de confiança, que percebe a gratificação não inferior ao terço legal, ainda que norma coletiva contemple percentual superior, não tem direito às sétima e oitava horas como extras, mas tão somente às diferenças de gratificação de função, se postuladas.

▸ Redação dada pela Res. do TST nº 129, de 5-4-2005 (*DJU* de 20-4-2005).

▸ OJ da SBDI-I Transitória nº 70 do TST.

103 a 105. *Canceladas*. Res. do TST nº 121, de 28-10-2003 (*DJU* de 21-11-2003).

106. *Cancelada*. Res. nº 157 do TST, de 31-8-2009 (*DJU* de 4-9-2009).

107. *Cancelada*. Res. do TST nº 9 (*DJU* de 14-4-1989).

▸ Súm. nº 299 do TST.

108. *Cancelada*. Res. do TST nº 85, de 13-8-1998 (*DJU* de 20-8-1998).

109. Gratificação de função. O bancário não enquadrado no § 2º do art. 224 da CLT, que receba gratificação de função, não pode ter o salário relativo a horas extraordinárias compensado com o valor daquela vantagem.

▸ Redação dada pela Res. Adm. do TST nº 97, de 10-9-1980 (*DJU* de 19-9-1980).

110. Jornada de trabalho. Intervalo. No regime de revezamento, as horas trabalhadas em seguida ao repouso semanal de vinte e quatro horas, com prejuízo do intervalo mínimo de onze horas consecutivas para descanso entre jornadas, devem ser remuneradas como extraordinárias, inclusive com o respectivo adicional.

111. Incorporada à Súmula nº 6 do TST.

112. Trabalho noturno. Petróleo. O trabalho noturno dos empregados nas atividades de exploração, perfuração, produção e refinação do petróleo, industrialização do xisto, indústria petroquímica e transporte de petróleo e seus derivados, por meio de dutos, é regulado pela Lei nº 5.811, de 11-10-1972, não se lhe aplicando a hora reduzida de cinquenta e dois minutos e trinta segundos prevista no art. 73, § 2º, da CLT.

113. Bancário. Sábado. Dia útil. O sábado do bancário é dia útil não trabalhado, não dia de repouso remunerado. Não cabe a repercussão do pagamento de horas extras habituais em sua remuneração.

114. Prescrição intercorrente. É inaplicável na Justiça do Trabalho a prescrição intercorrente.

115. Horas extras. Gratificações semestrais. O valor das horas extras habituais integra a remuneração do trabalhador para o cálculo das gratificações semestrais.

▸ Redação dada pela Res. do TST nº 121, de 28-10-2003 (*DJU* de 21-11-2003).

116. *Cancelada*. Res. do TST nº 121, de 28-10-2003 (*DJU* de 21-11-2003).

117. Bancário. Categoria diferenciada. Não se beneficiam do regime legal relativo aos bancários os empregados de estabelecimento de crédito pertencentes a categorias profissionais diferenciadas.

118. Jornada de trabalho. Horas extras. Os intervalos concedidos pelo empregador na jornada de trabalho, não previstos em lei, representam tempo à disposição da empresa, remunerados como serviço extraordinário, se acrescidos ao final da jornada.

119. Jornada de trabalho. Os empregados de empresas distribuidoras e corretoras de títulos e valores mobiliários não têm direito à jornada especial dos bancários.

120. Incorporada à Súm. nº 6 do TST.

121. *Cancelada*. Res. do TST nº 121, de 28-10-2003 (*DJU* de 21-11-2003).

122. Revelia. Atestado médico. A reclamada, ausente à audiência em que deveria apresentar defesa, é revel, ainda que presente seu advogado munido de procuração, podendo ser ilidida a revelia mediante a apresentação de atestado médico, que deverá declarar, expressamente, a impossibilidade de locomoção do empregador ou do seu preposto no dia da audiência.

▸ Redação dada pela Res. do TST nº 129, de 5-4-2005 (*DJU* de 20-4-2005).

123. *Cancelada*. Res. do TST nº 121, de 28-10-2003 (*DJU* de 21-11-2003).

124. Bancário. Salário-hora. Divisor.

I – o divisor aplicável para o cálculo das horas extras do bancário será:

a) 180, para os empregados submetidos à jornada de seis horas prevista no caput do art. 224 da CLT;

b) 220, para os empregados submetidos à jornada de oito horas nos termos do § 2º do art. 224 da CLT.

II – Ressalvam-se da aplicação do item anterior as decisões de mérito sobre o tema, qualquer que seja o seu teor, emanadas de Turma do TST ou da SBDI-I, no período de 27-9-2012 até 21-11-2016, conforme a modulação aprovada no precedente obrigatório firmado no Incidente de Recursos de Revista Repetitivos nº TST-IRR-849-83.2013.5.03.0138, *DEJT* 19-12-2016.

▸ Redação dada pela Res. do TST nº 219, de 26-6-2017 (*DJe* de 28-6-2017).

125. Contrato de trabalho. Art. 479 da CLT. O art. 479 da CLT aplica-se ao trabalhador optante pelo FGTS admitido mediante contrato por prazo determinado, nos termos do artigo 30, § 3º, do Decreto nº 59.820, de 20-12-1966.

126. Recurso. Cabimento. Incabível o recurso de revista ou de embargos (arts. 896 e 894, *b*, da CLT) para reexame de fatos e provas.

127. Quadro de carreira. Quadro de pessoal organizado em carreira, aprovado pelo órgão competente, excluída a hipótese de equiparação salarial, não obsta reclamação fundada em preterição, enquadramento ou reclassificação.

128. Depósito recursal.

I – É ônus da parte recorrente efetuar o depósito legal, integralmente, em relação a cada novo recurso interposto, sob pena de deserção. Atingido o valor da condenação, nenhum depósito mais é exigido para qualquer recurso.

II – Garantido o juízo, na fase executória, a exigência de depósito para recorrer de qualquer decisão viola os incisos II e LV do art. 5º da CF/1988. Havendo, porém, elevação do valor do débito, exige-se a complementação da garantia do juízo.

III – Havendo condenação solidária de duas ou mais empresas, o depósito recursal efetuado por uma delas aproveita as demais, quando a empresa que efetuou o depósito não pleiteia sua exclusão da lide.

▸ Redação dada pela Res. do TST nº 129, de 5-4-2005 (*DJU* de 20-4-2005).

129. Contrato de trabalho. Grupo econômico. A prestação de serviços a mais de uma empresa do mesmo grupo econômico, durante a mesma jornada de trabalho, não caracteriza a coexistência de mais de um contrato de trabalho, salvo ajuste em contrário.

130 e 131. *Canceladas*. Res. do TST nº 121, de 28-10-2003 (*DJU* de 21-11-2003).

132. Adicional de periculosidade. Integração.

I – O adicional de periculosidade, pago em caráter permanente, integra o cálculo de indenização e de horas extras.

II – Durante as horas de sobreaviso, o empregado não se encontra em condições de risco, razão pela qual é incabível a integração do adicional de periculosidade sobre as mencionadas horas.

▸ Redação dada pela Res. do TST nº 129, de 5-4-2005 (*DJU* de 20-4-2005).

133 e 134. *Canceladas*. Res. do TST nº 121, de 28-10-2003 (*DJU* de 21-11-2003).

135. Incorporada à Súm. nº 6 do TST.

136. *Cancelada*. Res. do TST nº 185, de 14-9-2012.

137. *Cancelada*. Res. do TST nº 121, de 28-10-2003 (*DJU* de 21-11-2003).

138. Readmissão. Em caso de readmissão, conta-se a favor do empregado o período de serviço anterior, encerrado com a saída espontânea.(ex-Prejulgado nº 9).

139. Adicional de Insalubridade. Enquanto percebido, o adicional de insalubridade integra a remuneração para todos os efeitos legais.

▸ Redação dada pela Res. do TST nº 129, de 5-4-2005 (*DJU* de 20-4-2005).

140. Vigia. É assegurado ao vigia sujeito ao trabalho noturno o direito ao respectivo adicional.

141 e 142. *Canceladas*. Res. do TST nº 121, de 28-10-2003 (*DJU* de 21-11-2003).

143. Salário profissional. O salário profissional dos médicos e dentistas guarda proporcionalidade com as horas efetivamente trabalhadas, respeitado o mínimo de cinquenta horas mensais (ex-prejulgado nº 15).

144 e 145. *Canceladas*. Res. do TST nº 121, de 28-10-2003 (*DJU* de 21-11-2003).

146. Trabalho em domingos e feriados, não compensado. O trabalho prestado em domingos e feriados, não compensado, deve ser pago em dobro, sem prejuízo da remuneração relativa ao repouso semanal.

▸ Redação dada pela Res. do TST nº 121, de 28-10-2003 (*DJU* de 21-11-2003).

147. *Cancelada*. Res. do TST nº 121, de 28-10-2003 (*DJU* de 21-11-2003).

148. Gratificação natalina. É computável a gratificação de Natal para efeito de cálculo da indenização.

149. Tarefeiro. Férias. A remuneração das férias do tarefeiro deve ser calculada com base na média da produção do período aquisitivo, aplicando-se-lhe a tarifa da data da concessão.

150 e 151. *Canceladas*. Res. do TST nº 121, de 28-10-2003 (*DJU* de 21-11-2003).

152. Gratificação. Ajuste tácito. O fato de constar do recibo de pagamento de gratificação o caráter de liberalidade não basta, por si só, para excluir a existência de um ajuste tácito.

153. Prescrição. Não se conhece de prescrição não arguida na instância ordinária.

154. *Cancelada*. Res. do TST nº 121, de 28-10-2003 (*DJU* de 21-11-2003).

155. Ausência ao serviço. As horas em que o empregado falta ao serviço para comparecimento necessário, como parte, à Justiça do Trabalho não serão descontadas de seus salários.

156. Prescrição. Prazo. Da extinção do último contrato começa a fluir o prazo prescricional do direito de ação em que se objetiva a soma de períodos descontínuos de trabalho.

157. Gratificação. A gratificação instituída pela Lei nº 4.090, de 13-7-1962 é devida na resilição contratual de iniciativa do empregado.

158. Ação rescisória. Da decisão de Tribunal Regional do Trabalho, em ação rescisória, é cabível recurso ordinário para o Tribunal Superior do Trabalho, em face da organização judiciária trabalhista.

159. Substituição de caráter não eventual e vacância do cargo.

I – Enquanto perdurar a substituição que não tenha caráter meramente eventual, inclusive nas férias, o empregado substituto fará jus ao salário-contratual do substituído.

II – Vago o cargo em definitivo, o empregado que passa a ocupá-lo não tem direito a salário igual ao do antecessor.

▸ Redação dada pela Res. do TST nº 129, de 5-4-2005 (*DJU* de 20-4-2005).

▸ Súm. nº 204 do STF.

160. Aposentadoria por invalidez. Cancelada a aposentadoria por invalidez, mesmo após cinco anos, o trabalhador terá direito de retornar ao emprego, facultado, porém, ao empregador, indenizá-lo na forma da lei.

161. Depósito. Condenação a pagamento em pecúnia. Se não há condenação a pagamento em pecúnia, descabe o depósito de que tratam os §§ 1º e 2º do art. 899 da CLT.

162. *Cancelada*. Res. nº 59, de 20-6-1996 (*DJU* de 28-6-1996).

163. Aviso prévio. Contrato de experiência. Cabe aviso prévio nas rescisões antecipadas dos contratos de experiência, na forma do art. 481 da CLT.

164. *Cancelada*. Res. do TST nº 210, 27-6-2016 (*DJe* 30-6-2016).

165. *Cancelada*. Res. do TST nº 87, de 8-10-1998 (*DJU* de 15-10-1998).

166. Incorporada à Súm. nº 102 do TST.

167. *Cancelada*. Res. do TST nº 121, de 28-10-2003 (*DJU* de 21-11-2003).

168. *Cancelada*. Res. do TST nº 4, de 10-4-1989 (*DJU* de 14-4-1989).

▸ Súm. nº 294 do TST.

169. *Cancelada*. Res. do TST nº 121, de 28-10-2003 (*DJU* de 21-11-2003).

170. Sociedade de economia mista. Custas. Os privilégios e isenções no foro da Justiça do Trabalho não abrangem as sociedades de economia mista, ainda que gozassem desses benefícios anteriormente ao Decreto-Lei nº 779, de 21-8-1969.

171. Férias proporcionais. Contrato de trabalho. Extinção. Salvo na hipótese de dispensa do empregado por justa causa, a extinção do contrato de trabalho sujeita o empregador ao pagamento da remuneração das férias proporcionais, ainda que incompleto o período aquisitivo de 12 (doze) meses (art. 147 da CLT).

▸ Redação dada pela Res. do TST nº 121, de 28-10-2003 (*DJU* de 21-11-2003), republicada no *DOU* de 5-5-2004.

172. Repouso remunerado. Horas extras. Cálculo. Computam-se no cálculo do repouso remunerado as horas extras habitualmente prestadas.

173. Salário. Empresa. Cessação de atividades. Extinto, automaticamente, o vínculo empregatício com a cessação das atividades da empresa, os salários só são devidos até a data da extinção (ex-Prejulgado nº 53).

174 e 175. *Canceladas*. Res. do TST nº 121, de 28-10-2003 (*DJU* de 21-11-2003).

176. *Cancelada*. Res. do TST nº 130, de 5-5-2005 (*DJU* de 13-5-2005).

177. *Cancelada*. Res. do TST nº 121, de 28-10-2003 (*DJU* de 21-11-2003).

178. Telefonista. Art. 227 e parágrafos da CLT. Aplicabilidade. É aplicável à telefonista de mesa de empresa que não explora o serviço de telefonia o disposto no artigo 227, e seus parágrafos, da CLT.

179 a 181. *Canceladas*. Res. do TST nº 121, de 28-10-2003 (*DJU* de 21-11-2003).

182. Aviso prévio. Indenização compensatória. Lei nº 6.708, de 30-10-1979. O tempo do aviso prévio, mesmo indenizado, conta-se para efeito da indenização adicional do artigo 9º da Lei nº 6.708, de 30-10-1979.

183. *Cancelada*. Res. do TST nº 121, de 28-10-2003 (*DJU* de 21-11-2003).

184. Embargos declaratórios. Omissão em recurso de revista. Preclusão. Ocorre preclusão se não forem opostos embargos declaratórios para suprir omissão apontada em recurso de revista ou de embargos.

185. *Cancelada*. Res. do TST nº 121, de 28-10-2003 (*DJU* de 21-11-2003).

186. Licença-prêmio. Conversão em pecúnia. Regulamento da empresa. A licença-prêmio, na vigência do contrato de trabalho, não pode ser convertida em pecúnia, salvo se expressamente admitida a conversão no regulamento da empresa.

▸ Redação dada pela Res. do TST nº 121, de 28-10-2003 (*DJU* de 21-11-2003).

187. Correção monetária. Incidência. A correção monetária não incide sobre o débito do trabalhador reclamante.

188. Contrato de trabalho. Experiência. Prorrogação. O contrato de experiência pode ser prorrogado, respeitado o limite máximo de noventa dias.

189. Greve. Competência da Justiça do Trabalho. Abusividade. A Justiça do Trabalho é competente para declarar a abusividade, ou não, da greve.

▸ Redação dada pela Res. do TST nº 121, de 28-10-2003 (*DJU* de 21-11-2003).

190. Poder normativo do TST. Condições de trabalho. Inconstitucionalidade. Decisões contrárias ao STF. Ao julgar ou homologar ação coletiva ou acordo nela havido, o Tribunal Superior do Trabalho exerce o poder normativo constitucional, não podendo criar ou homologar condições de trabalho que o Supremo Tribunal Federal julgue iterativamente inconstitucionais.

191. Adicional de periculosidade. Incidência. Base de cálculo

I – O adicional de periculosidade incide apenas sobre o salário básico e não sobre este acrescido de outros adicionais.

II – O adicional de periculosidade do empregado eletricitário, contratado sob a égide da Lei nº 7.369/1985, deve ser calculado sobre a totalidade das parcelas de natureza salarial. Não é válida norma coletiva mediante a qual se determina a incidência do referido adicional sobre o salário básico.

III – A alteração da base de cálculo do adicional de periculosidade do eletricitário promovida pela Lei nº 12.740/2012 atinge somente contrato de trabalho firmado a partir de sua vigência, de modo que, nesse caso, o cálculo será realizado exclusivamente sobre o salário básico, conforme determina o § 1º do art. 193 da CLT.

▸ Redação dada pela Res. do TST nº 214, de 28-11-2016.

192. Ação rescisória. Competência.

I – Se não houver o conhecimento de recurso de revista ou de embargos, a competência para julgar ação que vise a rescindir a decisão de mérito é do Tribunal Regional do Trabalho, ressalvado o disposto no item II.

II – Acórdão rescindendo do Tribunal Superior do Trabalho que não conhece de recurso de embargos ou de revista, analisando arguição de violação de dispositivo de lei material ou decidindo em consonância com súmula de direito material ou com iterativa, notória e atual jurisprudência de direito material da Seção de Dissídios Individuais (Súmula nº 333), examina o mérito da causa, cabendo ação rescisória da competência do Tribunal Superior do Trabalho. (ex-Súmula nº 192 – alterada pela Res. 121/2003, *DJ* 21-11-2003).

III – Sob a égide do art. 512 do CPC de 1973, é juridicamente impossível o pedido explícito de desconstituição de sentença quando substituída por acórdão do Tribunal Regional ou superveniente sentença homologatória de acordo que puser fim ao litígio.

IV – Na vigência do CPC de 1973, é manifesta a impossibilidade jurídica do pedido de rescisão de julgado proferido em agravo de instrumento que, limitando-se a aferir o eventual desacerto do juízo negativo de admissibilidade do recurso de revista, não substitui o acórdão regional, na forma do art. 512 do CPC. (ex-OJ nº 105 da SBDI-2 – *DJ* 29-4-2003).

V – A decisão proferida pela SBDI, em agravo regimental, calcada na Súmula nº 333, substitui acórdão de Turma do TST, porque emite juízo de mérito, comportando, em tese, o corte rescisório. (ex- OJ nº 133 da SBDI-2 – *DJ* 4-5-2004).

▸ Redação dada pela Res. do TST nº 212, de 19-9-2016 (*DJe* de 20-9-2016).

193. *Cancelada*. Res. do TST nº 105, de 7-12-2000 (*DJU* de 18-12-2000).

194. *Cancelada*. Res. do TST nº 142, de 27-10-2007 (*DJU* de 10-10-2007).

195 e 196. *Canceladas*. Res. do TST nº 121, de 28-10-2003 (*DJU* de 21-11-2003).

197. Prazo. O prazo para recurso da parte que, intimada, não comparecer à audiência em prosseguimento para a prolação da sentença conta-se de sua publicação.

198. *Cancelada*. Res. do TST nº 4, de 10-4-1989 (*DJU* de 14-4-1989).

▸ Súm. nº 294 do TST.

199. Bancário. Pré-contratação de horas extras.

I – A contratação do serviço suplementar, quando da admissão do trabalhador bancário, é nula. Os valores assim ajustados apenas remuneram a jornada normal, sendo devidas as horas extras com o adicional de, no mínimo, 50% (cinquenta por cento), as quais não configuram pré-contratação, se pactuadas após a admissão do bancário.

II – Em se tratando de horas extras pré-contratadas, opera-se a prescrição total se a ação não for ajuizada no prazo de cinco anos, a partir da data em que foram suprimidas.

▸ Redação dada pela Res. do TST nº 129, de 5-4-2005 (*DJU* de 20-4-2005).

200. Juros de mora. Incidência. Os juros de mora incidem sobre a importância da condenação já corrigida monetariamente.

201. Recurso ordinário em mandado de segurança. Da decisão do Tribunal Regional do Trabalho em mandado de segurança cabe recurso ordinário, no prazo de oito dias, para o Tribunal Superior do Trabalho, e igual dilação para o recorrido e interessados apresentarem razões de contrariedade.

202. Gratificação por tempo de serviço. Compensação. Existindo, ao mesmo tempo, gratificação por tempo de serviço outorgada pelo empregador e outra da mesma natureza prevista em acordo coletivo, convenção coletiva ou sentença normativa, o empregado tem direito a receber, exclusivamente, a que lhe seja mais benéfica.

203. Gratificação por tempo de serviço. Natureza salarial. A gratificação por tempo de serviço integra o salário para todos os efeitos legais.

204. Incorporada à Súmula nº 102 do TST.

205. *Cancelada*. Res. do TST nº 121, de 28-10-2003 (*DJU* de 21-11-2003).

206. FGTS. Incidência de parcelas prescritas. A prescrição da pretensão relativa às parcelas remuneratórias alcança o respectivo recolhimento da contribuição para o FGTS.

▸ Redação dada pela Res. do TST nº 121, de 28-10-2003 (*DJU* de 21-11-2003).

▸ Súm. nº 362 do TST.

207. *Cancelada*. Redação dada pela Res. do TST nº 181, de 16-4-2012 (*DJE* de 19-4-2012).

208. *Cancelada*. Res. do TST nº 59, de 20-6-1996 (*DJU* de 28-6-1996).

209. *Cancelada*. Res. Administrativa do TST nº 81, de 25-11-1985 (*DJU* de 3-12-1985).

210. *Cancelada*. Res. do TST nº 121, de 28-10-2003 (*DJU* de 21-11-2003).

211. Juros de mora e correção monetária. Independência do pedido inicial e do título executivo judicial. Os juros de mora e a correção monetária incluem-se na liquidação, ainda que omisso o pedido inicial ou a condenação.

212. Despedimento. Ônus da prova. O ônus de provar o término do contrato de trabalho, quando negados a prestação de serviço e o despedimento, é do empregador, pois o princípio da continuidade da relação de emprego constitui presunção favorável ao empregado.

213. *Cancelada*. Res. do TST nº 46, de 6-4-1995 (*DJU* de 20-4-1995).

214. Decisão Interlocutória. Irrecorribilidade. Na Justiça do Trabalho, nos termos do art. 893, § 1º, da CLT, as decisões interlocutórias não ensejam recurso imediato, salvo nas hipóteses de decisão:

a) de Tribunal Regional do Trabalho contrária à Súmula ou Orientação Jurisprudencial do Tribunal Superior do Trabalho;

b) suscetível de impugnação mediante recurso para o mesmo Tribunal;

c) que acolhe exceção de incompetência territorial, com a remessa dos autos para Tribunal Regional distinto daquele a que se vincula o juízo excepcionado, consoante o disposto no art. 799, § 2º, da CLT.

▸ Redação dada pela Res. do TST nº 127, de 3-3-2005 (*DJU* de 14-3-2005).

215. *Cancelada*. Res. do TST nº 28, de 27-4-1994 (*DJU* de 12-5-1994).

216. *Cancelada*. Res. do TST nº 87, de 8-10-1998 (*DJU* de 15-10-1998).

217. Depósito recursal. Credenciamento bancário. Prova dispensável. O credenciamento dos bancos para o fim de recebimento do depósito recursal é fato notório, independendo da prova.

218. Recurso de revista. Acórdão proferido em agravo de instrumento. É incabível recurso de revista interposto de acórdão regional prolatado em agravo de instrumento.

219. Honorários advocatícios. Hipótese de cabimento.

▸ Art. 6º da IN do TST nº 41, de 21-6-2018, que dispõe sobre a aplicação das normas processuais da CLT alteradas pela Lei nº 13.467, de 13-7-2017.

I – Na Justiça do Trabalho, a condenação ao pagamento de honorários advocatícios não decorre pura e simplesmente da sucumbência, devendo a parte, concomitantemente:

▸ *Caput* do item I com redação dada pela Res. do TST nº 204, de 15-3-2016 (*DJe* de 17-3-2016).

a) estar assistida por sindicato da categoria profissional;

b) comprovar a percepção de salário inferior ao dobro do salário mínimo ou encontrar-se em situação econômica que não lhe permita demandar sem prejuízo do próprio sustento ou da respectiva família.

▸ Alíneas *a* e *b* com a redação dada pela Res. do TST nº 197, de 12-5-2015.

▸ Art. 14, § 1º, da Lei nº 5.584, de 26-6-1970.

II – É cabível a condenação ao pagamento de honorários advocatícios em ação rescisória no processo trabalhista.

III – São devidos os honorários advocatícios nas causas em que o ente sindical figure como substituto processual e nas lides que não derivem da relação de emprego.

▸ Redação dada pela Res. do TST nº 174, de 24-5-2011 (*DJE* de 27-5-2011).

IV – Na ação rescisória e nas lides que não derivem de relação de emprego, a responsabilidade pelo pagamento dos honorários advocatícios da sucumbência submete-se à disciplina do Código de Processo Civil (arts. 85, 86, 87 e 90).

▸ Item IV inserido pela Res. do TST nº 204, de 15-3-2016 (*DJe* de 17-3-2016).

V – Em caso de assistência judiciária sindical ou de substituição processual sindical, excetuados os processos em que a Fazenda Pública for parte, os honorários advocatícios são devidos entre o mínimo de dez e o máximo de vinte por cento sobre o valor da condenação, do proveito econômico obtido ou, não sendo possível mensurá-lo, sobre o valor atualizado da causa (CPC de 2015, art. 85, § 2º).

▸ Item V inserido pela Res. do TST nº 204, de 15-3-2016 (*DJe* de 17-3-2016).

VI – Nas causas em que a Fazenda Pública for parte, aplicar-se-ão os percentuais específicos de honorários advocatícios contemplados no Código de Processo Civil.

▸ Item VI inserido pela Res. do TST nº 204, de 15-3-2016 (*DJe* de 17-3-2016).

220. *Cancelada*. Res. do TST nº 55, de 11-4-1996 (*DJU* de 19-4-1996).

221. Recurso de Revista. Violação de lei. Indicação de preceito. A admissibilidade do recurso de revista por violação tem como pressuposto a indicação expressa do dispositivo de lei ou da Constituição tido como violado.

▸ Redação dada pela Res. do TST nº 185, de 14-9-2012.

222. *Cancelada*. Res. do TST nº 84, de 13-8-1998 (*DJU* de 20-8-1998).

223 e 224. *Canceladas*. Res. do TST nº 121, de 28-10-2003 (*DJU* de 21-11-2003).

225. Repouso semanal. Cálculo. Gratificação por tempo de serviço e produtividade. As gratificações por tempo de serviço e produtividade pagas mensalmente, não repercutem no cálculo do repouso semanal remunerado.

226. Bancário. Gratificação por tempo de serviço. Integração no cálculo das horas extras. A gratificação por tempo de serviço integra o cálculo das horas extras.

227. *Cancelada*. Res. do TST nº 121, de 28-10-2003 (*DJU* de 21-11-2003).

228. Adicional de insalubridade. Base de cálculo. Súmula cuja eficácia está suspensa por decisão liminar do Supremo Tribunal Federal. A partir de 9 de maio de 2008, data da publicação da Súmula Vinculante nº 4 do Supremo Tribunal Federal, o adicional de insalubridade será calculado sobre o salário básico, salvo critério mais vantajoso fixado em instrumento coletivo.

- Redação dada pela Res. do TST nº 148, de 26-6-2008 (*DJU* de 4-7-2008 e republicada no *DJU* de 8-7-2008).
- Res. do TST nº 185, de 14-9-2012, acrescenta o adendo a esta Súmula: "Súmula cuja eficácia está suspensa por decisão liminar do Supremo Tribunal Federal".
- O STF, na Rcl nº 6.266-0, deferiu a medida liminar para suspender a aplicação desta Súmula na parte em que permite a utilização do salário básico para calcular o adicional de insalubridade (*DJE* de 5-8-2009).

229. Sobreaviso. Eletricitários. Por aplicação analógica do art. 244, § 2º, da CLT, as horas de sobreaviso dos eletricitários são remuneradas à base de 1/3 sobre a totalidade das parcelas de natureza salarial.

- Redação dada pela Res. do TST nº 121, de 28-10-2003 (*DJU* de 21-11-2003).

230. Aviso prévio. Substituição pelo pagamento das horas reduzidas da jornada de trabalho. É ilegal substituir o período que se reduz da jornada de trabalho, no aviso prévio, pelo pagamento das horas correspondentes.

231. *Cancelada*. Res. do TST nº 121, de 28-10-2003 (*DJU* de 21-11-2003).

232. Incorporada à Súmula nº 102 do TST.

233 a 238. *Canceladas*. Res. do TST nº 121, de 28-10-2003 (*DJU* de 21-11-2003).

239. Bancário. Empregado de empresa de processamento de dados. É bancário o empregado de empresa de processamento de dados que presta serviço a banco integrante do mesmo grupo econômico, exceto quando a empresa de processamento de dados presta serviços a banco e a empresas não bancárias do mesmo grupo econômico ou a terceiros.

- Redação dada pela Res. do TST nº 129, de 5-4-2005 (*DJU* de 20-4-2005).

240. Bancário. Gratificação de função e adicional por tempo de serviço. O adicional por tempo de serviço integra o cálculo da gratificação prevista no artigo 224, § 2º, da CLT.

241. Salário-utilidade. Alimentação. O vale para refeição, fornecido por força do contrato de trabalho, tem caráter salarial, integrando a remuneração do empregado, para todos os efeitos legais.

242. Indenização adicional. Valor. A indenização adicional, prevista no art. 9º da Lei nº 6.708, de 30-10-1979 e no art. 9º da Lei nº 7.238, de 28-10-1984, corresponde ao salário mensal, no valor devido na data da comunicação do despedimento, integrado pelos adicionais legais ou convencionados, ligados à unidade de tempo mês, não sendo computável a gratificação natalina.

243. Opção pelo regime trabalhista. Supressão das vantagens estatutárias. Exceto na hipótese de previsão contratual ou legal expressa, a opção do funcionário público pelo regime trabalhista implica a renúncia dos direitos inerentes ao sistema estatutário.

244. Gestante. Estabilidade provisória.

I – O desconhecimento do estado gravídico pelo empregador não afasta o direito ao pagamento da indenização decorrente da estabilidade (art. 10, II, *b*, do ADCT).

II – A garantia de emprego à gestante só autoriza a reintegração se esta se der durante o período de estabilidade. Do contrário, a garantia restringe-se aos salários e demais direitos correspondentes ao período de estabilidade.

III – A empregada gestante tem direito à estabilidade provisória prevista no art. 10, inciso II, alínea *b*, do Ato das Disposições Constitucionais Transitórias, mesmo na hipótese de admissão mediante contrato por tempo determinado.

- Redação dada pela Res. do TST nº 185, de 14-9-2012.

245. Depósito recursal. Prazo. O depósito recursal deve ser feito e comprovado no prazo alusivo ao recurso. A interposição antecipada deste não prejudica a dilação legal.

246. Ação de cumprimento. Trânsito em julgado da sentença normativa. É dispensável o trânsito em julgado da sentença normativa para propositura da ação de cumprimento.

247. Quebra de caixa. Natureza jurídica. A parcela paga aos bancários sob a denominação "quebra de caixa", possui natureza salarial, integrando o salário do prestador dos serviços, para todos os efeitos legais.

248. Adicional de insalubridade. Direito adquirido. A reclassificação ou descaracterização da insalubridade, por ato da autoridade competente, repercute na satisfação do respectivo adicional, sem ofensa a direito adquirido ou ao princípio da irredutibilidade salarial.

249 e 250. *Canceladas*. Res. do TST nº 121, de 28-10-2003 (*DJU* de 21-11-2003).

251. *Cancelada*. Res. do TST nº 33, de 4-5-1994 (*DJU* de 12-5-1994).

252. *Cancelada*. Res. do TST nº 121, de 28-10-2003 (*DJU* de 21-11-2003).

253. Gratificação semestral. Repercussões. A gratificação semestral não repercute no cálculo das horas extras, das férias e do aviso prévio, ainda que indenizados. Repercute, contudo, pelo seu duodécimo na indenização por antiguidade e na gratificação natalina.

- Redação dada pela Res. do TST nº 121, de 28-10-2003 (*DJU* de 21-11-2003).

254. Salário-família. Termo inicial da obrigação. O termo inicial do direito ao salário-família coincide com a prova da filiação. Se feita em juízo, corresponde à data de ajuizamento do pedido, salvo se comprovado que anteriormente o empregador se recusara a receber a respectiva certidão.

255 e 256. *Canceladas*. Res. do TST nº 121, de 28-10-2003 (*DJU* de 21-11-2003).

257. Vigilante. O vigilante, contratado diretamente por banco ou por intermédio de empresas especializadas, não é bancário.

258. Salário-utilidade. Percentuais. Os percentuais fixados em lei relativos ao salário *in natura* apenas se referem às hipóteses em que o empregado percebe salário mínimo, apurando-se, nas demais, o real valor da utilidade.

- Redação dada pela Res. do TST nº 121, de 28-10-2003 (*DJU* de 21-11-2003).

259. Termo de conciliação. Ação rescisória. Só por ação rescisória é impugnável o termo de conciliação previsto no parágrafo único do art. 831 da Consolidação das Leis do Trabalho.

260. *Cancelada*. Res. do TST nº 121, de 28-10-2003 (*DJU* de 21-11-2003).

261. Férias proporcionais. Pedido de demissão. Contrato vigente há menos de 1 (um) ano. O empregado que se demite antes de completar 12 (doze) meses de serviço tem direito a férias proporcionais.

- Redação dada pela Res. do TST nº 121, de 28-10-2003 (*DJU* de 21-11-2003).

262. Prazo judicial. Notificação ou intimação em sábado. Recesso forense.

I – Intimada ou notificada a parte no sábado, o início do prazo se dará no primeiro dia útil imediato e a contagem, no subsequente.

II – O recesso forense e as férias coletivas dos Ministros do Tribunal Superior do Trabalho suspendem os prazos recursais.

- Item II com a redação dada pela Res. do TST nº 194, de 19-5-2014 (*DJE* de 21-5-2014).

263. Petição inicial. Indeferimento. Instrução obrigatória deficiente. Salvo nas hipóteses do art. 330 do CPC de 2015 (art. 295 do CPC de 1973), o indeferimento da petição inicial, por encontrar-se desacompanhada de documento indispensável à propositura da ação ou não preencher outro requisito legal, somente é cabível se, após intimada para suprir a irregularidade em 15 (quinze) dias, mediante indicação precisa do que deve ser corrigido ou completado, a parte não o fizer (art. 321 do CPC de 2015).

- Redação dada pela Res. do TST nº 208, de 19-4-2016 (*DJe* de 22-4-2016).

264. Hora suplementar. Cálculo. A remuneração do serviço suplementar é composta do valor da hora normal, integrado por parcelas de natureza salarial e acrescido do adicional previsto em lei, contrato, acordo, convenção coletiva ou sentença normativa.

265. Adicional noturno. Alteração de turno de trabalho. Possibilidade de supressão. A transferência para o período diurno de trabalho implica a perda do direito ao adicional noturno.

266. Recurso de revista. Admissibilidade. Execução de sentença. A admissibilidade do recurso de revista interposto de acórdão proferido em agravo de petição, na liquidação de sentença ou em processo incidente na execução, inclusive os embargos de terceiro, depende de demonstração inequívoca de violência direta à Constituição Federal.

267. *Cancelada*. Res. do TST nº 121, de 28-10-2003 (*DJU* de 21-11-2003).

268. Prescrição. Interrupção. Ação trabalhista arquivada. A ação trabalhista, ainda que arquivada, interrompe a prescrição somente em relação aos pedidos idênticos.

- Redação dada pela Res. do TST nº 121, de 28-10-2003 (*DJU* de 21-11-2003).

269. Diretor eleito. Cômputo do período como tempo se serviço. O empregado eleito para ocupar cargo de diretor tem o respectivo contrato de trabalho suspenso, não se computando o tempo de serviço desse período, salvo se permanecer a subordinação jurídica inerente à relação de emprego.

270. *Cancelada*. Res. do TST nº 49, de 24-8-1995 (*DJU* de 30-8-1995).

271 a 273. *Canceladas*. Res. do TST nº 121, de 28-10-2003 (*DJU* de 21-11-2003).

274. Incorporada à Súmula nº 6 do TST.

275. Prescrição. Desvio de função e reenquadramento.

I – Na ação que objetive corrigir desvio funcional, a prescrição só alcança as diferenças salariais vencidas no período de 5 (cinco) anos que precedeu o ajuizamento.

II – Em se tratando de pedido de reenquadramento, a prescrição é total, contada da data do enquadramento do empregado.

▶ Redação dada pela Res. do TST nº 129, de 5-4-2005 (*DJU* de 20-4-2005).

276. Aviso prévio. Renúncia pelo empregado. O direito ao aviso prévio é irrenunciável pelo empregado. O pedido de dispensa de cumprimento não exime o empregador de pagar o respectivo valor, salvo comprovação de haver o prestador dos serviços obtido novo emprego.

277. Convenção coletiva de trabalho ou acordo coletivo de trabalho. Eficácia. Ultratividade. As cláusulas normativas dos acordos coletivos ou convenções coletivas integram os contratos individuais de trabalho e somente poderão ser modificadas ou suprimidas mediante negociação coletiva de trabalho.

▶ Redação dada pela Res. do TST nº 185, de 14-9-2012.

278. Embargos de declaração. Omissão no julgado. A natureza da omissão suprida pelo julgamento de embargos declaratórios pode ocasionar efeito modificativo no julgado.

279. Recurso contra sentença normativa. Efeito suspensivo. Cassação. A cassação de efeito suspensivo concedido a recurso interposto de sentença normativa retroage à data do despacho que o deferiu.

280. *Cancelada*. Res. do TST nº 2, de 19-12-1990 (*DJU* de 10-1-1991).

281. *Cancelada*. Res. do TST nº 121, de 28-10-2003 (*DJU* de 21-11-2003).

282. Abono de faltas. Serviço médico da empresa. Ao serviço médico da empresa ou ao mantido por esta última mediante convênio, compete abonar os primeiros 15 (quinze) dias de ausência ao trabalho.

283. Recurso adesivo. Pertinência no processo do trabalho. Correlação de matérias. O recurso adesivo é compatível com o processo do trabalho e cabe, no prazo de 8 (oito) dias, nas hipóteses de interposição de recurso ordinário, de agravo de petição, de revista e de embargos, sendo desnecessário que a matéria nele veiculada esteja relacionada com a do recurso interposto pela parte contrária.

284. *Cancelada*. Res. do TST nº 121, de 28-10-2003 (*DJU* de 21-11-2003).

285. *Cancelada*. Res. do TST nº 204, de 15-3-2016 (*DJe* de 17-3-2016).

286. Sindicato. Substituição processual. Convenção e acordos coletivos. A legitimidade do sindicato para propor ação de cumprimento estende-se também à observância de acordo ou de convenção coletivos.

▶ Redação dada pela Res. do TST nº 98, de 11-9-2000 (*DJU* de 18-9-2000).

287. Jornada de trabalho. Gerente bancário. A jornada de trabalho do empregado de banco gerente de agência é regida pelo art. 224, § 2º, da CLT. Quanto ao gerente geral de agência bancária, presume-se o exercício de encargo de gestão, aplicando-se-lhe o art. 62 da CLT.

▶ Redação dada pela Res. do TST nº 121, de 28-10-2003 (*DJU* de 21-11-2003).

288. Complementação dos proventos da aposentadoria.

I – A complementação dos proventos de aposentadoria, instituída, regulamentada e paga diretamente pelo empregador, sem vínculo com as entidades de previdência privada fechada, é regida pelas normas em vigor na data de admissão do empregado, ressalvadas as alterações que forem mais benéficas (art. 468 da CLT).

▶ Item I com a redação dada pela Res. do TST nº 207, de 12-4-2016 (*DJe* de 18-4-2016).

▶ OJ da SBDI-I Transitória nº 76 do TST.

II – Na hipótese de coexistência de dois regulamentos de planos de previdência complementar, instituídos pelo empregador ou por entidade de previdência privada, a opção do beneficiário por um deles tem efeito jurídico de renúncia às regras do outro.

▶ Item II com a redação dada pela Res. do TST nº 193, de 11-12-2013 (*DJe* de 18-4-2016).

▶ OJ da SBDI-I Transitória nº 76 do TST.

III – Após a entrada em vigor das Leis Complementares nºs 108 e 109, de 29/05/2001, reger-se-á a complementação dos proventos de aposentadoria pelas normas vigentes na data da implementação dos requisitos para obtenção do benefício, ressalvados o direito adquirido do participante que anteriormente implementara os requisitos para o benefício e o direito acumulado do empregado que até então não preenchera tais requisitos.

IV – O entendimento da primeira parte do item III aplica-se aos processos em curso no Tribunal Superior do Trabalho em que, em 12/04/2016, ainda não haja sido proferida decisão de mérito por suas Turmas e Seções.

▶ Itens III e IV acrescidos pela do TST nº 207, de 12-4-2016 (*DJe* de 18-4-2016).

289. Insalubridade. Adicional. Fornecimento do aparelho de proteção. Efeito. O simples fornecimento do aparelho de proteção pelo empregador não o exime do pagamento do adicional de insalubridade. Cabe-lhe tomar as medidas que conduzam à diminuição ou eliminação da nocividade, entre as quais as relativas ao uso efetivo do equipamento pelo empregado.

290. *Cancelada*. Res. do TST nº 121, de 28-10-2003 (*DJU* de 21-11-2003).

291. Horas extras. Habitualidade. Supressão. Indenização. A supressão total ou parcial, pelo empregador, de serviço suplementar prestado com habitualidade, durante pelo menos 1 (um) ano, assegura ao empregado o direito à indenização correspondente ao valor de 1 (um) mês das horas suprimidas, total ou parcialmente, para cada ano ou fração igual ou superior a seis meses de prestação de serviço acima da jornada normal. O cálculo observará a média das horas suplementares nos últimos 12 (doze) meses anteriores à mudança, multiplicada pelo valor da hora extra do dia da supressão.

▶ Redação dada pela Res. do TST nº 174, de 24-5-2011 (*DJE* de 27-5-2011).

292. *Cancelada*. Res. do TST nº 121, de 28-10-2003 (*DJU* de 21-11-2003).

293. Adicional de insalubridade. Causa de pedir. Agente nocivo diverso do apontado na inicial. A verificação mediante perícia de prestação de serviços em condições nocivas, considerado agente insalubre diverso do apontado na inicial, não prejudica o pedido de adicional de insalubridade.

294. Prescrição. Alteração contratual. Trabalhador urbano. Tratando-se de ação que envolva pedido de prestações sucessivas decorrente de alteração do pactuado, a prescrição é total, exceto quando o direito à parcela esteja também assegurado por preceito de lei.

295. *Cancelada*. Res. do TST nº 152, de 17-11-2008 (*DJE* de 21-11-2008).

296. Recurso. Divergência jurisprudencial. Especificidade.

I – A divergência jurisprudencial ensejadora da admissibilidade, do prosseguimento e do conhecimento do recurso há de ser específica, revelando a existência de teses diversas na interpretação de um mesmo dispositivo legal, embora idênticos os fatos que as ensejaram.

II – Não ofende o art. 896 da CLT decisão de Turma que, examinando premissas concretas de especificidade da divergência colacionada no apelo revisional, conclui pelo conhecimento ou desconhecimento do recurso.

▶ Redação dada pela Res. do TST nº 129, de 5-4-2005 (*DJU* de 20-4-2005).

297. Prequestionamento. Oportunidade. Configuração.

1. Diz-se prequestionada a matéria ou questão quando na decisão impugnada haja sido adotada, explicitamente, tese a respeito.

2. Incumbe à parte interessada, desde que a matéria haja sido invocada no recurso principal, opor embargos declaratórios objetivando o pronunciamento sobre o tema, sob pena de preclusão.

3. Considera-se prequestionada a questão jurídica invocada no recurso principal sobre a qual se omite o Tribunal de pronunciar tese, não obstante opostos embargos de declaração.

▶ Redação dada pela Res. do TST nº 121, de 28-10-2003 (*DJU* de 21-11-2003).

▶ Orientações Jurisprudenciais da SBDI-I nºs 62 e 119 do TST.

298. Ação rescisória. Violação a disposição de lei. Pronunciamento explícito.

I – A conclusão acerca da ocorrência de violação literal a disposição de lei pressupõe pronunciamento explícito, na sentença rescindenda, sobre a matéria veiculada.

II – O pronunciamento explícito exigido em ação rescisória diz respeito à matéria e ao enfoque específico da tese debatida na ação, e não, necessariamente, ao dispositivo legal tido por violado. Basta que o conteúdo da norma reputada violada haja sido abordado na decisão rescindenda para que se considere preenchido o pressuposto.

III – Para efeito de ação rescisória, considera-se pronunciada explicitamente a matéria tratada na sentença quando, examinando remessa de ofício, o Tribunal simplesmente a confirma.

IV – A sentença meramente homologatória, que silencia sobre os motivos de convencimento do juiz, não se mostra rescindível, por ausência de pronunciamento explícito.

V – Não é absoluta a exigência de pronunciamento explícito na ação rescisória, ainda que esta tenha por fundamento violação de dispositivo de lei. Assim, prescindível o pronunciamento explícito quando o vício nasce no próprio julgamento, como se dá com a sentença *extra*, *citra* e *ultra petita*.

▶ Redação alterada pelo Tribunal Pleno na sessão realizada em 6-2-2012.

299. Ação rescisória. Decisão rescindenda. Trânsito em julgado. Comprovação. Efeitos.

I – É indispensável ao processamento da ação rescisória a prova do trânsito em julgado da decisão rescindenda.

▶ Item I com a redação dada pela Res. do TST nº 137, de 4-8-2005 (*DJU* de 22-8-2005).

II – Verificando o relator que a parte interessada não juntou à inicial o documento comprobatório, abrirá prazo de 15 (quinze) dias para que o faça (art. 321 do CPC de 2015), sob pena de indeferimento. (ex-Súmula nº 299 – Res. nº 8/1989, *DJ* 14, 18 e 19-4-1989).

▶ Item II com a redação dada pela Res. do TST nº 211, de 22-8-2016 (*DJe* de 24-8-2016).

III – A comprovação do trânsito em julgado da decisão rescindenda é pressuposto processual indispensável ao tempo do ajuizamento da ação rescisória. Eventual trânsito em julgado posterior ao ajuizamento da ação rescisória não reabilita a ação proposta, na medida em que o ordenamento jurídico não contempla a ação rescisória preventiva.

IV – O pretenso vício de intimação, posterior à decisão que se pretende rescindir, se efetivamente ocorrido, não permite a formação da coisa julgada material. Assim, a ação rescisória deve ser julgada extinta, sem julgamento do mérito, por carência de ação, por inexistir decisão transitada em julgado a ser rescindida.

▶ Itens III e IV com a redação dada pela Res. do TST nº 137, de 4-8-2005 (*DJU* de 22-8-2005).

300. Competência da Justiça do Trabalho. Cadastramento no PIS. Compete à Justiça do Trabalho processar e julgar ações ajuizadas por empregados em face de empregadores, relativas ao cadastramento no Programa de Integração Social (PIS).

301. Auxiliar de laboratório. Ausência de diploma. Efeitos. O fato de o empregado não possuir diploma de profissionalização de auxiliar de laboratório não afasta a observância das normas da Lei nº 3.999, de 15-12-1961, uma vez comprovada a prestação de serviços na atividade.

302. *Cancelada.* Res. do TST nº 121, de 28-10-2003 (*DJU* de 21-11-2003).

303. Fazenda Pública. Reexame necessário (nova redação em decorrência do CPC de 2015).

I – Em dissídio individual, está sujeita ao reexame necessário, mesmo na vigência da Constituição Federal de 1988, decisão contrária à Fazenda Pública, salvo quando a condenação não ultrapassar o valor correspondente a: a) 1.000 (mil) salários mínimos para a União e as respectivas autarquias e fundações de direito público; b) 500 (quinhentos) salários mínimos para os Estados, o Distrito Federal, as respectivas autarquias e fundações de direito público e os Municípios que constituam capitais dos Estados; c) 100 (cem) salários mínimos para todos os demais Municípios e respectivas autarquias e fundações de direito público.

II – Também não se sujeita ao duplo grau de jurisdição a decisão fundada em: a) súmula ou orientação jurisprudencial do Tribunal Superior do Trabalho; b) acórdão proferido pelo Supremo Tribunal Federal ou pelo Tribunal Superior do Trabalho em julgamento de recursos repetitivos; c) entendimento firmado em incidente de resolução de demandas repetitivas ou de assunção de competência; d) entendimento coincidente com orientação vinculante firmada no âmbito administrativo do próprio ente público, consolidada em manifestação, parecer ou súmula administrativa.

III – Em ação rescisória, a decisão proferida pelo Tribunal Regional do Trabalho está sujeita ao duplo grau de jurisdição obrigatório quando desfavorável ao ente público, exceto nas hipóteses dos incisos anteriores. (ex-OJ nº 71 da SBDI-1 – inserida em 3-6-1996).

IV – Em mandado de segurança, somente cabe reexame necessário se, na relação processual, figurar pessoa jurídica de direito público como parte prejudicada pela concessão da ordem. Tal situação não ocorre na hipótese de figurar no feito como impetrante e terceiro interessado pessoa de direito privado, ressalvada a hipótese de matéria administrativa. (ex-OJs nºs 72 e 73 da SBDI-1 – inseridas, respectivamente, em 25-11-1996 e 3-6-1996).

▶ Redação dada pela Res. do TST nº 211, de 22-8-2016 (*DJe* de 24-8-2016).

304. Correção monetária. Empresas em liquidação. Art. 46 do ADCT/CF. Os débitos trabalhistas das entidades submetidas aos regimes de intervenção ou liquidação extrajudicial estão sujeitos a correção monetária desde o respectivo vencimento até seu efetivo pagamento, sem interrupção ou suspensão, não incidindo, entretanto, sobre tais débitos, juros de mora.

▶ OJ da SBDI-I nº 408 do TST.

305. Fundo de Garantia do Tempo de Serviço. Incidência sobre o aviso prévio. O pagamento relativo ao período de aviso prévio, trabalhado ou não, está sujeito à contribuição para o FGTS.

306. *Cancelada.* Res. do TST nº 121, de 28-10-2003 (*DJU* de 21-11-2003).

307. Juros. Irretroatividade do Decreto-Lei nº 2.322, de 26-2-1987. A fórmula de cálculo de juros prevista no Decreto-Lei nº 2.322, de 26-2-1987 somente é aplicável a partir de 27-2-1987. Quanto ao período anterior, deve-se observar, a legislação então vigente.

308. Prescrição quinquenal.

I – Respeitado o biênio subsequente à cessação contratual, a prescrição da ação trabalhista concerne às pretensões imediatamente anteriores a cinco anos, contados da data do ajuizamento da reclamação e, não, às anteriores ao quinquênio da data da extinção do contrato.

II – A norma constitucional que ampliou o prazo de prescrição da ação trabalhista para 5 (cinco) anos é de aplicação imediata e não atinge pretensões já alcançadas pela prescrição bienal quando da promulgação da CF/1988.

▶ Redação dada pela Res. do TST nº 129, de 5-4-2005 (*DJU* de 20-4-2005).

309. Vigia portuário. Terminal privativo. Não obrigatoriedade de requisição. Tratando-se de terminais privativos destinados à navegação de cabotagem ou de longo curso, não é obrigatória a requisição de vigia portuário indicado por sindicato.

▶ Lei nº 12.815, de 5-6-2013 (Lei dos Portos).

310. *Cancelada.* Res. do TST nº 119, de 25-9-2003 (*DJU* de 1º-10-2003).

311. Benefícios previdenciários a dependente de ex-empregado. Correção monetária. Legislação aplicável. O cálculo da correção monetária incidente sobre débitos relativos a benefícios previdenciários devidos a dependentes de ex-empregado pelo empregador, ou por entidade de previdência privada a ele vinculada, será o previsto na Lei nº 6.899, de 8-4-1981.

312. Constitucionalidade. Alínea *b* do art. 896 da CLT. É constitucional a alínea *b* do art. 896 da CLT, com a redação dada pela Lei nº 7.701, de 21-12-1988.

313. Complementação de aposentadoria. Proporcionalidade. BANESPA. A complementação de aposentadoria, prevista no art. 106, e seus parágrafos, do regulamento de pessoal editado em 1965, só é integral para os empregados que tenham 30 (trinta) ou mais anos de serviços prestados exclusivamente ao banco.

314. Indenização adicional. Verbas rescisórias. Salário corrigido. Se ocorrer a rescisão contratual no período de 30 (trinta) dias que antecede à data base, observado a Súmula nº 182 do TST, o pagamento das verbas rescisórias com o salário já corrigido não afasta o direito à indenização adicional prevista nas Leis nºs 6.708, de 30-10-1979 e 7.238, de 28-10-1984.

315. IPC de março/1990. Lei nº 8.030, de 12-4-1990 (Plano Collor). Inexistência de direito adquirido. A partir da vigência da Medida Provisória nº 154, de 15-3-1990, convertida na Lei nº 8.030, de 15-4-1990, não se aplica o IPC de março de 1990, de 84,32% (oitenta e quatro vírgula trinta e dois por cento), para a correção dos salários, porque o direito ainda não se havia incorporado ao patrimônio jurídico dos trabalhadores, inexistindo ofensa ao inciso XXXVI do art. 5º da CF/1988.

316 e 317. *Canceladas.* Res. do TST nº 37, de 16-11-1994 (*DJU* de 25-11-1994).

318. Diárias. Base de cálculo para sua integração no salário. Tratando-se de empregado mensalista, a integração das diárias no salário deve ser feita tomando-se por base o salário mensal por ele percebido e não o valor do dia de salário, somente sendo devida a referida integração quando o valor das diárias, no mês, for superior à metade do salário mensal.

319. Reajustes salariais ("gatilhos"). Aplicação aos servidores públicos contratados sob a égide da legislação trabalhista. Aplicam-se aos servidores públicos, contratados sob o regime da Consolidação das Leis do Trabalho, os reajustes decorrentes da correção automática dos salários pelo mecanismo denominado "gatilho", de que tratam os Decretos-Leis nºs 2.284 de 10-3-1986 e 2.302 de 21-11-1986.

320. Horas *in itinere*. Obrigatoriedade de cômputo na jornada de trabalho. O fato de o empregador cobrar, parcialmente ou não, importância pelo transporte fornecido, para local de difícil acesso, ou não servido por transporte regular, não afasta o direito à percepção das horas *in itinere*.

321. *Cancelada.* Res. do TST nº 135, de 30-6-2005 (*DJU* de 5-7-2005).

322. Diferenças salariais. Planos econômicos. Limite. Os reajustes salariais decorrentes dos chamados "gatilhos" e URPs, previstos legalmente como antecipação, são devidos tão somente até a data base de cada categoria.

323. *Cancelada.* Res. do TST nº 38, de 16-11-1994 (*DJU* de 25-11-1994).

324 e 325. Incorporadas à Súm. nº 90 do TST.

326. Complementação de aposentadoria. Prescrição total. A pretensão à complementação de aposentadoria jamais recebida prescreve em 2 (dois) anos contados da cessação do contrato de trabalho.

- Redação dada pela Res. do TST nº 174, de 24-5-2011 (*DJE* de 27-5-2011).

327. Complementação de aposentadoria. Diferenças. Prescrição parcial. A pretensão a diferenças de complementação de aposentadoria sujeita-se à prescrição parcial e quinquenal, salvo se o pretenso direito decorrer de verbas não recebidas no curso da relação de emprego e já alcançadas pela prescrição, à época da propositura da ação.

- Redação dada pela Res. do TST nº 174, de 24-5-2011 (*DJE* de 27-5-2011).

328. Férias. Terço constitucional. O pagamento das férias, integrais ou proporcionais, gozadas ou não, na vigência da CF/1988, sujeita-se ao acréscimo do terço previsto no respectivo art. 7º, XVII.

329. Honorários advocatícios. Art. 133 da CF/1988. Mesmo após a promulgação da CF/1988, permanece válido o entendimento consubstanciado na Súmula nº 219 do Tribunal Superior do Trabalho.

- Art. 6º da IN do TST nº 41, de 21-6-2018, que dispõe sobre a aplicação das normas processuais da CLT alteradas pela Lei nº 13.467, de 13-7-2017.

330. Quitação. Validade. A quitação passada pelo empregado, com assistência de entidade sindical de sua categoria, ao empregador, com observância dos requisitos exigidos nos parágrafos do art. 477 da CLT, tem eficácia liberatória em relação às parcelas expressamente consignadas no recibo, salvo se oposta ressalva expressa e especificada ao valor dado à parcela ou parcelas impugnadas.

I – A quitação não abrange parcelas não consignadas no recibo de quitação e, consequentemente, seus reflexos em outras parcelas, ainda que estas constem desse recibo.

II – Quanto a direitos que deveriam ter sido satisfeitos durante a vigência do contrato de trabalho, a quitação é válida em relação ao período expressamente consignado no recibo de quitação.

- Redação dada pela Res. do TST nº 108, de 5-4-2001 (*DJU* de 18-4-2001).

331. Contrato de prestação de serviços. Legalidade.

I – A contratação de trabalhadores por empresa interposta é ilegal, formando-se o vínculo diretamente com o tomador dos serviços, salvo no caso de trabalho temporário (Lei nº 6.019, de 3-1-1974).

II – A contratação irregular de trabalhador, mediante empresa interposta, não gera vínculo de emprego com os órgãos da Administração Pública direta, indireta ou fundacional (art. 37, II, da CF/1988).

III – Não forma vínculo de emprego com o tomador a contratação de serviços de vigilância (Lei nº 7.102, de 20-6-1983) e de conservação e limpeza, bem como a de serviços especializados ligados à atividade-meio do tomador, desde que inexistente a pessoalidade e a subordinação direta.

IV – O inadimplemento das obrigações trabalhistas, por parte do empregador, implica a responsabilidade subsidiária do tomador dos serviços quanto àquelas obrigações, desde que haja participado da relação processual e conste também do título executivo judicial.

V – Os entes integrantes da Administração Pública direta e indireta respondem subsidiariamente, nas mesmas condições do item IV, caso evidenciada a sua conduta culposa no cumprimento das obrigações da Lei nº 8.666, de 21-6-1993, especialmente na fiscalização do cumprimento das obrigações contratuais e legais da prestadora de serviço como empregadora. A aludida responsabilidade não decorre de mero inadimplemento das obrigações trabalhistas assumidas pela empresa regularmente contratada.

- A Lei nº 8.666, de 21-6-1993, foi revogada pela Lei nº 14.133, de 1º-4-2021.
- Lei nº 14.133, de 1º-4-2021 (Nova Lei de Licitações e Contratos Administrativos).

VI – A responsabilidade subsidiária do tomador de serviços abrange todas as verbas decorrentes da condenação referentes ao período da prestação laboral.

- Redação dada pela Res. do TST nº 174, de 24-5-2011 (*DJE* de 27-5-2011).

332. Complementação de aposentadoria. PETROBRAS. Manual de Pessoal. Norma programática. As normas relativas à complementação de aposentadoria, inseridas no Manual de Pessoal da PETROBRAS, têm caráter meramente programático, delas não resultando direito à referida complementação.

333. Recurso de revista. Conhecimento. Não ensejam recurso de revista decisões superadas por iterativa, notória e atual jurisprudência do Tribunal Superior do Trabalho.

- Redação dada pela Res. do TST nº 155, de 18-2-2009.
- Súm. nº 192 do TST.

334. *Cancelada*. Res. do TST nº 59, de 20-6-1996 (*DJU* de 28-6-1996).

335. *Cancelada*. Res. do TST nº 121, de 28-10-2003 (*DJU* de 21-11-2003).

336. Constitucionalidade. § 2º do art. 9º, do Decreto-Lei nº 1.971, de 30-11-1982. É constitucional o § 2º do art. 9º do Decreto-Lei nº 1.971 de 30-11-1982, com a redação dada pelo Decreto-Lei nº 2.100 de 28-12-1983.

337. Comprovação de divergência jurisprudencial. Recursos de revista e de embargos.

I – Para comprovação da divergência justificadora do recurso, é necessário que o recorrente.

a) Junte certidão ou cópia autenticada do acórdão paradigma ou cite a fonte oficial ou o repositório autorizado em que foi publicado; e

b) Transcreva, nas razões recursais, as ementas e/ou trechos dos acórdãos trazidos à configuração do dissídio, demonstrando o conflito de teses que justifique o conhecimento do recurso, ainda que os acórdãos já se encontrem nos autos ou venham a ser juntados com o recurso. (ex-Súmula nº 337 – alterada pela Res. nº 121/2003, *DJ* 21-11-2003).

II – A concessão de registro de publicação como repositório autorizado de jurisprudência do TST torna válidas todas as suas edições anteriores. (ex-OJ nº 317 da SBDI-I – *DJ* 11-8-2003).

III – A mera indicação da data de publicação, em fonte oficial, de aresto paradigma é inválida para comprovação de divergência jurisprudencial, nos termos do item I, *a*, desta súmula, quando a parte pretende demonstrar o conflito de teses mediante a transcrição de trechos que integram a fundamentação do acórdão divergente, uma vez que só se publicam o dispositivo e a ementa dos acórdãos.

IV – É válida para a comprovação da divergência jurisprudencial justificadora do recurso a indicação de aresto extraído de repositório oficial na internet, desde que o recorrente:

a) transcreva o trecho divergente;

b) aponte o sítio de onde foi extraído; e

c) decline o número do processo, o órgão prolator do acórdão e a data da respectiva publicação no *Diário Eletrônico da Justiça do Trabalho*.

V – A existência do código de autenticidade na cópia, em formato *pdf*, do inteiro teor do aresto paradigma, juntada aos autos, torna-a equivalente ao documento original e também supre a ausência de indicação da fonte oficial de publicação.

- Redação dada pela Res. do TST nº 220, de 18-9-2017 (*DJe* de 21-9-2017 e republicada no *DJe* de 22-9-2017, em razão de erro material).

338. Jornada de trabalho. Registro. Ônus da prova.

I – É ônus do empregador que conta com mais de 10 (dez) empregados o registro da jornada de trabalho na forma do art. 74, § 2º, da CLT. A não apresentação injustificada dos controles de frequência gera presunção relativa de veracidade da jornada de trabalho, a qual pode ser elidida por prova em contrário.

II – A presunção de veracidade da jornada de trabalho, ainda que prevista em instrumento normativo, pode ser elidida por prova em contrário.

III – Os cartões de ponto que demonstram horários de entrada e saída uniformes são inválidos como meio de prova, invertendo-se o ônus da prova, relativo às horas extras, que passa a ser do empregador, prevalecendo a jornada da inicial se dele não se desincumbir.

- Redação dada pela Res. do TST nº 129, de 5-4-2005 (*DJU* de 20-4-2005).

339. CIPA. Suplente. Garantia de emprego. CF/1988.

I – O suplente da CIPA goza da garantia de emprego prevista no art. 10, II, *a*, do ADCT a partir da promulgação da Constituição Federal de 1988.

II – A estabilidade provisória do cipeiro não constitui vantagem pessoal, mas garantia para as atividades dos membros da CIPA, que somente tem razão de ser quando em atividade a empresa. Extinto o estabelecimento, não se verifica a despedida arbitrária, sendo impossível a reintegração e indevida a indenização do período estabilitário.

- Redação dada pela Res. do TST nº 129, de 5-4-2005 (*DJU* de 20-4-2005).

340. Comissionista. Horas extras. O empregado, sujeito a controle de horário, remunerado à base de comissões, tem direito ao adicional de, no mínimo, 50% (cinquenta por cento) pelo trabalho em horas extras, calculado sobre o valor hora das comissões recebidas no mês, considerando-se como divisor o número de horas efetivamente trabalhadas.

- Redação dada pela Res. do TST nº 121, de 28-10-2003 (*DJU* de 21-11-2003).
- OJ da SBDI-I nº 397 do TST.

341. Honorários do assistente técnico. A indicação do perito assistente é faculdade da parte, a qual deve responder pelos respectivos honorários, ainda que vencedora no objeto da perícia.

342. Descontos salariais. Art. 462, CLT. Descontos salariais efetuados pelo empregador, com a autorização prévia e por escrito do empregado, para ser integrado em planos de assistência odontológica, médico-hospitalar, de seguro, de previdência privada, ou de entidade cooperativa, cultural ou recreativo-associativa de seus trabalhadores, em seu benefício e de seus dependentes, não afrontam o disposto no art. 462, da Consolidação das Leis do Trabalho, salvo se ficar demonstrada a existência de coação ou de outro defeito que vicie o ato jurídico.

343. *Cancelada*. Res. do TST nº 185, de 14-9-2012.

344. Salário-família. Trabalhador rural. O salário-família é devido aos trabalhadores rurais somente após a vigência da Lei nº 8.213, de 24-7-1991.

345. BANDEPE. Regulamento Interno de Pessoal não confere estabilidade aos empregados. O Regulamento Interno de Pessoal (RIP) do Banco do Estado de Pernambuco – BANDEPE, na parte que trata de seu regime disciplinar, não confere estabilidade aos seus empregados.

346. Digitador. Intervalos intrajornada. Aplicação analógica do art. 72 da CLT. Os digitadores, por aplicação analógica do art. 72 da CLT, equiparam-se aos trabalhadores nos serviços de mecanografia (datilografia, escrituração ou cálculo), razão pela qual têm direito a intervalos de descanso de 10 (dez) minutos a cada 90 (noventa) de trabalho consecutivo.

347. Horas extras habituais. Apuração. Média física. O cálculo do valor das horas extras habituais, para efeito de reflexos em verbas trabalhistas, observará o número de horas efetivamente prestadas e a ele aplica-se o valor do salário hora da época do pagamento daquelas verbas.

348. Aviso prévio. Concessão na fluência da garantia do emprego. Invalidade. É inválida a concessão do aviso prévio na fluência da garantia de emprego, ante à incompatibilidade dos dois institutos.

349. *Cancelada*. Res. do TST nº 174, de 24-5-2011 (*DJE* de 27-5-2011).

350. Prescrição. Termo inicial. Ação de cumprimento. Sentença normativa. O prazo de prescrição com relação à ação de cumprimento de decisão normativa flui apenas a partir da data de seu trânsito em julgado.

351. Professor. Repouso semanal remunerado. Art. 7º, § 2º, da Lei nº 605, de 5-1-1949 e art. 320 da CLT. O professor que recebe salário mensal à base de hora aula tem direito ao acréscimo de 1/6 a título de repouso semanal remunerado, considerando-se para esse fim o mês de quatro semanas e meia.

352. *Cancelada*. Res. do TST nº 114, de 21-11-2002 (*DJU* de 28-11-2002).

353. Embargos. Agravo. Cabimento.

Não cabem embargos para a Seção de Dissídios Individuais de decisão de Turma proferida em agravo, salvo:

a) da decisão que não conhece de agravo de instrumento ou de agravo pela ausência de pressupostos extrínsecos;

b) da decisão que nega provimento a agravo contra decisão monocrática do Relator, em que se proclamou a ausência de pressupostos extrínsecos de agravo de instrumento;

c) para revisão dos pressupostos extrínsecos de admissibilidade do recurso de revista, cuja ausência haja sido declarada originariamente pela Turma no julgamento do agravo;

d) para impugnar o conhecimento de agravo de instrumento;

▸ Redação dada pela Res. do TST nº 171, de 16-11-2010 (*DJe* 19-11-2010)

e) para impugnar a imposição de multas previstas nos arts. 1.021, § 4º, do CPC de 2015 ou 1.026, § 2º, do CPC de 2015 (art. 538, parágrafo único, do CPC de 1973, ou art. 557, § 2º, do CPC de 1973).

▸ Alínea *e* com a redação dada pela Res. do TST nº 208, de 19-4-2016 (*DJe* de 22-4-2016).

f) contra decisão de Turma proferida em agravo em recurso de revista, nos termos do art. 894, II, da CLT.

▸ Alínea *f* com a redação dada pela Res. do TST nº 189, de 27-2-2013.

354. Gorjetas. Natureza jurídica. Repercussões. As gorjetas, cobradas pelo empregador na nota de serviço ou oferecidas espontaneamente pelos clientes, integram a remuneração do empregado, não servindo de base de cálculo para as parcelas de aviso prévio, adicional noturno, horas extras e repouso semanal remunerado.

355. CONAB. Estabilidade. Aviso DIREH nº 2, de 12-12-1984. O aviso DIREH nº 2, de 12-2-1984, que concedia estabilidade aos empregados da CONAB, não tem eficácia, porque não aprovado pelo Ministério ao qual a empresa se subordina.

356. Alçada recursal. Vinculação ao salário mínimo. O art. 2º, § 4º, da Lei nº 5.584 de 26-6-1970, foi recepcionado pela CF/1988, sendo lícita a fixação do valor da alçada com base no salário mínimo.

357. Testemunha. Ação contra a mesma reclamada. Suspeição. Não torna suspeita a testemunha o simples fato de estar litigando ou de ter litigado contra o mesmo empregador.

358. Radiologista. Salário profissional. Lei nº 7.394, de 29-10-1985. O salário profissional dos técnicos em radiologia é igual a 2 (dois) salários mínimos e não a 4 (quatro).

359. *Cancelada*. Res. do TST nº 121, de 28-10-2003 (*DJU* de 21-11-2003).

360. Turnos ininterruptos de revezamento. Intervalos intrajornada e semanal. A interrupção do trabalho destinada a repouso e alimentação, dentro de cada turno, ou o intervalo para repouso semanal, não descaracteriza o turno de revezamento com jornada de 6 (seis) horas previsto no art. 7º, XIV, da CF/1988.

361. Adicional de periculosidade. Eletricitários. Exposição intermitente. O trabalho exercido em condições perigosas, embora de forma intermitente, dá direito ao empregado a receber o adicional de periculosidade de forma integral, porque a Lei nº 7.369 de 20-9-1985 não estabeleceu qualquer proporcionalidade em relação ao seu pagamento.

▸ A Lei nº 7.369, de 20-9-1985, foi revogada pela Lei nº 12.740, de 8-12-2012.

▸ Art. 193 da CLT.

362. FGTS. Prescrição.

I – Para os casos em que a ciência da lesão ocorreu a partir de 13-11-2014, é quinquenal a prescrição do direito de reclamar contra o não recolhimento de contribuição para o FGTS, observado o prazo de dois anos após o término do contrato;

II – Para os casos em que o prazo prescricional já estava em curso em 13-11-2014, aplica-se o prazo prescricional que se consumar primeiro: trinta anos, contados do termo inicial, ou cinco anos, a partir de 13-11-2014.

▸ Redação dada pela Res. do TST nº 198, de 9-6-2015 (*DJE* de 11-6-2015).

▸ Art. 7º, XXIX, da CF.

363. Contrato nulo. Efeitos. A contratação de servidor público, após a CF/1988, sem prévia aprovação em concurso público, encontra óbice no respectivo art. 37, II e § 2º, somente lhe conferindo direito ao pagamento da contraprestação pactuada, em relação ao número de horas trabalhadas, respeitado o valor da hora do salário mínimo, e dos valores referentes aos depósitos do FGTS.

▸ Redação dada pela Res. do TST nº 121, de 28-10-2003 (*DJU* de 21-11-2003).

364. Adicional de periculosidade. Exposição eventual, permanente e intermitente.

I – Tem direito ao adicional de periculosidade o empregado exposto permanentemente ou que, de forma intermitente, sujeita-se a condições de risco. Indevido, apenas, quando o contato dá-se de forma eventual, assim considerado o fortuito, ou o que, sendo habitual, dá-se por tempo extremamente reduzido. (ex-OJs da SBDI – 1 nºs 05 – inserida em 14-3-1994 – e 280 – *DJ* 11-8-2003).

II – Não é válida a cláusula de acordo ou convenção coletiva de trabalho fixando o adicional de periculosidade em percentual inferior ao estabelecido em lei e proporcional ao tempo de exposição ao risco, pois tal parcela constitui medida de higiene, saúde e segurança do trabalho, garantida por norma de ordem pública (arts. 7º, XXII e XXIII, da CF e 193, § 1º, da CLT).

▸ Redação dada pela Res. do TST nº 209, de 1º-6-2016 (*DJe* de 1º-6-2016).

365. Alçada. Ação rescisória e mandado de segurança. Não se aplica a alçada em ação rescisória e em mandado de segurança.

366. Cartão de ponto. Registro. Horas Extras. Minutos que Antecedem e Sucedem a Jornada de Trabalho. Não serão descontadas nem computadas como jornada extraordinária as variações de horário do registro de ponto não excedentes de cinco minutos, observado o limite máximo de dez minutos diários. Se ultrapassado esse limite, será considerada como extra a totalidade do tempo que exceder a jornada normal, pois configurado tempo à disposição do empregador, não importando as atividades desenvolvidas pelo empregado ao longo do tempo residual (troca de uniforme, lanche, higiene pessoal, etc).

▸ Redação dada pela Res. do TST nº 197, de 12-5-2015.

367. Utilidades *in natura*. Habitação. Energia elétrica. Veículo. Cigarro. Não integração ao salário.

I – A habitação, a energia elétrica e veículo fornecidos pelo empregador ao empregado, quando indispensáveis para a realização do trabalho, não têm natureza salarial, ainda que, no caso de veículo, seja ele utilizado pelo empregado também em atividades particulares.

II – O cigarro não se considera salário-utilidade em face de sua nocividade à saúde.

368. Descontos previdenciários. Imposto de renda. Competência. Responsabilidade pelo recolhimento. Forma de cálculo. Fato gerador.

I – A Justiça do Trabalho é competente para determinar o recolhimento das contribuições fiscais. A competência da Justiça do Trabalho, quanto à execução das contribuições previdenciárias, limita-se às sentenças condenatórias em pecúnia que proferir e aos valores, objeto de acordo homologado, que integrem o salário de contribuição.

▶ Conversão da OJ da SBDI-I nº 141 do TST.

II – É do empregador a responsabilidade pelo recolhimento das contribuições previdenciárias e fiscais, resultantes de crédito do empregado oriundo de condenação judicial. A culpa do empregador pelo inadimplemento das verbas remuneratórias, contudo, não exime a responsabilidade do empregado pelos pagamentos do imposto de renda devido e da contribuição previdenciária que recaia sobre sua quota-parte.

▶ Conversão da OJ da SBDI-I nº 363 do TST.

III – Os descontos previdenciários relativos à contribuição do empregado, no caso de ações trabalhistas, devem ser calculados mês a mês, de conformidade com o art. 276, § 4º, do Decreto n º 3.048/1999 que regulamentou a Lei nº 8.212/1991, aplicando-se as alíquotas previstas no art. 198, observado o limite máximo do salário de contribuição.

▶ Conversão das Orientações Jurisprudenciais da SBDI-I nºs 32 e 228 do TST.

IV – Considera-se fato gerador das contribuições previdenciárias decorrentes de créditos trabalhistas reconhecidos ou homologados em juízo, para os serviços prestados até 4.3.2009, inclusive, o efetivo pagamento das verbas, configurando-se a mora a partir do dia dois do mês seguinte ao da liquidação (art. 276, *caput*, do Decreto nº 3.048/1999). Eficácia não retroativa da alteração legislativa promovida pela Medida Provisória nº 449/2008, posteriormente convertida na Lei nº 11.941/2009, que deu nova redação ao art. 43 da Lei nº 8.212/1991.

V – Para o labor realizado a partir de 5-3-2009, considera-se fato gerador das contribuições previdenciárias decorrentes de créditos trabalhistas reconhecidos ou homologados em juízo a data da efetiva prestação dos serviços. Sobre as contribuições previdenciárias não recolhidas a partir da prestação dos serviços incidem juros de mora e, uma vez apurados os créditos previdenciários, aplica-se multa a partir do exaurimento do prazo de citação para pagamento, se descumprida a obrigação, observado o limite legal de 20% (art. 61, § 2º, da Lei nº 9.460/1996).

VI – O imposto de renda decorrente de crédito do empregado recebido acumuladamente deve ser calculado sobre o montante dos rendimentos pagos, mediante a utilização de tabela progressiva resultante da multiplicação da quantidade de meses a que se refiram os rendimentos pelos valores constantes da tabela progressiva mensal correspondente ao mês do recebimento ou crédito, nos termos do art. 12-A da Lei nº 7.713, de 22-12-1988, com a redação conferida pela Lei nº 13.149/2015, observado o procedimento previsto nas Instruções Normativas da Receita Federal do Brasil.

▶ Redação dada pela Res. do TST nº 219, de 26-6-2017 (*DJe* de 28-6-2017), republicada no *DJe* de 12-7-2017, em razão de erro material.

369. Dirigente sindical. Estabilidade provisória.

I – É assegurada a estabilidade provisória ao empregado dirigente sindical, ainda que a comunicação do registro da candidatura ou da eleição e da posse seja realizada fora do prazo previsto no art. 543, § 5º, da CLT, desde que a ciência ao empregador, por qualquer meio, ocorra na vigência do contrato de trabalho.

▶ Item I com a redação dada pela Res. do TST nº 185, de 14-9-2012.

II – O art. 522 da CLT foi recepcionado pela Constituição Federal de 1988. Fica limitada, assim, a estabilidade a que alude o art. 543, § 3º, da CLT a sete dirigentes sindicais e igual número de suplentes.

III – O empregado de categoria diferenciada eleito dirigente sindical só goza de estabilidade se exercer na empresa atividade pertinente à categoria profissional do sindicato para o qual foi eleito dirigente.

IV – Havendo extinção da atividade empresarial no âmbito da base territorial do sindicato, não há razão para subsistir a estabilidade.

V – O registro da candidatura do empregado a cargo de dirigente sindical durante o período de aviso prévio, ainda que indenizado, não lhe assegura a estabilidade, visto que inaplicável a regra do § 3º do art. 543 da Consolidação das Leis do Trabalho.

▶ Itens II a V com a redação dada pela Res. do TST nº 174, de 24-5-2011 (*DJE* de 27-5-2011).

370. Médico e engenheiro. Jornada de trabalho. Leis nºs 3.999/1961 e 4.950/1966. Tendo em vista que as Leis nºs 3.999/1961 e 4.950/1966 não estipulam a jornada reduzida, mas apenas estabelecem o salário mínimo da categoria para uma jornada de 4 horas para os médicos e de 6 horas para os engenheiros, não há que se falar em horas extras, salvo as excedentes à oitava, desde que seja respeitado o salário mínimo/horário das categorias.

371. Aviso prévio indenizado. Efeitos. Superveniência de auxílio-doença no curso deste. A projeção do contrato de trabalho para o futuro, pela concessão do aviso prévio indenizado, tem efeitos limitados às vantagens econômicas obtidas no período de pré-aviso, ou seja, salários, reflexos e verbas rescisórias. No caso de concessão de auxílio-doença no curso do aviso prévio, todavia, só se concretizam os efeitos da dispensa depois de expirado o benefício previdenciário.

372. Gratificação de função. Supressão ou redução. Limites.

I – Percebida a gratificação de função por dez ou mais anos pelo empregado, se o empregador, sem justo motivo, revertê-lo a seu cargo efetivo, não poderá retirar-lhe a gratificação tendo em vista o princípio da estabilidade financeira.

II – Mantido o empregado no exercício da função comissionada, não pode o empregador reduzir o valor da gratificação.

373. Gratificação semestral. Congelamento. Prescrição parcial. Tratando-se de pedido de diferença de gratificação semestral que teve seu valor congelado, a prescrição aplicável é a parcial.

374. Norma coletiva. Categoria diferenciada. Abrangência. Empregado integrante de categoria profissional diferenciada não tem o direito de haver de seu empregador vantagens previstas em instrumento coletivo no qual a empresa não foi representada por órgão de classe de sua categoria.

375. Reajustes salariais previstos em norma coletiva. Prevalência da legislação de política salarial. Os reajustes salariais previstos em norma coletiva de trabalho não prevalecem frente à legislação superveniente de política salarial.

376. Horas extras. Limitação. Art. 59 da CLT. Reflexos.

I – A limitação legal da jornada suplementar a duas horas diárias não exime o empregador de pagar todas as horas trabalhadas.

II – O valor das horas extras habitualmente prestadas integra o cálculo dos haveres trabalhistas, independentemente da limitação prevista no *caput* do art. 59 da CLT.

377. Preposto. Exigência da Condição de Empregado.

Exceto quanto à reclamação de empregado doméstico, ou contra micro ou pequeno empresário, o preposto deve ser necessariamente empregado do reclamado. Inteligência do art. 843, § 1º, da CLT e do art. 54 da Lei Complementar nº 123, de 14 de dezembro de 2006.

▶ Redação dada pela Res. do TST nº 146, de 24-4-2008 (*DJU* de 28-4-2008).

378. Estabilidade provisória. Acidente de trabalho. Art. 118 da Lei nº 8.213/1991.

I – É constitucional o artigo 118 da Lei nº 8.213/1991 que assegura o direito à estabilidade provisória por período de 12 meses após a cessação do auxílio-doença ao empregado acidentado. (ex-OJ da SBDI-I nº 105 – inserida em 1º-10-1997)

II – São pressupostos para a concessão da estabilidade o afastamento superior a 15 dias e a consequente percepção do auxílio-doença acidentário, salvo se constatada, após a despedida, doença profissional que guarde relação de causalidade com a execução do contrato de emprego. (1ª parte – ex-OJ da SBDI-I nº 230 – inserida em 20-6-2001)

III – O empregado submetido a contrato de trabalho por tempo determinado goza da garantia provisória de emprego, decorrente de acidente de trabalho, prevista no art. 118 da Lei nº 8.213/1991.

▶ Redação dada pela Res. do TST nº 185, de 14-9-2012.

379. Dirigente sindical. Despedida. Falta grave. Inquérito judicial. Necessidade. O dirigente sindical somente poderá ser dispensado por falta grave mediante a apuração em inquérito judicial, inteligência dos arts. 494 e 543, § 3º, da CLT.

380. Aviso prévio. Início da contagem. Art. 132 do CC de 2002. Aplica-se a regra prevista no *caput* do art. 132 do Código Civil de 2002 à contagem do prazo do aviso prévio, excluindo-se o dia do começo e incluindo o do vencimento.

381. Correção monetária. Salário. Art. 459 da CLT. O pagamento dos salários até o 5º dia útil do mês subsequente ao vencido não está sujeito à correção monetária. Se essa data limite for ultrapassada, incidirá o índice da correção monetária do mês subsequente ao da prestação dos serviços, a partir do dia 1º.

382. Mudança de regime celetista para estatutário. Extinção do contrato. Prescrição bienal. A transferência do regime jurídico de celetista para estatutário implica extinção do contrato de trabalho, fluindo o prazo da prescrição bienal a partir da mudança de regime.

383. Recurso. Mandato. Irregularidade de representação. CPC de 2015, arts. 104 e 76, § 2º (nova redação em decorrência do CPC de 2015)

I – É inadmissível recurso firmado por advogado sem procuração juntada aos autos até o momento da sua interposição, salvo mandato tácito. Em caráter excepcional (art. 104 do CPC de 2015), admite-se que o advogado, independentemente de intimação, exiba a procuração no prazo de 5 (cinco) dias após a interposição do recurso, prorrogável por igual período mediante despacho do juiz. Caso não a exiba, considera-se ineficaz o ato praticado e não se conhece do recurso.

II – Verificada a irregularidade de representação da parte em fase recursal, em procuração ou substabelecimento já constante dos autos, o relator ou o órgão competente para julgamento do recurso designará prazo de 5 (cinco) dias para que seja sanado o vício. Descumprida a determinação, o relator não conhecerá do recurso, se a providência couber ao recorrente, ou determinará o desentranhamento das contrarrazões, se a providência couber ao recorrido (art. 76, § 2º, do CPC de 2015).

▸ Redação dada pela Res. do TST nº 210, 27-6-2016 (*DJe* 30-6-2016).

384. Multa convencional. Cobrança.

I – O descumprimento de qualquer cláusula constante de instrumentos normativos diversos não submete o empregado a ajuizar várias ações, pleiteando em cada uma o pagamento da multa referente ao descumprimento de obrigações previstas nas cláusulas respectivas.

II – É aplicável multa prevista em instrumento normativo (sentença normativa, convenção ou acordo coletivo) em caso de descumprimento de obrigação prevista em lei, mesmo que a norma coletiva seja mera repetição de texto legal.

385. Feriado local ou forense. Ausência de expediente. Prazo recursal. Prorrogação. Comprovação. Necessidade.

I – Incumbe à parte o ônus de provar, quando da interposição do recurso, a existência de feriado local que autorize a prorrogação do prazo recursal (art. 1.003, § 6º, do CPC de 2015). No caso de o recorrente alegar a existência de feriado local e não o comprovar no momento da interposição do recurso, cumpre ao relator conceder o prazo de 5 (cinco) dias para que seja sanado o vício (art. 932, parágrafo único, do CPC de 2015), sob pena de não conhecimento se da comprovação depender a tempestividade recursal.

II – Na hipótese de feriado forense, incumbirá à autoridade que proferir a decisão de admissibilidade certificar o expediente nos autos.

III – Admite-se a reconsideração da análise da tempestividade do recurso, mediante prova documental superveniente, em agravo de instrumento, agravo interno, agravo regimental, ou embargos de declaração, desde que, em momento anterior, não tenha havido a concessão de prazo para a comprovação da ausência de expediente forense.

▸ Redação dada pela Res. do TST nº 220, de 18-9-2017 (*DJe* de 21-9-2017 e republicada no *DJe* de 22-9-2017, em razão de erro material).

386. Policial militar. Reconhecimento de vínculo empregatício com empresa privada. Preenchidos os requisitos do art. 3º da CLT, é legítimo o reconhecimento de relação de emprego entre policial militar e empresa privada, independentemente do eventual cabimento de penalidade disciplinar prevista no Estatuto do Policial Militar.

387. Recurso. Fac-símile. Lei nº 9.800/1999.

I – A Lei nº 9.800, de 26-5-1999, é aplicável somente a recursos interpostos após o início de sua vigência. (ex-OJ nº 194 da SBDI-1 – inserida em 8-11-2000)

II – A contagem do quinquídio para apresentação dos originais de recurso interposto por intermédio de fac-símile começa a fluir do dia subsequente ao término do prazo recursal, nos termos do art. 2º da Lei nº 9.800, de 26.05.1999, e não do dia seguinte à interposição do recurso, se esta se deu antes do termo final do prazo. (ex-OJ nº 337 da SBDI-1 – primeira parte – *DJ* 4-5-2004)

III – Não se tratando a juntada dos originais de ato que dependa de notificação, pois a parte, ao interpor o recurso, já tem ciência de seu ônus processual, não se aplica a regra do art. 224 do CPC de 2015 (art. 184 do CPC de 1973) quanto ao *dies a quo*, podendo coincidir com sábado, domingo ou feriado. (ex-OJ nº 337 da SBDI-1 – *in fine* – *DJ* 4-5-2004)

▸ Itens I a III com a redação dada pela Res. do TST nº 208, de 19-4-2016 (*DJe* de 22-4-2016).

IV – A autorização para utilização do fac-símile, constante do art. 1º da Lei nº 9.800, de 26-5-1999, somente alcança as hipóteses em que o documento é dirigido diretamente ao órgão jurisdicional, não se aplicando à transmissão ocorrida entre particulares.

▸ Redação dada pela Res. do TST nº 174, de 24-5-2011 (*DJE* de 27-5-2011).

388. Massa falida. Arts. 467 e 477 da CLT. Inaplicabilidade. A Massa Falida não se sujeita à penalidade do art. 467 e nem à multa do § 8º do art. 477, ambos da CLT.

389. Seguro-desemprego. Competência da Justiça do Trabalho. Direito à indenização por não liberação de guias.

I – Inscreve-se na competência material da Justiça do Trabalho a lide entre empregado e empregador tendo por objeto indenização pelo não fornecimento das guias do seguro-desemprego.

II – O não fornecimento pelo empregador da guia necessária para o recebimento do seguro-desemprego dá origem ao direito à indenização.

390. Estabilidade. Art. 41 da CF/1988. Celetista. Administração direta, autárquica ou fundacional. Aplicabilidade. Empregado de empresa pública e sociedade de economia mista. Inaplicável.

I – O servidor público celetista da administração direta, autárquica ou fundacional é beneficiário da estabilidade prevista no art. 41 da CF/1988.

II – Ao empregado de empresa pública ou de sociedade de economia mista, ainda que admitido mediante aprovação em concurso público, não é garantida a estabilidade prevista no art. 41 da CF/1988.

391. Petroleiros. Lei nº 5.811/1972. Turno ininterrupto de revezamento. Horas extras e alteração da jornada para horário fixo.

I – A Lei nº 5.811/1972 foi recepcionada pela CF/1988 no que se refere à duração da jornada de trabalho em regime de revezamento dos petroleiros.

II – A previsão contida no art. 10 da Lei nº 5.811/1972, possibilitando a mudança do regime de revezamento para horário fixo, constitui alteração lícita, não violando os arts. 468 da CLT e 7º, VI, da CF/1988.

392. Dano moral e material. Relação de trabalho. Competência da justiça do trabalho. Nos termos do art. 114, VI, da Constituição da República, a Justiça do Trabalho é competente para processar e julgar ações de indenização por dano moral e material, decorrentes da relação de trabalho, inclusive as oriundas de acidente de trabalho e doenças a ele equiparadas, ainda que propostas pelos dependentes ou sucessores do trabalhador falecido.

▸ Redação dada pela Res. do TST nº 200, de 27-10-2015 (*DJe* de 29-10-2015).

393. Recurso ordinário. Efeito devolutivo em profundidade. Art. 1.013, § 1º, do CPC de 2015. Art. 515, § 1º, do CPC de 1973.

I – O efeito devolutivo em profundidade do recurso ordinário, que se extrai do § 1º do art. 1.013 do CPC de 2015 (art. 515, §1º, do CPC de 1973), transfere ao Tribunal a apreciação dos fundamentos da inicial ou da defesa, não examinados pela sentença, ainda que não renovados em contrarrazões, desde que relativos ao capítulo impugnado.

II – Se o processo estiver em condições, o tribunal, ao julgar o recurso ordinário, deverá decidir desde logo o mérito da causa, nos termos do § 3º do art. 1.013 do CPC de 2015, inclusive quando constatar a omissão da sentença no exame de um dos pedidos.

▸ Redação dada pela Res. do TST nº 208, de 19-4-2016 (*DJe* de 22-4-2016).

394. Fato superveniente. Art. 493 do CPC DE 2015. Art. 462 do CPC de 1973. O art. 493 do CPC de 2015 (art. 462 do CPC de 1973), que admite a invocação de fato constitutivo, modificativo ou extintivo do direito, superveniente à propositura da ação, é aplicável de ofício aos processos em curso em qualquer instância trabalhista. Cumpre ao juiz ou tribunal ouvir as partes sobre o fato novo antes de decidir.

▸ Redação dada pela Res. do TST nº 208, de 19-4-2016 (*DJe* de 22-4-2016).

395. Mandato e substabelecimento. Condições de validade.

I – Válido é o instrumento de mandato com prazo determinado que contém cláusula estabelecendo a prevalência dos poderes para atuar até o final da demanda (§ 4º do art. 105 do CPC de 2015) . (ex -OJ nº 312 da SBDI-1 – *DJ* 11-8-2003).

II – Se há previsão, no instrumento de mandato, de prazo para sua juntada, o mandato só tem validade se anexado ao processo o respectivo instrumento no aludido prazo. (ex-OJ nº 313 da SBDI-1 – *DJ* 11-8-2003).

▸ Itens I e II com a redação dada pela Res. do TST nº 211, de 22-8-2016 (*DJe* de 24-8-2016).

III – São válidos os atos praticados pelo substabelecido, ainda que não haja, no mandato, poderes expressos para substabelecer (art. 667, e parágrafos, do Código Civil de 2002).

IV – Configura-se a irregularidade de representação se o substabelecimento é anterior à outorga passada ao substabelecente.

V – Verificada a irregularidade de representação nas hipóteses dos itens II e IV, deve o juiz suspender o processo e designar prazo razoável para que seja sanado o vício, ainda que em instância recursal (art. 76 do CPC de 2015).

- Item V acrescido pela Res. do TST nº 211, de 22-8-2016 (*DJe* de 24-8-2016).

396. Estabilidade provisória. Pedido de reintegração. Concessão do salário relativo ao período de estabilidade já exaurido. Inexistência de julgamento *extra petita*.

I – Exaurido o período de estabilidade, são devidos ao empregado apenas os salários do período compreendido entre a data da despedida e o final do período de estabilidade, não lhe sendo assegurada a reintegração no emprego.

II – Não há nulidade por julgamento *extra petita* da decisão que deferir salário quando o pedido for de reintegração, dados os termos do art. 496 da CLT.

397. Ação rescisória. Art. 966, IV, do CPC de 2015. Art. 485, IV, do CPC de 1973. Ação de cumprimento. Ofensa à coisa julgada emanada de sentença normativa modificada em grau de recurso. Inviabilidade. Cabimento de mandado de segurança. Não procede ação rescisória calcada em ofensa à coisa julgada perpetrada por decisão proferida em ação de cumprimento, em face de a sentença normativa, na qual se louvava, ter sido modificada em grau de recurso, porque em dissídio coletivo somente se consubstancia coisa julgada formal. Assim, os meios processuais aptos a atacarem a execução da cláusula reformada são a exceção de pré-executividade e o mandado de segurança, no caso de descumprimento do art. 514 do CPC de 2015 (art. 572 do CPC de 1973). (ex-OJ nº 116 da SBDI-2 – *DJ* 11-8-2003).

- Redação dada pela Res. do TST nº 208, de 19-4-2016 (*DJe* de 22-4-2016).

398. Ação rescisória. Ausência de defesa. Inaplicáveis os efeitos da revelia. Na ação rescisória, o que se ataca é a decisão, ato oficial do Estado, acobertado pelo manto da coisa julgada. Assim, e considerando que a coisa julgada envolve questão de ordem pública, a revelia não produz confissão na ação rescisória.

- Conversão da OJ da SBDI-II nº 126 do TST.
- Redação dada pela Res. do TST nº 219, de 26-6-2017 (*DJe* de 28-6-2017).

399. Ação rescisória. Cabimento. Sentença de mérito. Decisão homologatória de adjudicação, de arrematação e de cálculos.

I – É incabível ação rescisória para impugnar decisão homologatória de adjudicação ou arrematação.

II – A decisão homologatória de cálculos apenas comporta rescisão quando enfrentar as questões envolvidas na elaboração da conta de liquidação, quer solvendo a controvérsia das partes quer explicitando, de ofício, os motivos pelos quais acolheu os cálculos oferecidos por uma das partes ou pelo setor de cálculos, e não contestados pela outra.

400. Ação rescisória de ação rescisória. Violação manifesta de norma jurídica. Indicação da mesma norma jurídica apontada na rescisória primitiva (mesmo dispositivo de lei sob o CPC de 1973). Em se tratando de rescisória de rescisória, o vício apontado deve nascer na decisão rescindenda, não se admitindo a rediscussão do acerto do julgamento da rescisória anterior. Assim, não procede rescisória calcada no inciso V do art. 966 do CPC de 2015 (art. 485, V, do CPC de 1973) para discussão, por má aplicação da mesma norma jurídica, tida por violada na rescisória anterior, bem como para arguição de questões inerentes à ação rescisória primitiva. (ex- OJ nº 95 da SBDI-2 – inserida em 27-9-2002 e alterada *DJ* 16-4-2004).

- Redação dada pela Res. do TST nº 208, de 19-4-2016 (*DJe* de 22-4-2016).

401. Ação rescisória. Descontos legais. Fase de execução. Sentença exequenda omissa. Inexistência de ofensa à coisa julgada. Os descontos previdenciários e fiscais devem ser efetuados pelo juízo executório, ainda que a sentença exequenda tenha sido omissa sobre a questão, dado o caráter de ordem pública ostentado pela norma que os disciplina. A ofensa à coisa julgada somente poderá ser caracterizada na hipótese de o título exequendo, expressamente, afastar a dedução dos valores a título de imposto de renda e de contribuição previdenciária.

402. Ação rescisória. Prova nova. Dissídio coletivo. Sentença normativa.

I – Sob a vigência do CPC de 2015 (art. 966, inciso VII), para efeito de ação rescisória, considera-se prova nova a cronologicamente velha, já existente ao tempo do trânsito em julgado da decisão rescindenda, mas ignorada pelo interessado ou de impossível utilização, à época, no processo.

II – Não é prova nova apta a viabilizar a desconstituição de julgado:

a) sentença normativa proferida ou transitada em julgado posteriormente à sentença rescindenda;

b) sentença normativa preexistente à sentença rescindenda, mas não exibida no processo principal, em virtude de negligência da parte, quando podia e deveria louvar-se de documento já existente e não ignorado quando emitida a decisão rescindenda. (ex-OJ nº 20 da SBDI-2 – inserida em 20-9-2000).

- Redação dada pela Res. do TST nº 217, de 17-4-2017 (*DJe* de 20-4-2017).

403. Ação rescisória. Dolo da parte vencedora em detrimento da vencida. Art. 485, III, do CPC/1973.

I – Não caracteriza dolo processual, previsto no art. 485, III, do CPC, o simples fato de a parte vencedora haver silenciado a respeito de fatos contrários a ela, porque o procedimento, por si só, não constitui ardil do qual resulte cerceamento de defesa e, em consequência, desvie o juiz de uma sentença não condizente com a verdade.

II – Se a decisão rescindenda é homologatória de acordo, não há parte vencedora ou vencida, razão pela qual não é possível a sua desconstituição calcada no inciso III do art. 485 do CPC (dolo da parte vencedora em detrimento da vencida), pois constitui fundamento de rescindibilidade que supõe solução jurisdicional para a lide.

404. Ação rescisória. Fundamento para invalidar confissão. Confissão ficta. Inadequação do enquadramento no art. 485, VIII, do CPC de 1973. O art. 485, VIII, do CPC de 1973, ao tratar do fundamento para invalidar a confissão como hipótese de rescindibilidade da decisão judicial, referia-se à confissão real, fruto de erro, dolo ou coação, e não à confissão ficta resultante de revelia.

- Redação dada pela Res. do TST nº 209, de 1º-6-2016 (*DJe* de 1º-6-2016).

405. Ação rescisória. Tutela provisória. Em face do que dispõem a MP 1.984-22/2000 e o art. 969 do CPC de 2015, é cabível o pedido de tutela provisória formulado na petição inicial de ação rescisória ou na fase recursal, visando a suspender a execução da decisão rescindenda.

- Redação dada pela Res. do TST nº 208, de 19-4-2016 (*DJe* de 22-4-2016).

406. Ação rescisória. Litisconsórcio. Necessário no polo passivo e facultativo no ativo. Inexistente quanto aos substituídos pelo sindicato.

I – O litisconsórcio, na ação rescisória, é necessário em relação ao polo passivo da demanda, porque supõe uma comunidade de direitos ou de obrigações que não admite solução díspar para os litisconsortes, em face da indivisibilidade do objeto. Já em relação ao polo ativo, o litisconsórcio é facultativo, uma vez que a aglutinação de autores se faz por conveniência e não, pela necessidade decorrente da natureza do litígio, pois não se pode condicionar o exercício do direito individual de um dos litigantes no processo originário à anuência dos demais para retomar a lide.

II – O Sindicato, substituto processual e autor da reclamação trabalhista, em cujos autos fora proferida a decisão rescindenda, possui legitimidade para figurar como réu na ação rescisória, sendo descabida a exigência de citação de todos os empregados substituídos, porquanto inexistente litisconsórcio passivo necessário.

407. Ação rescisória. Ministério público. Legitimidade ad causam prevista no art. 967, III, *a*, *b* e *c* do CPC de 2015. art. 487, III, *a* e *b*, do CPC de 1973. Hipóteses meramente exemplificativas. A legitimidade *ad causam* do Ministério Público para propor ação rescisória, ainda que não tenha sido parte no processo que deu origem à decisão rescindenda, não está limitada às alíneas *a*, *b* e *c* do inciso III do art. 967 do CPC de 2015 (art. 487, III, *a* e *b*, do CPC de 1973), uma vez que traduzem hipóteses meramente exemplificativas (ex-OJ nº 83 da SBDI-2 – inserida em 13-3-2002).

- Redação dada pela Res. do TST nº 208, de 19-4-2016 (*DJe* de 22-4-2016).

408. Ação rescisória. Petição inicial. Causa de pedir. Ausência de capitulação ou capitulação errônea no art. 966 do CPC de 2015. art. 485 do CPC de 1973. Princípio *iura novit curia*. Não padece de inépcia a petição inicial de ação rescisória apenas porque omite a subsunção do fundamento de rescindibilidade no art. 966 do CPC de 2015 (art. 485 do CPC de 1973) ou o capitula erroneamente em um de seus incisos. Contanto que não se afaste dos fatos e fundamentos invocados como causa de pedir, ao Tribunal é lícito emprestar-lhes a adequada qualificação jurídica *iura novit curia*. No entanto, fundando-se a ação rescisória no art. 966, inciso V, do CPC de 2015 (art. 485, inciso V, do CPC de 1973), é indispensável expressa indicação, na petição inicial da ação rescisória, da norma jurídica manifestamente violada (dispositivo legal violado sob o CPC de 1973), por se tratar de causa de pedir da rescisória, não se aplicando, no caso, o princípio *iura novit curia*. (ex-Ojs nºs 32 e 33 da SBDI-2 – inseridas em 20-9-2000).

- Redação dada pela Res. do TST nº 208, de 19-4-2016 (*DJe* de 22-4-2016).

409. Ação rescisória. Prazo prescricional. Total ou parcial. Violação do art. 7º, XXIX, da CF/1988. Matéria infraconstitucional. Não procede ação rescisória calcada em violação do art. 7º, XXIX, da CF/1988 quando a questão envolve discussão sobre a espécie de prazo prescricional aplicável aos créditos trabalhistas, se total ou parcial, porque a matéria tem índole infraconstitucional, construída, na Justiça do Trabalho, no plano jurisprudencial.

410. Ação rescisória. Reexame de fatos e provas. Inviabilidade. A ação rescisória calcada em violação de lei não admite reexame de fatos e provas do processo que originou a decisão rescindenda.

411. Ação rescisória. Sentença de mérito. Decisão de Tribunal Regional do Trabalho em Agravo Regimental confirmando decisão monocrática do relator que, aplicando a Súmula nº 83 do TST, indeferiu a petição inicial da ação rescisória. Cabimento. Se a decisão recorrida, em agravo regimental, aprecia a matéria na fundamentação, sob o enfoque das Súmulas nºs 83 do TST e 343 do STF, constitui sentença de mérito, ainda que haja resultado no indeferimento da petição inicial e na extinção do processo sem julgamento do mérito. Sujeita-se, assim, à reforma pelo TST, a decisão do Tribunal que, invocando controvérsia na interpretação da lei, indefere a petição inicial de ação rescisória.

412. Ação rescisória. Regência pelo CPC de 1973. Sentença de mérito. Questão processual. Sob a égide do CPC de 1973, pode uma questão processual ser objeto de rescisão desde que consista em pressuposto de validade de uma sentença de mérito. (ex-OJ nº 46 da SBDI-2 – inserida em 20-9-2000)

▸ Redação dada pela Res. do TST nº 217, de 17-4-2017 (*DJe* de 20-4-2017).

413. Ação rescisória. Sentença de mérito. violação do art. 896, a, da CLT. É incabível ação rescisória, por violação do art. 896, *a*, da CLT, contra decisão transitada em julgado sob a égide do CPC de 1973 que não conhece de recurso de revista, com base em divergência jurisprudencial, pois não se cuidava de sentença de mérito (art. 485 do CPC de 1973). (ex-OJ nº 47 da SBDI-2 – inserida em 20-9-2000).

▸ Redação dada pela Res. do TST nº 209, de 1º-6-2016 (*DJe* de 1º-6-2016).

414. Mandado de segurança. Tutela provisória concedida antes ou na sentença.

I – A tutela provisória concedida na sentença não comporta impugnação pela via do mandado de segurança, por ser impugnável mediante recurso ordinário. É admissível a obtenção de efeito suspensivo ao recurso ordinário mediante requerimento dirigido ao tribunal, ao relator ou ao presidente ou ao vice-presidente do tribunal recorrido, por aplicação subsidiária ao processo do trabalho do artigo 1.029, § 5º, do CPC de 2015.

II – No caso de a tutela provisória haver sido concedida ou indeferida antes da sentença, cabe mandado de segurança, em face da inexistência de recurso próprio.

III – A superveniência da sentença, nos autos originários, faz perder o objeto do mandado de segurança que impugnava a concessão ou o indeferimento da tutela provisória.

▸ Redação dada pela Res. do TST nº 217, de 17-4-2017 (*DJe* de 20-4-2017).

415. Mandado de segurança. Petição inicial. Art. 321 do CPC de 2015. Art. 284 do CPC de 1973. Inaplicabilidade. Exigindo o mandado de segurança prova documental préconstituída, inaplicável o art. 321 do CPC de 2015 (art. 284 do CPC de 1973) quando verificada, na petição inicial do *mandamus*, a ausência de documento indispensável ou de sua autenticação. (ex- OJ nº 52 da SBDI-2 – inserida em 20-9-2000).

▸ Redação dada pela Res. do TST nº 208, de 19-4-2016 (*DJe* de 22-4-2016).

416. Mandado de segurança. Execução. Lei nº 8.432/1992. Art. 897, § 1º, da CLT. Cabimento. Devendo o agravo de petição delimitar justificadamente a matéria e os valores objeto de discordância, não fere direito líquido e certo o prosseguimento da execução quanto aos tópicos e valores não especificados no agravo.

417. Mandado de segurança. Penhora em dinheiro.

I – Não fere direito líquido e certo do impetrante o ato judicial que determina penhora em dinheiro do executado para garantir crédito exequendo, pois é prioritária e obedece à gradação prevista no art. 835 do CPC de 2015 (art. 655 do CPC de 1973).

II – Havendo discordância do credor, em execução definitiva, não tem o executado direito líquido e certo a que os valores penhorados em dinheiro fiquem depositados no próprio banco, ainda que atenda aos requisitos do art. 840, I, do CPC de 2015 (art. 666, I, do CPC de 1973). (ex-OJ nº 61 da SBDI-2 – inserida em 20-9-2000).

▸ Redação dada pela Res. do TST nº 212, de 19-9-2016 (*DJe* de 20-9-2016).

418. Mandado de segurança visando à homologação de acordo. A homologação de acordo constitui faculdade do juiz, inexistindo direito líquido e certo tutelável pela via do mandado de segurança.

▸ Redação dada pela Res. do TST nº 217, de 17-4-2017 (*DJe* de 20-4-2017).

419. Competência. Embargos de terceiro. Execução por carta precatória. Juízo deprecado. Na execução por carta precatória, os embargos de terceiro serão oferecidos no juízo deprecado, salvo se indicado pelo juízo deprecante o bem constrito ou se já devolvida a carta (art. 676, parágrafo único, do CPC de 2015).

▸ Redação dada pela Res. do TST nº 212, de 19-9-2016 (*DJe* de 20-9-2016).

420. Competência funcional. Conflito negativo. TRT e Vara do Trabalho de idêntica região. Não configuração. Não se configura conflito de competência entre Tribunal Regional do Trabalho e Vara do Trabalho a ele vinculada.

421. Embargos de declaração. Cabimento. Decisão monocrática do relator calcada no art. 932 do CPC de 2015. Art. 557 do CPC de 1973.

I – Cabem embargos de declaração da decisão monocrática do relator prevista no art. 932 do CPC de 2015 (art. 557 do CPC de 1973), se a parte pretende tão somente juízo integrativo retificador da decisão e, não, modificação do julgado.

II – Se a parte postular a revisão no mérito da decisão monocrática, cumpre ao relator converter os embargos de declaração em agravo, em face dos princípios da fungibilidade e celeridade processual, submetendo-o ao pronunciamento do Colegiado, após a intimação do recorrente para, no prazo de 5 (cinco) dias, complementar as razões recursais, de modo a ajustá-las às exigências do art. 1.021, § 1º, do CPC de 2015.

▸ Redação dada pela Res. do TST nº 208, de 19-4-2016 (*DJe* de 22-4-2016).

422. Recurso. Fundamento ausente ou deficiente. Não conhecimento.

I – Não se conhece de recurso para o TST se as razões do recorrente não impugnam os fundamentos da decisão recorrida, nos termos em que proferida.

II – O entendimento referido no item anterior não se aplica em relação à motivação secundária e impertinente, consubstanciada em despacho de admissibilidade de recurso ou em decisão monocrática.

III – Inaplicável a exigência do item I relativamente ao recurso ordinário da competência de Tribunal Regional do Trabalho, exceto em caso de recurso cuja motivação é inteiramente dissociada dos fundamentos da sentença.

▸ Redação dada pela Res. do TST nº 199, de 9-6-2015.

423. Turno ininterrupto de revezamento. Fixação de jornada de trabalho mediante negociação coletiva. Validade. Estabelecida jornada superior a seis horas e limitada a oito horas por meio de regular negociação coletiva, os empregados submetidos a turnos ininterruptos de revezamento não têm direito ao pagamento das 7ª e 8ª horas como extras.

424. Recurso administrativo. Pressuposto de admissibilidade. Depósito prévio da multa administrativa. Não recepção pela Constituição Federal do § 1º do art. 636 da CLT. O § 1º do art. 636 da CLT, que estabelece a exigência de prova do depósito prévio do valor da multa cominada em razão de autuação administrativa como pressuposto de admissibilidade de recurso administrativo, não foi recepcionado pela Constituição Federal de 1988, ante a sua incompatibilidade com o inciso LV do art. 5º.

425. *Jus postulandi* na Justiça do Trabalho. Alcance. O *jus postulandi* das partes, estabelecido no art. 791 da CLT, limita-se às Varas do Trabalho e aos Tribunais Regionais do Trabalho, não alcançando a ação rescisória, a ação cautelar, o mandado de segurança e os recursos de competência do Tribunal Superior do Trabalho.

426. Depósito recursal. Utilização da guia GFIP. Obrigatoriedade. Nos dissídios individuais o depósito recursal será efetivado mediante a utilização da Guia de Recolhimento do FGTS e Informações à Previdência Social – GFIP, nos termos dos §§ 4º e 5º do art. 899 da CLT, admitido o depósito judicial, realizado na sede do juízo e à disposição deste, na hipótese de relação de trabalho não submetida ao regime do FGTS.

427. Intimação. Pluralidade de advogados. Publicação em nome de advogado diverso daquele expressamente indicado. Nulidade. Havendo pedido expresso de que as intimações e publicações sejam realizadas exclusivamente em nome de determinado advogado, a comunicação em nome de outro profissional constituído nos autos é nula, salvo se constatada a inexistência de prejuízo.

428. Sobreaviso. Aplicação analógica do art. 244, § 2º, da CLT.

I – O uso de instrumentos telemáticos ou informatizados fornecidos pela empresa ao empregado, por si só, não caracteriza o regime de sobreaviso.

II – Considera-se em sobreaviso o empregado que, a distância e submetido a controle patronal por instrumentos telemáticos ou informatizados, permanecer em regime de plantão ou equivalente, aguardando a qualquer momento o chamado para o serviço durante o período de descanso.

▸ Redação dada pela Res. do TST nº 185, de 14-9-2012.

429. Tempo à disposição do empregador. Art. 4º da CLT. Período de deslocamento entre a portaria e o local de trabalho. Considera-se à disposição do empregador, na forma do art. 4º da CLT, o tempo necessário ao deslocamento do trabalhador entre a portaria da empresa e o local de trabalho, desde que supere o limite de 10 (dez) minutos diários.

430. Administração pública indireta. Contratação. Ausência de concurso público. Nulidade. Ulterior privatização. Convalidação. Insubsistência do vício. Convalidam-se os efeitos do contrato de trabalho que, considerado nulo por ausência de concurso público, quando celebrado originalmente com ente da Administração Pública Indireta, continua a existir após a sua privatização.

431. Salário-hora. Empregado sujeito ao regime geral de trabalho (art. 58, *caput*, da CLT). 40 horas semanais. Cálculo. Aplicação do divisor 200. Para os empregados a que alude o art. 58, *caput*, da CLT, quando sujeitos a 40 horas semanais de trabalho, aplica-se o divisor 200 (duzentos) para o cálculo do valor do salário-hora.

▸ Redação dada pela Res. do TST nº 185, de 14-9-2012.

432. Contribuição sindical rural. Ação de cobrança. Penalidade por atraso no recolhimento. Inaplicabilidade do art. 600 da CLT. Incidência do art. 2º da Lei nº 8.022/1990. O recolhimento a destempo da contribuição sindical rural não acarreta a aplicação da multa progressiva prevista no art. 600 da CLT, em decorrência da sua revogação tácita pela Lei nº 8.022, de 12 de abril de 1990.

433. Embargos. Admissibilidade. Processo em fase de execução. Acórdão de Turma publicado na vigência da Lei nº 11.496, de 26-6-2007. Divergência de interpretação de dispositivo constitucional. A admissibilidade do recurso de embargos contra acórdão de Turma em recurso de revista em fase de execução, publicado na vigência da Lei nº 11.496, de 26-6-2007, condiciona-se à demonstração de divergência jurisprudencial entre Turmas ou destas e a Seção Especializada em Dissídios Individuais do Tribunal Superior do Trabalho em relação à interpretação de dispositivo constitucional.

434. *Cancelada*. Res. do TST nº 198, de 9-6-2015 (*DJe* de 11-6-2015).

435. Decisão monocrática. Relator. Art. 932 do CPC de 2015. Art. 557 do CPC de 1973. Aplicação subsidiária ao processo do trabalho. Aplica-se subsidiariamente ao processo do trabalho o art. 932 do CPC de 2015 (art. 557 do CPC de 1973).

▸ Redação dada pela Res. do TST nº 208, de 19-4-2016 (*DJe* de 22-4-2016).

▸ Refere-se ao CPC/1973.

▸ Arts. 932, 1.011 e 1.021 do CPC/2015.

▸ Conversão da OJ da SBDI-II nº 73 do TST e com nova redação.

436. Representação processual. Procurador da União, Estados, Municípios e Distrito Federal, suas autarquias e fundações públicas. Juntada de instrumento de mandato.

I – A União, Estados, Municípios e Distrito Federal, suas autarquias e fundações públicas, quando representadas em juízo, ativa e passivamente, por seus procuradores, estão dispensadas da juntada de instrumento de mandato e de comprovação do ato de nomeação.

II – Para os efeitos do item anterior, é essencial que o signatário ao menos declare-se exercente do cargo de procurador, não bastando a indicação do número de inscrição na Ordem dos Advogados do Brasil.

▸ Conversão da OJ da SBDI-I nº 52 do TST e acréscimo do item II.

437. Intervalo intrajornada para repouso e alimentação. Aplicação do art. 71 da CLT.

I – Após a edição da Lei nº 8.923/1994, a não concessão ou a concessão parcial do intervalo intrajornada mínimo, para repouso e alimentação, a empregados urbanos e rurais, implica o pagamento total do período correspondente, e não apenas daquele suprimido, com acréscimo de, no mínimo, 50% sobre o valor da remuneração da hora normal de trabalho (art. 71 da CLT), sem prejuízo do cômputo da efetiva jornada de labor para efeito de remuneração.

II – É inválida cláusula de acordo ou convenção coletiva de trabalho contemplando a supressão ou redução do intervalo intrajornada porque este constitui medida de higiene, saúde e segurança do trabalho, garantido por norma de ordem pública (art. 71 da CLT e art. 7º, XXII, da CF/1988), infenso à negociação coletiva.

III – Possui natureza salarial a parcela prevista no art. 71, § 4º, da CLT, com redação introduzida pela Lei nº 8.923, de 27 de julho de 1994, quando não concedido ou reduzido pelo empregador o intervalo mínimo intrajornada para repouso e alimentação, repercutindo, assim, no cálculo de outras parcelas salariais.

IV – Ultrapassada habitualmente a jornada de seis horas de trabalho, é devido o gozo do intervalo intrajornada mínimo de uma hora, obrigando o empregador a remunerar o período para descanso e alimentação não usufruído como extra, acrescido do respectivo adicional, na forma prevista no art. 71, *caput*, e § 4º da CLT.

▸ Conversão das Orientações Jurisprudenciais da SBDI-I nºs 307, 342, 354, 380 e 381 do TST.

438. Intervalo para recuperação térmica do empregado. Ambiente artificialmente frio. Horas extras. Art. 253 da CLT. Aplicação analógica. O empregado submetido a trabalho contínuo em ambiente artificialmente frio, nos termos do parágrafo único do art. 253 da CLT, ainda que não labore em câmara frigorífica, tem direito ao intervalo intrajornada previsto no *caput* do art. 253 da CLT.

439. Danos morais. Juros de mora e atualização monetária. Termo inicial. Nas condenações por dano moral, a atualização monetária é devida a partir da data da decisão de arbitramento ou de alteração do valor. Os juros incidem desde o ajuizamento da ação, nos termos do art. 883 da CLT.

440. Auxílio-doença acidentário. Aposentadoria por invalidez. Suspensão do contrato de trabalho. Reconhecimento do direito à manutenção de plano de saúde ou de assistência médica. Assegura-se o direito à manutenção de plano de saúde ou de assistência médica oferecido pela empresa ao empregado, não obstante suspenso o contrato de trabalho em virtude de auxílio-doença acidentário ou de aposentadoria por invalidez.

441. Aviso prévio. Proporcionalidade. O direito ao aviso prévio proporcional ao tempo de serviço somente é assegurado nas rescisões de contrato de trabalho ocorridas a partir da publicação da Lei nº 12.506, em 13 de outubro de 2011.

442. Procedimento sumaríssimo. Recurso de revista fundamentado em contrariedade à orientação jurisprudencial. Inadmissibilidade. Art. 896, § 6º, da CLT, acrescentado pela Lei nº 9.957, de 12-1-2000. Nas causas sujeitas ao procedimento sumaríssimo, a admissibilidade de recurso de revista está limitada à demonstração de violação direta a dispositivo da Constituição Federal ou contrariedade a Súmula do Tribunal Superior do Trabalho, não se admitindo o recurso por contrariedade à Orientação Jurisprudencial deste Tribunal (Livro II, Título II, Capítulo III, do RITST), ante a ausência de previsão no art. 896, § 6º, da CLT.

▸ Conversão da OJ da SBDI-I nº 352 do TST.

443. Dispensa discriminatória. Presunção. Empregado portador de doença grave. Estigma ou preconceito. Direito à reintegração. Presume-se discriminatória a despedida de empregado portador do vírus HIV ou de outra doença grave que suscite estigma ou preconceito. Inválido o ato, o empregado tem direito à reintegração no emprego.

444. Jornada de trabalho. Norma coletiva. Lei. Escala de 12 por 36. Validade. É valida, em caráter excepcional, a jornada de doze horas de trabalho por trinta e seis de descanso, prevista em lei ou ajustada exclusivamente mediante acordo coletivo de trabalho ou convenção coletiva de trabalho, assegurada a remuneração em dobro dos feriados trabalhados. O empregado não tem direito ao pagamento de adicional referente ao labor prestado na décima primeira e décima segunda horas.

445. Inadimplemento de verbas trabalhistas. Frutos. Posse de má-fé. Art. 1.216 do Código Civil. Inaplicabilidade ao Direito do Trabalho. A indenização por frutos percebidos pela posse de má-fé, prevista no art. 1.216 do Código Civil, por tratar-se de regra afeta a direitos reais, mostra-se incompatível com o Direito do Trabalho, não sendo devida no caso de inadimplemento de verbas trabalhistas.

446. Maquinista ferroviário. Intervalo intrajornada. Supressão parcial ou total. Horas extras devidas. Compatibilidade entre os arts. 71, § 4º, e 238, § 5º, da CLT. A garantia ao intervalo intrajornada, prevista no art. 71 da CLT, por constituir-se em medida de higiene, saúde e segurança do empregado, é aplicável também ao ferroviário maquinista integrante da categoria "c" (equipagem de trem em geral), não havendo incompatibilidade entre as regras inscritas nos arts. 71, § 4º, e 238, § 5º, da CLT.

447. Adicional de periculosidade. Permanência a bordo durante o abastecimento da Aeronave. Indevido. Os tripulantes e demais empregados em serviços auxiliares de transporte aéreo que, no momento do abastecimento da aeronave, permanecem a bordo não têm direito ao adicional de periculosidade a que aludem o art. 193 da CLT e o Anexo 2, item 1, c, da NR-16 do MTE.

448. Atividade insalubre. Caracterização. Previsão na Norma Regulamentadora nº 15 da portaria do Ministério do Trabalho nº 3.214/78. Instalações sanitárias.

▸ Conversão da OJ da SBDI-I nº 4 do TST.

I – Não basta a constatação da insalubridade por meio de laudo pericial para que o empregado tenha direito ao respectivo adicional, sendo necessária a classificação da atividade insalubre na relação oficial elaborada pelo Ministério do Trabalho.

II – A higienização de instalações sanitárias de uso público ou coletivo de grande circulação, e a respectiva coleta de lixo, por não se equiparar à limpeza em residências e escritórios, enseja o pagamento de adicional de insalubridade em grau máximo, incidindo o disposto no Anexo 14 da NR-15 da Portaria do MTE nº 3.214/78 quanto à coleta e industrialização de lixo urbano.

▶ Redação dada pela Res. do TST nº 194, de 19-5-2014.

449. Minutos que antecedem e sucedem a jornada de trabalho. Lei nº 10.243, DE 19-6-2001. Norma coletiva. Flexibilização. Impossibilidade. A partir da vigência da Lei nº 10.243, de 19-6-2001, que acrescentou o § 1º ao art. 58 da CLT, não mais prevalece cláusula prevista em convenção ou acordo coletivo que elastece o limite de 5 minutos que antecedem e sucedem a jornada de trabalho para fins de apuração das horas extras.

▶ Conversão da OJ da SBDI-I nº 372 do TST.

450. Férias. Gozo na época própria. Pagamento fora do prazo. Dobra devida. Arts. 137 e 145 da CLT. É devido o pagamento em dobro da remuneração de férias, incluído o terço constitucional, com base no art. 137 da CLT, quando, ainda que gozadas na época própria, o empregador tenha descumprido o prazo previsto no art. 145 do mesmo diploma legal.

▶ Conversão da OJ da SBDI-I nº 386 do TST.

▶ O STF, por maioria dos votos, julgou procedente a ADPF nº 501, para declarar a inconstitucionalidade desta Súmula, bem como, invalidar as decisões judiciais não transitadas em julgado que, amparadas no referido texto, tenham aplicado a sanção de pagamento em dobro prevista no art. 137 da CLT (*DOU* de 15-8-2022).

451. Participação nos lucros e resultados. Rescisão contratual anterior à data da distribuição dos lucros. Pagamento proporcional aos meses trabalhados. Princípio da isonomia. Fere o princípio da isonomia instituir vantagem mediante acordo coletivo ou norma regulamentar que condiciona a percepção da parcela participação nos lucros e resultados ao fato de estar o contrato de trabalho em vigor na data prevista para a distribuição dos lucros. Assim, inclusive na rescisão contratual antecipada, é devido o pagamento da parcela de forma proporcional aos meses trabalhados, pois o ex-empregado concorreu para os resultados positivos da empresa.

▶ Conversão da OJ da SBDI-I nº 390 do TST.

▶ Art. 7º, XI, da CF.

▶ Art. 1º da Lei 10.101, de19-12-2000 (Lei da Participação nos Lucros e Resultados).

452. Diferenças salariais. Plano de cargos e salários. Descumprimento. Critérios de promoção não observados. Prescrição parcial. Tratando-se de pedido de pagamento de diferenças salariais decorrentes da inobservância dos critérios de promoção estabelecidos em Plano de Cargos e Salários criado pela empresa, a prescrição aplicável é a parcial, pois a lesão é sucessiva e se renova mês a mês.

▶ Conversão da OJ da SBDI-I nº 404 do TST.

453. Adicional de periculosidade. Pagamento espontâneo. Caracterização de fato incontroverso. Desnecessária a perícia de que trata o art. 195 da CLT. O pagamento de adicional de periculosidade efetuado por mera liberalidade da empresa, ainda que de forma proporcional ao tempo de exposição ao risco ou em percentual inferior ao máximo legalmente previsto, dispensa a realização da prova técnica exigida pelo art. 195 da CLT, pois torna incontroversa a existência do trabalho em condições perigosas.

▶ Conversão da OJ da SBDI-I nº 406 do TST.

▶ Art. 7º, XXIII, da CF.

454. Competência da justiça do trabalho. Execução de ofício. Contribuição social referente ao seguro de acidente de trabalho (SAT). Arts. 114, VIII, e 195, I, a, da Constituição da República. Compete à Justiça do Trabalho a execução, de ofício, da contribuição referente ao Seguro de Acidente de Trabalho (SAT), que tem natureza de contribuição para a seguridade social (arts. 114, VIII, e 195, I, *a*, da CF), pois se destina ao financiamento de benefícios relativos à incapacidade do empregado decorrente de infortúnio no trabalho (arts. 11 e 22 da Lei nº 8.212/1991).

▶ Conversão da OJ da SBDI-I nº 414 do TST.

455. Equiparação salarial. Sociedade de economia mista. Art. 37, XIII, da CF/1988. Possibilidade.

▶ Conversão da OJ da SBDI-I nº 353 do TST.

À sociedade de economia mista não se aplica a vedação à equiparação prevista no art. 37, XIII, da CF/1988, pois, ao admitir empregados sob o regime da CLT, equipara-se a empregador privado, conforme disposto no art. 173, § 1º, II, da CF/1988.

▶ Redação dada pela Res. do TST nº 194, de 19-5-2014.

456. Representação. Pessoa jurídica. Procuração. Invalidade. Identificação do outorgante e de seu representante.

I – É inválido o instrumento de mandato firmado em nome de pessoa jurídica que não contenha, pelo menos, o nome do outorgante e do signatário da procuração, pois estes dados constituem elementos que os individualizam.

II – Verificada a irregularidade de representação da parte na instância originária, o juiz designará prazo de 5 (cinco) dias para que seja sanado o vício. Descumprida a determinação, extinguirá o processo, sem resolução de mérito, se a providência couber ao reclamante, ou considerará revel o reclamado, se a providência lhe couber (art. 76, § 1º, do CPC de 2015).

III – Caso a irregularidade de representação da parte seja constatada em fase recursal, o relator designará prazo de 5 (cinco) dias para que seja sanado o vício. Descumprida a determinação, o relator não conhecerá do recurso, se a providência couber ao recorrente, ou determinará o desentranhamento das contrarrazões, se a providência couber ao recorrido (art. 76, § 2º, do CPC de 2015).

▶ Redação dada pela Res. do TST nº 211, de 22-8-2016 (*DJe* de 24-8-2016).

457. Honorários periciais. Beneficiário da justiça gratuita. Responsabilidade da união pelo pagamento. Resolução nº 66/2010 do CSJT. Observância.

▶ Conversão da OJ da SBDI-I nº 387 do TST.

▶ Art. 790-B da CLT.

A União é responsável pelo pagamento dos honorários de perito quando a parte sucumbente no objeto da perícia for beneficiária da assistência judiciária gratuita, observado o procedimento disposto nos arts. 1º, 2º e 5º da Resolução nº 66/2010 do Conselho Superior da Justiça do Trabalho – CSJT.

▶ Redação dada pela Res. do TST nº 194, de 19-5-2014.

458. Embargos. Procedimento sumaríssimo. Conhecimento. Recurso interposto após vigência da Lei nº 11.496, de 22-6-2007, que conferiu nova redação ao art. 894, da CLT.

▶ Conversão da OJ da SBDI-I nº 405 do TST.

▶ Art. 896, § 9º, da CLT.

Em causas sujeitas ao procedimento sumaríssimo, em que pese a limitação imposta no art. 896, § 6º, da CLT à interposição de recurso de revista, admitem-se os embargos interpostos na vigência da Lei nº 11.496, de 22-6-2007, que conferiu nova redação ao art. 894 da CLT, quando demonstrada a divergência jurisprudencial entre Turmas do TST, fundada em interpretações diversas acerca da aplicação de mesmo dispositivo constitucional ou de matéria sumulada.

▶ Redação dada pela Res. do TST nº 194, de 19-5-2014.

459. Recurso de revista. Nulidade por negativa de prestação jurisdicional. O conhecimento do recurso de revista, quanto à preliminar de nulidade, por negativa de prestação jurisdicional, supõe indicação de violação do art. 832 da CLT, do art. 489 do CPC de 2015 (art. 458 do CPC de 1973) ou do art. 93, IX, da CF/1988.

▶ Redação dada pela Res. do TST nº 219, de 26-6-2017 (*DJe* de 28-6-2017).

460. Vale-transporte. Ônus da prova. É do empregador o ônus de comprovar que o empregado não satisfaz os requisitos indispensáveis para a concessão do vale-transporte ou não pretenda fazer uso do benefício.

461. FGTS. Diferenças. Recolhimento. Ônus da prova. É do empregador o ônus da prova em relação à regularidade dos depósitos do FGTS, pois o pagamento é fato extintivo do direito do autor (art. 373, II, do CPC de 2015).

462. Multa do art. 477, § 8º, da CLT. Incidência. Reconhecimento judicial da relação de emprego. A circunstância de a relação de emprego ter sido reconhecida apenas em juízo não tem o condão de afastar a incidência da multa prevista no art. 477, §8º, da CLT. A referida multa não será devida apenas quando, comprovadamente, o empregado der causa à mora no pagamento das verbas rescisórias.

▶ Súmula corrigida pela Presidência do TST no *DJe* 30-6-2016.

463. Assistência judiciária gratuita. Comprovação.

I – A partir de 26-6-2017, para a concessão da assistência judiciária gratuita à pessoa natural, basta a declaração de hipossuficiência econômica firmada pela parte ou por seu advogado, desde que munido de procuração com poderes específicos para esse fim (art. 105 do CPC de 2015);

II – No caso de pessoa jurídica, não basta a mera declaração: é necessária a demonstração cabal de impossibilidade de a parte arcar com as despesas do processo.

▶ Conversão da OJ da SBDI-I nº 304 do TST.

ORIENTAÇÕES JURISPRUDENCIAIS DO TRIBUNAL PLENO DO TST

1. Precatório. Crédito trabalhista. Pequeno valor. Emenda Constitucional nº 37/2002. Há dispensa da expedição de precatório, na forma do art. 100, § 3º, da CF/1988, quando a execução contra a Fazenda Pública não exceder os valores definidos, provisoriamente, pela Emenda Constitucional nº 37/2002, como obrigações de pequeno valor, inexistindo ilegalidade, sob esse prisma, na determinação de sequestro da quantia devida pelo ente público.

2. Precatório. Revisão de cálculos. Limites da competência do presidente do TRT. O pedido de revisão dos cálculos, em fase de precatório, previsto no art. 1º-E da Lei nº 9.494/1997, apenas poderá ser acolhido desde que:

a) o requerente aponte e especifique claramente quais são as incorreções existentes nos cálculos, discriminando o montante que seria correto, pois do contrário a incorreção torna-se abstrata;

b) o defeito nos cálculos esteja ligado à incorreção material ou à utilização de critério em descompasso com a lei ou com o título executivo judicial; e

c) o critério legal aplicável ao débito não tenha sido objeto de debate nem na fase de conhecimento, nem na fase de execução.

3. Precatório. Sequestro. Emenda Constitucional nº 30/2000. Preterição. ADIN nº 1.662-8. Art. 100, § 2º, da CF/1988. O sequestro de verbas públicas para satisfação de precatórios trabalhistas só é admitido na hipótese de preterição do direito de precedência do credor, a ela não se equiparando as situações de não inclusão da despesa no orçamento ou de não pagamento do precatório até o final do exercício, quando incluído no orçamento.

4. Mandado de segurança. Decisão de TRT. Incompetência originária do Tribunal Superior do Trabalho. Parágrafo único do artigo 168 do Regimento Interno do TST. Ao Tribunal Superior do Trabalho não compete apreciar, originariamente, mandado de segurança impetrado em face de decisão de TRT.

5. Recurso ordinário. Cabimento. Não cabe recurso ordinário contra decisão de agravo regimental interposto em reclamação correicional ou em pedido de providência.

6. Precatório. Execução. Limitação da condenação imposta pelo título judicial exequendo à data do advento da Lei nº 8.112, de 11-12-1990. Em sede de precatório, não configura ofensa à coisa julgada a limitação dos efeitos pecuniários da sentença condenatória ao período anterior ao advento da Lei nº 8.112, de 11-12-1990, em que o exequente submetia-se à legislação trabalhista, salvo disposição expressa em contrário na decisão exequenda.

7. Juros de mora. Condenação da Fazenda Pública.

I – Nas condenações impostas à Fazenda Pública, incidem juros de mora segundo os seguintes critérios:

a) 1% (um por cento) ao mês, até agosto de 2001, nos termos do § 1º do art. 39 da Lei nº 8.177, de 1º-3-1991;

b) 0,5% (meio por cento) ao mês, de setembro de 2001 a junho de 2009, conforme determina o art. 1º-F da Lei nº 9.494, de 10-9-1997, introduzido pela Medida Provisória nº 2.180-35, de 24-8-2001.

II – A partir de 30 de junho de 2009, atualizam-se os débitos trabalhistas da Fazenda Pública, mediante a incidência dos índices oficiais de remuneração básica e juros aplicados à caderneta de poupança, por força do art. 5º da Lei nº 11.960, de 29-6-2009.

III – A adequação do montante da condenação deve observar essa limitação legal, ainda que em sede de precatório.

► Redação dada pela Res. do TST nº 175, de 24-5-2011 (*DJe* de 27-5-2011).

8. Precatório. Matéria administrativa. Remessa necessária. Não cabimento. Em sede de precatório, por se tratar de decisão de natureza administrativa, não se aplica o disposto no art. 1º, V, do Decreto-Lei nº 779, de 21-8-1969, em que se determina a remessa necessária em caso de decisão judicial desfavorável a ente público.

9. Precatório. Pequeno valor. Individualização do crédito apurado. Reclamação trabalhista plúrima. Execução direta contra a Fazenda Pública. Possibilidade. Tratando-se de reclamações trabalhistas plúrimas, a aferição do que vem a ser obrigação de pequeno valor, para efeito de dispensa de formação de precatório e aplicação do disposto no § 3º do art. 100 da CF/1988, deve ser realizada considerando-se os créditos de cada reclamante.

10. Precatório. Processamento e pagamento. Natureza administrativa. Mandado de segurança. Cabimento. É cabível mandado de segurança contra atos praticados pela Presidência dos Tribunais Regionais em precatório em razão de sua natureza administrativa, não se aplicando o disposto no inciso II do art. 5º da Lei nº 1.533, de 31-12-1951.

► A Lei nº 1.533, de 31-12-1951, foi revogada pela Lei nº 12.016, de 7-8-2009 (Lei do Mandado de Segurança Individual e Coletivo).

11. Recurso em matéria administrativa. Prazo. Órgão colegiado. Oito dias. Art. 6º da Lei nº 5.584, de 26-6-1970. Se não houver norma específica quanto ao prazo para interposição de recurso em matéria administrativa de decisão emanada de órgão Colegiado do Tribunal Regional do Trabalho, aplica-se, por analogia, a regra geral dos prazos adotados na Justiça do Trabalho, ou seja, oito dias, conforme estabelecido no art. 6º da Lei nº 5.584, de 26-6-1970. O prazo de dez dias a que alude o art. 59 da Lei nº 9.784, de 29-1-1999, aplica-se somente à interposição de recursos de decisões prolatadas monocraticamente.

12. Precatório. Procedimento de natureza administrativa. Incompetência funcional do Presidente do TRT para declarar a inexigibilidade do título exequendo. O Presidente do TRT, em sede de precatório, não tem competência funcional para declarar a inexigibilidade do título judicial exequendo, com fundamento no art. 884, § 5º, da CLT, ante a natureza meramente administrativa do procedimento.

► Art. 100 da CF.

13. Precatório. Quebra da ordem de precedência. Não demonstração da posição do exequente na ordem cronológica. Sequestro indevido. É indevido o sequestro de verbas públicas quando o exequente/requerente não se encontra em primeiro lugar na lista de ordem cronológica para pagamento de precatórios ou quando não demonstrada essa condição.

► Art. 100, *caput*, da CF.

ORIENTAÇÕES JURISPRUDENCIAIS DA SUBSEÇÃO I DA SEÇÃO DE DISSÍDIOS INDIVIDUAIS DO TRIBUNAL SUPERIOR DO TRABALHO

1. Convertida na OJ da SBDI-II nº 110 do TST.

2. *Cancelada*. Res. do TST nº 148, de 26-6-2008 (*DJU* de 4-7-2008 e republicada no *DJU* de 8-7-2008).

3. Convertida na OJ da SBDI-I Transitória nº 33 do TST.

4. Convertida na Súm. nº 448 do TST.

5. Convertida na Súm. nº 364 do TST.

6. Incorporada à Súm. nº 60 do TST.

7. Advogado. Atuação fora da seção da OAB onde o advogado está inscrito. Ausência de comunicação. (Lei nº 4.215/1963, § 2º, art. 56). Infração disciplinar. Não importa nulidade. A despeito da norma então prevista no artigo 56, § 2º, da Lei nº 4.215/1963, a falta de comunicação do advogado à OAB para o exercício profissional em seção diversa daquela na qual tem inscrição não importa nulidade dos atos praticados, constituindo apenas infração disciplinar, que cabe àquela instituição analisar.

- Redação dada pela Res. do TST nº 129, de 5-4-2005 (*DJU* de 20-4-2005).
- A Lei nº 4.215, de 27-4-1963, foi revogada pela Lei nº 8.906, de 4-7-1994 (Estatuto da Advocacia e OAB).

8. Convertida na Súm. nº 365 do TST.

9. Incorporada à Súm. nº 303 do TST.

10. Convertida na Súm. nº 365 do TST.

11. Convertida na Súm. nº 356 do TST.

12. Anistia. Emenda Constitucional nº 26/1985. Efeitos financeiros da promulgação. Os efeitos financeiros decorrentes da anistia concedida pela Emenda Constitucional nº 26/1985 contam-se desde a data da sua promulgação.

- Redação dada pela Res. do TST nº 129, de 5-4-2005 (*DJU* de 20-4-2005).

13. APPA. Decreto-Lei nº 779, de 21-8-1969. Depósito recursal e custas. Não isenção. A Administração dos Portos de Paranaguá e Antonina – APPA, vinculada à Administração Pública indireta, não é isenta do recolhimento do depósito recursal e do pagamento das custas processuais por não ser beneficiária dos privilégios previstos no Decreto-Lei nº 779, de 21-8-1969, ante o fato de explorar atividade econômica com fins lucrativos, o que descaracteriza sua natureza jurídica, igualando-a às empresas privadas.

- Redação dada pelo Ato da Comissão de Jurisprudência e de Precedentes Normativos, de 10-11-2010 (*DJE* de 16-11-2010).
- Dec.-lei nº 779, de 21-8-1969, dispõe sobre a aplicação de normas processuais trabalhistas à União Federal, aos Estados, Municípios, Distrito Federal e Autarquias ou Fundações de direito público que não explorem atividade econômica.

14. Aviso prévio cumprido em casa. Verbas rescisórias. Prazo para pagamento. Em caso de aviso prévio cumprido em casa, o prazo para pagamento das verbas rescisórias é até o décimo dia da notificação de despedida.

- Redação dada pela Res. do TST nº 129, de 5-4-2005 (*DJU* de 20-4-2005).

15. Incorporada à Súm. nº 102 do TST.

16. Banco do Brasil. ACP. Adicional de caráter pessoal. Indevido. A isonomia de vencimentos entre servidores do Banco Central do Brasil e do Banco do Brasil, decorrente de sentença normativa, alcançou apenas os vencimentos e vantagens de caráter permanente. Dado o caráter personalíssimo do Adicional de Caráter Pessoal – ACP e não integrando a remuneração dos funcionários do Banco do Brasil, não foi ele contemplado na decisão normativa para efeitos de equiparação à tabela de vencimentos do Banco Central do Brasil.

- Redação dada pela Res. do TST nº 129, de 5-4-2005 (*DJU* de 20-4-2005).

17. Banco do Brasil. AP e ADI. Os adicionais AP, ADI ou AFR, somados ou considerados isoladamente, sendo equivalentes a 1/3 do salário do cargo efetivo (art. 224, § 2º, da CLT), excluem o empregado ocupante de cargo de confiança do Banco do Brasil da jornada de 6 horas.

18. Complementação de aposentadoria. Banco do Brasil.

I – O valor das horas extras integra a remuneração do empregado para o cálculo da complementação de aposentadoria, desde que sobre ele incida a contribuição à Caixa de Previdência dos Funcionários do Banco do Brasil – PREVI, observado o respectivo regulamento no tocante à integração;

II – Os adicionais AP e ADI não integram o cálculo para a apuração do teto da complementação de aposentadoria;

III – No cálculo da complementação de aposentadoria deve-se observar a média trienal;

IV – A complementação de aposentadoria proporcional aos anos de serviço prestados exclusivamente ao Banco do Brasil somente se verifica a partir da Circular FUNCI nº 436/1963;

V – O telex DIREC do Banco do Brasil nº 5003/1987 não assegura a complementação de aposentadoria integral, porque não aprovado pelo órgão competente ao qual a instituição se subordina.

- Redação dada pela Res. do TST nº 175, de 24-5-2011 (*DJE* de 27-5-2011).
- OJ da SBDI-I Transitória nº 69 do TST.

19 a 21. Incorporadas à OJ da SBDI-I nº 18 do TST.

22. Convertida na OJ da SBDI-I Transitória nº 34 do TST.

23. Convertida na Súm. nº 366 do TST.

24. Convertida na Súm. nº 367 do TST.

25. Incorporada à Súm. nº 339 do TST.

26. Competência da Justiça do Trabalho. Complementação de pensão requerida por viúva de ex-empregado. A Justiça do Trabalho é competente para apreciar pedido de complementação de pensão postulada por viúva de ex-empregado, por se tratar de pedido que deriva do contrato de trabalho.

- Redação dada pela Res. do TST nº 129, de 5-4-2005 (*DJU* de 20-4-2005).

27. Convertida na Súm. nº 355 do TST.

28. Correção monetária sobre as diferenças salariais. Universidades Federais. Devida. Lei nº 7.596/1987. Incide correção monetária sobre as diferenças salariais dos servidores das universidades federais, decorrentes da aplicação retroativa dos efeitos financeiros assegurados pela Lei nº 7.596/1987, pois a correção monetária tem como escopo único minimizar a desvalorização da moeda em decorrência da corrosão inflacionária.

- Redação dada pela Res. do TST nº 129, de 5-4-2005 (*DJU* de 20-4-2005).

29. Convertida na OJ da SBDI-I nº 148 do TST.

30. Convertida na Súm. nº 352 do TST, que por sua vez foi posteriormente cancelada.

31. Incorporada à Súm. nº 86 do TST.

32. Convertida na Súm. nº 368 do TST.

33. Deserção. Custas. Carimbo do banco. Validade. O carimbo do banco recebedor na guia de comprovação do recolhimento das custas supre a ausência de autenticação mecânica.

34 e 35. Convertidas na Súm. nº 369 do TST.

36. Instrumento normativo. Cópia não autenticada. Documento comum às partes. Validade. O instrumento normativo em cópia não autenticada possui valor probante, desde que não haja impugnação ao seu conteúdo, eis que se trata de documento comum às partes.

- Redação dada pela Res. do TST nº 129, de 5-4-2005 (*DJU* de 20-4-2005).

37. Incorporada à Súm. nº 296 do TST.

38. Empregado que exerce atividade rural. Empresa de reflorestamento. Prescrição própria do rurícola (Lei nº 5.889, de 8-6-1973, art. 10, e Decreto nº 73.626, de 12-2-1974, art. 2º, § 4º). O empregado que trabalha em empresa de reflorestamento, cuja atividade está diretamente ligada ao manuseio da terra e de matéria-prima, é rurícola e não industriário, nos termos do Decreto nº 73.626, de 12-2-1974, art. 2º, § 4º, pouco importando que o fruto de seu trabalho seja destinado à indústria. Assim, aplica-se a prescrição própria dos rurícolas aos direitos desses empregados.

- Redação dada pelo Ato da Comissão de Jurisprudência e de Precedentes Normativos, de 10-11-2010 (*DJE* de 16-11-2010).
- Lei nº 5.889, de 8-6-1973 (Lei do Trabalho Rural).
- Arts. 83 a 105 do Dec. nº 10.854, de 10-11-2021, que regulamenta disposições relativas à legislação trabalhista.

39. Convertida na Súm. nº 370 do TST.

40. Convertida na Súm. nº 371 do TST.

41. Estabilidade. Instrumento normativo. Vigência. Eficácia. Preenchidos todos os pressupostos para a aquisição de estabilidade decorrente de acidente ou doença profissional, ainda durante a vigência do instrumento normativo, goza o empregado de estabilidade mesmo após o término da vigência deste.

42. FGTS. Multa de 40%.

I – É devida a multa do FGTS sobre os saques corrigidos monetariamente ocorridos na vigência do contrato de trabalho. Art. 18, § 1º, da Lei nº 8.036/1990 e art. 9º, § 1º, do Decreto nº 99.684/1990.

II – O cálculo da multa de 40% do FGTS deverá ser feito com base no saldo da conta vinculada na data do efetivo pagamento das verbas rescisórias, desconsiderada a projeção do aviso prévio indenizado, por ausência de previsão legal.

- Redação dada pela Res. do TST nº 129, de 5-4-2005 (*DJU* de 20-4-2005).

43. Conversão de salários de cruzeiros para cruzados. Decreto-Lei nº 2.284/1986. A conversão de salários de cruzeiros para cruzados, nos termos do Decreto-Lei nº 2.284/1986, não afronta direito adquirido dos empregados.

- Redação dada pela Res. do TST nº 129, de 5-4-2005 (*DJU* de 20-4-2005).

44. Gestante. Salário maternidade. É devido o salário maternidade, de 120 dias, desde a promulgação da CF/1988, ficando a cargo do empregador o pagamento do período acrescido pela Carta.

45. Convertida na Súm. nº 372 do TST.

46. Convertida na Súm. nº 373 do TST.

47. Hora extra. Adicional de insalubridade. Base de cálculo. A base de cálculo da hora extra é o resultado da soma do salário-contratual mais o adicional de insalubridade.

- Redação dada pela Res. do TST nº 148, de 26-6-2008 (*DJU* de 4-7-2008 e republicada no *DJU* de 8-7-2008).

48. Incorporada à Súm. nº 199 do TST.

49. Convertida na Súm. nº 428 do TST.

50. Incorporada à Súm. nº 90 do TST.

51. Legislação eleitoral. Empresas públicas e sociedades de economia mista. Aos empregados das empresas públicas e das sociedades de economia mista regidos pela CLT aplicam-se as vedações dispostas no art. 15 da Lei nº 7.773, de 8-6-1989.

- Redação dada pelo Ato da Comissão de Jurisprudência e de Precedentes Normativos, de 10-11-2010 (*DJE* de 16-11-2010).
- Lei nº 7.773, de 8-6-1989, dispõe sobre a eleição para Presidente e Vice-Presidente da República, para o mandato a iniciar-se em 15-3-1990, nos termos do § 1º do art. 4º do ADCT.

52. Convertida na Súmula nº 436 do TST.

53. Convertida na Súm. nº 370 do TST.

54. Multa. Cláusula penal. Valor superior ao principal. O valor da multa estipulada em cláusula penal, ainda que diária, não poderá ser superior à obrigação principal corrigida, em virtude da aplicação do artigo 412 do Código Civil de 2002 (art. 920 do Código Civil de 1916).

- Redação dada pela Res. do TST nº 129, de 5-4-2005 (*DJU* de 20-4-2005).

55. Convertida na Súm. nº 374 do TST.

56. Nossa Caixa Nosso Banco (Caixa Econômica do Estado de São Paulo). Regulamento. Gratificação especial e/ou anuênios. Direito reconhecido apenas àqueles empregados que tinham 25 anos de efetivo exercício prestados exclusivamente à Caixa.

57. PCCS. Devido o reajuste do adiantamento. Lei nº 7.686/1988, art. 1º. É devido o reajuste da parcela denominada "adiantamento do PCCS", conforme a redação do art. 1º da Lei nº 7.686/1988.

- Redação dada pela Res. do TST nº 129, de 5-4-2005 (*DJU* de 20-4-2005).

58. Plano Bresser. IPC jun./1987. Inexistência de direito adquirido. Inexiste direito adquirido ao IPC de junho de 1987 (Plano Bresser), em face da edição do Decreto-Lei nº 2.335/1987.

- Redação dada pela Res. do TST nº 129, de 5-4-2005 (*DJU* de 20-4-2005).

59. Plano verão. URP de fevereiro de 1989. Inexistência de direito adquirido. Inexiste direito adquirido à URP de fevereiro de 1989 (Plano Verão), em face da edição da Lei nº 7.730/1989.

- Redação dada pela Res. do TST nº 129, de 5-4-2005 (*DJU* de 20-4-2005).

60. Portuários. Hora noturna. Horas extras. (Lei nº 4.860/1965, arts. 4º e 7º, § 5º).

I – A hora noturna no regime de trabalho no porto, compreendida entre dezenove horas e sete horas do dia seguinte, é de sessenta minutos.

II – Para o cálculo das horas extras prestadas pelos trabalhadores portuários, observar-se-á somente o salário básico percebido, excluídos os adicionais de risco e produtividade.

- Redação dada pela Res. do TST nº 129, de 5-4-2005 (*DJU* de 20-4-2005).

61. Incorporada à OJ da SBDI-I nº 60 do TST.

62. Prequestionamento. Pressuposto de admissibilidade em apelo de natureza extraordinária. Necessidade, ainda que se trate de incompetência absoluta. É necessário o prequestionamento como pressuposto de admissibilidade em recurso de natureza extraordinária, ainda que se trate de incompetência absoluta.

- Redação dada pelo Ato da Comissão de Jurisprudência e de Precedentes Normativos, de 19-11-2010 (*DJE* de 23-11-2010).
- Súm. nº 297 do TST.
- OJ da SBDI-I nº 119 do TST.

63. Incorporada à Súm. nº 199 do TST.

64. Incorporada à Súm. nº 239 do TST.

65. Professor adjunto. Ingresso no cargo de professor titular. Exigência de concurso público não afastada pela Constituição Federal de 1988. O acesso de professor adjunto ao cargo de professor titular só pode ser efetivado por meio de concurso público, conforme dispõem os arts. 37, inciso II, e 206, inciso V, da CF/1988.

- Redação dada pela Res. do TST nº 129, de 5-4-2005 (*DJU* de 20-4-2005).

66. Convertida na Súm. nº 351 do TST.

67. Convertida na Súm. nº 358 do TST.

68. Convertida na OJ da SBDI-I Transitória nº 35 do TST.

69. Convertida na Súm. nº 375 do TST.

70. Convertida na OJ do Tribunal Pleno nº 5 do TST.

71 a 73. Incorporadas à Súm. nº 303 do TST.

74. Incorporada à Súm. nº 122 do TST.

75. Substabelecimento sem o reconhecimento de firma do substabelecente. Inválido (anterior à Lei nº 8.952/1994). Não produz efeitos jurídicos recurso subscrito por advogado com poderes conferidos em substabelecimento em que não consta o reconhecimento de firma do outorgante. Entendimento aplicável antes do advento da Lei nº 8.952/1994.

- Redação dada pela Res. do TST nº 129, de 5-4-2005 (*DJU* de 20-4-2005).

76. Substituição dos avanços trienais por quinquênios. Alteração do contrato de trabalho. Prescrição total. CEEE. A alteração contratual consubstanciada na substituição dos avanços trienais por quinquênios decorre de ato único do empregador, momento em que começa a fluir o prazo fatal de prescrição.

- Redação dada pela Res. do TST nº 129, de 5-4-2005 (*DJU* de 20-4-2005).

77. Convertida na Súm. nº 357 do TST.

78. Convertida na Súm. nº 360 do TST.

79. URPs de abril e maio de 1988. Decreto-Lei nº 2.425/1988. Existência de direito apenas ao reajuste de 7/30 de 16,19%, a ser calculado sobre o salário de março e incidente sobre o salário dos meses de abril e maio, não cumulativamente, corrigidos desde a época própria até a data do efetivo pagamento.

- Nova redação devido ao julgamento do Recurso TST-RXOFROAR nº 573.062/1999, pelo Tribunal Pleno (*DJU* de 14-6-2005).

80. Convertida na OJ da SBDI-II nº 110 do TST.

81. Convertida na Súm. nº 394 do TST.

82. Aviso prévio. Baixa na CTPS. A data de saída a ser anotada na CTPS deve corresponder à do término do prazo do aviso prévio, ainda que indenizado.

83. Aviso prévio. Indenizado. Prescrição. A prescrição começa a fluir no final da data do término do aviso prévio. Art. 487, § 1º, CLT.

84. *Cancelada*. Res. do TST nº 186, de 14-9-2012.

85. Convertida na Súm. nº 363 do TST.

86. Convertida na Súm. nº 369 do TST.

87. Entidade pública. Exploração de atividade eminentemente econômica. Execução. Art. 883 da CLT. É direta a execução contra a APPA e MINASCAIXA (§ 1º do art. 173, da CF/1988).

- Nova redação. *DJU* de 16-4-2004.

88. Incorporada à Súm. nº 244 do TST.

89. Convertida na Súm. nº 376 do TST.

90. *Cancelada*. Res. do TST nº 129, de 5-4-2005 (*DJU* de 20-4-2005).

- Art. 897 da CLT.

91. Anistia. Art. 8º, § 1º, ADCT. Efeitos financeiros. ECT.

- ROAR nº 105.608/1994, SDI-Plena. Em 19-5-1997, a SDI-Plena decidiu, pelo voto prevalente do Exmo. Sr. Presidente, que os efeitos financeiros da readmissão do empregado anistiado serão contados a partir do momento em que este manifestou o desejo de retornar ao trabalho e, na ausência de prova, da data do ajuizamento da ação.

92. Desmembramento de municípios. Responsabilidade trabalhista. Em caso de criação de novo município, por desmembramento, cada uma das novas entidades responsabiliza-se pelos direitos trabalhistas do empregado no período em que figurarem como real empregador.

93. Incorporada à Súm. nº 146 do TST.

94. Incorporada à Súm. nº 221 do TST.

95. Embargos para SDI. Divergência oriunda da mesma Turma do TST. Inservível.

- ERR nº 125.320/1994, SDI-Plena. Em 19-5-1997, a SDI-Plena, por maioria, decidiu que acórdãos oriundos da mesma Turma, embora divergentes, não fundamentam divergência jurisprudencial de que trata a alínea *b*, do artigo 894 da Consolidação das Leis do Trabalho para embargos à Seção Especializada em Dissídios Individuais, Subseção I.

96. Incorporada à Súm. nº 159 do TST.

97. Horas extras. Adicional noturno. Base de cálculo. O adicional noturno integra a base de cálculo das horas extras prestadas no período noturno.

98. Convertida na OJ da SBDI-I Transitória nº 36 do TST.

99. Convertida na Súm. nº 377 do TST.

100. Salário. Reajuste. Entes Públicos. Os reajustes salariais previstos em legislação federal devem ser observados pelos Estados membros, suas Autarquias e Fundações Públicas nas relações contratuais trabalhistas que mantiverem com seus empregados.

- Redação dada pela Res. do TST nº 129, de 5-4-2005 (*DJU* de 20-4-2005).

101. Incorporada à Súm. nº 28 do TST.

102. Incorporada à Súm. nº 139 do TST.

103. Adicional de insalubridade. Repouso semanal e feriados. O adicional de insalubridade já remunera os dias de repouso semanal e feriados.

- Redação dada pela Res. do TST nº 129, de 5-4-2005 (*DJU* de 20-4-2005).

104. Incorporada à Sum. nº 25 do TST.

105. Convertida na Súm. nº 378 do TST.

106. Convertida na Súm. nº 396 do TST.

107. Incorporada à OJ da SBDI-I nº 42 do TST.

108. Convertida na Súm. nº 395 do TST.

109. Convertida na OJ da SBDI-I Transitória nº 37 do TST.

110. *Cancelada*. Res. do TST nº 212, de 19-9-2016 (*DJe* de 20-9-2016).

111. Recurso de revista. Divergência jurisprudencial. Aresto oriundo do mesmo Tribunal Regional. Lei nº 9.756/1998. Inservível ao conhecimento. Não é servível ao conhecimento de recurso de revista aresto oriundo de mesmo Tribunal Regional do Trabalho, salvo se o recurso houver sido interposto anteriormente à vigência da Lei nº 9.756/1998.

- Redação dada pela Res. do TST nº 129, de 5-4-2005 (*DJU* de 20-4-2005).

112. Incorporada à Súm. nº 159 do TST.

113. Adicional de transferência. Cargo de confiança ou previsão contratual de transferência. Devido. Desde que a transferência seja provisória. O fato de o empregado exercer cargo de confiança ou a existência de previsão de transferência no contrato de trabalho não exclui o direito ao adicional. O pressuposto legal apto a legitimar a percepção do mencionado adicional é a transferência provisória.

114. Convertida na Súm. nº 379 do TST.

115. Convertida na Súm. nº 459 do TST.

116. Convertida na Súm. nº 396 do TST.

117. Convertida na Súm. nº 376 do TST.

118. Prequestionamento. Tese explícita. Inteligência da Súmula nº 297. Havendo tese explícita sobre a matéria, na decisão recorrida, desnecessário contenha nela referência expressa do dispositivo legal para ter-se como prequestionado este.

119. Prequestionamento inexigível. Violação nascida na própria decisão recorrida. Súmula nº 297 do TST. Inaplicável.

É inexigível o prequestionamento quando a violação indicada houver nascido na própria decisão recorrida. Inaplicável a Súmula nº 297 do TST.

- Redação dada pelo Ato da Comissão de Jurisprudência e de Precedentes Normativos, de 10-11-2010 (*DJE* de 16-11-2010).
- OJ da SBDI-I nº 62 do TST.

120. Recurso. Assinatura da petição ou das razões recursais. Art. 932, parágrafo único, do CPC de 2015.

I – Verificada a total ausência de assinatura no recurso, o juiz ou o relator concederá prazo de 5 (cinco) dias para que seja sanado o vício. Descumprida a determinação, o recurso será reputado inadmissível (art. 932, parágrafo único, do CPC de 2015).

II – É válido o recurso assinado, ao menos, na petição de apresentação ou nas razões recursais.

- Redação dada pela Res. do TST nº 212, de 19-9-2016 (*DJe* de 20-9-2016).

121. Substituição processual. Diferença do adicional de insalubridade. Legitimidade. O sindicato tem legitimidade para atuar na qualidade de substituto processual para pleitear diferença de adicional de insalubridade.

- Redação dada pela Res. do TST nº 129, de 5-4-2005 (*DJU* de 20-4-2005).

122. Convertida na Súm. nº 380 do TST.

123. Bancários. Ajuda alimentação. A ajuda alimentação prevista em norma coletiva em decorrência de prestação de horas extras tem natureza indenizatória e, por isso, não integra o salário do empregado bancário.

- ERR nº 118.739/1994, SDI-Plena. Em 10-2-1998, a SDI-Plena, por maioria, decidiu que ajuda alimentação paga ao bancário, em decorrência de prestação de horas extras por prorrogação de jornada, tem natureza indenizatória e, portanto, não integrativa ao salário.

124. Convertida na Súm. nº 381 do TST.

125. Desvio de função. Quadro de carreira. O simples desvio funcional do empregado não gera direito a novo enquadramento, mas apenas às diferenças salariais respectivas, mesmo que o desvio de função haja iniciado antes da vigência da CF/1988.

- Alterada pelo TST em 13-3-2002.

126. Incorporada à Súm. nº 239 do TST.

127. Hora noturna reduzida. Subsistência após a CF/1988. O art. 73, § 1º da CLT, que prevê a redução da hora noturna, não foi revogado pelo inciso IX do art. 7º, da CF/1988.

128. Convertida na Súm. nº 382 do TST.

129. Prescrição. Complementação da pensão e auxílio-funeral. A prescrição extintiva para pleitear judicialmente o pagamento da complementação de pensão e do auxílio-funeral é de 2 anos, contados a partir do óbito do empregado.

130. Prescrição. Ministério público. Arguição. *Custos legis*. Ilegitimidade. Ao exarar o parecer na remessa de ofício, na qualidade de *custos legis*, o Ministério Público não tem legitimidade para arguir a prescrição em favor de entidade de direito público, em matéria de direito patrimonial.

- Redação dada pela Res. do TST nº 209, de 1º-6-2016 (*DJe* de 1º-6-2016).

131. Convertida na Súm. nº 367 do TST.

132. Agravo regimental. Peças essenciais nos autos principais. Inexistindo lei que exija a tramitação do agravo em autos apartados, tampouco previsão no Regimento Interno do Regional, não pode o agravante ver-se apenado por não haver colacionado cópia de peças dos autos principais, quando o agravo deveria fazer parte dele.

133. Ajuda alimentação. PAT. Lei nº 6.321/1976. Não integração ao salário. A ajuda alimentação fornecida por empresa participante do programa de alimentação ao trabalhador, instituído pela Lei nº 6.321/1976, não tem caráter salarial. Portanto não integra o salário para nenhum efeito legal.

134. Autenticação. Pessoa jurídica de direito público. Dispensada. Medida Provisória nº 1.360, de 12-3-1996. São válidos os documentos apresentados, por pessoa jurídica de direito público, em fotocópia não autenticada, posteriormente à edição da Medida Provisória nº 1.360/1996 e suas reedições.

135. Convertida na Súm. nº 371 do TST.

136. Incorporada à OJ da SBDI-I nº 18 do TST.

137. Convertida na OJ da SBDI-I Transitória nº 38 do TST.

138. Competência residual. Regime jurídico único. Limitação da execução. Compete à Justiça do Trabalho julgar pedidos de direitos e vantagens previstos na legislação trabalhista referente a período anterior à Lei nº 8.112/1990, mesmo que a ação tenha sido ajuizada após a edição da referida lei. A superveniência de regime estatutário em substituição ao celetista, mesmo após a sentença, limita a execução ao período celetista.

- Redação dada pela Res. do TST nº 129, de 5-4-2005 (*DJU* de 20-4-2005).

139. Incorporada à Súm. nº 128 do TST.

140. Depósito recursal e custas processuais. Recolhimento insuficiente. Deserção. Em caso de recolhimento insuficiente das custas processuais ou do depósito recursal, somente haverá deserção do recurso se, concedido o prazo de 5 (cinco) dias previsto no § 2º do art. 1.007 do CPC de 2015, o recorrente não complementar e comprovar o valor devido.

- Redação dada pela Res. do TST nº 217, de 17-4-2017 (*DJe* de 20-4-2017).

141. Convertida na Súm. nº 368 do TST.

142. Embargos de declaração. Efeito modificativo. Vista prévia à parte contrária. É passível de nulidade decisão que acolhe embargos de declaração com efeito modificativo sem que seja concedida oportunidade de manifestação prévia à parte contrária.

- Redação dada pela Res. do TST nº 214, de 28-11-2016.
- Art. 900 da CLT.

143. Empresa em liquidação extrajudicial. Execução. Créditos trabalhistas. Lei nº 6.024/1974. A execução trabalhista deve prosseguir diretamente na Justiça do Trabalho mesmo após a decretação da liquidação extrajudicial. Lei nº 6.830/1980, arts. 5º e 29, aplicados supletivamente (CLT art. 889 e CF/1988, art. 114).

144. Incorporada à Súm. nº 275 do TST.

145. Convertida na Súm. nº 369 do TST.

146. Convertida na OJ da SBDI-I Transitória nº 39 do TST.

147. Lei Estadual, Norma coletiva ou norma regulamentar. Conhecimento indevido do recurso de revista por divergência jurisprudencial.

I – É inadmissível o recurso de revista fundado tão somente em divergência jurisprudencial, se a parte não comprovar que a lei estadual, a norma coletiva ou o regulamento da empresa extrapolam o âmbito do TRT prolator da decisão recorrida.

II – É imprescindível a arguição de afronta ao art. 896 da CLT para o conhecimento de embargos interpostos em face de acórdão de Turma que conhece indevidamente de recurso de revista, por divergência jurisprudencial, quanto a tema regulado por lei estadual, norma coletiva ou norma regulamentar de âmbito restrito ao Regional prolator da decisão.

- Redação dada pela Res. do TST nº 129, de 5-4-2005 (*DJU* de 20-4-2005).

148. Lei nº 8.880/1994, art. 31. Constitucionalidade. É constitucional o art. 31 da Lei nº 8.880/1994, que prevê a indenização por demissão sem justa causa.

- Redação dada pela Res. do TST nº 129, de 5-4-2005 (*DJU* de 20-4-2005).

149. Convertida na Súm. nº 383 do TST.

150. Convertida na Súm. nº 384 do TST.

151. Prequestionamento. Decisão regional que adota a sentença. Ausência de prequestionamento. Decisão regional que simplesmente adota os fundamentos da decisão de primeiro grau não preenche a exigência do prequestionamento, tal como previsto na Súm. nº 297.

152. Revelia. Pessoa jurídica de direito público. Aplicável. (Art. 844 da CLT). Pessoa jurídica de direito público sujeita-se à revelia prevista no artigo 844 da CLT.

- Redação dada pela Res. do TST nº 129, de 5-4-2005 (*DJU* de 20-4-2005).

153. Convertida na OJ da SBDI-I Transitória nº 57 do TST.

154. *Cancelada*. Res. do TST nº 158, de 13-10-2009 (*DJE* de 22-10-2009).

155. Convertida na OJ da SBDI-I Transitória nº 40 do TST.

156. *Cancelada*. Res. do TST nº 175, de 24-5-2011 (*DJE* de 27-5-2011).

157. Convertida na OJ da SBDI-I Transitória nº 41 do TST.

158. Custas. Comprovação de recolhimento. DARF Eletrônico. Validade. O denominado "DARF Eletrônico" é válido para comprovar o recolhimento de custas por entidades da Administração Pública Federal, emitido conforme a IN-SRF 162, de 4-11-1988.

159. Data de pagamento. Salários. Alteração. Diante da inexistência de previsão expressa em contrato ou em instrumento normativo, a alteração de data de pagamento pelo empregador não viola o art. 468, desde que observado o parágrafo único, do art. 459, ambos da CLT.

160. Descontos salariais. Autorização no ato da admissão. Validade. É inválida a presunção de vício de consentimento resultante do fato de ter o empregado anuído expressamente com descontos salariais na oportunidade da admissão. É de se exigir demonstração concreta do vício de vontade.

161. Convertida na Súm. nº 385 do TST.

162. Multa. Art. 477 da CLT. Contagem do prazo. Aplicável o art. 132 do Código Civil de 2002. A contagem do prazo para quitação das verbas decorrentes da rescisão contratual prevista no artigo 477 da CLT exclui necessariamente o dia da notificação da demissão e inclui o dia do vencimento, em obediência ao disposto no artigo 132 do Código Civil de 2002 (artigo 125 do Código Civil de 1916).

▸ Redação dada pela Res. do TST nº 129, de 5-4-2005 (*DJU* de 20-4-2005).

163. Incorporada à Súm. nº 51 do TST.

164. Oficial de justiça *ad hoc*. Inexistência de vínculo empregatício. Não se caracteriza o vínculo empregatício na nomeação para o exercício das funções de oficial de justiça *ad hoc*, ainda que feita de forma reiterada, pois exaure-se a cada cumprimento de mandado.

▸ Redação dada pela Res. do TST nº 129, de 5-4-2005 (*DJU* de 20-4-2005).

165. Perícia. Engenheiro ou médico. Adicional de insalubridade e periculosidade. Válido. Art. 195, da CLT. O art. 195 da CLT não faz qualquer distinção entre o médico e o engenheiro para efeito de caracterização e classificação da insalubridade e periculosidade, bastando para a elaboração do laudo seja o profissional devidamente qualificado.

166. Convertida na OJ da SBDI-I Transitória nº 42 do TST.

167. Convertida na Súm. nº 386 do TST.

168. Convertida na OJ da SBDI-I Transitória nº 43 do TST.

169. Convertida na Súm. nº 423 do TST.

170. Incorporada à OJ da SBDI-I nº 4 do TST.

171. Adicional de insalubridade. Óleos minerais. Sentido do termo "manipulação". Para efeito de concessão de adicional de insalubridade não há distinção entre fabricação e manuseio de óleos minerais Portaria nº 3.214 do Ministério do Trabalho, NR 15, Anexo XIII.

172. Adicional de insalubridade ou periculosidade. Condenação. Inserção em folha de pagamento. Condenada ao pagamento do adicional de insalubridade ou periculosidade, a empresa deverá inserir, mês a mês e enquanto o trabalho for executado sob essas condições, o valor correspondente em folha de pagamento.

173. Adicional de insalubridade. Atividade a céu aberto. Exposição ao sol e ao calor.

I – Ausente previsão legal, indevido o adicional de insalubridade ao trabalhador em atividade a céu aberto, por sujeição à radiação solar (art. 195 da CLT e Anexo 7 da NR 15 da Portaria nº 3.214/1978 do MTE).

II – Tem direito ao adicional de insalubridade o trabalhador que exerce atividade exposto ao calor acima dos limites de tolerância, inclusive em ambiente externo com carga solar, nas condições previstas no Anexo 3 da NR 15 da Portaria nº 3.214/1978 do MTE.

▸ Redação dada pela Res. do TST nº 186, de 14-9-2012.

174. Incorporada à Súm. nº 132 do TST.

175. Comissões. Alteração ou supressão. Prescrição total. A supressão das comissões, ou a alteração quanto à forma ou ao percentual, em prejuízo do empregado, é suscetível de operar a prescrição total da ação, nos termos da Súmula nº 294 do TST, em virtude de cuidar-se de parcela não assegurada por preceito de lei.

▸ Alterada pela Comissão de Jurisprudência e Precedentes Normativos em 10-11-2005 (*DJU* de 22-11-2005).

176. Convertida na OJ da SBDI-I Transitória nº 44 do TST.

177. *Cancelada. DJU* de 30-10-2006.

178. Bancário. Intervalo de 15 minutos. Não computável na jornada de trabalho. Não se computa, na jornada do bancário sujeito a seis horas diárias de trabalho, o intervalo de quinze minutos para lanche ou descanso.

▸ Redação dada pela Res. do TST nº 129, de 5-4-2005 (*DJU* de 20-4-2005).

179. Convertida na OJ da SBDI-I Transitória nº 77 do TST.

180. Convertida na OJ da SBDI-I Transitória nº 45 do TST.

181. Comissões. Correção monetária. Cálculo. O valor das comissões deve ser corrigido monetariamente para em seguida obter-se a média para efeito de cálculo de férias, 13º salário e verbas rescisórias.

182. Incorporada à Súm. nº 85 do TST.

183. Convertida na OJ da SBDI-I Transitória nº 46 do TST.

184. Incorporada à Súm. nº 74 do TST.

185. Contrato de trabalho com a Associação de Pais e Mestres – APM. Inexistência de responsabilidade solidária ou subsidiária do Estado. O Estado-Membro não é responsável subsidiária ou solidariamente com a Associação de Pais e Mestres pelos encargos trabalhistas dos empregados contratados por esta última, que deverão ser suportados integral e exclusivamente pelo real empregador.

▸ Redação dada pela Res. do TST nº 129, de 5-4-2005 (*DJU* de 20-4-2005).

186. Incorporada à Súm. nº 25 do TST.

187. Convertida na OJ da SBDI-I Transitória nº 47 do TST.

188. Decisão normativa que defere direitos. Falta de interesse de agir para ação individual. Falta interesse de agir para a ação individual, singular ou plúrima, quando o direito já foi reconhecido através de decisão normativa, cabendo, no caso, ação de cumprimento.

189 e 190. Incorporadas à Súm. nº 128 do TST.

191. Contrato de empreitada. Dono da obra de construção civil. Responsabilidade. Diante da inexistência de previsão legal específica, o contrato de empreitada de construção civil entre o dono da obra e o empreiteiro não enseja responsabilidade solidária ou subsidiária nas obrigações trabalhistas contraídas pelo empreiteiro, salvo sendo o dono da obra uma empresa construtora ou incorporadora.

▸ Redação dada pela Res. do TST nº 175, de 24-5-2011 (*DJE* de 27-5-2011).

192. Embargos declaratórios. Prazo em dobro. Pessoa jurídica de direito público. Decreto-Lei nº 779/1969. É em dobro o prazo para a interposição de embargos declaratórios por pessoa jurídica de direito público.

193. Incorporada à Súm. nº 6 do TST.

194. Convertida na Súm. nº 387 do TST.

195. Férias indenizadas. FGTS. Não incidência. Não incide a contribuição para o FGTS sobre as férias indenizadas.

▸ Redação dada pela Res. do TST nº 129, de 5-4-2005 (*DJU* de 20-4-2005).

196. Incorporada à Súm. nº 244 do TST.

197. Incorporada à Súm. nº 253 do TST.

198. Honorários periciais. Atualização monetária. Diferentemente da correção aplicada aos débitos trabalhistas, que têm caráter alimentar, a atualização monetária dos honorários periciais é fixada pelo art. 1º da Lei nº 6.899/1981, aplicável a débitos resultantes de decisões judiciais.

199. Jogo do bicho. Contrato de trabalho. Nulidade. Objeto ilícito. É nulo o contrato de trabalho celebrado para o desempenho de atividade inerente à prática do jogo do bicho, ante a ilicitude de seu objeto, o que subtrai o requisito de validade para a formação do ato jurídico.

▸ Redação dada pelo Ato da Comissão de Jurisprudência e de Precedentes Normativos, de 10-11-2010 (*DJE* de 16-11-2010).

200. Mandato tácito. Substabelecimento inválido. É inválido o substabelecimento de advogado investido de mandato tácito.

▸ Redação dada pela Res. do TST nº 129, de 5-4-2005 (*DJU* de 20-4-2005).

201. Convertida na Súm. nº 388 do TST.

202. Convertida na OJ da SBDI-I Transitória nº 48 do TST.

203. Convertida na OJ da SBDI-I Transitória nº 54 do TST.

204. Incorporada à Súm. nº 308 do TST.

205. *Cancelada*. Res. do TST nº 156, de 23-4-2009 (*DJE* de 27-4-2009).

206. Professor. Horas extras. Adicional de 50% (cinquenta por cento). Excedida a jornada máxima (art. 318 da CLT), as horas excedentes devem ser remuneradas com o adicional de, no mínimo, 50% (cinquenta por cento). (Art. 7º, XVI, CF/1988).

207. Programa de incentivo à demissão voluntária. Indenização. Imposto de Renda. Não incidência. A indenização paga em virtude de adesão a programa de incentivo à demissão voluntária não está sujeita à incidência do imposto de renda.

▸ Redação dada pela Res. do TST nº 129, de 5-4-2005 (*DJU* de 20-4-2005).

208. Radiologista. Gratificação de raios X. Redução. Lei nº 7.923/1989. A alteração da gratificação por trabalho com raios X, de quarenta para dez por cento, na forma da Lei nº 7.923/1989, não causou prejuízo ao trabalhador porque passou a incidir sobre o salário incorporado com todas as demais vantagens.

209. Incorporada à Súm. nº 262 do TST.

210 e 211. Convertidas na Súm. nº 389 do TST.

212. Convertida na OJ da SBDI-I Transitória nº 49 do TST.

213. Telex. Operadores. Art. 227 da CLT. Inaplicável. O operador de telex de empresa, cuja atividade econômica não se identifica com qualquer uma das previstas no art. 227 da CLT, não se beneficia de jornada reduzida.

214. Convertida na OJ da SBDI-I Transitória nº 58 do TST.

215. *Cancelada*. Res. do TST nº 175, de 24-5-2011 (*DJE* de 27-5-2011).

216. Vale-transporte. Servidor público celetista. Lei nº 7.418/1985. Devido. Aos servidores públicos celetistas é devido o vale-transporte, instituído pela Lei nº 7.418/1985, de 16 de dezembro de 1985.

▶ Redação dada pela Res. do TST nº 129, de 5-4-2005 (*DJU* de 20-4-2005).

217. Agravo de instrumento. Traslado. Lei nº 9.756/1998. Guias de custas e de depósito recursal. Para a formação do agravo de instrumento, não é necessária a juntada de comprovantes de recolhimento de custas e de depósito recursal relativamente ao recurso ordinário, desde que não seja objeto de controvérsia no recurso de revista a validade daqueles recolhimentos.

218. Convertida na OJ da SBDI-I Transitória nº 55 do TST.

219. Recurso de revista ou de embargos fundamentado em Orientação Jurisprudencial do TST. É válida, para efeito de conhecimento do recurso de revista ou de embargos, a invocação de Orientação Jurisprudencial do Tribunal Superior do Trabalho, desde que, das razões recursais, conste o seu número ou conteúdo.

220. Incorporada à Súm. nº 85 do TST.

221. Convertida na OJ da SBDI-I Transitória nº 56 do TST.

222. Incorporada à Súm. nº 102 do TST.

223. Incorporada à Súm. nº 85 do TST.

224. Complementação de aposentadoria. Reajuste. Lei nº 9.069, de 29-6-1995.

I – A partir da vigência da Medida Provisória nº 542, de 30-6-1994, convalidada pela Lei nº 9.069, de 29-6-1995, o critério de reajuste da complementação de aposentadoria passou a ser anual e não semestral, aplicando-se o princípio *rebus sic stantibus* diante da nova ordem econômica;

II – A alteração da periodicidade do reajuste da complementação de aposentadoria – de semestral para anual –, não afeta o direito ao resíduo inflacionário apurado nos meses de abril, maio e junho de 1994, que deverá incidir sobre a correção realizada no mês de julho de 1995.

▶ Redação dada pelo Ato da Comissão de Jurisprudência e de Precedentes Normativos (*DJE* de 16-9-2010).

▶ Lei nº 9.069, de 29-6-1995, dispõe sobre o Plano Real.

225. Contrato de concessão de serviço público. Responsabilidade trabalhista. Celebrado contrato de concessão de serviço público em que uma empresa (primeira concessionária) outorga a outra (segunda concessionária), no todo ou em parte, mediante arrendamento, ou qualquer outra forma contratual, a título transitório, bens de sua propriedade:

I – em caso de rescisão do contrato de trabalho após a entrada em vigor da concessão, a segunda concessionária, na condição de sucessora, responde pelos direitos decorrentes do contrato de trabalho, sem prejuízo da responsabilidade subsidiária da primeira concessionária pelos débitos trabalhistas contraídos até a concessão;

II – no tocante ao contrato de trabalho extinto antes da vigência da concessão, a responsabilidade pelos direitos dos trabalhadores será exclusivamente da antecessora.

▶ Redação dada pela Res. do TST nº 129, de 5-4-2005 (*DJU* de 20-4-2005).

226. Crédito trabalhista. Cédula de crédito rural. Cédula de crédito industrial. Penhorabilidade. Diferentemente da cédula de crédito industrial garantida por alienação fiduciária, na cédula rural pignoratícia ou hipotecária o bem permanece sob o domínio do devedor (executado), não constituindo óbice à penhora na esfera trabalhista. (Decreto-Lei nº 167/1967, art. 69; CLT, arts. 10 e 30 e Lei nº 6.830/1980).

▶ Redação dada pela Res. do TST nº 129, de 5-4-2005 (*DJU* de 20-4-2005).

227. *Cancelada.* Comissão de Jurisprudência e Precedentes Normativos em 10-11-2005 (*DJU* de 22-11-2005).

228. Convertida na Súm. nº 368 do TST.

229. Convertida na Súm. nº 390 do TST.

230. Convertida na Súm. nº 378 do TST.

231. Convertida na OJ da SBDI-I Transitória nº 50 do TST.

232. FGTS. Incidência. Empregado transferido para o exterior. Remuneração. O FGTS incide sobre todas as parcelas de natureza salarial pagas ao empregado em virtude de prestação de serviços no exterior.

233. Horas extras. Comprovação de parte do período alegado. A decisão que defere horas extras com base em prova oral ou documental não ficará limitada ao tempo por ela abrangido, desde que o julgador fique convencido de que o procedimento questionado superou aquele período.

▶ Redação dada pela Res. do TST nº 129, de 5-4-2005 (*DJU* de 20-4-2005).

234. Incorporada à Súm. nº 338 do TST.

235. Horas extras. Salário por produção. O empregado que recebe salário por produção e trabalha em sobrejornada tem direito à percepção apenas do adicional de horas extras, exceto no caso do empregado cortador de cana, a quem é devido o pagamento das horas extras e do adicional respectivo.

▶ Redação dada pela Res. do TST nº 182, de 16-4-2012.

236. Incorporada à Súm. nº 90 do TST.

237. Ministério Público do Trabalho. Legitimidade para recorrer. Sociedade de economia mista. Empresa pública (incorporada a Orientação Jurisprudencial nº 338 da SBDI-I)

I – O Ministério Público do Trabalho não tem legitimidade para recorrer na defesa de interesse patrimonial privado, ainda que de empresas públicas e sociedades de economia mista.

II – Há legitimidade do Ministério Público do Trabalho para recorrer de decisão que declara a existência de vínculo empregatício com sociedade de economia mista ou empresa pública, após a Constituição Federal de 1988, sem a prévia aprovação em concurso público, pois é matéria de ordem pública.

▶ Redação dada pela Res. do TST nº 210, 27-6-2016 (*DJe* 30-6-2016).

238. Multa. Art. 477 da CLT. Pessoa jurídica de Direito Público. Aplicável. Submete-se à multa do artigo 477 da CLT a pessoa jurídica de direito público que não observa o prazo para pagamento das verbas rescisórias, pois nivela-se a qualquer particular, em direitos e obrigações, despojando-se do *jus imperi* ao celebrar um contrato de emprego.

▶ Redação dada pela Res. do TST nº 129, de 5-4-2005 (*DJU* de 20-4-2005).

239. Convertida na Súm. nº 384 do TST.

240. Convertida na Súm. nº 391 do TST.

241. Convertida na OJ da SBDI-I Transitória nº 55 do TST.

242. Prescrição total. Horas extras. Adicional. Incorporação. Embora haja previsão legal para o direito à hora extra, inexiste previsão para a incorporação ao salário do respectivo adicional, razão pela qual deve incidir a prescrição total.

243. Prescrição total. Planos econômicos. Aplicável a prescrição total sobre o direito de reclamar diferenças salariais resultantes de planos econômicos.

244. Professor. Redução da carga horária. Possibilidade. A redução da carga horária do professor, em virtude da diminuição do número de alunos, não constitui alteração contratual, uma vez que não implica redução do valor da hora aula.

245. Revelia. Atraso. Audiência. Inexiste previsão legal tolerando atraso no horário de comparecimento da parte na audiência.

246. Convertida na Súm. nº 367 do TST.

247. Servidor público. Celetista concursado. Despedida imotivada. Empresa pública ou sociedade de economia mista. Possibilidade.

▶ Redação dada pela Res. do TST nº 143, de 8-11-2007 (*DJU* de 13-11-2007).

I – A despedida de empregados de empresa pública e de sociedade de economia mista, mesmo admitidos por concurso público, independe de ato motivado para sua validade;

II – A validade do ato de despedida do empregado da Empresa Brasileira de Correios e Telégrafos (ECT) está condicionada à motivação, por gozar a empresa do mesmo tratamento destinado à Fazenda Pública em relação à imunidade tributária e à execução por precatório, além das prerrogativas de foro, prazos e custas processuais.

248. Incorporada à OJ da SBDI-I nº 175 do TST.

249. Incorporada à OJ da SBDI-I nº 138 do TST.

250. Convertida na OJ da SBDI-I Transitória nº 51 do TST.

251. Descontos. Frentista. Cheques sem fundos. É lícito o desconto salarial referente à devolução de cheques sem fundos, quando o frentista não observar as recomendações previstas em instrumento coletivo.

252. Incorporada à Súm. nº 6 do TST.

253. Estabilidade provisória. Cooperativa. Lei nº 5.764/1971. Conselho fiscal. Suplente. Não assegurada. O art. 55 da Lei nº 5.764/1971 assegura a garantia de emprego apenas aos empregados eleitos diretores de Cooperativas, não abrangendo os membros suplentes.

254. Incorporada à OJ da SBDI-I nº 42 do TST.

255. Mandato. Contrato social. Desnecessária a juntada. O art. 75, inciso VIII, do CPC de 2015 (art. 12, VI, do CPC de 1973) não determina a exibição dos estatutos da empresa em juízo como condição de validade do instrumento de mandato outorgado ao seu procurador, salvo se houver impugnação da parte contrária.

▶ Redação dada pela Res. do TST nº 208, de 19-4-2016 (*DJe* de 22-4-2016).

256. Prequestionamento. Configuração. Tese explícita. Súmula nº 297. Para fins do requisito do prequestionamento de que trata a Súmula nº 297, há necessidade de que haja, no acórdão, de maneira clara, elementos que levem à conclusão de que o Regional adotou uma tese contrária à lei ou à Súmula.

257. Recurso de Revista. Fundamentação. Violação de lei. Vocábulo violação. Desnecessidade. A invocação expressa no Recurso de Revista dos preceitos legais ou constitucionais tidos como violados não significa exigir da parte a utilização das expressões "contrariar", "ferir", "violar" etc.

▶ Redação dada pela Res. do TST nº 182, de 16-4-2012.

258. Convertida na Súm. nº 364 do TST.

259. Adicional noturno. Base de cálculo. Adicional de periculosidade. Integração. O adicional de periculosidade deve compor a base de cálculo do adicional noturno, já que também neste horário o trabalhador permanece sob as condições de risco.

260. Agravo de instrumento. Recurso de revista. Procedimento sumaríssimo. Lei nº 9.957/2000. Processos em curso.

I – É inaplicável o rito sumaríssimo aos processos iniciados antes da vigência da Lei nº 9.957/2000.

II – No caso de o despacho denegatório de recurso de revista invocar, em processo iniciado antes da Lei nº 9.957/2000, o § 6º do art. 896 da CLT (rito sumaríssimo), como óbice ao trânsito do apelo calcado em divergência jurisprudencial ou violação de dispositivo infraconstitucional, o Tribunal superará o obstáculo, apreciando o recurso sob esses fundamentos.

261. Bancos. Sucessão trabalhista. As obrigações trabalhistas, inclusive as contraídas à época em que os empregados trabalhavam para o banco sucedido, são de responsabilidade do sucessor, uma vez que a este foram transferidos os ativos, as agências, os direitos e deveres contratuais, caracterizando típica sucessão trabalhista.

▸ OJ da SBDI-I nº 411 do TST.

262. Coisa julgada. Planos econômicos. Limitação à data base na fase de execução. Não ofende a coisa julgada a limitação à data base da categoria, na fase executória, da condenação ao pagamento de diferenças salariais decorrentes de planos econômicos, quando a decisão exequenda silenciar sobre a limitação, uma vez que a limitação decorre de norma cogente. Apenas quando a sentença exequenda houver expressamente afastado a limitação à data base é que poderá ocorrer ofensa à coisa julgada.

263. *Cancelada. DJU* de 14-9-2004.

264. Depósito recursal. PIS/PASEP. Ausência de indicação na guia de depósito recursal. Validade. Não é essencial para a validade da comprovação do depósito recursal a indicação do número do PIS/PASEP na guia respectiva.

265. Convertida na Súm. nº 390 do TST.

266. Convertida na Súm. nº 369 do TST.

267. Incorporada à Súm. nº 132 do TST.

268. Indenização adicional. Leis nºs 6.708/1979 e 7.238/1984. Aviso prévio. Projeção. Estabilidade provisória. Somente após o término do período estabilitário é que se inicia a contagem do prazo do aviso prévio para efeito das indenizações previstas nos artigos 9º da Lei nº 6.708/1979 e 9º da Lei nº 7.238/1984.

269. Justiça gratuita. Requerimento de isenção de despesas processuais. Momento oportuno.

I – O benefício da justiça gratuita pode ser requerido em qualquer tempo ou grau de jurisdição, desde que, na fase recursal, seja o requerimento formulado no prazo alusivo ao recurso;

II – Indeferido o requerimento de justiça gratuita formulado na fase recursal, cumpre ao relator fixar prazo para que o recorrente efetue o preparo (art. 99, § 7º, do CPC de 2015).

▸ Redação dada pela Res. do TST nº 219, de 26-6-2017 (*DJe* de 28-6-2017).

270. Programa de Incentivo à Demissão Voluntária. Transação extrajudicial. Parcelas oriundas do extinto contrato de trabalho. Efeitos. A transação extrajudicial que importa rescisão do contrato de trabalho ante a adesão do empregado a plano de demissão voluntária implica quitação exclusivamente das parcelas e valores constantes do recibo.

271. Rurícola. Prescrição. Contrato de emprego extinto. Emenda Constitucional nº 28/2000. Inaplicabilidade. O prazo prescricional da pretensão do rurícola, cujo contrato de emprego já se extinguira ao sobrevir a Emenda Constitucional nº 28, de 26-5-2000, tenha sido ou não ajuizada a ação trabalhista, prossegue regido pela lei vigente ao tempo da extinção do contrato de emprego.

▸ Alterada pela Comissão de Jurisprudência e Precedentes Normativos em 10-11-2005 (*DJU* de 22-11-2005).

272. Salário mínimo. Servidor. Salário-base inferior. Diferenças. Indevidas. A verificação do respeito ao direito ao salário mínimo não se apura pelo confronto isolado do salário-base com o mínimo legal, mas deste com a soma de todas as parcelas de natureza salarial recebidas pelo empregado diretamente do empregador.

273. *Cancelada.* Res. do TST nº 175, de 24-5-2011 (*DJE* de 27-5-2011).

274. Turno ininterrupto de revezamento. Ferroviário. Horas extras. Devidas. O ferroviário submetido a escalas variadas, com alternância de turnos, faz jus à jornada especial prevista no art. 7º, XIV, da CF/1988.

275. Turno ininterrupto de revezamento. Horista. Horas extras e adicional. Devidos. Inexistindo instrumento coletivo fixando jornada diversa, o empregado horista submetido a turno ininterrupto de revezamento faz jus ao pagamento das horas extraordinárias laboradas além da 6ª, bem como ao respectivo adicional.

276. Ação declaratória. Complementação de aposentadoria. É incabível ação declaratória visando a declarar direito à complementação de aposentadoria, se ainda não atendidos os requisitos necessários à aquisição do direito, seja por via regulamentar, ou por acordo coletivo.

277. Ação de cumprimento fundada em decisão normativa que sofreu posterior reforma, quando já transitada em julgado a sentença condenatória. Coisa julgada. Não configuração. A coisa julgada produzida na ação de cumprimento é atípica, pois dependente de condição resolutiva, ou seja, da não modificação da decisão normativa por eventual recurso. Assim, modificada a sentença normativa pelo TST, com a consequente extinção do processo, sem julgamento do mérito, deve-se extinguir a execução em andamento, uma vez que a norma sobre a qual se apoiava o título exequendo deixou de existir no mundo jurídico.

278. Adicional de insalubridade. Perícia. Local de trabalho desativado. A realização de perícia é obrigatória para a verificação de insalubridade. Quando não for possível sua realização como em caso de fechamento da empresa, poderá o julgador utilizar-se de outros meios de prova.

279. *Cancelada.* Res. do TST nº 214, de 28-11-2016.

280. Convertida na Súm. nº 364 do TST.

281. Convertida na OJ da SBDI-I Transitória nº 52 do TST.

282. Agravo de instrumento. Juízo de admissibilidade *ad quem*. No julgamento de Agravo de Instrumento ao afastar o óbice apontado pelo TRT para o processamento do recurso de revista, pode o juízo *ad quem* prosseguir no exame dos demais pressupostos extrínsecos e intrínsecos do recurso de revista, mesmo que não apreciados pelo TRT.

283. Agravo de instrumento. Peças essenciais. Traslado realizado pelo agravado. Validade. É válido o traslado de peças essenciais efetuado pelo agravado, pois sua regular formação incumbe às partes e não somente ao agravante.

284 e 285. *Canceladas.* Res. do TST nº 217, de 17-4-2017 (*DJe* de 20-4-2017).

286. Agravo de instrumento. Traslado. Mandato tácito. Ata de audiência. Configuração.

I – A juntada da ata de audiência, em que consignada a presença do advogado, desde que não estivesse atuando com mandato expresso, torna dispensável a procuração deste, porque demonstrada a existência de mandato tácito.

II – Configurada a existência de mandato tácito fica suprida a irregularidade detectada no mandato expresso.

▸ Redação dada pela Res. do TST nº 167, de 26-4-2010 (*DJU* de 30-4-2010).

287. *Cancelada.* Res. do TST nº 219, de 26-6-2017 (*DJe* de 28-6-2017).

288. Incorporada à Súm. nº 102 do TST.

289. Incorporada à OJ da SBDI-I nº 18 do TST.

290. *Cancelada.* Comissão de Jurisprudência e Precedentes Normativos em 30-6-2005 (*DJU* de 5-7-2005).

291. Convertida na OJ da SBDI-I Transitória nº 53 do TST.

292. Incorporada à Súm. nº 101 do TST.

293. Incorporada à Súm. nº 353 do TST.

294. Convertida na OJ da SBDI-I Transitória nº 78 do TST.

295. Convertida na OJ da SBDI-I Transitória nº 79 do TST.

296. Equiparação salarial. Atendente e auxiliar de enfermagem. Impossibilidade. Sendo regulamentada a profissão de auxiliar de enfermagem, cujo exercício pressupõe habilitação técnica, realizada pelo Conselho Regional de Enfermagem, impossível a equiparação salarial do simples atendente com o auxiliar de enfermagem.

297. Equiparação salarial. Servidor público da administração direta, autárquica e fundacional. Art. 37, XIII, da CF/1988. O art. 37, inciso XIII, da CF/1988 veda a equiparação de qualquer natureza para o efeito de remuneração do pessoal do serviço público, sendo juridicamente impossível a aplicação da norma infraconstitucional prevista no art. 461 da CLT quando se pleiteia equiparação salarial entre servidores públicos, independentemente de terem sido contratados pela CLT.

298. Incorporada à Súm. nº 6 do TST.

299. Incorporada à Súm. nº 98 do TST.

300. Execução trabalhista. Correção monetária. Juros. Lei nº 8.177/1991, art. 39, e Lei nº 10.192/2001, art. 15. Não viola norma constitucional (art. 5º, II e XXXVI) a determinação de aplicação da TRD, como fator de correção monetária dos débitos trabalhistas, cumulada com juros de mora, previstos no artigo 39 da Lei nº 8.177/1991 e convalidado pelo artigo 15 da Lei nº 10.192/2001.

▸ Redação dada pela Res. do TST nº 129, de 5-4-2005 (*DJU* de 20-4-2005).

301. *Cancelada.* Res. do TST nº 175, de 24-5-2011 (*DJe* de 27-5-2011).

302. FGTS. Índice de correção. Débitos trabalhistas. Os créditos referentes ao FGTS, decorrentes de condenação judicial, serão corrigidos pelos mesmos índices aplicáveis aos débitos trabalhistas.

303. Convertida na Súm. nº 372 do TST.

304. *Cancelada.* Res. do TST nº 219, de 26-6-2017 (*DJe* de 28-6-2017).

305. Incorporada à Sum. nº 219 do TST.

306. Incorporada à Súm. nº 338 do TST.

307. *Cancelada*. Res. do TST nº 186, de 14-9-2012.

308. Jornada de trabalho. Alteração. Retorno à jornada inicialmente contratada. Servidor público. O retorno do servidor público (administração direta, autárquica e fundacional) à jornada inicialmente contratada não se insere nas vedações do art. 468 da CLT, sendo a sua jornada definida em lei e no contrato de trabalho firmado entre as partes.

309. Incorporada à OJ da SBDI-I nº 147 do TST.

▶ Lei nº 12.815, de 5-6-2013 (Lei dos Portos).

310. Litisconsortes. Procuradores distintos. Prazo em dobro. Art. 229, *caput* e §§ 1º e 2º, do CPC de 2015. Art. 191 do CPC de 1973. Inaplicável ao processo do trabalho. Inaplicável ao processo do trabalho a norma contida no art. 229, *caput* e §§ 1º e 2º, do CPC de 2015 (art. 191 do CPC de 1973), em razão de incompatibilidade com a celeridade que lhe é inerente.

▶ Redação dada pela Res. do TST nº 208, de 19-4-2016 (*DJe* de 22-4-2016).

311. Convertida na Súm. nº 383 do TST.

312 e 313. Convertidas na Súm. nº 395 do TST.

314. Convertida na Súm. nº 388 do TST.

315. *Cancelada*. Res. do TST nº 200, de 27-10-2015.

316. Portuários. Adicional de risco. Lei nº 4.860/1965. O adicional de risco dos portuários, previsto no art. 14 da Lei nº 4.860/1965, deve ser proporcional ao tempo efetivo no serviço considerado sob risco e apenas àqueles que prestam serviços na área portuária.

317. Incorporada à Súm. nº 337 do TST.

318. Autarquia. Fundação pública. Legitimidade para recorrer. Representação processual.

I – Os Estados e os Municípios não têm legitimidade para recorrer em nome das autarquias e das fundações públicas.

II – Os procuradores estaduais e municipais podem representar as respectivas autarquias e fundações públicas em juízo somente se designados pela lei da respectiva unidade da federação (art. 75, IV, do CPC de 2015) ou se investidos de instrumento de mandato válido.

▶ Redação dada pela Res. do TST nº 220, de 18-9-2017 (*DJe* de 21-9-2017 e republicada no *DJe* de 22-9-2017, em razão de erro material).

319. Representação regular. Estagiário. Habilitação posterior. Válidos são os atos praticados por estagiário se, entre o substabelecimento e a interposição do recurso, sobreveio a habilitação, do então estagiário, para atuar como advogado.

320. *Cancelada*. *DJU* de 14-9-2004.

321. Vínculo empregatício com a Administração Pública. Período anterior à CF/1988. Salvo os casos de trabalho temporário e de serviço de vigilância, previstos nas Leis nºs 6.019, de 3-1-1974, e 7.102, de 20-6-1983, é ilegal a contratação de trabalhadores por empresa interposta, formando-se o vínculo empregatício diretamente com o tomador dos serviços, inclusive ente público, em relação ao período anterior à vigência da CF/1988.

▶ Redação dada pela Res. do TST nº 129, de 5-4-2005 (*DJU* de 20-4-2005).

322. Acordo coletivo de trabalho. Cláusula de termo aditivo prorrogando o acordo para prazo indeterminado. Inválida. Nos termos do art. 614, § 3º, da CLT, é de 2 anos o prazo máximo de vigência dos acordos e das convenções coletivas. Assim sendo, é inválida, naquilo que ultrapassa o prazo total de 2 anos, a cláusula de termo aditivo que prorroga a vigência do instrumento coletivo originário por prazo indeterminado.

323. Acordo de compensação de jornada. "Semana espanhola". Validade. É válido o sistema de compensação de horário quando a jornada adotada é a denominada "semana espanhola", que alterna a prestação de 48 horas em uma semana e 40 horas em outra, não violando os arts. 59, § 2º, da CLT e 7º, XIII, da CF/1988 o seu ajuste mediante acordo ou convenção coletiva de trabalho.

324. Adicional de periculosidade. Sistema elétrico de potência. Decreto nº 93.412/1986, art. 2º, § 1º. É assegurado o adicional de periculosidade apenas aos empregados que trabalham em sistema elétrico de potência em condições de risco, ou que o façam com equipamentos e instalações elétricas similares, que ofereçam risco equivalente, ainda que em unidade consumidora de energia elétrica.

▶ O referido Dec. nº 93.412, de 14-10-1986, foi revogado pelo Dec. nº 9.917, de 18-7-2019.

325. Aumento salarial concedido pela empresa. Compensação no ano seguinte em antecipação sem a participação do sindicato profissional. Impossibilidade. O aumento real, concedido pela empresa a todos os seus empregados, somente pode ser reduzido mediante a participação efetiva do sindicato profissional no ajuste, nos termos do art. 7º, VI, da CF/1988.

326. Convertida na Súm. nº 366 do TST.

327. Convertida na Súm. nº 392 do TST.

328. Incorporada à Súm. nº 6 do TST.

329. Incorporada à Súm. nº 339 do TST.

330. Convertida na Súm. nº 395 do TST.

331. *Cancelada*. Res. TST nº 210, 27-6-2016 (*DJe* 30-6-2016).

332. Motorista. Horas extras. Atividade externa. Controle de jornada por tacógrafo. Res. nº 816/1986 do CONTRAN. O tacógrafo, por si só, sem a existência de outros elementos, não serve para controlar a jornada de trabalho de empregado que exerce atividade externa.

333. Convertida na Súm. nº 391 do TST.

334. Remessa *ex officio*. Recurso de revista. Inexistência de recurso ordinário voluntário de ente público. Incabível. Incabível recurso de revista de ente público que não interpôs recurso ordinário voluntário da decisão de primeira instância, ressalvada a hipótese de ter sido agravada, na segunda instância, a condenação imposta.

▶ ERR nº 522601/1998, Tribunal Pleno. Em 28-10-2003, o Tribunal Pleno decidiu, por maioria, ser incabível recurso de revista de ente público que não interpôs recurso ordinário voluntário.

335. Contrato nulo. Administração Pública. Efeitos. Conhecimento do recurso por violação do art. 37, II e § 2º, da CF/1988. A nulidade da contratação sem concurso público, após a CF/1988, bem como a limitação de seus efeitos, somente poderá ser declarada por ofensa ao art. 37, II, se invocado concomitantemente o seu § 2º, todos da CF/1988.

336. Embargos interpostos anteriormente à vigência da Lei nº 11.496/2007. Recurso não conhecido com base em orientação jurisprudencial. Desnecessário o exame das violações de lei e da Constituição Federal alegadas no Recurso de Revista. Estando a decisão recorrida em conformidade com orientação jurisprudencial, desnecessário o exame das divergências e das violações de lei e da Constituição alegadas em embargos interpostos antes da vigência da Lei nº 11.496/2007, salvo nas hipóteses em que a orientação jurisprudencial não fizer qualquer citação do dispositivo constitucional.

▶ Redação dada pela Res. do TST nº 178, de 6-2-2012.

▶ Art. 894 da CLT.

337. Convertida na Súm. nº 387 do TST.

338. *Cancelada*. Res. TST nº 210, 27-6-2016 (*DJe* 30-6-2016).

339. Teto remuneratório. Empresa Pública e sociedade de economia mista. Art. 37, XI, da CF/1988 (anterior à Emenda Constitucional nº 19/1998). As empresas públicas e as sociedades de economia mista estão submetidas à observância do teto remuneratório previsto no inciso XI do art. 37 da CF/1988, sendo aplicável, inclusive, ao período anterior à alteração introduzida pela Emenda Constitucional nº 19/1998.

▶ Redação dada pela Res. do TST nº 129, de 5-4-2005 (*DJU* de 20-4-2005).

340. Convertida na Súm. nº 393 do TST.

341. FGTS. Multa de 40%. Diferenças decorrentes dos expurgos inflacionários. Responsabilidade pelo pagamento. É de responsabilidade do empregador o pagamento da diferença da multa de 40% sobre os depósitos do FGTS, decorrente da atualização monetária em face dos expurgos inflacionários.

▶ Súmulas nºs 249 e 445 do STJ.

342. *Cancelada*. Res. do TST nº 186, de 14-9-2012.

343. Penhora. Sucessão. Art. 100 da CF/1988. Execução. É válida a penhora em bens de pessoa jurídica de direito privado, realizada anteriormente à sucessão pela União ou por Estado-membro, não podendo a execução prosseguir mediante precatório. A decisão que a mantém não viola o art. 100 da CF/1988.

344. FGTS. Multa de 40%. Diferenças decorrentes dos expurgos inflacionários. Prescrição. Termo inicial. O termo inicial do prazo prescricional para o empregado pleitear em juízo diferenças da multa do FGTS, decorrentes dos expurgos inflacionários, deu-se com a vigência da Lei Complementar nº 110, em 30-6-2001, salvo comprovado trânsito em julgado de decisão proferida em ação proposta anteriormente na Justiça Federal, que reconheça o direito à atualização do saldo da conta vinculada.

▶ Nova redação devido ao julgamento do recurso TST IUJ-RR nº 1577/2003-019-03-00.8, pelo Tribunal Pleno (*DJU* de 22-11-2005).

▶ Súmulas nºs 249 e 445 do STJ.

345. Adicional de periculosidade. Radiação ionizante ou substância radioativa. Devido. A exposição do empregado à radiação ionizante ou à substância radioativa enseja a percepção do adicional de periculosidade, pois a regulamentação ministerial (Portarias do Ministério do Trabalho nºs 3.393, de 17-12-1987, e 518, de 7-4-2003), ao reputar perigosa a atividade, reveste-se de plena eficácia, porquanto expedida por força de delegação legislativa contida no art. 200, *caput*, e inciso VI, da CLT. No período de 12-12-2002 a 6-4-2003, enquanto vigeu a Portaria nº 496 do Ministério do Trabalho, o empregado faz jus ao adicional de insalubridade.

346. Abono previsto em norma coletiva. Natureza indenizatória. Concessão apenas aos empregados em atividade. Extensão aos inativos. Impossibilidade. A decisão que estende aos inativos a concessão de abono de natureza jurídica indenizatória, previsto em norma coletiva apenas para os empregados em atividade, a ser pago de uma única vez, e confere natureza salarial à parcela, afronta o art. 7º, XXVI, da CF/1988.

347. Adicional de periculosidade. Sistema elétrico de potência. Lei nº 7.369, de 20-9-1985, regulamentada pelo Decreto nº 93.412, de 14-10-1986. Extensão do direito aos cabistas, instaladores e reparadores de linhas e aparelhos em empresa de telefonia. É devido o adicional de periculosidade aos empregados cabistas, instaladores e reparadores de linhas e aparelhos de empresas de telefonia, desde que, no exercício de suas funções, fiquem expostos a condições de risco equivalente ao do trabalho exercido em contato com sistema elétrico de potência.

▸ A Lei nº 7.369, de 20-9-1985, foi revogada pela Lei nº 12.740, de 8-12-2012.

▸ O referido Dec. nº 93.412, de 14-10-1986, foi revogado pelo Dec. nº 9.917, de 18-7-2019.

348. Honorários advocatícios. Base de cálculo. Valor líquido. Lei nº 1.060, de 5-2-1950. Os honorários advocatícios, arbitrados nos termos do art. 11, § 1º, da Lei nº 1.060, de 5-2-1950, devem incidir sobre o valor líquido da condenação, apurado na fase de liquidação de sentença, sem a dedução dos descontos fiscais e previdenciários.

349. Mandato. Juntada de nova procuração. Ausência de ressalva. Efeitos. A juntada de nova procuração aos autos, sem ressalva de poderes conferidos ao antigo patrono, implica revogação tácita do mandato anterior.

350. Ministério Público do Trabalho. Nulidade do contrato de trabalho não suscitada pelo ente público no momento da defesa. Arguição em parecer. Possibilidade. O Ministério Público do Trabalho pode arguir, em parecer, na primeira vez que tenha de se manifestar no processo, a nulidade do contrato de trabalho em favor de ente público, ainda que a parte não a tenha suscitado, a qual será apreciada, sendo vedada, no entanto, qualquer dilação probatória.

▸ Redação dada pela Res. do TST nº 162, de 16-11-2009.

351. *Cancelada*. Res. do TST nº 163, de 16-11-2009.

352. Convertida na Súmula nº 442 do TST.

353. Convertida na Súm. 455 do TST.

354. *Cancelada*. Res. do TST nº 186, de 14-9-2012.

355. Intervalo interjornadas. Inobservância. Horas extras. Período pago como sobrejornada. Art. 66 da CLT. Aplicação analógica do § 4º do art. 71 da CLT. O desrespeito ao intervalo mínimo interjornadas previsto no art. 66 da CLT acarreta, por analogia, os mesmos efeitos previstos no § 4º do art. 71 da CLT e na Súmula nº 110 do TST, devendo-se pagar a integralidade das horas que foram subtraídas do intervalo, acrescidas do respectivo adicional.

356. Programa de incentivo à demissão voluntária (PDV). Créditos trabalhistas reconhecidos em juízo. Compensação. Impossibilidade. Os créditos tipicamente trabalhistas reconhecidos em juízo não são suscetíveis de compensação com a indenização paga em decorrência de adesão do trabalhador a Programa de Incentivo à Demissão Voluntária (PDV).

357. Cancelada em decorrência da sua conversão na Súm. nº 434 do TST.

358. Salário mínimo e piso salarial proporcional à jornada reduzida. Empregado. Servidor público.

I – Havendo contratação para cumprimento de jornada reduzida, inferior à previsão constitucional de oito horas diárias ou quarenta e quatro semanais, é lícito o pagamento do piso salarial ou do salário mínimo proporcional ao tempo trabalhado.

II – Na Administração Pública direta, autárquica e fundacional não é válida remuneração de empregado público inferior ao salário mínimo, ainda que cumpra jornada de trabalho reduzida. Precedentes do Supremo Tribunal Federal.

▸ Redação dada pela Res. do TST nº 202, de 16-2-2016 (*DJe* de 19-2-2016).

359. Substituição processual. Sindicato. Legitimidade. Prescrição. Interrupção. A ação movida por sindicato, na qualidade de substituto processual, interrompe a prescrição, ainda que tenha sido considerado parte ilegítima *ad causam*.

360. Turno ininterrupto de revezamento. Dois turnos. Horário diurno e noturno. Caracterização. Faz jus à jornada especial prevista no art. 7º, XIV, da CF/1988 o trabalhador que exerce suas atividades em sistema de alternância de turnos, ainda que em dois turnos de trabalho, que compreendam, no todo ou em parte, o horário diurno e o noturno, pois submetido à alternância de horário prejudicial à saúde, sendo irrelevante que a atividade da empresa se desenvolva de forma ininterrupta.

361. Aposentadoria espontânea. Unicidade do contrato de trabalho. Multa de 40% do FGTS sobre todo o período.

A aposentadoria espontânea não é causa de extinção do contrato de trabalho se o empregado permanece prestando serviços ao empregador após a jubilação. Assim, por ocasião da sua dispensa imotivada, o empregado tem direito à multa de 40% do FGTS sobre a totalidade dos depósitos efetuados no curso do pacto laboral.

362. Contrato nulo. Efeitos. FGTS. Medida Provisória nº 2.164-41, de 24-8-2001, e art. 19-A da Lei nº 8.036, de 11-5-1990. Irretroatividade.

Não afronta o princípio da irretroatividade da lei a aplicação do art. 19-A da Lei nº 8.036, de 1º-5-1990, aos contratos declarados nulos celebrados antes da vigência da Medida Provisória nº 2.164-41, de 24-8-2001.

363. *Cancelada*. Res. do TST nº 219, de 26-6-2017 (*DJe* de 28-6-2017).

364. Estabilidade. Art. 19 do ADCT. Servidor Público de fundação regido pela CLT.

Fundação instituída por lei e que recebe dotação ou subvenção do Poder Público para realizar atividades de interesse do Estado, ainda que tenha personalidade jurídica de direito privado, ostenta natureza de fundação pública. Assim, seus servidores regidos pela CLT são beneficiários da estabilidade excepcional prevista no art. 19 do ADCT.

365. Estabilidade provisória. Membro de conselho fiscal de sindicato. Inexistência.

Membro de conselho fiscal de sindicato não tem direito à estabilidade prevista nos arts. 543, § 3º, da CLT e 8º, VIII, da CF/1988, porquanto não representa ou atua na defesa de direitos da categoria respectiva, tendo sua competência limitada à fiscalização da gestão financeira do sindicato (art. 522, § 2º, da CLT).

366. Estagiário. Desvirtuamento do contrato de estágio. Reconhecimento do vínculo empregatício com a administração pública direta ou indireta. Período posterior à Constituição Federal de 1988. Impossibilidade.

Ainda que desvirtuada a finalidade do contrato de estágio celebrado na vigência da Constituição Federal de 1988, é inviável o reconhecimento do vínculo empregatício com ente da Administração Pública direta ou indireta, por força do art. 37, II, da CF/1988, bem como o deferimento de indenização pecuniária, exceto em relação às parcelas previstas na Súmula nº 363 do TST, se requeridas.

367. Aviso prévio de 60 dias. Elastecimento por norma coletiva. Projeção. Reflexos nas parcelas trabalhistas. O prazo de aviso prévio de 60 dias, concedido por meio de norma coletiva que silencia sobre alcance de seus efeitos jurídicos, computa-se integralmente como tempo de serviço, nos termos do § 1º do art. 487 da CLT, repercutindo nas verbas rescisórias.

368. Descontos previdenciários. Acordo homologado em juízo. Inexistência de vínculo empregatício. Parcelas indenizatórias. Ausência de discriminação. Incidência sobre o valor total. É devida a incidência das contribuições para a Previdência Social sobre o valor total do acordo homologado em juízo, independentemente do reconhecimento de vínculo de emprego, desde que não haja discriminação das parcelas sujeitas à incidência da contribuição previdenciária, conforme parágrafo único do art. 43 da Lei nº 8.212, de 24-7-1991, e do art. 195, I, *a*, da CF/1988.

369. Estabilidade provisória. Delegado sindical. Inaplicável. O delegado sindical não é beneficiário da estabilidade provisória prevista no art. 8º, VIII, da CF/1988, a qual é dirigida, exclusivamente, àqueles que exerçam ou ocupem cargos de direção nos sindicatos, submetidos a processo eletivo.

370. FGTS. Multa de 40%. Diferenças dos expurgos inflacionários. Prescrição. Interrupção decorrente de protestos judiciais. O ajuizamento de protesto judicial dentro do biênio posterior à Lei Complementar nº 110, de 29-6-2001, interrompe a prescrição, sendo irrelevante o transcurso de mais de dois anos da propositura de outra medida acautelatória, com o mesmo objetivo, ocorrida antes da vigência da referida lei, pois ainda não iniciado o prazo prescricional, conforme disposto na Orientação Jurisprudencial nº 344 da SBDI-I.

▸ Súmulas nºs 249 e 445 do STJ.

371. Irregularidade de representação. Substabelecimento não datado. Inaplicabilidade do art. 654, § 1º, do Código Civil. Não caracteriza a irregularidade de representação a ausência da data da outorga de poderes, pois, no mandato judicial, ao contrário do mandato civil, não é condição de validade do negócio jurídico. Assim, a data a ser considerada é aquela em que o instrumento for juntado aos autos, conforme preceitua o art. 409, IV, do CPC de 2015 (art. 370, IV, do CPC de 1973).Inaplicável o art. 654, § 1º, do Código Civil.

▸ Redação dada pela Res. do TST nº 208, de 19-4-2016 (*DJe* de 22-4-2016).

372. Convertida na Súm. 449 do TST.

373. Convertida na Súm. 456 do TST.

374. Agravo de instrumento. Representação processual. Regularidade. Procuração ou substabelecimento com cláusula limitativa de poderes ao âmbito do Tribunal Regional do Trabalho. É regular a representação processual do subscritor do agravo de instrumento ou do recurso de revista que detém mandato com poderes de representação limitados ao âmbito do Tribunal Regional do Trabalho, pois, embora a apreciação desse recurso seja realizada pelo Tribunal Superior do Trabalho, a sua interposição é ato praticado perante o Tribunal Regional do Trabalho, circunstância que legitima a atuação do advogado no feito.

375. Auxílio-doença. Aposentadoria por invalidez. Suspensão do contrato de trabalho. Prescrição.

Contagem. A suspensão do contrato de trabalho, em virtude da percepção do auxílio-doença ou da aposentadoria por invalidez, não impede a fluência da prescrição quinquenal, ressalvada a hipótese de absoluta impossibilidade de acesso ao Judiciário.

376. Contribuição previdenciária. Acordo homologado em juízo após o trânsito em julgado da sentença condenatória. Incidência sobre o valor homologado. É devida a contribuição previdenciária sobre o valor do acordo celebrado e homologado após o trânsito em julgado de decisão judicial, respeitada a proporcionalidade de valores entre as parcelas de natureza salarial e indenizatória deferidas na decisão condenatória e as parcelas objeto do acordo.

377. *Cancelada*. Res. do TST nº 204, de 15-3-2016.

378. Embargos. Interposição contra decisão monocrática. Não cabimento. Não encontra amparo no art. 894 da CLT, quer na redação anterior quer na redação posterior à Lei nº 11.496, de 22-6-2007, recurso de embargos interposto à decisão monocrática exarada nos moldes do art. 932 do CPC de 2015 (art. 557 do CPC de 1973), pois o comando legal restringe seu cabimento à pretensão de reforma de decisão colegiada proferida por Turma do Tribunal Superior do Trabalho.

- Redação dada pela Res. do TST nº 208, de 19-4-2016 (*DJe* de 22-4-2016).

379. Empregado de cooperativa de crédito. Bancário. Equiparação. Impossibilidade. Os empregados de cooperativas de crédito não se equiparam a bancário, para efeito de aplicação do art. 224 da CLT, em razão da inexistência de expressa previsão legal, considerando, ainda, as diferenças estruturais e operacionais entre as instituições financeiras e as cooperativas de crédito. Inteligência das Leis nºs 4.595, de 31-12-1964, e 5.764, de 16-12-1971.

- Republicada no *DJe* de 31-3-2017 em razão de erro material no registro da referência legislativa.
- Lei nº 4.595, de 31-12-1964 (Lei do Sistema Financeiro Nacional).
- Lei nº 5.764, de 16-12-1971 (Lei das Cooperativas).

380 e 381. *Canceladas*. Res. do TST nº 186, de 14-9-2012.

382. Juros de mora. Art. 1º-F da Lei nº 9.494, de 10-9-1997. Inaplicabilidade à Fazenda Pública quando condenada subsidiariamente. A Fazenda Pública, quando condenada subsidiariamente pelas obrigações trabalhistas devidas pela empregadora principal, não se beneficia da limitação dos juros, prevista no art. 1º-F da Lei nº 9.494, de 10-9-1997.

- Lei nº 9.494, de 10-9-1997, disciplina a aplicação da tutela antecipada contra a Fazenda Pública.

383. Terceirização. Empregados da empresa prestadora de serviços e da tomadora. Isonomia. Art. 12, *a*, da Lei nº 6.019, de 3-1-1974. A contratação irregular de trabalhador, mediante empresa interposta, não gera vínculo de emprego com ente da Administração Pública, não afastando, contudo, pelo princípio da isonomia, o direito dos empregados terceirizados às mesmas verbas trabalhistas legais e normativas asseguradas àqueles contratados pelo tomador dos serviços, desde que presente a igualdade de funções. Aplicação analógica do art. 12, *a*, da Lei nº 6.019, de 3-1-1974.

- Lei nº 6.019, de 3-1-1974 (Lei do Trabalho Temporário).

384. *Cancelada*. Res. do TST nº 186, de 14-9-2012.

385. Adicional de periculosidade. Devido. Armazenamento de líquido inflamável no prédio. Construção vertical. É devido o pagamento do adicional de periculosidade ao empregado que desenvolve suas atividades em edifício (construção vertical), seja em pavimento igual ou distinto daquele onde estão instalados tanques para armazenamento de líquido inflamável, em quantidade acima do limite legal, considerando-se como área de risco toda a área interna da construção vertical.

- Art. 7º, XXIII, da CF.
- Arts. 170 a 174 e 193, § 1º, da CLT.

386. Convertida na Súm. nº 450 do TST.

387. Convertida na Súm. nº 457 do TST.

388. Jornada 12X36. Jornada mista que compreenda a totalidade do período noturno. Adicional Noturno. Devido. O empregado submetido à jornada de 12 horas de trabalho por 36 de descanso, que compreenda a totalidade do período noturno, tem direito ao adicional noturno, relativo às horas trabalhadas após às 5 horas da manhã.

- Art. 73, *caput*, e § 4º, da CLT.

389. Multa prevista no art. 1.021, §§ 4º e 5º, do CPC de 2015. Art. 557, § 2º, do CPC de 1973. Recolhimento. Pressuposto recursal. Beneficiário da justiça gratuita e fazenda pública. Pagamento ao final. Constitui ônus da parte recorrente, sob pena de deserção, depositar previamente a multa aplicada com fundamento nos §§ 4º e 5º, do art. 1.021, do CPC de 2015 (§ 2º do art. 557 do CPC de 1973), à exceção da Fazenda Pública e do beneficiário de justiça gratuita, que farão o pagamento ao final.

- Redação dada pela Res. do TST nº 209, de 1º-6-2016 (*DJe* de 1º-6-2016).

390. Convertida na Súm. 451 do TST.

391. Portuários. Submissão prévia de demanda à comissão paritária. Lei nº 8.630, de 25-2-1993. Inexigibilidade. A submissão prévia de demanda a comissão paritária, constituída nos termos do art. 23 da Lei nº 8.630, de 25-2-1993 (Lei dos Portos), não é pressuposto de constituição e desenvolvimento válido e regular do processo, ante a ausência de previsão em lei.

- Lei nº 12.815, de 5-6-2013 (Lei dos Portos).

392. Prescrição. Interrupção. Ajuizamento de protesto judicial. Marco inicial. O protesto judicial é medida aplicável no processo do trabalho, por força do art. 769 da CLT e do art. 15 do CPC de 2015. O ajuizamento da ação, por si só, interrompe o prazo prescricional, em razão da inaplicabilidade do § 2º do art. 240 do CPC de 2015 (§ 2º do art. 219 do CPC de 1973), incompatível com o disposto no art. 841 da CLT.

- Republicada em razão de erro material (*DJe* de 1º-6-2016).

393. Professor. Jornada de trabalho especial. Art. 318 da CLT. Salário mínimo. Proporcionalidade. A contraprestação mensal devida ao professor, que trabalha no limite máximo da jornada prevista no art. 318 da CLT, é de um salário mínimo integral, não se cogitando do pagamento proporcional em relação a jornada prevista no art. 7º, XIII, da Constituição Federal.

394. Repouso semanal remunerado. Integração das horas extras. Repercussão no cálculo das férias, décimo terceiro salário, aviso prévio e depósitos do FGTS.

I – A majoração do valor do repouso semanal remunerado, decorrente da integração das horas extras habituais, deve repercutir no cálculo, efetuado pelo empregador, das demais parcelas que têm como base de cálculo o salário, não se cogitando de bis in idem por sua incidência no cálculo das férias, da gratificação natalina, do aviso prévio e do FGTS;

II – O item I será aplicado às horas extras trabalhadas a partir de 20-3-2023.

- Nova redação dada nos autos do processo nº 10169-57.2013.5.05.0024 (TST – SBDI-I – Tribunal Pleno – Rel. Min. Amaury Rodrigues Pinto Junior – *DJe* de 31-3-2023).
- Art. 7º, XV, da CF.
- Art. 67 da CLT.

395. Turno ininterrupto de revezamento. Hora noturna reduzida. Incidência. O trabalho em regime de turnos ininterruptos de revezamento não retira o direito à hora noturna reduzida, não havendo incompatibilidade entre as disposições contidas nos arts. 73, § 1º, da CLT e 7º, XIV, da Constituição Federal.

396. Turnos ininterruptos de revezamento. Alteração da jornada de 8 para 6 horas diárias. Empregado horista. Aplicação do divisor 180. Para o cálculo do salário hora do empregado horista, submetido a turnos ininterruptos de revezamento, considerando a alteração da jornada de 8 para 6 horas diárias, aplica-se o divisor 180, em observância ao disposto no art. 7º, VI, da Constituição Federal, que assegura a irredutibilidade salarial.

- Art. 65 da CLT.

397. Comissionista misto. Horas extras. Base de cálculo. Aplicação da Súmula nº 340 do TST. O empregado que recebe remuneração mista, ou seja, uma parte fixa e outra variável, tem direito a horas extras pelo trabalho em sobrejornada. Em relação à parte fixa, são devidas as horas simples acrescidas do adicional de horas extras. Em relação à parte variável, é devido somente o adicional de horas extras, aplicando-se à hipótese o disposto na Súmula nº 340 do TST.

398. Contribuição Previdenciária. Acordo homologado em juízo sem reconhecimento de vínculo de emprego. Contribuinte individual. Recolhimento da alíquota de 20% a cargo do tomador e 11% a cargo do prestador de serviços. Nos acordos homologados em juízo em que não haja o reconhecimento de vínculo empregatício, é devido o recolhimento da contribuição previdenciária, mediante a alíquota de 20% a cargo do tomador de serviços e de 11% por parte do prestador de serviços, na qualidade de contribuinte individual, sobre o valor total do acordo, respeitado o teto de contribuição. Inteligência do § 4º do art. 30 e do inciso III do art. 22, todos da Lei nº 8.212, de 24-7-1991.

- Lei nº 8.212, de 24-7-1991 (Lei Orgânica da Seguridade Social).

399. Estabilidade provisória. Ação trabalhista ajuizada após o término do período de garantia no emprego. Abuso do exercício do direito de ação. Não configuração. indenização devida. O ajuizamento de ação trabalhista após decorrido o período de garantia de emprego não configura abuso do exercício do direito de ação, pois este está submetido apenas ao prazo prescricional inscrito no art. 7º, XXIX, da CF/1988, sendo devida a indenização desde a dispensa até a data do término do período estabilitário.

400. Imposto de renda. Base de cálculo. Juros de mora. Não integração. Art. 404 do Código Civil brasileiro. Os juros de mora decorrentes do inadimplemento de obrigação de pagamento em dinheiro não integram a base de cálculo do imposto de renda, independentemente da natureza jurídica da obrigação inadimplida, ante o cunho indenizatório conferido pelo art. 404 do Código Civil de 2002 aos juros de mora.

401. Prescrição. Marco inicial. Ação condenatória. Trânsito em julgado da ação declaratória com mesma causa de pedir remota ajuizada antes da extinção do contrato de trabalho. O marco inicial da contagem do prazo prescricional para o ajuizamento de ação condenatória, quando advém a dispensa do empregado no curso de ação declaratória que possua a mesma causa de pedir remota, é o trânsito em julgado da decisão proferida na ação declaratória e não a data da extinção do contrato de trabalho.

402. Adicional de risco. Portuário. Terminal privativo. Arts. 14 e 19 da Lei nº 4.860, de 26-11-1965. Indevido. O adicional de risco previsto no artigo 14 da Lei nº 4.860, de 26-11-1965, aplica-se somente aos portuários que trabalham em portos organizados, não podendo ser conferido aos que operam terminal privativo.

▸ Lei nº 4.860, de 26-11-1965, dispõe sobre o regime de trabalho nos portos organizados.

403. Advogado empregado. Contratação anterior a Lei nº 8.906, de 4-7-1994. Jornada de trabalho mantida com o advento da Lei. Dedicação exclusiva. Caracterização. O advogado empregado contratado para jornada de 40 horas semanais, antes da edição da Lei nº 8.906, de 4-7-1994, está sujeito ao regime de dedicação exclusiva disposto no art. 20 da referida lei, pelo que não tem direito à jornada de 20 horas semanais ou 4 diárias.

▸ Lei nº 8.906, de 4-7-1994 (Estatuto da Advocacia e da OAB).

404. Convertida na Súm. nº 452 do TST.

405. Convertida na Súm. nº 458 do TST.

406. Convertida na Súm. nº 453 do TST.

407. Jornalista. Empresa não jornalística. Jornada de trabalho reduzida. Arts. 302 e 303 da CLT. O jornalista que exerce funções típicas de sua profissão, independentemente do ramo de atividade do empregador, tem direito à jornada reduzida prevista no artigo 303 da CLT.

408. Juros de mora. Empresa em liquidação extrajudicial. Sucessão trabalhista. É devida a incidência de juros de mora em relação aos débitos trabalhistas de empresa em liquidação extrajudicial sucedida nos moldes dos arts. 10 e 448 da CLT. O sucessor responde pela obrigação do sucedido, não se beneficiando de qualquer privilégio a este destinado.

▸ Lei nº 11.101, de 9-2-2005 (Lei de Recuperação de Empresas e Falências).

▸ Súmula nº 304 do TST.

409. Multa por litigância de má-fé. Recolhimento. Pressuposto recursal. Inexigibilidade. O recolhimento do valor da multa imposta como sanção por litigância de má-fé (art. 81 do CPC de 2015 – art. 18 do CPC de 1973) não é pressuposto objetivo para interposição dos recursos de natureza trabalhista.

▸ Redação dada pela Res. do TST nº 209, de 1º-6-2016 (*DJe* de 1º-6-2016).

410. Repouso semanal remunerado. Concessão após o sétimo dia consecutivo de trabalho. Art. 7º, XV, da CF. Violação. Viola o art. 7º, XV, da CF a concessão de repouso semanal remunerado após o sétimo dia consecutivo de trabalho, importando no seu pagamento em dobro.

▸ Art. 67 da CLT.

▸ Lei nº 605, de 5-1-1949 (Lei do Repouso Semanal Remunerado).

▸ Arts. 151 a 162 do Dec. nº 10.854, de 10-11-2021, que regulamenta disposições relativas à legislação trabalhista.

411. Sucessão trabalhista. Aquisição de empresa pertencente a grupo econômico. Responsabilidade Solidária do sucessor por débitos trabalhistas de empresa não adquirida. Inexistência. O sucessor não responde solidariamente por débitos trabalhistas de empresa não adquirida, integrante do mesmo grupo econômico da empresa sucedida, quando, à época, a empresa devedora direta era solvente ou idônea economicamente, ressalvada a hipótese de má-fé ou fraude na sucessão.

▸ OJ da SBDI-I nº 261 do TST.

412. Agravo interno ou agravo regimental. Interposição em face de decisão colegiada. Não cabimento. Erro grosseiro. Inaplicabilidade do princípio da fungibilidade recursal. É incabível agravo interno (art. 1.021 do CPC de 2015, art. 557, §1º, do CPC de 1973) ou agravo regimental (art. 235 do RITST) contra decisão proferida por Órgão colegiado. Tais recursos destinam-se, exclusivamente, a impugnar decisão monocrática nas hipóteses previstas. Inaplicável, no caso, o princípio da fungibilidade ante a configuração de erro grosseiro.

▸ Redação dada pela Res. do TST nº 209, de 1º-6-2016 (*DJe* de 1º-6-2016).

413. Auxílio-alimentação. Alteração da natureza jurídica. Norma coletiva ou adesão ao PAT. A pactuação em norma coletiva conferindo caráter indenizatório à verba "auxílio-alimentação" ou a adesão posterior do empregador ao Programa de Alimentação do Trabalhador – PAT – não altera a natureza salarial da parcela, instituída anteriormente, para aqueles empregados que, habitualmente, já percebiam o benefício, a teor das Súmulas nºs 51, I, e 241 do TST.

414. Convertida na Súm. nº 454 do TST.

415. Horas extras. Reconhecimento em juízo. Critério de dedução/abatimento dos valores comprovadamente pagos no curso do contrato de trabalho. A dedução das horas extras comprovadamente pagas daquelas reconhecidas em juízo não pode ser limitada ao mês de apuração, devendo ser integral e aferida pelo total das horas extraordinárias quitadas durante o período imprescrito do contrato de trabalho.

416. Imunidade de jurisdição. Organização ou organismo internacional. As organizações ou organismos internacionais gozam de imunidade absoluta de jurisdição quando amparados por norma internacional incorporada ao ordenamento jurídico brasileiro, não se lhes aplicando a regra do direito consuetudinário relativa à natureza dos atos praticados. Excepcionalmente, prevalecerá a jurisdição brasileira na hipótese de renúncia expressa à cláusula de imunidade jurisdicional.

417. Prescrição. Rurícola. Emenda Constitucional nº 28, de 26-5-2000. Contrato de trabalho em curso. Não há prescrição total ou parcial da pretensão do trabalhador rural que reclama direitos relativos a contrato de trabalho que se encontrava em curso à época da promulgação da Emenda Constitucional nº 28, de 26-5-2000, desde que ajuizada a demanda no prazo de cinco anos de sua publicação, observada a prescrição bienal.

418. Equiparação salarial. Plano de cargos e salários. Aprovação por instrumento coletivo. Ausência de alternância de critérios de promoção por antiguidade e merecimento. Não constitui óbice à equiparação salarial a existência de plano de cargos e salários que, referendado por norma coletiva, prevê critério de promoção apenas por merecimento ou antiguidade, não atendendo, portanto, o requisito de alternância dos critérios, previsto no art. 461, § 2º, da CLT.

419. *Cancelada*. Res. do TST nº 200, de 27-10-2015.

420. Turnos ininterruptos de revezamento. Elastecimento da jornada de trabalho. Norma coletiva com eficácia retroativa. Invalidade. É inválido o instrumento normativo que, regularizando situações pretéritas, estabelece jornada de oito horas para o trabalho em turnos ininterruptos de revezamento.

421. Honorários advocatícios. Ação de indenização por danos morais e materiais decorrentes de acidente de trabalho ou de doença profissional. ajuizamento perante a justiça comum antes da promulgação da Emenda Constitucional nº 45/2004. Posterior Remessa dos autos à justiça do trabalho. art. 85 do CPC de 2015. Art. 20 do CPC de 1973. Incidência. A condenação em honorários advocatícios nos autos de ação de indenização por danos morais e materiais decorrentes de acidente de trabalho ou de doença profissional, remetida à Justiça do Trabalho após ajuizamento na Justiça comum, antes da vigência da Emenda Constitucional nº 45/2004, decorre da mera sucumbência, nos termos do art. 85 do CPC de 2015 (art. 20 do CPC de 1973), não se sujeitando aos requisitos da Lei nº 5.584/1970.

▸ Redação dada pela Res. do TST nº 208, de 19-4-2016 (*DJe* de 22-4-2016).

ORIENTAÇÕES JURISPRUDENCIAIS DA SUBSEÇÃO I TRANSITÓRIA DA SEÇÃO DE DISSÍDIOS INDIVIDUAIS DO TRIBUNAL SUPERIOR DO TRABALHO

▶ Orientações Jurisprudenciais da SBDI-I, que tratam de matérias transitórias e/ou de aplicação restrita no TST ou a determinado Tribunal Regional.

1. FGTS. Multa de 40%. Complementação. Indevida. A rescisão contratual operada antes da vigência da Constituição Federal de 1988, com o pagamento da multa sobre os depósitos do FGTS no percentual de 10%, é ato jurídico perfeito, não se admitindo retroatividade. Assim, indevido o deferimento da complementação, a título de diferenças de multa do FGTS, do percentual de 30%, referente ao período do primeiro contrato rescindido e pago de acordo com a norma vigente à época. (Lei nº 5.107/1966, art. 6º).

▶ Redação dada pela Res. do TST nº 129, de 5-4-2005 (*DJU* de 20-4-2005).

2. CSN. Licença remunerada. É devido o valor das horas extras até então habitualmente prestadas.

3. Súmula nº 337. Inaplicabilidade. A Súmula nº 337 do TST é inaplicável a recurso de revista interposto anteriormente à sua vigência.

▶ Redação dada pela Res. do TST nº 129, de 5-4-2005 (*DJU* de 20-4-2005).

4. *Cancelada*. Res. do TST nº 175, de 24-5-2011 (*DJE* de 27-5-2011).

5. SERVITA. Bonificação de assiduidade e produtividade paga semanalmente. Repercussão no repouso semanal remunerado. O valor das bonificações de assiduidade e produtividade, pago semanalmente e em caráter permanente pela empresa SERVITA, visando incentivar o melhor rendimento dos empregados, possui natureza salarial, repercutindo no cálculo do repouso semanal remunerado.

▶ Redação dada pela Res. do TST nº 129, de 5-4-2005 (*DJU* de 20-4-2005).

6. Adicional de produtividade. Decisão normativa. Vigência. Limitação. O adicional de produtividade previsto na decisão normativa, proferida nos autos do Dissídio Coletivo nº DC-TST 6/1979, tem sua eficácia limitada à vigência do respectivo instrumento normativo.

7. BANRISUL. Complementação de aposentadoria. ADI e cheque rancho. Não integração. As parcelas ADI e cheque rancho não integram a complementação de aposentadoria dos empregados do BANRISUL.

▶ Redação dada pela Res. do TST nº 129, de 5-4-2005 (*DJU* de 20-4-2005).

8. Incorporada à OJ da SBDI-I Transitória nº 7 do TST.

9. BNCC. Garantia de emprego. Não assegurada. O Regulamento do BNCC não garante a estabilidade ao empregado nos moldes daquela prevista na CLT, mas apenas a garantia no emprego, ou seja, a garantia contra a despedida imotivada.

10. BNCC. Juros. Súmula nº 304 do TST. Inaplicável. A extinção do BNCC não foi decretada pelo Banco Central mas por deliberação de seus acionistas. Portanto, inaplicável a Súmula nº 304 do TST e, em seus débitos trabalhistas, devem incidir os juros de mora.

11. Complementação de aposentadoria. CEAGESP. Para o empregado se beneficiar da aposentadoria integral, prevista no § 1º do art. 16 do Regulamento Geral nº 1/1963, da CEAGESP, o empregado deverá contar com 30 anos ou mais de efetivo serviço à CEAGESP.

12. CSN. Adicional de insalubridade e de periculosidade. Salário complessivo. Prevalência do acordo coletivo. O pagamento do adicional de insalubridade e periculosidade embutido no salário-contratual dos empregados da CSN não caracteriza a complessividade salarial, uma vez que essa forma de pagamento decorre de acordo coletivo há muitos anos em vigor.

▶ Redação dada pela Res. do TST nº 129, de 5-4-2005 (*DJU* de 20-4-2005).

13. CSN. Licença remunerada. Aviso prévio. Concomitância. Possibilidade. Devido às circunstâncias especialíssimas ocorridas na CSN (Próspera), considera-se válida a concessão de aviso prévio durante o período da licença remunerada.

14. Defensoria Pública. Opção pela carreira. Servidor investido na função de defensor público até a data em que foi instalada a Assembleia Nacional Constituinte tem direito à opção pela carreira, independentemente de realização de concurso público (celetista ou estatutário), bastando que a opção tenha sido feita até a data supra.

15. ENERGIPE. Participação nos lucros. Incorporação anterior à CF/1988. Natureza salarial. A parcela participação nos lucros, incorporada ao salário do empregado anteriormente à CF/1988, possui natureza salarial e gera reflexos em todas as verbas salariais.

16. Agravo de instrumento interposto na vigência da Lei nº 9.756/1998 e anteriormente à edição da IN nº 16/1999 do TST. Traslado de peças. Obrigatoriedade. Não há como dizer que a exigência de traslado de peças necessárias ao julgamento de ambos os recursos (o agravo e o recurso principal) somente se tornou obrigatória após a edição da IN nº 16/1999, pois trata-se apenas de meio destinado à interpretação acerca das novas exigências que se tornaram efetivas a partir da vigência da Lei nº 9.756/1998.

17. Agravo de instrumento interposto na vigência da Lei nº 9.756/1998. Embargos declaratórios. Para comprovar a tempestividade do recurso de revista, basta a juntada da certidão de publicação do acórdão dos embargos declaratórios opostos perante o Regional, se conhecidos.

18. Agravo de instrumento interposto na vigência da Lei nº 9.756/1998. Peça indispensável. Certidão de publicação do acórdão regional. Necessária a juntada, salvo se nos autos houver elementos que atestem a tempestividade da revista. A certidão de publicação do acórdão regional é peça essencial para a regularidade do traslado do agravo de instrumento, porque imprescindível para aferir a tempestividade do recurso de revista e para viabilizar, quando provido, seu imediato julgamento, salvo se nos autos houver elementos que atestem a tempestividade da revista.

19. Agravo de instrumento. Interposto na vigência da Lei nº 9.756/1998. Peças dispensáveis à compreensão da controvérsia. Desnecessária a juntada. Mesmo na vigência da Lei nº 9.756/1998, a ausência de peças desnecessárias à compreensão da controvérsia, ainda que relacionadas no inciso I do § 5º do art. 897 da CLT, não implica o não conhecimento do agravo.

20. Agravo de instrumento. Ministério Público. Pressupostos extrínsecos. Para aferição da tempestividade do AI interposto pelo Ministério Público, desnecessário o traslado da certidão de publicação do despacho agravado, bastando a juntada da cópia da intimação pessoal na qual conste a respectiva data de recebimento (Lei Complementar nº 75/1993, art. 84, IV).

21. Agravo de instrumento. Traslado. Certidão. Instrução Normativa nº 6/1996 do TST. Certidão do Regional afirmando que o AI está formado de acordo com IN nº 6/1996 do TST não confere autenticidade às peças.

22. Convertida na OJ da SBDI-I nº 287 do TST.

23. Autenticação. Documento único. Cópia. Verso e anverso. Inexistindo impugnação da parte contrária, bem como o disposto no art. 795 da CLT, é válida a autenticação aposta em uma face da folha que contenha documento que continua no verso, por constituir documento único.

24. Abono. Complementação de aposentadoria. Reajuste. CVRD (valia). A Res. nº 7/1989 da CVRD, que instituiu o benefício "abono aposentadoria" (art. 6º), determina que o reajuste seja feito na mesma época e com o mesmo índice aplicado pelo INSS ou observada a variação do IGP ou da OTN, aplicando-se o maior deles.

25. Banco Meridional. Complementação de aposentadoria. Reajustes. Extensão. Os reajustes salariais concedidos sobre quaisquer parcelas aos empregados ativos devem ser estendidos aos inativos, com exclusão apenas das parcelas ressalvadas expressamente no Regulamento do Banco.

26. BANERJ. Plano Bresser. Acordo coletivo de trabalho de 1991. Não é norma programática. É de eficácia plena e imediata o *caput* da cláusula 5ª do Acordo Coletivo de Trabalho de 1991/1992 celebrado pelo BANERJ contemplando o pagamento de diferenças salariais do Plano Bresser, sendo devido o percentual de 26,06% nos meses de janeiro a agosto de 1992, inclusive.

27. BANRISUL. Gratificação Jubileu. Prescrição. A Gratificação Jubileu, instituída pela Res. nº 1.761/1967, que foi alterada, reduzindo-se o seu valor, pela Res. nº 1.885/1970, era devida a todo empregado que completasse 25, 30, 35 e 40 anos de serviço no Banco. Era vantagem a ser paga de uma única vez, na data da aposentadoria, fluindo desta data o prazo prescricional, sendo inaplicável a Súmula nº 294 do TST, que é restrito aos casos em que se postulam prestações sucessivas.

28. CDHU. Sucessão trabalhista. Considerando a moldura fática delineada pelo Regional, conduz-se à ilação de que a CDHU foi a sucessora da CONESP, uma vez que ocupou os imóveis e assumiu os contratos anteriores, dando sequência às obras com o mesmo pessoal.

29. CEEE. Equiparação salarial. Quadro de carreira. Reestruturação em 1991. Válido. O quadro de carreira implantado na CEEE em 1977 foi homologado pelo Ministério do Trabalho. A reestruturação procedida em 1991, mesmo não homologada, é válida.

30. Cisão parcial de empresa. Responsabilidade solidária. PROFORTE. É solidária a responsabilidade entre a empresa cindida subsistente e aquelas que absorverem parte do seu patrimônio, quando constatada fraude na cisão parcial.

31. Planos Bresser e Verão. Acordo coletivo autorizando a quitação através da concessão de folgas remuneradas. Conversão em pecúnia após a extinção do contrato de trabalho. Inviabilidade. Acordo coletivo celebrado entre as partes autorizando a quitação dos valores devidos a título de Planos Bresser e Verão em folgas remuneradas é válido. Incabível a conversão do valor correspondente às folgas remuneradas em pecúnia quando extinto o contrato de trabalho pelo advento de aposentadoria voluntária.

32. Complementação de aposentadoria. Banco do Brasil. Sucumbência. Inversão. Imposta condenação originária em diferenças de complementação de aposentadoria, por ocasião do julgamento de recurso de revista, imperativo o exame no acórdão, sob pena de negativa de prestação jurisdicional, de postulação aduzida em contestação e/ou em contrarrazões visando à limitação da condenação à média trienal e ao teto, matéria insuscetível de prequestionamento.

▸ OJ da SBDI-I Transitória nº 60 do TST.

33. Adicional de insalubridade. Base de cálculo, na vigência do Decreto-Lei nº 2.351/1987: Piso Nacional de Salários. Na vigência do Decreto-Lei nº 2.351/1987, o piso nacional de salários é a base de cálculo para o adicional de insalubridade.

34. BRDE. Entidade autárquica de natureza bancária. Lei nº 4.595/1964, art. 17. Res. BACEN nº 469/1970, art. 8º. CLT, art. 224, § 2º. CF, art. 173, § 1º. O Banco Regional de Desenvolvimento do Extremo Sul – BRDE é uma entidade autárquica de natureza bancária, e, como tal, submete-se ao art. 173, § 1º, da Constituição Federal de 1988. Desta forma, sendo a natureza das atividades por ele exercidas similares às de qualquer instituição financeira, seus empregados são bancários, regendo-se pelas normas especiais a eles referentes, inclusive o art. 224 da CLT.

35. Reajustes salariais. Bimestrais e quadrimestrais (Lei nº 8.222/1991). Simultaneidade inviável. Nova antecipação bimestral, na mesma época do reajuste quadrimestral, constitui verdadeiro *bis in idem*, pois o bimestre anterior, que servia como base de cálculo, já teve o INPC considerado para fim do reajuste quadrimestral.

36. Hora *in itinere*. Tempo gasto entre a portaria da empresa e o local do serviço. Devida. AÇOMINAS. Configura-se como hora *in itinere* o tempo gasto pelo obreiro para alcançar seu local de trabalho a partir da portaria da AÇOMINAS.

37. MINASCAIXA. Legitimidade passiva *ad causam* enquanto não concluído o procedimento de liquidação extrajudicial. A MINASCAIXA tem legitimidade passiva *ad causam* para figurar nas demandas contra ela ajuizadas enquanto não tiver concluído o processo de liquidação extrajudicial ao qual se encontra submetida.

38. Banco Meridional. Circular 34046/1989. Dispensa sem justa causa. A inobservância dos procedimentos disciplinados na Circular 34046/1989 do Banco Meridional, norma de caráter eminentemente procedimental, não é causa para a nulidade da dispensa sem justa causa.

39. FGTS. Opção retroativa. Concordância do empregador. Necessidade. A concordância do empregador é indispensável para que o empregado possa optar retroativamente pelo sistema do Fundo de Garantia por Tempo de Serviço.

40. BANRISUL. Complementação de aposentadoria. A Resolução nº 1.600/1964, vigente à época da admissão do empregado, incorporou-se ao contrato de trabalho, pelo que sua alteração não poderá prejudicar o direito adquirido, mesmo em virtude da edição da Lei nº 6.435/1977. Incidência das Súmulas nºs 51 e 288.

41. Complementação de aposentadoria. Fundação Clemente de Faria. Banco Real. É válida a cláusula do Estatuto da Fundação Clemente de Faria que condicionou o direito à complementação de aposentadoria à existência de recursos financeiros, e também previa a suspensão, temporária ou definitiva, da referida complementação.

42. PETROBRAS. Pensão por morte do empregado assegurada no manual de pessoal. Estabilidade decenal. Opção pelo regime do FGTS.

I – Tendo o empregado adquirido a estabilidade decenal, antes de optar pelo regime do FGTS, não há como negar-se o direito à pensão, eis que preenchido o requisito exigido pelo Manual de Pessoal.

II – O benefício previsto no manual de pessoal da Petrobras, referente ao pagamento de pensão e auxílio-funeral aos dependentes do empregado que vier a falecer no curso do contrato de trabalho, não se estende à hipótese em que sobrevém o óbito do trabalhador quando já extinto o contrato de trabalho.

▸ Redação dada pela Res. do TST nº 182, de 16-4-2012.

43. SUDS. Gratificação. Convênio da União com Estado. Natureza salarial enquanto paga. A parcela denominada "Complementação SUDS" paga aos servidores em virtude de convênio entre o Estado e a União Federal tem natureza salarial, enquanto paga, pelo que repercute nos demais créditos trabalhistas do empregado.

44. Anistia. Lei nº 6.683/1979. Tempo de afastamento. Não computável para efeito de indenização e adicional por tempo de serviço, licença-prêmio e promoção. O tempo de afastamento do anistiado pela Lei nº 6.683/1979 não é computável para efeito do pagamento de indenização por tempo de serviço, licença-prêmio e promoção.

45. Comissionista puro. Abono. Lei nº 8.178/1991. Não incorporação. É indevida a incorporação do abono instituído pela Lei nº 8.178/1991 aos empregados comissionistas.

46. Complementação de aposentadoria. Banco Itaú. O empregado do Banco Itaú admitido na vigência da Circular BB-05/1966, que passou para a inatividade posteriormente à vigência da RP-40/1974, está sujeito ao implemento da condição "idade mínima de 55 anos".

47. Décimo terceiro salário. Dedução da 1ª parcela. URV. Lei nº 8.880/1994. Ainda que o adiantamento do 13º salário tenha ocorrido anteriormente à edição da Lei nº 8.880/1994, as deduções deverão ser realizadas considerando o valor da antecipação, em URV, na data do efetivo pagamento, não podendo a 2ª parcela ser inferior à metade do 13º salário, em URV.

48. PETROMISA. Sucessão. PETROBRAS. Legitimidade. Em virtude da decisão tomada em assembleia, a Petrobras é a real sucessora da PETROMISA, considerando que recebeu todos os bens móveis e imóveis da extinta PETROMISA.

49. SERPRO. Norma regulamentar. Reajustes salariais. Superveniência de sentença normativa. Prevalência. Durante a vigência do instrumento normativo, é lícita ao empregador a obediência à norma coletiva (DC nº 8.948/1990) que alterou as diferenças interníveis previstas no Regulamento de Recursos Humanos.

50. Férias. Abono instituído por instrumento normativo e terço constitucional. Simultaneidade de inviável. O abono de férias decorrente de instrumento normativo e o abono de 1/3 (um terço) previsto no art. 7º, XVII, da CF/1988 têm idêntica natureza jurídica, destinação e finalidade, constituindo-se *bis in idem* seu pagamento simultâneo, sendo legítimo o direito do empregador de obter compensação de valores porventura pagos.

51. Complementação de aposentadoria. Caixa Econômica Federal. Auxílio-alimentação. Supressão. Súmulas nºs 51 e 288. A determinação de supressão do pagamento de auxílio-alimentação aos aposentados e pensionistas da Caixa Econômica Federal, oriunda do Ministério da Fazenda, não atinge aqueles ex-empregados que já percebiam o benefício.

52. Agravo de instrumento. Acórdão do TRT não assinado. Interposto anteriormente à Instrução Normativa nº 16/1999. Nos agravos de instrumento interpostos anteriormente à edição da Instrução Normativa nº 16/1999, a ausência de assinatura na cópia não a torna inválida, desde que conste o carimbo aposto pelo servidor certificando que confere com o original.

53. Custas. Embargos de terceiro. Interpostos anteriormente à Lei nº 10.537/2002. Inexigência de recolhimento para a interposição de agravo de petição. Tratando-se de embargos de terceiro, incidentes em execução, ajuizados anteriormente à Lei nº 10.537/2002, incabível a exigência do recolhimento de custas para a interposição de agravo de petição por falta de previsão legal.

54. Plano econômico (Collor). Execução. Correção monetária. Índice de 84,32%. Lei nº 7.738/1989. Aplicável. Aplica-se o índice de 84,32%, relativo ao IPC de março de 1990, para a correção monetária do débito trabalhista, por ocasião da execução, nos termos da Lei nº 7.738/1989.

55. Plano Collor. Servidores celetistas do GDF. Legislação federal. Prevalência. Inexiste direito adquirido às diferenças salariais de 84,32% do IPC de março de 1990 aos servidores celetistas da Administração Direta, Fundações e Autarquias do Distrito Federal (ex-OJs nºs 218 e 241 da SBDI-I – inseridas respectivamente em 2-4-2001 e 20-6-2001).

56. Anistia. Lei nº 8.878/1994. Efeitos financeiros devidos a partir do efetivo retorno à atividade. Os efeitos financeiros da anistia concedida pela Lei nº 8.878/1994 somente serão devidos a partir do efetivo retorno à atividade, vedada a remuneração em caráter retroativo.

57. Adicional de insalubridade. Deficiência de iluminamento. Limitação. Somente após 26-2-1991 foram, efetivamente, retiradas do mundo jurídico as normas ensejadoras do direito ao adicional de insalubridade por iluminamento insuficiente no local da prestação de serviço, como previsto na Portaria nº 3.751/1990 do Ministério do Trabalho.

58. URPs de junho e julho de 1988. Suspensão do pagamento. Data base em maio. Decreto-Lei nº 2.425/1988. Inexistência de violação a direito adquirido. O Decreto-Lei nº 2.425, de 7-4-1988, não ofendeu o direito adquirido dos empregados com data base em maio, pelo que não fazem jus às URPs de junho e julho de 1988.

59. INTERBRAS. Sucessão. Responsabilidade. A PETROBRAS não pode ser responsabilizada solidária ou subsidiariamente pelas obrigações trabalhistas da extinta INTERBRAS, da qual a União é a real sucessora, nos termos do art. 20 da Lei nº 8.029, de 12-4-1990 (atual art. 23, em face da renumeração dada pela Lei nº 8.154, de 28-12-1990).

60. Adicional por tempo de serviço. Base de cálculo. Salário-base. Art. 129 da Constituição do Estado de São Paulo. O adicional por tempo de serviço – quinquênio –, previsto no art. 129 da Constituição do Estado de São Paulo, tem como base de cálculo o vencimento básico do servidor público estadual, ante o disposto no art. 11 da Lei Complementar do Estado de São Paulo nº 712, de 12-4-1993.

▸ Republicada em decorrência de erro material (*DJe* de 11-4-2011).

61. Auxílio cesta alimentação previsto em norma coletiva. CEF. Cláusula que estabelece natureza indenizatória à parcela. Extensão aos aposentados e pensionistas. Impossibilidade. Havendo previsão em cláusula de norma coletiva de trabalho de pagamento mensal de auxílio cesta alimentação somente a empregados em atividade, dando-lhe caráter indenizatório, é indevida a extensão desse benefício aos aposentados e pensionistas. Exegese do art. 7º, XXVI, da Constituição Federal.

62. PETROBRAS. Complementação de aposentadoria. Avanço de nível. Concessão de parcela por acordo coletivo apenas para os empregados da ativa. Extensão para os inativos. Artigo 41 do regulamento do plano de benefícios da PETROS. Ante a natureza de aumento geral de salários, estende-se à complementação de aposentadoria dos ex-empregados da Petrobras benefício concedido indistintamente a todos os empregados da ativa e estabelecido em norma coletiva, prevendo a concessão de aumento de nível salarial – "avanço de nível" –, a fim de preservar a paridade entre ativos e inativos assegurada no art. 41 do Regulamento do Plano de Benefícios da Fundação Petrobras de Seguridade Social – PETROS.

63. PETROBRAS. Complementação de aposentadoria. Integralidade. Condição. Idade mínima. Lei nº 6.435, de 15-7-1977. Os empregados admitidos na vigência do Decreto nº 81.240, de 20-1-1978, que regulamentou a Lei nº 6.435, de 15-7-1977, ainda que anteriormente à alteração do Regulamento do Plano de Benefícios da PETROS, sujeitam-se à condição "idade mínima de 55 anos" para percepção dos proventos integrais de complementação de aposentadoria.

64. PETROBRAS. Parcelas gratificação contingente e participação nos resultados deferidas por norma coletiva a empregados da ativa. Natureza jurídica não salarial. Não integração na complementação de aposentadoria. As parcelas gratificação contingente e participação nos resultados, concedidas por força de acordo coletivo a empregados da PETROBRAS em atividade, pagas de uma única vez, não integram a complementação de aposentadoria.

65. Representação judicial da União. Assistente jurídico. Apresentação do ato de designação. A ausência de juntada aos autos de documento que comprove a designação do assistente jurídico como representante judicial da União (art. 69 da Lei Complementar nº 73, de 10-2-1993) importa irregularidade de representação.

66. SPTRANS. Responsabilidade subsidiária. Não configuração. Contrato de concessão de serviço público. Transporte coletivo. A atividade da São Paulo Transportes S/A – SPTRANS de gerenciamento e fiscalização dos serviços prestados pelas concessionárias de transporte público, atividade descentralizada da Administração Pública, não se confunde com a terceirização de mão de obra, não se configurando a responsabilidade subsidiária.

67. *TELEMAR*. Privatização. Plano de incentivo à rescisão contratual (PIRC). Previsão de pagamento da indenização com redutor de 30%. Aplicação limitada ao período da reestruturação. Não é devida a indenização com redutor de 30%, prevista no Plano de Incentivo à Rescisão Contratual da TELEMAR, ao empregado que, embora atenda ao requisito estabelecido de não haver aderido ao PIRC, foi despedido em data muito posterior ao processo de reestruturação da empresa, e cuja dispensa não teve relação com o plano.

68. Banco do Estado de São Paulo S.A. – BANESPA. Convenção coletiva. Reajuste salarial. Superveniência de acordo em dissídio coletivo. Prevalência. O acordo homologado no Dissídio Coletivo nº TST – DC – 810.905/2001.3, que estabeleceu a garantia de emprego aos empregados em atividade do Banco do Estado de São Paulo S.A. – BANESPA e que, portanto, não se aplica aos empregados aposentados, prevalece sobre a fixação do reajuste salarial previsto na convenção coletiva firmada entre a Federação Nacional dos Bancos – FENABAN e os sindicatos dos bancários, ante a consideração do conjunto das cláusulas constantes do acordo e em respeito às disposições dos arts. 5º, XXXVI, e 7º, XXVI, da CF/1988.

69. Banco do Brasil. Complementação de aposentadoria. Alteração do plano de cargos comissionados. Extensão aos Inativos. As alterações na estrutura do Plano de Cargos Comissionados do Banco do Brasil, introduzidas pelas Cartas-Circulares DIREC/FUNCI 96/0904 e 96/0957, dentre as quais a substituição do Abono de Função e Representação (AFR) pelo Adicional de Função (AF) e pelo Adicional Temporário de Revitalização (ATR), não autorizam o pagamento de diferenças de complementação de aposentadoria aos inativos por só abrangerem os empregados em atividade, bem como em razão de o Plano de Incentivo à Aposentadoria da época do jubilamento não conter previsão de aplicação de eventual alteração na estrutura dos cargos comissionados àqueles que se aposentassem.

70. Caixa Econômica Federal. Bancário. Plano de cargos em comissão. Opção pela jornada de oito horas. Ineficácia. Exercício de funções meramente técnicas. Não caracterização de exercício de função de confiança. Ausente a fidúcia especial a que alude o art. 224, § 2º, da CLT, é ineficaz a adesão do empregado à jornada de oito horas constante do Plano de Cargos em Comissão da Caixa Econômica Federal, o que importa no retorno à jornada de seis horas, sendo devidas como extras a sétima e a oitava horas laboradas. A diferença de gratificação de função recebida em face da adesão ineficaz poderá ser compensada com as horas extraordinárias prestadas.

71. Empresa Brasileira de Correios e Telégrafos – ECT. Plano de cargos e salários. Progressão horizontal por antiguidade. Necessidade de deliberação da diretoria para comprovar o efetivo cumprimento dos requisitos do PCCS. Condição puramente potestativa para a concessão da promoção. Invalidade. A deliberação da diretoria da Empresa Brasileira de Correios e Telégrafos – ECT, prevista no Plano de Carreira, Cargos e Salários como requisito necessário para a concessão de progressão por antiguidade, por se tratar de condição puramente potestativa, não constitui óbice ao deferimento da progressão horizontal por antiguidade aos empregados, quando preenchidas as demais condições dispostas no aludido plano.

▸ Art. 836 da CLT.

72. PETROBRAS. Domingos e feriados trabalhados. Regime de turnos ininterruptos de revezamento. Pagamento em dobro concedido por liberalidade do empregador. Incorporação ao contrato de trabalho. Supressão unilateral. Acordo coletivo posterior que valida a supressão. Retroação da norma coletiva. Impossibilidade. O pagamento em dobro, concedido por liberalidade da empresa, dos domingos e feriados trabalhados de forma habitual pelo empregado da Petrobras submetido ao regime de turnos ininterruptos de revezamento não pode ser suprimido unilateralmente, pois é vantagem incorporada ao contrato de trabalho, nos termos do art. 468 da CLT. Assim, o acordo coletivo, posteriormente firmado, somente opera efeitos a partir da data de sua entrada em vigor, sendo incabível a utilização da norma coletiva para regular situação pretérita.

▸ Art. 67, parágrafo único, da CLT.

73. Volkswagen do Brasil Ltda. Participação nos lucros e resultados. Pagamento mensal em decorrência de norma coletiva. Natureza indenizatória. A despeito da vedação de pagamento em periodicidade inferior a um semestre civil ou mais de duas vezes no ano cível, disposta no art. 3º, § 2º, da Lei nº 10.101, de 19-12-2000, o parcelamento em prestações mensais da participação nos lucros e resultados de janeiro de 1999 a abril de 2000, fixado no acordo coletivo celebrado entre o Sindicato dos Metalúrgicos do ABC e a Volkswagen do Brasil Ltda., não retira a natureza indenizatória da referida verba (art. 7º, XI, da CF), devendo prevalecer a diretriz constitucional que prestigia a autonomia privada coletiva (art. 7º, XXVI, da CF).

▸ Lei nº 10.101, de 19-12-2000 (Lei da Participação nos Lucros e Resultados).

74. Hospital de Clínicas de Porto Alegre. Custas processuais. Recolhimento. Isenção. Art. 15 da Lei nº 5.604, de 2-9-1970. A isenção tributária concedida pelo art. 15 da Lei nº 5.604, de 2-9-1970, ao Hospital de Clínicas de Porto Alegre compreende as custas processuais, por serem estas espécie do gênero tributo.

75. Parcela "sexta parte". Art. 129 da Constituição do Estado de São Paulo. Extensão aos empregados de sociedade de economia mista e empresa pública. Indevida. A parcela denominada "sexta parte", instituída pelo art. 129 da Constituição do Estado de São Paulo, é devida apenas aos servidores estaduais, celetistas e estatutários da Administração Pública direta, das fundações e das autarquias, conforme disposição contida no art. 124 da Constituição Estadual, não se estendendo aos empregados de sociedade de economia mista e de empresa pública, integrantes da Administração Pública indireta, submetidas ao regime jurídico próprio das empresas privadas, nos termos do art. 173, § 1º, II, da Constituição Federal.

76. Complementação de aposentadoria. Integralidade. Empregado do Estado de São Paulo admitido antes da Lei Estadual nº 200, de 13-5-1974.

Implementação do requisito relativo aos 30 anos de serviço efetivo. Incidência da Súmula nº 288 do TST. É assegurado o direito à percepção de complementação de aposentadoria integral ao ex-empregado do Estado de São Paulo que, admitido anteriormente ao advento da Lei Estadual nº 200, de 13-5-1974, implementou 30 anos de serviço efetivo, ante a extensão das regras de complementação de aposentadoria previstas na Lei Estadual nº 1.386, de 19-12-1951. Incidência da Súmula nº 288 do TST.

77. BNDES. Arts. 224 a 226 da CLT. Aplicável a seus empregados. Até o advento da Lei nº 10.556, de 13-11-2002, era aplicável aos empregados do BNDES a jornada de trabalho dos bancários prevista nos arts. 224 a 226 da CLT.

▸ Lei nº 10.556, de 13-11-2002, fixa jornada de sete horas para empregados do BNDES e de suas subsidiárias (art. 7º) e de 8 horas para os empregados da FINEP (parágrafo único do art. 8º).

78. Embargos à SDI contra decisão em recurso de revista não conhecido quanto aos pressupostos intrínsecos. Recurso interposto antes da vigência da Lei nº 11.496, de 22.06.2007, que conferiu nova redação ao art. 894 da CLT. Necessária a indicação expressa de ofensa ao art. 896 da CLT. Para a admissibilidade e conhecimento de embargos, interpostos antes da vigência da Lei nº 11.496/2007, contra decisão mediante a qual não foi conhecido o recurso de revista pela análise dos pressupostos intrínsecos, necessário que a parte embargante aponte expressamente a violação ao art. 896 da CLT.

▸ Redação dada pela Res. do TST nº 194, de 19-5-2014.

79. Embargos. Recurso interposto antes da vigência da Lei nº 11.496, de 22.06.2007, que conferiu nova redação ao art. 894 da CLT. Revista não conhecida por má aplicação de súmula ou de orientação jurisprudencial. Exame do mérito pela SDI. A SDI, ao conhecer dos embargos, interpostos antes da vigência da Lei nº 11.496/2007, por violação do art. 896 – por má aplicação de súmula ou de orientação jurisprudencial pela Turma –, julgará desde logo o mérito, caso conclua que a revista merecia conhecimento e que a matéria de fundo se encontra pacificada neste Tribunal.

▸ Redação dada pela Res. do TST nº 194, de 19-5-2014.

ORIENTAÇÕES JURISPRUDENCIAIS DA SUBSEÇÃO II DA SEÇÃO DE DISSÍDIOS INDIVIDUAIS DO TRIBUNAL SUPERIOR DO TRABALHO

1. Convertida na Súm. nº 405 do TST.

2. Ação rescisória. Adicional de insalubridade. Base de cálculo. Salário mínimo. Cabível. Viola o art. 192 da CLT decisão que acolhe pedido de adicional de insalubridade com base na remuneração do empregado.

► Mantida pela Res. do TST nº 148, de 26-6-2008 (*DJU* de 4-7-2008 e republicada no *DJU* de 8-7-2008).

3. Convertida na Súm. nº 405 do TST.

4. Ação rescisória. Banco do Brasil. Adicional de Caráter Pessoal. ACP. Procede, por ofensa ao art. 5º, inciso XXXVI, da CF/1988, o pedido de rescisão de julgado que acolheu Adicional de Caráter Pessoal em favor de empregado do Banco do Brasil S.A.

5. Ação rescisória. Banco do Brasil. AP e ADI. Horas extras. Súmula nº 83 do TST. Aplicável. Não se acolhe pedido de rescisão de julgado que deferiu a empregado do Banco do Brasil S.A. horas extras após a sexta, não obstante o pagamento dos adicionais AP e ADI, ou AFR quando a decisão rescindenda for anterior à Orientação Jurisprudencial nº 17, da Seção de Dissídios Individuais do TST (7-11-1994). Incidência das Súmulas nºs 83 do TST e 343 do STF.

6. Ação rescisória. Cipeiro suplente. Estabilidade. ADCT da CF/1988, art. 10, II, a. Súmula nº 83 do TST. Rescinde-se o julgado que nega estabilidade a membro suplente de CIPA, representante de empregado, por ofensa ao art. 10, II, *a*, do ADCT da CF/1988, ainda que se cuide de decisão anterior à Súmula nº 339 do TST. Incidência da Súmula nº 83 do TST.

► Redação dada pela Res. do TST nº 137, de 4-8-2005 (*DJU* de 22-8-2005).

7. Ação rescisória. Competência. Criação de Tribunal Regional do Trabalho. Na omissão da Lei, é fixada pelo art. 678, inc. I, c, item 2, da CLT. A Lei nº 7.872/1989 que criou o Tribunal Regional do Trabalho da 17ª Região não fixou a sua competência para apreciar as ações rescisórias de decisões oriundas da 1ª Região, o que decorreu do art. 678, I, c, item 2, da CLT.

► Redação dada pela Res. do TST nº 137, de 4-8-2005 (*DJU* de 22-8-2005).

8. Ação rescisória. Complementação de aposentadoria. BANESPA. Súmula nº 83 do TST. Não se rescinde julgado que acolheu pedido de complementação de aposentadoria integral em favor de empregado do BANESPA, antes da Súmula nº 313 do TST, em virtude da notória controvérsia jurisprudencial então reinante. Incidência da Súmula nº 83 do TST.

► Redação dada pela Res. do TST nº 137, de 4-8-2005 (*DJU* de 22-8-2005).

9. Ação rescisória. CONAB. Aviso DIREH 2/1984. Súmula nº 83 do TST. Aplicável. Não se rescinde julgado que reconheceu garantia de emprego com base no Aviso DIREH nº 2/1984 da CONAB, antes da Súmula nº 355 do TST, em virtude da notória controvérsia jurisprudencial então reinante. Incidência da Súmula nº 83 do TST.

10. Ação rescisória. Contrato nulo. Administração Pública. Efeitos. Art. 37, II e § 2º, da CF/1988. Somente por ofensa ao art. 37, II e § 2º, da CF/1988, procede o pedido de rescisão de julgado para considerar nula a contratação, sem concurso público, de servidor, após a CF/1988.

11. Ação rescisória. Correção monetária. Lei nº 7.596/1987. Universidades Federais. Implantação tardia do Plano de Classificação de Cargos. Violação de lei. Súmula nº 83 do TST. Aplicável. Não se rescinde julgado que acolhe pedido de correção monetária decorrente da implantação tardia do Plano de Classificação de Cargos de Universidade Federal previsto na Lei nº 7.596/1987, à época em que era controvertida tal matéria na jurisprudência. Incidência da Súmula nº 83 do TST.

12. Ação rescisória. Decadência. Consumação antes ou depois da edição da Medida Provisória nº 1.577/1997. Ampliação do prazo.

I – A vigência da Medida Provisória nº 1.577/97 e de suas reedições implicou o elastecimento do prazo decadencial para o ajuizamento da ação rescisória a favor dos entes de direito público, autarquias e fundações públicas. Se o biênio decadencial do art. 495 do CPC de 1973 findou após a entrada em vigor da referida medida provisória e até sua suspensão pelo STF em sede liminar de ação direta de inconstitucionalidade (ADIn nº 1753-2), tem-se como aplicável o prazo decadencial elastecido à rescisória. (ex-OJ nº 17 da SDI-2 – inserida em 20-9-2000)

II – A regra ampliativa do prazo decadencial para a propositura de ação rescisória em favor de pessoa jurídica de direito público não se aplica se, ao tempo em que sobreveio a Medida Provisória nº 1.577/97, já se exaurira o biênio do art. 495 do CPC de 1973. Preservação do direito adquirido da parte à decadência já consumada sob a égide da lei velha. (ex-OJ nº 12 da SDI-2 – inserida em 20-9-2000).

► Itens I e II com a redação dada pela Res. do TST nº 208, de 19-4-2016 (*DJe* de 22-4-2016).

13. Incorporada à Súmula nº 100 do TST.

14 e 15. *Canceladas*. Nova redação dada pela Res. nº 109/2001 (*DJU* de 18-4-2001) à Súm. nº 100 do TST.

16. Incorporada à Súmula nº 100 do TST.

17. Incorporada à OJ da SBDI-II nº 12 do TST.

18. Ação rescisória. Decadência. União. Lei Complementar nº 73/1993, art. 67. Lei nº 8.682/1993, art. 6º. O art. 67 da Lei Complementar nº 73/1993 interrompeu todos os prazos, inclusive o de decadência, em favor da União no período compreendido entre 14-2-1993 e 14-8-1993.

19. Ação rescisória. Desligamento incentivado. Imposto de renda. Abono pecuniário. Violação de lei. Súmula nº 83 do TST. Aplicável. Havendo notória controvérsia jurisprudencial acerca da incidência de imposto de renda sobre parcela paga pelo empregador ("abono pecuniário") a título de "desligamento incentivado", improcede pedido de rescisão do julgado. Incidência da Súmula nº 83 do TST.

20. Convertida na Súmula nº 402 do TST.

21. Ação rescisória. Duplo grau de jurisdição. Trânsito em julgado. Inobservância. Decreto-Lei nº 779/1969, art. 1º, V. Incabível. É incabível ação rescisória para a desconstituição de sentença não transitada em julgado porque ainda não submetida ao necessário duplo grau de jurisdição, na forma do Decreto-Lei nº 779/1969. Determina-se que se oficie ao Presidente do TRT para que proceda à avocatória do processo principal para o reexame da sentença rescindenda.

► Redação dada pela Res. do TST nº 137, de 4-8-2005 (*DJU* de 22-8-2005).

22. Convertida na Súmula nº 390 do TST.

23. Ação rescisória. Estabilidade. Período pré-eleitoral. Violação de lei. Súmula nº 83 do TST. Aplicável. Não procede pedido de rescisão de sentença de mérito que assegura ou nega estabilidade pré-eleitoral, quando a decisão rescindenda for anterior à Orientação Jurisprudencial nº 51, da Seção de Dissídios Individuais do TST (25-11-1996). Incidência da Súmula nº 83 do TST.

24. Ação rescisória. Estabilidade provisória. Reintegração em período posterior. Direito limitado aos salários e consectários do período da estabilidade. Rescinde-se o julgado que reconhece estabilidade provisória e determina a reintegração de empregado, quando já exaurido o respectivo período de estabilidade. Em juízo rescisório, restringe-se a condenação quanto aos salários e consectários até o termo final da estabilidade.

25. Ação Rescisória. Regência pelo CPC de 1973. Expressão "lei" do art. 485, V, do CPC de 1973. Não inclusão do ACT, CCT, Portaria, Regulamento, Súmula e Orientação Jurisprudencial de Tribunal. Não procede pedido de rescisão fundado no art. 485, V, do CPC de 1973 quando se aponta contrariedade à norma de convenção coletiva de trabalho, acordo coletivo de trabalho, portaria do Poder Executivo, regulamento de empresa e súmula ou orientação jurisprudencial de tribunal. (ex-OJ nº 25 da SDI-2, inserida em 20-9-2000 e ex-OJ nº 118 da SDI-2, *DJ* 11-8-2003).

► Redação dada pela Res. do TST nº 212, de 19-9-2016 (*DJe* de 20-9-2016).

26. Ação rescisória. Gratificação de nível superior. SUFRAMA. A extensão da gratificação instituída pela SUFRAMA aos servidores celetistas exercentes de atividade de nível superior não ofende as disposições contidas nos arts. 37, XIII e 39, § 1º, da CF/1988.

27. Incorporada à Súmula nº 219 do TST.

28. *Cancelada*. Res. do TST nº 149, de 17-11-2008 (*DJE* de 21-11-2008).

29. *Cancelada* devido à nova redação dada à Súm. nº 83 do TST.

30. Ação rescisória. Multa. Art. 920 do Código Civil de 1916 (art. 412 do Código Civil de 2002). Não se acolhe, por violação do art. 920 do Código Civil de 1916 (art. 412 do Código Civil de 2002), pedido de rescisão de julgado que:

a) em processo de conhecimento, impôs condenação ao pagamento de multa, quando a decisão rescindenda for anterior à Orientação Jurisprudencial nº 54 da Subseção I Especializada em Dissídios Individuais do TST (30-5-1994), incidindo o óbice da Súmula nº 83 do TST;

b) em execução, rejeita-se limitação da condenação ao pagamento de multa, por inexistência de violação literal.

► Redação dada pela Res. do TST nº 137, de 4-8-2005 (*DJU* de 22-8-2005).

31. Incorporada à OJ da SBDI-II nº 30 do TST.

32 e 33. Convertidas na Súm. nº 408 do TST.

34. Ação rescisória. Planos econômicos.

I – O acolhimento de pedido em ação rescisória de plano econômico, fundada no art. 485,

ORIENTAÇÕES JURISPRUDENCIAIS

inciso V, do CPC de 1973 pressupõe, necessariamente, expressa invocação na petição inicial de afronta ao art. 5º, inciso XXXVI, da Constituição Federal de 1988. A indicação de ofensa literal a preceito de lei ordinária atrai a incidência da Súmula nº 83 do TST e Súmula nº 343 do STF.

▸ Itens I com a redação dada pela Res. do TST nº 208, de 19-4-2016 (*DJe* de 22-4-2016).

II – Se a decisão rescindenda é posterior à Súmula nº 315 do TST (Res. nº 7, *DJ* de 22-9-1993), inaplicável a Súm. nº 83 do TST.

35. Ação rescisória. Planos econômicos. Coisa julgada. Limitação à data base na fase de execução. Não ofende a coisa julgada a limitação à data base da categoria, na fase executória, da condenação ao pagamento de diferenças salariais decorrentes de planos econômicos, quando a decisão exequenda silenciar sobre a limitação, uma vez que a limitação decorre de norma cogente. Apenas quando a sentença exequenda houver expressamente afastado a limitação à data base é que poderá ocorrer ofensa à coisa julgada.

36. Incorporada à Súm. nº 298 do TST.

37. *Cancelada* devido à nova redação dada à Súmula nº 83 do TST.

38. Ação rescisória. Professor-adjunto. Ingresso no cargo de professor-titular. Exigência de concurso público (Lei nº 7.596/1987, Decreto nº 94.664/1987 e art. 206, V, CF/1988). A assunção do professor-adjunto ao cargo de professor titular de universidade pública, sem prévia aprovação em concurso público, viola o art. 206, inciso V, da Constituição Federal. Procedência do pedido de rescisão do julgado.

39. Ação rescisória. Reajustes bimestrais e quadrimestrais. Lei nº 8.222/1991. Súmula nº 83 do TST. Aplicável. Havendo controvérsia jurisprudencial à época, não se rescinde decisão que aprecia a possibilidade de cumulação das antecipações bimestrais e reajustes quadrimestrais de salário previstos na Lei nº 8.222/1991. Incidência da Súmula nº 83 do TST.

40. Convertida na Súm. nº 375 do TST.

41. Ação rescisória. Sentença citra petita. Cabimento. Revelando-se a sentença *citra petita*, o vício processual vulnera os arts. 141 e 492 do CPC de 2015 (arts. 128 e 460 do CPC de 1973), tornando-a passível de desconstituição, ainda que não interpostos embargos de declaração.

▸ Redação dada pela Res. do TST nº 208, de 19-4-2016 (*DJe* de 22-4-2016).

42. Cancelada devido à nova redação dada à Súmula nº 192 do TST.

43. Convertida na Súm. nº 411 do TST.

44 e 45. Convertidas na Súm. nº 399 do TST.

46. Convertida na Súm. nº 412 do TST.

47. Convertida na Súm. nº 413 do TST.

48. Incorporada à Súm. nº 192 do TST.

49. Cancelada em decorrência da conversão da tese mais abrangente da OJ nº 116 da SBDI-II do TST na Súmula nº 397 do TST.

50 e 51. Convertidas na Súmula nº 414 do TST.

52. Convertida na Súmula nº 415 do TST.

53. Mandado de segurança. Cooperativa em liquidação extrajudicial. Lei nº 5.764/1971, art. 76. Inaplicável. Não suspende a execução. A liquidação extrajudicial de sociedade cooperativa não suspende a execução dos créditos trabalhistas existentes contra ela.

54. Mandado de segurança. Embargos de terceiro. Cumulação. Penhora. Incabível. Ajuizados embargos de terceiro (art. 674 do CPC de 2015 – art. 1.046 do CPC de 1973) para pleitear a desconstituição da penhora, é incabível mandado de segurança com a mesma finalidade.

▸ Redação dada pela Res. do TST nº 208, de 19-4-2016 (*DJe* de 22-4-2016).

55. Convertida na Súm. nº 416 do TST.

56. Mandado de segurança. Execução. Pendência de recurso extraordinário. Não há direito líquido e certo à execução definitiva na pendência de recurso extraordinário, ou de agravo de instrumento visando a destrancá-lo.

57. Mandado de segurança. INSS. Tempo de serviço. Averbação e/ou reconhecimento. Conceder-se-á mandado de segurança para impugnar ato que determina ao INSS o reconhecimento e/ou averbação de tempo de serviço.

58. Convertida na Súm. nº 414 do TST.

59. Mandado de segurança. Penhora. Carta de fiança bancária. Seguro garantia judicial. A carta de fiança bancária e o seguro garantia judicial, desde que em valor não inferior ao do débito em execução, acrescido de trinta por cento, equivalem a dinheiro para efeito da gradação dos bens penhoráveis, estabelecida no art. 835 do CPC de 2015 (art. 655 do CPC de 1973).

▸ Redação dada pela Res. do TST nº 209, de 1º-6-2016 (*DJe* de 1º-6-2016).

60 a 62. Convertidas na Súm. nº 417 do TST.

63. Mandado de segurança. Reintegração. Ação cautelar. Comporta a impetração de mandado de segurança o deferimento de reintegração no emprego em ação cautelar.

64. Mandado de segurança. Reintegração liminarmente concedida. Não fere direito líquido e certo a concessão de tutela antecipada para reintegração de empregado protegido por estabilidade provisória decorrente de lei ou norma coletiva.

65. Mandado de segurança. Reintegração liminarmente concedida. Dirigente sindical. Ressalvada a hipótese do art. 494 da CLT, não fere direito líquido e certo a determinação liminar de reintegração no emprego de dirigente sindical, em face da previsão do inciso X do art. 659 da CLT.

66. Mandado de segurança. Sentença homologatória de adjudicação. Incabível.

I – Sob a égide do CPC de 1973 é incabível o mandado de segurança contra sentença homologatória de adjudicação, uma vez que existe meio próprio para impugnar o ato judicial, consistente nos embargos à adjudicação (CPC de 1973, art. 746).

II – Na vigência do CPC de 2015 também não cabe mandado de segurança, pois o ato judicial pode ser impugnado por simples petição, na forma do artigo 877, *caput*, do CPC de 2015.

▸ Redação dada pela Res. do TST nº 212, de 19-9-2016 (*DJe* de 20-9-2016).

67. Mandado de segurança. Transferência. Art. 659, IX, da CLT. Não fere direito líquido e certo a concessão de liminar obstativa de transferência de empregado, em face da previsão do inciso IX do art. 659 da CLT.

68. Antecipação de tutela. Competência. Nos Tribunais, compete ao relator decidir sobre o pedido de antecipação de tutela, submetendo sua decisão ao Colegiado respectivo, independentemente de pauta, na sessão imediatamente subsequente.

▸ Redação dada pela Res. do TST nº 137, de 4-8-2005 (*DJU* de 22-8-2005).

69. Fungibilidade recursal. Indeferimento liminar de ação rescisória ou mandado de segurança. Recurso para o TST. Recebimento como agravo regimental e devolução dos autos ao TRT. Recurso ordinário interposto contra despacho monocrático indeferitório da petição inicial de ação rescisória ou de mandado de segurança pode, pelo princípio de fungibilidade recursal, ser recebido como agravo regimental. Hipótese de não conhecimento do recurso pelo TST e devolução dos autos ao TRT, para que aprecie o apelo como agravo regimental.

70. Ação rescisória. Regência pelo CPC de 1973. Manifesto e inescusável equívoco no direcionamento. Inépcia da inicial. Extinção do processo. Sob a égide do CPC de 1973, o manifesto equívoco da parte em ajuizar ação rescisória no TST para desconstituir julgado proferido pelo TRT, ou vice-versa, implica a extinção do processo sem julgamento do mérito por inépcia da inicial.

▸ Redação dada pela Res. do TST nº 220, de 18-9-2017 (*DJe* de 21-9-2017 e republicada no *DJe* de 22-9-2017, em razão de erro material).

▸ Alterada pelo TST, em 26-11-2002.

71. Ação rescisória. Salário profissional. Fixação. Múltiplo de salário mínimo. Art. 7º, IV, da CF/1988. A estipulação do salário profissional em múltiplos do salário mínimo não afronta o art. 7º, inciso IV, da Constituição Federal de 1988, só incorrendo em vulneração do referido preceito constitucional a fixação de correção automática do salário pelo reajuste do salário mínimo.

72. Incorporada à Súm. nº 298 do TST.

73. Convertida na Súm. nº 435 do TST.

74. Convertida na Súm. nº 421 do TST.

75. Incorporada à Súm. nº 298 do TST.

76. Ação rescisória. Ação cautelar proposta sob a vigência do CPC de 1973. Suspensão da execução. Juntada de documento indispensável. Possibilidade de êxito na rescisão do julgado. É indispensável a instrução da ação cautelar proposta sob a vigência do CPC de 1973 com as provas documentais necessárias à aferição da plausibilidade de êxito na rescisão do julgado. Assim sendo, devem vir junto com a inicial da cautelar as cópias da petição inicial da ação rescisória principal, da decisão rescindenda, da certidão do trânsito em julgado da decisão rescindenda e informação do andamento atualizado da execução.

▸ Redação dada pela Res. do TST nº 220, de 18-9-2017 (*DJe* de 21-9-2017 e republicada no *DJe* de 22-9-2017, em razão de erro material).

77. Incorporada à Súm. nº 83 do TST.

78. Ação rescisória. Cumulação sucessiva de pedidos. Rescisão da sentença e do acórdão. Ação única. Art. 326 do CPC de 2015. Art. 289 do CPC de 1973. É admissível o ajuizamento de uma única ação rescisória contendo mais de um pedido, em ordem sucessiva, de rescisão da sentença e do acórdão. Sendo inviável a tutela jurisdicional de um deles, o julgador está obrigado a apreciar os demais, sob pena de negativa de prestação jurisdicional.

▸ OJ atualizada pela Res. do TST nº 208, de 19-4-2016 (*DJe* de 22-4-2016).

79. Incorporada à Súm. nº 100 do TST.

80. Ação rescisória. Decadência. *Dies a quo*. Recurso deserto. Súmula nº 100 do TST. O não conhecimento do recurso por deserção não antecipa o *dies a quo* do prazo decadencial para o ajuizamento da ação rescisória, atraindo, na contagem do prazo, a aplicação da Súmula nº 100 do TST.

81. Convertida na Súm. nº 401 do TST.

82. Convertida na Súm. nº 406 do TST.

83. Convertida na Súm. nº 407 do TST.

84. Ação rescisória. Ausência da decisão rescindenda e/ou da certidão de seu trânsito em julgado devidamente autenticadas. Concessão de prazo para complementação da documentação. São peças essenciais para o julgamento da ação rescisória a decisão rescindenda e/ou a certidão do seu trânsito em julgado, devidamente autenticadas, à exceção de cópias reprográficas apresentadas por pessoa jurídica de direito público, a teor do art. 24 da Lei nº 10.522/2002, ou declaradas autênticas pelo advogado na forma do artigo 830 da CLT com a redação dada pela Lei nº 11.925/2009. Em fase recursal, verificada a ausência de qualquer delas, cumpre ao Relator do recurso ordinário conceder o prazo de 5 (cinco) dias ao recorrente para que seja complementada a documentação exigível, nos termos do art. 932, parágrafo único, do CPC de 2015.

▸ Redação dada pela Res. do TST nº 220, de 18-9-2017 (*DJe* de 21-9-2017 e republicada no *DJe* de 22-9-2017, em razão de erro material).

85. *Cancelada*. Primeira parte convertida na Súm. nº 399 do TST. Parte final incorporada à Súm. nº 298 do TST.

86. Convertida na Súm. nº 414 do TST.

87. *Cancelada*. Res. do TST nº 137, de 4-8-2005 (*DJU* de 22-8-2005).

88. Mandado de segurança. Valor da causa. Custas processuais. Cabimento. Incabível a impetração de mandado de segurança contra ato judicial que, de ofício, arbitrou novo valor à causa, acarretando a majoração das custas processuais, uma vez que cabia à parte, após recolher as custas, calculadas com base no valor dado à causa na inicial, interpor recurso ordinário e, posteriormente, agravo de instrumento no caso de o recurso ser considerado deserto.

89. *Habeas corpus*. Depositário. Termo de depósito não assinado pelo paciente. Necessidade de aceitação do encargo. Impossibilidade de prisão civil. A investidura no encargo de depositário depende da aceitação do nomeado que deve assinar termo de compromisso no auto de penhora, sem o que, é inadmissível a restrição de seu direito de liberdade.

90. Convertida na Súm. nº 422 do TST.

91. Mandado de segurança. Autenticação de cópias pelas Secretarias dos Tribunais Regionais do Trabalho. Requerimento indeferido. Art. 789, § 9º, da CLT. Não sendo a parte beneficiária da assistência judiciária gratuita, inexiste direito líquido e certo à autenticação, pelas Secretarias dos Tribunais, de peças extraídas do processo principal, para formação do agravo de instrumento.

92. Mandado de segurança. Existência de recurso próprio. Não cabe mandado de segurança contra decisão judicial passível de reforma mediante recurso próprio, ainda que com efeito diferido.

93. Penhora sobre parte da renda de estabelecimento comercial. Possibilidade. Nos termos do art. 866 do CPC de 2015, é admissível a penhora sobre a renda mensal ou faturamento de empresa, limitada a percentual, que não comprometa o desenvolvimento regular de suas atividades, desde que não haja outros bens penhoráveis ou, havendo outros bens, eles sejam de difícil alienação ou insuficientes para satisfazer o crédito executado.

▸ Redação dada pela Res. do TST nº 220, de 18-9-2017 (*DJe* de 21-9-2017 e republicada no *DJe* de 22-9-2017, em razão de erro material).

94. Ação rescisória. Colusão. Fraude à lei. Reclamatória simulada extinta. A decisão ou acordo judicial subjacente à reclamação trabalhista, cuja tramitação deixa nítida a simulação do litígio para fraudar a lei e prejudicar terceiros, enseja ação rescisória, com lastro em colusão. No juízo rescisório, o processo simulado deve ser extinto.

95. Convertida na Súm. nº 400 do TST.

96. Incorporada à Súm. nº 299 do TST.

97. Ação rescisória. Violação do art. 5º, II, LIV e LV, da Constituição Federal. Princípios da legalidade, do devido processo legal, do contraditório e da ampla defesa. Os princípios da legalidade, do devido processo legal, do contraditório e da ampla defesa não servem de fundamento para a desconstituição de decisão judicial transitada em julgado, quando se apresentam sob a forma de pedido genérico e desfundamentado, acompanhando dispositivos legais que tratam especificamente da matéria debatida, estes sim, passíveis de fundamentarem a análise do pleito rescisório.

▸ Redação dada pela Res. do TST nº 137, de 4-8-2005 (*DJU* de 22-8-2005).

98. Mandado de segurança. Cabível para atacar exigência de depósito prévio de honorários periciais. É ilegal a exigência de depósito prévio para custeio dos honorários periciais, dada a incompatibilidade com o processo do trabalho, sendo cabível o mandado de segurança visando à realização da perícia, independentemente do depósito.

▸ Redação dada pela Res. do TST nº 137, de 4-8-2005 (*DJU* de 22-8-2005).

99. Mandado de segurança. Esgotamento de todas as vias processuais disponíveis. Trânsito em julgado formal. Descabimento. Esgotadas as vias recursais existentes, não cabe mandado de segurança.

100. Recurso ordinário para o TST. Decisão de TRT proferida em agravo regimental contra liminar em ação cautelar ou em mandado de segurança. Incabível. Não cabe recurso ordinário para o TST de decisão proferida pelo Tribunal Regional do Trabalho em agravo regimental interposto contra despacho que concede ou não liminar em ação cautelar ou em mandado de segurança, uma vez que o processo ainda pende de decisão definitiva do Tribunal *a quo*.

101. Ação rescisória. inciso IV do art. 966 do CPC de 2015. Art. 485, IV, do CPC de 1973. Ofensa à coisa julgada. Necessidade de fixação de tese na decisão rescindenda. Para viabilizar a desconstituição do julgado pela causa de rescindibilidade do inciso IV do art. 966 do CPC de 2015 (inciso IV do art. 485 do CPC de 1973), é necessário que a decisão rescindenda tenha enfrentado as questões ventiladas na ação rescisória, sob pena de inviabilizar o cotejo com o título executivo judicial tido por desrespeitado, de modo a se poder concluir pela ofensa à coisa julgada.

▸ Redação dada pela Res. do TST nº 208, de 19-4-2016 (*DJe* de 22-4-2016).

102. Incorporada à Súm. nº 100 do TST.

103. Ação rescisória. Contradição entre fundamentação e parte dispositiva do julgado. Cabimento. Erro de fato. É cabível a rescisória para corrigir contradição entre a parte dispositiva do acórdão rescindendo e a sua fundamentação, por erro de fato na retratação do que foi decidido.

104. Incorporada à Súm. nº 100 do TST.

105. Incorporada à Súm. nº 192 do TST.

106. Incorporada à Súm. nº 299 do TST.

107. Ação rescisória. Decisão rescindenda de mérito. Sentença declaratória de extinção de execução. Satisfação da obrigação. Embora não haja atividade cognitiva, a decisão que declara extinta a execução, nos termos do art. 924, incisos I a IV c/c art. 925 do CPC de 2015 (art. 794 c/c art. 795 do CPC de 1973), extingue a relação processual e a obrigacional, sendo passível de corte rescisório.

▸ Redação dada pela Res. do TST nº 208, de 19-4-2016 (*DJe* de 22-4-2016).

108. Convertida na Súm. nº 404 do TST.

109. Convertida na Súm. nº 410 do TST.

110. Convertida na Súm. nº 406 do TST.

111. Convertida na Súm. nº 403 do TST.

112. Ação rescisória. Violação de lei. Decisão rescindenda por duplo fundamento. Impugnação parcial. Para que a violação da lei dê causa à rescisão de decisão de mérito alicerçada em duplo fundamento, é necessário que o autor da ação rescisória invoque causas de rescindibilidade que, em tese, possam infirmar a motivação dúplice da decisão rescindenda.

113. *Cancelada*. Res. do TST nº 220, de 18-9-2017 (*DJe* de 21-9-2017).

114. Convertida na Súm. nº 419 do TST.

115. Convertida na Súm. nº 420 do TST.

116. Convertida na Súm. nº 397 do TST.

117. Incorporada à Súm. nº 99 do TST.

118. Incorporada à OJ da SBDI-II nº 25 do TST.

119. Convertida na Súm. nº 409 do TST.

120. Convertida na Súm. nº 418 do TST.

121. Convertida na Súm. nº 405 do TST.

122. Incorporada à Súm. nº 100 do TST.

123. Ação rescisória. Interpretação do sentido e alcance do título executivo. Inexistência de ofensa à coisa julgada. O acolhimento da ação rescisória calcada em ofensa à coisa julgada supõe dissonância patente entre as decisões exequenda e rescindenda, o que não se verifica quando se faz necessária a interpretação do título executivo judicial para se concluir pela lesão à coisa julgada.

▸ Redação dada pela Res. do TST nº 137, de 4-8-2005 (*DJU* de 22-8-2005).

124. Ação rescisória. Art. 966, inciso II, do CPC de 2015. Art. 485, inciso II, do CPC de 1973. Arguição de incompetência absoluta. Prequestionamento inexigível. Na hipótese em que a ação rescisória tem como causa de rescindibilidade o inciso II do art. 966 do CPC de 2015 (inciso II do art. 485 do CPC de 1973), a arguição de incompetência absoluta prescinde de prequestionamento.

▶ Redação dada pela Res. do TST nº 208, de 19-4-2016 (*DJe* de 22-4-2016).

125. Convertida na Súm. nº 403 do TST.

126. Convertida na Súm. nº 398 do TST.

127. Mandado de segurança. Decadência. Contagem. Efetivo ato coator. Na contagem do prazo decadencial para ajuizamento de mandado de segurança, o efetivo ato coator é o primeiro em que se firmou a tese hostilizada e não aquele que a ratificou.

128. Ação rescisória. Concurso público anulado posteriormente. Aplicação da Súmula nº 363 do TST. O certame público posteriormente anulado equivale à contratação realizada sem a observância da exigência contida no art. 37, II, da Constituição Federal de 1988. Assim sendo, aplicam-se à hipótese os efeitos previstos na Súmula nº 363 do TST.

129. Ação anulatória. Competência originária. Em se tratando de ação anulatória, a competência originária se dá no mesmo juízo em que praticado o ato supostamente eivado de vício.

130. Ação civil pública. Competência. Local do dano. Lei nº 7.347/1985, art. 2º. Código de Defesa do Consumidor, art. 93.

I – A competência para a Ação Civil Pública fixa-se pela extensão do dano.

II – Em caso de dano de abrangência regional, que atinja cidades sujeitas à jurisdição de mais de uma Vara do Trabalho, a competência será de qualquer das Varas das localidades atingidas, ainda que vinculadas a Tribunais Regionais do Trabalho distintos.

III – Em caso de dano de abrangência suprarregional ou nacional, há competência concorrente para a Ação Civil Pública das Varas do Trabalho das sedes dos Tribunais Regionais do Trabalho.

IV – Estará prevento o juízo a que a primeira ação houver sido distribuída.

▶ Redação dada pela Res. do TST nº 186, de 14-9-2012.

131. Ação rescisória. Ação cautelar para suspender execução da decisão rescindenda. Pendência de trânsito em julgado da ação rescisória principal. Efeitos. A ação cautelar não perde o objeto enquanto ainda estiver pendente o trânsito em julgado da ação rescisória principal, devendo o pedido cautelar ser julgado procedente, mantendo-se os efeitos da liminar eventualmente deferida, no caso de procedência do pedido rescisório ou, por outro lado, improcedente, se o pedido da ação rescisória principal tiver sido julgado improcedente.

132. Ação rescisória. Acordo homologado. Alcance. Ofensa à coisa julgada. Acordo celebrado – homologado judicialmente – em que o empregado dá plena e ampla quitação, sem qualquer ressalva, alcança não só o objeto da inicial, como também todas as demais parcelas referentes ao extinto contrato de trabalho, violando a coisa julgada, a propositura de nova reclamação trabalhista.

133. Incorporada à Súm. nº 192 do TST.

134. Ação rescisória. Decisão que declara preclusa a oportunidade de impugnação da sentença de liquidação. Produção de coisa julgada formal. Irrescindibilidade. A decisão proferida em embargos à execução ou em agravo de petição que apenas declara preclusa a oportunidade de impugnação da sentença de liquidação não é rescindível, em virtude de produzir tão-somente coisa julgada formal.

▶ Redação dada pela Res. do TST nº 220, de 18-9-2017 (*DJe* de 21-9-2017 e republicada no *DJe* de 22-9-2017, em razão de erro material).

135. Ação rescisória. Violação do art. 37, *caput*, da CF/1988. Necessidade de prequestionamento. A ação rescisória calcada em violação do artigo 37, *caput*, da Constituição Federal, por desrespeito ao princípio da legalidade administrativa exige que ao menos o princípio constitucional tenha sido prequestionado na decisão.

136. Ação rescisória. Erro de fato. Caracterização. A caracterização do erro de fato como causa de rescindibilidade de decisão judicial transitada em julgado supõe a afirmação categórica e indiscutida de um fato, na decisão rescindenda, que não corresponde à realidade dos autos. O fato afirmado pelo julgador, que pode ensejar ação rescisória calcada no inciso VIII do art. 966 do CPC de 2015 (inciso IX do art. 485 do CPC de 1973), é apenas aquele que se coloca como premissa fática indiscutida de um silogismo argumentativo, não aquele que se apresenta ao final desse mesmo silogismo, como conclusão decorrente das premissas que especificaram as provas oferecidas, para se concluir pela existência do fato. Esta última hipótese é afastada pelo § 1º do art. 966 do CPC de 2015 (§ 2º do art. 485 do CPC de 1973), ao exigir que não tenha havido controvérsia sobre o fato e pronunciamento judicial esmiuçando as provas.

▶ Redação dada pela Res. do TST nº 208, de 19-4-2016 (*DJe* de 22-4-2016).

137. Mandado de segurança. Dirigente sindical. Art. 494 da CLT. Aplicável. Constitui direito líquido e certo do empregador a suspensão do empregado, ainda que detentor de estabilidade sindical, até a decisão final do inquérito em que se apure a falta grave a ele imputada, na forma do art. 494, *caput* e parágrafo único, da CLT.

138. *Cancelada. DJU* de 10-5-2006.

139. Convertida na Súm. nº 414 do TST.

140. Mandado de segurança contra liminar, concedida ou denegada em outra segurança. Incabível. (Art. 8º da Lei nº 1.533/1951). Não cabe mandado de segurança para impugnar despacho que acolheu ou indeferiu liminar em outro mandado de segurança.

▶ A Lei nº 1.533, de 31-12-1951, foi revogada pela Lei nº 12.016, de 7-8-2009 (Lei do Mandado de Segurança Individual e Coletivo).

141. Convertida na Súm. nº 418 do TST.

142. Mandado de segurança. Reintegração liminarmente concedida. Inexiste direito líquido e certo a ser oposto contra ato de Juiz que, antecipando a tutela jurisdicional, determina a reintegração do empregado até a decisão final do processo, quando demonstrada a razoabilidade do direito subjetivo material, como nos casos de anistiado pela da Lei nº 8.878/1994, aposentado, integrante de comissão de fábrica, dirigente sindical, portador de doença profissional, portador de vírus HIV ou detentor de estabilidade provisória prevista em norma coletiva.

143. *Habeas corpus*. Penhora sobre coisa futura e incerta. Prisão. Depositário infiel.

Não se caracteriza a condição de depositário infiel quando a penhora recair sobre coisa futura e incerta, circunstância que, por si só, inviabiliza a materialização do depósito no momento da constituição do paciente em depositário, autorizando-se a concessão de *habeas corpus* diante da prisão ou ameaça de prisão que sofra.

▶ Redação dada pela Res. do TST nº 151, de 17-11-2008 (*DJE* de 21-11-2008).

144. Mandado de segurança. Proibição de prática de atos futuros. Sentença genérica. Evento futuro. Incabível. O mandado de segurança não se presta à obtenção de uma sentença genérica, aplicável a eventos futuros, cuja ocorrência é incerta.

▶ Redação dada pela Res. do TST nº 137, de 4-8-2005 (*DJU* de 22-8-2005).

145. Incorporada à Súm. nº 100 do TST.

146. Ação rescisória. Início do prazo para apresentação da contestação. Art. 774 da CLT. A contestação apresentada em ação rescisória obedece à regra relativa à contagem de prazo constante do art. 774 da CLT, sendo inaplicável o art. 231 do CPC de 2015 (art. 241 do CPC de 1973).

▶ Redação dada pela Res. do TST nº 208, de 19-4-2016 (*DJe* de 22-4-2016).

147. *Cancelada*. Res. do TST nº 142, de 27-10-2007 (*DJU* de 10-10-2007).

148. Custas. Mandado de Segurança. Recurso Ordinário. Exigência do pagamento. É responsabilidade da parte, para interpor recurso ordinário em mandado de segurança, a comprovação do recolhimento das custas processuais no prazo recursal, sob pena de deserção.

149. Conflito de competência. Incompetência territorial. Hipótese do art. 651, § 3º, da CLT. Impossibilidade de declaração de ofício de incompetência relativa. Não cabe declaração de ofício de incompetência territorial no caso do uso, pelo trabalhador, da faculdade prevista no art. 651, § 3º, da CLT. Nessa hipótese, resolve-se o conflito pelo reconhecimento da competência do juízo do local onde a ação foi proposta.

150. Ação rescisória. Regência pelo CPC de 1973. Decisão rescindenda que extingue o processo sem resolução de mérito por acolhimento de coisa julgada. Conteúdo meramente processual. Impossibilidade jurídica do pedido. Reputa-se juridicamente impossível o pedido de corte rescisório de decisão que, reconhecendo a existência de coisa julgada, nos termos do art. 267, V, do CPC de 1973, extingue o processo sem resolução de mérito, o que, ante o seu conteúdo meramente processual, a torna insuscetível de produzir a coisa julgada material.

▶ Redação dada pela Res. do TST nº 212, de 19-9-2016 (*DJe* de 20-9-2016).

151. Ação Rescisória e Mandado de Segurança. Procuração. Poderes específicos para ajuizamento de reclamação trabalhista. Irregularidade de representação Processual. Fase recursal. Vício processual sanável. A procuração outorgada com poderes específicos para ajuizamento de reclamação trabalhista não autoriza a propositura de ação rescisória e mandado de segurança. Constatado, todavia, o defeito de representação processual na fase recursal, cumpre ao relator ou ao tribunal conceder prazo de 5 (cinco) dias para a regularização, nos termos da Súmula nº 383, item II, do TST.

▶ Redação dada pela Res. do TST nº 211, de 22-8-2016 (*DJe* de 24-8-2016).

152. Ação rescisória e mandado de segurança. Recurso de revista de acórdão regional que jul-

ga ação rescisória ou mandado de segurança. Princípio da fungibilidade. Inaplicabilidade. Erro grosseiro na interposição do recurso. A interposição de recurso de revista de decisão definitiva de Tribunal Regional do Trabalho em ação rescisória ou em mandado de segurança, com fundamento em violação legal e divergência jurisprudencial e remissão expressa ao art. 896 da CLT, configura erro grosseiro, insuscetível de autorizar o seu recebimento como recurso ordinário, em face do disposto no art. 895, *b*, da CLT.

153. Mandado de segurança. Execução. Ordem de penhora sobre valores existentes em conta salário. Art. 649, IV, do CPC de 1973. Ilegalidade. Ofende direito líquido e certo decisão que determina o bloqueio de numerário existente em conta salário, para satisfação de crédito trabalhista, ainda que seja limitado a determinado percentual dos valores recebidos ou a valor revertido para fundo de aplicação ou poupança, visto que o art. 649, IV, do CPC de 1973 contém norma imperativa que não admite interpretação ampliativa, sendo a exceção prevista no art. 649, § 2º, do CPC de 1973 espécie e não gênero de crédito de natureza alimentícia, não englobando o crédito trabalhista.

- Redação dada pela Res. do TST nº 220, de 18-9-2017 (*DJe* de 21-9-2017 e republicada no *DJe* de 22-9-2017, em razão de erro material).

154. Ação rescisória. Acordo prévio ao ajuizamento da reclamação. Quitação geral. Lide simulada. Possibilidade de rescisão da sentença homologatória de acordo apenas se verificada a existência de vício de consentimento. A sentença homologatória de acordo prévio ao ajuizamento de reclamação trabalhista, no qual foi conferida quitação geral do extinto contrato, sujeita-se ao corte rescisório tão somente se verificada a existência de fraude ou vício de consentimento.

- Art. 836 da CLT.

155. *Cancelada*. Res. do TST nº 206, de 12-4-2016 (*DJe* 18-4-2016).

156. *Habeas corpus* originário no TST. Substitutivo de recurso ordinário em *habeas corpus*. Cabimento contra decisão definitiva proferida por tribunal regional do trabalho. É cabível ajuizamento de *habeas corpus* originário no Tribunal Superior do Trabalho, em substituição de recurso ordinário em *habeas corpus*, de decisão definitiva proferida por Tribunal Regional do Trabalho, uma vez que o órgão colegiado passa a ser a autoridade coatora no momento em que examina o mérito do *habeas corpus* impetrado no âmbito da Corte local.

- Art. 895, II, da CLT.

157. Ação rescisória. Decisões proferidas em fases distintas de uma mesma ação. Coisa julgada. Não configuração. A ofensa à coisa julgada de que trata o inciso IV do art. 966 do CPC de 2015 (inciso IV do art. 485 do CPC de 1973) refere-se apenas a relações processuais distintas. A invocação de desrespeito à coisa julgada formada no processo de conhecimento, na correspondente fase de execução, somente é possível com base na violação do art. 5º, XXXVI, da Constituição da República.

- Redação dada pela Res. do TST nº 208, de 19-4-2016 (*DJe* de 22-4-2016).

158. Ação Rescisória. Declaração de nulidade de decisão homologatória de acordo em razão de colusão (art. 485, III, do CPC). Multa por litigância de má-fé. Impossibilidade. A declaração de nulidade de decisão homologatória de acordo, em razão da colusão entre as partes (art. 485, III, do CPC), é sanção suficiente em relação ao procedimento adotado, não havendo que ser aplicada a multa por litigância de má-fé.

ORIENTAÇÕES JURISPRUDENCIAIS DA SEÇÃO DE DISSÍDIOS COLETIVOS DO TRIBUNAL SUPERIOR DO TRABALHO

1. *Cancelada. DJU* de 22-6-2004.

2. Acordo homologado. Extensão a partes não subscreventes. Inviabilidade. É inviável aplicar condições constantes de acordo homologado nos autos de dissídio coletivo, extensivamente, às partes que não o subscreveram, exceto se observado o procedimento previsto no art. 868 e seguintes, da CLT.

3. Arresto. Apreensão. Depósito. Pretensões insuscetíveis de dedução em sede coletiva. São incompatíveis com a natureza e finalidade do dissídio coletivo as pretensões de provimento judicial de arresto, apreensão ou depósito.

4. *Cancelada. DJU* de 18-10-2006.

5. Dissídio coletivo. Pessoa jurídica de direito público. Possibilidade jurídica. Cláusula de natureza social. Em face de pessoa jurídica de direito público que mantenha empregados, cabe dissídio coletivo exclusivamente para apreciação de cláusulas de natureza social. Inteligência da Convenção nº 151 da Organização Internacional do Trabalho, ratificada pelo Decreto Legislativo nº 206/2010.

▸ Redação dada pela Res. do TST nº 186, de 14-9-2012.

6. *Cancelada. DJU* de 23-3-2001.

7. Dissídio coletivo. Natureza jurídica. Interpretação de norma de caráter genérico. Inviabilidade. Não se presta o dissídio coletivo de natureza jurídica à interpretação de normas de caráter genérico, a teor do disposto no art. 313, II, do RITST.

8. Dissídio coletivo. Pauta reivindicatória não registrada em ata. Causa de extinção. A ata da assembleia de trabalhadores que legitima a atuação da entidade sindical respectiva em favor de seus interesses deve registrar, obrigatoriamente, a pauta reivindicatória, produto da vontade expressa da categoria.

9. Enquadramento sindical. Incompetência material da Justiça do Trabalho. O dissídio coletivo não é meio próprio para o Sindicato vir a obter o reconhecimento de que a categoria que representa é diferenciada, pois esta matéria – enquadramento sindical – envolve a interpretação de norma genérica, notadamente do art. 577 da CLT.

10. Greve abusiva não gera efeitos. É incompatível com a declaração de abusividade de movimento grevista o estabelecimento de quaisquer vantagens ou garantias a seus partícipes, que assumiram os riscos inerentes à utilização do instrumento de pressão máximo.

11. Greve. Imprescindibilidade de tentativa direta e pacífica da solução do conflito. Etapa negocial prévia. É abusiva a greve levada a efeito sem que as partes hajam tentado, direta e pacificamente, solucionar o conflito que lhe constitui o objeto.

12. *Cancelada. DJU* de 30-4-2010.

13. *Cancelada. DJU* de 24-11-2003.

14. *Cancelada. DJU* de 2-12-2003.

15. Sindicato. Legitimidade *ad processum*. Imprescindibilidade do registro no Ministério do Trabalho. A comprovação da legitimidade *ad processum* da entidade sindical se faz por seu registro no órgão competente do Ministério do Trabalho, mesmo após a promulgação da Constituição Federal de 1988.

16. Taxa de homologação de rescisão contratual. Ilegalidade. É contrária ao espírito da lei (art. 477, § 7º, da CLT) e da função precípua do Sindicato a cláusula coletiva que estabelece taxa para homologação de rescisão contratual, a ser paga pela empresa a favor do sindicato profissional.

17. Contribuições para entidades sindicais. Inconstitucionalidade de sua extensão a não associados. As cláusulas coletivas que estabeleçam contribuição em favor de entidade sindical, a qualquer título, obrigando trabalhadores não sindicalizados, são ofensivas ao direito de livre associação e sindicalização, constitucionalmente assegurado, e, portanto, nulas, sendo passíveis de devolução, por via própria, os respectivos valores eventualmente descontados.

18. Descontos autorizados no salário pelo trabalhador. Limitação máxima de 70% do salário-base. Os descontos efetuados com base em cláusula de acordo firmado entre as partes não podem ser superiores a 70% do salário-base percebido pelo empregado, pois deve-se assegurar um mínimo de salário em espécie ao trabalhador.

19. Dissídio coletivo contra empresa. Legitimação da entidade sindical. Autorização dos trabalhadores diretamente envolvidos no conflito. A legitimidade da entidade sindical para a instauração da instância contra determinada empresa está condicionada à prévia autorização dos trabalhadores da suscitada diretamente envolvidos no conflito.

▸ Redação dada pelo Ato da Comissão de Jurisprudência e de Precedentes Normativos, de 10-11-2010 (*DJE* de 16-11-2010).

20. Empregados sindicalizados. Admissão preferencial. Condição violadora do art. 8º, V, da CF/1988. Viola o art. 8º, V, da CF/1988 cláusula de instrumento normativo que estabelece a preferência, na contratação de mão de obra, do trabalhador sindicalizado sobre os demais.

▸ Redação dada pelo Ato da Comissão de Jurisprudência e de Precedentes Normativos, de 10-11-2010 (*DJE* de 16-11-2010).

21. *Cancelada. DJU* de 2-12-2003.

22. Legitimidade *ad causam* do sindicato. Correspondência entre as atividades exercidas pelos setores profissional e econômico envolvidos no conflito. Necessidade. É necessária a correspondência entre as atividades exercidas pelos setores profissional e econômico, a fim de legitimar os envolvidos no conflito a ser solucionado pela via do dissídio coletivo.

▸ Redação dada pelo Ato da Comissão de Jurisprudência e de Precedentes Normativos, de 10-11-2010 (*DJE* de 16-11-2010).

23. Legitimidade *ad causam*. Sindicato representativo de segmento profissional ou patronal. Impossibilidade. A representação sindical abrange toda a categoria, não comportando separação fundada na maior ou menor dimensão de cada ramo ou empresa.

24. *Cancelada. DJU* de 16-4-2004.

25. Salário normativo. Contrato de experiência. Limitação. Tempo de serviço. Possibilidade. Não fere o princípio da isonomia salarial (art. 7º, XXX, da CF/1988) a previsão de salário normativo tendo em vista o fator tempo de serviço.

26. Salário normativo. Menor empregado. Art. 7º, XXX, da CF/1988. Violação. Os empregados menores não podem ser discriminados em cláusula que fixa salário mínimo profissional para a categoria.

27. Custas. Ausência de intimação. Deserção. Caracterização. A deserção se impõe mesmo não tendo havido intimação, pois incumbe à parte, na defesa do próprio interesse, obter os cálculos necessários para efetivar o preparo.

28. Edital de convocação da AGT. Publicação. Base territorial. Validade. O edital de convocação para a AGT deve ser publicado em jornal que circule em cada um dos municípios componentes da base territorial.

29. Edital de convocação e ata da assembleia-geral. Requisitos essenciais para instauração de dissídio coletivo. O edital de convocação da categoria e a respectiva ata da AGT constituem peças essenciais à instauração do processo de dissídio coletivo.

30. Estabilidade da gestante. Renúncia ou transação de direitos constitucionais. Impossibilidade. Nos termos do art. 10, II, *b*, do ADCT, a proteção à maternidade foi erigida à hierarquia constitucional, pois retirou do âmbito do direito potestativo do empregador a possibilidade de despedir arbitrariamente a empregada em estado gravídico. Portanto, a teor do artigo 9º, da CLT, torna-se nula de pleno direito a cláusula que estabelece a possibilidade de renúncia ou transação, pela gestante, das garantias referentes à manutenção do emprego e salário.

▸ Republicada em decorrência de erro material (*DJE* de 19-9-2011).

31. Estabilidade do acidentado. Acordo homologado. Prevalência. Impossibilidade. Violação do art. 118, Lei nº 8.213/1991. Não é possível a prevalência de acordo sobre legislação vigente, quando ele é menos benéfico do que a própria lei, porquanto o caráter imperativo dessa última restringe o campo de atuação da vontade das partes.

32. Reivindicações da categoria. Fundamentação das cláusulas. Necessidade. Aplicação do Precedente Normativo nº 37 do TST. É pressuposto indispensável à constituição válida e regular da ação coletiva a apresentação em forma clausulada e fundamentada das reivindicações da categoria, conforme orientação do item VI, letra e, da Instrução Normativa nº 4/1993.

33. *Cancelada.* Res. do TST nº 137, de 4-8-2005 (*DJU* de 22-8-2005).

34. Acordo extrajudicial. Homologação. Justiça do Trabalho. Prescindibilidade. É desnecessária a homologação, por Tribunal Trabalhista, do acordo extrajudicialmente celebrado, sendo suficiente, para que surta efeitos, sua formalização perante o Ministério do Trabalho (art. 614 da CLT e art. 7º, inciso XXXV, da Constituição Federal).

35. Edital de convocação da AGT. Disposição estatutária específica. Prazo mínimo entre a publicação e a realização da assembleia. Observância obrigatória. Se os estatutos da entidade sindical contam com norma específica que estabeleça prazo mínimo entre a data de publicação do edital convocatório e a realização da assembleia correspondente, então a validade desta última depende da observância desse interregno.

36. Empregados de empresa de processamento de dados. Reconhecimento como categoria diferenciada. Impossibilidade. É por lei e não por decisão judicial, que as categorias diferenciadas são reconhecidas como tais. De outra parte, no que tange aos profissionais da informática, o trabalho que desempenham sofre alterações, de acordo com a atividade econômica exercida pelo empregador.

37. *Cancelada*. *DJU* de 18-10-2006.

38. Greve. Serviços essenciais. Garantia das necessidades inadiáveis da população usuária. Fator determinante da qualificação jurídica do movimento. É abusiva a greve que se realiza em setores que a lei define como sendo essenciais à comunidade, se não é assegurado o atendimento básico das necessidades inadiáveis dos usuários do serviço, na forma prevista na Lei nº 7.783/1989.

PRECEDENTES NORMATIVOS DA SEÇÃO DE DISSÍDIOS COLETIVOS DO TRIBUNAL SUPERIOR DO TRABALHO

5. Anotações de comissões. O empregador é obrigado a anotar, na CTPS, o percentual das comissões a que faz jus o empregado.

6. Garantia de salário no período de amamentação. É garantido às mulheres, no período de amamentação, o recebimento do salário, sem prestação de serviços, quando o empregador não cumprir as determinações dos §§ 1º e 2º do art. 389 da CLT.

8. Atestado de afastamento e salários. O empregador é obrigado a fornecer atestados de afastamento e salários ao empregado demitido.

10. Banco do Brasil como parte em dissídio coletivo no TRT. Os Tribunais Regionais do Trabalho são incompetentes para processar e julgar Dissídios Coletivos em que sejam partes o Banco do Brasil S.A. e entidades sindicais dos bancários.

▸ Redação dada pela Res. do TST nº 86, de 8-10-1998 (*DJU* de 15-10-1998).

14. Desconto no salário. Proíbe-se o desconto no salário do empregado dos valores de cheques não compensados ou sem fundos, salvo se não cumprir as resoluções da empresa.

15. Comissão sobre cobrança. Se não obrigado por contrato a efetuar cobranças, o vendedor receberá comissões por esse serviço, respeitadas as taxas em vigor para os demais cobradores.

20. Empregado rural. Contrato escrito. Sendo celebrado contrato por tarefa, parceria ou meação, por escrito, obriga-se o empregador a fornecer uma via deste ao empregado, devidamente datada e assinada pelas partes.

22. Creche. Determina-se a instalação de local destinado à guarda de crianças em idade de amamentação, quando existentes na empresa mais de 30 (trinta) mulheres maiores de 16 (dezesseis) anos, facultado o convênio com creches.

24. Dispensa do aviso prévio. O empregado despedido fica dispensado do cumprimento do aviso prévio quando comprovar a obtenção de novo emprego, desonerando a empresa do pagamento dos dias não trabalhados.

29. Greve. Competência dos Tribunais para declará-la abusiva. Compete aos Tribunais do Trabalho decidir sobre o abuso do direito de greve.

31. Professor ("janelas"). Os tempos vagos (janelas) em que o professor ficar à disposição do curso serão remunerados como aula, no limite de 1 (uma) hora diária por unidade.

32. Jornada do estudante. Proíbe-se a prorrogação da jornada de trabalho do empregado estudante, ressalvadas as hipóteses dos arts. 59 e 61 da CLT.

34. Empregado rural. Moradia. Ao empregado que residir no local de trabalho fica assegurada a moradia em condições de habitabilidade, conforme exigências da autoridade local.

37. Dissídio coletivo. Fundamentação de cláusulas. Necessidade. Nos processos de dissídio coletivo só serão julgadas as cláusulas fundamentadas na representação, em caso de ação originária, ou no recurso.

41. Relação nominal de empregados. As empresas encaminharão à entidade profissional cópia das Guias de Contribuição Sindical e Assistencial, com a relação nominal dos respectivos salários, no prazo máximo de 30 dias após o desconto.

42. Seguro obrigatório. Institui-se a obrigação do seguro, por acidente ou morte, para empregados que transportem valores ou exerçam as atividades de vigia ou vigilante.

47. Dispensa do empregado. O empregado despedido será informado, por escrito, dos motivos da dispensa.

50. Empregado rural. Defensivos agrícolas. O empregador rural é obrigado a possuir o receituário agronômico de defensivos agrícolas e a observar as medidas de prevenção nele contidas.

52. Recebimento do PIS. Garante-se ao empregado o recebimento do salário do dia em que tiver de se afastar para recebimento do PIS.

53. Empregado rural. Rescisão do contrato de trabalho do chefe de família. A rescisão do contrato de trabalho rural, sem justa causa, do chefe da unidade familiar é extensiva à esposa, às filhas solteiras e aos filhos até 20 anos de idade, que exerçam atividades na propriedade, mediante opção destes.

55. Jornalista. Contrato de trabalho. O empregador é obrigado a mencionar no contrato de trabalho o órgão de imprensa no qual o jornalista vai trabalhar.

56. Constitucionalidade. São constitucionais os Decretos-Leis nºs 2.012/1983, 2.024/1983 e 2.045/1983.

58. Salário. Pagamento ao analfabeto. O pagamento de salário ao empregado analfabeto deverá ser efetuado na presença de 2 (duas) testemunhas.

59. Empregado rural. Aferição das balanças. O instrumento de peso e medida, utilizado pelos empregadores para aferição das tarefas no regime de produção, deverá ser conferido pelo INPM.

60. Empregado rural. Latão de café. O latão de café terá capacidade de 60 litros e será padronizado de acordo com as normas do INPM.

61. Cobrança de títulos. Salvo disposição contratual, é vedado ao empregador responsabilizar o empregado pelo inadimplemento do cliente, até mesmo quanto a títulos.

62. Empregado rural. Conservação das casas. Os empregadores são responsáveis pelos reparos nas residências que cedam aos empregados rurais, desde que os danos não decorram de culpa destes.

63. Empregado rural. Ficha de controle da produção. Quando da colheita, o café será entregue na lavoura ou no monte, fornecendo-se ao trabalhador uma ficha com o valor da respectiva produção.

64. Empregado rural. Horário e local de condução. Fornecendo o empregador condução para o trabalho, informará ele aos empregados, previamente, os locais e horários do transporte.

65. Empregado rural. Pagamento de salário. O pagamento de salário será efetuado em moeda corrente e no horário de serviço, para isso permitido o seu prolongamento até duas horas após o término da jornada de trabalho.

66. Garrafas "bicadas". Constituem ônus do empregador aceitar a devolução de garrafas "bicadas" e o extravio de engradados, salvo se não cumpridas as disposições contratuais pelo empregado.

67. Remuneração por produção. Quando o serviço for contratado por produção, a remuneração não poderá ser inferior à diária correspondente ao salário normativo.

68. Empregado rural. Faltas ao serviço. Compras. Autoriza-se o chefe de família, se empregado rural, a faltar ao serviço um dia por mês ou meio dia por quinzena, para efetuar compras, sem remuneração ou mediante compensação de horário, mas sem prejuízo do repouso remunerado, desde que não tenha falta injustificada durante o mês.

69. Empregado rural. Pagamento de dia não trabalhado. O empregado rural fará jus ao salário do dia, quando comparecer ao local de prestação de serviço ou ponto de embarque, se fornecida condução pelo empregador, e não puder trabalhar em consequência de chuva ou de outro motivo alheio à sua vontade.

70. Licença para estudante. Concede-se licença não remunerada nos dias de prova ao empregado estudante, desde que avisado o patrão com 72 horas de antecedência e mediante comprovação.

71. Empregado rural. Transporte. Condições de segurança. Quando fornecidos pelo empregador, os veículos destinados a transportar trabalhadores rurais deverão satisfazer as condições de segurança e comodidade, sendo proibido o carregamento de ferramentas soltas junto às pessoas conduzidas.

72. Multa. Atraso no pagamento de salário. Estabelece-se multa de 10% sobre o saldo salarial, na hipótese de atraso no pagamento de salário até 20 dias, e de 5% por dia no período subsequente.

73. Multa. Obrigação de fazer. Impõe-se multa, por descumprimento das obrigações de fazer, no valor equivalente a 10% do salário básico, em favor do empregado prejudicado.

77. Empregado transferido. Garantia de emprego. Assegura-se ao empregado transferido, na forma do art. 469 da CLT, a garantia de emprego por 1 (um) ano após a data da transferência.

78. Professor. Redução salarial não configurada. Não configura redução salarial ilegal a diminuição de carga horária motivada por inevitável supressão de aulas eventuais ou de turmas.

79. Trabalhador temporário. Descanso semanal. Concede-se ao trabalhador temporário o acréscimo de 1/6 ao seu salário diário, correspondente ao descanso semanal remunerado, por aplicação analógica do art. 3º da Lei nº 605/1949.

80. Serviço militar. Garantia de emprego ao alistando. Garante-se o emprego do alistando, desde a data da incorporação no serviço militar até 30 dias após a baixa.

81. Atestados médicos e odontológicos. Assegura-se eficácia aos atestados médicos e odontológicos fornecidos por profissionais do sindicato dos trabalhadores, para o fim de abono de faltas ao serviço, desde que existente convênio do sindicato com a Previdência Social, salvo se o empregador possuir serviço próprio ou conveniado.

82. Dissídio coletivo. Garantia de salários e consectários. Defere-se a garantia de salários e consectários ao empregado despedido sem justa causa, desde a data do julgamento do dissídio coletivo até 90 dias após a publicação do acórdão, limitado o período total a 120 dias.

83. Dirigentes sindicais. Frequência livre. Assegura-se a frequência livre dos dirigentes sindicais para participarem de assembleias e reuniões sindicais devidamente convocadas e comprovadas, sem ônus para o empregador.

► Redação dada pela Res. do TST nº 123, de 24-6-2004 (*DJU* de 6-7-2004).

84. Seguro de vida. Assalto. Institui-se a obrigação do seguro de vida, em favor do empregado e seus dependentes previdenciários, para garantir a indenização nos casos de morte ou invalidez permanente, decorrentes de assalto, consumado ou não, desde que o empregado se encontre no exercício das suas funções.

85. Garantia de emprego. Aposentadoria voluntária. Defere-se a garantia de emprego, durante os 12 meses que antecedem a data em que o empregado adquire direito à aposentadoria voluntária, desde que trabalhe na empresa há pelo menos 5 anos. Adquirido o direito, extingue-se a garantia.

86. Representantes dos trabalhadores. Estabilidade no emprego. Nas empresas com mais de 200 empregados é assegurada a eleição direta de um representante, com as garantias do art. 543, e seus parágrafos, da CLT.

87. Trabalho em domingos e feriados. Pagamento dos salários. É devida a remuneração em dobro do trabalho em domingos e feriados não compensados, sem prejuízo do pagamento do repouso remunerado, desde que, para este, não seja estabelecido outro dia pelo empregador.

89. Reembolso de despesas. Defere-se o reembolso das despesas de alimentação e pernoite a motorista e ajudante, quando executarem tarefas a mais de 100 km da empresa.

91. Acesso de dirigente sindical à empresa. Assegura-se o acesso dos dirigentes sindicais às empresas, nos intervalos destinados à alimentação e descanso, para desempenho de suas funções, vedada a divulgação de matéria político-partidária ou ofensiva.

92. Garantia de repouso remunerado. Ingresso com atraso. Assegura-se o repouso remunerado ao empregado que chegar atrasado, quando permitido seu ingresso pelo empregador, compensado o atraso no final da jornada de trabalho ou da semana.

93. Comprovante de pagamento. O pagamento do salário será feito mediante recibo, fornecendo-se cópia ao empregado, com a identificação da empresa, e do qual constarão a remuneração, com a discriminação das parcelas, a quantia líquida paga, os dias trabalhados ou o total da produção, as horas extras e os descontos efetuados, inclusive para a Previdência Social, e o valor correspondente ao FGTS.

95. Abono de falta para levar filho ao médico. Assegura-se o direito à ausência remunerada de 1 (um) dia por semestre ao empregado, para levar ao médico filho menor ou dependente previdenciário de até 6 (seis) anos de idade, mediante comprovação no prazo de 48 horas.

97. Proibição de estorno de comissões. Ressalvada a hipótese prevista no art. 7º da Lei nº 3.207/1957, fica vedado às empresas o desconto ou estorno das comissões do empregado, incidentes sobre mercadorias devolvidas pelo cliente, após a efetivação de venda.

98. Retenção da CTPS. Indenização. Será devida ao empregado a indenização correspondente a 1 (um) dia de salário, por dia de atraso, pela retenção de sua carteira profissional após o prazo de 48 horas.

100. Férias. Início do período de gozo. O início das férias, coletivas ou individuais, não poderá coincidir com sábado, domingo, feriado ou dia de compensação de repouso semanal.

102. Assistência jurídica aos vigias. A empresa prestará assistência jurídica a seu empregado que, no exercício da função de vigia, praticar ato que o leve a responder a ação penal.

103. Gratificação de caixa. Concede-se ao empregado que exercer permanentemente a função de caixa a gratificação de 10% sobre seu salário, excluídos do cálculo adicionais, acréscimos e vantagens pessoais.

104. Quadro de avisos. Defere-se a afixação, na empresa, de quadro de avisos do sindicato, para comunicados de interesse dos empregados, vedados os de conteúdo político-partidário ou ofensivo.

105. Anotação na carteira profissional. As empresas ficam obrigadas a anotar na carteira de trabalho a função efetivamente exercida pelo empregado, observada a Classificação Brasileira de Ocupações (CBO).

106. Empregado rural. Atividade insalubre. Fornecimento de leite. Os empregadores que se dedicarem à pecuária leiteira fornecerão, diariamente, 1 (um) litro de leite aos trabalhadores que exerçam atividades insalubres.

107. Empregado rural. Caixa de medicamentos. Nos locais de trabalho no campo serão mantidos pelo empregador medicamentos e materiais de primeiros socorros.

108. Empregado rural. Abrigos no local de trabalho. Os empregadores rurais ficam obrigados a construir abrigos rústicos, nos locais de trabalho, para proteção de seus empregados.

109. Desconto moradia. Autoriza-se o desconto da moradia fornecida ao empregado somente quando o imóvel tiver o *habite-se* concedido pela autoridade competente.

110. Empregado rural. Ferramentas. Fornecimento pelo empregador. Serão fornecidas gratuitamente, pelo empregador, as ferramentas necessárias à execução do trabalho.

111. Relação de empregados. Obriga-se a empresa a remeter ao sindicato profissional, uma vez por ano, a relação dos empregados pertencentes à categoria.

112. Jornalista. Seguro de vida. Institui-se a obrigação do seguro de vida em favor de jornalista designado para prestar serviço em área de risco.

113. Transporte de acidentados, doentes e parturientes. Obriga-se o empregador a transportar o empregado, com urgência, para local apropriado, em caso de acidente, mal súbito ou parto, desde que ocorram no horário de trabalho ou em consequência deste.

115. Uniformes. Determina-se o fornecimento gratuito de uniformes, desde que exigido seu uso pelo empregador.

116. Férias. Cancelamento ou adiantamento. Comunicado ao empregado o período do gozo de férias individuais ou coletivas, o empregador somente poderá cancelar ou modificar o início previsto se ocorrer necessidade imperiosa e, ainda assim, mediante o ressarcimento, ao empregado, dos prejuízos financeiros por este comprovados.

117. Pagamento do salário com cheque. Se o pagamento do salário for feito em cheque, a empresa dará ao trabalhador o tempo necessário para descontá-lo, no mesmo dia.

118. Quebra de material. Não se permite o desconto salarial por quebra de material, salvo nas hipóteses de dolo ou recusa de apresentação dos objetos danificados, ou ainda, havendo previsão contratual, de culpa comprovada do empregado.

119. Contribuições sindicais. Inobservância de preceitos constitucionais. A Constituição da República, em seus arts. 5º, XX e 8º, V, assegura o direito de livre associação e sindicalização. É ofensiva a essa modalidade de liberdade cláusula constante de acordo, convenção coletiva ou sentença normativa estabelecendo contribuição em favor de entidade sindical a título de taxa para custeio do sistema confederativo, assistencial, revigoramento ou fortalecimento sindical e outras da mesma espécie, obrigando trabalhadores não sindicalizados. Sendo nulas as estipulações que inobservem tal restrição, tornam-se passíveis de devolução os valores irregularmente descontados.

► Redação dada pela Res. do TST nº 82, de 13-8-1998 (*DJU* de 20-8-1998).

120. Sentença normativa. Duração. Possibilidade e limites. A sentença normativa vigora, desde seu termo inicial até que sentença normativa, convenção coletiva de trabalho ou acordo coletivo de trabalho superveniente produza sua revogação, expressa ou tácita, respeitado, porém, o prazo máximo legal de quatro anos de vigência.

SÚMULAS DA TURMA NACIONAL DE UNIFORMIZAÇÃO DE JURISPRUDÊNCIA DOS JUIZADOS ESPECIAIS FEDERAIS

1. A conversão dos benefícios previdenciários em URV, em março/1994, obedece às disposições do art. 20, incisos I e II da Lei nº 8.880/1994 (MP nº 434/1994).

2. Os benefícios previdenciários, em maio de 1996, deverão ser reajustados na forma da Medida Provisória nº 1.415, de 29 de abril de 1996, convertida na Lei nº 9.711, de 20 de novembro de 1998.

3. *Cancelada*. Sessão de 30-9-2003.

4. Não há direito adquirido, na condição de dependente, pessoa designada, quando o falecimento do segurado deu-se após o advento da Lei nº 9.032/1995.

5. A prestação de serviço rural por menor de 12 a 14 anos, até o advento da Lei nº 8.213, de 24 de julho de 1991, devidamente comprovada, pode ser reconhecida para fins previdenciários.

6. A certidão de casamento ou outro documento idôneo que evidencie a condição de trabalhador rural do cônjuge constitui início razoável de prova material da atividade rurícola.

7. Descabe incidente de uniformização versando sobre honorários advocatícios por se tratar de questão de direito processual.

8. Os benefícios de prestação continuada, no regime geral da Previdência Social, não serão reajustados com base no IGP-DI nos anos de 1997, 1999, 2000 e 2001.

9. O uso de Equipamento de Proteção Individual (EPI), ainda que elimine a insalubridade, no caso de exposição a ruído, não descaracteriza o tempo de serviço especial prestado.

10. O tempo de serviço rural anterior à vigência da Lei nº 8.213/1991 pode ser utilizado para fins de contagem recíproca, assim entendida aquela que soma tempo de atividade privada, rural ou urbana, ao de serviço público estatutário, desde que sejam recolhidas as respectivas contribuições previdenciárias.

11. *Cancelada*. *DJU* de 12-5-2006.

12. Os Juros Moratórios são devidos pelo gestor do FGTS e incidem a partir da citação nas ações em que se reclamam diferenças de correção monetária, tenha ou não havido levantamento do saldo, parcial ou integralmente.

13. O reajuste concedido pelas Leis nºs 8.622/1993 e 8.627/1993 (28,86%) constituiu revisão geral dos vencimentos e, por isso, é devido também aos militares que não o receberam em sua integralidade, compensado o índice então concedido, sendo limite temporal desse reajuste o advento da MP nº 2.131 de 28-12-2000.

14. Para a concessão de aposentadoria rural por idade, não se exige que o início de prova material, corresponda a todo o período equivalente à carência do benefício.

15. *Cancelada*. Sessão de 26-3-2007.

16. *Cancelada*. *DJU* de 24-4-2009.

17. Não há renúncia tácita no Juizado Especial Federal, para fins de competência.

18. Para fins previdenciários, o cômputo do tempo de serviço prestado como aluno-aprendiz exige a comprovação de que, durante o período de aprendizado, houve simultaneamente: (i) retribuição consubstanciada em prestação pecuniária ou em auxílios materiais; (ii) à conta do Orçamento; (iii) a título de contraprestação por labor; (iv) na execução de bens e serviços destinados a terceiros.

▸ Redação alterada na Sessão de 14-2-2020.

19. Para o cálculo da renda mensal inicial do benefício previdenciário, deve ser considerada, na atualização dos salários de contribuição anteriores a março de 1994, a variação integral do IRSM de fevereiro de 1994, na ordem de 39,67% (art. 21, § 1º, da Lei nº 8.880/1994).

20. A Lei nº 8.112, de 11-12-1990, não modificou a situação do servidor celetista anteriormente aposentado pela Previdência Social Urbana.

21. Não há direito adquirido a reajuste de benefícios previdenciários com base na variação do IPC (Índice de Preço ao Consumidor), de janeiro de 1989 (42,72%) e abril de 1990 (44,80%).

22. Se a prova pericial realizada em juízo dá conta de que a incapacidade já existia na data do requerimento administrativo, esta é o termo inicial do benefício assistencial.

23. As substituições de cargos ou funções de direção ou chefia ou de cargo de natureza especial ocorridas a partir da vigência da Medida Provisória nº 1.522, de 11-10-1996, e até o advento da Lei nº 9.527, de 10-12-1997, quando iguais ou inferiores a trinta dias, não geram direito à remuneração correspondente ao cargo ou função substituída.

24. O tempo de serviço do segurado trabalhador rural anterior ao advento da Lei nº 8.213/1991, sem o recolhimento de contribuições previdenciárias, pode ser considerado para a concessão de benefício previdenciário do Regime Geral de Previdência Social (RGPS), exceto para efeito de carência, conforme a regra do art. 55, § 2º, da Lei nº 8.213/1991.

25. A revisão dos valores dos benefícios previdenciários, prevista no art. 58 do ADCT, deve ser feita com base no número de salários mínimos apurado na data da concessão, e não no mês de recolhimento da última contribuição.

26. A atividade de vigilante enquadra-se como especial, equiparando-se à de guarda, elencada no item 2.5.7 do Anexo III do Decreto nº 53.831/1964.

27. A ausência de registro em órgão do Ministério do Trabalho não impede a comprovação do desemprego por outros meios admitidos em Direito.

28. Encontra-se prescrita a pretensão de ressarcimento de perdas sofridas na atualização monetária da conta do Plano de Integração Social – PIS, em virtude de expurgos ocorridos por ocasião dos Planos Econômicos Verão e Collor I.

29. Para os efeitos do art. 20, § 2º, da Lei nº 8.742, de 1993, incapacidade para a vida independente não é só aquela que impede as atividades mais elementares da pessoa, mas também a impossibilita de prover ao próprio sustento.

30. Tratando-se de demanda previdenciária, o fato de o imóvel ser superior ao módulo rural não afasta, por si só, a qualificação de seu proprietário como segurado especial, desde que comprovada, nos autos, a sua exploração em regime de economia familiar.

31. A anotação na CTPS decorrente de sentença trabalhista homologatória constitui início de prova material para fins previdenciários.

32. *Cancelada*. *DOU* de 11-10-2013.

33. Quando o segurado houver preenchido os requisitos legais para concessão da aposentadoria por tempo de serviço na data do requerimento administrativo, esta data será o termo inicial da concessão do benefício.

34. Para fins de comprovação do tempo de labor rural, o início de prova material deve ser contemporâneo à época dos fatos a provar.

35. A Taxa SELIC, composta por juros de mora e correção monetária, incide nas repetições de indébito tributário.

36. Não há vedação legal à cumulação da pensão por morte de trabalhador rural com o benefício da aposentadoria por invalidez, por apresentarem pressupostos fáticos e fatos geradores distintos.

▸ Art. 124 da Lei nº 8.213, de 24-7-1991 (Lei dos Planos de Benefícios da Previdência Social).

37. A pensão por morte, devida ao filho até os 21 anos de idade, não se prorroga pela pendência do curso universitário.

38. Aplica-se subsidiariamente a Tabela de Cálculos de Santa Catarina aos pedidos de revisão de RMI – OTN/ORTN, na atualização dos salários de contribuição.

39. Nas ações contra a Fazenda Pública, que versem sobre pagamento de diferenças decorrentes de reajuste nos vencimentos de servidores públicos, ajuizadas após 24-8-2001, os juros de mora devem ser fixados em 6% (seis por cento) ao ano (art. 1º-F da Lei nº 9.494/1997).

40. Nenhuma diferença é devida a título de correção monetária dos depósitos do FGTS, relativos ao mês de fevereiro de 1989.

41. A circunstância de um dos integrantes do núcleo familiar desempenhar atividade urbana não implica, por si só, a descaracterização do trabalhador rural como segurado especial, condição que deve ser analisada no caso concreto.

▸ Art. 11, VII, da Lei nº 8.213, de 24-7-1991 (Lei dos Planos de Benefícios da Previdência Social).

42. Não se conhece de incidente de uniformização que implique reexame de matéria de fato.

43. Não cabe incidente de uniformização que verse sobre matéria processual.

▸ Questão de Ordem nº 29 dispõe que, nos casos de incidência das Súmulas nºs 42 e 43, o Presidente ou o Relator determinará a devolução imediata dos autos à Turma Recursal de origem.

44. Para efeito de aposentadoria urbana por idade, a tabela progressiva de carência prevista no art. 142 da Lei nº 8.213/1991 deve ser aplicada em função do ano em que o segurado completa a idade mínima para concessão do benefício, ainda que o período de carência só seja preenchido posteriormente.

45. Incide correção monetária sobre o salário-maternidade desde a época do parto, independentemente da data do requerimento administrativo.

46. O exercício de atividade urbana intercalada não impede a concessão de benefício previdenciário de trabalhador rural, condição que deve ser analisada no caso concreto.

47. Uma vez reconhecida a incapacidade parcial para o trabalho, o juiz deve analisar as condições pessoais e sociais do segurado para a concessão de aposentadoria por invalidez.

48. Para fins de concessão do benefício assistencial de prestação continuada, o conceito de pessoa com deficiência, que não se confunde necessariamente com situação de incapacidade laborativa, exige a configuração de impedimento de longo prazo com duração mínima de 2 (dois) anos, a ser aferido no caso concreto, desde o início do impedimento até a data prevista para a sua cessação.

▶ Redação alterada na Sessão de 25-4-2019 (*DJe* de 29-4-2019).

49. Para reconhecimento de condição especial de trabalho antes de 29-4-1995, a exposição a agentes nocivos à saúde ou à integridade física não precisa ocorrer de forma permanente.

50. É possível a conversão do tempo de serviço especial em comum do trabalho prestado em qualquer período.

51. *Cancelada. DJe* de 20-9-2017.

52. Para fins de concessão de pensão por morte, é incabível a regularização do recolhimento de contribuições de segurado contribuinte individual posteriormente a seu óbito, exceto quando as contribuições devam ser arrecadadas por empresa tomadora de serviços.

53. Não há direito a auxílio-doença ou a aposentadoria por invalidez quando a incapacidade para o trabalho é preexistente ao reingresso do segurado no Regime Geral de Previdência Social.

54. Para a concessão de aposentadoria por idade de trabalhador rural, o tempo de exercício de atividade equivalente à carência deve ser aferido no período imediatamente anterior ao requerimento administrativo ou à data do implemento da idade mínima.

55. A conversão do tempo de atividade especial em comum deve ocorrer com aplicação do fator multiplicativo em vigor na data da concessão da aposentadoria.

56. O prazo de trinta anos para prescrição da pretensão à cobrança de juros progressivos sobre saldo de conta vinculada ao FGTS tem início na data em que deixou de ser feito o crédito e incide sobre cada prestação mensal.

57. O auxílio-doença e a aposentadoria por invalidez não precedida de auxílio-doença, quando concedidos na vigência da Lei nº 9.876/1999, devem ter o salário de benefício apurado com base na média aritmética simples dos maiores salários de contribuição correspondentes a 80% do período contributivo, independentemente da data de filiação do segurado ou do número de contribuições mensais no período contributivo.

▶ Redação retificada no *DOU* de 4-7-2012.

58. Não é devido o reajuste na indenização de campo por força da alteração trazida pelo Decreto nº 5.554/2005.

▶ Redação retificada no *DOU* de 4-7-2012.

59. A ausência de declaração do objeto postado não impede a condenação da ECT a indenizar danos decorrentes do extravio, desde que o conteúdo da postagem seja demonstrado por outros meios de prova admitidos em direito.

▶ Redação retificada no *DOU* de 4-7-2012.

60. *Cancelada.* Sessão de 16-3-2016 (*DOU* de 21-3-2016).

61. *Cancelada. DOU* de 11-10-2013.

62. O segurado contribuinte individual pode obter reconhecimento de atividade especial para fins previdenciários, desde que consiga comprovar exposição a agentes nocivos à saúde ou à integridade física.

63. A comprovação de união estável para efeito de concessão de pensão por morte prescinde de início de prova material.

64. *Cancelada.* Sessão de 18-6-2015.

65. Os benefícios de auxílio-doença, auxílio-acidente e aposentadoria por invalidez concedidos no período de 28-3-2005 a 20-7-2005 devem ser calculados nos termos da Lei nº 8.213/1991, em sua redação anterior à vigência da Medida Provisória nº 242/2005.

66. O servidor público ex-celetista que trabalhava sob condições especiais antes de migrar para o regime estatutário tem direito adquirido à conversão do tempo de atividade especial em tempo comum com o devido acréscimo legal, para efeito de contagem recíproca no regime previdenciário próprio dos servidores públicos.

67. O auxílio-alimentação recebido em pecúnia por segurado filiado ao Regime Geral da Previdência Social integra o salário de contribuição e sujeita-se à incidência de contribuição previdenciária.

68. O laudo pericial não contemporâneo ao período trabalhado é apto à comprovação da atividade especial do segurado.

69. O tempo de serviço prestado em empresa pública ou em sociedade de economia mista por servidor público federal somente pode ser contado para efeitos de aposentadoria e disponibilidade.

70. A atividade de tratorista pode ser equiparada à de motorista de caminhão para fins de reconhecimento de atividade especial mediante enquadramento por categoria profissional.

71. O mero contato do pedreiro com o cimento não caracteriza condição especial de trabalho para fins previdenciários.

72. É possível o recebimento de benefício por incapacidade durante período em que houve exercício de atividade remunerada quando comprovado que o segurado estava incapaz para as atividades habituais na época em que trabalhou.

73. O tempo de gozo de auxílio-doença ou de aposentadoria por invalidez não decorrentes de acidente de trabalho só pode ser computado como tempo de contribuição ou para fins de carência quando intercalado entre períodos nos quais houve recolhimento de contribuições para a previdência social.

74. O prazo de prescrição fica suspenso pela formulação de requerimento administrativo e volta a correr pelo saldo remanescente após a ciência da decisão administrativa final.

75. A Carteira de Trabalho e Previdência Social (CTPS) em relação à qual não se aponta defeito formal que lhe comprometa a fidedignidade goza de presunção relativa de veracidade, formando prova suficiente de tempo de serviço para fins previdenciários, ainda que a anotação de vínculo de emprego não conste no Cadastro Nacional de Informações Sociais (CNIS).

76. A averbação de tempo de serviço rural não contributivo não permite majorar o coeficiente de cálculo da renda mensal inicial de aposentadoria por idade previsto no art. 50 da Lei nº 8.213/1991.

77. O julgador não é obrigado a analisar as condições pessoais e sociais quando não reconhecer a incapacidade do requerente para a sua atividade habitual.

78. Comprovado que o requerente de benefício é portador do vírus HIV, cabe ao julgador verificar as condições pessoais, sociais, econômicas e culturais, de forma a analisar a incapacidade em sentido amplo, em face da elevada estigmatização social da doença.

79. Nas ações em que se postula benefício assistencial, é necessária a comprovação das condições socioeconômicas do autor por laudo de assistente social, por auto de constatação lavrado por oficial de justiça ou, sendo inviabilizados os referidos meios, por prova testemunhal.

80. Nos pedidos de benefício de prestação continuada (LOAS), tendo em vista o advento da Lei nº 12.470/2011, para adequada valoração dos fatores ambientais, sociais, econômicos e pessoais que impactam na participação da pessoa com deficiência na sociedade, é necessária a realização de avaliação social por assistente social ou outras providências aptas a revelar a efetiva condição vivida no meio social pelo requerente.

81. A impugnação de ato de indeferimento, cessação ou cancelamento de benefício previdenciário não se submete a qualquer prazo extintivo, seja em relação à revisão desses atos, seja em relação ao fundo de direito.

▶ Redação alterada em 9-12-2020 (*DJe* de 11-12-2020).

82. O código 1.3.2 do quadro anexo ao Decreto nº 53.831/1964, além dos profissionais da área da saúde, contempla os trabalhadores que exercem atividades de serviços gerais em limpeza e higienização de ambientes hospitalares.

83. A partir da entrada em vigor da Lei n. 8.870/1994, o décimo terceiro salário não integra o salário de contribuição para fins de cálculo do salário de benefício.

▶ Publicada no *DOU* de 21-3-2016.

84. Comprovada a situação de desemprego por mais de 3 anos, o trabalhador tem direito ao saque dos valores depositados em sua conta individual do PIS.

▶ Publicada no *DOU* de 14-6-2017.

85. É possível a conversão de tempo comum em especial de período(s) anterior(es) ao advento da Lei nº 9.032/1995 (que alterou a redação do § 3º do art. 57 da Lei nº 8.213/1991), desde que todas as condições legais para a concessão do benefício pleiteado tenham sido atendidas antes da publicação da referida lei, independentemente da data de entrada do requerimento (DER).

▶ Publicada no *DOU* de 29-8-2018.

86. *Cancelada. DOU* de 1º-9-2021.

87. A eficácia do EPI não obsta o reconhecimento de atividade especial exercida antes de 3-12-1998, data de início da vigência da MP nº 1.729/1998, convertida na Lei nº 9.732/1998.

▶ Publicada no *DOU* de 26-2-2019 e de 7-3-2019 e no *DJe* de 14-3-2019.

SÚMULAS DO CONSELHO PLENO DO CONSELHO FEDERAL DA ORDEM DOS ADVOGADOS DO BRASIL

1. Prescrição.

I – O termo inicial para contagem do prazo prescricional, na hipótese de processo disciplinar decorrente de representação, a que se refere o *caput* do art. 43 do EAOAB, é a data da constatação oficial do fato pela OAB, considerada a data do protocolo da representação ou a data das declarações do interessado tomadas por termo perante órgão da OAB, a partir de quando começa a fluir o prazo de cinco (5) anos, o qual será interrompido nas hipóteses dos incisos I e II do § 2º do art. 43 do EAOAB, voltando a correr por inteiro a partir do fato interruptivo.

II – Quando a instauração do processo disciplinar se der *ex officio*, o termo *a quo* coincidirá com a data em que o órgão competente da OAB tomar conhecimento do fato, seja por documento constante dos autos, seja pela sua notoriedade.

III – A prescrição intercorrente de que trata o § 1º do art. 43 do EAOAB, verificada pela paralisação do processo por mais de três (3) anos sem qualquer despacho ou julgamento, é interrompida e recomeça a fluir pelo mesmo prazo, a cada despacho de movimentação do processo.

2. Advocacia. Concorrência. Consumidor.

I – A Lei da Advocacia é especial e exauriente, afastando a aplicação, às relações entre clientes e advogados, do sistema normativo da defesa da concorrência.

II – O cliente de serviços de advocacia não se identifica com o consumidor do Código de Defesa do Consumidor – CDC. Os pressupostos filosóficos do CDC e do EAOAB são antípodas e a Lei nº 8.906/1994 esgota toda a matéria, descabendo a aplicação subsidiária do CDC.

3. Advogado. OAB. Pagamento de anuidades. Obrigatoriedade. Suspensão. Licença.

I – É obrigatório o pagamento de anuidades pelo advogado suspenso temporariamente de suas atividades profissionais;

II – O advogado regularmente licenciado do exercício profissional não está sujeito ao pagamento das anuidades, sendo, contudo, obrigatória sua manifestação expressa de opção nesse sentido, presumindo-se, com a ausência de requerimento correspondente, que pretende fazer jus aos benefícios proporcionados pela OAB, com a manutenção da obrigatoriedade do respectivo recolhimento.

4. Advogado. Contratação. Administração pública. Inexigibilidade de licitação. Atendidos os requisitos do inciso II do art. 25 da Lei nº 8.666/1993, é inexigível procedimento licitatório para contratação de serviços advocatícios pela Administração Pública, dada a singularidade da atividade, a notória especialização e a inviabilização objetiva de competição, sendo inaplicável à espécie o disposto no art. 89 (*in totum*) do referido diploma legal.

- ► A Lei nº 8.666, de 21-6-1993, foi revogada pela Lei nº 14.133, de 1º-4-2021.
- ► Art. 74, III, da Lei nº 14.133, de 1º-4-2021 (Nova Lei de Licitações e Contratos Administrativos).

5. Advogado. Dispensa ou inexigibilidade de licitação. Contratação. Poder Público. Não poderá ser responsabilizado, civil ou criminalmente, o advogado que, no regular exercício do seu mister, emite parecer técnico opinando sobre dispensa ou inexigibilidade de licitação para contratação pelo Poder Público, porquanto inviolável nos seus atos e manifestações no exercício profissional, nos termos do art. 2º, § 3º, da Lei nº 8.906/1994 (Estatuto da Advocacia e da OAB).

6. Inscrição. Idoneidade. Nos processos de inscrição, o Conselho competente poderá suscitar incidente de apuração de idoneidade, quando se tratar de pessoa que de forma grave ou reiterada tenha ofendido as prerrogativas da advocacia, assegurando-se o contraditório e a ampla defesa.

7. Desagravo público. Art. 7º, XVII e § 5º, da Lei nº 8.906/94 (Estatuto da Advocacia e da OAB). Arts. 18 e 19 do Regulamento Geral do EAOAB. Ato político interno. Ausência de legitimação da pessoa ou autoridade ofensora para interpor recurso em face de decisão que deferiu o desagravo público.

8. Processo de exclusão – instrução e julgamento. Compete exclusivamente ao Pleno do Conselho Seccional o julgamento dos processos de exclusão, mediante a manifestação favorável de dois terços dos seus membros, após a necessária instrução e julgamento dos referidos processos perante o Tribunal de Ética e Disciplina (art. 38, parágrafo único, c/c art. 70, § 1º, ambos da Lei nº 8.906/1994 – Estatuto da Advocacia e da OAB).

9. Inidoneidade moral. Violência contra a mulher. Análise do Conselho Seccional da OAB. Requisitos para a inscrição nos quadros da Ordem dos Advogados do Brasil. Inidoneidade moral. A prática de violência contra a mulher, assim definida na "Convenção Interamericana para Prevenir, Punir e Erradicar a Violência contra a Mulher – 'Convenção de Belém do Pará' (1994)", constitui fator apto a demonstrar a ausência de idoneidade moral para a inscrição de bacharel em Direito nos quadros da OAB, independente da instância criminal, assegurado ao Conselho Seccional a análise de cada caso concreto.

10. Inidoneidade moral. Violência contra crianças e adolescentes, idosos e pessoas com deficiência física ou mental. Análise do Conselho Seccional da OAB. Requisitos para a inscrição nos quadros da Ordem dos Advogados do Brasil. Inidoneidade moral. A prática de violência contra crianças e adolescentes, idosos e pessoas com deficiência física ou mental constitui fator apto a demonstrar a ausência de idoneidade moral para a inscrição de bacharel em Direito nos quadros da OAB, independente da instância criminal, assegurado ao Conselho Seccional a análise de cada caso concreto.

11. Inidoneidade moral. Violência contra pessoa LGBTI+. Análise do Conselho Seccional da OAB. Requisitos para a inscrição nos quadros da Ordem dos Advogados do Brasil. Inidoneidade moral. A prática de violência contra pessoas LGBTI+, em razão da Orientação Sexual, Identidade de Gênero e Expressão de Gênero, constitui fator apto a demonstrar a ausência de idoneidade moral para inscrição de bacharel em Direito nos quadros da OAB, independente da instância criminal, assegurado ao Conselho Seccional a análise do cada caso concreto.

12. Prerrogativas. Violação ao sigilo telefônico, telemático, eletrônico e de dados. É crime contra as prerrogativas da advocacia a violação ao sigilo telefônico, telemático, eletrônico e de dados do advogado, mesmo que seu cliente seja alvo de interceptação de comunicações.

ÍNDICE POR ASSUNTOS

ÍNDICE POR ASSUNTOS DAS LEGISLAÇÕES, SÚMULAS, OJ, PRECEDENTES NORMATIVOS E EMENTAS DA SRT

A

Vade Mecum
Acadêmico de Direito
Rideel

2025
2º SEMESTRE

REGIMENTOS INTERNOS

EXPOSIÇÕES DE MOTIVOS

ENUNCIADOS

41ª
EDIÇÃO

ORGANIZAÇÃO:
ANNE JOYCE ANGHER

ATUALIZAÇÃO On-line

EDITORA RIDEEL
Quem tem Rideel tem mais.

EXPEDIENTE

FUNDADOR	Italo Amadio (*in memoriam*)
DIRETORA EDITORIAL	Katia F. Amadio
EQUIPE TÉCNICA	Giovanna Homma
	Mayara Sobrane
EDITORA	Mônica Ibiapino
PROJETO GRÁFICO	Sergio A. Pereira
REVISÃO	Equipe Rideel
DIAGRAMAÇÃO	Sheila Fahl/Projeto e Imagem

ORGANIZAÇÃO

Anne Joyce Angher

ELABORAÇÃO DAS NOTAS REMISSIVAS:

CONSTITUIÇÃO FEDERAL	Marcos Antônio Oliveira Fernandes
CÓDIGO CIVIL, CÓDIGO DE PROCESSO CIVIL	Anne Joyce Angher
CÓDIGO PENAL, CÓDIGO DE PROCESSO PENAL	Ricardo Vergueiro Figueiredo
CÓDIGO COMERCIAL	Aclibes Burgarelli
CÓDIGO DE DEFESA DO CONSUMIDOR	Anne Joyce Angher
CÓDIGO TRIBUTÁRIO NACIONAL	Kiyoshi Harada
CÓDIGO ELEITORAL	Luciana Nepomuceno
	Raphael Perissé Rodrigues Barbosa (19ª ed.)
	José Nepomuceno Silva (*in memoriam*)
CONSOLIDAÇÃO DAS LEIS DO TRABALHO	Fabiano Coelho de Souza e Platon Teixeira de Azevedo Neto
	Estêvão Mallet e Marcos Neves Fava (da 14ª a 18ª ed.)
LEGISLAÇÃO DE DIREITO PREVIDENCIÁRIO	Nilson Martins Lopes Júnior
LEGISLAÇÃO DE DIREITO ADMINISTRATIVO	Anderson Jamil Abrahão
LEGISLAÇÃO DE DIREITO AMBIENTAL	Luis Paulo Sirvinskas
LEGISLAÇÃO DE DIREITO INTERNACIONAL	Aziz Tuffi Saliba

Edição atualizada até 18-7-2025

EDITORA RIDEEL

e-mail: sac@rideel.com.br
www.editorarideel.com.br

ABDR
EDITORA AFILIADA

1 3 5 7 9 8 6 4 2
0 7 2 5

APRESENTAÇÃO

Com o avanço das atualizações e novidades legislativas publicamos um material à parte, para abranger todo o conteúdo e oferecer sempre o *Vade Mecum* mais completo do mercado.

Neste material você contará com Regimentos Internos (STF e STJ), Exposições de Motivos e Enunciados (SRT e Jornadas), que são os conteúdos restritos na maioria dos exames, de forma isolada, facilitando ainda mais sua consulta na hora da prova.

Visando garantir a melhor experiência possível para o leitor, a Editora Rideel disponibiliza, gratuitamente, as atualizações publicadas no *DOU* e *DJe*, até 31-10-2025, que afetem o conteúdo veiculado nesta edição, com a mesma diagramação da página do livro, no *site* www.apprideel.com.br. Basta acessar o *site* e inserir o número do ISBN da obra.

Esta Editora, sempre empenhada em aprimorar seus livros, permanece receptiva às críticas e sugestões pelo *e-mail*: sac@rideel.com.br.

O Editor

ÍNDICE GERAL

Regimentos Internos dos Tribunais Superiores

Exposições de Motivos

Enunciados

REGIMENTOS INTERNOS

REGIMENTO INTERNO DO SUPREMO TRIBUNAL FEDERAL

► Publicado no *DJU* de 27-10-1980.

DISPOSIÇÃO INICIAL

Art. 1º Este Regimento estabelece a composição e a competência dos órgãos do Supremo Tribunal Federal, regula o processo e o julgamento dos feitos que lhe são atribuídos pela Constituição da República e a disciplina dos seus serviços.

► Art. 102, I, *c*, da CF.

PARTE I – DA ORGANIZAÇÃO E COMPETÊNCIA

TÍTULO I – DO TRIBUNAL

CAPÍTULO I – DA COMPOSIÇÃO DO TRIBUNAL

Art. 2º O Tribunal compõe-se de onze Ministros, tem sede na Capital da República e jurisdição em todo território nacional.

Parágrafo único. O Presidente e Vice-Presidente são eleitos pelo Tribunal, dentre os Ministros.

Art. 3º São órgãos do Tribunal o Plenário, as Turmas e o Presidente.

Art. 4º As Turmas são constituídas de cinco Ministros.

§ 1º A Turma é presidida pelo Ministro mais antigo dentre seus membros, por um período de um ano, vedada a recondução, até que todos os seus integrantes hajam exercido a Presidência, observada a ordem decrescente de antiguidade.

§ 2º É facultado ao Ministro mais antigo recusar a Presidência, desde que o faça antes da proclamação de sua escolha.

§ 3º Na hipótese de vacância do cargo de Presidente de Turma, assumir-lhe-á, temporariamente, a Presidência o Ministro mais antigo que nela tiver assento.

§ 4º A escolha do Presidente da Turma, observado o critério estabelecido no § 1º deste artigo, dar-se-á na última sessão ordinária da Turma que preceder a cessação ordinária do mandato anual, ressalvada a situação prevista no parágrafo seguinte.

► §§ 1º a 4º com a redação dada pela ER nº 25, de 26-6-2008.

§ 5º Se a Presidência da Turma vagar-se por outro motivo, a escolha a que se refere o § 4º deste artigo dar-se-á na sessão ordinária imediatamente posterior à ocorrência da vaga, hipótese em que o novo Presidente exercerá, por inteiro, o mandato de um ano a contar da data de sua investidura.

§ 6º Considera-se empossado o sucessor, em qualquer das situações a que se referem os §§ 4º e 5º deste artigo, na mesma data de sua escolha para a Presidência da Turma, com início e exercício do respectivo mandato a partir da primeira sessão subsequente.

§ 7º O Presidente da Turma é substituído, nas suas ausências ou impedimentos eventuais ou temporários, pelo Ministro mais antigo dentre os membros que a compõem.

§ 8º O Presidente do Tribunal, ao deixar o cargo, passa a integrar a Turma de que sai o novo Presidente.

§ 9º O Ministro que for eleito Vice-Presidente permanece em sua Turma.

§ 10. O Ministro que se empossa no Supremo Tribunal Federal integra a Turma onde existe a vaga.

► §§ 5º a 10 acrescidos pela ER nº 25, de 26-6-2008.

CAPÍTULO II – DA COMPETÊNCIA DO PLENÁRIO

Art. 5º Compete ao Plenário processar e julgar originariamente:

I – nos crimes comuns, o Presidente da República, o Vice-Presidente da República, os Deputados e Senadores, os Ministros do Supremo Tribunal Federal e o Procurador-Geral da República, e nos crimes comuns e de responsabilidade, os Ministros de Estado e os Comandantes da Marinha, do Exército e da Aeronáutica, ressalvado o disposto no art. 52, I, da Constituição Federal, os membros dos Tribunais Superiores, os do Tribunal de Contas da União e os chefes de missão diplomática de caráter permanente, bem como apreciar pedidos de arquivamento por atipicidade da conduta.

► Inciso I com a redação dada pela ER nº 57, de 16-10-2020.

II – *Revogado*. ER nº 49, de 3-6-2014;

III – os litígios entre Estados estrangeiros ou organismos internacionais e a União, os Estados, o Distrito Federal ou os Territórios;

IV – as causas e conflitos entre a União, os Estados, o Distrito Federal e os Territórios ou entre uns e outros, inclusive os respectivos órgãos da administração indireta;

V – os mandados de segurança contra atos do Presidente da República, das Mesas da Câmara e do Senado Federal, do Supremo Tribunal Federal, bem como os impetrados pela União contra atos de governos estaduais, ou por um Estado contra outro;

► Inciso V com a redação dada pela ER nº 49, de 3-6-2014.

VI – a declaração de suspensão de direitos prevista no art. 154 da Constituição;

VII – a representação do Procurador-Geral da República, por inconstitucionalidade ou para interpretação de lei ou ato normativo federal ou estadual;

VIII – a requisição de intervenção federal nos Estados, ressalvada a competência do Tribunal Superior Eleitoral prevista no art. 11, § 1º, *b*, da Constituição;

IX – o pedido de avocação e as causas avocadas a que se refere o art. 119, I, *o*, da Constituição;

X – o pedido de medida cautelar nas representações oferecidas pelo Procurador-Geral da República;

XI – as ações contra atos individuais do Presidente do Conselho Nacional de Justiça e do Presidente do Conselho Nacional do Ministério Público;

► Inciso XI acrescido pela ER nº 49, de 3-6-2014.

XII – apreciar, *ad referendum*, decisão do relator sobre pedido de tutela de urgência, quando o objeto de questionamento for ato do Presidente da República, do Presidente da Câmara dos Deputados, do Presidente do Senado Federal e do Presidente do Supremo Tribunal Federal.

► Inciso XII acrescido pela ER nº 54, de 1º-7-2020.

Art. 6º Também compete ao Plenário:

I – processar e julgar originariamente:

a) o *habeas corpus*, quando for coator ou paciente o Presidente da República, a Câmara, o Senado, o próprio Tribunal ou qualquer de seus Ministros, o Conselho Nacional da Magistratura, o Procurador-Geral da República, ou quando a coação provier do Tribunal Superior Eleitoral, ou, nos casos do art. 129, § 2º, da Constituição, do Superior Tribunal Militar, bem assim quando se relacionar com extradição requisitada por Estado estrangeiro;

b) a revisão criminal de julgado do Tribunal;

c) a ação rescisória de julgado do Tribunal;

d a f) *Revogadas*. ER nº 45, de 10-6-2011;

g) *Revogada*. ER nº 49, de 3-6-2014;

h) as arguições de suspeição;

i) *Revogada*. ER nº 45, de 10-6-2011.

II – julgar:

a) além do disposto no art. 5º, VII, as arguições de inconstitucionalidade suscitadas nos demais processos;

b) os processos remetidos pelas Turmas e os incidentes de execução que, de acordo com o art. 343, lhe forem submetidos;

c) os *habeas corpus* remetidos ao seu julgamento pelo Relator;

d) o agravo regimental contra ato do Presidente e contra despacho do Relator nos processos de sua competência;

III – julgar em recurso ordinário:

a) os *habeas corpus* denegados pelo Tribunal Superior Eleitoral ou, nos casos do art. 129, § 2º, da Constituição, pelo Superior Tribunal Militar;

b) os *habeas corpus* denegados pelo Tribunal Federal de Recursos, quando for coator Ministro de Estado;

► Art. 105, I, *c*, da CF.

c) a ação penal julgada pelo Superior Tribunal Militar, quando o acusado for Governador ou Secretário de Estado;

d) as causas em que forem partes Estado estrangeiro ou organismo internacional, de um lado, e, de outro, município ou pessoa domiciliada ou residente no país;

IV – julgar, em grau de embargos, os processos decididos pelo Plenário ou pelas Turmas, nos casos previstos neste regimento.

Parágrafo único. Nos casos das letras *a* e *b* do inciso III, o recurso ordinário não poderá ser substituído por pedido originário.

Art. 7º Compete ainda ao Plenário:

I – eleger o Presidente e o Vice-Presidente do Tribunal e os membros do Conselho Nacional da Magistratura;

II – eleger, dentre os Ministros, os que devam compor o Tribunal Superior Eleitoral e organizar, para o mesmo fim, as listas de advogados de notável saber jurídico e idoneidade moral a serem submetidas ao Presidente da República;

III – elaborar e votar o Regimento do Tribunal e nele dispor sobre os recursos do art. 119, III, *a* e *d*, da Constituição, atendendo à natureza, espécie ou valor pecuniário das causas em que forem interpostos, bem como à relevância da questão federal;

IV – resolver as dúvidas que forem submetidas pelo Presidente ou pelos Ministros sobre a ordem do serviço ou a interpretação e a execução do Regimento;

V – criar comissões temporárias;
VI – conceder licença ao Presidente e, por mais de três meses, aos Ministros;
VII – deliberar sobre a inclusão, alteração e cancelamento de enunciados da Súmula da Jurisprudência Predominante do Supremo Tribunal Federal;
VIII – decidir, administrativamente, sobre o encaminhamento de solicitação de opinião consultiva ao Tribunal Permanente de Revisão do MERCOSUL, mediante prévio e necessário juízo de admissibilidade do pedido e sua pertinência processual a ser relatado pelo Presidente do Supremo Tribunal Federal.

▸ Inciso VIII acrescido pela ER nº 48, de 3-4-2012 (publicada do *DJE* de 10-4-2012 e retificada no *DJE* de 13-4-2012).

Art. 8º Compete ao Plenário e às Turmas, nos feitos de sua competência:

I – julgar o agravo regimental, o de instrumento, os embargos declaratórios e as medidas cautelares;
II – censurar ou advertir os juízes das instâncias inferiores e condená-los nas custas, sem prejuízo da competência do Conselho Nacional da Magistratura;
III – homologar as desistências requeridas em sessão, antes de iniciada a votação;
IV – representar à autoridade competente quando, em autos ou documentos de que conhecer, houver indício de crime de ação pública;
V – mandar riscar expressões desrespeitosas em requerimentos, pareceres ou quaisquer alegações submetidas ao Tribunal.

CAPÍTULO III
DA COMPETÊNCIA DAS TURMAS

Art. 9º Além do disposto no art. 8º, compete às Turmas:

I – processar e julgar originariamente:
a) o *habeas corpus*, quando o coator ou paciente for Tribunal, funcionário ou autoridade, cujos atos estejam diretamente subordinados à jurisdição do Supremo Tribunal Federal, ou se tratar de crime sujeito à mesma jurisdição em única instância, ressalvada a competência do Plenário;
b) os incidentes de execução que, de acordo com o art. 343, III, lhes forem submetidos;
c) a reclamação que vise a preservar a competência do Tribunal ou a garantir a autoridade de suas decisões ou Súmulas Vinculantes;
d) os mandados de segurança contra atos do Tribunal de Contas da União e do Procurador-Geral da República.

▸ Alíneas *c* e *d* com a redação dada pela ER nº 49, de 3-6-2014.

e) os mandados de injunção contra atos do Tribunal de Contas da União e dos Tribunais Superiores;
f) os *habeas data* contra atos do Tribunal de Contas da União e do Procurador-Geral da República;
g) a ação em que todos os membros da magistratura sejam direta ou indiretamente interessados, e aquela em que mais da metade dos membros do tribunal de origem estejam impedidos ou sejam direta ou indiretamente interessados;
h) a extradição requisitada por Estado estrangeiro;

▸ Alíneas *e* a *h* acrescidas pela ER nº 45, de 10-6-2011.

i) as ações contra o Conselho Nacional de Justiça ou contra o Conselho Nacional do Ministério Público, ressalvada a competência do Plenário;

▸ Alínea *i* acrescida pela ER nº 49, de 3-6-2014.

j e k) *Revogadas*. ER nº 57, de 16-10-2020.

II – julgar em recurso ordinário:
a) os *habeas corpus* denegados em única ou última instância pelos tribunais locais ou federais, ressalvada a competência do Plenário;
b) a ação penal nos casos do art. 129, § 1º, da Constituição, ressalvada a hipótese prevista no art. 6º, inciso III, letra c.

III – julgar, em recurso extraordinário, as causas a que se referem os arts. 119, III, 139 e 143 da Constituição, observado o disposto no art. 11 e seu parágrafo único.

Parágrafo único. No caso da letra *a* do inciso II, o recurso ordinário não poderá ser substituído por pedido originário.

Art. 10. A Turma que tiver conhecimento da causa ou de algum de seus incidentes, inclusive de agravo para subida de recurso denegado ou procrastinado na instância de origem, tem jurisdição preventa para os recursos, reclamações e incidentes posteriores, mesmo em execução, ressalvada a competência do Plenário e do Presidente do Tribunal.

▸ *Caput* com a redação dada pela ER nº 9, de 8-10-2001.

§ 1º Prevalece o disposto neste artigo, ainda que a Turma haja submetido a causa, ou algum de seus incidentes, ao julgamento do Plenário.

§ 2º A prevenção, se não reconhecida de ofício, poderá ser arguida por qualquer das partes ou pelo Procurador-Geral até o início do julgamento pela outra Turma.

§ 3º Desaparecerá a prevenção se da Turma não fizer parte nenhum dos Ministros que funcionaram em julgamento anterior ou se tiver havido total alteração da composição das Turmas.

§ 4º Salvo o caso do parágrafo anterior, prevenção do relator que deixe o Tribunal comunica-se à Turma.

▸ § 4º acrescido pela ER nº 34, de 7-8-2009.

Art. 11. A Turma remeterá o feito ao julgamento do Plenário independente de acórdão e de nova pauta:

I – quando considerar relevante a arguição de inconstitucionalidade ainda não decidida pelo Plenário, e o Relator não lhe houver afetado o julgamento;
II – quando, não obstante decidida pelo Plenário, a questão de inconstitucionalidade, algum Ministro propuser o seu reexame;
III – quando algum Ministro propuser revisão da jurisprudência compendiada na Súmula.

Parágrafo único. Poderá a Turma proceder da mesma forma, nos casos do art. 22, parágrafo único, quando não o houver feito o Relator.

CAPÍTULO IV
DO PRESIDENTE E DO VICE-PRESIDENTE

Art. 12. O Presidente e o Vice-Presidente têm mandato por dois anos, vedada a reeleição para o período imediato.

§ 1º Proceder-se-á à eleição, por voto secreto, na segunda sessão ordinária do mês anterior ao da expiração do mandato, ou na segunda sessão ordinária imediatamente posterior à ocorrência de vaga por outro motivo.

§ 2º O *quorum* para a eleição é de oito Ministros; se não alcançado, será designada sessão extraordinária para a data mais próxima, convocados os Ministros ausentes.

§ 3º Considera-se presente à eleição o Ministro, mesmo licenciado, que enviar o seu voto, em sobrecarta fechada, que será aberta publicamente pelo Presidente, depositando-se a cédula na urna, sem quebra do sigilo.

§ 4º Está eleito, em primeiro escrutínio, o Ministro que obtiver número de votos superior à metade dos membros do Tribunal.

§ 5º Em segundo escrutínio, concorrerão somente os dois Ministros mais votados no primeiro.

§ 6º Não alcançada, no segundo escrutínio, a maioria a que se refere o § 4º, proclamar-se-á eleito, dentre os dois, o mais antigo.

§ 7º Realizar-se-á a posse, em sessão solene, em dia e hora marcados naquela em que se proceder à eleição.

§ 8º Os mandatos do Presidente e do Vice-Presidente estender-se-ão até a posse dos respectivos sucessores, se marcada para data excedente do biênio.

Art. 13. São atribuições do Presidente:

I – velar pelas prerrogativas do Tribunal;
II – representá-lo perante os demais poderes e autoridades;
III – dirigir-lhe os trabalhos e presidir-lhe as sessões plenárias, cumprindo e fazendo cumprir este Regimento;
IV – *Suprimido*. ER nº 18, de 2-8-2006;
V – despachar:
a) antes da distribuição, o pedido de assistência judiciária;
b) a reclamação por erro de ata referente à sessão que lhe caiba presidir;
c) como Relator, nos termos dos arts. 932 e 1.042 do Código de Processo Civil, até eventual distribuição, as petições, os recursos extraordinários e os agravos em recurso extraordinário ineptos ou manifestamente inadmissíveis, inclusive por incompetência, intempestividade, deserção, prejuízo ou ausência de preliminar formal e fundamentada de repercussão geral, bem como aqueles cujo tema seja destituído de repercussão geral, conforme jurisprudência do Tribunal;
d) como Relator, nos termos dos arts. 932 e 1.042 do Código de Processo Civil, até eventual distribuição, os recursos extraordinários e os agravos que veiculem pretensão contrária à jurisprudência dominante ou a súmula do Supremo Tribunal Federal;

▸ Alíneas *c* e *d* com a redação dada pela ER nº 54, de 1º-7-2020.

▸ Lei nº 8.038, de 28-5-1990, institui normas procedimentais para os processos que especifica, perante o Superior Tribunal de Justiça e o Supremo Tribunal Federal.

- Res. do STF nº 444, de 28-10-2010, institui e altera procedimentos para prática de atos processuais no âmbito da Secretaria do Tribunal.

e) como Relator, até eventual distribuição, os *habeas corpus* que sejam inadmissíveis em razão de incompetência manifesta, encaminhando os autos ao órgão que repute competente.

- Alínea *e* acrescida pela ER nº 54, de 1º-7-2020.

VI – executar e fazer cumprir os seus despachos, suas decisões monocráticas, suas resoluções, suas ordens e os acórdãos transitados em julgado e por ele relatados, bem como as deliberações do Tribunal tomadas em sessão administrativa e outras de interesse institucional, facultada a delegação de atribuições para a prática de atos processuais não decisórios;

- Inciso VI com a redação dada pela ER nº 41, de 16-9-2010.
- Arts. 21, II, e 340 deste Regimento Interno.

VII – decidir questões de ordem, ou submetê-las ao Tribunal, quando entender necessário;

VIII – decidir questões urgentes nos períodos de recesso ou de férias;

- Inciso VIII com a redação dada pela ER nº 26, de 22-10-2008.

IX – proferir voto de qualidade nas decisões do Plenário, para as quais o Regimento Interno não preveja solução diversa, quando o empate na votação decorra de ausência de Ministro em virtude de:

- *Caput* do inciso IX com a redação dada pela ER nº 35, de 2-12-2009.
- Arts. 40 e 146, *caput*, deste Regimento.

a) impedimento ou suspeição;

b) vaga ou licença médica superior a 30 (trinta) dias, quando seja urgente a matéria e não se possa convocar o Ministro licenciado.

- Alíneas *a* e *b* acrescidas pela ER nº 35, de 2-12-2009.

X – dar posse aos Ministros e conceder-lhes transferência de Turma;

XI – conceder licença aos Ministros, de até três meses, e aos servidores do Tribunal;

XII – nomear e dar posse ao Diretor-Geral, ao Secretário-Geral da Presidência, aos Secretários e aos Assessores-Chefes;

- Inciso XII com a redação dada pela ER nº 50, de 19-4-2016.

XIII – superintender a ordem e a disciplina do Tribunal, bem como aplicar penalidades aos seus servidores;

XIV – apresentar ao Tribunal relatório circunstanciado dos trabalhos do ano;

XV – relatar a arguição de suspeição oposta a Ministro;

XVI – assinar a correspondência destinada ao Presidente da República; ao Vice-Presidente da República; ao Presidente do Senado Federal; aos Presidentes dos Tribunais Superiores, entre estes incluído o Tribunal de Contas da União; ao Procurador-Geral da República; aos Governadores dos Estados e do Distrito Federal; aos Chefes de Governo estrangeiro e seus representantes no Brasil; às autoridades públicas, em resposta a pedidos de informação sobre assunto pertinente ao Poder Judiciário e ao Supremo Tribunal Federal, ressalvado o disposto no inciso XVI do art. 21;

- Inciso XVI acrescido pela ER nº 7, de 6-4-1998.

XVI-A – designar magistrados para atuação como Juiz Auxiliar do Supremo Tribunal Federal em auxílio à Presidência e aos Ministros, sem prejuízo dos direitos e vantagens de seu cargo, além dos definidos pelo Presidente em ato próprio;

- Inciso XVI-A com a redação dada pela ER nº 32, de 7-8-2009.
- Res. do STF nº 413, de 1º-10-2009, regulamenta este inciso.

XVII – convocar audiência pública para ouvir o depoimento de pessoas com experiência e autoridade em determinada matéria, sempre que entender necessário o esclarecimento de questões ou circunstâncias de fato, com repercussão geral e de interesse público relevante, debatidas no âmbito do Tribunal;

XVIII – decidir, de forma irrecorrível, sobre a manifestação de terceiros, subscrita por procurador habilitado, em audiências públicas ou em qualquer processo em curso no âmbito da Presidência;

- Incisos XVII e XVIII acrescidos pela ER nº 29, de 18-2-2009.

XIX – praticar os demais atos previstos na lei e no Regimento.

- Inciso XVII renumerado para inciso XIX pela ER nº 29, de 18-2-2009.

Parágrafo único. O Presidente poderá delegar a outro Ministro o exercício da faculdade prevista no inciso VIII.

Art. 14. O Vice-Presidente substitui o Presidente nas licenças, ausências e impedimentos eventuais. Em caso de vaga, assume a presidência até a posse do novo titular.

CAPÍTULO V
DOS MINISTROS

Seção I
DISPOSIÇÕES GERAIS

Art. 15. Os Ministros tomam posse em sessão solene do Tribunal, ou perante o Presidente, em período de recesso ou de férias.

§ 1º No ato da posse, o Ministro prestará compromisso de bem cumprir os deveres do cargo, de conformidade com a Constituição e as leis da República.

§ 2º Do compromisso de posse será lavrado termo assinado pelo Presidente, pelo empossado, pelos Ministros presentes e pelo Diretor-Geral.

Art. 16. Os Ministros têm as prerrogativas, garantias, direitos e incompatibilidades inerentes ao exercício da magistratura.

Parágrafo único. Receberão o tratamento de Excelência, conservando o título e as honras correspondentes, mesmo após a aposentadoria, e usarão vestes talares, nas sessões solenes, e capas, nas sessões ordinárias ou extraordinárias.

Art. 17. A antiguidade do Ministro no Tribunal é regulada na seguinte ordem:

I – a posse;

II – a nomeação;

III – a idade.

Parágrafo único. Esgotada a lista, nos casos em que o Regimento manda observar a antiguidade decrescente, o imediato ao Ministro mais moderno será o mais antigo no Tribunal, ou na Turma, conforme o caso.

Art. 18. Não podem ter assento, simultaneamente, no Tribunal, parentes consanguíneos ou afins na linha ascendente ou descendente, e na colateral, até o terceiro grau, inclusive.

Parágrafo único. A incompatibilidade resolve-se na seguinte ordem:

I – antes da posse:

a) contra o último nomeado;

b) se a nomeação for da mesma data, contra o menos idoso.

II – depois da posse:

a) contra o que deu causa à incompatibilidade;

b) se a causa for imputável a ambos, contra o mais moderno.

Art. 19. O Ministro de uma Turma tem o direito de transferir-se para outra onde haja vaga; havendo mais de um pedido, terá preferência o do mais antigo.

Art. 20. Os Ministros têm jurisdição em todo o território nacional.

Seção II
DO RELATOR

Art. 21. São atribuições do Relator:

I – ordenar e dirigir o processo;

II – executar e fazer cumprir os seus despachos, suas decisões monocráticas, suas ordens e seus acórdãos transitados em julgado, bem como determinar às autoridades judiciárias e administrativas providências relativas ao andamento e à instrução dos processos de sua competência, facultada a delegação de atribuições para a prática de atos processuais não decisórios a outros Tribunais e a juízos de primeiro grau de jurisdição;

- Inciso II com a redação dada pela ER nº 41, de 16-9-2010.
- Arts. 13, VI, e 340 deste Regimento Interno.

III – submeter ao Plenário, à Turma, ou aos Presidentes, conforme a competência, questões de ordem para o bom andamento dos processos;

IV – submeter ao Plenário ou à Turma, nos processos de competência respectiva, medidas cautelares de natureza cível ou penal necessárias à proteção de direito suscetível de grave dano de incerta reparação, ou ainda destinadas a garantir a eficácia da ulterior decisão da causa;

V – determinar, em caso de urgência, as medidas do inciso anterior, submetendo-as imediatamente ao Plenário ou à respectiva Turma para referendo, preferencialmente em ambiente virtual;

- Incisos IV e V com a redação dada pela ER nº 58, de 19-12-2022.

V-A – decidir questões urgentes no plantão judicial realizado nos dias de sábado, domingo, feriados e naqueles em que o Tribunal o determinar, na forma regulamentada em Resolução;

- Inciso V-A acrescido pela ER nº 42, de 2-12-2010.

VI – determinar, em agravo de instrumento, a subida, com as razões das partes, de recurso denegado ou procrastinado, para melhor exame;

VII – requisitar os autos originais, quando necessário;

VIII – homologar as desistências, ainda que o feito se ache em mesa para julgamento;

IX – julgar prejudicado pedido ou recurso que haja perdido o objeto;

X – pedir dia para julgamento dos feitos nos quais estiver habilitado a proferir voto, ou passá-los ao Revisor, com o relatório, se for o caso;

XI – remeter *habeas corpus* ou recurso de *habeas corpus* ao julgamento do Plenário;

XII – assinar cartas de sentença;

XIII – delegar atribuições a outras autoridades judiciárias, nos casos previstos em lei e neste Regimento;

XIV – apresentar em mesa para julgamento os feitos que independam de pauta;

XV – determinar a instauração de inquérito a pedido do Procurador-Geral da República, da autoridade policial ou do ofendido, bem como o seu arquivamento, quando o requerer o Procurador-Geral da República, ou quando verificar:

▸ *Caput* do inciso XV com a redação dada pela ER nº 44, de 2-6-2011.

a) a existência manifesta de causa excludente da ilicitude do fato;

b) a existência manifesta de causa excludente da culpabilidade do agente, salvo inimputabilidade;

c) que o fato narrado evidentemente não constitui crime;

d) extinta a punibilidade do agente; ou

e) ausência de indícios mínimos de autoria ou materialidade.

▸ Alíneas *a* a *e* acrescidas pela ER nº 44, de 2-6-2011.

XVI – assinar a correspondência oficial, em nome do Supremo Tribunal Federal, nas matérias e nos processos sujeitos à sua competência jurisdicional, podendo dirigir-se a qualquer autoridade pública, inclusive ao Chefe dos Poderes da República;

▸ Inciso XVI acrescido pela ER nº 7, de 6-4-1998.

XVII – convocar audiência pública para ouvir o depoimento de pessoas com experiência e autoridade em determinada matéria, sempre que entender necessário o esclarecimento de questões ou circunstâncias de fato, com repercussão geral ou de interesse público relevante;

XVIII – decidir, de forma irrecorrível, sobre a manifestação de terceiros, subscrita por procurador habilitado, em audiências públicas ou nos processos de sua relatoria;

▸ Incisos XVII e XVIII acrescidos pela ER nº 29, de 18-2-2009.

XIX – julgar o pedido de assistência judiciária;

XX – praticar os demais atos que lhe incumbam ou sejam facultados em lei e no Regimento.

▸ Incisos XIX e XX acrescidos pela ER nº 33, de 7-8-2009.

§ 1º Poderá o(a) Relator(a) negar seguimento a pedido ou recurso manifestamente inadmissível, improcedente ou contrário à jurisprudência dominante ou à Súmula do Tribunal, deles não conhecer em caso de incompetência manifesta, encaminhando os autos ao órgão que repute competente, bem como cassar ou reformar, liminarmente, acórdão contrário à orientação firmada nos termos do art. 543-B do Código de Processo Civil.

▸ § 1º com a redação dada pela ER nº 21 de 30-4-2007.

▸ Refere-se ao CPC/1973.

▸ Art. 1.036 do CPC/2015.

§ 2º Poderá ainda o Relator, em caso de manifesta divergência com a Súmula, prover, desde logo, o recurso extraordinário.

▸ § 2º acrescido pela ER nº 2, de 4-12-1985.

§ 3º Ao pedir dia para julgamento ou apresentar o feito em mesa, indicará o Relator, nos autos, se o submete ao Plenário ou à Turma, salvo se pela simples designação da classe estiver fixado o órgão competente.

▸ § 2º transformado em § 3º pela ER nº 2, de 4-12-1985.

§ 4º O Relator comunicará à Presidência, para os fins do art. 328 deste Regimento, as matérias sobre as quais proferir decisões de sobrestamento ou devolução de autos, nos termos do art. 543-B do CPC/1973.

▸ § 4º acrescido pela ER nº 22, de 30-11-2007.

▸ Refere-se ao CPC/1973.

▸ Arts. 1.036, *caput*, § 1º, e 1.039 do CPC/2015.

§ 5º A medida cautelar concedida nos termos do inciso V produzirá efeitos imediatos e será automaticamente inserida na pauta da sessão virtual subsequente, para julgamento do referendo pelo Colegiado competente.

§ 6º Na hipótese do parágrafo anterior, o Ministro Relator poderá optar por apresentar o feito em mesa na primeira sessão presencial subsequente à concessão da decisão, sem prejuízo de sua manutenção na sessão virtual, se não for analisado.

§ 7º Em caso de excepcional urgência, o Relator poderá solicitar ao Presidente a convocação de sessão virtual extraordinária, com prazo mínimo de 24 (vinte e quatro) horas, para referendo da medida cautelar concedida nos termos do inciso V, consoante o disposto no art. 21-B, § 4º, deste Regimento.

§ 8º A medida de urgência prevista no inciso V deste artigo, caso resulte em prisão, será necessariamente submetida a referendo em ambiente presencial e, se mantida, reavaliada pelo Relator ou pelo Colegiado competente, a cada 90 (noventa) dias, nos termos do art. 316, parágrafo único, do Código de Processo Penal, cabendo à Secretaria Judiciária realizar o acompanhamento dos prazos.

▸ §§ 5º a 8º acrescidos pela ER nº 58, de 19-12-2022.

Art. 21-A. Compete ao relator convocar juízes ou desembargadores para a realização do interrogatório e de outros atos da instrução dos inquéritos criminais e ações penais originárias, na sede do tribunal ou no local onde se deva produzir o ato, bem como definir os limites de sua atuação.

§ 1º Caberá ao magistrado instrutor, convocado na forma do *caput*:

I – designar e realizar as audiências de interrogatório, inquirição de testemunhas, acareação, transação, suspensão condicional do processo, admonitórias e outras;

II – requisitar testemunhas e determinar condução coercitiva, caso necessário;

III – expedir e controlar o cumprimento das cartas de ordem;

IV – determinar intimações e notificações;

V – decidir questões incidentes durante a realização dos atos sob sua responsabilidade;

VI – requisitar documentos ou informações existentes em bancos de dados;

VII – fixar ou prorrogar prazos para a prática de atos durante a instrução;

VIII – realizar inspeções judiciais;

IX – requisitar, junto aos órgãos locais do Poder Judiciário, o apoio de pessoal, equipamentos e instalações adequados para os atos processuais que devam ser produzidos fora da sede do Tribunal;

X – exercer outras funções que lhes sejam delegadas pelo relator ou pelo Tribunal e relacionadas à instrução dos inquéritos criminais e das ações penais originárias.

§ 2º As decisões proferidas pelo magistrado instrutor, no exercício das atribuições previstas no parágrafo anterior, ficam sujeitas ao posterior controle do relator, de ofício ou mediante provocação do interessado, no prazo de 5 (cinco) dias contados da ciência do ato.

▸ Art. 21-A acrescido pela ER nº 36, de 2-12-2009.

Art. 21-B. Todos os processos de competência do Tribunal poderão, a critério do relator ou do ministro vistor com a concordância do relator, ser submetidos a julgamento em listas de processos em ambiente presencial ou eletrônico, observadas as respectivas competências das Turmas ou do Plenário.

§ 1º Serão julgados preferencialmente em ambiente eletrônico os seguintes processos:

I – agravos internos, agravos regimentais e embargos de declaração;

II – medidas cautelares em ações de controle concentrado;

III – referendo de medidas cautelares e de tutelas provisórias;

IV – demais classes processuais, inclusive recursos com repercussão geral reconhecida, cuja matéria discutida tenha jurisprudência dominante no âmbito do STF.

§ 2º Nas hipóteses de cabimento de sustentação oral previstas neste regimento interno, fica facultado à Procuradoria-Geral da República, à Advocacia-Geral da União, à Defensoria Pública da União, aos advogados e demais habilitados nos autos encaminhar as respectivas sustentações por meio eletrônico após a publicação da pauta e até 48 horas antes de iniciado o julgamento em ambiente virtual.

§ 3º No caso de pedido de destaque feito por qualquer ministro, o relator encaminhará o processo ao órgão colegiado competente para julgamento presencial, com publicação de nova pauta.

§ 4º Em caso de excepcional urgência, o Presidente do Supremo Tribunal Federal e os Presidentes das Turmas poderão convocar sessão virtual extraordinária, com prazos fixados no respectivo ato convocatório.

§ 5º Ato do Presidente do Tribunal regulamentará os procedimentos das sessões virtuais.

▸ Art. 21-B com a redação dada pela ER nº 53, de 18-3-2020.

Art. 22. O Relator submeterá o feito ao julgamento do Plenário, quando houver relevante arguição de inconstitucionalidade ainda não decidida.

Parágrafo único. Poderá o Relator proceder na forma deste artigo:

a) quando houver matérias em que divirjam as Turmas entre si ou alguma delas em relação ao Plenário.

b) quando em razão da relevância da questão jurídica ou da necessidade de prevenir divergência entre as Turmas, convier pronunciamento do Plenário.

Seção III

DO REVISOR

Art. 23. Há revisão nos seguintes processos:

I – ação rescisória;

II – revisão criminal;

III – ação penal originária prevista no art. 5º, I e II;

IV – recurso ordinário criminal previsto no art. 6º, III, c;
V – declaração de suspensão de direitos do art. 5º, VI.

Parágrafo único. Nos embargos relativos aos processos referidos, não haverá revisão.

Art. 24. Será Revisor o Ministro que se seguir ao Relator na ordem decrescente de antiguidade.

Parágrafo único. Em caso de substituição definitiva do Relator, será também substituído o Revisor, consoante o disposto neste artigo.

Art. 25. Compete ao Revisor:

I – sugerir ao Relator medidas ordinatórias do processo que tenham sido omitidas;
II – confirmar, completar ou retificar o relatório;
III – pedir dia para julgamento dos feitos nos quais estiver habilitado a proferir voto.

CAPÍTULO VI
DAS COMISSÕES

Art. 26. As Comissões colaboram no desempenho dos encargos do Tribunal.

Art. 27. As Comissões são:

I – Permanentes;
II – Temporárias.

§ 1º São Permanentes:

I – a Comissão de Regimento;
II – a Comissão de Jurisprudência;
III – a Comissão de Documentação;
IV – a Comissão de Coordenação.

§ 2º As Comissões Temporárias podem ser criadas pelo Plenário ou pelo Presidente e se extinguem preenchido o fim a que se destinem.

§ 3º As Comissões Permanentes compõem-se de três membros, podendo funcionar com a presença de dois, sendo que a Comissão de Regimento possui um membro-suplente.

§ 4º As Comissões Temporárias podem ter qualquer número de membros.

Art. 28. O Presidente designará os membros das Comissões, com mandatos coincidentes com o seu, assegurada a participação de Ministros das duas Turmas.

► Artigo com a redação dada pela ER nº 24, de 20-5-2008.

Art. 29. Cada Comissão será presidida pelo mais antigo de seus integrantes.

Art. 30. Compete às Comissões Permanentes e Temporárias:

I – expedir normas de serviço e sugerir ao Presidente do Tribunal as que envolvam matéria de sua competência;
II – requisitar ao Presidente do Tribunal os servidores necessários, que não poderão ser deslocados sem audiência dos Ministros perante os quais servirem;
III – entender-se, por seu Presidente, com outras autoridades ou instituições, nas matérias de sua competência, ressalvada a do Presidente do Tribunal.

Art. 31. São atribuições da Comissão de Regimento:

I – velar pela atualização do Regimento, propondo emendas no texto em vigor e emitindo parecer àquelas de iniciativa de outras Comissões ou de Ministros;
II – opinar em processo administrativo, quando consultada pelo Presidente.

Art. 32. São atribuições da Comissão de Jurisprudência:

I – selecionar os acórdãos que devam publicar-se em seu inteiro teor na Revista Trimestral de Jurisprudência, preferindo os indicados pelos Relatores;
II – promover a divulgação, em sumário, das decisões não publicadas na íntegra, bem como a edição de um boletim interno, para conhecimento, antes da publicação dos acórdãos, das questões jurídicas decididas pelas Turmas e pelo Plenário;
III – providenciar a publicação abreviada ou por extenso, das decisões sobre matéria constitucional, em volumes seriados;
IV – velar pela expansão, atualização e publicação da Súmula;
V – superintender:
a) os serviços de sistematização e divulgação da jurisprudência do Tribunal;
b) a edição da Revista Trimestral de Jurisprudência e outras publicações, bem como de índices que facilitem a pesquisa de julgados ou processos.
VI – emitir pronunciamento sobre pedido de inscrição como repertório autorizado.

Art. 33. São atribuições da Comissão de Documentação:

I – orientar os serviços de guarda e conservação dos processos, livros e documentos do Tribunal;
II – manter serviço de documentação para recolher elementos que sirvam de subsídio à história do Tribunal, com pastas individuais, contendo dados bibliográficos dos Ministros e dos Procuradores-Gerais.

Art. 34. É atribuição da Comissão de Coordenação sugerir aos Presidentes do Tribunal e das Turmas, bem como aos Ministros, medidas destinadas a prevenir decisões discrepantes, aumentar o rendimento das sessões, abreviar a publicação dos acórdãos e facilitar a tarefa dos advogados.

CAPÍTULO VII
DAS LICENÇAS, SUBSTITUIÇÕES E CONVOCAÇÕES

Art. 35. A licença é requerida com a indicação do período, começando a correr do dia em que passar a ser utilizada.

Art. 36. O Ministro licenciado não poderá exercer qualquer das suas funções jurisdicionais ou administrativas.

Parágrafo único. Salvo contraindicação médica, o Ministro licenciado poderá reassumir o cargo a qualquer tempo, entendendo-se que desistiu do restante do prazo, bem assim proferir decisões em processos que, antes da licença, lhe hajam sido conclusos para julgamento ou tenham recebido o seu visto como Relator ou Revisor.

Art. 37. Nas ausências ou impedimentos eventuais ou temporários, são substituídos:

I – o Presidente do Tribunal pelo Vice-Presidente, e este pelos demais Ministros, na ordem decrescente de antiguidade;
II – o Presidente da Turma pelo Ministro mais antigo dentre os seus membros;
III – o Presidente da Comissão pelo mais antigo dentre os seus membros;
IV – qualquer dos membros da Comissão de Regimento pelo suplente.

Art. 38. O Relator é substituído:

I – pelo Revisor, se houver, ou pelo Ministro imediato em antiguidade, dentre os do Tribunal ou da Turma, conforme a competência, na vacância, nas licenças ou ausências em razão de missão oficial, de até trinta dias, quando se tratar de deliberação sobre medida urgente;

► Inciso I com a redação dada pela ER nº 42, de 2-12-2010.

II – pelo Ministro designado para lavrar o acórdão, quando vencido no julgamento;
III – mediante redistribuição, nos termos do art. 69 deste Regimento Interno;

► Inciso III com a redação dada pela ER nº 42, de 2-12-2010.

IV – em caso de aposentadoria, renúncia ou morte:

► Arts. 75 e 341 deste Regimento Interno.

a) pelo Ministro nomeado para a sua vaga;
b) pelo Ministro que tiver proferido o primeiro voto vencedor, acompanhando o do Relator, para lavrar ou assinar os acórdãos dos julgamentos anteriores à abertura da vaga;
c) pela mesma forma da letra *b* deste inciso, e enquanto não empossado o novo Ministro, para assinar carta de sentença e admitir recurso.

Art. 39. O Revisor é substituído, em caso de vaga, impedimento ou licença por mais de trinta dias, pelo Ministro que se lhe seguir em ordem decrescente de antiguidade.

Art. 40. Para completar *quorum* no Plenário, em razão de impedimento ou licença superior a 30 (trinta) dias, o Presidente do Tribunal convocará o Ministro licenciado.

► Artigo com a redação dada pela ER nº 35, de 2-12-2009.

► Arts. 13, IX, e 146, *caput*, deste Regimento.

Art. 41. Para completar *quorum* em uma das Turmas, serão convocados Ministros da outra, na ordem crescente de antiguidade.

CAPÍTULO VIII
DA POLÍCIA DO TRIBUNAL

Art. 42. O Presidente responde pela polícia do Tribunal. No exercício dessa atribuição pode requisitar o auxílio de outras autoridades, quando necessário.

Art. 43. Ocorrendo infração à lei penal na sede ou dependência do Tribunal, o Presidente instaurará inquérito, se envolver autoridade ou pessoa sujeita à sua jurisdição, ou delegará esta atribuição a outro Ministro.

§ 1º Nos demais casos, o Presidente poderá proceder na forma deste artigo ou requisitar a instauração de inquérito à autoridade competente.

§ 2º O Ministro incumbido do inquérito designará escrivão dentre os servidores do Tribunal.

Art. 44. A polícia das sessões e das audiências compete ao seu Presidente.

Art. 45. Os inquéritos administrativos serão realizados consoante as normas próprias.

CAPÍTULO IX
DA REPRESENTAÇÃO POR DESOBEDIÊNCIA OU DESACATO

Art. 46. Sempre que tiver conhecimento de desobediência a ordem emanada do Tribunal ou de seus Ministros, no exercício da função, ou de desacato ao Tribunal ou a seus Ministros, o Presidente comunicará o fato ao órgão competente do Ministério Público, provendo-o dos elementos de que dispuser para a propositura da ação penal.

Art. 47. Decorrido o prazo de trinta dias, sem que tenha sido instaurada a ação penal, o Presidente dará ciência ao Tribunal, em sessão secreta, para as providências que julgar necessárias.

TÍTULO II – DA PROCURADORIA-GERAL DA REPÚBLICA

Art. 48. O Procurador-Geral da República toma assento à mesa à direita do Presidente.

Parágrafo único. Os Subprocuradores-Gerais poderão oficiar junto às Turmas mediante delegação do Procurador-Geral.

Art. 49. O Procurador-Geral manifestar-se-á nas oportunidades previstas em lei e neste Regimento.

Art. 50. Sempre que couber ao Procurador-Geral manifestar-se, o Relator mandará abrir-lhe vista antes de pedir dia para julgamento ou passar os autos ao Revisor.

§ 1º Quando não fixado diversamente neste Regimento, será de quinze dias o prazo para o Procurador-Geral manifestar-se.

§ 2º Excedido o prazo, o Relator poderá requisitar os autos, facultando, se ainda oportuna, a posterior juntada do parecer.

§ 3º Caso omitida a vista, considerar-se-á sanada a falta se não for arguida até a abertura da sessão de julgamento, exceto na ação penal originária ou inquérito de que possa resultar responsabilidade penal.

Art. 51. Nos processos em que atuar como representante judicial da União, ou como titular da ação penal, o Procurador-Geral tem os mesmos poderes e ônus que as partes, ressalvadas as disposições expressas em lei ou neste Regimento.

Art. 52. O Procurador-Geral terá vista dos autos:

I – nas representações e outras arguições de inconstitucionalidade;
II – nas causas avocadas;
III – nos processos oriundos de Estados estrangeiros;
IV – nos litígios entre Estado estrangeiro ou organismo internacional e a União, os Estados, o Distrito Federal e os Territórios;
V – nas ações penais originárias;
VI – nas ações cíveis originárias;
VII – nos conflitos de jurisdição ou competência e de atribuições;
VIII – nos *habeas corpus* originários e nos recursos de *habeas corpus*;
IX – nos mandados de segurança;
X – nas revisões criminais e ações rescisórias;
XI – nos pedidos de intervenção federal;
XII – nos inquéritos de que possa resultar responsabilidade penal;
XIII – nos recursos criminais;
XIV – nos outros processos em que a lei impuser a intervenção do Ministério Público;
XV – nos demais processos, quando, pela relevância da matéria, ele a requerer, ou for determinada pelo Relator, Turma ou Plenário.

Parágrafo único. Salvo na ação penal originária ou nos inquéritos, poderá o Relator dispensar a vista ao Procurador-Geral quando houver urgência, ou quando sobre a matéria versada no processo já houver o Plenário firmado jurisprudência.

Art. 53. O Procurador-Geral poderá pedir preferência para julgamento de processo em pauta.

PARTE II – DO PROCESSO

TÍTULO I – DISPOSIÇÕES GERAIS

CAPÍTULO I – DO REGISTRO E CLASSIFICAÇÃO

Art. 54. As petições iniciais e os processos remetidos, ou incidentes, serão protocolados no dia da entrada, na ordem de recebimento, e registrados no primeiro dia útil imediato.

Art. 55. O registro far-se-á em numeração contínua e seriada em cada uma das classes seguintes:

I – Ação Cível Originária;
II – Ação Penal;
III – Ação Rescisória;
IV – Agravo de Instrumento;
V – Apelação Cível;
VI – Arguição de Relevância;
VII – Arguição de Suspeição;
VIII – Carta Rogatória;

► A concessão de *exequatur* às cartas rogatórias passou a ser da competência do STJ, conforme art. 105, I, *i*, da CF, com a redação dada pela EC nº 45, de 8-12-2004.

IX – Comunicação;
X – Conflito de Atribuições;
XI – Conflito de Jurisdição;
XII – Extradição;
XIII – *Habeas Corpus*;
XIV – Inquérito;
XV – Intervenção Federal;
XVI – Mandado de Segurança;
XVII – Pedido de Avocação;
XVIII – Petição;
XIX – Processo Administrativo;
XX – Reclamação;
XXI – Recurso Criminal;
XXII – Recurso Extraordinário;
XXIII – Representação;
XXIV – Revisão Criminal;
XXV – Sentença Estrangeira;
XXVI – Suspensão de Direitos;
XXVII – Suspensão de Segurança;
XXVIII – Proposta de Súmula Vinculante.

► Inciso XXVIII acrescido pela ER nº 46, de 6-7-2011.

Art. 56. O Presidente resolverá, mediante instrução normativa, as dúvidas que se suscitarem na classificação dos feitos, observando-se as seguintes normas:

I – na classe *habeas corpus* serão incluídos os pedidos originários e os recursos inclusive os da Justiça Eleitoral;
II – na classe Recurso Extraordinário serão incluídos:
a) os recursos eleitorais e trabalhistas fundados em inconstitucionalidade;
b) os recursos extraordinários criminais;
c) os recursos extraordinários em mandado de segurança;
III – na classe Recurso Criminal serão incluídos os recursos criminais ordinários;
IV – na classe Ação Penal serão incluídas as ações penais privadas;
V – na classe Inquérito serão incluídos os policiais e os administrativos, de que possa resultar responsabilidade penal, e que só passarão à classe Ação Penal após o recebimento da denúncia ou queixa;
VI – a classe Intervenção Federal compreende os pedidos autônomos e os formulados em execução de julgado do Tribunal; estes últimos serão autuados em apenso, salvo se os autos principais tiverem sido enviados a outra instância;
VII – na classe Processo Administrativo serão incluídos os que devam ser apreciados pelo Tribunal; os que devam ser submetidos ao Presidente ou ao Diretor-Geral obedecerão à classificação estabelecida pelo Presidente;
VIII – na classe Pedido de Avocação se compreende o julgamento das causas avocadas;
IX – os expedientes que não tenham classificação específica nem sejam acessórios ou incidentes serão incluídos na classe Petição, se contiverem requerimento, ou na classe Comunicação, em qualquer outro caso;
X – não se altera a classe do processo:
a) pela interposição de embargos ou agravo regimental;
b) pela exceção de suspeição de juiz de outra instância;
c) pela arguição de inconstitucionalidade formulada incidentemente pelas partes ou pelo Procurador-Geral;
d) pela reclamação por erro de ata;
e) pelos pedidos incidentes ou acessórios;
f) pelos pedidos de execução, salvo a intervenção federal.
XI – far-se-á na autuação nota distintiva do recurso ou incidente, quando este não alterar a classe e o número do processo.

CAPÍTULO II – DO PREPARO E DA DESERÇÃO

Art. 57. Salvo os casos de isenção, compete às partes antecipar o pagamento do respectivo preparo.

Parágrafo único. O preparo compreende o recolhimento de custas e das despesas de todos os atos do processo, inclusive o porte de remessa e retorno, quando for o caso.

► Art. 57 com a redação dada pela ER nº 42, de 2-12-2010.

Art. 58. Quando autor e réu recorrerem, cada recurso estará sujeito a preparo integral.

§ 1º Tratando-se de litisconsortes necessários, bastará que um dos recursos seja preparado, para que todos sejam julgados, ainda que não coincidam suas pretensões.

§ 2º O assistente é equiparado para esse efeito ao litisconsorte.

§ 3º O terceiro prejudicado que recorrer fará o preparo do seu recurso, independentemente do preparo dos recursos que, porventura, tenham sido interpostos pelo autor ou pelo réu.

Art. 59. O recolhimento do preparo:

► *Caput* com a redação dada pela ER nº 42, de 2-12-2010.

I – quando se tratar de recurso, será feito no tribunal de origem, perante as suas secretarias e no prazo previsto na lei processual;
II – quando se tratar de feitos de competência originária, será comprovado no ato de seu protocolo.

► Incisos I e II com a redação dada pela ER nº 42, de 2-12-2010.

§ 1º Nenhum recurso subirá ao Supremo Tribunal Federal, salvo caso de isenção, sem a prova do respectivo preparo e do pagamento das despesas de remessa e retorno, no prazo legal.

§ 2º O preparo efetuar-se-á, mediante guia, à repartição arrecadadora competente, juntando-se aos autos o comprovante.

§ 3º A não comprovação do pagamento do preparo no ato do protocolo da ação originária ou seu pagamento parcial serão certificados nos autos pela Secretaria Judiciária.

▸ § 3º com a redação dada pela ER nº 42, de 2-12-2010.

Art. 60. Com ou sem o preparo, os autos serão distribuídos ao Relator ou registrados à Presidência, de acordo com a respectiva competência, salvo os casos definidos neste Regimento.

▸ Artigo com a redação dada pela ER nº 42, de 2-12-2010.

Art. 61. Cabe às partes prover o pagamento antecipado das despesas dos atos que realizem ou requeiram no processo, ficando o vencido, afinal, responsável pelas custas e despesas pagas pelo vencedor.

§ 1º Haverá isenção do preparo:

I – nos conflitos de jurisdição, nos *habeas corpus* e nos demais processos criminais, salvo a ação penal privada;

II – nos pedidos e recursos formulados ou interpostos pelo Procurador-Geral da República, pela Fazenda Pública em geral ou por beneficiário de assistência judiciária.

§ 2º Nas causas em que forem partes Estados estrangeiros e organismos internacionais, prevalecerá o que dispuserem os tratados ratificados pelo Brasil.

Art. 62. A assistência judiciária, perante o Tribunal, será requerida ao Presidente antes da distribuição; nos demais casos, ao relator.

Art. 63. Sem prejuízo da nomeação, quando couber, do defensor ou curador dativo, o pedido de assistência judiciária será deferido ou não, de acordo com a legislação em vigor.

Parágrafo único. Prevalecerá no Tribunal a assistência judiciária já concedida em outra instância.

Art. 64. O pagamento dos preços cobrados pelo fornecimento de cópias, autenticadas ou não, ou de certidões por fotocópia ou meio equivalente será antecipado ou garantido com depósito na Secretaria, consoante tabela aprovada pelo Presidente.

Art. 65. A deserção do recurso por falta de preparo será declarada:

I – pelo Presidente, antes da distribuição;

II – pelo relator;

III – pelo Plenário ou pela Turma, ao conhecer do feito.

Parágrafo único. Do despacho que declarar a deserção caberá agravo regimental.

CAPÍTULO III
DA DISTRIBUIÇÃO

▸ Res. do STF nº 393, de 19-3-2009, dispõe sobre a compensação na distribuição de processos no STF.

Art. 66. A distribuição será feita por sorteio ou prevenção, mediante sistema informatizado, acionado automaticamente, em cada classe de processo.

▸ *Caput* com a redação dada pela ER nº 38, de 11-2-2010.

§ 1º O sistema informatizado de distribuição automática e aleatória de processos é público, e seus dados são acessíveis aos interessados.

§ 2º Sorteado o Relator, ser-lhe-ão imediatamente conclusos os autos.

▸ §§ 1º e 2º com a redação dada pela ER nº 18, de 2-8-2006.

Art. 67. Far-se-á a distribuição entre todos os Ministros, inclusive os ausentes ou licenciados por até trinta dias, excetuado o Presidente.

§ 1º Não haverá distribuição a cargo vago e a Ministro licenciado ou em missão oficial por mais de trinta dias, impondo-se a compensação dos feitos livremente distribuídos ao Ministro que vier assumir o cargo ou retornar da licença ou missão oficial, salvo se o Tribunal dispensar a compensação.

§ 2º Será compensada a distribuição que deixar de ser feita ao Vice-Presidente quando substituir o Presidente.

▸ §§ 1º e 2º com a redação dada pela ER nº 42, de 2-12-2010.

§ 3º Declarado o impedimento ou a suspeição pelo Relator ou pelo Tribunal, a Secretaria Judiciária procederá, *ex officio*, a novo sorteio, compensando-se a distribuição.

▸ § 3º com a redação dada pela ER nº 49, de 3-6-2014.

§ 4º Haverá também compensação quando o processo tiver de ser distribuído por prevenção a determinado Ministro.

▸ § 3º transformado em § 4º pela ER nº 2, de 4-12-1985.

§ 5º Salvo os casos de prevenção, o ministro que estiver ocupando a Presidência do Tribunal Superior Eleitoral será excluído da distribuição de processos com pedido de medida liminar ou qualquer outro pedido de natureza urgente, com posterior compensação, durante os três meses anteriores e o mês posterior ao pleito eleitoral.

▸ § 5º com a redação dada pela ER nº 54, de 1º-7-2020.

§ 6º A prevenção deve ser alegada pela parte na primeira oportunidade que se lhe apresente, sob pena de preclusão.

§ 7º O processo que retornar ao Tribunal, por alegado erro material em decisão transitada em julgado, será encaminhado ao relator ou ao sucessor.

§ 8º O processo que tiver como objeto ato de Ministro do Tribunal será distribuído com sua exclusão.

§ 9º O Ministro que tiver exercido a Presidência do Conselho Nacional de Justiça será excluído da distribuição de processo no qual se impugne ato por ele praticado em tal exercício.

§ 10. Nos períodos de recesso e de férias, os processos de que trata o parágrafo anterior serão encaminhados ao Vice-Presidente.

▸ §§ 6º a 10 acrescidos pela ER nº 34, de 7-8-2009.

§ 11. O processo de acervo de cargo vago que determinar a prevenção de outro feito será redistribuído ao Relator sorteado para o processo prevento, com compensação.

§ 12. A prevenção do Ministro Vice-Presidente, ainda quando no exercício da Presidência, não o exclui da distribuição.

▸ §§ 11 e 12 acrescidos pela ER nº 42, de 2-12-2010.

Art. 68. Em *habeas corpus*, mandado de segurança, reclamação, extradição, conflitos de jurisdição e de atribuições, diante de risco grave de perecimento de direito ou na hipótese de a prescrição da pretensão punitiva ocorrer nos seis meses seguintes ao início da licença, ausência ou vacância, poderá o Presidente determinar a redistribuição, se o requerer o interessado ou o Ministério Público, quando o Relator estiver licenciado, ausente ou o cargo estiver vago por mais de trinta dias.

▸ Artigo com a redação dada pela ER nº 42, de 2-12-2010.

§ 1º Em caráter excepcional poderá o Presidente do Tribunal, nos demais feitos, fazer uso da faculdade prevista neste artigo.

§ 2º *Revogado*. ER nº 42, de 2-12-2010.

§ 3º Far-se-á compensação, salvo dispensa do Tribunal, quando cessar a licença ou ausência ou preenchido o cargo vago.

▸ § 3º com a redação dada pela ER nº 42, de 2-12-2010.

Art. 69. A distribuição da ação ou do recurso gera prevenção para todos os processos a eles vinculados por conexão ou continência.

§ 1º O conhecimento excepcional de processo por outro Ministro que não o prevento prorroga-lhe a competência nos termos do § 6º do art. 67.

§ 2º Não se caracterizará prevenção, se o relator, sem ter apreciado liminar, nem o mérito da causa, não conhecer do pedido, declinar da competência, ou homologar pedido de desistência por decisão transitada em julgado.

▸ Artigo com a redação dada pela ER nº 34, de 7-8-2009.

Art. 70. Será distribuída ao relator do feito principal a reclamação que tenha como causa de pedir o descumprimento de decisão cujos efeitos sejam restritos às partes.

▸ *Caput* com a redação dada pela ER nº 34, de 7-8-2009.

§ 1º Será objeto de livre distribuição a reclamação que tenha como causa de pedir o descumprimento de súmula vinculante ou de decisão dotada de efeito *erga omnes*.

§ 2º Se o relator da causa principal já não integrar o Tribunal, a reclamação será distribuída ao sucessor.

§ 3º Se o relator assumir a Presidência do Tribunal, a reclamação será redistribuída ao Ministro que o substituir na Turma.

§ 4º Será distribuída ao Presidente a reclamação que tiver como causa de pedir a usurpação da sua competência ou o descumprimento de decisão sua.

§ 5º Julgada procedente a reclamação por usurpação da competência, fica prevento o relator para o processo avocado.

§ 6º A reclamação, que tiver como causa de pedir a usurpação da competência por prerrogativa de foro, será distribuída ao relator de *habeas corpus* oriundo do mesmo inquérito ou ação penal.

▸ §§ 1º a 6º acrescidos pela ER nº 34, de 7-8-2009.

Art. 71. Os embargos declaratórios e as questões incidentes terão como Relator o do processo principal.

Art. 72. O prolator do despacho impugnado será o Relator do agravo regimental.

Art. 73. A arguição de suspeição a Ministro terá como Relator o Presidente do Tribunal, ou o Vice-Presidente, se aquele for o recusado.

Art. 74. A ação penal será distribuída ao mesmo Relator do inquérito.

§ 1º O inquérito ou a ação penal, que retornar ao Tribunal por restabelecimento da competência por prerrogativa de foro, será distribuído ao relator original.

§ 2º Na hipótese anterior, se o relator original já não estiver no Tribunal, o processo será distribuído livremente.

▸ §§ 1º e 2º com a redação dada pela ER nº 34, de 7-8-2009.

Art. 75. O Ministro eleito Presidente continuará como Relator ou Revisor do processo em que tiver lançado o relatório ou aposto o seu visto.

▸ Arts. 38, IV, e 341 deste Regimento Interno.

Art. 76. Se a decisão embargada for de uma Turma, far-se-á a distribuição dos embargos dentre os Ministros da outra; se do Plenário, serão excluídos da distribuição o Relator e o Revisor.

Art. 77. Na distribuição de ação rescisória e de revisão criminal, será observado o critério estabelecido no artigo anterior.

Parágrafo único. Tratando-se de recurso extraordinário eleitoral, de *habeas corpus* contra ato do Tribunal Superior Eleitoral, ou de recurso de *habeas corpus* denegado pelo mesmo Tribunal, serão excluídos da distribuição, se possível, os Ministros que ali tenham funcionado no mesmo processo ou no processo originário.

Art. 77-A. Serão distribuídos ao mesmo relator a ação cautelar e o processo ou recurso principais.

Art. 77-B. Na ação direta de inconstitucionalidade, na ação direta de inconstitucionalidade por omissão, na ação declaratória de constitucionalidade e na arguição de descumprimento de preceito fundamental, aplica-se a regra de distribuição por prevenção quando haja coincidência total ou parcial de objetos.

Art. 77-C. Serão distribuídos ao mesmo relator requerimento de prisão preventiva para extradição e outro pedido de extradição da mesma pessoa, ainda que formulado por Estado diferente.

Parágrafo único. Fica prevento para reiteração de pedido de extradição o relator que tenha negado seguimento ao primeiro pedido por decisão transitada em julgado.

Art. 77-D. Serão distribuídos por prevenção os *habeas corpus* oriundos do mesmo inquérito ou ação penal.

§ 1º A prevenção para *habeas corpus* relativo a ações penais distintas oriundas de um mesmo inquérito observará os critérios de conexão e de continência.

§ 2º O relator da reclamação que tenha como causa de pedir a usurpação da competência em inquérito ou ação penal, fica prevento para *habeas corpus* a eles relativo.

§ 3º *Habeas corpus* contra ato praticado em inquérito ou ação penal em trâmite no Tribunal será distribuído com exclusão do respectivo relator.

§ 4º Os inquéritos e as ações penais, que passem a ser de competência do Tribunal em virtude de prerrogativa de foro, serão distribuídos por prevenção ao relator de *habeas corpus* a eles relativo.

§ 5º O relator da revisão criminal fica prevento para *habeas corpus* relativo ao mesmo processo.

▸ Arts. 77-A a 77-D acrescidos pela ER nº 34, de 7-8-2009.

CAPÍTULO IV

DOS ATOS E FORMALIDADES

Seção I

DISPOSIÇÕES GERAIS

Art. 78. O ano judiciário no Tribunal divide-se em dois períodos, recaindo as férias em janeiro e julho.

§ 1º Constituem recesso os feriados forenses compreendidos entre os dias 20 de dezembro e 6 de janeiro, inclusive.

▸ § 1º com a redação dada pela ER nº 50, de 19-4-2016.

§ 2º Sem prejuízo do disposto no inciso VIII do art. 13 e inciso V-A do art. 21, suspendem-se os trabalhos do Tribunal durante o recesso e as férias, bem como nos sábados, domingos, feriados e nos dias em que o Tribunal o determinar.

▸ § 2º com a redação dada pela ER nº 42, de 2-12-2010.

§ 3º Os Ministros indicarão seu endereço para eventual convocação durante as férias ou recesso.

Art. 79. Os atos processuais serão autenticados, conforme o caso, mediante a assinatura ou a rubrica do Presidente, dos Ministros ou dos servidores para tal fim qualificados.

§ 1º É exigida a assinatura usual nos acórdãos, na correspondência oficial, no fecho das cartas de sentença e nas certidões.

§ 2º Os livros necessários ao expediente serão rubricados pelo Presidente ou por funcionário designado.

§ 3º As rubricas e assinaturas usuais dos servidores serão registradas em livro próprio, para identificação do signatário.

Art. 80. As peças que devam integrar ato ordinatório ou executório poderão ser-lhe anexadas em cópia autenticada.

Art. 81. A critério do Presidente do Tribunal, dos Presidentes das Turmas ou do relator, conforme o caso, a notificação de ordens ou decisões será feita:

I – por servidor credenciado da Secretaria;

II – por via postal ou por qualquer modo eficaz de telecomunicação, com as cautelas necessárias à autenticação da mensagem e do seu recebimento.

Parágrafo único. Poder-se-á admitir a resposta pela forma indicada no inciso II deste artigo.

Art. 82. Da publicação do expediente de cada processo constará, além do nome das partes e o de seu advogado, o número sequencial indicativo de sua posição na edição respectiva.

▸ *Caput* com a redação dada pela ER nº 6, de 12-6-1996.

▸ Res. do STF nº 404, de 7-8-2009, dispõe sobre as intimações das decisões proferidas no âmbito do STF em processos físicos ou eletrônicos.

§ 1º Nos recursos, figurarão os nomes dos advogados constituídos pelas partes no processo, salvo se constituído perante o Tribunal outro advogado que requeira a menção de seu nome nas publicações.

§ 2º É suficiente a indicação do nome de um dos advogados, quando a parte houver constituído mais de um, ou o constituído substabelecer a outro com reserva de poderes.

§ 3º As publicações dos expedientes dos diversos processos serão acompanhadas, em cada edição do *Diário da Justiça*, do índice alfabético dos nomes de todos os advogados neles indicados e do índice numérico dos feitos cujo expediente contar da edição, ambos referidos aos números sequenciais mencionados no *caput* deste artigo.

▸ §§ 1º a 3º com a redação dada pela ER nº 6, de 12-6-1996.

§ 4º Quando a parte não estiver representada por advogado, constará do índice alfabético o seu nome.

§ 5º O erro ou omissão das referências correspondentes a determinado processo nos índices alfabéticos ou numérico implicará a ineficácia da respectiva publicação.

§ 6º A retificação de publicação no *Diário da Justiça*, com efeito de intimação, decorrente de incorreções ou omissões, será providenciada pela Secretaria, *ex officio*, ou mediante despacho do Presidente ou do Relator, conforme dispuser ato normativo da Presidência do Tribunal.

▸ §§ 4º a 6º acrescidos pela ER nº 6, de 12-6-1996.

Art. 83. A publicação da pauta de julgamento antecederá quarenta e oito horas, pelo menos, à sessão em que os processos possam ser chamados.

§ 1º Independem de pauta:

I – as questões de ordem sobre a tramitação dos processos;

II – o julgamento do processo remetido pela Turma ao Plenário;

III – o julgamento de *habeas corpus* ou de conflito de jurisdições, competências ou atribuições; e

▸ Inciso III com a redação dada pela ER nº 54, de 1º-7-2020.

IV – o julgamento de embargos de declaração ou de agravo regimental em matéria processual penal.

▸ Inciso IV acrescido pela ER nº 54, de 1º-7-2020.

§ 2º Havendo expressa concordância das partes, poderá ser dispensada a inclusão de outros processos na pauta de julgamento.

Art. 84. Os editais destinados a divulgação de ato poderão conter, apenas, o essencial à defesa ou resposta, observados os requisitos processuais.

§ 1º A parte que requerer a publicação nos termos deste artigo fornecerá o respectivo resumo, respondendo pelas suas deficiências.

§ 2º O prazo do edital será determinado entre vinte e sessenta dias, a critério do relator, e correrá da data de sua publicação, por uma só vez, no *Diário da Justiça*.

§ 3º A publicação do edital deverá ser feita no prazo de vinte dias contados de sua expedição, certificada nos autos, sob pena de extinguir-se o processo, sem julgamento do mérito, se a parte, intimada pelo *Diário da Justiça*, não suprir a falta em dez dias.

§ 4º O prazo para a defesa ou resposta começará a correr do termo do prazo determinado no edital.

Art. 85. Nenhuma publicação terá efeito de citação ou intimação, quando ocorrida durante o recesso ou as férias do Tribunal.

Art. 86. A vista às partes transcorre na Secretaria, podendo o advogado retirar autos nos casos previstos em lei, mediante recibo, pelo prazo de cinco dias se outro não lhe for assinado, observando-se, em relação ao Procurador-Geral, o disposto nos artigos 50 e 52.

§ 1º Os advogados constituídos após a remessa do processo ao Tribunal poderão, a requerimento, ter vista dos autos, na oportunidade e pelo prazo que o relator estabelecer.

§ 2º O relator indeferirá o pedido, se houver justo motivo.

Art. 87. Aos Ministros julgadores será distribuída cópia do relatório antecipadamente:

I – nas representações por inconstitucionalidade ou para interpretação de lei ou ato normativo federal ou estadual;
II – nos feitos em que haja revisor;
III – nas causas avocadas;
IV – nos demais feitos, a critério do relator.

Seção II

DAS ATAS E DA RECLAMAÇÃO POR ERRO

Art. 88. As atas serão submetidas a aprovação na sessão seguinte.

Art. 89. Contra erro contido em ata, poderá o interessado reclamar, dentro de 48 horas, em petição dirigida ao Presidente do Tribunal ou da Turma, conforme o caso.

§ 1º Não se admitirá a reclamação a pretexto de modificar o julgado.

§ 2º A reclamação não suspenderá o prazo para recurso, salvo o disposto no artigo 91.

Art. 90. A petição será entregue ao protocolo, e por este encaminhada ao encarregado da ata, que levará a despacho no mesmo dia, com sua informação.

Art. 91. Se o pedido for julgado procedente, far-se-á retificação da ata e nova publicação.

Art. 92. O despacho que julgar a reclamação será irrecorrível.

Seção III

DAS DECISÕES

Art. 93. As conclusões do Plenário e das Turmas, em suas decisões, constarão de acórdão, do qual fará parte a transcrição do áudio do julgamento.

► *Caput* com a redação dada pela ER nº 26, de 22-10-2008.

Parágrafo único. Dispensam acórdão as decisões de remessa de processo ao Plenário e de provimento de agravo de instrumento.

Art. 94. Nos processos julgados no Pleno e nas Turmas, o Relator subscreverá o acórdão, registrando o nome do Presidente.

► *Caput* com a redação dada pela ER nº 16, de 25-8-2005.

Parágrafo único. *Suprimido*. ER nº 16, de 25-8-2005.

Art. 95. A publicação do acórdão, por suas conclusões e ementa, far-se-á, para todos os efeitos, no *Diário da Justiça*.

§ 1º Salvo manifestação expressa de ministro em sentido contrário, a publicação do acórdão no *Diário da Justiça* far-se-á automaticamente quando transcorrido o prazo de sessenta dias desde a proclamação do resultado do julgamento.

► Parágrafo único transformado em § 1º e com a redação dada pela ER nº 54, de 1º-7-2020.

§ 2º Nos casos em que não tenham sido liberados pelos respectivos Ministros o relatório, os votos escritos e a revisão de apartes de julgamento, no prazo previsto no § 1º, a Secretaria Judiciária fará constar do texto transcrito do julgamento a ressalva de que ele não foi revisto pelo respectivo ministro.

§ 3º Na hipótese prevista no § 2º, a ementa do acórdão consistirá no dispositivo do voto vencedor.

► §§ 2º e 3º acrescidos pela ER nº 54, de 1º-7-2020.

► Art. 3º da ER nº 54, de 1º-7-2020 (*DJe* de 3-7-2020), que alterou os §§ 1º a 3º deste artigo, determina a aplicação imediata aos processos julgados a partir da publicação desta emenda. Para aqueles julgados anteriormente, o prazo de publicação dos acórdãos previsto no § 1º, começa a correr após 30 dias da data de promulgação da emenda.

Art. 96. Em cada julgamento a transcrição do áudio registrará o relatório, a discussão, os votos fundamentados, bem como as perguntas feitas aos advogados e suas respostas, e será juntada aos autos com o acórdão, depois de revista e rubricada.

► *Caput* com a redação dada pela ER nº 26, de 22-10-2008.

§ 1º Após a sessão de julgamento, a Secretaria das Sessões procederá à transcrição da discussão, dos votos orais, bem como das perguntas feitas aos advogados e suas respostas.

§ 2º Os gabinetes dos Ministros liberarão o relatório, os votos escritos e a transcrição da discussão, no prazo de vinte dias contados da sessão de julgamento.

§ 3º A Secretaria das Sessões procederá à transcrição do áudio do relatório e dos votos lidos que não tenham sido liberados no prazo do § 2º, com a ressalva de que não foram revistos.

§ 4º A Secretaria das Sessões encaminhará os autos ao Relator sorteado ou ao Relator para o acórdão, para elaboração deste e da ementa no prazo de dez dias.

§ 5º A transcrição do áudio dos feitos julgados conjuntamente será trasladada para os autos do chamado em primeiro lugar e anexada aos demais em cópia autêntica.

► §§ 1º a 5º com a redação dada pela ER nº 26, de 22-10-2008.

§ 6º As inexatidões materiais e os erros de escrita ou de cálculo, contidos na decisão, podem ser corrigidos por despacho do Relator, mediante reclamação, quando referentes à ata, ou por via de embargos de declaração, quando couberem.

§ 7º O Relator sorteado ou o Relator para o acórdão poderá autorizar, antes da publicação, a divulgação, em texto ou áudio, do teor do julgamento.

► §§ 6º e 7º acrescidos pela ER nº 26, de 22-10-2008.

Art. 97. Também se juntará aos autos, como parte integrante do acórdão, um extrato da ata que conterá:

I – a decisão proclamada pelo Presidente;
II – os nomes do Presidente, do relator, ou, quando vencido, do que for designado, dos demais Ministros que tiverem participado do julgamento, e do Procurador-Geral ou Subprocurador-Geral, quando presente;
III – os nomes dos Ministros impedidos e ausentes;
IV – os nomes dos advogados que tiverem feito sustentação oral.

Art. 98. O acórdão de julgamento em sessão secreta será lavrado pelo autor do primeiro voto vencedor, que não se mencionará, e conterá, de forma sucinta, a exposição da controvérsia, a fundamentação adotada e o dispositivo, bem como o enunciado da conclusão de voto divergente se houver.

Parágrafo único. O acórdão será assinado pelo Presidente, que lhe rubricará todas as folhas, e pelos Ministros que houverem participado do julgamento, na ordem decrescente de antiguidade.

Seção IV

DA JURISPRUDÊNCIA

Art. 99. São repositórios oficiais da jurisprudência do Tribunal:

I – o *Diário da Justiça*, a *Revista Trimestral de Jurisprudência*, a *Súmula da Jurisprudência Predominante do Supremo Tribunal Federal* e outras publicações por ele editadas, bem como as de outras entidades, que venham a ser autorizadas mediante convênio;

II – para períodos anteriores, as seguintes publicações: *Supremo Tribunal Federal-Jurisprudência* (1892-1898); *Revista do Supremo Tribunal Federal*; *Jurisprudência do Supremo Tribunal Federal*, a primeira e a última editadas pela Imprensa Nacional.

Parágrafo único. Além dos consagrados por sua tradição, são repositórios autorizados para indicação de julgados, perante o Tribunal, os repertórios, revistas e periódicos, registrados de conformidade com ato normativo baixado pela Presidência.

Art. 100. Constarão do *Diário da Justiça* a ementa e conclusões de todos os acórdãos; e, dentre eles, a Comissão de Jurisprudência selecionará os que devam publicar-se em seu inteiro teor na *Revista Trimestral de Jurisprudência*.

Parágrafo único. A distribuição gratuita das publicações do Tribunal far-se-á de acordo com os planos organizados (Decreto-Lei nº 102, de 13 de janeiro de 1967, alterado pela Lei nº 6.201, de 16 de abril de 1975).

Art. 101. A declaração de constitucionalidade ou inconstitucionalidade de lei ou ato normativo, pronunciada por maioria qualificada, aplica-se aos novos feitos submetidos às Turmas ou ao Plenário, salvo o disposto no artigo 103.

Art. 102. A jurisprudência assentada pelo Tribunal será compendiada na *Súmula do Supremo Tribunal Federal*.

§ 1º A inclusão de enunciados na *Súmula*, bem como a sua alteração ou cancelamento, serão deliberados em Plenário, por maioria absoluta.

§ 2º Os verbetes cancelados ou alterados guardarão a respectiva numeração com a nota correspondente, tomando novos números os que forem modificados.

§ 3º Os adendos e emendas à *Súmula*, datados e numerados em séries separadas e sucessivas, serão publicados três vezes consecutivas no *Diário da Justiça*.

§ 4º A citação da *Súmula*, pelo número correspondente, dispensará, perante o Tribunal, a referência a outros julgados no mesmo sentido.

Art. 103. Qualquer dos Ministros pode propor a revisão da jurisprudência assentada em matéria constitucional e da compendiada na Súmula, procedendo-se ao sobrestamento do feito, se necessário.

CAPÍTULO V

DOS PRAZOS

Art. 104. Os prazos no Tribunal correm da publicação do ato ou do aviso no *Diário da Justiça*, salvo o disposto nos parágrafos seguintes.

§ 1º As intimações decorrentes de publicação de ato ou aviso consideram-se feitas no dia da circulação do *Diário da Justiça*.

§ 2º Os prazos somente começam a correr a partir do primeiro dia útil após a intimação.

§ 3º As decisões ou despachos designativos de prazos podem determinar que estes corram da intimação pessoal ou da ciência por outro meio eficaz.

§ 4º Os prazos marcados em correspondência postal, telegráfica ou telefônica correm do seu recebimento, a menos que, sendo confirmativa ou *pro memoria*, tal comunicação se refira a prazo com data diversa para o seu começo.

§ 5º Considera-se prorrogado o prazo até o primeiro dia útil imediato, se o vencimento cair em feriado, ou em dia em que for determinado o fechamento da Secretaria ou o encerramento do expediente antes da hora normal.

§ 6º As citações obedecerão ao disposto nas leis processuais.

Art. 105. Não correm os prazos nos períodos de férias e recesso, salvo as hipóteses previstas em lei ou neste Regimento.

§ 1º Nos casos deste artigo, os prazos começam ou continuam a fluir no dia de reabertura do expediente.

§ 2º Também não corre prazo, havendo obstáculo judicial ou motivo de força maior comprovado, reconhecido pelo Tribunal.

§ 3º As informações oficiais, apresentadas fora do prazo por justo motivo, podem ser admitidas, se ainda oportuna a sua apreciação.

§ 4º Ficam inalterados, durante os recessos forenses e as férias do Tribunal, os prazos determinados pela Presidência no exercício da competência prevista no art. 13, VIII, deste Regimento Interno.

▸ § 4º acrescido pela ER nº 37, de 11-2-2010.

Art. 106. Mediante pedido conjunto de ambas as partes, inclusive por telegrama ou radiograma, o relator pode admitir redução ou prorrogação de prazo dilatório por tempo razoável.

Parágrafo único. Na hipótese deste artigo, cabe às partes diligenciar o conhecimento do despacho concessivo ou denegatório, independente de publicação ou intimação.

Art. 107. O prazo para o preparo que deva ser feito no Supremo Tribunal Federal é de dez dias.

Art. 108. Os prazos para diligências serão fixados nos atos que as ordenarem, salvo disposição em contrário deste Regimento.

Art. 109. Os prazos para editais são os fixados neste Regimento e na lei.

Art. 110. Os prazos não especificados neste Regimento:

I – serão fixados pelo Tribunal, pelo Presidente, pelas Turmas ou por seus Presidentes, ou pelo relator, conforme o caso;

II – não tendo sido fixado prazo, nos termos do item anterior, este será de quinze dias para contestação e de cinco dias para interposição de recurso ou qualquer outro ato.

Parágrafo único. O Procurador-Geral da República e a Fazenda Pública em geral têm prazo em quádruplo para contestação e em dobro para interposição de recurso, observando-se, no mais, o que dispõem a lei e o Regimento.

Art. 111. Os prazos para os Ministros, salvo acúmulo de serviço, são os seguintes:

I – dez dias para atos administrativos e despachos em geral;

II – vinte dias para o visto do revisor;

III – trinta dias para o visto do relator.

Art. 112. Salvo disposição em contrário, os servidores do Tribunal terão o prazo de quarenta e oito horas para os atos do processo.

TÍTULO II – DAS PROVAS

CAPÍTULO I

DISPOSIÇÕES GERAIS

Art. 113. A proposição, admissão e produção de provas no Tribunal obedecerão às leis processuais, observados os preceitos especiais deste Título.

CAPÍTULO II

DOS DOCUMENTOS E INFORMAÇÕES

Art. 114. Se a parte não puder instruir, desde logo, suas alegações, por impedimento ou demora em obter certidões ou cópias autenticadas de notas ou registros em repartições ou estabelecimentos públicos, o Relator conceder-lhe-á prazo para esse fim. Se houver recusa no fornecimento, o Relator as requisitará.

Art. 115. Nos recursos interpostos em instância inferior, não se admitirá juntada de documentos desde que recebidos os autos no Tribunal, salvo:

I – para comprovação de textos legais ou de precedentes judiciais, desde que estes últimos não se destinem a suprir, tardiamente, pressuposto recursal não observado;

II – para prova de fatos supervenientes, inclusive decisões em processos conexos, que afetem ou prejudiquem os direitos postulados;

III – em cumprimento de determinação do Relator, do Plenário ou da Turma.

§ 1º O disposto neste artigo aplica-se aos recursos interpostos perante o Tribunal.

§ 2º Após o julgamento, serão devolvidos às partes os documentos que estiverem juntos por linha, salvo se deliberada a sua anexação aos autos.

Art. 116. Em caso de impugnação, as partes comprovarão a fidelidade da transcrição de textos de leis e demais atos do poder público, bem como a vigência e o teor de normas pertinentes à causa, quando emanarem de Estado estrangeiro, de organismo internacional ou, no Brasil, de Estado e Municípios.

Art. 117. A parte será intimada por publicação no *Diário da Justiça* ou, se o Relator o determinar, pela forma indicada no art. 81, para falar sobre documento junto pela parte contrária, após sua última intervenção no processo.

Art. 118. O advogado prestará os esclarecimentos pedidos pelos Ministros, durante o julgamento, sobre peças dos autos e sobre citações que tiver feito de textos legais, precedentes judiciais e trabalhos doutrinários.

CAPÍTULO III

DA APRESENTAÇÃO DE PESSOAS E OUTRAS DILIGÊNCIAS

Art. 119. No processo em que se fizer necessária a presença da parte ou de terceiro, o Plenário, a Turma ou o Relator poderá, independente de outras sanções legais, expedir ordem de condução da pessoa que, intimada, deixar de comparecer sem motivo justificado.

Art. 120. Observar-se-ão as formalidades da lei na realização de exames periciais, arbitramentos, buscas e apreensões, na exibição e conferência de documentos e em quaisquer outras diligências determinadas ou deferidas pelo Plenário, pela Turma ou pelo Relator.

CAPÍTULO IV

DOS DEPOIMENTOS

Art. 121. Os depoimentos poderão ser gravados e, depois de transcritos, serão assinados pelo Relator e pelo depoente.

▸ *Caput* com a redação dada pela ER nº 26, de 22-10-2008.

Parágrafo único. Aplica-se o disposto neste artigo ao interrogatório dos acusados.

TÍTULO III – DAS SESSÕES

CAPÍTULO I

DISPOSIÇÕES GERAIS

Art. 122. Haverá sessões ordinárias, do Plenário e das Turmas, nos dias designados, e extraordinárias, mediante convocação.

Art. 123. As sessões ordinárias do Plenário terão início às 14 horas e terminarão às 18 horas, com intervalo de trinta minutos, podendo ser prorrogadas sempre que o serviço o exigir.

▸ *Caput* com a redação dada pela ER nº 7, de 6-4-1998.

§ 1º As sessões ordinárias das Turmas terão início às 14 horas e terminarão às 18 horas, com intervalo de trinta minutos, podendo ser prorrogadas sempre que o serviço o exigir.

▸ § 1º acrescido pela ER nº 7, de 6-4-1998.

§ 2º As sessões extraordinárias terão início à hora designada e serão encerradas quando cumprido o fim a que se destinem.

▸ Parágrafo único transformado em § 2º pela ER nº 7, de 6-4-1998.

Art. 124. As sessões serão públicas, salvo quando este Regimento determinar que sejam secretas, ou assim o deliberar o Plenário ou a Turma.

Parágrafo único. Os advogados ocuparão a tribuna para formularem requerimento, produzirem sustentação oral, ou responderem às perguntas que lhes forem feitas pelos Ministros.

Art. 125. Nas sessões do Plenário e das Turmas, observar-se-á a seguinte ordem:

I – verificação do número de Ministros;

II – discussão e aprovação da ata anterior;

III – indicações e propostas;

IV – julgamento dos processos em mesa.

Art. 126. Os processos conexos poderão ser objeto de um só julgamento.

Parágrafo único. Se houver mais de um Relator, os relatórios serão feitos sucessivamente, antes do debate e julgamento.

Art. 127. Podem ser julgados conjuntamente os processos que versarem a mesma questão jurídica, ainda que apresentem peculiaridades.

Parágrafo único. Na hipótese deste artigo, os relatórios sucessivos reportar-se-ão ao anterior, indicando as peculiaridades do caso.

Art. 128. Os julgamentos a que o Regimento não der prioridade realizar-se-ão, sempre que possível, de conformidade com a ordem crescente de numeração dos feitos em cada classe.

§ 1º Os processos serão chamados pela ordem de antiguidade decrescente dos respectivos Relatores. O critério da numeração referir-se-á a cada Relator.

§ 2º O Presidente poderá dar preferência aos julgamentos nos quais os advogados devam produzir sustentação oral.

Art. 129. Em caso de urgência, o Relator poderá indicar preferência para o julgamento.

Art. 130. Poderá ser deferida preferência a requerimento do Procurador-Geral, de julgamento relativo a processos em que houver medida cautelar.

Art. 131. Nos julgamentos, o Presidente do Plenário ou da Turma, feito o relatório, dará a palavra, sucessivamente, ao autor, recorrente, peticionário ou impetrante, e ao réu, recorrido ou impetrado, para sustentação oral.

§ 1º O assistente somente poderá produzir sustentação oral quando já admitido.

§ 2º Não haverá sustentação oral nos julgamentos de agravo, embargos declaratórios, arguição de suspeição e medida cautelar.

§ 3º Admitida a intervenção de terceiros no processo de controle concentrado de constitucionalidade, fica-lhes facultado produzir sustentação oral, aplicando-se, quando for o caso, a regra do § 2º do artigo 132 deste Regimento.

▸ § 3º acrescido pela ER nº 15, de 30-3-2004.

§ 4º No julgamento conjunto de causas ou recursos sobre questão idêntica, a sustentação oral por mais de um advogado obedecerá ao disposto no § 2º do artigo 132.

▸ § 4º acrescido pela ER nº 20, de 16-10-2006.

§ 5º Os advogados e procuradores que desejarem realizar sustentação oral por videoconferência, nas sessões presenciais de julgamento do Plenário e das Turmas, deverão inscrever-se, utilizando o formulário eletrônico disponibilizado no sítio eletrônico do Supremo Tribunal Federal até 48 horas antes do dia da sessão.

▸ § 5º acrescido pela ER nº 53, de 18-3-2020.

Art. 132. Cada uma das partes falará pelo tempo máximo de quinze minutos, excetuada a ação penal originária, na qual o prazo será de uma hora, prorrogável pelo Presidente.

§ 1º O Procurador-Geral terá prazo igual ao das partes, falando em primeiro lugar se a União for autora ou recorrente.

§ 2º Se houver litisconsortes não representados pelo mesmo advogado, o prazo, que se contará em dobro, será dividido igualmente entre os do mesmo grupo, se diversamente entre eles não se convencionar.

§ 3º O opoente terá prazo próprio para falar, igual ao das partes.

§ 4º Havendo assistente, na ação penal pública, falará depois do Procurador-Geral, a menos que o recurso seja deste.

§ 5º O Procurador-Geral falará depois do autor da ação penal privada.

§ 6º Se, em ação penal, houver recurso de corréus em posição antagônica, cada grupo terá prazo completo para falar.

§ 7º Nos processos criminais, havendo corréus que sejam coautores, se não tiverem o mesmo defensor, o prazo será contado em dobro e dividido igualmente entre os defensores, salvo se estes convencionarem outra divisão do tempo.

Art. 133. Cada Ministro poderá falar duas vezes sobre o assunto em discussão e mais uma vez, se for o caso, para explicar a modificação do voto. Nenhum falará sem autorização do Presidente, nem interromperá a quem estiver usando a palavra, salvo para apartes, quando solicitados e concedidos.

Parágrafo único. Os apartes constarão do acórdão, salvo se cancelados pelo Ministro aparteante, caso em que será anotado o cancelamento.

▸ Parágrafo único acrescido pela ER nº 40, de 5-8-2010.

Art. 134. O ministro que pedir vista dos autos deverá apresentá-los, para prosseguimento da votação, no prazo de 90 (noventa) dias, contado da data da publicação da ata de julgamento.

▸ *Caput* com a redação dada pela ER nº 58, de 19-12-2022.

§ 1º Ao reencetar-se o julgamento, serão computados os votos já proferidos pelos Ministros, ainda que não compareçam ou hajam deixado o exercício do cargo.

§ 2º Não participarão do julgamento os Ministros que não tenham assistido ao relatório ou aos debates, salvo quando se derem por esclarecidos.

▸ § 2º com a redação dada pela ER nº 2, de 4-12-1985.

§ 3º Se, para o efeito do *quorum* ou desempate na votação, for necessário o voto de Ministro nas condições do parágrafo anterior, serão renovados o relatório e a sustentação oral, computando-se os votos anteriormente proferidos.

§ 4º O prazo a que se refere o *caput* ficara suspenso nos períodos de recesso ou férias coletivas e poderá ser prorrogado, por uma única vez, por igual período, mediante manifestação expressa do ministro vistor ao presidente do respectivo colegiado.

▸ § 4º acrescido pela ER nº 54, de 1º-7-2020.

§ 5º Vencido o prazo previsto no *caput*, os autos estarão automaticamente liberados para a continuação do julgamento.

▸ § 5º acrescido pela ER nº 58, de 19-12-2022.

Art. 135. Concluído o debate oral, o Presidente tomará os votos do Relator, do Revisor, se houver, e dos outros Ministros, na ordem inversa da antiguidade.

§ 1º Os Ministros poderão antecipar o voto se o Presidente autorizar.

§ 2º Encerrada a votação, o Presidente proclamará a decisão.

§ 3º Se o Relator for vencido, ficará designado o Revisor para redigir o acórdão.

§ 4º Se não houver Revisor, ou se este também ficar vencido, designar-se-á para redigir o acórdão o Ministro que houver proferido o primeiro voto prevalecente, ressalvado o disposto no artigo 324, § 3º, deste Regimento.

▸ § 4º com a redação dada pela ER nº 49, de 3-6-2014.

Art. 136. As questões preliminares serão julgadas antes do mérito, deste não se conhecendo se incompatível com a decisão daquelas.

§ 1º Sempre que, no curso do relatório, ou antes dele, algum dos Ministros suscitar preliminar, será ela, antes de julgada, discutida pelas partes, que poderão usar da palavra pelo prazo regimental. Se não acolhida a preliminar, prosseguir-se-á no julgamento.

§ 2º Quando a preliminar versar nulidade suprível, converter-se-á o julgamento em diligência e o Relator, se for necessário, ordenará a remessa dos autos ao juiz de primeira instância ou ao Presidente do Tribunal *a quo* para os fins de direito.

Art. 137. Rejeitada a preliminar, ou se com ela for compatível a apreciação do mérito, seguir-se-ão a discussão e julgamento da matéria principal, pronunciando-se sobre esta os juízes vencidos na preliminar.

Art. 138. Preferirá aos demais, na sua classe, o processo, em mesa, cujo julgamento tenha sido iniciado.

Art. 139. O julgamento, uma vez iniciado, ultimar-se-á na mesma sessão, ainda que excedida a hora regimental.

Art. 140. O Plenário ou a Turma poderá converter o julgamento em diligência, quando necessária à decisão da causa.

CAPÍTULO II

DAS SESSÕES SOLENES

Art. 141. O Tribunal reúne-se em sessão solene:

I – para dar posse ao Presidente e ao Vice-Presidente;

II – para dar posse aos Ministros;

III – para receber o Presidente da República;

IV – para receber Chefe de Estado estrangeiro, em visita oficial ao Brasil;

V – para celebrar acontecimento de alta relevância, quando convocado por deliberação plenária em sessão administrativa;

VI – para instalar o ano judiciário.

▸ Inciso VI acrescido pela ER nº 14, de 25-3-2004.

§ 1º A sessão solene a que se refere o inciso VI realizar-se-á sempre no primeiro dia útil do mês de fevereiro de cada ano.

§ 2º Na solenidade de instalação do ano judiciário, integrarão a Mesa, mediante convite, os Presidentes da República, do Congresso Nacional, da Câmara dos Deputados, do Tribunal Superior Eleitoral, do Superior Tribunal de Justiça, do Superior Tribunal Militar, do Tribunal Superior do Trabalho e o Procurador-Geral da República e farão uso da palavra as autoridades indicadas pelo Presidente do Supremo Tribunal Federal.

▸ §§ 1º e 2º acrescidos pela ER nº 14, de 25-3-2004.

Art. 142. O cerimonial das sessões solenes será regulado por ato do Presidente.

CAPÍTULO III

DAS SESSÕES DO PLENÁRIO

Art. 143. O Plenário, que se reúne com a presença mínima de seis Ministros, é dirigido pelo Presidente do Tribunal.

Parágrafo único. O *quorum* para a votação de matéria constitucional e para a eleição do Presidente e do Vice-Presidente, dos membros do Conselho Nacional da Magistratura e do Tribunal Superior Eleitoral é de oito Ministros.

Art. 144. Nas sessões do Plenário, o Presidente tem assento à mesa, na parte central, ficando o Procurador-Geral à sua direita. Os demais Ministros sentar-se-ão, pela ordem decrescente de antiguidade, alternadamente, nos lugares laterais, a começar pela direita.

Art. 145. Terão prioridade, no julgamento do Plenário, observados os artigos 128 a 130 e 138:

I – os *habeas corpus*;

II – os pedidos de extradição;

III – as causas criminais e, dentre estas, as de réu preso;

IV – os conflitos de jurisdição;

V – os recursos oriundos do Tribunal Superior Eleitoral;

VI – os mandados de segurança;

VII – as reclamações;

VIII – as representações;

IX – os pedidos de avocação e as causas avocadas.

Art. 146. Havendo, por ausência ou falta de um Ministro, nos termos do art. 13, IX, empate na votação de matéria cuja solução dependa de maioria absoluta, considerar-se-á julgada a questão proclamando-se a solução contrária à pretendida ou à proposta.

Parágrafo único. No julgamento de *habeas corpus* e de recursos de *habeas corpus* proclamar-se-á, na hipótese de empate, a decisão mais favorável ao paciente.

▸ Art. 146 com a redação dada pela ER nº 35, de 2-12-2009.

CAPÍTULO IV

DAS SESSÕES DAS TURMAS

Art. 147. As Turmas reúnem-se com a presença, pelo menos, de três Ministros.

Art. 148. Nas sessões das Turmas, o Presidente tem assento à mesa, na parte central, ficando o Procurador-Geral à sua direita. Os demais Ministros sentar-se-ão, pela ordem decrescente de antiguidade, alternadamente, nos lugares laterais, a começar pela direita.

Parágrafo único. Quando o Presidente do Tribunal comparecer à sessão de Turma para julgar processo a que estiver vinculado, ou do qual houver pedido vista, assumir-lhe-á a presidência pelo tempo correspondente ao julgamento.

Art. 149. Terão prioridade, no julgamento, observados os artigos 128 a 130 e 138:

I – os *habeas corpus*;

II – as causas criminais, dentre estas as de réu preso;

III – as reclamações.

▸ Inciso III acrescido pela ER nº 9, de 8-10-2001.

Art. 150. O Presidente da Turma terá sempre direito a voto.

§ 1º Se ocorrer empate, será adiada a decisão até tomar-se o voto do Ministro que esteve ausente.

§ 2º Persistindo a ausência, ou havendo vaga, impedimento ou licença de Ministro da Turma, por mais de um mês, convocar-se-á Ministro da outra, na ordem decrescente de antiguidade.

§ 3º Nos *habeas corpus* e recursos em matéria criminal, exceto o recurso extraordinário, havendo empate, prevalecerá a decisão mais favorável ao paciente ou réu.

CAPÍTULO V

DAS SESSÕES ADMINISTRATIVAS E DE CONSELHO

Art. 151. As sessões serão secretas:

I – quando algum dos Ministros pedir que o Plenário ou a Turma se reúna em Conselho;

II – quando convocadas pelo Presidente para assunto administrativo ou da economia do Tribunal.

Art. 152. Nenhuma pessoa, além dos Ministros, será admitida às sessões secretas, salvo quando convocada especialmente.

Parágrafo único. No caso do inciso I do artigo anterior, o julgamento prosseguirá em sessão pública.

Art. 153. O registro das sessões secretas conterá somente a data e os nomes dos presentes, exceto quando as deliberações devam ser publicadas.

TÍTULO IV – DAS AUDIÊNCIAS

Art. 154. Serão públicas as audiências:

I – *Suprimido*. ER nº 18, de 2-8-2006;

II – para instrução de processo, salvo motivo relevante;

III – para ouvir o depoimento das pessoas de que tratam os artigos 13, inciso XVII, e 21, inciso XVII, deste Regimento.

▸ Inciso III acrescido pela ER nº 29, de 18-2-2009.

Parágrafo único. A audiência prevista no inciso III observará o seguinte procedimento:

I – o despacho que a convocar será amplamente divulgado e fixará prazo para a indicação das pessoas a serem ouvidas;

II – havendo defensores e opositores relativamente à matéria objeto da audiência, será garantida a participação das diversas correntes de opinião;

III – caberá ao Ministro que presidir a audiência pública selecionar as pessoas que serão ouvidas, divulgar a lista dos habilitados, determinando a ordem dos trabalhos e fixando o tempo que cada um disporá para se manifestar;

IV – o depoente deverá limitar-se ao tema ou questão em debate;

V – a audiência pública será transmitida pela TV Justiça e pela Rádio Justiça;

VI – os trabalhos da audiência pública serão registrados e juntados aos autos do processo, quando for o caso, ou arquivados no âmbito da Presidência;

VII – os casos omissos serão resolvidos pelo Ministro que convocar a audiência.

▸ Parágrafo único acrescido pela ER nº 29, de 18-2-2009.

Art. 155. O Ministro que presidir a audiência deliberará sobre o que lhe for requerido.

§ 1º Respeitada a prerrogativa dos advogados, nenhum dos presentes se dirigirá ao Presidente da audiência, a não ser de pé e com sua licença.

§ 2º O secretário da audiência fará constar em ata o que nela ocorrer.

TÍTULO V – DOS PROCESSOS SOBRE COMPETÊNCIA

CAPÍTULO I

DA RECLAMAÇÃO

Art. 156. Caberá reclamação do Procurador-Geral da República, ou do interessado na causa, para preservar a competência do Tribunal ou garantir a autoridade das suas decisões.

▸ Súm. nº 734 do STF.

Parágrafo único. A reclamação será instruída com prova documental.

Art. 157. O relator requisitará informações da autoridade, a quem for imputada a prática do ato impugnado, que as prestará no prazo de cinco dias.

Art. 158. O relator poderá determinar a suspensão do curso do processo em que se tenha verificado o ato reclamado, ou a remessa dos respectivos autos ao Tribunal.

Art. 159. Qualquer interessado poderá impugnar o pedido do reclamante.

Art. 160. Decorrido o prazo para informações, dar-se-á vista ao Procurador-Geral, quando a reclamação não tenha sido por ele formulada.

Art. 161. Julgando procedente a reclamação, o Plenário ou a Turma poderá:

▸ *Caput* com a redação dada pela ER nº 9, de 8-10-2001.

I – avocar o conhecimento do processo em que se verifique usurpação de sua competência;

II – ordenar que lhe sejam remetidos, com urgência, os autos do recurso para ele interposto;

III – cassar decisão exorbitante de seu julgado, ou determinar medida adequada à observância de sua jurisdição.

Parágrafo único. O Relator poderá julgar a reclamação quando a matéria for objeto de jurisprudência consolidada do Tribunal.

▸ Parágrafo único acrescido pela ER nº 13, de 25-3-2004.

Art. 162. O Presidente do Tribunal ou da Turma determinará o imediato cumprimento da decisão, lavrando-se o acórdão posteriormente.

▸ Artigo com a redação dada pela ER nº 9, de 8-10-2001.

CAPÍTULO II

DO CONFLITO DE JURISDIÇÃO OU COMPETÊNCIA E DE ATRIBUIÇÕES

Art. 163. O conflito de jurisdição ou competência poderá ocorrer entre autoridades judiciárias; o de atribuições, entre autoridades judiciárias e administrativas.

Art. 164. Dar-se-á conflito nos casos previstos nas leis processuais.

Art. 165. O conflito poderá ser suscitado pela parte interessada, pelo Ministério Público ou por qualquer das autoridades conflitantes.

Art. 166. Poderá o relator, de ofício, ou a requerimento de qualquer das partes, determinar, quando o conflito for positivo, seja sobrestado o processo, e, neste caso, bem assim no de conflito negativo, designar um dos órgãos para resolver, em caráter provisório, as medidas urgentes.

Art. 167. Sempre que necessário, o relator mandará ouvir as autoridades em conflito, no prazo de dez dias.

Art. 168. Prestadas ou não as informações, o relator dará vista do processo ao Procurador-Geral e, a seguir, apresentá-lo-á em mesa para julgamento.

§ 1º Na decisão do conflito, compreender-se-á como expresso o que nela virtualmente se contenha ou dela resulte.

§ 2º Da decisão de conflito não caberá recurso.

§ 3º No caso de conflito positivo, o Presidente poderá determinar o imediato cumprimento da decisão, lavrando-se o acórdão, posteriormente.

TÍTULO VI – DA DECLARAÇÃO DE INCONSTITUCIONALIDADE E DA INTERPRETAÇÃO DE LEI

CAPÍTULO I – DA DECLARAÇÃO DE INCONSTITUCIONALIDADE DE LEI OU ATO NORMATIVO

Art. 169. O Procurador-Geral da República poderá submeter ao Tribunal, mediante representação, o exame de lei ou ato normativo federal ou estadual, para que seja declarada a sua inconstitucionalidade.

§ 1º Proposta a representação, não se admitirá desistência, ainda que afinal o Procurador-Geral se manifeste pela sua improcedência.

§ 2º Não se admitirá assistência a qualquer das partes.

▸ §§ 1º e 2º com a redação dada pela ER nº 2, de 4-12-1985.

Art. 170. O relator pedirá informações à autoridade da qual tiver emanado o ato, bem como ao Congresso Nacional ou à Assembleia Legislativa, se for o caso.

§ 1º Se houver pedido de medida cautelar, o relator submetê-la-á ao Plenário e somente após a decisão solicitará as informações.

§ 2º As informações serão prestadas no prazo de trinta dias, contados do recebimento do pedido, podendo ser dispensadas, em caso de urgência, pelo relator, *ad referendum* do Tribunal.

§ 3º Se, ao receber os autos, ou no curso do processo, o relator entender que a decisão é urgente, em face do relevante interesse de ordem pública que envolve, poderá, com prévia ciência das partes, submetê-lo ao conhecimento do Tribunal, que terá a faculdade de julgá-lo com os elementos de que dispuser.

Art. 171. Recebidas as informações, será aberta vista ao Procurador-Geral, pelo prazo de quinze dias, para emitir parecer.

Art. 172. Decorrido o prazo do artigo anterior, ou dispensadas as informações em razão da urgência, o relator, lançado o relatório, do qual a Secretaria remeterá cópia a todos os Ministros, pedirá dia para julgamento.

Art. 173. Efetuado o julgamento, com o *quorum* do artigo 143, parágrafo único, proclamar-se-á a inconstitucionalidade ou a constitucionalidade do preceito ou do ato impugnados, se num ou noutro sentido se tiverem manifestado seis Ministros.

Parágrafo único. Se não for alcançada a maioria necessária à declaração de inconstitucionalidade, estando licenciados ou ausentes Ministros em número que possa influir no julgamento, este será suspenso a fim de aguardar-se o comparecimento dos Ministros ausentes, até que se atinja o *quorum*.

Art. 174. Proclamada a constitucionalidade na forma do artigo anterior, julgar-se-á improcedente a representação.

Art. 175. Julgada procedente a representação e declarada a inconstitucionalidade total ou parcial de Constituição Estadual, de lei ou decreto federal ou estadual, de resolução de órgão judiciário ou legislativo, bem como de qualquer outro ato normativo federal ou estadual ou de autoridade da administração direta ou indireta, far-se-á comunicação à autoridade ou órgão responsável pela expedição do ato normativo impugnado.

Parágrafo único. Se a declaração de inconstitucionalidade de lei ou ato estadual se fundar nos incisos VI e VII do artigo 10 da Constituição, a comunicação será feita, logo após a decisão, à autoridade interessada, bem como, depois do trânsito em julgado, ao Presidente da República, para os efeitos do § 2º do artigo 11 da Constituição.

Art. 176. Arguida a inconstitucionalidade de lei ou ato normativo federal, estadual ou municipal, em qualquer outro processo submetido ao Plenário, será ela julgada em conformidade com o disposto nos artigos 172 a 174, depois de ouvido o Procurador-Geral.

§ 1º Feita a arguição em processo de competência da Turma, e considerada relevante, será ele submetido ao Plenário, independente de acórdão, depois de ouvido o Procurador-Geral.

§ 2º De igual modo procederão o Presidente do Tribunal e os das Turmas, se a inconstitucionalidade for alegada em processo de sua competência.

Art. 177. O Plenário julgará a prejudicial de inconstitucionalidade e as demais questões da causa.

Art. 178. Declarada, incidentalmente, a inconstitucionalidade, na forma prevista nos artigos 176 e 177, far-se-á a comunicação, logo após a decisão, à autoridade ou órgão interessado, bem como, depois do trânsito em julgado, ao Senado Federal, para os efeitos do artigo 42, VII, da Constituição.

CAPÍTULO II – DA INTERPRETAÇÃO DE LEI

Art. 179. O Procurador-Geral da República poderá submeter ao Tribunal o exame de lei ou ato normativo federal ou estadual para que este lhe fixe a interpretação.

Art. 180. A representação será instruída com o texto integral da lei ou do ato normativo e conterá os motivos que justificam a necessidade de sua interpretação prévia, bem como o entendimento que lhe dá o representante.

Art. 181. Proposta a representação, dela não poderá desistir o Procurador-Geral.

Parágrafo único. Não se admitirá assistência a qualquer das partes.

▸ Art. 181 com a redação dada pela ER nº 2, de 4-12-1985.

Art. 182. O Relator, se entender que não há motivos que justifiquem a necessidade da interpretação prévia, poderá indeferir, liminarmente, a representação, em despacho fundamentado, do qual caberá agravo regimental.

Art. 183. Se não indeferir liminarmente a representação, o Relator solicitará informações à autoridade da qual tiver emanado o ato, bem como ao Congresso Nacional ou à Assembleia Legislativa, se for o caso.

Parágrafo único. As informações, prestadas no prazo de trinta dias, serão acompanhadas, em se tratando de lei, de cópia de todas as peças do processo legislativo.

Art. 184. Recebidas as informações, o Relator, lançado o relatório do qual a secretaria remeterá cópia a todos os Ministros, pedirá dia para julgamento.

Art. 185. Efetuado o julgamento, com o *quorum* do parágrafo único do art. 143, proclamar-se-á a interpretação que tiver apoio de, pelo menos, seis Ministros.

§ 1º Se não for alcançada a maioria necessária, estando licenciados ou ausentes Ministros em número que possa influir no julgamento, este será suspenso a fim de aguardar-se o comparecimento desses Ministros, até que se atinja o *quorum*.

§ 2º Na hipótese de os votos se dividirem entre mais de duas interpretações, proceder-se-á, em outra sessão designada pelo Presidente, à segunda votação restrita à escolha, pelo *quorum* de seis Ministros, pelo menos, de uma dentre as duas interpretações anteriormente mais votadas.

Art. 186. A interpretação adotada no julgamento da representação será imediatamente comunicada, pelo Presidente do Tribunal, à autoridade a quem tiverem sido solicitadas as informações.

Art. 187. A partir da publicação do acórdão, por suas conclusões e ementa, no *Diário da Justiça da União*, a interpretação nele fixada terá força vinculante para todos os efeitos.

TÍTULO VII – DAS GARANTIAS CONSTITUCIONAIS

CAPÍTULO I – DO *HABEAS CORPUS*

Art. 188. Dar-se-á *habeas corpus* sempre que alguém sofrer ou se achar ameaçado de sofrer violência ou coação em sua liberdade de locomoção, por ilegalidade ou abuso de poder.

Art. 189. O *habeas corpus* pode ser impetrado:

I – por qualquer pessoa, em seu favor ou de outrem;

II – pelo Ministério Público.

Art. 190. A petição de *habeas corpus* deverá conter:

I – o nome do impetrante, bem como o do paciente e do coator;

II – os motivos do pedido e, quando possível, a prova documental dos fatos alegados;

III – a assinatura do impetrante ou de alguém a seu rogo, se não souber ou não puder escrever.

Art. 191. O Relator requisitará informações do apontado coator e, sem prejuízo do disposto no art. 21, IV e V, poderá:

I – sendo relevante a matéria, nomear advogado para acompanhar e defender oralmente o pedido, se o impetrante não for diplomado em direito;

II – ordenar diligências necessárias à instrução do pedido, no prazo que estabelecer, se a deficiência deste não for imputável ao impetrante;

III – determinar a apresentação do paciente à sessão do julgamento, se entender conveniente;

IV – no *habeas corpus* preventivo, expedir salvo-conduto em favor do paciente, até decisão do feito, se houver grave risco de consumar-se a violência.

Art. 192. Quando a matéria for objeto de jurisprudência consolidada do Tribunal, o Relator poderá desde logo denegar ou conceder a ordem, ainda que de ofício, à vista da documentação da petição inicial ou do teor das informações.

- *Caput* com a redação dada pela ER nº 30, de 29-5-2009.

§ 1º Não se verificando a hipótese do *caput*, instruído o processo e ouvido o Procurador-Geral em dois dias, o Relator apresentará o feito em mesa para julgamento na primeira sessão da Turma ou do Plenário, observando-se, quanto à votação, o disposto nos arts. 146, parágrafo único, e 150, § 3º.

§ 2º Não apresentado o processo na primeira sessão, o impetrante poderá requerer seja cientificado pelo Gabinete, por qualquer via, da data do julgamento.

§ 3º Não se conhecerá de pedido desautorizado pelo paciente.

- §§ 1º a 3º acrescidos pela ER nº 30, de 29-5-2009.

Art. 193. O Tribunal poderá, de ofício:

I – usar da faculdade prevista no art. 191, III;

II – expedir ordem de *habeas corpus* quando, no curso de qualquer processo, verificar que alguém sofre ou se ache ameaçado de sofrer violência ou coação em sua liberdade de locomoção por, ilegalidade ou abuso de poder.

Art. 194. A decisão concessiva de *habeas corpus* será imediatamente comunicada às autoridades a quem couber cumpri-la, sem prejuízo da remessa de cópia autenticada do acórdão.

Parágrafo único. A comunicação mediante ofício, telegrama ou radiograma, bem como o salvo-conduto, em caso de ameaça de violência ou coação, serão firmados pelo Presidente do Tribunal ou da Turma.

Art. 195. Ordenada a soltura do paciente, em virtude de *habeas corpus*, a autoridade que, por má-fé ou evidente abuso de poder, tiver determinado a coação, será condenada nas custas, remetendo-se ao Ministério Público traslado das peças necessárias à apuração de sua responsabilidade penal.

Art. 196. O carcereiro ou diretor da prisão, o escrivão, o oficial de justiça ou a autoridade judiciária, policial ou militar que embaraçarem ou procrastinarem o encaminhamento do pedido de *habeas corpus*, as informações sobre a causa da violência, coação ou ameaça, ou a condução e apresentação do paciente, serão multados na forma da legislação processual vigente, sem prejuízo de outras sanções penais e administrativas.

Art. 197. Havendo desobediência ou retardamento abusivo no cumprimento da ordem de *habeas corpus*, por parte do detentor ou carcereiro, o Presidente do Tribunal expedirá mandado de prisão contra o desobediente e oficiará ao Ministério Público, a fim de que promova a ação penal.

Parágrafo único. Na hipótese deste artigo, o Tribunal ou o seu Presidente tomarão as providências necessárias ao cumprimento da decisão, com emprego de meios legais cabíveis, e determinarão, se necessário, a apresentação do paciente ao Relator ou a magistrado local por ele designado.

Art. 198. As fianças que se tiverem de prestar perante o Tribunal, em virtude de *habeas corpus*, serão processadas pelo Relator, a menos que este delegue essa atribuição a outro magistrado.

Art. 199. Se, pendente o processo de *habeas corpus*, cessar a violência ou coação, julgar-se-á prejudicado o pedido, podendo, porém, o Tribunal declarar a ilegalidade do ato e tomar as providência cabíveis para a punição do responsável.

CAPÍTULO II

DO MANDADO DE SEGURANÇA

Art. 200. Conceder-se-á mandado de segurança para proteger direito líquido e certo não amparado por *habeas corpus*, quando a autoridade responsável pela ilegalidade ou abuso de poder estiver sob a jurisdição do Tribunal.

Parágrafo único. O direito de pedir segurança extingue-se após cento e vinte dias da ciência, pelo interessado, do ato impugnado.

Art. 201. Não se dará mandado de segurança quando estiver em causa:

I – ato de que caiba recurso administrativo com efeito suspensivo, independente de caução;

II – despacho ou decisão judicial, de que caiba recurso, ou que seja suscetível de correição;

III – ato disciplinar, salvo se praticado por autoridade incompetente ou com inobservância de formalidade essencial.

Art. 202. A petição inicial, que deverá preencher os requisitos dos artigos 282 e 283 do Código de Processo Civil, será apresentada em duas vias, e os documentos que instruírem a primeira deverão ser reproduzidos, por cópia, na segunda, salvo o disposto no artigo 114 deste Regimento.

- Refere-se ao CPC/1973.
- Arts. 319 e 320 do CPC/2015.

Art. 203. O relator mandará notificar a autoridade coatora para prestar informações no prazo previsto em lei.

§ 1º Quando relevante o fundamento e do ato impugnado puder resultar a ineficácia da medida, caso deferida, o relator determinar-lhe-á a suspensão, salvo nos casos vedados em lei.

§ 2º A notificação será instruída com a segunda via da inicial e cópias dos documentos, bem como do despacho concessivo da liminar, se houver.

Art. 204. A medida liminar vigorará pelo prazo de noventa dias, contado de sua efetivação e prorrogável por mais trinta dias, se o acúmulo de serviço o justificar.

Parágrafo único. Se, por ação ou omissão, o beneficiário da liminar der causa à procrastinação do julgamento do pedido, poderá o relator revogar a medida.

Art. 205. Recebidas as informações ou transcorrido o respectivo prazo, sem o seu oferecimento, o Relator, após vista ao Procurador-Geral, pedirá dia para julgamento, ou, quando a matéria for objeto de jurisprudência consolidada do Tribunal, julgará o pedido.

- *Caput* com a redação dada pela ER nº 28, de 18-2-2009.

Parágrafo único. O julgamento de mandado de segurança contra ato do Presidente do Supremo Tribunal Federal ou do Conselho Nacional da Magistratura será presidido pelo Vice-Presidente ou, no caso de ausência ou impedimento, pelo Ministro mais antigo dentre os presentes à sessão. Se lhe couber votar, nos termos do artigo 146, I a III e V, e seu voto produzir empate, observar-se-á o seguinte:

I – não havendo votado algum Ministro, por motivo de ausência ou licença que não deva perdurar por mais de três meses, aguardar-se-á o seu voto;

II – havendo votado todos os Ministros, salvo os impedidos ou licenciados por período remanescente superior a três meses, prevalecerá o ato impugnado.

Art. 206. A concessão ou a denegação de segurança na vigência de medida liminar serão imediatamente comunicadas à autoridade apontada como coatora.

TÍTULO VIII – DOS PROCESSOS ORIUNDOS DE ESTADOS ESTRANGEIROS

CAPÍTULO I

DA EXTRADIÇÃO

Art. 207. Não se concederá extradição sem prévio pronunciamento do Supremo Tribunal Federal sobre a legalidade e a procedência do pedido, observada a legislação vigente.

Art. 208. Não terá andamento o pedido de extradição sem que o extraditando seja preso e colocado à disposição do Tribunal.

Art. 209. O Relator designará dia e hora para o interrogatório do extraditando e requisitará a sua apresentação.

Art. 210. No interrogatório, ou logo após, intimar-se-á o defensor do extraditando para apresentar defesa escrita no prazo de dez dias.

§ 1º O Relator dará advogado ao extraditando que não o tiver, e curador, se for o caso.

§ 2º Será substituído o defensor, constituído ou dativo, que não apresentar a defesa no prazo deste artigo.

Art. 211. É facultado ao Relator delegar o interrogatório do extraditando a juiz do local onde estiver preso.

Parágrafo único. Para o fim deste artigo, serão os autos remetidos ao juiz delegado, que os devolverá, uma vez apresentada a defesa ou exaurido o prazo.

Art. 212. Junta a defesa e aberta vista por dez dias ao Procurador-Geral, o Relator pedirá dia para julgamento.

Parágrafo único. O Estado requerente da extradição poderá ser representado por advogado para acompanhar o processo perante o Tribunal.

Art. 213. O extraditando permanecerá na prisão, à disposição do Tribunal, até o julgamento final.

Art. 214. No processo de extradição, não se suspende no recesso e nas férias o prazo fixado por lei para o cumprimento de diligência determinada pelo Relator ou pelo Tribunal.

CAPÍTULO II
DA HOMOLOGAÇÃO DE SENTENÇA ESTRANGEIRA

▶ A homologação de sentença estrangeira passou a ser da competência do STJ, conforme art. 105, I, *i*, da CF, com a redação dada pela EC nº 45, de 8-12-2004.

▶ Art. 109, X, da CF.

Art. 215. A sentença estrangeira não terá eficácia no Brasil sem a prévia homologação pelo Supremo Tribunal Federal ou por seu Presidente.

▶ Artigo com a redação dada pela ER nº 1, de 25-11-1981.

Art. 216. Não será homologada sentença que ofenda a soberania nacional, a ordem pública e os bons costumes.

Art. 217. Constituem requisitos indispensáveis à homologação da sentença estrangeira:

I – haver sido proferida por juiz competente;

II – terem sido as partes citadas ou haver-se legalmente verificado a revelia;

III – ter passado em julgado e estar revestida das formalidades necessárias à execução no lugar em que foi proferida;

IV – estar autenticada pelo cônsul brasileiro e acompanhada de tradução oficial.

Art. 218. A homologação será requerida pela parte interessada, devendo a petição inicial conter as indicações constantes da lei processual, e ser instruída com a certidão ou cópia autêntica do texto integral da sentença estrangeira e com outros documentos indispensáveis, devidamente traduzidos e autenticados.

Parágrafo único. *Revogado*. ER nº 1, de 25-11-1981.

Art. 219. Se a petição inicial não preencher os requisitos exigidos no artigo anterior ou apresentar defeitos ou irregularidades que dificultem o julgamento, o Presidente mandará que o requerente a emende ou complete, no prazo de dez dias, sob pena de indeferimento.

Parágrafo único. Se o requerente não promover, no prazo marcado, mediante intimação ao advogado, ato ou diligência que lhe for determinado no curso do processo, será este julgado extinto pelo Presidente ou pelo Plenário, conforme o caso.

▶ Parágrafo único com a redação dada pela ER nº 1, de 25-11-1981.

Art. 220. Autuados a petição e os documentos, o Presidente mandará citar o requerido para, em quinze dias, contestar o pedido.

§ 1º O requerido será citado por oficial de justiça, se domiciliado no Brasil, expedindo-se, para isso, carta de ordem; se domiciliado no estrangeiro, pela forma estabelecida na lei do País, expedindo-se carta rogatória.

▶ A concessão de *exequatur* às cartas rogatórias passou a ser da competência do STJ, conforme art. 105, I, *i*, da CF, com a redação dada pela EC nº 45, de 8-12-2004.

§ 2º Certificado pelo oficial de justiça ou afirmado, em qualquer caso, pelo requerente, que o citando se encontra em lugar ignorado, incerto ou inacessível, a citação far-se-á mediante edital.

Art. 221. A contestação somente poderá versar sobre a autenticidade dos documentos, a inteligência da sentença e a observância dos requisitos indicados nos artigos 217 e 218.

§ 1º Revel ou incapaz o requerido, dar-se-lhe-á curador especial que será pessoalmente notificado.

§ 2º Apresentada a contestação, será admitida réplica em cinco dias.

§ 3º Transcorrido o prazo da contestação ou da réplica, oficiará o Procurador-Geral no prazo de dez dias.

Art. 222. Se o requerido, o curador especial ou o Procurador-Geral não impugnarem o pedido de homologação, sobre ele decidirá o Presidente.

Parágrafo único. Da decisão do Presidente que negar a homologação cabe agravo regimental.

▶ Art. 222 com a redação dada pela ER nº 1, de 25-11-1981.

Art. 223. Havendo impugnação à homologação, o processo será distribuído para julgamento pelo Plenário.

Parágrafo único. Caberão ao relator os demais atos relativos ao andamento e à instrução do processo e o pedido de dia para julgamento.

▶ Art. 223 com a redação dada pela ER nº 1, de 25-11-1981.

Art. 224. A execução far-se-á por carta de sentença, no juízo competente, observadas as regras estabelecidas para a execução de julgado nacional da mesma natureza.

CAPÍTULO III
DA CARTA ROGATÓRIA

▶ A concessão de *exequatur* a cartas rogatórias passou a ser da competência do STJ, conforme art. 105, I, *i*, da CF, com a redação dada pela EC nº 45, de 8-12-2004.

▶ Art. 109, X, da CF.

Art. 225. Compete ao Presidente do Tribunal conceder *exequatur* a cartas rogatórias de juízos ou Tribunais estrangeiros.

Art. 226. Recebida a rogatória, o interessado residente no país será intimado, podendo, no prazo de cinco dias, impugná-la.

▶ *Caput* com a redação dada pela ER nº 2, de 4-12-1985.

§ 1º Findo esse prazo, abrir-se-á vista ao Procurador-Geral, que também poderá impugnar o cumprimento da rogatória.

§ 2º A impugnação só será admitida se a rogatória atentar contra a soberania nacional ou a ordem pública, ou se lhe faltar autenticidade.

▶ §§ 1º e 2º acrescidos pela ER nº 2, de 4-12-1985.

Art. 227. Concedido o *exequatur*, seguir-se-á a remessa da rogatória ao juízo no qual deva ser cumprida.

Parágrafo único. Da concessão ou denegação do *exequatur* cabe agravo regimental.

Art. 228. No cumprimento da carta rogatória cabem embargos relativos a quaisquer atos que lhe sejam referentes, opostos no prazo de dez dias, por qualquer interessado ou pelo Ministério Público local, julgando-os o Presidente após audiência do Procurador-Geral.

Parágrafo único. Da decisão que julgar os embargos cabe agravo regimental.

▶ Art. 228 com a redação dada pela ER nº 2, de 4-12-1985.

Art. 229. Cumprida a rogatória, será devolvida ao Supremo Tribunal Federal, no prazo de dez dias, e por este remetida, em igual prazo, por via diplomática, ao juízo ou Tribunal de origem.

TÍTULO IX – DAS AÇÕES ORIGINÁRIAS

CAPÍTULO I
DA AÇÃO PENAL ORIGINÁRIA

Art. 230. A denúncia nos crimes de ação pública, a queixa nos de ação privada, bem como a representação, quando indispensável ao exercício da primeira, obedecerão ao que dispõe a lei processual.

Art. 230-A. Ao receber inquérito oriundo de instância inferior, o Relator verificará a competência do Supremo Tribunal Federal, recebendo-o no estado em que se encontrar.

Art. 230-B. O Tribunal não processará comunicação de crime, encaminhando-a à Procuradoria-Geral da República.

Art. 230-C. Instaurado o inquérito, a autoridade policial deverá em sessenta dias reunir os elementos necessários à conclusão das investigações, efetuando as inquirições e realizando as demais diligências necessárias à elucidação dos fatos, apresentando, ao final, peça informativa.

§ 1º O Relator poderá deferir a prorrogação do prazo sob requerimento fundamentado da autoridade policial ou do Procurador-Geral da República, que deverão indicar as diligências que faltam ser concluídas.

§ 2º Os requerimentos de prisão, busca e apreensão, quebra de sigilo telefônico, bancário, fiscal, e telemático, interceptação telefônica, além de outras medidas invasivas, serão processados e apreciados, em autos apartados e sob sigilo, pelo Relator.

▶ Arts. 230-A a 230-C acrescidos pela ER nº 44, de 2-6-2011.

Art. 231. Apresentada a peça informativa pela autoridade policial, o Relator encaminhará os autos ao Procurador-Geral da República, que terá quinze dias para oferecer a denúncia ou requerer o arquivamento.

▶ *Caput* com a redação dada pela ER nº 44, de 2-6-2011.

§ 1º As diligências complementares ao inquérito podem ser requeridas pelo Procurador-Geral ao Relator, interrompendo o prazo deste artigo, se deferidas.

§ 2º As diligências complementares não interrompem o prazo para oferecimento da denúncia, se o indiciado estiver preso.

§ 3º Na hipótese do parágrafo anterior, se as diligências forem indispensáveis ao oferecimento da denúncia, o Relator determinará o relaxamento da prisão do indiciado; se não o forem, mandará, depois de oferecida a denúncia, que se realizem em separado, sem prejuízo da prisão e do processo.

§ 4º O Relator tem competência para determinar o arquivamento, quando o requerer o Procurador-Geral da República ou quando verificar:

▶ *Caput* do § 4º com a redação dada pela ER nº 44, de 2-6-2011.

a) a existência manifesta de causa excludente da ilicitude do fato;

b) a existência manifesta de causa excludente da culpabilidade do agente, salvo inimputabilidade;

c) que o fato narrado evidentemente não constitui crime;

d) extinta a punibilidade do agente; ou

e) ausência de indícios mínimos de autoria ou materialidade, nos casos em que forem descumpridos os prazos para a instrução do inquérito ou para oferecimento de denúncia.

► Alíneas *a* a *e* acrescidas pela ER nº 44, de 2-6-2011.

§ 5º Se o indiciado estiver preso, o prazo a que se refere o *caput* será de cinco dias.

§ 6º O inquérito arquivado por falta de indícios mínimos de autoria ou materialidade poderá ser reaberto, caso surjam novos elementos.

► §§ 5º e 6º acrescidos pela ER nº 44, de 2-6-2011.

Art. 232. Se o inquérito versar sobre a prática de crime de ação privada, o Relator determinará seja aguardada a iniciativa do ofendido ou de quem por lei esteja autorizado a oferecer queixa.

Parágrafo único. Verificando a extinção da punibilidade, ainda que não haja iniciativa do ofendido, o Relator, após ouvir o Procurador-Geral da República, poderá arquivar o feito.

► Parágrafo único com a redação dada pela ER nº 44, de 2-6-2011.

Art. 233. O Relator, antes do recebimento ou da rejeição da denúncia ou da queixa, mandará notificar o acusado para oferecer resposta escrita no prazo de quinze dias.

§ 1º A notificação será feita na forma da lei processual penal.

§ 2º Com a notificação, será entregue ao acusado cópia da denúncia ou queixa, do despacho do Relator e dos documentos por este indicados.

► §§ 1º e 2º com a redação dada pela ER nº 44, de 2-6-2011.

§ 3º Se desconhecido o paradeiro do acusado, será este notificado por edital, com o prazo de cinco dias, para que apresente a resposta prevista neste artigo.

Art. 234. Apresentada, ou não, a resposta, o Relator pedirá dia para que o Plenário ou a Turma, conforme o caso, delibere sobre o recebimento ou a rejeição da denúncia ou da queixa.

► *Caput* com a redação dada pela ER nº 49, de 3-6-2014.

§ 1º É facultada a sustentação oral, pelo tempo máximo de quinze minutos, no julgamento de que trata este artigo.

► § 1º acrescido pela ER nº 2, de 4-12-1985.

§ 2º Encerrados os debates, o Tribunal passará a deliberar em sessão pública.

► § 2º com a redação dada pela ER nº 44, de 2-6-2011.

Art. 235. Recebida a denúncia ou a queixa, o Relator designará dia e hora para o interrogatório, mandando citar o acusado e intimar o Procurador-Geral, bem como o querelante ou o assistente, se for o caso.

► Artigo com a redação dada pela ER nº 2, de 4-12-1985.

Parágrafo único. Ao receber ação penal oriunda de instância inferior, o Relator verificará a competência do Supremo Tribunal Federal, recebendo-a no estado em que se encontrar.

► Parágrafo único acrescido pela ER nº 44, de 2-6-2011.

Art. 236. Requerida a suspensão do exercício de mandato parlamentar, nos termos do art. 32, § 5º, da Constituição, o Tribunal, dada vista à defesa pelo prazo de quinze dias, julgará o pedido, observado o procedimento previsto no artigo anterior.

Parágrafo único. O pedido, de que trata este artigo, será processado em apartado, como incidente, e não obstará o prosseguimento da ação penal.

► Art. 236 com a redação dada pela ER nº 2, de 4-12-1985.

Art. 237. Não comparecendo o acusado, ou não constituindo advogado, o Relator nomear-lhe-á defensor.

Art. 238. O prazo para a defesa prévia será de cinco dias e contar-se-á do interrogatório ou da intimação do defensor dativo.

Art. 239. A instrução do processo obedecerá, no que couber, ao procedimento comum do Código de Processo Penal.

§ 1º O Relator poderá delegar o interrogatório do réu e qualquer dos atos de instrução a juiz ou membro de outro Tribunal, que tenha competência territorial no local onde devam ser produzidos.

► Antigo parágrafo único transformado em § 1º pela ER nº 2, de 4-12-1985.

§ 2º Na hipótese de a Câmara dos Deputados ou o Senado Federal comunicar ao Tribunal que, por iniciativa de sua Mesa, resolveu sustar o processo, o Plenário decidirá sobre a suspensão deste.

► § 2º acrescido pela ER nº 2, de 4-12-1985.

Art. 240. Terminada a inquirição de testemunhas, o Relator dará vista sucessiva à acusação e à defesa, pelo prazo de cinco dias, para requererem diligências, em razão de circunstâncias ou fatos apurados na instrução.

Art. 241. Concluídas as diligências acaso deferidas, mandará o Relator dar vista às partes para alegações, pelo prazo de quinze dias, sendo comum o prazo do acusador e do assistente, bem como o dos corréus.

Art. 242. Findos os prazos do artigo anterior, e após ouvir o Procurador-Geral na ação penal privada, pelo prazo de quinze dias, o Relator poderá ordenar diligências para sanar nulidade ou suprir falta que prejudique a apuração da verdade.

Art. 243. Observado o disposto no artigo anterior, o Relator lançará o relatório e passará os autos ao Revisor, que pedirá dia para julgamento.

Parágrafo único. A Secretaria remeterá cópia do relatório aos Ministros logo após o pedido de dia formulado pelo Revisor.

Art. 244. A requerimento das partes ou do Procurador-Geral, o Relator poderá admitir que deponham, na sessão de julgamento, testemunhas arroladas com antecedência de quinze dias, intimadas na forma da lei e do Regimento.

Art. 245. Na sessão de julgamento observar-se-á o seguinte:

I – o Relator apresentará o relatório lavrado e, se houver, o aditamento ou retificação do Revisor;

II – as testemunhas arroladas serão inquiridas pelo relator e, facultativamente, pelos demais Ministros; em primeiro lugar, as de acusação e, depois, as de defesa;

III – admitir-se-ão, a seguir, perguntas do Procurador-Geral e das partes;

IV – ouvir-se-ão os peritos para esclarecimentos previamente ordenados pelo Relator, de ofício, ou a requerimento das partes ou do Procurador-Geral;

V – findas as inquirições e efetuadas quaisquer diligências que o Tribunal houver determinado, será dada a palavra à acusação e à defesa, pelo tempo de uma hora, prorrogável pelo Presidente;

VI – na ação penal privada, o Procurador-Geral falará por último, por trinta minutos;

VII – encerrados os debates, o Tribunal passará a deliberar em sessão secreta, sem a presença das partes e do Procurador-Geral, e proclamará o resultado do julgamento em sessão pública.

§ 1º O julgamento efetuar-se-á, em uma ou mais sessões, a critério do Tribunal.

§ 2º Nomear-se-á defensor ad hoc se o advogado constituído pelo réu ou o defensor anteriormente nomeado não comparecer à sessão de julgamento, a qual será adiada se aquele o requerer para exame dos autos.

Art. 246. Aplica-se o art. 105 aos prazos fixados neste Capítulo, salvo se o acusado estiver preso ou se a ação penal estiver na iminência de extinguir-se pela prescrição.

CAPÍTULO II

DA AÇÃO CÍVEL ORIGINÁRIA

Art. 247. A ação cível originária, prevista no artigo 119, I, *c* e *d*, da Constituição, será processada nos termos deste Regimento e da lei.

§ 1º O prazo para a contestação será fixado pelo relator.

§ 2º O relator poderá delegar atos instrutórios a juiz ou membro de outro Tribunal que tenha competência territorial no local onde devam ser produzidos.

Art. 248. Encerrada a fase postulatória, o relator proferirá despacho saneador, nos termos da lei processual.

Art. 249. Finda a instrução, o relator dará vista, sucessivamente, ao autor, ao réu e ao Procurador-Geral, se não for parte, para arrazoarem, no prazo de cinco dias.

Art. 250. Findos os prazos do artigo anterior, o relator lançará nos autos o relatório, do qual a Secretaria remeterá cópia aos demais Ministros, e pedirá dia para julgamento.

Art. 251. Na sessão de julgamento, será dada a palavra às partes e ao Procurador-Geral pelo tempo de trinta minutos, prorrogável pelo Presidente.

CAPÍTULO III

DA AVOCAÇÃO DE CAUSAS

Art. 252. Quando, de decisão proferida em qualquer Juízo ou Tribunal, decorrer imediato perigo de grave lesão à ordem, à saúde, à segurança ou às finanças públicas, poderá o Procurador-Geral da República requerer a avocação da causa, para que se lhe suspendam os efeitos, devolvendo-se o conhecimento integral do litígio ao Supremo Tribunal Federal, salvo se a decisão se restringir a questão incidente, caso em que o conhecimento a ela se limitará.

Parágrafo único. Não caberá pedido de avocação, se a decisão impugnada houver transitado em julgado, ou admitir recurso com efeito suspensivo.

Art. 253. No requerimento, que deverá ser acompanhado de certidão da decisão impugnada e da data de sua intimação, o Procurador-Geral da República identificará a causa a ser avocada e apresentará as razões que justificam a avocação.

Art. 254. Distribuído o pedido, poderá o Relator:

I – se entender necessário, solicitar, para serem prestadas em dez dias, informações ao juiz ou Tribunal que houver proferido a decisão;

II – indeferir, liminarmente, por despacho do qual caberá agravo regimental, o pedido que manifestamente não atenda aos requisitos da avocatória;

III – determinar a imediata suspensão dos efeitos da decisão, até a deliberação final do Plenário.

Art. 255. Se não indeferir liminarmente o pedido, determinará o Relator ao juiz ou Tribunal de origem que faça intimar os procuradores das partes para que se manifestem nos autos principais no prazo comum de dez dias.

Parágrafo único. Com a manifestação das partes, ou sem ela, subirão os autos principais ao Supremo Tribunal Federal, onde serão apensados aos do pedido de avocação.

Art. 256. Observado o disposto no artigo anterior e conclusos os autos ao Relator, deverá este, no prazo de dez dias, mandar incluí-los em pauta para julgamento.

§ 1º Após o relatório, será facultada a palavra ao Procurador-Geral e às partes pelo tempo máximo de quinze minutos.

§ 2º Encerrados os debates, o Tribunal passará a deliberar, em sessão secreta, sem a presença das partes e do Procurador-Geral, e proclamará o resultado do julgamento em sessão pública.

Art. 257. Indeferida a avocatória, os autos apensados serão devolvidos à instância de origem, onde os prazos, considerados suspensos (arts. 254, III, e 255), retomarão seu curso, após intimação das partes.

Art. 258. Deferido o pedido, os autos da causa avocada serão conclusos ao Relator, que, se não determinar diligência, mandará ouvir, sucessivamente, pelo prazo de cinco dias, as partes e o Procurador-Geral; em seguida, lançará o relatório, do qual a Secretaria remeterá cópia a todos os Ministros, e pedirá dia para julgamento.

CAPÍTULO IV
DA AÇÃO RESCISÓRIA

Art. 259. Caberá ação rescisória de decisão proferida pelo Plenário ou por Turma do Tribunal, bem assim pelo Presidente, nos casos previstos na lei processual.

Art. 260. Distribuída a inicial, o relator mandará citar o réu, fixando-lhe prazo para contestação.

Art. 261. Contestada a ação, ou transcorrido o prazo, o relator proferirá despacho saneador e deliberará sobre as provas requeridas.

Parágrafo único. O relator poderá delegar atos instrutórios a juiz ou membro de outro Tribunal que tenha competência territorial no local onde devam ser produzidos.

Art. 262. Concluída a instrução, o relator abrirá vista sucessiva às partes, por dez dias, para o oferecimento de razões e, após ouvido o Procurador-Geral, lançará o relatório e passará os autos ao revisor que pedirá dia para julgamento.

CAPÍTULO V
DA REVISÃO CRIMINAL

Art. 263. Será admitida a revisão, pelo Tribunal, dos processos criminais findos, em que a condenação tiver sido por ele proferida ou mantida no julgamento de ação penal originária ou recurso criminal ordinário:

I – quando a decisão condenatória for contrária ao texto expresso da lei penal ou à evidência dos autos;

II – quando a decisão condenatória se fundar em depoimentos, exames ou documentos comprovadamente falsos;

III – quando, após a decisão condenatória, se descobrirem novas provas de inocência do condenado ou de circunstância que determine ou autorize diminuição especial da pena.

Parágrafo único. No caso do inciso I, primeira parte, caberá a revisão, pelo Tribunal, de processo em que a condenação tiver sido por ele proferida ou mantida no julgamento de recurso extraordinário, se seu fundamento coincidir com a questão federal apreciada.

Art. 264. A revisão poderá ser requerida a qualquer tempo, depois de transitada em julgado a decisão condenatória, esteja ou não extinta a pena.

Parágrafo único. Não é admissível reiteração do pedido, com o mesmo fundamento, salvo se fundado em novas provas.

Art. 265. A revisão poderá ser pedida pelo próprio condenado ou seu procurador legalmente habilitado, ou, falecido aquele, pelo seu cônjuge, ascendente, descendente ou irmão.

Parágrafo único. Aplica-se ao processo de revisão o disposto nos incisos I e II do art. 191 deste Regimento.

Art. 266. O pedido de revisão será sempre instruído com o inteiro teor, autenticado, da decisão condenatória, com a prova de haver esta passado em julgado e com os documentos comprobatórios das alegações em que se fundar, indicadas, igualmente, as provas que serão produzidas.

Parágrafo único. Se a decisão impugnada for confirmatória de outras, estas deverão, também, vir comprovadas no seu inteiro teor.

Art. 267. O relator admitirá ou não as provas requeridas e determinará a produção de outras que entender necessárias, facultado o agravo regimental.

Parágrafo único. A qualquer tempo, o Relator poderá solicitar informações ao juiz da execução e requisitar os autos do processo sob revisão.

Art. 268. Instruído o processo, o Relator ouvirá o requerente e o Procurador-Geral, no prazo de cinco dias para cada um, e, lançado o relatório, passará os autos ao revisor que pedirá dia para o julgamento.

Parágrafo único. Quando a condenação houver sido imposta em ação penal originária, o julgamento da revisão atenderá ao disposto no art. 245, inciso VII, deste Regimento.

Art. 269. Se julgar procedente a revisão, o Tribunal poderá absolver o acusado, alterar a classificação da infração, modificar a pena ou anular o processo.

Parágrafo único. A pena imposta pela decisão revista não poderá ser agravada.

Art. 270. À vista da certidão do acórdão que houver cassado ou reformado a decisão condenatória, o juiz da execução mandará juntá-la aos autos, para seu cumprimento, determinando desde logo o que for de sua competência.

Art. 271. A absolvição implicará o restabelecimento de todos os direitos perdidos em virtude da condenação, devendo o Tribunal, se for o caso, impor a medida de segurança cabível.

Art. 272. O Tribunal, se o interessado o requerer, poderá reconhecer, na forma da lei, o direito a uma justa indenização pelos prejuízos sofridos.

CAPÍTULO VI
DOS LITÍGIOS COM ESTADOS ESTRANGEIROS OU ORGANISMOS INTERNACIONAIS

Art. 273. O processo dos litígios entre Estados estrangeiros e a União, os Estados, o Distrito Federal ou os Territórios observará o rito estabelecido para a ação cível originária.

Art. 274. Obedecerão ao mesmo procedimento as ações entre os organismos internacionais, de que o Brasil participe, e as entidades de direito público interno referidas no artigo anterior.

Art. 275. A capacidade processual e a legitimidade de representação dos Estados estrangeiros e dos organismos internacionais regulam-se pelas normas estabelecidas nos tratados ratificados pelo Brasil.

CAPÍTULO VII
DA SUSPENSÃO DE DIREITOS

Art. 276. A representação prevista no art. 154 da Constituição terá o procedimento da ação penal originária.

Parágrafo único. Desde que não tenha havido liminar, o Presidente poderá proceder na forma do art. 162.

TÍTULO X – DOS PROCESSOS INCIDENTES

CAPÍTULO I
DOS IMPEDIMENTOS E DA SUSPEIÇÃO

Art. 277. Os Ministros declarar-se-ão impedidos ou suspeitos nos casos previstos em lei.

Parágrafo único. Não estão impedidos os Ministros que, no Tribunal Superior Eleitoral, tenham funcionado no mesmo processo ou no processo originário, os quais devem ser excluídos, se possível, da distribuição.

▸ § 1º transformado em parágrafo único pela ER nº 2, de 4-12-1985.

§ 2º *Suprimido.* ER nº 2, de 4-12-1985.

Art. 278. A suspeição será arguida perante o Presidente, ou o Vice-Presidente, se aquele for o recusado.

Parágrafo único. A petição será instruída com os documentos comprobatórios da arguição e o rol de testemunhas.

Art. 279. A suspeição do relator poderá ser suscitada até cinco dias após a distribuição; a do revisor, em igual prazo, após a conclusão dos autos; e a dos demais Ministros, até o início do julgamento.

Art. 280. O Presidente mandará arquivar a petição, se manifesta a sua improcedência.

Art. 281. Será ilegítima a arguição de suspeição, quando provocada pelo excipiente, ou quando houver ele praticado ato que importe na aceitação do Ministro.

Art. 282. Se admitir a arguição, o Presidente ouvirá o Ministro recusado e, a seguir, inquirirá as testemunhas indicadas, submetendo o incidente ao Tribunal em sessão secreta.

Art. 283. O Ministro que não reconhecer a suspeição funcionará até o julgamento da arguição.

Parágrafo único. A afirmação de suspeição pelo arguido, ainda que por outro fundamento, põe fim ao incidente.

Art. 284. A arguição será sempre individual, não ficando os demais Ministros impedidos de apreciá-la, ainda que também recusados.

Art. 285. Afirmada a suspeição pelo arguido, ou declarada pelo Tribunal, ter-se-ão por nulos os atos por ele praticados.

Art. 286. Não se fornecerá, salvo ao arguente e ao arguido, certidão de qualquer peça do processo de suspeição, antes de afirmada pelo arguido ou declarada pelo Tribunal.

Parágrafo único. Da certidão constará obrigatoriamente o nome de quem a requereu, bem assim o desfecho que houver tido a arguição.

Art. 287. Aplicar-se-á aos impedimentos dos Ministros o processo estabelecido para a suspeição, no que couber.

CAPÍTULO II

DA HABILITAÇÃO INCIDENTE

Art. 288. Em caso de falecimento de alguma das partes:

I – o cônjuge, herdeiro ou legatário requererá sua habilitação, bem como a citação da outra parte para contestá-la no prazo de quinze dias;
II – qualquer dos outros interessados poderá requerer a citação do cônjuge, herdeiro ou legatário para providenciarem sua habilitação em quinze dias.

§ 1º No caso do inciso II deste artigo, se a parte não providenciar a habilitação, o processo correrá à revelia.

§ 2º Na hipótese do parágrafo anterior, nomear-se-á curador ao revel, oficiando também o Procurador-Geral.

Art. 289. A citação far-se-á na pessoa do procurador constituído nos autos, mediante publicação no *Diário da Justiça*, ou à parte, pessoalmente, se não estiver representada no processo.

Art. 290. Quando incertos os sucessores, a citação far-se-á por edital.

Art. 291. O cessionário ou sub-rogado poderão habilitar-se apresentando o documento da cessão ou sub-rogação e pedindo a citação dos interessados.

Parágrafo único. O cessionário de herdeiro somente após a habilitação deste poderá apresentar-se.

Art. 292. O Relator, se contestado o pedido, facultará às partes sumária produção de provas, em cinco dias, e julgará, em seguida, a habilitação.

Art. 293. Não dependerá de decisão do Relator, processando-se nos autos da causa principal, o pedido de habilitação:

I – do cônjuge e herdeiros necessários que provem por documento sua qualidade e o óbito do falecido;
II – fundado em sentença, com trânsito em julgado, que atribua ao requerente a qualidade de herdeiro ou sucessor;
III – do herdeiro que for incluído sem qualquer oposição no inventário;
IV – quando estiver declarada a ausência ou determinada a arrecadação da herança jacente;
V – quando oferecidos os artigos de habilitação, a parte reconhecer a procedência do pedido e não houver oposição de terceiro.

Art. 294. O cessionário ou o adquirente podem prosseguir na causa, juntando aos autos o respectivo título e provando a sua identidade, caso em que sucederão ao cedente ou ao credor originário que houverem falecido.

Art. 295. Já havendo pedido de dia para julgamento, não se decidirá o requerimento de habilitação.

Art. 296. A parte que não se habilitar perante o Tribunal poderá fazê-lo em outra instância.

CAPÍTULO III

DA SUSPENSÃO DE SEGURANÇA

Art. 297. Pode o Presidente, a requerimento do Procurador-Geral, ou da pessoa jurídica de direito público interessada, e para evitar grave lesão à ordem, à saúde, à segurança e à economia pública, suspender, em despacho fundamentado, a execução de liminar, ou da decisão concessiva de mandado de segurança, proferida em única ou última instância, pelos tribunais locais ou federais.

§ 1º O Presidente pode ouvir o impetrante, em cinco dias, e o Procurador-Geral, quando não for o requerente, em igual prazo.

§ 2º Do despacho que conceder a suspensão caberá agravo regimental.

§ 3º A suspensão de segurança vigorará enquanto pender o recurso, ficando sem efeito, se a decisão concessiva for mantida pelo Supremo Tribunal Federal ou transitar em julgado.

▸ Súm. nº 626 do STF.

CAPÍTULO IV

DA RECONSTITUIÇÃO DE AUTOS PERDIDOS

Art. 298. O pedido de reconstituição de autos, no Tribunal, será apresentado ao Presidente e distribuído ao Relator do processo desaparecido ou ao seu substituto.

Art. 299. A parte contrária será citada para contestar o pedido no prazo de cinco dias, cabendo ao Relator exigir as cópias, contrafés e reproduções dos atos e documentos que estiverem em seu poder.

Parágrafo único. Se o citado concordar com a reconstituição, lavrar-se-á o respectivo auto que, assinado pelas partes e homologado pelo Relator, suprirá o processo desaparecido.

Art. 300. O Relator determinará as diligências necessárias, solicitando informações e cópias autênticas, se for o caso, a outros juízes e Tribunais.

Art. 301. O julgamento de reconstituição caberá ao Plenário ou à Turma competente para o processo extraviado.

Art. 302. Quem tiver dado causa à perda ou extravio responderá pelas despesas de reconstituição.

Art. 303. Julgada a reconstituição, o processo seguirá os trâmites normais.

Parágrafo único. Encontrado o processo original, nele prosseguirá o feito, apensando-se os autos reconstituídos.

TÍTULO XI – DOS RECURSOS

CAPÍTULO I

DISPOSIÇÕES GERAIS

Art. 304. Admitir-se-ão medidas cautelares nos recursos, independentemente dos seus efeitos.

Art. 305. Não caberá recurso da deliberação da Turma ou do relator que remeter processo ao julgamento do Plenário, ou que determinar, em agravo de instrumento, o processamento de recurso denegado ou procrastinado.

Art. 306. Os recursos serão processados, na instância de origem, pelas normas da legislação aplicável, observados os artigos 59, 307 e 308 deste Regimento.

CAPÍTULO II

DOS RECURSOS CRIMINAIS

Seção I

DOS RECURSOS ORDINÁRIOS

Art. 307. Caberá recurso ordinário para o Tribunal, no prazo de três dias (art. 565 do Código de Processo Penal Militar), de decisão de única ou última instância da Justiça Militar, nos casos do art. 129, parágrafos 1º e 2º, da Constituição.

Art. 308. Recebido o recurso, abrir-se-á vista às partes, sucessivamente, por cinco dias, para o oferecimento de razões, na instância de origem (art. 566 do Código de Processo Penal Militar).

Art. 309. Distribuído o recurso, a Secretaria, imediatamente, fará os autos com vista ao Procurador-Geral. Devolvidos e conclusos ao Relator, este pedirá dia para julgamento, no Plenário ou na Turma, conforme o caso.

Parágrafo único. Na hipótese do art. 6º, III, c, lançado o relatório, passará os autos ao Revisor que pedirá dia para julgamento. Logo após, a Secretaria remeterá cópia do relatório aos Ministros.

Seção II

DO RECURSO DE **HABEAS CORPUS**

Art. 310. O recurso ordinário para o Tribunal, das decisões denegatórias de *habeas corpus*, será interposto no prazo de cinco dias, nos próprios autos em que se houver proferido a decisão recorrida, com as razões do pedido de reforma.

Art. 311. Distribuído o recurso, a Secretaria, imediatamente, fará os autos com vista ao Procurador-Geral, pelo prazo de dois dias.

Conclusos ao Relator, este submeterá o feito a julgamento do Plenário ou da Turma, conforme o caso.

Art. 312. Aplicar-se-á, no que couber, ao processamento do recurso o disposto com relação ao pedido originário de *habeas corpus*.

CAPÍTULO III
DOS AGRAVOS

Seção I
DO AGRAVO DE INSTRUMENTO

Art. 313. Caberá agravo de instrumento:

I – de decisão de juiz de primeira instância nas causas a que se refere o art. 6º, III, *d*, nos casos admitidos na legislação processual;

► Art. 105, II, *c*, da CF.

II – de despacho de Presidente de Tribunal que não admitir recurso da competência do Supremo Tribunal Federal;

III – quando se retardar, injustificadamente, por mais de trinta dias, o despacho a que se refere o inciso anterior, ou a remessa do processo ao Tribunal.

Parágrafo único. Na petição do agravo a que se refere o inciso I deste artigo, poderá o agravante requerer que o agravo fique retido nos autos, a fim de que o Tribunal dele conheça, preliminarmente, por ocasião do julgamento da apelação, desde que assim o solicite nas razões ou contrarrazões desta.

Art. 314. O agravo de instrumento obedecerá, no juízo ou Tribunal de origem, às normas da legislação processual vigente.

Art. 314-A. O agravo em recurso extraordinário será registrado ao Presidente para que exerça as atribuições conferidas no art. 13, inciso V, alíneas *c* e *d*, ou determine a distribuição dos processos quando não identificar a presença dos óbices nelas previstos.

Parágrafo único. Os agravos oriundos do Tribunal Superior Eleitoral e aqueles concernentes a matérias criminais em que haja prevenção, nos termos deste regimento, serão encaminhados diretamente à distribuição.

► Art. 314-A acrescido pela ER nº 54, de 1º-7-2020.

Art. 315. Distribuído o agravo e ouvido, se necessário, o Procurador-Geral, o relator o colocará em mesa para julgamento, sem prejuízo das atribuições que lhe confere o artigo 21, nos incisos VI e IX e no seu § 1º.

Parágrafo único. Quando interposto contra despacho que houver indeferido o processamento de arguição de relevância, o agravo de instrumento prescindirá de Relator e será julgado em Conselho, observando-se, no que couber, o disposto no artigo 328, incisos VII e X.

► Texto não recepcionado pela CF/1988.

Art. 316. O provimento de agravo de instrumento, ou a determinação do relator para que subam os autos, não prejudica o exame e o julgamento, no momento oportuno, do cabimento do recurso denegado.

§ 1º O provimento será registrado na ata e certificado nos autos, juntando-se ulteriormente a transcrição do áudio.

► § 1º com a redação dada pela ER nº 26, de 22-10-2008.

§ 2º O provimento do agravo de instrumento e a determinação do relator para que suba o recurso serão comunicados ao tribunal de origem pelo Presidente do Tribunal para processamento do recurso.

§ 3º Se os autos principais tiverem subido em virtude de recurso da parte contrária, serão devolvidos à origem para processamento do recurso admitido.

Seção II
DO AGRAVO REGIMENTAL

Art. 317. Ressalvadas as exceções previstas neste Regimento, caberá agravo regimental, no prazo de cinco dias, de decisão do Presidente do Tribunal, de Presidente de Turma ou do relator, que causar prejuízo ao direito da parte.

§ 1º A petição conterá, sob pena de rejeição liminar, as razões do pedido de reforma da decisão agravada.

§ 2º O agravo regimental será protocolado e, sem qualquer outra formalidade, submetido ao prolator do despacho, que poderá reconsiderar o seu ato ou submeter o agravo ao julgamento do Plenário ou da Turma, a quem caiba a competência, computando-se também o seu voto.

§ 3º Provido o agravo, o Plenário ou a Turma determinará o que for de direito.

§ 4º O agravo regimental não terá efeito suspensivo.

§ 5º O agravo interno poderá, a critério do relator, ser submetido a julgamento por meio eletrônico, observada a respectiva competência da Turma ou do Plenário.

► § 5º acrescido pela ER nº 51, de 22-6-2016 (*DJe* 24-6-2016, republicada no *DJe* 28-6-2016).

CAPÍTULO IV
DA APELAÇÃO CÍVEL

Art. 318. Caberá apelação nas causas em que forem partes um estado estrangeiro ou organismo internacional, de um lado, e, de outro, município ou pessoa domiciliada ou residente no país.

Art. 319. O Relator, após a vista ao Procurador-Geral, pedirá dia para o julgamento.

Art. 320. O agravo retido nos autos, se houver, será julgado preliminarmente.

Parágrafo único. Quando não influir na decisão do mérito, o provimento do agravo não impedirá o imediato julgamento da apelação.

CAPÍTULO V
DO RECURSO EXTRAORDINÁRIO

Art. 321. O recurso extraordinário para o Tribunal será interposto no prazo estabelecido na lei processual pertinente, com indicação do dispositivo que o autorize, dentre os casos previstos nos artigos 102, III, *a*, *b*, *c*, e 121, § 3º, da Constituição Federal.

► *Caput* com a redação dada pela ER nº 12, de 12-12-2003.

§ 1º Se na causa tiverem sido vencidos autor e réu, qualquer deles poderá aderir ao recurso da outra parte nos termos da lei processual civil.

§ 2º Aplicam-se ao recurso adesivo as normas de admissibilidade, preparo e julgamento do recurso extraordinário, não sendo processado ou conhecido quando houver desistência do recurso principal, ou for este declarado inadmissível ou deserto.

§ 3º Se o recurso extraordinário for admitido pelo Tribunal ou pelo relator do agravo de instrumento, o recorrido poderá interpor recurso adesivo juntamente com a apresentação de suas contrarrazões.

§ 4º O recurso extraordinário não tem efeito suspensivo.

§ 5º *Revogado*. ER nº 21, de 30-4-2007.

Art. 322. O Tribunal recusará recurso extraordinário cuja questão constitucional não oferecer repercussão geral, nos termos deste capítulo.

Parágrafo único. Para efeito da repercussão geral, será considerada a existência, ou não, de questões que, relevantes do ponto de vista econômico, político, social ou jurídico, ultrapassem os interesses subjetivos das partes.

► Art. 322 com a redação dada pela ER nº 21, de 30-4-2007.

Art. 323. Quando não for caso de inadmissibilidade do recurso por outra razão, o(a) Relator(a) ou o Presidente submeterá, por meio eletrônico, aos demais ministros, cópia de sua manifestação sobre a existência, ou não, de repercussão geral.

► *Caput* com a redação dada pela ER nº 42, de 2-12-2010.

§ 1º Nos processos em que o Presidente atuar como relator, sendo reconhecida a existência de repercussão geral, seguir-se-á livre distribuição para o julgamento de mérito.

§ 2º Tal procedimento não terá lugar, quando o recurso versar questão cuja repercussão já houver sido reconhecida pelo Tribunal, ou quando impugnar decisão contrária a súmula ou a jurisprudência dominante, casos em que se presume a existência de repercussão geral.

► §§ 1º e 2º com a redação dada pela ER nº 42, de 2-12-2010.

§ 3º Mediante decisão irrecorrível, poderá o(a) Relator(a) admitir de ofício ou a requerimento, em prazo que fixar, a manifestação de terceiros, subscrita por procurador habilitado, sobre a questão da repercussão geral.

► § 3º acrescido pela ER nº 42, de 2-12-2010.

Art. 323-A. O julgamento de mérito de questões com repercussão geral, nos casos de reafirmação de jurisprudência dominante da Corte, também poderá ser realizado por meio eletrônico.

► *Caput* do art. 323-A acrescido pela ER nº 42, de 2-12-2010.

Parágrafo único. Quando o relator não propuser a reafirmação de jurisprudência dominante, outro ministro poderá fazê-lo, mediante manifestação devidamente fundamentada.

► Parágrafo único acrescido pela ER nº 54, de 1º-7-2020.

Art. 323-B. O relator poderá propor, por meio eletrônico, a revisão do reconhecimento da repercussão geral quando o mérito do tema ainda não tiver sido julgado.

► Art. 323-B acrescido pela ER nº 54, de 1º-7-2020.

Art. 324. Recebida a manifestação do(a) Relator(a), os demais ministros encaminhar-lhe-ão, também por meio eletrônico, no prazo comum de 6 (seis) dias úteis, manifestação sobre a questão da repercussão geral.

► *Caput* com a redação dada pela ER nº 58, de 19-12-2022.

§ 1º Somente será analisada a repercussão geral da questão se a maioria absoluta dos ministros reconhecerem a existência de matéria constitucional.

§ 2º A decisão da maioria absoluta dos ministros no sentido da natureza infraconstitucional da matéria terá os mesmos efeitos da ausência de repercussão geral, autorizando a negativa de seguimento aos recursos extraordinários sobrestados na origem que versem sobre matéria idêntica.

§ 3º O ministro que não se manifestar no prazo previsto no *caput* terá sua não participação registrada na ata do julgamento.

- §§ 1º a 3º com a redação dada pela ER nº 54, de 1º-7-2020.

§ 4º Não alcançado o quórum necessário para o reconhecimento da natureza infraconstitucional da questão ou da existência, ou não, de repercussão geral, o julgamento será suspenso e automaticamente retomado na sessão em meio eletrônico imediatamente seguinte, com a coleta das manifestações dos ministros ausentes.

§ 5º No julgamento realizado por meio eletrônico, se vencido o relator, redigirá o acórdão o ministro sorteado dentre aqueles que dele divergiram ou não se manifestaram, a quem competirá relatar o caso para o exame do mérito ou de eventuais incidentes processuais.

- §§ 4º e 5º acrescidos pela ER nº 54, de 1º-7-2020.

Art. 325. O(A) Relator(a) juntará cópia das manifestações aos autos, quando não se tratar de processo informatizado, e, uma vez definida a existência da repercussão geral, julgará o recurso ou pedirá dia para seu julgamento, após vista ao Procurador-Geral, se necessária; negada a existência, formalizará e subscreverá decisão de recusa do recurso.

Parágrafo único. O teor da decisão preliminar sobre a existência da repercussão geral, que deve integrar a decisão monocrática ou o acórdão, constará sempre das publicações dos julgamentos no *Diário Oficial*, com menção clara à matéria do recurso.

- Art. 325 com a redação dada pela ER nº 21, de 30-4-2007.

Art. 325-A. Reconhecida a repercussão geral, serão distribuídos ou redistribuídos ao relator do recurso paradigma, por prevenção, os processos relacionados ao mesmo tema.

- Artigo acrescido pela ER nº 42, de 2-12-2010.

Art. 326. Toda decisão de inexistência de repercussão geral é irrecorrível e, valendo para todos os recursos sobre questão idêntica, deve ser comunicada, pelo(a) Relator(a), à Presidência do Tribunal, para os fins do artigo subsequente e do artigo 329.

- *Caput* do art. 326 com a redação dada pela ER nº 21, de 30-4-2007.

§ 1º Poderá o relator negar repercussão geral com eficácia apenas para o caso concreto.

§ 2º Se houver recurso, a decisão do relator de restringir a eficácia da ausência de repercussão geral ao caso concreto deverá ser confirmada por dois terços dos ministros para prevalecer.

§ 3º Caso a proposta do relator não seja confirmada por dois terços dos ministros, o feito será redistribuído, na forma do art. 324, § 5º, deste Regimento Interno, sem que isso implique reconhecimento automático da repercussão geral da questão constitucional discutida no caso.

§ 4º Na hipótese do § 3º, o novo relator sorteado prosseguirá no exame de admissibilidade do recurso, na forma dos arts. 323 e 324 deste Regimento Interno.

- §§ 1º a 4º acrescidos pela ER nº 54, de 1º-7-2020.

Art. 326-A. Os recursos indicados como representativos de controvérsia constitucional pelas instâncias de origem e os feitos julgados no Superior Tribunal de Justiça sob a sistemática de recursos repetitivos serão registrados previamente ao Presidente, que poderá afetar o tema diretamente ao Plenário Virtual, na forma do art. 323 do regimento interno, distribuindo-se o feito por sorteio, em caso de reconhecimento da repercussão geral, a um dos ministros que tenham se manifestado nesse sentido.

§ 1º Caso os recursos representativos de controvérsia constitucional ou os feitos julgados no STJ sob a sistemática de recursos repetitivos não recebam proposta de afetação pelo Presidente e sejam distribuídos, poderá o relator proceder na forma do art. 326, *caput* e parágrafos.

§ 2º A decisão proferida nos processos mencionados no § 1º será comunicada a instância de origem e ao Superior Tribunal de Justiça, respectivamente, inclusive para os fins do art. 1.037, § 1º, do Código de Processo Civil.

- Art. 326-A acrescido pela ER nº 54, de 1º-7-2020.

Art. 327. A Presidência do Tribunal recusará recursos que não apresentem preliminar formal e fundamentada de repercussão geral, bem como aqueles cuja matéria carecer de repercussão geral, segundo precedente do Tribunal, salvo se a tese tiver sido revista ou estiver em procedimento de revisão.

§ 1º Igual competência exercerá o(a) Relator(a) sorteado, quando o recurso não tiver sido liminarmente recusado pela Presidência.

§ 2º Da decisão que recusar recurso, nos termos deste artigo, caberá agravo.

- Art. 327 com a redação dada pela ER nº 21, de 30-4-2007.

Art. 328. Protocolado ou distribuído recurso cuja questão for suscetível de reproduzir-se em múltiplos feitos, a Presidência do Tribunal ou o(a) Relator(a), de ofício ou a requerimento da parte interessada, comunicará o fato aos tribunais ou turmas de juizado especial, a fim de que observem o disposto no art. 543-B do Código de Processo Civil, podendo pedir-lhes informações, que deverão ser prestadas em 5 (cinco) dias, e sobrestar todas as demais causas com questão idêntica.

Parágrafo único. Quando se verificar subida ou distribuição de múltiplos recursos com fundamento em idêntica controvérsia, a Presidência do Tribunal ou o(a) Relator(a) selecionará um ou mais representativos da questão e determinará a devolução dos demais aos tribunais ou turmas de juizado especial de origem, para aplicação dos parágrafos do art. 543-B do Código de Processo Civil.

- Art. 328 com a redação dada pela ER nº 21, de 30-4-2007.
- Refere-se ao CPC/1973.
- Art. 1.036 do CPC/2015.

Art. 328-A. Nos casos previstos no art. 543-B, *caput*, do Código de Processo Civil, o Tribunal de origem não emitirá juízo de admissibilidade sobre os recursos extraordinários já sobrestados, nem sobre os que venham a ser interpostos, até que o Supremo Tribunal Federal decida os que tenham sido selecionados nos termos do § 1º daquele artigo.

- *Caput* do art. 328-A acrescido pela ER nº 23, de 11-3-2008.
- Refere-se ao CPC/1973.
- Art. 1.036 do CPC/2015.

§ 1º Nos casos anteriores, o Tribunal de origem sobrestará os agravos de instrumento contra decisões que não tenham admitido os recursos extraordinários, julgando-os prejudicados nas hipóteses do art. 543-B, § 2º, e, quando coincidente o teor dos julgamentos, § 3º.

- § 1º com a redação dada pela ER nº 27, de 28-11-2008.
- Refere-se ao CPC/1973.
- Arts. 1.035, § 8º, 1.039, parágrafo único do CPC/2015.

§ 2º Julgado o mérito do recurso extraordinário em sentido contrário ao dos acórdãos recorridos, o Tribunal de origem remeterá ao Supremo Tribunal Federal os agravos em que não se retratar.

- § 2º acrescido pela ER nº 23, de 11-3-2008.

Art. 329. A Presidência do Tribunal promoverá ampla e específica divulgação do teor das decisões sobre repercussão geral, bem como formação e atualização de banco eletrônico de dados a respeito.

- Artigo com a redação dada pela ER nº 21, de 30-4-2007.

CAPÍTULO VI

DOS EMBARGOS

SEÇÃO I

DOS EMBARGOS DE DIVERGÊNCIA E DOS EMBARGOS INFRINGENTES

Art. 330. Cabem embargos de divergência à decisão de Turma que, em recurso extraordinário ou em agravo de instrumento, divergir de julgado de outra Turma ou do Plenário na interpretação do direito federal.

- Súmulas nºs 158, 168, 315, 316 e 420 do STJ.

Art. 331. A divergência será comprovada mediante certidão, cópia autenticada ou pela citação do repositório de jurisprudência, oficial ou credenciado, inclusive em mídia eletrônica, em que tiver sido publicada a decisão divergente, ou ainda pela reprodução de julgado disponível na internet, com indicação da respectiva fonte, mencionando, em qualquer caso, as circunstâncias que identifiquem ou assemelhem os casos confrontados.

- *Caput* com a redação dada pela ER nº 26, de 22-10-2008.

Parágrafo único. *Revogado*. ER nº 26, de 22-10-2008.

Art. 332. Não cabem embargos, se a jurisprudência do Plenário ou de ambas as Turmas estiver firmada no sentido da decisão embargada, salvo o disposto no artigo 103.

Art. 333. Cabem embargos infringentes à decisão não unânime do Plenário ou da Turma:

I – que julgar procedente a ação penal;
II – que julgar improcedente a revisão criminal;
III – que julgar a ação rescisória;
IV – que julgar a representação de inconstitucionalidade;
V – que, em recurso criminal ordinário, for desfavorável ao acusado.

Parágrafo único. O cabimento dos embargos, em decisão do Plenário, depende da existência, no mínimo, de quatro votos divergentes, salvo nos casos de julgamento criminal em sessão secreta.

Art. 334. Os embargos de divergência e os embargos infringentes serão opostos no prazo de quinze dias, perante a Secretaria, e juntos aos autos, independentemente de despacho.

Art. 335. Interpostos os embargos, o Relator abrirá vista ao recorrido, por quinze dias, para contrarrazões.

▸ *Caput* com a redação dada pela ER nº 47, de 24-2-2012.

§ 1º Transcorrido o prazo do *caput*, o Relator do acórdão embargado apreciará a admissibilidade do recurso.

§ 2º Da decisão que não admitir os embargos, caberá agravo, em cinco dias, para o órgão competente para o julgamento do recurso.

§ 3º Admitidos os embargos, proceder-se-á à distribuição nos termos do art. 76.

▸ §§ 1º a 3º com a redação dada pela ER nº 47, de 24-2-2012.

Art. 336. Na sessão de julgamento, aplicar-se-ão, supletivamente, as normas do processo originário, observado o disposto no artigo 146.

Parágrafo único. Recebidos os embargos de divergência, o Plenário julgará a matéria restante, salvo nos casos do artigo 313, I e II, quando determinará a subida do recurso principal.

Seção II

DOS EMBARGOS DE DECLARAÇÃO

Art. 337. Cabem embargos de declaração, quando houver no acórdão obscuridade, dúvida, contradição ou omissão que devam ser sanadas.

§ 1º Os embargos declaratórios serão interpostos no prazo de cinco dias.

§ 2º Independentemente de distribuição ou preparo, a petição será dirigida ao relator do acórdão que, sem qualquer outra formalidade, a submeterá a julgamento na primeira sessão da Turma ou do Plenário, conforme o caso.

§ 3º Os embargos de declaração poderão, a critério do relator, ser submetidos a julgamento por meio eletrônico, observada a respectiva competência da Turma ou do Plenário.

▸ § 3º acrescido pela ER nº 51, de 22-6-2016 (*DJe* 24-6-2016, republicada no *DJe* 28-6-2016).

Art. 338. Se os embargos forem recebidos, a nova decisão se limitará a corrigir a inexatidão, ou a sanar a obscuridade, dúvida, omissão ou contradição, salvo se algum outro aspecto da causa tiver de ser apreciado como consequência necessária.

Art. 339. Os embargos declaratórios suspendem o prazo para interposição de outro recurso, salvo na hipótese do § 2º deste artigo.

§ 1º O prazo para interposição de outro recurso, nos termos deste artigo, é suspenso na data de interposição dos embargos de declaração, e o que lhe sobejar começa a correr do primeiro dia útil seguinte à publicação da decisão proferida nos mesmos embargos.

§ 2º Quando meramente protelatórios, assim declarados expressamente, será o embargante condenado a pagar ao embargado multa não excedente de um por cento sobre o valor da causa.

TÍTULO XII – DA EXECUÇÃO

CAPÍTULO I

DISPOSIÇÕES GERAIS

Art. 340. A execução e o cumprimento das decisões do Tribunal observarão o disposto nos artigos 13, VI, e 21, II, do Regimento Interno e, no que couber, à legislação processual.

Art. 341. Os atos de execução e de cumprimento das decisões e acórdãos transitados em julgado serão requisitados diretamente ao Ministro que funcionou como relator do processo na fase de conhecimento, observado o disposto nos arts. 38, IV, e 75 do Regimento Interno.

▸ Arts. 340 e 341 com a redação dada pela ER nº 41, de 16-9-2010.

Art. 342. Os atos de execução que não dependerem de carta de sentença serão ordenados a quem os deva praticar ou delegados a outras autoridades judiciárias.

Art. 343. Se necessário, os incidentes de execução poderão ser levados à apreciação:

I – do Presidente, por qualquer dos Ministros;

II – do Plenário, pelo Presidente, pelo relator ou pelas Turmas ou seus Presidentes;

III – da Turma, por seu Presidente ou pelo relator.

Art. 344. *Revogado*. ER nº 41, de 16-9-2010.

CAPÍTULO II

DA EXECUÇÃO CONTRA A FAZENDA PÚBLICA

Art. 345. Na execução por quantia certa, fundada em decisão proferida contra a Fazenda Pública em ação da competência originária do Tribunal, citar-se-á a devedora para opor embargos em dez dias; se esta não os opuser, no prazo regimental, observar-se-ão as seguintes regras:

I – o Presidente do Tribunal requisitará o pagamento ao Presidente da República, ao Governador ou ao Prefeito, conforme o caso;

II – far-se-á o pagamento na ordem de apresentação do respectivo pedido e à conta do crédito próprio.

Art. 346. Se o credor for preterido no seu direito de preferência, o Presidente do Tribunal poderá, depois de ouvido o Procurador-Geral, em cinco dias, ordenar o sequestro da quantia necessária para satisfazer o débito.

CAPÍTULO III

DA CARTA DE SENTENÇA

Art. 347. Será extraída carta de sentença, a requerimento do interessado, para execução da decisão:

I – quando deferida a homologação de sentença estrangeira;

▸ A homologação de sentença estrangeira passou a ser da competência do STJ, conforme art. 105, I, *i*, da CF, com a redação dada pela EC nº 45, de 8-12-2004.

▸ Art. 109, X, da CF.

II – quando o interessado não a houver providenciado na instância de origem e pender de julgamento do Tribunal recurso sem efeito suspensivo.

Art. 348. O pedido será dirigido ao Presidente ou ao relator, que o apreciará.

Art. 349. A carta de sentença conterá as peças indicadas na lei processual e outras que o requerente indicar; será autenticada pelo funcionário encarregado e assinada pelo Presidente ou relator.

CAPÍTULO IV

DA INTERVENÇÃO FEDERAL NOS ESTADOS

Art. 350. A requisição de intervenção federal, prevista no artigo 11, § 1º, *a*, *b* e *c*, da Constituição, será promovida:

I – de ofício, ou mediante pedido do Presidente do Tribunal de Justiça do Estado, no caso do inciso IV do artigo 10 da Constituição, se a coação for exercida contra o Poder Judiciário;

II – de ofício, ou mediante pedido do Presidente do Tribunal de Justiça do Estado ou de Tribunal Federal, quando se tratar de prover a execução de ordem ou decisão judiciária, com ressalva, conforme a matéria, da competência do Tribunal Superior Eleitoral e do disposto no inciso seguinte;

III – de ofício, ou mediante pedido da parte interessada, quando se tratar de prover a execução de ordem ou decisão do Supremo Tribunal Federal;

IV – mediante representação do Procurador-Geral, nos casos do inciso VII do artigo 10 da Constituição, assim como no inciso VI, quando se tratar de prover a execução de lei federal.

Art. 351. O Presidente, ao receber o pedido:

I – tomará as providências oficiais que lhe parecerem adequadas para remover, administrativamente, a causa do pedido;

II – mandará arquivá-lo se for manifestamente infundado, cabendo do seu despacho agravo regimental.

Art. 352. Realizada a gestão prevista no inciso I do artigo anterior, solicitadas informações à autoridade estadual e ouvido o Procurador-Geral, o pedido será relatado pelo Presidente, em sessão plenária pública ou secreta.

Art. 353. O julgamento, se não tiver sido público, será proclamado em sessão pública.

Art. 354. Julgado procedente o pedido, o Presidente do Supremo Tribunal Federal imediatamente comunicará a decisão aos órgãos do Poder Público interessados e requisitará a intervenção ao Presidente da República.

TÍTULO XIII – DA SÚMULA VINCULANTE

▸ Título XIII acrescido pela ER nº 46, de 6-7-2011.

Art. 354-A. Recebendo proposta de edição, revisão ou cancelamento de Súmula Vinculante, a Secretaria Judiciária a autuará e registrará ao Presidente, para apreciação, no prazo de 5 (cinco) dias, quanto à adequação formal da proposta.

Art. 354-B. Verificado o atendimento dos requisitos formais, a Secretaria Judiciária publicará edital no sítio do Tribunal e no *Diário da Justiça Eletrônico*, para ciência e manifestação de interessados no prazo de 5 (cinco) dias, encaminhando a seguir os autos ao Procurador-Geral da República.

Art. 354-C. Devolvidos os autos com a manifestação do Procurador-Geral da República, o Presidente submeterá as manifestações e a proposta de edição, revisão ou cancelamento de Súmula aos Ministros da Comissão de Jurisprudência, em meio eletrônico, para que se manifestem no prazo comum de 15 (quinze dias); decorrido o prazo, a proposta, com ou sem manifestação, será submetida, também por meio eletrônico, aos demais Ministros, pelo mesmo prazo comum.

► Arts. 354-A a 354-C acrescidos pela ER nº 46, de 6-7-2011.

Art. 354-D. Decorridos os prazos previstos no art. 354-C, o Presidente submeterá a proposta de edição, revisão ou cancelamento de súmula vinculante à deliberação do Tribunal Pleno, mediante inclusão em pauta, salvo se já houver manifestação contrária a proposta por parte da maioria absoluta dos Ministros do Tribunal, hipótese em que o Presidente a rejeitará monocraticamente.

Parágrafo único. Contra a decisão do Presidente pela rejeição de proposta atinente a súmula vinculante caberá agravo regimental, na forma do art. 317 deste regimento.

► Art. 354-D com a redação dada pela ER nº 54, de 1º-7-2020.

Art. 354-E. A proposta de edição, revisão ou cancelamento de Súmula Vinculante poderá versar sobre questão com repercussão geral reconhecida, caso em que poderá ser apresentada por qualquer Ministro logo após o julgamento de mérito do processo, para deliberação imediata do Tribunal Pleno na mesma sessão.

Art. 354-F. O teor da proposta de Súmula aprovada, que deve constar do acórdão, conterá cópia dos debates que lhe deram origem, integrando-o, e constarão das publicações dos julgamentos no *Diário da Justiça Eletrônico*.

Art. 354-G. A proposta de edição, revisão ou cancelamento de Súmula tramitará sob a forma eletrônica, e as informações correspondentes ficarão disponíveis aos interessados no sítio do STF.

► Arts. 354-E a 354-G acrescidos pela ER nº 46, de 6-7-2011.

TÍTULO XIV – DA SOLICITAÇÃO DE OPINIÃO CONSULTIVA AO TRIBUNAL PERMANENTE DE REVISÃO DO MERCOSUL

► Título XIV acrescido pela ER nº 48, de 3-4-2012 (publicada do *DJE* de 10-4-2012 e retificada no *DJE* de 13-4-2012).

Art. 354-H. A solicitação de opinião consultiva deve originar-se necessariamente de processo em curso perante o Poder Judiciário brasileiro e restringe-se exclusivamente à vigência ou interpretação jurídica do Tratado de Assunção, do Protocolo de Ouro Preto, dos protocolos e acordos celebrados no âmbito do Tratado de Assunção, das Decisões do Conselho do Mercado Comum – CMC, das Resoluções do Grupo Mercado Comum – GMC e das Diretrizes da Comissão de Comércio do MERCOSUL – CCM.

Art. 354-I. Têm legitimidade para requerer o encaminhamento de solicitação de opinião consultiva ao Tribunal Permanente de Revisão do MERCOSUL, o juiz da causa ou alguma das partes.

Art. 354-J. A solicitação de opinião consultiva indicará:

I – a exposição dos fatos e do objeto da solicitação;

II – a descrição das razões que motivaram a solicitação;

III – a indicação precisa da Normativa MERCOSUL a respeito da qual se realiza a consulta; e

IV – a indicação do juízo e da ação em que originada a solicitação;

Parágrafo único. A solicitação deve ser feita por escrito e poderá estar acompanhada das considerações, se as houver, formuladas pelas partes em litígio e pelo Ministério Público acerca da questão objeto da consulta e de qualquer documentação que possa contribuir para sua instrução.

Art. 354-K. Ao receber a solicitação, o Presidente do Supremo Tribunal Federal iniciará o processo de colheita de votos dos demais Ministros pelo processo virtual ou, se entender conveniente, encaminhará cópias aos demais Ministros antes da sessão administrativa designada para deliberação sobre a presença dos requisitos de admissibilidade do pedido e sua pertinência processual.

Art. 354-L. Uma vez preenchidos os requisitos de admissibilidade, a solicitação será encaminhada ao Tribunal Permanente de Revisão, com cópia para a Secretaria do MERCOSUL, e para as demais Cortes Supremas dos Estados Partes do MERCOSUL.

Art. 354-M. A opinião consultiva emitida pelo Tribunal Permanente de Revisão não terá caráter vinculante nem obrigatório.

► Arts. 354-H a 354-M acrescidos pela ER nº 48, de 3-4-2012 (publicada no *DJE* de 10-4-2012 e retificada no *DJE* de 13-4-2012).

PARTE III – DOS SERVIÇOS DO TRIBUNAL

TÍTULO I – DA SECRETARIA

Art. 355. À Secretaria do Tribunal incumbe a execução dos serviços administrativos, e será dirigida pelo Diretor-Geral, com habilitação universitária em direito, administração, economia ou ciências contábeis, nomeado, em comissão, pelo Presidente, nos termos da lei.

► *Caput* com a redação dada pela ER nº 50, de 19-4-2016.

§ 1º A organização da Secretaria do Tribunal, a competência de seus vários órgãos e as atribuições dos secretários, chefes e servidores serão fixadas, em ato próprio, pelo Tribunal.

► § 1º com a redação dada pela ER nº 8, de 8-5-2001.

§ 2º O Secretário de Controle Interno e os demais titulares das Secretarias que integram a Secretaria do Tribunal serão nomeados, em Comissão, pelo Presidente, nos termos da lei.

► § 2º com a redação dada pela ER nº 11, de 2-10-2003.

§ 3º O Diretor-Geral, em suas faltas ou impedimentos, será substituído na forma prevista no ato a que se refere o parágrafo anterior.

► § 2º transformado em § 3º pela ER nº 8, de 8-5-2001.

§ 4º Além das atribuições fixadas no Regulamento da Secretaria, incumbe ao Diretor-Geral:

a) apresentar ao Presidente todas as petições e papéis dirigidos ao Tribunal;

b) manter sob sua direta fiscalização, e permanentemente atualizado, o assentamento funcional dos Ministros;

c) manter sob sua guarda o selo do Tribunal.

► § 3º transformado em § 4º pela ER nº 8, de 8-5-2001.

§ 5º Ao Secretário do Pleno incumbe:

a) secretariar as sessões e lavrar as respectivas atas, assinando-as, com o Presidente, depois de lidas e aprovadas;

b) secretariar as audiências de instrução processual.

► § 4º transformado em § 5º pela ER nº 8, de 8-5-2001.

§ 6º As Turmas serão secretariadas pelos funcionários do Quadro da Secretaria que forem designados pelo Presidente do Tribunal.

► § 5º transformado em § 6º pela ER nº 8, de 8-5-2001.

§ 7º Os funcionários da Secretaria, quando tiverem de comparecer a serviço perante o Plenário ou Turma, em sessão, usarão vestuário adequado e capa preta.

► § 6º transformado em § 7º pela ER nº 8, de 8-5-2001.

§ 8º Salvo se funcionário efetivo do Tribunal, não poderá ser nomeado para cargo em Comissão, ou designado para função gratificada, cônjuge ou parente (arts. 330 a 336 do Código Civil), em linha reta ou colateral, até terceiro grau, inclusive, de qualquer dos Ministros em atividade.

► § 7º transformado em § 8º pela ER nº 8, de 8-5-2001.

► Arts. 1.591 a 1.595 do CC.

TÍTULO II – DO GABINETE DO PRESIDENTE

Art. 356. O Gabinete da Presidência, órgão de assessoramento desta no tocante à superintendência administrativa que a ela compete, é dirigido pelo Chefe de Gabinete da Presidência, bacharel em Direito, nomeado, em comissão, pelo Presidente.

Parágrafo único. Incumbe ao Presidente, observado o disposto nos parágrafos 1º e 2º do art. 357, deste Regimento, organizar seu Gabinete e assessorias, dando-lhes estrutura necessária à execução de suas atribuições e fixando sua lotação.

► Art. 356 com a redação dada pela ER nº 50, de 19-4-2016.

Art. 356-A. À Secretaria Geral da Presidência incumbe a execução dos serviços judiciários, e será dirigida pelo Secretário-Geral da Presidência, bacharel em Direito, nomeado, em comissão, pelo Presidente.

► Artigo acrescido pela ER nº 50, de 19-4-2016.

TÍTULO III – DOS GABINETES DOS MINISTROS

Art. 357. Comporão os Gabinetes dos Ministros:

► *Caput* com a redação dada pela ER nº 43, de 2-12-2010.

I – um Chefe de Gabinete, portador de diploma de curso de nível superior;

II – cinco Assessores, bacharéis em Direito;

III – dois Assistentes Judiciários, portadores de diploma de curso de nível superior;

► Incisos I a III com a redação dada pela ER nº 43, de 2-12-2010.

IV – servidores e funções comissionadas em quantitativo definido pela Corte.

► Inciso IV acrescido pela ER nº 43, de 2-12-2010.

§ 1º No mínimo três, do total de cargos em comissão de cada Gabinete de Ministro, deverão ser recrutados do Quadro de Pessoal da Secretaria do Tribunal.

► § 1º acrescido pela ER nº 43, de 2-12-2010.

§ 2º Não pode ser nomeado para cargo em comissão, na forma deste artigo, cônjuge ou parente, em linha reta ou colateral, até o terceiro grau, inclusive, de qualquer dos Ministros em atividade.

► Antigo parágrafo único transformado em § 2º e com a redação dada pela ER nº 43, de 2-12-2010.

Art. 358. São atribuições dos Assessores de Ministros:

I – classificar os votos proferidos pelo Ministro e velar pela conservação das cópias e índices necessários à consulta;

II – verificar as pautas, de modo que o Ministro vogal, em casos de julgamento interrompido, ou de embargos, ação rescisória ou reclamação, possa consultar, na sessão, a cópia do voto que houver proferido anteriormente;

III – cooperar na revisão da transcrição do áudio e cópias dos votos e acórdãos do Ministro, antes da juntada nos autos;

▸ Inciso III com a redação dada pela ER nº 26, de 22-10-2008.

IV – selecionar, dentre os processos submetidos ao exame do Ministro, aqueles que versem questões de solução já compendiada na Súmula, para serem conferidos pelo Ministro;

V – fazer pesquisa de doutrina e de jurisprudência;

VI – executar outros trabalhos compatíveis com suas atribuições, que forem determinados pelo Ministro, cujas instruções deverá observar.

Parágrafo único. Quando a nomeação para Assessor de Ministro recair em funcionário efetivo de outro serviço, autarquia, entidade paraestatal ou sociedade de economia mista, dar-se-á prévio entendimento com o seu dirigente.

Art. 359. Para trabalhos urgentes, os Ministros poderão requisitar o auxílio do serviço de áudio do Tribunal.

▸ Artigo com a redação dada pela ER nº 26, de 22-10-2008.

Art. 360. O horário do pessoal do gabinete, observadas a duração legal e as peculiaridades do serviço, será o determinado pelo Ministro.

PARTE IV – DISPOSIÇÕES FINAIS

TÍTULO ÚNICO – DAS EMENDAS REGIMENTAIS E DEMAIS ATOS NORMATIVOS OU INDIVIDUAIS E DISPOSIÇÕES GERAIS E TRANSITÓRIAS

▸ Denominação do título com a redação dada pela ER nº 1, de 25-11-1981.

CAPÍTULO I – DAS EMENDAS REGIMENTAIS E DEMAIS ATOS NORMATIVOS OU INDIVIDUAIS

Art. 361. Os demais atos da competência do Tribunal, normativos ou individuais, obedecem à seguinte nomenclatura:

I – em matéria regimental:

a) Emenda Regimental – para emendar o Regimento Interno, suprimindo-lhe, acrescentando-lhe ou modificando-lhe disposições;

b) Ato Regimental – para complementar o Regimento Interno;

II – em matéria administrativa:

a) Regulamento da Secretaria – para fixar a organização da Secretaria, a competência de seus vários órgãos e as atribuições dos diretores, chefes e servidores, bem assim para complementar, no âmbito do Tribunal, a legislação relativa ao funcionalismo, ou regular sua aplicação;

b) Ato Regulamentar – para introduzir modificações no Regulamento da Secretaria, bem assim para dispor normativamente, quando necessário ou conveniente, sobre matéria correlata com a que nele se regula;

c) Deliberação – para dar solução, sem caráter normativo, a casos determinados.

Parágrafo único. Salvo o Regulamento da Secretaria e a Deliberação, os atos de que trata este artigo são numerados, como segue:

I – a Emenda Regimental e o Ato Regimental, em séries próprias e numeração seguida que prosseguem enquanto vigente o Regimento Interno ao qual se referem;

II – o Ato Regulamentar, em numeração seguida e ininterrupta.

▸ Art. 361 com a redação dada pela ER nº 1, de 25-11-1981.

Art. 362. Ao Presidente, aos Ministros e às Comissões é facultada a apresentação de propostas de atos normativos da competência do Tribunal.

§ 1º As propostas considerar-se-ão aprovadas se obtiverem o voto favorável da maioria absoluta do Tribunal.

§ 2º A Comissão de Regimento opinará previamente, por escrito, sobre as propostas em matéria regimental, salvo quando subscritas por seus membros ou pela maioria do Tribunal, ou em caso de urgência.

▸ Art. 362 com a redação dada pela ER nº 1, de 25-11-1981.

Art. 363. Os atos da competência própria do Presidente, em matéria regimental ou administrativa, obedecem à seguinte nomenclatura:

▸ *Caput* com a redação dada pela ER nº 1, de 25-11-1981.

I – Resolução – numerada seguida e ininterruptamente, para complementar o Regimento Interno ou o Regulamento da Secretaria e resolver os casos omissos, bem assim para complementar a legislação relativa ao funcionalismo, ou regular sua aplicação;

II – Portaria – sem numeração, para designar os membros das Comissões Permanentes e Temporárias, nomear, designar, exonerar, demitir e aposentar servidores ou aplicar-lhes penalidades;

▸ Incisos I e II com a redação dada pela ER nº 1, de 25-11-1981.

III – Despacho – para designar a realização de audiência pública de que trata o art. 13, XVII, deste Regimento.

▸ Inciso III acrescido pela ER nº 29, de 18-2-2009.

Art. 364. Os atos normativos de que trata este Capítulo entrarão em vigor na data de sua publicação no *Diário da Justiça*, salvo se dispuserem de modo diverso.

Parágrafo único. No que se referirem apenas à economia interna do Tribunal, os atos normativos entrarão em vigor desde que aprovados.

▸ Art. 364 com a redação dada pela ER nº 1, de 25-11-1981.

CAPÍTULO II – DISPOSIÇÕES GERAIS E TRANSITÓRIAS

Art. 365. O Tribunal presta homenagem aos Ministros:

I – por motivo de afastamento definitivo do seu serviço;

II – por motivo de falecimento;

III – para celebrar o centenário de nascimento.

§ 1º Por deliberação plenária tomada em sessão administrativa com a presença mínima de oito Ministros e os votos favoráveis de seis, o Tribunal pode homenagear pessoa estranha e falecida, de excepcional relevo no governo do País, na administração da Justiça ou no aperfeiçoamento das instituições jurídicas.

§ 2º Quando a homenagem consistir na aposição de busto ou estátua em dependência do Tribunal, dependerá de proposta escrita e justificada de quatro Ministros, pelo menos, sobre a qual opinará fundamentalmente Comissão especial de três Ministros, designada pelo Presidente, e de aprovação do Plenário, por maioria mínima de oito votos, em duas sessões administrativas consecutivas, com intervalo não inferior a seis meses entre uma e outra.

▸ Art. 365 com a redação dada pela ER nº 1, de 25-11-1981.

Art. 365-A. Quando requerida a realização de sessão administrativa por três Ministros, pelo menos, o Presidente a convocará de imediato para que o Tribunal aprecie a matéria objeto desse requerimento.

▸ Artigo acrescido pela ER nº 8, de 8-5-2001.

Art. 366. Os casos omissos serão resolvidos pelo Presidente, ouvida a Comissão de Regimento.

Art. 367. Compete ao Presidente o julgamento do pedido de reexame de decisão do Supremo Tribunal Federal, ou de seu Presidente, que houver homologado sentença estrangeira do divórcio de brasileiro com as restrições inerentes ao art. 7º, § 6º, da Lei de Introdução ao Código Civil, na redação anterior à que lhe deu o art. 49 da Lei nº 6.515, de 26 de dezembro de 1977.

▸ A referida Lei de Introdução ao Código Civil teve a sua ementa alterada para Lei de Introdução às normas do Direito Brasileiro pela Lei nº 12.376, de 30-12-2010.

▸ A homologação de sentença estrangeira passou a ser da competência do STJ, conforme art. 105, I, *i*, da CF, com a redação dada pela EC nº 45, de 8-12-2004.

▸ Lei nº 6.515, de 26-12-1977 (Lei do Divórcio).

§ 1º O pedido de reexame poderá ser feito por ambos os cônjuges ou por um deles, devendo processar-se nos próprios autos da homologação.

§ 2º Aplicam-se, no que couber, ao pedido de reexame as normas regimentais do procedimento de homologação, inclusive as pertinentes à execução e ao recurso cabível.

Art. 368. Este Regimento entrará em vigor em 1º de dezembro de 1980.

Parágrafo único. Às decisões proferidas até 30 de novembro de 1980 continuará aplicável o art. 308 do Regimento Interno aprovado a 18 de junho de 1970, com as modificações introduzidas pelas Emendas Regimentais posteriores.

Art. 369. Revogam-se o Regimento Interno aprovado a 18 de junho de 1970, as Emendas Regimentais que lhe alteraram a redação, e as Emendas Regimentais números 6, de 9 de março de 1978, 7, de 23 de agosto de 1978, e 8, de 7 de junho de 1979, bem assim as demais disposições em contrário.

Sala das Sessões, em 15 de outubro de 1980.

Antonio Neder

REGIMENTO INTERNO DO SUPERIOR TRIBUNAL DE JUSTIÇA

▶ Publicado no *DJU* de 7-7-1989.

O Superior Tribunal de Justiça, no uso de suas atribuições, resolve aprovar o seguinte Regimento Interno:

PARTE I – DA COMPOSIÇÃO, ORGANIZAÇÃO E COMPETÊNCIA

TÍTULO I – DO TRIBUNAL

CAPÍTULO I
DA COMPOSIÇÃO E ORGANIZAÇÃO

Art. 1º O Superior Tribunal de Justiça, com sede na Capital Federal e Jurisdição em todo o território nacional, compõe-se de trinta e três Ministros.

▶ Art. 33 deste Regimento.

Art. 2º O Tribunal funciona:

I – em Plenário e pelo seu órgão especial (Constituição, artigo 93, XI), denominado Corte Especial;
II – em Seções especializadas;
III – em Turmas especializadas.

§ 1º O Plenário, constituído da totalidade dos Ministros, é presidido pelo Presidente do Tribunal.

§ 2º A Corte Especial será integrada pelos quinze Ministros mais antigos e presidida pelo Presidente do Tribunal.

▶ § 2º com a redação dada pela ER nº 9, de 24-9-2008.

§ 3º Há no Tribunal três Seções, integradas pelos componentes das Turmas da respectiva área de especialização. As Seções são presididas pelo Ministro mais antigo, por um período de dois anos, vedada a recondução, até que todos os componentes da Seção hajam exercido a presidência.

§ 4º As Seções compreendem seis Turmas, constituídas de cinco Ministros cada uma. A Primeira e a Segunda Turmas compõem a Primeira Seção; a Terceira e a Quarta Turmas, a Segunda Seção; e a Quinta e a Sexta Turmas, a Terceira Seção. O Ministro mais antigo integrante da Turma é o seu presidente, observada a disposição do parágrafo anterior quanto à periodicidade.

▶ § 4º com a redação dada pela ER nº 4, de 2-12-1993.

§ 5º Na composição das Turmas, observar-se-á a opção feita pelo Ministro, atendendo-se à ordem de antiguidade.

§ 6º Para os fins dos §§ 3º e 4º deste artigo, considerar-se-á a antiguidade dos Ministros no respectivo órgão fracionário.

▶ § 6º acrescido pela ER nº 4, de 2-12-1993.

Art. 3º O Presidente, o Vice-Presidente e o Corregedor Nacional de Justiça são eleitos pelo Plenário, dentre os seus membros; o Corregedor-Geral da Justiça Federal é o Vice-Presidente e o Vice-Corregedor-Geral, o Ministro mais antigo integrante do Conselho da Justiça Federal, que não exerça cargo de direção naquele órgão.

▶ *Caput* com a redação dada pela ER nº 29, de 22-5-2018.

§ 1º O Presidente, o Vice-Presidente e o Corregedor Nacional de Justiça integram apenas o Plenário e a Corte Especial, respeitado o art. 2º, § 2º, deste Regimento.

▶ § 1º com a redação dada pela ER nº 29, de 22-5-2018.

§ 2º O Presidente, o Vice-Presidente e o Corregedor Nacional de Justiça ao concluírem seus mandatos e retornarem às Turmas, ocuparão as vagas disponíveis, respeitada sempre, nas escolhas, a ordem de antiguidade.

▶ *Caput* do § 2º com a redação dada pela ER nº 29, de 22-5-2018.

I e II – *Revogados*. ER nº 29, de 22-5-2018.

§ 3º O Ministro que houver exercido o cargo de Presidente do Superior Tribunal de Justiça não poderá ocupar outro cargo ou função administrativa no âmbito do Tribunal, no Conselho da Justiça Federal, no Conselho Nacional de Justiça, na Escola Nacional de Formação e Aperfeiçoamento de Magistrados Ministro Sálvio de Figueiredo Teixeira e no Tribunal Superior Eleitoral, salvo presidência de Turma, Seção ou composição de Comissão Permanente.

§ 4º Os Ministros não poderão exercer mais de uma função administrativa cumulativamente, com exceção da hipótese prevista no *caput* deste artigo, no caso de todas já terem sido preenchidas e nos casos previstos em lei.

§ 5º Não há vedação para acumulação de cargo administrativo com suplência nem de cargo administrativo com função jurisdicional, inclusive quando se tratar do Tribunal Superior Eleitoral, salvo para o exercício dos cargos de Corregedor-Geral da Justiça Eleitoral, Corregedor Nacional de Justiça e Diretor-Geral da Escola Nacional de Formação e Aperfeiçoamento de Magistrados Ministro Sálvio de Figueiredo Teixeira.

▶ §§ 3º a 5º com a redação dada pela ER nº 29, de 22-5-2018.

§ 6º Não será elegível o Ministro para os cargos de Presidente e Vice-Presidente do Tribunal, Corregedor Nacional de Justiça, membro efetivo do Conselho da Justiça Federal, Diretor-Geral da Escola Nacional de Formação e Aperfeiçoamento de Magistrados Ministro Sálvio de Figueiredo Teixeira, Ministro Ouvidor do Superior Tribunal de Justiça e membro efetivo e suplente do Tribunal Superior Eleitoral, caso Ministro mais novo em ordem de antiguidade já tenha exercido o mesmo cargo ou função.

▶ § 6º acrescido pela ER nº 15, de 17-9-2014.

Art. 4º O Ministro empossado integrará a Turma onde se deu a vaga para a qual foi nomeado, ou ocupará vaga resultante da transferência de Ministro (artigo 32).

Art. 5º O Conselho de Administração será integrado pelos onze Ministros mais antigos e presidido pelo Presidente do Tribunal, competindo-lhe decidir sobre matéria administrativa, nos termos deste Regimento.

▶ *Caput* com a redação dada pela ER nº 9, de 24-9-2008.

§ 1º O Conselho de Administração reunir-se-á, ordinariamente, ao menos uma vez a cada trimestre.

§ 2º As reuniões ordinárias do Conselho de Administração serão convocadas pelo Presidente, mediante aviso escrito enviado com antecedência mínima de cinco dias corridos, contendo a pauta correspondente.

§ 3º O Presidente convocará o Conselho de Administração em caráter extraordinário, sempre que a necessidade exigir, não sendo necessária a observância do prazo previsto no parágrafo anterior.

▶ §§ 1º a 3º acrescidos pela ER nº 38, de 4-9-2020.

Art. 6º Junto ao Tribunal funciona o Conselho da Justiça Federal, com atuação em todo o território nacional, cabendo-lhe a supervisão administrativa e orçamentária da Justiça Federal de primeiro e segundo graus.

▶ Artigo com a redação dada pela ER nº 4, de 2-12-1993.

Art. 7º O Conselho da Justiça Federal é integrado pelo Presidente, Vice-Presidente, e quatro Ministros do Tribunal, eleitos por dois anos, e pelos Presidentes dos seis Tribunais Regionais Federais.

▶ *Caput* com a redação dada pela ER nº 43, de 13-9-2023.

§ 1º O Presidente do Tribunal preside o Conselho da Justiça Federal.

▶ § 1º acrescido pela ER nº 4, de 2-12-1993.

§ 2º Ao escolher os quatro Ministros que integrarão o Conselho, o Tribunal elegerá, também, os respectivos suplentes.

▶ § 2º com a redação dada pela ER nº 43, de 13-9-2023.

CAPÍTULO II
DA COMPETÊNCIA DO PLENÁRIO, DA CORTE ESPECIAL, DAS SEÇÕES E DAS TURMAS

Seção I
DAS ÁREAS DE ESPECIALIZAÇÃO

Art. 8º Há no Tribunal três áreas de especialização estabelecidas em razão da matéria.

▶ *Caput* com a redação dada pela ER nº 2, de 4-6-1992.

Parágrafo único. A competência da Corte Especial não está sujeita à especialização.

Art. 9º A competência das Seções e das respectivas Turmas é fixada em função da natureza da relação jurídica litigiosa.

§ 1º À Primeira Seção cabe processar e julgar os feitos relativos a:

▶ *Caput* do § 1º com a redação dada pela ER nº 2, de 4-6-1992.

I – licitações e contratos administrativos;
II – nulidade ou anulabilidade de atos administrativos;
III – ensino superior;
IV – inscrição e exercício profissionais;
V – direito sindical;
VI – nacionalidade;
VII – desapropriação, inclusive a indireta;
VIII – responsabilidade civil do Estado;
IX – tributos de modo geral, impostos, taxas, contribuições e empréstimos compulsórios;
X – preços públicos e multas de qualquer natureza;

▶ Incisos I a X com a redação dada pela ER nº 2, de 4-6-1992.

XI – servidores públicos civis e militares;

▶ Inciso XI com a redação dada pela ER nº 11, de 6-4-2010.

XII – *habeas corpus* referentes às matérias de sua competência;

▶ Inciso XII acrescido pela ER nº 11, de 6-4-2010.

XIII – benefícios previdenciários, inclusive os decorrentes de acidentes do trabalho;

▶ Inciso XIII com a redação dada pela ER nº 14, de 5-12-2011.

XIV – direito público em geral.

▸ Inciso XIV acrescido pela ER nº 14, de 5-12-2011.

§ 2º À Segunda Seção cabe processar e julgar os feitos relativos a:

▸ *Caput* do § 2º com a redação dada pela ER nº 2, de 4-6-1992.

I – domínio, posse e direitos reais sobre coisa alheia, salvo quando se tratar de desapropriação;

II – obrigações em geral de direito privado, mesmo quando o Estado participar do contrato;

III – responsabilidade civil, salvo quando se tratar de responsabilidade civil do Estado;

IV – direito de família e sucessões;

V – direito do trabalho;

VI – propriedade industrial, mesmo quando envolverem arguição de nulidade do registro;

VII – constituição, dissolução e liquidação de sociedade;

VIII – comércio em geral, inclusive o marítimo e o aéreo, bolsas de valores, instituições financeiras e mercado de capitais;

IX – falências e concordatas;

X – títulos de crédito;

XI – registros públicos, mesmo quando o Estado participar da demanda;

▸ Incisos I a XI com a redação dada pela ER nº 2, de 4-6-1992.

XII – locação predial urbana;

▸ Inciso XII com a redação dada pela ER nº 11, de 6-4-2010.

XIII – *habeas corpus* referentes às matérias de sua competência;

XIV – direito privado em geral.

▸ Incisos XIII e XIV acrescidos pela ER nº 11, de 6-4-2010.

§ 3º À Terceira Seção cabe processar e julgar os feitos relativos à matéria penal em geral, salvo os casos de competência originária da Corte Especial e os *habeas corpus* de competência das Turmas que compõem a Primeira e a Segunda Seção.

▸ *Caput* do § 3º com a redação dada pela ER nº 14, de 5-12-2011.

I e II – *Revogados*. ER nº 14, de 5-12-2011;

III e IV – *Revogados*. ER nº 11, de 6-4-2010.

Seção II

DA COMPETÊNCIA DO PLENÁRIO

Art. 10. Compete ao Plenário:

I – dar posse aos membros do Tribunal;

II – eleger o Presidente e o Vice-Presidente do Tribunal, os Ministros membros do Conselho da Justiça Federal, titulares e suplentes, e o Diretor da Revista do Tribunal, dando-lhes posse;

▸ Inciso II com a redação dada pela ER nº 4, de 2-12-1993.

III – eleger, dentre os Ministros do Tribunal, os que devam compor o Tribunal Superior Eleitoral, na condição de membros efetivos e substitutos;

IV – decidir sobre a disponibilidade e aposentadoria de membro do Tribunal, por interesse público;

V – votar o Regimento Interno e as suas emendas;

VI – elaborar as listas tríplices dos juízes, desembargadores, advogados e membros do Ministério Público que devam compor o Tribunal (Constituição, artigo 104 e seu parágrafo único);

▸ Art. 171, parágrafo único, deste Regimento Interno.

VII – propor ao Poder Legislativo a alteração do número de membros do Tribunal e dos Tribunais Regionais Federais, a criação e a extinção de cargos, e a fixação de vencimentos de seus membros, dos juízes dos Tribunais Regionais e dos Juízes Federais, bem assim a criação ou extinção de Tribunal Regional Federal e a alteração da organização e divisão judiciárias;

▸ Inciso VII com a redação dada pela ER nº 4, de 2-12-1993.

VIII – aprovar o Regimento Interno do Conselho da Justiça Federal;

▸ Inciso VIII acrescido pela ER nº 4, de 2-12-1993.

IX – eleger, dentre os Ministros do Tribunal, o que deve compor o Conselho Nacional de Justiça, observada a ordem de antiguidade;

X – indicar, na forma do inciso XXXII e do parágrafo único do art. 21, um juiz federal e um juiz de Tribunal Regional Federal para as vagas do Conselho Nacional de Justiça e um juiz para a vaga do Conselho Nacional do Ministério Público.

▸ Incisos IX e X acrescidos pela ER nº 15, de 17-9-2014.

Seção III

DA COMPETÊNCIA DA CORTE ESPECIAL

Art. 11. Compete à Corte Especial processar e julgar:

I – nos crimes comuns, os Governadores dos Estados e do Distrito Federal e, nestes e nos de responsabilidade, os desembargadores dos Tribunais de Justiça dos Estados e do Distrito Federal, os membros dos Tribunais de Contas dos Estados e do Distrito Federal, os dos Tribunais Regionais Federais, dos Tribunais Regionais Eleitorais e do Trabalho, os membros dos Conselhos ou Tribunais de Contas dos Municípios e os do Ministério Público da União que oficiem perante Tribunais;

II – os *habeas corpus*, quando for paciente qualquer das pessoas mencionadas no inciso anterior;

III – os mandados de injunção, quando a elaboração da norma regulamentadora for atribuição de órgão, entidade ou autoridade federal, da administração direta ou indireta, excetuados os casos de competência do Supremo Tribunal Federal e dos órgãos da Justiça Militar, da Justiça Eleitoral, da Justiça do Trabalho e da Justiça Federal;

IV – os mandados de segurança e os *habeas data* contra ato do próprio Tribunal ou de qualquer de seus órgãos;

V – as revisões criminais e as ações rescisórias de seus próprios julgados;

VI – o incidente de assunção de competência quando a matéria for comum a mais de uma seção;

▸ Inciso VI com a redação dada pela ER nº 24, de 28-9-2016.

VII – a exceção da verdade, quando o querelante, em virtude de prerrogativa de função, deva ser julgado originariamente pelo Tribunal;

VIII – a requisição de intervenção federal nos Estados e no Distrito Federal, ressalvada a competência do Supremo Tribunal Federal e do Tribunal Superior Eleitoral (Constituição, artigo 36, II e IV);

IX – as arguições de inconstitucionalidade de lei ou ato normativo suscitadas nos processos submetidos ao julgamento do Tribunal;

X – as reclamações para a preservação de sua competência e garantia de suas decisões;

XI – as questões incidentes, em processos da competência das Seções ou Turmas, as quais lhe tenham sido submetidas (artigo 16);

XII – os conflitos de competência entre relatores ou Turmas integrantes de Seções diversas, ou entre estas;

XIII – os embargos de divergência, se a divergência for entre Turmas de Seções diversas, entre Seções, entre Turma e Seção que não integre ou entre Turma e Seção com a própria Corte Especial;

▸ Inciso XIII com a redação dada pela ER nº 24, de 28-9-2016.

XIV – *Revogado*. ER nº 22, de 16-3-2016.

XV – as suspeições e impedimentos levantados contra Ministro em processo de sua competência;

XVI – o recurso especial repetitivo.

▸ Inciso XVI acrescido pela ER nº 24, de 28-9-2016.

Parágrafo único. Compete, ainda, à Corte Especial:

I – prorrogar o prazo para a posse e o início do exercício dos Ministros, na forma da lei;

II – dirimir as dúvidas que lhe forem submetidas pelo Presidente ou pelos Ministros, sobre a interpretação e execução de norma regimental ou a ordem dos processos de sua competência;

III – conceder licença ao Presidente e aos Ministros, bem assim julgar os processos de verificação de invalidez de seus membros;

IV – constituir comissões, bem como aprovar a designação do Ministro Coordenador do Centro de Soluções Consensuais de Conflitos do Superior Tribunal de Justiça;

▸ Inciso IV com a redação dada pela ER nº 23, de 28-9-2016.

V – elaborar e encaminhar a proposta orçamentária do Superior Tribunal de Justiça, bem como aprovar e encaminhar as propostas orçamentárias dos Tribunais Regionais Federais, da Justiça Federal de primeiro grau e do Conselho da Justiça Federal;

▸ Inciso V com a redação dada pela ER nº 4, de 2-12-1993.

VI – deliberar sobre a substituição de Ministro, nos termos do artigo 56;

▸ Inciso VI com a redação dada pela ER nº 3, de 8-8-1993.

VII – sumular a jurisprudência uniforme comum às Seções e deliberar sobre a alteração e o cancelamento de suas súmulas;

VIII – apreciar e encaminhar ao Poder Legislativo propostas de criação ou extinção de cargos do quadro de servidores do Tribunal e a fixação dos respectivos vencimentos, bem como do Conselho da Justiça Federal e da Justiça Federal de primeiro e segundo graus;

▸ Inciso VIII com a redação dada pela ER nº 4, de 2-12-1993.

IX – apreciar e encaminhar ao Poder Legislativo projeto de lei sobre o regimento de custas da Justiça Federal e do Superior Tribunal de Justiça.

▸ Inciso IX com a redação dada pela ER nº 22, de 16-3-2016.

X – autorizar Ministro a se ausentar do País, salvo quando se tratar de férias, de licença e de recesso ou em feriados;

- Inciso X acrescido pela ER nº 7, de 1º-3-2004.

XI – *Suprimido*. ER nº 9, de 24-9-2008.

Seção IV

DA COMPETÊNCIA DAS SEÇÕES

Art. 12. Compete às Seções processar e julgar;

I – os mandados de segurança, os *habeas corpus* e o *habeas data* contra ato de Ministro de Estado;

- Inciso I alterado tacitamente com a nova redação dada ao art. 105, I, *b* e *c*, pela EC nº 23, de 2-9-1999.
- Lei nº 9.507, de 12-11-1997 (Lei do *Habeas Data*).
- Lei nº 12.016, de 7-8-2009 (Lei do Mandado de Segurança Individual e Coletivo).
- Súm. nº 117 do STJ.

II – as revisões criminais e as ações rescisórias de seus julgados e das Turmas que compõem a respectiva área da especialização;

III – as reclamações para a preservação de suas competências e garantia da autoridade de suas decisões e das Turmas;

IV – os conflitos de competência entre quaisquer Tribunais, ressalvada a competência do Supremo Tribunal Federal (Constituição, artigo 102, I, *o*), bem assim entre Tribunal e juízes a ele não vinculados e juízes vinculados a Tribunais diversos;

V – os conflitos de competência entre relatores e Turmas integrantes da Seção;

VI – os conflitos de atribuições entre autoridades administrativas e judiciárias da União, ou entre autoridades judiciárias de um Estado e administrativas de outro, ou do Distrito Federal, ou entre as deste e da União;

VII – as questões incidentes em processos da competência das Turmas da respectiva área de especialização, as quais lhes tenham sido submetidas por essas;

VIII – as suspeições e os impedimentos levantados contra os Ministros, salvo em se tratando de processo da competência da Corte Especial;

IX – o incidente de assunção de competência quando a matéria for restrita a uma Seção;

- Inciso IX com a redação dada pela ER nº 24, de 28-9-2016.

X – o recurso especial repetitivo.

- Inciso X acrescido pela ER nº 24, de 28-9-2016.

Parágrafo único. Compete, ainda, às Seções:

I – julgar embargos de divergência, quando as Turmas divergirem entre si ou de decisão da Seção que integram;

- Inciso I com a redação dada pela ER nº 24, de 28-9-2016.

II – julgar feitos de competência de Turma, e por esta remetidos (artigo 14);

III – sumular a jurisprudência uniforme das Turmas da respectiva área de especialização e deliberar sobre a alteração e o cancelamento de súmulas.

Seção V

DA COMPETÊNCIA DAS TURMAS

Art. 13. Compete às Turmas:

I – processar e julgar, originariamente:

a) os *habeas corpus*, quando for coator governador de Estado e do Distrito Federal, desembargador dos Tribunais de Justiça dos Estados e do Distrito Federal, membro dos Tribunais de Contas dos Estados e do Distrito Federal, dos Tribunais Regionais Federais, dos Tribunais Regionais Eleitorais e do Trabalho, dos Conselhos ou Tribunais de Contas dos Municípios e do Ministério Público da União que oficie perante Tribunais;

b) os *habeas corpus*, quando o coator for Tribunal cujos atos estejam diretamente subordinados à jurisdição do Superior Tribunal de Justiça;

II – julgar em recurso ordinário:

a) os *habeas corpus* decididos em única ou última instância pelos Tribunais Regionais Federais ou pelos Tribunais dos Estados, do Distrito Federal e Territórios, quando denegatória a decisão;

b) os mandados de segurança decididos em única instância pelos Tribunais Regionais Federais ou pelos Tribunais dos Estados, do Distrito Federal e Territórios, quando denegatória a decisão;

III – julgar os recursos ordinários e os agravos nas causas em que forem partes Estado estrangeiro ou organismo internacional de um lado e, do outro, Município ou pessoa residente ou domiciliada no país;

- Inciso III com a redação dada pela ER nº 24, de 28-9-2016.

IV – julgar, em recurso especial, as causas decididas em única ou última instância pelos Tribunais Regionais Federais ou pelos Tribunais dos Estados, do Distrito Federal e Territórios, quando a decisão recorrida:

a) contrariar tratado ou lei federal, ou negar-lhes vigência;

b) julgar válida lei ou ato de governo local contestado em face de lei federal;

c) der à lei federal interpretação divergente da que lhe haja atribuído outro Tribunal.

Art. 14. As Turmas remeterão os feitos de sua competência à Seção de que são integrantes:

I – quando algum dos Ministros propuser revisão da jurisprudência assentada em Súmula pela Seção;

II – quando convier pronunciamento da Seção, em razão da relevância da questão, e para prevenir divergência entre as Turmas da mesma Seção;

III – nos incidentes de assunção de competência.

- Inciso III com a redação dada pela ER nº 24, de 28-9-2016.

Parágrafo único. A remessa do feito à Seção far-se-á independentemente de acórdão, salvo no caso do item III (artigo 118, § 1º).

Seção VI

DISPOSIÇÕES COMUNS

Art. 15. À Corte Especial, às Seções e às Turmas cabe, ainda, nos processos de sua competência:

I – julgar os agravos, os embargos de declaração e as demais arguições;

- Inciso I com a redação dada pela ER nº 22, de 16-3-2016.

II – julgar os incidentes de execução que lhes forem submetidos;

III – julgar a restauração de autos físicos ou eletrônicos desaparecidos;

- Inciso III com a redação dada pela ER nº 22, de 16-3-2016.

IV – representar à autoridade competente, quando, em autos ou documentos de que conhecer, houver indício de crime de ação pública.

Art. 16. As Seções e as Turmas remeterão os feitos de sua competência à Corte Especial:

I – quando acolherem a arguição de inconstitucionalidade, desde que a matéria ainda não tenha sido decidida pela Corte Especial;

II – quando algum dos Ministros propuser revisão da jurisprudência assentada em Súmula pela Corte Especial;

III – *Revogado*. ER nº 22, de 16-3-2016.

IV – quando convier pronunciamento da Corte Especial em razão da relevância da questão jurídica, ou da necessidade de prevenir divergência entre as Seções.

Parágrafo único. A remessa do feito à Corte Especial far-se-á independentemente de acórdão, salvo nos casos dos itens I e III.

CAPÍTULO III

DO PRESIDENTE E DO VICE-PRESIDENTE

Seção I

DISPOSIÇÕES GERAIS

Art. 17. O Presidente e o Vice-Presidente têm mandato por dois anos, a contar da posse, vedada a reeleição.

§ 1º O disposto neste artigo aplica-se aos Ministros efetivos e suplentes do Conselho da Justiça Federal e ao Diretor da Revista.

- § 1º com a redação dada pela ER nº 4, de 2-12-1993.

§ 2º A eleição, por voto secreto do Plenário, dar-se-á trinta dias antes do término do biênio; a posse, no último dia desse. Se as respectivas datas não recaírem em dia útil, a eleição ou a posse serão transferidas para o primeiro dia útil seguinte.

- § 2º com a redação dada pela ER nº 5, de 23-5-1995.

§ 3º A eleição far-se-á com a presença de, pelo menos, dois terços dos membros do Tribunal, inclusive o Presidente. Não se verificando *quorum*, será designada sessão extraordinária para a data mais próxima, convocados os Ministros ausentes. Ministro licenciado não participará da eleição.

§ 4º Considera-se eleito, em primeiro escrutínio, o Ministro que obtiver a maioria absoluta dos votos dos membros do Tribunal. Em segundo escrutínio, concorrerão somente os dois Ministros mais votados no primeiro, concorrendo, entretanto, todos os nomes com igual número de votos na última posição a considerar. Se nenhum reunir a maioria absoluta de sufrágios, proclamar-se-á eleito o mais votado, ou o mais antigo, no caso de empate.

§ 5º A eleição do Presidente precederá à do Vice-Presidente, quando ambas se realizarem na mesma sessão.

Art. 18. O Vice-Presidente assumirá a Presidência quando ocorrer vacância e imediatamente convocará o Plenário para, no prazo máximo de trinta dias, fazer a eleição.

§ 1º O eleito tomará posse no prazo de quinze dias, exercendo o mandato pelo período fixado no artigo 17.

§ 2º No caso de o Vice-Presidente ser eleito Presidente, na mesma sessão eleger-se-á o seu sucessor, aplicando-se-lhe o disposto no parágrafo anterior.

- Art. 18 com a redação dada pela ER nº 5, de 23-5-1995.

Art. 19. Se ocorrer vaga no cargo de Vice-Presidente, será o Plenário convocado a fazer eleição. O eleito completará o período de seu antecessor, salvo o caso previsto no § 2º do artigo anterior.

▸ Artigo com a redação dada pela ER nº 5, de 23-5-1995.

Art. 20. A eleição, por votação secreta, do Corregedor Nacional de Justiça, dos membros do Conselho da Justiça Federal e de seus suplentes e do Ministro Diretor da Revista far-se-á juntamente com a do Presidente e do Vice-Presidente, salvo se, por qualquer motivo, não houver coincidência do mandato, caso em que a eleição se realizará no prazo máximo de trinta dias antes do término do biênio.

▸ *Caput* com a redação dada pela ER nº 15, de 17-9-2014.

Parágrafo único. Ocorrendo vaga em qualquer desses cargos, o Plenário será convocado a fazer eleição, assegurado ao eleito o mandato de dois anos.

▸ Parágrafo único com a redação dada pela ER nº 5, de 23-5-1995.

Seção II

DAS ATRIBUIÇÕES DO PRESIDENTE

Art. 21. São atribuições do Presidente:

I – representar o Tribunal perante os Poderes da República, dos Estados e dos Municípios, e demais autoridades;

II – velar pelas prerrogativas do Tribunal, cumprindo e fazendo cumprir o seu Regimento Interno;

III – dirigir os trabalhos do Tribunal, presidindo as sessões plenárias e da Corte Especial;

IV – convocar as sessões extraordinárias do Plenário e da Corte Especial;

V – designar dia para julgamento dos processos da competência do Plenário e da Corte Especial;

VI – proferir, no Plenário e na Corte Especial, o voto de desempate;

VII – relatar o agravo interposto de sua decisão;

▸ Inciso VII com a redação dada pela ER nº 22, de 16-3-2016.

VIII – manter a ordem nas sessões, adotando, para isso, as providências necessárias;

IX – submeter questões de ordem ao Tribunal;

X – determinar as providências necessárias ao cumprimento das ordens e das decisões do Tribunal, ressalvadas as atribuições dos Presidentes das Seções, das Turmas e dos relatores;

▸ Inciso X com a redação dada pela ER nº 22, de 16-3-2016.

XI – assinar, com o relator, os acórdãos da Corte Especial, bem assim as cartas de sentença e as rogatórias;

XII – *Revogado*. ER nº 10, de 11-11-2009;

XIII – decidir:

a) as petições de recursos para o Supremo Tribunal Federal, resolvendo os incidentes que se suscitarem;

b) os pedidos de suspensão da execução de medida liminar ou de sentença, sendo ele o relator das reclamações para preservar a sua competência ou garantir a autoridade das suas decisões nesses feitos;

▸ Alínea *b* com a redação dada pela ER nº 7, de 1º-3-2004.

c) durante o recesso do Tribunal ou nas férias coletivas dos seus membros, os pedidos de liminar em mandado de segurança, podendo, ainda, determinar liberdade provisória ou sustação de ordem de prisão, e demais medidas que reclamem urgência;

d) sobre pedidos de livramento condicional, bem assim sobre os incidentes em processos de indulto, anistia e graça;

e) sobre deserção de recursos não preparados no Tribunal;

f) sobre a expedição de ordens de pagamento devido pela Fazenda Pública, despachando os precatórios;

g) sobre o sequestro, no caso do artigo 731 do Código de Processo Civil;

▸ Refere-se ao CPC/1973.

h) os pedidos de extração de carta de sentença;

i) *Revogada*. ER nº 24, de 28-9-2016;

j) as reclamações, por erro da ata do Plenário e da Corte Especial, e na publicação de acórdãos;

k) *Revogada*. ER nº 24, de 28-9-2016;

l) sobre dúvidas suscitadas pela Secretaria do Tribunal relacionadas à distribuição de feitos e a incidentes referentes à redistribuição disciplinada no art. 72;

m) sobre os pedidos de suspensão de processos em incidente de resolução de demandas repetitivas;

n) sobre a necessidade de determinar, na autuação do feito, a identificação do nome da parte apenas por suas iniciais, nas hipóteses em que, expressamente, a lei indicar ser indispensável a restrição à publicidade de seu nome como meio para a proteção de bem objeto de sigilo no processo.

▸ Alíneas *l* a *n* acrescidas pela ER nº 24, de 28-9-2016.

XIV – proferir os despachos do expediente;

XV – dar posse aos Ministros durante o recesso do Tribunal ou nas férias, e conceder-lhes transferências de Seção ou Turma;

XVI – conceder licença aos Ministros *ad referendum* da Corte Especial;

XVII – criar comissões temporárias e designar os seus membros e ainda os das comissões permanentes, bem como designar o Ministro Coordenador do Centro de Soluções Consensuais de Conflitos do Superior Tribunal de Justiça, com aprovação da Corte Especial;

▸ Inciso XVII com a redação dada pela ER nº 23, de 28-9-2016.

XVIII – determinar, em cumprimento de deliberação do Tribunal, o início do processo de verificação da invalidez de Ministro;

XIX – nomear curador ao paciente, na hipótese do item anterior, se se tratar de incapacidade mental, bem assim praticar os demais atos preparatórios do procedimento;

XX – baixar as resoluções e instruções normativas referentes à deliberação do Plenário, da Corte Especial ou do Conselho de Administração, bem como as que digam respeito à rotina dos trabalhos de distribuição;

▸ Art. 69 deste Regimento.

XXI – baixar os atos indispensáveis à disciplina dos serviços e à polícia do Tribunal;

XXII – adotar as providências necessárias à elaboração da proposta orçamentária do Tribunal e encaminhar pedidos de abertura de créditos adicionais e especiais;

XXIII – resolver as dúvidas suscitadas na classificação dos feitos e papéis registrados na Secretaria do Tribunal, baixando as instruções necessárias;

XXIV – rubricar os livros necessários ao expediente ou designar funcionário para fazê-lo;

XXV – assinar os atos de provimento e vacância dos cargos e empregos da Secretaria do Tribunal, dando posse aos servidores;

XXVI – assinar os atos relativos à vida funcional dos servidores;

▸ Inciso XXVI com a redação dada pela ER nº 4, de 2-12-1993.

XXVII – impor penas disciplinares aos servidores da Secretaria;

XXVIII – delegar, nos termos da lei, competência ao Diretor-Geral da Secretaria do Tribunal, para a prática de atos administrativos;

▸ Inciso XXVIII com a redação dada pela ER nº 4, de 2-12-1993.

XXIX – velar pela regularidade e exatidão das publicações dos dados estatísticos sobre os trabalhos do Tribunal a cada mês;

XXX – apresentar ao Tribunal, no mês de fevereiro, relatório circunstanciado dos trabalhos efetuados no ano decorrido, bem como mapas dos julgados;

XXXI – praticar todos os demais atos de gestão necessários ao funcionamento dos serviços administrativos;

▸ Inciso XXXI com a redação dada pela ER nº 4, de 2-12-1993.

XXXII – fixar a data de início do procedimento de escolha e indicação de um juiz federal e de um juiz do Tribunal Regional Federal para as vagas do Conselho Nacional de Justiça e de um juiz para a vaga do Conselho Nacional do Ministério Público.

▸ Inciso XXXII acrescido pela ER nº 15, de 17-9-2014.

Parágrafo único. O procedimento previsto neste inciso terá início até sessenta dias do término do mandato do conselheiro, ou, caso não cumprido integralmente, logo após a vacância do cargo, observadas as seguintes disposições:

I – os magistrados de primeiro e segundo graus interessados em ocupar uma das vagas disponíveis deverão apresentar seus currículos ao Superior Tribunal de Justiça e serão convocados mediante:

a) publicação no *Diário da Justiça eletrônico*;

b) divulgação na página eletrônica do Superior Tribunal de Justiça na rede mundial de computadores (internet);

c) comunicação aos respectivos Tribunais, para que divulguem, por todos os meios disponíveis, o prazo e a forma de inscrição aos juízes de primeiro e segundo graus a eles vinculados, informando à Presidência do Superior Tribunal de Justiça as medidas efetivamente tomadas para a divulgação da convocação;

II – o prazo para encaminhamento dos currículos será de dez dias, se outro não fixar a Presidência, contados da data da publicação da convocação no *Diário da Justiça eletrônico*;

III – o currículo deverá ser encaminhado ao Superior Tribunal de Justiça por via eletrônica, e seu conteúdo deverá ser preenchido em formulário padronizado posto à disposição na página eletrônica;

IV – encerrado o prazo, a Presidência colocará os currículos à disposição dos Ministros e convocará sessão do Plenário para a escolha do nome;

V – a lista de magistrados inscritos, com *links* para os respectivos currículos, será colocada à disposição do público, inclusive na página eletrônica;

VI – a indicação será definida em sessão do Plenário, por votação secreta, cabendo a cada Ministro votar em um juiz ou em um desembargador por vaga;

VII – será indicado o juiz ou o desembargador que obtiver a maioria absoluta dos votos;

VIII – não sendo alcançada a maioria absoluta de votos por nenhum juiz ou desembargador, seguir-se-á um segundo sufrágio, em que concorrerão os candidatos que tiverem obtido as duas maiores votações na etapa anterior, sendo indicado o que obtiver a maioria simples dos votos;

IX – em caso de empate no segundo sufrágio, será indicado o juiz ou o desembargador mais antigo na carreira e, persistindo o empate, o mais idoso;

X – o nome do juiz ou do desembargador escolhido será publicado no *Diário da Justiça eletrônico* e divulgado na página eletrônica do Superior Tribunal de Justiça.

▸ Parágrafo único acrescido pela ER nº 15, de 17-9-2014.

Art. 21-A. O Presidente do Tribunal, por indicação do relator, poderá convocar magistrado vitalício para a realização de atos de instrução das sindicâncias, inquéritos, ações e demais procedimentos penais originários, na sede do STJ ou no local onde se deva produzir o ato, bem como definir os limites de sua atuação.

§ 1º Caberá ao magistrado instrutor convocado na forma do *caput*:

I – designar e realizar as audiências de interrogatório, inquirição de testemunhas, acareação, transação, suspensão condicional do processo, admonitórias e outras;

II – requisitar testemunhas e determinar condução coercitiva, caso necessário;

III – expedir e controlar o cumprimento das cartas de ordem;

IV – determinar intimações e notificações;

V – decidir questões incidentes durante a realização dos atos sob sua responsabilidade;

VI – requisitar documentos ou informações existentes em bancos de dados;

VII – fixar ou prorrogar prazos para a prática de atos durante a instrução;

VIII – realizar inspeções judiciais;

IX – requisitar aos órgãos locais do Poder Judiciário apoio de pessoal e de equipamentos e instalações adequados para os atos processuais que devam ser produzidos fora da sede do Tribunal;

X – exercer outras funções que lhe sejam delegadas pelo relator ou pelo Tribunal.

§ 2º As decisões proferidas pelo magistrado instrutor no exercício das atribuições previstas no parágrafo anterior ficam sujeitas a posterior controle do relator, de ofício ou mediante provocação do interessado, no prazo de cinco dias da ciência do ato.

§ 3º A convocação de magistrados instrutores vigerá pelo prazo de seis meses, prorrogável por igual período, até o máximo de dois anos, a critério do relator, sem prejuízo das vantagens e direitos de seu cargo de origem, ficando condicionada à disponibilidade orçamentária.

§ 4º O número máximo de juízes instrutores no Tribunal é restrito a treze, um para cada gabinete de Ministro integrante da Corte Especial, excluídos o Presidente e o Corregedor Nacional de Justiça.

▸ Art. 21-A acrescido pela ER nº 21, de 3-2-2016.

Art. 21-B. O Presidente do Tribunal poderá convocar magistrados vitalícios até o número de sete, para atuarem como juízes auxiliares em apoio à Presidência.

▸ *Caput* do art. 21-B com a redação dada pela ER nº 37, de 4-9-2020.

§ 1º O Presidente ainda convocará um juiz federal para exercer a função de Secretário-Geral do Conselho da Justiça Federal e um juiz vitalício para prestar auxílio à Escola Nacional de Formação e Aperfeiçoamento de Magistrados Ministro Sálvio de Figueiredo Teixeira, por indicação do Diretor-Geral da Escola.

§ 2º A convocação de juiz auxiliar vigerá pelo prazo de um ano, prorrogável por igual período, sem prejuízo dos direitos e vantagens de seu cargo de origem, ficando condicionada à disponibilidade orçamentária.

▸ §§ 1º e 2º com a redação dada pela ER nº 37, de 4-9-2020.

§ 3º *Revogado*. ER nº 37, de 4-9-2020.

Art. 21-C. Sem prejuízo dos arts. 21-A e 21-B, os Ministros podem indicar ao Presidente a convocação de um magistrado vitalício para auxiliá-los nos afazeres de seus gabinetes, em caráter excepcional, quando o justificado acúmulo de serviço o exigir.

Parágrafo único. A convocação de juiz auxiliar vigerá pelo prazo de um ano, prorrogável por igual período, sem prejuízo dos direitos e vantagens de seu cargo de origem, ficando condicionada à disponibilidade orçamentária.

Art. 21-D. Serão regulados por resolução as convocações, direitos, vantagens, vencimentos e dispensas dos magistrados instrutores e auxiliares.

▸ Arts. 21-C e 21-D acrescidos pela ER nº 21, de 3-2-2016.

Art. 21-E. São atribuições do Presidente antes da distribuição:

I – apreciar e homologar pedidos de desistência, de autocomposição das partes e de habilitação em razão de falecimento de qualquer das partes;

II – apreciar os pedidos de gratuidade da justiça nos feitos de competência originária;

III – determinar o cancelamento do registro do feito se a parte, intimada na pessoa de seu advogado, não realizar o pagamento, em quinze dias, das custas e despesas de ingresso;

IV – apreciar os habeas corpus e as revisões criminais inadmissíveis por incompetência manifesta, encaminhando os autos ao órgão que repute competente;

V – não conhecer de recurso inadmissível, prejudicado ou que não tiver impugnado especificamente todos os fundamentos da decisão recorrida;

VI – negar provimento a recurso que for contrário a súmula do Supremo Tribunal Federal ou do Superior Tribunal de Justiça, a acórdão proferido em julgamento de recursos repetitivos ou a entendimento firmado em incidente de assunção de competência;

VII – dar provimento a recurso se a decisão recorrida for contrária a súmula do Supremo Tribunal Federal ou do Superior Tribunal de Justiça, a acórdão proferido em julgamento de recursos repetitivos ou a entendimento firmado em incidente de assunção de competência;

VIII – determinar a devolução ao Tribunal de origem dos recursos fundados em controvérsia idêntica àquela já submetida ao rito de julgamento de casos repetitivos para adoção das medidas cabíveis;

IX – remeter o processo ao Supremo Tribunal Federal após juízo positivo de admissibilidade quando entender versar o recurso especial sobre matéria constitucional, dando vista ao recorrente pelo prazo de quinze dias para que demonstre a existência de repercussão geral e manifeste-se sobre a questão constitucional, bem como vista à parte adversa para, por igual prazo, apresentar contrarrazões.

§ 1º Opostos embargos de declaração contra decisão do Presidente, caberá a ele a sua análise.

§ 2º Interposto agravo interno contra a decisão do Presidente proferida no exercício das competências previstas neste artigo, os autos serão distribuídos, observado o disposto no art. 9º deste Regimento, caso não haja retratação da decisão agravada.

§ 3º O Presidente do Tribunal poderá delegar ao Vice-Presidente e aos Presidentes das Seções, dentro de suas respectivas áreas de atuação, a análise das matérias previstas neste artigo, observado o que dispõem os §§ 1º e 2º.

§ 4º A delegação de que trata o § 3º far-se-á mediante ato do Presidente do Tribunal, se houver concordância dos delegatários.

§ 5º Os Presidentes das Seções poderão indicar ao Presidente do Tribunal, para subdelegação, um membro integrante da respectiva Seção.

▸ Art. 21-E acrescido pela ER nº 24, de 28-9-2016.

SEÇÃO III
DAS ATRIBUIÇÕES DO VICE-PRESIDENTE

Art. 22. Ao Vice-Presidente incumbe substituir o Presidente nas férias, licenças, ausências e impedimentos eventuais, e sucedê-lo, no caso de vaga, na forma do artigo 18.

§ 1º O Vice-Presidente integra o Plenário e a Corte Especial também nas funções de relator e revisor.

§ 2º Ao Vice-Presidente incumbe, ainda:

I – por delegação do Presidente:

a) decidir as petições de recursos para o Supremo Tribunal Federal, resolvendo os incidentes que se suscitarem;

b) auxiliar na supervisão e fiscalização dos serviços da Secretaria do Tribunal;

c) *Revogada*. ER nº 10, de 11-11-2009;

d) decidir as matérias previstas no art. 21-E deste Regimento.

▸ Alínea *d* acrescida pela ER nº 24, de 28-9-2016.

II – exercer, no Conselho da Justiça Federal, as funções que lhe competirem, de acordo com o Regimento Interno.

§ 3º A delegação das atribuições previstas no item I do parágrafo anterior far-se-á mediante ato do Presidente e de comum acordo com o Vice-Presidente.

CAPÍTULO IV
DAS ATRIBUIÇÕES DO COORDERNADOR GERAL DA JUSTIÇA FEDERAL

Art. 23. O Corregedor-Geral exercerá, no Conselho da Justiça Federal, as atribuições que lhe couberem, na conformidade da lei e do seu Regimento Interno e integrará o Plenário e a

Corte Especial também nas funções de relator e revisor.

► Artigo com a redação dada pela ER nº 22, de 16-3-2016.

CAPÍTULO V

DAS ATRIBUIÇÕES DO PRESIDENTE DE SEÇÃO

Art. 24. Compete ao Presidente de Seção:

I – presidir as sessões, onde terá apenas o voto de desempate;

II – manter a ordem nas sessões;

III – convocar sessões extraordinárias;

IV – mandar incluir em pauta os processos de sua Seção e assinar as atas das sessões;

V – assinar os ofícios executórios e quaisquer comunicações referentes aos processos julgados pela respectiva Seção;

VI – indicar ao Presidente funcionários da Secretaria do Tribunal a serem designados para os cargos de direção de sua Seção;

VII – assinar a correspondência de sua Seção;

► Incisos V a VII com a redação dada pela ER nº 6, de 12-8-2002.

VIII – decidir, por delegação do Presidente do Tribunal e no âmbito de sua atuação, as matérias previstas no art. 21-E deste Regimento.

► Inciso VIII acrescido pela ER nº 24, de 28-9-2016.

CAPÍTULO VI

DAS ATRIBUIÇÕES DO PRESIDENTE DE TURMA

Art. 25. Compete ao Presidente de Turma:

I – presidir as sessões de sua Turma, onde terá participação também na condição de relator, revisor ou vogal;

II – manter a ordem nas sessões;

III – convocar as sessões extraordinárias;

IV – mandar incluir em pauta os processos da respectiva Turma e assinar as atas das sessões;

V – assinar os ofícios executórios e quaisquer comunicações referentes aos processos julgados pela respectiva Turma;

VI – indicar ao Presidente funcionários da Secretaria do Tribunal a serem designados para os cargos de direção de sua Turma;

VII – assinar a correspondência de sua Turma.

► Incisos V a VII com a redação dada pela ER nº 6, de 12-8-2002.

CAPÍTULO VII

DOS MINISTROS

Seção I

DISPOSIÇÕES GERAIS

Art. 26. A indicação, pelo Superior Tribunal de Justiça, de juízes, desembargadores, advogados e membros do Ministério Público, a serem nomeados pelo Presidente da República, para comporem o Tribunal, far-se-á em lista tríplice.

§ 1º Ocorrendo vaga destinada a advogado ou a membro do Ministério Público, o Presidente do Tribunal, nos cinco dias seguintes, solicitará ao órgão de representação da classe que providencie a lista sêxtupla dos candidatos, observados os requisitos constitucionais (Constituição, artigo 104, parágrafo único).

§ 2º Tratando-se de vaga a ser preenchida por Juiz ou Desembargador, o Presidente solicitará aos Tribunais Regionais Federais e aos Tribunais de Justiça que enviem, no prazo de dez dias, relação dos magistrados que contem mais de trinta e cinco e menos de setenta anos de idade, com indicação das datas de nascimento (Constituição, art. 104, parágrafo único).

► § 2º com a redação dada pela ER nº 44, de 13-9-2023.

§ 3º Recebida a lista sêxtupla, ou esgotado o prazo indicado no parágrafo anterior, convocará o Presidente, de imediato, sessão do Tribunal para elaboração da lista tríplice.

§ 4º Para a composição da lista tríplice, o Tribunal reunir-se-á, em sessão pública, com o *quorum* de dois terços de seus membros, além do Presidente.

§ 5º Somente constará de lista tríplice o candidato que obtiver, em primeiro ou subsequente escrutínio, a maioria absoluta dos votos dos membros do Tribunal, observado o disposto no artigo 27, § 3º.

§ 6º Os candidatos figurarão na lista de acordo com a ordem decrescente dos sufrágios que obtiverem, respeitado, também, o número de ordem do escrutínio. Em caso de empate, terá preferência o mais idoso.

► §§ 5º e 6º com a redação dada pela ER nº 1, de 23-5-1991.

§ 7º A escolha dos nomes que comporão lista tríplice far-se-á em votação secreta, realizando-se tantos escrutínios quantos forem necessários.

§ 8º Para colocação dos nomes na lista, em caso de empate, far-se-á o desempate em favor do candidato mais idoso; se ainda persistir o empate, adotar-se-á o critério do tempo de serviço público no cargo, para os magistrados e membros do Ministério Público, ou o tempo de inscrição na Ordem como advogado, para os advogados.

Art. 27. Aberta a sessão, será ela transformada em conselho, para que o Tribunal aprecie aspectos gerais referentes à escolha dos candidatos, seus currículos, vida pregressa e se satisfazem os requisitos constitucionais exigidos. Os membros do Tribunal receberão, quando possível, com antecedência de, no mínimo, setenta e duas horas da data da sessão, relação dos candidatos, instruída com cópia dos respectivos currículos.

§ 1º Tornada pública a sessão, o Presidente designará a Comissão Escrutinadora, que será integrada por três membros do Tribunal.

§ 2º Existindo mais de uma vaga a ser preenchida por advogado ou membro do Ministério Público, para cada lista sêxtupla, será elaborada lista tríplice, observando-se o que dispõe o § 3º deste artigo.

§ 3º Tratando-se de lista tríplice única, cada Ministro, no primeiro escrutínio, votará em três nomes. Ter-se-á como constituída, se, em primeiro escrutínio, três ou mais candidatos obtiverem maioria absoluta dos votos do Tribunal, hipótese em que figurarão na lista, pela ordem decrescente de sufrágios, os nomes dos três mais votados. Em caso contrário, efetuar-se-á segundo escrutínio e, se necessário, novos escrutínios, concorrendo, em cada um, candidatos em número correspondente ao dobro dos nomes a serem inseridos, ainda, na lista, de acordo com a ordem da votação alcançada no escrutínio anterior, incluídos, entretanto, todos os nomes com igual número de votos na última posição a ser considerada. Restando, apenas, uma vaga a preencher, será considerado escolhido o candidato mais votado, com preferência ao mais idoso, em caso de empate.

► § 3º com a redação dada pela ER nº 1, de 23-5-1991.

§ 4º Se existirem duas ou mais vagas a serem providas dentre juízes ou desembargadores, o Tribunal deliberará, preliminarmente, se as listas se constituirão, cada uma, com três nomes distintos, ou se, composta a primeira com três nomes, a segunda e subsequentes deverão ser integradas pelos dois nomes remanescentes da lista anterior, acrescidos de mais um nome.

§ 5º Se o Tribunal deliberar que, em cada lista, constarão três nomes distintos, cada Ministro, no primeiro escrutínio, votará em tantos nomes quantos necessários à constituição das listas tríplices. Nesse caso, na organização simultânea das listas, os nomes que obtiverem, em primeiro escrutínio, maioria absoluta dos votos dos membros do Tribunal, figurarão, pela ordem decrescente de votos, em primeiro lugar, em cada uma das listas, de acordo com sua numeração, e nos lugares subsequentes das listas, horizontalmente considerados, pela mesma ordem, da primeira à última. Se, no primeiro escrutínio, não se preencherem todos os lugares das diversas listas, proceder-se-á a segundo e, se necessário, a novos escrutínios, na forma definida na última parte do § 3º deste artigo, distribuindo-se, nas listas, os nomes escolhidos, de acordo com a ordem prevista para o primeiro escrutínio. No segundo e subsequentes escrutínios, cada Ministro votará em tantos nomes quantos faltarem para serem incluídos nas listas.

§ 6º Se o Tribunal deliberar que, na constituição das listas, será adotado o critério previsto na segunda hipótese do § 4º deste artigo, cada Ministro, em primeiro escrutínio, votará em tantos nomes quantas forem as vagas a preencher e em mais dois. Nessa hipótese, na organização simultânea das listas, atendido o disposto no § 5º do artigo 27, a primeira será integrada, na ordem decrescente dos sufrágios alcançados, por três nomes; a segunda lista constituir-se-á dos dois nomes remanescentes da primeira, mais o nome que tenha obtido a quarta votação; a terceira lista dar-se-á por composta dos dois nomes remanescentes da lista anterior, mais o nome que haja obtido a quinta votação, respeitada a ordem dos escrutínios, e assim sucessivamente. Se, no primeiro escrutínio, não se preencherem todos os lugares das diversas listas, nos termos deste parágrafo, proceder-se-á a segundo e a novos escrutínios, na forma definida no parágrafo anterior e na última parte do § 3º deste artigo.

§ 7º No ofício de encaminhamento ao Poder Executivo, da lista tríplice única ou das diversas listas tríplices, far-se-á referência ao número de votos obtidos pelos indicados e à ordem do escrutínio em que se deu a escolha.

Art. 28. Os Ministros tomarão posse, no prazo de trinta dias, em sessão plenária e solene do Tribunal, podendo fazê-lo perante o Presidente, em período de recesso ou férias.

► *Caput* com a redação dada pela ER nº 1, de 23-5-1991.

§ 1º No ato da posse, o Ministro prestará compromisso de bem desempenhar os deveres do cargo, e de bem cumprir e fazer cumprir a Constituição e as leis do País.

§ 2º Do compromisso, lavrar-se-á, em livro especial, termo que será assinado pelo Presidente, pelo empossado e pelo Diretor-Geral da Secretaria.

§ 3º Somente será dada posse ao Ministro que antes haja provado:

a) ser brasileiro;

b) contar mais de trinta e cinco e menos de setenta anos de idade;

▶ Alínea *b* com a redação dada pela ER nº 44, de 13-9-2023.

c) satisfazer aos demais requisitos inscritos em lei.

§ 4º O prazo para a posse poderá ser prorrogado pela Corte Especial, na forma da lei.

Art. 29. Os Ministros têm as prerrogativas, garantias, direitos e incompatibilidades inerentes ao exercício da Magistratura.

§ 1º Os Ministros receberão o tratamento de Excelência e usarão vestes talares, nas sessões solenes, e capas, nas sessões ordinárias ou extraordinárias; conservarão o título e as honras correspondentes, mesmo depois da aposentadoria.

▶ Antigo parágrafo único transformado em § 1º pela ER nº 1, de 23-5-1991.

§ 2º A Presidência do Tribunal velará pela preservação dos direitos, interesses e prerrogativas dos Ministros aposentados.

▶ § 2º acrescido pela ER nº 1, de 23-5-1991.

Art. 30. A antiguidade do Ministro no Tribunal, para sua colocação nas sessões, distribuição de serviços, revisão dos processos, substituições e outros quaisquer efeitos legais ou regimentais, é regulada na seguinte ordem:

I – pela posse;

II – pela nomeação;

III – pela idade.

Parágrafo único. Respeitar-se-á, no Superior Tribunal de Justiça, a antiguidade que vinha sendo observada no Tribunal Federal de Recursos, em relação aos seus Ministros.

Art. 31. Havendo, dentre os Ministros do Tribunal, cônjuges, parentes consanguíneos ou afins, em linha reta ou no terceiro grau da linha colateral, integrarão Seções diferentes, e o primeiro que conhecer da causa impede que o outro participe do julgamento quando da competência da Corte Especial.

Art. 32. Os Ministros têm direito de transferir-se para Seção ou Turma, onde haja vaga, antes da posse de novo Ministro, ou, em caso de permuta, para qualquer outra. Havendo mais de um pedido, terá preferência o do mais antigo.

Art. 33. Os Ministros têm jurisdição em todo o território nacional e domicílio no Distrito Federal.

▶ *Caput* com a redação dada pela ER nº 7, de 1º-3-2004.

Parágrafo único. É dever dos Ministros, entre outros estabelecidos em lei e neste Regimento:

I – manter residência no Distrito Federal;

II – comparecer às sessões de julgamento, nelas permanecendo até o seu final, salvo com autorização prévia do Presidente do órgão julgador.

▶ Incisos I e II acrescidos pela ER nº 7, de 1º-3-2004.

Seção II — *DO RELATOR*

Art. 34. São atribuições do relator:

I – ordenar e dirigir o processo;

II – determinar às autoridades judiciárias e administrativas, sujeitas à sua jurisdição, providências relativas ao andamento e à instrução do processo, exceto se forem da competência da Corte Especial, da Seção, da Turma ou de seus Presidentes;

III – delegar atribuições a autoridades judiciárias de instância inferior, nos casos previstos em lei ou neste Regimento;

IV – submeter à Corte Especial, à Seção, à Turma, ou ao Presidente, conforme a competência, questões de ordem para o bom andamento dos processos;

V – submeter à Corte Especial, à Seção, à Turma, nos processos da competência respectiva, medidas cautelares ou tutelas provisórias necessárias à proteção de direito suscetível de grave dano de incerta reparação ou ainda destinadas a garantir a eficácia da ulterior decisão da causa;

VI – determinar, em caso de urgência, as medidas ou tutelas do inciso anterior, ad referendum da Corte Especial, da Seção ou da Turma;

▶ Incisos V e VI com a redação dada pela ER nº 24, de 28-9-2016.

VII – decidir o agravo interposto de decisão que inadmitir recurso especial;

▶ Inciso VII com a redação dada pela ER nº 22, de 16-3-2016.

VIII – requisitar os autos originais, quando necessário;

IX – apreciar e homologar pedidos de desistência, de autocomposição das partes e de habilitação em razão de falecimento de qualquer das partes, ainda que o feito se ache em pauta ou em mesa para julgamento;

▶ Inciso IX com a redação dada pela ER nº 24, de 28-9-2016.

X – pedir dia para julgamento dos feitos que lhe couberem por distribuição, ou passá-los ao revisor, com o relatório, se for o caso;

XI – julgar prejudicado pedido ou recurso que haja perdido o objeto;

XII – propor à Seção ou à Turma seja o processo submetido à Corte Especial ou à Seção, conforme o caso;

XIII – decidir o pedido de carta de sentença e assiná-la;

XIV – apresentar em mesa para julgamento os feitos que independem de pauta;

XV – redigir o acórdão, quando o seu voto for o vencedor no julgamento;

XVI – determinar a autuação do agravo como recurso especial;

XVII – determinar o arquivamento de inquérito, ou peças informativas, quando o requerer o Ministério Público, ou submeter o requerimento à decisão do órgão competente do Tribunal;

XVIII – distribuídos os autos:

▶ *Caput* do inciso XVIII com a redação dada pela ER nº 22, de 16-3-2016.

a) não conhecer do recurso ou pedido inadmissível, prejudicado ou daquele que não tiver impugnado especificamente todos os fundamentos da decisão recorrida;

b) negar provimento ao recurso ou pedido que for contrário a tese fixada em julgamento de recurso repetitivo ou de repercussão geral, a entendimento firmado em incidente de assunção de competência, a súmula do Supremo Tribunal Federal ou do Superior Tribunal de Justiça ou, ainda, a jurisprudência dominante acerca do tema;

c) dar provimento ao recurso se o acórdão recorrido for contrário a tese fixada em julgamento de recurso repetitivo ou de repercussão geral, a entendimento firmado em incidente de assunção de competência, a súmula do Supremo Tribunal Federal ou do Superior Tribunal de Justiça ou, ainda, a jurisprudência dominante acerca do tema.

▶ Alíneas *a* a *c* acrescidas pela ER nº 22, de 16-3-2016.

XIX – decidir o mandado de segurança quando for inadmissível, prejudicado ou quando se conformar com tese fixada em julgamento de recurso repetitivo ou de repercussão geral, a entendimento firmado em incidente de assunção de competência, a súmula do Superior Tribunal de Justiça ou do Supremo Tribunal Federal, a jurisprudência dominante acerca do tema ou as confrontar;

XX – decidir o habeas corpus quando for inadmissível prejudicado ou quando a decisão impugnada se conformar com tese fixada em julgamento de recurso repetitivo ou de repercussão geral, a entendimento firmado em incidente de assunção de competência, a súmula do Superior Tribunal de Justiça ou do Supremo Tribunal Federal, a jurisprudência dominante acerca do tema ou as confrontar;

▶ Incisos XIX e XX com a redação dada pela ER nº 24, de 28-9-2016.

XXI – decidir o agravo de instrumento interposto com base no art. 1.027, §1º, do CPC;

▶ Inciso XXI acrescido pela ER nº 22, de 16-3-2016.

XXII – decidir o conflito de competência quando for inadmissível, prejudicado ou quando se conformar com tese fixada em julgamento de recurso repetitivo ou de repercussão geral, a entendimento firmado em incidente de assunção de competência, a súmula do Superior Tribunal de Justiça ou do Supremo Tribunal Federal, a jurisprudência dominante acerca do tema ou as confrontar;

XXIII – remeter o processo ao Supremo Tribunal Federal após juízo positivo de admissibilidade quando entender versar o recurso especial sobre matéria constitucional, dando vista ao recorrente pelo prazo de quinze dias para que demonstre a existência de repercussão geral e manifeste-se sobre a questão constitucional, bem como vista à parte adversa para, por igual prazo, apresentar contrarrazões;

XXIV – determinar a devolução ao Tribunal de origem dos recursos especiais fundados em controvérsia idêntica àquela já submetida ao rito de julgamento de casos repetitivos para adoção das medidas cabíveis;

XXV – julgar recurso fundado em nulidade da decisão recorrida por vício de procedimento;

XXVI – executar e fazer cumprir os despachos, as decisões monocráticas, as ordens e os acórdãos transitados em julgado nas ações penais, inquéritos e demais procedimentos penais originários de sua relatoria, bem como determinar às autoridades judiciárias e administrativas providências relativas ao andamento e à instrução de processos, facultada a delegação de atribuições para a prática de atos processuais previstos no art. 21-A deste Regimento a outros Tribunais e a juízos de primeiro grau de jurisdição, ficando as decisões proferidas sujeitas a posterior controle do relator, de ofício ou mediante provocação do interessado, no prazo de cinco dias da ciência do ato.

▶ Incisos XXII a XXVI acrescidos pela ER nº 24, de 28-9-2016.

Seção III

DO REVISOR

Art. 35. Sujeitam-se a revisão os seguintes processos:

I – ação rescisória;

II – ação penal originária;

III – revisão criminal.

▶ Art. 35 com a redação dada pela ER nº 1, de 23-5-1991.

Art. 36. Será revisor o Ministro que se seguir ao relator, na ordem decrescente de antiguidade, no órgão julgador.

Parágrafo único. Em caso de substituição definitiva do relator, será também substituído o revisor, na conformidade do disposto neste artigo.

▶ Parágrafo único com a redação dada pela ER nº 4, de 2-12-1993.

Art. 37. Compete ao revisor:

I – sugerir ao relator medidas ordinatórias do processo, que tenham sido omitidas;

II – confirmar, completar ou retificar o relatório;

III – pedir dia para julgamento;

IV – determinar a juntada de petição, enquanto os autos lhe estiverem conclusos, submetendo, conforme o caso, desde logo, a matéria à consideração do relator.

CAPÍTULO VIII

DO CONSELHO DE ADMINISTRAÇÃO

Art. 38. Ao Conselho de Administração incumbe:

I – deliberar sobre a organização dos serviços administrativos da Secretaria do Tribunal;

▶ Inciso I com a redação dada pela ER nº 4, de 2-12-1993.

II – dispor sobre os cargos de direção e assessoramento superiores, as funções de direção e assistência intermediárias e as funções de representação de gabinete, a forma do respectivo provimento, os níveis de vencimentos e gratificação, dentro dos limites estabelecidos em lei;

III – aprovar os critérios para as progressões e ascensões funcionais dos servidores da Secretaria do Tribunal;

IV – deliberar sobre as demais matérias administrativas e referentes a servidores do Tribunal, que lhe sejam submetidas pelo Presidente;

V – exercer as atribuições administrativas não previstas na competência do Plenário, da Corte Especial ou do Presidente ou as que lhe hajam sido delegadas;

VI – *Revogado*. ER nº 19, de 11-11-2015.

Parágrafo único. Para ausentar-se do território nacional, o ministro deverá comunicar o fato, em regra, com a antecedência mínima de 15 dias, ao Conselho de Administração, salvo quando se tratar de férias, licença, recesso ou feriado.

▶ Parágrafo único acrescido pela ER nº 19, de 11-11-2015.

Art. 39. Dos atos e decisões do Conselho de Administração não cabe recurso administrativo.

CAPÍTULO IX

DAS COMISSÕES

Art. 40. As comissões, permanentes ou temporárias, colaboram no desempenho dos encargos do Tribunal.

§ 1º São comissões permanentes:

▶ *Caput* do § 1º com a redação dada pela ER nº 2, de 4-6-1992.

I – a Comissão de Regimento Interno;

▶ Inciso I com a redação dada pela ER nº 2, de 4-8-1992.

II – a Comissão Gestora de Precedentes, Jurisprudência e Ações Coletivas;

III – a Comissão de Cooperação Internacional;

IV – a Comissão de Coordenação e Documentação;

V – a Comissão de Tecnologia da Informação, Inteligência Artificial e Segurança Cibernética.

▶ Incisos II a V com a redação dada pela ER nº 47, de 18-12-2024.

§ 2º As Comissões permanentes serão integradas de cinco Ministros efetivos, salvo a Gestora de Precedentes, Jurisprudência e Ações Coletivas e a de Regimento Interno, que serão compostas, respectivamente, de seis e nove Ministros efetivos, respeitada, dentro do possível, a paridade de representação de cada uma das Seções do Tribunal.

▶ § 2º com a redação dada pela ER nº 47, de 18-12-2024.

§ 3º As Comissões temporárias, que podem ser criadas pela Corte Especial ou pelo Presidente do Tribunal e ter qualquer número de membros, extinguem-se, preenchido o fim a que se destinem.

▶ § 3º acrescido pela ER nº 2, de 4-6-1992.

§ 4º O Presidente do Tribunal poderá atribuir as comissões permanentes outras competências afins as previstas nos arts. 43 a 46-A.

▶ § 4º acrescido pela ER nº 47, de 18-12-2024.

Art. 41. O Presidente designará os membros das comissões, submetendo-os à aprovação da Corte Especial.

§ 1º A comissão será presidida pelo Ministro mais antigo dentre os seus integrantes.

§ 2º *Revogado*. ER nº 15, de 17-9-2014.

§ 3º Os mandatos dos integrantes das comissões permanentes se encerram junta com o do Presidente do Tribunal.

▶ § 3º acrescido pela ER nº 47, de 18-12-2024.

Art. 42. As comissões permanentes ou temporárias poderão:

I – sugerir ao Presidente do Tribunal normas de serviço relativas à matéria de sua competência;

II – entender-se, por seu Presidente, com outras autoridades ou instituições, nos assuntos de sua competência, por delegação do Presidente do Tribunal;

III – solicitar, por seu Presidente, ao Presidente do Tribunal o apoio técnico de servidores especialistas nas respectivas áreas temáticas de suas atribuições.

▶ Inciso III acrescido pela ER nº 47, de 18-12-2024.

Art. 43. À Comissão de Regimento Interno cabe:

I – velar pela atualização do Regimento, propondo emendas ao texto em vigor e emitindo parecer sobre as emendas de iniciativa de outra comissão ou de Ministro;

II – opinar em processo administrativo, quando consultada pelo Presidente.

***Art. 44.** À Comissão Gestora de Precedentes, Jurisprudência e Ações Coletivas cabe:*

▶ *Caput* com a redação dada pela ER nº 47, de 18-12-2024.

I – velar pela atualização e publicação da súmula da jurisprudência predominante do Tribunal;

II – supervisionar os serviços de sistematização da jurisprudência do Tribunal, sugerindo medidas que facilitem a pesquisa de julgados ou processos;

III – propor à Corte Especial ou à Seção que seja compendiada em súmula a jurisprudência do Tribunal, quando verificar que as Turmas não divergem na interpretação do direito;

IV – supervisionar os trabalhos do Núcleo de Gerenciamento de Precedentes e de Ações Coletivas – NUGEPNAC, em especial os relacionados à gestão dos casos repetitivos e dos incidentes de assunção de competência, bem como ao controle e ao acompanhamento de processes sobrestados na Corte em razão da aplicação da sistemática dos recursos repetitivos e da repercussão geral;

V – sugerir ao Presidente do Tribunal medidas para o aperfeiçoamento da formação e da divulgação dos precedentes qualificados, conforme disposto no Código de Processo Civil;

▶ Incisos I a V com a redação dada pela ER nº 47, de 18-12-2024.

VI – sugerir aos Presidentes do Tribunal e das Seções medidas destinadas a ampliar a afetação de processos aos ritos dos recursos repetitivos e da assunção de competência;

VII – desenvolver trabalho de inteligência, em conjunto com o Conselho Nacional de Justiça, com os Tribunais Regionais Federais e com os Tribunais de Justiça, a fim de identificar matérias com potencial de repetitividade ou com relevante questão de direito, de grande repercussão social, aptas a serem submetidas ao Superior Tribunal de Justiça sob a sistemática dos recursos repetitivos e da assunção de competência;

VIII – acompanhar, inclusive antes da distribuição, os processos que possuam matéria com potencial de repetitividade ou com relevante questão de direito, de grande repercussão social, a fim de propor ao Presidente do Tribunal medidas para a racionalização dos julgamentos desta Corte por meio de definições de teses jurídicas em recursos repetitivos ou em assunção de competência;

IX – deliberar sobre questões que excedam a esfera de competência administrativa do Núcleo de Gerenciamento de Precedentes e de Ações Coletivas – NUGEPNAC, além de outras atribuições referentes a casos repetitivos e a incidentes de assunção de competência.

▶ Incisos VI a IX acrescidos pela ER nº 47, de 18-12-2024.

***Art. 45.** À Comissão de Cooperação Internacional cabe:*

▶ *Caput* com a redação dada pela ER nº 47, de 18-12-2024.

I – auxiliar o Presidente do Tribunal na supervisão dos trabalhos da Assessoria de Cooperação e Relações Internacionais, em especial aqueles diretamente relacionados à coordenação de cursos, eventos e projetos internacionais, bem coma a articulação com missões diplomáticas e organismos internacionais;

II – fomentar e sugerir ao Presidente do Tribunal oportunidades de cooperação internacional;

III – *fortalecer e projetar a imagem do Tribunal em âmbito internacional.*

▸ Incisos I a III com a redação dada pela ER nº 47, de 18-12-2024.

IV – deliberar sobre questões que excedam a esfera de competência administrativa da Secretaria de Documentação.

▸ Inciso IV acrescido pela ER nº 7, de 1º-3-2004.

***Art. 46.** À Comissão de Coordenação e Documentação cabe:*

▸ *Caput* com a redação dada pela ER nº 47, de 18-12-2024.

I – *sugerir ao Presidente medidas tendentes à modernização administrativa do Tribunal;*

II – *sugerir aos Presidentes do Tribunal, das Seções e das Turmas medidas destinadas a aumentar o rendimento das sessões, abreviar a publicação dos acórdãos e facilitar a tarefa dos advogados;*

III – *supervisionar a administração dos serviços da biblioteca, do arquivo e do museu do Tribunal, sugerindo ao Presidente medidas tendentes ao seu aperfeiçoamento;*

▸ Incisos I a III com a redação dada pela ER nº 47, de 18-12-2024.

IV – *acompanhar a política de guarda e conservação de processos, livros, periódicos e documentos históricos do Tribunal;*

V – *manter, na Coordenadoria correspondente da Secretaria do Tribunal, serviço de documentação para recolher elementos que sirvam de subsídio à história do Tribunal, com pastas individuais contendo dados biográficos e bibliográficos dos Ministros.*

▸ Incisos IV e V acrescidos pela ER nº 47, de 18-12-2024.

***Art. 46-A.** À Comissão de Tecnologia da Informação, Inteligência Artificial e Segurança Cibernética cabe:*

▸ *Caput* do art. 46-A com a redação dada pela ER nº 47, de 18-12-2024.

I – *propor ao Presidente diretrizes para a definição da estratégia de Tecnologia do Superior Tribunal de Justiça, tendo por objetivo assegurar a infraestrutura adequada ao devido funcionamento do tribunal;*

II – *supervisionar a elaboração e a execução do planejamento estratégico em Tecnologia da Informação, com auxílio da Secretaria de Tecnologia da Informação e Comunicação;*

III – *supervisionar a evolução do sistema Justiça e o desenvolvimento de soluções de inteligência artificial;*

IV – *sugerir ao Presidente a adoção de medidas relacionadas à segurança e ao sigilo de dados, quando necessário;*

V – *acompanhar a implantação de novas tecnologias no âmbito do Poder Judiciário;*

VI – *apresentar ao Presidente propostas de regulamentação do uso de novas tecnologias, inclusive relacionadas a soluções de inteligência artificial;*

▸ Incisos I a VI com a redação dada pela ER nº 47, de 18-12-2024.

VII – *promover medidas voltadas a garantir a interoperabilidade entre os diversos sistemas e o sistema Justiça.*

▸ Inciso VII acrescido pela ER nº 47, de 18-12-2024.

CAPÍTULO X

DO CONSELHO DA JUSTIÇA FEDERAL

Art. 47. Ao Conselho da Justiça Federal, que funciona junto ao Tribunal, cabe exercer a supervisão administrativa e orçamentária da Justiça Federal de primeiro e segundo graus.

Art. 48. O Conselho da Justiça Federal elaborará o seu Regimento Interno e o submeterá à aprovação do Plenário do Tribunal.

▸ Arts. 47 e 48 com a redação dada pela ER nº 4, de 2-12-1993.

Art. 49. Dos atos e decisões do Conselho da Justiça Federal não cabe recurso administrativo.

CAPÍTULO XI

DAS LICENÇAS, SUBSTITUIÇÕES E CONVOCAÇÕES

Art. 50. A licença é requerida pelo Ministro com a indicação do prazo e do dia do início.

§ 1º Salvo contraindicação médica, o Ministro licenciado poderá proferir decisões em processos de que, antes da licença, haja pedido vista, ou que tenham recebido o seu visto como relator ou revisor.

§ 2º O Ministro licenciado pode reassumir o cargo, a qualquer tempo, entendendo-se que desistiu do restante do prazo.

§ 3º Se a licença for para tratamento da própria saúde, o Ministro somente poderá reassumir o cargo, antes do término do prazo, se não houver contraindicação médica.

Art. 51. Nas ausências ou impedimentos eventuais ou temporários, a substituição no Tribunal dar-se-á da seguinte maneira:

I – o Presidente do Tribunal, pelo Vice-Presidente, e este, pelos demais Ministros, na ordem decrescente de antiguidade;

II – o Presidente da Seção, pelo Ministro que o seguir na antiguidade dentre os seus membros;

III – o Presidente da Turma, pelo Ministro que o seguir na antiguidade dentre os seus membros;

IV – os Presidentes das Comissões, pelo mais antigo dentre os seus membros;

V – qualquer dos membros das Comissões, pelo suplente;

VI – O Corregedor-Geral da Justiça Federal, pelo Vice-Corregedor-Geral, inclusive mediante delegação, e esse pelo Ministro integrante do Conselho da Justiça Federal imediato em antiguidade naquele órgão.

▸ Inciso VI com a redação dada pela ER nº 29, de 22-5-2018.

Art. 52. O relator é substituído:

I – no caso de impedimento, ausência ou obstáculos eventuais, em se cogitando da adoção de medidas urgentes, pelo revisor, se houver, ou pelo Ministro imediato em antiguidade, no Plenário, na Corte Especial, na Seção ou na Turma, conforme a competência;

II – quando vencido, em sessão de julgamento, pelo Ministro designado para redigir o acórdão;

III – em caso de ausência por mais de trinta dias, mediante redistribuição;

IV – em caso de transferência para outra Seção, salvo quanto aos processos em que tiver lançado seu visto, e, bem assim, quando de aposentadoria, exoneração ou morte:

▸ *Caput* do inciso IV com a redação dada pela ER nº 1, de 23-5-1991.

a) pelo Ministro que preencher sua vaga na Turma;

b) pelo Ministro que tiver proferido o primeiro voto vencedor, condizente com o do relator, para lavrar ou assinar os acórdãos dos julgamentos anteriores à abertura da vaga;

c) pela mesma forma da letra *b* deste inciso, e, enquanto não preenchida sua vaga, para assinar carta de sentença e admitir recurso.

▸ Alínea *c* com a redação dada pela ER nº 1, de 23-5-1991.

Art. 53. O revisor é substituído, em caso de vaga, impedimento ou licença por mais de trinta dias, na Corte Especial, Seção ou Turma, pelo Ministro que o seguir em antiguidade.

Art. 54. *Revogado*. ER nº 22, de 16-3-2016.

Art. 55. Para as sessões da Corte Especial, nos casos de impedimento de Ministros dela integrantes, serão convocados outros Ministros, obedecida a ordem de antiguidade.

Parágrafo único. Para completar *quorum* em uma das Seções, serão convocados Ministros de outra Seção, e, em uma das Turmas, Ministros de outra Turma, de preferência da mesma Seção, observada, quando possível, a ordem de antiguidade, de modo a que a substituição seja feita por Ministro que ocupe, em sua Seção ou Turma, posição correspondente à do substituído.

▸ Art. 55 com a redação dada pela ER nº 1, de 23-5-1991.

Art. 56. Em caso de vaga ou de afastamento de Ministro, por prazo superior a trinta dias, poderá ser convocado Juiz de Tribunal Regional Federal ou Desembargador, sempre pelo voto da maioria absoluta dos membros da Corte Especial.

▸ *Caput* com a redação dada pela ER nº 29, de 22-5-2018.

Parágrafo único. O magistrado convocado receberá a diferença de vencimento correspondente ao cargo de Ministro, inclusive diárias e transporte, se for o caso.

▸ Parágrafo único com a redação dada pela ER nº 3, de 8-8-2013.

CAPÍTULO XII

DA POLÍCIA DO TRIBUNAL

Art. 57. O Presidente, no exercício da atribuição referente à polícia do Tribunal, poderá requisitar o auxílio de outras autoridades, quando necessário.

Art. 58. Ocorrendo infração à lei penal na sede ou dependências, do Tribunal, o Presidente instaurará inquérito, se envolver autoridade ou pessoa sujeita à sua jurisdição, ou delegará esta atribuição a outro Ministro.

§ 1º Nos demais casos, o Presidente poderá proceder na forma deste artigo ou requisitar a instauração de inquérito à autoridade competente.

§ 2º O Ministro incumbido do inquérito designará secretário dentre os servidores do Tribunal.

Art. 59. A polícia das sessões e das audiências compete ao seu Presidente.

CAPÍTULO XIII

DA REPRESENTAÇÃO POR DESOBEDIÊNCIA OU DESACATO

Art. 60. Sempre que tiver conhecimento de desobediência a ordem emanada do Tribunal ou de seus Ministros, no exercício da função, ou de desacato ao Tribunal, ou a seus Ministros, o Presidente comunicará o fato ao órgão competente do Ministério Público, provendo-o dos elementos de que dispuser para a propositura da ação penal.

Parágrafo único. Decorrido o prazo de trinta dias, sem que tenha sido instaurada a ação penal, o Presidente dará ciência ao Tribunal, em sessão secreta, para as providências que julgar necessárias.

TÍTULO II – DO MINISTÉRIO PÚBLICO

- LC nº 75, de 20-5-1993 (Lei Orgânica do Ministério Público da União).
- Lei nº 8.628, de 19-2-1993, dispõe sobre a regulamentação da Carreira de Apoio Técnico-Administrativo do Ministério Público da União.

Art. 61. Perante o Tribunal, funciona o Procurador-Geral da República, ou o Subprocurador-Geral, mediante delegação do Procurador-Geral.

Art. 62. O Ministério Público Federal manifestar-se-á nas oportunidades previstas em lei e neste Regimento.

Art. 63. Nos processos em que atuar como titular da ação penal, o Procurador-Geral ou o Subprocurador-Geral têm os mesmos poderes e ônus que as partes, ressalvadas as disposições expressas em lei ou neste Regimento.

Art. 64. O Ministério Público terá vista dos autos:

I – nas arguições de inconstitucionalidade;

II – nos incidentes de assunção de competência;

- Inciso II com a redação dada pela ER nº 24, de 28-9-2016.

III – nos mandados de segurança, mandados de injunção, *habeas corpus* e *habeas data*, originários ou em grau de recurso;

IV – nas ações penais originárias e nas revisões criminais;

V – nos conflitos de competência e de atribuições;

VI – nas ações rescisórias e apelações cíveis;

VII – nos pedidos de intervenção federal;

VIII – nas notícias-crime;

IX – nos inquéritos de que possa resultar responsabilidade penal;

X – nos recursos criminais;

XI – nas reclamações que não houver formulado;

XII – nos outros processos em que a lei impuser a intervenção do Ministério Público;

XIII – nos demais feitos quando, pela relevância da matéria, ele a requerer, ou for determinada pelo relator.

- Incisos VIII a XIII com a redação dada pela ER nº 4, de 2-12-1993.

Parágrafo único. Salvo na ação penal originária ou nos inquéritos, poderá o relator, quando houver urgência, ou quando sobre a matéria versada no processo já houver a Corte Especial firmado jurisprudência, tomar o parecer do Ministério Público oralmente.

- Parágrafo único com a redação dada pela ER nº 4, de 2-12-1993.

Art. 65. O Procurador-Geral ou Subprocurador-Geral poderão pedir preferência para julgamento de processo em pauta.

TÍTULO III – DA DEFENSORIA PÚBLICA

- Título III acrescido pela ER nº 19, de 11-11-2015.

Art. 65-A. Perante o Tribunal, atuarão os defensores públicos:

I – em processos oriundos:

a) da Defensoria Pública da União nos Estados e no Distrito Federal;

b) das Defensorias Públicas dos Estados e do Distrito Federal;

II – nos casos de curadoria especial;

III – em processos nos quais houver parte desassistida por advogado ou patrocinada por advogado dativo.

Art. 65-B. O relator do recurso especial repetitivo poderá autorizar manifestação da Defensoria Pública na condição de *amicus curiae*.

- Arts. 65-A e 65-B acrescidos pela ER nº 19, de 11-11-2015.

PARTE II – DO PROCESSO

TÍTULO I – DISPOSIÇÕES GERAIS

CAPÍTULO I – DO REGISTRO E CLASSIFICAÇÃO DOS FEITOS

Art. 66. As petições e os processos serão registrados no protocolo da Secretaria do Tribunal no mesmo dia do recebimento.

- Súm. nº 216 do STJ.

Parágrafo único. O Presidente do Tribunal, mediante instrução normativa, disciplinará o uso de meio eletrônico na tramitação de processos judiciais, comunicação de atos e transmissão de peças processuais, com observância da lei processual.

- Parágrafo único com a redação dada pela ER nº 22, de 16-3-2016.

Art. 67. O registro far-se-á em numeração contínua e seriada em cada uma das classes seguintes:

I – Ação Penal (APn);

II – Ação Rescisória (AR);

III – Agravo de Instrumento (Ag);

IV – Recurso Ordinário (RO);

- Inciso IV com a redação dada pela ER nº 24, de 28-9-2016.

V – Comunicação (Com);

VI – Conflito de Competência (CC);

VII – Conflito de Atribuições (CAt);

VIII – Exceção de Impedimento (ExImp);

IX – Exceção de Suspeição (ExSusp);

X – Exceção da Verdade (ExVerd);

XI – *Habeas Corpus* (HC);

XII – *Habeas Data* (HD);

XIII – Inquérito (Inq);

XIV – Interpelação Judicial (IJ);

XV – Intervenção Federal (IF);

XVI – Mandado de Injunção (MI);

XVII – Mandado de Segurança (MS);

- Incisos XIII a XVII com a redação dada pela ER nº 7, de 1º-3-2004.

XVIII – Pedido de Tutela Provisória (TP);

- Inciso XVIII com a redação dada pela ER nº 24, de 28-9-2016.

XIX – Petição (Pet);

XX – Precatório (Prc);

XXI – Processo Administrativo (PA);

XXII – Reclamação (Rcl);

XXIII – Recurso Especial (REsp);

XXIV – Representação (Rp);

XXV – Recurso em *Habeas Corpus* (RHC);

XXVI – Recurso em Mandado de Segurança (RMS);

XXVII – Revisão Criminal (RvCr);

XXVIII – Sindicância (Sd);

XXIX – Suspensão de Liminar e de Sentença (SLS);

- Incisos XIX a XXIX com a redação dada pela ER nº 7, de 1º-3-2004.

XXX – Suspensão de Segurança (SS);

- Inciso XXX acrescido pela ER nº 7, de 1º-3-2004.

XXXI – Homologação de Decisão Estrangeira (HDE);

- Inciso XXXI com a redação dada pela ER nº 24, de 28-9-2016.

XXXII – Carta Rogatória (CR);

- Inciso XXXII acrescido pela ER nº 18, de 17-12-2014.

XXXIII – Agravo em Recurso Especial (AREsp);

XXXIV – Embargos de Divergência em Recurso Especial (EREsp);

XXXV – Embargos de Divergência em Agravo em Recurso Especial (EAREsp);

XXXVI – Suspensão em Incidente de Resolução de Demandas Repetitivas (SIRDR);

XXXVII – Medidas Protetivas de Urgência – Lei Maria da Penha (MPUMP);

XXXVIII – Medidas Protetivas – Estatuto do Idoso (MPEI);

XXXIX – Pedido de Busca e Apreensão Criminal (PBAC);

XL – Pedido de Prisão Preventiva (PePrPr);

XLI – Pedido de Prisão Temporária (PePrTe);

XLII – Pedido de Quebra de Sigilo de Dados e/ou Telefônico (QuebSig);

XLIII – Medidas Investigativas sobre Organizações Criminosas (MISOC);

XLIV – Cautelar Inominada Criminal (CauInomCrim);

XLV – Alienação de Bens do Acusado (AlienBac);

XLVI – Embargos de Terceiro (ET);

XLVII – Embargos do Acusado (EmbAc);

XLVIII – Insanidade Mental do Acusado (InsanAc);

XLIX – Restituição de Coisas Apreendidas (ReCoAp);

L – Pedido de Uniformização de Interpretação de Lei (PUIL).

- Incisos XXXIII a L acrescidos pela ER nº 22, de 16-3-2016.

Parágrafo único. O Presidente resolverá, mediante instrução normativa, as dúvidas que se suscitarem na classificação dos efeitos e papéis, observando-se as seguintes normas:

- § 1º transformado em parágrafo único pela ER nº 4, de 2-12-1993.

I – na classe Comunicação (Com), incluem-se as comunicações de prisão;

II – na classe Recurso Especial (REsp), incluem-se os recursos especiais de modo geral: cíveis, criminais, em mandado de segurança e em *habeas corpus*;

III – a classe Recurso Ordinário (RO) compreende o recurso ordinário interposto nas causas em que forem partes Estado estrangeiro ou organismo internacional de um lado e, do outro, Município ou pessoa residente ou domiciliada no País;

- Inciso III com a redação dada pela ER nº 24, de 28-9-2016.

IV – as classes Recurso em *Habeas Corpus* (RHC) e Recurso em Mandado de Segurança (RMS) compreendem os recursos ordinários interpostos na forma do disposto no artigo 105, II, *a* e *b*, da Constituição;

- Inciso IV com a redação dada pela ER nº 4, de 2-12-1993.

IV-A – a classe Suspensão em Incidente de Resolução de Demandas Repetitivas (SIRDR) compreende o pedido de suspensão de todos os processos individuais ou coletivos em curso no território nacional que versem sobre a questão objeto do incidente já instaurado;

- Inciso IV-A acrescido pela ER nº 22, de 16-3-2016.

V – na classe Inquérito (Inq), são incluídos os policiais e os administrativos que possam resultar em responsabilidade penal, e que só passarão à classe Ação Penal (APn) após o oferecimento da denúncia ou queixa;

- Inciso V com a redação dada pela ER nº 4, de 2-12-1993.

VI – na classe Sindicância (Sd), são incluídas as administrativas ou policiais, assim como quaisquer informações relativas à prática de ilícitos;

- Inciso VI com a redação dada pela ER nº 7, de 1º-3-2004.

VII – a classe Intervenção Federal (IF) compreende os pedidos autônomos e os formulados em execução de julgado do Tribunal; estes últimos serão autuados em apenso, salvo se os autos principais tiverem sido enviados a outra instância;

VIII – os expedientes que não tenham classificação específica, nem sejam acessórios ou incidentes, serão incluídos na classe Petição (Pet), se contiverem requerimento, ou na classe Comunicação (Com), em qualquer outro caso;

VIII-A – a classe Pedido de Uniformização de Interpretação de Lei (PUIL) compreende a medida interposta contra decisão:

- *Caput* do inciso VIII-A com a redação dada pela ER nº 24, de 28-9-2016.

a) da Turma Nacional de Uniformização no âmbito da Justiça Federal que, em questões de direito material, contrarie súmula ou jurisprudência dominante no Superior Tribunal de Justiça;

b) da Turma Recursal dos Juizados Especiais da Fazenda Pública no âmbito dos Estados, do Distrito Federal, dos Territórios e dos Municípios quando as Turmas de diferentes Estados derem a lei federal interpretações divergentes, ou quando a decisão proferida estiver em contrariedade com súmula do Superior Tribunal de Justiça; e

c) das Turmas de Uniformização dos Juizados Especiais da Fazenda Pública no âmbito dos Estados, do Distrito Federal, dos Territórios e dos Municípios quando a orientação adotada pelas Turmas de Uniformização contrariar súmula do Superior Tribunal de Justiça;

- Alíneas *a* a *c* acrescidas pela ER nº 24, de 28-9-2016.

VIII-B – a classe Pedido de Tutela Provisória (TP) compreende o pedido de tutela provisória de urgência de caráter antecedente;

- Inciso VIII-B acrescido pela ER nº 24, de 28-9-2016.

IX – não se altera a classe do processo:

a) pela oposição de Embargos de Declaração (EDcl) e pela interposição de Agravo Interno (AgInt);

- Alínea *a* com a redação dada pela ER nº 22, de 16-3-2016.

b) pelos pedidos incidentes ou acessórios, inclusive pela interposição de exceções de impedimento e de suspeição;

c) pela arguição de inconstitucionalidade formulada incidentemente pelas partes;

d) pelos pedidos de execução, salvo a intervenção federal;

X – far-se-á na autuação nota distintiva do recurso ou incidente, quando este não alterar a classe e o número do processo.

CAPÍTULO II

DA DISTRIBUIÇÃO

Art. 68. Os processos da competência do Tribunal serão distribuídos por classe, tendo, cada uma, designação distintiva e numeração segundo a ordem em que houverem sido apresentados os feitos, observando-se as classes mencionadas no artigo 67.

Parágrafo único. Fazendo-se a distribuição pelo computador, além da numeração por classe, adotar-se-á numeração geral, que poderá ser a que tomou o feito na instância inferior, desde que integrada no sistema de computação eletrônica do Tribunal.

Art. 69. Far-se-á a distribuição dos feitos da competência do Tribunal mediante sorteio automático, por sistema informatizado, observados os princípios da publicidade e da alternatividade, bem como a instrução normativa prevista no art. 21, XX, deste Regimento.

- *Caput* com a redação dada pela ER nº 22, de 16-3-2016.

Parágrafo único. O registro ao Presidente do Tribunal equipara-se em seus efeitos à distribuição regular.

- Parágrafo único acrescido pela ER nº 22, de 16-3-2016.

Art. 70. Far-se-á a distribuição entre todos os Ministros, inclusive os licenciados por até trinta dias.

§ 1º A distribuição poderá ser dispensada pela Corte Especial.

§ 2º Não será compensada a distribuição que deixar de ser feita ao Vice-Presidente, quando substituir o Presidente.

§ 3º Em caso de impedimento do relator, será feito novo sorteio, compensando-se a distribuição.

§ 4º Haverá também compensação quando o processo tiver de ser distribuído, por prevenção, a determinado Ministro.

§ 5º O Ministro que se deva aposentar por implemento de idade ficará excluído da distribuição, a requerimento seu, durante os sessenta dias que antecederem o afastamento; aplica-se a mesma regra ao que requerer aposentadoria, suspendendo-se a distribuição a partir da apresentação do requerimento e pelo prazo máximo de sessenta dias. Se ocorrer desistência do pedido, proceder-se-á a compensação.

- § 5º acrescido pela ER nº 4, de 2-12-1993.

§ 6º Suspende-se a distribuição de processos, sem posterior compensação, aos Ministros que compõem o Tribunal Superior Eleitoral na condição de membros efetivos, nos seguintes termos:

I – para o Corregedor da Justiça Eleitoral, entre os noventa dias anteriores e os trinta posteriores à data fixada para a realização das eleições;

II – para o outro membro efetivo, entre os sessenta dias anteriores e os trinta posteriores à data fixada para a realização das eleições.

- § 6º acrescido pela ER nº 22, de 16-3-2016.

Art. 71. A distribuição da ação, do recurso ou do incidente torna preventa a competência do relator para todos os feitos posteriores referentes ao mesmo processo ou a processo conexo, inclusive na fase de cumprimento de decisão; a distribuição do inquérito e da sindicância, bem como a realizada para efeito da concessão de fiança ou de decretação de prisão preventiva ou de qualquer diligência anterior à denúncia ou queixa, prevenirá a da ação penal.

- *Caput* com a redação dada pela ER nº 24, de 28-9-2016.

§ 1º Se o relator deixar o Tribunal ou transferir-se de Seção, a prevenção será do órgão julgador.

§ 2º Vencido o relator, a prevenção referir-se-á ao Ministro designado para lavrar o acórdão.

§ 3º Se o recurso tiver subido por decisão do relator no agravo de instrumento, ser-lhe-á distribuído ou ao seu sucessor.

§ 4º A prevenção, se não for reconhecida de ofício, poderá ser arguida por qualquer das partes ou pelo órgão do Ministério Público, até o início do julgamento.

§ 5º Observar-se-á a regra da distribuição por prevenção de processo para o Presidente de Seção e para as hipóteses previstas no art. 70, §§ 5º e 6º.

§ 6º Há prevenção nas ações e nos recursos decorrentes do mesmo procedimento policial investigatório, ainda que derivados de inquéritos diversos.

- §§ 5º e 6º acrescidos pela ER nº 24, de 28-9-2016.

Art. 72. Nos casos de afastamento de Ministro, proceder-se-á da seguinte forma:

- *Caput* com a redação dada pela ER nº 1, de 23-5-1991.

I – se o afastamento for por prazo entre quatro e trinta dias, os processos considerados de natureza urgente, consoante fundada alegação do interessado, serão redistribuídos aos demais integrantes da respectiva Seção ou, se for o caso, da Corte Especial, com oportuna compensação;

II – se o afastamento for por prazo superior a trinta dias e não for convocado substituto, será suspensa a distribuição ao Ministro afastado, e os processos a seu cargo, considerados de natureza urgente, consoante fundada alegação do interessado, serão redistribuídos aos demais integrantes da respectiva Seção ou, se for o caso, da Corte Especial, com oportuna compensação;

- Incisos I e II com a redação dada pela ER nº 22, de 16-3-2016.

III – se o afastamento for por prazo superior a trinta dias e for convocado substituto, não haverá redistribuição, e o substituto receberá os processos que lhe forem distribuídos e os do substituído; nesta última hipótese, renova-se, se for caso, o pedido de data para o julgamento ou o relatório.

- Inciso III com a redação dada pela ER nº 1, de 23-5-1991.

Parágrafo único. Quando o Ministro afastado já houver proferido decisão em processo de competência de Turma, a redistribuição mencionada nas hipóteses dos incisos I e II far-se-á somente entre os membros daquele Órgão Julgador.

- Parágrafo único acrescido pela ER nº 1, de 23-5-1991.

Art. 73. Os embargos declaratórios e as questões incidentes terão como relator o Ministro que redigiu o acórdão embargado.

- Artigo com a redação dada pela ER nº 7, de 1º-3-2004.

Art. 74. No caso de embargos de divergência, apenas se fará o sorteio de novo relator.

▸ Artigo com a redação dada pela ER nº 22, de 16-3-2016.

Art. 75. O prolator da decisão impugnada será o relator do agravo regimental, com direito a voto.

Art. 76. Na arguição de suspeição a Ministro, observar-se-á o disposto no artigo 276.

▸ Artigo com a redação dada pela ER nº 1, de 23-5-1991.

Art. 77. O Ministro eleito Presidente, Vice-Presidente ou Corregedor-Geral da Justiça Federal continuará como relator ou revisor do processo em que tiver lançado o relatório ou aposto o seu visto.

▸ Artigo com a redação dada pela ER nº 22, de 16-3-2016.

Art. 78. Se a decisão embargada for de uma Turma, far-se-á distribuição dos embargos dentre os Ministros da outra; se da Corte Especial, serão excluídos da distribuição o relator e o revisor.

Art. 79. Na distribuição de ação rescisória e de revisão criminal, será observado o critério estabelecido no artigo anterior.

Parágrafo único. A distribuição do mandado de segurança contra ato do próprio Tribunal, far-se-á de preferência a Ministro que não haja participado da decisão impugnada.

▸ Parágrafo único acrescido pela ER nº 2, de 4-6-1992.

Art. 80. O Ministro a quem tocar a distribuição é o preparador e relator do processo.

CAPÍTULO III

DOS ATOS E FORMALIDADES

Seção I

DISPOSIÇÕES GERAIS

Art. 81. O ano judiciário no Tribunal divide-se em dois períodos, recaindo as férias dos Ministros nos períodos de 2 a 31 de janeiro e de 2 a 31 de julho.

§ 1º O Tribunal iniciará seus trabalhos no primeiro dia útil de cada período com a realização da sessão da Corte Especial e encerrará no último dia útil de cada período com a realização da sessão administrativa destinada à apresentação de relatório semestral das atividades pelo Presidente, pelo Corregedor-Geral da Justiça Federal e pelo Diretor-Geral da Escola Nacional de Formação e Aperfeiçoamento de Magistrados.

▸ § 1º com redação dada pela ER nº 46, de 18-12-2024.

§ 2º Além dos fixados em lei, serão feriados no Tribunal:

I – os dias compreendidos no período de 20 de dezembro a 6 de janeiro;

▸ Inciso I com a redação dada pela ER nº 16, de 19-11-2014.

II – os dias da Semana Santa, compreendidos desde a quarta-feira até o domingo de Páscoa;

III – os dias de segunda e terça-feira de Carnaval;

IV – os dias 11 de agosto, 1º e 2 de novembro e 8 de dezembro.

Art. 82. Se a necessidade do serviço judiciário lhes exigir a contínua presença no Tribunal, gozarão trinta dias consecutivos de férias individuais, por semestre:

I – o Presidente e o Vice-Presidente;

II – o Corregedor-Geral da Justiça Federal.

▸ Inciso II com a redação dada pela ER nº 22, de 16-3-2016.

Art. 83. Suspendem-se as atividades judicantes do Tribunal nos feriados, nas férias coletivas e nos dias em que o Tribunal o determinar.

§ 1º Nas hipóteses previstas neste artigo, poderá o Presidente ou seu substituto legal decidir pedidos de liminar em mandado de segurança e *habeas corpus*, determinar liberdade provisória ou sustação de ordem de prisão, e demais medidas que reclamem urgência.

§ 2º Os Ministros indicarão seu endereço para eventual convocação durante as férias.

Art. 84. Os atos e termos do processo serão autenticados, conforme o caso, mediante a assinatura ou rubrica dos Ministros ou a dos servidores para tal fim qualificados, podendo ser produzidos, transmitidos, armazenados e assinados por meio eletrônico, na forma da lei.

▸ *Caput* com a redação dada pela ER nº 22, de 16-3-2016.

§§ 1º a 3º *Revogados*. ER nº 22, de 16-3-2016.

Art. 85. As peças que devam integrar ato ordinatório, instrutório ou executório poderão ser a ele anexadas em cópia autenticada.

Art. 86. Se as nulidades ou irregularidades no processamento dos feitos forem sanáveis, proceder-se-á pelo modo menos oneroso para as partes e para o serviço do Tribunal.

Art. 87. A critério do Presidente do Tribunal, dos Presidentes das Seções, das Turmas ou do relator, a comunicação oficial dos atos será feita:

▸ *Caput* com a redação dada pela ER nº 22, de 16-3-2016.

I – por servidor credenciado da Secretaria, na forma da lei processual;

II – por meio eletrônico, via postal ou qualquer outro modo eficaz de telecomunicação, com as cautelas necessárias à autenticação da mensagem e do seu recebimento.

▸ Incisos I e II com a redação dada pela ER nº 22, de 16-3-2016.

Parágrafo único. Poder-se-á admitir a resposta pela forma indicada no inciso II deste artigo.

Art. 88. Da autuação e da publicação do expediente de cada processo constará, além do nome das partes e o de seu advogado, o da respectiva sociedade a que pertença, desde que esta esteja devidamente registrada na Ordem dos Advogados do Brasil.

§ 1º Constando dos autos pedido expresso para que as comunicações dos atos processuais sejam feitas especificamente em nome dos advogados ou das sociedades indicadas, a Secretaria adotará as medidas necessárias ao seu atendimento, conforme a lei processual.

§ 2º O Presidente do Tribunal, mediante ato próprio, disciplinará o cadastramento das sociedades de advogados perante o Superior Tribunal de Justiça, para atender aos fins previstos na legislação processual.

▸ Art. 88 com a redação dada pela ER nº 22, de 16-3-2016.

Art. 89. As pautas do Plenário, da Corte Especial, das Seções e das Turmas serão organizadas pelos Secretários, com aprovação dos respectivos Presidentes.

Art. 90. A publicação da pauta de julgamento antecederá cinco dias úteis, pelo menos, à sessão em que os processos poderão ser chamados e será certificada nos autos.

§ 1º A pauta de julgamento será afixada na entrada da sala em que se realizará a sessão de julgamento.

§ 2º Serão incluídos em nova pauta os processos que não tiverem sido julgados, salvo aqueles expressamente adiados para a primeira sessão seguinte, observado o disposto no parágrafo único do art. 150 deste Regimento.

▸ Art. 90 com a redação dada pela ER nº 20, de 2-12-2015.

Art. 91. Independem de pauta:

I – o julgamento de *habeas corpus*, recursos de *habeas corpus*, conflitos de competência e de atribuições e exceções de suspeição e impedimento;

▸ Inciso I com a redação dada pela ER nº 22, de 16-3-2016.

II – as questões de ordem sobre o processamento de feitos.

Parágrafo único. A regra deste artigo não se aplica ao processo cuja matéria tenha sido objeto de audiência pública nos termos do inciso I do art. 185 deste Regimento.

▸ Parágrafo único com a redação dada pela ER nº 22, de 16-3-2016.

Art. 92. Os editais destinados à divulgação do ato poderão conter, apenas, o essencial à defesa ou à resposta, observados os requisitos processuais.

§ 1º A parte que requerer a publicação nos termos deste artigo fornecerá o respectivo resumo, respondendo pelas suas deficiências, nos termos da lei processual.

§ 2º O prazo do edital será determinado entre vinte e sessenta dias, a critério do relator, e correrá da data de sua publicação no *Diário da Justiça eletrônico*, com observância da lei processual.

§ 3º A publicação do edital deverá ser feita no prazo de vinte dias, contados de sua expedição, e certificada nos autos, sob pena de extinguir-se o processo sem resolução do mérito, se a parte, intimada pelo *Diário da Justiça eletrônico*, não suprir a falta em dez dias.

▸ §§ 1º a 3º com a redação dada pela ER nº 22, de 16-3-2016.

§ 4º O prazo para a defesa ou resposta começará a correr do termo do prazo determinado no edital.

Art. 93. Nenhuma publicação terá efeito de citação ou intimação, quando ocorrida nos feriados ou nas férias do Tribunal, salvo nos casos do artigo 83, § 1º.

Art. 94. A vista às partes transcorre na Secretaria, podendo o advogado retirar autos nos casos previstos em lei, mediante recibo.

§ 1º Os advogados constituídos após a remessa do processo ao Tribunal poderão, a requerimento, ter vista dos autos, na oportunidade e pelo prazo que o relator estabelecer.

§ 2º O relator indeferirá o pedido, se houver justo motivo.

SEÇÃO II

DAS ATAS E DA RECLAMAÇÃO POR ERRO

Art. 95. As atas serão lidas e submetidas à aprovação na sessão seguinte.

Art. 96. Contra erro contido em ata, poderá o interessado reclamar, dentro de quarenta e oito horas, em petição dirigida ao Presidente do Tribunal, da Seção ou da Turma, conforme o caso.

§ 1º Não se admitirá a reclamação quando importar modificação do julgado.

§ 2º A reclamação não suspenderá o prazo para recurso, salvo o disposto no artigo 98.

Art. 97. A petição será entregue ao protocolo, e por este encaminhada ao encarregado da ata, que a levará a despacho no mesmo dia com sua informação.

Art. 98. Se o pedido for julgado procedente, far-se-á retificação da ata e nova publicação.

Art. 99. A decisão que julgar a reclamação será irrecorrível.

SEÇÃO III

DAS DECISÕES

▸ Seção III com a redação dada pela ER nº 35, de 8-5-2019.

Art. 100. As conclusões da Corte Especial, das Seções e das Turmas, em suas decisões, constarão de acórdão.

▸ *Caput* com a redação dada pela ER nº 35, de 8-5-2019.

Parágrafo único. Dispensam acórdão:

I – a remessa do feito à Seção ou à Corte Especial, em razão da relevância da questão jurídica, ou da necessidade de prevenir divergência entre as Turmas;

II – a remessa do feito à Corte Especial, ou à Seção respectiva, para o fim de ser compendiada em Súmula a jurisprudência do Tribunal, ou para revisão da Súmula;

III – a conversão do julgamento em diligência;

IV – se o órgão julgador do Tribunal o determinar.

Art. 101. Subscreve o acórdão o relator que o lavrou, e, na Corte Especial, também o Ministro que presidiu o julgamento. Se o relator for vencido na questão principal, ficará designado o revisor para redigir o acórdão. Se não houver revisor, ou se este também tiver sido vencido, será designado para redigir o acórdão o Ministro que proferiu o primeiro voto-vencedor (art. 52, II).

▸ *Caput* com a redação dada pela ER nº 6, de 12-8-2002.

§ 1º Se o relator, por ausência ou outro motivo relevante, não o puder fazer, lavrará o acórdão o revisor, ou o Ministro que o seguir na ordem de antiguidade.

§ 2º Se o Ministro que presidiu o julgamento na Corte Especial, por ausência ou outro motivo relevante, não puder assinar o acórdão, apenas o relator o fará, mencionando-se, no local da assinatura do Presidente, a circunstância.

▸ § 2º com a redação dada pela ER nº 6, de 12-8-2002.

Art. 102. A publicação do acórdão por suas conclusões e ementa far-se-á, para intimar as partes, no *Diário da Justiça eletrônico*.

▸ *Caput* com a redação dada pela ER nº 22, de 16-3-2016.

Parágrafo único. As partes serão intimadas, das decisões em que se tiver dispensado o acórdão, pela publicação da ata da sessão de julgamento.

Art. 103. Em cada julgamento, o relatório e os votos, fundamentados, serão juntados aos autos com o acórdão, depois de revistos.

▸ *Caput* com a redação dada pela ER nº 35, de 8-5-2019.

§ 1º As inexatidões materiais e os erros de escrita ou cálculo contidos na decisão poderão ser corrigidos por despacho do relator ou por via de embargos de declaração, quando couberem.

§ 2º Concluído o julgamento, o Gabinete do Ministro providenciará a elaboração dos documentos para publicação no prazo improrrogável de trinta dias.

§ 3º Decorridos os trinta dias mencionados no parágrafo anterior, os autos serão conclusos ao relator, para que lavre o acórdão.

§ 4º A publicação do acórdão no *Diário da Justiça eletrônico* far-se-á no prazo máximo de quarenta dias, contados a partir da data da sessão em que tiver sido proclamado o resultado do julgamento.

§ 5º Escoado o prazo de que trata o parágrafo anterior sem que tenha sido publicado o acórdão, a secretaria do órgão julgador providenciará, nos dez dias subsequentes, a publicação do acórdão independentemente de revisão, adotando-se como ementa a apresentação em sessão.

§ 6º O prazo de publicação ficará suspenso nos períodos de recesso e de férias coletivas.

▸ §§ 1º a 6º com a redação dada pela ER nº 35, de 8-5-2019.

§§ 7º e 8º *Revogados*. ER nº 35, de 8-5-2019.

Art. 104. Também se juntará aos autos, como parte integrante do acórdão, a minuta do julgamento, que conterá:

I – a decisão proclamada pelo Presidente;

II – os nomes do Presidente do órgão julgador, do relator, ou, quando vencido, do que for designado, dos demais Ministros que tiverem participado do julgamento e do Subprocurador-Geral, quando presente;

III – os nomes dos Ministros impedidos e ausentes;

IV – os nomes dos advogados que tiverem feito sustentação oral.

Art. 104-A. Os acórdãos proferidos em julgamento de incidente de assunção de competência e de recursos especiais repetitivos deverão, nos termos do § 3º do art. 1.038, c/c art. 984, § 2º, do Código de Processo Civil, conter:

I – os fundamentos relevantes da questão jurídica discutida, favoráveis ou contrários, entendidos esses como a conclusão dos argumentos deduzidos no processo capazes de, em tese, respectivamente, confirmar ou infirmar a conclusão adotada pelo órgão julgador;

II – a definição dos fundamentos determinantes do julgado;

III – a tese jurídica firmada pelo órgão julgador, em destaque;

IV – a solução dada ao caso concreto pelo órgão julgador.

§ 1º Para definição dos fundamentos determinantes do julgado, o processo poderá ter etapas diferentes de deliberação, caso o órgão julgador, mesmo com votos convergentes, tenha adotado fundamentos diversos para a solução da causa.

§ 2º O Presidente do órgão julgador, identificando que o(s) fundamento(s) determinante(s) para o julgamento da causa não possui(em) a adesão da maioria dos votos dos Ministros, convocará, na mesma sessão de julgamento, nova etapa de deliberação, que contemplará apenas a definição do(s) fundamento(s) determinante(s).

▸ Art. 104-A acrescido pela ER nº 24, de 28-9-2016.

SEÇÃO IV

DOS PRAZOS

Art. 105. A contagem dos prazos observará o disposto na lei processual.

▸ *Caput* com a redação dada pela ER nº 22, de 16-3-2016.

§§ 1º e 2º *Revogados*. ER nº 22, de 16-3-2016.

Art. 106. Não correm os prazos no período aludido no artigo 81, § 2º, I, e nas férias, salvo nas hipóteses previstas em lei.

▸ *Caput* com a redação dada pela ER nº 1, de 23-5-1991.

§ 1º Nos casos deste artigo, os prazos começam ou continuam a fluir no dia de reabertura do expediente.

§ 2º Também não corre prazo nas hipóteses previstas em lei, quando houver obstáculo criado em detrimento da parte ou for comprovado motivo de força maior, reconhecido pelo Tribunal.

▸ § 2º com a redação dada pela ER nº 22, de 16-3-2016.

§ 3º As informações oficiais apresentadas fora do prazo por justo motivo poderão ser admitidas, se ainda oportuna a sua apreciação.

Art. 107. Mediante pedido conjunto das partes, o relator poderá admitir prorrogação de prazo por tempo razoável.

Art. 108. Os prazos para diligências serão fixados nos atos que as ordenarem, salvo disposição em contrário deste Regimento.

Art. 109. Os prazos não especificados em lei ou neste Regimento serão fixados pela Corte Especial, pelo Presidente, pelas Seções, pelas Turmas, ou por seus Presidentes, ou pelo relator, conforme o caso.

§ 1º Computar-se-á em dobro o prazo para manifestações nos autos, quando forem partes o Ministério Público, a Defensoria Pública, a União, os Estados, o Distrito Federal, os Municípios ou suas respectivas autarquias e fundações de direito público.

§ 2º O Ministério Público, a Defensoria Pública e os entes públicos mencionados no § 1º serão intimados pessoalmente, mediante carga, nos autos físicos, ou por meio eletrônico, contando-se-lhes em dobro todos os prazos.

▸ §§ 1º e 2º com a redação dada pela ER nº 24, de 28-9-2016.

§ 3º Não se aplica o prazo em dobro ao Ministério Público quando se tratar de processo criminal.

▸ § 3º acrescido pela ER nº 24, de 28-9-2016.

Art. 110. Os prazos para os Ministros, salvo acúmulo de serviço, se de outra forma não dispuser a lei processual ou este Regimento, são os seguintes:

▸ *Caput* com a redação dada pela ER nº 22, de 16-3-2016.

I – dez dias para atos administrativos e para decisões interlocutórias;

▸ Inciso I com a redação dada pela ER nº 22, de 16-3-2016.

II – vinte dias para o "visto" do revisor;

III – trinta dias para o "visto" do relator.

Art. 111. Salvo disposição em contrário, os servidores do Tribunal terão o prazo de cinco dias para executar os atos do processo, inclusive para certificar a data do trânsito em julgado da decisão e, na sequência, independentemente de despacho e conforme o caso, arquivar os autos, remeter ao Supremo Tribunal Federal ou baixar ao juízo de origem.

▸ Artigo com a redação dada pela ER nº 22, de 16-3-2016.

Seção V

DAS DESPESAS PROCESSUAIS

Art. 112. No Tribunal, serão devidas custas nos processos de sua competência originária e recursal, nos termos da lei.

▸ *Caput* com a redação dada pela ER nº 9, de 24-9-2008.

§ 1º Não são custas os preços cobrados pelo fornecimento de cópias autenticadas ou não, ou de certidões e traslados por fotocópia ou processo equivalente de reprodução.

§ 2º O pagamento dos preços será antecipado ou garantido com depósito, consoante tabela aprovada pelo Presidente.

▸ Súm. nº 187 do STJ.

§ 3º O Presidente do Tribunal, anualmente, fará expedir a tabela de custas atualizada segundo o índice estabelecido em lei.

▸ § 3º acrescido pela ER nº 9, de 24-9-2008.

§ 4º É dispensado o recolhimento do porte de remessa e de retorno no processo em autos eletrônicos.

§ 5º O Presidente do Tribunal, mediante instrução normativa, disciplinará o regime de cobrança do porte de remessa e retorno dos autos dos processos que tiverem de ser digitalizados.

▸ §§ 4º e 5º acrescidos pela ER nº 22, de 16-3-2016.

Art. 113. O preparo de recurso da competência do Supremo Tribunal Federal será feito no prazo e na forma do disposto na lei processual, bem como no Regimento Interno e na Tabela de Custas do Supremo Tribunal Federal.

▸ Artigo com a redação dada pela ER nº 22, de 16-3-2016.

Seção VI

DA ASSISTÊNCIA JUDICIÁRIA

Art. 114. O requerimento dos benefícios da assistência judiciária, no Tribunal, será apresentado ao Presidente ou ao relator, conforme o estado da causa, na forma da Lei nº 1.060/1950, com as alterações introduzidas pela Lei nº 7.510/1986.

▸ Lei nº 1.060, de 5-12-1950 (Lei de Assistência Judiciária).

Art. 115. Sem prejuízo da nomeação, quando couber, de defensor ou curador dativo, o pedido de assistência judiciária será decidido de acordo com a legislação em vigor.

§ 1º Não cabe recurso da decisão que se proferir, mas a Corte Especial, a Seção ou a Turma, ao conhecerem do feito, poderão conceder o benefício negado.

§ 2º Prevalecerá no Tribunal a assistência judiciária já concedida em outra instância.

Art. 116. Nos crimes de ação privada, o Presidente ou o relator, a requerimento da parte necessitada, oficiará à Defensoria Pública da União para que promova a ação penal quando de competência originária do Tribunal, ou intimará membro da Defensoria Pública a prosseguir no processo quando em grau de recurso.

▸ Artigo com a redação dada pela ER nº 19, de 11-11-2015.

Seção VII

DOS DADOS ESTATÍSTICOS

Art. 117. Serão divulgados, mensalmente, dados estatísticos sobre os trabalhos do Tribunal no mês anterior, entre os quais: o número de votos que cada Ministro, nominalmente indicado, proferiu como relator ou revisor, o número de feitos que lhe foram distribuídos no mesmo período e o número de processos que recebeu em consequência de pedido de vista ou como revisor.

Parágrafo único. Os dados estatísticos solicitados pelo Conselho Nacional de Justiça serão transmitidos eletronicamente.

▸ Parágrafo único acrescido pela ER nº 22, de 16-3-2016.

CAPÍTULO IV

DA JURISPRUDÊNCIA

Seção I

DA UNIFORMIZAÇÃO DE JURISPRUDÊNCIA

▸ Seção I revogada pela ER nº 22, de 16-3-2016.

Arts. 118 a 121. *Revogados*. ER nº 22, de 16-3-2016.

Seção I-A

DO REGISTRO E DA FORMAÇÃO DOS PRECEDENTES QUALIFICADOS

▸ Seção I-A acrescida pela ER nº 24, de 28-9-2016.

Art. 121-A. Os acórdãos proferidos em julgamento de incidente de assunção de competência e de recursos especiais repetitivos bem como os enunciados de súmulas do Superior Tribunal de Justiça constituem, segundo o art. 927 do Código de Processo Civil, precedentes qualificados de estrita observância pelos Juízes e Tribunais.

§ 1º Os incidentes de assunção de competência e os processos afetados para julgamento sob o rito dos recursos especiais repetitivos serão organizados e divulgados por meio de enunciados de temas com numeração sequencial, contendo o registro da matéria a ser decidida e, após o julgamento, a tese firmada e seus fundamentos determinantes.

§ 2º Os precedentes qualificados deverão ser divulgados na internet, de forma sistematizada, com a indicação precisa das informações relacionadas a todas as fases percorridas de seu procedimento.

▸ Art. 121-A acrescido pela ER nº 24, de 28-9-2016.

Seção II

DA SÚMULA

Art. 122. A jurisprudência firmada pelo Tribunal será compendiada na Súmula do Superior Tribunal de Justiça.

§ 1º Poderão ser inscritos na súmula os enunciados correspondentes às decisões firmadas por unanimidade dos membros componentes da Corte Especial ou da Seção, em um caso, por maioria absoluta em pelo menos dois julgamentos concordantes.

▸ § 1º com a redação dada pela ER nº 24, de 28-9-2016.

§ 2º A inclusão da matéria objeto de julgamento na Súmula da Jurisprudência do Tribunal será deliberada pela Corte Especial ou pela Seção, por maioria absoluta dos seus membros.

§ 3º Se a Seção entender que a matéria a ser sumulada é comum às Seções, remeterá o feito à Corte Especial.

Art. 123. Os enunciados da Súmula, seus adendos e emendas, datados e numerados, serão publicados três vezes no *Diário da União*, em datas próximas.

Parágrafo único. As edições ulteriores da Súmula incluirão os adendos e emendas.

Art. 124. A citação da Súmula pelo número correspondente dispensará, perante o Tribunal, a referência a outros julgados no mesmo sentido.

Art. 125. Os enunciados da Súmula prevalecem e serão revistos na forma estabelecida neste Regimento Interno.

§ 1º Qualquer dos Ministros poderá propor, em novos feitos, a revisão da jurisprudência compendiada na Súmula, sobrestando-se o julgamento, se necessário.

§ 2º Se algum dos Ministros propuser revisão da jurisprudência compendiada na súmula, em julgamento perante a Turma, esta, se acolher a proposta, remeterá o feito ao julgamento da Corte Especial ou da Seção, dispensada a lavratura do acórdão, juntando-se, entretanto, a certidão de julgamento e tomando-se o parecer do Ministério Público Federal.

▸ § 2º com a redação dada pela ER nº 35, de 8-5-2019.

§ 3º A alteração ou o cancelamento do enunciado da Súmula serão deliberados na Corte Especial ou nas Seções, conforme o caso, por maioria absoluta dos seus membros, com a presença de, no mínimo, dois terços de seus componentes.

§ 4º Ficarão vagos, com a nota correspondente, para efeito de eventual restabelecimento, os números dos enunciados que o Tribunal cancelar ou alterar, tomando os que forem modificados novos números da série.

Art. 126. Qualquer Ministro poderá propor, na Turma, a remessa do feito à Corte Especial, ou à Seção, para o fim de ser compendiada em Súmula a jurisprudência do Tribunal, quando verificar que as Turmas não divergem na interpretação do direito.

§ 1º Na hipótese referida neste artigo, dispensa-se a lavratura de acórdão, certificada nos autos a decisão da Turma.

▸ § 1º com a redação dada pela ER nº 35, de 8-5-2019.

§ 2º O processo e o julgamento observarão, no que couber, o disposto nos arts. 271-B e seguintes deste Regimento.

▸ § 2º com a redação dada pela ER nº 24, de 28-9-2016.

§ 3º A Comissão de Jurisprudência poderá, também, propor à Corte Especial ou à Seção que seja compendiada em Súmula a jurisprudência do Tribunal, quando verificar que as Turmas não divergem na interpretação do direito.

§ 4º Proferido o julgamento, em decisão tomada pela maioria absoluta dos membros que integram o Órgão Julgador, o relator deverá redigir o projeto de súmula, a ser aprovado pelo Tribunal na mesma sessão ou na primeira sessão ordinária seguinte.

▸ § 4º acrescido pela ER nº 22, de 16-3-2016.

Art. 127. Quando convier pronunciamento da Corte Especial ou da Seção, em razão da relevância da questão jurídica, ou da necessidade de prevenir divergências entre as Turmas, o relator, ou outro Ministro, no julgamento de qualquer recurso, poderá propor a remessa do feito à apreciação da Seção respectiva, ou da Corte Especial, se a matéria for comum às Seções.

§ 1º Acolhida a proposta, a Turma remeterá o feito ao julgamento da Seção ou da Corte Especial, dispensada a lavratura do acórdão. Com a certidão de julgamento, os autos irão ao Presidente do órgão do Tribunal, para designar a sessão de julgamento. A secretaria expedirá cópias do relatório e fará sua distribuição aos Ministros que compuserem o órgão competente para o julgamento.

▸ § 1º com a redação dada pela ER nº 35, de 8-5-2019.

§ 2º Proferido o julgamento, cópia do acórdão será, no prazo da sua publicação, remetida à Comissão de Jurisprudência, para elaboração de projeto de Súmula, se for o caso.

Seção III

DA DIVULGAÇÃO DA JURISPRUDÊNCIA

Art. 128. A jurisprudência do Tribunal será divulgada pelas seguintes publicações:

▸ *Caput* com a redação dada pela ER nº 1, de 23-5-1991.

I – *Diário da Justiça eletrônico*;

▸ Inciso I com a redação dada pela ER nº 22, de 16-3-2016.

II – *Revogado*. ER nº 10, de 11-11-2009.

III – *Revista do Superior Tribunal de Justiça*;

IV – repositórios autorizados.

▸ Incisos III e IV com a redação dada pela ER nº 1, de 23-5-1991.

Art. 129. Serão publicadas no *Diário da Justiça eletrônico* as ementas de todos os acórdãos do Tribunal e as decisões dos relatores, sem prejuízo de sua divulgação em meio eletrônico diverso.

▸ *Caput* com a redação dada pela ER nº 22, de 16-3-2016.

§ 1º Autorizando o relator, as suas decisões poderão ser publicadas por ementas.

§ 2º Quando de idêntico conteúdo, as decisões e as ementas de acórdãos e de decisões poderão ser publicadas com única redação, indicando-se o número dos respectivos processos.

▸ §§ 1º e 2º acrescidos pela ER nº 6, de 12-8-2002.

Seção III-A

DO GABINETE DA REVISTA

▸ Seção III-A acrescida pela ER nº 34, de 8-5-2019.

Art. 129-A. O Gabinete da Revista será responsável por editar as seguintes publicações repositório de jurisprudência:

I – *Revista do Superior Tribunal de Justiça*;

II – *Revista de Súmulas do Superior Tribunal de Justiça*;

III – Outras a critério do Ministro Diretor da Revista.

Art. 129-B. Mediante ato do Ministro Diretor da Revista, o Gabinete editará, ainda, as publicações especiais em memória de eventos relevantes do Tribunal, o Regimento Interno do Superior Tribunal de Justiça e a *Revista Jurídica do Superior Tribunal de Justiça*.

▸ Arts. 129-A e 129-B com a redação dada pela ER nº 34, de 8-5-2019.

Art. 130. *Revogado*. ER nº 10, de 11-11-2009.

Art. 131. Na *Revista do Superior Tribunal de Justiça* serão publicados em seu inteiro teor:

▸ *Caput* com a redação dada pela ER nº 1, de 23-5-1991.

I – os acórdãos selecionados pelo Ministro Diretor;

II – os atos normativos expedidos pelo Tribunal e pelo Conselho de Justiça Federal;

III – as Súmulas editadas pela Corte e pelas Seções.

▸ Incisos I a III com a redação dada pela ER nº 1, de 23-5-1991.

§ 1º As decisões sobre matéria constitucional e as que ensejarem a edição de Súmulas serão, também, publicadas em volumes seriados, distintos da publicação normal da *Revista*.

§ 2º A Comissão de Jurisprudência colaborará na seleção dos acórdãos a publicar, dando-se preferência aos que forem indicados pelos respectivos relatores.

▸ §§ 1º e 2º com a redação dada pela ER nº 1, de 23-5-1991.

§ 3º *Revogado*. ER nº 34, de 8-5-2019.

Art. 132. A direção da *Revista* é exercida por um Ministro, escolhido pelo Tribunal, nos termos do artigo 17 deste Regimento.

▸ *Caput* com a redação dada pela ER nº 4, de 2-12-1993.

Parágrafo único. No caso de vacância, o Tribunal escolherá outro Ministro para completar o período.

▸ Parágrafo único com a redação dada pela ER nº 1, de 23-5-1991.

Art. 133. São repositórios autorizados as publicações de entidades oficiais ou particulares, habilitadas na forma deste Regimento.

Art. 134. Para a habilitação prevista no artigo anterior, o representante ou editor responsável pela publicação solicitará inscrição por escrito ao Ministro Diretor da Revista, com os seguintes elementos:

I – denominação, sede e endereço da pessoa jurídica que edita a revista;

II – nome de seu diretor ou responsável;

III – um exemplar dos três números antecedentes ao mês do pedido de inscrição, dispensáveis no caso de a Biblioteca do Tribunal já os possuir;

IV – compromisso de os acórdãos selecionados para publicação corresponderem, na íntegra, às cópias fornecidas, gratuitamente, pelo Tribunal, autorizada a supressão do nome das partes e seus advogados.

Parágrafo único. Poderão ser credenciadas como repositório da jurisprudência, para os efeitos do § 1º, *b*, do artigo 255 deste Regimento, publicações especializadas, sem a obrigação de divulgar a jurisprudência deste Tribunal.

Art. 135. O deferimento da inscrição implicará a obrigação de fornecer, gratuitamente, dois exemplares de cada publicação subsequente à Biblioteca do Tribunal.

Art. 136. A inscrição poderá ser cancelada a qualquer tempo, por conveniência do Tribunal.

Art. 137. As publicações inscritas poderão mencionar seu registro como repositórios autorizados de divulgação dos julgados do Tribunal.

Art. 138. A direção da Revista manterá em dia o registro das inscrições e cancelamentos, articulando-se com a Biblioteca para efeito de acompanhar o atendimento da obrigação prevista no artigo 135.

▸ Arts. 133 a 138 com a redação dada pela ER nº 1, de 23-5-1991.

TÍTULO II – DAS PROVAS

CAPÍTULO I

DISPOSIÇÃO GERAL

Art. 139. A proposição, admissão e produção de provas, no Tribunal, obedecerão às leis processuais, observados os preceitos especiais deste título.

CAPÍTULO II

DOS DOCUMENTOS E INFORMAÇÕES

Art. 140. Se a parte não puder instruir, desde logo, suas alegações, por impedimento ou demora em obter certidões ou cópias autenticadas de notas ou registros em estabelecimentos públicos, o relator conceder-lhe-á prazo para esse fim ou as requisitará diretamente àqueles estabelecimentos.

Art. 141. *Revogado*. ER nº 22, de 16-3-2016.

Art. 142. Em caso de impugnação, ou por determinação do relator, as partes deverão provar a fidelidade da transcrição de textos de leis e demais atos do poder público, bem como a vigência e o teor de normas pertinentes à causa, quando emanarem de Estado estrangeiro, de organismo internacional, ou, no Brasil, de Estados e Municípios.

Art. 143. A parte será intimada por publicação no *Diário da Justiça eletrônico* ou, se o relator o determinar, pela forma indicada no art. 87 deste Regimento, para pronunciar-se sobre documento juntado pela parte contrária, após a última intervenção dela no processo.

▸ Artigo com a redação dada pela ER nº 22, de 16-3-2016.

Art. 144. Os Ministros poderão solicitar esclarecimentos ao advogado, durante o julgamento, sobre peças dos autos e sobre as citações que tiver feito de textos legais, de precedentes judiciais e de trabalhos doutrinários.

CAPÍTULO III

DA APRESENTAÇÃO DE PESSOAS E OUTRAS DILIGÊNCIAS

Art. 145. Quando, em qualquer processo, for necessária a apresentação da parte ou de terceiro que não tiver atendido à notificação, a Corte Especial, a Seção, a Turma ou o relator poderá expedir ordem de condução de recalcitrante.

Art. 146. Observar-se-ão as formalidades da lei na realização de exames periciais, arbitramentos, buscas e apreensões, na exibição e conferência de documentos e em quaisquer outras diligências determinadas ou deferidas pela Corte Especial, pela Seção, pela Turma ou pelo relator.

CAPÍTULO IV
DOS DEPOIMENTOS

Art. 147. Os depoimentos poderão ser gravados com a utilização de recursos audiovisuais, e os termos de audiência serão assinados no ato pelo relator, pelo depoente, pelo membro do Ministério Público e pelos advogados.

► *Caput* com a redação dada pela ER nº 35, de 8-5-2019.

§ 1º Admite-se a prática de atos processuais por meio de videoconferência ou de outro recurso tecnológico de transmissão de sons e imagens em tempo real.

§ 2º Aplica-se o disposto neste artigo ao interrogatório.

► §§ 1º e 2º acrescidos pela ER nº 22, de 16-3-2016.

TÍTULO III – DAS SESSÕES

CAPÍTULO I
DISPOSIÇÕES GERAIS

Art. 148. O Plenário reúne-se, mediante convocação do Presidente, quando houver matéria em pauta.

Parágrafo único. Haverá sessão da Corte Especial, de Seção ou de Turmas nos dias designados e, extraordinariamente, mediante convocação especial.

Art. 149. Nas sessões, o Presidente tem assento na parte central da mesa de julgamento, ficando o representante do Ministério Público à sua direita. Os demais Ministros sentar-se-ão, pela ordem de antiguidade, alternadamente, nos lugares laterais, a começar pela direita.

§ 1º Se o Presidente do Tribunal comparecer à Seção ou à Turma, para julgar processo a que estiver vinculado, assumirá a sua presidência.

§ 2º Havendo juiz convocado, este tomará o lugar do Ministro mais moderno; se houver mais de um juiz convocado, a antiguidade será regulada na seguinte ordem:

a) pela data da convocação;

b) pela posse no Tribunal de origem.

Art. 150. As sessões ordinárias começarão às quatorze horas, podendo ser prorrogadas após as dezoito horas, sempre que o serviço o exigir.

Parágrafo único. Em caso de acúmulo de processos pendentes de julgamento, poderá a Seção ou a Turma marcar o prosseguimento da sessão para o subsequente dia livre, considerando-se intimados os interessados, mediante o anúncio em sessão.

► Parágrafo único com a redação dada pela ER nº 1, de 23-5-1991.

Art. 151. As sessões e votações serão públicas, ressalvada a hipótese prevista no artigo 93, IX, da Constituição Federal e as disposições inscritas nos artigos 182, 183 e 184 deste Regimento.

§ 1º Os advogados ocuparão a tribuna para formular requerimento, produzir sustentação oral, ou para responder às perguntas que lhes forem feitas pelos Ministros.

§ 2º Aos advogados é facultado requerer que conste de ata sua presença na sessão de julgamento, podendo prestar esclarecimentos em matéria de fato.

§ 3º Os advogados deverão usar beca sempre que ocuparem a tribuna.

Art. 152. Nas sessões do Plenário, da Corte Especial, de Seção e de Turma, observar-se-á a seguinte ordem, no que couber:

I – verificação do número de Ministros;

II – leitura, discussão e aprovação da ata da sessão anterior;

III – indicações e propostas;

IV – julgamento dos processos.

Art. 153. Os processos conexos poderão ser objeto de um só julgamento, fazendo-se a oportuna apensação.

Parágrafo único. Os processos que versem sobre a mesma questão jurídica, ainda que apresentem aspectos peculiares, poderão ser julgados conjuntamente.

► Parágrafo único com a redação dada pela ER nº 1, de 23-5-1991.

Art. 154. No julgamento das ações penais originárias, das revisões criminais, dos pedidos de intervenção federal, dos recursos especiais, dos embargos de divergência, dos recursos ordinários, dos mandados de segurança, dos recursos ordinários em mandados de segurança, dos mandados de injunção e das ações rescisórias, o relator distribuirá, sempre que possível, por meio eletrônico, cópia do relatório aos demais integrantes do órgão julgador.

► Artigo com a redação dada pela ER nº 24, de 28-9-2016.

Art. 155. Os julgamentos a que este Regimento ou a lei não derem prioridade serão realizados, preferencialmente, segundo a ordem de conclusão dos feitos, nos termos da legislação processual.

► *Caput* com a redação dada pela ER nº 22, de 16-3-2016.

Parágrafo único. *Revogado*. ER nº 22, de 16-3-2016.

Art. 156. A Secretaria atenderá, preferencialmente, à ordem cronológica de recebimento dos pronunciamentos judiciais para sua publicação e efetivação, nos termos da legislação processual.

► Artigo com a redação dada pela ER nº 22, de 16-3-2016.

Art. 157. Quando deferida preferência solicitada pelo representante do Ministério Público, para processo em que houver medida liminar ou acautelatória, o julgamento far-se-á com prioridade.

Art. 158. O pedido de sustentação oral deverá ser requerido à coordenadoria do órgão julgador:

► *Caput* com a redação dada pela ER nº 28, de 6-12-2017.

I – até dois dias úteis após a publicação da pauta, com preferência sobre as demais sustentações, respeitada a ordem de inscrição, e sem prejuízo das preferências legais e regimentais;

II – ainda que ultrapassado o prazo previsto no inciso anterior, o pedido de sustentação oral poderá ser feito até o início da sessão.

► Incisos I e II acrescidos pela ER nº 28, de 6-12-2017.

§ 1º Terão preferência para a sustentação oral, na seguinte ordem, mediante comprovação de sua condição, aqueles com necessidades especiais; as gestantes, as lactantes, enquanto perdurar o estado gravídico ou o período de amamentação; as adotantes, as que derem à luz, pelo período de 120 dias (art. 7º-A da Lei nº 8.906, de 4 de julho de 1994); e os idosos com idade igual ou superior a sessenta anos.

► § 1º com a redação dada pela ER nº 25, de 13-12-2016.

§ 2º O Plenário poderá disciplinar o uso de videoconferência ou de outro recurso tecnológico de transmissão de sons e imagens em tempo real, para realização de sustentação oral.

► § 2º com a redação dada pela ER nº 28, de 6-12-2017.

Art. 159. Não haverá sustentação oral no julgamento de:

► *Caput* com a redação dada pela ER nº 22, de 16-3-2016.

I – embargos declaratórios;

II – arguição de suspeição;

III – tutela de urgência requerida no Superior Tribunal de Justiça, em caráter antecedente;

IV – agravo, salvo expressa disposição legal em contrário;

V – exceção de suspeição;

VI – exceção de impedimento;

VII – medidas protetivas de urgência – Lei Maria da Penha;

VIII – medidas protetivas – Estatuto do Idoso;

IX – pedido de busca e apreensão criminal;

X – pedido de quebra de sigilo de dados e/ou telefônico;

XI – cautelar inominada criminal;

XII – alienação de bens do acusado;

XIII – embargos de terceiro;

XIV – embargos do acusado;

XV – insanidade mental do acusado;

XVI – restituição de coisas apreendidas;

XVII – pedido de uniformização de interpretação de lei;

XVIII – prisão preventiva;

XIX – prisão temporária.

► Incisos I a XIX acrescidos pela ER nº 22, de 16-3-2016.

§ 1º Nos demais julgamentos, o Presidente da Corte Especial, da Seção ou da Turma, feito o relatório dará a palavra, sucessivamente, ao autor, recorrente ou impetrante, e ao réu, recorrido ou impetrado, para sustentação de suas alegações.

§ 2º Se o representante do Ministério Público estiver agindo como fiscal da lei, fará uso da palavra após o recorrente e o recorrido.

Art. 160. Nos casos do § 1º do artigo anterior, assim como no agravo interno (art. 259), cada uma das partes falará pelo tempo máximo de quinze minutos, excetuados os julgamentos da ação penal originária, na qual o prazo será de uma hora (art. 229, V), e do agravo regimental em matéria penal (art. 258), no qual o tempo máximo será de cinco minutos.

► *Caput* com a redação dada pela ER nº 41, de 26-9-2022.

§ 1º O representante do Ministério Público terá prazo igual ao das partes, quando em tal situação processual estiver agindo.

§ 2º Se houver litisconsortes não representados pelo mesmo advogado, o prazo será contado em dobro e dividido igualmente entre os do mesmo grupo, se diversamente não o convencionarem.

§ 3º O opoente falará após as partes originárias e pelo mesmo prazo.

§ 4º O assistente, na ação penal pública, falará depois do representante do Ministério Público, a menos que o recurso seja dele.

§ 5º O representante do Ministério Público falará depois do autor da ação penal privada.

§ 6º Se, em ação penal, houver recurso de corréus, em posição antagônica, cada grupo terá prazo completo para falar.

§ 7º Nos processos criminais, havendo corréus que sejam coautores do delito, se não tiverem o mesmo defensor, o prazo será contado em dobro e dividido igualmente entre os defensores, salvo se convencionarem outra divisão do tempo.

§ 8º Admitida a intervenção de terceiros nas hipóteses de recurso especial repetitivo, fica-lhes facultado produzir sustentação oral, observado o § 2º deste artigo.

▶ § 8º acrescido pela ER nº 20, de 2-12-2015.

Art. 161. Cada Ministro poderá falar duas vezes sobre o assunto em discussão e mais uma vez, se for o caso, para explicar a modificação de voto. Nenhum falará sem que o Presidente lhe conceda a palavra, nem interromperá aquele que a estiver usando.

§ 1º Em qualquer fase do julgamento, posterior ao relatório ou à sustentação oral, poderão os julgadores pedir esclarecimentos ao relator, ao revisor e aos advogados dos litigantes, quando presentes, sobre fatos e circunstâncias pertinentes à matéria em debate, ou, ainda, pedir vista dos autos, caso em que o julgamento será suspenso. Surgindo questão nova, o próprio relator poderá pedir a suspensão do julgamento por uma única oportunidade.

▶ Parágrafo único transformado em § 1º pela ER nº 33, de 8-5-2019.

§ 2º Havendo segundo pedido de vista dos autos, o pleito será tido como coletivo, de modo que o prazo de sessenta dias constante do art. 162 deste Regimento será contado de forma conjunta, beneficiando-se da prorrogação do prazo por trinta dias apenas os Ministros que a requererem.

§ 3º O pedido de vista coletivo impede a posterior solicitação de vista de qualquer Ministro.

§ 4º O julgador poderá proferir seu voto-vista mesmo que os Ministros que o antecedem na ordem de votação ainda não estejam habilitados para tal.

▶ §§ 2º a 4º acrescidos pela ER nº 33, de 8-5-2019.

Art. 162. Nos julgamentos, o pedido de vista não impede votem os Ministros que se tenham por habilitados a fazê-lo, e o Ministro que o formular restituirá os autos ao Presidente do Órgão Julgador dentro de, no máximo, sessenta dias a contar do momento em que os autos lhe forem disponibilizados, devendo prosseguir o julgamento do feito na sessão subsequente ao fim do prazo, com ou sem o voto-vista.

▶ *Caput* com a redação dada pela ER nº 17, de 17-12-2014.

§ 1º O prazo a que se refere o *caput* poderá ser prorrogado por trinta dias, mediante requerimento fundamentado ao Colegiado.

§ 2º O prazo de restituição dos autos ficará suspenso nos períodos de recesso e de férias coletivas.

§ 3º O julgamento que tiver sido iniciado prosseguirá, computando-se os votos já proferidos pelos Ministros, mesmo que não compareçam ou hajam deixado o exercício do cargo, ainda que o Ministro afastado seja o relator.

▶ §§ 1º a 3º com a redação dada pela ER nº 17, de 17-12-2014.

§ 4º Não participará do julgamento o Ministro que não tiver assistido à sustentação oral.

§ 5º Se, para efeito do *quorum* ou desempate na votação, for necessário o voto de Ministro que não tenha assistido à sustentação oral, esta será renovada, computando-se os votos proferidos.

§ 6º Nos casos de julgamento de declaração de inconstitucionalidade de lei ou ato normativo do Poder Público, recurso especial repetitivo, revisão de tese firmada em recurso repetitivo, incidente de assunção de competência e revisão de tese firmada em incidente de assunção de competência, se o órgão julgador entender necessária a tomada de votos de Ministros que não assistiram à sustentação oral, aplicar-se-á o disposto no parágrafo anterior.

§ 7º Se estiver ausente o Ministro que houver comparecido ao início do julgamento, mas ainda não tiver votado, o seu voto será dispensado, desde que obtidos suficientes votos concordantes sobre todas as questões.

▶ §§ 4º a 7º com a redação dada pela ER nº 32, de 8-5-2019.

§ 8º Ausente o Presidente que iniciou o julgamento, este prosseguirá sob a presidência de seu substituto. Na Corte Especial ou na Seção, a substituição será feita por quem não houver proferido voto.

▶ § 8º acrescido pela ER nº 32, de 8-5-2019.

Art. 163. Concluído o debate oral, o Presidente tomará os votos do relator, do revisor, se houver, e dos outros Ministros, que os seguirem na ordem decrescente de antiguidade. Esgotada a lista, o imediato ao Ministro mais moderno será o mais antigo. Encerrada a votação, o Presidente proclamará a decisão.

Art. 164. As questões preliminares serão julgadas antes do mérito, deste não se conhecendo se incompatível com a decisão daquelas.

§ 1º Se, antes ou no curso do relatório, algum dos Ministros suscitar preliminar, será ela, antes de julgada, discutida pelas partes, que poderão usar da palavra. Se não for acolhida, o relator fará o relatório, prosseguindo-se no julgamento.

§ 2º Quando a preliminar versar nulidade suprível, converter-se-á o julgamento em diligência e o relator, se for necessário, ordenará a remessa dos autos à instância inferior, para os fins de direito.

Art. 165. Se for rejeitada a preliminar, ou, se embora acolhida, não vedar a apreciação do mérito, seguir-se-ão a discussão e o julgamento da matéria principal, e sobre ela também proferirão votos os Ministros vencidos na anterior conclusão.

Art. 166. Preferirá aos demais, com dia designado, o processo cujo julgamento houver sido suspenso, salvo se o adiamento tiver resultado de vista e se estiver aguardando a devolução dos autos.

Art. 167. O julgamento, uma vez iniciado, ultimar-se-á na mesma sessão, ainda que excedida a hora regimental.

Art. 168. A Corte Especial, a Seção ou a Turma poderão converter o julgamento em diligência, quando necessária à decisão da causa. Neste caso, o feito será novamente incluído em pauta.

▶ Artigo com a redação dada pela ER nº 1, de 23-5-1991.

CAPÍTULO II

DAS SESSÕES SOLENES

Art. 169. O Tribunal, pelo seu Plenário, reúne-se em sessão solene:

I – para dar posse aos Ministros e aos titulares de sua direção;

II – para celebrar acontecimentos de alta relevância, mediante convocação do Presidente.

Art. 170. O cerimonial das sessões será regulado por ato do Presidente.

CAPÍTULO III

DAS SESSÕES DO PLENÁRIO

Art. 171. O Plenário, que se reúne com a presença da maioria absoluta dos seus membros, é dirigido pelo Presidente do Tribunal.

Parágrafo único. Quando o Plenário se reunir para apreciar e deliberar a respeito das matérias inscritas no artigo 10, II, IV, V, VI e VII, deste Regimento, será observado o *quorum* de dois terços dos membros do Tribunal.

CAPÍTULO IV

DAS SESSÕES DA CORTE ESPECIAL

Art. 172. A Corte Especial, que se reúne com a presença da maioria absoluta de seus membros, é dirigida pelo Presidente do Tribunal.

Parágrafo único. No julgamento de matéria constitucional, intervenção federal, ação penal originária, sumulação de jurisprudência e alteração ou cancelamento de enunciado de súmula e incidente de assunção de competência, será exigida a presença de dois terços de seus membros.

▶ Parágrafo único com a redação dada pela ER nº 24, de 28-9-2016.

Art. 173. Terão prioridade no julgamento da Corte Especial:

I – as causas criminais, havendo réu preso;

II – o mandado de segurança, o mandado de injunção e o *habeas data*;

III – a requisição de intervenção federal nos Estados;

IV – as reclamações;

V – os conflitos de competência e de atribuições;

VI – recurso especial repetitivo.

▶ Inciso VI acrescido pela ER nº 22, de 16-3-2016.

Art. 174. Excetuados os casos em que se exige o voto de maioria qualificada, as decisões serão tomadas pelo voto da maioria dos Ministros.

Art. 175. O Presidente não proferirá voto, salvo:

I – nos casos em que o julgamento depender de *quorum* qualificado para apuração do resultado;

II – em matéria administrativa;

III – nos demais casos, quando ocorrer empate.

CAPÍTULO V

DAS SESSÕES DAS SEÇÕES

Art. 176. As Seções se reúnem com a presença da maioria absoluta de seus integrantes.

Parágrafo único. No julgamento da sumulação de jurisprudência e alteração ou cancelamento de súmula e incidente de assunção de competência, será exigida a presença de dois terços de seus membros.

► Parágrafo único com a redação dada pela ER nº 24, de 28-9-2016.

Art. 177. Terão prioridade no julgamento da Seção:

I – as causas criminais, havendo réu preso;

II – os *habeas corpus*;

III – o mandado de segurança e o *habeas data*;

IV – os conflitos de competência e de atribuições;

V – recurso especial repetitivo.

► Inciso V acrescido pela ER nº 22, de 16-3-2016.

Art. 178. Excetuados os casos em que se exige o voto da maioria absoluta dos seus membros, as decisões serão tomadas pelo voto da maioria dos Ministros.

CAPÍTULO VI
DAS SESSÕES DAS TURMAS

Art. 179. As Turmas reúnem-se com a presença de, pelo menos, três Ministros.

Art. 180. Terão prioridade no julgamento das Turmas:

I – as causas criminais, havendo réu preso;

II – os *habeas corpus*.

Art. 181. A decisão da Turma será tomada pelo voto da maioria absoluta dos seus membros.

§ 1º O Presidente da Turma participa dos seus julgamentos com as funções de relator, revisor e vogal.

§ 2º Não alcançada a maioria de que trata este artigo, será adiado o julgamento para o fim de ser tomado o voto do Ministro ausente.

§ 3º Persistindo a ausência, ou havendo vaga, impedimento ou licença, por mais de um mês, convocar-se-á Ministro de outra Turma (artigo 55).

§ 4º No *habeas corpus* e no recurso em *habeas corpus*, havendo empate, prevalecerá a decisão mais favorável ao paciente.

CAPÍTULO VII
DAS SESSÕES ADMINISTRATIVAS E DE CONSELHO

Art. 182. Observado o disposto no artigo 151, serão reservadas as sessões:

I – quando o Presidente ou algum dos Ministros pedir que a Corte Especial, a Seção ou Turma se reúna em Conselho;

II – quando convocadas pelo Presidente para assunto administrativo ou da economia interna do Tribunal.

Art. 183. As sessões do Conselho de Administração serão reservadas.

Parágrafo único. Nenhuma pessoa, além dos Ministros, será admitida às sessões reservadas do Conselho de Administração e nos casos do inciso II do artigo anterior.

Art. 184. As decisões tomadas em sessão administrativa serão motivadas, sendo as disciplinares tomadas pelo voto da maioria absoluta dos membros do órgão julgador.

TÍTULO III-A – DO JULGAMENTO VIRTUAL

► Título III-A acrescido pela ER nº 27, de 13-12-2016.

CAPÍTULO I
DISPOSIÇÕES GERAIS

► Capítulo I acrescido pela ER nº 27, de 13-12-2016.

Art. 184-A. *Ficam criados órgãos julgadores virtuais assíncronos correspondentes à Corte Especial, às Seções e às Turmas do Superior Tribunal de Justiça, com a finalidade de julgamento eletrônico de recursos e ações originárias.*

► *Caput* do art. 184-A com a redação dada pela ER nº 45, de 28-8-2024.

§ 1º Todos os recursos e demais processos de competência do Tribunal poderão, a critério do relator, ser submetidos a julgamento em listas de processos em ambiente eletrônico assíncrono,

com exceção dos processos autuados nas seguintes classes:

I – Ação Penal Originária (APn);

II – Inquérito Originário (Inq);

III – Queixa Crime (QC);

IV – Embargos de Divergência em Recurso Especial (EREsp) e Embargos de Divergência em Agravo em Recurso Especial (EAREsp) quando a proposição de qualquer Ministro integrante do colegiado seja de enfrentamento do mérito do recurso.

► Parágrafo único transformado em § 1º e com a redação dada pela ER nº 45, de 28-8-2024.

§ 2º Os recursos internos poderão ser julgados em sessão virtual assíncrona independentemente da classe processual.

§ 3º As partes e demais habilitados nos autos, por intermédio de seus representantes, poderão encaminhar as respectivas sustentações orais e memoriais por meio eletrônico, após a publicação da pauta, em até 48 horas antes de iniciado o julgamento em ambiente virtual assíncrono.

§ 4º No caso de pedido de destaque feito por qualquer Ministro, o relator encaminhará o processo ao órgão colegiado competente para continuidade do julgamento em ambiente síncrono, com publicação de nova pauta, computando-se os votos proferidos pelos Ministros que não componham mais o Tribunal ou o órgão colegiado.

§ 5º Na hipótese prevista no § 4º, por decisão da maioria do colegiado em questão de ordem, o Ministro sucessor proferirá voto substitutivo nos casos em que surja fato novo não apreciado pelo Ministro sucedido.

§ 6º Em caso de excepcional urgência, o Presidente do Superior Tribunal de Justiça, os Presidentes das Seções ou os Presidentes das Turmas poderão convocar sessão virtual assíncrona extraordinária, com prazo de duração fixado no respectivo ato convocatório.

§ 7º Ato do Presidente do Tribunal regulamentará os procedimentos das sessões virtuais assíncronas.

► §§ 2º a 7º acrescidos pela ER nº 45, de 28-8-2024.

Art. 184-B. As sessões virtuais devem estar disponíveis para acesso às partes, a seus advogados, aos defensores públicos e aos membros do Ministério Público na página do Superior Tribunal de Justiça na internet, mediante identificação eletrônica.

► *Caput* com a redação dada pela ER nº 40, de 29-4-2021.

§§ 1º e 2º *Revogados. ER nº 45, de 28-8-2024.*

Art. 184-C. As sessões virtuais contemplarão as seguintes etapas:

► *Caput* do art. 184-C acrescido pela ER nº 27, de 13-12-2016.

I – inclusão do processo, pelo relator, na plataforma eletrônica para julgamento;

► Inciso I acrescido pela ER nº 27, de 13-12-2016.

II – publicação da pauta no Diário da Justiça eletrônico com a informação da inclusão do processo, ressalvadas as hipóteses em que este regimento admita a apresentação em mesa para julgamento;

► Inciso II com a redação dada pela ER nº 45, de 28-8-2024.

III – início das sessões virtuais, que coincidirá, preferencialmente, com as sessões ordinárias dos respectivos órgãos colegiados, restringindo-se, no caso das Turmas, às sessões ordinárias de terça-feira;

► Inciso III com a redação dada pela ER nº 36, de 24-3-2020.

IV – fim do julgamento, que corresponderá ao sétimo dia corrido do início do julgamento.

► Inciso IV acrescido pela ER nº 27, de 13-12-2016.

CAPÍTULO II
DO PROCEDIMENTO PARA JULGAMENTO VIRTUAL

► Capítulo II acrescido pela ER nº 27, de 13-12-2016.

Art. 184-D. O relator no julgamento virtual incluirá os dados do processo na plataforma eletrônica do STJ com a indicação do Órgão Julgador, acompanhados do relatório e do voto do processo.

Parágrafo único. A pauta será publicada no *Diário da Justiça eletrônico* cinco dias úteis antes do início da sessão de julgamento virtual, prazo no qual:

I – é facultado aos integrantes do Órgão Julgador expressar a não concordância com o julgamento virtual;

II – as partes, por meio de advogado devidamente constituído, bem como o Ministério Público e os defensores públicos poderão apresentar memoriais e, de forma fundamentada, manifestar oposição ao julgamento virtual ou solicitar sustentação oral, observado o disposto no art. 159.

► Art. 184-D acrescido pela ER nº 27, de 13-12-2016.

Art. 184-E. *Transcorrido o prazo previsto no parágrafo único do art. 184-D, de maneira automática, além das sustentações orais e dos memoriais, será dada publicidade, no sistema da sessão virtual assíncrona, ao relatório e voto do relator e dos demais Ministros, à medida que forem apresentados, ressalvadas as hipóteses de sigilo.*

► *Caput* com a redação dada pela ER nº 45, de 28-8-2024.

Parágrafo único. *Os Ministros integrantes do respectivo órgão julgador decidirão, no prazo de sete dias corridos, os processos incluídos na sessão ordinária de julgamento eletrônico assíncrona.*

► Parágrafo único acrescido pela ER nº 45, de 28-8-2024.

Art. 184-F. Somente serão computados os votos expressamente manifestados.

► *Caput* com a redação dada pela ER nº 39, de 29-4-2021.

§ 1º *Revogado.* ER nº 39, de 29-4-2021.

§ 2º O processo será excluído da pauta de julgamento virtual nas hipóteses em que, no prazo do parágrafo único do art. 184-D, qualquer integrante do Órgão Julgador expresse não concordância com o julgamento virtual.

- § 2º com a redação dada pela ER nº 41, de 26-9-2022.

§ 3º Aplicam-se ao julgamento virtual, no que couber, as disposições dos arts. 55 e 103, § 6º.

- § 3º com a redação dada pela ER nº 39, de 29-4-2021.

§ 4º Não alcançado o quórum na votação, o julgamento será suspenso e incluído na sessão virtual imediatamente subsequente.

- § 4º acrescido pela ER nº 39, de 29-4-2021.

Art. 184-G. Findo o prazo de sete dias corridos de que trata o art. 184-E, o sistema contará os votos e lançará, de forma automatizada, na plataforma eletrônica, o resultado do julgamento.

Art. 184-H. Caberá às Coordenadorias dos Órgãos Julgadores a finalização dos acórdãos relativos aos processos julgados em sessões virtuais, disponibilizando-os, lavrados, para assinatura dos Ministros.

- Arts. 184-G e 184-H acrescidos pela ER nº 27, de 13-12-2016.

Art. 184-I. *Os julgamentos em ambiente virtual assíncrono poderão ocorrer por unanimidade ou por maioria, desde que observado o quórum regimental mínimo.*

Art. 184-J. *Os Ministros poderão pedir vista na forma deste regimento interno, podendo o julgamento prosseguir em ambiente virtual, assíncrono, salvo se houver destaque para a sessão síncrona.*

- Arts. 184-I e 184-J acrescidos pela ER nº 45, de 28-8-2024.

TÍTULO IV – DAS AUDIÊNCIAS

Art. 185. Serão públicas as audiências:

I – do Presidente ou do relator para ouvir pessoas ou entidades com experiência e conhecimento em matéria de interesse para a fixação ou alteração de tese repetitiva ou de enunciado de súmula;

- Inciso I com a redação dada pela ER nº 22, de 16-3-2016.

II – do relator, para instrução do processo, salvo exceção legal.

Art. 186. O Ministro que presidir a audiência deliberará sobre o que lhe for requerido, ressalvada a competência da Corte Especial, da Seção, da Turma e dos demais Ministros.

§ 1º Respeitada a prerrogativa dos advogados e dos membros do Ministério Público, nenhum dos presentes se dirigirá ao Presidente da audiência, a não ser de pé e com a sua licença.

§ 2º O Secretário da audiência fará constar em ata o que nela ocorrer.

§ 3º A audiência pública prevista no inciso I do art. 185 será presidida pelo Ministro que a convocou, facultada a delegação a outro Ministro.

§ 4º O Ministro que convocou a audiência prevista no inciso I do art. 185 divulgará, com antecedência mínima de trinta dias, as orientações gerais sobre o procedimento a ser adotado, observado o seguinte:

I – o despacho convocatório da audiência pública será amplamente divulgado e delimitará a(s) questão(ões) objeto de debate, fixará prazo para a indicação das pessoas a serem ouvidas e determinará a notificação dos Ministros do respectivo Órgão Julgador e o encaminhamento de convites a pessoas ou a entidades que possuam estreita relação com a questão a ser apresentada;

II – será garantida a participação de pessoas ou de entidades que defendam diferentes opiniões relativas à matéria objeto da audiência pública;

III – caberá ao Ministro que presidir a audiência pública selecionar as pessoas que serão ouvidas, divulgar a lista dos habilitados, determinar a ordem dos trabalhos, fixar o tempo de que cada um disporá para se manifestar e zelar, na medida do possível, pela garantia de pluralidade de expositores;

IV – os depoentes deverão limitar-se à questão em debate;

V – os trabalhos da audiência pública serão registrados e juntados aos autos do processo e ao projeto de súmula e disponibilizados no sítio eletrônico do Tribunal;

VI – os casos omissos serão resolvidos pelo Ministro que convocou a audiência.

- §§ 3º e 4º acrescidos pela ER nº 22, de 16-3-2016.

TÍTULO V – DOS PROCESSOS SOBRE COMPETÊNCIA

CAPÍTULO I

DA RECLAMAÇÃO

Art. 187. Para preservar a competência do Tribunal, garantir a autoridade de suas decisões e a observância de julgamento proferido em incidente de assunção de competência, caberá reclamação da parte interessada ou do Ministério Público desde que, na primeira hipótese, haja esgotado a instância ordinária.

- *Caput* com a redação dada pela ER nº 24, de 28-9-2016.

Parágrafo único. A reclamação, dirigida ao Presidente do Tribunal e instruída com prova documental, será autuada e distribuída ao relator da causa principal, sempre que possível.

Art. 188. Ao despachar a reclamação, o relator:

I – requisitará informações da autoridade a quem for imputada a prática do ato impugnado, a qual as prestará no prazo de dez dias;

II – ordenará, se necessário, para evitar dano irreparável, a suspensão do processo ou do ato impugnado;

III – determinará a citação do beneficiário da decisão impugnada, que terá quinze dias para apresentar contestação.

- Inciso III acrescido pela ER nº 22, de 16-3-2016.

Art. 189. Qualquer interessado poderá impugnar o pedido do reclamante.

Art. 190. O Ministério Público, nas reclamações que não houver formulado, terá vista do processo por cinco dias, após o decurso do prazo para informações e para oferecimento da contestação pelo beneficiário do ato impugnado.

- Artigo com a redação dada pela ER nº 22, de 16-3-2016.

Art. 191. Julgando procedente a reclamação, o Tribunal cassará a decisão exorbitante de seu julgado ou determinará medida adequada à preservação de sua competência.

Art. 192. O Presidente determinará o imediato cumprimento da decisão, lavrando-se o acórdão posteriormente.

CAPÍTULO II

DO CONFLITO DE COMPETÊNCIA E DE ATRIBUIÇÕES

Art. 193. O conflito de competência poderá ocorrer entre autoridades judiciárias; o de atribuições, entre autoridades judiciárias e administrativas.

Art. 194. Dar-se-á o conflito nos casos previstos nas leis processuais.

Art. 195. O conflito poderá ser suscitado pela parte interessada, pelo Ministério Público, ou por qualquer das autoridades conflitantes.

Art. 196. Poderá o relator, de ofício, ou a requerimento de qualquer das partes, determinar, quando o conflito for positivo, seja sobrestado o processo, e, neste caso, bem assim no de conflito negativo, designar um dos órgãos para resolver, em caráter provisório, as medidas urgentes.

Art. 197. Sempre que necessário, o relator mandará ouvir as autoridades em conflito no prazo de dez dias.

Art. 198. Prestadas ou não as informações, o relator dará vista do processo ao Ministério Público, pelo prazo de quinze dias, e, após, apresentá-lo-á em mesa para julgamento.

- *Caput* com a redação dada pela ER nº 1, de 23-5-1991.

§ 1º Da decisão será dada ciência, antes mesmo da lavratura do acórdão, por via telegráfica, aos órgãos envolvidos no conflito.

§ 2º No caso de conflito entre relatores ou Turmas integrantes de Seções diversas, ou entre estas, feita a distribuição, proceder-se-á, no que couber, na forma estabelecida no presente capítulo.

TÍTULO VI – DA DECLARAÇÃO DE INCONSTITUCIONALIDADE DE LEI OU DE ATO NORMATIVO DO PODER PÚBLICO

Art. 199. Se, por ocasião do julgamento perante a Corte Especial, for arguida a inconstitucionalidade de lei ou ato normativo do poder público, suspender-se-á o julgamento, a fim de ser tomado o parecer do Ministério Público, no prazo de quinze dias.

§ 1º Devolvidos os autos e lançado o relatório, serão eles encaminhados ao Presidente da Corte Especial para designar a sessão de julgamento. A Secretaria distribuirá cópias autenticadas do relatório aos Ministros.

§ 2º Proclamar-se-á a inconstitucionalidade ou a constitucionalidade do preceito ou ato impugnado, se num ou noutro sentido se tiver manifestado a maioria absoluta dos membros da Corte Especial.

§ 3º Se não for alcançada a maioria absoluta necessária à declaração de inconstitucionalidade, estando ausentes Ministros em número que possa influir no julgamento, este será suspenso, a fim de aguardar-se o comparecimento dos Ministros ausentes, até que se atinja o *quorum*; não atingido, desta forma, o *quorum*, será convocado Ministro não integrante da Corte, observada a ordem de antiguidade (artigo 162, § 3º).

§ 4º Cópia do acórdão será, no prazo para sua publicação, remetida à Comissão de Jurisprudência que, após registrá-lo, ordenará a sua publicação na Revisa do Tribunal.

Art. 200. A Seção ou a Turma remeterá o feito ao julgamento da Corte Especial quando a maioria acolher arguição de inconstitucionalidade por ela ainda não decidida.

§ 1º Acolhida a arguição, será publicado o acórdão, ouvido, em seguida, o representante do Ministério Público, em quinze dias.

§ 2º Devolvidos os autos, observar-se-á o disposto nos §§ 1º e 3º do artigo anterior.

§ 3º O relator, ainda que não integre a Corte Especial, dela participará no julgamento do incidente, excluindo-se o Ministro mais moderno.

TÍTULO VII – DAS GARANTIAS CONSTITUCIONAIS

CAPÍTULO I – DO *HABEAS CORPUS*

Art. 201. O relator requisitará informações do apontado coator, no prazo que fixar, podendo, ainda:

I – nomear advogado para acompanhar e defender oralmente o pedido, se o impetrante não for bacharel em Direito;

II – ordenar diligências necessárias a instrução do pedido;

III – se convier ouvir o paciente, determinar sua apresentação à sessão do julgamento;

IV – no *habeas corpus* preventivo, expedir salvo-conduto em favor do paciente, até decisão do feito, se houver grave risco de consumar-se a violência.

Art. 202. Instruído o processo e ouvido o Ministério Público em dois dias, o relator o colocará em mesa para julgamento, na primeira sessão da Turma, da Seção ou da Corte Especial, ou, se a matéria for objeto de jurisprudência consolidada do Superior Tribunal de Justiça ou do Supremo Tribunal Federal, poderá decidir monocraticamente.

▸ *Caput* com a redação dada pela ER nº 16, de 19-11-2014.

§ 1º Opondo-se o paciente, não se conhecerá do pedido.

§ 2º As comunicações de prisão aplicam-se o procedimento previsto neste artigo e, no que couber, as disposições do presente capítulo.

Art. 203. O Tribunal poderá, de ofício:

I – se convier ouvir o paciente, determinar sua apresentação à sessão de julgamento;

II – expedir ordem de *habeas corpus*, quando, no curso de qualquer processo, verificar que alguém sofre ou está na iminência de sofrer coação ilegal.

Art. 204. A decisão concessiva de *habeas corpus* será imediatamente comunicada às autoridades a quem couber cumpri-la, sem prejuízo da remessa de cópia do acórdão.

§ 1º A comunicação, mediante ofício ou telegrama, bem como o salvo-conduto, em caso de ameaça de violência ou coação, serão firmados pelo Presidente do órgão julgador que tiver concedido a ordem.

§ 2º Na hipótese de anulação do processo, poderá o Tribunal ou o juiz aguardar o recebimento da cópia do acórdão para o efeito de renovação dos atos processuais.

Art. 205. Ordenada a soltura do paciente, em virtude de *habeas corpus*, a autoridade que, por má-fé ou evidente abuso de poder, tiver determinado a coação, será condenada nas custas, remetendo-se ao Ministério Público traslado das peças necessárias à propositura da ação penal.

Art. 206. O carcereiro ou o diretor da prisão, o escrivão, o oficial de Justiça ou a autoridade judiciária, policial ou militar, que embaraçarem ou procrastinarem o encaminhamento do pedido de *habeas corpus*, ou as informações sobre a causa da violência, coação ou ameaça, serão multados na forma da legislação processual vigente, sem prejuízo de outras sanções penais ou administrativas.

Art. 207. Havendo desobediência ou retardamento abusivo no cumprimento da ordem de *habeas corpus*, de parte do detentor ou carcereiro, o Presidente do Tribunal, Seção ou da Turma expedirá mandado contra o desobediente e oficiará ao Ministério Público, a fim de que promova a ação penal.

Parágrafo único. Na hipótese deste artigo, a Seção, a Turma ou respectivo Presidente tomará as providências necessárias ao cumprimento da decisão, com emprego dos meios legais cabíveis, e determinará, se necessário, a apresentação do paciente ao relator ou ao juiz por ele designado.

Art. 208. As fianças que tiverem de ser prestadas perante o Tribunal serão processadas e julgadas pelo relator, a menos que este delegue essa atribuição a outro magistrado.

Art. 209. Se, pendente o processo de *habeas corpus*, cessar a violência ou coação, julgar-se-á prejudicado o pedido, podendo, porém, o Tribunal declarar a ilegalidade do ato e tomar as providências cabíveis para punição do responsável.

Art. 210. Quando o pedido for manifestamente incabível, ou for manifesta a incompetência do Tribunal para dele tomar conhecimento originariamente, ou for reiteração de outro com os mesmos fundamentos, o relator o indeferirá liminarmente.

CAPÍTULO II – DO MANDADO DE SEGURANÇA

Art. 211. O mandado de segurança, de competência originária do Tribunal, terá seu processo iniciado por petição em duplicata que preencherá os requisitos legais e conterá a indicação precisa da autoridade a quem se atribua o ato impugnado.

§ 1º A segunda via da inicial será instruída com cópias de todos os documentos, autenticadas pelo requerente e conferidas pela Secretaria do Tribunal.

§ 2º Se o requerente afirmar que o documento necessário à prova de suas alegações se acha em repartição ou estabelecimento público, ou em poder de autoridade que lhe recuse certidão, o relator requisitará, preliminarmente, por ofício, a exibição do documento, em original ou cópia autenticada, no prazo de dez dias. Se a autoridade indicada pelo requerente for a coatora, a requisição se fará no próprio instrumento da notificação.

§ 3º Nos casos do parágrafo anterior, a Secretaria do Tribunal mandará extrair tantas cópias do documento quantas se tornarem necessárias à instrução do processo.

Art. 212. Se for manifesta a incompetência do Tribunal, ou manifestamente incabível a segurança, ou se a petição inicial não atender aos requisitos legais, ou excedido o prazo estabelecido no artigo 18, da Lei nº 1.533, de 1951, poderá o relator indeferir, desde logo, o pedido.

▸ A Lei nº 1.533, de 31-12-1951, foi revogada pela Lei nº 12.016, de 7-8-2009 (Lei do Mandado de Segurança Individual e Coletivo).

Art. 213. Ao despachar a inicial, o relator mandará ouvir a autoridade apontada coatora, mediante ofício, acompanhado da segunda via da petição, instruída com as cópias dos documentos, a fim de que preste informações, no prazo de dez dias.

§ 1º Se o relator entender relevante o fundamento do pedido, e do ato impugnado puder resultar a ineficácia da medida, caso deferida, ordenará a respectiva suspensão liminar até o julgamento.

§ 2º Havendo litisconsortes, a citação far-se-á, também, mediante ofício, para o que serão apresentadas tantas cópias quantos forem os citados. O ofício será remetido pelo correio, através de carta registrada, com aviso de recepção, a fim de ser juntado aos autos.

§ 3º A Secretaria juntará aos autos cópia autenticada do ofício e prova de sua remessa ao destinatário.

Art. 214. Transcorrido o prazo de dez dias do pedido de informações, com ou sem estas, serão os outros encaminhados ao Ministério Público que emitirá parecer no prazo de cinco dias.

Parágrafo único. Devolvidos os autos, o relator, em cinco dias, pedirá dia para julgamento, ou, se a matéria for objeto de jurisprudência consolidada do Superior Tribunal de Justiça ou do Supremo Tribunal Federal, poderá decidir monocraticamente.

▸ Parágrafo único com a redação dada pela ER nº 16, de 19-11-2014.

Art. 215. Os processos de mandado de segurança terão prioridade sobre todos os feitos, salvo *habeas corpus*.

CAPÍTULO III – DO MANDADO DE INJUNÇÃO E DO *HABEAS DATA*

Art. 216. No mandado de injunção e no *habeas data*, serão observadas as normas da legislação de regência. Enquanto estas não forem promulgadas, observar-se-ão, no que couber, o Código de Processo Civil e a Lei nº 1.533, de 31 de dezembro de 1951.

▸ A Lei nº 1.533, de 31-12-1951, foi revogada pela Lei nº 12.016, de 7-8-2009 (Lei do Mandado de Segurança Individual e Coletivo).

TÍTULO VII-A – DOS PROCESSOS ORIUNDOS DE ESTADOS ESTRANGEIROS

▸ Título VII-A acrescido pela ER nº 18, de 17-12-2014.

CAPÍTULO I – DA HOMOLOGAÇÃO DE DECISÃO ESTRANGEIRA

▸ Capítulo com a denominação dada pela ER nº 24, de 28-9-2016.

Art. 216-A. É atribuição do Presidente do Tribunal homologar decisão estrangeira, ressalvado o disposto no art. 216-K.

▸ *Caput* com a redação dada pela ER nº 24, de 28-9-2016.

§ 1º Serão homologados os provimentos não judiciais que, pela lei brasileira, tiverem natureza de sentença.

► § 1º acrescido pela ER nº 18, de 17-12-2014.

§ 2º As decisões estrangeiras poderão ser homologadas parcialmente.

► § 2º com a redação dada pela ER nº 24, de 28-9-2016.

Art. 216-B. A decisão estrangeira não terá eficácia no Brasil sem a prévia homologação do Superior Tribunal de Justiça.

Art. 216-C. A homologação da decisão estrangeira será proposta pela parte requerente, devendo a petição inicial conter os requisitos indicados na lei processual, bem como os previstos no art. 216-D, e ser instruída com o original ou cópia autenticada da decisão homologanda e de outros documentos indispensáveis, devidamente traduzidos por tradutor oficial ou juramentado no Brasil e chancelados pela autoridade consular brasileira competente, quando for o caso.

► Arts. 216-B e 216-C com a redação dada pela ER nº 24, de 28-9-2016.

Art. 216-D. A decisão estrangeira deverá:

► *Caput* com a redação dada pela ER nº 24, de 28-9-2016.

I – ter sido proferida por autoridade competente;

II – conter elementos que comprovem terem sido as partes regularmente citadas ou ter sido legalmente verificada a revelia;

III – ter transitado em julgado.

► Incisos I a III acrescidos pela ER nº 18, de 17-12-2014.

Art. 216-E. Se a petição inicial não preencher os requisitos exigidos nos artigos anteriores ou apresentar defeitos ou irregularidades que dificultem o julgamento do mérito, o Presidente assinará prazo razoável para que o requerente a emende ou complete.

Parágrafo único. Após a intimação, se o requerente ou o seu procurador não promover, no prazo assinalado, ato ou diligência que lhe for determinada no curso do processo, será este arquivado pelo Presidente.

► Art. 216-E acrescido pela ER nº 18, de 17-12-2014.

Art. 216-F. Não será homologada a decisão estrangeira que ofender a soberania nacional, a dignidade da pessoa humana e/ou a ordem pública.

Art. 216-G. Admitir-se-á a tutela provisória nos procedimentos de homologação de decisão estrangeira.

► Arts. 216-F e 216-G com a redação dada pela ER nº 24, de 28-9-2016.

Art. 216-H. A parte interessada será citada para, no prazo de quinze dias, contestar o pedido.

Parágrafo único. A defesa somente poderá versar sobre a inteligência da decisão alienígena e a observância dos requisitos indicados nos arts. 216-C, 216-D e 216-F.

Art. 216-I. Revel ou incapaz o requerido, dar-se-lhe-á curador especial, que será pessoalmente notificado.

Art. 216-J. Apresentada contestação, serão admitidas réplica e tréplica em cinco dias.

Art. 216-K. Contestado o pedido, o processo será distribuído para julgamento pela Corte Especial, cabendo ao relator os demais atos relativos ao andamento e à instrução do processo.

Parágrafo único. O relator poderá decidir monocraticamente nas hipóteses em que já houver jurisprudência consolidada da Corte Especial a respeito do tema.

► Arts. 216-H a 216-K acrescidos pela ER nº 18, de 17-12-2014.

Art. 216-L. O Ministério Público terá vista dos autos pelo prazo de quinze dias, podendo impugnar o pedido.

► Artigo com a redação dada pela ER nº 24, de 28-9-2016.

Art. 216-M. Das decisões do Presidente ou do relator caberá agravo.

► Artigo acrescido pela ER nº 18, de 17-12-2014.

Art. 216-N. A decisão estrangeira homologada será executada por carta de sentença no Juízo Federal competente.

► Artigo com a redação dada pela ER nº 24, de 28-9-2016.

CAPÍTULO II
DA CONCESSÃO DE *EXEQUATUR* A CARTAS ROGATÓRIAS

► Capítulo II acrescido pela ER nº 18, de 17-12-2014.

Art. 216-O. É atribuição do Presidente conceder *exequatur* a cartas rogatórias, ressalvado o disposto no art. 216-T.

§ 1º Será concedido *exequatur* à carta rogatória que tiver por objeto atos decisórios ou não decisórios.

§ 2º Os pedidos de cooperação jurídica internacional que tiverem por objeto atos que não ensejem juízo deliberatório do Superior Tribunal de Justiça, ainda que denominados de carta rogatória, serão encaminhados ou devolvidos ao Ministério da Justiça para as providências necessárias ao cumprimento por auxílio direto.

Art. 216-P. Não será concedido *exequatur* à carta rogatória que ofender a soberania nacional, a dignidade da pessoa humana e/ou a ordem pública.

Art. 216-Q. A parte requerida será intimada para, no prazo de quinze dias, impugnar o pedido de concessão do *exequatur*.

§ 1º A medida solicitada por carta rogatória poderá ser realizada sem ouvir a parte requerida, quando sua intimação prévia puder resultar na ineficiência da cooperação internacional.

§ 2º No processo de concessão do *exequatur*, a defesa somente poderá versar sobre a autenticidade dos documentos, a inteligência da decisão e a observância dos requisitos previstos neste Regimento.

Art. 216-R. Revel ou incapaz a parte requerida, dar-se-lhe-á curador especial.

► Arts. 216-O a 216-R acrescidos pela ER nº 18, de 17-12-2014.

Art. 216-S. O Ministério Público terá vista dos autos nas cartas rogatórias pelo prazo de quinze dias, podendo impugnar o pedido de concessão do *exequatur*.

► Artigo com a redação dada pela ER nº 24, de 28-9-2016.

Art. 216-T. Havendo impugnação ao pedido de concessão de *exequatur* a carta rogatória de ato decisório, o Presidente poderá determinar a distribuição dos autos do processo para julgamento pela Corte Especial.

Art. 216-U. Das decisões do Presidente ou do relator na concessão de *exequatur* a carta rogatória caberá agravo.

Art. 216-V. Após a concessão do *exequatur*, a carta rogatória será remetida ao Juízo Federal competente para cumprimento.

§ 1º Das decisões proferidas pelo Juiz Federal competente no cumprimento da carta rogatória caberão embargos, que poderão ser opostos pela parte interessada ou pelo Ministério Público Federal no prazo de dez dias, julgando-os o Presidente deste Tribunal.

§ 2º Os embargos de que trata o parágrafo anterior poderão versar sobre qualquer ato referente ao cumprimento da carta rogatória, exceto sobre a própria concessão da medida ou o seu mérito.

Art. 216-W. Da decisão que julgar os embargos cabe agravo.

Parágrafo único. O Presidente ou o relator do agravo, quando possível, poderá ordenar diretamente o atendimento à medida solicitada.

Art. 216-X. Cumprida a carta rogatória ou verificada a impossibilidade de seu cumprimento, será devolvida ao Presidente deste Tribunal no prazo de dez dias, e ele a remeterá, em igual prazo, por meio do Ministério da Justiça ou do Ministério das Relações Exteriores, à autoridade estrangeira de origem.

► Arts. 216-T a 216-X acrescidos pela ER nº 18, de 17-12-2014.

TÍTULO VIII – DAS AÇÕES ORIGINÁRIAS

CAPÍTULO I
DA AÇÃO PENAL ORIGINÁRIA

Art. 217. Nos crimes de ação penal pública, o Ministério Público terá o prazo de quinze dias para oferecer denúncia ou pedir arquivamento do inquérito ou das peças informativas.

§ 1º Diligências complementares poderão ser deferidas pelo relator, com interrupção do prazo deste artigo.

§ 2º Se o indiciado estiver preso:

a) o prazo para oferecimento da denúncia será de cinco dias;

b) as diligências complementares não interromperão o prazo, salvo se o relator, ao deferi-las, determinar o relaxamento da prisão.

Art. 218. O relator será o juiz da instrução, que se realizará segundo o disposto neste capítulo, no Código de Processo Penal, no que for aplicável, e neste Regimento Interno.

Parágrafo único. O relator terá as atribuições que a legislação penal confere aos juízes singulares, podendo submeter diretamente à decisão do órgão colegiado competente as questões surgidas durante a instrução.

► Parágrafo único com a redação dada pela ER nº 2, de 4-6-1992.

Art. 219. Competirá ao relator:

I – determinar o arquivamento do inquérito ou das peças informativas, quando o requerer o Ministério Público, ou submeter o requerimento à decisão da Corte Especial;

II – decretar a extinção da punibilidade nos casos previstos em lei.

Art. 220. Apresentada a denúncia ou a queixa ao Tribunal, far-se-á a notificação do acusado para oferecer resposta no prazo de quinze dias.

§ 1º Com a notificação, serão entregues ao acusado cópia da denúncia ou da queixa, do despacho do relator e dos documentos por este indicados.

§ 2º Se desconhecido o paradeiro do acusado, ou se este criar dificuldades para que o oficial cumpra a diligência, proceder-se-á a sua notificação por edital, contendo o teor resumido da acusação, para que compareça ao Tribunal, em cinco dias, onde terá vista dos autos pelo prazo de quinze dias, a fim de apresentar a resposta prevista neste artigo.

Art. 221. Se, com a resposta, forem apresentados novos documentos, será intimada a parte contrária para sobre eles se manifestar no prazo de cinco dias.

Parágrafo único. Na ação penal de iniciativa privada, será ouvido, em igual prazo, o Ministério Público.

Art. 222. A seguir, o relator pedirá dia para que a Corte Especial delibere sobre o recebimento ou a rejeição da denúncia ou da queixa, ou sobre a improcedência da acusação, se a decisão não depender de outras provas.

§ 1º No julgamento de que trata este artigo, será facultada sustentação oral pelo prazo de quinze minutos, primeiro à acusação, depois à defesa.

§ 2º Encerrados os debates, a Corte Especial passará a deliberar, determinando o Presidente as pessoas que poderão permanecer no recinto, observado o disposto no artigo 229, VI.

Art. 223. Recebida a denúncia ou a queixa, o relator designará dia e hora para o interrogatório, mandando citar o acusado ou querelado, e intimar o órgão do Ministério Público, bem como o querelante ou o assistente, se for o caso.

Art. 224. O prazo para defesa prévia será de cinco dias, contado do interrogatório ou da intimação do defensor dativo.

Art. 225. A instrução obedecerá, no que couber, ao procedimento comum do Código de Processo Penal.

§ 1º O relator poderá delegar a realização do interrogatório ou de outro ato da instrução a juiz ou membro de Tribunal do local de cumprimento da carta de ordem.

§ 2º Por expressa determinação do relator, as intimações poderão ser feitas por carta registrada com aviso de recebimento.

Art. 226. Concluída a inquirição de testemunhas, serão intimadas a acusação e a defesa, para requerimento de diligências no prazo de cinco dias.

▶ Súmulas nºs 158, 168, 315, 316 e 420 do STJ.

Art. 227. Realizadas as diligências ou não sendo estas requeridas nem determinadas pelo relator, serão intimadas a acusação e a defesa para, sucessivamente, apresentarem, no prazo de quinze dias, alegações escritas.

§ 1º Será comum o prazo do acusador e do assistente, bem como o dos corréus.

§ 2º Na ação penal de iniciativa privada, o Ministério Público terá vista, por igual prazo, após as alegações das partes.

§ 3º O relator poderá, após as alegações escritas, determinar, de ofício, a realização de provas reputadas imprescindíveis para o julgamento da causa.

Art. 228. Finda a instrução, o relator dará vista do processo às partes, pelo prazo de cinco dias, para requererem o que considerarem conveniente apresentar na sessão de julgamento.

§ 1º O relator apreciará e decidirá esses requerimentos para, em seguida, lançando relatório nos autos, encaminhá-los ao revisor, que pedirá dia para o julgamento.

§ 2º Ao designar a sessão de julgamento, o Presidente determinará a intimação das partes e das testemunhas cujos depoimentos o relator tenha deferido.

§ 3º A Secretaria expedirá cópias do relatório e fará sua distribuição aos Ministros.

Art. 229. Na sessão de julgamento, observar-se-á o seguinte:

I – a Corte Especial reunir-se-á com a presença de pelo menos dois terços de seus membros, excluído o Presidente;

II – aberta a sessão, apregoadas as partes e as testemunhas arroladas e admitidas, lançado o querelante que deixar de comparecer (Código de Processo Civil, artigo 29) e, salvo o caso do artigo 60, III, do Código de Processo Penal, proceder-se-á às demais diligências preliminares;

▶ Refere-se ao CPC/1973.

▶ Art. 93 do CPC/2015.

III – a seguir, o relator apresentará relatório do feito, resumindo as principais peças dos autos e a prova produzida. Se algum dos Ministros solicitar a leitura integral dos autos ou de partes deles, o relator poderá ordenar seja ela efetuada pelo Secretário;

IV – o relator passará a inquirir as testemunhas cujos depoimentos tenha deferido, podendo reperguntá-las os outros Ministros, o órgão do Ministério Público e as partes;

V – findas as inquirições e efetuadas as diligências que o relator ou Tribunal houver determinado, o Presidente dará a palavra, sucessivamente, ao querelante, se houver, ao órgão do Ministério Público e ao acusado, ou ao seu defensor, para sustentação oral, podendo cada um ocupar a tribuna durante uma hora, assegurado ao assistente um quarto do tempo da acusação;

VI – encerrados os debates, a Corte Especial passará a proferir o julgamento, podendo o Presidente limitar a presença no recinto às partes e aos seus advogados, ou somente a estes, se o interesse público o exigir.

Art. 230. O julgamento efetuar-se-á em uma ou mais sessões, a critério do Tribunal, observado, no que for aplicável, o disposto no Título XII do Livro I, do Código de Processo Penal (artigos 381 a 393 do Código de Processo Penal).

▶ O art. 393 do CPP foi revogado pela Lei nº 12.403, de 4-5-2011.

Art. 231. O acórdão será lavrado pelo relator e, se vencido este, pelo Ministro que for designado (artigo 52, II).

▶ Artigo com a redação dada pela ER nº 1, de 23-5-1991.

Art. 232. Nos casos em que somente se procede mediante queixa, considerar-se-á perempta a ação penal quando o querelante deixar de comparecer, sem motivo justificado, a qualquer ato a que deva estar presente, ou deixar de formular o pedido de condenação nas alegações finais, tudo na forma da lei processual.

CAPÍTULO II
DA AÇÃO RESCISÓRIA

Art. 233. A ação rescisória terá início por petição escrita, acompanhada de tantas cópias quantos forem os réus.

Art. 234. Distribuída a inicial, preenchendo esta os requisitos legais (Código de Processo Civil, arts. 319, 320, 330, 332 e 968), o relator mandará citar o réu, assinando-lhe prazo nunca inferior a quinze dias nem superior a trinta, para responder aos termos da ação.

▶ Artigo com a redação dada pela ER nº 22, de 16-3-2016.

Art. 235. Contestada a ação, ou transcorrido o prazo, o relator fará o saneamento do processo, deliberando sobre as provas requeridas.

Art. 236. O relator poderá delegar competência a juiz ou a membro de outro Tribunal do local onde deva ser produzida a prova, fixando prazo para a devolução dos autos.

Art. 237. Concluída a instrução, o relator abrirá vista, sucessivamente, ao autor e ao réu pelo prazo de dez dias, para razões finais, cabendo ao representante do Ministério Público emitir parecer após o prazo para as razões finais do autor e do réu; em seguida, o relator pedirá dia para julgamento.

▶ *Caput* com a redação dada pela ER nº 24, de 28-9-2016.

Parágrafo único. A Secretaria, ao ser incluído o feito em pauta, expedirá cópias autenticadas do relatório e as distribuirá entre os Ministros que compuserem o órgão do Tribunal competente para o julgamento.

Art. 238. A escolha de relator recairá, sempre que possível, em Ministro que não haja participado do julgamento rescindendo.

▶ Artigo com a redação dada pela ER nº 24, de 28-9-2016.

CAPÍTULO III
DA REVISÃO CRIMINAL

Art. 239. À Corte Especial caberá a revisão de decisões criminais que tiver proferido, e à Seção, das decisões suas e das Turmas.

Art. 240. No caso do inciso I, primeira parte, do artigo 621 do Código de Processo Penal, caberá a revisão, pelo Tribunal, do processo em que a condenação tiver sido por ele proferida ou mantida no julgamento de recurso especial, se seu fundamento coincidir com a questão federal apreciada.

Art. 241. A revisão terá início por uma petição instruída com a certidão de haver passado em julgado a decisão condenatória e com as peças necessárias à comprovação dos fatos arguidos, e será processada e julgada na forma da lei processual.

Art. 242. Dirigida ao Presidente, será a petição distribuída, quando possível, a um relator que não haja participado do julgamento objeto da revisão.

§ 1º O relator poderá determinar que se apensem os autos originais, se daí não advier dificuldade à execução normal da sentença.

§ 2º Não estando a petição suficientemente instruída, e julgando o relator inconveniente ao interesse da Justiça que se apensem os autos originais, este a indeferirá liminarmente.

Art. 243. Se a petição for recebida, será ouvido o Ministério Público, que dará parecer no prazo de dez dias. Em seguida, o relator, lançando relatório, passará os autos ao revisor, que pedirá dia para julgamento.

Parágrafo único. A Secretaria expedirá cópias do relatório e fará a sua distribuição aos Ministros.

TÍTULO IX – DOS RECURSOS

CAPÍTULO I

DOS RECURSOS ORDINÁRIOS

SEÇÃO I

DO RECURSO ORDINÁRIO EM **HABEAS CORPUS**

Art. 244. O recurso ordinário em *habeas corpus* será interposto na forma e no prazo estabelecidos na legislação processual vigente.

Art. 245. Distribuído o recurso, a Secretaria fará os autos com vista ao Ministério Público pelo prazo de dois dias.

Parágrafo único. Conclusos os autos ao relator, este submeterá o feito a julgamento na primeira sessão que se seguir à data da conclusão.

Art. 246. Será aplicado, no que couber, ao processo e julgamento do recurso, o disposto com relação ao pedido originário de *habeas corpus* (artigos 201 e seguintes).

SEÇÃO II

DO RECURSO ORDINÁRIO EM MANDADO DE SEGURANÇA

Art. 247. Aplicam-se ao recurso ordinário em mandado de segurança, quanto aos requisitos de admissibilidade e ao procedimento no Tribunal recorrido, as regras do art. 1.028 do Código de Processo Civil.

- Artigo com a redação dada pela ER nº 22, de 16-3-2016.

Art. 248. Distribuído o recurso, a Secretaria fará os autos com vista ao Ministério Público pelo prazo de cinco dias.

Parágrafo único. Conclusos os autos ao relator, este pedirá dia para julgamento.

SEÇÃO III

DO RECURSO ORDINÁRIO EM PROCESSOS EM QUE FOR PARTE ESTADO ESTRANGEIRO

- Denominação da Seção III com a redação dada pela ER nº 22, de 16-3-2016.

Art. 249. Aplicam-se ao recurso ordinário, quanto aos requisitos de admissibilidade e ao procedimento no Juízo de origem, as normas do Código de Processo Civil relativas à apelação, no que couber.

- Artigo com a redação dada pela ER nº 22, de 16-3-2016.

Art. 250. Distribuído o recurso ordinário, será aberta vista ao Ministério Público pelo prazo de vinte dias.

- *Caput* com a redação dada pela ER nº 22, de 16-3-2016.

Parágrafo único. Conclusos os autos ao relator, este pedirá dia para julgamento.

Art. 251. O recurso ordinário não será incluído em pauta antes do agravo de instrumento interposto do mesmo processo.

- Artigo com a redação dada pela ER nº 22, de 16-3-2016.

Art. 252. *Revogado*. ER nº 22, de 16-3-2016.

SEÇÃO IV

DO AGRAVO EM RECURSO ESPECIAL

- Denominação da Seção IV com a redação dada pela ER nº 16, de 19-11-2014.

Art. 253. O agravo interposto de decisão que não admitiu o recurso especial obedecerá, no Tribunal de origem, às normas da legislação processual vigente.

- *Caput* com a redação dada pela ER nº 16, de 19-11-2014.

Parágrafo único. Distribuído o agravo e ouvido, se necessário, o Ministério Público no prazo de cinco dias, o relator poderá:

- *Caput* do parágrafo único com a redação dada pela ER nº 16, de 19-11-2014.

I – não conhecer do agravo inadmissível, prejudicado ou daquele que não tenha impugnado especificamente todos os fundamentos da decisão recorrida;

- Inciso I com a redação dada pela ER nº 22, de 16-3-2016.

II – conhecer do agravo para:

- *Caput* do inciso II com a redação dada pela ER nº 22, de 16-3-2016.

a) não conhecer do recurso especial inadmissível, prejudicado ou daquele que não tenha impugnado especificamente todos os fundamentos da decisão recorrida;

b) negar provimento ao recurso especial que for contrário a tese fixada em julgamento de recurso repetitivo ou de repercussão geral, a entendimento firmado em incidente de assunção de competência, a súmula do Supremo Tribunal Federal ou do Superior Tribunal de Justiça ou, ainda, a jurisprudência dominante acerca do tema;

c) dar provimento ao recurso especial se o acórdão recorrido for contrário a tese fixada em julgamento de recurso repetitivo ou de repercussão geral, a entendimento firmado em incidente de assunção de competência, a súmula do Supremo Tribunal Federal ou do Superior Tribunal de Justiça ou, ainda, a jurisprudência dominante acerca do tema.

- Alíneas *a* a *c* com a redação dada pela ER nº 22, de 16-3-2016.

d) determinar sua autuação como recurso especial quando não verificada qualquer das hipóteses previstas nas alíneas *b* e *c*, observando-se, daí em diante, o procedimento relativo a esse recurso.

- Alínea *d* com a redação dada pela ER nº 16, de 19-11-2014.

SEÇÃO V

DO AGRAVO DE INSTRUMENTO

- Seção V acrescida pela ER nº 16, de 19-11-2014.

Art. 254. O agravo interposto de decisão interlocutória nas causas em que forem partes Estado estrangeiro ou organismo internacional de um lado e, do outro, Município ou pessoa residente ou domiciliada no País seguirá o disposto na legislação processual em vigor.

- Artigo com a redação dada pela ER nº 16, de 19-11-2014.

CAPÍTULO II

DO RECURSO ESPECIAL

Art. 255. O recurso especial será interposto na forma e no prazo estabelecido na legislação processual vigente e recebido no efeito devolutivo, salvo quando interposto do julgamento de mérito do incidente de resolução de demandas repetitivas, hipótese em que terá efeito suspensivo.

- *Caput* com a redação dada pela ER nº 22, de 16-3-2016.
- Súm. nº 13 do STJ.

§ 1º Quando o recurso fundar-se em dissídio jurisprudencial, o recorrente fará a prova da divergência com a certidão, cópia ou citação do repositório de jurisprudência, oficial ou credenciado, inclusive em mídia eletrônica, em que houver sido publicado o acórdão divergente, ou ainda com a reprodução de julgado disponível na internet, com indicação da respectiva fonte, devendo-se, em qualquer caso, mencionar as circunstâncias que identifiquem ou assemelhem os casos confrontados.

- § 1º com a redação dada pela ER nº 22, de 16-3-2016.

§ 2º *Revogado*. ER nº 22, de 16-3-2016.

§ 3º São repositórios oficiais de jurisprudência, para o fim do § 1º deste artigo, a Revista Trimestral de Jurisprudência do Supremo Tribunal Federal, a Revista do Superior Tribunal de Justiça e a Revista do Tribunal Federal de Recursos e, autorizados ou credenciados, os habilitados na forma do art. 134 e seu parágrafo único deste Regimento.

- § 3º com a redação dada pela ER nº 22, de 16-3-2016.

§ 4º Distribuído o recurso, o relator, após vista ao Ministério Público, se necessário, pelo prazo de vinte dias, poderá:

I – não conhecer do recurso especial inadmissível, prejudicado ou que não tiver impugnado especificamente os fundamentos da decisão recorrida;

II – negar provimento ao recurso especial que for contrário a tese fixada em julgamento de recurso repetitivo ou de repercussão geral, a entendimento firmado em incidente de assunção de competência, ou, ainda, a súmula ou jurisprudência consolidada do Supremo Tribunal Federal ou do Superior Tribunal de Justiça;

III – dar provimento ao recurso especial após vista ao recorrido, se o acórdão recorrido for contrário a tese fixada em julgamento de recurso repetitivo ou de repercussão geral, a entendimento firmado em incidente de assunção de competência ou, ainda, a súmula ou jurisprudência consolidada do Supremo Tribunal Federal ou do Superior Tribunal de Justiça.

- § 4º com a redação dada pela ER nº 24, de 28-9-2016.

§ 5º No julgamento do recurso especial, verificar-se-á, preliminarmente, se o recurso é cabível. Decidida a preliminar pela negativa, a Turma não conhecerá do recurso; se pela afirmativa, julgará a causa, aplicando o direito à espécie, com observância da regra prevista no art. 10 do Código de Processo Civil.

§ 6º Julgado o recurso especial criminal, a decisão favorável ao réu preso será imediatamente comunicada às autoridades a quem couber cumpri-la, sem prejuízo da remessa de cópia do acórdão.

- §§ 5º e 6º acrescidos pela ER nº 24, de 28-9-2016.

CAPÍTULO II-A

DO RECURSO ESPECIAL REPETITIVO

- Capítulo II-A acrescido pela ER nº 24, de 28-9-2016.

Seção I

DO RECURSO ESPECIAL REPRESENTATIVO DA CONTROVÉRSIA

▸ Seção I acrescida pela ER nº 24, de 28-9-2016.

Art. 256. Havendo multiplicidade de recursos especiais com fundamento em idêntica questão de direito, caberá ao presidente ou ao vice-presidente dos Tribunais de origem (Tribunal de Justiça ou Tribunal Regional Federal), conforme o caso, admitir dois ou mais recursos especiais representativos da controvérsia, que serão encaminhados ao Superior Tribunal de Justiça, ficando os demais processos, individuais ou coletivos, suspensos até o pronunciamento do STJ.

▸ *Caput* com a redação dada pela ER nº 24, de 28-9-2016.

§ 1º Os recursos especiais representativos da controvérsia serão selecionados pelo Tribunal de origem, que deverá levar em consideração o preenchimento dos requisitos de admissibilidade e, preferencialmente:

I – a maior diversidade de fundamentos constantes do acórdão e dos argumentos no recurso especial;

II – a questão de mérito que puder tornar prejudicadas outras questões suscitadas no recurso;

III – a divergência, se existente, entre órgãos julgadores do Tribunal de origem, caso em que deverá ser observada a representação de todas as teses em confronto.

§ 2º O Tribunal de origem, no juízo de admissibilidade:

I – delimitará a questão de direito a ser processada e julgada sob o rito do recurso especial repetitivo, com a indicação dos respectivos códigos de assuntos da Tabela Processual Unificada do Conselho Nacional de Justiça;

II – informará, objetivamente, a situação fática específica na qual surgiu a controvérsia;

III – indicará, precisamente, os dispositivos legais em que se fundou o acórdão recorrido;

IV – informará a quantidade de processos que ficarão suspensos na origem com a mesma questão de direito em tramitação no STJ;

V – informará se outros recursos especiais representativos da mesma controvérsia estão sendo remetidos conjuntamente, destacando, na decisão de admissibilidade de cada um deles, os números dos demais;

VI – explicitará, na parte dispositiva, que o recurso especial foi admitido como representativo da controvérsia.

▸ §§ 1º e 2º acrescidos pela ER nº 24, de 28-9-2016.

Art. 256-A. No Superior Tribunal de Justiça, os recursos especiais encaminhados pelos Tribunais de origem como representativos da controvérsia deverão receber identificação própria no sistema informatizado e, após as etapas de autuação e classificação, ser registrados ao Presidente do STJ.

Art. 256-B. Compete ao Presidente do STJ:

I – oficiar ao presidente ou ao vice-presidente do Tribunal de origem, conforme o caso, para complementar informações do recurso especial representativo da controvérsia;

II – abrir vista dos autos ao Ministério Público Federal para que, no prazo improrrogável de quinze dias, manifeste-se exclusivamente a respeito dos pressupostos de admissibilidade do recurso especial como representativo da controvérsia.

Art. 256-C. Com ou sem o parecer do Ministério Público Federal, o processo será concluso ao Presidente do STJ para que, no prazo de vinte dias, em despacho irrecorrível, decida se o recurso especial representativo da controvérsia preenche os requisitos do art. 256 deste Regimento.

Art. 256-D. Caso o Presidente do STJ admita o recurso especial, determinará a distribuição dos autos nos seguintes termos:

I – por dependência, para os recursos especiais representativos da controvérsia que contiverem a mesma questão de direito;

II – de forma livre, mediante sorteio automático, para as demais hipóteses.

Parágrafo único. O Superior Tribunal de Justiça manterá, em sua página na internet, em destaque, relação dos recursos especiais representativos da controvérsia aptos, com a respectiva descrição da questão de direito e com o número sequencial correspondente à controvérsia.

Art. 256-E. Compete ao relator do recurso especial representativo da controvérsia, no prazo máximo de sessenta dias úteis a contar da data de conclusão do processo, reexaminar a admissibilidade do recurso representativo da controvérsia a fim de:

I – rejeitar, de forma fundamentada, a indicação do recurso especial como representativo da controvérsia devido à ausência dos pressupostos recursais genéricos ou específicos e ao não cumprimento dos requisitos regimentais, observado o disposto no art. 256-F deste Regimento;

II – propor à Corte Especial ou à Seção a afetação do recurso especial representativo da controvérsia para julgamento sob o rito dos recursos repetitivos, nos termos do Código de Processo Civil e da Seção II deste Capítulo.

Art. 256-F. Caso o relator inadmita o recurso especial como representativo da controvérsia devido à ausência dos pressupostos recursais genéricos ou específicos ou ao não cumprimento dos requisitos previstos neste Regimento, indicará recursos especiais existentes em seu acervo em substituição ao recurso inadmitido ou determinará a comunicação ao presidente ou vice-presidente do Tribunal de origem para que remeta ao STJ, em substituição, dois ou mais recursos especiais aptos que tratem da mesma questão de direito.

§ 1º Será inadmitido na origem recurso especial que apresente o mesmo óbice de admissibilidade reconhecido pelo Presidente do STJ ou pelo relator no julgamento de recurso representativo de idêntica questão de direito.

§ 2º Os recursos especiais aptos encaminhados pelo Tribunal de origem em substituição, nos termos do *caput* deste artigo, seguirão, no STJ, o mesmo procedimento do recurso representativo da controvérsia.

§ 3º Os recursos anteriormente suspensos nos Tribunais de origem permanecerão nessa condição, contendo a indicação do número sequencial da controvérsia de que trata o parágrafo único do art. 256-D deste Regimento.

§ 4º Caso o relator inadmita o recurso especial representativo da controvérsia porque a matéria não é apta a julgamento repetitivo ou porque não caracterizada a multiplicidade de recursos capaz de ensejar a afetação do processo para julgamento pelo sistema dos recursos repetitivos à Seção ou à Corte Especial, os processos suspensos em todo o território nacional retomarão seu curso normal.

Art. 256-G. Não adotadas as providências previstas nos incisos I e II do art. 256-E deste Regimento no prazo estabelecido no seu *caput*, presumir-se-á que o recurso especial representativo da controvérsia teve sua indicação rejeitada pelo relator.

§ 1º A rejeição, expressa ou presumida, do recurso especial representativo da controvérsia será comunicada aos Ministros do STJ e aos presidentes ou vice-presidentes dos Tribunais de origem.

§ 2º Os processos suspensos em todo o território nacional em razão de recurso especial representativo da controvérsia rejeitado retomarão seu curso normal.

Art. 256-H. Os recursos especiais interpostos em julgamento de mérito do incidente de resolução de demandas repetitivas serão processados nos termos desta Seção, não se aplicando a presunção prevista no art. 256-G deste Regimento.

▸ Arts. 256-A a 256-H acrescidos pela ER nº 24, de 28-9-2016.

Seção II

DA COMPETÊNCIA PARA AFETAÇÃO E DO PROCEDIMENTO PREPARATÓRIO PARA O JULGAMENTO DO RECURSO ESPECIAL REPETITIVO

▸ Seção II acrescida pela ER nº 24, de 28-9-2016.

Art. 256-I. O recurso especial representativo da controvérsia apto, bem como o recurso especial distribuído cuja multiplicidade de processos com idêntica questão de direito seja reconhecida pelo relator, nos termos do art. 1.037 do Código de Processo Civil, será submetido pela Seção ou pela Corte Especial, conforme o caso, ao rito dos recursos repetitivos para julgamento, observadas as regras previstas no Capítulo II-B do Título IX da Parte I do Regimento Interno.

Parágrafo único. O Superior Tribunal de Justiça manterá, em sua página na internet, em destaque, relação dos recursos especiais afetados, com a respectiva descrição da questão de direito e com o número sequencial correspondente ao tema afetado.

Art. 256-J. O relator poderá solicitar informações aos Tribunais de origem a respeito da questão afetada e autorizar, em decisão irrecorrível, ante a relevância da matéria, a manifestação escrita de pessoas naturais ou jurídicas, órgãos ou entidades especializadas, com representatividade adequada, a serem prestadas no prazo improrrogável de quinze dias.

Art. 256-K. A fim de instruir o procedimento, pode o relator, nos termos dos arts. 185 e 186 deste Regimento, fixar data para ouvir pessoas ou entidades com experiência e conhecimento na matéria em audiência pública.

Art. 256-L. Publicada a decisão de afetação, os demais recursos especiais em tramitação no STJ fundados em idêntica questão de direito:

I – se já distribuídos, serão devolvidos ao Tribunal de origem, para nele permanecerem suspensos, por meio de decisão fundamentada do relator;

II – se ainda não distribuídos, serão devolvidos ao Tribunal de origem por decisão fundamentada do Presidente do STJ.

Art. 256-M. Após a publicação da decisão de afetação, será concedida vista dos autos ao Ministério Público Federal pelo prazo de quinze dias.

Parágrafo único. Com ou sem o parecer do Ministério Público Federal, o processo será concluso ao relator para elaboração do voto.

▸ Arts. 256-I a 256-M acrescidos pela ER nº 24, de 28-9-2016.

Seção III

DO JULGAMENTO DO RECURSO ESPECIAL REPETITIVO

▸ Seção III acrescida pela ER nº 24, de 28-9-2016.

Art. 256-N. Após a liberação do relator, o processo será incluído na pauta para julgamento na Seção ou na Corte Especial.

§ 1º O julgamento de recurso especial repetitivo terá preferência sobre os demais processos, ressalvados os casos de réu preso e os pedidos de habeas corpus e de mandado de segurança.

§ 2º Deve ser observado o prazo máximo de um ano para o julgamento do tema repetitivo, a contar da data da publicação da afetação.

§ 3º Quando o órgão julgador decidir questão relativa ao procedimento de recursos repetitivos ou à aplicação da sistemática da repercussão geral no Tribunal, os documentos relacionados ao julgamento serão disponibilizados ao Núcleo de Gerenciamento de Precedentes – NUGEP.

Art. 256-O. Desafetado o processo da sistemática do recurso repetitivo, deverão constar da decisão ou do resultado do julgamento as consequências desse ato e sua motivação.

§ 1º Caso não seja cancelado o tema, a decisão de que trata o *caput* explicitará, ainda, se há necessidade de envio de novos recursos representativos da controvérsia tratando da mesma questão de direito, em substituição, para julgamento do mérito do tema.

§ 2º A Secretaria comunicará o teor da decisão proferida nos termos do *caput* e do § 1º deste artigo aos Ministros integrantes do respectivo órgão julgador e aos Tribunais de origem.

§ 3º Os recursos especiais enviados em substituição serão distribuídos por dependência ao Ministro que determinou a desafetação do recurso especial ou ao sucessor do acervo, excetuada a hipótese de o Ministro não compor mais o órgão julgador competente para apreciar a matéria ou de alteração de competência para apreciação da matéria, caso em que o recurso será distribuído entre os integrantes do órgão julgador competente para apreciar a questão.

§ 4º Na hipótese do § 2º deste artigo, os recursos anteriormente suspensos permanecerão nessa condição, vinculados ao número do tema no STJ.

§ 5º Caso seja cancelado o tema, os processos suspensos em todo o território nacional retomarão seu curso normal.

Art. 256-P. O Presidente do respectivo órgão julgador velará pelo cumprimento dos prazos previstos neste capítulo.

Parágrafo único. A fim de dar cumprimento ao disposto no *caput*, quando ultrapassados oito meses a contar da publicação da decisão de afetação, o Presidente do órgão julgador determinará que seja cientificado o relator ou o Ministro que tiver pedido vista, respeitados os prazos do art. 162 deste Regimento.

Art. 256-Q. No julgamento de mérito do tema repetitivo, o relator ou o Ministro relator para acórdão delimitará objetivamente a tese firmada pelo órgão julgador.

§ 1º Alterada a tese firmada no julgamento de recurso interposto contra o acórdão citado no *caput*, proceder-se-á à nova delimitação com os fundamentos determinantes da tese.

§ 2º A decisão de que trata o § 1º deste artigo será objeto de comunicação aos Ministros do órgão julgador, ao Presidente do STJ e aos presidentes ou vice-presidentes dos Tribunais de origem.

§ 3º O acórdão deverá ser redigido nos termos do art. 104-A deste Regimento.

▸ Arts. 256-N a 256-Q acrescidos pela ER nº 24, de 28-9-2016.

Seção IV

DA PUBLICAÇÃO DO ACÓRDÃO

▸ Seção IV acrescida pela ER nº 24, de 28-9-2016.

Art. 256-R. O acórdão proferido no julgamento do recurso especial repetitivo gerará as seguintes consequências nos demais recursos especiais fundados em idêntica questão de direito:

I – se já distribuídos e não devolvidos à origem por trazerem outras questões além da afetada, serão julgados pelo relator, observada a tese firmada no julgamento de mérito do respetivo tema;

II – se ainda não distribuídos e não devolvidos à origem, serão julgados pelo Presidente do STJ;

III – se suspensos nas instâncias de origem, aplicam-se os arts. 1.040 e 1.041 do Código de Processo Civil.

Parágrafo único. O disposto no inciso III aplica-se a todos os processos que tratem de idêntica questão de direito, mesmo que não tenham sido objeto de suspensão.

▸ Art. 256-R acrescido pela ER nº 24, de 28-9-2016.

Seção V

DA REVISÃO DE ENTENDIMENTO FIRMADO EM TEMA REPETITIVO

▸ Seção V acrescida pela ER nº 24, de 28-9-2016.

Art. 256-S. É cabível a revisão de entendimento consolidado em enunciado de tema repetitivo, por proposta de Ministro integrante do respectivo órgão julgador ou de representante do Ministério Público Federal que oficie perante o Superior Tribunal de Justiça.

§ 1º A revisão ocorrerá nos próprios autos do processo julgado sob o rito dos recursos repetitivos, caso ainda esteja em tramitação, ou será objeto de questão de ordem, independentemente de processo a ela vinculado.

§ 2º A revisão de entendimento terá como relator o Ministro integrante do órgão julgador que a propôs ou o seu Presidente nos casos de proposta formulada pelo representante do Ministério Público Federal.

§ 3º O acórdão proferido na questão de ordem será inserido, como peça eletrônica complementar, no(s) processo(s) relacionado(s) ao enunciado de tema repetitivo.

Art. 256-T. O procedimento de revisão de entendimento será iniciado por:

I – decisão do Ministro proponente com a indicação expressa de se tratar de proposta de revisão de enunciado de tema repetitivo e exposição dos fundamentos da alteração da tese anteriormente firmada;

II – petição do representante do Ministério Público Federal dirigida ao relator do processo que ensejou a criação do tema, ou ao Presidente do órgão julgador, dependendo do caso, com os requisitos previstos no inciso I.

§ 1º No prazo de vinte dias, o relator do processo que ensejou a criação do tema ou o Presidente do órgão julgador decidirá se a proposta de revisão de entendimento preenche os requisitos deste artigo.

§ 2º Nos casos de propostas formuladas por Ministro do STJ, será concedida vista dos autos ao Ministério Público Federal pelo prazo improrrogável de quinze dias para manifestação sobre a revisão proposta.

Art. 256-U. Com ou sem o parecer do Ministério Público Federal, o processo será concluso ao relator ou ao Presidente do órgão julgador, conforme o caso, para julgamento.

Parágrafo único. A revisão deve observar, em relação ao julgamento e à publicação do acórdão, o disposto nas Seções III e IV deste Capítulo.

Art. 256-V. O Presidente do órgão julgador poderá propor, em questão de ordem, a revisão de entendimento consolidado em enunciado de tema repetitivo para adequação ao entendimento do Supremo Tribunal Federal em repercussão geral, em ação de controle concentrado de constitucionalidade, em enunciado de súmula vinculante e em incidente de assunção de competência.

§ 1º A revisão ocorrerá nos próprios autos do recurso julgado sob o rito dos repetitivos, caso ainda esteja em tramitação, ou será objeto de questão de ordem, independentemente de processo a ela vinculado.

§ 2º O acórdão proferido na questão de ordem será inserido, como peça eletrônica complementar, no(s) processo(s) relacionado(s) ao tema repetitivo.

▸ Arts. 256-S a 256-V acrescidos pela ER nº 24, de 28-9-2016.

Seção VI

DAS DISPOSIÇÕES FINAIS

▸ Seção VI acrescida pela ER nº 24, de 28-9-2016.

Art. 256-W. O Superior Tribunal de Justiça publicará, em sua página na internet, até o dia 15 de cada mês, relatório com o quantitativo de decisões proferidas pela Presidência com fundamento nos incisos I e II do art. 1.040 do Código de Processo Civil.

Parágrafo único. O relatório previsto no *caput* será encaminhado eletronicamente ao Conselho Nacional de Justiça.

Art. 256-X. As competências atribuídas ao Presidente do STJ neste capítulo podem ser delegadas ao Vice-Presidente e aos Presidentes das Seções, dentro de suas respectivas áreas de atuação.

§ 1º A delegação de que trata o *caput* far-se-á mediante ato do Presidente do Tribunal, se houver concordância do Presidente do respectivo Órgão Fracionário.

§ 2º Os Presidentes das Seções poderão indicar ao Presidente do Tribunal, para subdelegação, um membro integrante da respectiva Seção.

▸ Arts. 256-W a 256-X acrescidos pela ER nº 24, de 28-9-2016.

CAPÍTULO II-B

DA AFETAÇÃO DE PROCESSOS À SISTEMÁTICA DOS RECURSOS REPETITIVOS E DA ADMISSÃO DE INCIDENTE DE ASSUNÇÃO DE COMPETÊNCIA EM MEIO ELETRÔNICO.

▸ Capítulo II-B acrescido pela ER nº 24, de 28-9-2016.

Art. 257. É obrigatório ao relator o uso da ferramenta eletrônica de afetação do recurso especial à sistemática dos repetitivos e de admissão do incidente de assunção de competência, nos termos desse capítulo.

▸ Art. 257 com a redação dada pela ER nº 24, de 28-9-2016.

Art. 257-A. Incluída pelo relator, em meio eletrônico, a proposta de afetação ou de admissão do processo à sistemática dos recursos repetitivos ou da assunção de competência, os demais Ministros do respectivo órgão julgador terão o prazo de sete dias corridos para se manifestar sobre a proposição.

§ 1º Para a afetação ou admissão eletrônica, os Ministros deverão observar, entre outros requisitos, se o processo veicula matéria de competência do STJ, se preenche os pressupostos recursais genéricos e específicos, se não possui vício grave que impeça o seu conhecimento e, no caso da afetação do recurso à sistemática dos repetitivos, se possui multiplicidade de processos com idêntica questão de direito ou potencial de multiplicidade.

§ 2º Caso a maioria dos Ministros integrantes do respectivo órgão julgador decidam, na sessão eletrônica, pelo não preenchimento dos requisitos previstos no § 1º, a questão não será afetada ou admitida para julgamento repetitivo ou como assunção de competência, retornando os autos ao relator para decisão.

§ 3º Rejeitada a proposta de afetação ou de admissão porque a questão não é de competência do STJ, a matéria discutida no processo não será objeto de nova inclusão para afetação ou admissão eletrônica.

▸ Art. 257-A acrescido pela ER nº 24, de 28-9-2016.

Art. 257-B. Somente serão computados os votos expressamente manifestados.

▸ *Caput* com a redação dada pela ER nº 39, de 29-4-2021.

Parágrafo único. Não alcançado o quórum ou havendo empate na votação, o julgamento será suspenso e incluído na sessão virtual imediatamente subsequente.

▸ Parágrafo único acrescido pela ER nº 39, de 29-4-2021.

Art. 257-C. Findo o prazo de que trata o art. 257-A deste Regimento, o sistema contabilizará as manifestações e lançará, de forma automatizada, na plataforma eletrônica, suma com o resultado da deliberação colegiada sobre a afetação do processo à sistemática dos recursos repetitivos ou a admissão do incidente de assunção de competência.

Parágrafo único. Será afetado para julgamento pela sistemática dos recursos repetitivos ou admitido o incidente de assunção de competência à Corte Especial ou à Seção o processo que contar com o voto da maioria simples dos Ministros.

Art. 257-D. Afetado o recurso ou admitido o incidente, os dados serão incluídos no sistema informatizado do Tribunal, sendo-lhe atribuído número sequencial referente ao enunciado de tema.

Art. 257-E. Será publicada, no *Diário da Justiça eletrônico*, a decisão colegiada pela afetação do recurso ou pela admissão do incidente, acompanhada das manifestações porventura apresentadas pelos demais Ministros.

▸ Arts. 257-C a 257-E acrescidos pela ER nº 24, de 28-9-2016.

SEÇÃO I

DO AGRAVO REGIMENTAL EM MATÉRIA PENAL

▸ Seção I acrescida pela ER nº 24, de 28-9-2016.

Art. 258. A parte que se considerar agravada por decisão do Presidente da Corte Especial, de Seção, de Turma ou de relator, à exceção do indeferimento de liminar em procedimento de *habeas corpus* e recurso ordinário em *habeas corpus*, poderá requerer, dentro de cinco dias, a apresentação do feito em mesa relativo à matéria penal em geral, para que a Corte Especial, a Seção ou a Turma sobre ela se pronuncie, confirmando-a ou reformando-a.

▸ *Caput* com a redação dada pela ER nº 24, de 28-9-2016.

§ 1º O órgão do Tribunal competente para conhecer do agravo é o que seria competente para o julgamento do pedido ou recurso

§ 2º Não cabe agravo regimental da decisão do relator que der provimento a agravo de instrumento, para determinar a subida de recurso não admitido.

§ 3º O agravo regimental será submetido ao prolator da decisão, que poderá reconsiderá-la ou submeter o agravo ao julgamento da Corte Especial, da Seção ou da Turma, conforme o caso, computando-se também o seu voto.

§ 4º Se a decisão agravada for do Presidente da Corte Especial ou da Seção, o julgamento será presidido por seu substituto, que votará no caso de empate.

▸ §§ 3º e 4º acrescidos pela ER nº 24, de 28-9-2016.

SEÇÃO I-A

DO AGRAVO INTERNO

▸ Seção I-A acrescida pela ER nº 24, de 28-9-2016.

Art. 259. Contra decisão proferida por Ministro caberá agravo interno para que o respectivo órgão colegiado sobre ela se pronuncie, confirmando-a ou reformando-a.

§ 1º O órgão do Tribunal competente para conhecer do agravo é o que seria competente para o julgamento do pedido ou recurso.

§ 2º Na petição de agravo interno, o recorrente impugnará especificadamente os fundamentos da decisão agravada.

§ 3º O agravo será dirigido ao relator, que intimará o agravado para manifestar-se sobre o recurso no prazo de quinze dias, ao final do qual, não havendo retratação, o relator levá-lo-á a julgamento pelo órgão colegiado, com inclusão em pauta.

§ 4º Quando o agravo interno for declarado manifestamente inadmissível ou improcedente em votação unânime, o órgão colegiado, em decisão fundamentada, condenará o agravante a pagar ao agravado multa fixada entre 1% e 5% do valor atualizado da causa.

§ 5º A interposição de qualquer outro recurso está condicionada ao depósito prévio do valor da multa prevista no § 4º, à exceção da Fazenda Pública e do beneficiário de gratuidade da justiça, que farão o pagamento ao final.

§ 6º O agravo interno será submetido ao prolator da decisão, que poderá reconsiderá-la ou submeter o agravo ao julgamento da Corte Especial, da Seção ou da Turma, conforme o caso, computando-se também o seu voto.

§ 7º Se a decisão agravada for do Presidente da Corte Especial ou da Seção, o julgamento será presidido por seu substituto, que votará no caso de empate.

▸ Art. 259 com a redação dada pela ER nº 24, de 28-9-2016.

Parágrafo único. *Revogado.* ER nº 29, de 22-5-2018.

SEÇÃO II

DOS EMBARGOS INFRINGENTES

▸ Seção II revogada pela ER nº 22, de 16-3-2016.

Arts. 260 a 262. *Revogados.* ER nº 22, de 16-3-2016.

SEÇÃO III

DOS EMBARGOS DE DECLARAÇÃO

Art. 263. Cabem embargos de declaração contra qualquer decisão judicial, a serem opostos no prazo legal, para:

▸ *Caput* com a redação dada pela ER nº 22, de 16-3-2016.

I – esclarecer obscuridade ou eliminar contradição;

II – suprir omissão de ponto ou questão sobre a qual devia pronunciar-se o Órgão Julgador de ofício ou a requerimento; ou

III – corrigir erro material.

▸ Incisos I a III acrescidos pela ER nº 22, de 16-3-2016.

§ 1º O embargado será intimado para, querendo, manifestar-se, no prazo legal, sobre os embargos opostos, caso seu eventual acolhimento possa implicar a modificação da decisão embargada.

▸ § 1º com a redação dada pela ER nº 22, de 16-3-2016.

§ 2º *Revogado.* ER nº 22, de 16-3-2016.

Art. 264. Os embargos de declaração serão incluídos em pauta, salvo se opostos nas classes previstas no art. 91 deste Regimento ou nas demais classes criminais.

▸ *Caput* com a redação dada pela ER nº 24, de 28-9-2016.

§ 1º Se os embargos de declaração forem opostos contra decisão de relator ou outra decisão unipessoal, o Órgão Julgador da decisão embargada decidi-los-á monocraticamente.

§ 2º Quando manifestamente protelatórios os embargos de declaração, na forma do § 4º do art. 1.026 do Código de Processo Civil, condenar-se-á o embargante, em decisão fundamentada, a pagar ao embargado multa não excedente a 2% sobre o valor atualizado da causa.

▸ §§ 1º e 2º acrescidos pela ER nº 22, de 16-3-2016.

Art. 265. Os embargos de declaração interrompem o prazo para a interposição de recursos por qualquer das partes, salvo quando manifestamente protelatórios, na forma do § 4º do art. 1.026 do Código de Processo Civil.

▸ *Caput* com a redação dada pela ER nº 22, de 16-3-2016.

Parágrafo único. *Revogado*. ER nº 22, de 16-3-2016.

Seção IV

DOS EMBARGOS DE DIVERGÊNCIA

Art. 266. Cabem embargos de divergência contra acórdão de Órgão Fracionário que, em recurso especial, divergir do julgamento atual de qualquer outro Órgão Jurisdicional deste Tribunal, sendo:

▸ *Caput* com a redação dada pela ER nº 22, de 16-3-2016.

▸ Súmulas nºs 168, 315 e 316 do STJ.

I – os acórdãos, embargado e paradigma, de mérito;

II – um acórdão de mérito e outro que não tenha conhecido do recurso, embora tenha apreciado a controvérsia.

▸ Incisos I e II acrescidos pela ER nº 22, de 16-3-2016.

§ 1º Poderão ser confrontadas teses jurídicas contidas em julgamentos de recursos e de ações de competência originária.

§ 2º A divergência que autoriza a interposição de embargos de divergência pode verificar-se na aplicação do direito material ou do direito processual.

§ 3º Cabem embargos de divergência quando o acórdão paradigma for do mesmo Órgão Fracionário que proferiu a decisão embargada, desde que sua composição tenha sofrido alteração em mais da metade de seus membros.

§ 4º O recorrente provará a divergência com certidão, cópia ou citação de repositório oficial ou credenciado de jurisprudência, inclusive em mídia eletrônica, em que foi publicado o acórdão divergente, ou com a reprodução de julgado disponível na internet, indicando a respectiva fonte, e mencionará as circunstâncias que identificam ou assemelham os casos confrontados.

▸ §§ 1º a 4º com a redação dada pela ER nº 22, de 16-3-2016.

Art. 266-A. Os embargos de divergência serão juntados aos autos independentemente de despacho, e sua oposição interrompe o prazo para interposição de recurso extraordinário por qualquer das partes.

Art. 266-B. Se os embargos de divergência não forem providos ou não alterarem a conclusão do julgamento anterior, o recurso extraordinário interposto pela outra parte antes da publicação do julgamento dos embargos de divergência será processado e julgado independentemente de ratificação.

Art. 266-C. Sorteado o relator, ele poderá indeferir os embargos de divergência liminarmente se intempestivos ou se não comprovada ou não configurada a divergência jurisprudencial atual, ou negar-lhes provimento caso a tese deduzida no recurso seja contrária a fixada em julgamento de recurso repetitivo ou de repercussão geral, a entendimento firmado em incidente de assunção de competência, a súmula do Supremo Tribunal Federal ou do Superior Tribunal de Justiça ou, ainda, a jurisprudência dominante acerca do tema.

Art. 266-D. O Ministério Público, quando necessário seu pronunciamento sobre os embargos de divergência, terá vista dos autos por vinte dias.

▸ Arts. 266-A a 266-D acrescidos pela ER nº 22, de 16-3-2016.

Art. 267. Admitidos os embargos de divergência em decisão fundamentada, promover-se-á a publicação, no *Diário da Justiça eletrônico*, do termo de vista ao embargado, para apresentar impugnação nos quinze dias subsequentes.

▸ *Caput* com a redação dada pela ER nº 22, de 16-3-2016.

Parágrafo único. Impugnados ou não os embargos, serão os autos conclusos ao relator, que pedirá a inclusão do feito na pauta de julgamento.

CAPÍTULO IV

DOS RECURSOS PARA O SUPREMO TRIBUNAL FEDERAL

Art. 268. Das decisões do Tribunal são cabíveis os seguintes recursos para o Supremo Tribunal Federal:

I – recurso ordinário, nos casos previstos no artigo 102, II, *a*, da Constituição;

II – recurso extraordinário, nos casos previstos no artigo 102, III, *a*, *b*, e c, da Constituição.

Art. 269. Os recursos serão processados, no âmbito do Tribunal, na conformidade da legislação processual vigente e do Regimento Interno do Supremo Tribunal Federal.

Art. 270. O Presidente do Tribunal decidirá a respeito da admissibilidade do recurso.

Parágrafo único. Da decisão que não admitir o recurso, caberá agravo para o Supremo Tribunal Federal, salvo quando fundado na aplicação de entendimento firmado em regime de repercussão geral ou em julgamento de recurso repetitivo.

▸ Parágrafo único com a redação dada pela ER nº 24, de 28-9-2016.

TÍTULO X – DOS PROCESSOS INCIDENTES

CAPÍTULO I

DA SUSPENSÃO DE SEGURANÇA, DE LIMINAR E DE SENTENÇA

▸ Denominação do Capítulo com a redação dada pela ER nº 7, de 1º-3-2004.

Art. 271. Poderá o Presidente do Tribunal, a requerimento da pessoa jurídica de direito público interessada ou do Procurador-Geral da República, e para evitar grave lesão à ordem, à saúde, à segurança e à economia públicas, suspender, em despacho fundamentado, a execução de liminar ou de decisão concessiva de mandado de segurança, proferida, em única ou última instância, pelos Tribunais Regionais Federais ou pelos Tribunais dos Estados e do Distrito Federal.

Igualmente, em caso de manifesto interesse público ou de flagrante ilegitimidade e para evitar grave lesão à ordem, à saúde, à segurança e à economia públicas, poderá o Presidente do Tribunal suspender, em despacho fundamentado, a requerimento do Ministério Público ou da pessoa jurídica de direito público interessada, a execução da liminar nas ações movidas contra o Poder Público ou seus agentes que for concedida ou mantida pelos Tribunais Regionais Federais ou pelos Tribunais dos Estados e do Distrito Federal, inclusive em tutela antecipada, bem como suspender a execução de sentença proferida em processo de ação cautelar inominada, em processo de ação popular e em ação civil pública, enquanto não transitada em julgado.

▸ *Caput* com a redação dada pela ER nº 7, de 1º-3-2004.

§ 1º O Presidente poderá ouvir o impetrante, em cinco dias, e, o Procurador-Geral, quando este não for o requerente, em igual prazo.

▸ § 1º com a redação dada pela ER nº 1, de 23-5-1991.

§ 2º Da decisão a que se refere este artigo caberá agravo regimental, no prazo de cinco dias, para a Corte Especial.

▸ § 2º com a redação dada pela ER nº 12, de 1º-9-2010.

§ 3º A suspensão vigorará enquanto pender o recurso, ficando sem efeito se a decisão concessiva for mantida pelo Superior Tribunal de Justiça ou transitar em julgado.

▸ § 3º com a redação dada pela ER nº 1, de 23-5-1991.

CAPÍTULO I-A

DA SUSPENSÃO DE PROCESSOS EM INCIDENTE DE RESOLUÇÃO DE DEMANDAS REPETITIVAS

▸ Capítulo I-A acrescido pela ER nº 22, de 16-3-2016.

Art. 271-A. Poderá o Presidente do Tribunal, a requerimento do Ministério Público, da Defensoria Pública ou das partes de incidente de resolução de demandas repetitivas em tramitação, considerando razões de segurança jurídica ou de excepcional interesse social, suspender, em decisão fundamentada, todos os processos individuais ou coletivos em curso no território nacional que versem sobre a questão objeto do incidente.

§ 1º A parte de processo em curso em localidade de competência territorial diversa daquela em que tramita o incidente de resolução de demandas repetitivas deverá comprovar a inadmissão do incidente no Tribunal com jurisdição sobre o estado ou região em que tramite a sua demanda.

§ 2º O Presidente poderá ouvir, no prazo de cinco dias, o relator do incidente no Tribunal de origem e o Ministério Público Federal.

§ 3º A suspensão vigorará até o trânsito em julgado da decisão proferida no incidente de resolução de demanda repetitiva.

▸ Art. 271-A acrescido pela ER nº 22, de 16-3-2016.

CAPÍTULO I-B

DO INCIDENTE DE ASSUNÇÃO DE COMPETÊNCIA

▸ Capítulo I-B acrescido pela ER nº 24, de 28-9-2016.

Art. 271-B. O relator ou o Presidente proporá, de ofício ou a requerimento da parte, do Ministério Público ou da Defensoria Pública, na forma preconizada pelo Capítulo II-B do Título IX da Parte I do Regimento Interno, mediante decisão irrecorrível, a assunção de competência de julgamento de recurso, de remessa necessária ou de processo de competência originária que envolver relevante questão de direito, com grande repercussão social, sem repetição em múltiplos processos.

§ 1º A Corte Especial ou a Seção, conforme o caso, admitirá o recurso, a remessa necessária ou o processo de competência originária se reconhecer interesse público na assunção de competência.

§ 2º A desistência ou o abandono do processo não impedem o exame do mérito.

§ 3º Se não for o requerente, o Ministério Público intervirá obrigatoriamente no processo e deverá assumir sua titularidade em caso de desistência ou de abandono.

Art. 271-C. Na decisão que determinou a assunção de competência, o relator ou o Presidente identificará com precisão a questão a ser submetida a julgamento.

Art. 271-D. O relator ou o Presidente ouvirá as partes e os demais interessados, inclusive pessoas, órgãos e entidades com interesse na controvérsia, que, no prazo comum de quinze dias, poderão requerer a juntada de documentos, bem como as diligências necessárias para a elucidação da questão de direito controvertida; em seguida, manifestar-se-á o Ministério Público Federal no mesmo prazo.

§ 1º A fim de instruir o procedimento, pode o Presidente ou o relator, nos termos dos arts. 185 e 186 deste Regimento, fixar data para ouvir pessoas ou entidades com experiência e conhecimento na matéria em audiência pública.

§ 2º Concluídas as diligências, o Presidente ou o relator solicitará dia para julgamento do processo.

Art. 271-E. No julgamento do incidente de assunção de competência, a Corte Especial e as Seções se reunirão com o quórum mínimo de dois terços de seus membros.

Art. 271-F. O acórdão deverá ser redigido nos termos do art. 104-A deste Regimento.

Art. 271-G. O acórdão proferido, em assunção de competência, pela Corte Especial vinculará todos os órgãos do Tribunal e, pela Seção, vinculará as Turmas e Ministros que a compõem, exceto se houver revisão de tese.

Parágrafo único. O Superior Tribunal de Justiça manterá, em sua página na internet, em destaque, relação dos incidentes de assunção de competência pendentes de julgamento e julgados, com a indicação da respectiva descrição da questão de direito e com o número sequencial do incidente.

► Arts. 271-B a 271-G acrescidos pela ER nº 24, de 28-9-2016.

CAPÍTULO II
DOS IMPEDIMENTOS E DA SUSPEIÇÃO

Art. 272. Os Ministros se declararão impedidos ou suspeitos nos casos previstos em lei.

Parágrafo único. Poderá o Ministro, ainda, dar-se por suspeito se afirmar a existência de motivo de ordem íntima que, em consciência, o iniba de julgar.

Art. 273. Se a suspeição ou impedimento for do relator ou revisor, tal fato será declarado por despacho nos autos. Se for do relator, irá o processo ao Presidente, para nova distribuição; se do revisor, o processo passará ao Ministro que o seguir na ordem de antiguidade.

Parágrafo único. Nos demais casos, o Ministro declarará o seu impedimento verbalmente, registrando-se na ata a declaração.

Art. 274. A arguição de suspeição do relator poderá ser suscitada até quinze dias após a distribuição, quando fundada em motivo preexistente; no caso de motivo superveniente, o prazo de quinze dias será contado do fato que a ocasionou. A do revisor, em igual prazo, após a conclusão; a dos demais Ministros, até o início do julgamento.

Art. 275. A suspeição deverá ser deduzida em petição assinada pela própria parte, ou procurador com poderes especiais, indicando os fatos que a motivaram e acompanhada de prova documental e rol de testemunhas, se houver.

Art. 276. Se o Ministro averbado de suspeito for o relator e reconhecer a suspeição, por despacho nos autos, ordenará a remessa deles ao Presidente, para nova distribuição; se for o revisor, passará ao Ministro que o seguir na ordem de antiguidade.

§ 1º Não aceitando a suspeição, o Ministro continuará vinculado ao feito. Neste caso, será suspenso o julgamento até a solução do incidente, que será autuado em apartado, com designação de relator.

► Antigo parágrafo único transformado em § 1º pela ER nº 1, de 23-5-1991.

§ 2º Em matéria penal, nos processos de competência originária da Corte Especial, será relator o Presidente do Tribunal ou o Vice-Presidente se aquele for o recusado.

► § 2º com a redação dada pela ER nº 22, de 16-3-2016.

Art. 277. Autuada e distribuída a petição, e se reconhecida, preliminarmente, a relevância da arguição, o relator mandará ouvir o Ministro recusado, no prazo de dez dias, e, com ou sem resposta, ordenará o processo, colhendo as provas.

§ 1º Se a suspeição for de manifesta improcedência, o relator a rejeitará liminarmente.

§ 2º A afirmação de suspeição pelo arguido, ainda que por outro fundamento, põe fim ao incidente.

Art. 278. Preenchidas as formalidades do artigo anterior, o relator levará o incidente à mesa, na primeira sessão, quando se procederá ao julgamento, sem a presença do Ministro recusado.

Parágrafo único. Competirá à Seção da qual participe o Ministro recusado o julgamento do incidente, a menos que este haja sido suscitado em processo da competência da Corte Especial, caso em que a esta competirá o julgamento.

Art. 279. Reconhecida a procedência da suspeição, se haverá por nulo o que tiver sido processado perante o Ministro recusado, após o fato que ocasionou a suspeição. Caso contrário, o arguente será condenado ao pagamento das custas.

Parágrafo único. Será ilegítima a suspeição quando o arguente a tiver provocado ou, depois de manifestada a causa, praticar qualquer ato que importe a aceitação do Ministro recusado.

Art. 280. Afirmados o impedimento ou a suspeição pelo arguido, ter-se-ão por nulos os atos por ele praticados.

Art. 281. A arguição será sempre individual, não ficando os demais Ministros impedidos de apreciá-la, ainda que também recusados.

Art. 282. Não se fornecerá, salvo ao arguente e ao arguido, certidão de qualquer peça do processo de suspeição.

Parágrafo único. Da certidão constará, obrigatoriamente, o nome do requerente e a decisão que houver sido proferida.

CAPÍTULO III
DA HABILITAÇÃO INCIDENTE

Art. 283. A habilitação incidente será processada na forma da lei processual.

Art. 284. O relator, se contestado o pedido, facultará às partes sumária produção de provas, em cinco dias, e julgará, em seguida, a habilitação, cabendo agravo regimental da decisão.

Art. 285. Não dependerá de decisão do relator o pedido de habilitação:

I – do cônjuge e herdeiros necessários que provem por documento sua qualidade e o óbito do *de cujus*, e promovam a citação dos interessados para a renovação da instância;

II – fundado em sentença, com trânsito em julgado, que atribua ao requerente a qualidade de herdeiro necessário ou sucessor;

III – quando confessado ou não impugnado pela outra parte o parentesco, e se não houver oposição de terceiro.

Art. 286. Já havendo pedido de dia para julgamento, não se decidirá o requerimento de habilitação.

Art. 287. A parte que não se habilitar perante o Tribunal, poderá fazê-lo na instância inferior.

CAPÍTULO IV
DA TUTELA PROVISÓRIA

► Denominação do Capítulo IV com a redação dada pela ER nº 22, de 16-3-2016.

Art. 288. Admitir-se-ão tutela de urgência ou tutela da evidência requeridas em caráter antecedente ou incidental na forma da lei processual.

§ 1º A petição inicial da ação que visa à prestação de tutela de urgência em caráter antecedente será apensada oportunamente ao processo a que se refere.

§ 2º O relator poderá apreciar a liminar e a própria tutela de urgência, ou submetê-las ao Órgão Julgador competente.

► Art. 288 com a redação dada pela ER nº 22, de 16-3-2016.

CAPÍTULO V
DA MEDIAÇÃO

► Capítulo V acrescido pela ER nº 23, de 28-9-2016.

Art. 288-A. O Centro de Soluções Consensuais de Conflitos do Superior Tribunal de Justiça, responsável por realizar sessões e audiências de conciliação e mediação e por desenvolver programas destinados a auxiliar, orientar e estimular a autocomposição, será coordenado pelo Ministro designado pelo Presidente.

Parágrafo único. O Presidente, por proposta do Ministro Coordenador, disciplinará a criação e o funcionamento do Centro, bem como a inscrição, a remuneração, os impedimentos, a forma de desligamento e os afastamentos dos mediadores, com observância das normas de regência.

Art. 288-B. O mediador judicial será designado pelo Ministro Coordenador dentre aqueles que constarem do cadastro de mediadores mantido pelo Centro de Soluções Consensuais de Conflitos do Superior Tribunal de Justiça ou de cadastro de âmbito nacional.

§ 1º O relator poderá solicitar ao Centro a indicação de mediador para auxiliá-lo também em procedimento de conciliação.

§ 2º O relator pode encaminhar o processo de ofício para a mediação.

Art. 288-C. É admitido o uso da mediação para solução das controvérsias sujeitas à competência do Tribunal que versem sobre direitos disponíveis ou sobre direitos indisponíveis que admitam transação, conforme a legislação de regência, resguardada a gratuidade da mediação aos necessitados.

▸ Arts. 288-A a 288-C acrescidos pela ER nº 23, de 28-9-2016.

CAPÍTULO VI
DA DESCONSIDERAÇÃO DA PERSONALIDADE JURÍDICA

▸ Capítulo VI acrescido pela ER nº 24, de 28-9-2016.

Art. 288-D. O incidente de desconsideração da personalidade jurídica será instaurado a pedido da parte ou do Ministério Público, quando lhe couber intervir no processo, e é cabível em todas as fases da ação de competência originária.

§ 1º Compete ao relator apreciar o pedido de desconsideração da personalidade jurídica, que deve ser fundamentado e demonstrar o preenchimento dos pressupostos específicos previstos em lei.

§ 2º A instauração do incidente de desconsideração da personalidade jurídica suspenderá o processo e será comunicada imediatamente à Secretaria Judiciária, para as anotações devidas.

§ 3º Dispensa-se a instauração do incidente se a desconsideração da personalidade jurídica for requerida na petição inicial de ação de competência originária, hipótese em que haverá imediata distribuição, será citado o sócio ou a pessoa jurídica e não se suspenderá o processo.

Art. 288-E. Instaurado o incidente, o sócio ou a pessoa jurídica será citado para manifestar-se e requerer as provas cabíveis no prazo de quinze dias.

Art. 288-F. Concluída a instrução, se necessária, o incidente será resolvido pelo relator por decisão interlocutória, sujeita a agravo interno.

Art. 288-G. Aplica-se o disposto neste Capítulo à hipótese de desconsideração inversa da personalidade jurídica.

▸ Arts. 288-D a 288-G acrescidos pela ER nº 24, de 28-9-2016.

TÍTULO XI – DOS PROCEDIMENTOS ADMINISTRATIVOS

CAPÍTULO I
DA ELEIÇÃO DE MEMBROS DO TRIBUNAL SUPERIOR ELEITORAL

Art. 289. A eleição, em escrutínio secreto, de Ministro para integrar o Tribunal Superior Eleitoral, é feita na primeira sessão do Plenário a que se seguir a comunicação de extinção de mandato, feita pelo Presidente do Tribunal Superior Eleitoral.

Parágrafo único. Não podem ser eleitos membros efetivos ou suplentes o Presidente, o Vice-Presidente, o Corregedor Nacional de Justiça, o Corregedor-Geral da Justiça Federal, o Diretor-Geral da Escola Nacional de Formação e Aperfeiçoamento de Magistrados Ministro Sálvio de Figueiredo Teixeira e o Ministro Ouvidor do Superior Tribunal de Justiça, observado o disposto nos §§ 5º e 6º do art. 3º deste Regimento.

▸ Parágrafo único com a redação dada pela ER nº 15, de 17-9-2014.

CAPÍTULO II
DA DISPONIBILIDADE E DA APOSENTADORIA POR INTERESSE PÚBLICO

Art. 290. O Tribunal poderá determinar por motivo de interesse público, em escrutínio secreto e pelo voto de dois terços de seus membros, a disponibilidade ou a aposentadoria de Ministro do Tribunal, assegurada ampla defesa.

CAPÍTULO III
DA VERIFICAÇÃO DE INVALIDEZ

Art. 291. O processo de verificação da invalidez do magistrado, para o fim de aposentadoria, terá início a seu requerimento, ou por ordem do Presidente do Tribunal, de ofício, ou em cumprimento de deliberação do Tribunal.

§ 1º Instaurado o processo de verificação da invalidez, o paciente será afastado, desde logo, do exercício do cargo, até final decisão, devendo ficar concluído o processo no prazo de sessenta dias.

§ 2º Tratando-se de incapacidade mental, o Presidente nomeará curador ao paciente, sem prejuízo da defesa que este queira oferecer pessoalmente, ou por procurador que constituir.

Art. 292. Como preparador do processo, funcionará o Presidente do Tribunal, até as razões finais, inclusive, efetuando-se, depois delas, a sua distribuição.

Art. 293. O paciente será notificado, por ofício do Presidente, para alegar, em dez dias, prorrogáveis por mais dez, o que entender a bem de seus direitos, podendo juntar documentos. Com o ofício, será remetida cópia da ordem inicial.

Art. 294. Decorrido o prazo do artigo antecedente, com a resposta, ou sem ela, o Presidente nomeará uma junta de três médicos para proceder ao exame do paciente e ordenará as demais diligências necessárias à averiguação do caso.

Parágrafo único. A recusa do paciente em submeter-se à perícia médica permitirá o julgamento baseado em quaisquer outras provas.

Art. 295. Concluídas as diligências, poderá o paciente, ou o seu curador, apresentar alegações no prazo de dez dias. Os autos, a seguir, serão informados pela Secretaria e distribuídos.

Art. 296. O julgamento será feito pela Corte Especial, participando o Presidente da votação.

Art. 297. A decisão do Tribunal, pela incapacidade do magistrado, será tomada pelo voto da maioria absoluta dos seus membros.

Art. 298. A decisão que concluir pela incapacidade do magistrado será imediatamente comunicada ao Poder Executivo, para os devidos fins.

Art. 299. O magistrado que, por dois anos consecutivos, afastar-se, ao todo, por seis meses ou mais, para tratamento de saúde, deverá submeter-se, ao requerer nova licença para igual fim, dentro de dois anos, a exame para verificação de invalidez.

Art. 300. Na hipótese de a verificação da invalidez houver sido requerida pelo magistrado, o processo, após parecer da junta médica designada pelo Presidente do Tribunal, será informado pela Secretaria e distribuído a um Ministro, observando-se as normas inscritas nos artigos 296 e seguintes.

TÍTULO XII – DO CUMPRIMENTO DAS DECISÕES DO TRIBUNAL

▸ Denominação do Título XII com a redação dada pela ER nº 22, de 16-3-2016.

CAPÍTULO I
DISPOSIÇÕES GERAIS

Art. 301. As determinações necessárias ao cumprimento das decisões competem:

▸ *Caput* com a redação dada pela ER nº 22, de 16-3-2016.

I – ao Presidente, quanto às decisões que houver proferido e quanto às decisões tomadas pelo Plenário, pela Corte Especial e pelo Conselho de Administração;

II – ao Presidente da Seção, quanto aos acórdãos e às decisões desta e às suas decisões individuais.

▸ Incisos I e II com a redação dada pela ER nº 22, de 16-3-2016.

III – ao Presidente de Turma, quanto aos acórdãos e às decisões desta e às suas decisões individuais;

IV – ao relator, quanto às suas decisões acautelatórias ou de instrução e direção do processo.

▸ Incisos III e IV acrescidos pela ER nº 22, de 16-3-2016.

Parágrafo único. As disposições deste artigo não se aplicam às ações penais originárias.

▸ Parágrafo único acrescido pela ER nº 24, de 28-9-2016.

Art. 302. *Revogado.* ER nº 22, de 16-3-2016.

Art. 302-A. Nas ações penais originárias, os atos de execução e de cumprimento das decisões e acórdãos transitados em julgado serão requisitados diretamente ao Ministro que funcionou como relator do processo na fase de conhecimento.

▸ Artigo acrescido pela ER nº 24, de 28-9-2016.

Art. 303. Os atos executivos de cumprimento das decisões do Tribunal serão requisitados ou delegados a quem os deva praticar.

▸ Artigo com a redação dada pela ER nº 22, de 16-3-2016.

Art. 304. As impugnações ao cumprimento das decisões e os eventuais incidentes poderão ser levados à apreciação:

▸ *Caput* do art. 304 com a redação dada pela ER nº 22, de 16-3-2016.

I – da Corte Especial, pelo Presidente, pelo relator, pela Seção ou pela Turma ou por seus Presidentes;

II – da Seção, por seu Presidente ou pelo relator;

III – da Turma, por seu Presidente ou pelo relator.

Art. 305. O cumprimento das decisões do Tribunal atenderá, no que couber, à legislação processual.

▸ Artigo com a redação dada pela ER nº 22, de 16-3-2016.

CAPÍTULO II
DA CARTA DE SENTENÇA PENAL

► Capítulo II com a denominação dada pela ER nº 24, de 28-9-2016.

Art. 306. A carta de sentença deve conter, pelo menos, as seguintes peças e informações:

► *Caput* com a redação dada pela ER nº 24, de 28-9-2016.

I – qualificação completa do executado;

II – interrogatório do executado na polícia e em juízo, conforme o caso;

► Incisos I e II com a redação dada pela ER nº 24, de 28-9-2016.

III – cópia da denúncia;

IV – cópia da sentença, voto(s) e acórdão(s) e respectivo(s) termo(s) de publicação, inclusive contendo, se for o caso, a menção expressa ao deferimento de detração que importe determinação de regime de cumprimento de pena mais benéfico do que o legalmente cabível sem a detração, pelo próprio juízo do processo de conhecimento, nos termos do art. 387, § 2º, do Código de Processo Penal, acrescentado pela Lei nº 12.736/2012;

V – informação sobre os endereços em que o executado possa ser localizado, os antecedentes criminais e o grau de instrução;

VI – instrumentos de mandato, substabelecimentos, despachos de nomeação de defensores dativos ou de intimação da Defensoria Pública;

VII – certidões de trânsito em julgado da condenação para a acusação e para a defesa;

VIII – cópia do mandado de prisão temporária e/ou preventiva, com a respectiva certidão da data do cumprimento, para cômputo da detração;

IX – cópia de eventual alvará de soltura, com a certidão da data do cumprimento da ordem de soltura, para cômputo da detração, caso esta já não tenha sido apreciada pelo Juízo do processo de conhecimento para determinação do regime de cumprimento de pena, nos termos do art. 387, § 2º, do Código de Processo Penal, acrescentado pela Lei nº 12.736/2012;

X – nome e endereço do curador, se houver;

XI – informações acerca do estabelecimento prisional em que o condenado encontra-se recolhido e para o qual deve ser removido, na hipótese de deferimento de detração que importe determinação de regime de cumprimento de pena mais benéfico do que o legalmente cabível sem a detração pelo próprio juízo do processo de conhecimento, nos termos do art. 387, § 2º, do Código de Processo Penal, acrescentado pela Lei nº 12.736/2012;

XII – cópias da decisão de pronúncia e da certidão de preclusão em se tratando de condenação em crime doloso contra a vida;

XIII – certidão carcerária;

XIV – cópias de outras peças do processo reputadas indispensáveis à adequada execução da pena, a critério do relator.

► Incisos III a XIV acrescidos pela ER nº 24, de 28-9-2016.

Arts. 307 e 308. *Revogados*. ER nº 24, de 28-9-2016.

CAPÍTULO III
DO CUMPRIMENTO DE DECISÃO DO TRIBUNAL QUE RECONHEÇA A EXIGIBILIDADE DE OBRIGAÇÃO DE PAGAR QUANTIA CERTA PELA FAZENDA PÚBLICA

► Denominação do Capítulo III com a redação dada pela ER nº 22, de 16-3-2016.

Art. 309. A execução por quantia certa fundada em decisão proferida contra a Fazenda Pública em ação da competência originária do Tribunal observará o disposto na lei processual.

► *Caput* com a redação dada pela ER nº 22, de 16-3-2016.

I e II – *Revogados*. ER nº 22, de 16-3-2016.

§ 1º A Fazenda Pública será intimada na pessoa de seu representante judicial por carga ou meio eletrônico, para, querendo, no prazo de trinta dias e nos próprios autos, impugnar o cumprimento de decisão.

§ 2º Se não houver impugnação no prazo regimental ou se forem rejeitadas as arguições da executada, observar-se-á o disposto na lei processual.

► §§ 1º e 2º acrescidos pela ER nº 22, de 16-3-2016.

Art. 310. As requisições de pagamento das somas ao qual a Fazenda Pública for condenada serão dirigidas ao Presidente do Tribunal, que determinará as providências ao devedor para depósito ou alocação orçamentária.

Art. 311. O Presidente do Tribunal determinará o pagamento integral das requisições e autorizará, a requerimento do credor e exclusivamente para os casos de preterimento de seu direito de precedência ou de não alocação orçamentária do valor necessário à satisfação do seu débito, o sequestro da quantia respectiva.

► Arts. 310 e 311 com a redação dada pela ER nº 22, de 16-3-2016.

CAPÍTULO IV
DA INTERVENÇÃO FEDERAL NOS ESTADOS

Art. 312. A requisição de intervenção federal, prevista nos artigos 34, VI, e 36, II e IV, da Constituição, será promovida:

I – de ofício, ou mediante pedido do Presidente do Tribunal de Justiça do Estado, ou do Presidente de Tribunal Federal, quando se tratar de prover a execução de ordem ou decisão judicial, com ressalva, conforme a matéria, da competência do Supremo Tribunal Federal ou do Tribunal Superior Eleitoral (Constituição, artigo 34, VI, e artigo 36, II);

II – de ofício, ou mediante pedido da parte interessada, quando se tratar de prover a execução de ordem ou decisão do Superior Tribunal de Justiça (Constituição, artigo 34, VI, e artigo 36, II);

III – mediante representação do Procurador-Geral da República, quando se tratar de prover a execução de lei federal (Constituição, artigo 34, VI, e artigo 36, IV).

Art. 313. O Presidente, ao receber o pedido:

I – tomará as providências oficiais que lhe parecerem adequadas para remover, administrativamente, a causa do pedido;

II – mandará arquivá-lo, se for manifestamente infundado, cabendo da sua decisão agravo regimental.

Art. 314. Realizada a gestão prevista no inciso I do artigo anterior, solicitadas informações à autoridade estadual, que as deverá prestar, no prazo de trinta dias, e ouvido o Procurador-Geral, em igual prazo, o pedido será distribuído a um relator.

► *Caput* com a redação dada pela ER nº 1, de 23-5-1991.

Parágrafo único. Tendo em vista o interesse público, poderá a Corte Especial limitar a presença no recinto às partes e seus advogados, ou somente a estes.

► Parágrafo único acrescido pela ER nº 1, de 23-5-1991.

Art. 315. Julgado procedente o pedido, o Presidente do Tribunal comunicará imediatamente a decisão aos órgãos interessados do Poder Público e requisitará a intervenção ao Presidente da República.

PARTE III – DOS SERVIÇOS ADMINISTRATIVOS

TÍTULO I – DA SECRETARIA DO TRIBUNAL

Art. 316. À Secretaria do Tribunal incumbe a execução dos serviços administrativos do Tribunal.

§ 1º O Diretor-Geral da Secretaria do Tribunal, com formação superior, será nomeado em comissão pelo Presidente do Tribunal.

§ 2º Compete ao Diretor-Geral supervisionar, coordenar e dirigir todas as atividades administrativas da Secretaria, observadas as orientações estabelecidas pelo Presidente e de acordo com as deliberações do Tribunal.

► §§ 1º e 2º acrescidos pela ER nº 12, de 1º-9-2010, que também revogou o parágrafo único.

Art. 317. A organização da Secretaria do Tribunal será fixada em resolução do Conselho de Administração (artigo 38, I), cabendo ao Presidente, em ato próprio, especificar as atribuições das diversas unidades, bem assim de seus diretores, chefes e servidores.

Art. 318. O Diretor-Geral da Secretaria, em suas férias, faltas e impedimentos, será substituído por Diretor de Secretaria, com os requisitos exigidos para o cargo, e designado pelo Presidente.

Art. 319. Além das atribuições estabelecidas no ato do Presidente a que se refere o artigo 317, incumbe ao Diretor-Geral da Secretaria:

► *Caput* com a redação dada pela ER nº 4, de 2-12-1993.

I – apresentar ao Presidente as petições e papéis dirigidos ao Tribunal;

II – despachar com o Presidente o expediente da Secretaria;

III – manter sob sua direta fiscalização, e permanentemente atualizado, o assentamento funcional dos Ministros;

IV – relacionar-se, pessoalmente, com os Ministros no encaminhamento dos assuntos administrativos referentes a seus gabinetes, ressalvada a competência do Presidente;

V – secretariar, salvo dispensa do Presidente, as sessões administrativas do Plenário e do Conselho de Administração, lavrando as respectivas atas e assinando-as com o Presidente;

► Inciso V com a redação dada pela ER nº 4, de 2-12-1993.

VI – exercer outras atribuições que lhe sejam delegadas pelo Presidente.

Art. 320. O Secretário do Plenário e da Corte Especial, das Seções e das Turmas serão designados pelo Presidente do Tribunal, dentre funcionários do Quadro de Pessoal da Secretaria, e mediante indicação do respectivo Presidente, em se tratando das Seções e Turmas.

Art. 321. Os secretários dos órgãos julgadores, o Diretor-Geral, qualquer diretor, chefe ou servidor da Secretaria, que tiverem de servir nas sessões do Plenário, da Corte Especial, Seção ou Turma, ou a elas comparecer a serviço, usarão capa e vestuário condigno.

TÍTULO II – DO GABINETE DO PRESIDENTE

Art. 322. Ao Gabinete da Presidência do Tribunal incumbe o exercício das atividades de apoio administrativo à execução das funções do Presidente e a assessoria no planejamento e fixação das diretrizes para a administração do Tribunal, bem assim, no desempenho de suas demais atribuições previstas em lei e neste Regimento, inclusive no que concerne às funções de auditoria e de representação oficial e social do Tribunal.

▸ *Caput* com a redação dada pela ER nº 4, de 2-12-1993.

Parágrafo único. Ao Secretário-Geral da Presidência, bacharel em Direito, Administração ou Economia, nomeado em comissão, compete supervisionar e coordenar as atividades administrativas, e de assessoramento e planejamento do Gabinete, de acordo com a orientação estabelecida pelo Presidente.

▸ Parágrafo único com a redação dada pela ER nº 1, de 23-5-1991.

Art. 323. A organização administrativa e dos órgãos de assessoramento, planejamento e auditoria do Gabinete será estabelecida por ato do Presidente.

Art. 324. *Revogado*. ER nº 35, de 8-5-2019.

TÍTULO III – DO GABINETE DOS MINISTROS

Art. 325. Cada Ministro disporá de um gabinete para executar os serviços administrativos e de assessoramento jurídico.

§ 1º Os servidores do Gabinete, de estrita confiança do Ministro, serão por este indicados ao Presidente, que os designará para nele terem exercício.

§ 2º O Assessor de Ministro, bacharel em Direito, nomeado em comissão pelo Presidente, mediante indicação do Ministro, poderá ser recrutado do Quadro de Pessoal da Secretaria, ou não, e permanecerá em exercício, enquanto bem servir, a critério do Ministro.

§ 3º No caso de afastamento definitivo do Ministro, o assessor permanecerá no exercício das respectivas funções até o encerramento dos trabalhos do Gabinete, não podendo, porém, esse exercício prolongar-se por mais de noventa dias, devendo, de qualquer modo, cessar à data da nomeação do novo titular.

▸ § 3º com a redação dada pela ER nº 31, de 8-5-2019.

Art. 326. Ao Assessor cabe executar trabalhos e tarefas que lhe forem atribuídos pelo Ministro.

Art. 327. O horário do pessoal do Gabinete, observada a duração legal e as peculiaridades do serviço, será o estabelecido pelo Ministro.

Parágrafo único. *Revogado*. ER nº 35, de 8-5-2019.

TÍTULO IV – DA SECRETARIA DO CONSELHO DA JUSTIÇA FEDERAL

Arts. 328 a 331. *Revogados*. ER nº 4, de 2-12-1993.

PARTE IV – DISPOSIÇÕES FINAIS

TÍTULO I – DAS EMENDAS AO REGIMENTO

Art. 332. A iniciativa de emenda ao Regimento Interno cabe a qualquer membro ou Comissão do Tribunal.

Parágrafo único. A proposta de emenda que não for de iniciativa da Comissão de Regimento será encaminhada a ela, que dará seu parecer, dentro de dez dias. Nos casos urgentes, esse prazo poderá ser reduzido.

Art. 333. Quando ocorrer mudança na legislação que determine alteração do Regimento Interno esta será proposta ao Tribunal pela Comissão de Regimento, no prazo de dez dias, contados da vigência da lei.

Art. 334. As emendas considerar-se-ão aprovadas se obtiverem o voto favorável de dois terços dos membros do Tribunal, não entrando em vigor antes de sua publicação no *Diário da Justiça eletrônico*.

▸ Artigo com a redação dada pela ER nº 22, de 16-3-2016.

Art. 335. As emendas aprovadas serão numeradas ordinalmente.

TÍTULO II – DAS DISPOSIÇÕES GERAIS E TRANSITÓRIAS

Art. 336. Ocorrendo alteração do número de Ministros, previsto na data da publicação deste Regimento, a competência do Plenário limitar-se-á às eleições do Presidente do Tribunal, do Vice-Presidente, dos membros do Conselho da Justiça Federal e do Diretor da Revista, transferindo-se para a Corte Especial as demais competências elencadas no artigo 10.

Art. 337. O Tribunal presta homenagem aos Ministros:

I – por motivo de afastamento definitivo do seu serviço;

II – por motivo de falecimento;

III – para celebrar centenário de nascimento.

Parágrafo único. Por deliberação da Corte Especial, tomada com a presença de dois terços dos seus membros e pelo voto da maioria absoluta dos seus integrantes, o Tribunal pode homenagear pessoa estranha e falecida, de excepcional relevo no governo do País, na administração da Justiça ou no aperfeiçoamento das instituições jurídicas.

Art. 338. O Presidente do Tribunal, mediante instrução normativa, disciplinará a remessa aos Tribunais Regionais Federais, dos feitos da competência destes e que se encontrem na Secretaria do Superior Tribunal de Justiça, pendentes de julgamento.

Art. 339. O Conselho da Justiça Federal elaborará o seu Regimento Interno e o submeterá à aprovação da Corte Especial, no prazo de cento e vinte dias da vigência deste Regimento.

Art. 340. Os embargos de declaração, interpostos de acórdãos proferidos em processos dos quais o Tribunal haja perdido a competência para julgar, serão encaminhados ao Tribunal Regional Federal respectivo.

Art. 341. Os acórdãos proferidos pelo Tribunal Federal de Recursos e ainda não publicados, serão incluídos no expediente de publicação do Tribunal, e aguardarão, na Secretaria deste, a interposição de recurso.

Parágrafo único. Interposto o recurso, serão os autos encaminhados ao Tribunal Regional Federal respectivo, para o seu processamento. Igual procedimento será adotado em relação a recursos interpostos de acórdãos do Tribunal Federal de Recursos, que estejam sendo processados na Secretaria do Superior Tribunal de Justiça.

Art. 342. Os feitos da competência do Tribunal Federal de Recursos e incluídos na competência do Superior Tribunal de Justiça serão redistribuídos.

Art. 343. Os precatórios de requisição de pagamento das somas a que a Fazenda Pública tiver sido condenada, e em andamento na Secretaria do Tribunal, serão objeto de resolução a ser baixada pela Presidência do Tribunal.

Art. 344. Este Regimento Interno entrará em vigor quinze dias após a sua publicação, revogadas as disposições em contrário.

Superior Tribunal de Justiça,
22 de junho de 1989.

Evandro Gueiros Leite

e mediante indicação do respectivo Presidente, em se tratando das Seções e Turmas.

Art. 321. Os Secretários dos órgãos julgadores, o Diretor-Geral, qualquer diretor, chefe ou servidor da Secretaria, que tiverem de servir nas sessões do Plenário, da Corte Especial, Seção ou Turma, ou a elas comparecer a serviço, usarão capa, vestuário condigno.

TÍTULO II – DO GABINETE DA PRESIDÊNCIA

Art. 322. Ao Gabinete da Presidência do Tribunal incumbe o exercício das atividades de apoio administrativo à execução das funções do Presidente e a assessoria no planejamento e fixação das diretrizes para a administração do Tribunal, bem assim, no desempenho de suas demais atribuições previstas em lei e neste Regimento, inclusive as que concernem às funções de auditoria e de representação oficial e social do Tribunal.

• Caput com a redação dada pela [illegible] de [illegible]-12-1993.

Parágrafo único. Ao Secretário-Geral da Presidência [illegible] órgão Administração ou Economia, nomeado em comissão, compete supervisionar e coordenar as atividades administrativas, e de assessoramento e planejamento do Gabinete, de acordo com a orientação estabelecida pelo Presidente.

• Parágrafo único com a redação dada pela [illegible] de 23-5-1991.

Art. 323. A organização administrativa e dos órgãos de assessoramento, planejamento e auditoria do Gabinete será estabelecida por ato do Presidente.

Art. 324. Revogado. ER nº 35, de 8-5-2019.

TÍTULO III – DO GABINETE DOS MINISTROS

Art. 325. Cada Ministro disporá de um gabinete para executar os serviços administrativos e de assessoramento jurídico.

§ 1º Os servidores do gabinete, de estrita confiança do Ministro, serão por este indicados ao Presidente, que os designará para o cargo [illegible] exercício.

§ 2º O Assessor de Ministro, bacharel em Direito, nomeado em comissão pelo Presidente, mediante indicação do Ministro, poderá ser recrutado do Quadro de Pessoal da Secretaria ou não, e permanecerá em exercício enquanto bem servir, a critério do Ministro.

§ 3º No caso de afastamento definitivo do Ministro, o assessor permanecerá no exercício das respectivas funções até o encerramento dos trabalhos do Gabinete, não podendo, porém, este exercício prolongar-se por mais de noventa dias, devendo, de qualquer modo, cessar à data da nomeação do novo titular.

• § 3º com redação dada pela ER nº 35, de 8-5-2019.

Art. 326. Ao Assessor cabe executar trabalhos e tarefas que lhe forem atribuídos pelo Ministro.

Art. 327. O horário do pessoal do Gabinete, observada a duração legal e as peculiaridades do serviço, será o estabelecido pelo Ministro.

Parágrafo único. Revogado. ER nº 35, de 8-5-2019.

TÍTULO IV – DA SECRETARIA DO CONSELHO DA JUSTIÇA FEDERAL

Arts. 328 a 331. Revogados. ER nº [illegible], de [illegible]-12-1993.

PARTE IV – DISPOSIÇÕES FINAIS

TÍTULO I – DAS EMENDAS AO REGIMENTO

Art. 332. A iniciativa de emenda ao Regimento Interno cabe a qualquer membro ou Comissão do Tribunal.

Parágrafo único. A proposta de emenda que não for de iniciativa da Comissão de Regimento será encaminhada a ela, que dará seu parecer dentro de dez dias. Nos casos urgentes, esse prazo poderá ser reduzido.

Art. 333. Quando ocorrer mudança na legislação que determine alteração do Regimento Interno, esta será proposta ao Tribunal pela Comissão de Regimento, no prazo de dez dias, contados da vigência da lei.

Art. 334. As emendas [illegible] considerar-se-ão aprovadas se obtiverem o voto favorável de dois terços dos membros do Tribunal, e só entrarão em vigor após a data de sua publicação no Diário da Justiça eletrônico.

• Artigo com a redação dada pela ER nº [illegible], de [illegible]-2016.

Art. 335. As emendas aprovadas serão numeradas ordinalmente.

TÍTULO II – DAS DISPOSIÇÕES GERAIS E TRANSITÓRIAS

Art. 336. Ocorrendo alteração do número de Ministros, previsto na data da publicação deste Regimento, a competência do Plenário limitar-se-á às eleições do Presidente do Tribunal, do Vice-Presidente, dos membros do Conselho da Justiça Federal e do Diretor da Revista, transferindo-se para a Corte Especial as demais competências elencadas no artigo 10.

Art. 337. O Tribunal prestará homenagem aos Ministros:

I – por motivo de afastamento definitivo do serviço;

II – por motivo de falecimento;

III – para celebrar centenário de nascimento.

Parágrafo único. Por deliberação da Corte Especial, tomada com a presença de dois terços de seus membros e pelo voto da maioria absoluta dos seus integrantes, o Tribunal poderá homenagear pessoa estranha [illegible] de excepcional relevo no governo do país, na administração da justiça ou no aperfeiçoamento das instituições jurídicas.

Art. 338. O Presidente do Tribunal, mediante instrução normativa, disciplinará a remessa aos Tribunais Regionais Federais dos feitos da competência destes e que se encontrem na Secretaria do Superior Tribunal de Justiça, pendentes de julgamento.

Art. 339. O Conselho da Justiça Federal elaborará seu Regimento Interno e o submeterá à aprovação da Corte Especial no prazo de cento e vinte dias da vigência deste Regimento.

Art. 340. Os embargos de declaração, interpostos de acórdãos proferidos em processos dos quais o Tribunal haja perdido a competência para julgar, serão encaminhados ao Tribunal Regional Federal respectivo.

Art. 341. Os acórdãos proferidos pelo Tribunal Federal de Recursos e ainda não publicados serão incluídos no expediente de publicação do Tribunal, a qualquer deles, na Secretaria deste, a interposição de recurso.

Parágrafo único. Interposto o recurso, serão os autos encaminhados ao Tribunal Regional Federal respectivo, para processamento, salvo [illegible] de recursos interpostos de acórdãos do Tribunal Federal de Recursos, que estejam sendo processados na Secretaria do Superior Tribunal de Justiça.

Art. 342. Os feitos de competência do Tribunal Federal de Recursos, excluídos os da competência do Superior Tribunal de Justiça, serão redistribuídos.

Art. 343. Os precatórios de requisição de pagamento das somas a que a Fazenda Pública tiver sido condenada, e em andamento na Secretaria do Tribunal, serão objeto de resolução a ser baixada pela Presidência do Tribunal.

Art. 344. Este Regimento Interno entrará em vigor quinze dias após a sua publicação, revogadas as disposições em contrário.

Superior Tribunal de Justiça
22 de junho de 1989.

Evandro Gueiros Leite

EXPOSIÇÕES DE MOTIVOS

EXPOSIÇÃO DE MOTIVOS DO CÓDIGO DE PROCESSO CIVIL

Um sistema processual civil que não proporcione à sociedade o reconhecimento e a realização[1] dos direitos, ameaçados ou violados, que têm cada um dos jurisdicionados, não se harmoniza com as garantias constitucionais[2] de um Estado Democrático de Direito.[3]

Sendo ineficiente o sistema processual, todo o ordenamento jurídico passa a carecer de real efetividade. De fato, as normas de direito material se transformam em pura ilusão, sem a garantia de sua correlata realização, no mundo empírico, por meio do processo.[4]

Não há fórmulas mágicas. O Código vigente, de 1973, operou satisfatoriamente durante duas décadas. A partir dos anos 1990, entretanto, sucessivas reformas, a grande maioria delas lideradas pelos Ministros Athos Gusmão Carneiro e Sálvio de Figueiredo Teixeira, introduziram no Código revogado significativas alterações, com o objetivo de adaptar as normas processuais a mudanças na sociedade e ao funcionamento das instituições.

A expressiva maioria dessas alterações, como, por exemplo, em 1994, a inclusão no sistema do instituto da *antecipação de tutela*; em 1995, a alteração do regime do *agravo*; e, mais recentemente, as leis que alteraram a execução, foram bem recebidas pela comunidade jurídica e geraram resultados positivos, no plano da operatividade do sistema.

O enfraquecimento da coesão entre as normas processuais foi uma consequência natural do método consistente em se incluírem, aos poucos, alterações no CPC, comprometendo a sua forma sistemática. A complexidade resultante desse processo confunde-se, até certo ponto, com essa desorganização, comprometendo a celeridade e gerando questões evitáveis (= pontos que geram polêmica e atraem atenção dos magistrados) que subtraem indevidamente a atenção do operador do direito.

Nessa dimensão, a preocupação em se preservar a forma sistemática das normas processuais, longe de ser meramente acadêmica, atende, sobretudo, a uma necessidade de caráter pragmático: obter-se um grau mais intenso de funcionalidade.

Sem prejuízo da manutenção e do aperfeiçoamento dos institutos introduzidos no sistema pelas reformas ocorridas nos anos de 1992 até hoje, criou-se um Código novo, que não significa, todavia, uma ruptura com o passado, mas um passo à frente. Assim, além de conservados os institutos cujos resultados foram positivos, incluíram-se no sistema outros tantos que visam a atribuir-lhe alto grau de eficiência.

Há mudanças necessárias, porque reclamadas pela comunidade jurídica, e correspondentes a queixas recorrentes dos jurisdicionados e dos operadores do Direito, ouvidas em todo País. Na elaboração deste Anteprojeto de Código de Processo Civil, essa foi uma das linhas principais de trabalho: resolver *problemas*. Deixar de ver o processo como teoria descomprometida de sua natureza fundamental de *método* de resolução de conflitos, por meio do qual se realizam *valores constitucionais*.[5]

Assim, e por isso, um dos métodos de trabalho da Comissão foi o de resolver problemas, sobre cuja existência há praticamente unanimidade na comunidade jurídica. Isso ocorreu, por exemplo, no que diz respeito à complexidade do sistema recursal existente na lei revogada. Se o sistema recursal, que havia no Código revogado em sua versão originária, era consideravelmente mais simples que o anterior, depois das sucessivas reformas pontuais que ocorreram, se tornou, inegavelmente, muito mais complexo.

Não se deixou de lado, é claro, a necessidade de se construir um Código coerente e harmônico *interna corporis*, mas não se cultivou a obsessão em elaborar uma obra magistral, estética e tecnicamente perfeita, em detrimento de sua funcionalidade.

De fato, essa é uma preocupação presente, mas que já não ocupa o primeiro lugar na postura intelectual do processualista contemporâneo.

A coerência substancial há de ser vista como objetivo fundamental, todavia, e mantida em termos absolutos, no que tange à Constituição Federal da República. Afinal, é na lei ordinária e em outras normas de escalão inferior que se explicita a promessa de realização dos valores encampados pelos princípios constitucionais.

O novo Código de Processo Civil tem o potencial de gerar um processo mais célere, mais justo,[6] porque mais rente às necessidades sociais[7] e muito menos complexo.[8]

A simplificação do sistema, além de proporcionar-lhe coesão mais visível, permite ao juiz centrar sua atenção, de modo mais intenso, no mérito da causa.

Com evidente redução da complexidade inerente ao processo de criação de um novo Código de Processo Civil, poder-se-ia dizer que os trabalhos da Comissão se orientaram precipuamente por cinco objetivos: 1. estabelecer expressa e implicitamente verdadeira sintonia fina com a Constituição Federal; 2. criar condições para que o juiz possa proferir decisão de forma mais rente à realidade fática subjacente à causa; 3. simplificar, resolvendo problemas e reduzindo a complexidade de subsistemas, como, por exemplo, o recursal; 4. dar todo o rendimento possível a cada processo em si mesmo considerado; e, 5. finalmente, sendo talvez este último objetivo parcialmente alcançado pela realização daqueles mencionados antes, imprimir maior grau de organicidade ao sistema, dando-lhe, assim, mais coesão.

Esta Exposição de Motivos obedece à ordem dos objetivos acima alistados.

1. A necessidade de que fique evidente a *harmonia da lei ordinária em relação à Constituição Federal da República*[9] fez com que se incluíssem no Código, expressamente, *princípios constitucionais*, na sua versão processual. Por outro lado, muitas *regras* foram concebidas, dando concreção a princípios constitucionais, como, por exemplo, as que preveem um procedimento, com *contraditório* e produção de provas, prévio à decisão que desconsidera da pessoa jurídica, em sua versão tradicional, ou "às avessas".[10]

---

[1] Essencial que se faça menção a *efetiva* satisfação, pois, a partir da dita terceira fase metodológica do direito processual civil, o processo passou a ser visto como instrumento, que deve ser idôneo para o reconhecimento e a adequada concretização de direitos.

[2] Isto é, aquelas que regem, eminentemente, as relações das partes entre si, entre elas e o juiz e, também, entre elas e terceiros, de que são exemplos a imparcialidade do juiz, o contraditório, a demanda, como ensinam Cappelletti e Vigoriti (I diritti costituzionali delle parti nel processo civile italiano. *Rivista di Diritto Processuale*. Padova: Cedam, II série, vol. 26, p. 604-650, p. 605. 1971).

[3] Os princípios e garantias processuais inseridos no ordenamento constitucional, por conta desse movimento de "constitucionalização do processo", não se limitam, no dizer de Luigi Paolo Comoglio, a "reforçar do exterior uma mera 'reserva legislativa' para a regulamentação desse método [em referência ao processo como método institucional de resolução de conflitos sociais], mas impõem a esse último, e à sua disciplina, algumas condições mínimas de legalidade e retidão, cuja eficácia é potencialmente operante em qualquer fase (ou momento nevrálgico) do processo" (Giurisdizione e processo nel quadro delle garanzie costituzionali. *Studi in onore di Luigi Montesano*. Padova: Cedam, 1997. vol. 2, p. 87-127, p. 92).

[4] E o que explica, com a clareza que lhe é peculiar, Barbosa Moreira: "Querer que o processo seja efetivo é querer que desempenhe com eficiência o papel que lhe compete na economia do ordenamento jurídico. Visto que esse papel é instrumental em relação ao direito substantivo também se costuma falar da instrumentalidade do processo. Uma noção conecta-se com a outra e por assim dizer a implica. Qualquer instrumento será bom na medida em que sirva de modo prestimoso à consecução dos fins da obra a que se ordena; em outras palavras, na medida em que seja efetivo. Vale dizer: será efetivo o processo que constitua instrumento eficiente de realização do direito material" (Por um processo socialmente efetivo. *Revista de Processo*. São Paulo: Ed. RT, vol. 27, n. 105, p. 183-190, p. 181, jan.-mar. 2002).

[5] Sálvio de Figueiredo Teixeira, em texto emblemático sobre a nova ordem trazida pela Constituição Federal de 1988, disse, acertadamente, que, apesar de suas vicissitudes, "nenhum texto constitucional valorizou tanto a 'Justiça', tomada aqui a palavra não no seu conceito clássico de 'vontade constante e perpétua de dar a cada um o que é seu', mas como conjunto de instituições voltadas para a realização da paz social" (O aprimoramento do processo civil como garantia da cidadania. In: TEIXEIRA, Sálvio de Figueiredo. As *garantias do cidadão na Justiça*. São Paulo: Saraiva, 1993. p. 79-92, p. 80).

[6] Atentando para a advertência, acertada, de que não o processo, além de produzir um resultado justo, precisa ser justo em si mesmo, e, portanto, na sua realização, devem ser observados aqueles *standards* previstos na Constituição Federal, que constituem desdobramento da garantia do *due process of law* (DINAMARCO, Cândido. *Instituições de direito processual civil*. 6. ed. São Paulo: Malheiros, 2009. vol. 1).

[7] Lembrando, com Barbosa Moreira, que "não se promove uma sociedade mais justa, ao menos primariamente, por obra do aparelho judicial. É todo o edifício, desde as fundações, que para tanto precisa ser revisto e reformado. Pelo prisma jurídico, a tarefa básica inscreve-se no plano do direito material" (Por um processo socialmente efetivo... cit., p. 181).

[8] Trata-se, portanto, de mais um passo decisivo para afastar os obstáculos para o acesso à Justiça, a que comumente se alude, isto é, a duração do processo, seu alto custo e a excessiva formalidade.

[9] Hoje, costuma-se dizer que o processo civil *constitucionalizou-se*. Fala-se em modelo constitucional do processo, expressão inspirada na obra de: ANDOLINA, Italo; VIGNERA, Giuseppe *Il modello costituzionale del processo civile italiano: corso di lezioni*. Turim: Giapicchelli, 1990. O processo há de ser examinado, estudado e compreendido à luz da Constituição e de forma a dar o maior rendimento possível aos seus princípios fundamentais.

[10] O novo Código de Processo Civil prevê expressamente que, antecedida de contraditório e produção de provas, haja decisão sobre a desconsideração da pessoa jurídica, com o redirecionamento da ação, na dimensão de sua patrimonialidade, e também sobre a consideração dita inversa, nos casos em que se abusa da sociedade, para usá-la indevidamente com o fito de camuflar o patrimônio pessoal do sócio. Essa alteração está de acordo com o pensamento que, entre nós, ganhou projeção ímpar na obra de J. Lamartine Corrêa de Oliveira. Com efeito, há três décadas, o brilhante civilista já advertia ser essencial o predomínio da realidade sobre a aparência, quando "em verdade *[é]* uma outra pessoa que está a agir, utilizando a pessoa jurídica como escudo, e se é essa utilização da pessoa jurídica, fora de sua função, que está tornando possível o resultado contrário à lei, ao contrato, ou às coordenadas axiológicas" *(A dupla crise da pessoa jurídica*. São Paulo: Saraiva, 1979. p. 613).

Está expressamente formulada a regra no sentido de que o fato de o juiz estar diante de matéria de ordem pública não dispensa a obediência ao princípio do *contraditório*.

Como regra, o depósito da quantia relativa às multas, cuja função processual seja levar ao cumprimento da obrigação *in natura*, ou da ordem judicial, deve ser feito logo que estas incidem.

Não podem, todavia, ser levantadas, a não ser quando haja trânsito em julgado ou quando esteja pendente agravo de decisão denegatória de seguimento a recurso especial ou extraordinário.

Trata-se de uma forma de tornar o processo mais eficiente e efetivo, o que significa, indubitavelmente, aproximá-lo da Constituição Federal, em cujas entrelinhas se lê que o processo deve assegurar o cumprimento da lei material.

Prestigiando o princípio constitucional da *publicidade* das decisões, previu-se a regra inafastável de que à data de julgamento de todo recurso deve-se dar publicidade (= todos os recursos devem constar em pauta), para que as partes tenham oportunidade de tomar providências que entendam necessárias ou, pura e simplesmente, possam assistir ao julgamento.

Levou-se em conta o princípio da *razoável duração do processo*.[11] Afinal a ausência de celeridade, sob certo ângulo,[12] é ausência de justiça. A simplificação do sistema recursal, de que trataremos separadamente, leva a um processo mais ágil.

Criou-se o incidente de julgamento conjunto de demandas repetitivas, a que adiante se fará referência.

Por enquanto, é oportuno ressaltar que levam a um processo *mais célere* as medidas cujo objetivo seja o julgamento conjunto de demandas que gravitam em torno da mesma questão de direito, por dois ângulos: a) o relativo àqueles processos, em si mesmos considerados, que, serão decididos conjuntamente; b) no que concerne à atenuação do excesso de carga de trabalho do Poder Judiciário – já que o tempo usado para decidir aqueles processos poderá ser mais eficazmente aproveitado em todos os outros, em cujo trâmite serão evidentemente menores os ditos "tempos mortos" (= períodos em que nada acontece no processo).

Por outro lado, haver, indefinidamente, *posicionamentos diferentes* e incompatíveis, nos Tribunais, a respeito da *mesma norma jurídica*, leva a que jurisdicionados que estejam em situações idênticas, tenham de submeter-se a regras de conduta diferentes, ditadas por decisões judiciais emanadas de tribunais diversos. Esse fenômeno fragmenta o sistema, gera intranquilidade e, por vezes, verdadeira perplexidade na sociedade.

Prestigiou-se, seguindo-se direção já abertamente seguida pelo ordenamento jurídico brasileiro, expressado na criação da Súmula Vinculante do Supremo Tribunal Federal (STF) e do regime de julgamento conjunto de recursos especiais e extraordinários repetitivos (que foi mantido e aperfeiçoado) tendência a criar estímulos para que a jurisprudência se uniformize, à luz do que venham a decidir tribunais superiores e até de segundo grau, e se estabilize.

Essa é a função e a razão de ser dos tribunais superiores: proferir decisões que *moldem* o ordenamento jurídico, objetivamente considerado. A função paradigmática que devem desempenhar é inerente ao sistema.

Por isso é que esses princípios foram expressamente formulados. Veja-se, por exemplo, o que diz o novo Código, no Livro IV: "A jurisprudência do STF e dos Tribunais Superiores deve nortear as decisões de todos os Tribunais e Juízos singulares do País, de modo a concretizar plenamente os princípios da legalidade e da isonomia".

Evidentemente, porém, para que tenha eficácia a recomendação no sentido de que seja a jurisprudência do STF e dos Tribunais superiores, efetivamente, norte para os demais órgãos integrantes do Poder Judiciário, é necessário que aqueles Tribunais mantenham jurisprudência razoavelmente estável.

A segurança jurídica fica comprometida com a brusca e integral alteração do entendimento dos tribunais sobre questões de direito.[13]

Encampou-se, por isso, expressamente princípio no sentido de que, uma vez firmada jurisprudência em certo sentido, esta deve, como norma, ser mantida, salvo se houver relevantes razões recomendando sua alteração.

Trata-se, na verdade, de um outro viés do princípio da segurança jurídica,[14] que recomendaria que a jurisprudência, uma vez pacificada ou sumulada, tendesse a ser mais estável.[15]

De fato, a alteração do entendimento a respeito de uma tese jurídica ou do sentido de um texto de lei pode levar ao legítimo desejo de que as situações anteriormente decididas, com base no entendimento superado, sejam redecididas à luz da nova compreensão. Isto porque a alteração da jurisprudência, diferentemente da alteração da lei, produz efeitos equivalentes aos *ex tunc*. Desde que, é claro, não haja regra em sentido inverso.

Diz, expressa e explicitamente, o novo Código que: "A mudança de entendimento sedimentado observará a necessidade de fundamentação adequada e específica, considerando o imperativo de estabilidade das relações jurídicas".

E, ainda, com o objetivo de prestigiar a segurança jurídica, formulou-se o seguinte princípio: "*Na hipótese de alteração da jurisprudência dominante* do STF e dos Tribunais superiores, ou oriunda de julgamentos de casos repetitivos, pode haver *modulação* dos efeitos da alteração no interesse social e no da segurança jurídica" (grifos nossos).

Esse princípio tem relevantes consequências práticas, como, por exemplo, a não rescindibilidade de sentenças transitadas em julgado baseadas na orientação abandonada pelo Tribunal. Também em nome da segurança jurídica, reduziu-se para um ano, como regra geral, o prazo decadencial dentro do qual pode ser proposta a ação rescisória.

Mas talvez as alterações mais expressivas do sistema processual ligadas ao objetivo de harmonizá-lo com o espírito da Constituição Federal, sejam as que dizem respeito a regras que induzem à uniformidade e à estabilidade da jurisprudência.

O novo Código prestigia o princípio da segurança jurídica, obviamente de índole constitucional, pois que se hospeda nas dobras do Estado Democrático de Direito e visa a proteger e a preservar as justas expectativas das pessoas.

Todas as normas jurídicas devem tender a dar efetividade às garantias constitucionais, tornando "segura" a vida dos jurisdicionados, de modo a que estes sejam poupados de "surpresas", podendo sempre prever, em alto grau, as consequências jurídicas de sua conduta.

Se, por um lado, o princípio do livre convencimento motivado é garantia de julgamentos independentes e justos, e neste sentido mereceu ser prestigiado pelo novo Código, por outro, compreendido em seu mais estendido alcance, acaba por conduzir a distorções do princípio da legalidade e à própria ideia, antes mencionada, de Estado Democrático de Direito. A dispersão excessiva da jurisprudência produz intranquilidade social e descrédito do Poder Judiciário.

Se todos têm que agir em conformidade com a lei, ter-se-ia, *ipso facto*, respeitada a isonomia. Essa relação de causalidade, todavia, fica comprometida como decorrência do desvirtuamento da liberdade que tem o juiz de decidir com base em seu entendimento sobre o sentido real da norma.

---

[11] Que, antes de ser expressamente incorporado à Constituição Federal em vigor (art. 5º, LXXVIII), já havia sido contemplado em outros instrumentos normativos estrangeiros (veja-se, por exemplo, o art. 111, da Constituição da Itália) e convenções internacionais (Convenção Europeia e Pacto de San Jose da Costa Rica). Trata-se, portanto, de tendência mundial.

[12] Afinal, a celeridade não é um valor que deva ser perseguido a qualquer custo. "Para muita gente, na matéria, a rapidez constitui o valor por excelência, quiçá o único. Seria fácil invocar aqui um rol de citações de autores famosos, apostados em estigmatizar a morosidade processual. Não deixam de ter razão, sem que isso implique – nem mesmo, quero crer, no pensamento desses próprios autores – hierarquização rígida que não reconheça como imprescindível, aqui e ali, ceder o passo a outros valores. Se uma justiça lenta demais é decerto uma justiça má, daí não se segue que uma justiça muito rápida seja necessariamente uma justiça boa. O que todos devemos querer é que a prestação jurisdicional venha ser melhor do que é. Se para torná-la melhor é preciso acelerá-la, muito bem: não, contudo, a qualquer preço" (BARBOSA MOREIRA, José Carlos. O futuro da justiça: alguns mitos. *Revista de Processo*. vol. 102, p. 228-237, p. 232, abr.-jun. 2001).

[13] Os ingleses dizem que os jurisdicionados não podem ser tratados "como cães, que só descobrem que algo é proibido quando o bastão toca seus focinhos" (BENTHAM citado por CAENEGEM, R. C. *Judges, Legislators & Professors*, p. 161).

[14] "O homem necessita de segurança para conduzir, planificar e conformar autônoma e responsavelmente a sua vida. Por isso, desde cedo se consideravam os princípios da segurança jurídica e da proteção à confiança como elementos constitutivos do Estado de Direito. Esses dois princípios – segurança jurídica e proteção da confiança – andam estreitamente associados, a ponto de alguns autores considerarem o princípio da confiança como um subprincípio ou como uma dimensão específica da segurança jurídica. Em geral, considera-se que a segurança jurídica está conexionada com elementos objetivos da ordem jurídica – garantia de estabilidade jurídica, segurança de orientação e realização do direito – enquanto a proteção da confiança se prende mais com os componentes subjetivos da segurança, designadamente a calculabilidade e previsibilidade dos indivíduos em relação aos efeitos dos actos." (CANOTILHO, José Joaquim Gomes. *Direito constitucional e teoria da constituição*. Coimbra: Almedina, 2000. p. 256.)

[15] Os alemães usam a expressão princípio da "proteção", acima referida por Canotilho (ALEXY, Robert; DREIER, Ralf. Precedent in the Federal Republic of Germany. *Interpreting Precedents. A Comparative Study*. Coord. Neil Maccormick e Robert Summers. Dartmouth Publishing Company, p. 19).

A tendência à diminuição[16] do número[17] de recursos que devem ser apreciados pelos Tribunais de segundo grau e superiores é resultado inexorável da jurisprudência mais uniforme e estável.

Proporcionar legislativamente melhores condições para operacionalizar formas de uniformização do entendimento dos Tribunais brasileiros acerca de teses jurídicas é concretizar, na vida da sociedade brasileira, o princípio constitucional da isonomia.

Criaram-se figuras, no novo Código de Processo Civil, para evitar a dispersão[18] excessiva da jurisprudência. Com isso, haverá condições de se atenuar o assoberbamento de trabalho no Poder Judiciário, sem comprometer a qualidade da prestação jurisdicional.

Dentre esses instrumentos, está a complementação e o reforço da eficiência do regime de julgamento de recursos repetitivos, que agora abrange a possibilidade de suspensão do procedimento das demais ações, tanto no juízo de primeiro grau, quanto dos demais recursos extraordinários ou especiais, que estejam tramitando nos tribunais superiores, aguardando julgamento, desatreladamente dos afetados.

Com os mesmos objetivos, criou-se, com inspiração no direito alemão,[19] o já referido incidente de Resolução de Demandas Repetitivas, que consiste na identificação de processos que contenham a mesma questão de direito, que estejam ainda no primeiro grau de jurisdição, para decisão conjunta.[20]

O incidente de resolução de demandas repetitivas é admissível quando identificada, em primeiro grau, controvérsia com potencial de gerar multiplicação expressiva de demandas e o correlato risco da coexistência de decisões conflitantes.

É instaurado perante o Tribunal local, por iniciativa do juiz, do MP, das partes, da Defensoria Pública ou pelo próprio Relator. O juízo de admissibilidade e de mérito caberão ao tribunal pleno ou ao órgão especial, onde houver, e a extensão da eficácia da decisão acerca da tese jurídica limita-se à área de competência territorial do tribunal, salvo decisão em contrário do STF ou dos Tribunais superiores, pleiteada pelas partes, interessados, MP ou Defensoria Pública. Há a possibilidade de intervenção de *amici curiae*.

O incidente deve ser julgado no prazo de seis meses, tendo preferência sobre os demais feitos, salvo os que envolvam réu preso ou pedido de *habeas corpus*.

O recurso especial e o recurso extraordinário, eventualmente interpostos da decisão do incidente, têm efeito suspensivo e se considera presumida a repercussão geral, de questão constitucional eventualmente discutida.

Enfim, não observada a tese firmada, caberá reclamação ao tribunal competente.

As hipóteses de cabimento dos embargos de divergência agora se baseiam exclusivamente na existência de *teses contrapostas*, não importando o veículo que as tenha levado ao Supremo Tribunal Federal ou ao Superior Tribunal de Justiça. Assim, são possíveis de confronto teses contidas em recursos e ações, sejam as decisões de mérito ou relativas ao juízo de admissibilidade.

Está-se, aqui, diante de poderoso instrumento, agora tornado ainda mais eficiente, cuja finalidade é a de uniformizar a jurisprudência dos Tribunais superiores, *interna corporis*.

Sem que a jurisprudência desses Tribunais esteja internamente uniformizada, é posto abaixo o edifício cuja base é o respeito aos precedentes dos Tribunais superiores.

2. Pretendeu-se converter o processo em instrumento incluído no *contexto social* em que produzirá efeito o seu resultado. Deu-se ênfase à possibilidade de as partes porem fim ao conflito pela via da mediação ou da conciliação.[21] Entendeu-se que a *satisfação efetiva* das partes pode dar-se de modo mais intenso se a solução é por elas criada e não imposta pelo juiz.

Como regra, deve realizar-se audiência em que, ainda antes de ser apresentada contestação, se tentará fazer com que autor e réu cheguem a acordo. Dessa audiência, poderão participar conciliador e mediador e o réu deve comparecer, sob pena de se qualificar sua ausência injustificada como ato atentatório à dignidade da justiça. Não se chegando a acordo, terá início o prazo para a contestação.

Por outro lado, e ainda levando em conta a qualidade da satisfação das partes com a solução dada ao litígio, previu-se a possibilidade da presença do *amicus curiae*, cuja manifestação, com certeza tem aptidão de proporcionar ao juiz condições de proferir decisão mais próxima às reais necessidades das partes e mais rente à realidade do País.[22]

Criou-se regra no sentido de que a intervenção pode ser pleiteada pelo *amicus curiae* ou solicitada de ofício, como decorrência das peculiaridades da causa, em todos os graus de jurisdição.

Entendeu-se que os requisitos que impõem a manifestação do *amicus curiae* no processo, se existem, estarão presentes desde o primeiro grau de jurisdição, não se justificando que a possibilidade de sua intervenção ocorra só nos Tribunais Superiores. Evidentemente, todas as decisões devem ter a qualidade que possa proporcionar a presença do *amicus curiae*, não só a última delas.

Com objetivo semelhante, permite-se no novo Código de Processo Civil que os Tribunais Superiores apreciem o mérito de alguns recursos que veiculam questões relevantes, cuja solução é necessária para o aprimoramento do Direito, ainda que não estejam preenchidos requisitos de admissibilidade considerados menos importantes. Trata-se de regra afeiçoada à processualística contemporânea, que privilegia o conteúdo em detrimento da forma, em consonância com o princípio da instrumentalidade.

[16] Comentando os principais vetores da reforma sofrida no processo civil alemão na última década, Barbosa Moreira alude ao problema causado pelo excesso de recursos no processo civil: "Pôr na primeira instância o centro de gravidade do processo é diretriz política muito prestigiada em tempos modernos, e numerosas iniciativas reformadoras levam-na em conta. A rigor, o ideal seria que os litígios fossem resolvidos em termos finais mediante um único julgamento. Razões conhecidas induzem as leis processuais a abrirem a porta a reexames. A multiplicação desmedida dos meios tendentes a propiciá-los, entretanto, acarreta o prolongamento indesejável do feito, aumenta-lhe o custo, favorece a chicana e, em muitos casos, gera para os tribunais superiores excessiva carga de trabalho. Convém, pois, envidar esforços para que as partes se deem por satisfeitas com a sentença e se abstenham de impugná-la" (Breve notícia sobre a reforma do processo civil alemão. *Revista de Processo.* São Paulo: Ed. RT, vol. 28, n. 111, p. 103-112, p. 105, jul.-set. 2003).

[17] O número de recursos previstos na legislação processual civil é objeto de reflexão e crítica, há muitos anos, na doutrina brasileira. Egas Moniz de Aragão, por exemplo, em emblemático trabalho sobre o tema, já indagou de forma contundente: "há demasiados recursos no ordenamento jurídico brasileiro? Deve-se restringir seu cabimento? São eles responsáveis pela morosidade no funcionamento do Poder Judiciário?" Respondendo tais indagações, o autor conclui que há três recursos que "atendem aos interesses da brevidade e certeza, interesses que devem ser ponderados – como na fórmula da composição dos medicamentos – para dar adequado remédio às necessidades do processo judicial": a apelação, o agravo e o extraordinário, isto é, recurso especial e recurso extraordinário (Demasiados recursos?. *Revista de Processo.* São Paulo: Ed. RT, vol. 31, n. 136, p. 9-31, p. 18, jun. 2006).

[18] A preocupação com essa possibilidade não é recente. Alfredo Buzaid já aludia a ela, advertindo que há uma grande diferença entre as decisões adaptadas ao contexto histórico em que proferidas e aquelas que prestigiam interpretações contraditórias da mesma disposição legal, apesar de iguais as situações concretas em que proferidas. Nesse sentido: "Na verdade, não repugna ao jurista que os tribunais, num louvável esforço de adaptação, sujeitem a mesma regra a entendimento diverso, desde que se alterem as condições econômicas, políticas e sociais; mas repugna-lhe que sobre a mesma regra jurídica deem os tribunais interpretação diversa e até contraditória, quando as condições em que ela foi editada continuam as mesmas. O dissídio resultante de tal exegese debilita a autoridade do Poder Judiciário, ao mesmo passo que causa profunda decepção às partes que postulam perante os tribunais" (Uniformização de Jurisprudência. *Revista da Associação dos Juízes do Rio Grande do Sul,* 34/139, jul. 1985).

[19] No direito alemão a figura se chama *Musterverfahren* e gera decisão que serve de modelo (= *Muster)* para a resolução de uma quantidade expressiva de processos em que as partes estejam na mesma situação, não se tratando necessariamente, do mesmo autor nem do mesmo réu (WITTMANN, Ralf-Thomas. Il "contenzioso di massa" in Germania. In: ALESSANDRO, Giorgetti; VALLEFUOCO, Valerio. *Il contenzioso di massa in Italia, in Europa e nel mondo.* Milão: Giuffrè, 2008. p. 178).

[20] Tais medidas refletem, sem dúvida, a tendência de coletivização do processo, assim explicada por Rodolfo de Camargo Mancuso: "Desde o último quartel do século passado, foi tomando vulto o fenômeno da 'coletivização' dos conflitos, à medida que, paralelamente, se foi reconhecendo a inaptidão do processo civil clássico para instrumentalizar essas megacontrovérsias, próprias de uma conflitiva sociedade de massas. Isso explica a proliferação de ações de cunho coletivo, tanto na Constituição Federal (arts. 5º, XXI; LXX, *b*; LXXIII; 129, III) como na legislação processual extravagante, empolgando segmentos sociais de largo espectro: consumidores, infância e juventude; deficientes físicos; investidores no mercado de capitais; idosos; torcedores de modalidades desportivas etc. Logo se tornou evidente (e premente) a necessidade da oferta de novos instrumentos capazes de recepcionar esses conflitos assim potencializado, seja em função do número expressivo (ou mesmo indeterminado) dos sujeitos concernentes, seja em função da indivisibilidade do objeto litigioso, que o torna insuscetível de partição e fruição por um titular exclusivo" *(A resolução de conflitos e a função judicial no Contemporâneo Estado de Direito.* São Paulo: Ed. RT, 2009. p. 379-380).

[21] A criação de condições para realização da transação é uma das tendências observadas no movimento de reforma que inspirou o processo civil alemão. Com efeito, explica Barbosa Moreira que "já anteriormente, por força de uma lei de 1999, os órgãos legislativos dos 'Lander' tinham sido autorizados, sob determinadas circunstâncias, a exigirem, como requisito de admissibilidade da ação, que se realizasse prévia tentativa de conciliação extrajudicial. Doravante, nos termos do art. 278, deve o tribunal, em princípio, levar a efeito a tentativa, ordenando o comparecimento pessoal de ambas as partes. O órgão judicial discutirá com elas a situação, poderá formular-lhes perguntas e fazer-lhes observações. *Os* litigantes serão ouvidos pessoalmente e terá cada qual a oportunidade de expor sua versão do litígio (...)" (Breve notícia sobre a reforma do processo civil alemão... cit., p. 106).

[22] Predomina na doutrina a opinião de que a origem do *amicus curiae* está na Inglaterra, no processo penal, embora haja autores que afirmem haver figura assemelhada já no direito romano (BUENO, Cassio Scarpinella. Amicus curiae *no processo civil brasileiro.* São Paulo: Saraiva, 2006. p. 88). Historicamente, sempre atuou ao lado do juiz, e sempre foi a discricionariedade deste que determinou a intervenção desta figura, fixando os limites de sua atuação. Do direito inglês, migrou para o direito americano, em que é, atualmente, figura de relevo digno de nota (BUENO, Cassio Scarpinella. Op.cit., p. 94 e seguintes).

3. Com a finalidade de *simplificação*, criou-se,[23] v.g., a possibilidade de o réu formular pedido independentemente do expediente formal da reconvenção, que desapareceu. Extinguiram-se muitos incidentes: passa a ser matéria alegável em preliminar de contestação a incorreção do valor da causa e a indevida concessão do benefício da justiça gratuita, bem como as duas espécies de incompetência. Não há mais a ação declaratória incidental nem a ação declaratória incidental de falsidade de documento, bem como o incidente de exibição de documentos. As formas de intervenção de terceiro foram modificadas e parcialmente fundidas: criou-se um só instituto, que abrange as hipóteses de denunciação da lide e de chamamento ao processo. Deve ser utilizado quando o chamado puder ser réu em ação regressiva; quando um dos devedores solidários saldar a dívida, aos demais; quando houver obrigação, por lei ou por contrato, de reparar ou garantir a reparação de dano, àquele que tem essa obrigação. A sentença dirá se terá havido a hipótese de ação regressiva, ou decidirá quanto à obrigação comum. Muitos[24] procedimentos especiais[25] foram extintos. Foram mantidos a ação de consignação em pagamento, a ação de prestação de contas, a ação de divisão e demarcação de terras particulares, inventário e partilha, embargos de terceiro, habilitação, restauração de autos, homologação de penhor legal e ações possessórias.

Extinguiram-se também as ações cautelares nominadas. Adotou-se a regra no sentido de que basta à parte a demonstração do *fumus boni iuris* e do perigo de ineficácia da prestação jurisdicional para que a providência pleiteada deva ser deferida. Disciplina-se também a tutela sumária que visa a proteger o direito evidente, independentemente de *periculum in mora*.

O novo Código de Processo Civil agora deixa clara a possibilidade de concessão de tutela de urgência e de tutela à evidência. Considerou-se conveniente esclarecer de forma expressa que a resposta do Poder Judiciário deve ser rápida não só em situações em que a urgência decorre do risco de eficácia do processo e do eventual perecimento do próprio direito. Também em hipóteses em que as alegações da parte se revelam de juridicidade ostensiva deve a tutela ser antecipadamente (total ou parcialmente) concedida, independentemente de *periculum in mora*, por não haver razão relevante para a espera, até porque, via de regra, a demora do processo gera agravamento do dano.

Ambas essas espécies de tutela vêm disciplinadas na Parte Geral, tendo também desaparecido o livro das ações cautelares.

A tutela de urgência e da evidência podem ser requeridas *antes* ou *no curso* do procedimento em que se pleiteia a providência principal.

Não tendo havido resistência à liminar concedida, o juiz, depois da efetivação da medida, extinguirá o processo, conservando-se a eficácia da medida concedida, sem que a situação fique protegida pela coisa julgada.

Impugnada a medida, o pedido principal deve ser apresentado *nos mesmos autos* em que tiver sido formulado o pedido de urgência.

As opções procedimentais acima descritas exemplificam sobremaneira a concessão da tutela cautelar ou antecipatória, do ponto de vista procedimental.

Além de a incompetência, absoluta e relativa, poderem ser levantadas pelo réu em preliminar de contestação, o que também significa uma maior simplificação do sistema, a incompetência absoluta não é, no novo Código de Processo Civil, hipótese de cabimento de ação rescisória.

Cria-se a faculdade de o advogado promover, pelo correio, a intimação do advogado da outra parte. Também as testemunhas devem comparecer espontaneamente, sendo excepcionalmente intimadas por carta com aviso de recebimento.

A extinção do procedimento especial "ação de usucapião" levou à criação do procedimento edital, como forma de comunicação dos atos processuais, por meio do qual, em ações deste tipo, devem-se provocar todos os interessados a intervir, se houver interesse.

O prazo para todos os recursos, com exceção dos embargos de declaração, foi uniformizado: quinze dias.

O recurso de apelação continua sendo interposto no 1º grau de jurisdição, tendo-lhe sido, todavia, retirado o juízo de admissibilidade, que é exercido apenas no 2º grau de jurisdição. Com isso, suprime-se um novo foco desnecessário de recorribilidade.

Na execução, se eliminou a distinção entre praça e leilão, assim como a necessidade de duas hastas públicas. Desde a primeira, pode o bem ser alienado por valor inferior ao da avaliação, desde que não se trate de preço vil.

Foram extintos os embargos à arrematação, tornando-se a ação anulatória o único meio de que o interessado pode valer-se para impugná-la.

Bastante simplificado foi o sistema recursal. Essa simplificação, todavia, em momento algum significou restrição ao direito de defesa. Em vez disso deu, de acordo com o objetivo tratado no item seguinte, maior rendimento a cada processo individualmente considerado.

Desapareceu o agravo retido, tendo, correlatamente, alterado-se o regime das preclusões.[26] Todas as decisões anteriores à sentença podem ser impugnadas na apelação. Ressalte-se que, na verdade, o que se modificou, nesse particular, foi exclusivamente o momento da impugnação, pois essas decisões, de que se recorria, no sistema anterior, por meio de agravo retido, só eram mesmo alteradas ou mantidas quando o agravo era julgado, como preliminar de apelação. Com o novo regime, o momento de julgamento será o mesmo; não o da impugnação.

O agravo de instrumento ficou mantido para as hipóteses de concessão, ou não, de tutela de urgência; para as interlocutórias de mérito, para as interlocutórias proferidas na execução (e no cumprimento de sentença) e para todos os demais casos a respeito dos quais houver previsão legal expressa.

Previu-se a sustentação oral em agravo de instrumento de decisão de mérito, procurando-se, com isso, alcançar resultado do processo mais rente à realidade dos fatos.

Uma das grandes alterações havidas no sistema recursal foi a supressão dos embargos infringentes.[27] Há muito, doutrina da melhor qualidade vem propugnando pela necessidade de que sejam extintos.[28] Em contrapartida a essa extinção, o relator terá o dever de declarar o voto vencido, sendo este considerado como parte integrante do acórdão, inclusive para fins de prequestionamento.

Significativas foram as alterações, no que tange aos recursos para o STJ e para o STF. O Novo Código contém regra expressa, que leva ao aproveitamento do processo, de forma plena, devendo ser decididas todas as razões que podem levar ao provimento ou ao improvimento do recurso. Sendo, por exemplo, o recurso extraordinário provido para acolher uma causa de pedir, *ou* a) examinam-se todas as outras,

---

[23] Tal possibilidade, rigorosamente, já existia no CPC de 1973, especificamente no procedimento comum sumário (art. 278, § 1º) e em alguns procedimentos especiais disciplinados no Livro IV, como, por exemplo, as ações possessórias (art. 922), daí por que se afirmava, em relação a estes, que uma de suas características peculiares era, justamente, a natureza dúplice da ação. Contudo, no Novo Código, o que era excepcional se tornará regra geral, em evidente benefício da economia processual e da ideia de efetividade da tutela jurisdicional.

[24] Egas Moniz de Aragão, comentando a transição do Código de 1939 para o Código de 1973, já chamava a atenção para a necessidade de refletir sobre o grande número de procedimentos especiais que havia no primeiro e foi mantido, no segundo diploma. Nesse sentido: "Ninguém jamais se preocupou em investigar se é necessário ou dispensável, se é conveniente ou inconveniente oferecer aos litigantes essa pletora de procedimentos especiais; ninguém jamais se preocupou em verificar se a existência desses inúmeros procedimentos constitui obstáculo à 'efetividade do processo', valor tão decantado na atualidade; ninguém jamais se preocupou em pesquisar se a existência de tais e tantos procedimentos constitui estorvo ao bom andamento dos trabalhos forenses e se a sua substituição por outros e novos meios de resolver os mesmos problemas poderá trazer melhores resultados. Diante desse quadro é de indagar: será possível atingir os resultados verdadeiramente aspirados pela revisão do Código sem remodelar o sistema no que tange aos procedimentos especiais?" (Reforma processual: 10 anos. *Revista do Instituto dos Advogados do Paraná*. Curitiba, n. 33, p. 201-215, p. 205, dez. 2004).

[25] Ainda na vigência do Código de 1973, já não se podia afirmar que a maior parte desses procedimentos era efetivamente especial. As características que, no passado, serviram para lhes qualificar desse modo, após as inúmeras alterações promovidas pela atividade de reforma da legislação processual, deixaram de lhes ser exclusivas. Vários aspectos que, antes, somente se viam nos procedimentos ditos especiais, passaram, com o tempo, a se observar também no procedimento comum. Exemplo disso é o sincretismo processual, que passou a marcar o procedimento comum desde que admitida a concessão de tutela de urgência em favor do autor, nos termos do art. 273.

[26] Essa alteração contempla uma das duas soluções que a doutrina processualista colocava em relação ao problema da recorribilidade das decisões interlocutórias. Nesse sentido: "Duas teses podem ser adotadas com vistas ao controle das decisões proferidas pelo juiz no decorrer do processo em primeira instância: ou, a) não se proporciona recurso algum e os litigantes poderão impugná-las somente com o recurso cabível contra o julgamento final, normalmente a apelação, caso estes em que não incidirá preclusão sobre tais questões, ou, b) é proporcionado recurso contra as decisões interlocutórias (tanto faz que o recurso suba incontinente ao órgão superior ou permaneça retido nos autos do processo) e ficarão preclusas as questões nelas solucionadas caso o interessado não recorra" (ARAGÃO, E. M. Reforma processual: 10 anos... cit., p. 210-211).

[27] Essa trajetória, como lembra Barbosa Moreira, foi, no curso das décadas, "complexa e sinuosa" (Novas vicissitudes dos embargos infringentes. *Revista de Processo*. São Paulo: Ed. RT, vol. 28, n. 109, p. 113-123, p. 113, jul-ago. 2004,).

[28] Nesse sentido: "A existência de um voto vencido não basta por si só para justificar a criação de tal recurso; porque, por tal razão, se devia admitir um segundo recurso de embargos toda vez que houvesse mais de um voto vencido; desta forma poderia arrastar-se a verificação por largo tempo, vindo o ideal de justiça a ser sacrificado pelo desejo de aperfeiçoar a decisão" (BUZAID, Alfredo. Ensaio para uma revisão do sistema de recursos no Código de Processo Civil. *Estudos de direito*. São Paulo: Saraiva, 1972. vol. 1, p. 111).

ou, b) remetem-se os autos para o Tribunal de segundo grau, para que decida as demais, ou, c) remetem-se os autos para o primeiro grau, caso haja necessidade de produção de provas, para a decisão das demais; e, pode-se também, d) remeter os autos ao STJ, caso as causas de pedir restantes constituam-se em questões de direito federal.

Com os mesmos objetivos, consistentes em simplificar o processo, dando-lhe, simultaneamente, o maior rendimento possível, criou-se a regra de que não há mais extinção do processo, por decisão de inadmissão de recurso, caso o tribunal destinatário entenda que a competência seria de outro tribunal. Há, isto sim, em todas as instâncias, inclusive no plano de STJ e STF, *a remessa dos autos ao tribunal competente*.

Há dispositivo expresso determinando que, se os embargos de declaração são interpostos com o objetivo de prequestionar a matéria objeto do recurso principal, e não são admitidos, considera-se o prequestionamento como havido, salvo, é claro, se se tratar de recurso que pretenda a inclusão, no acórdão, da descrição de fatos.

Vê-se, pois, que as alterações do sistema recursal a que se está, aqui, aludindo, proporcionaram simplificação e levaram a efeito um outro objetivo, de que abaixo se tratará: obter-se o maior rendimento possível de cada processo.

4. O novo sistema permite que cada processo *tenha maior rendimento possível*. Assim, e por isso, estendeu-se a autoridade da coisa julgada às questões prejudiciais.

Com o objetivo de se dar maior *rendimento* a cada processo, individualmente considerado, e, atendendo a críticas tradicionais da doutrina,[29] deixou, a possibilidade jurídica do pedido, de ser condição da ação. A sentença que, à luz da lei revogada seria de carência da ação, à luz do novo Código de Processo Civil é de improcedência e resolve definitivamente a controvérsia.

Criaram-se mecanismos para que, sendo a ação proposta com base em várias causas de pedir e sendo só uma levada em conta na decisão do 1º e do 2º grau, repetindo-se as decisões de procedência, caso o tribunal superior inverta a situação, retorne o processo ao 2º grau, para que as demais sejam apreciadas, até que, afinal, sejam todas decididas e seja, *efetivamente, posto fim à controvérsia*.

O mesmo ocorre se se tratar de ação julgada improcedente em 1º e em 2º grau, como resultado de acolhimento de uma razão de defesa, quando haja mais de uma.

Também visando a essa finalidade, o novo Código de Processo Civil criou, inspirado no sistema italiano[30] e francês,[31] a estabilização de tutela, a que já se referiu no item anterior, que permite a manutenção da eficácia da medida de urgência, ou antecipatória de tutela, até que seja eventualmente impugnada pela parte contrária.

As partes podem, até a sentença, modificar pedido e causa de pedir, desde que não haja ofensa ao contraditório. De cada processo, por esse método, se obtém tudo o que seja possível.

Na mesma linha, tem o juiz o poder de adaptar o procedimento às peculiaridades da causa.[32]

Com a mesma finalidade, criou-se a regra, a que já se referiu, no sentido de que, entendendo o Superior Tribunal de Justiça que a questão veiculada no recurso especial seja constitucional, deve remeter o recurso do Supremo Tribunal Federal; do mesmo modo, deve o Supremo Tribunal Federal remeter o recurso ao Superior Tribunal de Justiça, se considerar que não se trata de ofensa direta à Constituição Federal, por decisão irrecorrível.

5. A Comissão trabalhou sempre tendo como *pano de fundo* um objetivo genérico, que foi de imprimir organicidade às regras do processo civil brasileiro, dando maior coesão ao sistema.

O novo Código de Processo Civil conta, agora, com uma Parte Geral,[33] atendendo às *críticas de parte ponderável da doutrina brasileira. Neste Livro I, são mencionados princípios* constitucionais de especial importância para todo o processo civil, bem como regras gerais, que dizem respeito a todos os demais Livros. A Parte Geral desempenha o papel de chamar para si a solução de questões difíceis relativas às demais partes do Código, já que contém regras e princípios gerais a respeito do funcionamento do sistema.

O conteúdo da Parte Geral (Livro I) consiste no seguinte: princípios e garantias fundamentais do processo civil; aplicabilidade das normas processuais; limites da jurisdição brasileira; competência interna; normas de cooperação internacional e nacional; partes; litisconsórcio; procuradores; juiz e auxiliares da justiça; Ministério Público; atos processuais; provas; tutela de urgência e tutela da evidência; formação, suspensão e extinção do processo. O Livro II diz respeito ao processo de conhecimento, incluindo do cumprimento de sentença e procedimentos especiais, contenciosos ou não. O Livro III trata do processo de execução, e o Livro IV disciplina os processos nos Tribunais e os meios de impugnação das decisões judiciais. Por fim, há as disposições finais e transitórias.

O objetivo de organizar internamente as regras e harmonizá-las entre si foi o que inspirou, por exemplo, a reunião das hipóteses em que os Tribunais ou juízes podem voltar atrás, mesmo depois de terem proferido decisão de mérito: havendo embargos de declaração, erro material, sendo proferida decisão pelo STF ou pelo STJ com base nos artigos 543-B e 543-C do Código anterior.

Organizaram-se em dois dispositivos as causas que levam à extinção do processo, por indeferimento da inicial, sem ou com julgamento de mérito, incluindo-se neste grupo o que constava do art. 285-A do Código anterior.

Unificou-se o critério relativo ao fenômeno que gera a prevenção: o despacho que ordena a citação. A ação, por seu turno, considera-se proposta assim que protocolada a inicial.

Tendo desaparecido o Livro do Processo Cautelar e as cautelares em espécie, acabaram sobrando medidas que, em consonância com parte expressiva da doutrina brasileira, embora estivessem formalmente inseridas no Livro III, de cautelares, nada tinham. Foram, então, realocadas, junto aos procedimentos especiais.

Criou-se um livro novo, a que já se fez menção, para os processos nos Tribunais, que abrange os meios de impugnação às decisões judiciais – recursos e ações impugnativas autônomas – e institutos como, por exemplo, a homologação de sentença estrangeira.

Também com o objetivo de desfazer "nós" do sistema, deixaram-se claras as hipóteses de cabimento de ação rescisória e de ação anulatória, eliminando-se dúvidas, com soluções como, por exemplo, a de deixar sentenças homologatórias como categoria de pronunciamento impugnável pela ação anulatória, ainda que se trate de decisão de mérito, isto é, que homologa transação, reconhecimento jurídico do pedido ou renúncia à pretensão.

Com clareza e com base em doutrina autorizada,[34] disciplinou-se o litisconsórcio, separando-se, com a nitidez possível, o necessário do unitário.

Inverteram-se os termos *sucessão* e *substituição*, acolhendo-se crítica antiga e correta da doutrina.[35]

Nos momentos adequados, utilizou-se a expressão *convenção de arbitragem*, que abrange a cláusula arbitral e o compromisso arbitral,

---

29 Cândido Dinamarco lembra que o próprio Liebman, após formular tal condição da ação em aula inaugural em Turim, renunciou a ela depois que "a lei italiana passou a admitir o divórcio, sendo este o exemplo mais expressivo de impossibilidade jurídica que vinha sendo utilizado em seus escritos" (Op. cit., vol. 2, p. 309).

30 Trata da matéria, por exemplo: COMOGLIO, Luigi; FERRI, Corrado; TARUFFO, Michele. *Lezioni sul processo civile.* 4. ed. Bologna: Il Mulino, 2006. t. I e II; PICARDI, Nicola. *Codice di Procedura Civile.* 4. ed. Milão: Giuffrè, 2008. t. II; GIOLA, Valerio de; RASCHELLÀ, Anna Maria. *I provvedimento d 'urgenza ex art. 700 Cod. Proc. Civ.* 2. ed. Experta, 2006.

31 É conhecida a figura do *référé* francês, que consiste numa forma sumária de prestação de tutela, que gera decisão provisória, não depende necessariamente de um processo principal, não transita em julgado, mas pode prolongar a sua eficácia no tempo. Vejam-se arts. 488 e 489 do *Nouveau Code de Procédure Civile* francês.

32 No processo civil inglês, há regra expressa a respeito dos "case managementpowers". CPR 1.4. Na doutrina, v.: ANDREWS, Neil. *O moderno processo civil.* São Paulo: Ed. RT, 2009. item 3.14, p. 74. Nestas regras de gestão de processos, inspirou-se a Comissão autora do Anteprojeto.

33 Para Egas Moniz de Aragão, a ausência de uma parte geral, no Código de 1973, ao tempo em que promulgado, era compatível com a ausência de sistematização, no plano doutrinário, de uma teoria geral do processo. E advertiu o autor: "Não se recomendaria que o legislador precedesse aos doutrinadores, aconselhando a prudência que se aguarde o desenvolvimento do assunto por estes para, colhendo-lhes os frutos, atuar aquele" (*Comentários ao Código de Processo Civil.* 7. ed. Rio de Janeiro: Forense, 1991. vol. 2, p. 8). O profundo amadurecimento do tema que hoje se observa na doutrina processualista brasileiro justifica, nessa oportunidade, a sistematização da teoria geral do processo, no novo Código de Processo Civil.

34 Cândido Dinamarco, por exemplo, sob a égide do Código de 1973, teceu críticas à redação do art. 47, por entender que "esse mal redigido dispositivo dá a impressão, absolutamente falsa, de que o litisconsórcio unitário seria modalidade do necessário" (Op. cit., vol. 2, p. 359). No entanto, explica, com inequívoca clareza, o processualista: "Os dois conceitos não se confundem nem se colocam em relação de gênero a espécie. A unitariedade não é espécie da necessariedade. Diz respeito ao 'regime de tratamento' dos litisconsortes, enquanto esta é a exigência de 'formação' do litisconsórcio".

35 "O Código de Processo Civil dá a falsa ideia de que a troca de um sujeito pelo outro na condição de parte seja um fenômeno de substituição processual: o vocábulo 'substituição' e a forma verbal 'substituindo' são empregadas na rubrica em que se situa o art. 48 e em seu § 1º. Essa impressão é falsa porque 'substituição processual' é a participação de um sujeito no processo, como autor ou réu, sem ser titular do interesse em conflito (art. 6º). Essa locução não expressa um movimento de entrada e saída. Tal movimento é, em direito, 'sucessão' – no caso, sucessão processual" (DINAMARCO, C. Op. cit., vol. 2, p. 281).

imprimindo-se, assim, o mesmo regime jurídico a ambos os fenômenos.[36]

Em conclusão, como se frisou no início desta exposição de motivos, elaborar-se um Código novo não significa "deitar abaixo as instituições do Código vigente, substituindo-as por outras, inteiramente novas".[37]

Nas alterações das leis, com exceção daquelas feitas imediatamente após períodos históricos que se pretendem deixar definitivamente para trás, não se deve fazer "taboa rasa" das conquistas alcançadas. Razão alguma há para que não se conserve ou aproveite o que há de bom no sistema que se pretende reformar.

Assim procedeu a Comissão de Juristas que reformou o sistema processual: criou saudável equilíbrio entre conservação e inovação, sem que tenha havido drástica ruptura com o presente ou com o passado.

Foram criados institutos inspirados no direito estrangeiro, como se mencionou ao longo desta Exposição de Motivos, já que, a época em que vivemos é de interpenetração das civilizações. O novo Código de Processo Civil é fruto de reflexões da Comissão que o elaborou, que culminaram em escolhas racionais de caminhos considerados adequados, à luz dos cinco critérios acima referidos, à obtenção de uma sentença que resolva o conflito, com respeito aos direitos fundamentais e no menor tempo possível, realizando o interesse público da atuação da lei material.

Em suma, para a elaboração do novo Código de Processo Civil, identificaram-se os avanços incorporados ao sistema processual preexistente, que deveriam ser conservados. Estes foram organizados e se deram alguns passos à frente, para deixar expressa a adequação das novas regras à Constituição Federal da República, com um sistema mais coeso, mais ágil e capaz de gerar um processo civil mais célere e mais justo.

A Comissão

[36] Sobre o tema da arbitragem, veja-se: CARMONA, Carlos Alberto. *Arbitragem e processo: um comentário à Lei nº 9.307/96.* 3. ed. São Paulo: Atlas, 2009.

[37] BUZAID, Alfredo Exposição de motivos. Lei nº 5.869, de 11 de janeiro de 1973.

EXPOSIÇÃO DE MOTIVOS DA NOVA PARTE GERAL DO CÓDIGO PENAL

LEI Nº 7.209, DE 11 DE JULHO DE 1984

Excelentíssimo Senhor Presidente da República:

1. Datam de mais de vinte anos as tentativas de elaboração do novo Código Penal. Por incumbência do Governo Federal, já em 1963 o Professor Nélson Hungria apresentava o anteprojeto de sua autoria, ligando-se, pela segunda vez, à reforma de nossa legislação penal.

2. Submetido ao ciclo de conferências e debates do Instituto Latino-Americano de Criminologia, realizado em São Paulo, e a estudos promovidos pela Ordem dos Advogados do Brasil e Faculdades de Direito, foi objeto de numerosas propostas de alteração, distinguindo-se o debate pela amplitude das contribuições oferecidas. Um ano depois, designou o então Ministro Mílton Campos a comissão revisora do anteprojeto, composta dos Professores Nélson Hungria, Aníbal Bruno e Heleno Cláudio Fragoso. A comissão incorporou ao texto numerosas sugestões, reelaborando-o em sua quase inteireza, mas a conclusão não chegou a ser divulgada. A reforma foi retomada pelo Ministro Luiz Antônio da Gama e Silva, que em face do longo e eficiente trabalho de elaboração já realizado submeteu o anteprojeto a revisão final, por comissão composta dos Professores Benjamin Moraes Filho, Heleno Cláudio Fragoso e Ivo D'Aquino. Nessa última revisão punha-se em relevo a necessidade de compatibilizar o anteprojeto do Código Penal com o do Código Penal Militar, também em elaboração. Finalmente, a 21 de outubro de 1969, o Ministro Luiz Antônio da Gama e Silva encaminhou aos Ministros Militares, então no exercício da Chefia do Poder Executivo, o texto do Projeto de Código Penal, convertido em lei pelo Decreto-Lei nº 1.004, da mesma data. Segundo o art. 407, entraria o novo Código Penal em vigor no dia 1º de janeiro de 1970.

3. No Governo do Presidente Emílio Médici, o Ministro Alfredo Buzaid anuiu à conveniência de entrarem simultaneamente em vigor o Código Penal, o Código de Processo Penal e a Lei de Execução Penal, como pressuposto de eficácia da Justiça Criminal. Ao Código Penal, já editado, juntar-se-iam os dois outros diplomas, cujos anteprojetos se encontravam em elaboração. Era a reforma do sistema penal brasileiro, pela modernização de suas leis constitutivas, que no interesse da segurança dos cidadãos e da estabilidade dos direitos então se intentava. Essa a razão das leis proteladoras da vigência do Código Penal, daí por diante editadas. A partir da Lei nº 5.573, de 1º de dezembro de 1969, que remeteu para 1º de agosto de 1970 o início da vigência em apreço, seis diplomas legais, uns inovadores, outros protelatórios, foram impelindo para diante a entrada em vigor do Código Penal de 1969.

4. Processara-se, entrementes, salutar renovação das leis penais e processuais vigentes. Enquanto adiada a entrada em vigor do Código Penal de 1969, o Governo do Presidente Ernesto Geisel, sendo Ministro da Justiça o Dr. Armando Falcão, encaminhou ao Congresso Nacional o Projeto de Lei nº 2, de 22 de fevereiro de 1977, destinado a alterar dispositivos do Código Penal de 1940, do Código de Processo Penal e da Lei das Contravenções Penais. Coincidiam as alterações propostas, em parte relevante, com as recomendações da Comissão Parlamentar de Inquérito instituída em 1975 na Câmara dos Deputados, referentes à administração da Justiça Criminal e à urgente reavaliação dos critérios de aplicação e execução da pena privativa da liberdade. Adaptado à positiva e ampla contribuição do Congresso Nacional, o projeto se transformou na Lei nº 6.416, de 24 de maio de 1977, responsável pelo ajustamento de importantes setores da execução penal à realidade social contemporânea. Foram tais as soluções por ela adotadas que pela Mensagem nº 78, de 30 de agosto de 1978, o Presidente Ernesto Geisel, sendo ainda Ministro da Justiça o Dr. Armando Falcão, encaminhou ao Congresso Nacional o projeto de lei que revogava o Código Penal de 1969. Apoiava-se a Mensagem, entre razões outras, no fato de que o Código Penal de 1940, nas passagens reformuladas, se tornara "mais atualizado do que o vacante". O projeto foi transformado na Lei nº 6.578, de 11 de outubro de 1978, que revogou o Código Penal e as Leis nºs 6.016, de 31 de dezembro de 1973, e 6.063, de 27 de junho de 1974, que o haviam parcialmente modificado.

5. Apesar desses inegáveis aperfeiçoamentos, a legislação penal continua inadequada às exigências da sociedade brasileira. A pressão dos índices de criminalidade e suas novas espécies, a constância da medida repressiva como resposta básica ao delito, a rejeição social dos apenados e seus reflexos no incremento da reincidência, a sofisticação tecnológica, que altera a fisionomia da criminalidade contemporânea, são fatores que exigem o aprimoramento dos instrumentos jurídicos de contenção do crime, ainda os mesmos concebidos pelos juristas na primeira metade do século.

6. Essa, em síntese, a razão pela qual institui, no Ministério da Justiça, comissões de juristas incumbidas de estudar a legislação penal e de conceber as reformas necessárias. Do longo e dedicado trabalho dos componentes dessas comissões resultaram três anteprojetos: o da Parte Geral do Código Penal, o do Código de Processo Penal e o da Lei de Execução Penal. Foram todos amplamente divulgados e debatidos em simpósios e congressos. Para analisar as críticas e sugestões oferecidas por especialistas e instituições, constituí as comissões revisoras, que reexaminaram os referidos anteprojetos e neles introduziram as alterações julgadas convenientes. Desse abrangente e patriótico trabalho participaram, na fase de elaboração, os Professores Francisco de Assis Toledo, Presidente da Comissão, Francisco de Assis Serrano Neves, Ricardo Antunes Andreucci, Miguel Reale Júnior, Hélio Fonseca, Rogério Lauria Tucci e René Ariel Dotti; na segunda fase, destinada à revisão dos textos e à incorporação do material resultante dos debates, os Professores Francisco de Assis Toledo, Coordenador da Comissão, Dínio de Santis Garcia, Jair Leonardo Lopes e Miguel Reale Júnior.

7. Deliberamos remeter à fase posterior a reforma da Parte Especial do Código, quando serão debatidas questões polêmicas, algumas de natureza moral e religiosa. Muitas das concepções que modelaram o elenco de delitos modificaram-se ao longo do tempo, alterando os padrões de conduta, o que importará em possível descriminalização. Por outro lado, o avanço científico e tecnológico impõe a inserção, na esfera punitiva, de condutas lesivas ao interesse social, como versões novas da atividade econômica e financeira ou de atividades predatórias da natureza.

8. A precedência dada à reforma da Parte Geral do Código, à semelhança do que se tem feito em outros países, antecipa a adoção de nova política criminal e possibilita a implementação das reformas do sistema sem suscitar questões de ordem prática.

DA APLICAÇÃO DA LEI PENAL

9. Na aplicação da lei penal no tempo, o Projeto permanece fiel ao critério da lei mais benigna. Amplia, porém, as hipóteses contempladas na legislação vigente, para abranger a garantia assegurada no art. 153, § 16, da Constituição da República. Resguarda-se, assim, a aplicação da *lex mitior* de qualquer caráter restritivo, no tocante ao crime e à pena.

10. Define o Projeto, nos arts. 4º e 6º, respectivamente, o tempo e lugar do crime, absorvendo, no caso, contribuição do Código de 1969, consagrada na doutrina.

11. Na aplicação da lei penal no espaço, o Projeto torna mais precisas as disposições, de forma a suprir, em função dos casos ocorrentes, as omissões do Código de 1940.

DO CRIME

12. Pareceu-nos inconveniente manter a definição de causa no dispositivo pertinente à relação de causalidade, quando ainda discrepantes as teorias e consequentemente imprecisa a doutrina sobre a exatidão do conceito. Pôs-se, portanto, em relevo a ação e a omissão como as duas formas básicas do comportamento humano. Se o crime consiste em uma ação humana, positiva ou negativa (*nullum crimen sine actione*), o destinatário da norma penal é todo aquele que realiza a ação proibida ou omite a ação determinada, desde que, em face das circunstâncias, lhe incumba o dever de participar o ato ou abster-se de fazê-lo.

13. No art. 13, § 2º, cuida o Projeto dos destinatários, em concreto, das normas preceptivas, subordinados à prévia existência de um dever de agir. Ao introduzir o conceito de omissão relevante, e ao extremar, no texto da lei, as hipóteses em que estará presente o dever de agir, estabelece-se a clara identificação dos sujeitos a que se destinam as normas preceptivas. Fica dirimida a dúvida relativa à superveniência de causa independente, com a inclusão, no texto do § 1º do art. 13, da palavra relativamente, "se a *causa superveniens*", destaca Nélson Hungria, "se incumbe sozinha do resultado e não tem ligação alguma, nem mesmo ideológica, com a ação ou omissão, esta passa a ser, no tocante ao resultado, uma "não causa" (*Comentários*, v. 1, t. 2, 5. ed., 1978, p. 67).

14. Foram mantidas, nos arts. 14, 15, 17 e 18, as mesmas regras do Código atual, constantes, respectivamente, dos arts. 12, 13, 14 e 15, relativas aos conceitos de crime consumado e tentado, de desistência voluntária e arrependimento eficaz, de crime impossível, de dolo e culpa *stricto sensu*.

15. O Projeto mantém a obrigatoriedade de redução de pena, na tentativa (art. 14, parágrafo único), e cria a figura do arrependimento posterior à consumação do crime como causa igualmente obrigatória de redução de pena. Essa inovação constitui providência de Política Criminal e é instituída menos em favor do agente do crime do que da vítima. Objetiva-se, com ela, instituir um estímulo à reparação do dano, nos crimes cometidos "sem violência ou grave ameaça à pessoa".

16. Retoma o Projeto, no art. 19, o princípio da culpabilidade, nos denominados crimes qualificados pelo resultado, que o Código vigente submeteu a injustificada responsabilidade objetiva. A regra se estende a todas as causas de aumento situadas no desdobramento causal da ação.

17. É, todavia, no tratamento do erro que o princípio *nullum crimen sine culpa* vai aflorar com todo o vigor no direito legislado brasileiro. Com efeito, acolhe o Projeto, nos arts. 20 e 21, as duas formas básicas de erro construídas pela dogmática alemã: erro sobre elementos do tipo (*Tatbestandsirrtum*) e erro sobre a ilicitude do fato (*Verbotsirrtum*). Definiu-se a evitabilidade do erro em função da consciência potencial da ilicitude (parágrafo único do art. 21), mantendo-se no tocante às descriminantes putativas a tradição brasileira, que admite a forma culposa, em sintonia com a denominada "teoria limitada da culpabilidade" ("Culpabilidade e a problemática do erro jurídico penal", de Francisco de Assis Toledo, *in RT*, *517*:251).

18. O princípio da culpabilidade estende-se, assim, a todo o Projeto. Aboliu-se a medida de segurança para o imputável. Diversificou-se o tratamento dos partícipes, no concurso de pessoas. Admitiu-se a escusabilidade da falta de consciência da ilicitude. Eliminaram-se os resíduos de responsabilidade objetiva, principalmente os denominados "crimes qualificados pelo resultado".

19. Repete o Projeto as normas do Código de 1940, pertinentes às denominadas "descriminantes putativas". Ajusta-se, assim, o Projeto à teoria limitada da culpabilidade, que distingue o erro incidente sobre os pressupostos fáticos de uma causa de justificação do que incide sobre a norma permissiva. Tal como no Código vigente, admite-se nesta área a figura culposa (art. 17, § 1º).

20. Excetuado o acerto de redação do art. 22, no qual se substitui a palavra "crime" por "fato", mantém os preceitos concernentes ao erro determinado por terceiro, ao erro sobre a pessoa, à coação irresistível e à obediência hierárquica.

21. Permanecem as mesmas, e com o tratamento que lhes deu o Código vigente, as causas de exclusão da ilicitude. A inovação está contida no art. 23, que estende o excesso punível, antes restrito à legítima defesa, a todas as causas de justificação.

DA IMPUTABILIDADE PENAL

22. Além das correções terminológicas necessárias, prevê o Projeto, no parágrafo único, *in fine*, do art. 26, o sistema vicariante para o semi-imputável, como consequência lógica da extinção da medida de segurança para o imputável. Nos casos fronteiriços em que predominar o quadro mórbido, optará o juiz pela medida de segurança. Na hipótese oposta, pela pena reduzida. Adotada, porém, a medida de segurança, dela se extrairão todas as consequências, passando o agente à condição de inimputável e, portanto, submetido às regras do Título VI, onde se situa o art. 98, objeto da remissão contida no mencionado parágrafo único do art. 26.

23. Manteve o Projeto a inimputabilidade penal ao menor de 18 (dezoito) anos. Trata-se de opção apoiada em critérios de Política Criminal. Os que preconizam a redução do limite, sob a justificativa da criminalidade crescente, que a cada dia recruta maior número de menores, não consideram a circunstância de que o menor, ser ainda incompleto, e naturalmente antissocial na medida em que não é socializado ou instruído. O reajustamento do processo de formação do caráter deve ser cometido à educação, não à pena criminal. De resto, com a legislação de menores recentemente editada, dispõe o Estado dos instrumentos necessários ao afastamento do jovem delinquente, menor de 18 (dezoito) anos, do convívio social, sem sua necessária submissão ao tratamento do delinquente adulto, expondo-o à contaminação carcerária.

24. Permanecem íntegros, tal como redigidos no Código vigente, os preceitos sobre paixão, emoção e embriaguez. As correções terminológicas introduzidas não lhes alteram o sentido e o alcance e se destinam a conjugá-los com disposições outras, do novo texto.

DO CONCURSO DE PESSOAS

25. Ao reformular o Título IV, adotou-se a denominação "Do Concurso de Pessoas" decerto mais abrangente, já que a coautoria não esgota as hipóteses do *concursus delinquentium*. O Código de 1940 rompeu a tradição originária do Código Criminal do Império, e adotou neste particular a teoria unitária ou monástica do Código italiano, como corolário da *teoria da equivalência das causas* (Exposição de Motivos do Ministro Francisco Campos, item 22). Sem completo retorno à experiência passada, curva-se, contudo, o Projeto aos críticos dessa teoria, ao optar, na parte final do art. 29, e em seus dois parágrafos, por regras precisas que distinguem a autoria da participação. Distinção, aliás, reclamada com eloquência pela doutrina, em face de decisões reconhecidamente injustas.

DAS PENAS

26. Uma política criminal orientada no sentido de proteger a sociedade terá de restringir a pena privativa da liberdade aos casos de reconhecida necessidade, como meio eficaz de impedir a ação criminógena cada vez maior do cárcere. Esta filosofia importa obviamente na busca de sanções outras para delinquentes sem periculosidade ou crimes menos graves. Não se trata de combater ou condenar a pena privativa da liberdade como resposta penal básica ao delito. Tal como no Brasil, a pena de prisão se encontra no âmago dos sistemas penais de todo o mundo. O que por ora se discute é a sua limitação aos casos de reconhecida necessidade.

27. As críticas que em todos os países se tem feito à pena privativa da liberdade fundamentam-se em fatos de crescente importância social, tais como o tipo de tratamento penal frequentemente inadequado e quase sempre pernicioso, a inutilidade dos métodos até agora empregados no tratamento de delinquentes habituais e multirreincidentes, os elevados custos da construção e manutenção dos estabelecimentos penais, as consequências maléficas para os infratores primários, ocasionais ou responsáveis por delitos de pequena significação, sujeitos, na intimidade do cárcere, a sevícias, corrupção e perda paulatina da aptidão para o trabalho.

28. Esse questionamento da privação da liberdade tem levado penalistas de numerosos países e a própria Organização das Nações Unidas a uma "procura mundial" de soluções alternativas para os infratores que não ponham em risco a paz e a segurança da sociedade.

29. Com o ambivalente propósito de aperfeiçoar a pena de prisão, quando necessária, e de substituí-la, quando aconselhável, por formas diversas de sanção criminal, dotadas de eficiente poder corretivo, adotou o Projeto novo elenco de penas. Fê-lo, contudo, de maneira cautelosa, como convém a toda experiência pioneira nesta área. Por esta razão, o Projeto situa as novas penas na faixa ora reservada ao instituto da suspensão condicional da pena, com significativa ampliação para os crimes culposos. Aprovada a experiência, fácil será, no futuro, estendê-la a novas hipóteses, por via de pequenas modificações no texto. Nenhum prejuízo, porém, advirá da inovação introduzida, já que o instituto da suspensão condicional da pena, tal como vem sendo aplicado com base no Código de 1940, é um quase nada jurídico.

30. Estabeleceram-se com precisão os regimes de cumprimento da pena privativa da liberdade: o fechado, consistente na execução da pena em estabelecimento de segurança máxima ou média; o semiaberto, em colônia agrícola, industrial ou estabelecimento similar; e finalmente o aberto, que consagra a prisão-albergue, cuja execução deverá processar-se em casa de albergado ou instituição adequada.

31. Institui-se, no regime fechado, a obrigatoriedade do exame criminológico para seleção dos condenados conforme o grau de emendabilidade e consequente individualização do tratamento penal.

32. O trabalho, amparado pela Previdência Social, será obrigatório em todos os regimes e se desenvolverá segundo as aptidões ou ofício anterior do preso, nos termos das exigências estabelecidas.

33. O cumprimento da pena superior a 8 (oito) anos será obrigatoriamente iniciado em regime fechado. Abrem-se, contudo, para condenados a penas situadas aquém desse limite, possibilidades de cumprimento em condições menos severas, atentas às condições personalíssimas do agente e à natureza do crime cometido. Assim, o condenado a pena entre 4 (quatro) e 8 (oito) anos poderá iniciar o seu cumprimento em regime semiaberto. Ao condenado a pena igual ou inferior a 4 (quatro) anos, quando primário, poderá ser concedido, *ab initio*, o regime aberto, na forma do art. 33, § 3º, se militarem em seu favor os requisitos do art. 59.

► Súm. Vinc. nº 26 do STF.

34. A opção pelo regime inicial da execução cabe, pois, ao juiz da sentença, que o estabelecerá no momento da fixação da pena, de acordo com os critérios estabelecidos no art. 59, relativos à culpabilidade, aos antecedentes, à conduta social e à personalidade do agente, bem como aos motivos e circunstâncias do crime.

35. A decisão será, no entanto, provisória, já que poderá ser revista no curso da execução. A fim de humanizar a pena privativa da liberdade, adota o Projeto o sistema progressivo de cumprimento da pena, de nova índole, mediante o qual poderá dar-se a substituição do regime a que estiver sujeito o condenado, segundo seu próprio mérito. A partir do regime fechado, fase mais severa do cumprimento da pena, possibilita o Projeto a outorga progressiva de parcelas da liberdade suprimida.

36. Mas a regressão do regime inicialmente menos severo para outro de maior restrição é igualmente contemplada, se a impuser a conduta do condenado.

37. Sob essa ótica, a progressiva conquista da liberdade pelo mérito substitui o tempo de prisão como condicionante exclusiva da devolução da liberdade.

38. Reorientada a resposta penal nessa nova direção – a da qualidade em interação com a quantidade – esta será tanto mais justificável quanto mais apropriadamente ataque as causas de futura delinquência. Promove-se, assim, a sentença judicial a ato de prognose, direcionada no sentido de uma presumida adaptabilidade social.

39. O Projeto limita-se a estabelecer as causas que justificam a regressão do regime aberto (art. 36, § 2º), remetendo a regulamentação das demais hipóteses à Lei de Execução Penal.

40. Adota o Projeto as penas restritivas de direitos, substitutivas da pena de prisão, consistentes em prestação de serviços a comunidade, interdição temporária de direitos e limitação de fins de semana, fixando o texto os requisitos e critérios norteadores da substituição.

41. Para dotar de força coativa o cumprimento da pena restritiva de direitos, previu-se a conversão dessa modalidade de sanção em privativa da liberdade, pelo tempo da pena aplicada, se injustificadamente descumprida a restrição imposta. A conversão, doutra parte, far-se-á se ocorrer condenação por outro crime à pena privativa da liberdade, cuja execução não tenha sido suspensa.

42. Essas penas privativas de direitos, em sua tríplice concepção, aplicam-se aos delitos dolosos cuja pena, concretamente aplicada, seja inferior a 1 (um) ano e aos delitos culposos de modo geral, resguardando-se, em ambas as hipóteses, o prudente arbítrio do juiz. A culpabilidade, os antecedentes, a conduta social e a personalidade do agente, bem como os motivos e circunstâncias do crime, é que darão a medida de conveniência da substituição.

43. O Projeto revaloriza a pena de multa, cuja força retributiva se tornou ineficaz no Brasil, dada a desvalorização das quantias estabelecidas na legislação em vigor, adotando-se, por essa razão, o critério do dia-multa, nos parâmetros estabelecidos, sujeito a correção monetária no ato da execução.

44. Prevê o Projeto o pagamento em parcelas mensais, bem como o desconto no vencimento ou salário do condenado, desde que não incida sobre os recursos necessários ao seu sustento e ao de sua família.

45. A multa será convertida em detenção quando o condenado, podendo, deixa de pagá-la ou frustra a execução. A cada dia-multa corresponde um dia de detenção. A conversão, contudo, não poderá exceder a 1 (um) ano.

46. As condenações inferiores a 6 (seis) meses poderão ser substituídas por penas de multa, se o condenado não for reincidente e se a substituição constituir medida eficiente (art. 60, § 2º).

DA COMINAÇÃO DAS PENAS

47. Tornou-se necessária a inserção de Capítulo específico, pertinente à cominação das penas substitutivas, já que o mecanismo da substituição não poderia situar-se repetitivamente em cada modalidade de delito.

48. Os preceitos contidos nos arts. 53 e 58 disciplinam os casos em que a cominação está na figura típica legal, nos moldes tradicionais. Nos casos de penas restritivas de direitos (arts. 54 a 57) e de multa substitutiva (parágrafo único do art. 58), adotou-se a técnica de instituir a cominação no próprio Capítulo.

DA APLICAÇÃO DA PENA

49. Sob a mesma fundamentação doutrinária do Código vigente, o Projeto busca assegurar a *individualização da pena* sob critérios mais abrangentes e precisos. Transcende-se, assim, o sentido individualizador do Código vigente, restrito a fixação da quantidade da pena, dentro de limites estabelecidos, para oferecer ao *arbitrium iudices* variada gama de opções, que em determinadas circunstâncias pode envolver o tipo da sanção a ser aplicada.

50. As diretrizes para fixação da pena estão relacionadas no art. 59, segundo o critério da legislação em vigor, tecnicamente aprimorado e necessariamente adaptado ao novo elenco de penas. Preferiu o Projeto a expressão "culpabilidade" em lugar de "intensidade do dolo ou grau de culpa", visto que graduável é a censura, cujo índice, maior ou menor, incide na quantidade da pena. Fez-se referência expressa ao comportamento da vítima, erigido, muitas vezes, em fator criminógeno, por constituir-se em provocação ou estímulo à conduta criminosa, como, entre outras modalidades, o pouco recato da vítima nos crimes contra os costumes. A finalidade da individualização está esclarecida na parte final do preceito: importa em optar, dentre as penas cominadas, pela que for aplicável, com a respectiva quantidade, à vista de sua necessidade e eficácia para "reprovação e prevenção do crime". Nesse conceito se define a Política Criminal preconizada no Projeto, da qual se deverão extrair todas as suas lógicas consequências. Assinale-se, ainda, outro importante acréscimo: cabe ao juiz fixar o regime inicial de cumprimento da pena privativa da liberdade, fator indispensável da individualização que se completará no curso do procedimento executório, em função do exame criminológico.

51. Decorridos quarenta anos da entrada em vigor do Código Penal, remanescem as divergências suscitadas sobre as etapas da aplicação da pena. O Projeto opta claramente pelo critério das três faces, predominante na jurisprudência do Supremo Tribunal Federal. Fixa-se, inicialmente, a pena-base, obedecido o disposto no art. 59; consideram-se, em seguida, as circunstâncias atenuantes e agravantes; incorporam-se ao cálculo, finalmente, as causas de diminuição e aumento. Tal critério permite o completo conhecimento da operação realizada pelo juiz e a exata determinação dos elementos incorporados à dosimetria. Discriminado, por exemplo, em primeira instância, o *quantum* da majoração decorrente de uma agravante, o recurso poderá ferir com precisão essa parte da sentença, permitindo às instâncias superiores a correção de equívocos hoje sepultados no processo mental do juiz. Alcança-se, pelo critério, a plenitude de garantia constitucional da ampla defesa.

52. Duas diferenças alteram o rol das circunstâncias agravantes prescritas na legislação em vigor: cancelou-se a redundante referência a "asfixia", de caráter meramente exemplificativo, já que é tida por insidiosa ou cruel esta espécie de meio, na execução do delito; deu-se melhor redação ao disposto no art. 44, II, *c*, ora assim enunciado no art. 61, II, *e*: "em estado de embriaguez preordenada".

53. O Projeto dedicou atenção ao agente que no concurso de pessoas desenvolve papel saliente. No art. 62 reproduz-se o texto do Código atual, acrescentando-se, porém, como agravante, a ação de induzir outrem à execução material do crime. Estabelece-se, assim, paralelismo com os elementos do tipo do art. 122 (induzimento, instigação ou auxílio ao suicídio).

54. A Lei nº 6.416, de 1977, alterou a disciplina da reincidência, limitando no tempo os efeitos da condenação anterior, a fim de não estigmatizar para sempre o condenado. A partir desse diploma legal deixou de prevalecer a condenação anterior para efeito de reincidência, se decorrido período superior a 5 (cinco) anos entre a data do cumprimento ou da extinção da pena e a da infração posterior. A redação do texto conduziu a situações injustas: o réu que tenha indeferida a suspensão da condicional tem em seu favor a prescrição da reincidência, antes de outro, beneficiado pela suspensão. A distorção importa em que a pena menos grave produz, no caso, efeitos mais graves. Daí a redação dada ao art. 64, I, mandando computar "o período de prova da suspensão ou do livramento condicional, se não houver revogação".

55. As circunstâncias atenuantes sofreram alterações. Tornou-se expresso, para evitar polêmicas, que a atenuante da menoridade será aferida na data do fato; a da velhice, na data da sentença. Incluiu-se no elenco o "desconhecimento da lei" em evidente paralelismo com o disposto no art. 21. A *ignorantia legis* continua inescusável no Projeto, mas atenua a pena. Incluiu-se, ainda, na letra *c*, a hipótese de quem age em cumprimento de ordem superior. Não se justifica que o autor de crime cometido sob coação resistível seja beneficiado com atenuante e não ocorra o mesmo quando a prática do delito ocorre "em cumprimento de ordem superior". Se a coação irresistível e a obediência hierárquica recebem, como dirimentes, idêntico tratamento, a mesma equiparação devem ter a coação e a obediência, quando descaracterizadas em meras atenuantes. Beneficia-se, como estímulo à verdade processual, o agente que confessa espontaneamente, perante a autoridade, a autoria do crime, sem a exigência, em vigor, de ser a autoria "ignorada ou imputada a outrem". Instituiu-se, finalmente, no art. 66, circunstância atenuante genérica e facultativa, que permitirá ao juiz considerar circunstância relevante, ocorrida antes, durante ou após o crime, para a fixação da pena.

56. Foram mantidos os conceitos de concurso material e concurso formal, ajustados ao novo elenco de penas.

57. A inovação contida no parágrafo único do art. 70 visa à tornar explícito que a regra do concurso formal não poderá acarretar punição superior à que, nas mesmas circunstâncias, seria cabível pela aplicação do cúmulo material. Impede-se, assim, que numa hipótese de *aberratio ictus* (homicídio doloso mais lesões culposas), se aplique ao agente pena mais severa, em razão do concurso formal, do que a aplicável, no mesmo exemplo, pelo concurso material. Quem comete mais de um crime, com uma única ação, não pode sofrer pena mais grave do que a imposta ao agente que reiteradamente, com mais de uma ação, comete os mesmos crimes.

58. Mantém-se a definição atual de crime continuado. Expressiva inovação foi introduzida, contudo, no parágrafo do art. 71, *in verbis*:

> "Nos crimes dolosos, contra vítimas diferentes, cometidos com violência ou grave ameaça à pessoa, poderá o juiz, considerando a culpabilidade, os antecedentes, a conduta social e a personalidade do agente, bem como os motivos e as circunstâncias, aumentar a pena de um só dos crimes, se idênticas, ou a mais grave, se diversas, até o triplo, observadas as regras dos arts. 70, parágrafo único, e 75".

59. O critério da teoria puramente objetiva não revelou na prática maiores inconvenientes, a despeito das objeções formuladas pelos partidários da teoria objetivo-subjetiva. O Projeto optou pelo critério que mais adequadamente se opõe ao crescimento da criminalidade profissional, organizada e violenta, cujas ações se repetem contra vítimas diferentes, em condições de tempo, lugar, modos de execução e circunstâncias outras, marcadas por evidente semelhança. Estender-lhe o conceito de crime continuado importa em beneficiá-la, pois o delinquente profissional tornar-se-ia passível de tratamento penal menos grave que o dispensado a criminosos ocasionais. De resto, com a extinção, no Projeto, da medida de segurança para o imputável, urge reforçar o sistema destinando penas mais longas aos que estariam sujeitos à imposição de medida de segurança detentiva e que serão beneficiados pela abolição da medida. A Política Criminal atua, neste passo, em sentido inverso, a fim de evitar a libertação prematura de determinadas categorias de agentes, dotados de acentuada periculosidade.

60. Manteve-se na exata conceituação atual o erro na execução – *aberratio ictus* – relativo ao objeto material do delito, sendo único o objeto jurídico, bem como o tratamento do resultado diverso do pretendido – *aberratio delicti*.

61. O Projeto baliza a duração máxima das penas privativas da liberdade, tendo em vista o disposto no art. 153, § 11, da Constituição, e veda a prisão perpétua. As penas devem ser limitadas para alimentarem no condenado a esperança da liberdade e a aceitação da disciplina, pressupostos essenciais da eficácia do tratamento penal. Restringiu-se, pois, no art. 75, a duração das penas privativas da liberdade a 30 (trinta) anos, criando-se, porém, mecanismo desestimulador do crime, uma vez alcançado este limite. Caso contrário, o condenado à pena máxima pode ser induzido a outras infrações, no presídio, pela consciência da impunidade, como atualmente ocorre. Daí a regra de interpretação contida no art. 75, § 2º: "sobrevindo condenação por fato posterior ao início do cumprimento da pena, far-se-á nova unificação, computando-se, para esse fim, o tempo restante da pena anteriormente estabelecida".

DA SUSPENSÃO CONDICIONAL

62. O instituto da suspensão condicional da pena foi mantido no Projeto com as adaptações impostas pelas novas modalidades de penas e a sistemática a que estão sujeitas. Tal como no Código Penal vigente, a execução da pena privativa da liberdade não superior a 2 (dois) anos poderá ser suspensa, se o condenado não for reincidente em crime doloso e se a culpabilidade, os antecedentes, a conduta social e a personalidade do agente, bem como os motivos e circunstâncias do crime, indicarem ser necessária e suficiente a concessão do benefício.

63. Conquanto se exija que o condenado não seja reincidente, a condenação anterior a pena da multa não obsta a concessão do benefício, ficando assim adotada a orientação da Súmula 499 do Supremo Tribunal Federal. É óbvio, por outro lado, que a condenação anterior não impede a suspensão, se entre a data do cumprimento da pena e a infração posterior houver decorrido tempo superior a 5 (cinco) anos. Entendeu-se dispensável o Projeto reportar-se a regra geral sobre a temporariedade da reincidência, em cada norma que a ela se refira, por tê-la como implícita e inafastável.

64. Reduziu-se o limite máximo do período de prova, a fim de ajustá-lo à prática judiciária. Todavia, para que o instituto não se transforme em garantia de impunidade, instituíram-se condições mais eficazes, quer pela sua natureza, quer pela possibilidade de fiscalização mais efetiva de sua observância, até mesmo com a participação da comunidade.

65. Tais condições transformaram a suspensão condicional em solução mais severa do que as penas restritivas de direitos, criando-se para o juiz mais esta alternativa à pena privativa da liberdade não superior a 2 (dois) anos. Os condenados ficam sujeitos a regime de prova mais exigente, pois além das condições até agora impostas deverão cumprir, ainda, as de prestação de serviços à comunidade ou de limitação de fim de semana, bem como condições outras, especificadas na sentença, "adequadas ao fato e à situação pessoal do condenado" (arts. 46, 48, 78, § 1º, e 79).

66. Orientado no sentido de assegurar a individualização da pena, o Projeto prevê a modalidade de suspensão especial, na qual o condenado não fica sujeito à prestação de serviço à comunidade ou à limitação de fim de semana. Neste caso o condenado, além de não reincidente em crime doloso, há de ter reparado o dano, se podia fazê-lo; ainda assim, o benefício somente será concedido *se as circunstâncias do art. 59 lhe forem inteiramente favoráveis*, isto é, se mínima a culpabilidade, irretocáveis os antecedentes e de boa índole a personalidade, bem como relevantes os motivos e favoráveis as circunstâncias.

67. Em qualquer das espécies de suspensão é reservado ao juiz a faculdade de especificar outras condições além das expressamente previstas, desde que adequadas ao fato e à situação pessoal do condenado (art. 79), com as cautelas anteriormente mencionadas.

68. A suspensão da execução da pena é *condicional*. Como na legislação em vigor, pode ser obrigatória ou facultativamente revogada. É obrigatória a revogação quando o beneficiário é condenado em sentença definitiva, por crime doloso, no período da prova ou em qualquer das hipóteses previstas nos incisos II e III do art. 81. É facultativa quando descumprida a condição imposta ou sobrevier condenação por crime culposo.

69. Introduzidas no Projeto as penas de prestação de serviços à comunidade e de limitação de fim de semana, tornou-se mister referência expressa ao seu descumprimento como causa de revogação obrigatória (art. 81, III). Esta se opera à falta de reparação do dano, sem motivo justificado e em face de expediente que frustre a execução da pena da multa (art. 81, II). A revogação é facultativa se o beneficiário descumpre condição imposta ou é irrecorrivelmente condenado, seja por contravenção, seja a pena privativa da liberdade ou restritiva de direito em razão de crime culposo.

70. Adotando melhor técnica, o Projeto reúne sob a rubrica "Prorrogação do Período de Prova" as normas dos §§ 2º e 3º do art. 59 do Código vigente, pertinentes à prorrogação de prazo. O § 2º considera prorrogado o prazo "até o julgamento definitivo", se o beneficiário está sendo processado por outro crime ou por contravenção; o § 3º mantém a regra segundo a qual, "quando facultativa a revogação, o juiz pode, ao invés de decretá-la, prorrogar o período de prova até o máximo, se este não foi o fixado".

71. Finalmente, expirado o prazo de prova sem que se verifique a revogação, considera-se extinta a pena privativa da liberdade.

DO LIVRAMENTO CONDICIONAL

72. O Projeto dá novo sentido à execução das penas privativas da liberdade. A ineficácia dos métodos atuais de confinamento absoluto e prolongado, fartamente demonstrada pela experiência, conduziu o Projeto à ampliação do *arbitrium iudicis*, no tocante à concessão do livramento condicional. O juiz poderá conceder o livramento condicional ao condenado a pena privativa da liberdade igual ou superior a 2 (dois) anos, desde que cumprido mais de um terço da pena, se o condenado *não for reincidente* em crime doloso e tiver bons antecedentes (art. 83, I); pode ainda concedê-la se o condenado for reincidente em crime doloso, cumprida mais da metade da pena (art. 83, II). Ao reduzir, porém, os prazos mínimos de concessão do benefício, o Projeto exige do condenado, além dos requisitos já estabelecidos – quantidade da pena aplicada, reincidência, antecedentes e tempo de pena cumprida – a comprovação de comportamento satisfatório durante a execução da pena, bom desempenho no trabalho que lhe foi atribuído e aptidão para prover a própria subsistência mediante trabalho honesto, bem como a reparação do dano, salvo efetiva impossibilidade de fazê-lo (art. 83, III e IV).

73. Tratando-se, no entanto, de condenado *por crime doloso, cometido com violência ou grave ameaça à pessoa*, a concessão do livramento ficará subordinada não só às condições dos mencionados incisos I, II, III e IV do art. 83, mas, ainda, à verificação, em perícia, da superação das condições e circunstâncias que levaram o condenado a delinquir (parágrafo único do art. 83).

74. A norma se destina, obviamente, ao condenado por crime violento, como homicídio, roubo, extorsão, extorsão mediante sequestro em todas as suas formas, estupro, atentado violento ao pudor e outros da mesma índole. Tal exigência é mais uma consequência necessária da extinção da medida de segurança para o imputável.

75. Permite-se, como no Código em vigor, a unificação das penas para efeito de livramento (art. 84). O juiz, ao concedê-lo, especificará na sentença as condições a cuja observância o condenado ficará sujeito.

76. Como na suspensão da pena, a revogação do livramento condicional será obrigatória ou facultativa. Quanto à revogação obrigatória (art. 86), a inovação consiste em suprimir a condenação "por motivo de contravenção", ficando, pois, a revogação obrigatória subordinada somente à condenação por *crime* cometido na vigência do benefício ou por crime anterior, observada a regra da unificação (art. 84). A revogação será facultativa se o condenado deixar de cumprir qualquer das obrigações constantes da sentença ou for irrecorrivelmente condenado por crime a pena que não seja privativa de liberdade ou por contravenção (art. 87). Uma vez revogado, o livramento não poderá ser novamente concedido. Se a revogação resultar de condenação por crime cometido anteriormente à concessão daquele benefício, será descontado na pena a ser cumprida o tempo em que esteve solto o condenado.

77. Cumpridas as condições do livramento, considera-se extinta a pena privativa da liberdade (art. 90).

DOS EFEITOS DA CONDENAÇÃO

78. A novidade do Projeto, nesta matéria, reside em atribuir outros efeitos à condenação, consistentes na perda de cargo, função pública ou mandato eletivo; na incapacidade para o exercício do pátrio poder, tutela ou curatela, e na inabilitação para dirigir veículo (art. 92, I, II, III). Contudo, tais efeitos *não são automáticos*, devendo ser motivadamente declarados na sentença (parágrafo único do art. 92). É que ao juiz incumbe para a declaração da perda do cargo, função pública ou mandato eletivo, verificar se o crime pelo qual houve a condenação foi praticado com abuso de poder ou violação de dever para com a Administração Pública e, ainda, se a pena aplicada foi superior a 4 (quatro) anos. É bem verdade, em tais circunstâncias, a perda do cargo ou da função pública pode igualmente resultar de processo administrativo instaurado contra o servidor. Aqui, porém, resguardada a separação das instâncias administrativa e judicial, a perda do cargo ou função pública independe do processo administrativo. Por outro lado, entre os efeitos da condenação inclui-se a perda do mandato eletivo.

79. Do mesmo modo, a fim de declarar, como efeito da condenação, a incapacidade para o exercício do pátrio poder, tutela ou curatela, deverá o juiz verificar se o crime foi cometido, respectivamente, contra filho, tutelado ou curatelado e se foi doloso, a que se comine pena de reclusão.

- A Lei nº 10.406, de 10-1-2002 (Código Civil), substituiu a expressão "pátrio poder" por "poder familiar".

80. A inabilitação para dirigir veículo, como efeito da condenação, declara-se quando o veículo tenha sido utilizado como meio para a prática de crime doloso, distinguindo-se, pois, a interdição temporária para dirigir (art. 47, III), que se aplica aos autores de crimes culposos de trânsito. Estes usam o veículo como meio *para fim lícito*, qual seja transportar-se de um ponto para outro, sobrevindo então o crime, que não era o fim do agente. Enquanto aqueles outros, cuja condenação tem como efeito a inabilitação para dirigir veículo, usam-no deliberadamente *como meio* para fim ilícito.

81. Nota-se que todos esses efeitos da condenação serão atingidos pela reabilitação, vedada, porém, a reintegração no cargo, função pública ou mandato eletivo, no exercício do qual o crime tenha ocorrido, bem como vedada a volta ao exercício do pátrio poder, da tutela ou da curatela em relação ao filho, tutelado ou curatelado contra o qual o crime tenha sido cometido (parágrafo único do art. 93).

- A Lei nº 10.406, de 10-1-2002 (Código Civil), substituiu a expressão "pátrio poder" por "poder familiar".

DA REABILITAÇÃO

82. A reabilitação não é causa extintiva da punibilidade e, por isso, em vez de estar disciplinada naquele Título, como no Código vigente, ganhou Capítulo próprio, no Título V. Trata-se de instituto que não *extingue*, mas tão somente *suspende* alguns efeitos penais da sentença condenatória, visto que a qualquer tempo, revogada a reabilitação, se restabelece o *statu quo ante*. Diferentemente, as causas extintivas da punibilidade operam efeitos irrevogáveis, fazendo cessar definitivamente a pretensão punitiva ou a executória.

83. Segundo o Projeto, a reabilitação não tem, apenas, o efeito de assegurar o sigilo dos registros sobre o processo e a condenação do reabilitado, mas consiste, também, em declaração judicial de que o condenado cumpriu a pena imposta ou esta foi extinta, e de que, durante 2 (dois) anos após o cumprimento ou extinção da pena, teve bom comportamento e ressarciu o dano causado, ou não o fez porque não podia fazê-lo. Tal declaração judicial reabilita o condenado, significando que ele está em plenas condições de voltar ao convívio da sociedade, sem nenhuma restrição ao exercício de seus direitos.

84. Reduziu-se o prazo de 2 (dois) anos, tempo mais do que razoável para a aferição da capacidade de adaptação do condenado às regras do convívio social. Nesse prazo, computa-se o período de prova de suspensão condicional e do livramento, se não sobrevier revogação.

85. A reabilitação distingue-se da *revisão*, porque esta, quando deferida, pode apagar definitivamente a condenação anterior, enquanto aquela não tem esse efeito. Se o reabilitado vier a cometer novo crime será considerado reincidente, ressalvado o disposto no art. 64.

86. A reabilitação será revogada se o reabilitado for condenado, como reincidente, por decisão definitiva, a pena que não seja de multa. Portanto, duas são as condições para a revogação: primeira, que o reabilitado tenha sido condenado, como reincidente, por decisão definitiva, e para que isso ocorra é necessário que entre a data do cumprimento ou extinção da pena e a infração posterior não tenha decorrido período de tempo superior a 5 (cinco) anos (art. 64); segunda, que a pena aplicada seja restritiva de direitos ou privativa da liberdade.

DAS MEDIDAS DE SEGURANÇA

87. Extingue o Projeto a medida de segurança para o imputável e institui o sistema vicariante para os fronteiriços. Não se retomam, com tal método, soluções clássicas. Avança-se, pelo contrário, no sentido da autenticidade do sistema. A medida de segurança, de caráter meramente preventivo e assistencial, ficará reservada aos inimputáveis. Isso, em resumo, significa: culpabilidade – pena; periculosidade – medida de segurança. Ao réu perigoso e culpável não há razão para aplicar o que tem sido, na prática, uma fração de pena eufemisticamente denominada "medida de segurança".

88. Para alcançar esse objetivo, sem prejuízo da repressão aos crimes mais graves, o Projeto reformulou os institutos do crime continuado e do livramento condicional, na forma de esclarecimentos anteriores.

89. Duas espécies de medida de segurança consagra o Projeto: a detentiva e a restritiva. A detentiva consiste na internação em hospital de custódia e tratamento psiquiátrico, fixando-se o prazo mínimo de internação entre 1 (um) e 3 (três) anos. Esse prazo tornar-se-á indeterminado, perdurando a medida enquanto não for verificada a cessação da periculosidade por perícia médica. A perícia deve efetuar-se ao término do prazo mínimo prescrito e repetir-se anualmente.

90. O Projeto consagra significativa inovação ao prever a medida de segurança restritiva, consistente na sujeição do agente a tratamento ambulatorial, cumprindo-lhe comparecer ao hospital nos dias que lhe forem determinados pelo médico, a fim de ser submetido à modalidade terapêutica prescrita.

91. Corresponde a inovação às atuais tendências de "desinstitucionalização", sem o exagero de eliminar a internação. Pelo contrário, o Projeto estabelece limitações estritas para a hipótese de tratamento ambulatorial, apenas admitido quando o ato praticado for previsto como crime *punível com detenção*.

92. A sujeição a tratamento ambulatorial será também determinada pelo prazo mínimo de 1 (um) a 3 (três) anos, devendo perdurar enquanto não verificada a cessação da periculosidade.

93. O agente poderá ser transferido em qualquer fase do regime de tratamento ambulatorial para o detentivo, consistente em internação hospitalar de custódia e tratamento psiquiátrico, se a conduta revelar a necessidade da providência para fins curativos.

94. A liberação do tratamento ambulatorial, a desinternação e a reinternação constituem hipóteses previstas nos casos em que a verificação da cura ou a persistência da periculosidade as aconselhem.

DA AÇÃO PENAL

95. O Título ficou a salvo de modificações, excetuadas pequenas correções de redação nos arts. 100, §§ 2º e 3º, 101 e 102.

DA EXTINÇÃO DA PUNIBILIDADE

96. Excluíram-se do rol das causas extintivas da punibilidade a reabilitação e o ressarcimento do dano no peculato culposo. A primeira porque, dependendo de anterior extinção da pena, não tem a natureza de causa extintiva da punibilidade. Diz mais com certos efeitos secundários de condenação já consumada (item 82). A segunda porque, tratando-se de norma específica e restrita, já contemplada expressamente na Parte Especial, art. 312, § 3º, nada justifica sua inócua repetição entre normas de caráter geral.

97. Deu-se melhor redação à hipótese de casamento da vítima com terceiro, ficando claro que esta forma excepcional de extinção depende da ocorrência concomitante de três condições: o casamento, a inexistência de violência real e a inércia da vítima por mais de 60 (sessenta) dias após o casamento.

98. Incluiu-se o perdão judicial entre as causas em exame (art. 107, IX) e explicitou-se que a sentença que o concede não será considerada para configuração futura de reincidência (art. 120). Afastam-se, com isso, as dúvidas que ora têm suscitado decisões contraditórias em nossos tribunais. A opção se justifica a fim de que o perdão, cabível quando expressamente previsto na Parte Especial ou em lei, não continue, como por vezes se tem entendido, a produzir os efeitos de sentença condenatória.

99. Estatui o art. 110 que, uma vez transitada em julgado a sentença condenatória, a prescrição regula-se pela pena aplicada, verificando-se nos prazos fixados no art. 109, os quais são aumentados de um terço, se o condenado é reincidente. O § 1º dispõe que a prescrição se regula pela pena aplicada, se transitada em julgado a sentença para a acusação ou improvido o recurso desta. Ainda que a norma pareça desnecessária, preferiu-se explicitá-la no texto, para dirimir de vez a dúvida alusiva à prescrição pela pena aplicada, não obstante o recurso da acusação, se este não foi provido. A ausência de tal norma tem estimulado a interposição de recursos destinados a evitar tão somente a prescrição. Manteve-se, por outro lado, a regra segundo a qual, transitada em julgado a sentença para a acusação, haja ou não recurso da defesa, a prescrição se regula pela pena concretizada na sentença.

100. Norma apropriada impede que a prescrição pela pena aplicada tenha por termo inicial data anterior à do recebimento da denúncia (§ 2º do art. 110). A inovação, introduzida no Código Penal pela Lei nº 6.416, de 24 de maio de 1977, vem suscitando controvérsias doutrinárias. Pesou, todavia, em prol de sua manutenção, o fato de que, sendo o recebimento da denúncia causa interruptiva da prescrição (art. 117, I), uma vez interrompida esta o prazo recomeça a correr por inteiro (art. 117, § 2º).

101. Trata-se, além disso, de prescrição pela pena aplicada, o que pressupõe, obviamente, a existência de processo e de seu termo: a sentença condenatória. Admitir, em tal caso, a prescrição da ação penal em período anterior ao recebimento da denúncia importaria em declarar a inexistência tanto do processo quanto da sentença. Mantém-se, pois, o despacho de recebimento da denúncia como causa interruptiva, extraindo-se do princípio as consequências inelutáveis.

102. O prazo de prescrição no crime continuado, antes do trânsito em julgado da sentença condenatória, não mais terá como termo inicial a data em que cessou a continuação (Código Penal, art. 111, c).

103. Adotou o Projeto, nesse passo, orientação mais liberal, em consonância com o princípio introduzido em seu art. 119, segundo o qual, no concurso de crimes, a extinção da punibilidade incidirá isoladamente sobre a pena de cada um. Poderá ocorrer a prescrição do primeiro crime antes da prescrição do último a ele interligado pela continuação. A jurisprudência do Supremo Tribunal Federal orienta-se nesse sentido, tanto que não considera o acréscimo decorrente da continuação para cálculo do prazo prescricional (Súmula 497).

104. Finalmente, nas Disposições Transitórias, cancelaram-se todos os valores de multa previstos no Código atual, de modo que os cálculos de pena pecuniária sejam feitos, doravante, segundo os precisos critérios estabelecidos na Parte Geral. Foram previstos, ainda, prazos e regras para a implementação paulatina das novas penas restritivas de direitos.

CONCLUSÃO

105. São essas, em resumo, as principais inovações introduzidas no anexo Projeto de reforma penal que tenho a honra de submeter a superior consideração de Vossa Excelência. Estou certo de que, se adotado e transformado em lei, há de constituir importante marco na reformulação do nosso Direito Penal, além de caminho seguro para a modernização da nossa Justiça Criminal e dos nossos estabelecimentos penais.

Valho-me da oportunidade para renovar a Vossa Excelência a expressão do meu profundo respeito.

Ibrahim Abi-Ackel

EXPOSIÇÃO DE MOTIVOS DA PARTE ESPECIAL DO CÓDIGO PENAL

DECRETO-LEI Nº 2.848, DE 7 DE DEZEMBRO DE 1940

(EXCERTOS)

MINISTÉRIO DA JUSTIÇA E NEGÓCIOS INTERIORES

GABINETE DO MINISTRO, em 4 de novembro de 1940

Senhor Presidente:

....

PARTE ESPECIAL

DOS CRIMES CONTRA A PESSOA

37. O Título I da "Parte Especial" ocupa-se dos crimes contra a pessoa, dividindo-se em seis capítulos, com as seguintes rubricas: "Dos crimes contra a vida", "Das lesões corporais", "Da periclitação da vida e da saúde", "Da rixa", "Dos crimes contra a honra" e "Dos crimes contra a liberdade individual". Não há razão para que continuem em setores autônomos os "crimes contra a honra" e os "crimes contra a liberdade individual" (que a lei atual denomina "crimes contra o livre gozo e exercício dos direitos individuais"): seu verdadeiro lugar é entre os crimes contra a pessoa, de que constituem subclasses. A honra e a liberdade são interesses, ou bens jurídicos inerentes à *pessoa*, tanto quanto o direito à vida ou à integridade física.

DOS CRIMES CONTRA A VIDA

38. O projeto mantém a diferença entre uma forma simples e uma forma qualificada de "homicídio". As circunstâncias qualificativas estão enumeradas no § 2º do art. 121. Umas dizem com a intensidade do dolo, outras com o modo de ação ou com a natureza dos meios empregados; mas todas são especialmente destacadas pelo seu valor sintomático: são circunstâncias reveladoras de maior periculosidade ou extraordinário grau de perversidade do agente. Em primeiro lugar, vem o motivo *torpe* (isto é, o motivo que suscita a aversão ou repugnância geral, v. g.: a cupidez, a luxúria, o despeito da imoralidade contrariada, o prazer do mal etc.) ou *fútil* (isto é, que, pela sua mínima importância, não é causa suficiente para o crime). Vem a seguir o "emprego de veneno, fogo, explosivo, asfixia, tortura ou outro meio insidioso (isto é, dissimulado na sua eficiência maléfica) ou *cruel* (isto é, que aumenta inutilmente o sofrimento da vítima, ou revela uma brutalidade fora do comum ou em contraste com o mais elementar sentimento de piedade) ou *de que possa resultar perigo comum*". Deve notar-se que, para a inclusão do motivo fútil e emprego de meio cruel entre as agravantes que qualificam o homicídio, há mesmo uma razão de ordem constitucional, pois o único crime comum, contra o qual a nossa vigente Carta Política permite que a sanção penal possa ir até a pena de morte, é o "homicídio cometido por motivo fútil e com extremos de perversidade" (art. 122, nº 13, *j*). São também qualificativas do homicídio as agravantes que traduzem um *modo* insidioso da atividade executiva do crime (não se confundindo, portanto, com o emprego de *meio* insidioso), impossibilitando ou dificultando a defesa da vítima (como a *traição*, a *emboscada*, a *dissimulação* etc.). Finalmente, qualifica o homicídio a circunstância de ter sido cometido "para assegurar a execução, a ocultação, a impunidade ou vantagem de outro crime". É claro que esta qualificação não diz com os casos em que o homicídio é elemento de *crime complexo* (*in exemplis*: arts. 157, § 3º, *in fine*, e 159, § 3º), pois, em tais casos, a pena, quando não mais grave, é, pelo menos, igual a do homicídio qualificado.

39. Ao lado do homicídio com pena especialmente agravada, cuida o projeto do homicídio com pena especialmente atenuada, isto é, o homicídio praticado "por motivo de relevante valor social, ou moral", ou "sob o domínio de emoção violenta, logo em seguida a injusta provocação da vítima". Por "motivo de relevante valor social ou moral", o projeto entende significar o motivo que, em si mesmo, é aprovado pela moral prática, como, por exemplo, a compaixão ante o irremediável sofrimento da vítima (caso do homicídio eutanásico), a indignação contra um traidor da pátria etc.

No tratamento do *homicídio culposo*, o projeto atendeu à urgente necessidade de punição mais rigorosa do que a constante da lei penal atual, comprovadamente insuficiente. A pena cominada é a de detenção por 1 (um) a 3 (três) anos, e será especialmente aumentada se o evento "resulta da inobservância de regra técnica de profissão, arte, ofício ou atividade", ou quando "o agente deixa de prestar imediato socorro à vítima, não procura diminuir as consequências do seu ato, ou foge para evitar prisão em flagrante". Deve notar-se, além disso, que entre as *penas acessórias* (Capítulo V do Título V da Parte Geral), figura a de "incapacidade temporária para profissão ou atividade cujo exercício depende de licença, habilitação ou autorização do poder público", quando se trate de crime cometido com infração de dever inerente à profissão ou atividade. Com estes dispositivos, o projeto visa, principalmente, a *condução de automóveis*, que constitui, na atualidade, devido a um generalizado descaso pelas cautelas técnicas (notadamente quanto à velocidade), uma causa frequente de eventos lesivos contra a pessoa, agravando-se o mal com o procedimento *post factum* dos motoristas, que, tão somente com o fim egoístico de escapar à prisão em flagrante ou a ação da justiça penal, sistematicamente imprimem maior velocidade ao veículo, desinteressando-se por completo da vítima, ainda quando um socorro imediato talvez pudesse evitar-lhe a morte.

40. O *infanticídio* é considerado um *delictum exceptum* quando praticado pela parturiente sob a *influência do estado puerperal*. Esta cláusula, como é óbvio, não quer significar que o puerpério acarrete sempre uma perturbação psíquica: é preciso que fique averiguado ter esta realmente sobrevindo em consequência daquele, de modo a diminuir a capacidade de entendimento ou de autoinibição da parturiente. Fora daí, não há por que distinguir entre infanticídio e homicídio. Ainda quando ocorra a *honoris causa* (considerada pela lei vigente como razão de especial abrandamento da pena), a pena aplicável e a de homicídio.

41. Ao configurar o crime de induzimento, instigação ou auxílio ao suicídio, o projeto contém inovações: é punível o fato ainda quando se frustre o suicídio, desde que resulte lesão corporal grave ao que tentou matar-se; e a pena cominada será aplicada em dobro se o crime obedece a móvel egoístico ou é praticado contra menor ou é pessoa que, por qualquer outra causa, tenha diminuída a capacidade de resistência.

Mantém o projeto a incriminação do aborto, mas declara penalmente lícito, quando praticado por médico habilitado, o aborto necessário, ou em caso de prenhez resultante de estupro. Militam em favor da exceção razões de ordem social e individual, a que o legislador penal não pode deixar de atender.

DAS LESÕES CORPORAIS

42. O crime de *lesão corporal* é definido como ofensa à *integridade corporal* ou saúde, isto é, como todo e qualquer dano ocasionado à normalidade funcional do corpo humano, quer do ponto de vista anatômico, quer do ponto de vista fisiológico ou mental. Continua-se a discriminar, para diverso tratamento penal, entre a lesão de natureza leve e a de natureza grave. Tal como na lei vigente, a lesão corporal grave, por sua vez é considerada, para o efeito de graduação da pena, segundo sua menor ou maior *gravidade* objetiva. Entre as lesões de *menor gravidade* figura (à semelhança do que ocorre na lei atual) a que produz "incapacidade para as ocupações habituais, por mais de 30 (trinta) dias"; mas, como uma lesão pode apresentar gravíssimo perigo (dado o ponto atingido) e, no entanto, ficar curada antes de l (um) mês, entendeu o projeto de incluir nessa mesma classe, sem referência à condição de *tempo* ou a qualquer outra, a lesão que produz "perigo de vida". Outra inovação é o reconhecimento da gravidade da lesão de que resulte "*debilitação* permanente de membro, sentido ou função", ou "aceleração de parto".

Quanto às lesões de *maior gravidade*, também não é o projeto coincidente com a lei atual, pois que: *a*) separa, como condições autônomas ou por si sós suficientes para o reconhecimento da *maior gravidade*, a "incapacidade permanente para o trabalho" ou "enfermidade certa ou provavelmente incurável"; *b*) delimita o conceito de *deformidade* (isto é, acentua que esta deve ser "permanente"); *c*) inclui entre elas a que ocasiona *aborto*. No § 3º do art. 129, é especialmente previsto e resolvido o caso em que sobrevém a morte do ofendido, mas evidenciando as circunstâncias de que o evento letal não se compreendia no dolo do agente, isto é, o agente não queria esse resultado, nem assumira o risco de produzi-lo, tendo procedido apenas *vulnerandi animo*.

Costuma-se falar, na hipótese, em "homicídio preterintencional", para reconhecer-se um *grau* intermédio entre o homicídio doloso e o homicídio culposo; mas tal denominação, em face do conceito extensivo do dolo, acolhido pelo projeto, torna-se inadequada: ainda quando o evento "morte" não tenha sido, propriamente, abrangido pela intenção do agente, mas este assumiu o risco de produzi-lo, o homicídio é *doloso*.

A *lesão corporal culposa* é tratada no art. 129, § 6º. Em consonância com a lei vigente, não se distingue, aqui, entre a maior ou menor importância do dano material: leve ou grave a lesão, a pena é a mesma, isto é, detenção por 2 (dois) meses a 1 (um) ano (sanção mais severa do que a editada na lei atual). E especialmente agravada a pena nos mesmos casos em que o é a cominada ao *homicídio culposo*. Deve notar-se que o caso de multiplicidade do evento lesivo (várias *lesões corporais*, ou várias *mortes*, ou *lesão corporal* e *morte*), resultante de uma só ação ou omissão culposa, é resolvido segundo a norma genérica do § 1º do art. 51.

Ao crime de lesões corporais é aplicável o disposto no § 1º do art. 121 (facultativa diminuição da pena, quando o agente "comete o crime impelido por motivo de relevante valor social ou moral, ou sob a influência de violenta emoção, logo em seguida a injusta provocação da vítima"). Tratando-se de lesões leves, se ocorre qualquer das hipóteses do parágrafo citado, ou se as lesões são recíprocas, o juiz pode substituir a pena de detenção pela de multa (de duzentos mil-réis a dois contos de réis).

DA PERICLITAÇÃO DA VIDA E DA SAÚDE

43. Sob esta epígrafe, o projeto contempla uma série de *crimes de perigo* contra a pessoa, uns já constantes, outros desconhecidos da lei penal vigente. Pelo seu caráter especial, seja quanto ao elemento objetivo, seja quanto ao elemento subjetivo, tais crimes reclamam um capítulo próprio. Do ponto de vista material, reputam-se *consumados* ou *perfeitos* desde que a ação ou omissão cria uma situação objetiva de *possibilidade* de dano à vida ou à saúde de alguém. O evento, aqui (como nos crimes de perigo em geral), é a simples *exposição a perigo de dano*. O *dano efetivo* pode ser *uma condição de maior punibilidade*, mas não condiciona o *momento consumativo* do crime. Por outro lado, o elemento subjetivo é a vontade consciente referida exclusivamente à produção do perigo. A ocorrência do dano não se compreende na volição ou dolo do agente, pois, do contrário, não haveria por que distinguir entre tais crimes e a *tentativa de crime de dano*.

44. Entre as novas entidades prefiguradas no capítulo em questão, depara-se, em primeiro lugar, com o "contágio venéreo". Já há mais de meio século, o médico francês Desprès postulava que se incluísse tal fato entre as *species* do ilícito penal, como já fazia, aliás, desde 1866, a lei dinamarquesa. Tendo o assunto provocado amplo debate, ninguém mais duvida, atualmente, da legitimidade dessa incriminação. A *doença venérea* é uma *lesão corporal* e de consequências gravíssimas, notadamente quando se trata da sífilis. O mal da contaminação (evento lesivo) não fica circunscrito a uma pessoa determinada. O indivíduo que, sabendo-se portador de moléstia venérea, não se priva do ato sexual, cria conscientemente a possibilidade de um contágio extensivo. Justifica-se, portanto, plenamente, não só a incriminação do fato, como o critério de declarar-se suficiente para a consumação do crime a produção do *perigo* de contaminação. Não há dizer-se que, em grande número de casos, será difícil, senão impossível, a prova da autoria. Quando esta não possa ser averiguada, não haverá ação penal (como acontece, aliás, em relação a qualquer crime); mas a dificuldade de prova não é razão para deixar-se de incriminar um fato gravemente atentatório de um relevante bem jurídico. Nem igualmente se objete que a incriminação legal pode dar ensejo, na prática, a *chantagens* ou especulação extorsiva. A tal objeção responde cabalmente Jimenez de Asúa (O delito de contagio venéreo): "... não devemos esquecer de que a chantagem é possível em muitos outros crimes, que, nem por isso, deixam de figurar nos Códigos. O melhor remédio é punir severamente os chantagistas, como propõem Le Foyer e Fiaux". Ao conceituar o crime de contágio venéreo, o projeto rejeitou a fórmula híbrida do Código italiano (seguida pelo projeto Alcântara), que configura, no caso, um "crime de dano com dolo de perigo". Foi preferida a fórmula do Código dinamarquês: o crime se consuma com o simples fato da exposição a perigo de contágio. O *eventus damni* não é elemento constitutivo do crime, nem é tomado em consideração para o efeito de *maior punibilidade*. O crime é punido não só a título de *dolo de perigo*, como a título de *culpa* (isto é, não só quando o agente sabia achar-se infeccionado, como quando devia sabê-lo pelas circunstâncias). Não se faz enumeração taxativa das moléstias venéreas (segundo a lição científica, são elas a *sífilis*, a *blenorragia*, o *ulcus molle* e o *linfogranuloma inguinal*), pois isso é mais próprio de regulamento sanitário. Segundo dispõe o projeto (que, neste ponto, diverge do seu modelo), a ação penal, na espécie, depende sempre de *representação* (e não apenas no caso em que o ofendido seja cônjuge do agente). Este critério é justificado pelo raciocínio de que, na repressão do crime de que se trata, o *strepitus judicii*, em certos casos, pode ter consequências gravíssimas, em desfavor da própria vítima e de sua família.

45. É especialmente prefigurado, para o efeito de majoração da pena, o caso em que o agente tenha procedido com *intenção de transmitir a moléstia venérea*. É possível que o rigor técnico exigisse a inclusão de tal hipótese no capítulo das *lesões corporais*, desde que seu elemento subjetivo é o *dolo de dano*, mas como se trata, ainda nessa modalidade, de um crime para cuja consumação basta o *dano potencial*, pareceu à Comissão revisora que não havia despropósito em classificar o fato entre os crimes de perigo contra a pessoa. No caso de dolo de dano, a incriminação é extensiva à criação do perigo de contágio de qualquer moléstia grave.

46. No art. 132, é igualmente prevista uma entidade criminal estranha à lei atual: "expor a vida ou saúde de outrem a perigo direto e iminente", não constituindo o fato crime mais grave. Trata-se de um crime de caráter eminentemente *subsidiário*. Não o informa o *animus necandi* ou o *animus laedendi*, mas apenas a consciência e vontade de expor a vítima a grave perigo. O *perigo concreto*, que constitui o seu elemento objetivo, é limitado a determinada pessoa, não se confundindo, portanto, o crime em questão com os de *perigo comum* ou *contra a incolumidade pública*. O exemplo frequente e típico dessa *species* criminal é o caso do empreiteiro que, para poupar-se ao dispêndio com medidas técnicas de prudência, na execução da obra, expõe o operário ao risco de grave acidente. Vem daí que Zurcher, ao defender, na espécie, quando da elaboração do Código Penal suíço, um dispositivo incriminador, dizia que este seria um complemento da legislação trabalhista (*Wir haben geglaubt, dieser Artikel werde einen Teil der Arbeiterschutzgesetzgebung bilden*). Este pensamento muito contribuiu para que se formulasse o art. 132; mas este não visa somente proteger a indenidade do operário, quando em trabalho, senão também a de qualquer outra pessoa. Assim, o crime de que ora se trata não pode deixar de ser reconhecido na ação, por exemplo, de quem dispara uma arma de fogo contra alguém, não sendo atingido o alvo, nem constituindo o fato tentativa de homicídio.

Ao definir os crimes de *abandono* (art. 133) e *omissão de socorro* (art. 135), o projeto, diversamente da lei atual, não limita a proteção penal aos menores, mas atendendo ao *ubi eadem ratio, ibi eadem dispositio*, amplia-a aos *incapazes* em geral, aos *enfermos*, *inválidos* e *feridos*.

47. Não contém o projeto dispositivo especial sobre o *duelo*. Sobre tratar-se de um fato inteiramente alheio aos nossos costumes, não há razão convincente para que se veja no homicídio ou ferimento causado em duelo um crime *privilegiado*: com ou sem as *regras cavalheirescas*, a destruição da vida ou lesão da integridade física de um homem não pode merecer transigência alguma do direito penal. Pouco importa o consentimento recíproco dos duelistas, pois, quando estão em jogo *direitos inalienáveis*, o *mutuus consensus* não é causa excludente ou sequer minorativa da pena. O desafio para o duelo e a aceitação dele são, em si mesmos, fatos penalmente indiferentes; mas, se não se exaurem como simples jatância, seguindo-se-lhes efetivamente o duelo, os contendores responderão, conforme o resultado, por *homicídio* (consumado ou tentado) ou *lesão corporal*.

DA RIXA

48. Ainda outra inovação do projeto, em matéria de crimes contra a pessoa, é a incriminação da rixa, por si mesma, isto é, da luta corporal entre várias pessoas. A *ratio essendi* da incriminação é dupla: a rixa concretiza um *perigo* à incolumidade pessoal (e nisto se assemelha aos "crimes de perigo contra a vida e a saúde") e é uma perturbação da ordem e disciplina da convivência civil.

A *participação* na rixa é punida independentemente das consequências desta. Se ocorre a morte ou lesão corporal grave de algum dos contendores, dá-se uma *condição de maior punibilidade*, isto é, a pena cominada ao simples fato de participação na rixa é especialmente agravada. A pena cominada à rixa em si mesma é aplicável separadamente da pena correspondente ao resultado lesivo (homicídio ou lesão corporal), mas serão ambas aplicadas cumulativamente (como no caso de concurso material) em relação aos contendores que concorrerem para a produção desse resultado.

Segundo se vê do art. 137, *in fine*, a participação na rixa deixará de ser crime se o participante visa apenas separar os contendores. É claro que também não haverá crime se a intervenção constituir *legítima defesa*, própria ou de terceiro.

DOS CRIMES CONTRA A HONRA

49. O projeto cuida dos *crimes contra a honra* somente quando não praticados pela imprensa, pois os chamados "delitos de imprensa" (isto é, os crimes contra honra praticados por meio da imprensa) continuam a ser objeto de legislação especial.

São definidos como crimes contra a honra a "calúnia", a "injúria" (compreensiva da *injúria* "por violência ou vias de fato" ou com emprego de meios aviltantes, que a lei atual prevê parcialmente no capítulo das "lesões corporais") e a "difamação" (que, de modalidade da injúria, como na lei vigente, passa a constituir crime autônomo).

No tratamento do crime de injúria, foi adotado o critério de que a injusta provocação do ofendido ou a reciprocidade das injúrias, se não exclui a pena, autoriza, entretanto, o juiz, conforme as circunstâncias, a abster-se de aplicá-la, ou no caso de reciprocidade, a aplicá-la somente a um dos injuriadores.

A *fides veri* ou *exceptio veritatis* é admitida, para exclusão de crime ou de pena tanto no caso de calúnia (salvo as exceções enumeradas no § 3º do art. 138), quanto no de difamação, mas, neste último caso, somente quando o ofendido é agente ou depositário da autoridade pública e a ofensa se refere ao exercício de suas funções, não se tratando do "Presidente da República, ou chefe de Governo estrangeiro em visita ao país".

Exceção feita da "injúria por violência ou vias de fato", quando dela resulte lesão corporal, a ação penal, na espécie, depende de queixa, bastando, porém, simples representação, quando o ofendido e qualquer das pessoas indicadas nos nºs I e II do art. 141.

Os demais dispositivos coincidem, mais ou menos, com os do direito vigente.

DOS CRIMES CONTRA A LIBERDADE INDIVIDUAL

50. Os crimes contra a liberdade individual são objeto do Capítulo VI do título reservado aos crimes contra a pessoa. Subdividem-se em: *a*) crimes contra a liberdade pessoal; *b*) crimes contra a inviolabilidade do domicílio; *c*) crimes contra a inviolabilidade da correspondência; *d*) crimes contra a inviolabilidade de segredos.

O projeto não considera contra a *liberdade individual* os chamados crimes eleitorais: estes, por isso mesmo que afetam a *ordem política*, serão naturalmente insertos, de futuro, no catálogo dos crimes políticos, deixados à legislação especial (art. 360).

DOS CRIMES CONTRA A LIBERDADE PESSOAL

51. O crime de *constrangimento ilegal* é previsto no art. 146, com uma fórmula unitária. Não há indagar, para diverso tratamento penal, se a privação da liberdade de agir foi obtida mediante violência, física ou moral, ou com o emprego de outro qualquer meio, como, por exemplo, se o agente, insidiosamente, faz a vítima ingerir um narcótico. A pena relativa ao constrangimento ilegal, como crime *sui generis*, é sempre a mesma. Se há emprego da *vis corporalis*, com resultado lesivo à pessoa da vítima, dá-se um concurso material de crimes.

A pena é especialmente agravada (inovação do projeto), quando, para a execução do crime, se houverem reunido mais de três pessoas ou tiver havido emprego de armas. É expressamente declarado que não constituem o crime em questão o "tratamento médico arbitrário", se justificado por iminente perigo de vida, e a "coação exercida para impedir suicídio".

Na conceituação do crime de *ameaça* (art. 147), o projeto diverge, em mais de um ponto, da lei atual. Não é preciso que o "mal prometido" constitua *crime*, bastando que seja *injusto* e *grave*. Não se justifica o critério restritivo do direito vigente, pois a ameaça de um mal injusto e grave, embora penalmente indiferente, pode ser, às vezes, mais intimidante que a ameaça de um crime.

Não somente é incriminada a ameaça *verbal* ou *por escrito*, mas, também, a ameaça *real* (isto é, por *gestos*, *v. g.*: apontar uma arma de fogo contra alguém) ou *simbólica* (ex.: afixar à porta da casa de alguém o emblema ou sinal usado por uma associação de criminosos).

Os crimes de *cárcere privado* e *sequestro*, salvo sensível majoração da pena, são conceituados como na lei atual.

No art. 149, é prevista uma entidade criminal ignorada do Código vigente: o fato de reduzir alguém, por qualquer meio, à condição análoga à de escravo, isto é, suprimir-lhe, de fato, o *status libertatis*, sujeitando-o o agente ao seu completo e discricionário poder. É o crime que os antigos chamavam *plagium*. Não é desconhecida a sua prática entre nós, notadamente em certos pontos remotos do nosso *hinterland*.

DOS CRIMES CONTRA A INVIOLABILIDADE DO DOMICÍLIO

52. Com ligeiras diferenças, os dispositivos referentes ao crime de *violação de domicílio* repetem critérios da lei atual. Do texto do art. 150 se depreende, *a contrario*, que a *entrada na casa alheia ou suas dependências* deixa de constituir crime, não somente quando precede licença *expressa*, mas também quando haja consentimento tácito de quem de direito. É especialmente majorada a pena, se o crime é praticado: *a*) durante a noite; *b*) em lugar despovoado; *c*) com emprego de violência ou de armas; *d*) por duas ou mais pessoas.

Para maior elucidação do *conteúdo do crime*, é declarado que a expressão "casa" é compreensiva de "qualquer compartimento habitado", "aposento ocupado de uma habitação coletiva" e "qualquer compartimento, não aberto ao público, onde alguém exerce profissão ou atividade".

DOS CRIMES CONTRA A INVIOLABILIDADE DE CORRESPONDÊNCIA

53. O projeto trata a *violação de correspondência* separadamente da *violação de segredos*, divergindo, assim, do Código atual, que as engloba num mesmo capítulo. A inviolabilidade da correspondência é um interesse que reclama a tutela penal independentemente dos *segredos* acaso confiados por esse meio. Na configuração das modalidades do crime de violação de correspondência, são reproduzidos os preceitos da legislação vigente e acrescentados outros, entre os quais o que incrimina especialmente o fato de abusar da condição de sócio, empregado ou preposto, em estabelecimento comercial ou industrial, desviando, sonegando, subtraindo, suprimindo, no todo ou em parte, correspondência, ou revelando a estranho o seu conteúdo. Salvo nos casos em que seja atingido interesse da administração pública, só se procederá, em relação a qualquer das modalidades do crime, mediante *representação*.

DOS CRIMES CONTRA A INVIOLABILIDADE DOS SEGREDOS

54. Ao incriminar a *violação arbitrária de segredos*, o projeto mantém-se fiel aos "moldes" do Código em vigor, salvo uma ou outra modificação. Deixa à margem da proteção penal somente os segredos obtidos por confidência *oral* e *não necessária*. Não foi seguido o exemplo do Código italiano, que exclui da órbita do ilícito penal até mesmo a violação do segredo obtido por confidência *escrita*. Não é convincente a argumentação de Rocco: "Entre o segredo confiado oralmente e o confiado por escrito não há diferença substancial, e como a violação do segredo oral não constitui crime, nem mesmo quando o confidente se tenha obrigado a não revelá-lo, não se compreende porque a diversidade do meio usado, isto é, o escrito, deva tornar punível o fato". Ora, é indisfarçável a diferença entre divulgar ou revelar a confidência que outrem nos faz verbalmente e a que recebemos por escrito: no primeiro caso, a veracidade da comunicação pode ser posta em dúvida, dada a ausência de comprovação material; ao passo que, no segundo, há um *corpus*, que se impõe à credulidade geral. A traição da confiança, no segundo caso, é evidentemente mais grave do que no primeiro. Diversamente da lei atual, é incriminada tanto a publicação do conteúdo *secreto* de correspondência epistolar, por parte do destinatário, quanto a de qualquer outro *documento particular*, por parte do seu *detentor*, e não somente quando daí advenha efetivo dano a alguém (como na lei vigente), senão também quando haja simples *possibilidade de dano*.

55. Definindo o crime de "violação do segredo profissional", o projeto procura dirimir qualquer incerteza acerca do que sejam *confidentes necessários*. Incorrerá na sanção penal todo aquele que revelar segredo, de que tenha ciência em razão de "função, ministério, ofício ou profissão". Assim, já não poderá ser suscitada, como perante a lei vigente, a dúvida sobre se constitui ilícito penal a quebra do "sigilo do confessionário".

DOS CRIMES CONTRA O PATRIMÔNIO

56. Várias são as inovações introduzidas pelo projeto no setor dos *crimes patrimoniais*. Não se distingue, para diverso tratamento penal, entre o maior ou menor valor da lesão patrimonial; mas, tratando-se de *furto*, *apropriação indébita* ou *estelionato*, quando a coisa subtraída, desviada ou captada é de pequeno valor, e desde que o agente é criminoso primário, pode o juiz substituir a pena de reclusão pela de detenção, diminuí-la de um até dois terços, ou aplicar somente a de multa (arts. 155, § 2º, 170, 171, § 1º). Para afastar qualquer dúvida, é expressamente equiparada à *coisa móvel* e, consequentemente, reconhecida como possível objeto de *furto* a "energia elétrica ou qualquer outra que tenha valor econômico". Toda energia economicamente utilizável é suscetível de incidir no poder de disposição material e exclusiva de um indivíduo (como, por exemplo, a eletricidade, a radioatividade, a energia genética dos reprodutores etc.) pode ser incluída, mesmo do ponto de vista técnico, entre as *coisas móveis*, a cuja regulamentação jurídica, portanto, deve ficar sujeita.

Somente quando há emprego de força, grave ameaça ou outro meio tendente a suprimir a resistência pessoal da vítima, passa o furto a ser qualificado *roubo*. No caso de *violência contra a coisa*, bem como quando o crime é praticado com escalada ou *emprego de chaves falsas*, não perde o furto seu *nomen juris*, embora seja especialmente aumentada a pena. Também importa majoração de pena o furto com emprego de destreza ou de *meio fraudulento*, com *abuso de confiança* ou *concurso de duas ou mais pessoas*. O furto com abuso de confiança não deve ser confundido com a *apropriação indébita*, pois nesta a posse direta e desvigiada da coisa é precedentemente concedida ao agente pelo próprio *dominus*.

É prevista como *agravante especial* do furto a circunstância de ter sido o crime praticado "durante o período do sossego noturno".

A *violência* como elementar do roubo, segundo dispõe o projeto, não é somente a que se emprega para o efeito da *apprehensio* da coisa, mas também a exercida *post factum*, para assegurar o agente, em seu proveito, ou de terceiro, a detenção da coisa subtraída ou a impunidade.

São declaradas agravantes especiais do roubo as seguintes circunstâncias: ter sido a violência ou ameaça exercida com armas, o concurso de mais de duas pessoas e achar-se a vítima em serviço de transporte de dinheiro, "conhecendo o agente tal circunstância".

57. A *extorsão* é definida numa fórmula unitária, suficientemente ampla para abranger todos os casos possíveis na prática. Seu tratamento penal é idêntico ao do roubo; mas, se é praticada mediante *sequestro* de pessoa, a pena é sensivelmente aumentada. Se do fato resulta a morte do *sequestrado*, é cominada a mais rigorosa sanção penal do projeto: reclusão por 20 (vinte) a 30 (trinta) anos e multa de vinte a cinquenta contos de réis. Esta excepcional severidade da pena é justificada pelo caráter brutal e alarmante dessa forma de criminalidade nos tempos atuais.

É prevista no art. 160, cominando-se-lhe pena de reclusão por 1 (um) a 3 (três) anos e multa de dois a cinco contos de réis, a *extorsão indireta*, isto é, o fato de "exigir ou receber, como garantia de dívida, abusando da situação de alguém, documento que pode dar causa a procedimento criminal contra a vítima ou contra terceiro". Destina-se o novo dispositivo a coibir os torpes e opressivos expedientes a que recorrem, por vezes, os agentes de usura, para garantir-se contra o risco do dinheiro mutuado. São bem conhecidos esses recursos, como, por exemplo, o de induzir o necessitado cliente a assinar um contrato simulado de depósito ou a forjar no título de dívida a firma de algum parente abastado, de modo que, não resgatada a dívida no vencimento, ficará o mutuário sob a pressão da ameaça de um processo por apropriação indébita ou falsidade.

58. Sob a rubrica "Da usurpação", o projeto incrimina certos fatos que a lei penal vigente conhece sob diverso *nomen juris* ou ignora completamente, deixando-os na órbita dos delitos civis. Em quase todas as suas modalidades, a usurpação é uma lesão ao interesse jurídico da inviolabilidade da propriedade imóvel.

Assim, a "alteração de limites" (art. 161), a "usurpação de águas" (art. 161, § 1º, I) e o "esbulho possessório", quando praticados com violência a pessoa, ou mediante grave ameaça, ou concurso de mais de duas pessoas (art. 161, § 1º, II). O emprego de violência contra a pessoa, na modalidade da invasão possessória, é condição de punibilidade, mas, se dele resulta outro crime, haverá um concurso material de crimes, aplicando-se, somadas, as respectivas penas (art. 161, § 2º).

Também constitui crime de usurpação o fato de suprimir ou alterar marca ou qualquer sinal indicativo de propriedade em gado ou rebanho alheio, para dele se apropriar, no todo ou em parte. Não se confunde esta modalidade de usurpação com o *abigeato*, isto é, o furto de animais: o agente limita-se a empregar um meio fraudulento (supressão ou alteração de marca ou sinal) para irrogar-se a propriedade dos animais. Se esse meio fraudulento é usado para dissimular o anterior furto dos animais, já não se tratará de *usurpação*: o crime continuará com o seu *nomen juris*, isto é, *furto*.

59. Ao cuidar do crime de *dano*, o projeto adota uma fórmula genérica ("destruir, inutilizar ou deteriorar coisa alheia") e, a seguir, prevê agravantes e modalidades especiais do crime. Estas últimas, mais ou menos estranhas à lei vigente, são a "introdução ou abandono de animais em propriedade alheia", o "dano em coisa de valor artístico, arqueológico ou histórico" e a "alteração de local especialmente protegido".

Certos fatos que a lei atual considera variantes de dano não figuram, como tais, no projeto. Assim, a destruição de documentos públicos ou particulares (art. 326, e seu parágrafo único, da Consolidação das Leis Penais) passa a constituir crime de falsidade (art. 305 do projeto) ou contra a administração pública (arts. 314 e 356).

60. A *apropriação indébita* (*furtum improprium*) é conceituada, em suas modalidades, da mesma forma que na lei vigente; mas o projeto contém inovações no capítulo reservado a tal crime. A pena (que passa a ser reclusão por um a quatro anos e multa de quinhentos mil-réis a dez contos de réis) é aumentada de um terço, se ocorre infidelidade do agente como depositário necessário ou judicial, tutor, curador, síndico, liquidatário, inventariante ou testamenteiro, ou no desempenho de ofício, emprego ou profissão. Diversamente da lei atual, não figura entre as modalidades da apropriação indébita o *abigeato*, que é, indubitavelmente, um caso de *furtum proprium* e, por isso mesmo, não especialmente previsto no texto do projeto.

▶ Arts. 21 a 25 da Lei nº 11.101, de 9-2-2005 (Lei de Recuperação de Empresas e Falências), que dispõem sobre o administrador judicial.

É especialmente equiparado à apropriação indébita o fato do inventor do tesouro em prédio alheio que retém para si a quota pertencente ao proprietário deste.

61. O *estelionato* é assim definido: "Obter, para si ou para outrem, vantagem ilícita, em prejuízo alheio, induzindo ou mantendo alguém em erro, mediante artifício, ardil ou outro meio fraudulento". Como se vê, o dispositivo corrige em três pontos a fórmula genérica do inciso 5 do art. 338 do Código atual: contempla a hipótese da capitação de vantagem para terceiro, declara que a vantagem deve ser *ilícita* e acentua que a fraude elementar do estelionato não é somente a empregada para induzir alguém em erro, mas também a que serve para manter (fazer subsistir, entreter) um erro preexistente.

Com a fórmula do projeto, já não haverá dúvida de que o próprio *silêncio*, quando malicioso ou intencional, acerca do preexistente erro da vítima, constitui *meio fraudulento* característico do estelionato.

Entre tais crimes, são incluídos alguns não contemplados na lei em vigor, como, *exempli gratia*, a fraude relativa a seguro contra acidentes (art. 171, § 2º, V) e a "frustração de pagamento de cheques" (art. 171, § 2º, VI).

A incriminação deste último fato, de par com a da emissão de cheque sem fundo, resulta do raciocínio de que não há distinguir entre um e outro caso: tão criminoso é aquele que emite cheque sem provisão como aquele que, embora dispondo de fundos em poder do sacado, maliciosamente os retira antes da apresentação do cheque ou, por outro modo, ilude o pagamento, em prejuízo do portador.

O "abuso de papel em branco", previsto atualmente como modalidade do estelionato, passa, no projeto, para o setor dos *crimes contra a fé pública* (art. 299).

62. A "duplicata simulada" e o "abuso de incapazes" são previstos em artigos distintos. Como forma especial de fraude patrimonial, é também previsto o fato de "abusar, em proveito próprio ou alheio, da inexperiência ou da simplicidade ou inferioridade mental de outrem, induzindo-o a prática de jogo ou aposta, ou a especulação com títulos ou mercadorias, sabendo ou devendo saber que a operação é ruinosa".

63. Com a rubrica de "fraude no comércio", são incriminados vários fatos que a lei atual não prevê especialmente. Entre eles figura o de "vender, como verdadeira ou perfeita, mercadoria falsificada ou deteriorada", devendo entender-se que tal crime constitui "fraude no comércio" quando não importe crime *contra a saúde pública*, mais severamente punido.

São destacadas, para o efeito de grande atenuação da pena, certas fraudes de menor gravidade, como sejam a "usurpação de alimentos" *filouterie d'aliments* ou *grivelerie*, dos franceses; *scrocco*, dos italianos, ou *Zechprellerei*, dos alemães), a pousada em hotel e a utilização de meio de transporte, sabendo o agente ser-lhe impossível efetuar o pagamento. É expressamente declarado que, em tais casos, dadas as circunstâncias, pode o juiz abster-se de aplicação da pena, ou substituí-la por *medida de segurança*. As "fraudes e abusos na fundação e administração das sociedades por ações" (não constituindo qualquer dos fatos *crime contra a economia popular* definido na legislação especial, que continua em vigor) são minuciosamente previstas, afeiçoando-se o projeto à recente lei sobre as ditas sociedades.

O projeto absteve-se de tratar dos crimes de *falência*, que deverão ser objeto de legislação especial, já em elaboração.

Na sanção relativa à fraudulenta insolvência civil é adotada a alternativa entre a pena privativa de liberdade (detenção) e a pecuniária (multa de quinhentos mil-réis a cinco contos de réis), e a ação penal dependerá de *queixa*.

64. Em capítulo especial, como crime *sui generis* contra o patrimônio, e com pena própria, é prevista a receptação (que o Código vigente, na sua *parte geral*, define como forma de cumplicidade *post factum*, resultando daí, muitas vezes, a aplicação de penas desproporcionadas). O projeto distingue, entre a receptação dolosa e a culposa, que a lei atual injustificadamente equipara. É expressamente declarado que a receptação é punível ainda que não seja conhecido ou passível de pena o autor do crime de que proveio a coisa receptada. Tratando-se de criminoso primário, poderá o juiz, em face das circunstâncias, deixar de aplicar a pena, ou substituí-la por medida de segurança.

Os dispositivos do projeto em relação à circunstância de *parentesco* entre os sujeitos ativo e passivo, nos crimes patrimoniais, são mais amplos do que os do direito atual, ficando, porém, explícito que o efeito de tal circunstância não aproveita aos copartícipes do *parente*, assim como não se estende aos casos de *roubo*, *extorsão* e, em geral, aos crimes patrimoniais praticados mediante violência contra a pessoa.

DOS CRIMES CONTRA A PROPRIEDADE IMATERIAL

65. Sob esta rubrica é que o projeto alinha os crimes que o direito atual denomina "crimes contra a propriedade literária, artística, industrial e comercial". São tratados como uma classe autônoma, que se reparte em quatro subclasses: "crimes contra a propriedade intelectual", "crimes contra o privilégio de invenção, "crimes contra as marcas de indústria e comércio" e "crimes de concorrência desleal". Tirante uma ou outra alteração ou divergência, são reproduzidos os critérios e fórmulas da legislação vigente.

DOS CRIMES CONTRA A ORGANIZAÇÃO DO TRABALHO

66. O projeto consagra um título especial aos "crimes contra a organização do trabalho", que o Código atual, sob o rótulo de "crimes contra a liberdade do trabalho", classifica entre os "crimes contra o livre gozo e exercício dos direitos individuais" (isto é, contra a liberdade individual). Este critério de classificação, enjeitado pelo projeto, afeiçoa-se a um postulado da *economia liberal*, atualmente desacreditado, que Zanardelli, ao tempo da elaboração do Código Penal italiano de 1889, assim fixava: "A lei deve deixar que cada um proveja aos próprios interesses pelo modo que melhor lhe pareça, e não pode intervir senão quando a livre ação de uns seja lesiva do direito de outros. Não pode ela vedar aos operários a combinada abstenção de trabalho para atender a um objetivo econômico, e não pode impedir a um industrial que feche, quando lhe aprouver, a sua fábrica ou oficina. O trabalho é uma mercadoria, da qual, como de qualquer outra, se pode dispor à vontade, quando se faça uso do próprio direito sem prejudicar o direito de outrem". A tutela exclusivista da liberdade individual abstraía, assim, ou deixava em plano secundário o interesse da coletividade, o bem geral. A greve, o *lockout*, todos os meios incruentos e pacíficos na luta entre o proletariado e o capitalismo eram permitidos e constituíam mesmo o exercício de líquidos direitos individuais. O que cumpria assegurar, antes de tudo, na esfera econômica, era o livre jogo das iniciativas individuais. Ora, semelhante programa, que uma longa experiência demonstrou errôneo e desastroso, já não é mais viável em face da Constituição de 37. Proclamou esta a legitimidade da intervenção do Estado no domínio econômico, "para suprir as deficiências da iniciativa individual e coordenar os fatores da produção, de maneira a evitar ou resolver os seus conflitos e introduzir no jogo das competições individuais o pensamento do interesse da Nação". Para dirimir as contendas entre o trabalho e o capital, foi instituída a justiça do trabalho, tornando-se incompatível com a nova ordem política o *exercício arbitrário das próprias razões* por parte de empregados e empregadores.

67. A greve e o *lockout* (isto é, a paralisação ou suspensão arbitrária do trabalho pelos operários ou patrões) foram declarados "recursos antissociais, nocivos ao trabalho e ao capital e incompatíveis com os superiores interesses da produção nacional". Já não é admissível uma *liberdade de trabalho* entendida como liberdade de iniciativa de uns sem outro limite que igual liberdade de iniciativa de outros. A proteção jurídica já não é concedida à *liberdade do trabalho*, propriamente, mas a *organização do trabalho*, inspirada não somente na defesa e no ajustamento dos direitos e interesses individuais em jogo, mas também, e principalmente, no sentido superior do *bem comum de todos*. Atentatória, ou não, da liberdade individual, toda ação perturbadora da ordem jurídica, no que concerne ao trabalho, é ilícita e está sujeita a sanções repressivas, sejam de direito administrativo, sejam de direito penal. Daí, o novo critério adotado pelo projeto, isto é, a trasladação dos crimes contra o trabalho, do setor dos crimes contra a liberdade individual para uma classe autônoma, sob a já referida rubrica. Não foram, porém, trazidos para o campo do *ilícito penal* todos os fatos contrários à organização do trabalho: são incriminados, de regra, somente aqueles que se fazem acompanhar da violência ou da *fraude*. Se falta qualquer desses elementos, não passará o fato, salvo poucas exceções, de *ilícito administrativo*. É o ponto de vista já fixado em recente legislação trabalhista. Assim, incidirão em sanção penal o cerceamento do trabalho pela força ou intimidação (art. 197, I), a coação para o fim de greve ou de *lockout* (art. 197, II), a boicotagem violenta (art. 198), o atentado violento contra a liberdade de associação profissional (art. 199), a greve seguida de violência contra a pessoa ou contra a coisa (art. 200), a invasão e arbitrária posse de estabelecimento de trabalho (art. 202, 1ª parte), a sabotagem (art. 202, *in fine*), a frustração, mediante *violência* ou *fraude*, de direitos assegurados por lei trabalhista ou de nacionalização do trabalho (arts. 203 e 204). Os demais crimes contra o trabalho, previstos no projeto, dispensam o elemento violência ou fraude (arts. 201, 205, 206, 207), mas explica-se a exceção: é que eles ou atentam *imediatamente* contra o interesse público, ou *imediatamente* ocasionam uma grave perturbação da ordem econômica. É de notar-se que a suspensão ou abandono coletivo de obra pública ou serviço de interesse coletivo somente constituirá o crime previsto no art. 201 quando praticado por "motivos pertinentes às condições do trabalho", pois, de outro modo, o fato importará o crime definido no art. 18 da Lei de Segurança, que continua em pleno vigor.

DOS CRIMES CONTRA O SENTIMENTO RELIGIOSO E CONTRA O RESPEITO AOS MORTOS

68. São classificados como *species* do mesmo *genus* os "crimes contra o *sentimento religioso*" e os "crimes contra o *respeito aos mortos*". É incontestável a afinidade entre uns e outros. O sentimento religioso e o respeito aos mortos são valores ético-sociais que se assemelham. O tributo que se rende aos mortos tem um fundo religioso. Idêntica, em ambos os casos, é a *ratio essendi* da tutela penal.

O projeto divorcia-se da lei atual, não só quando deixa de considerar os crimes referentes aos cultos religiosos como subclasse dos crimes contra a liberdade individual (pois o que passa a ser, precipuamente, objeto da proteção penal é a religião como um bem em si mesmo), como quando traz para o catálogo dos *crimes* (lesivos do respeito aos mortos) certos fatos que o Código vigente considera simples *contravenções*, como a *violatio sepulchri* e a profanação de cadáver. Entidades criminais desconhecidas da lei vigente são as previstas nos arts. 209 e 211 do projeto: impedimento ou perturbação de enterro ou cerimônia fúnebre e supressão de cadáver ou de alguma de suas partes.

DOS CRIMES CONTRA OS COSTUMES

▸ A Lei nº 11.106, de 28-3-2005, revogou expressamente os crimes de: sedução, rapto e adultério.

69. Sob esta epígrafe, cuida o projeto dos crimes que, de modo geral, podem ser também denominados *sexuais*. São os mesmos crimes que a lei vigente conhece sob a extensa rubrica "Dos crimes contra a segurança da honra e honestidade das famílias e do ultraje público ao pudor". Figuram eles com cinco subclasses, assim intituladas: "Dos crimes contra a liberdade sexual", "Da sedução e da corrupção de menores", "Do rapto", "Do lenocínio e do tráfico de mulheres" e "Do ultraje público ao pudor".

▸ A Lei nº 12.015, de 7-8-2009, alterou dispositivos do Título IV da Parte Especial, inclusive modificando a sua rubrica que então passou a ser "Dos crimes contra a dignidade sexual".

▸ O crime de tráfico de mulheres passou a ser denominado "tráfico internacional de pessoas", pela nova redação dada ao art. 231 do CP pela Lei nº 11.106, de 28-3-2005.

O crime de *adultério*, que o Código em vigor contempla entre os crimes sexuais, passa a figurar no setor dos *crimes contra a família*.

▸ O crime de adultério foi expressamente revogado pela Lei nº 11.106, de 28-3-2005.

70. Entre os crimes *contra a liberdade sexual*, de par com as figuras clássicas do *estupro* e do *atentado violento ao pudor*, são incluídas a "posse sexual mediante fraude" e o "atentado ao pudor mediante fraude". Estas duas entidades criminais, na amplitude com que as conceitua o projeto, são estranhas à lei atual. Perante esta, a *fraude* é um dos *meios morais* do crime de *defloramento*, de que só a mulher menor de 21 (vinte e um) anos e maior de 16 (dezesseis) pode ser sujeito passivo. Segundo o projeto, entretanto, existe crime sempre que, sendo a vítima mulher honesta, haja emprego de meio fraudulento (*v. g.*: simular casamento, substituir-se ao marido na escuridão da alcova). Não importa, para a existência do crime, que a ofendida seja, ou não, maior ou *virgo intacta*. Se da cópula resulta o desvirginamento da ofendida, e esta é menor de 18 (dezoito) anos e maior de 14 (quatorze), a pena é especialmente aumentada.

▸ A Lei nº 11.106, de 28-3-2005, alterou a redação do art. 215 do CP, excluindo a palavra "honesta" do elemento normativo do tipo penal.

Na identificação dos crimes contra a liberdade sexual é presumida a violência (art. 224) quando a vítima: a) não é maior de 14 (quatorze) anos; b) é alienada ou débil mental, conhecendo o agente esta circunstância, ou c) acha-se em estado de inconsciência (provocado, ou não, pelo agente), ou, por doença ou outra causa, impossibilitada de oferecer resistência. Como se vê, o projeto diverge substancialmente da lei atual: reduz, para o efeito de presunção de violência, o limite de idade da vítima e amplia os casos de tal presunção (a lei vigente presume a violência no caso único de ser a vítima menor de dezesseis anos). Com a redução do limite de idade, o projeto atende a evidência de um fato social contemporâneo, qual seja a precocidade no conhecimento dos fatos sexuais. O fundamento da ficção legal de violência, no caso dos adolescentes, e a *innocentia consilii* do sujeito passivo, ou seja, a sua completa insciência em relação aos fatos sexuais, de modo que não se pode dar valor algum ao seu consentimento. Ora, na época atual, seria abstrair hipocritamente a realidade o negar-se que uma pessoa de 14 (quatorze) anos completos já tem uma noção teórica, bastante exata, dos segredos da vida sexual e do risco que corre se se presta à lascívia de outrem. Estendendo a presunção de violência aos casos em que o sujeito passivo é alienado ou débil mental, o projeto obedece ao raciocínio de que, também aqui, há ausência de consentimento válido, e *ubi eadem ratio, ibi eadem dispositio*.

Por outro lado, se a *incapacidade de consentimento* faz presumir a violência, com maioria de razão deve ter o mesmo efeito o estado de inconsciência da vítima ou sua incapacidade de resistência, seja esta resultante de causas mórbidas (enfermidade, grande debilidade orgânica, paralisia etc.), ou de especiais condições físicas (como quando o sujeito passivo é um indefeso aleijado, ou se encontra acidentalmente tolhido de movimentos).

71. *Sedução* é o *nomen juris* que o projeto dá ao crime atualmente denominado *defloramento*. Foi repudiado este título, porque faz supor como imprescindível condição material do crime a ruptura do hímen (*flos virgineum*), quando, na realidade, basta que a cópula seja realizada com mulher *virgem*, ainda que não resulte essa ruptura, como nos casos de complacência himenal.

▶ O crime de sedução foi expressamente revogado pela Lei nº 11.106, de 28-3-2005.

O sujeito passivo da *sedução* é a mulher virgem, maior de 14 (quatorze) e menor de 18 (dezoito) anos. No sistema do projeto, a menoridade, do ponto de vista da proteção penal, termina aos 18 (dezoito) anos. Fica, assim, dirimido o ilogismo em que incide a legislação vigente, que, não obstante reconhecer a *maioridade política* e a *capacidade penal* aos 18 (dezoito) anos completos (Constituição, art. 117, e Código Penal, modificado pelo Código de Menores), continua a pressupor a imaturidade psíquica, em matéria de crimes sexuais, até os 21 (vinte e um) anos.

Para que se identifique o crime de *sedução* é necessário que seja praticado "com abuso da inexperiência ou justificável confiança" da ofendida. O projeto não protege a moça que se convencionou chamar *emancipada*, nem tampouco aquela que, não sendo de todo ingênua, se deixa iludir por promessas evidentemente insinceras.

Ao ser fixada a fórmula relativa ao crime em questão, partiu-se do pressuposto de que os fatos relativos à vida sexual não constituem na nossa época matéria que esteja subtraída, como no passado, ao conhecimento dos adolescentes de 18 (dezoito) anos completos. A vida, no nosso tempo, pelos seus costumes e pelo seu estilo, permite aos indivíduos surpreender, ainda bem não atingida a maturidade, o que antes era o grande e insondável mistério, cujo conhecimento se reservava apenas aos adultos.

Certamente, o direito penal não pode abdicar de sua função ética, para acomodar-se ao afrouxamento dos costumes; mas, no caso de que ora se trata, muito mais eficiente que a ameaça da pena aos sedutores, será a retirada da tutela penal à moça maior de 18 (dezoito) anos, que, assim, se fará mais cautelosa ou menos acessível.

Em abono do critério do projeto, acresce que, hoje em dia, dados os nossos costumes e formas de vida, não são raros os casos em que a mulher não é a única vítima da sedução.

Já foi dito, com acerto, que "nos crimes sexuais, nunca o homem é tão algoz que não possa ser, também, um pouco vítima, e a mulher nem sempre é a maior e a única vítima dos seus pretendidos infortúnios sexuais" (Filipo Manci, *Delitti sessuali*).

72. Ao configurar o *crime de corrupção de menores*, o projeto não distingue, como faz a lei atual, entre corrupção *efetiva* e corrupção *potencial*: engloba as duas espécies e comina a mesma pena. O meio executivo do crime tanto pode ser a prática do *ato libidinoso* com a vítima (pessoa maior de quatorze e menor de dezoito anos), como o induzimento desta a praticar (ainda que com outrem, mas para a satisfação da lascívia do agente) ou a presenciar ato dessa natureza.

73. O *rapto* para fim libidinoso é conservado entre os crimes sexuais, rejeitado o critério do projeto Sá Pereira, que o trasladava para a classe dos *crimes contra a liberdade*. Nem sempre o meio executivo do rapto é a *violência*. Ainda mesmo se tratando de rapto *violento*, deve-se atender a que, segundo a melhor técnica, o que especializa um crime não é o *meio*, mas o *fim*. No rapto, seja violento, fraudulento ou consensual, o fim do agente é a posse da vítima para fim sexual ou libidinoso. Trata-se de um crime dirigido contra o interesse da organização ético-social da família – interesse que sobreleva o da liberdade pessoal. Seu justo lugar, portanto, e entre os *crimes contra os costumes*.

▶ O crime de rapto foi expressamente revogado pela Lei nº 11.106, de 28-3-2005.

O projeto não se distancia muito da lei atual, no tocante aos dispositivos sobre o rapto. Ao rapto violento ou próprio (*vi aut minis*) é equiparado o rapto *per fraudem* (compreensivo do rapto *per insidias*). No rapto consensual (com ou sem sedução), menos severamente punido, a paciente só pode ser a mulher entre os 14 (quatorze) e 21 (vinte e um) anos (se a raptada é menor de quatorze anos, o rapto se presume violento), conservando-se, aqui, o limite da menoridade civil, de vez que essa modalidade do crime é, principalmente, uma ofensa ao *pátrio poder* ou *autoridade tutelar* (*in parentes vel tutores*).

A pena, em qualquer caso, é diminuída de um terço se o crime é praticado para fim de casamento, e da metade, se dá a *restitutio in integrum* da vítima e sua reposição *in loco tuto ac libero*.

Se ao rapto se segue outro crime contra a raptada, aplica-se a regra do concurso material. Fica, assim, modificada a lei vigente, segundo a qual, se o crime subsequente é o *defloramento* ou *estupro* (omitida referência a qualquer outro crime sexual), a pena do rapto é aumentada da sexta parte.

74. O projeto reserva um capítulo especial às *disposições comuns* aos crimes sexuais até aqui mencionados. A primeira delas se refere às *formas qualificadas* de tais crimes, isto é, aos casos em que, tendo havido emprego de violência, resulta lesão corporal grave ou a morte da vítima: no primeiro caso, a pena será reclusão por 4 (quatro) a 12 (doze) anos; no segundo, a mesma pena, de 8 (oito) a 20 (vinte) anos.

A seguir, vêm os preceitos sobre a *violência ficta*, de que acima já se tratou; sobre a disciplina da ação penal na espécie e sobre *agravantes especiais*. Cumpre notar que uma disposição comum aos crimes em questão não figura na "parte especial", e pois se achou que ficaria melhor colocada no título sobre a *extinção da punibilidade*, da "parte geral": e o que diz respeito ao *subsequens matrimonium* (art. 108, VIII), que, antes ou depois da condenação, exclui a imposição da pena.

75. Ao definir as diversas modalidades do *lenocínio*, o projeto não faz depender o crime de especial *meio executivo*, nem da *habitualidade*, nem do fim de lucro. Se há emprego de violência, intimidação ou fraude, ou se o agente procede *lucri faciendi causa*, a pena é especialmente agravada. Tal como na lei atual, o lenocínio *qualificado* ou *familiar* é mais severamente punido que o lenocínio simples. Na *prestação de local* a encontros para fim libidinoso, é taxativamente declarado que o crime existe independentemente de *mediação direta* do agente para esses encontros ou de *fim de lucro*.

São especialmente previstos o *rufianismo alphonsisme*, dos franceses; *mantenutismo*, dos italianos; *Zuhalterei*, dos alemães) e o *tráfico de mulheres*.

▶ A Lei nº 11.106, de 28-3-2005, alterou o tipo penal "tráfico de mulheres" para "tráfico internacional de pessoas".

Na configuração do *ultraje público ao pudor*, o projeto excede de muito em previdência a lei atual.

DOS CRIMES CONTRA A FAMÍLIA

76. O título consagrado aos *crimes contra a família* divide-se em quatro capítulos, que correspondem, respectivamente, aos "crimes contra o casamento", "crimes contra o estado de filiação", "crimes contra a assistência familiar" e "crimes contra o pátrio poder, tutela ou curatela". O primeiro entre os *crimes contra o casamento* é a *bigamia* – *nomen juris* que o projeto substitui ao de *poligamia*, usado pela lei atual. Seguindo-se o mesmo critério desta, distingue-se, para o efeito de pena, entre aquele que, sendo casado, contrai novo casamento e aquele que, sendo solteiro, se casa com pessoa que sabe casada. Conforme expressamente dispõe o projeto, o crime de bigamia existe desde que, ao tempo do segundo casamento, estava vigente o primeiro; mas, se este, a seguir, é judicialmente declarado nulo, o crime se extingue, pois que a declaração de nulidade retroage *ex tunc*. Igualmente não subsistirá o crime se vier a ser anulado o segundo casamento, por motivo outro que não o próprio impedimento do matrimônio anterior (pois a bigamia não pode excluir-se a si mesma). Releva advertir que na "parte geral" (art. 111, e) se determina, com inovação da lei atual, que, no crime de bigamia, o prazo de prescrição da ação penal se conta da *data em que o fato se tornou conhecido*.

▸ A Lei nº 10.406, de 10-1-2002 (Código Civil), substituiu a expressão "pátrio poder" por "poder familiar".

77. O projeto mantém a incriminação do *adultério*, que passa, porém, a figurar entre os crimes contra a família, na subclasse dos crimes contra o casamento. Não há razão convincente para que se deixe tal fato à margem da lei penal. É incontestável que o adultério ofende um indeclinável interesse de ordem social, qual seja o que diz com a organização ético-jurídica da vida familiar. O exclusivismo da recíproca posse sexual dos cônjuges é condição de disciplina, harmonia e continuidade do núcleo familiar. Se deixasse impune o adultério, o projeto teria mesmo contrariado o preceito constitucional que coloca a família "sob a proteção especial do Estado". Uma notável inovação contém o projeto: para que se configure o adultério do marido, não é necessário que este *tenha* e *mantenha* concubina, bastando, tal como no adultério da mulher, a simples infidelidade conjugal.

Outra inovação apresenta o projeto, no tocante ao crime em questão: a pena é sensivelmente diminuída, passando a ser de detenção por 15 (quinze) dias a 6 (seis) meses; é de 1 (um) mês, apenas, o prazo de *decadência do direito de queixa* (e não *prescrição da ação penal*), e este não pode ser exercido pelo cônjuge desquitado ou que consentiu no adultério ou o perdoou expressa ou tacitamente. Além disso, o juiz pode deixar de aplicar a pena, se havia cessado a vida em comum dos cônjuges ou se o querelante havia praticado qualquer dos atos previstos no art. 317 do Código Civil. De par com a bigamia e o adultério, são previstas, no mesmo capítulo, entidades criminais que a lei atual ignora. Passam a constituir ilícito penal os seguintes fatos, até agora deixados impunes ou sujeitos a meras sanções civis: contrair casamento, induzindo em erro essencial o outro contraente, ou ocultando-lhe impedimento que não seja o resultante de casamento anterior (pois, neste caso, o crime será o de bigamia); contrair casamento, conhecendo a existência de impedimento que acarrete sua nulidade absoluta; fingir de autoridade para celebração do casamento e simular casamento. Nestas duas últimas hipóteses, trata-se de crimes *subsidiários*: só serão punidos por si mesmos quando não constituam participação em crime mais grave ou elemento de outro crime.

▸ O crime de adultério foi expressamente revogado pela Lei nº 11.106, de 28-3-2005.

78. Ao definir os *crimes contra o estado de filiação*, adota o projeto fórmulas substancialmente idênticas às do Código atual, que os conhece sob a rubrica de "parto suposto e outros fingimentos".

79. É reservado um capítulo especial aos "crimes contra a assistência familiar", quase totalmente ignorados da legislação vigente. Seguindo o exemplo dos Códigos e projetos de codificação mais recentes, o projeto faz incidir sob a sanção penal o *abandono de família*. O reconhecimento desta nova *species* criminal é, atualmente, ponto incontroverso. Na "Semana Internacional de Direito", realizada em Paris, no ano de 1937, Ionesco-Doly, o representante da Romênia, fixou, na espécie, com acerto e precisão, a *ratio* da incriminação: "A instituição essencial que é a família atravessa atualmente uma crise bastante grave. Daí, a firme, embora recente, tendência no sentido de uma intervenção do legislador, para substituir as sanções civis, reconhecidamente ineficazes, por sanções penais contra a violação dos deveres jurídicos de assistência que a consciência jurídica universal considera como o assento básico do *status familiae*. Virá isso contribuir para, em complemento de medidas que se revelaram insuficientes para a proteção da família, conjurar um dos aspectos dolorosos da crise por que passa essa instituição. É, de todo em todo, necessário que desapareçam certos fatos profundamente lamentáveis, e desgraçadamente cada vez mais frequentes, como seja o dos maridos que abandonam suas esposas e filhos, deixando-os sem meios de subsistência, ou o dos filhos que desamparam na miséria seus velhos pais enfermos ou inválidos".

É certo que a vida social no Brasil não oferece, tão assustadoramente como em outros países, o fenômeno da desintegração e desprestígio da família; mas a sanção penal contra o "abandono de família", inscrita no futuro Código, virá contribuir, entre nós, para atalhar ou prevenir o mal incipiente.

Para a conceituação do novo crime, a legislação comparada oferece dois modelos: o francês, demasiadamente restrito, e o italiano, excessivamente amplo. Segundo a lei francesa, o crime de abandono de família é constituído pelo fato de, durante um certo período (três meses consecutivos), deixar o agente de pagar a pensão alimentar decretada por uma decisão judicial passada em julgado. É o chamado *abandono pecuniário*. Muito mais extensa, entretanto, é a fórmula do Código Penal italiano, que foi até a incriminação do *abandono moral*, sem critérios objetivos na delimitação deste. O projeto preferiu a fórmula transacional do chamado *abandono material*. Dois são os métodos adotados na incriminação: um direto, isto é, o crime pode ser identificado diretamente pelo juiz penal, que deverá verificar, ele próprio, se o agente deixou de prestar os *recursos necessários*; outro *indireto*, isto é, o crime existirá automaticamente se, reconhecida pelo juiz do cível a obrigação de alimentos e fixado o seu *quantum* na sentença, deixar o agente de cumpri-la durante 3 (três) meses consecutivos. Não foi, porém, deixado inteiramente à margem o *abandono moral*. Deste cuida o projeto em casos especiais, precisamente definidos, como, aliás, já faz o atual Código de Menores. É até mesmo incriminado o *abandono intelectual*, embora num caso único e restritíssimo (art. 246): deixar, sem justa causa, de ministrar ou fazer ministrar instrução primária a filho em idade escolar.

Segundo o projeto, só é punível o abandono *intencional* ou *doloso*, embora não se indague do motivo determinante: se por egoísmo, cupidez, avareza, ódio etc. Foi rejeitado o critério de fazer depender a ação penal de prévia queixa da vítima, pois isso valeria, na prática, por tornar letra morta o preceito penal. Raro seria o caso de queixa de um cônjuge contra o outro, de um filho contra o pai ou de um pai contra o filho. Não se pode deixar de ter em atenção o que Marc Ancel chama *pudor familial*, isto é, o sentimento que inibe o membro de uma família de revelar as faltas de outro, que, apesar dos pesares, continua a merecer o seu respeito e talvez o seu afeto. A pena cominada na espécie é alternativa: detenção ou multa. Além disso, ficará o agente sujeito, na conformidade da regra geral sobre as "penas acessórias" (Capítulo V, do Título V, da Parte Geral), à privação definitiva ou temporária de poderes que, em relação à vítima ou às vítimas, lhe sejam atribuídos pela lei civil, em consequência do *status familiae*.

Cuidando dos *crimes contra o pátrio poder, tutela ou curatela*, o projeto limita-se a reivindicar para o futuro Código Penal certos preceitos do atual Código de Menores, apenas ampliados no sentido de abranger na proteção penal, além dos menores de 18 (dezoito) anos, os interditos.

▸ A Lei nº 10.406, de 10-1-2002 (Código Civil), substituiu a expressão "pátrio poder" por "poder familiar".

DOS CRIMES CONTRA A INCOLUMIDADE PÚBLICA

80. Sob este título, são catalogados, no projeto, os crimes que a lei atual denomina contra a *tranquilidade pública*. Estão eles distribuídos em três subclasses: *crimes de perigo comum* (isto é, aqueles que, mais nítida ou imediatamente que os das outras subclasses, criam uma situação de perigo de dano a um indefinido número de pessoas), *crimes contra a segurança dos meios de comunicação e transporte e outros serviços públicos* e *crimes contra a saúde pública*. Além de reproduzir, com ligeiras modificações, a lei vigente, o projeto supre omissões desta, configurando novas entidades criminais, tais como: "uso perigoso de gases tóxicos", o "desabamento ou desmoronamento" (isto é, o fato de causar, em prédio próprio ou alheio, desabamento total ou parcial de alguma construção, ou qualquer desmoronamento, expondo a perigo a vida, integridade física ou patrimônio de outrem), "subtração, ocultação ou inutilização de material de salvamento", "difusão de doença ou praga", "periclitação de qualquer meio de transporte público" (a lei atual somente cuida da periclitação de transportes ferroviários ou marítimos, não se referindo, sequer, à do transporte aéreo, que o projeto equipara àqueles), "atentado contra a segurança de serviços de utilidade pública", "provocação de epidemia", "violação de medidas preventivas contra doenças contagiosas" etc.

Relativamente às *formas qualificadas* dos crimes em questão, e adotada a seguinte regra geral (art. 258): no caso de dolo, se resulta a alguém lesão corporal de natureza grave, a pena privativa da liberdade é aumentada de metade, e, se resulta morte, é aplicada em dobro; no caso de culpa, se resulta lesão corporal (leve ou grave), as penas são aumentadas de metade e, se resulta morte, é aplicada a de homicídio culposo, aumentada de um terço.

DOS CRIMES CONTRA A PAZ PÚBLICA

81. É esta a denominação que o projeto atribui ao seguinte grupo de crimes: "incitação de crime", "apologia de crime ou criminoso" e "quadrilha ou bando" (isto é, associação de mais de três pessoas para o fim de prática de crimes comuns). É bem de ver que os dispositivos sobre as duas primeiras entidades criminais citadas não abrangem a provocação ou apologia de crimes político-sociais, que continuarão sendo objeto de legislação especial, segundo dispõe o art. 360.

DOS CRIMES CONTRA A FÉ-PÚBLICA

82. O título reservado aos *crimes contra a fé pública* divide-se em quatro capítulos, com as seguintes epígrafes "Da moeda falsa", "Da falsidade de títulos e outros papéis públicos", "Da falsidade documental" e "De outras falsidades". Os crimes de *testemunho falso* e *denunciação caluniosa*, que, no Código atual, figuram entre os crimes lesivos da fé pública, passam para o seu verdadeiro lugar, isto é, para o setor dos *crimes contra a administração da justiça* (subclasse dos *crimes contra a administração pública*).

83. Ao configurar as modalidades do *crimen falsi*, o projeto procurou simplificar a lei penal vigente, evitando superfluidades ou redundâncias, e, no mesmo passo, suprir lacunas de que se ressente a mesma lei. À casuística do *falsum* são acrescentados os seguintes fatos: emissão de moeda com título ou peso inferior ao determinado em lei; desvio e antecipada circulação de moeda; reprodução ou adulteração de selos destinados à filatelia; supressão ou ocultação de documentos (que a lei atual prevê como modalidade de *dano*); falsificação do sinal empregado no contraste de metal precioso ou na fiscalização aduaneira ou sanitária, ou para autenticação ou encerramento de determinados objetos, ou comprovação do cumprimento de formalidades legais; substituição de pessoa e falsa identidade (não constituindo tais fatos elemento de crime mais grave).

Para dirimir as incertezas que atualmente oferece a identificação da *falsidade ideológica*, foi adotada uma fórmula suficientemente ampla e explícita: "Omitir, em documento público ou particular, declarações que dele deviam constar, ou inserir ou fazer inserir nele declarações falsas ou diversas das que deviam ser escritas, com o fim de prejudicar um direito, criar uma obrigação ou alterar a verdade de fatos juridicamente relevantes".

DOS CRIMES CONTRA A ADMINISTRAÇÃO PÚBLICA

84. Em último lugar, cuida o projeto dos *crimes contra a administração pública*, e repartidos em três subclasses: "crimes praticados por funcionário público contra a administração em geral", "crimes praticados por particular contra a administração em geral" e "crimes contra a administração da justiça". Várias são as inovações introduzidas, no sentido de suprir omissões ou retificar fórmulas da legislação vigente. Entre os fatos incriminados como lesivos do interesse da administração pública, figuram os seguintes, até agora, injustificadamente, deixados à margem da nossa lei penal: emprego irregular de verbas e rendas públicas; advocacia administrativa (isto é, "patrocinar, direta ou indiretamente, interesse privado junto à administração pública, valendo-se da qualidade de funcionário"); violação do sigilo funcional; violação do sigilo de proposta em concorrência pública; exploração de prestígio junto à autoridade administrativa ou judiciária (*venditio fumi*); obstáculo ou fraude contra concorrência ou hasta pública; inutilização de editais ou sinais oficiais de identificação de objetos; motim de presos; falsos avisos de crime ou contravenção; autoacusação falsa; coação no curso de processo judicial; fraude processual; exercício arbitrário das próprias razões; favorecimento *post factum* a criminosos (o que a lei atual só parcialmente incrimina como forma de cumplicidade); tergiversação do procurador judicial; reingresso de estrangeiro expulso.

85. O art. 327 do projeto fixa, para os efeitos penais, a noção de funcionário público: "Considera-se funcionário público, para os efeitos penais, quem, embora transitoriamente ou sem remuneração, exerce cargo, emprego ou função pública". Ao funcionário público é equiparado o empregado de entidades paraestatais. Os conceitos da *concussão*, da *corrupção* (que a lei atual chama *peita* ou *suborno*), da *resistência* e do *desacato* são ampliados. A *concussão* não se limita, como na lei vigente, ao *crimen super exactionis* (de que o projeto cuida em artigo especial), pois consiste, segundo o projeto, em "exigir, para si ou para outrem, direta ou indiretamente, mesmo fora das funções, ou antes de assumi-las, mas em razão delas, qualquer retribuição indevida".

A *corrupção* é reconhecível mesmo quando o funcionário não tenha ainda assumido o cargo. Na *resistência*, o sujeito passivo não é exclusivamente o *funcionário público*, mas também qualquer pessoa que lhe esteja, eventualmente, prestando assistência.

O *desacato* se verifica não só quando o funcionário se acha no exercício da função (seja, ou não, o ultraje infligido *propter oficium*), senão também quando se acha *extra oficium*, desde que a ofensa seja *propter oficium*.

CONCLUSÃO

86. É este o projeto que tenho a satisfação e a honra de submeter à apreciação de Vossa Excelência.

O trabalho de revisão do projeto Alcântara Machado durou justamente 2 (dois) anos. Houve tempo suficiente para exame e meditação da matéria em todas as suas minúcias e complexidades. Da revisão resultou um novo projeto. Não foi este o propósito inicial. O novo projeto não resultou de plano preconcebido; nasceu, naturalmente, à medida que foi progredindo o trabalho de revisão. Isto em nada diminui o valor do projeto revisto. Este constituiu uma etapa útil e necessária à construção do projeto definitivo.

A obra legislativa do Governo de Vossa Excelência é, assim, enriquecida com uma nova codificação, que nada fica a dever aos grandes monumentos legislativos promulgados recentemente em outros países. A Nação ficará a dever a Vossa Excelência, dentre tantos que já lhe deve, mais este inestimável serviço à sua cultura.

Acredito que, na perspectiva do tempo, a obra de codificação do Governo de Vossa Excelência há de ser lembrada como um dos mais importantes subsídios trazidos pelo seu Governo, que tem sido um governo de unificação nacional, a obra de unidade política e cultural do Brasil.

Não devo encerrar esta exposição sem recomendar especialmente a Vossa Excelência todos quantos contribuíram para que pudesse realizar-se a nova codificação penal no Brasil: Dr. Alcântara Machado, Ministro A. J. da Costa e Silva, Dr. Vieira Braga, Dr. Nélson Hungria, Dr. Roberto Lyra, Dr. Narcélio de Queiroz. Não estaria, porém, completa a lista se não acrescentasse o nome do Dr. Abgar Renault, que me prestou os mais valiosos serviços na redação final do projeto.

Aproveito o ensejo, Senhor Presidente, para renovar a Vossa Excelência os protestos do meu mais profundo respeito.

Francisco Campos

EXPOSIÇÃO DE MOTIVOS DO CÓDIGO DE PROCESSO PENAL

MINISTÉRIO DA JUSTIÇA E NEGÓCIOS INTERIORES

GABINETE DO MINISTRO, em 8 de setembro de 1941

Senhor Presidente:

Tenho a honra de passar às mãos de Vossa Excelência o projeto do Código de Processo Penal do Brasil.

Como sabe Vossa Excelência, ficara inicialmente resolvido que a elaboração do projeto de Código único para o processo penal não aguardasse a reforma, talvez demorada, do Código Penal de 90.

Havia um dispositivo constitucional a atender, e sua execução não devia ser indefinidamente retardada. Entretanto, logo após a entrega do primitivo projeto, organizado pela Comissão oficial e afeiçoado à legislação penal substantiva ainda em vigor, foi apresentado pelo Senhor Alcântara Machado, em desempenho da missão que lhe confiara o Governo, o seu anteprojeto de novo Código Penal. A presteza com que o insigne e pranteado professor da Faculdade de Direito de São Paulo deu conta de sua árdua tarefa fez com que se alterasse o plano traçado em relação ao futuro Código de Processo Penal. Desde que já se podia prever para breve tempo a efetiva remodelação da nossa antiquada lei penal material, deixava de ser aconselhado que se convertesse em lei o projeto acima aludido, pois estaria condenado a uma existência efêmera.

Decretado o novo Código Penal, foi então empreendida a elaboração do presente projeto, que resultou de um cuidadoso trabalho de revisão e adaptação do projeto anterior.

Se for convertido em lei, não estará apenas regulada a atuação da justiça penal em correspondência com o referido novo Código e com a Lei de Contravenções (cujo projeto, nesta data, apresento igualmente à apreciação de Vossa Excelência): estará, no mesmo passo, finalmente realizada a homogeneidade do direito judiciário penal no Brasil, segundo reclamava, de há muito, o interesse da boa administração da justiça, aliado ao próprio interesse da unidade nacional.

A REFORMA DO PROCESSO PENAL VIGENTE

II – De par com a necessidade de coordenação sistemática das regras do processo penal num Código único para todo o Brasil, impunha-se o seu ajustamento ao objetivo de maior eficiência e energia da ação repressiva do Estado contra os que delinquem. As nossas vigentes leis de processo penal asseguram aos réus, ainda que colhidos em flagrante ou confundidos pela evidência das provas, um tão extenso catálogo de garantias e favores, que a repressão se torna, necessariamente, defeituosa e retardatária, decorrendo daí um indireto estímulo à expansão da criminalidade. Urge que seja abolida a injustificável primazia do interesse do indivíduo sobre o da tutela social. Não se pode continuar a contemporizar com pseudodireitos individuais em prejuízo do bem comum. O indivíduo, principalmente quando vem de se mostrar rebelde à disciplina jurídico-penal da vida em sociedade, não pode invocar, em face do Estado, outras franquias ou imunidades além daquelas que o assegurem contra o exercício do poder público fora da medida reclamada pelo interesse social. Este o critério que presidiu à elaboração do presente projeto de Código. No seu texto, não são reproduzidas as fórmulas tradicionais de um mal-avisado favorecimento legal aos criminosos. O processo penal é aliviado dos excessos de formalismo e joeirado de certos critérios normativos com que, sob o influxo de um mal-compreendido individualismo ou de um sentimentalismo mais ou menos equívoco, se transige com a necessidade de uma rigorosa e expedita aplicação da justiça penal.

As nulidades processuais, reduzidas ao mínimo, deixam de ser o que têm sido até agora, isto é, um meandro técnico por onde se escoa a substância do processo e se perdem o tempo e a gravidade da justiça. É coibido o êxito das fraudes, subterfúgios e alicantinas. É restringida a aplicação do *in dubio pro reo*. É ampliada a noção do *flagrante delito*, para o efeito da prisão provisória. A decretação da prisão preventiva, que, em certos casos, deixa de ser uma faculdade, para ser um *dever* imposto ao juiz, adquire a suficiente elasticidade para tornar-se medida plenamente assecuratória da efetivação da justiça penal. Tratando-se de crime inafiançável, a falta de exibição do mandato não obstará à prisão, desde que o preso seja imediatamente apresentado ao juiz que fez expedir o mandato. É revogado o formalismo complexo da extradição interestadual de criminosos. O prazo da formação da culpa é ampliado, para evitar o atropelo dos processos ou a intercorrente e prejudicial solução de continuidade da detenção provisória dos réus. Não é consagrada a irrestrita proibição do julgamento *ultra petitum*. Todo um capítulo é dedicado às medidas preventivas assecuratórias da reparação do dano *ex delicto*.

Quando da última reforma do processo penal na Itália, o Ministro Rocco, referindo-se a algumas dessas medidas e outras análogas, introduzidas no projeto preliminar, advertia que elas certamente iriam provocar o desagrado daqueles que estavam acostumados a aproveitar e mesmo abusar das inveteradas deficiências e fraquezas da processualística penal até então vigente. A mesma previsão é de ser feita em relação ao presente projeto, mas são também de repetir-se as palavras de Rocco: "Já se foi o tempo em que a alvoroçada coligação de alguns poucos interessados podia frustrar as mais acertadas e urgentes reformas legislativas".

E se, por um lado, os dispositivos do projeto tendem a fortalecer e prestigiar a atividade do Estado na sua função repressiva, é certo, por outro lado, que asseguram, com muito mais eficiência do que a legislação atual, a defesa dos acusados. Ao invés de uma simples faculdade outorgada a estes e sob a condição de sua presença em juízo, a defesa passa a ser, em qualquer caso, uma indeclinável injunção legal, antes, durante e depois da instrução criminal. Nenhum réu, ainda que ausente do distrito da culpa, foragido ou oculto, poderá ser processado sem a intervenção e assistência de um defensor. A pena de revelia não exclui a garantia constitucional da contrariedade do processo. Ao contrário das leis processuais em vigor, o projeto não pactua, em caso algum, com a insídia de uma acusação sem o correlativo da defesa.

SUBSÍDIO DA LEGISLAÇÃO VIGENTE E PROJETOS ANTERIORES

III – À parte as inovações necessárias à aplicação do novo Código Penal e as orientadas no sentido da melhor adaptação das normas processuais à sua própria finalidade, o projeto não altera o direito atual, senão para corrigir imperfeições apontadas pela experiência, dirimir incertezas da jurisprudência ou evitar ensejo à versatilidade dos exegetas. Tanto quanto o permitiu a orientação do projeto, foi aproveitado o material da legislação atual. Muito se respigou em vários dos códigos de processo penal estaduais, e teve-se também em conta não só o projeto elaborado pela Comissão Legislativa nomeada pelo Governo Provisório em 1931, como o projeto de 1936, este já norteado pelo objetivo de unificação do direito processual penal.

A respeito de algumas das inovações introduzidas e da fidelidade do projeto a certas práticas e critérios tradicionais, é feita, a seguir, breve explanação.

A CONSERVAÇÃO, AO DO INQUÉRITO POLICIAL

IV – Foi mantido o inquérito policial como processo preliminar ou preparatório da ação penal, guardadas as suas características atuais. O ponderado exame da realidade brasileira, que não é apenas a dos centros urbanos, senão também a dos remotos distritos das comarcas do interior, desaconselha o repúdio do sistema vigente.

O preconizado juízo de instrução, que importaria limitar a função da autoridade policial a prender criminosos, averiguar a materialidade dos crimes e indicar testemunhas, só é praticável sob a condição de que as distâncias dentro do seu território de jurisdição sejam fácil e rapidamente superáveis. Para atuar proficuamente em comarcas extensas, e posto que deva ser excluída a hipótese de criação de juizados de instrução em cada sede do distrito, seria preciso que o juiz instrutor possuísse o dom da ubiquidade. De outro modo, não se compreende como poderia presidir a todos os processos nos pontos diversos da sua zona de jurisdição, a grande distância uns dos outros e da sede da comarca, demandando, muitas vezes, com os morosos meios de condução ainda praticados na maior parte do nosso *hinterland*, vários dias de viagem, seria imprescindível, na prática, a quebra do sistema: nas capitais e nas sedes de comarca em geral, a imediata intervenção do juiz instrutor, ou a instrução única; nos distritos longínquos, a continuação do sistema atual. Não cabe, aqui, discutir as proclamadas vantagens do juízo de instrução.

Preliminarmente, a sua adoção entre nós, na atualidade, seria incompatível com o critério de unidade da lei processual. Mesmo, porém, abstraída essa consideração, há em favor do inquérito policial, como instrução provisória antecedendo a propositura da ação penal, um argumento dificilmente contestável: é ele uma garantia contra apressados e errôneos juízos, formados quando ainda persiste a trepidação moral causada pelo crime ou antes que seja possível uma exata visão de conjunto dos fatos, nas suas circunstâncias objetivas e subjetivas. Por mais perspicaz e circunspeta, a autoridade que dirige a investigação inicial, quando ainda perdura o alarma provocado pelo crime, está sujeita a equívocos ou falsos juízos *a priori*, ou a sugestões tendenciosas.

Não raro, é preciso voltar atrás, refazer tudo, para que a investigação se oriente no rumo certo, até então despercebido. Por que, então, abolir-se o inquérito preliminar ou instrução provisória, expondo-se a justiça criminal aos azares do detetivismo, às marchas e contramarchas de uma instrução imediata e única? Pode ser mais expedito o sistema de unidade de instrução, mas o nosso sistema tradicional, com o inquérito preparatório, assegura uma justiça menos aleatória, mais prudente e serena.

A AÇÃO PENAL

V – O projeto atende ao princípio *ne procedat judex ex officio*, que, ditado pela evolução do direito judiciário penal e já consagrado pelo novo Código Penal, reclama a completa separação entre o juiz e o órgão da acusação, devendo caber exclusivamente a este a iniciativa da ação penal. O procedimento *ex officio* só é mantido em relação às contravenções, que, dado o caráter essencialmente preventivo que assume, na espécie, a sanção penal, devem ser sujeitas a um processo particularmente célere, sob pena de frustrar-se a finalidade legal. A necessidade de se abolirem, nesse caso, as delongas processuais motivou mesmo a transferência, respeitada pelo projeto de se permitir à autoridade policial, para o efeito de tal processo, excepcional função judiciária.

É devidamente regulada a formalidade da representação, de que depende em certos casos, na conformidade do novo Código Penal, a iniciativa do Ministério Público.

São igualmente disciplinados os institutos da renúncia e do perdão, como causas de extinção da punibilidade nos crimes de ação privada.

Para dirimir dúvidas que costumam surgir no caso de recusa do promotor da justiça em oferecer denúncia, adotou o projeto a seguinte norma: "Se o órgão do Ministério Público, ao invés de apresentar a denúncia, requerer o arquivamento do inquérito policial ou de quaisquer peças de informação, o juiz, no caso de considerar improcedentes as razões invocadas, fará remessa do inquérito ou peças de informação ao Procurador-Geral, e este oferecerá a denúncia, designará outro órgão do Ministério Público para oferecê-la ou insistirá no pedido de arquivamento, ao qual só então estará o juiz obrigado a atender".

A REPARAÇÃO DO DANO *EX DELICTO*

VI – O projeto, ajustando-se ao Código Civil e ao novo Código Penal, mantém a separação entre a ação penal e a ação civil *ex delicto*, rejeitando o instituto ambíguo da constituição de "parte civil" no processo penal. A obrigação de reparar o dano resultante do crime não é uma consequência de caráter penal, embora se torne certa quando haja sentença condenatória no juízo criminal. A invocada conveniência prática da economia de juízo não compensa o desfavor que acarretaria ao interesse da repressão a interferência de questões de caráter patrimonial no curso do processo penal. É indissimulável o mérito da argumentação de Sá Pereira na "Exposição de Motivos" do seu "Projeto de Código Penal", refutando as razões com que se defende o deslocamento da reparação do dano *ex delicto* para o campo do direito público:

> "A meu ver, o que há de verdade nessas alegações não atinge os dois pontos seguintes: 1) que a reparação do dano é matéria de direito civil, e 2) que a repressão sofreria, se, no crime, a pleiteássemos. Se há lesão patrimonial, a reparação há de ser pedida a um outro patrimônio, e se me afigura impossível deslocar esta relação entre dois patrimônios do campo do direito privado para o do direito público, como querem os positivistas. Abrir no processo-crime a necessária margem à ação reparadora seria ou fazer marcharem simultaneamente as duas ações no mesmo processo, o que se tornaria tumultuário, ou paralisar o processo-crime para que o cível o alcançasse no momento final de pronunciamento da sentença que aplicasse a pena e fixasse a indenização. Não creio que a repressão ganhasse com isto alguma coisa; ao contrário, perderia muito de sua prontidão e rapidez".

Limita-se o projeto a outorgar ao juiz da *actio civilis ex delicto* a faculdade de sobrestar no curso desta até o pronunciamento do juízo penal. Desde que existia julgamento definitivo no processo-crime, prevalece o disposto no art. 1.525 do Código Civil, isto é, a prejudicialidade daquele sobre o julgamento no cível, relativamente à existência do fato, ou quem seja o seu autor. É expressamente declarado que faz coisa julgada no cível a sentença penal que reconhecer, no caso concreto, qualquer das hipóteses do art. 19 do Código Penal. Não será prejudicial da ação civil a decisão que, no juízo penal: 1) absolver o acusado, sem reconhecer, categoricamente, a inexistência material do fato; 2) ordenar o arquivamento do inquérito ou das peças de informação, por insuficiência de prova quanto à existência do crime ou à sua autoria; 3) declarar extinta a punibilidade; ou 4) declarar que o fato imputado não é definido como crime.

O projeto não descurou de evitar que se torne ilusório o direito à reparação do dano, instituindo ou regulando eficientemente medidas assecuratórias (sequestro e hipoteca legal dos bens do indiciado ou do responsável civil), antes mesmo do início da ação ou do julgamento definitivo, e determinando a intervenção do Ministério Público, quando o titular do direito à indenização não disponha de recursos pecuniários para exercê-lo. Ficará, assim, sem fundamento a crítica, segundo a qual, pelo sistema do direito pátrio, a reparação do dano *ex delicto* não passa de uma promessa vã ou platônica da lei.

AS PROVAS

VII – O projeto abandonou radicalmente o sistema chamado da certeza legal. Atribui ao juiz a faculdade de iniciativa de provas complementares ou supletivas, quer no curso da instrução criminal, quer a final, antes de proferir a sentença. Não serão atendíveis as restrições à prova estabelecidas pela lei civil, salvo quanto ao estado das pessoas; nem é prefixada uma hierarquia de provas: na livre apreciação destas, o juiz formará, honesta e lealmente, a sua convicção. A própria confissão do acusado não constitui, fatalmente, prova plena de sua culpabilidade. Todas as provas são relativas; nenhuma delas terá, *ex vi legis*, valor decisivo, ou necessariamente maior prestígio que outra. Se é certo que o juiz fica adstrito às provas constantes dos autos, não é menos certo que não fica subordinado a nenhum critério apriorístico no apurar, através delas, a verdade material. O juiz criminal é, assim, restituído a sua própria consciência. Nunca é demais, porém, advertir que livre convencimento não quer dizer puro capricho de opinião ou mero arbítrio na apreciação das provas. O juiz está livre de preconceitos legais na aferição das provas, mas não pode abstrair-se ou alhear-se ao seu conteúdo. Não estará ele dispensado de motivar a sua sentença. E precisamente nisto reside a suficiente garantia do direito das partes e do interesse social.

Por outro lado, o juiz deixará de ser um espectador inerte da produção de provas. Sua intervenção na atividade processual é permitida, não somente para dirigir a marcha da ação penal e julgar a final, mas também para ordenar, de ofício, as provas que lhe parecerem úteis ao esclarecimento da verdade. Para a indagação desta, não estará sujeito a preclusões. Enquanto não estiver averiguada a matéria da acusação ou da defesa, e houver uma fonte de prova ainda não explorada, o juiz não deverá pronunciar o *in dubio pro reo* ou o *non liquet*.

Como corolário do sistema de livre convicção do juiz, é rejeitado o velho brocardo *testis unus testis nullus*. Não se compreende a prevenção legal contra a *voix d'un*, quando, tal seja o seu mérito, pode bastar à elucidação da verdade e à certeza moral do juiz. Na atualidade, aliás, a exigência da lei, como se sabe, é contornada por uma simulação prejudicial ao próprio decoro ou gravidade da justiça, qual a consistente em suprir-se o mínimo legal de testemunhas com pessoas cuja inocência acerca do objeto do processo é previamente conhecida, e que somente vão a juízo para declarar que nada sabem.

Outra inovação, em matéria de prova, diz respeito ao interrogatório do acusado. Embora mantido o princípio de que *nemo tenetur se detegere* (não estando o acusado na estrita obrigação de responder o que se lhe pergunta), já não será esse termo do processo, como atualmente, uma série de perguntas predeterminadas, sacramentais, a que o acusado dá as respostas de antemão estudadas, para não comprometer-se, mas uma franca oportunidade de obtenção de prova. É facultado ao juiz formular ao acusado quaisquer perguntas que julgue necessárias à pesquisa da verdade, e se é certo que o silêncio do réu não importará confissão, poderá, entretanto, servir, em face de outros indícios, a formação do convencimento do juiz.

O projeto ainda inova quando regula especialmente como meio de prova o "reconhecimento de pessoas e coisas"; quando estabelece a forma de explicação de divergência entre testemunhas presentes e ausentes do distrito da culpa; e, finalmente, quando, ao regular a busca, como expediente de consecução de prova, distingue-se em domiciliar e pessoal, para disciplinar diversamente, como é justo, as duas espécies.

A PRISÃO EM FLAGRANTE E A PRISÃO PREVENTIVA

VIII – A prisão em flagrante e a prisão preventiva são definidas com mais latitude do que na legislação em vigor. O clamor público deixa de ser condição necessária para que se equipare ao estado de flagrância o caso em que o criminoso, após a prática do crime, está a fugir. Basta que, vindo de cometer o crime, o fugitivo seja perseguido "pela autoridade, pelo ofendido ou por qualquer pessoa, em situação que faça presumir ser autor da infração": preso em tais condições, entende-se preso em flagrante delito. Considera-se, igualmente, em estado de flagrância o indivíduo que, logo em seguida à perpetração do crime, é encontrado "com o instrumento, armas, objetos ou papéis que façam presumir ser autor da infração". O interesse da administração da justiça não pode continuar a ser sacrificado por obsoletos escrúpulos formalísticos, que redundam em assegurar, com prejuízo da futura ação penal, a afrontosa intangibilidade de criminosos surpreendidos na atualidade ainda palpitante do crime e em circunstâncias que evidenciam sua relação com este.

A prisão preventiva, por sua vez, desprende-se dos limites estreitos até agora traçados à sua admissibilidade. Pressuposta a existência de suficientes indícios para imputação da autoria do crime, a prisão preventiva poderá ser decretada toda vez que o reclame o interesse da ordem pública, ou da instrução criminal, ou da efetiva aplicação da lei penal. Tratando-se de crime a que seja cominada pena de reclusão por tempo, no máximo, igual ou superior a 10 (dez) anos, a decretação da prisão preventiva será obrigatória, dispensando outro requisito além da prova indiciária contra o acusado. A duração da prisão provisória continua a ser condicionada, até o encerramento da instrução criminal, à efetividade dos atos processuais dentro dos respectivos prazos; mas estes são razoavelmente dilatados.

Vários são os dispositivos do projeto que cuidam de prover à maior praticabilidade da captura de criminosos que já se acham sob decreto de prisão. Assim, a falta de exibição do mandado, como já foi, de início, acentuado, não obstará a prisão, ressalvada a condição de ser o preso conduzido imediatamente à presença da autoridade que decretou a prisão.

A prisão do réu ausente do distrito da culpa, seja qual for o ponto do território nacional em que se encontre, será feita mediante simples precatória de uma autoridade a outra, e até mesmo, nos casos urgentes, mediante entendimento entre estas por via telegráfica ou telefônica, tomadas as necessárias precauções para evitar ludíbrio ou ensejo a maliciosas vinditas. Não se compreende ou não se justifica que os Estados, gravitando dentro da unidade nacional, se oponham mutuamente obstáculos na pronta repressão da delinquência.

A autoridade policial que recebe um mandado de prisão para dar-lhe cumprimento poderá, de sua própria iniciativa, fazer tirar tantas cópias quantas forem necessárias às diligências.

A LIBERDADE PROVISÓRIA

IX – Abolida a pluralidade do direito formal, já não subsiste razão para que a liberdade provisória mediante fiança, que é matéria tipicamente de caráter processual, continue a ser regulada pela lei penal substantiva. O novo Código Penal não cogitou do instituto da fiança, precisamente para que o futuro Código de Processo Penal reivindicasse a regulamentação de assunto que lhe é pertinente. Inovando na legislação atual, o presente projeto cuidou de imprimir à fiança um cunho menos rígido. O *quantum* da fiança continuará subordinado a uma tabela graduada, mas as regras para a sua fixação tornam possível sua justa correspondência aos casos concretos. E declarado que, "para determinar o valor da fiança, a autoridade terá em conta a natureza da infração, as condições pessoais de fortuna e vida pregressa do acusado, as circunstâncias indicativas de sua periculosidade, bem como a importância provável das custas do processo, até final julgamento". Ainda mais: o juiz não estará inexoravelmente adstrito a tarifa legal, podendo aumentar até o triplo a fiança, quando "reconhecer que, em virtude da situação econômica do réu, não assegurara a ação da justiça, embora fixada no máximo".

Não é admitida a fiança fidejussória, mas o projeto contém o seguinte dispositivo, que virá conjurar uma iniquidade frequente no regime legal atual, relativamente aos réus desprovidos de recursos pecuniários: "Nos casos em que couber fiança, o juiz, verificando ser impossível ao réu prestá-la, por motivo de pobreza, poderá conceder-lhe a liberdade provisória...".

Os casos de inafiançabilidade são taxativamente previstos, corrigindo-se certas anomalias da lei vigente.

A INSTRUÇÃO CRIMINAL

X – O prazo da instrução criminal ou formação da culpa é ampliado (em cotejo com os estabelecidos atualmente): estando o réu preso, será de 20 (vinte) dias; estando o réu solto ou afiançado, de 40 (quarenta) dias.

Nesses prazos, que começarão a correr da data do interrogatório, ou da em que deverá ter-se realizado, terminando com a inquirição da última testemunha de acusação, não será computado o tempo de qualquer impedimento.

O sistema de inquirição das testemunhas e o chamado presidencial, isto é, ao juiz que preside à formação da culpa cabe privativamente fazer perguntas diretas à testemunha. As perguntas das partes serão feitas por intermédio do juiz, a cuja censura ficarão sujeitas.

O ACUSADO

XI – Suprindo uma injustificável omissão da atual legislação processual, o projeto autoriza que o acusado, no caso em que não caiba a prisão preventiva, seja forçadamente conduzido à presença da autoridade, quando, regularmente intimado para ato que, sem ele, não possa realizar-se, deixa de comparecer sem motivo justo. Presentemente, essa medida compulsória é aplicável somente à testemunha faltosa, enquanto ao réu é concedido o privilégio de desobedecer à autoridade processante, ainda que a sua presença seja necessária para esclarecer ponto relevante da acusação ou da defesa.

Nenhum acusado, ainda que revel, será processado ou julgado sem defensor; mas a sua ausência (salvo tratando-se de crime da competência do Tribunal do Júri) não suspenderá o julgamento, nem o prazo para o recurso, pois, de outro modo, estaria a lei criando uma prerrogativa em favor de réus foragidos, que, garantidos contra o julgamento à revelia, poderiam escapar, indefinidamente, à categoria de reincidentes. Se algum erro judiciário daí provier, poderá ser corrigido pela revisão ou por um decreto de graça.

A SENTENÇA

XII – O projeto, generalizando um princípio já consagrado pela atual Lei do Júri, repudia a proibição de sentença condenatória *ultra petitum* ou a desclassificação *in pejus* do crime imputado. Constituía um dos exageros do liberalismo o transplante dessa proibição, que é própria do direito privado, para a esfera de direito processual penal, que é um ramo do direito público. O interesse da defesa social não pode ser superado pelo unilateralíssimo interesse pessoal dos criminosos. Não se pode reconhecer ao réu, em prejuízo do bem social, estranho direito adquirido a um *quantum* de pena injustificadamente diminuta, só porque o Ministério Público, ainda que por equívoco, não tenha pleiteado maior pena. Em razão do antigo sistema, ocorria, frequentemente, a seguinte inconveniência: não podendo retificar a classificação feita na denúncia, para impor ao réu sanção mais grave, o juiz era obrigado a julgar nulo o processo ou improcedente a ação penal, conforme o caso, devendo o Ministério Público apresentar nova denúncia, se é que já não estivesse extinta a punibilidade pela prescrição. Se o réu estava preso, era posto em liberdade, e o êxito do segundo processo tornava-se, as mais das vezes, impossível, dado o intercorrente desaparecimento dos elementos de prova. Inteiramente diversa é a solução dada pelo projeto, que distingue duas hipóteses: o fato apurado no sumário é idêntico ao descrito na denúncia ou queixa, mas esta o classificou erradamente; ou o fato apurado ocorreu em circunstâncias diversas não contidas explícita ou implicitamente na peça inicial do processo, e estas deslocam a classificação. E os dois casos são assim resolvidos: no primeiro, é conferida ao juiz a faculdade de alterar a classificação, ainda que para aplicar pena mais grave; no segundo, se a circunstância apurada não estava contida, explícita ou implicitamente, na denúncia ou queixa, mas não acarreta a nova classificação pena mais grave, deverá o juiz conceder ao acusado o prazo de 8 (oito) dias para alegação e provas, e se importa classificação que acarrete pena mais grave, o juiz baixará o processo, a fim de que o Ministério Público adite a denúncia ou a queixa e, em seguida, marcará novos prazos sucessivos à defesa, para alegações e prova.

Vê-se que o projeto, ao dirimir a questão, atendeu à necessidade de assegurar à defesa e, ao mesmo tempo, impedir que se repudie um processo realizado com todas as formalidades legais.

É declarado, de modo expresso, que, nos crimes de ação pública, o juiz poderá proferir sentença condenatória, ainda que o Ministério Público tenha opinado pela absolvição, bem como reconhecer agravantes, embora nenhuma tenha sido alegada.

Quando o juiz da sentença não for o mesmo que presidiu à instrução criminal, é-lhe facultado ordenar que esta se realize novamente, em sua presença.

A sentença deve ser motivada. Com o sistema do relativo arbítrio judicial na aplicação da pena, consagrado pelo novo Código Penal, e o do livre convencimento do juiz, adotado pelo presente projeto, é a motivação da sentença que oferece garantia contra os excessos, os erros de apreciação, as falhas de raciocínio ou de lógica ou os demais vícios de julgamento.

No caso de absolvição, a parte dispositiva da sentença deve conter, de modo preciso, a razão específica pela qual é o réu absolvido. É minudente o projeto, ao regular a motivação e o dispositivo da sentença.

AS FORMAS DO PROCESSO

XIII – São estabelecidas e devidamente reguladas as várias formas do processo.

O processo sumário é limitado às contravenções penais e aos crimes a que seja cominada pena de detenção. Para o efeito da aplicação de medida de segurança, nos casos do art. 76 do Código Penal, é instituído processo especial.

Ao cuidar do processo por crimes contra a honra (ressalvada a legislação especial sobre os "crimes de imprensa") o projeto contém uma inovação: o juízo preliminar de reconciliação entre as partes. Antes de receber a queixa, o juiz deverá ouvir, separadamente, o querelante e o querelado e, se julgar possível a reconciliação, promoverá um entendimento entre eles, na sua presença. Se efetivamente se reconciliarem, será lavrado termo de desistência e arquivada a queixa. Os processos por calúnia, difamação ou injúria redundam, por vezes, em agravação de uma recíproca hostilidade. É de boa política, portanto, tentar-se, *in limine litis*, o apaziguamento dos ânimos, sem quebra da dignidade ou amor-próprio de qualquer das partes.

O processo por crime de falência é atribuído integralmente ao juízo criminal, ficando suprimido, por sua consequente inutilidade, o termo de pronúncia. Não são convenientes os argumentos em favor da atual dualidade de juízos, um para o processo até pronúncia e outro para o julgamento. Ao invés das singularidades de um processo anfíbio, com instrução no juízo cível e julgamento no juízo criminal, e estabelecida a competência deste *ab initio*, restituindo-se-lhe uma função específica e ensejando-se-lhe mais segura visão de conjunto, necessária ao acerto da decisão final.

O JÚRI

XIV – Com algumas alterações, impostas pela lição da experiência e pelo sistema de aplicação da pena adotado pelo novo Código Penal, foi incluído no corpo do projeto o Decreto-Lei nº 167, de 5 de janeiro de 1938. Como atestam os aplausos recebidos, de vários pontos do país, pelo Governo da República, e é notório, têm sido excelentes os resultados desse Decreto-Lei que veio afeiçoar o tribunal popular à finalidade precípua da defesa social. A aplicação da justiça penal pelo júri deixou de ser uma abdicação, para ser uma delegação do Estado, controlada e orientada no sentido do superior interesse da sociedade. Privado de sua antiga soberania, que redundava, na prática, numa sistemática indulgência para com os criminosos, o júri está, agora, integrado na consciência de suas graves responsabilidades e reabilitado na confiança geral.

A relativa individualização da pena, segundo as normas do estatuto penal que entrará em vigor a 1º de janeiro do ano vindouro, não pode ser confiada ao conselho de sentença, pois exige, além da apreciação do fato criminoso em si mesmo, uma indagação em torno de condições e circunstâncias complexas, que não poderiam ser objeto de quesitos, para respostas de plano. Assim, ao conselho de sentença, na conformidade do que dispõe o projeto, apenas incumbirá afirmar ou negar o fato imputado, as circunstâncias elementares ou qualificativas, a desclassificação do crime acaso pedida pela defesa, as causas de aumento ou diminuição especial de pena e as causas de isenção de pena ou de crime. No caso em que as respostas sejam no sentido da condenação, a medida da pena caberá exclusivamente ao presidente do tribunal, pois, com o meditado estudo que já tem do processo, estará aparelhado para o ajustamento *in concreto* da pena aplicável ao réu. Também ao presidente do tribunal incumbe, privativamente, pronunciar-se sobre a aplicação de medidas de segurança e penas acessórias.

A decisão do conselho de sentença, prejudicial da sentença proferida pelo juiz-presidente, é reformável, *de meritis*, em grau de apelação, nos estritos casos em que o autoriza a legislação atual; mas do pronunciamento do juiz-presidente cabe apelação segundo a regra geral.

O RECURSO *EX OFFICIO* DA CONCESSÃO DE *HABEAS CORPUS* NA PRIMEIRA INSTÂNCIA

XV – O projeto determina o recurso *ex officio* da sentença proferida pelos juízes inferiores concedendo *habeas corpus*. Não é exato que a Constituição vigente tenha suprimido, implicitamente, essa providência de elementar cautela de administração da justiça penal. A opinião contrária levaria a admitir que tais sentenças são atualmente irrecorríveis, pois delas, pela mesma lógica, não caberia recurso do Ministério Público, ainda que se tornasse obrigatória a intervenção deste nos processos de *habeas corpus*.

A Constituição, em matéria de processo de *habeas corpus*, limita-se a dispor que das decisões denegatórias desse *remedium juris*, proferidas "em última ou única instância", há recurso ordinário para o Supremo Tribunal Federal.

A última instância, a que se refere o dispositivo constitucional, é o Tribunal de Apelação, sendo evidente que, salvo os casos de competência originária deste, a decisão denegatória de *habeas corpus*, de que há recurso para o Supremo Tribunal, pressupõe um anterior recurso, do juiz inferior para o Tribunal de Apelação. Ora, se admitiu recurso para o Tribunal de Apelação, da sentença do juiz inferior no caso de denegação do *habeas corpus*, não seria compreensível que a Constituição, visceralmente informada no sentido da incontrastável supremacia do interesse social, se propusesse à abolição do recurso *ex officio*, para o mesmo Tribunal de Apelação, da decisão concessiva do *habeas corpus*, também emanada do juiz inferior, que passaria a ser, em tal caso, instância única.

- Os Tribunais de Apelação passaram a ser denominados Tribunais de Justiça com a promulgação da CF/1946.

É facilmente imaginável o desconchavo que daí poderia resultar. Sabe-se que um dos casos taxativos de concessão de *habeas corpus* é o de não constituir infração penal o fato que motiva o constrangimento à liberdade de ir e vir. E não se poderia conjurar, na prática, a seguinte situação aberrante: o juiz inferior, errada ou injustamente reconhece penalmente lícito o fato imputado ao paciente, e, em consequência, não somente ser este posto em liberdade, como também impedido o prosseguimento da ação penal, sem o pronunciamento da segunda instância.

Não se pode emprestar à Constituição a intenção de expor a semelhante desgarantia o interesse da defesa social. O que ela fez foi apenas deixar bem claro que das decisões sobre *habeas corpus*, proferidas pelos Tribunais de Apelação, como última ou única instância, somente caberá recurso para o Supremo Tribunal quando denegatórias.

No caso de decisão denegatória, não se tratando de *habeas corpus* originário de tribunal de apelação, haverá, excepcionalmente, três instâncias; se a decisão, porém, é concessiva da medida, duas apenas, segundo a regra geral, serão as instâncias.

OS NOVOS INSTITUTOS DA LEI PENAL MATERIAL

XVI – O projeto consagra capítulos especiais à detalhada regulamentação dos institutos que, estranhos à lei penal ainda vigente, figuram no novo Código Penal, como sejam as medidas de segurança e a reabilitação, do mesmo modo que provê à disciplina da execução das penas principais e acessórias, dentro da sistemática do referido Código.

AS NULIDADES

XVII – Como já foi dito de início, o projeto é infenso ao excessivo rigorismo formal, que dá ensejo, atualmente, à infindável série das nulidades processuais. Segundo a justa advertência de ilustre processualista italiano, "um bom direito processual penal deve limitar as sanções de nulidade àquele estrito mínimo que não pode ser abstraído sem lesar legítimos e graves interesses do Estado e dos cidadãos".

O projeto não deixa respiradouro para o frívolo curialismo, que se compraz em espiolhar nulidades. É consagrado o princípio geral de que nenhuma nulidade ocorre se não há prejuízo para a acusação ou a defesa.

Não será declarada a nulidade de nenhum ato processual, quando este não haja influído concretamente na decisão da causa ou na apuração da verdade substancial. Somente em casos excepcionais é declarada insanável a nulidade.

Fora desses casos, ninguém pode invocar direito à irredutível subsistência da nulidade.

Sempre que o juiz deparar com uma causa de nulidade, deve prover imediatamente à sua eliminação, renovando ou retificando o ato irregular, se possível; mas, ainda que o não faça, a nulidade considera-se sanada:

a) pelo silêncio das partes;
b) pela efetiva consecução do escopo visado pelo ato não obstante sua irregularidade;
c) pela aceitação, ainda que tácita, dos efeitos do ato irregular.

Se a parte interessada não argui a irregularidade ou com esta implicitamente se conforma, aceitando-lhe os efeitos, nada mais natural que se entenda haver renunciado ao direito de argui-la. Se toda formalidade processual visa um determinado fim, e este fim é alcançado, apesar de sua irregularidade, evidentemente carece esta de importância. Decidir de outro modo será incidir no despropósito de considerar-se a formalidade um fim em si mesma.

É igualmente firmado o princípio de que não pode arguir a nulidade quem lhe tenha dado causa ou não tenha interesse na sua declaração. Não se compreende que alguém provoque a irregularidade e seja admitido em seguida, a especular com ela; nem tampouco que, no silêncio da parte prejudicada, se permita à outra parte investir-se no direito de pleitear a nulidade.

O ESPÍRITO DO CÓDIGO

XVIII – Do que vem de ser ressaltado, e de vários outros critérios adotados pelo projeto, se evidencia que este se norteou no sentido de obter equilíbrio entre o interesse social e o da defesa individual, entre o direito do Estado à punição dos criminosos e o direito do indivíduo às garantias e seguranças de sua liberdade. Se ele não transige com as sistemáticas restrições ao poder público, não o inspira, entretanto, o espírito de um incondicional autoritarismo do Estado ou de uma sistemática prevenção contra os direitos e garantias individuais.

É justo que, ao finalizar esta Exposição de Motivos, deixe aqui consignada a minha homenagem aos autores do projeto, Drs. Vieira Braga, Nelson Hungria, Narcélio de Queiroz, Roberto Lyra, Desembargador Florêncio de Abreu e o saudoso Professor Cândido Mendes de Almeida, que revelaram rara competência e a mais exata e larga compreensão dos problemas de ordem teórica e de ordem prática que o Código se propõe resolver.

Na redação final do projeto contei com a valiosa colaboração do Dr. Abgar Renault.

Aproveito a oportunidade para renovar a Vossa Excelência os protestos de meu mais profundo respeito.

Francisco Campos

EXPOSIÇÃO DE MOTIVOS Nº 213, DE 9 DE MAIO DE 1983

DA LEI DE EXECUÇÃO PENAL (LEP)

(Do Senhor Ministro de Estado da Justiça)

Excelentíssimo Senhor Presidente da República,

1. A edição de lei específica para regular a execução das penas e das medidas de segurança tem sido preconizada por numerosos especialistas.

2. Em 1933, a Comissão integrada por Cândido Mendes de Almeida, José Gabriel de Lemos Brito e Heitor Carrilho apresentou ao Governo o Anteprojeto de Código Penitenciário da República, encaminhado dois anos depois à Câmara dos Deputados por iniciativa da bancada da Paraíba, e cuja discussão ficou impedida com o advento do Estado Novo.

3. Em 1955 e 1963, respectivamente, os eminentes juristas Oscar Stevenson e Roberto Lyra traziam a lume os Anteprojetos de Código das Execuções Penais, que haviam elaborado, e que não chegaram à fase de revisão. Objetiva-se, então, à constitucionalidade da iniciativa da união para legislar sobre as regras jurídicas fundamentais do regime penitenciário, de molde a instituir no País uma política penal executiva.

4. Contentou-se, assim, o Governo da República com a sanção, em 2 de outubro de 1957, da Lei nº 3.274, que dispõe sobre as normas gerais de regime penitenciário.

5. Finalmente, em 29 de outubro de 1970 o Coordenador da Comissão de Estudos Legislativos, Professor José Carlos Moreira Alves, encaminhou ao Ministro Alfredo Buzaid o texto do Anteprojeto de Código das Execuções Penais elaborado pelo Professor Benjamim Moraes Filho, revisto por Comissão composta dos Professores José Frederico Marques, José Salgado Martins e José Carlos Moreira Alves.

6. Na Exposição de Motivos desse último Anteprojeto já se demonstrou com bastante clareza a pertinência constitucional da iniciativa da União para editar um Código de Execuções Penais.

7. Foi essa a posição que sustentamos no relatório da Comissão Parlamentar de Inquérito instituída em 1975 na Câmara dos Deputados para apurar a situação penitenciária do País. Acentuávamos, ali, que a doutrina evoluíra no sentido da constitucionalidade de um diploma federal regulador da execução, alijando, assim, argumentos impugnadores da iniciativa da União para legislar sobre as regras jurídicas fundamentais do regime penitenciário. Com efeito, se a etapa de cumprimento das penas ou medidas de segurança não se dissocia do Direito Penal, sendo, ao contrário, o esteio central de seu sistema, não há como sustentar a ideia de um Código Penal unitário e leis de regulamentos regionais de execução penal. Uma lei específica e abrangente atenderá a todos os problemas relacionados com a execução penal, equacionando matérias pertinentes aos organismos administrativos, à intervenção jurisdicional e, sobretudo, ao tratamento penal em suas diversas fases e estágios, demarcando, assim, os limites penais de segurança. Retirará, em suma, a execução penal do hiato de legalidade em que se encontra (*Diário do Congresso Nacional,* Suplemento ao nº 61, de 4-6-1976, p. 9).

8. O tema relativo à instituição de lei específica para regular a execução penal vincula-se à autonomia científica da disciplina, que em razão de sua modernidade não possui designação definitiva. Tem-se usado a denominação *Direito Penitenciário,* à semelhança dos penalistas franceses, embora se restrinja essa expressão à problemática do cárcere. Outras, de sentido mais abrangente, foram propostas, como *Direito Penal Executivo* por Roberto Lyra (*As execuções penais no Brasil,* Rio de Janeiro, 1963, p. 13) e *Direito Executivo Penal* por Ítalo Luder ("El principio de legalidad en la ejecución de la pena", *Revista del Centro de Estudios Criminológicos,* Mendoza, 1968, p. 29 e ss.).

9. Em nosso entendimento pode-se denominar esse ramo *Direito de Execução Penal,* para abrangência do conjunto das normas jurídicas relativas à execução das penas e das medidas de segurança (cf. Cuello Calón, *Derecho penal,* Barcelona, 1971, v. II, t. I, p. 773; Jorge de Figueiredo Dias, *Direito processual penal,* Coimbra, 1974, p. 37).

10. Vencida a crença histórica de que o direito regulador da execução é de índole predominantemente administrativa, deve-se reconhecer, em nome de sua própria autonomia, a impossibilidade de sua inteira submissão aos domínios do Direito Penal e do Direito Processual Penal.

11. Seria, por outro lado, inviável a pretensão de confinar em diplomas herméticos todas as situações jurídicas oriundas das relações estabelecidas por uma disciplina. Na Constituição existem normas processuais penais, como as proibições de detenção arbitrária, da pena de morte, da prisão perpétua e da prisão por dívida. A Constituição consagra ainda regras características da execução ao estabelecer a personalidade e a individualização da pena como garantias do homem perante o Estado. Também no Código Penal existem regras de execução, destacando-se, dentre elas, as pertinentes aos estágios de cumprimento da pena e respectivos regimes prisionais.

12. O Projeto reconhece o caráter material de muitas de suas normas. Não sendo, porém, regulamento penitenciário ou estatuto do presidiário, avoca todo o complexo de princípios e regras que delimitam e jurisdicionalizam a execução das medidas de reação criminal. A execução das penas e das medidas de segurança deixa de ser um Livro do Código de Processo para ingressar nos costumes jurídicos do País com a autonomia inerente à dignidade de um novo ramo jurídico: o Direito de Execução Penal.

DO OBJETO E DA APLICAÇÃO DA LEI DE EXECUÇÃO PENAL

13. Contém o art. 1º duas ordens de finalidades: a correta efetivação dos mandamentos existentes nas sentenças ou outras decisões, destinados a reprimir e a prevenir os delitos, e a oferta de meios pelos quais os apenados e os submetidos às medidas de segurança venham a ter participação construtiva na comunhão social.

14. Sem questionar profundamente a grande temática das finalidades de pena, curva-se o Projeto, na esteira das concepções menos sujeitas à polêmica doutrinária, ao princípio de que as penas e medidas de segurança devem realizar a *proteção dos bens jurídicos* e a *reincorporação do autor à comunidade.*

15. À autonomia do Direito de Execução Penal corresponde o exercício de uma jurisdição especializada, razão pela qual, no art. 2º, se estabelece que a "jurisdição penal dos juízes ou tribunais da justiça ordinária, em todo o território nacional, será exercida, no processo de execução, na conformidade desta lei e do Código de Processo Penal".

16. A aplicação dos princípios e regras do Direito Processual Penal constitui corolário lógico da interação existente entre o *direito de execução das penas e das medidas de segurança* e os demais ramos do ordenamento jurídico, principalmente os que regulam em caráter fundamental ou complementar os problemas postos pela execução.

17. A igualdade da aplicação da lei ao preso provisório e ao condenado pela Justiça Eleitoral ou Militar, quando recolhidos a estabelecimento sujeito à jurisdição ordinária, assegurada no parágrafo único do art. 2º, visa a impedir o tratamento discriminatório de presos ou internados submetidos a jurisdições diversas.

18. Com o texto agora proposto, desaparece a injustificável diversidade de tratamento disciplinar a presos recolhidos ao mesmo estabelecimento, aos quais se assegura idêntico regime jurídico.

19. *O princípio da legalidade* domina o corpo e o espírito do Projeto, de forma a impedir que o excesso ou o desvio da execução comprometem a dignidade e a humanidade do Direito Penal.

20. É comum, no cumprimento das penas privativas da liberdade, a privação ou a limitação de direitos inerentes ao patrimônio jurídico do homem e não alcançados pela sentença condenatória. Essa *hipertrofia da punição* não só viola medida da proporcionalidade, como se transforma em poderoso fator de reincidência, pela formação de focos criminógenos que propicia.

21. O Projeto torna obrigatória a extensão, a toda a comunidade carcerária, de direitos sociais, econômicos e culturais de que ora se beneficia uma restrita percentagem da população penitenciária, tais como segurança social, saúde, trabalho remunerado sob regime previdenciário, ensino e desportos.

22. Como reconhece Hilde Kaufman "la ejecución penal humanizada no sólo no pone en peligro la seguridad y el orden estatal, sino todo lo contrario. Mientras la ejecución penal humanizada es un apoyo del orden y la seguridad estatal, una ejecución penal deshumanizada atenta precisamente contra la seguridad estatal" (*Principios para la reforma de la ejecución penal,* Buenos Aires, 1977, p. 55).

23. Com a declaração de que não haverá nenhuma distinção de natureza racial, social, religiosa ou política, o Projeto contempla o princípio da isonomia, comum à nossa tradição jurídica.

24. Nenhum programa destinado a enfrentar os problemas referentes ao delito, ao delinquente e à pena se completaria sem o indispensável e contínuo apoio comunitário.

25. Muito além da passividade ou da ausência de reação quanto às vítimas mortas ou traumatizadas, a comunidade participa ativamente do procedimento da execução, quer através de um conselho, quer através das pessoas jurídicas ou naturais, que assistem ou fiscalizam não somente as reações penais em meio fechado (penas privativas da liberdade e medida de segurança detentiva) como também em meio livre (pena de multa e penas restritivas de direitos).

DA CLASSIFICAÇÃO DOS CONDENADOS

26. A classificação dos condenados é requisito fundamental para demarcar o início da execução científica das penas privativas da liberdade e da medida de segurança detentiva. Além de constituir a efetivação de antiga norma geral do regime penitenciário, a classificação é o desdobramento lógico do princípio da *personalidade da pena,* inserido entre os direitos e garantias constitucionais. A exigência dogmática da *proporcionalidade da pena* está igualmente atendida no processo de classificação, de modo que a cada sentenciado, conhecida a sua personalidade e analisado o fato cometido, corresponda o tratamento penitenciário adequado.

27. Reduzir-se-á a mera falácia o princípio da individualização da pena, com todas as proclamações otimistas sobre a recuperação social, se não for efetuado o exame de personalidade no início da execução, como fator determinante do tipo de tratamento penal, e se não forem registradas as mutações de comportamento ocorridas no itinerário da execução.

28. O Projeto cria Comissão Técnica de Classificação com atribuições específicas para elaborar o programa de individualização e acompanhar a execução das penas privativas da liberdade e restritivas de direitos. Cabe-lhe propor as progressões e as regressões dos regimes, bem como as conversões que constituem incidentes de execução resolvidos pela autoridade judiciária competente.

29. Fiel aos objetivos assinados ao dinamismo do procedimento executivo, o sistema atende não somente aos direitos do condenado, como também, e inseparavelmente, aos interesses da defesa social. O mérito do sentenciado é o critério que comanda a execução progressiva, mas o Projeto também exige o cumprimento de pelo menos um sexto do tempo da pena no regime inicial ou anterior. Com esta ressalva, limitam-se os abusos a que conduz a execução arbitrária das penas privativas da liberdade em manifesta ofensa aos interesses sociais. Através da progressão, evolui-se de regime mais rigoroso para outro mais brando (do regime fechado para o semiaberto, do semiaberto para o aberto). Na regressão dá-se o inverso, se ocorrer qualquer das hipóteses taxativamente previstas pelo Projeto, entre elas a prática de fato definido como crime doloso ou falta grave.

30. Em homenagem ao princípio da *presunção de inocência,* o exame criminológico, pelas suas peculiaridades de investigação, somente é admissível após declarada a culpa ou a periculosidade do sujeito. O exame é obrigatório para os condenados à pena privativa da liberdade em regime fechado.

31. A gravidade do fato delituoso ou as condições pessoais do agente, determinantes da execução em regime fechado, aconselham o exame criminológico, que se orientará no sentido de conhecer a inteligência, a vida afetiva e os princípios morais do preso, para determinar a sua inserção no grupo com o qual conviverá no curso da execução da pena.

32. A ausência de tal exame e de outras cautelas tem permitido a transferência de reclusos para o regime de semiliberdade ou de prisão-albergue, bem como a concessão de livramento condicional, sem que eles estivessem para tanto preparados, em flagrante desatenção aos interesses da segurança social.

33. Com a adoção do exame criminológico entre as regras obrigatórias da execução da pena privativa da liberdade em regime fechado, os projetos de reforma da Parte Geral do Código Penal e da Lei de Execução Penal eliminam a controvérsia ainda não exaurida na literatura internacional acerca do momento processual e dos tipos criminológicos de autores passíveis desta forma de exame. Os escritores brasileiros tiveram o ensejo de analisar mais concretamente este ângulo do problema com a edição do Anteprojeto do Código de Processo Penal elaborado pelo Professor José Frederico Marques, quando se previu o exame facultativo de categorias determinadas de delinquentes, no curso do processo ou, conforme a condição do autor, no período inicial do cumprimento da sentença (Álvaro Mayrink da Costa, *Exame criminológico,* São Paulo, 1972, p. 255 e ss.). As discussões amplamente travadas a partir de tais textos revelaram, que não obstante as naturais inquietações a propósito dos destinatários das investigações e da fase em que deve processá-las, a soma das divergências não afetou a convicção da necessidade desse tipo de exame para o conhecimento mais aprofundado não só da relação delito-delinquente, mas também da essência e da circunstância do evento antissocial.

34. O Projeto distingue o *exame criminológico do exame da personalidade* com a espécie do gênero. O primeiro parte do binômio delito-delinquente, numa interação de causa e efeito, tendo como objetivo a investigação médica, psicológica e social, como o reclamavam os pioneiros da Criminologia. O segundo consiste no inquérito sobre o agente para além do crime cometido. Constitui tarefa exigida em todo o curso do procedimento criminal e não apenas elemento característico da execução da pena ou da medida de segurança. Diferem também quanto ao método esses dois tipos de análise, sendo o exame de personalidade submetido a esquemas técnicos de maior profundidade nos campos morfológico, funcional e psíquico, como recomendam os mais prestigiados especialistas, entre eles Di Tullio (*Principi di criminologia generale e clinica,* Roma, V. Ed., p. 213 e ss.).

35. O exame criminológico e o dossiê de personalidade constituem pontos de conexão necessários entre a Criminologia e o Direito Penal, particularmente sob as perspectivas da causalidade e da prevenção do delito.

36. O trabalho a ser desenvolvido pela Comissão Técnica de Classificação não se limita, pois, ao exame de peças ou informações processuais, o que restringiria a visão do condenado a certo trecho de sua vida, mas não a ela toda. Observando as prescrições éticas, a Comissão poderá entrevistar pessoas e requisitar às repartições ou estabelecimentos privados elementos de informação sobre o condenado, além de proceder a outras diligências e exames que reputar necessários.

37. Trata-se, portanto, de *individualizar* a observação como meio prático de identificar o tratamento penal adequado em contraste com a perspectiva massificante e segregadora, responsável pela avaliação feita "através das grades: 'olhando' para um delinquente por fora de sua natureza e distante de sua condição humana" (René Ariel Dotti, *Bases e alternativas para o sistema de penas,* Curitiba, 1980, p. 162/3).

DA ASSISTÊNCIA

38. A assistência aos condenados e aos internados é exigência básica para se conceber a pena e a medida de segurança como processo de diálogo entre os seus destinatários e a comunidade.

39. No Relatório da CPI do Sistema Penitenciário acentuamos que "a ação educativa individualizada ou a individualização da pena sobre a personalidade, requisito inafastável para a eficiência do tratamento penal, é obstaculizada na quase-totalidade do sistema penitenciário brasileiro pela superlotação carcerária, que impede a classificação dos prisioneiros em grupo e sua consequente distribuição por estabelecimentos distintos, onde se concretize o tratamento adequado"... "Tem, pois, esta singularidade o que entre nós se denomina sistema penitenciário: constitui-se de uma rede de prisões destinadas ao confinamento do recluso, caracterizadas pela ausência de qualquer tipo de tratamento penal e penitenciárias entre as quais há esforços sistematizados no sentido da reeducação do delinquente. Singularidade, esta, vincada por característica extremamente discriminatória: a minoria ínfima da população carcerária, recolhida a instituições penitenciárias, tem assistência clínica, psiquiátrica e psicológica nas diversas fases da execução da pena, tem cela individual, trabalho e estudo, pratica esportes e tem recreação. A grande maioria, porém, vive confinada em celas, sem trabalho, sem estudos, sem qualquer assistência no sentido da ressocialização" (*Diário do Congresso Nacional,* Suplemento ao nº 61, de 4-6-1976, p. 2).

40. Para evitar esse tratamento discriminatório, o projeto institui no Capítulo II a assistência ao preso e ao internado, concebendo-a como dever do Estado, visando a prevenir o delito e a reincidência e a orientar o retorno ao convívio social. Enumera o art. 11 as espécies de assistência a que terão direito o preso e o internado – material, à saúde, jurídica, educacional, social e religiosa – e a forma de sua prestação pelos estabelecimentos prisionais, cobrindo-se, dessa forma, o *vazio legislativo* dominante neste setor.

41. Tornou-se necessário esclarecer em que consiste cada uma das espécies de assistência em obediência aos princípios e regras internacionais sobre os direitos da pessoa presa, especialmente as que defluem das *regras mínimas* da ONU.

42. Em virtude de sua importância prática e das projeções naturais sobre a atividade dos estabelecimentos penais, o tema da assistência foi dos mais discutidos durante o I Congresso Brasileiro de Política Criminal e Penitenciária (Brasília, 27 a 30-9-1981) por grande número de especialistas. Reconhecido o acerto das disposições contidas no Anteprojeto, nenhum dos participantes fez objeção à existência de textos claros sobre a matéria. Os debates se travaram em torno de seus pormenores e de seu alcance, o mesmo ocorrendo em relação às emendas recebidas pela Comissão Revisora.

43. O projeto garante assistência social à família do preso e do internado, consistente em orientação e amparo, quando necessários, estendendo à vítima essa forma de atendimento.

44. Nesta quadra da vida nacional, marcada pela extensão de benefícios previdenciários a faixas crescentes da população, devem ser incluídas entre os assistidos, por via de legislação específica, as famílias das vítimas, quando carentes de recursos. A perda ou lesão por elas sofrida não deixa de ter como causa a falência, ainda que ocasional, dos organismos de prevenção da segurança pública, mantidos pelo Estado. Se os Poderes Públicos se preocupam com os delinquentes, com mais razão devem preocupar-se com a vítima e sua família.

45. Adotam alguns países, além do diploma legal regulador da execução, lei específica sobre o processo de reintegrar à vida social as pessoas liberadas do regime penitenciário.

46. O Projeto unifica os sistemas. A legislação ora proposta, ao cuidar minuciosamente dos problemas da execução em geral, cuida também da questão do egresso, ao qual se estende a assistência social nele estabelecida.

47. Para impedir distorção na aplicação da lei, o Projeto reconhece como egresso o liberado definitivo, pelo prazo de um ano, a contar da saída do estabelecimento penal, e o liberado condicional, durante o período de prova (art. 26).

48. A assistência ao egresso consiste em orientação e apoio para reintegrá-lo à vida em liberdade e na concessão, se necessária, de alojamento e alimentação em estabelecimento adequado, por dois meses, prorrogável por uma única vez mediante comprovação idônea de esforço na obtenção de emprego.

DO TRABALHO

49. No Projeto de reforma da Parte Geral do Código Penal ficou previsto que o trabalho do preso "será sempre remunerado, sendo-lhe garantidos os benefícios da Previdência Social".

50. A remuneração obrigatória do trabalho prisional foi introduzida na Lei nº 6.416, de 1977, que estabeleceu também a forma de sua aplicação. O Projeto mantém o texto, ficando assim reproduzido o elenco das exigências pertinentes ao emprego da remuneração obtida pelo preso: na indenização dos danos causados pelo crime, desde que determinados judicialmente e não reparados por outros meios; na assistência à própria família, segundo a lei civil; em pequenas despesas pessoais; e na constituição de pecúlio, em caderneta de poupança, que lhe será entregue à saída do estabelecimento penal.

51. Acrescentou-se a essas obrigações a previsão do ressarcimento do Estado quanto às despesas de manutenção do condenado, em proporção a ser fixada e sem prejuízo da destinação prevista nas letras anteriores (art. 29, §§ 1º e 2º).

52. A remuneração é previamente estabelecida em tabela própria e não poderá ser inferior a três quartos do salário mínimo (art. 29).

53. Essas disposições colocam o trabalho penitenciário sob a proteção de um regime jurídico. Até agora, nas penitenciárias onde o trabalho prisional é obrigatório, o preso não recebe remuneração e seu trabalho não é tutelado contra riscos nem amparado por seguro social. Nos estabelecimentos prisionais de qualquer natureza, os Poderes Públicos têm-se valido das aptidões profissionais dos presos em trabalhos gratuitos.

54. O Projeto adota a ideia de que o trabalho penitenciário deve ser organizado de forma tão aproximada quanto possível do trabalho na sociedade. Admite, por isso, observado o grau de recuperação e os interesses da segurança pública, o trabalho externo do condenado, nos estágios finais de execução da pena.

55. O trabalho externo, de natureza excepcional, depende da aptidão, disciplina e responsabilidade do preso, além do cumprimento mínimo de um sexto da pena. Tais exigências impedirão o favor arbitrário, em prejuízo do sistema progressivo a que se submete a execução da pena. Evidenciado tal critério, o Projeto dispõe sobre os casos em que deve ser revogada a autorização para o trabalho externo.

56. O Projeto conceitua o trabalho dos condenados presos como dever social e condição de dignidade humana – tal como dispõe a Constituição, no art. 160, inciso II –, assentando-o em dupla finalidade: educativa e produtiva.

57. Procurando, também nesse passo, reduzir as diferenças entre a vida nas prisões e a vida em liberdade, os textos propostos aplicam ao trabalho, tanto interno como externo, a organização, métodos e precauções relativas à segurança e à higiene, embora não esteja submetida essa forma de atividade à Consolidação das Leis do Trabalho, dada a inexistência de condição fundamental, de que o preso foi despojado pela sentença condenatória: a liberdade para a formação do contrato.

58. Evitando possíveis antagonismos entre a obrigação de trabalhar e o princípio da individualização da pena, o Projeto dispõe que a atividade laboral será destinada ao preso na medida de suas aptidões e capacidade. Serão levadas em conta a habitação, a condição pessoal e as necessidades futuras do preso, bem como as oportunidades oferecidas pelo mercado.

59. O conjunto de normas a que se subordinará o trabalho do preso, sua remuneração e forma de aplicação de seus frutos, sua higiene e segurança poderiam tornar-se inócuas sem a previsão de mudança radical em sua direção e gerência, de forma a protegê-lo ao mesmo tempo dos excessos da burocracia e da imprevisão comercial.

60. O Projeto dispõe que o trabalho nos estabelecimentos prisionais será gerenciado por fundação ou empresa pública dotada de autonomia administrativa, com a finalidade específica de se dedicar à formação profissional do condenado. Incumbirá a essa entidade promover e supervisionar a produção, financiá-la e comercializá-la, bem como encarregar-se das obrigações salariais.

61. O Projeto limita o artesanato sem expressão econômica, permitindo-o apenas nos presídios existentes em regiões de turismo.

62. Voltado para o objetivo de dar preparação profissional ao preso, o Projeto faculta aos órgãos da administração direta ou indireta da União, Estados, Territórios, Distrito Federal e Municípios a adquirir, com dispensa da concorrência pública, os bens ou produtos do trabalho prisional, sempre que não for possível ou recomendável realizar-se a venda a particulares.

DOS DEVERES

63. A instituição dos deveres gerais do preso (art. 38) e do conjunto de regras inerentes à boa convivência (art. 39) representa uma tomada de posição da lei em face do fenômeno da prisionalização, visando a depurá-lo, tanto quanto possível, das distorções e dos estigmas que encerra. Sem característica infamante ou aflitiva, os deveres do condenado se inserem no repertório normal das obrigações do apenado como ônus naturais da existência comunitária.

64. A especificação exaustiva atende ao interesse do condenado, cuja conduta passa a ser regulada mediante regras disciplinares claramente previstas.

DOS DIREITOS

65. Tornar-se-á inútil, contudo, a luta contra os efeitos nocivos da prisionalização, sem que se estabeleça a garantia jurídica dos direitos do condenado.

66. O Projeto declara que ao condenado e ao internado serão assegurados todos os direitos não atingidos pela sentença ou pela lei (art. 3º). Trata-se de proclamação formal de garantia, que ilumina todo o procedimento da execução.

67. A norma do art. 40, que impõe a todas as autoridades o respeito à integridade física e moral dos condenados e presos provisórios, reedita a garantia constitucional que integra a Constituição do Brasil desde 1967.

68. No estágio atual de revisão dos métodos e meios de execução penal, o reconhecimento dos direitos da pessoa presa configura exigência fundamental.

69. As regras mínimas da ONU, de 1955, têm como antecedentes remotos as disposições do Congresso de Londres, de 1872, e as da reunião de Berna, de 1926. Publicadas em 1929 no *Boletim da Comissão Internacional Penal Penitenciária*, essas disposições foram levadas ao exame do Congresso de Praga em 1930 e submetidas à Assembleia-Geral da Liga das Nações, que as aprovou em 26 de setembro de 1934.

70. Concluída a 2ª Grande Guerra, foram várias as sugestões oferecidas pelos especialistas no sentido da refusão dos textos. Reconhecendo que nos últimos vinte anos se promovera acentuada mudança de ideias sobre a execução penal, a Comissão Internacional Penal Penitenciária propôs no Congresso de Berna de 1949 o reexame do elenco de direitos da pessoa presa. Multiplicaram-se, a partir de então, os debates e trabalhos sobre o tema. Finalmente, durante o I Congresso das Nações Unidas sobre a Prevenção do Delito e Tratamento do Delinquente, realizado em Genebra, em agosto de 1955, foram aprovadas as novas regras mínimas que progressivamente se têm positivado nas legislações dos países-membros.

71. O tema foi novamente abordado pelo Grupo Consultivo das Nações Unidas sobre Prevenção do Delito e Tratamento do Delinquente, que recomendou ao Secretário-Geral da ONU a necessidade de novas modificações nas regras estabelecidas, em face do progresso da doutrina sobre a proteção dos direitos humanos nos domínios da execução da pena (*Pacto Internacional de Direitos Civis e Políticos*, Nova Iorque, 1956).

72. Cumprindo determinação tomada no IV Congresso da ONU sobre Prevenção do Delito e Tratamento do Delinquente, realizado em Kioto, em 1970, a Assembleia-Geral recomendou aos Estados-Membros, pela Resolução nº 2.858, de 20 de dezembro de 1971, reiterada pela Resolução nº 3.218, de 6 de novembro de 1974, a implementação das *regras mínimas* na administração das instituições penais e de correção. A propósito dessa luta pelos direitos da pessoa presa, retomada, ainda, no V Congresso da ONU, realizado em Genebra, em 1975, merecem leitura a pesquisa e os comentários de Heleno Fragoso, Yolanda Catão e Elisabeth Sussekind, em *Direitos dos presos*, Rio de Janeiro, 1980, p. 17 e ss.

73. As *regras mínimas* da ONU constituem a expressão de valores universais tidos como imutáveis no patrimônio jurídico do homem. Paul Cornil observa a semelhança entre a redação do texto final de 1955 e as recomendações ditadas por John Howard dois séculos antes, afirmando que são "assombrosas as analogias entre ambos os textos" (Las regias internacionales para el tratamiento de los delincuentes, *Revista Internacional de Política Criminal*, México, 1968, 26, p. 7).

74. A declaração desses direitos não pode conservar-se, porém, como corpo de regras meramente programáticas. O problema central está na conversão das *regras em direitos* do prisioneiro, positivados através de preceitos e sanções.

75. O Projeto indica com clareza e precisão o repertório dos direitos do condenado, a fim de evitar a fluidez e as incertezas resultantes de textos vagos ou omissos: alimentação suficiente e vestuário; atribuição de trabalho e sua remuneração; previdência social; constituição de pecúlio; proporcionalidade na distribuição do tempo para o trabalho, o descanso e a recreação; exercício das atividades profissionais, intelectuais, artísticas e desportivas anteriores, quando compatíveis com a execução da pena; assistência material, à saúde, jurídica, educacional, social e religiosa; proteção contra qualquer forma de sensacionalismo; entrevista pessoal e reservada com o advogado; visita do cônjuge, da companheira, de parentes e amigos; chamamento nominal; igualdade de tratamento; audiência com o diretor do estabelecimento; representação e petição a qualquer autoridade em defesa de direito; contato com o mundo exterior através de correspondência escrita, da leitura e de outros meios de informação (art. 41).

76. Esse repertório, de notável importância para o habitante do sistema prisional, seja ele condenado ou preso provisório, imputável, semi-imputável ou inimputável, se harmoniza não somente com as declarações internacionais de direitos mas também com os princípios subjacentes ou expressos de nosso sistema jurídico e ainda com o pensamento e ideias dos penitenciaristas (Jason Soares de Albergaria, *Os direitos do homem no processo penal e na execução da pena*, Belo Horizonte, 1975).

DA DISCIPLINA

77. O Projeto enfrenta de maneira adequada a tormentosa questão da disciplina. Consagra o princípio da reserva legal e defende os condenados e presos provisórios das sanções coletivas ou das que possam colocar em perigo sua integridade física, vedando, ainda, o emprego da chamada *cela escura* (art. 45 e parágrafos).

78. Na Comissão Parlamentar de Inquérito que levantou a situação penitenciária do País, chegamos à conclusão de que a disciplina tem sido considerada "matéria vaga por excelência, dada a interveniência de dois fatores: o da superposição da vontade do diretor ou guarda ao texto disciplinar e o da concepção dominantemente repressiva do texto. Com efeito, cumulativamente atribuídos à direção de cada estabelecimento prisional a competência para elaborar o seu código disciplinar e o poder de executá-lo, podem as normas alterar-se a cada conjuntura e se substituírem as penas segundo um conceito variável de necessidade, o que importa, afinal, na prevalência de vontades pessoais sobre a eficácia da norma disciplinar. O regime disciplinar, por seu turno, tem visado à conquista da obediência pelo império da punição, sem a tônica da preocupação com o despertar do senso de responsabilidade e da capacidade de autodomínio do paciente" (*Diário do Congresso Nacional*, Suplemento ao nº 61, de 6-4-1976, p. 6).

79. O Projeto confia a enumeração das faltas leves e médias, bem como as respectivas sanções, ao poder discricionário do legislador local. As peculiaridades de cada região, o tipo de criminalidade, mutante quanto aos meios e modos de execução, a natureza do bem jurídico ofendido e outros aspectos sugerem tratamentos disciplinares que se harmonizem com as características do ambiente.

80. Com relação às faltas graves, porém, o Projeto adota solução diversa. Além das repercussões que causa na vida do estabelecimento e no quadro da execução, a falta grave justifica a *regressão*, consistente, como já se viu, na transferência do condenado para regime mais rigoroso. A falta grave, para tal efeito, é equiparada à prática de fato definido como crime (art. 118, I) e a sua existência obriga a autoridade administrativa a representar ao juiz da execução (parágrafo único do art. 48) para decidir sobre a regressão.

81. Dadas as diferenças entre as penas de prisão e as restritivas de direitos, os tipos de ilicitude são igualmente considerados como distintos.

82. As sanções disciplinares – advertência verbal, repreensão, suspensão, restrição de direito e isolamento na própria cela ou em local adequado, com as garantias mínimas de salubridade (art. 53) – demonstram moderado rigor.

83. Teve-se extremo cuidado na individualização concreta das sanções disciplinares, na exigência da motivação do ato determinante do procedimento e na garantia do direito de defesa.

84. O Projeto elimina a forma pela qual o sistema disciplinar, quase sempre humilhante e restritivo, é atualmente instituído nos estabelecimentos prisionais. Abole o arbítrio existente em sua aplicação. Introduz disposições precisas, no lugar da regulamentação vaga e quase sempre arbitrária. Dá a definição legal taxativa das faltas. Prevê as regras do processo disciplinar, assegura a defesa e institui o sistema de recursos. Submete, em suma, o problema da disciplina, a tratamento legislativo científico e humanizado.

DOS ÓRGÃOS DA EXECUÇÃO PENAL

85. De forma incomparavelmente superior às disposições atuais, que indicam os órgãos encarregados da execução e regulamentam as suas atribuições, o Projeto abre a relação indicando o Conselho Nacional de Política Criminal e Penitenciária.

86. Hoje não mais se admite que o fenômeno da execução das penas e das medidas de segurança se mantenha neutro em relação aos aspectos variados e dinâmicos da delinquência e da Justiça Criminal, nos quadros da prevenção e repressão dos ilícitos penais. Nem que persista como processo indiferente ou marginal às preocupações do Estado e da comunidade quanto aos problemas de Política Criminal e Penitenciária, de Estatísticas de planificação geral de combate ao delito, de avaliação periódica do sistema criminal para sua adequação às necessidades do País, de estímulo e promoção das investigações criminológicas, de elaboração do programa nacional penitenciário e de formação e aperfeiçoamento do servidor, de estabelecimento de regras sobre arquitetura e construção de estabelecimentos penais, de inspeção e fiscalização dos estabelecimentos penais e dos poderes de representação, sempre que ocorra violação das normas de execução ou quando o estabelecimento estiver funcionando sem as condições adequadas.

87. O Juízo da Execução, o Ministério Público, o Conselho Penitenciário, os Departamentos Penitenciários, o Patronato e o Conselho da Comunidade (art. 65 e ss.) são os demais órgãos da execução, segundo a distribuição feita no Projeto.

88. As atribuições pertinentes a cada um de tais órgãos foram estabelecidas de forma a evitar conflitos, realçando-se, ao contrário, a possibilidade da atuação conjunta, destinada a superar os inconvenientes graves, resultantes do antigo e generalizado conceito de que a execução das penas e medidas de segurança é assunto de natureza eminentemente administrativa.

89. Diante das dúvidas sobre a natureza jurídica da execução e do consequente hiato de legalidade nesse terreno, o controle jurisdicional, que deveria ser frequente, tem-se manifestado timidamente para não ferir a suposta "autonomia" administrativa do processo executivo.

90. Essa compreensão sobre o caráter administrativo da execução tem sua sede jurídica na doutrina política de Montesquieu sobre a separação dos poderes. Discorrendo sobre a "individualização administrativa", Montesquieu sustentou que a lei deve conceder bastante elasticidade para o desempenho da administração penitenciaria, "porque ela individualiza a aplicação da pena às exigências educacionais e morais de cada um" (*L'individualisation de la peine*, Paris, 1927, p. 267-268).

91. O rigor metodológico dessa *divisão de poderes* tem sido, ao longo dos séculos, uma das causas marcantes do enfraquecimento do *direito penitenciário* como disciplina abrangente de todo o processo de execução.

92. A orientação estabelecida pelo Projeto, ao demarcar as áreas de competência dos órgãos da execução, vem consagrar antigos esforços no sentido de jurisdicionalizar, no que for possível, o Direito de Execução Penal. Já em 1893, no Congresso promovido pela recém-fundada União Internacional de Direito Penal, concluiu-se que como os tribunais e a administração penitenciária concorriam para um fim comum – valendo a condenação, principalmente, pelo seu modo de execução – o divisionismo consumado pelo Direito do final do século, entre as funções repressiva e penitenciária, deveria ser relegado como "irracional e danoso". O texto da conclusão votada naquele conclave já deixava antever a figura do juiz de execução, surgido na Itália em 1930 e em França após 1945.

93. Esse juízo especializado já existe, entre nós, em algumas Unidades da Federação. Com a transformação do Projeto em lei, estamos certos de que virá a ser criado, tão celeremente quanto possível, nos demais Estados e Territórios.

DOS ESTABELECIMENTOS PENAIS

94. Os estabelecimentos penais compreendem: 1º – a Penitenciária, destinada ao condenado à reclusão, a ser cumprida em regime fechado; 2º – a Colônia Agrícola, Industrial ou similar, reservada para a execução da pena de reclusão ou detenção em regime semiaberto; 3º – a Casa do Albergado, prevista para colher os condenados à pena privativa da liberdade em regime aberto e à pena de limitação de fim de semana; 4º – o Centro de Observação, onde serão realizados os exames gerais e o criminológico; 5º – o Hospital de Custódia e Tratamento Psiquiátrico, que se destina aos doentes mentais, aos portadores de desenvolvimento mental incompleto ou retardado e aos que manifestam perturbação das faculdades mentais; e, 6º – a Cadeia Pública, para onde devem ser remetidos os presos provisórios (prisão em flagrante, prisão temporária, prisão preventiva ou em razão da pronúncia) e, finalmente, os condenados enquanto não transitar em julgado a sentença (art. 87 e ss.).

95. O Projeto regulou as diferentes situações pessoais, dispondo que "a mulher será recolhida a estabelecimento próprio e adequado à sua condição pessoal", "o preso provisório ficará separado do condenado por sentença transitada em julgado", "o preso primário cumprirá a pena em seção distinta daquela reservada para os reincidentes" e "o preso que, ao tempo do fato, era funcionário da Administração da Justiça Criminal ficará em dependência separada" (arts. 82, § 1º, e 84 e parágrafos).

96. Relaciona-se com o problema da separação dos presidiários a superlotação dos estabelecimentos penais.

97. Na CPI do Sistema Penitenciário salientamos que o "dramático problema da vida sexual nas prisões não se resume na prática do homossexualismo, posto que comum. Seu aspecto mais grave está no assalto sexual, vitimador dos presos vencidos pela força de um ou mais agressores em celas superpovoadas. Trata-se de consequência inelutável da superlotação carcerária, já que o problema praticamente desaparece nos estabelecimentos de semiliberdade, em que se faculta aos presos saídas periódicas. Sua existência torna imperiosa a adoção de cela individual" (*Diário do Congresso Nacional,* Suplemento ao nº 61, de 4-6-1976, p. 9).

98. O Projeto adota, sem vacilação, a regra da cela individual com requisitos básicos quanto à salubridade e área mínima. As Penitenciárias e as Cadeias Públicas terão, necessariamente, as celas individuais. As Colônias, pela natureza de estabelecimentos coletivos, porém com os requisitos legais de salubridade ambiental (aeração, insolação e condicionamento térmico adequado à existência humana).

99. Relativamente ao Hospital de Custódia e Tratamento Psiquiátrico não existe a previsão da cela individual, já que a estrutura e as divisões de tal unidade estão na dependência de planificação especializada, dirigida segundo os padrões da medicina psiquiátrica. Estabelecem-se, entretanto, as garantias mínimas de salubridade do ambiente e área física de cada aposento.

100. É de conhecimento geral que "grande parte da população carcerária está confinada em cadeias públicas, presídios, casas de detenção e estabelecimentos análogos, onde prisioneiros de alta periculosidade convivem em celas superlotadas com criminosos ocasionais, de escassa ou nenhuma periculosidade, e pacientes de imposição penal prévia (presos provisórios ou aguardando julgamento), para quem é um mito, no caso, a presunção de inocência. Nestes ambientes de estufa, a ociosidade é a regra; a intimidade, inevitável e profunda. A deterioração do caráter, resultante da influência corruptora da subcultura criminal, o hábito da ociosidade, a alienação mental, a perda paulatina da aptidão para o trabalho, o comprometimento da saúde, são consequências desse tipo de confinamento promíscuo, já definido alhures como 'sementeiras de reincidências', dados os seus efeitos criminógenos" (cf. o nosso Relatório à CPI do Sistema Penitenciário, loc. cit., p. 2).

101. O Projeto é incisivo ao declarar que "o estabelecimento penal deverá ter lotação compatível com a sua estrutura e finalidade" (art. 85).

102. Para evitar o inconveniente de se prefixar, através da lei, o número adequado de presos ou internados, defere-se ao Conselho Nacional de Política Criminal e Penitenciária a atribuição para determinar os limites máximos de capacidade de cada estabelecimento, atendendo à sua natureza e peculiaridades (parágrafo único, art. 85).

103. A violação da regra sobre a capacidade de lotação é punida com a interdição do estabelecimento, a ser determinada pelo juiz da execução (inciso VIII, art. 65). O Projeto igualmente prevê a sanção a ser imposta às unidades federativas, consistente na suspensão de qualquer ajuda financeira a elas destinadas pela União, a fim de atender às despesas de execução das penas e medidas de segurança (§ 4º, art. 203).

104. A execução da pena privativa da liberdade em estabelecimento penal pertencente a outra unidade federativa é uma possibilidade já consagrada em nossos costumes penitenciários pelo Código Penal de 1940 (§ 3º, art. 29).

105. Anteriormente, o Código republicano (1890) dispunha que a prisão celular poderia ser cumprida em qualquer estabelecimento especial, ainda que não fosse no local do domicílio do condenado (art. 54).

106. O art. 86 do Projeto atende não somente ao interesse público da administração penitenciária como também ao interesse do próprio condenado.

107. Em princípio, a pena deve ser executada na comarca onde o delito se consumou, em coerência, aliás, com a regra da competência jurisdicional. Existem, no entanto, situações que determinam ou recomendam, no interesse da segurança pública ou do próprio condenado, o cumprimento da pena em local distante da condenação. Sendo assim, a previsão legal de que se cogita (§ 1º, art. 86) é pertinente à categoria especial de presidiários sujeitos à pena superior a quinze anos. O recolhimento depende de decisão judicial e poderá ocorrer no início ou durante a execução. Os estabelecimentos a serem construídos pela União podem ser tanto penitenciárias como colônias agrícolas, industriais ou similares.

108. O art. 83 dispõe que o estabelecimento penal, segundo a sua natureza, deverá contar em suas dependências com áreas e serviços destinados a dar assistência, educação, trabalho, recreação e prática desportiva. Trata-se de norma destinada a desartificializar o cenário que ainda hoje transparece em muitos presídios, nos quais se conservam a arquitetura e o cheiro de antiguidades medievais. Com grande propriedade, Eberhard Schmidt se referiu ao arcaísmo do sistema ortodoxo mundial, impregnado de "erros monumentais talhados em pedra" (cf. Peter Aebersold, "Le projet alternatif alleman d'une loi sur l'exécution des peines" (A.E.), trabalho divulgado na *Revue Internationale de Droit Pénal,* ns. 3/4, de 1975, p. 269 e ss.).

109. A Casa do Albergado deverá situar-se em centro urbano, separada dos demais estabelecimentos, caracterizando-se pela ausência de obstáculos físicos contra a fuga (art. 94). Tratando-se de estabelecimento que recolhe os condenados à pena privativa da liberdade em regime aberto e também os apenados com a limitação de fim de semana, há necessidade de conter, além dos aposentos para acomodar os presos, local apropriado para cursos e palestras (art. 95).

110. A experiência da prisão-albergue obteve grande receptividade no Estado de São Paulo, quando Secretário da Justiça o Professor Manoel Pedro Pimentel. Até o mês de outubro de 1977 já estavam instaladas 59 Casas do Albergado com uma população de 2.000 sentenciados. A propósito, o ilustre penalista iniciou uma grande campanha, "convocando as forças vivas da comunidade" (Clubes de Serviço, Lojas Maçônicas, Federações Espíritas, Igrejas Evangélicas, Igreja Católica), de maneira a ensejar uma pergunta: "por que o Estado, que já arrecada impostos para a prestação de serviços, não se encarrega da construção e manutenção das Casas do Albergado?" A resposta é simples. "Trata-se da necessidade de modificação da atitude da sociedade frente ao preso e da atitude do preso frente à sociedade. Estas atitudes jamais se modificarão se a sociedade não ficar conhecendo melhor o preso e este conhecendo melhor a sociedade. Não devemos esperar que o sentenciado seja o primeiro a estender a mão, por óbvias razões. O primeiro passo deve ser dado pela sociedade" (*Prisões fechadas. Prisões abertas*, São Paulo, 1978, p. 43).

111. Com a finalidade de melhor apurar o senso de responsabilidade dos condenados e promover-lhes a devida orientação, a Casa do Albergado deverá ser dotada de instalações apropriadas. Esta providência é uma das cautelas que, aliadas à rigorosa análise dos requisitos e das condições para o cumprimento da pena privativa da liberdade em regime aberto (art. 114 e ss.), permitirá à instituição permanecer no sistema, já que ao longo dos anos tem sido consagrada nos textos da reforma, como se poderá ver pelas Leis nºs 6.016, de 31 de dezembro de 1973, e 6.416, de 24 de maio de 1977, e pelo Projeto de revisão da Parte Geral do Código Penal.

112. O funcionamento satisfatório da prisão-albergue depende, portanto, de regulamentação adequada quanto às condições de concessão e ao sujeito a que se destina. Além disso, a necessidade de efetivo controle jurisdicional, que impeça abusos, se coloca como providência indispensável para a estabilidade da instituição.

O Projeto cuidou de tais aspectos visando a fazer da Casa do Albergado um estabelecimento idôneo para determinados tipos de condenados (cf., para maiores detalhes sobre o tema, Alípio Silveira, *Prisão albergue:* teoria e prática).

DA EXECUÇÃO DAS PENAS PRIVATIVAS DA LIBERDADE

113. O Título V do Projeto abre a parte que se poderia reconhecer como especial, em cotejo com uma parte geral. Inicia-se com disposições sobre a execução das penas em espécie, particularmente as penas privativas da liberdade.

114. A matéria tratada nas disposições gerais diz respeito às exigências formais relativas ao início do cumprimento da pena com a declaração da garantia de que "ninguém será recolhido, para cumprimento da pena privativa da liberdade, sem a guia expedida pela autoridade judiciária" (art. 107).

115. O Projeto evoluiu sensivelmente, ao ampliar o conteúdo da carta de guia, documento que deve servir de indicador e roteiro primários para o procedimento da execução.

116. Nos termos do art. 676 do Código de Processo Penal, a carta de guia deve conter:

I – o nome do réu e a alcunha por que for conhecido;

II – a sua qualificação civil (naturalidade, filiação, idade, estado, profissão), instrução e, se constar, o número do registro geral do Instituto de Identificação e Estatística ou de repartição congênere;

III – o teor integral da sentença condenatória e a data da terminação da pena.

117. Segundo a redação agora proposta, a carta de guia conterá, além desses dados, informações sobre os antecedentes e o grau de instrução do condenado. Ao Ministério Público se dará ciência da guia de recolhimento, por lhe incumbir a fiscalização da regularidade formal de tal documento, além dos deveres próprios no processo executivo (arts. 67 e 68).

118. O projeto dispõe que o regime inicial de execução da pena privativa da liberdade é o estabelecido na sentença de condenação, com observância do art. 33 e seus parágrafos do Código Penal (art. 110). Mas o processo de execução deve ser dinâmico, sujeito a mutações. As mudanças no itinerário da execução consistem na transferência do condenado de regime mais rigoroso para outro menos rigoroso (progressão) ou de regime menos rigoroso para outro mais rigoroso (regressão).

119. A progressão deve ser uma conquista do condenado pelo seu mérito e pressupõe o cumprimento mínimo de um sexto da pena no regime inicial ou anterior. A transferência é determinada somente pelo juiz da execução, cuja decisão será motivada e precedida de parecer da Comissão Técnica de Classificação. Quando se tratar de condenado oriundo do sistema fechado, é imprescindível o exame criminológico (art. 112 e parágrafo único).

120. Se o condenado estiver no regime fechado não poderá ser transferido diretamente para o regime aberto. Esta progressão depende do cumprimento mínimo de um sexto da pena no regime semiaberto, além da demonstração do mérito, compreendido tal vocábulo como aptidão, capacidade e merecimento, demonstrados no curso da execução.

121. Segundo a orientação do Projeto, a prisão-albergue é espécie do regime aberto. O ingresso do condenado em tal regime poderá ocorrer no início ou durante a execução. Na primeira hipótese, os requisitos são os seguintes: a) pena igual ou inferior a quatro anos; b) não ser o condenado reincidente; c) exercício do trabalho ou comprovação da possibilidade de trabalhar imediatamente; d) apresentar, pelos antecedentes ou resultado dos exames a que foi submetido, fundados indícios de que irá ajustar-se, com autodisciplina e senso de responsabilidade, ao novo regime (Projeto de revisão da Parte Geral do Código Penal, letra c, § 2º, arts. 33 e 113 do presente Projeto).

122. Para a segunda hipótese, isto é, a passagem do regime semiaberto para o aberto (progressão), além dos requisitos indicados nas letras *c* e *d*, exige-se, também, o cumprimento de um sexto da pena no regime anterior (art. 112).

123. O deferimento do regime aberto pressupõe a aceitação do programa de execução e as condições impostas pelo juiz, que se classificam em especiais e gerais. As primeiras serão impostas segundo o prudente arbítrio do magistrado, levando em consideração a natureza do delito e as condições pessoais de seu autor. As outras têm caráter obrigatório e consistem: 1ª – na permanência, no local designado, durante o repouso e nos dias de folga; 2ª – na saída para o trabalho e no retorno, nos horários fixados; 3ª – em não se ausentar da cidade onde reside, sem autorização judicial; 4ª – no comparecimento a juízo, para informar e justificar as atividades (art. 115).

124. Reconhecendo que a prisão-albergue não se confunde com a prisão-domiciliar, o Projeto declara, para evitar dúvidas, que o regime aberto não admite a execução da pena em residência particular, salvo quando se tratar de condenado maior de setenta anos ou acometido de grave doença e de condenada com filho menor ou deficiente físico ou mental ou, finalmente, de condenada gestante (art. 117). Trata-se, aí, de exceção plenamente justificada em face das condições pessoais do agente.

125. A regressão (transferência do condenado de regime menos rigoroso para outro mais rigoroso) será determinada pelo juiz quando o condenado praticar fato definido como crime doloso ou falta grave; sofrer condenação, por delito anterior, cuja pena, somada ao restante da pena em execução, torne incabível o regime. Relativamente à execução em regime aberto, a regressão também poderá ocorrer se o condenado frustrar os fins de execução ou podendo, não pagar a multa cumulativamente aplicada.

126. A legislação local poderá estabelecer normas complementares para o cumprimento da pena privativa da liberdade em regime aberto, no que tange à regulamentação das atividades exercidas fora do estabelecimento penal, bem como dos dias e dos horários de recolhimento e dos dias de folga.

127. As autorizações de saída (permissão de saída e saída temporária) constituem notáveis fatores para atenuar o rigor da execução contínua da pena de prisão. Não se confundem tais autorizações com os chamados favores gradativos que são característicos da matéria tratada no Cap. IV do Tít. II (mais especialmente dos direitos e da disciplina).

128. As autorizações de saída estão acima da categoria normal dos direitos (art. 41), visto que constituem ora aspectos da assistência em favor de todos os presidiários, ora etapa da progressão em favor dos condenados que satisfaçam determinados requisitos e condições. No primeiro caso estão as permissões de saída (art. 120 e incisos) que se fundam em razões humanitárias.

129. As saídas temporárias são restritas aos condenados que cumprem pena em regime semiaberto (colônias). Consistem na autorização para sair do estabelecimento para, sem vigilância direta, visitar a família, frequentar cursos na Comarca da execução e participar de atividades que concorram para o retorno ao convívio social (art. 122 e incisos). A relação é exaustiva.

130. A limitação do prazo para a saída, as hipóteses de revogação e recuperação do benefício, além da motivação do ato judicial, após audiência do Ministério Público e da administração penitenciária, conferem o necessário rigor a este mecanismo de progressão que depende dos seguintes requisitos: 1º – comportamento adequado; 2º – cumprimento mínimo de um sexto da pena para o primário e um quarto para o reincidente; e 3º – a compatibilidade do benefício com os objetivos da pena (art. 123 e incisos).

131. Na lição de Elias Neumam, as autorizações de saída representam um considerável avanço penalógico e os seus resultados são sempre proveitosos quando outorgados mediante bom senso e adequada fiscalização (*Prisión abierta*, Buenos Aires, 1962, p. 136-137).

132. A remição é uma nova proposta ao sistema e tem, entre outros méritos, o de abreviar, pelo trabalho, parte do tempo da condenação. Três dias de trabalho correspondem a um dia de resgate. O tempo remido será computado para a concessão do livramento condicional e do indulto, que a exemplo da remição constituem hipóteses práticas de sentença indeterminada como fenômeno que abranda os rigores da pré-fixação invariável, contrária aos objetivos da Política Criminal e da reversão pessoal do delinquente.

133. O instituto da remição é consagrado pelo Código Penal espanhol (art. 100). Tem origem no Direito Penal Militar da guerra civil e foi estabelecido por decreto de 28 de maio de 1937 para os prisioneiros de guerra e os condenados por crimes especiais. Em 7 de outubro de 1938 foi criado um patronato central para tratar da *redención de penas por el trabajo* e a partir de 14 de março de 1939 o benefício foi estendido aos crimes comuns. Após mais alguns avanços, a prática foi incorporada ao Código Penal com a Reforma de 1944. Outras ampliações ao funcionamento da remição verificaram-se em 1956 e 1963 (cf. Rodrigues Devesa, *Derecho penal español*, parte general, Madrid, 1971, p. 763 e ss.).

134. Com a finalidade de se evitarem as distorções que poderiam comprometer a eficiência e o crédito deste novo mecanismo em nosso sistema, o Projeto adota cautelas para a concessão e revogação do benefício, dependente da declaração judicial e audiência do Ministério Público. E reconhece caracterizado o crime de falsidade ideológica quando se declara ou atesta falsamente a prestação de serviço para instruir o pedido de remição.

135. Relativamente ao livramento condicional as alterações são relevantes, conforme orientação adotada pelo projeto de revisão da Parte Geral do Código Penal (art. 83 e ss.).

136. No quadro da execução (art. 131 e ss.) o tema do livramento condicional acompanhou as importantes modificações introduzidas pela Lei nº 6.416/77, que alterou o art. 710 e ss. do Código de Processo Penal. Além do minucioso e adequado repertório de obrigações, deu-se ênfase à solenidade da audiência de concessão da medida e adotaram-se critérios de revogação fiéis ao regime de legalidade, de necessidade e de oportunidade. A observação cautelar e a proteção social do liberado constituem medidas de grande repercussão humana e social ao substituírem a chamada "vigilância da autoridade policial" prevista pelo Código de 1940 onde não existisse (e não existe em quase lugar algum do País!) patronato oficial ou particular.

137. Esses são alguns dos aspectos de acentuado valor para maior flexibilidade do livramento condicional, que é uma das medidas alternativas ao encarceramento.

DA EXECUÇÃO DAS PENAS RESTRITIVAS DE DIREITOS

138. A atividade judicial é de notável relevo na execução destas espécies de pena. Como se trata de inovação absoluta, inexistem parâmetros rigorosos a guiá-la. Cabe-lhe, assim, designar entidades ou programas comunitários ou estatais; determinar a intimação do condenado e adverti-lo das obrigações; alterar a forma de execução; verificar a natureza e a qualidade dos cursos a serem ministrados; comunicar à autoridade competente a existência da interdição temporária de direitos; determinar a apreensão dos documentos que autorizem o direito interditado etc. (art. 149 e ss.).

139. Na execução das penas restritivas de direitos domina também o princípio da individualização, aliado às características do estabelecimento, da entidade ou do programa comunitário ou estatal (art. 148).

140. A responsabilidade da autoridade judiciária no cumprimento das penas restritivas de direitos é dividida com as pessoas jurídicas de direito público ou privado ou com os particulares beneficiados com a prestação de serviços gratuitos. Mas o seu desempenho não é minimizado pelo servidor ou pela burocracia, como sucede, atualmente, com a execução das penas privativas da liberdade. O caráter pessoal e indelegável da jurisdição é marcante na hipótese de conversão da pena restritiva de direito em privativa da liberdade (art. 81) ou desta para aquela (art. 180).

141. Tais procedimentos revelam o dinamismo e a personalidade da execução.

DA SUSPENSÃO CONDICIONAL

142. A prática da suspensão condicional da pena tem revelado com frequência a perda do poder aflitivo que constitui a essência da reação anticriminal. Considerado como garantia de impunidade para o primeiro delito ou como expressão de clemência judicial, o instituto não tem atendido aos objetivos próprios à sua natureza.

143. O problema, visto pelos escritores italianos como a *debolezza della repressione*, tem contribuído para o descrédito da medida sob os ângulos da proporcionalidade e da intimidação. Marc Ancel analisa essa corrente crítica em obra vertida para a língua italiana sob o título *La sospensione dell'esecuzione della sentenza*, Milão, 1976, p. 80 e ss.

144. Na rotina forense, o procedimento da suspensão condicional da pena se encerra com a leitura de condições rotineiras que, distanciadas da realidade e do condenado, permanecem depois como naturezas mortas nos escaninhos dos cartórios.

145. Reagindo, porém, a essa letargia, o Projeto consagra as linhas da reforma introduzida pela Lei nº 6.416/77, que emprestou novos contornos materiais e formais à suspensão da pena privativa da liberdade, mediante condições. Além de alterações que deram mais amplitude, como a aplicação geral aos casos de reclusão e aos reincidentes, salvo exceção expressa, o sistema exige que o juiz, ao impor pena privativa da liberdade não superior a dois anos, se pronuncie, obrigatória e motivadamente, sobre o *sursis*, quer o conceda, quer o denegue.

146. As condições devem ser adequadas ao fato e à situação pessoal do condenado, evitando-se dessa forma as generalizações incompatíveis com o princípio da individualização.

147. A leitura da sentença pelo juiz, com advertência formal sobre as consequências de nova infração e do descumprimento das condições (art. 160), confere dignidade à mecânica do instituto, que não se pode manter como ato de rotina. A audiência especial presidida pelo magistrado visa a emprestar à cerimônia dignidade compatível com o ato, evitando-se que a sentença e as condições sejam anunciadas por funcionários do cartório, que colhem, no balcão, a assinatura do condenado.

DA EXECUÇÃO DA PENA DE MULTA

148. A pena de multa fixada em dias constitui grande evolução no sistema ora proposto à consideração de Vossa Excelência. Para compatibilizar tal progresso com os meios para efetivar a cobrança, o Projeto prevê que a nomeação de bens à penhora e a posterior execução (quando o condenado, regularmente citado, não paga o valor da multa nem indica bens à penhora) se processem segundo as disposições do Código de Processo Civil (§ 2º, art. 163). Recaindo a penhora sobre bem imóvel, os autos de execução (que se formam em apartado) serão remetidos ao juízo cível para o devido prosseguimento (art. 165).

149. Melhor flexibilidade para o instituto da multa advém da forma de cobrança mediante desconto no vencimento ou salário do condenado, com a intimação do responsável pelo desconto para que proceda ao recolhimento mensal da importância determinada, até o dia fixado pelo juiz. A recusa ou a simples omissão caracteriza o delito de desobediência.

150. O desconto, porém, é limitado (no máximo, a quarta parte da remuneração, e no mínimo, um décimo) a fim de impedir que a execução da pena de multa alcance expressão aflitiva exagerada ou desproporcional, com sacrifício do objetivo da prevenção especial, tanto em se tratando de condenado em meio livre (art. 168) como de condenado que cumpre, cumulativamente, a pena privativa da liberdade (art. 170).

DA EXECUÇÃO DAS MEDIDAS DE SEGURANÇA

151. Extremamente simplificada é a execução das medidas de segurança em face da revisão imposta pelo Projeto que altera a Parte Geral do Código Penal, com a supressão de algumas espécies de medidas e estabelecimentos.

152. O sistema agora proposto contém apenas dois tipos de medidas de segurança: internamento e sujeição a tratamento ambulatorial.

153. A guia expedida pela autoridade judiciária constitui o documento indispensável para a execução de qualquer uma das medidas. Trata-se da reafirmação da garantia individual da liberdade que deve existir para todas as pessoas, independentemente de sua condição, salvo as exceções legais.

154. A exemplo do que ocorre com o procedimento executivo das penas privativas da liberdade, a guia de internamento ou tratamento ambulatorial contém as indicações necessárias à boa e fiel execução fiscalizada pelo Ministério Público, que deverá manifestar a ciência do ato no próprio documento.

155. Tanto o exame criminológico como o exame geral de personalidade são, conforme as circunstâncias do caso concreto, necessários ou recomendáveis em relação aos destinatários das medidas de segurança. Daí porque o Projeto expressamente consigna a realização de tais pesquisas. Em relação aos internados, o exame criminológico é obrigatório. É facultativo – na dependência da natureza do fato e das condições do agente – quanto aos submetidos a tratamento ambulatorial.

156. Findo o prazo mínimo de duração da medida de segurança, detentiva ou não detentiva, proceder-se-á à verificação do estado de periculosidade. Trata-se, em tal caso, de procedimento *ex officio*. A decisão judicial será instruída com o relatório da autoridade administrativa, laudo psiquiátrico e diligências. O Ministério Público e o curador ou defensor do agente serão necessariamente ouvidos, exigência que caracteriza a legalidade e o relevo de tal procedimento.

157. Significativa é a alteração proposta ao sistema atual, no sentido de que a averiguação do estado de periculosidade, antes mesmo de expirado o prazo mínimo, possa ser levada a cabo por iniciativa do próprio juiz da execução (art. 176). Atualmente, tal investigação somente é promovida por ordem do Tribunal (CPP, art. 777), suprimindo-se, portanto, a instância originária e natural, visto que a cessação da periculosidade é procedimento típico de execução.

158. A pesquisa sobre a condição dos internados ou dos submetidos a tratamento ambulatorial deve ser estimulada com rigor científico e desvelo humano. O problema assume contornos dramáticos em relação aos internamentos que não raro ultrapassam os limites razoáveis de durabilidade, consumando, em alguns casos, a perpétua privação da liberdade.

DOS INCIDENTES DE EXECUÇÃO

159. Os incidentes de execução compreendem as conversões, o excesso ou desvio de execução, a anistia e o indulto, salientando-se, quanto a estes dois últimos, o caráter substantivo de causas de extinção da punibilidade.

160. A conversão se distingue da transferência do condenado de um regime para outro, como ocorre com as progressões e as regressões.

161. Enquanto a conversão implica alterar de uma pena para outra (a detenção não superior a dois anos pode ser convertida em prestação de serviços à comunidade; a limitação de fim de semana pode ser convertida em detenção), a transferência é um evento que ocorre na dinâmica de execução da mesma pena (a reclusão é exequível em etapas: desde o regime fechado até o aberto, passando pelo semiaberto).

162. As hipóteses de conversão foram minuciosamente indicadas no Projeto (art. 180 e ss.) de modo a se cumprir fielmente o regime de legalidade e se atenderem amplamente aos interesses da defesa social e aos direitos do condenado.

163. A conversão, isto é, a alternatividade de uma pena por outra no curso da execução, poderá ser favorável ou prejudicial ao condenado. Exemplo do primeiro caso é a mudança da privação da liberdade para a restrição de direitos; exemplo do segundo caso é o processo inverso ou a passagem da multa para a detenção.

164. A instituição e a prática das conversões demonstram a orientação da reforma como um todo, consistente em dinamizar o quadro da execução de tal maneira que a pena finalmente cumprida não é, necessariamente, a pena da sentença. Esta possibilidade, permanentemente aberta, traduz o inegável empenho em dignificar o procedimento executivo das medidas de reação ao delito, em atenção ao interesse público e na dependência exclusiva da conduta e das condições pessoais do condenado. Todas as hipóteses de conversão, quer para agravar, quer para atenuar, resultam, necessariamente, do comportamento do condenado, embora sejam também considerados os antecedentes e a personalidade, mas de modo a complementar a investigação dos requisitos.

165. Uma das importantes alterações consiste em se eliminar a conversão da multa em detenção quando o condenado reincidente deixa de pagá-la, conforme prevê o art. 38, primeira parte, do Código Penal.

166. Limitando a conversão da pena de multa em privativa da liberdade somente quando o condenado solvente deixa de pagá-la ou frustra a sua execução (art. 182), o Projeto se coloca em harmonia com as melhores lições que consideram desumana a prisão por insuficiência econômica.

167. A conversão também ocorre quando se substitui a pena privativa da liberdade pela medida de segurança, sempre que, no curso da execução, sobrevier doença mental ou perturbação da saúde mental.

DO EXCESSO OU DESVIO

168. Todo procedimento está sujeito a desvios de rota. Em harmonia com o sistema instituído pelo Projeto, todos os atos e termos da execução se submetem aos rigores do princípio de legalidade. Um dos preceitos cardeais do texto ora posto à alta consideração de Vossa Excelência proclama que "ao condenado e ao internado serão assegurados todos os direitos não atingidos pela sentença ou pela lei" (art. 3º).

169. O excesso ou desvio na execução caracterizam fenômenos aberrantes não apenas sob a perspectiva individualista do *status* jurídico do destinatário das penas e das medidas de segurança. Para muito além dos direitos, a normalidade do processo de execução é uma das exigências da defesa social.

170. O excesso ou o desvio de execução consistem na prática de qualquer ato fora dos limites fixados pela sentença, por normas legais ou regulamentares.

171. Pode-se afirmar com segurança que a execução, no processo civil, guarda mais fidelidade aos limites da sentença, visto que se movimenta pelos caminhos rigorosamente traçados pela lei, o que nem sempre ocorre com o acidentado procedimento executivo penal. A explicação maior para essa diferença de tratamento consiste na previsão de sanções específicas para neutralizar o excesso de execução no cível – além da livre e atuante presença da parte executada –, o que não ocorre quanto à execução penal. A impotência da pessoa ou internado constitui poderoso obstáculo à autoproteção de direitos ou ao cumprimento dos princípios de legalidade e justiça que devem nortear o procedimento executivo. Na ausência de tal controle, necessariamente judicial, o arbítrio torna inseguras as suas próprias vítimas e o descompasso entre o crime e sua punição transforma a desproporcionalidade em fenômeno de hipertrofia e de abuso do poder.

172. As disposições em torno da anistia e do indulto (art. 187 e ss.) aprimoram sensivelmente os respectivos procedimentos e se ajustam também à orientação segundo a qual o instituto da graça foi absorvido pelo indulto, que pode ser individual ou coletivo. A Constituição Federal, aliás, não se refere à graça mas somente à anistia e ao indulto (arts. 8º, XVI; 43; 57, VI; 81, XXII). Em sentido amplo, a graça abrangeria tanto a anistia como o indulto.

DO PROCEDIMENTO JUDICIAL

173. O Juízo da Execução é o foro natural para o conhecimento de todos os atos praticados por qualquer autoridade, na execução das penas e das medidas de segurança (art. 194 e ss.).

174. A legitimidade para provocar o procedimento se estende para além da iniciativa judicial, cabendo, também, ao Ministério Público, ao interessado, ao Conselho Penitenciário e às autoridades administrativas invocar a prestação jurisdicional em face da natureza complexa da execução.

175. O procedimento judicial comporta a produção de prova pericial ou oral e as decisões são todas recorríveis (art. 195 e ss.). O agravo, sem efeito suspensivo, é o recurso adequado.

DISPOSIÇÕES FINAIS E TRANSITÓRIAS

176. A segurança pública e individual é comprometida quando as fugas ou as tentativas de fuga se manifestam, principalmente fora dos limites físicos dos estabelecimentos prisionais, quando a redução do número de guardas e as circunstâncias do transporte dos presos impedem o melhor policialmente. Daí a necessidade do emprego de algemas como instrumentos de constrição física.

177. O uso de tal meio deve ser disciplinado em caráter geral e uniforme. Esta é a razão do disposto no art. 199, segundo o qual "o emprego de algemas será disciplinado por decreto federal".

178. A preocupação generalizada em preservar o condenado por delito político de tratamento penitenciário idêntico ao dos delinquentes comuns é hoje dominante. Daí a orientação do Projeto.

179. O cumprimento da prisão civil ou administrativa não se dará nos estabelecimentos do sistema. Até que se construa ou adapte o estabelecimento adequado, tais formas não criminais de privação da liberdade serão efetivadas em seção especial da Cadeia Pública.

180. A reabilitação ganhou autonomia científica quando o Projeto de reforma da Parte Geral do Código Penal libertou o instituto do confinamento imposto pelo atual sistema, tratado timidamente entre as causas de extinção da punibilidade. Alcançando quaisquer penas e também os efeitos da condenação (art. 93 e parágrafo único) a reabilitação deve ser preservada contra a devassa pública ou particular que compromete o processo de ajustamento social do condenado.

181. O Código Penal de 1969 previa o cancelamento, mediante averbação, dos antecedentes criminais, uma vez declarada a reabilitação. Em consequência, o registro oficial das condenações penais não poderia ser comunicado senão à autoridade policial ou judiciária, ou ao representante do Ministério Público para instrução do processo penal que viesse a ser instaurado contra o reabilitado (arts. 119 e 120).

182. O Projeto adota solução mais econômica e eficiente. Dispõe que "cumprida ou extinta a pena não constará da folha corrida, atestados ou certidões fornecidas por autoridades policial ou por auxiliares da Justiça, nenhuma notícia ou referência à condenação, salvo para instruir processo pela prática de nova infração penal" (art. 202).

183. O art. 203 e seus parágrafos contêm preceitos de absoluta necessidade a fim de se prover a execução das penas e das medidas de segurança dos meios materiais e humanos e dos mecanismos indispensáveis à fiel aplicação do futuro diploma.

184. Atualmente o chamado Direito Penitenciário em nosso País é reduzido a meras proclamações otimistas, oriundas de princípios gerais e regras de proteção dos condenados ou internados. As normas gerais do regime penitenciário, caracterizadas na Lei nº 3.274/57, não são verdadeiras normas jurídicas: materialmente, porque ineficazes nos casos concretos e, assim, inaplicáveis; formalmente, porque não contêm o elemento de coercibilidade, consistente na sanção para o descumprimento do comando emergente da norma. O referido diploma é sistematicamente ignorado, e ao longo de sua existência – mais de vinte anos – não ensejou o desenvolvimento da doutrina nem sensibilizou juízes, tribunais e a própria administração pública.

185. As unidades federativas, sob a orientação do novo diploma, devem prestar a necessária contribuição para que a frente de luta aberta contra a violência e a criminalidade possa alcançar bons resultados no campo prático, atenuando o sentimento de insegurança oriundos dos índices preocupantes da reincidência. O apoio da União é também fator poderoso para que o sistema de execução das penas e das medidas de segurança possa contar com os padrões científicos e humanos apropriados ao progresso social e cultural de nosso País.

CONCLUSÃO

186. O Projeto que tenho a honra de apresentar à consideração de Vossa Excelência constitui a síntese de todo um processo histórico no conjunto de problemas fundamentais à comunidade. A contribuição prestada por magistrados, membros do Ministério Público, professores de Direito, advogados e especialistas na questão penitenciária foi extensa e constante durante o tempo de maturação do Anteprojeto de Lei de Execução Penal, até o estágio final da revisão. As discussões abertas com a divulgação nacional do documento foram ensejadas pela Portaria nº 429, de 22 de julho de 1981, quando se declarou ser "do interesse do Governo o amplo e democrático debate sobre a reformulação das normas referentes à execução da pena". O I Congresso Brasileiro de Política Criminal e Penitenciária, realizado em Brasília (27 a 30-9-1981), foi o ponto de convergência das discussões entre os melhores especialistas, oportunidade em que o texto de reforma sofreu minudente e judiciosa apreciação crítica para aprimorá-lo. A elaboração do Anteprojeto foi iniciada em fevereiro de 1981, por Comissão integrada pelos Professores Francisco de Assis Toledo, Coordenador, René Ariel Dotti, Benjamin Moraes Filho, Miguel Reale Júnior, Rogério Lauria Tucci, Ricardo Antunes Andreucci, Sérgio Marcos de Moraes Pitombo e Negi Calixto. Os trabalhos de revisão, de que resultou o presente Projeto, foram levados a bom termo, um ano após, por Comissão Revisora composta pelos Professores Francisco de Assis Toledo, Coordenador, René Ariel Dotti, Jason Soares Albergaria e Ricardo Antunes Andreucci. Contou esta última, nas reuniões preliminares, com a colaboração dos Professores Sérgio Marcos de Moraes Pitombo e Everardo da Cunha Luna.

187. Merece referência especial o apoio dado às Comissões pelo Conselho Nacional de Política Penitenciária. Este órgão, eficientemente presidido pelo Doutor Pio Soares Canedo, tem proporcionado, desde a sua recente instalação, em julho do ano de 1980, valioso contingente de informações, de análises, de deliberações e de estímulo intelectual e material das atividades de prevenção da criminalidade.

188. Devo recomendar especialmente a Vossa Excelência os juristas mencionados, que tudo fizeram, com sacrifício de suas atividades normais, para que o Projeto alcançasse o estágio agora apresentado. Os trabalhos sintetizam a esperança e os esforços voltados para a causa universal do aprimoramento da pessoa humana e do progresso espiritual da comunidade.

189. Vencidas quatro décadas, durante as quais vigorou o regime penal-processual-penitenciário amoldado ao pensamento e à experiência da Europa do final do século passado e do começo deste, abre-se agora uma generosa e fecunda perspectiva. Apesar de inspirado também nas modernas e importantes contribuições científicas e doutrinárias, que não têm pátria, o sistema ora proposto não desconhece nem se afasta da realidade brasileira.

190. A sua transformação em lei fará com que a obra de reforma legislativa de Vossa Excelência seja inscrita entre os grandes monumentos de nossa história.

Valho-me da oportunidade para renovar a Vossa Excelência as expressões do meu profundo respeito.

Ibrahim Abi-Ackel

Ministro da Justiça

(*Diário do Congresso* – Seção II, de 29 de maio de 1984.)

ENUNCIADOS

ENUNCIADOS DA SECRETARIA DE RELAÇÕES DO TRABALHO

1. Homologação. Empregado emancipado. Não é necessária a assistência por responsável legal, na homologação da rescisão contratual, ao empregado adolescente que comprove ter sido emancipado.

- Revisado pela Port. da SRT nº 4, de 16-9-2014 (*DOU* de 19-9-2014).
- Art. 5º do CC.
- Art. 439 da CLT.

2. Homologação. Aposentadoria. É devida a assistência prevista no § 1º, do art. 477, da CLT, na ocorrência da aposentadoria espontânea acompanhada do afastamento do empregado. A assistência não é devida na aposentadoria por invalidez.

- Revisado pela Port. da SRT nº 4, de 16-9-2014 (*DOU* de 19-9-2014).
- Art. 477, § 1º, da CLT.

3. Homologação. Empregado falecido.

I – No caso de falecimento de empregado, é devida a homologação e a assistência na rescisão do contrato de trabalho aos beneficiários habilitados perante o órgão previdenciário ou assim reconhecidos judicialmente, porque a estes se transferem todos os direitos do *de cujus*.

II – No caso de haver beneficiários com idade inferior a 18 (dezoito) anos, suas quotas deverão ser depositadas em caderneta de poupança, consoante Lei nº 6.858/1980 e Decreto nº 85.845/1981, sendo imprescindível a apresentação desta conta bancária para depósito, ou de autorização do juiz que ampare a aquisição de imóvel destinado à residência do menor e de sua família ou o dispêndio necessário à subsistência e educação do menor.

- Revisado pela Port. da SRT nº 4, de 16-9-2014 (*DOU* de 19-9-2014).
- Art. 477, § 1º, da CLT.
- Lei nº 6.858, de 24-11-1980.

4. Homologação. Impedimentos. As seguintes circunstâncias, se não sanadas no decorrer da assistência, impedem o assistente do Ministério do Trabalho e Emprego de efetuar a homologação, ainda que o empregado com ela concorde:

I – a irregularidade na representação das partes;

II – a existência de garantia de emprego, no caso de dispensa sem justa causa;

III – a suspensão contratual, exceto na hipótese do art. 476-A, da CLT;

IV – a inaptidão do trabalhador declarada no atestado de saúde ocupacional (ASO);

V – a fraude caracterizada;

VI – a falta de apresentação de todos os documentos necessários ou incorreção não sanável;

VII – a falta de comprovação do pagamento das verbas rescisórias;

VIII – a recusa do empregador em pagar pelo menos parte das verbas rescisórias.

- Revisado pela Port. da SRT nº 4, de 16-9-2014 (*DOU* de 19-9-2014).

5. Homologação. Falta de pagamento de verba rescisória devida. Ciência do empregado. O assistente deverá informar o trabalhador quanto à existência de irregularidades. Cientificado o empregado, caso este concorde com a rescisão, exceto nas hipóteses relacionadas na Ementa nº 4, o assistente não poderá obstá-la, e deverá consignar aquela anuência no verso do TRCT.

- Revisado pela Port. da SRT nº 4, de 16-9-2014 (*DOU* de 19-9-2014).

6. Homologação. Meios de prova dos pagamentos. A assistência ao empregado na rescisão do contrato de trabalho compreende os seguintes atos: informar direitos e deveres aos interessados; conciliar controvérsias; conferir os reflexos financeiros decorrentes da extinção do contrato; e zelar pela quitação dos valores especificados no Termo de Rescisão do Contrato de Trabalho. Dada a natureza de ato vinculado da assistência, o agente somente deve admitir os meios de prova de quitação previstos em lei ou normas administrativas aplicáveis, quais sejam: o pagamento em dinheiro ou cheque administrativo no ato da assistência; a comprovação da efetiva transferência dos valores, para a conta corrente do empregado, por meio eletrônico, por depósito bancário, transferência eletrônica ou ordem bancária ou vale postal de pagamento ou de crédito.

- Revisado pela Port. da SRT nº 4, de 16-9-2014 (*DOU* de 19-9-2014).
- Art. 477, § 4º, da CLT.

7. Homologação. Depósito bancário. Multas. Não são devidas as multas previstas no § 8º, do art. 477, da CLT quando o pagamento integral das verbas rescisórias, realizado por meio de depósito bancário em conta corrente do empregado, tenha observado o prazo previsto no § 6º, do art. 477, da CLT. Se o depósito for efetuado mediante cheque, este deve ser compensado no referido prazo legal. Em qualquer caso, o empregado deve ser, comprovadamente, informado desse depósito. Este entendimento não se aplica às hipóteses em que o pagamento das verbas rescisórias deve ser feito necessariamente em dinheiro, como por exemplo, na rescisão do contrato do empregado analfabeto ou adolescente e na efetuada pelo grupo móvel de fiscalização.

- Revisado pela Port. da SRT nº 4, de 16-9-2014 (*DOU* de 19-9-2014).
- Art. 477, §§ 6º e 8º, da CLT.

8. *Revogado*. Port. da SRT nº 4, de 16-9-2014 (*DOU* de 19-9-2014).

9. Homologação. Federação de trabalhadores. Competência. As federações de trabalhadores são competentes para prestar a assistência prevista no § 1º, do art. 477, da CLT, nas localidades onde a categoria profissional não estiver organizada em sindicato.

- Revisado pela Port. da SRT nº 4, de 16-9-2014 (*DOU* de 19-9-2014).

10. Assistência. Rescisão. Competência dos servidores.

I – A assistência e a homologação de rescisão do contrato de trabalho somente poderão ser prestadas por servidor público em exercício no MTE.

II – Compreendem-se no conceito de servidores públicos, em sentido amplo, os servidores estatutários e ocupantes de cargo público; os empregados públicos contratados sob regime da legislação trabalhista; e os servidores temporários contratados à luz do art. 37, IX, da Constituição Federal e da Lei nº 8.745, de 9 de dezembro de 1993.

- Revisado pela Port. da SRT nº 4, de 16-9-2014 (*DOU* de 19-9-2014).
- Art. 477, § 1º, da CLT.

11. Homologação. Aviso prévio. O período do aviso prévio, mesmo indenizado, é considerado tempo de serviço para todos os efeitos legais. Dessa forma se, quando computado esse período, resultar mais de um ano de serviço do empregado, deverá ser realizada a assistência à rescisão do contrato de trabalho prevista no § 1º, do art. 477, da Consolidação das Leis do Trabalho.

- Revisado pela Port. da SRT nº 4, de 16-9-2014 (*DOU* de 19-9-2014).

12. Homologação. Contagem do prazo. O prazo de um ano e um dia de trabalho, a partir do qual se torna necessária a prestação de assistência na rescisão do contrato de trabalho, deve ser contado pelo calendário comum, incluindo-se o dia em que se iniciou a prestação do trabalho. A assistência será devida, portanto, se houver prestação de serviço até o mesmo dia do começo, no ano seguinte.

- Revisado pela Port. da SRT nº 4, de 16-9-2014 (*DOU* de 19-9-2014).
- Art. 132, § 3º, do CC.

13. Homologação. TRCT. Os comandos, determinações e especificações técnicas referentes ao Termo de Rescisão do Contrato de Trabalho, aprovado pela Portaria nº 302, de 26 de junho de 2002 ou pela Portaria nº 1.621, de 15 de julho de 2010, não comportam alterações ou supressões, ressalvadas as permitidas na própria regulamentação.

- Revisado pela Port. da SRT nº 4, de 16-9-2014 (*DOU* de 19-9-2014).
- Art. 477 da CLT.

14. Homologação. TRCT. Identificação do Órgão Homologador.

I – Devem constar, em campo reservado do TRCT, o nome, endereço e telefone do órgão que prestou assistência ao empregado na rescisão do contrato de trabalho.

II – Referida identificação pode ser aquela impressa automaticamente pelo sistema Homolognet, no caso de sua utilização para a assistência à rescisão, ou mediante outro meio, como carimbo, que contemple estas informações.

III – Tratando-se de entidade sindical, deverá ser informado, também, o número da carta sindical ou do processo que concedeu o registro sindical no âmbito do Ministério do Trabalho e Emprego.

- Revisado pela Port. da SRT nº 4, de 16-9-2014 (*DOU* de 19-9-2014).

15. *Revogado*. Port. da SRT nº 3, de 9-11-2006 (*DOU* de 13-11-2006).

16. Homologação. Perfil Profissiográfico Previdenciário. Não compete aos assistentes do MTE exigir a apresentação do Perfil Profissiográfico Previdenciário – PPP, previsto na Lei nº 8.213, de 1991 e no Decreto nº 3.048, de 1999, no ato da assistência e homologação das rescisões de contrato de trabalho, uma vez que tal exigência é de competência da Auditoria-Fiscal da Previdência Social.

- Revisado pela Port. da SRT nº 4, de 16-9-2014 (*DOU* de 19-9-2014).
- Art. 58, § 4º, da Lei nº 8.213, de 24-7-1991 (Lei dos Planos e Benefícios da Previdência Social).
- Art. 68, § 2º, do Dec. nº 3.048, de 6-5-1999 (Regulamento da Previdência Social).

17. Homologação. Empresa em processo de recuperação judicial. As empresas em processo de recuperação judicial não têm privilégios ou prerrogativas em relação à homologação das rescisões de contrato de trabalho. Portanto, devem atender a todas as exigências da legislação em vigor.

- Revisado pela Port. da SRT nº 4, de 16-9-2014 (*DOU* de 19-9-2014).
- Art. 477 da CLT.
- Art. 6º da Lei nº 11.101, de 9-2-2005 (Lei de Recuperação de Empresas e Falências).

18. *Revogado.* Port. da SRT nº 9, de 14-4-2011 (*DOU* de 15-4-2011).

19. Homologação. Art. 9º da Lei nº 7.238, de 1984. Indenização adicional. Contagem do prazo do aviso prévio. É devida ao empregado, dispensado sem justa causa no período de 30 dias que antecede a data base de sua categoria, indenização equivalente ao seu salário mensal.

I – Será devida a indenização em referência se o término do aviso prévio trabalhado ou a projeção do aviso prévio indenizado se verificar em um dos dias do trintídio;

II – O empregado não terá direito à indenização se o término do aviso prévio ocorrer após ou durante a data base e fora do trintídio, no entanto, fará jus aos complementos rescisórios decorrentes da norma coletiva celebrada.

- Revisado pela Port. da SRT nº 4, de 16-9-2014 (*DOU* de 19-9-2014).
- Art. 487, § 1º, da CLT.

20. Homologação. Aviso prévio cumprido em casa. Falta de previsão legal. Efeitos. Inexiste a figura jurídica do "aviso prévio cumprido em casa". O aviso prévio ou é trabalhado ou indenizado. A dispensa do empregado de trabalhar no período de aviso prévio implica a necessidade de quitação das verbas rescisórias até o décimo dia, contado da data da notificação da dispensa, nos termos do § 6º, alínea *b*, do art. 477, da CLT.

- Revisado pela Port. da SRT nº 4, de 16-9-2014 (*DOU* de 19-9-2014).

21. Homologação. Aviso prévio. Contagem do prazo. O prazo do aviso prévio conta-se excluindo o dia da notificação e incluindo o dia do vencimento. A contagem do período de trinta dias será feita independentemente de o dia seguinte ao da notificação ser útil ou não, bem como do horário em que foi feita a notificação no curso da jornada.

- Revisado pela Port. da SRT nº 4, de 16-9-2014 (*DOU* de 19-9-2014).
- Art. 132 do CC.
- Art. 487 da CLT.
- Súm. nº 380 do TST.

22. Homologação. Aviso prévio indenizado. Prazo para pagamento. No aviso prévio indenizado, o prazo para pagamento das verbas rescisórias deve ser contado excluindo-se o dia da notificação e incluindo-se o do vencimento.

- Revisado pela Port. da SRT nº 4, de 16-9-2014 (*DOU* de 19-9-2014).
- Art. 132 do CC.
- Art. 477, § 6º, *b*, da CLT.

23. Homologação. Aviso prévio. Dispensa do cumprimento. Prazo. No pedido de demissão, se o empregador aceitar a solicitação do trabalhador de dispensa de cumprimento do aviso prévio, não haverá o dever de indenização pelo empregador, nem de cumprimento pelo trabalhador. A quitação das verbas rescisórias será feita até o décimo dia, contado do pedido de demissão ou do pedido de dispensa do cumprimento do aviso prévio.

- Revisado pela Port. da SRT nº 4, de 16-9-2014 (*DOU* de 19-9-2014).
- Art. 477, § 6º, *b*, da CLT.

24. Homologação. Aviso prévio. Dispensa do empregado durante o cumprimento do aviso. Prazo para pagamento. Quando, no curso do aviso prévio, o trabalhador for dispensado pelo empregador do seu cumprimento, o prazo para o pagamento das verbas rescisórias será o que ocorrer primeiro: o décimo dia, a contar da dispensa do cumprimento, ou o primeiro dia útil após o término do cumprimento do aviso prévio.

- Revisado pela Port. da SRT nº 4, de 16-9-2014 (*DOU* de 19-9-2014).
- Art. 477, § 6º, da CLT.

25. Homologação. Aviso prévio. Contrato por prazo determinado. Nos contratos por prazo determinado, só haverá direito a aviso prévio quando existir cláusula assecuratória do direito recíproco de rescisão antecipada, uma vez que, neste caso, aplicam-se as regras da rescisão dos contratos por prazo indeterminado.

- Revisado pela Port. da SRT nº 4, de 16-9-2014 (*DOU* de 19-9-2014).
- Art. 7º, XXI, da CF.
- Arts. 477 e 481 da CLT.

26. Homologação. Rescisão de contrato de trabalho. Descanso semanal remunerado. Nos contratos por prazo indeterminado, será devido o pagamento do descanso semanal remunerado por ocasião da rescisão do contrato de trabalho nas seguintes hipóteses: quando o descanso for aos domingos e a carga horária semanal tiver sido cumprida integralmente; quando o prazo do aviso prévio terminar em sábado ou sexta-feira e o sábado for compensado; quando existir escala de revezamento e o prazo do aviso prévio se encerrar no dia anterior ao do descanso previsto.

- Revisado pela Port. da SRT nº 4, de 16-9-2014 (*DOU* de 19-9-2014).
- Arts. 67 e 385 da CLT.

27. Homologação. Rescisão de contrato de trabalho. Férias. Parcelas variáveis. Cálculo. Ressalvada norma mais favorável, o cálculo da média das parcelas variáveis incidentes sobre as férias será efetuado das seguintes formas:

I – com base no período aquisitivo, aplicando-se o valor do salário devido na data da rescisão;

II – quando pago por hora ou tarefa, com base na média quantitativa do período aquisitivo, aplicando-se o valor do salário devido na data da rescisão;

III – se o salário for pago por porcentagem, comissão ou viagem, com base na média dos salários percebidos nos doze meses que precederam seu pagamento ou rescisão contratual.

- Revisado pela Port. da SRT nº 4, de 16-9-2014 (*DOU* de 19-9-2014).
- Art. 7º, VII e XVII, da CF
- Art. 142 da CLT.
- Súm. nº 199 do STF.
- Súm. nº 149 do TST.

28. Capacidade sindical. Comprovação. A capacidade sindical, necessária para a negociação coletiva, para a celebração de convenções e acordos coletivos do trabalho, para a participação em mediação coletiva no âmbito do Ministério do Trabalho e Emprego, para a prestação de assistência à rescisão de contrato de trabalho, bem como para figurar como beneficiário do recolhimento da contribuição sindical compulsória, é comprovada, sem prejuízo da necessidade de inscrição válida e ativa no cartório de pessoas jurídicas, por meio do registro sindical e da regularidade e atualização da diretoria no Cadastro Nacional de Entidades Sindicais deste Ministério.

- Revisado pela Port. da SRT nº 4, de 16-9-2014 (*DOU* de 19-9-2014).
- Art. 8º, I e IV, da CF.
- Arts. 578 e 611 da CLT.

29. Convenção ou acordo coletivo de trabalho. Depósito e registro. Análise das cláusulas.

I – O instrumento coletivo, para ser registrado no MTE, deve cumprir as formalidades previstas em lei aplicáveis ao processo de negociação, inclusive quanto à capacidade jurídica e/ou sindical daqueles que o subscrevem, assim como quanto à correspondência de categorias e bases territoriais.

II – Não será indeferido o registro por questões de mérito ou conteúdo das cláusulas convencionadas, as quais poderão ser objeto de controle de legalidade pelos órgãos competentes.

- Revisado pela Port. da SRT nº 4, de 16-9-2014 (*DOU* de 19-9-2014).
- Art. 7º, XXVI, da CF
- Arts. 611 e 614 da CLT.

30. *Revogado.* Port. da SRT nº 3, de 9-11-2006 (*DOU* de 13-11-2006).

31. Convenção ou acordo coletivo de trabalho. Prazo para depósito.

I – O instrumento coletivo de trabalho deverá observar os requisitos de validade dos atos e negócios jurídicos em geral, razão pela qual não será depositado quando expirada sua vigência.

II – A alteração do instrumento coletivo por Termo Aditivo deve obedecer às mesmas regras previstas para o depósito da solicitação de registro.

- Revisado pela Port. da SRT nº 4, de 16-9-2014 (*DOU* de 19-9-2014).
- Arts. 613 e 614 da CLT.

32. Comissão de Conciliação Prévia – CCP e Núcleo Intersindical de Conciliação Trabalhista – NINTER. Assistência ao empregado na Rescisão do contrato de trabalho.

I – A Comissão de Conciliação Prévia – CCP e o Núcleo Intersindical de Conciliação Trabalhista – NINTER não têm competência para a assistência e homologação de rescisão de contrato de trabalho de empregado com mais de um ano de serviço.

II – O termo de conciliação celebrado no âmbito da CCP ou do NINTER, ainda que ultime uma rescisão, não está sujeito à homologação prevista no art. 477 da CLT.

- Revisado pela Port. da SRT nº 4, de 16-9-2014 (*DOU* de 19-9-2014).

33. Comissão de Conciliação Prévia – CCP e Núcleo Intersindical de Conciliação Trabalhista – NINTER. Descumprimento de prazo para pagamento das verbas rescisórias.

I – Os prazos para pagamento das verbas rescisórias são determinados pelo § 6º, do art. 477, da Consolidação das Leis do Trabalho.

II – O acordado em âmbito de CCP ou NINTER não tem o condão de ilidir a incidência da multa prevista no § 8º do art.477 da CLT, quando a quitação não ocorra nos prazos previstos no § 6º do mesmo dispositivo.

- Revisado pela Port. da SRT nº 4, de 16-9-2014 (*DOU* de 19-9-2014).

34. Comissão de Conciliação Prévia – CCP e Núcleo Intersindical de Conciliação Trabalhista – NINTER.

ENUNCIADOS

FGTS. Não produz efeitos o acordo firmado no âmbito de CCP e NINTER transacionando o pagamento diretamente ao empregado da contribuição do FGTS e da multa de 40% (quarenta por cento), prevista no § 1º, do art. 18, da Lei nº 8.036, de 11 de maio de 1990, incidentes sobre os valores acordados ou devidos na duração do vínculo empregatício, dada a natureza jurídica de ordem pública da legislação respectiva.

- Revisado pela Port. da SRT nº 4, de 16-9-2014 (*DOU* de 19-9-2014).

35. Mediação de conflitos coletivos de trabalho. Abrangência.

I – A mediação coletiva será realizada pelo Ministério do Trabalho e Emprego, observados os limites de sua competência, para:

a) Promoção de celebração de instrumentos coletivos de trabalho,

b) Resolução de conflitos nas relações de trabalho,

c) Resolução de conflitos intersindicais relativos à representação das categorias.

II – Caso as partes não compareçam à mediação proposta ou não cheguem a um acordo para a regularização dos conflitos existentes, o processo poderá ser encaminhado à Seção de Fiscalização do Trabalho para as providências cabíveis, especialmente quando versarem sobre garantias ou direitos dos trabalhadores que estejam sendo inobservados ou descumpridos.

- Revisado pela Port. da SRT nº 4, de 16-9-2014 (*DOU* de 19-9-2014).
- Art. 4º da Lei nº 10.101, de 19-12-2000 (Lei de Participação nos Lucros e Resultados).
- Art. 11 da Lei nº 10.192, de 14-12-2001, que dispõe sobre medidas complementares ao Plano Real.
- Arts. 33 a 38 do Dec. nº 10.854, de 10-11-2021, que regulamenta disposições relativas à legislação trabalhista.

36. *Revogado.* Port. da SRT nº 4, de 16-9-2014 (*DOU* de 19-9-2014).

37. Mediação de conflitos coletivos de trabalho. Transação de direitos indisponíveis. Vedação. Na mediação decorrente de descumprimento de norma legal ou convencional, os direitos indisponíveis não poderão ser objeto de transação.

- Revisado pela Port. da SRT nº 4, de 16-9-2014 (*DOU* de 19-9-2014).
- Art. 11 da Lei nº 10.192, de 14-12-2001, que dispõe sobre medidas complementares ao Plano Real.
- Arts. 33 a 38 do Dec. nº 10.854, de 10-11-2021, que regulamenta disposições relativas à legislação trabalhista.

38. Trabalho temporário. Prorrogação do contrato. Local de recebimento do pedido.

I – Os pedidos de prorrogação do contrato de trabalho temporário devem ser realizados até cinco dias antes do termo final inicialmente previsto, mediante inserção da solicitação no Sistema de Registro de Empresa de Trabalho Temporário – SIRETT.

II – Independe de autorização do órgão regional do MTE a prorrogação de contrato de trabalho temporário, quando a duração total da contratação, já somada a prorrogação, não exceder a três meses.

III – A análise das solicitações será feita pela Seção de Relações do Trabalho – SERET da Superintendência Regional do Trabalho e Emprego do local da prestação do serviço.

IV – Em caso de negativa do pedido, o interessado pode, em até dez dias daquele ato, apresentar pedido de reconsideração à autoridade que proferiu a decisão, a qual, se não a reconsiderar, o encaminhará à autoridade superior.

- Revisado pela Port. da SRT nº 4, de 16-9-2014 (*DOU* de 19-9-2014).
- Lei nº 6.019, de 3-1-1974 (Lei do Trabalho Temporário).

39. Trabalho temporário. Prorrogação do contrato. Prazos para pedido e para análise.

I – Pedidos de registro de contratos fora dos prazos previstos na Portaria nº 789/2014 implicam indeferimento da solicitação.

II – A Administração tem cinco dias para analisar os pedidos, salvo motivo de força maior. Este prazo pode ser dilatado até o dobro, mediante comprovada justificação.

- Revisado pela Port. da SRT nº 4, de 16-9-2014 (*DOU* de 19-9-2014).
- Lei nº 6.019, de 3-1-1974 (Lei do Trabalho Temporário).

40. *Revogado.* Port. da SRT nº 4, de 16-9-2014 (*DOU* de 19-9-2014).

41. Trabalho temporário. Motivo justificador. Indicação. Alteração.

I – O art. 2º da Lei nº 6.019, de 03 de janeiro de 1974 serve apenas para enumerar as hipóteses de contratação de trabalho temporário.

II – A empresa deve obrigatoriamente, sob pena de indeferimento, descrever o motivo justificador, entendido como o fato determinado e identificável que ampara a contratação temporária, não sendo suficiente a mera referência às hipóteses legais.

III – A alteração da hipótese legal ou do motivo justificador não amparam prorrogação do contrato de trabalho temporário, mas ensejam nova contratação, a ser analisada à luz dos normativos vigentes.

- Aprovado pela Port. da SRT nº 4, de 16-9-2014 (*DOU* de 19-9-2014).

42. Empresa de trabalho temporário. Sócio estrangeiro.

I – A empresa de trabalho temporário pode possuir em seu quadro sócio estrangeiro, visto que a limitação constante no art. 6º, alínea *a* da Lei nº 6.019/1974 não foi recepcionada pela Constituição Federal de 1988, consoante Parecer CONJUR nº 342/1997, aprovado em caráter normativo pelo Sr. Ministro do Trabalho e Emprego.

II – Se um dos sócios, pessoa física ou jurídica, for estrangeiro, deve apresentar seus documentos de identificação ou de contrato social, com tradução juramentada, além de procuração que atribua plenos poderes a procurador residente no Brasil para, em nome da pessoa física ou jurídica domiciliada no exterior, tratar e resolver definitivamente quaisquer questões perante o MTE.

- Aprovado pela Port. da SRT nº 4, de 16-9-2014 (*DOU* de 19-9-2014).

43. Contribuição sindical. Forma e comprovante de recolhimento.

I – Considerando que o art. 583, § 1º, da Consolidação das Leis do Trabalho – CLT, estabelece que o recolhimento da contribuição sindical urbana, que tem natureza tributária, obedecerá ao sistema de guias, de acordo com instruções do Ministério do Trabalho e Emprego, os recolhimentos, seja da parte laboral ou patronal, devem observar as regras constantes da Port. nº 488, de 23 de novembro de 2005.

II – A contribuição sindical rural também é tributo, à luz do art. 149 da Constituição Federal, e seu recolhimento é realizado em rede bancária conforme guias emitidas pelas entidades que a administram.

III – Pagamentos efetuados de modo diverso não são considerados, posto que, além de atentar contra a distribuição entre os beneficiários legais e lesar a conta pública de emprego e salário do Fundo de Amparo do Trabalhador – FAT, é uma ofensa ao princípio da legalidade.

- Aprovado pela Port. da SRT nº 4, de 16-9-2014 (*DOU* de 19-9-2014).

44. Depósito, registro e arquivamento dos instrumentos coletivos. Legitimação, habilitação, alteração e prazos.

I – Consoante Instrução Normativa nº 16, de 15 de outubro de 2013, os instrumentos coletivos, como negócios jurídicos que são, devem ser subscritos pelas pessoas legitimadas a fazê-lo, à luz dos arts. 115 a 120 da Lei nº 10.406, de 10 de janeiro de 2002 (Código Civil).

II – A inclusão da norma coletiva no sistema MEDIADOR deve ser feita por pessoa habilitada pelos signatários para a realização do ato.

III – A análise formal de que trata a IN nº 16/2013, para fins de registro e depósito, demanda verificação dos documentos apresentados assinados pelos signatários, sem rasuras; a existência de procuração, quando for o caso; a correspondência de categorias entre as partes signatárias e a correspondência da base territorial de abrangência do instrumento coletivo.

IV – Constatado que o requerimento não é original, encontra-se rasurado ou sem assinatura, as partes deverão ser notificadas para as devidas correções.

V – Verificada a ausência de procuração ou procuração inválida, as partes deverão ser notificadas para apresentarem procurações que concedam poderes a seus representantes legais para atuarem no instrumento coletivo.

VI – Havendo erro de categoria, as partes serão notificadas para fazer a retificação devida por meio do sistema e transmitir novamente o instrumento, ocasião em que será gerado um novo requerimento que deverá ser assinado e protocolado no MTE ou em seus órgãos regionais, conforme o caso.

VII – Enquanto o instrumento coletivo não for transmitido, via sistema, para a base de dados do MTE, o solicitante poderá alterar cláusulas já inseridas. No entanto, se já tiver sido feita a transmissão, a alteração das cláusulas só poderá ser feita através de Termo Aditivo ou mediante nova solicitação.

VIII – Quando se tratar de acordo coletivo, a categoria de trabalhadores deverá ser equivalente à atividade econômica da empresa, e em todos os casos a categoria deverá ser compatível com o que consta no cadastro da entidade no CNES.

IX – O protocolo de instrumento coletivo ocorrido quando expirada sua vigência enseja imediato arquivamento sem registro.

X – A competência para análise, registro e arquivo de instrumento coletivo de abrangência nacional ou interestadual é da Secretaria de Relações do Trabalho, mas quaisquer termos aditivos que possuam base estadual, intermunicipal ou municipal serão registrados pela SRTE correspondente, independente de onde esteja registrado o processo principal.

- Aprovado pela Port. da SRT nº 4, de 16-9-2014 (*DOU* de 19-9-2014).

45. Homologação. Falta de pagamento de verba rescisória devida. Ressalva. Auto de infração. As irregularidades deverão ser especificamente ressalvadas no Termo de Rescisão de Contrato de Trabalho – TRCT ou do Termo de Homologação.

I – Se o assistente for Auditor-Fiscal do Trabalho, deverá lavrar o auto de infração cabível, consignando sua lavratura no ato da homologação;

II – Se o assistente não for Auditor-Fiscal do Trabalho, deverá comunicar a irregularidade ao setor de fiscalização para os devidos fins.

▸ Aprovado pela Port. da SRT nº 4, de 16-9-2014 (*DOU* de 19-9-2014).

46. Assistência à homologação de rescisão do trabalho. Ministério do Trabalho e Emprego. Administração pública indireta. Regime jurídico. A rescisão de contratos de trabalho com prazo superior a 01 (um) ano, regidos pela Consolidação das Leis do Trabalho (CLT) está sujeita à homologação prevista no art. 477 da CLT, inclusive quando figure como empregador ente pertencente à Administração Pública Indireta.

▸ Aprovado pela Port. da SRT nº 4, de 16-9-2014 (*DOU* de 19-9-2014).

▸ Art. 173, § 1º, II, da CF.

47. Revogação ou alteração do plano de cargos e salários. Direito adquirido. Cláusulas do Plano de Cargos e Salários, que revoguem ou alterem vantagens deferidas anteriormente, só atingirão os trabalhadores admitidos após a revogação ou alteração do Plano.

▸ Aprovado pela Port. da SRT nº 4, de 16-9-2014 (*DOU* de 19-9-2014).

▸ Súm. nº 51, I, do TST.

48. Coexistência de planos de cargos e salários. Opção do empregado. Havendo a coexistência de Planos de Cargos e Salários da empresa, a opção do empregado por um deles tem efeito jurídico de renúncia às regras do sistema do outro.

▸ Aprovado pela Port. da SRT nº 4, de 16-9-2014 (*DOU* de 19-9-2014).

▸ Súm. nº 51, I, do TST.

49. Plano de cargos e salários. Não aplicação de cláusulas. Havendo reivindicação de direito estabelecido no Plano de Cargos e Salários, ainda quando submetido à homologação no Ministério do Trabalho e Emprego, a competência para apreciação da demanda é da Justiça do Trabalho.

▸ Aprovado pela Port. da SRT nº 4, de 16-9-2014 (*DOU* de 19-9-2014).

▸ Súm. nº 19 do TST.

50. Plano de cargos e salários. Efeitos pecuniários. Diferença do adicional por tempo de serviço.

I – Promoção por antiguidade não se confunde com adicional por tempo de serviço, sendo estes institutos distintos e independentes.

II – A promoção, tanto por antiguidade quanto por mérito, segue os critérios estabelecidos no PCS, refletindo em efetivo aumento salarial através da incorporação da promoção ao valor do salário-base.

III – O Adicional por Tempo de Serviço leva em consideração somente o critério temporal e, ainda que importe em aumento da remuneração, não altera o salário-base, nem tem o condão de alterar a classe ou o nível do trabalhador dentro do quadro de carreira.

▸ Aprovado pela Port. da SRT nº 4, de 16-9-2014 (*DOU* de 19-9-2014).

51. Plano de cargos e salários. Trabalhadores em função de confiança ou comissionados.

I – Empregados que estejam ocupando função de confiança ou cargo comissionado na empresa permanecem beneficiários das progressões previstas no PCS, conforme seus critérios.

II – Ocupantes de função de confiança, tais como diretores, conselheiros e afins, podem ser abrangidos pelo Plano de Cargos e Salários, conforme discricionariedade da empresa, desde que expressamente previsto neste.

▸ Aprovado pela Port. da SRT nº 4, de 16-9-2014 (*DOU* de 19-9-2014).

52. Plano de cargos e salários. Igualdade temporal nos critérios de promoção por mérito e tempo de serviço.

I – O Plano de Cargos e Salários deve conter, de forma detalhada, os critérios a serem aplicados para fins de reflexos pecuniários em favor dos empregados contemplados pela progressão na carreira, tanto no caso de progressão por mérito quanto por tempo de serviço.

II – A progressão deve contemplar a alternância entre as duas modalidades, de forma que ocorra um tipo a cada período idêntico de tempo, sucessivamente.

III – Uma vez cumpridos todos os requisitos detalhadamente previstos para a progressão por antiguidade ou por mérito, o PCS não pode sujeitá-la a qualquer tipo de aprovação ou aval posterior, seja de cunho subjetivo ou de disponibilidade orçamentária.

▸ Aprovado pela Port. da SRT nº 4, de 16-9-2014 (*DOU* de 19-9-2014).

53. Plano de cargos e salários. Abrangência e universalidade.

I – O Plano de Cargos e Salários compreende toda a universalidade de empregados da empresa, independentemente de adesão.

II – Não será homologado o PCS que contenha cláusulas excludentes, proibitivas, discriminatórias ou restritivas para promoção, progressão ou reclassificação do empregado.

▸ Aprovado pela Port. da SRT nº 4, de 16-9-2014 (*DOU* de 19-9-2014).

▸ Lei nº 9.029, de 13-4-1995, proíbe a exigência de atestados de gravidez e esterilização, e outras práticas discriminatórias, para efeitos admissionais ou de permanência da relação jurídica de trabalho.

54. Homologação. Plano de cargos e salários. Administração pública indireta. Quando submetidos à homologação por parte do MTE, cabe análise do plano de cargos e salários de empresa pública ou sociedade de economia mista, desde que se refira a relações de emprego regidas pela Consolidação das Leis do Trabalho.

▸ Aprovado pela Port. da SRT nº 4, de 16-9-2014 (*DOU* de 19-9-2014).

▸ Art. 173, § 1º, II, da CF

▸ Art. 461, § 2º, da CLT.

55. Atos processuais. Meio eletrônico. Assinatura digital. A assinatura autenticada com certificação digital ou meio equivalente que comprove sua autenticidade é hábil a substituir firmas ou assinaturas de declarações, requerimentos ou solicitações, constantes dos documentos em forma eletrônica, presumindo-se verdadeira em relação aos signatários.

▸ Aprovado pela Port. da SRT nº 4, de 16-9-2014 (*DOU* de 19-9-2014).

▸ Art. 968, II, do CC

56. Trabalho portuário. Enquadramento sindical. Categoria diferenciada.

I – O trabalho portuário pode se dar na modalidade avulsa ou com vínculo empregatício.

II – Para efeito do enquadramento do trabalhador na categoria diferenciada, é suficiente a verificação do exercício de atividades tipicamente portuárias, sendo irrelevante se a forma de contratação é avulsa ou com vínculo de emprego, assim como independentemente das atividades serem desempenhadas dentro ou fora da área do porto organizado.

▸ Aprovado pela Port. da SRT nº 4, de 16-9-2014 (*DOU* de 19-9-2014).

▸ Art. 511, § 3º, da CLT.

57. Direito do trabalho. Categoria dos agricultores familiares. Não se aplica o inciso VI do art. 3º da Portaria nº 326, de 01 de março de 2013. Desnecessária a apresentação da cópia da Carteira de Trabalho e Previdência Social – CTPS, para solicitação de pedido de registro no caso da categoria laboral dos agricultores familiares.

▸ Aprovado pela Port. da SRT nº 4, de 16-9-2014 (*DOU* de 19-9-2014).

58. Direito constitucional e do trabalho. Registro de estatutos de entidades sindicais. Liberdade sindical. Quando for oposto impedimento, no caso de atualização de mandato de diretoria, de registro pelos cartórios de atas de eleição e de posse com fundamento em duração de mandato superior a três anos ou inobservância do quantitativo de dirigentes, a entidade sindical apresentará ao MTE estes documentos, acompanhados da negativa cartorária, para depósito e registro no CNES.

▸ Aprovado pela Port. da SRT nº 4, de 16-9-2014 (*DOU* de 19-9-2014).

▸ Art. 8º da CF.

59. Direito constitucional e do trabalho. Estatutos de entidades sindicais. Liberdade e organização sindical. No que tange à composição ou quantificação dos órgãos diretivos da entidade sindical, assim como à duração dos mandatos de seus dirigentes, a análise do pedido de registro sindical verificará se tais informações estão em consonância com as disposições constantes no estatuto da entidade.

▸ Aprovado pela Port. da SRT nº 4, de 16-9-2014 (*DOU* de 19-9-2014).

▸ Art. 8º da CF.

60. Registro sindical. Contagem dos prazos. A prática dos atos previstos na Portaria nº 326, de 01 de março de 2013 deverá observar o que segue:

I – Computar-se-ão os prazos, excluindo-se o dia do começo e incluindo-se o do vencimento.

II – Os prazos só se iniciam e se vencem em dias úteis e/ou de expediente normal dos órgãos do ministério.

▸ Aprovado pela Port. da SRT nº 4, de 16-9-2014 (*DOU* de 19-9-2014).

▸ Art. 224, § 1º, do CPC/2015.

▸ Art. 66, § 1º, da Lei nº 9.784/1999 (Lei do Processo Administrativo Federal).

61. Mediação. Conflito de Representação Sindical. A mediação para resolução de conflitos de representação sindical, a que se refere o art. 24 da Portaria nº 326/2013, deverá observar os seguintes procedimentos elencados neste enunciado:

I – Solicitada a mediação, a SRT publicará, com a antecedência mínima de dez dias, no *Diário Oficial da União – DOU*, o dia e hora da reunião de instalação da mediação para resolução do conflito de representação, de categoria e/ou base territorial, indicando o objeto do conflito a ser mediado;

II – Serão convocados, o(s) solicitante(s) da mediação, bem como o(s) diretamente interessado(s) na resolução do conflito, considerados para tal, a entidade sindical com registro no CNES ou que já tenha o seu pedido de registro sindical ou de alteração estatutária publicado, que sejam alcançadas pelo objeto da mediação a ser realizada;

III – Caso seja necessária a realização de mais de uma reunião de mediação, as demais prescindirão de convocação prévia via *Diário Oficial da União*, para a sua realização;

IV – Havendo acordo entre as entidades sindicais interessadas sobre a resolução do conflito, a SRT fará análise do acordado e, verificando que o resultado não envolve base e/ou categoria além do que já são representados pelos interessados, e atendido o art. 511 da Consolidação das Leis do Trabalho, a SRT publicará no *DOU* o resultado da mediação, informando a representação final de cada entidade para que, no prazo estabelecido na ata lavrada conforme § 4º, do art. 23, da Portaria nº 326/2013, sejam apresentados os estatutos contendo os elementos identificadores da nova representação sindical acordada;

V – A correção da representação sindical no CNES de cada entidade sindical só será feita quando todas as partes envolvidas no acordo apresentarem os seus estatutos devidamente alterados e registrados em cartório.

VI – Quando a solicitação for feita junto a SRTE ou Gerência, o processo será remetido à SRT, para cumprimento dos procedimentos elencados neste enunciado.

Os procedimentos elencados acima deverão ser aplicados, integralmente, nos casos em que a contenda entre as partes envolvidas for pré-existente. Na hipótese do conflito envolver entidade cujo processo ainda se encontre em trâmite na Secretaria de Relações do Trabalho, não se aplica o item IV.

▸ Alterado pela Port. da SRT nº 10, de 24-4-2015 (*DOU* de 28-4-2015).

62. *Revogado*. Port. da SRT nº 10, de 24-4-2015 (*DOU* de 28-4-2015).

63. Registro Sindical. Sindicalizados. Sindicalizados Aptos a Votar. O termo "sindicalizados" e a expressão "sindicalizados aptos a votar", contidos no art. 5º, inciso IV, da Portaria nº 326/2013, devem ser interpretadas como "entidades filiadas" e "entidades filiadas aptas a votar", respectivamente, quando as suas aplicações se referirem às entidades de grau superior.

▸ Aprovado pelo Despacho da SRT s/nº, de 1º-12-2014 (*DOU* de 5-12-2014).

64. Termo Sindicalizado. Aplicação. Deve ser entendido como sindicalizado, associado e/ou filiado, aquele membro da categoria profissional em exercício, que é integrante do quadro associativo, nisso incluindo-se os que se aposentaram como membro dela, que possuem o pleno gozo dos direitos em sendo sócios, conforme definido em norma estatutária da entidade.

▸ Aprovado pela Port. da SRT nº 10, de 24-4-2015 (*DOU* de 28-4-2015).

65. Documentos de identificação dos dirigentes sindicais de diversas categorias. Comprovação do exercício da atividade do dirigente da entidade em diversas categorias. Novos documentos que servirão de comprovação.

AVULSOS:

1. Movimentadores de Mercadorias: Declaração do Sindicato, nos termos da Lei nº 12.023/2009;

2. Portuários: – Porto Organizado: Registro no Órgão Gestor de Mão Obra – OGMO; – Fora do Porto Organizado: Declaração do Sindicato.

PESCADORES ARTESANAIS: Registro no Ministério da Pesca – RGP (Registro Geral de Pesca).

MOTOTAXISTAS E MOTOFRETISTAS: Autorização emitida pelo órgão ou entidade executivo de trânsito dos Municípios, Estados e do Distrito Federal.

SERVIDORES PÚBLICOS: Contracheque; Declaração do órgão; Cópia Autenticada do termo de Nomeação.

TRABALHADORES DOMÉSTICOS: Diarista – Número do NIT (Número de Inscrição do Trabalhador); Cópia dos três últimos recolhimentos da Previdência Social.

TRANSPORTADORES AUTÔNOMOS DE CARGAS: Número do Registro Nacional dos Transportes Nacional de Cargas – RNTNC na Agência Nacional de Transportes Terrestres – ANTT.

PROFISSÕES REGULAMENTADAS: Cópia do registro no Ministério do Trabalho e Previdência Social.

▸ Redação dada pela Port. da SRT nº 22, de 9-5-2016 (*DOU* de 10-5-2016).

66. Documentos de identificação dos dirigentes sindicais da categoria de rurais. Comprovação do exercício da atividade do dirigente da entidade na categoria de rurais. Novos documentos que servirão de comprovação em complementação aos elencados na Portaria 326, de 11 de maio de 2013:

a) Trabalhador Rural:

1) Assalariado: Contrato de Safra; Contrato de Curta Duração.

2) *Revogado*.

b) Empregador Rural:

1) Pessoa física: Documento que comprove a condição de empregador;

2) Pessoa Jurídica: CNPJ;

c) Propriedade explorada em nome de terceiro: Contrato de Cessão; Contrato de Arrendamento Rural, Comodato, Meação, Parceria ou matrícula onde se encontra averbado o usufruto (Todos os contratos devem estar registrados em Cartório).

▸ Redação dada pela Port. da SRT nº 21, de 28-4-2016 (*DOU* de 29-4-2016).

67. Análise preliminar realizada pela SRTE nos processos de registro sindical e alteração estatutária. A análise realizada pela SRTE nos processos de pedido de registro sindical e alteração estatutária restringir-se-á a verificar se a documentação elencada nos arts. 3º, 5º, 8º e 10 foi protocolada e se atende o que determina o art. 42, qual seja, se são originais, cópias autenticadas ou cópias simples com visto do servidor; se o comprovante de pagamento da GRU é o original; se os estatutos e as atas foram registrados no cartório da comarca da sede da entidade requerente. A SRTE não notificará a entidade que não realizou assembleia no perímetro urbano do município, uma vez que o saneamento implicará na publicação de novos editais, o que o § 3º do art. 12 proíbe. A análise de mérito será realizada pela CGRS.

▸ Aprovado pela Port. da SRT nº 18, de 3-3-2016 (*DOU* de 10-3-2016), retificada no *DOU* de 16-3-2016.

68. Cursos de formação de vigilantes no segmento da segurança privada. Os membros das escolas/cursos de formação de segurança privada pertencem à categoria do ramo das empresas que exercem segurança privada.

▸ Aprovado pela Port. da SRT nº 19, de 22-3-2016 (*DOU* de 28-3-2016).

69. Análise preliminar realizada pela SRTE nos processos de registro sindical e alteração estatutária. A análise realizada pela SRTE nos processos de pedido de registro sindical e alteração estatutária restringir-se-á a verificar se a documentação elencada nos arts. 3º, 5º, 8º e 10 foi protocolada e se atende o que determina o art. 42, qual seja, se são originais, cópias autenticadas ou cópias simples com visto do servidor; se o comprovante de pagamento da GRU é o original; se os estatutos e as atas foram registrados no cartório da comarca da sede da entidade requerente. A SRTE não notificará a entidade que não realizou assembleia no perímetro urbano do município, uma vez que o saneamento implicará na publicação de novos editais, o que o § 3º do art. 12 proíbe. A análise de mérito será realizada pela CGRS.

▸ Aprovado pela Port. da SRT nº 18, de 3-3-2016 (*DOU* de 10-3-2016).

70. A Coordenação Geral de Registro Sindical considerará como comprovação de endereço do subscritor do edital qualquer documento apresentado pela entidade interessada no processo de pedido de registro sindical ou de alteração estatutária passível de comprovar o endereço do subscritor do edital a que se refere o Art. 3º, II, da Portaria 326/2013.

▸ Aprovado pela Port. da SRT nº 27, de 3-7-2017 (*DOU* de 5-7-2017).

71 e 72. *Revogados*. Port. da Secretaria Especial de Previdência e Trabalho nº 1.417, de 19-12-2019 (*DOU* de 20-12-2019).

ENUNCIADOS DAS JORNADAS DE DIREITO CIVIL

I JORNADA DE DIREITO CIVIL

(Realizada em 12 e 13-9-2002)

1. PARTE GERAL

1. Art. 2º: A proteção que o Código defere ao nascituro alcança o natimorto no que concerne aos direitos da personalidade, tais como: nome, imagem e sepultura.

2. Art. 2º: Sem prejuízo dos direitos da personalidade nele assegurados, o art. 2º do Código Civil não é sede adequada para questões emergentes da reprogenética humana, que deve ser objeto de um estatuto próprio.

3. Art. 5º: A redução do limite etário para a definição da capacidade civil aos 18 anos não altera o disposto no art. 16, I, da Lei nº 8.213/1991, que regula específica situação de dependência econômica para fins previdenciários e outras situações similares de proteção, previstas em legislação especial.

4. Art. 11: O exercício dos direitos da personalidade pode sofrer limitação voluntária, desde que não seja permanente nem geral.

5. Arts. 12 e 20: 1. As disposições do art. 12 têm caráter geral e aplicam-se, inclusive, às situações previstas no art. 20, excepcionados os casos expressos de legitimidade para requerer as medidas nele estabelecidas; 2. As disposições do art. 20 do novo Código Civil têm a finalidade específica de regrar a projeção dos bens personalíssimos nas situações nele enumeradas. Com exceção dos casos expressos de legitimação que se conformem com a tipificação preconizada nessa norma, a ela podem ser aplicadas subsidiariamente as regras instituídas no art. 12.

6. Art. 13: A expressão "exigência médica" contida no art. 13 refere-se tanto ao bem-estar físico quanto ao bem-estar psíquico do disponente.

7. Art. 50: Só se aplica a desconsideração da personalidade jurídica quando houver a prática de ato irregular e, limitadamente, aos administradores ou sócios que nela hajam incorrido.

8. Art. 62, parágrafo único: A constituição de fundação para fins científicos, educacionais ou de promoção do meio ambiente está compreendida no Código Civil, art. 62, parágrafo único.

9. Art. 62, parágrafo único: Deve ser interpretado de modo a excluir apenas as fundações com fins lucrativos.

10. *Cancelado*. En. nº 166 da III Jornada de Direito Processual Civil.

11. Art. 79: Não persiste no novo sistema legislativo a categoria dos bens imóveis por acessão intelectual, não obstante a expressão "tudo quanto se lhe incorporar natural ou artificialmente", constante da parte final do art. 79 do Código Civil.

12. Art. 138: Na sistemática do art. 138, é irrelevante ser ou não escusável o erro, porque o dispositivo adota o princípio da confiança.

13. Art. 170: O aspecto objetivo da convenção requer a existência do suporte fático no negócio a converter-se.

14. Art. 189: 1. O início do prazo prescricional ocorre com o surgimento da pretensão, que decorre da exigibilidade do direito subjetivo; 2. O art. 189 diz respeito a casos em que a pretensão nasce imediatamente após a violação do direito absoluto ou da obrigação de não fazer.

2. DIREITO DAS OBRIGAÇÕES

15. Art. 240: As disposições do art. 236 do novo Código Civil também são aplicáveis à hipótese do art. 240, *in fine*.

16. Art. 299: O art. 299 do Código Civil não exclui a possibilidade da assunção cumulativa da dívida quando dois ou mais devedores se tornam responsáveis pelo débito com a concordância do credor.

17. Art. 317: A interpretação da expressão "motivos imprevisíveis" constante do art. 317 do novo Código Civil deve abarcar tanto causas de desproporção não previsíveis como também causas previsíveis, mas de resultados imprevisíveis.

18. Art. 319: A "quitação regular" referida no art. 319 do novo Código Civil engloba a quitação dada por meios eletrônicos ou por quaisquer formas de "comunicação a distância", assim entendida aquela que permite ajustar negócios jurídicos e praticar atos jurídicos sem a presença corpórea simultânea das partes ou de seus representantes.

19. Art. 374: A matéria da compensação no que concerne às dívidas fiscais e parafiscais de estados, do Distrito Federal e de municípios não é regida pelo art. 374 do Código Civil.

▸ O art. 374 do CC foi revogado pela Lei nº 10.677/2003.

20. Art. 406: A taxa de juros moratórios a que se refere o art. 406 é a do art. 161, § 1º, do Código Tributário Nacional, ou seja, um por cento ao mês. A utilização da taxa SELIC como índice de apuração dos juros legais não é juridicamente segura, porque impede o prévio conhecimento dos juros; não é operacional, porque seu uso será inviável sempre que se calcularem somente juros ou somente correção monetária; é incompatível com a regra do art. 591 do novo Código Civil, que permite apenas a capitalização anual dos juros, e pode ser incompatível com o art. 192, § 3º, da Constituição Federal, se resultarem juros reais superiores a doze por cento ao ano.

21. Art. 421: A função social do contrato, prevista no art. 421 do novo Código Civil, constitui cláusula geral a impor a revisão do princípio da relatividade dos efeitos do contrato em relação a terceiros, implicando a tutela externa do crédito.

22. Art. 421: A função social do contrato, prevista no art. 421 do novo Código Civil, constitui cláusula geral que reforça o princípio de conservação do contrato, assegurando trocas úteis e justas.

23. Art. 421: A função social do contrato, prevista no art. 421 do novo Código Civil, não elimina o princípio da autonomia contratual, mas atenua ou reduz o alcance desse princípio quando presentes interesses metaindividuais ou interesse individual relativo à dignidade da pessoa humana.

24. Art. 422: Em virtude do princípio da boa-fé, positivado no art. 422 do novo Código Civil, a violação dos deveres anexos constitui espécie de inadimplemento, independentemente de culpa.

25. Art. 422: O art. 422 do Código Civil não inviabiliza a aplicação pelo julgador do princípio da boa-fé nas fases pré-contratual e pós-contratual.

26. Art. 422: A cláusula geral contida no art. 422 do novo Código Civil impõe ao juiz interpretar e, quando necessário, suprir e corrigir o contrato segundo a boa-fé objetiva, entendida como a exigência de comportamento leal dos contratantes.

27. Art. 422: Na interpretação da cláusula geral da boa-fé, deve-se levar em conta o sistema do Código Civil e as conexões sistemáticas com outros estatutos normativos e fatores metajurídicos.

28. Art. 445 (§§ 1º e 2º): O disposto no art. 445, §§ 1º e 2º, do Código Civil reflete a consagração da doutrina e da jurisprudência quanto à natureza decadencial das ações edilícias.

29. Art. 456: A interpretação do art. 456 do novo Código Civil permite ao evicto a denunciação direta de qualquer dos responsáveis pelo vício.

30. Art. 463: A disposição do parágrafo único do art. 463 do novo Código Civil deve ser interpretada como fator de eficácia perante terceiros.

31. Art. 475: As perdas e danos mencionados no art. 475 do novo Código Civil dependem da imputabilidade da causa da possível resolução.

32. Art. 534: No contrato estimatório (art. 534), o consignante transfere ao consignatário, temporariamente, o poder de alienação da coisa consignada com opção de pagamento do preço de estima ou sua restituição ao final do prazo ajustado.

33. Art. 557: O novo Código Civil estabeleceu um novo sistema para a revogação da doação por ingratidão, pois o rol legal previsto no art. 557 deixou de ser taxativo, admitindo, excepcionalmente, outras hipóteses.

34. Art. 591: No novo Código Civil, quaisquer contratos de mútuo destinados a fins econômicos presumem-se onerosos (art. 591), ficando a taxa de juros compensatórios limitada ao disposto no art. 406, com capitalização anual.

35. Art. 884: A expressão "se enriquecer à custa de outrem" do art. 886 do novo Código Civil não significa, necessariamente, que deverá haver empobrecimento.

36. Art. 886: O art. 886 do novo Código Civil não exclui o direito à restituição do que foi objeto de enriquecimento sem causa nos casos em que os meios alternativos conferidos ao lesado encontram obstáculos de fato.

3. RESPONSABILIDADE CIVIL

37. Art. 187: A responsabilidade civil decorrente do abuso do direito independe de culpa e fundamenta-se somente no critério objetivo-finalístico.

38. Art. 927: A responsabilidade fundada no risco da atividade, como prevista na segunda parte do parágrafo único do art. 927 do novo Código Civil, configura-se quando a atividade normalmente desenvolvida pelo autor do dano causar a pessoa determinada um ônus maior do que aos demais membros da coletividade.

39. Art. 928: A impossibilidade de privação do necessário à pessoa, prevista no art. 928, traduz um dever de indenização equitativa, informado pelo princípio constitucional da proteção à dignidade da pessoa humana. Como consequência, também os pais, tutores e curadores serão beneficiados pelo limite humanitário do dever de indenizar, de modo que a passagem ao patrimônio do incapaz se dará não quando esgotados todos os recursos do responsável, mas se reduzidos estes ao montante necessário à manutenção de sua dignidade.

40. Art. 928: O incapaz responde pelos prejuízos que causar de maneira subsidiária ou excepcionalmente como devedor principal, na hipótese do ressarcimento devido pelos adolescentes que praticarem atos infracionais nos termos do art. 116 do Estatuto da Criança e do Adolescente, no âmbito das medidas socioeducativas ali previstas.

41. Art. 928: A única hipótese em que poderá haver responsabilidade solidária do menor de 18 anos com seus pais é ter sido emancipado nos termos do art. 5º, parágrafo único, inc. I, do novo Código Civil.

42. Art. 931: O art. 931 amplia o conceito de fato do produto existente no art. 12 do Código de Defesa do Consumidor, imputando responsabilidade civil à empresa e aos empresários individuais vinculados à circulação dos produtos.

43. Art. 931: A responsabilidade civil pelo fato do produto, prevista no art. 931 do novo Código Civil, também inclui os riscos do desenvolvimento.

44. Art. 934: Na hipótese do art. 934, o empregador e o comitente somente poderão agir regressivamente contra o empregado ou preposto se estes tiverem causado dano com dolo ou culpa.

45. Art. 935: No caso do art. 935, não mais se poderá questionar a existência do fato ou quem seja o seu autor se essas questões se acharem categoricamente decididas no juízo criminal.

46. Art. 944: A possibilidade de redução do montante da indenização em face do grau de culpa do agente, estabelecida no parágrafo único do art. 944 do novo Código Civil, deve ser interpretada restritivamente, por representar uma exceção ao princípio da reparação integral do dano, não se aplicando às hipóteses de responsabilidade objetiva.

▸ Redação dada pelo Enunciado 380 da IV Jornada.

47. Art. 945: O art. 945 do novo Código Civil, que não encontra correspondente no Código Civil de 1916, não exclui a aplicação da teoria da causalidade adequada.

48. Art. 950, parágrafo único: O parágrafo único do art. 950 do novo Código Civil institui direito potestativo do lesado para exigir pagamento da indenização de uma só vez, mediante arbitramento do valor pelo juiz, atendidos os arts. 944 e 945 e a possibilidade econômica do ofensor.

49. Art. 1.228, § 2º: Interpreta-se restritivamente a regra do art. 1.228, § 2º, do novo Código Civil, em harmonia com o princípio da função social da propriedade e com o disposto no art. 187.

50. Art. 2.028: A partir da vigência do novo Código Civil, o prazo prescricional das ações de reparação de danos que não houver atingido a metade do tempo previsto no Código Civil de 1916 fluirá por inteiro, nos termos da nova lei (art. 206).

Moção:

No que tange à responsabilidade civil, o novo Código representa, em geral, notável avanço, com progressos indiscutíveis, entendendo a Comissão que não há necessidade de prorrogação da *vacatio legis*.

4. DIREITO DE EMPRESA

51. Art. 50: A teoria da desconsideração da personalidade jurídica – *disregard doctrine* – fica positivada no novo Código Civil, mantidos os parâmetros existentes nos microssistemas legais e na construção jurídica sobre o tema.

52. Art. 903: As disposições relativas aos títulos de crédito do Código Civil aplicam-se àqueles regulados por leis especiais no caso de omissão ou lacuna.

▸ Redação dada pelo Enunciado nº 464 da V Jornada.

53. Art. 966: Deve-se levar em consideração o princípio da função social na interpretação das normas relativas à empresa, a despeito da falta de referência expressa.

54. Art. 966: É caracterizador do elemento empresa a declaração da atividade-fim, assim como a prática de atos empresariais.

55. Arts. 968, 969 e 1.150: O domicílio da pessoa jurídica empresarial regular é o estatutário ou o contratual em que indicada a sede da empresa, na forma dos arts. 968, IV, e 969, combinado com o art. 1.150, todos do Código Civil.

56. *Cancelado*. Enunciado nº 235 da III Jornada.

57. Art. 983: A opção pelo tipo empresarial não afasta a natureza simples da sociedade.

58. Arts. 986 e seguintes: A sociedade em comum compreende as figuras doutrinárias da sociedade de fato e da irregular.

59. Arts. 990, 1.009, 1.016, 1.017 e 1.091: Os sociogestores e os administradores das empresas são responsáveis subsidiária e ilimitadamente pelos atos ilícitos praticados, de má gestão ou contrários ao previsto no contrato social ou estatuto, consoante estabelecem os arts. 990, 1.009, 1.016, 1.017 e 1.091, todos do Código Civil.

60. Art. 1.011, § 1º: As expressões "de peita" ou "suborno" do § 1º do art. 1.011 do novo Código Civil devem ser entendidas como corrupção, ativa ou passiva.

61. Art. 1.023: O termo "subsidiariamente" constante do inc. VIII do art. 997 do Código Civil deverá ser substituído por "solidariamente" a fim de compatibilizar esse dispositivo com o art. 1.023 do mesmo Código.

62. Art. 1.031: Com a exclusão do sócio remisso, a forma de reembolso das suas quotas, em regra, deve-se dar com base em balanço especial, realizado na data da exclusão.

63. Art. 1.043: Suprimir o art. 1.043 ou interpretá-lo no sentido de que só será aplicado às sociedades ajustadas por prazo determinado.

64. Cancelado pelo Enunciado nº 234, da III Jornada.

65. Art. 1.052: A expressão "sociedade limitada" tratada no art. 1.052 e seguintes do novo Código Civil deve ser interpretada *stricto sensu*, como "sociedade por quotas de responsabilidade limitada".

66. Art. 1.062: A teor do § 2º do art. 1.062 do Código Civil, o administrador só pode ser pessoa natural.

67. Arts. 1.085, 1.030 e 1.033, III: A quebra do *affectio societatis* não é causa para a exclusão do sócio minoritário, mas apenas para dissolução (parcial) da sociedade.

68. Arts. 1.088 e 1.089: Suprimir os arts. 1.088 e 1.089 do novo Código Civil em razão de estar a matéria regulamentada em lei especial.

69. Art. 1.093: As sociedades cooperativas são sociedades simples sujeitas à inscrição nas juntas comerciais.

70. Art. 1.116: As disposições sobre incorporação, fusão e cisão previstas no Código Civil não se aplicam às sociedades anônimas. As disposições da Lei nº 6.404/1976 sobre essa matéria aplicam-se, por analogia, às demais sociedades naquilo em que o Código Civil for omisso.

71. Arts. 1.158 e 1.160: Suprimir o art. 1.160 do Código Civil por estar a matéria regulada mais adequadamente no art. 3º da Lei nº 6.404/1976 (disciplinadora das S.A.) e dar nova redação ao § 2º do art. 1.158, de modo a retirar a exigência da designação do objeto da sociedade.

72. Art. 1.164: Suprimir o art. 1.164 do novo Código Civil.

73. Art. 2.031: Não havendo revogação do art. 1.160 do Código Civil nem modificação do § 2º do art. 1.158 do mesmo diploma, é de interpretar-se este dispositivo no sentido de não aplicá-lo à denominação das sociedades anônimas e sociedades Ltda., já existentes, em razão de se tratar de direito inerente à sua personalidade.

74. Art. 2.045: Apesar da falta de menção expressa, como exigido pelas Leis Complementares nº 95/1998 e nº 107/2001, estão revogadas as disposições de leis especiais que contiverem matéria regulada inteiramente no novo Código Civil, como, v.g., as disposições da Lei nº 6.404/1976, referente à sociedade comandita por ações, e do Decreto nº 3.708/1919, sobre sociedade de responsabilidade limitada.

75. Art. 2.045: A disciplina de matéria mercantil no novo Código Civil não afeta a autonomia do Direito Comercial.

5. DIREITO DAS COISAS

76. Art. 1.197: O possuidor direto tem direito de defender a sua posse contra o indireto, e este, contra aquele (art. 1.197, *in fine*, do novo Código Civil).

77. Art. 1.205: A posse das coisas móveis e imóveis também pode ser transmitida pelo *constituto* possessório.

78. Art. 1.210: Tendo em vista a não recepção pelo novo Código Civil da *exceptio proprietatis* (art. 1.210, § 2º) em caso de ausência de prova suficiente para embasar decisão liminar ou sentença final ancorada exclusivamente no *ius possessionis*, deverá o pedido ser indeferido e julgado improcedente, não obstante eventual alegação e demonstração de direito real sobre o bem litigioso.

79. Art. 1.210: A *exceptio proprietatis*, como defesa oponível às ações possessórias típicas, foi abolida pelo Código Civil de 2002, que estabeleceu a absoluta separação entre os juízos possessório e petitório.

80. Art. 1.212: É inadmissível o direcionamento de demanda possessória ou ressarcitória contra terceiro possuidor de boa-fé, por ser parte passiva ilegítima diante do disposto no art. 1.212 do novo Código Civil. Contra o terceiro de boa-fé, cabe tão somente a propositura de demanda de natureza real.

81. Art. 1.219: O direito de retenção previsto no art. 1.219 do Código Civil, decorrente da realização de benfeitorias necessárias e úteis, também se aplica às acessões (construções e plantações) nas mesmas circunstâncias.

82. Art. 1.228: É constitucional a modalidade aquisitiva de propriedade imóvel prevista nos §§ 4º e 5º do art. 1.228 do novo Código Civil.

83. Art. 1.228: Nas ações reivindicatórias propostas pelo Poder Público, não são aplicáveis as disposições constantes dos §§ 4º e 5º do art. 1.228 do novo Código Civil.

▸ Redação dada pelo Enunciado nº 304 da IV Jornada.

84. Art. 1.228: A defesa fundada no direito de aquisição com base no interesse social (art. 1.228, §§ 4º e 5º, do novo Código Civil) deve ser arguida pelos réus da ação reivindicatória, eles próprios responsáveis pelo pagamento da indenização.

85. Art. 1.240: Para efeitos do art. 1.240, *caput*, do novo Código Civil, entende-se por "área urbana" o imóvel edificado ou não, inclusive unidades autônomas vinculadas a condomínios edilícios.

86. Art. 1.242: A expressão "justo título" contida nos arts. 1.242 e 1.260 do Código Civil abrange todo e qualquer ato jurídico hábil, em tese, a transferir a propriedade, independentemente de registro.

87. Art. 1.245: Considera-se também título translativo, para fins do art. 1.245 do novo Código Civil, a promessa de compra e venda devidamente quitada (arts. 1.417 e 1.418 do Código Civil e § 6º do art. 26 da Lei nº 6.766/1979).

88. Art. 1.285: O direito de passagem forçada, previsto no art. 1.285 do CC, também é garantido nos casos em que o acesso à via pública for insuficiente ou inadequado, consideradas, inclusive, as necessidades de exploração econômica.

89. Art. 1.331: O disposto nos arts. 1.331 a 1.358 do novo Código Civil aplica-se, no que couber, aos condomínios assemelhados, tais como loteamentos fechados, multipropriedade imobiliária e clubes de campo.

90. Art. 1.331: Deve ser reconhecida personalidade jurídica ao condomínio edilício.

▸ Redação dada pelo Enunciado nº 246 da III Jornada.

91. Art. 1.331: A convenção de condomínio ou a assembleia-geral podem vedar a locação de área de garagem ou abrigo para veículos a estranhos ao condomínio.

92. Art. 1.337: As sanções do art. 1.337 do novo Código Civil não podem ser aplicadas sem que se garanta direito de defesa ao condômino nocivo.

93. Art. 1.369: As normas previstas no Código Civil sobre direito de superfície não revogam as relativas a direito de superfície constantes do Estatuto da Cidade (Lei nº 10.257/2001) por ser instrumento de política de desenvolvimento urbano.

94. Art. 1.371: As partes têm plena liberdade para deliberar, no contrato respectivo, sobre o rateio dos encargos e tributos que incidirão sobre a área objeto da concessão do direito de superfície.

95. Art. 1.418: O direito à adjudicação compulsória (art. 1.418 do novo Código Civil), quando exercido em face do promitente vendedor, não se condiciona ao registro da promessa de compra e venda no cartório de registro imobiliário (Súmula nº 239 do STJ).

6. ENUNCIADOS PROPOSITIVOS DE ALTERAÇÃO LEGISLATIVA

96. Alteração do § 1º do art. 1.336 do Código Civil, relativo a multas por inadimplemento no pagamento da contribuição condominial, para o qual se sugere a seguinte redação:

"Art. 1.336. (...)

§ 1º O condômino que não pagar sua contribuição ficará sujeito aos juros moratórios convencionados ou, não sendo previstos, de um por cento ao mês e multa de até 10% sobre o eventual risco de emendas sucessivas que venham a desnaturá-lo ou mesmo a inibir a sua entrada em vigor".

Não obstante, entendeu a Comissão da importância de aprimoramento do texto legislativo, que poderá, perfeitamente, ser efetuado durante a vigência do próprio Código, o que ocorreu, por exemplo, com o diploma de 1916, por meio da grande reforma verificada em 1919.

7. DIREITO DE FAMÍLIA E SUCESSÕES

97. Art. 25: No que tange à tutela especial da família, as regras do Código Civil que se referem apenas ao cônjuge devem ser estendidas à situação jurídica que envolve o companheiro, como, por exemplo, na hipótese de nomeação de curador dos bens do ausente (art. 25 do Código Civil).

98. Art. 1.521, IV, do novo Código Civil: O inc. IV do art. 1.521 do novo Código Civil deve ser interpretado à luz do Decreto-lei nº 3.200/1941, no que se refere à possibilidade de casamento entre colaterais de 3º grau.

99. Art. 1.565, § 2º: O art. 1.565, § 2º, do Código Civil não é norma destinada apenas às pessoas casadas, mas também aos casais que vivem em companheirismo, nos termos do art. 226, *caput*, §§ 3º e 7º, da Constituição Federal de 1988, e não revogou o disposto na Lei nº 9.263/1996.

100. Art. 1.572: Na separação, recomenda-se apreciação objetiva de fatos que tornem evidente a impossibilidade da vida em comum.

101. Art. 1.583: Sem prejuízo dos deveres que compõem a esfera do poder familiar, a expressão "guarda de filhos", à luz do art. 1.583, pode compreender tanto a guarda unilateral quanto a compartilhada, em atendimento ao princípio do melhor interesse da criança.

102. Art. 1.584: A expressão "melhores condições" no exercício da guarda, na hipótese do art. 1.584, significa atender ao melhor interesse da criança.

103. Art. 1.593: O Código Civil reconhece, no art. 1.593, outras espécies de parentesco civil além daquele decorrente da adoção, acolhendo, assim, a noção de que há também parentesco civil no vínculo parental proveniente quer das técnicas de reprodução assistida heteróloga relativamente ao pai (ou mãe) que não contribuiu com seu material fecundante, quer da paternidade socioafetiva, fundada na posse do estado de filho.

104. Art. 1.597: No âmbito das técnicas de reprodução assistida envolvendo o emprego de material fecundante de terceiros, o pressuposto fático da relação sexual é substituído pela vontade (ou eventualmente pelo risco da situação jurídica matrimonial) juridicamente qualificada, gerando presunção absoluta ou relativa de paternidade no que tange ao marido da mãe da criança concebida, dependendo da manifestação expressa (ou implícita) da vontade no curso do casamento.

105. Art. 1.597: As expressões "fecundação artificial", "concepção artificial" e "inseminação artificial" constantes, respectivamente, dos incs. III, IV e V do art. 1.597 deverão ser interpretadas como "técnica de reprodução assistida".

106. Art. 1.597, inc. III: Para que seja presumida a paternidade do marido falecido, será obrigatório que a mulher, ao se submeter a uma das técnicas de reprodução assistida com o material genético do falecido, esteja na condição de viúva, sendo obrigatória, ainda, a autorização escrita do marido para que se utilize seu material genético após sua morte.

107. Art. 1.597, IV: Finda a sociedade conjugal, na forma do art. 1.571, a regra do inc. IV somente poderá ser aplicada se houver autorização prévia, por escrito, dos ex-cônjuges para a utilização dos embriões excedentários, só podendo ser revogada até o início do procedimento de implantação desses embriões.

108. Art. 1.603: No fato jurídico do nascimento, mencionado no art. 1.603, compreende-se, à luz do disposto no art. 1.593, a filiação consanguínea e também a socioafetiva.

109. Art. 1.605: A restrição da coisa julgada oriunda de demandas reputadas improcedentes por insuficiência de prova não deve prevalecer para inibir a busca da identidade genética pelo investigando.

110. Art. 1.621, § 2º: É inaplicável o § 2º do art. 1.621 do novo Código Civil às adoções realizadas com base no Estatuto da Criança e do Adolescente.

▸ O art. 1.621 do CC foi revogado pela Lei nº 12.010/2009.

111. Art. 1.626: A adoção e a reprodução assistida heteróloga atribuem a condição de filho ao adotado e à criança resultante de técnica conceptiva heteróloga; porém, enquanto na adoção haverá o desligamento dos vínculos entre o adotado e seus parentes consanguíneos, na reprodução assistida heteróloga sequer será estabelecido o vínculo de parentesco entre a criança e o doador do material fecundante.

▸ O art. 1.626 do CC foi revogado pela Lei nº 12.010/2009.

112. Art. 1.630: Em acordos celebrados antes do advento do novo Código, ainda que expressamente convencionado que os alimentos cessarão com a maioridade, o juiz deve ouvir os interessados, apreciar as circunstâncias do caso concreto e obedecer ao princípio *rebus sic stantibus*.

113. Art. 1.639: É admissível a alteração do regime de bens entre os cônjuges, quando então o pedido, devidamente motivado e assinado por ambos os cônjuges, será objeto de autorização judicial, com ressalva dos direitos de terceiros, inclusive dos entes públicos, após perquirição de inexistência de dívida de qualquer natureza, exigida ampla publicidade.

114. Art. 1.647: O aval não pode ser anulado por falta de vênia conjugal, de modo que o inc. III do art. 1.647 apenas caracteriza a inoponibilidade do título ao cônjuge que não assentiu.

115. Art. 1.725: Há presunção de comunhão de aquestos na constância da união extramatrimonial mantida entre os companheiros, sendo desnecessária a prova do esforço comum para se verificar a comunhão dos bens.

116. Art. 1.815: O Ministério Público, por força do art. 1.815 do novo Código Civil, desde que presente o interesse público, tem legitimidade para promover ação visando à declaração da indignidade de herdeiro ou legatário.

117. Art. 1831: O direito real de habitação deve ser estendido ao companheiro, seja por não ter sido revogada a previsão da Lei nº 9.278/1996, seja em razão da interpretação analógica do art. 1.831, informado pelo art. 6º, *caput*, da CF/88.

118. Art. 1.967, *caput* e § 1º: O testamento anterior à vigência do novo Código Civil se submeterá à redução prevista no § 1º do art. 1.967 naquilo que atingir a porção reservada ao cônjuge sobrevivente, elevado que foi à condição de herdeiro necessário.

119. Art. 2.004: Para evitar o enriquecimento sem causa, a colação será efetuada com base no valor da época da doação, nos termos do *caput* do art. 2.004, exclusivamente na hipótese em que o bem doado não mais pertença ao patrimônio do donatário. Se, ao contrário, o bem ainda integrar seu patrimônio, a colação se fará com base no valor do bem na época da abertura da sucessão, nos termos do art. 1.014 do CPC, de modo a preservar a quantia que efetivamente integrará a legítima quando esta se constituiu, ou seja, na data do óbito (resultado da interpretação sistemática do art. 2.004 e seus parágrafos, juntamente com os arts. 1.832 e 884 do Código Civil).

8. PROPOSTAS DE MODIFICAÇÃO DO NOVO CÓDIGO CIVIL

120. Proposição sobre o art. 1.526:

Proposta: Deverá ser suprimida a expressão "será homologada pelo juiz" no art. 1.526, o qual passará a dispor: "Art. 1.526. A habilitação de casamento será feita perante o oficial do Registro Civil e ouvido o Ministério Público."

121. Proposição sobre o art. 1.571, § 2º:

Proposta: Dissolvido o casamento pelo divórcio direto ou por conversão, no que diz respeito ao sobrenome dos cônjuges, aplica-se o disposto no art. 1.578.

122. Proposição sobre o art. 1.572, *caput*:

Proposta: Dar ao art. 1.572, *caput*, a seguinte redação: "Qualquer dos cônjuges poderá propor a ação de separação judicial com fundamento na impossibilidade da vida em comum".

123. Proposição sobre o art. 1.573:

Proposta: Revogar o art. 1.573.

▸ Prejudicado pelo Enunciado nº 254 da III Jornada.

124. Proposição sobre o art. 1.578:

Proposta: Alterar o dispositivo para: "Dissolvida a sociedade conjugal, o cônjuge perde o direito à utilização do sobrenome do outro, salvo se a alteração acarretar:

I – evidente prejuízo para a sua identificação;

II – manifesta distinção entre o seu nome de família e o dos filhos havidos da união dissolvida;

III – dano grave reconhecido na decisão judicial".

E, por via de consequência, estariam revogados os §§ 1º e 2º do mesmo artigo.

125. Proposição sobre o art. 1.641, inc. II:

Redação atual: "da pessoa maior de sessenta anos".

Proposta: Revogar o dispositivo.

126. Proposição sobre o art. 1.597, incs. III, IV e V:

Proposta: Alterar as expressões "fecundação artificial", "concepção artificial" e "inseminação artificial" constantes, respectivamente, dos incs. III, IV e V do art. 1.597 para "técnica de reprodução assistida".

127. Proposição sobre o art. 1.597, inc. III:

Proposta: Alterar o inc. III para constar "havidos por fecundação artificial homóloga".

128. Proposição sobre o art. 1.597, inc. IV:

Proposta: Revogar o dispositivo.

129. Proposição para inclusão de um artigo no final do cap. II, subtítulo II, cap. XI, título I, do livro IV, com a seguinte redação:

"Art. 1.597-A. A maternidade será presumida pela gestação.

Parágrafo único. Nos casos de utilização das técnicas de reprodução assistida, a maternidade será estabelecida em favor daquela que forneceu o material genético, ou que, tendo planejado a gestação, valeu-se da técnica de reprodução assistida heteróloga".

130. Proposição sobre o art. 1.601:

Redação atual: "Cabe ao marido o direito de contestar a paternidade dos filhos nascidos de sua mulher, sendo tal ação imprescritível.

Parágrafo único. Contestada a filiação, os herdeiros do impugnante têm direito de prosseguir na ação".

Redação proposta: "Cabe ao marido o direito de contestar a paternidade dos filhos nascidos de sua mulher, sendo tal ação imprescritível.

§ 1º Não se desconstituirá a paternidade caso fique caracterizada a posse do estado de filho.

§ 2º Contestada a filiação, os herdeiros do impugnante têm direito de prosseguir na ação".

131. Proposição sobre o art. 1.639, § 2º:

Proposta a seguinte redação ao § 2º do mencionado art. 1.639: "É inadmissível a alteração do regime de bens entre os cônjuges, salvo nas hipóteses específicas definidas no art. 1.641, quando então o pedido, devidamente motivado e assinado por ambos os cônjuges, será objeto de autorização judicial, apurada a procedência das razões invocadas e ressalvados os direitos de terceiros, inclusive dos entes públicos, após perquirição de inexistência de dívida de qualquer natureza, exigida ampla publicidade".

132. Proposição sobre o art. 1.647, inc. III, do novo Código Civil: outorga conjugal em aval. Suprimir as expressões "ou aval" do inc. III do art. 1.647 do novo Código Civil.

133. Proposição sobre o art. 1.702:

Proposta: Alterar o dispositivo para: "Na separação judicial, sendo um dos cônjuges desprovido de recursos, prestar-lhe-á o outro pensão alimentícia nos termos do que houverem acordado ou do que vier a ser fixado judicialmente, obedecidos os critérios do art. 1.694".

134. Proposição sobre o art. 1.704, *caput*:

Proposta: Alterar o dispositivo para: "Se um dos cônjuges separados judicialmente vier a necessitar de alimentos e não tiver parentes em condições de prestá-los nem aptidão para o trabalho, o ex-cônjuge será obrigado a prestá-los mediante pensão a ser fixada pelo juiz, em valor indispensável à sobrevivência".

Revoga-se, por consequência, o parágrafo único do art. 1.704.

"§ 2º Contestada a filiação, os herdeiros do impugnante têm direito de prosseguir na ação".

135. Proposição sobre o art. 1.726:

Proposta: A união estável poderá converter-se em casamento mediante pedido dos companheiros perante o oficial do registro civil, ouvido o Ministério Público.

136. Proposição sobre o art. 1.736, inc. I:

Proposta: Revogar o dispositivo.

137. Proposição sobre o art. 2.044:

Proposta: Alteração do art. 2.044 para que o prazo da *vacatio legis* seja alterado de um para dois anos.

9. TEMAS OBJETO DE CONSIDERAÇÃO PELA COMISSÃO

A Comissão conheceu do tema suscitado quanto à indicada violação do princípio da bicameralidade, durante a tramitação do projeto do Código Civil em sua etapa final na Câmara dos Deputados, em face do art. 65 da Constituição Federal de 1988, tendo assentado que a matéria desborda, neste momento, do exame específico levado a efeito.

Pronunciamento: A Comissão subscreve o entendimento segundo o qual impende apreender e aperfeiçoar o Código Civil brasileiro instituído por meio da Lei nº 10.406, de 10 de janeiro de2002, tanto porque apresenta alterações estruturais nas relações jurídicas interprivadas, quanto porque ainda revela necessidade de melhoria em numerosos dispositivos.

Manifesta preocupação com o prazo contido no art. 2.044, a fim de que tais intentos sejam adequadamente levados a efeito. Deve-se proceder a uma hermenêutica construtiva que, por certo, não apenas aprimorará o texto sancionado, como também propiciará à comunidade jurídica brasileira e aos destinatários da norma em geral um razoável conhecimento do novo Código, imprescindível para sua plena eficácia jurídica e social.

Demais disso, é cabível remarcar que diplomas legais de relevo apresentam lapso temporal alargado de *vacatio legis*.

A preocupação com a exiguidade da *vacatio* valoriza o papel decisivo da jurisprudência, evidenciando-se, a rigor, que um código não nasce pronto, a norma se faz código em contínuo processo de construção.

II JORNADA DE DIREITO CIVIL

▸ Não foram publicados Enunciados nesta jornada.

III JORNADA DE DIREITO CIVIL

(Realizada em 1º e 3-5-2004)

1. PARTE GERAL

138. Art. 3º: A vontade dos absolutamente incapazes, na hipótese do inc. I do art. 3º, é juridicamente relevante na concretização de situações existenciais a eles concernentes, desde que demonstrem discernimento bastante para tanto.

139. Art. 11: Os direitos da personalidade podem sofrer limitações, ainda que não especificamente previstas em lei, não podendo ser exercidos com abuso de direito de seu titular, contrariamente à boa-fé objetiva e aos bons costumes.

140. Art. 12: A primeira parte do art. 12 do Código Civil refere-se às técnicas de tutela específica, aplicáveis de ofício, enunciadas no art. 461 do CPC, devendo ser interpretada com resultado extensivo.

141. Art. 41: A remissão do art. 41, parágrafo único, do Código Civil às "pessoas jurídicas de direito público, a que se tenha dado estrutura de direito privado", diz respeito às fundações públicas e aos entes de fiscalização do exercício profissional.

142. Art. 44: Os partidos políticos, os sindicatos e as associações religiosas possuem natureza associativa, aplicando-se-lhes o Código Civil.

143. Art. 44: A liberdade de funcionamento das organizações religiosas não afasta o controle de legalidade e legitimidade constitucional de seu registro, nem a possibilidade de reexame pelo Judiciário da compatibilidade de seus atos com a lei e com seus estatutos.

144. Art. 44: A relação das pessoas jurídicas de Direito Privado, constante do art. 44, I a V, do Código Civil, não é exaustiva.

145. Art. 47: O art. 47 não afasta a aplicação da teoria da aparência.

146. Art. 50: Nas relações civis, interpretam-se restritivamente os parâmetros de desconsideração da personalidade jurídica previstos no art. 50 (desvio de finalidade social ou confusão patrimonial).

▸ Enunciado nº 7 da I Jornada.

147. Art. 66: A expressão "por mais de um Estado", contida no § 2º do art. 66, não exclui o Distrito Federal e os Territórios. A atribuição de velar pelas fundações, prevista no art. 66 e seus parágrafos, ao MP local, isto é, dos Estados, Distrito Federal e Territórios onde situadas, não exclui a necessidade de fiscalização de tais pessoas jurídicas pelo MPF, quando se tratar de fundações instituídas ou mantidas pela União, autarquia ou empresa pública federal, ou que destas recebam verbas, nos termos da Constituição, da LC nº 75/1993 e da Lei de Improbidade.

148. Art. 156: Ao "estado de perigo" (art. 156) aplica-se, por analogia, o disposto no § 2º do art. 157.

149. Art. 157: Em atenção ao princípio da conservação dos contratos, a verificação da lesão deverá conduzir, sempre que possível, à revisão judicial do negócio jurídico e não à sua anulação, sendo dever do magistrado incitar os contratantes a seguir as regras do art. 157, § 2º, do Código Civil de 2002.

150. Art. 157: A lesão de que trata o art. 157 do Código Civil não exige dolo de aproveitamento.

151. Art. 158: O ajuizamento da ação pauliana pelo credor com garantia real (art. 158, § 1º) prescinde de prévio reconhecimento judicial da insuficiência da garantia.

152. Art. 167: Toda simulação, inclusive a inocente, é invalidante.

153. Art. 167: Na simulação relativa, o negócio simulado (aparente) é nulo, mas o dissimulado será válido se não ofender a lei nem causar prejuízos a terceiros.

154. Art. 194: O juiz deve suprir de ofício a alegação de prescrição em favor do absolutamente incapaz.

▸ O art. 194 do CC foi revogado pela Lei nº 11.280/2006.

155. Art. 194: O art. 194 do Código Civil de 2002, ao permitir a declaração *ex officio* da prescrição de direitos patrimoniais em favor do absolutamente incapaz, derrogou o disposto no § 5º do art. 219 do CPC/1973.

▸ O art. 194 do CC foi revogado pela Lei nº 11.280/2006.

156. Art. 198: Desde o termo inicial do desaparecimento, declarado em sentença, não corre a prescrição contra o ausente.

157. Art. 212: O termo "confissão" deve abarcar o conceito lato de depoimento pessoal, tendo em vista que este consiste em meio de prova de maior abrangência, plenamente admissível no ordenamento jurídico brasileiro.

158. Art. 215: A amplitude da noção de "prova plena" (isto é, "completa") importa presunção relativa acerca dos elementos indicados nos incisos do § 1º, devendo ser conjugada com o disposto no parágrafo único do art. 219.

2. DIREITO DAS OBRIGAÇÕES E RESPONSABILIDADE CIVIL

159. Art. 186: O dano moral, assim compreendido todo o dano extrapatrimonial, não se caracteriza quando há mero aborrecimento inerente a prejuízo material.

160. Art. 243: A obrigação de creditar dinheiro em conta vinculada de FGTS é obrigação de dar, obrigação pecuniária, não afetando a natureza da obrigação a circunstância de a disponibilidade do dinheiro depender da ocorrência de uma das hipóteses previstas no art. 20 da Lei nº 8.036/1990.

161. Arts. 389 e 404: Os honorários advocatícios previstos nos arts. 389 e 404 do Código Civil apenas têm cabimento quando ocorre a efetiva atuação profissional do advogado.

162. Art. 395: A inutilidade da prestação que autoriza a recusa da prestação por parte do credor deverá ser aferida objetivamente, consoante o princípio da boa-fé e a manutenção do sinalagma, e não de acordo com o mero interesse subjetivo do credor.

163. Art. 405: A regra do art. 405 do novo Código Civil aplica-se somente à responsabilidade contratual, e não aos juros moratórios na responsabilidade extracontratual, em face do disposto no art. 398 do novo Código Civil, não afastando, pois, o disposto na Súmula 54 do STJ.

164. Arts. 406, 2.044 e 2.045: Tendo início a mora do devedor ainda na vigência do Código Civil de 1916, são devidos juros de mora de 6% ao ano, até 10 de janeiro de 2003; a partir de 11 de janeiro de 2003 (data de entrada em vigor do novo Código Civil), passa a incidir o art. 406 do Código Civil de 2002.

165. Art. 413: Em caso de penalidade, aplica-se a regra do art. 413 ao sinal, sejam as arras confirmatórias ou penitenciais.

166. Arts. 421 e 422 ou 113: A frustração do fim do contrato, como hipótese que não se confunde com a impossibilidade da prestação ou com a excessiva onerosidade, tem guarida no Direito brasileiro pela aplicação do art. 421 do Código Civil.

167. Arts. 421 a 424: Com o advento do Código Civil de 2002, houve forte aproximação principiológica entre esse Código e o Código de Defesa do Consumidor, no que respeita à regulação contratual, uma vez que ambos são incorporadores de uma nova teoria geral dos contratos.

168. Art. 422: O princípio da boa-fé objetiva importa no reconhecimento de um direito a cumprir em favor do titular passivo da obrigação.

169. Art. 422: O princípio da boa-fé objetiva deve levar o credor a evitar o agravamento do próprio prejuízo.

170. Art. 422: A boa-fé objetiva deve ser observada pelas partes na fase de negociações preliminares e após a execução do contrato, quando tal exigência decorrer da natureza do contrato.

171. Art. 423: O contrato de adesão, mencionado nos arts. 423 e 424 do novo Código Civil, não se confunde com o contrato de consumo.

172. Art. 424: As cláusulas abusivas não ocorrem exclusivamente nas relações jurídicas de consumo. Dessa forma, é possível a identificação de cláusulas abusivas em contratos civis comuns, como, por exemplo, aquela estampada no art. 424 do Código Civil de 2002.

173. Art. 434: A formação dos contratos realizados entre pessoas ausentes, por meio eletrônico, completa-se com a recepção da aceitação pelo proponente.

174. Art. 445: Tratando-se de vício oculto, o adquirente tem os prazos do *caput* do art. 445 para obter redibição ou abatimento de preço, desde que os vícios se revelem nos prazos estabelecidos no § 1º, fluindo, entretanto, a partir do conhecimento do defeito.

175. Art. 478: A menção à imprevisibilidade e à extraordinariedade, insertas no art. 478 do CC, deve ser interpretada não somente em relação ao fato que gere o desequilíbrio, mas também em relação às consequências que ele produz.

176. Art. 478: Em atenção ao princípio da conservação dos negócios jurídicos, o art. 478 do Código Civil de 2002 deverá conduzir, sempre que possível, à revisão judicial dos contratos e não à resolução contratual.

177. Art. 496: Por erro de tramitação, que retirou a segunda hipótese de anulação de venda entre parentes (venda de descendente para ascendente), deve ser desconsiderada a expressão "em ambos os casos", no parágrafo único do art. 496.

178. Art. 528: Na interpretação do art. 528, devem ser levadas em conta, após a expressão "a benefício de", as palavras "seu crédito, excluída a concorrência de", que foram omitidas por manifesto erro material.

179. *Revogado*. Enunciado nº 357 da IV Jornada.

180. Arts. 575 e 582: A regra do parágrafo único do art. 575 do novo Código Civil, que autoriza a limitação pelo juiz do aluguel-pena arbitrado pelo locador, aplica-se também ao aluguel arbitrado pelo comodante, autorizado pelo art. 582, 2ª parte, do novo Código Civil.

181. Art. 618: O prazo referido no art. 618, parágrafo único, do Código Civil refere-se unicamente à garantia prevista no *caput*, sem prejuízo de poder o dono da obra, com base no mau cumprimento do contrato de empreitada, demandar perdas e danos.

182. Art. 655: O mandato outorgado por instrumento público previsto no art. 655 do Código Civil somente admite substabelecimento por instrumento particular quando a forma pública for facultativa e não integrar a substância do ato.

183. Arts. 660 e 661: Para os casos em que o § 1º do art. 661 exige poderes especiais, a procuração deve conter a identificação do objeto.

184. Arts. 664 e 681: Da interpretação conjunta desses dispositivos, extrai-se que o mandatário tem o direito de reter, do objeto da operação que lhe foi cometida, tudo o que lhe for devido em virtude do mandato, incluindo-se a remuneração ajustada e o reembolso de despesas.

185. Art. 757: A disciplina dos seguros do Código Civil e as normas da previdência privada que impõem a contratação exclusivamente por meio de entidades legalmente autorizadas não impedem a formação de grupos restritos de ajuda mútua, caracterizados pela autogestão.

186. Art. 790: O companheiro deve ser considerado implicitamente incluído no rol das pessoas tratadas no art. 790, parágrafo único, por possuir interesse legítimo no seguro da pessoa do outro companheiro.

187. Art. 798: No contrato de seguro de vida, presume-se, de forma relativa, ser premeditado o suicídio cometido nos dois primeiros anos de vigência da cobertura, ressalvado ao beneficiário o ônus de demonstrar a ocorrência do chamado "suicídio involuntário".

188. Art. 884: A existência de negócio jurídico válido e eficaz é, em regra, uma justa causa para o enriquecimento.

189. Art. 927: Na responsabilidade civil por dano moral causado à pessoa jurídica, o fato lesivo, como dano eventual, deve ser devidamente demonstrado.

190. Art. 931: A regra do art. 931 do novo Código Civil não afasta as normas acerca da responsabilidade pelo fato do produto previstas no art. 12 do Código de Defesa do Consumidor, que continuam mais favoráveis ao consumidor lesado.

191. Art. 932: A instituição hospitalar privada responde, na forma do art. 932, III, do Código Civil, pelos atos culposos praticados por médicos integrantes de seu corpo clínico.

192. Arts. 949 e 950: Os danos oriundos das situações previstas nos arts. 949 e 950 do Código Civil de 2002 devem ser analisados em conjunto, para o efeito de atribuir indenização por perdas e danos materiais, cumulada com dano moral e estético.

3. DIREITO DE EMPRESA

193. Art. 966. O exercício das atividades de natureza exclusivamente intelectual está excluído do conceito de empresa.

194. Art. 966: Os profissionais liberais não são considerados empresários, salvo se a organização dos fatores da produção for mais importante que a atividade pessoal desenvolvida.

195. Art. 966: A expressão "elemento de empresa" demanda interpretação econômica, devendo ser analisada sob a égide da absorção da atividade intelectual, de natureza científica, literária ou artística, como um dos fatores da organização empresarial.

196. Arts. 966 e 982: A sociedade de natureza simples não tem seu objeto restrito às atividades intelectuais.

197. Arts. 966, 967 e 972: A pessoa natural, maior de 16 e menor de 18 anos, é reputada empresário regular se satisfizer os requisitos dos arts. 966 e 967; todavia, não tem direito a concordata preventiva, por não exercer regularmente a atividade por mais de dois anos.

198. Art. 967: A inscrição do empresário na Junta Comercial não é requisito para a sua caracterização, admitindo-se o exercício da empresa sem tal providência. O empresário irregular reúne os requisitos do art. 966, sujeitando-se às normas do Código Civil e da legislação comercial, salvo naquilo em que forem incompatíveis com a sua condição ou diante de expressa disposição em contrário.

199. Art. 967: A inscrição do empresário ou sociedade empresária é requisito delineador de sua regularidade, e não da sua caracterização.

200. Art. 970: É possível a qualquer empresário individual, em situação regular, solicitar seu enquadramento como microempresário ou empresário de pequeno porte, observadas as exigências e restrições legais.

201. Arts. 971 e 984: O empresário rural e a sociedade empresária rural, inscritos no registro público de empresas mercantis, estão sujeitos à falência e podem requerer concordata.

202. Arts. 971 e 984: O registro do empresário ou sociedade rural na Junta Comercial é facultativo e de natureza constitutiva, sujeitando-o ao regime jurídico empresarial. É inaplicável esse regime ao empresário ou sociedade rural que não exercer tal opção.

203. Art. 974: O exercício da empresa por empresário incapaz, representado ou assistido somente é possível nos casos de incapacidade superveniente ou incapacidade do sucessor na sucessão por morte.

204. Art. 977: A proibição de sociedade entre pessoas casadas sob o regime da comunhão universal ou da separação obrigatória só atinge as sociedades constituídas após a vigência do Código Civil de 2002.

205. Art. 977: Adotar as seguintes interpretações ao art. 977: 1. a vedação à participação de cônjuges casados nas condições previstas no artigo refere-se unicamente a uma mesma sociedade; 2. o artigo abrange tanto a participação originária (na constituição da sociedade) quanto a derivada, isto é, fica vedado o ingresso de sócio casado em sociedade de que já participa o outro cônjuge.

206. Arts. 981, 983, 997, 1.006, 1.007 e 1.094: A contribuição do sócio exclusivamente em prestação de serviços é permitida nas sociedades cooperativas (art. 1.094, I) e nas sociedades simples propriamente ditas (art. 983, 2ª parte).

207. Art. 982: A natureza de sociedade simples da cooperativa, por força legal, não a impede de ser sócia de qualquer tipo societário, tampouco de praticar ato de empresa.

208. Arts. 983, 986 e 991: As normas do Código Civil para as sociedades em comum e em conta de participação são aplicáveis independentemente de a atividade dos sócios, ou do sócio ostensivo, ser ou não própria de empresário sujeito a registro (distinção feita pelo art. 982 do CC entre sociedade simples e empresária).

209. Arts. 985, 986 e 1.150: O art. 986 deve ser interpretado em sintonia com os arts. 985 e 1.150, de modo a ser considerada em comum a sociedade que não tenha seu ato constitutivo inscrito no registro próprio ou em desacordo com as normas legais previstas para esse registro (art. 1.150), ressalvadas as hipóteses de registros efetuados de boa-fé.

210. Art. 988: O patrimônio especial a que se refere o art. 988 é aquele afetado ao exercício da atividade, garantidor de terceiro, e de titularidade dos sócios em comum, em face da ausência de personalidade jurídica.

211. Art. 989: Presume-se disjuntiva a administração dos sócios a que se refere o art. 989.

212. Art. 990: Embora a sociedade em comum não tenha personalidade jurídica, o sócio que tem seus bens constritos por dívida contraída em favor da sociedade, e não participou do ato por meio do qual foi contraída a obrigação, tem o direito de indicar bens afetados às atividades empresariais para substituir a constrição.

213. Art. 997: O art. 997, II, não exclui a possibilidade de sociedade simples utilizar firma ou razão social.

214. Arts. 997 e 1.054: As indicações contidas no art. 997 não são exaustivas, aplicando-se outras exigências contidas na legislação pertinente para fins de registro.

215. Art. 998: A sede a que se refere o *caput* do art. 998 poderá ser a da administração ou a do estabelecimento onde se realizam as atividades sociais.

216. Arts. 999, 1.004 e 1.030: O *quorum* de deliberação previsto nos arts. 1.004, parágrafo único, e 1.030 é de maioria absoluta do capital representado pelas quotas dos demais sócios, consoante a regra geral fixada no art. 999 para as deliberações na sociedade simples. Esse entendimento aplica-se ao art. 1.058 em caso de exclusão de sócio remisso ou redução do valor de sua quota ao montante já integralizado.

217. Arts. 1.010 e 1.053: Com a regência supletiva da sociedade limitada, pela lei das sociedades por ações, ao sócio que participar de deliberação na qual tenha interesse contrário ao da sociedade aplicar-se-á o disposto no art. 115, § 3º, da Lei nº 6.404/1976. Nos demais casos, aplica-se o disposto no art. 1.010, § 3º, se o voto proferido foi decisivo para a aprovação da deliberação, ou o art. 187 (abuso do direito), se o voto não tiver prevalecido.

218. Art. 1.011: Não são necessárias certidões de nenhuma espécie para comprovar os requisitos do art. 1.011 no ato de registro da sociedade, bastando declaração de desimpedimento.

219. Art. 1.015: Está positivada a teoria *ultra vires* no Direito brasileiro, com as seguintes ressalvas: a) o ato *ultra vires* não produz efeito apenas em relação à sociedade; b) sem embargo, a sociedade poderá, por meio de seu órgão deliberativo, ratificá-lo; c) o Código Civil amenizou o rigor da teoria *ultra vires*, admitindo os poderes implícitos dos administradores para realizar negócios acessórios ou conexos ao objeto social, os quais não constituem operações evidentemente estranhas aos negócios da sociedade; d) não se aplica o art. 1.015 às sociedades por ações, em virtude da existência de regra especial de responsabilidade dos administradores (art. 158, II, da Lei nº 6.404/1976).

220. Art. 1.016: É obrigatória a aplicação do art. 1.016 do Código Civil de 2002, que regula a responsabilidade dos administradores, a todas as sociedades limitadas, mesmo àquelas cujo contrato social preveja a aplicação supletiva das normas das sociedades anônimas.

221. Art. 1.028: Diante da possibilidade de o contrato social permitir o ingresso na sociedade do sucessor de sócio falecido, ou de os sócios acordarem com os herdeiros a substituição de sócio falecido, sem liquidação da quota em ambos os casos, é lícita a participação de menor em sociedade limitada, estando o capital integralizado, em virtude da inexistência de vedação no Código Civil.

222. Art. 1.053: O art. 997, V, não se aplica a sociedade limitada na hipótese de regência supletiva pelas regras das sociedades simples.

223. Art. 1.053: O parágrafo único do art. 1.053 não significa a aplicação em bloco da Lei nº 6.404/1976 ou das disposições sobre a sociedade simples. O contrato social pode adotar, nas omissões do Código sobre as sociedades limitadas, tanto as regras das sociedades simples quanto as das sociedades anônimas.

224. Art. 1.055: A solidariedade entre os sócios da sociedade limitada pela exata estimação dos bens conferidos ao capital social abrange os casos de constituição e aumento do capital e cessa após cinco anos da data do respectivo registro.

225. Art. 1.057: Sociedade limitada. Instrumento de cessão de quotas. Na omissão do contrato social, a cessão de quotas sociais de uma sociedade limitada pode ser feita por instrumento próprio, averbado junto ao registro da sociedade, independentemente de alteração contratual, nos termos do art. 1.057 e parágrafo único, do Código Civil.

226. Art. 1.074: A exigência da presença de três quartos do capital social, como *quorum* mínimo de instalação em primeira convocação, pode ser alterada pelo contrato de sociedade limitada com até dez sócios, quando as deliberações sociais obedecerem à forma de reunião, sem prejuízo da observância das regras do art. 1.076 referentes ao *quorum* de deliberação.

227. Art. 1.076 c/c art. 1.071: O *quorum* mínimo para a deliberação da cisão da sociedade limitada é de três quartos do capital social.

228. Art. 1.078: As sociedades limitadas estão dispensadas da publicação das demonstrações financeiras a que se refere o § 3º do art. 1.078. Naquelas de até dez sócios, a deliberação de que trata o art. 1.078 pode dar-se na forma dos §§ 2º e 3º do art. 1.072, e a qualquer tempo, desde que haja previsão contratual nesse sentido.

229. Art. 1.080: A responsabilidade ilimitada dos sócios pelas deliberações infringentes da lei ou do contrato torna desnecessária a desconsideração da personalidade jurídica, por não constituir a autonomia patrimonial da pessoa jurídica escudo para a responsabilização pessoal e direta.

230. Art. 1.089: A fusão e a incorporação de sociedade anônima continuam reguladas pelas normas previstas na Lei nº 6.404/1976, não revogadas pelo Código Civil (art. 1.089), quanto a esse tipo societário.

231. Arts. 1.116 a 1.122: A cisão de sociedades continua disciplinada na Lei nº 6.404/1976, aplicável a todos os tipos societários, inclusive no que se refere aos direitos dos credores. Interpretação dos arts. 1.116 a 1.122 do Código Civil.

232. Arts. 1.116, 1.117 e 1.120: Nas fusões e incorporações entre sociedades reguladas pelo Código Civil, é facultativa a elaboração de protocolo firmado pelos sócios ou administradores das sociedades; havendo sociedade anônima ou comandita por ações envolvida na operação, a obrigatoriedade do protocolo e da justificação somente a ela se aplica.

233. Art. 1.142: A sistemática do contrato de trespasse delineada pelo Código Civil nos arts. 1.142 e ss., especialmente seus efeitos obrigacionais, aplica-se somente quando o conjunto de bens transferidos importar a transmissão da funcionalidade do estabelecimento empresarial.

234. Art. 1.148: Quando do trespasse do estabelecimento empresarial, o contrato de locação do respectivo ponto não se transmite automaticamente ao adquirente. Fica cancelado o Enunciado nº 64.

235. Art. 1.179: O pequeno empresário, dispensado da escrituração, é aquele previsto na Lei nº 9.841/1999. Fica cancelado o Enunciado nº 56.

4. DIREITO DAS COISAS

236. Arts. 1.196, 1.205 e 1.212: Considera-se possuidor, para todos os efeitos legais, também a coletividade desprovida de personalidade jurídica.

237. Art. 1.203: É cabível a modificação do título da posse. *interversio possessionis*, na hipótese em que o até então possuidor direto demonstrar ato exterior e inequívoco de oposição ao antigo possuidor indireto, tendo por efeito a caracterização do *animus domini*.

238. Art. 1.210: Ainda que a ação possessória seja intentada além de "ano e dia" da turbação ou esbulho, e, em razão disso, tenha seu trâmite regido pelo procedimento ordinário (CPC, art. 924), nada impede que o juiz conceda a tutela possessória liminarmente, mediante antecipação de tutela, desde que presentes os requisitos autorizadores do art. 273, I ou II, bem como aqueles previstos no art. 461-A e parágrafos, todos do CPC/1973.

239. Art. 1.210: Na falta de demonstração inequívoca de posse que atenda à função social, deve-se utilizar a noção de "melhor posse", com base nos critérios previstos no parágrafo único do art. 507 do Código Civil/1916.

240. Art. 1.228: A justa indenização a que alude o § 5º do art. 1.228 não tem como critério valorativo, necessariamente, a avaliação técnica lastreada no mercado imobiliário, sendo indevidos os juros compensatórios.

241. Art. 1.228: O registro da sentença em ação reivindicatória, que opera a transferência da propriedade para o nome dos possuidores, com fundamento no interesse social (art. 1.228, § 5º), é condicionado ao pagamento da respectiva indenização, cujo prazo será fixado pelo juiz.

242. Art. 1.276: A aplicação do art. 1.276 depende do devido processo legal, em que seja assegurado ao interessado demonstrar a não cessação da posse.

243. Art. 1.276: A presunção de que trata o § 2º do art. 1.276 não pode ser interpretada de modo a contrariar a norma-princípio do art. 150, IV, da Constituição da República.

244. Art. 1.291: O art. 1.291 deve ser interpretado conforme a Constituição, não sendo facultada a poluição das águas, quer sejam essenciais ou não às primeiras necessidades da vida.

245. Art. 1.293: Muito embora omisso acerca da possibilidade de canalização forçada de águas por prédios alheios, para fins da agricultura ou indústria, o art. 1.293 não exclui a possibilidade da canalização forçada pelo vizinho, com prévia indenização aos proprietários prejudicados.

246. Art. 1.331: Fica alterado o Enunciado nº 90, com supressão da parte final: "Nas relações jurídicas inerentes às atividades de seu peculiar interesse". Prevalece o texto: "Deve ser reconhecida personalidade jurídica ao condomínio edilício".

247. Art. 1.331: No condomínio edilício é possível a utilização exclusiva de área "comum" que, pelas próprias características da edificação, não se preste ao "uso comum" dos demais condôminos.

248. Art. 1.334, V: O *quorum* para alteração do regimento interno do condomínio edilício pode ser livremente fixado na convenção.

249. Art. 1.369: A propriedade superficiária pode ser autonomamente objeto de direitos reais de gozo e de garantia, cujo prazo não exceda a duração da concessão da superfície, não se lhe aplicando o art. 1.474.

250. Art. 1.369: Admite-se a constituição do direito de superfície por cisão.

251. Art. 1.379: O prazo máximo para o usucapião extraordinário de servidões deve ser de 15 anos, em conformidade com o sistema geral de usucapião previsto no Código Civil.

252. Art. 1.410: A extinção do usufruto pelo não uso, de que trata o art. 1.410, VIII, independe do prazo previsto no art. 1.389, III, operando-se imediatamente. Tem-se por desatendida, nesse caso, a função social do instituto.

253. Art. 1.417: O promitente comprador, titular de direito real (art. 1.417), tem a faculdade de reivindicar de terceiro o imóvel prometido à venda.

5. DIREITO DE FAMÍLIA E SUCESSÕES

254. Art. 1.573: Formulado o pedido de separação judicial com fundamento na culpa (art. 1.572 e/ou art. 1.573 e incisos), o juiz poderá decretar a separação do casal diante da constatação da insubsistência da comunhão plena de vida (art. 1.511), que caracteriza hipótese de "outros fatos que tornem evidente a impossibilidade da vida em comum", sem atribuir culpa a nenhum dos cônjuges.

255. Art. 1.575: Não é obrigatória a partilha de bens na separação judicial.

256. Art. 1.593: A posse do estado de filho (parentalidade socioafetiva) constitui modalidade de parentesco civil.

257. Art. 1.597: As expressões "fecundação artificial", "concepção artificial" e "inseminação artificial", constantes, respectivamente, dos incisos III, IV e V do art. 1.597 do CC, devem ser interpretadas restritivamente, não abrangendo a utilização de óvulos doados e a gestação de substituição.

258. Arts. 1.597 e 1.601: Não cabe a ação prevista no art. 1.601 do CC se a filiação tiver origem em procriação assistida heteróloga, autorizada pelo marido nos termos do inc. V do art. 1.597, cuja paternidade configura presunção absoluta.

259. Art. 1.621: A revogação do consentimento não impede, por si só, a adoção, observado o melhor interesse do adotando.

► O art. 1.621 do CC foi revogado pela Lei nº 12.010/2009.

260. Arts. 1.639, § 2º, e 2.039: A alteração do regime de bens prevista no § 2º do art. 1.639 do Código Civil também é permitida nos casamentos realizados na vigência da legislação anterior.

261. Art. 1.641: A obrigatoriedade do regime da separação de bens não se aplica a pessoa maior de 60 anos, quando o casamento for precedido de união estável iniciada antes dessa idade.

262. Arts. 1.641 e 1.639: A obrigatoriedade da separação de bens, nas hipóteses previstas nos incisos I e III do art. 1.641 do Código Civil, não impede a alteração do regime, desde que superada a causa que o impôs.

263. Art. 1.707: O art. 1.707 do Código Civil não impede seja reconhecida válida e eficaz a renúncia manifestada por ocasião do divórcio (direto ou indireto) ou da dissolução da "união estável". A irrenunciabilidade do direito a alimentos somente é admitida enquanto subsista vínculo de Direito de Família.

264. Art. 1.708: Na interpretação do que seja procedimento indigno do credor, apto a fazer cessar o direito a alimentos, aplicam-se, por analogia, as hipóteses dos incisos I e II do art. 1.814 do Código Civil.

265. Art. 1.708: Na hipótese de concubinato, haverá necessidade de demonstração da assistência material prestada pelo concubino a quem o credor de alimentos se uniu.

266. Art. 1.790: Aplica-se o inc. I do art. 1.790 também na hipótese de concorrência do companheiro sobrevivente com outros descendentes comuns, e não apenas na concorrência com filhos comuns.

267. Art. 1.798: A regra do art. 1.798 do Código Civil deve ser estendida aos embriões formados mediante o uso de técnicas de reprodução assistida, abrangendo, assim, a vocação hereditária da pessoa humana a nascer cujos efeitos patrimoniais se submetem às regras previstas para a petição da herança.

268. Art. 1.799: Nos termos do inc. I do art. 1.799, pode o testador beneficiar filhos de determinada origem, não devendo ser interpretada extensivamente a cláusula testamentária respectiva.

269. Art. 1.801: A vedação do art. 1.801, III, do Código Civil não se aplica à união estável, independentemente do período de separação de fato (art. 1.723, § 1º).

270. Art. 1.829: O art. 1.829, I, só assegura ao cônjuge sobrevivente o direito de concorrência com os descendentes do autor da herança quando casados no regime da separação convencional de bens ou, se casados nos regimes da comunhão parcial ou participação final nos aquestos, o falecido possuísse bens particulares, hipóteses em que a concorrência se restringe a tais bens, devendo os bens comuns (meação) ser partilhados exclusivamente entre os descendentes.

271. Art. 1.831: O cônjuge pode renunciar ao direito real de habitação, nos autos do inventário ou por escritura pública, sem prejuízo de sua participação na herança.

IV JORNADA DE DIREITO CIVIL

(Realizada em 25 e 27-10-2006)

1. PARTE GERAL

272. Art. 10: Não é admitida em nosso ordenamento jurídico a adoção por ato extrajudicial, sendo indispensável a atuação jurisdicional, inclusive para a adoção de maiores de 18 anos.

273. Art. 10: Tanto na adoção bilateral quanto na unilateral, quando não se preserva o vínculo com qualquer dos genitores originários, deverá ser averbado o cancelamento do registro originário de nascimento do adotado, lavrando-se novo registro. Sendo unilateral a adoção, e sempre que se preserve o vínculo originário com um dos genitores, deverá ser averbada a substituição do nome do pai ou mãe naturais pelo nome do pai ou mãe adotivos.

274. Art. 11: Os direitos da personalidade, regulados de maneira não exaustiva pelo Código Civil, são expressões da cláusula geral de tutela da pessoa humana, contida no art. 1º, III, da Constituição (princípio da dignidade da pessoa humana). Em caso de colisão entre eles, como nenhum pode sobrelevar os demais, deve-se aplicar a técnica da ponderação.

275. Arts. 12 e 20: O rol dos legitimados de que tratam os arts. 12, parágrafo único, e 20, parágrafo único, do Código Civil também compreende o companheiro.

276. Art. 13: O art. 13 do Código Civil, ao permitir a disposição do próprio corpo por exigência médica, autoriza as cirurgias de transgenitalização, em conformidade com os procedimentos estabelecidos pelo Conselho Federal de Medicina, e a consequente alteração do prenome e do sexo no Registro Civil.

277. Art. 14: O art. 14 do Código Civil, ao afirmar a validade da disposição gratuita do próprio corpo, com objetivo científico ou altruístico, para depois da morte, determinou que a manifestação expressa do doador de órgãos em vida prevalece sobre a vontade dos familiares, portanto, a aplicação do art. 4º da Lei nº 9.434/1997 ficou restrita à hipótese de silêncio do potencial doador.

278. Art. 18: A publicidade que divulgar, sem autorização, qualidade inerente a determinada pessoa, ainda que sem mencionar seu nome, mas sendo capaz de identificá-la, constitui violação a direito da personalidade.

279. Art. 20: A proteção à imagem deve ser ponderada com outros interesses constitucionalmente tutelados, especialmente em face do direito de amplo acesso à informação e da liberdade de imprensa. Em caso de colisão, levar-se-á em conta a notoriedade do retratado e dos fatos abordados, bem como a veracidade destes e, ainda, as características de sua utilização (comercial, informativa, biográfica), privilegiando-se medidas que não restrinjam a divulgação de informações.

280. Arts. 44, 57 e 60: Por força do art. 44, § 2º, consideram-se aplicáveis às sociedades reguladas pelo Livro II da Parte Especial, exceto às limitadas, os arts. 57 e 60, nos seguintes termos: a) havendo previsão contratual, é possível aos sócios deliberar a exclusão de sócio por justa causa, pela via extrajudicial, cabendo ao contrato disciplinar o procedimento de exclusão, assegurado o direito de defesa, por aplicação analógica do art. 1.085; b) as deliberações sociais poderão ser convocadas por iniciativa de sócios que representem 1/5 (um quinto) do capital social, na omissão do contrato. A mesma regra aplica-se na hipótese de criação, pelo contrato, de outros órgãos de deliberação colegiada.

281. Art. 50: A aplicação da teoria da desconsideração, descrita no art. 50 do Código Civil, prescinde da demonstração de insolvência da pessoa jurídica.

282. Art. 50: O encerramento irregular das atividades da pessoa jurídica, por si só, não basta para caracterizar abuso da personalidade jurídica.

283. Art. 50: É cabível a desconsideração da personalidade jurídica denominada "inversa" para alcançar bens de sócio que se valeu da pessoa jurídica para ocultar ou desviar bens pessoais, com prejuízo a terceiros.

284. Art. 50: As pessoas jurídicas de direito privado sem fins lucrativos ou de fins não econômicos estão abrangidas no conceito de abuso da personalidade jurídica.

285. Art. 50: A teoria da desconsideração, prevista no art. 50 do Código Civil, pode ser invocada pela pessoa jurídica, em seu favor.

286. Art. 52: Os direitos da personalidade são direitos inerentes e essenciais à pessoa humana, decorrentes de sua dignidade, não sendo as pessoas jurídicas titulares de tais direitos.

287. Art. 98: O critério da classificação de bens indicado no art. 98 do Código Civil não exaure a enumeração dos bens públicos, podendo ainda ser classificado como tal o bem pertencente a pessoa jurídica de direito privado que esteja afetado à prestação de serviços públicos.

288. Arts. 90 e 91: A pertinência subjetiva não constitui requisito imprescindível para a configuração das universalidades de fato e de direito.

289. Art. 108: O valor de 30 salários mínimos constante no art. 108 do Código Civil brasileiro, em referência à forma pública ou particular dos negócios jurídicos que envolvam bens imóveis, é o atribuído pelas partes contratantes, e não qualquer outro valor arbitrado pela Administração Pública com finalidade tributária.

290. Art. 157: A lesão acarretará a anulação do negócio jurídico quando verificada, na formação deste, a desproporção manifesta entre as prestações assumidas pelas partes, não se presumindo a premente necessidade ou a inexperiência do lesado.

291. Art. 157: Nas hipóteses de lesão previstas no art. 157 do Código Civil, pode o lesionado optar por não pleitear a anulação do negócio jurídico, deduzindo, desde logo, pretensão com vista à revisão judicial do negócio por meio da redução do proveito do lesionador ou do complemento do preço.

292. Art. 158: Para os efeitos do art. 158, § 2º, a anterioridade do crédito é determinada pela causa que lhe dá origem, independentemente de seu reconhecimento por decisão judicial.

293. Art. 167: Na simulação relativa, o aproveitamento do negócio jurídico dissimulado não decorre tão somente do afastamento do negócio jurídico simulado, mas do necessário preenchimento de todos os requisitos substanciais e formais de validade daquele.

294. Arts. 167 e 168: Sendo a simulação uma causa de nulidade do negócio jurídico, pode ser alegada por uma das partes contra a outra.

295. Art. 191: A revogação do art. 194 do Código Civil pela Lei nº 11.280/2006, que determina ao juiz o reconhecimento de ofício da prescrição, não retira do devedor a possibilidade de renúncia admitida no art. 191 do texto codificado.

296. Art. 197: Não corre a prescrição entre os companheiros, na constância da união estável.

297. Art. 212: O documento eletrônico tem valor probante, desde que seja apto a conservar a integridade de seu conteúdo e idôneo a apontar sua autoria, independentemente da tecnologia empregada.

298. Arts. 212 e 225: Os arquivos eletrônicos incluem-se no conceito de "reproduções eletrônicas de fatos ou de coisas" do art. 225 do Código Civil, aos quais deve ser aplicado o regime jurídico da prova documental.

299. Art. 2.028: Iniciada a contagem de determinado prazo sob a égide do Código Civil de 1916, e vindo a lei nova a reduzi-lo, prevalecerá o prazo antigo, desde que transcorrido mais de metade deste na data da entrada em vigor do novo Código. O novo prazo será contado a partir de 11 de janeiro de 2003, desprezando-se o tempo anteriormente decorrido, salvo quando o não aproveitamento do prazo já vencido implicar aumento do prazo prescricional previsto na lei revogada, hipótese em que deve ser aproveitado o prazo já transcorrido durante o domínio da lei antiga, estabelecendo-se uma continuidade temporal.

300. Art. 2.035: A lei aplicável aos efeitos atuais dos contratos celebrados antes do novo Código Civil será a vigente na época da celebração; todavia, havendo alteração legislativa que evidencie anacronismo da lei revogada, o juiz equilibrará as obrigações das partes contratantes, ponderando os interesses traduzidos pelas regras revogada e revogadora, bem como a natureza e a finalidade do negócio.

2. DIREITO DAS COISAS

301. Art. 1.198 c/c o art. 1.204: É possível a conversão da detenção em posse, desde que rompida a subordinação, na hipótese de exercício em nome próprio dos atos possessórios.

302. Arts. 1.200 e 1.214: Pode ser considerado justo título para a posse de boa-fé o ato jurídico capaz de transmitir a posse *ad usucapionem*, observado o disposto no art. 113 do Código Civil.

303. Art. 1.201: Considera-se justo título, para a presunção relativa da boa-fé do possuidor, o justo motivo que lhe autoriza a aquisição derivada da posse, esteja ou não materializado em instrumento público ou particular. Compreensão na perspectiva da função social da posse.

304. Art. 1.228: São aplicáveis as disposições dos §§ 4º e 5º do art. 1.228 do Código Civil às ações reivindicatórias relativas a bens públicos dominicais, mantido, parcialmente, o Enunciado nº 83 da I Jornada de Direito Civil, no que concerne às demais classificações dos bens públicos.

305. Art. 1.228: Tendo em vista as disposições dos §§ 3º e 4º do art. 1.228 do Código Civil, o Ministério Público tem o poder-dever de atuar nas hipóteses de desapropriação, inclusive a indireta, que encerrem relevante interesse público, determinado pela natureza dos bens jurídicos envolvidos.

306. Art. 1.228: A situação descrita no § 4º do art. 1.228 do Código Civil enseja a improcedência do pedido reivindicatório.

307. Art. 1.228: Na desapropriação judicial (art. 1.228, § 4º), poderá o juiz determinar a intervenção dos órgãos públicos competentes para o licenciamento ambiental e urbanístico.

308. Art. 1.228: A justa indenização devida ao proprietário em caso de desapropriação judicial (art. 1.228, § 5º) somente deverá ser suportada pela Administração Pública no contexto das políticas públicas de reforma urbana ou agrária, tratando-se de possuidores de baixa renda e desde que tenha havido intervenção daquela nos termos da lei processual. Não sendo os possuidores de baixa renda, aplica-se a orientação do Enunciado nº 84 da I Jornada de Direito Civil.

309. Art. 1.228: O conceito de posse de boa-fé de que trata o art. 1.201 do Código Civil não se aplica ao instituto previsto no § 4º do art. 1.228.

310. Art. 1.228: Interpreta-se extensivamente a expressão "imóvel reivindicado" (art. 1.228, § 4º), abrangendo pretensões tanto no juízo petitório quanto no possessório.

311. Caso não seja pago o preço fixado para a desapropriação judicial, e ultrapassado o prazo prescricional para se exigir o crédito correspondente, estará autorizada a expedição de mandado para registro da propriedade em favor dos possuidores.

312. Art. 1.239: Observado o teto constitucional, a fixação da área máxima para fins de usucapião especial rural levará em consideração o módulo rural e a atividade agrária regionalizada.

313. Arts. 1.239 e 1.240: Quando a posse ocorre sobre área superior aos limites legais, não é possível a aquisição pela via da usucapião especial, ainda que o pedido restrinja a dimensão do que se quer usucapir.

314. Art. 1.240: Para os efeitos do art. 1.240, não se deve computar, para fins de limite de metragem máxima, a extensão compreendida pela fração ideal correspondente à área comum.

315. Art. 1.241: O art. 1.241 do Código Civil permite ao possuidor que figurar como réu em ação reivindicatória ou possessória formular pedido contraposto e postular ao juiz seja declarada adquirida, mediante usucapião, a propriedade imóvel, valendo a sentença como instrumento para registro imobiliário, ressalvados eventuais interesses de confinantes e terceiros.

316. Art. 1.276: Eventual ação judicial de abandono de imóvel, caso procedente, impede o sucesso de demanda petitória.

317. Art. 1.243: A *accessio possessionis* de que trata o art. 1.243, primeira parte, do Código Civil não encontra aplicabilidade relativamente aos arts. 1.239 e 1.240 do mesmo diploma legal, em face da normatividade do usucapião constitucional urbano e rural, arts. 183 e 191, respectivamente.

318. Art. 1.258: O direito à aquisição da propriedade do solo em favor do construtor de má-fé (art. 1.258, parágrafo único) somente é viável quando, além dos requisitos explícitos previstos em lei, houver necessidade de proteger terceiros de boa-fé.

319. Art. 1.277: A condução e a solução das causas envolvendo conflitos de vizinhança devem guardar estreita sintonia com os princípios constitucionais da intimidade, da inviolabilidade da vida privada e da proteção ao meio ambiente.

320. Arts. 1.338 e 1.331: O direito de preferência de que trata o art. 1.338 deve ser assegurado não apenas nos casos de locação, mas também na hipótese de venda da garagem.

321. Art. 1.369: Os direitos e obrigações vinculados ao terreno e, bem assim, aqueles vinculados à construção ou à plantação formam patrimônios distintos e autônomos, respondendo cada um de seus titulares exclusivamente por suas próprias dívidas e obrigações, ressalvadas as fiscais decorrentes do imóvel.

322. Art. 1.376: O momento da desapropriação e as condições da concessão superficiária serão considerados para fins da divisão do montante indenizatório (art. 1.376), constituindo-se litisconsórcio passivo necessário simples entre proprietário e superficiário.

323. É dispensável a anuência dos adquirentes de unidades imobiliárias no "termo de afetação" da incorporação imobiliária.

324. É possível a averbação do termo de afetação de incorporação imobiliária (Lei nº 4.591/1964, art. 31-B) a qualquer tempo, na matrícula do terreno, mesmo antes do registro do respectivo Memorial de Incorporação no Registro de Imóveis.

325. É impenhorável, nos termos da Lei nº 8.009/1990, o direito real de aquisição do devedor fiduciante.

2.1 Proposições legislativas

326. Propõe-se a alteração do art. 31-A da Lei nº 4.591/1964, que passaria a ter a seguinte redação: "Art. 31-A. O terreno e as acessões objeto de incorporação imobiliária, bem como os demais bens e direitos a ela vinculados, manter-se-ão apartados do patrimônio do incorporador e constituirão patrimônio de afetação, destinado à consecução da incorporação correspondente e à entrega das unidades imobiliárias aos respectivos adquirentes".

327. Suprima-se o art. 9º da Lei nº 10.931/2004. (Unânime)

328. Propõe-se a supressão do inc. V do art. 1.334 do Código Civil.

3. DIREITO DE FAMÍLIA E SUCESSÕES

329. Art. 1.520: A permissão para casamento fora da idade núbil merece interpretação orientada pela dimensão substancial do princípio da igualdade jurídica, ética e moral entre o homem e a mulher, evitando-se, sem prejuízo do respeito à diferença, tratamento discriminatório.

330. Art. 1.524: As causas suspensivas da celebração do casamento poderão ser arguidas inclusive pelos parentes em linha reta de um dos nubentes e pelos colaterais em segundo grau, por vínculo decorrente de parentesco civil.

331. Art. 1.639: O estatuto patrimonial do casal pode ser definido por escolha de regime de bens distinto daqueles tipificados no Código Civil (arts. 1.639 e 1.640, parágrafo único), e, para efeito de fiel observância do disposto no art. 1.528 do Código Civil, cumpre certificação a respeito, nos autos do processo de habilitação matrimonial.

332. Art. 1.548: A hipótese de nulidade prevista no inc. I do art. 1.548 do Código Civil se restringe ao casamento realizado por enfermo mental absolutamente incapaz, nos termos do inc. II do art. 3º do Código Civil.

▶ Os referidos art. 3º, II, e 1.548, I, foram revogados pela Lei nº 13.146, de 6-7-2015.

333. *Cancelado*. En. nº 672 da IX Jornada.

334. Art. 1.584: A guarda de fato pode ser reputada como consolidada diante da estabilidade da convivência familiar entre a criança ou o adolescente e o terceiro guardião, desde que seja atendido o princípio do melhor interesse.

335. Art. 1.636: A guarda compartilhada deve ser estimulada, utilizando-se, sempre que possível, da mediação e da orientação de equipe interdisciplinar.

336. Art. 1.584: O parágrafo único do art. 1.584 aplica-se também aos filhos advindos de qualquer forma de família.

337. Art. 1.588: O fato de o pai ou a mãe constituírem nova união não repercute no direito de terem os filhos do leito anterior em sua companhia, salvo quando houver comprometimento da sadia formação e do integral desenvolvimento da personalidade destes.

338. Art. 1.588: A cláusula de não tratamento conveniente para a perda da guarda dirige-se a todos os que integram, de modo direto ou reflexo, as novas relações familiares.

339. A paternidade socioafetiva, calcada na vontade livre, não pode ser rompida em detrimento do melhor interesse do filho.

340. Art. 1.665: No regime da comunhão parcial de bens é sempre indispensável a autorização do cônjuge, ou seu suprimento judicial, para atos de disposição sobre bens imóveis.

341. Art. 1.696: Para os fins do art. 1.696, a relação socioafetiva pode ser elemento gerador de obrigação alimentar.

342. Art. 1.695: Observadas suas condições pessoais e sociais, os avós somente serão obrigados a prestar alimentos aos netos em caráter exclusivo, sucessivo, complementar e não solidário quando os pais destes estiverem impossibilitados de fazê-lo, caso em que as necessidades básicas dos alimentandos serão aferidas, prioritariamente, segundo o nível econômico-financeiro de seus genitores.

343. Art. 1.700: A transmissibilidade da obrigação alimentar é limitada às forças da herança.

344. Art. 1.701: A obrigação alimentar originada do poder familiar, especialmente para atender às necessidades educacionais, pode não cessar com a maioridade.

345. Art. 1.708: O "procedimento indigno" do credor em relação ao devedor, previsto no parágrafo único do art. 1.708 do CC, pode ensejar a exoneração ou apenas a redução do valor da pensão alimentícia para quantia indispensável à sobrevivência do credor.

346. Art. 1.725: Na união estável o regime patrimonial obedecerá à norma vigente no momento da aquisição de cada bem, salvo contrato escrito.

4. DIREITO DAS OBRIGAÇÕES E RESPONSABILIDADE CIVIL

347. Art. 266: A solidariedade admite outras disposições de conteúdo particular além do rol previsto no art. 266 do Código Civil.

348. Arts. 275/282: O pagamento parcial não implica, por si só, renúncia à solidariedade, a qual deve derivar dos termos expressos da quitação ou, inequivocamente, das circunstâncias do recebimento da prestação pelo credor.

349. Art. 282: Com a renúncia à solidariedade quanto a apenas um dos devedores solidários, o credor só poderá cobrar do beneficiado a sua quota na dívida, permanecendo a solidariedade quanto aos demais devedores, abatida do débito a parte correspondente aos beneficiados pela renúncia.

350. Art. 284: A renúncia à solidariedade diferencia-se da remissão, em que o devedor fica inteiramente liberado do vínculo obrigacional, inclusive no que tange ao rateio da quota do eventual codevedor insolvente, nos termos do art. 284.

351. Art. 282: A renúncia à solidariedade em favor de determinado devedor afasta a hipótese de seu chamamento ao processo.

352. Art. 300: Salvo expressa concordância dos terceiros, as garantias por eles prestadas se extinguem com a assunção da dívida; já as garantias prestadas pelo devedor primitivo somente serão mantidas se este concordar com a assunção.

353. Art. 303: A recusa do credor, quando notificado pelo adquirente de imóvel hipotecado comunicando-lhe o interesse em assumir a obrigação, deve ser justificada.

354. Arts. 395, 396 e 408: A cobrança de encargos e parcelas indevidas ou abusivas impede a caracterização da mora do devedor.

355. Art. 413: Não podem as partes renunciar à possibilidade de redução da cláusula penal se ocorrer qualquer das hipóteses previstas no art. 413 do Código Civil, por se tratar de preceito de ordem pública.

356. Art. 413: Nas hipóteses previstas no art. 413 do Código Civil, o juiz deverá reduzir a cláusula penal de ofício.

357. Art. 413: O art. 413 do Código Civil é o que complementa o art. 4º da Lei nº 8.245/1991. Revogado o Enunciado nº 179 da III Jornada.

358. Art. 413: O caráter manifestamente excessivo do valor da cláusula penal não se confunde com a alteração das circunstâncias, a excessiva onerosidade e a frustração do fim do negócio jurídico, que podem incidir autonomamente e possibilitar sua revisão para mais ou para menos.

359. Art. 413: A redação do art. 413 do Código Civil não impõe que a redução da penalidade seja proporcionalmente idêntica ao percentual adimplido.

360. Art. 421: O princípio da função social dos contratos também pode ter eficácia interna entre as partes contratantes.

361. Arts. 421, 422 e 475: O adimplemento substancial decorre dos princípios gerais contratuais, de modo a fazer preponderar a função social do contrato e o princípio da boa-fé objetiva, balizando a aplicação do art. 475.

362. Art. 422: A vedação do comportamento contraditório (*venire contra factum proprium*) funda-se na proteção da confiança, tal como se extrai dos arts. 187 e 422 do Código Civil.

363. Art. 422: Os princípios da probidade e da confiança são de ordem pública, sendo obrigação da parte lesada apenas demonstrar a existência da violação.

364. Arts. 424 e 828: No contrato de fiança é nula a cláusula de renúncia antecipada ao benefício de ordem quando inserida em contrato de adesão.

365. Art. 478. A extrema vantagem do art. 478 deve ser interpretada como elemento acidental da alteração das circunstâncias, que comporta a incidência da resolução ou revisão do negócio por onerosidade excessiva, independentemente de sua demonstração plena.

366. Art. 478: O fato extraordinário e imprevisível causador de onerosidade excessiva é aquele que não está coberto objetivamente pelos riscos próprios da contratação.

367. Art. 479: Em observância ao princípio da conservação do contrato, nas ações que tenham por objeto a resolução do pacto por excessiva onerosidade, pode o juiz modificá-lo equitativamente, desde que ouvida a parte autora, respeitada sua vontade e observado o contraditório.

368. Art. 496: O prazo para anular venda de ascendente para descendente é decadencial de dois anos (art. 179 do Código Civil).

369. Arts. 732 e 735: Diante do preceito constante no art. 732 do Código Civil, teleologicamente e em uma visão constitucional de unidade do sistema, quando o contrato de transporte constituir uma relação de consumo, aplicam-se as normas do Código de Defesa do Consumidor que forem mais benéficas a este.

370. Art. 757: Nos contratos de seguro por adesão, os riscos predeterminados indicados no art. 757, parte final, devem ser interpretados de acordo com os arts. 421, 422, 424, 759 e 799 do Código Civil e 1º, III, da Constituição Federal.

371. Art. 763: A mora do segurado, sendo de escassa importância, não autoriza a resolução do contrato, por atentar ao princípio da boa-fé objetiva.

372. Art. 766: Em caso de negativa de cobertura securitária por doença preexistente, cabe à seguradora comprovar que o segurado tinha conhecimento inequívoco daquela.

373. Art. 787: Embora sejam defesos pelo § 2º do art. 787 do Código Civil, o reconhecimento da responsabilidade, a confissão da ação ou a transação não retiram do segurado o direito à garantia, sendo apenas ineficazes perante a seguradora.

374. Arts. 792 e 795: No contrato de seguro, o juiz deve proceder com equidade, atentando às circunstâncias reais, e não a probabilidades infundadas, quanto à agravação dos riscos.

375. Art. 801: No seguro em grupo de pessoas, exige-se o quórum qualificado de 3/4 do grupo, previsto no § 2º do art. 801 do Código Civil, apenas quando as modificações impuserem novos ônus aos participantes ou restringirem seus direitos na apólice em vigor.

376. Art. 763: Para efeito de aplicação do art. 763 do Código Civil, a resolução do contrato depende de prévia interpelação.

377. Art. 927. O art. 7º, XXVIII, da Constituição Federal não é impedimento para a aplicação do disposto no art. 927, parágrafo único, do Código Civil quando se tratar de atividade de risco.

378. Art. 931: Aplica-se o art. 931 do Código Civil, haja ou não relação de consumo.

379. Art. 944: O art. 944, *caput*, do Código Civil não afasta a possibilidade de se reconhecer a função punitiva ou pedagógica da responsabilidade civil.

380. Art. 944: Atribui-se nova redação ao Enunciado nº 46 da I Jornada de Direito Civil, pela supressão da parte final: não se aplicando às hipóteses de responsabilidade objetiva.

381. Art. 950, parágrafo único: O lesado pode exigir que a indenização sob a forma de pensionamento seja arbitrada e paga de uma só vez, salvo impossibilidade econômica do devedor, caso em que o juiz poderá fixar outra forma de pagamento, atendendo à condição financeira do ofensor e aos benefícios resultantes do pagamento antecipado.

5. DIREITO DE EMPRESA

382. Art. 983: Nas sociedades, o registro observa a natureza da atividade (empresarial ou não, art. 966); as demais questões seguem as normas pertinentes ao tipo societário adotado (art. 983). São exceções as sociedades por ações e as cooperativas (art. 982, parágrafo único).

383. Art. 997: A falta de registro do contrato social (irregularidade originária, art. 998) ou de alteração contratual versando sobre matéria referida no art. 997 (irregularidade superveniente, art. 999, parágrafo único) conduz à aplicação das regras da sociedade em comum (art. 986).

384. Art. 999: Nas sociedades personificadas previstas no Código Civil, exceto a cooperativa, é admissível o acordo de sócios, por aplicação analógica das normas relativas às sociedades por ações pertinentes ao acordo de acionistas.

385. Art. 999: A unanimidade exigida para a modificação do contrato social somente alcança as matérias referidas no art. 997, prevalecendo, nos demais casos de deliberação dos sócios, a maioria absoluta, se outra mais qualificada não for prevista no contrato.

386. Na apuração dos haveres do sócio devedor, por consequência da liquidação de suas quotas na sociedade para pagamento ao seu credor (art. 1.026, parágrafo único), não devem ser consideradas eventuais disposições contratuais restritivas à determinação de seu valor.

387. Art. 1.026: A opção entre fazer a execução recair sobre o que ao sócio couber no lucro da sociedade ou sobre a parte que lhe tocar em dissolução orienta-se pelos princípios da menor onerosidade e da função social da empresa.

388. Art. 1.026: O disposto no art. 1.026 do Código Civil não exclui a possibilidade de o credor fazer recair a execução sobre os direitos patrimoniais da quota de participação que o devedor possui no capital da sociedade.

389. Art. 1.026: Quando se tratar de sócio de serviço, não poderá haver penhora das verbas descritas no art. 1.026, se de caráter alimentar.

390. *Revogado*. Enunciado nº 480 da V Jornada.

391. Arts. 1.031, 1.057 e 1.058: A sociedade limitada pode adquirir suas próprias quotas, observadas as condições estabelecidas na Lei das Sociedades por Ações.

392. Art. 1.077: Nas hipóteses do art. 1.077 do CC, cabe aos sócios delimitar seus contornos para compatibilizá-los com os princípios da preservação e da função social da empresa, aplicando-se, supletiva (art. 1.053, parágrafo único) ou analogicamente (art. 4º da LICC), o art. 137, § 3º, da Lei das Sociedades por Ações, para permitir a reconsideração da deliberação que autorizou a retirada do sócio dissidente.

► A antiga Lei de Introdução ao Código Civil – LICC (Dec.-lei nº 4.657, de 9-4-1942) teve sua ementa alterada pela Lei nº 12.376, de 30-12-2010, para Lei de Introdução às Normas de Direito Brasileiro – LINDB.

393. Art. 1.143: A validade da alienação do estabelecimento empresarial não depende de forma específica, observado o regime jurídico dos bens que a exijam.

394. Art. 2.031: Ainda que não promovida a adequação do contrato social no prazo previsto no art. 2.031 do Código Civil, as sociedades não perdem a personalidade jurídica adquirida antes de seu advento.

395. Art. 2.031: A sociedade registrada antes da vigência do Código Civil não está obrigada a adaptar seu nome às novas disposições.

396. Art. 2.035: A capacidade para contratar a constituição da sociedade submete-se à lei vigente no momento do registro.

V JORNADA DE DIREITO CIVIL

(Realizada em 9 e 11-11-2011)

1. PARTE GERAL

397. Art. 5º: A emancipação por concessão dos pais ou por sentença do juiz está sujeita à desconstituição por vício de vontade.

398. Art. 12, parágrafo único: As medidas previstas no art. 12, parágrafo único, do Código Civil podem ser invocadas por qualquer uma das pessoas ali mencionadas de forma concorrente e autônoma.

399. Arts. 12, parágrafo único, e 20, parágrafo único: Os poderes conferidos aos legitimados para a tutela *post mortem* dos direitos da personalidade, nos termos dos. arts. 12, parágrafo único, e 20, parágrafo único, do Código Civil, não compreendem a faculdade de limitação voluntária.

400. Arts. 12, parágrafo único, e 20, parágrafo único: Os parágrafos únicos dos arts. 12 e 20 asseguram legitimidade, por direito próprio, aos parentes, cônjuge ou companheiro para a tutela contra lesão perpetrada *post mortem*.

401. Art. 13: Não contraria os bons costumes a cessão gratuita de direitos de uso de material biológico para fins de pesquisa científica, desde que a manifestação de vontade tenha sido livre, esclarecida e puder ser revogada a qualquer tempo, conforme as normas éticas que regem a pesquisa científica e o respeito aos direitos fundamentais.

402. Art. 14, parágrafo único: O art. 14, parágrafo único, do Código Civil, fundado no consentimento informado, não dispensa o consentimento dos adolescentes para a doação de medula óssea prevista no art. 9º, § 6º, da Lei nº 9.434/1997 por aplicação analógica dos arts. 28, § 2º (alterado pela Lei nº 12.010/2009), e 45, § 2º, do ECA.

403. Art. 15: O direito à inviolabilidade de consciência e de crença, previsto no art. 5º, VI, da Constituição Federal, aplica-se também à pessoa que se nega a tratamento médico, inclusive transfusão de sangue, com ou sem risco de morte, em razão do tratamento ou da falta dele, desde que observados os seguintes critérios: a) capacidade civil plena, excluído o suprimento pelo representante ou assistente; b) manifestação de vontade livre, consciente e informada; e c) oposição que diga respeito exclusivamente à própria pessoa do declarante.

404. Art. 21: A tutela da privacidade da pessoa humana compreende os controles espacial, contextual e temporal dos próprios dados, sendo necessário seu expresso consentimento para tratamento de informações que versem especialmente o estado de saúde, a condição sexual, a origem racial ou étnica, as convicções religiosas, filosóficas e políticas.

405. Art. 21: As informações genéticas são parte da vida privada e não podem ser utilizadas para fins diversos daqueles que motivaram seu armazenamento, registro ou uso, salvo com autorização do titular.

406. Art. 50: A desconsideração da personalidade jurídica alcança os grupos de sociedade quando estiverem presentes os pressupostos do art. 50 do Código Civil e houver prejuízo para os credores até o limite transferido entre as sociedades.

407. Art. 61: A obrigatoriedade de destinação do patrimônio líquido remanescente da associação à instituição municipal, estadual ou federal de fins idênticos ou semelhantes, em face da omissão do estatuto, possui caráter subsidiário, devendo prevalecer a vontade dos associados, desde que seja contemplada entidade que persiga fins não econômicos.

408. Arts. 70 e 7º da Lei de Introdução às Normas do Direito Brasileiro: Para efeitos de interpretação da expressão "domicílio" do art. 7º da Lei de Introdução às Normas do Direito Brasileiro, deve ser considerada, nas hipóteses de litígio internacional relativo a criança ou adolescente, a residência habitual destes, pois se trata de situação fática internacionalmente aceita e conhecida.

409. Art. 113: Os negócios jurídicos devem ser interpretados não só conforme a boa-fé e os usos do lugar de sua celebração, mas também de acordo com as práticas habitualmente adotadas entre as partes.

410. Art. 157: A inexperiência a que se refere o art. 157 não deve necessariamente significar imaturidade ou desconhecimento em relação à prática de negócios jurídicos em geral, podendo ocorrer também quando o lesado, ainda que estipule contratos costumeiramente, não tenha conhecimento específico sobre o negócio em causa.

411. Art. 186: O descumprimento de contrato pode gerar dano moral quando envolver valor fundamental protegido pela Constituição Federal de 1988.

412. Art. 187: As diversas hipóteses de exercício inadmissível de uma situação jurídica subjetiva, tais como *supressio*, *tu quoque*, *surrectio* e *venire contra factum proprium*, são concreções da boa-fé objetiva.

413. Art. 187: Os bons costumes previstos no art. 187 do Código Civil possuem natureza subjetiva, destinada ao controle da moralidade social de determinada época, e objetiva, para permitir a sindicância da violação dos negócios jurídicos em questões não abrangidas pela função social e pela boa-fé objetiva.

414. Art. 187: A cláusula geral do art. 187 do CC tem fundamento constitucional nos princípios da solidariedade, devido processo legal e proteção da confiança, e aplica-se a todos os ramos do direito.

415. Art. 190: O art. 190 do Código Civil refere-se apenas às exceções impróprias (dependentes/não autônomas). As exceções propriamente ditas (independentes/autônomas) são imprescritíveis.

416. Art. 202: A propositura de demanda judicial pelo devedor, que importe impugnação do débito contratual ou de cártula representativa do direito do credor, é causa interruptiva da prescrição.

417. Art. 202, I: O art. 202, I, do CC deve ser interpretado sistematicamente com o art. 219, § 1º, do CPC, de modo a se entender que o efeito interruptivo da prescrição produzido pelo despacho que ordena a citação é retroativo até a data da propositura da demanda.

418. Art. 206: O prazo prescricional de três anos para a pretensão relativa a aluguéis aplica-se aos contratos de locação de imóveis celebrados com a administração pública.

419. Art. 206, § 3º, V: O prazo prescricional de três anos para a pretensão de reparação civil aplica-se tanto à responsabilidade contratual quanto à responsabilidade extracontratual.

420. Art. 206, § 3º, V: Não se aplica o art. 206, § 3º, V, do Código Civil às pretensões indenizatórias decorrentes de acidente de trabalho, após a vigência da Emenda Constitucional nº 45, incidindo a regra do art. 7º, XXIX, da Constituição da República.

2. DIREITO DAS OBRIGAÇÕES

421. Arts. 112 e 113: Os contratos coligados devem ser interpretados segundo os critérios hermenêuticos do Código Civil, em especial os dos arts. 112 e 113, considerada a sua conexão funcional.

422. Art. 300: (Fica mantido o teor do Enunciado nº 352) A expressão "garantias especiais" constante do art. 300 do CC/2002 refere-se a todas as garantias, quaisquer delas, reais ou fidejussórias, que tenham sido prestadas voluntária e originariamente pelo devedor primitivo ou por terceiro, vale dizer, aquelas que dependeram da vontade do garantidor, devedor ou terceiro para se constituírem.

423. Art. 301: O art. 301 do CC deve ser interpretado de forma a também abranger os negócios jurídicos nulos e a significar a continuidade da relação obrigacional originária em vez de "restauração", porque, envolvendo hipótese de transmissão, aquela relação nunca deixou de existir.

424. Art. 303, segunda parte: A comprovada ciência de que o reiterado pagamento é feito por terceiro no interesse próprio produz efeitos equivalentes aos da notificação de que trata o art. 303, segunda parte.

425. Art. 308: O pagamento repercute no plano da eficácia, e não no plano da validade como preveem os arts. 308, 309 e 310 do Código Civil.

426. Art. 389: Os honorários advocatícios previstos no art. 389 do Código Civil não se confundem com as verbas de sucumbência, que, por força do art. 23 da Lei nº 8.906/1994, pertencem ao advogado.

427. Art. 397, parágrafo único: É válida a notificação extrajudicial promovida em serviço de registro de títulos e documentos de circunscrição judiciária diversa da do domicílio do devedor.

428. Art. 405: Os juros de mora, nas obrigações negociais, fluem a partir do advento do termo da prestação, estando a incidência do disposto no art. 405 da codificação limitada às hipóteses em que a citação representa o papel de notificação do devedor ou àquelas em que o objeto da prestação não tem liquidez.

429. Art. 413: As multas previstas nos acordos e convenções coletivas de trabalho, cominadas para impedir o descumprimento das disposições normativas constantes desses instrumentos, em razão da negociação coletiva dos sindicatos e empresas, têm natureza de cláusula penal e, portanto, podem ser reduzidas pelo juiz do trabalho quando cumprida parcialmente a cláusula ajustada ou quando se tornarem excessivas para o fim proposto, nos termos do art. 413 do Código Civil.

430. Art. 416, parágrafo único: No contrato de adesão, o prejuízo comprovado do aderente que exceder ao previsto na cláusula penal compensatória poderá ser exigido pelo credor independentemente de convenção.

431. Art. 421: A violação do art. 421 conduz à invalidade ou à ineficácia do contrato ou de cláusulas contratuais.

432. Art. 422: Em contratos de financiamento bancário, são abusivas cláusulas contratuais de repasse de custos administrativos (como análise do crédito, abertura de cadastro, emissão de fichas de compensação bancária etc.), seja por estarem intrinsecamente vinculadas ao exercício da atividade econômica, seja por violarem o princípio da boa-fé objetiva.

433. Art. 424: A cláusula de renúncia antecipada ao direito de indenização e retenção por benfeitorias necessárias é nula em contrato de locação de imóvel urbano feito nos moldes do contrato de adesão.

434. Art. 456: A ausência de denunciação da lide ao alienante, na evicção, não impede o exercício de pretensão reparatória por meio de via autônoma.

435. Art. 462: O contrato de promessa de permuta de bens imóveis é título passível de registro na matrícula imobiliária.

436. Art. 474: A cláusula resolutiva expressa produz efeitos extintivos independentemente de pronunciamento judicial.

437. Art. 475: A resolução da relação jurídica contratual também pode decorrer do inadimplemento antecipado.

438. Art. 477: A exceção de inseguridade, prevista no art. 477, também pode ser oposta à parte cuja conduta põe, manifestamente em risco, a execução do programa contratual.

439. Art. 478: A revisão do contrato por onerosidade excessiva fundada no Código Civil deve levar em conta a natureza do objeto do contrato. Nas relações empresariais, observar-se-á a sofisticação dos contratantes e a alocação de riscos por eles assumidas com o contrato.

440. Art. 478: É possível a revisão ou resolução por excessiva onerosidade em contratos aleatórios, desde que o evento superveniente, extraordinário e imprevisível não se relacione com a álea assumida no contrato.

441. Art. 488, parágrafo único: Na falta de acordo sobre o preço, não se presume concluída a compra e venda. O parágrafo único do art. 488 somente se aplica se houverem diversos preços habitualmente praticados pelo vendedor, caso em que prevalecerá o termo médio.

442. Art. 844: A transação, sem a participação do advogado credor dos honorários, é ineficaz quanto aos honorários de sucumbência definidos no julgado.

3. RESPONSABILIDADE CIVIL

443. Arts. 393 e 927: O caso fortuito e a força maior somente serão considerados como excludentes da responsabilidade civil quando o fato gerador do dano não for conexo à atividade desenvolvida.

444. Art. 927: A responsabilidade civil pela perda de chance não se limita à categoria de danos extrapatrimoniais, pois, conforme as circunstâncias do caso concreto, a chance perdida pode apresentar também a natureza jurídica de dano patrimonial. A chance deve ser séria e real, não ficando adstrita a percentuais apriorísticos.

445. Art. 927: O dano moral indenizável não pressupõe necessariamente a verificação de sentimentos humanos desagradáveis como dor ou sofrimento.

446. Art. 927: A responsabilidade civil prevista na segunda parte do parágrafo único do art. 927 do Código Civil deve levar em consideração não apenas a proteção da vítima e a atividade do ofensor, mas também a prevenção e o interesse da sociedade.

447. Art. 927: As agremiações esportivas são objetivamente responsáveis por danos causados a terceiros pelas torcidas organizadas, agindo nessa qualidade, quando, de qualquer modo, as financiem ou custeiem, direta ou indiretamente, total ou parcialmente.

448. Art. 927: A regra do art. 927, parágrafo único, segunda parte, do CC aplica-se sempre que a atividade normalmente desenvolvida, mesmo sem defeito e não essencialmente perigosa, induza, por sua natureza, risco especial e diferenciado aos direitos de outrem. São critérios de avaliação desse risco, entre outros, a estatística, a prova técnica e as máximas de experiência.

449. Art. 928, parágrafo único: A indenização equitativa a que se refere o art. 928, parágrafo único, do CC não é necessariamente reduzida sem prejuízo do Enunciado nº 39 da I Jornada de Direito Civil.

450. Art. 932, I: Considerando que a responsabilidade dos pais pelos atos danosos praticados pelos filhos menores é objetiva, e não por culpa presumida, ambos os genitores, no exercício do poder familiar, são, em regra, solidariamente responsáveis por tais atos, ainda que estejam separados, ressalvado o direito de regresso em caso de culpa exclusiva de um dos genitores.

451. Arts. 932 e 933: A responsabilidade civil por ato de terceiro funda-se na responsabilidade objetiva ou independente de culpa, estando superado o modelo de culpa presumida.

452. Art. 936: A responsabilidade civil do dono ou detentor de animal é objetiva, admitindo-se a excludente do fato exclusivo de terceiro.

453. Art. 942: Na via regressiva, a indenização atribuída a cada agente será fixada proporcionalmente à sua contribuição para o evento danoso.

454. Art. 943: O direito de exigir reparação a que se refere o art. 943 do Código Civil abrange inclusive os danos morais, ainda que a ação não tenha sido iniciada pela vítima.

455. Art. 944: Embora o reconhecimento dos danos morais se dê, em numerosos casos, independentemente de prova (*in re ipsa*), para a sua adequada quantificação, deve o juiz investigar, sempre que entender necessário, as circunstâncias do caso concreto, inclusive por intermédio da produção de depoimento pessoal e da prova testemunhal em audiência.

456. Art. 944: A expressão "dano" no art. 944 abrange não só os danos individuais, materiais ou imateriais, mas também os danos sociais, difusos, coletivos e individuais homogêneos a serem reclamados pelos legitimados para propor ações coletivas.

457. Art. 944: A redução equitativa da indenização tem caráter excepcional e somente será realizada quando a amplitude do dano extrapolar os efeitos razoavelmente imputáveis à conduta do agente.

458. Art. 944: O grau de culpa do ofensor, ou a sua eventual conduta intencional, deve ser levado em conta pelo juiz para a quantificação do dano moral.

459. Art. 945: A conduta da vítima pode ser fator atenuante do nexo de causalidade na responsabilidade civil objetiva.

460. Art. 951: A responsabilidade subjetiva do profissional da área da saúde, nos termos dos arts. 951 do Código Civil e 14, § 4º, do Código de Defesa do Consumidor, não afasta a sua responsabilidade objetiva pelo fato da coisa da qual tem a guarda, em caso de uso de aparelhos ou instrumentos que, por eventual disfunção, venham a causar danos a pacientes, sem prejuízo do direito regressivo do profissional em relação ao fornecedor do aparelho e sem prejuízo da ação direta do paciente, na condição de consumidor, contra tal fornecedor.

4. DIREITO DE EMPRESA

461. Art. 889: As duplicatas eletrônicas podem ser protestadas por indicação e constituirão título executivo extrajudicial mediante a exibição pelo credor do instrumento de protesto, acompanhado do comprovante de entrega das mercadorias ou de prestação dos serviços.

462. Art. 889, § 3º: Os títulos de crédito podem ser emitidos, aceitos, endossados ou avalizados eletronicamente, mediante assinatura com certificação digital, respeitadas as exceções previstas em lei.

463. Art. 897: A prescrição da pretensão executória não atinge o próprio direito material ou crédito que podem ser exercidos ou cobrados por outra via processual admitida pelo ordenamento jurídico.

464. Art. 903: Revisão do Enunciado nº 52 – As disposições relativas aos títulos de crédito do Código Civil aplicam-se àqueles regulados por leis especiais no caso de omissão ou lacuna.

465. Arts. 968, § 3º, e 1.033, parágrafo único: A "transformação de registro" prevista nos arts. 968, § 3º, e 1.033, parágrafo único, do Código Civil não se confunde com a figura da transformação de pessoa jurídica.

466. Arts. 968, IV, parte final, e 997, II: Para fins do direito falimentar, o local do principal estabelecimento é aquele de onde partem as decisões empresariais, e não necessariamente a sede indicada no registro público.

467. Art. 974, § 3º: A exigência de integralização do capital social prevista no art. 974, § 3º, não se aplica à participação de incapazes em sociedades anônimas e em sociedades com sócios de responsabilidade ilimitada nas quais a integralização do capital social não influa na proteção do incapaz.

468. Art. 980-A: A empresa individual de responsabilidade limitada só poderá ser constituída por pessoa natural.

469. Arts. 44 e 980-A: A empresa individual de responsabilidade limitada (EIRELI) não é sociedade, mas novo ente jurídico personificado.

470. Art. 980-A: O patrimônio da empresa individual de responsabilidade limitada responderá pelas dívidas da pessoa jurídica, não se confundindo com o patrimônio da pessoa natural que a constitui, sem prejuízo da aplicação do instituto da desconsideração da personalidade jurídica.

471. Os atos constitutivos da EIRELI devem ser arquivados no registro competente, para fins de aquisição de personalidade jurídica. A falta de arquivamento ou de registro de alterações dos atos constitutivos configura irregularidade superveniente.

472. Art. 980-A: É inadequada a utilização da expressão "social" para as empresas individuais de responsabilidade limitada.

473. Art. 980-A, § 5º: A imagem, o nome ou a voz não podem ser utilizados para a integralização do capital da EIRELI.

474. Arts. 981 e 983: Os profissionais liberais podem organizar-se sob a forma de sociedade simples, convencionando a responsabilidade limitada dos sócios por dívidas da sociedade, a despeito da responsabilidade ilimitada por atos praticados no exercício da profissão.

475. Arts. 981 e 983: Considerando ser da essência do contrato de sociedade a partilha do risco entre os sócios, não desfigura a sociedade simples o fato de o respectivo contrato social prever distribuição de lucros, rateio de despesas e concurso de auxiliares.

476. Art. 982: Eventuais classificações conferidas pela lei tributária às sociedades não influem para sua caracterização como empresárias ou simples, especialmente no que se refere ao registro dos atos constitutivos e à submissão ou não aos dispositivos da Lei nº 11.101/2005.

477. Art. 983: O art. 983 do Código Civil permite que a sociedade simples opte por um dos tipos empresariais dos arts. 1.039 a 1.092 do CC. Adotada a forma de sociedade anônima ou de comandita por ações, porém ela será considerada empresária.

478. Art. 997, *caput* e III: A integralização do capital social em bens imóveis pode ser feita por instrumento particular de contrato social ou de alteração contratual, ainda que se trate de sociedade sujeita ao registro exclusivamente no registro civil de pessoas jurídicas.

479. Art. 997, VII: Na sociedade simples pura (art. 983, parte final, do CC/2002), a responsabilidade dos sócios depende de previsão contratual. Em caso de omissão, será ilimitada e subsidiária, conforme o disposto nos arts. 1.023 e 1.024 do CC/2002.

480. Art. 1.029: Revogado o Enunciado nº 390 da III Jornada ["Em regra, é livre a retirada de sócio nas sociedades limitadas e anônimas fechadas, por prazo indeterminado, desde que tenham integralizado a respectiva parcela do capital, operando-se a denúncia (arts. 473 e 1.029)"].

481. Art. 1.030, parágrafo único: O insolvente civil fica de pleno direito excluído das sociedades contratuais das quais seja sócio.

482. Arts. 884 e 1.031: Na apuração de haveres de sócio retirante de sociedade *holding* ou controladora, deve ser apurado o valor global do patrimônio, salvo previsão contratual diversa. Para tanto, deve-se considerar o valor real da participação da *holding* ou controladora nas sociedades que o referido sócio integra.

483. Art. 1.033, parágrafo único: Admite-se a transformação do registro da sociedade anônima, na hipótese do art. 206, I, *d*, da Lei nº 6.404/1976, em empresário individual ou empresa individual de responsabilidade limitada.

484. Art. 1.074, § 1º: Quando as deliberações sociais obedecerem à forma de reunião, na sociedade limitada com até 10 (dez) sócios, é possível que a representação do sócio seja feita por outras pessoas além das mencionadas no § 1º do art. 1.074 do Código Civil (outro sócio ou advogado), desde que prevista no contrato social.

485. Art. 1.076: O sócio que participa da administração societária não pode votar nas deliberações acerca de suas próprias contas, na forma dos arts. 1.071, I, e 1.074, § 2º, do Código Civil.

486. Art. 1.134: A sociedade estrangeira pode, independentemente de autorização do Poder Executivo, ser sócia em sociedades de outros tipos além das anônimas.

487. Arts. 50, 884, 1.009, 1.016, 1.036 e 1.080: Na apuração de haveres de sócio retirante (art. 1.031 do CC), devem ser afastados os efeitos da diluição injustificada e ilícita da participação deste na sociedade.

ENUNCIADOS

488. Art. 1.142 e Súmula nº 451 do STJ: Admite-se a penhora do *website* e de outros intangíveis relacionados com o comércio eletrônico.

489. Arts. 1.043, II, 1.051, 1.063, § 3º, 1.084, § 1º, 1.109, parágrafo único, 1.122, 1.144, 1.146, 1.148 e 1.149 do Código Civil; e 71 da Lei Complementar nº 123/2006: No caso da microempresa, da empresa de pequeno porte e do microempreendedor individual, dispensados de publicação dos seus atos (art. 71 da Lei Complementar nº 123/2006), os prazos estabelecidos no Código Civil contam-se da data do arquivamento do documento (termo inicial) no registro próprio.

490. Art. 1.147: A ampliação do prazo de cinco anos de proibição de concorrência pelo alienante ao adquirente do estabelecimento, ainda que convencionada no exercício da autonomia da vontade, pode ser revista judicialmente, se abusiva.

491. Art. 1.166: A proteção ao nome empresarial, limitada ao Estado-Membro para efeito meramente administrativo, estende-se a todo o território nacional por força do art. 5º, XXIX, da Constituição da República e do art. 8º da Convenção Unionista de Paris.

5. DIREITO DAS COISAS

492. A posse constitui direito autônomo em relação à propriedade e deve expressar o aproveitamento dos bens para o alcance de interesses existenciais, econômicos e sociais merecedores de tutela.

493. O detentor (art. 1.198 do Código Civil) pode, no interesse do possuidor, exercer a autodefesa do bem sob seu poder.

494. A faculdade conferida ao sucessor singular de somar ou não o tempo da posse de seu antecessor não significa que, ao optar por nova contagem, estará livre do vício objetivo que maculava a posse anterior.

495. No desforço possessório, a expressão "contanto que o faça logo" deve ser entendida restritivamente apenas como a reação imediata ao fato do esbulho ou da turbação, cabendo ao possuidor recorrer à via jurisdicional nas demais hipóteses.

496. O conteúdo do art. 1.228, §§ 4º e 5º, pode ser objeto de ação autônoma, não se restringindo à defesa em pretensões reivindicatórias.

497. O prazo, na ação de usucapião, pode ser completado no curso do processo, ressalvadas as hipóteses de má-fé processual do autor.

498. A fluência do prazo de dois anos previsto pelo art. 1.240-A para a nova modalidade de usucapião nele contemplada tem início com a entrada em vigor da Lei nº 12.424/2011.

499. A aquisição da propriedade na modalidade de usucapião prevista no art. 1.240-A do Código Civil só pode ocorrer em virtude de implemento de seus pressupostos anteriormente ao divórcio. O requisito "abandono do lar" deve ser interpretado de maneira cautelosa, mediante a verificação de que o afastamento do lar conjugal representa descumprimento simultâneo de outros deveres conjugais, tais como assistência material e sustento do lar, onerando desigualmente aquele que se manteve na residência familiar e que se responsabiliza unilateralmente pelas despesas oriundas da manutenção da família e do próprio imóvel, o que justifica a perda da propriedade e a alteração do regime de bens quanto ao imóvel objeto de usucapião.

500. A modalidade de usucapião prevista no art. 1.240-A do Código Civil pressupõe a propriedade comum do casal e compreende todas as formas de família ou entidades familiares, inclusive homoafetivas.

501. As expressões "ex-cônjuge" e "ex-companheiro", contidas no art. 1.240-A do Código Civil, correspondem à situação fática da separação, independentemente de divórcio.

502. O conceito de posse direta referido no art. 1.240-A do Código Civil não coincide com a acepção empregada no art. 1.197 do mesmo Código.

503. É relativa a presunção de propriedade decorrente do registro imobiliário, ressalvado o sistema Torrens.

504. A escritura declaratória de instituição e convenção firmada pelo titular único de edificação composta por unidades autônomas é título hábil para registro da propriedade horizontal no competente registro de imóveis, nos termos dos arts. 1.332 a 1.334 do Código Civil.

505. É nula a estipulação que, dissimulando ou embutindo multa acima de 2%, confere suposto desconto de pontualidade no pagamento da taxa condominial, pois configura fraude à lei (art. 1.336, § 1º, do Código Civil), e não redução por merecimento.

506. Estando em curso contrato de alienação fiduciária, é possível a constituição concomitante de nova garantia fiduciária sobre o mesmo bem imóvel, que, entretanto, incidirá sobre a respectiva propriedade superveniente que o fiduciante vier a readquirir, quando do implemento da condição a que estiver subordinada a primeira garantia fiduciária; a nova garantia poderá ser registrada na data em que convencionada e será eficaz desde a data do registro, produzindo efeito *ex tunc*.

507. Na aplicação do princípio da função social da propriedade imobiliária rural, deve ser observada a cláusula aberta do § 1º do art. 1.228 do Código Civil, que, em consonância com o disposto no art. 5º, XXIII, da Constituição de 1988, permite melhor objetivar a funcionalização mediante critérios de valoração centrados na primazia do trabalho.

508. Verificando-se que a sanção pecuniária mostrou-se ineficaz, a garantia fundamental da função social da propriedade (arts. 5º, XXIII, da CRFB e 1.228, § 1º, do CC) e a vedação ao abuso do direito (arts. 187 e 1.228, § 2º, do CC) justificam a exclusão do condômino antissocial, desde que a ulterior assembleia prevista na parte final do parágrafo único do art. 1.337 do Código Civil delibere a propositura de ação judicial com esse fim, asseguradas todas as garantias inerentes ao devido processo legal.

509. A resolução da propriedade, quando determinada por causa originária, prevista no título, opera *ex tunc* e *erga omnes*; se decorrente de causa superveniente, atua *ex nunc* e *inter partes*.

510. Ao superficiário que não foi previamente notificado pelo proprietário para exercer o direito de preferência previsto no art. 1.373 do CC é assegurado o direito de, no prazo de seis meses, contado do registro da alienação, adjudicar para si o bem mediante depósito do preço.

511. Do leilão, mesmo que negativo, a que se refere o art. 27 da Lei nº 9.514/1997, será lavrada ata que, subscrita pelo leiloeiro, poderá ser averbada no registro de imóveis competente, sendo a transmissão da propriedade do imóvel levado a leilão formalizada mediante contrato de compra e venda.

6. DIREITO DE FAMÍLIA E SUCESSÕES

512. Art. 1.517: O art. 1.517 do Código Civil, que exige autorização dos pais ou responsáveis para casamento, enquanto não atingida a maioridade civil, não se aplica ao emancipado.

513. Art. 1.527, parágrafo único: O juiz não pode dispensar, mesmo fundamentadamente, a publicação do edital de proclamas do casamento, mas sim o decurso do prazo.

514. Art. 1.571: A Emenda Constitucional nº 66/2010 não extinguiu o instituto da separação judicial e extrajudicial.

515. Art. 1.574, *caput*: Pela interpretação teleológica da EC nº 66/2010, não há prazo mínimo de casamento para a separação consensual.

516. Art. 1.574, parágrafo único: Na separação judicial por mútuo consentimento, o juiz só poderá intervir no limite da preservação do interesse dos incapazes ou de um dos cônjuges, permitida a cindibilidade dos pedidos com a concordância das partes, aplicando-se esse entendimento também ao divórcio.

517. Art. 1.580: A Emenda Constitucional nº 66/2010 extinguiu os prazos previstos no art. 1.580 do Código Civil, mantido o divórcio por conversão.

518. Arts. 1.583 e 1.584: A Lei nº 11.698/2008, que deu nova redação aos arts. 1.583 e 1.584 do CC, não se restringe à guarda unilateral e à guarda compartilhada, podendo ser adotada aquela mais adequada à situação do filho, em atendimento ao princípio do melhor interesse da criança e do adolescente. A regra aplica-se a qualquer modelo de família. Atualizados os Enunciados n. 101 e 336 em razão de mudança legislativa, agora abrangidos por este enunciado.

519. Art. 1.593: O reconhecimento judicial do vínculo de parentesco em virtude de socioafetividade deve ocorrer a partir da relação entre pai(s) e filho(s), com base na posse do estado de filho, para que produza efeitos pessoais e patrimoniais.

520. Art. 1.601: O conhecimento da ausência de vínculo biológico e a posse de estado de filho obstam a contestação da paternidade presumida.

521. Art. 1.606: Qualquer descendente possui legitimidade, por direito próprio, para propor o reconhecimento do vínculo de parentesco em face dos avós ou de qualquer ascendente de grau superior, ainda que o pai não tenha iniciado a ação de prova da filiação em vida.

522. Arts. 1.694, 1.696, primeira parte, e 1.706: Cabe prisão civil do devedor nos casos de não prestação de alimentos gravídicos estabelecidos com base na Lei nº 11.804/2008, inclusive deferidos em qualquer caso de tutela de urgência.

523. Art. 1.698: O chamamento dos codevedores para integrar a lide, na forma do art. 1.698 do Código Civil, pode ser requerido por qualquer das partes, bem como pelo Ministério Público, quando legitimado.

524. Art. 1.723: As demandas envolvendo união estável entre pessoas do mesmo sexo constituem matéria de Direito de Família.

525. Arts. 1.723, § 1º, 1.790, 1.829 e 1.830: Os arts. 1.723, § 1º, 1.790, 1.829 e 1.830 do CC admitem a concorrência sucessória entre cônjuge e companheiro sobreviventes na sucessão legítima, quanto aos bens adquiridos onerosamente na união estável.

526. Art. 1.726: É possível a conversão de união estável entre pessoas do mesmo sexo em casamento, observados os requisitos exigidos para a respectiva habilitação.

527. Art. 1.832: Na concorrência entre o cônjuge e os herdeiros do *de cujus*, não será reservada a quarta parte da herança para o sobrevivente no caso de filiação híbrida.

528. Arts. 1.729, parágrafo único, e 1.857: É válida a declaração de vontade expressa em documento autêntico, também chamado "testamento vital", em que a pessoa estabelece disposições sobre o tipo de tratamento de saúde, ou não tratamento, que deseja no caso de se encontrar sem condições de manifestar a sua vontade.

529. Art. 1.951: O fideicomisso, previsto no art. 1.951 do CC, somente pode ser instituído por testamento.

VI JORNADA DE DIREITO CIVIL

(Realizada em 11 e 12-3-2013)

1. PARTE GERAL

530. A emancipação, por si só, não elide a incidência do Estatuto da Criança e do Adolescente.

Artigo: 5º, parágrafo único, do Código Civil

531. A tutela da dignidade da pessoa humana na sociedade da informação inclui o direito ao esquecimento.

Artigo: 11 do Código Civil

532. É permitida a disposição gratuita do próprio corpo como objetivos exclusivamente científicos, nos termos dos artigos 11 e 13 do Código Civil.

Artigos: 11 e 13 do Código Civil

533. O paciente plenamente capaz poderá deliberar sobre todos os aspectos concernentes a tratamento médico que possa lhe causar risco de vida, seja imediato ou mediato, salvo as situações de emergência ou no curso de procedimentos médicos cirúrgicos que não possam ser interrompidos.

Artigo: 15 do Código Civil

534. As associações podem desenvolver atividade econômica, desde que não haja finalidade lucrativa.

Artigo: 53 do Código Civil

535. Para a existência da pertença, o art. 93 do CC não exige elemento subjetivo como requisito para o ato de destinação.

Artigo: 93 do Código Civil

536. Resultando do negócio jurídico nulo consequências patrimoniais capazes de ensejar pretensões, é possível, quanto a estas, a incidência da prescrição.

Artigo: 169 do Código Civil

537. A previsão contida no art. 169 não impossibilita que, excepcionalmente, negócios jurídicos nulos produzam efeitos a serem preservados quando justificados por interesses merecedores de tutela.

Artigo: 169 do Código Civil

538. No que diz respeito a terceiros eventualmente prejudicados, o prazo decadencial de que trata o art. 179 do Código Civil não se conta da celebração do negócio jurídico, mas da ciência que dele tiverem.

Artigo: 179 do Código Civil

539. O abuso de direito é uma categoria jurídica autônoma em relação à responsabilidade civil. Por isso, o exercício abusivo de posições jurídicas desafia controle independentemente de dano.

Artigo: 187 do Código Civil

2. OBRIGAÇÕES E CONTRATOS

540. Havendo perecimento do objeto da prestação indivisível por culpa de apenas um dos devedores, todos respondem, de maneira divisível, pelo equivalente e só o culpado, pelas perdas e danos.

Artigo: 263 do Código Civil

541. O contrato de prestação de serviço pode ser gratuito.

Artigo: 594 do Código Civil

542. A recusa de renovação das apólices de seguro de vida pelas seguradoras em razão da idade do segurado é discriminatória e atenta contra a função social do contrato.

Artigos: 765 e 796 do Código Civil

543. Constitui abuso do direito a modificação acentuada das condições do seguro de vida e de saúde pela seguradora quando da renovação do contrato.

Artigo: 765 do Código Civil

544. O seguro de responsabilidade civil facultativo garante dois interesses, o do segurado contra os efeitos patrimoniais da imputação de responsabilidade e o da vítima à indenização, ambos destinatários da garantia, com pretensão própria e independente contra a seguradora.

Artigo: 787 do Código Civil

545. O prazo para pleitear a anulação de venda de ascendente a descendente sem anuência dos demais descendentes e/ou do cônjuge do alienante é de dois anos, contados da ciência do ato, que se presume absolutamente, tratando-se de transferência imobiliária, a partir da data do registro de imóveis.

Artigos: 179 e 496 do Código Civil

546. O § 2º do art. 787 do CC deve ser interpretado em consonância com o art. 422 do mesmo diploma legal, não obstando o direito à indenização e ao reembolso.

Artigos: 787, § 2º, e 422

547. Na hipótese de alteração da obrigação principal sem o consentimento do fiador, a exoneração deste é automática, não se aplicando o disposto no art. 835 do CC quanto à necessidade de permanecer obrigado pelo prazo de 60 (sessenta) dias após a notificação ao credor, ou de 120 (cento e vinte dias) dias no caso de fiança locatícia.

Artigos: 366 e 835 do CC e 40, X, da Lei nº 8.245/1991

548. Caracterizada a violação de dever contratual, incumbe ao devedor o ônus de demonstrar que o fato causador do dano não lhe pode ser imputado.

Artigos: 389 e 475 do Código Civil

549. A promessa de doação no âmbito da transação constitui obrigação positiva e perde o caráter de liberalidade previsto no art. 538 do CC.

Artigo: 538 do Código Civil

3. RESPONSABILIDADE CIVIL

550. A quantificação da reparação por danos extrapatrimoniais nãodeve estar sujeita a tabelamento ou a valores fixos.

Artigos: 186 e 944 do Código Civil

551. Nas violações aos direitos relativos a marcas, patentes e desenhos industriais, será assegurada a reparação civil ao seu titular, incluídos tanto os danos patrimoniais como os danos extrapatrimoniais.

Artigos: 186, 884, 927 e 944 do Código Civil

552. Constituem danos reflexos reparáveis as despesas suportadas pela operadora de plano de saúde decorrentes de complicações de procedimentos por ela não cobertos.

Artigo: 786, *caput*, do Código Civil

553. Nas ações de responsabilidade civil por cadastramento indevido nos registros de devedores inadimplentes realizados por instituições financeiras, a responsabilidade civil é objetiva.

Artigo: 927 do Código Civil

554. Independe de indicação do local específico da informação a ordem judicial para que o provedor de hospedagem bloqueie determinado conteúdo ofensivo na internet.

Artigo: 927, parágrafo único, do Código Civil

555. "Os direitos de outrem" mencionados no parágrafo único do art. 927 do CC devem abranger não apenas a vida e a integridade física, mas também outros direitos, de caráter patrimonial ou extrapatrimonial.

Artigo: 927, parágrafo único, do Código Civil

556. A responsabilidade civil do dono do prédio ou construção por sua ruína, tratada pelo art. 937 do Código Civil, é objetiva.

Artigo: 937 do Código Civil

557. Nos termos do art. 938 do Código Civil, se a coisa cair ou for lançada de condomínio edilício, não sendo possível identificar de qual unidade, responderá o condomínio, assegurado o direito de regresso.

Artigo: 938 do Código Civil

558. São solidariamente responsáveis pela reparação civil, juntamente com os agentes públicos que praticaram atos de improbidade administrativa, as pessoas, inclusive as jurídicas, que para eles concorreram ou deles se beneficiaram direta ou indiretamente.

Artigo: 942, *caput* e parágrafo único, do Código Civil, combinado com os arts. 3º, 4º, 5º e 6º da Lei nº 8.429, de 2-6-1992 (Lei de Improbidade Administrativa)

559. Observado o Enunciado nº 369 do CJF, no transporte aéreo, nacional e internacional, a responsabilidade do transportador em relação aos passageiros gratuitos, que viajarem por cortesia, é objetiva, devendo atender à integral reparação de danos patrimoniais e extrapatrimoniais.

ENUNCIADOS

Artigos: 732 e 736 do Código Civil, 256, § 2º, *b*, da Lei nº 7.565/1986 e 1º do Dec. nº 5.910/2006

560. No plano patrimonial, a manifestação do dano reflexo ou por ricochete não se restringe às hipóteses previstas no art. 948 do Código Civil.

Artigo: 948 do Código Civil

561. No caso do art. 952 do Código Civil, se a coisa faltar, dever-se-á, além de reembolsar o seu equivalente ao prejudicado, indenizar também os lucros cessantes.

Artigo: 952 do Código Civil

562. Aos casos do art. 931 do Código Civil aplicam-se as excludentes da responsabilidade objetiva.

Artigo: 931 do Código Civil

4. DIREITO DAS COISAS

563. O reconhecimento da posse por parte do Poder Público competente anterior à sua legitimação nos termos da Lei nº 11.977/2009 constitui título possessório.

Artigo: 1.196 do Código Civil

564. As normas relativas à usucapião extraordinária (art. 1.238, *caput*, do CC) e à usucapião ordinária (art. 1.242, *caput*, do CC), por estabelecerem redução de prazo em benefício do possuidor, têm aplicação imediata, não incidindo o disposto no art. 2.028 do CC.

Artigo: 1.238 do Código Civil

565. Não ocorre a perda da propriedade por abandono de resíduos sólidos, que são considerados bens socioambientais, nos termos da Lei nº 12.305/2012.

Artigo: 1.275, III, do Código Civil

566. A cláusula convencional que restringe a permanência de animais em unidades autônomas residenciais deve ser valorada à luz dos parâmetros legais de sossego, insalubridade e periculosidade.

Referência legislativa: Código Civil, art. 1.335, I, e Lei nº 4.591/1964, art. 19

567. A avaliação do imóvel para efeito do leilão previsto no § 1º do art. 27 da Lei nº 9.514/1997 deve contemplar o maior valor entre a avaliação efetuada pelo município para cálculo do imposto de transmissão *inter vivos* (ITBI) devido para a consolidação da propriedade no patrimônio do credor fiduciário e o critério fixado contratualmente.

Referência legislativa: Lei nº 9.514/1997, art. 27, § 1º

568. O direito de superfície abrange o direito de utilizar o solo, o subsolo ou o espaço aéreo relativo ao terreno, na forma estabelecida no contrato, admitindo-se o direito de sobrelevação, atendida a legislação urbanística.

Referência legislativa: Código Civil, art. 1.369, e Estatuto da Cidade, art. 21

569. No caso do art. 1.242, parágrafo único, a usucapião, como matéria de defesa, prescinde do ajuizamento da ação de usucapião, visto que, nessa hipótese, o usucapiente já é o titular do imóvel no registro.

Artigo: 1.242, parágrafo único, do Código Civil

5. FAMÍLIA E SUCESSÕES

570. O reconhecimento de filho havido em união estável fruto de técnica de reprodução assistida heteróloga *a parte* consentida expressamente pelo companheiro representa a formalização do vínculo jurídico de paternidade-filiação, cuja constituição se deu no momento do início da gravidez da companheira.

Artigos: 1.607 e 1.609 do Código Civil

571. Se comprovada a resolução prévia e judicial de todas as questões referentes aos filhos menores ou incapazes, o tabelião de notas poderá lavrar escrituras públicas de dissolução conjugal.

Artigos: 1.571 a 1.582 do Código Civil, combinados com a Lei nº 11.441/2007

572. Mediante ordem judicial, é admissível, para a satisfação do crédito alimentar atual, o levantamento do saldo de conta vinculada ao FGTS.

Artigos: 1.695 e 1.701, parágrafo único, do Código Civil

573. Na apuração da possibilidade do alimentante, observar-se-ão os sinais exteriores de riqueza.

Artigo: 1.694, § 1º, do Código Civil

574. A decisão judicial de interdição deverá fixar os limites da curatela para todas as pessoas a ela sujeitas, sem distinção, a fim de resguardar os direitos fundamentais e a dignidade do interdito (art. 1.772).

Artigo: 1.772 do Código Civil

575. Concorrendo herdeiros de classes diversas, a renúncia de qualquer deles devolve sua parte aos que integram a mesma ordem dos chamados a suceder.

Artigo: 1.810 do Código Civil

VII JORNADA DE DIREITO CIVIL

(Realizada em 28 e 29-9-2015)

1. PARTE GERAL

576. O direito ao esquecimento pode ser assegurado por tutela judicial inibitória.

Artigo: 21 do Código Civil

577. A possibilidade de instituição de categorias de associados com vantagens especiais admite a atribuição de pesos diferenciados ao direito de voto, desde que isso não acarrete a sua supressão em relação a matérias previstas no art. 59 do CC.

Artigo: 55 do Código Civil

578. Sendo a simulação causa de nulidade do negócio jurídico, sua alegação prescinde de ação própria.

Artigo: 167 do Código Civil

579. Nas pretensões decorrentes de doenças profissionais ou de caráter progressivo, o cômputo da prescrição iniciar-se-á somente a partir da ciência inequívoca da incapacidade do indivíduo, da origem e da natureza dos danos causados.

Artigo: 189 do Código Civil

580. É de 3 anos, pelo art. 206, § 3º, V, do CC, o prazo prescricional para a pretensão indenizatória da seguradora contra o causador de dano ao segurado, pois a seguradora sub-roga-se em seus direitos.

Artigo: 206, § 3º, V, do Código Civil

581. Em complemento ao Enunciado 295, a decretação *ex officio* da prescrição ou da decadência deve ser precedida de oitiva das partes.

Artigo: 191 do Código Civil

2. DIREITO DAS OBRIGAÇÕES E CONTRATOS

582. Com suporte na liberdade contratual e, portanto, em concretização da autonomia privada, as partes podem pactuar garantias contratuais atípicas.

Artigos: 421 e 425 do Código Civil

583. O art. 441 do Código Civil deve ser interpretado no sentido de abranger também os contratos aleatórios, desde que não inclua os elementos aleatórios do contrato.

Artigo: 441 do Código Civil

584. Desde que não haja forma exigida para a substância do contrato, admite-se que o distrato seja pactuado por forma livre.

Artigo: 472 do Código Civil

585. Impõe-se o pagamento de indenização do seguro mesmo diante de condutas, omissões ou declarações ambíguas do segurado que não guardem relação com o sinistro.

Artigos: 765 e 766 do Código Civil

586. Para a caracterização do adimplemento substancial (tal qual reconhecido pelo Enunciado 361 da IV Jornada de Direito Civil – CJF), levam-se em conta tanto aspectos quantitativos quanto qualitativos.

Artigo: 475 do Código Civil

3. RESPONSABILIDADE CIVIL

587. O dano à imagem restará configurado quando presente a utilização indevida desse bem jurídico, independentemente da concomitante lesão a outro direito da personalidade, sendo dispensável a prova do prejuízo do lesado ou do lucro do ofensor para a caracterização do referido dano, por se tratar de modalidade de dano *in re ipsa*.

Artigo: 927 do Código Civil

588. O patrimônio do ofendido não pode funcionar como parâmetro preponderante para o arbitramento de compensação por dano extrapatrimonial.

Artigo: 927 do Código Civil

589. A compensação pecuniária não é o único modo de reparar o dano extrapatrimonial, sendo admitida a reparação *in natura*, na forma de retratação pública ou outro meio.

Artigo: 927 do Código Civil

590. A responsabilidade civil dos pais pelos atos dos filhos menores, prevista no art. 932, inc. I, do Código Civil, não obstante objetiva, pressupõe a demonstração de que a conduta imputada ao menor, caso o fosse a um agente imputável, seria hábil para a sua responsabilização.

Artigo: 932, I, Código Civil

4. DIREITO DAS COISAS

591. A ação de reintegração de posse nos contratos de alienação fiduciária em garantia de coisa imóvel pode ser proposta a partir da consolidação da propriedade do imóvel em poder do credor fiduciário e não apenas após os leilões extrajudiciais previstos no art. 27 da Lei nº 9.514/1997.

Artigos: 26, 27, 30 e 37-A da Lei nº 9.514/1997

592. O art. 519 do Código Civil derroga o art. 35 do Decreto-Lei nº 3.365/1941 naquilo que ele diz respeito a cenários de tredestinação ilícita. Assim, ações de retrocessão baseadas em alegações de tredestinação ilícita não precisam, quando julgadas depois da incorporação do bem desapropriado ao patrimônio da entidade expropriante, resolver-se em perdas e danos.

Artigo: 519 do Código Civil

593. É indispensável o procedimento de demarcação urbanística para regularização fundiária social de áreas ainda não matriculadas no Cartório de Registro de Imóveis, como requisito à emissão dos títulos de legitimação da posse e de domínio.

Artigo: 1.196 do Código Civil, 56 e 57 da Lei nº 11.977/2009

594. É possível adquirir a propriedade de área menor do que o módulo rural estabelecido para a região, por meio da usucapião especial rural.

Artigo: 1.239 do Código Civil

595. O requisito "abandono do lar" deve ser interpretado na ótica do instituto da usucapião familiar como abandono voluntário da posse do imóvel somado à ausência da tutela da família, não importando em averiguação da culpa pelo fim do casamento ou união estável. Revogado o Enunciado 499.

Artigo: 1240-A do Código Civil

596. O condomínio edilício pode adquirir imóvel por usucapião.

Artigo: 1243-A do Código Civil

597. A posse impeditiva da arrecadação, prevista no art. 1.276 do Código Civil, é efetiva e qualificada por sua função social.

Artigo: 1276 do Código Civil

598. Na redação do art. 1.293, "*agricultura e indústria*" não são apenas qualificadores do prejuízo que pode ser causado pelo aqueduto, mas também finalidades que podem justificar sua construção.

Artigo: 1293 do Código Civil

5. DIREITO DE FAMÍLIA E SUCESSÕES

599. Deve o magistrado, em sede de execução de alimentos avoengos, analisar as condições do(s) devedor(es), podendo aplicar medida coercitiva diversa da prisão civil ou determinar seu cumprimento em modalidade diversa do regime fechado (prisão em regime aberto ou prisão domiciliar), se o executado comprovar situações que contraindiquem o rigor na aplicação desse meio executivo e o torne atentatório à sua dignidade, como corolário do princípio de proteção aos idosos e garantia à vida.

Artigo: 528 da Lei nº 13.105/2015 (CPC/2015), art. 19 da Lei nº 5.478/1968 (Lei de Alimentos)

600. Após registrado judicialmente o testamento e sendo todos os interessados capazes e concordes com os seus termos, não havendo conflito de interesses, é possível que se faça o inventário extrajudicial.

Artigo: 610, § 1º, da Lei nº 13.105/2015 (CPC/2015)

601. É existente e válido o casamento entre pessoas do mesmo sexo.

Artigo: 1.514 do Código Civil

602. Transitada em julgado a decisão concessiva do divórcio, a expedição do mandado de averbação independe do julgamento da ação originária em que persista a discussão dos aspectos decorrentes da dissolução do casamento.

Artigo: 1.571 do Código Civil

603. A distribuição do tempo de convívio na guarda compartilhada deve atender precipuamente ao melhor interesse dos filhos, não devendo a divisão de forma equilibrada, a que alude o § 2° do art. 1.583 do Código Civil, representar convivência livre ou, ao contrário, repartição de tempo matematicamente igualitária entre os pais.

Artigo: 1.583, § 2º, do Código Civil

604. A divisão, de forma equilibrada, do tempo de convívio dos filhos com a mãe e com o pai, imposta na guarda compartilhada pelo § 2º do art. 1.583 do Código Civil, não deve ser confundida com a imposição do tempo previsto pelo instituto da guarda alternada, pois esta não implica apenas a divisão do tempo de permanência dos filhos com os pais, mas também o exercício exclusivo da guarda pelo genitor que se encontra na companhia do filho.

Artigo: 1.583, § 2º do Código Civil

605. A guarda compartilhada não exclui a fixação do regime de convivência.

Artigo: 1.583 do Código Civil

606. O tempo de convívio com os filhos "de forma equilibrada com a mãe e com o pai" deve ser entendido como divisão proporcional de tempo, da forma que cada genitor possa se ocupar dos cuidados pertinentes ao filho, em razão das peculiaridades da vida privada de cada um.

Artigo: 1.583, § 2º, do Código Civil

607. A guarda compartilhada não implica ausência de pagamento de pensão alimentícia.

Artigo: 1.583 c/c 1.694 c/c 1.701 do Código Civil

608. É possível o registro de nascimento dos filhos de pessoas do mesmo sexo originários de reprodução assistida, diretamente no Cartório do Registro Civil, sendo dispensável a propositura de ação judicial, nos termos da regulamentação da Corregedoria local.

Artigos: 1.593 e 1.596 do Código Civil

609. O regime de bens no casamento somente interfere na concorrência sucessória do cônjuge com descendentes do falecido.

Artigo: 1.640, parágrafo único, e 1.829 do Código Civil

610. Nos casos de comoriência entre ascendente e descendente, ou entre irmãos, reconhece-se o direito de representação aos descendentes e aos filhos dos irmãos.

Artigos: 1.851 e 1.854 do Código Civil

611. O testamento hológrafo simplificado, previsto no art. 1.879 do Código Civil, perderá sua eficácia se, nos 90 dias subsequentes ao fim das circunstâncias excepcionais que autorizaram a sua confecção, o disponente, podendo fazê-lo, não testar por uma das formas testamentárias ordinárias.

Artigo: 1.879 do Código Civil

612. O prazo para exercer o direito de anular a partilha amigável judicial, decorrente de dissolução de sociedade conjugal ou de união estável, extingue-se em 1 (um) ano da data do trânsito em julgado da sentença homologatória, consoante dispõem o art. 2.027, parágrafo único, do Código Civil de 2002, e art. 657, parágrafo único, do CPC/2015.

Artigo: 2.027, parágrafo único, do Código Civil

VIII JORNADA DE DIREITO CIVIL

(Realizada em 26 e 27-4-2018)

PARTE GERAL

613. Art. 12: A liberdade de expressão não goza de posição preferencial em relação aos direitos da personalidade no ordenamento jurídico brasileiro.

614. Art. 39: Os efeitos patrimoniais da presunção de morte posterior à declaração da ausência são aplicáveis aos casos do art. 7º, de modo que, se o presumivelmente morto reaparecer nos dez anos seguintes à abertura da sucessão, receberá igualmente os bens existentes no estado em que se acharem.

615. Art. 53: As associações civis podem sofrer transformação, fusão, incorporação ou cisão.

616. Art. 166: Os requisitos de validade previstos no Código Civil são aplicáveis aos negócios jurídicos processuais, observadas as regras processuais pertinentes.

617. Art. 187: O abuso do direito impede a produção de efeitos do ato abusivo de exercício, na extensão necessária a evitar sua manifesta contrariedade à boa-fé, aos bons costumes, à função econômica ou social do direito exercido.

OBRIGAÇÕES

618. Art. 288: O devedor não é terceiro para fins de aplicação do art. 288 do Código Civil, bastando a notificação prevista no art. 290 para que a cessão de crédito seja eficaz perante ele.

619. Art. 397: A interpelação extrajudicial de que trata o parágrafo único do art. 397 do Código Civil admite meios eletrônicos como *e-mail* ou aplicativos de conversa *on-line*, desde que demonstrada a ciência inequívoca do interpelado, salvo disposição em contrário no contrato.

620. Art. 884: A obrigação de restituir o lucro da intervenção, entendido como a vantagem patrimonial auferida a partir da exploração não autorizada de bem ou direito alheio, fundamenta-se na vedação do enriquecimento sem causa.

CONTRATOS

621. Art. 421: Os contratos coligados devem ser interpretados a partir do exame do conjunto das cláusulas contratuais, de forma a privilegiar a finalidade negocial que lhes é comum.

622. Art. 541: Para a análise do que seja bem de pequeno valor, nos termos do que consta do art. 541, parágrafo único, do Código Civil, deve-se levar em conta o patrimônio do doador.

DIREITO DAS COISAS

623. Art. 504: Ainda que sejam muitos os condôminos, não há direito de preferência na venda da fração de um bem entre dois coproprietários, pois a regra prevista no art. 504, parágrafo único, do Código Civil, visa somente a resolver eventual concorrência entre condôminos na alienação da fração a estranhos ao condomínio.

624. Art. 1.247: A anulação do registro, prevista no art. 1.247 do Código Civil, não autoriza a exclusão dos dados invalidados do teor da matrícula.

625. Art. 1.358: A incorporação imobiliária que tenha por objeto o condomínio de lotes poderá ser submetida ao regime do patrimônio de afetação, na forma da lei especial.

626. Art. 1.428: Não afronta o art. 1.428 do Código Civil, em relações paritárias, o pacto marciano, cláusula contratual que autoriza que o credor se torne proprietário da coisa objeto da garantia mediante aferição de seu justo valor e restituição do supérfluo (valor do bem em garantia que excede o da dívida).

627. Art. 1.510: O direito real de laje é passível de usucapião.

628. Art. 1.711: Os patrimônios de afetação não se submetem aos efeitos de recuperação judicial da sociedade instituidora e prosseguirão sua atividade com autonomia e incomunicáveis em relação ao seu patrimônio geral, aos demais patrimônios de afetação por ela constituídos e ao plano de recuperação até que extintos, nos termos da legislação respectiva, quando seu resultado patrimonial, positivo ou negativo, será incorporado ao patrimônio geral da sociedade instituidora.

RESPONSABILIDADE CIVIL

629. Art. 944: A indenização não inclui os prejuízos agravados, nem os que poderiam ser evitados ou reduzidos mediante esforço razoável da vítima. Os custos da mitigação devem ser considerados no cálculo da indenização.

630. Art. 945: Culpas não se compensam. Para os efeitos do art. 945 do Código Civil, cabe observar os seguintes critérios: (i) há diminuição do quantum da reparação do dano causado quando, ao lado da conduta do lesante, verifica-se ação ou omissão do próprio lesado da qual resulta o dano, ou o seu agravamento, desde que (ii) reportadas ambas as condutas a um mesmo fato, ou ao mesmo fundamento de imputação, conquanto possam ser simultâneas ou sucessivas, devendo-se considerar o percentual causal do agir de cada um.

631. Art. 946: Como instrumento de gestão de riscos na prática negocial paritária, é lícita a estipulação de cláusula que exclui a reparação por perdas e danos decorrentes do inadimplemento (cláusula excludente do dever de indenizar) e de cláusula que fixa valor máximo de indenização (cláusula limitativa do dever de indenizar).

FAMÍLIA E SUCESSÕES

632. Art. 1.596: Nos casos de reconhecimento de multiparentalidade paterna ou materna, o filho terá direito à participação na herança de todos os ascendentes reconhecidos.

633. Art. 1.597: É possível ao viúvo ou ao companheiro sobrevivente, o acesso à técnica de reprodução assistida póstuma – por meio da maternidade de substituição, desde que haja expresso consentimento manifestado em vida pela sua esposa ou companheira.

634. Art. 1.641: É lícito aos que se enquadrem no rol de pessoas sujeitas ao regime da separação obrigatória de bens (art. 1.641 do Código Civil) estipular, por pacto antenupcial ou contrato de convivência, o regime da separação de bens, a fim de assegurar os efeitos de tal regime e afastar a incidência da Súmula 377 do STF.

635. Art. 1.655: O pacto antenupcial e o contrato de convivência podem conter cláusulas existenciais, desde que estas não violem os princípios da dignidade da pessoa humana, da igualdade entre os cônjuges e da solidariedade familiar.

636. Art. 1.735: O impedimento para o exercício da tutela do inc. IV do art. 1.735 do Código Civil pode ser mitigado para atender ao princípio do melhor interesse da criança.

637. Art. 1.767: Admite-se a possibilidade de outorga ao curador de poderes de representação para alguns atos da vida civil, inclusive de natureza existencial, a serem especificados na sentença, desde que comprovadamente necessários para proteção do curatelado em sua dignidade.

638. Art. 1.775: A ordem de preferência de nomeação do curador do art. 1.775 do Código Civil deve ser observada quando atender ao melhor interesse do curatelado, considerando suas vontades e preferências, nos termos do art. 755, II, e § 1º, do CPC.

639. Art. 1.783-A:

A opção pela tomada de decisão apoiada é de legitimidade exclusiva da pessoa com deficiência.

A pessoa que requer o apoio pode manifestar, antecipadamente, sua vontade de que um ou ambos os apoiadores se tornem, em caso de curatela, seus curadores.

640. Art. 1.783-A: A tomada de decisão apoiada não é cabível, se a condição da pessoa exigir aplicação da curatela.

641. Art. 1.790: A decisão do Supremo Tribunal Federal que declarou a inconstitucionalidade do art. 1.790 do Código Civil não importa equiparação absoluta entre o casamento e a união estável. Estendem-se à união estável apenas as regras aplicáveis ao casamento que tenham por fundamento a solidariedade familiar. Por outro lado, é constitucional a distinção entre os regimes, quando baseada na solenidade do ato jurídico que funda o casamento, ausente na união estável.

642. Art. 1.836: Nas hipóteses de multiparentalidade, havendo o falecimento do descendente com o chamamento de seus ascendentes à sucessão legítima, se houver igualdade em grau e diversidade em linha entre os ascendentes convocados a herdar, a herança deverá ser dividida em tantas linhas quantos sejam os genitores.

643. Art. 1.973: O rompimento do testamento (art. 1.973 do Código Civil) se refere exclusivamente às disposições de caráter patrimonial, mantendo-se válidas e eficazes as de caráter extrapatrimonial, como o reconhecimento de filho e o perdão ao indigno.

644. Art. 2.003:

Os arts. 2.003 e 2.004 do Código Civil e o art. 639 do CPC devem ser interpretados de modo a garantir a igualdade das legítimas e a coerência do ordenamento.

O bem doado, em adiantamento de legítima, será colacionado de acordo com seu valor atual na data da abertura da sucessão, se ainda integrar o patrimônio do donatário.

Se o donatário já não possuir o bem doado, este será colacionado pelo valor do tempo de sua alienação, atualizado monetariamente.

IX JORNADA DE DIREITO CIVIL

(Realizada em 19 e 20-5-2022)

PARTE GERAL E NORMAS DE INTRODUÇÃO AO DIREITO BRASILEIRO – LINDB

645. Art. 8º: A comoriência pode ocorrer em quaisquer das espécies de morte previstas no direito civil brasileiro.

646. Art. 13: A exigência de autorização de cônjuges ou companheiros, para utilização de métodos contraceptivos invasivos, viola o direito à disposição do próprio corpo.

OBRIGAÇÕES

647. Art. 251: A obrigação de não fazer é compatível com o inadimplemento relativo (mora), desde que implique o cumprimento de prestações de execução continuada ou permanente e ainda útil ao credor.

648. Art. 299: Aplica-se à cessão da posição contratual, no que couber, a disciplina da transmissão das obrigações prevista no CC, em particular a expressa anuência do cedido, *ex vi* do art. 299 do CC.

649. Art. 413: O art. 421-A, inc. I, confere às partes a possibilidade de estabelecerem critérios para a redução da cláusula penal, desde que não seja afastada a incidência do art. 413.

CONTRATOS

650. Art. 421: O conceito de pessoa superendividada, previsto no art. 54-A, § 1º, do Código de Defesa do Consumidor, deve abranger, além das dívidas de consumo, as dívidas em geral, de modo a se verificar o real grau de comprometimento do seu patrimônio mínimo para uma existência digna.

651. Art. 447: A evicção pode decorrer tanto de decisão judicial como de outra origem, a exemplo de ato administrativo.

652. Art. 476: É possível opor exceção de contrato não cumprido com base na violação de deveres de conduta gerados pela boa-fé objetiva.

653. Art. 483: O quadro-resumo a que se refere o art. 35-A da Lei nº 4.591/1964 é obrigação do incorporador na alienação de imóveis em fase de construção ou já construídos.

654. Art. 544: Em regra, é válida a doação celebrada entre cônjuges que vivem sob o regime da separação obrigatória de bens.

655. Art. 684: Nos casos do art. 684 do Código Civil, ocorrendo a morte do mandante, o mandatário poderá assinar escrituras de transmissão ou aquisição de bens para a conclusão de negócios jurídicos que tiveram a quitação enquanto vivo o mandante.

656. Art. 765: Do princípio da boa-fé objetiva, resulta o direito do segurado, ou do beneficiário, de acesso aos relatórios e laudos técnicos produzidos na regulação do sinistro.

657. Art. 765: Diante do princípio da boa-fé objetiva, o regulador do sinistro tem o dever de probidade, imparcialidade e celeridade, o que significa que deve atuar com correção no cumprimento de suas atividades.

RESPONSABILIDADE CIVIL

658. Arts. 402 e 927: As perdas e danos indenizáveis, na forma dos arts. 402 e 927, do Código Civil, pressupõem prática de atividade lícita, sendo inviável o ressarcimento pela interrupção de atividade contrária ao Direito.

659. Art. 927: O reconhecimento da dificuldade em identificar o nexo de causalidade não pode levar à prescindibilidade da sua análise.

660. Art. 928: Suprime-se o Enunciado nº 41 da I Jornada de Direito Civil do Conselho da Justiça Federal. ("A única hipótese em que poderá haver responsabilidade solidária do menor de 18 anos com seus pais é ter sido emancipado nos termos do art. 5º, parágrafo único, inc. I, do novo Código Civil.")

661. Art. 931: A aplicação do art. 931 do Código Civil para a responsabilização dos empresários individuais e das empresas pelos danos causados pelos produtos postos em circulação não prescinde da verificação da antijuridicidade do ato.

662. Art. 932: A responsabilidade civil indireta do curador pelos danos causados pelo curatelado está adstrita ao âmbito de incidência da curatela tal qual fixado na sentença de interdição, considerando o art. 85, *caput* e § 1º, da Lei nº 13.146/2015.

DIREITO DAS COISAS E PROPRIEDADE INTELECTUAL

663. Art. 51, § 3º: Para evitar a extinção do registro marcário, os sócios de sociedade liquidada poderão requerer ao Instituto Nacional da Propriedade Industrial – INPI a transferência da titularidade da marca.

664. Art. 1.240-A: O prazo da usucapião contemplada no art. 1.240-A só iniciará seu curso caso a composse tenha cessado de forma efetiva, não sendo suficiente, para tanto, apenas o fim do contato físico com o imóvel.

665. Art. 1.351: A reconstrução de edifício realizada com o propósito de comercialização das unidades durante a obra sujeita-se ao regime da incorporação imobiliária e torna exigível o registro do Memorial de Incorporação.

666. Art. 1.424, IV: No penhor de créditos futuros, satisfaz o requisito da especificação, de que trata o art. 1.424, IV, do Código Civil, a definição, no ato constitutivo, de critérios ou procedimentos objetivos que permitam a determinação dos créditos alcançados pela garantia.

667. Art. 1.424, IV: No penhor constituído sobre bens fungíveis, satisfaz o requisito da especificação de que trata o art. 1.424, IV, do Código Civil, a definição, no ato constitutivo, da espécie, qualidade e quantidade dos bens dados em garantia.

668. Art.1.431, parágrafo único: Os direitos de propriedade industrial caracterizados pela exclusividade são suscetíveis de penhor, observadas as necessidades de averbação junto ao Instituto Nacional da Propriedade Industrial para a plena eficácia perante terceiros.

669. Art. 1.510-A: É possível o registro do direito real de laje sobre construção edificada antes da vigência da lei, desde que respeitados os demais requisitos previstos tanto para a forma quanto para o conteúdo material da transmissão.

670. Art. 11 da Lei nº 9.610/1998: Independentemente do grau de autonomia de um sistema de inteligência artificial, a condição de autor é restrita a seres humanos.

FAMÍLIA E SUCESSÕES

671. Art. 1.583, § 2º: A tenra idade da criança não impede a fixação de convivência equilibrada com ambos os pais.

672. Art. 1.589, parágrafo único: O direito de convivência familiar pode ser estendido aos avós e pessoas com as quais a criança ou adolescente mantenha vínculo afetivo, atendendo ao seu melhor interesse. (O enunciado cancela o Enunciado nº 333, da IV JDC).

673. Art. 1.635: Na ação de destituição do poder familiar de criança ou adolescente que se encontre institucionalizada, promovida pelo Ministério Público, é recomendável que o juiz, a título de tutela antecipada, conceda a guarda provisória a quem esteja habilitado a adotá-lo, segundo o perfil eleito pelo candidato à adoção.

674. Art. 1.659, inc. IV: Comprovada a prática de violência doméstica e familiar contra a mulher, o ressarcimento a ser pago à vítima deverá sair exclusivamente da meação do cônjuge ou companheiro agressor.

675. Art. 1.694: As despesas com doula e consultora de amamentação podem ser objeto de alimentos gravídicos, observado o trinômio da necessidade, possibilidade e proporcionalidade para a sua fixação.

676. Art. 1.836, § 2º: A expressão diversidade em linha, constante do § 2º do art. 1.836 do Código Civil, não deve mais ser restrita à linha paterna e à linha materna, devendo ser compreendidas como linhas ascendentes.

DIREITO DIGITAL E NOVOS DIREITOS

677. A identidade pessoal também encontra proteção no ambiente digital.

678. Ao tratamento de dados realizado para os fins exclusivos elencados no inciso III do art. 4º da Lei Geral de Proteção de Dados (segurança pública, defesa nacional; segurança do Estado e atividades de investigação e repressão de infrações penais), aplicam-se o devido processo legal, os princípios gerais de proteção e os direitos do titular previstos na LGPD, sem prejuízo de edição de legislação específica futura.

679. O Relatório de Impacto à Proteção de Dados Pessoais (RIPD) deve ser entendido como uma medida de prevenção e de *accountability* para qualquer operação de tratamento de dados considerada de alto risco, tendo sempre como parâmetro o risco aos direitos dos titulares.

680. A Lei Geral de Proteção de Dados Pessoais não exclui a possibilidade de nomeação pelo controlador de pessoa jurídica, ente despersonalizado ou de mais de uma pessoa natural para o exercício da função de encarregado pelo tratamento de dados pessoais.

681. A existência de documentos em que há dados pessoais sensíveis não obriga à decretação do sigilo processual dos autos. Cabe ao juiz, se entender cabível e a depender dos dados e do meio como produzido o documento, decretar o sigilo restrito ao documento específico.

682. O consentimento do adolescente para o tratamento de dados pessoais, nos termos do art. 14 da LGPD, não afasta a responsabilidade civil dos pais ou responsáveis pelos atos praticados por aquele, inclusive no meio digital.

683. A legítima expectativa do titular quanto ao tratamento de seus dados pessoais se relaciona diretamente com o princípio da boa-fé objetiva e é um dos parâmetros de legalidade e juridicidade do legítimo interesse.

684. O art. 14 da Lei nº 13.709/2018 (Lei Geral de Proteção de Dados – LGPD) não exclui a aplicação das demais bases legais, se cabíveis, observado o melhor interesse da criança.

685. O interesse legítimo do terceiro, mencionado no inciso IX do art. 7º da Lei Geral de Proteção de Dados, não se restringe à pessoa física ou jurídica singularmente identificadas, admitindo-se sua utilização em prol de grupos ou da coletividade para atividades de tratamento que sejam de seu interesse.

686. Aplica-se o sistema de proteção e defesa do consumidor, conforme disciplinado pela Lei nº 8.078, de 11 de setembro de 1990, às relações contratuais formadas entre os aplicativos de transporte de passageiros e os usuários dos serviços correlatos.

687. O patrimônio digital pode integrar o espólio de bens na sucessão legítima do titular falecido, admitindo-se, ainda, sua disposição na forma testamentária ou por codicilo.

688. A Lei de Acesso à Informação (LAI) e a Lei Geral de Proteção de Dados Pessoais (LGPD) estabelecem sistemas compatíveis de gestão e proteção de dados. A LGPD não afasta a publicidade e o acesso à informação nos termos da LAI, amparando-se nas bases legais do art. 7º, II ou III, e art. 11, II, *a* ou *b*, da Lei Geral de Proteção de Dados.

689. Não há hierarquia entre as bases legais estabelecidas nos arts. 7º e 11 da Lei Geral de Proteção de Dados (Lei nº 13.709/2018).

690. A proteção ampliada conferida pela LGPD aos dados sensíveis deverá ser também aplicada aos casos em que houver tratamento sensível de dados pessoais, tal como observado no § 1º do art. 11 da LGPD.

691. A possibilidade de divulgação de dados e imagens de crianças e adolescentes na internet deve atender ao seu melhor interesse e ao respeito aos seus direitos fundamentais, observados os riscos associados à superexposição.

692. Aplica-se aos conceitos de criança e adolescente, dispostos no art. 14 da Lei Geral de Proteção de Dados, o contido no art. 2º do Estatuto da Criança e do Adolescente.

693. A proteção conferida pela LGPD não se estende às pessoas jurídicas, tendo em vista sua finalidade de proteger a pessoa natural.

ENUNCIADOS DAS JORNADAS DE DIREITO PROCESSUAL CIVIL

I JORNADA DE DIREITO PROCESSUAL CIVIL

(Realizada em 24 e 27-8-2017)

1. A verificação da violação à boa-fé objetiva dispensa a comprovação do animus do sujeito processual.

2. As disposições do CPC aplicam-se supletiva e subsidiariamente às Leis n°s 9.099/1995, 10.259/2001 e 12.153/2009, desde que não sejam incompatíveis com as regras e princípios dessas Leis.

3. As disposições do CPC aplicam-se supletiva e subsidiariamente ao Código de Processo Penal, no que não forem incompatíveis com esta Lei.

4. A entrada em vigor de acordo ou tratado internacional que estabeleça dispensa da caução prevista no art. 83, § 1º, I do CPC/2015, implica na liberação da caução previamente imposta.

5. Ao proferir decisão parcial de mérito ou decisão parcial fundada no art. 485 do CPC, condenar-se-á proporcionalmente o vencido a pagar honorários ao advogado do vencedor, nos termos do art. 85 do CPC.

6. A fixação dos honorários de sucumbência por apreciação equitativa só é cabível nas hipóteses previstas no § 8º do art. 85 do CPC.

7. A ausência de resposta ao recurso pela parte contrária, por si só, não tem o condão de afastar a aplicação do disposto no art. 85, § 11, do CPC.

8. Não cabe majoração de honorários advocatícios em agravo de instrumento, salvo se interposto contra decisão interlocutória que tenha fixado honorários na origem, respeitados os limites estabelecidos no art. 85, §§ 2º, 3º e 8º, do CPC.

9. Aplica-se o art. 90, § 4º, do CPC ao reconhecimento da procedência do pedido feito pela Fazenda Pública nas ações relativas às prestações de fazer e de não fazer.

10. O benefício do § 4º do art. 90 do CPC aplica-se apenas à fase de conhecimento.

11. Aplica-se o disposto nos arts. 133 a 137 do CPC às hipóteses de desconsideração indireta e expansiva da personalidade jurídica.

12. É cabível a intervenção de *amicus curiae* (art. 138 do CPC) no procedimento do Mandado de Injunção (Lei nº 13.300/2016).

13. O art. 139, VI, do CPC autoriza o deslocamento para o futuro do termo inicial do prazo.

14. A ordem cronológica do art. 153 do CPC não será renovada quando houver equívoco atribuível ao Poder Judiciário no cumprimento de despacho ou decisão.

15. Aplicam-se às entidades referidas no § 3º do art. 186 do CPC as regras sobre intimação pessoal das partes e suas testemunhas (art. 186, § 2º; art. 455, § 4º, IV; art. 513, § 2º, II e art. 876, § 1º, II, todos do CPC).

16. As disposições previstas nos arts. 190 e 191 do CPC poderão aplicar-se aos procedimentos previstos nas leis que tratam dos juizados especiais, desde que não ofendam os princípios e regras previstos nas Leis n°s 9.099/1995, 10.259/2001 e 12.153/2009.

17. A Fazenda Pública pode celebrar convenção processual, nos termos do art. 190 do CPC.

18. A convenção processual pode ser celebrada em pacto antenupcial ou em contrato de convivência, nos termos do art. 190 do CPC.

19. O prazo em dias úteis previsto no art. 219 do CPC aplica-se também aos procedimentos regidos pelas Leis n°s 9.099/1995, 10.259/2001 e 12.153/2009.

20. Aplica-se o art. 219 do CPC na contagem do prazo para oposição de embargos à execução fiscal previsto no art. 16 da Lei nº 6.830/1980.

21. A suspensão dos prazos processuais prevista no *caput* do art. 220 do CPC estende-se ao Ministério Público, à Defensoria Pública e à Advocacia Pública.

22. Em causas que dispensem a fase instrutória, é possível o julgamento de improcedência liminar do pedido que contrariar decisão do Supremo Tribunal Federal em controle concentrado de constitucionalidade ou enunciado de súmula vinculante.

23. Na ausência de auxiliares da justiça, o juiz poderá realizar a audiência inaugural do art. 334 do CPC, especialmente se a hipótese for de conciliação.

24. Havendo a Fazenda Pública publicizado ampla e previamente as hipóteses em que está autorizada a transigir, pode o juiz dispensar a realização da audiência de mediação e conciliação, com base no art. 334, § 4º, II, do CPC, quando o direito discutido na ação não se enquadrar em tais situações.

25. As audiências de conciliação ou mediação, inclusive dos juizados especiais, poderão ser realizadas por videoconferência, áudio, sistemas de troca de mensagens, conversa on-line, conversa escrita, eletrônica, telefônica e telemática ou outros mecanismos que estejam à disposição dos profissionais da autocomposição para estabelecer a comunicação entre as partes.

26. A multa do § 8º do art. 334 do CPC não incide no caso de não comparecimento do réu intimado por edital.

27. Não é necessário o anúncio prévio do julgamento do pedido nas situações do art. 355 do CPC.

28. Os incisos do art. 357 do CPC não exaurem o conteúdo possível da decisão de saneamento e organização do processo.

29. A estabilidade do saneamento não impede a produção de outras provas, cuja necessidade se origine de circunstâncias ou fatos apurados na instrução.

30. É admissível a prova emprestada, ainda que não haja identidade de partes, nos termos do art. 372 do CPC.

31. A compatibilização do disposto nos arts. 378 e 379 do CPC com o art. 5º, LXIII, da CF/1988, assegura à parte, exclusivamente, o direito de não produzir prova contra si quando houver reflexos no ambiente penal.

32. A vedação à apresentação de defesa prevista no art. 382, § 4º, do CPC, não impede a alegação pelo réu de matérias defensivas conhecíveis de ofício.

33. No depoimento pessoal, o advogado da contraparte formulará as perguntas diretamente ao depoente.

34. A qualificação incompleta da testemunha só impede a sua inquirição se houver demonstração de efetivo prejuízo.

35. Considerando os princípios do acesso à justiça e da segurança jurídica, persiste o interesse de agir na propositura de ação declaratória a respeito da questão prejudicial incidental, a ser distribuída por dependência da ação preexistente, inexistindo litispendência entre ambas as demandas (arts. 329 e 503, § 1º, do CPC).

36. O disposto no art. 506 do CPC não permite que se incluam, dentre os beneficiados pela coisa julgada, litigantes de outras demandas em que se discuta a mesma tese jurídica.

37. Aplica-se aos juizados especiais o disposto nos parágrafos do art. 489 do CPC.

38. As medidas adequadas para efetivação da tutela provisória independem do trânsito em julgado, inclusive contra o Poder Público (art. 297 do CPC).

39. Cassada ou modificada a tutela de urgência na sentença, a parte poderá, além de interpor recurso, pleitear o respectivo restabelecimento na instância superior, na petição de recurso ou em via autônoma.

40. A irreversibilidade dos efeitos da tutela de urgência não impede sua concessão, em se tratando de direito provável, cuja lesão seja irreversível.

41. Nos processos sobrestados por força do regime repetitivo, é possível a apreciação e a efetivação de tutela provisória de urgência, cuja competência será do órgão jurisdicional onde estiverem os autos.

42. É cabível a concessão de tutela provisória de urgência em incidente de desconsideração da personalidade jurídica.

43. Não ocorre a estabilização da tutela antecipada requerida em caráter antecedente, quando deferida em ação rescisória.

44. É requisito da petição inicial da tutela cautelar requerida em caráter antecedente a indicação do valor da causa.

45. Aplica-se às tutelas provisórias o princípio da fungibilidade, devendo o juiz esclarecer as partes sobre o regime processual a ser observado.

46. A cessação da eficácia da tutela cautelar, antecedente ou incidental, pela não efetivação no prazo de 30 dias, só ocorre se caracterizada omissão do requerente.

47. A probabilidade do direito constitui requisito para concessão da tutela da evidência fundada em abuso do direito de defesa ou em manifesto propósito protelatório da parte contrária.

48. É admissível a tutela provisória da evidência, prevista no art. 311, II, do CPC, também em casos de tese firmada em repercussão geral ou em súmulas dos tribunais superiores.

49. A tutela da evidência pode ser concedida em mandado de segurança.

50. A eficácia da produção antecipada de provas não está condicionada a prazo para a propositura de outra ação.

51. Havendo registro judicial ou autorização expressa do juízo sucessório competente, nos autos do procedimento de abertura, registro e cumprimento de testamento, sendo todos os interessados capazes e concordes, poderão ser feitos o inventário e a partilha por escritura pública.

52. Na organização do esboço da partilha tratada pelo art. 651 do CPC, deve-se incluir a meação do companheiro.

53. Para o reconhecimento definitivo do domínio ou da posse do terceiro embargante (art. 681 do CPC), é necessária a presença, no polo passivo dos embargos, do réu ou do executado a quem se impute a titularidade desse domínio ou dessa posse no processo principal.

54. Estando o processo em grau de recurso, o requerimento de habilitação far-se-á de acordo com o Regimento Interno do respectivo tribunal (art. 687 do CPC).

55. É cabível apelação contra sentença proferida no procedimento especial de habilitação (arts. 687 a 692 do CPC).

56. A legitimidade conferida à Defensoria Pública pelo art. 720 do CPC compreende as hipóteses de jurisdição voluntária previstas na legislação extravagante, notadamente no Estatuto da Criança e do Adolescente.

57. Todos os legitimados a promover a curatela, cujo rol deve incluir o próprio sujeito a ser curatelado, também o são para realizar o pedido do seu levantamento.

58. O prazo para interposição do agravo previsto na Lei nº 8.437/92 é de quinze dias, conforme o disposto no art. 1.070 do CPC.

59. Não é exigível identidade absoluta entre casos para a aplicação de um precedente, seja ele vinculante ou não, bastando que ambos possam compartilhar os mesmos fundamentos determinantes.

60. É direito das partes a manifestação por escrito, no prazo de cinco dias, sobre fato superveniente ou questão de ofício na hipótese do art. 933, § 1º, do CPC, ressalvada a concordância expressa com a forma oral em sessão.

61. Deve ser franqueado às partes sustentar oralmente as suas razões, na forma e pelo prazo previsto no art. 937, *caput*, do CPC, no agravo de instrumento que impugne decisão de resolução parcial de mérito (art. 356, § 5º, do CPC).

62. Aplica-se a técnica prevista no art. 942 do CPC no julgamento de recurso de apelação interposto em mandado de segurança.

63. A técnica de que trata o art. 942, § 3º, I, do CPC aplica-se à hipótese de rescisão parcial do julgado.

64. Ao despachar a reclamação, deferida a suspensão do ato impugnado, o relator pode conceder tutela provisória satisfativa correspondente à decisão originária cuja autoridade foi violada.

65. A desistência do recurso pela parte não impede a análise da questão objeto do incidente de assunção de competência.

66. Admite-se a correção da falta de comprovação do feriado local ou da suspensão do expediente forense, posteriormente à interposição do recurso, com fundamento no art. 932, parágrafo único, do CPC.

67. Há interesse recursal no pleito da parte para impugnar a multa do art. 334, § 8º, do CPC por meio de apelação, embora tenha sido vitoriosa na demanda.

68. A intempestividade da apelação desautoriza o órgão a quo a proferir juízo positivo de retratação.

69. A hipótese do art. 1.015, parágrafo único, do CPC abrange os processos concursais, de falência e recuperação.

70. É agravável o pronunciamento judicial que postergar a análise de pedido de tutela provisória ou condicioná-la a qualquer exigência.

71. É cabível o recurso de agravo de instrumento contra a decisão que indefere o pedido de atribuição de efeito suspensivo a Embargos à Execução, nos termos do art. 1.015, X, do CPC.

72. É admissível a interposição de agravo de instrumento tanto para a decisão interlocutória que rejeita a inversão do ônus da prova, como para a que a defere.

73. Para efeito de não conhecimento do agravo de instrumento por força da regra prevista no § 3º do art. 1.018 do CPC, deve o juiz, previamente, atender ao art. 932, parágrafo único, e art. 1.017, § 3º, do CPC, intimando o agravante para sanar o vício ou complementar a documentação exigível.

74. O termo "manifestamente" previsto no § 4º do art. 1.021 do CPC se refere tanto à improcedência quanto à inadmissibilidade do agravo.

75. Cabem embargos declaratórios contra decisão que não admite recurso especial ou extraordinário, no tribunal de origem ou no tribunal superior, com a consequente interrupção do prazo recursal.

76. É considerada omissa, para efeitos do cabimento dos embargos de declaração, a decisão que, na superação de precedente, não se manifesta sobre a modulação de efeitos.

77. Para impugnar decisão que obsta trânsito a recurso excepcional e que contenha simultaneamente fundamento relacionado à sistemática dos recursos repetitivos ou da repercussão geral (art. 1.030, I, do CPC) e fundamento relacionado à análise dos pressupostos de admissibilidade recursais (art. 1.030, V, do CPC), a parte sucumbente deve interpor, simultaneamente, agravo interno (art. 1.021 do CPC) caso queira impugnar a parte relativa aos recursos repetitivos ou repercussão geral e agravo em recurso especial/extraordinário (art. 1.042 do CPC) caso queira impugnar a parte relativa aos fundamentos de inadmissão por ausência dos pressupostos recursais.

78. A suspensão do recurso prevista no art. 1.030, III, do CPC deve se dar apenas em relação ao capítulo da decisão afetada pelo repetitivo, devendo o recurso ter seguimento em relação ao remanescente da controvérsia, salvo se a questão repetitiva for prejudicial à solução das demais matérias.

79. Na hipótese do art. 1.032 do CPC, cabe ao relator, após possibilitar que o recorrente adite o seu recurso para inclusão de preliminar sustentando a existência de repercussão geral, oportunizar ao recorrido que, igualmente, adite suas contrarrazões para sustentar a inexistência da repercussão.

80. Quando o Supremo Tribunal Federal considerar como reflexa a ofensa à Constituição afirmada no recurso extraordinário, deverá, antes de remetê-lo ao Superior Tribunal de Justiça para julgamento como recurso especial, conceder prazo de quinze dias para que as partes complementem suas razões e contrarrazões de recurso.

81. A devolução dos autos pelo Superior Tribunal de Justiça ou Supremo Tribunal Federal ao tribunal de origem depende de decisão fundamentada, contra a qual cabe agravo na forma do art. 1.037, § 13, II, do CPC.

82. Quando houver pluralidade de pedidos de admissão de *amicus curiae*, o relator deve observar, como critério para definição daqueles que serão admitidos, o equilíbrio na representatividade dos diversos interesses jurídicos contrapostos no litígio, velando, assim, pelo respeito à amplitude do contraditório, paridade de tratamento e isonomia entre todos os potencialmente atingidos pela decisão.

83. Caso os embargos de divergência impliquem alteração das conclusões do julgamento anterior, o recorrido que já tiver interposto o recurso extraordinário terá o direito de complementar ou alterar suas razões, nos exatos limites da modificação, no prazo de quinze dias, contados da intimação da decisão dos embargos de divergência.

84. O comparecimento espontâneo da parte constitui termo inicial dos prazos para pagamento e, sucessivamente, impugnação ao cumprimento de sentença.

85. Na execução de título extrajudicial ou judicial (art. 515, § 1º, do CPC) é cabível a citação postal.

86. As prestações vincendas até o efetivo cumprimento da obrigação incluem-se na execução de título executivo extrajudicial (arts. 323 e 318, parágrafo único, do CPC).

87. O acordo de reparação de danos feito durante a suspensão condicional do processo, desde que devidamente homologado por sentença, é título executivo judicial.

88. A caução prevista no inc. IV do art. 520 do CPC não pode ser exigida em cumprimento definitivo de sentença. Considera-se como tal o cumprimento de sentença transitada em julgado no processo que deu origem ao crédito executado, ainda que sobre ela penda impugnação destituída de efeito suspensivo.

89. Conta-se em dias úteis o prazo do *caput* do art. 523 do CPC.

90. Conta-se em dobro o prazo do art. 525 do CPC nos casos em que o devedor é assistido pela Defensoria Pública.

91. Interpreta-se o art. 524 do CPC e seus parágrafos no sentido de permitir que a parte patrocinada pela Defensoria Pública continue a valer-se da contadoria judicial para elaborar cálculos para execução ou cumprimento de sentença.

92. A intimação prevista no *caput* do art. 523 do CPC deve contemplar, expressamente, o prazo sucessivo para impugnar o cumprimento de sentença.

93. Da decisão que julga a impugnação ao cumprimento de sentença cabe apelação, se extinguir o processo, ou agravo de instrumento, se não o fizer.

94. Aplica-se o procedimento do art. 920 do CPC à impugnação ao cumprimento de sentença, com possibilidade de rejeição liminar nas hipóteses dos arts. 525, § 5º, e 918 do CPC.

95. O juiz, antes de rejeitar liminarmente a impugnação ao cumprimento de sentença (art. 525, § 5º, do CPC), deve intimar o impugnante para sanar eventual vício, em observância ao dever processual de cooperação (art. 6º do CPC).

96. Os critérios referidos no *caput* do art. 537 do CPC devem ser observados no momento da fixação da multa, que não está limitada ao valor da obrigação principal e não pode ter sua exigibilidade postergada para depois do trânsito em julgado.

97. A execução pode ser promovida apenas contra o titular do bem oferecido em garantia real, cabendo, nesse caso, somente a intimação de eventual coproprietário que não tenha outorgado a garantia.

98. O art. 782, § 3º, do CPC não veda a possibilidade de o credor, ou mesmo o órgão de proteção ao crédito, fazer a inclusão extrajudicial do nome do executado em cadastros de inadimplentes.

99. A inclusão do nome do executado em cadastros de inadimplentes poderá se dar na execução definitiva de título judicial ou extrajudicial.

100. Interpreta-se a expressão condomínio edilício do art. 784, X, do CPC de forma a compreender tanto os condomínios verticais, quanto os horizontais de lotes, nos termos do art. 1.358-A do Código Civil.

101. É admissível ação monitória, ainda que o autor detenha título executivo extrajudicial.

102. A falta de oposição dos embargos de terceiro preventivos no prazo do art. 792, § 4º, do CPC não impede a propositura dos embargos de terceiro repressivos no prazo do art. 675 do mesmo Código.

103. Pode o exequente – em execução de obrigação de fazer fungível, decorrente do inadimplemento relativo, voluntário e inescusável do executado – requerer a satisfação da obrigação por terceiro, cumuladamente ou não com perdas e danos, considerando que o *caput* do art. 816 do CPC não derrogou o *caput* do art. 249 do Código Civil.

104. O fornecimento de certidão para fins de averbação premonitória (art. 799, IX, do CPC) independe de prévio despacho ou autorização do juiz.

105. As hipóteses de penhora do art. 833, § 2º, do CPC aplicam-se ao cumprimento da sentença ou à execução de título extrajudicial relativo a honorários advocatícios, em razão de sua natureza alimentar.

106. Na expropriação, a apropriação de frutos e rendimentos poderá ser priorizada em relação à adjudicação, se não prejudicar o exequente e for mais favorável ao executado.

107. Não se aplica a suspensão do art. 982, I, do CPC ao cumprimento de sentença anteriormente transitada em julgado e que tenha decidido questão objeto de posterior incidente de resolução de demandas repetitivas.

II JORNADA DE DIREITO PROCESSUAL CIVIL

PARTE GERAL

108. A competência prevista nas alíneas do art. 53, I, do CPC não é de foros concorrentes, mas de foros subsidiários.

109. Na hipótese de cumulação alternativa, acolhido integralmente um dos pedidos, a sucumbência deve ser suportada pelo réu.

110. A instauração do incidente de desconsideração da personalidade jurídica não suspenderá a tramitação do processo de execução e do cumprimento de sentença em face dos executados originários.

111. O incidente de desconsideração da personalidade jurídica pode ser aplicado ao processo falimentar.

112. A intervenção do Ministério Público como fiscal da ordem jurídica não inviabiliza a celebração de negócios processuais.

113. As disposições previstas nos arts. 190 e 191 do CPC poderão ser aplicadas ao procedimento de recuperação judicial.

114. Os entes despersonalizados podem celebrar negócios jurídicos processuais.

115. O negócio jurídico processual somente se submeterá à homologação quando expressamente exigido em norma jurídica, admitindo-se, em todo caso, o controle de validade da convenção.

116. Aplica-se o art. 219 do CPC na contagem dos prazos processuais previstos na Lei nº 6.830/1980.

117. O art. 356 do CPC pode ser aplicado nos julgamentos dos tribunais.

118. É cabível a fixação de honorários advocatícios na ação de produção antecipada de provas na hipótese de resistência da parte requerida na produção da prova.

PROCESSO DE CONHECIMENTO

119. É admissível o ajuizamento de ação de exibição de documentos, de forma autônoma, inclusive pelo procedimento comum do CPC (art. 318 e seguintes).

120. Deve o juiz determinar a emenda também na reconvenção, possibilitando ao reconvinte, a fim de evitar a sua rejeição prematura, corrigir defeitos e/ou irregularidades.

121. Não cabe aplicar multa a quem, comparecendo à audiência do art. 334 do CPC, apenas manifesta desinteresse na realização de acordo, salvo se a sessão foi designada unicamente por requerimento seu e não houver justificativa para a alteração de posição.

122. O prazo de contestação é contado a partir do primeiro dia útil seguinte à realização da audiência de conciliação ou mediação, ou da última sessão de conciliação ou mediação, na hipótese de incidência do art. 335, inc. I, do CPC.

123. Aplica-se o art. 339 do CPC à autoridade coatora indicada na inicial do mandado de segurança e à pessoa jurídica que compõe o polo passivo.

124. Não há preclusão consumativa do direito de apresentar contestação, se o réu se manifesta, antes da data da audiência de conciliação ou de mediação, quanto à incompetência do juízo.

125. A decisão parcial de mérito não pode ser modificada senão em decorrência do recurso que a impugna.

126. O juiz pode resolver parcialmente o mérito, em relação à matéria não afetada para julgamento, nos processos suspensos em razão de recursos repetitivos, repercussão geral, incidente de resolução de demandas repetitivas ou incidente de assunção de competência.

127. O juiz pode homologar parcialmente a delimitação consensual das questões de fato e de direito, após consulta às partes, na forma do art. 10 do CPC.

128. Exceto quando reconhecida sua nulidade, a convenção das partes sobre o ônus da prova afasta a redistribuição por parte do juiz.

TUTELA PROVISÓRIA E PROCEDIMENTOS ESPECIAIS

129. É admitida a exibição de documentos como objeto de produção antecipada de prova, nos termos do art. 381 do CPC.

130. É possível a estabilização de tutela antecipada antecedente em face da Fazenda Pública.

131. A remissão ao art. 672, feita no art. 664, § 4º, do CPC, consiste em erro material decorrente da renumeração de artigos durante a tramitação legislativa. A referência deve ser compreendida como sendo ao art. 662, norma que possui conteúdo integrativo adequado ao comando expresso e finalístico do art. 664, § 4º.

132. O prazo para apresentação de embargos de terceiro tem natureza processual e deve ser contado em dias úteis.

133. É admissível a formulação de reconvenção em resposta aos embargos de terceiro, inclusive para o propósito de veicular pedido típico de ação pauliana, nas hipóteses de fraude contra credores.

134. A apelação contra a sentença que julga improcedentes os embargos ao mandado monitório não é dotada de efeito suspensivo automático (arts. 702, § 4º, e 1.012, § 1º, V, CPC).

RECURSOS E PRECEDENTES JUDICIAIS

135. É admissível a concessão de tutela da evidência fundada em tese firmada em incidente de assunção de competência.

136. A caução exigível em cumprimento provisório de sentença poderá ser dispensada se o julgado a ser cumprido estiver em consonância com tese firmada em incidente de assunção de competência.

137. Se o recurso do qual se originou a decisão embargada comportou a aplicação da técnica do art. 942 do CPC, os declaratórios eventualmente opostos serão julgados com a composição ampliada.

138. É cabível reclamação contra acórdão que aplicou indevidamente tese jurídica firmada em acórdão proferido em julgamento de recursos extraordinário ou especial repetitivos, após o esgotamento das instâncias ordinárias, por analogia ao quanto previsto no art. 988, § 4º, do CPC.

139. A ausência de retratação do órgão julgador, na hipótese prevista no art. 1030, II, do CPC, dispensa a ratificação expressa para que haja o juízo de admissibilidade e a eventual remessa do recurso extraordinário ou especial ao tribunal superior competente, na forma dos arts. 1.030, V, c, e 1.041 do CPC.

140. A suspensão de processos pendentes, individuais ou coletivos, que tramitam no Estado ou na região prevista no art. 982, I, do CPC não é decorrência automática e necessária da admissão do IRDR, competindo ao relator ou ao colegiado decidir acerca da sua conveniência.

141. É possível a conversão de Incidente de Assunção de Competência em Incidente de Resolução de Demandas Repetitivas, se demonstrada a efetiva repetição de processos em que se discute a mesma questão de direito.

142. Determinada a suspensão decorrente da admissão do IRDR (art. 982, I), a alegação de distinção entre a questão jurídica versada em uma demanda em curso e aquela a ser julgada no incidente será veiculada por meio do requerimento previsto no art. 1.037, § 10.

143. A revisão da tese jurídica firmada no incidente de resolução de demandas repetitivas pode ser feita pelas partes, nos termos do art. 977, II, do CPC/2015.

144. No caso de apelação, o deferimento de tutela provisória em sentença retira-lhe o efeito suspensivo referente ao capítulo atingido pela tutela.

145. O recurso cabível contra a decisão que julga a liquidação de sentença é o Agravo de Instrumento.

EXECUÇÃO E CUMPRIMENTO DE SENTENÇA

146. O prazo de 3 (três) dias previsto pelo art. 528 do CPC conta-se em dias úteis e na forma dos incisos do art. 231 do CPC, não se aplicando seu § 3º.

147. Basta o inadimplemento de uma parcela, no todo ou em parte, para decretação da prisão civil prevista no art. 528, § 7º, do CPC.

148. A reiteração pelo exequente ou executado de matérias já preclusas pode ensejar a aplicação de multa por conduta contrária à boa-fé.

149. A falta de averbação da pendência de processo ou da existência de hipoteca judiciária ou de constrição judicial sobre bem no registro de imóveis não impede que o exequente comprove a má-fé do terceiro que tenha adquirido a propriedade ou qualquer outro direito real sobre o bem.

150. Aplicam-se ao direito de laje os arts. 791, 804 e 889, III, do CPC.

151. O legitimado pode remir a execução até a lavratura do auto de adjudicação ou de alienação (CPC, art. 826).

152. O pacto de impenhorabilidade (arts. 190, 200 e 833, I) produz efeitos entre as partes, não alcançando terceiros.

153. A penhorabilidade dos bens, observados os critérios do art. 190 do CPC, pode ser objeto de convenção processual das partes.

154. O exequente deve providenciar a intimação do coproprietário no caso da penhora de bem indivisível ou de direito real sobre bem indivisível.

155. A penhora a que alude o art. 860 do CPC poderá recair sobre direito litigioso ainda não reconhecido por decisão transitada em julgado.

156. O decurso de tempo entre a avaliação do bem penhorado e a sua alienação não importa, por si só, nova avaliação, a qual deve ser realizada se houver, nos autos, indícios de que houve majoração ou diminuição no valor.

157. No leilão eletrônico, a proposta de pagamento parcelado (art. 895 do CPC), observado o valor mínimo fixado pelo juiz, deverá ser apresentada até o início do leilão, nos termos do art. 886, IV, do CPC.

158. A sentença de rejeição dos embargos à execução opostos pela Fazenda Pública não está sujeita à remessa necessária.

III JORNADA DE DIREITO PROCESSUAL CIVIL

(Realizada em 21 e 22-9-2023)

PARTE GERAL E TUTELA PROVISÓRIA

159. É incabível a condenação sucumbencial do litisdenunciado quando não houver resistência ao pedido de denunciação.

160. A competência para julgamento de ações que envolvam violação aos direitos da personalidade, quando os atos ilícitos são praticados pela internet, é do foro do domicílio da vítima.

161. Considera-se litigante de má-fé, nos termos do art. 80 do CPC, aquele que menciona em suas manifestações precedente inexistente.

162. São cabíveis medidas indutivas, coercitivas e mandamentais visando a compelir o devedor a transferir criptoativos ou saldos em criptoativos que lhe pertençam para endereço público que venha a ser indicado por ordem judicial.

163. O foro de domicílio da vítima de violência doméstica tem prioridade para a ação de divórcio, separação, anulação de casamento e reconhecimento ou dissolução de união estável.

164. É permitido ato concertado entre juízos para resolver questões referentes à validade de penhoras sobre o mesmo bem realizadas em execuções diversas, ainda que propostas em juízos de competências distintas.

165. Conta-se em dias úteis o prazo do *caput* do art. 308 do CPC.

166. Aplica-se o benefício do § 4º do art. 90 do CPC quando a exequente concordar com a exceção de pré-executividade apresentada e, de imediato, pedir a extinção do feito executivo. (Cancelado o Enunciado 10 da I Jornada).

167. A garantia do contraditório aplica-se nos Juizados Especiais, inclusive nos federais, gerando a necessidade de intimação das partes acerca do laudo pericial antes de ser proferida a sentença.

168. Salvo nos casos de competência originária dos tribunais, o incidente de desconsideração da personalidade jurídica deve ser instaurado em primeiro grau.

169. A Defensoria Pública pode ser admitida como *custos vulnerabilis* sempre que do julgamento puder resultar formação de precedente com impacto potencial no direito de pessoas necessitadas.

170. A caracterização do abuso processual pode ocorrer por comportamentos ocorridos em único processo ou a partir de um conjunto de atos em inúmeros processos.

171. O rol do § 1º do art. 98 do CPC é meramente exemplificativo, podendo englobar outras isenções, desde que sejam necessárias para garantir o acesso à justiça ao destinatário da gratuidade de justiça.

172. Aplica-se o § 4º do art. 75 do CPC aos municípios que tiverem procuradoria regularmente constituída.

PROCESSO DE CONHECIMENTO E PROCEDIMENTOS ESPECIAIS

173. O prazo para interpor agravo de instrumento em face da decisão de saneamento e organização do processo começa após o julgamento do pedido de ajustes e esclarecimentos ou do término do prazo previsto no art. 357, § 1º, do CPC, caso as partes deixem de apresentar referida manifestação.

174. As exceções à obrigatoriedade de remessa necessária previstas no art. 496, §§ 3º e 4º, do CPC, aplicam-se ao procedimento de mandado de segurança.

175. No arrolamento comum, o prévio recolhimento do imposto de transmissão *causa mortis* não é condicionante para a expedição do formal de partilha e da carta de adjudicação, mantendo-se a exigência da comprovação do pagamento dos tributos relativos aos bens do espólio e às suas rendas, a teor dos arts. 659, § 2º, 664, § 4º, e 662 do CPC e 192 do CTN.

176. Para atender às especificidades da causa, garantido o contraditório, o art. 327, § 2º, do CPC autoriza o trânsito de técnicas processuais adequadas entre os procedimentos especiais e entre esses e o procedimento comum.

177. No procedimento de alteração de regime de bens, a intimação do Ministério Público prevista no art. 734, § 1º, do CPC somente se dará nos casos dos arts. 178 e 721 do CPC.

178. Em casos excepcionais, o juiz poderá dispensar a prova pericial nos processos de interdição ou curatela, na forma do art. 472 do CPC e ouvido o Ministério Público, quando as partes juntarem pareceres técnicos ou documentos elucidativos e houver entrevista do interditando.

179. Nos termos do art. 627, § 3º, do CPC, é possível o reconhecimento incidental da união estável em inventário, quando comprovada documentalmente.

180. A manifestação expressa da Fazenda Pública reconhecendo a procedência do pedido ou o desinteresse de recorrer da decisão judicial afasta a exigência da remessa necessária (art. 496, § 4º, inciso IV, do CPC).

181. O depoimento ou testemunho de criança ou adolescente não pode ser colhido extrajudicialmente por tabelião, por meio de ata notarial ou de escritura pública de declaração.

182. Quando o objeto do processo for relacionado a abuso ou alienação parental e for necessário o depoimento especial de criança ou adolescente em juízo, a escuta deverá ser realizada de acordo com o procedimento previsto na Lei nº 13.431/2017, sob pena de nulidade do ato.

183. O art. 382, § 4º, do CPC não impede a arguição de defesas referentes à admissibilidade das diligências e das provas requeridas na petição inicial.

184. O uso e a fruição antecipados de bens, previstos no parágrafo único do art. 647 do CPC, são deferidos por tutela provisória satisfativa, e não por julgamento antecipado do mérito, devendo o juiz analisar a probabilidade de o bem vir a integrar o quinhão do herdeiro ao término do inventário.

185. O rol de testemunhas apresentado anteriormente à decisão de saneamento e organização do processo é provisório, podendo a parte realizar modificações após a prolação da referida decisão, dentro do prazo estabelecido pelos arts. 357, § 4º, e 451, do CPC.

ORDEM DOS PROCESSOS NOS TRIBUNAIS E RECURSOS ORDINÁRIOS

186. Na hipótese de julgamento de recurso não unânime, o acórdão somente poderá ser publicado com a integralidade dos votos (vencedor e vencido) e seus respectivos fundamentos, sob pena de nova publicação.

187. É vedada a revisão pelo julgador substituto do voto proferido pelo substituído, no julgamento estendido previsto no art. 942 do CPC.

188. Os votos proferidos nos julgamentos virtuais dos tribunais devem ser publicizados em tempo real, à medida que forem sendo disponibilizados pelos julgadores.

189. Apesar da dicção do art. 1.009, § 1º, do CPC, as decisões não agraváveis estão sujeitas à preclusão, que ocorrerá quando não houver impugnação em apelação ou em contrarrazões de apelação (preclusão diferida).

190. No caso de serem acolhidos, por maioria e com efeitos infringentes, os embargos de declaração opostos contra acórdão que julgou unanimemente a apelação, o julgamento deverá ter prosseguimento nos termos do art. 942 do CPC.

191. Cabe recurso em face de decisão que defere ou indefere pedido de tutela provisória no rito dos Juizados Especiais da Fazenda Pública no âmbito dos Estados, do Distrito Federal, dos Territórios e dos Municípios, regido pela Lei nº 12.153/2009.

192. É admissível sustentação oral no agravo interposto contra a decisão do presidente em suspensão de segurança, de liminar, de sentença e de medidas congêneres propostas pelo Poder Público.

193. A técnica de ampliação do colegiado é aplicável a qualquer hipótese de divergência no julgamento da apelação, seja no juízo de admissibilidade ou no de mérito.

194. Havendo dispersão quantitativa ou qualitativa de votos, caberá ao órgão colegiado definir o critério de desempate da votação em questão de ordem quando não houver previsão em regimento interno.

195. Se o agravo de instrumento for inadmitido quando impugnada decisão interlocutória com base no Tema Repetitivo 988 do STJ (taxatividade mitigada), caberá a impugnação da mesma decisão interlocutória em preliminar de apelação ou contrarrazões.

196. O tribunal não deve acolher ação rescisória com base em causa de pedir diversa daquela indicada na petição inicial.

197. Para a comprovação de feriado local, é suficiente a juntada do calendário do tribunal de origem.

198. Caberá reclamação às Cortes superiores, nos termos do art. 988, inciso I, do CPC, quando o presidente de tribunal analisar pedido de suspensão de liminar deferida por um de seus pares ou por órgão fracionário do próprio tribunal.

199. Nos tribunais, os embargos de declaração poderão ser apresentados em mesa na primeira sessão subsequente ao seu protocolo, ressalvando-se regra regimental distinta (CPC, art. 1.024, § 1º).

200. Cabe agravo de instrumento da decisão interlocutória que determinar a emenda da petição inicial da ação monitória, para adequação ao procedimento comum, por ser decisão interlocutória de indeferimento de tutela da evidência.

201. É aplicável o princípio da fungibilidade recursal quando o erro na interposição do recurso decorre da nomenclatura usada na decisão pelo magistrado.

RECURSOS EXCEPCIONAIS E PRECEDENTES JUDICIAIS

202. No microssistema de julgamento de causas repetitivas, o controle da legitimidade para intervenção deve ocorrer a partir da análise: *a)* da contribuição argumentativa; *b)* da representatividade dos membros do grupo; e *c)* do grau de interesse na controvérsia.

203. A interposição de Recursos Especial e Extraordinário não exige protocolo simultâneo, desde que observado o prazo legal.

204. A afetação de um Recurso Extraordinário ou Especial como repetitivo não pressupõe a existência de decisões conflitantes sobre a questão de direito material ou processual submetida a julgamento.

205. A fundamentação da superação de tese firmada em recurso repetitivo deve apontar, expressamente, os critérios autorizadores da superação de precedentes: incongruência social ou inconsistência sistêmica.

206. Admite-se a propositura de ação rescisória fundada em acórdão proferido em julgamento de Incidente de Assunção de Competência (IAC) (art. 966, inciso V, e § 5º, CPC).

207. Nos processos em que houver intervenção de *amicus curiae*, deve-se garantir o efetivo diálogo processual e, por consequência, constar na fundamentação da decisão proferida a adequada manifestação acerca dos argumentos por ele trazidos.

208. A orientação contida no acórdão de mérito dos embargos de divergência se enquadra no comando do art. 927, inciso V, do CPC se este for proferido pelo Plenário do Supremo Tribunal Federal, pelas seções ou pela Corte Especial do Superior Tribunal de Justiça.

EXECUÇÃO E CUMPRIMENTO DE SENTENÇA

209. É cabível pedido de penhora de criptoativos, desde que indicadas pelo requerente as diligências pretendidas, ainda que ausentes indícios de que o executado os tenha.

210. O § 2º do art. 827 do CPC é aplicável também na hipótese de total rejeição da impugnação ao cumprimento de sentença.

211. Antes de apreciar a defesa do executado lastreada no § 3º do art. 854 do CPC, salvo hipótese de rejeição liminar, o juiz deve intimar o exequente para se manifestar, em cinco dias, sob pena de ofensa ao contraditório.

212. É cabível a averbação de penhora no rosto dos autos de processo arbitral.

213. A citação ficta do executado não configura causa de suspensão da execução pela sua não localização, prevista no art. 921, inciso III, do CPC.

214. A pesquisa judicial no módulo CEP (Central de Escrituras e Procurações) da CENSEC (Central Notarial de Serviços Eletrônicos Compartilhados) não pode ser indeferida sob o fundamento de que o credor pode ter acesso às informações do órgão de maneira extrajudicial.

215. O requerimento de nova tentativa de penhora *on-line* de dinheiro do executado, via sistema SISBAJUD (Sistema de Busca de Ativos do Poder Judiciário), pode ser reiterado e independe de decurso mínimo de tempo da última tentativa.

216. Na hipótese de o acolhimento da impugnação acarretar a extinção do cumprimento de sentença, a natureza jurídica da decisão é sentença e o recurso cabível é apelação; caso o acolhimento não impedir a continuidade dos atos executivos, trata-se de decisão interlocutória sujeita a agravo de instrumento (art. 1.015, parágrafo único, do CPC).

217. Cabe arresto executivo *on-line* no caso de o executado não ser encontrado, independentemente da modalidade de citação.

218. A decisão a que se refere o art. 903, § 2º, do CPC é interlocutória e impugnável por agravo de instrumento (art. 1.015, parágrafo único, do CPC).

219. A previsão contida no inciso III do art. 772 do CPC autoriza a realização de atos executivos típicos ou atípicos de busca e localização patrimonial, por meio de cooperação judiciária interinstitucional.

PROCESSO COLETIVO E ESTRUTURAL

220. É necessária a adoção de medidas para a cooperação do Estado e da sociedade civil na construção de soluções para a controvérsia estrutural, mediante participação dos potenciais atingidos e beneficiários da medida estruturante.

221. A atuação dialógica e cooperativa do magistrado e demais sujeitos processuais é característica essencial do processo estrutural.

222. Os legitimados coletivos poderão propor a liquidação e o cumprimento de sentença em favor das vítimas ou seus sucessores, nos termos do art. 98 do CDC, sempre que houver informações suficientes, podendo ser obtidas em bancos de dados do executado ou de terceiros, entre outros.

223. A ampla divulgação prevista no art. 94 do CDC, além de realizada por publicação de edital no órgão oficial, pode também se valer de diferentes meios e canais de comunicação, conforme as peculiaridades do caso concreto.

224. No caso de ação coletiva para a defesa de interesses individuais homogêneos, o juiz poderá intimar o réu para apresentar plano de cumprimento da decisão e notificar as vítimas acerca do plano apresentado.

225. Nos processos estruturais admite-se ao legitimado formular pedido de elaboração e implementação de um plano de recomposição institucional, pelo réu ou terceiro, que, após oitiva dos interessados e eventuais ajustes, será homologado, passando a servir como meta da intervenção na instituição ou política cuja reestruturação se faz necessária.

226. A atuação processual das comunidades indígenas, quilombolas ou populações tradicionais, para a tutela coletiva de seus direitos, poderá ser feita por suas lideranças, entidades representativas ou associações culturais, ainda que não formalmente ou regularmente pré-constituídas.

227. Admite-se a prova estatística ou por amostragem no direito brasileiro, especialmente no processo coletivo e estrutural.

228. É possível a declaração formal da condição de vulnerabilidade processual da parte ou dos membros do grupo nos processos judiciais coletivos ou estruturais, de ofício ou mediante requerimento, explicitando, na decisão que a declarar, a aplicação de institutos processuais voltados à igualdade entre as partes.

229. Para definição de competência em processo coletivo, deve-se entender como dano: (I) local: aquele que atinja uma cidade ou, atingindo mais de uma, não atinja a capital; (II) regional: aquele que atinja mais de uma cidade, sendo uma delas a capital.

230. Nas ações coletivas e estruturais ajuizadas pelos legitimados políticos ou institucionais, admite-se a participação dos representantes adequados dos grupos sociais titulares da pretensão coletiva, tais como sindicatos, associações, comunidades indígenas, quilombolas e povos tradicionais.

231. A cooperação interinstitucional é uma forma de consecução dos processos estruturais e deve ser sempre estimulada.

232. Nos casos de reversão de valores decorrentes de processos coletivos para fundos de reparação, poderá ser determinada a participação das vítimas na definição da destinação do valor, bem como em prol da implementação de garantias de não repetição.

233. No processo estrutural, o papel do juiz não se limita a proferir decisões impositivas, mas também a diagnosticar o problema estrutural a partir da complexidade da situação que gerou a demanda e identificar as possibilidades jurídicas de atuação do Poder Judiciário para contribuir para um projeto de reestruturação.

234. No processo estrutural, é pertinente a sucessão de decisões judiciais em etapas quanto à adequação, ao modo e ao prazo para a implementação das medidas de transição para a estrutura ideal.

235. O legitimado coletivo poderá solicitar ao juízo a realização de medidas de busca ativa para habilitação dos interessados individuais no cumprimento da decisão coletiva.

236. Na ação coletiva para tutela de direitos individuais homogêneos, a sentença condenatória que determina obrigação de pagar poderá ser líquida, determinando-se, preferencialmente, o cumprimento de forma direta pelo réu aos beneficiários.

237. No julgamento de casos repetitivos, havendo entre as causas uma ação coletiva, esta deve, preferencialmente, ser escolhida como representativa da controvérsia.

ENUNCIADOS DAS JORNADAS DE DIREITO E PROCESSO PENAL

I JORNADA DE DIREITO E PROCESSO PENAL

(Realizada em 10 a 14-8-2020)

1. A norma puramente processual tem eficácia a partir da data de sua vigência, conservando-se os efeitos dos atos já praticados. Entende-se por norma puramente processual aquela que regulamente procedimento sem interferir na pretensão punitiva do Estado. A norma procedimental que modifica a pretensão punitiva do Estado deve ser considerada norma de direito material, que pode retroagir se for mais benéfica ao acusado.

2. Para a aplicação do artigo 40, inciso VI, da Lei nº 11.343/2006, é necessária a prova de que a criança ou adolescente atua ou é utilizada, de qualquer forma, para a prática do crime, ou figura como vítima, não sendo a mera presença da criança ou adolescente no contexto delitivo causa suficiente para a incidência da majorante.

3. A inexistência de confissão do investigado antes da formação da *opinio delicti* do Ministério Público não pode ser interpretada como desinteresse em entabular eventual acordo de não persecução penal.

4. A ausência de falta grave nos últimos 12 (doze) meses como requisito à obtenção do livramento condicional (art. 83, III, *b*, do CP) aplica-se apenas às infrações penais praticadas a partir de 23-1-2020, quando entrou em vigor a Lei nº 13.964/2019.

5. É prescindível a decisão final sobre a prática de falta grave para obstar o livramento condicional com base no art. 83, III, *b*, do CP.

6. É possível aditar a denúncia para requerer a perda de bens cujo conhecimento se der após iniciada a ação penal, caso em que, recebido o aditamento, deverão ser ouvidos os interessados e propiciada a dilação probatória.

7. Não fica caracterizado o crime do inciso IV do § 1º do artigo 33 da Lei nº 11.343/2006, incluído pela Lei Anticrime, quando o policial disfarçado provoca, induz, estimula ou incita alguém a vender ou a entregar drogas ou matéria-prima, insumo ou produto químico destinado à sua preparação (flagrante preparado), sob pena de violação do art. 17 do Código Penal e da Súmula nº 145 do Supremo Tribunal Federal.

8. Nos casos de Estelionato (art. 171, CP) cometido por meio virtual, a competência para processo e julgamento da ação será do local da agência bancária da conta depositária, se a vítima realizou depósito bancário em dinheiro, ou o local da agência bancária da vítima, se ela realizou transferência bancária (TED).

9. Para a decretação da Prisão Temporária é necessária a aplicação cumulativa do inc. III com o inc. I do artigo 1º da Lei nº 7.960/1989.

10. A decretação ou a manutenção da prisão preventiva, para a garantia da ordem pública, pode ser fundamentada com base no risco de reiteração delitiva do agente em crimes com gravidade concreta, justificada por meio da existência de processos criminais em andamento.

11. O pronunciamento jurisdicional do art.396 do CPP, que recebe a denúncia, tem natureza jurídica de decisão interlocutória, portanto necessita de fundamentação, conforme art. 93, IX, da CF.

12. O requisito previsto no art. 83, III, *b*, do Código Penal, consistente em o agente não ter cometido falta grave nos últimos 12 (doze) meses, poderá ser valorado, com base no caso concreto, para fins de concessão de livramento condicional quanto a fatos ocorridos antes da entrada em vigor da Lei nº 13.964/2019, sendo interpretado como comportamento insatisfatório durante a execução da pena.

13. O princípio da legalidade impõe que se observe, quando da soma das penas, o cálculo diferenciado para fins de progressão de regime.

14. Em caso de hipossuficiência, o não pagamento da fiança não pode ser motivo legítimo a impedir a concessão da liberdade provisória.

15. Para fins de aplicação do art. 91-A do Código Penal, cabe ao Ministério Público, e não à Defesa, a comprovação de incompatibilidade entre o patrimônio e os rendimentos lícitos do réu.

16. O rol trazido pelo artigo 50 da Lei de Execução Penal é taxativo, não comportando interpretação extensiva ou equiparação analógica.

17. Na observância dos pressupostos e requisitos à segregação cautelar, é incabível a decretação da prisão preventiva pelo crime de receptação exclusivamente em razão da suposta conduta ter ocorrido em área de fronteira.

18. Na execução penal, o não pagamento da multa pecuniária ou a ausência do seu parcelamento não impedem a progressão de regime, desde que os demais requisitos a tanto estejam preenchidos e que se demonstre a impossibilidade econômica de o apenado adimpli-la.

19. Cabe ao Tribunal no qual se encontra tramitando o feito em grau de recurso a reavaliação periódica da situação prisional do acusado, em atenção ao parágrafo único do art. 316 do CPP, mesmo que a ordem de prisão tenha sido decretada pelo Magistrado de primeiro grau.

20. É possível, em situações excepcionais, a aplicação da prisão domiciliar humanitária, prevista no art. 117 da Lei nº 7.210/1984, também aos condenados em cumprimento de regime fechado e semiaberto.

21. A decisão do Procedimento Administrativo Disciplinar (PAD) que avalia a falta disciplinar sujeita-se a posterior análise e decisão judicial, podendo ser novamente examinadas as questões de fato e de direito, bem como o magistrado proferir nova decisão, para reconhecimento ou não da referida falta.

22. As restrições previstas no § 16 do art. 4º da Lei nº 12.850/2013, com a redação dada pela Lei nº 13.964/2019, aplicam-se também aos processos penais para os quais a colaboração premiada foi trasladada como prova emprestada.

23. O crime de gestão temerária de instituição financeira exige a demonstração da violação das regras e parâmetros objetivos de gerenciamento de riscos e limites operacionais na administração, intermediação e aplicação de recursos de terceiros, instituídos pelas autoridades de regulação do sistema financeiro nacional.

24. Nos crimes submetidos à jurisdição brasileira, os provedores de conexão e de aplicações de internet que prestam serviços no Brasil devem fornecer o conteúdo de comunicações armazenadas em seu poder, não lhes sendo lícito, sob pena de sanções processuais, invocar legislação estrangeira para eximir-se do dever de cumprir a decisão judicial.

25. As obrigações pecuniárias (pena de multa, custas processuais e obrigação de reparar os danos) advindas da sentença penal condenatória recorrível, não podem ser executadas antes do trânsito em julgado.

26. A escusa absolutória do artigo 181, inciso II, do Código Penal abrange também a paternidade e filiação socioafetivas.

27. São imprescritíveis e insuscetíveis de anistia, graça ou indulto crimes que caracterizem graves violações de direitos humanos, praticados por agentes públicos ou particulares, diante da Convenção Americana de Direitos Humanos e da pacífica jurisprudência da Corte Interamericana de Direitos Humanos, de observância obrigatória por todos os órgãos e poderes do Estado brasileiro.

28. Recomenda-se a realização de práticas restaurativas nos acordos de não persecução penal, observada a principiologia das Resoluções nºs 225 do CNJ e 118/2014 do CNMP.

29. A responsabilidade a título de omissão imprópria deve observar a assunção fática e real de competências que fundamentam a posição de garantidor.

30. Excepcionalmente e de forma fundamentada, nos casos em que se faça inviável a realização presencial do ato, é possível a realização de audiência de custódia por sistema de videoconferência.

31. A decisão de revisão periódica da prisão preventiva deve analisar de modo motivado, ainda que sucinto, se as razões que a fundamentaram se mantêm e se não há excesso de prazo, sendo vedada a mera alusão genérica à não alteração do quadro fático.

32. A proposta de acordo de não persecução penal representa um poder-dever do Ministério Público, com exclusividade, desde que cumpridos os requisitos do art. 28-A do CPP, cuja recusa deve ser fundamentada, para propiciar o controle previsto no § 14 do mesmo artigo.

ENUNCIADOS DAS JORNADAS DE DIREITO COMERCIAL

I JORNADA DE DIREITO COMERCIAL

(Realizada em 22, 23 e 24-10-2012)

1. EMPRESA E ESTABELECIMENTO

1. Decisão judicial que considera ser o nome empresarial violador do direito de marca não implica a anulação do respectivo registro no órgão próprio nem lhe retira os efeitos, preservado o direito de o empresário alterá-lo.

2. A vedação de registro de marca que reproduza ou imite elemento característico ou diferenciador de nome empresarial de terceiros, suscetível de causar confusão ou associação (art. 124, V, da Lei nº 9.279/1996), deve ser interpretada restritivamente e em consonância com o art. 1.166 do Código Civil.

3. A Empresa Individual de Responsabilidade Limitada – EIRELI não é sociedade unipessoal, mas um novo ente, distinto da pessoa do empresário e da sociedade empresária.

4. Uma vez subscrito e efetivamente integralizado, o capital da empresa individual de responsabilidade limitada não sofrerá nenhuma influência decorrente de ulteriores alterações no salário mínimo.

5. Quanto às obrigações decorrentes de sua atividade, o empresário individual tipificado no art. 966 do Código Civil responderá primeiramente com os bens vinculados à exploração de sua atividade econômica, nos termos do art. 1.024 do Código Civil.

6. O empresário individual regularmente inscrito é o destinatário da norma do art. 978 do Código Civil, que permite alienar ou gravar de ônus real o imóvel incorporado à empresa, desde que exista, se for o caso, prévio registro de autorização conjugal no Cartório de Imóveis, devendo tais requisitos constar do instrumento de alienação ou de instituição do ônus real, com a consequente averbação do ato à margem de sua inscrição no Registro Público de Empresas Mercantis

7. O nome de domínio integra o estabelecimento empresarial como bem incorpóreo para todos os fins de direito.

8. A sub-rogação do adquirente nos contratos de exploração atinentes ao estabelecimento adquirido, desde que não possuam caráter pessoal, é a regra geral, incluindo o contrato de locação.

2. DIREITO SOCIETÁRIO

9. Quando aplicado às relações jurídicas empresariais, o art. 50 do Código Civil não pode ser interpretado analogamente ao art. 28, § 5º, do CDC ou ao art. 2º, § 2º, da CLT.

10. Nas sociedades simples, os sócios podem limitar suas responsabilidades entre si, à proporção da participação no capital social, ressalvadas as disposições específicas.

11. A regra do art. 1.015, parágrafo único, do Código Civil deve ser aplicada à luz da teoria da aparência e do primado da boa-fé objetiva, de modo a prestigiar a segurança do tráfego negocial. As sociedades se obrigam perante terceiros de boa-fé.

12. A regra contida no art. 1.055, § 1º, do Código Civil deve ser aplicada na hipótese de inexatidão da avaliação de bens conferidos ao capital social; a responsabilidade nela prevista não afasta a desconsideração da personalidade jurídica quando presentes seus requisitos legais.

13. A decisão que decretar a dissolução parcial da sociedade deverá indicar a data de desligamento do sócio e o critério de apuração de haveres.

14. É vedado aos administradores de sociedades anônimas votarem para aprovação/rejeição de suas próprias contas, mesmo que o façam por interposta pessoa.

15. O vocábulo "transação", mencionado no art. 183, § 1º, *d*, da Lei das S.A., deve ser lido como sinônimo de "negócio jurídico", e não no sentido técnico que é definido pelo Capítulo XIX do Título VI do Livro I da Parte Especial do Código Civil brasileiro.

16. O adquirente de cotas ou ações adere ao contrato social ou estatuto no que se refere à cláusula compromissória (cláusula de arbitragem) nele existente; assim, estará vinculado à previsão da opção da jurisdição arbitral, independentemente de assinatura e/ou manifestação específica a esse respeito.

17. Na sociedade limitada com dois sócios, o sócio titular de mais da metade do capital social pode excluir extrajudicialmente o sócio minoritário desde que atendidas as exigências materiais e procedimentais previstas no art. 1.085, *caput* e parágrafo único, do CC.

18. O capital social da sociedade limitada poderá ser integralizado, no todo ou em parte, com quotas ou ações de outra sociedade, cabendo aos sócios a escolha do critério de avaliação das respectivas participações societárias, diante da responsabilidade solidária pela exata estimação dos bens conferidos ao capital social, nos termos do art. 1.055, § 1º, do Código Civil.

19. Não se aplica o Código de Defesa do Consumidor às relações entre sócios/acionistas ou entre eles e a sociedade.

3. OBRIGAÇÕES EMPRESARIAIS, CONTRATOS E TÍTULOS DE CRÉDITO

20. Não se aplica o Código de Defesa do Consumidor aos contratos celebrados entre empresários em que um dos contratantes tenha por objetivo suprir-se de insumos para sua atividade de produção, comércio ou prestação de serviços.

21. Nos contratos empresariais, o dirigismo contratual deve ser mitigado, tendo em vista a simetria natural das relações interempresariais.

22. Não se presume solidariedade passiva (art. 265 do Código Civil) pelo simples fato de duas ou mais pessoas jurídicas integrarem o mesmo grupo econômico.

23. Em contratos empresariais, é lícito às partes contratantes estabelecer parâmetros objetivos para a interpretação dos requisitos de revisão e/ou resolução do pacto contratual.

24. Os contratos empresariais coligados, concretamente formados por unidade de interesses econômicos, permitem a arguição da exceção de contrato não cumprido, salvo quando a obrigação inadimplida for de escassa importância.

25. A revisão do contrato por onerosidade excessiva fundada no Código Civil deve levar em conta a natureza do objeto do contrato. Nas relações empresariais, deve-se presumir a sofisticação dos contratantes e observar a alocação de riscos por eles acordada.

26. O contrato empresarial cumpre sua função social quando não acarreta prejuízo a direitos ou interesses, difusos ou coletivos, de titularidade de sujeitos não participantes da relação negocial.

27. Não se presume violação à boa-fé objetiva se o empresário, durante as negociações do contrato empresarial, preservar segredo de empresa ou administrar a prestação de informações reservadas, confidenciais ou estratégicas, com o objetivo de não colocar em risco a competitividade de sua atividade.

28. Em razão do profissionalismo com que os empresários devem exercer sua atividade, os contratos empresariais não podem ser anulados pelo vício da lesão fundada na inexperiência.

29. Aplicam-se aos negócios jurídicos entre empresários a função social do contrato e a boa-fé objetiva (arts. 421 e 422 do Código Civil), em conformidade com as especificidades dos contratos empresariais.

30. Nos contratos de *shopping center*, a cláusula de fiscalização das contas do lojista é justificada desde que as medidas fiscalizatórias não causem embaraços à atividade do lojista.

31. O contrato de distribuição previsto no art. 710 do Código Civil é uma modalidade de agência em que o agente atua como mediador ou mandatário do proponente e faz jus à remuneração devida por este, correspondente aos negócios concluídos em sua zona. No contrato de distribuição autêntico, o distribuidor comercializa diretamente o produto recebido do fabricante ou fornecedor, e seu lucro resulta das vendas que faz por sua conta e risco.

32. Nos contratos de prestação de serviços nos quais as partes contratantes são empresários e a função econômica do contrato está relacionada com a exploração de atividade empresarial, as partes podem pactuar prazo superior a quatro anos, dadas as especificidades da natureza do serviço a ser prestado, sem constituir violação do disposto no art. 598 do Código Civil.

33. Nos contratos de prestação de serviços nos quais as partes contratantes são empresários e a função econômica do contrato está relacionada com a exploração de atividade empresarial, é lícito às partes contratantes pactuarem, para a hipótese de denúncia imotivada do contrato, multas superiores àquelas previstas no art. 603 do Código Civil.

34. Com exceção da garantia contida no artigo 618 do Código Civil, os demais artigos referentes, em especial, ao contrato de empreitada (arts. 610 a 626) aplicar-se-ão somente de forma subsidiária às condições contratuais acordadas pelas partes de contratos complexos de engenharia e construção, tais como EPC, EPC-M e Aliança.

35. Não haverá revisão ou resolução dos contratos de derivativos por imprevisibilidade e onerosidade excessiva (arts. 317 e 478 a 480 do Código Civil).

36. O pagamento da comissão, no contrato de corretagem celebrado entre empresários, pode ser condicionado à celebração do negócio previsto no contrato ou à mediação útil ao cliente, conforme os entendimentos prévios entre as partes. Na ausência de ajuste ou previsão contratual, o cabimento da comissão deve ser analisado no caso concreto, à luz da boa-fé objetiva e da vedação ao enriquecimento sem causa, sendo devida se o negócio não vier a se concretizar por fato atribuível exclusivamente a uma das partes.

37. Aos contratos de transporte aéreo internacional celebrados por empresários aplicam-se as disposições da Convenção de Montreal e a regra da indenização tarifada nela prevista (art. 22 do Decreto nº 5.910/2006).

38. É devida devolução simples, e não em dobro, do valor residual garantido (VRG) em caso de reintegração de posse do bem objeto de arrendamento mercantil celebrado entre empresários.

39. Não se aplica a vedação do art. 897, parágrafo único, do Código Civil, aos títulos de crédito regulados por lei especial, nos termos do seu art. 903, sendo, portanto, admitido o aval parcial nos títulos de crédito regulados em lei especial.

40. O prazo prescricional de 6 (seis) meses para o exercício da pretensão à execução do cheque pelo respectivo portador é contado do encerramento do prazo de apresentação, tenha ou não sido apresentado ao sacado dentro do referido prazo. No caso de cheque pós-datado apresentado antes da data de emissão ao sacado ou da data pactuada com o emitente, o termo inicial é contado da data da primeira apresentação.

41. A cédula de crédito bancário é título de crédito dotado de força executiva, mesmo quando representativa de dívida oriunda de contrato de abertura de crédito bancário em conta-corrente, não sendo a ela aplicável a orientação da Súmula nº 233 do STJ.

4. CRISE DA EMPRESA: FALÊNCIA E RECUPERAÇÃO

42. O prazo de suspensão previsto no art. 6º, § 4º, da Lei nº 11.101/2005 pode excepcionalmente ser prorrogado, se o retardamento do feito não puder ser imputado ao devedor.

43. A suspensão das ações e execuções previstas no art. 6º da Lei nº 11.101/2005 não se estende aos coobrigados do devedor.

44. A homologação de plano de recuperação judicial aprovado pelos credores está sujeita ao controle judicial de legalidade.

45. O magistrado pode desconsiderar o voto de credores ou a manifestação de vontade do devedor, em razão de abuso de direito.

46. Não compete ao juiz deixar de conceder a recuperação judicial ou de homologar a extrajudicial com fundamento na análise econômico-financeira do plano de recuperação aprovado pelos credores.

47. Nas alienações realizadas nos termos do art. 60 da Lei nº 11.101/2005, não há sucessão do adquirente nas dívidas do devedor, inclusive nas de natureza tributária, trabalhista e decorrentes de acidentes de trabalho.

48. A apuração da responsabilidade pessoal dos sócios, controladores e administradores feita independentemente da realização do ativo e da prova da sua insuficiência para cobrir o passivo, prevista no art. 82 da Lei nº 11.101/2005, não se refere aos casos de desconsideração da personalidade jurídica.

49. Os deveres impostos pela Lei nº 11.101/2005 ao falido, sociedade limitada, recaem apenas sobre os administradores, não sendo cabível nenhuma restrição à pessoa dos sócios não administradores.

50. A extensão dos efeitos da quebra a outras pessoas jurídicas e físicas confere legitimidade à massa falida para figurar nos polos ativo e passivo das ações nas quais figurem aqueles atingidos pela falência.

51. O saldo do crédito não coberto pelo valor do bem e/ou da garantia dos contratos previstos no § 3º do art. 49 da Lei nº 11.101/2005 é crédito quirografário, sujeito à recuperação judicial.

52. A decisão que defere o processamento da recuperação judicial desafia agravo de instrumento.

53. A assembleia-geral de credores para deliberar sobre o plano de recuperação judicial é una, podendo ser realizada em uma ou mais sessões, das quais participarão ou serão considerados presentes apenas os credores que firmaram a lista de presença encerrada na sessão em que instalada a assembleia-geral.

54. O deferimento do processamento da recuperação judicial não enseja o cancelamento da negativação do nome do devedor nos órgãos de proteção ao crédito e nos tabelionatos de protestos.

55. O parcelamento do crédito tributário na recuperação judicial é um direito do contribuinte, e não uma faculdade da Fazenda Pública, e, enquanto não for editada lei específica, não é cabível a aplicação do disposto no art. 57 da Lei nº 11.101/2005 e no art.191-A do CTN.

56. A Fazenda Pública não possui legitimidade ou interesse de agir para requerer a falência do devedor empresário.

57. O plano de recuperação judicial deve prever tratamento igualitário para os membros da mesma classe de credores que possuam interesses homogêneos, sejam estes delineados em função da natureza do crédito, da importância do crédito ou de outro critério de similitude justificado pelo proponente do plano e homologado pelo magistrado.

II JORNADA DE DIREITO COMERCIAL

(Realizada em 27-2-2015)

EMPRESA E ESTABELECIMENTO

58. O empresário individual casado é o destinatário da norma do art. 978 do CC e não depende da outorga conjugal para alienar ou gravar de ônus real o imóvel utilizado no exercício da empresa, desde que exista prévia averbação de autorização conjugal à conferência do imóvel ao patrimônio empresarial no cartório de registro de imóveis, com a consequente averbação do ato à margem de sua inscrição no registro público de empresas mercantis.

59. A mera instalação de um novo estabelecimento, em lugar antes ocupado por outro, ainda que no mesmo ramo de atividade, não implica responsabilidade por sucessão prevista no art. 1.146 do CC.

60. Os acordos e negócios de abstenção de uso de marcas entre sociedades empresárias não são oponíveis em face do Instituto Nacional de Propriedade Industrial – INPI, sem prejuízo de os litigantes obterem tutela jurisdicional de abstenção entre eles na Justiça Estadual.

61. Em atenção ao princípio do tratamento favorecido à microempresa e à empresa de pequeno porte, é possível a representação de empresário individual, sociedade empresária ou EIRELI, quando enquadrados nos respectivos regimes tributários, por meio de preposto, perante os juizados especiais cíveis, bastando a comprovação atualizada do seu enquadramento.

62. O produtor rural, nas condições mencionadas do art. 971 do CC, pode constituir EIRELI.

DIREITO SOCIETÁRIO

63. O nu-proprietário de quotas ou ações gravadas com usufruto, quando não regulado no respectivo ato institutivo, pode exercer o direito de fiscalização da sociedade.

64. Criado o conselho de administração na sociedade limitada, não regida supletivamente pela Lei de Sociedade por Ações (art. 1.053, parágrafo único, do Código Civil) e, caso não haja regramento específico sobre o órgão no contrato, serão aplicadas, por analogia, as normas da sociedade anônima.

65. O mandatário do sócio residente ou domiciliado no exterior (art. 119 da Lei nº 6.404/1976) não é responsável pelas obrigações de seu mandante.

66. A limitação de distribuição de dividendos periódicos de que trata o art. 204, §1º da Lei das Sociedades por Ações refere-se ao lucro distribuível, reconhecido em balanço intermediário levantado conforme o Estatuto Social, e não à antecipação do pagamento de dividendos por conta do lucro cuja existência é provável, nos termos da legislação tributária.

OBRIGAÇÕES EMPRESARIAIS, CONTRATOS E TÍTULOS DE CRÉDITO

67. Na locação *built to suit*, é válida a estipulação contratual que estabeleça cláusula penal compensatória equivalente à totalidade dos alugueres a vencer, sem prejuízo da aplicação do art. 416, parágrafo único, do Código Civil.

68. No contrato de comissão com cláusula *del credere*, responderá solidariamente com o terceiro contratante o comissário que tiver cedido seus direitos ao comitente, nos termos da parte final do art. 694 do Código Civil.

69. Prescrita a pretensão do credor à execução de título de crédito, o endossante e o avalista, do obrigado principal ou de coobrigado, não respondem pelo pagamento da obrigação, salvo em caso de locupletamento indevido.

70. O prazo estabelecido no art. 21, § 1º, da Lei nº 9.492/1997, para o protesto por falta de aceite é aplicável apenas na falta de disposição diversa contida em lei especial referente a determinado título de crédito (por exemplo, duplicatas). Aplica-se, portanto, a disposição contida no art. 44, 2ª alínea, da Lei Uniforme de Genebra, ao protesto por falta de aceite de letra de câmbio.

71. A prescrição trienal da pretensão à execução, em face do emitente e seu avalista, de nota promissória à vista não apresentada a pagamento no prazo legal ou fixado no título, conta-se a partir do término do referido prazo.

CRISE DA EMPRESA

72. A legitimidade do Ministério Público para propor e conduzir a ação de responsabilidade de que trata o art. 46 da Lei nº 6.024/1974 não cessa com a decretação da falência da instituição submetida a regime especial, porquanto o art. 47 da mencionada lei foi revogado tacitamente pelo art. 7º, II, da Lei nº 9.447/1997.

73. Para que seja preservada a eficácia do disposto na parte final do § 2º do artigo 6º da Lei nº 11.101/2005, é necessário que, no juízo do trabalho, o crédito trabalhista para fins de habilitação seja calculado até a data do pedido da recuperação judicial ou da decretação da falência, para não se ferir a *par condicio creditorum* e observarem-se os arts. 49, *caput*, e 124 da Lei nº 11.101/2005.

74. Embora a execução fiscal não se suspenda em virtude do deferimento do processamento da recuperação judicial, os atos que importem em constrição do patrimônio do devedor devem ser analisados pelo Juízo recuperacional, a fim de garantir o princípio da preservação da empresa.

75. Havendo convenção de arbitragem, caso uma das partes tenha a falência decretada:

I – eventual procedimento arbitral já em curso não se suspende e novo procedimento arbitral pode ser iniciado, aplicando-se, em ambos os casos, a regra do art. 6º, § 1º, da Lei nº 11.101/2005; e

II – o administrador judicial não pode recusar a eficácia da cláusula compromissória, dada a autonomia desta em relação ao contrato.

76. Nos casos de emissão de títulos de dívida pela companhia recuperanda, na qual exista agente fiduciário ou figura similar representando uma coletividade de credores, caberá ao agente fiduciário o exercício do voto em assembleia geral de credores, nos termos e mediante as autorizações previstas no documento de emissão, ressalvada a faculdade de qualquer investidor final pleitear ao juízo da recuperação o desmembramento do direito de voz e voto em assembleia para exercê-los individualmente, unicamente mediante autorização judicial.

77. As alterações do plano de recuperação judicial devem ser submetidas à assembleia geral de credores, e a aprovação obedecerá ao quórum previsto no art. 45 da Lei nº 11.101/2005, tendo caráter vinculante a todos os credores submetidos à recuperação judicial, observada a ressalva do art. 50, § 1º, da Lei nº 11.101/2005, ainda que propostas as alterações após dois anos da concessão da recuperação judicial e desde que ainda não encerrada por sentença.

78. O pedido de recuperação judicial deve ser instruído com a relação completa de todos os credores do devedor, sujeitos ou não à recuperação judicial, inclusive fiscais, para um completo e adequado conhecimento da situação econômico-financeira do devedor.

79. O requisito do inc. III do §1º do art. 58 da Lei nº 11.101 aplica-se a todas as classes nas quais o plano de recuperação judicial não obteve aprovação nos termos do art. 45 desta Lei.

80. Para classificar-se credor, em pedido de habilitação, como privilegiado especial, em razão do art. 83, IV, *d* da Lei de Falências, exige-se, cumulativamente, que:

a) esteja vigente a LC nº 147/2014 na data em que distribuído o pedido de recuperação judicial ou decretada a falência do devedor;

b) o credor faça prova de que, no momento da distribuição do pedido de recuperação judicial ou da decretação da falência, preenchia os requisitos legais para ser reconhecido como microempreendedor individual, microempresa ou empresa de pequeno porte.

81. Aplica-se à recuperação judicial, no que couber, o princípio da *par condicio creditorum*.

III JORNADA DE DIREITO COMERCIAL

(Aprovados em 7-6-2019).

Obrigações Empresariais, Contratos e Títulos de Crédito

82. A indenização devida ao Representante, prevista no art. 27, alínea *j*, da Lei nº 4.886/1965, deve ser apurada com base nas comissões recebidas durante todo o período em que exerceu a representação, afastando-se os efeitos de eventual pagamento a menor, decorrente de prática ilegal ou irregular da Representada reconhecida por decisão judicial ou arbitral transitada em julgado.

83. O complexo edilício constituído por unidades condominiais comerciais autônomas, sem exploração econômica coordenada de forma unitária, ainda que chamado "shopping do tipo vendido", não caracteriza contrato de *shopping center*.

84. O seguro contra risco de morte ou perda de integridade física de pessoas que vise garantir o direito patrimonial de terceiro ou que tenha finalidade indenizatória submete-se às regras do seguro de dano, mas o valor remanescente, quando houver, será destinado ao segurado, ao beneficiário indicado ou aos sucessores.

Direito Societário

85. A obrigação de voto em bloco, prevista em Acordo de Acionistas, não pode ser invocada, por seus signatários ou por membros do Conselho de Administração, com o propósito de eximi-los da obrigação de votar em consonância com a Lei e com os interesses da Companhia.

86. O desacerto do mérito da decisão negocial não é, por si só, causa de responsabilidade civil do administrador, a qual pressupõe o descumprimento de dever legal ou estatutário.

87. O cargo de liquidante pode ser ocupado tanto por pessoa natural, quanto por pessoa jurídica, sendo obrigatória, neste último caso, a indicação do nome do profissional responsável pela condução dos trabalhos, que deverá atender aos requisitos e impedimentos previstos em lei, e sobre o qual recairão os deveres e as responsabilidades legais.

88. A ação de responsabilidade contra controlador (LSA, art. 117) ou sociedade controladora (LSA, art. 246) não pressupõe a prévia deliberação assemblear.

Comércio Internacional

89. Para fins de interpretação do art. 3(2) da CISG (Convenção das Nações Unidas sobre Contratos de Compra e Venda Internacional de Mercadorias), promulgada pelo Decreto nº 8.327, a natureza de compra e venda de mercadoria é prevalente e não é descaracterizada pelo (i) caráter híbrido do bem objeto da compra e venda, como eletrodomésticos inteligentes, computadores e outros itens com funcionalidades digitais associadas, nem pela (ii) prestação de serviços acessórios de instalação, atualização ou desenvolvimento de *software* necessários para o funcionamento do bem objeto da compra e venda.

90. Na interpretação da CISG (Convenção das Nações Unidas sobre Contratos de Compra e Venda Internacional de Mercadorias), promulgada pelo Decreto nº 8.327, ou de contrato a ela submetido, deve-se atentar para a jurisprudência e doutrina internacionais sobre a CISG, tendo em vista as diretrizes fixadas no seu art. 7(1).

Empresa e Estabelecimento

91. A desconsideração da personalidade jurídica de sociedades integrantes de mesmo grupo societário (de fato ou de direito) exige a comprovação dos requisitos do art. 50 do Código Civil por meio do incidente de desconsideração da personalidade jurídica ou na forma do art. 134, § 2º, do Código de Processo Civil.

92. A Empresa Individual de Responsabilidade Limitada (EIRELI) poderá ser constituída por pessoa natural ou por pessoa jurídica, nacional ou estrangeira, sendo a limitação para figurar em uma única EIRELI apenas para pessoa natural.

93. O cônjuge ou companheiro de titular de EIRELI é legitimado para ajuizar ação de apuração de haveres, para fins de partilha de bens, na forma do art. 600, parágrafo único, do Código de Processo Civil.

94. A vedação da sociedade entre cônjuges contida no art. 977 do Código Civil não se aplica às sociedades anônimas, em comandita por ações e cooperativa.

95. Os perfis em redes sociais, quando explorados com finalidade empresarial, podem se caracterizar como elemento imaterial do estabelecimento empresarial.

Crise da Empresa: Falência e Recuperação

96. A recuperação judicial do empresário rural, pessoa natural ou jurídica, sujeita todos os créditos existentes na data do pedido, inclusive os anteriores à data da inscrição no Registro Público de Empresas Mercantis.

97. O produtor rural, pessoa natural ou jurídica, na ocasião do pedido de recuperação judicial, não precisa estar inscrito há mais de dois anos no Registro Público de Empresas Mercantis, bastando a demonstração de exercício de atividade rural por esse período e a comprovação da inscrição anterior ao pedido.

98. A admissão pelo juízo competente do processamento da recuperação judicial em consolidação processual (litisconsórcio ativo) não acarreta automática aceitação da consolidação substancial.

99. Para fins de aplicação da parte final do art. 49, § 3º, da Lei nº 11.101/2005, é do devedor o ônus da prova da essencialidade do bem.

100. Consideram-se sujeitos à recuperação judicial, na forma do art. 49 da Lei nº 11.101/2005, os créditos decorrentes de fatos geradores anteriores ao pedido de recuperação judicial, independentemente da data de eventual acordo, sentença ou trânsito em julgado.

101. O incidente de desconsideração da personalidade jurídica deve ser observado no processo falimentar, sem a suspensão do processo.

102. A decisão que defere o processamento da recuperação judicial desafia agravo de instrumento, nos termos do art. 1.015 do CPC/2015.

ENUNCIADOS

103. Em se tratando de processo eletrônico, os editais previstos na Lei nº 11.101/2005 podem ser publicados em versão resumida, somente apontando onde se encontra a relação de credores nos autos, bem como indicando o sítio eletrônico que contenha a íntegra do edital.

104. Não haverá sucessão do adquirente de ativos em relação a penalidades pecuniárias aplicadas ao devedor com base na Lei nº 12.846/2013 (Lei Anticorrupção), quando a alienação ocorrer com fundamento no art. 60 da Lei nº 11.101/2005.

105. Se apontado pelo administrador judicial, no relatório previsto no art. 22, III, e, da Lei nº 11.101/2005, que não foram encontrados bens suficientes sequer para cobrir os custos do processo, incluindo honorários do Administrador Judicial, o processo deve ser encerrado, salvo se credor interessado depositar judicialmente tais valores conforme art. 82 do CPC/2015, hipótese em que o crédito referente ao valor depositado será classificado como extraconcursal, nos termos do art. 84, II, da Lei nº 11.101/2005.

106. O juízo da recuperação extrajudicial poderá determinar, no início do processo, a suspensão de ações ou execuções propostas por credores sujeitos ao plano de recuperação extrajudicial, com a finalidade de preservar a eficácia e a utilidade da decisão que vier a homologá-lo.

Propriedade Intelectual

107. O fato gerador do parágrafo único do art. 40 da Lei nº 9.279/1996 não engloba a hipótese de mora administrativa havida em concausa ou perpetrada pelo depositante do pedido de patente, desde que demonstrada conduta abusiva deste.

108. Não cabe a condenação do INPI em sucumbência, nos termos do art. 85 do CPC, quando a matéria não for de seu conhecimento prévio e não houver resistência judicial posterior.

109. Os pedidos de abstenção de uso e indenização, quando cumulados com ação visando anular um direito de propriedade industrial, são da competência da Justiça Federal, em face do art. 55 do CPC.

110. Aplicam-se aos negócios jurídicos de propriedade intelectual o disposto sobre a função social dos contratos, probidade e boa-fé.

111. Nas ações de nulidade de indeferimento de pedido de registro de marca, o titular do registro marcário apontado como anterioridade impeditiva é litisconsorte passivo necessário, à luz do que dispõe o art. 115 do CPC.

112. O termo inicial do prazo de 30 dias previsto no parágrafo único do art. 162 da Lei nº 9.279/1996 é o primeiro dia útil subsequente ao término *in albis* do prazo de 60 dias previsto no caput do mesmo artigo.

113. Em ações que visam anular um direito de propriedade industrial, a citação do INPI para se manifestar sobre os pedidos deve ocorrer apenas após a contestação do titular do direito de propriedade industrial.

114. A proteção jurídica ao conjunto-imagem de um produto ou serviço não se estende à funcionalidade técnica.

115. As limitações de direitos autorais estabelecidas nos arts. 46, 47 e 48 da Lei de Direitos Autorais devem ser interpretadas extensivamente, em conformidade com os direitos fundamentais e a função social da propriedade estabelecida no art. 5º, XXIII, da CF/1988.

ENUNCIADOS DAS JORNADAS DE DIREITO ADMINISTRATIVO

I JORNADA DE DIREITO ADMINISTRATIVO

(Realizada em 3 e 7-8-2020)

1. A autorização para apresentação de projetos, levantamentos, investigações ou estudos no âmbito do Procedimento de Manifestação de Interesse, quando concedida mediante restrição ao número de participantes, deve se dar por meio de seleção imparcial dos interessados, com ampla publicidade e critérios objetivos.

2. O administrador público está autorizado por lei a valer-se do desforço imediato sem necessidade de autorização judicial, solicitando, se necessário, força policial, contanto que o faça preventivamente ou logo após a invasão ou ocupação de imóvel público de uso especial, comum ou dominical, e não vá além do indispensável à manutenção ou restituição da posse (art. 37 da Constituição Federal; art. 1.210, § 1º, do Código Civil; art. 79, § 2º, do Decreto-Lei nº 9.760/1946; e art. 11 da Lei nº 9.636/1998).

3. Não constitui ofensa ao artigo 9º do Decreto-Lei nº 3.365/1941 o exame por parte do Poder Judiciário, no curso do processo de desapropriação, da regularidade do processo administrativo de desapropriação e da presença dos elementos de validade do ato de declaração de utilidade pública.

4. O ato declaratório da desapropriação, por utilidade ou necessidade pública, ou por interesse social, deve ser motivado de maneira explícita, clara e congruente, não sendo suficiente a mera referência à hipótese legal.

5. O conceito de dirigentes de organização da sociedade civil estabelecido no artigo 2º, inciso IV, da Lei Federal nº 13.019/2014 contempla profissionais com a atuação efetiva na gestão executiva da entidade, por meio do exercício de funções de administração, gestão, controle e representação da pessoa jurídica, e, por isso, não se estende aos membros de órgãos colegiados não executivos, independentemente da nomenclatura adotada pelo estatuto social.

6. O atraso superior a 90 (noventa) dias dos pagamentos devidos pela Administração Pública autoriza o contratado a suspender o cumprimento de suas obrigações até que seja normalizada a situação, mesmo sem provimento jurisdicional.

7. Configura ato de improbidade administrativa a conduta do agente público que, em atuação legislativa *lato sensu*, recebe vantagem econômica indevida.

8. O exercício da função social das empresas estatais é condicionado ao atendimento da sua finalidade pública específica e deve levar em conta os padrões de eficiência exigidos das sociedades empresárias atuantes no mercado, conforme delimitações e orientações dos §§ 1º a 3º do art. 27 da Lei nº 13.303/2016.

9. Em respeito ao princípio da autonomia federativa (art. 18 da CF), a vedação ao acúmulo dos títulos de OSCIP e OS prevista no art. 2º, inc. IX, c/c art. 18, §§ 1º e 2º, da Lei nº 9.790/1999 apenas se refere à esfera federal, não abrangendo a qualificação como OS nos Estados, no Distrito Federal e nos Municípios.

10. Em contratos administrativos decorrentes de licitações regidas pela Lei nº 8.666/1993, é facultado à Administração Pública propor aditivo para alterar a cláusula de resolução de conflitos entre as partes, incluindo métodos alternativos ao Poder Judiciário como Mediação, Arbitragem e *Dispute Board*.

▸ A Lei nº 8.666, de 21-6-1993, foi revogada pela Lei nº 14.133, de 1º-4-2021.

11. O contrato de desempenho previsto na Lei nº 13.934/2019, quando celebrado entre órgãos que mantêm entre si relação hierárquica, significa a suspensão da hierarquia administrativa, por autovinculação do órgão superior, em relação ao objeto acordado, para substituí-la por uma regulação contratual, nos termos do art. 3º da referida Lei.

12. A decisão administrativa robótica deve ser suficientemente motivada, sendo a sua opacidade motivo de invalidação.

13. As empresas estatais são organizações públicas pela sua finalidade, portanto, submetem-se à aplicabilidade da Lei nº 12.527/2011 "Lei de Acesso à Informação", de acordo com o artigo 1º, parágrafo único, inciso II, não cabendo a decretos e outras normas infralegais estabelecer outras restrições de acesso a informações não previstas na Lei.

14. A demonstração da existência de relevante interesse coletivo ou de imperativo de segurança nacional, descrita no § 1º do art. 2º da Lei nº 13.303/2016, será atendida por meio do envio ao órgão legislativo competente de estudos/documentos (anexos à exposição de motivos) com dados objetivos que justifiquem a decisão pela criação de empresa pública ou de sociedade de economia mista cujo objeto é a exploração de atividade econômica.

15. A administração pública promoverá a publicidade das arbitragens da qual seja parte, nos termos da Lei de Acesso à Informação.

16. As hipóteses de remoção de servidor público a pedido, independentemente do interesse da Administração, fixadas no art. 36, parágrafo único, III, da Lei nº 8.112/1990 são taxativas. Por esse motivo, a autoridade que indefere a remoção quando não presentes os requisitos da lei não pratica ato ilegal ou abusivo.

17. Os contratos celebrados pelas empresas estatais, regidos pela Lei nº 13.303/2016, não possuem aplicação subsidiária da Lei nº 8.666/1993. Em casos de lacuna contratual, aplicam-se as disposições daquela Lei e as regras e os princípios de direito privado.

▸ A Lei nº 8.666, de 21-6-1993, foi revogada pela Lei nº 14.133, de 1º-4-2021.

18. A ausência de previsão editalícia não afasta a possibilidade de celebração de compromisso arbitral em conflitos oriundos de contratos administrativos.

19. As controvérsias acerca de equilíbrio econômico-financeiro dos contratos administrativos integram a categoria das relativas a direitos patrimoniais disponíveis, para cuja solução se admitem meios extrajudiciais adequados de prevenção e resolução de controvérsias, notadamente a conciliação, a mediação, o comitê de resolução de disputas e a arbitragem.

20. O exercício da autotutela administrativa, para o desfazimento do ato administrativo que produza efeitos concretos favoráveis aos seus destinatários, está condicionado à prévia intimação e oportunidade de contraditório aos beneficiários do ato.

21. A conduta de apresentação de documentos falsos ou adulterados por pessoa jurídica em processo licitatório configura o ato lesivo previsto no art. 5º, IV, *d*, da Lei nº 12.846/2013, independentemente de essa sagrar-se vencedora no certame ou ter a continuidade da sua participação obstada nesse.

22. A participação de empresa estatal no capital de empresa privada que não integra a Administração Pública enquadra-se dentre as hipóteses de "oportunidades de negócio" prevista no art. 28, § 4º, da Lei nº 13.303/2016, devendo a decisão pela referida participação observar os ditames legais e os regulamentos editados pela empresa estatal a respeito desta possibilidade.

23. O art. 9º, II, c/c art. 10 da Lei nº 8.112 estabelece a nomeação de servidor em comissão para cargos de confiança vagos. A existência de processo seletivo por competências para escolha de servidor para cargos de confiança vagos não equipara as regras deste processo seletivo às de concurso público, e nem o regime jurídico de servidor em comissão ao de servidor em caráter efetivo, quando se tratar de cargo isolado de provimento efetivo ou de carreira.

24. Viola a legalidade o regulamento interno de licitações e contratos editado por empresa estatal de qualquer ente da federação que estabelece prazo inferior ao previsto no artigo 83, § 2º, da Lei Federal nº 13.303/2016, referente à apresentação de defesa prévia no âmbito de processo administrativo sancionador.

25. A ausência de tutela a que se refere o art. 3º, *caput*, da Lei nº 13.848/2019 impede a interposição de recurso hierárquico impróprio contra decisões finais proferidas pela diretoria colegiada das agências reguladoras, ressalvados os casos de previsão legal expressa e assegurada, em todo caso, a apreciação judicial, em atenção ao disposto no art. 5º, XXXV, da Constituição Federal.

26. A Lei nº 10.520/2002 define o bem ou serviço comum baseada em critérios eminentemente mercadológicos, de modo que a complexidade técnica ou a natureza intelectual do bem ou serviço não impede a aplicação do pregão se o mercado possui definições usualmente praticadas em relação ao objeto da licitação.

▸ A Lei nº 10.520, de 17-7-20002, foi revogada pela Lei nº 14.133, de 1º-4-2021.

27. A contratação para celebração de oportunidade de negócios, conforme prevista pelo art. 28, § 3º, II, e § 4º da Lei nº 13.303/2016 deverá ser avaliada de acordo com as práticas do setor de atuação da empresa estatal. A menção à inviabilidade de competição para concretização da oportunidade de negócios deve ser entendida como impossibilidade de comparação objetiva, no caso das propostas de parceria e de reestruturação societária e como desnecessidade de procedimento competitivo, quando a oportunidade puder ser ofertada a todos os interessados.

28. Na fase interna da licitação para concessões e parcerias público-privadas, o Poder Concedente deverá indicar as razões que o levaram a alocar o risco no concessionário ou no Poder Concedente, tendo como diretriz a melhor capacidade da parte para gerenciá-lo.

29. A Administração Pública pode promover comunicações formais com potenciais interessados durante a fase de planejamento das contratações públicas para a obtenção de informações técnicas e comerciais relevantes à definição do objeto e elaboração do projeto básico ou termo de referência, sendo que este diálogo público-privado deve ser registrado no processo administrativo e não impede o particular colaborador de participar em eventual licitação pública, ou mesmo de celebrar o respectivo contrato, tampouco lhe confere a autoria do projeto básico ou termo de referência.

30. A "inviabilidade de procedimento competitivo" prevista no art. 28, § 3º, inc. II, da Lei nº 13.303/2016 não significa que, para a configuração de uma oportunidade de negócio, somente poderá haver apenas um interessado em estabelecer uma parceria com a empresa estatal. É possível que, mesmo diante de mais de um interessado, esteja configurada a inviabilidade de procedimento competitivo.

31. A avaliação do bem expropriado deve levar em conta as condições mercadológicas existentes à época da efetiva perda da posse do bem.

32. É possível a contratação de seguro de responsabilidade civil aos administradores de empresas estatais, na forma do artigo 17, § 1º, da Lei Federal nº 13.303/2016, a qual não abrangerá a prática de atos fraudulentos de favorecimento pessoal ou práticas dolosas lesivas à companhia e ao mercado de capitais.

33. O prazo processual, no âmbito do processo administrativo, deverá ser contado em dias corridos mesmo com a vigência dos arts. 15 e 219 do CPC, salvo se existir norma específica estabelecendo essa forma de contagem.

34. Nos contratos de concessão e PPP, o reajuste contratual para reposição do valor da moeda no tempo é automático e deve ser aplicado independentemente de alegações do Poder Público sobre descumprimentos contratuais ou desequilíbrio econômico-financeiro do contrato, os quais devem ser apurados em processos administrativos próprios para este fim, nos quais garantir-se-ão ao parceiro privado os direitos ao contraditório e à ampla defesa.

35. Cabe mandado de segurança para pleitear que seja obedecida a ordem cronológica para pagamentos em relação a crédito já reconhecido e atestado pela Administração, de acordo com o art. 5º, *caput*, da Lei nº 8.666/1993.

▸ A Lei nº 8.666, de 21-6-1993, foi revogada pela Lei nº 14.133, de 1º-4-2021.

▸ Art. 12, II, da Lei nº 14.133, de 1º-4-2021 (Nova Lei de Licitações e Contratos Administrativos).

36. A responsabilidade solidária das empresas consorciadas pelos atos praticados na licitação e na execução do contrato, de que trata o inciso V do artigo 33 da Lei nº 8.666/1993, refere-se à responsabilidade civil, não se estendendo às penalidades administrativas.

▸ A Lei nº 8.666, de 21-6-1993, foi revogada pela Lei nº 14.133, de 1º-4-2021.

▸ Art. 15, V, da Lei nº 14.133, de 1º-4-2021 (Nova Lei de Licitações e Contratos Administrativos).

37. A estabilidade do servidor titular de cargo público efetivo depende da reunião de dois requisitos cumulativos: (i) o efetivo desempenho das atribuições do cargo pelo período de 3 (três) anos; e (ii) a confirmação do servidor no serviço mediante aprovação pela comissão de avaliação responsável (art. 41, *caput* e § 4º, da CRFB c/c arts. 20 a 22 da Lei nº 8.112/1990). Assim, não há estabilização automática em virtude do tempo, sendo o resultado positivo em avaliação especial de desempenho uma condição indispensável para a aquisição da estabilidade.

38. A realização de Análise de Impacto Regulatório (AIR) por órgãos e entidades da administração pública federal deve contemplar a alternativa de não regulação estatal ou desregulação, conforme o caso.

39. A indicação e a aceitação de árbitros pela Administração Pública não dependem de seleção pública formal, como concurso ou licitação, mas devem ser objeto de fundamentação prévia e por escrito, considerando os elementos relevantes.

40. Nas ações indenizatórias ajuizadas contra a Fazenda Pública aplica-se o prazo prescricional quinquenal previsto no Decreto nº 20.910/1932 (art. 1º), em detrimento do prazo trienal estabelecido no Código Civil de 2002 (art. 206, § 3º, V), por se tratar de norma especial que prevalece sobre a geral.

ENUNCIADOS DAS JORNADAS DE DIREITO DO TST E DA ANAMATRA

ENUNCIADOS DA 1ª JORNADA DE DIREITO MATERIAL E PROCESSUAL DO TRIBUNAL SUPERIOR DO TRABALHO E DA ASSOCIAÇÃO NACIONAL DOS MAGISTRADOS DA JUSTIÇA DO TRABALHO – TST/ANAMATRA

▶ Enunciados aprovados na 1ª Jornada de Direito Material e Processual na Justiça do Trabalho de 23-11-2007.

1. Direitos Fundamentais. Interpretação e Aplicação. Os direitos fundamentais devem ser interpretados e aplicados de maneira a preservar a integridade sistêmica da Constituição, a estabilizar as relações sociais e, acima de tudo, a oferecer a devida tutela ao titular do direito fundamental. No Direito do Trabalho, deve prevalecer o princípio da dignidade da pessoa humana.

2. Direitos Fundamentais – Força Normativa.

I – Art. 7º, I, da Constituição da República. Eficácia Plena. Força Normativa da Constituição. Dimensão objetiva dos direitos fundamentais e dever de proteção. A omissão legislativa impõe a atuação do Poder Judiciário na efetivação da norma constitucional, garantindo aos trabalhadores a efetiva proteção contra a dispensa arbitrária.

II – Dispensa abusiva do empregado. Vedação constitucional. Nulidade. Ainda que o empregado não seja estável, deve ser declarada abusiva e, portanto, nula a sua dispensa quando implique a violação de algum direito fundamental, devendo ser assegurada prioritariamente a reintegração do trabalhador.

III – Lesão a direitos fundamentais. Ônus da prova. Quando há alegação de que ato ou prática empresarial disfarça uma conduta lesiva a direitos fundamentais ou a princípios constitucionais, incumbe ao empregador o ônus de provar que agiu sob motivação lícita.

3. Fontes do direito – Normas Internacionais.

I – Fontes do direito do trabalho. Direito comparado. Convenções da OIT não ratificadas pelo Brasil. O Direito Comparado, segundo o art. 8º da Consolidação das Leis do Trabalho, é fonte subsidiária do Direito do Trabalho. Assim, as Convenções da Organização Internacional do Trabalho não ratificadas pelo Brasil podem ser aplicadas como fontes do direito do trabalho, caso não haja norma de direito interno pátrio regulando a matéria.

II – Fontes do direito do trabalho. Direito comparado. Convenções e recomendações da OIT. O uso das normas internacionais, emanadas da Organização Internacional do Trabalho, constitui-se em importante ferramenta de efetivação do Direito Social e não se restringe à aplicação direta das Convenções ratificadas pelo país. As demais normas da OIT, como as Convenções não ratificadas e as Recomendações, assim como os relatórios dos seus peritos, devem servir como fonte de interpretação da lei nacional e como referência a reforçar decisões judiciais baseadas na legislação doméstica.

4. "*Dumping* social". Dano à sociedade. Indenização Suplementar. As agressões reincidentes e inescusáveis aos direitos trabalhistas geram um dano à sociedade, pois com tal prática desconsidera-se, propositalmente, a estrutura do Estado social e do próprio modelo capitalista com a obtenção de vantagem indevida perante a concorrência. A prática, portanto, reflete o conhecido "dumping social", motivando a necessária reação do Judiciário trabalhista para corrigi-la. O dano à sociedade configura ato ilícito, por exercício abusivo do direito, já que extrapola limites econômicos e sociais, nos exatos termos dos arts. 186, 187 e 927 do Código Civil. Encontra-se no art. 404, parágrafo único do Código Civil, o fundamento de ordem positiva para impingir ao agressor contumaz uma indenização suplementar, como, aliás, já previam os artigos 652, *d*, e 832, § 1º, da CLT.

5. Unicidade Sindical. Sentido e Alcance. Art. 8º, II, da Constituição da República. A compreensão do art. 8º, II, da CF, em conjunto com os princípios constitucionais da democracia, da pluralidade ideológica e da liberdade sindical, bem como com os diversos pactos de direitos humanos ratificados pelo Brasil, aponta para a adoção, entre nós, de critérios aptos a vincular a concessão da personalidade sindical à efetiva representatividade exercida pelo ente em relação à sua categoria, não podendo restringir-se aos critérios de precedência e especificidade. Desse modo, a exclusividade na representação de um determinado grupo profissional ou empresarial, nos termos exigidos pelo art. 8º, II, da Constituição da República, será conferida à associação que demonstrar maior representatividade e democracia interna segundo critérios objetivos, sendo vedada a discricionariedade da autoridade pública na escolha do ente detentor do monopólio.

6. Greves Atípicas Realizadas por Trabalhadores. Constitucionalidade dos Atos.

Não há, no texto constitucional, previsão reducionista do direito de greve, de modo que todo e qualquer ato dela decorrente está garantido, salvo os abusos. A Constituição da República contempla a greve atípica, ao fazer referência à liberdade conferida aos trabalhadores para deliberarem acerca da oportunidade da manifestação e dos interesses a serem defendidos. A greve não se esgota com a paralisação das atividades, eis que envolve a organização do evento, os piquetes, bem como a defesa de bandeiras mais amplas ligadas à democracia e à justiça social.

7. Acesso à Justiça. CLT, art. 651, § 3º. Interpretação Conforme a Constituição. Art. 5º, XXXV, da Constituição da República. Em se tratando de empregador que arregimente empregado domiciliado em outro município ou outro Estado da federação, poderá o trabalhador optar por ingressar com a reclamatória na Vara do Trabalho de seu domicílio, na do local da contratação ou na do local da prestação dos serviços.

8. Competência da Justiça do Trabalho. Sucessão na Falência ou Recuperação Judicial. Compete à Justiça do Trabalho – e não à Justiça Comum Estadual – dirimir controvérsia acerca da existência de sucessão entre o falido ou o recuperando e a entidade que adquira total ou parcialmente suas unidades de produção.

9. Flexibilização.

I – Flexibilização dos Direitos Sociais. Impossibilidade de desregulamentação dos direitos sociais fundamentais, por se tratar de normas contidas na cláusula de intangibilidade prevista no art. 60, § 4º, IV, da Constituição da República.

II – Direito do trabalho. Princípios. Eficácia. A negociação coletiva que reduz garantias dos trabalhadores asseguradas em normas constitucionais e legais ofende princípios do Direito do Trabalho. A quebra da hierarquia das fontes é válida na hipótese de o instrumento inferior ser mais vantajoso para o trabalhador.

10. Terceirização. Limites. Responsabilidade Solidária. A terceirização somente será admitida na prestação de serviços especializados, de caráter transitório, desvinculados das necessidades permanentes da empresa, mantendo-se, de todo modo, a responsabilidade solidária entre as empresas.

11. Terceirização. Serviços Públicos. Responsabilidade Solidária. A terceirização de serviços típicos da dinâmica permanente da Administração Pública, não se considerando como tal a prestação de serviço público à comunidade por meio de concessão, autorização e permissão, fere a Constituição da República, que estabeleceu a regra de que os serviços públicos são exercidos por servidores aprovados mediante concurso público. Quanto aos efeitos da terceirização ilegal, preservam-se os direitos trabalhistas integralmente, com responsabilidade solidária do ente público.

12. Ações Civis Públicas. Trabalho Escravo. Reversão da Condenação às Comunidades Lesadas. Ações civis públicas em que se discute o tema do trabalho escravo. Existência de espaço para que o magistrado reverta os montantes condenatórios às comunidades diretamente lesadas, por via de benfeitorias sociais tais como a construção de escolas, postos de saúde e áreas de lazer. Prática que não malfere o artigo 13 da Lei nº 7.347/1985, que deve ser interpretado à luz dos princípios constitucionais fundamentais, de modo a viabilizar a promoção de políticas públicas de inclusão dos que estão à margem, que sejam capazes de romper o círculo vicioso de alienação e opressão que conduz o trabalhador brasileiro a conviver com a mácula do labor degradante. Possibilidade de edificação de uma Justiça do Trabalho ainda mais democrática e despida de dogmas, na qual a responsabilidade para com a construção da sociedade livre, justa e solidária delineada na Constituição seja um compromisso palpável e inarredável.

13. Dono da Obra. Responsabilidade. Considerando que a responsabilidade do dono da obra não decorre simplesmente da lei em sentido estrito (Código Civil, arts. 186 e 927) mas da própria ordem constitucional no sentido de se valorizar o trabalho (CF, art. 170), já que é fundamento da Constituição a valorização do trabalho (CF, art. 1º, IV), não se lhe faculta beneficiar-se da força humana despendida sem assumir responsabilidade nas relações jurídicas de que participa. Dessa forma, o contrato de empreitada entre o dono da obra e o empreiteiro enseja responsabilidade subsidiária nas obrigações trabalhistas contraídas pelo empreiteiro, salvo apenas a hipótese de utilização da prestação de serviços como instrumento de produção de mero valor de uso, na construção ou reforma residenciais.

14. Imagem do Trabalhador. Utilização pelo Empregador. Limites. São vedadas ao empregador, sem autorização judicial, a conservação de gravação, a exibição e a divulgação, para seu uso privado, de imagens dos trabalhadores antes, no curso ou logo após a sua jornada de trabalho, por violação ao direito de imagem e à preservação das expressões da personalidade, garantidos pelo art. 5º, V, da Constituição. A formação do contrato de emprego, por si só, não importa em cessão do direito de imagem e da divulgação fora de seu objeto da expressão da personalidade do trabalhador, nem o só pagamento do salário e demais títulos trabalhistas os remunera.

15. Revista de Empregado.

I – Revista – Ilicitude. Toda e qualquer revista, íntima ou não, promovida pelo empregador ou seus prepostos em seus empregados e/ou em seus pertences, é ilegal, por ofensa aos direitos fundamentais da dignidade e intimidade do trabalhador.

II – Revista íntima – Vedação a ambos os sexos. A norma do art. 373-A, inc. VI, da CLT, que veda revistas íntimas nas empregadas, também se aplica aos homens em face da igualdade entre os sexos inscrita no art. 5º, I, da Constituição da República.

16. Salário.

I – Salário. Princípio da Isonomia. Os estreitos limites das condições para a obtenção da igualdade salarial estipulados pelo art. 461 da CLT e Súmula nº 6 do Colendo TST não esgotam as hipóteses de correção das desigualdades salariais, devendo o intérprete proceder à sua aplicação na conformidade dos artigos 5º, *caput*, e 7º, XXX, da Constituição da República e das Convenções nºs 100 e 111 da OIT.

II – Terceirização. Salário equitativo. Princípio da não discriminação. Os empregados da empresa prestadora de serviços, em caso de terceirização lícita ou ilícita, terão direito ao mesmo salário dos empregados vinculados à empresa tomadora que exercerem função similar.

17. Limitação da Jornada. Repouso Semanal Remunerado. Direito Constitucionalmente Assegurado a Todos os Trabalhadores. Inconstitucionalidade do art. 62 da CLT. A proteção jurídica ao limite da jornada de trabalho, consagrada nos incisos XIII e XV do art. 7º da Constituição da República, confere, respectivamente, a todos os trabalhadores, indistintamente, os direitos ao repouso semanal remunerado e à limitação da jornada de trabalho, tendo-se por inconstitucional o art. 62 da CLT.

18. Princípio da Proteção Integral. Trabalho do Adolescente. Ilegalidade da Concessão de Autorização Judicial. A Constituição Federal veda qualquer trabalho anterior à idade de dezesseis anos, salvo na condição de aprendiz, a partir dos quatorze anos (art. 7º, XXXIII, CF, arts. 428 a 433 da CLT). Princípio da proteção integral que se impõe com prioridade absoluta (art. 227, *caput*), proibindo a emissão de autorização judicial para o trabalho antes dos dezesseis anos.

19. Trabalho do Menor. Direitos Assegurados sem Prejuízo de Indenização Suplementar. A proibição de trabalho ao menor visa protegê-lo e não prejudicá-lo (exegese CF, art. 7º, *caput* e XXXIII e art. 227). De tal sorte, a Justiça do Trabalho, apreciando a prestação de labor pretérito, deve contemplá-lo com todos os direitos como se o contrato proibido não fosse, sem prejuízo de indenização suplementar que considere as peculiaridades do caso.

20. Rurícola. Pagamento Integral das Horas Extras. Não Incidência da Súmula 340 do TST. É devida a remuneração integral das horas extras prestadas pelo trabalhador rurícola, inclusive com o adicional de, no mínimo, 50%, independentemente de ser convencionado regime de "remuneração por produção". Inteligência dos artigos 1º, III e IV e 3º, 7º, XIII, XVI e XXIII, da CF/1988. Não incidência da Súmula nº 340 do C. TST, uma vez que as condições de trabalho rural são bastante distintas das condições dos trabalhadores comissionados internos ou externos e a produção durante o labor extraordinário é manifestamente inferior àquela da jornada normal, base de cálculo de horas extras para qualquer tipo de trabalhador.

21. Férias. Aplicação da Convenção nº 132 da OIT.

I – A época das férias será fixada pelo empregador após consulta ao empregado, salvo manifestação em contrário exteriorizada em acordo ou convenção coletiva;

II – As férias poderão ser fracionadas por negociação coletiva, desde que um dos períodos não seja inferior a duas semanas;

III – Qualquer que seja a causa de extinção do contrato de trabalho serão devidas férias proporcionais.

22. Art. 384 da CLT. Norma de Ordem Pública. Recepção pela CF de 1988. Constitui norma de ordem pública que prestigia a prevenção de acidentes de trabalho (CF, 7º, XXII) e foi recepcionada pela Constituição Federal, em interpretação conforme (artigo 5º, I, e 7º, XXX), para os trabalhadores de ambos os sexos.

23. Competência da Justiça do Trabalho. Ação de Cobrança de Honorários Advocatícios. Ausência de Relação de Consumo. A Justiça do Trabalho é competente para julgar ações de cobrança de honorários advocatícios, desde que ajuizada por advogado na condição de pessoa natural, eis que o labor do advogado não é prestado em relação de consumo, em virtude de lei e de particularidades próprias, e ainda que o fosse, porque a relação consumeirista não afasta, por si só, o conceito de trabalho abarcado pelo artigo 114 da CF.

24. Competência da Justiça do Trabalho. Conflitos Inter e Intrassindicais. Os conflitos inter e intrassindicais, inclusive os que envolvam sindicatos de servidores públicos (estatutários e empregados públicos), são da competência da Justiça do Trabalho.

25. Conduta Antissindical. Participação em Greve. Dispensa do Trabalhador. A dispensa de trabalhador motivada por sua participação lícita na atividade sindical, inclusive em greve, constitui ato de discriminação antissindical e desafia a aplicação do art. 4º da Lei nº 9.029/95, devendo ser determinada a "readmissão com ressarcimento integral de todo o período de afastamento, mediante pagamento das remunerações devidas" ou "a percepção, em dobro, da remuneração do período de afastamento" sempre corrigidas monetariamente e acrescida dos juros legais.

26. Conduta Antissindical. Criação de CCP sem o Aval do Sindicato Laboral. Na hipótese de o sindicato laboral simplesmente ignorar ou rejeitar de modo peremptório, na sua base, a criação de CCP, qualquer ato praticado com esse propósito não vingará, do ponto de vista jurídico. O referido juízo de conveniência política pertence tão somente aos legitimados pelos trabalhadores a procederem deste modo. Agindo ao arrepio do texto constitucional e da vontade do sindicato laboral, os empregadores e as suas representações, ao formarem Comissões de Conciliação Prévia sem o pressuposto da aquiescência sindical obreira, não apenas criam mecanismos desprovidos do poder único para o qual o legislador criou as Comissões de Conciliação Prévia, como também incidem na conduta antissindical a ser punida pelo Estado.

27. Conduta Antissindical. Financiamento pelo Empregador. Vedação. É vedada a estipulação em norma coletiva de cláusula pela qual o empregador financie a atividade sindical dos trabalhadores, mediante transferência de recursos aos sindicatos obreiros, sem os correspondentes descontos remuneratórios dos trabalhadores da categoria respectiva, sob pena de ferimento ao princípio da liberdade sindical e caracterização de conduta antissindical tipificada na Convenção nº 98 da OIT, ratificada pelo Brasil.

28. Ministério Público do Trabalho. Conflitos Sindicais. Legitimidade. O Ministério Público do Trabalho possui legitimidade para promover as ações pertinentes para a tutela das liberdades sindicais individuais e coletivas, quando violados os princípios de liberdade sindical, nos conflitos inter e intrassindicais, por meio de práticas e condutas antissindicais nas relações entre sindicatos, sindicatos e empregadores, sindicatos e organizações de empregadores ou de trabalhadores, sindicatos e trabalhadores, empregadores e trabalhadores, órgãos públicos e privados e as entidades sindicais, empregadores ou trabalhadores.

29. Pedido de Registro Sindical. Cooperativa. Impossibilidade Diante do Princípio da Unicidade Sindical. Não Configura Categoria para Fins de Organização Sindical, nos Termos do art. 511 da CLT e art 4º da Portaria MTE nº 343/2000. Não é possível a formação de entidade sindical constituída por cooperativas, uma vez que afronta o princípio da unicidade sindical, bem como a organização sindical por categorias.

30. Entidade Sindical. Denominação. Resultado de sua Real Representatividade. Art. 572 da Consolidação das Leis do Trabalho. Explicitação da Categoria e Base Territorial. Da inteligência do artigo 572 da CLT decorre a exigência de que as entidades sindicais, em sua denominação, explicitem a categoria e a base territorial que realmente representam, para assegurar o direito difuso de informação.

31. Entidade Sindical Constituída por Categorias Similares ou Conexas. Formação de Nova Entidade com Categoria mais Específica. Possibilidade. Não Ferimento da Unicidade Sindical. Invocação ao Princípio da Liberdade Sindical. É possível a formação de entidade sindical mais específica, por desmembramento ou dissociação, através de ato volitivo da fração da categoria que pretende ser desmembrada, deliberada em Assembleia-Geral amplamente divulgada com antecedência e previamente notificada a entidade sindical originária.

32. Entidades Sindicais de Grau Superior. Requisitos para sua Constituição. Arts. 534 e 535 da CLT. Manutenção desses Requisitos para a Permanência do Registro Junto ao Ministério do Trabalho e Emprego. A permanência do número mínimo de entidades filiadas consubstancia-se condição *sine qua non* para a existência das entidades de grau superior.

33. Negociação Coletiva. Supressão de Direitos. Necessidade de Contrapartida. A negociação coletiva não pode ser utilizada somente como um instrumento para a supressão de direitos, devendo sempre indicar a contrapartida concedida em troca do direito transacionado, cabendo ao magistrado a análise da adequação da negociação coletiva realizada quando o trabalhador pleiteia em ação individual a nulidade de cláusula convencional.

34. Dissídio Coletivo – Cláusulas Preexistentes. O §2º do art. 114 da CF impõe aos Tribunais do Trabalho que, no julgamento dos dissídios coletivos, respeitem as disposições convencionadas anteriormente. Idêntico entendimento deve ser aplicado às cláusulas preexistentes previstas em sentenças normativas.

35. Dissídio Coletivo. Comum Acordo. Constitucionalidade. Ausência de Vulnerabilidade ao art. 114, § 2º, da CRFB. Dadas as características das quais se reveste a negociação coletiva, não fere o princípio do acesso à Justiça o pré-requisito do comum acordo (§ 2º, do art. 114, da CRFB) previsto como necessário para a instauração da instância em dissídio coletivo, tendo em vista que a exigência visa a fomentar o desenvolvimento da atividade sindical, possibilitando que os entes sindicais ou a empresa decidam sobre a melhor forma de solução dos conflitos.

36. Acidente do Trabalho. Competência. Ação Ajuizada por Herdeiro, Dependente ou Sucessor. Compete à Justiça do Trabalho apreciar e julgar ação de indenização por acidente de trabalho, mesmo quando ajuizada pelo herdeiro, dependente ou sucessor, inclusive em relação aos danos em ricochete.

37. Responsabilidade Civil Objetiva no Acidente de Trabalho. Atividade de Risco. Aplica-se o art. 927, parágrafo único, do Código Civil nos acidentes do trabalho. O art. 7º, XXVIII, da Constituição da República, não constitui óbice à aplicação desse dispositivo legal, visto que seu *caput* garante a inclusão de outros direitos que visem à melhoria da condição social dos trabalhadores.

38. Responsabilidade Civil. Doenças Ocupacionais Decorrentes dos Danos ao Meio Ambiente do Trabalho. Nas doenças ocupacionais decorrentes dos danos ao meio ambiente do trabalho, a responsabilidade do empregador é objetiva. Interpretação sistemática dos artigos 7º, XXVIII, 200, VIII, 225, § 3º, da Constituição Federal e do art. 14, §1º, da Lei nº 6.938/1981.

39. Meio Ambiente de Trabalho. Saúde Mental. Dever do Empregador. É dever do empregador e do tomador dos serviços zelar por um ambiente de trabalho saudável também do ponto de vista da saúde mental, coibindo práticas tendentes ou aptas a gerar danos de natureza moral ou emocional aos seus trabalhadores, passíveis de indenização.

40. Responsabilidade Civil. Acidente do Trabalho. Empregado Público. A responsabilidade civil nos acidentes do trabalho envolvendo empregados de pessoas jurídicas de Direito Público interno é objetiva. Inteligência do artigo 37, § 6º da Constituição Federal e do artigo 43 do Código Civil.

41. Responsabilidade Civil. Acidente do Trabalho. Ônus da Prova. Cabe a inversão do ônus da prova em favor da vítima nas ações indenizatórias por acidente do trabalho.

42. Acidente do Trabalho. Nexo Técnico Epidemiológico. Presume-se a ocorrência de acidente do trabalho, mesmo sem a emissão da CAT – Comunicação de Acidente de Trabalho, quando houver nexo técnico epidemiológico conforme art. 21-A da Lei nº 8.213/1991.

43. Estabilidade Acidentária. Ausência de Emissão da CAT. A ausência de emissão da CAT – comunicação de acidente do trabalho pelo empregador não impede o direito à estabilidade do art. 118 da Lei nº 8.213/1991, desde que comprovado que o trabalhador deveria ter se afastado em razão do acidente por período superior a quinze dias.

44. Responsabilidade Civil. Acidente do Trabalho. Terceirização. Solidariedade. Em caso de terceirização de serviços, o tomador e o prestador respondem solidariamente pelos danos causados à saúde dos trabalhadores. Inteligência dos artigos 932, III, 933 e 942, parágrafo único, do Código Civil e da Norma Regulamentadora 4 (Portaria nº 3.214/1977 do Ministério do Trabalho e Emprego).

45. Responsabilidade Civil. Acidente do Trabalho. Prescrição. A prescrição da indenização por danos materiais ou morais resultantes de acidente do trabalho é de 10 anos, nos termos do artigo 205, ou de 20 anos, observado o artigo 2.028 do Código Civil de 2002.

46. Acidente do Trabalho. Prescrição. Termo Inicial. O termo inicial do prazo prescricional da indenização por danos decorrentes de acidente do trabalho é a data em que o trabalhador teve ciência inequívoca da incapacidade laboral ou do resultado gravoso para a saúde física e/ou mental.

47. Acidente do Trabalho. Prescrição. Suspensão do Contrato de Trabalho. Não corre prescrição nas ações indenizatórias nas hipóteses de suspensão e/ou interrupção do contrato de trabalho decorrentes de acidentes do trabalho.

48. Acidente do Trabalho. Indenização. Não Compensação do Benefício Previdenciário. A indenização decorrente de acidente de trabalho ou doença ocupacional, fixada por pensionamento ou arbitrada para ser paga de uma só vez, não pode ser compensada com qualquer benefício pago pela Previdência Social.

49. Atividade Insalubre. Prorrogação de Jornada. Negociação Coletiva. Invalidade. O art. 60 da CLT não foi derrogado pelo art. 7º, XIII, da Constituição da República, pelo que é inválida cláusula de Convenção ou Acordo Coletivo que não observe as condições nele estabelecidas.

50. Insalubridade. Expedição de Ofício à DRT. Constatada a insalubridade em ação trabalhista, o juiz deve oficiar à Delegacia Regional do Trabalho para que a autoridade administrativa faça cumprir o disposto no art. 191, parágrafo único, da CLT.

51. Responsabilidade Civil. Danos Morais. Critérios para Arbitramento. O valor da condenação por danos morais decorrentes da relação de trabalho será arbitrado pelo juiz de maneira equitativa, a fim de atender ao seu caráter compensatório, pedagógico e preventivo.

52. Responsabilidade Civil. Danos Morais. Correção Monetária. Termo Inicial. O termo inicial de incidência da correção monetária sobre o valor fixado a título de indenização por danos morais é o da prolação da decisão judicial que o quantifica.

53. Reparação de Danos – Honorários Contratuais de Advogado. Os artigos 389 e 404 do Código Civil autorizam o Juiz do Trabalho a condenar o vencido em honorários contratuais de advogado, a fim de assegurar ao vencedor a inteira reparação do dano.

54. Prova Pericial. Possibilidade de Dispensa. Aplica-se o art. 427 do Código de Processo Civil no processo do trabalho, de modo que o juiz pode dispensar a produção de prova pericial quando houver prova suficiente nos autos.

- Refere-se ao CPC/1973.
- Art. 472 do CPC/2015.

55. Termo de Ajuste de Conduta – Alcance. A celebração de TAC não importa em remissão dos atos de infração anteriores, os quais têm justa sanção pecuniária como resposta às irregularidades trabalhistas constatadas pela DRT.

56. Auditor Fiscal do Trabalho. Reconhecimento da Relação de Emprego. Possibilidade. Os auditores do trabalho têm por missão funcional a análise dos fatos apurados em diligências de fiscalização, o que não pode excluir o reconhecimento fático da relação de emprego, garantindo-se ao empregador o acesso às vias judicial e/ou administrativa, para fins de reversão da autuação ou multa imposta.

57. Fiscalização do Trabalho. Reconhecimento de Vínculo Empregatício. Desconsideração da Pessoa Jurídica e dos Contratos Civis. Constatando a ocorrência de contratos civis com o objetivo de afastar ou impedir a aplicação da legislação trabalhista, o auditorfiscal do trabalho desconsidera o pacto nulo e reconhece a relação de emprego. Nesse caso, o auditor-fiscal não declara, com definitividade, a existência da relação, mas sim constata e aponta a irregularidade administrativa, tendo como consequência a autuação e posterior multa à empresa infringente.

58. Ação de Execução Fiscal. Presunção de Certeza e Liquidez da Existência da Dívida. Não é dado ao Juiz retirar a presunção de certeza e liquidez atribuída pela lei, nos termos do arts. 204 do CTN e 3º da Lei nº 6.830/1980, à dívida ativa inscrita regularmente. Ajuizada a ação de execução fiscal – desde que presentes os requisitos da petição inicial previstos no art. 6º da Lei nº 6.830/1980 –, a presunção de certeza e liquidez da Certidão de Dívida Ativa somente pode ser infirmada mediante produção de prova inequívoca, cujo ônus é do executado ou do terceiro, a quem aproveite.

59. Direito Administrativo Sancionador (Fiscalização do Trabalho). Contraditório e Ampla Defesa. Interpretação Conforme do Artigo 632 da CLT. Aplicam-se ao Direito Administrativo sancionador brasileiro, em matéria laboral, os princípios do contraditório e da ampla defesa (artigo 5º, LV, da CRFB), com projeção concreta no art. 632 da CLT. Nesse caso, a prerrogativa administrativa de "julgar da necessidade das provas" deve ser motivada, desafiando a aplicação da teoria dos motivos determinantes, sob pena de nulidade do ato.

60. Interdição de Estabelecimento e Afins. Ação Direta na Justiça do Trabalho. Repartição Dinâmica do Ônus da Prova.

I – A interdição de estabelecimento, setor de serviço, máquina ou equipamento, assim como o embargo de obra (artigo 161 da CLT), podem ser requeridos na Justiça do Trabalho (artigo 114, I e VII, da CRFB), em sede principal ou cautelar, pelo Ministério Público do Trabalho, pelo sindicato profissional (artigo 8º, III, da CRFB) ou por qualquer legitimado específico para a tutela judicial coletiva em matéria labor-ambiental (artigos 1º, I, 5º, e 21 da Lei

ENUNCIADOS

nº 7.347/1985), independentemente da instância administrativa.

II – Em tais hipóteses, a medida poderá ser deferida [a] *inaudita altera parte*, em havendo laudo técnico preliminar ou prova prévia igualmente convincente; [b] após audiência de justificação prévia (artigo 12, *caput*, da Lei nº 7.347/1985), caso não haja laudo técnico preliminar, mas seja verossímil a alegação, invertendo-se o ônus da prova, à luz da teoria da repartição dinâmica, para incumbir à empresa a demonstração das boas condições de segurança e do controle de riscos.

61. Prescrição. Multas Administrativas Impostas pela DRT. Aplica-se às ações para cobrança das multas administrativas impostas pela Delegacia Regional do Trabalho, por analogia, o prazo prescricional quinquenal, previsto no art. 174 do CTN.

62. Depósito Recursal Administrativo. Recepção Constitucional. O depósito exigido pelo parágrafo 1º do artigo 636 consolidado não afronta qualquer dispositivo constitucional que assegure a ampla defesa administrativa, o direito de petição aos órgãos públicos e o direito aos recursos administrativos.

63. Competência da Justiça do Trabalho. Procedimento de Jurisdição Voluntária. Liberação do FGTS e Pagamento do Seguro-Desemprego. Compete à Justiça do Trabalho, em procedimento de jurisdição voluntária, apreciar pedido de expedição de alvará para liberação do FGTS e de ordem judicial para pagamento do seguro-desemprego, ainda que figurem como interessados os dependentes de ex-empregado falecido.

64. Competência da Justiça do Trabalho. Prestação de Serviço por Pessoa Física. Relação de Consumo Subjacente. Irrelevância. Havendo prestação de serviços por pessoa física a outrem, seja a que título for, há relação de trabalho incidindo a competência da Justiça do Trabalho para os litígios dela oriundos (CF, art. 114, I), não importando qual o direito material que será utilizado na solução da lide (CLT, CDC, CC etc.).

65. Ações Decorrentes da Nova Competência da Justiça do Trabalho – Procedimento da CLT.

I – Excetuadas as ações com procedimentos especiais, o procedimento a ser adotado nas ações que envolvam as matérias da nova competência da Justiça do Trabalho é o previsto na CLT, ainda que adaptado.

II – As ações com procedimentos especiais submetem-se ao sistema recursal do processo do trabalho.

66. Aplicação Subsidiária de Normas do Processo Comum ao Processo Trabalhista. Omissões Ontológica e Axiológica. Admissibilidade. Diante do atual estágio de desenvolvimento do processo comum e da necessidade de se conferir aplicabilidade à garantia constitucional da duração razoável do processo, os artigos 769 e 889 da CLT comportam interpretação conforme a Constituição Federal, permitindo a aplicação de normas processuais mais adequadas à efetivação do direito. Aplicação dos princípios da instrumentalidade, efetividade e não retrocesso social.

67. *Jus Postulandi*. Art. 791 da CLT. Relação de Trabalho. Possibilidade. A faculdade de as partes reclamarem, pessoalmente, seus direitos perante a Justiça do Trabalho e de acompanharem suas reclamações até o final, contida no artigo 791 da CLT, deve ser aplicada às lides decorrentes da relação de trabalho.

68. Intervenção de Terceiros.

I – Admissibilidade da intervenção de terceiros nos Processos submetidos à jurisdição da Justiça do Trabalho.

II – Nos processos que envolvem crédito de natureza privilegiada, a compatibilidade da intervenção de terceiros está subordinada ao interesse do autor, delimitado pela utilidade do provimento final.

III – Admitida a denunciação da lide, é possível à decisão judicial estabelecer a condenação do denunciado como corresponsável.

69. Execução Provisória. Aplicabilidade do art. 475-O do CPC no Processo do Trabalho.

I – A expressão *"...até a penhora..."* constante da Consolidação das Leis do Trabalho, art. 899, é meramente referencial e não limita a execução provisória no âmbito do direito processual do trabalho, sendo plenamente aplicável o disposto no Código de Processo Civil, art. 475-O.

- Refere-se ao CPC/1973.
- Art. 520 do CPC/2015.

II – Na execução provisória trabalhista é admissível a penhora de dinheiro, mesmo que indicados outros bens. Adequação do postulado da execução menos gravosa ao executado aos princípios da razoável duração do processo e da efetividade.

III – É possível a liberação de valores em execução provisória, desde que verificada alguma das hipóteses do artigo 475-O, § 2º, do Código de Processo Civil, sempre que o recurso interposto esteja em contrariedade com Súmula ou Orientação Jurisprudencial, bem como na pendência de agravo de instrumento no TST.

- Refere-se ao CPC/1973.
- Art. 521do CPC/2015.

70. Execução. Penhora de Rendimentos do Devedor. Créditos Trabalhistas de Natureza Alimentar e Pensões por Morte ou Invalidez Decorrentes de Acidente do Trabalho. Ponderação de Princípios Constitucionais. Possibilidade. Tendo em vista a natureza alimentar dos créditos trabalhistas e da pensão por morte ou invalidez decorrente de acidente do trabalho (CF, art. 100, § 1º-A), o disposto no art. 649, inciso IV, do CPC deve ser aplicado de forma relativizada, observados o princípio da proporcionalidade e as peculiaridades do caso concreto. Admite-se, assim, a penhora dos rendimentos do executado em percentual que não inviabilize o seu sustento.

- Refere-se ao CPC/1973.
- Art. 833, IV, do CPC/2015.

71. Artigo 475-J do CPC. Aplicação no Processo do Trabalho. A aplicação subsidiária do artigo 475-J do CPC atende às garantias constitucionais da razoável duração do processo, efetividade e celeridade, tendo, portanto, pleno cabimento na execução trabalhista.

- Refere-se ao CPC/1973.
- Art. 523 do CPC/2015.

72. Embargos à Execução (Impugnação). Efeito Suspensivo. Em razão da omissão da CLT, os embargos à execução (impugnação) não terão efeito suspensivo, salvo quando relevantes seus fundamentos e o prosseguimento da execução seja manifestamente suscetível de causar ao executado grave dano de difícil ou incerta reparação (art. 475-M do CPC).

- Refere-se ao CPC/1973.
- Art. 525 do CPC/2015.

73. Execução de Contribuições Previdenciárias. Revisão da Súmula nº 368 do TST.

I – Com a edição da Lei nº 11.457/2007, que alterou o parágrafo único do art. 876 da CLT, impõe-se a revisão da Súmula nº 368 do TST: é competente a Justiça do Trabalho para a execução das contribuições à Seguridade Social devidas durante a relação de trabalho, mesmo não havendo condenação em créditos trabalhistas, obedecida a decadência.

II – Na hipótese, apurar-se-á o montante devido à época do período contratual, mês a mês, executando-se o tomador dos serviços, por força do art. 33, § 5º, da Lei nº 8.212/1991, caracterizada a sonegação de contribuições previdenciárias, não devendo recair a cobrança de tais contribuições na pessoa do trabalhador.

III – Incidem, sobre as contribuições devidas, os juros e a multa moratória previstos nos artigos 34 e 35 da Lei nº 8.212/1991, a partir da data em que as contribuições seriam devidas e não foram pagas.

74. Contribuições Devidas a Terceiros. Incompetência da Justiça do Trabalho. A competência da Justiça do Trabalho para a execução de contribuições à Seguridade Social (CF, art. 114, § 3º) nas ações declaratórias, condenatórias ou homologatórias de acordo cinge-se às contribuições previstas no art. 195, inciso I, alínea *a* e inciso II, da Constituição, e seus acréscimos moratórios. Não se insere, pois, em tal competência, a cobrança de "contribuições para terceiros", como as destinadas ao "sistema S" e "salário-educação", por não se constituírem em contribuições vertidas para o sistema de Seguridade Social.

75. Ação Civil Pública. Interesses Individuais Homogêneos. Legitimação do Ministério Público.

I – O Ministério Público do Trabalho detém legitimidade para defender direitos ou interesses individuais homogêneos, assim entendidos os decorrentes de origem comum, nos exatos termos do artigo 81, inciso III, do CDC.

II – Incidem na hipótese os artigos 127 e 129, inciso III, da Constituição Federal, pois a defesa de direitos individuais homogêneos quando coletivamente demandada se enquadra no campo dos interesses sociais previstos no artigo 127 da Magna Carta, constituindo os direitos individuais homogêneos em espécie de direitos coletivos *lato sensu*.

76. Ação Civil Pública. Reparação de Dano Moral Coletivo. Trabalho Forçado ou em Condições Degradantes. Legitimidade do Ministério Público do Trabalho.

I – Alegada a utilização de mão de obra obtida de forma ilegal e aviltante, sujeitando o trabalhador a condições degradantes de trabalho, a trabalho forçado ou a jornada exaustiva, cabe Ação Civil Pública de reparação por dano moral coletivo.

II – Legitimidade do Ministério Público do Trabalho para o ajuizamento da ação civil pública na tutela de interesses coletivos e difusos, uma vez que a referida prática põe em risco, coletivamente, trabalhadores indefinidamente considerados.

77. Ação Civil Pública. Interesses Individuais Homogêneos. Legitimação dos Sindicatos. Desnecessidade de Apresentação de Rol dos Substituídos.

I – Os sindicatos, nos termos do art. 8º, III, da CF, possuem legitimidade extraordinária para a defesa dos direitos e interesses – individuais e metaindividuais – da categoria respectiva em sede de ação civil pública ou outra ação coletiva, sendo desnecessária a autorização e indicação nominal dos substituídos.

II – Cabe aos sindicatos a defesa dos interesses e direitos metaindividuais (difusos, coletivos e individuais homogêneos) da categoria, tanto judicialmente quanto extrajudicialmente.

III – Na ausência de sindicato, é da federação respectiva a legitimidade extraordinária para a defesa dos direitos e interesses da categoria e, na falta de ambos, da confederação.

IV – O art. 16 da Lei da ação civil pública contraria toda a filosofia e sistemática das ações coletivas. A decisão proferida nas ações coletivas deve ter alcance, abrangência e eficácia em toda área geográfica afetada, seja em todo o território nacional (âmbito nacional) ou em apenas parte dele (âmbito suprarregional), conforme a extensão do ato ilícito e/ou do dano causado ou a ser reparado.

78. Inexistência de Litispendência entre Ação Coletiva e Ação Individual. Às ações coletivas ajuizadas pelos sindicatos e pelo Ministério Público na Justiça do Trabalho aplicam-se subsidiariamente as normas processuais do Título III do Código de Defesa do Consumidor. Assim, não haverá litispendência entre ação coletiva e ação individual, devendo o juiz adotar o procedimento indicado no art. 104 do CDC: a) o autor da ação individual, uma vez notificado da existência de ação coletiva, deverá se manifestar no prazo de trinta dias sobre o seu prosseguimento ou suspensão; b) optando o autor da ação individual por seu prosseguimento, não se beneficiará dos efeitos da coisa julgada da ação coletiva; c) o autor da ação individual suspensa poderá requerer o seu prosseguimento em caso de decisão desfavorável na ação coletiva.

79. Honorários Sucumbenciais devidos na Justiça do Trabalho.

I – Honorários de sucumbência na Justiça do Trabalho. As partes, em reclamatória trabalhista e nas demais ações da competência da Justiça do Trabalho, na forma da lei, têm direito a demandar em juízo através de procurador de sua livre escolha, forte no princípio da isonomia (art. 5º, *caput*, da Constituição da República Federativa do Brasil) sendo, em tal caso, devidos os honorários de sucumbência, exceto quando a parte sucumbente estiver ao abrigo do benefício da justiça gratuita.

II – Os processos recebidos pela Justiça do Trabalho decorrentes da Emenda Constitucional nº 45, oriundos da Justiça Comum, que nesta esfera da Justiça tramitavam sob a égide da Lei nº 9.099/1995, não se sujeitam na primeira instância aos honorários advocatícios, por força do art. 55 da Lei nº 9.099/1995 a que estavam submetidas as partes quando da propositura da ação.

ENUNCIADOS DA 2ª JORNADA DE DIREITO MATERIAL E PROCESSUAL DO TRIBUNAL SUPERIOR DO TRABALHO E DA ASSOCIAÇÃO NACIONAL DOS MAGISTRADOS DA JUSTIÇA DO TRABALHO – ANAMATRA

▸ Enunciados aprovados na 2ª Jornada de Direito Material e Processual na Justiça do Trabalho de 9-10-2017 e 10-10-2017.

APLICAÇÃO SUBSIDIÁRIA DO DIREITO COMUM E DO DIREITO PROCESSUAL COMUM. PRINCÍPIO DA INTERVENÇÃO MÍNIMA. PRESCRIÇÃO TRABALHISTA E PRESCRIÇÃO INTERCORRENTE. GRUPO ECONÔMICO E SUCESSÃO DE EMPRESAS.

1. Controle de Convencionalidade da Reforma Trabalhista, Ausência de Consulta Tripartite e de Consulta Prévia às Organizações Sindicais.

I – Reforma trabalhista. Lei nº 13.467/2017. Incompatibilidade vertical com as convenções da OIT. Ausência de consulta tripartite. Ofensa à convenção 144 da OIT.

II – Ausência de consulta prévia às organizações de trabalhadores. Ofensa à Convenção 154 da OIT, bem como aos verbetes 1075, 1081 e 1082 do Comitê de Liberdade Sindical do Conselho de Administração da OIT.

2. Interpretação e Aplicação da Lei nº 13.467/2017. Os juízes do trabalho, à maneira de todos os demais magistrados, em todos os ramos do judiciário, devem cumprir e fazer cumprir a constituição e as leis, o que importa no exercício do controle difuso de constitucionalidade e no controle de convencionalidade das leis, bem como no uso de todos os métodos de interpretação/aplicação disponíveis. Nessa medida: I. Reputa-se autoritária e antirrepublicana toda ação política, midiática, administrativa ou correicional que pretender imputar ao juiz do trabalho o "dever" de interpretar a Lei nº 13.467/2017 de modo exclusivamente literal/gramatical; II. A interpretação judicial é atividade que tem por escopo o desvelamento do sentido e do alcance da lei trabalhista. É função primordial do poder judiciário trabalhista julgar as relações de trabalho e dizer o direito no caso concreto, observando o objetivo da república federativa do Brasil de construir uma sociedade mais justa e igualitária. Exegese dos artigos 1º, 2º, 3º, 5º, inciso XXXV, 60 e 93, IX e 114 da CRFB; III. Inconstitucionalidade do § 2º e do § 3º do artigo 8º da CLT e do artigo 611-A, § 1º, da CLT. Será inconstitucional qualquer norma que colime restringir a função judicial de interpretação da lei ou imunizar o conteúdo dos acordos e convenções coletivas de trabalho da apreciação da Justiça do Trabalho, inclusive quanto à sua constitucionalidade, convencionalidade, legalidade e conformidade com a ordem pública social. Não se admite qualquer interpretação que possa elidir a garantia da inafastabilidade da jurisdição, ademais, por ofensa ao disposto no art. 114, I, da CF/88 e por incompatibilidade com os princípios da separação dos poderes, do acesso a justiça e da independência funcional.

3. Fontes do Direito Material e Processual do Trabalho na Lei nº 13.467/2017. Teoria do diálogo das fontes. A teoria do diálogo das fontes é aplicável à interpretação da nova legislação trabalhista.

4. Fundamentos, Princípios e Hermenêutica do Direito do Trabalho. Lei nº 13.467/2017. A Lei nº 13.467/2017, da Reforma Trabalhista, não afetou os fundamentos do Direito do Trabalho positivados na CLT (art. 8º), bem como os princípios da proteção (títulos II a IV), da primazia da realidade (arts. 3º e 442), da irrenunciabilidade (arts. 9º e 468), da norma mais favorável, da imodificabilidade contratual em prejuízo do trabalhador (art. 468), da supremacia do crédito trabalhista (arts. 100 da CF e 186 do CTN) e dos poderes inquisitórios do Juiz do Trabalho (art. 765), dentre outros, cuja observância é requisito para a validade da norma jurídica trabalhista.

5. Grupo Econômico Trabalhista. Distribuição Racional do Ônus da Prova.

I – A Lei nº 13.467/2017 reconheceu expressamente a figura do grupo econômico trabalhista por coordenação (art. 2º, § 2º) e estabeleceu requisitos subjetivos (interesse integrado e comum) e objetivos (atuação conjunta) para a caracterização do grupo, a serem verificados no caso concreto pelo juízo (art. 2º, § 3º);

II – Nas hipóteses restritas de aplicação do parágrafo 3º do artigo 2º da CLT, a mera identidade de sócios entre as empresas integrantes, embora não baste à caracterização do grupo econômico, constitui indício que autoriza a inversão ou redistribuição do ônus da prova, nos termos do art. 818 § 1º da CLT, com redação dada pela Lei nº 13.467/2017. Incumbe então ao empregador o ônus de comprovar a ausência de interesses integrados, da comunhão de interesses e/ou da atuação conjunta das empresas. Aplicação dos princípios da aptidão para a prova e da paridade de armas em concreto (isonomia processual).

6. Ilegitimidade da Lei nº 13.467/2017. A Lei nº 13.467/2017 é ilegítima, nos sentidos formal e material.

7. Princípio da Intervenção Mínima. A autonomia da vontade coletiva impede interferência judicial ou administrativa na eclosão de greve em outros mecanismos de pressão de que dispõem os trabalhadores.

8. Cadeia de Fornecimento e Responsabilidade Civil Objetiva do Poder Economicamente Relevante. Cadeia de fornecimento. Responsabilidade civil objetiva do poder economicamente relevante por violações aos direitos fundamentais da pessoa do trabalhador. Devida diligência para a promoção de trabalho decente. Obrigação de reparar os danos experimentados pelo trabalhador, independentemente de culpa.

9. Responsabilidade Solidária das Empresas que Atuam em Cadeia Produtiva Global ou Nacional. Subordinação estrutural. Grupo econômico. Responsabilidade solidária das empresas que atuam em cadeia produtiva nacional ou global, por interpretação dos §§ 2º e 3º do artigo 2º da CLT, acrescentados pela Lei nº 13.467/2017.

10. Grupo Econômico. Integração. Conceito do Direito Empresarial. Base Ssocietária, Obrigacional e Pessoal. Não configurado o grupo econômico na forma do novo art. 2º, § 2º, da CLT, com a redação dada pela Lei nº 13.467/2017, é possível a integração do direito, na forma do art. 8º da CLT (especialmente considerando sua nova redação), para abarcar situações não disciplinadas pela nova legislação trabalhista. o grupo econômico pode ter natureza societária, obrigacional ou pessoal, bastando apenas a atuação coordenada, conjunta ou coligada das sociedades empresárias. Assim, como tal concepção destina-se à defesa da ordem econômica e da livre concorrência, com mais razão ainda deve ser aplicada à defesa das verbas trabalhistas.

11. Interrupção da Prescrição. Interrupção da prescrição. Integração. Sendo a prescrição regulada pelo Código Civil, aplicam-se ao Direito do Trabalho as hipóteses de interrupção da prescrição previstas no art. 202 do Código Civil, nos termos do art. 8º da CLT. Assim, é possível a interrupção da prescrição fora da hipótese prevista no § 3º do art. 11 da CLT.

12. Prescrição Total. Incompatibilidade Com o Artigo 7º, XXIX, da Constituição Federal. A prescrição total, consubstanciada no artigo 11, § 2º, da CLT, é incompatível com o artigo 7º, XXIX, da constituição federal.

13. Sucessão Trabalhista. Sucessão trabalhista. A teor do art. 1.146 do Código Civil, aplicável ao Direito do Trabalho (CLT, art. 8º), é cabível a responsabilidade solidária do sucedido e do sucessor pelos créditos trabalhistas constituídos antes do trespasse do estabelecimento, independentemente da caracterização de fraude.

JORNADA DE TRABALHO. BANCO DE HORAS. REMUNERAÇÃO E PARCELAS INDENIZATÓRIAS. DANOS EXTRAPATRIMONIAIS: TARIFAÇÃO E OUTROS ASPECTOS.

14. Banco de Horas. Banco de horas por acordo individual. A compensação de horários requer intervenção sindical obrigatória, independentemente do seu prazo de duração, conforme artigo 7º, XIII, CF, que autoriza a compensação apenas mediante acordo ou convenção coletiva de trabalho.

15. Jornada 12x36.

1. Tratando-se de regime de compensação de jornada, é essencial para a sua validade a previsão em acordo coletivo ou convenção coletiva de trabalho, nos termos do artigo 7º, XIII, da Constituição Federal, inclusive em relação ao comerciário, em razão de lei especial (Lei nº 12.790/2013). 2. Artigo 60, parágrafo único da CLT. Dispensa de licença prévia para a realização de jornada 12x36. Matéria de saúde e segurança do trabalho. Inconstitucionalidade por infração ao artigo 7º, XXII, da Constituição Federal. 3. Impossibilidade de regime "complessivo" quanto ao pagamento de feriados e prorrogação da jornada noturna, por infração ao artigo 7º, IX, da Constituição Federal. 4. A prestação de horas extras, inclusive pela supressão do intervalo intrajornada (ainda que parcial), descaracteriza o regime de compensação de jornada 12x36, implicando o pagamento como hora extraordinária daquelas laboradas além da 8ª diária, por infração ao artigo 7º, XIII e XXVI, da Constituição Federal.

16. Horas de Trajeto: Hipóteses de Cômputo na Jornada Após a Lei nº 13.467/2017.

1. A estrutura normativa matriz do art. 4º da CLT contempla a lógica do tempo à disposição, não eliminada a condição de cômputo quando se verificar concretamente que o transporte era condição e/ou necessidade irrefutável, e não de escolha própria do empregado, para possibilitar o trabalho no horário e local designados pelo empregador, mantendo-se o parâmetro desenvolvido pela Súmula nº 90 do TST, caso em que fará jus o trabalhador à contagem, como tempo de trabalho, do tempo de deslocamento gasto em trecho de difícil acesso ou sem transporte público por meio fornecido pelo empregador, na ida ou retorno para o trabalho. Inteligência do artigo 3º, *c*, da Convenção 155 da OIT. 2. Inaplicabilidade do § 2º do art. 58 da Lei nº 13.467/2017 ao trabalho executado na atividade rural.

17. Parcelas Remuneratórias Sob a Lei nº 13.467/2017.

1. Expressão "ainda que habituais" constante do § 2º do art. 457, da CLT, com a redação dada pela Lei nº 13.467/2017. A interpretação sistemática dos artigos 195, I e 201, *caput* e § 11, da Constituição Federal revela que a contribuição social incide sobre os ganhos habituais, a qualquer título, para se preservar o equilíbrio financeiro e atuarial do RGPS – Regime Geral da Previdência Social com igual razão, a interpretação do art. 457, § 2º, da CLT, em conformidade com a Constituição, denota que não importa o título atribuído pelo empregador à parcela, porquanto, para ter natureza jurídica salarial, basta que ela seja habitual e decorrente do trabalho prestado por conta alheia, sendo meramente exemplificativo o rol do § 1º e admitindo-se outras parcelas salariais, tais como adicionais, importâncias variáveis e gratificações legais e convencionais. A não integração na remuneração das parcelas relacionadas no art. 457, §§ 2º e 4º, da CLT depende de que efetivamente sirvam a propiciar condições para realização do trabalho ou se retiram a situações excepcionais ao cotidiano da relação de emprego. 2. Prêmios. Necessária vinculação a desempenho profissional diferenciado. A concessão habitual de prêmios, desvinculada do requisito de desempenho profissional superior ao ordinariamente esperado (art. 457, § 4º, da CLT), constitui fraude (art. 9º, CLT), integrando a remuneração do empregado a parcela paga fora dos preceitos legais.

18. Dano Extrapatrimonial: Exclusividade de Critérios. Aplicação exclusiva dos novos dispositivos do Título II-A da CLT à reparação de danos extrapatrimoniais decorrentes das relações de trabalho: inconstitucionalidade. A esfera moral das pessoas humanas é conteúdo do valor dignidade humana (art. 1º, III, da CF) e, como tal, não pode sofrer restrição à reparação ampla e integral quando violada, sendo dever do Estado a respectiva tutela na ocorrência de ilicitudes causadoras de danos extrapatrimoniais nas relações laborais. Devem ser aplicadas todas as normas existentes no ordenamento jurídico que possam imprimir, no caso concreto, a máxima efetividade constitucional ao princípio da dignidade da pessoa humana (art. 5º, V e X, da CF). A interpretação literal do art. 223-A da CLT resultaria em tratamento discriminatório injusto às pessoas inseridas na relação laboral, com inconstitucionalidade por ofensa aos arts. 1º, III; 3º, IV; 5º, *caput* e incisos V e X e 7º, *caput*, todas da Constituição Federal.

19. Danos Extrapatrimoniais: Limites. É de natureza exemplificativa a enumeração dos direitos personalíssimos dos trabalhadores constante do novo artigo 223-C da CLT, considerando a plenitude da tutela jurídica à dignidade da pessoa humana, como assegurada pela Constituição Federal (artigos 1º, III; 3º, IV, 5º, *caput*, e § 2º).

20. Dano Extrapatrimonial: Limites e Outros Aspectos. Danos extrapatrimoniais. O artigo 223-B da CLT, inserido pela Lei nº 13.467, não exclui a reparação de danos sofridos por terceiros (danos em ricochete), bem como a de danos extrapatrimoniais ou morais coletivos, aplicando-se, quanto a estes, as disposições previstas na Lei nº 7.437/1985 e no título III do Código de Defesa do Consumidor.

21. Padrões de Vestimenta e de Logomarcas Impostas pelo Empregador: Limite. Art. 456-A da CLT. Padrões impositivos de vestimentas e logomarcas. Limites a direitos fundamentais. A prerrogativa do empregador de definir padrão de vestimenta, bem como outras formas de identificação e propaganda, encontra limites nos direitos fundamentais dos trabalhadores. Assim, a definição de uniformes, logomarcas e outros itens de identificação deve preservar direitos individuais, tais como os relacionados a privacidade, honra e pudor pessoal, e não se exclui a aplicação do artigo 20 do Código Civil.

22. Prestação de Horas Extras: Descaracterização do Acordo de Compensação e Banco de Horas. Horas extras. Descaracterização do acordo de compensação e banco de horas. A prestação de horas extras habituais ou, ainda que eventuais, em número superior a duas horas diárias, implica descaracterização do acordo de compensação e do acordo de banco de horas, conforme artigos 7º, XIII e XVI, da Constituição Federal, e 59 da CLT.

23. Banco de Horas: Base de Cálculo das Horas Sobejantes. Banco de horas. Compensação. Pagamento. Artigo 59 da CLT. O pagamento das horas extras acumuladas em banco de horas e não compensadas será feito com base no valor do salário-hora mais vantajoso ao trabalhador.

24. Tempo de Serviço: Exceções à Aplicação do Artigo 4º, § 2º, da CLT. Tempo de serviço. Permanência no estabelecimento. I – Para fins de aplicação da regra constante no artigo 4º, § 2º, da CLT, não se considera de escolha própria e/ou exercício de atividades particulares aquelas permanências que decorrerem de riscos inerentes à natureza da atividade do empregador, conforme artigo 2º, *caput*, da CLT; II – Se, em função da natureza da atividade, for necessária a realização de higiene pessoal ou a troca da vestimenta no local de trabalho, o período correspondente será computado como tempo de serviço.

25. Equiparação Salarial. Restrições Relacionadas ao Tempo de Serviço na Função e ao Local da Prestação do Trabalho: Violação Ao Princípio Da Isonomia.

1. Equiparação salarial. Restrições relacionadas ao tempo de serviço na empresa. Violação ao princípio da isonomia. O artigo 461 da CLT, ao vedar a equiparação salarial para empregados com diferença de mais de quatro anos de tempo de serviço na empresa, é contrário ao princípio da isonomia constante do artigo 5º, *caput* e 7º, XXX, da Constituição Federal.

2. Entende-se por estabelecimento, para fins do artigo 461 da CLT, o "complexo de bens organizado para exercício da empresa, por empresário ou por sociedade empresária", nos termos do artigo 1.142 do Código Civil.

26. Remuneração e Parcelas Indenizatórias: Gratificação de Função. Gratificação de função. Supressão ou redução. Limites. Lei nº 13.467/2017. I – Uma vez percebida a gratificação de função por dez ou mais anos pelo empregado, se o empregador, sem justo motivo, revertê-lo a seu cargo efetivo, não poderá retirar-lhe a gratificação, tendo em vista os princípios da razoabilidade, proporcionalidade e segurança jurídica, garantidores da estabilidade financeira. II – Mantido o empregado no exercício da função comissionada, não pode o empregador reduzir o valor da gratificação.

PREVALÊNCIA DO NEGOCIADO SOBRE O LEGISLADO. NEGOCIAÇÃO COLETIVA (ASPECTOS FORMAIS). SAÚDE E

DURAÇÃO DO TRABALHO. ULTRATIVIDADE DAS NORMAS COLETIVAS.

27. Adequação Setorial Negociada.

I – Negociação coletiva. Limites. Adequação setorial negociada. As regras autônomas coletivas podem prevalecer sobre o padrão geral heterônomo trabalhista, desde que implementem padrão setorial de direitos superior ao padrão geral heterônomo, ou quando transacionam setorialmente parcelas e direitos trabalhistas de indisponibilidade apenas relativa, respeitadas as normas de indisponibilidade absoluta;

II – A "adequação setorial negociada" não autoriza a supressão ou redução de direitos *tout court*, cabendo às partes, nos termos do artigo 611-A da CLT, com a redação dada pela Lei nº 13.467/2017, justificar a excepcionalidade da adequação e sua transitoriedade, bem como definir as contrapartidas, com razoabilidade e de boa-fé, sendo inconstitucional o disposto no § 2º do art. 611-A da CLT.

28. Negociado sobre Legislado: Limites. Nos termos do art. 5º, § 2º, da Constituição Federal, as convenções e acordos coletivos de trabalho não podem suprimir ou reduzir direitos, quando se sobrepuserem ou conflitarem com as convenções internacionais do trabalho e outras normas de hierarquia constitucional ou supralegal relativas à proteção da dignidade humana e dos valores sociais do trabalho e da livre iniciativa.

29. Normas Coletivas: Princípio da Norma Mais Benéfica.

I – Normas coletivas. Princípio da norma mais benéfica. Os acordos coletivos firmados não prejudicarão direitos garantidos pelas convenções coletivas de trabalho, em respeito à aplicação do princípio da norma mais favorável (art. 7º, *caput*, CF). Com efeito, a nova redação do artigo 620 da CLT, dada pela Lei nº 13.467/2017, não exclui a aplicação do princípio da norma mais favorável, de orientação e aplicação no direito do trabalho;

II – Ademais, prevalece em todo caso, em relação à matéria negociada, os princípios da proteção, e da inafastabilidade da tutela jurisdicional;

III – A auditoria fiscal do trabalho possui o dever de exigir o cumprimento das normas laborais mais favoráveis ao trabalhador, o que inclui a possibilidade de verificação da aplicabilidade ou não de convenções e acordos coletivos de trabalho sob aquela sistemática.

30. Negociação Coletiva: Licitude e Aspectos Formais. Direitos trabalhistas garantidos por normas de ordem pública, relativos a medidas de higiene, saúde e segurança do trabalho, são infensos à redução ou supressão mediante negociação coletiva, consoante a interpretação conjunta dos incisos XXII e XXVI do art. 7º da Constituição. É, portanto, inconstitucional a previsão do art. 611-A, III e XII, da CLT (com a redação dada pela Lei nº 13.467/2017).

31. Instrumento Coletivo e Anulação de Cláusula Compensatória.

I – Contrapartidas em sede de negociação coletiva. Exigência inerente à boa-fé objetiva. Impossibilidade de supressão por lei. Inconstitucionalidade. A disposição constante do artigo 611-A, § 2º, da CLT, não é compatível com os artigos 7º, XXVI e 8º, VI, da Constituição Federal, e tampouco com o artigo 5º da convenção 154 da OIT;

II – Negociação coletiva. Convenção coletiva de trabalho ou acordo coletivo de trabalho. Anulação de cláusula compensatória. Art. 611-A, § 4º da CLT. Havendo dúvida acerca da existência de cláusula compensatória em benefício de outra cláusula principal, aquela deverá permanecer no instrumento coletivo, mesmo na hipótese do art. 611-A, § 4º (1ª parte), em observância ao princípio da proteção ao trabalhador (*in dubio pro operario*).

32. Negociado sobre Legislado: Graus de Insalubridade. Institucionalidades, Inconvencionalidades, Retrocesso Social. As disposições dos incisos XII e XIII do art. 611-A da CLT (possibilidade de enquadramento de trabalhadores em graus de insalubridade e de prorrogação de jornada em ambientes insalubres por meio de acordo ou convenção coletiva de trabalho) perfazem retrocesso social, com prejuízos à vida digna e à saúde do trabalhador, sendo incompatíveis com os artigos 3º, I e IV, 5º, XXIII, 6º, 7º, XXII, 170, III, 196 e 225 da Constituição Federal, com o art. 11, *a*, da Convenção nº 155 da OIT, com o art. 611-B, XVII, da CLT, e, no campo processual/decisório, com os artigos 1º, 8º e 489, § 2º, do CPC.

33. Enquadramento do Grau de Insalubridade: impossibilidade de redução considerando o princípio da primazia da realidade, e sendo a saúde um direito de todos e dever do Estado, e considerando ainda a ilicitude da supressão ou redução dos direitos provenientes de normas de saúde, higiene e segurança no trabalho, prevalecerá o acordado sobre o legislado sempre que se tratar de pagamento de percentual superior àquele determinado na NR-15, não sendo possível a redução do referido adicional.

34. Intervalo Intrajornada como Norma de Segurança e Saúde Pública.

I – Regras sobre o intervalo intrajornada são consideradas como normas de saúde, higiene e segurança do trabalho e, por consequência, de ordem pública, apesar do que dispõe o art. 611-B, parágrafo único da CLT (na redação da Lei nº 13.467/2017).

II – O estabelecimento de intervalos intrajornadas em patamares inferiores a uma hora para jornadas de trabalho superiores a seis horas diárias é incompatível com os artigos 6º, 7º, inciso XXII, e 196 da Constituição.

35. Prevalência do Negociado sobre o Legislado e Controle de Jornada de Trabalho.

I – O registro de jornada de trabalho permanece obrigatório, nos termos do art. 74 da Consolidação das Leis do Trabalho.

II – A mera previsão em acordo ou convenção coletiva de trabalho não basta para a validade do sistema de registro eletrônico de jornada de trabalho. necessidade de prova da inviolabilidade e veracidade dos registros e possibilidade de extração de dados pela fiscalização do trabalho.

36. Negociado sobre Legislado e Redução Salarial. Negociação coletiva. Contrato individual de trabalho. Objeto ilícito. Salário mínimo normativo. Art. 611-B, IV, da CLT. As convenções coletivas, os acordos coletivos de trabalho e os acordos individuais de trabalho devem respeitar o salário mínimo normativo em qualquer modalidade de contratação, nos termos do art. 7º, inciso IV, da Constituição Federal.

37. Saúde e Duração do Trabalho. É inconstitucional o parágrafo único do art. 611-B da CLT, pois as normas e institutos que regulam a duração do trabalho, bem como seus intervalos, são diretamente ligados às tutelas da saúde, higiene e segurança do trabalho como estabelecidas pelos arts. 7º, XIII, XIV e XXII, 196 e 225 da Constituição Federal, pelos arts. 3º, *b* e e, e 5º da Convenção 155 da OIT, pelo art. 7º, II, *b* e *d*, do PIDESC (ONU), pelo art. 7º, e, *g* e *h*, do Protocolo de San Salvador (OEA), e pelo próprio art. 58 da CLT, que limita a jornada a oito horas diárias, sendo, assim, insuscetíveis de flexibilização por convenção ou acordo coletivos.

38. Contribuição Sindical.

I – É lícita a autorização coletiva prévia e expressa para o desconto das contribuições sindical e assistencial, mediante assembleia geral, nos termos do estatuto, se obtida mediante convocação de toda a categoria representada especificamente para esse fim, independentemente de associação e sindicalização.

II – A decisão da assembleia geral será obrigatória para toda a categoria, no caso das convenções coletivas, ou para todos os empregados das empresas signatárias do acordo coletivo de trabalho.

III – O poder de controle do empregador sobre o desconto da contribuição sindical é incompatível com o *caput* do art. 8º da constituição federal e com o art. 1º da Convenção 98 da OIT, por violar os princípios da liberdade e da autonomia sindical e da coibição aos atos antissindicais.

39. Ultratividade das Normas Coletivas.

I – A vedação à ultratividade, constante do artigo 614, § 3º, da CLT, não é compatível com os artigos 7º, XXVI, 8º, VI, 114, § 2º da Constituição Federal, com as Convenções 98 e 154 da OIT, com o artigo 2º, § 1º do PIDESC (ONU) e com o princípio da boa-fé.

II – Se admitida a constitucionalidade e a convencionalidade do art. 614, § 3º da CLT, a ultratividade das normas coletivas, enquanto matéria de conteúdo a prever em instrumento coletivo de trabalho, é objeto lícito, tendo em vista as disposições do art. 7º, XXVI, 8º, VI, da Constituição Federal, bem como do princípio da não regressividade, insculpido no *caput* do art. 7º da Constituição Federal.

40. Prevalência do Negociado sobre o Legislado e Cláusula Restritiva de Modalidades de Contratação em Instrumento Coletivo (Terceirização, Teletrabalho e Trabalho Intermitente). É válida cláusula de instrumento coletivo que restringe terceirização, teletrabalho ou trabalho intermitente.

41. Prevalência do Negociado sobre o Legislado e Regime de Sobreaviso. Negociação coletiva. Regime de sobreaviso. Escala de plantão. Art. 611-A, V, da CLT. A convenção coletiva ou o acordo coletivo de trabalho que dispuser sobre o regime de sobreaviso, nos termos do art. 611-A da CLT, deverá conter cláusula com escala de plantão.

42. Prevalência do Negociado sobre o Legislado e 13º salário. Negociação coletiva. Objeto ilícito. Décimo terceiro salário. Art. 611-B da CLT. A vedação de suprimir ou reduzir o décimo terceiro salário por meio de instrumento coletivo, conforme dispõe o art. 611-B da CLT, estende-se aos reflexos e às integrações na referida verba remuneratória.

43. Prevalência do negociado sobre o legislado e definição de cargos de confiança. Negociação coletiva. Definição dos cargos de confiança. Presunção relativa. Art. 611-A, V, da CLT. A cláusula de instrumento coletivo que define os cargos que se enquadram como de confiança possui presunção relativa de veracidade, sendo necessária a análise da real função exercida e não meramente a função prescrita no contrato de trabalho, em razão do princípio da primazia da realidade.

44. Negociado sobre o Legislado e Patamar Civilizatório Mínimo. É nula cláusula normativa, por quebra das características fundantes do direito do trabalho como ramo jurídico especializado, quando importar violação ao patamar civilizatório mínimo (artigos 9º, 444, 468 e 611-A da CLT).

45. Inconstitucionalidade na Fixação de Jornada Superior a Oito Horas em Atividades Insalubres. A fixação de jornada de trabalho superior a oito horas em atividades insalubres, sem prévia autorização das entidades responsáveis pela higiene e segurança no trabalho, viola os termos do inciso XXII do artigo 7 da Constituição Federal de 1988. Assim, são inconstitucionais o parágrafo único do artigo 60 e o inciso XIII, do artigo 611-A, introduzidos pela Lei nº 13.467/2017.

46. Negociado sobre Legislado e Remuneração por Produtividade. Implantação de Métodos de Gestão Lesivos ao Meio Ambiente Laboral: impossibilidade. Negociado sobre legislado. Remuneração por produtividade. Implantação de métodos de gestão lesivos ao meio ambiente laboral. Impossibilidade. A inserção da "remuneração por produtividade" no artigo 611-A, IX, da CLT, não pode ser compreendida de modo a permitir a implementação de métodos de gestão, de formas de organização do trabalho e de estruturas remuneratórias baseadas em metas e em resultados reconhecidamente relacionados ao aparecimento de doenças.

47. Contribuição Sindical: Natureza Jurídica Tributária. Necessidade de Lei Complementar para sua Alteração. A contribuição sindical legal (art. 579 da CLT) possui natureza jurídica tributária, conforme consignado no art. 8º c/c art. 149 do CTN, tratando-se de contribuição parafiscal. Padece de vício de origem a alteração do art. 579 da CLT por lei ordinária (reforma trabalhista), uma vez que somente lei complementar poderá ensejar sua alteração.

48. Negociação *in pejus* e inconvencionalidade do art. 611-A da CLT. Negociação *in pejus*. Inconvencionalidade. Efeitos paralisantes. A comissão de expertos em aplicação de Convênios e Recomendações da OIT (CEACR), no contexto de sua observação de 2017 sobre a aplicação, pelo Brasil, da Convenção 98 da OIT, reiterou que o objetivo geral das Convenções 98, 151 e 154 é a promoção da negociação coletiva para encontrar acordo sobre termos e condições de trabalho que sejam mais favoráveis que os previstos na legislação. Segundo a CEACR, um dispositivo legal que institui a derrogabilidade geral da legislação laboral por meio da negociação coletiva é contrário ao objetivo da promoção da negociação coletiva livre e voluntária prevista em tais convenções. O artigo 611-A da CLT "reformada" não é verticalmente compatível com a Convenção 98 da OIT e remanesce formalmente inconvencional, circunstância que impede a sua aplicação, em virtude da eficácia paralisante irradiada pelas convenções.

TRABALHADORA GESTANTE E TRABALHADORA LACTANTE. TRABALHADOR AUTÔNOMO EXCLUSIVO. HIPERSSUFICIENTE ECONÔMICO. ARBITRAGEM E CLÁUSULA COMPROMISSÓRIA.

49. Trabalhador Hipersuficiente. Art. 444, parágrafo único da CLT.

I – O parágrafo único do art. 444 da CLT, acrescido pela Lei nº 13.467/2017, contraria os princípios do direito do trabalho, afronta a Constituição Federal (arts. 5º, *caput*, e 7º, XXXII, além de outros) e o sistema internacional de proteção ao trabalho, especialmente a Convenção 111 da OIT.

II – A negociação individual somente pode prevalecer sobre o instrumento coletivo se mais favorável ao trabalhador e desde que não contravenha as disposições fundamentais de proteção ao trabalho, sob pena de nulidade e de afronta ao princípio da proteção (artigo 9º da CLT c/c o artigo 166, VI, do Código Civil).

50. Trabalhadora Gestante e Lactante. Art. 394-A da CLT. A autorização legal permitindo o trabalho da gestante e lactante em ambiente insalubre é inconstitucional e inconvencional porque violadora da dignidade humana, do direito à redução dos riscos inerentes ao trabalho, da proteção integral ao nascituro e à criança e do direito social à saúde. Ademais, o meio ambiente do trabalho saudável é direito fundamental garantido pela Constituição da República, revestido de indisponibilidade absoluta. Incidência dos arts. 1º, III; 6º; 7º, XXII; 196; 200; 201, II; 203, I; 225; 226 e 227 da Constituição Federal; Convenção 103 e 183 da OIT; arts. 25, I e II da DUDH.

51. Trabalhador Autônomo Exclusivo e art. 9º da CLT. Trabalhador autônomo exclusivo. Reconhecimento da relação de emprego. A norma do artigo 442-B da CLT não impede o reconhecimento da relação de emprego, quando presentes os pressupostos dos artigos 2º e 3º da CLT e configurado o desvirtuamento do trabalho autônomo, com fraude à relação de emprego, à luz do art. 9º da CLT.

52. Trabalhador Autônomo Exclusivo e Primazia da Realidade. Primazia da realidade sobre a forma. É a primazia da realidade, e não a formalidade exteriorizada de atos e negócios jurídicos, que deve ser considerada para o reconhecimento do vínculo de emprego (arts. 2º e 3º da CLT) ou de trabalho autônomo (art. 442-B da CLT).

53. Trabalho Autônomo Contínuo e Exclusivo. Limites e Interpretação Conforme: Inteligência do art. 442-B da CLT à Luz da Constituição Federal. Presume-se o vínculo empregatício diante da prestação de serviços contínua e exclusiva, uma vez que a relação de emprego é direito fundamental (arts. 1º, III e IV, 5º, *caput* e 7º da CF/1988), devendo o art. 442-B da CLT ser interpretado conforme a constituição federal para afastar a caracterização do trabalho autônomo sempre que o trabalhador, não organizando a própria atividade, tenha seu labor utilizado na estrutura do empreendimento e integrado à sua dinâmica.

54. Trabalhador Autônomo Exclusivo e Formas Jurídicas Irreais. O artigo 442-B da CLT não permite a contratação de trabalhador constituído sob a forma de pessoa jurídica, de microempreendedor individual (MEI) e de empresa individual de responsabilidade limitada (EIRELI), entre outras, quando presentes os pressupostos para o reconhecimento da relação de emprego (arts. 2º e 3º da CLT).

55. Trabalhadora Gestante e Irrenunciabilidade de Direitos do nascituro. Impossibilidade de Negociação do Enquadramento da Insalubridade e Prorrogação de Jornada em Condições Insalubres. Interpretação Restritiva do Artigo 444, parágrafo único, da CLT. Com o intuito de proteger a vida do nascituro, não poderão ser objeto de livre estipulação, no contrato de trabalho, direitos estabelecidos na constituição federal que afetem sua integridade, sendo proibida a negociação pela trabalhadora gestante, ainda que "hipersuficiente", do enquadramento da insalubridade em grau inferior ou da prorrogação de jornada sob condições insalubres.

56. Cláusula Compromissória de Arbitragem nas Relações de Trabalho. Cláusula compromissória de arbitragem. Art. 507-A da CLT. Impossibilidade de ser instituída em se tratando de créditos decorrentes da relação de trabalho, à luz do artigo 1º da Leinº 9.307/1996, art. 100 da CF/88, art. 1707 do CC e art. 844, § 4º, II da CLT. Caráter alimentar do crédito trabalhista. Indisponibilidade e inderrogabilidade dos direitos trabalhistas.

COMISSÕES DE REPRESENTAÇÃO DE EMPREGADOS. DISPENSAS INDIVIDUAIS E COLETIVAS. PROCEDIMENTO DE QUITAÇÃO ANUAL. PROGRAMAS DE DEMISSÃO VOLUNTÁRIA.

57. Dispensa Coletiva: Inconstitucionalidade. O art. 477-A da CLT padece de inconstitucionalidade, além de inconvencionalidade, pois viola os artigos 1º, III, IV, 6º, 7º, I, XXVI, 8º, III, VI, 170, *caput*, III e VIII, 193, da Constituição Federal, como também o artigo 4º da Convenção nº 98, o artigo 5º da Convenção nº 154 e o art. 13 da Convenção nº 158, todas da OIT. Viola, ainda, a vedação de proteção insuficiente e de retrocesso social. As questões relativas à dispensa coletiva deverão observar: a) o direito de informação, transparência e participação da entidade sindical; b) o dever geral de boa fé objetiva; e c) o dever de busca de meios alternativos às demissões em massa.

58. Termo de Quitação Anual.

I – Os pagamentos efetuados por conta de termo de compromisso arbitral, "quitação anual" de obrigações trabalhistas, extinção do contrato por "mútuo acordo" e plano de demissão voluntária ou incentivada só podem produzir eficácia liberatória limitada aos valores efetivamente adimplidos das parcelas discriminadas. em respeito à garantia constitucional de acesso à jurisdição (art. 5º, XXXV) e ao artigo 25 da Convenção Americana de Direitos Humanos, mantém-se o pleno direito de acesso ao judiciário para solucionar situações conflituosas, inclusive para satisfação de diferenças sobre rubricas parcialmente pagas.

II – O termo de quitação deverá estar necessariamente acompanhado de documentos comprobatórios, sob assistência efetiva do sindicato.

III – O termo de quitação deve, pois, ser interpretado restritivamente, com eficácia liberatória de alcance limitado aos valores das parcelas expressamente especificadas no documento, sem implicar renúncia ou extinção da obrigação e nem impedir o exercício do direito fundamental de ação.

IV – O referido termo será nulo de pleno direito se desvirtuar, impedir ou fraudar as disposições de proteção ao trabalho, os contratos coletivos e as decisões das autoridades trabalhistas competentes.

59. Rescisão Contratual por Mútuo Consentimento. Extinção do contrato de trabalho por mútuo consentimento. Observância dos requisitos formais e substanciais de validade. A extinção do contrato de trabalho por mútuo consentimento prevista no artigo 484-A da CLT se encontra submetida ao escrutínio quanto à validade formal e substancial do termo de rescisão, à luz dos artigos 138 a 188 do Código Civil c/c o artigo 8º, § 1º, da CLT e do artigo 9º da CLT.

60. Comissões de Representação de Empresas

I – Representação dos trabalhadores no local de trabalho. Cabe às entidades sindicais a defesa dos interesses individuais e coletivos da categoria representada. Decorre dessa prerrogativa constitucional o livre exercício da negociação coletiva. É possível a previsão de participação sindical na representação dos trabalhadores, independentemente da nomenclatura e condições estabelecidas em lei ordinária.

II – a representação dos trabalhadores de uma categoria profissional e a negociação coletiva são prerrogativas constitucionais dos sindicatos (artigo 8º, incisos III e VI), sendo que as convenções 135 e 154 da OIT, ratificadas pelo Brasil, são expressas ao impedir que a presença de representantes eleitos venha a ser utilizada para o enfraquecimento da situação dos sindicatos interessados ou de seus representantes (Convenção 135) e, ainda, que a existência destes representantes não seja utilizada em detrimento da posição das organizações de trabalhadores interessadas (Convenção 154). Nesse sentido deve ser interpretado e aplicado o disposto nos artigos 510-A a 510-D da CLT, com a redação dada pela Lei nº 13.467/2017.

61. Membros das Comissões de Representação.

I – Garantias. 1 – ao lado da garantia constante do artigo 510-D, § 3º, da CLT, os membros da comissão de representação são protegidos contra (a) despedida sem justa causa; (b) transferência para outro estabelecimento; (c) remoção para setor da empresa onde o contato com os demais empregados reste inviabilizado; (d) afastamento por razões pretensamente disciplinares; e (e) constante requisição para a realização de trabalhos externos, dentre outros expedientes francamente atentatórios à literalidade do art. 1º da Convenção 135 da OIT.

II – Prerrogativas. Para o exercício adequado de suas atribuições, os membros da comissão de representação possuem, com arrimo no artigo 2º da Convenção nº 135 da OIT, os direitos (a) ao tempo livre para o exercício das atividades representativas; (b) ao ingresso em todas as dependências dos locais de trabalho; (c) ao acesso direto aos dirigentes empresariais; (d) à disponibilização de quadro de avisos com fácil acesso para os trabalhadores; (e) à livre distribuição de publicações junto aos trabalhadores; e (f) à livre distribuição de mensagens por via eletrônica, por intermédio dos canais institucionais da empresa.

62. Cláusula Geral da Garantia de Emprego como Efeito da Aprovação da Lei nº 13.367/2017. Diante dos fundamentos apresentados para a aprovação da Lei nº 13.467/2017, inclusive na exposição de motivos, no sentido de que a lei ampliaria a proteção jurídica dos trabalhadores, conferindo efetividade aos direitos dos trabalhadores constitucionalmente assegurados, e também em razão do disposto no § 3º do artigo 510-D e do § 3º do artigo 611-A da CLT, decorre uma cláusula geral de garantia de emprego, pela qual resta reforçada a proteção contra a dispensa arbitrária, fixada no inciso I do art. 7º da CF, e se torna impossibilitada, sobretudo, a substituição de postos de emprego com vínculos efetivos, diretos e com plenos direitos por empregados vinculados a contratos precários criados ou reafirmados pela lei em questão.

63. Comissão de Representação: Recondução. O § 1º do artigo 510-D, que dispõe que o membro que houver exercido a função de representante na comissão não poderá ser candidato nos dois períodos subsequentes, viola o artigo 8º, I, da Constituição Federal e as Convenções 98 e 135 da OIT.

64. Rescisão Contratual por Mútuo. Consentimento e Sem Assistência Sindical: Ônus da Prova. Negando o trabalhador que a ruptura contratual ocorreu por mútuo consentimento (art. 484-A), é do empregador o ônus da prova, tendo em vista a revogação do § 1º do 477 da Consolidação das Leis do Trabalho (assistência/fiscalização sindical obrigatória) e em face dos princípios da continuidade da relação de emprego e da primazia da realidade, assumindo maior relevância a orientação da Súmula 212 do Tribunal Superior do Trabalho.

65. Invalidade de Negócio Jurídico que Aniquila Direitos pela Forma. O desrespeito aos direitos trabalhistas constitui um ato ilícito, que deve ser punido para a devida preservação da autoridade da ordem jurídica, não se podendo compreender como válidos negócios jurídicos que simplesmente tentam, pela forma, aniquilar direitos.

66. Comissão de Representação e Coexistência com as Representações Sindicais na Empresa. Comissão de representação dos empregados. Coexistência com as representações sindicais na empresa. I – A instituição de comissão de representantes nas empresas, nos termos do artigo 510-A da CLT, não obsta a instalação e a manutenção das representações sindicais organizadas por local de trabalho; II – nos termos do artigo 3º da Convenção 135 da OIT, as mesmas garantias estabelecidas para os membros das comissões de representação mencionadas no Título IV-A da CLT são asseguradas aos integrantes das representações sindicais nos locais de trabalho.

67. Comissões de Representação e Participação de Sindicatos Profissionais. A vedação de interferência do sindicato da categoria na eleição de representante dos empregados, de que trata o § 1º do artigo 510-C da CLT, com a redação dada pela Lei nº 13.467/2017, somente pode estar dirigida ao sindicato da categoria econômica, uma vez que ao sindicato da categoria profissional cabe participar do processo no sentido de "incentivar a cooperação, relativa a todas as questões pertinentes, entre os representantes eleitos, por uma parte, e os sindicatos interessados e seus representantes, por outra parte" (artigos 3º-B e 5º da Convenção nº 135/OIT).

68. Comissão de Representação e Previsão em Acordo ou Convenção Coletiva. Comissão de representação dos empregados. Previsão em acordo ou convenção coletiva. A instituição de comissão de representação nas empresas ou de representação sindical no local de trabalho é condicionada à prévia negociação coletiva com a participação do sindicato representativo da categoria profissional.

69. Comissões de Representação: Combate a Práticas Discriminatórias. Rol Exemplificativo. Comissões de representação de empregados. Combate a práticas discriminatórias. Rol exemplificativo. As comissões de representação de empregados são destinadas, entre outras atribuições igualmente relevantes, a assegurar tratamento justo e imparcial aos empregados, impedindo qualquer forma de discriminação por motivo de sexo, idade, religião, opinião política ou atuação sindical (CLT, art. 510-B, V), sendo esse um rol meramente exemplificativo de motivações, haja vista o vetor constitucional de combate a qualquer forma de discriminação (arts. 3º, IV e 5º, XLI da CF).

TELETRABALHO. CONTRATO DE TRABALHO INTERMITENTE. CONTRATO DE TRABALHO A TEMPO PARCIAL. TERCEIRIZAÇÃO.

70. Teletrabalho: Custeio de Equipamentos. O contrato de trabalho deve dispor sobre a estrutura e sobre a forma de reembolso de despesas do teletrabalho, mas não pode transferir para o empregado seus custos, que devem ser suportados exclusivamente pelo empregador. Interpretação sistemática dos artigos 75-D e 2º da CLT à luz dos artigos 1º, IV, 5º, XIII e 170 da Constituição da República e do artigo 21 da Convenção 155 da OIT.

71. Teletrabalho: Horas Extras. São devidas horas extras em regime de teletrabalho, assegurado em qualquer caso o direito ao repouso semanal remunerado. Interpretação do art. 62, III e do parágrafo único do art. 6º da CLT conforme o art. 7º, XIII e XV, da Constituição da República, o artigo 7º, *e*, *g* e *h* protocolo adicional à Convenção Americana sobre Direitos Humanos em matéria de direitos econômicos, sociais e culturais ("Protocolo de San Salvador"), promulgado pelo Decreto nº 3.321, de 30 de dezembro de 1999, e a Recomendação 116 da OIT.

72. Teletrabalho: Responsabilidade Civil do Empregador por Danos. A mera subscrição, pelo trabalhador, de termo de responsabilidade em que se compromete a seguir as instruções fornecidas pelo empregador, previsto no art. 75-E, parágrafo único, da CLT, não exime o empregador de eventual responsabilidade por danos decorrentes dos riscos ambientais do teletrabalho. Aplicação do art. 7º, XXII da Constituição c/c art. 927, parágrafo único, do Código Civil.

73. Contrato de Trabalho Intermitente: Inconstitucionalidade. É inconstitucional o regime de trabalho intermitente previsto no art. 443, § 3º, e art. 452-A da CLT, por violação do art. 7º, I e VII da Constituição da República e por afrontar o direito fundamental do trabalhador aos limites de duração do trabalho, ao décimo terceiro salário e às férias remuneradas.

74. Contrato de Trabalho Intermitente: Salário Mínimo. A proteção jurídica do salário mínimo, consagrada no art. 7º, VII, da Constituição da República, alcança os trabalhadores em regime de trabalho intermitente, previsto nos arts. 443, § 3º, e 452-A da CLT, aos quais é também assegurado o direito à retribuição mínima mensal, independentemente da quantidade de dias em que for convocado para trabalhar, respeitado o salário mínimo profissional, o salário normativo, o salário convencional ou o piso regional.

75. Terceirização: Abrangência. A Lei nº 13.467/2017, ao alterar a Lei nº 6.019/1974, tanto no tema da contratação temporária quanto da terceirização de serviços, não serve como marco regulatório para a administração pública direta ou indireta, em razão do disposto no art. 37, *caput*, e incs. II e IX, da Constituição Federal.

76. Terceirização: Isonomia Salarial. Os empregados das empresas terceirizadas têm direito de receber o mesmo salário dos empregados das tomadoras de serviços em mesmas atividades, bem como usufruir de iguais serviços de alimentação e atendimento ambulatorial. Viola os princípios da igualdade e da dignidade da pessoa humana (artigos 1º, III e 5º, *caput*, da Constituição da República) o disposto nos §§ 1º e 2º do artigo 4º-C da Lei nº 6.019/1974, ao indicarem como mera faculdade o cumprimento, pelo empregador, desses deveres constitucionais. Aplicação dos artigos 1º, III, 3º, I, 5º, *caput* e 7º, XXXII da Constituição da República.

77. Terceirização: Limites de Legalidade. A validade do contrato de prestação de serviços previsto no artigo 4º-A da Lei nº 6.019/1974 sujeita-se ao cumprimento dos seguintes requisitos: I – Efetiva transferência da execução de atividades a uma empresa prestadora de serviços, como objeto contratual; II – Execução autônoma da atividade pela empresa prestadora, nos limites do contrato de prestação de serviço; III – Capacidade econômica da empresa prestadora, compatível com a execução do contrato. A ausência de qualquer desses requisitos configura intermediação ilícita de mão de obra (art. 9º da CLT) e acarreta o reconhecimento de vínculo de emprego entre os trabalhadores intermediados e a empresa tomadora do serviço.

78. Terceirização: Capacidade Econômica. A capacidade econômica da empresa prestadora de serviços, compatível com a execução do contrato, nos termos do art. 4º-A da Lei nº 6.019/1974, deve ser aferida pela contratante no ato da contratação e no curso do contrato, e não se restringe à observância do capital social mínimo exigido pelo art. 4º-B, inciso III, que é requisito de funcionamento e que deve estar integralizado. Consiste, mais, na situação econômica positiva para cumprir todos os compromissos decorrentes da atividade contratada, pressupondo: (a) pactuação de preço do serviço compatível com os custos operacionais (comerciais, trabalhistas, previdenciários, tributários etc.); e (b) inexistência de passivo comercial, trabalhista, previdenciário e/ou fiscal, decorrente de outro(s) contrato(s), que constitua risco ao adimplemento contratual.

79. Terceirização: Perda da Capacidade Econômica Superveniente. A perda da capacidade econômica da empresa prestadora invalida o contrato de prestação de serviços e caracteriza vínculo de emprego entre os trabalhadores intermediados e a empresa contratante, caso a contratante não adote posturas para preservar o adimplemento contratual.

80. Terceirização: Atividade-Fim. O *caput* e § 1º do artigo 4º-A da Lei nº 6.019/1974 (que autorizam a transferência de quaisquer atividades empresariais, inclusive a atividade principal da tomadora, para empresa de prestação de serviços), são incompatíveis com o ordenamento jurídico brasileiro (art. 7º, I, CR e arts. 3º e 9º, CLT), pois implicam violação do princípio da dignidade da pessoa humana e do valor social do trabalho (arts. 1º, IV; 5º, § 2º; 6º; 170 e 193, todos da CR e Constituição da OIT). Presentes os requisitos do art. 3º da CLT, forma-se vínculo de emprego direto com a empresa tomadora de serviços.

81. Terceirização: Representação Sindical dos Terceirizados. Presume-se como sendo da mesma categoria, e representados pelo mesmo sindicato profissional, todos os trabalhadores terceirizados e aqueles diretamente contratados pela tomadora que realizem serviços relacionados à sua atividade principal. Inteligência que se extrai do interesse integrado e da atuação conjunta da empresa contratada e contratante, previstos no § 3º do artigo 2º da CLT, combinado com o conceito de categoria profissional decorrente do trabalho em comum em atividades econômicas similares ou conexas do artigo 511, § 2º, da CLT, e com a atividade preponderante conceituada no § 2º do artigo 581 da CLT.

82. Terceirização: Meio Ambiente do Trabalho. A responsabilidade solidária do contratante quanto à elaboração e implementação do programa de prevenção de riscos ambientais, de acordo com o disposto na Norma Regulamentadora 9 (NR-9), independe da qualidade do vínculo de trabalho dos obreiros, decorrendo da simples presença de trabalhadores no local, visto que o meio ambiente e as questões de saúde e segurança no trabalho englobam todos os trabalhadores cujas atividades laborais sejam prestadas em favor do mesmo tomador, de forma isonômica, sem qualquer distinção, independentemente do vínculo laboral.

83. Teletrabalho: Controle dos Riscos Labor-Ambientais. O regime de teletrabalho não exime o empregador de adequar o ambiente de trabalho às regras da NR-7 (PCMSO), da NR-9 (PPRA) e do artigo 58, § 1º, da Lei nº 8.213/1991 (LTCAT), nem de fiscalizar o ambiente de trabalho, inclusive com a realização de treinamentos. Exigência dos artigos 16 a 19 da Convenção 155 da OIT.

84. Contrato de Trabalho Intermitente: Carga Horária. Como o contrato de trabalho intermitente deve ser celebrado por escrito, do instrumento contratual deverão constar os períodos de prestação de serviços ou a estimativa de serviços a executar, a respeito dos quais se obriga o empregador.

85. O contrato de Trabalho Intermitente no Brasil Não Corresponde ao *Zero-Hours Contract* Britânico. Nos contratos de trabalho intermitente, é obrigatório indicar a quantidade mínima de horas de efetiva prestação de serviços, pois não se admite contrato de trabalho com objeto indeterminado ou sujeito a condição puramente potestativa, consoante artigos 104, II, 166 II e 122 do Código Civil, aplicáveis subsidiariamente à matéria, nos termos do art. 8º, parágrafo único, da CLT.

86. Férias e Trabalho Intermitente. Férias. Trabalho intermitente. Diante da existência de antinomia jurídica entre o disposto no § 6º do art. 452-A da CLT e o disposto no § 9º do mesmo art. 452-A da CLT, deve-se interpretar o ordenamento jurídico de forma sistemática e utilizar o critério hierárquico para solução do conflito de normas. Assim, tendo em vista o art. 7º, XVII, da CF/1988, que dispõe sobre o direito às férias anuais remuneradas, ou seja, pagas no momento do gozo do período de descanso (conforme também disposto no art. 452-A, § 9º, CLT), o pagamento de férias proporcionais após a prestação de serviços (art. 452-A, § 6º, II, CLT) não encontra aplicabilidade. Assim, no trabalho intermitente, as férias devem ser remuneradas quando da sua fruição.

87. Contrato de Trabalho Intermitente. Salário Mínimo e Piso Profissional. Multa. Inconstitucionalidade. A multa prevista no art. 452-A, § 4º, da CLT, imposta ao trabalhador que descumprir convocação anteriormente atendida, não é compatível com os princípios constitucionais da dignidade humana, do valor social do trabalho, da isonomia, da proteção do trabalhador e da função social da empresa.

88. Trabalho Intermitente e Risco para Terceiros. O trabalho intermitente não poderá ser exercido em atividades que possam colocar em risco a vida, a saúde e a segurança dos próprios trabalhadores e/ou de terceiros.

89. Contrato de Trabalho Intermitente. Permanência do Trabalhador Dentro ou Fora do Estabelecimento do Empregador por Conveniência deste Último. Cômputo como Tempo de Serviço. Contrato de trabalho intermitente. Permanência do trabalhador dentro ou fora do estabelecimento do empregador por conveniência deste último. Cômputo como tempo de serviço. No contrato de trabalho intermitente, a teor do artigo 452-A, § 5º, da CLT, os períodos em que o trabalhador permanecer dentro ou fora do estabelecimento do empregador para atender a interesses, conveniências ou no aguardo de instruções deste último serão computados como horas ou frações efetivamente trabalhadas.

90. Contrato de Trabalho Intermitente e Demandas Permanentes. 1. É ilícita a contratação sob a forma de trabalho intermitente para o atendimento de demanda permanente, contínua ou regular de trabalho, dentro do volume normal de atividade da empresa. 2. É ilegal a substituição de posto de trabalho regular ou permanente pela contratação sob a forma de trabalho intermitente. 3. O empregador não pode optar pelo contrato de trabalho intermitente para, sob esse regime jurídico, adotar a escala móvel e variável da jornada. 4. Presente a necessidade de trabalho intermitente, o empregado contratado na forma do art. 443, § 3º, da CLT tem direito subjetivo à convocação, sendo ilícita sua preterição ou a omissão do empregador.

91. Dia e Hora Incertos para Labor e Risco Exclusivo do Empregador. Tempo à Disposição é de Efetivo Serviço. No contrato de trabalho intermitente, o período sem convocação pelo empregador é de tempo à sua disposição e deve ser remunerado como de efetivo serviço. Ônus das variações de demanda do empreendimento são exclusivos do empregador.

92. Contratação por Tempo Parcial de Trabalhadores no Comércio. O art. 58-A e seus parágrafos, da CLT, alterados por força da Lei nº 13.467/2017, não são aplicáveis aos comerciários, em virtude da aplicação obrigatória do art. 3º, § 1º da Lei nº 12.790/2013, em decorrência da especificidade e da prevalência da norma mais favorável ao trabalhador.

93. Contrato de Prestação de Serviços. Requisitos de Validade. Efetiva Transferência da Execução da Atividade. Contrato de prestação de serviço. Requisito de validade: efetiva transferência da execução da atividade. A transferência da execução da atividade por meio de contrato de prestação de serviço, na forma do art. 4º-A da Lei nº 6.019/1974, com redação conferida pela Lei nº 13.467/2017, pressupõe autonomia formal, administrativa, organizacional, finalística e operacional da empresa contratada, à qual cabe exercer com exclusividade o controle do processo de produção da atividade, sem interferência da contratante, mera credora do serviço como resultado útil, pronto e acabado. Configura fraude ao regime de emprego o uso de contrato de prestação de serviço para transferência de vínculos formais de emprego à empresa contratada, sem efetiva transferência da execução da atividade.

94. Contrato de Prestação de Serviço. Requisito de Validade: Autonomia na Execução da Atividade. No contrato de prestação de serviço, de que trata o art. 4º-A, *caput*, da Lei nº 6.019/1974, com redação dada pela Lei nº 13.467/2017, a execução autônoma da atividade por empresa prestadora de serviço pressupõe: (a) que a empresa prestadora contrate e remunere os empregados necessários à execução da atividade, exercendo com exclusividade a direção de seu trabalho (art. 4º-A, § 1º); e (b) que a empresa contratante se abstenha de utilizar a mão de obra contratada pela prestadora de serviço para finalidade distinta da prevista no contrato (art. 5º-A, § 1º). A presença de subordinação pessoal ou estrutural de trabalhador intermediado em relação à empresa contratante descaracteriza a prestação de serviço, ensejando reconhecimento de vínculo de emprego com o tomador dos serviços (art. 9º da CLT).

95. Empresa Individual. Prestação de Serviços à Tomadora pelo Titular. Vínculo Empregatício. A prestação de serviços de empresa individual contratada deve ser realizada por seus empregados. Quando seu titular realiza pessoalmente as atividades para a empresa tomadora, forma-se o vínculo empregatício entre titular e tomadora.

96. Terceirização. Inadimplemento de Verbas Trabalhistas. Reconhecimento Direto do Vínculo com a Contratante. O inadimplemento das verbas trabalhistas por parte da empresa prestadora de serviços revela sua incapacidade econômica para a execução dos serviços (art. 4º-A da Lei nº 6.019/1974) e autoriza o consequente reconhecimento do vínculo diretamente com a contratante.

97. Terceirização. Capacidade Econômica da Prestadora de Serviços. Requisito de Validade do Negócio Jurídico. O inadimplemento das obrigações trabalhistas pela empresa prestadora de serviços atrai para a empresa tomadora de serviços o ônus da prova da capacidade econômica da primeira. Inteligência do artigo 818, § 1º, da CLT.

ACESSO À JUSTIÇA E JUSTIÇA GRATUITA. HONORÁRIOS ADVOCATÍCIOS. HONORÁRIOS PERICIAIS. LITIGÂNCIA DE MÁ-FÉ E DANO PROCESSUAL.

98. Honorários de Sucumbência. Inaplicabilidade aos Processos em Curso. Em razão da natureza híbrida das normas que regem honorários advocatícios (material e processual), a condenação à verba sucumbencial só poderá ser imposta nos processos iniciados após a entrada em vigor da Lei nº 13.467/2017, haja vista a garantia de não surpresa, bem como em razão do princípio da causalidade, uma vez que a expectativa de custos e riscos é aferida no momento da propositura da ação.

99. Sucumbência Recíproca. O juízo arbitrará honorários de sucumbência recíproca (art. 791-A, par.3º, da CLT) apenas em caso de indeferimento total do pedido específico. O acolhimento do pedido, com quantificação inferior ao postulado, não caracteriza sucumbência parcial, pois a verba postulada restou acolhida. Quando o legislador mencionou "sucumbência parcial", referiu-se ao acolhimento de parte dos pedidos formulados na petição inicial.

100. Honorários e Assistência Judiciária. É inconstitucional a previsão de utilização dos créditos trabalhistas reconhecidos em juízo para o pagamento de despesas do beneficiário da justiça gratuita com honorários advocatícios ou periciais (artigos 791-A, § 4º, e 790-B, § 4º, da CLT, com a redação dada pela Lei nº 13.467/2017), por ferir os direitos fundamentais à assistência judiciária gratuita e integral, prestada pelo estado, e à proteção do salário (artigos 5º, LXXIV, e 7º, X, da Constituição Federal).

101. Honorários Periciais.

I – Honorários periciais. Antecipação. Possibilidade. Aplicação da Resolução 66/2010 – CSJT. É compatível com a nova sistemática da CLT a antecipação de honorários periciais, nos termos do art. 2º, § 2º, da Resolução CSJT 66/2010 ou de norma superveniente, permitindo que o perito seja remunerado com recursos próprios da união, ainda na fase instrutória do processo. Após o trânsito em julgado da decisão, sendo o autor beneficiário da justiça gratuita, a união pagará o valor remanescente ao perito, devidamente atualizado, nos termos do art. 5º, parágrafo único, da Resolução 66/2010, sendo aplicáveis apenas as normas dos tribunais regionais que apresentem condição mais favorável à efetividade do processo.

II – Honorários periciais. Antecipação convencional das partes. Sub-rogação. O pagamento feito pela empresa de honorários periciais, de forma antecipada e convencional, é compatível com o disposto no art. 790-B, § 3º da CLT, permitindo que o perito seja remunerado com recursos próprios da empresa ainda na fase instrutória do processo. Após o trânsito em julgado da decisão, sendo o autor beneficiário da justiça gratuita, a união fará a restituição integral dos valores antecipados pela empresa, no limite do previsto na Resolução 66/2010 ou em norma superveniente, sub-rogando-a nos créditos do perito em face da união, sendo aplicáveis apenas as normas dos tribunais regionais que apresentem condição mais favorável à efetividade do processo.

102. Sucumbência em Ação Civil Pública e Ação Civil Coletiva: Não Aplicação. Honorários advocatícios Sucumbenciais, honorários periciais e custas processuais, como previstos na Lei nº 13.467/2017, não são aplicáveis às ações regidas por leis especiais, a saber, lei da ação civil pública (art. 17 e 18 da Lei nº 7.347/1985) e Código de Defesa do Consumidor (art. 87 da Lei nº 8.078/1990).

103. Acesso à Justiça. Art, 844, § 2º e § 3º, da CLT. Inconstitucionalidade. Viola o princípio de acesso à justiça a exigência de cobrança de custas de processo arquivado como pressuposto de novo ajuizamento. O princípio do acesso à justiça é uma das razões da própria existência da justiça do trabalho, o que impede a aplicação dessas regras, inclusive sob pena de esvaziar o conceito de gratuidade da justiça.

104. O § 5º do art. 844 da CLT não Afasta a Revelia e a Confissão. O § 5º do art. 844 da CLT não afasta a revelia e seus efeitos de confissão, apenas permitindo que o juiz possa conhecer das questões de ordem pública e da matéria não alcançada pela confissão do fato constitutivo alegado pelo autor.

105. Sentença Sem Exame de Mérito. Direito Autoral à Emenda. CLT, art. 840, § 3º. Sentença sem exame do mérito. Necessidade de oportunizar a emenda. A exordial que não atende integralmente os requisitos legais deve ensejar oportunidade para emenda e não imediata sentença sem exame do mérito, sob pena de obstar o direito do autor à integral análise do mérito (CPC, arts. 4º, 6º, 317, 319 e 321; TST, Súmula 263).

106. Limite Temporal para o Autor Desistir da Ação Sem o Consentimento do Réu. CLT, art. 841, § 3º. Desistência da ação. Necessidade de consentimento do réu. Limite temporal. A CLT estabelece que o momento processual próprio para o demandando "oferecer a contestação" é na audiência, depois de proposta a conciliação. Por isso, ainda que a parte demandada envie/protocole a contestação antes da fase processual prevista em lei, não há razão para a anuência pelo réu de desistência da ação enquanto não atingido tal momento processual.

107. Acesso à Justiça. Isonomia. *Jus Postulandi*.

1. Não sendo representante legal da pessoa jurídica ou empregado do réu, o preposto poderá apenas prestar depoimento pessoal na audiência, sendo-lhe vedada a prática de atos processuais privativos do advogado.
2. Não sendo empregado do réu, é vedado ao advogado funcionar como seu preposto.
3. É defeso ao advogado funcionar no mesmo processo, simultaneamente, como patrono e preposto do empregador (Código de Ética e Disciplina da OAB, art. 23).

108. Litisconsorte Necessário de Entidades Sindicais. Ação de anulação de cláusula de instrumento coletivo. Entidades sindicais subscritoras. Litisconsórcio necessário. Ônus processual da lide. Artigo 611-A, § 5º da CLT. A exigência legal da participação da entidade sindical como litisconsorte necessário nas ações que tenham como objeto a anulação de cláusulas de instrumento coletivo não obriga as entidades sindicais subscritoras desses instrumentos ao pagamento das custas processuais e honorários advocatícios, quando não derem causa ao processo.

SISTEMA RECURSAL E LIMITAÇÕES À EDIÇÃO DE SÚMULAS. INCIDENTE DE DESCONSIDERAÇÃO DA PERSONALIDADE JURÍDICA. AÇÃO DE HOMOLOGAÇÃO DE ACORDO. ASPECTOS GERAIS DA EXECUÇÃO TRABALHISTA.

109. Processo do Trabalho. Incidente de Desconsideração da Personalidade Jurídica: Aplicação Limitada

I – No processo do trabalho, o redirecionamento da execução para o sócio não exige o incidente de desconsideração da personalidade jurídica (arts. 133 a 137 do CPC).

II – A dissolução irregular da pessoa jurídica inclui as hipóteses de impossibilidade de satisfação da dívida pelo devedor, o que autoriza o redirecionamento da execução para os sócios, independentemente de instauração do incidente de desconsideração da personalidade jurídica (art. 135 do CTN).
III – Admite-se o incidente de desconsideração da personalidade nas hipóteses de sócio oculto, sócio interposto (de fachada ou "laranja"), associação ilícita de pessoas jurídicas ou físicas ou injuridicidades semelhantes, como constituição de sociedade empresária por fraude, abuso de direito ou seu exercício irregular, com o fim de afastar o direito de credores.
IV – Adotado o incidente de desconsideração da personalidade jurídica, o juiz, no exercício do poder geral de cautela, determinará às instituições bancárias a indisponibilidade de ativos financeiros e decretará a indisponibilidade de outros bens pertencentes aos sócios, pessoas jurídicas ou terceiros responsáveis, sendo desnecessária a ciência prévia do ato.

110. Jurisdição Voluntária. Acordo Extrajudicial. Recusa à Homologação. O juiz pode recusar a homologação do acordo, nos termos propostos, em decisão fundamentada.

111. Súmulas e Enunciados de Jurisprudência. Edição e Alteração. Requisitos. Inconstitucionalidade. São inconstitucionais os requisitos do art. 702, I, *f*, e § 4º, da CLT, introduzidos pela nº Lei nº 13.467/2017, para a edição ou alteração de súmulas e outros enunciados de jurisprudência, por violação aos arts. 2º, 5º, LIV, 93, 96, I, *a*, e 113 da CF.

112. Execução Provisória. Liberação de Depósito em Dinheiro: Aplicação dos Artigos 520 e 521 do CPC. Os artigos 520 e 521 do CPC são aplicáveis ao processo do trabalho, sendo admitida a liberação de depósito em dinheiro, independentemente de caução (CPC, art. 521, II).

113. Execução de Ofício e Art. 878 da CLT. Em razão das garantias constitucionais da efetividade (CF, art. 5º, XXXV), da razoável duração do processo (CF, art. 5º, LXXVIII) e em face da determinação constitucional da execução de ofício das contribuições previdenciárias, parcelas estas acessórias das obrigações trabalhistas (CF, art. 114, VIII), o art. 878 da CLT deve ser interpretado conforme a constituição, de modo a permitir a execução de ofício dos créditos trabalhistas, ainda que a parte esteja assistida por advogado.

114. Execução. Impulso Oficial. Pesquisa e Constrição de Bens. Possibilidade. O impulso oficial da execução está autorizado pelo art. 765 da CLT e permite ao juiz a utilização dos mecanismos de pesquisa e de constrição de bens, inclusive por meio do sistema BACENJUD, sendo esse mero procedimento para formalização da penhora em dinheiro.

115. Execução de Ofício. Inexistência de Nulidade. A teor do art. 794 da CLT, não há nulidade processual quando o juízo realiza a execução de ofício, porque inexistente manifesto prejuízo processual.

116. Tutelas de Urgência de Natureza Cautelar no Incidente de Desconsideração da Personalidade Jurídica. A adoção do incidente de desconsideração da personalidade jurídica no processo do trabalho não exclui a possibilidade de deferimento de tutelas de urgência de natureza cautelar antes da citação do novo executado, inclusive de ofício, dentro do poder geral de cautela do magistrado.

117. Responsabilização dos Sócios. Redirecionamento da Execução. Recuperação Judicial. Aplicação Analógica do Art. 28, § 5º, do CDC. Por aplicação analógica do art. 28, § 5º, do CDC (Lei nº 8.078/1990), o juiz poderá redirecionar a execução para a responsabilização dos sócios quando decretada a recuperação judicial da empresa.

118. Depósito Recursal. Redução, pela Metade, Em Favor das Entidades Sem Fins Lucrativos. Aplicação às Entidades Sindicais. O artigo 899, § 9º, da CLT, introduzido pela Lei nº 13.467/2017, que reduz pela metade o valor do depósito recursal para as entidades sem fins lucrativos, aplica-se às entidades sindicais.

119. Execução. Seguro-Garantia Judicial. Acréscimo de 30%. A aceitação do seguro-garantia judicial previsto no art. 882 da CLT pressupõe o acréscimo de 30% do débito, por aplicação supletiva do art. 835, § 2º, do CPC.

120. Execução. Medidas Executivas Indiretas. Prazo para Implementação e Cancelamento do Protesto. Inconstitucionalidade. A exigência do dilatado prazo de 45 (quarenta e cinco) dias para protesto da sentença, inscrição do executado em órgãos de proteção ao crédito e/ou no banco nacional de devedores trabalhistas e o cancelamento do registro pela simples garantia da execução ferem os princípios constitucionais da razoabilidade, efetividade, razoável duração do processo e da isonomia (CF, art. 5º, *caput*, XXXV e LXXVIII), por promover distinção injustificada entre o credor trabalhista e o credor comum.

121. Transcendência: Indicadores.
I – A transcendência econômica, nos termos do artigo 896-A, § 1º, I, da CLT deverá considerar a repercussão da pretensão no patrimônio das partes.
II – o exercício da técnica do *distinguishing*, por parte dos tribunais regionais, a respeito da aplicabilidade da jurisprudência sumulada do STF e do TST aos casos concretos, não configura desrespeito para fins de enquadramento no artigo 896-A, § 1º, II, da CLT.
III – a relevância social e jurídica envolve também as questões atinentes à interpretação e à aplicação dos tratados de direitos humanos ratificados pelo Brasil.

122. Transcendência. Recurso de Revista. Sustentação Oral. A fixação de prazo exíguo (cinco minutos) para a sustentação oral do advogado, por ocasião do julgamento do agravo interno perante a turma do tribunal superior do trabalho (artigo 896-A, §§ 2º e 3º, da CLT), não se compatibiliza com o princípio do devido processo legal, plasmado no artigo 5º, LIV, da Constituição Federal.

123. Homologação de Acordo Extrajudicial.
I – A faculdade prevista no Capítulo III-A do Titulo X da CLT não alcança as matérias de ordem pública;
II – O acordo extrajudicial só será homologado em juízo se estiverem presentes, em concreto, os requisitos previstos nos artigos 840 a 850 do Código Civil para a transação;
III – Não será homologado em juízo o acordo extrajudicial que imponha ao trabalhador condições meramente potestativas, ou que contrarie o dever geral de boa-fé objetiva (artigos 122 e 422 do Código Civil).

124. Homologação de Acordo Extrajudicial. Recurso. Análise pelo Tribunal. No caso de recurso da decisão que não homologar de forma fundamentada o acordo extrajudicial, o tribunal não poderá retornar o processo para que o juiz de primeiro grau o homologue.

125. Processo de Jurisdição Voluntária. Homologação de Acordo Extrajudicial. Competência Territorial.
I – A competência territorial do processo de jurisdição voluntária para homologação de acordo extrajudicial segue a sistemática do art. 651 da CLT.
II – Aplica-se analogicamente o art. 63, § 3º, do CPC, permitindo que o juiz repute ineficaz de ofício a eleição de foro diferente do estabelecido no art. 651 da CLT, remetendo os autos para o juízo natural e territorialmente competente.

ENUNCIADOS DA 3ª JORNADA DE DIREITO MATERIAL E PROCESSUAL DO TRIBUNAL SUPERIOR DO TRABALHO E DA ASSOCIAÇÃO NACIONAL DOS MAGISTRADOS DA JUSTIÇA DO TRABALHO – ANAMATRA

► Enunciados aprovados na 3ª Jornada de Direito Material e Processual na Justiça do Trabalho de 23-3-2023 e 24-3-2023.

OS DIREITOS SOCIAIS DOS TRABALHADORES EM PLATAFORMA

1. Necessidade de Justificativa para Aplicação de Punição.
I – A aplicação de qualquer punição ao trabalhador que desenvolve as suas atividades por meio de plataforma digital, limitando de forma temporária ou definitiva o acesso à plataforma e o recebimento de ofertas de trabalho, deve ser precedida da possibilidade de apresentação de defesa.
II – Isso pressupõe a necessidade de a empresa proprietária da plataforma digital justificar toda e qualquer sanção aplicada, para que o trabalhador tenha a oportunidade de apresentar os seus argumentos a fim de que não tenha direitos restringidos.
III – Aplicação da lei geral de proteção de dados (LGPD) e do precedente do caso Lagos Del Campo *vs.* Peru da Corte Interamericana de Direitos Humanos.

2. Jurimetria e Litigância Manipulativa da Jurisprudência.
I – A celebração de acordos judiciais por empresas proprietárias de plataformas digitais, com base na jurimetria, quando determinado caso pode ser julgado por órgão judicial que tende a proferir decisão contrária aos seus interesses, com o objetivo de manipular a formação de jurisprudência, é contrária ao ordenamento jurídico.
II – Violação do princípio do juiz natural (art. 5º, XXXVII e LIII, da Constituição Federal), do princípio da boa-fé (art. 5º do CPC), do devido processo legal (art. 5º, LIV, da Constituição Federal), do princípio da cooperação (art. 6º do CPC) e do princípio do contraditório.
III – Aplicação do art. 81 do CPC e do § 2º do art. 77 do CPC, por incidência de seu inciso VI.

3. Natureza Jurídica das Empresas de Plataformas Digitais: Empresas Prestadoras de Serviços. A utilização de instrumento digital pelas empresas de plataformas digitais, como recurso tecnológico para realizar as suas atividades econômicas, não as qualificam como "empresas de tecnologia" voltadas à intermediação ou emparelhamento entre a demanda e a oferta de serviço (*marketplace*), mas tão somente como empresas prestadoras de serviços que se utilizam de tecnologia para realização do seu negócio, mediante a contratação de trabalhadores sob sua responsabilidade e oferta de serviços aos clientes em ambiente virtual.

4. Direito à Sindicalização e à Negociação Coletiva. Direito fundamental à sindicalização. Trabalhadores em plataforma. Princípio constitucional. Patamar mínimo civilizatório. O direito à livre associação profissional ou sindical (art. 8º, CF/1988) deve ser assegurado aos trabalhadores em plataforma, independentemente da celeuma existente sobre a classificação jurídica acerca da modalidade referente à relação de trabalho.

5. Liberdade de Contratar e Escolha Substancial Digital. Liberdade de contratar trabalho e contratos de adesão. A liberdade de contratar pressupõe a possibilidade material de interferir na formulação do contrato, mormente suas cláusulas estruturais, relacionadas com o tempo de trabalho e a contraprestação. A adesão a contratos baseados em formulários digitais ao estilo *take or leave*, não representa a liberdade de contratar, sendo suas cláusulas interpretadas de modo estrito quanto ao estipulante e de relativa validade quanto ao aderente.

6. Trabalhadores em Plataformas Digitais. Tutela Jurídica Baseada em Classificação como Categoria Intermediária ou *Sui Generis*. Incompatibilidade com a Isonomia Convencional e Constitucional.

I – A classificação dos trabalhadores de plataformas digitais em categorias *sui generis* ou intermediárias, a exemplo dos supostos parassubordinados, é incompatível com a tutela adequada de seus direitos, pois a realidade da prestação dos serviços apresenta os mesmos pressupostos das relações de trabalho tradicionais.

II – A diretriz geral isonômica, informada pela Constituição Federal e pelas normas internacionais, norteia todo o sistema e assegura aos trabalhadores digitais os mesmos direitos garantidos aos demais, reservando-se, à legislação infraconstitucional e à negociação coletiva, estabelecer condições de trabalho superiores aos patamares mínimos e disciplinar as peculiaridades da prestação de serviços.

7. Gerenciamento Algorítmico e Subordinação.

I – Algoritmos são conjuntos de etapas de um processo em que o objetivo é a solução de um problema ou a execução de uma tarefa.

II – O gerenciamento algorítmico, do ponto de vista da organização do trabalho, implica a transferência da administração da mão de obra para os algoritmos.

III – Trata-se da automação de atividades anteriormente atribuídas a gerentes, contadores, atendentes e trabalhadores do setor de recursos humanos. Por meio da programação algorítmica ocorre a distribuição de atividades entre os trabalhadores, a fixação do valor do trabalho, a indicação do tempo para realização de dada tarefa, a duração de pausas, a avaliação dos trabalhadores, a aplicação de sanções, dentre outras formas de controle.

IV – Subordinação configurada.

V – Aplicação do parágrafo único do art. 6º da CLT.

8. Gamificação e Subordinação.

I – A gamificação (ou ludificação) é uma prática em que se adotam técnicas comuns aos videogames em situações de não jogo, com o propósito de motivar uma determinada pessoa ou um grupo a executar uma determinada tarefa.

II – Existem diversas empresas proprietárias de plataformas digitais que adotam a gamificação para modular o comportamento dos trabalhadores, partindo de enfoques em incentivos psicológicos e outras técnicas criadas pelas ciências sociais para influenciar quando, onde e quanto os trabalhadores executarão as suas atividades sem que transpareça que isso ocorre de acordo com as necessidades da empresa.

III – Poder diretivo configurado.

IV – Aplicação dos arts. 2º, 3º e 6º, parágrafo único, da CLT.

9. Enfoque no Controle das Empresas Proprietárias de Plataformas Digitais.

I – A forma pela qual o poder judiciário examina a dinâmica do trabalho via plataformas digitais é essencial para a compreensão do fenômeno e a devida aplicação do direito no caso concreto.

II – As decisões judiciais devem analisar o controle exercido pelas empresas proprietárias das plataformas digitais sobre a atividade desempenhada.

10. Poder Diretivo das Empresas Proprietárias de Plataformas Digitais.

I – O poder diretivo no trabalho via plataformas digitais manifesta-se por meio da tecnologia, no entanto, contempla as mesmas premissas do poder diretivo tradicional na medida em que representa um conjunto de comandos impostos por um empregador em uma relação de emprego.

II – Envolve ordens relacionadas ao tempo, ao espaço e a forma sobre como o trabalho deve ser realizado, voltando-se diretamente à conduta do trabalhador, com um conteúdo de obrigações de fazer ou não fazer.

III – Nesse sentido, o poder hierárquico encontrado nessa nova morfologia de trabalho está subsumido às regras dos arts. 2º, 3º e 6º da CLT.

11. Poder Regulamentar das Empresas Proprietárias de Plataformas Digitais.

I – O poder regulamentar exercido pelas empresas proprietárias de plataformas digitais consiste no mais amplo dos seus poderes empregatícios.

II – Com a possibilidade de alteração unilateral dos sujeitos contratuais, condições de preço, modo de prestação dos serviços, responsabilidade dos envolvidos, prazos e características das ferramentas de trabalho, o poder regulamentar das plataformas digitais, em seus moldes atuais, viola dispositivos do direito civil e do direito do trabalho, ao tempo em que, como contraface da subordinação, autoriza o reconhecimento do vínculo empregatício.

12. Poder Fiscalizatório das Empresas Proprietárias de Plataformas Digitais.

I – As empresas proprietárias das plataformas digitais exercem intenso controle sobre todas as atividades dos seus trabalhadores, característico do poder empregatício.

II – Essa supervisão patronal atinge aspectos espaciais, temporais e relacionados à própria conduta dos empregados, com um monitoramento em tempo real e total registro e quantificação por parte dos algoritmos.

III – Referida vigilância sobre todos os elementos da prestação de serviço realizada, no entanto, é incompatível com as características de um trabalho autônomo.

13. Expressões do Poder Disciplinar.

I – As empresas proprietárias das plataformas digitais exercem o poder disciplinar através da imposição de sanções como advertências, suspensões e demissões, ainda que tais medidas punitivas sejam aplicadas por meio de tecnologia e tenham nomenclatura diferenciada.

II – Essas punições podem ser visualizadas através de críticas, rebaixamento de notas, bloqueios, multas, direcionamento de tarefas desvantajosas, ou através de desativações.

III – Enquanto poder empregatício, o poder disciplinar é outro elemento incompatível com o trabalho autônomo, que autoriza o reconhecimento do contrato de trabalho diante do caso concreto.

14. Flexibilidade de Jornada e Recusa à Convocação não Impedem o Reconhecimento do Vínculo de Emprego. Trabalho externo e jornada flexível (art. 6º e 62 da CLT) e recusa à convocação ao trabalho (art. 452-A, § 2º, da CLT) não impedem a formação do vínculo de emprego, desde que presentes os requisitos do art. 3º da CLT.

15. A Precarização da Relação Jurídica Laboral. Inversão do Risco Negocial. Mecanismo de Perpetuação de Dependência Laboral. A transferência do risco negocial da plataforma digital para o trabalhador é abusiva diante da suposta autonomia do prestador de serviço. A absorção de quase totalidade dos custos de existência e manutenção da relação jurídica representam a contradição existente no fato do prestador receber maior parte do valor do trabalho, mas permanecer na condição de hipossuficiente dependente e facilmente descartável para a plataforma que pune e expulsa parceiros de forma unilateral com base em avaliações algorítmicas. Assim, a precarização laboral disfarçada de autonomia se manifesta pela inversão negocial em que o trabalhador suporta quase todos os prejuízos do negócio em troca de falsa autonomia sutilmente controlada pela política de gestão de preços e custos elevados do serviço.

16. A CLT já Regula, com Flexibilidade, o Trabalho em Plataformas Digitais de Transporte e de Entregas. Os artigos 235-A até 235-H da CLT sobre o "motorista profissional empregado" comportam a jornada flexível dos entregadores e motoristas de plataformas digitais, pois o assalariamento ali é baseado em "tarefa". O assalariamento por "tarefa" é previsto na CLT nos seus arts. 78 e 83. No caso de motoristas de veículos ou motocicletas das empresas-plataformas, a CLT viabiliza que o horário de trabalho não seja fixo (art. 235-G, § 13), que o salário seja por esta tarefa de transportar pessoa ou coisa (art. 235-G). Ainda, é direito desses trabalhadores plataformizados com salário por "tarefa" o direito ao salário mínimo hora, conforme art. 83 da CLT.

17. As Organizações de Trabalhadores Plataformizados – Sejam eles Empregados ou Autônomos – Podem Ser Reconhecidas como Sindicatos. O *caput* do artigo 511 da CLT já alcança a representação dos trabalhadores de empresas do modelo de plataformas digitais, estejam eles na condição de autônomos ou de empregados. Logo, as organizações dos trabalhadores "plataformizados" têm o direito de representar esta categoria profissional e, consequentemente, defender judicialmente seus interesses. A concessão do registro sindical, então, às organizações desses trabalhadores não está condicionada ao debate sobre a existência de vínculo empregatício, pois a legislação reconhece tanto o sindicalismo de empregados como de autônomos.

18. Reconhecimento da Representatividade das Entidades Sindicais de Motoristas Plataformizados para Postular em Juízo Direitos da Categoria. Legitimidade. O reconhecimento da representatividade das entidades sindicais de motoristas plataformizados advém diretamente do artigo 8º da Constituição da República de 1988, não podendo a ausência de registro sindical constituir óbice ao exercício do direito fundamental à liberdade sindical, devendo ser reconhecida legitimidade processual desses entes sindicais para demandar em juízo na defesa dos interesses da categoria, quando comprovados o estatuto sindical, a ata de fundação e aprovação de estatuto, eleição e posse da diretoria e do conselho fiscal, registro do sindicato no cartório de registro de pessoas jurídicas, inscrição no cadastro nacional de pessoa jurídica — CNPJ, e publicações em jornal de grande circulação noticiando a sua criação ou exercício de atividade representativa.

19. A Digitalização da Economia e a Evolução Tecnológica. A digitalização da economia e a evolução tecnológica possibilitaram o surgimento de novas formas de organização, direção e controle sobre os trabalhadores, sem que isso tenha alterado a relação de dependência e subordinação do trabalho assalariado. Os poderes de organização, diretivo e disciplinar do empregador podem ser exercidos, efetiva e potencialmente, até de forma mais intensa, por meio de programação algorítmica, da geolocalização, de instrumentos e plataformas digitais, sem a presença de gerentes, supervisores, chefes ou outros prepostos do empregador. Os meios digitais ou telemáticos de comando, controle e supervisão do labor sob demanda de entregadores de mercadorias e alimentos por meio de plataformas digitais equiparam-se, para fins de subordinação jurídica, aos meios pessoais e diretos de comando, controle e supervisão do trabalho exercido por conta alheia.

SOCIEDADE DIGITAL, MEIO AMBIENTE DO TRABALHO E LGPD

1. Meio Ambiente do Trabalho Digital. O meio ambiente do trabalho é condicionado e delimitado pela esfera da atividade econômica patrocinada pelo empregador, pelo prestador e pelo tomador de serviços, por meio das mais variadas formas jurídicas. Os riscos criados por tais atividades em rede tem potencial efeito poluidor, de onde emergem os deveres jurídicos de sustentabilidade e de prevenção de tais riscos sobre o patrimônio jurídico dos seres humanos envolvidos. A incidência dos artigos 200, inciso VIII, e 225 da Constituição da República, ganha densidade jurídica quando o dano decorrente da atividade econômica digital é imputável a todas as empresas que patrocinam essa atividade, com maior ou menor intensidade, como consequência do princípio poluidor-pagador, o que ganha especial relevância nas empresas de logística.

2. Responsabilidade Jurídica do Setor de Transportes. A Lei nº 13.429/2017 passou a conceituar prestador de serviços e tomador de serviços, permitindo a execução dos contratos de prestação de serviços em atividades indistintas das empresas tomadoras e imputando ao tomador a responsabilidade jurídica pelo meio ambiente do trabalho interno ou local por ela designado. As empresas de transportes, mediadas ou não por plataformas digitais, são sempre responsáveis pelos riscos criados na atividade, quer quanto aos passageiros, quer quanto aos prestadores de serviços, quer quanto aos seus empregados. Inteligência dos artigos 5º e 9º da Lei nº 13.429/2017.

3. A LGPD e os Limites da Autonomia Privada Coletiva. Admite-se a possibilidade de regulamentação de proteção de dados para os trabalhadores em norma coletiva negociada, mas apenas para ampliar o direito fundamental assegurado no art. 5º, inciso LXXIX, da Constituição Federal de 1988, jamais para restringi-lo, em consonância com o princípio de vedação de retrocesso social, da dignidade da pessoa humana, da cidadania e da eficácia direta dos direitos fundamentais na relação de emprego.

4. Prioridade Absoluta na Análise das Ações e Incidentes Processuais que Digam Respeito à Ação Preventiva em Relação aos Riscos de Acidentes Ambientais Trabalhistas Ampliados. As recentes tragédias ambientais, com mortes e doenças, instantâneas ou crônicas, demandam seja priorizada a apreciação de ações e pedidos de tutela, em todas as instâncias, visando dar efetividade aos princípios ambientais da prevenção e da precaução, da forma como vem sendo destacada pelo STF. Responsabilidade institucional do sistema de justiça com o direito concreto ao meio ambiente ecologicamente equilibrado, essencial à sadia qualidade de vida, também no espaço laboral, dando relevo aos comandos constitucionais e à normativa internacional de afirmação dos direitos humanos. Pertinência da agenda 2030 da ONU.

5. Empresas-Plataforma. Dados e Contrato de Trabalho. Com fundamento no artigo 20 da LGPD, os trabalhadores contratados por empresas-plataforma, bem como os sindicatos que os representem, têm o direito de conhecer: I – o conteúdo de seus contratos de trabalho e termos de uso; II – os critérios utilizados na fixação da remuneração; III – os critérios para a distribuição dos chamados; IV – os critérios e motivos de bloqueios e desligamentos; V – de forma prévia, qualquer alteração nos seus contratos de trabalho; VI – os dados coletados do seu trabalho, como conversas, trajetos, relativos à atividade, e a sua destinação.

6. Notificação Obrigatória de Agravos à Saúde de Trabalhador de Aplicativo. O trabalhador cuja atividade é organizada por aplicativos e plataformas digitais deve ter a garantia de meio ambiente do trabalho equilibrado. As suas atividades e riscos se apresentam em todas as dimensões reconhecidas do meio ambiente, a saber, natural e artificial (laboral, urbano, cultural e digital), devendo o mantenedor zelar pela observância da prevenção. A decisão judicial que reconhecer a ocorrência de acidente ou agravo à saúde relacionado ao trabalhador gerido por plataformas digitais deve determinar a expedição da comunicação de acidente do trabalho – CAT e a notificação da vigilância em saúde do trabalhador – VISAT para registro no sistema de informação de agravos de notificação – SINAN, independentemente de eventual não reconhecimento do vínculo empregatício.

7. O Veículo Utilizado pelo Trabalhador Cadastrado na Plataforma Digital Integra seu Meio Ambiente de Trabalho. A organização é responsável pelo meio ambiente do trabalho, que engloba a preservação das condições de manutenção e segurança dos veículos e utensílios utilizados pelos trabalhadores cadastrados no atendimento à sua atividade.

8. Dever das Empresas Proprietárias de Plataformas Digitais de Promoção da Saúde do Trabalhador. O dever de promoção e de proteção da saúde inclui o dever de vigilância em saúde do trabalhador para a compreensão do impacto das novas tecnologias na saúde dessa população (art. 6º, § 3º, IV, da Lei nº 8.080/1990). As ações de vigilância em saúde devem ser documentadas e abranger os trabalhadores que atuam cadastrados na plataforma digital. Inteligência dos art. 7º, XXII, da Constituição Federal, art. 3º, 3, da Convenção nº 155 da Organização Internacional do Trabalho, art. 3º, I, da Convenção nº 161 da Organização Internacional do Trabalho, art. 18 do Regulamento Sanitário Internacional e Decreto nº 7.602/2011.

ACESSO À JUSTIÇA E PROVAS DIGITAIS

1. Competência da Justiça do Trabalho.

I – A competência é definida pelo pedido e pela causa de pedir formulados na petição inicial, o que aponta para a sua determinação em abstrato, sem qualquer exame do mérito e das provas produzidas nos autos (teoria da asserção).

II – Demandas relacionadas às relações de trabalho entre trabalhadores e empresas proprietárias de plataformas digitais são de competência material da justiça do trabalho, conforme ampliação de sua competência prevista no artigo 114 da Constituição Federal, promovida pela EC nº 45/2004. III. Aplicação do artigo 114, incisos I e IX, do texto constitucional.

2. Legitimidade da Produção das Provas Digitais no Processo do Trabalho. Provas digitais. Legitimidade e viabilidade de produção no processo do trabalho. Tanto a parte interessada pode requerer, quanto o magistrado pode determinar de ofício a produção de provas digitais. A única restrição é quanto aos dados em trânsito, conforme o art. 5º, XII, da CF/1988, pois nessa hipótese a obtenção dos dados implica interceptação, restrita ao processo penal e à investigação criminal, sendo possível para os dados que estão armazenados nos dispositivos. Inteligência do art. 22 da Lei nº 12.965 de 23 de abril de 2014 (Marco Civil da Internet) e do art. 7º, VI, da Lei nº 13.709 de 18 de abril de 2018 (Lei Geral de Proteção de Dados – LGPD).

3. Privacidade e Proteção de Dados vs. Devido Processo Legal, na Produção das Provas Digitais. Provas digitais. Privacidade e proteção de dados *x* devido processo legal. Tanto o direito à privacidade e à proteção de dados (art. 5º, X e LXXIX, respectivamente) quanto o direito à prova, corolário do devido processo legal (art. 5º, LIV), são direitos fundamentais, de modo que se houver conflito entre esses direitos, o juiz deve utilizar a técnica da ponderação dos valores fundamentais envolvidos.

4. Perícias Judiciais por Telemedicina. Perícias psiquiátrica e psicológica realizadas por meio virtual (telemedicina) como via de acesso à justiça. Possibilidade a critério do juiz, observada a legislação regulamentadora do ato médico e dos conselhos profissionais correspondentes.

5. **Sistemas de Coleta de Geolocalização do Google.** Sistemas de coleta de geolocalização do Google. Meio de comprovação do trabalho e tempo de trabalho. Em se tratando de controvérsia judicial sobre a prestação de serviços, dias e horários trabalhados, dados colhidos do celular utilizado pelo trabalhador (usuário), por meio do GPS (*Global Positioning System*), que coleta dados em tempo real, constitui prova digital válida.

6. **Registros de Geolocalização – Meio de Prova.** Os registros de geolocalização podem ser utilizados como meio de prova em processo judicial, desde que observados os requisitos de necessidade e proporcionalidade, não havendo direito líquido e certo à produção de tal prova, quando os fatos puderem ser demonstrados pelos meios ordinários e menos invasivos da privacidade das partes.

o
maior
conteúd
impr